한자의 숲

申周植 著

지성의샘

서문

숲에 와 보세요. 나무와 풀들이 살고 있습니다. 친구들인 벌레도, 새들도, 산짐승들도 살고 있습니다. 숲속에는 하늘도 있고 땅도 있어서 이 하늘과 땅의 기운을 받아 숲속의 모든 생명들이 어우러져 살아가고 있습니다. 이 숲속에서 저 혼자 외톨이로 살아가는 것은 없습니다. 저마다 제 할 일을 하면서, 함께 계절을 만들고, 철따라 아름다운 풍경을 만들어 갑니다. 그러면서 관계를 만들고, 이야기를 만들고, 약속을 만들고, 역사도 만들면서 사회를 이루고 살아갑니다.

숲에 와 보세요. 숲은 건강한 관계와 건강한 이야기와 건강한 약속들로 채워져 있어서, 인간 사회에서 힘들어 했던 당신의 몸과 마음을 숲의 건강함으로 채울 수 있습니다. 숲속으로 난 좁다란 길을 따라 가다보면 옹달샘도 만날 수 있지요. 목마름을 달래 주어요.

한자의 숲을 만들어 보고 싶었습니다. 한자는 생명체라는 것, 저마다 저의 할 일이 있고, 저마다 존재의 의의가 있다는 것, 이 한자들이 외톨이로 살아가는 것이 아니라 친구들과 어우러져 더 아름다운 의미를 만든다는 것, 이야기도 만들고, 전설도 신화도 만들고, 역사도 만든다는 것을 보여주는 숲을 만들어 보고 싶었습니다. 한자의 숲속에서 지혜의 옹달샘도 만날 수 있을 텐데, 이 샘은 여러분 각자가 직접 찾아가는 기쁨을 누려 보십시오.

숲을 만들고 가꾸는 데에 꼭 숲박사라야 할 까닭이 있겠습니까? 저는 한자 전문가가 아닙니다. 쓸모 있는 풀(농학)을 전공했고, 30여년 몸담았던 직장에서 물러난 후, 10년여 동안 이 책 저 책을 다니면서 나무도 고르고, 심고, 거기에 산새들의 울음소리도 심고, 시원한 그늘과 바람도 섞어서 일단 한자의 숲을 만들었습니다. 아마추어가 한 일이라서 잘못된 부분이 많을 것입니다. 많이 고쳐주시기를 부탁드립니다.

이 한자의 숲에 오셔서 "아하, 그렇구나!, 그랬었구나!" 느끼신다면 저의 십년 공부의 보람으로 삼아 감사하겠습니다. 지금은 저세상에 계신 부모님께 감사드립니다. 저에게 이런 일을 시작할 용기를 주시고, 일을 마칠 수 있는 건강과 힘을 주셨습니다. 부모님께서 이 책을 보시고서 기뻐하셨으면 좋겠습니다. 저를 여태까지 이끌어 주신 선생님들께 감사드립니다. 그동안 도와주신 분들께 감사드립니다.

이 책을 가지고 한자 공부를 하시는 분을 위하여

제1편 한자의 숲

개개의 한자는 여러 가지 뜻을 가지고 있다. 그 여러 가지 뜻 중에서 현대 우리말 한자어 낱말에 쓰인 한자의 뜻을 중심으로 이 책을 엮었다.

한자를 안다는 것은 그 글자를 읽을 줄 알고, 쓸 줄 알고, 그 뜻을 알고, 쓰임을 알고, 활용할 줄 아는 것이라고 할 수 있다. 이 책은 한자 한 글자가 어떠한 뜻을 가지고 있는가, 다른 글자와 어우러져 우리말 한자어 낱말을 만들었을 때 어떤 뜻으로 쓰여졌는가를 생각하는 책이 되기를 기대하면서 엮은 것이다. 그냥 외워서 쓰기만 하는 공부방식이 아니라, 뜻을 생각하면서 '아하, 그렇구나!' 라고 느끼는 방식으로 공부하기를 기대하면서 엮은 것이다. 오늘날에는 잘 쓰이지 않는, 옛날의 역사나 사회, 고전 문장 또는 현대 중국어의 영역에서 쓰이는 글자의 의미까지는 이 책에 포함되지 않았다.

茶山(다산) 丁若鏞(정약용) 선생의 『千字文評(천자문평)』에, '맑은 것은 혼탁한 것으로 깨우치고, 가까운 것은 먼 것으로 깨우치고, 가벼운 것은 무거운 것으로 깨우치고, 얕은 것은 깊은 것으로 깨우쳐서, 두 가지를 들어 알게 한다면 두 가지 뜻을 다 알 수 있다'는 말씀이 있다. 천자문은 대비와 비유가 부족해 어렵게 가르치고 시청각 교육에 소홀하다는 주장이다. 보기를 들면 '가벼울 輕(경)'과 '무거울 重(중)'을 동시에 가르쳐야 한다는 주장이다. 이 책은 그런 취지를 가능한 한 살려 보려고 노력하였다. 독자께서는 한 글자의 뜻을 공부하면서 두 글자 세 글자의 뜻을 함께 익힐 수 있을 것이다.

한자의 숲에서는 초급부터 고급까지 총 3611자가 실려 있지만, 한자 공부를 하는 목표와 수준을 고려하여 선택한다면 그렇게 큰 부담이 되지 않으리라고 믿는다. 중학생이면 초급, 대학 입시를 위해서는 중급까지 공부하면 충분하도록 꾸몄다.

앞서서 '옛날의 역사나 사회, 고전 문장 따위는 이 책의 범위 밖'이라고 언급했지만 실제로는 다수의 고전 명언 명구들을 소개하였다. 그 목적은 첫째, 한자의 뜻을 더욱 구체적으로 생각하고, 느끼고, 깨닫게 하기 위함이었다. 둘째, 아무리 이 책이 '한자'를 공부하는 책이지 '한문'을 공부하는 책이 아니라 할지라도, 독자들의 교양과 상식을 위하여 소개할 필요가 있다고 생각되는 문장들은 가려 뽑아 소개하였다. 저자가 구시대에 속하는 사람이다 보니 소개한 고전 문장들이 신세대의 감각에는 뒤떨어지는 점이 많이 있을 것이라고 생각된다. 그것이 저자로서의 한계이다. '溫故知新(온고지신)!'으로 양해를 구한다.

이 책은 漢字學(한자학)의 입장에서 漢字(한자)를 전문적으로 접근하려는 사람들을 위한 책이 아니라, 한자 상식이나 한자 시험을 위한 학생 또는 일반인을 위한 것이다. 한자학자의 눈으로 보면 어설프거나 부적절한 곳이 많이 눈에 뜨일 것이다. 다만 독자들에게 한자가 쉽고, 재미있고, 친근한 친구가 되게 해주려는 것이 저자의 욕심이다.

제2편 가족 한자

가족 한자라는 말은 저자가 편의상 붙인 이름이다. 사람이 몸과 마음으로 이루어진 것과 마찬가지로 한자들 중에 많은 한자들이 뜻을 나타내는 부분과 음을 나타내는 부분으로 이루어졌다. 음에 해당하는 부분은 어머니로부터 받고, 뜻에 해당하는 부분은 아버지로부터 받아 자식이라는 새로운 글자가 탄생한다. 그리고 이렇게 생명을 가지게 된 자식 한자가 또 다른 부분 요소를 받아들여 다시 한자를 만든다면 이 한자는 손자라는 새로운 한자가 되는 것이다. 이렇게 그 글자의 가족이 이루어지는 것이다.

이제까지의 한자사전 등에서는 '부수'를 가족을 구분하는 기준으로 삼아 한자들의 가족관계 기록부를 만들었다고 할 수 있다. 이와는 달리 저자는 글자의 몸통에 해당하는 부분을 기준으로 가족 관계를 정리해 보고자 하였다. 한자를 학습할 때, 몸통에 해당하는 한 글자를 알면 거기에 '획 수'도 간단하고, '의미'도 분명한 여러 가지의 '부수'를 바꾸어 붙이면서 여러 글자들을 한꺼번에 학습하는 것이 훨씬 편리하고 능률적일 것이라 생각해서 시도한 것이다.

제3편 부록

부록은 초·중·고급 한자를 공부하는 데 필요한 참고자료를 모은 것이다.

1) 古典(고전) 名言(명언) 名句(명구)

한자의 숲 본문에서는 고전의 내용을 충분히 소개하기에는 지면이 부족하여 그 일부만을 소개하였다. 그 내용을 좀 더 자세히 알고 싶어하는 독자들을 위하여 出典(출전)과 함께 전후의 내용을 보충하여 여기 부록에 소개하였다. 본문에서 ☞ * 000으로 표시된 것들을 여기에서 그 번호로 찾아보면 참고가 될 것이다.

2) 四字成語(사자성어)

한자의 숲 본문에 수록된 사자성어들을 가나다 순으로 정리하였다. 사자성어 사전으로 활용하여도 충분할 것이다.

3) 一字(일자) 多音(다음)

한자능력검정용 1급 한자 범위 이내의 일자 다음 한자로서, 우리말 한자어를 만들면서 현대 우리 생활에 쓰이고 있는 것들을 모아 설명하였다.

4) 漢字(한자)의 長音(장음)과 短音(단음)에 대하여

사단법인 韓國語文會(한국어문회)와 사단법인 傳統文化硏究會(전통문화연구회)가 공동 주관으로 '교육한자대표훈음선정위원회'에서 선정해서 2000년 6월 10일에 발표한 「敎育漢字(교육한자) 代表訓音(대표훈음) 選定(선정)」 책자를 근거로 하고, 국어사전을 참고해서 각 한자와 한자어 낱말들의 장음과 단음을 찾아볼 수 있도록 하였다. 한자의 장음 단음 사전으로 활용해도 좋을 것이다.

5) 漢字(한자) 簡體字(간체자), 略字(약자), 俗字(속자) 정리

현재 우리나라에서 쓰이고 있는 略字(약자)와 俗字(속자)를 모아 가나다 순으로 정리하였다. 현재 중국에서 통용되는 簡體字(간체자)도 수집 정리하여 소개하였다. 간체자는 자료 수집을 internet에 의존하다보니 부족한 점이 많을 것이다. 앞으로 수정 보완이 필요하다고 본다.

6) 중학교용 한자
7) 고등학교용 한자
8) 한자능력검정시험 급수별 지정 한자

일러두기

1. 범위 및 개요

이 책은 초급 한자, 중급 한자, 고급 한자로 구성되었다.

초급 한자는 한자능력검정시험에서 8급부터 4급까지 1000자를 다루었다. 여기에서 다루어진 한자는 중학교용 한자로 지정된 1000자와도 거의 일치한다. '僞(위)'자는 3급 한자로 고등학교용 한자로 지정된 것이지만, 이 책에서는 4-II급으로 중학교용 한자인 '眞(진)'자와 함께 다루었고, '濁(탁)'자는 3급 한자로 고등학교용 한자로 지정된 것이지만, 6급으로 중학교용 한자인 '淸(청)'자와 함께 다루었다. 이렇게 상급 한자가 초급에서 다루어진 글자가 124개로, 초급 한자에서 다루어진 글자는 총 1124개이다.

중급 한자는 3급 한자(3-II급 및 3급)를 다루었다. 3급 한자 809자 중에서 112자가 초급 한자에서 이미 다루어졌고, 상급 한자로서 여기에서 다루어진 글자가 13개로, 중급 한자에서 실제로 다루어진 글자 수는 710개이다. 초급과 중급을 합치면 1834자인데 중·고등학교용 한자로 지정된 1800자 또는 상용한자로 지정된 1800자를 모두 포함한다.

고급 한자는 2급 한자 541자, 1급 한자 1144자와 그 외에 1급까지의 한자로 지정된 것은 아니지만 우리말 한자어로 쓰이는 빈도가 높은 92자를 합하여 1777자를 다루었다. 초급부터 고급까지 총 3611자가 이 책에 실려 있다.

초급 한자는 중학생 또는 4급 이하 한자 능력검정시험을 준비하려는 사람들을 위하여, 중급 한자는 고등학교 학생, 대학 입학을 준비하거나 3급 한자능력검정시험을 준비하려는 사람들을 위하여, 고급 한자는 그 이상의 한자 공부를 원하는 사람들을 위하여 짜여졌다.

2. 한자 배열의 순서

첫째, 한자능력검정시험의 8급 한자부터 1급 한자까지 난이도 순으로 배열하였다.

둘째, 관계가 깊은 한자는 함께 다루었다. 예) 8급인 '父(부)'와 '母(모)', 7급인 '自(자)'와 5급인 '他(타)', 7급인 '有(유)'와 5급인 '無(무)', 8급인 '靑(청)'과 4급인 '紅(홍)' 따위.

셋째, 우리말 한자어로 쓰이는 빈도가 높은 것을 앞에 배열하였다.

넷째, 위의 순서를 따른 후에 字典(자전)의 배열 순서를 따랐다. 즉 部首(부수), 다음 劃數(획수), 다음 독음의 가나다순으로 배열하였다.

대체로 이 기본 원칙에 따랐으나, '大(대)'와 '小(소)'를 먼저 실을 것인지, '生(생)'과 '死(사)'를 먼저 실을 것인지? 이런 문제는 저자 임의에 따랐다.

3. 내용 해설

1) 標題字(표제자)

표제자의 일련번호, 표제자의 대표 訓(훈)과 音(음), 부수명, 총 획수를 소개하였다. 다음으로 표제자의 구성, 字源(자원) 등 표제자를 읽고 쓰고 그 뜻을 이해하는 데에 참고가 될 만한 내용을 소개하였다. 구성, 자원 등이 너무 복잡하거나 오늘날 쓰이지 않는 글자로 표제자를 해설해야 하는 경우 오히려 독자의 혼동과 시간 낭비가 예상되어 이 부분을 생략하기도 하였다.

표제자가 장음으로 발음되는 경우에는 음에

':'를 붙여 단음과 구분하였다. 표시가 없는 것은 단음이다.

2) 自解(자해)

(1) 표제자의 뜻을 분류하여 쓰임새가 많은 뜻부터 배열하였다. 각각의 뜻에 적당한 낱말(어휘)을 소개하여 그 뜻을 파악하는 데에 도움을 주고자 하였다. 낱말은 표제자가 머리에 오는 낱말과 중간이나 끝에 오는 낱말의 예를 제시하였다. 지면 관계상 소수의 낱말만 설명을 붙여 제시하였고, 설명이 생략된 낱말은 해설 바로 아래에 모아서 소개하였다. 낱말은 [ ]로 묶어 구분하였다.

(2) 각 낱말에도 장음과 단음을 표시하였다.

(3) 한 낱말의 뜻이 여러 개일 경우 ①, ②, ③ 등으로 표시하였다.

(4) 반대말은 반으로, 비슷한 말은 비로, 준말은 준으로, 참고할 것은 참으로, 동일한 말은 동으로 표시하여 나타냈다.

(5) 낱말의 의미를 분명히 하기 위하여 '¶'표시와 함께 예문을 소개하였다.

(6) 낱말 소개가 끝난 후에 속담, 고전 등 다소의 成語(성어)나 문장을 실었다.

(7) 관계가 깊은 한자의 조합에서 낱말의 뜻을 한쪽 글자에만 소개하였다. 예를 들면 '兄弟(형제)'의 경우 '兄(형)'이라는 표제어에 소개되고 '弟(제)'라는 표제어에서는 '☞兄(형)'으로 나타냈다. 두 글자의 관계를 다시 한 번 새기기 위해서이다.

(8) 관련된 내용을 자세히 또는 구체적으로 소개하기 위하여 '☞***'으로 표시하여 부록에서 찾아볼 수 있게 하였다.

3) 표제자와 관련된 필요한 정보를 '테두리'를 만들어 그 안에 소개하였다.

■ 차례 ■

서문 __ 3
이 책을 가지고 한자 공부를 하시는 분을 위하여 __ 4

한자의 숲
일러두기 ——————————————— 6
초급 ——————————————————— 10
중급 ——————————————————— 496
고급 ——————————————————— 668

가족 한자
부수에 대하여 ——————————————— 876
한자의 구성 ————————————————— 876
가족 한자 —————————————————— 877
제1부 부수 해설 ——————————————— 878
제2부 가족 한자 ——————————————— 891
가족 한자 표제자 목록 ———————————— 1102
가족 한자 가나다순 찾아보기 ————————— 1104

부록
고전 명언 명구 ———————————————— 1110
四字(사자) 成語(성어) ————————————— 1144
일자 다음 —————————————————— 1179
한자의 장음 단음 —————————————— 1193
한자 장음 단음 찾아보기 ——————————— 1224
한자 간체자, 약자, 속자 ——————————— 1227
중학교용 한자 ———————————————— 1246
고등학교용 한자 ——————————————— 1249
한자능력검정시험 급수별 지정 한자 —————— 1252

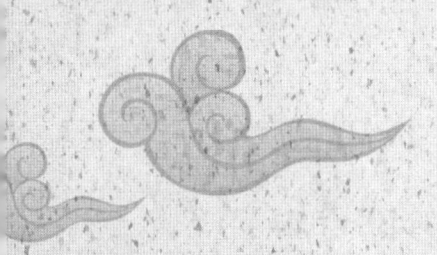

한자의·숲

초 급 _ 10~495
중 급 _ 496~667
고 급 _ 668~868
한자 자음 색인 _ 869~874

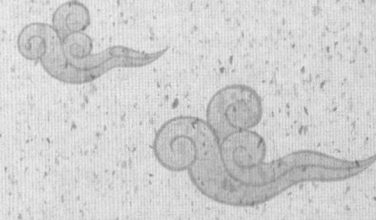

一 한 일, 一부1　　0001

'一(일)'자는 가로의 한 획으로 수의 '하나'의 뜻을 나타낸다.

하나, 한번
[一石二鳥(일석이조)] 한 번 돌을 던져 두 마리의 새를 잡음. 곧, '한 가지 일을 하여 두 가지 이득을 봄'을 이르는 말.
[九死一生(구사일생)] '아홉 번 죽을 고비를 넘기고 다시 한 번 살아남'이란 뜻에서, 죽을 고비를 여러 차례 넘기고 겨우 살아남을 이름.
[統一(통:일)] 나누어진 것들을 묶어 하나로 합침. ¶우리의 소원은 통일
[一日不作一日不食(일일부작일일불식)] 하루 일하지 않으면 그 날은 먹지 않음.
一家(일가), 一家見(일가견), 一擧兩得(일거양득) 一顧(일고), 一括(일괄), 一口兩匙(일구양시), 一口二言(일구이언), 一騎當千(일기당천), 一黨(일당), 一當百(일당백), 一代(일대), 一刀兩斷(일도양단), 一覽(일람), 一連(일련), 一列(일렬), 一路邁進(일로매진), 一理(일리), 一網打盡(일망타진), 一名(일명), 一目瞭然(일목요연), 一脈相通(일맥상통), 一面(일면), 一方(일방), 一罰百戒(일벌백계), 一瞥(일별), 一絲不亂(일사불란), 一瀉千里(일사천리), 一瞬(일순), 一魚濁水(일어탁수), 一言半句(일언반구), 一言之下(일언지하), 一葉片舟(일엽편주), 一員(일원), 一日三省(일일삼성), 一字無識(일자무식), 一場春夢(일장춘몽), 一定(일정), 一朝一夕(일조일석), 一種(일종), 一周(일주), 一陣狂風(일진광풍), 一觸卽發(일촉즉발), 一蹴(일축), 一波萬波(일파만파), 一片丹心(일편단심), 一筆揮之(일필휘지), 一攫千金(일확천금), 一喜一悲(일희일비), 間一髮(간일발), 九牛一毛(구우일모), 群鷄一鶴(군계일학), 南柯一夢(남가일몽), 單一(단일), 萬一(만일), 貧者一燈(빈자일등), 三位一體(삼위일체), 始終一貫(시종일관), 兩者擇一(양자택일), 言行一致(언행일치), 危機一髮(위기일발), 唯一(유일), 唯一無二(유일무이), 唯一神(유일신), 千慮一失(천려일실), 千載一遇(천재일우), 擇一(택일), 蔽一言(폐일언), 紅一點(홍일점)

첫째, 처음
[一等(일등)] 순위, 등급 따위에서 첫째. 으뜸.
[一流(일류)] 첫째가는 부류. ¶일류 극장
[第一(제:일)] 여럿 가운데서 첫 번째. ¶건강이 제일이다.
一級(일급), 一味(일미), 一步(일보), 一品(일품), 正一品(정일품)

어떤
[一說(일설)] 어떠한 말. 하나의 설. 한 학설, 또는 이설(異說).
[一帶(일대)] 일정한 범위의 어느 지역 전부. ¶남해안 일대에 태풍의 피해가 컸다
[一部(일부)] 일부분. 전체에서 어떤 한 부분. ¶일부 몰지각한 인사들

오로지
[一念(일념)] 한결같은 마음. 또는 오직 한 가지의 생각. ¶돈을 벌겠다는 일념으로 평생을 살다 보니 후회가 많다
[一心(일심)] 한 마음. 마음을 오로지 외곬으로만 씀.
[始終一貫(시:종일관)] 처음부터 끝까지 한결같이.
[初志一貫(초지일관)] 처음에 먹은 마음을 끝까지 관철함.

모두, 온통, 변함없는, 같다
[一般(일반)] ① 한 모양. ② 전반. ¶언어 일반에 관한 공부 ③ 보통 사람들. ¶일반에 공개하다 ④ 특별 또는 특수에 대비되는 말. 참一般的(일반적)
[一任(일임)] 전적으로 맡김. 모조리 맡김. ¶이 일의 처리는 자네에게 일임하겠네
[一致(일치)] 한가지로 꼭 맞음. 참滿場一致(만장일치)
[均一(균일)] 금액이나 수량 따위가 골고루 똑같음. 차이가 없음.
一律(일률), 一般的(일반적), 一變(일변), 一色(일색), 一掃(일소), 一時(일시), 一心同體(일심동체), 一切(일체), 一齊(일제), 一切(일체), 一行(일행), 乾坤一擲(건곤일척), 同一(동일), 同一視(동일시), 始終如一(시종여일), 心機一轉(심기일전), 如一(여일), 千篇一律(천편일률), 渾然一體(혼연일체), 劃一(획일)

조금, 매우 작은, 매우 적은
[一助(일조)] 조금의 도움이 됨. 또는 그 도움.
[一刻如三秋(일각여삼추).] 짧은 시간이 삼년(또는 가을의 석 달) 같이 생각된다는 뜻으로, '기다리는 마음이 매우 간절함'을 이르는 말.
[一寸光陰不可輕(일촌광음불가경).] 한 치의 시간인들 어찌 가볍게 여기리오. 『朱熹(주희)·勸學文(권학문)』 ☞ * 056
一刻(일각), 一刻千金(일각천금), 一抹(일말)

二 두 이:, 二부2　　0002

'二(이)'자는 두 개의 가로획으로 수 '둘'의 뜻을 나타낸다. '둘', '두 가지', '둘째', '첫째의 다음 순위'의 뜻을 가진다.

둘, 두 번
[二重(이:중)] 두 겹. 겹침. ¶이중 국적.
[口無二言(구:무이언)] 입으로 두말을 하지 않는다.
[一石二鳥(일석이조)] 한 번 돌을 던져 두 마리의 새를 잡음. 곧, '한 가지 일을 하여 두 가지 이득을 봄'을 이르는 말.
二律背反(이율배반), 二重人格(이중인격), 二重唱(이중창), 唯一無二(유일무이), 一口二言(일구이언)

둘째, 다음, 버금
[二等(이:등)] 둘째.

[二兵(이:병)] '이등병'의 준말. 사병의 맨 아래 계급.
[二世(이:세)] ① 외국에 이주해 간 세대의 다음 세대. ¶재일 동포 이세. ② 다음 세대.
[第二(제이)] 여럿 가운데서 두 번째. ¶이곳은 나의 제이의 고향이다

三 석 삼, 一부 3   0003

'三(삼)'자는 세 개의 가로획으로 수의 '셋'을 나타낸다. 三(삼)은 안정된 수이다. 셋이 함께 있으면 넘어지지 않는다. 그래서 예로부터 三(삼)이란 수를 좋아하여 많이 이용하였다.

삼, 셋째, 세 번
[三多(삼다)] ① 글짓기 공부에서, 많이 읽고, 많이 짓고, 많이 생각하는 것. 즉 多讀(다독), 多作(다작), 多商量(다상량). ② 제주도에 바람·돌·여자가 많은 것. 图三多島(삼다도)
[三寸(삼촌)] 친척 가운데 세 번째 관계. 아버지의 형제. 回叔父(숙부), 작은아버지.
[作心三日(작심삼일)] 단단히 먹은 마음이 사흘을 못 간다는 뜻으로 결심이 굳지 못함을 이르는 말.
三角形(삼각형), 三角關係(삼각관계), 三綱(삼강), 三經(삼경), 三更(삼경), 三顧草廬(삼고초려), 三軍(삼군), 三權(삼권), 三權分立(삼권분립), 三南(삼남), 三段論法(삼단논법), 三代(삼대), 三毒(삼독), 三冬(삼동), 三樂(삼락), 三流(삼류), 三昧(삼매), 三寶(삼보), 三伏(삼복), 三府(삼부), 三煞方(삼살방), 三省(삼성), 三時(삼시), 三神(삼신), 三嚴(삼엄), 三友(삼우), 三虞(삼우), 三原色(삼원색), 三位一體(삼위일체), 三一運動(삼일운동), 三一節(삼일절), 三災(삼재), 三族(삼족), 三從(삼종), 三振(삼진), 三尺童子(삼척동자), 三寸舌(삼촌설), 三寒四溫(삼한사온), 孟母三遷(맹모삼천), 歲寒三友(세한삼우), 念佛三昧(염불삼매), 吾鼻三尺(오비삼척), 韋編三絕(위편삼절), 張三李四(장삼이사), 第三者(제삼자), 朝三暮四(조삼모사)

거듭, 자주
[再三(재:삼)] 두세 번, 거듭. ¶재삼 강조하다

몇몇
[三三五五(삼삼오오)] ① 서너 사람이나 네댓 사람. ② 여기저기 몇몇씩이 떼를 지어 다니거나 무엇을 하고 있는 모양.

四 녁 사:, 口부 5   0004

'四(사)'자는 '넷', '넷째', '네 번', '네 개' 등의 뜻을 가진다. 三(삼)과 어울려 '몇 개', '몇몇'의 뜻을 나타낸다. 三(삼)이 '안정'의 의미를 갖는다면 四(사)는 '넉넉하고, 완전함'의 뜻을 가진다.

넷, 네, 넉
[四季(사:계)] 사철. 봄·여름·가을·겨울의 네 계절
[四分五裂(사:분오열)] '넷으로 나누어지고 다섯으로 찢어짐'이란 뜻으로, 여러 갈래로 갈기갈기 찢어지어 분열됨.
[文房四友(문방사우)] 종이·붓·벼루·먹을 이름. 图 文房四寶(문방사보)
[朝三暮四(조삼모사)] (아침에 네 개 저녁에 세 개 주던 것을) 아침에 세 개 저녁에 네 개를 주겠다고 하면서 더 주는 것처럼 하여, 간사한 꾀로 남을 속여 희롱함. 똑같은 것을 가지고 간사한 말주변으로 남을 속임을 뜻하는 말. 『列子(열자)』
四角形(사각형), 四苦(사고), 四君子(사군자), 四窮民(사궁민), 四大六身(사대육신), 四面(사면), 四物(사물), 四民(사민), 四邊(사변), 四捨五入(사사오입), 四書(사서), 四書三經(사서삼경), 四聲(사성), 四時(사시), 四友(사우), 四圍(사위), 四祖(사조), 四祖單子(사조단자), 四足(사족), 四柱(사주), 四柱單子(사주단자), 四柱八字(사주팔자), 四重唱(사중창), 四肢(사지), 四寸(사촌), 張三李四(장삼이사)

사방, 주위의 모든 방향
[四方(사:방)] ① 동(東)·서(西)·남(南)·북(北)의 네 방향. ② 주위, 주변 일대, 여러 곳. ③ 주위에 있는 여러 나라. ④ 네모.
[四海(사:해)] ① 사방의 바다. ② 사방의 바다 안 즉, '온 세상'을 일컬음. ③ 동해·서해·남해·북해를 일컬음.
[四通八達(사:통팔달)] 길이 사방 팔방으로(모든 방향으로) 통함.
四顧(사고), 四顧無親(사고무친), 四面楚歌(사면초가), 散之四方(산지사방)

五 다섯 오:, 二부 4   0005

'五(오)'자는 수의 '다섯'을 나타낸다. 처음의 원형은 'X'였는데 위와 아래에 한 획을 그어 '五(오)'로 변형되었다. '다섯', '몇몇'의 뜻을 나타낸다.

다섯
[五感(오:감)] (생) 다섯 가지의 감각 곧, 視覺(시각)·聽覺(청각)·味覺(미각)·嗅覺(후각)·觸覺(촉각)을 이름.
[五福(오:복)] 정치를 행하기 위해서는 백성의 행복과 관련된 다섯 가지 사항을 생각한다. 다섯 가지 복이란, 壽(수)·富(부)·康寧(강녕)·攸好德(유호덕)·考終命(고종명)의 다섯 가지 복이다. 세간에서는 攸好德(유호덕)·考終命(고종명) 대신 貴(귀)와 子孫衆多(자손중다)를 넣기도 한다. ☞ * 285
[五色(오:색)] 청(靑)·황(黃)·적(赤)·백(白)·흑(黑)의 다섯 가지 색.
[五十步笑百步(오:십보소백보).] 싸움에서 오십 보 달아난 사람이 백 보 달아난 사람을 비겁하다고 비웃다. 정도의 차이가 조금은 있으나 본질은 같다. 五十步百

步(오십보백보)라고 줄여서 쓰기도 한다. 『孟子(맹자)·梁惠王章句(양혜왕장구)』
五經(오경), 五戒(오계), 五穀(오곡), 五果(오과), 五官(오관), 五禮(오례), 五倫(오륜), 五輪(오륜), 五里霧中(오리무중), 五味(오미), 五味子(오미자), 五不孝(오불효), 五辛菜(오신채), 五友(오우), 五友歌(오우가), 五臟六腑(오장육부), 五賊(오적), 五體(오체), 五體投地(오체투지), 五行(오행), 五胡(오호), 鷄五德(계오덕), 四分五裂(사분오열), 三綱五倫(삼강오륜), 陰陽五行(음양오행), 第五列(제오열)

몇몇
[三三五五(삼삼오오)] 三(삼) 참조.

六 여섯 류, 八부4　　0006

'六(륙)'자는 수의 '여섯'을 나타낸다.

여섯, 여섯 번
[六感(육감)] (심) 제 육감. 靈感(영감)처럼 순간적으로 직접 느끼어 깨닫는 五感(오감) 이외의 감각.
[六親(육친)] 부모, 형제, 처자를 가리킴.
[六耳不同謀(육이부동모)] 세 사람으로서는 비밀을 지켜 계략을 수행하기 어려움을 이르는 말. 육이(六耳)는 세 사람을 뜻함.
六甲(육갑), 六母(육모), 六書(육서), 六旬(육순) 六十甲子(육십갑자), 六藝(육예), 六月飛霜(유월비상), 六曹(육조), 五臟六腑(오장육부)

七 일곱 칠, 一부2　　0007

'七(칠)'자는 칼로 가로 세로 벤 모양이었는데 후에 세로의 아래 부분을 구부려 모양을 다듬었다. '일곱'이라는 수, 또는 '일곱 번'이라는 횟수를 나타낸다.

일곱, 일곱 번
[七夕(칠석)] 음력 칠월 칠일 밤. 이날 밤에 견우성(牽牛星)과 직녀성(織女星)이 오작교(烏鵲橋)에서 만난다고 하며, 부녀자들은 바늘·실·과일 따위를 차려 놓고 바느질과 길쌈 재주를 겨루는 풍속이 있다.
[七顚八起(칠전팔기)] 일곱 번 넘어져도 여덟 번 째 일어남. '여러 번의 실패에도 꺾이지 아니하고 다시 일어남'을 이르는 말.
[北斗七星(북두칠성)] 별자리 작은곰자리의 뚜렷한 일곱 개의 별. 국자 모양으로 보이며 북극의 둘레를 원형으로 돈다. 北斗(북두), 北斗星(북두성) 七星(칠성)도 같은 말이다.
[七縱七擒(칠종칠금)] (제갈량이 맹획을 일곱 번 사로잡았다 놓아주었다는 고사에서 온 말로) '마음대로 잡았다 놓아주었다 함'을 이르는 말. 또는 상대를 완전하게 제압하기 위해서 강압적인 수단보다는 마음으로 굴복하게 만드는 것을 말한다. 『三國志(삼국지)』
七寶(칠보), 七旬(칠순), 七難八苦(칠난팔고), 竹林七賢(죽림칠현)

八 여덟 팔, 八부2　　0008

'八(팔)'자는 원래 '나누다'의 뜻을 위해 만든 글자였는데, '여덟'이란 뜻으로 쓰이는 예가 많아지자 '八(팔)'에 '칼 刀(도)'를 더하여 '나눌 分(분)'자를 만들어 '나누다'라는 뜻을 더욱 분명히 하였다. 八(팔)은 '수의 많음'을 나타내는 데 쓰이기도 한다.

여덟, 여덟 번
[八道(팔도)] 옛날 우리나라의 행정구획으로, 경기도·충청도·전라도·경상도·황해도·평안도·함경도·강원도의 여덟 도를 이른다.
[八方美人(팔방미인)] ① 여러 방면에 능통한 사람. ② 누구에게나 잘 보이도록 처세를 잘하는 사람. ③ 깊이 없이 여러 방면에 조금씩 손대는 사람을 조롱하여 이르는 말.
[八字(팔자)] ① 출생한 연(年)·월(月)·일(日)·시(時)의 간지(干支)의 여덟 글자. ② 사람의 평생 운수. ㉘八字打令(팔자타령)
[十中八九(십중팔구)] 열 가운데 여덟이나 아홉 정도. 거의 대부분 틀림없음. ㉑十常八九(십상팔구)
八卦(팔괘), 八苦(팔고), 八達(팔달), 八道江山(팔도강산), 八方(팔방), 八不出(팔불출), 八朔(팔삭), 八旬(팔순), 八珍味(팔진미), 關東八景(관동팔경), 望八(망팔), 四通八達(사통팔달), 七顚八起(칠전팔기), 七難八苦(칠난팔고)

九 아홉 구, 乙부2　　0009

'九(구)'자는 數(수) 중에서 마지막이며 가장 큰 수로서, 수가 다하여 끝나는 '아홉'을 나타낸다. 수효가 많다는 뜻으로 쓰인다.

아홉, 아홉 번
[九九法(구구법)] 곱셈하는 방법에 쓰는 기초 공식. 1에서 9까지의 숫자를 1에서 9까지 곱하는 셈법. 九九段(구구단)이라고도 함.
[九死一生(구사일생)] '아홉 번 죽을 고비를 넘기고 다시 한 번 살아남'이란 뜻에서, '죽을 고비를 여러 차례 넘기고 겨우 살아남'을 이름.
九尾狐(구미호), 九族(구족), 九泉(구천), 十中八九(십중팔구)

수효의 끝, 수효가 많다
[九曲肝腸(구곡간장)] '굽이굽이 서린 창자'라는 뜻으로, '깊은 마음속 또는 시름이 쌓인 마음속'을 비유하여 이르는 말. ¶구곡간장 맺힌 원한
[九牛一毛(구우일모)] 아홉 마리 소 중에서 뽑은 한 오라기 털. 많은 것 가운데 지극히 작은 것을 일컫는 말. 司馬遷(사마천)이 任少卿(임소경)에게 보낸 편지 중에서 유래한 성어임.

九重宮闕(구중궁궐), 九折羊腸(구절양장)

十 열 십, 十부2   0010

'十(십)'자는 열이라는 수를 나타낸다. 양이나 정도를 나타낼 때 十(십)은 완전하거나 부족이 없다는 뜻으로 쓰인다.

열, 열 번, 열 배
[十年減壽(십년감수)] 목숨이 십년이나 감축되었다는 뜻으로, 대단한 공포나 위험 등 죽을 고비를 겪은 뒤에 하는 말.
[十代(십대)] ① 열 번째의 세대. ② 나이가 10세에서 19세까지의 시대.
[權不十年(권불십년)] '권세는 십년을 가지 못함'이란 뜻에서, 아무리 높은 권세라도 오래 가지 못함. 回花無十日紅(화무십일홍)
[赤十字社(적십자사)] 흰 바탕에 붉은 빛으로 '+'자형을 그린 적십자의 표장을 표지로 사용하는 국제조직. 적십자 조약에 따라 설립되어 본부를 제네바에 둔 국제적인 민간 조직. 전시나 사변 때는 傷病者(상병자)의 구호, 평시에는 재해·질병의 구조와 예방 따위를 목적으로 함.
[花無十日紅(화무십일홍), 人不百日好(인불백일호).] 꽃이 피어야 열흘을 넘기기 어렵고, 사람의 좋은 날은 100일을 넘기지 못한다. '청춘은 짧은 동안 금방 지나가버린다' 또는 '한 번 성하면 반드시 쇠하여짐'을 비유하여 이르는 말이다. 人不百日好(인불백일호) 대신 人無千日好(인무천일호) 또는 勢不十年長(세불십년장)이 쓰이기도 한다. 『通俗編(통속편)』
十干(십간), 十戒(십계), 十誡命(십계명), 十伐之木(십벌지목), 十匙一飯(십시일반) 十字(십자), 十字架(십자가), 十長生(십장생), 十中八九(십중팔구), 十進(십진)

전부, 일체, 완전
[十年知己(십년지기)] 오래 전부터 사귀어 온 친구
[十分(십분)] ① 한 시간의 1/6 ② 부족함이 없이 꽉 참. ¶능력을 십분 발휘하다 ③ 열로 나눔.
十方(시방), 十方世界(시방세계), 十常(십상), 十人十色(십인십색)

一(일), 二(이), 三(삼) … 十(십) 등 한자의 숫자는 획수가 적고 간단하여 쓰기 쉽다는 장점이 있다. 그렇지만 다른 글자로 변조하기 쉽다는 단점이 있다. 그래서 계약서 등의 중요한 문서에는 음이 같고 획수가 많아 변조하기 어려운 다른 글자, 이른바 '갖은자'로 바꾸어 쓴다. 갖은자는 壹(일), 貳(이), 參(삼), 肆(사), 伍(오), 陸(륙), 柒(칠), 捌(팔), 玖(구), 拾(십), 佰(백), 阡(천) 등이다.

天 하늘 천, 大부4   0011

'天(천)'자는 '큰 大(대)'와 '한 一(일)'로 이루어졌다. '大'는 사람을, '一'은 사람의 머리 위에 있어 끝없이 넓은 것이라는 의미에서, '하늘'을 나타낸다. 하늘은 끝이 없이 높고, 넓고, 변화가 무쌍해서 인간으로는 도저히 다 볼 수도 없고 알 수도 없다. 그래서 하늘의 뜻이라면 거역할 수 없는 것이었고, 신이나 신선이 살고 있는 이상향으로 여겨지기도 하였다.

하늘, 천체, 천체의 운행
[天高馬肥(천고마비)] 하늘이 높고 말이 살찐다는 뜻으로, '하늘이 맑고 초목이 결실하는 풍성한 가을의 계절'을 이르는 말.
[天地(천지)] ① 하늘과 땅. ② 아주 다름을 이름. ③ 위와 아래. ④ 세상.
[天下(천하)] 하늘 아래 온 세상.
[靑天(청천)] ① 푸른 하늘. ② 청명(淸明)한 사람 따위의 비유.
天干(천간), 天空(천공), 天球(천구), 天弓(천궁), 天氣(천기), 天動說(천동설), 天馬(천마), 天幕(천막), 天文學(천문학), 天方地軸(천방지축), 天變地異(천변지이), 天文(천문), 天文臺(천문대), 天上(천상), 天水畓(천수답), 天心(천심), 天涯(천애), 天壤之差(천양지차), 天元(천원), 天人共怒(천인공노), 天障(천장), 天井(천정), 天井不知(천정부지), 天池(천지), 天地神明(천지신명), 天窓(천창), 天體(천체), 天下無敵(천하무적), 天下壯士(천하장사), 天下泰平(천하태평), 天下太平(천하태평), 天候(천후), 開天節(개천절), 乞人憐天(걸인연천), 驚天動地(경천동지), 奇想天外(기상천외), 露天(노천), 大明天地(대명천지), 曇天(담천), 戴盆望天(대분망천), 戴天(대천), 東天(동천), 摩天樓(마천루), 無法天地(무법천지), 別天地(별천지), 憤氣衝天(분기충천), 憤氣撐天(분기탱천), 仰天大笑(앙천대소), 炎天(염천), 旭日昇天(욱일승천), 雨天(우천), 意氣衝天(의기충천), 長天(장천), 坐井觀天(좌정관천), 周遊天下(주유천하), 中天(중천), 徹天之恨(철천지한), 晴天(청천), 靑天霹靂(청천벽력)/晴天霹靂(청천벽력), 靑天白日(청천백일), 衝天(충천), 怒氣衝天(노기충천), 憤氣衝天(분기충천), 意氣衝天(의기충천), 火光衝天(화광충천), 渾天儀(혼천의), 火光衝天(화광충천)

하느님, 조화(造化)의 신, 하느님이나 신선 등이 살고 있다는 세상
[天國(천국)] 하늘나라. 예수교에서 죄를 벗은 사람의 영혼이 죽은 뒤에 간다는 天上界(천상계). 天堂(천당)
[天佑神助(천우신조)] 하늘과 신령의 도움.
[昇天(승천)] ① 하늘에 오름. ¶용이 승천하다.② (가톨릭교에서) '죽음'을 이르는 말.
天機(천기), 天機漏泄(천기누설)/天機漏洩(천기누설), 天堂(천당), 天父(천부), 天使(천사), 天神(천신), 天眼(천안), 天眼通(천안통), 天衣無縫(천의무봉), 天子(천자), 天帝(천제), 天主教(천주교), 歸天(귀천), 人乃天(인내천), 祭天(제천)

자연, 자연의 섭리, 자연의 법칙
[天然(천연)] ① 자연 그대로의 상태. 인공을 가하지 아니한 것. 사람의 힘을 가하지 않은 자연 그대로의 상

태. 참天然色(천연색), 天然資源(천연자원) ② 태어날 때부터 갖춤.
[天敵(천적)] 어떤 생물에 대하여 해로운 적이 되는 생물. 개구리에 대한 뱀, 쥐에 대한 고양이 따위.
[全天候(전천후)] 어떠한 기상 상태나 시계(視界) 하에서도 활동할 수 있고 비행할 수 있음.
天然痘(천연두), 天然色(천연색), 天然資源(천연자원), 天日鹽(천일염), 天災地變(천재지변), 天險(천험), 天惠(천혜), 天候(천후),

임금, 제왕
[天王(천왕)] ① 임금. ② 하늘의 왕. ③ 慾界(욕계)·色界(색계)의 主(주). 持國(지국)·廣目(광목)·增長(증장)·多聞(다문)의 네 천왕을 이른다.
[天子(천자)] 天帝(천제)의 아들이라는 뜻으로, 天帝(천제)의 명을 받아서 천하를 다스리는 사람.
[天帝(천제)] 하느님.
[天皇(천황)] ① 임금. ② 天帝(천제). ③ 上古(상고) 때의 三皇(삼황)의 한 사람.

운명, 자연의 분수, 하늘의 뜻
[天罰(천벌)] 하늘이 내리는 형벌.
[天生緣分(천생연분)] '하늘에서 생겨난 연분'이란 뜻에서, '하늘이 맺어준 인연'을 말함.
[至誠感天(지성감천)] '정성이 지극하면 하늘도 감동하게 된다'는 뜻으로, '어떤 일에나 정성을 다하면 아주 어려운 일도 풀리고 이루어진다'는 말.
[順天者存(순천자존), 逆天者亡(역천자망).] 하늘의 도리에 순종하는 자는 살아남고, 하늘에 도리에 거역하는 자는 망한다. 『孟子(맹자)·離婁 上(이루 상)』
[盡人事待天命(진:인사대천명).] 사람으로서 해야 할 일을 다 하고 하늘의 뜻을 기다린다. 자신에게 주어진 일을 성실하게 수행하지 않고 요행만 바라는 사람에게 충고할 때 쓰는 말이다. 『胡寅(호인)·致堂讀書管見(치당독서관견)』
天倫(천륜), 天命(천명), 天福(천복), 天賦(천부), 天壽(천수), 天時(천시), 天心(천심), 天運(천운), 天恩(천은), 天職(천직), 天幸(천행), 樂天的(낙천적), 富貴在天(부귀재천), 人命在天(인명재천), 知天命(지천명)

타고난 천성
[天性(천성)] 타고난 성질.
[天才(천재)] 태어날 때부터 갖춘 뛰어난 재주, 또는 그 재주를 가진 사람.
[先天(선천)] 태어나기 전부터 갖추고 있는 성질의 것. 참先天的(선천적)
[後天(후:천)] 세상에 나온 뒤에 여러 가지 경험이나 지식에 의하여 가지는 성질 또는 체질. 세상에 나온 뒤에 학문이나 경험 등에 의하여 얻은 지식이나 습관. 참後天性(후천성), 後天的(후천적) 반先天(선천)
天生(천생), 天眞(천진), 天眞爛漫(천진난만), 天眞無垢(천진무구), 天痴(천치)

형벌 이름
[天刑(천형)] ① 자연의 법. 하늘의 법. ② 天罰(천벌).

③ 去勢(거세)함. 불알을 깜. ④ 문둥병을 이름.

기타
[天麻(천마)] (식) 난초과의 여러해살이 기생식물. 천마의 뿌리는 맛은 맵고 성질은 따뜻함. 두통·현기증·풍비 등에 쓰이는 한약재.
[天王星(천왕성)] 태양계에 속하는 行星(행성)의 하나. 태양에서 일곱 번째에 있다.
[天秤(천칭)] 天平秤(천평칭)의 준말. 가운데에 줏대를 세우고 가로장을 걸친 데, 양쪽 끝에 똑같은 저울판이 달린 저울의 한 가지.

地 땅 지, 土부6   0012

'地(지)'자는 '흙 土(토)'와 '어조사 也(야)'로 이루어졌다. '土(토)'는 평평한 땅, '也(야)'는 뱀 같이 꾸불꾸불 이어진 모양이다. 그래서 '地(지)'는 평평하거나 꾸불꾸불 이어지는 땅을 뜻한다. 하늘 아래 땅 곧, 지구의 표면을 말한다.

땅, 뭍, 지구의 표면
[地球(지구)] 인류가 살고 있는 천체로서 태양계에 속하는 혹성의 하나. 참地球儀(지구의)
[地獄(지옥)] ① 불교에서 생전의 죄로 말미암아 사후에 苛責(가책)을 받는다는 곳. 八熱地獄(팔열지옥)과 八寒地獄(팔한지옥)이 있으며, 총 16종의 지옥이 있다고 한다.
[地下(지하)] ① 땅 속. 땅의 아래. 또는 땅 속을 파고 만든 구조물의 공간. 참地下水(지하수), 地下室(지하실) 반地上(지상) ② 저승.
[大地(대:지)] 대자연의 넓고 큰 땅.
[天地(천지)] ① 하늘과 땅. ② 아주 다름을 이름. ③ 위와 아래. ④ 세상.
[平地風波(평지풍파)] 평지에 파란을 일으킨다는 뜻으로, '평온한 자리에서 뜻밖에 일어나는 다툼질'을 비유하여 이르는 말. 참平地起波瀾(평지기파란).
地價(지가), 地殼(지각), 地官(지관), 地溝帶(지구대), 地代(지대), 地圖(지도), 地動說(지동설), 地雷(지뢰), 地理(지리), 地利(지리), 地面(지면), 地盤(지반), 地變(지변), 地上(지상), 地勢(지세), 地神(지신), 地熱(지열), 地溫(지온), 地衣(지의), 地中(지중), 地中海(지중해), 地支(지지), 地震(지진), 地質(지질), 地軸(지축), 地層(지층), 地平線(지평선), 地表(지표), 地形(지형), 肝腦塗地(간뇌도지), 驚天動地(경천동지), 空地(공지), 國有地(국유지), 屈地性(굴지성), 極地(극지), 露地(노지), 垈地(대지), 無法天地(무법천지), 別天地(별천지), 不毛地(불모지), 私有地(사유지), 生地獄(생지옥), 五體投地(오체투지), 陸地(육지), 接地(접지), 借地(차지), 着地(착지), 天方地軸(천방지축), 天變地異(천변지이), 天災地變(천재지변), 天地神明(천지신명), 縮地(축지), 土地(토지), 平地(평지), 風水地理(풍수지리), 含笑入地(함소입지), 荒蕪地(황무지), 懷橘墮地(회귤

타지)
토양, 농토, 논밭
[地力(지력)] 토지의 생산력.
[耕地(경지)] 경작하는 토지. 경작지의 준말.
[農地(농지)] 농사를 짓는 데 쓰이는 땅.
地主(지주), 基地(기지), 整地(정지)
곳, 장소, 지방, 지점
[地方(지방)] ① 어떤 방면의 땅을 가리켜 이름. ② 서울 이외의 땅.
[地域(지역)] 땅의 구역. 땅의 경계, 또는 그 안의 땅.
[名勝地(명승지)] 뛰어나게 경치가 좋은 곳.
[産(산:지)] 물건이 생산되는 곳. 생산지의 준말. 참 原産地(원산지)
地帶(지대), 地名(지명), 地方稅(지방세), 地番(지번), 地緣(지연), 地籍(지적), 地點(지점), 地政(지정), 地誌(지지), 各地(각지), 干潟地(간석지), 客地(객지), 隔地(격지), 高地(고지), 共同墓地(공동묘지), 空地(공지), 局地戰(국지전), 根據地(근거지), 基地(기지), 吉地(길지), 暖地(난지), 綠地(녹지), 團地(단지), 垈地(대지), 墓地(묘지), 番地(번지), 僻地(벽지), 別天地(별천지), 敷地(부지), 盆地(분지), 死地(사지), 山間僻地(산간벽지), 山地(산지), 聖地(성지), 濕地(습지), 植民地(식민지), 陽地(양지), 緣故地(연고지), 領地(영지), 奧地(오지), 外地(외지), 要地(요지), 陰地(음지), 任地(임지), 敵地(적지), 適地(적지), 轉地訓鍊(전지훈련), 陣地(진지), 處女地(처녀지), 宅地(택지), 被害地(피해지), 行先地(행선지), 險地(험지), 現地(현지)
나라, 영토, 국토
[失地(실지)] 잃은 땅 또는 영토. ¶실지 회복
처지, 처해 있는 형편, 신분, 자리
[地位(지위)] 사회적 신분에 따라 개인이 차지하는 자리나 계급.
[窮地(궁지)] 상황이 매우 곤궁한 일을 당한 처지.
[立地(입지)] ① 식물이 생육하는 일정한 장소에 있어서의 환경. ② 산업을 경영할 장소를 선택하고 결정하는 일. ③ 땅 위에 섬.
[處地(처:지)] ① 처하여 있는 사정이나 형편. ② 서로 사귀어 지내는 관계. ¶서로 허물없이 지내는 처지이다 ③ 지위 또는 신분.

[易地思之(역지사지)] 처지를 바꾸어 그것을 생각함. 상대편의 처지에서 생각해 봄. 어떤 사안을 자신의 처지에서만 생각하지 말고 상대편의 입장이 되어 생각해 보는 것이다. 하지만 역지사지가 쉬운 일이 아니다. 사람은 무릇 자신이 경험하지 않은 일에 대해서는 생각이 미치지 못한다. 오죽하면 '상전 배부르면 종 배고픈 줄 모른다'는 속담이 생겨났겠는가. 편하게 사는 사람은 고생하는 사람의 궁핍한 처지를 절대 알지 못한다. 어두운 곳에 있는 사람은 밝은 곳을 잘 볼 수 있지만, 밝은 곳에 있는 사람은 어두운 곳을 잘 볼 수가 없다.

地境(지경), 見地(견지), 境地(경지), 實地(실지), 餘地(여지), 狹地(좁지)
바탕, 본래의 성질
[地文(지문)] ① 주어진 바탕 글. 또는 그 내용. ¶다음 지문을 읽고 물음에 답하시오. ② 희곡에서 해설과 대사를 뺀 나머지 부분의 글. 인물의 동작, 표정, 심리, 말투 따위를 지시하거나 서술함.
[素地(소지)] 본래의 바탕. 가능성.
토지의 신

人 사람 인, 人부2 0013

'人(인)'자는 '사람'을 뜻하기 위하여 사람이 서 있는 자세의 측면 모습을 본뜬 것이다. 왼쪽 편방으로 쓰일 때의 모양인 'ㅅ'이 원형에 더 가깝다. '남', '딴 사람'을 나타내기도 한다.
사람, 인간
[人間(인간)] ① 사람. 인류. ② 사람이 사는 사회. ③ 신(神) 또는 동물과 대립되는 존재로서의 사람. 언어를 가지고 사고할 줄 알고 사회를 이루며 사는 지구상의 고등 동물. 참人間性(인간성), 人間味(인간미) ④ 사람의 됨됨이, 인물. ⑤ (반어법으로 쓰일 때) 특정한 사람을 멸시하여 이를 때 '저 인간이'와 같이 쓴다.
[人口(인구)] ① 사람의 입. ② 사람의 말 ③ 일정한 지역에 사는 사람의 수효. 참人口密度(인구밀도)
[人情(인정)] ① 본디부터 지녀 오는 사람의 마음. ¶남들보다 잘 살고 싶은 것이 인정이라… 참人之常情(인지상정) ② 세상 사람의 마음. ③ 사귀어 친한 정. ¶인정사정 볼 것 없다 ④ 남을 동정하는 따뜻한 마음. ¶인정 많은 이웃의 도움으로… ⑤ (지난날) 벼슬아치들에게 은근히 주던 선물·뇌물 따위를 일컫던 말.
[個人(개:인)] 단체의 제약에서 벗어난 낱낱의 사람. 참個人技(개인기), 個人展(개인전), 個人主義(개인주의)
[成人(성인)] 어른.
人家(인가), 人件費(인건비), 人傑(인걸), 人絹(인견), 人權(인권), 人氣(인기), 人工(인공), 人工衛星(인공위성), 人口膾炙(인구회자), 人德(인덕), 人道(인도), 人道主義(인도주의), 人福(인복), 人力(인력), 人力車(인력거), 人類(인류), 人倫(인륜), 人脈(인맥), 人面獸心(인면수심), 人名(인명), 人命(인명), 人文(인문), 人物(인물), 人夫(인부), 人糞(인분), 人非木石(인비목석), 人士(인사), 人事(인사), 人事不省(인사불성), 人相(인상), 人生(인생), 人性(인성), 人心(인심), 人員(인원), 人才(인재), 人材(인재), 人跡(인적), 人情味(인정미), 人情米(인정미), 人造(인조), 人種(인종), 人中(인중), 人質(인질), 人體(인체), 人叢(인총), 人畜(인축), 人稱(인칭), 人波(인파), 人便(인편), 人海戰術(인해전술), 人和(인화), 佳人薄命(가인박명), 故人(고인), 求人(구인), 軍人(군인), 美人薄命(미인박명), 個人(개인), 巨人(거인), 乞人(걸인), 乞人憐天(걸인연천), 公證人(공증인), 寡人(과인), 狂人(광인), 敎人(교인), 求人欄(구

인란), 貴婦人(귀부인), 貴人(귀인), 奇人(기인), 吉人(길인), 內人(나인), 南人(남인), 浪人(낭인), 老人(노인), 對人(대인), 道人(도인), 東人(동인), 同人(동인), 萬人(만인), 蠻人(만인), 亡人(망인), 盲人(맹인), 盲人直門(맹인직문), 沒人情(몰인정), 無人之境(무인지경), 門人(문인), 未亡人(미망인), 美人(미인), 美人計(미인계), 傍若無人(방약무인), 白人(백인), 凡人(범인), 犯人(범인), 法人(법인), 服人(복인), 本人(본인), 婦人(부인), 夫人(부인), 産婦人科(산부인과), 殺人(살인), 傷痍軍人(상이군인), 商人(상인), 西人(서인), 庶人(서), 仙人(선인), 仙人掌(선인장), 聖人(성인), 小人(소인), 小人輩(소인배), 俗人(속인), 囚人(수인), 修事(수인사), 食人種(식인종), 新人(신인), 神人共怒(신인공노), 失人心(실인심), 尋人(심인), 惡人(악인), 愛人(애인), 野人(야인), 女人(여인), 旅人宿(여인숙), 戀人(연인), 倭人(왜인), 矮人(왜인), 要人(요인), 庸人(용인), 傭人(용인), 友人(우인), 偉人(위인), 爲人設官(위인설관), 孺人(유인), 恩人(은인), 隱人(은인), 異邦人(이방인), 張本人(장본인), 障碍人(장애인), 丈人(장인), 才子佳人(재자가인), 在鄕軍人(재향군인), 前人未踏(전인미답), 情人(정인), 鳥人(조인), 罪人(죄인), 主人(주인), 主人公(주인공), 中人(중인), 證人(증인), 支配人(지배인), 知性人(지성인), 借刀殺人(차도살인), 差人(차인), 參考人(참고인), 賤人(천인), 天人共怒(천인공노), 哲人(철인), 鐵人(철인), 超人(초인), 招人鐘(초인종), 寸鐵殺人(촌철살인), 他人(타인), 土人(토인), 八方美人(팔방미인), 廢人(폐인), 下人(하인), 行人(행인), 賢人(현인), 好人(호인), 弘益人間(홍익인간), 活人(활인), 黑人(흑인)

남(다른 사람)
[眼下無人(안:하무인)] '눈 아래 다른 사람이 없는 것으로 여긴다'는 뜻에서, 다른 사람을 업신여김을 말함. 图 眼中無人(안중무인)
[君子求諸己(군자구저기), 小人求諸人(소인구저인).] 군자는 자신에게서 찾고 소인은 남에게서 찾는다. 군자는 무슨 일이건 원인을 자기 자신에게서 구하고 자기에게 책임을 부과한다. 스스로 반성하여 잘못된 원인을 자신에게서 찾으려고 한다. 줄여서 求諸己(구저기)라고 한다. 그러나 이와는 반대로 소인은 무슨 일이건 남에게 시키고 그 책임을 남에게 떠넘긴다. 『論語(논어)·衛靈公(위령공)』
[己所不欲勿施於人(기소불욕물시어인).] 내가 하고 싶지 않은 일을 남에게도 시키지 말라. 『論語(논어)·衛靈公(위령공)』
[耳不聞人之非(이불문인지비), 目不視人之短(목불시인지단), 口不言人之過(구불언인지과). 庶幾君子(서기군자).] 귀로는 다른 사람의 비행을 듣지 말고, 눈으로는 다른 사람의 단점을 보지 말고, 입으로는 다른 사람의 허물을 말하지 말라. 그러면 군자라 할 수 있다. 『明心寶鑑(명심보감)·正己篇(정기편)』

백성, 인민
[人民(인민)] ① 사회를 구성하는 사람. 백성. ② 한 국가를 구성하고 있는 자연인(自然人). 공화국의 구성원.

뛰어난 사람, 훌륭한 사람
[名人(명인)] 어떤 기예 등이 뛰어난 사람. 이름난 사람.
[義人(의:인)] 의협심이 있고 절의를 지키는 사람.
[大人不責小人過(대:인불책소인과)] 큰 덕을 갖춘 사람은 하찮은 사람의 실수를 책망하지 아니함. 『陔餘叢考(해여총고)』
達人(달인), 大人(대인), 道人(도인), 武人(무인), 文人(문인), 詩人(시인), 偉人(위인), 異人(이인), 匠人(장인), 超人(초인), 賢人(현인)

인품, 인격
[人格(인격)] ① 사람의 됨됨이. 말이나 행동 등에 나타나는 그 사람의 품격. 人品(인품). ② 고상한 인품. 人格者(인격자). ③ 개인의 지(知)·정(情)·의(意) 및 육체적 측면을 총괄하는 전체적 통일체. ④ 도덕적 행위의 주체. ⑤ 인성(人性)을 갖춘 품격.
[人望(인망)] 여러 사람에게서 받는 존경과 신망.
[人品(인품)] 사람의 품위(品位). 人格(인격).
[全人(전인)] ① 지덕(智德)이 원만한 사람. 聖人(성인). ② 신체가 완전한 사람. 凹不具(불구)

사람을 세는 단위
예: [一人(일인)] [三人(삼인)] [一人分(일인분)]

사람 모양을 한 것
[人蔘(인삼)] 뿌리의 모양이 사람의 형체를 닮아 이름이 붙여진 다년생 식물로, 그 뿌리는 강장제(强壯劑)로 귀중하게 여기는 약재임.
[人魚(인어)] 허리 위는 여자의 몸과 비슷하고 허리 아래는 물고기와 같다고 하며, 그 고기를 먹으면 불로불사(不老不死)한다는 상상의 동물.
[人形(인형)] 사람의 형상을 본떠 만든 장난감.

父 아버지 부, 父부4 0014

'父(부)'자는 돌도끼를 들고 있는 사람의 모습을 형상화한 것이다. '돌도끼'가 본뜻인데 '아버지'란 뜻으로 빌려 쓰는 예가 많아지자 원래의 뜻은 '도끼 斧(부)'자를 추가로 만들어 나타냈다. '父(부)'자가 부수로 쓰일 때는 '부친', '노인'의 뜻을 나타낸다.

아버지
[父母(부모)] 아버지와 어머니. 어버이.
[父傳子傳(부전자전)] 아버지가 자신의 태도나 성향을 아들에게 대대로 전함. ¶부전자전이라더니 아들과 남편은 잠자는 모습까지 닮았다
[父親(부친)] 아버지.
[父子有親(부자유친)] 오륜(五倫)의 하나. 아버지와 자식의 도리는 친애(親愛)함에 있음. 부모는 자식을 사랑하고, 자식은 부모를 공경하여 그 사이에 진정한 친애

의 정이 이루어짐. 참三綱五倫(삼강오륜) ☞ * 179
[君君臣臣(군군신신), 父父子子(부부자자)] 임금은 임금으로서의 도리를 다하고, 신하는 신하로서의 도리를 다함. 부모는 부모로서의 도리를 다하고, 자식은 자식으로서의 도리를 다함. 『論語(논어)』
[養子方知父母恩(양:자방지부모은).] 제 자식을 길러 보고서야 비로소 부모의 은혜를 알 수 있다. 『明心寶鑑(명심보감)』

父系(부계), 父君(부군), 父權(부권), 父女(부녀), 父母喪(부모상), 父先亡(부선망), 父子(부자), 父兄(부형), 繼父(계부), 老父母(노부모), 亡父(망부), 殺父之讎(살부지수), 生父(생부), 媤父母(시부모), 是父是子(시부시자), 養父(양부), 嚴父慈母(엄부자모), 義父(의부), 早失父母(조실부모), 親父(친부), 虎父犬子(호부견자)

아버지와 어머니의 직계 존속, 아버지의 방계 존속
[伯父(백부)] 큰아버지. 아버지의 형.
[叔父(숙부)] 삼촌을 아버지처럼 높여 이르는 말. 작은아버지.
[外祖父(외:조부)] 어머니의 아버지.
[祖父母(조부모)] 할아버지와 할머니.

季父(계부), 高祖父(고조부), 聘父(빙부), 媤父(시부), 從祖父(종조부), 丈祖父(장조부), 仲父(중부), 曾祖父(증조부)

아버지처럼 여기는 사람
[師父(사부)] 스승을 아버지처럼 높여 이르는 말.
[神父(신부)] ① 영적인 아버지. ② 사제로 임명받은 성직자. 성사를 집행하고 미사를 드리며 강론을 한다.

國父(국부), 代父(대부), 聖父(성부), 養父(양부), 義父(의부)

연로한 사람의 경칭
[大父(대:부)] 할아버지.

(신분이 낮은) 남자를 이르는 말
[田父(전부)] 농부. 농사짓는 늙은이.
[漁父(어부)/漁夫(어부)] 고기잡이를 업으로 하는 사람.
[漁父之利(어부지리)] '어부가 이득을 챙김'이란 뜻으로, 두 사람이 이해관계로 서로 싸우는 사이에 엉뚱하게 제3자가 이익을 가로채는 것을 이르는 말. 도요새와 조가비가 서로 싸우는 중, 도요새는 조개의 살을 물고, 조개는 도요새의 부리를 물었다. 이때 어부가 와서 도요새와 조개를 다 잡아갔다. 鷸蚌相爭(휼방상쟁). 싸우는 쌍방에는 아무런 이익도 없고, 제3자가 이득을 본다는 뜻이다. 비蚌鷸之爭(방휼지쟁) 『戰國策(전국책)』

하늘, 하느님, 임금
[天父(천부)] 만물을 창조하는 하느님을 일컬음.

母 어머니 모:, 母부5   0015

'母(모)'자는 아이를 낳아 기르는 사람, 어머니를 뜻한다. 생명은 어머니로부터 비롯되므로, 근원, 근본 따위의 뜻도 가진다.

어머니, 자기를 낳아준 여자
[母女(모:녀)] 어머니와 그의 딸. 참母子(모자)
[老母(노:모)] 늙은 어머니.
[父母(부모)] 아버지와 어머니. 어버이.
[賢母良妻(현모양처)] 어진 어머니이면서 착한 아내. 남편과 자식 모두에게 잘하는 훌륭한 여자.
[孟母三遷之敎(맹:모삼천지교).] 맹자의 어머니가 아들의 교육에 나쁜 영향을 주는 환경을 피하여 세 번 집을 옮긴 고사에서, '어머니의 자녀 교육에 대한 태도가 용의주도함'을 이르는 말. 처음 묘지 옆에서 살다가, 저자 거리로 옮기고, 다시 학교 옆으로 옮겼다. 동孟母三遷(맹모삼천), 三遷之敎(삼천지교) 『烈女傳(열녀전)』

母系(모계), 母性(모성), 母性愛(모성애), 母乳(모유), 母情(모정), 母體(모체), 母親(모친), 母胎(모태), 繼母(계모), 老父母(노부모), 代理母(대리모), 代母(대모), 亡母(망모), 孟母斷機(맹모단기), 父母喪(부모상), 聘母(빙모), 産母(산모), 生母(생모), 聖母(성모), 媤父母(시부모), 養母(양모), 益母草(익모초), 嫡母(적모), 祖父母(조부모), 早失父母(조실부모), 親母(친모), 偏母(편모), 偏母膝下(편모슬하), 偏母侍下(편모시하), 賢母(현모)

어머니뻘의 여자에 대한 높임말
[姑母(고모)] 아버지의 누이. 참姑母夫(고모부)
[伯母(백모)] 아버지의 형수. 큰어머니. 참伯父(백부)
[叔母(숙모)] 삼촌의 아내를 어머니처럼 높여 이르는 말. 작은어머니. 참叔父(숙부)
[姨母(이모)] 어머니의 누이로서 어머니 같은 분. 참姨母夫(이모부)
[丈母(장:모)] 아내의 어머니. 장인의 부인을 어머니에 비유한 말. 참丈人(장인)

季母(계모), 姑母夫(고모부), 國母(국모), 大姑母(대고모), 聘母(빙모), 師母(사모), 庶母(서모), 養母(양모), 王姑母(왕고모)

젖을 먹여 길러준 여자
[乳母(유모)] 젖어머니. 남의 자식에게 자기의 젖을 먹여 길러주는 여자. 참乳母車(유모차)

집안 살림을 도와주는 여자
[食母(식모)] 남의 집에 고용되어 주로 부엌일과 음식을 맡아 하는 여자. 家政婦(가정부)
[饌母(찬:모)] 남의 집에 고용되어 주로 반찬을 만들어 주는 여자.
[針母(침:모)] 남의 바느질을 맡아 하고 일정한 품삯을 받는 여자.

땅, 근원, 근본, 밑천, 자본
[母校(모:교)] 자기의 출신 학교.
[母國(모:국)] 외국에 있는 자가 본국을 이르는 말.
[分母(분모)] 분수나 분수식에서 가로줄 아래에 적은 수나 식. 참分子(분자)

母法(모법), 母巖(모암), 母音(모음), 母音同化(모음동화), 母艦(모함), 公分母(공분모), 單母音(단모음), 複母音(복모음), 子母(자모), 航空母艦(항공모함), 酵母

(효모), 母酒(모주)
기타
[酒母(주모)] 술집에서 술을 파는 여자.
[雲母(운모)] 암석의 일종.

兄 형 형, 맏 형, 儿부5 　0016

'형 兄(형)/맏 兄(형)'자는 '입 口(구)'와 '어진 사람 儿(인)'으로 이루어진 글자라고 한다. 위에 서서 동생들을 지도하고 돌보는 사람 즉, '형'을 뜻한다. 또는 '머리[口]가 큰 사람[儿]'이라는 설도 있다. 형 또는 맏이의 뜻을 나타낸다.

형, 맏, 맏이
[兄友弟恭(형우제공)] 형은 동생을 우애하고, 동생은 형을 공경하여, 형제간에 서로 우애(友愛)를 다함.
[兄弟(형제)] ① 형과 아우. ② 同氣(동기), 同氣間(동기간). ③ (천주) 하느님의 백성으로서 한 자손이란 뜻으로 일컫는 말. ④ 모든 동포 또는 인류를 친애하여 이르는 말.
[妹兄(매형)] 손위 누이의 남편.
兄夫(형부), 兄嫂(형수), 兄弟姉妹(형제자매), 家兄(가형), 老兄(노형), 大兄(대형), 亡兄(망형), 父兄(부형), 舍兄(사형), 姉兄(자형), 長兄(장형), 從兄弟(종형제), 仲兄(중형), 妻兄(처형), 親兄(친형)

벗을 높여 부르는 말
[仁兄(인형)] 편지에서 친구끼리 상대편을 대접하여 부르는 말.
[學兄(학형)] 학우(學友)를 서로 높이어 부르는 말.
[呼兄呼弟(호형호제)] 썩 가까운 벗 사이에 형이니 아우니 하고 서로 부름.
貴兄(귀형), 師兄(사형), 畏兄(외형)

친척의 관계를 맺거나 우의를 다진 사이
[義兄弟(의:형제)] ① 의리로 맺은 형제 관계. ② 아버지나 어머니가 다른 형제.
[兄弟之國(형제지국)] ① 사이가 아주 친밀한 나라. ② 서로 혼인관계를 이룬 나라.

둘을 비교할 때 그 중 뛰어난 쪽
[難兄難弟(난형난제)] '누구를 형이라 하고 누구를 아우라 하기 어렵다'는 뜻으로, 서로 비슷비슷하여 어느 것이 낫고 못하고를 분간하기 어려움을 비유하는 말.

弟 아우 제:, 弓부7 　0017

'弟(제)'자는 '兄(형)'자의 짝을 이루는 글자이다.

아우
[兄弟(형제)] ☞ 兄(형)
[弟嫂(제:수)] ① 남자 형제 사이에서 아우의 아내를 이르는 말. 智兄嫂(형수) ② 남남의 남자끼리 동생이 되는 남자의 아내를 이르는 말.
[妹弟(매제)] 손아래 누이의 남편. 智妹夫(매부)
弟氏(제씨), 舍弟(사제), 實弟(실제), 從兄弟(종형제), 兄弟姉妹(형제자매), 兄友弟恭(형우제공)

나이가 어린 사람
[賢弟(현제)] 아우뻘이 되는 사람을 대접하여 일컫는 말.

제자
[弟:子(제자)] 가르침을 받는 사람.
[師弟(사제)] 스승과 제자를 아울러 이르는 말.
[徒弟(도제)] ① 제자. ② 직업에 필요한 지식·기능을 배우기 위해 일찍부터 스승 밑에 들어가 일하는 어린 직공. 智徒弟制度(도제제도)

자기의 겸칭 또는 남을 높이어 공손하게 표현함
[愚弟(우제)] ① 자기의 아우를 겸손하게 이르는 말. ② 형으로 대접하는 사람에게 자신을 겸손하게 일컫는 말.
[子弟(자제)] ① 남을 높이어 그의 '아들'을 이르는 말. ② 남을 높이어 그 집안의 '젊은 사람'을 이르는 말.

친척의 관계를 맺거나 우의를 다진 사이
[義兄弟(의:형제)] ☞ 兄(형)
[兄弟之國(형제지국)] ☞ 兄(형)

둘을 비교할 때 그 중 모자란 쪽
[難兄難弟(난형난제)] ☞ 兄(형)

姉 손윗누이 자, 女부8 　0018

'姉(자)'자는 '손윗누이'를 나타내기 위한 것이다. 본래는 '姊(자)'로 썼는데 후에 '姉(자)'자의 형태를 취하게 되었다. 두 글자가 함께 쓰이나 흔히 '姉(자)'자를 쓴다.

妹 누이 매, 女부8 　0019

'妹(매)'자는 '姉(자)'와 짝을 이루어 '손아래 누이'를 나타내기 위한 것이다. '여자 女(여)'와 '아닐 未(미)'로 이루어졌다. '妹(매)'자는 손아래 손위 구별 없이 일반적으로 누이를 뜻하기도 한다.

손위 누이 姉(자) 와 손아래 누이 妹(매)
[姉妹(자매)] ① 손위 누이와 손아래 누이. 또는 여자끼리의 언니와 아우. ② 서로 같은 계통에 딸려 밀접한 관계에 있는 것. ¶자매 학교 ③ 서로 친선 관계에 있는 것. ¶자매결연
[妹兄(매형)] 손위 누이의 남편.
[妹夫(매부)] ① 누이의 남편. ② 손위 누이의 남편인 姉兄(자형)과 손아래 누이의 남편인 妹弟(매제)를 통틀어 이르는 말.
[妹弟(매제)] 손아래 누이의 남편. 智妹夫(매부)
[男妹(남매)] 오라비와 누이. 오누이. 智義男妹(의남매), 親男妹(친남매)
[姉兄(자형)] 손위누이의 남편.
妹氏(매씨), 叔妹(숙매), 令妹(영매), 令姉(영자), 姉妹結緣(자매결연), 長姉(장자)

夫 사내 부, 지아비 부, 大부4　0020

'夫(부)'자는 '한 一(일)'과 '큰 大(대)'자로 이루어졌다. '一'은 冠(관)이 벗어지지 않도록 갓끈에 매어 머리에 꽂던 비녀를 뜻하고, '大'는 '사람'을 뜻한다. 옛날에는 남자 나이 스물에 冠禮(관례)를 지냈는데, 사람이 관례를 올리고 머리에 관을 썼음을 나타낸다. 남자 중에서도 어른이 된 남자를 뜻하는 글자이다.

사내, 장정
[大丈夫(대:장부)] 의지가 강하여 늠름하고 씩씩한 남자.
[丈夫(장:부)] 어른이 된 씩씩한 사내.
[拙丈夫(졸장부)] 도량이 좁고 겁이 많은 사내. 凹大丈夫(대장부)
姦夫(간부), 萬夫不當(만부부당), 凡夫(범부), 士大夫(사대부), 小丈夫(소장부), 女丈夫(여장부), 壯夫(장부), 丈夫淚(장부루), 情夫(정부), 匹夫(필부), 醜夫(추부), 匹夫匹婦(필부필부), 興夫(흥부), 倡夫(창부), 倡夫打令(창부타령), 軒軒丈夫(헌헌장부)

남편
[夫婦(부부)] 남편과 아내.
[夫人(부인)] 남의 아내의 높임말. 囹令夫人(영부인)
[姑母夫(고모부)] 고모의 남편. 囹姨母夫(이모부)
夫君(부군), 夫婦有別(부부유별), 夫爲婦綱(부위부강), 夫妻(부처), 亡夫(망부), 望夫石(망부석), 妹夫(매부), 喪夫(상부), 喪夫煞(상부살), 有夫女(유부녀), 疑夫症(의부증), 一夫一妻(일부일처), 夫唱婦隨(부창부수), 拙夫(졸부), 兄夫(형부)

일꾼, 노동일을 하는 사람
[農夫(농부)] 농사에 종사하는 사람.
[漁夫(어부)/漁父(어부)] 고기잡이를 업으로 하는 사람.
[人夫(인부)] 일꾼, 막벌이꾼, 공역(公役)에 부리는 사람.
坑夫(갱부), 鑛夫(광부), 馬夫(마부), 牧夫(목부), 筏夫(벌부), 水夫(수부), 役夫(역부), 潛水夫(잠수부), 樵夫(초부), 火夫(화부)

기타
[工夫(공부)] ① 학문·기술을 배움. 배운 것을 연습함. ② 토목공사에 쓰이는 人夫(인부). ③ 수단을 강구함. 여러모로 생각함. ④ 정신의 수양 의지의 단련을 위하여 힘쓰는 일.
[夫餘國(부여국)] 古代(고대) 퉁구스계 夫餘族(부여족)이 세웠던 부족국가. 판도는 백두산에서 송화강에 이르는 만주 일대로 東夷(동이)라 불리던 나라 가운데 가장 진보된 제도를 가졌다.

婦 부인 부, 며느리 부, 女부11　0021

'婦(부)'자는 '여자 女(녀)'와 '비 帚(추)'자로 이루어진 글자이다. 빗자루를 들고 있는 여자의 모습을 본뜬 것이라고 한다. 결혼한 성인 여자, 아내, 며느리 등의 뜻을 나타낸다.

아내, 며느리
[婦人(부인)] 남의 아내가 된 여자.
[姑婦(고부)] 시어머니와 며느리. 回姑息(고식)
[夫婦(부부)] 남편과 아내.
[有婦男(유:부남)] 아내가 있는 남자. 찹有夫女(유부녀)
婦老爲姑(부노위고), 夫唱婦隨(부창부수), 孫婦(손부), 外婦(외부), 子婦(자부), 宗婦(종부), 主婦(주부), 姪婦(질부), 孝婦(효부)

여자, 남편이 있는 여자
[婦女(부녀)] 부인과 여자.
[寡婦(과:부)] 홀어미. 남편이 죽어 혼자 사는 여자. 찹寡婦宅(과부댁), 未亡人(미망인)
[産婦人科(산:부인과)] (의) 여성의 임신·분만·부인병 따위를 맡아보는 의술의 한 분과. 또는 그러한 것을 전문으로 진료하는 곳.
[新婦(신부)] 새색시.
婦德(부덕), 婦道(부도), 家政婦(가정부), 姦婦(간부), 奸婦(간부), 貴婦人(귀부인), 農婦(농부), 毒婦(독부), 生寡婦(생과부), 妖婦(요부), 慰安婦(위안부), 淫婦(음부), 姙産婦(임산부), 姙婦(임부), 酌婦(작부), 蠶婦(잠부), 情婦(정부), 娼婦(창부), 靑孀寡婦(청상과부), 村婦(촌부), 醜婦(추부), 蕩婦(탕부), 妬婦(투부), 派出婦(파출부), 匹夫匹婦(필부필부), 悍婦(한부), 賢婦(현부)

子 아들 자, 子부3　0022

'子(자)'자는 머리가 크고 손발이 나긋나긋한 젖먹이의 모양을 본뜬 글자이다. 부수로서 '子(자)'자를 意符(의부)로 하여 '아이'에 관한 문자나 '낳다', '늘다'의 뜻을 포함하는 글자를 이룬다.

아들, 부모 사이에서 태어난 아들과 딸, 자식
[子女(자녀)] 아들과 딸. 子息(자식)
[孫子(손자)] 손을 이을 아이. 자식의 자식.
[王子(왕자)] 왕의 아들.
[君君臣臣(군군신신), 父父子子(부부자자)] 임금은 임금으로서의 도리를 다하고, 신하는 신하로서의 도리를 다함. 부모는 부모로서의 도리를 다하고, 자식은 자식으로서의 도리를 다함. 『論語(논어)』
[不知其子視其友(부지기자시기우), 不知其君視其左右(부지기군시기좌우).] 자기 자식의 사람됨을 모르거든 그가 사귀는 친구를 보라. 사람의 선악은 그 친구를 보면 알게 된다. 임금이 나라를 다스림이 어떤가를 모르거든 임금의 좌우에 있는 신하들을 보라. 임금의 선악은 그 옆에 있는 신하를 보면 알게 된다. 『荀子(순자)』
子母(자모), 子福(자복), 子婦(자부), 子孫(자손), 子息(자식), 子葉(자엽), 子音(자음), 子音接變(자음접변), 子子孫孫(자자손손), 子弟(자제), 奸臣賊子(간신적자), 孤子(고자), 孤哀子(고애자), 亂臣賊子(난신적자), 獨

子(독자), 末子(말자), 亡子計齒(망자계치), 母子(모자), 複子音(복자음), 父子(부자), 父傳子傳(부전자전), 嗣子(사자), 庶子(서자), 世子(세자), 小子(소자), 是父是子(시부시자), 哀子(애자), 養子(양자), 玉童子(옥동자), 遺腹子(유복자), 義子(의자), 長子(장자), 嫡子(적자), 赤子(적자), 妻子(처자), 妻子眷屬(처자권속), 天子(천자), 親子(친자), 蕩子(탕자), 太子(태자), 虎父犬子(호부견자), 皇太子(황태자), 孝子(효자), 孝子門(효자문)

새끼
[子宮(자궁)] ① 아기가 자라는 어머니 뱃속의 집. ② 여성 생식기의 일부로 수정란이 착상하여 자라는 곳.

사람
[女子(여자)] 사람을 두 성(性)으로 나눈 한 쪽. 여성의 사람.
[男子(남자)] ① 사나이. 男性(남성)의 사람. 男兒(남아). ② 사내 아이. 남자 어린이. ③ 씩씩한 사나이. 丈夫(장부).
[內子(내:자)] 남에게 자기 아내를 이르는 말.
鼓子(고자), 童子(동자), 娘子(낭자), 娘子軍(낭자군), 房子(방자), 佛子(불자), 三尺童子(삼척동자), 弟子(제자)

남자에 대한 통칭, 존칭
[公子(공자)] 지체가 높은 귀인(公)의 아들.
[君子(군자)] (임금과 같이) 학식과 덕망이 높은 사람. 맨小人(소인) 참梁上君子(양상군자)

스승, 학덕이 높은 스승, 일가(一家)의 학설을 세운 학자나 그 저서
[孔子(공:자)] 중국 춘추 시대의 큰 성인. 이름은 구(丘), 자는 중니(仲尼). 魯(노)나라 사람. 六經(육경)을 찬술하고 仁(인)과 禮(예) 등의 윤리 도덕을 널리 가르쳤음. 제자들이 그의 언행을 기록하여 놓은 『論語(논어)』가 있음. (기원전 552~479)
[老子(노:자)] ① 周代(주대)의 철학자. 姓(성)은 李(이), 이름은 耳(이). 道家(도가)의 시조로서 자연 법칙에 기초를 둔 도덕의 절대성을 역설하였다. ② 老子(노자)의 저서로 大道無爲(대도무위)의 사상을 해설하였다. ③ 노인의 자칭
[孟子(맹:자)] ① 중국 전국 시대의 사상가(기원 전 372-289). 성선설을 주장하였음. ② (책) 사서의 하나. 유교의 교리를 설명한 이론서.
子曰(자왈), 墨子(묵자), 孫子(손자), 孫子兵法(손자병법), 晏子(안자), 莊子(장자), 諸子(제자), 諸子百家(제자백가), 朱子(주자), 朱子學(주자학), 韓非子(한비자)

작위
[子爵(자작)] 五等爵(오등작)의 넷째 位(위). 男爵(남작)의 위, 伯爵(백작)의 다음.

씨, 열매, 과실
[子葉(자엽)] 움이 트면 떡잎이 되는 식물의 胚(배)에 붙은 맨 처음의 잎.
[種子(종자)] 식물에서 나온 씨. 또는 씨앗.
[五味子(오:미자)] 오미자나무의 열매로 오미(五味)를 가지고 있다고 함.
柏子(백자), 椰子(야자), 柚子(유자), 荏子(임자), 黑荏子(흑임자)

너, 당신, 자네
[天知地知我知子知(천지지지아지자지).] 하늘과 땅과 나와 그대가 알고 있음. 남이 보지 않는 곳에서 행한 일도 결국 알려진다는 뜻. '부정한 일은 결국 탄로됨'을 비유하여 이르는 말. 楊震(양진)이 뇌물을 물리치면서 한 말. '四知(사지)'라고 함. 『小學(소학)·外篇(외편)·善行(선행)』

사물의 이름 밑에 붙이는 접미사
[骨子(골자)] 일정한 내용에서 가장 요긴한 부분. 가장 중요한 곳.
[利子(이:자)] 남에게 금전을 빌려준 대가로 얻는 일정한 비율의 돈. 맨元金(원금)
[電子(전:자)] ① 음전하를 가지고 원자핵의 주위를 도는 소립자의 하나. ② 전자를 이용한 산업이나 제품에 관계되는 것. ¶전자 제품
[卓子(탁자)] 물건을 올려놓을 수 있도록 널조각으로 층을 들여 만든 세간.
格子(격자), 菓子(과자), 交子(교자), 卵子(난자), 團子(단자), 單子(단자), 四柱單子(사주단자), 瞳子(동자), 帽子(모자), 微粒子(미립자), 拍子(박자), 配偶子(배우자), 分子(분자), 獅子(사자), 箱子(상자), 庵子(암자), 額子(액자), 陽子(양자), 量子(양자), 原子(원자), 原子價(원자가), 椅子(의자), 粒子(입자), 亭子(정자), 精子(정자), 簇子(족자), 中性子(중성자), 振子(진자), 册子(책자), 板子(판자), 胞子(포자)

십이지의 첫째
[子時(자시)] 십이시의 첫째. 곧, 밤 11시에서 오전 1시까지의 동안.
[子正(자정)] 하루 12시 중의 子時(자시)의 한가운데. 곧 0시.
[甲子(갑자)] 육십갑자의 첫째. 천간의 '甲(갑)'과 지지의 '子(자)'가 만난 간지.
[丙子胡亂(병:자호란)] (역) 조선 인조 14(1636)년 병자년에 청나라가 우리나라를 침노한 난리.
子午線(자오선), 甲子士禍(갑자사화), 庚子(경자), 戊子(무자), 丙子(병자), 壬子(임자)

기타
[子路負米(자로부미)] 論語(논어) 蒙求(몽구)의 표제. 공자의 제자인 자로는 가난하여 매일 쌀을 백리 밖까지 져다 주고 그 품삯으로 양친을 봉양했다는 故事(고사).

男 사내 남, 田부7

'男(남)'자는 '밭 田(전)'과 '힘 力(력)'으로 이루어졌다. 남자는 들에 나가서 농사일에 힘써야 했으므로, '田'과 '力'을 합하여 '남자'란 뜻을 나타내었다.

사내, 장부
[男女(남녀)] 남자와 여자.
[男子(남자)] ① 사나이. 男性(남성)의 사람. 男兒(남아). ② 사내 아이. 남자 어린이. ③ 씩씩한 사나이. 丈夫(장부).
[男便(남편)] 부부 관계에서, 남자 편을 그의 아내의 편에서 이르는 말. 지아비.
[美男(미:남)] 얼굴이 잘 생긴 남자. '미남자'의 준말. 반 醜男(추남)
男耕女織(남경여직), 男女老少(남녀노소), 男女有別(남녀유별), 男負女戴(남부여대), 男寺黨(남사당), 男相(남상), 男色(남색), 男性(남성), 男兒(남아), 男優(남우), 男裝(남장), 男尊女卑(남존여비), 男左女右(남좌여우), 男湯(남탕), 男婚女嫁(남혼여가), 甲男乙女(갑남을녀), 南男北女(남남북녀), 童男童女(동남동녀), 善男善女(선남선녀), 有婦男(유부남), 妻男(처남), 醜男(추남), 快男兒(쾌남아), 好男兒(호남아)

아들, 사내 자식
[男妹(남매)] 오라비와 누이. 오누이.
[得男(득남)] 사내아이를 낳음.
[無男獨女(무남독녀)] 아들 없이 단 하나뿐인 딸.
[長男(장:남)] 맏아들. 長子(장자).
多男(다남), 生男(생남), 義男妹(의남매), 次男(차남), 親男妹(친남매)

젊은이, 장정
[男丁(남정)] 15세 이상의 사내. 장정이 된 사내.

작위
[男爵(남작)] 5등작인 公爵(공작)·侯爵(후작)·伯爵(백작)·子爵(자작)·男爵(남작)의 최하위 작위.

女 여자 녀, 女부3 0024

'女(녀)'자가 부수로 쓰였을 때는 여러 가지 여자의 심리를 나타내는 문자나 여성적인 성격·행동, 남녀관계 등의 뜻을 가진다.

여자, 처녀
[女性(여성)] ① 여자. 여자의 성질. ② 서양 문법에 있어서의 명사(名詞)·대명사(代名詞) 등의 성질의 하나.
[女王(여왕)] ① 여자 임금. ② 꿀벌·개미 따위의 산란능력(産卵能力)이 있는 것.
[淑女(숙녀)] ① 교양과 품격을 갖춘 정숙한 여자. ② 성년이 된 여자를 아름답게 이르는 말.
[烈女(열녀)] 고난이나 죽음을 무릅쓰고, 절개를 지키어 남의 모범이 될 만한 여자. 참 烈女門(열녀문), 烈女碑(열녀비)
[處女(처:녀)] ① (결혼할 나이는 되었으나) 아직 결혼하지 않은 여자. ② 숫처녀. ③ (일부 명사 또는 명사의 어근 앞에 쓰여) '처음으로 있는 것' 또는 '사람이 밟거나 손을 대지 아니한 것'을 나타냄. ¶처녀비행, 처녀작
女傑(여걸), 女高(여고), 女軍(여군), 女權(여권), 女難(여난), 女流(여류), 女史(여사), 女色(여색), 女僧(여승), 女息(여식), 女神(여신), 女心(여심), 女王蜂(여왕봉), 女優(여우), 女人(여인), 女子(여자), 女裝(여장), 女丈夫(여장부), 女帝(여제), 女尊男卑(여존남비), 女湯(여탕), 女禍(여화), 宮女(궁녀), 妓女(기녀), 男耕女織(남경여직), 南男北女(남남북녀), 男女(남녀), 男女老少(남녀노소), 男女有別(남녀유별), 男負女戴(남부여대), 男尊女卑(남존여비), 男左女右(남좌여우), 甲男乙女(갑남을녀), 童男童女(동남동녀), 魔女(마녀), 巫女(무녀), 美女(미녀), 婦女(부녀), 婢女(비녀), 石女(석녀), 善男善女(선남선녀), 仙女(선녀), 少女(소녀), 小女(소녀), 修女(수녀), 侍女(시녀), 惡女(악녀), 養女(양녀), 妖女(요녀), 窈窕淑女(요조숙녀), 有夫女(유부녀), 淫女(음녀), 織女(직녀), 織女星(직녀성), 娼女(창녀), 處女林(처녀림), 下女(하녀), 海女(해녀), 皇女(황녀)

딸
[母女(모:녀)] 어머니와 그의 딸. 참 母子(모자), 父女(부녀)
[無男獨女(무남독녀)] ☞ 男(남)
[孫女(손녀)] 아들의 딸.
[孝女(효:녀)] 효성이 지극한 딸.
女兒(여아), 貴女(귀녀), 得女(득녀), 父女(부녀), 生女(생녀), 庶女(서녀), 養女(양녀), 義女(의녀), 子女(자녀), 長女(장녀), 姪女(질녀), 次女(차녀)

기타
[女眞(여진)] 만주의 동북쪽에 살던 종족의 이름. 女眞族(여진족).

東 동녘 동, 木부8 0025

'東(동)'자는 '나무 木(목)'과 '해 日(일)'자로 이루어졌다. 아침에 나무 사이로 해가 떠오르는 모양을 그린 것이다. 아침에 해가 뜨는 쪽이 동쪽이다.

동녘, 동쪽으로 가다, 동쪽 지방
[東國(동국)] ① 우리나라를 중국에 대하여 이르는 말. 또는 중국이 우리나라를 이르는 말. ② 동쪽에 있는 나라.
[東西古今(동서고금)] 동양이나 서양이나 예나 지금이나. 언제 어디서나.
[東西南北(동서남북)] 사방.
[東洋(동양)] 터키의 동쪽에 있는 아시아의 여러 나라의 총칭.
[極東(극동)] ① 동쪽의 맨 끝. ② (지) 동양의 가장 동쪽 지역. 우리나라·중국·일본 등을 이름.
[馬耳東風(마:이동풍)] '말의 귀에 동쪽에서 불어오는 바람'이란 뜻에서, 남의 말을 귀담아 듣지 않고 지나쳐 흘려버림을 이르는 말.
[嶺東(영동)] 강원도 대관령의 동쪽 지방.
東京(동경), 東經(동경), 東宮(동궁), 東面(동면), 東問西答(동문서답), 東班(동반), 東半球(동반구), 東方(동

방), 東方禮儀之國(동방예의지국), 東部(동부), 東奔西走(동분서주), 東亞(동아), 東洋(동양), 東洋畵(동양화), 東醫寶鑑(동의보감), 東夷(동이), 東人(동인), 東征西伐(동정서벌), 東窓(동창), 東天(동천), 東風(동풍), 東學(동학), 東海(동해), 東向(동향), 東軒(동헌), 江東(강동), 關東(관동), 近東(근동), 山東(산동), 聲東擊西(성동격서), 魚東肉西(어동육서), 遼東(요동), 中東(중동), 棗東栗西(조동율서), 河東(하동), 海東(해동), 海東靑(해동청)

西 서녘 서, 襾부6　　0026

서녘, 서쪽, 서쪽으로 향하다, 서쪽으로 가다

[西方(서방)] ① 서쪽 지방. 서부 지역. ② 서방 세계의 준말.
[西部(서부)] 어떤 지역의 서쪽 부분.
[東西南北(동서남북)] ☞ 東(동)
西經(서경), 西京(서경), 西面(서면), 西班(서반), 西方淨土(서방정토), 西部活劇(서부활극), 西域(서역), 西遊記(서유기), 西戎(서융), 西人(서인), 西便(서편), 西海(서해), 西向(서향), 關西(관서), 東問西答(동문서답), 東奔西走(동분서주), 聲東擊西(성동격서), 魚東肉西(어동육서), 嶺西(영서), 日落西山(일락서산), 日薄西山(일박서산), 棗東栗西(조동율서), 偏西風(편서풍), 湖西(호서)

서양, 구미 각국의 범칭

[西紀(서기)] 서력으로써 연대를 헤아리는 데 쓰는 서력기원(西曆紀元)의 준말.
[西洋(서양)] ① 서쪽의 큰 바다. ② 구미(歐美) 여러 나라를 동양 사람이 이르는 말. 참西洋畵(서양화)
西歐(서구), 西曆(서력), 西遊見聞(서유견문), 西學(서학), 東西古今(동서고금)

기타

[佛蘭西(불란서)] (지) '프랑스'의 한자음 표기.
[西班牙(서반아)] (지) '스페인'의 한자음 표기.
[西施(서시)] 춘추 시대 월(越)의 미인. 월왕 구천(句踐)이 회계(會稽)에서 패하자 월의 범여(范蠡)는 미인계(美人計)로 서시(西施)를 오왕(吳王) 부차(夫差)에게 바쳤던 바, 과연 부차는 그녀의 미에 혹하여 정사를 돌보지 아니하여 도리어 구천의 침공을 받아 망하였다. 참西施捧心(서시봉심)

南 남녘 남, 十부9　　0027

남쪽, 남으로 향하다, 남쪽으로 가다, 남쪽 지방

[南北(남북)] 남과 북. 남쪽과 북쪽
[南北統一(남북통일)] 남한과 북한이 통일하여 하나가 됨.
[嶺南(영남)] 삼남의 하나. 문경 새재의 남쪽으로 경상도를 말함.

[湖南(호남)] 湖江(호강) 즉 지금의 錦江(금강)의 남쪽 지역. 전라남도와 전라북도를 두루 이르는 말.
南橘北枳(남귤북지), 南極(남극), 南男北女(남남북녀), 南端(남단), 南大門(남대문), 南道(남도), 南蠻(남만), 南蠻北狄(남만북적), 南面(남면), 南美(남미), 南方(남방), 南山(남산), 南洋(남양), 南洋群島(남양군도), 南緯(남위), 南人(남인), 南征北伐(남정북벌), 南侵(남침), 南派(남파), 南風(남풍), 南下(남하), 南韓(남한), 南海(남해), 南向(남향), 江南(강남), 對南(대남), 圖南(도남), 東西南北(동서남북), 三南(삼남), 越南(월남), 以南(이남), 正南(정남), 中南美(중남미), 指南(지남), 指南鐵(지남철)

기타

[南柯一夢(남가일몽)] 한 때의 헛된 부귀를 이르는 말. 당(唐)의 순우분(淳于棼)이 느티나무의 남쪽 가지 밑에서 잠이 들었다가 꿈에 괴안국(槐安國)에 이르러 임금의 딸을 맞아 아내로 삼고 남가군(南柯郡)의 태수가 되어 영화를 누렸다는 고사에서 온 말. 南柯夢(남가몽)
[南無阿彌陀佛(나무아미타불)] ① (불) '아미타불에 돌아가 의지한다'는 뜻으로, 염불할 때 외우는 말. ② '공들여 해 놓은 일이 허사가 됨'을 이르는 말. 참十年工夫(십년공부) 南無阿彌陀佛(나무아미타불)

北 북녘 북, 달아날 배, 匕부5　　0028

'北(북)'자는 두 사람이 서로 등을 맞대고 있는 모양에서 만들어진 글자이다. 본래 '등지다', '배반하다'의 뜻이었는데, '북쪽'이란 뜻으로 쓰이는 예가 많아지자 본 뜻은 '背(배)'자를 만들어 나타냈다. '달아나다'라는 뜻으로 쓰일 때는 [배로 읽는다.

북녘, 북쪽

[北斗七星(북두칠성)] 별자리 작은곰자리의 뚜렷한 일곱 개의 별. 국자 모양으로 보이며 북극성을 중심으로 돈다. 동北斗(북두), 北斗星(북두성)
[北上(북상)] 북쪽으로 올라감. ¶태풍이 북상하고 있다
[南北統一(남북통일)] ☞ 南(남)
北京(북경), 北極(북극), 北極星(북극성), 北邙山(북망산), 北面(북면), 北美(북미), 北方(북방), 北洋(북양), 北魚(북어), 北緯(북위), 北進(북진), 北窓三友(북창삼우), 北風(북풍), 北韓(북한), 北向(북향), 江北(강북), 南橘北枳(남귤북지), 南征北伐(남정북벌), 拉北(납북), 對北(대북), 越北(월북), 以北(이북), 泰山北斗(태산북두)

도망치다, 달아나다

[敗北(패:배)] ① 전쟁에서 져서 달아남. ② 싸움에서 짐.

春 봄 춘, 日부9　　0029

'春(춘)'자의 옛글자는 '해 日(일)', '풀 艸(초)', '진칠 屯(둔)'으로 이루어졌었다. '屯(둔)'자는 '떼 지어 모이다'는 뜻이다. 햇빛을 받아 풀들이 떼를 지어 나는 때 즉

'봄철'을 뜻한다.
봄, 사철의 첫째
[春分(춘분)] 24절기의 넷째. 양력 3월 20일 경. 밤과 낮의 길이가 같다.
[春秋(춘추)] ① 봄과 가을. 참春秋服(춘추복) ② 어른의 '나이'의 높임말. ¶올해 춘추가 얼마나 되셨습니까? ③ 정월부터 섣달까지의 열두 달 '한 해'를 달리 일컫는 말. ④ (책) 五經(오경)의 하나. 魯(노)의 隱公(은공)에서 哀公(애공)까지(722 B.C.~481 B.C.) 12대 242년간의 事跡(사적)을 魯(노)의 史官(사관)이 編年體(편년체)로 기록한 것을 공자가 筆削(필삭)한 역사책. 참春秋時代(춘추시대) 春秋戰國時代(춘추전국시대)
[春夏秋冬(춘하추동)] 한 해의 봄, 여름, 가을, 겨울의 네 철.
[立春(입춘)] 24절기의 하나. 大寒(대한)의 다음 절기. 양력 2월 4일 경. 참立春榜(입춘방)
[春來不似春(춘래불사춘)] 봄은 왔지만 봄 같지가 않다. 계절이나 절기는 제때 왔지만 거기에 어울리는 상황이 아니라는 말이다. 오늘날에는 상당히 광범위하게 쓰인다.
[待人春風(대:인춘풍), 持己秋霜(지기추상).] 남을 대할 때는 봄바람마냥 따뜻하게 하고, 나를 대할 때는 가을 서릿발처럼 엄히 하라. 『菜根譚(채근담)』
春景(춘경), 春耕(춘경), 春季(춘계), 春困(춘곤), 春光(춘광), 春窮期(춘궁기), 春蘭(춘란), 春梅(춘매), 春夢(춘몽), 春思(춘사), 春山(춘산), 春雪(춘설), 春愁(춘수), 春信(춘신), 春心(춘심), 春雨(춘우), 春秋服(춘추복), 春播(춘파), 春風(춘풍), 春寒老健(춘한로건), 晩春(만춘), 孟春(맹춘), 四時長春(사시장춘), 三春(삼춘), 上春(상춘), 賞春(상춘), 新春(신춘), 陽春(양춘), 陽春佳節(양춘가절), 迎春(영춘), 一場春夢(일장춘몽), 仲春(중춘), 初春(초춘)

젊은 때
[靑春(청춘)] ① 청년. ② 봄.
[回春(회춘)] ① 봄이 돌아옴. ② 중한 병이 나아 건강이 회복됨. ③ 도로 젊어짐.

남녀의 정
[春情(춘정)] ① 봄철의 화창한 정서. ② 異性(이성) 간의 성적 욕정.
[賣春(매:춘)] 몸을 파는 일. 참賣春婦(매춘부)
[思春期(사춘기)] 이성에 관심을 갖게 되고 춘정을 느끼기 시작하는 나이. 성장하여 남녀의 성적 구별이 명확해지는, 보통 13~17세 때를 일컬음.
春思(춘사), 春心(춘심), 春畵(춘화), 懷春(회춘)

기타
[椿堂(춘당)/春堂(춘당)] 어르신네. 남의 아버지의 높임말.
[椿府丈(춘부장)/春府丈(춘부장)] 어르신네. 남의 아버지의 높임말.
[春香傳(춘향전)] 지은이를 알 수 없는 고대 소설. 쓰인 연대는 18세기 말에서 19세기 초로 추측된다. 退妓(퇴기) 月梅(월매)의 딸 成春香(성춘향)과 남원 고을 원의 아들 李夢龍(이몽룡)의 연애를 그린 작품. 춘향의 정절과 당시 사회의 부패상을 잘 묘사한 艶情小說(염정소설) 중의 으뜸이다. 참春香歌(춘향가)

秋 가을 추, 禾부9　0030

'秋(추)'자는 '벼 禾(화)'와 '불 火(화)'자로 만들어졌다. 가을이 되면 오곡이 무르익게 마련이다.

가을
[秋分(추분)] 24절기의 하나. 양력 9월 20일 경. 태양이 추분점에 이르러 밤과 낮의 길이가 같다.
[秋夕(추석)] ① 음력 8월 15일. 한가위. 仲秋節(중추절). ② 가을의 저녁. 가을 밤.
[立秋(입추)] 24절기의 하나. 大暑(대서)의 다음 절기. 양력 8월 8일 경.
[一日三秋(일일삼추)] '하루가 세 번 가을을 맞이하는 것 같음, 즉 3년 같음'이란 뜻에서, '매우 지루하거나 몹시 애태우며 기다림'을 이르는 말. 참一刻如三秋(일각여삼추)
[春秋(춘추)] ☞ 春(춘)
[一刻如三秋(일각여삼추)] 짧은 시간이 삼년(일설에는 가을의 석 달) 같이 생각된다는 뜻으로, '기다리는 마음이 매우 간절함'을 이르는 말.
秋季(추계), 秋穀(추곡), 秋光(추광), 秋思(추사), 秋霜(추상), 秋收(추수), 秋雨(추우), 秋月(추월), 秋波(추파), 秋風(추풍), 秋風落葉(추풍낙엽), 秋毫(추호), 晩秋(만추), 孟秋(맹추), 暮秋(모추), 悲秋(비추), 三秋(삼추), 仲秋(중추), 中秋(중추), 仲秋節(중추절), 初秋(초추), 春秋服(춘추복)

세월
[千秋(천추)] ① 천년의 긴 세월. 참千秋萬代(천추만대), 萬古千秋(만고천추) ② 貴人(귀인)의 탄생일. 남의 생일에 대한 경칭.
[千秋遺恨(천추유한)] 오랜 세월을 두고 잊지 못할 원한.

때, 시기
[存亡之秋(존망지추)] '사느냐 죽느냐 하는 위급한 시기'라는 뜻으로, 나라의 존망이 걸린 극히 위태로운 때. 참危急存亡之秋(위급존망지추) 『諸葛亮(제갈량)·出師表(출사표)』

연세
[春秋(춘추)] ☞ 春(춘)②

기타
[秋史體(추사체)] 秋史(추사) 金正喜(김정희)의 글씨체.

夏 여름 하:, 중국 하:, 夊부10　0031

'夏(하)'자는 여름을 뜻하는 글자이다. 큰 나라 즉 '중국'을 뜻하기도 한다.

여름
[夏爐冬扇(하:로동선)] 여름의 화로와 겨울의 부채라는 뜻으로, '아무 소용이 없는 말이나 재주'를 비유하여 이르는 말. 图冬扇夏爐(동선하로).
[夏至(하:지)] 24절기의 하나. 양력 6월 21일 경. 芒種(망종)과 小暑(소서) 사이에 있는 절기로 일 년 중 해가 가장 길다.
[立夏(입하)] 24절기의 하나. 穀雨(곡우)의 다음 절기. 양력 5월 6일 경.
[春夏秋冬(춘하추동)] ☞春
夏季(하계), 夏穀(하곡), 夏期(하기), 夏期放學(하기방학), 夏期休暇(하기휴가), 夏服(하복), 夏安居(하안거), 夏節(하절), 孟夏(맹하), 常夏(상하), 盛夏(성하), 仲夏(중하), 初夏(초하)

중국 왕조 이름
[夏(하)] 기원전 2000년경 황허강 중류 지역에 세워진 중국 문헌 상의 최초의 국가.
[夏桀(하:걸)] 夏(하)나라 末(말)의 폭군 桀(걸). 이름은 癸(계). 殷(은)의 湯王(탕왕)에게 망하였다. 殷(은)의 紂王(주왕)과 함께 暴君(폭군)의 뜻으로 쓰인다.

冬 겨울 동(:), 冫부5　0032

'冬(동)'자는 '끝'이 본뜻이었다. 한 해 계절의 끝인 '겨울'을 뜻하는 것으로 쓰이게 되자, 본뜻은 '冬(동)'자에 다 '실 糸(사)'를 붙여 '終(종)'자를 만들어 나타냈다.

겨울, 겨울을 나다, 동면하다
[冬眠(동:면)] 양서류(兩棲類)·파충류(爬蟲類) 등 냉혈동물이 겨울 동안 생활을 멈추고 땅 속이나 물 속에서 수면(睡眠) 상태로 있는 현상.
[冬至(동지)] 24절기의 하나. 밤이 가장 길고 낮이 가장 짧은 날. 양력 12월 22, 23일 경. 참夏至(하지).
[嚴冬雪寒(엄동설한)] 눈 내리는 깊은 겨울의 심한 추위.
[立冬(입동)] 24절기의 하나. 겨울이 시작된다고 하는 양력 11월 8일 경.
[春夏秋冬(춘하추동)] ☞春
冬季(동계), 冬季放學(동계방학), 冬期(동기), 冬服(동복), 冬節(동절), 冬至豆粥(동지두죽), 孟冬(맹동), 三冬(삼동), 嚴冬(엄동), 越冬(월동), 忍冬(인동), 忍冬草(인동초), 夏爐冬扇(하로동선)

기타
[冬柏(동백)] 동백나무, 또는 그 열매.

大 큰 대:, 大부3　0033

부피·넓이·길이·규모·범위 등이 크다
[大器晩成(대:기만성)] 큰 그릇을 만들려면 시간이 오래 걸려 늦게 이루어짐. '크게 될 사람은 성공이 늦음'을 비유하여 이르는 말.
[大小(대:소)] ① 큼과 작음. 큰 일과 작은 일. 큰 것과 작은 것. ② 크기. 큰 정도.
[巨大(거:대)] 엄청나게 큼.
[廣大(광:대)] 너르고 큼.
大橋(대교), 大口(대구), 大氣(대기), 大氣圈(대기권), 大農(대농), 大腦(대뇌), 大隊(대대), 大豆(대두), 大量(대량), 大路(대로), 大陸(대륙), 大陸棚(대륙붕), 大馬不死(대마불사), 大麥(대맥), 大門(대문), 大舶(대박), 大便(대변), 大小便(대소변), 大西洋(대서양), 大書特筆(대서특필), 大洋(대양), 大字報(대자보), 大腸(대장), 大地(대지), 大處(대처), 大廳(대청), 大砲(대포), 大幅(대폭), 大蝦(대하), 大河(대하), 大河小說(대하소설), 大蛤(대합), 大海(대해), 大形(대형), 廣大無邊(광대무변), 極大(극대), 等身大(등신대), 名山大刹(명산대찰), 名山大川(명산대천), 尨大(방대), 肥大(비대), 捨小取大(사소취대), 雄大(웅대), 積小成大(적소성대), 增大(증대), 最大(최대), 最大值(최대치), 最大公約數(최대공약수), 最大限(최대한), 針小棒大(침소봉대), 特大(특대), 膨大(팽대), 擴大(확대), 擴大鏡(확대경)

정도 등이 대단히 크거나 심하다, 책임·일·범죄·과오 등이 무겁고 심하다
[大勝(대:승)] 크게 이김. 싸움이나 경기에서 큰 차이로 이김. 만大敗(대패)
[大學(대:학)] ① 학술의 연구 및 교육의 최고 기관. ② 사서(四書)의 하나. 윤리(倫理)·정치(政治)의 이념을 가르친 경전.
[盛大(성:대)] 크고 훌륭함. ¶성대한 예식
[重大(중:대)] ① 중요하거나 큼. ② 매우 중요하고도 어려워 가볍게 여길 수 없음.
大驚失色(대경실색), 大計(대계), 大過(대과), 大權(대권), 大吉(대길), 大端(대단), 大膽(대담), 大同團結(대동단결), 大得(대득), 大亂(대란), 大禮(대례), 大望(대망), 大尾(대미), 大事(대사), 大暑(대서), 大雪(대설), 大成(대성), 大聲痛哭(대성통곡), 大笑(대소), 大小事(대소사), 大食家(대식가), 大業(대업), 大逆(대역), 大逆無道(대역무도), 大愚(대우), 大運(대운), 大任(대임), 大戰(대전), 大卒(대졸), 大破(대파), 大敗(대패), 大風(대풍), 大豊(대풍), 大學院(대학원), 大寒(대한), 大旱(대한), 大會(대회), 大凶(대흉), 強大(강대), 強大國(강대국), 過大(과대), 誇大(과대), 誇大妄想(과대망상), 過大評價(과대평가), 能小能大(능소능대), 膽大(담대), 莫大(막대), 拍掌大笑(박장대소), 百年大計(백년대계), 小貪大失(소탐대실), 事大(사대), 事大主義(사대주의), 仰天大笑(앙천대소), 遠大(원대), 雄大(웅대), 壯大(장대), 絶大(절대), 重大視(중대시), 重且大(중차대), 至大(지대), 集大成(집대성), 破顔大笑(파안대소)

소리의 울림이 세다
[大쪽(대:금)] 피리의 한 가지. 삼금(三쪽) 가운데 소리가 가장 크다.

도량, 생각의 폭이 넓다
[大丈夫(대:장부)] 의지가 강하여 늠름하고 씩씩한 남

자.
[公明正大(공명정대)] 사사로움 없이 공정하고 숨김없이 명백하고 떳떳함.
[寬大(관대)] 마음이 너그럽고 도량이 큼. 참寬仁大度(관인대도)
大道(대도), 大乘(대승), 大乘佛敎(대승불교), 大義(대의), 大義名分(대의명분)

큰, 위대한, 으뜸가는, 훌륭하다, 존귀하다, 뛰어나다
[大賞(대:상)] 경연 대회 등에서 가장 우수한 사람이나 단체에게 주는 상. ¶전국노래자랑에서 대상을 받았다
[大韓民國(대:한민국)] 우리나라의 국호. 약大韓(대한)
[偉大(위대)] 훌륭하고 대단함. ¶위대한 과학자
大家(대가), 大監(대감), 大科(대과), 大國(대국), 大君(대군), 大闕(대궐), 大盜(대도), 大東輿地圖(대동여지도), 大領(대령), 大明天地(대명천지), 大木(대목), 大法院(대법원), 大鵬(대붕), 大師(대사), 大使(대사), 大使館(대사관), 大祥(대상), 大聖(대성), 大臣(대신), 大業(대업), 大悟(대오), 大悟覺醒(대오각성), 大尉(대위), 大儒(대유), 大慈大悲(대자대비), 大作(대작), 大將(대장), 大藏經(대장경), 大殿(대전), 大帝(대제), 大提學(대제학), 大刹(대찰), 大統領(대통령), 高官大爵(고관대작), 士大夫(사대부), 閻羅大王(염라대왕)

많다, 수효가 많다
[大家族(대:가족)] ① 식구가 썩 많은 가족. ② 부부를 중심으로 한 현대의 소가족(小家族)·핵가족(核家族)에 대하여 방계혈족(傍系血族)과 그 배우자까지도 포함하는 가부장적(家父長的) 가족.
[大軍(대:군)] 수효가 많은 군사.
[大衆(대:중)] ① 많은 사람. 민중. 참大衆歌謠(대중가요), 大衆文化(대중문화) ② 노동자·농민 등의 일반 근로자의 총칭.

늙다, 나이를 먹다, 존칭
[大母(대:모)] 할머니.
[大父(대:부)] 할아버지.
[大妃(대:비)] 선왕의 후비.
[先大人(선대인)] 남의 돌아간 아버지를 높이어 이르는 말. 참先考丈(선고장), 先大夫人(선대부인)
大夫人(대부인), 大兄(대형), 王大夫人(왕대부인), 王大人(왕대인)

거칠다, 성기다, 대강, 대체로, 개략
[大蓋(대:개)] 일의 큰 원칙으로 말하건대.
[大同小異(대:동소이)] 대체로 같고 조금만 달라서 서로 큰 차이가 없이 비슷비슷함.
[大略(대:략)] 대강. 대충.
大綱(대강), 大槪(대개) 大別(대별), 大勢(대세), 大要(대요), 大義(대의), 大體(대체)

지명
大邱(대구), 大同江(대동강), 大田(대전), 大川(대천)

기타
大理石(대리석), 大麻(대마), 大麻草(대마초)

小 작을 소:, 小부3 0034

'小(소)'자는 '큰 大(대)'자의 상대되는 뜻을 나타내는 글자이다.

작다, 적다, 조금, 적게, 작은, 조그마한
[小賣(소:매)] 물건을 도매상에서 사서 중간 이익을 얻고 소비자에게 파는 장사. 낱개로 파는 장사. 참小賣商(소매상) 반都賣(도매)
[小貪大失(소:탐대실)] 작은 것을 탐하다가 큰 것을 잃음.
[大小(대:소)] ☞ 大(대)
[弱小(약소)] 약하고 작음. ¶약소민족의 설움/弱小國家(약소국가)
小家族(소가족), 小康(소강), 小鼓(소고), 小隙沈舟(소극침주), 小農(소농), 小腦(소뇌), 小隊(소대), 小麥(소맥), 小麥粉(소맥분), 小盤(소반), 小便(소변), 小祥(소상), 小暑(소서), 小雪(소설), 小小(소소), 小數(소수), 小數點(소수점), 小食(소식), 小額換(소액환), 小人國(소인국), 小作(소작), 小作農(소작농), 小腸(소장), 小節(소절), 小銃(소총), 小包(소포), 小品(소품), 小荷物(소하물), 小寒(소한), 過小(과소), 過小評價(과소평가), 群小(군소), 極小(극소), 能小能大(능소능대), 短小(단소), 膽小(담소), 大同小異(대동소이), 捨小取大(사소취대), 矮小(왜소), 積小成大(적소성대), 最小(최소), 最小限(최소한), 最小公倍數(최소공배수), 縮小(축소), 針小棒大(침소봉대), 狹小(협소)

소인, 도량이 좁은 사람
[小人(소:인)] ① 일반 민간인. 서민 ② 덕이 없는 사람. 수양이 부족한 사람. 마음이 간사한 사람. 참小人輩(소인배) ③ 자기 자신을 겸손하게 이르는 말. ④ 체구가 작은 사람.
[小人窮斯濫矣(소인궁사람의).] 소인은 곤궁해지면 상도(常道)를 벗어나 나쁜 일을 하게 됨. ('濫'은 예의와 법도에서 벗어나는 일.) 『論語(논어)·衛靈公(위령공)』
[小人閒居爲不善(소:인한거위불선)] 소인은 한가로이 혼자 있으면 사람이 보고 있지 않음을 기화로 나쁜 일을 함. 『大學(대학)』
小心(소심), 小我(소아), 小丈夫(소장부)

어린이, 아이
[小時(소:시)] 어릴 때.
[小兒(소:아)] 어린 아이. 참小兒科(소아과), 小兒痲痺(소아마비)
[小學(소:학)] 아이들이 행할 바와 마음가짐 등을 서술한 책. 송(宋)의 주희(朱熹)가 편찬. 참小學諺解(소학언해)

겸양의 뜻을 나타내는 접두어
[小生(소:생)] 남자가 윗사람에 대하여 '자기'를 겸손하게 이르는 말.
[小僧(소:승)] 중이 남에게 자기를 겸손하게 일컫는 말.
[小子(소:자)] 자식이 부모에게 말할 때 자기를 낮추어

일컫는 말.
小女(소녀), 小臣(소신), 小姐(소저), 小妾(소첩), 小人(소인)

지위가 낮다
[小室(소:실)] 첩.

기타
[小說(소:설)] 허구(虛構)에 의해 줄거리를 사실처럼 구성하고 세태(世態)와 인정(人情)을 묘사, 또는 사실(史實)을 부연(敷衍)하는 산문체(散文體)의 문장. 참小說家(소설가), 短篇小說(단편소설), 長篇小說(장편소설)
[小滿(소:만)] 24절기의 하나. 입하(立夏) 다음인 양력 5월 21일 경.
小鹿島(소록도), 小乘(소승), 小乘佛敎(소승불교)

中 가운데 중, ㅣ부4　0035

'中(중)'자는 사방을 두른 담 안에 물건을 넣는 모양, 또는 어떤 물건의 한 가운데를 뚫는 모양을 나타낸다. '가운데'가 본뜻이다.

가운데, 안, 속, 양쪽의 사이, 치우치지 아니하다
[中間(중간)] ① 두 사물의 사이. ② 한가운데. ③ 사물의 아직 끝이 나지 않은 장소.
[中心(중심)] ① 한가운데. 복판. ② 동류(同類) 중에서 중요한 지위에 있는 것. ③ 원주(圓周)의 각 점에서 같은 거리에 있는 점.
[中央(중앙)] 사방에서 한가운데가 되는 곳.
[手中(수중)] ① 손의 안. ② 자신의 힘이 미칠 수 있는 범위. ¶수중에 돈이 없다.
[言中有骨(언중유골)] 말 속에 뼈가 있음. 예사로 들어 넘기지 못할 중요한 뜻이 말 속에 들어있다는 뜻.
[行不中道(행불중도), 立不門中(입불문중).] 길을 갈 때 한가운데로 다니지 않으며, 대문에 설 때 문 한가운데 서지 않는다. 남을 위한 배려가 중요함을 의미한다. 『禮記(예기)·曲禮 上(곡례 상)』
中繼(중계), 中古(중고), 中級(중급), 中期(중기), 中年(중년), 中農(중농), 中隊(중대), 中道(중도), 中等(중등), 中略(중략), 中領(중령), 中流(중류), 中立(중립), 中盤(중반), 中盤戰(중반전), 中伏(중복), 中部(중부), 中士(중사), 中傷(중상), 中性(중성), 中性子(중성자), 中旬(중순), 中庸(중용), 中尉(중위), 中人(중인), 中章(중장), 中將(중장), 中殿(중전), 中卒(중졸), 中指(중지), 中天(중천), 中樞(중추), 中篇(중편), 中學校(중학교), 中和(중화), 個中(개중), 箇中(개중), 宮中(궁중), 空中(공중), 空中樓閣(공중누각), 空中戰(공중전), 壙中(광중), 口中荊棘(구중형극), 閨中(규중), 囊中(낭중), 囊中物(낭중물), 囊中之錐(낭중지추), 囊中取物(낭중취물), 門中(문중), 山中(산중), 雪中(설중), 水中(수중), 市中(시중), 心中(심중), 十中八九(십중팔구), 眼中(안중), 眼中無人(안중무인), 眼人(안중인), 眼中釘(안중정), 暗中摸索(암중모색), 魚遊釜中(어유부중), 於中間(어중간), 年中(연중), 五里霧中(오리무중), 獄中(옥중), 渦中(와중), 意中(의중), 人中(인중), 自中之亂(자중지란), 掌中(장중), 掌中寶玉(장중보옥), 正中(정중), 靜中動(정중동), 宗中(종중), 座中(좌중), 地中(지중), 地中海(지중해), 陣中(진중), 集中(집중), 集中力(집중력), 醉中(취중), 胎中(태중), 血中(혈중), 畵中之餅(화중지병), 會中(회중), 懷中(회중), 胸中(흉중)

가운데, 일이 진행되는 동안
[中斷(중단)] 중간에서 그만두거나 끊음.
[中止(중지)] 하던 일을 중도에서 그만둠.
[中退(중퇴)] 학업을 끝내지 않고 중도에서 학교를 그만둠.
[途中(도:중)] 길을 오가는 중간.
中葉(중엽), 忙中閑(망중한), 伏中(복중), 亂中(난중), 喪中(상중), 雨中(우중), 閑中忙(한중망)

맞다
[中風(중풍)] (한의) 흔히 뇌일혈로 인하여 반신, 전신 또는 팔다리가 마비되는 병.
[命中(명중)] 겨냥한 것을 바로 맞힘.
[的中(적중)] 목표한 과녁에 정확히 들어맞음. ¶일기예보가 적중하다.
[百發百中(백발백중)] ① 백 번 쏘아 백 번 맞춤. 射術(사술)의 교묘함의 비유. ② 모든 일이 계획대로 들어맞음.
中毒(중독), 腦卒中(뇌졸중)

중심 인물, 중심이 되는 일
[中堅(중견)] 단체나 사회의 중심이 되는 사람.
[中樞(중추)] ① 사물의 중심이 되는 주요한 부분이나 자리. 참中樞的(중추적), 中樞神經系(중추신경계)
[熱中(열중)] 한 가지 일에 정신을 쏟음.
[執中(집중)] ① 한 곳을 중심으로 하여 모임, 또는 그렇게 모음. ¶인구가 도시로 집중되다. ② 한 가지 일에 모든 힘을 쏟아 부음. ¶ 집중 사격

나라 이름
[中國(중국)] 중화민국(中華民國)의 준말.
[中共(중공)] '中華人民共和國(중화인민공화국)'을 줄여서 부르던 말.
[中華(중화)] '둘레에 야만족이 있는, 한가운데의 문명한 나라라는 뜻으로, 중국 사람이 자기 나라를 자랑스레 높여 일컫는 말.
[韓中(한:중)] 우리나라와 중국

기타
[貴中(귀:중)] 편지를 받을 단체나 기관의 이름 아래 쓰는 높임말.

上 위 상:, 오를 상:, 一부3　0036

장소, 공간적으로 위, 높은 쪽, 위쪽에 놓다
[上下(상:하)] ① 위와 아래. 높음과 낮음. ② 임금과 신하. ③ 높은 지위에 있는 사람과 낮은 지위에 있는

사람. ④ 나이가 많은 사람과 그보다 나이가 어린 사람. ⑤ 올라감과 내려감.
[錦上添花(금:상첨화)] 비단 위에 꽃을 더한다는 뜻으로, 좋은 일 위에 좋은 일이 더하여지는 것.
[雪上加霜(설상가상)] 눈 위에 서리가 덮인다는 뜻으로, 난처한 일이나 불행한 일이 잇따라 일어남을 이르는 말. 엎친 데 덮치기.
[地上(지상)] 땅의 위.
[上濁下不淨(상:탁하부정)] 윗물이 흐리면 아랫물도 맑지 않음. 윗사람이 바르지 못하면 아랫사람도 본받아서 행실이 바르지 못하다는 뜻. 참源淸流淸(원청류청)
上監(상감), 上空(상공), 上端(상단), 上段(상단), 上樑(상량), 上半(상반), 上峰(상봉), 上向(상향), 上弦(상현), 堂上(당상), 堂上官(당상관), 路上(노상), 路上放歌(노상방가), 路上放尿(노상방뇨), 壇上(단상), 面上(면상), 浮上(부상), 北上(북상), 氷上(빙상), 沙上樓閣(사상누각), 山上垂訓(산상수훈), 船上(선상), 雪上(설상), 世上(세상), 水上(수상), 屋上(옥상), 梁上君子(양상군자), 屋上架屋(옥상가옥), 陸上(육상), 陸上競技(육상경기), 頂上(정상), 紙上(지상), 川上之嘆(천상지탄), 卓上(탁상), 卓上空論(탁상공론), 下石上臺(하석상대), 海上(해상). 火上添油(화상첨유)

(시간적으로) 앞, 먼저
[上旬(상:순)] 한 달 가운데서 초하루부터 초열흘까지의 동안.
[上午(상:오)] 밤 0시로부터 낮 12시까지의 동안. 午前(오전).
上半期(상반기), 上述(상술)

조직 · 계급 · 지위 · 수준 · 질 · 정도 등이 높은 쪽 또는 나은 쪽, 손 위, 윗 사람
[上官(상:관)] 윗자리의 관원. 上司(상사).
[上手(상:수)] ① 한결 높은 솜씨. 바둑 · 장기 따위에서 보다 수가 높은 사람. 참下手(하수) ② 재주가 많음, 또는 그 사람.
[莫上莫下(막상막하)] 더 낫고 더 못함의 차이가 거의 없음. 서로 비슷하여 우열을 가리기 어려움. ¶막상막하의 실력 대결
[向上(향:상)] 기능이나 정도 따위가 위로 향하여 나아감.
上價(상가), 上客(상객), 上告(상고), 上級(상급), 上老人(상노인), 上等(상등), 上流(상류), 上流社會(상류사회), 上流層(상류층), 上部(상부), 上士(상사), 上司(상사), 上席(상석), 上水道(상수도), 上院(상원), 上位(상위), 上典(상전), 上程(상정), 上座(상좌), 上佐(상좌), 上策(상책), 上品(상품), 上向(상향), 上廻(상회), 年上(연상), 零上(영상), 以上(이상), 祖上(조상), 座上(좌상), 至上(지상), 最上(최상), 最上級(최상급), 下剋上(하극상), 下厚上薄(하후상박), 形而上學(형이상학), 後者處上(후자처상)

몸의 허리보다 윗부분
[上衣(상:의)] 저고리. 위에 입는 옷. 참下衣(하의)
[上體(상:체)] 몸의 윗부분. 사람에서는 대개 배꼽 위를 이름. 참下體(하체)

하늘
[上界(상:계)] ① 천상(天上)의 세계. ② 부처가 있는 곳.
[玉皇上帝(옥황상제)] 道家(도가)에서 '하느님'을 일컫는 말.

임금
[欺君罔上(기군망상)] 임금을 속임.
[聖上(성:상)] 자기 나라의 살아있는 '임금'의 높임말.
[獻上(헌:상)] 임금께 바침.

옛, 옛날
[上:古(상:고)] ① 오랜 옛날. ② 역사상의 시대 구분의 하나. 문헌에 있는 한도에서 가장 오랜 옛날. 대개 우리나라 역사에서는 삼한(三韓)시대까지. 참上古史(상고사)

오르다
[上氣(상:기)] 흥분이나 수치감으로 얼굴이 붉어짐.
[上昇(상:승)] 위로 올라감. 반下降(하강)
[引上(인상)] ① 끌어 올림. ② 값을 올림. 반引下(인하)
[切上(절상)] (경) 물가 수준이나 화폐 가치의 수준을 올림. 참平價切上(평가절상) 반切下(절하)
上樓擔梯(상루담제), 上聲(상성)

올라가다, 말이나 배 등을 타다
[上陸(상:륙)] 배에서 내려 뭍에 오름.
[上船(상:선)] 배에 오름. 배에 탐.
[上車(상:차)] 짐 따위를 차에 싣는 일.

근무에 들어가다
[上番(상:번)] ① 순번이 위인 사람. ② 번이 갈려 교대 근무를 하러 들어가는 사람.

올리다, 바치다
[上納(상:납)] 세금 · 공과금 · 뇌물 따위를 바침.
[上書(상:서)] 아랫사람이 윗사람에게 글을 올림, 또는 그 글.
[上食(상:식)] ① 음식물을 받들어 올림. ② 상가(喪家)에서 아침저녁으로 궤연(几筵) 앞에 올리는 음식.
[進上(진:상)] ① 윗사람에게 올리어 바침. ② 진귀한 물품이나 지방의 토산품 따위를 임금이나 고관 따위에게 바침.
上疏(상소), 上訴(상소), 上申(상신), 上奏(상주)

지방에서 서울로 가다
[上京(상:경)] 시골에서 서울로 올라옴.
[上行(상:행)] ① 위로 나아감. ② 윗사람이 행함. ③ 윗자리, 또는 위의 열(列) ④ 서울로 올라감. 참上行線(상행선)

여럿 중의 먼저 또는 첫째의 것
[上卷(상:권)] 두 권이나 세 권으로 된 책의 첫째 권.
[上篇(상:편)] 두 편이나 세 편으로 된 책 따위의 첫 번째의 것.

~에 관한, ~으로 보아, ~에 있는 따위의 뜻을 나타냄
[美觀上(미관상)] 美的(미적)으로 보는 바. ¶미관상으

로도 좋다
[史上(사:상)] 歷史上(역사상)의 준말. 역사적 사실의 바탕. ¶사상 처음 있는 일
[身上(신상)] 신변에 관한 일이나 형편.
[外觀上(외:관상)] 겉으로 보이는 모양, 또는 그런 것에 관한.
上演(상연), 上映(상영), 計上(계상), 途上(도상), 買上(매상), 賣上(매상)

下 아래 하:, 버릴 하:, 一부3   0037

(장소 또는 공간적으로) 아래, 낮은 쪽, 밑, 밑바닥, 아래에 놓다
[降下(강:하)] ① 공중에서 아래쪽으로 내림. ¶낙하산 강하 훈련 ② 기온 따위가 내림.
[燈下不明(등하불명)] ① 등잔 밑은 밝지 아니함. ② 가까이 있는 것이 도리어 알기 어려움.
[上下(상:하)] ☞ 上(상)
[地下(지하)] ① 땅 속. 땅의 아래. 또는 땅 속을 파고 만든 구조물의 공간. 참地下室(지하실) ② 저승.
[天下(천하)] 하늘 아래 온 세상. 참天下無敵(천하무적), 天下壯士(천하장사)
[上濁下不淨(상:탁하부정)] ☞ 上(상)
[瓜田不納履(과전불납리), 李下不整冠(이:하부정관).] 참외밭을 지날 때는 허리를 굽혀 신을 고쳐 신지 말며, 오얏나무 밑을 지날 때는 갓을 고쳐 쓰지 말아야 한다. 『古詩(고시)·君子行(군자행)』 ☞ * 024
下段(하단), 下流(하류), 下腹部(하복부), 下部(하부), 下石上臺(하석상대), 下焦(하초), 下層(하층), 下向(하향), 下弦(하현), 廊下(낭하), 堂下(당하), 膝下(슬하), 周遊天下(주유천하), 天下泰平(천하태평), 最下(최하), 投下(투하), 皮下(피하)

(시간적으로) 뒤, 나중, 끝
[下旬(하:순)] 한 달 가운데 21일부터 그믐날까지의 사이.
[下午(하:오)] 정오(正午) 이후. 午後(오후).

머리의 반대쪽, 허리보다 아랫부분
[下衣(하:의)] 아래옷. 바지.
[下體(하:체)] 아랫도리.
下肢(하지)

조직·계급·지위·수준·질·정도 등이 낮은 쪽 또는 나쁜 쪽
[下等(하:등)] ① 아래의 등급. ② 같은 무리의 가운데서 정도나 등급이 낮은 것. ¶하등동물
[下手(하:수)] ① 기술이 낮음. ② 바둑·장기에서 수가 낮음, 또는 그 사람.
[格下(격하)] 자격이나 등급, 지위 따위를 낮춤.
[低下(저:하)] 사기·정도·수준·물가·능률 따위가 아래로 낮아짐.
下級(하급), 下士(하사), 下水(하수), 下水溝(하수구), 下水道(하수도), 下院(하원), 下位(하위), 下策(하책), 下品(하품), 下廻(하회), 高下(고하), 莫上莫下(막상막하), 傘下(산하), 侍下(시하), 嚴侍下(엄시하), 嚴妻侍下(엄처시하), 偏母膝下(편모슬하), 偏母侍下(편모시하), 貶下(폄하), 形而下學(형이하학)

아랫사람, 손아래
[下賜(하:사)] 임금이 신하에게 물건을 내려줌.
[部下(부하)] 자기 手下(수하)에 거느리고 있는 직원.
[不恥下問(불치하문)] 자기보다 아래인 사람에게 묻는 일을 부끄러워하지 아니함. 학문하는 자세는 겸손해야 한다는 뜻임.
[手下(수하)] 손아래. 손아랫사람.
下命(하명), 下回(하회), 幕下(막하), 下剋上(하극상), 下厚上薄(하후상박), 年下(연하)

내리다, 비·이슬·눈·값·등급 등이 내리다, 떨어지다
[下降(하:강)] 아래로 내려감. 반上昇(상승)
[下落(하:락)] 값이나 등급 따위가 떨어짐. ¶시세가 하락하다/인기가 하락하다
[落下(낙하)] 높은 곳에서 아래로 떨어짐. 참落下傘(낙하산)
[引下(인하)] ① 끌어 내림. ② 물건의 값을 떨어뜨림. ¶가격 인하 반引上(인상)
下棺(하관), 下穽投石(하정투석), 降下(강하), 急降下(급강하), 落穽下石(낙정하석), 切下(절하), 平價切下(평가절하),

내려오다, 물러나다
[下山(하:산)] 산에서 내려옴.
[下野(하:야)] 관직에서 물러남. 야인(野人)으로 돌아감.
[下直(하:직)] 먼 길을 떠날 때에 웃어른에게 작별을 고함, 또는 그 일.
[南下(남하)] 남쪽으로 내려감, 또는 남쪽으로 내려옴.
下校(하교), 下壇(하단), 下馬(하마), 下馬評(하마평), 下番(하번), 下學(하학)

차, 배 등에서 내리다
[下船(하:선)] 배에서 내림.
[下車(하:차)] 차에서 내림. 짐을 부림.

명령 따위를 내리다
[下達(하:달)] ① 윗사람의 뜻이 아랫사람에게 이름. ② 명령·지시 따위를 내리거나 전달함.
下命(하명), 下書(하서)

뒤, 끝, 여럿 중의 나중 또는 마지막의 것
[下卷(하:권)] 두 권이나 세 권으로 된 책의 마지막의 것.
[下半(하:반)] 절반으로 나눈 것의 아래쪽.
[下篇(하:편)] 두 편이나 세 편으로 된 책 따위의 마지막의 것.
下請(하청), 下請負(하청부)

천한 사람, 천한 사람으로 여김
[下待(하:대)] ① 낮게 대접함. ② 상대자에게 낮춤말을 씀.

[下人(하:인)] ① 남자종과 여자종의 총칭. 남의 집에 매여 일을 하는 사람. ② 천한 사람. ③ 자기를 낮추어 이르는 말.
[下視(하:시)] 낮잡아 봄. 업신여김.
[卑下(비:하)] 업신여기어 낮춤. ¶자기비하는 우월감의 표시일 수 있다

땅, 토지, 하늘 아래의 세계
[下界(하:계)] ① 인간세계. 이 세상. ② 인간 세상에 내려옴. ③ 높은 곳에서 낮은 곳을 이르는 말.
[天下(천하)] 하늘 아래 온 세상.

어떤 범위 안이나 그 상황 아래
[零下(영하)] 기온의 도수를 나타낼 때 0 C 이하의 온도를 이르는 말.
[以下(이:하)] ① 어떤 수량, 단계 따위가 그것을 포함하여 그것보다 적거나 아래. ② 다음에 말할 내용.
目下(목하), 門下(문하), 門下生(문하생), 眼下無人(안하무인), 一言之下(일언지하), 治下(치하), 麾下(휘하)

서울에서 지방으로 가다
[下行(하:행)] ① 아래로 내려감. ② 서울에서 지방으로 내려감. 참下行線(하행선)
[下鄕(하:향)] ① 시골로 내려가거나 내려옴. ② 고향으로 내려감.

낮추다, 자기를 낮추어 상대방을 높이다
[閣下(각하)] 특정한 고급 관료에 대한 경칭.
[貴下(귀:하)] ① 상대편을 높여 그의 이름 뒤에 쓰는 말. ② 상대편을 높여 그의 이름 대신 부르는 말. ¶귀하의 편지는 잘 받았습니다.
[殿下(전:하)] ① 대궐 아래. ② 왕이나 왕비 또는 왕족을 높여 부르는 말.
足下(족하), 座下(좌하), 幕下(막하), 陛下(폐하)

머무르다
[下宿(하:숙)] 비교적 오랜 기간을 정하여 숙박하는 일, 또는 그 집.
[下獄(하:옥)] 죄인을 옥에 가둠.

기타
下痢(하리), 下劑(하제), 下血(하혈), 却下(각하), 拂下(불하)

前 앞 전, 刀부9 0038

위치상으로 본 앞
[前景(전경)] ① 앞에 보이는 경치. ② 그림·사진·무대 장치 등에서 앞쪽에 놓인 광경. 참後景(후경)
[前進(전진)] 앞으로 나아감.
[門前(문전)] 문 앞. 참門前成市(문전성시)
[驛前(역전)] 정거장 앞.
[各人自掃門前雪(각인자소문전설), 莫管他家瓦上霜(막관타가와상상).] 각각 자기 집 앞 눈이나 쓸 일이요, 남의 집 기와 위의 서리는 간섭 말라. 자기 할 일은 자기가 하고, 남의 일에 간여하지 말라, 자신을 다스리고 경계하여 조심할지언정 남의 일에 지나치게 신경을 쓰거나 간섭하지 말라는 뜻임. 『事林廣記(사림광기)』
前略(전략), 前立腺(전립선), 前面(전면), 前方(전방), 前線(전선), 前衛(전위), 前衛隊(전위대), 前文(전문), 前提(전제), 前提條件(전제조건), 前哨(전초), 前置詞(전치사), 前篇(전편), 面前(면전), 目前(목전), 門前薄待(문전박대), 門前乞食(문전걸식), 衙前(아전), 案前(안전), 眼前(안전), 御前(어전), 靈前(영전), 敵前(적전), 風前燈火(풍전등화)

시간상으로 본 앞, 앞서다, 남보다 먼저
[前例(전례)] 이미 있었던 사례.
[前無後無(전무후무)] 그 전에도 없었고, 앞으로도 없음.
[事前(사:전)] ① 일이 생기기 전. ② 일을 시작하기 전. 반事後(사후)
[食前(식전)] ① 밥을 먹기 전. ② 아침밥을 먹기 전. 아침 일찍. 반食後(식후)
前過(전과), 前科(전과), 前科者(전과자), 前期(전기), 前年(전년), 前代未聞(전대미문), 前途有望(전도유망), 前半(전반), 前番(전번), 前事勿論(전사물론), 前生(전생), 前述(전술), 前夜(전야), 前夜祭(전야제), 前人未踏(전인미답), 前任(전임), 前者(전자), 前酌(전작), 前作(전작), 前提(전제), 前兆(전조), 前奏曲(전주곡), 前職(전직), 前轍(전철), 前後(전후), 空前(공전), 生前(생전), 如前(여전), 午前(오전), 以前(이전), 日前(일전), 從前(종전), 直前(직전)

…에게
편지·공문·초대장 등에서 받는 사람이나 기관의 이름 밑에 쓴다 [洪吉童(홍길동) 前(전)] 등

後 뒤 후:, 彳부9 0039

'後(후)'자는 '조금 걸을 彳(척)', '작을 幺(요)', '뒤처질 夊(치/쇠)'로 구성되었다. 작은 보폭으로 종종걸음으로 가다보니 자연히 남들에게 뒤떨어지겠다.

뒤, 향하고 있는 반대의 쪽이나 곳
[後門(후:문)] 뒷문.
[後援(후:원)] ① 뒤에서 도와줌. ② 후원군이나 후원자. 참後援者(후원자), 後援會(후원회)
[背後(배:후)] 사건 따위의 표면에 드러나지 않은 부분. ¶배후 세력
後見(후견), 後見人(후견인), 後光(후광), 後記(후기), 後面(후면), 後方(후방), 後送(후송), 後苑(후원), 後園(후원), 後衛(후위), 後者(후자), 幕後(막후), 幕後交涉(막후교섭)

시간상·순서상 다음이나 나중, 어떤 일이 끝난 다음, 늦다, 시간적으로 뒤지다
[後輩(후:배)] ① 같은 학교를 자기보다 나중에 마친 사람. ② 학문·덕행·경험·나이 등이 자기보다 뒤진

사람.
[後悔(후:회)] 전의 잘못을 깨닫고 뉘우침.
[先後(선후)] 먼저와 나중. 먼저 하는 것과 나중 하는 것.
[前後(전후)] ① 앞과 뒤. 먼저와 나중. ② 일의 순서. ③ 일정한 때나 수량에 약간 모자라거나 남는 것.
[繪事後素(회사후소).] 그림 그리는 일은 흰 바탕을 마련한 다음에 해야 한다. 그림을 그릴 때는 우선 밑바탕을 잘 만드는 것이 중요하며, 색채를 칠하는 것은 그 다음 일이다. 밑바탕을 만드는 일은 눈에 보이지 않는 작업이다. 그러나 견실한 밑바탕[素]이 없이는 훌륭한 그림을 그릴 수가 없다. 몸을 장식하는 것보다는 먼저 수양을 쌓아 마음의 성실함을 근본을 삼도록 해야 한다. 『論語(논어)·八佾(팔일)』

後車誡(후거계), 後期(후기), 後代(후대), 後來三杯(후래삼배), 後略(후략), 後聞(후문), 後半(후반), 後發(후발), 後事(후사), 後生(후생), 後生可畏(후생가외), 後世(후세), 後續(후속), 後食(후식), 後室(후실), 後日(후일), 後任(후임), 後者(후자), 後者處上(후자처상), 後學(후학), 後患(후환), 後憂(후우), 後作(후작), 後妻(후처), 後天(후천), 後天開闢(후천개벽), 後悔莫及(후회막급), 今後(금후), 老後(노후), 讀後感(독후감), 放課後(방과후), 病後(병후), 事後(사후), 死後(사후), 産後(산후), 生後(생후), 先公後私(선공후사), 食後(식후), 食後景(식후경), 豫後(예후), 午後(오후), 雨後(우후), 雨後竹筍(우후죽순), 以後(이후), 前無後無(전무후무), 戰後(전후), 戰後派(전후파), 直後(직후), 此後(차후), 最後(최후), 追後(추후), 向後(향후)

다음을 잇는 그 것, 자손
[後繼(후:계)] 뒤를 이음. 웹後繼者(후계자)
[後孫(후:손)] 여러 대가 지난 뒤의 자손.
後嗣(후사), 後裔(후예)

엉덩이
[牛後(우후)] '소의 궁둥이'라는 뜻으로, '세력이 강한 사람의 부하'를 빗대어 일컫는 말.

끝이나 마지막 부분
[後斂(후:렴)] 노래 곡조의 끝에 붙여 되풀이하여 부르는 짧은 몇 마디의 가사.
[後尾(후:미)] 대열의 맨 뒷부분. 뒤꽁무니.
[後篇(후:편)] 두 편으로 된 책의 마지막 책.

능력 따위가 떨어지다
[後進(후:진)] ① 일정한 발전 수준에서 뒤지거나 뒤떨어짐, 또는 그러한 사람. 웹後進國(후진국), 後進性(후진성) ② 뒤쪽으로 나아감.
[落後(낙후)] 어떤 기준에 이르지 못하고 뒤떨어짐.

아랫사람
[後宮(후:궁)] ① '임금의 첩'을 正宮(정궁)에 상대하여 이르는 말. ② 주가 되는 궁전의 뒤쪽에 있는 궁전.

뒤로 돌리다, 뒤로 하다, 뒤서다
[後退(후:퇴)] ① 뒤로 물러남. 땐前進(전진) ② 발전하지 못하고 기운이 약해짐.

기타
[後手(후:수)] 바둑이나 장기 등에서 뒤에 두는 일. 응수하지 않을 수 없어서 두는 수.
[後行(후:행)] ① 뒤에 오는 대열. ② 혼례 때 가족이나 친척 중에서 신랑이나 신부를 데리고 가는 사람. 웹上客(상객)

先 먼저 선, 儿부6   0040

(시간적으로나 순서적으로) 먼저, 미리, 앞, 처음, 첫째, 나아가다, 앞으로 가다, 앞선 사람, 앞서다
[先輩(선배)] ① 학문이나 연령이 자기보다 위인 사람. ② 자기의 출신학교를 먼저 졸업한 사람.
[先後(선후)] 먼저와 나중. 먼저 하는 것과 나중 하는 것.
[率先(솔선)] ① 남보다 먼저 나서서 다른 사람들을 거느림. ② 앞장서서 모범을 보임. 웹率先垂範(솔선수범)
[流水不爭先(유수부쟁선).] 흐르는 물은 앞을 다투지 않는다. 여유와 느긋함 그리고 순리대로 사는 것을 비유한다.

先覺者(선각자), 先見之明(선견지명), 先決(선결), 先攻(선공), 先公後私(선공후사), 先驅者(선구자), 先軌(선궤), 先金(선금), 先端(선단), 先導(선도), 先頭(선두), 先例(선례), 先發(선발), 先發隊(선발대), 先鋒(선봉), 先拂(선불), 先手(선수), 先約(선약), 先烈(선열), 先任(선임), 先任者(선임자), 先入見(선입견), 先入觀(선입관), 先占(선점), 先制(선제), 先制攻擊(선제공격), 先知者(선지자), 先進(선진), 先進國(선진국), 先着(선착), 先着順(선착순), 先唱(선창), 先蹴(선축), 先取(선취), 先行(선행), 急先務(급선무), 機先(기선), 于先(우선), 優先(우선), 行先地(행선지)

옛날, 이전
[先史(선사)] 문헌에 의하여 알 수 있는 역사 이전의 시대. 역사가 있기 전.
[先祖(선조)] 한 가계(家系)의 웃 조상(祖上)
先代(선대), 先天的(선천적), 先賢(선현)

죽은 아버지, 죽은 손윗사람을 부를 때
[先考丈(선고장)] 남의 돌아간 아버지를 높이어 이르는 말. 됭先大人(선대인)
[先妣(선비)] 돌아가신 자기 어머니를 남에게 일컫는 말.
[先親(선친)] 돌아가신 자기 아버지를 남에게 일컫는 말. 됭先考(선고)
[殉國先烈(순국선열)] 나라를 위하여 목숨을 바친 애국 열사. ¶순국선열에 대한 묵념
先姑(선고), 先舅(선구), 先大夫人(선대부인), 先山(선산), 先塋(선영)

높이다, 중히 여기다
[先生(선생)] ① 먼저 세상에 태어남. ② 나보다 먼저

도를 깨친 사람. ③ 스승. 교사. ④ 남을 부르는 경칭. ⑤ 도사(道士).

기타
[先達(선달)] ① 武科(무과)에 급제하고도 벼슬을 받지 못한 사람. ② 먼저 통달함.

左 왼 좌:, 工부5 0041

왼쪽, 왼쪽으로 하다, 왼쪽 자리로 정하다, 왼손
[左右(좌:우)] ① 왼쪽과 오른쪽. ② 좌우로 움직임. ③ 곁. 옆. 주변. 신변. ④ 쯤. 정도. 나이가 확실하지 않음을 나타냄. ⑤ 어차피. 하여간. 어쨌든.
[左之右之(좌:지우지)] '왼쪽으로 했다가 다시 오른쪽으로 했다가 함'이란 뜻에서, '제 마음대로 다루거나 휘두름'이란 뜻을 나타냄.
[左衝右突(좌:충우돌)] 왼쪽에 부딪쳤다가 다시 오른쪽에 부딪침. 닥치는 대로 마구 치고받고 함.
[右往左往(우:왕좌왕)] '오른쪽으로 갔다가 다시 왼쪽으로 갔다가 함'이란 뜻에서 이리저리 왔다갔다하며 나아갈 바를 종잡지 못하는 모양. 갈팡질팡함.
左顧右眄(좌고우면), 左邊(좌변), 左右間(좌우간), 左議政(좌의정), 左翼手(좌익수), 左側(좌측), 左側通行(좌측통행), 男左女右(남좌여우)

혁신적인 민주 사상
[左傾(좌:경)] ① 급진적 사회주의 사상에 기욺. 좌익 사상을 가지는 일. ② 왼쪽으로 기욺. 마음이 평온하지 못함을 비유하는 말. 凹右傾(우경)
[左翼(좌익)] ① 왼쪽 날개. ② (군) 中軍(중군)의 왼편에 있는 군사 또는 대열의 왼쪽. ③ 사회주의나 공산주의적인 급진적이고 과격한 혁신 당파나 인물. ④ (체) 야구에 있어서 외야의 왼쪽. 凹右翼(우익)
[左派(좌:파)] ① 좌익의 파. ② 한 단체나 정당 따위에서 진보·급진주의적인 경향을 지닌 파. 凹右派(우파)
[極左(극좌)] 극단적인 좌익 사상이나 당파. 凹極右(극우)

내리다, 아래에 두다, 아래, 하위
[左遷(좌:천)] 높은 지위에서 낮은 지위로 떨어짐. 중앙에서 지방으로 전근됨.

그르다, 어긋나다
[左言(좌:언)] ① 사리에 어긋나는 말. ② 야만의 말.

증거, 증거를 대다
[證左(증:좌)] 참고가 될 만한 증거.

右 오른쪽 우:, 口부5 0042

'右(우)'는 원래 '오른손 又(우)'로 썼다. '又(우)'자가 '또'란 의미로 쓰이는 예가 많아지자 '오른손·오른쪽'은 '右(우)'자를 만들어 나타냈다.

오른쪽, 오른쪽으로 향하다
[右往左往(우:왕좌왕)] ☞ 左(좌)
[右側(우:측)] 오른쪽. 凹左側(좌측) 㐮右側通行(우측통행)
[左右(좌:우)] ☞ 左(좌)
[左之右之(좌:지우지)] ☞ 左(좌)
[左衝右突(좌:충우돌)] ☞ 左(좌)
[座右銘(좌:우명)] 늘 자리 옆(오른손으로 쉽게 집어 볼 수 있도록)에 갖추어 두고 반성하는 재료로 삼는 말이나 문구.
右記(우기), 右邊(우변), 右阜傍(우부방), 右翼手(우익수), 男左女右(남좌여우), 左顧右眄(좌고우면), 左右間(좌우간)

오른쪽에 적은 글이나 내용
右(우)와 如(여)히 領收(영수)함

보수적인 민주 사상
[右傾(우:경)] ① 오른쪽으로 기울어짐. ② 國粹主義(국수주의), 파시즘(Fascism) 등 우익적 사상으로 기욺. 凹左傾(좌경)
[右翼(우:익)] ① 새의 오른쪽 날개. ② (군) 중군의 오른쪽 군대. 또는 대열의 오른쪽. ③ (사) 점진적 또는 보수적 당파나 인물. 保守派(보수파). 國粹主義派(국수주의파)의 정당 단체. 凹左翼(좌익)
[右派(우:파)] 온건파. 보수파. 凹左派(좌파)
[極右(극우)] 극단적인 우익 사상이나 당파. 凹極左(극좌)

日 날 일, 日부4 0043

'날 日(일)'자는 해를 나타내기 위하여 만들어진 것이다. 해는 달과 달리 늘 동그랗기에 원형을 그리고 그 안에 점을 하나 찍은 모양으로 나타냈다. 초기 한자 가운데 둥근 획(○)이 많은 편이었으나 그것들이 모두 네모꼴(□)로 바뀐 것은 쓰기의 경제성과 균일성을 추구한 결과이다. '日(일)'이 부수로서 쓰일 때는 태양, 명암, 시간 등에 관한 문자를 이룬다.

해, 태양, 햇볕
[日沒(일몰)] 해가 짐. 해넘이.
[日出(일출)] 해가 돋음. 해돋이.
[一日難再晨(일일난재신)] 하루 해는 두 번 뜨지 않는다. 시간은 한 번 지나면 다시 돌이킬 수 없다. (때를 놓치지 말고 부지런히 일해라.) 『古文眞寶·五言古風短篇 陶淵明 雜詩』 ☞ * 201
日光(일광), 日光浴(일광욕), 日暮(일모), 日暮途遠(일모도원), 日落西山(일락서산), 日薄西山(일박서산), 日覆(일복), 日射(일사), 日射病(일사병), 日傘(일산), 日蝕(일식), 日月(일월), 日月星辰(일월성신), 日照(일조), 皆旣日蝕(개기일식), 落日(낙일), 白日(백일), 部分日蝕(부분일식), 迎日(영일), 旭日(욱일), 旭日昇天(욱일승천), 遮日(차일), 天無二日(천무이일), 天日鹽(천일염), 向日(향일), 向日葵(향일규)

날, 하루
[日記(일기)] 그날그날 겪은 일이나 감상 등을 적은 개

인의 기록. 阅日記帳(일기장)
[日當(일당)] 하루 몫의 수당이나 보수.
[來日(내:일)] ① 오늘의 다음 날. 明日(명일). ② 앞으로 다가올 날.
[生日(생일)] 출생한 날, 또는 해마다의 그 날.
日刊(일간), 日雇(일고), 日課(일과), 日較差(일교차), 日給(일급), 日曆(일력), 日報(일보), 日費(일비), 日常(일상), 日收(일수), 日時(일시), 日新(일신), 日用(일용), 日用品(일용품), 日字(일자), 日程(일정), 日程表(일정표), 日誌(일지), 日辰(일진), 甲日(갑일), 隔日(격일), 空日(공일), 勸農日(권농일), 近日(근일), 今日(금일), 期日(기일), 忌日(기일), 吉日(길일), 當日(당일), 末日(말일), 每日(매일), 明日(명일), 百日(백일), 百日咳(백일해), 百日紅(백일홍), 伏日(복일), 佛誕日(불탄일), 朔日(삭일), 祥日(상일), 時日(시일), 是日(시일), 植木日(식목일), 安息日(안식일), 連日(연일), 寧日(영일), 曜日(요일), 閏日(윤일), 翌日(익일), 一日三秋(일일삼추), 作心三日(작심삼일), 昨日(작일), 前日(전일), 主日(주일), 週日(주일), 卽日(즉일), 此日彼日(차일피일), 祝日(축일), 誕日(탄일), 擇日(택일), 平日(평일), 顯忠日(현충일), 後日(후일), 休日(휴일), 凶日(흉일)

낮의 길이, 하루 낮의 동안
[日直(일직)] 직장에서 낮에 당번을 정하여 직장을 수위하는 일.
[白日(백일)] ① 한낮. 대낮. ② 빛나는 태양.
[終日(종일)] 하루가 끝날 때까지. ¶종일 비가 내리네.
[白日莫空過(백일막공과).] 밝은 날을 헛되이 보내지 말라. '청춘을 아껴야 할 것임'을 이르는 말. 『林寬(임관)·少年行(소년행)』 ☞ *131
白日夢(백일몽), 白日場(백일장), 盡終日(진종일)

때, 시기, 기한, 날수
[日久月深(일구월심)] 날이 오래 되고 달이 깊어간다는 뜻으로, '세월이 흘러 오래 될수록 자꾸 더하여 짐'을 이르는 말.
[日就月將(일취월장)] '날마다 뜻을 이루고 달마다 나아감'이란 뜻으로, '발전이 빠르고 성취가 많음'을 이르는 말. 回日進月步(일진월보)
[消日(소일)] ① 별로 하는 일 없이 나날을 보냄. ② 어떤 일에 마음을 붙여 세월을 보냄.
去者日疎(거자일소)

가까운 며칠, 접때, 앞서
[日間(일간)] ① 가까운 며칠 사이. ② 하루 동안.
[日前(일전)] 며칠 전. 요전.
[近日(근:일)] ① 장래 매우 가까운 때. ¶근일 중에 한 번 만납시다 ② 近者(근자).
[不日間(불일간)] 며칠 안 되는 기간.

날씨
[日氣(일기)] 날씨.

나라 이름
[日本(일본)] 아시아 동쪽에 있는 섬으로 된 나라 이름.
[日帝(일제)] '日本帝國主義(일본제국주의)'의 준말. ¶일제의 식민 통치
[親日(친일)] 일본에 호의를 갖고 친하게 대함. 阅親日派(친일파)
[韓日(한일)] 우리나라와 일본.
[抗日(항:일)] 일본에 항거하여 싸우는 일. ¶항일 독립운동
日語(일어), 對日(대일), 在日(재일), 淸日戰爭(청일전쟁)

月 달 월, 月부4　0044

'月(월)'자는 '달'을 나타내기 위하여 만들어진 글자이다. 보름달을 본떴다면 해를 나타내는 日(일)자와 비슷해졌을 것이다. 그래서 반달이나 초승달 모양을 그리다 보니 '月(월)'자가 만들어지게 되었다.

'月(월)'자는 부수로서 '달과 관계있는 글자에 쓰였다. 이때는 '달월변'이라 한다. '배 舟(주)'의 변형도 이 부수에 포함된다. '肉(육)'이 변으로 쓰일 때의 '月(월)'은 '육달월'이라 한다. 예를 들면 '초하루 朔(삭)'이나 '바라볼 望(망)'에 들어 있는 月(월)은 '달월'이고, '기를 育(육)'이나 '다리 脚(각)'에 있는 月(월)은 '육달월'이다. '앞 前(전)'에 쓰인 月(월)은 '배 舟(주)'가 변한 것이다.

달, 지구의 위성, 달 모양, 달빛
[月桂冠(월계관)] 월계수의 잎으로 장식하여 만든 관. 고대 그리스에서 경기에 우승한 사람에게 명예와 영광의 표상(表象)으로 머리에 씌우던 관.
[月光(월광)] 달빛. 阅月光曲(월광곡)
[滿月(만:월)] 원이 꽉 차도록 이지러진 데가 없이 생긴 달. 보름달.
[明月(명월)] ① 밝은 달. ② 보름달. 특히 8월 보름달. ③ 다음 달.
[半月(반:월)] 반달.
[弦月(현월)] 초승달.
[月輪穿沼水無痕(월륜천소수무흔).] 달의 그림자가 연못을 뚫되 물에는 아무런 흔적이 없네. 『菜根譚(채근담)·後集 63』 ☞ *388
月桂樹(월계수), 月輪(월륜), 月滿則虧(월만즉휴), 月餠(월병), 月色(월색), 月蝕(월식), 月曜日(월요일), 月出(월출), 月下老人(월하노인), 落月(낙월), 朗月(낭월), 空山明月(공산명월), 望月(망월), 眉月(미월), 迎月(영월), 吟風弄月(음풍농월), 日月(일월), 日月星辰(일월성신), 殘月(잔월), 淸風明月(청풍명월), 秋月(추월), 片月(편월), 風月(풍월)

일 년을 12등분한 기간, 한 달, 1개월, 달을 세는 단위
[蜜月(밀월)] 영문 'honey moon'의 한자 의역어. ① 결혼하고 난 바로 다음의 즐거운 한두 달. ② '밀월여행'의 준말.
[正月(정월)] 일 년 중 첫째 달.

月建(월건), 月末(월말), 隔月(격월), 今月(금월), 忌月(기월), 臘月(납월), 當月(당월), 孟月(맹월), 蜜月旅行(밀월여행), 朔月(삭월), 朔月貰(삭월세), 祥月(상월), 余月(여월), 閏月(윤월), 翌月(익월), 日就月將(일취월장), 昨月(작월), 日久月深(일구월심), 日進月步(일진월보)

다달이, 달마다
[月給(월급)] 다달이 받는 급료.
[月貰(월세)] 사글세. 매달 내는 세.
月刊(월간), 月經(월경), 月曆(월력), 月例(월례), 月報(월보), 月賦(월부), 月收(월수)

세월
[歲月(세:월)] ① 흘러가는 시간. ¶세월이 빠르다 ② 기간이나 때. ¶어느 세월에 그 일을 끝내겠느냐? ③ 지내는 형편이나 사정. ¶그 사람 요즘 세월이 좋은 모양이더라
[歲月不待人(세:월부대인).] 세월은 사람을 기다리지 않는다. 젊었을 때 부지런히 학문에 힘쓰라는 당부가 담긴 말이다. 『古文眞寶 · 五言古風短篇 陶淵明 雜詩』☞ * 201
不知何歲月(부지하세월), 歲月如流(세월여류), 虛送歲月(허송세월)

水 물 수, 水부4   0045

'水(수)'가 부수로 쓰인 글자들은 모두 물과 관련된 것들이다. 부수로 쓰일 경우 그 위치에 따라 氵, 水, 氺 등 세 가지로 각각 다른 모습으로 쓰인다. 예를 들면 '씻을 洗(세)', '논 畓(답)', '클 泰(태)' 등과 같이 쓰인다.

물, 강, 내, 호수, 바다 등을 두루 이르는 말
[水道(수도)] ① 주민들에게 음료수 또는 사용수를 공급하기 위한 설비. ② 물이 흐르는 길. ③ 배가 통하는 길. ④ 상수(上水) · 하수(下水)를 끄는 길. 참上水道(상수도), 下水道(하수도) ⑤ 양쪽 육지 사이로 좁게 흐르는 해류의 통로.
[水魚之交(수어지교)] 물과 물고기는 떨어질 수 없듯이 '매우 친한 사귐'을 비유하여 이르는 말. 군신(君臣) 사이가 아주 친밀함 또는 부부의 화목함을 이름. 참水魚親(수어친)
[銀河水(은하수)] 남북으로 길게 보이는 은하계를 강으로 보고 하는 말. 图銀河(은하)
[飮水思源(음:수사원).] 물을 마실 때 그 근본을 생각하라. 근본을 잊지 않음을 비유한 말임. 『庾子山集(유자산집) · 徵周曲(징주곡)』
[上善若水(상:선약수).] 최상의 선은 물과 같다. 물이 최상의 선이 되는 이유는 세 가지이다. 첫째, 물은 만물에게 이로운 혜택을 주고 있다. 천지 사이에 물이 없이도 존재할 수 있는 것은 없다. 그 정도로 중대한 존재이면서도 물은 다른 것과 공적이나 명성을 다투는 일이 없다. 둘째, 인간은 한 걸음이라도 높은 위치를 원하지만, 물은 반대로 낮은 곳으로 낮은 곳으로 흘러 간다. 셋째 낮은 곳에 있기 때문에 위대해 진다. 계곡이나 하천은 흘러서 큰 강이 되고, 더욱더 흘러서 바다가 되어 위대한 존재가 된다. 『老子(노자) · 道德經 8章(도덕경 8장)』

水鏡(수경), 水攻(수공), 水球(수구), 水口(수구), 水軍(수군), 水宮(수궁), 水鬼(수귀), 水難(수난), 水稻(수도), 水力(수력), 水簾(수렴), 水路(수로), 水樓(수루), 水陸(수륙), 水利(수리), 水沫(수말), 水脈(수맥), 水面(수면), 水沒(수몰), 水墨畵(수묵화), 水門(수문), 水盤(수반), 水防(수방), 水兵(수병), 水夫(수부), 水分(수분), 水産業(수산업), 水上(수상), 水生(수생), 水棲(수서), 水洗式(수세식), 水蝕(수식), 水深(수심), 水壓(수압), 水泳(수영), 水營(수영), 水溫(수온), 水運(수운), 水源(수원), 水源池(수원지), 水月鏡花(수월경화), 水位(수위), 水葬(수장), 水災(수재), 水災民(수재민), 水滴(수적), 水戰(수전), 水槽(수조), 水族館(수족관), 水中(수중), 水蒸氣(수증기), 水質(수질), 水車(수차), 水彩畵(수채화), 水草(수초), 水桶(수통), 水泡(수포), 水害(수해), 加水分解(가수분해), 渴水(갈수), 甘露水(감로수), 降水量(강수량), 硬水(경수), 溪水(계수), 恐水病(공수병), 交淡如水(교담여수), 給水(급수), 落水(낙수), 落花流水(낙화유수), 冷水(냉수), 漏水(누수), 斷水(단수), 淡水(담수), 淡水湖(담수호), 導水路(도수로), 明鏡止水(명경지수), 防水(방수), 排水(배수), 排水溝(배수구), 排水路(배수로), 背水陣(배수진), 碧溪水(벽계수), 覆水難收(복수난수), 噴水(분수), 分水嶺(분수령), 氷水(빙수), 山高水長(산고수장), 山水(산수), 山紫水明(산자수명), 三水甲山(삼수갑산), 生水(생수), 食水(식수), 我田引水(아전인수), 藥水(약수), 揚水(양수), 揚水機(양수기), 如魚得水(여어득수), 如魚失水(여어실수), 逆水(역수), 軟水(연수), 鹽水(염수), 鹽水選(염수선), 汚水(오수), 溫水(온수), 樂山樂水(요산요수), 用水(용수), 雨水(우수), 危險水位(위험수위), 流水(유수), 流水不腐(유수불부), 飮料水(음료수), 飮水(음수), 一魚濁水(일어탁수), 潛水(잠수), 潛水艦(잠수함), 貯水池(저수지), 節水(절수), 淨水(정수), 潮水(조수), 蒸溜水(증류수), 知者樂水(지자요수), 地下水(지하수), 進水(진수), 天水畓(천수답), 靑山流水(청산유수), 淸水(청수), 取水塔(취수탑), 治山治水(치산치수), 治水(치수), 沈水(침수), 浸水(침수), 濁水(탁수), 炭酸水(탄산수), 脫水(탈수), 透水(투수), 廢水(폐수), 風水地理(풍수지리), 下水溝(하수구), 合水(합수), 海水浴(해수욕), 行雲流水(행운유수), 香水(향수), 湖水(호수), 洪水(홍수), 吸水(흡수)

물과 관련이 있는, 물과 같은
[水仙(수선)] 수선과에 속하는 다년초로서 그 비늘줄기는 약초로 쓴다. 관상용으로 심는다. 水仙花(수선화)
[水銀(수은)] 은백색의 액체 금속.
[水晶(수정)] 보석의 하나, 무색 투명한 석영(石英).

水痘(수두,) 水刺(수라), 水刺床(수라상), 水蔘(수삼), 水正果(수정과), 水晶體(수정체), 水腫(수종), 水滸傳(수호전), 王水(왕수)

수소
[水素(수소)] 원소(元素)의 하나. 자연계의 물질 중 가장 가벼운 기체이다. 물 분자를 구성하는 원소이다.

[炭水化物(탄수화물)] (화) 탄소와 물 분자로 이루어진 유기화합물. 주로 식물의 광합성작용으로 생기는 포도당·과당·녹말 따위를 통틀어 일컬음.

평평하게 하다
[水平(수평)] ① 수면이 평평함. 물체의 표면이 반듯하고 평평함. ② 평면의 높낮이를 검사하는 기구. ③ 수직면에 직각되는 면.

[水平線(수평선)] ① 지구 위에서 중력의 방향에 수직이 되는 직선. ② 정지한 물의 평면에 평행하는 직선. ③ 바닷물과 하늘이 접하여 한 선으로 보이는 선. ④ 보통 이상과 이하의 한계.

[水準(수준)] 평형의 표준. 수준기(水準器)의 준 말.

오행의 하나
[水星(수성)] 태양계의 행성 가운데 가장 작고 태양에 가장 가까이 있는 별. 로마 신화에서 저녁에 빛나는 별을 'Mercury'라는 신에 비유한 데서 유래하였음.

[水曜日(수요일)] 칠요일 중 네 번째 요일.

水克火(수극화), 水生木(수생목), 土克水(토극수), 金生水(금생수) ☞*291

火 불 화(:), 火부4　0046

'火(화)'가 부수로 쓰일 때는 모두 '불과 관련된 것들이다. 한 글자에서 왼쪽 부분으로 쓸 때는 '火'로 쓰고, 밑 부분에 쓸 때는 네 개의 점 '灬'로 쓴다. 그러나 '灬'는 모두 '火'가 변한 것은 아니다. '제비 燕(연)', '할 爲(위)', '새 鳥(조)' 따위의 '灬'는 불과 상관이 없다.

불, 타는 것, 횃불, 등불, 타다, 태우다, 사르다, 불에 익히다
[火上添油(화:상첨유)] '불난 데 기름을 끼얹는다'는 뜻으로, '화란(禍亂)을 조장함'을 비유하여 이르는 말. 웹 火上加油(화상가유)

[火災(화:재)] 불이 나는 재앙.

[明若觀火(명약관화)] 분명하기가 불을 보는 것과 같음. 매우 명백함. 뻔함.

[消火(소화)] 불을 끔. 웹消火器(소화기), 消火栓(소화전)

消火(소화)와 鎭火(진화) 두 단어는 모두 '불을 끄다'라는 뜻이다. 消火(소화)는 사람에게 어떤 피해를 주는지의 여부에 관계없이 단순히 물건 등에 붙은 불을 끄는 것을 말하고, 鎭火(진화)는 사람에게 피해를 끼치는 화재를 다스려 불을 끄는 것을 말한다.

火攻(화공), 火光衝天(화광충천), 火口(화구), 火口湖(화구호), 火氣(화기), 火力(화력), 火爐(화로), 火木(화목), 火夫(화부), 火山島(화산도), 火傷(화상), 火燒眉毛(화소미모), 火焰(화염), 火葬(화장), 火賊(화적)

火田民(화전민), 火筒(화통), 火刑(화형), 見煙知火(견연지화), 救火以薪(구화이신), 耐火(내화), 燈火(등화), 燈火可親(등화가친), 燈火管制(등화관제), 明火(명화), 發火(발화), 防火(방화), 放火(방화), 烽火(봉화), 噴火(분화), 飛蛾赴火(비아부화), 飛火(비화), 舌端吐火(설단토화), 聖火(성화), 燒火(소화), 失火(실화), 野火(야화), 如蛾赴火(여아부화), 烈火(열화), 燎火(요화), 燎原之火(요원지화), 以火救火(이화구화), 引火(인화), 電光石火(전광석화), 戰火(전화), 點火(점화), 鎭火(진화), 着火(착화), 抱薪救火(포신구화), 抱火臥薪(포화와신), 砲火(포화), 風前燈火(풍전등화)

불을 이용한 무기류 등
[火器(화:기)] ① 화약을 사용하는 무기. 총·대포 따위. ② 불을 담는 그릇의 총칭.

[火力(화:력)] ① 불의 힘. 불의 기세. ② 총포의 위력.

[火藥(화:약)] 충격·마찰·점화 등에 의하여 터지는 폭발물.

[導火線(도:화선)] ① 폭약이 터지게 하는 심지. ② 사건을 일으키는 직접 원인.

화, 노여운 심기
[火病(화:병)] 화증(火症). 울화병(鬱火病)

[成火(성화)] ① 마음대로 되지 않아 불이 나는 듯 몹시 애가 탐. 또는 그러한 상태. ② 몹시 성가시게 구는 일.

[心火(심화)] ① 불과 같이 타오르는 격렬한 마음. 마음 속에서 일어나는 울화. ② 心中(심중)의 火氣(화기)로 가슴이 아프고 煩燥(번조)하는 병.

[鬱火(울화)] 가슴이 꽉 막힌 듯 답답하여 치밀어 오르는 화. ¶울화가 치밀다.

불 같은 것
[火山(화:산)] 땅 속 깊이 있는 용암·가스 등이 지각의 얇은 곳을 뚫고 분출하는 산.

[火酒(화:주)] 소주·위스키·브랜디·보드카 따위와 같이 酒精分(주정분)이 썩 강한 술.

[熱火(열화)] ① 뜨거운 불길. ② 매우 격렬한 열정을 비유하여 이르는 말.

活火山(활화산), 休火山(휴화산)

급하다
[火急(화:급)] 대단히 급함. 몹시 바쁨.

오행(五行) 중 하나
[火星(화:성)] 불을 상징하는 별. 태양계에서 지구 바로 바깥쪽에서 타원형의 궤도로 태양을 돌고 있는 네 번째 행성.

[火曜日(화:요일)] 칠요일의 셋째.

火克金(화극금), 火生土(화생토), 水克火(수극화), 木生火(목생화) ☞*291

土 흙 토, 土부3　0047

'흙 土(토)'가 부수로 쓰일 때, 흙으로 된 것, 흙의 상태, 흙에 손질을 가하는 일, 땅 등에 관계되는 문자를 이룬다.

흙
[土器(토기)] 잿물을 올리지 않고 흙을 구워 만든 그릇의 총칭.
[土壤(토양)] 식물에 영양과 수분을 공급하여 자라게 할 수 있는 흙. 참土壤學(토양학)
[積土成山(적토성산)] 흙덩이도 쌓이면 높은 산을 이룬다는 뜻으로 '작은 것도 쌓이고 쌓이면 크게 됨'을 이르는 말. 티끌 모아 태산. 동土積成山(토적성산), 積小成大(적소성대)

土臺(토대), 土龍(토룡), 土幕(토막), 土木工事(토목공사), 土房(토방), 土砂(토사), 土山(토산), 土性(토성), 土城(토성), 土深(토심), 土役(토역), 土屋(토옥), 土俑(토용), 土偶(토우), 土雨(토우), 土葬(토장), 土質(토질), 土炭(토탄), 耕土(경토), 培土(배토), 腐植土(부식토), 腐土(부토), 肥土(비토), 沙土(사토), 床土(상토), 埴土(식토), 壤土(양토), 礫土(역토), 粘土(점토), 塵土(진토), 出土(출토), 取土(취토), 黃土(황토)

경작지, 논 밭
[農土(농토)] 농사를 짓는 데 쓰이는 땅.
[薄土(박토)] 척박한 땅.
[沃土(옥토)] 비옥한 땅. ¶황무지를 옥토로 만들다.
[位土(위토)] 위답과 위전. 수확물을 제사 따위에 쓰려고 마련한 논과 밭. 참位土畓(위토답), 位土田(위토전)

땅, 육지
[土地(토지)] ① 땅. 흙. ② 지면(地面)
[疆土(강토)] 국경 안에 있는 땅. ¶삼천리 강토/조국 강토
[國土(국토)] ① 나라. 땅. ② 한 나라의 통치권이 미치는 영역. 領土(영토)
[領土(영토)] (법) 국제법에서 국가의 통치권이 미치는 구역. ¶헌법에는 한반도와 그 부속 도서를 대한민국의 영토로 명시하고 있다

故土(고토), 捲土重來(권토중래), 樂土(낙토), 凍土(동토), 本土(본토), 封土(봉토), 西方淨土(서방정토), 淨土(정토), 焦土(초토), 焦土戰術(초토전술), 出土(출토)

지방, 고향, 향토
[土産(토산)] 본디 그 땅이나 지방에서 특유하게 나는 물건. 참土産物(토산물), 土産品(토산품)
[土俗(토속)] 그 지방의 특유의 풍속.
[風土(풍토)] ① 기후와 토지의 상태. ¶아무 풍토에서나 잘 자라는 식물 참風土病(풍토병) ② 어떤 일의 밑바탕이 되는 제도나 조건 따위. ¶풍토가 조성되다
[鄕土(향토)] 자기가 태어나서 자란 시골 땅. ¶향토를 지키다. 참鄕土豫備軍(향토예비군)

土産物(토산물), 土種(토종), 風土病(풍토병)

살다, 자리 잡고 살다
[土人(토인)] ① 본토박이. ② 원시생활을 하는 미개인.
[土着(토착)] 대대로 그 땅에 정주(定住)함.

土民(토민), 土班(토반), 土蕃(토번), 土兵(토병), 土匪(토비), 土族(토족), 土着民(토착민), 土豪(토호)

토대, 기초, 밑바탕
[土臺(토대)] ① 흙으로 높게 쌓아 올린 대. ② 건조물(建造物)의 맨 아랫부분이 되는 바탕. ③ 사물의 밑바탕이 되는 기초.

흙과 관련이 있는 것
[土卵(토란)] 천남성과에 딸린 다년생 풀. 땅속에 감자 모양의 구경(球莖)이 있어서 잎꼭지와 함께 먹는다.

오행(五行)의 하나
[土曜日(토요일)] 칠요일 중의 하나.
[土星(토성)] 태양계의 안쪽에서 여섯 번째 행성. 땅을 관장하는 신을 상징하는 별. '토성'을 뜻하는 'saturn'은 로마 신화에서 농업의 신을 이르는 말이다.
土克水(토극수) 土生金(토생금) 火生土(화생토) 목극토(木克土) ☞*291

기타
[土亭秘訣(토정비결)] 토정(土亭) 이지함(李之菡)이 지었다는 책. 그 해의 신수(身數)를 보는 데 쓰인다.

木 나무 목, 木부4　0048

'木(목)'자는 뿌리와 줄기와 가지가 있는 나무의 모양을 본뜬 것이다. '木(목)'이 부수로 쓰인 글자들은 나무의 종류, 나무의 부분, 나무로 만들어진 것, 나무의 상태 등을 나타낸다.

나무, 서 있는 나무, 벤 나무
[木石(목석)] ① 나무와 돌. ② 나무나 돌 같이 '감정·인정이 없는 사람'의 비유. 木人石心(목인석심)
[山川草木(산천초목)] 산과 물과 풀과 나무, 곧 자연.
[樹木(수목)] ① 살아있는 나무. ¶수목이 울창하다 ② (식) 목본 식물.
[緣木求魚(연목구어)] '나무에 올라가서 물고기를 얻으려 한다'는 뜻으로, 허무맹랑한 욕심이나 대처 방식으로 도저히 불가능한 일을 하려 하는 것을 비유하는 말이다. 『孟子(맹자)·梁惠王章句(양혜왕장구)』

木本(목본), 木柵(목책), 木炭(목탄), 巨木(거목), 古木(고목), 枯木(고목), 枯木死灰(고목사회), 枯木生花(고목생화), 灌木(관목), 喬木(교목), 老木(노목), 臺木(대목), 獨木不林(독목불림), 苗木(묘목), 伐木(벌목), 揷木(삽목), 植木(식목), 十伐之木(십벌지목), 良禽擇木(양금택목), 幼木(유목), 梨木(이목), 林木(임목), 雜木(잡목), 接木(접목), 楼木(접목), 朱木(주목), 草根木皮(초근목피), 草木(초목), 取木(취목), 土木(토목), 土木工事(토목공사), 香木(향목), 火木(화목)

목재, 나무를 재료로 만든 가구 등, 목제의 악기
[木工(목공)] 나무로 물건을 만드는 일. 또는 그 사람.
[木手(목수)] 나무를 다루어 집을 짓거나 기구를 만드는 것을 업으로 삼는 사람. 大木(대목).
[木材(목재)] 나무로 된 재료.
[材木(재목)] ① 건축·기구들의 재료로 쓰는 나무. ② '장차 큰일을 할 만한 능력이나 전망이 있는 인물'을 비유하는 말.

木刻(목각), 木刻畵(목각화), 木劍(목검), 木管樂器(목관악기), 木橋(목교), 木器(목기), 木馬(목마), 木像(목상), 木船(목선), 木魚(목어), 木偶(목우), 木材商(목재상), 木製(목제), 木造(목조), 木彫(목조), 木銃(목총), 木枕(목침), 木鐸(목탁), 木炭(목탄), 木塔(목탑), 木版(목판), 木灰(목회), 坑木(갱목), 大木(대목), 原木(원목), 枕木(침목), 板木(판목)

오행(五行)의 하나

[木星(목성)] 태양계의 다섯째 행성.
[木姓(목성)] 술가(術家)에서 오행(五行)중 목(木)에 속하는 성(姓)을 이름. 곧, 李(이), 朴(박) 등.
[木曜日(목요일)] 칠요 중 다섯 번째 날.
木克土(목극토) 木生火(목생화) 水生木(수생목) 金克木(금극목) ☞*291

무명

[廣木(광:목)] 무명실로 너비가 넓게 짠 베.
[木棉(목면)] 목화. 무명.
[木花(목화)] 섬유식물로 널리 재배하는 농작물의 한 가지. 棉花(면화).
[布木(포목)] 베와 목면. 图布木店(포목점)

기타

[木瓜(목과→모과)] 모과나무의 열매. '모과'라고 읽는다.
[木蓮(목련)] 목련과에 속하는 낙엽교목(落葉喬木). 꽃은 백색 또는 암자색(暗紫色). 이른 봄 잎이 나기 전에 크고 탐스러운 꽃이 핀다.
[木耳(목이)] 썩은 나무에서 돋는 버섯. 목이버섯.

金 쇠 금, 성 김, 金부8 0049

'金(금)'자는 '쇠붙이', '황금', '돈' 따위의 뜻을 나타낼 때에는 [금으로, 사람의 성씨로 쓰일 때는 [김]으로, 지명으로 쓰일 때는 [김] 또는 [금]으로 읽는다. 金泉(김천), 金浦(김포)와 金海(김해)는 [김]으로, 金陵(금릉)과 金華(금화)는 [금]으로 발음한다. '金(금)'이 부수로 쓰일 때는 금속과 관련된 글자의 요소가 된다. 부수 이름은 '쇠 금'이다.

'金(금)'은 반드시 황금을 지칭하는 것은 아니었고 다섯 가지 쇠붙이를 일컬었다. 『漢書(한서)』에 누런 것은 '金(금)', 흰 것은 '銀(은)', 붉은 것은 '銅(동)', 푸른 것은 '亞鉛(아연)', 검은 것은 '鐵(철)'이라고 하였다.

쇠, 금속, 구리·철 등 광물의 총칭

[金石之交(금석지교)] 쇠나 돌 같이 굳고 변함없는 사귐. 또는 그런 약속.
[金屬(금속)] 쇠붙이. 图重金屬(중금속)
[衆口鑠金(중:구삭금).] '뭇 사람의 말은 쇠 같이 굳은 물건도 녹인다'는 뜻으로, '여러 사람의 말은 무섭다'는 말. 『文章軌範(문장궤범)·中山靖王 聞樂對(중산정왕문락대)』
[合金(합금)] 여러 가지 금속을 합함. 또는 그렇게 만든 금속.

金管樂器(금관악기), 金蘭之契(금란지계), 金石文(금석문), 金城湯池(금성탕지), 鍛金(단금), 鍍金(도금), 冶金(야금), 重金屬(중금속)

금, 황금색, 금으로 만든 물건

[金冠(금관)] 금으로 만든 관. 왕관.
[金髮(금발)] 황금색의 머리털.
[試金石(시:금석)] ① 금의 품질을 시험하는 돌. ② 가치나 역량을 알아보는 기회나 사물.
[眞金不鍍(진금부도)] 진짜 황금은 도금하지 아니함. '참으로 유능한 사람은 겉치레를 하지 않음'을 비유하여 이르는 말. 『李紳(이신)·答章孝標詩(답장효표시)』
金鑛(금광), 金塊(금괴), 金堂(금당), 金脈(금맥), 金箔(금박), 金杯(금배), 金粉(금분), 金佛(금불), 金賞(금상), 金色(금색), 金烏(금오), 金銀(금은), 金銀寶貨(금은보화), 金字塔(금자탑), 金樽美酒(금준미주), 金枝玉葉(금지옥엽), 金指環(금지환), 金婚式(금혼식), 金貨(금화), 金環(금환), 金環日蝕(금환일식), 白金(백금), 砂金(사금), 純金(순금), 試金(시금), 鍊金術(연금술), 正金(정금), 採金(채금), 黃金(황금)

금전, 돈

[金額(금액)] 돈의 액수.
[金錢(금전)] ① 돈. ② 금으로 만든 돈. 금화.
[賃金(임:금)] 일을 한 품삯으로 받는 돈.
[現金(현:금)] ① 현재 가지고 있는 돈. ② 어음·수표·채권 따위가 아닌 실제로 늘 쓰는 돈.
[世人結交須黃金(세:인결교수황금), 黃金不多交不深(황금부다교불심).] 세상 사람들은 금전으로써 교제를 맺음. 돈이 많지 않으면 그 사귐도 깊지 않음. 돈으로 친구를 사귀는 세태를 개탄하며 읊은 시. 『張謂(장위)·詩(시)』
[逐鹿者不見山(축록자불견산), 攫金者不見人(확금자불견인).] 사슴을 쫓는 사람은 산을 볼 여유가 없다. 명예와 욕심에 눈이 멀어 사람된 도리를 저버린다는 뜻이다. 돈을 움켜쥔 자는 사람을 보지 못한다. 物慾(물욕)에 가리면 의리·염치를 모름을 비유하여 이르는 말이다. 利慾(이욕)에 정신이 팔린 사람은 자신에게 다가올 위험도 돌보지 않는다는 뜻이다. 『淮南子(회남자)』
金庫(금고), 金權(금권), 金力(금력), 金利(금리), 金肥(금비), 金融(금융), 金品(금품), 醵出金(갹출금), 巨金(거금), 公金(공금), 供託金(공탁금), 基金(기금), 納金(납금), 代金(대금), 募金(모금), 拜金主義(배금주의), 罰金(벌금), 保證金(보증금), 保險金(보험금), 賦金(부금), 扶助金(부조금), 非常金(비상금), 賞金(상금), 賞與金(상여금), 先金(선금), 誠金(성금), 稅金(세금), 送金(송금), 收金(수금), 年金(연금), 預金(예금), 料金(요금), 元金(원금), 元利金(원리금), 義捐金(의연금), 一刻千金(일각천금), 一攫千金(일확천금), 入金(입금), 資金(자금), 資本金(자본금), 殘金(잔금), 奬學金(장학금), 貯金(저금), 積金(적금), 定期預金(정기예금), 弔慰金(조위금), 持參金(지참금), 千金(천금), 出金(출금), 退職金(퇴직금), 學資金(학자금), 割賦金(할부금),

獻金(헌금), 懸賞金(현상금), 換金(환금), 黃金萬能(황금만능)

귀하다, 단단하다
[金剛石(금강석)] 보석 이름. 투명 무색 또는 황·청·록 등이 있다.
[金言(금언)] 짧은 말 속에 깊은 교훈을 담고 있는 귀중한 말.
金剛(금강), 金剛經(금강경), 金剛山(금강산), 金科玉條(금과옥조), 金石文(금석문), 金石之交(금석지교)

좋다, 아름답다
[金蘭之友(금란지우)] (금처럼 귀하고, 난초의 향기처럼 향기로운) 매우 아름답고 친밀한 벗. 图金蘭之契(금란지계)
[金鷄(금계)] (동) 꿩과의 새. 꿩과 비슷하며, 특히 수컷은 광택 있는 황금빛 도가머리가 나 있고, 꽁지가 길고 아름다움. 중국 원산.

입을 다물다
[金口(금구)] ① 금속으로 만든 그릇의 부리. ② 말을 가볍게 하지 아니함. '말의 귀중함'을 이름. ③ 남의 말의 경칭. ④ 천자(天子)의 말. ⑤ 부처의 말. 석가의 설법.
[金口閉舌(금구폐설)] 입을 다물고 혀를 놀리지 아니한다는 뜻으로, '침묵함'을 이르는 말.

성
[金氏(김씨)] 김씨. ('김'으로 발음한다.)

나라 이름, 땅 이름
[金(금)] 금나라. 만주에 거주하던 여진족 완안아골타가 세운 나라. 1115년에 나라를 세워 1234년 몽고에 망하였다.

오행(五行)의 하나
[金星(금성)] 아홉 유성(遊星)의 하나. 저녁때 서쪽 하늘에 보일 때는 장경성(長庚星;개밥바라기), 새벽 동쪽 하늘에 보일 때는 계명성(啓明星;샛별)이라 이른다. 明星(명성).
[金曜日(금요일)] 칠요일 중 여섯 번째 요일.
金克木(금극목), 金生水(금생수), 土生金(토생금), 火克金(화극금) ☞*291

内 안 내:, 나인 나:, 入부4   0050

'內(내)'자는 '집 宀(면)'의 변형인 '멀 冂(경)'과 '들 入(입)'으로 이루어졌다. '집 안으로 들어간다'는 뜻이었는데 폭넓게 '안'의 뜻을 가진다.

안, 속, 둘레나 계선의 안, 일정한 기준이나 한계에 미치지 못한 정도
[內外(내:외)] ① 안과 밖. 안팎. ② 부부. ③ 남의 남녀 사이에 서로 얼굴을 대하지 아니하는 일.
[內容(내:용)] ① 사물의 속내, 또는 실속. ② 형식에 의하여 일체(一體)에 결합되는 온갖 성질. 凹形式(형식)
[校內(교:내)] 학교의 안. 凹校外(교외)
[市內(시:내)] ① 도시의 안. 图시내버스 凹市外(시외) ② 도시의 중심가.
內角(내각), 內規(내규), 內勤(내근), 內陸(내륙), 內面(내면), 內務班(내무반), 內服(내복), 內部(내부), 內紛(내분), 內分泌(내분비), 內實(내실), 內室(내실), 內野(내야), 內野手(내야수), 內譯(내역), 內緣(내연), 內容證明(내용증명), 內衣(내의), 內藏(내장), 內在(내재), 內的(내적), 內包(내포), 內港(내항), 內訌(내홍), 家內(가내), 坑內(갱내), 管內(관내), 構內(구내), 區內(구내), 國內(국내), 宮內(궁내), 圈內(권내), 畿內(기내), 期限內(기한내), 堂內(당내), 堂內間(당내간), 堂內至親(당내지친), 對內(대내), 宅內(댁내), 道內(도내), 室內(실내), 案內(안내), 域內(역내), 年內(연내), 營內(영내), 院內(원내), 邑內(읍내), 以內(이내), 場內(장내), 體內(체내)

아내, 처
[內:外(내외)] ② 부부. ① 안과 밖. 안팎 ③ 남녀 사이에 서로 얼굴을 대하기를 피하는 일.
[內子(내:자)] 남에게 자기 아내를 이르는 말.
[內助(내:조)] ① 아내가 남편을 도우는 일. ② 아내. 처.
內室(내실), 內外間(내외간), 內主張(내주장), 內患(내환)

부녀자, 여자
[內簡(내:간)] 부녀자의 편지.
內賓(내빈), 內殿(내전)

나라의 안
[內亂(내:란)] 나라 안에서 일어난 반란이나 소동 따위. 图內亂罪(내란죄)
[內政(내:정)] 국내의 정치. 내무의 행정. ¶내정 간섭
[內憂外患(내:우외환)] 나라 안의 걱정과 나라 밖에서 오는 환란. 내란과 외적의 침입.
內務(내무), 內需(내수), 內戰(내전), 內治(내치)

대궐, 조정, 궁중
[內閣(내:각)] 국가 행정권을 담당하고 있는 최고 기관으로, 수장인 국무총리와 국무위원으로 조직되는 합의체.
[內侍(내:시)] 궁중에서 시봉(侍奉)하는 일, 또는 그 관직.
[內人(나:인)] 궁궐 안에서 대전(大殿)·내전(內殿)을 가까이 모시는 내명부(內命婦)의 총칭. 宮人(궁인).

뱃속
[內科(내:과)] 신체의 내부를 고치는 의학의 한 분야.
[內臟(내:장)] 고등 척추동물의 흉강(胸腔)과 복강(腹腔) 속에 있는 여러 가지 기관의 총칭.
內服藥(내복약), 內傷(내상)

마음, 마음 속, 생각, 겉으로 드러내지 않음, 몰래, 가만히
[內幕(내:막)] 일의 속내. 내부의 실정.
[內心(내:심)] ① 속마음. ② 은근히. 마음속으로.
[內定(내:정)] 속으로 작정함. 내밀히 결정함.
[外柔內剛(외:유내강)] 성질이 겉으로 보기에는 순하고

부드러운 것 같으나 속은 꿋꿋하고 굳음.
內諾(내락), 內密(내밀), 內査(내사), 內省的(내성적), 內申(내신), 內緣(내연), 內通(내통), 外剛內柔(외강내유), 外富內貧(외부내빈), 外貧內富(외빈내부), 外華內貧(외화내빈)

기타
[內外戚(내:외척)] 내척과 외척. 곧 본집에서 성(姓)이 다른 집으로 시집가거나 장가들어서 된 척당(戚黨).
[內外從(내:외종)] 내종(內從)과 외종(外從). 고종사촌과 외사촌.
[內從(내:종)] 고모의 자녀. 내종사촌(內從四寸)의 준말.

外 바깥 외:, 夕부5　　0051

'外(외)'자는 '저녁 夕(석)'과 '점 卜(복)'으로 이루어졌다. 저녁에 친 점은 잘 맞지 않아 '벗어난다'의 뜻에서, '멀다', '밖'의 뜻으로 확대되었다. 점집에 가려면 오전에 가야 하나 보다.

밖, 바깥, 안(內)에 상대되는 말, 겉, 표면, 거죽, 일정한 범위나 한도에 들지 않는 부분
[外科(외:과)] 의학의 한 분과. 몸의 외부에 난 병과 다친 곳을 고치고, 내장기관에 대하여 수술을 행한다.
[外勤(외:근)] ① 직장 밖에 나가서 하는 근무. ② (언론 기관에서) 주로 취재를 하는 근무.
[課外(과외)] ① 정해진 교육과정의 이외. ② 과외수업의 준말.
[內外(내:외)] ☞ 內(내)
[除外(제외)] 어느 범위 밖에 둠. ¶세금을 제외하고
外角(외각), 外殼(외각), 外見(외견), 外界(외계), 外郭(외곽), 外觀(외관), 外部(외부), 外傷(외상), 外野(외야), 外樣(외양), 外緣(외연), 外的(외적), 外地(외지), 外處(외처), 外出(외출), 外套(외투), 外販(외판), 外風(외풍), 外皮(외피), 外形(외형), 內外間(내외간), 加外(가외), 管外(관외), 校外(교외), 郊外(교외), 局外者(국외자), 圈外(권외), 奇想天外(기상천외), 論外(논외), 對外(대외), 度外(도외), 度外視(도외시), 等外(등외), 望外(망외), 夢外之事(몽외지사), 門外漢(문외한), 臂不外曲(비불외곡), 涉外(섭외), 市外(시외), 身外無物(신외무물), 室外(실외), 野外(야외), 域外(역외), 列外(열외), 屋外(옥외), 以外(이외), 紫外線(자외선), 場外(장외), 赤外線(적외선), 整形外科(정형외과), 體外(체외), 號外(호외)

외국, 다른 나라, 나라의 밖
[外交(외:교)] 국가와 국가 간의 교제. 국가 간의 교섭.
图外交官(외교관), 外交通商部(외교통상부)
[外國(외:국)] 다른 나라. 图外國語(외국어)
[在外(재:외)] 외국에 있음. 또는 외국에 살고 있음. 图在外公館(재외공관)
[治外法權(치외법권)] (법) 다른 나라 안에 있으면서 그 나라의 법률을 좇지 않고 자기 나라의 주권을 행사할 수 있는 권리.
外交官(외교관), 外國語(외국어), 外來(외래), 外來語(외래어), 外務(외무), 外賓(외빈), 外勢(외세), 外信(외신), 外遊(외유), 外資(외자), 外敵(외적), 外製(외제), 外債(외채), 外風(외풍), 外航(외항), 外貨(외화), 外畵(외화), 外換(외환), 國外(국외), 內憂外患(내우외환), 海外(해외)

외가
[外家(외:가)] 어머니의 친정.
[外三寸(외:삼촌)] 어머니의 남자 형제. 图外叔(외숙) 图外叔母(외숙모)
[外孫(외:손)] 딸이 낳은 아들이나 딸. 또는 딸의 자손. 图外孫子(외손자), 外孫女(외손녀)
[外祖(외:조)] 외가 쪽의 조부모. 图外祖父(외조부), 外祖母(외조모)
[內外從(내:외종)] 내종(內從)과 외종(外從). 고종사촌과 외사촌.
外從(외종), 外戚(외척), 內外戚(내외척)

마음에 대하여 언행·용모 등을 이르는 말
[外柔內剛(외:유내강)] 성질이 겉으로 보기에는 순하고 부드러운 것 같으나 속은 꿋꿋하고 굳음.
[外剛內柔(외:강내유)] 겉으로는 강하게 보이나 속은 부드러움.
[外貌(외:모)] 겉으로 드러나 보이는 모양.
外富內貧(외부내빈), 外貧內富(외빈내부), 外向性(외향성), 外諂內疎(외첨내소), 外華內貧(외화내빈)

남, 타인, 타향, 남의 집, 자기 집이나 고향이 아닌 곳
[外泊(외:박)] 집이나 일정한 숙소에서 자지 아니하고 밖에 나가서 잠.
[外食(외:식)] 집에서 직접 해 먹지 아니하고 밖에서 음식을 사 먹음.
外間(외간), 外間男子(외간남자), 外處(외처)

외대다, 친절하지 아니하다, 소홀하게 대하다
[外面(외:면)] ① 대면하기를 꺼려 얼굴을 돌려 버림. ② 거죽. 외양.
[疏外(소외)/疎外(소외)] 사이가 점점 멀어지고 밖으로 따돌림.

벗어나다, 빗나가다
[外道(외:도)] ① 정도(正道)를 어김. ② 자기 부인이 아닌 다른 여자와 상관하는 일.
[例外(예:외)] 일반적 규칙이나 법식에서 벗어나는 일.
[意外(의:외)] 뜻밖. 생각 밖.
外房(외방), 外房出入(외방출입), 外婦(외부)

多 많을 다, 夕부6　　0052

'多(다)'자는 '저녁 夕(석)'자가 두 개 붙어 구성된 글자이나 여기에서는 '저녁 夕(석)'은 아니다. '多(다)'는 본래 '고기'를 뜻하는 '月(육)'이 두 점 있다는 데서 '많다'라는 뜻이다.

많다, 많아지다, 많게 하다

[多多益善(다다익선)] 많을수록 더욱 좋음.
[多少(다소)] ① 많음과 적음. ¶인원의 다소에 따라 돌아가는 몫도 달라진다 ② 조금. 약간. ¶다소의 노력만 기울이면 된다 [참]多少間(다소간)
[博學多識(박학다식)] 널리 배우고 많이 앎. 학문이 넓고 아는 것이 많음.
[好事多魔(호:사다마)] 좋은 일에는 흔히 방해되는 일이 많다는 말.
[多言數窮(다언삭궁)] 말이 많으면 자주 막힌다. 사람이 말이 너무 많으면 여러 가지 막다른 상황이 생겨서 곤란해진다. 말 많음을 경계한 말. _____, 不如守中(불여수중). 『老子(노자)·道德經 5章(도덕경 5장)』
[多男子則多懼(다남자즉다구), 富則多事(부즉다사), 壽則多辱(수즉다욕).] 아들이 많으면 걱정이 많아지고, 부유해지면 일거리가 많아지고, 장수하면 욕된 일이 많아진다. 이제는 '多子則多懼(다자즉다구) 자식이 많으면 걱정이 많아진다'로 바뀌어야 할 것이다. 『莊子(장자)·外篇(외편)·天地(천지)』, 『十八史略(십팔사략)·帝堯陶唐(제요도당)』

多角度(다각도), 多角形(다각형), 多角的(다각적), 多感(다감), 多孔(다공), 多急(다급), 多岐(다기), 多岐亡羊(다기망양), 多難(다난), 多男(다남), 多年(다년), 多段階(다단계), 多讀(다독), 多量(다량), 多忙(다망), 多面(다면), 多面體(다면체), 多目的(다목적), 多聞(다문), 多方面(다방면), 多辯(다변), 多變(다변), 多寶塔(다보탑), 多福(다복), 多分(다분), 多事(다사), 多事多難(다사다난), 多事多端(다사다단), 多事多忙(다사다망), 多産(다산), 多色(다색), 多少間(다소간), 多數(다수), 多數決(다수결), 多心(다심), 多樣(다양), 多言(다언), 多元(다원), 多元論(다원론), 多肉植物(다육식물), 多才多能(다재다능), 多情(다정), 多種多樣(다종다양), 多重(다중), 多彩(다채), 多恨(다한), 多項式(다항식), 多幸(다행), 多血質(다혈질), 過多(과다), 能者多勞(능자다로), 萬分多幸(만분다행), 薄利多賣(박리다매), 煩多(번다), 三多(삼다), 世短意多(세단의다), 愛多憎至(애다증지), 夜長夢多(야장몽다), 愚者多悔(우자다회), 雜多(잡다), 財多命殆(재다명태), 躁人辭多(조인사다), 從多數(종다수), 最多(최다), 頗多(파다), 許多(허다)

少 적을 소:, 젊을 소:, 小부4 0053

'少(소)'자는 '적다'는 뜻을 나타내기 위하여 모래알 네 개 흩어져 있는 모양을 그린 것이다. 책상 위에서 모래알 네 개를 흩어 놓고 '少(소)'자를 만들어 보자.

적다, 많지 아니하다, 줄다

[少額(소:액)] 적은 액수.
[減少(감:소)] 줄어들거나 적어짐. ¶수확량의 감소
[多少(다소)] ☞ 多(다)

[略少(약소)] 적고 변변하지 못함. ¶약소하나마 받아주십시오
[稀少(희소)] 드물어서 얼마 안 되고 적음. [참]稀少價值(희소가치)
[福莫福於少事(복막복어소사), 禍莫禍於多心(화막화어다심).] 복에는 일 적음보다 더 큰 복이 없고, 재앙에는 마음 많음보다 더 큰 재앙이 없다. 『菜根譚(채근담)·前集(전집) 49』

少量(소량), 少數(소수), 過少(과소), 寡少(과소), 僅少(근소), 多少間(다소간), 些少(사소), 最少(최소), 稀少價値(희소가치)

젊다, 나이가 어리다, 젊은이, 어린이

[少女(소:녀)] 어린 여자 아이.
[少年(소:년)] 나이 어린 사람. 흔히 남자를 이름. [참]少年院(소년원)
[老少(노:소)] 늙은이와 어린이. 노인과 소년.
[年少(연소)] 나이가 젊음. 나이가 어림.
[少年易老學難成(소년이노학난성).] 젊음은 쉬 가고 늙기는 쉬우나 배움은 이루기 어렵다. 『朱熹(주희)·勸學文(권학문)』 ☞ * 056
[少不勤學老後悔(소불근학노후회).] 젊어서 부지런히 배우지 않으면 늙어서 후회한다. 『朱熹(주희)·朱子十悔訓(주자십회훈)』 ☞ * 387

少時(소시), 少壯(소장), 老少同樂(노소동락), 男女老少(남녀노소), 幼少年(유소년)

버금, 장(長)에 버금가는 벼슬

[少尉(소:위)] 국군 계급 중 尉官(위관)의 하나.
少領(소령), 少將(소장)

기타

[少林寺(소:림사)] 河南省(하남성) 登封縣(등봉현)에 있는 절. 達磨大師(달마대사)의 面壁九年(면벽구년)의 古跡(고적)으로 유명하다.

長 길 장, 어른 장:, 長부8 0054

'長(장)'자는 머리를 길게 풀어헤치고 허리는 구부정한 사람이 지팡이를 짚고 있는 모습이다. 예전에는 평생 머리카락을 자르지 않는 풍습이 있어, 늙은 사람의 머리카락은 길다는 데서, '길다'라는 뜻을 가진다. 늙은 사람은 경험과 지혜가 많아 사회 구성원들에게 어른 대접을 받고 우두머리 노릇을 한다는 데서 '어른', '우두머리', '뛰어나다' 등의 뜻이 파생되었다. '어른', '우두머리'의 뜻으로 쓰일 경우에는 장음인 [장:]으로 읽고, '자라다', '길다'의 뜻으로 쓰일 때는 단음인 [장]으로 읽는다.

(길이가) 길다, 짧지 않다

[長短(장단)] ① 긺과 짧음. 혹은 길고 혹은 짧음. ② 장점과 단점. ③ 노래·춤 등의 길고 짧은 박자.
[長身(장신)] 키가 큼. 큰 키.
[山高水長(산고수장)] 인품(人品)과 절조(節操)의 고결(高潔)함을 산의 높음과 강의 긺에 견주어 기린 말.

[延長(연장)] 시간이나 거리 따위를 본래보다 길게 늘임. 참延長線(연장선), 延長戰(연장전)
長江(장강), 長劍(장검), 長鼓(장고), 長髮(장발), 長方形(장방형), 長蛇陣(장사진), 長衫(장삼), 長城(장성), 長魚(장어), 長足(장족), 長竹(장죽), 長指(장지), 長銃(장총), 長波(장파), 長篇(장편), 長篇小說(장편소설), 長靴(장화), 萬里長城(만리장성), 滿紙長書(만지장서), 細長(세장), 伸長(신장), 最長(최장), 波長(파장)

(시간적으로) 길다, 길게 하다, 오래다, 오래도록, 늘
[長期(장기)] 오랜 기간. ¶장기 출장/장기 휴가 반短期(단기)
[長壽(장수)] 오래 삶.
[高低長短(고저장단)] 소리의 높낮이와 길이.
[不老長生(불로장생)] 늙지 않고 오래 삶.
長考(장고), 長久(장구), 長利(장리), 長命(장명), 長鳴(장명), 長病(장병), 長生(장생), 長生不死(장생불사), 長安(장안), 長音(장음), 長調(장조), 長戚戚(장척척), 長恨(장한), 長恨歌(장한가), 無病長壽(무병장수), 四時長春(사시장춘), 乘勝長驅(승승장구), 十長生(십장생), 夜長夢多(야장몽다), 延長(연장), 延長戰(연장전), 悠長(유장)

크다, 많다, 성하다
[長大(장대)] 키가 크고 몸이 굵음, 또는 그 사람.
[落落長松(낙락장송)] 가지가 축축 늘어질 정도로 키가 큰 소나무. 매우 크고 우뚝하게 잘 자란 소나무.
長白山(장백산), 長歎息(장탄식) 長恨歌(장한가)

멀다
[長途(장도)] 먼 길. 긴 여행.
[長程(장정)] 먼 여정. 장거리의 노정(路程)
[意味深長(의:미심장)] 말이나 글의 뜻이 매우 깊음.
長征(장정), 長天(장천), 晝夜長川(주야장천)

낫다, 우수하다
[長技(장기)] 특히 뛰어난 재주. ¶장기 자랑 대회가 열렸다
[長點(장점)] 다른 것과 비교하여 특히 좋은 점.
[捨短取長(사단취장)/舍短取長(사단취장)] 나쁜 점을 버리고 좋은 점을 취함.
[靈長(영장)] 가장 뛰어나 영묘한 힘을 많이 가진 것. 즉 '사람'을 일컫는 말. 참靈長類(영장류)
[不說人短(불설인단), 不伐己長(불벌기장).] 남의 단점을 말하지 말고, 자기의 장점을 자랑하지 않음. 듣는 사람의 마음을 불편하게 하는 것으로, 군자가 취할 태도가 아님. ('伐'은 자랑의 뜻)『北齊書(북제서)』

연장자, 나이가 위인 사람, 어른, 성인
[長老(장:로)] ① 나이 많은 사람. 학덕이 높은 사람. ② (宗) 기독교 교직(敎職)의 하나.
[長幼有序(장:유유서)] 연장자와 연소자 사이에는 지켜야 할 순서가 있음. ☞ * 179
[年長者(연장자)] 서로 비교하여 나이가 많은 사람.
長幼(장유), 長者(장자), 長姊(장자), 長者風度(장자풍도), 長兄(장형), 百萬長者(백만장자),

모든 기관의 책임자, 우두머리, 수령, 두목, 수령이 되다
[長官(장:관)] 한 관청의 으뜸 벼슬. 행정 각부의 으뜸 벼슬.
[校長(교:장)] 학교의 장. 교무를 처리하며 소속 직원을 통솔한다.
[社長(사장)] 회사의 우두머리.
[會長(회:장)] 모임을 대표하는 우두머리. ¶학생회장
家長(가장), 課長(과장), 科長(과장), 館長(관장), 係長(계장), 局長(국장), 國會議長(국회의장), 軍團長(군단장), 機長(기장), 團長(단장), 大隊長(대대장), 隊長(대장), 臺長(대장), 洞長(동장), 面長(면장), 班長(반장), 兵長(병장), 部長(부장), 分隊長(분대장), 師團長(사단장), 署長(서장), 船長(선장), 小隊長(소대장), 所長(소장), 首長(수장), 市長(시장), 樂長(악장), 驛長(역장), 聯隊長(연대장), 院長(원장), 邑長(읍장), 議長(의장), 里長(이장), 場長(장장), 組長(조장), 族長(족장), 座長(좌장), 中隊長(중대장), 次長(차장), 參謀長(참모장), 參謀總長(참모총장), 廠長(창장), 處長(처장), 廳長(청장), 村長(촌장), 總長(총장), 酋長(추장), 統長(통장), 編隊長(편대장), 學長(학장), 艦長(함장), 訓長(훈장)

맏아들, 한 집안의 계승자
[長男(장:남)] 맏아들. 長子(장자).
[長女(장:녀)] 맏딸.
[長孫(장:손)] 맏손자.
[長姪(장:질)] 맏조카, 장조카.

기르다, 양육하다, 자라다, 생장하다
[長成(장:성)] 아이가 자라서 어른이 됨.
[敎學相長(교:학상장)] 남을 가르치는 일과 스승에게서 배우는 일은 다 함께 자기의 학업을 증진시킴.
[成長(성장)] ① (사람이나 동식물이) 자라서 점점 커짐. ② 사물의 규모가 커짐. ¶경제 성장
[敖不可長(오불가장), 欲不可從(욕불가종).] 오만함을 자라게 해서는 안 되며, 욕심을 마음껏 채우게 해서는 안 된다. 어느 쪽이든 적당하게 억제하지 않으면 무한히 커져서 몸을 망치게 된다. 『禮記(예기)·曲禮 上(곡례 상)』 ☞ * 287
生長(생장), 助長(조장)

기타
[長腦(장뇌)] 심어서 기른 산삼.
[長丞(장승)] ① 나무에 사람의 형상을 새겨 10리나 5리마다 세웠던 이정표. 또는 길과 성(城)의 수호신이라 하여 동리 입구에 세운 한 쌍의 나무 인형. 각각 '천하대장군(天下大將軍)', '지하여장군(地下女將軍)'이라고 새겼다. ② 키가 멋없이 큰 사람의 비유.
[長斫(장작)] 통나무를 쪼개 만든 길쭉길쭉한 땔나무.

短 짧을 단:, 矢부12   0055

'短(단)'자는 '화살 矢(시)'와 '제기 豆(두)'자로 이루어진 글자이다. 화살 한 개의 길이 또는 祭器(제기)의 높이

만큼 짧다는 뜻이다. '모자라다'는 뜻 등으로 쓰인다.
길이가 짧다, 짧게 하다, 키가 작다, 짧다, 시간이 짧다
[短期(단:기)] 짧은 기간. 短期間(단기간). ¶단기 유학
[短身(단:신)] 키가 작은 몸. 回短軀(단구)
[短縮(단:축)] 시간이나 거리를 짧게 줄임. 回延長(연장)
[短軸(단:축)] 짧은 지름. ¶短軸(단축) icon/短軸(단축) key
[長短(장단)] ☞ 長(장)
短歌(단가), 短距離(단거리), 短劍(단검), 短刀(단도), 短命(단명), 短髮(단발), 短小(단소), 短簫(단소), 短信(단신), 短音(단음), 短杖(단장), 短折(단절), 短調(단조), 短波(단파), 短篇小說(단편소설), 短靴(단화), 高低長短(고저장단), 高枕短眠(고침단면), 高枕短命(고침단명), 最短(최단), 世短意多(세단의다)

적다, 부족하다, 모자라다
[志大才短(지대재단)] 뜻은 크나 재주가 모자라다.
[淺學短才(천:학단재)] ① 학문이 얕고 재주가 보잘것없음. ② 자기의 학식을 겸손하게 일컫는 말. 回淺學菲才(천학비재)

결점, 허물
[短點(단:점)] 결점. 모자란 점.
[捨短取長(사단취장)/舍短取長(사단취장)] ☞ 長(장)
*[不說人短(불설인단), 不伐己長(불벌기장).] ☞ 長(장)

어리석다, 천박하다
[短見(단:견)] ① 좁고 얕은 소견. ② '자기의 소견'을 겸손하게 일컫는 말.
[淺短(천:단)] 지식이나 생각 따위가 얕고 짧음.

生 날 생, 生부5 0056

'生(생)'자는 풀이 땅거죽을 뚫고 돋아난 새싹 모양을 그린 것이다. 반대의 뜻은 '死(사)'이다.
나다, 태어나다, 낳다, 자식을 낳다
[生家(생가)] ① 자기가 태어난 집. ② 양자(養子)가 자기가 태어난 집을 이름.
[生日(생일)] 출생한 날, 또는 해마다의 그 날.
[出生(출생)] ① 자식이 태어남. ② 산출(産出)함, 또는 그 생산물.
[後生可畏(후:생가외)] '후생이 두렵다'는 뜻으로, '후배는 나이가 젊고 의기가 장하므로 학문을 계속 쌓고 덕을 닦아 가면 그 진보는 선배를 능가하는 경지에 이를 것'이라는 말.
生男(생남), 生女(생녀), 生滅(생멸), 生母(생모), 生沒(생몰), 生父(생부), 生殖(생식), 生殖器(생식기), 生辰(생신), 生後(생후), 枯木生花(고목생화), 卵生(난생), 同生(동생), 晩生(만생), 無性生殖(무성생식), 私生(사생), 所生(소생), 媤同生(시동생), 實生(실생), 雙生兒(쌍생아), 連年生(연년생), 優生學(우생학), 有性生殖(유성생식), 輪生(윤생), 出生地(출생지), 誕生(탄생), 胎生(태생), 還生(환생), 後生(후생)

생기다
[生病(생병)] ① 병이 생김. ② 무리한 일을 하여 생긴 병.
[見物生心(견:물생심)] 어떠한 물건을 보면 그것을 가지고 싶은 욕심이 생김.
[發生(발생)] 어떤 일이나 사물이 나타나고 생겨남.
[焉敢生心(언감생심)] '어찌 감히 그런 마음을 가질 수 있으랴'의 뜻.

> 福生於淸儉(복생어청검), 德生於卑退(덕생어비퇴), 복은 맑고 검소한 데서 생기고, 덕은 몸을 낮추고 물러나는 데서 생기며,
> 道生於安靜(도생어안정), 命生於和暢(명생어화창), 도는 편안하고 고요한 데서 생기고, 생명은 화창한 데서 생긴다.
> 憂生於多慾(우생어다욕), 禍生於多貪(화생어다탐), 근심은 욕심 많은 데서 생기고, 재앙은 많이 탐내는 데서 생기며,
> 過生於輕慢(과생어경만), 罪生於不仁(죄생어불인). 과실은 경솔하고 거만한 데서 생기고, 죄는 어질지 못한 데서 생긴다. 『明心寶鑑(명심보감)·正己篇(정기편)』

生心(생심), 敢不生心(감불생심), 狗頭生角(구두생각), 馬生角(마생각), 物腐蟲生(물부충생), 福過災生(복과재생), 新生(신생), 恩甚怨生(은심원생), 自生(자생), 派生(파생), 派生語(파생어), 禍福相生(화복상생), 禍生於忽(화생어홀)

살다, 살아있다, 살아나가다, 살리다, 삶, 산 것, 산 사람, 산 동물, 목숨이 있는 것, 모든 생물
[生物(생물)] ① 생명을 가지고 스스로 생활 현상을 유지하여 나가는 물체. 영양·운동·생장·증식을 하며, 동물·식물·미생물로 나뉜다. ② 살아 있는 것.
[生命(생명)] ① 목숨. ② 어떤 사물에 있어 가장 중요한 곳.
[生死(생사)] ① 삶과 죽음. ② (佛) 모든 생물이 과거의 업(業)의 결과로 개체를 이루었다가 해체 되는 일.
[生存競爭(생존경쟁)] ① 모든 생물이 제각기 자기 생명의 유지 발전을 위하여 서로 경쟁하여 적자(適者)는 생존하고 열자(劣者)는 도태(淘汰)되는 현상. ② 서로 살기 위하여 다투는 일.
[苦生(고생)] ① 괴롭게 살아감. ② 어렵고 힘든 생활을 함. 또는 그런 생활.
[不老長生(불로장생)] 늙지 않고 오래 삶.
生寡婦(생과부), 生氣(생기), 生老病死(생로병사), 生動(생동), 生理(생리), 生佛(생불), 生不如死(생불여사), 生時(생시), 生離別(생이별), 生者必滅(생자필멸), 生存(생존), 生地獄(생지옥), 生體(생체), 生態(생태), 生捕(생포), 生花(생화), 生還(생환), 各自圖生(각자도생), 更生(갱생), 共生(공생), 苟命徒生(구명도생), 九死一生(구사일생), 苟生(구생), 僅僅得生(근근득생),

起死回生(기사회생), 寄生(기생), 寄生蟲(기생충), 圖生(도생), 晚生種(만생종), 未生馬(미생마), 微生物(미생물), 放生(방생), 浮生(부생), 腐生(부생), 死生(사생), 死生決斷(사생결단), 死生有命(사생유명), 殺生(살생), 殺生戒(살생계), 殺生有擇(살생유택), 相生(상생), 攝生(섭생), 蘇生(소생), 甦生(소생), 水生(수생), 十長生(십장생), 野生馬(야생마), 野生(야생), 野生種(야생종), 養生(양생), 永生(영생), 往生(왕생), 往生極樂(왕생극락), 衛生(위생), 衛生學(위생학), 人生(인생), 人生觀(인생관), 自生(자생), 長生(장생), 再生(재생), 適者生存(적자생존), 早生種(조생종), 衆生(중생), 叢生(총생), 畜生(축생), 畜生道(축생도), 醉生夢死(취생몽사), 畢生(필생), 限生前(한생전), 限平生(한평생), 抗生劑(항생제), 回生(회생), 厚生(후생)

천생으로, 나면서부터, 천성
[天生(천생)] ① 하늘이 준 것. 타고난 것. ② 자연히 생겨남.
[天生緣分(천생연분)] '하늘에서 생겨난 연분'이란 뜻에서, '하늘이 맺어준 인연'을 말함.

날 것, 익히지 아니한 것, 가공하지 아니한 것, 풋 과일
[生鮮(생선)] 말리거나 절이지 않은 싱싱한 물고기.
[生食(생식)] 식물(食物)을 날것으로 먹음.
[生麥酒(생맥주)] 살균하기 위한 가열을 하지 않은, 양조된 그대로의 맥주.
生薑(생강), 生絹(생견), 生栗(생률), 生絲(생사), 生水(생수), 生藥(생약), 生肉(생육), 生菜(생채), 生草(생초), 生太(생태)

새롭다, 서투르다, 낯설다,
[生面(생면)] ① 처음으로 대함. 생소한 안면. 참生面不知(생면부지) ② 낯을 냄. 生色(생색).
[生巫殺人(생무살인)] 선무당이 사람 잡음. 기술과 경험이 적은 사람이 젠체하다가 도리어 화를 초래한다는 말.
[生疏(생소)] ① 친하지 않음. ② 서투름. 미숙함.
生梗(생경), 生梗之弊(생경지폐)

자라다, 기르다
[生育(생육)] 낳아 기름. 또는 성장(成長) 발육(發育)함.
[生長(생장)] 나서 자람.

백성, 인민
[蒼生(창생)] 세상의 모든 사람. 참億兆蒼生(억조창생)
[億兆蒼生(억조창생)] 수많은 백성.

생업, 생활
[生計(생계)] 살아나갈 방도. 살 길. ¶생계가 막연하다 참生計費(생계비)
[生活(생활)] ① 살림을 꾸려 나감. ② 살아감. 살아서 활동함.
[民生(민생)] 백성의 생계. 국민의 생활.
[厚生(후:생)] 살림을 안정시키거나 생활을 넉넉하게 함. ¶후생 복지 시설
生業(생업), 社會生活(사회생활), 厚生利用(후생이용)

한 평생
[生涯(생애)] 삶이 끝날 때까지의 기간. 살아있는 한 평생의 기간.
[生前(생전)] ① 살아있는 동안. 죽기 전. ② 출생하기 전의 세상.
[餘生(여생)] 앞으로 남은 인생. ¶어머님의 여생을 즐겁게 해드리다
[平生(평생)] ① 평소. 일상. ② 일찍이. 그 옛날. ③ 사람이 나서 죽을 때까지.
今生(금생), 半生(반생), 前生(전생)

이루다, 나오다, 내다, 나아가다, 일어나다
[生産(생산)] ① 자연물에 인력을 가하여 사람에게 쓸모 있는 재화(財貨)를 만들어 내거나 획득하는 일. ¶過剩生産(과잉생산) ② 생계(生計)의 방편이 되는 산업.
[生成(생성)] ① 사물이 생겨남. 또는 생겨나게 함. ② 이전에 없었던 어떤 사물이나 성질의 새로운 출현. ¶우주의 생성과 소멸
[生色(생색)] ① 안색에 나타남. ② 낯이 나도록 하는 일. ③ 생생한 윤기.
[發生(발생)] 어떤 일이나 사물이 나타나고 생겨남.

학문이 있는 사람, 학생, 선생
[生徒(생도)] ① 학생. 제자. ② 군(軍)의 사관학교 학생을 이름.
[門下生(문하생)] 제자. 門人(문인).
[先生(선생)] ① 먼저 세상에 태어남 ② 나보다 먼저 도를 깨친 사람. ③ 스승. 교사. ④ 남을 부르는 경칭. ⑤ 도사(道士)
[學生(학생)] ① 학문을 닦는 사람. 학교에서 공부하는 사람. ② 벼슬 못한 고인(故人)의 명정(銘旌)이나 신주(神主)에 쓰는 존칭.
生員(생원), 敎生(교생), 妓生(기생), 門生(문생), 白面書生(백면서생), 書生(서생), 優等生(우등생), 院生(원생), 儒生(유생), 獎學生(장학생), 候補生(후보생)

기타
[生生(생생)] ① 부단히 활동하는 모양. ② 만물이 끊임없이 생성하는 모양.
[寫生(사생)] ① 있는 그대로 그림. ② 자연의 경치나 사물 따위를 보고 그대로 그림. 참寫生畵(사생화)

死 죽을 사:, 歹부6　　0057

'死(사)'자는 '부서진 뼈 歹(알) + 비수 匕(비)'로 이루어졌다. '歹(알)'은 '죽은 사람'을, '匕(비)'는 그 앞에서 절을 하고 있는 사람의 모습인데 크게 변화했다.

> 과거에는 '죽음'을 이르는 것도 사람의 격에 따라 다르게 표현했는데, 천자의 죽음은 '崩(붕)', 제후의 죽음은 '薨(훙)', 대부의 죽음은 '卒(졸)', 서민의 죽음은 '死(사)'라고 했다.

죽다, 생명이 끊어지다, 죽은 이, 죽이다, 사형에 처하다
[死亡(사:망)] 사람이 죽음.

[死活(사:활)] 죽음과 삶. 어떤 중대한 문제를 생사에 비유하여 이르는 말. ¶우리 회사의 사활이 걸린 문제
[不死鳥(불사조)] 이집트 신화에 나오는 거듭 환생하여 없어지지 않는다는 신성한 새. 불사영생(不死永生)의 뜻으로 쓰인다.
[豹死留皮(표사유피), 人死留名(인사유명).] 표범은 죽어서 가죽을 남기고, 사람은 죽어서 이름을 남긴다. '삶이 헛되지 않으면 그 명성이 길이 남음'을 이르는 말. 豹死留皮(표사유피) 대신 虎死留皮(호사유피)를 쓰기도 함. 人在名虎在皮(인재명호재피) 『五代史(오대사)·王彦章(왕언장)전』
死去(사거), 死苦(사고), 死滅(사멸), 死別(사별), 死傷(사상), 死傷者(사상자), 死生(사생), 死生決斷(사생결단), 死生有命(사생유명), 死線(사선), 死心(사심), 死藥(사약), 死而不亡(사이불망), 死因(사인), 死者(사자), 死體(사체), 死海(사해), 死刑(사형), 死刑囚(사형수), 死後(사후), 假死(가사), 客死(객사), 鯨戰蝦死(경전하사), 枯死(고사), 九死一生(구사일생), 急死(급사), 起死回生(기사회생), 腦死(뇌사), 頓死(돈사), 凍死(동사), 沒死(몰사), 變死(변사), 病死(병사), 憤死(분사), 不死(불사), 不死藥(불사약), 非命橫死(비명횡사), 瀕死(빈사), 生老病死(생로병사), 生不如死(생불여사), 生死(생사), 燒死(소사), 殉死(순사), 餓死(아사), 壓死(압사), 轢死(역사), 獄死(옥사), 義死(의사), 溺死(익사), 戰死(전사), 情死(정사), 坐而待死(좌이대사), 卽死(즉사), 窒息死(질식사), 震死(진사), 慘死(참사), 醉生夢死(취생몽사), 致死(치사), 兎死狗烹(토사구팽), 斃死(폐사), 暴死(폭사), 爆死(폭사), 狐死首丘(호사수구), 橫死(횡사), 黑死病(흑사병)

바둑의 알이나 장기의 말이 상대방에게 잡히다
[大馬不死(대:마불사)] 바둑에서 대마는 쉽게 죽지 않는다는 말.

등불이나 타던 불이 꺼지다
[死灰(사회)] 사그라진 재. 불기가 없는 재. ① '아무 의욕이나 생기가 없는 사람'의 비유. ② '마음의 無我靜止(무아정지)'의 비유
[死灰復燃(사:회부연)] 사그라진 재에서 다시 불이 살아난다는 뜻으로, '세력을 잃었던 사람이 다시 득세함'을 비유하여 이르는 말.
[枯木死灰(고목사회)] ① 마른 나무와 불기 없는 재. ② '외형은 말라 죽은 나무와 같고 마음은 죽은 재와 같아 생기가 없음'을 비유하는 말. ③ 의욕이 없는 사람.

효력이 없어지거나 실제로 행하여지지 아니하다
[死角(사:각)] 어느 쪽도 보이지 않는 범위나 각도.
[死文(사:문)] ① 쓰이지 않는 법령이나 문서. 園死文化(사문화) ② 아무데도 쓸 데 없는 글.
[死藏(사:장)] 필요한 곳에 활용하지 않고 썩혀 둠.
死法(사법)

필사적이다, 결사적이다, 목숨을 내걸다, 목숨을 아까워하지 아니하다
[死力(사:력)] 목숨을 아끼지 않고 쓰는 힘. ¶사력을 다하다
[死守(사:수)] 죽음을 무릅쓰고 지킴.
[死鬪(사:투)] 죽을힘을 다하여 싸움.
[決死的(결사적)] 죽기를 각오하고 온 힘을 다하는. 또는 그러한 것.
[必死的(필사적)] 죽기로 결심하고 하거나 죽을힘을 다하는, 또는 그런 것. ¶필사적인 탈출

목숨에 관계되다, 위급하다
[死境(사:경)] 죽음에 이른 지경. 죽을 지경. ¶사경을 헤매다
[死色(사:색)] 곧 죽을 듯한 얼굴빛.
[死地(사:지)] ① 죽을 곳. 또는 죽어서 묻힐 장소. ② 죽을 지경의 매우 위험하고 위태한 곳.

學 배울 학, 子부16 0058

'學(학)'자는 '절구 臼(구) + 사귈 爻(효) + 멀 冂(경) + 아이 子(자)'로 이루어졌다. '臼(구)'는 양손으로 끌어올리는 모양, '爻(효)'는 어우러져 사귄다는 뜻, '冂(경)'은 건물 모양, '子(자)'는 아이들의 뜻으로 쓰였다. '學(학)'자는 '가르치는 자가 배우는 자를 향상시키는 사귐의 터'를 뜻하는 글자가 된다.

배우다, 가르침을 받다, 배우는 바, 배우는 사람, 학자, 학문, 가르치다, 가르침
[學校(학교)] 학생을 가르치는 교육기관. 초등학교·중학교·고등학교·대학교 및 특수학교 등이 있음.
[學問(학문)] 모르는 것을 배우고 의심나는 것을 물어서 익힘, 또는 그 일.
[學生(학생)] ① 학문을 닦는 사람. 학교에서 공부하는 사람. ② 벼슬 못한 고인(故人)의 명정(銘旌)이나 신주(神主)에 쓰는 존칭.
[科學(과학)] 보편적인 진리나 법칙의 발견을 목적으로 조목조목 체계적으로 연구하는 학문.
[文學(문학)] ① 사상·情緖(정서)를 상상의 힘을 빌어 언어 또는 문자로서 표현한 예술 작품. ② 학문·학예·詩文(시문)에 관한 학술.
[學而時習之(학이시습지), 不亦說乎(불역열호).] 배워서 그것을 제때에 익히니 또한 기쁘지 않겠는가. 한 번 배우면 그것으로 다 아는 것처럼 기가 산다. 그러나 실제로는 잘 모르는 것이다. 하지만 배운 것을 시간 있을 때마다 복습하고 연습해 보면 차츰 진정한 뜻을 이해하게 된다. 즉 몸소 깨달아 실천하게 되는 것이다. 그러한 체득의 기쁨이야말로 학문의 참다운 기쁨이다. 『論語(논어)·學而(학이)』 ☞ *452
學監(학감), 學界(학계), 學科(학과), 學究(학구), 學群(학군), 學級(학급), 學期(학기), 學年(학년), 學堂(학당), 學徒(학도), 學童(학동), 學力(학력), 學歷(학력), 學務(학무), 學番(학번), 學費(학비), 學事(학사), 學士(학사), 學舍(학사), 學術(학술), 學習(학습), 學僧(학승), 學識(학식), 學業(학업), 學緣(학연), 學藝(학예)

學藝會(학예회), 學用品(학용품), 學友(학우), 學院(학원), 學園(학원), 學位(학위), 學者(학자), 學資金(학자금), 學長(학장), 學籍(학적), 學點(학점), 學制(학제), 學窓(학창), 學則(학칙), 學兄(학형), 學會(학회), 開學(개학), 見學(견학), 苦學(고학), 曲學(곡학), 曲學阿世(곡학아세), 高等學校(고등학교), 口耳之學(구이지학), 勤學(근학), 大學(대학), 獨學(독학), 冬季放學(동계방학), 同門修學(동문수학), 同門受學(동문수학), 東學(동학), 晚學(만학), 勉學(면학), 無學(무학), 博學多識(박학다식), 薄學(박학), 放學(방학), 復學(복학), 士官學校(사관학교), 私學(사학), 斯學(사학), 西學(서학), 碩學(석학), 小學(소학), 數學(수학), 修學(수학), 修學旅行(수학여행), 實學(실학), 夜學(야학), 語學(어학), 易學(역학), 留學(유학), 儒學(유학), 理學(이학), 入學(입학), 獎學(장학), 在學(재학), 專門大學(전문대학), 轉學(전학), 停學(정학), 志學(지학), 中學校(중학교), 進學(진학), 淺學菲才(천학비재), 哲學(철학), 就學(취학), 太學(태학), 通學(통학), 退學(퇴학), 罷學(파학), 夏期放學(하기방학), 下學(하학), 漢學(한학), 向學(향학), 衒學(현학), 形而上學(형이상학), 形而下學(형이하학), 後學(후학), 休學(휴학)

학설, 학파
[學說(학설)] 학문상의 주장 및 논설.
[學派(학파)] 학문상 주장을 달리하는 갈래.
學閥(학벌), 學風(학풍)

학명
[學名(학명)] ① 동식물(動植物)·의학(醫學) 따위에 있어 학술 편의상 붙인 세계 공통의 명칭.

校 학교 교:, 고칠 교:, 木부10   0059

'校(교)'자는 '나무 木(목)'과 '사귈 交(교)'자로 이루어졌다. 원래는 '가르치다'는 뜻이었는데 '가르칠 敎(교)'자를 만들어 그 자리를 내주고 '校(교)'자는 주로 '학교'라는 뜻으로 쓰이게 되었다. '交(교)'는 음을 나타낸다. 철근 콘크리트가 없던 옛날에는 학생들을 나무로 만든 집에서 가르치다보니 '木(목)'이 뜻을 나타내는 요소로 쓰이게 되었다.

학교
[校歌(교:가)] 그 학교의 기풍(氣風)을 높이기 위하여 제정하여 부르게 하는 노래.
[校長(교:장)] 학교의 장. 교무를 처리하며 소속 직원을 통솔한다.
[登校(등교)] 학생이 학교에 감. 출석함.
[學校(학교)] ☞ 學(학)
校監(교감), 校旗(교기), 校內(교내), 校牧(교목), 校服(교복), 校舍(교사), 校友(교우), 校庭(교정), 校誌(교지), 校則(교칙), 校風(교풍), 校訓(교훈), 高等學校(고등학교), 開校(개교), 歸校(귀교), 大學校(대학교), 母校(모교), 復校(복교), 本校(본교), 分校(분교), 士官學校(사관학교), 入校(입교), 全校(전교), 中學校(중학교), 黜校(출교), 初等學校(초등학교), 他校(타교), 退校(퇴교), 廢校(폐교), 閉校(폐교), 下校(하교), 鄕校(향교), 休校(휴교)

교정하다
[校閱(교:열)] 원고의 내용 가운데 잘못된 것을 바로잡아 고치며 훑어 봄.
[校正(교:정)/校訂(교:정)] 글자나 문장을 비교하여 바르게 결정함.
再校(재교), 初校(초교)

장교, 장수
[將校(장:교)] 육해공군의 소위 이상의 무관.

敎 가르칠 교:, 攴부11   0060

'敎(교)'자는 '효도 孝(효)'와 '채찍질할 攴(복)/攵(복)'으로 이루어졌다. '孝(효)'자는 '사귈 爻(효)'와 '아들 子(자)'자로 이루어졌다. 가르치는 이와 배우는 이의 사귐, 그리고 그러함에 게으르면 사랑의 매(攵)라도 드는 것이 '가르칠 敎(교)'이다.

가르치다, 지식·기술·이치·도리 등을 알려주어 깨닫게 하다, 가르치는 사람, 선생
[敎師(교:사)] 학술이나 기예를 가르치는 스승. 선생.
[敎育(교:육)] 가르쳐 기름. 지식을 가르치며 품성을 길러줌. 웹敎育界(교육계), 敎育課程(교육과정)
[敎學相長(교학상장)] 남을 가르치는 일과 스승에게서 배우는 일은 다 함께 자기의 학업을 증진시킴.
[孟母三遷之敎(맹:모삼천지교).] 맹자의 어머니가 아들의 교육에 나쁜 영향을 주는 환경을 피하여 세 번 집을 옮긴 고사에서, '어머니의 자녀 교육에 대한 태도가 용의주도함'을 이르는 말. 처음 묘지 옆에서 살다가, 저자 거리로 옮기고, 다시 학교 옆으로 옮겼다. 동孟母三遷(맹모삼천) 三遷之敎(삼천지교) 『烈女傳(열녀전)』
敎科(교과), 敎科書(교과서), 敎官(교관), 敎權(교권), 敎具(교구), 敎壇(교단), 敎練(교련), 敎鍊(교련), 敎務(교무), 敎範(교범), 敎本(교본), 敎生(교생), 敎授(교수), 敎習(교습), 敎室(교실), 敎案(교안), 敎養(교양), 敎員(교원), 敎材(교재), 敎職(교직), 敎則(교칙), 敎卓(교탁), 敎鞭(교편), 敎訓(교훈), 家庭敎育(가정교육), 文敎(문교), 反面敎師(반면교사), 再敎育(재교육), 助敎(조교), 胎敎(태교), 被敎育者(피교육자)

올바른 길로 일깨우다, 가르침, 지도
[敎化(교:화)] ① 가르쳐서 착한 사람이 되게 함. ② (佛) 불법으로 사람을 가르쳐서 선심(善心)을 가지게 함.
[敎導(교:도)] 가르치고 이끌어줌.

종교, 교리
[敎人(교:인)] 종교를 믿는 사람.
[敎會(교:회)] 종교를 같이하는 사람들의 조직체 및 그 교리를 전도하고 예배 의식을 행하는 건물.

[宗敎(종교)] 신이나 초자연적인 절대자 또는 힘에 대한 믿음을 통하여 삶의 근원 문제를 가르치는 문화 체계.

敎區(교구), 敎團(교단), 敎徒(교도), 敎理(교리), 敎勢(교세), 敎役者(교역자), 敎友(교우), 敎人(교인), 敎主(교주), 敎皇(교황), 敎皇廳(교황청), 改新敎(개신교), 舊敎(구교), 國敎(국교), 基督敎(기독교), 道敎(도교), 背敎(배교), 佛敎(불교), 邪敎(사교), 仙敎(선교), 宣敎(선교), 宣敎師(선교사), 說敎(설교), 殉敎(순교), 新敎(신교), 儒敎(유교), 異敎(이교), 異敎徒(이교도), 入敎(입교), 主敎(주교), 天主敎(천주교), 黜敎(출교), 布敎(포교), 回敎(회교)

기타
[敎唆(교:사)] ① 남을 부추겨 못된 일을 하게 함. ② 형법상 범의(犯意)를 갖지 않은 사람에게 범의를 갖게 하는 행위.
[敎唆犯(교:사범)] 공범(共犯)의 하나로 남을 교사하여 범죄를 실행하게 한 자.

育 기를 육, 肉부8   0061

'育(육)'자는 태어나는 갓난아기의 모양 또는 '아들 子(자)'자를 거꾸로 한 모양과 '고기 肉(육)'자로 이루어졌다. '月(육)'은 '살', '몸'이란 뜻이다. '育(육)'자는 '아기를 기르다'는 뜻을 위하여 만들어진 글자이다.

기르다, 자라다
[育苗(육묘)] 모나 묘목을 기름.
[育兒(육아)] 어린애를 기름.
[敎育(교:육)] ☞ 敎(교)
[飼育(사육)] 짐승 따위를 먹여 기름.
[體育(체육)] ① 신체의 발달을 촉진하여 운동 능력을 높임과 동시에 건강한 생활을 영위하는 태도를 함양할 것을 목적으로 하는 교육. ② 학과목의 하나. 운동·경기의 실기와 이론을 가르침.

育苗(육묘), 育成(육성), 育英(육영), 育英事業(육영사업), 育種(육종), 育雛(육추), 家庭敎育(가정교육), 敎育界(교육계), 敎育課程(교육과정), 德育(덕육), 發育(발육), 保育(보육), 肥育(비육), 生育(생육), 養育(양육), 再敎育(재교육), 智育(지육), 被敎育者(피교육자), 訓育(훈육)

江 강 강, 水부6   0062

'강 江(강)'자는 '물 氵(수)'와 '장인 工(공)'자로 이루어졌다. 중국에서는 북쪽 지방의 것은 '하(河)'라 하고, 남쪽 지방의 것은 '강(江)'이라고 한다. 黃河(황하), 揚子江(양자강) 등이 그 예이다. 우리나라에서는 강 이름으로 '河(하)'를 쓰지는 않는다.

강, 큰 내, 양자강
[江山(강산)] ① 강과 산. ② 자연의 경치. ¶아름다운 강산. ③ 疆土(강토).
[錦繡江山(금:수강산)] '비단에 수를 놓은 것 같은 강산'이라는 뜻으로, 자연이 매우 아름다운 나라. ¶예로부터 우리나라를 '삼천리금수강산'이라 하였다.
[萬古江山(만:고강산)] ① 오랜 세월을 통하여 변함이 없는 산천. ② 경치를 읊은 사설을 부른 단가(短歌)의 하나. 판소리를 부르기 전에 목을 풀기 위하여 부르는 단가.
[漢江投石(한:강투석)] '한강에 돌 던지기'란 뜻으로 몹시 미미하여 전혀 효과가 없음을 비유하여 이르는 말.

江南(강남), 江邊(강변), 江北(강북), 江西(강서), 江心(강심), 江岸(강안), 江村(강촌), 江湖(강호), 江湖客(강호객), 錦江(금강), 洛東江(낙동강), 大同江(대동강), 渡江(도강), 豆滿江(두만강), 鴨綠江(압록강), 長江(장강), 淸江(청강), 八道江山(팔도강산), 漢江(한강)

山 메 산, 山부3   0063

'山(산)'자는 봉우리가 세 개인 산의 모양을 본뜬 것이다. '山(산)'을 부수로 하여 여러 가지 종류의 산이나 산의 모양, 또 산의 이름을 나타낸다.

산
[山高水長(산고수장)] 인품(人品)과 절조(節操)의 고결(高潔)함을 산의 높음과 강의 깊에 견주어 기린 말.
[山林(산림)] ① 산과 숲. 참 山林綠化(산림녹화) ② 도회지에서 떨어진 산야(山野), 곧 은자(隱者)가 숨어 사는 곳.
[江山(강산)] ☞ 江(강)
[登山(등산)] 산에 오름.
[他山之石(타산지석)] '다른 산의 하찮은 돌이라도 자기의 옥돌을 가는 데 도움이 된다(他山之石 可以攻玉)'는 시경의 한 구절로 다른 사람의 하찮은 말이나 행동도 자기의 수양에 도움이 된다는 말.

山間(산간), 山麓(산록), 山幕(산막), 山脈(산맥), 山房(산방), 山寺(산사), 山沙汰(산사태), 山蔘(산삼), 山上垂訓(산상수훈), 山城(산성), 山勢(산세), 山水(산수), 山神(산신), 山嶽(산악), 山野(산야), 山羊(산양), 山紫水明(산자수명), 山莊(산장), 山積(산적), 山賊(산적), 山頂(산정), 山中(산중), 山地(산지), 山菜(산채), 山川(산천), 山川草木(산천초목), 山村(산촌), 山河(산하), 山海珍味(산해진미), 山行(산행), 高山(고산), 空山(공산), 空山明月(공산명월), 鑛山(광산), 金剛山(금강산), 錦繡江山(금수강산), 南山(남산), 堂山(당산), 萬古江山(만고강산), 名山大刹(명산대찰), 名山(명산), 名山大川(명산대천), 白頭山(백두산), 碧山(벽산), 腹高如山(복고여산), 負山(부산), 氷山(빙산), 使蚊負山(사문부산), 雪山(설산), 深山(심산), 深山幽谷(심산유곡), 惡山(악산), 案山(안산), 野山(야산), 靈山(영산), 樂山樂水(요산요수), 愚公移山(우공이산), 雲山(운산), 人

山人海(인산인해), 仁者樂山(인자요산), 日落西山(일락서산), 日薄西山(일박서산), 積土成山(적토성산), 走馬看山(주마간산), 鎭山(진산), 塵合泰山(진합태산), 靑山(청산), 靑山流水(청산유수), 春山(춘산), 治山(치산), 治山治水(치산치수), 泰山(태산), 泰山北斗(태산북두), 土山(토산), 八道江山(팔도강산), 下山(하산), 火山(화산), 火山島(화산도), 活火山(활화산)

무덤, 분묘
[山所(산소)] '무덤'의 존칭. 무덤이 있는 곳.
[先山(선산)] 선조의 무덤이 있는 산.

절, 사찰
[本山(본산)] ① (불) 한 종파에 딸린 절을 통할하는 큰 절. ② 자기가 있는 절이나 지금 이야기되고 있는 이 절.
[山門(산문)] 절의 누문(樓門). 또는 절 전체를 이름.
[入山(입산)] ① 산에 들어감. ¶입산 금지 ② 은거(隱居)함. ③ 출가하여 중이 됨.

기타
[山臺(산대)] ① 길가 빈 터에 산 같이 높이 쌓은 임시 무대. ② 山臺劇(산대극).

河 강 이름 하, 水부8   0064

'河(하)'자는 '물 氵(수)'와 '옳을 可(가)'로 이루어졌다. 원래는 중국의 黃河(황하)를 가리키는 고유명사였는데 지금은 큰 하천을 가리킨다.

강 이름, 황하
[百年河淸(백년하청)] '백 년 동안 황하가 맑아짐을 기다린다'는 뜻으로 아무리 기다려도 일이 해결될 가망이 없음을 이르는 말.
[黃河(황하)] 중국 제2의 큰 강. 감숙성에서 발원하여 발해로 흘러든다.

내, 강, 흘러가는 물의 총칭
[河川(하천)] 강과 시내.
[河海(하해)] ① 강과 바다. ② (강과 바다처럼) 넓고 큰 것의 비유. ¶하해와 같은 은혜
[氷河(빙하)] ① 얼음이 얼어붙은 큰 강. ② (지) 높은 산에 쌓이고 쌓인 눈이 엉키어서 얼어붙어 큰 덩어리가 된 것이 그 위에 쌓인 눈의 누르는 힘이 더해짐에 따라 큰 얼음 덩어리로 변하여 낮은 곳을 향하여 흘러 내리는 현상.
[山河(산하)] ① 산과 강. ② 강역(疆域)을 이름. ③ 세상.
河口(하구), 河馬(하마), 河床(하상), 決河之勢(결하지세), 大河小說(대하소설), 渡河(도하), 西河之痛(서하지통)

운하
[運河(운:하)] 수리·관개·배수·급수·선박 항행 따위를 위하여 배가 다닐 수 있을 정도로 땅을 파서 만든 수로. ¶수에즈 운하

은한, 천한
[銀河水(은하수)] 남북으로 길게 보이는 은하계를 강으로 보고 하는 말. 동銀河(은하)

신, 정령
[河伯(하백)] 물을 맡은 신.

川 내 천, 巛부3   0065

'川(천)'자는 도랑을 파서 물을 흐르게 하는 것의 모양을 본뜬 것이다. 그래서 널리 '내'의 뜻으로 쓰인다. '川(천)'자의 원형은 '巛'이었다.

내
[晝夜長川(주야장천)] 밤낮으로 쉬지 않고 잇달아서.
[河川(하천)] ☞河(하)
[川上之嘆(천상지탄)] 공자가 물가에 서서 물을 바라보며, 한번 지나가면 다시 돌아오지 아니하는 만물의 변화를 탄식한 고사. 『論語(논어)·子罕(자한)』
川獵(천렵), 川邊(천변), 乾川(건천), 名山大川(명산대천), 山川(산천), 山川草木(산천초목), 靑川(청천)

海 바다 해:, 水부10   0066

'海(해)'자는 '물 氵(水)'와 '매양 每(매)'로 이루어졌다. '每(매)'자의 음이 약간 달라졌다.

'海(해)'는 '洋(양)'보다는 좁은 개념으로 육지에 붙어있는 바다 즉 近海(근해)를 가리킨다. 육지에서 멀리 떨어져 있는, 더 크고 넓은 바다는 '洋(양)'이라 한다. 太平洋(태평양)을 太平海(태평해)라고 하지 않고, 東海(동해)를 東洋(동양)이라고 하지 않는다.

바다, 바닷물
[海軍(해:군)] 바다를 지키는 것을 임무로 하는 군대.
[海水(해:수)] 바닷물. 참海水浴(해수욕)
[海洋(해:양)] 넓은 바다.
[東海(동해)] 동쪽 바다. 한반도와 일본열도 사이에 있는 바다의 이름.
[桑田碧海(상전벽해)] '뽕나무밭이 변하여 푸른 바다가 됨'이란 뜻에서, 세상일이 크게 변함을 비유하여 이르는 말.
[航海(항:해)] 배를 타고 바다를 다님.
[觀於海者難爲水(관어해자난위수)] 바다를 구경한 사람에게는 어지간한 물을 가지고는 물이라고 할 수 없다. 견문이 좁은 사람은 그 수준에서 말할 수밖에 없음을 이른 말임. 『孟子(맹자)·盡心章句上篇(진심장구상편)』 ☞ * 106
海警(해경), 海關(해관), 海鷗(해구), 海狗(해구), 海寇(해구), 海溝(해구), 海難(해난), 海女(해녀), 海棠花(해당화), 海圖(해도), 海盜(해도), 海道(해도), 海豚(해돈), 海東靑(해동청), 海路(해로), 海流(해류), 海陸風(해륙풍), 海里(해리), 海東(해동), 海面(해면), 海綿

(해면), 海霧(해무), 海物(해물), 海拔(해발), 海邊(해변), 海兵(해병), 海兵隊(해병대), 海産物(해산물), 海蔘(해삼), 海上(해상), 海商(해상), 海松(해송), 海水浴(해수욕), 海市(해시), 海神(해신), 海岸(해안), 海域(해역), 海外(해외), 海運(해운), 海印(해인), 海印寺(해인사), 海溢(해일), 海底(해저), 海賊(해적), 海戰(해전), 海潮(해조), 海鳥(해조), 海藻(해조), 海草(해초), 海苔(해태), 海風(해풍), 海峽(해협), 公海(공해), 近海(근해), 南海(남해), 內海(내해), 大海一滴(대해일적), 茫茫大海(망망대해), 渤海(발해), 碧海(벽해), 北海(북해), 死海(사해), 四海(사해), 山海珍味(산해진미), 西海(서해), 掃海艇(소해정), 深海(심해), 沿海(연해), 緣海(연해), 領海(영해), 遠海(원해), 絶海孤島(절해고도), 制海權(제해권), 蒼海(창해), 滄海(창해), 滄海一粟(창해일속), 天空海闊(천공해활), 淺海(천해), 河海(하해), 黃海(황해)

사람이 많이 모이거나 모여드는 곳
[人海戰術(인해전술)] (군) 적보다 썩 많은 수의 사람으로써 인명 피해를 무릅쓰고 적과 싸우는 전술.
[人山人海(인산인해)] 사람이 헤아릴 수 없이 많이 모인 상태. ¶광장에 모인 사람이 인산인해를 이루다

크다, 넓다
[苦海(고해)] (불) '고통의 세계'라는 뜻으로, '인간 세상'을 비유하는 말.
[雲海(운해)] ① 구름이 덮인 바다. ② 바닷물이나 호수가 구름에 닿아 보이는 먼 곳. ③ 산꼭대기나 비행기 같은 데서 내려다보았을 때 바다처럼 넓게 퍼져 보이는 구름.
法海(법해), 雪海(설해), 樹海(수해)

기타
[海王星(해:왕성)] 태양계를 회전하는 유성 중 여덟째의 유성으로 천왕성과 명왕성 사이에 있다.
[上海(상:해)] 중국에 있는 큰 도시 이름.

洋 큰 바다 양, 水부9 0067

'洋(양)'자는 '물 氵(수)'와 '양 羊(양)'자로 이루어졌다. '洋(양)'은 육지에서 멀리 떨어져 있는 크고 넓은 바다를 뜻한다. '洋(양)'은 西洋(서양)의 줄임말로 쓰이기도 한다.

바다, 대해, 외해
[大洋(대:양)] 큰 바다.
[望洋之嘆(망:양지탄)] '넓은 바다를 바라보고 감탄한다'라는 뜻에서, 위대한 인물이나 深遠(심원)한 학문 등에 접하여, 자신의 미흡함을 부끄러워하며 하는 탄식.『莊子(장자)·秋水(추수)편』
[遠洋(원:양)] 육지에서 멀리 떨어져 있는 넓은 바다.
초遠洋漁船(원양어선)
[海洋(해:양)] ☞ 海(해)
南洋(남양), 南洋群島(남양군도), 大西洋(대서양), 茫洋(망양), 北洋(북양), 巡洋艦(순양함), 印度洋(인도양), 太平洋(태평양)

사물의 모양의 형용
[洋洋(양양)] ① 바다가 한없이 넓음. ② 사람의 앞길이 발전할 여지가 매우 많고 큼. ¶전도가 양양한 젊은이 초前途洋洋(전도양양)

외국 특히 서양
[洋服(양복)] ① 서양식 옷. ② 남성의 서양식 正裝(정장).
[洋食(양식)] 서양식 음식.
[東洋(동양)] 터키의 동쪽에 있는 아시아의 여러 나라의 총칭.
[西洋(서양)] ① 서쪽의 큰 바다. ② 구미(歐美) 여러 나라를 동양 사람이 이르는 말.
洋館(양관), 洋弓(양궁), 洋蘭(양란), 洋襪(양말), 洋樂(양악), 洋藥(양약), 洋屋(양옥), 洋擾(양요), 洋銀(양은), 洋醫(양의), 洋夷(양이), 洋裝(양장), 洋裁(양재), 洋酒(양주), 洋鐵(양철), 洋燭(양촉), 洋品(양품), 洋風(양풍), 洋靴(양화), 洋灰(양회), 東洋畵(동양화), 西洋畵(서양화), 丙寅洋擾(병인양요), 辛未洋擾(신미양요)

百 일백 백, 白부6 0068

'百(백)'자는 '한 一(일)'과 '흰 白(백)'자로 이루어졌다. 큰 수로서 '일백' 또는 '모든', '다수', '여럿'의 뜻을 나타낸다.

백, 백 번
[百發百中(백발백중)] ① 백 번 쏘아 백 번 맞춤. 射術(사술)의 교묘함의 비유. ② 모든 일이 계획대로 들어맞음.
[百分率(백분율)] 전체의 양을 100분의 1을 단위로 하여 나타내는 비율. percent.
[百聞不如一見(백문불여일견).] 백 번 듣는 것이 한 번 보는 것만 못하다는 말.
[人生不滿百(인생불만백), 常懷千世憂(상회천세우).] 인생은 백년도 못 채우는데 늘 천년의 걱정을 한다. 『古詩源(고시원)·西門行(서문행)』
百結(백결), 百結先生(백결선생), 百里負米(백리부미), 百萬長者(백만장자), 百分比(백분비), 百日咳(백일해), 百日紅(백일홍), 百尺竿頭(백척간두), 百八煩惱(백팔번뇌)

모든, 다수, 여럿
[百年河淸(백년하청)] '백 년 동안 황하가 맑아짐을 기다린다'는 뜻으로 '아무리 기다려도 일이 해결될 가망이 없음'을 이르는 말.
[百姓(백성)] 서민. 일반 국민.
[百忍(백인)] 아무리 어렵고 거북한 일이 있더라도 늘 참고 견디어 냄. ¶옛날 학생들은 책상머리에 '百忍(백인)'을 써 붙여 놓곤 했지
[百貨店(백화점)] 여러 가지 상품을 부문별로 나누어

진열 판매하는 대규모 상점.
[一當百(일당백)] 한 사람이 백 사람을 당해낸다는 뜻으로 '매우 용맹함'을 이르는 말.
百家(백가), 百家爭鳴(백가쟁명), 百計(백계), 百科(백과), 百科事典(백과사전)/百科辭典(백과사전), 百官(백관), 百年佳約(백년가약), 百年大計(백년대계), 百年偕老(백년해로), 百方(백방), 百倍(백배), 百拜(백배), 百拜謝禮(백배사례), 百拜謝罪(백배사죄), 百獸(백수), 百藥(백약), 百戰老將(백전노장), 百折不屈(백절불굴), 百草(백초), 百害無益(백해무익), 百行(백행), 五穀百果(오곡백과), 一罰百戒(일벌백계)

기타
[百濟(백제)] 우리나라 삼국시대에 신라·고구려와 鼎立(정립)하여 한반도의 서남부를 차지했던 왕조(B.C.18 ~A.D.660).

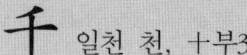 일천 천, 十부3   0069

'千(천)'자는 실수 1000, 또는 '많다'는 뜻을 나타낸다. 갖은자로는 '阡(천)'을 쓴다.

천, 천 번
[千字文(천자문)] 梁(양)의 周興嗣(주흥사)가 지은 책. 넉자로 된 시 250구를 만들어 일천 자를 모은 것. 이 밖에 여러 종류의 천자문이 더 있다.
[人生不滿百(인생불만백)   常懷千世憂(상회천세우).]
☞百(백)

많다, 수효가 많다
[千軍萬馬(천군만마)] 많은 군사와 말.
[千秋(천추)] ① 천년의 긴 세월. ② 貴人(귀인)의 탄생일. 남의 생일에 대한 경칭.
[不遠千里(불원천리)] 천리 길도 멀다고 여기지 아니함. 먼 길을 기꺼이 달려감.
[千里之行始於足下(천리지행시어족하).] 천리의 먼 길도 발 아래에서 첫걸음부터 시작한다는 뜻으로, 쉬지 않고 힘쓰면 큰 일을 이룸을 비유한 말. 『老子(노자)』
[一瀉千里(일사천리)] 한 번 쏟아진 물이 천리를 흐른다. 원래는 문장을 써 나가는 筆力(필력)이 굳센 것을 비유하는 말이었는데, 오늘날에는 어떤 일이 급속도로 진행되어 순식간에 이루어지는 것을 말한다. 대개는 긍정적인 의미로 쓰이지만 성의 없이 일을 마구 처리한다는 뜻에서 부정적인 뉘앙스를 갖기도 한다.
千劫(천겁), 千古(천고), 千金(천금), 千慮一失(천려일실), 千里(천리), 千里馬(천리마), 千里眼(천리안), 千變萬化(천변만화), 千思萬慮(천사만려), 千歲(천세), 千辛萬苦(천신만고), 千仞斷崖(천인단애), 千紫萬紅(천자만홍), 千載一遇(천재일우), 千差萬別(천차만별), 千秋萬代(천추만대), 千秋遺恨(천추유한), 千態萬狀(천태만상), 千篇一律(천편일률), 言飛千里(언비천리), 一刻千金(일각천금), 一騎當千(일기당천), 一攫千金(일확천금), 坐見千里(좌견천리)

반드시, 기필코
[千萬(천만)] ① 萬(만)의 천 갑절. ② 썩 많은 수. 썩 많은 돈. 썩 많은 재산. ③ 매우. 아주. ④ 절대로. 결단코.

萬 일만 만ː, ++부13   0070

'萬(만)'자는 전갈의 모양을 본뜬 것이다. 전갈이 떼를 지어 군집생활을 한다는 데서 '많다'라는 뜻과 큰 숫자인 '일만'의 뜻으로 쓰인다.

만, 수의 단위
[萬一(만ː일)] ① 만에 하나라도. 萬若(만약) ② 만분지일(萬分之一)의 준 말.
[萬若(만ː약)] 萬一(만일). 그와 같다면.
[數萬(수ː만)] 몇 만.
[一萬(일만)] 일천의 열배. 만.

수의 많음, 크다
[萬物(만ː물)] 천지간의 모든 물건. 森羅萬象(삼라만상). 圖萬物相(만물상), 萬物商(만물상)
[萬壽無疆(만ː수무강)] 한이 없이 오래오래 삶. 다른 사람이 오래 살기를 비는 말.
[千辛萬苦(천신만고)] 천 가지 고생과 만 가지 괴로움. 온갖 고생을 다 함.
[家和萬事成(가화만사성).] 가정이 화목하면 모든 일이 제대로 이루어진다.
萬感(만감), 萬康(만강), 萬劫(만겁), 萬頃蒼波(만경창파), 萬苦(만고), 萬古(만고), 萬古江山(만고강산), 萬古不滅(만고불멸), 萬古不變(만고불변), 萬古逆賊(만고역적), 萬古絕色(만고절색), 萬古千秋(만고천추), 萬古風霜(만고풍상), 萬國(만국), 萬國旗(만국기), 萬機親覽(만기친람), 萬難(만난), 萬年雪(만년설), 萬年筆(만년필), 萬能(만능), 萬代(만대), 萬里長城(만리장성), 萬民(만민), 萬般(만반), 萬方(만방), 萬邦(만방), 萬變(만변), 萬病通治(만병통치), 萬福(만복), 萬不得已(만부득이), 萬夫不當(만부부당), 萬事(만사), 萬事亨通(만사형통), 萬事休矣(만사휴의), 萬象(만상), 萬石君(만석군), 萬世(만세), 萬歲(만세), 萬愚節(만우절), 萬有引力(만유인력), 萬人(만인), 萬全(만전), 萬覇不聽(만패불청), 萬華鏡(만화경), 萬化方暢(만화방창), 氣高萬丈(기고만장), 百萬長者(백만장자), 鵬程萬里(붕정만리), 億萬(억만), 一波萬波(일파만파), 千軍萬馬(천군만마), 千萬(천만), 千變萬化(천변만화), 千思萬慮(천사만려), 千紫萬紅(천자만홍), 千差萬別(천차만별), 千秋萬代(천추만대), 千態萬象(천태만상), 波瀾萬丈(파란만장), 黃金萬能(황금만능)

결단코, 반드시
[萬無(만ː무)] 그럴 리가 전혀 없음.
[萬不當(만ː부당)] 절대로 당치 않음. 圖千不當(천부당)
[千萬(천만)] ☞千(천)

億 억 억, 人부15　　0071

'億(억)'자는 '사람 亻(인)'과 '뜻 意(의)'자로 이루어졌다. '憶(억)'자와 비슷한 뜻으로 '사람이 마음속에 생각하다'가 본뜻이었는데, 사람亻의 생각은 끝이 없고, 또한 한 번에 수많은 생각을 할 수 있다는 데서 假借(가차)하여 數詞(수사)로 쓰였다.

억, 수의 단위
[億(억)] 십진급수 단위의 하나. 만의 만 곱절.

많은 수
[億劫(억겁)] 무한하게 오랜 동안. ¶억겁을 두고 비바람에 깎인 바위
[億萬(억만)] 아주 많은 수효.
[億兆(억조)] 億(억)과 兆(조). 아주 많은 수효.
[億兆蒼生(억조창생)] 수많은 백성.

兆 억조 조, 조짐 조, 儿부6　　0072

'兆(조)'자는 거북의 뼈에 불을 지져 갈라진 금의 모양에서 유래된 글자이다. 그것을 보고 점을 쳤으니 '조짐'의 뜻을 나타낸 것은 당연하다. 후에 '億(억)'의 만 곱절을 이르는 수의 단위로 차용되었다.

조, 수의 단위, 많은 수효
[億兆(억조)] ☞ 億(억)
[億兆蒼生(억조창생)] ☞ 億(억)

조짐, 빌미, 점괘
[兆朕(조짐)] 좋은 일이나 언짢은 일이 생길 기미가 보이는 어떤 변화 현상.
[吉兆(길조)] 좋은 일이 있을 조짐. ¶설날에 눈이 오는 것을 길조로 여겼다
[亡兆(망조)] 망하거나 결딴날 징조. ¶망조가 들었다
[徵兆(징조)] 어떤 일이 생길 기미가 미리 보이는 조짐.
不吉之兆(불길지조), 瑞兆(서조), 前兆(전조), 凶兆(흉조)

점치다, 나타나다
[兆占(조점)] 점을 침. 또는 그 점괘.

自 스스로 자, 自부6　　0073

'自(자)'자는 코의 모양을 본뜬 것으로, '코'를 뜻하는 글자였다. '自(자)'자를 意符(의부)로 하여 '코'를 나타내는 글자를 만들었는데, 그 예가 '코 鼻(비)', '냄새 臭(취)' 등이다. 후에 '나', '스스로'의 뜻으로 사용되는 예가 많아지자 '코'는 표음요소인 '畀(비)'를 붙여 '코 鼻(비)'자를 만들어 나타냈다.

스스로, 몸소, 자기
[自他(자타)] 자기와 남. ¶자타가 공인하다
[自畵自讚(자화자찬)] '자기가 그린 그림을 스스로 칭찬함'이란 뜻에서, 자기가 한 일을 스스로 자랑함을 비유하여 이르는 말.
[各自(각자)] 각각의 자기. ¶각자의 책임
[獨自(독자)] ① 남에게 기대지 않고 혼자 스스로. ② 다른 것과 구별되는 그 자체만의 특유함.
自家(자가), 自家撞着(자가당착), 自家用(자가용), 自覺(자각), 自强不息(자강불식)/自彊不息(자강불식), 自擊漏(자격루), 自激之心(자격지심), 自決(자결), 自愧(자괴), 自國(자국), 自過不知(자과부지), 自給(자급), 自給自足(자급자족), 自矜(자긍), 自己(자기), 自動車(자동차), 自力(자력), 自立(자립), 自慢心(자만심), 自滅(자멸), 自明(자명), 自問(자문), 自問自答(자문자답), 自發(자발), 自白(자백), 自服(자복), 自負(자부), 自負心(자부심), 自費(자비), 自殺(자살), 自傷(자상), 自敍傳(자서전), 自省(자성), 自首(자수), 自手成家(자수성가), 自肅(자숙), 自習(자습), 自乘(자승), 自繩自縛(자승자박), 自是之癖(자시지벽), 自身(자신), 自信(자신), 自信感(자신감), 自我(자아), 自我實現(자아실현), 自愛(자애), 自業自得(자업자득), 自營(자영), 自願(자원), 自慰(자위), 自衛(자위), 自律(자율), 自意(자의), 自認(자인), 自任(자임), 自酌(자작), 自作農(자작농), 自轉車(자전거), 自淨作用(자정작용), 自制(자제), 自制力(자제력), 自助(자조), 自嘲(자조), 自足(자족), 自尊心(자존심), 自主(자주), 自重(자중), 自重自愛(자중자애), 自中之亂(자중지란), 自進(자진), 自責(자책), 自處(자처), 自薦(자천), 自請(자청), 自招(자초), 自祝(자축), 自充(자충), 自炊(자취), 自治(자치), 自稱(자칭), 自嘆(자탄), 自宅(자택), 自退(자퇴), 自暴自棄(자포자기), 自爆(자폭), 自筆(자필), 自虐(자학), 自害(자해), 自畵像(자화상), 自活(자활), 各自(각자), 各自圖生(각자도생), 茫然自失(망연자실), 毛遂自薦(모수자천), 溫恭自虛(온공자허), 隱忍自重(은인자중), 滄浪自取(창랑자취), 投身自殺(투신자살)

저절로
[自動(자동)] 저절로 움직임. 자력으로 움직임. 스스로 활동함.
[自鳴鐘(자명종)] 때가 되면 저절로 울려서 시간을 알리는 시계.
[讀書百遍義自見(독서백편의자현).] 백 번 반복하여 읽으면, 뜻이 통하지 않던 곳도 저절로 알게 됨. 『魏志(위지)』
[笑而不答心自閑(소이부답심자한).] 웃을 뿐 대답은 안 해도 마음은 절로 한가롭네. 『李伯(이백)·山中問答(산중문답)』 ☞ *119
自動式(자동식), 自明(자명), 自鳴(자명), 自鳴鼓(자명고), 自生(자생), 自轉(자전)

본디부터
[自然(자연)] ① 스스로 그러함. ② 사람의 손에 의하지 않고 스스로 존재하는 것이나 일어나는 현상. ③ 사람의 힘이 더해지지 아니하고 저절로 생겨난 산, 강, 바다, 식물, 동물 따위의 존재. ④ 우주. ⑤ 사물의 본성. 천성. ⑥ 물질계의 모든 현상.

[不自然(부자연)] 자연스럽지 못함. 제격에 어울리지 않아 어색함.
[泰然自若(태연자약)] 마음에 어떤 충동을 받아도 움직임이 없이 천연스러움.
自若(자약), 自然美(자연미), 自然數(자연수), 自體(자체)

마음대로인
[自由(자유)] ① 마음대로인 상태. 장해가 없는 활동. ② 남에게 구속·강제·지배를 받지 않고 모든 일을 자기의 의사에 의하여 행동할 수 있는 일. ③ 법률의 정한 범위 안에서 마음대로 하는 자율적 행동. 거주·언론·집회·결사·신앙 등의 자유가 있다. 짭不自由(부자유)
[自由奔放(자유분방)] 격식이나 관습에 얽매이지 않고 행동이 자유로움.
[自由自在(자유자재)] 마음대로 할 수 있음. 아무 거리낌이 없는 상태.
[自適(자적)] 마음 내키는 대로 유유히 생활함. 짭悠悠自適(유유자적).
自由詩(자유시), 自在(자재)

…부터 하다
[自古以來(자고이래)] 예로부터 내려오면서. 준自古(자고), 古來(고래)
[自初至終(자초지종)] 처음부터 끝까지.
[行遠自邇(행원자이), 登高自卑(등고자비),] 먼 길을 가는 것은 가까운 데로부터 비롯하고, 높은 곳에 이르는 것은 낮은 데로부터 출발한다. '일을 하는 데는 순서가 있음'을 비유하여 이르는 말. 行遠必自邇(행원필자이) 登高必自卑(등고필자비). '登高自卑(등고자비)'는 지위가 높아질수록 스스로를 낮춘다는 뜻으로도 해석된다. 『中庸』
自古(자고), 自今(자금)

기타
[自動詞(자동사)] 동사의 하나. 자동하는 성질을 가지며, 동작을 다른 것에 미치지 않는 동사. 자다·놀라다·놀다 따위와 같이 목적어가 없어도 완전한 뜻을 나타낸다. 땐他動詞(타동사)

他 다를 타, 人부5   0074

'他(타)'자는 '사람 人(인)'과 '어조사 也(야)'로 이루어졌다. 표의요소인 '人(인)'은 '자기 자신이 아닌 자'를 뜻하고, '也(야)'는 표음요소로 뱀의 상형인 '它(타)'의 변형이다.

다른, 딴, 그 밖의, 관계가 없는, 그, 저
[他鄕(타향)] 자기 고향이 아닌 곳. 他官(타관). ¶만리타향
[其他(기타)] 그 밖. 그 밖의 것. ¶기타 사항
[出他(출타)] 집에 있지 않고 다른 곳에 나감. ¶아버지께서 출타하셨다
[他山之石(타산지석)] '다른 산의 하찮은 돌이라도 자기의 옥돌을 가는 데 도움이 된다(他山之石 可以攻玉)'는 詩經(시경)의 한 구절로 다른 사람의 하찮은 말이나 행동도 자기의 수양에 도움이 된다는 말.
他界(타계), 他官(타관), 他校(타교), 他國(타국), 他道(타도), 他姓(타성), 餘他(여타)

남, 골육 이외의 사람, 그이, 저이
[他意(타의)] ① 다른 뜻. 딴 마음. ¶그의 태도에는 타의가 있어 보이지는 않는다 ② 다른 사람의 생각이나 마음. ¶자의와 타의
[他人(타인)] 남.
[排他(배타)] 남을 반대하여 내침. 짭排他的(배타적)
[自他(자타)] ① 자기와 남. ② 自力(자력)과 他力(타력).
[他弓莫挽(타궁막만),] 남의 활을 당겨 쏘지 말라는 뜻으로, '무익한 일은 하지 말라', 또는 '자기가 닦은 바를 지켜 마음을 딴 데 쓰지 말라'는 말. ＿＿＿, 他馬莫騎(타마막기). 『無門關(무문관)』
[言他事食冷粥(언타사식냉죽),] 남의 말 하기는 식은 죽 먹기라는 뜻으로, '남의 흉을 보는 것은 매우 쉬움'을 이르는 말.
他力(타력), 他殺(타살), 他心通(타심통), 他律(타율), 他薦(타천), 愛他心(애타심), 依他(의타), 依他心(의타심), 利他(이타), 利他主義(이타주의)

기타
[他動詞(타동사)] (언) 행동에 어떤 대상, 곧 목적어를 필요로 하는 동사. 남움직씨. 땐自動詞(자동사)

主 주인 주, 丶부5   0075

'主(주)'자는 등잔의 심지에 불이 붙어 있는 모양이라고 한다. 요즈음은 등잔을 민속박물관에나 가야 볼 수 있다.

주인, 물건을 차지하고 있는 임자
[主權(주권)] 나라를 다스리는 최고·절대의 권력. 통치권.
[主人(주인)] ① 한 집안의 어른이 되는 사람. ② 물건 임자. ③ 손님을 상대하는 사람. ④ 남편을 달리 이르는 말. ⑤ 고용자를 고용하는 사람. ⑥ 나그네를 치르는 사람. ⑦ 조직·집단 따위를 주장하여 운영하는 사람.
[民主主義(민주주의)] 주권이 국민에게 있고 국민의 이익과 행복을 위하여 행하는 정치 형태.
[株主(주주)] 주식회사에 출자한 사람. 주식을 가진 사람.
[地主(지주)] ① 땅의 소유자. 땅 임자. ② 소유 토지를 남에게 빌려 주고 그로부터 地代(지대)를 받는 사람.
[戶主(호:주)] 한 집안의 주인으로서 가족을 거느리며 부양하는 일에 대한 권리와 의무가 있는 사람.
主客(주객), 主客一體(주객일체), 主客顚倒(주객전도),

主權國(주권국), 主權在民(주권재민), 主婦(주부), 主從(주종), 客主(객주), 君主(군주), 主君(주군), 寄主(기주), 無主孤魂(무주고혼), 無主空山(무주공산), 物主(물주), 民主共和國(민주공화국), 船主(선주), 宿主(숙주), 兩主(양주), 業主(업주), 營業主(영업주), 領主(영주), 錢主(전주), 店主(점주), 造物主(조물주), 借主(차주), 債主(채주), 天主(천주), 天主敎(천주교), 抱主(포주)

주체, 주가 되는, 주로
[主導(주도)] 주가 되어 이끎.
[主演(주연)] 연극이나 영화에서 주인공으로 분장하여 연기를 함. 또는 그 배우. 主演俳優(주연배우).
[爲主(위주)] 주가 되는 것으로 삼음. 으뜸으로 삼음.
[自主(자주)] 자기가 주체가 됨. 남의 보호 또는 간섭을 받지 않고 자기 일을 스스로 함. ¶자주 국방/자주 독립
主幹(주간), 主格(주격), 主管(주관), 主觀(주관), 主觀的(주관적), 主觀式(주관식), 主動(주동), 主動者(주동자), 主力(주력), 主禮(주례), 主流(주류), 主謀(주모), 主謀者(주모자), 主務(주무), 主犯(주범), 主峰(주봉), 主賓(주빈), 主事(주사), 主食(주식), 主眼點(주안점), 主語(주어), 主役(주역), 主要(주요), 主義(주의), 主人公(주인공), 主張(주장), 主裁(주재), 主戰(주전), 主題(주제), 主唱(주창), 主體(주체), 主體性(주체성), 主催(주최), 主軸(주축), 主治醫(주치의), 個人主義(개인주의), 共産主義(공산주의), 權威主義(권위주의), 機會主義(기회주의), 樂天主義(낙천주의), 浪漫主義(낭만주의), 內主張(내주장), 民主主義(민주주의), 社會主義(사회주의), 喪主(상주), 厭世主義(염세주의), 利己主義(이기주의), 利他主義(이타주의), 資本主義(자본주의), 祭主(제주), 宗主國(종주국)

임금
[主上(주상)] 신하가 임금을 이르는 말.

우두머리
[主敎(주교)] ① (宗) 천주교나 성공회에서 그 교구(敎區)를 관할하는 교직. ② 주장으로 삼는 종교.
[主審(주심)] ① 심사원의 우두머리. ② 운동경기에 있어서 주장으로 심판을 하는 일. 또는 그 사람.
[主將(주장)] ① 군대의 총 대장. ② 선수 가운데서 뽑힌 그 팀의 우두머리.
[敎主(교:주)] ① 종교를 창시한 사람. ② 종교 단체의 우두머리.
主席(주석), 主筆(주필), 契主(계주), 盟主(맹주), 城主(성주), 世帶主(세대주), 領主(영주)

예수 그리스도
[主日(주일)] ① 주(主)의 날, 곧 일요일. ② 세속의 일을 피하고 영신(靈神)의 일에 더욱 힘쓰는 날, 곧 안식일.
[救世主(구:세주)] ① 인류를 고통·불행·죄악에서 구해 주는 이. 춘救主(구주) ② '어려움이나 괴로움에서 구해주는 사람'을 비유적으로 일컫는 말.

높이다, 존중하다
[公主(공주)] 정실 왕비가 낳은 임금의 딸. 옛날 중국에서 왕이 딸을 제후에게 시집보낼 때 三公(삼공)이 그 일을 주관하도록 한 데서 유래하였다.
翁主(옹주), 神主(신주)

기타
[施主(시:주)] (불) 중에게나 절에 금품을 베풀어주는 일이나 그 일을 하는 사람.

客 손 객, 宀부9　　0076

'客(객)'자는 '집 宀(면)'과 '각각 各(각)'으로 이루어진 글자로, '(집에 온) 손님'을 가리킨다.

손, 찾아가거나 찾아오거나 하는 사람
[客室(객실)] ① 손님을 위하여 마련한 방. ② 여관·선박·열차 따위에서 손님이 드는 방.
[不請客(불청객)] 오라고 청하지 않았는데도 찾아온 손.
[弔問客(조:문객)] 조상하여 상주를 위문하는 사람. 弔客(조객).
[賀客(하:객)] 축하하기 위해 온 손님.
[不接賓客去後悔(부접빈객거후회).] 손님을 제대로 대접하지 않으면 떠난 뒤에 후회한다.『朱子(주자)·朱子十悔訓(주자십회훈)』☞ * 387
客員(객원), 客主(객주), 客酒(객주), 客草(객초), 佳客(가객), 貴客(귀객), 不歸客(불귀객), 賓客(빈객), 上客(상객), 夜客(야객), 接客(접객), 主客(주객), 珍客(진객), 逐客(축객)

나그네, 길손, 객지, 여행
[客死(객사)] 객지에서 죽음. ¶평생을 떠돌이 생활을 하다가 객사하고 말았다
[客地(객지)] 나그네가 임시로 머무르는 곳.
[過客(과:객)] 지나가는 나그네. 길손.
[行客(행객)] 나그네. 또는 지나가는 손님.
客居(객거), 客苦(객고), 客舍(객사), 客愁(객수), 客情(객정)

남의 집에 얹히어 얻어먹고 있는 사람
[食客(식객)] ① 세력이 있는 대갓집에서 얻어먹으며 문객 노릇을 하는 사람. ② 남의 집에 얹혀 하는 일 없이 얻어먹으며 지내는 사람.

단골 손님
[顧客(고:객)] ① 단골손님. ② 상점 따위에 물건을 사러 자주 오는 손님. ¶고객은 왕이다

사람
[客席(객석)] 극장, 경기장 따위에서 관객들이 앉는 자리.
[觀客(관객)] 구경하는 사람.
[旅客(여객)] 여행을 하고 있는 사람. 참旅客機(여객기), 旅客船(여객선)
[政客(정객)] 정치계에서 활동하는 사람.
客車(객차), 歌客(가객), 劍客(검객), 論客(논객), 亡命客(망명객), 墨客(묵객), 傍聽客(방청객), 乘客(승객), 刺客(자객), 酒客(주객), 醉客(취객)

붙이다, 의탁하다
[客食口(객식구)] 본식구 외에 묵고 있는 딴 식구.

의식이나 행동의 상대, 객체
[客觀(객관)] 자기와의 관계에서 떠나서 대상을 보거나 생각하는 것. ¶객관식·문제. 凹主觀(주관) 참客觀性(객관성), 客觀的(객관적)
[客體(객체)] ① (철) 객관으로서의 실체. ② (법) 意思(의사)나 행위가 미치는 대상. 참主體(주체) ③ '객지에 있는 몸'이란 뜻으로, 편지에서 상대를 높여 안부를 물을 때 쓰는 말.
[主客(주객)] ① 주인과 손. ② 주가 되는 사물과 그 밖의 부차적인 것을 아울러 이르는 말. 참主客顚倒(주객전도)

과거, 지나간 때
[客年(객년)] 지난해.
[客秋(객추)] 지난 가을.
[客春(객춘)] 지난 봄.
[客月(객월)] 지난달.

주장이 아닌, 객쩍은
[客氣(객기)] 객쩍게 부리는 혈기. 분수를 모르고 부리는 쓸데없는 용기.
[客談(객담)] 실없거나 쓸데없는 말. ¶객담을 늘어놓다 동客說(객설)

心 마음 심, 心부4 0077

마음은 심장에 있다고 여겨 그 모양을 본떠서 '마음 心(심)'자를 만들었다. '心(심)'이 부수로 쓰인 글자들은 모두 감정·의지 등 '마음'과 관련이 있다. '心(심)'이 부수로 쓰일 때, 그 위치에 따라 '心(심)', '忄(심)', '㣺(심)'의 세 가지 형태로 쓰인다. 예를 들면 '느낄 感(감)', '정 情(정)', '공경할 恭(공)'처럼 위치에 따라 형태를 달리한다.

마음(생각·의식·감정 등의 정신적 심리적 상태의 총체)
[心身(심신)] 마음과 몸. 정신과 육체.
[心情(심정)] ① 마음과 정. ② 가슴 속. 마음의 정황.
[見物生心(견:물생심)] 어떠한 물건을 보면 그것을 가지고 싶은 욕심이 생김.
[良心(양심)] 사물의 가치를 변별하고, 자기의 행위에 관하여 선을 취하고 악을 물리치는 도덕적 의식. ¶양심의 가책을 받다
[慾心(욕심)] 바라는 마음. 무엇을 하고자 하는 마음. 탐내는 마음. 탐욕의 마음.
[作心三日(작심삼일)] '단단히 먹은 마음이 사흘을 못 간다'는 뜻으로 결심이 굳지 못함을 이르는 말.
*[心不在焉(심부재언) 視而不見(시이불견), 聽而不聞(청이불문), 食而不知其味(식이부지기미).] 마음에 있지 않으면 보아도 보이지 않고, 들어도 들리지 않고, 먹어도 그 맛을 모른다. 즉 하고자 하는 의식이 없으면 아무리 권하고 이끌어도 선뜻 따르지 않는다는 말이다.

『大學(대학)·正心章(정심장)』

[四端說(사:단설)] 四端(사단)이란 동양철학에서, 인간의 마음속에 선천적으로 타고난 네 가지 단서, 실마리 곧, 인(仁)·의(義)·예(禮)·지(智)의 도덕적 단서인 측은히 여기는 마음, 부끄러워하는 마음, 사양하는 마음, 시비를 따지려는 마음이 있다고 하는 맹자의 학설이다.
惻隱之心仁之端也(측은지심인지단야). 측은히 여기는 마음을 일러 어짊의 실마리라 하고,
羞惡之心義之端也(수오지심의지단야). 부끄러워하고 미워하는 마음을 일러 의로움의 실마리라 하고,
辭讓之心禮之端也(사양지심예지단야). 감사하고 양보하는 마음을 일러 예의 실마리라 하고,
是非之心智之端也(시비지심지지단야). 옳고 그름을 가리는 마음을 일러 지혜의 실마리라 한다. 『孟子(맹자)·公孫丑 上(공손추 상)』

心境(심경), 心琴(심금), 心襟(심금), 心氣(심기), 心機一轉(심기일전), 心亂(심란), 心慮(심려), 心靈(심령), 心理(심리), 心理學(심리학), 心服(심복), 心腹(심복), 心思(심사), 心算(심산), 心性(심성), 心術(심술), 心神(심신), 心弱(심약), 心猿意馬(심원의마), 心中(심중), 心證(심증), 心志(심지), 心醉(심취), 心痛(심통), 心血(심혈), 心火(심화), 心懷(심회), 刻骨銘心(각골명심), 敢不生心(감불생심), 決心(결심), 警覺心(경각심), 苦心(고심), 功名心(공명심), 恐怖心(공포심), 關心(관심), 群衆心理(군중심리), 落心(낙심), 落心千萬(낙심천만), 內心(내심), 勞心焦思(노심초사), 老婆心(노파심), 丹心(단심), 徒費心力(도비심력), 盜心(도심), 童心(동심), 同心結(동심결), 同心圓(동심원), 動心(동심), 得人心(득인심), 名譽心(명예심), 銘心(명심), 冒險心(모험심), 無關心(무관심), 無心(무심), 物心兩面(물심양면), 民心(민심), 放心(방심), 變心(변심), 復讐心(복수심), 腹心(복심), 本心(본심), 不動心(부동심), 腐心(부심), 佛心(불심), 邪心(사심), 蛇心佛口(사심불구), 射倖心(사행심), 傷心(상심), 喪心(상심), 色心(색심), 生心(생심), 善心(선심), 聖心(성심), 誠心(성심), 洗心(세심), 細心(세심), 小心(소심), 首丘初心(수구초심), 愁心(수심), 獸心(수심), 信心(신심), 失心(실심), 惡心(악심), 安心(안심), 快心(앙심), 愛校心(애교심), 愛國心(애국심), 愛鄕心(애향심), 兩心(양심), 抑何心情(억하심정), 焉敢生心(언감생심), 女心(여심), 逆心(역심), 熱心(열심), 英雄心(영웅심), 怨心(원심), 有心(유심), 唯心論(유심론), 淫心(음심), 依他心(의타심), 利己心(이기심), 異心(이심), 以心傳心(이심전심), 人面獸心(인면수심), 人心(인심), 一心(일심), 一心同體(일심동체), 一片丹心(일편단심), 自激之心(자격지심), 自愧之心(자괴지심), 自慢心(자만심), 慈悲心(자비심), 自尊心(자존심), 作心(작심), 敵愾心(적개심), 賊心(적심), 專心(전심), 點心(점심), 切齒腐心(절치부심), 操心(조심), 從心(종심), 卽心是佛(즉심시불), 眞心(진심), 嗔

心(진심), 瞋心(진심), 盡心(진심), 盡心竭力(진심갈력), 天心(천심), 淸心寡慾(청심과욕), 焦心(초심), 初心(초심), 初心者(초심자), 觸目傷心(촉목상심), 春心(춘심), 衷心(충심), 忠心(충심), 貪心(탐심), 偸心(투심), 平心(평심), 平氣虛心(평기허심), 合心(합심), 恒心(항심), 許心(허심), 虛心(허심), 虛心坦懷(허심탄회), 虛榮心(허영심), 協心(협심), 歡心(환심), 會心(회심), 悔心(회심), 回心(회심), 回心曲(회심곡), 孝心(효심), 黑心(흑심)

기분, 느낌
[安心(안심)] 근심 걱정이 없이 마음을 편안히 가짐.
[疑心(의심)] 확실히 알 수 없어서 의아해하는 마음.
[快心(쾌심)] 유쾌한 마음.

뜻, 의지
[心遠(심원)] 뜻이 深遠(심원)함. 뜻을 원대히 가짐.
[野心(야:심)] ① 야망을 품은 마음. 무엇을 이루려는 마음. ② 야비한 마음.
[寒心(한심)] ① 열정과 의욕이 없어 절망적이고 걱정스러움. ② 정도에 너무 지나치거나 모자라서 딱하거나 기막힘.

염통, 심장, 가슴
[心筋(심근)] 심장의 벽을 이루는 근육. 참 心筋梗塞(심근경색)
[心臟(심장)] ① 혈액의 순환작용을 맡고 있는 혈관 계통의 중추 기관. 염통. 참 心臟痲痺(심장마비), 心臟病(심장병) ② '마음'의 비유. ③ '중심'이나 '중추'의 비유. ④ '비위 좋은 마음보'의 비유.
[心肺(심폐)] 염통과 허파.
[强心劑(강심제)] (약) 쇠약해진 심장의 기능을 회복시켜 강하게 하는 약.
[如見心肺(심폐)] 남의 마음속을 꿰뚫어 보는 듯이 속속들이 환히 앎.

한가운데, 중앙
[求心(구심)] ① 참된 마음을 찾음. ② (물) 중심 방향으로 쏠림. 참 求心力(구심력), 求心點(구심점)
[都心(도심)] 도시의 가운데. 시내중심.
[遠心(원:심)] 원운동을 하는 물체가 중심으로부터 멀어지려고 하는 작용. 참 遠心力(원심력)
[中心(중심)] ① 한가운데. 복판. ② 동류(同類) 중에서 중요한 지위에 있는 것. ③ 원주(圓周)의 각 점에서 같은 거리에 있는 점.
江心(강심), 球心(구심), 水心(수심), 圓心(원심), 重心(중심), 中心點(중심점)

진수, 핵심
[囊心(낭심)] 남자의 성기, 특히 불알을 완곡하게 이르는 말.
[核心(핵심)] 사물의 중심이 되는 가장 요긴한 부분.

심, 연필이나 대의 빛깔을 내는 부분, 나무줄기 가운데 연한 부분, 무 배추 등의 뿌리 속의 질긴 줄기, 종기나 상처 구멍에 넣는 약을 바른 헝겊이나 종이, 심지
[鉛筆心(연필심)]

[燈心(등심)] 등잔의 심지. 燈心草(등심초)로 만든다.
[直節虛心(직절허심)] 곧은 마디와 빈 속. '대[竹]'의 형용.
[鐵心(철심)] (어떤 물건 속에 넣는) 쇠로 만든 심.

죽에 섞인 낱알이나 새알심
[새알심]

身 몸 신, 身부7 0078

초급

'身(신)'자는 사람이 아기를 가져 배가 불룩한 모양을 본뜬 것으로 '임신하다'가 본뜻인데, '몸'을 뜻하는 것으로 쓰이게 됐다. '아이를 배다'라는 뜻으로도 쓰인다. '身(신)'을 意符(의부)로 하여, '신체'를 뜻하는 문자를 이룬다.

몸, 몸뚱이, 신체
[身體(신체)] 몸. 사람의 머리로부터 발까지에 딸린 모든 것. ¶건전한 신체에서 건전한 정신
[身土不二(신토불이)] 자기의 몸과 태어난 땅(고장)은 서로 뗄 수 없는 것이라는 말. 우리 땅에서 나는 먹거리가 우리 몸에 좋다는 것을 강조하기 위해 이른 말.
[殺身成仁(살신성인)] 자신의 몸을 죽여서 어짊을 이룩한다. 위급한 상황에 처했을 때 자신의 몸을 죽여 정의를 이룩하는 것이 사람의 올바른 자세라는 뜻이다. 『論語(논어)·衛靈公(위령공)』
[心身(심신)] ☞心(심)
[肉身(육신)] 육체. 물질로서의 사람의 몸뚱이.
[身體髮膚受之父母(신체발부수지부모), 不敢毁傷(불감훼상), 孝之始也(효지시야).] 신체와 모발, 피부는 부모에게 받았으니, 감히 손상하지 않는 것이 효도의 처음이다. 『孝敬(효경)·開宗明義(개종명의)』 ☞ *236
身命(신명), 身邊(신변), 身病(신병), 身手(신수), 身言書判(신언서판), 身役(신역), 身熱(신열), 謹身(근신), 裸身(나신), 短身(단신), 等身(등신), 等身大(등신대), 等身佛(등신불), 滿身瘡痍(만신창이), 文身(문신), 半身(반신), 半身不隨(반신불수)/半身不遂(반신불수), 病不離身(병불리신), 病身(병신), 保身(보신), 補身(보신), 補身湯(보신탕), 粉骨碎身(분골쇄신), 分身(분신), 焚身(분신), 四大六身(사대육신), 捨身供養(사신공양), 屍身(시신), 影不離身(영불리신), 一身千金(일신천금), 長身(장신), 裝身具(장신구), 低頭平身(저두평신), 全身(전신), 全身不隨(전신불수), 挺身隊(정신대), 操身(조신), 銃身(총신), 塔身(탑신), 投身(투신), 投身自殺(투신자살), 砲身(포신), 避身(피신), 避身處(피신처), 護身術(호신술)

나, 자신, 일신상의, 신분, 지위
[身分(신분)] ① 개인의 사회적 지위. ② 사람의 법률상의 지위. ¶신분 보장 ③ 전제 정치 이전의 사회에서 몇 개의 계급으로 구분한 사람의 지위. 제도적으로 계급에 따라 권리와 의무가 달랐으며, 이는 세습되는 것이 원칙이었음.

[身上(신상)] 신변에 관한 일이나 형편.
[立身(입신)] ① 사회에 있어서의 자기의 지반을 확립하는 일. 수양하여 제 구실을 할 수 있게 되는 일. 참立身揚名(입신양명) ② 출세함. 영달함.
[處身(처:신)] 세상을 살아가는 데 필요한 몸가짐이나 행동. ¶처신을 잘 하다
[明哲保身(명철보신)] 어지러운 세상을 살 때, 세태와 사리에 아주 밝아서 몸을 위험한 자리에나 욕된 곳에 빠뜨리지 않고 잘 보전함. 朱子(주자)에 따르면, '明(명)은 이치에 밝은 것이고, 哲(철)은 일을 살피는 것이'라고 하였다. 保身(보신)은 이치에 순종해서 몸을 지키는 것이지, 이익을 좇고 재앙을 피해서 구차하게 몸을 온전히 하는 것은 아니다'라고 하였다. 『詩經(시경)·大雅(대아)』
[立身行道(입신행도), 揚名於後世(양명어후세), 以顯父母(이현부모), 孝之終也(효지종야).] 입신하여 도리를 행하고, 후세에 이름을 날려 부모를 드러내는 것이 효도의 끝이다. 『孝敬(효경)·開宗明義(개종명의)』 ☞ * 236
身邊雜記(신변잡기), 身世(신세), 身世打令(신세타령), 身數(신수), 身元(신원), 身元保證(신원보증), 功成身退(공성신퇴), 單身(단신), 當身(당신), 代身(대신), 獨身(독신), 亡身(망신), 亡身煞(망신살), 變身(변신), 修身(수신), 修身齊家(수신제가), 運身(운신), 隱身(은신), 隱身處(은신처), 自身(자신), 終身(종신), 出身(출신), 敗家亡身(패가망신), 避身(피신), 避身處(피신처), 獻身(헌신), 獻身的(헌신적), 子子單身(혈혈단신), 渾身(혼신), 化身(화신)

體 몸 체, 骨부23   0079

'體(체)'자는 '뼈 骨(골)'과 '豊(례)'자의 합자이다. '豊(례)'자는 '많이 모이다'의 뜻인데, 요즈음은 [례]자로는 쓰이지 않고, '풍성할 豊(풍)'자의 속자로만 쓰인다. 몸에는 뼈가 많이 모여 있으니, '骨(골)'과 '豊(례)'가 둘 다 그 뜻을 분담하고 있다. 略字(약자)는 '体(체)'이다.

몸, 신체
[體力(체력)] 몸의 힘.
[體育(체육)] ① 신체의 발달을 촉진하여 운동 능력을 높임과 동시에 건강한 생활을 영위하는 태도를 함양할 것을 목적으로 하는 교육. ② 학과목의 하나. 운동·경기의 실기와 이론을 가르침.
[體重(체중)] 몸의 무게.
[身體(신체)] ☞ 身(신)
[肉體(육체)] 물질로서의 사람 몸뚱이. ¶건전한 육체에 건전한 정신이 깃든다
[身體髮膚受之父母(신체발부수지부모), 不敢毁傷(불감훼상), 孝之始也(효지시야).] ☞ * 250
體格(체격), 體軀(체구), 體級(체급), 體內(체내), 體毛(체모), 體罰(체벌), 體溫(체온), 體溫計(체온계), 體位(체위), 體操(체조), 體質(체질), 體臭(체취), 體型(체형), 體形(체형), 體刑(체형), 個體(개체), 器械體操(기계체조), 裸體(나체), 徒手體操(도수체조), 同體(동체), 母體(모체), 死體(사체), 三位一體(삼위일체), 上體(상체), 生體(생체), 成體(성체), 屍體(시체), 弱體(약체), 五體(오체), 五體投地(오체투지), 玉體(옥체), 肉體美(육체미), 肉體的(육체적), 人體(인체), 一心同體(일심동체), 自體(자체), 絕體絕命(절체절명), 尊體(존체), 肢體(지체), 總體(총체), 特異體質(특이체질), 下體(하체), 渾然一體(혼연일체)

물건이나 기계 기구의 몸체
[體積(체적)] 부피.
[船體(선체)] 배의 몸체.
[車體(차체)] 차량의 몸체.
[解體(해:체)] ① 여러 부분을 모아 만든 물건을 작은 부분으로 다시 나누는 것. ② 단체 따위를 풀어 없앰.
機體(기체), 胴體(동체), 本體(본체)

집단의 몸체
[共同體(공:동체)] 목적이나 이념을 같이하는 집단이나 단체. 또는 생활이나 운명을 같이 하는 두 사람 이상의 모임. ¶민족은 운명공동체이다
[企業體(기업체)] 이윤을 얻을 목적으로 기업 활동을 하는 조직체. 비業體(업체)
[團體(단체)] 같은 목적을 이루려고 여러 사람이 모여 맺은 동아리.
[解體(해:체)] ②

모양, 형상, 용모, 격식
[體面(체면)] ① 몸과 얼굴. ② 남을 대하기에 떳떳한 도리나 얼굴.
[體統(체통)] ① 지체나 신분에 알맞은 체면. ¶딸이 옆에 있는데도 체통도 없이 울먹거리는 것이 아닌가 ② 관원의 체면
[字體(자체)] 글자의 모양. 문자의 격식. 한자의 字體(자체)에는 古文(고문)·籒文(주문)·小篆(소전)·隷書(예서)·八分(팔분)·章草(장초)·行書(행서)·楷書(해서)·草書(초서)의 9종이 있다.
[筆體(필체)] 글씨의 모양새 또는 격식. ¶필체가 좋다
體貌(체모), 簡潔體(간결체), 客體(객체), 口語體(구어체), 具體(구체), 具體的(구체적), 宮體(궁체), 大體(대체), 明朝體(명조체), 文語體(문어체), 文體(문체), 蔓衍體(만연체), 不顧體面(불고체면), 書體(서체), 元體(원체), 立方體(입방체), 全體(전체), 絕緣體(절연체), 主體(주체), 主體性(주체성), 形體(형체)

법, 규칙, 도리, 근본
[體制(체제)] ① 기존 사회의 질서. ② 일정한 정치 원리에 바탕을 둔 국가 질서의 경향. ③ 詩文(시문)의 양식.

본성, 본체, 본연
[固體(고체)] 일정한 모양과 부피를 가진 물체. 참氣體(기체), 液體(액체)
[物體(물체)] 물질이 모여서 이루는 공간적인 형체. 감

각이나 정신이 없는 有形(유형)의 물질.
[半導體(반:도체)] (규소나 게르마늄처럼) 낮은 온도에서는 거의 전기를 통하지 않으나 열을 받음에 따라 전기를 잘 통하는 물질.
[病原體(병:원체)] 병을 일으키는 생물.
結晶體(결정체), 導體(도체), 媒體(매체), 不導體(부도체), 實體(실체), 染色體(염색체), 有機體(유기체), 流體(유체), 立體(입체), 自體(자체), 正體(정체), 天體(천체), 抗體(항체)

차례
[體系(체계)] 낱낱의 다른 것을 일정한 원리로써 계통적으로 통일한 조직. ¶체계가 섰다/학문의 체계

몸소, 친히
[體得(체득)] 몸소 체험하여 알게 됨.
[體驗(체험)] 몸소 겪은 경험.

年, 秊 해 년, 干부6　　0080

'해 年(년)'은 '秊(년)'이 본자이었다. '벼 禾(화)'와 '방패 干(간)'으로 이루어졌다. 후에 '年(년)'자로 바뀌어 본자처럼 쓰이고 있다.

해, 365일 간
[年末年始(연말연시)] 한 해가 끝나갈 무렵과 새해가 시작될 무렵을 아울러 이르는 말.
[今年(금년)] 올해.
[來年(내년)] 올해의 다음 해. 이듬해. 同明年(명년) 反昨年(작년)
[昨年(작년)] 지난 해.
年間(연간), 年鑑(연감), 年較差(연교차), 年金(연금), 年內(연내), 年代(연대), 年度(연도), 年頭(연두), 年末(연말), 年譜(연보), 年報(연보), 年俸(연봉), 年始(연시), 年中(연중), 年次(연차), 年初(연초), 年表(연표), 年限(연한), 年號(연호), 甲年(갑년), 隔年(격년), 光年(광년), 權不十年(권불십년), 累年(누년), 屢年(누년), 多年(다년), 多年生(다년생), 當年(당년), 同年(동년), 萬年(만년), 萬年雪(만년설), 萬年筆(만년필), 忘年會(망년회), 每年(매년), 明年(명년), 沒年(몰년), 百年佳約(백년가약), 百年大計(백년대계), 百年河清(백년하청), 百年偕老(백년해로), 生年(생년), 送年(송년), 數年(수년), 十年減壽(십년감수), 十年知己(십년지기), 厄年(액년), 連年(연년), 例年(예년), 往年(왕년), 元年(원년), 閏年(윤년), 翌年(익년), 再昨年(재작년), 前年(전년), 週年(주년), 編年體(편년체), 平年(평년), 平年作(평년작), 豊年(풍년), 學年(학년), 凶年(흉년)

여러 해
[年來(연래)] 여러 해 전부터 지금까지의 동안. 수년 이래.
[年前(연전)] 두서너 해 전. 몇 해 전.
[近年(근:년)] 요 몇 해 사이. 지나간 지 얼마 안 되는 해.
年功(연공), 年例(연례), 初年(초년)

나이, 연령
[年齡(연령)/年歲(연세)] 나이.
[年上(연상)] 나이가 위인 사람. 反年下(연하)
[忘年之友(망년지우)] 나이 차이를 잊고 허물없이 서로 사귀는 벗. 同忘年之交(망년지교), 忘年交(망년교)
[未成年(미:성년)] 아직 성년이 되지 않은 나이. 또는 그 사람. 만 스무 살 이하의 나이나 사람을 가리키는 말. 反成年(성년)
年齡(연령), 年老(연로), 年輪(연륜), 年晚(연만), 年輩(연배), 年富力強(연부력강), 年少(연소), 年齒(연치), 年下(연하), 過年(과년), 老年(노년), 年少(연소), 年長者(연장자), 年下(연하), 同年輩(동년배), 芳年(방년), 成年(성년), 少年(소년), 少年院(소년원), 弱年(약년), 若年(약년), 延年益壽(연년익수), 幼年(유년), 幼年期(유년기), 幼少年(유소년), 壯年(장년), 停年(정년), 中年(중년), 青年(청년), 青少年(청소년), 享年(향년)

새해, 신년
[年頭(연두)] 새해의 첫머리. ¶연두 기자 회견
[年賀(연하)] ① 새해의 기쁨. 새해를 축하함. ② 노인의 장수를 축하하는 일. 图年賀狀(연하장)
[謹賀新年(근:하신년)] '삼가 새해를 축하드립니다'라는 뜻으로, 연말 연시에 연하장 등에 쓰는 인사말. 同恭賀新年(공하신년)

때, 시대
[晚年(만:년)] 늘그막. 사람의 평생에서의 마지막 부분에 해당하는 시기.
[末年(말년)] 인생과 같은 일정한 시기의 마지막 무렵. 늘그막.
[初年(초년)] ① 일생의 초기. 중년이 되기 전까지의 시기. ② 첫 시절.

> [更年期(갱:년기)] 나이가 다시 새로워지는 시기. 성숙기에서 노년기로 접어드는 40~50대의 시기. 여성의 경우, 생식 기능이 없어지고 불안·우울증 같은 정신적 변화를 겪는 시기. 육체적으로는 노화되는 시기이지만 정신적으로는 성숙해지는 시기. 사람은 누구나 늙기 마련이다. 이 시기에 우울증을 겪는 사람들은 갱년기를 단순히 육체가 노화되는 시기로만 본다. 갱년기에 해당하는 나이인 마흔 살과 쉰 살을 각각 不惑(불혹)과 知天命(지천명)이라 한 것도 정신적으로 성숙하는 시기임을 말한 것이다.

익다, 익는 일, 오곡이 잘 익다, 잘 익은 오곡
[年豊(연풍)] 곡식이 잘 익음. 풍년이 듦.
[時和年豊(시화연풍)] 기후가 순조로워 곡식이 잘 여물고 수확이 많음. 同時和歲豊(시화세풍)

歲 해 세:, 止부13　　0081

'歲(세)'자는 '걸을 步(보)'와 '도끼 戉(월)'이 합쳐진 것이다. 원래의 뜻은 '도끼'였는데, 周(주)나라 때 이후 '1년'을 뜻하는 것으로 쓰이기 시작했다고 한다. 도끼가

1년으로 변한 이유는 분명하지 않다. 다만 '步(보)'와 '戉(월)'을 알고 있으면 '歲(세)'자를 쓰기는 쉽겠다.

해, 일 년, 해마다, 연년이
[歲暮(세:모)] 세밑. 연말. 세말. 한 해의 마지막 때.
[歲入(세:입)] 한 회계연도의 총 수입. 판歲出(세출)
歲費(세비), 歲出(세출), 年年歲歲(연년세세), 維歲次(유세차), 太歲(태세)

새해, 신년
[歲拜(세:배)] 섣달그믐이나 정초에 새해를 맞아 하는 인사. ¶세배를 드리다
[歲時(세:시)] ① 해를 넘기는 때. 설. ② 일 년 중 그때그때. ¶세시 풍속
[過歲(과:세)] 설을 쇰. 새해를 맞음. ¶과세 안녕하셨습니까?
[歲寒松柏(세:한송백)] 겨울에도 푸름을 변하지 않는 소나무와 잣나무. '군자가 곤궁과 환난에 처해서도 지조를 바꾸지 않음'을 비유하는 말. 『論語(논어)』
歲初(세초), 歲寒(세한), 歲寒圖(세한도), 歲寒三友(세한삼우)

시일, 세월, 광음
[歲月(세:월)] ① 흘러가는 시간. ¶세월이 빠르다 ② 기간이나 때. ¶어느 세월에 그 일을 끝내겠느냐? ③ 지내는 형편이나 사정. ¶그 사람 요즘 세월이 좋은 모양이더라
[萬歲(만:세)] ① 영구한 세월. ② 경축 때 축의(祝意)를 표하여 외치는 말. ③ 언제까지나 장수하라는 뜻.
[虛送歲月(허송세월)] 세월을 헛되이 보냄. ¶젊었을 때 허송세월하면 나중에 후회한다
[歲月不待人(세:월부대인).] 세월은 사람을 기다리지 않는다. 젊었을 때 부지런히 학문에 힘쓰라는 당부가 담긴 말이다. 『陶淵明(도연명)·雜詩(잡시)』 ☞ * 201
歲月如流(세월여류), 萬歲三唱(만세삼창), 千歲(천세)

나이, 연령
[年歲(연세)] 나이. 연령.

한자어로 나이를 달리 이르는 말.
10세는 幼學(유학)이라고 하는데 학문을 시작하는 어린 때를 말한다. 禮記(예기) 曲禮(곡례)편에서 弱冠(약관)과 함께 유래하였다.
15세는 志學(지학), 30세는 而立(이립), 40세는 不惑(불혹), 50세는 知命(지명) 또는 知天命(지천명), 60세는 耳順(이순)이라고 하는데 이 말들은 論語(논어) 爲政(위정)편에 공자의 나이에 따른 인생의 변화를 나타낸 글에서 유래한 것이다. ☞ * 289
20세는 弱冠(약관)이라고 하는데, 남자 스무 살에 冠禮(관례)를 한다는 데서 남자 나이 스무 살 된 때를 일컫는 말이다. '弱(약)'은 '부드럽다'는 뜻인데 기골이 완전히 성숙하지는 않았지만 사람 구실은 할 수 있게 되었다는 의미이다. 20세 또는 20대 초반의 나이를 뜻하는 것으로 쓰인다. '冠(관)'은 성년이 되면서 쓰는 갓을 말한다. 禮記(예기) 曲禮(곡례)편에 '人生十年曰幼學(인생십년왈유학), 二十曰弱冠(이십왈약관).'에서 유래하였다.
70세는 古稀(고희)라고 하는데, '예부터 보기 드문 나이'라는 뜻에서, 사람의 나이가 일흔이 되는 것을 일컫는 말이다. 杜甫(두보)의 시 曲江(곡강) 二首(이수)의 두 번째 작품 중 '人生七十古來稀(인생칠십고래희)'에서 유래하였다. ☞ * 018
77세는 喜壽(희수)라고 하는데, '喜(희)'자의 초서체가 七十七과 비슷한 데서 온 말이다.
80세는 傘壽(산수)라고 하는데, 傘(산)자의 큰 획이 八(팔)과 十(십)로 구성된 것에서 유래하였다.
88세는 米壽(미수)라고 하는데 米(미)자를 破字(파자)해 보면 八(팔)+十(십)+八(팔)이 되는 데서 유래하였다.
90세는 卒壽(졸수)라고 하는데, 졸자를 간략히 쓰면 九(구)자와 十(십)자를 합쳐 쓴다.
99세는 白壽(백수)라 하는데, 일백 百(백)에서 한 一(일)을 빼니 99가 되었다.
81세는 望九(망구), 91세는 望百(망백)이라고 한다. 팔십을 넘으니 이제 구십을 바라보고[望], 구십을 넘으니 백을 바라보는[望] 나이가 되었다는 데서, 각각 망구, 망백이라고 하였다. 우리말 '할망구'는 望九(망구)라는 말에서 나왔다는 설이 있다. 望八(망팔), 望七(망칠), 望六(망륙), 望五(망오)까지는 있어도 望四(망사) 이하는 없는 것을 보면 이 말들은 주로 연장자 층에서 쓰였던 것으로 보인다.

곡식이 잘 여무는 해
[時和歲豊(시화세풍)] 기후가 순조로워 풍년이 듦.
[豊歲(풍세)] 풍년.

健 굳셀 건:, 튼튼할 건:, 人부11   0082

'健(건)'자는 '사람 亻(인)'과 '세울 建(건)'자로 이루어졌다. 꿋꿋하게 선 사람, 즉 건강한 사람을 나타낸다.

튼튼하다, 건강하다, 굳세다
[健康(건:강)] ① 육체가 튼튼하고[健], 마음이 편안함[康]. 판虛弱(허약) ② 의식이나 사상이 바르고 건실함.
[健全(건:전)] 조직 따위의 활동이나 상태가 건실하고 정상임.
[保健(보:건)] 건강을 잘 지켜 온전하게 하는 일. 참보건복지부
[春寒老健(춘한노건)] 봄철의 추위와 늙은이의 건강. 곧 오래 가지 못함을 일컫는 말.
健脚(건각), 健勝(건승), 健實(건실), 健兒(건아), 健胃(건위), 健壯(건장), 健在(건재), 健鬪(건투), 强健(강건), 剛健(강건), 穩健(온건), 雄健(웅건)

잘, 매우, 몹시
[健忘(건:망)] 잘 잊어버림.
[健忘症(건:망증)] 잘 잊어버리는 증세. ¶건망증이 심하다

康 편안할 강, 广부11　0083

'康(강)'자는 '쌀 米(미)'와 '별 庚(경)'으로 이루어졌다. 두 글자가 조금씩 변하였다. '농사[米]가 잘 되어 마음이 편안하다'는 뜻이라고 한다. 요즈음 뜻으로는 '직장이 안정되어, 사업이 잘 되어 마음이 편하다'의 뜻으로 보면 될 것이다.

편안하다, 몸과 마음이 편하고 걱정 없어 좋다
[康寧(강녕)] 몸이 건강하며 마음이 평안함. 참壽福康寧(수복강녕)
[健康(건:강)] ☞健(건)
[小康(소:강)] 소란하던 세상이 조금 안정됨. 잠시 무사함. ¶국면이 소강상태를 유지하고 있다
[壽福康寧(수복강녕)] 오래 살아 복을 누리며 몸이 튼튼하여 편안함.
康衢煙月(강구연월), 萬康(만강), 安康(안강), 平康(평강)

安 편안할 안, 宀부6　0084

'安(안)'자는 집[宀]면 안에 여자[女여]가 있으니, 집안일을 제대로 돌볼 터이고, 집안일을 제대로 돌보니 온 집안이 편안함을 얻을 수 있다는 데서 '편안하다'란 뜻을 나타낸다고 한다. 옛날 남성 중심 시대에 한자가 만들어진 결과일 것이다.

편안하다, 몸이나 마음이 편하다, 걱정이 없어 좋다, 편안하게 하다
[安寧(안녕)] 몸이 건강하고 마음이 편안함.
[安心(안심)] 근심 걱정이 없이 마음을 편안히 가짐.
[不安(불안)] ① 마음이 놓이지 않음. 걱정이 됨. 뒤숭숭함. ② 사회나 경제 질서 따위가 안정되어 있지 못함.
[便安(편안)] ① 무사함. ② 편하고 한결같이 좋음.
[安不思難敗後悔(안불사난패후회).] 편안할 때 어려움을 생각하지 않으면 실패한 후에 후회한다. 『朱子(주자)·朱子十悔訓(주자십회훈)』 ☞ *387
安家(안가), 安康(안강), 安居(안거), 安堵(안도), 安堵感(안도감), 安樂(안락), 安樂死(안락사), 安眠(안면), 安民(안민), 安眠妨害(안면방해), 安保(안보), 安否(안부), 安分(안분), 安分知足(안분지족), 安貧(안빈), 安息(안식), 安息日(안식일), 安息處(안식처), 安穩(안온), 安危(안위), 安易(안이), 安全(안전), 安全保障(안전보장), 安定(안정), 安靜(안정), 安存(안존), 安住(안주), 安置(안치), 安打(안타), 安宅(안택), 居安思危(거안사위), 高枕安眠(고침안면), 公安(공안), 國泰民安(국태민안), 冬安居(동안거), 萬安(만안), 問安(문안), 未安(미안), 保安(보안), 奉安(봉안), 圍籬安置(위리안치), 慰安(위안), 慰安婦(위안부), 慰安處(위안처), 長安(장안), 坐不安席(좌불안석), 治安(치안), 平安(평안), 夏安居(하안거)

즐기다, 좋아하다, 즐거움에 빠지다
[安逸(안일)/安佚(안일)] 일하지 않고 놀고 지냄. 無事安逸(무사안일), 無事安逸主義(무사안일주의)

어찌
[燕雀安知鴻鵠之志(연:작안지홍곡지지).] 제비나 참새가 어찌 기러기나 고니의 뜻을 알겠는가? 소견이 좁은 사람은 뜻이 큰 사람의 야망을 이해하지 못한다는 말이다. 『史記(사기)·陳涉世家(진섭세가)』

기타
安東(안동), 安市城(안시성), 安息香(안식향), 硫安(유안)

寧 편안할 녕, 宀부14　0085

'寧(녕)'자는 '집 宀(면) + 마음 心(심) + 그릇 皿(명) + 장정 丁(정)'이 합쳐진 것이다. 집에 큰 그릇을 장만하니 마음이 '편안하다'는 뜻이다.

편안하다, 몸이나 마음이 편안하다, 편안하게 하다, 안심시키다
[康寧(강녕)] 몸이 건강하며 마음이 평안함.
[壽福康寧(수복강녕)] 오래 살아 복을 누리며 몸이 튼튼하여 편안함.
[安寧(안녕)] 몸이 건강하고 마음이 편안함.

탈이 없다, 무사하다
[寧日(영일)] 무사하고 편안한 날. 별일이 없는 편안한 날. ¶질투하고 싸우느라고 영일이 없다

틀림없이, 꼭
[丁寧(정녕)] 조금도 틀림없이 꼭. 또는 더 이를 데 없이 정말로. ¶정녕 네가 그 일을 저질렀단 말이지?

어찌, 어찌하여, 어찌하랴(의문·반어의 뜻을 나타낸다)
[王侯將相寧有種乎(왕후장상영유종호).] 왕후장상이라 하여 어찌 따로 씨가 있겠느냐. '어떤 사람이라도 마음먹기에 따라 입신 출세할 수 있음'을 이르는 말. 『史記(사기)』

國 나라 국, 口부11　0086

'國(국)'자는 원래 '或'으로 나타내었다. '입 口(구)'는 둘레 또는 국경을, '창 戈(과)'는 방위 수단을, '한 一(일)'은 땅을 가리켜 '나라'라는 뜻을 나타낸 것이다. 이 글자가 '혹', '또는'이라는 뜻으로 쓰이는 예가 많아지자, '口'으로 둘러싸서 '國(국)'자를 만들었다. 약자로 '国(국)'자를 쓰기도 한다.

나라, 국가
[國家(국가)] ① 나라. ② 일정한 지역에 거주하는 다수인으로 이루어지며 통치권에 의하여 조직되는 단체. 영토·국민·주권이 그 개념의 삼요소이다.
[國民(국민)] 그 나라의 국적(國籍)을 가진 사람. 한 국가의 통치권(統治權) 밑에서 생활하는 사람. 참國民性(국민성)
[大韓民國(대:한민국)] 우리나라의 국호.
[母國(모:국)] 외국에 가 있는 자가 본국을 이르는 말.

國歌(국가), 國境(국경), 國境線(국경선), 國慶日(국경일), 國庫(국고), 國敎(국교), 國交(국교), 國舅(국구), 國軍(국군), 國權(국권), 國紀(국기), 國旗(국기), 國基(국기), 國技(국기), 國難(국난), 國道(국도), 國力(국력), 國祿(국록), 國論(국론), 國利民福(국리민복), 國立(국립), 國立公園(국립공원), 國立學校(국립학교), 國名(국명), 國母(국모), 國務(국무), 國務總理(국무총리), 國文(국문), 國文學(국문학), 國民投票(국민투표), 國防(국방), 國法(국법), 國寶(국보), 國本(국본), 國父(국부), 國富(국부), 國費(국비), 國賓(국빈), 國事(국사), 國史(국사), 國産品(국산품), 國喪(국상), 國稅(국세), 國稅廳(국세청), 國手(국수), 國粹主義(국수주의), 國是(국시), 國樂(국악), 國營(국영), 國王(국왕), 國運(국운), 國威(국위), 國有林(국유림), 國有財産(국유재산), 國有地(국유지), 國葬(국장), 國籍(국적), 國賊(국적), 國定(국정), 國政(국정), 國際(국제), 國祖(국조), 國債(국채), 國策(국책), 國恥民辱(국치민욕), 國恥日(국치일), 國泰民安(국태민안), 國土(국토), 國憲(국헌), 國號(국호), 國花(국화), 國號(국호), 國會(국회), 各國(각국), 强大國(강대국), 開國(개국), 擧國的(거국적), 建國(건국), 經國(경국), 傾國之色(경국지색), 庚戌國恥(경술국치), 故國(고국), 救國(구국), 軍國(군국), 歸國(귀국), 貴國(귀국), 內國(내국), 大國(대국), 獨立國(독립국), 東國(동국), 萬國(만국), 萬乘之國(만승지국), 亡國(망국), 亡國民(망국민), 亡國之臣(망국지신), 賣國奴(매국노), 美國(미국), 輔國(보국), 本國(본국), 富國强兵(부국강병), 佛國(불국), 貧國(빈국), 三國(삼국), 小國(소국), 屬國(속국), 鎖國(쇄국), 殉國先烈(순국선열), 愛國(애국), 愛國歌(애국가), 愛國者(애국자), 愛國心(애국심), 列國(열국), 英國(영국), 外國(외국), 王國(왕국), 憂國之士(우국지사), 異國(이국), 立國(입국), 入國(입국), 自國(자국), 敵國(적국), 全國(전국), 戰國(전국), 帝國(제국), 祖國(조국), 宗主國(종주국), 中國(중국), 盡忠輔國(진충보국), 天國(천국), 出國(출국), 治國(치국), 他國(타국), 韓國(한국), 兄弟之國(형제지국), 護國(호국), 還國(환국), 後進國(후진국)

우리나라
[國文(국문)] 우리나라에서 쓰는 글자.
[國史(국사)] ① 한 나라의 역사. ② 우리나라의 역사. 韓國史(한국사)
[國語(국어)] ① 그 나라 고유의 말. ② 우리나라 고유의 말. 우리말.
國內(국내), 國譯(국역)

家 집 가, 宀부10   0087

'家(가)'자는 '집 宀(면)'에 '돼지 豕(시)'를 붙여 만든 글자이다. 본뜻은 '돼지[豕]의 집[宀]'이었다. 돼지는 새끼를 많이 낳는다는 데서 사람이 많이 모여 있는 '집'을 나타내게 되었다.

집, 사람이 사는 건물
[家屋(가옥)] 사람이 사는 집.
[人家(인가)] 사람이 사는 집.
[草家(초가)] 풀이나 짚 따위로 지붕을 인 집.
家家戶戶(가가호호), 家宅(가택), 古家(고가), 官家(관가), 舊家(구가), 民家(민가), 別家(별가), 貰家(세가), 安家(안가), 瓦家(와가), 自家(자가), 借家(차가), 草家三間(초가삼간), 廢家(폐가), 凶家(흉가)

가정, 가족, 부부를 단위로 한 생활 집단, 살림, 살림살이
[家庭(가정)] ① 한 가족을 단위로 하여 살림하고 있는 집안. ② 가족. ③ 집안의 뜰.
[家族(가족)] 부부·부모·자녀·형제 등 혈연에 의하여 맺어지며 생활을 함께 하는 공동체, 또는 그 성원. 참家族社會(가족사회)
[歸家(귀:가)] 집으로 돌아감.
[修身齊家(수신제가)] 몸을 닦고, 그런 후에 집을 다스림. 자기 수양을 하고 집안을 잘 돌봄.
[家貧則思良妻(가빈즉사양처).] 집이 가난해지면 비로소 어진 아내를 생각하게 된다. 『史記(사기)』
[家和萬事成(가화만사성).] 가정이 화목하면 모든 일이 제대로 이루어진다.
家計(가계), 家計簿(가계부), 家計費(가계비), 家口(가구), 家具(가구), 家內(가내), 家內工業(가내공업), 家奴(가노), 家豚(가돈), 家禮(가례), 家寶(가보), 家僕(가복), 家貧(가빈), 家事(가사), 家産(가산), 家勢(가세), 家率(가솔), 家臣(가신), 家釀酒(가양주), 家業(가업), 家運(가운), 家長(가장), 家財(가재), 家電(가전), 家政(가정), 家庭敎育(가정교육), 家政婦(가정부), 家族社會(가족사회), 家出(가출), 家訓(가훈), 農家(농가), 大家族(대가족), 都家(도가), 本家(본가), 亡家(망가), 分家(분가), 貧家(빈가), 喪家(상가), 喪家之狗(상가지구), 生家(생가), 小家族(소가족), 俗家(속가), 率家(솔가), 養家(양가), 兩家(양가), 遺家族(유가족), 自家用(자가용), 自手成家(자수성가), 在家(재가), 在家僧(재가승), 赤手成家(적수성가), 出家戒(출가), 治家(치가), 敗家(패가), 敗家亡身(패가망신), 核家族(핵가족), 婚家(혼가)

가계, 집안의 혈통
[家系(가계)] 한 집안의 혈통.
[家風(가풍)] 한 집안의 규율과 풍습. 각 가정의 특유한 생활 형식.
[權門勢家(권문세가)] 권세 있는 집안.
家門(가문), 家傳(가전), 大家(대가), 名家(명가), 班家(반가), 勢家(세가), 良家(양가), 王家(왕가), 傳家之寶(전가지보), 宗家(종가)

일족, 친척
[外家(외가)] 어머니의 친정.
[一家(일가)] ① 한 집안. 본과 성이 같은 겨레붙이. ② 학문·기술·예술 등의 분야에서 연구를 쌓거나 조예가 깊어 하나의 독자적인 체계를 이룬 상태.

[親家(친가)] 아버지의 집안.
[妻家(처가)] 아내의 친정. 아내의 친정집.
査家(사가), 媤家(시가)

자기 집, 자기
[家親(가친)] 남에게 대하여 자기 아버지를 이르는 말.
[家兄(가형)] 남에게 대하여 자기 형을 이르는 말.
[自家撞着(자가당착)] 같은 사람의 언행이 앞뒤가 맞지 않음. 자기 언행의 전후가 모순됨.

도성 또는 조정
[國家(국가)] ☞國(국)

학파 또는 학자
[百家爭鳴(백가쟁명)] 많은 학자나 논객들이 자기의 학설이나 주장을 활발하게 논쟁 토론하는 일.
[道家(도가)] 우주의 본체는 도와 덕으로 이루어져 있다고 주장하는 학파.
[儒家(유가)] 유교의 학자나 학파.
墨家(묵가), 百家(백가), 法家(법가), 兵家(병가), 兵家常事(병가상사), 佛家(불가), 僧家(승가), 陰陽家(음양가), 雜家(잡가), 諸子百家(제자백가)

기예에 일가견을 가진 사람
[作家(작가)] 전문적으로 문학이나 예술을 창작하는 사람.
[藝術家(예:술가)] 예술 작품을 창작하거나 표현하는 것을 전문으로 하는 사람.
[一家(일가)] ① 한 집안. 본과 성이 같은 겨레붙이. ② 학문·기술·예술 등의 분야에서 연구를 쌓거나 조예가 깊어 하나의 독자적인 체계를 이룬 상태 참一家見(일가견)
[畵家(화:가)] 그림 그리는 일을 전문으로 하는 사람.
劇作家(극작가), 大家(대가), 文章家(문장가), 史家(사가), 美食家(미식가), 批評家(비평가), 聲樂家(성악가), 小說家(소설가), 音樂家(음악가), 彫刻家(조각가)

목적으로 계속하여 행하는 경제적인 일, 기업(企業)
[事業家(사업가)] 사업을 계획하고 경영하는 사람, 또는 그런 일에 능숙한 사람.
[資本家(자본가)] 많은 자본을 가진 사람.
[冶家無食刀(야가무식도).] '대장간에 식칼이 논다'는 뜻으로, 생활에 쫓기다보니 남의 뒷바라지만 하고 정작 제 일에는 등한히 되어 버림. 또는 마땅히 흔해야 할 곳에 도리어 그 물건이 의외로 부족하거나 없는 경우를 이르는 속담이다.
色酒家(색주가), 實業家(실업가), 酒家(주가)

일반 사람에게 붙이는 칭호
[恐妻家(공:처가)] 아내에게 꼼짝 못하고 쥐여 사는 남편.
[愛酒家(애주가)] 술을 좋아하는 사람.
[愛妻家(애처가)] 유난히 아내를 아끼고 사랑하는 사람.
樂天家(낙천가), 大食家(대식가), 篤志家(독지가), 愛煙家(애연가), 專門家(전문가), 好事家(호사가)

야생이 아닌 사람이 기르는 것
[家禽(가금)] 집에서 기르는 거위·닭·오리 따위의 새.
[家畜(가축)] 집에서 기르는 짐승.
[家鷄野雉(가계야치)] 집의 닭을 싫어하고 들의 꿩을 좋아한다는 뜻으로, 집안에 있는 좋은 것을 버리고 밖에 있는 나쁜 것을 탐냄, 또는 좋은 필적을 버리고 나쁜 필적을 좋아함, 또는 正妻(정처)를 버리고 妾(첩)을 사랑함 등을 비유하여 이르는 말.
家鷄(가계), 家蔘(가삼)

民 백성 민, 氏부5 0088

'民(민)'자는 한쪽 눈이 바늘에 찔린 모습을 그린 것이라고 한다. 전쟁 포로는 노예가 되었는데, 이 노예들의 반항을 두려워한 나머지 한쪽 눈을 찔러 눈을 멀게 했다고 한다. 지금도 전쟁이 일어나고 전쟁에 져서 포로가 된다면 눈이 찔린 노예는 아닐지라도 새로운 형태의 노예로 살아야 할 것이다. 끔찍한 일이다.

사람, 인류, 백성, 벼슬 없는 서민, 국가의 통치를 받는 국민
[民主主義(민주주의)] 주권이 국민에게 있고 국민의 이익과 행복을 위하여 행하는 정치 형태.
[民族(민족)] 인종을 그 생활양식·문화·언어·풍속·혈연·지연·종교 등의 특색을 따라 가른 집단. 참民族性(민족성), 白衣民族(백의민족)
[官尊民卑(관존민비)] 관리는 높고 백성은 낮다고 보는 생각.
[國民(국민)] 그 나라의 국적(國籍)을 가진 사람. 한 국가의 통치권(統治權) 밑에서 생활하는 사람. 참國民性(국민성)
[市民(시:민)] ① 市(시)의 주민. ② 國政(국정)에 참여할 수 있는 지위에 있는 사람. 公民(공민). 참市民權(시민권), 市民社會(시민사회)
民家(민가), 民間(민간), 民官(민관), 民權(민권), 民團(민단), 民譚(민담), 民亂(민란), 民泊(민박), 民法(민법), 民兵(민병), 民本(민본), 民事(민사), 民生(민생), 民選(민선), 民俗(민속), 民心(민심), 民約論(민약론), 民營(민영), 民謠(민요), 民意(민의), 民政(민정), 民情(민정), 民主(민주), 民主共和國(민주공화국), 民衆(민중), 民願(민원), 民意(민의), 民族性(민족성), 民弊(민폐), 民畵(민화), 經世濟民(경세제민), 公民(공민), 僑民(교민), 區民(구민), 救世濟民(구세제민), 國民投票(국민투표), 國恥民辱(국치민욕), 國泰民安(국태민안), 郡民(군민), 饑民(기민), 難民(난민), 亂民(난민), 農民(농민), 道民(도민), 萬民(만민), 亡國民(망국민), 牧民官(목민관), 富民(부민), 貧民(빈민), 貧民窟(빈민굴), 貧民村(빈민촌), 四民(사민), 常民(상민), 庶民(서민), 善民(선민), 選民(선민), 水災民(수재민), 植民地(식민지), 失鄕民(실향민), 安民(안민), 愛民(애민), 弱小民族(약소민족), 良民(양민), 漁民(어민), 與民同樂(여민동락), 愚民(우민), 原住民(원주민), 爲民(위민), 流民(유민), 遺民(유민), 移民(이민), 罹災民(이재민), 濟世安民(제세안민), 濟民(제민), 住民(주민), 住民登錄(주

민등록), 賤民(천민), 村民(촌민), 平民(평민), 避亂民(피란민), 鄕民(향민), 惑世誣民(혹세무민), 荒民(황민), 訓民正音(훈민정음)

기타
[民魚(민어)] 길고 납작하며 주둥이가 둔하게 생긴 바닷물고기. 식용으로 맛이 좋다.

族 겨레 족, 方부11   0089

'族(족)'자는 군대를 상징하는 '깃발 나부낄 㫃(언)'과 '화살 矢(시)'가 합쳐진 글자이다.

'㫃(언)'자는 '方(방)'과 '사람 人(인)'으로 구성된 글자로, '깃발 나부끼다'의 뜻이다. '族(족)'자는 화살矢(시)과 같은 무기를 들고, 부족을 상징하는 깃발 아래 모여 있는 한 피붙이라는 데서 겨레를 뜻한다. 동일 혈통의 군사들의 집합체를 '族(족)'이라 하였고, 후에 혈연관계가 있는 모든 사람들, 즉 '겨레'를 지칭하는 것으로 쓰이게 되었다.
'旅(려)'자도 깃발 아래 모인 사람이라는 데서 '군사'를 뜻한다. '旅(려)'자는 '나그네가 떠돌아다니다'라는 뜻으로 자기의 거주지를 떠나 객지에 나다니는 일을 이른다. 혈통이 다른 군사들의 집합체를 '旅(려)'라 하였다.
'旗(기)'자는 '깃발 나부낄 㫃(언)'과 표음요소인 '그 其(기)'가 합쳐진 글자이다.

겨레, 같은 동포
[同族(동족)] ① 같은 민족. 동일한 종족. ② 같은 혈통의 사람. 同姓(동성)의 사람. 참同族相殘(동족상잔), 異族(이족)
[民族(민족)] ☞民(민)
[韓族(한족)] 한겨레. 韓民族(한민족)의 준말. 우리 겨레를 일컫는 말.
族屬(족속), 族長(족장), 擧族(거족), 擧族的(거족적), 民族性(민족성), 白衣民族(백의민족), 部族(부족), 部族國家(부족국가), 部族社會(부족사회), 氏族社會(씨족사회), 氏族制度(씨족제도), 愛族(애족), 弱小民族(약소민족), 種族(종족), 漢族(한족)

자손, 같은 혈통의 친족, 가계
[族譜(족보)] 한 가문의 계통과 혈통 관계를 적어 놓은 책.
[家族(가족)] 부부·부모·자녀·형제 등 혈연에 의하여 맺어지며 생활을 함께 하는 공동체, 또는 그 성원. 참家族社會(가족사회), 家族制度(가족제도), 大家族(대가족), 核家族(핵가족)
[貴族(귀:족)] ① 혈통·신분·지위에 특권을 가진 사람들. ¶귀족 출신 ② 상대방의 겨레나 상대편 가족을 높여 이르는 말.
族姓(족성), 巨族(거족), 滅族(멸족), 士族(사족), 名門巨族(명문거족), 庶族(서족), 勢族(세족), 氏族(씨족), 王族(왕족), 遠族近隣(원족근린), 遺家族(유가족), 遺族(유족), 親族(친족), 土族(토족), 血族(혈족), 豪族(호족), 宦族(환족), 皇族(황족)

인척, 부·모·처의 친족
[族戚(족척)] 성이 같은 겨레붙이와 성이 다른 겨레붙이.
[九族(구족)] ① 9대에 걸친 직계 친족. 고조로부터 증조, 조부, 부친, 자기, 아들, 손, 증손, 현손까지의 친족. ② 어머니 쪽의 3족인 '외할아버지·외할머니·외삼촌과 이모의 아들 딸', 처가 쪽의 '장인·장모', 아버지 쪽의 3족인 '고모의 아들 딸, 자매의 아들 딸, 딸의 아들 딸, 자기의 동족'을 통틀어 일컫는 말.
[三族(삼족)] ① 부모와 형제와 처자. ② 부계·모계·처계의 세 피붙이.

무리, 동류
[水族館(수족관)] 수족(水族)을 모아 기르며 구경시키는 설비.

世 인간 세:, 대 세:, 一부5   0090

'世(세)'자는 '十(십)'을 세 개 합쳐 놓은 것이다. '30'이 본래의 의미이다. 흔히 1世代(세대)를 30년으로 하는데 '世(세)'자의 본래의 의미를 나타내고 있다.

대(代), 이어 내려오는 가계, 대대로
[世代(세:대)] ① 여러 대(代). ② 한 대(代) ③ 한 시대. 약 30년.
[世代交替(세대교체)] ① 세대가 바뀌는 것. 묵은 세대가 새 세대로 바뀌거나 늙은 세대가 젊은 세대로 바뀌는 따위. ② 世代交番(세대교번)
[萬世(만:세)] 영원한 세월. 오랜 세대.
[二世(이:세)] ① 외국에 이주해 간 세대의 다음 세대. ¶재일 동포 이세. ② 다음 세대.
世居(세거), 世系(세계), 世交(세교), 世譜(세보), 世襲(세습), 世子(세자)

세상, 인간 세상, 속세
[世界(세:계)] ① 널리 중생이 사는 곳. ('世'는 과거·현재·미래, '界'는 동서남북·상하를 이른다.) 참世界觀(세계관) ② 이 세상. ③ 지구상에 있는 모든 나라. ④ 우주. 천지. ⑤ 같은 유(類)끼리 이루고 있는 하나의 사회.
[世上(세:상)] ① 사람이 살고 있는 지구 위. ② 절이나 수도원 또는 감옥 등의 안에서 바깥 사회를 이르는 말. ③ 사람 또는 개인의 목숨이 살아 있는 동안. ④ 맘대로 활동할 수 있는 무대.
[處世(처:세)] 세상에서 남과 더불어 살아감. 또는 그런 일. 참處世術(처세술)
[惑世誣民(혹세무민)] 사람을 속여 迷惑(미혹)시키고 세상을 어지럽힘.
[世人結交須黃金(세:인결교수황금), 黃金不多交不深(황금부다교불심).] 세상 사람들은 금전으로써 교제를 맺는다. 돈이 많지 않으면 그 사귐도 깊지 않다. 돈으로 친구를 사귀는 세태를 개탄하며 읊은 시. 『張謂(장위)·詩(시)』
世間(세간), 世論(세론), 世俗(세속), 世俗的(세속적),

世習(세습), 世情(세정), 世稱(세칭), 世態(세태), 世波(세파), 世評(세평), 蓋世(개세), 經世濟民(경세제민), 曲學阿世(곡학아세), 救世(구세), 救世軍(구세군), 救世主(구세주), 救世濟民(구세제민), 欺世盜名(기세도명), 別世(별세), 別世界(별세계), 亂世(난세), 浮世(부세), 不世出(불세출), 俗世(속세), 十方世界(시방세계), 身世(신세), 身世打令(신세타령), 厭世(염세), 絕世(절세), 絕世佳人(절세가인), 濟世(제세), 濟世安民(제세안민), 塵世(진세), 創世(창세), 創世記(창세기), 出世(출세), 出世作(출세작), 治世(치세), 濁世(탁세), 惑世(혹세), 行世(행세), 稀世(희세)

과거, 현재, 미래의 각각의 세계
[今世(금세)] ① (불) 이승. ② 지금의 세상. ③ 今世紀(금세기)의 준말.
[來世(내:세)] ① 뒷세상. 後世(후세). ② 三世(삼세)의 하나. 죽은 뒤에 다시 태어난다는 미래의 세상.
[現世(현:세)] 현재의 세상. 이 세상.

때, 시대, 시세
[世紀(세:기)] ① 연대. 시대. ② 서력(西曆)에서 기원(紀元) 원년(元年)을 전후해서 100년을 1기로 세는 시대의 단위.
[隔世(격세)] ① 세대를 거름. 참隔世遺傳(격세유전) ② '감, 느낌' 등의 말과 함께 쓰여, 심한 변천으로 딴 판이 된 세상처럼 느껴지는 세대. 참隔世之感(격세지감)
[末世(말세)] 정치나 도의 따위가 어지러워지고 쇠퇴하여 끝이 다 된 듯한 세상.
[後世(후:세)] ① 다음에 오는 세상. ② 뒤의 자손. ③ 죽은 뒤의 세상.
隔世遺傳(격세유전), 隔世之感(격세지감), 絕世(절세)

평생, 한평생
[世短意多(세:단의다)] 인생은 짧은데, 근심 걱정은 몹시 많음.

맏이
[世子(세:자)] 왕위를 이을 아들. 왕세자.

기타
[世帶(세:대)] 현실적으로 주거 및 생계를 같이하는 사람의 집단.
[世帶主(세:대주)] 어느 세대의 대표가 되는 사람.
[世尊(세:존)] 석가모니(釋迦牟尼)의 높임말.

不 아닐 불, 아닐 부, 一부4　　0091

'不(불)'자는 꽃받침 모양을 형상화한 글자이다. 가차되어 '부정'의 뜻으로 쓰인다. '不'자 다음 'ㄷ,ㅈ'을 첫소리로 하는 한자가 오면 '부'로 발음한다. '不實(부실)'은 예외이다.

아니다, 아니하다, 없다, 말라(금지)
[不可(불가)] ① 옳지 않음. ② 안 됨. 못함.
[不正(부정)] 바르지 아니함.
[不恥下問(불치하문)] 자기보다 아래인 사람에게 묻는 일을 부끄러워하지 아니함. 학문하는 자세는 겸손해야 한다는 뜻임.
[不幸(불행)] ① 행복하지 못함. ② 운수가 언짢음.
[不惑(불혹)] 미혹(迷惑)되지 않음. 하늘의 이치를 터득했기 때문에 흔들림이 없다는 뜻인데, 보통 나이 '마흔'을 일러 불혹이라 한다. 『論語(논어)·爲政(위정)』 ☞ *289
[權不十年(권불십년)] '권세는 십년을 가지 못함'이란 뜻에서, 아무리 높은 권세라도 오래 가지 못함. 回花無十日紅(화무십일홍)
[流水不腐(유수불부).] '흐르는 물은 썩지 않는다'는 뜻에서 늘 움직이는 것은 썩지 아니함을 이르는 말. 『呂氏春秋(여씨춘추)』
[氷炭不相容(빙탄불상용).] 얼음과 숯불은 성질이 정반대여서 서로 용납되기 어려워 조화 일치할 수 없음을 이르는 말. 참氷炭不同器(빙탄부동기), 水火不相容(수화불상용)
[流水不爭先(유수부쟁선).] 흐르는 물은 앞을 다투지 않는다. 여유와 느긋함 그리고 순리대로 사는 것을 비유한다.
[精神一到何事不成(정신일도하사불성).] 정신을 집중하여 한결같이 노력하면 어떠한 어려운 일이라도 성취할 수 있음. 『朱子語類(주자어류)』
[知者不言(지자불언), 言者不知(언자부지).] 참으로 사물의 이치를 아는 사람은 마음속 깊이 간직할 뿐, 함부로 말하지 아니한다. 안다고 자처하고 함부로 지껄이는 사람은 사실상 알지 못하는 사람이다. 참되게 아는 사람은 말이 적고, 말이 많은 사람은 대체로 지혜가 없는 자이다. 『老子(노자)·道德經 56章(도덕경 56장)』
[信言不美(신:언불미), 美言不信(미언불신).] 진실한 말은 아름답지 않고, 아름다운 말은 진실하지 못하다. 꾸민 말에는 진실한 멋이 없다. 『老子(노자)·道德經 81章(도덕경 81장)』

不可(불가), 不堪當(불감당), 不敢當(불감당), 不感症(불감증), 不潔(불결), 不敬(불경), 不景氣(불경기), 不計(불계), 不繫之舟(불계지주), 不顧廉恥(불고염치), 不顧體面(불고체면), 不恭(불공), 不公平(불공평), 不過(불과), 不具(불구), 不具者(불구자), 不拘(불구), 不拘束(불구속), 不屈(불굴), 不歸(불귀), 不規則(불규칙), 不均衡(불균형), 不及(불급), 不吉(불길), 不能(불능), 不斷(부단), 不當(부당), 不德(부덕), 不渡(부도), 不道德(부도덕), 不倒翁(부도옹), 不導體(부도체), 不同(부동), 不動(부동), 不動産(부동산), 不動心(부동심), 不凍液(부동액), 不得不(부득불), 不得已(부득이), 不等(부등), 不等式(부등식), 不等號(부등호), 不良(불량), 不勞所得(불로소득), 不老(불로), 不老草(불로초), 不倫(불륜), 不利(불리), 不滿(불만), 不忘(불망), 不買(불매), 不眠(불면), 不眠症(불면증), 不滅(불멸), 不明(불명), 不毛地(불모지), 不睦(불목), 不問(불문), 不問可知(불문가지), 不問曲直(불문곡직), 不文律(불문률), 不美(불미), 不敏(불민), 不發(불발), 不法(불법), 不變(불변), 不服(불복), 不備(불비), 不辭(불사), 不死(불사), 不死藥(불사약), 不死鳥(불사조), 不詳(불상), 不

相見(불상견), 不祥事(불상사), 不世出(불세출), 不遜(불손), 不順(불순), 不純(불순), 不時(불시), 不時着(불시착), 不信任(불신임), 不實(부실), 不信(불신), 不審(불심), 不審檢問(불심검문), 不安(불안), 不夜城(불야성), 不言(불언), 不如意(불여의), 不燃(불연), 不連續線(불연속선), 不穩(불온), 不完全(불완전), 不撓不屈(불요불굴), 不溶性(불용성), 不遇(불우), 不運(불운), 不遠(불원), 不遠千里(불원천리), 不應(불응), 不意(불의), 不義(불의), 不日間(불일간), 不姙(불임), 不自然(부자연), 不自由(부자유), 不在(부재), 不在者(부재자), 不戰勝(부전승), 不正(부정), 不定(부정), 不貞(부정), 不淨(부정), 不整脈(부정맥), 不調(부조), 不調和(부조화), 不足(부족), 不知其數(부지기수), 不知不識間(부지불식간), 不知中(부지중), 不進(부진), 不振(부진), 不參(불참), 不察(불찰), 不撤晝夜(불철주야), 不聽(불청), 不請客(불청객), 不肖(불초), 不出(불출), 不忠(불충), 不測(불측), 不治(불치), 不寢番(불침번), 不快(불쾌), 不通(불통), 不透明(불투명), 不便(불편), 不偏不黨(불편부당), 不平(불평), 不飽和(불포화), 不汗黨(불한당), 不合格(불합격), 不合理(불합리), 不幸(불행), 不許(불허), 不和(불화), 不協和音(불협화음), 不好(불호), 不況(불황), 不孝(불효), 不朽(불후), 敢不生心(감불생심), 堅忍不拔(견인불발), 固執不通(고집불통), 過猶不及(과유불급), 求不得苦(구부득고), 求不厭寡(구불염과), 求善不厭(구선불염), 權不十年(권불십년), 樂而不淫(낙이불음), 落張不入(낙장불입), 難攻不落(난공불락), 大馬不死(대마불사), 獨木不林(독목불림), 獨不將軍(독불장군), 杜門不出(두문불출), 斗酒不辭(두주불사), 燈下不明(등하불명), 名不虛傳(명불허전), 目不見睫(목불견첩), 目不識丁(목불식정), 目不忍見(목불인견), 無不干涉(무불간섭), 無不通知(무불통지), 無所不爲(무소불위), 無所不知(무소부지), 半身不遂(반신불수), 百折不屈(백절불굴), 病不離身(병불리신), 臂不外曲(비불외곡), 思慕不忘(사모불망), 時不再來(시불재래), 視若不見(시약불견), 食慾不振(식욕부진), 影不離身(영불리신), 寤寐不忘(오매불망), 搖之不動(요지부동), 樂此不疲(요차불피), 欲速不達(욕속부달), 優柔不斷(우유부단), 連絡不絶(연락부절), 吾不關焉(오불관언), 運數不吉(운수불길), 人事不省(인사불성), 一絲不亂(일사불란), 足脫不及(족탈불급), 坐不安席(좌불안석), 晝夜不息(주야불식), 衆寡不敵(중과부적), 遲遲不進(지지부진), 天井不知(천정부지), 八不出(팔불출), 表裏不同(표리부동), 行方不明(행방불명), 好不好(호불호), 確固不動(확고부동)

事 일 사:, ｜부8　　0092

일, 작업, 사업, 업무, 용무

[事實(사:실)] ① 실지로 있는 일, 또는 일의 진상. ② 자연계에 나타난 객관적인 현상. ③ 법률상의 효과를 나타내는 현상.

[事必歸正(사:필귀정)] ① 모든 일은 반드시 바른 길로 돌아감. ② 일의 잘잘못이 언젠가는 밝혀져서 올바른 데로 돌아감.

[農事(농사)] 논이나 밭에 곡류, 채소, 과일 등을 심어 가꾸는 일.

[行事(행사)] 일을 행함. 또는 그 일.

[盡人事待天命(진:인사대천명).] 사람으로서 해야 할 일을 다 하고 하늘의 뜻을 기다린다. 자신에게 주어진 일을 성실하게 수행하지 않고 요행만 바라는 사람에게 충고할 때 쓰는 말이다. 『胡寅(호인)·致堂讀書管見(치당독서관견)』

事例(사례), 事理(사리), 事務(사무), 事務室(사무실), 事物(사물), 事事件件(사사건건), 事業(사업), 事業家(사업가) 事緣(사연), 事由(사유), 事績(사적), 事蹟(사적), 事典(사전), 事前(사전), 事情(사정), 事態(사태), 事項(사항), 事後(사후), 家事(가사), 幹事(간사), 蓋棺事定(개관사정), 擧事(거사), 兼事(겸사), 慶事(경사), 故事(고사), 故事成語(고사성어), 告解聖事(고해성사), 工事(공사), 公事(공사), 過去事(과거사), 國事(국사), 軍事(군사), 記事(기사), 旣往之事(기왕지사), 吉事(길사), 能事(능사), 茶飯事(다반사), 多事(다사), 多事多難(다사다난), 多事多端(다사다단), 多事多忙(다사다망), 當事者(당사자), 當然之事(당연지사), 大事(대사), 大小事(대소사), 萬事(만사), 萬事亨通(만사형통), 萬事休矣(만사휴의), 每事(매사), 謀事(모사), 無事(무사), 無事安逸(무사안일), 無事安佚(무사안일), 無事泰平(무사태평), 民事(민사), 房事(방사), 凡事(범사), 兵事(병사), 佛事(불사), 不祥事(불상사), 沙鉢農事(사발농사), 私事(사사), 商事(상사), 喪事(상사), 敍事詩(서사시), 成事(성사), 訟事(송사), 時事(시사), 食事(식사), 實事求是(실사구시), 心事(심사), 夜事(야사), 役事(역사), 例事(예사), 獄事(옥사), 有事(유사), 有事時(유사시), 議事(의사), 理事(이사), 已往之事(이왕지사), 理判事判(이판사판), 人事(인사), 人事不省(인사불성), 慈善事業(자선사업), 雜事(잡사), 葬事(장사), 情事(정사), 政事(정사), 從事(종사), 處事(처사), 炊事(취사), 炊事班(취사반), 恥事(치사), 土木工事(토목공사), 通事情(통사정), 何事(하사), 學事(학사), 恒茶飯事(항다반사), 虛事(허사), 刑事(형사), 好事(호사), 好事家(호사가), 好事多魔(호사다마), 婚事(혼사), 後事(후사), 凶事(흉사)

사건, 사고, 변고

[事件(사:건)] ① 벌어진 일이나 일거리. ② 사고(事故).

[事故(사:고)] ① 뜻밖에 일어난 일이나 탈. ② 일의 원인.

[無事(무사)] ① 아무 일이 없음. ② 아무 탈이 없음.
참 無事安逸(무사안일), 無事安佚(무사안일), 無事安佚主義(무사안일주의)

[慘事(참사)] 참혹한 사건.

事端(사단), 事變(사변), 無事安逸(무사안일)/無事安

侫(무사안일), 乙未事變(을미사변)
섬기다
[事大主義(사:대주의)] 뚜렷한 주견(主見)이 없이 세력이 큰 쪽을 붙좇아 자기의 안전을 꾀하려고 하는 주의.
[事親以孝(사:친이효)] 효도로써 어버이를 섬김.
[奉事(봉:사)] ① 받들어 섬김. ② 소경
[師事(사사)] 스승으로 섬기며 가르침을 받음. '師事(사사)'는 누구를 스승으로 모셨다, 즉 누구에게 배웠다는 것을 고상하게 표현할 때 쓰는 말이다. 문법적으로 조심할 것은 '사사하다'의 주어는 학생이고 스승은 목적어가 된다는 것이다. 따라서 '누구에게 사사했다'는 표현보다는 '누구를 사사했다'는 표현이 더 적절하다.
[忠臣不事二君(충신불사이군), 貞女不更二夫(정녀불경이부) 또는 烈女不更二夫(열녀불경이부).] 충신은 두 임금을 섬기지 않고, 정조가 굳은 여자는 두 남편을 바꾸지 않는다. 『史記(사기)』
[未能事人(미:능사인), 焉能事鬼(언능사귀). 未知生(미지생), 焉知死(언지사).] 아직 사람도 능히 섬기지 못하는데 어찌 귀신을 섬길 수 있으며, 삶도 모르는데 어떻게 죽음에 대해서 알 수 있겠는가. 죽음을 알려고 하기 전에 우선 삶에 대해서 먼저 알아야 한다. 『論語(논어)·先進(선진)』
事君(사군), 事君以忠(사군이충), 事大(사대), 事親(사친), 服事(복사), 不事(불사), 三事(삼사), 一夫從事(일부종사)
다스리다, 경영하다, 부리다
[檢事(검:사)] (법) 범죄의 수사, 공소의 제기, 법률 적용의 청구, 형 집행의 감독 등을 행하는 사법 행정관.
[領事(영사)] 외국에 있으면서 본국의 무역 통상의 이익을 도모하며 아울러 자국민의 보호를 담당하는 공무원.
[知事(지사)] '도지사'의 준말. 한 도(도)의 행정을 총괄하는 최고 책임자.
主事(주사), 執事(집사), 判事(판사)

務 힘쓸 무:, 일 무:, 力부11 0093

'務(무)'자는 '일을 하는 데 온 힘을 다 쏟는 것'을 뜻한다. '창 矛(모)', '칠 攴(복)/攵(복)', '힘 力(력)'으로 이루어졌다.
일, 맡은 일, 작업, 사업, 당면한 일, 해결해야 할 과업
[勤務(근:무)] 직무에 종사함. ¶근무 시간/보조 근무
[業務(업무)] 직장 따위에서 맡아서 하는 일. ¶업무 보고
[義務(의:무)] ① 당연히 해야 할 일. ② (윤) 도덕적 필연성에 따르는 요구. ③ (법) 법률로 규정하는 작위 또는 부작위. ¶국민의 권리와 의무
激務(격무), 兼務(겸무), 工務(공무), 公務(공무), 公務員(공무원), 敎務(교무), 急務(급무), 機務(기무), 內務(내무), 內務班(내무반), 勞務者(노무자), 兵役義務(병역의무), 服務(복무), 本務(본무), 事務(사무), 事務室(사무실), 商務(상무), 庶務(서무), 乘務員(승무원), 實務(실무), 實務者(실무자), 用務(용무), 醫務(의무), 任務(임무), 殘務(잔무), 雜務(잡무), 主務(주무), 職務(직무), 執務(집무), 債務者(채무자), 責務(책무), 特務(특무), 學務(학무), 會務(회무)
정사(政事)
[國務(국무)] 나라의 政務(정무). 나라를 맡아 다스리고 이끌어가는 일. 참國務總理(국무총리), 國務會議(국무회의)
[法務(법무)] ① 법률에 관한 모든 사무. 참法務部(법무부) ② (불) 절의 법회 의식의 사무. 또는 그것을 지휘·감독하는 소임.
法務部(법무부), 法務士(법무사), 兵務(병무), 兵務廳(병무청), 稅務(세무), 稅務署(세무서), 外務(외무), 外務部(외무부), 財務(재무), 政務(정무), 刑務(형무), 刑務所(형무소)
직분
[常務(상무)] ① 일상의 업무. ② '상무이사' 또는 '상무위원'의 준말.
[專務(전무)] ① 전문적으로 맡아 봄. 또는 그런 사람. ② '전무이사'의 준말.
[總務(총:무)] 단체나 기관의 전체적이며 일반적인 사무. 또는 그런 사무를 맡아보는 사람. 참院內總務(원내총무)
힘쓰다, 힘써 하다, 힘쓰게 하다, 권장하다
[務農(무:농)] 농사에 힘씀.
[務本(무:본), 本立而道生(본립이도생).] 근본에 힘써야 하니 근본이 확립되면 방법이 생겨난다. 사람은 모두 무슨 일을 하든지 말단적인 것이나 형식적인 것에는 매달리지 말고 근본을 파악하도록 노력해야 하며, 근본적인 것을 행하면 자연히 방법은 뒤따르게 되는 것이다. 『論語(논어)·學而(학이)』
[知足可樂(지족가락), 務貪則憂(무:탐즉우).] 자기 분수를 지킬 줄 알면 가히 즐겁다. 탐욕에 힘쓰면 근심이 생긴다. 『明心寶鑑(명심보감)·正己篇(정기편)』

職 직분 직, 벼슬 직, 耳부18 0094

'職(직)'자는 '귀가 밝아 잘 알아듣다'가 본뜻이다. 일을 맡아 잘 처리하려면 잘 알아듣는 것이 우선이다. '귀 耳(이)'와 '찰진흙 戠(시)'로 이루어진 글자이다.
벼슬, 관직, 직위, 직책
[職位(직위)] 직무상의 자리. 직무에 따라 규정되는 사회적·행정적 위치. 참職位解除(직위해제)
[職責(직책)] 직무상의 책임.
[官職(관직)] 벼슬자리. 관리의 직무나 직위.
[解職(해:직)] 직책에서 물러나게 함.
職權(직권), 職權濫用(직권남용), 職印(직인), 職制(직제), 末職(말직), 賣官賣職(매관매직), 微官末職(미관

말직), 名譽職(명예직), 剝職(박직), 削奪官職(삭탈관직), 要職(요직), 復職(복직), 壽職(수직), 贈職(증직), 罷職(파직), 閑職(한직)

임무, 직무, 직분, 일, 직업

[職業(직업)] 생계를 위하여 일상 종사하는 일. 참職業軍人(직업군인)

[職場(직장)] 사람들이 일정한 직업을 가지고 일하는 곳.

[無職(무직)] 일정한 직업이 없음.

[就職(취:직)] 일정한 직업을 잡아 직장에 나아감. 참就職難(취직난)

職工(직공), 職能(직능), 職務(직무), 職務遺棄(직무유기), 職分(직분), 職員(직원), 職制(직제), 職種(직종), 兼職(겸직), 公職(공직), 敎職(교직), 求職(구직), 技能職(기능직), 瀆職(독직), 免職(면직), 補職(보직), 奉職(봉직), 辭職(사직), 聖職者(성직자), 殉職(순직), 失職(실직), 依願免職(의원면직), 移職(이직), 在職(재직), 前職(전직), 轉職(전직), 停職(정직), 重職(중직), 天職(천직), 賤職(천직), 退職(퇴직), 退職金(퇴직금), 現職(현직), 休職(휴직)

業 업 업, 木부13　0095

일, 해야 할 일

[業務(업무)] 직장 따위에서 맡아서 하는 일.

[業績(업적)] 어떤 일을 하여 쌓은 실적이나 공적.

[作業(작업)] 일.

[學業(학업)] 학문을 닦는 일.

課業(과업), 大業(대업), 分業(분업), 受業(수업), 授業(수업), 授業料(수업료), 修業(수업), 宿業(숙업), 始業(시업), 偉業(위업), 遺業(유업), 操業(조업), 卒業(졸업), 終業(종업), 從業(종업), 從業員(종업원), 協業(협업), 休業(휴업)

생계, 생업, 업, 사업, 직업

[業界(업계)] 같은 업종에 종사하는 사람들의 사회.

[業體(업체)] 사업이나 기업의 주체.

[職業(직업)] ☞ 職(직)

[就業(취:업)] ① 일정한 직업을 갖고 직장에 나아가 일을 함. ② 취직.

業所(업소), 業種(업종), 業主(업주), 加工業(가공업), 家內工業(가내공업), 家業(가업), 開業(개업), 建設業(건설업), 建築業(건축업), 工業(공업), 鑛業(광업), 勸業(권업), 金融業(금융업), 基幹産業(기간산업), 企業(기업), 農業(농업), 同業(동업), 同業者(동업자), 本業(본업), 副業(부업), 私企業(사기업), 事業(사업), 事業家(사업가), 産業(산업), 産業革命(산업혁명), 商業(상업), 生業(생업), 盛業(성업), 手工業(수공업), 水産業(수산업), 實業(실업), 實業家(실업가), 漁業(어업), 失業(실업), 失業者(실업자), 營業(영업), 營業主(영업주), 運輸業(운수업), 林業(임업), 慈善事業(자선사업), 專業(전업), 轉業(전업), 製造業(제조업), 從業(종업), 從業員(종업원), 創業(창업), 賤業(천업), 畜産業(축산업), 怠業(태업), 罷業(파업), 廢業(폐업), 現業(현업), 休業(휴업), 興業(흥업)

몸과 입과 뜻으로 짓는 선악의 소행 (범어 Karma를 의역한 것)

[業報(업보)] 전세에 지은 악업의 갚음.

[口業(구:업)] 입으로 짓는 罪業(죄업). 곧 妄語(망어), 綺語(기어), 惡口(악구), 兩舌(양설).

[惡業(악업)] ① 나쁜 果報(과보)를 가져올 원인이 되는 악한 행위. 또는 전생의 나쁜 짓. ② 좋지 못한 짓.

[自業自得(자업자득)] 자기가 저지른 일의 과보를 자기 자신이 받는 일.

業苦(업고), 業果(업과), 業障(업장), 罪業(죄업)

士 선비 사:, 士부3　0096

선비, 학문을 닦는 사람, 학덕이 있는 훌륭한 사람

[士農工商(사:농공상)] 선비·농부·기술자·상인. 곧 예전에 백성을 가르던 네 가지 신분(계급).

[士大夫(사:대부)] 벼슬자리에 있거나 문벌이 높은 사람.

[居士(거사)] ① 숨어 살며 벼슬을 하지 않는 선비. ② (불) 출가하지 않은 속인으로서 법명을 가진 남자. ③ 당호 따위에 붙여 處士(처사) 같은 기분을 나타내는 말. ¶백운거사

[一言居士(일언거사)] 무슨 일이던지 한 마디씩 참견하지 않으면 마음이 놓이지 않는 사람. 말참견을 썩 좋아하는 사람을 비꼬아 일컫는 말.

士林(사림), 士族(사족), 士禍(사화), 雪中高士(설중고사), 隱士(은사), 處士(처사)

일정한 학문을 닦은 사람의 칭호

[博士(박사)] ① 전문 학술 분야에서 연구와 업적을 쌓은 이에게 주는 가장 높은 학위. 또는 그 학위를 받은 사람. ② (역) 경학이나 전문 기술에 관한 일을 맡은 벼슬아치. 천문·지리·의학·산술·율령·누각 등을 관리·지도하였으며, 조선 때는 교서관·성균관·승문원·홍문관 등에서 주로 경서를 교수하였음. ③ '모든 부문에 아는 것이 많거나 어떤 부문에 아주 숙달된 사람'을 비유하는 말. 참萬物博士(만물박사)

[碩士(석사)] ① 대학원 과정을 마치고 전공과목에 대한 연구 논문의 인정을 받은 사람에게 주는 학위. ② '벼슬이 없는 선비'를 높여 일컫던 말.

[學士(학사)] ① 학식 있는 사람. ② 4년제 대학의 학부 과정을 수료한 사람에게 수여하는 학위(學位).

전문적인 기예를 익힌 사람 또는 학문을 닦아야 가질 수 있는 직업명으로 쓰이는 말

[講士(강:사)] 강연회에서 강연하는 사람. ¶강사를 초청하다

[辯護士(변:호사)] 법률에 규정한 자격을 가지고, 소송

당사자나 관계인의 의뢰 또는 법원의 명령에 좇아 피고나 원고를 변론하며 그 밖의 법률에 관한 업무에 종사하는 사람.
[操縱士(조종사)] 비행기 따위를 조종하는 사람. 파일럿.
劍士(검사), 騎士(기사), 技士(기사), 棋士(기사), 道士(도사), 法務士(법무사), 辯士(변사), 樂士(악사)

사람, 사나이의 통칭, 사나이의 미칭
[愛國志士(애:국지사)] 나라를 위하여 자기의 몸과 마음을 다 바쳐 이바지한 사람.
[勇士(용:사)] ① 용기가 있는 남자. 勇者(용자). ② 용감한 병사. ¶국군 용사
[壯士(장:사)] ① 기개와 체질이 썩 굳센 사람. ② 力士(역사). 참天下壯士(천하장사)
[鬪士(투사)] ① 싸움터나 경기장에서 싸우는 사람. ② 사회운동 따위에서 정의를 위해 힘차게 활동하는 사람.
謀士(모사), 修士(수사), 力士(역사), 演士(연사), 烈士(열사), 憂國之士(우국지사), 義士(의사), 才士(재사), 志士(지사)

무사, 군인, 전사
[士官(사관)] ① (군) 위관급과 영관급의 군인. 주로 위관급을 가리킴. ② (군) '장교'를 통틀어 일컫는 말. 참士官學校(사관학교) ③ (예수) 구세군의 목사.
[士氣(사:기)] ① 군대나 단체에 딸린 사람들의 기세. ② 선비의 꿋꿋한 기세.
[士兵(사:병)] 장교, 준사관 및 사관후보생이 아닌 모든 병사. 부사관 아래의 병사만을 일컫기도 함. 동兵士(병사)
[武士(무사)] 무예를 익히고 무도를 닦아서 전쟁에 종사하는 사람.
[戰士(전사)] ① 전투하는 군사. 싸우는 사람. ② 어떤 사업 부문에서 온 힘과 마음을 다 기울여 열심히 노력하는 일꾼.
士卒(사졸), 空士(공사), 軍士(군사), 陸士(육사), 海士(해사)

군대 계급의 하나
[上士(상:사)] 군대 부사관 계급의 하나 중사(中士) 위의 계급.
[中士(중사)] 군대 부사관 계급의 하나.
[下士(하:사)] 군대의 부사관 계급에서 제일 아래 계급.

벼슬아치
[進士(진:사)] (역) 조선시대 진사시에 합격한 사람에게 준 칭호.

상류 사회, 지식 계급에 속하는 사람
[乞士(걸사)] '중'을 말함.
[名士(명사)] 명성이 있는 人士(인사). 才德(재덕)이 뛰어난 사람.
[紳士(신:사)] '紳'은 옛날 중국에서 예의를 갖추어 입을 때 사용한 넓은 띠를 가리킨다. ① 교양이 있고 예의와 품격이 갖추어 있는 점잖은 남자. 상淑女(숙녀) ② 상류 사회의 남자. ③ 보통의 남자를 대접하여 이르는 말. ¶신사 숙녀 여러분!
[人士(인사)] ① 다른 사람들의 추앙을 받는 名士(명사). ② 사회적 지위나 명성이 있는 사람을 높여 이르는 말. ¶유명 인사.

農 농사 농, 辰부13   0097

'農(농)'자는 '굽을 曲(곡)'과 '때 辰(신)'으로 이루어진 글자이다. '曲(곡)'은 여러 과정을 거쳐 변화한 것이어서 '農(농)'자와는 관계가 없고, '辰(신)'은 농업이 처음 시작될 때 호미의 대용으로 썼던 '대합조개 껍질'을 뜻한다.

농사, 농업, 농부, 경작, 경작하다, 전답, 경지
[農民(농민)] 농업에 종사하는 사람.
[農業(농업)] 농산물을 심어 가꾸고 거두어들이는 생산 분야.
[富農(부:농)] 많은 농지를 가지고 있어 생활이 넉넉한 농가. 또는 그런 농민. 반貧農(빈농)
[營農(영농)] 농사를 지음. 농업을 경영함.
[農(농)者(자)天下之大本(농천하지대본).] 농사는 세상 사람들이 생활해 나가는 으뜸 되는 근본이다.
農家(농가), 農耕(농경), 農工(농공), 農科(농과), 農具(농구), 農軍(농군), 農器具(농기구), 農奴(농노), 農道(농도), 農林(농림), 農幕(농막), 農繁期(농번기), 農夫(농부), 農婦(농부), 農事(농사), 農産物(농산물), 農樂(농악), 農藥(농약), 農藝(농예), 農謠(농요), 農園(농원), 農爲國本(농위국본), 農資(농자), 農作物(농작물), 農場(농장), 農政(농정), 農酒(농주), 農地(농지), 農村(농촌), 農土(농토), 農學(농학), 農閑期(농한기), 農協(농협), 勸農日(권농일), 歸農(귀농), 大農(대농), 務農(무농), 士農工商(사농공상), 沙鉢農事(사발농사), 蔘農(삼농), 細農(세농), 神農(신농), 小農(소농), 小作農(소작농), 零細農(영세농), 離農(이농), 自作農(자작농), 中農(중농), 重農主義(중농주의), 集團農場(집단농장), 廢農(폐농)

工 장인 공, 工부3   0098

'工(공)'자는 天地(천지) 사이[二]에 사람[丨]이 서서 규칙에 맞는 일을 하고 있음을 나타낸다. 또는 '二'는 水準器(수준기)를, '丨'은 먹줄을 나타낸다고 하고, 사람이 연장을 들고 있는 모습에서 '工(공)'자를 만들었다고도 한다.

일, 물건을 만드는 일, 장인, 물건 만드는 일을 업으로 하는 사람
[工事(공사)] 建造(건조)와 製作(제작)에 관한 일의 총칭.
[工業(공업)] 자연물 또는 粗製品(조제품)에 인공을 가하여 더욱 쓸모 있는 물건을 제조하는 생산업.
[工作(공작)] ① 토목 사업. ② 대목 일을 함. ③ 작용.

일. ④ 어떤 목적을 위하여 미리 꾸미는 계획이나 준비. 참宣撫工作(선무공작)
[工場(공장)] 많은 노동자를 써서 물건을 만들거나 가공하는 곳.
[加工(가공)] ① 人工(인공)을 더함. ② 남의 소유물에 노력을 더하여 물건을 만들어내는 일.
[職工(직공)] 공장에서 일하는 사람.
工高(공고), 工科(공과), 工科大學(공과대학), 工具(공구), 工團(공단), 工務(공무), 工房(공방), 工兵(공병), 工産品(공산품), 工藝(공예), 工藝品(공예품), 工匠(공장), 工程(공정), 工曹(공조), 工曹判書(공조판서), 工學(공학), 家內工業(가내공업), 輕工業(경공업), 起工(기공), 技能工(기능공), 農工(농공), 陶工(도공), 名工(명공), 木工(목공), 文選工(문선공), 士農工商(사농공상), 商工(상공), 商工業(상공업), 石工(석공), 細工(세공), 手工業(수공업), 熟練工(숙련공), 施工(시공), 完工(완공), 理工(이공), 人工(인공), 人工衛星(인공위성), 竹細工(죽세공), 竣工(준공), 重工業(중공업), 織工(직공), 着工(착공), 鐵工所(철공소), 土木工事(토목공사), 化工(화공), 靴工(화공)

교묘하다, 교묘하게 만들다
[工巧(공교)] ① 솜씨가 좋음. 교묘함. ② 솜씨가 좋은 목수. ③ 경박함. ④ 생각지 않았던 우연한 사실과의 마주침이 썩 기이함.

기타
[工夫(공부)] ① 학문·기술을 배움. 배운 것을 연습함. ② 정신의 수양 의지의 단련을 위하여 힘쓰는 일. ③ 수단을 강구함. 여러모로 생각함. ④ 토목공사에 쓰이는 人夫(인부).
[工作員(공작원)] 어떤 목적을 이루기 위하여 자기 편에 유리하도록 미리 계획·준비하는 사람.
[沙工(사공)] ① 모래밭에서 일하는 장인. ② 노를 저어 배를 부리는 사람. '뱃사공'의 준말.

商 장사 상, 헤아릴 상, 口부11 0099

장사, 장사하다, 장수
[商業(상업)] 상품을 팔고 사는 일로 이익을 얻고자 하는 경제 활동.
[商人(상인)] 장수. 상업에 종사하는 사람.
[商品(상품)] ① 사고 파는 물품. ② (경) 교환 또는 판매에 의해 유통되는 생산물. 시장에서 목적으로 한 재화. ③ (법) 동산 따위 상거래를 목적으로 한 물건.
[都賣商(도매상)] 물건을 모개로 파는 장사. 또는 그 사람. 반小賣商(소매상)
[雜貨商(잡화상)] 여러 가지 일용 상품을 파는 장사나 장수, 또는 가게.
商街(상가), 商工業(상공업), 商圈(상권), 商權(상권), 商務(상무), 商法(상법), 商社(상사), 商事(상사), 商船(상선), 商術(상술), 商店(상점), 商標(상표), 商號(상호), 商會(상회), 奸商輩(간상배), 巨商(거상), 隊商(대상), 萬物商(만물상), 貿易商(무역상), 褓負商(보부상), 富商(부상), 士農工商(사농공상), 政商輩(정상배), 通商(통상), 海商(해상), 行商(행상), 豪商(호상), 華商(화상)

헤아리다, 짐작하여 알다
[商量(상량)] 헤아려 생각함. ¶글을 잘 쓰려면 三多(삼다) 즉 多讀(다독), 多作(다작), 多商量(다상량)이 필요하다

의논하다
[爛商(난:상)] 충분히 의논함.
[爛商討議(난상토의)] 충분히 자세하게 의논함.
[協商(협상)] ① 協議(협의). ② 어떤 목적에 부합되는 결정을 하기 위하여 여럿이 의논함. ¶임금 협상 ③ (정) 두 나라 이상의 사이에 외교 문서를 교환하여 어떤 일을 약속하는 일. ¶양국이 자유무역에 대하여 협상을 벌이다

나라 이름
[商(상)]

5음의 하나
[宮(궁)·商(상)·角(각)·徵(치)·羽(우)]

物 물건 물, 만물 물, 牛부8 0100

'物(물)'자는 '소 牛(우)'와 '말 勿(물)'로 이루어진 글자이다. '모양이나 색깔이 여러 가지인 소'가 본뜻이었는데 '만물'의 뜻으로 확대되었다.

만물, 천지 사이에 존재하는 온갖 물건
[物價(물가)] 물건의 값. 참物價指數(물가지수)
[物件(물건)] ① 감각기관으로 감식할 수 있는, 모든 물질적인 개별적 대상. 物品(물품). ② 事物(사물).
[見物生心(견:물생심)] 어떠한 물건을 보면 그것을 가지고 싶은 욕심이 생김.
[生物(생물)] ① 생명을 가지고 스스로 생활 현상을 유지하여 나가는 물체. 영양·운동·생장·증식을 하며, 동물·식물·미생물로 나뉜다. 반無生物(무생물) ② 살아 있는 것.
[財物(재물)] 재산이 될 만한 물건.
物價指數(물가지수), 物權(물권), 物量(물량), 物流(물류), 物理(물리), 物物交換(물물교환), 物腐蟲生(물부충생), 物産(물산), 物象(물상), 物色(물색), 物性(물성), 物我一體(물아일체), 物議(물의), 物資(물자), 物的(물적), 物情(물정), 物主(물주), 物證(물증), 物質(물질), 物質的(물질적), 物體(물체), 物品(물품), 假建物(가건물), 建物(건물), 格物(격물), 格物致知(격물치지), 絹織物(견직물), 古物(고물), 穀物(곡물), 貢物(공물), 官物(관물), 鑛物(광물), 怪物(괴물), 構造物(구조물), 貴物(귀물), 禁物(금물), 器物(기물), 囊中物(낭중물), 冷血動物(냉혈동물), 農産物(농산물), 賂物(뇌물)

動物(동물), 動物園(동물원), 萬物相(만물상), 萬物商(만물상), 忘憂物(망우물), 賣物(매물), 綿織物(면직물), 名物(명물), 無機物(무기물), 無用之物(무용지물), 文物(문물), 微物(미물), 微生物(미생물), 博物館(박물관), 反芻動物(반추동물), 寶物(보물), 副産物(부산물), 四物(사물), 事物(사물), 私物(사물), 産物(산물), 植物(식물), 膳物(선물), 手荷物(수하물), 植物園(식물원), 植物學(식물학), 食物(식물), 身外無物(신외무물), 失物(실물), 藥物(약물), 魚物(어물), 魚物廛(어물전), 靈物(영물), 禮物(예물), 汚物(오물), 危害物(위해물), 有機物(유기물), 遺物(유물), 唯物論(유물론), 油印物(유인물), 異物(이물), 作物(작물), 贓物(장물), 裝飾物(장식물), 障碍物(장애물), 靜物畵(정물화), 祭物(제물), 造物主(조물주), 鑄物(주물), 紙物(지물), 紙物鋪(지물포), 織物(직물), 鐵物(철물), 炭水化物(탄수화물), 特産物(특산물), 佩物(패물), 編物(편물), 廢棄物(폐기물), 幣物(폐물), 廢物(폐물), 抛物線(포물선), 爆發物(폭발물), 風物(풍물), 荷物(하물), 海産物(해산물), 現物(현물), 挾雜物(협잡물), 貨物(화물).

재물
[物心兩面(물심양면)] 물질(재물)과 마음 씀의 양쪽 다.
[物慾(물욕)] 금전 즉 재산에 대한 욕심.
[物順來而勿拒(물순래이물거), 物旣去而勿追(물기거이물추).] 물건이 순리로 오거든 물리치지 말고, 물건이 이미 갔거든 쫓아가지 말라. 『明心寶鑑(명심보감)·正己篇(정기편)』

사람, 인물
[物望(물망)] 여러 사람이 우러러보아 드러난 이름, 또는 그 사람.
[名物(명물)] ① 그 지방의 이름난 산물. 名産物(명산물). ② 이름난 것. 평판이 나 있는 것. 속되게 사람에 대해서도 쓴다.
[俗物(속물)] 돈, 권력 등 자신의 이익만 좇는 천한 사람.
[人物(인물)] ① 사람의 생김새나 됨됨이. ¶인물 평가/인물이 좋다 ② 됨됨이로 본 '사람'의 뜻. ¶점잖은 인물/하찮은 인물 ③ 노릇이나 구실로 본 '사람'의 뜻. ¶등장인물/중심인물 ④ 뛰어난 사람. ¶그 마을에서 훌륭한 인물이 많이 났다 ⑤ 人物畵(인물화)의 준말. ⑥ 사람과 물건.
巨物(거물), 傑物(걸물), 亡物(망물), 陽物(양물), 英物(영물), 妖物(요물), 危險人物(위험인물), 異物(이물), 册床退物(책상퇴물), 醜物(추물), 退物(퇴물).

件 물건 건, 사건 건, 人부6   0101

'件(건)'자는 '사람 亻(인)'과 '소 牛(우)'로 이루어진 글자로, 사람이나 소 따위를 개개의 것으로서 세는 단위를 나타내는 글자이었다. 후에 일반적인 모든 '물건'을 나타내는 것으로 사용되었다.

사건, 일
[件數(건수)] 사물이나 사건의 가지 수.
[物件(물건)] ① 감각기관으로 감식할 수 있는, 모든 물질적인 개별적 대상. 物品(물품). ② 事物(사물).
[事件(사건)] ① 벌어진 일이나 일거리. ② 사고(事故).
[用件(용:건)] 볼일. 해야 할 일. ¶용건을 간단히 말하다
文件(문건), 事事件件(사사건건), 案件(안건), 人件(인건), 人件費(인건비), 一件書類(일건서류), 立件(입건).

조건
[與件(여:건)] 주어진 조건. ¶열악한 여건 속에서 일하다
[要件(요건)] ① 필요한 조건. ② 중요한 용건.
[條件(조건)] ① 어떤 일을 이루게 하거나 못 이루게 하는 기본적인 상태나 요소. ¶결혼 조건/자연 조건 ② 내놓는 요구나 의견 ¶조건을 붙이다/조건을 제시하다
참條件反射(조건반사), 無條件(무조건).

건, 사물의 수를 세는 말
[一件(일건)]

軍 군사 군, 車부9   0102

'軍(군)'자는 '쌀 勹(포)'와 '수레 車(거)'로 이루어진 글자이다. 전차로 포위하는 모양에서 '군사의 집단'이나 '전쟁'의 뜻을 나타낸다. 후에 글자의 모양을 고려해서 '쌀 勹(포)'가 '덮을 冖(멱)'으로 바뀌었다.

군사, 병사, 군인, 군대, 군가, 진을 치다, 군영을 베풀다
[軍隊(군대)] ① 일정한 규율 아래 조직 편제된 장병의 집단. ② 군대(軍隊)를 편성하고 있는 장교·병사의 총칭.
[軍人(군인)] 군적(軍籍)에 들어있는 장병의 총칭.
[孤軍奮鬪(고군분투)] ① 도움이 없는 외로운 군대가 힘에 벅찬 적군과 맞서 온 힘을 다하여 싸우는 것. ② 적은 인원이나 약한 힘으로, 남의 도움을 받지 못하고 힘겨운 일을 끈지게 하는 것.
[三軍(삼군)] ① 陸軍(육군)·海軍(해군)·空軍(공군)으로 구분되는 국군 전체. ② (역) 左軍(좌군)·中軍(중군)·右軍(우군)으로 편성한 전체의 군대.
[將軍(장군)] 군을 통솔하는 장수.
軍歌(군가), 軍犬(군견), 軍警(군경), 軍機(군기), 軍紀(군기), 軍旗(군기), 軍團(군단), 軍糧(군량), 軍令(군령), 軍帽(군모), 軍務(군무), 軍番(군번), 軍閥(군벌), 軍法(군법), 軍服(군복), 軍部(군부), 軍備(군비), 軍費(군비), 軍事(군사), 軍士(군사), 軍屬(군속), 軍需(군수), 軍樂(군악), 軍樂隊(군악대), 軍役(군역), 軍營(군영), 軍用(군용), 軍郵(군우), 軍律(군율), 軍醫(군의), 軍裝(군장), 軍裁(군재), 軍籍(군적), 軍政(군정), 軍卒(군졸), 軍陣(군진), 軍艦(군함), 軍港(군항), 軍靴(군화), 强軍(강군), 强行軍(강행군), 凱旋將軍(개선장군), 建軍(건군), 空軍(공군), 救世軍(구세군), 國軍(국군),

娘子軍(낭자군), 農軍(농군), 獨立軍(독립군), 獨不將軍(독불장군), 叛軍(반군), 白衣從軍(백의종군), 常備軍(상비군), 傷痍軍人(상이군인), 水軍(수군), 巡邏軍(순라군), 我軍(아군), 女軍(여군), 豫備軍(예비군), 倭軍(왜군), 友軍(우군), 援軍(원군), 陸軍(육군), 義勇軍(의용군), 壬午軍亂(임오군란), 張飛軍令(장비군령), 在鄕軍人(재향군인), 敵軍(적군), 賊軍(적군), 從軍(종군), 進軍(진군), 創軍(창군), 千軍萬馬(천군만마), 撤軍(철군), 敗軍(패군), 敗軍之將(패군지장), 海軍(해군), 行軍(행군), 回軍(회군)

기타

[轎軍(교군)] 가마를 메는 사람들.
[役軍(역군)] ① 공사장에서 삯일을 하는 사람. ② 어떤 분야에서 중요한 역할을 하는 일꾼.
[魔軍(마군)] ① 일이 잘못되도록 훼살을 부리는 무리. ② 불도를 방해하는 온갖 번뇌나 악사.

兵 병사 병, 군사 병, 八부7 0103

'兵(병)'자는 '도끼[斤(근)]'를 '잡고 있는[廾(공)]' 모습을 본뜬 것이다. '군사'를 뜻하는 것으로 많이 쓰인다.

군사, 병사, 군인

[兵役(병역)] 국민이 의무로 군적에 편입되어 군무에 종사하는 일. 習兵役義務(병역의무)
[兵營(병영)] 병사들이 먹고 자고 하는 막사를 비롯한 필요한 시설을 갖추어 부대가 주둔하고 있는 일정한 구역.
[步兵(보:병)] (군) 육군에서 소총·기관총 등을 소지하고 주로 도보 전투를 하도록 훈련된 군인. 또는 그 군인들의 병과.
[將兵(장:병)] 장교에서부터 하급 병사에 이르기까지 모두를 이르는 말. ¶전후방에서 고생하시는 국군 장병 여러분!

兵科(병과), 兵力(병력), 兵務(병무), 兵務廳(병무청), 兵士(병사), 兵事(병사), 兵長(병장), 兵籍(병적), 兵丁(병정), 兵卒(병졸), 甲兵(갑병), 强兵(강병), 擧兵(거병), 工兵(공병), 救援兵(구원병), 騎兵(기병), 老兵(노병), 募兵(모병), 補充兵(보충병), 伏兵(복병), 富國强兵(부국강병), 負傷兵(부상병), 民兵(민병), 士兵(사병), 上兵(상병), 水兵(수병), 僧兵(승병), 新兵(신병), 養兵(양병), 練兵(연병)/鍊兵(연병), 練兵場(연병장), 閱兵(열병), 用兵(용병), 傭兵(용병), 援兵(원병), 衛兵(위병), 義兵(의병), 二兵(이병), 一兵(일병), 敵兵(적병), 賊兵(적병), 精兵(정병), 卒兵(졸병), 徵兵(징병), 斥候兵(척후병), 尖兵(첨병), 土兵(토병), 派兵(파병), 敗殘兵(패잔병), 砲兵(포병), 海兵隊(해병대), 憲兵(헌병)

싸움, 전쟁, 무기, 병기

[兵法(병법)] 전쟁을 하는 방법. 習孫子兵法(손자병법)
[兵站(병참)] (군) 군사 작전에 필요한 물자를 관리·보급하는 일. 또는 그 병과.
[白兵戰(백병전)] 살을 맞댈 정도의 가까운 거리에서 창, 칼, 총검 등을 가지고 양편이 서로 맞붙어서 벌이는 전투.
[勝敗兵家之常事(승패병가지상사).] 이기고 지는 것은 兵家(병가)에서 일상적인 일이다. 전쟁이든 경쟁이든 승패가 갈려야 할 상황에 놓여 있다면 지고 이기는 것에 크게 개의치 말고 최선을 다하는 것이 더욱 중요하다는 말이다.『唐書(당서)·裵度傳(배도전)』 ☞ * 232
兵家(병가), 兵家常事(병가상사), 兵權(병권), 兵器(병기), 兵器庫(병기고), 兵亂(병란), 兵書(병서), 兵船(병선), 兵曹(병조), 兵曹判書(병조판서), 兵禍(병화), 出兵(출병)

('兵(병)'자에서 점 하나씩을 떼내어 '丘(핑)'과 '乓(퐁)'이라는 글자를 만들었는데, '乒乓(핑퐁)'은 탁구를 뜻한다.)

將 장수 장:, 장차 장, 寸부11 0104

'將(장)'자는 '군대의 우두머리'가 본뜻이다. '장수 爿(장)', '고기 月(육)', '마디 寸(촌)'으로 구성되었는데, 어찌해서 '장수 將(장)'이 되었는지는 분명치 않다. '장수'의 뜻으로 쓰일 때는 장음으로, '장차'의 의미로 쓰일 때는 단음으로 발음한다.

장수, 인솔자, 거느리다, 인솔하다

[將校(장:교)] 육·해·공군의 소위 이상의 무관.
[將軍(장:군)] 군을 통솔하는 장수.
[名將(명장)] 훌륭한 장군. 이름난 장수.
[主將(주장)] ① 군대의 총 대장. ② 선수 가운데서 뽑힌 그 팀의 우두머리.
[勇將下無弱卒(용:장하무약졸).] 용감한 장수 밑에는 허약한 병사가 없음.『蘇軾(소식)』 테强將下無弱卒(강장하무약졸)
[一將功成萬骨枯(일장공성만골고).] 한 장수의 성공을 위해 만 명의 뼈가 마른다. 위대한 성공의 이면에는 그를 위해 희생한 무수히 많은 사람이 있다는 뜻이다.
將官(장관), 將棋(장기), 將兵(장병), 將星(장성), 將帥(장수), 凱旋將軍(개선장군), 老將(노장), 大將(대장), 德將(덕장), 獨不將軍(독불장군), 猛將(맹장), 武將(무장), 百戰老將(백전노장), 使羊將狼(사양장랑), 少將(소장), 守門將(수문장), 兩手兼將(양수겸장), 王侯將相(왕후장상), 勇將(용장), 敵將(적장), 准將(준장), 中將(중장), 智將(지장), 出將入相(출장입상), 敗將(패장), 降將(항장)

장차

[將來(장래)] ① 장차 올 앞날. ¶가까운 장래에 ② 앞으로의 전망이나 전도. ¶우리나라 수출 산업의 장래는 매우 밝다
[將次(장차)] '앞으로'의 뜻. 미래의 일을 말할 때 씀. ¶장차 무엇을 할 것인가?

[將計就計(장:계취계)] 상대편의 계교를 미리 알아채고, 그것을 역이용하는 계교.
나아가다, 발전하다
[日就月將(일취월장)] 날로 달로 진보함. 발전이 빠르고 성취가 많음. ¶그의 실력은 일취월장하고 있다
막 …하려 하다
[發憤忘食(발분망식), 樂以忘憂(낙이망우), 不知老之將至(부지노지장지).] 분발하여 먹는 것도 잊고, 도를 즐거워하여 근심을 잊으며, 늙음이 다가옴을 느끼지 못한다. 공자의 생활을 표현한 말이다. 『論語(논어)·述而(술이)』
[鳥之將死其鳴也悲(조지장사기명야비), 人之將死其言也善(인지장사기언야선).] 새는 죽을 때가 가까워지면 죽음을 두려워하여 슬픈 소리로 울고, 사람도 임종에 다다르면 악하던 사람도 착한 말을 한다. 『論語(논어)·泰伯(태백)』

卒 군사 졸, 十부8 0105

'卒(졸)'자는 '옷 衣(의)'와 '한 一(일)'로 이루어진 글자이다. 대부의 죽음이나 천수를 다한 사람이 죽었을 때 입는 의복의 모양을 본뜬 것이라고 한다. 이런 표시가 있는 의복은 하인이나 병사도 입었으므로 '하인·병사'를 뜻하기도 한다.
군사, 병졸
[卒兵(졸병)] 軍士(군사). 계급이 낮은 군사.
[烏合之卒(오합지졸)] '까마귀가 모인 것처럼 질서가 없는 병졸'. 임시로 모아 훈련이 부족하고 규율이 없는 군대. 즉 어중이떠중이를 비유하는 말이다. 참烏合之衆(오합지중) 『後漢書(후한서)·耿弇(경엄)』전
[勇將下無弱卒(용:장하무약졸).] ☞將(장)
軍卒(군졸), 邏卒(나졸), 兵卒(병졸), 士卒(사졸), 弱卒(약졸), 捕卒(포졸)
하인, 심부름꾼
[驛卒(역졸)] (역) 역에서 심부름하던 사람. 동驛夫(역부)
갑자기, 돌연히
[卒倒(졸도)] (의) 심한 충격이나 과로·일사병 따위로 갑자기 정신을 잃고 쓰러짐.
[腦卒中(뇌졸중)] (의) 뇌에 갑작스러운 순환 장애가 일어나 갑자기 의식을 잃고 수의운동의 기능이 상실되는 증세. 참卒中風(졸중풍)
[倉卒間(창졸간)] 미처 어쩔 사이 없이 매우 급작스러운 사이. ¶창졸간에 정신을 차릴 수가 없었다
마치다, 일을 마지막으로 끝내다
[卒哭(졸곡)] 三虞(삼우)가 지난 뒤에 지내는 제사. 사람이 죽은 뒤 석 달 만에 丁日(정일)이나 亥日(해일)을 가려서 지냄. '哭(곡)을 그침'을 뜻함.
[卒業(졸업)] 학생이 규정에 따라 소정의 학업을 마침. 참卒業式(졸업식)
高卒(고졸), 大卒(대졸), 中卒(중졸)
죽다, 늙어서 죽다
[卒年(졸년)] 죽은 해. 동沒年(몰년) 반生年(생년) 천자의 죽음은 崩(붕), 제후의 죽음은 薨(훙), 대부의 죽음은 卒(졸), 서민의 죽음은 死(사)라고 했다.

文 글월 문, 文부4 0106

'文(문)'자는 '무늬'의 뜻으로 만들어진 글자였는데, '글자', '글월'의 뜻으로 쓰이는 예가 많아지자 '실 糸(사)'를 붙여 '紋(문)'자를 만들어 그 뜻을 분명히 했다. '무늬'의 뜻을 나타낼 때 '文(문)'과 '紋(문)'이 같이 쓰이기도 한다. 부수로 쓰일 때는 '무늬', '문채'의 뜻을 가지는 글자를 이룬다.
글자
[文盲(문맹)] 무식하여 글에 어두움. 글을 볼 줄도 쓸 줄도 모름, 또는 그런 사람. 까막눈이. 참文盲退治(문맹퇴치)
[文房四友(문방사우)] 종이·붓·벼루·먹을 이름. 文房四寶(문방사보).
[文字(문자)] 글자. 말의 소리나 뜻을 볼 수 있도록 적기 위한 체계적인 부호.
[國文(국문)] 우리나라에서 쓰는 글자.
文具(문구) 文房具(문방구) 文選(문선), 文選工(문선공), 甲骨文字(갑골문자), 金石文(금석문), 象形文字(상형문자), 諺文(언문), 肉頭文字(육두문자), 表音文字(표음문자), 表意文字(표의문자)
서적, 책
[文庫(문고)] ① 책을 넣어두는 곳. ② 문서·문방구 등을 담는 상자. ③ 출판물의 한 형태. 보급을 목적으로 하여 만든 염가·소형의 책.
[文獻(문헌)] 典籍(전적)과 賢人(현인). ('글을 바치다'라는 뜻에서) 옛날의 제도와 문물을 알 수 있는 증거가 되는 것, 또는 문서, 혹은 제도를 이름.
어구, 글, 글월, 문장
[文書(문서)] ① 글로써 어떤 내용을 적어 표시한 것의 총칭. ② 계약이나 소유를 밝힌 서류.
[文章(문장)] ① 생각이나 느낌을 글자로 써서 나타낸 것. 흔히 산문적인 글을 이른다. 참文章三易(문장삼이) ② 문장가.
[名文(명문)] 이름난 글. 매우 잘 지은 글.
[作文(작문)] 글을 지음. 또는 그 글.
文件(문건), 文句(문구), 文段(문단), 文脈(문맥), 文名(문명), 文法(문법), 文案(문안), 文語(문어), 文友(문우), 文才(문재), 文鎭(문진), 文集(문집), 文體(문체), 文筆(문필), 文豪(문호), 檄文(격문), 古文(고문), 公文書(공문서), 構文(구문), 國文學(국문학), 紀行文(기행문), 論文(논문), 美文(미문), 方文(방문), 榜文(방문), 繁文縟禮(번문욕례), 複文(복문), 本文(본문), 不立文字(불립문자), 不文律(불문률), 不文法(불문법), 碑文

(비문), 死文(사문), 私文書(사문서), 沙鉢通文(사발통문), 散文(산문), 散文詩(산문시), 書簡文(서간문), 書翰文(서한문), 序文(서문), 成文法(성문법), 詩文(시문), 藥方文(약방문), 語文(어문), 英文(영문), 例文(예문), 韻文(운문), 原文(원문), 全文(전문), 前文(전문), 電文(전문), 祭文(제문), 條文(조문), 弔文(조문), 拙文(졸문), 注文(주문), 呪文(주문), 地文(지문), 祝文(축문), 布告文(포고문), 表文(표문), 漢文(한문)

산문, 문체의 한 가지
[散文(산:문)] 규범에 얽매이지 않고 자유로이 내치는 대로 쓴 글. 소설, 수필 따위.

학문이나 예술, 무사(武士) 이외의 일
[文武(문무)] 학문과 무예를 아울러 이르는 말.
[文藝(문예)] ① 문물과 학예. ② 학문과 예술. 참文藝復興(문예부흥) ③ 문학.
[文學(문학)] ① 글에 관한 학문. ② 사상이나 감정을 언어로 표현한 예술. 또는 그런 작품. 시, 소설, 희곡, 수필, 평론 따위.
[君子以文會友(군자이문회우), 以友輔仁(이우보인).] 군자는 학문으로써 벗을 모으고, 벗으로써 仁(인)의 실천을 돕는다. 『論語(논어)·顔淵(안연)』
文科(문과), 文官(문관), 文壇(문단), 文理(문리), 文廟(문묘), 文武兼全(문무겸전), 文班(문반), 文事(문사), 文臣(문신), 文弱(문약), 文藝思潮(문예사조), 文人(문인), 尙文(상문), 崇文(숭문), 天文(천문), 天文臺(천문대), 弘文館(홍문관)

문화
[文物(문물)] 문화의 산물. 학문·예술·교육·종교·법률 등.
[文明(문명)] ① 人智(인지)가 발달하여 세상이 진보한 상태. ② 文化(문화)를 종교·도덕·학계 등 순수 정신문화라 해석할 때 기술 또는 물질문화를 이름. ③ 인문학이 발달하여 광명이 있는 일. ④ 덕이나 교양이 있어 훌륭한 일.
[文化(문화)] ① 人智(인지)가 깨고 세상이 열리어 밝게 됨. ② 자연을 이용하여 인류의 이상을 실현해 나아가는 정신 활동. ③ 文德(문덕)으로 교화함. 참文化史(문화사), 文化財(문화재)

무늬, 얼룩, 반점, 채색, 빛깔
[文身(문신)] 살갗을 바늘로 찔러서 먹물 따위로 글씨·그림·무늬 등을 들임. 또는 그렇게 한 몸.
[紋樣(문양)/文樣(문양)] 무늬나 모양. 물건의 거죽에 얼룩져 나타난 어떤 모양. 또는 물건의 표면에 장식 목적으로 나타낸 어떤 모양.

꾸미다, 모양이 나도록 꾸미다, 정돈하다, 잘못을 잘못이 아닌 양 꾸미다
[小人之過必文(소:인지과필문)] 소인들은 허물이 있으면 반드시 꾸며대는 법이다. 자신이 저지른 과오를 고칠 생각은 않고 반드시 변명만 늘어놓는다. 그 결과로 제2, 제3의 과오를 저지르게 된다. '文'은 꾸밈, 修飾(수식)의 뜻. 『論語(논어)·子張(자장)』

신발 칫수의 단위

기타
[文魚(문어)] 낙지 과에 딸린 연체동물의 일종.
[口文(구:문)] 흥정을 붙여주고 받는 돈.
[利文(이:문)] 이익으로 남은 돈.

武 굳셀 무:, 호반 무:, 止부8 0107

'武(무)'자는 '창 戈(과)'와 '그칠 止(지)'로 이루어진 글자이다. 창[戈]을 메고 전쟁터에 나가는 발자국[止] 모습을 본뜬 것이라고 한다.

군인, 군대의 위세, 병법, 전술, 병기, 무기, 싸움에 능하다, 군사(軍事)에 밝다, 굳세다, 힘차고 튼튼하다
[武器(무기)] ① 전쟁에 쓰이는 총검·화포·핵병기 따위 온갖 기구. ② 어떤 일을 달성하기 위한 힘이나 방패가 되는 수단. ¶여자의 무기는 눈물이다
[武裝(무:장)] 전투를 할 수 있도록 갖추어 차린 장비. 또는 그러한 장비를 갖추어 차림. 참精神武裝(정신무장), 非武裝(비무장)
[文武(문무)] ☞ 文(문)
[非武裝(비:무장)] 무기 따위의 장비를 갖추지 않음. ¶비무장지대
[尙武(상:무)] 무예를 숭상함. ¶상무 정신
武功(무공), 武科(무과), 武官(무관), 武斷(무단), 武道(무도), 武力(무력), 武班(무반), 武士(무사), 武術(무술), 武臣(무신), 武藝(무예), 武勇(무용), 武運(무운), 武人(무인), 武將(무장), 武勳(무훈), 文武兼備(문무겸비), 文武兼全(문무겸전)

반 보, 1보의 반
[步武(보:무)] 힘차고 씩씩하게 걷는 걸음. '步(보)'는 한 걸음, '武(무)'는 반 걸음을 나타낸다. ¶보무도 당당하게 행진하다
[步武堂堂(보:무당당)] 걸음걸이가 씩씩하고 의젓함.

기타
[武陵桃源(무릉도원)] 무릉에서 복숭아꽃잎이 흘러내려 오는 근원지. '세상과 따로 떨어진 별천지'를 이르는 말. 『陶淵明(도연명)·桃花源記(도화원기)』
[玄武(현무)] 빛깔은 검고 굳센 성질을 가진 동물. 四神(사:신)의 하나. 북쪽 방위의 水(수)기운을 맡은 太陰神(태음신)을 상징한 짐승. 거북과 뱀이 뭉친 형상이다.

强 굳셀 강, 힘쓸 강, 弓부11 0108

'强(강)'자는 '넓을 弘(홍)'과 '벌레 虫(충)'으로 이루어진 글자이다. 껍질이 단단한 딱정벌레의 일종인 '바구미'를 나타내는 것이었다. '단단하다', '굳세다', '억지로'의 뜻을 나타낸다. '굳세다', '힘 있다'의 뜻으로 쓰일 때는 단음으로, '억지로 …시키다'의 뜻으로 쓰일 때는 장음으로 읽는다. '彊(강)'자와 '强(강)'자는 同字(동자)이다.

굳세다, 힘차고 튼튼하다, 의지가 억세다, 힘 있는 자, 세력이 있는 자, 성하다, 세차다

[強(강)하다] ① 세거나 힘이 있다. ¶강한 바람 ② 잘 견디는 힘이 있다. ¶추위에 강한 식물 ③ 정신이 굳거나 엄격하다. ¶강한 의지
[強力(강력)] ① 강한 힘. ② 약 따위의 효과나 작용이 강함.
[強弱(강약)] ① 강함과 약함. ② 강자와 약자.
[富强(부ː강)] 부유하고 강함. ¶부강한 나라를 만들자
[弱肉强食(약육강식)] '약한 자의 살은 강한 자의 먹이가 됨'이란 뜻에서, 강한 자가 약한 자를 희생시켜서 번영하거나, 약한 자가 강한 자에 의해 멸망되는 것을 말함.
強健(강건), 强硬(강경), 强骨(강골), 强國(강국), 强軍(강군), 强弓(강궁), 强大(강대), 强大國(강대국), 强度(강도), 强烈(강렬), 强兵(강병), 强盛(강성), 强勢(강세), 强襲(강습), 强心劑(강심제), 强靭(강인), 强壯(강장), 强壯劑(강장제), 强敵(강적), 强點(강점), 强調(강조), 强震(강진), 强打(강타), 强暴(강포), 强風(강풍), 强豪(강호), 强化(강화), 莫强(막강), 補强(보강), 富國强兵(부국강병), 勝强(승강), 抑强扶弱(억강부약), 年富力强(연부력강), 列强(열강), 頑强(완강), 自强不息(자강불식), 增强(증강), 最强(최강)

억지로, 억지로 시키다

[强盜(강ː도)] 폭행이나 협박으로 남의 재물을 빼앗는 도둑. 또는 그런 행위.
[强要(강ː요)] 억지로 요구함.
[强行(강ː행)] ① 어려움을 무릅쓰고 행함. 통强行軍(강행군) ¶빗속에서도 경기를 강행하였다 ② 마지못해 억지로 행함.
[牽强附會(견강부회)] 당치도 않은 말을 억지로 끌어대어 논리에 맞추려고 함.
强姦(강간), 强勸(강권), 强賣(강매), 强迫(강박), 强迫觀念(강박관념), 强辯(강변), 强壓(강압), 强占(강점), 强制(강제), 强奪(강탈)

弱 약할 약, 궁부10　　0109

'弱(약)'자는 '활 弓(궁)'과 '터럭 彡(삼)'이 겹쳐서 이루어진 글자이다. 터럭 같이 약하고 활처럼 굽은 나무는 힘을 받지 못해 약하다. '터럭 彡(삼)'은 후에 두 줄로 변하였다. 아마도 쓰기 편리함과 글자의 모양을 고려한 듯하다.

약하다, (기력, 체력, 능력, 세력 등의) 힘이 세지 못하다, (각오, 의지 등이) 굳세지 못하다, 약한 자, 약해지다, 쇠해지다

[弱(약)하다] ① 힘이 적거나 약하다. ② 성격이나 마음이 굳세지 못하다. ③ 몸이 부실하다. ④ 물·불·바람 따위의 기운이 덜하다. ¶불길이 약해졌다 ⑤ 바탕이 무르거나 견디는 힘이 적다. ⑥ 어떤 정도가 낮거나 덜하다. ⑦ 능력·지식·기술 따위가 모자라거나 낮다. ¶실력이 약하다 ⑧ 주량이나 알코올 농도가 적다. ¶그 사람은 술이 약하다
[弱小] 약하고 작음. ¶약소민족의 설움.
[弱肉强食(약육강식)] ☞ 强
[弱者(약자)] 힘이나 기능이 약한 사람이나 생물 또는 집단. ¶사회적 약자
[强弱(강약)] ☞ 强(강)
[軟弱(연ː약)] 무르고 약함. ¶연약한 마음
[虛弱(허약)] 마음이나 몸이 튼튼하지 못하고 약하다. ¶허약한 체질
弱骨(약골), 弱勢(약세), 弱小國家(약소국가), 弱小民族(약소민족), 弱視(약시), 弱卒(약졸), 弱震(약진), 弱質(약질), 弱體(약체), 弱化(약화), 强弱(강약), 懦弱(나약), 文弱(문약), 微弱(미약), 薄弱(박약), 貧弱(빈약), 病弱(병약), 衰弱(쇠약), 神經衰弱(신경쇠약), 心弱(심약), 抑强扶弱(억강부약), 柔弱(유약), 幼弱(유약), 精神薄弱(정신박약), 脆弱(취약)

남에게 감잡힐 만한 틈이 많다

[弱點(약점)] ① 모자라는 점. ② 뒤가 구리거나 떳떳하지 못한 점.

젊다, 나이가 어리다(주로 20세 미만일 때 쓴다), 나이가 어린 사람

[弱年(약년)] 나이가 어림. 어린 나이. 통若年(약년)
[老弱(노ː약)] ① 늙은이와 어린이. 늙은이와 젊은이. ② 늙은이와 연약한 어린이. 참老弱者(노약자)
[弱冠(약관)] 남자 스무 살에 冠禮(관례)를 한다는 데서 남자 나이 스무 살 된 때를 일컫는 말. '弱(약)'은 '부드럽다'는 뜻인데 기골이 완전히 성숙하지는 않았지만 사람 구실은 할 수 있게 되었다는 의미이다. '冠(관)'은 성년이 되면서 쓰는 갓을 말한다. 옛날에는 나이 스물이 되면 冠禮(관례)를 올려 한 사람의 성인으로 대우하는 의식을 갖추었다. 이 두 말이 합쳐 성어가 된 것이다. 人生十年日幼學(인생십년왈유학), 二十日弱冠(이십왈약관).『禮記(예기)·曲禮(곡례)』

輕 가벼울 경, 조급히 굴 경, 車부14　　0110

'輕(경)'자는 '수레 車(거)'와 '지하수 물줄기 巠(경)'으로 이루어진 것이다. '가벼운 수레'가 본뜻이다.

가볍다, 무게가 적다, 가볍게 하다

[輕減(경감)] 덜어서 가볍게 함. ¶세금을 경감하다
[輕重(경중)] ① 가벼움과 무거움. 또는 그 정도. ② 중요한 것과 중요하지 않은 것.
[輕油(경유)] ① 原油(원유)를 증류할 때 등유 다음으로 얻는 기름. 디젤 기관의 연료 따위로 쓰임. ② 콜타르를 분류할 때 맨 처음 나오는 기름.
[一寸光陰不可輕(일촌광음불가경)] 한 치 시간인들 어찌 가볍게 여기리오. 『朱熹(주희)·勸學文(권학문)』
☞ * 056

輕工業(경공업)
재빠르다
[輕音樂(경음악)] (악) 비교적 작은 규모로 연주하는, 고전 음악에 대하여 주로 대중성을 띤 가벼운 음악.
[輕快(경쾌)] ① 가볍고 날램. ② 가뜬하고 시원함. ③ (곡조 같은 것이) 가볍고 멋들어짐. ¶경쾌한 걸음걸이
경박하다, 경솔하다, 경망하다, 조급히 굴다, 함부로, 경솔하게
[輕擧妄動(경거망동)] 경솔하고 조심성 없이 함부로 행동함. ¶경거망동을 삼가라 ㉤輕妄(경망)
[輕率(경솔)] 말이나 행동이 진중하지 아니하고 가벼움. ¶경솔한 판단
[輕薄(경박)] 언행이 진중하지 못하고 가벼움. ¶경박한 웃음소리
[過生於輕慢(과생어경만)] 과실은 경솔하고 거만한 데서 생긴다.『明心寶鑑(명심보감)·正己篇(정기편)』☞ * 137
심하지 아니하다
[輕微(경미)] 정도가 가볍고 매우 작아서 대수롭지 않음.
[輕犯罪(경범죄)] (법) 보통, 즉결 심판으로 구류나 과료 따위에 처해지는 가벼운 범죄.
[輕傷(경상)] 그리 심하지 않은 가벼운 부상 또는 상처. ㉤重傷(중상)
가벼이 하다, 깔보다, 업신여기다
[輕蔑(경멸)] 업신여김. ¶경멸의 눈으로 쳐다보다
[輕視(경시)] 깔보거나 대수롭지 않게 여김.
[輕敵必敗(경적필패)] 적을 업신여기면 반드시 패함.

重 무거울 중:, 거듭할 중, 里부9   0111

'重(중)'자는 '마을 里(리)'가 부수이지만 의미와는 아무런 관련이 없다. '무겁다'의 뜻일 때는 장음인 [중:]으로 읽고, '겹치다'의 뜻일 때는 단음인 [중]으로 읽는다.
무겁다, 무게가 나가다, 무겁게 하다, 무게, 중량, 무거운 것
[重量(중:량)] ① 무게. ② 무거운 무게.
[重力(중:력)] 지구 위에 있는 물체에 미치는 지구의 잡아당기는 힘.
[輕重(경중)] ☞輕(경)
[體重(체중)] 몸의 무게.
重工業(중공업), 重金屬(중금속), 重心(중심), 重壓(중압), 重油(중유), 過重(과중), 起重機(기중기), 負重涉遠(부중섭원), 比重(비중), 肉重(육중), 荷重(하중)
크다, 깊다, 많다, 두텁다
[重勞動(중:노동)] ① 힘이 많이 드는 노동. ② 어떤 집단이나 단체에서 과하는 형벌의 한 가지.
[重傷(중:상)] 심한 부상. ¶중상을 당하다
[重要(중:요)] (일부 명사 앞에 쓰여) 소중하고 요긴한 것.
[置重(치:중)] 무엇에 중점을 둠.

重農主義(중농주의), 重大(중대), 重大視(중대시), 重罰(중벌), 重犯(중범), 重病(중병), 重稅(중세), 重視(중시), 重臣(중신), 重役(중역), 重要視(중요시), 重用(중용), 重任(중임), 重點(중점), 重罪(중죄), 重症(중증), 重職(중직), 重鎭(중진), 重且大(중차대), 重責(중책), 重態(중태), 重刑(중형), 重患(중환), 重患者(중환자), 加重(가중), 莫重(막중), 危重(위중), 莊重(장중), 偏重(편중)
소중하다, 귀중하다, 존중하다
[貴重(귀:중)] 매우 귀하고 소중하다.
[所重(소:중)] 매우 귀중하다.
[愛之重之(애:지중지)] ① 사랑하며 소중하게 여김. ¶애지중지 기른 자식 ② 귀하고 소중하게. ¶애지중지 간직해 온 결혼반지.
[尊重(존중)] 높여 귀중하게 대함.
엄숙하다, 신중하다, 정중하다
[重厚(중:후)] ① 태도가 정중하고 심덕이 두터움. ② 작품이나 분위기가 엄숙하고 무게가 있다.
[愼重(신:중)] 행동을 삼가고 입을 무겁게 닫고 조심스러워함.
[隱忍自重(은인자중)] 마음속으로 참으며 신중하게 행동함. ¶세상이 하도 어수선하니 은인자중하거라
[鄭重(정:중)] 태도나 모양이 점잖고 묵직하다. 은근하고 친절하다.
嚴重(엄중), 自重(자중), 自重自愛(자중자애), 鎭重(진중)
자주하다, 거듭하다, 두 번, 또다시
[重複(중복)] ① 같은 일이나 물건을 몇 번이고 거듭함. ② 겹친 위에 또 겹침.
[重任(중:임)] 거듭 임명됨.
[重任(중:임)] 중대한 임무.
[捲土重來(권토중래)] '땅을 마는 것 같은 세력으로 다시 온다'는 뜻으로, 실패한 뒤 힘을 길러 다시 일어나다. 벼슬을 그만두었다가 다시 벼슬길에 나서다. 어떠한 일을 하다가 실패한 후에도 굽히지 않고 거듭 노력하여 재기하는 경우에 쓰인다.『杜牧(두목)·詩(시)·烏江亭(오강정)』
[二重(이:중)] 두 겹. 겹침. ¶이중 국적.
[盛年不重來(성년부중래).] 젊고 왕성한 때는 두 번 다시 오지 않는다.『古文眞寶·五言古風短篇 陶淵明 雜詩』☞ * 201
重建(중건), 重九(중구), 重三(중삼), 重修(중수), 重陽(중양), 重言(중언), 重言復言(중언부언), 重五(중오), 重奏(중주), 重創(중창), 重疊(중첩), 重湯(중탕), 重合(중합), 重合反應(중합반응), 九重宮闕(구중궁궐), 多重(다중), 重來(중래), 四重(사중), 三重(삼중), 承重(승중), 承重孫(승중손), 食不重肉(식부중육), 二重人格(이중인격)
보태다, 더하다, 곁들이다
[重唱(중창)] 둘 이상의 성부를 한 사람이 한 성부씩 맡아 동시에 노래 부르는 일. 또는 그 노래.

高 높을 고, 높이 고, 高부10　　0112

'高(고)'자는 높이 솟아 있는 樓臺(누대)의 모양을 나타낸다. 두 개의 '입 口(구)' 중 아래의 '口(구)'는 누대의 '출입문'을 위의 '口(구)'는 창문을 나타낸 것이다.

(공간적으로) 높다, 높아지다, 높이, 고저의 정도

[高度(고도)] ① 높이. ¶고도 3000m 상공을 날다 ② 높은 정도. ③ 지평선에서 천체까지의 각거리.
[高原(고원)] 높고도 넓은 들판. ¶고원지대/개마고원
[山高水長(산고수장)] 인품(人品)과 절조(節操)의 고결(高潔)함을 산의 높음과 강의 깊에 견주어 기린 말.
[天高馬肥(천고마비)] 하늘이 높고 말이 살찐다는 뜻으로, '하늘이 맑고 초목이 결실하는 가을의 계절'을 이르는 말.
[行遠自邇(행원자이), 登高自卑(등고자비).] 먼 길을 가는 것은 가까운 데로부터 비롯하고, 높은 곳에 이르는 것은 낮은 데로부터 출발한다. '일을 하는 데는 순서가 있음'을 비유하여 이르는 말. 行遠必自邇(행원필자이) 登高必自卑(등고필자비). '登高自卑(등고자비)'는 지위가 높아질수록 스스로를 낮춘다는 뜻으로도 해석된다. 『中庸』
高架(고가), 高架道路(고가도로), 高空(고공), 高臺廣室(고대광실), 高樓(고루), 高峰(고봉), 高山(고산), 高地(고지), 高層(고층), 高枕短眠(고침단면), 高枕短命(고침단명), 高枕安眠(고침안면), 等高線(등고선), 腹高如山(복고여산), 山高水淸(산고수청), 波高(파고), 標高(표고)

신분이 높다, 존귀하다, 공경하다, 높이다, 높은 위치, 경의를 나타내는 말

[高官(고관)] 높은 벼슬자리. 또는 그런 자리에 있는 관리. 참高官大爵(고관대작)
[高貴(고귀)] ① 지위가 높고 귀함. ② 훌륭하고 귀중함. ¶고귀한 희생 ③ 물건 값이 비싸고 귀함.
[在上不驕(재:상불교), 高而不危(고이불위).] 윗자리에 앉아서 교만하지 아니하면 지위가 아무리 높아도 위태하지 않음. 『孝經(효경)』
高位(고위), 高祖(고조), 高下(고하), 可高可下(가고가하), 至高(지고)

정도나 수준이 높다, 온도·습도 따위가 높다

[高級(고급)] 높은 등급이나 계급. ¶고급 간부/고급 승용차
[高氣壓(고기압)] (기상) 주위의 기압보다 높은 기압. ¶대륙성 고기압 참低氣壓(저기압)
[氣高萬丈(기고만장)] 기세가 높기가 만 길이나 됨. '일이 뜻대로 잘 되어 뽐내는 기세가 대단함'을 비유하는 말. 또는 성을 낼 때에 지나치게 자만하는 기운이 펄펄 나는 일.
[提高(제고)] 처들어 높임. 어떤 대상에 대하여 기대한 수준이나 정도가 현저히 낮아 인위적으로 끌어 올림. ¶경쟁력 제고

高見(고견), 高度(고도), 高等(고등), 高利(고리), 高利債(고리채), 高速(고속), 高速道路(고속도로), 高手(고수), 高試(고시), 高壓(고압), 高壓線(고압선), 高揚(고양), 高熱(고열), 高溫(고온), 高率(고율), 高低(고저), 高卒(고졸), 最高(최고)

나이가 많다, 늙다

[高齡(고령)] 높은 나이. 많은 나이.

값이 비싸다

[高價(고가)] 높은 가격. 반低價(저가)
[高額(고액)] 많은 액수. 참高額券(고액권)

성조(聲調)가 높다

[高聲(고성)] 높고 큰 목소리. 참高聲放歌(고성방가)
[高音(고음)] 높은 소리. 반低音(저음)
高調(고조), 高喊(고함)

고상하다, 비속하지 않다, 최상위에 있다, 크다, 훌륭하다

[高潔(고결)] ① 고상하고 깨끗함. ② 뜻이 높고 깨끗함. ¶인품이 고결하다
[高尙(고상)] 인품이나 학문 따위가 높아 숭상할 만함. ¶고상한 취미를 가지다 반低俗(저속), 卑俗(비속)
[崇高(숭고)] 뜻이 높고 고상함. ¶숭고한 희생 정신
[至高至純(지고지순)] 더할 수 없이 고상하고 더할 수 없이 순결함. ¶지고지순한 사랑
高談(고담), 高談峻論(고담준론), 高踏的(고답적), 高邁(고매), 高名(고명), 高僧(고승), 孤高(고고), 雪中高士(설중고사)

뽐내다, 스스로 난 체하다

[高姿勢(고자세)] 거만하게 버티는 태도. 참低姿勢(저자세)

기타

[高句麗(고구려)] (역) 삼국 시대의 한 나라. 기원전 37년에 동명왕이 세워 한반도 북부와 만주 일대를 다스렸으며 28대 705년 만에 신라에게 망함.
[高麗(고려)] (역) 왕건이 개성(송악)에 도읍하여 세운 나라. 서기 935년에 신라를 병합하고, 이듬해에 후백제를 무너뜨려 한반도를 통일하였으나, 34대 475년 만에 조선에게 망함.
[高粱(고량)] 수수.
[高粱酒(고량주)] 배갈.
[殘高(잔고)] 남은 금액이나 물품. ¶예금 잔고를 확인하다

低 낮을 저:, 人부7　　0113

'低(저)'자는 '사람 亻(인)'과 '근본 氐(저)'로 이루어진 글자이다. '키가 작다'는 뜻을 나타낸다. '높을 高(고)'자에 상대되는 글자이다.

낮다, 높이가 낮다

[低空(저:공)] 지면·수면에 가까운 (고도가 낮은) 공중. 반高空(고공) ¶저공 비행
[高低(고저)] 높낮이.

수준·정도·지위 등이 낮다, 온도·습도 등이 낮다, 소리·강도·압력 등이 약하다

[低氣壓(저:기압)] ① 주위의 기압보다 낮은 기압. 凹高氣壓(고기압) ② 좋지 않은 일이 벌어질 듯한 상태. ¶회의장 분위기는 저기압이었다 ③ 우울하고 풀이 죽은 기분.

[低溫(저:온)] 낮은 온도.

[低音(저:음)] 낮은 소리. 凹高音(고음)

[低調(저:조)] ① 낮은 가락. ② 능률이나 성적이 낮음. ¶시청률이 저조하다

低減(저감), 低級(저급), 低能(저능), 低速(저속), 低熱(저열), 低位(저위), 低率(저율), 低音(저음), 低質(저질), 低下(저하), 最低(최저)

값, 삯 등이 낮다

[低價(저:가)] 싼 값. 적은 금액의 값.

[低廉(저:렴)] 금액이 쌈. ¶저렴함 가격

[低賃金(저:임금)] 낮은 임금.

[低利(저:리)] 이율이 낮음.

품위가 낮다

[低俗(저:속)] 품위가 낮고 속됨. ¶저속한 말씨

[低劣(저:열)] 질이 낮고 변변하지 못함.

[低姿勢(저:자세)] 주체성을 잃고 남에게 굽실거리는 낮은 자세. 凹高姿勢(고자세)

숙이다, 드리우다

[低頭(저:두)] 머리를 낮게 숙임.

[擧手低頭(거:수저두)] (불) 손을 들어 합장하고 머리를 숙임. 가벼운 경례를 이름.

低頭不答(저두부답), 低頭平身(저두평신)

遠 멀 원:, 辵부14　　0114

'遠(원)'자는 '길갈 辶(착)'과 '옷 길 袁(원)'으로 이루어진 글자이다. '辶(착)'은 '길이 멀다'는 뜻으로 표의요소이고, '袁(원)'은 표음요소이다.

멀다, 길이 멀다

[遠近(원:근)] ① 멀고 가까움. ② 먼 데와 가까운 데. ③ 먼 데 사람과 가까운 데 사람.

[遠視(원:시)] '遠視眼(원시안)'의 준말. 가까이 있는 물체는 잘 볼 수 없고, 먼 데 것은 잘 보이는 눈. 凹近視(근시)

[望遠鏡(망:원경)] (물) 렌즈를 써서 먼 곳에 있는 물체를 똑똑히 보기 위한 기구.

[日暮途遠(일모도원)] '날은 저물고 갈 길은 멀다'는 뜻으로, '늙고 쇠약한데 할 일은 아직 많음'을 비유하여 이르는 말. 『史記(사기)·伍子胥列傳(오자서열전)』

[遠水不救近火(원:수불구근화).] 먼 데 있는 물은 가까운 곳의 불을 끄는 데 소용이 되지 못함. '먼 데 것은 위급할 때의 소용이 되지 못함'의 비유. 줄여서 遠水近火(원수근화)라고도 한다. 동遠水難救近火(원수난구근화) 『明心寶鑑(명심보감)』

[遠親不如近隣(원:친불여근린).] 먼 데 있는 친척보다는 가까운 데 있는 이웃이 낫다는 뜻임. 『明心寶鑑(명심보감)』

遠距離(원거리), 遠隔(원격), 遠郊(원교), 遠交近攻(원교근공), 遠路(원로), 遠雷(원뢰), 遠視眼(원시안), 遠心力(원심력), 遠洋(원양), 遠洋漁船(원양어선), 遠因(원인), 遠征隊(원정대), 遠足(원족), 遠族近隣(원족근린), 遠征(원정), 遠征隊(원정대), 遠海(원해), 遠行(원행), 久遠(구원), 負重涉遠(부중섭원), 不遠千里(불원천리)

세월이 오래다

[遼遠(요원)] 아득히 멂. ¶조국 통일이 요원한 일만은 아닐 것이다

[永遠(영:원)] ① 미래를 향하여 한없이 계속됨. ② 어떤 상태가 끝없이 이어짐. 오래오래 계속하여 변함이 없음. ③ 시간을 초월하여 존재함. 시간에 좌우되지 않는 존재. 참永遠不滅(영원불멸)

[人無遠慮必有近憂(인무원려필유근우).] 사람은 멀리 생각하지 않으면 반드시 가까운 근심이 있느니라. 참無遠慮者必有近憂(무원려자필유근우) 『論語(논어)·衛靈公(위령공)』

遠慮(원려), 遠謀(원모), 遠謀深慮(원모심려), 不遠(불원)

소원하다, 친하지 아니하다, 가까이 하지 아니하다, 꺼리어 멀리 하다, 거리를 두다

[敬遠(경:원)] 존경하는 체하나 가까이 하기를 꺼리고 멀리함. ¶그를 경원하여 가까서 따르고자 하는 이가 적었다 참敬遠視(경원시)

[疎遠(소원)/疏遠(소원)] ① 오랫동안 만나지 아니함. ¶우리 그동안 너무 소원했지? ② 평소에 친하지 아니함. 또는 그 사람. ③ 탐탁하게 여기지 않아 멀리함.

[不可近不可遠(불가근불가원)] 가까이 할 수도 멀리 할 수도 없음.

깊다, 심오하다, 크다

[遠大(원:대)] 계획·희망 따위가 장래성이 많고 규모가 큼.

[深遠(심:원)] 깊이가 깊고 크기가 원대함.

近 가까울 근:, 辵부8　　0115

'近(근)'자는 '길 갈 辶(착)'과 '도끼 斤(근)'으로 이루어진 글자이다. '遠(원)'에 상대되는 글자로, '길갈 辶(착)'이 표의요소로 쓰였고, '도끼 斤(근)'은 표음요소로 쓰였다.

가깝다, 거리가 멀지 아니하다, 곁, 가까운 곳

[近處(근:처)] 가까운 곳. ¶집 근처에 있는 찻집에서 만나자

[附近(부:근)] 어떤 곳을 중심으로 하여 그에 가까운 곳. ¶학교 부근

[遠近(원:근)] ☞ 遠(원)

[接近(접근)] 가까이 접함. ¶접근 금지
[近朱者赤(근주자적)/近墨者黑(근묵자흑)] 붉은색을 가까이하면 자신도 붉어진다. 먹을 가까이하는 사람은 검은 물이 든다. 사람의 성격이나 능력은 주변의 환경이나 친구에 의해 많이 좌우된다는 것을 비유한 말이다. 『傅玄(부현)·太子少傅箴(태자소부잠)』
[知遠(지원), 而不知近(이부지근).] 먼 곳은 알아도 가까운 곳은 모른다. 남의 잘못은 보기 쉬워도 자신의 잘못은 보기 어렵다. 『淮南子(회남자)·說山訓(설산훈)』
[遠水不救近火(원:수불구근화).] ☞ 遠(원)
[遠親不如近隣(원:친불여근린).] ☞ 遠(원)
近郊(근교), 近畿(근기), 近東(근동), 近隣(근린), 近方(근방), 近傍(근방), 近視(근시), 近視眼(근시안), 近視眼的(근시안적), 近因(근인), 近接(근접), 近海(근해), 卑近(비근), 遠交近攻(원교근공), 遠族近隣(원족근린), 隣近(인근), 漸近(점근), 至近(지근)

가까운 것, 가까이 지내는 사람, 가까이하다, 친하게 지내다, 사랑하다
[近親(근:친)] 가까운 관계에 있는 친척.
[側近(측근)] ① 어떤 사람과 가까운 관계에 있는 사람. ② 윗사람을 곁에서 가까이 모시는 사람.
[親近(친근)] 사귀어 지내는 사이가 매우 가까움. 囘親密(친밀)
[不可近不可遠(불가근불가원)] ☞ 遠(원)

닮다, 비슷하다
[近似(근:사)] ① 거의 같음 비슷함. ② 그럴싸하게 괜찮음. 꽤 좋음.
[近似値(근:사치)] 근삿값. 참값에 가까운 값.

가까운 때, 요사이, 요즘
[近來(근:래)] 가까운 요즈음. ¶근래에 보기 드문 일
[近況(근:황)] 요즈음의 형편. ¶친구의 근황이 궁금하다
[最近(최:근)] ① 요즈음. ¶최근에는 볼 수 없는 물건 ② 현재에 매우 가까운 지나간 날. ¶최근에 발표된 경제 정책 ③ 거리 따위가 가장 가까움. ¶최근 거리를 달리다
[人無遠慮必有近憂(인무원려필유근우).] ☞ 遠(원)
近年(근년), 近刊(근간), 近間(근간), 近代(근대), 近世(근세), 近影(근영), 近日(근일), 近者(근자)

有 있을 유:, 月부6　　0116

있다, 존재하다
[有利(유:리)] ① 이익이 있음. ② 형편이 좋음.
[有無(유:무)] 있음과 없음.
[萬有引力(만:유인력)] 온갖 물체 사이에 작용하는 인력.
[尙有十二隻(상유십이척), 微臣不死(미신불사).] 배가 아직 열두 척이나 남아 있고, 신이 아직 죽지 않았습니다. 『忠武公(충무공)』
有感(유감), 有故(유고), 有功(유공), 有口無言(유구무언), 有給(유급), 有期(유기), 有毒(유독), 有料(유료), 有望(유망), 有名(유명), 有名無實(유명무실), 有別(유별), 有夫女(유부녀), 有服之親(유복지친), 有備無患(유비무환), 有事(유사), 有事時(유사시), 有償(유상), 有色(유색), 有色人種(유색인종), 有線(유선), 有性(유성), 有性生殖(유성생식), 有始無終(유시무종), 有神論(유신론), 有心(유심), 有耶無耶(유야무야), 有煙炭(유연탄), 有用(유용), 有意(유의), 有意莫遂(유의막수), 有益(유익), 有終(유종), 有罪(유죄), 有酒無肴(유주무효), 有志(유지), 有限(유한), 有限責任(유한책임), 有害(유해), 有形(유형), 有效(유효), 鷄卵有骨(계란유골), 君臣有義(군신유의), 男女有別(남녀유별), 萬有(만유), 未曾有(미증유), 夫婦有別(부부유별), 父子有親(부자유친), 朋友有信(붕우유신), 死生有命(사생유명), 殺生有擇(살생유택), 言中有骨(언중유골), 長幼有序(장유유서), 酒有別腸(주유별장), 必有曲折(필유곡절), 含有(함유)

가지고 있다, 보유하다 소유물, 보전하여 소유하다
[有權者(유:권자)] ① 권력이 있는 사람. ② 권리를 가진 사람. ③ 선거권이 있는 사람.
[所有(소:유)] 자기의 것으로 가짐. 또는 가지고 있음. 웹所有權(소유권)
[有錢可使鬼(유:전가사귀).] 돈이 있으면 귀신도 부릴 수 있음. '돈의 위력이 큼'을 이름. 囘錢可通神(전가통신)
有價(유가), 有價證券(유가증권), 有機物(유기물), 有機的(유기적), 有機體(유기체), 有段者(유단자), 有婦男(유부남), 有産(유산), 有産者(유산자), 有産階級(유산계급), 有勢(유세), 有識(유식), 有錢(유전), 固有(고유), 共有(공유), 保有(보유), 占有(점유), 特有(특유), 國有(국유), 國有地(국유지), 國有林(국유림), 國有財産(국유재산), 公有(공유), 私有(사유), 私有財産(사유재산), 私有地(사유지), 領有(영유), 享有(향유)

많다, 넉넉하다
[有能(유:능)] 재능이 있음, 또는 그 사람.
[有力(유:력)] 확실한 가능성이 있음.

無 없을 무, 火부12　　0117

'없을 無(무)'자는 원래 사람이 춤추는 모습을 형상화하여 '춤'의 뜻을 나타내었으나 가차하여 '없다'는 뜻으로 쓰게 되었다. '춤추다'는 뜻은 '어그러질 舛(천)'을 붙여 '춤출 舞(무)'자를 만들어 나타냈다.

없다
[無禮(무례)] 예의가 없거나 그에 맞지 않음. 버릇없음. ¶무례한 놈
[無事(무사)] ① 아무 일이 없음. ② 아무 탈이 없음.
[萬壽無疆(만:수무강)] 한이 없이 오래오래 삶. 다른 사람이 오래 살기를 비는 말.
[仁者無敵(인자무적)] 어진 사람은 모든 사람을 사랑하

므로 천하에 적대하는 사람이 없음.
[厚顏無恥(후:안무치)] 낯가죽이 두껍고 뻔뻔스러워 부끄러움을 모름.
[水至淸則無魚(수지청즉무어), 人至察則無徒(인지찰즉무도).] 물이 너무 맑으면 고기가 없고, 사람이 너무 세세하게 살피면 따르는 무리가 없다. 지나치게 세밀한 부분까지 따지는 사람 밑에는 인재가 모여들지 않는다.
참 淸水無大魚(청수무대어), 水淸無大魚(수청무대어) 『古詩源 漢書』
[恭而無禮則勞(공이무례즉로),] 공손하면서 예법이 없으면 고달프다. 몸가짐이 공손한 것은 중요하다. 그러나 거기에도 적당한 절도가 없다면 너무 거북하여 심신을 고달프게 만든다. 『論語(논어)·泰伯(태백)』 ☞ * 021

無疆(무강), 無可奈(무가내), 無間地獄(무간지옥), 無蓋(무개), 無缺(무결), 無故(무고), 無骨好人(무골호인), 無冠(무관), 無關(무관), 無關心(무관심), 無窮無盡(무궁무진), 無窮花(무궁화), 無極(무극), 無根(무근), 無給(무급), 無期(무기), 無機(무기), 無機物(무기물), 無氣力(무기력), 無難(무난), 無男獨女(무남독녀), 無念無想(무념무상), 無能(무능), 無斷(무단), 無量(무량), 無慮(무려), 無力(무력), 無料(무료), 無聊(무료), 無賴漢(무뢰한), 無名(무명), 無名指(무명지), 無謀(무모), 無味乾燥(무미건조), 無妨(무방), 無法(무법), 無病(무병), 無不干涉(무불간섭), 無不通知(무불통지), 無事安逸(무사안일)/無事安佚(무사안일), 無事泰平(무사태평), 無産階級(무산계급), 無償(무상), 無想(무상), 無常(무상), 無色(무색), 無線(무선), 無聲(무성), 無性生殖(무성생식), 無所不爲(무소불위), 無數(무수), 無愁翁(무수옹), 無神論(무신론), 無識(무식), 無神經(무신경), 無心(무심), 無雙(무쌍), 無我之境(무아지경), 無顔(무안), 無碍(무애), 無礙(무애), 無涯(무애), 無言(무언), 無嚴(무엄), 無煙炭(무연탄), 無厭之慾(무염지욕), 無影(무영), 無用(무용), 無用之物(무용지물), 無慾(무욕), 無爲徒食(무위도식), 無意識(무의식), 無益(무익), 無人(무인), 無人島(무인도), 無人之境(무인지경), 無賃乘車(무임승차), 無子(무자), 無慈悲(무자비), 無酌定(무작정), 無抵抗(무저항), 無籍(무적), 無敵(무적), 無錢旅行(무전여행), 無精卵(무정란), 無政府(무정부), 無制限(무제한), 無酌定(무작정), 無腸公子(무장공자), 無電(무전), 無情(무정), 無題(무제), 無條件(무조건), 無罪(무죄), 無主空山(무주공산), 無知(무지), 無知莫知(무지막지), 無知蒙昧(무지몽매), 無職(무직), 無盡藏(무진장), 無慘(무참), 無慙(무참), 無舵之舟(무타지주), 無痛(무통), 無風(무풍), 無學(무학), 無限(무한), 無限定(무한정), 無限小數(무한소수), 無限責任(무한책임), 無害(무해), 無形(무형), 無花果(무화과), 無效(무효), 家無二主(가무이주), 角者無齒(각자무치), 感慨無量(감개무량), 孤立無援(고립무원), 公平無私(공평무사), 廣大無邊(광대무변), 口無二言(구무이언), 極惡無道(극악무도), 勞而無功(노이무공), 頓淡無心(돈담무심), 莫無可奈(막무가내), 萬無(만무), 傍若無人(방약무인), 百害無益(백해무익), 變化無雙(변화무쌍), 四顧無親(사고무친), 死無餘恨(사무여한), 束手無策(속수무책), 眼中無人(안중무인), 眼下無人(안하무인), 完全無缺(완전무결), 有口無言(유구무언), 有名無實(유명무실), 有無(유무), 有耶無耶(유야무야), 唯一無二(유일무이), 臨戰無退(임전무퇴), 赤貧無依(적빈무의), 全無(전무), 前無後無(전무후무), 絶學無憂(절학무우), 諸行無常(제행무상), 縱橫無盡(종횡무진), 天無二日(천무이일), 天下無敵(천하무적), 天衣無縫(천의무봉), 天眞無垢(천진무구), 虛無(허무), 虛無孟浪(허무맹랑), 荒唐無稽(황당무계)

말라
[無欲速(무욕속)] 일을 함에 있어, 그 성공을 서두르지 말라는 뜻. 子曰(자왈), ＿＿＿, 無見小利(무견소리), 欲速則不達(욕속즉부달), 見小利則大事不成(견소리즉대사불성) 『論語(논어)』 ☞ * 116

아니다(不, 否 또는 非)
[無記名(무기명)] 이름을 쓰지 않음.
[無理(무리)] ① 이치나 도리에 맞지 않음. ¶자네가 그렇게 화를 내는 것도 무리는 아니지 ② 정도에 지나침. ¶그러한 요구는 무리이네 ③ 힘에 부치는 일을 억지로 함. ¶너무 무리해서 병이 났다 ④ (기계 따위를) 지나치게 다루는 것. ¶기계에 무리가 가지 않도록 해라 ⑤ (수) 더하기·빼기·곱하기·나누기 이외의 관계를 포함하는 것.
[無視(무시)] ① 존재나 있는 값어치를 알아주지 않음. ② 사람을 깔보거나 업신여김.
無理數(무리수), 無妄之福(무망지복), 無妄中(무망중), 無妄之禍(무망지화), 無明(무명), 無慘(무참)

기타
[南無(남무)] (불) '나무'의 원말. '돌아가 의지함'이라는 뜻으로, '믿고 의지함'을 나타내는 말. 참 나무아미타불
[南無阿彌陀佛(나무아미타불)] ① (불) '아미타불에 돌아가 의지한다'는 뜻으로, 염불할 때 외우는 말. ② '공들여 해 놓은 일이 허사가 됨'을 이르는 말. 참 十年工夫(십년공부) 南無阿彌陀佛(나무아미타불)
허무의 도(道), 혼연하여 구별이 없는 만물의 근원이 되는 도

現 나타날 현:, 玉부11　　0118

'現(현)'자는 '구슬 玉(옥)'과 '보일 見(현)'으로 이루어진 글자이다. '볼 見(견)'과 구분할 목적으로 '구슬 玉(옥)'을 덧붙인 것이다.

나타나다, 나타내다
[現象(현:상)] ① 눈앞에 나타나 보이는 사물의 현상. ¶적조 현상/기상 현상 ② (철) 본질이나 본체의 외면에 나타나는 상.
[實現(실현)] 실제로 나타냄. ¶계획과 그의 실현 참 自我實現(자아실현)

[表現(표현)] 생각이나 감정·느낌 등을 나타냄. ¶예술적 표현/추상적 표현 참表現力(표현력)
[出現(출현)] 나타남. 나타나 보임.
現夢(현몽), 現像(현상), 具現(구현), 俱現(구현), 發現(발현)/發顯(발현), 再現(재현)

이제, 지금

[現實(현실)] 현재의 사실로서 존재하고 있는 상태 또는 상황. ¶현실과 이상/어려운 현실/현실을 바로 보다 참理想(이상), 現實的(현실적)
[現場(현:장)] 사건이 일어난 곳.
[現在(현:재)] ① 지금 이때. ② 말하고 있는 그때의 움직임이나 상태를 나타내는 시제. 참過去(과거), 未來(미래), 現在分詞(현재분사), 現在完了(현재완료), 現在進行(현재진행)
現金(현금), 現今(현금), 現代(현대), 現物(현물), 現狀(현상), 現實逃避(현실도피), 現業(현업), 現役(현역), 現存(현존), 現住所(현주소), 現地(현지), 現職(현직), 現札(현찰), 現品(현품), 現行(현행), 現行犯(현행범), 現況(현황)

이승

[現世(현:세)] 현재의 세상. 이 세상.

在 있을 재:, 土부6 0119

'在(재)'자는 '흙 土(토)'와 '재주 才(재)'로 이루어진 글자이다. 표음요소인 '才(재)'자는 모양이 약간 바뀌었다. '土(토)'는 '곳', '자리'의 뜻을 나타낸다. 즉 '在(재)'자는 '어느 곳에 있다'의 뜻을 가진다.

있다, 일정한 곳을 차지하고 있다, 일정한 위치·벼슬 등에 자리하고 있다

[在職(재:직)] 어느 직장에 다니고 있음.
[在學(재:학)] 학교에 학적이 있음.
[所在(소:재)] 있는 장소.
[存在(존재)] 현존하여 실제로 있음. 또는 그런 대상.
[現在(현:재)] ☞現(현)
在庫(재고), 在來(재래), 在來種(재래종), 在所者(재소자), 在野(재야), 在位(재위), 在任(재임), 在籍(재적), 在天(재천), 內在(내재), 內在律(내재율), 芒刺在背(망자재배), 命在頃刻(명재경각), 富貴在天(부귀재천), 富在知足(부재지족), 人命在天(인명재천), 不在(부재), 不在者(부재자), 散在(산재), 實在(실재), 殘在(잔재), 潛在(잠재), 潛在意識(잠재의식), 偏在(편재)

살고 있다, 머물고 있다

[在京(재:경)] 서울에 있음. ¶재경 동창회 凹在鄕(재향)
[在鄕軍人(재:향군인)] 현역에서 물러나 고향에 돌아와 있는 군인.
[健在(건:재)] 아무 탈 없이 튼튼하게 잘 있음.
[滯在(체재)] 객지에 가서 오래 머물러 있음. 동滯留(체류)
在家(재가), 在家僧(재가승), 在美(재미), 在日(재일),
在日同胞(재일동포), 在鄕(재향), 駐在(주재), 駐在國(주재국)

제멋대로 하다, 자유자재하다

[自在(자재)] ① 부자유가 없음. 자유자재의 준말.
[自由自在(자유자재)] 마음대로 할 수 있음. 아무 거리낌이 없는 상태.

남기다

*[人在名虎在皮(인재명호재피).] 사람은 죽어서 이름을 남기고, 범은 죽어서 가죽을 남긴다는 말. ☞*447

過 지날 과:, 辵부13 0120

'過(과)'자는 '길 갈 辶(착) + 입 비뚤어질 咼(와)'로 이루어진 글자이다. '지나가다'란 뜻을 나타낸다.

지나다, 지나가다, 넘다, 건너다, 거치다, 경력하다, 빠져나가다

[過去(과:거)] ① 지나간 때. ¶과거에 없던 일. ② 지나간 일이나 생활. ¶과거를 묻지 마세요 ③ (언) 말하고 있는 때보다 이전의 행동이나 상태를 나타내는 시간 범주. 참過去事(과거사), 過去形(과거형), 過去完了(과거완료)
[過渡期(과:도기)] (주로 사회적인 현상이) 한 단계에서 다른 단계로 넘어가는 도중에 있는 시기. ¶이런 사회 혼란은 과도기적 현상이다
[經過(경과)] ① 시간(때)이 지나감. ¶시간의 경과 ② 시간(동안)을 지나침. ③ 진행되는 과정. ¶치료 경과가 좋다/경과 보고
[通過(통과)] ① 어떤 곳이나 때 또는 차례를 거쳐서 지나감. ¶국경을 통과하다 ② 청원·의안 따위가 승인되거나 가결됨. ③ 검사·시험 따위에 합격되거나 인정됨. ¶예선 통과
[白日莫空過(백일막공과).] 밝은 날을 헛되이 보내지 말라. '청춘을 아껴야 할 것임'을 이르는 말. 『林寬(임관)·少年行(소년행)』☞ * 131
過客(과객), 過年(과년), 過歲(과세), 過程(과정), 看過(간과), 黙過(묵과), 禍過禍生(복과화생), 不過(불과), 濾過(여과), 擦過傷(찰과상), 透過(투과)

남다, 여유가 있다, 많다

[過分(과:분)] 분에 넘침. ¶과분한 칭찬

심하다, 너무하다, 지나치다

[過大(과:대)] 지나치게 큼. 凹過小(과소) 참過大評價(과대평가)
[過食(과:식)] 지나치게 많이 먹음. 참過飮(과음)
[過恭非禮(과:공비례)] 지나친 공손은 도리어 예가 되지 못함.
[過猶不及(과:유불급)] 지나친 것은 미치지 못하는 것과 같다. 일을 처리하거나 수행할 때 지나친 것은 미치지 못한 것과 같다는 말이다. 물론 이 말은 물질적 성과만 가지고 성패를 따지는 것은 아니다. 지나치지도 않고 모자람도 없는 中庸(중용)의 문제를 거론한 것이

다. 혹시 '過猶不及(과유불급)'을 '지나친 것은 모자라는 것만 못하다'라는 뜻으로 쓴다면 이것은 본뜻과는 달라진 것이다.
[超過(초과)] 일정한 수나 한도를 넘음. ¶예산을 초과하다
過激(과격), 過謙(과겸), 過恭(과공), 過多(과다), 過度(과도), 過量(과량), 過勞(과로), 過敏(과민), 過密(과밀), 過半(과반), 過半數(과반수), 過酸化水素(과산화수소), 過負荷(과부하), 過小評價(과소평가), 過少(과소), 過速(과속), 過信(과신), 過言(과언), 過熱(과열), 過慾(과욕), 過用(과용), 過剩(과잉), 過剩生産(과잉생산), 過積(과적), 過重(과중), 過讚(과찬), 過怠(과태), 過怠料(과태료), 弄過成嗔(농과성진), 神經過敏(신경과민)

실수하다, 틀리다, 잘못하다, 실수, 실패, 과실, 허물
[過失(과:실)] ① 잘못이나 허물. 過誤(과오). ② (법) 주의를 하지 않아 어떤 결과의 발생을 예견하지 못한 일. 참過失致死(과실치사)
[過誤(과:오)] 過失(과실). 잘못이나 허물.
[改過遷善(개:과천선)] 잘못을 고치어 착한 마음으로 바꿈. 허물을 고치고 옳은 길로 들어섬.
[謝過(사:과)] 자신의 과오에 대하여 용서를 빎. ¶진심으로 사과합니다
[過則勿憚改(과즉물탄개).] 허물이 있다면 고치기를 꺼리지 말라. 즉 잘못을 저질렀다고 후회만 하지 말고, 그것을 빨리 바로잡아야만 다시는 같은 잘못을 저지르지 않는다는 뜻이다. 『論語(논어)·學而(학이)』
[大人不責小人過(대:인불책소인과).] 큰 덕을 갖춘 사람은 하찮은 사람의 실수를 책망하지 아니함. 『陔餘叢考(해여총고)』
改過(개과), 功過(공과), 大過(대과)

잘못하여 법을 어기다, 고의가 없는 범죄, 죄, 허물
[前過(전과)] 앞서 저지른 과실. 이전의 허물.
[罪過(죄:과)] 그릇된 허물.

去 갈 거:, 덜 거:, ㅿ부5   0121

'去(거)'자는 '흙 土(토)'와 '개인 ㅿ(사)'의 조합인 것처럼 보이지만, '큰 大(대)'와 집을 가리키는 'ㅂ(감)'이 변한 것이라고 한다. 글자 모양이 많이 변하였다. 집을 나서는 어른의 모습에서 만들어진 글자이다.

가다, 일정한 방향으로 떠나가다, 시간이 지나가다, 지나간 때
[去來(거:래)] ① 가고 옴. ② 상품을 팔고 사들이는 일. 돈을 주고받는 일. 참去來處(거래처) ③ 영리 목적의 경제 행위. ④ 서로의 이해득실에 관련되는 교섭.
[去者必返(거:자필반)] 떠나간 사람은 반드시 돌아온다 (헤어지면 언젠가는 다시 만나게 된다는 말). 참會者定離(회자정리)
[去就(거:취)] ① (사람이) 어디로 가거나 다니거나 하는 동태. ¶그의 거취가 궁금하다 ② (어떤 사태에 대하여) 자기의 처지를 밝혀 취하는 태도. ¶거취를 분명히 하다
[過去(과:거)] ☞ 過(과)
[空手來空手去(공수래공수거).] 빈손으로 왔다가 빈손으로 간다는 뜻으로, '사람이 세상에 태어났다가 헛되이 죽어 감'을 비유하여 이르는 말.
[來者勿拒(내자물거), 去者勿追(거:자물추).] 오는 사람을 물리치지 말고, 가는 사람을 억지로 붙들지 말라. 『春秋公羊傳(춘추공양전)』 ☞ * 077
[物順來而勿拒(물순래이물거), 物旣去而勿追(물기거이물추).] 물건이 순리로 오거든 물리치지 말고, 물건이 이미 갔거든 쫓아가지 말라. 『明心寶鑑(명심보감)·正己篇(정기편)』
去者日疎(거자일소), 過去事(과거사), 歸去來辭(귀거래사), 收去(수거), 退去(퇴거)

어떤 현상이 사라져 없어지다, 소멸하다, 죽다, 죽이다
[死去(사:거)] 죽어서 이 세상을 떠남.
[逝去(서:거)] '死去(사거)'의 높임말. 죽어 이 세상을 떠남.

거성, 사성의 하나
[去聲(거:성)] ① (언) 四聲(사성)의 하나로 가장 높은 소리. ② 한자의 四聲(사성)에서, 처음과 끝이 한결같이 높은 소리.

덜다, 덜어 버리다, 덜어 없애다
[去勢(거:세)] ① 동물의 수컷의 불알을 까 버리거나 암컷의 난소를 들어내어 생식 기능을 없앰. ¶거세한 수퇘지 ② 어떤 권력이나 세력 따위를 꺾어버림. ¶반대 세력을 거세하다
[登樓去梯(등루거제)] 다락에 오르게 하고 사다리를 치운다는 뜻으로, '사람을 꾀어서 난처한 처지에 빠지게 함'을 비유한 말.
[除去(제거)] 덜어 없앰. ¶불순물 제거/친일파 제거
去頭截尾(거두절미), 撤去(철거)

내몰다, 내쫓다
[七去之惡(칠거지악)], [三不去(삼불거)]

未 아닐 미(:), 木부5   0122

'未(미)'자는 나뭇가지에 잎이 붙은 모양을 본뜬 것으로, '나뭇잎'이 본뜻이었다. '아직 ~아니다' 같은 부정사로 많이 쓰인다.

아니다, 못하다, 아직 …하지 못하다, 아직 …하지 아니하다
[未開(미:개)] 아직 개화하지 못한 상태. 문명이 깨치지 못한 상태에 있음. ¶미개한 민족
[未成年(미:성년)] 아직 성년이 되지 않은 나이. 또는 그 사람. 만 스무 살 이하의 나이나 사람을 가리키는 말.
[昨醉未醒(작취미성)] 어제 마신 술이 아직도 깨지 않음.
[前人未踏(전인미답)] 이전 사람이 아직 가보지 못했거나 해보지 못함.
[未能事人(미:능사인), 焉能事鬼(언능사귀). 未知生

(미지생), 焉知死(언지사).] 아직 사람도 능히 섬기지 못하는데 어찌 귀신을 섬길 수 있으며, 삶도 모르는데 어떻게 죽음에 대해서 알 수 있겠는가. 죽음을 알려고 하기 전에 우선 삶에 대해서 먼저 알아야 한다.『論語(논어)・先進(선진)』

[毋測未至(무측미지).] 아직 닥치지 않은 일을 예측하지 말라. 아직 일어나지도 않은 문제를 이리저리 지나치게 예측하는 일은 삼가야 한다. 자기의 수고를 더할 뿐만 아니라 상대의 마음을 상하게 하기 때문이다.『小學(소학)・內篇(내편)・敬身(경신)』

未決(미결), 未決囚(미결수), 未納(미납), 未達(미달), 未踏(미답), 未練(미련), 未滿(미만), 未亡人(미망인), 未明(미명), 未備(미비), 未詳(미상), 未嘗不(미상불), 未生馬(미생마), 未遂(미수), 未收(미수), 未收金(미수금), 未熟(미숙), 未審(미심), 未安(미안), 未然(미연), 未完(미완), 未完成(미완성), 未定(미정), 未濟(미제), 未曾有(미증유), 未知(미지), 未知數(미지수), 未盡(미진), 未畢(미필), 未婚(미혼), 未洽(미흡), 前代未聞(전대미문)

미래, 장래

[未來(미:래)] ① 현재를 기준으로 아직 다가오지 않은 때. 앞으로 올 때. 앞날. 장래. 凹 過去(과거) ② (언) 말하고 있는 때보다 나중의 움직임이나 상태를 나타내는 시제. 囹未來完了(미래완료) 未來進行(미래진행)

여덟째 지지(地支)

[未時(미:시)] 십이시의 여덟째 시. 오후 한시부터 세시까지.

[己未獨立宣言(기미독립선언)] 己未(기미, 1919)년에 우리 민족이 일본의 식민 통치에 항거하고, 독립선언서를 발표하여 우리나라가 독립국임을 세계만방에 널리 알린 일.

[辛未洋擾(신미양요)] (역) 조선 고종 8(신미, 1871)년에 미국 함대가 강화도 해협에 침입하여 온 사건. 조선의 수군에 의해 격퇴됨.

[乙未事變(을미사변)] (역) 조선 고종 32(을미, 1895)년에, 일본 공사 미우라의 무리가 친일 세력을 키우기 위해 친로파를 제거하려고 명성황후를 시해한 사건.

癸未(계미), 己未(기미), 辛未(신미), 乙未(을미), 丁未(정미)

來 올 래(:), 人부8   0123

'來(래)'자는 보리가 서 있는 모양을 본뜬 자이다. 그런데 이 글자가 '오다'는 의미로 쓰이는 예가 많아지자 본래의 뜻은 '來(래)'자에 '뒤쳐올 夂(치)'를 붙여 '보리 麥(맥)'자를 만들어 나타냈다.

오다, 이르다

[來賓(내:빈)] 손님으로 찾아옴, 또는 그 사람. 來客(내객).

[去來(거:래)] ☞ 去(거)

[苦盡甘來(고진감래)] '쓴 것이 다하면 달콤한 것이 온다'라는 뜻으로, 고생한 끝에 즐거움이 온다는 말.

[往來(왕:래)] ① 가고 오고 함. ② 서로 교제하여 사귐.

[傳來(전래)] ① 예로부터 전하여 내려옴. ② 외국에서 전하여 들어옴.

[來者勿拒(내자물거), 去者勿追(거:자물추).] 오는 사람을 물리치지 말고, 가는 사람을 억지로 붙들지 말라.『春秋公羊傳(춘추공양전)』

[空手來空手去(공수래공수거).] 빈손으로 왔다가 빈손으로 간다는 뜻으로, '사람이 세상에 태어났다가 헛되이 죽어 감'을 비유하여 이르는 말.

[盛年不重來(성년부중래).] 젊고 왕성한 때는 두 번 다시 오지 않는다.『古文眞寶・五言古風短篇 陶淵明 雜詩』☞ * 201

來歷(내력), 來世(내세), 來往(내왕), 來韓(내한), 去來處(거래처), 捲土重來(권토중래), 歸去來辭(귀거래사), 到來(도래), 渡來(도래), 本來(본래), 飛來(비래), 飛來福(비래복), 飛來禍(비래화), 說往說來(설왕설래), 時不再來(시불재래), 如來(여래), 禮尙往來(예상왕래), 外來(외래), 外來語(외래어), 運到時來(운도시래), 由來(유래), 在來(재래), 在來種(재래종), 後來三杯(후래삼배), 興盡悲來(흥진비래)

장래, 미래

[來年(내년)] 올해의 다음 해. 이듬해. 明年(명년). 凹 昨年(작년), 今年(금년)

[來日(내일)] ① 오늘의 다음 날. 明日(명일). ② 앞으로 다가올 날. 後日(후일).

[未來(미:래)] ☞ 未(미)

[將來(장래)] ① 장차 올 앞날. ¶가까운 장래에 ② 앞으로의 전망이나 전도. ¶우리나라 수출 산업의 장래는 매우 밝다

來週(내주), 近來(근래), 年來(연래)

부르다, 오게 하다

[來訪(내:방)] 찾아와 봄.

[招來(초래)] ① 어떤 결과를 가져옴. ② 불러옴.

부터, 에서

[近來(근:래)] 가까운 요즈음. ¶근래에 보기 드문 일

[原來(원래)] 본디. 본래. 처음 이래로. 중국에서는 元來(원래)로 쓰다가 명나라 때 元(원)자를 싫어하여 原來(원래)로 고쳤다는 설이 있다. 囹元來(원래)

[以來(이:래)] 그때부터 지금까지.

古來(고래), 元來(원래), 自古以來(자고이래), 從來(종래)

時 때 시, 日부10   0124

'時(시)'자는 '해 日(일)'과 '절 寺(사)'로 이루어진 글자이다. '寺(사)'는 '寺(시)'로 읽을 때도 있으니, 표음요소로 쓰인 것이고, 해가 뜨고 지는 데서 시간이나 계절이 생겼으니, '해 日(일)'은 표의요소이다. '계절' 즉 '四時(사시)'가 본뜻이다. '때', '시간' 등으로도 쓰인다.

때, 정해 놓은 때, 그 때, 당시
[時期(시기)] ① 정하여진 때. ② 바라고 기다리던 때.
[時日(시일)] ① 때와 날. ② 좋은 날. ③ 이 날.
[當時(당시)] 어떤 일을 당하고 있는 바로 그 때. 또는 이야기하고 있는 그 시기. ¶당시에 나는 학생이었다
[晩時之歎(만:시지탄)] 기회를 놓쳐 뒤늦었음을 안타까워하는 탄식.
時價(시가), 時空(시공), 時方(시방), 時點(시점), 時限(시한), 時效(시효), 今時初聞(금시초문), 同時(동시), 辰時間(삽시간), 常時(상시), 生時(생시), 盛時(성시), 歲時(세시), 隨時(수시), 有事時(유사시), 一時(일시), 臨時(임시), 暫時(잠시), 適時(적시), 戰時(전시), 定時(정시), 卽時(즉시), 寸時(촌시), 平常時(평상시), 平時(평시), 何時(하시), 恒時(항시), 花時(화시), 或時(혹시)

세월, 나날의 경과
[時節(시절)] ① 철. 계절. ② 좋은 기회. ③ 사람의 일생을 구분한 한동안.
[時和歲豊(시화세풍)] 기후가 순조로워 풍년이 듦. 통 時和年豊(시화연풍)

일 년(사철)의 구분(춘하추동)
[時享(시향)] ① 해마다 음력 10월에 5대 이상의 먼 조상의 산소에 가서 지내는 제사. 時祀(시사). ② 해마다 음력 2월·5월·8월·11월에 사당에 지내는 제사.
[時鳥(시조)] ① 철에 따라서 우는 새. ② 소쩍새.
四時(사시), 四時長春(사시장춘)

하루의 구분
[時間(시간)] ① 어느 때부터 어느 때까지의 사이. 참 時間表(시간표) ② 시각. ③ 공간과 더불어 물체의 존재 변화를 설명하는 필요조건. 곧, 과거와 현재와 미래에 流轉(유전)·連續(연속)하여 縱(종)으로 무한한 것.
[時計(시계)] 자동적으로 시각을 알리는 기계.
[日時(일시)] 날자와 시각. 또는 날과 때.
[午時(오:시)] 십이시의 일곱째. 곧, 오전 11시부터 오후 1시 사이. 참 子時(자시)
時刻(시각), 時速(시속), 時時刻刻(시시각각), 時差(시차), 時針(시침), 每時(매시), 卯時(묘시), 未時(미시), 巳時(사시), 戌時(술시), 辛時(신시), 零時(영시), 子時(자시), 酉時(유시), 寅時(인시), 丁時(정시), 辰時(진시), 丑時(축시), 標準時(표준시), 亥時(해시)

연대, 세, 대
[時代(시대)] ① 일정한 표준에 의하여 구분된 기간. ② 그 당시. 당대. 참 時代思潮(시대사조), 時代潮流(시대조류) ③ 세월.
時代思潮(시대사조), 時代潮流(시대조류), 石器時代(석기시대), 鐵器時代(철기시대), 靑銅器時代(청동기시대)

기회
[時機(시기)] 적당한 時期(시기). 機會(기회)
[時機尙早(시기상조)] 아직 시기가 이름. '아직 때가 덜 되었음'을 이르는 말.
待時(대시), 運到時來(운도시래)

운명, 십간(十干)과 십이지(十二支)가 착행(錯行)할 때 그에 응하여 길흉이 생겨나는 일
[時運(시운)] 시대의 운수.
[天時(천시)] ① 하늘의 운행. 하늘의 도리를 이름. ② 그 날의 일진, 운수 등을 이름.
[天時地利人和(천시지리인화)] 하늘이 주는 운은 지리상의 이로움만 못하고, 지리상의 이로움도 사람들 사이의 화합과 일치단결만 못하다는 뜻이다. 우연이나 요행보다는 서로 협심하여 단결하는 것이 일을 이루는 데에 유리하다는 말이다. 天時不如地利(천시불여지리), 地利不如人和(지리불여인화). 『孟子(맹자)·公孫丑 下(공손추 하)』

세상 되어가는 형편
[時局(시국)] 그 당시 일이 되어가는 모양 또는 형편.
[時事(시사)] 당시에 생기는 여러 가지 세상일.
時勢(시세), 時論(시론), 時流(시류)

알맞은 때, 때맞추다, 때를 어기지 아니하다
[時雨(시우)] '때맞추어 오는 비'란 뜻으로 '敎化(교화)가 널리 미침'을 비유하여 이르는 말.
[時宜(시의)] 그 때의 사정에 맞음. ¶時宜適切(시의적절)

위급한 때, 중대한 때
[時急(시급)] 시각이 절박하여 몹시 급함.
[不時(불시)] ① 뜻밖. ② 알맞은 때가 아님.
[不時着(불시착)] 불시착륙(不時着陸)의 준말. 비행기가 사고나 기상의 급변으로 인하여 불시에 착륙하는 일.

때마다, 때때로, 항상
[時習(시습)] ① 때로 익힘. ② 그 시대의 관습.
[學而時習之(학이시습지), 不亦說乎(불역열호).] 배워서 그것을 제때에 익히니 또한 기쁘지 않겠는가. 한 번 배우면 그것으로 다 아는 것처럼 기가 산다. 그러나 실제로는 잘 모르는 것이다. 하지만 배운 것을 시간 있을 때마다 복습하고 연습해 보면 차츰 진정한 뜻을 이해하게 된다. 즉 몸소 깨달아 실천하게 되는 것이다. 그러한 체득의 기쁨이야말로 학문의 참다운 기쁨이다. 『論語(논어)·學而(학이)』 ☞ *452

기타
[時調(시조)] 고려 말엽부터 발달한 한국 고유의 定型詩(정형시). 初章(초장)·中章(중장)·終章(종장)으로 이루어진다.

期 기약할 기, 만날 기, 月부12   0125

'期(기)'자는 처음에는 '日(일) + 其(기)'로 이루어졌던 것이 후에 '其(기) + 月(월)'로 바뀌었다. 만나서 약속하고 미래를 기약하는 것은 대낮보다 달밤에 하는 것이 좋았나보다.

때, 적당한 때, 기회
[期間(기간)] 어느 일정한 시기에서 다른 일정한 시기까지의 사이.
[期日(기일)] 기약한 날짜. 정해진 날짜. ¶기일 내에 일을 마치다

[期限(기한)] 미리 어느 때까지라고 정함. 또는 그 시기. ¶기한을 정하다/납부 기한
[同期(동기)] ① 같은 시기. ② 동기 동창. 同期生(동기생).
[無期(무기)] '무기한'의 준말. 정해놓은 기한이 없음. 函無期懲役(무기징역), 無期限(무기한)
更年期(갱년기), 乾期(건기), 乾燥期(건조기), 過渡期(과도기), 納期(납기), 農繁期(농번기), 農閑期(농한기), 短期(단기), 冬期(동기), 滿期(만기), 晚期(만기), 末期(말기), 萌芽期(맹아기), 半減期(반감기), 半期(반기), 變聲期(변성기), 分期(분기), 思春期(사춘기), 成熟期(성숙기), 時期(시기), 失期(실기), 暗黑期(암흑기), 黎明期(여명기), 延期(연기), 搖籃期(요람기), 雨期(우기), 有期(유기), 幼年期(유년기), 幼兒期(유아기), 離乳期(이유기), 任期(임기), 潛伏期(잠복기), 長期(장기), 適期(적기), 前期(전기), 全盛期(전성기), 定期(정기), 定期預金(정기예금), 定期總會(정기총회), 早期(조기), 週期(주기), 中氣(중기), 次期(차기), 初期(초기), 秋期(추기), 春期(춘기), 夏期(하기), 夏期放學(하기방학), 夏期休暇(하기휴가), 學期(학기), 好期(호기), 婚期(혼기), 換節期(환절기), 會期(회기), 劃期的(획기적), 後期(후기)

약속하다, 기약하다
[期約(기약)] 때를 정하여 약속함. ¶기약 없는 작별
[期必(기필)] 틀림없이 이루어지기를 기약함. 函期必(기필)코
[豫期(예:기)] 앞으로 닥쳐 올 일에 대하여 미리 생각하여 기약함. ¶예기치 못한 질문

기대하다, 희망을 걸고 믿다
[期待(기대)/企待(기대)] 일이 이루어지기를 바라고 기다림.
[所期(소:기)] 기대한 바. 마음속으로 기약한 바. ¶소기의 목적을 달성하다

목표나 목적으로 삼다
[期成(기성)] 어떤 일을 꼭 이룰 것을 목적하거나 기약함. ¶期成會(기성회)

始 비로소 시:, 처음 시:, 女부8   0126

'始(시)'자는 '女(녀)'와 '별 이름 台(태)'로 이루어졌다. 여기에서 '台(태)'는 '뱃속 胎(태)'의 생략형이다. 누구나 여자[女(녀)]의 뱃속[胎(태)]에서 비로소 첫 삶을 시작했기 때문이라고 설명한다.

처음, 시간적으로나 순서적으로 맨 앞, 비로소, 최초에, 비롯하다, 시작하다
[始末(시:말)] 처음과 나중. 函始末書(시말서)
[始初(시:초)] 맨 처음.
[開始(개시)] 처음으로 시작함.
[千里之行始於足下(천리지행시어족하).] 천리의 먼 길도 발 아래에서 첫걸음부터 시작한다는 뜻으로, 쉬지 않고 힘쓰면 큰 일을 이룸을 비유한 말. 『老子(노자)』
[身體髮膚受之父母(신체발부수지부모), 不敢毁傷(불감훼상), 孝之始也(효지시야).] 신체와 모발, 피부는 부모에게 받았으니, 감히 손상하지 않는 것이 효도의 처음이다. 『孝敬(효경)·開宗明義(개종명의)』☞ *236
始動(시동), 始發(시발), 始業(시업), 始原(시원), 始作(시작), 始祖(시조), 始終(시종), 始終如一(시종여일), 始終一貫(시종일관), 年末年始(연말연시), 年始(연시), 元始(원시)/原始(원시), 原始林(원시림), 爲始(위시), 有始無終(유시무종), 創始(창시)

初 처음 초, 刀부7   0127

'初(초)'자는 '옷 衣(의)'와 '칼 刀(도)'로 이루어진 글자이다. 가위[칼]질부터 하는 것이 옷을 만드는 첫 단계이다.

처음, 시작, 첫, 처음으로
[初級(초급)] 초·중·고로 나누었을 때, 맨 처음이나 아래의 계급이나 등급. ¶초급 한자
[初步(초보)] ① 아이가 처음으로 내딛는 걸음. ② 어떤 일을 익힐 때의 첫 단계나 수준. 또는 학문이나 기술 따위에서 가장 낮고 쉬운 정도의 단계. ¶초보 운전 函初步者(초보자)
[初志一貫(초지일관)] 처음에 먹은 마음을 끝까지 관철함.
[今時初聞(금시초문)] 지금 비로소 처음으로 들음. 듣느니 처음.
[首丘初心(수구초심)] (여우가 죽을 때는 제가 살던 굴이 있는 언덕 쪽으로 머리를 돌린다는 뜻으로) ① 죽을 때에도 자기의 근본을 잊지 아니함. ② 고향을 그리워함. 函狐死首丘(호사수구)
[始初(시:초)] ☞ 始(시)
[自初至終(자초지종)] 처음부터 끝까지.
初刊(초간), 初更(초경), 初期(초기), 初年(초년), 初段(초단), 初代(초대), 初冬(초동), 初等(초등), 初等學校(초등학교), 初老(초로), 初面(초면), 初盤(초반), 初犯(초범), 初伏(초복), 初霜(초상), 初喪(초상), 初雪(초설), 初聲(초성), 初旬(초순), 初試(초시), 初審(초심), 初心(초심), 初心者(초심자), 初夜(초야), 初葉(초엽), 初入(초입), 初章(초장), 初場(초장), 初志(초지), 初診(초진), 初創(초창), 初秋(초추), 初春(초춘), 初夏(초하), 初行(초행), 初獻(초헌), 初昏(초혼), 初婚(초혼), 當初(당초), 歲初(세초), 年初(연초), 正初(정초), 最初(최초), 太初(태초)

終 마칠 종, 끝날 종, 糸부11   0128

'終(종)'자는 '실 糸(사)'와 '겨울 冬(동)'으로 이루어졌다. '冬(동)'자는 '끝'이 본뜻인데, '겨울'이란 뜻으로 쓰이게 되자, 본뜻은 '실 糸(사)'를 붙인 '終(종)'자를 만들어 나타냈다.

끝나다, 그치다, 다 되다, 완료되다, 끝, 종말, 마침내, 결국은, 끝까지, 마지막

[終了(종료)] 어떤 행동이나 일 따위를 끝내어 마침. 凹 開始(개시)
[終點(종점)] ① 기차·버스 따위 운행 구간의 맨 끝이 되는 지점. ② 맨 끝이 되는 때.
[始終(시:종)] ① 처음과 나중. ② 처음부터 끝까지.
[自初至終(자초지종)] 처음부터 끝까지.
終講(종강), 終結(종결), 終決(종결), 終局(종국), 終極(종극), 終期(종기), 終乃(종내), 終禮(종례), 終末(종말), 終無消息(종무소식), 終盤(종반), 終盤戰(종반전), 終聲(종성), 終須一別(종수일별), 終是(종시), 終熄(종식), 終焉(종언), 終業(종업), 終日(종일), 終章(종장), 終戰(종전), 終止(종지), 終止符(종지부), 終着(종착), 終着驛(종착역), 終獻(종헌), 始終如一(시종여일), 始終一貫(시종일관), 有始無終(유시무종), 有終(유종), 有終之美(유종지미), 盡終日(진종일), 最終(최종)

죽다
[終身(종신)] ① 命(명)을 다하기까지의 동안. ② 한평생을 마침.
[考終命(고종명)] 五福(오복)의 하나. 제 명대로 다 살고 죽음. 천명을 다하고 죽음. ☞福0290
[臨終(임종)] ① 죽음을 맞이함. ② 부모가 돌아가실 때에 그 곁에 있는 일.
終命(종명), 善終(선종)

末 끝 말, 木부5 0129

'末(말)'자는 '한 一(일)'과 '나무 木(목)'으로 이루어진 글자이다. 여기서 '一(일)'은 '하나'의 뜻이 아니라 '끝부분'을 가리키는 부호이다.

나무 끝, 서 있는 물건의 꼭대기, 긴 물건의 마지막 부분
[末端(말단)] ① 맨 끄트머리. ¶말단 부분 ② 사람·일·부서 등의 맨 아래. ¶말단 공무원
[端末機(단말기)] (컴) 중앙에 있는 컴퓨터와 통신망으로 연결되어 데이터를 입력하거나 처리 결과를 출력하는 장치.
末尾(말미), 末梢(말초), 末梢神經(말초신경), 末梢的(말초적), 卷末(권말), 毫末(호말)

차례의 마지막
[末席(말석)] ① 좌석의 차례에서 맨 끝자리. 凹首席(수석) ② 사회적 지위나 직장의 직위 따위에서 제일 낮은 자리. ③ '자기 자리'를 겸손하게 이르는 말.
[末子(말자)] 막내아들.
[微官末職(미관말직)] 자리가 아주 낮고 변변찮은 벼슬.
末寺(말사), 末職(말직)

시간의 끝, 또는 일의 맨 끝이나 결과
[末期(말기)] 어떤 시대나 기간이 끝나는 시기. ¶1차 대전 말기/말기 암환자
[末伏(말복)] 삼복 중의 마지막 복. 입추가 지난 뒤의 첫째 庚(경)일.
[結末(결말)] 어떤 일이 마무리되는 끝. ¶결말을 짓다
[始末(시:말)] ☞ 始(시)
末路(말로), 末葉(말엽), 末日(말일), 始末書(시말서), 年末(연말), 年末年始(연말연시), 月末(월말), 顚末(전말), 終末(종말), 週末(주말), 學期末(학기말)

인생의 끝, 늘그막
[末境(말경)] ① 늙바탕. ¶말경에 복 터졌다 ② 끝판. 일의 마지막 판.
[末年(말년)] 인생과 같은 일정한 시기의 마지막 무렵. 늘그막.
[斷末魔(단:말마)] (불) ① 숨이 끊어질 때의 마지막 모질음. ¶단말마의 고통 ② 죽을 때.

지엽(枝葉), 중요하지 아니한 부분
[本末(본말)] 사물의 중요한 부분과 중요하지 않은 부분.
[本末顚倒(본말전도)] 일의 순서가 뒤바뀌거나 중요한 것과 사소한 것이 구별되지 못하는 상태를 이르는 말.

시운이 기운 어지러운 세상
[末世(말세)] 정치나 도의 따위가 어지러워지고 쇠퇴하여 끝이 다 된 듯한 세상.

가루
[粉末(분말)] 빻아서 만든 가루.
[綠末(녹말)] ① 물에 불린 녹두를 매에 갈아 앙금을 앉힌 것을 말린 가루. ¶녹말 가루 ② 澱粉(전분)

낮다, 천하다, 상공업(농본주의 사상에서 나온 생각)

古 예 고:, 口부5 0130

'古(고)'자는 '열 十(십)'과 '입 口(구)'로 이루어졌으니, 여러 사람의 입으로 전해 내려오는 '옛날의 일'을 뜻한다.

예, 옛, 지난, 오래 전
[古今(고:금)] 옛날과 지금.
[古典(고:전)] ① 古代(고대)의 典籍(전적). ② 옛날의 법식이나 의식. ③ 시대를 대표할 만한, 또는 후세에 전할 만한 가치가 있는 옛날 기록이나 서적. 특히 문예작품을 이른다.
[東西古今(동서고금)] 동양이나 서양이나 예나 지금이나. 언제 어디서나.
[懷古(회고)] 옛 자취를 돌이켜 생각함.
古宮(고궁), 古代(고대), 古都(고도), 古來(고래), 古文(고문), 古墳(고분), 古事(고사), 古色(고색), 古色蒼然(고색창연), 古書(고서), 古語(고어), 古跡(고적)/古蹟(고적), 古刹(고찰), 古風(고풍), 古畫(고화), 古稀(고희), 古稀宴(고희연), 考古(고고), 考古學(고고학), 復古(복고), 復古主義(복고주의), 復古風(복고풍), 上古(상고), 自古(자고), 自古以來(자고이래), 中古(중고), 千古(천고), 太古(태고), 懷古談(회고담)

오래다, 오래 되다
[古木(고:목)] 오래 묵은 나무.

[古參(고:참)] 오래 전부터 참여해 온 사람. 오래 전부터 그 일에 종사해 온 사람.
[萬古江山(만:고강산)] ① 오랜 세월을 통하여 변함이 없는 산천. ② 경치를 읊은 사설을 부른 단가(短歌)의 하나. 판소리를 부르기 전에 목을 풀기 위하여 부르는 단가.
古家(고가), 古銅色(고동색), 古城(고성), 萬古(만고), 萬古不變(만고불변), 萬古逆賊(만고역적), 萬古絶色(만고절색), 萬古千秋(만고천추), 萬古風霜(만고풍상)

오래 되어서 낡다
[古物(고:물)] ① 옛날 물건. ② 낡고 헌 물건.
[古屋(고:옥)] 지은 지 오래된 낡은 집. 동舊屋(구옥)
[古鐵(고:철)] 낡은 쇠.

今 이제 금, 人부4   0131

이제, 오늘, 현재, 현대
[今明間(금명간)] 오늘 내일 사이. ¶금명간 합격자를 발표할 예정이다
[今昔之感(금석지감)] 지금과 전과 비교하여 변화가 너무 심한 것을 보고 일어나는 느낌. ¶금석지감을 금할 수 없다
[古今(고:금)] 옛날과 지금.
[昨今(작금)] ① 어제와 오늘. ② 요사이.
今年(금년), 今般(금반), 今生(금생), 今昔(금석), 今世(금세), 今時(금시), 今時初聞(금시초문), 今月(금월), 今日(금일), 今週(금주), 今後(금후), 古今(고금), 自今(자금), 東西古今(동서고금), 現今(현금)

지금, 곧, 바로
[今方(금방)/方今(방금)] 지금 바로. 방금. ¶금방 가겠습니다
[只今(지금)] ① 바로 이 시간. ② 말하고 있는 바로 이때. 현재.

이, 이에
[今番(금번)] 이번.

昨 어제 작, 日부9   0132

'昨(작)'자는 '날 日(일)'과 '일어날 乍(작)'로 이루어진 글자이다. '어제', '가버린 날' 등의 뜻을 나타낸다.

어제
[昨今(작금)] ① 어제와 오늘. ② 요사이.
[昨日(작일)] 어제.
[昨醉未醒(작취미성)] 어제 마신 술이 아직도 깨지 않음.

앞서
[昨月(작월)] 지난 달.
[昨年(작년)] 지난 해.
[再昨年(재:작년)] 그저께. 작년의 작년.

옛날
[昨非(작비)] 전에 저지른 잘못.

晝 낮 주, 日부11   0133

'晝(주)'자는 '붓 聿(율)', '해 日(일)', 'ㅡ(일)'로 이루어진 글자이다. 옛날에는 밤에 불을 밝히기가 어려워 해가 있는 낮에만 글씨를 쓸 수 있었다.

낮
[晝耕夜讀(주경야독)] '낮에는 농사를 짓고 밤에는 글을 읽는다'는 뜻으로, 바쁘고 어려운 중에도 꿋꿋이 공부함을 이르는 말. 참晴耕雨讀(청경우독)
[晝夜(주야)] ① 낮과 밤. ② 쉬지 않고 계속함.
[白晝(백주)] 대낮. 한 낮.
[不撤晝夜(불철주야)] 밤과 낮을 가리지 아니함. 밤낮없이 노력함.
[晝語鳥聽夜語鼠聽(주어조청야어서청).] 낮말은 새가 듣고 밤말은 쥐가 듣는다는 속담. 말을 삼가라는 뜻.
晝間(주간), 晝食(주식), 晝夜不息(주야불식), 晝夜長川(주야장천)

夜 밤 야:, 夕부8   0134

'夜(야)'자는 '저녁 夕(석)'과 '또 亦(역)'으로 이루어진 글자이다. '저녁 夕(석)'이 부수이며 표의요소이고, 형태는 변하였지만 '또 亦(역)'이 표음요소이다.

밤, 저녁 어두운 때부터 새벽 밝기까지의 동안
[夜間(야간)] 밤 동안. 해가 진 뒤부터 먼동이 트기 전까지의 동안. ¶야간열차/야간작업 반晝間(주간)
[夜勤(야근)] 퇴근 시간이 지나 밤늦게까지 하는 근무.
[不撤晝夜(불철주야)] ☞ 晝(주)
[晝耕夜讀(주경야독)] ☞ 晝(주)
[徹夜(철야)] 자지 않고 밤을 새움. ¶이틀 밤을 철야했더니 눈이 저절로 감긴다
[晝語鳥聽夜語鼠聽(주어조청야어서청).] ☞ 晝(주)
夜客(야객), 夜景(야경), 夜警(야경), 夜光(야광), 夜禽(야금), 夜尿症(야뇨증), 夜讀(야독), 夜盲症(야맹증), 夜事(야사), 夜襲(야습), 夜市場(야시장), 夜食(야식), 夜深(야심), 夜陰(야음), 夜長夢多(야장몽다), 夜叉(야차), 夜行(야행), 夜行性(야행성), 夜壺(야호), 夜話(야화), 錦衣夜行(금의야행), 白夜(백야), 不夜城(불야성), 夙夜(숙야), 深夜(심야), 暗夜(암야), 子夜(자야), 前夜(전야), 前夜祭(전야제), 除夜(제야), 晝夜(주야), 晝夜不息(주야불식), 晝夜長川(주야장천), 初夜(초야), 漆夜(칠야), 黑夜(흑야)

朝 아침 조, 月부12   0135

'朝(조)'자는 '열 十(십) + 해 日(일) + 열 十(십) + 달 月(월)'로 이루어졌다. '해 日(일)'도 있고, '달 月(월)'도 있는 것을 보면 '달이 아직 지기 전에 막 해가 뜨는 때'라는 것을 알 수 있겠다. '해 日(일)' 위아래로 '十(십)'

자 모양의 것은 풀이 무성히 자란 모습이다. 그 사이로 해가 막 떠오르려고 하니 때는 아침이다.

아침
[朝三暮四(조삼모사)] (아침에 네 개 저녁에 세 개 주던 것을) 아침에 세 개 저녁에 네 개를 주겠다고 하면서 더 주는 것처럼 하여, 간사한 꾀로 남을 속여 희롱함. 똑같은 것을 가지고 간사한 말주변으로 남을 속임을 뜻하는 말. 『列子(열자)』
[朝夕(조석)] ① 아침과 저녁을 아울러 이르는 말. ② 썩 가까운 앞날을 이르는 말. ¶사람의 목숨이 조석에 달렸으니 부디 신중하거라.
[一朝一夕(일조일석)] 하루 아침이나 하루 저녁. 곧, 짧은 시간을 이름.
[人生如朝露(인생여조로).] 인생이란 아침 이슬과 같다. 아침에 잠깐 맺혔다가 볕이 들면 사라지는 이슬처럼 인생은 덧없이 왔다가 간다는 것을 비유하는 말이다.
朝刊(조간), 朝刊新聞(조간신문), 朝令暮改(조령모개), 朝禮(조례), 朝露(조로), 朝飯(조반), 朝飯夕粥(조반석죽), 朝變夕改(조변석개), 朝生暮死(조생모사), 朝餐(조찬), 朝會(조회), 早朝(조조), 花朝月夕(화조월석)

뵙다, 제후가 천자를 알현하다, 신하가 임금을 뵙다, 자식이 부모를 뵙다, 은혜를 베푼 사람을 찾아뵙다
[朝貢(조공)] (역) 속국이 종주국에게나, 제후국이 천자에게 예물을 바치던 일. 또는 그 예물.
[稱病不朝(칭병부조)] 병을 핑계 삼아 임금을 뵈러가지 아니함.

조정, 정사(政事), 정사를 행하는 곳, 정사를 펴다
[朝野(조야)] 조정과 민간.
[朝廷(조정)] 임금과 신하들이 모여 정치를 의논하고 집행하는 곳.
[入朝(입조)] ① 벼슬아치가 조정의 조회에 들어감. ② 외국의 사신이 조정에 參列(참렬)함.

왕조
[明朝(명조)] ① 중국 명나라의 조정. ② '명조체' 또는 '명조 활자'의 준말.
[王朝(왕조)] 임금이 정무(政務)를 봄. 제왕 친정(親政)의 조정.
[李朝(이:조)] '이씨조선'의 준말.
[淸朝(청조)] 청나라 왕조. 또는 그 조정.

기타
[朝鮮(조선)] 상고 때부터 써 내려오던 우리나라 이름.
참古朝鮮(고조선), 近世朝鮮(근세조선)
[衛滿朝鮮(위만조선)] (역) 고조선의 마지막 나라. 위만이 왕검성에 도읍하여 세웠는데 3대 88년 만에 한나라에게 망함.

夕 저녁 석, 夕부3　　0136

'夕(석)'자는 '달 月(월)'에서 1획을 뺀 자형으로 달이 반쯤 보이는, 해가 지고 달이 뜨기 시작하는 때, 곧 '황혼', '저녁'이란 뜻을 나타내고 있다. '夕(석)'은 부수로 쓰일 때 '밤'에 관한 문자를 이룬다.

저녁, 해가 지고 밤이 되기까지의 동안
[夕陽(석양)] ① 저녁나절의 해. 저녁 해. 斜陽(사양). ② 산의 서쪽. ③ 늘그막.
[朝夕(조석)] ☞ 朝(조)
[秋夕(추석)] ① 음력 8월 15일. 한가위. 仲秋節(중추절). ② 가을의 저녁. 가을 밤.
[七夕(칠석)] 음력 칠월 칠일 밤. 이날 밤에 견우성(牽牛星)과 직녀성(織女星)이 오작교(烏鵲橋)에서 만난다고 하며, 부녀자들은 바늘·실·과일 따위를 차려 놓고 바느질과 길쌈 재주를 겨루는 풍속이 있다.
[一朝一夕(일조일석)] ☞ 朝(조)
夕刊(석간), 夕刊新聞(석간신문), 朝飯夕粥(조반석죽), 朝變夕改(조변석개), 花朝月夕(화조월석)

場 마당 장, 土부12　　0137

'場(장)'자는 원래 제사를 지내기 위하여 평평하게 골라 놓은 '땅'을 나타내기 위한 것이었다. '흙 土(토)'와 '볕 昜(양)'으로 이루어졌다. '昜(양)'자는 '볕 陽(양)'의 古字(고자)이니, 제사를 지내려면 햇볕이 드는 너른 땅이 필요했나보다.

마당, 뜰, 평지
[運動場(운:동장)] 체조·운동경기·유희 따위를 할 수 있도록 설비·기구를 갖추어 놓은 넓은 마당.

장소, 곳
[場所(장소)] ① 일정한 자리나 지역. ② 물체가 있거나 그것을 둘 수 있는 공간. ③ 곳. 자리.
[工場(공장)] 많은 노동자를 써서 물건을 만들거나 가공하는 곳.
[農場(농장)] 농사지을 땅과 농기구·가축·노동력 따위를 갖추고 농업을 경영하는 곳.
[滿場一致(만:장일치)] 회장에 모인 모든 사람들의 뜻이 완전히 같음. ¶만장일치로 회장에 추대되었다
[職場(직장)] 사람들이 일정한 직업을 가지고 일하는 곳.
場內(장내), 場外(장외), 開場(개장), 科場(과장), 廣場(광장), 球場(구장), 劇場(극장), 亂場(난장), 賭博場(도박장), 屠殺場(도살장), 渡船場(도선장), 道場(도장), 登場(등장), 滿場(만장), 賣場(매장), 牧場(목장), 白沙場(백사장), 船着場(선착장), 乘降場(승강장), 試驗場(시험장), 式場(식장), 阿修羅場(아수라장), 養鷄場(양계장), 漁場(어장), 練兵場(연병장), 禮式場(예식장), 留置場(유치장), 入場(입장), 入場券(입장권), 入場料(입장료), 磁場(자장), 戰場(전장), 停車場(정거장), 集團農場(집단농장), 退場(퇴장), 閉場(폐장), 海水浴場(해수욕장), 現場(현장), 刑場(형장), 會場(회장)

시험장, 시험을 치르는 곳
[白日場(백일장)] 유생(儒生)들의 학업을 권장하는 의

미에서 각 지방에서 베풀던 시문(詩文)을 짓는 시험.
판, 일이 벌어진 자리
[場面(장면)] ① 그 자리의 모양. 상황. 광경. ② 연극·영화 따위의 한 정경(情景). ③ 심리학적 事象(사상)의 生起(생기)를 규정하는 환경 상태.
[當場(당장)] ① 무슨 일이 일어난 바로 그 자리. ② 바로 그 자리에서 곧. 지체 없이 곧.
[一場(일장)] 한바탕. 한 차례. 한 번. ¶일장 연설
[一場春夢(일장춘몽)] 한바탕의 봄꿈. '헛된 영화나 덧없는 일'을 비유하는 말.
무대, 막(幕)보다 작은 연극의 한 토막
[場面(장면)] ② 연극·영화 따위의 한 정경(情景).
시장, 장터, 장(場)서다
[市場(시:장)] 협의로는, 살 사람과 팔 사람이 특정의 상품을 규칙적으로 거래하는 장소를 이름. 魚市場(어시장)·靑果市場(청과시장) 따위. 광의로는, 일정한 장소·시간에 관계없이 서로 경합하는 무수한 수요·공급 간에 존재하는 교환 관계를 이름. 국내 시장·국제 시장 따위. 참暗市場(암시장), 夜市場(야시장)
[初場(초장)] ① 장사를 시작한 처음의 동안. ¶초장이 파장이라 ② 일의 첫머리 판. ③ 과거를 보는 첫날의 시험장.
[罷場(파:장)] 장을 마침. 섰던 장이 끝남.
때, 경우
[立場(입장)] 당면하고 있는 처지. 경우
밭, 논밭
[圃場(포장)] 논밭과 채소밭.

所 곳 소: 바 소: 戶부8   0138

'所(소)'자는 '문 戶(호)'와 '도끼 斤(근)'으로 이루어졌다. 옛날에는 지위가 높은 사람이 있는 장소의 뜻으로 쓰이는 예가 많았는데, 그런 사람이 지내는 집의 문[戶] 앞에는 권위의 상징으로 도끼[斤]를 놓아두었다.

곳, 일정한 곳이나 지역, 자리, 위치
[急所(급소)] ① 사물의 가장 긴급하거나 중요한 곳. ② 조금만 다쳐도 생명에 지장을 주는 몸의 중요한 부분.
[適材適所(적재적소)] '알맞은 재목을 알맞은 곳에 씀'이란 뜻에서 사람이나 사물을 제 격에 맞게 잘 쓰는 것을 말함.
[住所(주소)] ① 살고 있는 곳. ② 생활의 근거가 되는 곳.
居所(거소), 待避所(대피소), 屠所之羊(도소지양), 名所(명소), 墓所(묘소), 配所(배소), 便所(변소), 殯所(빈소), 山所(산소), 收容所(수용소), 宿所(숙소), 業所(업소), 要所(요소), 場所(장소), 適所(적소), 謫所(적소), 精米所(정미소), 注油所(주유소), 處所(처소), 派出所(파출소), 現住所(현주소), 興信所(흥신소)
관아, 어떤 일을 처리하는 곳
[所長(소:장)] 硏究所(연구소) 事務所(사무소) 등과 같이 '所'자가 붙은 기관이나 직장의 사무를 총괄하는 책임자.
[入所(입소)] 훈련소 따위에 들어감.
[出所(출소)] 교도소에서 나옴.
[派出所(파출소)] ① 어떤 기관이 그 직원을 파견하여 일을 맡아 보게 하는 곳. ② 어떤 지역에 경찰관이 파견되어 관할 구역의 치안을 맡아 보는 곳.
矯導所(교도소), 登記所(등기소), 硏究所(연구소), 在所者(재소자), 支所(지소), 測候所(측후소), 刑務所(형무소)
바, …하는 바
[所感(소:감)] 마음에 느끼는 바. 또는 생각. ¶우승 소감을 말씀해주십시오
[所得(소:득)] 내 소유가 되는 것. 수입. 이익. 얻는 것. 참所得稅(소득세)
[固所願(고소원)] 본디 바라던 바임. ¶固所願(고소원)이나 不敢請(불감청)이다
[無所不爲(무소불위)] 못 할 것이 아무 것도 없음. 하지 못하는 일이 없음.
[己所不欲勿施於人(기소불욕물시어인).] 내가 하고 싶지 않은 일을 남에게도 시키지 말라. 『論語(논어)·衛靈公(위령공)』
所見(소견), 所管(소관), 所關(소관), 所期(소기), 所望(소망), 所聞(소문), 所産(소산), 所生(소생), 所屬(소속), 所信(소신), 所要(소요), 所用(소용), 所願(소원), 所謂(소위), 所有(소유), 所有權(소유권), 所有慾(소유욕), 所以(소이), 所任(소임), 所藏(소장), 所在(소재), 所定(소정), 所重(소중), 所持(소지), 所持品(소지품), 所出(소출), 所致(소치), 所行(소행), 所懷(소회), 勤勞所得(근로소득), 無所不知(무소부지), 不勞所得(불로소득), 搜所聞(수소문), 運數所關(운수소관)
장소를 세는 단위

住 살 주:, 人부7   0139

'住(주)'자는 '사람 亻(인)'과 '주인 主(주)'로 이루어졌다. '사람이 머무르다'의 뜻을 나타낸다.

살다, 거처를 정해놓고 있다
[住民(주:민)] 일정한 땅에 머물러 사는 백성.
[住宅(주:택)] 사람이 사는 집.
[居住(거주)] 일정한 곳에 자리를 잡고 머물러 삶. 참居住地(거주지)
[衣食住(의식주)] 인간 생활의 세 가지 요소인 옷과 음식과 집.
住居(주거), 住所(주소), 常住(상주), 聯立住宅(연립주택), 永住(영주), 原住民(원주민), 移住(이주), 入住(입주), 定住(정주), 現住所(현주소)
생활, 살아가는 일
[住:持(주지)] ① 세상에 안주하여 불법을 지킴. ② 삼보(三寶)를 잘 지키는 사람. ③ 한 절의 주승(主僧).
[安住(안주)] 자리를 잡고 편안히 삶.

간직하다
[把住(파주)] ① 마음속에 간직하여 둠. ② (심) 경험으로 얻은 감각을 오래 의식 속에 가지고 있어서, 이것을 때때로 드러나게 할 수 있는 작용.

居 살 거, 있을 거, 尸부8　0140

'居(거)'자는 '주검 尸(시)'와 '예 古(고)'로 이루어졌다. '尸(시)'자가 부수로 쓰인 글자들은 '의자에 걸터앉은 자세'나 '엉덩이'에 관련된 의미를 가진다. '居(거)'자도 일정한 곳에 엉덩이를 붙이고 앉아 지내는 의미를 나타낸다고 볼 수 있다. '古(고)'자는 표음요소로 쓰였다.

있다, 일정한 곳에 머물러 살거나 지내다, 곳, 자리, 거처하는 곳
[居室(거실)] ① (집안에 들어서) 자고 먹고 하는 방. ② 방·부엌·화장실 따위 이외의 방.
[居住(거주)] ☞住(주)
[居處(거처)] ① 살고 있는 곳. ¶거처를 옮기다 ② 정한 집이나 방에 자리를 잡고 기거함.
[同居(동거)] 한 집에서 같이 삶. 圖同居人(동거인)
[別居(별거)] 부부 또는 한 가족이 따로 떨어져 삶.
居留(거류), 居所(거소), 居之半(거지반), 寄居(기거), 起居(기거), 起居動作(기거동작), 獨居(독거), 各居(각거), 客居(객거), 僻居(벽거), 冬安居(동안거), 夏安居(하안거), 世居(세거), 安居(안거), 寓居(우거), 隱居(은거), 鵲巢鳩居(작소구거), 占居(점거), 住居(주거), 蟄居(칩거), 閑居(한거), 穴居(혈거)

일정한 자리를 차지하고 있다, 일정한 처지에 처하여 있다
[居間(거간)] (둘 사이에 있으면서) 흥정을 붙임. 중개.
[居喪(거상)] 상중에 있음.
[居安思危(거안사위), 思則有備(사즉유비), 有備無患(유비무환).] 편안한 처지에 있을 때에도 위험한 때의 일을 미리 생각하고, 생각하면 곧 준비를 갖추어야 하고, 미리 준비함이 있으면 어떤 환란을 당해서도 걱정할 것이 없을 것이다. 『春秋左氏傳(춘추좌씨전)』

집에 있다, 벼슬에 나아가지 아니하다
[居士(거사)] ① 숨어 살며 벼슬을 하지 않는 선비. ② (불) 출가하지 않은 속인으로서 법명을 가진 남자. ③ 당호 따위에 붙여 處士(처사) 같은 기분을 나타내는 말. ¶백운거사
[一言居士(일언거사)] 무슨 일이던지 한 마디씩 참견하지 않으면 마음이 놓이지 않는 사람. 말참견을 썩 좋아하는 사람을 비꼬아 일컫는 말.

都 도읍 도, 邑부12　0141

'都(도)'자는 '고을 阝(읍)'과 '놈 者(자)'로 이루어졌다. 음이 크게 달라졌지만 '볼 睹(도)', '걸 賭(도)' 등 '者(자)'자가 다른 글자의 표음요소로 쓰여, [도]의 음을 나타내는 예가 많다.

도읍, 서울
[都市(도시)] 일정한 지역에서 사람들이 많이 모여 사는 지역.
[都心(도심)] 도시의 가운데. 시내 중심.
[古都(고:도)] 옛 도읍. ¶경주는 신라의 고도이다.
[首都(수도)] 한 나라에서 으뜸가는 도시. 일반적으로 정부가 있는 도시를 말한다.
都城(도성), 都邑(도읍), 都會地(도회지), 京都(경도), 舊都(구도), 松都三絕(송도삼절), 王都(왕도), 衛星都市(위성도시), 遷都(천도), 港都(항도), 還都(환도), 皇都(황도)

모이다
[都家(도가)] ① 동업하는 장사꾼들이 모여서 계나 장사 따위에 관한 의논을 하는 집. ② 어떤 물건을 만들어 도매로 파는 집. ¶술도가

모두, 다
[都給(도급)] 어떤 일의 기한과 비용을 미리 정하고 도거리(따로따로 나누지 않고 한데 합쳐서 몰아치는 일)로 맡기는 일.
[都買(도매)] 물건을 낱개로 사지 않고 묶어서 삼. 凹小賣(소매).
[都合(도합)] 모두 한 데 모은 셈. ¶도합이 이백만원이다
都錄(도록), 都賣商(도매상), 都是(도시)

우두머리, 수령
[都督(도독)] ① 통틀어 거느리고 감독함. ② (역) 신라 때, 각 주의 으뜸 벼슬.
[都承旨(도승지)] (역) 조선 때, 승정원의 여러 승지 가운데 으뜸인 정3품 벼슬.
都頭領(도두령), 都房(도방), 都壯元(도장원)

市 저자 시:, 巾부5　0142

저자, 상품을 팔고 사는 시장
[市場(시:장)] 협의로는, 살 사람과 팔 사람이 특정의 상품을 규칙적으로 거래하는 장소를 이름. 魚市場(어시장)·靑果市場(청과시장) 따위. 광의로는, 일정한 장소·시간에 관계없이 서로 경합하는 무수한 수요·공급 간에 존재하는 교환 관계를 이름. 국내 시장·국제 시장 따위.
[市販(시:판)] 시중 판매. 시장에서 일반에게 판매함. ¶이 물건은 아직 시판하지 않습니다.
[門前成市(문전성시)] 문 앞에 시장을 이룸. 집으로 찾아오는 사람이 많음.
[市虎成於三人(시:호성어삼인).] 시장에 범이 있을 리 만무하지만, 이를 말하는 사람이 셋에 이르면 마침내 믿게 된다는 뜻으로, '터무니없는 말도 말하는 사람이 여럿이면, 마침내 사람을 현혹되게 함'을 비유하여 이르는 말.
市價(시가), 市井(시정), 市井雜輩(시정잡배), 成市(성

시), 暗市場(암시장), 夜市場(야시장), 魚市場(어시장), 證市(증시), 撤市(철시), 波市(파시), 罷市(파시), 花市(화시)
시가, 인가가 많은 번화한 곳
[市內(시:내)] 시의 안.
[市民(시:민)] ① 市(시)의 주민. ② 國政(국정)에 참여할 수 있는 지위에 있는 사람. 公民(공민). 絕市民權(시민권), 市民社會(시민사회),
[市外(시:외)] 도시 밖의 부근으로 시에 인접한 지역.
[都市(도시)] ☞ 都(도)
市街(시가), 市街戰(시가전), 市中(시중), 成市(성시), 衛星都市(위성도시)
행정구역의 단위
[市長(시:장)] 지방자치단체인 시의 우두머리.
[市廳(시:청)] 행정구역의 하나인 시의 행정 사무를 맡아보는 곳.
[市民(시:민)] ① 市(시)의 주민. ② 國政(국정)에 참여할 수 있는 지위에 있는 사람. 公民(공민).
市立(시립), 市政(시정), 廣域市(광역시), 直轄市(직할시), 特別市(특별시)
기타
[海市(해:시)] 대기의 밀도와 반사의 관계에 의하여 먼 곳의 物象(물상)이 하늘에 보이는 현상.

郡 고을 군:, 邑부10 0143

'郡(군)'은 '고을 邑(읍)'과 '임금 君(군)'으로 이루어진 글자이다. 周(주)나라 때의 행정 구획의 하나로, 縣(현) 단위 바로 아래의 '고을'을 뜻하기 위한 것이다. 요즘도 행정구역의 한 단위로 쓰인다.

고을, 군
[郡(군:)] ① 道(도)에 딸린 지방 행정 구역의 하나. 읍 또는 면을 관할함. ② (역) 삼국 시대 때부터 조선 말기까지 있었던 '縣(현)보다 큰 단위의 고을. ③ 郡廳(군청)의 준말.
[郡民(군:민)] 그 군에 사는 사람. ¶군민 체육대회
[郡守(군:수)] 군의 행정을 맡아보는 으뜸 직위. 또는 그 직위에 있는 사람.
[郡廳(군:청)] 군의 행정 사무를 맡아보는 관청.

邑 고을 읍, 邑부7 0144

'邑(읍)'자는 '고을'이 본래 의미이다. 큰 도시는 '都(도)'라 했고, 작은 고을을 '邑(읍)'이라 했다.

'고을 邑, 阝(읍)'을 意符(의부)로 하여 사람이 사는 지역, 땅 이름을 나타내는 문자를 이룬다. 旁(방)으로 쓰일 때는 자형이 '阝'이 되고 부수 이름은 '고을읍'이라 한다. 글자의 오른편에 쓰이기 때문에 속칭 '右阜傍(우부방)'이라 한다.
'언덕 阜, 阝(부)'를 意符(의부)로 하여 언덕이나 언덕에 관련된 지형·상태를 나타내는 문자를 이룬다. '阜(부)'가 변으로 쓰일 때는 자형이 '阝'이 되고, 부수 이름은 '언덕부'라고 한다. 글자의 왼편에 쓰이기 때문에 속칭 '左阜傍(좌부방)'이라 한다. '左阜右邑(좌부우읍)'이라고 외워두자.
부수로 쓰일 때 형태가 비슷한 '卩(절)'이 있다. '병부절' 이라고 한다. '卩'이 아래에서 쓰일 때는 '㔾'의 형태를 취한다. 좌부방과 우부방인 '阝(읍)'과 '阝(부)'는 3획이고, 병부절 '卩/㔾(절)'은 2획이다. 쓸 때 조심을 해야 한다.

행정구역, 고을, 마을
[邑(읍)] 군에 딸린 지방 행정 구역 단위의 하나. 인구 2만 이상 5만 이하인 곳.
[邑內(읍내)] 읍의 구역 안.
[邑長(읍장)] 지방 행정구역인 읍의 우두머리. 읍의 행정사무를 통할함.
서울, 국도(國都)
[都邑(도읍)] 수도에 상당하는 큰 고을.
영지, 식읍
[食邑(식읍)] 삼국 시대부터 임금의 아들이나 공신에게 주어 조세를 거두어 쓰게 하던 고을.

面 낯 면:, 面부9 0145

'面(면)'의 원형은 눈(目) 모양을 그린 것에 둘레를 두른 것이었다. '…쪽'을 뜻하기도 하고, 행정구역의 하나인 '面(면)'을 가리키기도 한다. '面(면)'자를 意符(의부)로 하여 얼굴에 관한 문자를 이룬다.

낯, 얼굴, 눈앞, 면전
[面接(면:접)] 직접 만나보고 됨됨이를 시험하는 일. '면접시험'의 준말.
[面從腹背(면:종복배)] 보는 앞에서는 순종하는 체하면서, 내심으로는 배반함. 同陽奉陰違(양봉음위)
[洗面(세:면)] 얼굴을 씻음. ¶세면도구
[鐵面皮(철면피)] 얼굴에 철판을 깔았다는 뜻으로, 부끄러움이 없고 뻔뻔스럽기 짝이 없는 사람을 비유하는 말이다.
[唾面自乾(타:면자건)] '남이 나의 얼굴에 침을 뱉었을 때, 이 침을 닦으면 그 사람의 뜻을 거스르는 것이므로, 저절로 마를 때까지 기다린다'는 뜻으로, 처세와 아부에 그만큼 인내가 필요함을 이르는 말이다. 반드시 나쁜 뜻으로만 쓰이는 것은 아니다. 『十八史略(십팔사략)』
面愧(면괴), 面灸(면구), 面談(면담), 面刀(면도), 面目(면목), 面駁(면박), 面紗布(면사포), 面上(면상), 面相(면상), 面識(면식), 面前(면전), 面皮(면피), 面皮厚(면피후), 面會(면회), 舊面(구면), 垢面(구면), 鬼面(귀면), 對面(대면), 滿面(만면), 防毒面(방독면), 白面(백면), 白面書生(백면서생), 覆面(복면), 蓬頭垢面(봉두구면), 粉面(분면), 不顧體面(불고체면), 相面(상면), 生面(생면), 生面不知(생면부지), 囚首喪面(수수상면), 眼淚洗面(안

루세면), 顔面(안면), 油頭粉面(유두분면), 人面(인면), 人面獸心(인면수심), 一面識(일면식), 知面(지면), 眞面目(진면목), 鐵面(철면), 體面(체면), 初面(초면)

앞, 겉, 표면, 면, 다면체의 한계를 이루는 평면
[面積(면:적)] 일정한 평면이나 구면의 크기나 넓이.
[平面(평면)] 평평한 표면.
[表面(표면)] 겉으로 나타나는 부분이나 면. 凹裏面(이면) 참表面張力(표면장력), 表面的(표면적)
[畵面(화:면)] ① 그림의 표면. ② 영사막, 브라운관 따위에 비치는 사진의 겉면.
鏡面(경면), 曲面(곡면), 南面(남면), 內面(내면), 路面(노면), 多面(다면), 多面體(다면체), 圖面(도면), 東面(동면), 反面(반면), 背面(배면), 壁面(벽면), 北面(북면), 四面(사면), 斜面(사면), 西面(서면), 書面(서면), 水面(수면), 額面(액면), 兩面(양면), 外面(외면), 一面(일면), 底面(저면), 全面(전면), 前面(전면), 正多面體(정다면체), 地面(지면), 紙面(지면), 側面(측면), 側面圖(측면도), 海面(해면), 後面(후면)

쪽, 방향
[物心兩面(물심양면)] 물질(재물)과 마음 씀의 양쪽 다.
[面壁(면:벽)] (불) 참선하는 일. 참선할 때 주로 벽을 마주하고 앉는 데서 나온 말.
[方面(방면)] ① 어떤 장소나 지역이 있는 방향이나 구역. ② 뜻을 두거나 생각하는 분야. ③ 네모난 얼굴.
[正面(정:면)] 똑바로 마주보이는 면.

탈, 가면
[假面(가:면)] 나무나 종이 등으로 꾸며 만든 얼굴 형상.

뵈다, 향하다, 대하다
[當面(당면)] 일이 바로 눈앞에 닥침. ¶당면한 문제를 해결하다 凹直面(직면)
[外面(외:면)] ① 바깥 면. ② 마주치기를 꺼리어 피하거나 얼굴을 돌림.
[直面(직면)] 어떠한 일이나 사물을 직접 대면함.

모양, 상황, 처지, 상태
[面貌(면:모)] ① 얼굴 모양. ② 상태나 됨됨이. ¶새로운 면모를 갖추다
[局面(국면)] ① 어떤 판이 벌어진 장면이나 형편. ② 바둑이나 장기에서, 반면의 형세를 이르는 말.
[場面(장면)] ① 그 자리의 모양. 상황. 광경. ② 연극·영화 따위의 한 정경(情景). ③ 심리학적 事象(사상)의 生起(생기)를 규정하는 환경 상태.
斷面(단면), 反面敎師(반면교사)

행정구역의 하나
[面長(면:장)] 면의 행정을 주관하는 책임자.

洞 골 동:, 밝을 통:, 水부9   0146

'洞(동)'자는 '물 氵(수)'와 '같을 同(동)'으로 이루어진 글자이다. '마을'을 뜻할 때는 [동]으로, '밝다' '꿰뚫다'를 뜻할 때는 [통]으로 읽는다.

골, 골짜기, 깊은 산골짜기
[洞窟(동:굴)] 깊고 넓은 큰 굴.
[杜門洞(두문동)] 고려 말기 遺臣(유신) 72명이 새 조종인 조선에 반대하여 벼슬살이를 거부하고 은거하여 살던 곳. 두문불출한다 하여 두문동으로 불리었다.

비다, 공허하다
[空洞(공동)] ① 텅 빈 굴. ② 염증 또는 조직이 파괴되어 내장의 어떤 부분에 생기는 구멍.

깊다, 깊숙하다
[洞房(동:방)] ① 깊숙한 방. ② 부인의 방. ③ 신혼의 방.
[洞房華燭(동방화촉)/華燭洞房(화촉동방)] 부녀자의 방에 불빛이 밝다는 뜻으로 '결혼식의 밤' 또는 '혼인'을 이르는 말.

동네, 마을
[洞口(동:구)] ① 동네 어귀. ② 동굴의 어귀
[洞內(동:내)] 마을 안.

행정구역 단위
[洞里(동:리)] ① 지방 행정구역인 洞(동)과 里(리). ② 마을.
[洞事務所(동:사무소)] 행정구역의 하나인 洞(동)의 행정 사무를 맡아 다루는 곳. '주민센터'란 이름으로 바뀌기 전의 이름.

통하다, 막힘없이 트이다, 지식이 능하고 환하게 알다, 통달하다
[洞達(통:달)] ① 환히 통함. ② 확실히 깨달음.
[洞察(통:찰)] 온통 밝혀서 살핌. 전체를 환하게 내다봄.
[洞燭(통:촉)] 아랫사람의 형편 등을 헤아려 살핌.

퉁소
[洞籬(통소)] 관악기의 하나. 퉁소. 단소. 퉁소의 잘못.

里 마을 리, 里부7   0147

'里(리)'자는 '밭 田(전)'과 '흙 土(토)'로 이루어졌는데, '마을'을 뜻한다. 밭과 땅이 있어야 사람이 모여 사는 마을이 생기게 된다. '里(리)'를 意符(의부)로 하여, '교외'를 뜻하는 문자를 이룬다. 부수 이름은 '마을 리'이다. '重(중)', '量(량)' 등처럼 의미와는 관계가 없으나 단순히 자형상 이 부수에 포함된 것도 있다.

마을, 촌락, 시골, 사람이 사는 곳, 거리, 집이 군집한 곳
[洞里(동:리)] ☞ 洞(동)
[鄕里(향리)] ① 고향 마을. ② 시골의 마을.

행정구역의 명칭
[里長(이:장)] 행정 구역의 단위인 里(리)를 대표하여 일을 맡아보는 사람.

길이의 명칭
[里程標(이:정표)] 목적지까지의 거리인 里數(이수)를 나타내는 표지.
[不遠千里(불원천리)] 천리 길도 멀다고 여기지 아니함. 먼 길을 기꺼이 달려감.

[五里霧中(오:리무중)] 오리 안이 짙은 안개 속에 있다. 어떤 일의 상황을 파악하기 어렵거나 일의 갈피를 잡기 어려운 것을 비유하는 말이다. 『後漢書(후한서)·張霸(장패)전』
[千里之行始於足下(천리지행시어족하).] 천리의 먼 길도 발 아래에서 첫걸음부터 시작한다는 뜻으로, 쉬지 않고 힘쓰면 큰 일을 이룸을 비유한 말. 『老子(노자)』
[好事不出門(호사불출문), 惡事走千里(악사주천리).] 좋은 일은 문 밖으로 퍼지기 어렵고, 나쁜 일은 단숨에 천리를 간다. 『水滸志(수호지)』
萬里(만리), 萬里長城(만리장성) 百里負米(백리부미), 鵬程萬里(붕정만리), 言飛千里(언비천리), 一瀉千里(일사천리), 坐見千里(좌견천리), 千里(천리), 千里馬(천리마), 千里眼(천리안), 海里(해리)

京 서울 경, 亥부8   0148

서울, 수도
[京畿(경기)] ① 서울을 중심으로 500리 이내의 땅. ② 우리나라 중서부에 있는 '경기도'의 준말.
[京鄕(경향)] 서울과 시골. ¶경향 각지
[歸京(귀:경)] 서울로 돌아옴.
[上京(상:경)] 시골에서 서울로 올라옴.
[在京(재:경)] 서울에 있음. ¶재경 동창회
[橫步行好去京(횡보행호거경).] '모로 가도 서울만 가면 된다'는 뜻으로, '수단은 어떻든 목적만 달성하면 된다'는 우리나라 속담.
京都(경도), 京城(경성), 東京(동경), 北京(북경), 西京(서경), 燕京(연경), 入京(입경)

鄕 시골 향, 邑부13   0149

'鄕(향)'자는 '잔치'의 뜻을 나타내기 위하여 밥상을 마주하고 앉아 있는 두 사람의 모습을 본뜬 것이다. 후에 '시골'을 지칭하는 것으로 자주 쓰이자, 본래의 뜻은 '먹을 食(식)'을 보탠 '잔치 饗(향)'자를 추가로 만들어 나타냈다.

시골
[京鄕(경향)] ☞ 京(경)

마을, 촌락, 동네
[鄕校(향교)] (역) 고을에 있는 문묘와 거기에 딸린 학교. 고려 이후 조선에 이르기까지 크게 성하였음.
[鄕約(향약)] 조선 시대, 권선징악과 상부상조를 목적으로 만든 마을의 자치 규약.
[落鄕(낙향)] 서울에 사는 사람이 시골로 이사함. ¶낙향해서 농사나 지을까
[入鄕循俗(입향순속).] 다른 고장에 갔으면 그 고장의 풍습을 따른다. '로마에 가면 로마의 법을 따르라'는 서양 속담과 같은 말이다. 『淮南子(회남자)』
鄕民(향민), 鄕俗(향속), 鄕員(향원), 鄕村(향촌), 色鄕(색향)

고향
[鄕愁(향수)] 고향을 그리워하는 마음이나 시름. 참鄕愁病(향수병)
[故鄕(고향)] ① 자기가 태어나서 자란 곳. ¶고향 생각 ② 마음이나 영혼의 안식처. ¶마음의 고향
[錦衣還鄕(금:의환향)] 비단옷을 입고 고향으로 돌아가거나 돌아온다는 뜻으로, '성공하여 고향으로 돌아가거나 돌아옴'을 비유적으로 이르는 말. 참衣錦還鄕(의금환향)
[他鄕(타향)] 자기 고향이 아닌 곳. ¶만리타향
鄕里(향리), 鄕友(향우), 鄕友會(향우회), 鄕土(향토), 歸鄕(귀향), 望鄕(망향), 失鄕(실향), 失鄕民(실향민), 愛鄕(애향), 離鄕(이향), 在鄕(재향), 在鄕軍人(재향군인), 出鄕(출향), 下鄕(하향), 還鄕(환향)

기타
[鄕歌(향가)] 鄕札(향찰)로 적혀 전해오는 우리나라 고유의 시가. 신라 중엽에서 고려 초엽에 걸쳐 민간에 널리 퍼졌다.
[鄕樂(향악)] 우리나라 고유의 음악을 唐樂(당악)에 상대하여 이르는 말.
[鄕札(향찰)] (언) 신라 때, 우리말을 한자의 음과 훈을 빌려 표음식으로 적은 글. 남아 있는 신라의 향가에서 그 표기를 볼 수 있음. 참吏讀(이두)

村 마을 촌:, 木부7   0150

'村(촌)'자는 '나무 木(목)'과 '마디 寸(촌)(음)'의 합자이다. 나무숲에 둘러싸인 작은 '마을'을 뜻한다.

마을, 시골, 농촌
[村鷄官廳(촌:계관청)] '촌 닭 관청에 잡아다 놓은 것 같다'는 뜻으로, '경험이 없는 일을 당하여 어리둥절함'을 비유하여 이르는 말.
[村落(촌:락)] 시골의 부락.
[農村(농촌)] 농토를 끼고 농사를 짓는 사람들이 사는 마을.
[山村(산촌)] 산마을. 두메.
[漁村(어촌)] 고기잡이하는 사람들이 모여 사는 마을. 갯마을.
村老(촌로), 村婦(촌부), 村生員(촌생원), 村長(촌장), 江村(강촌), 窮村(궁촌), 僻村(벽촌), 富村(부촌), 貧村(빈촌), 貧民村(빈민촌), 寒村(한촌), 鄕村(향촌)

촌스럽다, 꾸밈이 없다
[村氣(촌:기)] ① 시골의 기풍. ② 시골티.

道 길 도:, 辵부13   0151

'道(도)'자는 길을 의미하는 '辶(착)'과 사람을 상징하는 '머리 首(수)'로 이루어진 글자이다. 사람이 다니거나 지키고 실천해야 할 바른 길을 뜻하는 글자이다.

길, 다니는 길, 통하는 길

[道路(도:로)] 사람, 차 따위가 잘 다니도록 만들어 놓은 비교적 넓은 길.

[問道於盲(문:도어맹)] 맹인에게 길을 묻다. 알지도 못하는 사람에게 물건의 행방이나 사태의 추이에 대해 묻는 어리석은 태도를 비유하는 말이다. 『韓愈(한유)・答陳生書(답진생서)』

[水道(수도)] ① 주민들에게 음료수 또는 사용수를 공급하기 위한 설비. ② 물이 흐르는 길. ③ 배가 통하는 길. ④ 상수(上水)・하수(下水)를 끄는 길. 참上水道(상수도), 下水道(하수도) ⑤ 양쪽 육지 사이로 좁게 흐르는 해류의 통로.

[人道(인도)] ① 사람이 걸어 다니도록 찻길과 구별하여 닦은 길. 참車道(차도) ② 사람으로서 마땅히 지켜야 할 도리.

[行不中道(행불중도), 立不門中(입불문중).] 길을 갈 때 한가운데로 다니지 않으며, 대문에 설 때 문 한가운데 서지 않는다. 남을 위한 배려가 중요함을 의미한다. 『禮記(예기)・曲禮 上(곡례 상)』

[言語道斷(언어도단)] 언어도단은 글자 그대로 표현하면 '언어의 길이 끊어지다'라는 뜻이다. 이는 본래 불교에서 以心傳心(이심전심)이나 不立文字(불립문자)와 같은 의미로 쓰이는 말로, '말로는 도저히 표현할 수 없는 심오한 진리'를 일컫는다. 즉, 말로 표현할 수 있는 것은 이미 진리가 아니므로, 언어나 문자와 같은 소통 방식에 의지하지 않는다는 것이다. 하지만 요즈음은 언어도단의 의미가 변하여 '어이가 없어서 말하려 해도 말할 수 없음'을 이르는 의미로 쓰이고 있다.

道傍苦李(도방고리), 街道(가도), 幹線道路(간선도로), 坑道(갱도), 高架道路(고가도로), 高速道路(고속도로), 國道(국도), 軌道(궤도), 氣道(기도), 農道(농도), 步道(보도), 複道(복도), 私道(사도), 索道(삭도), 食道(식도), 神道(신도), 神道碑(신도비), 沿道(연도), 尿道(요도), 棧道(잔도), 赤道(적도), 中道(중도), 中道而廢(중도이폐), 鐵道(철도), 蜀道(촉도), 彈道(탄도), 片道(편도), 海道(해도), 橫斷步道(횡단보도)

이치, 도리, 인의(仁義), 덕행

[道德(도:덕)] ① 가야 할 바른 길과 베풀어야 할 일. ② 사회의 구성원들이 양심, 사회적 여론, 관습 따위에 비추어 스스로 마땅히 지켜야 할 행동준칙이나 규범.

[道理(도:리)] 사람이 마땅히 행하여야 할 도덕적인 이치.

[修道(수도)] 도를 닦음.

[孝道(효:도)] 부모를 잘 모시는 도리. 효행의 도.

[道在邇(도재이), 而求諸遠(이구저원).] 도가 가까운 곳에 있는데도 먼 곳에서 구한다. 사람의 도는 일상생활 속에 있다. 그것을 잊고 사람들은 자칫하면 일부러 높고 심원한 곳에서 도를 구하려고 한다. 즉 부모를 친애하고 연장자를 존경하는 것, 그것이 바로 사람의 도리인 것이다. 『孟子(맹자)・離婁 上(이루 상)』

道士(도사), 道術(도술), 道義(도의), 道人(도인), 道通(도통), 求道(구도), 極惡無道(극악무도), 大道(대도), 大逆無道(대역무도), 得道(득도), 盲者孝道(맹자효도), 武道(무도), 無道(무도), 背道(배도), 婦道(부도), 不道德(부도덕), 非道(비도), 師道(사도), 邪道(사도), 三從之道(삼종지도), 常道(상도), 仙風道骨(선골도풍), 豺狼橫道(시랑횡도), 失道(실도), 安貧樂道(안빈락도), 悟道(오도), 悟道頌(오도송), 王道(왕도), 外道(외도), 儒道(유도), 人道主義(인도주의), 正道(정도), 天道(천도), 覇道(패도), 花郞道(화랑도)

방법, 술책, 기능, 작용

[道:具(도구)] ① 어떤 목적을 이루기 위한 방법이나 수단. ② 일을 할 때 쓰는 연장.

[方道(방도)] 어떤 일을 하거나 풀어가기 위한 방법과 도리.

[務本(무본), 本立而道生(본립이도생).] 근본에 힘써야 하나니 근본이 확립되면 방법이 생겨난다. 사람은 모두 무슨 일을 하든지 말단적인 것이나 형식적인 것에는 매달리지 말고 근본을 파악하도록 노력해야 하며, 근본적인 것을 행하면 자연히 방법은 뒤따르게 되는 것이다. 『論語(논어)・學而(학이)』

기예(技藝)

[道場(도:장)] 검도나 유도, 태권도 따위의 무도를 가르치거나 수련하는 곳.

[武道(무:도)] ① 무술과 무예. ② 무인이 마땅히 지켜야할 도리.

道服(도복), 劍道(검도), 弓道(궁도), 棋道(기도), 茶道(다도), 書道(서도), 力道(역도), 柔道(유도), 跆拳道(태권도), 合氣道(합기도)

도교, 불교, 천도교 등에서 종교상 깊이 깨달은 경지나 이치

[道家(도:가)] 우주의 본체는 도와 덕으로 이루어져 있다고 주장하는 학파.

[道教(도:교)] 우주의 본체는 道(도)와 德(덕)으로 이루어져 있다고 주장하는 종교. 黃帝(황제)와 老子(노자)를 교조로 하는 중국의 다신적 종교. 무위자연설에 음양오행설과 신선사상을 더한 것으로 후한 때 사람 張道陵(장도릉)이 종교 형태를 처음 갖추었음.

[仙道(선도)] 神仙(신선)을 배우고자 하는 도.

[天道教(천도교)] 崔濟愚(최제우)를 教祖(교조)로 하는 종교. '하늘과 사람이 하나로 합하여지는 지경에 이름'을 목적으로 한다.

道德經(도덕경), 苦集滅道(고집멸도), 佛道(불도), 貧道(빈도), 禪道(선도), 通道(통도)

가르치다, 열리다, 무지를 깨우치다, 널리 알리다

[報道(보:도)] ① 널리 알리거나 말해줌. ② 신문이나 방송으로 소식을 널리 알림. 또는 그 소식.

[傳道(전도)] ① 종교적 인도를 세상에 널리 전함. ② 기독교의 교리를 세상에 널리 전하여 믿지 아니하는 사람에게 신앙을 가지도록 인도함. 또는 그런 일. 참傳道師(전도사)

[傳道師(전도사)] (예수) 신학교를 졸업하고 일정한 시험에 합격하여 전도의 임무를 맡은 이. 또는 목사 후보자.

행정 구역
[道民(도:민)] 그 도에 사는, 그곳에서 태어난 사람.
[道知事(도지사)] 한 道(도)의 행정을 총괄하는 최고 책임자.
[道廳(도:청)] 도의 행정을 맡아 처리하는 지방 관청.
[他道(타도)] 행정 구역상의 다른 도.
[八道(팔도)] 옛날 우리나라의 행정구획으로 경기도·충청도·전라도·경상도·황해도·평안도·함경도·강원도의 여덟 도.
[八道江山(팔도강산)] 우리나라 전역(全域)의 산수(山水).
道界(도계), 道內(도내), 道立(도립), 道伯(도백), 道別(도별), 南道(남도), 八道(팔도)

행하다
[勢道(세:도)] 정치상의 권세. 또는 그 권세를 마구 휘두르는 일. ¶세도가 당당하다

기타
[道樂(도:락)] ① 재미나 취미로 즐기는 일. ② 주색·도박 따위의 못된 일에 흥미를 느껴 빠지는 일. ③ 색다른 것을 좋아하는 일.
[食道樂(식도락)] 여러 가지 음식을 두루 맛보며 먹는 일을 즐기는 도락.
[道袍(도:포)] 예전에 남자들이 통상 예복으로 입던 옷. 소매가 넓고 길며 뒤에는 딴 폭을 댐.

路 길 로(:), 足부13　　0152

'路(로)'자는 발로 밟고 가는 바닥, 즉 '길'을 나타내기 위하여 '발 足(족)'을 표의요소로 썼다. '각 各(각)'이 표음요소라고 하는데 거리가 한참 멀다.

길, 통행로, 도로
[路線(노:선)] ① 버스나 기차 따위가 두 지점을 정해놓고 정기적으로 운행하거나 통행하는 길. ¶시내버스 노선 ② 개인이나 조직 단체 따위가 일정한 목적을 이루려는 행동이나 견해의 방향. ¶정치 노선
[路上放歌(노:상방가)] 길거리에서 남을 의식하지 않고 큰 소리로 노래를 부름.
[道路(도:로)] ☞ 道(도)
[一路邁進(일로매진)] 한 길로 똑바로 거침없이 나아감.
[販路(판로)] 상품이 팔리는 방면이나 길. ¶판로를 개척하다
路肩(노견), 路柳墻花(노류장화), 路面(노면), 路邊(노변), 路上(노상), 路上放尿(노상방뇨), 路祭(노제), 街路(가로), 街路燈(가로등), 街路樹(가로수), 幹線道路(간선도로), 高架道路(고가도로), 高速道路(고속도로), 交叉路(교차로), 歸路(귀로), 岐路(기로), 大路(대로), 導水路(도수로), 迷路(미로), 排水路(배수로), 線路(선로), 水路(수로), 新作路(신작로), 隘路(애로), 旅路(여로), 遠路(원로), 陸路(육로), 走路(주로), 集積回路(집적회로), 車路(차로), 鐵路(철로), 坦坦大路(탄탄대로), 通路(통로), 航路(항로), 海路(해로), 行路(행로), 險路(험로), 滑走路(활주로), 回路(회로)

사람이 마땅히 행해야 할 도리, 도의
[邪路(사로)/邪道(사도)] 올바르지 않은 길.
[執之失道(집지실도), 必入邪路(필입사로).] 붙잡고 있으면 도를 잃어 반드시 잘못된 길로 빠져 들어가고 만다. 『心信銘(심신명)』

줄, 의뢰할 길
[要路(요로)] ① 가장 긴요한 길. ¶경부선 철도는 산업상의 요로이다 ② 어떤 일에 영향력이 있는 중요한 자리. ¶그 일은 요로에 부탁하여 놓았다

거쳐 가는 길, 겪는 일, 경과
[路程(노:정)] 거쳐 지나가는 길이나 과정.
[經路(경로)] ① 지나거나 거치는 길. ¶간첩의 침투 경로 ② 일의 진행되는 과정. ¶범행 경로 ③ (컴) 컴퓨터 명령의 논리 계열을 수행할 때 컴퓨터가 취하는 논리적 과정이나 방향 행로(path). ④ (수) 그래프에서, 어떤 정점에서 다른 정점에 이르는 경로를 나타내는 정점의 列(열).
[末路(말로)] ① 끝장. ¶인생의 말로 ② 막바지. ¶말로에 들어서다
[進路(진:로)] 앞으로 나아갈 길. 凹退路(퇴로)
言路(언로), 異路同歸(이로동귀), 行路(행로), 宦路(환로)

고달프다
[血路(혈로)] 포위망이나 곤란하고 위태로운 경우를 가까스로 벗어나는 어려운 고비의 길. ¶혈로를 뚫다

길손, 나그네길(客), 여행
[路毒(노:독)] 먼 길에 지치고 시달려 생긴 피로나 병. ¶노독을 풀었다
[路資(노:자)] 먼 길을 가고오고 하는 데 드는 돈. ¶노자를 장만하다

방도, 방법
[活路(활로)] 목숨을 구하는 길. 살아나갈 길이나 방법.

기타
[子路負米(자로부미)] 論語(논어) 蒙求(몽구)의 표제. 공자의 제자인 자로는 가난하여 매일 쌀을 백리 밖까지 져다 주고 그 품삯으로 양친을 봉양한 故事(고사).

행정 구획의 이름, 도로의 이름
[鐘路(종로)], [乙支)路(을지로)]

方 모 방, 方부4　　0153

'方(방)'자는 사물의 모양이 비뚤지 아니하고 네모반듯한 것을 나타낸다. 부수로서의 '方(방)'은 '旗(기)'의 뜻을 포함하는 문자를 이룬다.

모, 각, 가로와 세로의 선 또는 면으로 이루어진 모양, 네모반듯한 모양
[方席(방석)] 깔고 앉는 네모 모양의 자리.
[方眼紙(방안지)] 일정한 거리를 정하여 직각으로 교차하는 많은 종횡선을 그은 종이. 모눈종이.

[立方(입방)] ① 어떤 수를 세제곱하는 일. ② 길이의 단위에 붙여 그 길이를 한 변으로 하는 입방체의 체적을 나타내는 말. 참立方體(입방체)
[平方(평방)] ① 어떤 수를 제곱하는 일. ② 길이의 단위 뒤에 쓰여, 그 길이를 한 변으로 하는 정사각형의 넓이를 나타내는 말. 참平方根(평방근), 平方形(평방형)
圓孔方木(원공방목), 方眼(방안), 方錐(방추), 方錐形(방추형), 正方形(정방형), 長方形(장방형)

사방, 방위, 방향
[方位(방위)] 동·서·남·북 사방의 위치.
[方向(방향)] ① 어떤 방위를 향한 쪽. ② 어떤 현상이나 운동이 나아가는 분야, 또는 나아갈 목표가 되는 쪽.
[四方(사:방)] ① 동(東)·서(西)·남(南)·북(北)의 네 방향. ② 주위, 주변 일대, 여러 곳. 참散之四方(산지사방) ③ 주위에 있는 여러 나라. ④ 네모.
[雙方(쌍방)] 둘로 나뉜 것의 두 쪽. 이쪽과 저쪽. 또는 이편과 저편을 아울러 이르는 말.
方面(방면), 方針(방침), 各方(각방), 乾方(건방), 坤方(곤방), 多方面(다방면), 十方(시방), 十方世界(시방세계), 一方(일방), 天方地軸(천방지축), 八方(팔방), 八方美人(팔방미인), 向方(향방)

나란히 하다, 어우르다, 뗏목, 뗏목으로 건너다
[方舟(방주)] ① 네모반듯한 배. ¶노아의 방주 ② 두 척의 배를 나란히 함.

바르다, 곧다
[方正(방정)] ① 언행이 바르고 점잖음. 또는 그 사람. ¶품행이 방정하다 ② 물건이 네모지고 반듯함.
[智欲圓而行欲方(지욕원이행욕방).] 지혜는 원만하기를 바라고 행동은 방정하기를 바란다. 줄여서 '智圓行方(지원행방)'이라고 함. 『小學(소학)·內篇(내편)·嘉言(가언)』 ☞ * 085

나라, 지방
[方伯(방백)] 지방 장관. 道伯(도백).
[邊方(변방)] ① 중심지에서 멀리 떨어진 가장자리 지역이나 지방. ② 변경.
[地方(지방)] ① 어떤 방면의 땅을 가리켜 이름. ② 서울 이외의 땅. 참地方稅(지방세)

곳, 처소
[近方(근:방)] 가까운 곳.
[前方(전방)] ① 앞쪽. 前面(전면). ② 일선. 戰線(전선). 반後方(후방)
[行方不明(행방불명)] 간 곳을 모름.
[後方(후:방)] ① 중심부에서의 뒤쪽. ② 적과 맞붙어 싸우는 일선 軍(군)에 대하여 보급·보충 등에 관한 일을 보는 분야를 이르는 말.
方言(방언), 南方(남방), 東方(동방), 東方見聞錄(동방견문록), 東方禮義之國(동방예의지국), 萬方(만방), 北方(북방), 西方(서방), 西方淨土(서방정토), 行方(행방)

방법, 수단, 술책
[方法(방법)] ① 목적을 이루기 위하여 취하는 방식이나 수단. ② 객관적인 진리에 도달하기 위하여 연구하는 수법.
[方案(방안)] 일을 처리해 나갈 방법에 관한 일. ¶조국의 평화적 통일 방안
[方便(방편)] 그때그때의 경우에 따라 일을 처리할 수 있는 수단과 방법.
[思考方式(사고방식)] 생각하고 궁리하는 방법과 태도. ¶그 친구 사고방식이 영 글러먹었어
方道(방도), 方途(방도), 方式(방식), 方策(방책), 百方(백방)

약, 약을 조합하는 일
[秘方(비:방)] ① 남이 알지 못하는 방법. ② (한의) 자기만 알고 남에게는 알리지 않는 특효의 약방문.
[藥方文(약방문)] 약을 짓기 위해 약재 이름과 분량을 적은 종이. ¶사후 약방문
[處方(처:방)] ① 일을 처리하는 방법. ② 증세에 따라 약을 짓는 방법. '處方箋(처방전)'의 준말.
[韓方(한:방)] 우리나라에서 발달한 의술.

바야흐로, 이제, 막
[方春和時(방춘화시)] 바야흐로 봄이 한창 화창할 때.
[萬化方暢(만:화방창)] 봄이 되어 만물이 바야흐로 창성(暢盛)함.
[今方(금방)] 바로 이제. 지금. 方今(방금). ¶금방 가겠습니다
[時方(시방)] 지금. 이제. 금방.

기타
[方外士(방외사)] 속세의 속된 일을 벗어난 고결한 사람.
[方丈(방장)] 절의 주지가 거처하는 방, 또는 그 주지.
[方程式(방정식)] 등식 가운데 모르는 수치를 품고, 그 모르는 수에 특정한 수치를 주었을 때에만 등식이 성립하는 것. (중국 고대 수학서인 九章算術(구장산술)에 따르면 자 모양으로 배열한 것을 '方'이라 하고, 계산 과정을 '程'이라 하였다.) 참聯立方程式(연립방정식), 二次方程式(이차방정식), 微分方程式(미분방정식)

向 향할 향:, 口부6　　0154

'向(향)'자는 집에 난 문이나 창문의 모습을 본뜬 것으로, 어떤 방향을 향해 나아갈 때는 문을 통한다는 데서, '향하다'라는 뜻을 나타낸다.

향하다, 정면이 되게 대하다
[向背(향:배)] 좇는 것과 등지는 것이라는 뜻으로, 어떤 일이 되어가는 추세나 어떤 일에 대한 사람들의 태도를 이르는 말. ¶여론의 향배
[南向(남향)] 남쪽을 향함. 또는 그 방향. ¶우리 집은 남향집이라 겨울에 따뜻하다
[方向(방향)] ☞方(방)
[上向(상:향)] ① 위 쪽을 향함. 또는 그 쪽. ② 수치나 한도, 기준 따위를 더 높게 잡음. ¶목표를 상향 조정하다 참上向曲線(상향곡선), 下向曲線(하향곡선) 반下向(하향)

向日(향일), 向日葵(향일규), 向日性(향일성), 內向性
(내향성), 東向(동향), 北向(북향), 西向(서향), 外向性
(외향성), 坐向(좌향), 風向(풍향), 風向計(풍향계)
향하여 가다, 나아가다
[向上(향:상)] 기능이나 정도 따위가 위로 향하여 나아감.
[向後(향:후)] 다음. 이 뒤.
[傾向(경향)] ① (생각이나 형세 따위가) 어떤 방향으로 기울어지거나 쏠림. 또는 그 방향. 참傾向文學(경향문학)¶새로운 경향 ② (심) 일정한 자극에 대하여 일정한 반응을 보이는 생명체의 소질.
[指向(지향)] 일정한 방향·목표를 정하여 향해 나감.
向方(향방), 性向(성향)
마음을 기울이다, 마음이 쏠리다
[向學(향:학)] 배움에 뜻을 두어 그 길로 나아감. 참向學熱(향학열)
[意向(의:향)] 마음이나 뜻이 향하는 바. 무엇을 하겠다고 속으로 먹는 마음.
[趣向(취:향)] 하고 싶은 마음이 쏠리는 방향.
動向(동향), 志向(지향), 偏向(편향)

門 문 문, 門부8　　0155

'門(문)'자는 양쪽의 여닫이문의 모양을 본뜬 것이다. '門(문)'자가 표의요소인 부수로 쓰였을 때는 관청과 같은 큰 집을 가리키는 경우가 많다. '지게 戶(호)'는 '한쪽 문'을 뜻한다. '門(문)'이 표음요소로 쓰였을 때는 즉 '問(문)', '聞(문)', '悶(민)' 따위는 각각 '입 口(구)', '耳(이)', '心(심)'이 표의요소이므로, 뜻을 나타내는 표의요소에 따라 부수가 분류되고 있다.
문, 출입문, 문간, 문전
[門前(문전)] 문 앞. 참門前乞食(문전걸식), 門前成市(문전성시), 門前薄待(문전박대), 門前沃畓(문전옥답)
[門戶(문호)] ① 문(門)과 호(戶). 대문과 지게문. 문의 개폐나 단속. 참門戶開放(문호개방) ② 입구. 집에 드나드는 곳. ③ 아주 중요한 지위. ④ 지세가 험하고 중요한 땅. ⑤ 좋은 집안. 훌륭한 가문.
[大門(대:문)] 집안의 정문.
[登龍門(등룡문)] ① 立身出世(입신출세)의 關門(관문). ② 용문에 오름. 곧, 뜻을 이루어 크게 영달함의 비유. 龍門(용문)은 黃河(황하)의 상류에 있는 급류로 잉어가 이곳을 오르면 용이 된다고 한다.
[口是禍之門(구시화지문).] 입은 화를 불러들이는 문이요. 『馮道(풍도)·舌詩(설시)』☞ *032
[行不中道(행불중도), 立不門中(입불문중).] 길을 갈때 한가운데로 다니지 않으며, 대문에 설 때 문 한가운데 서지 않는다. 남을 위한 배려가 중요함을 의미한다. 『禮記(예기)·曲禮 上(곡례 상)』
門牌(문패), 門風(문풍), 門風紙(문풍지), 開門(개문), 開門納賊(개문납적), 開門發車(개문발차), 凱旋門(개선문), 關門(관문), 南大門(남대문), 獨立門(독립문),

杜門洞(두문동), 杜門不出(두문불출), 盲人直門(맹인직문), 盲者正門(맹자정문), 房門(방문), 法門(법문), 城門(성문), 水門(수문), 守門(수문), 守門將(수문장), 崇禮門(숭례문), 柴門(시문), 禮門義路(예문의로), 陰門(음문), 正門(정문), 窓門(창문), 閉門(폐문), 砲門(포문), 肛門(항문), 禍福同門(화복동문), 後門(후문)
집안, 가문, 일가친척, 문벌
[門閥(문벌)] 대대로 내려온 가문의 지체.
[門中(문중)] 동성동본(同姓同本)의 가까운 집안.
[家門(가문)] 집안. 또는 그 집안의 사회적 지위. ¶가문의 명예를 걸고
[名門巨族(명문거족)] 이름나고 권세가 있는 집안.
權門勢家(권문세가), 滅門(멸문), 滅門之禍(멸문지화), 名門(명문), 劈破門閥(벽파문벌)
배움터, 가르치는 곳
[門人(문인)] ① 제자. 門下生(문하생) ② 문지기. ③ 식객.
[同門(동문)] ① 같은 문. ② 같은 학교 또는 같은 선생에게서 배우는 일. 또는 그 사람. 참同門會(동문회), 同門修學(동문수학)/同門受學(동문수학) ③ 남자끼리의 同壻(동서). ④ 같은 門中(문중)이나 宗派(종파).
[入門(입문)] ① 문에 들어감. ② 스승의 문(門)으로 들어간다는 뜻으로, '제자가 됨'을 이르는 말. ③ 입문서(入門書) ④ 사물의 초보.
門生(문생), 門下(문하), 沙門(사문), 破門(파문)
직업이나 학술의 분야
[門外漢(문외한)] 그 일에 관계하지 아니하는 사람, 또는 그 분야에 전문이 아닌 사람.
[部門(부문)] 나누어 놓은 일부분이나 범위.
[專門(전문)] 어떠한 분야에서 상당한 지식과 경험을 가지고 오직 그 분야만 연구하거나 맡음. 또는 그 분야. 참專門家(전문가), 專門大學(전문대학), 專門醫(전문의)
정문(旌門)
[旌門(정문)] 충신·효자·열녀 등을 표창하려고 그 집 앞에 세우던 붉은 문.
[烈女門(열녀문)] 열녀의 행적을 기리어 세운 旌門(정문).
생물 분류학상의 단위
脊椎動物門(척추동물문), 節肢動物門(절지동물문), 軟體動物門(연체동물문) 따위

戶 집 호:, 지게 호:, 戶부4　　0156

'戶(호)'자는 '지게문/외짝 문'을 뜻하기 위하여 그 모양을 본뜬 것이다. 방문은 대개 외짝의 미닫이문으로 되어 있다. 요즈음은 '지게문'이라기보다는 '외짝 문'이라고 표현하는 것이 낫겠다. '門(문)'자는 '양쪽의 여닫이문 모양을 본뜬 것이다.
지게문(외짝 문), 출입구
[門戶(문호)] ① 문(門)과 호(戶). 대문과 지게문. 문의

개폐나 단속. ② 입구. 집에 드나드는 곳. ③ 아주 중요한 지위. ④ 지세가 험하고 중요한 땅. ⑤ 좋은 집안. 훌륭한 가문.
[門戶開放(문호개방)] 문을 활짝 열어 놓음. 출입(出入)・통상(通商)・자격(資格) 등에 있어서 일체 제한을 두지 않음을 이름.
[窓戶(창호)] 온갖 창과 문을 통틀어 일컫는 말. 참窓戶紙(창호지)

집, 가옥, 사람, 주민
[戶籍(호:적)] 한 집안을 표준으로 하여 호주와 그 가족들의 관계・성명・본적지・생년월일 따위를 적은 공문서. 참戶籍謄本(호적등본), 戶籍抄本(호적초본)
[戶主(호:주)] 한 집안의 주인으로서 가족을 거느리며 부양하는 일에 대한 권리와 의무가 있는 사람.
[家家戶戶(가가호호)] 각 집. 모든 집. 또는 모든 집마다 빠짐없이. ¶가가호호 방문하다
[破落戶(파:락호)] 몰락한 오래된 가문. 또는 경우 없이 마구잡이로 노는 건달이나 불량배를 지칭하기도 한다.
戶口(호구), 戶別(호별), 戶數(호수), 戶曹(호조), 戶曹判書(호조판서)

堂 집 당, 土부11 0157

'堂(당)'자는 흙을 높이 쌓아 돋운 위에 세운 높고 큰 집의 뜻을 나타낸다. '높을 尙(상)'과 '흙 土(토)'로 이루어졌다.

집, 사람이 거처하는 집, 여러 사람을 수용할 수 있게 만든 집, 방
[講堂(강:당)] 학교 등에서 강연이나 의식 등을 하기 위하여 특별히 마련한 큰 방이나 집.
[食堂(식당)] ① 식사하기에 편리하도록 설비하여 놓은 방. ② 음식을 만들어 파는 가게.
[天堂(천당)] ① 하늘 위에 있다는 神(신)의 전당. ② 선한 사람이 죽은 뒤 그 영혼이 간다는 곳. 極樂世界(극락세계). ③ 天神(천신)・聖人(성인)이 만복을 누리는 곳. ④ (기독교에서) 天國(천국).
[堂狗三年吠風月(당구삼년폐풍월).] '서당개 삼년이면 풍월을 읊는다'는 우리말 속담을 한역한 것. 아무리 무식한 사람이라도 유식한 사람들과 함께 오래 생활하다 보면 유식해짐. 참堂狗風月(당구풍월)
納骨堂(납골당), 滿堂(만당), 封堂(봉당), 書堂(서당), 聖堂(성당), 影堂(영당), 禮拜堂(예배당), 議事堂(의사당), 殿堂(전당), 草堂(초당), 學堂(학당), 會堂(회당)

임금의 조회를 받는 궁전
[堂上(당상)] ① 대청의 위. ② 조부모나 부모가 거처하는 곳. ③ (역)조선 때, 정3품인 명선대부・봉순대부・통정대부・절충장군 이상의 벼슬. 참堂上官(당상관), 堂下(당하) ④ 옛날 아전들이 자기의 상관을 일컫는 말.
[堂下(당하)] ① 대청의 아래. ② (역) 조선 때, 정3품인 창선대부・정순대부・통훈대부・어모장군 이하의 벼슬 참堂下官(당하관), 堂上(당상)
[廟堂(묘:당)] ① '의정부'를 달리 이르는 말. ② 나라와 정치를 다스리는 조정.

조상신이나 종교적 신앙 대상을 모신 집
[堂山(당산)] 토지나 마을의 수호신이 있다는 집이나 산. 대개 마을 근처에 있다.
[法堂(법당)] 불상을 모시고 說法(설법)도 하는 절의 正堂(정당).
[聖堂(성당)] 천주교의 예배당.
金堂(금당), 佛堂(불당), 神堂(신당), 祠堂(사당), 城隍堂(성황당)

부계(父系) 또는 모계(母系)의 동조(同祖)의 친척
[堂姑母(당고모)] 從姑母(종고모)를 친근하게 이르는 말. 아버지의 사촌 누이. 참堂姑母夫(당고모부)
[堂內(당내)] ① 같은 성의 친척으로, 복제에 따라 상복을 입어야 하는 가까운 친척. 일반적으로 팔촌 안에 드는 일가를 말함. 참堂內間(당내간), 堂內至親(당내지친) ② 불당・사당 등의 안.
[堂叔(당숙)] 從叔(종숙)을 친근하게 이르는 말. 아버지의 사촌 형제. 참外堂叔(외당숙), 再堂叔(재당숙), 堂叔母(당숙모)
[堂姪(당질)] 종질을 친근하게 이르는 말. 사촌 형제의 자녀. 참堂姪女(당질녀), 堂姪婦(당질부)
[外堂叔(외:당숙)] 어머니의 사촌 오빠나 남동생.

좋은 묏자리나 집터
[明堂(명당)] ① 썩 좋은 묘 자리. ② 무덤 아래에 있는 평지. ③ 임금이 朝見(조견)을 받는 자리.

당당하다, 떳떳하다
[堂堂(당당)] ① 남 앞에서 내세울 만큼 떳떳한 모습이나 태도. ¶당당한 체구 ② 위세나 형세가 대단하다. ¶위풍이 당당하다
[步武堂堂(보:무당당)] 걸음걸이가 씩씩하고 의젓함.
[威風堂堂(위풍당당)] 풍채가 위엄이 있고 씩씩함.
[正正堂堂(정정당당)] 태도나 수단이 공정하고 떳떳함. 바르고 정연하여 기세가 당당한 모양.

기타 (집이라는 뜻에서 유래하였음)
[巫堂(무:당)] 신이 접하여 그와 통한다고 하는, 사람의 길흉을 점치며 굿을 하는 여자.
[令堂(영당)] 남의 어머니를 높여 일컫는 말. 동慈堂(자당)
[椿堂(춘당)/春堂(춘당)] 어르신네. 남의 아버지의 높임말.
[慈堂(자당)] 남의 어머니를 높여 이르는 말.

室 방 실, 집 실, 宀부9 0158

'室(실)'자는 '집 宀(면)'과 '이를 至(지)'로 이루어졌다. 바깥에 있다가 집에 이르면 반드시 들어가게 마련인 곳이 '방'이다. '집'을 뜻하기도 한다.

집, 건물
[高臺廣室(고대광실)] 높은 돈대 위에 넓게 지은 집. 규모가 굉장히 크고 높고 잘 지은 집.
[溫室(온실)] 추울 때, 또는 추운 지방에서, 더운 지방이나 더울 때의 식물을 기르기 위하여 실내 온도를 덥게 장치한 건물. 나아가 광선·온도·습도 따위를 조절하여 각종 식물의 재배를 자유롭게 하는 구조물.
[室於怒市於色(실어노시어색).] 집에서 성난 사람 저자에서 분풀이 한다는 뜻으로, '마구잡이로 화풀이를 하거나 노여움을 딴 사람에게 옮김'을 비유하여 이르는 말. 怒於室色於市(노어실색어시)

방, 거실, 거처
[室內(실내)] 방 안.
[客室(객실)] ① 손님을 위하여 마련한 방. ② 여관·선박·열차 따위에서 손님이 드는 방.
[居室(거실)] ① (집안에 들어서) 자고 먹고 하는 방. ② 방·부엌·화장실 따위 이외의 방.
[敎室(교실)] 학예(學藝)를 가르치는 방.
室外(실외), 內室(내실), 茶室(다실), 待合室(대합실), 獨室(독실), 密室(밀실), 別室(별실), 病室(병실), 事務室(사무실), 産室(산실), 船室(선실), 禪室(선실), 暗室(암실), 養護室(양호실), 娛樂室(오락실), 浴室(욕실), 應急室(응급실), 應接室(응접실), 入室(입실), 入院室(입원실), 蠶室(잠실), 地下室(지하실), 診察室(진찰실), 借廳入室(차청입실), 寢室(침실), 退室(퇴실), 特室(특실), 畵室(화실), 化粧室(화장실)

아내
[室人(실인)] ① 주인. ② 처첩(妻妾)을 통틀어 이르는 말.
[小室(소:실)] 첩.
[令室(영실)] 영부인. 남의 아내에 대한 높임말.
[正室(정:실)] 첩에 상대하여 '아내를 일컫는 말. 본처.
妾室(첩실), 側室(측실), 後室(후실)

가족, 일가
[王室(왕실)] 임금의 집안. 王家(왕가).
[宗室(종실)] 성과 본이 같은 일가로서, 유복친 안에 들지 않는 일가붙이.
[皇室(황실)] 황제의 집안.

房 방 방, 戶부8 0159

'房(방)'자는 '지게 戶(호)'와 '모 方(방)'으로 이루어졌다. 방문은 대개 외짝의 미닫이문이므로 '지게 戶(호)'를 '房(방)'자의 표의요소로 썼다.

방, 사람이 거처하는 방, 침실
[房貰(방세)] 남의 집 방을 빌려 쓰며 내는 돈. ¶방세를 내다
[煖房(난:방)/暖房(난:방)] ① 따뜻한 방. ② 방을 따뜻하게 하는 일. 참煖房施設(난방시설) 煖房裝置(난방장치)
[冷房(냉:방)] ① 불을 때지 않아 차게 된 방. ② 더위를 막기 위해 실내의 온도를 낮추는 일. 참冷房裝置(냉방장치)
[獨守空房(독수공방)/獨宿空房(독숙공방)] '혼자서 빈 방을 지킨다, 또는 지낸다'는 뜻으로, 결혼한 여자가 남편 없이 혼자 외롭게 밤을 지내는 일.
房門(방문), 房事(방사), 房帳(방장), 監房(감방), 空房(공방), 空房煞(공방살), 果房(과방), 閨房(규방), 單間房(단간방), 獨房(독방), 洞房(동방), 洞房華燭(동방화촉), 文房(문방), 文房具(문방구), 文房四友(문방사우), 禪房(선방), 貰房(세방), 僧房(승방), 新房(신방), 外房(외방), 外房出入(외방출입), 乳房(유방), 廚房(주방), 廚房長(주방장), 華燭洞房(화촉동방)

집, 가옥, 관아, 사당
[房子(방자)] (역) 조선 때, 시골의 관청에서 심부름하던 남자 하인. 또는 궁중의 작은 일을 보살피던 여자.
[茶房(다방)] ① 실내에 탁자와 의자를 갖추어 놓고 커피·차·우유·청량음료 따위를 파는 곳. ② (역) 조선 때, 궁중에서 약을 지어 바치던 부서.
[文房四友(문방사우)] 종이·붓·벼루·먹을 이름. 文房四寶(문방사보).
[福德房(복덕방)] 집·토지 같은 것의 팔고 사는 일 또는 개인끼리의 돈을 빌고 빌리는 일 따위를 중개하는 곳.
[吏房(이방)] (역) 조선 때, 승정원과 지방 관아에 각각 딸린 육방의 하나. 전형 및 인사 행정의 일을 맡았음.
工房(공방), 金銀房(금은방), 都房(도방), 山房(산방), 藥房(약방), 藥房甘草(약방감초), 銀房(은방), 廛房(전방), 店房(점방), 冊房(책방)

새·짐승·벌레 따위의 집
[蜂房(봉방)] 벌집. 여섯 모로 송송 뚫어진 벌집의 많은 방.

기타
[書房(서방)] ① '남편'을 속되게 이르는 말. ② 벼슬이 없는 사람을 그 성에 붙여 이르는 말. ③ 성에 붙여, 사위나 손아래 누이의 남편 또는 손아래 남자 동서 등을 부르는 말.

正 바를 정:, 정월 정, 止부5 0160

'正(정)'자는 '한 一(일)'과 '그칠 止(지)'로 이루어진 글자이다. '하나—'를 지켜서 '멈춘다止'는 뜻을 가진다. 곧, 正道(정도)를 지킨다는 뜻이며, 그래서 '바르다'란 뜻을 나타낸다. '바르다' 등의 뜻으로 쓰일 때는 장음 [정:]으로 발음하고, '새해'의 뜻으로 쓰일 때는 단음 [정]으로 발음한다.

바르다, 비뚤어지거나 어그러지지 아니하다, 도리나 진리에 맞아 그릇됨이 없다, 정당하다, 바람직하다
[正答(정:답)] 옳은 답. 맞는 답. 반誤答(오답)
[正直(정:직)] 마음이 바르고 곧음.

[公正(공정)] 공평하고 올바름. 찹公正去來(공정거래)
[不正(부정)] 바르지 아니함. 찹不正選擧(부정선거)
[事必歸正(사:필귀정)] ① 모든 일은 반드시 바른 길로 돌아감. ② 일의 잘잘못이 언젠가는 밝혀져서 올바른 데로 돌아감.

正價(정가), 正覺(정각), 正見(정견), 正攻法(정공법), 正規(정규), 正當(정당), 正當防衛(정당방위), 正大(정대), 正道(정도), 正論(정론), 正立(정립), 正面(정면), 正本(정본), 正否(정부), 正書(정서), 正史(정사), 正常(정상), 正色(정색), 正手(정수), 正視(정시), 正式(정식), 正誤(정오), 正音(정음), 正義(정의), 正字(정자), 正正堂堂(정정당당), 正宗(정종), 正坐(정좌), 正札(정찰), 正體(정체), 正統(정통), 正統派(정통파), 正解(정해), 正確(정확), 光明正大(광명정대), 匡正(광정), 端正(단정), 方正(방정), 純正(순정), 廉正(염정), 適正(적정), 眞正(진정), 叱正(질정), 斥邪衛正(척사위정), 淸正(청정), 破邪顯正(파사현정), 顯正(현정), 訓民正音(훈민정음)

바로잡다, 잘못되거나 그릇된 것을 올바르게 고치다, 시비를 가려 따지다
[改正(개:정)] 고치어 바르게 함.
[修正(수정)] 고쳐 바로잡음.
[是正(시:정)] 잘못된 것을 옳고 바르게 함.
[訂正(정정)] 글자나 글 따위의 잘못을 바로잡아 바르게 고침.

正定(정정), 綱紀肅正(강기숙정), 檢正(검정), 更正(경정), 官紀肅正(관기숙정), 校正(교정), 矯正(교정), 査正(사정), 質正(질정)

공평하다, 한 쪽으로 치우치지 아니하다
[正方形(정:방형)] 가로와 세로의 길이가 같은 직각 사각형.
[公明正大(공명정대)] 아주 공정하고 떳떳함.
[嚴正(엄정)] 태도가 엄격하고 공정함. 찹嚴正中立(엄정중립)

갖추어지다, 단아하다, 품위가 있다
[正帽(정:모)] 정복을 입을 때 쓰는, 일정한 형식으로 제정된 모자.
[正服(정:복)] 의식 때 갖추어 입는 옷.
[正裝(정:장)] 정식의 복장을 함. 또는 그 복장.
[正餐(정:찬)] 定食(정식)의 식단에 의한 식사.

한 가운데, 중앙, 과녁, 과녁의 한 가운데
[正鵠(정곡)] ① 과녁. 과녁의 중심점. ② 사물의 要點(요점). 急所(급소)를 이름. 옛날에는 과녁을 세우면서 가운데 표적으로 고니를 그려 붙였기 때문에 '고니 鵠(곡)'자를 쓰게 되었다. 어떤 일을 훌륭하게 성취하거나 문제의 핵심을 정확하게 꿰뚫을 경우에 '정곡을 찔렀다'는 표현을 쓰고 있다. 『禮記(예기)·射儀(사의)』
[正中(정:중)] ① 한가운데. ② 한낮. 대낮. ③ 한창임.

섞인 것이 없다
[正金(정:금)] ① 순금. ② 지폐에 대하여 금·은으로 만든 正貨(정화).

적자(嫡子), 본처(本妻)
[正室(정:실)] 첩에 상대하여 '아내를 일컫는 말. 본처.

위계를 나타내는 관제
[正一品(정:일품)] 고려 또는 조선 때의 관제 품계의 하나.

부차적인 것이 아닌 주되는 것
[正門(정:문)] 주가 되는 출입문. 정면에 있는 문.
[正犯(정:범)] (법) 스스로의 의사와 행위로써 죄를 실지로 저지른 사람.
[正副(정:부)] 으뜸 되는 것과 버금 되는 것.
[正使(정:사)] 사신의 우두머리.

참으로, 틀림없이
[正刻(정:각)] 작정한 바로 그 시각.
[正午(정:오)] 낮 12시. 한낮. 午正(오정).
[子正(자정)] 하루 12시 중의 子時(자시)의 한가운데, 곧 0시.
[正南(정:남)] 똑바른 남쪽. 正東(정동) 등.

영(零)보다 큰 수
[正數(정:수)] 0보다 큰 수.
[正負(정:부)] (수) 陽數(양수)와 陰數(음수)
[正比例(정:비례)] 두 개의 양이 서로 연관되어 일정한 비율로 늘거나 또는 주는 일. 맨反比例(반비례)

정월(正月), 정초(正初), 새해
[正月(정월)] 일 년 중 첫째 달.
[正初(정초)] 정월의 초승. 그 해의 처음.
[舊正(구:정)] 예전부터 음력 1월 1일 설로 정해 지냈던 것. 新正(신정)에 상대하여 이른다.
[新正(신정)] 새해 양력 1일. 양력설이라고 하였다.
[賀正(하:정)] 새해를 축하함.

우두머리, 임금, 군주
[宗正(종정)] ① 종파의 가장 높은 어른. ② (불) 우리 나라 불교의 최고 통할자로 총본산의 우두머리.

기타
[水正果(수정과)] 생강을 달인 물에 설탕이나 꿀을 타고 곶감·잣·계피 가루 등을 넣어 만든 음식.
[正果(정:과)] 온갖 과일, 생강, 연근, 인삼 따위를 설탕물에 졸여 만든 음식.

當 마땅할 당, 당할 당, 田부13 0161

'當(당)'자는 '밭 田(전)'과 '숭상할 尙(상)'으로 이루어졌다. 밭이 서로 '맞닿아 있다'가 본뜻이었다. '尙(상)'자는 표음요소인데 '집 堂(당)' 또는 '무리 黨(당)'도 같은 경우이다.

당하다, …에 이르다, 당면하다, 때를 만나다
[當面(당면)] 일이 바로 눈앞에 닥침. ¶당면한 문제를 해결하다 町直面(직면)
[當選(당선)] ① 선거에 뽑힘. ¶국회의원에 당선되다 찹當選者(당선자) ② 출품작 따위가 심사나 선발에 뽑힘. ¶신춘문예에 당선 찹當選作(당선작)

[當時(당시)] 어떤 일을 당하고 있는 바로 그 때. 또는 이야기하고 있는 그 시기.
[老當益壯(노당익장)] 늙음에 이르러서는 더욱더 意氣(의기)를 굳건히 해야 함.
當到(당도), 當選圈(당선권), 當籤(당첨), 當惑(당혹), 從當(종당)

대적하다, 짝하다, 필적하다, 균형을 이루다, 어울리다
[當量(당량)] (화) 수소 한 원자량과 대등하게 작용할 수 있는 원소의 분량. (산소 16이 수소 2와 화합할 때 산소의 당량은 8이 됨.)
[一當百(일당백)] 한 사람이 백 사람을 당해낸다는 뜻으로 '매우 용맹함'을 이르는 말.
萬夫不當(만부부당), 相當(상당), 一騎當千(일기당천), 充當(충당)

맡다, 임무 책임을 맡다
[當局(당국)] 어떤 일을 담당하여 처리하는 기관이나 부서. ¶정부 당국/관계 당국
[當番(당번)] 어떤 일을 책임지고 돌보는 차례. 또는 그 차례가 된 사람. ¶이번 주 청소 당번
[堪當(감당)] (일을) 맡아서 능히 해냄. ¶네가 이 일을 감당할 수 있겠니? 圀不堪當(불감당)
[擔當(담당)] ① 어떤 일을 맡음. ② 책임지고 일을 맡아 처리함. 또는 그 일을 맡은 사람. ¶도대체 그 일 담당이 누구야?
當事者(당사자), 當直(당직)

갚음, 보수
[手當(수당)] 일정한 급료 외에 주는 보수. 일본어의 '사례금'을 뜻하는 手當(수당)에 서 온 말이다.
[日當(일당)] 하루 몫의 수당이나 보수.

마땅히, 마땅히 하여야 하다, 맞다, 바르다
[當然(당연)] 마땅히 그러함. ¶일을 그렇게 처리했으니 그가 화를 내는 것도 당연하다 圀當然之事(당연지사)
[不當(부당)] 이치에 맞지 않음. 圀正當(정당)
[正當(정:당)] 바르고 마땅함.
[適當(적당)] 정도나 이치에 꼭 알맞고 마땅하다. ¶적당한 운동은 건강에 좋다
當付(당부), 當然之事(당연지사), 當爲(당위), 當爲性(당위성), 可當(가당), 萬不當(만부당), 配當(배당), 普遍妥當性(보편타당성), 申申當付(신신당부), 穩當(온당), 應當(응당), 宜當(의당), 正當防衛(정당방위), 至當(지당), 妥當(타당), 妥當性(타당성), 合當(합당)

저당, 저당하다
[抵當(저당)] 부동산이나 동산 따위를 채무의 담보로 삼음. 圀抵當權(저당권)
[典當(전:당)] 물건을 담보로 잡고 돈을 꾸어주거나 쓰는 일. 圀典當鋪(전당포)

이, 그(물건을 가리키는 말)
[當時(당시)] 어떤 일을 당하고 있는 바로 그 때. 또는 이야기하고 있는 그 시기. ¶당시에 나는 군인이었다
[當身(당신)] ① 상대방을 높여 부르는 말. ¶당신이 누구요? ② 부부가 서로 상대방을 높여 부르는 말. ③ 웃어른을 높여 일컫는 말. ¶어머니 당신께서 살아생전 늘 아끼시던 옥비녀 ④ 싸울 때 상대편을 낮잡아 이르는 이인칭 대명사. ¶당신이 뭔데 참견이야?
[當場(당장)] ① 무슨 일이 일어난 바로 그 자리. ② 바로 그 자리에서 곧. 지체 없이 곧.
[該當(해당)] ① 무엇에 관계되는 바로 그것. 관형어처럼 쓰임. ¶해당 부서 ② 어떤 사물에 바로 들어맞음. ¶해당되는 답을 찾아라
當年(당년), 當代(당대), 當代發福(당대발복), 當分間(당분간), 當事者(당사자), 當月(당월), 當日(당일), 當座(당좌), 當座手票(당좌수표), 當初(당초)

可 옳을 가:, 口부5 0162

옳다, 규범, 사리, 격 등에 맞다, 옳다고 하다, 찬성하다
[可決(가:결)] 의안을 옳다고 결정함. 圀否決(부결)
[可否(가:부)] ① 옳고 그름. ② 可決(가결)과 否決(부결). ③ 찬성과 반대.
[不可(불가)] ① 옳지 않음. ② 안 됨. 못함.
[日可日否(왈가왈부)] 어떤 이는 옳다고 말하고 어떤 이는 아니라고 말함. 어떤 일에 대하여 옳거니 옳지 않거니 옥신각신함.
可高可下(가고가하), 不可缺(불가결), 不可近(불가근), 不可近不可遠(불가근불가원), 時不可失(시불가실)

가히(상상·권고·가능의 뜻을 나타낸다), 동작을 나타내는 한자 앞에 쓰여 가능의 뜻을 나타낸다.
[可能(가:능)] ① 할 수 있음. ② 될 수 있음.
[可笑(가:소)] 가히 웃을 만하다. (같잖아서) 우스움. ¶네가 나에게 덤비다니, 참 가소롭다!
[燈火可親(등화가친)] (가을이 들어 서늘하므로) 밤에 등불을 가까이 하여 글 읽기에 좋음.
[有錢可使鬼(유:전가사귀).] 돈이 있으면 귀신도 부릴 수 있음. '돈의 위력이 큼'을 이름. 圀錢可通神(전가통신)
[敖不可長(오불가장), 欲不可從(욕불가종).] 오만함을 자라게 해서는 안 되며 욕심을 마음껏 채우게 해서는 안 된다. 어느 쪽이든 적당하게 억제하지 않으면 무한히 커져서 몸을 망치게 된다.
[志不可滿(지불가만).] 뜻을 가득 차게 해서는 안 된다. 모든 것에 대해서 완전히 만족할 때까지 추구한다는 생각은 버려야 한다. 욕망은 한없이 나아가기 때문에 한도가 필요하다.
[樂不可極(낙불가극).] 즐거움을 마음껏 누려서는 안 된다. 쾌락을 추구하는 마음은 한이 없는 것이며, 그 끝에는 권태와 절망이 기다리고 있다. 『禮記(예기)·曲禮 上(곡례 상)』
可恐(가공), 可觀(가관), 可矜(가긍), 可當(가당), 可憐(가련), 可望(가망), 可變(가변), 可變性(가변성), 可塑性(가소성), 可視(가시), 可視距離(가시거리), 可視光線(가시광선), 可逆(가역), 可逆反應(가역반응), 可燃

性(가연성), 可畏(가외), 可謂(가위), 可憎(가증), 可知(가지), 莫無可奈(막무가내), 無可奈(무가내), 不可能(불가능), 不可分(불가분), 不可不(불가불), 不可思議(불가사의), 不可知(불가지), 不可侵(불가침), 不可避(불가피), 不可抗力(불가항력), 不可解(불가해), 不問可知(불문가지), 使穴可入(사혈가입)

듣다, 들어주다
[許可(허가)] ① 허락하여 가능하게 해 줌. 말을 들어 줌. ② 법령으로 금지하는 일을 특정한 경우에 허락해 주는 행정 행위.
[認可(인가)] 어떤 일을 옳다고 인정하여 허락함.
[裁可(재가)] 안건을 결재하여 허가함.

否 아닐 부ː, 口부7　0163

'否(부)'자는 '입 口(구)'와 '아니 不(불)'로 이루어졌다. 입으로 아니라고 말하는 데서, '그것이 아니다'가 본뜻이다.

> '否'는 의견의 반대를, '不'은 동사나 형용사의 부정을 나타낸다. '否定(부정)'은 '肯定(긍정)'의 반대로 '의견이 그러하지 아니함'이라는 뜻이고, '不定(부정)'은 '정해 놓지 아니함'을 뜻한다. '不正(부정)'은 '바르지 않다'는 뜻이다.

아니다, 그러하지 아니하다, 옳지 않다고 하다(거부의 뜻)
[否認(부ː인)] 인정하지 않음. 땐是認(시인)
[否定(부ː정)] ① 그렇지 않거나 옳지 않다고 단정함. ② (논) 主槪念(주개념)과 賓槪念(빈개념)이 일치하지 않음. 땐肯定(긍정)
[可否(가ː부)] ☞ 可(가)
[拒否(거ː부)] 승낙하지 않고 물리침. ¶요구를 거부하다/협상을 거부하다/단호히 거부하다 젭拒否權(거부권), 拒否反應(거부반응)
[與否(여부)] 그러함과 그렇지 아니함. ¶생사 여부를 묻다
否決(부결), 否票(부표), 否定的(부정적), 安否(안부), 曰可曰否(왈가왈부), 的否(적부), 適否(적부), 正否(정부), 眞否(진부), 贊否(찬부)

나쁘다, 좋지 아니하다
[良否(양부)] 좋음과 좋지 못함. ¶그 일은 양부를 가릴 수 없으니 네 생각대로 해라

平 평평할 평, 干부5　0164

'平(평)'자는 저울대가 균형을 이루고 있는 모습에서 유래하였다.

평평하다, 바닥이 고르고 판판하다
[平面(평면)] 평평한 표면.
[平野(평야)] 넓고 평평한 들. 平原(평원).
[水平(수평)] ① 수면이 평평함. 물체의 표면이 반듯하고 평평함. ② 평면의 높낮이를 검사하는 기구. ③ 수직면에 직각되는 면.
[水平線(수평선)] ① 지구 위에서 중력의 방향에 수직이 되는 직선. ② 정지한 물의 표면에 평행하는 직선. ③ 바닷물과 하늘이 접하여 한 선으로 보이는 선. ④ 보통 이상과 이하의 한계.
[平地起波瀾(평지기파란).] 평지에 파란을 일으킨다는 뜻으로, '평온한 자리에서 뜻밖에 일어나는 다툼질'을 비유하여 이르는 말. 平地風波(평지풍파).
平床(평상), 平泳(평영), 平原(평원), 平地(평지), 平地風波(평지풍파), 平坦(평탄), 平板(평판), 平便(평편), 平平(평평), 平滑(평활), 低頭平身(저두평신), 地平(지평), 地平線(지평선), 扁平(편평),

다스리다, 국가 · 사회 · 가정 등을 보살펴 통제하거나 관리하다, 평정하다, 어지러운 사태를 수습하다
[平定(평정)] 난리를 평온하게 진정시킴. 적을 진압함.
[修身齊家治國平天下(수신제가치국평천하)] 몸을 닦고 집안을 정돈하며 나라를 다스리고 세상을 평안하게 함. 『大學(대학)』

고르다, 고르게 하다
[平均(평균)] ① 많은 量(량) 또는 數(수)의 중간적인 값. 또는 이를 구하는 계산. ② 질이나 양이 서로 다른 여러 개의 사물을 통일적으로 고르게 함, 또는 그 고르게 한 질이나 양.
[平等(평등)] 등급이 다 같음. 차별이 없음.
[常平(상평)] 변방 지방에 창고를 지어놓고 실시하던 미곡 정책. 미곡이 흔하면 비싼 값으로 사들이고 미곡이 귀하면 싼 값에 팔아서 그 시세가 늘 일정하도록 조절하였다.
[衡平(형평)] 한쪽으로 치우치지 않고 균형이 맞음.
平準(평준), 平準化(평준화), 平衡(평형)

편안하다, 평온하다, 무사하다, 화목하다, 화평하다
[平安(평안)] 무사하여 마음에 걱정이 없음. 무사하고 안온함.
[平和(평화)] ① 평온하고 화목함. 화합하고 고요함. ② 전쟁이 없이 세상이 잘 다스려짐.
[泰平(태평)/太平(태평)] ① 걱정이 없고 편안함. 젭太平歌(태평가), 太平聖代(태평성대), 太平洋(태평양), 天下泰平(천하태평) ② 아무 걱정 없고 무관심함. ¶저 이는 모든 일에 태평이야 젭無事泰平(무사태평)
[和平(화평)] ① 마음이 기쁘고 평안함. ② 나라 사이에 다툼 없이 잘 지냄.
[物不得其平則鳴(물부득기평즉명).] 대개 만물은 평정을 얻지 못하면 소리를 내게鳴(명) 된다. 풀과 나무가 소리를 내는 것은 바람으로 인해 평정을 잃기 때문이며, 물이 소리를 내는 것은 바위 같은 것과 부딪쳐서 평정을 잃기 때문이다. 사람도 마찬가지여서 너무 기쁘거나 슬프면 마음의 평정이 깨져 소리 내어 웃거나 울게 되고, 곤란한 상황에 부딪치면 투덜거리게 된다. 『文章軌範(문장궤범) · 漢文公(한문공) · 送孟東野序(송맹동야서)』

平康(평강), 平氣虛心(평기허심), 平穩(평온), 平靜(평정), 平和共存(평화공존), 不平(불평)

쉽다, 손쉽다
[平易(평이)] ① 까다롭지 않고 쉬움. ② 평평하게 함. 평탄하게 함.

보통, 보통의 수준
[平凡(평범)] 뛰어난 점이 없이 보통임.
[平民(평민)] 보통 사람. 벼슬이 없는 사람.
平年(평년), 平年作(평년작), 平信徒(평신도), 平作(평작)

보통 때, 평상시
[平常(평상)] ① 평소. 일상. 平常時(평상시). ② 보통.
[平素(평소)] 평상시. 늘.
[平日(평일)] 일요일이나 경축일 또는 명절이 아닌 보통 날. 平常日(평상일).
平服(평복), 平常服(평상복), 平常時(평상시), 平時(평시), 平坐(평좌)

비슷한 수준
[平交(평교)] 나이가 비슷한 벗. 대등의 교제를 하는 사람. 참平交間(평교간)

사사로움이 없다
[公平(공평)] 공정하여 어느 한 쪽으로 치우치지 아니함. 참公平無私(공평무사), 不公平(불공평)
[蕩平(탕:평)] ① 어느 쪽에도 치우치지 않음. 蕩蕩平平(탕탕평평)의 준말. ② 蕩平策(탕평책)의 준말.

표준
[平價(평가)] 표준이 되는 값. 공평한 가격. 일반의 가격.
[平價切下(평가절하)] ① 本位貨幣(본위화폐) 가운데 포함된 純金分(순금분)을 적게 하는 일. ② 달러화(dollar貨)와의 교환 비율을 낮추는 일. 참平價切上(평가절상)

가지런하게 되다, 정리되다
[平行(평행)] ① 한 평면상의 두 직선 또는 공간 내의 두 평면, 또는 한 직선과 한 평면이 아무리 연장하여도 만나지 않는 일. 참平行棒(평행봉), 平行線(평행선) ② 두 가지 일을 한꺼번에 치르거나 행함.

4성의 하나
[平聲(평성)] 四聲(사성)의 하나. 평평하고 높낮이가 없는 소리.

평방, 같은 수를 곱하는 일
[平方(평방)] ① 같은 수를 곱하는 일. 自乘(자승). 참平方根(평방근) ② 길이의 단위의 끝에 붙여 그 길이를 한 변으로 하는 정방형의 면적을 나타내는 말. ③ 길이의 단위 앞에 붙여서 면적 단위를 나타내는 말.

기타
[開平(개평)] 남이 가지게 된 것의 일부를 얻어 가지는 것. ¶노름판의 개평꾼
[平生(평생)/限平生(한:평생)] 한 세상 살아 있는 동안까지.

和 화합할 화, 답할 화, 口부8 0165

'和(화)'자는 '벼 禾(화)'와 '입 口(구)'로 이루어져 있다. '和(화)'의 옛 글자는 '피리 龠(약) + 벼 禾(화)'였다. '龠(약)'은 팬플루트처럼 여러 개의 관을 나란히 묶은 피리이다. '和(화)'자는 여러 관에서 나는 소리가 조화를 이루는 모습을 형상화한 것이다. '사람의 목소리와 목소리가 조화를 이룸'의 뜻을 나타낸다.

(날씨, 바람, 마음, 기색, 태도 등) 좋을 정도로 따스하고 부드럽다, 부드럽게 하다
[和氣(화기)] ① 따스한 기운. ② 온화한 기색. 화목한 분위기. 참和氣靄靄(화기애애)
[和暢(화창)] (날씨 따위가) 온화하고 맑음.
[穩和(온:화)] 조용하고 평화로움.
[緩和(완:화)] 급박하거나 긴장된 상태를 느슨하게 함. ¶규제를 완화하다
[天地不可一日無和氣(천지불가일일무화기), 人心不可一日無喜神(인심불가일일무희신).] 천지에는 하루도 온화한 기운이 없어서는 안 되고, 사람의 마음에는 하루도 기쁜 정신이 없어서는 안 된다. 세상은 마음가짐을 따라 고생도 되고 즐겁게도 되는 것이므로, 사람은 언제나 명랑하고 유쾌한 정신을 잃어서는 안 됨. 『菜根譚(채근담)·前集(전집)6』
和光同塵(화광동진), 和色(화색), 和顔(화안), 時和歲豊(시화세풍), 時和年豊(시화년풍), 溫和(온화), 柔和(유화), 晴和(청화)

뜻이 맞아 어울리다, 뜻을 맞추어 주다, 화평스럽게 하다, 뜻이 맞아 화평한 상태
[和睦(화목)] 서로 뜻이 맞고 정다움.
[和合(화합)] 화목하게 잘 합하여짐.
[附和雷同(부:화뇌동)] '남에게 빌붙어 화합하며 우레와 같이 큰 소리로 동조함'이란 뜻에서, '줏대 없이 남의 의견에 따라 움직임'을 나타내는 말.
[不和(불화)] 사이가 좋지 못함.
[人和(인화)] 마음이 서로 화합함.
[平和(평화)] ① 평온하고 화목함. 화합하고 고요함. ② 전쟁이 없이 세상이 잘 다스려짐.
[家和萬事成(가화만사성)] 가정이 화목하면 모든 일이 제대로 이루어진다.
[君子和而不同(군자화이부동), 小人同而不和(소인동이불화).] 군자는 다른 사람과 화합하지만 아첨을 하면서 그를 따르지는 않고, 소인은 남을 따르면서 아첨하지만 화합하지는 못한다. 참附和雷同(부화뇌동)『論語(논어)·子路(자로)』
和議(화의), 和親(화친), 和平(화평), 共和(공화), 共和國(공화국), 不調和(부조화), 不飽和(불포화), 違和(위화), 違和感(위화감), 宥和(유화), 宥和政策(유화정책), 融和(융화), 調和(조화), 中和(중화), 斥和(척화), 斥和碑(척화비), 親和(친화), 親和力(친화력), 平和共存(평화공존), 飽和(포화)

응하다, 맞추어 대하다, 답하다, 대답하다
[和答(화답)] 서로 잘 어울리는 시나 노래로 대답함.
서로 다투던 일을 풀다, 사이좋게 되다
[和解(화해)] ① 다툼질을 풂. ② (법) 소송 당사자가 서로 양보하여 분쟁을 풀기로 하는 계약. ③ (한의) 위장을 편하게 하고 땀이 나게 하는 약을 써서 맺혔던 外氣(외기)를 풀어버리는 일.
[和戰(화전)] 싸움을 끝내고 화친함.
[講和(강:화)] 싸움을 그치고 화해할 것을 강구함.
섞다, 조합하다
[和聲(화성)] 높낮이가 서로 다른 여러 음이 동시에 울리면서 생기는 화음의 연결.
[和音(화음)] 두 개 이상의 높이가 다른 음이 동시에 울렸을 때 어울려 나는 소리. 협화음·불협화음 따위의 종류가 있음.
[不協和音(불협화음)] ① (음) 둘 이상의 악음(樂音)이 동시에 날 때 전체가 조화·융합되지 않아 불안정하고 불쾌한 느낌을 주는 화음. ② 서로 뜻이 맞지 않아 일어나는 충돌. ¶경영진들 사이에 불협화음이 있다
[藥和劑(약화제)] 약을 짓기 위해 약제 이름과 분량을 적은 종이. ⓒ藥方文(약방문), 和劑(화제)
합(合)하다, 여럿을 한 데 모은 수
[和(화)] 합.
[積和(적화)] 곱하여 얻은 여러 개의 수치를 더함.
[總和(총:화)] ① 전체를 합하여 모은 수. ② 전체의 화합. ¶국민 총화/총화 단결
기타
[和尙(화상)] ① 수행을 많이 한 중. ② '중'의 높임말.
[和淸(화청)] 음식에 꿀을 탐.

飮 마실 음:, 食부13 0166

'飮(음)'자는 '먹을 食(식)'과 '하품 欠(흠)'으로 이루어졌다. 입을 크게 벌리고[欠] 먹다[食], 즉 '물이나 술을 마시다'가 본뜻이다.
마시다, 물을 마시다, 술을 마시다, 음료, 마실 수 있는 것의 총칭
[飮福(음:복)] 제사를 마치고 제관들이 제사에 쓴 술이나 다른 제물을 조상이 주는 복이라 하여 나누어 먹음.
[飮食(음:식)] 마시고 먹음. 또는 마실 것과 먹을 것.
[飮酒(음:주)] 술을 마심.
[過飮(과:음)] 술을 지나치게 마심.
[飮水思源(음:수사원).] 물을 마실 때 그 근본을 생각하라. '근본을 잊지 않음'을 비유한 말. 『庚子山集(유자산집)·徵周曲(징주곡)』
[飯疏食飮水(반소사음수), 曲肱而枕之(곡굉이침지), 樂亦在其中矣(낙역재기중의).] 나물 반찬에 물을 마시고, 팔베개를 하고 누웠어도 즐거움이 또한 그 가운데 있다. 행복은 빈부에 의해 정해지는 것이 아니다. 비록 술 대신 물을 마시는 생활일지라도, 자기가 믿는 길에 따라 살아가는 자에게는 그런 가운데서도 자연의 즐거움이 있는 것이다. 『論語(논어)·述而(술이)』 ☞ *125
陰毒(음독), 飮料(음료), 飮料水(음료수), 飮水(음수), 渴者甘飮(갈자감음), 競飮(경음), 戒飮(계음), 狂飮(광음), 米飮(미음), 試飮(시음), 淸凉飮料(청량음료), 痛飮(통음), 暴飮(폭음)

食 밥 식, 밥 사, 食부9 0167

사람[人(인)]에게 좋은 것[良(양)]은 밥이다. 이렇게 해서 '食(식)'자가 만들어진 것은 아니다. 식기에 음식을 담고 뚜껑을 덮은 모양을 본뜬 것이라고 한다. '食(식)'자를 意符(의부)로 하여, 여러 가지 종류의 음식물이나 먹는 행위에 관한 문자를 이룬다. 부수 이름은 '밥 食(식)'이다. 한문 문장 또는 고전에서 온 성어에서 '食'을 [새]로 읽을 때가 있다. 그러나 현대 우리말의 한자어에서는 [새]로 읽는 예는 없다.
밥, 쌀밥, 음식, 먹을거리, 반찬 등 먹는 것의 총칭
[食糧(식량)] 먹을 양식. 사람의 먹을거리.
[食品(식품)] 음식의 재료가 되는 물품. '식료품'의 준말.
[間食(간:식)] 아침·점심·저녁 사이에 먹음. 또는 그런 음식.
[簞食瓢飮(단사표음)] '도시락밥과 표주박에 든 물', 또는 '얼마 되지 않는 음식물'이란 뜻으로, '가난한 생활'을 일컫는 말. 論語(논어)의 一簞食(일단사) 一瓢飮(일표음)에서 온 말임. ⓒ簞瓢(단표)
[飮食(음:식)] ☞飮(음)
[主食(주식)] 밥이나 빵과 같이 끼니에 주로 먹는 음식.
[好衣好食(호:의호식)] ① 좋은 옷과 좋은 음식. ② 잘 입고 잘 먹음. 부유하게 삶을 표현함. ⓟ惡衣惡食(악의악식)
食券(식권), 食單(식단), 食代(식대), 食道(식도), 食道樂(식도락), 食料(식료), 食料品(식료품), 食費(식비), 食性(식성), 食傷(식상), 食少事煩(식소사번), 食卓(식탁), 食貪(식탐), 食板(식판), 食醯(식혜), 穀食(곡식), 錦衣玉食(금의옥식), 給食(급식), 茶食(다식), 配食(배식), 別食(별식), 副食(부식), 粉食(분식), 私食(사식), 上食(상식), 仙食(선식), 素食(소식), 惡食(악식), 藥食(약식), 洋食(양식), 糧食(양식), 衣食住(의식주), 離乳食(이유식), 定食(정식), 朝食(조식), 中食(중식), 韓食(한식), 寒食(한식), 混食(혼식), 後食(후식)
먹다, 씹어서 삼키다, 새김질하다, 식사, 밥 먹는 일
[食堂(식당)] ① 식사하기에 편리하도록 설비하여 놓은 방. ② 음식을 만들어 파는 가게.
[食事(식사)] 사람이 끼니로 음식을 먹는 일. 또는 그 음식.
[過食(과:식)] 지나치게 많이 먹음.
[無爲徒食(무위도식)] 아무 하는 일 없이 한갓 먹고 놀기만 함.

[一日不作一日不食(일일부작일일불식).] 하루 일하지 않으면 그 날은 먹지 않음.
[發憤忘食(발분망식), 樂以忘憂(낙이망우), 不知老之將至(부지노지장지).] 분발하여 먹는 것도 잊고, 도를 즐거워하여 근심을 잊으며, 늙음이 다가옴을 느끼지 못한다. 공자의 생활을 표현한 말이다. 『論語(논어)·述而(술이)』
[飯疏食飮水(반소사음수), 曲肱而枕之(곡굉이침지), 樂亦在其中矣(낙역재기중의).] ☞ *125

食客(식객), 食頃(식경), 食器(식기), 食刀(식도), 食母(식모), 食蜜啞(식밀아), 食福(식복), 食水(식수), 食鹽(식염), 食慾不振(식욕부진), 食用(식용), 食用油(식용유), 食肉(식육), 食餌(식이), 食人種(식인종), 食前(식전), 食指(식지), 食滯(식체), 食醋(식초), 食後(식후), 食後景(식후경), 缺食(결식), 禁食(금식), 饑者甘食(기자감식), 暖衣飽食(난의포식)/煖衣飽食(난의포식), 斷食(단식), 斷食鬪爭(단식투쟁), 大食家(대식가), 獨食(독식), 買食(매식), 美食(미식), 美食家(미식가), 生食(생식), 夕食(석식), 攝食(섭식), 小食(소식), 蔬食(소사/소식), 宿食(숙식), 試食(시식), 夜食(야식), 弱肉强食(약육강식), 外食(외식), 流離乞食(유리걸식), 肉食(육식), 蠶食(잠식), 雜食(잡식), 節食(절식), 絶食(절식), 鳥爲食死(조위식사), 蚤腸出食(조장출식), 晝食(주식), 菜食(채식), 草食(초식), 取食(취식), 取食客(취식객), 寢食(침식), 偏食(편식), 飽食(포식), 捕食(포식), 捕食者(포식자), 暴食(폭식), 會食(회식)

속이다, 식언하다
[食言(식언)] '한 번 입 밖에 낸 말을 다시 입 속에 넣는다'는 뜻에서, 약속한 말을 지키지 않음. 또는 거짓말을 함.

생활하다, 생계를 꾸리다, 생계를 세우다
[食口(식구)] 한집안에서 함께 살며 끼니를 같이하는 사람.
[食率(식솔)] 권솔. 한 집에서 거느리고 사는 식구.
[門前乞食(문전걸식)] 이집 저집 돌아다니며 빌어먹음.
乞食(걸식), 客食口(객식구), 寄食(기식)

녹봉을 받다
[食邑(식읍)] 삼국 시대부터 임금의 아들이나 공신에게 주어 조세를 거두어 쓰게 하던 고을.

衣 옷 의, 衣부6   0168

'衣(의)'자는 '저고리'를 나타내기 위하여 저고리의 윤곽을 나타낸 것이다. 목과 어깨 부분, 소매와 몸통 부분을 어렴풋이나마 짐작해 볼 수 있다. 원래 치마를 뜻하는 '裳(상)'과 짝을 이루었는데, 지금은 '옷'의 통칭으로 쓰인다. '옷 衣(의)'가 부수로 쓰일 때 변으로 쓰이면 'ネ(의)'의 형태를 취한다.

옷, 저고리, 예복 또는 나들이 옷, 가사, 중의 법복
[衣服(의복)] 옷. 衣類(의류).
[衣裳(의상)] ① 겉에 입는 위아래 옷. ② (주로) 여자들이 입는 겉옷.
[衣食住(의식주)] 인간 생활의 세 가지 요소인 옷과 음식과 집.
[錦衣還鄕(금:의환향)] 비단으로 만든 옷을 입고 고향에 돌아옴. '성공하여 고향으로 돌아옴'을 비유하는 말.
[天衣無縫(천의무봉)] '하늘나라 사람의 옷은 솔기가 없다'는 뜻으로, 詩歌(시가)나 문장 등이 기교의 흔적이 없이 자연스럽게 잘 되어 있음을 이르는 말.
[衣莫若新(의막약신), 人莫若故(인막약고).] 의복은 새 것일수록 좋고, 친구는 오래 될수록 좋음. 『晏子(안자)』
衣冠(의관), 衣類(의류), 甲衣(갑의), 袴衣(고의), 錦衣(금의), 錦衣夜行(금의야행), 錦衣玉食(금의옥식), 暖衣飽食(난의포식)/煖衣飽食(난의포식), 內衣(내의), 綠衣(녹의), 綠衣紅裳(녹의홍상), 麻衣(마의), 麻衣太子(마의태자), 白衣(백의), 白衣民族(백의민족), 白衣從軍(백의종군), 上衣(상의), 囚衣(수의), 壽衣(수의), 惡衣惡食(악의악식), 雨衣(우의), 羽衣(우의), 着衣(착의), 天衣(천의), 草衣(초의), 脫衣(탈의), 布衣(포의), 布衣之交(포의지교), 下衣(하의), 好衣好食(호의호식)

이끼, 청태
[地衣(지의)] ① 지의류에 속하는 식물의 총칭. ② 이끼의 한 가지. ③ 질경이의 딴 이름. ④ 땅 위에 까는 깔개. 멍석이나 돗자리 따위.

服 옷 복, 길 복, 月부8   0169

'服(복)'자는 '凡(범)의 변형자인 月 + 손 모양을 본뜬 又 + 사람이 무릎을 꿇은 모습을 본뜬 卩(절)'이 합쳐진 글자이다. '복종시키다'의 뜻이다. 후에 '옷'의 뜻으로도 쓰이게 되었다.

옷, 의복, 옷을 입다
[服裝(복장)] ① 옷차림. 옷을 차려 입은 모양. ¶복장이 단정하다 ② 나이·직업·신분에 따라 달리 만든 옷.
[校服(교:복)] 학교에서 학생들이 입도록 정한 제복.
[軍服(군복)] 군대의 제복.
[着服(착복)] ① 옷을 입음. ② 남의 재물을 부당하게 자기 것으로 함. ¶공금을 착복하다
服飾(복식), 服制(복제), 官服(관복), 屈巾祭服(굴건제복), 旣成服(기성복), 內服(내복), 道服(도복), 冬服(동복), 微服(미복), 微服潛行(미복잠행), 防寒服(방한복), 變服(변복), 私服(사복), 喪服(상복), 素服(소복), 僧服(승복), 洋服(양복), 燕尾服(연미복), 禮服(예복), 衣服(의복), 潛水服(잠수복), 正服(정복), 制服(제복), 春秋服(춘추복), 便服(편복), 平服(평복), 平常服(평상복), 被服(피복), 夏服(하복), 韓服(한복)

복, 복을 입다
[服人(복인)] 일 년 이하의 상복을 입는 사람.
[服制(복제)] ① 옷차림에 관한 규정. ② 喪服(상복)에 관한 다섯 가지 제도.

[成服(성복)] 초상이 난 뒤에 처음으로 상복을 입는 일.
[有服之親(유복지친)] 복제에 따라 喪服(상복)을 입어야 하는 가까운 친척. 图有服親(유복친)

좇다, 따르다, 따르게 하다, 말을 듣다, 뜻을 굽히다, 겸양하다

[服從(복종)] 남의 명령·요구·의지에 그대로 따름. ¶명령에 복종하다
[屈服(굴복)] 굽히어 복종함.
[說服(설복)/說伏(설복)] ① 말하거나 타일러서 수긍하게 함. ② 남의 주장하는 이론을 깨뜨려서 굴복시킴.
[征服(정복)] ① 정벌하여 복종시킴. ② 어려운 일을 이겨 내어 자기의 뜻이나 목적을 이룸. ¶영어 완전 정복
服事(복사), 服屬(복속), 感服(감복), 不服(불복), 承服(승복), 心服(심복), 自服(자복), 歎服(탄복), 欽服(흠복)

항복하다

[降服(항복)/降伏(항복)] ① 싸움에 져서 굴복함. ② 잘못했다고 굽힘.

약을 마시다, 한 번에 마시는 약의 양

[服藥(복약)] ① 약을 먹다. ② 내복약.
[服用(복용)] 약을 먹음.
[內服(내:복)] ① 속옷. ② 약을 먹음.
[內服藥(내:복약)] 내치(內治)로 쓰이는 먹는 약.

행하다, 실천에 옮기다, 일, 처리하여야 할 일, 일하다

[服務(복무)] 직무나 일을 맡아 봄.
[服役(복역)] ① 나라에서 의무로 지운 일에 복무함. ② 징역을 삶.
[克服(극복)] 어려운 상태를 이겨냄. ¶시련을 극복하다

老 늙을 로:, 老부6 0170

'老(로)'자는 '늙다'는 뜻을 나타내기 위하여 지팡이를 짚고 서 있는 늙은이의 모습을 본뜬 것이라고 한다. '老(로)'를 意符(의부)로 하여 노인에 관한 문자를 이룬다.

늙다, 나이를 많이 먹다, 오래 살다, 늙은이

[老妄(노:망)] 늙어서 망령을 부림. 또는 그 망령.
[老少(노:소)] 늙은이와 어린이. 노인과 소년.
[老人(노:인)] 늙은 사람.
[老婆心(노:파심)] ① 친절하여 남의 일을 지나치게 걱정하는 마음. 필요 이상의 친절한 마음. ② 의견·충고 따위를 말할 때 자기 마음을 겸손하여 이르는 말.
[敬老(경로)] 노인을 공경함.
[生老病死(생로병사)] (불) 인생이 반드시 밟아야 하는 네 가지 큰 고통. 곧 나고, 늙고, 병들고, 죽고 하는 일.
[老馬之智(노마지지)] 齊(제)의 管仲(관중)이 산중에서 길을 잃었을 때, 늙은 말을 풀어주어 그 뒤를 따라가 마침내 길을 찾았다는 고사에서, '경험을 쌓아 練達(연달)된 지혜'를 일컫는 말.
老境(노경), 老軀(노구), 老年(노년), 老當益壯(노당익장), 老鈍(노둔), 老齡(노령), 老論(노론), 老母(노모), 老木(노목), 老兵(노병), 老父母(노부모), 老少同樂(노소동락), 老松(노송), 老僧(노승), 老眼(노안), 老弱(노약), 老弱者(노약자), 老翁(노옹), 老欲(노욕), 老慾(노욕), 老儒(노유), 老幼(노유), 老處女(노처녀), 老總角(노총각), 老親(노친), 老婆(노파), 老化(노화), 老患(노환), 老後(노후), 耆老所(기로소), 男女老少(남녀노소), 百年偕老(백년해로), 奉老(봉로), 婦老爲姑(부노위고), 不老(불로), 不老長生(불로장생), 不老草(불로초), 上老人(상노인), 年老(연로), 養老(양로), 養老院(양로원), 早老(조로), 中老(중로), 初老(초로), 村老(촌로), 醜老(추로), 春寒老健(춘한노건), 偕老(해로), 偕老同穴(해로동혈), 虛老(허로)

늙어서 약해지다

[老衰(노:쇠)] 늙어서 쇠함. 늙어서 기운이 떨어짐.
[老廢(노:폐)] 오래 되거나 낡아서 쓰지 않음. 图老廢物(노폐물)
[老朽(노:후)] ① 낡아서 못쓰게 됨. ② 늙어서 쓸모가 없음, 또는 그 사람.

익숙하다, 노련하다

[老鍊(노:련)] 오랫동안 경험을 쌓아 일에 익숙하고 능란함.
[老熟(노:숙)] 경험을 많이 쌓아서 사물에 익숙함. 노련함, 또는 그 사람.
[老將(노:장)] ① 늙은 장수. ② 軍事(군사)에 노련한 대장.
[百戰老將(백전노장)] ① 수없이 많은 싸움을 치른 노련한 장수. ② 세상일을 많이 겪어서 여러 가지로 능란한 사람.
[老獪(노:회)] 노련하고 교활함, 또는 그 사람.

늙은이로 높이다, 품위가 있다

[老兄(노:형)] ① 늙은 형. 동생에 대한 형의 자칭. ② 연장의 친구에 대한 높임말. ③ 나이가 비슷한 사람을 부르는 높임말.
[元老(원로)] 어떤 일에 오래 종사하여 경험과 공로가 으뜸이 되는 사람.
[長老(장로)] ① 나이 많은 사람. 학덕이 높은 사람. ② (宗) 기독교 교직(敎職)의 하나.

노자(老子)의 약칭

[老子(노:자)] ① 周代(주대)의 철학자. 姓(성)은 李(이), 이름은 耳(이). 道家(도가)의 시조로서 자연 법칙에 기초를 둔 도덕의 절대성을 역설하였다. ② 老子(노자)의 저서로 大道無爲(대도무위)의 사상을 해설하였다. ③ 노인의 자칭
[老莊(노:장)] 老子(노자)와 莊子(장자). 또는 그 학설.
[孔老(공:로)] 孔子(공자)와 老子(노자).

壯 장할 장(:), 씩씩할 장(:), 士부7 0171

'壯(장)'자는 '장수 爿(장)'과 '선비 士(사)'로 이루어졌다. '신체가 큰 사람'을 뜻하기 위한 것이었다. 壯版(장판), 壯版紙(장판지)만 단음으로 읽고, 그 외는 장음으로 읽는다.

씩씩하다, 행동이 굳세다, 성하다, 기세가 좋다

[壯大(장:대)] 씩씩하고 큼.
[壯士(장:사)] ① 기개와 체질이 썩 굳센 사람. ② 力士(역사) 참天下壯士(천하장사)
[健壯(건:장)] 몸이 튼튼하고 씩씩함. ¶건장한 청년들
[老當益壯(노:당익장)/老益壯(노:익장)] 늙어서는 더욱 더 意氣(의기)를 굳건히 해야 함.
强壯劑(강장제), 悲壯(비장), 天下壯士(천하장사)

훌륭하다, 크다

[壯觀(장:관)] ① 굉장하여 볼 만한 광경. ② '크게 구경거리로 될 만함' 또는 '매우 꼴 보기 좋음'의 뜻으로, 남의 행동이나 어떤 상태를 비웃어 일컫는 말.
[壯談(장:담)] 확신을 가지고 자신 있게 말함. 또는 자신 있게 하는 말. ¶성공을 장담하진 못하지만 최선을 다 하겠습니다 참豪言壯談(호언장담)
[壯烈(장:렬)] 의기가 씩씩하고 열렬함. ¶전쟁에 나아가 나라를 위하여 장렬히 죽음을 맞이하다
[宏壯(굉장)] ① 아주 크고 으리으리함. ② 아주 대단함. ¶굉장한 부자/그의 인기가 굉장하다
[雄壯(웅장)] 빼어날 만큼 크고 장함.
壯途(장도), 壯元(장원), 狀元(장원), 壯元及第(장원급제), 壯快(장쾌), 壯版(장판), 壯版紙(장판지)

젊다, 나이가 젊다, 한창 나이

[壯年(장:년)] 혈기 왕성하여 한창 활동할 나이. 또는 그런 사람. 일반적으로 서른 살에서 마흔 살 안팎을 이른다.
[壯丁(장:정)] ① 성년에 이른 혈기 왕성한 남자. ② 징병 적령의 남자.
[老壯(노:장)] 노년과 장년.
[少壯(소:장)] 한창 젊은 때. 젊고 혈기가 왕성한 일.

음력 팔월

[壯月(장:월)] '음력 팔월'의 딴 이름.

色 빛 색, 色부6   0172

'色(색)'자는 '사람 人(인)'과 '병부절 卩(절)'로 이루어진 글자라고 한다. '卩(절)'은 사람이 '무릎을 꿇고 있는 모양'이라고 한다. 그래서 '色(색)'자는 '무릎을 꿇고 있는 사람 위에 사람이 있음'을 나타낸다고 한다. 異性(이성)을 구슬리거나 남녀의 관계를 뜻하는 글자이었던 셈이다. 그럴 때는 낯빛의 색깔이 다양하게 변했음에서인지 '색깔'의 뜻도 가지게 되었다. '卩(절)'안에 'ㄱ'이 있어 '巴(파)'자로 보이는 것은 글자의 균형미를 위해서인 것이다.

빛, 빛깔, 색채

[色盲(색맹)] 특정한 색을 구별하지 못하는 시각, 또는 그 사람.
[色彩(색채)] ① 빛깔. ② 빛깔과 문채.
[變色(변:색)] 빛깔을 바꿈. 또는 빛깔이 변하여 달라짐.
[染色(염:색)] 염료를 사용하여 실이나 천 따위에 빛깔을 물들임. 또는 그런 일.
[天然色(천연색)] ① 만물의 저절로 갖추어진 빛깔. ② 자연의 빛깔을 본뜬 빛깔.
色相(색상), 色色(색색), 色素(색소), 色眼鏡(색안경), 色調(색조), 色紙(색지), 色漆(색칠), 色澤(색택), 間色(간색), 褐色(갈색), 紺色(감색), 警戒色(경계색), 古色(고색), 金色(금색), 藍色(남색), 綠色(녹색), 多色(다색), 單色(단색), 淡色(담색), 桃色(도색), 暮色(모색), 無色(무색), 物色(물색), 配色(배색), 白色(백색), 補色(보색), 保護色(보호색), 三原色(삼원색), 純色(순색), 染色體(염색체), 五色(오색), 玉色(옥색), 原色(원색), 月色(월색), 有色(유색), 有色人種(유색인종), 銀色(은색), 紫色(자색), 雜色(잡색), 赤色(적색), 着色(착색), 彩色(채색), 靑色(청색), 脫色(탈색), 退色(퇴색), 黃色(황색), 灰色(회색), 灰色分子(회색분자), 黑色(흑색), 黑色宣傳(흑색선전)

얼굴빛

[色難(색난)] 자식이 안색을 항상 부드럽게 하여 부모를 섬기기는 어렵다는 뜻. 일설에는 부모의 얼굴빛을 살펴 그 마음에 맞도록 봉양하기란 어려운 일이라는 뜻이라고 한다. 『論語(논어)・爲政(위정)』
[顔色(안색)] 얼굴에 나타나는 빛깔이나 표정.
[喜色(희색)] 기뻐하는 얼굴빛.
[巧言令色(교언영색), 鮮矣仁(신의인).] 말을 교묘하게 꾸미고 얼굴빛을 좋게 하는 자는 어진 이가 드물다. 『論語(논어)・學而(학이)』 ☞ * 028
[室於怒市於色(실어노시어색).] 집에서 성난 사람 저자에서 분풀이 한다는 뜻으로, '마구잡이로 화풀이를 하거나 노여움을 딴 사람에게 옮김'을 비유하여 이르는 말. 怒於室色於市(노어실색어시).
氣色(기색), 起色(기색), 難色(난색), 大驚失色(대경실색), 無色(무색), 勃然變色(발연변색), 病色(병색), 辭色(사색), 死色(사색), 生色(생색), 愁色(수색), 失色(실색), 啞然失色(아연실색), 容色(용색), 正色(정색), 血色(혈색), 和色(화색)

모양, 상태, 형상

[各樣各色(각양각색)] 서로 다른 각가지 모양. ¶각양각색의 옷차림들
[本色(본색)] ① 본디의 빛깔이나 생김새. ② 본디의 특색이나 정체. ¶본색을 드러내다
[特色(특색)] 다른 것과 특히 다른 점.
[色卽是空(색즉시공). 空卽是色(공즉시색).] (佛) 우주 만물은 다 실체가 없는 공허한 것이기는 하나, 인연의 상관관계에 의하여 그대로 별개의 존재로서 존재하는 것이다. 무릇 형상을 갖춘 만물은 인연으로 말미암아 생긴 것이며 원래 實在(실재)하는 것이 아니므로 그대로 空無(공무)한 것이다. 般若心經(반야심경)의 구절. 참色不異空(색불이공), 空不異色(공불이색). 『般若心經(반야심경)』
古色(고색), 古色蒼然(고색창연), 名色(명색), 物色(물색), 遜色(손색), 音色(음색), 異色(이색), 行色(행색),

形色(형색)
잘 생긴 여자의 용모
[傾國之色(경국지색)] '임금이 혹하여 나라가 기울어져도 모를 만한 미인'이라는 뜻으로, 매우 뛰어난 미인을 이름. 🔄傾城之色(경성지색)
[薄色(박색)] 아주 못생긴 여자의 얼굴. 또는 그러한 여자.
[才色(재색)] 여자의 재주와 용모.
一色(일색), 姿色(자색), 絶色(절색), 萬古絶色(만고절색)
갈래, 종류
[色目(색목)] ① 종류와 명목. ② 元(원)나라 시대에 西域(서역) 여러 나라의 총칭. ③ 조선 때의 四色(사색) 黨派(당파)를 이름.
[具色(구색)] ① 여러 가지 물건의 갖춤새. ② 서로 어울리는 것.
[四色(사:색)] 조선 시대의 네 가지 당파. 즉, 老論(노론)·少論(소론)·南人(남인)·北人(북인)을 이름.
[形形色色(형형색색)] 형상과 종류가 가지가지. ¶형형색색의 장난감.
여색, 정욕
[色魔(색마)] 여자를 색정으로 농락하는 사내.
[女色(여색)] ① 여자의 용모. ② 여자와의 情事(정사).
[酒色(주색)] 술과 여색.
[好色漢(호:색한)] 여색을 특히 좋아하는 사내를 욕하는 말.
[色不謹愼病後悔(색불근신병후회).] 색을 삼가지 않으면 병든 뒤에 후회한다.『朱子(주자)·朱子十悔訓(주자십회훈)』☞ * 387
色界(색계), 色骨(색골), 色狂(색광), 色心(색심), 色慾(색욕), 色情(색정), 色酒家(색주가), 色貪(색탐), 色鄕(색향), 戒色(계색), 男色(남색), 獵色(엽색), 酒色雜技(주색잡기), 好色(호색)
화장하다, 꾸미다, 윤색하다
[脚色(각색)] ① 소설·서사시·전설 따위를 각본으로 고쳐 쓰는 일. ② 어떤 사실을 다른 인상을 띠게 달리 표현하는 일.
[潤色(윤:색)] 매만져 곱게 꾸밈

彩 무늬 채:, 채색 채:, 彡부11   0173

'彩(채)'자는 '캘 采(채)'(音)와 '터럭 彡(삼)'으로 이루어졌다. 짐승 터럭의 색깔이 아주 다양한 모양에서 '빛깔'을 뜻하는 글자를 만들었다.
무늬, 채색, 고운 빛깔
[彩色(채:색)] ① 여러 가지 빛깔의 색칠. ② 그림이나 장식에 색을 칠함.
[彩雲(채:운)] ① 꽃구름. ② 건축물에서 채색한 구름무늬.
[色彩(색채)] ☞色(색)
[水彩畵(수채화)] (미) 물감을 물에 풀어서 그린 서양화.
[異彩(이:채)] ① 이상한 광채. 또는 색다른 빛. ② 특별히 두드러지게 눈에 뜨임. ¶그 건물의 건축 양식은 매우 이채롭다

彩度(채도), 多彩(다채), 虹彩(홍채)
빛
[光彩(광채)] 찬란하게 빛나는 빛깔.

靑 푸를 청, 靑부8   0174

'靑(청)'자는 참 이상도 하다. '날 生(생)'과 '붉을 丹(단)'으로 이루어진 글자의 모양을 한다. 웬 붉음? 그러나 字源(자원)을 살펴보면 이렇다. '生'은 '푸른 풀이 나는 모양이다. '丹'은 '우물 난간 속의 물감'이라는 뜻이란다. 우물 속에 푸른 풀. 그렇게 보니 푸를 것 같기도 하다. 한자를 구성하는 요소를 보면 대부분 '참 그럴 듯하게 만들었다'라는 생각이 들지만, 가끔은 엉뚱한 발상으로 만들어진 것들도 있다. '靑(청)'자의 아랫부분을 '月'로 쓴 '青(청)'자는 속자이다.
푸르다, 푸른 빛
[靑果(청과)] 채소와 과일을 통틀어 일컫는 말. 🔄靑果物(청과물)
[靑天(청천)] 푸른 하늘. 🔄靑天白日(청천백일), 靑天霹靂(청천벽력)
[丹靑(단청)] ① 붉은 색과 푸른 색. ② 궁궐, 사찰, 정자 등 옛날식 집의 기둥 천장 따위에 여러 가지 빛깔로 그림이나 무늬를 그림. 또는 그 그림이나 무늬.
[獨也靑靑(독야청청)] ① 홀로 푸르고 푸름. ② 홀로 높은 절개를 지켜 변함이 없음. ¶백설이 만건곤할 제 독야청청하리라
[靑出於藍靑於藍(청출어람청어람)/靑出於藍(청출어람).] 푸른 물감은 쪽에서 났지만 쪽보다 더 푸름. '제자가 스승보다 더 훌륭한 경우'의 비유. 🔄靑藍(청람), 出藍(출람)『荀子(순자)·勸學(권학)편』
靑丘(청구), 靑銅(청동), 靑銅器時代(청동기시대), 靑燈(청등), 靑羅(청라), 靑藜杖(청려장), 靑龍(청룡), 靑樓(청루), 靑史(청사), 靑紗燈籠(청사등롱), 靑寫眞(청사진), 靑山(청산), 靑山流水(청산유수), 靑裳(청상), 靑色(청색), 靑松(청송), 靑魚(청어), 靑玉(청옥), 靑蛙(청와), 靑瓦(청와), 靑瓦臺(청와대), 靑雲(청운), 靑雲之志(청운지지), 靑瓷(청자), 靑磁(청자), 靑川(청천), 靑草(청초), 靑苔(청태), 靑袍(청포), 靑風(청풍), 靑鶴(청학), 紺靑(감청), 群靑(군청), 盲者丹靑(맹자단청)
젊음
[靑年(청년)] 젊은 사람. 젊은이.
[靑春(청춘)] ① 한창 젊은 나이. 청년. ¶청춘은 다시 돌아오지 않고, 하루에 새벽은 한 번뿐이다〈도연명의 시구 중에서〉 ② 푸른 봄.
[靑孀寡婦(청상과부)] 젊어서 과부가 된 여자. 🔄靑孀(청상)
靑少年(청소년), 靑壯年(청장년)
기타
[靑盲(청맹)] ① 눈을 뜨고도 보지 못하는 눈. 당달봉사. 청맹과니. ② 색맹(色盲)의 한 가지. 청색을 보지

못하는 눈.
[靑眼視(청안시)] 남을 달갑게 보는 듯이 드러난 눈초리. 참 白眼視(백안시)
[靑酸(청산)] 시안화수소 또는 시안화수소산. 참 靑酸加里(청산가리)

紅 붉을 홍, 糸부9　　0175

'紅(홍)'자는 '붉은 비단'을 나타내기 위한 것이었다. '실 糸(사)'와 '장인 工(공)'으로 이루어졌다. '붉다'는 뜻을 나타낸다.

붉다, 붉은 빛, 붉은 모양

[紅顔(홍안)] '붉은 얼굴'이란 뜻으로, 젊은이의 얼굴이나 혈색이 좋은 얼굴을 일컫는 말.
[紅一點(홍일점)] ① 푸른 잎 가운데 피어 있는 한 송이의 붉은 꽃. ② 많은 남자 속의 한 여자나 여자 여럿 속에 있는 색다른 것을 가리키는 말. 『王安石(왕안석)·詠石榴詩(영석류시)』
[同價紅裳(동가홍상)] '같은 값이면 다홍치마'라는 뜻으로 '이왕이면 좀 낫고 마음에 드는 것으로 골라잡음'을 이르는 말.
[花無十日紅(화무십일홍), 人不百日好(인불백일호).] 꽃이 피어야 열흘을 넘기기 어렵고, 사람의 좋은 날은 100일을 넘기지 못한다. '청춘은 짧은 동안 금방 지나가버린다' 또는 '한 번 성하면 반드시 쇠하여짐'을 비유하여 이르는 말이다. 人不百日好(인불백일호) 대신 人無千日好(인무천일호) 또는 勢不十年長(세불십년장)이 쓰이기도 한다. 『通俗編(통속편)』
紅燈(홍등), 紅燈街(홍등가), 紅爐點雪(홍로점설), 紅樓(홍루), 紅淚(홍루), 紅蔘(홍삼), 紅裳(홍상), 紅脣(홍순), 紅柿(홍시), 紅顔薄命(홍안박명), 紅疫(홍역), 紅玉(홍옥), 紅塵(홍진), 紅茶(홍차), 紅鶴(홍학), 紅蛤(홍합), 綠衣紅裳(녹의홍상), 粉紅(분홍), 鮮紅(선홍), 柳綠花紅(유록화홍), 朱紅(주홍), 千紫萬紅(천자만홍)

붉은 꽃

[紅桃(홍도)] 홍도나무의 꽃. 홍도화.
[百日紅(백일홍)] 부처꽃과에 속하는 낙엽 교목. 관상용으로 심는다. 배롱나무.
[映山紅(영산홍)] (식) 진달랫과의 갈잎떨기나무. 키는 약 1m. 가지가 많으며 잎은 어긋나고 피침형이며 윤이 남. 5-7월에 담홍색의 꽃이 가지 끝에 핌. 참 映山白(영산백), 映山紫(영산자)

黃 누를 황, 黃부12　　0176

'밭 田(전)'과 '빛 光(광)의 古字(고자)'로 이루어진 것이다. 밭의 빛은 황토색이기 때문에 '누르다'는 뜻을 나타내었다.

누르다, 누른 빛, 오색의 하나, 황색으로 변하다

[黃沙(황사)/黃砂(황사)] ① 누런 모래. ② 중국 북부나 몽고 지방의 황토가 바람에 날려 온 하늘에 누렇게 끼는 현상. ¶봄이 되면 어김없이 찾아오는 황사
[黃昏(황혼)] ① 하늘이 누렇고 어둑어둑한 해질 무렵. ② 늘그막.
[卵黃(난황)] 알의 노른자위. 참 卵白(난백)
[朱黃(주황)] 빨강[朱] 과 노랑[黃]의 중간색.
黃褐色(황갈색), 黃狗(황구), 黃疸(황달), 黃桃(황도), 黃銅(황동), 黃馬(황마), 黃麻(황마), 黃酸(황산), 黃色(황색), 黃雀(황작), 黃鳥(황조), 黃塵(황진), 黃泉(황천), 黃泉客(황천객), 黃土(황토), 黃土色(황토색), 黃河(황하), 黃海(황해), 浮黃(부황), 硫黃(유황), 天地玄黃(천지현황)

황금

[黃金(황금)] 누른 빛깔의 금.
[黃金萬能(황금만능)] 돈만 있으면 무엇이나 마음대로 할 수 있다는 뜻.
[世人結交須黃金(세:인결교수황금), 黃金不多交不深(황금부다교불심).] 세상 사람들은 금전으로써 교제를 맺는다. 돈이 많지 않으면 그 사귐도 깊지 않다. 돈으로 친구를 사귀는 세태를 개탄하며 읊은 시. 『張謂(장위)·詩(시)』

웅황(雄黃), 약제의 하나

[牛黃(우황)] (의) 소의 쓸개에 병으로 생긴 물질. 중풍 따위를 다스리고 강장제로도 씀. ¶牛黃淸心丸(우황청심환)
[地黃(지황)] 현삼과의 여러해살이풀. 중국 원산이며 뿌리는 보혈 및 강장제로 씀.

황제 헌원씨 또 그의 교

[黃帝(황제)] 중국에서 시조로 여기는 전설상의 임금.

黑 검을 흑, 黑부12　　0177

위쪽의 굴뚝에 검댕이 차고, 아래쪽에 불길[灬]이 오르는 모양을 본떠 '검을 黑(흑)'자를 만들었다.

검은 빛, 흑색, 검은 빛으로 변하다

[黑白(흑백)] ① 검은 빛과 흰 빛. ② 잘잘못. 옳고 그름.
[黑字(흑자)] ① 먹 따위로 쓴 검은 글자. ② 수입이 지출보다 많아서 생기는 잉여나 이익. 장부에 쓸 때 통상 검은색 글자로 쓰는 것에서 유래하였다. 반 赤字(적자)
[近朱者赤(근주자적)/近墨者黑(근묵자흑)] 붉은색을 가까이하면 자신도 붉어진다. 먹을 가까이하는 사람은 검은 물이 든다. 사람의 성격이나 능력은 주변의 환경이나 친구에 의해 많이 좌우된다는 것을 비유한 말이다. 『傅玄(부현)·太子少傅箴(태자소부잠)』
黑髮(흑발), 黑死病(흑사병), 黑色(흑색), 黑鉛(흑연), 黑人(흑인), 黑荏子(흑임자), 黑點(흑점), 黑板(흑판)

밤, 어둠, 어둡다, 어두워지다, 날이 저물다

[黑雲(흑운)] 먹구름. 빛이 몹시 검은 구름.
[暗黑(암흑)] ① 어둡고 캄캄함. 반 光明(광명) ② 암담

하고 비참한 상태. 참暗黑街(암흑가), 暗黑期(암흑기)
[暗黑街(암흑가)] 범죄, 폭력 따위가 날뛰는 거리. ¶젊어서는 암흑가의 왕초였던 그 사람이 성직자가 되었다
[漆黑(칠흑)] 옻처럼 검고 캄캄함. ¶칠흑 같은 어둠 속에서 우리는 포위망을 뚫고 탈출하였다

나쁜 마음
[黑色宣傳(흑색선전)] 터무니없는 사실을 조작하여 상대방을 중상모략하고 교란시키는 정치적 술책.
[黑心(흑심)] 부정한 욕심이 많고 음흉한 마음.
[黑幕(흑막)] ① 검은 장막. ② 겉으로 드러나지 않은 음흉한 내막.

白 흰 백, 白부5   0178

'白(백)'자는 엄지손가락을 본떴다고 한다. 엄지손가락은 손가락 중에서 '맏이'이다. 그래서 '白(백)'자의 본뜻은 '맏이'이었다. '白(백)'자가 '희다'는 뜻으로 쓰이는 예가 많아지자 본뜻은 '사람 人(인)'을 붙여 '맏이 伯(백)'자를 만들었다.

흰 빛, 희다, 빛깔이 희다
[白髮(백발)] 하얗게 센 머리털. 참白髮老人(백발노인)
[白雪(백설)] 흰 눈.
[白衣(백의)] ① 흰 옷. 참白衣民族(백의민족) ② 벼슬이 없는 사람. 참白衣從軍(백의종군)
[蒼白(창백)] 얼굴에 푸른빛이 돌며 핏기가 없이 희다. 해쓱하다.
[漂白(표백)] ① 하얗게 되도록 빨래함. ② 종이나 피륙 따위를 화학약품으로 탈색하여 희게 함. 참漂白劑(표백제)
[白眉(백미)] 여러 사람 가운데서 가장 뛰어난 사람. 또는 많은 것 가운데서 가장 뛰어난 것. 중국 三國(삼국)시대 蜀(촉)의 馬良(마량)은 눈썹에 흰 털이 있었으며, 다섯 형제가 모두 빼어난 인물이었는데 그 중에서 마량이 가장 뛰어났던 고사에서 온 말. 참馬良白眉(마량맥미)
白骨(백골), 白骨難忘(백골난망), 白鷗(백구), 白旗(백기), 白頭翁(백두옹), 白駒過隙(백구과극), 白頭大幹(백두대간), 白頭山(백두산), 白蓮(백련), 白露(백로), 白鷺(백로), 白馬(백마), 白墨(백묵), 白米(백미), 白飯(백반), 白礬(백반), 白粉(백분), 白沙場(백사장), 白蔘(백삼), 白色(백색), 白松(백송), 白首(백수), 白首空歸(백수공귀), 白堊(백악), 白堊館(백악관), 白眼(백안), 白眼視(백안시), 白羊(백양), 白熱(백열), 白玉(백옥), 白雲(백운), 白人(백인), 白磁/白瓷(백자), 白鳥(백조), 白酒(백주), 白菜(백채), 白布(백포), 白鶴(백학), 白血球(백혈구), 白血病(백혈병), 白虎(백호), 卵白(난백), 蛋白(단백), 蛋白質(단백질), 斑白(반백), 半白(반백), 三白(삼백), 五白(오백), 黑白(흑백)

채색하지 아니하다, 꾸미지 않다, 깨끗하다
[白熟(백숙)] 맹물에 삶음. 또는 그 음식. ¶영계백숙로 보신을 하다
[淡白(담:백)] 진하지 않고 산뜻함.
[淸白吏(청백리)] 맑고 깨끗한 마음으로 재물을 탐하지 않는 벼슬아치.
白沸湯(백비탕), 月白風淸(월백풍청)

날이 새다, 밝아지다, 한낮
[白日(백일)] ① 한낮. 대낮. ② 빛나는 태양
[白晝(백주)] 대낮. 한 낮.
[靑天白日(청천백일)] ① 맑게 갠 대낮. 쾌청한 하늘. ② '심사(心事)가 명백함'을 비유하여 이르는 말. ③ 억울한 누명을 쓴 용의자가 무죄 방면이 되는 일.
[白日莫空過(백일막공과).] 밝은 날을 헛되이 보내지 말라. '청춘을 아껴야 할 것임'을 이르는 말. 『林寬(임관)·少年行(소년행)』☞ *131
白日夢(백일몽), 白日場(백일장)

밝히다, 죄가 없다
[白書(백서)] 정부가 어떤 문제에 대하여 그 현상을 분석하고 장래를 전망하는 내용으로 꾸며서 발표하는 실정 보고서.
[潔白(결백)] 행동이나 마음 따위가 조촐하여 얼룩이나 허물이 없음.
[明白(명백)] 분명하고 결백하다. 의심할 바 없이 뚜렷하다.
[自白(자백)] 스스로 죄를 고백하는 일.
白放(백방), 明明白白(명명백백),

말하다
[告白(고:백)] 마음속에 숨기고 있던 것을 알려 털어놓음.
[獨白(독백)] 극에서 배우가 상대자 없이 혼자 대사를 말함. 또는 그 대사.
[傍白(방백)] (극) 연극에서 연기자가 청중들에게는 들리나 무대 위에 있는 상대방에게는 들리지 않는 것으로 하고 혼자서 하는 말.

비어 있다, 공백
[白手(백수)] 백수건달(白手乾達)의 준말. 돈 한 푼 없는 멀쩡한 건달.
[白紙(백지)] ① 흰 종이 ② 아무 것도 쓰지 않은 채로 있는 종이. ③ 우리나라에서 생산되는 창호지보다 얇고 작은, 닥나무로 만든 종이. ④ 백지상태(白紙狀態)의 준말.
[空白(공백)] ① 종이에 글씨나 그림이 없는 빈 자리. ② 텅 비어 아무 것도 없음. ③ 하늘이 흼. 하늘이 밝음.
[餘白(여백)] 종이 따위의 글자나 그림이 있는 이외의 빈 부분. ¶그림의 여백은 구도상 큰 구실을 한다
白手乾達(백수건달), 白痴/白癡(백치)

훈련되지 않은 사람, 관록(官祿)이 없는 일
[白面(백면)] ① 흰 얼굴. 고운 얼굴. ② 나이 젊어 아직 경험이 부족한 사람.
[白面書生(백면서생)] 얼굴이 해맑은 젊은이. 연소하여 경험이 부족한 서생.

[白衣從軍(백의종군)] 벼슬이 없는 사람으로 군대를 따라 전장에 나감.
白丁(백정)

기타
[白兵戰(백병전)] 칼·창 또는 총검 따위를 가지고 서로 맞붙어 싸우는 싸움. ¶적군과 백병전을 벌이다
[白壽(백수)] '百(백)'에서 '一(일)'을 빼면 '白(백)'이 된다는 데서, '아흔아홉 살'을 이르는 말.

赤 붉을 적, 赤부7   0179

'赤(적)'자는 '큰 大(대) + 불 火(화)'의 변형이라고 한다. 형태는 '亦(역)'자이만 '火(화)'를 써야 붉은 색을 나타낼 수 있었을 것이다. '赤(적)'자를 意符(의부)로 하여, 붉은 빛이나 물건, 붉어지는 일 등의 뜻을 나타낸다.

붉다, 붉은빛
[赤信號(적신호)] ① 교통신호에서 '멈춤'을 알리는 신호. 붉은 깃발이나 등을 이용함. ② 위험 신호. ¶무역수지의 적신호 回靑信號(청신호)
[赤十字(적십자)] ① 흰 바탕에 붉은 빛으로 '+'자형을 그린 적십자의 표장. ② '적십자사'의 준말.
[赤字(적자)] ① 붉은 글씨의 숫자. ② 장부에서 수입을 초과한 지출로 생기는 모자라는 금액. 回黑字(흑자)
赤豆(적두), 赤色(적색), 赤舌燒城(적설소성), 赤松(적송), 赤外線(적외선), 赤潮(적조), 赤血球(적혈구), 赤化(적화) 近朱者赤(근주자적)

발가숭이
[赤裸裸(적나나)] (붉은 몸이 드러나도록 벗고 또 벗어서) 있는 그대로 드러내어 숨김이 없음.
[赤子(적자)] ① 갓난 아이. ② '임금이 백성을 갓난아이 같이 여겨 사랑한다'는 뜻으로, '백성'을 지칭함.

비다, 아무 것도 없다, 손에 가진 것이 없다
[赤貧(적빈)] 몹시 가난함. 回赤貧無依(적빈무의)
[赤手(적수)] 맨손. 回赤手空拳(적수공권), 赤手成家(적수성가)

기타
[赤道(적도)] 지구의 중심을 지나는 지축에 직각인 평면과 지표가 교차되는 선.

綠 초록빛 록, 糸부14   0180

'綠(록)'자는 '초록색 비단'을 뜻하는 것이었다. '실 糸(사)'와 '나무 깎을 彔(록)'으로 이루어진 글자이다.

초록빛, 초록빛 비단
[綠陰(녹음)] 푸른 잎이 우거진 수풀. 또는 그 그늘.
[綠衣紅裳(녹의홍상)] 연두저고리에 다홍치마. 곧 젊은 여자의 곱게 치장한 복색. ¶녹의홍상 꺼내 입고
[常綠(상록)] 겨울철에도 잎이 떨어지지 않고 사철 늘 초록빛을 띤 상태. 回常綠樹(상록수)

[草綠(초록)] 짙은 풀의 빛과 같은 빛깔. 푸른 빛깔과 누른 빛깔의 중간 빛임.
綠豆(녹두), 綠林(녹림), 綠林黨(녹림당), 綠末(녹말), 綠肥(녹비), 綠色(녹색), 綠陰芳草(녹음방초), 綠衣(녹의), 綠地(녹지), 綠茶(녹차), 綠化(녹화), 山林綠化(산림녹화), 新綠(신록), 葉綠素(엽록소), 柳綠花紅(유록화홍)

王 임금 왕, 玉부4   0181

'王(왕)'자는 가로로 세 획은 천(天)·지(地)·인(人)을 본뜨고, 세로로 한 획은 이 셋을 꿰뚫음을 뜻하여 천·지·인을 꿰뚫어 가진 사람, 곧 천자를 뜻한다.

임금, 나라의 원수, 제후, 왕이 되다
[王(왕)] ① 임금. ② 어떤 동아리의 우두머리. ¶사자는 동물의 왕이다
[王侯將相(왕후장상)] 제왕과 제후와 장수와 재상을 통틀어 일컫는 말.
[女王(여왕)] ① 여자 임금. ② 꿀벌·개미 따위의 산란능력(産卵能力)이 있는 것. 回女王蜂(여왕봉)
[龍王(용왕)] 바다에 살며 물을 맡고 불법을 수호하는 용 가운데의 임금.
王家(왕가), 王冠(왕관), 王國(왕국), 王宮(왕궁), 王權(왕권), 王氣(왕기), 王都(왕도), 王道(왕도), 王陵(왕릉), 王立(왕립), 王命(왕명), 王妃(왕비), 王城(왕성), 王孫(왕손), 王室(왕실), 王位(왕위), 王子(왕자), 王者(왕자), 王政(왕정), 王朝(왕조), 王族(왕족), 王座(왕좌), 王后(왕후), 國王(국왕), 聖王(성왕), 閻羅大王(염라대왕), 帝王(제왕), 天王(천왕)

우두머리
[魔王(마왕)] ① 마귀의 우두머리. ② (불) 正法(정법)을 해치고 중생이 불도에 들어가는 것을 방해하는 귀신.
[花王(화왕)] 모란(牧丹)의 딴 이름.

부처의 존호
[法王(법왕)]

혈통 상 한 항렬 높은 사람의 존칭
[王姑母(왕고모)] 아버지의 고모. 回大姑母(대고모)
[王大夫人(왕대부인)] 남의 할머니의 존칭.
[王大人(왕대인)] 남의 할아버지의 존칭.

성씨
[王建(왕건)] 고려의 태조. 고려를 건국한 왕.

기타
[王水(왕수)] 질산(窒酸)과 황산(黃酸)을 1:3의 비율로 섞은 액체. 금·백금 등을 녹일 수 있다.
[天王星(천왕성)] 태양계에 속하는 流星(유성)의 하나. 태양에서 일곱째에 있다.
海王星(해왕성), 冥王星(명왕성)

부피가 뛰어나게 큰 것 앞에 붙이는 접두어
왕란 왕대추 왕방울 등.

君 임금 군, 口부7　　0182

'君(군)'자는 '맏 尹(윤)'과 '입 口(구)'로 이루어졌다. '尹(윤)'은 '神(신)의 일을 주관하는 우두머리'라는 뜻이고, '口(구)'는 '祝文(축문)을 읽다'는 뜻이다. 곧 '임금'을 뜻한다.

임금, 영주(領主)
[君臣有義(군신유의)] 五倫(오륜)의 하나. 임금과 신하 사이의 도리는 의리에 있음. ☞ *179
[君爲臣綱(군위신강)] 임금은 신하들의 벼리와 같은 모범이 되어야 함. 또는 그렇게 하여야 할 도리. 三綱(삼강)의 하나. ☞ *179
[檀君(단군)] 우리 겨레의 시조. 관檀君紀元(단군기원)
[聖君(성:군)] 어진 임금. 동聖王(성왕)
[暴君(폭군)] 포악한 임금.
[君君臣臣(군군신신), 父父子子(부부자자)] 임금은 임금으로서의 도리를 다하고, 신하는 신하로서의 도리를 다함. 부모는 부모로서의 도리를 다하고, 자식은 자식으로서의 도리를 다함. 『論語(논어)』
君國(군국), 君臨(군림), 君師父一體(군사부일체), 君臣(군신), 君主(군주), 欺君罔上(기군망상), 大君(대군), 名君(명군), 封君(봉군), 府院君(부원군), 事君(사군), 事君以忠(사군이충), 弑君(시군), 主君(주군), 賢君(현군)

부모
[嚴君(엄군)] ① 嚴父(엄부). ② 엄격한 임금.
[父君(부군)] ① '자기 아버지'를 높여 이르는 말. ② '남의 아버지'를 높여 이르는 말.
[府君(부:군)] 죽은 아버지나 남자 조상의 높임말. ¶부군 신위

남편
[郞君(낭군)] 젊은 아내가 자기 남편을 사랑스럽게 일컫는 말.
[夫君(부군)] 아내가 남편을 높이어 이르는 말.

그대, 자네(동배 상호간 또는 손위 사람이 손아래 사람을 부르는 호칭)
[諸君(제군)] 평교나 손아랫사람에게 '여러분' 또는 '그대들'의 뜻으로 쓰는 말.
[金君(김군)], [李君(이군)]

어진이, 현자
[君子(군자)] (임금과 같이) 학식과 덕망이 높은 사람. 반小人(소인)
[四君子(사:군자)] ① 매화(梅)·난초(蘭)·국화(菊)·대나무(竹)의 네 가지. ② 묵화(墨畵)에서 사군자를 그린 그림.
[梁上君子(양상군자)] '대들보 위에 있는 군자'라는 뜻으로, '도둑'을 점잖게 이르는 말. 『後漢書(후한서)』
[君子求諸己(군자구저기), 小人求諸人(소인구저인).] 군자는 자신에게서 찾고 소인은 남에게서 찾는다. 군자는 무슨 일이건 원인을 자기 자신에게 구하고 자기에게 책임을 부과한다. 스스로 반성하여 잘못된 원인을 자신에게서 찾으려고 한다. 그러나 이와는 반대로 소인은 무슨 일이건 남에게 시키고 그 책임을 남에게 떠넘긴다. 『論語(논어)·衛靈公(위령공)』
[君子有惡(군자유오).] 군자도 미워하는 자가 있다. 『論語(논어)·陽貨(양화)』 ☞ *045
[君子有九思(군자유구사).] 군자는 아홉 가지 생각하는 일이 있다. 『論語(논어)·季氏(계씨)』 ☞ *043
雪中君子(설중군자), 隱君子(은군자), 花中君子(화중군자)

臣 신하 신, 臣부6　　0183

'臣(신)'자는 '단단히 벌려 크게 뜬 눈'의 모습을 그린 것이란다. '똑똑한 신하'의 뜻을 그렇게 나타냈다. 그렇다!

신하, 신하가 되어 섬기다, 신하로서의 직분을 다하다
[臣下(신하)] 임금을 섬기며 그 아래서 일하는 사람.
[奸臣(간신)/姦臣(간신)] 간사한 신하. 관奸臣賊子(간신적자)
[亂臣賊子(난:신적자)] 나라를 어지럽히는 신하와 어버이를 해치는 자식. 즉 못난 신하나 자식.
[忠臣(충신)] 충성을 다하는 신하. 반奸臣(간신)
[君臣有義(군신유의)] ☞ 君(군)
[君爲臣綱(군위신강)] ☞ 君(군)
[君君臣臣(군군신신) 父父子子(부부자자)] ☞ 君(군)
[忠臣不事二君(충신불사이군), 貞女不更二夫(정녀불경이부) 또는 烈女不更二夫(열녀불경이부).] 충신은 두 임금을 섬기지 않고, 정조가 굳은 여자는 두 남편을 바꾸지 않는다. 『史記(사기)』
臣民(신민), 諫臣(간신), 君臣(군신), 家臣(가신), 功臣(공신), 權臣(권신), 亂臣(난신), 大臣(대신), 亡國之臣(망국지신), 名臣(명신), 謀臣(모신), 武臣(무신), 文臣(문신), 使臣(사신), 小臣(소신), 侍臣(시신), 逆臣(역신), 儒臣(유신), 賊臣(적신), 朝臣(조신), 重臣(중신), 戚臣(척신), 寵臣(총신), 賢臣(현신)

신하의 자칭, 자기의 겸칭
[臣(신)] 신하의 자칭.
[臣妾(신첩)] 여자가 임금에 대하여 '자기'를 말할 때 일컫는 말.

皇 임금 황, 白부9　　0184

'皇(황)'자는 '흰 白(백)'과 '임금 王(왕)'으로 이루어졌다. '白(백)'자는 빛을 내쏘는 '해'를 나타낸다. '임금'이 본래 의미인데, '크다'는 뜻으로도 쓰인다.

임금, 황제, 천자 또는 상제에 관한 사물 위에 붙이는 말
[皇室(황실)] 황제의 집안.
[皇帝(황제)] ① 三皇(삼황)과 五帝(오제)의 준말. ② 왕이나 제후를 거느리고 나라를 통치하는 임금.
[皇后(황후)] 황제의 아내.

[敎皇(교황)] 로마 가톨릭 교회의 수장(首長)이며, 바티칸 시국(市國)의 원수(元首). 㜍敎皇廳(교황청)
皇宮(황궁), 皇女(황녀), 皇都(황도), 皇城(황성), 皇位(황위), 皇威(황위), 皇恩(황은), 皇族(황족), 皇太子(황태자), 天皇(천황)

천제(天帝), 만물의 주재자, 하늘
[玉皇上帝(옥황상제)] 道家(도가)에서 '하느님'을 일컫는 말.

죽은 부모 또는 남편에 붙이는 경칭, 또는 아버지
[皇祖考(황조고)] 자기의 돌아가신 할아버지를 높여 일컫는 말.
[皇祖妣(황조비)] 자기의 돌아가신 할머니를 높여 일컫는 말.

기타
[張皇(장황)] 번거롭고도 김. ¶서론이 꽤 장황하였다

帝 임금 제:, 巾부9　　0185

'帝(제)'자는 '커다란 씨방이 있는 꽃 모양을 본뜬 것이라고 한다. '왕'을 뜻한다.

임금, 천자
[帝國(제:국)] 황제가 다스리는 나라. ¶로마제국
[帝王(제:왕)] 황제와 국왕.
[日帝(일제)] '日本帝國主義(일본제국주의)'의 준말. ¶일제의 식민 통치
[皇帝(황제)] ☞ 皇(황)
帝位(제위), 帝政(제정), 大帝(대제), 女帝(여제)

하느님, 조화의 신
[上帝(상:제)] ① 옥황상제. ② 조물주. ③ 옛 임금.
[炎帝(염제)] ① 여름을 맡은 신. ② 중국 고대의 불의 신. 때로는 태양신이라 하여 神農(신농)과 동일시하기도 하였음.
[玉皇上帝(옥황상제)] 道家(도가)에서 '하느님'을 일컫는 말.
[天帝(천제)] 하늘의 명을 받은 임금.

오제(五帝)의 약칭
[三皇五帝(삼황오제)] 伏羲氏(복희씨)·神農氏(신농씨)·燧人氏(수인씨)의 三皇(삼황)과 黃帝(황제)·顓頊(전욱)·帝嚳(제곡)·堯(요)·舜(순)의 오제. 중국 전설 속의 상고시대 제왕으로 이상적인 제왕의 상을 말한다.

韓 나라 이름 한:, 한국 한:, 韋부17　　0186

'韓(한)'자는 '붓 翰(한)'의 앞 부분과 '가죽 韋(위)'로 이루어진 글자이다. '翰(한)'자는 '붓'이라는 뜻이니 우리 나라에서 명필이나 학자가 많이 배출되는 것도 우연이 아니겠다.

나라 이름
[韓國(한국)] 대한민국의 약칭.
[韓流(한류)] 한국식 유행.
[韓服(한복)] 우리나라 고래의 의복.
[大韓民國(대:한민국)] 우리나라의 국호.
[三韓(삼한)] 삼국시대 이전에 부족국가의 형태로 존재했던 나라. 馬韓(마한)·弁韓(변한)·辰韓(진한)을 이름.
韓僑(한교), 韓末(한말), 韓美(한미), 韓方(한방), 韓食(한식), 韓式(한식), 韓藥(한약), 韓屋(한옥), 韓牛(한우), 韓醫(한의), 韓日(한일), 韓族(한족), 韓中(한중), 韓紙(한지), 南韓(남한), 來韓(내한), 大韓(대한), 北韓(북한), 駐韓(주한)

忠 충성 충, 心부8　　0187

'忠(충)'자는 '가운데'의 뜻인 '中(중)과 '마음'의 뜻인 '心(심)'의 합자이다. 어느 한 쪽으로 치우치지 않은 바른 마음으로, 처음 먹은 마음을 변치 않고 일관되게 유지한다는 뜻에서 '충성'이라는 뜻을 가진다.

충성, 충직한 정성
[忠告(충고)] 남의 잘못이나 결점을 알려 고치도록 충심으로 타이름.
[忠誠(충성)] ① 진정에서 우러나오는 정성. ② 임금 또는 국가에 바치는 충직한 지성.
[忠臣(충신)] 충성을 다하는 신하. 凹奸臣(간신)
[忠孝(충효)] 충성과 효도. 임금과 어버이를 잘 섬기는 일.
[顯忠(현:충)] 나라를 위하여 몸을 바친 사람들의 큰 뜻을 드러내어 기림. 㜍顯忠祠(현충사), 顯忠日(현충일), 顯忠塔(현충탑)
[良藥苦於口(양약고어구), 忠言逆於耳(충언역어이).] 좋은 약은 입에 쓰고, 충성스런 말은 귀에 거슬린다. 몸이나 행동에 이로운 것은 대개 사람의 생각과 어긋나기 쉽다는 말이다. 㜍良藥苦口(양약고구), 良藥苦於口利病(양약고어구리병) 『後漢書(후한서)』, 『孔子家語(공자가어)』
[忠臣不事二君(충신불사이군), 貞女不更二夫(정녀불경이부) 또는 烈女不更二夫(열녀불경이부).] 충신은 두 임금을 섬기지 않고, 정조가 굳은 여자는 두 남편을 바꾸지 않는다. 『史記(사기)』
忠諫(충간), 忠僕(충복), 忠實(충실), 忠心(충심), 忠言(충언), 忠烈(충렬), 忠烈祠(충렬사), 忠勇(충용), 忠義(충의), 忠節(충절), 忠情(충정), 忠直(충직), 不忠(불충), 事君以忠(사군이충), 盡忠(진충), 盡忠輔國(진충보국)

孝 효도 효:, 子부7　　0188

'耂'는 '老'의 생략체이다. '孝(효)'자는 '耂'와 '아들 子(자)'의 합자로, 자식이 늙은이를 받드는 뜻이다. '효도'란 뜻을 나타낸다. '孝(효)'자는 '사귈 爻(효)'와 '아들

子(자)'의 합자로 보기도 한다. 이렇게 본다면 '孝(효)'자는 가르치는 이와 배우는 이의 사귐, 즉 '가르침'이라고 할 수 있다.

효도, 부모를 잘 섬기는 일

[孝道(효:도)] 부모를 잘 섬기는 도리.
[孝誠(효:성)] 마음을 다해 어버이를 잘 섬기는 정성.
[不孝(불효)] ① 자식의 도리를 다하지 못함. ② 친상(親喪)을 입고 있을 때 스스로를 이르는 말.
[以敬孝易(이경효이), 以愛孝難(이애효난).] 공경으로 효도하기는 쉽지만 사랑으로 효도하기는 어렵다. 『莊子(장자)·外篇(외편)·天運(천운)』
[五不孝(오:불효)] 다섯 가지 불효. 게을러서 부모를 돌보지 아니함, 도박과 술을 좋아하여 부모를 돌보지 아니함, 돈과 처자(妻子)만을 좋아하여 부모를 돌보지 아니함, 유흥을 좋아하여 부모를 욕되게 함, 성질이 사납고 싸움을 잘 하여 부모를 불안하게 함.
[身體髮膚受之父母(신체발부수지부모), 不敢毁傷(불감훼상), 孝之始也(효지시야).] 신체와 모발, 피부는 부모에게 받았으니, 감히 손상하지 않는 것이 효도의 처음이다. [立身行道(입신행도), 揚名於後世(양명어후세), 以顯父母(이현부모), 孝之終也(효지종야).] 입신하여 도리를 행하고, 후세에 이름을 날려 부모를 드러내는 것이 효도의 끝이다. 『孝敬(효경)·開宗明義(개종명의)』
孝經(효경), 孝女(효녀), 孝婦(효부), 孝孫(효손), 孝心(효심), 孝烈(효열), 孝烏(효오), 孝子門(효자문), 孝悌(효제), 孝親(효친), 孝行(효행), 盲者孝道(맹자효도), 反哺之孝(반포지효), 不孝不悌(불효부제), 不孝子(불효자), 忠孝(충효)

선조의 뜻을 올바르게 계승하는 일

[孝孫(효:손)] ① 조상을 잘 섬기는 손자. ② '조상을 이어받은 손자'라는 뜻으로 조상의 제사에 손자가 자신을 일컫는 말.
[孝子(효자)] ① 부모를 잘 섬기는 아들. ② '부모를 이어받은 아들'이라는 뜻으로 부모의 제사에 맏아들이 자신을 일컫는 말.

부모의 상(喪)을 입다

[孝子(효자)] ②

政 정사 정, 支부8   0189

'政(정)'자는 '칠 攵(복)'과 '바를 正(정)'으로 이루어진 글자이다. 그대로 풀이하면 '政(정)'자는 '매질하여 바로잡다'의 뜻이 된다.

정사, 나라를 다스리는 일

[政府(정부)] ① 정사를 보는 관청. ② 입법, 사법, 행정의 삼권을 포함하는 통치기구를 통틀어 이르는 말. 참亡命政府(망명정부), 臨時政府(임시정부)
[政治(정치)] 나라를 다스리는 일. 참政治家(정치가), 政治學(정치학)
[善政(선:정)] 바르고 좋은 정치. ¶선정을 펼치다 반暴政(폭정), 惡政(악정)
[失政(실정)] 정치를 잘못함. 또는 그러한 정치.
[苛政猛於虎(가:정맹어호)] 가혹한 정치는 호랑이보다 더 무섭다. '정치가 잘못되어 사람을 해치는 것은 호랑이가 사람을 잡아 죽이는 것보다 더욱 견디기 힘들다'는 뜻으로, 그릇된 정치의 폐해를 지적하는 성어이다. 回苛斂誅求(가렴주구) 『禮記(예기)·檀弓篇(단궁편)』
政綱(정강), 政客(정객), 政見(정견), 政經(정경), 政界(정계), 政局(정국), 政權(정권), 政談(정담), 政黨(정당), 政略(정략), 政略結婚(정략결혼), 政務(정무), 政變(정변), 政事(정사), 政商輩(정상배), 政爭(정쟁), 政敵(정적), 政策(정책), 政訓(정훈), 苛政(가정), 家政(가정), 家政婦(가정부), 甲申政變(갑신정변), 寡頭政治(과두정치), 傀儡政府(괴뢰정부), 國政(국정), 軍政(군정), 內政(내정), 農政(농정), 道政(도정), 無政府主義(무정부주의), 民政(민정), 秕政(비정), 庶政(서정), 攝政(섭정), 稅政(세정), 垂簾聽政(수렴청정), 市政(시정), 施政(시정), 壓政(압정), 糧政(양정), 領議政(영의정), 王政(왕정), 倭政(왜정), 愚民政策(우민정책), 右議政(우의정), 郵政(우정), 爲政者(위정자), 宥和政策(유화정책), 議政(의정), 議政府(의정부), 仁政(인정), 財政(재정), 帝政(제정), 祭政一致(제정일치), 地政(지정), 左議政(좌의정), 執政(집정), 參政權(참정권), 親政(친정), 虐政(학정), 行政(행정), 行政權(행정권), 行政府(행정부), 憲政(헌정), 酷政(혹정)

정사를 행하는 사람, 임금, 관리들

[政丞(정승)] (역) 고려에서는 '시중'을, 조선에서는 '의정'을 일컫던 말.

治 다스릴 치, 水부8   0190

'治(치)'자는 '물 氵(수)'와 '나 台(이)'로 이루어졌다. '台(이)'는 '다스리다'는 뜻이니, '治(치)'는 '물을 다스리다'의 뜻이 된다. 나아가 일반적으로 '다스리다'의 뜻으로 쓰이게 되었다.

다스리다, 국가·사회·가정 등을 보살펴 통제하거나 관리하다, 우주 만물의 질서가 바로잡히다

[治安(치안)] 잘 다스려 나라를 편안하게 함. 국가와 사회의 안녕 질서를 보전하고 유지함.
[自治(자치)] ① 자기의 일을 제 스스로 처리함. ② 국민으로서 국가의 일에 참여함. ③ 국가의 공공단체가 자체의 권능으로 그 단체의 일을 처리함.
[政治(정치)] ☞ 政(정)
[統治(통:치)] ① 하나로 묶어서 도맡아 다스림. ② 지배자가 주권을 행사하여 국토 및 국민을 다스림. 참統治權(통치권)
[治人不治反其智(치인불치반기지).] 남을 다스려도 다스려지지 않으면 자기의 지혜를 돌이켜 반성해보아야 한다. 『孟子(맹자)·離婁 上(이루 상)』 ☞ *249

治家(치가), 治國(치국), 治世(치세), 治外法權(치외법권), 治績(치적), 治下(치하), 寡頭政治(과두정치), 內治(내치), 法治(법치), 法治主義(법치주의), 信託統治(신탁통치), 懲治(징치)

병이나 상처를 보살펴 낫게 하다
[治療(치료)] 병이나 상처를 다스려서 낫게 함.
[萬病通治(만:병통치)] 모든 병에 두루 치료 효과를 가짐.
[完治(완치)] 병을 완전히 고침.
治癒(치유), 根治(근치), 難治(난치), 難治病(난치병), 不治(불치), 主治(주치), 主治醫(주치의)

어지러운 사태를 수습하여 바로잡다, 진압하여 편안하게 하다
[退治(퇴:치)] 물리쳐서 없애버림. ¶마약 퇴치/병충해 퇴치

사물을 일정한 용도나 목적에 맞도록 다루어 처리하거나 다듬어 정리하다
[治産(치산)] ① (법) 재산을 잘 관리·처분함. ② 생활의 수단을 세움.
[治山治水(치산치수)] 산과 강이나 하천 등을 잘 다스려 재해를 막고 국리민복에 이바지하는 일.
[治粧(치장)] 잘 매만져서 보기 좋게 꾸밈.
[禁治産(금:치산)] 심신 상실자로서 자기재산을 관리 처분할 능력이 없는 사람에 대하여 법원에서 그 재산을 처분하지 못하게 하는 제도. 법원에서 후견인을 붙여 재산을 관리하게 함. 참禁治産者(금치산자), 限定治産(한정치산)
[以熱治熱(이:열치열)] 열로써 열을 다스림. 힘에는 힘으로, 강함에는 강함으로 상대함을 비유하는 말.

죄를 다스리다
[治罪(치죄)] 허물을 다스려 벌을 줌.
[治盜棍(치도곤)] ① (역) 조선 때, 곤장의 하나. 도둑을 다스리는 데 쓰던 몽둥이. ② 몹시 혼남. 또는 그 곤욕. ¶치도곤을 안기다

經 날 경, 글 경, 지날 경, 糸부13   0191

'經(경)'자의 '실 糸(사)'는 원래 없다가 후에 첨가된 것이다. '곧은 물줄기 巠(경)'으로 '베틀에 세로로 줄을 매어 놓은 모습'을 나타내었다. '지나다', '다스리다', '날실', '책' 등의 뜻을 나타낸다.

날, 날실, 세로
[經度(경도)] 지구 위의 어떤 점의 위치를 세로로 표시한 것. 참緯度(위도)
[經線(경선)] (지) 남북극을 지나는 평면으로 지구를 잘랐을 때, 그 평면과 지구 표면이 만나는 가상적인 선. 영국 그리니치 천문대를 지나는 선을 0도로 하고 동경 몇 도, 서경 몇 도로 나타냄.
[經緯(경위)] ① 직물의 날실(經)과 씨실(緯). ② 일이 진행되어 온 과정. ¶사건의 경위를 밝히다 ③ (지) 經度(경도)와 緯度(위도)
[東經(동경)] (지) 본초자오선을 '0'으로 하고 동쪽으로 180도까지의 사이의 경선. 참西經(서경)

길, 도로
[經絡(경락)] (한의) 몸 안의 精氣(정기)가 순환하는 길. 오장육부에 관계가 있어 적당한 자리에 침을 놓거나 뜸을 뜨면 그에 따르는 병이 치료됨.
[經穴(경혈)] (한의) 침을 놓거나 뜸을 뜨기에 알맞은 자리. 참穴(혈)
[神經(신경)] ① 생물이 자신의 몸과 주위에서 일어나는 자극을 감지하고 적절한 반응이나 정신을 일으키도록 하는 실 모양의 기관. ¶중추신경 ② 어떤 일에 대한 느낌이나 생각. ¶신경이 날카롭다 참神經過敏(신경과민), 神經衰弱(신경쇠약), 中樞神經(중추신경)

다스리다
[經世濟民(경세제민)] 세상을 다스리고 백성을 구제함. 준經濟(경제)
[經濟(경제)] ① 세상을 다스리고 백성을 구제함. '經世濟民(경세제민)의 준말. ② 인간이 공동생활을 하는 데에 필요한 재화를 획득·이용하는 활동 및 이를 통하여 이루어지는 사회관계. ¶자본주의 경제/경제가 회복되다 참經濟界(경제계), 經濟性(경제성), 經濟學(경제학) ③ 적게 쓰거나 아껴 쓰는 것. 經濟的(경제적)
[經濟的(경제적)] ① 경제에 관한. 또는 그러한 것. ¶경제적으로 여유가 있다 ② 재물·노력·시간 따위가 적게 드는, 또는 그러한 것. ¶경제적인 방법
經國(경국), 經略(경략), 經綸(경륜), 經濟學(경제학), 政經(정경)

경영하다
[經理(경리)] ① 일을 경영하고 관리함. ② 어떤 기관이나 단체에서 물자의 관리나 금전의 출납 따위를 맡아 보는 사무.
[經費(경비)] ① 사업을 경영·운영하는 데 드는 비용. ② 어떤 일을 하는 데 드는 비용. ¶여행 경비/경비가 많이 들다
[經營(경영)] ① 기업이나 사업을 관리하고 운영함. ¶기업 경영/경영 방침 참經營者(경영자) ② 계획을 세워 일을 다스려 나감. ③ 터를 잡아 집을 지음.
[經營者(경영자)] (경) 기업이나 사업을 관리·운영하는 사람이나 단체.

월경, 경도
[月經(월경)] 생식기가 발달한 여자가 임신 또는 수유(授乳)의 기간을 제외하고 매달 정기적으로 자궁에서 분비하는 생리적 혈액.

지나다, 지내다
[經過(경과)] ① 시간(때)이 지나감. ¶시간의 경과 ② 시간(동안)을 지나침. ③ 진행되는 과정. ¶치료 경과가 좋다/경과 보고
[經歷(경력)] ① 사회생활에서 겪어 지내온 직업상·직책상의 여러 가지 일 또는 경험. ¶많은 경력을 쌓다 ② 여러 가지 일들을 겪음.

[經路(경로)] ① 지나거나 거치는 길. ¶간첩의 침투 경로 ② 일의 진행되는 과정. ¶범행 경로 ③ (컴) 컴퓨터 명령의 논리 계열을 수행할 때 컴퓨터가 취하는 논리적 과정이나 방향 행로. (path) ④ (수) 그래프에서, 어떤 정점에서 다른 정점에 이르는 경로를 나타내는 정점의 列(열).

[經驗(경험)] 자신이 실제로 해 보거나 겪어봄. 또는 거기서 얻은 지식이나 기능. ¶경험을 쌓다/다양한 경험

經常(경상), 經常費(경상비), 經緯(경위), 經由(경유)

성인이 지은 책, 경서, 책, 경, 불경

[經典(경전)] ① 변하지 않는 법식과 도리. ② 성인이 지은 글. 또는 성인의 말과 행실을 적은 글. ③ 종교의 교리를 적은 책.

[佛經(불경)] 불교의 경전.

[聖經(성경)] ① (성) 기독교의 경전. 신약과 구약으로 이루어져 있음. ② 종교상 신앙의 최고 법전이 되는 책. 유교의 사서오경, 예수교의 신·구약 성서, 불교의 팔만대장경, 이슬람교의 코란 따위의 경전.

[牛耳讀經(우이독경)] 쇠귀에 경 읽기. 아무리 가르치고 일러주어도 알아듣지 못함을 가리키는 말. 🔁牛耳誦經(우이송경)

[四書三經(사:서삼경)] 四書(사서)와 三經(삼경). 四書(사서)는 論語(논어)·孟子(맹자)·大學(대학)·中庸(중용).

[三經(삼경)] ① 군주(君主)가 나라를 유지하는 데 필요한 세 가지 대강(大綱). 즉, 마음을 바르게 하고, 공평무사하게 베풀며, 원근고하(遠近高下)로 하여금 각각 업(業)을 계승하게 하여 생활을 보장함. ② 시경(詩經), 서경(書經), 역경(易經)을 말함. ③ 또는 역경(易經), 시경(詩經), 춘추(春秋)의 세 경, 또는 서경(書經), 주례(周禮), 시경(詩經)을 삼경이라고도 함.

[五經(오:경)] ① 역경(易經)·서경(書經)·시경(詩經)·예기(禮記)·춘추(春秋)의 다섯 가지 경서(經書). ② 모세가 기록한 구약의 다섯 가지 경전. 곧, 창세기(創世記)·출애굽기(出埃及記)·레위기·민수기(民數記)·신명기(申命記).

經論(경론), 經書(경서), 經筵(경연), 經板(경판), 經學(경학), 舊約聖經(구약성경), 金剛經(금강경), 大藏經(대장경), 道德經(도덕경), 讀經(독경), 詩經(시경), 新約聖經(신약성경), 易經(역경), 八萬大藏經(팔만대장경), 華嚴經(화엄경), 孝經(효경)

濟 건널 제:, 水부17 0192

'濟(제)'자는 '물 水(수)'와 '가지런할 齊(제)'로 이루어졌다. '물에 빠진 사람을 건지다'가 원래의 뜻이다. '빈곤이나 위험에서 구하다' 등의 뜻으로 확대 사용되었다.

건지다, 빈곤이나 위험에서 구제하다

[濟度(제:도)] (불) 부처의 도로써 일체 중생을 생사 번뇌의 고해에서 건져 극락세계로 인도함. 🔁濟度衆生(제도중생)

[經世濟民(경세제민)] ☞ 經(경)
[經濟(경제)] ☞ 經(경)
[經濟的(경제적)] ☞ 經(경)

[共濟(공:제)] 힘을 합하여 서로 도움. 🔁共濟會(공제회), 共濟組合(공제조합)

[救濟(구:제)] 어려운 형편이나 불행한 처지에서 건져 줌. ¶빈민 구제

濟民(제민), 濟貧(제빈), 濟世(제세), 濟世安民(제세안민), 濟衆(제중), 經濟界(경제계), 經濟學(경제학), 救世濟民(구세제민), 博施濟衆(박시제중)

끝나다, 해결되다

[決濟(결제)] ① 결정적으로 처리하여 끝을 냄. ② 매매 당사자 사이의 거래 관계를 끝맺음.

[未濟(미:제)] 일이 아직 끝나지 않거나 해결되지 않음. ¶미제 사건/미제 서류

기타

百濟(백제) B.C.18~A.D.660 사이의 삼국시대에 신라·고구려와 鼎立(정립)하여 한반도의 서남부를 차지했던 왕조.

社 모일 사, 토지의 신 사, 示부8 0193

'社(사)'자는 제단의 모양을 본뜬 '示(시)'와 '흙 土(토)'의 합자이다. 토지신에 대한 제사를 지낸다는 데서, '토지신'이라는 뜻을 나타낸다. 이 제사에는 동네 사람이 모두 모인다는 데서 '모이다'라는 뜻이 파생되었다. '社會(사회)'는 토지신에게 제사를 지내기 위해 모이던 사람들의 모임을 말한다.

토지의 신

[社稷(사직)] ① 땅을 맡은 신과 곡식을 맡은 신. 나라를 세우면 반드시 조상신과 함께 모셔 제사를 지냈음. ② 나라 또는 朝廷(조정)

[社倉(사창)] (역) 조선 때, 각 고을에 환곡을 저축하여 두는 곳집.

[宗廟社稷(종묘사직)] 역대 여러 임금의 위패를 모시는 왕실의 사당과 땅을 맡은 신과 곡식을 맡은 신. 즉 왕실과 나라.

단체, 동지, 붕우 등 일을 같이 하는 사람이 모여 만든 단체

[社說(사설)] 신문이나 잡지에서 그 회사의 주장으로 의견을 써 내는 논설.

[社員(사원)] ① 회사에 근무하는 사람. ② 사단법인의 구성원.

[社長(사장)] 회사의 우두머리.

[會社(회:사)] 상행위 또는 영리를 목적으로 상법에 따라 설립된 사단법인.

社告(사고), 社團法人(사단법인), 社屋(사옥), 社債(사채), 社宅(사택), 結社(결사), 公社(공사), 貴社(귀사), 本社(본사), 商社(상사), 旅行社(여행사), 入社(입사), 赤十字社(적십자사), 株式會社(주식회사), 支社(지사),

退社(퇴사), 弊社(폐사)

사회
[社交(사교)] 여러 사람이 모임을 만들어 사귐.
[社會(사회)] ① 공동생활을 하는 사람의 집단이나 세계. ¶사회생활 ② 직업이나 생활 정도 등이 비슷한 사람들끼리 이루어지는 계층. ¶예술인 사회 ③ 학생이나 군인 등이 일컫는 그들의 생활권 밖의 세상. ¶졸업하고 사회에 나가면 무엇을 할까? ④ (역) 일정한 발전 단계를 이루는 생활 공동체. ¶봉건사회
[社會主義(사회주의)] (사) 생산 수단을 공동 소유로 하여 모든 사람이 평등한 사회의 건설을 목표로 하는 사회 체계.
[國際社會(국제사회)] 여러 국가로써 이루어지는 사회. 여러 국가가 상호 교통과 상호 의존으로 국제적 공동생활을 영위하는 사회.
社會生活(사회생활), 家族社會(가족사회), 共同社會(공동사회), 封建社會(봉건사회), 市民社會(시민사회), 氏族社會(씨족사회)

會 모일 회:, 曰부13   0194

'會(회)'자는 '시루에 뚜껑을 덮은 모양을 본떠, 물을 끓이는 부분과 김을 통하게 하는 부분과 뚜껑이 잘 맞다'의 뜻을 나타낸다. 다른 설이 있는데, '會(회)'자는 물건을 저장하는 창고의 모양을 본뜬 글자이고, 창고는 여러 물건을 모아두는 곳이라는 데서, '모으다', '모이다'라는 뜻을 나타낸다고 한다.

모이다, 모으다, 모이게 하다, 모임, 사물이 모여드는 곳
[會社(회사)] ☞ 社(사)
[會員(회:원)] 어떤 회를 구성하는 사람들.
[會議(회:의)] ① 여럿이 모여 의논함. ¶학급회의 ② (법) 여럿이 모여 평의하는 기관. 군법회의, 법관회의 따위
[會長(회:장)] 모임을 대표하는 우두머리. ¶학생회장
[國會(국회)] ① 국민의 대표로 구성된 합의제의 입법 기관. 법률제정·예산심의·국정조사 등의 일을 함. ㉿國會議事堂(국회의사당), 國會議員(국회의원), 國會議長(국회의장) ② 국회의원들이 국회의사당에 모여 하는 회의. 정기국회와 임시국회가 있음.
[社會(사회)] ☞ 社(사)
會館(회관), 會期(회기), 會談(회담), 會堂(회당), 會同(회동), 會盟(회맹), 會務(회무), 會報(회보), 會費(회비), 會食(회식), 會場(회장), 會葬(회장), 會戰(회전), 會中(회중), 會衆(회중), 會誌(회지), 會則(회칙), 會合(회합), 會話(회화), 家族社會(가족사회), 懇談會(간담회), 懇親會(간친회), 開會(개회), 開會辭(개회사), 共同社會(공동사회), 公會(공회), 敎會(교회), 鳩首會議(구수회의), 國際社會(국제사회), 茶菓會(다과회), 大會(대회), 都會(도회), 都會地(도회지), 同窓會(동창회), 忘年會(망년회), 牧會(목회), 博覽會(박람회), 法會(법회), 封建社會(봉건사회), 謝恩會(사은회), 司會(사회), 社會生活(사회생활), 社會主義(사회주의), 散會(산회), 商會(상회), 市民社會(시민사회), 新幹會(신간회), 氏族社會(씨족사회), 野遊會(야유회), 宴會(연회), 圓卓會議(원탁회의), 議會(의회), 臨時總會(임시총회), 立會(입회), 入會(입회), 展覽會(전람회), 定期總會(정기총회), 停會(정회), 朝會(조회), 宗親會(종친회), 宗會(종회), 座談會(좌담회), 株式會社(주식회사), 株主總會(주주총회), 集會(집회), 聽聞會(청문회), 總會(총회), 親睦會(친목회), 脫會(탈회), 閉會(폐회), 學會(학회), 鄕友會(향우회), 協會(협회), 花樹會(화수회), 歡送會(환송회), 歡迎會(환영회), 後援會(후원회), 訓蒙字會(훈몽자회), 休會(휴회)

만나다
[會見(회:견)] ① 일정한 장소에 모여 의견이나 견해 따위를 밝힘. ② 서로 만나 봄.
[面會(면:회)] 찾아가 만나봄.
[密會(밀회)] 남모르게 모이거나 만남. 또는 그 모임. ¶밀회를 즐기다
[會者定離(회:자정리)] 만난 사람은 언젠가는 헤어지도록 운명이 정해져 있음. '인생의 무상함'을 비유하여 이르는 말. 『法華經(법화경)』㉿去者必返(거자필반)
[君子以文會友(군자이문회우), 以友輔仁(이우보인).] 군자는 학문으로써 벗을 모으고, 벗으로써 仁(인)의 실천을 돕는다. 『論語(논어)·顔淵(안연)』
[怨憎會苦(원증회고).] 미운 사람과 자꾸 만나는 괴로움. 八苦(팔고)의 하나. ☞ *169
再會(재회), 照會(조회)

때, 적당한 시기, 마음에 들다
[會心(회심)] 마음에 맞아 흐뭇하게 느낌. ¶회심의 미소
[機會(기회)] ① 어떤 일을 하기에 알맞은 때나 경우. ¶기회를 잡다 ② 겨를이나 짬. ¶기회가 없어 가보지 못했다
[機會主義(기회주의)] 일정한 원칙이 없이 그때그때의 정세에 따라 이로운 쪽으로 움직이는 주의. ㉿機會主義者(기회주의자)

셈, 일 년의 마무리
[會計(회:계)] ① 돈의 나가고 들어오는 것에 대한 셈. ② 금전의 출납에 관한 사무를 보는 사람. ③ 이것저것을 한데 몰아서 셈을 침. ④ 물건 값을 치러 주는 일.

합치다, 하나로 되다, 일치하다
[牽强附會(견강부회)] 당치도 않은 말을 억지로 끌어대어 논리에 맞추려고 함.

기타
[會稽之恥(회:계지치)] 중국 춘추 시대에 越王(월왕) 句踐(구천)이 吳王(오왕) 夫差(부차)에게 회계산에서 생포되어 굴욕적인 강화를 맺은 故事(고사)에서 나온 말로, '전쟁에 패한 치욕', 또는 '뼈에 사무쳐 잊을 수 없는 치욕'을 일컫는 말.

便 편할 편, 오줌 변, 곧 변, 人부9 0195

'便(편)'자는 '사람 人(인)'과 '고칠 更(경)'로 이루어졌다. 사람은 불편한 점이 있으면 이를 고쳐서[更] 편리하게 만든다는 뜻이다. '편하다'가 본뜻인데, 어느어느 '쪽'의 뜻도 나타낸다. '똥오줌'을 뜻할 때와 '곧', '문득'의 뜻으로 쓰일 때는 [변]으로 읽는다. 똥과 오줌을 잘 눈다면 이 또한 참으로 편안한 일이다.

편하다, 편안하다, 몸이나 마음이 좋다, 손에 익다
[便安(편안)] ① 무사함. ② 편하고 한결같이 좋음.
[不便(불편)] ① 편리하지 못함. ② 편하지 못함. 거북스러움.
[平便(평편)] 평평하여 편안함.
[殺頭而便冠(쇄:두이편관), 削足而適履(삭족이적리).] '머리를 깎아내어 관을 쓰기에 편리하고, 발을 깎아서 신발에 맞춘다'는 뜻으로, '일의 본말이 전도됨'을 이르는 말. 『淮南子(회남자)·說林訓(설림훈)』

편리하다, 이용하기 쉽다, 편의, 유리한 방법
[便利(편리)] 편하고 쉬움.
[便宜(편의)] ① 편리하고 마땅함. 참便宜店(편의점) ② 형편이 좋음.
[簡便(간:편)] 간단하고 편리하다.
[方便(방편)] ① 그때그때의 경우에 따라 일을 처리할 수 있는 수단과 방법. ¶일시적 방편 ② (불) 불보살이 중생을 제도하기 위해 쓰는 묘한 수단.
便覽(편람), 便法(편법), 便服(편복), 便乘(편승), 便易(편이), 便益(편익)

소식, 서신
[便紙(편:지)] 편하게 잘 있는지 따위의 안부나 소식을 적어 보내는 종이.
[郵便(우편)] ① 편지 따위를 우송함. ② 우편물의 준말. 참郵便葉書(우편엽서), 登記郵便(등기우편)

편, 전하여 보내는 데 이용하는 계제
[船便(선편)] 배편. 배가 사람이나 물건을 실어 오고 가고 하는 편. ¶그 물건을 선편으로 부쳐주십시오
[車便(차편)] 차가 오가는 편.
[航空便(항:공편)] 항공기의 운항 편.
[人便(인편)] 오가는 사람의 편.

아첨하다
[便佞(편녕)] 구변만 좋을 뿐, 마음이 음험하고 실속이 없음. 『論語(논어)·季氏(계씨)』
[便辟(편벽)] ① 남에게 알랑거려 그 비위를 잘 맞춤. 또는 그 사람. ② 총애(寵愛)를 받는 사람.

쪽, 방향, 몇 패로 나뉘었을 때의 그 하나하나
[東便(동편)] 동쪽. 동쪽 방향. 반西便(서편)
[相對便(상대편)] 상대가 되는 편.
[男便(남편)] 부부 관계에서, 남자 편을 그의 아내의 편에서 이르는 말. 지아비.
[兩便(양:편)] 상대되는 두 편. ¶길의 양편에 늘어선 가로수

오줌, 대변
[便器(변기)] 똥·오줌을 받아내는 그릇.
[便所(변소)] 뒷간.
[小便(소:변)] 오줌.
[大便(대:변)] 똥.
便利(변리), 便秘(변비), 硬便(경변), 大小便(대소변), 血便(혈변)

곧, 문득
[不學(불학), 便老而衰(변노이쇠).] 배우지 않으면 곧 늙고 쇠약해진다. 학문에는 끝이 없기 때문에 배움에 충실한 사람에게는 노쇠가 없다. 『近思錄(근사록)·爲學類(위학류)』
[懈意一生(해의일생), 便是自棄自暴(변시자기자포).] 게으른 뜻이 일단 생기면 곧 자포자기에 빠지게 된다. 『近思錄(근사록)·爲學類(위학류)』

기타
[形便(형편)] 일이 되어가는 상황이나 상태.

利 이로울 리:, 날카로울 리:, 刀부7 0196

'利(리)'자는 '벼 禾(화)'와 '칼 刀(도)'로 이루어진 글자이다. '벼[禾]를 벨 수 있을 만큼 칼[刀]이 날카롭다'가 본뜻이다.

날카롭다
[銳利(예:리)] ① 연장 등이 날카로움. ¶예리한 칼날 ② 두뇌나 판단력 등이 날카롭고 정확함. ¶예리한 판단력

편하다, 편리하다
[利器(이:기)] ① 날카로운 병기. ② 실용에 편리한 기계. ¶문명의 이기 ③ 마음대로 할 수 있는 권력. ④ 쓸모 있는 재능이나 수단.
[水利(수리)] 물의 편리. 곧 관개·음료·선박의 왕래 등에 편리한 일. 참水利組合(수리조합)
[便利(편리)] 편하고 쉬움.
[便利(변리)] 똥·오줌 따위를 무의식중에 쌈.
[厚生利用(후:생이용)/利用厚生(이:용후생)] 백성의 생활을 넉넉하게 하고, 그 사용하는 것을 편리하게 함.

이롭다
[利用(이:용)] ① 물건 따위를 필요에 따라 이롭게 씀. ② 다른 사람이나 대상을 자신의 이익을 채우기 위한 방편으로 씀. ¶남에게 이용당하다
[利敵(이:적)] 적을 이롭게 함. ¶이적 행위
[甘言利說(감언이설)] 남의 비위를 맞추는 달콤한 말과 이로운 조건을 내세워 꾀는 말. ¶감언이설에 속다
[有利(유:리)] ① 이익이 있음. ② 형편이 좋음. 반不利(불리)
[禍福同門(화:복동문), 利害爲隣(이해위린).] 禍(화)나 福(복)은 다 사람이 스스로 불러들이는 것으로 하나의 같은 문으로 들어오는 것이고, 이익을 얻는 것과 손해를 입는 것은 이웃과 같은 것이라 동전의 양면처럼 언제나 함께 있는 것이다. 禍與福同門(화여복동문), 利

與害爲隣(이여해위린).『淮南子(회남자)·人閒訓 인간훈』
利尿(이뇨), 利尿劑(이뇨제), 利點(이점), 利他(이타), 利他主義(이타주의), 地利(지리)

이익
[利己主義(이기주의)] ① 자기의 利害(이해)·쾌락·주장을 중심으로 삼고 남의 처지를 돌보지 않는 주의. ② (윤) 도덕의 관념·원리를 개인의 이익으로 풀이하려는 경향.
[利益(이:익)] ① 물질적으로, 또는 정신적으로 보탬이 되는 것. ② (불) 부처님의 은혜로 얻어지는 공덕.
[利害(이:해)] 이익과 손해. 참利害關係(이해관계), 利害得失(이해득실), 利害相半(이해상반)
[權利(권리)] ① 권세와 이익. ② 어떤 일을 행하거나 타인에 대하여 당연히 요구할 수 있는 힘이나 자격. 반義務(의무)
[漁父之利(어부지리)] '어부가 이득을 챙김'이란 뜻으로, 두 사람이 이해관계로 서로 싸우는 사이에 엉뚱하게 제3자가 이익을 가로채는 것을 이르는 말. 도요새와 조가비가 서로 싸우다. 도요새는 조개의 살을 물고, 조개는 도요새의 부리를 물고 있다. 어부가 와서 도요새와 조개를 다 잡아갔다. 鷸蚌相爭(휼방상쟁). 싸우는 쌍방에는 아무런 이익도 없고, 제3자가 이득을 본다는 뜻이다. 비蚌鷸之爭(방휼지쟁)『戰國策(전국책)』
[見利思義(견리사의). 見危授命(견위수명). 久要不忘平生之言(구요불망평생지언).] 이익될 일을 보고는 그것이 의리에 합당한가 어떤가를 생각하고, 국가의 위급에 즈음하여서는 목숨을 바친다. 인격이 완성된 사람은 일단 유사시에 처했을 경우 전부터 약속해온 평소의 말을 잊지 않고 실행하는 사람이다.『論語(논어)·憲問(헌문)』
[以利交者利窮則散(이:리교자이궁즉산), 以勢交者勢傾則絶(이:세교자세경즉절).] 이익을 위하여 교제하는 자는 그 이익이 다하면 흩어지고, 세력을 가지고 교제하는 자는 세력이 기울면 교제가 끊어진다. '소인들의 야박한 처세'를 비유하여 이르는 말.『文中子(문중자)』
利權(이권), 利己(이기), 利己心(이기심), 利得(이득), 利潤(이윤), 見利忘義(견리망의), 公利(공리), 功利(공리), 功利主義(공리주의), 國利民福(국리민복), 名利(명리), 謀利(모리), 謀利輩(모리배), 薄利(박리), 薄利多賣(박리다매), 福利(복리), 私利(사리), 私利私慾(사리사욕), 勢利(세리), 小利(소리), 殖利(식리), 實利(실리), 失利(실리), 長利(장리), 財利(재리), 戰利品(전리품), 暴利(폭리)

이자
[利率(이:율)] 원금에 대한 이자의 비율. 참利律(이율)
[利子(이:자)] 남에게 금전을 빌려준 대가로 얻는 일정한 비율의 돈. 반元金(원금)
[金利(금리)] 이자 또는 이율. ¶금리 인상
[元利金(원리금)] 원금과 이자를 합친 돈.
高利(고리), 高利債(고리채), 單利(단리), 邊利(변리), 複利(복리), 低利(저리)

이기다
[勝利(승리)] 겨루어 이김. ¶승리 투수

기타
[舍利(사리)] (불) ① 부처나 도승의 화장된 유골. 오늘날에는 화장한 뒤에 나오는 작은 구슬 모양의 것만을 가리킴. ② 법신의 자취로서의 불경. 참舍利佛(사리불), 舍利塔(사리탑)
[舍利佛(사리불)] (불) 석가의 16제자의 한 사람.

休 쉴 휴, 人부6　　0197

'休(휴)'자는 '사람 人(인)'과 '나무 木(목)'으로 이루어졌다. 사람들이 '나무 그늘 밑에서 쉬었다' 하여, '쉬다'의 뜻을 나타낸다.

쉬다, 하던 일을 그치거나 멈추다
[休暇(휴가)] 학교·직장 따위에서 일정한 기간 쉬는 일, 또는 그 겨를.
[休息(휴식)] 하던 일을 멈추고 잠깐 동안 쉼.
[休養(휴양)] 편안히 쉬면서 심신을 보양함. 참休養地(휴양지)
[休學(휴학)] 학업을 쉼, 또는 사고로 재적(在籍)한 채 학교를 어느 기간 동안 쉼.
[萬事休矣(만:사휴의).] 모든 일이 끝장임. 이미 어떻게도 할 수 없게 됨. '모든 일이 헛수고로 돌아감'을 일컫는 말.
[何人更得死前休(하인갱득사전휴).] 어느 누가 죽기 전에 쉴 수 있으랴.『韓愈(한유)·詩(시)』
休刊(휴간), 休講(휴강), 休憩(휴게), 休憩室(휴게실), 休耕(휴경), 休館(휴관), 休校(휴교), 休眠(휴면), 休息(휴식), 休業(휴업), 休日(휴일), 休戰(휴전), 休戰線(휴전선), 休廷(휴정), 休止(휴지), 休職(휴직), 休診(휴진), 休閑(휴한), 休閑地(휴한지), 休火山(휴화산), 休會(휴회), 公休(공휴), 公休日(공휴일), 盟休(맹휴), 連休(연휴), 夏期休暇(하기휴가)

기타
[休紙(휴지)] ① 못 쓰게 된 종이. ② 밑을 씻거나 코를 푸는 데 쓰는 허드레로 쓰는 종이.

息 쉴 식, 숨쉴 식, 心부10　　0198

'息(식)'자는 '코'를 뜻하는 '自(자)'와 '심장'을 가리키는 '心(심)' 두 글자를 합쳐 놓은 것이다. '숨쉬다'가 본뜻이다. '쉬다', '자식' 등의 뜻도 나타낸다.

숨쉬다, 숨, 호흡, 숨 한 번 쉬는 동안
[瞬息間(순식간)] 눈 한 번 깜짝하거나 숨 한 번 쉴 사이와 같이 짧은 동안. ¶순식간에 사라지다
[窒息(질식)] 숨이 막힘 또는 그로 인해 생기는 장애나 상태. 참窒息死(질식사)
[歎息(탄:식)] 한탄하여 한숨을 쉼. 또는 그 한숨.

氣息(기식), 長歎息(장탄식), 絶息(절식), 喘息(천식), 太息(태식)

쉬다

[姑息之計(고식지계)] '잠시 쉴 틈을 얻기 위한 계책'이란 뜻에서, 근본적인 해결책이 아니라 임시변통을 위한 대책을 말함. 㐁姑息策(고식책) ¶현대인은 코앞의 일에만 아름아름하는 고식지계에만 현명하다
[安息(안식)] ① 편안하게 쉼. 㐁安息日(안식일), 安息處(안식처) ② 고대 西域(서역) 페르시아 지방의 왕국.
[自强不息(자강불식)/自彊不息(자강불식)] 스스로 굳세게 되기 위하여 쉬지 않고 노력함. 게으름을 피우지 않고 스스로 열심히 노력함.
[休息(휴식)] ☞ 休(휴)

살다, 생활하다

[棲息(서:식)] 동물들이 어떤 곳에 깃들여 삶. ¶이 숲 속에는 많은 동물들이 서식하고 있다

아이, 자식

[女息(여식)] 딸.
[令息(영식)] 아드님.
[子息(자식)] ① 아들과 딸을 통틀어 이르는 말. ② 남자인 남을 욕으로 이르는 말.

변, 이자

[利息(이:식)] 利子(이자).

자라다, 키우다, 불어나다

[消息(소식)] (사라짐과 불어남의 뜻에서) 안부나 새로 일어나는 동정 등에 관한 기별이나 알림. ¶고향 소식/친구 소식/소식이 감감하다/무소식이 희소식 㐁終無消息(종무소식), 喜消息(희소식)

出 날 출, 凵부5 0199

'出(출)'자는 '山(산)'자가 두 개 겹쳐진 모양이지만 산 위에 또 산이 있는 일이 어떻게 있겠는가? 그것이 아니라, 초목이 차츰 가지를 위로 뻗으며 자라나는 모양을 본뜬 것이다. 그래서 '성장하다', '출생하다' 등의 뜻을 나타낸다. 여기에서 '나가다', '나오다'의 뜻으로 확대되었다.

나다, 나가다, 안이나 속에서 밖이나 겉으로 나가다

[出席(출석)] ① 자리에 나감. ② 모임에 나감.
[出入(출입)] ① 나감과 들어옴. 㐁出入口(출입구) ② 사람의 왕래. ③ 수입과 지출. ④ 나들이.
[流出(유출)] ① 액체 등이 흘러 나감. ② 귀중한 물품이나 정보 따위가 불법적으로 나라나 조직의 밖으로 나가 버림. 또는 그것을 내보냄.
[酒入舌出(주입설출)] 술이 들어가면 혀가 나옴. 술을 마시면 수다스러워진다는 뜻.
[言悖而出者亦悖而入(언패이출자역패이입).] 도리에 벗어난 말을 남에게 하면, 그 사람도 또한 그러한 말로 내게 갚음. '가는 말이 고와야 오는 말이 곱다'와 같은 뜻. [貨悖而入者亦悖而出(화패이입자역패이출).] 부정한 수단으로 번 재물은 본인에게 좋지 못한 일, 곧 불의의 재난 등으로 잃어버림. 悖入悖出(패입패출). 『大學(대학)·傳10章(전10장)』
出缺(출결), 出庫(출고), 出金(출금), 出頭(출두), 出路(출로), 出喪(출상), 出演(출연), 出廷(출정), 出血(출혈), 救出(구출), 腦溢血(뇌일혈)/腦出血(뇌출혈), 漏出(누출), 突出(돌출), 輩出(배출), 排出(배출), 續出(속출), 湧出(용출)/涌出(용출), 入出(입출), 摘出(적출), 蚤腸出食(조장출식), 早出(조출), 早出暮歸(조출모귀), 退出(퇴출), 呼出(호출)

나타나다, 겉으로나 밖으로 존재를 이루다

[出沒(출몰)] 무엇이 나타났다가 사라졌다가 함.
[出現(출현)] 나타남. 나타나 보임.
[神出鬼沒(신출귀몰)] '귀신처럼 나타났다 사라졌다 함'이란 뜻에서, 자유자재로 출몰하여 변화를 짐작할 수 없음.
出典(출전), 出處(출처), 出土(출토), 檢出(검출), 裸出(나출), 露出(노출), 索出(색출), 選出(선출), 月出(월출), 引出(인출), 日出(일출), 抽出(추출), 表出(표출)

발생하다, 생겨서 이루어지다

[出力(출력)] ① 힘을 냄. 노력함. ② 돈을 내어 사업을 도움. ③ 원동기 또는 기타의 장치가 입력(入力)을 받아 외부에 작동할 때 낼 수 있는 동력(動力).
[算出(산:출)] 셈하여 냄. 계산하여 답을 냄.
[鼠口不出象牙(서구불출상아).] '쥐의 아가리에서는 상아가 돋지 않는다'는 뜻으로 '훌륭한 인재는 소인배의 무리에서는 나오지 않음'을 비유한 말.
[青出於藍青於藍(청출어람청어람)/青出於藍(청출어람).] 푸른 물감은 쪽에서 났지만 쪽보다 더 푸름. '제자가 스승보다 더 훌륭한 경우'의 비유. 㐁青藍(청람), 出藍(출람) 『荀子(순자)·勸學(권학)편』
導出(도출), 産出(산출), 所出(소출), 新出(신출), 創出(창출)

태어나다

[出産(출산)] ① (아이를) 낳음. ② 생겨남. 만들어짐.
[出生(출생)] 자식이 태어남. 㐁出生地(출생지)
[出身(출신)] ① 태어난 곳, 졸업한 학교, 거쳐 온 신분 등이 그곳임을 이름. ② 관직(官職)에 등용됨, 또는 그 사람. ③ 신명(身命)을 내던짐.
[庶出(서:출)] 첩의 소생.
嫡出(적출), 賤出(천출)

뛰어나다, 우수하다

[出衆(출중)] 뭇 사람 중에서 뛰어남. 回拔群(발군)
[傑出(걸출)] 남보다 훨씬 뛰어남. ¶걸출한 인물
[特出(특출)] 특별히 뛰어남. ¶특출한 재능
[八不出(팔불출)] 몹시 어리석은 사람을 이르는 말. 不世出(불세출), 不出(불출)

샘솟다, 생겨나다

[噴出(분:출)] ① 좁은 곳에서 액체나 기체가 세차게 뿜어 나옴. ② 요구나 욕구 따위가 한꺼번에 터져 나옴. 또는 그렇게 되게 함.

나아가다, 앞쪽으로 옮아가다
[出班奏(출반주)] ① 많은 사람이 모인 자리에서 맨 처음으로 말을 꺼냄. ② 많은 신하 가운데서 유독 혼자서 임금에게 나아가 말을 함.
[進出(진:출)] 어떤 방면으로 활동 범위나 세력을 넓혀 나아감.

일정한 곳을 떠나가다
[出國(출국)] 그 나라를 떠나 외국으로 감. 凹入國(입국)
[出發(출발)] ① 길을 떠남. ② 일을 시작함.
[杜門不出(두문불출)] 문을 닫아걸고 밖을 나가지 않음. 외부와 소식을 끊고 홀로 지냄.
[轉出(전:출)] ① 다른 곳으로 옮겨감. ② 근무지로 옮겨감.
出家(출가), 出監(출감), 出帆(출범), 出發點(출발점), 出兵(출병), 出所(출소), 出埃及記(출애급기), 出獄(출옥), 出他(출타), 出航(출항), 出港(출항), 出鄕(출향), 外出(외출), 差出(차출), 逐出(축출)

달아나다, 도망치다
[脫出(탈출)] 일정한 환경이나 구속에서 빠져 나감.

일을 하러 가거나 다니다
[出勤(출근)] 일터로 근무하러 나감.
[出動(출동)] 군대·경찰 등이 소임을 수행하기 위하여 현지로 나아감. 또는 그 행동.
[出張(출장)] 용무를 띠고 다른 지방에 감.
[派出所(파출소)] ① 어떤 기관이 그 직원을 파견하여 일을 맡아 보게 하는 곳. ② 어떤 지역에 경찰관이 파견되어 관할 구역의 치안을 맡아 보는 곳.
出擊(출격), 出仕(출사), 出師表(출사표), 出漁(출어), 出將入相(출장입상), 出戰(출전), 出征(출정), 派出(파출), 派出婦(파출부)

퍼져서 알리게 되다
[出世(출세)] ① 이 세상에 태어남. ② 입신(立身)함. 훌륭한 지위·신분에 오름. ③ 속계(俗界)를 떠남. 신선의 경지에 들어감. ④ ㉠ 번뇌를 떠나서 불도(佛道)로 들어감. ㉡ 중생을 제도하기 위하여 속세로 나옴. ㉢ 부처가 나타남.
[出世作(출세작)] 어떤 사람으로 하여금 사회적 지위를 차지하게 한 첫 예술 작품.

내놓다, 자기 수중에 있던 것을 남에게 주거나 바치다
[出捐(출연)] 금품을 내어 원조함.
[出資(출자)] ① 밑천으로 할 돈을 냄. 자본금을 냄. ② 조합 또는 회사의 사업을 위하여 조합원 또는 사원이 자금을 냄. 참出資金(출자금)
[貸出(대:출)] 돈이나 물건 따위를 빚으로 꾸어주거나 빌려줌.
[輸出(수출)] ① 실어서 내보냄. ② 국내의 상품이나 기술 따위를 외국에 팔아 내보냄. 凹輸入(수입)
出斂(출렴), 出願(출원), 出題(출제), 出荷(출하), 出品(출품), 醵出(갹출/거출), 賣出(매출), 搬出(반출), 放出(방출), 演出(연출), 捻出(염출), 提出(제출)

간행하다, 출판물을 세상에 내놓다
[出版(출판)] 서적을 발행함. 문서(文書)·도화(圖畵) 따위를 인쇄하여 세상에 내어 놓음. 凹出刊(출간).
[出刊(출간)] 책을 펴내어 세상에 내어놓음. 凹出版(출판)

지출
[出金(출금)] 돈을 꺼냄. 또는 그 돈. 凹入金(입금)
[出納(출납)] ① 금전이나 물품을 내주거나 받아들임. ② 수입과 지출.
[歲出(세:출)] 한 회계연도의 총 지출.
[量入計出(양입계출)] 수입을 헤아려 지출을 계획함.
[支出(지출)] 돈을 치름. 凹收入(수입)

시집가다, 시집보내다
[出嫁(출가)] 처녀가 시집을 감.
[出嫁外人(출가외인)] 시집간 딸은 자기 집 사람이 아니고 남이나 다름없다는 말.

양자가다, 양자보내다
[出系(출계)] 양자로 들어가서 그 집의 대를 이음.

入 들 입, 入부2 0200

'入(입)'자는 하나의 줄기 밑에 뿌리가 갈라져 땅 속으로 뻗어 들어가는 모양을 본뜬 글자이다.

들다, 속이나 안으로 들어오거나 들어가다, 넣다, 들어오다
[入口(입구)] 들어가는 어귀.
[入場(입장)] 식장(式場)·연기장(演技場) 따위에 들어감. 凹退場(퇴장)
[揭斧入淵(게:부입연)]. 도끼를 메고 산으로 가지 않고 연못으로 간다. 물건을 사용하는 데 당치도 않은 짓을 하는 것을 비유하는 말이다. 『淮南子(회남자)·說山訓(설산훈)』
[導入(도:입)] 기술, 방법, 물자 따위를 끌어들임. ¶기술 도입/외자 도입
[出入(출입)] ☞出(출)
[言悖而出者亦悖而入(언패이출자역패이입). 貨悖而入者亦悖而出(화패이입자역패이출).] ☞出(출)
入監(입감), 入京(입경), 入庫(입고), 入棺(입관), 入國(입국), 入宮(입궁), 入闕(입궐), 入金(입금), 入力(입력), 入滅(입멸), 入門(입문), 入門書(입문서), 入射(입사), 入射角(입사각), 入山(입산), 入禪(입선), 入城(입성), 入所(입소), 入手(입수), 入神(입신), 入室(입실), 入養(입양), 入營(입영), 入浴(입욕), 入院(입원), 入場券(입장권), 入場料(입장료), 入寂(입적), 入廷(입정), 入朝(입조), 入住(입주), 入札(입찰), 入出(입출), 入港(입항), 介入(개입), 記入(기입), 落張不入(낙장불입), 亂入(난입), 單刀直入(단도직입), 代入(대입), 突入(돌입), 彎入(만입)/灣入(만입), 買入(매입), 密入國(밀입국), 搬入(반입), 四捨五入(사사오입), 使穴可入(사혈가입), 算入(산입), 揷入(삽입), 先入見(선입견), 先入觀(선입관), 預入(예입), 流入(유입), 誤入(오입), 潛入

(잠입), 轉入(전입), 漸入佳境(점입가경), 注入(주입), 酒入舌出(주입설출), 進入(진입), 借廳入室(차청입실), 初入(초입), 出口入耳(출구입이), 出入口(출입구), 出將入相(출장입상), 侵入(침입), 投入(투입), 恨入骨髓(한입골수), 含笑入地(함소입지), 陷入(함입), 吸入(흡입)

조직, 기관 등의 성원이 되다
[入社(입사)] 회사의 사원이 됨.
[入學(입학)] 학교에 들어감.
[入會(입회)] 어떤 회에 들어가 회원이 됨.
[加入(가입)] 어떤 단체에 들어감.
入閣(입각), 入校(입교), 入敎(입교), 入團(입단), 入黨(입당), 入隊(입대), 入舍(입사), 入籍(입적), 新入(신입), 新入生(신입생), 迎入(영입), 編入(편입)

합격하거나 입선하다
[入賞(입상)] 상을 타는 데 뽑힘. 상을 탐.
[入選(입선)] 출품한 물품이 심사의 표준 권내에 들어감. 凹落選(낙선)

빠지다, 지나치게 정신이 쏠려 헤어나지 못하다
[沒入(몰입)] 아주 심하게 빠져듦.

수입
[入金(입금)] ① 돈이 들어옴, 또는 그 돈. ② 돈을 은행에 예금함.
[收入(수입)] 돈이나 물건 따위를 벌어들이거나 거두어들이는 일. 또는 그 돈이나 물건.
[輸入(수입)] 외국에서 물품이나 문화를 날라 들임. 凹輸出(수출)
[量入計出(양입계출)] 수입을 헤아려 지출을 계획함.
購入(구입), 納入(납입), 買入(매입), 副收入(부수입), 拂入(불입), 歲入(세입), 稅入(세입), 雜收入(잡수입), 粗收入(조수입), 借入(차입)

기타
[入納(입납)] 편지를 드린다는 뜻으로 봉투에 쓰는 말. 참本第入納(본제입납),
[入聲(입성)] (언) 한자음 사성의 하나로 짧고 거두어들이는 소리. 우리 음의 'ㄱ,ㄷ,ㅂ' 받침 따위.

完 완전할 완, 宀부7 0201

'完(완)'자는 '집 宀(면)'과 '으뜸 元(원)'으로 이루어진 글자이다. '(집을) 다 짓다'는 뜻이다.

완전하다, 온전하다, 결함이나 부족이 없다, 지켜서 보전하다
[完備(완비)] 완전히 다 갖춤. ¶시설 완비
[完成(완성)] 완전히 다 이룸. 凹未完成(미완성)
[完全(완전)] 필요한 것이 모두 갖추어져 모자람이나 흠이 없음. 참完全無缺(완전무결)
[補完(보:완)] 모자라는 것을 보태서 완전하게 함. ¶보완 대책
完璧(완벽), 完封(완봉), 完封勝(완봉승), 完熟(완숙), 完勝(완승), 完譯(완역), 完然(완연), 完治(완치), 完快(완쾌), 完敗(완패), 不完全(불완전)

끝내다, 완결지우다
[完結(완결)] 완전하게 결말을 지음.
[完工(완공)] 공사를 완성함.
[完了(완료)] 완전히 끝마침. 참現在完了(현재완료)
[完遂(완수)] 목적을 완전히 달성함. ¶책임 완수
[未完成(미:완성)] 끝을 다 맺지 못함. ¶미완성교향곡
完決(완결), 完納(완납), 完製品(완제품), 完走(완주), 完投(완투), 未完(미완)

全 온전할 전, 入부6 0202

'全(전)'자는 '入(입) + 王(왕)'이 아니라, '入(입) + 玉(옥)'으로 구성된 글자이다. 광산에서 캐어낸 옥을 잘 다듬어 집안에 고이 들여다 놓은 순수하고 온전한 옥을 뜻한다. 후에 '모두', '완전하다' 등으로 확대 사용되었다. 성씨로서는 항간에 破字(파자)하여 '人王(인왕) 全(전)'이라고도 하는데 '入王(입왕) 全(전)'이라고 해야 맞겠다. 더 정확하게 글자로만 말하자면 '入玉(입옥) 全(전)'이라고 해야 될 것이다.

온전하다, 완전하다
[全人(전인)] ① 지덕(智德)이 원만한 사람. 聖人(성인). ② 신체가 완전한 사람.
[健全(건:전)] 조직 따위의 활동이나 상태가 건실하고 정상임.
[安全(안전)] 위험이 없음. 무사함. 참安全保障(안전보장)
[完全(완전)] ☞ 完(완)
萬全(만전), 保全(보전), 純全(순전), 穩全(온전)

모두, 다, 온통
[全校(전교)] 한 학교의 전체.
[全國(전국)] 나라 전체.
[全力(전력)] 모든 힘. 혼신(渾身)의 힘.
[全體(전체)] ① 몸의 전부. 全身(전신). ② 온통. 전부.
全景(전경), 全科(전과), 全局(전국), 全權(전권), 全卷(전권), 全能(전능), 全擔(전담), 全圖(전도), 全裸(전라), 全面(전면), 全滅(전멸), 全貌(전모), 全無(전무), 全文(전문), 全般(전반), 全部(전부), 全盛(전성), 全盛期(전성기), 全燒(전소), 全速(전속), 全勝(전승), 全身(전신), 全身不隨(전신불수), 全額(전액), 全域(전역), 全然(전연), 全員(전원), 全的(전적), 全知(전지), 全紙(전지), 全知全能(전지전능), 全集(전집), 全天候(전천후), 全幅(전폭), 全幅的(전폭적)

기타
[全鰒(전복)] 전복과(全鰒科)에 딸린 바다조개. 식용으로 귀히 여기며 껍질은 가구 등의 장식에 쓴다.

努 힘쓸 노, 力부7 0203

'努(노)'자는 '힘 力(력)'과 '종 奴(노)'로 이루어진 글자이다. '노력하다'는 뜻을 나타낸다. '奴(노)'자는 단지

'음'을 위하여 쓰인 것이니 너무 '종, 노예'에 신경 쓰지 말자. 좋은 말이니 좋게만 쓰면 된다.

힘쓰다, 있는 힘을 다하다
[努力(노력)] 힘을 다하여 애씀. 또는 그 힘.

力 힘 력, 力부2　　0204

'力(력)'자는 '힘'을 뜻하는 글자이다. '力(력)'자가 意符(의부)로 쓰였을 때 '힘이 있다', '힘을 들이다'의 뜻을 나타낸다.

물리학 용어, 운동 작용 기능을 가능하게 하는 힘, 물체가 서로 작용하여 그 속도에 변화를 일으키는 물체 상호간의 작용
[力學(역학)] 물체 사이에 작용하는 힘과 운동에 관한 법칙을 연구하는 학문. 물리학의 한 분야.
[動力(동:력)] ① 열·물·바람·전기 따위의 힘을 이용하여 기계를 움직이는 힘. ② 어떤 사물을 움직여 나가는 활동의 능력.
[萬有引力(만유인력)] 모든 물체가 가지고 있는, 서로 잡아당기는 힘.
[壓力(압력)] ① 두 물체의 접속면 또는 한 물체 속의 어느 단면을 생각할 때, 그 면을 경계로 양쪽 부분이 수직으로 누르는 힘. ② 권세 따위로 누르는 힘. ¶압력단체/위에서 압력을 가할지도 모른다
求心力(구심력), 馬力(마력), 浮力(부력), 速力(속력), 水力(수력), 握力(악력), 握力計(악력계), 揚力(양력), 遠心力(원심력), 凝集力(응집력), 引力(인력), 磁力(자력), 張力(장력), 電力(전력), 粘力(점력), 潮力(조력), 重力(중력), 彈力(탄력), 表面張力(표면장력), 風力(풍력), 抗力(항력), 火力(화력)

어떤 일을 가능하게 하는 힘 또는 능력
[力量(역량)] 어떤 일을 해낼 수 있는 힘.
[權力(권력)] 남을 복종시키거나 지배할 수 있는 공인된 권리와 힘. 특히 국가나 정부가 국민에 대하여 가지고 있는 강제력을 이른다.
[能力(능력)] 어떤 일을 해낼 수 있는 힘. ¶능력을 기르다
[視力(시:력)] 눈이 물체의 존재나 모양 따위를 보는 능력.
[協力(협력)] 서로 돕는 마음으로 힘을 합침.
力不足(역부족), 竭力(갈력), 強力(강력), 公信力(공신력), 怪力(괴력), 國力(국력), 極力(극력), 金力(금력), 氣力(기력), 勞力(노력), 膽力(담력), 魔力(마력), 魅力(매력), 無氣力(무기력), 武力(무력), 無力(무력), 微力(미력), 迫力(박력), 法力(법력), 兵力(병력), 不可抗力(불가항력), 批判力(비판력), 思考力(사고력), 死力(사력), 勢窮力盡(세궁력진), 勢力(세력), 勢力圈(세력권), 實力(실력), 實力行使(실력행사), 餘力(여력), 年富力強(연부력강), 願力(원력), 威力(위력), 有力(유력), 凝集力(응집력), 入力(입력), 人力車(인력거), 自力(자력), 自力更生(자력갱생), 財力(재력), 底力(저력), 抵抗力(저항력), 全力(전력), 戰力(전력), 精力(정력), 助力(조력), 主力(주력), 注力(주력), 走力(주력), 持久力(지구력), 地力(지력), 盡力(진력), 盡心竭力(진심갈력), 集中力(집중력), 借力(차력), 創意力(창의력), 聽力(청력), 總力(총력), 總力戰(총력전), 出力(출력), 親和力(친화력), 他力(타력), 判斷力(판단력), 暴力(폭력), 表現力(표현력), 筆力(필력), 學力(학력), 活力(활력)

근육의 운동, 체력
[力道(역도)] 역기(力器)를 들어 올리는 운동.
[力士(역사)] 육체의 힘이 센 사람.
[筋力(근력)] 근육의 힘. 또는 그 지속성.
[體力(체력)] 몸의 힘.
力器(역기), 腕力(완력)

효험, 어떤 작용의 보람
[法力(법력)] 佛法(불법)의 위력.
[效力(효:력)] 효과를 나타내는 힘.
[功力(공력)] ① 공들이고 애쓰는 힘. ② 佛道(불도)를 닦아서 얻은 공덕의 힘. ③ 불보살이 중생을 가호하는 힘.

힘쓰다, 있는 힘을 다하여
[力說(역설)] 힘주어 말함.
[力走(역주)] 힘껏 달림.
[努力(노력)] ☞ 努(노)
[徒費心力(도비심력)] 부질없이 아무 보람 없는 일에 애를 씀.
力作(역작), 力著(역저), 力戰(역전), 力點(역점), 力鬪(역투), 力投(역투), 務實力行(무실역행)

運 운전할 운:, 辵부13　　0205

'運(운)'자는 '길을 가다'의 뜻인 '辶(착)'과 '군사 軍(군)'으로 이루진 글자이다. '옮기다'가 본뜻이다. '움직이다', '돌다'는 뜻으로 확대됐다.

움직이다, 운전하다
[運動(운:동)] ① 건강을 위하여 몸을 움직임. ¶규칙적인 운동이 건강에 제일이다 ㉾運動具(운동구), 運動場(운동장) ② 어떤 목적을 사회 속에서 그 구성원의 호응을 얻어 실현하고자 하는 조직적 활동. ¶독립운동 ③ 물체가 시간이 지남에 따라 그 위치를 바꾸는 것.
[運營(운:영)] 조직·기구 따위를 운용하여 경영함. ¶운영 방침
[運轉(운:전)] ① 기계나 수레 따위를 움직여 부림. ㉾運轉免許(운전면허) ② 자본이나 무슨 일을 움직여 조절함.
[運行(운:행)] 배나 차 따위의 탈 것을 운전하며 가도록 함.
運身(운신), 運用(운용), 反射運動(반사운동), 往復運動(왕복운동), 回轉運動(회전운동)

옮다, 옮기다, 나르다, 운반하다, 운송

[運搬(운:반)] 사람이나 화물을 옮겨 나름.
[運送(운:송)] ① 물건을 실어 보냄. ② 화물 및 여객을 일정한 장소로부터 다른 장소로 옮김. ¶운송업
[運賃(운:임)] 운송에 대한 삯.
[陸運(육운)] 육상에서 물건이나 사람을 나르는 일.
運柩(운구), 運送(운송), 運輸(운수), 運輸業(운수업), 運河(운하), 運航(운항), 水運(수운), 漕運(조운), 海運(해운)

운, 운수, 운명

[運命(운:명)] ① 運數(운수)와 命數(명수). ② 인간을 포함한 우주의 일체를 지배한다고 생각되는 필연적이고도 초인간적인 힘. 命運(명운).
[運數(운:수)] 이미 정해져 있어 인간의 힘으로는 어쩔 수 없는 천운과 氣數(기수). 運(운). 運命(운명). 참運數不吉(운수불길), 運數所關(운수소관)
[不運(불운)] 운수가 사나움. 또는 그런 운수.
[幸運(행:운)] 좋은 운수. 또는 행복스러운 운명. 참幸運兒(행운아)
運到時來(운도시래), 運勢(운세), 運盡(운진), 家運(가운), 國運(국운), 氣運(기운), 吉運(길운), 大運(대운), 武運(무운), 薄運(박운), 悲運(비운), 祥運(상운), 時運(시운), 惡運(악운), 厄運(액운), 旺運(왕운), 財運(재운), 天運(천운)

動 움직일 동:, 力부11   0206

'動(동)'자는 '힘 力(력)'과 '무거울 重(중)'으로 이루어졌다. '무거운 물건에 힘을 가하여 움직이다'는 뜻을 나타낸다.

움직이다, 고정되어 있지 아니하고 흔들리거나 자리를 옮기다

[動力(동:력)] ① 열·물·바람·전기 따위의 힘을 이용하여 기계를 움직이는 힘. ② 어떤 사물을 움직여 나가는 활동의 능력.
[動物(동:물)] 스스로 움직일 수 있으며 지각(知覺)·생장(生長)·생식(生殖)의 기능을 가진 생물의 한 가지. 참動物園(동물원)
[手動(수동)] 다른 동력을 이용하지 않고 손의 힘만으로 움직임. 또는 그렇게 움직이는 것.
[運動(운:동)] ☞ 運(운)
[移動(이동)] 옮겨 움직임. ¶이동경찰
[自動車(자동차)] 인력이 아닌 동력기관의 힘으로 움직이는 차.
[泰山鳴動鼠一匹(태산명동서일필).] 처음 시작할 때는 마치 큰 일이라도 하려는 듯 태산이 울릴 정도로 요란을 떨더니 막상 마치고 보니 겨우 쥐 한 마리 잡았다는 뜻.
動脈硬化(동맥경화), 動産(동산), 動線(동선), 動員(동원), 動的(동적), 動靜(동정), 動哨(동초), 動態(동태), 稼動(가동), 驚天動地(경천동지), 鼓動(고동), 起動(기동), 冷血動物(냉혈동물), 脈動(맥동), 微動(미동), 搏動(박동), 反動(반동), 反射運動(반사운동), 反芻動物(반추동물), 發動(발동), 不動(부동), 不動産(부동산), 浮動(부동), 浮動票(부동표), 生動(생동), 煽動(선동), 始動(시동), 躍動(약동), 軟體動物(연체동물), 溫血動物(온혈동물), 往復運動(왕복운동), 搖動(요동), 搖之不動(요지부동), 運動具(운동구), 運動場(운동장), 原動機(원동기), 流動(유동), 律動(율동), 移動(이동), 異動(이동), 自動(자동), 自動詞(자동사), 自動式(자동식), 作動(작동), 電動(전동), 定溫動物(정온동물), 靜中動(정중동), 制動(제동), 蠢動(준동), 地動說(지동설), 振動(진동), 震動(진동), 脊椎動物(척추동물), 天動說(천동설), 衝動(충동), 他動詞(타동사), 波動(파동), 被動詞(피동사), 回轉運動(회전운동)

하다, 행하다, 활동을 하다, 일을 하다

[動作(동:작)] 몸이나 손발을 움직이는 짓. 의식적인 행위.
[輕擧妄動(경거망동)] 경솔하고 조심성 없이 함부로 행동함. ¶경거망동을 삼가라
[勞動(노동)] 사람이 생활에 필요한 것을 얻기 위하여 체력이나 정신을 씀. 또는 그런 행위. 참勞動力(노동력), 勞動者(노동자), 勞動組合(노동조합), 重勞動(중노동)
[行動(행동)] 길을 가거나 몸을 움직임. 어떤 동작을 함.
[活動(활동)] ① 활발하게 움직임. ② 어떤 목적을 위해 운동하거나 바쁘게 돌아다니는 일. ③ 생기가 넘침.
[知者動(지자동), 仁者靜(인자정).] 지혜로운 사람은 동적이고, 어진 사람은 정적이다. 지혜로운 사람은 기회를 노리는 데 민첩하다. 그러므로 자연히 세상 상황의 움직임에 따라 변화한다. 어진 사람은 정적이며 변화하는 세상에 처해서도 변치 않는 태도를 지닌다. 『論語(논어)·雍也(옹야)』
動機(동기), 動議(동의), 擧動(거동), 起居動作(기거동작), 機動(기동), 起動(기동), 能動(능동), 妄動(망동), 受動(수동), 始動(시동), 視聽言動(시청언동), 言動(언동), 主動(주동), 策動(책동), 出動(출동), 被動(피동), 行動擧止(행동거지)

흔들리다, 동요가 생기다

[動搖(동:요)] ① 흔들어 움직임. ② 생각이나 의지가 확고하지 못하고 흔들림. ③ 어떤 체제나 상황 따위가 혼란스럽고 술렁임. ¶민심이 동요하다
[感動(감:동)] 느끼어 마음이 움직임. ¶그의 연설에 모두가 감동했다
[不動心(부동심)] 마음이 흔들리지 않음. 또는 그러한 마음.
[衝動(충동)] ① 마음을 들쑤셔 움직이게 함. ② 순간적으로 어떤 행동을 하고 싶은 욕구를 느끼게 하는 마음속의 자극. ③ 어떤 일을 하도록 남을 부추기거나 심하게 마음을 흔들어 놓음.

動心(동심), 激動(격동), 微動(미동), 騷動(소동)
태어나다, 살아나다, 살다
[胎動(태동)] ① 태아가 움직임. ② 어떤 일이 일어날 기운이 싹틈.
변하다, 바뀌다
[變動(변:동)] 상태가 움직여서 달라짐. ¶기후의 변동/물가의 변동
[動向(동:향)] 사람들의 사고, 사상, 활동이나 일의 형세 따위가 바뀌는 방향.
[異動(이:동)] 전임·퇴직 등 인사상의 변동. 참人事異動(인사이동)
다툼질, 싸움
[動亂(동:란)] ① 전란(戰亂). ② 난리가 일어남. 세상이 소란스러움.
[亂動(난:동)] 질서를 어지럽히며 함부로 행동함.
[暴動(폭동)] 어떤 집단이 폭력으로 소동을 일으켜서 사회의 안녕을 어지럽히는 일. ¶폭동이 일어나다
기타
[動詞(동:사)] 품사의 한 가지. 사물의 동작·작용을 나타내는 품사.
[自動詞(자동사)] 동사의 하나. 자동하는 성질을 가지며, 동작을 다른 것에 미치지 않는 동사. 자다·놀라다·놀다 따위와 같이 목적어가 없어도 완전한 뜻을 나타낸다. 凹他動詞(타동사)
[助動詞(조:동사)] (언) 보조 동사. 독립하여 쓰이지 못하고, 본동사 아래에서 그 풀이를 도와주는 동사.
[他動詞(타동사)] 행동에 어떤 대상, 곧 목적어를 필요로 하는 동사.

耳 귀 이:, 耳부6 0207

'귀 耳(이)'자는 사람의 귀 모양을 본뜬 것이다.
귀, 청각기관, 오관(五官)의 하나
[耳目口鼻(이:목구비)] 귀·눈·입·코. ¶이목구비가 뚜렷한 얼굴
[耳鼻咽喉科(이:비인후과)] (의) 귀·코·목구멍·氣管(기관)·식도의 질환을 치료하는 의술의 한 분과.
[馬耳東風(마:이동풍)] '말의 귀에 동쪽에서 불어오는 바람'이란 뜻에서, 남의 말을 귀담아 듣지 않고 지나쳐 흘려버림을 이르는 말.
[牛耳讀經(우이독경)] 쇠귀에 경 읽기. 아무리 가르치고 일러주어도 알아듣지 못함을 가리키는 말. 동牛耳誦經(우이송경)
[耳懸鈴鼻懸鈴(이:현령비현령).] 귀에 걸면 귀고리, 코에 걸면 코걸이. 일정함이 없이 둘러댈 탓이라는 뜻. 또는 하나의 사물이 양쪽에 관련되어 해석할 나름으로 이리도 되고 저리도 됨을 비유하여 이르는 말.
[耳不聽心不煩(이:불청심불번).] 들으면 병, 듣지 않는 것이 약이란 말.
[良藥苦於口(양약고어구), 忠言逆於耳(충언역어이).] 좋은 약은 입에 쓰고, 충성스런 말은 귀에 거슬린다. 몸이나 행동에 이로운 것은 대개 사람의 생각과 어긋나기 쉽다는 말. 참良藥苦口(양약고구), 良藥苦於口利病(양약고어구리병) 『後漢書(후한서)』, 『孔子家語(공자가어)』
[六耳不同謀(육이부동모).] 세 사람으로서는 비밀을 지켜 계략을 수행하기 어려움을 이르는 말. 육이(六耳)는 귀가 여섯이니 세 사람의 뜻임.

耳鳴(이명), 耳明酒(이명주), 耳目(이목), 耳順(이순), 耳環(이환), 口耳之學(구이지학), 犯顏逆耳(범안역이), 附耳細語(부이세어), 洗耳(세이), 逆耳(역이), 牛耳(우이), 入耳出口(입이출구), 聰耳酒(총이주), 出口入耳(출구입이)

기타
[木耳(목이)] 썩은 나무에서 돋는 버섯. 목이버섯.

目 눈 목, 目부5 0208

'目(목)'자는 눈과 눈동자 모양을 본뜬 것인데, 쓰기 편하도록 모양이 90도 회전하였다. '目(목)'자가 글자의 가운데에서 부수로 쓰일 때는 'ㅉ'의 형태로 쓰일 때가 있다. '德(덕)'자 등이 그 예이다.

눈, 안구, 눈길을 주다, 보다, 눈여겨보다, 응시하다
[目擊(목격)] ① 몸소 눈으로 봄. 참目擊談(목격담) 비目睹(목도) ② 우연히 보게 됨. ¶사고를 목격하다
[目禮(목례)] 눈으로 가볍게 하는 인사.
[目不忍見(목불인견)] 눈으로 차마 볼 수 없음. 준不忍見(불인견)
[反目(반:목)] ① 눈길을 돌림. ② 어떤 일이나 상황에 대해 반대하는 입장을 가져 서로 미워하게 됨.
[耳目口鼻(이목구비)] ☞ 耳(이)
[注目(주:목)] ① 눈길을 한 곳으로 향하여 모음. ② 어떤 대상이나 일에 대해 특별히 관심을 가지고 자세히 살핌. 또는 의심하고 경계하는 눈으로 봄.
[目見毫末不見其睫(목견호말불견기첩).] 눈은 잔털의 끝도 볼 수 있지만 자기의 속눈썹은 보지 못함. '타인의 선악은 눈에 잘 띄지만 자신의 선악은 알아차리지 못함'의 비유. 동目不見睫(목불견첩)『史記(사기)』 ☞ *113
[一目之羅(일목지라), 不可以得鳥(불가이득조).] 그물코가 하나뿐인 그물로는 새를 잡을 수 없다. 어떤 일을 성취하려면 알게 모르게 많은 사람의 협력이 필요하다. 참網之一目(망지일목)『淮南子(회남자)·說林訓(설림훈)』

目不識丁(목불식정), 目算(목산), 目前(목전), 目睫(목첩), 目測(목측), 目下(목하), 刮目(괄목), 刮目相對(괄목상대), 面目(면목), 眉目(미목), 眉目秀麗(미목수려), 眉目如畵(미목여화), 搖頭顚目(요두전목), 耳目(이목), 一目瞭然(일목요연), 眞面目(진면목), 觸目傷心(촉목상심)

마음에 알다, 보는 일, 아는 일
[眼目(안:목)] ① 보는 눈. ¶이웃의 안목이 두렵다 ② 사물을 보아서 알고 분별하는 見識(견식) ¶안목이 높다/긴 안목으로 내다보다

요점
[目的(목적)] ① 목표로 정한 과녁. ② 이루려고 하는 일. 또는 나아가려고 하는 방향. ¶목적을 이루다
[目標(목표)] ① 목적을 이루기 위하여 실제적으로 대상을 삼는 것. 목표를 달성하다 ② 가서 닿을 곳. ¶서울을 목표로 하고 길을 떠나다 ③ 어떤 일을 이루어 내려는 시간상의 한계. ¶연말 완성을 목표로 서둘러라
[盲目的(맹목적)] 사리를 따지지 않고 덮어놓고 하는, 또는 그러한 것. ¶맹목적인 사랑
目的格(목적격), 目的語(목적어), 多目的(다목적)

조목, 세분, 세별
[科目(과목)] 공부할 지식 분야를 갈라놓은 것. 분야별로 나눈 학문의 구분, 또는 교과를 구성하는 단위 ¶내가 제일 좋아하는 과목은 수학이다
[種目(종:목)] 여러 가지 종류에 따라 나눈 항목. ¶운동 경기 종목
[項目(항:목)] 법률이나 규정 따위의 條項(조항)과 條目(조목).
費目(비목), 細目(세목), 稅目(세목), 要目(요목), 條目(조목), 條目條目(조목조목), 指目(지목)

이름으로 붙인 것
[目錄(목록)] ① 어떤 물품의 이름을 죽 벌여 적은 것. ¶전시품 목록 ② 책 첫머리에 그 속 내용의 제목을 차례로 벌여 적은 조목. 동目次(목차)
[目次(목차)] 책 첫머리에 그 속 내용의 제목을 차례로 벌여 적은 조목.
[題目(제목)] (이마와 눈이란 뜻에서) 작품이나 글 등에서 그것을 대표로 하거나 그 내용을 보이려고 붙이는 이름. ¶책의 제목/강연 제목
[品目(품:목)] ① 물품의 이름을 쓴 목록. ② 물품 종류의 이름.
曲目(곡목), 德目(덕목), 名目(명목), 色目(색목), 罪目(죄목), 地目(지목)

우두머리, 지배자
[頭目(두목)] ① 머리에서 눈처럼 중요한 것. ② 패거리의 우두머리. ¶깡패 두목을 잡았다

口 입 구:, 口부3 0209

'口(구)'자는 입을 뜻하기 위하여 사람의 입 모양을 그린 것이다. '입', '어귀', '구멍'의 뜻을 나타낸다. '口(구)'가 부수로 쓰일 때는 목소리나 숨을 밖으로 내는 일, 입에 관계되는 것 따위의 뜻을 나타낸다.

입, 음식을 먹고 말을 하는 기관, 주둥이, 부리, 아가리
[口味(구:미)] 입맛.
[口尙乳臭(구:상유취)] 입에서 아직 젖 냄새도 가시지 않았다. 상대방을 얕잡아 볼 때 쓰는 말이다. 즉 나이가 어리고 경험이 없어 언행이 유치한 경우를 비웃으며 하는 말임.『史記(사기)·高祖記(고조기)』
[異口同聲(이:구동성)] 여러 사람의 말이 한결같음. 동 如出一口(여출일구)
[衆口難防(중:구난방)] '여러 사람의 입은 막기가 어렵다'는 뜻으로, 뭇 사람이 이러쿵저러쿵하는 말을 이루 다 막아내기 어려움을 이르는 말. 또는 비밀스런 일이라면 너무 많은 사람이 알지 않도록 하는 것이 좋다는 말이다.『十八史略(십팔사략)』
[糊口之策(호구지책)] '입에 풀칠을 하는 계책'이라는 뜻에서, 간신히 끼니만 이으며 살아가는 방법.
[口是禍之門(구시화지문).] 입은 화를 불러들이는 문이다.『馮道(풍도)·舌詩(설시)』☞ * 032
[口是傷人斧(구시상인부), 言是割舌刀(언시할설도).] 입은 곧 남을 상처 내는 도끼요, 말은 곧 자기 혀를 베는 칼이다.『明心寶鑑(명심보감)·言語篇(언어편)』
[鼠口不出象牙(서구불출상아).] '쥐의 아가리에서는 상아가 돋지 않는다'는 뜻으로 '훌륭한 인재는 소인배의 무리에서는 나오지 않음'을 비유한 말.『通俗篇(통속편)』
[良藥苦於口(양약고어구), 忠言逆於耳(충언역어이).] ☞ 耳

口腔(구강), 口蓋(구개), 口蓋音化(구개음화), 口頭禪(구두선), 口頭試驗(구두시험), 口令(구령), 口無二言(구무이언), 口無擇言(구무택언), 口文(구문), 口蜜腹劍(구밀복검), 口碑(구비), 口碑文學(구비문학), 口舌(구설), 口舌數(구설수), 口耳之學(구이지학), 口錢(구전), 口中荊棘(구중형자), 口臭(구취), 口號(구호), 開口(개구), 開口笑(개구소), 金口(금구), 金口閉舌(금구폐설), 金舌蔽口(금설폐구), 大口(대구), 蛇心佛口(사심불구), 守口如瓶(수구여병), 餓狼之口(아랑지구), 有口無言(유구무언), 有口不言(유구불언), 異口(이구), 耳目口鼻(이목구비), 人口膾炙(인구회자)/膾炙人口(회자인구), 一口兩匙(일구양시), 一口二言(일구이언), 入耳出口(입이출구), 適口之餠(적구지병), 接口(접구), 衆口(중구), 衆口鑠金(중구삭금), 出口入耳(출구입이), 閉口(폐구), 緘口(함구), 險口(험구), 險口家(험구가), 虎口(호구)

식구, 사람, 사람을 세는 단위
[口座(구:좌)] 예금을 한 사람을 위하여 개설한 계좌. '計座(계좌)'로 순화되었다.
[家口(가구)] ① 집안 식구. ② 각살림을 하는 가정. ③ 각살림을 하는 가정을 세는 단위.
[食口(식구)] 한 집에서 함께 사는 사람.
[人口(인구)] ① 사람의 입. ② 사람의 말 ③ 일정한 지역에 사는 사람의 수효. ¶인구 밀도
客食口(객식구), 戶口(호구), 戶口調査(호구조사)

어귀, 드나들게 만든 곳
[口徑(구:경)] ① 원통 모양으로 된 물건의 아가리의 지름. ¶삼팔 구경 권총 ② 렌즈나 거울 따위의 유효 지름. ¶망원경의 구경
[非常口(비:상구)] 급작스런 사고가 일어났을 때 급히

대피할 수 있도록 마련한 문.
[窓口(창구)] ① 창문에 조그마하게 뚫어놓은 구멍. ② 손님을 응대하거나 문서·물품·금전의 출납 따위를 담당하는 곳. ¶예금은 일번 창구에서 취급합니다.
[港口(항:구)] 뱃길의 어귀. 배가 드나드는 시설이 있음.
突破口(돌파구), 洞口(동구), 水口(수구), 入口(입구), 銃口(총구), 出口(출구), 出入口(출입구), 浦口(포구), 河口(하구)

구멍, 구멍이 난 곳
[噴火口(분:화구)] (지) 화산이 터져서 가스·수증기·불 따위를 내뿜는 구멍.
[火口(화:구)] ① 아궁이. ② 화산의 불길이 솟는 구멍.
[火口湖(화:구호)] 화산이 멈춘 분화구에 빗물이나 지하수가 괴어 생긴 호수.

말하다, 입 밖에 내다
[口辯(구:변)] 말솜씨. 言辯(언변).
[口語(구:어)] 주로 입에서 나오는 일상적인 대화에서 사용하는 말. 閃 文語(문어)
[口演(구:연)] ① 동화, 야담 따위를 여러 사람 앞에서 입으로 실감나게 펼쳐 보임. ② 문서에 의하지 아니하고 입으로 사연을 말함.
口述(구술), 口實(구실), 口傳(구전)

鼻 코 비:, 鼻부14　　0210

'鼻(비)'자의 원형은 '自(자)'이었다. 그런데 '自(자)'가 다른 뜻으로 차용되는 예가 많아지자 표음요소인 '줄 畀(비)'자를 첨가하여 '코 鼻(비)'자를 만들었다.

코, 후각을 맡은 오관의 하나
[鼻炎(비:염)] 콧속의 점막에 생기는 염증.
[宿虎衝鼻(숙호충비)] 자고 있는 호랑이의 코를 찌름. '禍(화)를 스스로 불러들이는 일'을 비유하여 이르는 말.
[吾鼻三尺(오비삼척)] 내 코가 석 자. 자기의 곤궁이 심하여 남의 사정을 돌볼 겨를이 없음을 일컫는 말.
[耳目口鼻(이:목구비)] ☞ 耳(이)
[耳鼻咽喉科(이:비인후과)] ☞ 耳(이)
[鳥鼻之汗(조비지한)] '새 코의 땀'라는 뜻으로, '얼마 되지 않는 아주 적은 양'을 이르는 말.
[耳懸鈴鼻懸鈴(이:현령비현령).] ☞ 耳(이)
鼻腔(비강), 鼻孔(비공), 鼻笑(비소), 鼻液(비액), 鼻音(비음), 鼻涕(비체), 眼鼻莫開(안비막개), 捉鼻(착비)

시초, 처음
[鼻祖(비:조)] 始祖(시조). 나중 것의 바탕으로 된 맨 처음의 것.

기타
[阿鼻地獄(아비지옥)] (불) 無間地獄(무간지옥). 八熱(팔열) 지옥의 하나. 끊임없이 고통을 받는 지옥.
[阿鼻叫喚(아비규환)] 阿鼻地獄(아비지옥)에서 외치는 신음소리. 사고나 재앙을 당해 외치는 비명을 비유하는 말. 또는 阿鼻地獄(아비지옥)과 叫喚地獄(규환지옥)을 합친 말이기도 하다.

眼 눈 안:, 目부11　　0211

'眼(안)'자는 '눈 目(목)'과 '어긋날 艮(간)'으로 이루어진 글자이다.

눈, 눈알, 눈매
[眼鏡(안:경)] 불완전한 시력을 돕거나, 또는 바람·먼지·센 빛 따위를 막거나 하여 눈을 보호하려고 덧쓰게 만든 물건. ¶안경을 쓰다
[眼下無人(안:하무인)] '눈 아래 다른 사람이 없는 것으로 여긴다'는 뜻에서, 다른 사람을 업신여김을 말함. 동 眼中無人(안중무인)
[肉眼(육안)] 맨눈. 육신에 갖추어져 있는 눈. ¶육안으로는 볼 수 없는
[血眼(혈안)] ① 기를 쓰고 덤벼서 핏발이 선 눈. ② 어떠한 일을 힘을 다하여 애타게 하는 것. ¶그는 돈을 버는 데에 혈안이 되었다
[眼光徹紙背(안:광철지배).] '눈빛이 종이 뒷면까지 비친다(뚫는다)'는 뜻으로, '독서의 이해력이 예민함'을 이르는 말.
眼科(안과), 眼光(안광), 眼球(안구), 眼帶(안대), 眼淚洗面(안루세면), 眼魔(안마), 眼鼻莫開(안비막개), 眼藥(안약), 眼前(안전), 眼中(안중), 眼中人(안중인), 眼中釘(안중정)/眼中之釘(안중지정), 眼疾(안질), 開眼(개안), 近視眼(근시안), 近視眼的(근시안적), 老眼(노안), 白眼(백안), 白眼視(백안시), 法眼(법안), 碧眼(벽안), 瞥眼間(별안간), 保眼(보안), 複眼(복안), 佛眼(불안), 色眼鏡(색안경), 洗眼(세안), 審美眼(심미안), 心眼(심안), 雙眼鏡(쌍안경), 五眼(오안), 遠視眼(원시안), 義眼(의안), 點眼(점안), 着眼(착안), 千里眼(천리안), 天眼(천안), 天眼通(천안통), 靑眼視(청안시), 慧眼(혜안)

보다, 보는 일
[眼目(안:목)] ① 보는 눈. ¶이웃의 안목이 두렵다 ② 사물을 보아서 알고 분별하는 見識(견식) ¶안목이 높다/긴 안목으로 내다보다
[主眼(주안)] 주가 되는 목표. 참 主眼點(주안점)

구멍, 바늘 따위의 구멍
[方眼(방안)] ① 네모반듯한 눈. 네모난 구멍. ② 방안지에 그려진 사각형. 모눈.
[方眼紙(방안지)] 일정한 거리를 정하여 직각으로 교차하는 많은 종횡선을 그은 종이. 모눈종이.

舌 혀 설, 舌부6　　0212

'舌(설)'자는 입(口)에서 혀를 길게 내밀고 있는 모습을 본뜬 것이다. '혀'가 본래 의미인데, '말을 가리키는 것'으로도 쓰인다.

혀

[口舌(구:설)] ① 입과 혀. ② 남에게 시비를 하거나 헐뜯는 말. 圖口舌數(구설수)

[兩舌(양:설)] ① '두 개의 혀'라는 뜻으로, 먼저 말한 것을 번복하는 일. ② (불) 이간질. 이간질하는 말. 十惡(십악)의 하나로 여김.

[舌是斬身刀(설시참신도).] 혀는 몸을 자르는 칼이다. 『馮道(풍도)·舌詩(설시)』 ☞ *032

[口是傷人斧(구시상인부), 言是割舌刀(언시할설도).] 입은 곧 남을 상처 내는 도끼요, 말은 곧 자기 혀를 베는 칼이다. 『明心寶鑑(명심보감)·言語篇(언어편)』

[赤舌燒城(적설소성)] 小人(소인)들이 君子(군자)를 讒害(참해)하는 혓바닥은 불같아서 성곽이라도 태워버릴 만하다는 뜻으로, '讒言(참언)'의 무서움'을 비유한 말. 『陳本禮(진본례)·闡祕(천비)』

舌苔(설태), 口舌數(구설수), 金口閉舌(금구폐설), 金舌蔽口(금설폐구), 三寸舌(삼촌설), 牛舌(우설), 雀舌(작설), 長廣舌(장광설), 酒入舌出(주입설출), 齒墮舌存(치타설존), 齒敝舌存(치폐설존)

말, 언어

[舌戰(설전)] 말로 하는 다툼. ¶설전을 벌이다
[毒舌(독설)] 악독하게 혀끝을 놀려서 남을 해치는 말.
[筆舌(필설)] 글과 말. ¶필설로 다 표현할 수가 없다

舌耕(설경), 舌禍(설화), 徒費脣舌(도비순설), 妄舌(망설), 辯舌(변설), 辯舌如流(변설여류), 惡舌(악설), 長舌(장설)

感 느낄 감:, 心부13   0213

'感(감)'자는 '마음 心(심)'과 '다 咸(함)'의 합자이다. '사람의 마음을 움직이다'가 본뜻이다.

느끼다, 마음에 느끼다, 사물을 대했을 때 어떤 정이 일어나다, 느낌이 통하다

[感覺(감:각)] ① (눈·코·귀·혀·살갗 등 감각기관을 통하여) 느끼거나 깨닫는 것. 보고 듣고 냄새를 맡고 살에 닿음을 느끼는 것. ¶감각기능 ② 인상적인 느낌. ¶미적 감각 ③ 본질에 대한 의식. ¶언어 감각

[感情(감:정)] 느끼는 마음. 어떤 대상에 따라 일어나는 곧 쾌·불쾌·기쁨·슬픔 따위를 느끼는 심리 상태.

[隔世之感(격세지감)] ① 世代(세대)가 크게 차이 나는 느낌. ② 많은 진보와 변화를 겪어서 전혀 다른 세상처럼 여겨지는 느낌.

[所感(소:감)] 마음에 느끼는 바. 또는 생각.

感覺器官(감각기관), 感想(감상), 感傷(감상), 感賞(감상), 感性(감성), 感受性(감수성), 感知(감지), 感觸(감촉), 距離感(거리감), 共感(공감), 交感(교감), 屈辱感(굴욕감), 今昔之感(금석지감), 多感(다감), 多情多感(다정다감), 讀後感(독후감), 同感(동감), 鈍感(둔감), 萬感(만감), 味感(미감), 敏感(민감), 迫眞感(박진감), 反感(반감), 不感(불감), 不感症(불감증), 私感(사감), 喪失(상실), 喪失感(상실감), 性感(성감), 語感(어감), 劣等感(열등감), 靈感(영감), 豫感(예감), 五感(오감), 外感內傷(외감내상), 優越感(우월감), 危機感(위기감), 違和感(위화감), 有感(유감), 六感(육감), 肉感(육감), 音感(음감), 情感(정감), 挫折感(좌절감), 罪責感(죄책감), 直感(직감), 質感(질감), 觸感(촉감), 快感(쾌감), 好感(호감)

마음이 움직이다, 마음에 깊이 느껴 감동하다

[感激(감:격)] ① 마음에 깊이 느껴 격동함. ② 깊이 고맙게 느낌.

[感動(감:동)] 느끼어 마음이 움직임. ¶그의 연설에 모두가 감동했다

[實感(실감)] 실제로 체험하는 느낌. ¶우승을 했다는 것이 꿈만 같고 실감이 나지 않는다

[至誠感天(지성감천)] '정성이 지극하면 하늘도 감동하게 된다'는 뜻으로, '어떤 일에나 정성을 다하면 아주 어려운 일도 풀리고 이루어진다'는 말.

感慨(감개), 感慨無量(감개무량), 感銘(감명), 感服(감복), 感謝(감사), 感恩(감은), 感泣(감읍), 感之德之(감지덕지), 感祝(감축), 感歎(감탄), 感歎詞(감탄사), 感化(감화), 感懷(감회), 感興(감흥), 悲感(비감), 切感(절감), 痛感(통감)

닿다, 부딪치다, 감응하다

[感光(감광)] 물질이 빛을 받아 물리적·화학적 변화를 일으키는 현상.

[感電(감:전)] 전기가 통하여 있는 도체에 몸의 일부가 닿을 때 그 충격의 느낌. ¶감전사고

[感應(감:응)] ① 사물에 접촉하여 마음에 따라 움직임. ② 믿거나 비는 정성이 신령에게 통함. ③ (물) 어떤 물체에 있는 電氣(전기)나 磁氣(자기)의 영향으로 다른 물체가 전기나 자기를 띠는 현상.

한하다, 원한을 품다

[私感(사감)] 사사로운 일로 품는 섭섭한 마음.

기타

[感氣(감:기)] ① 風(풍)·寒(한)·暑(서)·濕(습)·燥(조)·火(화)를 몸으로 느낄 만큼 기운이 없는 상태를 말함. ② 주로 바이러스의 감염으로, 몸이 오슬오슬 춥게 느껴지며 기운이 없고 열이 나며 기침, 콧물이 나는 질환을 통틀어 이르는 말.

[感染(감염)] ① (전염병·세균 따위가) 몸에 옮아 들어옴. ② 남의 나쁜 버릇이나 풍습 따위가 옮아서 그대로 따라하게 됨.

[毒感(독감)] ① 지독한 감기. 병세가 심한 감기. ② (의) 인플루엔자 바이러스에 의해 일어나는 감기. 고열과 함께 중이염, 뇌염 따위의 합병증을 일으킨다.

情 뜻 정, 心부11   0214

'情(정)'자는 '마음 ↑(심)'과 '푸를 靑(청)'으로 이루어진 글자이다. 타고난 그대로의 '본성', '따뜻한 마음'이 본뜻이다.

뜻, 무엇을 하리라고 먹은 마음
[衷情(충정)] 속에서 우러나오는 참된 정.

정, 느끼어 일어나는 마음
[情緖(정서)] ① 감정의 실마리. ② (심) 본능을 기초로 하여 일어나는 희로애락의 감정. 기쁨·노염·사랑·걱정·공포·시기·후회 따위. 참情緖障碍(정서장애) ¶정서 불안
[情熱(정열)] 어떤 마음이 불같이 활활 타오름. 또는 그런 감정. 참情熱的(정열적)
[感情(감:정)] 느끼는 마음. 어떤 대상에 따라 일어나는 곧 쾌·불쾌·기쁨·슬픔 따위를 느끼는 심리 상태.
[心情(심정)] ① 마음과 정. ② 가슴 속. 마음의 정황.
[表情(표정)] ① 얼굴에 내비쳐 이루어지는 갖가지 감정의 모습. ¶표정이 날카롭다 ② 마음속의 감정이 겉으로 드러남.
情念(정념), 情誼(정의), 情懷(정회), 感情的(감정적), 憾情的(감정적), 客情(객정), 激情(격정), 爐邊情談(노변정담)/爐邊情話(노변정화), 沒人情(몰인정), 常情(상정), 敍情(서정)/抒情(서정), 敍情詩(서정시)/抒情詩(서정시), 抑何心情(억하심정), 旅情(여정), 逆情(역정), 禮順人情(예순인정), 眞情(진정), 忠情(충정)

┌─────────────────────────────
│ [四端七情(사:단칠정)]
│ 四端(사단)과 七情(칠정)을 합친 말. 사단은 仁(인)·義(의)·禮(례)·智(지)를 말하고 칠정은 喜(희)·怒(노)·哀(애)·樂(락)·愛(애)·惡(오)·欲(욕)을 말한다. '樂(락)' 대신 '두려워할 懼(구)'를 넣기도 한다. 즉 기뻐하고, 노여워하고, 슬퍼하고, 두려워하고, 사랑하고, 미워하고, 하고자 하는 것을 말한다. 이 일곱 가지는 사람이 배우지 않아도 능히 할 수 있다.
│ 儒家(유가)에서는 四端(사단)은 사람의 四肢(사지)와 마찬가지로 태어나면서 先驗的(선험적)으로 가지고 있는 것이라고 보며, 七情(칠정)은 감정이나 심리적 작용의 일환으로 파악한다. 대개 사단은 天理(천리)의 발현이기 때문에 선한 본성을 그대로 드러내지만, 칠정은 氣(기)에 의하여 제어되어 混濁(혼탁)이 가미되기 때문에 선악의 구별이 생긴다는 것이다. 따라서 실제 인간의 감정으로 발현되는 정서는 악할 수도 있기 때문에 이를 교육을 통하여 억제할 필요가 있다고 보는 것이다. 『禮記(예기)·禮運(예운)』
└─────────────────────────────

인정, 동정의 따뜻한 마음
[情感(정감)] 사랑스럽게 느껴짐.
[冷情(냉:정)] 매정하고 쌀쌀함. ¶냉정한 표정으로 나를 대했다
[友情(우:정)] 친구 사이의 정. 통友誼(우의)
[人情(인정)] ① 본디부터 지녀 오는 사람의 마음. ¶남들보다 잘 살고 싶은 것이 인정이라… ② 세상 사람의 마음. ③ 사귀어 친한 정. ¶인정사정 볼 것 없다 ④ 남을 동정하는 따뜻한 마음. ¶인정 많은 이웃의 도움으로… ⑤ (지난날) 벼슬아치들에게 은근히 주던 선물·뇌물 따위를 일컫던 말.

情理(정리), 舊情(구정), 多情(다정), 多情多感(다정다감), 多情多恨(다정다한), 同情(동정), 母情(모정), 無情(무정), 薄情(박정), 非情(비정), 傷情(상정), 世情(세정), 餘情(여정), 逆情(역정), 溫情(온정), 人情味(인정미), 人情米(인정미), 人之常情(인지상정)

이성 간에 나누는 정, 사랑을 느끼는 마음
[情婦(정부)] 유부남이 몰래 정을 통하고 지내는 여자. 참情夫(정부)
[情慾(정욕)] 이성에 대한 성적인 욕망. 참愛慾(애욕)
[戀情(연:정)] 남녀 사이에 서로 그리워하는 정.
[愛情(애:정)] 사랑하는 마음. ¶애정 표현
情交(정교), 情談(정담), 情分(정분), 情死(정사), 情事(정사), 情人(정인), 情表(정표), 情恨(정한), 慕情(모정), 純情(순정), 癡情(치정), 色情(색정), 慾情(욕정), 春情(춘정), 通情(통정)

본성, 타고난 성질, 마음의 작용
[性情(성:정)] 성질과 마음씨. 또는 타고난 본성.

사정, 형편, 상태
[情報(정보)] ① 어떤 사정이나 상황에 관한 소식. 또는 그 자료나 내용. ¶산업 정보 ② (군) 첩보를 분석·평가하여 얻은 적의 실정에 관한 구체적인 내용이나 사실. ¶정보참모
[情況(정황)] ① 실정 밖에 드러나 보이는 상황. ② 인정상 딱한 처지에 있는 상황.
[物情(물정)] ① 어떤 사물의 실정. ② 세상의 인심. 세상 돌아가는 형편.
[事情(사:정)] ① 일의 형편. 처지. 곡절(曲折) ② 딱한 처지를 하소연하여 도움을 비는 일.
[實情(실정)] 실제로 벌어지고 있는 정황. ¶이 제도는 우리나라 실정에 맞지 않는다
[聲聞過情(성문과정), 君子恥之(군자치지).] 명성이 실제보다 지나친 것을 군자는 부끄러워한다. 『孟子(맹자)·離婁 下(이루 하)』
情狀(정상), 情狀參酌(정상참작), 情勢(정세), 情實(정실), 區區私情(구구사정), 民情(민정), 敵情(적정), 陳情(진정), 陳情書(진정서), 通事情(통사정)

멋, 정취
[情景(정경)] ① 사람이 처해 있는 형편이나 모습. ¶눈물겨운 정경 ② 마음에 끌리는 광경. ¶고향 마을의 정경이 눈에 어른거린다
[情趣(정취)] 좋은 감정을 자아내는 흥취.

기타
[發情(발정)] 동물들의 암컷이 성적 충동을 일으킴.

見 볼 견:, 나타날 현:, 見부7 0215

'見(견)'자는 '보다'는 뜻을 나타내기 위하여 '사람 儿(인)'의 '눈 目(목)'만을 크게 강조하여 그려 놓았다. '보다'의 올림말인 '뵙다'의 뜻으로 쓰인 경우에는 [현]으로 읽는다. '謁見(알현)'이 그 예이다. '나타나다'의 뜻으로

쓰일 때는 [견] 또는 [현]으로 읽는다. 주의가 필요하다.
보다, 눈으로 보다, 보는 바
[見聞(견:문)] ① 보고 들음. ② 보고 들어서 생기는 지식. ¶견문이 좁다
[見物生心(견:물생심)] 어떠한 물건을 보면 그것을 가지고 싶은 욕심이 생김.
[目不忍見(목불인견)] 눈으로 차마 볼 수 없음.
[百聞不如一見(백문불여일견).] 백 번 듣는 것이 한 번 보는 것만 못하다는 말.
[見利思義(견리사의). 見危授命(견위수명). 久要不忘平生之言(구요불망평생지언).] 이익될 일을 보고는 그것이 의리에 합당한가 어떤가를 생각하고, 국가의 위급에 즈음하여서는 목숨을 바친다. 인격이 완성된 사람은 일단 유사시에 처했을 경우 전부터 약속해온 평소의 말을 잊지 않고 실행하는 사람이다. 『論語(논어)·憲問(헌문)』
[逐鹿者不見山(축록자불견산), 攫金者不見人(확금자불인).] 사슴을 쫓는 사람은 산을 볼 여유가 없다. 명예와 욕심에 눈이 멀어 사람된 도리를 저버린다는 뜻이다. 돈을 움켜쥔 자는 사람을 보지 못한다. 物慾(물욕)에 가리면 의리·염치를 모름을 비유하여 이르는 말이다. 利慾(이욕)에 정신이 팔린 사람은 자신에게 다가올 위험도 돌보지 않는다는 뜻이다. 『淮南子(회남자)』
[目見毫末不見其睫(목견호말불견기첩).] 눈은 잔털의 끝도 볼 수 있지만 자기의 속눈썹은 보지 못함. '타인의 선악은 눈에 잘 띄지만 자신의 선악은 알아차리지 못함'의 비유. 동目不見睫(목불견첩), 眼不能見其睫(안불능견기첩) 『史記(사기)』
見得思義(견득사의), 見利忘義(견리망의), 見蚊拔劍(견문발검), 見本(견본), 見習(견습), 見學(견학), 東方見聞錄(동방견문록), 西遊見聞(서유견문), 視若不見(시약불견), 外見(외견), 坐見千里(좌견천리), 後見(후견), 後見人(후견인)
생각해보다, 사고하다, 의견, 소견, 생각
[見積(견:적)] 필요한 비용 따위를 미리 어림잡아 계산해 봄.
[見解(견:해)] 어떤 사물이나 현상에 대한 의견이나 생각.
[意見(의:견)] 어떤 일에 대한 뜻과 견해.
[偏見(편견)] 공정하지 못하고 한쪽으로 치우친 생각이나 견해. ¶편견을 버리다
見地(견지), 高見(고견), 短見(단견), 達見(달견), 邪見(사견), 私見(사견), 先入見(선입견), 所見(소견), 豫見(예견), 愚見(우견), 異見(이견), 政見(정견), 參見(참견), 淺見(천견), 卓見(탁견), 會見(회견)
마음에 터득하다, 깨닫다, 변별하다
[見性成佛(견:성성불)] (불) 자기의 본성을 투철하게 깨달을 수 있으면, 그 사람은 이미 부처와 같은 깨달음을 얻은 사람이라고 할 수 있음. 直指人心(직지인심), ____. 『悟性論(오성론)』
[先見之明(선견지명)] 앞일을 먼저 내다보는 밝은 지혜. 닥쳐올 일을 미리 아는 슬기로움.
[識見(식견)] ① 학식과 견문. ② 사물을 올바르게 판단할 수 있는 능력.
[讀書百遍義自見(독서백편의자현).] 백 번 반복하여 읽으면, 뜻이 통하지 않던 곳도 저절로 알게 됨. 『魏志(위지)』
見性(견성), 明見(명견), 發見(발견), 如見心肺(심폐), 正見(정견),
당하다(수동적임을 나타낸다)
[見辱(견:욕)] 욕을 봄. 또는 욕을 당함.
[見責(견:책)] 책망을 당함.
나타나다, 드러나다, 나타내다, 나타내 보이다
[自見者不明(자현자불명), 自是者不彰(자시자불창).] 스스로 자기를 내세우려는(자랑하려는) 자는 결코 현명하지 못하고, 자기 의견 자기 주장만 옳다고 하는 사람은 뚜렷이 드러날 수 없다. 『老子(노자)·道德經(도덕경)』 ☞*365
[莫見乎隱(막현호은), 莫顯乎微(막현호미).] 숨은 것보다 더 잘 드러나는 것은 없으며, 작은 것보다 더 잘 나타나는 것이 없다. 남이 보지 않는 곳에서 한 일은 매우 잘 드러난다는 뜻이다. 『中庸(중용)·1章(1장)』
만나다, 불러서 만나보다, 윗어른을 뵙다
[相見(상견)] 서로 만나 봄. 관相見禮(상견례)
[謁見(알현)] 높고 귀한 이에게 뵘.
[接見(접견)] ① 신분이 높은 사람이 공식적으로 손님을 맞아들여 만나봄. ② (법) 구류 중인 피고자·수형자 등이 변호사 등 외부 사람과 만남.
[親見(친견)] 친히 만나 봄.

聞 들을 문:, 耳부14　0216

'聞(문)'자는 '귀 耳(이)'와 '문 門(문)'으로 이루어졌다. '듣다'의 뜻을 나타낸다.

듣다, 귀로 소리를 알아듣다, 들려주다, 알리다, 들리다
[聞一知十(문:일지십)] 한 가지를 들으면 열 가지를 앎. '두뇌가 매우 명석함'을 이르는 말.
[前代未聞(전대미문)] 지금까지 들어본 일이 없음.
[聽聞(청문)] ① 들리는 소문. ② 연설이나 설교 따위를 들음. ③ 행정기관이 규칙을 만들거나 소청 따위를 다룰 때, 이해 관계자나 제삼자의 의견을 들으려고 취하는 절차. 관聽聞會(청문회)
[聞則疾不聞藥(문:즉질불문약).] '들으면 병, 못 들으면 약'이란 뜻으로, 마음에 걸리는 말은 처음부터 듣지 않는 편이 낫다는 속담. 관耳不聽心不煩(이불청심불번)
[百聞不如一見(백문불여일견)] ☞ 見(견)
博聞(박문), 聽聞會(청문회), 探聞(탐문)
소문, 전해 들음
[所聞(소문)] 내 귀에 들리는 바. 여러 사람들 사이에서 전하여 들리는 말.
[風聞(풍문)] 바람 같이 떠도는 소문. ¶풍문에 시달리다

[後聞(후:문)] 뒤에 들리는 소문. 뒷소문.
[聲聞過情(성문과정), 君子恥之(군자치지).] 명성이 실제보다 지나친 것을 군자는 부끄러워한다. 『孟子(맹자)·離婁 下(이루 하)』
舊聞(구문), 今時初聞(금시초문), 奇聞(기문), 新聞(신문), 新聞紙(신문지), 夕刊新聞(석간신문), 搜所聞(수소문), 艶聞(염문), 朝刊新聞(조간신문), 醜聞(추문).

알다, 널리 견문하다, 알려지다
[見聞(견:문)] ① 보고 들음. ② 보고 들어서 생기는 지식. ¶견문이 좁다
[寡聞(과:문)] 보고 듣고 한 것이 적음. ¶제가 寡聞(과문)한 탓으로 잘 몰랐습니다 ⇔多聞(다문)
[寡聞淺識(과:문천식)] 듣고 보고 한 것이 적고 지식이 얕다. 다른 사람에게 자신을 낮출 때 쓰는 말임.
[多聞(다문)] 들은 것이 많아 잘 앎. ⇔寡聞(과문)
東方見聞錄(동방견문록), 西遊見聞(서유견문)

기타
[申聞鼓(신문고)] (역) 조선 때, 백성이 원통한 일을 하소연할 때 치는 북.

視 볼 시:, 見부12　　0217

'視(시)'자는 '볼 見(견)'과 '제사 示(시)'로 이루어졌다. 부수는 '示(시)'가 아니라 '見(견)'이다. '示(시)'는 '손가락으로 가리키다'의 뜻이니 '視(시)'는 '한 점에 시선을 집중시켜서 보다', 볼 목적을 가지고 '쳐다보다'의 뜻이다. ☞觀(관)0630

보다, 바라보다
[視線(시:선)] ① 눈길. 눈으로 보는 방향. 눈이 가는 곳. 눈동자의 중심점과 외계의 주시점을 연결하는 선. ¶시선을 피하다 ② 주의나 관심. ¶그의 작품에 시선이 집중되다
[視野(시:야)] ① 눈길이 미치는 범위. ¶시야에 들어오다 ② 사물을 관찰하는 식견이나 사려가 미치는 범위. ¶시야가 좁다
[視聽(시:청)] 눈으로 보고 귀로 들음. 图視聽覺(시청각), 視聽料(시청료), 視聽者(시청자)
[巨視的(거:시적)] 어떤 대상을 드러나는 전체적 구조로 보는, 또는 그러한 것. ⇔微視的(미시적)
[心不在焉(심부재언) 視而不見(시이불견), 聽而不聞(청이불문), 食而不知其味(식이부지기미).] 마음에 있지 않으면 보아도 보이지 않고, 들어도 들리지 않고, 먹어도 그 맛을 모른다. 즉 하고자 하는 의식이 없으면 아무리 권하고 이끌어도 선뜻 따르지 않는다는 말이다. 『大學(대학)·正心章(정심장)』
視角(시각), 視覺(시각), 視界(시계), 視若不見(시약불견), 視點(시점), 可視(가시), 可視距離(가시거리), 可視光線(가시광선), 錯視(착시)

똑똑히 보다, 자세히 살피다, 조사하여 보다
[視察(시:찰)] 돌아다니며 실지 사정을 보고 살핌.
[監視(감시)] 주의 깊게 지켜봄. ¶감시를 받다/적의 움직임을 감시하다
[凝視(응:시)] 한참 눈여겨 봄. 微動(미동)도 하지 않고 어떤 목표를 향해 뚫어지게 바라보아 마치 시선이 얼어붙어 있는 것과 같은 것.
[注視(주:시)] 어떤 사물이나 상황에 정신을 쏟아 자세히 봄. ¶경찰은 그의 행동을 주시하고 있었다
[不知其子視其友(부지기자시기우), 不知其君視其左右(부지기군시기좌우).] 자기 자식들의 사람됨을 모르거든 그가 사귀는 친구를 보라. 사람의 선악은 그 친구를 보면 알게 된다. 임금이 나라를 다스림이 어떤가를 모르거든 임금의 좌우에 있는 신하들을 보라. 임금의 선악은 그 옆에 있는 신하를 보면 알게 된다. 『荀子(순자)』
明視(명시), 反目嫉視(반목질시), 巡視(순시), 鷹視(응시), 鷹視狼步(응시낭보), 正視(정시), 坐視(좌시), 直視(직시), 嫉視(질시), 疾視(질시), 透視(투시), 妬視(투시), 虎視(호시), 虎視眈眈(호시탐탐)

시력
[視力(시:력)] 눈이 물체의 존재나 모양 따위를 보는 능력.
[近視(근:시)] (생) 가까운 데 것은 잘 보이나 먼 데 것은 잘 보이지 않는 시력. 또는 그런 눈. 近視眼(근시안)의 준말. 图近視眼的(근시안적)
[遠視(원:시)] '遠視眼(원시안)'의 준말. 가까이 있는 물체는 잘 볼 수 없고, 먼데 것은 잘 보이는 눈.
亂視(난시), 斜視(사시), 弱視(약시)

훔쳐보다, 엿보다, 흘겨보다
[斜視(사시)] ① 사팔뜨기. 사팔눈. ② 눈을 모로 떠서 봄.

대우하다, 대접하다
[輕視(경시)] 깔보거나 대수롭지 않게 여김.
[蔑視(멸시)] 업신여김. ¶멸시를 당하다
[無視(무시)] ① 존재나 있는 값어치를 알아주지 않음. ② 사람을 깔보거나 업신여김.
[敵對視(적대시)] 적으로 여김.
視死如歸(시사여귀), 視死如生(시사여생), 視生如死(시생여사), 視富如貧(시부여빈), 敬遠視(경원시), 恝視(괄시), 度外視(도외시), 同一視(동일시), 等閑視(등한시), 白眼視(백안시), 蛇蝎視(사갈시), 敵視(적시), 重視(중시), 重大視(중대시), 重要視(중요시), 賤視(천시), 靑眼視(청안시), 下視(하시)

聽 들을 청, 耳부22　　0218

'聽(청)'자는 '耳(이)+壬(정)+悳(덕)'으로 이루어졌다. '悳(덕)'이 표의요소로, '壬(정)'은 표음요소로 쓰였다. 그냥 듣기만 하는 것이 아니라 '바르게 알아듣는 것'이 중요함을 悳(덕)을 통하여 알 수 있다.

'德(덕)'의 본래 글자는 곧은 '直(직)'과 마음 '心(심)'이 합쳐진 '悳(덕)'이었다. 즉 '德(덕)'이란 '곧은 마음'이라는 것이다. 그렇다면 '聽(청)'은 편견이나 선입견이 없

이 곧은 마음을 가지고 귀로 듣는 것이 된다. 오른 쪽의 밑을 보면 '한 一(일)'과 '마음 心(심)'으로 이루어져 있다. '마음을 하나로 모으다'란 뜻이다. 즉 마음을 하나로 모아 올바른 마음가짐으로 정신을 집중해서 들으라는 말이다.

'聽(청)'자를 '귀 耳(이) + 임금 王(왕) + 悳(덕)'으로 이루어진 것으로 보아, 임금[王]은 신하의 목소리를 德(덕)을 가지고 들어야[耳] 한다는 뜻으로 풀이하기도 한다. 의미는 좋으나 '聽(청)'자에는 '王(왕)'자가 아니라 '壬(정)'자가 표음요소로 쓰이고 있으니 바른 해석은 아닐 것이다.

듣다, 자세히 듣다

[聽覺(청각)] 소리를 느끼는 감각. 참視聽覺(시청각), 聽覺器官(청각기관)
[聽聞(청문)] ☞聞(문)
[聽衆(청중)] 연설이나 강연·설교·음악 등을 들으려고 모인 사람들.
[傾聽(경청)] 귀를 기울여 들음. ¶경청해주셔서 감사합니다
[視聽(시:청)] ☞視(시)
[晝語鳥聽夜語鼠聽(주어조청야어서청).] 낮말은 새가 듣고 밤말은 쥐가 듣는다는 속담. 말을 삼가라는 뜻.
[耳不聽心不煩(이:불청심불번).] 귀로 듣지 않으면 마음에 번뇌가 없다. 들으면 병, 듣지 않는 것이 약이란 말.
聽講(청강), 聽講生(청강생), 聽力(청력), 聽聞會(청문회), 聽診(청진), 聽診器(청진기), 聽取(청취), 聽取者(청취자), 公聽會(공청회), 盜聽(도청), 道聽塗說(도청도설), 傍聽(방청), 傍聽客(방청객), 傍聽席(방청석), 補聽器(보청기), 非禮勿聽(비례물청), 垂簾聽政(수렴청정)

받다, 받아들이다, 허락하다

[不聽(불청)] ① 듣지 않음. ② 청한 바를 들어주지 않음
[萬覇不聽(만패불청)] ① 바둑에서, 큰 패가 생겼을 때 상대자가 어떤 패를 써도 응하지 않고 패 자리를 해소하는 일. ② 아무리 싸움을 걸려고 집적거려도 못들은 체하고 응하지 않음.
[令苛則不聽(영가즉불청).] 법령이 가혹하면 도리어 잘 지켜지지 않음. _____, 禁多則不行(금다즉불행)『呂氏春秋(여씨춘추)』

同 한 가지 동, 口부6 0219

'同(동)'자는 '모두 凡(범)'과 '입 口(구)'로 이루어진 것이다. '여럿이 회합하다'가 본뜻이다. 대개는 같은 사람들끼리 모였나보다. 그래서 '같다', '한 가지'의 뜻을 나타낸다.

한 가지, 서로 같다

[同病相憐(동병상련)] '같은 병에 걸린 사람끼리 서로 불쌍히 여긴다'는 뜻으로, 곤란한 처지에 있는 사람들끼리 서로 딱하게 여기고 동정함을 이르는 말.
[同一(동일)] 서로 같음, 또는 같은 것.
[同窓(동창)] 같은 학교 또는 같은 스승 밑에서 배움. 同門(동문). 참同窓生(동창생), 同窓會(동창회)
[異口同聲(이:구동성)] 여러 사람의 말이 한결같음.
[混同(혼:동)] 이것과 저것을 구별하지 못하고 뒤섞어서 보거나 생각함.
同價(동가), 同價紅裳(동가홍상), 同感(동감), 同甲(동갑), 同格(동격), 同級(동급), 同氣(동기), 同期(동기), 同等(동등), 同年(동년), 同年輩(동년배), 同類(동류), 同類項(동류항), 同率(동률), 同名(동명), 同名異人(동명이인), 同門修學(동문수학)/同門受學(동문수학), 同輩(동배), 同腹(동복), 同生(동생), 同壻(동서), 同性(동성), 同性愛(동성애), 同姓同本(동성동본), 同時(동시), 同心(동심), 同心結(동심결), 同位元素(동위원소), 同意(동의), 同義(동의), 同議(동의), 同音(동음), 同一視(동일시), 同點(동점), 同情(동정), 同情心(동정심), 同族(동족), 同族相殘(동족상잔), 同志(동지), 同質(동질), 同胞(동포), 同行(동항), 同鄕(동향), 同好人(동호인), 同化(동화), 同化作用(동화작용), 大同小異(대동소이), 不同(부동), 相同(상동), 異同(이동), 異路同歸(이로동귀), 表裏不同(표리부동), 和光同塵(화광동진), 禍福同門(화복동문)

하나로 합하다, 함께 하다, 서로 같게 하다, 함께, 다 같이

[同床異夢(동상이몽)] '같은 잠자리에서 다른 꿈을 꿈'이란 뜻에서, 몸은 함께 있으면서도 마음은 서로 떠나 있음. 곧, 일을 공동으로 하거나 혹은 처지를 같이 하면서 의견을 달리하는 일. 겉으로는 같은 행동을 하면서 속으로는 각각 딴 생각을 함을 비유하여 이르는 말.
[同行(동행)] ① 길을 같이 감. ② 부역에 함께 나감. ③ 신앙이나 수행을 같이 하는 사람.
[共同(공:동)] 여럿이 함께 하거나 관계를 가지는 것. 참共同施設(공동시설), 共同責任(공동책임)
[吳越同舟(오월동주)] 중국 춘추전국시대의 吳王(오왕) 夫差(부차)와 越王(월왕) 句踐(구천)은 서로 적대관계였는데, 같은 배를 탔다가 풍랑을 만나서 서로 단합해야 했던 고사에서, 서로 적의를 품은 사람들이 같은 처지나 한자리에 있게 됨을 비유하는 말. 또는 서로 반목하면서도 공통의 곤란이나 이해에 대하여 협력함을 비유하는 말.
[協同(협동)] 힘을 합쳐 하나로 노력함. 서로 마음과 힘을 하나로 합함. 참協同組合(협동조합)
[君子和而不同(군자화이부동), 小人同而不和(소인동이불화).] 군자는 다른 사람과 화합하지만 아첨을 하면서 그를 따르지는 않고, 소인은 남을 따르면서 아첨하지만 화합하지는 못한다. 참附和雷同(부화뇌동)『論語(논어)·子路(자로)』
[二人同心其利斷金(이인동심기리단금), 同心之言其臭如蘭(동심지언기취여란).] 두 사람의 마음이 같으면 그 날카로움은 단단한 쇠도 자를 수 있고, 마음과 뜻을 같

이 하는 말은 그 향기가 난초와 같다. '두 사람이 한 마음 한 뜻이면 이루지 못 할 일이 없다'는 뜻. 『周易(주역)』
同居(동거), 同居人(동거인), 同苦同樂(동고동락), 同黨伐異(동당벌이), 同樂(동락), 同僚(동료), 同盟(동맹), 同伴(동반), 同封(동봉), 同席(동석), 同乘(동승), 同心圓(동심원), 同業(동업), 同業者(동업자), 同人(동인), 同調(동조), 同參(동참), 同體(동체), 同寢(동침), 同好(동호), 同好人(동호인), 共同墓地(공동묘지), 共同體(공동체), 老少同樂(노소동락), 雷同(뇌동), 帶同(대동), 猫鼠同處(묘서동처), 附和雷同(부화뇌동), 師弟同行(사제동행), 與民同樂(여민동락), 一心同體(일심동체), 贊同(찬동), 合同(합동), 偕老同穴(해로동혈)

모이다, 회합하다
[會同(회:동)] 일정한 목적으로 여럿이 모여 함께 어울림.

화하다, 화합하다
[大同團結(대:동단결)] 나뉘어 있던 당파가 어떤 목적을 이루려고 함께 뭉쳐 한 덩어리가 됨.

異 다를 이:, 田부11　0220

'異(이)'자는 가면을 쓰고 두 손을 흔들며 춤을 추는 기이한 귀신의 모습을 그린 것이라고 한다. '다르다'는 뜻을 나타낸 것이다.

다르다, 같지 아니하다, 딴 것, 딴 일, 달리하다
[異口同聲(이:구동성)] ☞ 同(동)
[異性(이:성)] ① 서로 다르게 타고난 성질. ② 남녀 암수의 서로 다른 성. ¶이성 관계
[同床異夢(동상이몽)] ☞ 同(동)
[相異(상이)] 서로 다름.
[差異(차이)] 서로 차가 있게 다른 것. ¶의견 차이
異見(이견), 異敎(이교), 異敎徒(이교도), 異口(이구), 異國(이국), 異端(이단), 異端者(이단자), 異同(이동), 異動(이동), 異路同歸(이로동귀), 異論(이론), 異邦人(이방인), 異腹兄弟(이복형제), 異狀(이상), 異色(이색), 異色的(이색적), 異姓(이성), 異俗(이속), 異心(이심), 異域(이역), 異意(이의), 異義(이의), 異議(이의), 異族(이족), 異種(이종), 異質(이질), 異彩(이채), 異體(이체), 異體同心(이체동심), 異化作用(이화작용), 大同小異(대동소이), 突然變異(돌연변이), 同黨伐異(동당벌이)/黨同伐異(당동벌이), 變異(변이), 人事異動(인사이동), 特異(특이), 判異(판이)

이상하다, 기이하다, 불가사의하다
[異變(이:변)] 이상한 변화나 사건. ¶기상 이변
[異常(이:상)] ① 정상적인 상태와 다름. ¶이상 고온/정신 이상 ② 기능이 순조롭지 않음. ¶기계에 이상이 생겼다 ③ 별나거나 색다름. ¶하는 짓이 이상하다
[驚異(경이)] 놀랍고 이상스러움. ¶경이에 찬 눈길.
[奇異(기이)] 기묘하고 이상함. ¶기이한 생김새

異例(이례), 異例的(이례적), 異草(이초), 怪異(괴이), 奇花異草(기화이초), 特異(특이), 特異體質(특이체질)

뛰어나다, 훌륭하다
[異人(이:인)] 재주나 지식이 신기하고 비범한 사람.

재앙
[天變地異(천변지이)] 하늘과 땅의 이변. 곧 日蝕(일식)·流星(유성)·地震(지진)·海溢(해일) 따위.
[災異(재이)] ① 天災(천재)와 地異(지이). ② 재앙이 되는 기이한 일.
[地異(지이)] 땅위에서 일어나는 이변. 곧 地震(지진)·海溢(해일)·洪水(홍수)·噴火(분화) 따위.

의심하다, 이상하게 여기다
[異物(이:물)] ① 별물. 보통과 다른 물건. ② 음험하고 속을 헤아리기 어려운 사람.

姓 성 성, 女부8　0221

'姓(성)'자는 한 조상으로부터 태어난 사람을 다른 사람과 구별하기 위하여 만들어진 글자이다.

성
[姓名(성:명)] 성과 이름.
[姓氏(성:씨)] 남을 높이어 그 '성'을 이르는 말.
[同姓同本(동성동본)] 姓(성)과 本貫(본관)이 같음.
[他姓(타성)] 다른 성. ¶이 마을에는 이씨 말고도 타성이 많이 있다
姓銜(성함), 各姓(각성), 同姓(동성), 僻姓(벽성), 變姓名(변성명), 賜姓(사성), 俗姓(속성), 易姓革命(역성혁명), 異姓(이성), 族姓(족성), 通姓名(통성명)

겨레, 씨족
[百姓(백성)] 서민. 일반 국민.

名 이름 명, 口부6　0222

'名(명)'자는 '저녁 夕(석)'과 '입 口(구)'로 이루어졌다. 저녁[夕]이 되면 어두워 서로 상대방을 볼 수 없으므로 입[口]으로 자기가 누구인가를 밝혀야 한다. 누군가를 밝히는 데는 이름을 대는 것이 상책이므로 '이름'의 뜻이 되었다.

이름, 사람 또는 사물의 이름
[名實相符(명실상부)] 이름과 실상이 서로 들어맞음.
[名稱(명칭)] ① 이름. ② 명예. 좋은 평판.
[別名(별명)] 그 사람의 성격, 용모, 태도 따위의 특징을 따서 남이지어 부르는 본 이름 이외의 딴 이름.
[署名(서:명)] 문서에 자기 이름을 씀. 또는 그 이름.
[姓名(성:명)] 성과 이름.
[豹死留皮(표사유피), 人死留名(인사유명).] 표범은 죽어서 가죽을 남기고, 사람은 죽어서 이름을 남긴다. '삶이 헛되지 않으면 그 명성이 길이 남음'을 이르는 말. 豹死留皮(표사유피) 대신 虎死留皮(호:사유피)를 쓰기도 함. 人在名虎在皮(인재명호재피). 『五代史(오대

사)・王彦章(왕언장)전』
名單(명단), 名目(명목), 名簿(명부), 名不虛傳(명불허전), 名詞(명사), 名色(명색), 名實共(명실공), 名札(명찰), 名牌(명패), 名銜(명함), 假名(가명), 改名(개명), 戒名(계명), 階名(계명), 高名(고명), 曲名(곡명), 官名(관명), 國名(국명), 記名(기명), 陋名(누명), 代名詞(대명사), 同名(동명), 同名異人(동명이인), 命名(명명), 無記名(무기명), 無名(무명), 無名氏(무명씨), 無名指(무명지), 美名(미명), 芳名(방명), 法名(법명), 變姓名(변성명), 病名(병명), 本名(본명), 書名(서명), 俗名(속명), 實名(실명), 連名(연명)/聯名(연명), 藝名(예명), 汚名(오명), 匿名(익명), 人名(인명), 一名(일명), 作名(작명), 題名(제명), 除名(제명), 罪名(죄명), 地名(지명), 指名(지명), 知名(지명), 借名(차명), 借名計座(차명계좌), 創氏改名(창씨개명), 册名(책명), 通姓名(통성명), 虛名(허명), 呼名(호명)

신분상에서 쓰는 부재(父子)・군신(君臣)・존비(尊卑)・귀천(貴賤) 등의 명분
[名分(명분)] ① 각각의 名義(명의)나 신분에 따라 마땅히 지켜야 할 도리나 분수. 君臣(군신)・父子(부자)・夫婦(부부) 등 구별된 사이에 서로가 지켜야 할 도덕상의 일을 이름. ② 일을 꾀하는 데 있어 내세우는 구실이나 이유. 참大義名分(대의명분)
[大義名分(대의명분)] ① 사람으로서 지키지 않으면 안 될 도리나 본분. ② 어떤 일을 꾀할 때 내세우는 마땅한 구실이나 이유.

이름나다, 훌륭하다, 뛰어나다
[名山(명산)] 이름난 산. 큰 산. 참名山大刹(명산대찰)
[名聲(명성)] 세상에 떨친 이름. 명예. 평판.
[名譽(명예)] 사회적으로 평가를 받는 떳떳한 이름이나 자랑. 참名譽心(명예심), 名譽慾(명예욕)
[富貴功名(부・귀공명)] 재물이 많고 지위가 높으며 공을 세워 이름을 떨침.
[盜名不如盜貨(도명불여도화).] 명예를 훔치는 것은 재물을 훔치는 것보다 나쁘다. 『荀子(순자)・不苟篇(불구편)』
名家(명가), 名講(명강), 名劍(명검), 名曲(명곡), 名工(명공), 名官(명관), 名句(명구), 名君(명군), 名弓(명궁), 名器(명기), 名妓(명기), 名答(명답), 名堂(명당), 名馬(명마), 名望(명망), 名門(명문), 名文(명문), 名門巨族(명문거족), 名物(명물), 名士(명사), 名産(명산), 名山大刹(명산대찰), 名山大川(명산대천), 名所(명소), 名手(명수), 名勝(명승), 名僧(명승), 名詩(명시), 名臣(명신), 名言(명언), 名譽職(명예직), 名優(명우), 名醫(명의), 名人(명인), 名作(명작), 名將(명장), 名匠(명장), 名著(명저), 名節(명절), 名唱(명창), 名筆(명필), 名賢(명현), 名畵(명화), 空名(공명), 功名(공명), 功名心(공명심), 欺世盜名(기세도명), 盜名(도명), 賣名(매명), 買名(매명), 文名(문명), 班名(반명), 惡名(악명), 揚名(양명), 汚名(오명), 勇名(용명), 有名(유명), 有名

無實(유명무실), 著名(저명), 竊名(절명), 醜名(추명), 筆名(필명), 虛名(허명)

사람, 사람의 수효를 세는 말
[一(일) 名(명)], [百(백) 名(명)]

壽 목숨 수, 士부14   0223

'壽(수)'자는 '목숨'을 뜻한다. '壽(수)자'는 '41019촌'으로 외우면 쓰기가 쉽다. 즉 '士(사) 一(일) 工(공) 一(일) 口(구) 寸(촌)'을 합치면 '목숨 壽(수)'자가 된다. 물론 이것은 한자의 字源(자원)과는 관계없이 틀리지 않게 쓰려고 재미있게 꾸며본 것이다.

목숨, 수명, 사람이 살아있는 연한
[壽命(수명)] 생물이 목숨을 유지하고 있는 기간. 살아 있는 기간.
[減壽(감・수)] 수명이 줄어짐. 참十年減壽(십년감수)
[十年減壽(십년감수)] '수명에서 열 해가 줄어든다'는 뜻으로, 몹시 위험하거나 놀랐을 때 쓰는 말.
[長壽(장수)] 오래 삶.
無病長壽(무병장수), 米壽(미수), 白壽(백수), 白壽宴(백수연), 傘壽(산수), 延年益壽(연년익수), 卒壽(졸수), 天壽(천수), 促壽(촉수), 鶴壽(학수), 喜壽(희수), 喜壽宴(희수연)

장수, 오래 삶, 늙은이, 명이 길다
[壽福康寧(수복강녕)] 오래 살아 복을 누리며 몸이 튼튼하여 편안함.
[壽宴(수연)/壽筵(수연)] 장수를 축하하는 잔치. 보통 환갑잔치를 이름.
[萬壽無疆(만수무강)] 한이 없이 오래오래 삶. 다른 사람이 오래 살기를 비는 말.
[祝壽(축수)] 오래 살기를 빎.
[壽則多辱(수즉다욕).] 오래 살면 욕된 일이 많아진다. 『莊子(장자)・外篇(외편)・天地(천지)』 ☞ * 082
壽衣(수의), 壽職(수직), 南山之壽(남산지수)/南山壽(남산수)

기타
[壽石(수석)] 관상용의 자연석.

命 목숨 명:, 口부8   0224

'命(명)'자는 '입 口(구)'와 '영 令(령)'의 합자이다. '令(령)'은 임금이 내리는 명령, 이 명령을 입(口)을 통해 내리는 것이 '命(명)'이란 뜻이다. 임금은 옛날에는 백성들의 생명을 좌우하는 권위를 가졌기 때문에 '목숨', '운명'의 뜻으로도 쓰이게 되었다.

목숨, 생명, 수명
[命脈(명:맥)] 목숨과 맥. 목숨을 이어가는 근본.
[命在頃刻(명:재경각)] 목숨이 짧은 시간, 頃刻(경각)에 달려 있음. 거의 죽게 되어 곧 숨이 끊어질 지경에 이름.

[佳人薄命(가:인박명)/美人薄命(미:인박명)] 미인은 흔히 불행하거나 병약하여 요절하는 일이 많다는 뜻으로 이르는 말.
[壽命(수명)] ☞ 壽(수)
[生命(생명)] ① 목숨. ② 어떤 사물에 있어 가장 중요한 곳.
[見利思義(견리사의). 見危授命(견위수명). 久要不忘平生之言(구요불망평생지언).] 이익될 일을 보고는 그것이 의리에 합당한가 어떤가를 생각하고, 국가의 위급에 즈음하여서는 목숨을 바친다. 인격이 완성된 사람은 일단 유사시에 처했을 경우 전부터 약속해온 평소의 말을 잊지 않고 실행하는 사람이다. 『論語(논어)·憲問(헌문)』
考終命(고종명), 高枕短命(고침단명), 救命(구명), 苟命(구명), 救命具(구명구), 救命帶(구명대), 苟命徒生(구명도생), 救命艇(구명정), 短命(단명), 亡命(망명), 亡命客(망명객), 亡命政府(망명정부), 薄命(박명), 非命(비명), 非命橫死(비명횡사), 性命(성명), 身命(신명), 餘命(여명), 延命(연명), 殞命(운명), 人命在天(인명재천), 長命(장명), 絶命(절명), 絕體絕命(절체절명), 終命(종명), 天命(천명), 致命(치명), 致命傷(치명상), 紅顏薄命(홍안박명)

운수, 운
[命運(명:운)/運命(운:명)] ① 運數(운수)와 命數(명수). ② 인간을 포함한 우주의 일체를 지배한다고 생각되는 필연적이고도 초인간적인 힘.
[薄命(박명)] ① 복이 없고 팔자가 사나움. ② 수명이 짧음. 참 美人薄命(미인박명)

명하다, 명령을 내리다
[命令(명:령)] ① 윗사람이 아랫사람에게 무엇을 하도록 시킴. 또는 그 내용. ¶명령을 내리다/명령에 복종하다 ② 행정기관이 어떤 사람이나 단체에 의무를 부과하는 처분. ③ 행정기관이 법률의 위임을 받거나 법률을 구체적으로 집행하려고 제정하는 하위의 법. ¶대통령령 ④ 컴퓨터에 시동·정지·계속 등의 동작을 지시하는 일.
[誡命(계:명)] (종) 종교·도덕상 마땅히 지켜야 할 규범. 예수교의 '십계명' 같은 것.
[任命(임:명)] 직무를 맡으라고 명령함. 관직을 줌.
[抗命(항:명)] 명령·통제에 따르지 않고 항거함. 참 抗命罪(항명죄)
密命(밀명), 使命(사명), 召命(소명), 御命(어명), 嚴命(엄명), 王命(왕명), 遺命(유명), 勅命(칙명), 特命(특명), 下命(하명)

이름 짓다, 이름을 붙이다
[命名(명:명)] 사물에 이름을 지어 붙임.
[命題(명:제)] ① 題名(제명)을 붙이는 일, 또는 그 제명. ② 어떤 문제에 대한 논리적인 판단을 언어나 기호로써 표현한 것.

표적, 목표물
[命中(명:중)] 겨냥한 것을 바로 맞힘.

하늘의 뜻
[宿命(숙명)] 오래 묵어 돌이킬 수 없는 운명. 타고난 운명. 피할 수 없는 운명.
[革命(혁명)] ① 하늘이 내린 천명을 바꿈. ② 헌법의 범위를 벗어나 국가 기초, 사회 제도, 경제 제도, 조직 따위를 근본적으로 고치는 일. ¶프랑스 대혁명 ③ 이전의 관습이나 제도, 방식 따위를 단번에 깨뜨리고 질적으로 새로운 것을 급격하게 세우는 일. ¶산업혁명
[大富由命(대:부유명), 小富由勤(소:부유근).] '큰 부자는 천명에 의한 것으로 사람의 뜻이나 힘으로는 어찌 할 수 없으나, 작은 부자는 천명과는 상관이 없으며, 노력 여하에 달려 있음'을 일컫는 말. 『女論語(여논어)·榮家(영가)』
[盡人事待天命(진:인사대천명).] 사람으로서 해야 할 일을 다 하고 하늘의 뜻을 기다린다. 자신에게 주어진 일을 성실하게 수행하지 않고 요행만 바라는 사람에게 충고할 때 쓰는 말이다. 『胡寅(호인)·致堂讀書管見(치당독서관견)』
死生有命(사생유명), 順命(순명)/順天命(순천명), 安心立命(안심입명), 易姓革命(역성혁명), 知天命(지천명)/知命(지명)

令 영 령, 하여금 령(:), 人부5   0225

'令(령)'자의 아랫부분은 '병부절 卩(절)'이다. '卩(절)'은 사람이 무릎을 꿇고 있는 모습을 나타낸 것이다. 윗부분은 머리에 쓰는 '冠(관)'을 나타낸 것이라고 한다. 관을 쓴 높은 사람이 내린 명령을 무릎을 꿇고 듣는다. 이것이 '令(령)'자가 만들어진 내력이란다.

영, 명령, 명령하다, 법령, 규칙
[令狀(영장)] ① 명령의 뜻을 기록한 문서. ② 군대의 소집이나 징집을 명령한 관청에서 보내는 문서. ¶영장을 받고 군에 입대했다 ③ (법) 사람 또는 물건에 대하여 압수, 체포 따위를 허락하는 내용을 담아 법원 또는 법관이 발부하는 서류. ¶법원은 그 사람에 대하여 구속 영장을 발부했다.
[禁足令(금족령)] ① 어떤 곳에 드나들지 못하게 하는 명령. ② 나다니지 못하게 하는 명령.
[命令(명:령)] ☞ 命(명)
[發令(발령)] ① 법령을 공포하거나 명령을 내림. ② 임명·사면 따위를 발표함.
[法令(법령)] 법률과 명령.
[朝令暮改(조령모개)] 아침에 내린 법령을 저녁에 고치다. 정책이 일관성이 없어서 제대로 정착되기도 전에 뜯어고치는 한심한 작태를 말한다. 『漢書(한서)』
[令苛則不聽(영가즉불청), 禁多則不行(금다즉불행).] 법령이 가혹하면 도리어 잘 지켜지지 않고, 금하는 것이 많으면 잘 행하여지지 않는다. 『呂氏春秋(여씨춘추)』
口令(구령), 軍令(군령), 斷髮令(단발령), 待令(대령),

司令(사령), 司令官(사령관), 司令部(사령부), 律令(율령), 張飛軍令(장비군령), 傳令(전령), 指令(지령), 勅令(칙령), 布告令(포고령), 號令(호령), 訓令(훈령)

우두머리, 장

[縣令(현령)] (역) 신라 때부터 조선 때까지 큰 현에 두었던 우두머리 벼슬. 종5품 외직.

경칭, 남을 높이는 말

[令監(영:감)] ① 나이든 사람의 아내가 그의 남편을 부르는 말. ② '늙은 남자'의 높임말. ¶사이좋은 영감 마누라 ③ (지난날) 정3품과 종2품 벼슬아치를 일컫던 말.
[令夫人(영부인)] 남의 아내에 대한 경칭. 圏令室(영실)
[令息(영식)] 아드님. 남의 아들을 높여 이르는 말.
[令愛(영애)] 따님. 남의 딸을 높여 이르는 말.
令堂(영당), 令郞(영랑), 令妹(영매), 令孃(영양), 令姉(영자)

가령, 만일

[假令(가:령)] 가정하여 말하면. ¶가령 이렇게 한다면 어떻게 될까
[設令(설령)] 그렇다더라도. ¶설령 합격하지 못한다 하더라도 圏設使(설사), 設或(설혹)

좋다

[巧言令色(교언령색), 鮮矣仁(선의인).] 말을 교묘하게 꾸미고 얼굴빛을 좋게 하는 자는 어진 이가 드물다. 『論語(논어)·學而(학이)』☞ * 028

기타

[身世打令(신세타령)] 자기의 불우한 신세를 한탄하여 뇌까림. 또는 그러한 이야기. 참八字打令(팔자타령)
[打令(타:령)] ① (악) 국악 곡조의 한 가지. ¶타령을 부르다 ② (악) 영산회상의 여덟째 곡의 이름. ③ (악) 황해도 민요 '자진아리'의 다른 이름. ④ (악) 광대의 판소리나 잡가를 통틀어 일컫는 말. ⑤ (어떤 말 다음에 쓰여) 그 말이나 소리를 되풀이하는 일. ¶술타령 ⑥ ('이·그·저' 따위의 다음에 쓰여) 일의 형편이나 상태의 뜻을 나타냄. ¶신세타령/사업은 아직도 그 타령이다

問 물을 문:, 口부11　0226

'問(문)'자는 '문 門(문)'과 '입 口(구)'로 이루어졌다. '門(문)'은 표음요소이다. 문이 닫혀 있는 그 안의 내용은 밖의 사람으로는 알 길이 없다. 그래서, 문 안의 내용을 알려고 하면 다른 사람에게 입[口]으로 물어 보아야 한다는 생각에서 '묻다'의 뜻을 나타내게 하였다.

묻다, 조사하다, 물음, 질문

[問答(문:답)] ① 물음과 대답. ② 묻고 답하는 일을 반복하는 일.
[問道於盲(문:도어맹)] 맹인에게 길을 묻다. 알지도 못하는 사람에게 물건의 행방이나 사태의 추이에 대해 묻는 어리석은 태도를 비유하는 말이다. 『韓愈(한유)·答陳生書(답진생서)』
[問題(문:제)] ① 대답을 얻기 위한 물음. ② 당면한 연구 사항. 의문의 요점. ③ 논쟁거리가 되는 사건. 시끄러운 사건.
[東問西答(동문서답)] 동쪽이 어디냐고 묻는데 서쪽을 가리키며 대답함. 묻는 말에 대하여 엉뚱하게 대답함.
[質問(질문)] 모르거나 의심나는 점을 물음.
[問余何事栖碧山(문여하사서벽산).] 무슨 일로 푸른 산(산골)에서 사냐고 묻는다. 『李伯(이백)·山中問答(산중문답)』☞ * 119
問議(문의), 問題兒(문제아), 問診(문진), 問項(문항), 檢問(검문), 難問(난문), 反問(반문), 不問(불문), 不問可知(불문가지), 不問曲直(불문곡직), 不審檢問(불심검문), 不恥下問(불치하문), 設問(설문), 愚問(우문), 愚問賢答(우문현답), 疑問(의문), 疑問詞(의문사), 自問(자문), 自問自答(자문자답), 諮問(자문), 探問(탐문), 下問(하문), 且問且答(차문차답), 詰問(힐문)

(죄상을) 알아보다

[問招(문:초)] 죄나 잘못을 따져 묻거나 심문함.
[拷問(고문)] 피의자에게 여러 가지 신체적 고통을 주며 신문함.
[審問(심:문)] 자세히 따져서 물음.
訊問(신문), 鞠問(국문)

어떤 일에 대한 책임을 추궁하다

[問責(문:책)] 일의 잘못을 물어 책망함.

찾아보고 위로하다

[問病(문:병)] 앓는 사람을 찾아보고 위로함.
[問安(문:안)] 아랫사람이 웃어른에게 안부를 여쭘. 또는 그 인사.
[慰問(위문)] 위로하기 위하여 방문함. ¶위문공연 참慰問袋(위문대), 慰問品(위문품)
[弔問(조:문)] 조상하여 상주를 위문함. 또는 그 위문. 참弔問客(조문객)
問喪(문상), 問候(문후), 慶弔相問(경조상문), 訪問(방문)

토의하다, 논의하다

[學問(학문)] 모르는 것을 배우고 의심나는 것을 물어서 익힘. 또는 그 일.

간하다, 충고하다

[顧問(고문)] ① 의견을 물음. ② 어떤 전문적인 일에 대한 물음에 해답을 주거나 의견을 제시해 주는 직책. 또는 그 직책에 있는 사람.

答 대답할 답, 竹부12　0227

'答(답)'자는 '대 竹(죽)'과 '합할 合(합)'으로 이루어진 글자이다. 대쪽이 꼭 맞는 데서 '대답하다'의 뜻을 나타낸다. 시험을 볼 때, '문제의 대쪽'과 '답의 대쪽'이 꼭 일치해야 만족할 만한 점수를 얻을 수 있다.

대답하다, 따르다, 응하다, 물음이나 부름에 답하다, 답, 응답

[答狀(답장)] 회답하는 편지.
[對答(대:답)] ① 묻는 말에 대하여 답함. ② 어떤 문제

를 푸는 실마리. 또는 그 해답.
[問答(문:답)] ☞ 問(문)
[東問西答(동문서답)] ☞ 問(문)
[應答(응:답)] 물음이나 부름에 응하여 대답함.
[解答(해:답)] ① 문제를 풀어서 밝히거나 답함. ② 어려운 일을 해결하는 방법.
[笑而不答心自閑(소이부답심자한).] 웃을 뿐 대답은 안 해도 마음은 절로 한가롭네.『李伯(이백) · 山中問答(산중문답)』☞ * 119
答辯(답변), 答辭(답사), 答書(답서), 答申(답신), 答信(답신), 答案(답안), 答案紙(답안지), 答言(답언), 名答(명답), 誤答(오답), 低頭不答(저두부답), 正答(정답), 卽答(즉답), 筆答(필답), 和答(화답), 確答(확답), 回答(회답)

갚다
[答禮(답례)] 남에게서 받은 禮(례)를 갚는 일.
[報答(보:답)] 은혜나 호의에 답하여 갚음.
[禮無不答(예:무부답).] 답례를 하지 않으면 예가 없는 것임. 예에 있어서는 반드시 답례가 있어야 한다.
[禮人不答反其敬(예인부답반기경).] 사람에게 예를 베풀어도 답이 없으면 곧 내가 공경스럽지 못했기 때문이다. 잘못을 남에게서 구하지 말고 늘 자기 안에서 찾으라는 말이다.『孟子(맹자)』☞ * 249
答盃(답배)/答杯(답배), 答拜(답배)

字 글자 자, 子부6　　0228

'字(자)'자는 '집 宀(면)'과 '아들 子(자)'로 이루어졌다. 자식이 집 안에 있는 형상이다. 그래서 본뜻은 집 안에서 자식을 낳아 젖을 먹여 기른다는 뜻이었다. '글자'의 뜻과는 많이 다르다.

글자
[字句(자구)] 글자와 글귀.
[字幕(자막)] 제목 · 해설 · 배역 등을 글자로 나타낸 화면이나 막.
[文字(문자)] 글자. 말의 소리나 뜻을 볼 수 있도록 적기 위한 체계적인 부호.
[識字憂患(식자우환)] 글자를 아는 것이 도리어 근심거리가 됨. 차라리 몰랐으면 좋았을 것임.
[常持四字(상지사자), 勤謹和緩(근근화완).] 항상 네 글자를 지키는데, 근면함 · 조심함 · 조화함 · 침착함이다.『小學(소학) · 外篇(외편) · 善行(선행)』
字源(자원), 字音(자음), 字義(자의), 字典(자전), 字體(자체), 字板(자판), 字解(자해), 甲骨文字(갑골문자), 金字塔(금자탑), 大字報(대자보), 同音異字(동음이자), 僻字(벽자), 不立文字(불립문자), 象形文字(상형문자), 數字(수자), 習字(습자), 植字(식자), 十字(십자), 十字架(십자가), 略字(약자), 英字(영자), 誤字(오자), 肉頭文字(육두문자), 日字(일자), 赤十字(적십자), 赤字(적자), 點字(점자), 正字(정자), 題字(제자), 鑄字(주자),
集字(집자), 千字文(천자문), 綴字(철자), 打字(타자), 打字機(타자기), 脫字(탈자), 退字(퇴자), 破字(파자), 八字(팔자), 八字打鈴(팔자타령), 表音文字(표음문자), 表意文字(표의문자), 漢字(한자), 解字(해자), 活字(활자), 黑字(흑자)

다른 사람의 이름을 높여 그 이름자 다음에 붙이는 말
[銜字(함자)] 남의 이름을 높여 이르는 말.
[諱字(휘자)] 돌아가신 높은 어른의 생전의 이름자.

자(字)
[字(자)] 이름을 중히 여겨 함부로 부르지 않는 관습에서, 결혼한 후에 편하게 부르기 위해 짓는, 이름에 준한 것.

句 글귀 구, 굽을 구, 口부5　　0229

'글귀 句(구)'자는 '입 口(구)'와 '굽을 勹(구)'자로 이루어진 글자이다. '굽다'는 뜻을 위하여 만들어진 것이다. 후에 '글귀'라는 뜻도 겸하게 되었다. 지금도 '굽다'는 뜻은 '句(구)'자와 '勾(구)'자가 함께 쓰이고 있다. '勾(구)'자는 '句(구)'자의 俗字(속자)라고 설명된 책도 있다.

글귀, 글의 구절
[句節(구절)] ① 한 토막의 말이나 글. ② (언) 구와 절.
[美辭麗句(미사여구)] 아름답게 꾸민 말과 아름다운 문구. 내용은 없으면서 형식만 좋은 말. 또는 그런 표현.
[詩句(시구)] 시의 구절.
[一言半句(일언반구)] 단 한 마디의 말. 매우 짧은 말.
[字句(자구)] ☞ 字(자)
結句(결구), 警句(경구), 慣用句(관용구), 對句(대구), 名句(명구), 文句(문구), 語句(어구), 五言絶句(오언절구), 絶句(절구), 七言絶句(칠언절구)

문장이 끊어지는 곳
[句讀點(구두점)] 글을 읽는 데 도움을 주기 위하여 찍는 쉼표와 마침표.

굽다, 구부러지다(勾)
[句配(구배)] ① 기울기. 기울어지거나 비탈진 정도. ② 비탈. ③ 물매.

기타
[高句麗(고구려)] (역) 삼국 시대의 한 나라. 서기전 37년에 동명왕이 세워 한반도 북부와 만주 일대를 다스렸으며, 서기 705년에 신라에게 멸망함.

新 새 신, 斤부13　　0230

'新(신)'자는 '매울 辛(신)', '나무 木(목)', '도끼 斤(근)'이 모여 이루어졌다. '장작'이 본뜻이었다. '새로운'이라는 뜻으로 쓰이는 예가 많아지자 본뜻은 '풀 艹(초)'를 붙여 '땔나무 薪(신)'자를 따로 만들었다.

새, 새롭다, 새로, 새롭게, 새롭게 다시
[新舊(신구)] 새 것과 헌 것. 새 것과 낡은 것.
[新聞(신문)] ① 세상의 물정과 새로운 소식을 알려 주

는 정기 간행물의 하나. 흔히 日刊(일간)이고 週刊(주간) 또는 旬刊(순간)으로 하는 것도 있음. ② '신문지'의 준말.
[新婚(신혼)] 갓 결혼함. 또는 그 혼인. 참新婚旅行(신혼여행)
[更新(갱:신)] ① 다시 새롭게 함. ② 법률관계의 존속 기간이 끝났을 때 그 기간을 연장하는 일. ¶여권을 갱신하다
[溫故知新(온고지신)/溫故而知新(온고이지신).] 옛 것을 익히고 그것을 미루어서 새것을 앎. 『論語(논어)·爲政(위정)』
[衣莫若新(의막약신), 人莫若故(인막약고).] 의복은 새 것일수록 좋고, 친구는 오래 될수록 좋음. 『晏子(안자)』
新刊(신간), 新曲(신곡), 新館(신관), 新敎(신교), 新規(신규), 新奇(신기), 新記錄(신기록), 新郞(신랑), 新綠(신록), 新婦(신부), 新聞紙(신문지), 新房(신방), 新兵(신병), 新生(신생), 新鮮(신선), 新設(신설), 新素材(신소재), 新式(신식), 新約(신약), 新銳(신예), 新人(신인), 新任(신임), 新入(신입), 新作(신작), 新作路(신작로), 新粧(신장), 新製(신제), 新種(신종), 新進(신진), 新陳代謝(신진대사), 新參(신참), 新築(신축), 新出(신출), 新派(신파), 新版(신판), 新品(신품), 新型(신형), 新興(신흥), 改新(개신), 更新(경신), 夕刊新聞(석간신문), 刷新(쇄신), 維新(유신), 日新(일신), 朝刊新聞(조간신문), 知新(지신), 斬新(참신), 最新(최신), 革新(혁신)

새해, 신년
[新年(신년)] 새해.
[新春(신춘)] 새봄.
[送舊迎新(송:구영신)] 묵은해를 보내고 새해를 맞이함. 새로운 마음으로 새해를 맞이함.
[謹賀新年(근:하신년)] '삼가 새해를 축하드립니다'라는 뜻의, 연말 연시에 연하장 등에 쓰는 인사말. 동恭賀新年(공하신년)
新正(신정)

기타
[新羅(신라)] (역) 우리나라의 삼국 시대에서 고려 시대 이전까지 있었던 나라. 박혁거세가 지금의 경주를 중심으로 나라를 세웠고 고려 태조 왕건에게 멸망함.

舊 예 구:, 臼부18　0231

'舊(구)'자는 '익모초 雈(추)'와 '절구 臼(구)'로 이루어졌다. 익모초를 절구에 넣고 찧는 모습에서 어떻게 '오래되다'는 뜻을 끌어내었는지 명쾌한 해설을 해 놓은 책이 없다. 하여튼 '오랠 久(구)'자가 가지는 뜻과 '친구'라는 뜻을 나타낸다.

예, 오래, 오래다, 묵다, 묵은 사례
[舊式(구:식)] ① 예전의 방식. ② 낡은 형식. 반新式(신식)
[舊態依然(구:태의연)] ① 옛 모습 그대로임. ② (변화나 발전이 없이) 그대로 여전함. ¶구태의연한 방식을 고집하다
[復舊(복구)] 그 전의 모양으로 되게 함. ¶수해 복구
[送舊迎新(송:구영신)] ☞ 新(신)
[守舊(수구)] 옛날의 제도나 풍습을 그대로 지킴.
[新舊(신구)] ☞ 新(신)
舊殼(구각), 舊故(구고), 舊官(구관), 舊館(구관), 舊敎(구교), 舊都(구도), 舊臘(구랍), 舊面(구면), 舊聞(구문), 舊惡(구악), 舊約(구약), 舊友(구우), 舊怨(구원), 舊情(구정), 舊正(구정), 舊製(구제), 舊態(구태), 舊宅(구택), 舊版(구판), 舊形(구형), 舊型(구형), 不念舊惡(불념구악), 依舊(의구)

친구
[親舊(친구)] ① 벗. ② 나이가 비슷한 또래의 사람을 가깝게 부르는 말.
[故舊(고:구)] 옛 친구.
[竹馬舊誼(죽마구의)] 어릴 때부터 같이 놀며 자란 벗 사이의 정의. 참竹馬故友(죽마고우)

오랜 집안
[舊家(구:가)/舊宅(구:택)] 여러 대를 이어온 집안.

寸 마디 촌:, 寸부3　0232

'寸(촌)'자는 손가락의 모양을 본뜬 것이라는데 모양이 많이 변했다. '寸(촌)'이 부수로 쓰일 때는 '마디'나 '짧다'의 뜻으로 쓰이는 예가 없고, 거의 '손' 또는 '손'과 관련이 있는 글자의 요소로 쓰이고 있다.

마디, 손가락 하나의 폭, 조금, 약간
[寸劇(촌:극)] ① 아주 짧은 연극. ② 잠시 동안의 우스꽝스러운 사건. ¶촌극을 빚다
[寸陰(촌:음)] 아주 짧은 시간.
[寸志(촌:지)] ① 자그마한 뜻. 자기 뜻의 겸칭. ② 약간의 성의라는 뜻으로 선물의 포장지에 쓰는 말.
[寸評(촌:평)] 매우 짧은 평. ¶그의 작품을 촌평하자면 수준 이하이다
[一寸光陰不可輕(일촌광음불가경).] 한 치 시간인들 어찌 가볍게 여기리오. 『朱熹(주희)·勸學文(권학문)』 ☞ * 056
寸蟲(촌충), 寸刻(촌각)

치, 길이의 단위
[寸善尺魔(촌:선척마)] '착한 일은 아주 적고 언짢은 일이 많음'을 이르는 말.
[三寸舌(삼촌설)] 세치 길이에 지나지 않는 사람의 혀.
[進寸退尺(진:촌퇴척)] 한 치 나아가서 한 자 물러섬. '얻는 것은 적고, 잃는 것이 많음'을 비유한 말. 『老子(노자)』
[寸鐵殺人(촌:철살인)] 한 치밖에 안 되는 쇠붙이로 사람을 죽이다. 짤막한 警句(경구)로 사람의 의표를 찔러

핵심을 꿰뚫는 것을 말한다.
촌수
[寸數(촌:수)] 친족 간의 원근 관계를 나타내는 수.
[四寸(사:촌)] 아버지의 친형제의 자녀.
[三寸(삼촌)] 친척 가운데 세 번째 관계. 아버지의 형제. 回叔父(숙부), 작은아버지.
[外三寸(외:삼촌)] 어머니의 남자 형제.
五寸(오촌), 六寸(육촌)

尺 자 척, 尸부4 0233

'尺(척)'자는 엄지손가락과 다른 손가락을 벌려 잰 거리, 서 있을 때 두 발사이의 거리 또는 손목에서 팔꿈치까지의 길이라고 하니 약 30cm가 된다. 어쨌든 그런 모양에서 유래한 글자라고 한다.

자, 길이를 재는 자, 길이
[尺度(척도)] 무엇을 평가하거나 판단할 때의 기준.
[曲尺(곡척)] 곱자. 'ㄱ'자 꼴로 만든 자.
[縮尺(축척)] 축소도를 그릴 때 그 줄인 비율. ¶축척 5만분의 1 지도

길이의 단위
[尺貫法(척관법)] 길이의 단위를 '尺(척)', 무게의 단위를 '貫(관)'으로 하는 도량형 법.
[百尺竿頭(백척간두)] 백 자의 장대 끝. '매우 위태롭고 어려운 지경'의 비유.
[三尺童子(삼척동자)] 키가 석 자 쯤 되는 철모르는 어린 아이. ¶삼척동자도 다 아는 이야기
[越尺(월척)] 낚시에서 낚은 물고기가 한 자[尺(척)]가 넘음. 또는 그 물고기. ¶월척을 낚다
吾鼻三尺(오비삼척), 咫尺(지척), 進寸退尺(진촌퇴척)

數 셀 수:, 셈 수:, 자주 삭, 攵부15 0234

'數(수)'자는 '끌 婁(루)'와 '칠 攵(복)'으로 이루어졌다. '婁(루)'자는 '끊이지 않고 계속하다'의 뜻이다. '계속해서 치다'의 뜻에서 '헤아리다', '셈하다'의 뜻으로 쓰인다. '자주'라는 뜻으로 쓰일 때는 [삭]으로 읽는다.

산법, 셈, 세다, 계산하다, 셈에 넣다, 세어서 취하다
[數字(수:자)] ① 수를 나타내는 글자. ② 수량적인 사항.
[數學(수:학)] 수와 양 및 공간에 관하여 연구하는 학문. 代數(대수)·幾何(기하)·解析(해석) 및 이들의 응용을 포함한다.
[未知數(미:지수)] ① (수) 방정식에서, 풀어서 구하지 않고는 그 값을 모르는 수. 보통 'x' 따위의 문자로 표시함. ② 알지 못할 앞일의 셈속. ¶승패는 미지수이지만 한번 최선을 다해보자
[分數(분수)] 어떤 수를 다른 수로 나누는 것을 분자와 분모로 나타낸 것.
[分數(분:수)] ① 사물을 분별하는 슬기. ¶분수가 없는 사람. ② 자기 신분에 맞는 한도. ¶분수를 모른다
[指數(지수)] ① 멱지수와 근지수를 통틀어 이르는 말. ② 물가·임금 따위의 변동 상황을 나타내려고 일정한 때를 100으로 하여 나타낸 수. ¶物價指數(물가지수)
數理(수리), 數式(수식), 數列(수열), 數的(수적), 數値(수치), 數板(수판), 假分數(가분수), 係數(계수), 計數(계수), 公倍數(공배수), 公約數(공약수), 基本數(기본수), 奇數(기수), 旣知數(기지수), 帶分數(대분수), 代數(대수), 對數(대수), 度數(도수), 無理數(무리수), 無限小數(무한소수), 變數(변수), 算數(산수), 常數(상수), 小數(소수), 小數點(소수점), 素數(소수), 素因數(소인수), 循環小數(순환소수), 乘數(승수), 實數(실수), 約數(약수), 陽數(양수), 逆數(역수), 偶數(우수), 有限小數(유한소수), 陰數(음수), 因數(인수), 因數分解(인수분해), 自然數(자연수), 正數(정수), 整數(정수), 除數(제수), 株價指數(주가지수), 知能指數(지능지수), 眞分數(진분수), 函數(함수), 恒數(항수), 常數(상수), 虛數(허수)

일정의 수량이나 수효
[數量(수:량)] 수효와 분량.
[多數決(다수결)] 회의에서 많은 사람의 의견에 따라 안건의 가부를 결정하는 일.
[額數(액수)] 금액의 수. 돈의 머릿수.
[點數(점수)] 성적을 나타내는 숫자.
數詞(수사), 數爻(수효), 個數(개수), 件數(건수), 計數(계수), 過半數(과반수), 卷數(권수), 級數(급수), 多數(다수), 段數(단수), 單數(단수), 等數(등수), 無數(무수), 半數(반수), 倍數(배수), 複數(복수), 不知其數(부지기수), 少數(소수), 定足數(정족수), 周波數(주파수), 寸數(촌수), 打擊數(타격수), 劃數(획수), 回數(횟수)

약간의, 서너너덧, 대여섯
[數年(수:년)] 몇 해. 여러 해. 참數日(수일), 數月(수월) 등
[數十(수:십)] 십의 두서너 갑절이 되는 수. 참數百(수백), 數千(수천) 등.
[數次(수:차)] 두서너 차례. 몇 차례.

운명, 운수
[口舌數(구:설수)] 구설을 듣게 되는 운수.
[運數(운:수)] 이미 정해져 있어 인간의 힘으로는 어쩔 수 없는 천운과 기수. 운. 운명.
[財數(재수)] ① 재물에 관한 운수. ② 좋은 일이 생길 운수. ¶오늘은 재수가 좋았다
數窮(수궁/삭궁), 官災數(관재수), 損財數(손재수), 身數(신수), 運數不吉(운수불길), 運數所關(운수소관)

꾀, 책략, 수단, 방법
[術數(술수)] 어떤 일을 꾸미는 꾀나 방법. 술책
[權謀術數(권모술수)] 그때그때의 형편에 따라 꾀하는 모략이나 수단.

자주, 자주하다, 여러 번 되풀이하다
[數尿症(삭뇨증)] 오줌이 자주 마려운 병. 동頻尿症(빈뇨증)

[多言數窮(다언삭궁).] 말이 많으면 자주 막힌다. 사람이 말이 너무 많으면 여러 가지 막다른 상황이 생겨서 곤란해진다. 말 많음을 경계한 말.『老子(노자)·道德經 5章(도덕경 5장)』

[朋友數斯疎矣(붕우삭사소의).] 친구 사이에 지나치게 자주 충고하면 사이가 멀어진다.『論語(논어)·里仁(이인)』

[射倖數跌(사행삭질)] 요행을 노려 쏘는 화살은 번번이 차질을 일으킨다는 뜻으로, '사행심으로 하는 일은 성취하기 어려움'을 비유하여 이르는 말.『蜀志(촉지)』

數窮(삭궁), 頻數(빈삭), 尿意頻數(요의빈삭)

기타

[手數料(수수료)] ① 어떠한 일을 돌보아 준 데 대한 보수. ② 공적 사무에 대한 수고의 대가로 받는 요금.

量 헤아릴 량, 수량 량, 되 량, 里부12   0235

'量(량)'자는 '아침 旦(단)'과 '마을 里(리)'의 구조로 보기 쉬운데 그렇게 해서는 바른 뜻을 구할 수 없다. '재다'라는 뜻을 나타내기 위하여 자루에 담아 분량을 재는 모습을 본뜬 것이다. '재다', '헤아리다', '분량' 등의 의미를 가진다.

헤아리다, 다소를 헤아리다, 추측하다, 생각하다

[量入計出(양입계출)] 수입을 헤아려 지출을 계획함.
[感慨無量(감:개무량)] 마음에 사무치는 느낌이 헤아릴 수 없음.
[料量(요량)] 생각하여 헤아림. 또는 그러한 생각. ¶형님의 요량으로는 잘 되어갈 전망이 있습니까?
[商量(상량)] 헤아려 생각함. ¶多讀(다독) 多作(다작) 多商量(다상량),
量入儉用(양입검용), 假量(가량)

무게·용적·길이·넓이를 재다

[測量(측량)] ① 물건의 넓이·길이·높이·깊이·방향 등을 재어서 헤아림. ② 지표에서의 각 지점의 위치 및 그 지점들 간의 거리를 구하며, 또 지형의 높고 낮음과 지역의 넓고 좁음을 재어서 헤아림. ③ 생각하여 헤아림.

양(量)

[量産(양산)] 규격이 같은 상품을 많이 생산하는 일. ¶고학력 실업자가 양산되고 있다
[減量(감:량)] 양을 덜어냄. ¶체중을 감량하다 [반]增量(증량)
[數量(수:량)] 수효와 분량.
[重量(중:량)] ① 무게. ② 무거운 무게.
量子(양자), 量的(양적), 降雪量(강설량), 降水量(강수량), 降雨量(강우량), 計量(계량), 計量器(계량기), 過量(과량), 多量(다량), 當量(당량), 大量(대량), 度量(도량), 度量衡(도량형), 無量(무량), 無限量(무한량), 物量(물량), 微量(미량), 分量(분량), 聲量(성량), 少量(소량), 水量(수량), 熱量(열량), 用量(용량), 容量(용

량), 音量(음량), 適量(적량), 定量(정량), 定量分析(정량분석), 從量(종량), 從量制(종량제), 酒量(주량), 質量(질량), 總量(총량), 稱量(칭량), 通貨量(통화량), 肺活量(폐활량), 限量(한량), 含量(함량), 刑量(형량)

역량, 일을 해낼 수 있는 한계나 정도

[度量(도:량)] ① 길이를 재는 자(尺)와 양을 재는 되. ② 넓은 마음과 깊은 생각.
[雅量(아량)] 너그럽고 깊은 도량. ¶아량이 넓다/양보하는 아량을 보이다
[力量(역량)] 어떤 일을 해낼 수 있는 힘.
[裁量(재량)] 스스로 분별하고 헤아려 처리함.
德量(덕량), 小量(소량), 狹量(협량)

手 손 수, 手부4   0236

'手(수)'자는 다섯 손가락이 있는 '손'을 본뜬 것이다. '手(수)'가 부수로 쓰일 때, 손의 각 부분의 명칭이나 손의 동작에 관한 문자를 이룬다. 변으로 쓰일 때는 '扌(수)'의 꼴을 취한다.

손, 손가락, 손바닥, 손목, 쥐다, 손으로 잡다

[手工業(수공업)] (공) 기계를 쓰지 않는 작은 규모의 생산 형태. 손과 간단한 기구를 써서 주로 주문을 받아 시장에 내놓는 작은 규모의 생산을 가리킴.
[手足(수족)] ① 손과 발. ② 형제. ③ 수족과 같이 요긴하게 부리는 사람.
[束手無策(속수무책)] '손이 묶여 있어 어찌할 방책이 없음'이라는 뜻에서, 아무런 방법이 없어 꼼짝 못함을 이름.
[握手(악수)] 손을 마주 잡아 쥠. 주로 인사, 감사, 친애, 화해, 따위의 뜻을 나타내기 위하여 오른손을 잡는다.
[一擧手一投足(일거수일투족)] '손 한 번 들고 발 한 번 옮겨놓음'이라는 뜻에서, 조그만 것에 이르기까지의 하나하나의 동작 전체를 이름.
[空手來空手去(공수래공수거).] 빈손으로 왔다가 빈손으로 간다는 뜻으로, '사람이 세상에 태어났다가 헛되이 죽어 감'을 비유하여 이르는 말.
手匣(수갑), 手巾(수건), 手工(수공), 手動(수동), 手榴彈(수류탄), 手相(수상), 手術(수술), 手藝(수예), 手顫症(수전증), 手製(수제), 手中(수중), 手帖(수첩), 手下(수하), 手荷物(수하물), 手話(수화), 空手(공수), 拱手(공수), 拱手自服(공수자복), 徒手(도수), 徒手體操(도수체조), 魔手(마수), 拍手(박수), 拍手喝采(박수갈채), 白手(백수), 纖纖玉手(섬섬옥수), 洗手(세수), 袖手(수수), 袖手傍觀(수수방관), 身手(신수), 雙手(쌍수), 按手(안수), 按手祈禱(안수기도), 兩手(양수), 兩手据地(양수거지), 兩手執餠(양수집병), 如斷手足(여단수족), 玉手(옥수), 義手(의수), 入手(입수), 赤手(적수), 赤手空拳(적수공권), 赤手成家(적수성가), 着手(착수), 觸手(촉수), 祝手(축수), 唾手可取(타수가취)

팔, 어깨의 끝으로부터 손가락 끝까지
[擧手(거:수)] 손을 위로 듦. 圖擧手敬禮(거수경례)
사람
[歌手(가수)] 노래 부르는 것으로 업을 삼는 사람.
[木手(목수)] 나무를 다루어 집을 짓거나 물건을 만드는 일로 업을 삼는 사람.
[選手(선:수)] 어떠한 기술이나 운동 따위에 뛰어나 여럿 중에서 대표로 뽑힌 사람.
[助手(조:수)] 어떤 책임자 밑에서 지도를 받으면서 그 일을 도와주는 사람.
高手(고수), 鼓手(고수), 攻擊手(공격수), 救援投手(구원투수), 弓手(궁수), 旗手(기수), 騎手(기수), 內野手(내야수), 名手(명수), 射手(사수), 石手(석수), 守備手(수비수), 熟手(숙수), 外野手(외야수), 右翼手(우익수), 敵手(적수), 操舵手(조타수), 左翼手(좌익수), 投手(투수), 捕手(포수), 砲手(포수), 好敵手(호적수)

솜씨, 기량
[手腕(수완)] 손과 팔이라는 뜻에서 일을 꾸미거나 치러 나가는 재간.
[能手(능수)] 어떤 일에 능란한 솜씨. 또는 그런 사람. 圖能手能爛(능수능란)

수단, 방법
[手段(수단)] 일을 해 나가는 꾀와 솜씨.
[手法(수법)] 수단과 방법을 아울러 이르는 말.
[手續(수속)] 일을 하여 가는 순서나 방법.
[毒手(독수)] 악독한 수단. ¶독수를 뻗다/독수에 걸리다
[常套手段(상투수단)] 늘 쓰는 수단.

바둑, 장기 등을 두는 기술, 또는 그 사람, 바둑돌이나 장기 말을 한 번씩 두는 번 수
[妙手(묘:수)] 바둑이나 장기 따위에서, 절묘한 솜씨.
[上手(상:수)] ① 한결 높은 솜씨. 바둑·장기 따위에서 보다 수가 높은 사람. ② 재주가 많음, 또는 그 사람.
[訓手(훈:수)] 바둑이나 장기 따위에서 잘 두는 방법이나 솜씨를 가르쳐 줌. ¶장기판에서 훈수를 두다
手談(수담), 國手(국수), 單手(단수), 先手(선수), 惡手(악수), 兩手兼將(양수겸장), 應手(응수), 正手(정수), 着手(착수), 下手(하수), 後手(후수)

스스로, 손수
[手記(수기)] 자기의 체험을 손수 적음. 從軍手記(종군수기) 등.
[自手成家(자수성가)] 유산이 없는 사람이 자기의 힘으로 한 살림을 이룩함.

필적
[手決(수결)] 도장 대신으로 자기 성명이나 직함 아래에 쓰는 일정한 字形(자형)

기타
[手當(수당)] 일정한 급료 외에 주는 보수(일본어의 '사례금'을 뜻하는 '手當'에서 온 말).
[手數料(수수료)] ① 어떠한 일을 돌보아 준 데 대한 보수. ② 공적 사무에 대한 수고의 대가로 받는 요금.
[手票(수표)] 발행인이 은행을 지불인으로 하여 소지인에게 일정 금액을 지불하여 줄 것을 지불인에게 위탁하는 유가증권. 圖空手票(공수표), 保證手票(보증수표)
[手配(수배)] ① 범인을 잡으려고 수사망을 폄. ② 부서를 갈라 맡아 어떤 일을 하게 함.
[空手票(공수표)] ① 은행에 전혀 거래가 없는 사람이나 또는 거래가 있어도 예금 잔고가 적어 은행에서 지불을 거절당할 수표. ② 실행이 없는 헛 약속.
[失手(실수)] ① 부주의하여 잘못함. 또는 그러한 행위. ② 失禮(실례).

足 발 족, 足부7 0237

'足(족)'자의 위에 있는 '口(구)'는 '입'이 아니라 '장딴지' 부분을 나타낸 것이고, 아랫부분은 발가락의 형상을 본뜬 것이다. '발'이 본뜻이고, '발자국', '넉넉하다'는 뜻도 나타낸다.

발, 사람이나 동물의 하지(下肢)
[足跡(족적)] ① 발자국. ② 지내 오거나 겪어온 일의 자취.
[足脫不及(족탈불급)] 발을 벗고 뛰어도 따라잡지 못함. '능력이나 역량, 재질 따위가 도저히 따라가지 못할 정도임'을 비유하여 이르는 말.
[凍足放尿(동:족방뇨)] 언 발에 오줌 누기. 잠시의 효력은 있으나 그 효력이 오래 가지 않을뿐더러 상황이 더 나빠지는 경우를 비유적으로 이르는 말.
[蛇足(사족)] ① 뱀의 발. 실제로는 없다. ② 쓸데없는 군일을 하다가 도리어 실패함을 이르는 말. 畵蛇添足(화사첨족)의 준말.
[手足(수족)] ☞手(수)
[失足(실족)] ① 발을 잘못 디딤. ② 행동을 잘못함. ③ 죄에 빠지게 하거나 멸망으로 이끎.
[殺頭而便冠(쇄:두이편관), 削足而適履(삭족이적리).] '머리를 깎아내어 관을 쓰기에 편리하고, 발을 깎아서 신발에 맞춘다'는 뜻으로, '일의 본말이 전도됨'을 이르는 말. 『淮南子(회남자)·說林訓(설림훈)』
足鎖(족쇄), 足下(족하), 頭寒足熱(두한족열), 四足(사족), 洗足(세족), 如斷手足(여단수족), 義足(의족), 長足(장족), 纏足(전족), 鼎足(정족), 鳥足之血(조족지혈), 駿足(준족), 知斧斫足(지부작족), 濯足(탁족)

가다, 달리다
[禁足令(금:족령)] ① 어떤 곳에 드나들지 못하게 하는 명령. ② 나다니지 못하게 하는 명령.
[發足(발족)] ① 목적지를 향하여 발을 옮김. ② 어떤 단체나 모임 따위가 새로 만들어져 활동을 시작함.
[遠足(원:족)] 소풍.
[駿足(준:족)] '걸음이 빠른 좋은 말'이라는 뜻에서 '잘 달리는 사람'을 비유하는 말.

족하다, 가득 차다, 충족하다
[滿足(만족)] 모자람이 없이 흐뭇함.

[不足(부족)] 필요한 양이나 한계에 미치지 못하고 모자람.
[自給自足(자급자족)] 자기에게 필요한 물품을 스스로 생산하여 충당함.
[豊足(풍족)] 풍성하고 넉넉함.
補足(보족), 於分足矣(어분족의), 力不足(역부족), 自足(자족), 定足數(정족수), 充足(충족), 洽足(흡족)

분수를 지키다, 만족하게 여기다, 스스로 넉넉하게 여기다
[知足(지족)] 분수를 지켜 만족할 줄을 앎.
[安分知足(안분지족)] 편안한 마음으로 자기의 분수를 지키며 만족함을 앎.
[富在知足(부:재지족), 貴在求退(귀재구퇴).] '富(부)는 족한 것을 아는 데 있고, 貴(귀)는 물러남을 구하는 데 있다'는 뜻으로, '자기 분수를 알아 이에 만족하여야 함'을 이르는 말. 『說苑(설원)』
[知足可樂(지족가락), 務貪則憂(무탐즉우).] 자기 분수를 지킬 줄 알면 가히 즐겁다. 탐욕에 힘쓰면 근심이 생긴다. 『明心寶鑑(명심보감)·正己篇(정기편)』
[知足不辱(지족불욕)] 만족할 줄을 알면 모욕을 당하지 않는다. 만족이라는 것을 알면 결코 잘못을 범하는 일이 없기 때문에 자연히 세상 사람들에게 치욕을 받을 일도 없어진다. 『老子(노자)·道德經 44章(도덕경 44장)』

植 심을 식, 木부12   0238

'植(식)'자는 '나무 木(목)'과 '곧을 直(직)'으로 이루어진 글자이다. '나무 木(목)'은 표의요소, '곧을 直(직)'은 표의요소와 표음요소를 겸한다. 나무를 심을 때는 줄기를 곧게 심는다.

심다, 뿌리를 땅에 묻다
[植木(식목)] 나무를 심음.
[植樹(식수)] 나무를 심음. 植木(식목).
[移植(이식)] ① 농작물이나 나무를 옮겨 심음. ② 생체의 일부 조직을 다른 생체나 부위에 옮겨 붙이는 일. 또는 그런 치료법.
假植(가식), 密植(밀식), 栽植(재식), 定植(정식)

초목의 총칭
[植物(식물)] 생물의 二大(이대) 分類(분류)의 하나.
[腐植土(부:식토)] 썩은 식물질이 많이 섞인 검은 빛을 띠는 흙.

일정한 곳에 근거를 두게 하다
[植民(식민)] 본국 외에 있고, 본국과 정치적 종속관계에 있는 땅에 인민을 이주시켜서 그 곳을 경제적으로 개척하여 활동하는 일. 또는 그 이주한 사람들.
[植民地(식민지)] 식민하기 위한 땅, 또는 식민한 사람들이 개척한 땅.
拓植(척식)/拓殖(척식)

꽂다, 꽂아 세우다
[植字(식자)] 활판 인쇄에 있어서 활자를 원고대로 늘여 짜는 일.
[誤植(오:식)] 활판에 활자를 잘못 꽂음.

樹 나무 수, 심을 수, 木부16   0239

'樹(수)'자는 '나무 木(목)'과 '세울 尌(주)'의 합자이다. '나무를 세우다'가 본뜻이다.

나무, 자라고 있는 나무
[樹木(수목)] ① 살아있는 나무. ② (식) 목본 식물.
[街路樹(가로수)] 길을 따라 줄지어 심은 나무.
[果樹園(과:수원)] 과일나무를 많이 심어 가꾸어 과일을 생산하는 밭.
[常綠樹(상록수)] 늘푸른나무.
[大樹之下無美草(대:수지하무미초).] '큰 나무 밑에는 항상 그늘이 지므로 아름다운 풀이 나지 않는다'는 뜻으로, '현로(賢路)가 막히면 인재가 나오지 않음'을 비유한 말. 『說苑(설원)』
[樹欲靜而風不止(수욕정이풍부지), 子欲養而親不待(자욕양이친부대).] 나무는 고요하게 있고 싶어 하나 바람이 그치지 않고, 자식이 어버이를 봉양하고자 하나 어버이는 이미 돌아가셔서 이 세상에 (기다리고) 계시지 않음. 효도를 다하지 못한 채 어버이를 여읜 자식의 슬픔을 이르는 말. '風樹之嘆(풍수지탄)'이라고도 함. 『後漢書(후한서)』
樹齡(수령), 樹林(수림), 樹勢(수세), 樹液(수액), 樹脂(수지), 樹皮(수피), 樹海(수해), 巨樹(거수), 枯樹生華(고수생화), 果樹(과수), 落葉樹(낙엽수), 菩提樹(보리수), 上樹拔梯(상수발제), 植樹(식수), 月桂樹(월계수), 針葉樹(침엽수), 合成樹脂(합성수지), 花樹(화수), 花樹會(화수회), 闊葉樹(활엽수)

심다, 식물을 심다
[十年樹木(십년수목), 百年樹人(백년수인).] 십년 뒤를 내다보며 나무를 심고, 백년 뒤를 내다보며 사람을 심는다. 장기적인 안목에서 볼 때 인재를 양성하는 것이 가장 중요하다는 뜻이다. 『管子(관자)·勸修(권수)』
☞ *351

세우다
[樹立(수립)] 국가나 정부, 제도, 계획 등 추상적인 것을 세움. ¶대책을 수립하다

林 수풀 림, 木부8   0240

'林(림)'자는 두 그루의 나무가 서 있는 형상. 그래서 나무가 한 곳에 많이 모여 있는 '수풀'이란 뜻을 나타낸다.

수풀, 숲
[林産物(임산물)] 숲에서 생산되는 물건.
[林野(임야)] ① 숲과 들. ② 산. 삼림 지대.
[密林(밀림)] 나무들이 빽빽하게 들어선 깊은 숲.
[山林(산림)] ① 산과 숲. 國山林綠化(산림녹화) ② 도회지에서 떨어진 산야(山野), 곧, 은자(隱者)가 숨어

사는 곳. 참山林處士(산림처사), 山林學派(산림학파)
[獨木不林(독목불림)] 한 그루의 나무만으로는 숲이 되지 못함. '단 한 사람의 힘만으로는 일이 성취되지 못함'의 비유. 『崔駰(최인)·達旨(달지)』
林間(임간), 林木(임목), 林深鳥棲(임심조서), 林業(임업), 鷄林(계림), 桂林(계림), 國有林(국유림), 綠林(녹림), 綠林黨(녹림당), 農林(농림), 防風林(방풍림), 保護林(보호림), 私有林(사유림), 森林(삼림), 松林(송림), 樹林(수림), 營林(영림), 園林(원림), 原始林(원시림), 造林(조림), 竹林(죽림), 竹林七賢(죽림칠현), 處女林(처녀림), 風致林(풍치림)

같은 동아리
[儒林(유림)] 儒道(유도)를 닦는 학자들. 士林(사림).
[士林(사:림)] 儒道(유도)를 닦는 학자들. 儒林(유림).
[翰林(한:림)] ① (역) 신라 때 예문관의 관직을 이르던 말. ② 유학자의 모임. 또는 학자의 모임. 참翰林院(한림원), 翰林學士(한림학사)

많다, 수효가 많다, 사물이 많이 모이는 곳
[酒池肉林(주지육림)] '술이 연못을 이루고 고기는 숲을 이루었다'는 뜻으로, 탐욕스런 지배층의 富華(부화) 放蕩(방탕)한 생활을 비유하는 말이다.

歌 노래 가, 欠부14 0241

'歌(가)'자는 '성씨 哥(가)'와 '하품 欠(흠)'의 합자이다. '欠(흠)'은 하품할 때처럼 입을 크게 벌린다는 뜻이다. 입을 크게 벌리고 노래하는 모습에서 '노래하다'는 뜻을 나타낸다.

노래, 곡조를 붙여 부르도록 된 가사
[歌詞(가사)] 노래의 내용이 되는 글.
[歌手(가수)] 노래 부르는 것으로 업을 삼는 사람.
[歌謠(가요)] ① 노래, 또는 노래함. 악기에 맞추어 노래함을 '歌', 악기 없이 노래함을 '謠'라고 한다. ② 민요·동요·속요·유행가를 통틀어 이르는 말.
[高聲放歌(고성방가)] 남을 의식하지 않고 목청을 높여 큰 소리로 노래를 부르는 것.
[愛國歌(애:국가)] 나라를 사랑하는 뜻으로 국민이 부르는 노래. 우리나라 국가의 곡명.
[四面楚歌(사:면초가)] 초(楚)의 항우(項羽)가 해하(垓下)에서 한(漢)의 고조(高祖) 유방(劉邦)의 군사에게 포위되었을 때, 밤중에 그를 포위한 한나라 진영 가운데서 초나라 노래를 부르는 소리를 듣고, 초나라 백성이 이미 한나라에 투항한 것으로 생각하고 탄식했다는 고사에서, ① 적에게 포위되어 고립무원(孤立無援)한 상태, ② 내어놓은 의견에 주위의 사람들이 다 반대하여 고립된 상태 등을 비유하여 이르는 말.
歌客(가객), 歌曲(가곡), 歌劇(가극), 歌舞(가무), 歌辭(가사), 歌唱(가창), 凱歌(개가), 擊壤歌(격양가), 哭日不歌(곡일불가), 校歌(교가), 謳歌(구가), 國歌(국가), 軍歌(군가), 勸酒歌(권주가), 短歌(단가), 輓歌(만가), 牧歌(목가), 放歌(방가), 路上放歌(노상방가), 悲歌(비가), 聖歌(성가), 頌歌(송가), 詩歌(시가), 雅歌(아가), 哀歌(애가), 戀歌(연가), 龍飛御天歌(용비어천가), 雜歌(잡가), 長恨歌(장한가), 弔歌(조가), 讚佛歌(찬불가), 讚頌歌(찬송가), 唱歌(창가), 處容歌(처용가), 太平歌(태평가), 何如歌(하여가), 鄕歌(향가)

謠 노래 요, 言부17 0242

'謠(요)'자는 악기 반주가 없이 입으로 하는 '노래'라는 뜻을 나타내기 위한 것이었으니 '말씀 言(언)'이 표의요소, 오른쪽의 '달 항아리 䍃(요)'는 표음요소이다. 악기에 맞추어 노래하는 것을 '歌(가)', 악기 없이 노래하는 것을 '謠(요)'라고 했다.

노래, 노래하다, 악기의 반주 없이 육성으로 노래하다
[歌謠(가요)] ☞ 歌(가)
[童謠(동:요)] 어린이들의 감정을 반영하여 만든 노래.
[民謠(민요)] 한 겨레의 인정·풍속·생활·감정 따위를 나타내어 민간에 전하여 내려오는 순박한 노래.
農謠(농요), 大衆歌謠(대중가요), 俗謠(속요)

唱 부를 창:, 노래 창:, 口부11 0243

'唱(창)'자는 '입 口(구)'와 '창성할 昌(창)'자로 이루어졌는데, '노래하다'의 뜻을 나타낸다. 입을 벌려 노래를 하니 '입 口(구)'가 표의요소로 쓰였다.

노래, 가곡, 노래를 부르다
[唱歌(창:가)] 서양식 곡조로 지은 노래. 또는 그 노래를 부름. ¶창가를 부르다
[獨唱(독창)] 성악에서 혼자서 노래를 부름. 또는 그 노래. 참合唱(합창)
[名唱(명창)] 잘 부르는 노래, 또는 노래를 썩 잘 부르는 사람.
[愛唱曲(애:창곡)] 즐겨 부르는 곡.
唱劇(창극), 唱法(창법), 歌唱(가창), 四重唱(사중창), 愛唱(애창), 二重唱(이중창), 再唱(재창), 絶唱(절창), 齊唱(제창), 重唱(중창)

부르다, 소리 내어 외치다, 앞장서서 주장하다, 부르짖다
[唱導(창:도)] 말로 부르짖어 사람을 인도함.
[萬歲三唱(만:세삼창)] 경축하거나 환호하여 외치는 말을 세 번 외침.
[提唱(제창)] 어떤 일을 맨 처음 내놓아 주장함.
復唱(복창), 夫唱婦隨(부창부수), 先唱(선창), 主唱(주창)

每 매양 매:, 母부7 0244

'每(매)'자는 한 개의 비녀를 꽂은 어머니의 모습을, '毐(애)'자는 두 개의, '毒(독)'자는 세 개의 비녀를 꽂은 어머니의 모습을 나타낸 것이다. '每(매)'자는 한 개의 비녀를 꽂은 모습으로 모성애로 무장한 한결같은 존재라

는 데서 '매양'의 뜻을 나타낸다. 비녀를 두 개 세 개 꽂은 어머니는 본연의 임무를 저버리고 머리를 화려하게 꾸며서 남자를 유혹하고 사회 규범을 해친다는 데서, '毎(애)'는 '음란하다'를, '毒(독)'은 '독과 '해치다'의 뜻을 나타낸다.

마다, 그때 마다, 매양, 늘, 언제나

[毎年(매:년)] 해마다.

[毎飯不忘(매:반불망)] '밥 먹을 때마다 잊지 못한다'는 뜻으로, '늘 은혜를 갚고자 함'을 이르는 말.

[毎番(매:번)] 번번이. 매번 다. 여러 번 다.

[毎事(매:사)] 일마다. 모든 일.

毎家(매가), 毎時(매시), 毎夜(매야), 毎樣(매양), 毎月(매월), 毎日(매일), 毎週(매주), 毎戶(매호), 毎回(매회)

空 빌 공, 구멍 공, 穴부8　　0245

'空(공)'자는 '구멍 穴(혈)'과 '장인 工(공)'으로 이루어진 글자이다. 원래 '구멍'을 뜻하는 것이었다. 구멍 안은 텅 비어 있으므로 '비다'는 뜻도 이것으로 나타냈다. '하늘'을 이르기도 한다. 佛家(불가)에서는 일체 사물의 현상은 인연에 따라 생겼다가 없어지기에 모든 것이 '空(공)'이라 했고, 道家(도가)에서는 현실에 집착하지 않는 것을 '空(공)'이라 했다.

비다, 없다, 속에 든 것이 없다, 비게 하다

[空腹(공복)] 주린 배. 음식을 먹지 않은 빈 속. 배가 고픔.

[眞空(진공)] 물질이 전혀 존재하지 않고 진정으로 비어 있는 곳. 인위적으로 만들 수는 없고, 실제 극히 저압 상태를 이른다. ¶진공 포장, 진공청소기

[空手來空手去(공수래공수거).] 빈손으로 왔다가 빈손으로 간다는 뜻으로, '사람이 세상에 태어났다가 헛되이 죽어 감'을 비유하여 이르는 말.

空拳(공권), 空隙(공극), 空囊(공낭), 空洞(공동), 空頭漢(공두한), 空欄(공란), 空房(공방), 空房殺(공방살), 空排(공배), 空白(공백), 空席(공석), 空手(공수), 空前(공전), 空前絕後(공전절후), 空地(공지), 空册(공책), 空閑(공한), 空閑地(공한지), 空闊(공활), 以空補空(이공보공), 赤手空拳(적수공권)

쓸쓸하다

[空閨(공규)] 오랫동안 남편 없이 아내 혼자서 사는 방.

[空山(공산)] 인기척이 없는 쓸쓸한 산. 나뭇잎이 다 떨어진 산.

[空山明月(공산명월)] ① 적적한 산에 외로이 비치는 밝은 달. ② ㉠ 산과 달이 그려진 화투짝의 한 가지. ㉡ '대머리'를 농으로 일컫는 말.

[獨守空房(독수공방)/獨宿空房(독숙공방)] '혼자서 빈 방을 지킨다'는 뜻으로, 결혼한 여자가 남편 없이 혼자 외롭게 밤을 지내는 일을 말한다.

보람이 없다, 내실이 없다, 근거가 없다, 부질없이, 헛되이

[空念佛(공염불)] ① 입으로만 외고 실천이 따르지 않은 헛된 염불. ㊌口頭禪(구두선) ② 실행이나 내용이 따르지 않는 주장이나 선전. ③ 아무리 타일러도 아무 효과가 없는 말.

[空想(공상)] ① 마음속에 맺힌 응어리가 없는 생각. ② 실지로 행할 수 없는 헛된 생각. 현실을 떠난 생각.

[卓上空論(탁상공론)] 탁자 위에서만 펼치는 헛된 이론. 실현 가능성이 없는 이론이나 주장을 말함. ¶탁상공론 그만하고 실천에 옮겨라

[白日莫空過(백일막공과).] 밝은 날을 헛되이 보내지 말라. '청춘을 아껴야 할 것임'을 이르는 말. 『林寬(임관)·少年行(소년행)』 ☞ * 131

空論(공론), 空理空論(공리공론), 空名(공명), 空手票(공수표), 空言(공언), 空然(공연), 空轉(공전), 空砲(공포), 空砲彈(공포탄)

하늘

[空軍(공군)] 항공기를 사용하여 공중 전투 또는 對地上(대지상)·對艦船(대함선) 공격을 임무로 하는 병력을 가진 군대.

[空中樓閣(공중누각)] 하늘 위에 지은 누각. 헛된 망상이나 진실성이 없고 비현실적인 이야기나 문장 따위를 비웃는 말이다. ㊌沙上樓閣(사상누각) 『夢溪筆談(몽계필담)』

[領空(영공)] 영토와 영해 위에 있는 하늘로서, 그 나라의 주권이 미치는 범위.

[蒼空(창공)] 푸른 하늘 ¶창공에 빛나는 별

空士(공사), 空輸(공수), 空襲(공습), 空挺部隊(공정부대), 空中(공중), 空中戰(공중전), 高空(고공), 空港(공항), 對空(대공), 對空砲(대공포), 滿空(만공), 防空(방공), 上空(상공), 低空(저공), 制空權(제공권), 天空(천공), 天空海闊(천공해활), 航空(항공), 航空機(항공기), 航空母艦(항공모함), 航空便(항공편), 滑空(활공)

공간

[空間(공간)] ① 빈자리. 아무 것도 없이 비어 있는 곳. ② 상하·전후·좌우·장단·원근 등이 생기는 근본 개념. ③ 천지의 사이.

[空氣(공기)] 지구의 표면을 둘러싼 무색 투명한 기체. 大氣(대기).

[時空(시공)] 시간과 공간.

[虛空(허공)] ① 텅 빈 공중. ② (불) 모양과 빛깔이 없는 상태.

空氣銃(공기총), 架空索道(가공삭도)

공허하다, 허심한 모양

[空虛(공허)] ① 속이 텅 빔. ② 아쉬운 마음.

(불교에서) 유(有)에 대하여 존재를 부정하는 일

[色卽是空(색즉시공). 空卽是色(공즉시색).] (佛) 우주 만물은 다 실체가 없는 공허한 것이기는 하나, 인연의 상관관계에 의하여 그대로 별개의 존재로서 존재하는 것이다. 무릇 형상을 갖춘 만물은 인연으로 말미암아 생긴 것이며 원래 實在(실재)하는 것이 아니므로 그대로 空無(공무)한 것이다. 般若心經(반야심경)의 구절. ㊌色不異空(색불이공) 空不異色(공불이색) 色卽是空

(색즉시공) 空卽是色(공즉시색)『般若心經(반야심경)』

구멍, 구멍을 뚫다
[空洞(공동)] ① 텅 빈 굴이나 빈 골짜기. ② (의) 내장에 조직이 파괴되어 생기는 구멍. 주로 허파에 생기며 간·콩팥·뇌 등에도 나타남.

틈, 여가, 빈 틈
[空日(공일)] 公務(공무)가 없는 날.

값을 지불하지 아니하고 거저
[空酒(공주)] 공으로 먹는 술. 공술.
[空車(공차)] ① 빈 차. ② 공으로 타는 차.
[空(공)]밥

氣 기운 기, 气부10 0246

'氣(기)'자는 '기운 气(기)'와 '쌀 米(미)'가 합쳐진 것이다. 본뜻은 '음식을 제공하다'이다. 음식을 먹어야 기운을 차릴 수 있다. '气(기)'는 음과 의미요소를 겸하고, '米(미)'는 의미요소가 된다.

원기, 우주 만물 생성의 기운
[冷氣(냉:기)] 찬 공기. 찬 기운.
[溫氣(온기)] 따뜻한 기운.
[六氣(육기)] ① 천지간의 여섯 가지 기운. 곧, 음(陰)·양(陽)·풍(風)·우(雨)·회(晦)·명(明). ② 인체의 여섯 가지 기운. 곧, 호(好)·오(惡)·희(喜)·노(怒)·애(哀)·락(樂). ③ 음양(陰陽)의 여섯 가지 기운. 곧 한(寒)·서(暑)·조(燥)·습(習)·풍(風)·화(火).
[理氣(이:기)] (철) 동양철학에서, 우주의 생성 원리가 되는 理(이)와 氣(기).
濕氣(습기), 熱氣(열기), 磁氣(자기), 電氣(전기), 陽氣(양기), 陰氣(음기), 寒氣(한기), 火氣(화기)

기운, 심신의 근원이 되는 활동력
[氣力(기력)] ① 일을 견디어내는 힘. ② 정신과 육체의 힘.
[氣運(기운)] ① 時勢(시세)가 돌아가는 형편. 時運(시운). ② 어떤 사태가 벌어지려는 분위기. 낌새.
[生氣(생기)] ① 만물을 생장·발육시키는 힘. ② 생생한 기운. 생동하는 기운.
[虛氣(허기)] ① 속이 비어 허전한 기운. ② 기운을 가라앉힘. 또는 그 기운.
[活氣(활기)] 싱싱한 생기. 활발한 기운.
氣怯(기겁), 氣盡(기진), 氣盡力盡(기진력진)/氣盡脈盡(기진맥진), 氣體候(기체후), 穀氣(곡기), 同氣(동기), 無氣力(무기력), 邪氣(사기), 上氣(상기), 神氣(신기), 元氣(원기), 元氣不足(원기부족), 人氣(인기), 精氣(정기), 酒氣(주기), 津氣(진기), 醉氣(취기), 和氣(화기), 和氣靄靄(화기애애)

힘, 기세, 세력
[氣高萬丈(기고만장)] 기세가 높기가 만 길이나 됨. '일이 뜻대로 잘 되어 뽐내는 기세가 대단함'을 비유하는 말. 또는 성을 낼 때에 지나치게 자만하는 기운이 펄펄 나는 일.
[氣勢(기세)] 의기가 장한 형세.
[景氣(경기)] 매매나 거래 따위에 나타나는 경제활동의 상황.
[覇氣(패:기)] (우두머리가 되어) 적극적으로 일을 해내려는 기운.
氣焰(기염), 客氣(객기), 買氣(매기), 士氣(사기), 銳氣(예기), 意氣(의기), 意氣揚揚(의기양양), 意氣銷沈(의기소침), 意氣衝天(의기충천), 意氣投合(의기투합), 血氣(혈기), 好景氣(호경기), 豪氣(호기)

마음, 의사, 느낌, 풍취
[氣分(기분)] ① 마음에 느끼는 비교적 단순한 감정. ¶기분이 상쾌하다, 기분이 나쁘다 ② 분위기. ¶명절 기분이 나다 ③ (한의) 혈기에 대하여 원기의 방면을 가리키는 말.
[氣像(기상)] 기개나 마음씨가 겉으로 드러난 모양. ¶진취적인 기상
[雰圍氣(분위기)] ① 空氣(공기). ② 어떤 자리나 그 둘레에서 느껴지는 느낌. ¶분위기가 무겁다/분위기가 싸늘하다
[浩然之氣(호연지기)] ① 하늘과 땅 사이에 넘치게 가득 찬, 넓고도 큰 원기. 한량없이 넓고 거침없이 큰 기개. ② 도의에 뿌리를 박고 공명정대하여 조금도 부끄러울 바 없는 도덕적 용기. ③ 사물에서 해방되어 자유스럽고 유쾌한 마음.
氣槪(기개), 氣魄(기백), 氣風(기풍), 剛氣(강기), 驚氣(경기), 怒氣(노기), 怒氣騰騰(노기등등), 怒氣衝天(노기충천)/怒氣沖天(노기충천)/怒氣撑天(노기탱천), 毒氣(독기), 憤氣(분기)/忿氣(분기), 憤氣衝天(분기충천), 憤氣撑天(분기탱천), 殺氣(살기), 傲氣(오기), 勇氣(용기), 義氣(의기), 稚氣(치기), 眩氣(현기), 眩氣症(현기증), 俠氣(협기), 薰氣(훈기)

기미, 낌새, …할 것 같은 느낌
[氣味(기미)] ① 냄새와 맛. ② 낌새. 기척. ③ 기분, 느낌.
[狂氣(광기)] 미친 듯한 기미.
[窮氣(궁기)] 궁한 기색.
[胎氣(태기)] 아이를 밴 것 같은 기미.
氣色(기색), 浮氣(부기), 産氣(산기), 祥氣(상기), 瑞氣(서기), 王氣(왕기)

성품, 성질, 기질
[氣質(기질)] ① 氣稟(기품). ② 인간의 성격을 특징지을 수 있는 감정의 경향. 多血質(다혈질)·神經質(신경질)·膽汁質(담즙질)·粘液質(점액질)의 네 가지가 있다. ③ 신분·직업·연령에 상응한 특수한 氣風(기풍).
[氣稟(기품)] 타고난 성품. 천부의 성질.
[聰氣(총기)] 총명한 기질.
才氣(재기), 豪氣(호기)

숨, 숨쉴 때 나오는 기운
[氣絶(기절)] ① 까무러침. ② 숨이 끊어짐. 죽음.
[氣合(기합)] ① 호흡이 맞음. 의기가 서로 투합함. ②

적에게 덤비는 기세, 또는 그 때 지르는 소리. ③ 학교에서 후배를 또는 군대에서 부하를 거친 태도로 응징하는 일.
氣急(기급), 氣塞(기색), 氣塞昏絕(기색혼절)
공기, 대기, 기체
[氣溫(기온)] 대기의 온도.
[氣體(기체)] ① 공기·가스·수증기 따위와 같이 자유로이 유동하며 일정한 형체가 없는 물체. ② '氣力(기력)과 體候(체후)'라는 뜻으로 어른에게 올리는 편지에서 문안할 때 쓰는 말.
[空氣(공기)] 지구의 표면을 둘러싼 무색 투명한 기체.
[換氣(환:기)] 탁한 공기를 빼고 새 공기로 바꿈.
氣孔(기공), 氣管(기관), 氣管支(기관지), 氣球(기구), 氣根(기근), 氣道(기도), 氣流(기류), 氣壓(기압), 氣泡(기포), 氣化(기화), 氣胸(기흉), 高氣壓(고기압), 空氣銃(공기총), 大氣(대기), 大氣圈(대기권), 放氣(방기), 排氣(배기), 煙氣(연기), 低氣壓(저기압), 蒸氣(증기), 通氣(통기), 嫌氣(혐기), 好氣(호기)
기상, 자연의 현상
[氣象(기상)] ① 風雨(풍우)·寒暑(한서)·陰晴(음청) 따위와 같은 자연계의 변화. ② 기풍의 겉으로 드러난 상태. 타고난 性情(성정). ③ 기분. 흥취.
[氣候(기후)] ① 1년의 24氣(기)와 72候(후)를 통틀어 이르는 말. 氣는 15일, 候 는 5일. ② 지형의 모양에 따라 생기는 기온·습도·晴雨(청우) 따위가 변화하는 상태. ③ 氣體候(기체후). 어른에게 문안할 때 쓰는 말.
[日氣(일기)] 날씨
氣象觀測(기상관측), 氣象臺(기상대), 氣象圖(기상도), 天氣(천기)
절후
[節氣(절기)] ① 한 해를 스물넷으로 등분하여 계절을 나타낸 그 하나. ② 이십사절기 가운데 양력 매월 상순에 드는 절기를 특별히 일컫는 이름. 입춘, 경칩, 청명 따위.
냄새, 향기, 냄새를 맡다
[香氣(향기)] 꽃이나 향 따위에서 나는 기분 좋은 냄새.
병명
[脚氣(각기)] 다리가 붓고 마비되고 기운이 없어 제대로 걷지 못하는 증세.
[感氣(감:기)] ① 風(풍)·寒(한)·暑(서)·濕(습)·燥(조)·火(화)를 몸으로 느낄 만큼 기운이 없는 상태를 말함. ② 몸이 오슬오슬 춥게 느껴지며 기운이 없고 열이 나며 기침, 콧물이 나는 질환을 통틀어 이르는 말.
[腫氣(종:기)] 피부가 곪으면서 생기는 큰 부스럼.

活 살 활, 水部9　0247

'活(활)'자는 '물 氵(수)'와 '혀 舌(설)'로 이루진 글자이다. '물 흐르는 소리'를 뜻하는 글자였다. 물이 콸콸 소리를 내며 흐르는 모습은 활기차다. '舌(설)'은 음에 좀 차이가 있지만 표음요소이다.
살다, 생존하다, 생명을 가지고 존재하다, 목숨을 보전하다, 죽음을 면하다, 살리다, 소생시키다, 죽음에서 구하다
[活路(활로)] 목숨을 구하는 길. 살아나갈 길이나 방법.
[活人(활인)] 사람을 살림. 살아있는 사람.
[復活(부:활)] ① 죽었다가 다시 살아남. 略復活節(부활절) ② 없어졌던 것이 다시 생김.
[死活(사:활)] 죽음과 삶. 어떤 중대한 문제를 생사에 비유하여 이르는 말. ¶우리 회사의 사활이 걸린 문제
생기가 있다, 생동성이 있다, 활기가 있다
[活氣(활기)] 싱싱한 생기. 활발한 기운.
[活動(활동)] ① 활발하게 움직임. ② 어떤 목적을 위해 운동하거나 바쁘게 돌아다니는 일. ③ 생기가 넘침.
[再活(재:활)] 다시 활동함. 또는 다시 활용함. 略再活用(재활용)
[快活(쾌활)] 성격이 시원시원하고 활발하다.
活劇(활극), 活力(활력), 活潑(활발), 活性(활성), 活性炭(활성탄), 活躍(활약), 活用(활용), 活版(활판), 活字(활자), 活火山(활화산), 活況(활황), 西部活劇(서부활극), 特活(특활), 肺活量(폐활량)
생계, 생활
[生活(생활)] ① 살림을 꾸려 나감. ② 살아감. 살아서 활동함.
[社會生活(사회생활)] ① 사람이 사회의 일원으로서 집단적으로 모여서 질서를 유지하며 살아가는 공동생활. ② (생) 벌이나 개미 따위의 생물이 떼를 이루며 살아가는 생활.
[自活(자활)] 자기의 힘으로 생활함.

漢 한나라 한:, 한수 한:, 水部14　0248

'漢(한)'자는 '물 氵(수)'와 '진흙 堇(근)의 변형'으로 이루어진 글자이다. 강의 이름 또는 나라의 이름으로 쓰였다.
한수 한
[漢江(한:강)] 강 이름. 태백산맥 금강산과 오대산에서 발원하여 각기 서쪽으로 흐르다가 경기 중부 지방에서 합류하여 황해로 빠지는 강. 漢水(한수).
[漢江投石(한:강투석)] 한강에 돌 던지기란 뜻으로 '몹시 미미하여 전혀 효과가 없음'을 비유하여 이르는 말.
은하수
[銀漢(은한)] 은하수. ¶은한이 삼경일제
사나이
[空頭漢(공두한)] 어리석은 사람. 바보.
[怪漢(괴:한)] 거동이나 차림새가 수상한 사내.
[門外漢(문외한)] 그 일에 관계하지 아니하는 사람, 또는 그 분야에 전문이 아닌 사람.
[癡漢(치한)] 여자를 희롱하는 추잡한 사내.
强骨漢(강골한), 巨漢(거한), 硬骨漢(경골한), 冷血漢(냉혈한), 擔屎漢(담시한), 無賴漢(무뢰한), 惡漢(악한), 醉漢(취한), 快漢(쾌한), 好色漢(호색한)

왕조 이름, 나라 이름, 종족 이름, 한족과 관련된 문자·언어·문화 등

[漢(한)] 나라 이름. ① 劉邦(유방)이 세운 왕조. ② 五胡(오호) 十六國(십륙국)의 하나. ③ 劉備(유비)의 蜀漢(촉한).
[漢文(한ː문)] ① 중국의 문장. 한자로 된 글. ② 漢代(한대)의 문장. ③ 漢(한)의 文帝(문제).
[漢字(한ː자)] 한자어의 뜻을 나타내는 데 필요한 낱낱의 글자.
[漢族(한ː족)] 중국 본토에서 예로부터 살아오면서 동양 고대 문화를 이룩한 민족.
[蜀漢(촉한)] 漢(한)나라가 망한 후 劉備(유비), 曹操(조조), 孫權(손권)이 천하를 삼분하여 나라를 세웠을 때, 劉備(유비)가 세운 나라.
漢菓(한과), 漢方(한방), 漢藥(한약), 漢醫(한의), 漢詩(한시), 漢學(한학)

지방 이름

[漢城(한ː성)] 서울의 옛 이름. 또는 서울을 달리 이르는 말.
[漢陽(한ː양)] 서울의 옛 이름.

기타

[羅漢(나한)] (불) ① '아라한'의 준말. ② 부처의 제자들.
[不漢黨(불한당)] 조선 英祖(영조) 때, 金漢耈(김한구)의 南漢黨(남한당)과 洪鳳漢(홍봉한)의 北漢黨(북한당)의 두 당파로 나뉘었으나, 이들 파당에 들지 않은 사람을 일컫는 말이었다.
[阿羅漢(아라한)] (불) ① 소승불교의 수행자 가운데 최고의 경지에 이른 이. 온갖 번뇌를 끊고, 四諦(사체)의 이치를 밝혀 얻어서 세상 사람들의 존경을 받을 만한 공덕을 갖춘 성자를 이름. ② 열 가지 부처의 칭호 가운데 하나. 생사를 이미 초월하여 배울 만한 법도가 없게 된 자리의 부처.
[漢拏山(한ː라산)] 산 이름. 제주도 중앙의 주봉. 높이 1950m. 꼭대기에는 둘레 3km의 대분화구가 있어 백록담을 이룬다.

然 그러할 연, 火부12　　0249

'然(연)'자는 '고기 月(육) + 개 犬(견) + 불 灬(화)'로 이루어졌다. 개를 잡을 때 털을 제거하기 위하여 불에 태우던 풍습에서 유래된 것이다.

그러하다, 맞대(이치에 맞고 내 마음에 맞다는 뜻), 그렇다고 여기다, 그러한 모양, 그러한 상태

[舊態依然(구ː태의연)] ① 옛 모습 그대로임. ② (변화나 발전이 없이) 그대로 여전함. ¶구태의연한 방식을 고집하다
[當然(당연)] 마땅히 그러함. 참當然之事(당연지사).
[一目瞭然(일목요연)] 한 번 척 보아서 대뜸 알 수 있도록 환함. ¶그의 주장은 일목요연하다
[必然(필연)] ① 반드시 그렇게 됨. ② 반드시 그렇게 되는 수밖에 다른 도리가 없음. 또는 그런 일. 참必然性(필연성), 偶然(우연)
[浩然之氣(호연지기)] ① 하늘과 땅 사이에 넘치게 가득 찬, 넓고도 큰 원기. 한량없이 넓고 거침없이 큰 기개. ② 도의에 뿌리를 박고 공명정대하여 조금도 부끄러울 바 없는 도덕적 용기. ③ 사물에서 해방되어 자유스럽고 유쾌한 마음.

蓋然(개연), 蓋然性(개연성), 決然(결연), 古色蒼然(고색창연), 果然(과연), 突然(돌연), 突然變異(돌연변이), 空然(공연), 斷然(단연), 漠然(막연), 茫然(망연), 茫然自失(망연자실), 杳然(묘연), 未然(미연), 勃然(발연), 勃然大怒(발연대로), 勃然變色(발연변색), 本然(본연), 奮然(분연), 憤然(분연)/忿然(분연), 色然(색연), 釋然(석연), 肅然(숙연), 俄然(아연), 啞然(아연), 啞然失色(아연실색), 儼然(엄연), 歷然(역연), 傲然(오연), 完然(완연), 宛然(완연), 隱然(은연), 毅然(의연), 依然(의연), 全然(전연), 整然(정연), 秩序整然(질서정연), 燦然(찬연), 蒼然(창연), 超然(초연), 泰然(태연), 泰然自若(태연자약), 飄然(표연), 渾然(혼연), 渾然一體(혼연일체), 忽然(홀연), 確然(확연), 欣然(흔연)

그리하여, 그러나, 그러하다면

[然後(연후)] 그런 뒤.
[權然後知輕重(권연후지경중), 度然後知長短(탁연후지장단).] 저울에 단 연후에 그 가볍고 무거움을 알 수 있고, 길이를 자로 재 본 후에야 그 길고 짧음을 알 수 있다. 사람의 됨됨이를 어찌 저울이나 자로 잴 수 있겠는가만, 그 사람의 지나온 행적을 통해 얼마든지 예측 가능하고 하나를 보면 열을 알 수 있다. 『孟子(맹자)·梁惠王上(양혜왕상)』

자연

[不自然(부자연)] 자연스럽지 못함. 제격에 어울리지 않아 어색함.
[自然(자연)] ① 스스로 그러함. ② 사람의 손에 의하지 않고 스스로 존재하는 것이나 일어나는 현상. 참自然美(자연미), 自然數(자연수) ③ 사람의 힘이 더해지지 아니하고 저절로 생겨난 산, 강, 바다, 식물, 동물 따위의 존재. ④ 우주. ⑤ 사물의 본성. 천성. ⑥ 물질계의 모든 현상.
[天然(천연)] ① 자연 그대로의 상태. 인공을 가하지 아니한 것. 사람의 힘을 가하지 않은 자연 그대로의 상태. 참天然痘(천연두), 天然色(천연색), 天然資源(천연자원) ② 태어날 때부터 갖춤.

登 오를 등, 癶부12　　0250

'登(등)'자는 '걸을 癶(발)'과 '콩 豆(두)'로 이루어졌다. '걸어 올라가다'가 본뜻이다. '豆(두)'는 단순히 음에 관여하는 것이다.

오르다, 높은 데 오르다, 높은 지위에 오르다

[登壇(등단)] ① 연단이나 강단 같은 곳에 오름. ② 어

띤 특수한 사회 분야에 처음으로 등장함. ¶시 文壇(문단)에 등단하였다
[登龍門(등룡문)] ① 立身出世(입신출세)의 關門(관문). ② 용문에 오름. 곧, 뜻을 이루어 크게 영달함의 비유. 龍門(용문)은 黃河(황하)의 상류에 있는 급류로 잉어가 이곳을 오르면 용이 된다고 한다.
[登山(등산)] 산에 오름.
[登樓去梯(등루거제)] 다락에 오르게 하고 사다리를 치운다는 뜻으로, '사람을 꾀어서 난처한 처지에 빠지게 함'을 비유한 말. 团上樓擔梯(상루담제), 上樹拔梯(상수발제)
[登泰山而小天下(등태산이소천하).] 태산에 올라 천하가 작은 것을 안다. 큰 진리를 깨우친 사람은 그만큼 사고나 행동의 폭이 넓어져 세상을 인식하는 방식도 거침이 없어진다는 말이다. 『孟子(맹자)·盡心章句上篇(진심장구상편)』 ☞ *106
[行遠自邇(행원자이), 登高自卑(등고자비).] 먼 길을 가는 것은 가까운 데로부터 비롯하고, 높은 곳에 오르는 것은 낮은 데로부터 출발한다. '일을 하는 데는 순서가 있음'을 비유하여 이르는 말. 行遠必自邇(행원필자이) 登高必自卑(등고필자비). '登高自卑(등고자비)'는 지위가 높아질수록 스스로를 낮춘다는 뜻으로도 해석된다. 『中庸』
登科(등과), 登極(등극), 登樓去梯(등루거제), 登攀(등반), 登攀隊(등반대), 登頂(등정), 登程(등정), 登板(등판)

장부에 싣다
[登記(등기)] ① 장부에 기재함. ② 민법상의 권리 관계 또는 사실을 밝히기 위하여 일정한 사항을 등기소에 비치한 장부에 올리는 일. ③ 등기우편의 준말.
[登錄(등록)] ① 장부에 올림. 장부에 기재함. ② 일정한 사항을 公證(공증)하기 위하여 公簿(공부)에 기재하는 일.
登記簿(등기부), 登記所(등기소), 登記郵便(등기우편), 登載(등재)

사람을 끌어 올려 쓰다
[登庸(등용)/登用(등용)] 인재를 골라 뽑아서 씀.

들다, 들어가다
[登校(등교)] 학생이 학교에 감. 출석함.
[登場(등장)] ① 시험장에 나옴. ② 배우가 무대에 나옴. 또는 어느 장면·장소에 인물이 나타남.
[登廳(등청)] 관청에 출근함.

되다, 이루어지다
[登仙(등선)] ① 신선이 되어 하늘로 올라감. ② 귀인의 죽음의 높임말. 团羽化登仙(우화등선)
[登熟(등숙)] 곡식이 풍성하게 익음.

曲 굽을 곡, 日부6 0251

'曲(곡)'자는 등나무나 대나무 따위를 구부려서 만든 그릇을 본뜬 글자이다.

굽다, 굽히다, 휘다, 곧지 아니하다
[曲線(곡선)] 굽은 선. 团直線(직선), 曲線美(곡선미)
[曲直(곡직)] ① 굽음과 곧음. ② 사리에 맞음과 맞지 않음. ¶곡직을 가리다 团不問曲直(불문곡직), 是非曲直(시비곡직)
[九曲肝腸(구곡간장)] '굽이굽이 서린 창자'라는 뜻으로, 깊은 마음속 또는 시름이 쌓인 마음속을 비유하여 이르는 말. ¶구곡간장 맺힌 원한
[雙曲線(쌍곡선)] (수) 원뿔곡선의 하나. 한 평면 위의 두 정점에서의 거리의 차가 일정한 점들을 이은 곡선임. ¶희비의 쌍곡선이 교차하다
曲境(곡경), 曲肱(곡굉), 曲面(곡면), 曲眉(곡미), 曲射(곡사), 曲射砲(곡사포), 曲言(곡언), 曲玉(곡옥), 曲折(곡절), 曲尺(곡척), 屈曲(굴곡), 彎曲(만곡), 臂不外曲(비불외곡), 褶曲(습곡), 婉曲(완곡), 迂餘曲折(우여곡절), 必有曲折(필유곡절)

마음이 바르지 아니하다, 사악하다, 옳지 않음, 비뚤어짐
[曲筆(곡필)] 사실을 굽혀 바른 대로 쓰지 않은 글.
[曲解(곡해)] 사실과는 다르게 잘못 이해하는 것. 또는 그러한 이해. ¶그는 무언가 나에 대해 곡해하고 있는 눈치였다
[歪曲(왜곡)] 사실과 다르게 해석하거나 그릇되게 함. ¶역사를 왜곡하지 말라
[曲學阿世(곡학아세)] '곧지 않은 학문으로 세상에 아부함'이란 뜻에서, 바른 길에서 벗어난 학문으로 권력자에게 아첨하여 출세를 하려고 함. 『史記(사기)·儒林傳(유림전)』

구석
[坊坊曲曲(방방곡곡)] 한 군데도 빼놓지 않은 모든 곳. ¶방방곡곡에서 만세를 불렀다

자질구레하다, 자질구레한 일
[曲禮(곡례)] 몸가짐 등의 자질구레한 예식, 또는 행사에 관한 예.

가락, 곡조, 노래, 가사
[曲調(곡조)] ① 음악과 가사의 선율. ¶경쾌한 곡조 ② 노래를 세는 단위. ¶한 곡조 부르다
[歌曲(가곡)] 노래. 노래의 곡조.
[名曲(명곡)] 이름난 악곡. 뛰어나게 잘된 악곡.
[作曲(작곡)] 악곡을 지음. 또는 그 악곡. 团作曲家(작곡가)
曲名(곡명), 曲目(곡목), 狂詩曲(광시곡), 狂想曲(광상곡), 交響曲(교향곡), 舞曲(무곡), 舞蹈曲(무도곡), 舞踊曲(무용곡), 相思曲(상사곡), 序曲(서곡), 小夜曲(소야곡), 新曲(신곡), 樂曲(악곡), 愛唱曲(애창곡), 月光曲(월광곡), 葬送曲(장송곡), 編曲(편곡), 幻想曲(환상곡), 回心曲(회심곡)

지명
[曲阜(곡부)] 중국 산동성에 있는 고을 이름. 孔子(공자)의 탄생지. 공자의 묘와 사당이 있다.

기타
[曲馬(곡마)] 말을 타고 여러 가지 재주를 부림. 团曲

馬團(곡마단)
[曲藝(곡예)] ① 주로 구경거리로 부리는 재주. 곡마·요술·재주넘기·줄타기 따위. 서커스. ② 하찮은 기술이나 재능.
[曲盡(곡진)] ① 정성이 지극함. ② 자세하고 간곡함. ¶곡진한 사연
[懇曲(간:곡)] 간절하고 곡진함. ¶간곡한 부탁
[戱曲(희곡)] (문) ① 공연을 목적으로 하는 연극의 대본. ② 등장인물들의 행동·대화·혼잣말 등을 직접적·구체적으로 표현 전개하는 문학 형식의 하나. ¶셰익스피어의 희곡은 정말 재미있다

直 곧을 직, 目부8　　0252

'直(직)'자는 '열 十(십) + 눈 目(목) + 한 一(일)'로 이루어진 글자이다. '한 一(일)'의 형태가 변한 것은 글자의 모양을 위해 그렇게 되었을 것이다. '눈[目]으로 볼 때는 똑바로 보라'는 뜻을 가지고 있다. 똑바로 보지 않으면 앞에 있는 굴곡에 걸려 자신이 넘어진다.

곧다, 굽지 아니하다, 굴곡이나 요철이 없다, 기울지 아니하다, 굽히지 아니하다, 똑바로
[直角(직각)] 90도의 각도.
[直線(직선)] ① 곧은 선. ② 시종 동일한 방향을 유지하는 선. 두 점 사이의 가장 짧은 거리의 선. 凹曲線(곡선)
[不問曲直(불문곡직)] 옳고 그름을 묻지 않고 함부로 함. 덮어놓고 마구 함. 다짜고짜로.
[垂直(수직)] ① 똑바로 내려온 모양. ② 선과 선, 선과 면, 면과 면이 서로 만나 직각을 이룬 상태.
直徑(직경), 直球(직구), 直根(직근), 直列(직렬), 直流(직류), 直立(직립), 直射(직사), 直視(직시), 直腸(직장), 直節虛心(직절허심), 直進(직진), 硬直(경직), 曲直(곡직), 是非曲直(시비곡직)

다른 것을 거치지 않고 직접
[直感(직감)] 감각을 통하여 외계 사물에 관한 구체적 지각을 얻는 일.
[直言(직언)] ① 정직한 말. ② 옳다고 생각하는 바를 기탄없이 말함.
[直接(직접)] 매개를 통하지 않고 바로 연결되는 관계. 凹間接(간접) 趙直接稅(직접세), 直接選擧(직접선거)
[直行(직행)] ① 곧장 감. 바로 감. ② 차가 도중에 정거하지 않고 목적지까지 바로 가는 일.
[單刀直入(단도직입)] ① 한 칼로 적을 거침없이 쳐서 들어감. ② 문장이나 말에서 머리말이나 다른 이야기를 빼고 곧바로 그 요점으로 들어감. ¶단도직입으로 말씀드리겠습니다 ③ (불) 생각과 분별과 말에 거리끼지 않고 眞境界(진경계)로 바로 들어가는 일.
直結(직결), 直系(직계), 直系卑屬(직계비속), 直系尊屬(직계존속), 直觀(직관), 直賣(직매), 直面(직면), 直說(직설), 直訴(직소), 直屬(직속), 直譯(직역), 直營(직영), 直喩(직유), 直喩法(직유법), 直接稅(직접세), 直選(직선), 直通(직통), 直播(직파), 直販(직판), 直轄(직할), 直航(직항), 盲人直門(맹인직문)/盲者正門(맹자정문)

바르다, 옳다, 부정(不正)함이 없다, 바르게 보다, 바른 도(道), 바른 행위, 사(私)가 없다
[正直(정:직)] 마음이 바르고 곧음.
[忠直(충직)] 충성스럽고 곧음.
[直而無禮則絞(직이무례즉교).] 정직하면서 예가 없으면 각박해진다. 『論語(논어)·泰伯(태백)』 ☞ *021
[直而溫(직이온), 寬而栗(관이율).] 곧으면서도 온화해야 하고, 너그러우면서 엄격해야 한다. 늘 자신을 채찍으로 다스리고 나를 용서함과 같이 남에게도 관대하라는 말이다. 『書經(서경)』
剛直(강직), 友直(우직)

꾸미지 아니하다, 알랑거리지 아니하다
[率直(솔직)] 거짓이나 숨김이 없이 소탈하고 올곧음.
[愚直(우직)] 어리석을 정도로 올곧다. 고지식하다.

숙직
[當直(당직)] 숙직, 일직 같은 당번을 맡음.
[宿直(숙직)] 다들 잠자는 밤에 당번을 맡아 지킴. 또는 그 사람.
[日直(일직)] 직장에서 낮에 당번을 정하여 직장을 수위하는 일.

곧, 즉시
[直前(직전)] ① 바로 앞. 目前(목전). ② 어떤 일이 있기 바로 전. 凹直後(직후) ③ 주저함이 없이 똑바로 나아감.
[直後(직후)] 어떤 일이 있은 바로 뒤. 凹直前(직전)

기타
[下直(하직)] 먼 길을 떠날 때에 웃어른에게 작별을 고함, 또는 그 일.

[直星(직성)] ① 사람의 나이에 따라 그 운명을 맡아 본다고 하는 아홉 가지 별. 제웅직성, 토직성, 수직성, 금직성, 일직성, 화직성, 계도직성, 월직성, 목직성으로 남자는 열 살에 제웅직성에 들기 시작하고, 여자는 열한 살에 목직성이 들기 시작하여 차례로 돌아간다. ② 타고난 성질이나 성미. ¶나는 하고 싶은 일을 해야 직성이 풀린다.

建 세울 건:, 廴부9　　0253

'建(건)'자는 '길게 걸을 廴(인)'과 '붓 聿(율)'로 이루어진 글자이다. 부수 '길게 걸을 廴(인)'은 '길 갈 辶(착)'과 차이가 없다. '聿(율)'은 손에 붓을 잡고 있는 모양을 본뜬 것이다. '(도로를) 설계하다'가 본뜻이다.

세우다, 건물 등을 세우다, 규율·질서 등을 세우다, 바닥에서 위를 향하여 곧게 세우다
[建設(건:설)] ① 건물이나 시설 등을 만들어 세움. ¶새 도시를 건설하다 ② 나라나 사회 등을 이룩함. ¶새나

라 건설

[建築(건:축)] 건물·성 따위의 구조물을 세우거나 쌓아 만드는 일. 참 建築家(건축가), 建築業(건축업)

[重建(중건)] 건축물, 특히 사찰·왕궁 따위를 보수 개축함.

[創建(창:건)] 건물 따위를 처음으로 만들어 세움. ¶불국사는 통일신라시대에 창건되었다

建立(건립), 建物(건물), 建材(건재), 建材商(건재상), 建造(건조), 假建物(가건물)

나라나 기관 따위를 세우다

[建國(건:국)] 새로 나라를 세움.

[建軍(건:군)] 군대를 처음으로 만들어 이룸. 비 創軍(창군)

[再建(재:건)] 다시 일으켜 세움. ¶국토 재건 사업

[封建(봉건)] ① (역) 임금(천자)이 나라의 토지를 나누어주고 제후를 봉하여 나라를 세우게 하는 일. 참 封建社會(봉건사회), 封建制度(봉건제도) ② 세력이 있는 사람이 중앙정부의 통제에서 벗어나 토지와 백성을 사유화하는 일.

의견을 말하다, 의론을 내놓다

[建議(건:의)] (어떤 문제에 대하여) 의견이나 희망을 내놓음. 또는 그 의견이나 희망.

월건(月建)

[月建(월건)] 달의 간지(干支).

立 설 립, 立부5 0254

'立(립)'자는 '서다'의 뜻을 나타내기 위하여 땅바닥(一) 위에 어른(大)이 떡 버티고 서 있는 모습을 그린 것이다. '立(립)'을 意符(의부)로 하여 서는 동작에 관한 문자를 이룬다.

서다, 똑바로 서다, 일어서다, 세우다

[立國(입국)] 나라를 세움.

[立身(입신)] ① 사회에 있어서의 자기의 지반을 확립하는 일. 수양하여 제 구실을 할 수 있게 되는 일. ② 출세함. 영달함. 참 立身揚名(입신양명)

[國立(국립)] 나라에서 세움. 참 國立公園(국립공원), 國立學校(국립학교)

[設立(설립)] 학교, 회사 따위의 단체나 기관을 새로 설치하여 세움.

立身行道(입신행도), 揚名於後世(양명어후세), 以顯父母(이현부모), 孝之終也(효지종야).」 입신하여 도리를 행하고, 후세에 이름을 날려 부모를 드러내는 것이 효도의 끝이다. 『孝敬(효경)·開宗明義(개종명의)』 ☞ * 236

[行不中道(행불중도), 立不門中(입불문중).] 길을 갈 때 한가운데로 다니지 않으며, 대문에 설 때 문 한가운데 서지 않는다. 남을 위한 배려가 중요함을 의미한다. 『禮記(예기)·曲禮 上(곡례 상)』

立稻先賣(입도선매), 立像(입상), 立石(입석), 立場(입장), 立柱(입주), 立地(입지), 立志(입지), 立志傳(입지전), 立哨(입초), 立錐(입추), 建立(건립), 公立(공립), 官立(관립), 起立(기립), 對立(대립), 道立(도립), 倒立(도립), 亂立(난립), 對立(대립), 埋立(매립), 排立(배립), 竝立(병립), 分立(분립), 私立(사립), 三權分立(삼권분립), 樹立(수립), 竪立(수립), 市立(시립), 侍立(시립), 兩立(양립), 聯立(연립), 聯立內閣(연립내각), 聯立住宅(연립주택), 聯立方程式(연립방정식), 王立(왕립), 而立(이립), 自立(자립), 積立(적립), 積立金(적립금), 正立(정립), 定立(정립), 鼎立(정립), 組立(조립), 造立(조립), 座脫立亡(좌탈입망), 中立(중립), 直立(직립), 創立(창립), 確立(확립)

성립하다

[立件(입건)] 혐의 사실을 인정하여 사건을 성립시킴.

[立證(입증)] 증거를 세움.

[成立(성립)] 일이나 관계 따위를 제대로 이루어 바로 세움.

[不立文字(불립문자)] (佛) 글이나 말로써의 설명이나 해석에 의하지 않고 마음으로 불도를 깨달음.

정하다, 정해지다

[立脚(입각)] ① 장소를 차지함. 발판을 정함. ② 근거를 두어 그 입장에 섬.

[立法(입법)] 법률을 제정함. 참 立法權(입법권), 立法府(입법부)

立案(입안), 立憲(입헌)

나타나다, 임(臨)하다

[立會(입회)] 현장에 나가 참석함.

[立候補(입후보)] 선거에 후보자로 나섬.

시작하다

[立春(입춘)] 24절기의 하나. 大寒(대한)의 다음 절기. 양력 2월 4일 경.

[立春榜(입춘방)] 입춘을 맞이하여 벽이나 문짝에 써붙이는 길운을 비는 글귀. 예를 들면 立春大吉(입춘대길) 建陽多慶(건양다경) 따위.

立冬(입동), 立秋(입추), 立夏(입하)

존재하다

[孤立(고립)] ① 홀로 외따로 떨어져 있음. ② 남과 어울리지 못하고 외톨이가 됨. 참 孤立無援(고립무원)

[獨立(독립)] ① 독자적으로 존립함. ② 다른 것에 예속되거나 의존하지 아니하는 상태로 있음. ③ 한 나라가 정치적으로 완전한 주권을 행사함. 참 獨立國(독립국), 獨立軍(독립군), 獨立門(독립문)

[存立(존립)] ① 생존하여 자립함. ② 국가, 제도, 단체, 학설 따위가 그 위치를 지키며 존재함.

즉위하다

[擁立(옹:립)] 임금으로 모시어 세움.

[冊立(책립)] ① 冊封(책봉). ② 황제의 명으로 황태자나 황후를 봉하여 세움.

[廢立(폐:립)] ① 임금을 폐하고 새로 다른 임금을 맞아 세움. ② 신하가 마음대로 임금을 폐하거나 또는 옹립함.

기타

[立方(입방)] ① 어떤 수를 세제곱하는 일. ② 길이의 단위명에 붙여 그 길이를 한 변으로 하는 입방체의 체적을 나타내는 말.
[立方體(입방체)] 각 면이 정방형인 평행 육면체.
[立體(입체)] 길이 · 넓이 · 두께가 있는 물체.
[前立腺(전립선)] 남성 요도의 방광의 뒤쪽 아래, 직장의 앞에 있는 밤알 크기의 선(腺). 요도 및 사정관(射精管)이 통하고 있다.

計 꾀 계(:), 셈할 계(:), 言부9   0255

'計(계)'자는 '말씀 言(언)'과 '열 十(십)'으로 이루어졌다. '合計(합계)'란 뜻을 나타낸다. '十(십)'은 십진법 단위의 끝자리 수이기 때문인지 '모두', '완전'이란 뜻을 나타내기도 한다. '세다', '꾀하다'는 뜻으로도 쓰인다.

꾀, 계략

[計巧(계:교)] 요리조리 생각해낸 꾀. ¶계교를 부리다
[苦肉之計(고육지계)] 적을 속이기 위해 제 몸을 괴롭히는 일까지도 무릅쓰면서 꾸미는 계책. 동苦肉策(고육책)
[美人計(미인계)] 미인을 이용하여 사람을 꾀는 계략.
[凶計(흉계)] 흉악한 꾀.
計略(계략), 計策(계책), 奸計(간계), 姑息之計(고식지계), 妙計(묘계), 密計(밀계), 百計(백계), 暗計(암계), 連環計(연환계), 僞計(위계), 將計就計(장계취계)

계획, 계획하다

[計劃(계:획)] 앞으로 할 일의 방법 · 차례 · 규모 따위를 미리 잡음. 또는 그 잡은 내용. ¶사업 계획/계획을 세우다
[百年大計(백년대계)] 먼 앞날까지 내다보고 세우는 큰 계획.
[設計(설계)] ① 앞으로 이루어야 할 일에 대해 구체적인 계획을 세움. ② 건축 · 토목 · 기계 제작 따위에서 그 규모 · 구조 · 재료 · 원가 따위를 미리 어림잡아 계획을 세움. 참設計圖(설계도)

一年之計莫如樹穀(일년지계막여수곡), 일 년에 대한 계책에는 곡식을 심는 것 만한 일이 없고,
十年之計莫如樹木(십년지계막여수목), 십 년을 대비한 계책에는 나무를 심는 것 만한 일이 없고,
終身之計莫如樹人(종신지계막여수인). 평생을 위한 계책에는 사람을 심는 것 만한 일이 없다. 『管子(관자) · 勸修(권수)』 ☞ *351

세다, 헤아리다, 산법, 산술, 수, 총계, 다 합한 수

[計(계:)] '合計(합계)'의 준말.
[計量(계:량)] 분량이나 무게 따위를 잼. 참計量器(계량기)
[計算(계:산)] ① 수량을 셈. ② 식을 연산하여 수치를 구하는 것.
[亡子計齒(망자계치)] 죽은 자식 나이 세기란 뜻으로, '이미 그릇된 일을 생각하고 애석히 여김'을 비유하여 이르는 말.
[合計(합계)] 합하여 셈. 또는 그 수나 양.
計器(계기), 計上(계상), 計數(계수), 計測(계측), 不計(불계), 時計(시계), 集計(집계), 總計(총계), 推計(추계), 統計(통계), 統計表(통계표)

회계, 출납의 결산, 계수의 장부, 금전 등을 출납하는 장부

[計定(계:정)] (경) 자산 · 자본의 변동을 일정한 갈래에 따라 기록 계산하는 체제. ¶현금 계정
[計座(계:좌)] (경) 장부에서 계정마다 차변 · 대변으로 나누어 기록 · 계산하는 자리. '계정계좌'의 준말.
[家計(가계)] 한 집안의 살림살이. 참家計簿(가계부), 家計費(가계비)
[會計(회:계)] ① 돈의 나가고 들어오는 것에 대한 셈. ② 금전의 출납에 관한 사무를 보는 사람. ③ 이것저것을 한데 몰아서 셈을 침. ④ 물건 값을 치러 주는 일.

[三十六計(삼십육계)] '三十六計(삼십육계) 走爲上策(주위상책)'의 준말. 온갖 계책을 다 써 보았어도 되지 않을 때에는 달아나는 것이 제일이라는 뜻이며, 되지도 않을 일에 공연히 힘만 들이지 말고 일찍감치 물러서거나, 상황이 불리할 때는 도망가는 것이 상책이라는 뜻이다. 다음은 삼십육계에서 나온 성어들이다.
제3계 借刀殺人計(차도살인계) 칼을 빌려서 상대를 죽이는 계략.
제6계 聲東擊西計(성동격서계) 동쪽을 향해 소리치고 서쪽을 공격하는 계략.
제10계 笑裏藏刀計(소리장도계) 가슴에 비수를 품었으면서도 겉으로는 상냥하게 상대방을 대하는 계략.
제13계 打草驚蛇計(타초경사계) 막대기로 풀을 쳐서 뱀을 놀라게 하는 계략.
제23계 遠交近攻計(원교근공계) 멀리 있는 나라와 손 잡고 가까이 잇는 나라는 공격하는 계략.
제31계 美人計(미인계) 미인을 이용해 적장의 마음을 어지럽혀 방심하게 만드는 계략.
제32계 空城計(공성계) 성을 비워 둠으로써 적의 계략이 있지 않나 두려워하게 만드는 계략.
제33계 反間計(반간계) 상대방 첩자에게 역정보를 흘려서 상대를 혼란케 하는 계략.
제34계 苦肉計(고육계) 자신의 몸에 상처를 내어 적을 속이는 계략.
제36계 走爲上計(주위상계) 달아나는 것이 상책인 계략.

算 셀 산:, 산가지 산:, 竹부14   0256

'算(산)'자는 '대 竹(죽)'과 '갖출 具(구)'로 이루어졌다. '具(구)'자의 아랫부분이 약간 달라졌다. '具(구)'자는 '눈 目(목)'과 두 손을 뜻하는 '받들 廾(공)'으로 이루어졌다. 정리를 해 보면 '算(산)'자는 '대[竹]로 만든 산가

지를 눈[目]과 두 손[廾]으로 센다'는 뜻이 되겠다.
세다, 세는 법, 산술
[算數(산:수)] ① 셈함, 또는 그 방법. ② 전에 초등학교 교과목의 하나.
[決算(결산)] ① 계산을 마감함. ② 공공기관이나 기업체 등에서 일정 기간의 수입과 지출을 계산하는 일.
[計算(계:산)] ① 수량을 셈. ② 식을 연산하여 수치를 구하는 것.
[豫算(예:산)] ① 필요한 비용을 미리 헤아려 계산함. 또는 그 비용. ② 국가나 단체에서 한 회계연도의 수입과 지출을 미리 셈하여 정한 계획.
算法(산법), 算術(산술), 算入(산입), 算定(산정), 算出(산출), 加算(가산), 減算(감산), 槪算(개산), 檢算(검산), 公算(공산), 目算(목산), 勝算(승산), 神算(신산), 暗算(암산), 逆算(역산), 曆算(역산), 演算(연산), 誤算(오산), 甕算(옹산), 甕算畵餠(옹산화병), 積算(적산), 積算溫度(적산온도), 電算(전산), 精算(정산), 除算(제산), 珠算(주산), 採算(채산), 淸算(청산), 推算(추산), 打算(타산), 通算(통산), 筆算(필산), 合算(합산), 換算(환산)

산가지
[算筒(산:통)] 산가지를 넣어두는 통.
[算筒契(산:통계)] 계원들이 일정한 곗돈을 내고 통에 든 계알을 흔들어 당첨된 사람에게 계금을 태워주는 계.

꾀하다, 계략
[心算(심산)] 속셈.
[神算(신산)] 신기로운 꾀.

加 더할 가, 力부5   0257

'加(가)'자는 '힘 力(력)'과 '입 口(구)'가 합쳐진 것이다. 본뜻은 '힘주어 말하다'였다. 후에 '더하다'는 뜻으로 쓰이게 되었다.
더하다, 더 보태어 많게 하다, 수량, 분량을 더하거나 합하는 일, 본디 있는 위에다 더한, 덧붙이다
[加減(가감)] ① 더하기와 빼기. ② 적당히 조절함.
[加減乘除(가감승제)] 더하기와 빼기와 곱하기와 나누기.
[加工(가공)] ① 人工(인공)을 더함. ② 남의 소유물에 노력을 더하여 물건을 만들어내는 일.
[雪上加霜(설상가상)] '눈 위에 서리가 덮인다'는 뜻으로, 난처한 일이나 불행한 일이 잇따라 일어남을 이르는 말. 엎친 데 덮치기.
[追加(추가)] 나중에 더 보탬. ¶짜장면 한 그릇 추가
加外(가외), 加一層(가일층), 加筆(가필), 加味(가미), 加算(가산), 加勢(가세), 加速(가속), 加水分解(가수분해), 加熱(가열), 加增(가증), 加虐(가학), 加害(가해), 加害者(가해자), 累加(누가), 倍加(배가), 附加(부가), 附加價値稅(부가가치세), 走馬加鞭(주마가편), 增加(증가), 添加(첨가)

더 심하여지다, 더 성하여지다
[加重(가중)] (부담이나 죄가) 더 무거워짐.

들다, 들어가다, 성원이 되어 더 보태다
[加擔(가담)] 무리에 같은 편이 되어 함께 일을 해 나감. 일을 거들어 도와줌. ¶시위에 가담하다
[加盟(가맹)] 동맹이나 연맹에 듦. ¶가맹 단체
[加入(가입)] 어떤 단체에 들어감.
[參加(참가)] 어떤 모임이나 단체의 일에 참여하여 가입함.

베풀다, 베풀어 미치게 하다
[加療(가료)] 치료해 줌. ¶입원 가료를 요한다
[加護(가호)] 신이나 부처가 보살펴 돌보아줌. ¶신의 가호를 빌다

減 덜 감:, 水부12   0258

'減(감)'자는 '물이 줄어들다'는 뜻을 위해 만들어진 것이었다. '물 氵(수)'와 '다 咸(함)'으로 구성된 글자이다.
덜다, 수량을 적게 하다, 가볍게 하다, 줄다
[減量(감:량)] 양을 덜어냄. ¶체중을 감량하다
[減少(감:소)] 줄어들거나 적어짐. ¶수확량의 감소
[減員(감:원)] 인원을 줄임. ¶사원을 대폭 감원하다 맨 增員(증원)
[增減(증감)] 늘고 줆. 늘림과 줄임. ¶인구 증감
減價(감가), 減價償却(감가상각), 減免(감면), 減俸(감봉), 減稅(감세), 減速(감속), 減損(감손), 減殺(감쇄), 減收(감수), 減壽(감수), 減點(감점), 減縮(감축), 減退(감퇴), 減刑(감형), 激減(격감), 輕減(경감), 急減(급감), 半減(반감), 半減期(반감기), 削減(삭감), 十年減壽(십년감수), 低減(저감), 節減(절감), 漸減(점감), 差減(차감), 遞減(체감), 蕩減(탕감)

빼다, 빼기, 감산
[減算(감:산)] 뺄셈.
[加減(가감)] ☞加(가)
[加減乘除(가감승제)] ☞加(가)

지치다, 싫증이 나서 기력이 없어지다
[減退(감:퇴)] 기세·체력 따위가 줄어듦. ¶기억력 감퇴/식욕 감퇴

增 더할 증, 불을 증, 土부15   0259

'增(증)'자는 본뜻이 '흙을 돋우다'였다. '흙 土(토)'와 '일찍 曾(증)'으로 이루어진 글자이다.
붇다, 늘다, 더하다, 늘리다
[增加(증가)] ① 늘어나거나 많아짐. ② 더하여 많아지게 함.
[增減(증감)] ☞減(감)
[增進(증진)] 늘어나거나 나아감. 또는 늘어나거나 나아지게 함. ¶건강 증진 맨 減退(감퇴)

[急增(급증)] 갑자기 늘어남.
[漸增(점:증)] 점점 많아짐.
增强(증강), 增大(증대), 增量(증량), 增補(증보), 增設(증설), 增稅(증세), 增收(증수), 增殖(증식), 增額(증액), 增員(증원), 增資(증자), 增築(증축), 增幅(증폭), 加增(가증), 激增(격증), 倍增(배증), 遞增(체증).

花 꽃 화, ++부8　　0260

'花(화)'자는 '華(화)'자의 속자였다. 후에 '華(화)'자는 '화려하다'는 뜻으로, '花(화)'자는 '꽃'이라는 뜻으로 독립하게 됐다. '花(화)'는 '풀'의 뜻인 ++(초)와 '변하다'의 뜻인 '化(화)'의 합자이다. 초목이 씨를 맺기 위해 한 차례 변화하는 과정이 꽃을 피우는 것이라는 데서 '꽃'을 뜻한다.

꽃, 초목의 꽃, 꽃이 피는 초목, 꽃이 피다

[花草(화초)] ① 꽃과 풀, 또는 꽃이 피는 풀. ② 명사 위에 쓰여서 그 물건이 실용적이 아니고, 노리개나 장식품에 지나지 않음을 이르는 말.
[花環(화환)] 假花(가화) 또는 生花(생화)로 장식하여 큰 고리 모양으로 만들어 慶弔(경조)의 표시로 보내는 물건.
[錦上添花(금:상첨화)] '비단 위에 꽃을 더함'이라는 뜻에서, '좋은 일 위에 좋은 일이 더하여짐'을 비유하여 이르는 말. 참雪上加霜(설상가상)
[無窮花(무궁화)] ① 무궁화나무. ② 무궁화나무의 꽃. 우리의 나라꽃임.
[花看半開(화간반개), 酒飲未醉(주:음미취), 此中大有佳趣(차중대유가취).] 꽃은 반만 피었을 때 보고, 술은 조금만 취하도록 마시면, 그 가운데 크게 아름다운 맛이 있느니라. 즐거움이 극에 달하면 더 큰 즐거움을 바라게 되고 결국에는 파탄에 이르게 된다. 즐거움이 극에 달하지 않게 즐기면 항상 그렇게 즐길 수 있어 늘 아름다운 맛이 있다. 즐거움 속에 빠져 결국 파탄하게 됨을 경계한 말이다. 『菜根譚(채근담)·後集 122』
[花無十日紅(화무십일홍), 人不百日好(인불백일호).] 꽃이 피어야 열흘을 넘기기 어렵고, 사람의 좋은 날은 100일을 넘기지 못한다. '청춘은 짧은 동안 금방 지나가버린다' 또는 '한 번 성하면 반드시 쇠하여짐'을 비유하여 이르는 말이다. 人不百日好(인불백일호) 대신 人無千日好(인무천일호) 또는 勢不十年長(세불십년장)이 쓰이기도 한다. 『通俗編(통속편)』
[落花難上枝(낙화난상지), 破鏡不再照(파:경부재조).] 떨어진 꽃은 다시 가지에 붙을 수 없고, 깨어진 거울은 다시 비출 수 없다. '부부 관계 따위의 일단 깨어진 것은 다시 원상태로 되돌아가지 않음'을 비유하여 이르는 말. 『傳燈錄(전등록)』
[落花流水(낙화유수)] 흐르는 물 위에 꽃잎이 떨어진다. 늦봄의 처량한 정취를 묘사한 詩(시)에서 나왔다. '가는 봄의 경치' 또는 '살림이나 세력이 약해져 아주 보잘것없이 됨'을 비유하는 말.
花冠(화관), 花壇(화단), 花紋(화문), 花紋席(화문석), 花瓶(화병), 花盆(화분), 花粉(화분), 花絲(화사), 花樹(화수), 花信(화신), 花神(화신), 花王(화왕), 花園(화원), 花苑(화원), 花煎(화전), 花蝶(화접), 花鳥(화조), 花朝月夕(화조월석), 花柱(화주), 花鬪(화투), 花香(화향), 花卉(화훼), 假花(가화), 開花(개화), 枯木生花(고목생화), 國花(국화), 菊花(국화), 菊花酒(국화주), 槿花(근화), 奇花(기화), 琪花瑤草(기화요초), 奇花異草(기화이초), 落花(낙화), 落花生(낙화생), 路柳墻花(노류장화), 桃花(도화), 梅花(매화), 棉花(면화), 木花(목화), 無花果(무화과), 鳳仙花(봉선화), 生花(생화), 松花(송화), 水月鏡花(수월경화), 御賜花(어사화), 蓮花(연화), 蓮花世界(연화세계), 柳綠花紅(유록화홍), 梨花(이화), 摘花(적화), 折花(절화), 造花(조화), 弔花(조화), 菜松花(채송화), 春花秋月(춘화추월), 敗柳殘花(패류잔화), 海棠花(해당화), 杏花(행화), 杏花村(행화촌).

꽃 형상을 한 물건

[花菜(화채)] 꿀이나 설탕을 탄 오미자 국에 과실을 썰어 넣고 잣을 띄운 음료.

꽃답다, 아름다운 것의 비유

[花郞(화랑)] 신라 때의 문벌과 학식이 있고 용모가 단정하며 덕행이 있는 청소년의 종교적·사회적·교양적 집단, 또는 그 중심 인물. 참花郞道(화랑도), 花郞徒(화랑도)
[花柳(화류)] ① 붉은 꽃과 푸른 버들. 아름다움을 형용하여 이르는 말. ② 사내들을 상대로 노는계집, 또는 遊廓(유곽). 참花柳界(화류계)
[雪膚花容(설부화용)] 눈 같이 흰 살과 꽃 같이 아름다운 얼굴. 미인의 형용.
[雪花(설화)] ① 눈을 이름. 눈을 꽃에 비유한 말. 눈송이. ② 눈같이 흰 꽃.
花代(화대), 花樹會(화수회), 花顔(화안), 花顔月貌(화안월모), 花容(화용), 花容月態(화용월태)

草 풀 초, ++부10　　0261

'草(초)'자는 처음에는 풀의 모양을 본떠 '艸(초)'로 쓰다가 그 음을 나타내기 위해 '이를 早(조)'를 덧붙였다.

풀, 풀 베다

[草家(초가)] 풀이나 짚 따위로 지붕을 인 집.
[結草報恩(결초보은)] 은혜를 입은 사람의 혼령이 풀포기를 묶어놓아 은인이 적을 잡고 공을 세우게 하였다는 중국의 고사에서, 죽은 뒤에도 잊지 않고 은혜를 갚는다는 뜻.
[三顧草廬(삼고초려)] 蜀(촉)의 劉備(유비)가 諸葛亮(제갈량)의 오두막집[草廬]을 세 번이나 방문하여 出廬(출려)할 것을 간청한 고사. 인재를 맞아들이려고 끈질기게 노력함을 이르는 말. 동草廬三顧(초려삼고).

[雜草(잡초)] 잡풀. 가꾸지 않아도 저절로 나서 자라는, 대수롭지 않은 여러 가지 풀. 농작물이 자라는 동안 나는 잡초는 여러 가지 해를 줌.
[花草(화초)] ☞ 花(화)
[富貴草頭露(부:귀초두로).] 부귀는 풀잎에 맺힌 이슬같이 덧없는 것.『蘇軾(소식)·詩(시)』☞ *141
草根(초근), 草根木皮(초근목피), 草堂(초당), 草頭露(초두로), 草廬(초려), 草露(초로), 草綠(초록), 草笠(초립), 草幕(초막), 草網着虎(초망착호), 草木(초목), 草靡(초미), 草本(초본), 草食(초식), 草食動物(초식동물), 草屋(초옥), 草衣(초의), 草笛(초적), 草亭(초정), 草鞋(초혜), 甘草(감초), 蓋草(개초), 客草(객초), 乾草(건초), 琪花瑤草(기화요초), 奇花異草(기화이초), 蘭草(난초), 綠陰芳草(녹음방초), 毒草(독초), 忘憂草(망우초), 猛虎伏草(맹호복초), 牧草(목초), 芳草(방초), 百草(백초), 伐草(벌초), 本草(본초), 本草綱目(본초강목), 敷草(부초), 浮萍草(부평초), 不老草(불로초), 山川草木(산천초목), 生草(생초), 水草(수초), 宿根草(숙근초), 野草(야초), 藥房甘草(약방감초), 藥草(약초), 煙草(연초), 異草(이초), 益母草(익모초), 忍冬草(인동초), 剪草除根(전초제근), 除草(제초), 除草劑(제초제), 採草(채초), 靑草(청초), 打草驚蛇(타초경사), 含羞草(함수초), 香草(향초), 海草(해초)

초원, 풀숲, 풀이 무성한 곳
[草野(초야)] ① 풀이 우거진 들판. ② 천함. 촌스러움. ③ 벼슬하지 않고 묻혀 있는 곳. 在野(재야). 民間(민간).
[草原(초원)] 풀로 덮인 들판.

천하다
[草芥(초개)] 풀과 티끌이란 뜻으로, 하찮은 사물, 또는 경시함을 이르는 말.
[以財爲草(이:재위초)] 재물을 초개같이 봄.

시초, 시작하다
[草創(초창)] ① 처음으로 일을 시작함. 처음으로 만듦. 일의 시초. ② 초안을 잡음.

원고, 초안, 초를 잡다
[草稿(초고)] 詩文(시문)의 맨 처음 쓴, 아직 잘 정리되지 않은 원고.
[草案(초안)] ① 초 잡은 글발. 草稿(초고). ② 起草(기초)한 의안.
[起草(기초)] 글의 초안을 잡음. ¶연설문을 기초하다
[史草(사:초)] 조선 시대에 史官(사관)이 기록하여 둔 草稿(초고). 실록의 원고가 되었다.

서체의 하나
[草書(초서)] 書體(서체)의 한 가지. 行書(행서)보다 더 흘려 쓰는 글씨.

果 실과 과:, 열매 과:, 木부8　0262

'果(과)'자는 '밭 田(전)과 '나무 木(목)'이 합쳐진 글자이다. 여기에서 '田(전)'은 '밭'이 아니라 나무에 달린 열매의 모양이 바뀐 것이다.

실과, 나무의 열매
[果樹園(과:수원)] 과일나무를 많이 심어 가꾸어 과일을 생산하는 밭.
[果實(과:실)] ① 나무의 열매. ② 과일. 가꾸는 식물에서 나는 먹을 수 있는 열매. ③ (법) 근원이 되는 물건에서 생기는 수익물. 식물의 열매 또는 동물의 고기나 우유 따위의 천연 과실과, 집세나 이자 따위의 법정 과실이 있음.
[靑果(청과)] 채소와 과일을 통틀어 일컫는 말. 참靑果物(청과물)
果刀(과도), 果房(과방), 果樹(과수), 果肉(과육), 果汁(과즙), 果菜類(과채류), 果皮(과피), 乾果(건과), 堅果(견과), 落果(낙과), 沙果(사과), 桑果(상과), 善惡果(선악과), 水正果(수정과), 實果(실과), 藥果(약과), 裂果(열과), 五穀百果(오곡백과), 漿果(장과), 摘果(적과), 正果(정과), 核果(핵과)

결과, 해내다, 이루다
[結果(결과)] ① 열매를 맺음. ② 어떤 까닭으로 말미암아 이루어지는 결말의 상태. ¶결과보다 과정이 중요하다
[成果(성과)] 일을 이루어 내거나 이루어진 결과. ¶노력의 성과
[因果關係(인과관계)] 어떤 행위와 그 후에 발생한 사실과의 사이에 원인과 결과의 관계가 있는 일.
[效果(효:과)] ① 보람·효력이 나타나는 결과. ② 연극·영화·방송 따위에서 장면에 알맞은 분위기를 인위적으로 만들어 넣어 실감을 자아내는 일. ③ (체) 유도 경기의 판정의 하나.
逆效果(역효과), 戰果(전과), 展示效果(전시효과)

굳세다, 용감하다, 결단성이 있다
[果敢(과:감)] 과단성 있고 용감함.
[果斷(과:단)] 딱 잘라서 결정함.

과연, 반드시, 참으로, 정말, 드디어, 마침내
[果然(과:연)] 정말로 그러함.

삼세를 통한 선악의 응보
[果報(과보)] (불) 因果應報(인과응보)의 준말.
[善果(선:과)] (불) 좋은 과보.
[業果(업과)] ① 선악의 行業(행업)으로 말미암은 과보. ② (불) 참業報(업보)
[因果應報(인과응보)] (불) '원인에 대한 결과가 마땅히 갚아짐'이란 뜻에서, 과거 또는 전생에 지은 일에 대한 결과로, 뒷날의 길흉화복이 주어짐.

實 열매 실, 宀부14　0263

'實(실)'자는 '집 宀(면)'과 '돈 꾸러미 貫(관)'으로 이루어진 글자이다. '재물'이 본뜻이다. '貫(관)'자는 '화폐 수단으로 활용할 조개를 실로 꿰다'는 뜻을 나타내기 위하여 만든 것이니, '조개 貝(패)'와 '뚫을 毌(관)'으로

이루어진 글자이다. '實(실)'은 집에 돈 꾸러미가 가득하다는 데서 '재물' 또는 '넉넉하다'는 뜻을 나타낸다. 재물은 사람이 노력한 대가로 얻은 값진 결과물이듯, 나무에 달린 탐스러운 열매도 나무가 비바람을 무릅쓰고 이루어낸 결과물이다. 여기에서 '열매'의 뜻을 나타나게 되었다.

열매, 초목의 열매, 씨, 종자
[實果(실과)] ① 과일. ② 먹을 수 있는 모든 열매.
[果實(과:실)] ☞ 果(과)
[梅實(매실)] 매화나무의 열매. 참梅實酒(매실주)
[種實(종실)] 종자와 과실.
實生(실생), 桑實(상실), 蓮實(연실), 枳實(지실)

차다, 가득 차다, 채우다, 가득 채우다
[實線(실선)] 제도에서, 점선에 대하여 '끊어진 곳이 없는 금'을 일컫는 말. 참點線(점선)
[內實(내:실)] ① 내부의 실정. 내막(內幕). ② 내부가 충실함. ③ 처첩(妻妾). ④ 집안에 있는 진기한 보물.

익다, 곡식이 익다
[結實(결실)] ① 열매를 맺음. ¶가을은 결실의 계절이다 ② 일의 결과가 잘 맺어짐. ¶노력의 결실
[稔實(임실)] 곡식 따위의 열매가 익음.

속, 내용
[名實相符(명실상부)] 이름과 실상이 서로 들어맞음.
[不實(부실)] ① 믿음성이 적음. ② 일에 성실하지 못함. ③ 몸이나 마음이 옹골차지 못함. ④ 내용이나 실속이 없음. ⑤ 곡식이 잘 여물지 못함.
[充實(충실)] 내용 따위가 잘 갖추어지고 알참. 속이 꽉 차고 실속이 있음. ¶발표 내용이 충실하다
[虛實(허실)] ① 허함과 실함. ② 거짓과 참.
堅實(견실), 名實共(명실공), 務實力行(무실력행), 有名無實(유명무실)

자취, 행적
[行實(행실)] 일상적인 행동. 또는 그에서 나타나는 도덕적·윤리적 상태. ¶행실이 바르다

참, 참됨, 정성스러움, 참으로, 진실로
[誠實(성실)] 정성스럽고 참됨. ¶성실한 태도
[眞實(진실)] ① 바르고 참됨. ② 참된 사실. ¶나는 너를 진실로 사랑한다 반虛僞(허위)
[着實(착실)] ① 사람이 허튼 데가 없고 진실함. ¶착실한 일꾼 ② 일정한 정도나 수준에 넉넉히 미치고 있음. ¶실력을 착실히 쌓다
[忠實(충실)] 충직하고 성실함.
健實(건실), 勤實(근실), 篤實(독실), 信實(신실)

실제로 행하다, 사실의, 실질적인
[實務(실무)] 실제로 하는 업무나 사무. 참實務者(실무자)
[實際(실제)] ① 사실의 경우나 형편. ¶이론과 실제/그는 실제 나이보다 어려 보인다 ② 실제로. ¶실제로 있었던 사건
[事實(사:실)] ① 실지로 있는 일, 또는 일의 진상. ② 자연계에 나타난 객관적인 현상. ③ 법률상의 효과를 나타내는 현상.
[現實(현:실)] 현재의 사실로서 존재하고 있는 상태 또는 상황. ¶현실과 이상/어려운 현실/현실을 바로 보다 참理想(이상)
[實事求是(실사구시)] 사실에 의거해서 진리를 탐구하다. 학문이나 사업을 벌일 때, 헛된 공상이나 막연한 가능성에 의지하지 않고, 직접 확인하고 경험하면서 사실을 이끌어내는 태도를 말한다. 곧 空理(공리)나 空論(공론)을 떠나서 정확한 고증에 따라 과학적으로 밝히려던 청나라 고증학의 학문 태도로서, 조선 때 실학파의 학문에 큰 영향을 주었다. 『漢書(한서)』
實感(실감), 實科(실과), 實權(실권), 實技(실기), 實力(실력), 實例(실례), 實錄(실록), 實利(실리), 實名(실명), 實物(실물), 實狀(실상), 實勢(실세), 實數(실수), 實習(실습), 實施(실시), 實業家(실업가), 實演(실연), 實用的(실용적), 實益(실익), 實在(실재), 實績(실적), 實戰(실전), 實情(실정), 實弟(실제), 實存(실존), 實證(실증), 實地(실지), 實質(실질), 實踐(실천), 實體(실체), 實彈(실탄), 實態(실태), 實吐(실토), 實學(실학), 實行(실행), 實驗(실험), 實現(실현), 實刑(실형), 實話(실화), 實況(실황), 實效(실효), 史實(사실), 寫實(사실), 如實(여실), 以實直告(이실직고), 自我實現(자아실현), 切實(절실), 情實(정실), 現實的(현실적), 確實(확실)

기타
[口實(구:실)] ① 핑계 삼을 밑천. 변명할 재료. ② 話題(화제). 이야기 거리. ③ 입에 발린 말. 실행이 따르지 않는 말. ④ 음식물. ⑤ 호구(糊口)의 밑천. ⑥ 死者(사자)의 입에 물리는 구슬.

言 말씀 언, 言부7 0264

'言(언)'자는 '입[口]'에서 무언가가 밖으로 나오는 모습을 하고 있다. 좋은 것이 나오면 고래도 춤을 추게 할 만큼 사람에게 기쁨이나 희망을 준다. '言(언)'을 意符(의부)로 하여, '말'이나 '말에 따르는 갖가지 행위'에 관한 문자를 이룬다.

말씀, 말, 말씨, 말하다, 발언하다, 설명하다, 서술하다
[言論(언론)] 말이나 글로써 의사를 발표하는 일. 또는 그 말이나 글. ¶언론의 자유를 보장하라
[言行(언행)] 말과 행동. ¶언행일치
[甘言利說(감언이설)] 남의 비위를 맞추는 달콤한 말과 이로운 조건을 내세워 꾀는 말. ¶감언이설에 속다
[發言(발언)] 의견을 말함. 또는 그 말. 비發語(발어)
[失言(실언)] 말실수. 실수한 말. ☞ *239
[巧言令色(교언영색), 鮮矣仁(선의인).] 말을 교묘하게 꾸미고 얼굴빛을 좋게 하는 자는 어진 이가 드물다. 『論語(논어)·學而(학이)』 ☞ *028
[口是傷人斧(구시상인부), 言是割舌刀(언시할설도).] 입은 곧 남을 상처 내는 도끼요, 말은 곧 자기 혀를 베는 칼이다. 『明心寶鑑(명심보감)·言語篇(언어편)』
[多言數窮(다언삭궁).] 말이 많으면 자주 막힌다. 사람

이 말이 너무 많으면 여러 가지 막다른 상황이 생겨서 곤란해진다. 말 많음을 경계한 말. 『老子(노자)·道德經 5章(도덕경 5장)』
[信言不美(신:언불미), 美言不信(미언불신).] 진실한 말은 아름답지 않고, 아름다운 말은 진실하지 못하다. 꾸민 말에는 진실한 멋이 없다. 『老子(노자)·道德經 81章(도덕경 81장)』
[知者不言(지자불언), 言者不知(언자부지).] 참으로 사물의 이치를 아는 사람은 마음속 깊이 간직할 뿐, 함부로 말하지 아니한다. 안다고 자처하고 함부로 지껄이는 사람은 사실상 알지 못하는 사람이다. 참되게 아는 사람은 말이 적고, 말이 많은 사람은 대체로 지혜가 없는 자이다. 『老子(노자)·道德經 56章(도덕경 56장)』
言及(언급), 言渡(언도), 言動(언동), 言路(언로), 言辯(언변), 言飛千里(언비천리), 言辭(언사), 言聲(언성), 言約(언약), 言爭(언쟁), 言中有骨(언중유골), 言質(언질), 言必稱(언필칭), 言行一致(언행일치), 間言(간언), 諫言(간언), 甘言(감언), 格言(격언), 苦言(고언), 曲言(곡언), 公言(공언), 空言(공언), 過言(과언), 寡言(과언), 狂言(광언), 狂言妄說(광언망설), 巧言亂德(교언난덕), 極言(극언), 金言(금언), 訥言(눌언), 訥言敏行(눌언민행), 多言(다언), 斷言(단언), 答言(답언), 名言(명언), 妄言(망언), 忘言(망언), 忘言交(망언교), 無言(무언), 黙言(묵언), 發言權(발언권), 放言(방언), 附言(부언), 不言(불언), 飛言(비언), 序言(서언), 緖言(서언), 宣言(선언), 視聽言動(시청언동), 食言(식언), 身言書判(신언서판), 豫言(예언), 妖言(요언), 有口無言(유구무언), 有口不言(유구불언), 遺言(유언), 流言(유언), 流言蜚語(유언비어), 口無二言(구무이언), 一口二言(일구이언), 一言半句(일언반구), 一言之下(일언지하), 箴言(잠언), 傳言(전언), 提言(제언), 題言(제언), 助言(조언), 造言(조언), 左言(좌언), 重言(중언), 重言復言(중언부언), 證言(증언), 直言(직언), 讒言(참언)/譖言(참언), 讖言(참언), 甛言如蜜(첨언여밀), 體言(체언), 忠言(충언), 贅言(췌언), 醉言(취언), 蔽一言(폐일언), 暴言(폭언), 虛言(허언), 形言(형언), 豪言(호언), 確言(확언), 換言(환언)
언어, 글자, 문자
[言語(언어)] 생각, 느낌 따위를 나타내거나 전달하는 데에 쓰는 말.
[方言(방언)] 각 지방의 언어, 또는 한 지방의 특유의 말. 사투리.

語 말씀 어:, 言부14 0265

'語(어)'자는 '말씀 言(언)'과 '나 吾(오)'로 이루어진 글자이다.
말, 말씨, 이야기, 이야기하다, 어구, 말하다, 의사를 발표하다, 논란하다, 시비를 따져 말하다
[語文(어:문)] 말과 글. ¶어문일치
[敬語(경:어)] 존경의 뜻을 나타내기 위하여 사용하는 말. 凹卑語(비어)
[國語(국어)] ① 그 나라 고유의 말. ② 우리나라 고유의 말. 우리말.
[流言蜚語(유언비어)] 아무 근거 없이 널리 퍼진(떠도는) 소문. ¶유언비어를 퍼뜨리다
[言語(언어)] ☞ 言(언)
[言語道斷(언어도단)] '언어도단'은 글자 그대로 표현하면 '언어의 길이 끊어지다'라는 뜻이다. 이는 본래 불교에서 以心傳心(이심전심)이나 不立文字(불립문자)와 같은 의미로 쓰이는 말로, '말로는 도저히 표현할 수 없는 심오한 진리'를 일컫는다. 즉, 말로 표현할 수 있는 것은 이미 진리가 아니므로, 언어나 문자와 같은 소통 방식에 의지하지 않는다는 것이다. 하지만 요즈음은 언어도단의 의미가 변하여 '어이가 없어서 말하려 해도 말할 수 없음'을 이르는 의미로 쓰이고 있다.
語幹(어간), 語感(어감), 語句(어구), 語根(어근), 語訥(어눌), 語頭(어두), 語錄(어록), 語文一致(어문일치), 語尾(어미), 語法(어법), 語不成說(어불성설), 語塞(어색), 語源(어원), 語義(어의), 語調(어조), 語套(어투), 語弊(어폐), 語學(어학), 語彙(어휘), 家語(가어), 古語(고어), 慣用語(관용어), 口語(구어), 論語(논어), 單語(단어), 妄語(망어), 目的語(목적어), 文語體(문어체), 密語(밀어), 蜜語(밀어), 反語(반어), 補語(보어), 佛語(불어), 蜚語(비어), 卑語(비어)/鄙語(비어), 常套語(상투어), 俗語(속어), 修飾語(수식어), 熟語(숙어), 述語(술어), 詩語(시어), 英語(영어), 外國語(외국어), 外來語(외래어), 用語(용어), 類語(유어), 隱語(은어), 日語(일어), 主語(주어), 派生語(파생어), 標語(표어), 標準語(표준어)
속담
[故事成語(고사성어)] 故事(고사)를 바탕으로 하여 이뤄진 관용어구. 矛盾(모순), 四面楚歌(사면초가) 따위.
[四字成語(사자성어)] 네 글자의 한자로 이루어져 관용적으로 쓰이는 글귀.

談 말씀 담, 言부15 0266

'談(담)'자는 '말씀 言(언)'과 '불탈 炎(염)'으로 이루어졌다. '炎(염)'자는 문자의 구성 성분으로 쓰였을 때 '淡(담)'이나 '痰(담)'처럼 [담]으로 발음하는 예가 많다. 서로 주고받는 말, 즉 '이야기'를 뜻한다.
말씀, 말, 언론, 담화, 이야기, 말하다, 이야기하다
[談笑(담소)] 웃고 즐기며 하는 이야기. ¶담소의 꽃이 피다
[談話(담화)] ① 서로 주고받는 이야기. ② 어떤 의견이나 태도를 공식적으로 발표하는 말.
[相談(상담)] 서로 의논함. ¶취업 상담/집단상담
[俗談(속담)] ① 예로부터 민간에서 생겨 전해져 오는 쉬운 격언. ② 속된 이야기.

[眞談(진담)] 진심에서 우러나온 거짓이 없는 참된 말. ¶진담 반 농담 반
談論(담론), 談判(담판), 談合(담합), 街談巷說(가담항설), 懇談會(간담회), 客談(객담), 高談峻論(고담준론), 怪談(괴담), 奇談(기담), 爐邊情談(노변정담), 對談(대담), 德談(덕담), 漫談(만담), 面談(면담), 目擊談(목격담), 美談(미담), 密談(밀담), 放談(방담), 私談(사담), 笑談(소담), 手談(수담), 惡談(악담), 餘談(여담), 要談(요담), 肉談(육담), 淫談悖說(음담패설), 雜談(잡담), 壯談(장담), 才談(재담), 情談(정담), 政談(정담), 鼎談(정담), 座談會(좌담회), 淸談(청담), 悖談(패담), 筆談(필담), 閑談(한담), 巷談(항담), 險談(험담), 豪言壯談(호언장담), 婚談(혼담), 歡談(환담), 會談(회담)

농담하다, 희롱하다
[弄談(농:담)] ① 장난삼아 하는 말. ② 실없이 하는 소리.

話 말씀 화, 言부13 0267

'話(화)'자는 '말씀 言(언)'과 '혀 舌(설)'로 이루어진 글자이다.
말하다, 이야기하다
[話術(화술)] 말하는 재주. 이야기하는 기교.
[手話(수화)] 몸짓이나 손짓으로 말을 대신하는 의사전달 방법. 벙어리들이 손짓으로 하는 말.
[電話(전:화)] 전파나 전류를 이용하여 말을 주고받음.
[通話(통화)] 전화 따위로 말을 서로 주고받음. ¶通話中(통화중)
話法(화법), 話者(화자), 送話(송화), 受話(수화), 受話器(수화기), 電話局(전화국), 會話(회화)
이야기, 좋은 내용의 말이나 이야기
[話題(화제)] ① 이야기의 제목. ② 이야깃거리.
[談話(담화)] ① 서로 주고받는 이야기. ② 어떤 의견이나 태도를 공식적으로 발표하는 말.
[對話(대화)] 마주보며 이야기를 주고받음. 또는 그 이야기.
[童話(동:화)] 어린이를 위하여 童心(동심)을 바탕으로 지은 이야기.
話頭(화두), 秘話(비화), 挿話(삽화), 說話(설화), 神話(신화), 實話(실화), 寓話(우화), 夜話(야화), 野話(야화), 逸話(일화)

紙 종이 지, 糸부10 0268

'紙(지)'자는 '실 糸(사)'와 '성씨 氏(씨)'자로 이루어졌다. 종이는 섬유 즉 실과 같은 것으로 만든다.
종이
[紙幣(지폐)] ① 종이에 인쇄한 화폐. ② 신에게 바치는 폐백.
[紙筆硯墨(지필연묵)] 종이·붓·벼루·먹. 즉 文房四友(문방사우).
[白紙(백지)] ① 흰 종이 ② 아무 것도 쓰지 않은 채로 있는 종이. ③ 우리나라에서 생산되는 창호지보다 얇고 작은, 닥나무로 만든 종이. ④ 백지상태(白紙狀態)의 준말.
[眼光徹紙背(안:광철지배).] '눈빛이 종이 뒷면까지 비친다(뚫는다)'는 뜻으로, '독서의 이해력이 예민함'을 이르는 말.
紙價(지가), 紙匣(지갑), 紙面(지면), 紙物鋪(지물포), 紙榜(지방), 紙背(지배), 紙上(지상), 紙錢(지전), 紙質(지질), 紙型(지형), 機關紙(기관지), 答案紙(답안지), 塗褙紙(도배지), 圖畵紙(도화지), 萬里長書(만리장서), 滿紙長書(만지장서), 模造紙(모조지), 門風紙(문풍지), 白紙狀態(백지상태), 壁紙(벽지), 別紙(별지), 封紙(봉지), 色紙(색지), 燒紙(소지), 試驗紙(시험지), 新聞紙(신문지), 用紙(용지), 油紙(유지), 印紙(인지), 全紙(전지), 製紙(제지), 窓戶紙(창호지), 破紙(파지), 板紙(판지), 便紙(편지), 廢紙(폐지), 表紙(표지), 標紙(표지), 韓紙(한지), 休紙(휴지),
장(종이를 세는 말)

間, 閒 틈 간(:), 사이 간(:), 한가할 한, 門부12 0269

'間(간)'자는 원래 '閒(한/간)'자의 속자이었다. '閒(한)'은 밤에 대문짝 틈으로 비치는 달(月)빛을 본뜬 것이니, '틈'이 본뜻인데 '사이'를 뜻하는 것으로 많이 쓰였다. 후에 '閒(한)'은 주로 '틈', '짬'을 가리키는 쪽으로, '間(간)'은 '사이'를 뜻하는 것으로 각각 달리 쓰이게 되었다. 여기에서는 '間(간)'자만 다루고, '閒(한)'은 '한가할 閒(한)'에서 다루기로 한다.
틈, 사이, 간격, 중간
[間隔(간격)] ① 공간적으로 사이가 벌어짐. ② 시간적으로 벌어진 사이. ③ 사람들의 관계가 벌어진 정도.
[間接(간:접)] 중간에서 관계 따위를 맺어줌. 참間接選擧(간접선거), 間接稅(간접세)
[犬猿之間(견원지간)] 개와 원숭이의 사이처럼 두 사람의 관계가 몹시 나쁜 사이.
[民間(민간)] ① 백성들 사이. ② 일반 서민의 사회. 참民間療法(민간요법), 民間信仰(민간신앙) ③ 官(관)이나 軍(군)에 속하지 않음.
間間(간간), 間隙(간극), 間斷(간단), 間伐(간벌), 間選(간선), 間食(간식), 間奏(간주), 居間(거간), 區間(구간), 眉間(미간), 兩端間(양단간), 兩眉間(양미간), 左右間(좌우간), 中間(중간), 指呼之間(지호지간), 車間(차간), 平交間(평교간), 彼我間(피아간), 行間(행간)
때, …하는 동안, 요즈음, 요사이
[期間(기간)] 어느 일정한 시기에서 다른 일정한 시기까지의 사이.
[時間(시간)] ① 어느 때부터 어느 때까지의 사이. ② 시각. ¶약속 시간 ③ 공간과 더불어 물체의 존재 변화

를 설명하는 필요조건. 곧, 과거와 현재와 미래에 流轉(유전)·連續(연속)하여 縱(종)으로 무한한 것.
[夜間(야:간)] 밤 동안. 해가 진 뒤부터 먼동이 트기 전까지의 동안. ¶야간열차/야간작업 반晝間(주간)
[年間(연간)] 한 해 동안.
近間(근간), 多年間(다년간), 幕間(막간), 夢寐間(몽매간), 瞥眼間(별안간), 瞬間(순간), 瞬息間(순식간), 時間表(시간표), 於焉間(어언간), 於中間(어중간), 月間(월간), 日間(일간), 暫間(잠간), 早晩間(조만간), 週間(주간), 晝間(주간), 倉猝間(창졸간)/倉卒間(창졸간)

이따금
[間或(간:혹)] ① 간간이 또는 혹시. ② 어쩌다가 띄엄띄엄.
[間歇(간:헐)] 이따금씩 되풀이함. ¶間歇溫泉(간헐온천)

잠깐, 잠시
[間一髮(간:일발)] 한 가닥의 머리털 사이만큼. 아슬아슬한 시간의 사이를 이름. 준間髮(간발)

나누다, 분별하다
[外間(외:간)] ① 친척이 아닌 남들. ② 아무 관계가 없는 세상 사람들 사이.
[外間男子(외:간남자)] 친척이 아닌 남자를 여자가 이르는 말.

곳, 부근
[空間(공간)] ① 아무 것도 없이 비어 있는 곳. ② 상하·전후·좌우·장단·원근 등이 생기는 근본 개념. ③ 천지의 사이.
[山間(산간)] 산 속. 산골짜기. 참山間僻地(산간벽지)
[世間(세:간)] ① 세상. ② 중생(衆生)이 서로 의지하여 사는 이 세상. 이승.
[巷間(항:간)] 일반 사람들 사이.
庫間(곳간), 林間(임간)

비방하다, 비난하다
[間言(간:언)] 남을 이간하는 말.
[離間(이:간)] 둘 사이를 헐뜯어 서로 멀어지게 함.

엿보다, 간첩
[間諜(간:첩)] 비밀을 몰래 알아내어 제공하는 사람.

섞다, 섞이다
[間色(간:색)] ① 빨강·노랑·파랑 가운데 두 가지를 섞어서 낸 색. 붉은빛·노란빛·파란 빛·흰빛·검은빛 이외의 색. ② 그림 면의 밝은 데와 어두운 데의 대비를 부드럽게 이어주는 색.

방, 방의 넓이의 단위
[單間房(단칸방)] 단 한 칸 넓이의 방.
[草家三間(초가삼간)] '세 칸 되는 초가'라는 뜻으로, '아주 작은 집'을 일컫는 말.

인간
[人間(인간)] ① 사람. 인류. ② 사람이 사는 사회. ③ 신(神) 또는 동물과 대립되는 존재로서의 사람. 언어를 가지고 사고할 줄 알고 사회를 이루며 사는 지구상의 고등동물. 참人間性(인간성), 人間味(인간미), 弘益人間(홍익인간) ④ 사람의 됨됨이, 인물. ⑤ (반어법으로 쓰일 때) 특정한 사람을 멸시하여 이를 때 '저 인간이'와 같이 쓴다.

기타
[間島(간도)] (북간도·서간도를 포함한) '만주 동남부 지역'을 일컫는 말.

記 기록할 기, 言부10 0270

'記(기)'자는 '말씀 言(언)'과 '몸 己(기)'로 이루어졌다. '기록하다'의 뜻을 나타낸다.

기록하다, 적다, 일의 내력을 기록한 문서
[記錄(기록)] ① 적음. ② 적은 서류. ③ 운동 경기 따위의 성적, 또는 지금까지의 최고 성적.
[記者(기자)] 책, 신문, 잡지 따위에 실을 記事(기사)를 취재하여 쓰거나 편집하는 사람.
[登記(등기)] ① 장부에 기재함. ② 민법상의 권리 관계 또는 사실을 밝히기 위하여 일정한 사항을 등기소에 비치한 장부에 올리는 일. ③ 등기우편의 준말. 참登記簿(등기부), 登記所(등기소), 登記郵便(등기우편)
[手記(수기)] 자기의 체험을 손수 적음. 참從軍手記(종군수기)
[日記(일기)] 그날그날 겪은 일이나 감상 등을 적은 개인의 기록. 참日記帳(일기장)
記名(기명), 記事(기사), 記述(기술), 記入(기입), 記帳(기장), 記載(기재), 記票(기표), 記號(기호), 明記(명기), 無記名(무기명), 複式簿記(복식부기), 簿記(부기), 秘記(비기), 史記(사기), 書記(서기), 速記(속기), 新記錄(신기록), 禮記(예기), 誤記(오기), 右記(우기), 雜記帳(잡기장), 傳記(전기), 特記(특기), 表記(표기), 標記(표기), 筆記(필기), 後記(후기)

외다, 기억하다
[記念(기념)] ① 오래도록 기억하여 잊지 아니함. 먼 후일까지 추모할 수 있게 남김, 또는 그 물건.
[紀念(기념)] 벼리가 되는 뜻깊은 중요한 일이나 인물을 오래오래 마음에 두고 생각함.
[記憶(기억)] ① 머릿속에 간직하여 잊지 아니함. ② 한 번 知覺(지각)·경험한 사물을 잊지 아니하고 인식하는 작용. 참記憶力(기억력), 記憶裝置(기억장치)
[暗記(암:기)] 외워서 잊지 아니함.
紀念碑(기념비)/記念碑(기념비), 記念式(기념식)/紀念式(기념식), 記念日(기념일)/紀念日(기념일), 聰記(총기)

錄 기록할 록, 金부16 0271

'錄(록)'자는 '금색'이 본뜻이니 '쇠 金(금)'이 표의요소로 쓰였다. '나무 깎을 彔(록)'은 표음요소이다. 귀중한 내용은 영원히 변하지 않는 금으로 기록하였나보다.

기록하다, 적다, 기록, 문서
[錄音(녹음)] 소리를 재생할 수 있도록 기계로 기록하는 일.
[錄畫(녹화)] 재생을 목적으로 텔레비전 카메라로 찍은 畫像(화상)을 필름 따위에 기록함.
[登錄(등록)] ① 장부에 올림. 장부에 기재함. ② 일정한 사항을 公證(공증)하기 위하여 公簿(공부)에 기재하는 일.
[附錄(부록)] ① 본문 끝에 덧붙이는 기록. ② 신문·잡지 따위의 본지에 덧붙인 지면이나 따로 내는 책자.
記錄(기록), 東方見聞錄(동방견문록), 目錄(목록), 秘錄(비록), 備忘錄(비망록), 收錄(수록), 隨想錄(수상록), 新記錄(신기록), 實錄(실록), 懺悔錄(참회록), 採錄(채록), 抄錄(초록)

電 번개 전:, 雨부13 0272

'電(전)'자는 '비 雨(우)'와 '펼 申(신)'으로 이루어진 글자이다. 날벼락도 있다지만, 번개는 비가 올 때에 치므로 '雨(우)'가 표의요소로 쓰였다. '번개 電(전)'뿐만 아니라 '수분'과 관계가 있는 날씨를 나타내는 글자는 '비 雨(우)'를 부수로 한다. '눈 雪(설)', '구름 雲(운)', '서리 霜(상)'따위이다. '申(신)'은 번개 모양을 본뜬 것인데 글자의 모양을 고려하여 끝을 구부렸다.

번개, 번쩍이다, 빠름의 비유
[電擊(전:격)] 번개처럼 빠르고 날카로움. 또는 번개처럼 갑작스러운 공격.
[電光(전:광)] ① 번개가 칠 때 번쩍이는 불빛. ② 電力(전력)으로 일으킨 불빛. ¶電光板(전광판)
[電光石火(전:광석화)] 번개나 부싯돌의 불이 번쩍이는 것처럼 '몹시 짧은 시간' 또는 '썩 빠른 동작'을 비유하는 말.

전기
[電氣(전:기)] 전자의 이동으로 생기는 에너지의 한 형태.
[電算(전:산)] 전자회로를 이용한 고속의 자동 계산기. 숫자 계산, 자동 제어, 데이터 처리, 사무 관리, 언어나 영상 정보 처리 따위에 광범위하게 이용된다.
[電話(전:화)] 전파나 전류를 이용하여 말을 주고받음. ☏電話機(전화기)
[發電(발전)] 전기를 일으킴. 전기를 생산함.
[停電(정전)] 전기가 잠깐 끊어짐.
電球(전구), 電極(전극), 電動(전동), 電燈(전등), 電力(전력), 電流(전류), 電文(전문), 電報(전보), 電線(전선), 電送(전송), 電信(전신), 電信柱(전신주)/電柱(전주), 電壓(전압), 電熱(전열), 電源(전원), 電子(전자), 電磁(전자), 電池(전지), 電車(전차), 電鐵(전철), 電蓄(전축), 電波(전파), 電解(전해), 電話局(전화국), 家電(가전), 感電(감전), 漏電(누전), 斷電(단전), 無電(무전), 放電(방전), 配電(배전), 配電盤(배전반), 送電(송전), 水力發電(수력발전), 陽電氣(양전기), 陰電氣(음전기), 節電(절전), 靜電氣(정전기), 弔電(조전), 祝電(축전), 蓄電(축전), 充電(충전), 打電(타전), 荷電(하전)

車 수레 거/차, 車부7 0273

'車(거/차)'자는 수레 모양을 본뜬 것이다. [거]와 [차] 두 가지 독음이 있는데 의미상 차이는 없고 관행에 따라 읽는다. '車(거/차)'를 意符(의부)로 하여, 여러 가지 수레, 수레의 각 부위의 이름, 수레를 움직이는 일 등에 관한 문자를 이룬다.

수레
[車道(차도)] 차가 다니는 길.
[車票(차표)] 차를 탈 수 있음을 증명한 쪽지.
[馬車(마:차)] 말이 끄는 수레.
[自動車(자동차)] 인력이 아닌 동력기관의 힘으로 움직이는 차.
[駐車(주:차)] 자동차를 세워 둠.
[停車場(정거장)] 버스나 열차가 승객이 타고 내리거나 화물을 싣거나 내리기 위하여 멈추게 되어 있는 곳.
車間(차간), 車輛(차량), 車路(차로), 車輪(차륜), 車馬費(거마비), 車不自行(거불자행), 車庫(차고), 車費(차비), 車線(차선), 車掌(차장), 車種(차종), 車窓(차창), 車體(차체), 車軸(차축), 車便(차편), 開門發車(개문발차), 客車(객차), 牽引車(견인차), 救急車(구급차), 急行列車(급행열차), 機關車(기관차), 汽車(기차), 無賃乘車(무임승차), 拍車(박차), 發車(발차), 配車(배차), 洗車(세차), 乘用車(승용차), 乘車(승차), 列車(열차), 牛車(우차), 乳母車(유모차), 自轉車(자전거), 裝甲車(장갑차), 電車(전차), 戰車(전차), 停車(정차), 廢車(폐차), 布帳馬車(포장마차), 貨車(화차), 空車(공차), 人力車(인력거), 通勤車(통근차), 下車(하차), 後車誡(후거계)

수레바퀴, 도르레
[水車(수차)] ① 물레방아. ② 논에 물을 대는 물레.
[齒車(치차)] 톱니바퀴.
[風車(풍차)] 바람의 힘을 이용하여 동력을 얻는 수레바퀴 모양의 기계 장치.
[滑車(활차)] (물) 도르래. 바퀴에 줄이나 쇠사슬 따위를 걸어 힘의 방향을 바꾸거나 힘을 크게 내게 하는 장치. 기계 장치에 많이 쓰임.

仁 어질 인, 人부4 0274

'仁(인)'자는 '사람 亻(인)'과 '두 二(이)'로 이루어졌다. 남과 더불어 둘이 아니라 하나를 이루는, 즉 '친하다'가 본래 의미인데, '어질다'는 뜻으로 많이 쓰인다.

어질다, 인자하다, 자애, 동정, 인도(人道)의 근본, 도덕적 지선(至善), 덕이 높은 사람, 친하다, 사랑하다, 사람의 마음
[仁術(인술)] 사람을 살리는 어진 기술이란 뜻으로 '의술'을 일컫는 말.
[仁義禮智信(인의예지신)] 유교에서 五常(오상)을 이루

는 다섯 가지 요소. 즉 어질고(仁)・의롭고(義)・예의 바르고(禮)・지혜롭고(智)・신의가 있는 것(信).
[殺身成仁(살신성인)] 자신의 몸을 죽여서 어짊을 이룩한다. 위급한 상황에 처했을 때 자신의 몸을 죽여 정의를 이룩하는 것이 사람의 올바른 자세라는 뜻이다. 『論語(논어)・衛靈公(위령공)』
[仁者無敵(인자무적)] 어진 사람은 모든 사람을 사랑하므로 천하에 적대하는 사람이 없음.
[巧言令色(교언령색), 鮮矣仁(선의인).] 말을 교묘하게 꾸미고 얼굴빛을 좋게 하는 자는 어진 이가 드물다. 『論語(논어)・學而(학이)』 ☞ * 028
[知者樂水(지자요수), 仁者樂山(인자요산).] 지혜로운 자는 사리에 밝아서, 물과 같이 周流(주류)하여 막힘이 없기 때문에 물을 좋아하고, 어진 사람은 의리에 만족하여 몸가짐이 진중하고 심덕이 두터워 그 心境(심경)이 산과 비슷하므로 자연히 산을 좋아한다. 여기에서 '樂山樂水(요산요수)'란 말이 나왔다. 『論語(논어)・雍也(옹야)』
仁德(인덕), 仁愛(인애), 仁慈(인자), 仁者(인자), 仁政(인정), 仁兄(인형), 仁厚(인후), 寬仁大度(관인대도), 不仁(불인), 宋襄之仁(송양지인), 爲富不仁(위부불인), 智仁勇(지인용)

과실의 씨
[仁(인)] 세포의 核(핵) 속에 들어 있는 인.
[桃仁(도인)] 복숭아씨의 알맹이. 해소・변비 따위의 약재로 씀.
[麻仁(마인)] 삼씨.
[杏仁(행:인)] 살구씨의 껍데기를 깐 알맹이. 기침・변비 따위의 약재로 씀.

義 옳을 의:, 羊부13   0275

'義(의)'자는 톱날 모양의 날이 있는 의장용 무기 我(아)'에 '羊(양) 뿔' 모양의 장식이 달려 있는 것으로 '위엄'의 뜻을 나타낸 것이다. 후에 '옳다', '뜻', '인공으로 해 넣은' 등의 뜻으로 확대 사용되었다.

옳다, 의롭다, 바르다, 정도를 따르다
[義擧(의:거)] 정의를 위하여 일을 일으킴.
[義理(의:리)] ① 사람으로서 마땅히 지켜야 할 도리. ② 사람과의 관계에 있어서 지켜야 할 바른 도리. ¶의리를 지키다
[禮義(예:의)] 예절과 의리.
[仁義禮智信(인의예지신)] ☞ 仁(인)
[正義(정의)] ① 바른 도리. 정직 선량의 도의. ② 바른 뜻.
[見利思義(견리사의).] 이익될 일을 보고는 그것이 의리에 합당한가 어떤가를 생각하라. 『論語(논어)・憲問(헌문)』 ☞ * 015
[君子尙義(군자상의), 小人尙利(소:인상리).] 군자는 의리를 높이 사고, 소인은 이익을 높이 산다. 『宋・邵雍(소옹)』
[不義而富且貴(불의이부차귀), 於我如浮雲(어아여부운).] 의롭지 못하고서 부귀를 누림은 내게 있어 뜬구름과 같다. 나쁜 짓을 해서 부자가 되고 높은 지위에 앉게 된들 그러한 것은 내게는 모두 정처없이 흘러가는 뜬구름처럼, 마음을 움직이기에는 부족한 것이다. 『論語(논어)・述而(술이)』 ☞ * 125
義氣(의기), 義妓(의기), 義兵(의병), 義憤(의분), 義奮(의분), 義勇(의용), 義絕(의절), 義血(의혈), 結義(결의), 見得思義(견득사의), 見利忘義(견리망의), 君臣有義(군신유의), 大義(대의), 大義名分(대의명분), 德義(덕의), 桃園結義(도원결의), 不義(불의), 不義之財(불의지재), 信義(신의), 禮門義路(예문의로), 禮義廉恥(예의염치), 仁義(인의), 節義(절의), 倡義(창의), 忠義(충의)

법도, 길, 사람이 행해야 할 덕, 도리, 이치, 직책, 본분
[義務(의:무)] ① 당연히 해야 할 일. ② (윤) 도덕적 필연성에 따르는 요구. ③(법) 법률로 규정하는 작위 또는 부작위. ¶국민의 권리와 의무
[道義(도:의)] 사람이 마땅히 지키고 행해야 할 도덕적 의리.
義警(의경), 義塚(의총), 兵役義務(병역의무)

의협, 약자를 돕거나 위급을 구하는 일
[義犬(의:견)] 은혜를 잊지 않는 의로운 개.
[義捐(의:연)] 자선이나 공익을 위하여 금품을 냄. 참義捐金(의연금)
[義士(의:사)] 의로운 선비. 의협심이 있고 절의를 지키는 사람. ¶안중근 의사
[義俠(의:협)] 정의를 위하여 강한 이와 맞서고 약한 이를 돕는 용기. 참義俠心(의협심)
義死(의사), 義勇(의용), 義勇軍(의용군), 義塾(의숙), 義人(의인), 義賊(의적), 義倉(의창)

의미, 뜻
[講義(강:의)] ① (학문・기술・실무 등에 대한 내용을) 설명하여 가르침. ② 대학에서의 수업.
[意義(의:의)] 어떤 사실이나 행위 따위가 갖는 중요성이나 가치. ¶3・1운동의 역사적 의의
[異義(이:의)] 다른 뜻. 참同音異義語(동음이의어)
[定義(정:의)] 사물의 본질적인 뜻. ¶정의를 내리다
個人主義(개인주의), 古典主義(고전주의), 共產主義(공산주의), 廣義(광의), 敎義(교의), 同義(동의), 字義(자의), 官僚主義(관료주의), 權威主義(권위주의), 機會主義(기회주의), 樂天主義(낙천주의), 浪漫主義(낭만주의), 民主主義(민주주의), 拜金主義(배금주의), 法治主義(법치주의), 復古主義(복고주의), 社會主義(사회주의), 厭世主義(염세주의), 利己主義(이기주의), 利他主義(이타주의), 資本主義(자본주의), 主義(주의), 重農主義(중농주의), 眞義(진의), 耽美主義(탐미주의), 狹義(협의)

참 것이 아닌 것
[義父(의:부)] ① 의붓아버지. ② 수양아버지. ③ 의리

로 맺은 아버지.
[義手(의:수)] 인공으로 해 넣은 손. 손이 없는 사람을 위하여 나무나 고무 따위로 만들어 붙인 손. 참義足(의족)
[義兄弟(의:형제)] ① 의리로 맺은 형제 관계. ② 아버지나 어머니가 다른 형제.
[義齒(의:치)] 만들어 박은 이.
義男妹(의남매), 義女(의녀), 義眼(의안), 義子(의자), 義兄(의형)

禮 예도 례:, 示부18　　0276

'禮(예)'자의 원래 글자인 '豊(례/풍)'은 제사에 쓸 술을 담아 놓은 단지를 그린 것이었다. 제사에는 여러 가지 예법과 예의를 지켜야 했다. '후에 '제사 示(시)'가 보태졌다.

예도, 예절
[禮(예:)] ① 사람이 마땅히 지켜야 할 도리. ② 예식.
[禮儀(예:의)] 존경의 뜻을 표하여 예로써 나타내는 말투나 몸가짐. ¶그는 언제나 단정하고 예의 바른 사람이었다
[無禮(무례)] 예의가 없거나 그에 맞지 않음. 버릇없음. ¶무례한 놈
[虛禮虛飾(허례허식)] 예절·법식들을 형편에 맞지 않게 겉으로만 번드르르하게 꾸밈. ¶우리는 허례허식을 버리고 실질을 숭상해야 한다
[禮尚往來(예:상왕래).] 예절은 서로 왕래하고 교제함을 귀히 여김. 『禮記(예기)』
[禮順人情(예:순인정).] 예는 인정에 순종함. 예의는 사회 인사 행위의 준칙이므로 인정에 따라야 함을 필요로 함. 법치주의에 상대하여 이르는 말.
[過恭非禮(과:공비례).] 지나친 공손은 도리어 예가 되지 못함.

> [恭而無禮則勞(공이무례즉로),] 공손하면서 예법이 없으면 고달프다. 몸가짐이 공손한 것은 중요하다. 그러나 거기에도 적당한 절도가 없다면 너무 거북하여 심신을 고달프게 만든다.
> [慎而無禮則葸(신이무례즉사),] 신중하면서 예가 없으면 두려워진다.
> [勇而無禮則亂(용이무례즉난),] 용감하면서 예가 없으면 난폭해진다.
> [直而無禮則絞(직이무례즉교).] 정직하면서 예가 없으면 각박해진다. 『論語(논어)·泰伯(태백)』
> [四勿(사:물)] 공자가 안회(顔回)에게 가르친 네 가지 삼갈 일.
> 非禮勿視(비:례물시), 非禮勿言(비:례물언), 非禮勿聽(비:례물청), 非禮勿動(비:례물동). 예가 아니면 보지 말고, 예가 아니면 듣지 말고, 예가 아니면 말하지 말고, 예가 아니면 행동하지 말라. 예의에 벗어난 것은 되도록 피하는 것이 좋다. 보는 것, 듣는 것, 말하는 것, 행하는 것, 모두가 예가 아닌 것과 친숙하게 되면 자신도 모르게 마음도 그 올바름을 잃게 된다. 예가 아닌 것을 피하고 삼가는 것이 곧 仁(인)의 도리에 이르는 방법이다. 『論語(논어)·顔淵(안연)』

禮官(예관), 禮度(예도), 禮帽(예모), 禮訪(예방), 禮法(예법), 禮服(예복), 禮書(예서), 禮式(예식), 禮式場(예식장), 禮樂(예악), 禮讓(예양), 禮遇(예우), 禮儀凡節(예의범절), 禮義(예의), 禮義廉恥(예의염치), 禮節(예절), 禮曹(예조), 家禮(가례), 嘉禮(가례), 舉手敬禮(거수경례), 缺禮(결례), 冠禮(관례), 軍禮(군례), 克己復禮(극기복례), 吉禮(길례), 答禮(답례), 大禮(대례), 滿員謝禮(만원사례), 緬禮(면례), 目禮(목례), 黙禮(묵례), 拜禮(배례), 繁文縟禮(번문욕례), 非禮(비례), 賓禮(빈례), 謝禮(사례), 相見禮(상견례), 喪禮(상례), 生辰茶禮(생신차례), 洗禮(세례), 崇禮門(숭례문), 失禮(실례), 五禮(오례), 儀禮(의례), 葬禮(장례), 典禮(전례), 祭禮(제례), 朝禮(조례), 終禮(종례), 主禮(주례), 集禮(집례), 茶禮(차례), 參禮(참례), 醮禮(초례), 醮禮廳(초례청), 浸禮(침례), 賀禮(하례), 賀禮客(하례객), 割禮(할례), 合掌拜禮(합장배례), 虛禮(허례), 婚禮(혼례), 凶禮(흉례)

예를 적은 책
[禮記(예:기)] 周代(주대)의 禮(예)에 관한 경서로 五經(오경)의 하나. 漢代(한대)의 유학자에 의하여 편찬되었다.

경의를 표하다
[禮拜(예:배)] (종) 신도가 신에게 기도와 경배·찬송 등을 드리는 의식.
[禮佛(예:불)] 부처에게 예배함.
[禮讚(예:찬)] 아름다운 것에 경의를 표하고 찬양함. ¶청춘 예찬
[敬禮(경:례)] 恭敬(공경)의 뜻을 나타내기 위하여 머리를 숙이거나, 허리를 굽히거나, 손을 올려서 하는 인사. ¶국기에 대한 경례/거수 경례
[巡禮(순례)] 여러 성지나 영지 등을 차례로 돌아다니며 참배함. ¶성지 순례
禮拜堂(예배당), 舉手敬禮(거수경례), 黙禮(묵례)

폐백
[禮單(예:단)] 예물을 적은 單子(단자).
[禮緞(예:단)] 예물로 주는 비단.
[禮物(예:물)] ① 사례의 뜻으로 보내는 돈이나 물건. ② 혼인할 때 신랑과 신부가 기념으로 주고받는 물품.

오례, 구례
[冠禮(관례)] 아이가 어른이 되는 예식. 남자는 갓을 쓰고 여자는 쪽을 찜. 열대여섯 살에서 스무 살에 행하였음. 참成年式(성년식)
[九禮(구례)] 冠禮(관례)·婚禮(혼례)·朝禮(조례)·聘禮(빙례)·喪禮(상례)·祭禮(제례)·賓主禮(빈주례)·鄕飮酒禮(향음주례)·軍禮(군례)의 총칭.
[五禮(오:례)] 길례(吉禮;祭祀)·흉례(凶禮;喪葬)·빈례(賓禮;賓客)·군례(軍禮;軍旅)·가례(嘉禮;冠婚).

智 슬기 지, 日부12　0277

'智(지)'자는 남이 말하는 것[曰(왈)]을 '잘 아는[知(지)] 슬기'를 뜻하였다. '알 知(지)'는 표의요소에 표음요소를 겸한다. 지혜는 일정 기간 숙성의 과정이 필요하다. 그래서 후에 '曰(왈)'이 '日(일)'로 바뀌었다. 알고 있는 것[知]이 세월[日]의 경과를 통해 체득되는 '슬기'임을 나타낸다. 그래서 부수가 '曰(왈)'이 아니라 '日(일)'에 지정되었다. 경험이 쌓이지 않으면 지혜를 얻기는 어렵다.

슬기, 지혜, 지혜로운 사람
[智略(지략)] 슬기로운 계략.
[智慧(지혜)] ① 知慧(지혜). 슬기. ② (불) 모든 법에 환하여 잃고 얻는 것과 옳고 그름을 가려내는 마음의 작용.
[機智(기지)] 경우에 따라 재빠르게 대처하는 슬기. ¶기지를 발휘하여 위험을 벗어났다.
[老馬之智(노마지지)] 齊(제)의 管仲(관중)이 산중에서 길을 잃었을 때, 늙은 말을 풀어주어 그 뒤를 따라가 마침내 길을 찾았다는 고사에서, '경험을 쌓아 練達(연달)된 지혜'를 일컫는 말.
[智欲圓而行欲方(지욕원이행욕방).] 지혜는 원만하기를 바라고 행동은 방정하기를 바란다. 줄여서 '智圓行方(지원행방)'이라고 함. 『小學(소학)·內篇(내편)·嘉言(가언)』 ☞ *085
[是非之心智之端也(시비지심지지단야).] 옳고 그름을 가리는 마음을 일러 지혜의 실마리라 한다. 『孟子(맹자)·公孫丑 上(공손추 상)』 ☞ *171

[聰明睿智(총명예지)] 聖君(성군)이 갖추어야 할 필수 요건 네 가지. '聰(총)', 귀가 밝다는 것이다. 경청을 잘한다는 것이 아니라 아랫사람의 말을 듣는 순간 그 말 속에 섞여 있는 참과 거짓, 즉 眞僞(진위)를 정확히 가려낼 줄 안다는 뜻이다. '明(명)', 눈이 밝다는 뜻이다. 오랜 경험으로 인해 눈앞에 벌어지는 일의 잘잘못을 명확하게 가려낼 줄 안다는 뜻이다. '睿(예)', 일에 밝다는 뜻이다. 그래서 어떤 일을 추진하기에 앞서 밑그림을 빈틈없이 그려낼 줄 안다는 뜻이다. '智(지)', 사람에 밝다는 것이다. 사람을 깊이 꿰뚫어 보기 때문에 그 사람의 마음가짐이나 숨은 능력을 들여다볼 줄 안다는 뜻이다. 이렇게 풀이해야 왜 聰明睿智(총명예지)가 聖君(성군)의 덕목이라 했는지 알게 된다. 『中庸(중용)』

智德體(지덕체), 智謀(지모), 智仁勇(지인용), 智將(지장), 烏鵲之智(조작지지), 衆智(중지), 慧智(혜지).

信 믿을 신:, 人부9　0278

'信(신)'자는 '사람 亻(인)'과 '말씀 言(언)'으로 이루어졌다. 사람의 말과 성실성은 불가분의 관계이다. 사람의 말은 미덥게 해야 한다. 수레와 말이 있다고 해서 길을 갈 수 있는 것이 아니다. 이 둘을 이어주는 끌채와 멍에가 있어야 한다. 사람도 신뢰가 없으면 아무리 재주가 많더라도 쓸모가 없다.

믿다, 믿음, 진실, 성실
[信仰(신앙)] 신이나 초자연적인 절대자를 믿고 우러러보며 따르는 마음.
[信義(신의)] 믿음과 의리.
[迷信(미신)] ① 어리석어서 그릇된 신앙을 잘못 믿음. ② 합리적·과학적 입장에서 헛되다고 여겨지는 믿음.
[背信(배신)] 신뢰를 저버림. 젨背信者(배신자)
[所信(소신)] 믿는 바. 자기가 확실하다고 굳게 생각하는 바.
[仁義禮智信(인의예지신)] ☞ 仁(인)
[信言不美(신:언불미), 美言不信(미언불신).] 진실한 말은 아름답지 않고, 아름다운 말은 진실하지 못하다. 꾸민 말에는 진실한 맛이 없다. 『老子(노자)·道德經 81章(도덕경 81장)』
[恭寬信敏惠(공관신민혜).] 仁道(인도)를 행하는 윗사람이 지녀야 할 마음가짐 다섯 가지는 공손함, 너그러움, 믿음직스러움, 민첩함, 은혜로움이다. 『論語(논어)·陽貨(양화)』 ☞ *019
[尾生之信(미생지신)] 尾生(미생)이란 사람이 다리 밑에서 여자와 만날 약속을 지키려고 기다리던 중 홍수에도 피하지 않고 기다리다가 물에 빠져 죽었다는 일에서 나온 말로, '융통성 없이 약속만을 굳게 지킴'을 이르는 말. 『史記(사기)·蘇秦列傳(소진열전)』

信念(신념), 信徒(신도), 信望(신망), 信望愛(신망애), 信賴(신뢰), 信奉(신봉), 信憑(신빙), 信實(신실), 信心(신심), 信用(신용), 信用狀(신용장), 信任(신임), 信任狀(신임장), 信者(신자), 信條(신조), 信託(신탁), 公信力(공신력), 過信(과신), 狂信(광신), 篤信(독신), 盲信(맹신), 民間信仰(민간신앙), 半信半疑(반신반의), 不信(불신), 朋友有信(붕우유신), 與信(여신), 威信(위신), 移木之信(이목지신), 自信(자신), 平信徒(평신도), 確信(확신).

표시, 표지, 증명
[信賞必罰(신:상필벌)] '공로가 있는 사람에게는 반드시 상을 주고, 죄가 있는 사람에게는 반드시 벌을 줌'의 뜻으로, '상벌을 공정하게 함'을 이르는 말.
[信號(신:호)] ① 통신을 위해 사용하는 표지. ② 일정한 부호, 표지, 소리, 몸짓 따위로 특정 내용 또는 정보를 전달하거나 지시함. 또는 그렇게 하는 데 쓰는 부호. ¶교통 신호 젨信號燈(신호등)
[赤信號(적신호)] ① 교통신호에서 '멈춤'을 알리는 신호. 붉은 깃발이나 등을 이용함. ② 위험 신호. ¶무역수지의 적신호 핖靑信號(청신호)
信標(신표), 信號燈(신호등), 符信(부신), 靑信號(청신호).

편지, 소식
[發信(발신)] 편지로 소식을 보냄. 젨發信人(발신인), 受信(수신)

[書信(서신)] 편지로 전하는 소식.
[外信(외신)] 외국으로부터 온 소식. 참外信記者(외신기자)
[春信(춘신)] 봄소식.
[通信(통신)] ① 소식이나 정보를 교환하고 연락하여 통하게 하는 일. ② 우편·전신·전화 등으로써 뜻을 전하는 일. 참通信社(통신사), 通信販賣(통신판매)
[回信(회신)] 돌아온 소식. 편지, 전신, 전화 따위로 회답을 함.

交信(교신), 短信(단신), 答信(답신), 返信(반신), 送信(송신), 受信(수신), 受信人(수신인), 受信者(수신자), 雁信(안신), 電信(전신), 絶信(절신), 遞信(체신), 通信網(통신망), 平信(평신), 花信(화신)

勇 날랠 용:, 날쌜 용:, 力부9　0279

'勇(용)'자는 '힘 力(력)'과 '길 甬(용)'으로 이루어졌다. '날래다, 씩씩하다'는 뜻을 나타낸다.

날쌔다, 날쌔고 재빠르다
[驍勇(효용)] 사납고 날램.

씩씩하다, 어려움이나 두려움을 무릅쓰다
[勇敢(용:감)] 어려움이나 두려움을 모르고 기운차고 씩씩함. ¶용감하게 싸워라 참勇敢無雙(용감무쌍)
[勇氣(용:기)] 용감한 기운. 사물을 겁내지 아니하는 기개.
[蠻勇(만용)] 사리분별 없이 함부로 날뛰는 용맹. ¶만용을 부리다
[勇而無禮則亂(용:이무례즉난).] 용감하면서 예가 없으면 난폭해진다. 『論語(논어)·泰伯(태백)』 ☞ * 021
[勇將下無弱卒(용:장하무약졸).] 용감한 장수 밑에는 허약한 병사가 없음. 『蘇軾(소식)』

勇敢無雙(용감무쌍), 勇斷(용단), 勇猛(용맹), 勇名(용명), 勇士(용사), 勇躍(용약), 勇者(용자), 勇將(용장), 勇退(용퇴), 武勇(무용), 武勇談(무용담), 義勇(의용), 義勇軍(의용군), 智仁勇(지인용), 忠勇(충용)

용, 한꺼번에 모아서 내는 센 힘
[勇(용:)쓰다]

德 베풀 덕, 덕 덕, 큰 덕, 彳부15　0280

'德(덕)'자는 원래 '길 彳(척)'과 '곧을 直(직)'이 합쳐진 것으로, '한 눈 팔지 않고 길을 똑바로 잘 가다'는 뜻이었다. 후에 '마음 心(심)'이 덧붙여진 것은 '도덕심'을 강조하였기 때문일 것이다. 문장이 아니라 낱말에서는 '(은혜를) 베풀다'는 뜻으로 많이 쓰이지만, '큰 덕'이라는 훈으로 알려져 있다. 낱말 차원에서는 '크다'는 뜻으로 쓰인 예가 없기 때문에, 많이 쓰이는 뜻을 취하여 대표 훈으로 삼았다.

또 하나의 다른 견해는, '德(덕)'의 본래 글자는 곧을 '直(직)'과 마음 '心(심)'이 합쳐진 '悳(덕)'이었다. '直(직)'은 곧게 똑바로[十] 보래[目]는 말이고 그 아래에 '한 一(일)'과 '마음 心(심)'이 있어, '마음을 하나로 모으다'란 뜻이다. 즉 눈으로 곧게 보고, 마음을 하나로 모아 올바른 마음가짐을 갖는 것이 '德(덕)/悳(덕)'이라 하였다. 어느 편을 따르든 '德(덕)'을 이해하는 데 도움이 될 것이다.

덕, 공정하고 포용성 있는 마음·품성·기질, 높은 수준의 인품·품격·사상·생활을 통일하는 것

[德(덕)] ① 마음이 올바르고 人道(인도)에 합당함. 또는 그로 인해 인격이 갖추어져서 남을 敬服(경복)시키는 힘. ¶덕이 높다/덕이 있는 사람 ② 은혜나 덕택. ¶누구의 덕으로 컸는지도 모르고… ③ 功德(공덕) ¶공덕을 쌓다
[德望(덕망)] 덕행으로 얻은 명망. ¶덕망이 대단히 높다/덕망을 잃다
[德行(덕행)] 어질고 너그러운 행실.
[道德(도:덕)] ① 가야 할 바른 길과 베풀어야 할 일. ② 사회의 구성원들이 양심, 사회적 여론, 관습 따위에 비추어 스스로 마땅히 지켜야 할 행동준칙이나 규범.
[愛人以德(애:인이덕).] 남을 사랑함에는 덕으로써 함. 일시적이며 假飾的(가식적)인 사랑은 사랑이 아님을 이른다. 『禮記(예기)』
[有言者不必有德(유:언자불필유덕).] 훌륭한 말을 한 사람이 반드시 덕이 있는 사람이라고는 할 수 없음. 『論語(논어)·憲問(헌문)』
[德薄而位尊(덕박이위존), 知小而謀大(지소이모대), 力小而任重(역소이임중), 鮮不及矣(선불급의).] 덕은 박한데 지위가 높고, 아는 것이 적으면서 꾀하는 것은 크며, 힘이 부족한데 직임이 무거우면, 재앙이 미치지 않는 경우는 드물다. 『論語(논어)·繫辭(계사)』
[德不孤必有隣(덕불고필유인)] 덕은 외롭지 않으니 반드시 이웃이 있는 법이다. 훌륭한 일을 하는 사람은 한때 고립되고 질시를 받을 수는 있지만 결국 정성이 통해 이에 동참하는 사람이 나온다는 뜻이다. 참德必有隣(덕필유인) 『論語(논어)·里仁篇(이인편)』

德目(덕목), 德性(덕성), 德育(덕육), 德音(덕음), 德義(덕의), 鷄五德(계오덕), 巧言亂德(교언난덕), 道德經(도덕경), 文德(문덕), 薄德(박덕), 背德(배덕), 變德(변덕), 不德(부덕), 婦德(부덕), 聖德(성덕), 頌德碑(송덕비), 失德(실덕), 惡德(악덕), 五德(오덕), 玩人喪德(완인상덕), 妖變德(요변덕), 威德(위덕), 攸好德(유호덕), 陰德(음덕), 仁德(인덕), 才德(재덕), 才勝德薄(재승덕박), 積德(적덕), 智德體(지덕체), 齒德(치덕), 敗德(패덕), 悖德(패덕), 布德(포덕), 厚德(후덕), 凶德(흉덕)

덕택, 혜택, 어떤 유리한 결과를 가져오게 한 원인, 은혜를 베풀다, 은혜로 여기다, 고맙게 생각하다

[德分(덕분)] 한 사실이 남을 위하여 좋은 결과를 가져오는 데에 긍정적 작용을 하였을 때, '그 작용의 보람'이란 뜻으로 이르는 말. 비德澤(덕택) ¶덕분에 무사히 지냅니다

[德澤(덕택)] 남에게 끼치는 은덕의 혜택.
[美德(미:덕)] 아름답게 베푼 일이나 행동. ¶미덕을 쌓다
[背恩忘德(배:은망덕)] 은혜를 저버리고 은덕을 잊음. 은혜를 잊고 배신함.
[恩德(은덕)] 은혜로운 덕.
[報怨以德(보:원이덕)/以德報怨(이:덕보원).] 덕을 베풀어 원한을 갚다. 원한을 원한으로 갚으면 다시 또 원한을 사게 된다. 때문에 진정한 복수는 덕으로 원한을 갚는 데 있다는 것이다. 『老子(노자)·63章(장)』
感之德之(감지덕지), 報德(보덕), 蔭德(음덕), 人德(인덕), 妻德(처덕), 鴻德(홍덕)

공덕
[功德(공덕)] ① 공적과 덕행. ② (불) 착한 일을 많이 한 공과 불도를 닦은 덕. ¶공덕을 쌓다
[不伐不德(불벌부덕)] 자기의 공로를 자랑하지 아니함. 여기에서 '不德(부덕)'은 덕을 드러내지 않음을 이른다.
[頌德(송:덕)] 공덕을 기림. 참頌德碑(송덕비)

복, 행복
[德談(덕담)] 잘 되기를 비는 말. ¶덕담을 해주다
[福德(복덕)] ① 타고난 복과 후한 마음. ② 타고난 행복.
[福德房(복덕방)] 집·토지 같은 것의 팔고 사는 일, 또는 개인끼리의 돈을 빌고 빌리는 일 따위를 중개하는 곳.

知 알 지, 矢부8   0281

'知(지)'자는 '화살 矢(시)'와 '입 口(구)'로 이루어졌는데, 어떻게 '知(지)'자가 이렇게 만들어졌을까? '안다[知]'는 것은 이렇게 어려운가보다.

알다, 인지하다, 느끼다, 깨닫다, 변별하다, 분별하다, 지식, 아는 바가 많은 일
[知能(지능)] 사물을 이해하고 판단·적응하는 능력. 참知能檢査(지능검사), 知能指數(지능지수)
[知性(지성)] ① 사물을 깨달아 아는 능력 ② '지성인'의 준말.
[知識(지식)] ① 어떤 사물에 관한 명료한 의식과 그것에 대한 판단. ② 알고 있는 내용이나 사물. ③ 인식에 의해 얻어지고 확증된 성과.
[無知(무지)] ① 아는 것이 없음. ② 미련하고 어리석음.
[未知數(미:지수)] ① (수) 방정식에서, 풀어서 구하지 않고는 그 값을 모르는 수. 보통 'x' 따위의 문자로 표시함. 참旣知數(기지수) ② 알지 못할 앞일의 셈속. ¶승패는 미지수이지만 한번 최선을 다해보자
[知彼知己者(지피지기자), 百戰不殆(백전불태).] 적을 알고 나를 아는 자는 백 번 싸워도 위태롭지 않다. 『唐書(당서)·裴度傳(배도전)』 ☞ * 232
[溫故知新(온고지신)] 옛 것을 익히고 그것을 미루어서 새것을 앎. 溫故而知新(온고이지신) 『論語(논어)·爲政(위정)편』
[天知神我知我知子知(천지신지아지자지), 何謂無知(하위무지).] 하늘이 알고, 신이 알고, 내가 알고, 그대가 아는데, 어찌 아는 사람이 없다고 말하는가. '부정한 일은 결국 탄로됨'을 비유하여 이르는 말이다. 楊震(양진)이 뇌물을 물리치면서 한 말이다. '비밀은 숨겨 두어도 언젠가는 반드시 드러남'을 비유적으로 이르는 말이다. '楊震(양진)의 四知(사지)'라고 한다. 『小學(소학)·外篇(외편)·善行(선행)』
知覺(지각), 知能指數(지능지수), 知名(지명), 知斧斫足(지부작족), 知性人(지성인), 知者樂水(지자요수), 知足(지족), 知止(지지), 感知(감지), 格物致知(격물치지), 旣知(기지), 沒知覺(몰지각), 無不通知(무불통지), 無所不知(무소부지), 無知莫知(무지막지), 無知蒙昧(무지몽매), 聞一知十(문일지십), 未知(미지), 富在知足(부재지족), 不可知(불가지), 不問可知(불문가지), 不言可知(불언가지), 不知其數(부지기수), 不知中(부지중), 先知者(선지자), 生面不知(생면부지), 熟知(숙지), 安分知足(안분지족), 諒知(양지), 認知(인지), 全知全能(전지전능), 周知(주지), 天井不知(천정부지), 探知(탐지)

사귀다, 아는 사이, 교우, 사귐, 친구
[知己(지기)] '知己之友(지기지우)'의 준말. 서로 마음을 알아주는 벗.
[知面(지면)] ① 처음으로 만나서 서로 인사하여 알게 됨. ② 척 보아서 알 만한 안면. 또는 그런 안면이 있는 사이.
[親知(친지)] 서로 잘 알고 친근하게 지내는 사이.
知友(지우), 知音(지음), 十年知己(십년지기)

알리다, 통지하다, 통지, 기별
[告知(고:지)] 알림. 통지함. 참告知書(고지서)
[公知(공지)] 여러 사람에게 널리 알림.
[通知(통지)] 알림. 참通知書(통지서)

지사, 주 또는 현의 장, 벼슬 이름
[知事(지사)] '도지사'의 준말. 한 道(도)의 행정을 총괄하는 최고 책임자.
[僉知(첨지)] ① '나이 많은 남자'를 홀하게 일컫는 말. ② '僉知中樞府事(첨지중추부사)'의 준말.

識 알 식, 적을 지, 言부19   0282

'識(식)'자는 '말씀 言(언)'과 '찰진 흙 戠(시)'로 이루어졌다. 또 다른 견해는 '말씀 言(언)', '소리 音(음)', '창 戈(과)'로 이루어진 것으로 보기도 한다. 글자의 형태를 아는 데는 이 후자가 더 낫겠다. '알다'의 뜻을 나타낸다. '기록하다', '표시'의 뜻으로 쓰일 때는 [지]로 읽는다.

알다, 모르는 것을 깨닫다, 아는 것, 지식, 아는 것이 많다, 박학
[常識(상식)] 일반 사람이 다 아는 보통의 지식이나 판단력. ¶상식에 어긋나다 참沒常識(몰상식)

[識字憂患(식자우환)] 글자를 아는 것이 도리어 근심거리가 됨. 차라리 몰랐으면 좋았을 것임.
[無識(무식)] ① 배우지 못해서 아는 것이 없음. ¶무식이 드러나다 凹有識(유식) ② 어리석고 우악스러움. ¶무식한 소리를 하다/무식하게 행동하다
[博學多識(박학다식)] 널리 배우고 많이 앎. 학문이 넓고 아는 것이 많음.
[知識(지식)] ☞ 知(지)
識者(식자), 寡聞淺識(과문천식), 免無識(면무식), 目不識丁(목불식정), 沒常識(몰상식), 博識(박식), 學識(학식)

분별하다, 판별하다, 식견, 분별력
[識見(식견)] ① 학식과 견문. ② 사물을 올바르게 판단할 수 있는 능력.
[識別(식별)] 분별하여 알아냄. 사물의 성질이나 종류 따위를 구별함.
[鑑識(감식)] ① 감정하여 식별함. ¶지문 감식 ② (법) 범죄 수사상 필적이나 지문, 또는 혈흔 등에 관한 감정과 식별. ¶지문 감식 ③ 미술 공예품의 종류·眞假(진가)·제작 연대 등을 판별하는 일.

인정하다, 인식하다, 지각, 감각
[無意識(무의식)] ① 의식함이 없음. ② 마음 깊이 자리하고 있으면서 겉으로 잘 드러나지 않거나 자각되지 않는 마음.
[意識(의:식)] ① 깨어 있는 상태에서 사물에 대하여 인식하는 작용. ¶의식을 잃다 ② 어떤 것을 두드러지게 느끼거나 특별히 염두에 두다. 趣意識的(의식적) ③ (철) 감각하거나 인식하는 모든 정신 작용. ④ (불) 六識(육식)의 하나. 사물을 분별·인식하는 모든 작용.
[認識(인식)] ① 사물을 분별하고 판단하여 앎. 또는 그 작용. ② (심) 지각·기억·상상·구상·판단·추리를 포함한 廣義(광의)의 知的(지적) 작용.
階級意識(계급의식), 劣等意識(열등의식), 優越意識(우월의식), 潛在意識(잠재의식)

서로 낯이 익다, 사귀다, 친밀한 사이, 친지
[面識(면:식)] ① 알음. 서로 아는 낯. ② 알고 있는 것.
[一面識(일면식)] 서로 얼굴을 한 번 대하여 본 일. ¶일면식도 없다.

지혜, 시비·선악을 분별할 수 있는 능력
[良識(양식)] 양심적인 지식과 판단력.

나타내다, 표, 표지
[標識(표지)] 어떤 사물을 다른 것과 구별하여 알아보기 쉽도록 기호로 標示(표시)하거나 문자로 기록함. 趣標識板(표지판)

交 사귈 교, 亥부6 0283

'交(교)'자는 사람이 다리를 꼬아 엇갈리게 하고 서 있는 모습을 본뜬 글자이다. 평행한 두 다리가 엇갈려야만 서로 닿을 수 있다는 데서, '사귀다'라는 뜻을 나타낸다.

사귀다, 벗하다, 친하게 지내다
[交際(교제)] 서로 사귀어 가까운 사이가 됨.
[管鮑之交(관포지교)] 춘추 시대, 齊(제)의 '管仲(관중)과 鮑叔牙(포숙아)의 사귐'이란 뜻으로, 친밀한 교제를 비유하여 이르는 말.
[水魚之交(수어지교)] 물과 물고기는 떨어질 수 없듯이 '매우 친한 사귐'을 비유하여 이르는 말. ① 군신(君臣) 사이가 아주 친밀함을 이름. ② 부부의 화목함을 이름.
[外交(외:교)] 국가와 국가 간의 교제. 국가 간의 교섭. 趣外交官(외교관), 外交通商部(외교통상부)
[絕交(절교)] 교제를 끊고 상종하지 아니함.
[貧賤之交不可忘(빈천지교불가망).] 빈천했던 시절에 사귀었던 친구는 부귀하게 된 뒤에도 잊어서는 안 됨. _____, 糟糠之妻不下堂(조강지처불하당). 『後漢書(후한서)』
[世人結交須黃金(세:인결교수황금), 黃金不多交不深(황금부다교불심).] 세상 사람들은 금전으로써 교제를 맺음. 돈이 많지 않으면 그 사귐도 깊지 않음. 돈으로 친구를 사귀는 세태를 개탄하며 읊은 시. 『張謂(장위)·詩(시)』
[以利交者利窮則散(이:리교자이궁즉산), 以勢交者勢傾則絕(이:세교자세경즉절).] 이익을 위하여 교제하는 자는 그 이익이 다하면 흩어지고, 세력을 가지고 교제하는 자는 세력이 기울면 교제가 끊어진다. '소인들의 야박한 처세'를 비유하여 이르는 말. 『文中子(문중자)』
交淡如水(교담여수), 交分(교분), 交友(교우), 交遊(교유), 國交(국교), 斷交(단교), 忘年交(망년교)/忘年之交(망년지교), 忘言交(망언교), 忘形交(망형교), 刎頸之交(문경지교), 社交(사교), 世交(세교), 勢利之交(세리지교), 修交(수교), 遠交近攻(원교근공), 情交(정교), 芝蘭之交(지란지교), 親交(친교), 平交(평교), 平交間(평교간), 布衣之交(포의지교)

서로 엇갈리다
[交叉路(교차로)] 두 길이 엇갈리는 곳. 또는 서로 엇갈리는 길.
[交子(교자)] ① 다리가 교차되어 있는 것. ② 교자상에 차려 놓은 음식.
[交互作用(교호작용)] 서로 원인이 되고 결과가 되는 작용. 상호작용.
交叉(교차), 交互(교호)

뒤섞이다
[交錯(교착)] 이리저리 뒤섞여 엇갈림.

바꾸다, 바뀌다
[交易(교역)] 나라 사이에서 물건을 팔고사고 하여 바꾸는 일.
[交替(교체)] 다른 사람이나 사물로 갈아 바꿈. ¶인원 교체
[交換(교환)] ① 서로 바꿈. ¶포로 교환 ② 공급자와 수요자 사이에 재화를 서로 바꾸는 일. ③ 서로 주고받음. ④ 전화나 전신을 통할 수 있도록 사이에서 선로를

이어 주는 일. ⑤ 전화 교환원.
[世代交替(세:대교체)] ① 세대가 바뀌는 것. 묵은 세대가 새 세대로 바뀌거나 늙은 세대가 젊은 세대로 바뀌는 따위. ② 世代交番(세대교번)
交番(교번), 物物交換(물물교환), 世代交番(세대교번)

오고가다, 왕래하다
[交感(교감)] ① 서로 접촉되어 느낌이 따라 움직임. ¶독자와 작가와의 교감. ② 최면술을 쓰는 사람이 상대자를 최면시키는 관계.
[交流(교류)] ① 물이 서로 섞여서 흐름. 또는 그렇게 흐르는 물. ② (전) '교류 전류'의 준말. ③ 서로 사귀어 주고받고 함. ¶경제 교류/문화 교류
[交通(교통)] ① 사람이 오고 가고 하는 일이나, 짐을 실어 나르는 일. ¶교통이 편리하다 ② 서로 정보를 주고받고 하는 일. ③ 서로 통함.
交付(교부)/交附(교부), 交付金(교부금), 交涉(교섭), 交信(교신), 交戰(교전), 交通網(교통망), 交通費(교통비), 幕後交涉(막후교섭)

교미하다
[交尾(교미)] 동물의 암컷과 수컷이 性的(성적)인 관계를 맺는 일. 交接(교접).
[交配(교배)] 서로 다른 계통이나 품종의 암수를 붙이는 일. 품종 개량에 쓰임.
[性交(성:교)] 남녀가 성적인 관계를 맺음.
交雜(교잡), 交接(교접), 交合(교합)

교대로, 서로, 번갈아
[交代(교대)] 일을 번갈아 드는 것. 또는 번갈아 드는 사람. ¶교대 근무

기타
[交響曲(교향곡)] 관현악으로 연주하는, 여러 악장으로 된 소나타 형식의 악곡. 交響樂(교향악).

 대신할 대:, 人부5   0284

'代(대)'자는 '사람 亻(인)'과 '주살 弋(익)'으로 이루진 글자이다. '弋(익)'자는 나무를 교차시켜 만든 말뚝을 뜻한다고 한다. '사람이 번갈아 바뀌다'의 뜻을 나타낸다.

대신하다, 대리하다, 갈리다, 교체하다, 바꾸다
[代辯(대:변)] 어떤 기관이나 개인을 대신하여 그의 의견이나 태도를 책임지고 발표함. 图代辯人(대변인), 代辯者(대변자)
[代身(대:신)] ① 어떤 사람이 할 일에 그 사람과 바꾸어 들어 그 일을 하는 사람. ¶회장 대신 총무가 참석했다 ② 어떤 사물과 바꾸어 그 자리를 채우는 사물. ¶꿩 대신 닭 잡는다 ③ 동사의 '-ㄴ·는'꼴 아래에서 '그와 반대로(다르게)'의 뜻을 나타냄. ¶절망하는 대신 새로운 각오를 하였다 ④ 동사의 '-ㄴ·는'꼴 아래에서 '그 값으로'의 뜻을 나타냄. ¶이번에는 내가 양보하는 대신에 다음에는 자네가 양보해야 한다 ⑤ '남의 것을 맡아'의 뜻. ¶대신 말하다/대신 매를 맞다
[代表(대:표)] ① 단체나 한 개인을 대신하여 그의 생각이나 일을 드러냄. ¶정당 대표 ② 대표자. ③ 본보기로 내세울 만한 것. ¶아리랑은 우리나라 민요의 대표로 손꼽힌다 图代表者(대표자), 代表作(대표작)
[代行(대:행)] ① 대신하여 행함. 또는 그 사람. ¶대통령 권한 대행 ② 다른 방법으로 바꾸함. ¶업무를 대행하다
代講(대강), 代納(대납), 代讀(대독), 代理(대리), 代理母(대리모), 代理人(대리인), 代名詞(대명사), 代母(대모), 代父(대부), 代書(대서), 代贖(대속), 代案(대안), 代役(대역), 代用(대용), 代議員(대의원), 代入(대입), 代替(대체), 代置(대치), 代打(대타), 代播(대파), 代議(대의), 代筆(대필)

번갈다, 번갈아
[代謝(대:사)] 새것과 낡은 것이 번갈아 듦.
[交代(교대)] 일을 번갈아 드는 것. 또는 번갈아 드는 사람. ¶교대 근무
[新陳代謝(신진대사)] ① 묵은 것은 없어지고, 새것이 대신 생기는 일. ② (생) 생물체가 영양을 섭취하고 낡은 물질을 걸러내는 일.

시대
[當代(당대)] ① 그 시대. ¶당대 제일의 화가 ② 이 시대. ③ 사람의 한평생. ¶내 당대에 처음 겪는 물난리
[時代(시대)] ① 일정한 표준에 의하여 구분된 기간. ② 그 당시. 당대. ③ 세월.
[現代(현:대)] ① 오늘날의 이 시대. ② 역사 편찬의 편의를 위한 시대 구분의 하나로, 사상 및 기타의 것이 현재와 같다고 생각되는 때부터 지금까지의 기간. 우리나라에서는 조선 말 고종·순종 시대부터 현재까지, 동양사에서는 청일전쟁 이후 현재까지, 서양사에서는 대개 제1차 세계대전 이후를 말함. 图古代(고대), 近代(근대)
石器時代(석기시대), 時代思潮(시대사조), 時代潮流(시대조류), 年代(연대), 前代(전대), 前代未聞(전대미문), 鐵器時代(철기시대), 靑銅器時代(청동기시대), 稀代(희대)

대(代), 계승의 차례, 사람의 한 평생
[代代孫孫(대:대손손)] 대대로 내려오는 자손. 오래도록 내려오는 여러 대. ¶대대손손 살아온 강산 图世世孫孫(세세손손), 子子孫孫(자자손손)
[三代(삼대)] ① 아버지와 아들과 손자의 세대. ② 세 번째 대. ③ 중국 역사에서, 夏(하)·殷(은)·周(주) 세 왕조.
[歷代(역대)] 대대로 이어 내려온 그 여러 대. 또는 그 동안. ¶역대 왕조
[初代(초대)] ① 한 계통의 연대나 세대의 첫머리. ② 차례로 이어 나가는 자리나 지위에서 첫번째 차례. 또는 그 사람. ¶초대 대통령
代代(대대), 繼代(계대), 屢代(누대)/累代(누대), 萬代(만대), 先代(선대), 世代(세대), 世代交替(세대교체),

十代(십대), 一代(일대), 千秋萬代(천추만대), 太平聖代(태평성대), 後代(후대)

대금, 값
[代價(대:가)] ① 일·수고·노력 등을 한 데 대한 보수나 보람. ¶노동의 대가/희생의 대가 ② 사고 파는 물건의 돈머리.
[代金(대:금)] 물건의 값 대신으로 치르는 돈.
[食代(식대)] 음식을 청해 먹은 대금.
[地代(지대)] ① 땅을 빌어쓰고 있는 사람이 땅의 사용료로 땅 주인에게 주는 돈. ② 땅 값.
[花代(화대)]

수량(數量)의 범위
數量(수량)의 범위를 가리킬 때, 年齡(연령)·年數(연수)에 대해서는 '代(대)'를 쓰고, 金額(금액)·時間(시간)·件數(건수) 따위에 대해서는 '臺(대)'를 쓴다. 예로, 二十代(이십대), 十萬원臺(십만원대), 三十分臺(삼십분대) 등.

作 지을 작, 人부7   0285

'作(작)'자는 사람의 作爲(작위)에 의하여 일어나는 것을 말한다. '사람 亻(인)'과 '일어날 乍(작)'으로 이루어졌다.

짓다, 만들다
[作心三日(작심삼일)] 단단히 먹은 마음이 사흘을 못 간다는 뜻으로 결심이 굳지 못함을 이르는 말.
[作戰(작전)] ① 군사상의 목적을 이루기 위해 필요한 조치나 방법을 짜는 일. ② 어떤 일을 이루는 데 필요한 조치나 방법을 마련하는 일.
[製作(제작)] 재료를 써서 물건을 만듦.
[造作(조작)] 일을 꾸며 만들거나 지어 만듦.
[操作(조작)] 기계 따위를 다루어 움직이게 함.
[作舍道傍三年不成(작사도방삼년불성).] 길가에 집을 짓는데, 오가는 사람들의 참견을 듣다보니, 삼년이 되어도 완성하지 못했다는 뜻으로, '異論(이론)이 많으면 일을 이루기 어려움'을 비유하여 이르는 말. 『後漢書(후한서)』
作故(작고), 作圖(작도), 作動(작동), 作名(작명), 作成(작성), 作心(작심), 作爲(작위), 作者(작자), 作態(작태), 工作(공작), 工作員(공작원), 起居動作(기거동작), 動作(동작), 磨斧作針(마부작침), 不作爲(부작위), 宣撫工作(선무공작), 試作(시작), 新作路(신작로), 自作(자작), 遲延作戰(지연작전), 合作(합작)

이루다
[作黨(작당)] 무리를 이룸.
[作伴(작반)] 동행자나 동무로 삼음.
[作配(작배)] 남녀가 부부로 짝을 지음.
[作別(작별)] ① 서로 헤어짐. ② 이별의 인사를 함.

작품, 작품을 만들다, (문장을)쓰다
[作家(작가)] 전문적으로 문학이나 예술을 창작하는 사람.
[作品(작품)] ① 만든 물건. ② 미술·음악·문학 등 예술 활동의 창작물.
[傑作(걸작)] ① 썩 훌륭한 작품. ② 남의 흥미를 끄는 우스꽝스런 말이나 행동. 또는 그러한 말이나 행동을 하는 사람.
[創作(창:작)] ① 처음으로 생각해내어서 만듦. 또는 그 물건. ② 예술 작품을 남의 것을 본뜨지 않고 제 생각으로 지음. 또는 그 작품.
作曲(작곡), 作文(작문), 作法(작법), 作詞(작사), 作詩(작시), 作者(작자), 作中人物(작중인물), 佳作(가작), 改作(개작), 劇作家(극작가), 勞作(노작), 當選作(당선작), 大作(대작), 代表作(대표작), 名作(명작), 習作(습작), 詩作(시작), 新作(신작), 力作(역작), 原作(원작), 僞作(위작), 遺作(유작), 著作權(저작권), 拙作(졸작), 處女作(처녀작)

농사를 짓다, 농사
[作物(작물)] '농작물'의 준말. 농사로 논이나 밭에 심어서 가꾸는 작물.
[耕作(경작)] 땅을 갈아서 농사를 지음.
[小作(소작)] 남의 전답(田畓)을 빌어서 경작함.
[打作(타작)] ① 곡식의 이삭을 떨어서 거두는 일. ② 지주와 소작인이 그 거둔 곡식을 기준으로 어떤 비율에 다라 갈라 가지는 제도.
[豊作(풍작)] 곡식이 잘 됨. 凶作(흉작)
作況(작황), 工藝作物(공예작물), 農作物(농작물), 稻作(도작), 米作(미작), 半打作(반타작), 竝作(병작), 小作農(소작농), 小作權(소작권), 小作人(소작인), 連作(연작), 園藝作物(원예작물), 輪作(윤작), 自作(자작), 自作農(자작농), 前作(전작), 特用作物(특용작물), 平年作(평년작), 混作(혼작), 後作(후작), 凶作(흉작)

일하다, 행하다
[作業(작업)] 일.
[作用(작용)] ① 어떤 운동이나 현상을 일어나게 함. ② 어떤 영향을 미침. 또는 미치는 영향. ¶좋은 영향
[副作用(부:작용)] ① (의) 으뜸 되는 효과 외에 생기는 약의 딴 작용. ¶이 약은 위장 장애의 부작용이 있을 수 있다 ② 부차적으로 끼치는 바람직하지 못한 작용. ¶그 정책은 애초 노렸던 효과보다는 부작용이 더 컸다
[相互作用(상호작용)] 서로 원인이 되고 결과가 되는 작용. 交互作用(교호작용)
[始作(시:작)] ① 처음으로 하거나 쉬었다가 다시 함. ② 사물의 맨 처음.
[一日不作一日不食(일일부작일일불식).] 하루 일하지 않으면 그 날은 먹지 않음.
作定(작정), 拮抗作用(길항작용), 同化作用(동화작용), 反射作用(반사작용), 反作用(반작용), 異化作用(이화작용), 振作(진작), 風化作用(풍화작용)

일으키다
[作亂(작란)] ① 난리를 일으킴. ② 장난.

[作弊(작폐)] 폐단을 일으킴.
[發作(발작)] ① 어떤 병이나 증세가 갑자기 일어남. ② 어떤 감정이 갑자기 일어남.

기타

[細作(세:작)] 염알이꾼. 남의 사정이나 비밀 따위를 몰래 알아냄. 또는 그런 일을 하는 사람.

(잘못을) 저지르다

[作罪(작죄)] 죄를 저지름.

例 본보기 례:, 법식 례:, 人부8   0286

'例(례)'자는 '사람 亻(인)'과 '줄 列(렬)'로 이루어졌다. '나란히 하다'가 본뜻이었는데, '같은 類(류)', '先例(선례)' 등의 뜻으로 확대 사용되었다.

법식, 규정

[例規(예:규)] 관청이나 회사 따위에서 그 내부의 사무에 관한 기준을 보이기 위하여 정하는 규칙.
[規例(규례)] 지켜야 할 규칙과 정해진 관례.
[定例(정:례)] 정해져 있는 규례.
[條例(조례)] ① 조목조목으로 적어 놓은 규칙이나 법령. ② (법) 지방자치단체가 그 고유 사무와 위임 사무 등에 관하여 법령의 테두리 안에서, 지방의회의 의결에 따라 만든 법.

보기, 본보기, 예

[例年(예:년)] ① 본보기로 삼은 해. 주로 지난해를 말한다. ② 일기 예보에서 지난 30년간 기후의 평균적 상태를 이르는 말. 밴平年(평년)
[例事(예:사)] ① 본보기가 되는 일. ② 흔히 있는 일. 例常事(예상사)의 준말.
[例外(예:외)] 일반적 규칙이나 법식에서 벗어나는 일.
[比例(비:례)] ① 예를 들어 견주어 봄. ② 두 量(량)의 比(비)가 일정하게 되는 관계.
[常例(상례)] 보통의 사례.
[實例(실례)] 사실의 본보기.
[異例(이:례)] 보통과 다른 예. 常例(상례)에서 벗어남.
참異例的(이례적)

例擧(예거), 例文(예문), 例示(예시), 例題(예제), 慣例(관례), 慣例法(관례법), 比例(비례), 惡例(악례), 類例(유례), 反比例(반비례), 凡例(범례), 比例稅(비례세), 事例(사례), 先例(선례), 年例(연례), 用例(용례), 月例(월례), 月例會(월례회), 適例(적례), 典例(전례), 前例(전례), 正比例(정비례), 次例(차례), 通例(통례), 特例(특례), 判例(판례)

吉 길할 길, 口부6   0287

'吉(길)'자는 '선비 士(사)'와 '입 口(구)'의 모양을 가진다. 그러나 선비의 입 또는 선비가 하는 말과는 관련이 없고, '士'는 도끼의 모양이고, '口'는 도끼를 세워 놓는 받침 그릇의 모양을 본뜬 것이라고 한다. '흉할 凶(흉)'과 상대되는 글자이다.

길하다, 운이 좋다, 길한 일, 좋은 일, 일이 상서롭다

[吉夢(길몽)] 좋은 징조의 꿈. ¶길몽인줄 알았더니 개꿈이었네 밴凶夢(흉몽)
[吉日(길일)] ① 좋은 날. ¶길일을 택하여 화촉을 밝히다 ② 매달 음력 '초하룻날'을 달리 일컫는 말.
[吉凶禍福(길흉화복)] 운이 좋고 나쁨과 재앙과 복. '운수'를 풀어서 달리 이르는 말이기도 함.
[不吉(불길)] 운수가 좋지 않음.

吉報(길보), 吉相(길상), 吉祥(길상), 吉運(길운), 吉人(길인), 吉兆(길조), 吉鳥(길조), 吉地(길지), 吉凶(길흉), 大吉(대길), 運數不吉(운수불길)

점을 치는 사람의 소망을 이루는 것을 '吉(길)'이라 하고, 실패를 알려 주는 것을 '凶(흉)'이라 한다. 길과 흉의 사이에는 '悔吝(회인)'이 있다. 흉함이 예상되지만 중간에 뉘우치면 '吉(길)'이 될 수 있는데 이것을 '悔(회)'라 한다. '吝(인)'은 길할 수 있는데 처신을 잘못하면 '凶(흉)'이 됨을 말한다.

좋다, 아름답거나 착하거나 훌륭하다

[吉祥善事(길상선사)] 더할 수 없이 기쁘고 좋은 일.
[吉人辭寡(길인사과), 躁人辭多(조인사다).] 마음씨가 바르고 편안한 사람은 말이 적고, 성급한 사람은 말수가 많다. 『易經(역경)』

예식, 예절의 하나

[吉禮(길례)] 冠禮(관례)나 婚禮(혼례) 등 경사스러운 예식.

凶 흉할 흉, 凵부4   0288

'凶(흉)'자는 '입 벌릴 凵(감)' 안에 죽은 사람에 표시된 불길한 '표(×)'를 넣어 만들었다. 뜻밖에 함정에 빠진 것을 상징적으로 나타낸다. 참 운도 없다. 혼동하기 쉬운 글자로 '흉할 兇(흉)'이 있다. '兇(흉)'자는 '凶(흉)'과 우뚝 선 사람을 뜻하는 '儿(인)'이 합쳐진 글자이다. '흉악한 사람' 또는 '나쁜 사람을 두려워하다'는 뜻을 나타낸다. '儿(인)'이 붙었으니 사람과 관련이 있는 '흉한 일'이다.

흉하다, 운수가 나쁘다, 불길하다, 앞 일이 언짢다

[凶家(흉가)] 사는 사람마다 흉(凶)한 일을 당하는 불길한 집.
[凶夢(흉몽)] 불길한 꿈. 꿈자리가 사나운 꿈. 밴吉夢(길몽)
[凶報(흉보)] ① 불길한 기별. ② 사람이 죽었다는 흉한 기별.
[吉凶禍福(길흉화복)] ☞ 吉(길)

凶事(흉사), 凶相(흉상), 凶日(흉일), 凶兆(흉조), 吉凶(길흉)

흉년, 기근

[凶年(흉년)] 곡식 따위의 산물이 잘 되지 아니하여 주리게 된 해. ¶흉년이 들다 밴豊年(풍년)

[凶漁(흉어)] 물고기가 아주 적게 잡힘.
[凶作(흉작)] 농사가 잘 안되어 소출이 아주 적음. 凹豊作(풍작)
[大凶(대:흉)] 심한 흉년.
[豊凶(풍흉)] 풍년과 흉년.

해치다, 사람을 죽이다
[凶器(흉기)] ① 사람을 죽이거나 해치는 데 쓰는 연장. ② 상여 따위와 같이 喪事(상사)에 쓰는 제구.
[凶彈(흉탄)] 흉한이 내쏜 탄알.

부정하다, 사악하다, 흉하고 고약하다
[凶計(흉계)] 흉악한 꾀.
[凶惡(흉악)] ① 성질 따위가 음흉하고 모짊. ② 모양 따위가 험상궂고 고약함. ¶범죄 수법이 몹시 흉악하다
[凶測(흉측)] ① 몹시 험상궂거나 흉악함. ② 음충맞고 엉큼함. 짐凶惡罔測(흉악망측)
[陰凶(음흉)] 음침하고 흉악함.
凶德(흉덕), 凶邪(흉사), 凶暴(흉포), 凶險(흉험)

禍 재앙 화:, 示부13   0289

'禍(화)'자는 '災禍(재화)'의 뜻을 나타낸 것이다. '보일 示(시)'가 표의요소, '입삐뚤어질 咼(와)'가 표음요소이다.

재화(災禍), 불행, 재난(災難), 근심
[禍根(화:근)] 재앙의 근원.
[吉凶禍福(길흉화복)] ☞ 吉(길)
[轉禍爲福(전:화위복)] 재앙이 바뀌어 오히려 복이 되거나, 복인 줄 알았던 일이 재앙이 된다는 뜻이다. 사람의 인생살이란 어두운 부분과 밝은 부분이 반복된다는 말이다.
[舌禍(설화)] 말로 말미암아 받는 재앙.
[戰禍(전화)] 전쟁으로 말미암은 재앙. 凹兵禍(병화)
[口是禍之門(구시화지문).] 입은 화를 불러들이는 문이다. 『馮道(풍도)·舌詩(설시)』 ☞ * 032
[禍福同門(화:복동문), 利害爲隣(이해위린).] 禍(화)나 福(복)은 다 사람이 스스로 불러들이는 것으로 하나의 같은 문으로 들어오는 것이고, 이익을 얻는 것과 손해를 입는 것은 이웃과 같은 것이라 동전의 양면처럼 언제나 함께 있는 것이다. 禍與福同門(화여복동문), 利與害爲隣(이여해위린). 『淮南子(회남자)·人閒訓 인간훈』
[福莫福於少事(복막복어소사), 禍莫禍於多心(화막화어다심).] 복에는 일 적음보다 더 큰 복이 없고, 재앙에는 마음 많음보다 더 큰 재앙이 없다. 『菜根譚(채근담)·前集 49』
禍端(화단), 禍福(화복), 禍福相生(화복상생), 禍福由己(화복유기), 禍不單行(화불단행), 禍厄(화액), 士禍(사화), 女禍(여화), 免禍(면화), 滅門之禍(멸문지화), 毋望之禍(무망지화), 兵禍(병화), 飛來禍(비래화), 殃

禍(앙화), 災禍(재화), 慘禍(참화), 避禍(피화), 筆禍(필화), 幸災樂禍(행재요화)

福 복 복, 示부14   0290

'福(복)'자는 신에게 제물을 올리는 제단의 뜻인 '보일 示(시)'와 '가득 찰 畐(복)'의 합자이다. '畐(복)'은 술항아리를 뜻하는 글자이다. '福(복)'자는 '신에게 술을 바쳐 술통처럼 풍족하게 그득 차서 행복해지기를 빌다'는 뜻이 된다.

복, 행복, 복을 내리다
[福券(복권)] 번호나 그림 따위의 특정 표시를 기입한 표. 추첨 따위를 통하여 일치하는 표에 대하여 상금이나 상품을 준다. ¶복권이 당첨되었다
[福祉(복지)] 좋은 건강·윤택한 생활·안락한 환경 등이 이루어져 행복을 누릴 수 있는 상태. ¶복지국가 건설 짐福祉國家(복지국가), 福祉社會(복지사회)
[吉凶禍福(길흉화복)] ☞ 吉(길)
[轉禍爲福(전:화위복)] ☞ 禍(화)
[祝福(축복)] 행복을 빎.
[幸福(행:복)] ① 복된 좋은 운수. ② 생활 속에서 충분한 만족과 기쁨을 느끼는 흐뭇한 상태.
[福生於淸儉(복생어청검), 禍生於多貪(화생어다탐).] 복은 맑고 검소한 데서 생기고, 재앙은 많이 탐내는 데서 생긴다. 『明心寶鑑(명심보감)·正己篇(정기편)』 ☞ * 137
[禍福同門(화:복동문), 利害爲隣(이해위린).] ☞ 禍(화)

┌─────────────────────────────────┐
│ [五福(오:복)] 정치를 행하기 위해서는 백성의 행복과
│ 관련된 다섯 가지 사항을 생각한다. 다섯 가지 복이란,
│ 一曰壽(일왈수), 첫째 수명이 길어야 한다.
│ 二曰富(이왈부), 둘째 생활이 넉넉해야 한다.
│ 三曰康寧(삼왈강녕), 셋째 건강하고 마음이 편안해야
│ 한다.
│ 四曰攸好德(사왈유호덕), 넷째 도덕을 좋아하고 즐겨
│ 야 한다.
│ 五曰考終命(오왈고종명). 다섯째 천수를 다하는 것이
│ 다. 『書經(서경)·洪範(홍범)』
│ 세간에서는 攸好德(유호덕)·考終命(고종명) 대신 貴
│ (귀)와 子孫衆多(자손중다)를 넣기도 한다.
└─────────────────────────────────┘

福過災生(복과재생)/福過禍生(복과화생), 福德房(복덕방), 福利(복리), 福無雙至(복무쌍지), 福不福(복불복), 福相(복상), 福音(복음), 福田(복전), 多福(다복), 當代發福(당대발복), 萬福(만복), 冥福(명복), 毋望之福(무망지복), 薄福(박복), 飛來福(비래복), 裕福(유복), 子福(자복), 國利民福(국리민복), 發福(발복), 壽福康寧(수복강녕), 食福(식복), 妻福(처복), 天福(천복), 洪福(홍복), 禍福(화복), 禍福相生(화복상생), 禍福由己(화복유기), 禍生於忽(화생어홀)

제사에 쓴 고기와 술
[飮福(음:복)] 제사를 마치고 제관들이 제사에 쓴 술이

나 다른 제물을 조상이 주는 복이라 하여 나누어 먹음.
기타
[景福宮(경복궁)] 서울 북악산 남쪽 기슭에 있는 조선 때의 궁궐. 태조 3년에 창건하였으며, 임진왜란 때 소실, 고종 4년(1867년) 흥선대원군이 재건하였다.

興 일 흥(:), 흥성할 홍(:), 臼부15   0291

'興(흥)'자는 네 사람(又=손)이 농기구의 일종(同:같다는 뜻이 아님)을 들고 함께 일을 하고 있는 모습을 그린 것이다. 이 경우 '절구 臼(구)'는 '절구'를 가리키는 것이 아니고 두 개의 손[又]이 변한 것이다. 아래 부분은 '두 손으로 받들 廾(공)'의 변형이다. '힘을 합치다'가 본뜻이었다. '일어나다', '흥겹다' 등의 뜻을 나타낸다.

일다, 일어나다, 일으키다, 발(發)하다, 내다, 행하다
[興奮(흥분)] ① 어떤 자극으로 감정이 북받쳐 일어남. 또는 그 감정. ¶흥분의 도가니 ② (생) 자극을 받아 일어나는 감각세포나 신경 단위의 상태 변화. 또는 그것으로 일어나는 전신의 상태 변화.
[夙興夜寐(숙흥야매)] 아침 일찍 일어나고 밤에 늦게 자며 부지런히 일함.

왕성하게 하다
[興國(흥국)] 나라를 일으킴. 또는 세력이 왕성한 나라.
[興亡(흥망)] 잘 되어 일어남과 못되어 없어짐. 참興亡盛衰(흥망성쇠)
[復興(부:흥)] 쇠퇴하였던 것이 전의 번영 상태로 다시 일어나거나 일어나게 함. 참復興會(부흥회), 文藝復興(문예부흥)
[振興(진:흥)] 펼쳐 일어남. 또는 떨쳐 일어남. 떨치어 일으킴. ¶농촌 진흥
興業(흥업), 興行(흥행), 勃興(발흥), 新興(신흥)

좋아하다, 흥, 흥취
[興味(흥:미)] ① 흥을 느끼는 재미. 참興味津津(흥미진진) ② 어떠한 사물에 대한 특별한 관심.
[興盡悲來(흥:진비래)] '즐거운 일이 다하면 슬픈 일이 닥쳐온다'는 뜻으로, '세상의 일이 순환됨'을 가리키는 말.
[感興(감:흥)] 감동되어 일어나는 흥취. ¶감흥을 불러일으키다
[詩興(시흥)] 시로 인해 생기는 기쁨. 또는 시심을 일으키는 흥취.
[破興(파:흥)] 흥이 깨어짐. 또는 흥을 깨뜨림.
興趣(흥취), 餘興(여흥), 座興(좌흥), 酒興(주흥), 醉興(취흥), 卽興曲(즉흥곡), 卽興詩(즉흥시), 卽興的(즉흥적)

기타
[興夫(흥부)] 고소설 흥부전의 주인공. 형 놀부로부터 쫓겨났으나 착하고 고운 마음씨로 뒤에 큰 부자가 되었다.

[興信所(흥신소)] (사) 고객의 부탁에 따라 대가를 받고 기업이나 개인의 신용·재산 상황·개인의 소행 등을 알려 주는 일을 업으로 하는 곳.
[咸興差使(함흥차사)] (이조 태조 이성계가 임금 자리를 물려주고 함흥에 가 있을 때 아들 태종이 보낸 사신을 돌려보내지 아니한 일에서 나온 말로) '심부름을 가서 소식이 없거나 돌아오지 않는 사람'을 비유하는 말.

亡 망할 망, 잃을 망, 亠부3   0292

지금 'ㄴ' 위에 점 'ㅣ'을 찍다. 물론 이 말은 字典(자전)의 字源(자원)에는 없는 말이다. 우리말의 속담에 그런 말이 있다.

망하다, 망하여 없어지다
[亡國(망국)] 망한 나라. 참亡國之本(망국지본), 亡國之臣(망국지신)
[亡兆(망조)] 망하거나 결판날 징조. ¶망조가 들었다
[滅亡(멸망)] 망해서 없어짐. ¶신라의 멸망 원인이 무엇인가?
[興亡盛衰(흥망성쇠)] 흥하고 망하고 성하고 쇠함.
[順天者存(순천자존), 逆天者亡(역천자망).], 하늘의 도리에 순종하는 자는 살아남고, 하늘의 도리에 거역하는 자는 망한다. 『孟子(맹자)·離婁 上(이루 상)』
亡家(망가), 亡國民(망국민), 亡國之臣(망국지신), 死而不亡(사이불망), 衰亡(쇠망), 存亡(존망), 敗亡(패망)

달아나다, 도망치다
[亡命(망명)] 혁명 또는 그 밖의 정치적인 이유로 자기 나라에서 박해를 받고 있거나 박해를 받을 위험이 있는 사람이 이를 피하기 위하여 외국으로 몸을 옮김. 참亡命客(망명객), 亡命政府(망명정부)
[逃亡(도망)] 피하거나 쫓기어 달아남.

죽다
[亡靈(망령)] ① 죽은 사람의 영혼. ② 혐오스러운 과거의 잔재를 이르는 말. ¶당파싸움의 망령이 되살아났다
[亡人(망인)] 장사를 치르는 동안에 '죽은 사람'을 일컫는 말. ¶망인께 실례되는 말을 삼가시오 동亡者(망자)
[亡子計齒(망자계치)] '죽은 자식 나이 세기'란 뜻으로, 이미 그릇된 일을 생각하고 애석히 여김을 비유하여 이르는 말.
[未亡人(미:망인)] '미처 따라 죽지 못한 이'라는 뜻으로, 남편이 죽고 혼자 된 여자.
[死亡(사:망)] 사람이 죽음.
亡母(망모), 亡父(망부), 亡夫(망부), 亡友(망우), 亡妻(망처), 亡兄(망형), 亡魂(망혼), 父先亡(부선망)

잃다, 없애다, 없다
[亡失(망실)] 잃어버림.
[亡羊補牢(망양보뢰)] 양을 잃고 우리를 고침. 이미 실패한 뒤에 뉘우쳐도 쓸데없음을 비유하여 이르는 말.

소 잃고 외양간 고치기.『戰國策(전국책)』
[脣亡齒寒(순망치한)] 입술이 없어지면 이가 시리게 됨. '이해관계가 서로 밀접한 둘 중 어느 한편이 망하면 다른 한편도 그 영향을 받아 온전하기가 어려움'을 비유하여 이르는 말.『春秋左氏傳(춘추좌씨전)』
亡羊得牛(망양득우), 亡羊之歎(망양지탄), 多岐亡羊(다기망양)

업신여기다, 경멸하다, 망신을 당하다
[亡骨(망골)] '아주 주책없는 사람'을 낮잡아 일컫는 말.
[亡身(망신)] 체면이나 명망을 망침. ¶망신을 당하다
[亡身煞(망신살)] 몸을 망치거나 망신을 당할 운수. ¶망신살이 뻗치다
[敗家亡身(패:가망신)] 가산을 탕진하고 몸을 망침.

貧 가난할 빈, 貝부11 0293

'貧(빈)'자는 '조개 貝(패)'와 '나눌 分(분)'으로 이루어졌다. 재물[貝]을 다 나누어[分] 주고 나니 남은 것이 없다. 즉 '가난하다'는 뜻이다. 두 표의요소가 '가난하다'는 뜻을 암시한다. '모자라다'는 뜻으로도 쓰인다.

재물을 나누어 주고 나니 남은 것이 없다, 가난, 빈곤, 곤궁, 가난한 사람, 재물이 없는 사람
[貧困(빈곤)] ① 가난하고 곤궁함. ¶생활의 빈곤/빈곤 타파/빈곤에 찌들다 ② 내용 따위가 모자라거나 텅 빔. ¶정서의 빈곤
[貧富(빈부)] 가난함과 넉넉함. ¶빈부의 차이
[貧者一燈(빈자일등)] 가난한 사람이 부처에게 바치는 등 하나. 부자의 등 만 개보다도 더 功德(공덕)이 있음. 참마음의 소중함을 비유하여 이르는 말.
[富益富(부익부), 貧益貧(빈익빈).] 부자일수록 더욱 부자가 되고, 가난할수록 더욱 가난해짐.
[淸貧(청빈)] 성품과 행실이 높고 맑으며 탐하는 마음이 없고 (그렇게 살아오다보니) 살림은 가난함.
[貧而無怨難(빈이무원난).] 가난하면서 원망이 없기는 어렵다. 가난한 상황에 빠지면 자칫 세상을 원망하고 남을 탓하는 것이 인지상정이다. 그러므로 가난한 경우에 놓였을 때 그래도 아직 원망을 품지 않는 것은 매우 어렵다.『論語(논어)·憲問(헌문)』
[富不儉用貧後悔(부불검용빈후회).] 재산이 풍족할 때 아껴 쓰지 않으면 가난해진 후에 회개한다.『朱子(주자)·朱子十悔訓(주자십회훈)』 ☞ *387
[奢者心常貧(사자심상빈), 儉者心常富(검자심상부).] 사치스러운 이는 마음이 언제나 가난하고, 검소한 이는 마음이 언제나 부유하다.『化書(화서)』

[陳弘謀(진홍모)의 五種遺規(오종유규)]
貧賤生勤儉(빈천생근검), 빈천은 근검을 낳고,
勤儉生富貴(근검생부귀), 근검은 부귀를 낳고,
富貴生驕奢(부귀생교사), 부귀는 교만과 사치를 낳고,
驕奢生淫佚(교사생음일), 교만과 사치는 음란함을 낳으며,

淫佚生貧賤(음일생빈천). 음란함은 빈천을 낳는다. 이렇게 다섯 가지 길이 쳇바퀴처럼 돈다.

貧家(빈가), 貧國(빈국), 貧窮(빈궁), 貧農(빈농), 貧民(빈민), 貧民窟(빈민굴), 貧民村(빈민촌), 貧者(빈자), 貧賤(빈천), 貧寒(빈한), 家貧(가빈), 救貧(구빈), 極貧者(극빈자), 傷貧(상빈), 安貧樂道(안빈낙도), 外富內貧(외부내빈), 外貧內富(외빈내부), 外華內貧(외화내빈), 赤貧(적빈), 赤貧無依(적빈무의), 濟貧(제빈)

적다, 모자라다
[貧道(빈도)/貧僧(빈승)] 중이나 도사가 자기를 겸손하게 일컫는 말.
[貧弱(빈약)] ① 가난하고 힘이 없음. ¶빈약한 집안 ② 보잘 것 없거나 변변하지 못함. ¶빈약한 몸매
[貧血(빈혈)] (의) 피 속의 적혈구나 혈색소의 수가 적어지는 현상. 참貧血症(빈혈증)

富 부자 부:, 넉넉할 부:, 宀부12 0294

'富(부)'자는 '집 宀(면)'과 '가득 찰 畐(복)'으로 이루어졌다. 집에 필요한 설비 따위를 가득 차도록 '갖추다'가 본뜻이다. '재산이 많다', '넉넉하다'의 뜻이다. '福(복)'과 '富(부)에 다 같이 '畐(복)'자가 쓰였다. '畐(복)'자는 술항아리를 본뜬 것이라고 하니 술항아리는 좋은 자리도 차지했다.

재물이 많고 넉넉하다, 넉넉하게 하다, 부, 부자, 인간의 욕망을 충족시키는 가치 있는 모든 것
[富貴(부:귀)] 재산이 넉넉하고 지위가 높음. ¶부귀를 누리다 반貧賤(빈천) 참富貴功名(부귀공명), 富貴榮華(부귀영화)
[富益富(부익부), 貧益貧(빈익빈)] ☞ 貧(빈)
[富者(부:자)] 살림이 넉넉한 사람. 재산이 많은 사람. 반貧者(빈자) ¶부자는 망해도 삼 년 먹을 것이 있다
[甲富(갑부)] 첫째가는 부자. ¶당대의 갑부
[貧富(빈부)] ☞ 貧(빈)
[猝富貴不祥(졸부귀불상).] 갑자기 얻은 부귀는 도리어 상서롭지 못함.
[富貴草頭露(부:귀초두로).] 부귀는 풀잎에 맺힌 이슬 같이 덧없는 것.『蘇軾(소식)·詩(시)』 ☞ *141
[大富由命(대:부유명), 小富由勤(소부유근).] 큰 부자는 천명에 의한 것으로 사람의 뜻이나 힘으로는 어찌할 수 없으나, 작은 부자는 천명과는 상관이 없으며, 노력 여하에 달려 있음을 일컫는 말.『女論語(여논어)·榮家(영가)』
[欲富乎(욕부호), 忍恥矣(인치의).] 부유해지고자 하면 부끄러움을 참아라. 오직 돈만이 목적이라면 창피를 당하더라도 꾹 참아야 한다. 친구도 버리고 의리도 팽개쳐라.『荀子(순자)·大略篇(대략편)』
[知足者富(지족자부).] 만족할 줄 아는 사람은 부유하다. 아무리 재산을 많이 모으더라도 만족할 줄 모르고 더욱더 욕심을 부리는 자는 항상 가난하다. 가난하더라

도 자기 분수를 알아 만족하게 생각하는 사람은 항상 부유한 사람이다.『老子(노자)·道德經 33章(도덕경 33장)』

富強(부강), 富國(부국), 富國强兵(부국강병), 富農(부농), 富民(부민), 富商(부상), 富裕層(부유층), 富村(부촌), 富豪(부호), 巨富(거부), 國富(국부), 爲富不仁(위부불인), 無恥者富(무치자부), 外富內貧(외부내빈), 外貧內富(외빈내부), 外華內貧(외화내빈), 猝富(졸부), 致富(치부)

풍성풍성하다
[豐富(풍부)] 넉넉하게 많음. ¶풍부한 자원/감정이 풍부하다/풍부한 성량

나이가 아직 젊다
[年富力强(연부력강)] 나이가 젊고 힘이 셈.

貴 귀할 귀:, 貝부12　　0295

'貴(귀)'자는 '비싸다'는 뜻을 나타내기 위한 것이었으니 '조개 貝(패)'가 표의요소로 쓰였고, 윗부분은 '잠깐 臾(유)'의 변형으로 표음요소라고 한다.

귀하다(신분이 높다, 벼슬이 높은 사람), 귀히 여기다, 귀하게 되다

[貴賓(귀:빈)] 귀중한 손님. ¶내외 귀빈 여러분 图貴客(귀객)

[貴賤(귀:천)] ① 귀함과 천함. ¶직업에는 귀천이 없다 ② 부귀와 빈천. ③ 신분이 높은 사람과 낮은 사람.

[高貴(고귀)] ① 지위가 높고 귀함. ② 훌륭하고 귀중함. ¶고귀한 희생 ③ 물건 값이 비싸고 귀함.

[富貴(부:귀)] ☞ 富(부)

[猝富貴不祥(졸부귀불상)] ☞ 富(부)

[富貴草頭露(부:귀초두로).]☞富(부)

[富在知足(부:재지족), 貴在求退(귀재구퇴).] '富(부)는 족한 것을 아는 데 있고, 貴(귀)는 물러남을 구하는 데 있다'는 뜻으로, '자기 분수를 알아 이에 만족하여야 함'을 이르는 말.『說苑(설원)』

貴骨(귀골), 貴族(귀족), 貴態(귀태), 貴公子(귀공자), 貴相(귀상), 貴人(귀인), 富貴功名(부귀공명), 富貴榮華(부귀영화), 富貴在天(부귀재천), 尊貴(존귀), 尊卑貴賤(존비귀천)

귀하다(드물다, 값이 비싸다), 소중하다, 중요하다

[貴金屬(귀:금속)] (금·은·백금과 같은) 귀한 금속. 고운 광택을 내며, 잘 녹슬지 않고 변하지 않음.

[貴物(귀:물)] ① 귀중한 물건. ¶산중의 귀물은 머루나 다래, 인간의 귀물은 정든 님이로다 〈강원도아리랑〉 ② 드물어서 얻기 어려운 물건.

[貴重(귀:중)] 매우 귀하고 소중하다.

[騰貴(등귀)] 물건 값이 뛰어오름. 图昻騰(앙등)

[珍貴(진귀)] 보배롭고 보기 드물게 귀하다

[稀貴(희귀)] 드물어서 매우 진귀하다.

*[儉則金賤(검즉금천), 侈則金貴(치즉금귀).] 검소하면 돈이 천해 보이고, 사치하면 돈이 귀해 보인다.『管子(관자)·乘馬(승마)』

사랑하다
[貴女(귀:녀)] ① 특별히 귀염을 받는 딸. ② 지체가 높고 잘 사는 집에서 태어난 여자.

[貴童(귀:동)] 귀둥이. 귀염을 받는 아이

존칭의 접두어
[貴官(귀:관)] ① 상급자가 하급자를 정중하게 이르는 말. ② 상대방이 관리일 때 그를 높여 이르는 말.

[貴國(귀:국)] 상대방의 나라를 높여 이르는 말.

[貴社(귀:사)] 상대방의 회사를 높여 일컫는 말.

[貴下(귀:하)] ① 상대편을 높여 그의 이름 뒤에 쓰는 말. ② 상대편을 높여 그의 이름 대신 부르는 말. ¶귀하의 편지는 잘 받았습니다.

貴公(귀공), 貴宅(귀댁), 貴門(귀문), 貴婦人(귀부인), 貴妃(귀비), 貴中(귀중), 貴函(귀함), 貴兄(귀형)

賤 천할 천:, 貝부15　　0296

'賤(천)'자는 '조개 貝(패)'와 '쌓일 戔(전)'으로 이루어진 글자이다. '천하다'는 뜻을 나타낸다. '조개 貝(패)'는 '돈' 또는 '재물'을 뜻한다. 돈은 천한 것인가? 돈을 쌓아놓는 것은 천한 짓인가? 어쨌든 동양의 전통 가치관으로는 '돈'을 천하게 여긴 것 같다. 그런데 동서고금을 막론하고 누구나 돈을 좋아하는데 어쩌랴.

천하다, 천히 여기다, 신분이 낮다, 신분이 낮은 사람

[賤民(천:민)] 신분이 천한 백성.

[賤視(천:시)] 천하게 여김.

[貴賤(귀:천)] ☞ 貴(귀)

[卑賤(비:천)] 지체가 낮고 천함.

[貧賤(빈천)] 가난하고 천함. 団富貴(부귀)

[至賤(지천)] ① 더할 나위 없이 천함. ② 너무 흔해서 별로 귀할 것이 없음. '지천으로'로 쓰여 '아주 흔하게'의 뜻을 나타냄. ¶들에 꽃이 지천으로 피어 있다

[貧賤親戚離(빈천친척리).] 빈천하게 되면 친척마저도 떨어져 나간다는 뜻으로, '인정의 야박함'을 비유하여 이르는 말. 高貴他人合(고귀타인합), _____.『曹攄(조터)·感舊詩(감구시)』

[貧賤之交不可忘(빈천지교불가망).] 빈천했던 시절에 사귀었던 친구는 부귀하게 된 뒤에도 잊어서는 안 됨. _____, 糟糠之妻不下堂(조강지처불하당).『後漢書(후한서)』

賤骨(천골), 賤妓(천기), 賤奴(천노), 賤業(천업), 賤人(천인), 賤職(천직), 賤妾(천첩), 賤出(천출), 貴人賤己(귀인천기), 免賤(면천), 微賤(미천), 尊卑貴賤(존비귀천)

업신여기다, 경멸하다
[賤待(천:대)] ① 업신여겨서 아무렇게나 대함. ② 함부로 대함.

값이 싸다, 자기를 겸칭하는 접두어

使 부릴 사ː, 하여금 사ː, 사신 사ː, 人부8　0297

'使(사)'자는 '사람 亻(인)'과 '벼슬아치 吏(리)'로 이루어졌다. 古文(고문)에서 '吏(리)'는 '부릴 使(사)'의 뜻이었다. 옛날의 '吏(리)'는 왕이 부리는 사람이지만 현대의 '吏(리)'는 국민이 부리는 사람이다.

하여금, …하게 하다, 시키다, 부리다
[使蚊負山(사ː문부산)] 모기에게 산을 지게 한다는 뜻으로 '적은 힘으로 무거운 임무를 감당하지 못함'을 비유하여 이르는 말. 『莊子(장자)』
[使役(사ː역)] ① 부려 일을 시킴. ② 남에게 어떤 행동을 하게 하는 동작. ③ 使喚(사환).
[使用(사ː용)] 사람이나 물건 등을 부리거나 씀.
[勞使(노사)] 노동자와 사용자를 아울러 이르는 말.
[行使(행사)] 부려서 씀. 특히, 권리나 권력·힘 따위를 실제로 사용하는 일. ¶무력을 행사해서 시위를 진압하다 짧實力行使(실력행사)
[酷使(혹사)] 혹독하게 부림. ¶몸을 혹사하다
[有錢可使鬼(유ː전가사귀).] 돈이 있으면 귀신도 부릴 수 있음. '돈의 위력이 큼'을 이름. 回錢可通神(전가통신)
[疑人勿使使人勿疑(의인물사사인물의).] 의심하는 사람이면 쓰지 말 것이며, 일단 쓴 바에는 의심하지 말라. 回疑則勿用用則勿疑(의즉물용용즉물의) 『金史(금사)·熙宗記(희종기)』
使羊將狼(사양장랑), 使嗾(사주), 使穴可入(사혈가입)

사신, 명령을 전하는 사람
[使命(사ː명)] ① 사신으로서 받은 명령. ② 맡겨진 임무. ③ 주어진 일을 제대로 해내려는 마음.
[使臣(사ː신)] 임금이나 국가의 명령을 받고 외국에 使節(사절)로 가는 신하.
[大使(대ː사)] 나라를 대표하여 다른 나라에 파견되어 외교를 맡아보는 최고 직급의 사신. 짧大使館(대사관), 公使(공사)
[天使(천사)] ① 天帝(천제)의 使者(사자). ② 예수교에서 신의 뜻을 인간에게 전하고 인간의 원을 신에게 전하는 사자.
使徒(사도), 使徒行傳(사도행전), 使者(사자), 使節(사절), 使節團(사절단), 密使(밀사), 暗行御史(암행어사), 御使(어사), 正使(정사), 副使(부사), 差使(차사), 咸興差使(함흥차사), 勅使(칙사), 特使(특사)

심부름꾼
[使童(사동)] 사무실 같은 데서 잔심부름하는 아이.
[使者(사ː자)] ① 심부름꾼. ② (불) 사람이 죽으면 그 넋을 저승으로 잡아가는 일을 맡았다는 저승의 귀신. ¶저승사자
[使喚(사ː환)] 관청이나 회사, 가게 따위에서 잔심부름을 시키기 위하여 고용한 사람.

기타
[設使(설사)] 설령 그렇게 한다면.

光 빛 광, 儿부6　0298

'光(광)'자는 '불 火(화)'와 '사람 儿(인)'으로 이루어졌다. '사람의 머리 위에서 빛나는 불'의 뜻이다.

빛, 빛나다, 비치다, 빛깔
[光明(광명)] ① 빛이 환함. 또는 밝은 미래나 희망을 상징하는 밝고 환한 빛. 짧光明正大(광명정대) ② (불) 부처와 보살 등의 몸에서 나는 빛.
[光線(광선)] 발광체에서 나오는 빛의 줄기.
[脚光(각광)] ① 무대 앞면의 아래쪽 다리 부분에서 배우를 비추는 빛. (영어 'foot light'를 풀이해 만든 한자어이다.) ② 사회적 관심이나 인기. 注目(주목)
[月光(월광)] 달빛.
[日光(일광)] 햇빛. 태양의 광선. 짧日光浴(일광욕)
光年(광년), 光度(광도), 速(광속)/光速度(광속도), 光熱(광열), 光陰(광음), 光彩(광채), 光學(광학), 光合成(광합성), 光輝(광휘), 可視光線(가시광선), 感光(감광), 極光(극광), 發光(발광), 分光(분광), 散光(산광), 瑞光(서광), 曙光(서광), 閃光(섬광), 眼光(안광), 夜光(야광), 陽光(양광), 榮光(영광), 電光(전광), 電光石火(전광석화), 遮光(차광), 採光(채광), 燭光(촉광), 秋光(추광), 春光(춘광), 投光(투광), 透光(투광), 偏光(편광), 螢光(형광), 螢光燈(형광등), 和光同塵(화광동진), 火光衝天(화광충천), 回光反照(회광반조), 後光(후광)

경치, 풍경
[光景(광경)] 벌어진 일이나 현상의 상태나 모양. ¶아름다운 광경
[觀光(관광)] 다른 지방이나 다른 나라에 가서 그곳의 풍광, 풍습, 문물 따위를 구경함.
[風光(풍광)] 경치.

기세, 기운, 세력
[光復(광복)] 잃었던 나라와 주권을 다시 찾음.
[光復節(광복절)] 우리나라 국경일의 하나. 일본 제국주의자들에게 빼앗겼던 나라와 주권을 도로 찾은 것을 기념하는 국경일. 8월 15일.
[威光(위광)] 위엄스러운 기세.

윤기
[光澤(광택)] 빛의 반사로 반짝반짝 윤이 남.

明 밝을 명, 日부8　0299

'明(명)'자는 '해 日(일)'과 '달 月(월)'을 모아 놓은 것이니 '밝다'가 본뜻이다.

밝다, 빛이 밝다, 빛, 광채
[明暗(명암)] 밝음과 어두움.
[明月(명월)] ① 밝은 달. ② 보름달. 특히 8월 보름달. ③ 다음 달.
[光明(광명)] ☞光(광)

[燈下不明(등하불명)] '등잔 밑은 밝지 아니함'이라는 뜻에서, 가까이 있는 것이 도리어 알기 어려움을 이르는 말.
[照明(조:명)] ① 빛을 비추어 밝게 함. 참照明彈(조명탄) ② 무대 효과나 촬영 효과를 높이기 위해 광선을 사용하여 비침. 또는 그 광선.
[淸明(청명)] ① 날씨나 소리가 맑고 밝음. ② 이때부터 날이 풀리기 시작해 화창해진다는 뜻의 이십사절기의 하나. 양력 4월 5,6일 경이다. ¶한식에 죽으나 청명에 죽으나

明度(명도), 明滅(명멸), 明星(명성), 明紬(명주), 空山明月(공산명월), 光明正大(광명정대), 大明天地(대명천지), 無明(무명), 半透明(반투명), 不透明(불투명), 照明彈(조명탄), 淸風明月(청풍명월), 透明(투명).

눈이 밝다, 사리에 밝다, 총명하다
[明晳(명석)] 생각이나 판단이 분명하고 똑똑함.
[先見之明(선견지명)] 앞일을 먼저 내다보는 밝은 지혜. 닥쳐올 일을 미리 아는 슬기로움.
[聰明(총명)] ① 귀가 밝고 눈이 밝음. ② 썩 영리하고 재주가 있음. ¶총명한 아이
[賢明(현명)] 어질고 사리에 밝음. ¶현명한 판단
[明哲保身(명철보신)] 어지러운 세상을 살 때, 세태와 사리에 아주 밝아서 몸을 위험한 자리에나 욕된 곳에 빠뜨리지 않고 잘 보전함. 朱子(주자)에 따르면, '明(명)은 이치에 밝은 것이고, 哲(철)은 일을 살피는 것이라고 하였다. 保身(보신)은 이치에 순종해서 몸을 지키는 것이지, 이익을 좇고 재앙을 피해서 구차하게 몸을 온전히 하는 것은 아니다'라고 하였다. 『詩經(시경)·大雅(대아)』
[人雖至愚責人則明(인수지우책인즉명), 雖有聰明恕己則昏(수유총명서기즉혼).] 어리석은 사람도 남을 꾸짖는 데는 밝고, 총명이 있는 사람도 자기를 용서하는 데는 어둡다. 『明心寶鑑(명심보감)·存心篇(존심편)』
明見(명견), 明敏(명민), 明哲(명철), 聖明(성명)

확실하다, 명백하다, 명료하게 드러나다
[明瞭(명료)] 분명하고 똑똑함.
[明白(명백)] 분명하고 결백하다. 의심할 바 없이 뚜렷하다. 참明明白白(명명백백)
[明若觀火(명약관화)] 분명하기가 불을 보는 것과 같음. 매우 명백함. 뻔함.
[分明(분명)] 틀림없이. 확실하게.
明視(명시), 明視距離(명시거리), 明快(명쾌), 明確(명확), 簡單明瞭(간단명료), 簡明(간명), 克明(극명), 不明(불명), 自明(자명)

밝히다, 알려주다, 깨닫게 하다, 구별하다, 똑똑하게 하다, 증거를 대어 밝히다, 밝게, 환하게, 확실하게
[明細(명세)] 분명하고 자세함. 참明細書(명세서)
[辨明(변:명)] ① 어떤 잘못에 대하여 구실을 대며 그 까닭을 밝힘. ② 옳고 그름을 가려 사리를 밝힘.
[說明(설명)] 어떤 일의 내용 따위를 알기 쉽게 밝혀 말함. ¶전시회에 관한 설명
[證明(증명)] ① 증거로써 사물을 밝혀 확실하게 함. ② (논) 어떤 사물의 판단 또는 진위를 정하는 근거를 표시하거나 어떤 명제가 참인 것을 근본 원리에서 밝혀냄.
明細書(명세서), 明示(명시), 公明(공명), 公明選擧(공명선거), 公明正大(공명정대), 究明(구명), 糾明(규명), 文明(문명), 宣明(선명), 鮮明(선명), 聲明(성명), 耳明酒(이명주), 闡明(천명), 判明(판명), 表明(표명), 解明(해명)

나타나다, 드러나다
[著明(저:명)] 세상에 이름이 높이 드러남.
[發明(발명)] ① 전에 없던 물건, 또는 무슨 방법을 새로 만들어 내거나 연구하여 냄. ② 죄나 잘못 따위가 없음을 말하여 밝힘. ③ 경서의 뜻을 스스로 깨달아 밝힘.
[行方不明(행방불명)] 간 곳을 모름.

깨끗하다, 맑다
[明鏡(명경)] 맑은 거울.
[明鏡止水(명경지수)] ① 맑은 거울과 움직이지 않는 물. ② (불) 잡념과 가식과 허욕이 없이 아주 맑고 깨끗한 마음.
[明澄(명징)] 밝고 맑음. 또는 그 모양.
[山紫水明(산자수명)] 산과 물의 경치가 맑고 아름다움. 동山明水麗(산명수려), 山明水紫(산명수자), 山明水淸(산명수청)

새벽, 날이 밝다
[未明(미:명)] 날이 채 밝기 전. ¶미명에 길을 떠나다
[黎明(여명)] ① 어둑새벽. 동트는 빛. ② 희망의 빛.
[黎明期(여명기)] 새로운 시대가 바야흐로 시작되는 시기.

낮, 주간
[大明天地(대:명천지)] 환하게 밝은 세상. ¶대명천지에 이런 일이 생기다니

다음의
[明日(명일)] 내일.
[明年(명년)] 내년.
[明月(명월)] 다음달.
[今明間(금명간)] 오늘 내일 사이. ¶금명간 합격자를 발표할 예정이다

이승, 현세
[幽明(유명)] ① 어둠과 밝음. ② 저승과 이승. ¶幽明(유명)을 달리하다

시력
[失明(실명)] 눈이 멀어서 보지 못하게 됨.

밝고 환한 모양
[明朗(명랑)] 표정이 밝고 마음이 밝음. 밝고 활달함. ¶명랑한 목소리

왕조 이름
[明(명)] 중국 역사에서 근세에 있던 나라. 漢族(한족)

인 朱元璋(주원장)이 元(원)나라를 물리치고 세웠음.
[明朝體(명조체)] 중국 명나라 때의 書風(서풍)을 따른, 내리긋는 획은 굵고 가로 긋는 획은 가는 활자체. ㊂明朝(명조).

신령
[天地神明(천지신명)] 천지의 여러 신. 우주를 주관하는 신령. ¶천지신명께 비나이다
[神明(신명)] 하늘과 땅의 신령. ¶천지신명께 비나이다

결백하다
[發明(발명)] ② 죄나 잘못 따위가 없음을 말하여 밝힘. ① 전에 없던 물건, 또는 무슨 방법을 새로 만들어 내거나 연구하여 냄. ③ 경서의 뜻을 스스로 깨달아 밝힘.

기타
[明渡(명도)] 건물·토지·선박 등을 비우고 남에게 넘겨주는 일.
[明太(명태)] 등은 푸른 갈색, 배는 은빛을 띤 밝은 백색이고, 몸길이는 40~60cm인 바닷물고기. ☞太(태)0333
[明卵(명란)] 명태의 알.
[明礬(명반)] (화) 황산알루미늄과 황산칼륨과의 複鹽(복염). 무색 투명한 정팔면체의 결정으로, 수용액은 산성 반응을 일으킴. 식품 가공·약제·제지 따위에 씀.

暗 어두울 암:, 日부13　　0300

'暗(암)'자는 '날 日(일)'과 '소리 音(음)'으로 이루어졌다. '音(음)'자는 '陰(음)'자 대신 쓰인 것이다. 태양이 흐린 하늘 때문에 빛이 없다. 즉, '어둡다'의 뜻이다.

어둡다, 주위가 보이지 아니하는 상태에 있다, 어두워지다, 거무스름해지다, 사리에 어둡다, 어리석다, 눈이 어둡다, 볼 수 없다, 밤, 어둠
[暗澹(암:담)] ① 어두컴컴하고 선명하지 않음. ② 앞날에 대하여 희망이 없고 막막함. ¶전도가 암담하다
[暗中摸索(암:중모색)] 어두운 곳에서 무엇인가를 찾으려고 더듬거리다. 어림짐작으로 막연히 무엇을 알아내려고 하거나 찾으려고 하는 것을 비유하는 말이다.
[暗黑(암:흑)] ① 어둡고 캄캄함. ㊃光明(광명) ② 암담하고 비참한 상태. ㊂暗黑街(암흑가), 暗黑期(암흑기)
[明暗(명암)] 밝음과 어두움.
暗室(암실), 暗夜(암야), 暗鬱(암울), 暗幕(암막), 暗雲(암운)

몰래, 남이 알지 못하게, 보이지 아니하다, 숨어 있다
[暗殺(암:살)] 몰래 사람을 죽임.
[暗示(암:시)] 뜻한 바를 넌지시 알림. 또는 그 내용. ¶무언으로써 승낙한다는 암시를 주었다
[暗礁(암:초)] ① 바다의 수면 가까이 잠겨 있는 바위. ¶배가 암초에 부딪쳤다 ② 어떤 일을 해나가는 데의 숨은 장애물.
[暗行御史(암:행어사)] (역) 조선 때, 지방 정치와 백성의 사정을 몰래 살피던 임시 벼슬아치.
[暗號(암:호)] 다른 사람은 모르도록 몰래 꾸민 標識(표지).
暗計(암계), 暗賣(암매), 暗買(암매), 暗埋葬(암매장)/暗葬(암장), 暗黙裡(암묵리), 暗算(암산), 暗市場(암시장), 暗暗裡(암암리), 暗躍(암약), 暗鬪(암투), 暗票(암표), 暗行(암행)

외다
[暗記(암:기)] 외워서 잊지 아니함.
[暗誦(암:송)] 글을 보지 않고 외는 것.

公 공평할 공, 八부4　　0301

'公(공)'자는 '나누다'의 뜻인 '八(팔)'과 '사사로움'의 뜻인 'ㅿ(사)'의 합자이다. 즉 '사사로운 것을 공평하게 나누다'의 뜻이다.

공평하다, 공정하다
[公明(공명)] 사사로움 없이 공정하고 숨김없이 명백하다. ㊂公明正大(공명정대), 公明選擧(공명선거)
[公正(공정)] 공평하고 올바름. ㊂公正去來(공정거래)
[公平(공평)] 공정하여 어느 한 쪽으로 치우치지 아니함. ㊂公平無私(공평무사)
[不公平(불공평)] 공평하지 않음.

숨김없이 드러내다
[公開(공개)] 일반에게 드러내어 개방함.
[公募(공모)] 일반에게 드러내어 널리 모집함.
[公布(공포)] ① 공개적으로 퍼트려 널리 알게 함. ② 새로 제정된 법령이나 조약 등을 국민에게 두루 알림. 또는 그 절차.
[非公開(비:공개)] 남에게 알리거나 보이지 않음. ¶비공개 회의
公開狀(공개장), 公告(공고), 公共然(공공연), 公表(공표)

여러 사람, 일반
[公約(공약)] ① 일반인을 대상으로 공식적으로 한 약속. ② 법적 효력을 지닌 계약.
[公演(공연)] 연극이나 음악, 무용 등을 여러 사람이 모인 자리에서 펼쳐 보임.
[公害(공해)] 여러 사람에게 미치는 피해. 주로 각종 산업 활동에 의하여 발생되는 것을 말한다.
[非公式(비:공식)] 공식적으로 정해지거나 받아들여지지 않고 사사로움. ¶비공식 회담
[先公後私(선공후사)] 공적인 일을 먼저 하고 사사로운 일은 뒤로 미룸.
公黨(공당), 公論(공론), 公利(공리), 公理(공리), 公倍數(공배수), 公憤(공분), 公分母(공분모), 公算(공산), 公席(공석), 公示(공시), 公式(공식), 公約數(공약수), 公言(공언), 公營(공영), 公用(공용), 公園(공원), 公益(공익), 公認(공인), 公的(공적), 公敵(공적), 公衆(공중), 公知(공지), 公薦(공천), 公海(공해), 公會(공회), 公休日(공휴일), 滅私奉公(멸사봉공)

공무, 관공서
[公金(공금)] 국가나 공공단체 또는 회사의 돈.
[公務員(공무원)] 나라 또는 지방 공공 단체의 사무를 맡아보는 사람. 🔁官吏(관리)
[公私(공사)] ① 公的(공적)인 일과 私的(사적)인 일. ② 여러 사람의 것과 개인의 것.
[官公署(관공서)] 관청과 공서. 나라 지방자치단체 기관의 사무소.
公暇(공가), 公共(공공), 公課金(공과금), 公館(공관), 公權(공권), 公權力(공권력), 公企業(공기업), 公納(공납), 公納金(공납금), 公團(공단), 公立(공립), 公賣(공매), 公務(공무), 公文(공문), 公文書(공문서), 公民(공민), 公民權(공민권), 公法(공법), 公報(공보), 公僕(공복), 公使(공사), 公社(공사), 公傷(공상), 公設(공설), 公訴(공소), 公信力(공신력), 公安(공안), 公有(공유), 公人(공인), 公認(공인), 公定(공정), 公定價格(공정가격), 公證(공증), 公證人(공증인), 公職(공직), 公職者(공직자), 公債(공채), 公判(공판), 公翰(공한), 辦公(판공), 辦公費(판공비)

벼슬, 높은 벼슬, 귀인
[公卿大夫(공경대부)] 三公(삼공)과 九卿(구경)과 大夫(대부), 곧 벼슬이 높은 사람.
[公爵(공작)] 오등작 가운데 첫째 작위.
[公主(공주)] 정실 왕비가 낳은 임금의 딸. 옛날 중국에서 왕이 딸을 제후에게 시집보낼 때 三公(삼공)이 그 일을 주관하도록 한 데서 유래하였다.
[相公(상공)] '宰相(재상)'의 높임말.
公卿(공경), 公子(공자), 公侯伯子男爵(공후백자남작), 姜太公(강태공), 貴公子(귀공자)

존칭, 당신, 그대
[貴公(귀:공)] '존귀한 이'라는 뜻으로, 동년배나 손아랫사람을 마주 대하여 부르는 말.
[主人公(주인공)] ① '主人(주인)'의 높임말. 흔히 글에 씀. ② 사건 또는 소설·연극·영화 따위의 중심인물.
[犬公(견공)] '개'를 의인화하여 일컫는 말.
[愚公移山(우공이산)] 옛날 愚公(우공)이 자기 집 앞의 산을 불편하게 생각하여, 오랜 세월을 두고 다른 곳에 옮기려고 노력하여 마침내 이루었다는 고사에서, '어떤 일이든지 끊임없이 노력하면, 마침내 성공함'을 비유하여 이르는 말. 『列子(열자)』

섬기다
[公轉(공전)] 한 천체가 다른 천체를 섬기듯이 그 둘레를 주기적으로 도는 일. 떠돌이별(행성)이 태양의 둘레를, 달이 지구의 둘레를 도는 것 따위.

私 사사 사, 禾부7　　0302

'私(사)'자는 원래 '벼의 일종'의 이름이었다. 표음요소였던 '사사 厶(사)'가 뜻까지 차지하여 '사사롭다'는 뜻으로 쓰이게 되었다. 그래도 '벼 禾(화)'를 쫓아내지는 않았다.

자기, 사사로운 욕망, 사사로이 하다, 사사로운 일, 개인, 자기 소유로 삼다, 사리(私利)를 꾀하다
[私利私慾(사리사욕)] 사사로운 이익과 욕심.
[私財(사재)] 개인의 재산. ¶그는 사재를 들여 학교를 세웠다
[私債(사채)] 개인 간의 빚.
[公私(공사)] ☞公(공)
[先公後私(선공후사)] ☞公(공)
[日月無私照(일월무사조)] '해와 달은 사사로이 비추지 않는다'는 뜻으로 은혜를 공평하게 베풂을 이르는 말. 『禮記(예기)』
私感(사감)/私憾(사감), 私權(사권), 私企業(사기업), 私奴婢(사노비), 私談(사담), 私黨(사당), 私道(사도), 私利(사리), 私立(사립), 私文書(사문서), 私物(사물), 私法(사법), 私服(사복), 私費(사비), 私事(사사), 私生(사생), 私生兒(사생아), 私書(사서), 私書函(사서함), 私席(사석), 私設(사설), 私塾(사숙), 私淑(사숙), 私食(사식), 私心(사심), 私慾(사욕), 私用(사용), 私有(사유), 私有財産(사유재산), 私有地(사유지), 私印(사인), 私邸(사저), 私的(사적), 私製(사제), 私娼(사창), 私宅(사택), 私學(사학), 區區私情(구구사정), 滅私奉公(멸사봉공), 至公無私(지공무사)

불공평, 불공평히 하다
[公平無私(공평무사)] 공평하여 사사로움이 없음.

共 한 가지 공:, 함께 공:, 八부6　　0303

'共(공)'자는 '입 口(구)'와 '받들 廾(공)'으로 이루어진 글자이다. '입으로만 받들다'라는 뜻은 전혀 아니다. '口'는 무거운 물건의 모양에서 온 것이다. 두 요소의 형태가 약간 바뀌었다. 두 손으로 물건을 들고 있는 모습에서 만들어진 글자이다.

함께, 같이, 같게 하다, 함께 하다, 여럿이 하다
[共同(공:동)] 여럿이 함께 하거나 관계를 가지는 것. ¶공동 시설/공동 책임 🔁共同墓地(공동묘지), 共同社會(공동사회), 共同體(공동체)
[共生(공:생)] ① 서로 도움을 주며 함께 생활함. ② 다른 종류의 생물이 서로 이익을 주고받으며 한 곳에서 사는 일.
[公共(공:공)] 나라나 사회에 두루 관계되거나 이용되는 것.
[神人共怒(신인공노)] '하늘과 사람이 함께 노하다'는 뜻으로, '누구라도 분노를 참을 수 없을 만큼 몹시 증오스럽거나 용납할 수 없음'을 비유하는 말. 🔁天人共怒(천인공노)
[平和共存(평화공존)] 사회 체제가 서로 다른 자본주의 국가와 사회주의 국가가 화평한 가운데 존재하는 일.
共感(공감), 共滅(공멸), 共鳴(공명), 共犯(공범), 共用(공용), 共有(공유), 共濟(공제), 共濟組合(공제조합),

共助(공조), 共存(공존), 共通(공통), 共販(공판), 共和(공화), 共和國(공화국), 公共然(공공연), 名實共(명실공), 民主共和國(민주공화국)

공산주의
[共産主義(공:산주의)] (사) 마르크스와 레닌이 세운 프롤레타리아 혁명 이론. 모든 생산 수단을 사회 전체가 소유하는 것으로 하여, 모든 사람을 계급으로부터 해방시키고 누구나 능력에 따라 일하고 필요한 만큼 분배받는 사회를 이루고자 한 주의. 코뮤니즘.
[反共(반:공)] 공산주의에 반대하는 일.
[容共(용공)] 공산주의 또는 그 정책을 용인하는 일.
共匪(공비), 共産(공산), 對共(대공), 滅共(멸공), 防共(방공), 中共(중공)

分 나눌 분(:), 刀부4　　0304

'分(분)'자는 '나누다'의 뜻인 '八(팔)'과 '칼 刀(도)'의 합자이다. 八(팔)은 두 동강으로 나누어진 물체를 가리킨다. '칼로 동강을 내어 나누다'의 뜻이다. '나눌 分(분)'자는 장단음으로 분류되어 있다. '나누다' 또는 나누는 것과 관련이 있는 의미로 쓰일 때는 단음으로 발음한다. '몫'의 뜻으로 쓰일 때는 分量(분:량), 分限(분:한) 등에서와 같이 장음으로 발음한다. 分數(분수)는 장음 또는 단음으로 발음하는데, 그 뜻이 다르다.

나누다, 나누어주다, 갈라지다
[分離(분리)] 따로 나누어져 떨어짐. 또는 따로 떼어냄.
[分業(분업)] ① 일을 나누어서 함. ② 한 제품의 공정을 몇 가지 단계로 또는 부분별로 나누어 여러 사람이 분담하여 생산하는 일. 참協業(협업)
[分割(분할)] 갈라서 나눔. ¶토지 분할/분할 측량
[四分五裂(사분오열)] 여러 갈래로 갈기갈기 찢긴다는 뜻으로 '천하가 크게 어지러워진 모양'을 이르는 말.
[兩分(양:분)] 둘로 나눔.
分家(분가), 分科(분과), 分館(분관), 分光(분광), 分校(분교), 分權(분권), 分期(분기), 分岐(분기), 分納(분납), 分團(분단), 分斷(분단), 分擔(분담), 分隊(분대), 分度器(분도기), 分銅(분동), 分等(분등), 分立(분립), 分配(분배), 分蜂(분봉), 分散(분산), 分水嶺(분수령), 分乘(분승), 分身(분신), 分野(분야), 分讓(분양), 分裂(분열), 分列(분열), 分院(분원), 分財(분재), 分店(분점), 分株(분주), 分派(분파), 分布(분포), 分轄(분할), 分解(분해), 分化(분화), 加水分解(가수분해), 區分(구분), 等分(등분), 萬分(만분), 萬分多幸(만분다행), 微分(미분), 配分(배분), 百分率(백분율), 部分(부분), 不可分(불가분), 三權分立(삼권분립), 細分(세분), 餘分(여분), 因數分解(인수분해), 積分(적분), 核分裂(핵분열)

구별하다, 다름, 구별
[分揀(분간)] ① 사물의 옳고 그름, 좋고 나쁨, 크고 작음 따위를 가려서 앎. ¶너무 어두워 누가 누군지 분간이 되지 않았다 ② 죄지은 형편을 보아서 용서함.
[分類(분류)] 종류를 따라서 나눔. ¶도서 분류/식물 분류
[分別(분별)] ① 서로 다른 것을 따로따로 가름. ② 돌아가는 형편을 헤아려서 앎. ¶분별이 없다 ③ 시름이나 걱정 ¶분별없이 늙으리라(성혼·시조)
分類學(분류학), 分明(분명), 分析(분석), 分析哲學(분석철학), 分析化學(분석화학), 定量分析(정량분석), 定性分析(정성분석)

절기의 하나
[秋分(추분)] 24절기의 하나. 양력 9월 20일 경. 태양이 추분점에 이르러 밤과 낮의 길이가 같다.
[春分(춘분)] 24절기의 하나. 양력 3월 20일 경. 태양이 춘분점에 이르러 밤과 낮의 길이가 같다.

시간의 단위, 각도의 단위
[分秒(분초)] ① 시간의 단위인 분과 초. ② 매우 짧은 시간.
[分針(분침)] 시계의 분을 가리키는 바늘.
[當分間(당분간)] 얼마 동안.

분수
[分母(분모)] 분수나 분수식에서 가로줄 아래에 적은 수나 식.
[分子(분자)] ① (수) 수나 분수식에서 가로줄 위에 씌어 있는 수나 식. 참分母(분모) ② (물) 물질이 기본적 성질을 잃지 않고 나눌 수 있는, 그 물질의 더 이상 쪼갤 수 없는 가장 작은 알갱이. 몇 개의 원자로 이루어짐. 참分子量(분자량), 分子生物學(분자생물학) ③ 한 단체를 이루는 구성원 중 어떤 특성을 가진 개인. 참灰色分子(회색분자)
[分數(분수)] 한 수 a를 다른 수 b로 나눈 몫을 a/b와 같이 나타낸 것.
假分數(가분수), 公分母(공분모), 帶分數(대분수), 約分(약분), 眞分數(진분수), 通分(통분)

신분, 분수, 명분, 마땅히 해야 할 본분
[分數(분:수)] ① 사물을 분별하는 슬기. ¶분수가 없는 사람 ② 자기에게 알맞은 한도. ¶분수를 알아야지/분수에 맞는 생활 ③ 푼수. 얼마에 상당한 정도.
[過分(과:분)] 분에 넘침. ¶과분한 칭찬
[名分(명분)] ① 각각의 名義(명의)나 신분에 따라 마땅히 지켜야 할 도리나 분수. 君臣(군신)·父子(부자)·夫婦(부부) 등 구별된 사이에 서로가 지켜야 할 도덕상의 일을 이름. ② 일을 꾀하는 데 있어 내세우는 구실이나 이유. 참大義名分(대의명분)
[本分(본분)] ① 자기에게 알맞은 분수. ② 의무로 마땅히 해야 할 직분.
[身分(신분)] ① 개인의 사회적 지위. ② 사람의 법률상의 지위. ¶신분 보장 ③ 전제 정치 이전의 사회에서 몇 개의 계급으로 구분한 사람의 지위. 제도적으로 계급에 따라 권리와 의무가 달랐으며 이는 세습되는 것이 원칙이었음.
[天生緣分(천생연분)] 하늘에서 생겨난 연분. 하늘이

맺어준 인연.
[親分(친분)] 친밀한 정분. ¶친밀한 정분
[安分身無辱(안분신무욕), 知機心自閑(지기심자한).] 분수를 알고 지키면 일신에 욕됨이 없고, 세상 돌아가는 것을 알면 마음이 절로 한가해진다. 여기에서의 '安(안)'은 단지 안다는 뜻이 아니라, 알고서 마음이 편안해진다는 뜻이다. 4를 가지고 3을 쓰는 3/4는 眞分數(진분수)요, 4를 가지고 5를 쓰는 5/4는 假分數(가분수)이다. '참 眞(진) 眞分數(진분수)'와 '거짓 假(가) 假分數(가분수)'의 의미를 잘 생각해 볼 일이다. 『明心寶鑑(명심보감)·安分吟(안분음)』
安分(안분), 安分知足(안분지족), 於分足矣(어분족의), 緣分(연분), 應分(응분), 職分(직분), 處分(처분).

몫, 해당되는 효과
[分量(분:량)] 낱낱으로 갈라서 셀 수 있는 물건들로 이루어진 몫의 크고 작은 정도.
[成分(성분)] ① 물체의 바탕을 이루는 낱낱의 물질. ¶물의 성분 ② 개인의 사상적 계층. ¶출신 성분
[水分(수분)] 물. 습기
[養分(양:분)/營養分(영양분)] 생물체가 살아가는 데 영양이 되는 성분.
分限(분한), 交分(교분), 氣分(기분), 多分(다분), 糖分(당분), 德分(덕분), 性分(성분), 鹽分(염분), 情分(정분), 持分(지분), 鐵分(철분), 充分(충분), 灰分(회분)

기타
[分娩(분만)] 解産(해산). 아이를 낳음.
[分付(분부)] 아랫사람에게 내리는 명령. 또는 아랫사람에게 명령을 내림. ¶분부를 내리다
[分泌(분비)] 땀·침·소화액·호르몬 따위를 내어보내는 기능.
[十分(십분)] ② 부족함이 없이 꽉 참. ¶능력을 십분 발휘하다 ① 한 시간의 1/6 ③ 열로 나눔.

別 다를 별, 나눌 별, 刀부7 0305

'別(별)'자의 앞의 부분은 원래 '뼈 骨(골)'이었는데 형태가 변했다고 한다. '칼[刂]로 뼈를 발라낸다'의 뜻에서, 고기[肉]와 뼈[骨]를 구분하여 나눈다는 뜻이다. 생선에서 뼈를 발라내는 모습에서 '別(별)'자의 의미를 생각해보자.

나누다
[個別(개별)] 하나하나 나뉜 것.

헤어지다, 떠나다, 헤어짐, 이별
[別世(별세)] '세상을 떠난다'는 뜻으로, 윗사람의 죽음을 이르는 말.
[送別(송별)] 멀리 떠나는 이를 보냄. 참送別會(송별회)
[離別(이별)/別離(별리)] 오랫동안 만나지 못하리라 생각하고 헤어짐.
[作別(작별)] ① 서로 헤어짐. ② 이별의 인사를 함.
[愛別離苦(애:별리고)] 사랑하는 사람과 이별하는 괴로움. 八苦(팔고)의 하나. ☞ * 169
別淚(별루), 別酒(별주), 訣別(결별), 告別(고별), 死別(사별), 生離死別(생리사별), 生離別(생이별), 惜別(석별), 送別宴(송별연), 泣別(읍별), 餞別(전별), 終須一別(종수일별)

갈래, 계통, 구별
[別個(별개)] 어떤 것과 함께 포함시킬 수 없는 딴 것. ¶이 일은 그 사건과 별개이다
[區別(구별)] 성질이나 종류에 따라 나타나는 차이. 또는 그것을 갈라놓음.
[夫婦有別(부부유별)] 五倫(오륜)의 하나로, 남편과 아내 사이에는 분별이 있어야 한다. ☞ * 179
[分別(분별)] ☞ 分(분)
[差別(차별)] 차등이 있게 구별함. ¶차별 대우
別別(별별), 鑑別(감별), 男女有別(남녀유별), 大別(대별), 道別(도별), 辨別(변별), 選別(선별), 性別(성별), 識別(식별), 類別(유별), 種別(종별), 千差萬別(천차만별), 判別(판별), 戶別(호별)

다르다, 특별히 다른
[別途(별도)] ① 딴 방면이나 방도. ② 딴 용도.
[別味(별미)] 특별히 좋은 맛.
[有別(유:별)] ① 다름이 있음. 차이가 있음. ② 분별이 있음.
[特別(특별)] 일반적인 것과 유달리 다름.
別故(별고), 別般(별반), 別世界(별세계), 別食(별식), 別種(별종), 恪別(각별), 特別赦免(특별사면)

따로, 달리
[別居(별거)] 부부 또는 한 가족이 따로 떨어져 삶.
[別名(별명)] 그 사람의 성격, 용모, 태도 따위의 특징을 따서 남이지어 부르는 본 이름 이외의 딴 이름.
[別莊(별장)] 살림집 밖에 경치 좋은 곳에 따로 지어 놓고 때때로 묵으면서 쉬는 집.
[別添(별첨)] 서류 따위를 따로 덧붙임. ¶별첨 서류
[別有天地非人間(별유천지비인간)] 따로 -----------세상이 있지만 인간 세상은 아닐세. 『李伯(이백)·山中問答(산중문답)』 ☞ * 119
別家(별가), 別館(별관), 別室(별실), 別邸(별저), 別紙(별지), 別册(별책), 別稱(별칭), 酒有別腸(주유별장)

기타
[寄別(기별)/奇別(기별)] 다른 곳에 있는 사람에게 소식을 알림. 또는 그것을 적은 종이. ¶기별을 받다/간에 기별도 안 간다

歷 지날 력, 止부16 0306

'歷(력)'자는 '차례대로 가지런히 늘어놓다'의 뜻인 厤(력)자와 '발'의 뜻인 止(지)로 이루어진 글자이다. '사람이 걸어온 발자취를 차례대로 가지런히 늘어놓은 것'이라는 뜻이다.

지내다, 지나가다, 공간을 거쳐 가다, 시간을 치러 넘기다, 지내온 일, 겪은 일

[歷代(역대)] 대대로 이어 내려온 그 여러 대. 또는 그 동안. ¶역대 왕조
[歷史(역사)] ① 인류·사회·문화 등의 지나온 일. 또는 그 기록. ¶민족의 역사/세계의 역사 ② 연혁이나 경력. ¶역사가 깊은 학교 ③ 자연 현상이 변하여 온 자취. ¶지구의 역사 ④ 역사학. ¶역사란 무엇이뇨. '아'와 '비아'의 투쟁이 시간부터 발전하여 공간부터 확대하는 심적 활동의 상태의 기록이니…『신채호·조선상고사』
[經歷(경력)] ① 사회생활에서 겪어 지내온 직업상·직책상의 여러 가지 일 또는 경험. ¶많은 경력을 쌓다 ② 여러 가지 일들을 겪음.
[來歷(내력)] ① 지나온 경력. 유래(由來). ② 유전되어 내려오는 특성. 내림.
歷任(역임), 歷路(역로), 歷史的(역사적), 歷程(역정), 病歷(병력), 略歷(약력), 履歷(이력), 履歷書(이력서), 遍歷(편력), 學歷(학력)

분명하다, 밝다

[歷歷(역력)] 모든 것이 환히 알 수 있게 똑똑하다.
[歷然(역연)] ① 직접 겪은 듯 분명히 그러하다. ② 분명히 알 수 있도록 또렷하다.

史 역사 사:, 口부5 0307

'史(사)'자는 '붓' 모양이 변한 '中(중)'과 손 모양을 본뜬 '又(우)'가 합쳐진 것이다. 손으로 붓을 들었으니 '기록하다'가 본뜻이다.

역사, 기록된 문서

[史觀(사:관)] 역사의 현상 및 발전의 법칙을 밝히며 해석하는 관점.
[史上(사:상)] '歷史上(역사상)'의 준말. 역사적 사실의 바탕. 부사어·관형어로 잘 쓰임. ¶사상 처음 있는 일
[國史(국사)] 나라의 역사.
[歷史(역사)] ☞ 歷(력)
史家(사가), 史庫(사고), 史官(사관), 史記(사기), 史料(사료), 史書(사서), 史實(사실), 史蹟(사적)/史跡(사적), 史草(사초), 史學(사학), 文學史(문학사), 文化史(문화사), 秘史(비사), 先史(선사), 野史(야사), 略史(약사), 歷史的(역사적), 唯物史觀(유물사관), 唯心史觀(유심사관), 戰史(전사), 正史(정사), 靑史(청사)

벼슬 이름

[御史(어:사)] ① 임금의 명령으로 특별한 사명을 띠고 지방에 파견된 임시 벼슬. ② '암행어사'의 준말. ¶어사 出頭(출두)요!
[暗行御史(암:행어사)] (역) 조선 때, 지방 정치와 백성의 사정을 몰래 살피던 임시 벼슬아치.

문필에 종사하는 사람, 문필가, 서화가

[女史(여사)] ① 사회적으로 저명한 여자를 높여 이르는 말. ② 시집간 여자를 대우하여 일컫는 말.

戰 싸움 전:, 戈부16 0308

'戰(전)'자는 '오랑캐 이름 單(선)'과 '창 戈(과)'로 이루어진 글자이다. '單(단/선)'은 표음요소로 '戰(전)'자의 의미와는 관계가 없다.

싸움, 싸우다, 전쟁을 하다, 다투다, 경쟁을 하다

[戰鬪(전:투)] 두 편의 군대가 조직적으로 무장하여 싸움.
[戰爭(전:쟁)] 국가 또는 交戰(교전) 단체 사이에 무력을 써서 행하는 싸움.
[苦戰(고전)] 몹시 괴롭고 힘든 싸움.
[作戰(작전)] ① 군사상의 목적을 이루기 위해 필요한 조치나 방법을 짜는 일. ② 어떤 일을 이루는 데 필요한 조치나 방법을 마련하는 일.
[知彼知己者(지피지기자), 百戰不殆(백전불태).] 적을 알고 나를 아는 자는 백 번 싸워도 위태롭지 않다. 『唐書(당서)·裴度傳(배도전)』 ☞ * 232

戰功(전공), 戰果(전과), 戰國時代(전국시대), 戰端(전단), 戰團(전단), 戰亂(전란), 戰略(전략), 戰力(전력), 戰利品(전리품), 戰歿(전몰), 戰犯(전범), 戰備(전비), 戰費(전비), 戰士(전사), 戰死(전사), 戰史(전사), 戰傷(전상), 戰線(전선), 戰船(전선), 戰勢(전세), 戰術(전술), 戰勝(전승), 戰時(전시), 戰列(전열), 戰友(전우), 戰雲(전운), 戰意(전의), 戰場(전장), 戰績(전적), 戰蹟(전적)/戰跡(전적), 戰車(전차), 戰艦(전함), 戰禍(전화), 戰火(전화), 戰況(전황), 戰後(전후), 戰後派(전후파), 各個戰鬪(각개전투), 角逐戰(각축전), 激戰(격전), 決戰(결전), 鯨戰蝦死(경전하사), 空中戰(공중전), 觀戰(관전), 交戰(교전), 局地戰(국지전), 亂戰(난전), 內戰(내전), 冷戰(냉전), 大戰(대전), 挑戰(도전), 督戰(독전), 反戰(반전), 白兵戰(백병전), 百戰老將(백전노장), 不戰勝(부전승), 奮戰(분전), 緒戰(서전), 石戰(석전), 善戰(선전), 宣戰(선전), 宣戰布告(선전포고), 舌戰(설전), 雪辱戰(설욕전), 聖戰(성전), 速戰(속전), 速戰速決(속전속결), 水戰(수전), 勝戰(승전), 勝戰鼓(승전고), 市街戰(시가전), 實戰(실전), 惡戰苦鬪(악전고투), 野戰(야전), 力戰(역전), 延長戰(연장전), 連戰連勝(연전연승), 熱戰(열전), 肉薄戰(육박전), 陸戰(육전), 應戰(응전), 人海戰術(인해전술), 臨戰無退(임전무퇴), 爭奪戰(쟁탈전), 接戰(접전), 停戰(정전), 終戰(종전), 主戰(주전), 持久戰(지구전), 遲延作戰(지연작전), 初戰(초전), 焦土戰術(초토전술)/焦土作戰(초토작전), 總力戰(총력전), 出戰(출전), 投石戰(투석전), 敗戰(패전), 抗戰(항전), 海戰(해전), 血戰(혈전), 好戰的(호전적), 混戰(혼전), 和戰(화전), 會戰(회전), 休戰(휴전), 休戰線(휴전선)

두려워하다, 두려워서 떨다

[戰慄(전:율)] 몹시 두렵거나 무서워서 벌벌 떪.
[戰戰兢兢(전:전긍긍)] 몹시 두려워하며 조심함.

爭 다툴 쟁, 爪부8　0309

'爭(쟁)'자는 '힘을 들여 서로 당기다, 다투다'의 뜻을 나타낸다.

다투다, 겨루다, 싸움, 결판을 내다
[爭點(쟁점)] 서로 다투는 중심이 되는 점. ¶분규의 쟁점이 무엇이냐?
[競爭(경:쟁)] 서로 앞서거나 이기려고 겨루고 다툼. ¶치열한 경쟁을 벌이다 🔁生存競爭(생존경쟁)
[戰爭(전:쟁)] ☞戰(전)
[流水不爭先(유수부쟁선).] 흐르는 물은 앞을 다투지 않는다. 여유와 느긋함 그리고 순리대로 사는 것을 비유한다.
爭取(쟁취), 爭奪(쟁탈), 爭奪戰(쟁탈전), 爭霸(쟁패), 階級鬪爭(계급투쟁), 骨肉相爭(골육상쟁), 斷食鬪爭(단식투쟁), 黨爭(당쟁), 百家爭鳴(백가쟁명), 紛爭(분쟁), 相爭(상쟁), 政爭(정쟁), 鬪爭(투쟁), 抗爭(항쟁)

소송하다, 따지어 말하다, 하소연, 말다툼
[爭訟(쟁송)] 서로 송사로 다툼.
[爭議(쟁의)] ① 서로 제 의견을 주장하는 다툼질. ② 地主(지주)와 小作人(소작인), 사용자와 노동자 등 사이에 일어나는 분쟁. 소작 쟁의, 노동쟁의 따위 ③ 행정 기관 사이에 생기는 권한 다툼.
[論爭(논쟁)] 여럿이 자신의 의견을 주장하며 다툼. ¶열띤 논쟁을 벌이다
[言爭(언쟁)] 말다툼.

勝 이길 승, 견딜 승, 力부12　0310

'勝(승)'자는 '나 朕(짐)'과 '힘 力(력)'의 합자이다. 내가 힘이 있으면 이기기 마련이다.

이기다, 이김, 승리
[勝利(승리)] 겨루어 이김. ¶승리 투수
[勝負(승부)] 이김과 짐.
[優勝(우승)] 경기 따위에서 첫째로 이김. 첫째 등위. 🔁優勝旗(우승기)
[勝固欣然(승고흔연), 敗亦可喜(패역가희).] (친구와 함께라면) 이기면 말할 수 없이 기쁘고, 지더라도 또한 즐겁다. 『蘇東坡(소동파)』
[勝敗兵家之常事(승패병가지상사).] 이기고 지는 것은 兵家(병가)에서 일상적인 일이다. 전쟁이든 경쟁이든 승패가 갈려야 할 상황에 놓여 있다면 지고 이기는 것에 크게 개의치 말고 최선을 다하는 것이 더욱 중요하다는 말이다. 『唐書(당서)·裵度傳(배도전)』 ☞ *232
[欲勝人者必先自勝(욕승인자필선자승).] 남에게 이기기를 바란다면, 먼저 자기 자신에게 이기지 않으면 아니 됨. 『呂氏春秋(여씨춘추)』
[戰勝易(전:승이), 守勝難(수승난).] 싸움에서 이기기는 쉬우나, 이긴 성취를 지켜내기는 어렵다. 『吳子(오자)』
勝強(승강), 勝己者厭(승기자염), 勝率(승률), 勝算(승산), 勝勢(승세), 勝訴(승소), 勝者(승자), 勝戰(승전), 勝戰鼓(승전고), 勝點(승점), 勝敗(승패), 決勝(결승), 氣勝(기승), 大勝(대승), 百戰百勝(백전백승), 不戰勝(부전승), 乘勝長驅(승승장구), 連勝(연승), 連戰連勝(연전연승), 完勝(완승), 全勝(전승), 戰勝(전승), 準決勝戰(준결승전), 快勝(쾌승), 必勝(필승)

낫다, 뛰어나다, 훌륭하다
[名勝(명승)] 뛰어나게 경치가 좋은 곳. 🔁名勝地(명승지)
[綠陰芳草勝花時(녹음방초승화시).] '꽃피는 시절보다 초목이 푸르고 풀이 싱싱한 계절이 더 낫다'는 뜻으로 오월의 아름다움을 표현한 말.

[十勝之地(십승지지)] 풍수가(風水家)가 이르는 기근(饑饉·병화(兵火)의 염려가 없어서 피난(避難)에 적합하다고 하는 열 군데의 땅. 곧, 공주(公州)의 유구(維鳩)·마곡(麻谷), 무주(茂州)의 무풍(茂豊), 보은(報恩)의 속리산(俗離山), 부안(扶安)의 변산(邊山), 성주(星州)의 만수동(萬壽洞), 봉화(奉化)의 춘양(春陽), 예천(醴泉)의 금당동(金堂洞), 영월(寧越)의 정동 상류(正東上流), 운봉(雲峰)의 두류산(頭流山), 풍기(豊基)의 금계촌(金鷄村).
조선 선조 때 南師古(남사고)가 뽑은 10 곳의 피난처인데, 어찌하여 북한 땅은 한 곳도 포함되지 않았을까?

勝景(승경), 勝地(승지), 景勝(경승), 名勝地(명승지), 絶勝(절승)

능가하다, 딴것보다 낫다, 지나치다
[才勝德薄(재승덕박)/才勝薄德(재승박덕)] 재주는 있으나 덕이 적음.
[禮勝則離(예:승즉리)] 예의가 지나치면 도리어 백성들의 사이가 멀어짐. 『禮記(예기)』

기타
[健勝(건승)] 건강함.

敗 깨뜨릴 패:, 패할 패:, 攴부11　0311

'敗(패)'자는 '망가지다'는 뜻을 위하여 고안된 것이다. '칠 攵/攴(복)'과 '조개 貝(패)'로 이루어진 글자이다. 옛날에 '돈'으로 쓰였던 조개껍질을 다듬질하다가 깨뜨리는 일에서 '敗(패)'자를 만들게 되었다. 싸움 따위에서 '패하다', '지다', '무너지다'는 뜻으로 쓰인다.

무너지다, 부서지다, 퇴락하다
[敗局(패:국)] 형세나 세력이 약하여진 국면.
[頹敗(퇴패)] (도덕·풍속·문화 따위가) 쇠하여 어지러워짐. 🔁頹廢(퇴폐)

해치다, 손상시키다, 깨뜨리다, 부수다
[敗德(패:덕)] 도덕과 의리를 그르침.
[慈母有敗子(자모유패자).] 자애가 지나친 어머니의 슬하에는 방자하고 버릇없는 자식이 있음. 『史記(사기)』

지다, 패배하다
[敗亡(패:망)] 전쟁에 져서 망함. ¶日帝(일제)의 패망

[敗北(패:배)] ① 전쟁에서 져서 달아남. ② 싸움에서 짐.
[輕敵必敗(경적필패)] 적을 업신여기면 반드시 패함.
[慘敗(참패)] 참혹할 만큼 크게 패하거나 실패함. 또는 그런 패배나 실패.
[勝敗兵家之常事(승패병가지상사).] ☞ 勝(승)
[勝固欣然(승고흔연), 敗亦可喜(패역가희).] ☞ 勝(승)
敗軍(패군), 敗軍之將(패군지장), 敗訴(패소), 敗因(패인), 敗者(패자), 敗殘兵(패잔병), 敗將(패장), 敗戰(패전), 敗走(패주), 敗退(패퇴), 大敗(대패), 憤敗(분패), 惜敗(석패), 勝敗(승패), 一敗塗地(일패도지), 連敗(연패), 完敗(완패), 退敗(퇴패)

실패하다
[成敗(성패)] 성공과 실패.
[失敗(실패)] 일이 잘못되어 헛일이 됨.
[安不思難敗後悔(안불사난패후회).] 편안할 때 어려움을 생각하지 않으면 실패한 후에 후회한다. 『朱子(주자)・朱子十悔訓(주자십회훈)』 ☞ * 387
[烹牛而不鹽(팽우이불염), 敗所爲(패소위).] (비싼) 쇠고기를 삶아도 (값이 얼마 되지 않는) 소금을 치지 않으면 맛이 없다. 한 푼 아끼려다 백 배의 손해를 본다. 『淮南子(회남자)・說山訓(설산훈)』

살림이 거덜나다
[敗家亡身(패:가망신)] 가산을 탕진하고 몸을 망침.

썩다
[腐敗(부:패)] ① (유기물이) 썩음. ¶부패 방지/부패 음식물 ② 도덕・사상・의식・사회 제도 따위가 타락함. ¶부패 공무원

시들다, 시들어 떨어지다
[敗柳殘花(패:류잔화)] 마른 버드나무와 시든 꽃. 미인의 용색이 시든 모양. 『西遊記(서유기)』

해지다, 떨어지다
[敗衣(패:의)] 떨어진 옷.

成 이룰 성, 戈부7   0312

'成(성)'자는 '다섯째 천간 戊(무)'와 '넷째 천간 丁(정)'으로 이루어진 글자이다. '이루어지다'는 뜻을 나타낸다.

이루다, 뜻한 바를 이루다, 어떤 상태나 결과로 되게 하다, 이루어지다, 완성되다, 다 되다
[成功(성공)] 목적한 바를 이룸.
[成績(성적)] ① 해 온 일이나 사업 따위의 결과. ¶근무 성적 ② (교) 학습에 의해 활동한 지식・기능・태도 따위의 평가된 결과.
[大器晩成(대:기만성)] 큰 그릇을 만들려면 시간이 오래 걸려 늦게 이루어짐. '크게 될 사람은 성공이 늦음'을 비유하여 이르는 말.
[殺身成仁(살신성인)] 자신의 몸을 죽여서 어짊을 이룩한다. 위급한 상황에 처했을 때 자신의 몸을 죽여 정의를 이룩하는 것이 사람의 올바른 자세라는 뜻이다. 『論語(논어)・衛靈公(위령공)』
[完成(완성)] 완전히 다 이룸. 逆未完成(미완성)
[家和萬事成(가화만사성).] 가정이 화목하면 모든 일이 제대로 이루어진다.
[少年易老學難成(소년이노학난성).] 젊음은 쉬 가고 늙기는 쉬우나 배움은 이루기 어렵다. 『朱熹(주희)・勸學文(권학문)』 ☞ * 056
[精神一到何事不成(정신일도하사불성).] 정신을 집중하여 한결같이 노력하면 어떠한 어려운 일이라도 성취할 수 있음. 『朱子語類(주자어류)』
成果(성과), 成均館(성균관), 成立(성립), 成文(성문), 成文法(성문법), 成服(성복), 成分(성분), 成佛(성불), 成事(성사), 成市(성시), 成語(성어), 成員(성원), 成因(성인), 成就(성취), 成層圈(성층권), 成敗(성패), 成形(성형), 成婚(성혼), 成火(성화), 見性成佛(견성성불), 結成(결성), 故事成語(고사성어), 光合成(광합성), 構成(구성), 期成(기성), 旣成(기성), 旣成服(기성복), 旣成世代(기성세대), 期成會(기성회), 落成(낙성), 弄假成眞(농가성진), 弄過成嗔(농과성진), 達成(달성), 大成(대성), 門前成市(문전성시), 未完成(미완성), 變成(변성), 生成(생성), 速成(속성), 熟成(숙성), 養成(양성), 育成(육성), 自手成家(자수성가), 作成(작성), 赤手成家(적수성가), 積土成山(적토성산)/積小成大(적소성대), 助成(조성), 組成(조성), 造成(조성), 集大成(집대성), 贊成(찬성), 炊沙成飯(취사성반), 編成(편성), 形成(형성), 混成(혼성), 合成(합성)

익다, 성숙하다
[成熟(성숙)] ① 초목의 열매가 익음. ② 생물이 완전히 자람. ③ 경험이나 훈련을 쌓아 익숙해짐. ¶성숙한 연기 ④ 사물이 적당한 시기에 이름. ¶여건이 성숙되면 사업을 시작하자
[成熟期(성숙기)] 성숙하는 또는 성숙한 시기.

살찌다, 비대해지다
[成長(성장)] ① (사람이나 동식물이) 자라서 점점 커짐. ② 사물의 규모가 커짐. ¶경제 성장
[促成(촉성)] 재촉하여 빨리 이루어지게 함.
[促成栽培(촉성재배)] (농) (온실이나 온상 따위에서) 자연의 상태에서는 잘 자라지 않는 시기에 빨리 자라게 하는 재배 방법. 逆抑制栽培(억제재배)

어른이 되다, 성인이 되다
[成人(성인)] 어른.
[成年(성년)] ① 사람으로서 지능이나 신체가 완전히 성숙한 나이. ② 법적인 권리를 행사할 수 있는 나이. 대개는 만 20세를 이른다. 逆未成年(미성년)
[未成年(미:성년)] 아직 성년이 되지 않은 나이. 또는 그 사람. 만 스무 살 이하의 나이나 사람을 가리키는 말.
[長成(장:성)] 아이가 자라서 어른이 됨.
成體(성체), 成蟲(성충)

초급

功 공 공, 力부5　0313

'功(공)'자는 공구[工]를 들고 힘들여[力] 일하는 모습에서 만들어졌다고 한다.

공, 일의 보람

[功勞(공로)] 일을 이루는 데 들인 노력이나 수고. 또는 그 공. 📌功勞賞(공로상)
[功績(공적)] 공로의 실적.
[論功行賞(논공행상)] 공을 평가하여 상을 주거나 표창함.
[成功(성공)] ☞ 成(성)
[恩功(은공)] 은혜와 공로.
[一將功成萬骨枯(일장공성만골고).] 한 장수의 성공을 위해 만 명의 뼈가 마른다. 위대한 성공의 이면에는 그를 위해 희생한 무수히 많은 사람이 있다는 뜻이다.
[螢雪之功(형설지공)] 중국의 晉(진)나라 車胤(차윤)이 반딧불[螢]로 글을 읽고, 孫康(손강)이 눈[雪]빛으로 글을 읽었다는 고사에서, 어려운 여건을 이겨내면서 열심히 학업에 정진하여 성공한 것을 비유하는 말.
[功遂身退天之道(공수신퇴천지도).] 공적을 이루면 물러나는 것이 하늘의 도리이다. 봄은 봄이 해야 할 일을 끝내면 그 지위를 여름에게 물려준다. 여름이나 가을도 각각 잎을 무성하게 하고 열매를 맺게 했으면 겨울에게 그 지위를 물려준다. 인간도 일단 일을 수행하여 공적이나 명성을 이루면 그 위치를 물러나는 것이 하늘의 도리를 따르는 방법이다. 📌功成身退(공성신퇴) 『老子(노자)·道德經 9章(도덕경 9장)』
[積功之塔不虧(적공지탑불휴).] '공든 탑이 무너지랴'의 속담으로, '정성 들여 이룬 일은 헛되지 아니함'을 비유하여 이르는 말.
功過(공과), 功德(공덕), 功力(공력), 功名心(공명심), 功成身退(공성신퇴), 功臣(공신), 功勳(공훈), 誇功(과공), 勞而無功(노이무공), 武功(무공), 富貴功名(부귀공명), 頌功(송공), 年功(연공), 有功(유공), 陰功(음공), 戰功(전공)

공치사하다, 공을 자랑하다

[功利(공리)] ① 功名(공명)과 이욕. ② 공적과 이익.
[功致辭(공치사)] 남을 위해 수고한 것을 제가 잘하였다고 스스로 자랑하는 것.

境 지경 경, 처지 경, 상태 경, 土부14　0314

'境(경)'자는 '흙'의 뜻인 '土(토)'와 '끝나다'의 뜻인 '竟(경)'의 합자로, 어떤 지역의 끝과 다른 지역의 끝이 서로 맞닿은 곳이라는 데서 '境界(경계)'를 뜻한다. 두 지역의 경계는 상태나 형편에 따라 결정된다는 데서, '상태' 또는 '형편'의 뜻으로 확대되었다.

지경, 땅의 경계

[境界(경계)] 지역·영역 따위가 갈리는 한계. ¶섬진강을 경계로 경상도와 전라도가 갈린다
[國境(국경)] 나라와 나라 사이의 경계. 📌國境線
[接境(접경)] 경계가 서로 맞닿음. 또는 서로 맞닿은 경계.
[地境(지경)] ① 땅과 땅의 경계. ② 어떠한 처지. 형편.
國境線(국경선), 越境(월경), 侵境(침경)

경우, 형편

[境遇(경우)] 놓이는 조건이나 사정 또는 형편. ¶비가 올 경우
[境地(경지)] ① 자신의 특성과 연구로 이룩한 독자적 방식이나 세계. ② 어떠한 단계에 이른 상태.
[逆境(역경)] 일이 뜻대로 되지 않는 불행한 경우나 환경. 🔄順境(순경)
[環境(환경)] ① 생물에게 직·간접적으로 영향을 끼치는 자연적 조건이나 사회적인 상황. ② 생활하는 주위 상태. 📌環境汚染(환경오염)
曲境(곡경), 困境(곤경), 老境(노경), 晩境(만경), 末境(말경), 無我境(무아경)/無我之境(무아지경), 無人之境(무인지경), 死境(사경), 三昧境(삼매경), 順境(순경), 心境(심경)

곳, 장소

[佳境(가:경)] ① 경치가 좋은 곳. ② 재미있는 좋은 판이나 경지. 📌漸入佳境(점입가경)
[邊境(변경)] 나라의 경계가 되는 변두리의 땅.
[秘境(비:경)] ① 신비스러운 곳. 또는 그 경치. ② 남이 모르는 곳.
[漸入佳境(점:입가경)] '점점 들어갈수록 아름다운 경지에 이름'이란 뜻으로, '갈수록 경치가 좋아짐' 또는 '일이 점점 재미있어짐'을 뜻함.
妙境(묘경), 仙境(선경)

界 지경 계:, 田부9　0315

'界(계)'자는 '밭 田(전)'과 '끼일 介(개)'자로 이루어진 것으로, 밭과 밭 사이의 경계 즉 '地境(지경)'을 뜻한다. '한계', '범위', '사회'를 뜻하기도 한다.

지경, 경계, 한계, 범위

[境界(경계)] ☞ 境(경)
[外界(외:계)] 어떤 것의 주위. 바깥쪽.
[限界(한:계)] ① 한정된 경계. ② 한정된 범위. ¶한계를 벗어나다
道界(도계), 視界(시계), 臨界(임계), 租界(조계)

경계 안, 세계

[各界各層(각계각층)] 사회의 각 방면과 각 계층.
[經濟界(경제계)] 경제활동이 활발히 이루어지고 있는 사회의 분야. 흔히 실업가들의 세계를 지칭함.
[世界(세:계)] ① 널리 중생이 사는 곳. '世'는 과거·현재·미래를, '界'는 동서남북·상하를 이른다. ② 이 세상. ③ 지구상에 있는 모든 나라. ④ 우주. 천지. ⑤ 같은 유(類)끼리 이루고 있는 하나의 사회.

[業界(업계)] 같은 업종에 종사하는 사람들의 사회.
官界(관계), 敎育界(교육계), 法曹界(법조계), 別世界(별세계), 斯界(사계), 上界(상계), 色界(색계), 仙界(선계), 世界觀(세계관), 俗界(속계), 靈界(영계), 慾界(욕계)/欲界(욕계), 銀盤界(은반계), 銀世界(은세계), 財界(재계), 政界(정계), 淨界(정계), 塵界(진계), 天上界(천상계), 他界(타계), 下界(하계), 學界(학계), 花柳界(화류계)

區 구역 구, 구분할 구, 지경 구, 匚부11   0316

'區(구)'자는 '물건 品(품)'과 '덮어 가릴 匚(혜)'의 합자이다. '品(품)'은 여러 가지 물건을, '匚(혜)'는 구획을 지어 갈라놓는 것을 가리킨다. 그래서 '많은 물건을 구분하다'의 뜻을 나타낸다.

지경, 나누다, 경계를 갈라 정하다
[區內(구내)] 일정한 구역 안.
[區域(구역)] 일정하게 갈라놓은 지역이나 범위. ¶관할 구역/금지 구역/행정 구역
[區劃(구획)] 토지 따위를 구분하여 나눔. 또는 그런 구역.
[選擧區(선:거구)] 의원을 선출하는 단위로 나누어진 구역.
區間(구간), 敎區(교구), 管區(관구), 鑛區(광구)

따로따로, 제각각
[區別(구별)] 성질이나 종류에 따라 나타나는 차이. 또는 그것을 갈라놓음.
[區分(구분)] 구별하여 따로따로 나눔.

자질구레하다
[區區(구구)] ① 제각기 다름. ② 떳떳하지 못하고 구차스러움. ③ 잘고 변변치 못함.
[區區私情(구구사정)] 이런저런 사사로운 사정.

행정구역
[區民(구민)] 해당 구역에 사는 사람.
[區廳(구청)] 區(구)의 행정을 맡은 관청.
[鐘路區(종로구)]

域 지경 역, 土부11   0317

'域(역)'자의 본래 글자는 '或'이었다. 나라의 영역을 가리키는 '口', 땅을 상징하는 '一', 그리고 국방 수단을 나타내는 '창 戈(과)'를 통하여 '나라의 경계'를 뜻하였다. 후에 이것이 '혹시'라는 뜻으로 차용되는 예가 많아지자, '나라'는 따로 둘레[口]를 쳐서 '國(국)'자를 만들어 나타내고, '땅의 경계'는 '土(토)'를 넣어 '域(역)'자로 나타냈다.

한정된 일정한 곳이나 땅, 지경, 땅의 경계
[域內(역내)] 지역 안. 凹域外(역외)
[廣域(광:역)] 넓은 지역이나 구역. 참廣域市(광역시), 廣域通信網(광역통신망)

[區域(구역)] ☞ 區(구)
[流域(유역)] 하천이 흐르는 언저리의 지역. ¶한강 유역
[地域(지역)] 땅의 구역. 땅의 경계, 또는 그 안의 땅.
域外(역외), 圈域(권역), 墓域(묘역), 聖域(성역), 音域(음역), 兆域(조역), 海域(해역), 全域(전역), 震域(진역)

나라, 국토
[西域(서역)] 옛날 중국의 서쪽 지역. 광의로는 소아시아·중앙아시아 및 인도 지방의 여러 나라, 협의로는 신강성(新疆省)·천산남로(天山南路) 지방을 가리킨다.
[領域(영역)] ① 어떤 나라의 주권이 미치는 범위. 영토·영해·영공으로 이루어짐. ② 영향이나 세력이 미치는 범위. ¶그 일은 내 영역 밖이다
[異域(이:역)] ① 다른 나라의 땅. ② 제 고장이나 고향에서 멀리 떨어진 곳.
疆域(강역), 槿域(근역)

偉 위대할 위, 人부11   0318

'偉(위)'자는 '사람 亻(인)'과 '다룸가죽 韋(위)'로 이루어진 글자이다. '위대하다'는 뜻을 나타낸다.

훌륭하다, 뛰어나다, 크다, 크고 아름답다
[偉大(위대)] 훌륭하고 대단함. ¶위대한 과학자
[偉業(위업)] ① 훌륭한 업적. ② 다루는 데 힘이 많이 들고, 미치는 영향의 범위가 넓은 일.
[偉人(위인)] ① 훌륭한 사람. 참偉人傳(위인전) ② 도량과 재간이 뛰어난 사람.
[偉容(위용)] 훌륭하고 뛰어난 모습.

反 돌이킬 반:, 반대로 반:, 又부4   0319

'反(반)'자는 '언덕 厂(한)'과 '손 又(우)'의 합자로 '손을 뒤집어엎다'가 본뜻이다.

돌이키다, 되돌리다
[反射(반:사)] ① (물) 한 방향으로 나아가던 파동이나 입자선 따위가 다른 물체에 부딪쳐서 되돌아오는 현상. 참反射鏡(반사경) ② (생) 의지와는 관계없이 바깥 자극에 대하여 일정한 반응을 기계적으로 일으키는 현상. 참反射作用(반사작용), 條件反射(조건반사)
[反省(반:성)] 자기의 과거 언행에 대해 잘못이나 모자람이 없는가를 돌이켜 살핌. ¶반성과 후회
[反作用(반:작용)] ① 작용을 받은 대상이 작용을 한 대상에 대하여 도로 작용하는 일. ② (물) '갑'의 물체가 '을'의 물체에 작용할 때 그와 반대로 '을' 물체가 똑같은 크기와 반대방향의 힘으로 '갑' 물체에 미쳐서 일어나는 작용.
[回光反照(회광반조)] 등불이나 사람의 목숨이 다하려고 하는 마지막 한 때에 잠시 기운을 되차리는 일.
[愛人不親反其仁(애인불친반기인), 治人不治反其智

(치인불치반기지), 禮人不答反其敬(예인부답반기경).]
남을 사랑하여도 친해지지 않으면 자기의 어진 마음을
반성해보고, 남을 다스려도 다스려지지 않으면 자기의
지혜를 돌이켜 반성해보고, 예의를 차렸는데도 답례하
지 않으면 남을 공경하는 마음을 돌이켜 반성해보아야
한다. 잘못을 남에게서 구하지 말고 늘 자기 안에서 찾
으라는 말이다. 『孟子(맹자)·離婁 上(이루 상)』☞ *
249
[出乎爾者反乎爾(출호이자반호이).] 너에게서 나온 것
은 너에게로 돌아간다. 네가 한 언행은 네게로 돌아간
다. 즉 선에는 선이 돌아오고, 악에는 악이 돌아온다.
스스로 인(因)을 지어 스스로 과(果)를 받음. 『孟子(맹
자)·梁惠王 下(양혜왕 하)』☞ * 430
反射運動(반사운동), 反映(반영), 反哺之孝(반포지효),
反響(반향)

되받다
[反擊(반:격)] 쳐들어오는 적의 공격을 막아서 되잡아
공격함.
[反動(반:동)] ① 어떤 움직임에 반대하여 일어나는 움
직임. ② 한 물체가 다른 물체에 힘을 작용할 때, 다른
물체가 똑같은 크기의 힘을 반대 방향으로 한 물체에
미치는 작용.
[反撥(반:발)] ① 물체가 되받아서 퉁김. ② 어떤 행동
이나 상태에 대하여 거스르고 반항함.
[反應(반:응)] ① 자극이나 작용에 대응하여 일어남. 또
는 그 일어나는 현상. ② (화) 물질 사이에 일어나는
화학적 변화. ③ 배반하여 다른 편으로 달라붙어 응함.
反攻(반공), 反問(반문), 可逆反應(가역반응), 拒否反
應(거부반응), 連鎖反應(연쇄반응), 核反應(핵반응)

되풀이하다
[反復(반:복)] 같은 말이나 일 또는 행동을 거듭함. 되
풀이.
[反覆(반:복)] 이랬다저랬다 하여 자꾸 고침.
[反芻(반:추)] ① (동) 새김질. 쥅反芻動物(반추동물),
反芻胃(반추위) ② 어떤 일을 되풀이하여 음미하고 생
각하는 일.
[反芻動物(반:추동물)] 반추위를 가지고 있어 새김질을
하는 동물. 소, 염소 등.

반대하다, 도리어, 반대로, 거꾸로
[反對(반:대)] ① 두 사물이 모양, 위치, 방향, 순서 따
위에서 맞서 있는 상태. ② 어떤 의견이나 제안 등에
찬성하지 아니함.
[反抗(반:항)] 순순히 따르지 않고 반대하거나 저항함.
¶부모에게 반항하다
[相反(상반)] 서로 반대됨.
[賊反荷杖(적반하장)] '도둑이 도리어 매를 든다'는 뜻
으로, 잘못한 놈이 도리어 잘한 사람을 나무랄 경우에
쓰는 말.
反面(반면), 反感(반감), 反共(반공), 反旗(반기), 反對
給付(반대급부), 反亂(반란), 反論(반론), 反面敎師(반
면교사), 反目(반목), 反駁(반박), 反比例(반비례), 反

語(반어), 反逆(반역), 反戰(반전), 反轉(반전) 反證(반
증), 謀反(모반)

뒤척거리다
[反側(반:측)] ① 시름에 잠기거나 잠이 오지 않아 누워
서 이리저리 몸을 뒤척거림. ② 두 마음을 품고 바른
길로 좇지 않음.
[輾轉反側(전:전반측)] 누워서 이리 뒤척 저리 뒤척 하
며 잠을 이루지 못함. 轉(전)은 '구르다'라는 뜻이니 360°,
反(반)은 '뒤집다'의 뜻이니 180°, '側(측)'은 '측면'이라는
뜻이니 90°로 몸을 회전하는 것을 말하는 것이다.
[如反掌(여반장)/易如反掌(이여반장)] 손바닥 뒤집듯이
일이 쉽다. 식은 죽 먹기. 『孟子(맹자)·公孫丑章句
(공손추장구)』

어긋나다, 어기다, 등지다
[反則(반:칙)] 주로 운동 경기 따위에서 규칙을 어김.
또는 규칙에 어긋남.
[背反(배:반)/背叛(배:반)] 신의를 저버리고 등지고 돌
아섬.
[違反(위반)] 어기어서 배반함.
[二律背反(이:율배반)] (논) 서로 모순되는 두 명제가
동등한 타당성을 가지고 주장되는 일. 두 개의 원리가
대립하여 논리상 모순이 생기는 일.
[離反(이반)] 인심이 떠나서 등지고 돌아섬.

各 각 각, 口부6　0320

'各(각)'자는 '뒤쳐올 夂(치)'와 '입 口(구)'로 이루어졌
다.

각각, 각각의, 따로따로의
[各各(각각)] 따로따로. 제각기.
[各個(각개)] 따로따로의 하나. 쥅各個戰鬪(각개전투)
[各自(각자)] 각각의 자기. ¶각자의 책임
[各人自掃門前雪(각인자소문전설), 莫管他家瓦上霜
(막관타가와상상).] 각각 자기 집 앞 눈이나 쓸 일이요,
남의 집 기와 위의 서리는 간섭 말라. 자기가 할 일은
자기가 하고, 남의 일에 간여하지 말라, 자신을 다스리
고 경계하여 조심할지언정 남의 일에 지나치게 신경을
쓰거나 간섭하지 말라는 뜻임. 『事林廣記(사림광기)』
各居(각거), 各國(각국), 各級(각급), 各其(각기), 各論
(각론), 各方(각방), 各姓(각성), 各自圖生(각자도생)

여러
[各界各層(각계각층)] 사회의 각 방면과 각 계층.
[各樣各色(각양각색)] 서로 다른 각가지 모양.
[各種(각종)] 각가지. ¶각종 생물
各界(각계), 各樣(각양), 各地(각지), 各處(각처)

離 떼 놓을 리:, 떠날 리:, 隹부19　0321

'離(리)'자는 '새를 잡다'가 본뜻이다. '새 隹(추)'와 '도
깨비 离(리)'로 이루어진 글자이다. '벗어나다', '떠나다',

'떨어지다' 등의 뜻을 나타낸다.
떼어놓다, 떨어지다, 가르다, 째다, 끊다, 흩어지다
[離間(이:간)] 둘 사이를 헐뜯어 서로 멀어지게 함. ☞ * 271
[離合集散(이:합집산)] 헤어졌다 합치고, 모였다 흩어졌다 함.
[距離(거:리)] ① 서로 떨어져 있는 두 곳 사이의 거리. ② 두 점을 잇는 직선의 길이. ¶집에서 학교까지의 거리 ③ 인간관계에서 친밀하지 못한 사이. ¶그와는 좀 거리를 두고 지내는 편이 낫다 뜯距離感(거리감)
[隔離(격리)] 사이를 막거나 따로 떼어 놓음. ¶격리 병동/격리 수용
[支離滅裂(지리멸렬)] 갈라지고 흩어지고 없어지고 찢김. 이리저리 흩어져 없어짐.
[禮勝則離(예:승즉리)] 예의가 지나치면 도리어 백성들의 사이가 멀어짐. 『禮記(예기)』
離散(이산), 離散家族(이산가족), 離乳(이유), 離乳期(이유기), 離乳食(이유식), 可視距離(가시거리), 離(난리), 病不離身(병불리신), 分離(분리), 影不離身(영불리신), 遠距離(원거리), 離合(이합), 解離(해리)

헤어지다, 이별하다
[離別(이:별)/別離(별리)] 오랫동안 만나지 못하리라 생각하고 헤어짐.
[離婚(이:혼)] 부부가 혼인관계를 끊는 일.
[愛別離苦(애:별리고)] 사랑하는 사람과 이별하는 괴로움. 八苦(팔고)의 하나. ☞ * 169
[會者定離(회:자정리)] 만난 사람은 언젠가는 헤어지도록 운명이 정해져 있음. '인생의 무상함'을 비유하여 이르는 말. 『法華經(법화경)』 뜯去者必返(거자필반)
[貧賤親戚離(빈천친척리).] 빈천하게 되면 친척마저도 떨어져 나간다는 뜻으로, '인정의 야박함'을 비유하여 이르는 말. 高貴他人合(고귀타인합), _____. 『曹據(조터)・感舊詩(감구시)』
離涙(이루), 離脫(이탈), 生離別(생이별), 流離乞食(유리걸식)

떠나가다, 떠나다
[離農(이:농)] 농사일을 그만두고 농촌을 떠남. 뜯歸農(귀농)
[離任(이:임)] 맡아보던 일을 내놓고 그 자리를 떠남. 뜯就任(취임)
[離着陸(이:착륙)] 비행기가 날기 위하여 땅에서 떠오름과 땅에 내림.
離陸(이륙), 離反(이반), 離鄕(이향)

틀리다, 어긋나다
[乖離(괴리)] 어그러져 동떨어짐. ¶현실과 괴리된 생각

피하다, 벗어나다
[離宮(이:궁)] 行宮(행궁). (역) 임금이 거둥할 때 머물던 별궁.

괘 이름(8괘의 하나, 64괘의 하나)
[乾坤坎離(건곤감리)] 주역에 나오는 八卦(팔괘) 중 네 개의 이름이다. 특히 우리의 국기인 태극기의 사방(사방)을 감싸고 있는 괘의 이름이기도 하다. ☞ 卦(괘)2223

合 합할 합, 홉 홉, 口부6 0322

'合(합)'자는 뚜껑이 덮여진 그릇의 모양을 본뜬 것으로, '그릇'이 본뜻이었다. '합하다', '모으다' 등의 뜻으로 쓰이는 예가 많아지자 본뜻은 '盒(합)'자를 추가로 만들었다. 우리나라에서 '合'자가 용량의 단위로 쓰일 때는 [홉]으로 읽는다.

합하다, 여럿이 모여 하나가 되다, 여럿을 하나가 되게 하다
[合計(합계)] 합하여 셈. 또는 그 수나 양.
[合意(합의)] ① 서로 의견이 일치함. 또는 그 의견. ② (법) 당사자 서로의 의사가 합치하는 일. 계약의 성립 요건이 됨.
[結合(결합)] ① 둘 이상의 사물이 서로 관계를 맺어 하나로 합함. ② 부분품들을 하나의 구조물로 짜맞춤. 뜯分解(분해) ¶소총의 분해 결합
[組合(조합)] ① 여럿을 모아 합하여 한 덩어리가 되게 함. ② (법) 행정에서 인격을 가진 지방 단체, 또는 특정한 자격이 있는 사람끼리 조직된 단체. 공공조합 따위. ③ 두 사람 이상이 출자하여 공공사업을 경영하는 단체. 협동조합 등. 뜯組合員(조합원), 組合長(조합장) ④ (수) 몇 개 중에서 정한 수를 한 쌍으로 뽑아서 모음. 또는 그 짝.
[和合(화합)] 화목하게 잘 합하여짐.
合金(합금), 合黨(합당), 合同(합동), 合流(합류), 合邦(합방), 合倂(합병), 合倂症(합병증), 合本(합본), 合算(합산), 合席(합석), 合線(합선), 合設(합설), 合成(합성), 合勢(합세), 合水(합수), 合宿(합숙), 合乘(합승), 合心(합심), 合作(합작), 合葬(합장), 合坐(합좌), 合奏(합주), 合唱(합창), 合板(합판), 共濟組合(공제조합), 光合成(광합성), 勞動組合(노동조합), 團合(단합), 談合(담합), 都合(도합), 配合(배합), 複合(복합), 附合(부합), 野合(야합), 聯合(연합), 癒合(유합), 融合(융합), 接合(접합), 調合(조합), 綜合(종합), 重合反應(중합반응), 總合(총합), 統合(통합), 混合(혼합), 化合(화합), 協同組合(협동조합)

맞다, 틀리거나 어긋남이 없다, 들어맞다, 일치하다
[合格(합격)] ① 자격에 맞음. ② 채용이나 자격시험에 붙음. ¶합격을 축하합니다
[合理(합리)] 이치에 맞음. 뜯合理的(합리적), 合理化(합리화) 뜯不合理(불합리)
[合法(합법)] 법령・규칙 또는 법식에 맞음. 뜯合法的(합법적)
[適合(적합)] 꼭 알맞음. ¶이곳은 벼농사에 적합하다.
合當(합당), 合致(합치), 合憲(합헌), 宮合(궁합), 符合(부합), 不合格(불합격), 不合理(불합리), 迎合(영합), 意氣投合(의기투합), 正反合(정반합), 志氣相合(지기상합), 志氣投合(지기투합), 投合(투합)

모이다, 모으다

[合資(합자)] 두 사람 이상이 자본을 한데 모음. 참合資會社(합자회사)

[合掌(합장)] (불) 불가에서 인사할 때나 절할 때 두 손바닥을 가슴께에서 마주 합침. 참合掌拜禮(합장배례)

[待合室(대:합실)] 역·병원 등에 손님이 쉬며 기다릴 수 있도록 마련해 놓은 방.

[烏合之卒(오합지졸)] '까마귀가 모인 것처럼 질서가 없는 병졸'. 임시로 모아 훈련이 부족하고 규율이 없는 군대. 즉 어중이떠중이를 비유하는 말이다. 참烏合之衆(오합지중)『後漢書(후한서)·耿弇(경엄)전』

[集合(집합)] ① 한군데로 모이거나 모음. 참集合名詞(집합명사) ② (수) 범위가 확정된 요소의 모임. 集合論(집합론).

[合者離之始(합자리지시).] 만남은 헤어짐의 시초이다. 참會者定離(회자정리)

合祀(합사), 合議(합의), 合縱連橫(합종연횡)/合縱連衡(합종연횡), 合竹扇(합죽선), 合評(합평), 糾合(규합), 氣合(기합), 收合(수합), 離合(이합), 離合集散(이합집산), 塵合泰山(진합태산), 會合(회합)

짝하다, 짝을 짓다, 부부가 되다, 짝, 배필, 성교

[合歡(합환)] ① 기쁨을 같이 함. ② 남자와 여자가 같이 자며 즐김. 참合歡酒(합환주)

[合歡酒(합환주)] ① 혼례 때에 신랑 신부가 서로 잔을 바꾸어 마시는 술. ② 합환하기 전에 남녀가 마시는 술.

[交合(교합)] ① 성교. ② 마음이나 뜻이 서로 맞음.

[合宮(합궁)] 남녀 특히 부부 사이의 성교.

싸우다, 겨루다

[競合(경:합)] 겨룸.

[保合(보:합)] (경) 제자리걸음. 시세가 별로 오르지도 내리지도 않고 있음. 참保合勢(보합세)

[試合(시합)] ① 우열을 따지기 위하여 경합을 벌임. ② 운동이나 그 밖의 경기 따위에서 승부를 겨루는 일.

集 모일 집, 隹부12   0323

'集(집)'자는 '모이다'는 뜻을 나타내기 위하여 새[隹]가 떼를 지어 나뭇가지[木] 위에 모여 있는 모양을 그린 것이었다. 원래는 '나무 木(목)' 위에 '새 隹(추)'자 세 개를 썼는데, 하나로 줄었다.

모이다, 새가 떼지어 나무 위에 모이다, 모으다, 모임, 회합, 떼, 군중

[集團(집단)] 한군데로 모인 떼.

[集合(집합)] ① 한군데로 모이거나 모음. 참集合名詞(집합명사) ② (수) 범위가 확정된 요소의 모임. 참集合論(집합론)

[募集(모집)] 사람이나 물품을 일정한 조건 아래 널리 구하여 모음. ¶학생 모집

[收集(수집)] 여러 가지 것을 거두어 모음. ¶재활용품을 수집하다

[蒐集(수집)] 어떤 물건이나 자료들을 찾아서 모음. ¶우표 수집/연구 자료 수집 참蒐集狂(수집광)

集結(집결), 集計(집계), 集權(집권), 集團農場(집단농장), 集大成(집대성), 集配(집배), 集配員(집배원), 集散(집산), 集約(집약), 集約的(집약적), 集字(집자), 集積(집적), 集積回路(집적회로), 集中(집중), 集中力(집중력), 集賢殿(집현전), 集會(집회), 結集(결집), 群集(군집), 密集(밀집), 召集(소집), 凝集(응집), 凝集力(응집력), 離合集散(이합집산), 徵集(징집), 採集(채집)

시문을 편록한 서책

[文集(문집)] ① 한 사람의 글을 모아서 만든 책. ② 시문을 모은 책.

[詩集(시집)] 여러 편의 시를 모아서 엮은 책.

選集(선집), 閏集(윤집), 全集(전집), 畵集(화집)

散 흩을 산:, 비틀거릴 산:, 攴부12   0324

'散(산)'자는 '대 竹(죽)', '고기 月(육)', '칠 攵(복)'으로 이루어진 글자이다. 대나무의 속[月]을 껍질로부터 벗겨내는 모양에서, '뿔뿔이 흩어지게 하다'는 뜻을 나타낸다. '竹'의 모양이 크게 변하였다.

흩다, 흩뜨리다, 흩어지다, 헤어지다

[散漫(산:만)] 질서나 통일성이 없이 어지럽게 흩어져 있어 어수선함. ¶주위가 너무 산만하다/산만한 구성

[散在(산:재)] 이곳저곳에 흩어져 있음.

[分散(분산)] ① 따로따로 흩어짐. 또는 따로따로 흩어지게 함. ② (물) 빛의 굴절률이 파장에 따라 다르기 때문에 여러 개의 빛이 프리즘을 통과할 때 각각의 색의 띠로 갈라지는 현상. ③ (수) 통계에서 편차의 제곱을 산술평균한 값으로 나타내는 산포도. ④ (화) 어떤 물질에 다른 물질이 잘디잔 알갱이 형태로 흩어져 있는 모양.

[魂飛魄散(혼비백산)] '혼백이 흩어진다'는 뜻으로, 몹시 놀라 어쩔 줄 모르는 상황을 이르는 말.

[擴散(확산)] ① 퍼져 흩어짐. ② (물) 어떤 물질 속에 다른 물질이 점차 섞여 들어가는 현상. 액체와 액체, 기체와 기체, 때로는 기체와 고체, 액체와 고체 사이에도 일어남.

散光(산광), 散亂(산란), 散賣(산매), 散髮(산발), 散發(산발), 散逸(산일)/散佚(산일), 散之四方(산지사방), 散播(산파), 散布(산포), 散布度(산포도), 散票(산표), 散華(산화), 散會(산회), 霧散(무산), 發散(발산), 飛散(비산), 燒散(소산), 疏散(소산), 雲散鳥沒(운산조몰), 雲消霧散(운소무산), 離散(이산), 離合集散(이합집산), 蒸散(증산), 集散(집산), 聚散(취산), 風飛雹散(풍비박산), 解散(해산)

겨를, 여가, 한가롭다, 볼 일이 없다

[散步(산:보)] 바람을 쐬기 위하여 이리저리 거닐어 다님.

[散策(산:책)] 한가한 마음으로 이리저리 거닐음.
쓸쓸하다
[陰散(음산)] 날씨가 흐리고 쓸쓸함. ¶음산한 초겨울 날씨
[閑散(한산)] ① 일이 없어 한가함. ② 조용하고 쓸쓸함.
가루약
[散藥(산:약)] 가루약.
문체의 이름(운도 밟지 않고 댓구도 쓰지 않는 글)
[散文(산:문)] 규범에 얽매이지 않고 자유로이 내치는 대로 쓴 글. 소설, 수필 따위.
[散文詩(산:문시)] (문) 산문 형식으로 지은 시. 형식상으로는 거의 산문이고 내용으로는 시적 요소를 지님.
거문고 곡조 이름
[散調(산:조)] (음) 민속음악의 하나. 느린 속도의 진양조로 시작, 차츰 급하게 중모리·자진모리·휘모리로 끝나는 가락.
기타
[散炙(산적)] ① 쇠고기 따위를 길쭉길쭉하게 썰어 갖은 양념을 하여 대꼬챙이에 꿰어서 구운 적. ② '사슴 산적'의 준말.

庭 뜰 정, 广부10   0325

'庭(정)'자는 '집 广(엄)'과 '조정 廷(정)'으로 이루어졌다. 집 안의 '뜰'을 뜻한다.
뜰, 집 안에 있는 마당
[庭球(정구)] 경기장 중앙 바닥에 네트를 가로질러 치고 그 양쪽에서 라켓으로 공을 주고받는 경기.
[庭園(정원)] 집 안에 있는 뜰이나 꽃밭.
[家庭(가정)] ① 한 가족을 단위로 하여 살림하고 있는 집안. ② 가족. ③ 집안의 뜰.
[校庭(교:정)] 학교의 운동장.
家庭教育(가정교육), 宮庭(궁정), 親庭(친정)
조정(朝廷), 관청, 궁중, 궁궐
[法庭(법정)] 법에 따라 訟事(송사)를 심리하는 곳.

園 동산 원, 囗부13   0326

'園(원)'자는 '에워쌀 囗(위)'와 '옷 길 袁(원)'으로 이루어진 글자이다. '囗(위)'는 사방으로 둘러쳐진 담이나 울타리를 뜻하는 표의요소이고 '袁'은 표음요소이다. 울타리가 본뜻인데 동산을 뜻하기도 한다.
동산, 뜰
[公園(공원)] 여러 사람들의 휴식과 보건 등을 위한 시설이 되어 있는 큰 정원이나 지역.
[樂園(낙원)] 늘 편안하고 즐겁게 살기 좋은 곳. ¶지상 낙원
[動物園(동물원)] 여러 가지 동물들을 기르면서 구경시키는 곳. 또는 그 기관.
[庭園(정원)] 집 안에 있는 뜰이나 꽃밭.
園林(원림), 園丁(원정), 植物園(식물원), 幼兒園(유아원), 幼稚園(유치원), 莊園(장원), 田園(전원), 花園(화원), 後園(후원)
밭, 주로 채소나 과실 나무를 심은 밭
[園藝(원예)] (농) 채소·과수·화훼 따위의 재배와 그 생산품의 가공 및 정원 따위를 가꾸는 기술. 참園藝學(원예학)
[果樹園(과수원)] 과일나무를 많이 심어 가꾸어 과일을 생산하는 밭.
[桃園結義(도원결의)] 중국소설 三國志(삼국지)에 나오는 말로 '의형제를 맺음'의 뜻.
園頭(원두), 園頭幕(원두막), 農園(농원), 桃園(도원), 菜園(채원)
울, 담
[學園(학원)] 학교. 특히 하급에서 상급까지 몇 개의 학교를 포함하는 조직을 이름.
무덤
요즘은 무덤을 통칭하여 墓(묘)라 한다. 옛날에는 왕과 왕비의 무덤은 陵(릉), 왕의 私親(사친)과 세자의 무덤은 園(원), 일반인의 무덤은 墓(묘)라 했다.

圖 그림 도, 囗부14   0327

'圖(도)'자의 '囗'는 국토의 경계를 나타내고, 그 안에 있는 '啚(비)'는 '행정구획'을 의미하는 '鄙(비)'자의 본래 글자이다. '나라의 地圖(지도)'가 본뜻인데, '그림', '꾀하다'의 뜻으로도 쓰인다.
(인물, 산수 등을 그린) 그림, (지세, 기계, 건축물 등을 그린) 그림, (통계 숫자 등을 일람할 수 있게 그린) 그림
[圖案(도안)] 그림 형식으로 표현한 생각. 또는 생각을 구체화한 그림.
[圖畵(도화)] ① 도안과 그림을 아울러 이르는 말. ② 그림을 그리는 일. 또는 그려 놓은 그림. 참圖畵紙(도화지)
[設計圖(설계도)] 설계한 것을 그림으로 나타낸 그림. 준設計(설계)
[地圖(지도)] 지구 표면의 일부 또는 전부를 일정한 縮尺(축척)에 의하여 평면상에 나타낸 그림. 목적에 따라 지형도·지질도·토지 이용도 따위가 있다.
圖鑑(도감), 圖面(도면), 圖式(도식), 圖表(도표), 圖解(도해), 圖形(도형), 系圖(계도), 掛圖(괘도), 構圖(구도), 氣象圖(기상도), 大東輿地圖(대동여지도), 挿圖(삽도), 略圖(약도), 作圖(작도), 全圖(전도), 製圖(제도), 鳥瞰圖(조감도), 縮圖(축도), 側面圖(측면도), 版圖(판도), 海圖(해도)
꾀하다, (대책과 방법을) 세우다
[圖謀(도모)] 어떤 일을 이루기 위하여 대책과 방법을 세움.
[試圖(시도)] 무엇을 시험 삼아 꾀하여 봄. 또는 꾀한

바를 시험해 봄.
[意圖(의도)] ① 뜻한 바를 꾀함. ② 무엇을 하고자 하는 생각이나 계획. 또는 무엇을 하려고 꾀함.
[圖難于其易(도난우기이),　爲大于其細(위대우기세).] 어려운 일을 하려고 함에는 그 일의 쉬운 곳부터 해 나가야 하고, 큰일을 하려고 할 때는 그 일의 작은 것부터 해 나가야 한다. 『老子(노자)』
[圖南意在北(도남의재북).] 남쪽을 도모하면서 속마음은 북쪽을 공략하는 데 있다. (바둑을 둘 때 자주 쓰는 말임.)
圖生(도생), 各自圖生(각자도생), 企圖(기도), 鴻圖(홍도)

책, 서적
[圖書(도서)] ① 그림, 글, 글씨 따위를 통틀어 이르는 말. ② 일정한 목적, 내용, 체제에 맞추어 사상, 감정, 지식 따위를 글이나 그림으로 표현하여 적거나 인쇄하여 묶어놓은 것. 田책, 서적
[圖書館(도서관)] 도서를 비롯한 온갖 기록된 자료들을 모아 두고 일반인이 와서 볼 수 있게 시설을 한 집.

인(印), 도장
[圖章(도장)] 개인이나 단체의 이름 또는 어떤 글자나 기호 따위를 새겨 표적으로 찍는 물건. ¶도장을 새기다

畫 그림 화: (그을 획), 田부12 0328

'畫(화)'자는 손으로 붓을 잡고 있는 모습인 '붓 聿(율)'자에 '밭 田(전)'과 '입벌릴 凵(감)'이 합쳐진 것이다. '画(화)'자는 속자이다. '그리다'의 뜻으로 쓰일 때에는 [화:]로 읽고, '긋다' 또는 '획'을 뜻하는 경우에는[획]으로 읽는다. 특히 [획]으로 읽는 경우를 위하여 '劃(획)'자가 따로 만들어졌지만, 서로 통용되기도 한다. 여기에서는 '그림 畫(화)'자만 다루고, '그을 畫(획)'에 대해서는 '劃(획)'으로 옮겨 다루기로 한다.

그림, 사물의 형상을 평면상에 묘사하는 것, 그리다, 그림을 그리다
[畫家(화:가)] 그림 그리는 일을 전문으로 하는 사람.
[畫中之餠(화:중지병)] 그림의 떡. 아무리 마음에 들어도 차지할 수 없는 것을 이르는 말. 준畫餠(화병)
[畫蛇添足(화:사첨족)] 뱀을 그리는데 실물에는 있지도 않은 발을 그려 넣어서 원 모양과 다르게 되었다는 고사에서, '쓸데없는 일을 하여 일을 그르침'을 이르는 말. 준蛇足(사족)
[東洋畫(동양화)] 동양에서 발달한 먹이나 안료를 써서 비단이나 종이에 붓으로 그리는 그림. 참西洋畫(서양화)
[漫畫(만:화)] 사물의 특징을 과장하여 간단하고 익살스럽게 그려 인생이나 사회를 풍자하는 그림. '멋대로 그린 그림'이라는 뜻인 독일어 'Karikatur'를 일본 사람들이 '漫畫(만화)'라고 옮겼다고 함.
畫具(화구), 畫壇(화단), 畫廊(화랑), 畫龍點睛(화룡점정), 畫伯(화백), 畫屛(화병), 畫餠(화병), 畫報(화보), 畫室(화실), 畫集(화집), 畫帖(화첩), 畫板(화판), 畫幅(화폭), 畫風(화풍), 畫虎類狗(화호유구), 古畫(고화), 琴棋書畫(금기서화), 烙畫(낙화), 錄畫(녹화), 圖畫(도화), 圖畫紙(도화지), 名畫(명화), 木刻畫(목각화), 民畫(민화), 墨畫(묵화), 眉目如畫(미목여화), 壁畫(벽화), 揷畫(삽화), 書畫(서화), 水彩畫(수채화), 詩畫(시화), 書畫(서화), 洋畫(양화), 甕算畫餠(옹산화병), 油畫(유화), 印畫(인화), 自畫像(자화상), 自畫自讚(자화자찬), 靜物畫(정물화), 指頭畫(지두화), 肖像畫(초상화), 抽象畫(추상화), 春畫(춘화), 版畫(판화), 繪畫(회화)

영화
[畫面(화:면)] ① 그림의 표면. ② 영사막, 브라운관 따위에 비치는 사진의 겉면.
[名畫(명화)] ① 썩 잘 그린 그림, 또는 그림을 잘 그리는 사람. ② 유명한 그림. ③ 잘된 영화. 유명한 영화.
[映畫(영화)] 연속 촬영된 필름을 연속으로 영사막에 비추어 물건의 모습이나 움직임을 실제와 같이 재현하여 보이는 것. 참映畫館(영화관)
邦畫(방화), 外畫(외화)

書 쓸 서, 글 서, 曰부10 0329

'書(서)'자는 '붓 聿(율)'과 '날 日(일)'의 합자이다. 여기에서 '日(일)'은 '해'가 아니라 '벼루'의 모양을 본뜬 것이다. 붓으로 벼루에 담긴 먹을 찍고 있는 모습을 본뜬 글자이다.

글씨, 서법, 필적, 쓰다, 글씨를 쓰다, 기록하다
[書道(서도)] ① 글씨를 쓰는 법. 또는 그 법을 배우고 익히는 일. ② 글씨를 쓰는 일. 참書藝(서예)
[書體(서체)] 글씨체. 글씨를 써 놓은 모양새. 한글의 명조체·궁체·고딕체 따위, 한자의 해서·행서·초서·예서·전서 따위.
[能書不擇筆(능서불택필).] 서예에 능한 사람은 붓을 가리지 않는다. 재주나 능력이 경지에 오른 사람은 도구의 성능에 구애받지 않고 일을 잘 처리한다는 뜻이다. '서툰 목수가 연장 탓한다'는 속담과 비슷한 뜻을 담고 있다. 『周顯宗(주현종)·論書(논서)』
書記(서기), 書生(서생), 書帖(서첩), 書畫(서화), 琴棋書畫(금기서화), 代書(대서), 大書特筆(대서특필), 背書(배서), 白面書生(백면서생), 隷書(예서), 裏書(이서), 篆書(전서), 正書(정서), 淨書(정서), 精書(정서), 縱書(종서), 朱書(주서), 指頭書(지두서), 草書(초서), 板書(판서), 楷書(해서), 行書(행서), 橫書(횡서)

글자, 문자, 육서(六書)
[六書(육서)] ① 한자의 구조 및 사용에 관한 여섯 가지 명칭. 곧 象形(상형)·指事(지사)·會意(회의)·諧聲(해성)·轉注(전주)·假借(가차). ② 한자의 여섯 가지 書體(서체) 곧, 古文(고문)·奇字(기자)·篆書(전

서)·隷書(예서)·繆篆(무전)·蟲書(충서).

글, 문장, 글의 기록
[書類(서류)] 글자로 적은 문서 따위.
[書信(서신)] 편지로 전하는 소식.
[契約書(계약서)] 계약의 성립을 증명하는 서류.
[身言書判(신언서판)] 풍채와 언변과 문장력과 판단력. 옛날부터 선비가 가져야 할 미덕이라고 한 네 가지 기준을 이르는 말이다. 원래 이것은 당나라 때 관리를 등용하는 네 가지 기준에서 유래하였다.
[履歷書(이력서)] 지금까지 겪어온 내력. 주로 학력과 경력을 적은 문서.
書簡(서간), 書簡文(서간문), 書堂(서당), 書面(서면), 書式(서식), 書院(서원), 書鎭(서진), 書札(서찰), 書翰(서한), 書函(서함), 覺書(각서), 告知書(고지서), 公文書(공문서), 落書(낙서), 但書(단서), 答書(답서), 萬里長書(만리장서), 滿紙長書(만지장서), 明細書(명세서), 文書(문서), 密書(밀서), 白書(백서), 報告書(보고서), 封書(봉서), 封緘葉書(봉함엽서), 秘書(비서), 私文書(사문서), 私書(사서), 私書函(사서함), 上書(상서), 誓約書(서약서), 始末書(시말서), 雁書(안서), 葉書(엽서), 郵便葉書(우편엽서), 願書(원서), 遺書(유서), 傳書鳩(전서구), 調書(조서), 證書(증서), 眞書(진서), 勅書(칙서), 親書(친서), 歎願書(탄원서), 通知書(통지서), 投書(투서), 下書(하서), 降書(항서), 血書(혈서), 婚書(혼서)

책
[書店(서점)] 책 가게.
[書籍(서적)] 책. 어떤 내용을 글이나 그림으로 나타낸 종이를 겹쳐서 꿰맨 물건.
[圖書(도서)] ① 그림, 글, 글씨 따위를 통틀어 이르는 말. ② 일정한 목적, 내용, 체제에 맞추어 사상, 감정, 지식 따위를 글이나 그림으로 표현하여 적거나 인쇄하여 묶어놓은 것. 비책, 서적 참圖書館(도서관)
[讀書(독서)] 책을 읽음. ¶가을은 독서의 계절
書架(서가), 書庫(서고), 書館(서관), 書名(서명), 書案(서안), 書齋(서재), 書册(서책), 古書(고서), 禁書(금서), 兵書(병서), 焚書坑儒(분서갱유), 史書(사서), 司書(사서), 聖書(성서), 良書(양서), 易書(역서), 曆書(역서), 禮書(예서), 原書(원서), 藏書(장서), 著書(저서), 參考書(참고서), 叢書(총서)

서경
[書經(서경)] BC 600년경에 만들어진 책으로, 聖王(성왕)·名君(명군)·賢臣(현신)이 남긴 어록이자 선언집이다. 중국 정치의 규범이 되는 책이다.
[經書(경서)] 유교의 사상과 교리를 써 놓은 책. 곧 易經(역경)·書經(서경)·詩經(시경)·禮記(예기)·春秋(춘추)·大學(대학)·論語(논어)·孟子(맹자)·中庸(중용) 등을 통틀어 이름.
[四書三經(사:서삼경)] ☞ * 175

기타
[書房(서방)] ① '남편'을 속되게 이르는 말. ② 벼슬이 없는 사람을 그 성에 붙여 이르는 말. ③ 성에 붙여, 사위나 손아래 누이의 남편 또는 손아래 남자 동서 등을 부르는 말.
[判書(판서)] (역) 조선 시대, 육부의 으뜸 벼슬.

技 재주 기, 手부7   0330

'技(기)'자는 '손 扌(수)'와 '가지 支(지)'로 이루어진 글자이다. 나뭇가지를 받쳐 들고 재주 있게 행동하는 '재주'를 나타낸다.

재주, 슬기롭게 잘하는 기술이나 솜씨, 잘하는 슬기와 능력
[技能(기능)] 기술적인 능력이나 재능. ¶기능을 연마하다/국제기능올림픽대회 참技能工(기능공), 技能職(기능직)
[技術(기술)] ① 만들거나 짓거나 고치거나 하는 재주 또는 솜씨. ¶건축 기술 ② 사물을 잘 다루거나 부리는 재능. ¶운전 기술/씨름 기술 참技術者(기술자)
[競技(경기)] 일정한 규칙 아래 기량과 기술의 우열을 겨루는 일. 특히 스포츠 경기.
[妙技(묘:기)] 묘한 기술과 재주. 매우 뛰어난 기술. ¶마술사의 묘기에 감탄하다
[特技(특기)] 남이 가지지 못한 특별한 기능이나 기술이나 재간. ¶특기 자랑 시간입니다
技巧(기교), 技倆(기량), 技法(기법), 技師(기사), 技士(기사), 技藝(기예), 個人技(개인기), 格鬪技(격투기), 球技(구기), 國技(국기), 神技(신기), 實技(실기), 演技(연기), 演技者(연기자), 雜技(잡기), 長技(장기), 酒色雜技(주색잡기), 鬪技(투기), 陸上競技(육상경기), 絶技(절기), 珍技(진기)

藝 재주 예:, 심을 예:, ⺿부19   0331

'藝(예)'자는 '운향 芸(운)'과 '심을 埶(예)'로 이루어졌다. '芸(운)'자는 '김매다'의 뜻이 있다. '埶(예)'자는 '藝(예)'와 동자이다. '藝(예)'자는 원예 기술을 뜻한다. 나아가 '원예작물을 잘 길러내는 기술'이라는 뜻에서 '재주'의 뜻도 나타낸다.

심다, 씨를 뿌리다
[園藝(원예)] (농) 채소·과수·화훼 따위의 재배와 그 생산품의 가공 및 정원 따위를 가꾸는 기술. 참園藝學(원예학)
農藝(농예), 園藝學(원예학)

기예, 기술, 재능, 학문
[藝能(예:능)] ① 재주와 기능. ② 연극·영화·음악·미술 따위의 예술과 관련된 능력을 통틀어 이르는 말.
[藝術(예:술)] 아름다움을 표현하려는 인간의 활동 및 그 작품. 참藝術家(예술가)
[曲藝(곡예)] ① 주로 구경거리로 부리는 재주. 곡마·요술·재주넘기·줄타기 따위. 서커스. ② 하찮은 기술이나 재능.

[工藝(공예)] 미술적 조형미를 갖춘 공업 생산품을 만드는 일. 또는 그 조형물. 참工藝家(공예가), 工藝品(공예품)
藝妓(예기), 藝名(예명), 工藝作物(공예작물), 技藝(기예), 陶藝(도예), 武藝(무예), 文藝(문예), 文藝復興(문예부흥), 文藝思潮(문예사조), 四藝(사예), 書藝(서예), 手藝(수예), 演藝(연예), 六藝(육예), 才藝(재예), 竹工藝(죽공예), 學藝(학예), 學藝會(학예회)

術 꾀 술, 재주 술, 行부11 0332

'術(술)'자는 '다닐 行(행)'과 '차조 朮(출)'로 이루어진 글자이다. '朮(출)'자는 '계속하다'의 뜻을 가지고 있다. '術(술)'자는 어떤 행위를 계속하여 나가기 위한 길, 방법을 나타낸다. 그 길을 찾다 보면 '꾀'도 생기고, '재주'도 늘겠다.

꾀, 계략
[術數(술수)] 어떤 일을 꾸미는 꾀나 방법. 술책
[術策(술책)] 남을 속이기 위한 꾀나 계책.
[權謀術數(권모술수)] 그때그때의 형편에 따라 꾀하는 모략이나 수단.
[邪術(사술)] 바르지 못한 수단을 잘 둘러대는 요사스러운 술법. ¶사술을 부리다

수단, 방법, 솜씨
[武術(무:술)] 武人(무인)으로 갖추어야 할 여러 가지 기술. 무기 쓰기·권법·말 달리기 따위의 武道(무도)에 관한 기술.
[商術(상술)] 장사하는 솜씨. ¶그 사람은 상술이 뛰어나다
[手術(수술)] 신체의 일부를 째거나 베어서 하는 외과적 치료법.
[戰術(전:술)] ① 전투나 작전을 지휘·수행하는 기술이나 방법. ② 정치·경제·사회적 활동이나 투쟁을 위한 기본적인 방법. 참戰略(전략)
[處世術(처:세술)] 처세하는 방법이나 수단.
劍術(검술), 弓術(궁술), 馬術(마술), 算術(산술), 鍊金術(연금술), 妖術(요술), 醫術(의술), 銃劍術(총검술), 催眠術(최면술), 護身術(호신술), 話術(화술)

재주, 학문, 기예
[技術(기술)] ① 만들거나 짓거나 고치거나 하는 재주 또는 솜씨. ¶건축 기술 ② 사물을 잘 다루거나 부리는 재능. ¶운전 기술/씨름 기술
[美術(미:술)] 공간 및 시각의 아름다움을 표현하는 예술. 繪畫(회화)·彫刻(조각)·建築(건축)·工藝(공예) 등.
[藝術(예:술)] 아름다움을 표현하려는 인간의 활동 및 그 작품. 참藝術家(예술가)
[學術(학술)] ① 학문과 예술. ② 학문에 응용 방면을 포함하여 이르는 말.
技術者(기술자), 魔術(마술), 美術館(미술관), 施術(시술), 曆術(역술), 仁術(인술), 鍼術(침술)

술수, 음양가, 복서가 등의 술법
[術法(술법)] 卜術(복술)·遁甲術(둔갑술)·縮地法(축지법) 따위의 이치나 그 방법.
[道術(도:술)] 도를 닦아 여러 가지 조화를 부리는 기술.
[呪術(주:술)] 초자연적인 존재나 신비적인 힘을 빌려 길흉을 점치고 회복을 비는 술법. 참呪術師(주술사)
[占星術(점성술)] 별의 빛이나 위치, 운행 따위를 보고 인간의 운세, 사회의 동향 같은 것을 점치는 기술.
[占術(점술)] 점을 치는 술법.

기타
[心術(심술)] ① 마음씨. ② 남이 잘못되는 것을 좋아하는 마음보. ③ 온당하지 않게 고집을 부리는 마음.

太 클 태, 大부3 0333

'太(태)'자는 '큰 위에 더 크다'는 뜻을 나타내기 위한 것이었다. 太(태)자의 점 'ヽ'은 大(대)자나 犬(견)자와 구분하기 위한 것이다. '太(태)'자와 '大(대)'자는 종종 통용된다.

(부피, 규모, 정도가)크다
[太陽(태양)] ① 태양계의 중심을 이루는 항성. 해. 참太陽系(태양계) ② 생명과 희망을 주는 존재. ¶그대는 나의 태양
[太平(태평)/泰平(태평)] ① 걱정이 없고 편안함. ② 아무 걱정이 없고 무관심함. ¶저 사람은 모든 일에 태평이야
[太子(태자)] 황제의 뒤를 이어 황제가 될 큰아들. 황태자의 준말.
太半(태반), 太白山脈(태백산맥), 太陽曆(태양력), 太平歌(태평가), 太平聖代(태평성대), 太平洋(태평양), 太息(태식), 太學(태학), 無事泰平(무사태평), 皇太子(황태자)

존칭을 나타낸다
[太守(태수)] (역) 신라 때, 지방 각 고을을 맡아 다스리던 으뜸벼슬.
[姜太公(강태공)] ① 중국 주나라 초기의 정치가인 '太公望(태공망)'을 그의 성인 姜(강)과 함께 이르는 말. ② '낚시꾼'을 비유적으로 이르는 말.

심히, 매우, 심하다
[太剛則折(태강즉절)] 너무 강하면 꺾어지기 쉬움.

처음, 최초
[太極(태극)] ① 易學(역학)에서 우주 만물이 생긴 근원이라고 보는 본체. ② 하늘과 땅이 아직 나뉘기 전의 상태.
[太極旗(태극기)] 우리나라의 국기. 흰 바탕의 한가운데 태극을 양은 붉은 빛, 음은 남빛으로 그리고 검은 빛으로 乾(건)·坤(곤)·坎(감)·離(리) 네 괘를 사방 대각선상에 그림.

[太祖(태조)] 한 왕조를 세운 첫째 임금에게 붙이던 묘호.
[太初(태초)] 천지가 개벽한 처음.
太古(태고), 太宗(태종), 太虛(태허)
콩
[豆太(두태)] 콩과 팥.
[醬太(장:태)] 장을 담그려고 마련한 콩.
기타
[太歲(태세)] 그 해의 간지.

[凍太(동:태)/明太(명태)/生太(생태)] 등은 푸른 갈색, 배는 은빛을 띤 밝은 백색이고, 몸길이는 40~60cm인 바닷물고기. 함경북도 明川(명천)의 太(태)서방이 처음 잡았다고 하여 이름이 명태가 되었다고 한다. 경기 이남에서는 北魚(북어)라고 하였고, 그물로 잡은 것은 網太(망태), 낚시로 잡은 것은 釣太(조태), 겨울에 잡은 것은 冬太(동태), 봄에 잡은 것은 春太(춘태), 잡아서 얼린 것은 凍太(동태), 그 새끼는 노가리, 알은 明卵(명란)이라고 한다.

得 얻을 득, 彳부11　　0334

'得(득)'자는 '조금 걸을 彳(척)'과 '취할 㝵(득)'으로 이루어진 글자이다. '걸어가서 손에 넣다'의 뜻이다.

얻다, 손에 넣다, 차지하다
[得失(득실)] ① 얻음과 잃음. ② 이익과 손해. ③ 성공과 실패. ④ 좋은 점과 나쁜 점.
[得點(득점)] 점수를 얻어냄. ¶득점 기회
[所得(소:득)] 내 소유가 되는 것. 수입. 이익. 얻는 것. 劉所得稅(소득세), 勤勞所得(근로소득), 不勞所得(불로소득)
[利害得失(이:해득실)] 이로움과 해로움과 얻음과 잃음.
[種瓜得瓜(종과득과)] '오이를 심으면 반드시 오이가 난다'는 뜻으로, 원인에 따라 결과가 생김을 이르는 말. 劉種豆得豆(종두득두), 種麥得麥(종맥득맥)
[得魚忘筌(득어망전)] 물고기를 잡았으면 통발을 잊는다. 筌(전)은 물고기를 잡을 때 쓰는 통발을 말한다. 바라던 바를 달성하고는 그에 소용되었던 것을 잊어버림. 곧 '은혜를 잊음'을 비유하여 이르는 말.『莊子(장자)·外物(외물)』,『故事成語考(고사성어고)』☞ * 104
[求不得苦(구부득고)] 구하려 하나 구하지 못하는 괴로움. 八苦(팔고)의 하나. ☞ * 169
[不入虎穴不得虎子(불입호혈부득호자).] 호랑이 굴에 들어가지 않고는 호랑이 새끼를 잡을 수 없음. 즉 모험을 하지 않으면 이익을 얻지 못함의 비유.『後漢書(후한서)』
得勢(득세), 得人心(득인심), 得罪(득죄), 得票(득표), 苟得(구득), 旣得(기득), 旣得權(기득권), 亡羊得牛(망양득우), 盲者得鏡(맹자득경), 習得(습득), 拾得(습득), 如魚得水(여어득수), 一擧兩得(일거양득), 自業自得(자업자득), 取得(취득), 取得稅(취득세), 獲得(획득)

병을 얻다
[得病(득병)] 병에 걸림.

아이를 얻다
[得男(득남)] 사내 아이를 낳음.
[得女(득녀)] 딸을 낳음.

지식을 얻다, 알다, 깨닫다
[得道(득도)] 도를 깨달음.
[納得(납득)] 사리를 이해함. ¶납득이 가다/납득을 못하다
[體得(체득)] 몸소 체험하여 알게 됨.
[攄得(터:득)] 이치를 깨달아 알아냄. ¶원리를 터득하다
得音(득음), 習得(습득), 說得(설득)

자신·힘·용기 등을 가지게 되다
[得意(득의)] 바라던 일이 이루어져서 뽐냄.

이익, 이득
[得失(득실)] ② 이익과 손해. ① 얻음과 잃음. ③ 성공과 실패. ④ 좋은 점과 나쁜 점.
[利得(이:득)] ① 이익을 얻음. 또는 그 이익. ② 증폭기에 의한 신호 전력 증가.

이루다, 이루어지다
[得功(득공)] 공을 이룸.
[僅僅得生(근:근득생)] 겨우겨우 살아감.

제어하다, 누르다
[萬不得已(만:부득이)] 하는 수 없이. 부득이(不得已)를 강조한 말.
[不得不(부득불)] 하는 수 없이. 마지못하여.
[勢不得已(세:부득이)] 세력이 딸려 하는 수 없음.

失 잃을 실, 大부5　　0335

'失(실)'자는 '손 手(수)'와 '새 乙(을)'로 이루어진 글자라고 한다. 부수가 '大(대)'인 것에 주의하여야 한다. 잘 보면 '大(대)'자가 보인다. '손에서 벗어난 물건, 손에서 물건을 놓치다'의 뜻을 나타낸다. 紛失(분실)이나 損失(손실)은 물질적인 것을, 喪失(상실)은 정신적인 것을 잃는 것을 뜻한다.

잃다, 잃음
[失望(실망)] 희망을 잃음. 일이 뜻대로 되지 않아 낙심함.
[失業(실업)] 일자리를 잃거나 가지지 못함. 劉失業者(실업자)
[得失(득실)] ☞得(득)
[勿失好機(물실호기)] 좋은 기회를 놓치지 말라.
[紛失(분실)] 자기도 모르는 사이에 물건 따위를 잃어버림. ¶손가방을 분실하다
[喪失(상실)] 잃어버림. ¶기억상실 劉喪失感(상실감)
[小貪大失(소:탐대실)] 작은 것을 탐하다가 큰 것을 잃음.

[損失(손실)] 축이 나거나 잃어서 손해를 봄. 또는 그 손해.
[執之失道(집지실도) 必入邪路(필입사로).] 붙잡고 있으면 도를 잃어 반드시 잘못된 길로 빠져 들어가고 만다. 『心信銘(심신명)』

[失言(실언)] 말을 잃다. 경우 없이 말을 해서 남에게 실례를 범하는 것을 말한다. 그러나 원래 失言(실언)의 뜻은 失人(실인)과 더불어 단순한 실수만을 의미한 것은 아니었다.
可與言而不與之言(가여언이불여지언), 失人(실인). 더불어 말할 수 있는 사람인데도 대화를 나누지 않으면 사람을 잃고,
不可與言而與之言(불가여언이여지언), 失言(실언). 더불어 말할 필요도 없는 사람인데 대화를 나누었다면 말을 잃은 것이다.
智者不失人亦不失言(지자불실인역실언) 지혜로운 사람은 사람을 잃지도 않고 말을 잃지도 않는다. 『論語(논어)·衛靈公(위령공)』

失脚(실각), 失格(실격), 失期(실기), 失機(실기), 失德(실덕), 失利(실리), 失明(실명), 失物(실물), 失色(실색), 失性(실성), 失勢(실세), 失笑(실소), 失神(실신), 失戀(실연), 失意(실의), 失人心(실인심), 失點(실점), 失調(실조), 失踪(실종), 失地(실지), 失職(실직), 失鄕(실향), 失鄕民(실향민), 失效(실효), 大驚失色(대경실색), 亡失(망실), 茫然自失(망연자실), 盲者失杖(맹자실장), 啞然失色(아연실색), 如魚失水(여어실수), 遺失(유실), 利害得失(이해득실)

빼앗기다
[失權(실권)] 권리 또는 권세를 잃음.

떨어뜨리거나 놓치거나 하다
[失足(실족)] ① 발을 잘못 디딤. ② 행동을 잘못함. ③ 죄에 빠지게 하거나 멸망으로 이끎.
[失墜(실추)] 떨어뜨리거나 잃음. ¶신용이 실추되다

없어지거나 사라지거나 하다
[燒失(소실)] 불에 타서 없어짐.
[消失(소실)] 사라져 없어짐. ¶전쟁으로 문화재가 소실되었다
[流失(유실)] 물에 떠내려가서 없어짐.

여의다, 죽어서 이별하다
[早失父母(조:실부모)] 어려서 부모를 여읨.

잘못하다, 잘못되다, 그르치다, 잘못, 허물
[失禮(실례)] 예의를 잃음. 예의에 벗어남.
[失手(실수)] ① 부주의하여 잘못함. 또는 그러한 행위. ② 失禮(실례).
[失政(실정)] 정치를 잘못함. 또는 그러한 정치.
[過失(과:실)] ① 잘못이나 허물. 過誤(과오). ② (법) 주의를 하지 않아 어떤 결과의 발생을 예견하지 못한 일. 웹過失致死(과실치사)
[千慮一失(천려일실)] ① 천 번을 생각하더라도 하나 정도는 잃을 수도 있음. ② 아무리 슬기로운 사람일지라도 많은 생각을 하다 보면 한 가지쯤은 실책이 있을 수도 있음. 웹千慮一得(천려일득)

失着(실착), 失策(실책), 失投(실투), 失敗(실패), 失火(실화), 尿失禁(요실금)

定 정할 정:, 宀부8 0336

'定(정)'자는 '집 宀(면)'과 '바를 正(정)'으로 이루어진 것인데, '正(정)'자의 모양이 약간 달라졌다. '집이 똑바로 서다'가 본뜻이다.

정하다, 어느 것이라고 판단하여 정하다, 마음이나 뜻을 헤아려 정하다
[定價(정:가)] ① 정하여진 값. 또는 일정한 가격. ② 값을 매김.
[定員(정:원)] 일정한 규칙 등에 따라 정해진 인원.
[決定(결정)] ① 어떻게 하려는 태도나 방향 등을 정함. 또는 그 내용. ¶결정이 나다 ② (법) (법원이 행하는) 판결이나 명령 이외의 재판.
[確定(확정)] 확실하게 정함.

定款(정관), 定期(정기), 定期預金(정기예금), 定期總會(정기총회), 定量(정량), 定例(정례), 定理(정리), 定立(정립), 定石(정석), 定說(정설), 定時(정시), 定式(정식), 定植(정식), 定食(정식), 定額(정액), 定溫(정온), 定溫動物(정온동물), 定義(정의), 定足數(정족수), 定住(정주), 定着(정착), 定處(정처), 定礎(정초), 定評(정평), 定形(정형), 定型(정형), 假定(가정), 鑑定(감정), 蓋棺事定(개관사정), 改定(개정), 檢定(검정), 更定(경정), 計定(계정), 固定(고정), 固定觀念(고정관념), 公定價格(공정가격), 國定(국정), 規定(규정), 肯定(긍정), 旣定(기정), 內定(내정), 斷定(단정), 無酌定(무작정), 未定(미정), 配定(배정), 法定(법정), 不定(부정), 否定(부정), 査定(사정), 算定(산정), 選定(선정), 禪定(선정), 設定(설정), 所定(소정), 約定(약정), 豫定(예정), 認定(인정), 一定(일정), 作定(작정), 酌定(작정), 暫定(잠정), 滴定(적정), 訂定(정정), 制定(제정), 坐定(좌정), 指定(지정), 策定(책정), 推定(추정), 測定(측정), 特定(특정), 判定(판정), 筆跡鑑定(필적감정), 限定(한정), 限定治産(한정치산), 協定(협정), 會者定離(회자정리)

바로잡다, 정리하여 바로잡다
[剪定(전:정)] 가지치기. ¶전정가위
[正定(정:정)] ① 틀린 곳을 바로잡음. ② (불) 八正道(팔정도)의 하나. 바른 슬기로 無漏淸淨(무루청정)의 禪定(선정)에 드는 일.

안정시키다, 평정하다, 편안하게 살 수 있게 되다, 다스리다
[安定(안정)] ① 안전하게 자리 잡음. ② (물) 重心(중심)이 물체의 밑면의 中心(중심)에 있어 微小(미소)한 攪亂(교란)을 주었을 때 본래의 상태로 돌아가려는 성질. ③ (화) 화합물이 쉽게 분해되지 않는 일.
[平定(평정)] 난리를 편안하게 鎭定(진정)시킴.

[鎭定(진정)] 힘으로 억눌러서 平定(평정)함.
보살펴 관리하다
[昏定晨省(혼정신성)] '밤에는 부모의 잠자리를 보아드리고 이른 아침에는 부모의 밤새 안부를 묻는다'는 뜻으로, 아침저녁으로 어버이의 안부를 물어 살피며 효성을 다함을 이르는 말. 㽞定省(정성)

座 자리 좌:, 广부10　　0337

'座(좌)'자는 '집 广(엄)' 안에 '앉을 坐(좌)'자가 앉아 있는 글자로, '집 안에 앉아 있다'가 본뜻이다.
자리, 앉거나 눕는 자리, 사람이 앉도록 만들어 놓은 설비
[座席(좌:석)/坐席(좌:석)] 앉을 수 있게 마련된 자리.
[座右銘(좌:우명)] 늘 자리 옆에 갖추어 두고 반성하는 재료로 삼는 말이나 문구.
[上座(상:좌)] ① 윗자리. 정면에 설치한 가장 높은 사람이 앉는 자리. ② 절의 원로·주지 등이 앉는 자리. ③ 승관(僧官)의 하나. 재덕이 높은 연장자로서 법사(法事) 등을 맡는다.
座右(좌우), 座脫立亡(좌탈입망), 座下(좌하), 臺座(대좌), 寶座(보좌), 蓮座(연좌)/蓮華坐(연화좌)
지위, 직위
[權座(권좌)] 권력을 잡고 있는 자리. ¶권좌에 오르다/권좌에서 물러나다
[玉座(옥좌)] 임금이 앉는 자리.
[王座(왕좌)] ① 임금의 자리. ② 최고의 지위.
일정한 사람이 모이도록 한 자리
[座談(좌:담)] 여러 사람이 한자리에 모여 앉아서 어떤 문제에 대하여 나누는 이야기. 㽞座談會(좌담회)
[座中(좌:중)] 여러 사람이 모인 자리.
[講座(강:좌)] ① 대학에서 학부나 학과를 이루는 단위로서의 학과목. ② 강의 형식으로 하는 강습회. 또는 그러한 출판물이나 방송 프로그램 따위. ¶교양강좌를 개설하다 ③ (불) 절에서 불경을 강담하는 자리.
座談會(좌담회), 座上(좌상), 座長(좌장), 座興(좌흥)
일정한 대상이 차지하는 공간적 위치
[座標(좌:표)] ① (수) 어떤 위치나 점의 자리를 나타내는 데에 표준이 되는 표. ② 사물이 처해 있는 위치나 형편을 비유하는 말.
[極座標(극좌표)] (수) 평면이나 공간에 있는 어느 점이나 선의 움직임이 원점을 극으로 하여 원운동하는 것으로 생각하여 극과의 거리 및 움직인 각도로써 그 위치를 나타내는 좌표. 극자리표.
은행 따위의 계좌
[計座(계:좌)] (경) 장부에서 계정마다 차변·대변으로 나누어 기록·계산하는 자리. '계정계좌'의 준말.
[口座(구:좌)] 예금을 한 사람을 위하여 개설한 계좌. '計座(계좌)'로 통일됨.
[當座(당좌)] '당좌예금'의 준말. 은행 예금의 하나. 은행이 예금자의 청구에 따라 어느 때나 예금액을 지급한다는 약속 아래 하는 예금으로, 지급 청구를 할 때에는 반드시 예금자가 발행하는 수표로서 하게 되어 있음. 㽞當座手票(당좌수표)
좌(집, 부처, 거울 등 일정한 물체를 세는 단위)
[佛體三座(불체삼좌)], [邸宅一座(저택 일좌)]
별자리 성좌(星座)
[星座(성좌)] 별자리. ¶오리온성좌

席 자리 석, 巾부10　　0338

'席(석)'자는 '많을 庶(서)'와 '수건 巾(건)'으로 이루어졌다. '풀을 엮은 깔개'가 본뜻이다.
자리, 바닥에 까는 자리, 깔다, 자리를 깔다, 일정한 일이 벌어진 자리
[席卷(석권)] 자리를 말다. 자리를 마는 것처럼 한쪽에서부터 토지를 공격해 전체를 취하는 것을 말한다. 오늘날에는 뜻이 바뀌어 어떤 부분을 자신의 손아귀에 넣어 으뜸이 되는 것, 또는 어떤 세력이 휩쓰는 것을 말한다. 掌握(장악)과 뜻이 비슷하다. 『史記(사기)』
[方席(방석)] 깔고 앉는 자리.
[坐不安席(좌:불안석)] '앉아도 편안하지 않은 자리'라는 뜻에서, '가만히 앉아 있지 못하고 안절부절 걱정함'을 나타내는 말.
[野壇法席(야:단법석)] ① 야외에 단을 차려 크게 베푼 설법장. ② 많은 사람들이 모여들어 떠들거나 부산하게 구는 일. ¶야단법석 떨지 말고 좀 조용히 해라 ☞ * 252
[惹端法席(야:단법석)] 많은 사람들이 모여들어 떠들거나 부산하게 구는 일.
席藁待罪(석고대죄), 案席(안석), 如坐針席(여좌침석), 花紋席(화문석)
차지하고 있는 곳, 직위, 지위
[席次(석차)] ① 자리의 차례. ② 성적의 차례.
[缺席(결석)] 출석해야 할 자리에 빠짐. 凹出席(출석)
[上席(상:석)] 윗자리. 지위 등의 윗자리.
[參席(참석)] 어떤 자리나 모임에 참여함.
客席(객석), 空席(공석), 公席(공석), 闕席(궐석), 同席(동석), 末席(말석), 傍聽席(방청석), 陪席(배석), 法席(법석), 病席(병석), 私席(사석), 首席(수석), 連席(연석), 筵席(연석), 臨席(임석), 座席(좌석)/坐席(좌석), 主席(주석), 酒席(주석), 卽席(즉석), 次席(차석), 着席(착석), 出席(출석), 打席(타석), 特席(특석), 合席(합석)

幸 다행 행:, 干부8　　0339

'幸(행)'자는 '쇠고랑'의 모양을 본뜬 것이라고 한다. '쇠고랑'을 면하는 것은 참 '다행'이라는 뜻이란다. 쇠붙이도 많지 않았을 옛날에 쇠고랑은 많았었나보다. 그것 면하는 게 다행이라니.

다행, 행복, 운이 좋다
[幸福(행:복)] ① 복된 좋은 운수. ② 생활 속에서 충분한 만족과 기쁨을 느끼는 흐뭇한 상태.
[幸災樂禍(행:재요화)] 남의 災禍(재화)를 보고 기뻐함.
[多幸(다행)] 일이 좋게 됨. 뜻밖에 잘 됨. ¶이만한 것도 다행이지 困萬分多幸(만분다행),
[不幸(불행)] ① 행복하지 못함. ② 운수가 언짢음.

[三不幸(삼불행)] 세 가지의 불행한 일.
人有三不幸(인유삼불행), 사람에게는 세 가지 불행이 있다.
少年登高科(소년등고과), 一不幸(일불행). 어린 나이에 과거에 급제하는 것이 첫째 불행이요.
席父兄弟之勢(석부형제지세), 爲美官(위미관), 二不幸(이불행). 부모나 형제의 권세를 빌어 좋은 벼슬을 하는 것이 둘째 불행이요.
有高才能文章(유고재능문장), 三不幸也(삼불행야). 높은 재주가 있어 문장을 잘하는 것이 셋째 불행이다. 이런 것은 일반 사람들이 좋아하는 것이지만 사실은 학문의 미숙함, 다른 사람들의 비난, 덕의 부족에 의해서 몸을 망치는 원인이 되는 경우가 많다. 『小學(소학)·外篇(외편)·嘉言(가언)』

요행, 뜻하지 않은 좋은 운, 다행이, 운 좋게
[幸運(행:운)] 좋은 운수. 또는 행복스러운 운명. 困幸運兒(행운아)
[天幸(천행)] 하늘이 준 은혜나 다행.

度 법도 도:, 헤아릴 탁, 广부9 0340

'度(도)'자는 '많을 庶(서)'와 '또 又(우)'로 이루어졌다. '又(우)'는 '손'을 뜻하고, '庶(서)'는 '자尺(척)'라고 한다. '자를 건너질러서 재다'가 본뜻이다. '度(도)'자는 '정도, 법도, 풍채'를 가리킬 때는 [도:]로 읽고, '헤아리다'의 뜻일 때는 [탁]으로 읽는다.

법도, 법제, 법, 제도, 정해진 규정
[法度(법도)] ① 생활상의 예법과 제도. ② 법률과 제도.
[禮度(예:도)] 예의와 법도. 禮節(예절).
[制度(제:도)] 관습·도덕·법률 따위의 사회의 종합적 규범.
[徵兵制度(징병제도)] (법) 국민 모두에게 강제적으로 병역에 복무할 의무를 지우는 국민 개병 제도.

자, 길이의 표준
[度量衡(도:량형)] 길이·부피·무게 따위의 단위를 재는 법 및 그 재는 기구.
[尺度(척도)] 무엇을 평가하거나 판단할 때의 기준.

기량, 국량
[度量(도:량)] ② 넓은 마음과 깊은 생각. ① 길이를 재는 자(尺)와 양을 재는 되.
[寬仁大度(관인대도)] 마음이 너그럽고 어질며 도량이 큼.

정도
[度外視(도:외시)] 어떤 일에 대하여 중요하지 않은 것으로 보거나, 眼中(안중)에 두지 않고 무시하여 그 일을 문제 삼지 않거나 불문에 붙임. ¶남의 사정을 전혀 도외시하다 困置之度外(치지도외)
[過度(과:도)] 정도가 지나침. ¶과도한 흡연은 건강에 해롭습니다
[程度(정도)] 얼마의 분량. 또는 알맞은 어떠한 태도. ¶장난도 정도껏 해라/한 숟가락 정도
[限度(한:도)] 일정한 정도. 또는 한계가 되는 정도. ¶참는 데도 한도가 있다
度外(도외), 極度(극도), 難易度(난이도), 信賴度(신뢰도), 深度(심도), 節度(절도), 進度(진도), 差度(차도)

모양, 모습, 풍채
[長者風度(장자풍도)] 덕망이 있는 사람의 점잖은 태도.
[態度(태도)] ① 몸과 마음을 가지는 모양. ¶태도가 점잖다 ② 취하는 입장이나 생각.

도수, 횟수, 번
[度數(도:수)] ② 거듭되는 횟수. ¶도수 분포도 ① 각도, 온도, 습도 따위의 정도를 나타내는 수.

도(각도, 온도, 습도, 경도, 강도, 위도 등을 나타내는 단위)
[度數(도:수)] ① 각도, 온도, 습도 따위의 정도를 나타내는 수. ② 거듭되는 횟수. ¶도수 분포도
[角度(각도)] ① 한 점에서 갈려나간 두 직선의 벌어진 정도. ② 생각의 방향이나 관점. ¶새로운 각도에서 검토해 보라
[經度(경도)] 지구 위의 어떤 점의 위치를 세로로 표시한 것. 困緯度(위도)
[頻度(빈도)] 어떤 일이 자주 되풀이되는 정도.
[速度(속도)] ① 빠른 정도. ② 물체가 나아가거나 일이 진행되는 빠르기.
[溫度(온도)] 덥고 찬 정도. 또는 온도계가 나타내는 도수. 困溫度計(온도계)
强度(강도), 剛度(강도), 傾度(경도), 硬度(경도), 高度(고도), 光度(광도), 濃度(농도), 多角度(다각도), 糖度(당도), 明度(명도), 密度(밀도), 分度器(분도기), 酸度(산도), 散布度(산포도), 鮮度(선도), 純度(순도), 濕度(습도), 粘度(점도), 照度(조도), 震度(진도), 彩度(채도)

중이 되다, 출가하여 수계하다
[度牒(도:첩)] 고려 말부터 나라에서 중에게 발급하던 신분증명서.

기준으로 삼아 따르다
[年度(연도)] 사무, 회계 결산의 편의상 구분한 일 년 동안의 기간.

깨닫다, 번뇌에서 해탈하다
[濟度(제:도)] (불) 부처의 도로써 일체 중생을 생사 번뇌의 고해에서 건져 극락세계로 인도함. 困濟度衆生(제도중생)
[濟度衆生(제:도중생)] (불) 苦海(고해)의 중생을 건져

주는 일.
헤아리다, 수량을 따지어 셈하다
[度支部(탁지부)] 대한제국 때, 재정을 맡았던 중앙 관청. 참탁지부대신
[權然後知輕重(권연후지경중), 度然後知長短(탁연후지장단).] 저울에 단 연후에 그 가볍고 무거움을 알 수 있고, 길이를 자로 재 본 후에야 그 길고 짧음을 알 수 있다. 『孟子(맹자)·梁惠王上(양혜왕상)』 ☞ * 057

式 법 식, 弋부6　　0341

'式(식)'자는 '장인 工(공)'과 '주살 弋(익)'으로 이루어진 글자이다. '본보기로 삼아야 하는 것', '법'의 뜻을 가진다.
표준, 본보기, 법식
[格式(격식)] 품격에 맞는 일정한 법식.
[正式(정식)] 정당한 법식. 바른 격식. ¶격식을 차리다
식
[式辭(식사)] 식장에서 인사로 하는 말.
[式場(식장)] 의식을 거행하는 장소.
[結婚式(결혼식)] 결혼의 예를 올리는 의식.
[儀式(의식)] ① 예의를 갖추는 방식. ② 행사를 치르는 정해진 방식.
式順(식순), 開式(개식), 開式辭(개식사), 金婚式(금혼식), 記念式(기념식)/紀念式(기념식), 禮式(예식), 禮式場(예식장), 銀婚式(은혼식), 葬禮式(장례식), 除幕式(제막식), 卒業式(졸업식), 就任式(취임식), 閉式(폐식), 閉式辭(폐식사)
계산의 순서를 숫자나 기호로 나타낸 것
[公式(공식)] ① 여러 사람에게 널리 알려진 방식. 반非公式(비공식), 참公式的(공식적) ② (수) 계산의 법칙 따위를 문자와 기호로 나타낸 식.
[數式(수식)] 수나 양을 나타내는 숫자나 문자를 계산 기호로 연결한 식.
[方程式(방정식)] 등식 가운데 모르는 수치를 품고, 그 모르는 수에 특정한 수치를 주었을 때에만 등식이 성립하는 것. 중국 고대 수학서인 九章算術(구장산술)에 따르면 자 모양으로 배열한 것을 '方'이라 하고, 계산 과정을 '程'이라 하였다.
等式(등식), 不等式(부등식), 聯立方程式(연립방정식), 二次方程式(이차방정식), 整式(정식)
방식, 법식, (법, 법규, 규정)
[舊式(구:식)] ① 예전의 방식. ② 낡은 형식. 반新式(신식)
[單式(단식)] ① 단순한 방식. ② (체) '단식 경기'의 준말. ¶단식 테니스/단식 탁구 ③ (경) '단식 부기'의 준말. 참複式(복식)
[思考方式(사고방식)] 생각하고 궁리하는 방법과 태도. ¶그 친구 사고방식이 영 글러먹었어
[韓式(한식)] 한국 고유의 양식이나 격식.
[形式(형식)] ① 겉으로 드러난 격식. ② (철) 내용을 담고 있는 바탕이 되는 틀. 참形式的(형식적)
格式(격식), 公式(공식), 圖式(도식), 圖式的(도식적), 方式(방식), 法式(법식), 複式(복식), 複式競技(복식경기), 複式簿記(복식부기), 非公式(비공식), 書式(서식), 略式(약식), 樣式(양식), 要式(요식), 要式行爲(요식행위), 自動式(자동식), 定式(정식), 形式的(형식적)
기타
[柱式(주식)] (경) 주식회사의 자본을 이루는 단위.
[株式會社(주식회사)] (경) 주식의 발행을 통해서 여러 사람으로부터 자본을 조달하는 회사. 7인 이상의 주주가 유한책임사원이 되어 설립됨.

善 착할 선:, 口부12　　0342

'善(선)'자는 '양 羊(양)'과 말씀 言(언)이 두 개인 '다투어 말할 誩(경)'으로 이루어진 글자이다. 당시 사람들은 양고기를 가장 즐겨 먹었고, 그 맛이 제일이라고 입을 모아 찬탄했다. 후에 '誩(경)'자의 형태가 간략화되었다.
착하다, 언행이 바르고 어질다, 마음씨가 곱고 어질다
[善(선:)] 착하고 도리에 맞는 것.
[善意(선:의)] ① 착한 마음. 좋은 의도. ¶선의의 거짓말 ② 남을 위하는 마음. 남을 좋게 보려는 마음.
[善行(선:행)] 착하고 어진 행실. ¶선행을 베풀다 반惡行(악행)
[改過遷善(개:과천선)] 잘못을 고치어 착한 마음으로 바꿈. 허물을 고치고 옳은 길로 들어섬.
[僞善(위선)] 겉으로만 착한 척함. 참僞善者(위선자)
[慈善(자선)] 남의 가엾음을 불쌍히 여기고 사랑하여 좋은 일을 함. 특히 가난한 사람들을 물질적으로 돕는 일을 이른다. ¶자선냄비 참慈善事業(자선사업)
[善者不辯(선:자불변), 辯者不善(변:자불선).] ① 진실로 착한 사람은 자기의 선함을 남에게 말하지 않고. 자기의 착함을 남에게 말하는 사람은 선하지 않다. ② 착한 사람은 말재주가 적고, 말재주만 많은 사람은 착하지 못하다. ③ 선한 사람은 변명하지 않고, 변명하는 사람은 선하지 않다. 『老子(노자)·道德經 81章(도덕경 81장)』
[積善之家必有餘慶(적선지가필유여경)/積善餘慶(적선여경).] 착한 일을 쌓고 쌓은 사람은 慶福(경복)이 자신에게 뿐만 아니라 자손에게까지 미치게 됨. 『易經(역경)』
善果(선과), 善男(선남), 善男善女(선남선녀), 善導(선도), 善良(선량), 善心(선심), 善政(선정), 勸善懲惡(권선징악), 獨善(독선), 積善(적선), 至善(지선)
착하고 정당하여 도덕적 기준에 맞는 것, 양심의 이상으로 삼는 완전한 덕
[善惡(선:악)] 착함과 악함. 참善惡果(선악과)
[眞善美(진선미)] '참'과 '착함'과 '아름다움'을 아울러 이르는 말.
[性善說(성선설)] 인간의 본성은 착한데 물욕이 가려서 악하게 된다는 학설. 중국의 孟子(맹자)가 주장한 도덕

설. 참性惡說(성악설)

[上善若水(상:선약수).] 최상의 선은 물과 같다. 물이 최상의 선이 되는 이유는 세 가지이다. 첫째, 물은 만물에게 이로운 혜택을 주고 있다. 천지 사이에 물이 없이도 존재할 수 있는 것은 없다. 그 정도로 중대한 존재이면서도 물은 다른 것과 공적이나 명성을 다투는 일이 없다. 둘째, 인간은 한 걸음이라도 높은 위치를 원하지만, 물은 반대로 낮은 곳으로 낮은 곳으로 흘러간다. 셋째 낮은 곳에 있기 때문에 위대해 진다. 계곡이나 하천은 흘러서 큰 강이 되고, 더욱더 흘러서 바다가 되어 위대한 존재가 된다. 『老子(노자)·道德經 8장(도덕경 8장)』

[鳥之將死其鳴也悲(조지장사기명야비), 人之將死其言也善(인지장사기언야선).] 새는 죽을 때가 가까워지면, 죽음을 두려워하여 슬픈 소리로 울고, 사람도 임종에 다다르면 악하던 사람도 착한 말을 한다. 『論語(논어)·泰伯(태백)』

높다, 많다, 후하다

[善價(선:가)] 후하게 많은 값.

잘, 교묘히, 묘하다, 잘하다, 훌륭하다, 좋다

[善用(선:용)] 올바르게 씀. 알맞게 씀. 정당하게 잘 쓰임. ¶여가를 선용하다 맨惡用(악용)

[善戰(선:전)] 힘을 다해 잘 싸움. ¶비록 실력은 부족했지만 선전하였다

[善處(선:처)] 형편에 따라 잘 처리함. ¶선처를 부탁하다

[改善(개:선)] 잘못된 것을 고치어 좋게 함. ¶근로 조건을 개선하다 맨改惡(개악)

[多多益善(다다익선)] 많을수록 더욱 좋음.

[善游者溺(선:유자익), 善騎者墮(선:기자타).] 헤엄 잘 치는 사람이 물에 빠지고, 말을 잘 타는 사람이 말에서 떨어지기 쉽다. '한 가지 재주에 뛰어난 사람이 그 재주만 믿고 자만하다가 도리어 재앙을 당함'을 비유하여 일컫는 말. 善騎者墮(선기자타) 대신 好騎者墜(호기자추)로 쓰는 경우도 있는데, 의미는 같다. 『淮南子(회남자)·原道訓(원도훈)』

善防(선방), 善終(선종), 伐善(벌선), 次善(차선), 次善策(차선책), 最善(최선)

친하다, 친하게 지내다, 사이가 좋다

[善隣(선:린)] 이웃과 사이좋게 지냄. 또는 그러한 이웃.

[親善(친선)] 서로 간에 친밀하고 사이가 좋음. ¶친선 경기

기타

[善柔(선:유)] 남에게 아첨할 뿐 성실하지 못함.

惡 악할 악, 미워할 오, 心부12 0343

'惡(악)'자는 '마음 心(심)'과 '버금 亞(아)'로 이루어졌다. 모든 나쁜 짓은 마음에서 비롯된다. '잘못', '악하다', '나쁘다' 등의 뜻으로 쓰였을 때는 [악]으로 읽고, '미워하다'의 뜻으로 쓰일 때는 [오]로 읽는다. '착할 善(선)'의 상대가 되는 글자는 '惡(악)'이고, '좋을 好(호)'의 상대가 되는 글자는 '미워할 惡(오)'이다.

모질고 사납다

[惡性(악성)] ① 모질고 악한 성질. ② 어떤 병이 고치기가 어렵거나, 전염성이 강하거나, 목숨을 앗아가리만큼 무서움. ¶악성 종양

[惡戰苦鬪(악전고투)] 몹시 어려운 조건에서 죽을 힘을 다하여 고생스럽게 싸움. ¶악전고투 끝에 간신히 적을 물리치다 ② 어려운 여건에서도 힘써 노력함.

[發惡(발악)] 모질게 기를 씀. 온갖 나쁜 짓을 함. ¶최후의 발악.

[險惡(험악)] ① 길·地勢(지세)·天氣(천기)·形勢(형세) 따위가 거칠고 사나움. ② 마음씨나 인심이 험하고 악함. ¶순조롭게 진행되던 회의가 갑자기 험악한 분위기로 변하다

惡山(악산), 惡相(악상), 惡疾(악질), 惡趣味(악취미), 惡評(악평), 惡刑(악형), 愚惡(우악), 殘惡(잔악), 最惡(최악), 悖惡(패악), 暴惡(포악)

성질이나 행동이 도덕적으로 보아 못되고 나쁘다, 악인, 나쁜 사람, 잘못, 바르지 아니한 일

[惡談(악담)] ① 남의 일을 나쁘게 말하는 짓. ② 남이 잘 되지 못하도록 저주하는 나쁜 말. ¶악담하지 마라 맨德談(덕담)

[惡魔(악마)] ① 악독한 마귀. 나쁜 짓을 하는 마귀. ② 매우 악독한 짓을 하는 사람. ¶그 사람은 악마야 ③ (불) 사람의 마음을 홀려 제정신을 차리지 못하게 하고 불도 수행을 방해하여 악한 길로 유혹하는 것. 맨天使(천사)

[惡行(악행)] 악한 행실. 악독한 행위.

[邪惡(사악)] 마음이 간사하고 악함.

[善惡(선:악)] ☞ 善(선)

[性惡說(성:악설)] (윤) 인간의 본성은 이기적이고 악한 까닭으로, 좋은 행위는 교육·학문·수양 등 후천적 습득에 의해서만 가능하다고 보는 학설. 중국의 荀子(순자)가 주장한 도덕설. 맨性善說(성선설)

[罪惡(죄:악)] 죄가 될 만한 나쁜 짓.

[好事不出門(호사불출문), 惡事走千里(악사주천리).] 좋은 일은 문 밖으로 퍼지기 어렵고, 나쁜 일은 단숨에 천리를 간다. 『水滸志(수호지)』

[十惡(십악)] 몸·입·뜻의 三業(삼업)으로 짓는 열 가지 죄악. 殺生(살생), 偸盜(투도), 邪淫(사음)과 같은 身業(신업), 妄語(망어), 綺語(기어), 兩舌(양설), 惡口(악구)와 같은 口業(구업), 貪慾(탐욕), 瞋恚(진에), 愚癡(우치)와 같은 意業(의업)을 이른다. 十不善業(십불선업)

惡鬼(악귀), 惡女(악녀), 惡黨(악당), 惡德(악덕), 惡毒(악독), 惡童(악동), 惡辣(악랄), 惡靈(악령), 惡例(악례), 惡名(악명), 惡法(악법), 惡手(악수), 惡習(악습), 惡心(악심), 惡業(악업), 惡役(악역), 惡逆無道(악역무

도), 惡緣(악연), 惡用(악용), 惡意(악의), 惡人(악인), 惡政(악정), 惡質(악질), 惡妻(악처), 惡弊(악폐), 惡漢(악한), 惡化(악화), 惡貨(악화), 奸惡(간악), 改惡(개악), 舊惡(구악), 勸善懲惡(권선징악), 極惡(극악), 極惡無道(극악무도), 不念舊惡(불념구악), 善惡果(선악과), 懲惡(징악), 害惡(해악), 行惡(행악), 凶惡(흉악), 凶惡罔測(흉악망측)

품질·능력·정도가 기준에 미치지 못하여 나쁘다
[惡食(악식)] 거칠고 맛없는 음식. 또는 그런 음식을 먹음.
[惡衣惡食(악의악식)] 거친 옷을 입고 맛없는 음식을 먹음. 또는 그런 옷과 음식.
[劣惡(열악)] 품질·능력 따위가 몹시 뒤떨어지고 나쁨.
[粗惡(조악)] 질이 거칠고 나쁨.

추하다, 얼굴이 못생겨서 보기에 흉하다, 지저분하고 더럽다, 불쾌하다, 더러움, 추악함
[惡臭(악취)] 나쁜 냄새. ¶악취를 풍기다
[惡筆(악필)] ① 잘 쓰지 못한 글씨. ② 품질이 나쁜 붓.
[醜惡(추악)] 마음씨나 용모, 행실 따위가 더럽고 나쁨.

불길하다
[惡夢(악몽)] 나쁜 꿈. 불길하고 무서운 꿈. ¶악몽을 꾸다
[惡運(악운)] ① 불행하고 사나운 운수. ¶악운이 겹치다 ② 나쁜 일을 하고도 형편이 피는 운수.

헐뜯다, 비방하다
[惡口(악구)] ① 험구. 험담. ② (불) 다른 사람에게 악한 말을 하는 짓. '十惡(십악)'의 하나.
[惡舌(악설)] ① 나쁘게 욕하는 말. ② 남을 해치려고 하는 못된 말. ¶악설을 삼가라
[交絶不出惡聲(교절불출악성)] 교제를 끊은 다음에도 그 사람의 험담은 입 밖에 내지 않는다는 뜻으로, '군자의 깨끗한 마음씨'를 이르는 말. 『論語(논어)』

미워하다, 싫어하다
[惡寒(오한)] 추위를 미워함. (한의) 병적으로 몸이 오슬오슬 춥고 떨리는 기운. 급성 열성병이 발생할 때 피부의 혈관이 갑자기 오그라져서 일어나는 증세로, 이 기운이 지나가면 열기가 생김. ¶나는 오싹 오한을 느꼈다
[憎惡(증오)] 몹시 미워함. 참憎惡心(증오심)
[嫌惡(혐오)] 싫어하고 미워함. 참嫌惡感(혐오감)
[惡醉而强酒(오취이강주).] 취하기를 싫어하면서도 억지로 술을 마신다는 뜻으로, '희망과 실행이 상반함'을 비유하여 이르는 말. 『孟子(맹자)』
[羞惡之心義之端也(수오지심의지단야).] 부끄러워하고 미워하는 마음을 일러 의로움의 실마리라 한다. 孟子(맹자)의 四端說(사단설) 중 하나의 端(단). 『孟子(맹자)·公孫丑 上(공손추 상)』 ☞ *171

[君子有惡(군자유오).] 군자도 미워하는 자가 있다. 惡稱人之惡者(오칭인지악자), 남의 악함을 떠들어대는 자, 惡居下流而訕上者(오거하류이산상자), 아랫자리에 있으면서 윗사람을 비방하는 자, 惡勇而無禮者(오용이무례자), 용맹하나 무례한 자, 惡果敢而窒者(오과감이질자), 과감하기만 하고 융통성이 없는 자, 惡徼以爲知者(오요이위지자), 남의 눈치만 살피며 지혜로운 체하는 자(살펴서 요행히 맞춘 것으로 슬기로운 척하는 자), 惡不孫以爲勇者(오불손이위용자), 겸손하지 않으면서 용맹이 있다고 여기는 자(용기만 가지고 윗사람에게 불손을 저지르는 자), 惡許以爲直者(오허이위직자). 고자질하면서 정직하다고 여기는 자이다(남의 비밀을 폭로하면서 정직한 체하는 자). 『論語(논어)·陽貨(양화)』

眞 참 진, 目부10　0344

참, 거짓이 아니다, 진짜
[眞談(진담)] 진심에서 우러나온 거짓이 없는 참된 말. ¶진담 반 농담 반
[眞理(진리)] 참된 이치. 또는 참된 도리.
[眞善美(진선미)] '참'과 '착함'과 '아름다움'을 아울러 이르는 말.
[眞實(진실)] ① 바르고 참됨. ② 참된 사실. 반虛僞(허위)
[眞僞(진위)] 참과 거짓. 동眞否(진부)
[弄假成眞(농:가성진)] 장난으로 한 것이 참으로 한 것처럼 됨.
[以僞亂眞(이:위난진)] '가짜가 진짜를 어지럽혀 분별하기 어려움'의 비유. 『顔氏家訓(안씨가훈)』
眞價(진가), 眞骨(진골), 眞面目(진면목), 眞味(진미), 眞犯(진범), 眞本(진본), 眞相(진상), 眞書(진서), 眞性(진성), 眞率(진솔), 眞髓(진수), 眞心(진심), 眞如(진여), 眞意(진의), 眞義(진의), 眞正(진정), 眞情(진정), 眞珠(진주), 眞摯(진지), 眞品(진품), 迫眞感(박진감)

순수하다
[眞空(진공)] 물질이 전혀 존재하지 않고 진정으로 비어 있는 곳. 인위적으로 만들 수는 없고, 실제 극히 저압 상태를 이른다. ¶진공 포장/진공청소기
[純眞(순진)] 꾸밈이 없고 참됨. ¶순진한 어린이/순진한 마음
[天眞(천진)] ① 타고난 그대로의 성품. 인간의 본성. ② 순진함. 꾸밈이 없음. 참天眞無垢(천진무구), 天眞爛漫(천진난만)
[眞金不鍍(진금부도)] 진짜 황금은 도금하지 아니함. '참으로 유능한 사람은 겉치레를 하지 않음'을 비유하여 이르는 말. 『李紳(이신)·答章孝標詩(답장효표시)』

초상, 사진
[眞影(진영)] 주로 얼굴을 그린 화상 또는 사진.

[寫眞(사진)] ① 물건의 모양을 그대로 그려냄. ② (물) 물체의 형상을 감광막 위에 나타나게 찍어서 오랫동안 보존할 수 있게 만들어낸 영상. 웹寫眞館(사진관), 寫眞機(사진기)
[御眞(어:진)] 임금의 화상이나 사진.
[靑寫眞(청사진)] ① 간단한 선도(線圖) 등의 복사에 쓰는 사진의 한 가지. 보통 설계도의 복사에 쓰인다. ② 구체적인 계획을 이름.

僞 거짓 위, 人부14   0345

'僞(위)'자는 '사람 亻(인)'과 '할 爲(위)'로 이루어졌다. '남을 속이다'는 뜻을 나타내기 위하여 만든 것이었으니, 원래 사람이 하는 행위는 거짓이 많았나보다.

거짓, 참이 아닌 것, 속이다, 아닌 것을 그런 양 나타내 보이다

[僞裝(위장)] 거짓 꾸밈. 또는 그 꾸밈새. 웹僞裝網(위장망)
[僞造(위조)] 속여서 진짜처럼 만듦. 웹僞造紙幣(위조지폐), 文書僞造(문서위조)
[眞僞(진위)] ☞ 眞(진)
[虛僞(허위)] 진실이 아닌 것을 진실인 것처럼 꾸밈. ¶허위 보도/허위 자백
[以僞亂眞(이:위난진)] ☞ 眞(진)
僞計(위계), 僞君子(위군자), 僞本(위본), 僞作(위작), 僞裝網(위장망), 僞證(위증), 僞幣(위폐)

작위(作爲), 의식적으로 꾸며서 하는 행위

[僞善(위선)] 겉으로만 착한 척함. 웹僞善者(위선자)
[僞善者(위선자)] 겉으로만 착한 체하고 속은 다른 사람.

假 거짓 가:, 人부11   0346

'假(가)'자는 '사람 亻(인)'과 '빌 叚(가)'로 이루어졌다. '거짓 僞(위)'자나 '거짓 假(가)'자에 '사람 亻(인)'이 글자를 구성하는 요소로 쓰였다는 것을 잘 생각해보자. '개 犭(견)'이나 '벌레 虫(충)'이나 '풀 ++(초)' 따위를 쓰지 않고서.

거짓, 가짜, 거짓으로 된

[假髮(가:발)] 머리털이나 이와 비슷한 것으로 머리 모양을 만들어 쓰는 것. 의례나 연극의 분장 또는 차림새를 위해 씀. ¶가발을 쓰다
[假裝(가:장)] (알아보지 못하게) 얼굴이나 몸차림을 바꾸어 꾸밈. ¶나무꾼으로 가장하다
[弄假成眞(농:가성진)] ☞ 眞(진)
[狐假虎威(호가호위)] 여우가 호랑이의 위세를 빌리다. 남의 권세를 빌려 위세를 부림을 비유한 말.
假面(가면), 假名(가명), 假本(가본), 假分數(가분수), 假死(가사), 假象(가상), 假想(가상), 假想敵(가상적), 假性(가성), 假聲(가성), 假飾(가식), 假定(가정), 假花(가화)

임시적, 정식이 아닌

[假建物(가:건물)] 임시로 지은 건물.
[假拂(가:불)] 가지급. 기일 전에 미리 받는 돈이나 월급.
[假定(가:정)] ① 사실이 아니거나 분명하지 않은 것을 사실인 것처럼 인정함. ② (논·수) 일정한 사실을 증명하기 위하여 어떤 조건을 임시로 내세우는 것. 또는 그 조건. 동假說(가설)
[假稱(가:칭)] ① 임시로 일컬음. ¶가칭 '겨레의 집'을 짓고자 하였다 ② 거짓으로 일컬음. 또는 그 이름.
假橋(가교), 假量(가량), 假令(가령), 假縫(가봉), 假釋放(가석방), 假設(가설), 假植(가식), 假葬(가장), 假借(가차), 假處分(가처분)

美 아름다울 미(:), 羊부9   0347

'美(미)'자는 '羊(양)'과 '大(대)'로 이루어진 글자이다. 양이 크고 살찐 것이 맛이 좋다는 데서, '맛이 좋음'의 뜻을 나타내고, 나아가서 '좋음, 아름다움'의 뜻을 나타낸다. 장음 또는 단음으로 발음한다. 주의를 요한다.

아름답다

[美貌(미:모)] 아름다운 얼굴 모습. ¶미모를 뽐내다
[美辭麗句(미:사여구)] 아름답게 꾸민 말과 아름다운 문구. 내용은 없으면서 형식만 좋은 말. 또는 그런 표현.
[美術(미:술)] 공간 및 시각의 아름다움을 표현하는 예술. 繪畫(회화)·彫刻(조각)·建築(건축)·工藝(공예) 등. 웹美術館(미술관)
[美醜(미:추)] 아름다움과 추함.
[眞善美(진선미)] ☞ 眞(진)
[美女者醜婦之仇(미:녀자추부지구)] '아름다운 여자는 못생긴 여자의 원수'라는 뜻으로, 賢臣(현신)은 姦臣(간신)의 원수임을 비유하여 이르는 말. 『說苑(설원)』
[信言不美(신:언불미), 美言不信(미언불신)] 진실한 말은 아름답지 않고, 아름다운 말은 진실하지 못하다. 꾸민 말에는 진실한 멋이 없다. 『老子(노자)·道德經 81章(도덕경 81장)』
美觀(미관), 美觀上(미관상), 美男(미남), 美女(미녀), 美大(미대), 美麗(미려), 美名(미명), 美文(미문), 美容(미용), 美人(미인), 美人計(미인계), 美人薄命(미인박명), 美粧(미장), 美化(미화), 脚線美(각선미), 曲線美(곡선미), 官能美(관능미), 審美眼(심미안), 優美(우미), 肉體美(육체미), 自然美(자연미), 讚美(찬미), 耽美主義(탐미주의), 八方美人(팔방미인), 含蓄美(함축미)

맛이 좋다, 맛있다

[美食(미:식)] 맛있는 음식을 먹음. 또는 그 음식.
[美食家(미:식가)] 맛있는 음식에 대하여 특별한 기호를 가진 사람.
[美酒(미:주)] 빛과 맛이 좋은 술.
[金樽美酒(금준미주)] '금으로 만든 술항아리에 맛좋은 술'이라는 뜻에서, 사치스러운 향락을 즐기는 잔치를

비유하는 말. '춘향가' 가운데 金樽美酒詩(금준미주시)가 있음. ☞ * 063

좋다, 좋은 일, 착한 것
[美談(미:담)] 아름다운 행실에 대한 이야기. ¶미담의 주인공
[美德(미:덕)] 아름답게 베푼 일이나 행동. ¶미덕을 쌓다
[美風良俗(미:풍양속)] 아름답고 좋은 풍속이나 기풍.
[不美(불미)] 추잡하여 아름답지 못함.
[有終之美(유:종지미)] 끝까지 잘하여 일의 결과가 훌륭하게 됨을 이르는 말.
美官(미관), 美俗(미속), 美風(미풍)

미국
[美國(미국)] 북아메리카에 있는 연방 공화국. '美合衆國(미합중국)'의 준말.
[歐美(구미)] 유럽과 아메리카 주. 또는 유럽과 미국.
[北美(북미)] 북아메리카주.
[韓美(한:미)] 한국과 미국을 아울러 이르는 말.
南美(남미), 對美(대미), 渡美(도미), 反美(반미), 在美(재미), 在美同胞(재미동포), 中南美(중남미)

醜 추할 추, 더러울 추, 酉부17 0348

'醜(추)'자는 '술병 酉(유)'와 '귀신 鬼(귀)'로 이루어진 글자이다. 귀신같은 몰골에 곤드레만드레한 모습이 '추할 醜(추)'이다. '추하다(더럽다)', '볼썽사납다' 등의 뜻으로 쓰인다.

추하다, 추잡스럽다, 징그럽다, 더럽다
[醜聞(추문)] 더러운 소문. 좋지 못한 소문.
[醜態(추태)] ① 더럽고 지저분한 꼴. ② 더럽고 잡스러운 태도나 짓.
[醜行(추행)] ① 추잡한 짓. ② 음란한 짓. 참性醜行(성추행)
[陋醜(누:추)] 지저분하고 더러움. ¶누추하지만 방으로 들어오십시오.
醜名(추명), 醜物(추물), 醜惡(추악), 醜雜(추잡)

부끄러워하다, 창피를 주다, 부끄럼, 수치
[家醜不外揚(가추불외양).] 집 안의 수치를 바깥에 드러내지 않음.

못생기다, 용모가 보기 흉하다
[醜男(추남)] 얼굴이 못생긴 사내.
[醜女(추녀)] 추하게 못생긴 여자. 반美女(미녀)
[美醜(미:추)] ☞ 美(미)
[美女者醜婦之仇(미:녀자추부지구)] ☞ 美(미)
醜夫(추부), 醜婦(추부)

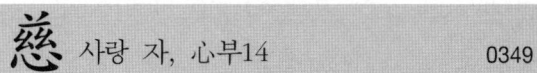 사랑 자, 心부14 0349

'慈(자)'자는 '사랑하다'가 본뜻이다. '마음 心(심)'과 '검을 玆(자)'로 이루어졌다. '마음 心(심)'의 윗부분은 '검을 玄(현)'자가 두 개인 '검을 玄玄(자)'이다. '초두(艹)' 아래에 '작을 幺(요)'를 두 개 쓴 '불을 茲(자)'자가 아니다. 그런데 글자 모양이 하도 비슷하다보니 그냥 '불을 茲(자)' 밑에 '마음 心(심)'을 써서 '사랑 慈(자)'자를 나타내고 있다.

사랑, 깊은 은애(恩愛), 사랑하다
[慈愛(자애)] ① 사랑하고 아낌. 또는 그런 마음. ② 아랫사람에 대한 깊은 사랑. [仁慈(인자)] 어질고 자애로움.

인정, 동정, 측은한 마음, 중생에게 낙을 주는 일
[慈善(자선)] 남의 가엾음을 불쌍히 여기고 사랑하여 좋은 일을 함. 특히 가난한 사람들을 물질적으로 돕는 일을 이른다. ¶자선냄비
[慈悲(자비)] ① 크게 사랑하고 크게 불쌍히 여김. ¶자비를 베풀다 ② (불) 중생들에게 복을 주어 괴로움을 없이 하는 일. 참慈悲心(자비심)
[大慈大悲(대:자대비)] (불) 넓고 커서 가없는 자비. 특히 관음보살이 중생을 사랑하고 불쌍히 여기는 마음을 일컬음.
[無慈悲(무자비)] ① 불쌍한 사람을 가엽게 여기는 마음이 없음. ② 쌀쌀하고 모짊.

어머니, 아버지를 '엄(嚴)'이라고 할 때의 상대적 개념, 자식에 대한 부모의 사랑
[慈堂(자당)] 남의 어머니를 높여 이르는 말.
[嚴父慈母(엄부자모)] 엄한 아버지와 자애로운 어머니.
[慈母有敗子(자모유패자).] 자애가 지나친 어머니의 슬하에는 방자하고 버릇없는 자식이 있음. 『史記(사기)』
慈母(자모), 慈父(자부), 慈侍下(자시하), 慈親(자친)

悲 슬플 비:, 心부12 0350

'悲(비)'자는 '마음 心(심)'과 '아닐 非(비)'의 합자이다. 여기서 '非(비)'자는 '아니다'의 뜻이 아니라, '좌우로 갈라지다'의 뜻이라고 한다. '마음이 잡아 찢기어 아파 슬퍼하다'가 '悲(비)'자의 본뜻이라고 한다.

슬프다, 서럽다, 슬픔, 비애, 슬퍼하다, 마음 아파하다
[悲觀(비:관)] ① 인생 따위를 슬퍼하거나 절망스럽게 봄. ② 앞으로의 일이 잘 안 될 것이라고 봄. ¶앞날을 비관하다 참悲觀論(비관론), 悲觀的(비관적)
[悲劇(비:극)] ① (극) 슬프고 비참한 세상이나 인생을 소재로 하여 죽음·파멸·패배·고뇌 등 불행한 내용으로 끝맺는 극. 반喜劇(희극) ② 인생에서 일어나는 비참한 사건. 참悲劇的(비극적)
[悲慘(비:참)] 차마 눈뜨고 볼 수 없을 만큼 슬프고 끔찍함. ¶비참한 생활
[興盡悲來(흥:진비래)] '즐거운 일이 다하면 슬픈 일이 닥쳐온다'는 뜻으로, '세상의 일이 순환됨'을 가리키는 말.
[鳧脛雖短續之則憂(부경수단속지즉우), 鶴脛雖長斷之則悲(학경수장단지즉비).] 물오리의 다리는 비록 짧지만 그것을 길게 이어주면 괴로워할 것이다. 학의 다리

가 길다 하여 끊어서 짧게 한다면, 학은 필시 슬퍼할 것이다. 만물은 제각기 천부의 특징을 갖추어 있으므로, 쓸데없이 가감할 것이 아님을 비유하여 이르는 말이다. 인간의 경우에도 마찬가지이다. 사람의 성질은 사람마다 각각 태어날 때부터 지니고 있는 것이므로 다른 사람이 이러쿵저러쿵 지도하는 것은 본인에게 오히려 괴로울 뿐이다. 『莊子(장자)·外篇(외편)·駢拇(변무)』

[鳥之將死其鳴也悲(조지장사기명야비), 人之將死其言也善(인지장사기언야선)] 새는 죽을 때가 가까워지면, 죽음을 두려워하여 슬픈 소리로 울고, 사람도 임종에 다다르면 악하던 사람도 착한 말을 한다. 『論語(논어)·泰伯(태백)』

悲歌(비가), 悲感(비감), 悲戀(비련), 悲鳴(비명), 悲報(비보), 悲憤(비분), 悲憤慷慨(비분강개), 悲愁(비수), 悲哀(비애), 悲運(비운), 悲願(비원), 悲壯(비장), 悲愴(비창), 悲秋(비추), 悲嘆(비탄)/悲歎(비탄), 悲痛(비통), 一喜一悲(일희일비)

동정, 가엾게 여기는 마음, 가엾게 여겨 은혜를 베푸는 일

[大悲(대:비)] 부처의 삼덕(三德)의 하나로 큰 자비심을 이르는 말.
[大慈大悲(대:자대비)] ☞ 慈(자)
[慈悲(자비)] ☞ 慈(자)
[慈悲心(자비심)] 남을 사랑하고 가엾게 여기는 마음.
[無慈悲(무자비)] ☞ 慈(자)

恩 은혜 은, 心부10   0351

'恩(은)'자는 '마음 心(심)'과 '인할 因(인)'으로 이루어진 글자이다.

은혜, 고맙게 베풀어 주는 혜택, 고맙게 여기다, 은혜로 여기다

[恩師(은사)] ① 가르침을 받아 은혜가 깊은 스승. ② (불) 자기를 출가시켜 길러준 스님.
[恩惠(은혜)] 사랑으로 베풀어주는 신세나 혜택. ¶스승의 은혜
[結草報恩(결초보은)] 은혜를 입은 사람의 혼령이 풀포기를 묶어놓아 은인이 적을 잡고 공을 세우게 하였다는 중국의 고사에서, 죽은 뒤에도 잊지 않고 은혜를 갚는다는 뜻.
[背恩忘德(배:은망덕)] 은혜를 저버리고 은덕을 잊음. 은혜를 잊고 배신함.
[謝恩(사:은)] 받은 은혜에 사례함. 웹謝恩會(사은회)
[養子方知父母恩(양:자방지부모은).] 제 자식을 길러 보고서야 비로소 부모의 은혜를 알 수 있다. 『明心寶鑑(명심보감)』
恩功(은공), 恩德(은덕), 恩賜(은사), 恩赦(은사), 恩甚怨生(은심원생), 恩人(은인), 恩寵(은총), 恩澤(은택), 感恩(감은), 忘恩(망은), 背恩(배은), 報恩(보은), 聖恩(성은), 皇恩(황은), 厚恩(후은)

惠 은혜 혜:, 心부12   0352

'惠(혜)'자는 '은혜'의 뜻을 나타낸다. 상대방이 보낸 물건의 이름 앞에 고마움을 표하기 위해 붙이는 수식어로 쓰이기도 한다.

은혜, 은덕, 베풀어주는 사람, 은혜를 베풀다, 혜택, 고맙게 베풀어주는 물질적 도움

[惠澤(혜:택)] 은혜와 덕택. ¶복지 혜택
[恩惠(은혜)] ☞ 恩(은)0351
[特惠(특혜)] 특별한 은혜나 혜택.
[天惠(천혜)] 하늘이 베풀어준 은혜. ¶천혜의 자연 조건
[恭寬信敏惠(공관신민혜)] 仁道(인도)를 행하는 윗사람이 지녀야 할 마음가짐 다섯 가지는 공손함, 너그러움, 믿음직스러움, 민첩함, 은혜로움이다. 『論語(논어)·陽貨(양화)』 ☞ * 019
受惠(수혜), 施惠(시혜), 互惠(호혜), 互惠條約(호혜조약)

상대방이 보낸 물건의 이름 앞에 고마움을 표하기 위해 붙이는 수식어

[惠念(혜:념)] '돌보아 주는 생각'이란 뜻으로, 남의 생각을 높여 일컫는 말. 흔히 편지에서 청탁하는 말로 씀.
[惠存(혜:존)] 자기의 저서나 작품을 남에게 드릴 때, '받아 간직해 주십사'라는 뜻으로 상대방의 이름 옆에 쓰는 말.
惠鑑(혜감), 惠諒(혜량), 惠函(혜함)

季 계절 계:, 끝 계:, 子부8   0353

'季(계)'자는 가을걷이의 마지막 과정에서 '아이들子(자)'을 동원하여 떨어진 '벼 禾(화)'의 이삭을 줍게 한 옛날 관행과 관련이 있다고 한다. 그래서 '어리다' '막내' '끝' '철' 등의 뜻을 나타내는 데 쓰인다.

철, 음력으로 삼 개월을 이르는 말

[季刊(계:간)] 봄·여름·가을·겨울로 한 해에 네 번 발행하는 일. 웹季刊誌(계간지)
[季節(계:절)] ① 한 해를 날씨에 따라 나눈 그 한 철. 溫帶(온대)에는 봄, 여름, 가을, 겨울의 네 철이 있고, 열대에는 乾季(건계)와 雨季(우계)가 있다. 웹季節風(계절풍) ② 어떤 일을 하는 데 가장 알맞은 시절. ¶가을은 독서의 계절이다
[冬季(동:계)] ① 겨울철. 冬期(동기). 웹秋季(추계), 春季(춘계), 夏季(하계) ② 겨울의 끝.
[四季(사:계)] 사철. 봄·여름·가을·겨울 네 절기.

차례의 마지막, 막내, 형제자매 중의 제일 손아래

[季嫂(계:수)] 아우의 아내. 형제가 여럿일 때는 막내아우의 아내.
[季氏(계:씨)] 상대방을 높여, 그의 아우를 일컫는 말.
[孟仲叔季(맹중숙계)] 형제자매의 맏이와 둘째와 셋째와 막내.
季母(계모), 季父(계부), 季指(계지)

節 마디 절, 竹부15　0354

'節(절)'자는 '대 竹(죽)'과 '곧 卽(즉)'으로 이루어졌다. '卽(즉)'은 음을 위한 글자인데 음이 많이 달라졌다. 대나무의 마디처럼 '마디'란 뜻을 나타낸다. 대나무는 곧아서 휘는 법이 없으니 '지조·절개'의 뜻으로 사용된다. '철', '계절', '알맞다' 등의 뜻으로도 쓰인다.

마디, 대나무 또는 초목의 마디, 뼈의 마디
[關節(관절)] 뼈마디. 뼈와 뼈가 서로 연결되어 있는 부분. 관關節炎(관절염)
[使節(사:절)] ① 옛날 사신이 신표로 지참하던 대나무 마디. ② 나라를 대표하여 일정한 사명을 띠고 외국에 파견되는 사람. 관使節團(사절단)
節足動物(절족동물), 股關節(고관절), 符節(부절), 直節虛心(직절허심), 使節團(사절단), 膝關節(슬관절), 擊節嘆賞(격절탄상)

사물의 한 단락, 음악의 곡조, 가락
[節(절)] ① 글의 내용에 따라 나눈 각 단락. 編(편)이나 章(장)의 아래임. ② (악) 같은 곡조로 부르는 각 노랫말(가사)의 단락. ③ (언) 주어와 술어를 갖추어 문장의 한 성분으로 쓰이는 단위.
[句節(구절)] ① 한 토막의 말이나 글. ② (언) 구와 절.
[音節(음절)] 소리마디.
拍節(박절), 小節(소절)

절개
[節槪(절개)/節介(절개)] (지조나 정조를) 굽히지 않는 꿋꿋한 태도. ¶절개를 지키다
[節義(절의)] 절개와 의리.
[變節(변:절)] 절개나 지조를 지키지 않고 바꿈.
[守節(수절)] 지조나 정절을 지킴.
[忠節(충절)] 충성과 절의.
節操(절조), 屈節(굴절), 松竹之節(송죽지절), 殉節(순절), 傲霜孤節(오상고절), 貞節(정절), 毁節(훼절)

규칙, 제도, 법, 법도, 예절
[節度(절도)] 일이나 행동 따위를 정도에 알맞게 하는 규칙적인 한도.
[節次(절차)] 일을 치르는 데 밟아야 하는 순서나 방법. ¶입법 절차
[禮儀凡節(예의범절)] 일상생활에서 갖추어야 할 모든 예의와 절차. 준禮節(예절)
[禮不踰節(예불유절).] 예의는 절도를 넘지 않는다. 예의는 절도를 넘어서는 안 된다. 정중한 것이 좋다 하더라도 도를 넘어선 정중함은 오히려 아부에 가까워져서, 때로는 실례가 되기까지 한다. 『禮記(예기)·曲禮 上(곡례 상)』, 『小學(소학)·內篇(내편)·敬身(경신)』

줄이다, 없애다, 검소하다
[節減(절감)] 아껴서 줄임.
[節略(절략)/節約(절약)] 객적은 비용을 내지 않고 꼭 써야할 데만 쓰면서 아낌. ¶비용 절약/시간 절약
[節電(절전)] 전기를 아껴 씀.
節米(절미), 節食(절식), 節酒(절주)/節飮(절음), 節水(절수)

때, 시기, 시절, 시절 구분의 이름
[節氣(절기)] ① 한 해를 스물넷으로 등분하여 계절을 나타낸 그 하나. ② 이십사절기 가운데 양력 매월 상순에 드는 절기를 특별히 일컫는 이름. 입춘, 경칩, 청명 따위.
[季節(계:절)] ☞季(계)
[時節(시절)] ① 철. 계절. ② 좋은 기회. ③ 사람의 일생을 구분한 한동안.
[換節期(환절기)] 계절이 바뀌는 때. ¶환절기에는 감기에 걸리지 않게 조심해라
節侯(절후), 佳節(가절), 季節病(계절병), 季節風(계절풍), 冬節(동절), 四時佳節(사시가절), 陽春佳節(양춘가절), 伏節(복절), 春節(춘절), 夏節(하절)

경절, 국경일
[光復節(광복절)] 우리나라 국경일의 하나. 일본 제국주의자들에게 빼앗겼던 나라와 주권을 도로 찾은 것을 기념하는 국경일. 8월 15일.
[名節(명절)] 국가적으로나 사회적으로 정하여 경축하는 기념일. 해마다 일정하게 지키어 민속적으로 지키는 날.
[聖誕節(성탄절)] (예수·천주) ① 크리스마스. 예수 그리스도의 탄생을 기념하는 날. 12월 25일. ② 12월 24일부터 1월 6일까지 성탄을 축하하는 명절.
[仲秋節(중추절)] 한가위.
開天節(개천절), 慶節(경절), 萬愚節(만우절), 復活節(부활절), 三一節(삼일절), 制憲節(제헌절)

알맞게 하다, 알맞다, 맞는 정도, 들어맞다
[節制(절제)] ① 알맞게 조절함. ② 방종하지 않도록 자기의 욕망을 이성으로써 제어함.
[調節(조절)] 균형 맞게 바로잡음. 사물을 어느 정도에 맞추어서 알맞게 함. ¶실내 온도를 조절하다

기타
[節度使(절도사)] (역) 조선 시대, 각 지방의 군대를 통솔하고 경비를 담당하던 종이품 무관직. ¶水軍節度使(수군절도사)

候 기후 후(:), 철 후(:), 人부10　0355

'候(후)'자는 '사람 亻(인)'과 '제후 侯(후)'로 이루어졌다. '候(후)'는 '안부를 묻다'가 본뜻이었다. 노인들 건강은 계절과 날씨에 따라 달라지니 여기에서 계절, 기후, 날씨 등의 뜻이 파생되었다.

철, 계절, 절기
[候鳥(후조)] 철새. 凹留鳥(유조)
[節候(절후)] 節氣(절기).

기후, 날씨
[氣候(기후)] ① 1년의 24氣(기)와 72候(후)를 통틀어 이르는 말. 氣(기)는 15일, 候(후)는 5일. ② 지형의

모양에 따라 생기는 氣溫(기온)·濕度(습도)·晴雨(청우) 따위가 변화하는 상태. ③ 氣體候(기체후). 어른에게 문안할 때 쓰는 말.
[測候(측후)] (지) 천문의 이동이나 천기의 변화를 관측함. 참測候所(측후소)
[天候(천후)] 날씨. 일기. 참全天候(전천후)

염탐, 척후, 적의 상황을 살피는 사람 또는 장소, 살피다, 염탐하다
[斥候(척후)] ① 적군의 상황을 몰래 살핌. ② '斥候兵(척후병)'의 준말.

조짐, 징조
[徵候(징후)] 겉으로 나타나는 조짐.

상태, 모양
[症候(증후)] 증세. 참症候群(증후군)
[症候群(증후군)] (의) 몇 가지 증세가 늘 함께 나타나지만 그 원인이 분명하지 않거나 단일하지 아니한 것에 대하여 병명에 따라 붙이는 명칭.

맞다, 기다리다
[候補(후보)] ① 어떤 직위나 신분에 오르기를 바람. ¶대통령 후보 ② 앞으로 어떤 지위에 오를 자격이나 가망이 있음. 또는 그 사람. ¶우승 후보
[候補生(후보생)] 일정한 과정을 마침으로써 어떤 지위나 신분에 나아갈 자격을 갖춘 학생. ¶사관후보생
[候補者(후보자)] ① 후보가 되는 사람. ② 선거에 후보로 출마한 사람.
[立候補(입후보)] 선거에 후보자로 나섬.

안부를 묻다, 찾아 문안하다
[氣體候(기체후)] '기력과 체후'란 뜻으로 어른에게 올리는 편지에서 문안할 때 쓰는 높임말. 참氣候(기후)
[問候(문:후)] 문안. 웃어른에게 안부를 여쭘.
[患候(환:후)] '웃어른의 病(병)'을 높여 이르는 말.

風 바람 풍, 風부9   0356

'風(풍)'자는 '무릇 凡(범)'과 '벌레 虫(충/훼)'로 이루어진 글자이다. 보통의 벌레들로부터 '바람 風(풍)'이라는 글자를 어떻게 이끌어 낼까? '風(풍)'자를 意符(의부)로 하여, 여러 가지 바람의 명칭이나 바람을 형용하는 문자를 이룬다.

바람, 불다, 바람이 불다, 바람을 쐬다
[風力(풍력)] ① 바람의 세기. ② (동력으로서의) 바람의 힘. ¶풍력발전소
[風浪(풍랑)] ① 바람과 물결. ② 바다에서 바람으로 인해 일어나는 물결.
[風前燈火(풍전등화)] '바람 앞의 등불'이란 뜻으로, '매우 위급함', 또는 '인생이 덧없음'을 비유하는 말.
[馬耳東風(마:이동풍)] '말의 귀에 동쪽에서 불어오는 바람'이란 뜻에서, 남의 말을 귀담아 듣지 않고 지나쳐 흘려버림을 이르는 말.
[微風(미풍)] 솔솔 부는 약한 바람.

[逍風(소풍)] ① 갑갑한 마음을 풀기 위하여 바람을 쐬며 거니는 일. ② 학교에서 자연 관찰이나 역사 유적 따위의 견학을 겸하여 야외로 갔다 오는 일.
[颱風(태풍)] 북태평양 남서부에서 발생하여 동북아시아 내륙으로 닥치는 폭풍우.
[飄風不終朝(표풍부종조), 驟雨不終日(취우부종일).] '회오리바람은 아침 동안에 그치고, 소나기는 하루 종일 오는 일이 없다'는 뜻으로, '권세를 부리는 자는 이내 멸망함'을 비유하여 이르는 말. 『老子(노자)』
[樹欲靜而風不止(수욕정이풍부지), 子欲養而親不待(자욕양이친부대).] 나무는 고요하게 있고 싶어 하나 바람이 그치지 않고, 자식이 어버이를 봉양하고자 하나 어버이는 이미 돌아가셔서 이 세상에 (기다리고) 계시지 않음. 효도를 다하지 못한 채 어버이를 여읜 자식의 슬픔을 이르는 말. 風樹之嘆(풍수지탄)이라고도 함. 『後漢書(후한서)』

風客(풍객), 風磬(풍경), 風琴(풍금), 風爐(풍로), 風媒花(풍매화), 風聞(풍문), 風伯雨師(풍백우사), 風飛雹散(풍비박산), 風霜(풍상), 風船(풍선), 風速(풍속), 風蝕(풍식), 風神(풍신), 風雨(풍우), 風雲(풍운), 風雲兒(풍운아), 風葬(풍장), 風前(풍전), 風塵(풍진), 風車(풍차), 風餐露宿(풍찬노숙), 風打浪打(풍타랑타), 風波(풍파), 風寒暑濕(풍한서습), 風害(풍해), 風向(풍향), 強風(강풍), 季節風(계절풍), 係風捕影(계풍포영), 狂風(광풍), 南風(남풍), 冷風(냉풍), 大風(대풍), 東風(동풍), 突風(돌풍), 萬古風霜(만고풍상), 貿易風(무역풍), 無風(무풍), 門風紙(문풍지), 防風(방풍), 防風林(방풍림), 屛風(병풍), 北風(북풍), 朔風(삭풍), 旋風(선풍), 扇風機(선풍기), 雪寒風(설한풍), 順風(순풍), 羊角風(양각풍), 兩袖淸風(양수청풍), 逆風(역풍), 熱風(열풍), 迎風待日(영풍대월), 溫風(온풍), 外風(외풍), 雨順風調(우순풍조), 月白風淸(월백풍청), 吟風弄月(음풍농월)/吟風哢月(음풍영월), 潮風(조풍), 一陣狂風(일진광풍), 櫛風沐雨(즐풍목우), 疾風(질풍), 疾風怒濤(질풍노도), 靑風(청풍), 淸風明月(청풍명월), 秋風(추풍), 秋風落葉(추풍낙엽), 春風(춘풍), 通風(통풍), 偏西風(편서풍), 平地風波(평지풍파), 暴風(폭풍), 暴風雨(폭풍우), 漂風(표풍), 寒風(한풍), 海風(해풍), 虛風(허풍), 虛風扇(허풍선), 花鳥風月(화조풍월), 換風機(환풍기), 薰風(훈풍)

기후, 환경
[風水(풍수)] ① 바람과 물. ② 집, 무덤 따위의 방위와 지형이 좋고 나쁨이 사람의 화복에 절대적 관계를 가진다는 학설. 참風水說(풍수설), 風水地理(풍수지리)
[風土(풍토)] ① 기후와 토지의 상태. ¶아무 풍토에서나 잘 자라는 식물 참風土病(풍토병) ② 어떤 일의 밑바탕이 되는 제도나 조건 따위. ¶풍토가 조성되다
[風化(풍화)] ① (지) 지표면의 암석이 공기·물·온도·햇빛·생물 따위의 작용으로 부서지는 현상. 참風化作用(풍화작용) ② (교육·정치 따위로) 풍습을 교화하는 일.

관습, 습속, 시대에 따라 변하는 세태 또는 유행

[風俗(풍속)] ① 예부터 전해 내려오는 습관이나 버릇. ¶풍속을 따르다 ② 그 시대의 유행과 풍습.
[風潮(풍조)] ① 바람에 따라 흐르는 潮水(조수). ② 시대에 따라 변하는 세태.
[氣風(기풍)] 어떤 지역이나 집단 사람들의 공통적인 태도나 습성.
[美風良俗(미:풍양속)] 아름답고 좋은 풍속이나 기풍.
風紀紊亂(풍기문란), 風物(풍물), 風習(풍습), 風潮(풍조), 家風(가풍), 古風(고풍), 校風(교풍), 美風(미풍), 復古風(복고풍), 詩風(시풍), 洋風(양풍), 遺風(유풍), 淫風(음풍), 弊風(폐풍), 畫風(화풍)

풍악, 노래, 악곡

[風樂(풍악)] 예로부터 전해 오는 우리나라 고유의 음악. ¶풍악을 울리다

풍채, 용모

[風采(풍채)] 빛나서 드러나 보이는 사람의 겉모양. ¶풍채가 늠름하다
[仙風道骨(선골도풍)] '신선의 풍채와 도인의 골격'이란 뜻으로, '남달리 뛰어나고 청초하게 생긴 풍채'를 일컫는 말. 㽞仙骨(선골)
[威風(위풍)] 위엄이 있는 풍채. 㽞威風堂堂(위풍당당)
[長者風度(장:자풍도)] 덕망이 있는 사람의 점잖은 태도.
風骨(풍골), 風貌(풍모), 仙風(선풍), 玉骨仙風(옥골선풍)

경치, 경관

[風景(풍경)] ① '바람과 볕'이란 뜻에서, 아름다운 경치를 일컬음. 㽞風景畵(풍경화) ② 어떤 모습이나 상황.
[風流(풍류)] ① 풍치를 찾아 즐기며 멋스럽게 노니는 일. ② 멋스럽고 풍치가 있는 일. 속되지 않고 운치가 있는 일. ¶풍류를 즐기다 㽞風流三昧(풍류삼매)
[風月(풍월)] ① 아름다운 자연. ② 자연 경치에 대하여 한시를 지음. 또는 그런 한시. ③ '吟風弄月(음풍농월)'의 준말. ¶서당 개 삼년 풍월 읊는다
[殺風景(살풍경)] ① (풍경이나 분위기가) 볼품없이 스산한 광경. ② (광경이) 살기를 띠어 무시무시함.
[堂狗三年吠風月(당구삼년폐풍월).] '서당개 삼년이면 풍월을 읊는다'는 우리말 속담을 한역한 것. 아무리 무식한 사람이라도 유식한 사람들과 함께 오래 생활하다 보면 유식해짐. 㽞堂狗風月(당구풍월)
風光(풍광), 風趣(풍취), 風致(풍치), 風致林(풍치림)

병명, 감기, 중풍, 뇌일혈, 학질, 문둥병

[風氣(풍기)] (한의) 중풍.
[風齒(풍치)] (한의) 썩거나 상하지 않은 채 풍증으로 일어나는 이앓이.
[中風(중풍)] (한의) 흔히 뇌일혈로 인하여 반신·전신 또는 팔다리가 마비되는 병.
[破傷風(파:상풍)] 상처가 난 곳으로부터 파상풍균이 들어가서 오한과 열이 심하고 근육이 긴장되고 경련이 일어나는 병.
風病(풍병), 風症(풍증), 驚風(경풍), 痛風(통풍)

기타

[風蘭(풍란)] (식) 난초과의 늘푸른여러해살이풀. 줄기는 짧고, 잎은 좁고 긴데 두껍고 두 줄로 붙으며, 7-8월에 흰 꽃이 잎겨드랑이에서 나온 긴 꽃대 끝에 3-5개가 핌.
[風味(풍미)] ① 음식의 멋스러운 맛. ② 사람의 멋스러움.

雲 구름 운, 雨부12　　0357

'雲(운)'자는 '비 雨(우)'와 '이를 云(운)'으로 이루어졌다.

구름

[雲霧(운무)] ① 구름과 안개. ② 사람의 눈을 가리고, 또는 흉중을 막아 지식이나 판단을 흐리게 하는 것의 비유. 㽞雲霧中(운무중)
[雲雨(운우)] ① 구름과 비. ② 大業(대업)을 이룰 기회. ③ 남녀 사이에 육체적으로 서로 어울리는 일.
[浮雲(부운)] ① 뜬구름. ② 덧없는 세상 일을 비유하는 말.
[靑雲(청운)] ① 푸른 구름. 갠 하늘. ② '학덕이 있고 명망이 높음'의 비유. ③ 입신출세(立身出世)를 이름. 㽞靑雲之志(청운지지) ④ 고위 고관을 이름. ⑤ 풍월을 벗삼는 은일(隱逸)의 생활, 또는 고상한 지조를 이름.
[覆水不可收(복수불가수), 行雲難重尋(행운난중심).] 엎지른 물은 거두어 담을 수 없고, 흘러간 구름은 다시 찾을 수 없다. 한번 한 말은 다시 거두어들일 수가 없으니 신중해야 한다는 말. 『李白(이백)·代別情人(대별정인)』
[不義而富且貴(불의이부차귀), 於我如浮雲(어아여부운).] 의롭지 못하고서 부귀를 누림은 내게 있어 뜬구름과 같다. 나쁜 짓을 해서 부자가 되고 높은 지위에 앉게 된들 그러한 것은 내게는 모두 정처없이 흘러가는 뜬구름처럼, 마음을 움직이기에는 부족한 것이다. 『論語(논어)·述而(술이)』 ☞ *125
雲客(운객), 雲龍(운룡), 雲霧中(운무중), 雲峰(운봉), 雲山(운산), 雲散鳥沒(운산조몰), 雲消霧散(운소무산), 雲海(운해), 孤雲(고운), 孤雲野鶴(고운야학), 籠鳥戀雲(농조연운), 白雲(백운), 飛龍乘雲(비룡승운), 祥雲(상운), 瑞雲(서운), 星雲(성운), 暗雲(암운), 紫雲(자운), 彩雲(채운), 風雲(풍운), 風雲兒(풍운아), 行雲流水(행운유수), 黑雲(흑운)

높음의 비유

[雲樓(운루)] 높다란 다락집.
[雲梯(운제)] 높은 사닥다리. 성을 공격하는 데 쓰는 긴 사다리.

많음의 비유

[雲集(운집)] 사람이 구름처럼 많이 모임.

형세가 성함의 비유
[戰雲(전운)] 전쟁이나 전투가 벌어지려는 험악하고 살기등등한 형세. ¶전운이 감돌다
기타
[雲母(운모)] 돌비늘. 규산염으로 된 광물의 한 가지.

雨 비 우:, 雨부8　0358

'雨(우)'자는 하늘에 있는 구름에서 빗방울이 떨어지는 모습을 본뜬 것이다. '雨(우)'를 意符(의부)로 하여, 비 또는 기상현상에 관한 문자를 이룬다.

비, 비가 오다, 눈이나 싸라기눈이 오다
[雨傘(우:산)] 우비의 한 가지. 펴고 접을 수 있어 비가 올 때 펴 들고 머리 위를 가림.
[雨後竹筍(우:후죽순)] '비가 온 뒤에 여기저기 솟는 죽순'이란 뜻으로, 어떠한 일이 일시에 많이 일어남을 비유하는 말.
[降雨(강:우)] 비가 내리는 것. 또는 내린 비. ¶강우 전선 ③降雨量(강우량)
[花發多風雨(화발풍다우).] '꽃이 피어 있을 무렵에는 꽃샘으로 비바람이 많아 모처럼 핀 꽃도 헛되이 떨어지고 만다'는 뜻으로, 인간 세상의 만사가 마음대로 되지 않음을 비유하여 이르는 말.
雨期(우기), 雨雹(우박), 雨備(우비), 雨順風調(우순풍조), 雨衣(우의), 雨裝(우장), 雨滴(우적), 雨中(우중), 雨天(우천), 雨後(우후), 甘雨(감우), 穀雨(곡우), 祈雨祭(기우제), 雷雨(뇌우), 梅雨(매우), 細雨(세우), 時雨(시우), 雲雨(운우), 櫛風沐雨(즐풍목우), 秋雨(추우), 春雨(춘우), 測雨器(측우기), 土雨(토우), 暴雨(폭우), 暴風雨(폭풍우), 風雨(풍우), 夏雨(하우), 豪雨(호우)

많은 모양의 비유, 흩어지는 모양의 비유
[砲煙彈雨(포연탄우)] ① 총포의 연기와 빗발치는 탄알. ⑧硝煙彈雨(초연탄우) ② 격렬한 전투.

溫 따뜻할 온, 水부13　0359

'溫(온)'자는 '물 氵(수)'와 '어질 昷(온)'으로 이루어졌다. 어진 물이니 너무 뜨겁거나 차갑지 않은 물을 뜻한다.

따뜻하다, 따뜻해지다, 따뜻하게 하다, 온도
[溫度(온도)] 덥고 찬 정도. 또는 온도계가 나타내는 도수. ③溫度計(온도계)
[溫室(온실)] 광선·온도·습도 따위를 조절하여 각종 식물의 재배를 자유롭게 하는 구조물.
[氣溫(기온)] 대기의 온도. ③水溫(수온), 地溫(지온), 體溫(체온)
[保溫(보:온)] 주위의 온도와 관계없이 일정한 온도를 유지하여 지킴.
溫氣(온기), 溫暖(온난), 溫帶(온대), 溫突(온돌)/溫堗(온돌), 溫床(온상), 溫水(온수), 溫濕(온습), 溫熱(온열), 溫浴(온욕), 溫湯(온탕), 溫風(온풍), 溫血動物(온혈동물), 高溫(고온), 冷溫(냉온), 等溫線(등온선), 微溫的(미온적), 三寒四溫(삼한사온), 低溫(저온), 定溫(정온), 定溫動物(정온동물), 恒溫(항온)

온화하다, (상태, 얼굴빛이) 온화하다, 마음이 따뜻하다
[溫順(온순)] 성격이나 마음씨가 온화하고 양순함.
[溫情(온정)] 따뜻한 마음에서 우러나오는 정. ¶온정이 넘치다
[溫和(온화)] ① 날씨가 따뜻하고 바람이 부드러움. ② (성질이나 태도 등이) 온순하고 부드러움.
[溫良恭儉讓(온량공검양).] '溫(온)'은 온화하고 중후함, '良(양)'은 양순하고 정직함, '恭(공)'은 공손하고 엄숙함, '儉(검)'은 마음에 절제가 있어 방종하지 아니함, '讓(양)'은 겸양. 이 다섯 가지 덕은 子貢(자공)이 공자의 언어, 용모, 동작을 평한 말이다.
溫恭(온공), 溫恭自虛(온공자허), 溫色(온색), 溫純(온순), 溫柔(온유), 溫情(온정), 溫厚(온후)

익히다, 복습하다
[溫故知新(온고지신)/溫故而知新(온고이지신)] 옛 것을 익히고 그것을 미루어서 새것을 앎. 『論語(논어)·爲政(위정)』

온천
[溫泉(온천)] 地熱(지열)로 물이 더워져서 땅위로 솟아오르는 샘. 여러 가지 광물질이 녹아 있어 의학적 효과가 있음. ⑧溫井(온정)

暖 따뜻할 난:, 日부13　0360

'暖(난)'자는 '해 日(일)'과 '이에 爰(원)'으로 이루어진 글자이다. '爰(원)'은 음의 요소로 쓰였다. 뜻과는 관계가 없다. 비슷한 의미의 글자로 따뜻할 煖(난)자가 있다. 해나 햇볕과 관련하여 따뜻해질 때는 '暖(난)'자를 쓴다. 불을 때거나 옷을 입거나 해서 따뜻해지는 경우에는 '暖(난)'자와 '煖(난)'자를 함께 쓴다.

따뜻하다, 따뜻해지다, 따뜻함
[煖房(난:방)/暖房(난:방)] ① 따뜻한 방. ② 방을 따뜻하게 하는 일. ③煖房施設(난방시설), 煖房裝置(난방장치)
[溫暖(온난)] 날씨가 따뜻함.
[寒暖(한란)] 추움과 따뜻함.
[暖衣飽食(난:의포식)/煖衣飽食(난:의포식)] 옷을 따뜻하게 입고 음식을 배부르게 먹는다는 뜻으로, 아무 부족함이 없이 생활함을 이름. 맹자가 이 말을 인용한 의도는 육체적인 안일과 편안함만으로는 사람다운 사람이 될 수 없다는 점을 지적하기 위해서였다. 그러나 오늘날에는 단지 배불리 먹고 따뜻한 옷을 입고서 근심 걱정 없이 사는 넉넉한 생활을 비유하는 말로 주로 쓰인다. ⑧飽食暖衣(포식난의) ㉰暖飽(난포) 『孟子(맹자)』
暖帶(난대), 暖流(난류), 暖地(난지)

寒 찰 한, 宀부12　0361

'寒(한)'자, 집[宀(면)] 안에서 엄동설한에 불을 못 때서 추위에 얼어 몸을 잔뜩 웅크리고 있는 사람의 모습을 생각해보자.

차다, 춥다, 온도가 낮다, 차게 하다, 식히다
[寒暖(한란)] 추움과 따뜻함.
[寒波(한파)] 겨울철에 기온이 갑자기 내려가는 현상. ¶한파주의보 발령
[嚴冬雪寒(엄동설한)] 눈 내리는 깊은 겨울의 심한 추위.
[饑寒起盜心(기한기도심).] 춥고 배고프면 도둑질할 생각이 절로 남.
[脣亡齒寒(순망치한)] 입술이 없어지면 이가 시리게 됨. '이해관계가 서로 밀접한 둘 중 어느 한편이 망하면 다른 한편도 그 영향을 받아 온전하기가 어려움'을 비유하여 이르는 말. 『春秋左氏傳(춘추좌씨전)』
寒氣(한기), 寒帶(한대), 寒冷(한랭), 寒流(한류), 寒暑(한서), 寒食(한식), 寒心(한심), 寒風(한풍), 寒害(한해), 極寒(극한)/劇寒(극한), 耐寒(내한), 頭寒足熱(두한족열), 防寒(방한), 防寒帽(방한모), 防寒服(방한복), 防寒靴(방한화), 三寒四溫(삼한사온), 傷寒(상한), 雪寒(설한), 雪寒風(설한풍), 歲寒(세한), 歲寒三友(세한삼우), 歲寒松柏(세한송백), 亞寒帶(아한대), 春寒老健(춘한노건), 風寒暑濕(풍한서습), 避寒(피한), 酷寒(혹한)

몸이 식는 증세, 추운 증세
[惡寒(오한)] (한의) 병적으로 몸이 오슬오슬 춥고 떨리는 기운. 급성 열성병이 발생할 때 피부의 혈관이 갑자기 오그라져서 일어나는 증세로, 이 기운이 지나가면 열기가 생김. ¶나는 오싹 오한을 느꼈다
[寒退(한퇴)] 오슬오슬 춥던 증세가 물러감.
[寒縮(한축)] 추워서 몸을 움츠림.

가난하다, 쓸쓸하다
[寒村(한촌)] 가난하고 쓸쓸한 마을.
[貧寒(빈한)] 가난하고 쓸쓸함. ¶우리가 지금은 비록 빈한하여 가진 것이 없다 하더라도
[孤枕寒燈(고침한등)] 홀로 외로이 자는 방의 쓸쓸하게 보이는 등불.

천하다, 지체가 낮다
[寒微(한미)] 가난하고 문벌이 변변하지 못함. ¶한미한 집안 출신

침묵하다, 울지 않다
[寒蟬(한선)] ① 쓰르라미. ② 울지 않는 매미. ③ 가을 매미.

절기 이름
[寒露(한로)] 이십사절기의 열일곱째 추분과 상강 사이로 양력 10월 8~9일이 됨.
[小寒(소한)] 24절기의 하나. 가장 추운 대한에 앞선 약간 덜한 추위가 있는 절기. 양력 1월 6일 경이다.
[大寒(대한)] 24절후의 하나. 한 해 중 가장 추울 때이다. 1월21일 경.

冷 찰 랭(냉):, 冫부7　0362

'冷(랭)'자는 '얼음 冫(빙)'과 '명령 令(령)'으로 이루어졌다. 얼음은 차가우니 '冫(빙)'은 표의요소로 쓰였다.

차다, 춥다, 온도가 낮다
[冷麪(냉:면)] 냉국이나 무김치 국물 같은 것에 말아서 먹는 메밀국수. 凰溫麵(온면)
[冷房(냉:방)] ① 불을 때지 않아 차게 된 방. ② 더위를 막기 위해 실내의 온도를 낮추는 일. 참冷房裝置(냉방장치)
[冷藏庫(냉:장고)] 식품·약품 따위를 상하지 않게 차게 보관하는 상자 모양의 기구.
[溫冷(온랭)] 따뜻함과 참.
[寒冷(한랭)] 날씨가 춥고 참. 참寒冷前線(한랭전선)
冷氣(냉기), 冷帶(냉대), 冷水浴(냉수욕), 冷濕(냉습), 冷溫(냉온), 冷藏(냉장), 冷茶(냉차), 冷菜(냉채), 冷泉(냉천), 冷湯(냉탕), 冷風(냉풍), 冷害(냉해)

차다, 쌀쌀하다, 인정이 없다
[冷淡(냉담)] 사람이나 그 태도가 (무엇에) 차갑고 무관심함.
[冷情(냉:정)] 매정하고 쌀쌀함. ¶냉정한 표정
[冷徹(냉:철)] 냉정하고 철저함. 침착하고 사리에 밝음.
冷冷(냉랭), 冷嚴(냉엄), 冷戰(냉전), 冷靜(냉정), 冷血(냉혈), 冷血動物(냉혈동물), 冷血漢(냉혈한), 冷酷(냉혹)

깔보다, 업신여기다
[冷待(냉:대)] 냉담하게 대접함. 푸대접.
[冷笑(냉:소)] 비웃다. ¶입가에 냉소가 흐르다

식다, 식히다, 차가워지다
[冷却(냉:각)] 차게 하여 따뜻한 기운을 물리침. 식힘. 참冷却水(냉각수), 冷却裝置(냉각장치)
[冷凍(냉:동)] (생선이나 육류 따위를 신선하게 보관하기 위하여) 인공적으로 얼림.
[冷水(냉:수)] 찬 물.
[言他事食冷粥(언타사식냉죽).] 남의 말 하기는 식은 죽 먹기라는 뜻으로, '남의 흉을 보는 것은 매우 쉬움'을 이르는 말.
[懲湯吹冷水(징탕취냉수).] 끓는 물에 입을 데고 나서 냉수도 불면서 마신다'는 뜻으로, '한번 크게 혼난 사람이 그와 비슷한 경우를 당하면 공연히 무서워함'을 비유하여 이르는 말.
冷媒(냉매), 冷汗(냉한)

雪 눈 설, 雨부11　0363

'雪(설)'자의 윗부분 '비 雨(우)'는 하늘에서 내리는 '비'나 '눈'을 통칭한 것인데 편의상 '비 우'라고 이름을 붙인 것이다. 아래의 것은 '빗자루 彗(혜)'자를 줄인 것으

로 눈이 오면 빗자루로 쓸기 때문일 것이다.

눈, 눈 오다

[雪景(설경)] 눈이 내리는 경치. 눈이 쌓인 경치.

[雪上加霜(설상가상)] 눈 위에 서리가 덮인다는 뜻으로, 난처한 일이나 불행한 일이 잇따라 일어남을 이르는 말. 엎친 데 덮치기.

[大雪(대설)] ① 많이 내린 눈. ¶대설 주의보가 발령되었다 ② 24절후의 하나. 12월 7,8일 경. 참小雪(소설)

[萬年雪(만년설)] 설선(雪線) 이상의 저온 지대에서 해마다 내려 쌓인 눈이 압축되어 거대한 빙괴(氷塊)가 된 것.

[嚴冬雪寒(엄동설한)] 눈 내리는 깊은 겨울의 심한 추위.

[螢雪之功(형설지공)] 중국의 晉(진)나라 車胤(차윤)이 반딧불[螢]로 글을 읽고, 孫康(손강)이 눈[雪]빛으로 글을 읽었다는 고사에서, 어려운 여건을 이겨내면서 열심히 학업에 정진하여 성공한 것을 비유하는 말.

[各人自掃門前雪(각인자소문전설), 莫管他家瓦上霜(막관타가와상상).] 각각 자기 집 앞 눈이나 쓸 일이요, 남의 집 기와 위의 서리는 간섭 말라. 자기가 할 일은 자기가 하고, 남의 일에 간여하지 말라, 자신을 다스리고 경계하여 조심할지언정 남의 일에 지나치게 신경을 쓰거나 간섭하지 말라는 뜻임. 『事林廣記(사림광기)』

[飛鴻踏雪泥(비홍답설니)/雪泥鴻爪(설니홍조).] 눈 위의 기러기 발자국, 곧 눈이 녹으면 없어진다는 뜻으로, '인생이 무상하고 아무 흔적이 없음'을 비유하여 이르는 말. 『蘇軾(소식)·詩(시)』

雪梅(설매), 雪崩(설붕), 雪山(설산), 雪原(설원), 雪中梅(설중매), 雪中松柏(설중송백), 雪天(설천), 雪皮(설피), 雪寒風(설한풍), 雪害(설해), 雪海(설해), 雪花(설화), 降雪(강설), 降雪量(강설량), 擔雪塡井(담설전정), 瑞雪(서설), 白雪(백설), 殘雪(잔설), 積雪(적설), 除雪(제설), 初雪(초설), 春雪(춘설), 吹雪(취설), 頹雪(퇴설), 暴雪(폭설), 螢雪(형설), 紅爐點雪(홍로점설)

씻다, 더러움을 씻다, 누명이나 치욕을 벗다

[雪復(설복)] 치욕을 깨끗이 갚음. 동雪恥(설치)

[雪辱(설욕)] 부끄러움을 씻음. ¶지난번의 패배를 깨끗이 설욕하였다. 참雪辱戰(설욕전)

[伸冤雪恥(신원설치)] 원통한 일을 풀고 부끄러운 일을 씻어버림.

雪憤(설분), 洗雪(세설)

희다, 깨끗하다, 결백하다

[雪膚花容(설부화용)] 눈 같이 흰 살과 꽃 같이 아름다운 얼굴. 미인의 형용.

[雪糖(설탕)] 본음은 설당. 맛이 달고 물에 잘 녹음. 사탕수수·사탕무 등을 원료로 하여 만듦. 사탕가루.

氷 얼음 빙, 水부5   0364

'얼음 氷(빙)'자는 '물 水(수)'에 얼음 덩어리 모양의 '점 丶'으로 '얼음'을 나타냈다.

얼음, 얼다, 얼음과 같은 느낌이 나는 것

[氷山(빙산)] 남극이나 북극의 바다에 떠 있는 거대한 얼음산.

[氷水(빙수)] 얼음을 넣어 차게 한 물. 얼음을 눈처럼 간 다음 삶은 팥, 설탕 따위를 넣어 만든 음식.

[如履薄氷(여리박빙)] '마치 살얼음판 위를 밟고 지나가듯하다'는 뜻에서, 세상이 어수선할 때는 살얼음판 위를 걷는 것처럼 조심조심 살아가라는 뜻임.

[解氷(해:빙)] ① 얼음이 녹음. 참結氷(결빙) ② '국제간의 긴장이 완화됨'을 비유하여 이르는 말.

[氷炭不相容(빙탄불상용).] 얼음과 숯불은 성질이 정반대여서 서로 용납되기 어려워 조화 일치할 수 없음을 이르는 말. 참氷炭不同器(빙탄부동기), 氷炭相愛(빙탄상애), 氷炭之間(빙탄지간), 水火不相容(수화불상용)

氷結(빙결), 氷庫(빙고), 氷菓(빙과), 氷球(빙구), 氷上競技(빙상경기), 氷雪(빙설), 氷點(빙점), 氷板(빙판), 氷河(빙하), 薄氷(박빙), 碎氷船(쇄빙선), 製氷(제빙)

炭 숯 탄:, 火부9   0365

'炭(탄)'자는 '메 山(산)', '언덕 厂(한)', '불 火(화)'로 이루어진 글자이다. '山(산) + 厂(한)'은 '산을 깎아낸 벼랑'을 뜻한다. 거기에서 불[火]을 얻을 수 있는 석탄을 캐낸다.

숯, 목탄, 숯불

[塗炭(도탄)] '진구렁이나 숯불과 같은 데 빠졌다'는 뜻으로, '몹시 고통스러운 지경'을 일컫는 말. ¶창생을 도탄에서 구해내고 나라를 반석 위에 두자 함이다 참塗炭之苦(도탄지고)

[木炭(목탄)] ① 숯. ② 회화의 밑그림을 그리는데 사용하는 가늘고 부드러운 숯붓. 버드나무 따위의 가지를 태워서 만든다.

[抱炭希涼(포탄희량)] '숯불을 안고 시원하기를 바란다'는 뜻으로, 행하는 바와 바라는 바가 상반됨을 비유하여 이르는 말.

[氷炭不相容(빙탄불상용)] ☞氷(빙)

석탄

[炭鑛(탄:광)] 석탄을 캐내는 광산.

[九孔炭(구공탄)] 구멍이 뚫린 연탄. '十九孔炭(십구공탄)'의 준말.

[石炭(석탄)] 태고 때의 식물이 땅 속 깊이 묻혀 오랫동안 地壓(지압)과 지열을 받아 생성됨. 타기 쉬운 검정 또는 검은 갈색 고체인 광물질. 연료 또는 공업에 널리 사용됨.

炭坑(탄갱), 炭田(탄전), 無煙炭(무연탄), 粉炭(분탄), 煉炭(연탄), 有煙炭(유연탄), 泥炭(이탄), 土炭(토탄), 採炭(채탄), 土炭(토탄)

화학원소의 하나

[炭酸水(탄:산수)] (화) 탄산이 물에 풀린 것. 천연으로

는 탄산천이 괴어서 나고 인공적으로는 고압으로 이산화탄소를 물에 풀어서 만듦. 화학시험·약·청량음료 따위를 만드는 데 씀.
[炭素(탄:소)] (화) 숯·석탄·금강석 따위의 주성분이며, 자연계에 많은 원소의 하나. 유기화합물의 주성분임.
[炭水化物(탄:수화물)] (화) 탄산가스와 물 분자로 이루어진 유기화합물. 주로 식물의 광합성작용으로 생기는 포도당·과당·녹말 따위를 통틀어 일컬음.
炭酸(탄산), 炭酸泉(탄산천), 炭素同化作用(탄소동화작용), 炭化(탄화), 活性炭素(활성탄소)

熱 더울 열, 火부15   0366

'熱(열)'자는 '불 灬(화)'와 '심을 埶(예)'로 이루어진 글자이다.

덥다, 따뜻하다, 더워지다, 더위, 더운 기운
[熱氣(열기)] 뜨거운 기운.
[熱帶(열대)] (지) 적도를 중심으로 남북회귀선 사이에 있는 지대. 연평균기온이 20℃ 이상 또는 가장 추운 달의 평균기온이 18℃ 이상으로 기온이 높은 지역이다.
[過熱(과:열)] 지나치게 뜨겁게 하거나 뜨거워짐. 또는 그 열.
[以熱治熱(이:열치열)] 열로써 열을 다스림. 힘에는 힘으로, 강함에는 강함으로 상대함을 비유하는 말.
熱量(열량), 熱射病(열사병), 熱線(열선), 熱風(열풍), 加熱(가열), 光熱(광열), 耐熱(내열), 斷熱(단열), 斷熱材(단열재), 頭寒足熱(두한족열), 發熱(발열), 白熱(백열), 放熱(방열), 輻射熱(복사열), 比熱(비열), 亞熱帶(아열대), 溫熱(온열), 灼熱(작열), 炸裂(작렬), 潛熱(잠열), 低熱(저열), 電熱(전열), 地熱(지열)

체온, 높은 체온, 병으로 높아진 체온
[熱病(열병)] ① 열이 몹시 오르고 심하게 앓는 병. 두통·불면증·헛소리·식욕 부진 등이 따르는 말라리아·상피병 따위. ② '장티푸스'를 일상적으로 이르는 말.
[高熱(고열)] 높은 열. ¶밤새 고열에 시달렸다
[微熱(미열)] 건강한 몸의 체온보다 조금 높은 체온. ¶감기 기운이 있어 미열이 있다
[解熱(해:열)] 몸에 오른 열을 풀어 내림. 찹解熱劑(해열제)
身熱(신열), 治熱(치열), 胎熱(태열)

몸 달다, 흥분하다
[熱狂(열광)] 너무 기쁘거나 흥분하여 미친 듯이 날뜀. ¶청중들은 그의 연설에 열광했다
[熱情(열정)] ① 열렬한 애정. ② 어떤 일에 열중하는 마음. ¶음악에 대한 열정
[熱風(열풍)] ① 뜨거운 바람. ② 사막 따위에서 여름에 부는 뜨겁고 마른 바람. ¶사막의 열풍 ③ 매우 세차게 일어나는 기운이나 기세를 비유적으로 이르는 말. ¶한류 열풍이 불다

[情熱(정열)] 어떤 마음이 불같이 활활 타오름. 또는 그런 감정. 찹情熱的(정열적)
熱愛(열애), 熱血(열혈), 熱火(열화)

힘을 쓰다, 정신을 쏟다
[熱心(열심)] ① 뜨거운 마음. ② 온갖 정성을 다하여 골똘하게 힘씀.
[熱戰(열전)] 서로 실력이 백중하여 온갖 재주와 힘을 모두 쏟아 부어 맹렬히 싸우는 싸움이나 경기. 白熱戰(백열전)의 준말.
[熱中(열중)] 한 가지 일에 정신을 쏟음.
[向學熱(향:학열)] 배우려는 열성.
熱烈(열렬), 熱望(열망), 熱辯(열변), 熱誠(열성), 熱演(열연), 熱意(열의), 熾烈(치열)

기타
[稻熱病(도열병)] (식) 벼에 생기는 병. 잎줄기에 암갈색의 반점이 퍼지면서 마르게 됨. 벼의 생산량과 품질에 큰 영향을 미친다.

形 모양 형, 彡부7   0367

'形(형)'자는 '평탄할 幵(견)'과 '터럭 彡(삼)'으로 이루어졌다. '幵(견)'은 틀·테의 뜻을, '彡(삼)'은 무늬의 뜻을 나타내어, '形(형)'자는 '모양'의 뜻을 나타낸다.

모양, 물건의 모양이나 생김새, 형태, 형상하다, 형상을 이루다
[形狀(형상)] ① 물건이나 사람의 생김새나 상태. ② 어떤 일의 형편이나 정황.
[形象(형상)] ① 물건이나 사람의 생김새나 상태. ② 마음과 감각에 의하여 떠오르는 대상의 모습을 떠올리거나 표현함. 찹形象化(형상화)
[形態(형태)] ① 사물의 생긴 모양. ② 어떤 구조나 전체를 이루고 있는 구성체가 일정하게 갖추고 있는 모양.
[成形(성형)] ① 일정한 모양을 이룸. ② (의) 외과적 수단으로 신체의 어떤 부분을 고치거나 만듦. ¶成形手術(성형수술)
[原形(원형)] 본디의 모양.
形色(형색), 形成(형성), 形容(형용), 形容詞(형용사), 形而上學(형이상학), 形而下學(형이하학), 形質(형질), 形體(형체), 形形色色(형형색색), 固形(고형), 冠形詞(관형사), 舊形(구형)/舊型(구형), 奇形(기형), 畸形(기형), 畸形兒(기형아), 大形(대형), 隊形(대형), 忘形交(망형교), 無形(무형), 無形文化財(무형문화재), 變形(변형), 象形(상형), 象形文字(상형문자), 楔形文字(설형문자), 歪形(왜형), 外形(외형), 原形質(원형질), 有形(유형), 人形(인형), 定形(정형), 整形外科(정형외과), 造形(조형), 造形美術(조형미술)/造形藝術(조형예술), 地形(지형), 陣形(진형), 體形(체형)

꼴, 상태(접미사처럼 쓰인다)
[球形(구형)] 공과 같이 둥근 형태.
[四角形(사:각형)] 네모꼴. 네 변과 네 각으로 이루어진

도형.
[圓形(원형)] 둥글게 생긴 모양. 원 모양.
[正方形(정:방형)] 가로와 세로의 길이가 같은 직각 사각형.
矩形(구형), 弓形(궁형), 卵形(난형), 菱形(능형), 多角形(다각형), 圖形(도형), 方錐形(방추형), 紡錘形(방추형), 方形(방형), 三角形(삼각형), 線形(선형), 長方形(장방형), 扁形(편형), 平方形(평방형)

상황, 형세, 세력
[形局(형국)] ① 어떤 일이 벌어진 때의 형편이나 판국. ② 관상이나 풍수지리에서 얼굴 생김새나 묏자리, 집터 따위의 겉모양과 그 생김새.
[形勢(형세)] ① 살림살이의 形便(형편)이나 氣勢(기세). ② 일이 되어가는 形便(형편).
[形便(형편)] 일이 되어가는 상황이나 상태.

나타나다, 나타내 보이다, 드러나다, 드러내 보이다
[形式(형식)] ① 겉으로 드러난 격식. ② (철) 내용을 담고 있는 바탕이 되는 틀.
[形式的(형식적)] 실질보다 형식만을 주로 하는. 또는 그러한 것.
[形言(형언)] 말로 시늉하여 나타냄. ¶형언할 수 없는 슬픔.

狀 모양 상, 형상 상, 문서 장:, 犬부8   0368

'狀(상/장)'자는 '조각 뉘(장)'과 '개 犬(견)'으로 이루어졌다. 나무판자 위에 올라간 개의 모양을 생각해 보라. '모양'의 뜻일 때는 단음 [상]으로 읽고, '문서'의 뜻일 때는 장음 [장:]으로 읽는다.

형상, 모양, 용모
[窮狀(궁상)] 꾀죄죄하고 초라함. ¶궁상스런 몰골
[性狀(성:상)] 성질과 상태.
[異狀(이:상)] 평소 또는 보통과 다른 형태.
[波狀(파상)] ① 물결 모양. ② 어떤 일이 (바닷가에 파도가 몰려오는 모양처럼) 일정한 간격을 두고 되풀이되는 것. 쥐波狀攻擊(파상공격), 波狀攻勢(파상공세)
[形狀(형상)] ☞ 形(형)
甲狀腺(갑상선), 帶狀(대상), 絲狀(사상), 液狀(액상), 油狀(유상), 千態萬狀(천태만상)/千態萬象(천태만상), 險狀(험상), 環狀(환상)

상태, 형편
[狀態(상태)] 사물이나 현상이 처해 있는 모양이나 형편. ¶정신 상태 불량/건강 상태
[狀況(상황)] 형편. 일이 되어가는 모양이나 경로. ¶어려운 상황이 전개되고 있다
[情狀(정상)] 사정과 형편. 실상과 형태. ¶정상을 參酌(참작)하다
[症狀(증상)] 증세. 병으로 앓는 상태.
[現狀(현:상)] 현재의 상태. 또는 지금의 형편. ¶현상을 유지하다
實狀(실상), 原狀(원상), 原狀回復(원상회복), 罪狀(죄상), 慘狀(참상), 昏睡狀態(혼수상태)

문서
[答狀(답장)] 회답하는 편지.
[賞狀(상장)] 상의 뜻으로 주는 증서.
[年賀狀(연하장)] 새해를 축하하기 위하여 주고받는 인사장.
[招請狀(초청장)] 청하여 부르는 뜻을 적은 편지.
狀啓(장계), 告發狀(고발장), 告訴狀(고소장)/訴狀(소장), 公開狀(공개장), 免狀(면장), 召喚狀(소환장), 信用狀(신용장), 信任狀(신임장), 連判狀(연판장), 令狀(영장), 委任狀(위임장), 請牒狀(청첩장), 招待狀(초대장), 推薦狀(추천장), 表彰狀(표창장), 行狀(행장)

待 기다릴 대:, 彳부9   0369

'待(대)'자는 '조금 걸을 彳(척)'과 '절 寺(사)' 두 표의요소가 결합된 것이다. 여기에서 '寺(사)'는 '마을'의 뜻으로 쓰였다. 동구 밖 길거리까지 걸어 나와서 '기다리다'가 본래 의미이다. 후에 '대접하다', '대우하다'는 뜻으로 사용되었다.

기다리다, (때, 사람 등이 오기를) 기다리다, 기대를 걸다
[待機(대:기)] ① 때나 기회를 기다림. ② 군대 등에서 출동 준비를 끝내고 명령을 기다림. ¶대기 발령
[待合室(대:합실)] 역·병원 등에 손님이 쉬며 기다릴 수 있도록 마련해 놓은 방.
[坐而待死(좌:이대사)] '앉아서 죽음을 기다린다'는 뜻으로, 아무런 대책도 강구할 길이 없음을 이르는 말.
[鶴首苦待(학수고대)] 학처럼 머리를 쭉 빼고 애태우며 기다림. 간절한 마음으로 애타게 기다림.
[歲月不待人(세월부대인).] 세월은 사람을 기다려주지 않는다. 젊은 시절은 다시 오지 않으며, 시간은 한 번 지나면 다시 돌이킬 수 없다. 『古文眞寶·五言古風短篇 陶淵明 雜詩』 ☞ *201
[盡人事待天命(진:인사대천명).] 사람으로서 해야 할 일을 다 하고 하늘의 뜻을 기다린다. 자신에게 주어진 일을 성실하게 수행하지 않고 요행만 비리는 사람에게 충고할 때 쓰는 말이다. 『胡寅(호인)·致堂讀書管見(치당독서관견)』
待令(대령), 待望(대망), 待時(대시), 待人難(대인난), 待避(대피), 待避所(대피소), 苦待(고대), 期待(기대)/企待(기대), 席藁待罪(석고대죄), 守株待兎(수주대토), 迎風待月(영풍대월)

대접하다, 대우하다
[待遇(대:우)] ① 어떤 사회적 관계나 태도로 남을 대함. 신분에 맞게 대접함. ② 직장 따위에서 받는 보수의 수준이나 직위.
[待接(대:접)] ① 음식을 차려 손님을 맞이함. ¶융숭한 대접을 받다 ② 어떤 인격적 수준으로 사람을 대하거나 대함. ¶배우지 못했다고 사람대접을 그렇게 하긴가?

⑪푸대접
[尊待(존대)] ① 존경하여 받들어 대접하거나 대함. ② 존경하는 말씨로 대함. 쥰존댓말 ⑪下待(하대)
[賤待(천:대)] ① 업신여겨서 아무렇게나 대함. ② 함부로 대함.
[待人春風(대:인춘풍), 持己秋霜(지기추상).] 남을 대할 때는 봄바람마냥 따뜻하게 하고, 나를 대할 때는 가을 서릿발처럼 엄히 하라. 『菜根譚(채근담)』
恭待(공대), 款待(관대), 冷待(냉대), 門前薄待(문전박대), 薄待(박대), 優待(우대), 應待(응대), 接待(접대), 接待費(접대비), 特待(특대), 虐待(학대), 忽待(홀대), 歡待(환대), 厚待(후대)

모시다
[招待(초대)] 남을 초청하여 대접함. ¶초대해 주셔서 감사합니다 쥰招待狀(초대장)

緩 느릴 완, 糸부15 0370

'緩(완)'자는 '실 糸(사)'와 '이에 爰(원)'으로 이루어졌다. '줄[糸]이 느슨하다'는 뜻을 나타내기 위하여 만든 글자이다. 후에 '긴장이 풀어지다', '느리다' 등의 뜻으로 확대 사용되었다.

느리다, 느슨하다, 느슨하게 하다, 늦추다, 늦다, 늦어지다
[緩急(완:급)] ① 느림과 빠름. ② 일의 급함과 급하지 않음. ¶완급을 조절하다
[緩慢(완:만)] ① 행동이 느릿느릿함. ② 경사가 급하지 않음. ¶완만한 경사
[緩行(완:행)] 느리게 감.
[弛緩(이완)] ① 바짝 조였던 정신이 풀려 늦추어짐. ② 잘 조성된 분위기가 흐트러져 느슨해짐. ③ 뻣뻣하게 굳은 근육 등이 풀어짐.

누그러지다, 엄하지 아니하다
[緩衝(완:충)] 대립하는 것 사이에 있어, 그것들의 충돌이나 불화를 완화시킴. 쥰緩衝作用(완충작용), 緩衝地帶(완충지대)
[緩和(완:화)] 급박하거나 긴장된 상태를 느슨하게 함. ¶규제를 완화하다
[常持四字(상지사자), 勤謹和緩(근근화완).] 항상 네 글자를 지키는데, 근면함·조심함·조화함·침착함이다. 『小學(소학)·外篇(외편)·善行(선행)』

急 급할 급, 心부9 0371

'急(급)'자의 원래의 형태는 '心(심)'과 '及(급)'이었다. 쫓길 때의 절박한 마음의 뜻을 나타낸다.

급하다, 급한 일, 머뭇거릴 겨를이 없다, 서두르다, 바쁘다, 사정이나 형편이 지체할 겨를이 없다
[急(급)하다] ① 서두르거나 다그쳐 빠르다. ¶급한 걸음 ② (물의 흐름이) 빠르다. ③ 머뭇거릴 겨를이 없다. ¶급한 일 ④ 참을성이 없다. ¶급한 성미 ⑤ 병세가 위태롭다. ⑥ 몹시 군색하거나 딱하다. ¶급한 김에 남의 돈을 훔쳤다 ⑦ (비탈이) 가파르다.
[急報(급보)] 급히 알림. 또는 급한 소식이나 보도.
[急性(급성)] (병이) 갑작스럽게 일어나거나 급히 악화되는 성질. ¶급성 간염
[緊急(긴급)] 매우 급함. 요긴하고 급함. ¶긴급 조치/긴급 대책
[危急(위급)] 위태로워 마음을 놓을 수 없이 급한 상태.
[應急(응:급)] 위급한 상황을 임시로 대응함. 쥰應急室(응급실)
急務(급무), 急迫(급박), 急先務(급선무), 急所(급소), 急錢(급전), 急造(급조), 急派(급파), 救急車(구급차), 多急(다급), 時急(시급), 燃眉之急(연미지급), 應急室(응급실), 至急(지급), 焦眉之急(초미지급)/燒眉之急(소미지급), 促急(촉급), 火急(화급), 遑急(황급)

병세가 위태롭다
[急患(급환)] 위급한 병환. 또는 그 환자.
[救急(구:급)] 위급한 상황에서 구해냄. 쥰救急法(구급법), 救急藥(구급약), 救急車(구급차)

참을성이 없다
[渴急(갈급)] 목이 마른 듯이 몹시 조급함. 쥰渴急症(갈급증)
[性急(성:급)] 성질이 매우 급함. ¶내가 너무 성급했다
[躁急(조급)] 참을성이 없이 매우 급함.

갑자기
[急減(급감)] 갑작스럽게 줄거나 줄임.
[急變(급변)] 갑자기 변함. 또는 갑자기 일어난 변고.
[急死(급사)] 갑자기 죽음.
[氣急(기급)] 갑자기 몹시 놀라거나 겁에 질리어 숨이 막힐 듯이 소리를 지름.
急降下(급강하), 急騰(급등), 急煞(급살), 急逝(급서), 急襲(급습), 急轉(급전), 急增(급증)

빠르다
[急流(급류)] 급히 흐름. 또는 급히 흐르는 물.
[急速(급속)] 매우 빠름.
[急行(급행)] ① 급히 감. ②'급행열차'의 준말.
[緩急(완:급)] ☞ 緩(완)
急激(급격), 急進(급진), 急進展(급진전), 急進派(급진파), 急行列車(급행열차), 特急(특급)

경사가 가파르다
[急傾斜(급경사)] 급한 비탈. 매우 가파른 비탈.

戀 사모할 련:, 그리워할 련:, 心부23 0372

'戀(련)'자는 마음속으로 깊이 '그리워하다'는 뜻을 나타내기 위하여 만든 것이었다. '마음 心(심)'이 표의요소로, '어지러울 䜌(련)'이 표음요소로 쓰였다.

남녀가 서로 그리워하다, 사모하다, 사랑의 정, 연애, 사랑하는 사람
[戀愛(연:애)] 남녀가 그리워하며 사랑함. ¶연애편지

[戀人(연:인)] 연애의 상대자.
[戀情(연:정)] 남녀 사이에 서로 그리워하는 정.
[籠鳥戀雲(농조연운)] '갇힌 새가 구름을 그리워한다'는 뜻으로, 속박을 당한 몸이 자유를 그리워하는 마음을 비유한 말.
[失戀(실연)] 연애에 실패함.
[羈鳥戀舊林(기조연구림), 池魚思故淵(지어사고연).] 묶인 새는 옛 숲을 그리워하고 연못의 물고기는 자기가 태어난 옛 연못을 잊지 못한다. '타향에 떠도는 나그네가 고향을 그리워함'을 비유하는 말. 『古文眞寶·五言古風長篇 陶淵明 歸田園居』
戀歌(연가), 戀慕(연모), 戀敵(연적), 悲戀(비련), 邪戀(사련), 哀戀(애련)

愛 사랑 애:, 心부13　　0373

'愛(애)'자는 '받을 受(수)'자의 가운데에 '마음 心(심)'이 들어간 것처럼 보이고, 뜻도 그럴 듯하다. '사랑 愛(애)'의 아랫부분은 '受(수)'자에서처럼 '손'을 뜻하는 '또 又(우)'가 아니라 '천천히 걸을 夊(쇠)'자이다. '사랑 愛(애)'는 마음을 받으려고 안달하는 것이 아니라 천천히 걸으며 마음을 주는 것인가 보다. 위는 잠깐 쉬어 가는 객쩍은 소리이고, '愛(애)'자의 형태를 제대로 분석하면 '머리를 돌리어 사람을 돌아보는 마음'이라고 한다.

인간의 보편적 사랑, 자애, 인정, 자비심, 사랑하다, 귀중하게 여겨 아끼고 소중히 하다

[愛嬌(애:교)] 남에게 귀엽게 보이는 태도. ¶애교를 부리다
[友愛(우:애)] ① 형제 사이의 정. ② 벗 사이의 정.
[親愛(친애)] 친밀하게 사랑함.
[愛而不敬(애이불경), 獸畜之也(수축지야).] 사랑하기만 하고 공경하지 않으면 짐승을 기르는 것이다. 『孟子(맹자)·盡心 上(진심 상)』
[愛人不親反其仁(애인불친반기인).] 남을 사랑하여도 친해지지 않으면 자기의 마음이 어질었는지를 반성해보아야 한다. 『孟子(맹자)·離婁 上(이루 상)』 ☞ * 249
[愛人以德(애:인이덕)] 남을 사랑함에는 덕으로써 함. 일시적이며 假飾的(가식적)인 사랑은 사랑이 아님을 이른다. 『禮記(예기)』
愛犬(애견), 愛校(애교), 愛國(애국), 愛國歌(애국가), 愛國心(애국심), 愛國者(애국자), 愛妓(애기), 愛馬(애마), 愛民(애민), 愛族(애족), 愛之重之(애지중지), 愛着(애착), 愛妻家(애처가), 愛他心(애타심), 愛鄕(애향), 愛護(애호), 敬愛(경애), 敬天愛人(경천애인), 博愛(박애), 氷炭相愛(빙탄상애), 寵愛(총애), 仁愛(인애), 慈愛(자애), 自愛(자애), 自重自愛(자중자애), 寵愛(총애), 偏愛(편애), 割愛(할애)

사모하다, 사랑하는 대상, 이성(異性)을 따르고 그리워하다

[愛人(애:인)] ① 사랑하는 사람. ② 사람을 사랑함.
[愛情(애:정)] 사랑하는 마음. ¶애정 표현
[愛憎(애:증)] 사랑과 미움. ¶애증, 그것은 우리들의 생명의 가장 깊은 근저이다
[戀愛(연:애)] ☞ 戀(련)
[熱愛(열애)] 열렬히 사랑함. 또는 그 사랑. ¶열애에 빠지다
[愛別離苦(애:별리고)] 사랑하는 사람과 이별하는 괴로움. 八苦(팔고)의 하나. ☞ * 169
愛多憎至(애다증지), 愛慕(애모), 愛撫(애무), 愛妾(애첩), 求愛(구애), 渴愛(갈애), 同性愛(동성애), 殉愛譜(순애보), 隻愛(척애)

즐기다, 좋아하다

[愛玩(애:완)] 사랑하고 귀여워하여 가까이 두고 다루거나 즐기는 것. 圈愛玩犬(애완견)
[愛用(애:용)] 즐겨 사용함.
[愛唱曲(애:창곡)] 즐겨 부르는 곡.
[愛好(애:호)] 무엇을 즐기고 좋아함.
愛讀(애독), 愛讀者(애독자), 愛誦(애송), 愛誦詩(애송시), 愛煙(애연), 愛酒(애주), 愛稱(애칭)

물욕, 탐욕

[愛執(애:집)] (불) 자기의 소견이나 소유를 너무 생각하는 일.
[淸官不愛財(청관불애재)] 청렴한 관리는 재물을 탐내지 아니함.

친밀하게 대하다

[親愛(친애)] 친밀하게 여기고 사랑함.

慕 사모할 모:, 心부15　　0374

'慕(모)'자는 '마음 心(심)'과 '없을 莫(막)'으로 이루어진 글자이다. 마음속으로 깊이 '그리워하다'는 뜻을 나타낸다.

그리워하다, 사모하다

[慕情(모:정)] 그리워하는 심정.
[思慕(사모)] 생각하고 그리워함. ¶선생님을 사모하는 마음
[哀慕(애모)] 돌아간 어버이를 슬퍼하며 사모함.
[追慕(추모)] 죽은 이를 추억하며 그리워함. ¶희생자들의 묘역에서 추모 행사를 하였다
思慕不忘(사모불망), 崇慕(숭모), 愛慕(애모), 戀慕(연모), 怨慕(원모), 欽慕(흠모)

높이다, 우러러 받들어 본받다

意 뜻 의:, 心부13　　0375

'意(의)'자는 '마음 心(심)'과 '소리 音(음)'으로 이루어졌다. 옛날 사람들은 의지가 곧 '마음의 소리'라고 생각했나 보다. 주로 생각이나 마음과 관련된 '뜻'을 나타내는 것으로 쓰인다.

뜻, 마음속으로 먹은 마음

[意慾(의:욕)] 무엇을 하고자 하는 적극적인 마음이나

욕망. ¶창작에 대한 의욕
[意志(의:지)] 어떤 일을 이루고자 하는 마음이나 뜻. ¶절망을 딛고 일어서려는 의지의 청년
[誠意(성의)] 진심에서 우러나오는 뜻. 참된 마음.
[合意(합의)] ① 서로 의견이 일치함. 또는 그 의견. ② (법) 당사자 서로의 의사가 합치하는 일. 계약의 성립 요건이 됨.
意見(의견), 意氣(의기), 意氣揚揚(의기양양)/得意揚揚(득의양양), 意氣銷沈(의기소침), 意氣衝天(의기충천), 意氣投合(의기투합), 意圖(의도), 意思(의사), 意思疏通(의사소통), 意外(의외), 意中(의중), 意表(의표), 意向(의향), 隔意(격의), 決意(결의), 敬意(경의), 同意(동의), 得意(득의), 微意(미의), 民意(민의), 翻意(번의)/飜意(번의), 本意(본의), 不如意(불여의), 不意(불의), 謝意(사의), 辭意(사의), 善意(선의), 隨意(수의), 隨意契約(수의계약), 失意(실의), 心猿意馬(심원의마), 惡意(악의), 如意(여의), 如意珠(여의주)/如意寶珠(여의보주), 熱意(열의), 用意(용의), 用意周到(용의주도), 留意(유의), 有意(유의), 異意(이의), 任意(임의), 自意(자의), 恣意(자의), 恣意的(자의적), 底意(저의), 敵意(적의), 戰意(전의), 弔意(조의), 注意(주의), 衆意(중의), 眞意(진의), 創意(창의), 創意力(창의력), 祝意(축의), 他意(타의), 好意(호의), 厚意(후의)

의미(말, 글, 행동 등으로 나타나는 내용)
[意味(의:미)] ① 말이나 글 또는 행동으로 나타내는 속내. ② 어떤 일이나 행동이 지니는 가치나 중요성. ¶의미 있는 행사 참意味深長(의미심장)
[意譯(의:역)] 원문의 낱말·구절에 구애되지 않고 전체의 뜻을 살려 번역함. 또는 그렇게 하는 번역.
[表意文字(표의문자)] 뜻글자. 낱낱의 글자가 일정한 뜻을 나타내는 글자. 그림글자나 상형문자가 이에 딸리는데, '漢字(한자)'가 대표적인 표의문자임.

의의(意義), 어떤 일이나 행동 등이 가지는 까닭이나 중요성
[意義(의:의)] 어떤 사실이나 행위 따위가 갖는 중요성이나 가치. ¶3·1운동의 역사적 의의

생각하다, 헤아리다, 추측하다, 생각건대
[意識(의:식)] ① 깨어 있는 상태에서 사물에 대하여 인식하는 작용. ¶의식을 잃다 ② 어떤 것을 두드러지게 느끼거나 특별히 염두에 두다. 참意識的(의식적) ③ (철) 감각하거나 인식하는 모든 정신 작용. ④ (불) 六識(육식)의 하나. 사물을 분별·인식하는 모든 작용.
[介意(개:의)] 언짢은 일 따위를 마음에 두어 생각함.
[無意識(무의식)] ① 의식함이 없음. ② 마음 깊이 자리하고 있으면서 겉으로 잘 드러나지 않거나 자각되지 않는 마음.
階級意識(계급의식), 劣等意識(열등의식), 尿意(요의), 優越意識(우월의식), 潛在意識(잠재의식)

사사로운 마음, 사욕(私慾)
[故意(고:의)] ① 일부러 하는 생각이나 태도. ② (법) 자기 행위의 결과가 어떠하리라는 것을 알면서도 그 행위를 하는 심리 상태.

기타
[意匠(의:장)] 물건의 겉보기를 아름답게 보이도록 모양이나 빛깔을 특수하게 하는 고안. 동美匠(미장) 참意匠權(의장권), 意匠登錄(의장등록)
[意匠登錄(의:장등록)] 의장 고안자나 그 계승자의 청구에 따라 특허청이 공식적으로 문서에 올리는 일.

才 재주 재, 手부3   0376

재주, 선천적으로 타고난 소질이나 능력, 재주 있는 사람
[才能(재능)] 재주와 능력.
[才媛(재원)] 재주 있는 젊은 여자. 참才子(재자)
[鈍才(둔재)] 둔한 재주. 또는 재주가 둔한 사람. 맨天才(천재) 英才(영재)
[秀才(수재)] 뛰어난 재주. 또는 그런 사람. 비英才(영재)
[天才(천재)] 태어날 때부터 갖춘 뛰어난 재주, 또는 그 재주를 가진 사람. 맨鈍才(둔재)
才幹(재간), 才氣(재기), 才德(재덕), 才童(재동), 才量(재량), 才弄(재롱), 才士(재사), 才色(재색), 才勝德薄(재승덕박)/才勝薄德(재승박덕), 才藝(재예), 才子佳人(재자가인), 才質(재질), 鬼才(귀재), 奇才(기재), 多才(다재), 多才多能(다재다능), 多才多病(다재다병), 文才(문재), 凡才(범재), 詩才(시재), 人才(인재), 俊才(준재), 淺學菲才(천학비재)/淺學短才(천학단재)

재치있다
[才談(재담)] 재치 있게 하는 재미스러운 말.
[才致(재치)] ① 눈치 빠른 재주. ② 능란한 솜씨.

기본, 근본
[三才(삼재)] ① 음양설에서 일컫는 하늘·땅·사람의 세 바탕. 참天地人三才(천지인삼재) ② (민) 관상에서, 이마·코·턱의 세 가지.

能 능할 능, 肉부10   0377

'能(능)'자는 원래 곰의 모양에서 '곰'을 나타내는 글자였다. '능하다'의 뜻으로 쓰이는 예가 많아지자 '곰'은 '灬'를 붙여 '熊(웅)'자를 만들어 나타냈다. '熊(웅)'에서 '灬'는 '불 灬(화)'가 아니라 발가락 모양이다.

능하다, 잘하다, 능히
[能力(능력)] 어떤 일을 해낼 수 있는 힘.
[能率(능률)] 일정한 동안에 할 수 있는 일의 비율. 일의 성과.
[可能(가:능)] ① 할 수 있음. ② 될 수 있음.
[無能(무능)] 무엇을 할 수 있는 힘이나 재주가 없음.
[知能(지능)] 사물을 이해하고 판단·적응하는 능력. 참知能指數(지능지수)
[效能(효:능)] ① 효험을 나타내는 능력. ② 병을 다스리는 효과. ¶약의 효능
[能善小斯能善大(능선소사능선대).] 작은 일을 잘 하면

큰 일도 잘 하기 마련이다.
[能言之者未必能行(능언지자미필능행), 能行之者未必能言(능행지자미필능언).] '말에 능한 자가 반드시 훌륭한 행동을 하는 것은 아니고, 실천을 잘 하는 사람 중에는 말을 더듬는 사람이 있다'는 뜻으로, '말을 잘 한다고 반드시 일을 잘 하는 것은 아니고, 실천하는 사람은 말이 적음'을 이르는 말. 『史記(사기)』
能動(능동), 能爛(능란), 能事(능사), 能小能大(능소능대), 能手(능수), 能熟(능숙), 能通(능통), 官能(관능), 官能美(관능미), 權能(권능), 歸巢本能(귀소본능), 金權萬能(금권만능), 機能(기능), 萬能(만능), 放射能(방사능,), 本能(본능), 不可能(불가능), 不能(불능), 性能(성능), 低能(저능), 全能(전능), 全知全能(전지전능), 職能(직능), 黃金萬能(황금만능), 回歸本能(회귀본능)

재능, 재예가 뛰어나다, 또는 그 사람
[技能(기능)] 기술적인 능력이나 재능. ¶기능을 연마하다/국제기능올림픽대회 图技能工(기능공), 技能職(기능직)
[藝能(예:능)] ① 재주와 기능. ② 연극·영화·음악·미술 따위의 예술과 관련된 능력을 통틀어 이르는 말.
[才能(재능)] 재주와 능력.
[能書不擇筆(능서불택필).] 서예에 능한 사람은 붓을 가리지 않는다. 재주나 능력이 경지에 오른 사람은 도구의 성능에 구애받지 않고 일을 잘 처리한다는 뜻이다. '서툰 목수가 연장 탓한다'는 속담과 비슷한 뜻을 담고 있다. 『周顯宗(주현종)·論書(논서)』
[能者多勞(능자다로)] 재능이 있는 사람은 남보다 더 수고함. 능력이 있는 사람일수록 가외 수고를 하게 됨. 『莊子(장자)』
多才多能(다재다능), 有能(유능)

放 놓을 방:, 내칠 방:, 攴부8   0378

'放(방)'자는 '모 方(방)'과 '칠 攵(복)'으로 이루어진 글자이다.

놓다, 구속하고 있던 상태를 풀다, 놓이다, 석방되다
[放流(방:류)] ① 가두어 놓은 물을 터서 흘려보냄. ② 어린 물고기를 강에 놓아 흘려보냄.
[放心(방:심)] ① 다른 것에 팔려 마음을 놓아버림. ② 걱정하던 마음을 놓음.
[釋放(석방)] 법으로 구속했던 이를 풀어 자유롭게 함. 图放免(방면)
[解放(해:방)] 구속이나 억압, 부담 따위에서 벗어나 자유롭게 함.
[虎尾難放(호:미난방)] '쥐었던 호랑이 꼬리를 놓기가 어렵다'는 뜻으로 위험한 일을 시작하여 놓고 그냥 계속할 수도 없고, 중단할 수도 없는 난처한 사정을 일컫는 말.
放牧(방목), 放飼(방사), 放生(방생), 放聲痛哭(방성통곡)/放聲大哭(방성대곡), 放任(방임), 放置(방치), 假釋放(가석방), 開放(개방), 歸馬放牛(귀마방우), 門戶開放(문호개방), 白放(백방), 訓放(훈방), 訓戒放免(훈계방면)

불을 지르다, 불을 붙이다
[放火(방:화)] 일부러 불을 놓음. 图放火犯(방화범)

내놓다
[放電(방:전)] (물) 전기를 띤 물체에서 전기가 방출되는 현상. 축전지·건전지 등이 전기량을 잃는 것이나 불꽃 방전이나 진공 방전 따위.
[放出(방:출)] 내놓음. 비축하여 놓은 것을 내놓음.
[凍足放尿(동:족방뇨)] 언 발에 오줌 누기. 잠시의 효력은 있으나 그 효력이 오래 가지 않을뿐더러 상황이 더 나빠지는 경우를 비유적으로 이르는 말.
放氣(방기), 放尿(방뇨), 放糞(방분), 放熱(방열), 放債(방채), 路上放尿(노상방뇨)

버리다, 내버리다
[放棄(방:기)] 버리고 돌아보지 않음.

멀리하다, 제거하다, 추방하다
[追放(추방)] 내쫓음. 몰아냄.
[放黜(방:출)] 물리쳐 쫓아냄. ¶그는 불미스러운 일을 저질러 국가대표 축구 선수단에서 방출되었다

내쏘다, 빛을 발하다
[放射(방:사)] ① 중심에서 바퀴살처럼 사방으로 내뻗침. ② 發射(발사). ③ (물) 輻射(복사).
[放射能(방:사능)] (물) 라듐·우라늄·토륨 따위의 원소가 그의 원자핵을 부수면서 방사선을 내는 일이나 성질. 图放射線(방사선), 放射性(방사성)
[放送(방:송)] 라디오나 텔레비전을 통해서 널리 듣고 볼 수 있게 소리나 영상을 전자파로 바꾸어 내보냄. 图放送局(방송국), 放送網(방송망)
[放映(방:영)] 텔레비전으로 영상을 방송함.

멋대로 하다, 거리낌 없이 하다
[放縱(방:종)] 거리낌 없이 제멋대로 함부로 행동함. ¶自由(자유)와 放縱(방종)을 혼동하지 마라
[放蕩(방:탕)] ① 주색잡기에 빠져서 행실이 좋지 못함. ¶방탕한 생활 ② (마음이) 들떠 걷잡을 수 없음.
[自由奔放(자유분방)] 격식이나 관습에 얽매이지 않고 행동이 자유로움.
[豪放(호방)] 기개가 장하여 작은 일에 거리낌이 없음. ¶호방한 기질.
放歌(방가), 放談(방담), 放浪(방랑), 放言(방언), 放逸(방일), 放恣(방자), 高聲放歌(고성방가), 路上放歌(노상방가), 奔放(분방)

그만두다, 하지 아니하다
[放學(방:학)] ① 공부하던 손길을 놓음. ② 학교에서 한더위나 한추위 때 다음 학기 초까지 일정 기간 수업을 쉬는 일. ¶겨울방학
[放課後(방:과후)] 학교에서 그날의 정해진 수업을 마친 후.

基 터 기, 土부11　0379

'基(기)'자는 '흙 土(토)'와 '그 其(기)'로 이루어진 글자이다. '흙의 밑 부분', 집을 지었거나 지을 자리인 '터'가 본뜻이다.

터, 기초, 토대, 밑 부분, 비롯하다, 기인하다, 근거하다

[基盤(기반)] 기초가 되는 바탕. ¶생활의 기반을 잡다
[基本(기본)] 일이나 사물의 가장 중요한 밑바탕과 근본이 되는 것. 참基本權(기본권)
[基礎(기초)] ① 기둥의 밑을 받치는 주춧돌 같은 토대. ¶기초를 다지다/수학의 기초 ② 건물, 다리 따위와 같은 구조물의 무게를 받치기 위하여 만든 밑받침.
[根基(근기)] ① 뿌리를 내린 터전. ② 사물의 기초.
基幹(기간), 基幹産業(기간산업), 基金(기금), 基本權(기본권), 基肥(기비), 基底(기저), 基點(기점), 基調(기조), 基準(기준), 基地(기지), 基質(기질), 國基(국기)

기(基), 한 화합물이 다른 화합물로 옮아 갈 때 분해되지 않고 한 원자와 같이 작용하는 원자의 덩이

[水酸基(수산기)] 한 원자씩의 수소와 산소가 결합하여 이루는 1가의 원자단. 무기화합물의 수산화물. 유기화합물의 알코올 따위의 성분이 됨.
[鹽基(염기)] (화) 酸(산)을 중화시킬 수 있으며 물에 녹으면 수산기 이온을 내는 물질. 암모니아수·잿물 따위.

탑, 비, 무덤 등을 세는 단위

[묘지 1基(기)]

기타

[基督敎(기독교)] 그리스도교. 예수의 가르침을 믿는 종교.

本 밑 본, 근본 본, 木부5　0380

'本(본)'자는 '나무 木(목)'과 '한 一(일)'의 합자이다. 여기에서 '一(일)'은 나무뿌리의 위치를 나타내는 부호에 불과한 것이다.

밑, 뿌리, 밑동, 나무의 줄기, 기초, 근기, 근본, 바탕, 기원, 근원, 근본으로 삼다, 근거하다, 기인하다

[本論(본론)] 말이나 글에서 중심 내용을 담은 부분.
[本末顚倒(본말전도)] 일의 순서가 뒤바뀌거나 중요한 것과 사소한 것이 구별되지 못하는 상태를 이르는 말.
[根本(근본)] 사물의 본질이나 본바탕.
[基本(기본)] ☞ 基(기)
[拔本塞源(발본색원)] '뿌리를 뽑고 근원을 막아버림'이란 뜻에서, '폐단이나 문제의 근원을 아주 뽑아서 없애버림'을 뜻하는 말.
[農(者)天下之大本(농천하지대본).] 농사는 세상 사람들이 생활해 나가는 으뜸 되는 근본이다.
[務本(무본), 本立而道生(본립이도생).] 근본에 힘써야 하니 근본이 확립되면 방법이 생겨난다. 사람은 모두 무슨 일을 하든지 말단적인 것이나 형식적인 것에는 매달리지 말고 근본을 파악하도록 노력해야 하며, 근본적인 것을 행하면 자연히 방법은 뒤따르게 되는 것이다. 『論語(논어)·學而(학이)』
[孝百行之本(효:백행지본).] 孝行(효행)은 모든 德行(덕행)의 근본임. 『小學(소학)·內篇(내편)』
本據地(본거지), 本格的(본격적), 本科(본과), 本館(본관), 本校(본교), 本國(본국), 本末(본말), 本務(본무), 本文(본문), 本俸(본봉), 本部(본부), 本寺(본사), 本社(본사), 本山(본산), 本署(본서), 本選(본선), 本業(본업), 本院(본원), 本位(본위), 本店(본점), 本尊(본존), 本質(본질), 本妻(본처), 本體(본체), 本土(본토), 敎本(교본), 國本(국본), 基本權(기본권), 模本(모본), 民本(민본), 拔本(발본), 張本人(장본인)

본가, 종손(宗孫)

[本家(본가)] ① 본집. ② 친정. ③ 원채.
[本第入納(본제입납)] '본집으로 들어가는 것'이라는 뜻으로, 자기 집으로 편지할 때 편지 겉봉에 받을 이 주소 난에 자기 이름을 쓰고 그 밑에 쓰는 말.

고향, 태어난 곳, 조상, 부모

[本貫(본관)/貫鄕(관향)] 어느 성씨의 시조가 난 곳.
[同姓同本(동성동본)] 姓(성)과 本貫(본관)이 같음.
[本籍(본적)] 본래의 호적. 조상의 호적이 있는 곳.

본전, 원금, 밑천

[本錢(본전)] ① 꾸어주거나 맡긴 돈에 이자를 붙이지 않은 돈. ¶이자는 그만두고 본전만 갚으시오 ② 밑천으로 들인 돈. ¶본전은 뽑아야지
[資本(자본)] 사업을 하는 데 밑바탕이 되는 재물. ¶자본이 부족하다 참資本家(자본가), 資本金(자본금), 資本主義(자본주의)
資本家(자본가), 資本金(자본금), 資本主義(자본주의)

본디, 원래, 예로부터의, 고유의

[本能(본능)] ① 동물이 태어난 뒤에 겪거나 배워서 갖춘 것이 아니라, 세상에 태어나면서부터 이미 갖추고 있는 능력. ¶종족 보존의 본능 ② 동물이 선천적으로 가지고 있는, 억누를 수 없는 감정이나 충동.
[本性(본성)] ① 사람이 본디부터 가진 성질. ¶본성은 고치기 힘들다 ② 사물이나 현상에 본디부터 있는 고유한 특성.
[本然(본연)] 본디 그대로의 것. ¶본연의 임무/본연의 모습으로 돌아가다
[本來(본래)] 본디부터 옴. 사물이나 사실이 전하여 내려온 그 처음.
本絹(본견), 本分(본분), 本色(본색), 本是(본시), 本心(본심), 本名(본명), 本意(본의), 歸巢本能(귀소본능)

본보기

[見本(견:본)] 본보기를 보임. 또는 그러한 제품.
[標本(표본)] ① 본보기가 될 만한 물건. ② 생물의 몸 전체나 그 일부에 적당한 처리를 가하여 보존할 수 있게 한 것. ¶식물 표본 ③ (수) 통계에서, 그 전체 집단의 성질을 헤아릴 수 있는 표준 재료. 참표본집단

이(지시대명사)
[本官(본관)] 벼슬아치가 자기를 일컫는 말.
[本人(본인)] 이 사람. 당사자. ¶본인 소개

책, 문서
[脚本(각본)] 영화나 연극 등의 대사, 동작, 무대 장치 등에 대하여 자세히 적은 글. 배우들이 무대에서 연습을 할 때 '다리(脚)' 밑에 두고 보는 책'이라는 데서 '각본'이라고 했다는 설이 있음. 回劇本(극본)
[缺本(결본)] 여러 권으로 한 벌이 되는 책에서 빠진 낱권.
[單行本(단행본)] 단권책. 단 한 권으로 된 책.
[原本(원본)] 謄寫(등사)나 抄錄(초록), 改定(개정), 翻譯(번역) 따위를 하기 전의 본디의 책.
假本(가본), 納本(납본), 臺本(대본), 讀本(독본), 謄本(등본), 副本(부본), 寫本(사본), 影印本(영인본), 僞本(위본), 正本(정본), 製本(제본), 眞本(진본), 抄本(초본), 拓本(탁본), 破本(파본), 合本(합본)

초목을 셀 때의 단위
[소나무 1本(본)]

기타
[日本(일본)] 아시아 동쪽에 있는 섬으로 된 나라 이름.
[木本(목본)] 나무. 목질(木質)로 된 식물.
[草本(초본)] 땅 위에 나온 부분이 연약하여 木質(목질)을 이루지 못하는 식물.
[本草(본초)] (한의) 약초나 약재. 참本草綱目(본초강목)

根 뿌리 근, 木부10   0381

'根(근)'자는 '나무 木(목)'과 '어긋날 艮(간)'으로 이루어졌다.

뿌리, 초목의 뿌리, 뿌리박다, 초목의 뿌리가 내리다
[根幹(근간)] ① 뿌리와 줄기. ② 사물의 바탕이나 중심. 참枝葉(지엽)
[根菜(근채)] 뿌리채소류. 무, 당근, 연근 따위
[主根(주근)] 원뿌리. 밭침뿌리. 참枝根(지근)
[草根木皮(초근목피)] ① 풀 뿌리와 나무 껍질. ② 한 방약의 원료.
[落葉歸根(낙엽귀근)/葉落歸根(엽락귀근)] 잎사귀는 뿌리에서 생긴 것이니 다시금 본디의 자리로 돌아간다. 의연히 제자리에서 몫을 다하고 홀연히 흙으로 돌아간다. 사물이 그 근본으로 돌아감을 비유하여 이르는 말. 葉落喜歸根(엽락희귀근)『陸遊(육유)·詩(시)』
根莖(근경), 根瘤(근류), 葛根湯(갈근탕), 塊根(괴근), 球根(구근), 氣根(기근), 發根(발근), 鬚根(수근), 宿根草(숙근초), 蓮根(연근), 幼根(유근), 剪草除根(전초제근), 直根(직근), 着根(착근), 菜根譚(채근담), 草根(초근), 側根(측근)

이나 머리카락 등이 박혀 있는 밑 부분
[毛根(모근)] 털의 뿌리 부분.

[齒根(치근)] 이촉. 잇몸 속에 들어 있는 이의 뿌리.

사물이나 현상이 발생 발전하는 근본 바탕 또는 원천, 기인하다, 근거하다
[根(근)] ① 부스럼 속에서 곪아서 단단하게 된 망울. ② (수) 방정식을 만족하게 하는 미지수의 값. ¶근을 구하는 공식 ③ 거듭제곱근. 평방근 따위. ④ (화) 이온화하는 경향이 있는 基(기).
[根據(근거)] ① 근본이 되는 자리나 토대. 참根據地(근거지) ② 근본 바탕이나 까닭. ¶근거를 대다
[根源(근원)] ① 물이 나오기 시작하는 곳. ② 근본이나 원인. ¶역사의 근원을 찾다
[根本(근본)] ☞本(본)
[根治(근치)] 병을 완전히 고침.
[禍根(화:근)] 재앙의 근원.
根據地(근거지), 根基(근기), 根性(근성), 根底(근저), 無根(무근), 語根(어근)

뿌리째 뽑아 없애다
[根絶(근절)] 다시 살아날 수 없게 뿌리째 뽑음. ¶부정 부패를 근절하다

생식기
[男根(남근)] 자지.
[女根(여근)] 음문.

어떤 변수에 대한 방정식에서 그 방정식을 성립시키는 변수의 값
[根(근)] ② (수) 방정식을 만족하게 하는 미지수의 값. ¶근을 구하는 공식 ③ 거듭제곱근. 평방근 따위. ① 부스럼 속에서 곪아서 단단하게 된 망울. ④ (화) 이온화하는 경향이 있는 基(기).
[平方根(평방근)] 甲(갑)수를 자승하여 乙(을)수를 얻었을 때에 乙(을)수에 대한 甲(갑)의 수.
[虛根(허근)] (수) 방정식을 풀었을 때 구한 미지수의 값이 허수인 근.

오래된 종기가 곪아서 단단하게 엉긴 물질
[根(근)] ① 부스럼 속에서 곪아서 단단하게 된 망울. ② (수) 방정식을 만족하게 하는 미지수의 값. ¶근을 구하는 공식 ③ 거듭제곱근. 평방근 따위. ④ (화) 이온화하는 경향이 있는 基(기).

幹 줄기 간, 干부13   0382

'幹(간)'자는 '다 자란 나무의 줄기'를 뜻한다.

줄기, 나무나 풀의 대
[根幹(근간)] ☞根(근)
[竹幹(죽간)] 대나무 줄기.

줄기 같은 구실을 하는 것, 뼈대, 주된, 중심의, 중요한, 근본, 본질, 주체
[幹部(간부)] 단체나 기관의 책임 있는 자리에서 일을 맡아보는 사람. ¶간부회의
[幹事(간사)] ① 일을 맡아서 주선하고 처리함. ② 단체의 사무를 맡아 처리하는 직무. 또는 그 사람. ¶총무

간사
[幹線(간선)] 도로, 철도 따위의 중심 줄기가 되는 선. 참支線(지선) ¶간선 도로
[基幹産業(기간산업)] 한 나라의 모든 산업의 토대가 되는 중요한 산업. 전력·철강·기계·교통·가스·석유 산업 따위.
[主幹(주간)] 일을 주장하여 맡아서 처리함. 또는 그 사람.

[白頭大幹(백두대간)] 태백산맥의 원래 이름이다. 태백산맥은 일제강점기 때 우리나라의 자원을 수탈하기 위해 지질조사를 바탕으로 작성된 산줄기 이름이다. 실학자 申景濬(신경준)의 山經表(산경표)에 우리나라의 산줄기를 1개 大幹(대간), 1개 正幹(정간), 13개 正脈(정맥)으로 구분했다.

幹線道路(간선도로), 骨幹(골간), 基幹(기간), 新幹會(신간회)

재능, 기량
[才幹(재간)] 재주와 솜씨. ¶재간을 부리다

喜 기쁠 희, 口부12　0383

'喜(희)'자는 '늘어놓은 악기 보일 壴(주)'와 '입 口(구)'로 이루어진 글자이다. 악기를 쳐서 신을 기쁘게 하니 인간 또한 기쁘다. 그런 뜻으로 만들어졌다고 한다. '壴(주)'자는 어려운 글자이니, '선비[士(사)]가 콩[豆(두)]을 먹고 맛이 좋아 입[口(구)]이 벌어지다'라고 외우면 '喜(희)'자를 확실하게 기억할 수 있을 것이다.
七情(칠정)은 喜(희)·怒(노)·哀(애)·樂(락)·愛(애)·惡(오)·慾(욕)이다. '愛(애)0373'와 '惡(오)0343'는 이미 소개하였다. 나머지 글자를 차례로 소개한다.

기쁘다, 기뻐하다, 기쁨
[喜怒哀樂(희노애락)] 기쁨과 노여움과 슬픔과 즐거움. 사람의 온갖 감정.
[喜悲(희비)] 기쁨과 슬픔. ¶희비가 엇갈리다
[喜捨(희사)] ① 즐거운 마음으로 기꺼이 재물을 내놓음. ② 절이나 교회 따위에 금전이나 토지 따위를 기부함.
[歡喜(환희)] 기뻐하고 좋아함.
[天地不可一日無和氣(천지불가일일무화기), 人心不可一日無喜神(인심불가일일무희신).] 천지에는 하루도 온화한 기운이 없어서는 안 되고, 사람의 마음에는 하루도 기쁜 정신이 없어서는 안 된다. 세상은 마음가짐을 따라 고생도 되고 즐겁게도 되는 것이므로, 사람은 언제나 명랑하고 유쾌한 정신을 잃어서는 안 됨. 『菜根譚(채근담)·前集(전집)6』
喜怒(희노), 喜報(희보), 喜色(희색), 喜消息(희소식), 喜壽(희수), 喜悅(희열), 喜喜樂樂(희희낙락), 桑中之喜(상중지희), 一喜一悲(일희일비), 且驚且喜(차경차희)

즐겁다, 즐거워하다, 즐거움, 행복
[喜劇(희극)] ① 웃음거리가 될 만한 일이나 행동. ② (극) 웃음거리를 섞어서, 명랑하고 쾌적한 기분으로 사회 병폐나 인간의 생활 등을 풍자적으로 표현한 연극. 참悲劇(비극)

怒 성낼 노:, 心부9　0384

'怒(노)'자는 '종 奴(노)'와 '마음 心(심)'의 합자이다. '성내다'는 뜻이다. '奴(노)'자는 단지 音(음)을 위하여 쓰인 것이기는 하지만, '성낼 怒(노)'는 '종의 마음'이라.

성내다, 화내다, 성, 화
[怒氣(노:기)] 성난 얼굴빛이나 기색. ¶노기를 띠다 참怒氣衝天(노기충천)/怒氣沖天(노기충천)/怒氣撑天(노기탱천)
[怒濤(노:도)] 성난 물결. ¶노도처럼 밀려오다
[激怒(격노)/激忿(격분)/激憤(격분)] 격렬하게 성을 냄.
[忿怒(분:노)/憤怒(분:노)] 분하여 성을 냄.
[天人共怒(천인공노)/神人共怒(신인공노)] 하늘과 사람이 함께 노한다는 뜻으로, '누구나 분노를 참을 수 없을 만큼 몹시 증오스러움'을 이르는 말.
[喜怒哀樂(희노애락)] ☞ 喜(희)
[室於怒市於色(실어노시어색).] '집에서 성난 사람 저자에서 분풀이 한다'는 뜻으로, '마구잡이로 화풀이를 하거나 노여움을 딴 사람에게 옮김'을 비유하여 이르는 말. 怒於室色於市(노어실색어시)
怒甲移乙(노갑이을), 怒氣騰騰(노기등등), 怒發大發(노발대발), 怒髮衝冠(노발충관), 怒色(노색), 怒蠅拔劍(노승발검), 怒蹴巖(노축암), 怒號(노호), 發怒(발노), 勃然大怒(발연대로), 不怒(불노), 震怒(진노), 天怒(천노)

哀 슬플 애, 口부9　0385

'哀(애)'자는 '슬퍼하다'는 뜻인데 '입 口(구)'와 '옷 衣(의)'가 합쳐졌다. 소리 내어[口] 울며 옷소매[衣]로 눈물을 훔치는 모습을 연상해보라.

슬프다, 가엾다, 애처로이, 슬퍼하다, 마음 아파하다
[哀悼(애도)] 사람의 죽음을 슬퍼함. ¶애도의 뜻을 나타내다
[哀歡(애환)] 슬픔과 기쁨을 아울러 이르는 말. ¶일제 시대의 우리 민족의 애환을 담은 노래
[悲哀(비:애)] 슬픔과 설움. ¶비애에 젖다
[喜怒哀樂(희노애락)] ☞ 喜(희)
[樂而不淫(낙이불음), 哀而不傷(애이불상).] 즐기되 그 정도를 넘지 아니하고, 슬퍼하되 도를 넘지 아니한다. 좋은 일이 있으면 기뻐하고 즐거워하되 너무 도가 지나치지 않도록 자제하고, 슬픈 일을 당했더라도 너무 감정을 상하게 하거나 몸을 해치지 않도록 조심해야 한다는 뜻임. 『論語(논어)·八佾(팔일)』
哀乞(애걸), 哀乞伏乞(애걸복걸), 哀歌(애가), 哀憐(애련), 哀戀(애련), 哀慕(애모), 哀惜(애석), 哀訴(애소),

哀愁(애수), 哀願(애원), 哀切(애절), 哀調(애조), 哀痛(애통), 嗚呼哀哉(오호애재)

부모가 돌아가셨을 때 상중의 자기를 일컫는 말
[哀子(애자)] 어머니가 돌아갔을 때에 상제된 사람이 상중에 '자기'를 일컫는 말.
[孤哀子(고애자)] 어버이를 모두 여읜 상제가 상중의 자기 자신을 일컫는 말.

樂 즐거울 락, 풍류 악, 좋아할 요, 木부15 0386

'樂(락)'자는 '흰 白(백)' 좌우에 '작을 幺(요)' 두 개와 '나무 木(목)'으로 이루어졌다. 가운데 '白(백)'은 '큰북'을, '幺(요)'는 '작은북'을, 그리고 '木(목)'은 그것을 받치는 '받침대'라고 한다. '음악'의 뜻을 나타낸다. 재미있게 만들어진 글자이다. '樂(락)' 자는 그 뜻에 따라 음을 달리한다. '풍류' 즉 음악과 관련된 뜻으로 쓰일 때는 [악]으로, '즐겁다'의 뜻으로 쓰일 때는 [락(낙)]으로, '좋아하다'의 뜻으로 쓰일 때는 [요]로 읽는다.

풍류, 음악, 악기, 연주하다, 타다
[樂器(악기)] 음악을 연주하는 데 쓰는 기구를 통틀어 이르는 말. 관악기・현악기・타악기 따위.
[樂譜(악보)] 음악의 곡조를 일정한 기호로 써서 적어 놓은 것.
[聲樂(성악)] 사람의 음성으로 이루어진 음악. 창가・민요・가요 따위의 종류가 있고, 독창・중창・합창・제창으로 노래함. 참聲樂家(성악가) 만器樂(기악)
[音樂(음악)] 소리의 높이・길이・세기를 조화시켜서 어떤 느낌이나 감정을 목소리나 악기로 나타내는 예술의 한 형태.
樂曲(악곡), 樂劇(악극), 樂團(악단), 樂隊(악대), 樂士(악사), 樂想(악상), 樂聖(악성), 樂長(악장), 樂章(악장), 輕音樂(경음악), 管樂(관악), 管樂器(관악기), 管絃樂(관현악), 國樂(국악), 軍樂(군악), 金管樂器(금관악기), 農樂(농악), 木管樂器(목관악기), 雅樂(아악), 洋樂(양악), 禮樂(예악), 奏樂(주악), 吹奏樂(취주악), 打樂器(타악기), 風樂(풍악), 鄕樂(향악), 絃樂(현악), 絃樂器(현악기)

즐기다, 즐겁다, 기쁘다, 즐거움
[樂園(낙원)] 늘 편안하고 즐겁게 살기 좋은 곳. ¶지상낙원
[苦樂(고락)] 괴로움과 즐거움. ¶고락을 함께 하다
[同苦同樂(동고동락)] 괴로움을 함께 하고 즐거움도 함께 함.
[娛樂(오:락)] 쉬는 시간에 여러 가지 방법으로 기분을 즐겁게 하는 일. 참娛樂室(오락실)
[快樂(쾌락)] 기쁘고 즐거움.
[喜怒哀樂(희노애락)] ☞ 喜(희)
[樂而不淫(낙이불음), 哀而不傷(애이불상).] ☞ 哀(애)
[樂不可極(낙불가극).] 즐거움을 마음껏 누려서는 안 된다. 쾌락을 추구하는 마음은 한이 없는 것이며, 그 끝에는 권태와 절망이 기다리고 있다. 『禮記(예기)・曲禮 上(곡례 상)』 ☞ * 287
[有朋自遠方來(유붕자원방래), 不亦樂乎(불역락호).] 친구가 먼 곳에서 찾아오니 또한 즐겁지 않겠는가. 멀리 떨어진 곳에 사는 마음의 벗이 뜻밖에 나를 찾아왔다. 이처럼 기쁘고 즐거운 일이 또 어디 있겠는가. 자신이 올바른 뜻이 있으면 어디서든 그 뜻에 동조하는 사람이 있어 함께하고자 찾아온다는 뜻이다. 『論語(논어)・學而(학이)』 ☞ * 452

* [知足可樂(지족가락), 務貪則憂(무탐즉우).] 자기 분수를 지킬 줄 알면 가히 즐겁다. 탐욕에 힘쓰면 근심이 생긴다. 『明心寶鑑(명심보감)・正己篇(정기편)』

[三樂(삼락)] 군자의 세 가지 즐거움
君子有三樂(군자유삼락), 而王天下不與存焉(이왕천하불여존언). 군자에게는 세 가지 즐거움이 있는데, 천하에서 왕 노릇 하는 것은 여기에 있지 않다.
父母具存(부모구존), 兄弟無故(형제무고), 一樂也(일락야). 부모가 모두 살아 계시고 형제들이 사고가 없는 것이 첫째 즐거움이다.
仰不愧於天(앙불괴어천), 俯不怍於人(부부작어인), 二樂也(이락야). 위로는 하늘에 부끄럽지 않으며 아래로는 사람에 대해 부끄럽지 않은 것이 두 번째 즐거움이다.
得天下英才而敎育之(득천하영재이교육지), 三樂也(삼락야). 천하의 영재를 얻어서 교육하는 것이 세 번째 즐거움이다. 『孟子(맹자)・盡心 上(진심 상)』

樂貧(낙빈), 樂以忘憂(낙이망우), 樂土(낙토), 曲肱之樂(곡굉지락), 極樂(극락), 琴瑟之樂(금슬지락), 老少同樂(노소동락), 道樂(도락), 獨樂(독락), 同樂(동락), 貧而樂道(빈이락도), 隨處樂(수처락), 食道樂(식도락), 安樂(안락), 安樂死(안락사), 與民同樂(여민동락), 悅樂(열락), 往生極樂(왕생극락), 至樂(지락), 行樂(행락), 享樂(향락), 歡樂(환락), 歡樂街(환락가), 喜喜樂樂(희희낙락)

편안하다, 근심이 없다
[樂觀(낙관)] ① 인생을 즐겁게 여기거나 세상을 밝고 좋게 생각함. ② 일이 잘되어 갈 것으로 봄. ¶정세는 낙관을 불허하고 있다
[樂天(낙천)] 세상과 인생을 즐겁고 좋은 것으로 보는 생각. 참樂天家(낙천가), 樂天的(낙천적), 樂天主義(낙천주의)

좋아하다
[樂此不疲(요차불피)] 좋아서 하는 일은 아무리 하여도 지치지 않음.
[幸災樂禍(행:재요화)] 남의 災禍(재화)를 보고 기뻐함.
[知者樂水(지자요수), 仁者樂山(인자요산).] 지혜로운 자는 사리에 밝아서, 물과 같이 周流(주류)하여 막힘이 없기 때문에 물을 좋아하고, 어진 사람은 의리에 만족하여 몸가짐이 진중하고 심덕이 두터워 그 心境(심경)이 산과 비슷하므로 자연히 산을 좋아한다. 여기에서

'樂山樂水(요산요수)'란 말이 나왔다. 『論語(논어)·雍也(옹야)』
[益者三樂(익자삼요), 損者三樂(손자삼요)] 사람이 바라고 좋아하는 세 가지 있고, 몸에 해로운 것을 좋아하는 세 가지 있다.
樂節禮樂(요절례악), 樂道人之善(요도인지선), 樂多賢友(요다현우), 益矣(익의). 예악을 알맞게 지키기를 좋아하고, 남의 좋은 점 말하기를 좋아하고, 훌륭한 벗 많기를 좋아하면 유익하다.
樂驕樂(요교락), 樂佚遊(요일유), 樂宴樂(요연락), 損矣(손의). 교만한 쾌락을 좋아하고, 안일하게 노니는 것을 좋아하며, 주색의 향락을 좋아하면 해롭다. 『論語(논어)·季氏(계씨)』

慾, 欲 욕심 욕, 心부15　　0387

'欲(욕)'자는 '얼굴 容(용)'의 생략형과 '하품 欠(흠)'으로 이루어진 글자이다. '欠(흠)'은 '입을 크게 벌린 모양'이고, '容(용)'은 '넣다', '담다'의 뜻이다. 무엇을 입에 넣으려고 하는 뜻에서 '하고자하다', '원하다'의 뜻을 나타낸다.
'慾(욕)'자는 '마음 心(심)'과 '하고자 할 欲(욕)'으로 이루어진 글자이다. 무엇을 하고 싶어 하는 마음, 즉 '욕심'을 뜻하기 위하여 만든 글자이다. '慾'자는 '欲'자의 俗子(속자)이었다. 우리나라에서는 주로 명사인 '욕심'의 뜻으로 쓰인다.
古文(고문)에서는 아직 '慾(욕)'자가 만들어지기 전이어서인지 '慾(욕)'자는 안 보이고, '欲(욕)'자만 보인다. 요즘은 이 둘을 통용한다.

하고자 하다, 하려고 하다, 바라다, 기대하거나 원하다, 바라고 원하는 마음

[欲哭逢打(욕곡봉타)] '울려고 하는 아이를 때려서 마침내 울게 한다'는 뜻으로 '불평을 품고 있는 사람을 선동함'을 비유한 말.
[欲速不達(욕속부달)] 급히 서두르면 달성하지 못한다. 너무 조급하게 서두르면 오히려 일을 그르친다는 뜻이다. 『論語(논어)·子路(자로)』
[欲求(욕구)/慾求(욕구)] ① 욕심껏 구함. ② 욕망과 요구.
[欲勝人者必先自勝(욕승인자필선자승).] 남에게 이기기를 바란다면, 먼저 자기 자신에게 이기지 않으면 아니 됨. 『呂氏春秋(여씨춘추)』
[己所不欲勿施於人(기소불욕물시어인).] 내가 하고 싶지 않은 일을 남에게도 시키지 말라. 『論語(논어)·衛靈公(위령공)』

탐내다, 욕심을 부리다, 욕심, 탐내고 아끼는 마음

[慾望(욕망)/欲望(욕망)] 부족을 느껴 무엇을 가지거나 누리고자 탐함. 또는 그런 마음. ¶헛된 욕망에 눈멀다
[慾心(욕심)/欲心(욕심)] 바라는 마음. 탐내는 마음. 탐욕의 마음.
[欲刺(욕자)/慾刺(욕자)] 財欲(재욕)·色欲(색욕)·食欲(식욕)·名譽欲(명예욕)·睡眠欲(수면욕) 즉 五欲(오욕)은 사람을 괴롭히는 것이 마치 바늘로 살을 찌르는 것 같다 하여 이르는 말.
[過慾(과:욕)/過欲(과욕)] 지나친 욕심. ¶과욕을 부리다
[禁慾(금:욕)] 욕구나 욕망을 억제하고 금함. ¶금욕 생활
[食慾(식욕)] 음식을 먹고 싶어 하는 욕구.
[情欲(정욕)] ① 마음에 생기는 온갖 욕구. ② 四欲(사욕)의 하나. 물건을 탐내고 집착하는 마음.
[情慾(정욕)] 이성에 대한 성적인 욕망.
[貪慾(탐욕)] 사물을 지나치게 탐내는 욕심.
[敖不可長(오불가장), 欲不可從(욕불가종).] 오만함을 자라게 해서는 안 되며 욕심을 마음껏 채우게 해서는 안 된다. 어느 쪽이든 적당하게 억제하지 않으면 무한히 커져서 몸을 망치게 된다. 『禮記(예기)·曲禮 上(곡례 상)』 ☞ * 287
[克伐怨欲(극벌원욕), 不行焉(불행언), 可以爲仁矣(가이위인의).] '克(극)'은 이김을 즐겨함이요, '伐(벌)'은 스스로를 자랑함이요, '怨(원)'은 원망함이요, '欲(욕)'은 재물에 대한 욕심이 많음이다. 이 네 가지를 四惡德(사악덕)이라 한다. 이 사악덕을 행하지 않으면 가히 仁(인)을 행한다고 할 수 있다. 『論語(논어)』
慾界(욕계)/欲界(욕계), 欲求(욕구)/慾求(욕구), 慾情(욕정)/欲情(욕정), 寡慾(과욕), 老慾(노욕)/老欲(노욕), 名譽慾(명예욕), 無厭之慾(무염지욕), 無慾(무욕), 物慾(물욕), 私利私慾(사리사욕), 私慾(사욕), 邪慾(사욕), 色慾(색욕), 性慾(성욕), 所有慾(소유욕), 食慾不振(식욕부진), 野慾(야욕), 肉慾(육욕), 淫慾(음욕), 意慾(의욕), 淸心寡慾(청심과욕), 虛慾(허욕)

祖 조상 조, 示부10　　0388

'祖(조)'자는 '보일 示(시)'와 '또 且(차)'로 이루어졌다. '示(시)'는 '제사'를 뜻하고, '且(차)'는 제사를 지낼 때 차려 놓은 '제물'의 모양이다. 따라서 '祖(조)'는 제물을 바쳐 제사 지내는 '조상'을 뜻한다. '且(차)'는 조상께 제사 지낼 때 제단 앞에 세워 놓는 '位牌(위패)' 모양을 본뜬 것이라는 설도 있다.

조상, 시조, 대대의 조상

[祖國(조국)] 조상 때부터 살아온 나라. 자기가 태어난 나라.
[祖上(조상)] 한 혈통을 이어오는, 돌아간 어버이 위로 대대의 어른. 先祖(선조).
[先祖(선조)] 한 가계(家系)의 웃 조상(祖上).
[崇祖(숭조)] 조상을 숭상함.

처음으로 봉해진 사람, 집이나 나라를 처음으로 세워 공이 있는 사람

[祖師(조사)] ① 한 학파를 창시한 사람. ② (佛) 한 종파를 세우고 宗旨(종지)를 열어 주장한 사람.

[國祖(국조)] 나라의 시조. 참檀君(단군)
[始祖(시조)] ① 한 겨레나 가계의 맨 처음이 되는 조상. ② 어떤 학문이나 기술 따위를 처음으로 연 사람. 비鼻祖(비조)
[元祖(원조)] ① 으뜸 조상. ② 어떤 일을 처음으로 시작한 사람이나 사물.
祖功宗德(조공종덕), 開祖(개조), 佛祖(불조), 太祖(태조), 初祖(초조)

할아버지와 할머니
[祖父母(조부모)] 할아버지와 할머니. 참祖父(조부), 祖母(조모)
[祖孫(조손)] 할아버지와 손자. 조상과 후손.
[四祖(사:조)] 父(부), 祖父(조부), 曾祖父(증조부), 外祖父(외조부). 참四祖單子(사조단자)
[外祖(외:조)] 어머니의 친정 부모. 외가 쪽의 조부모. 참外祖父(외조부), 外祖母(외조모)
祖考(조고), 祖妣(조비), 高祖(고조), 丈祖父(장조부), 丈祖母(장조모), 從祖(종조), 從祖父(종조부), 從祖母(종조모), 曾祖(증조), 曾祖父(증조부), 曾祖母(증조모), 顯祖考(현조고), 顯祖妣(현조비)

孫 손자 손, 子부10　0389

'孫(손)'자는 아들의 아들, 즉 孫子(손자)를 뜻하기 위하여 '아들 子(자)'와 '이을 系(계)'를 합쳐 놓은 것이다.

손자, 자식의 자식
[孫女(손녀)] 아들의 딸.
[孫婦(손부)] 손자며느리.
[孫子(손자)] 손을 이을 아이. 자식의 자식. 자식이 낳은 아들.
[外孫(외:손)] 출가한 딸이 낳은 자식.
[祖孫(조손)] ☞祖(조)
承重孫(승중손), 養孫(양손), 王孫(왕손), 長孫(장손), 從孫(종손) 宗孫女(종손녀), 從孫婦(종손부), 曾孫(증손)

자손, 후손
[代代孫孫(대:대손손)] 대대로 내려오는 자손. 오래도록 내려오는 여러 대. ¶대대손손 살아온 강산 동世世孫孫(세세손손), 子子孫孫(자자손손)
[子孫(자손)] ① 아들과 여러 대의 손자. ② 後孫(후손).
[宗孫(종손)] 종가의 대를 이을 맏손자.
[後孫(후:손)] 여러 대가 지난 뒤의 자손.
奉祀孫(봉사손), 奉孫(봉손), 祀孫(사손), 庶孫(서손), 王孫(왕손), 嫡孫(적손), 絶孫(절손), 血孫(혈손), 孝孫(효손)

성
[孫子(손자)] 周(주)나라의 孫武(손무)가 지은 兵書(병서). 참孫子兵法(손자병법)

永 길 영:, 水부5　0390

'永(영)'자는 '물 水(수)'와 '점 丶(주)'의 합자로, '물에서 헤엄치는 사람'을 본뜬 것이다. '헤엄치다'가 본뜻인데, '오래', '멀리' 같은 의미로 쓰이는 예가 많아지자 본뜻은 '물 氵(수)'를 붙여 '헤엄칠 泳(영)'자를 만들어 나타냈다.

길다, 길이가 길다, 시간이 길다, 오래다, 오래도록
[永久(영:구)] 길고 오램. 시간이 무한히 계속됨.
[永眠(영:면)] 영원히 잠을 잠. 곧 죽음.
[永遠(영:원)] ① 미래를 향하여 한없이 계속됨. ② 어떤 상태가 끝없이 이어짐. 오래오래 계속하여 변함이 없음. ③ 시간을 초월하여 존재함. 시간에 좌우되지 않는 존재. 참永遠不滅(영원불멸)
[永住(영:주)] 한 곳에 오래 삶. 또는 죽을 때까지 삶. 참永住權(영주권)
永劫(영겁), 永訣(영결), 永久齒(영구치), 永生(영생), 永續(영속), 永永(영영)

久 오랠 구:, ノ부3　0391

'久(구)'자는 '뜸'을 뜻하기 위하여 뜸뜰 때 쓰는 인두 모양의 도구를 본뜬 것이었다. 후에 이 글자가 '오래다'는 뜻을 나타내는 예가 많아지자 본래의 의미는 '불 火(화)'를 첨가한 '灸(구)'자를 만들었다.

오래다, 동안이 길다
[久遠(구:원)] 까마득하게 멀고 오램.
[耐久(내:구)] 오래 견딤. 오래 감. 참耐久力(내구력), 耐久性(내구성)
[永久(영:구)] ☞永(영)
[日久月深(일구월심)] 날이 오래 되고 달이 깊어간다는 뜻으로, '세월이 흘러 오래 될수록 자꾸 더하여 짐'을 이르는 말.
[持久(지구)] 오래도록 버텨 변하지 아니함. 참持久力(지구력), 持久戰(지구전)
[久而敬之(구:이경지).] 오래 사귀어도 공경한다. 친구를 사귀는 도리는 자칫하면 친숙해짐에 따라서 아무렇게나 대하는 경향이 있다. 그러나 친구와는 오래 사귈수록 더욱 상호간에 존중하도록 힘쓰는 것이 바람직하다. 준久敬(구경) 『論語(논어)·公冶長(공야장)』
久交(구교), 久怨(구원), 永久齒(영구치), 悠久(유구), 長久(장구), 恒久(항구), 許久(허구)

注 물댈 주:, 부을 주:, 水부8　0392

'注(주)'자는 '물 水(수)'와 '주인 主(주)'로 이루어졌다. '물을 붓다', '논이나 밭에 물대다'가 본뜻이다. 물이 필요한 곳에 물을 대는 것처럼 정신 집중을 필요로 하는 일에 '정신을 쏟다'라는 뜻이 파생되었다.

물대다, 물을 붓다, 붓다, 따르다, 쏟다

[注射(주:사)] (의) 주사기를 써서 생물체의 조직이나 혈관 속에 약액을 주입하는 일. 참注射器(주사기), 豫防注射(예방주사)

[注油(주:유)] (자동차 따위에) 기름을 넣음. ¶주유 중에는 시동을 꺼주세요 참注油所(주유소)

[注入(주:입)] ① 액체를 물체 안에 부어 넣음. ② 지식을 기계적으로 기억하게 하여 가르침.

[暴注(폭주)] 비가 갑작스럽게 많이 쏟아짐.

뜻을 두다, 마음을 쏟다

[注力(주:력)] 힘을 들임. 힘을 쏟음. ¶신상품 개발에 주력하다

[注目(주:목)] ① 눈길을 한 곳으로 향하여 모음. ② 어떤 대상이나 일에 대해 특별히 관심을 가지고 자세히 살핌. 또는 의심하고 경계하는 눈으로 봄.

[注意(주:의)] ① 마음이나 관심을 집중함. ¶주의를 기울이다 ② 조심하여 마음을 씀. ¶주의 사항 ③ 충고하는 뜻으로 일깨워 줌. ¶주의를 주다 ④ 유도 경기 등에서 심판이 경고로 주는 처벌.

[傾注(경주)] 정신이나 힘을 한 곳에만 기울임. ¶국가 발전에 온 힘을 경주하다

注視(주시)

적다, 기록하다 풀이하다, 주내다, 주, 주해, 주석(註)

[脚注(각주)] 본문 아래쪽에 밝히는 풀이나 참고 글.

기타

[注文(주:문)] 물건 구입 의사를 밝히어 보내는 글.

油 기름 유, 水부8 0393

'油(유)'자는 '물 氵(수)'와 '말미암을 由(유)'로 이루어졌다. '기름'을 뜻한다.

기름, 가연성 액체, 동식물에서 얻어낸 액체

[油頭粉面(유두분면)] 여자의 기름 바른 머리와 분 바른 얼굴. 여자의 화장.

[油性(유성)] ① 기름과 같은 성질. ② (공) 접촉하는 고체면의 마찰을 감소시키는 윤활유의 특성을 나타내는 말. 광물유와 비교하여 지방유는 유성이 큼.

[石油(석유)] ① 땅 속에서 천연으로 나는, 여러 가지 탄화수소의 혼합으로 이루어진 광물성 기름. 증류하여 휘발유·등유·경유·중유와 피치로 나누어지며 동력의 원료와 공업에 널리 쓰임. ② 燈油(등유)

[食用油(식용유)] 음식물을 만드는 데 쓰는 기름. 올리브유·참기름·들기름·콩기름·야자유 따위 식물성 기름과 고래 기름·물고기 기름 따위의 동물성 기름이 있음.

[注油(주유)] ☞ 注(주)

[火上加油(화상가유)/火上添油(화상첨유)] 불난 데 기름을 끼얹는다는 뜻으로, '화란(禍亂)을 조장함'을 비유하여 이르는 말.

油菓(유과), 油頭(유두), 油粕(유박), 油腐(유부), 油狀(유상), 油印物(유인물), 油田(유전), 油井(유정), 油槽(유조), 油槽船(유조선), 油脂(유지), 油菜(유채), 油畵(유화), 肝油(간유), 輕油(경유), 鑛油(광유), 給油(급유), 豆油(두유), 燈油(등유), 芳香油(방향유), 産油(산유), 産油國(산유국), 原油(원유), 潤滑油(윤활유), 煎油魚(전유어), 精油(정유), 重油(중유), 搾油(착유), 菜油(채유), 香油(향유), 揮發油(휘발유)

消 사라질 소, 水부10 0394

'消(소)'자는 '물 氵(수)'와 '닮을 肖(초)'로 이루어졌다. 표음요소로 쓰인 '肖(초)'는 '적다'의 뜻을 가지고 있어 표의요소도 겸한다. '消(소)'는 '물이 점차 적어져서 없어지다'는 뜻이다.

사라지다, 물체가 없어지다, 어떤 심리·생각 등을 없어지게 하다

[消毒(소독)] 해로운 균을 약품, 열, 빛 따위로 죽여 없애는 일.

[消息(소식)] (사라짐과 불어남의 뜻에서) 안부나 새로 일어나는 동정 등에 관한 기별이나 알림. ¶고향 소식/친구 소식/소식이 감감하다/무소식이 희소식

[消失(소실)] 사라져 없어짐. ¶전쟁으로 문화재가 소실되었다

[取消(취:소)] ① 발표한 의사를 거두어들이거나 예정된 일을 없애버림. 참오늘 점심 약속을 취소하다 ② 법률 행위의 효력을 소급하여 소멸시킴. ¶면허 취소

[解消(해:소)] (대체로 좋지 않은) 이제까지의 어떤 상태나 관계를 풀어 없앰. ¶스트레스 해소

消却(소각), 消渴(소갈)/消渴症(소갈증), 消滅(소멸), 消炎劑(소염제), 消音(소음), 消印(소인), 消盡(소진), 抹消(말소), 雲消霧散(운소무산), 終無消息(종무소식), 喜消息.(희소식)

줄다, 닳거나 깎이어서 줄어들다

[消極的(소극적)] 활동적이지 못하고 박력이 없으며 부정적인. 또는 그러한 것. 반積極的(적극적)

[消極(소극)] 스스로 앞으로 나아가거나 개선하려는 기백이 부족하고 비활동적임. 반積極(적극) 참消極的(소극적)

삭다

[消化(소화)] ① 먹은 것을 삭임. 섭취한 음식물을 분해하여 영양분을 흡수하기 쉬운 형태로 변화시키는 일. 또는 그런 작용. 참消火器官(소화기관) ② 얻은 분량을 잘 감당하여 처분함. ③ 배우거나 얻은 지식·기술·경험 따위를 완전히 익혀 제 것으로 만듦. ④ 팔 물건 따위를 모두 팔아버림.

쓰다, 사용하다

[消耗(소모)] 써서 사라지거나 줄어듦. 또는 써서 없앰.

[消耗品(소모품)] 쓰는 대로 줄어들어 없어지는 물품. 반備品(비품)

[消費(소비)] ① 써서 없앰. ② (경) 욕망의 충족이나 재화의 생산을 위해 어떤 재화나 노력 따위를 이용하

는 일. 凹生産(생산) ¶소비 수준/소비 욕구
[消日(소일)] ① 별로 하는 일 없이 나날을 보냄. ② 어떤 일에 마음을 붙여 세월을 보냄.

불을 끄다
[消燈(소등)] 등불을 끔. 凹點燈(점등)
[消防(소방)] 불이 나지 않도록 예방하며 불난 것을 끄는 일. 函消防官(소방관), 消防隊(소방대), 消防署(소방서)
[消火(소화)] 불을 끔. 函消火器(소화기), 消火栓(소화전) ☞0046 火(화)

清 맑을 청, 水부11 0395

'淸(청)'자는 '물 氵(수)'와 '푸를 靑(청)'으로 만들었다. '맑은 물'을 뜻한다. 푸른 물이 곧 맑은 물이다.

맑다, 물이 맑다, 맑게 하다, 흐린 것을 맑게 하다, 깨끗이 하다, 소제하다
[淸潔(청결)] 맑고 깨끗함. ¶몸과 마음을 항상 청결하게
[淸濁(청탁)] ① 맑음과 흐림. ② (언) 청음과 탁음. ③ 사리의 '옳음과 그름', 또는 '착함과 악함'. ④ 淸酒(청주)와 濁酒(탁주)
[百年河淸(백년하청)] 백 년 동안 황하가 맑아짐을 기다린다는 뜻으로 '아무리 기다려도 일이 해결될 가망이 없음'을 이르는 말.
[源淸流淸(원청류청)] '윗물이 맑으면 아랫물이 맑다'는 뜻으로, '윗사람이 청렴하면 아랫사람도 청렴해짐'을 비유하여 이르는 말. 『荀子(순자)』
[水至淸則無魚(수지청즉무어). 人至察則無徒(인지찰즉무도).] 물이 너무 맑으면 고기가 없고, 사람이 너무 세세하게 살피면 따르는 무리가 없다. 지나치게 세밀한 부분까지 따지는 사람 밑에는 인재가 모여들지 않는다. 函水淸無大魚(수청무대어)『古詩源·漢書』
淸江(청강), 淸溪(청계), 淸淡(청담), 淸掃(청소), 淸水(청수), 淸野(청야), 淸音(청음), 淸淨(청정), 淸泉(청천), 淸泡(청포), 肅淸(숙청), 造淸(조청), 血淸(혈청)

구름이나 안개가 끼지 아니하여 깨끗하다
[淸明(청명)] ① 날씨나 소리가 맑고 밝음. ② 이때부터 날이 풀리기 시작해 화창해진다는 뜻의 이십사절기의 하나. 양력 4월 5,6일 경이다. ¶한식에 죽으나 청명에 죽으나

더럽고 잡스러운 것이 섞이지 아니하여 신선하다, 누추한 티 없이 순진하고 조촐하다
[淸談(청담)] ① 깨끗하고 고상한 이야기. ② '남의 이야기'의 높임말.
[淸純(청순)] 깨끗하고 순수함. ¶청순한 그 소녀
[淸雅(청아)] 속된 티가 없이 맑고 고움.
[淸楚(청초)] 깨끗하고 고움. ¶그 난 꽃이 참 청초하다

환히 트이어 속되거나 탁한 맛이 없다
[淸風(청풍)] 부드럽고 맑게 부는 바람.

[淸風明月(청풍명월)] 부드럽게 맑게 부는 바람과 밝은 달.

사념(邪念)이 없다, 탐욕이 없다
[淸廉(청렴)] 성품과 행실이 높고 맑으며 탐하는 마음이 없음.
[淸白吏(청백리)] 맑고 깨끗한 마음으로 재물을 탐하지 않는 벼슬아치를 말한다.
[淸貧(청빈)] 성품과 행실이 높고 맑으며 탐하는 마음이 없고 (그렇게 살아오다보니) 살림은 가난함.
[淸官不愛財(청관불애재).] 청렴한 관리는 재물을 탐내지 아니함.
[福生於淸儉(복생어청검), 德生於卑退(덕생어비퇴).] 복은 맑고 검소한 데서 생기고, 덕은 몸을 낮추고 물러나는 데서 생긴다. 『明心寶鑑(명심보감)·正己篇(정기편)』 ☞ *137
淸儉(청검), 淸官(청관), 淸心寡慾(청심과욕), 兩袖淸風(양수청풍)

갚다, 청산하다
[淸算(청산)] ① 서로 간에 채권·채무로 주고받을 셈을 깨끗이 정리함. ② (경) 회사·조합·상점 등이 파산 또는 해산할 때 종래의 법률관계를 마감하려고 행하는 갖가지 절차.

시원하다, 서늘하다, 시리다(淸)
[淸凉(청량)] 맑고 서늘함. 函淸涼(청량)
[淸凉飮料(청량음료)] 맛이 깨끗하고 먹으면 시원한 온갖 마실 것.
[淸凉劑(청량제)] 맛이 산뜻하고 시원하며 기분을 상쾌하게 하는 약제.

거른 술, 맑은 술, 청주
[淸酒(청주)] ① 맑은 술. ② 탁주로 빚어 다 익었을 때, 탁한 것을 가라앉히고, 위에서 떠낸 맑은 술.

왕조 이름
[淸日戰爭(청일전쟁)] 1894년에 조선의 동학 운동 진압 문제로 일어난 청나라와 일본 간의 전쟁.
[淸朝(청조)] 청나라 왕조. 또는 그 조정.

濁 흐릴 탁, 水부16 0396

'濁(탁)'자는 '물 氵(수)'와 '나라 이름 蜀(촉)'으로 이루어진 글자이다. 물이 '흐리다'는 뜻을 나타내기 위하여 만든 것이다. 물이 '맑음'의 뜻인 '淸(청)'과 상대되는 글자이다.

흐리다, 물이 맑지 아니하다, 흐리게 하다
[濁流(탁류)] ① 혼탁한 물의 흐름. ② '부랑배'를 비유하는 말.
[濁酒(탁주)] 빛깔이 흐린 술. 맑은술을 떠내지 아니하고 그대로 걸러 짠 술로 빛깔이 흐리다.
[一魚濁水(일어탁수)] '한 마리의 물고기가 물을 흐린다'는 뜻으로, '한 사람의 잘못으로 여러 사람이 그 해를 받게 되는 일'의 비유.

[淸濁(청탁)] ☞淸(청)
[上濁下不淨(상탁하부정).] 윗물이 흐리면 아랫물도 맑지 않음. 윗사람이 바르지 못하면 아랫사람도 본받아서 행실이 바르지 못하다는 뜻. 㕧源淸流淸(원청류청)

소리가 맑지 아니하다
[濁音(탁음)] 울림소리. 㕧淸音(청음)
[鈍濁(둔:탁)] ① 소리가 굵고 거침. ② 성질이 굼뜨고 흐리멍덩함.

흐림, 더러움, 더러워지다, 불결
[濁甫(탁보)] ① 성질이 흐리터분한 사람. ② 아무 분수를 모르는 사람. ③ 막걸리를 좋아하는 사람.
[汚濁(오:탁)] 더럽고 흐림.
[混濁(혼:탁)] 깨끗하지 못하고 몹시 흐림. ¶공기가 혼탁하다/타락하고 혼탁한 정신

어지럽다
[濁世(탁세)/濁惡世(탁악세)] ① 도덕이나 풍속 따위가 어지러워 더러운 세상. ② 불교에서 '속세'를 일컫는 말.

特 특별할 특, 수컷 특, 牛부10 0397

'特(특)'자는 '소 牛(우)'와 '절 寺(사)'자로 이루어졌다. 원래는 수컷, 수소, 수말, 세 살이나 네 살 난 짐승을 뜻하는 글자였다. 후에 '특별하다'는 뜻으로 쓰이게 되었다. 절에 있는 수컷 소는 佛心(불심)이 깊어서 특별한가?

뛰어나다, 뛰어난 사람
[特選(특선)] ① 특별히 골라 뽑음. ② 특히 우수한 작품.
[特效(특효)] 특별한 효험. 㕧卓效(탁효)
[奇特(기특)] ① 말이나 행동이 신통하고 귀엽다. ¶네 생각이 참 기특하구나 ② 신기하거나 신통하다.
[英特(영특)] 뛰어나게 특출하다. ¶영특한 소년
特級(특급), 特待(특대), 特等(특등), 特席(특석), 特秀(특수), 特室(특실), 特典(특전), 特出(특출), 特惠(특혜)

달리하다, 특히, 특별히
[特技(특기)] 남이 가지지 못한 특별한 기능이나 기술이나 재간. ¶특기 자랑 시간입니다
[特別(특별)] 일반적인 것과 유달리 다름.
[特徵(특징)] ① (다른 것과 비교하여) 특별히 눈에 뜨이는 점. ② (지난날) 임금이 벼슬을 시키려고 특별히 부름.
[獨特(독특)] 견줄 만한 것이 없이 특별하게 다르다. ¶독특한 냄새, 독특한 취향
特價(특가), 特講(특강), 特攻隊(특공대), 特檢(특검), 特權(특권), 權層(특권층), 特勤(특근), 特急(특급), 特記(특기), 特大(특대), 特例(특례), 特命(특명), 特務(특무), 特別赦免(특별사면), 特報(특보), 特使(특사), 特赦(특사), 特賜(특사), 特産(특산), 特産物(특산물), 特産品(특산품), 特色(특색), 特設(특설), 特性(특성), 特殊(특수), 特需(특수), 特約(특약), 特用(특용), 特用作物(특용작물), 特有(특유), 特異(특이), 特異體質(특이체질), 特任(특임), 特定(특정), 特製(특제), 特種(특종), 特進(특진), 特診(특진), 特質(특질), 特輯(특집), 特採(특채), 特派(특파), 特派員(특파원), 特筆(특필), 特許(특허), 特化(특화), 特活(특활), 大書特筆(대서특필), 專賣特許(전매특허)

殊 다를 수, 죽일 수, 歹부10 0398

殊(수)자는 '부서진 뼈 歹(알)'과 '붉을 朱(주)'로 이루어졌다. '(목을 베어) 죽이다'는 뜻을 위하여 만든 글자이다. 후에 '다르다', '뛰어나다', '특별히' 등의 뜻으로 쓰이게 되었다.

다르다, 같지 아니하다, 달리하다, 다르게 하다, 특히, 유달리
[殊常(수상)] 보통과 달라 이상함. ¶수상한 눈초리로 쳐다보다
[殊勳(수훈)] 뛰어난 공훈.
[特殊(특수)] 보통과 아주 다름.

球 공 구, 玉부10 0399

'球(구)'자는 '구슬 玉(옥)'과 '구할 求(구)'로 이루어졌다. 구슬은 둥글다. 럭비공은 표의요소가 曲玉(곡옥)이 되어야 할 것이다.

공, 공 모양의 것
[球技(구기)] 공을 가지고 하는 운동 경기. 축구·배구·농구·야구 따위.
[球場(구장)] 축구, 야구 따위의 구기 경기를 하는 운동장. 특히 야구장을 가리키는 경우가 많다.
[眼球(안:구)] 눈알.
[地球(지구)] 인류가 살고 있는 천체로서 태양계에 속하는 혹성의 하나.
[電球(전:구)] 전등에 끼우는 공 모양의 기구.
球莖(구경), 球根(구근), 球形(구형), 氣球(기구), 牽制球(견제구), 籠球(농구), 撞球(당구), 半球(반구), 排球(배구), 白血球(백혈구), 氷球(빙구), 送球(송구), 水球(수구), 野球(야구), 赤血球(적혈구), 庭球(정구), 地球儀(지구의), 直球(직구), 天球(천구), 蹴球(축구), 打球(타구), 卓球(탁구), 投球(투구), 避球(피구), 血球(혈구)

班 나눌 반, 玉부10 0400

'班(반)'자는 '쌍옥 玨(각)' 안에 '칼 刀(도)'가 들어 있으니, 칼로 옥을 둘로 '가르다'가 본뜻이었다.

줄, 행렬
[班(반)] ① 벌여 선 자리나 그 차례 ¶반을 짓다 ② 일

정한 목적으로 조직된 사람들의 가장 작은 집단의 단위. ¶우리 반 학생 ③ (접미사처럼 쓰여) 그 부서임을 나타냄. ¶합창반/문예반
[班長(반장)] '班(반)'으로 일컬어지는 집단의 대표나 그 안의 모든 일을 맡아보는 사람. ¶4학년 1반 반장/2통 5반 반장/작업반장
[越班(월반)] 성적이 뛰어나 상급반으로 건너뛰어 진급함.

양반, 품계나 신분, 등급
[班常(반상)] 양반과 상사람.
[班列(반열)] 품계나 신분, 등급 따위의 차례. ¶대가의 반열에 오르다
[兩班(양반)] ① (역) 조선 중엽 때, 지체나 신분이 높은 상류 계급에 딸린 사람. ② (역) 東班(동반)과 西班(서반). 또는 文班(문반)과 武班(무반). ③ '남자'를 높이거나 낮추어 일컫는 말. ¶저기 가는 저 양반아 ④ '남편'의 높임말. ¶우리 집 양반 ⑤ 나은 형편. ¶그 고생한 일을 생각하면, 지금 이렇게 사는 거야 양반이죠
[土班(토반)] 여러 代(대)를 이어서 그 시골에서 붙박이로 사는 양반.
班家(반가), 班名(반명), 首班(수반), 册床兩班(책상양반)

기타
[出班奏(출반주)] ① 많은 사람이 모인 자리에서 맨 처음으로 말을 꺼냄. ② 많은 신하 가운데서 유독 혼자서 임금에게 나아가 말을 함.

理 다스릴 리:, 玉부11   0401

'理(리)'자는 '구슬 玉(옥)'과 '마을 里(리)'로 이루어졌다. '다스리다', '이치'의 뜻을 가진다.

다스리다
[監理(감리)] ① 감독하고 관리함. ② (역) 조선 말기에 감리서의 으뜸 벼슬.
[總理(총:리)] ① 전체를 모두 관리함. ② '국무총리'의 준말.

처리하다
[理事(이:사)] ① 사무를 처리함. ② (법) 법인기관의 사무를 처리하며, 이를 대표하여 권리를 행사하는 직위. 또는 그러한 일을 맡은 사람.
[理財(이:재)] 재물을 잘 다루어 운용함. ¶그 사람은 이재에 밝다
[管理(관리)] ① 사무를 맡아 처리함. ¶선거 관리 ② 물건의 보존·이용·생산 등의 일을 맡아 함. ¶재산 관리/건물 관리 ③ 사람을 거느려 감독하고 다스림.
[處理(처:리)] ① 일을 다스려서 치름. ¶사건 처리 ② 어떤 결과를 얻기 위하여 화학적 또는 물리학적 작용을 일으키게 함. ¶화학적 처리
經理(경리), 代理(대리), 代理母(대리모), 代理人(대리인), 辨理(변리), 辨理士(변리사), 署理(서리), 受理(수리), 料理(요리), 掌理(장리), 整理(정리), 調理(조리), 條理(조리)

손질하다, 수선하다
[修理(수리)] 고장난 데나 허름한 데를 손보아 고침. ¶자전거 수리

꾸미다
[理髮(이:발)] 머리털을 깎고 다듬음. 참理髮師(이발사), 理髮所(이발소)
[理容(이:용)] 이발과 미용.

이치, 조리, 학문의 이치, 원리, 도리
[理性(이:성)] ① 이치에 따라 사리를 분별하는 성품. ¶이성을 잃다 ② 개념적으로 사유하는 능력을 감각적 능력에 상대하여 이르는 말.
[理致(이:치)] 도리에 이르는 근본이 되는 뜻. 사물의 정당한 조리.
[理解(이:해)] ① 이유를 풀어 찾아냄. ② 이치를 똑똑하게 알게 됨. ¶원리를 이해해야 문제를 쉽게 풀 수 있다 ③ 깨달아 앎. ④ 諒解(양해). 남의 사정을 잘 헤아려 그럴 수도 있겠다고 여겨 줌. ¶양해를 구하다
[事理(사:리)] 일의 이치. ¶사리에 맞다
[順理(순:리)] 이치를 따름. 또는 그렇게 따른 이치.
[眞理(진리)] 참된 이치. 또는 참된 도리.
理念(이념), 理論(이론), 理想(이상), 理想的(이상적), 理由(이유), 理判事判(이판사판), 公理(공리), 空理空論(공리공론), 敎理(교리), 群衆心理(군중심리), 窮理(궁리), 論理(논리), 道理(도리), 無理(무리), 無理數(무리수), 背理(배리), 法理(법리), 不合理(불합리), 非理(비리), 攝理(섭리), 性理(성리), 性理學(성리학), 審理(심리), 逆理(역리), 原理(원리), 倫理(윤리), 義理(의리), 一理(일리), 定理(정리), 情理(정리), 天理(천리), 推理(추리), 推理小說(추리소설), 合理(합리), 合理的(합리적), 合理化(합리화)

성질, 성리
[理氣(이:기)] (철) 동양철학에서, 우주의 생성 원리가 되는 理(이)와 氣(기). 참理氣一元論(이기일원론), 理氣二元論(이기이원론)

자연을 연구 대상으로 하는 학문 분야
[理科(이:과)] 자연계의 원리나 현상을 연구하는 학과. 물리학, 화학, 생물학, 지구과학 따위.
[理學(이:학)] ① 물리학·화학·생물학 따위의 자연과학. ② '원리를 연구하는 학문'이라는 뜻으로, '철학'을 일컫는 말. ③ (철) '性理學(성리학)'의 준말.
[物理(물리)] ① 모든 사물의 이치. ② '물리학'의 준말.
[生理(생리)] 만물 생육의 원리.
理工(이공), 病理(병리), 病理學(병리학), 數理(수리), 心理(심리), 心理學(심리학), 地理(지리), 地理學(지리학)

기타
[連理枝(연리지)] ① 두 나무의 가지가 맞닿아서 결이 서로 통한 것. ② 화목한 부부 또는 남녀 사이를 비유하여 이르는 말.

性 성품 성:, 心부8　0402

'性(성)'자는 '타고난 성질'이 본뜻이니, '마음 忄(심)'과 '날 生(생)'으로 구성되었다.

성품, 타고난 사람의 천성, 인간의 참모습
[性格(성:격)] ① 개인이 가지고 있는 특유한 성질. ¶명랑한 성격/성격이 원만하다 ② 어떤 사물이나 현상이 지니고 있는 성질이나 경향. ¶정치적 성격/문학적 성격
[性品(성:품)/品性(품성)] 성질과 품격. ¶온화한 성품.
[性稟(성:품)/稟性(품성)] 성질과 마음씨. 또는 타고난 본성. 통性情(성정)
[個性(개:성)] 사람마다 지닌 남다른 특성. 개체가 지닌 고유의 특성. ¶타인의 개성을 존중하다
[本性(본성)] ① 사람이 본디부터 가진 성질. ¶본성은 고치기 힘들다 ② 사물이나 현상에 본디부터 있는 고유한 특성.
[食性(식성)] 음식에 대하여 좋아하거나 싫어하는 성미.
[理性(이:성)] ☞理(리)
[知性(지:성)] ① 사물을 깨달아 아는 능력 ② '지성인'의 준말.
[性善說(성:선설)] 인간의 본성은 착한데 물욕이 가려서 악하게 된다는 학설. 중국의 맹자가 주장한 도덕설. 참性惡說(성악설)
[性惡說(성:악설)] (윤) 인간의 본성은 이기적이고 악한 까닭으로, 좋은 행위는 교육·학문·수양 등 후천적 습득에 의해서만 가능하다고 보는 학설. 중국의 荀子(순자)가 주장한 도덕설. 반性善說(성선설)
性急(성급), 性理(성리), 性理學(성리학), 性命(성명), 性味(성미), 性癖(성벽), 性質(성질), 性向(성향), 感性(감성), 感受性(감수성), 見性成佛(견성성불), 根性(근성), 內向性(내향성), 德性(덕성), 母性(모성), 母性愛(모성애), 佛性(불성), 習性(습성), 信賴性(신뢰성), 神性(신성), 失性(실성), 心性(심성), 靈性(영성), 外向性(외향성), 人性(인성), 自性(자성), 適性(적성), 適性檢查(적성검사), 知性人(지성인), 天性(천성), 惰性(타성), 品性(품성)

성질, 사물의 본질
[性能(성:능)] 본바탕과 그에 따른 능력. ¶성능이 좋은 기계
[性狀(성:상)] 성질과 상태. ¶사람마다 성상이 다르다
[急性(급성)] (병이) 갑작스럽게 일어나거나 급히 악화되는 성질. ¶급성 간염 반慢性(만성)
[惡性(악성)] ① 모질고 악한 성질. ② 어떤 병이 고치기가 어렵거나, 전염성이 강하거나, 목숨을 앗아가리만큼 무서움. ¶악성 종양
[陽性(양성)] ① 陰陽(음양) 가운데 陽(양)에 속하는 성질. ② 어떠한 병이 있거나 감염되었음을 알리는 성질. ③ 볕을 좋아하는 성질. ④ 활발하고 적극적인 성질. ¶'어두움'이 陰性(음성)이라면 '밝음'은 양성이다. 반陰性(음성)
[中性(중성)] ① 대립되는 두 성질의 어느 쪽에도 해당되지 않는 중간의 성질. ② 산성과 염기성의 중간에 있다고 생각되는 물질의 성질.
[特性(특성)] 그것에만 있는 특수한 성질. ¶진돗개의 특성
可變性(가변성), 假性(가성), 可塑性(가소성), 可燃性(가연성), 剛性(강성), 蓋然性(개연성), 客觀性(객관성), 乾性(건성), 硬性(경성), 慣性(관성), 屈性(굴성), 屈地性(굴지성), 耐病性(내병성), 耐性(내성), 當爲性(당위성), 毒性(독성), 魔性(마성), 物性(물성), 民族性(민족성), 半透性(반투성), 放射性(방사성), 變性(변성), 普遍性(보편성), 普遍妥當性(보편타당성), 酸性(산성), 相對性(상대성), 塑性(소성), 屬性(속성), 水溶性(수용성), 濕性(습성), 伸縮性(신축성), 野性(야성), 夜行性(야행성), 軟性(연성), 劣性(열성), 矮性(왜성), 優性(우성), 油性(유성), 融通性(융통성), 磁性(자성), 粘性(점성), 定性分析(정성분석), 中性子(중성자), 脂溶性(지용성), 眞性(진성), 處女性(처녀성), 妥當性(타당성), 彈性(탄성), 彈力性(탄력성), 土性(토성), 必然性(필연성), 必要性(필요성), 向日性(향일성), 活性(활성), 活性炭素(활성탄소), 後進性(후진성)

만유(萬有)의 원인
[性理(성:리)] ① 인간의 성품과 자연의 이치. ② 주자학에서, 인간의 본성 또는 존재 원리.

남녀 자웅의 구별
[性別(성:별)] 남녀 또는 암수 등 성의 구별.
[男性(남성)] ① 사내. 남자. 남자의 성질. ② 일부 서구어의 문법에 있어서 남성으로 지정된 명사(名詞)·대명사(代名詞) 등의 성질의 하나.
[女性(여성)] ① 여자. 여자의 성질. ② 일부 서구어의 문법에 있어서 여성으로 지정된 명사(名詞)·대명사(代名詞) 등의 성질의 하나.
[異性(이:성)] ① 서로 다르게 타고난 성질. ② 남녀 암수의 서로 다른 성. ¶이성 관계
性感(성감), 性交(성교), 性教育(성교육), 性器(성기), 性病(성병), 性慾(성욕), 性生活(성생활), 性徵(성징), 同性(동성), 同性愛(동성애), 無性(무성), 無性生殖(무성생식), 兩性(양성), 雄性(웅성), 有性(유성), 有性生殖(유성생식), 雌性(자성)

생명, 목숨

用 쓸 용:, 用부5　0403

'用(용)'자는 나무로 만든 통 모양을 본뜬 것으로 '나무 통'이 본래 의미이다. '쓰다'라는 의미로 확대 사용되는 예가 많아지자, '나무 통'은 '桶(통)'자를 따로 만들어 나타냈다.

쓰다, 사용하다, 용도, 씀씀이, 도구, 연장
[用器(용:기)] 어떤 일에 쓰이는 기구.
[用途(용:도)] 쓸 데. 쓰임. ¶다양한 용도 참多用途(다

용도)
[使用(사:용)] 사람이나 물건 등을 부리거나 씀.
[食用(식용)] 먹을 것으로 씀. 또는 먹을 것으로 됨.
[應用(응:용)] 원리나 지식을 실제적인 사물에 적용하여 이용함. ¶응용과학/응용문제/응용미술
[利用(이:용)] ① 물건 따위를 필요에 따라 이롭게 씀. ② 다른 사람이나 대상을 자신의 이익을 채우기 위한 방편으로 씀. ¶남에게 이용당하다
用具(용구), 用量(용량), 用例(용례), 用法(용법), 用兵(용병), 用水(용수), 用語(용어), 用意(용의), 用紙(용지), 用品(용품), 兼用(겸용), 共用(공용), 公用(공용), 官用(관용), 慣用(관용), 慣用句(관용구), 慣用語(관용어), 軍用(군용), 濫用(남용), 代用(대용), 盜用(도용), 無用(무용), 無用之物(무용지물), 竝用(병용)/倂用(병용), 服用(복용), 私用(사용), 常用(상용), 善用(선용), 所用(소용), 乘用(승용), 乘用車(승용차), 食用油(식용유), 信用(신용), 信用狀(신용장), 實用(실용), 實用的(실용적), 惡用(악용), 愛用(애용), 藥用(약용), 御用(어용), 誤用(오용), 誤濫用(오남용), 運用(운용), 流用(유용), 有用(유용), 引用(인용), 日用(일용), 日用品(일용품), 自家用(자가용), 適用(적용), 專用(전용), 轉用(전용), 占用(점용), 遵用(준용), 職權濫用(직권남용), 借用(차용), 着用(착용), 通用(통용), 特用(특용), 佩用(패용), 學用品(학용품), 混用(혼용), 活用(활용), 效用(효용), 厚生利用(후생이용)/利用厚生(이용후생)

베풀다, 시행하다, 행하다, 일하다, 하다(爲)
[用件(용:건)] 볼일. 해야 할 일. ¶네가 나를 찾아온 용건이 무엇이냐?
[用務(용:무)] 볼일. ¶무슨 용무로 오셨습니까?
[作用(작용)] ① 어떤 운동이나 현상을 일어나게 함. ② 어떤 영향을 미침. 또는 미치는 영향.
[副作用(부:작용)] ① (의) 으뜸 되는 효과 외에 생기는 약의 딴 작용. ¶이 약은 위장 장애의 부작용이 있을 수 있다 ② 부차적으로 끼치는 바람직하지 못한 작용. ¶그 정책은 애초 노렸던 효과보다는 부작용이 더 컸다
[相互作用(상호작용)] 서로 원인이 되고 결과가 되는 작용. 동交互作用(교호작용)
用達(용달), 用達車(용달차), 用役(용역), 用意(용의), 用意周到(용의주도), 拮抗作用(길항작용), 反射作用(반사작용), 反作用(반작용), 風化作用(풍화작용)

등용하다, 인물을 끌어 쓰다
[雇用(고용)] 품삯을 주고 사람을 부림. [任用(임:용)] 어떤 사람을 직무를 맡기기 위해 씀.
[徵用(징용)] ① 징수하거나 징발하여 씀. ② 국가의 권력으로 국민을 강제적으로 불러내어 일정한 업무에 종사시킴.
[採用(채:용)] ① 사람을 골라서 씀. ② 의견·방법 등을 받아들여서 씀.
起用(기용), 登用(등용), 重用(중용)

비용
[費用(비:용)] 무엇을 사거나 어떤 일을 하는 데 쓰는 돈. 비經費(경비)
[過用(과:용)] (정도에) 지나치게 씀. 또는 그런 비용.

緣 인연 연, 가선 연, 연줄 연, 糸부15 0404

'緣(연)'자는 '가장자리 선(옷 가장자리를 딴 헝겊으로 가늘게 싸서 돌린 선)'이 본뜻이니 '실 糸(사)'가 표의요소이다. '판단할 彖(단)'이 표음요소인데 음이 크게 변했다. '연유하다', '인연', '연분'의 뜻으로 많이 쓰인다.

가, 가장자리, 옷의 가선, 물건의 가장자리
[緣海(연해)] (지) 대륙 가까이 있으며 반도, 섬 따위로 둘러싸인 바다. 동해·카리브해 따위.
[外緣(외:연)] 가장자리 또는 둘레.
[周緣(주연)] 둘레의 가장자리.

연줄, 연유하다, 말미암다, 인연, 연분
[緣故(연고)] ① 일의 까닭. ② 혈통, 정분, 법률 따위로 맺어진 관계. 참緣故者(연고자), 緣故地(연고지), 無緣故(무연고) ¶이 환자는 연고가 없다
[緣起(연기)] 사물의 起源(기원)인 因(인)과 緣(연)이 서로 응하여 만물이 생기는 일.
[緣分(연분)] ① 하늘에서 마련한 인연. ② 부부가 되는 관계. ③ 서로 관계를 맺게 되는 인연. ¶이 직장에서 선생을 만나게 된 것도 좋은 연분인가 합니다 참天生緣分(천생연분)
[緣由(연유)] 까닭. ¶무슨 연유로 오셨습니까?
[事緣(사:연)] 사정과 까닭. ¶기막힌 사연/어떤 말 못할 사연이 있나보다
[因緣(인연)] ① 緣分(연분). 서로 관계를 잇게 되는 緣(연). 어떤 사물과의 관계. 또는 사물들 사이에 맺어지는 연줄. ¶돈과는 인연이 없다 ② (불) 결과를 내는데 직접적인 '因(인)'과 간접적이며 보조적인 '緣(연)'. 쌀·보리 따위를 생산할 때, 그 씨가 '인'이 되고, 노력·날씨·비·거름 따위는 '연'이 됨.
[血緣(혈연)] 한 조상의 피를 이어받아 겨레붙이가 되는 관계. 참血緣關係(혈연관계)
緣故地(연고지), 緣故者(연고자), 結緣(결연), 奇緣(기연), 內緣(내연), 無緣故(무연고), 惡緣(악연), 類緣(유연), 姉妹結緣(자매결연), 絶緣(절연), 絶緣體(절연체), 地緣(지연), 天生緣分(천생연분), 學緣(학연)

높은 데 오르려고 무엇을 끌어잡다
[緣木求魚(연목구어)] '나무에 올라가서 물고기를 얻으려 한다'는 뜻으로, 허무맹랑한 욕심이나 대처 방식으로 도저히 불가능한 일을 하려 하는 것을 비유하는 말이다. 『孟子(맹자)·梁惠王章句(양혜왕장구)』

由 말미암을 유, 田부5 0405

말미암다, 인연하다, 곡절, 사유, 원인, 까닭
[由來(유래)] ① 어떤 것으로 말미암아 생겨남. ② 사물의 내력.

[由緖(유서)] 사물이 전해 오는 까닭과 내력. ¶유서 깊은 건물
[事由(사유)] 일의 까닭.
[緣由(연유)] ☞ 緣(연)
[理由(이:유)] 어떤 이치가 생겨난 까닭. 원인이나 근거. ¶지각한 이유가 뭐냐?
[大富由命(대:부유명), 小富由勤(소:부유근).] '큰 부자는 천명에 의한 것으로 사람의 뜻이나 힘으로는 어찌할 수 없으나, 작은 부자는 천명과는 상관이 없으며, 노력 여하에 달려 있음'을 일컫는 말. 『女論語(여논어) · 榮家(영가)』
告由(고유), 禍福由己(화복유기)

…에서, …로부터, 기점을 나타낸다
[經由(경유)] 거쳐 지나감. ¶대구 경유 마산행
[由儉入奢易(유검입사이), 由奢入儉難(유사입검난).] 검소함으로부터 사치함에 들어가기는 쉽고, 사치함으로부터 검소함에 들어가기는 어렵다. 『小學(소학) · 外篇(외편) · 善行(선행)』

따르다, 본으로 하다
[自由(자유)] ① 마음대로인 상태. 장해가 없는 활동. ② 남에게 구속·강제·지배를 받지 않고 모든 일을 자기의 의사에 의하여 행동할 수 있는 일. ③ 법률의 정한 범위 안에서 마음대로 하는 자율적 행동. 거주·언론·집회·결사·신앙 등의 자유가 있다.
[自由自在(자유자재)] 마음대로 할 수 있음. 아무 거리낌이 없는 상태.
自由詩(자유시), 自由奔放(자유분방), 不自由(부자유)

番 차례 번, 번갈아들 번, 田부12   0406

'番(번)'자는 '밭 田(전)'과 '분별할 釆(변)'으로 이루어졌다. '논밭에 씨를 뿌리다'가 본뜻이었다. 假借(가차)하여 '번갈아 일을 맡다'의 뜻으로 쓰이는 예가 많아지자 본뜻은 '손 扌(수)'를 더하여 '씨 뿌릴 播(파)'자를 만들어 나타냈다.

차례로 임무를 맡는 일, 번갈아, 갈마들다
[當番(당번)] 어떤 일을 책임지고 돌보는 차례. 또는 그 차례가 된 사람. ¶이번 주 청소 당번
[不寢番(불침번)] 밤에 잠을 자지 않고 번(番)을 서는 일. 또는 그런 사람.
[順番(순번)] 차례로 번갈아 돌아오는 임무. 또는 그 순서.
[週番(주번)] 한 週(주)마다 차례대로 하는 근무.
交番(교번), 上番(상번), 世代交番(세대교번), 輪番(윤번), 下番(하번)

수, 차례, 회수, 개
[番地(번지)] 토지를 나누어서 매겨놓은 번호.
[番號(번호)] 숫자로 나타낸 차례. ¶번호 순으로 대답해라
[軍番(군번)] 군인으로서의 고유번호.

[前番(전번)] 지난 번. ¶전번에 만났던 곳에서 다시 만나자
局番(국번), 今番(금번), 單番(단번), 每番(매번), 地番(지번), 學番(학번)

기타
[券番(권번)] (역) 일제 강점기에 있었던 기생들의 조합.

病 병 병:, 疒부10   0407

'病(병)'자는 '병들어 누울 疒(녁)'과 '셋째 천간 丙(병)'으로 이루어진 글자이다. 생물체의 전체나 일부분에 이상이 생겨서 정상적 활동이 이루어지지 않고 괴로움을 일으키는 현상을 뜻한다. 옛날에는 가벼운 증세를 '疾(질)'이라 했고 심한 것을 '病(병)'이라고 했는데, 요즘은 그런 구분이 없어져 '疾病(질병)'이라 통칭한다. '病(병)'자는 고장이나 흠·결점·하자 따위의 뜻과 깊이 뿌리박혀 있는 결함이나 굳어진 좋지 않은 버릇의 뜻도 가진다. '병들어 누울 疒(녁)'은 환자가 침대에 누워 있는 모습을 본뜬 것이다. 이것이 부수로 쓰인 글자들은 모두 '병'과 관련이 있다.

병, 질병, 괴로워하다, 앓다
[病院(병:원)] ① 병든 사람을 진찰·치료 및 예방하기 위하여 설비를 갖추어 놓은 곳. ② (법) 환자 서른 명 이상을 수용하여 치료할 수 있는 시설을 갖춘 곳.
[病患(병:환)] '病(병)'의 높임말. ¶아버님의 병환
[同病相憐(동병상련)] '같은 병에 걸린 사람끼리 서로 불쌍히 여긴다'는 뜻으로, '곤란한 처지에 있는 사람들끼리 서로 딱하게 여기고 동정함'을 이르는 말.
[疾病(질병)] 병. 생명이 있는 물체의 전체나 일부분에 이상이 생겨서 정상적 활동이 이루어지지 않고 괴로움을 일으키는 현상.
[鬪病(투병)] 병을 고치려고 병과 싸움.
[病從口入(병:종구입), 患自口出(환:자구출)] 병은 입을 통해 들어가고, 재앙은 입을 통해 나온다. (중국 격언)
[色不謹愼病後悔(색불근신병후회).] 색을 삼가지 않으면 병든 뒤에 후회한다. 『朱子(주자) · 朱子十悔訓(주자십회훈)』 ☞ * 387
病暇(병가), 病苦(병고), 病骨(병골), 病菌(병균), 病棟(병동), 病歷(병력), 病理(병리), 病理學(병리학), 病魔(병마), 病名(병명), 病色(병색), 病不離身(병불리신), 病死(병사), 病床(병상), 病席(병석), 病勢(병세), 病室(병실), 病弱(병약), 病原(병원), 病原菌(병원균), 病原體(병원체), 病者(병자), 病症(병증), 病蟲害(병충해), 病害(병해), 病後(병후), 看病(간병), 苦藥利病(고약리병), 狂犬病(광견병), 恐水病(공수병), 壞血病(괴혈병), 救病(구병), 耐病性(내병성), 癩病(나병), 老病(노병), 多才多病(다재다병), 稻熱病(도열병), 同病(동병), 得病(득병), 萬病(만병), 萬病通治(만병통치), 夢遊病(몽유병), 無病(무병), 無病長壽(무병장수), 問病(문병),

發病(발병), 詐病(사병), 相思病(상사병), 生病(생병), 生老病死(생로병사), 性病(성병), 身病(신병), 心臟病(심장병), 疫病(역병), 熱病(열병), 熱射病(열사병), 染病(염병), 臥病(와병), 流行病(유행병), 罹病(이병), 日射病(일사병), 長病(장병), 傳染病(전염병), 重病(중병), 持病(지병), 瘡病(창병), 稱病(칭병), 稱病不朝(칭병부조), 肺病(폐병), 風病(풍병), 風土病(풍토병), 血友病(혈우병), 火病(화병), 黑死病(흑사병)

흠, 결점, 하자
[病身(병:신)] ① 병을 앓고 있는 몸. 또는 그런 사람. ② 몸의 어느 부분이 온전하지 못한 사람. 凲不具者(불구자) ③ 남을 얕잡아 욕하는 일.

굳어진 좋지 않은 버릇, 성벽(性癖)
[病的(병:적)] ① 병이 있는 듯한. 또는 그러한 것. ② 정상적이 아니게 지나친. 또는 그런 것. ¶병적 망상
[病弊(병:폐)] 병과 폐단을 아울러 이르는 말.

괴롭다, 피곤하다, 지치다
[脅肩諂笑(흡견첨소), 病于夏畦(병우하휴).] 어깨를 으쓱하고 아첨하며 웃는 것이 여름에 밭에서 일하는 것보다 더 괴롭다. 『孟子(맹자)·滕文公 下(등문공 하)』

患 근심 환:, 心부11　　0408

'患(환)'자는 '마음 心(심)'과 '꿸 串(관)'으로 구성된 글자이다. '串(관)'자는 흔히 음식점 거리에서 볼 수 있는데 '꼬치'란 음식을 뜻한다. 꼬챙이로 심장(心)을 찌르니 아프지 않을 수가 없다. '한꺼번에 두 가지 일에 신경을 쓰느라 마음에 조심이 된다'라고 풀이하기도 한다. '一中則忠(일중즉충)이요, 二中則患(이중즉환)이라'고 하는 말이 있다.

근심, 걱정, 근심하다, 걱정하다, 염려하다, 고통, 고난, 재난, 재해
[患難(환난)] 근심과 재앙. ¶환난을 극복하다
[內憂外患(내:우외환)/外憂內患(외:우내환)] 나라 안의 걱정과 나라 밖에서 오는 환란. 내란과 외적의 침입.
[識字憂患(식자우환)] 글자를 아는 것이 도리어 근심거리가 됨. 차라리 몰랐으면 좋았을 것임.
[有備無患(유:비무환)] 미리 준비함이 있으면 어떤 환란을 당해서도 걱정할 것이 없음.
[後患(후:환)] 훗날의 걱정. ¶후환이 두렵다
[不患人知不己知(불환인지불기지), 患其不能也(환기불능야).] 나의 재덕(才德)을 남이 알아주지 않더라도 그것을 걱정하지 말고, 나의 능력이 없음을 걱정한다. 『論語(논어)』
患亂(환란), 患難相救(환난상구), 患難相恤(환난상휼), 養虎遺患(양호유환), 虎患(호환)

앓다, 병에 걸리다
[患者(환:자)] 병을 앓는 사람.
[老患(노:환)] 늙고 쇠약해지면서 생기는 병. 老病(노병)의 높임말.
[病患(병:환)] '病(병)'의 높임말. ¶아버님의 병환
[疾患(질환)] 병(病). 疾病(질병).
[人之患(인지환), 在好爲人師(재호위인사).] 사람의 병통은 남의 스승이 되기를 좋아하는 데 있다. 사람의 병중의 하나는 자진해서 남의 스승이 되고 싶어 하는 것이다. 그러나 그것은 스스로의 진보를 방해하는 행위이다. 『孟子(맹자)·離婁 上(이루 상)』
患部(환부), 患候(환후), 急患(급환), 內患(내환), 宿患(숙환), 憂患(우환), 重患(중환), 重患者(중환자), 重患者室(중환자실), 親患(친환)

疾 병 질, 疒부10　　0409

'疾(질)'자는 '병들어 누울 疒(녁)'과 '화살 矢(시)'로 이루어진 글자이다. 화살을 맞아 찔린 모습에서, '상처를 입다'는 뜻을 나타내었다. '고통·병·나쁜 버릇' 등의 뜻으로 확대되었고, '빠르다'는 뜻도 있다.

병, 질병, 전염병, 유행병
[疾病(질병)] ☞病(병)
[疾患(질환)] ☞患(환)
[痼疾(고질)/痼疾病(고질병)] ① 오래도록 낫지 않아 고치기 어려운 병. ② 오래된 나쁜 버릇이나 폐단. ¶고질이 되어버린 집단이기주의
[眼疾(안:질)] 눈병.
[聞則疾不聞藥(문:즉질불문약).] '들으면 병, 못 들으면 약'이란 뜻으로, 마음에 걸리는 말은 처음부터 듣지 않는 편이 낫다는 속담.
[處疾則貴醫(처질즉귀의), 有禍則畏鬼(유화즉외귀).] 병에 걸리면 의사를 중히 여기고, 화가 있으면 귀신을 두려워한다. 괴로울 때 신을 찾는다. 『韓非子(한비자)·解老(해로)』
癎疾(간질), 疳疾(감질), 怪疾(괴질), 惡疾(악질), 疫疾(역질), 痢疾(이질), 淋疾(임질)/痲疾(임질), 痔疾(치질), 瘧疾(학질)

원망하다, 미워하다
[疾視(질시)] 밉게 봄.

빠르다, 달려가다, 빨리, 곧
[疾走(질주)] 빨리 달림.
[疾風(질풍)] 몹시 빠르고 세게 부는 바람. ¶질풍 같이 달리다

痛 아플 통:, 疒부12　　0410

'痛(통)'자는 '병들어 누울 疒(녁)'과 '길 甬(용)'으로 이루어진 글자이다. '아프다'는 뜻을 나타낸다.

아프다, 아파하다, 앓다
[痛症(통:증)] 아픔을 느끼는 증세. ¶통증이 심해서 잠을 잘 수가 없었다
[頭痛(두통)] 머리가 아픈 증세.
[腹痛(복통)] 배앓이.

[陣痛(진통)] ① (의) 아이를 낳으려고 할 때 주기적·반복적으로 배가 아픈 증세. ¶진통이 오다 ② 어떤 일을 마무리하거나 사물을 완성하기 직전에 겪는 '고통과 시련'을 비유하는 말. ¶합의를 이루기까지는 많은 진통을 겪었다
[鎭痛(진:통)] (의) 아픈 것을 가라앉힘. 참鎭痛劑(진통제)
痛風(통풍), 肩臂痛(견비통), 疼痛(동통), 産痛(산통), 神經痛(신경통), 如拔齒痛(여발치통), 鎭痛劑(진통제), 齒痛(치통), 偏頭痛(편두통), 胸痛(흉통)

마음 아파하다, 슬퍼하다, 슬픔
[痛感(통:감)] ① 마음이 아플 정도로 깊이 느낌. ② 마음에 사무치게 절실히 느낌.
[痛歎(통:탄)/痛嘆(통:탄)] 몹시 안타깝고 한스러운 태도로 탄식함.
[苦痛(고통)] 몸이나 마음이 괴롭고 아픔.
[憤痛(분통)] 몹시 분하여 마음이 쓰리고 아픔. ¶분통이 터질 노릇이다
痛憤(통분)/痛忿(통분), 痛惜(통석), 痛恨(통한), 刻骨之痛(각골지통), 刻骨痛恨(각골통한), 折骨之痛(절골지통), 悲痛(비통), 心痛(심통), 哀痛(애통), 冤痛(원통), 切痛(절통), 沈痛(침통)

몹시, 힘껏, 할 수 있는 한
[痛哭(통:곡)] 큰 소리로 슬피 욺. 참大聲痛哭(대성통곡), 放聲痛哭(방성통곡)
[痛烈(통:렬)] 몹시 매섭고 거차없음. 호됨. ¶통렬한 비판
[痛快(통:쾌)] 몹시 즐겁고 마음이 시원함. ¶통쾌한 승리를 거두다
[大聲痛哭(대:성통곡)] 큰 소리로 목이 아프도록 슬피 욺. 비放聲大哭(방성대곡), 放聲痛哭(방성통곡)
痛駁(통박), 痛飮(통음), 痛切(통절)

症 증세 증, 疒부10 0411

'症(증)'자는 '병들어 누울 疒(녁)'과 '바를 正(정)'으로 이루어진 글자이다. 병의 증세를 뜻한다. '바를 正(정)'자는 표음요소인데 음이 약간 달라졌다.

증세, 병 증세
[症狀(증상)] 증세. 병으로 앓는 상태.
[症勢(증세)] 병이나 상처 때문에 나타나는 여러 가지 증상이나 형세.
[渴症(갈증)] 목이 마른 증세. ¶갈증이 나다
[不眠症(불면증)] 잠이 오지 않는 병.
[炎症(염증)] ① 빨갛게 붓고 열이 나는 현상. ②(의) 생체 조직이 손상을 입었을 때 체내에서 일어나는 방어적 반응.
[痛症(통:증)] ☞痛(통)
症候(증후), 症候群(증후군), 渴急症(갈급증), 潔癖症(결벽증), 病症(병증), 浮症(부증), 不感症(불감증), 手顫症(수전증), 夜尿症(야뇨증), 夜盲症(야맹증), 逆症(역증), 厭症(염증), 憂鬱症(우울증), 疑夫症(의부증), 疑妻症(의처증), 燥渴症(조갈증), 躁鬱症(조울증), 重症(중증), 滯症(체증), 蓄膿症(축농증), 風症(풍증), 合併症(합병증), 眩氣症(현기증), 火症(화증)

發 필 발, 쏠 발, 癶부12 0412

'發(발)'자는 '걸을 癶(발)'과 '활 弓(궁)'과 '몽둥이 殳(수)'의 합자이다. 본뜻은 '활을 쏘다'이다.

쏘다
[發射(발사)] 총포 따위를 쏨.
[百發百中(백발백중)] ① 백 번 쏘아 백 번 맞춤. 射術(사술)의 교묘함의 비유. ② 모든 일이 계획대로 들어맞음.
[誤發(오:발)] 총 따위를 잘못 쏨. ¶총기 오발 사고
[一觸卽發(일촉즉발)] 조금만 닿아도 폭발할 것 같이 몹시 위급한 상태.
發砲(발포), 擊發(격발), 亂發(난발), 濫發(남발), 不發(불발), 連發(연발), 已發之矢(이발지시)

가다, 떠나다
[發車(발차)] 차가 떠남.
[發着(발착)] 출발과 도착.
[先發隊(선발대)] 다른 부대보다 앞서 떠나는 부대. 또는 그 구성원.
[出發(출발)] ① 길을 떠남. ② 일을 시작함.
發靷(발인), 開門發車(개문발차), 先發(선발), 始發(시발), 延發(연발), 再出發(재출발), 出發點(출발점), 後發(후발)

보내다, 파견하다
[發送(발송)] 물건을 부침.
[發信(발신)] 편지로 소식을 보냄.

일어나다, 일으키다, 생기다
[發病(발병)] 병이 생겨남.
[發生(발생)] 어떤 일이나 사물이 나타나고 생겨남.
[發電(발전)] 전기를 일으킴. 전기를 생산함. 참發電(발전), 水力發電(수력발전)
[誘發(유발)] 어떤 일이 원인이 되어 다른 일을 일어나게 하는 것.
[再發(재:발)] 한 번 생기었던 일이나 병 따위가 다시 생김.
發狂(발광), 發起(발기), 發福(발복), 發想(발상), 發惡(발악), 發作(발작), 發情(발정), 發疹(발진), 發破(발파), 挑發(도발), 突發(돌발), 勃發(발발), 頻發(빈발), 散發(산발), 偶發的(우발적), 蒸發(증발), 觸發(촉발), 暴發(폭발), 爆發(폭발), 爆發物(폭발물), 爆發的(폭발적), 揮發(휘발), 揮發油(휘발유)

내다, 나다
[發刊(발간)] 신문·잡지·도서 따위를 펴냄.
[發給(발급)] 증명서 따위를 내어줌. ¶신분증 발급

[發行(발행)] ① 출판물을 펴냄. ¶신문 발행 ② 돈·증권·채권 따위를 만들어 사회에 널리 쓰이도록 내어놓음. ¶수표 발행
[開發(개발)] (닫혔던 문을 여는 것과 같이) 토지나 천연자원 따위를 개척하여 발전시킨다는 의미이다.
[啓發(계:발)] (어두운 방의 문을 열어 밝히듯) 잠재되어 있는 사람의 슬기나 재능을 일깨우는 것을 의미한다.
[奮發(분:발)] 가라앉았던 마음과 힘을 떨쳐 일으킴. ¶이제 우리 분발하여 다음 경기에서는 승리하자
[發憤忘食(발분망식), 樂以忘憂(낙이망우), 不知老之將至(부지노지장지).] 분발하여 먹는 것도 잊고, 도를 즐거워하여 근심을 잊으며, 늙음이 다가옴을 느끼지 못한다. 공자의 생활을 표현한 말이다. 『論語(논어)·述而(술이)』
[仁者以財發身(인자이재발신), 不仁者以身發財(불인자이신발재).] 어진 사람은 재물로써 몸을 일으키고, 어질지 못한 사람은 몸으로써 재물을 일으킨다. 어진 사람은 재물이 있으면 그것을 세상에 베풀어 민심을 얻고 자신의 몸을 향상시킨다. 그러나 어질지 못한 사람은 사람의 도리를 무시하고 자신의 몸을 망쳐서라도 재물을 얻으려고 한다. 『大學(대학)·傳10章(전10장)』
發光(발광), 發怒(발노), 發令(발령), 發賣(발매), 發說(발설), 發聲(발성), 發癌(발암), 發言(발언), 發言權(발언권), 發熱(발열), 發願(발원), 發音(발음), 發議(발의), 發汗(발한), 濫發(남발), 怒發大發(노발대발), 妄發(망발), 自發(자발)

싹이 트다, 이삭이 패다
[發根(발근)] 뿌리가 나옴. 또는 뿌리를 냄.
[發毛(발모)] 털이 남. 웹發毛劑(발모제)
[發芽(발아)] 씨앗에서 싹이 나옴.
[發育(발육)] 생물이 생겨나서 차차 자람.

시작하다, 비롯하다, 비로소
[發端(발단)] ① 일이 일어남. 또는 그러한 실마리. ② 어떤 일이 벌어지게 됨. 실마리. ¶사건의 발단
[發祥(발상)] ① 상서로운 조짐이 나타남. ② 역사상 큰 의의를 가질 만한 일이 처음으로 나타남. 웹發祥地(발상지)
[發源(발원)] ① 물의 흐름이 비롯함. 또는 그 근원. ② 사회 현상이나 사상 따위가 처음 일어남. 또는 그 근원.
發動(발동), 發足(발족), 發火(발화)

나타나다, 나타내다
[發效(발효)] (법률이나 규칙 등의) 효력이 나타남.
[摘發(적발)] 숨겨져 있는 일이나 드러나지 아니한 것을 들추어냄.

꽃이 피다
[爛發(난:발)] 꽃이 한창 흐드러지게 핌.
[滿發(만:발)] 꽃이 활짝 다 핌.
[花發多風雨(화발다풍우).] 꽃이 피어 있을 무렵에는 꽃샘으로 비바람이 많아 모처럼 핀 꽃도 헛되이 떨어지고 만다는 뜻으로, '인간 세상의 만사가 마음대로 되지 않음'을 비유하여 이르는 말.

밝히다, 발명하다
[發見(발견)] 미처 찾아내지 못했거나 알려지지 않은 것을 찾아냄.
[發明(발명)] ① 전에 없던 물건, 또는 무슨 방법을 새로 만들어 내거나 연구하여 냄. ② 죄나 잘못 따위가 없음을 말하여 밝힘. ③ 경서의 뜻을 스스로 깨달아 밝힘.

들추다, 드러내다
[發覺(발각)] 숨겼던 일이 드러나서 남이 알게 됨. 또는 숨겼던 일을 알아냄. ¶범행이 발각되었다
[發掘(발굴)] ① 땅 속에 묻혀 있던 것을 파냄. ¶유물 발굴 ② 알려지지 않고 있던 것을 찾아냄.
[發表(발표)] 어떤 사실이나 내용 따위를 널리 드러내어 알림.
[告發(고:발)] ① 사회의 부정이나 부조리 따위를 드러내어 비판함. ② (법)범인이나 피해자가 아닌 제삼자가 범죄 사실을 신고함.
發露(발로), 發現(발현)/發顯(발현), 發揮(발휘), 告發狀(고발장), 徵發(징발)

행하다
[發達(발달)] ① 생체 따위가 자라거나 나아지거나 하여 완전한 모양과 기능을 갖추는 단계에 이르다. ¶신체 발달 ② 어떤 것의 구실·규모 등이 차차 커져 감. 발전함. ¶문명의 발달
[發展(발전)] ① 어떤 상태가 보다 좋은 상태로 되어 감. ¶과학 기술의 발전 ② 어떤 일이 더 복잡한 단계로 나아감. ¶말다툼이 싸움으로 발전했다

흩어지다, 흩뜨리다
[發散(발산)] 밖으로 퍼져서 흩어짐. 또는 퍼져서 흩어지게 함. ¶감정의 발산

射 쏠 사, 寸부10 0413

'射(사)'자는 '몸 身(신)'과 '마디 寸(촌)'으로 이루어졌다. 활에 화살을 메기는 모양을 본뜬 것으로 '쏘다'의 뜻을 나타낸다.

쏘다, 활이나 총 따위를 쏘다
[射擊(사격)] 표적을 겨누어 총이나 대포, 활 등을 쏨. ¶사격 개시
[射殺(사살)] 총 따위로 쏘아 죽임.
[發射(발사)] 총포 따위를 쏨.
[亂射(난:사)] 활·총·대포 같은 것을 함부로 쏨. 동亂發(난발)①
射線(사선), 射手(사수), 曲射(곡사), 曲射砲(곡사포), 機銃掃射(기총소사), 速射(속사), 伏射(복사), 直射(직사), 投射(투사)

쏘는 화살처럼 나가다
[射精(사정)] 남자의 생식기에서 정액을 내쏘는 일.

[反射(반:사)] (물) 한 방향으로 나아가던 파동이나 입자선 따위가 다른 물체에 부딪쳐서 되돌아오는 현상. 참反射鏡(반사경), 反射作用(반사작용), 反射運動(반사운동), 條件反射(조건반사)
[放射(방:사)] ① 중심에서 바퀴살처럼 사방으로 내뻗침. ② 發射(발사). ③ (물) 輻射(복사). 참放射能(방사능), 放射線(방사선), 放射性(방사성)
[注射(주:사)] (의) 주사기를 써서 생물체의 조직이나 혈관 속에 약액을 주입하는 일. 참注射器(주사기), 豫防注射(예방주사)
輻射(복사), 輻射熱(복사열), 噴射(분사), 熱射病(열사병), 日射(일사), 日射病(일사병), 入射(입사), 入射角(입사각), 照射(조사), 注射針(주사침)

맞히다, 쏘아서 적중시키다
[射倖(사행)] 우연한 이익을 얻고자 요행을 노림. 참射倖心(사행심)
[射倖數跌(사행삭질)] 요행을 노려 쏘는 화살은 번번이 차질을 일으킨다는 뜻으로, '사행심으로 하는 일은 성취하기 어려움'을 비유하여 이르는 말. 『蜀志(촉지)』

省 살필 성, 덜 생, 目부9　　0414

'省(성)'자는 '적을 少(소)'와 '눈 目(목)'의 형태로 보이나 원래는 '싹날 屮(철)'과 '눈 目(목)'으로 이루어진 것이다. 새봄에 싹이 트는지 살피는 모습에서 '省(성)'자가 만들어진 것이다. '살피다'의 뜻으로 쓰일 때는 [성]으로, '줄이다, 덜다'의 뜻으로 쓰일 때는 [생]으로 읽는다.

살피다, 살펴보다, 분명하게 알다, 분명하다, 자세하다
[省墓(성묘)] 조상의 산소를 살펴봄.
[省察(성찰)] 자신이 한 일을 돌이켜 보고 반성하여 살핌.
[歸省(귀:성)] 객지에서 부모님을 뵈러 고향집으로 돌아가거나 돌아옴. 참歸省客(귀성객)
[內省(내:성)] 마음속으로 자기 자신을 반성함. 참內省的
[反省(반:성)] 자기의 과거 언행에 대해 잘못이나 모자람이 없는가를 돌이켜 살핌. ¶반성과 후회
三省(삼성), 自省(자성)

안부를 묻다
[晨省(신성)] 이른 아침에 부모의 침소에 가서 밤새의 안후를 살피는 일.
[定省(정:성)] 昏定晨省(혼정신성)의 준말. 아침저녁으로 어버이의 안부를 물어 살핌.

깨닫다
[人事不省(인사불성)] ① 큰 병이나 중상(重傷)등으로 의식을 잃어버린 상태. ② 사람으로서 예절을 차릴 줄 모름.

덜다, 없애다
[省略(생략)] 전체에서 일부를 덜거나 줄임. ¶이하 생략

察 살필 찰, 宀부14　　0415

'察(찰)'자는 '집 宀(면)'과 '제사 祭(제)'의 합자이다. 제사를 지낼 때는 심신으로 살필 일이 많았다. ☞觀(관)0630

살피다, 주의하여 보다, 생각하여보다
[警察(경:찰)] ① (법) 사회의 안녕 질서를 유지하기 위하여 국민에게 명령·강제하는 행정 작용. 또는 그러한 일을 하는 구성원이나 기관. ② 경찰관. 참警察官(경찰관), 警察署(경찰서)
[觀察(관찰)] 사물을 꼼꼼히 살펴봄.
[省察(성찰)] ☞省(성)
[診察(진:찰)] (의) 의사가 여러 가지 방법으로 환자의 병 증세를 살펴서 봄. 참診察室(진찰실)
[水至淸則無魚(수지청즉무어), 人至察則無徒(인지찰즉무도).] 물이 너무 맑으면 고기가 없고, 사람이 너무 세세하게 살피면 따르는 무리가 없다. 지나치게 세밀한 부분까지 따지는 사람 밑에는 인재가 모여들지 않는다. 참淸水無大魚(청수무대어), 水淸無大魚(수청무대어) 『古詩源·漢書』
考察(고찰), 不察(불찰), 巡察(순찰), 視察(시찰), 諒察(양찰), 偵察(정찰), 偵察機(정찰기)

어떤 현상을 잘 따지어 관찰하다, 조사하다
[監察(감찰)] 단체의 규율과 단원의 행동을 살피고 감독하는 일. 또는 그 직무.
[檢察(검:찰)] ① 검사하여 살핌. ② (법) 범죄를 수사하고 증거를 수집하는 일. 참檢察官(검찰관), 檢察廳(검찰청)
[査察(사찰)] ① 조사하고 살핌. ② (지난날) 주로 사상 관계의 동태를 조사하여 처리하던 경찰의 한 직무.

알다, 살펴서 알다
[洞察(통:찰)] 온통 밝혀서 살핌. 전체를 환하게 내다봄.
[習而不察(습이불찰), 察而不覺(찰이불각).] 이미 습관이 되어 발견하지 못하고, 발견을 해도 변화를 느끼지 못한다. 현실 속에서 변화의 흐름에 무감각해지고, 그 변화를 알아차린다고 하더라도 그 실상을 제대로 느끼지 못한다. 습관이나 버릇에 젖어 현실을 제대로 보지 못하는 나의 어리석음을 이르는 말이다.

寶 보배 보:, 宀부20　　0416

'寶(보)'자는 원래는 '집 宀(면)'과 '구슬 玉(옥)', '조개 貝(패)'로 구성된 것이었다. 집안에 고이 간직해 둔 옥이나 돈을 통해 '보배'라는 뜻을 나타냈다. '장군 缶(부)'는 음을 나타내기 위하여 후에 첨가한 표음요소이다.

보배, 썩 귀중한 사물, 보배롭게 여기다, 소중히 여기다
[寶物(보:물)] 보배로운 물건.
[寶石(보:석)] 흔히 장신구나 장식용으로 쓰는, 매우 단단하고 광택이 곱고 산출량이 매우 적은 귀중한 광물.
[國寶(국보)] ① 나라의 보배. ② 나라에서 지정하여

법률로 보호하는 문화재. ¶국보 제1호는 서울 숭례문이다
[金銀寶貨(금은보화)] 금·은·보석 같은 귀중한 보물. 寶匣(보갑), 寶石函(보석함), 寶玉(보옥), 寶劍(보검), 寶庫(보고), 寶刀(보도), 寶貨(보화), 家寶(가보), 東醫寶鑑(동의보감), 掌中寶玉(장중보옥), 財寶(재보), 傳家之寶(전가지보), 珍寶(진보), 七寶(칠보).

돈, 화폐
[東國通寶(동국통보)] (역) 고려 숙종 때 만든 엽전 이름.

임금에 관한 일에 붙이는 접두사
[寶位(보:위)] 임금의 자리.
[寶座(보:좌)] ① 임금이 앉는 자리. ② (불) 부처가 앉는 자리.

국새, 임금의 도장
[御寶(어:보)] 임금의 도장. 옥새.

불법승
[佛寶(불보)] ① 석가모니불과 모든 부처의 높임말. ② 불교의 오묘한 경지를 터득하여 그 도가 圓覺(원각)에 오름을 가리키는 말.
[三寶(삼보)] 세 가지 보배. 불교에서 부처(佛)·불경(法)·승려(僧)를 이름.

불가와 도가에서 쓰는 접두어
[寶蓋(보:개)] 탑에서 보륜 위에 덮개 모양을 이루고 있는 부분.
[寶塔(보:탑)] ① 귀한 보배로 장식한 탑. ② 미술적 가치가 큰 탑. ③ '절에 있는 탑'의 높임말. 참多寶塔(다보탑)

玉 구슬 옥, 玉부5   0417

'玉(옥)'자는 둥근 고리 모양의 옥 세 개를 실에 꿰어 놓은 모습을 나타낸다. 점 'ヽ'은 '임금 王(왕)'과 구별하기 위한 것이라고 한다.

옥, 빛이 곱고 모양이 아름다워 귀히 여기는 돌의 총칭
[玉(옥)] (광) 담녹색이나 담회색 따위의 빛이 곱고 모양이 아름다워 귀하게 여기는 돌.
[玉石(옥석)] ① 옥돌. ② 옥과 돌. '좋고 나쁜 것'을 비유하는 말. ¶옥석을 잘 가려서 써라 참玉石俱焚(옥석구분), 玉石混淆(옥석혼효)
[玉石俱焚(옥석구분)] '옥이나 돌이나 모두 다 탄다'는 뜻으로, '옳은 사람이나 그른 사람이나 구별이 없이 모두 재앙을 받음'의 비유. '玉石區分(옥석구분)'이라고 하여 '옥석을 구분하다'라고 쓰는 예가 있는데 원래 그런 말은 없는 것이었다.
[玉碎(옥쇄)] '옥처럼 아름답게 깨어져 부서진다'란 뜻으로, '명예나 충절을 위해 깨끗이 죽음'을 이른다. 반瓦全(와전) 참玉碎作戰(옥쇄작전)
[掌中寶玉(장:중보옥)] '손 안에 있는 보배로운 구슬'이란 뜻으로, '귀하고 보배롭게 여기는 존재'를 비유하는 말.
[珠玉(주옥)] ① 구슬과 옥돌. ② 아름답고 귀한 것을 비유하여 이르는 말. ¶주옥같은 문장
[玉不琢不成器(옥불탁불성기), 人不學不知道(인불학부지도).] 옥은 본시 그 바탕은 아름답지마는 다듬지 않으면 완전한 것이 되지 못하고, 사람은 본바탕은 선하지만 배우지 않으면 인간의 올바른 도리를 알지 못한다. 『禮記(예기)』, 『明心寶鑑(명심보감)·勤學篇(근학편)』
[懷玉其罪(회옥기죄)/懷璧其罪(회벽기죄)] 신분에 어울리지 않는 보물을 가지고 있으면 죄다. 匹夫無罪(필부무죄), ＿＿＿. 소인은 죄가 없더라도, 신분에 어울리지 않는 보물을 가지고 있으면 죄다. 『左傳(좌전)』
玉匣(옥갑), 玉杯(옥배), 玉璽(옥새), 玉色(옥색), 玉石混淆(옥석혼효), 玉簪(옥잠), 玉簪花(옥잠화), 玉笛(옥적), 玉函(옥함), 曲玉(곡옥), 金玉滿堂(금옥만당), 白玉(백옥), 碧玉(벽옥), 寶玉(보옥), 靑玉(청옥), 紅玉(홍옥)

옥으로 만든 홀
[佩玉(패:옥)] (역) 조선 때, 금관 조복의 좌우에 늘여 차던 옥.

사물을 칭찬하거나 귀히 여김을 나타내기 위한 미칭, 옥 같이 여기다, 아끼고 소중히 하다
[玉稿(옥고)] 남의 원고를 높여 이르는 말.
[玉體(옥체)] ① 임금의 몸. ② 편지에서 상대방을 높여 건강을 물을 때 그의 '몸'을 일컫는 말. ¶그동안 옥체 안녕하셨습니까? 동貴體(귀체)
[玉篇(옥편)] 낱낱의 한자 뜻을 풀이한 책. 字典(자전). 옥과 같이 훌륭한 책. 임금이 편찬한 책을 뜻하기도 한다.
[金枝玉葉(금지옥엽)] '금 가지와 옥 잎사귀'라는 뜻으로, ① 임금의 가족을 높여 부르는 말. ② 귀여운 자손을 소중하게 일컫는 말. ¶금지옥엽으로 자라다
玉骨仙風(옥골선풍), 玉女(옥녀), 玉童子(옥동자), 玉手(옥수), 玉條(옥조), 玉兎(옥토), 玉皇上帝(옥황상제), 金科玉條(금과옥조), 錦衣玉食(금의옥식), 纖纖玉手(섬섬옥수)

임금에 관한 일
[玉顔(옥안)] 임금의 얼굴.
[玉音(옥음)] 임금의 말씀.
[玉座(옥좌)] 임금이 앉는 자리.

石 돌 석, 石부5   0418

'石(석)'자는 '언덕 厂(한)'과 '입 口(구)'로 이루어진 글자이다. '口'는 돌덩이의 모양을 나타내는 것이다. 언덕 아래 뒹구는 돌덩이를 뜻한다.

돌
[石工(석공)] 돌을 다루어 예술품이나 공업품을 만드는 기술자.

[石材(석재)] 토목·건축 및 비석·조각 따위에 재료로 쓰이는 돌.
[木石(목석)] ① 나무와 돌. ② 나무나 돌 같이 감정·인정이 없는 사람의 비유.
[寶石(보:석)] ☞ 寶(보)
[巖石(암석)] 바위와 돌. 지각을 구성하고 있는 단단한 물질.
[玉石(옥석)] ☞ 玉(옥)
[以卵投石(이:란투석)] '달걀로 돌을 친다'는 뜻으로, 약한 것으로 강한 것을 당하여 내려는 어리석음의 비유. 동以卵擊石(이란격석)
[漢江投石(한:강투석)] '한강에 돌 던지기'란 뜻으로 몹시 미미하여 전혀 효과가 없음을 비유하여 이르는 말.
[他山之石(타산지석)] '다른 산의 하찮은 돌이라도 자기의 옥돌을 가는 데 도움이 된다(他山之石 可以攻玉)'는 시경의 한 구절로 다른 사람의 하찮은 말이나 행동도 자기의 수양에 도움이 된다는 말.

石磬(석경), 石膏(석고), 石橋(석교), 石窟(석굴), 石窟庵(석굴암), 石器(석기), 石燈(석등), 石綿(석면), 石壁(석벽), 石佛(석불), 石像(석상), 石手(석수), 石筍(석순), 石油(석유), 石田(석전), 石井(석정), 石柱(석주), 石築(석축), 石炭(석탄), 石塔(석탑), 石板(석판), 石灰(석회), 巨石(거석), 鑛石(광석), 金石文(금석문), 金石之交(금석지교), 奇巖怪石(기암괴석), 落石(낙석), 落穽下石(낙정하석)/落井下石(낙정하석), 大理石(대리석), 望夫石(망부석), 盤石(반석), 屛風石(병풍석), 浮石(부석), 床石(상석), 水石(수석), 壽石(수석), 水滴石穿(수적석천), 試金石(시금석), 玉石俱焚(옥석구분), 玉石混淆(옥석혼효), 隕石(운석), 原石(원석), 一石二鳥(일석이조), 磁石(자석), 電光石火(전광석화), 鐘乳石(종유석), 柱石(주석), 採石場(채석장), 鐵石(철석), 鐵石肝腸(철석간장), 礎石(초석), 硝石(초석), 投石戰(투석전), 下石上臺(하석상대), 化石(화석), 滑石(활석)

돌팔매, 돌을 내던지다
[石戰(석전)] 돌팔매질을 하여 승부를 겨루는 놀이. 고구려 때에, 대보름날 하류층에서 하던 놀이로, 고려, 조선 왕조를 통하여 계속되었다.

비석
[碑石(비석)] 돌로 만든 碑(비).
[立石(입석)] 돌을 세움. 이정표 등을 세움. 선돌.
[表石(표석)] 墓表(묘표). 무덤 앞에 세우는 푯돌. 죽은 사람의 이름·생몰 연월일·행적 따위를 적음.
[標石(표석)] 석재로 수준점이나 삼각점을 표시한 것. 푯돌.

바둑의 알
[捨石(사:석)] ① 바둑에서, 버릴 셈치고 치중수 등 작전상 놓는 돌. ② 토목공사에서, 물 밑에 던져 넣어 기초로 삼는 돌.
[定石(정:석)] ① 바둑에서 공격과 수비에 최선이라고 하는, 일정한 방식으로 돌을 놓는 법. ② 사물 처리에 있어서 일정하게 정해진 방식.
[布石(포:석)] ① 바둑을 둘 때에 앞으로의 싸움에 대비하여, 처음 바둑돌을 벌여 놓음. ② 앞날에 대비하여 미리 손을 씀.

쓸모없음을 뜻하는 말
[石女(석녀)] 아이를 낳지 못하는 여자.

부피의 단위
우리말로는 '섬'이라고 하며, 1석은 한 말의 열 배임.
[萬石君(만:석군)] ① 벼의 연수(年收)가 만석인 지주.

기타
[石榴(석류)] ① 석류나무의 열매. 맛이 달고 심. ② (한의) 석류나무 열매의 껍질. 설사·이질·대하증 따위에 수렴제로 쓰고, 여러 가지 촌충의 구제약으로 쓰임.
[石竹(석죽)] (식) 패랭이꽃.
[結石(결석)] (의) 몸 안의 장기 속에 병으로 생기는 돌처럼 단단한 덩어리. 膽石(담석)·尿石(요석)·腎臟結石(신장결석) 등
[膽石(담:석)] (의) 사람·소·양의 쓸개관이나 쓸개주머니에 생기는 돌과 같이 단단한 물질.
[齒石(치석)] 이똥. 닦지 아니한 이의 안팎에 앉은 곱 같은 버캐.

精 정할 정, 쓿은 쌀 정, 米부14 0419

'精(정)'자는 '곱게 잘 쓿은 쌀'을 나타내기 위하여 만들어진 것이다. '쌀 米(미)'와 '푸를 靑(청)'으로 이루어졌다. '쓿다', '마음 또는 정신' 등의 뜻으로 쓰인다.

쓿은 쌀, 정미, 쓿다, 찧다
[精米(정미)] ① 기계 장치로 벼를 찧어서 입쌀을 만드는 일. ② '정백미'의 준말. 관精米所(정미소)
[精肉(정육)] 살코기. 쇠고기나 돼지고기 따위에서 기름기·심줄·뼈를 발라내고 살로만 된 고기. 관精肉店(정육점)
[精製(정제)] ① 물질에 섞인 혼합물을 없애고 더 순수하게 하는 일. ② 조제품을 다시 손질하여 질이 더 좋게 만듦. ③ (물건을) 정성껏 잘 만듦.
[搗精(도정)] 낟알을 찧거나 쓿음.
精鍊(정련), 精米所(정미소), 精油(정유), 精肉店(정육점)

자세하다, 면밀하다, 밝고 자세하다
[精巧(정교)] 정밀하고 교묘함. ¶정교하게 만든 장난감.
[精讀(정독)] 여러모로 살피며 정밀하게 읽음. 반濫讀(남독) 관熟讀(숙독)
[精密(정밀)] 빈틈없고 자세함. 관精密檢査(정밀검사), 精密科學(정밀과학), 精密機械(정밀기계)
[精通(정통)] 어떤 사물에 대해 정확하고 자세히 앎.
精算(정산), 精選(정선), 精察(정찰), 精緻(정치), 精解(정해)

아름답다
[精書(정서)] 정신을 가다듬어 글씨를 정하게 씀.

근본, 생명의 근원, 만물을 생성하는 음양의 기
[精氣(정기)] ① 민족 따위의 정신과 기운. ② 천지 만물을 생성하는 원천이 되는 기운.
[精力(정력)] 심신의 활동력.
[受精(수정)] (생) 암수의 생식세포가 서로 하나로 합치는 현상. 동물은 암컷의 난자가 수컷의 정자를 받아들여 새로운 개체를 이룸. 식물에서는 암술의 씨방 안에 수술의 화분이 들어가서 이루어짐.
精髓(정수), 精子(정자), 無精卵(무정란), 受精卵(수정란), 酒精(주정)

혼, 혼백, 신
[精神(정신)] ① 사람의 마음이나 생각 또는 각오. 마음의 자세나 태도. ¶정신세계/정신 자세/희생정신 ② 사물을 느끼고 생각하며 판단하는 능력. ¶정신을 차리다 ③ 사물의 근본적인 의미나 목적 또는 이념이나 사상. ¶심일 정신/민족정신
[妖精(요정)] ① 요사스러운 정령. ② 서양의 전설이나 동화에 나오는, 불가사의한 마력을 지닌 사람 모양의 초자연적인 존재.
[精神一到何事不成(정신일도하사불성).] 정신을 집중하여 한결같이 노력하면 어떠한 어려운 일이라도 성취할 수 있음. 『朱子語類(주자어류)』
精靈(정령), 精神薄弱(정신박약), 精神的(정신적), 精神錯亂(정신착란), 敢鬪精神(감투정신)

진실, 참됨, 정성
[精誠(정성)] 참되고 성실한 마음. ¶정성이 지극하다
[精進(정진)] ① 힘써 나아감. ② (불) 잡된 생각을 버리고 한마음으로 불도를 닦아 나가는 공부.
[勇猛精進(용:맹정진)] ① 용맹하게 힘써 나아감. ② (불) 용맹하게 佛道(불도)를 수행함.

굳세다, 강하다
[精兵(정병)] 우수하고 강한 군사.

오로지
[精銳(정예)] 알짜로만 골라 뽑아 아주 우수함. ¶정예 부대

神 귀신 신, 示부10 0420

'神(신)'자는 '제사 示(시)'와 번갯불이 번쩍이는 모양을 본뜬 '申(신)'이 합쳐진 글자이다. '神(신)'의 뜻을 나타낸다.

귀신, 하늘의 신, 신령
[神(신)] ① 종교의 대상으로서, 우주를 주재하는 초인간적 또는 초자연적 존재. ② 죽은 사람의 넋. ③ 사람에게 禍福(화복)을 준다는 신령. ④ 천주교 또는 예수교에서 하느님 또는 하나님.
[神出鬼沒(신출귀몰)] '귀신처럼 나타났다 사라졌다 함'이란 뜻에서, 자유자재로 출몰하여 변화를 짐작할 수 없음.
[神話(신화)] ① (문) 고대인의 사유나 상징이 반영된 신성한 이야기. 우주의 기원, 신이나 영웅의 행적, 민족의 태곳적 역사나 설화를 주로 다룸. ¶단군신화 ② 신비스러운 이야기 ¶그 사건은 풀 수 없는 신화로 남았다 ③ 절대적이고 획기적인 업적을 비유적으로 일컫는 말. ¶월드컵 4강의 신화
[鬼神(귀:신)] ① 죽은 사람의 넋. ② 사람에게 禍福(화복)을 준다는 신령. ③ 어떤 일에 뛰어난 재주가 있는 사람을 비유하여 하는 말. ¶그는 냄새 맡는 데 귀신이다 ④ 생김새나 몰골이 몹시 사나운 사람을 비유하는 말.
[山神(산신)] 산을 지키고 다스리는 신. 山神靈(산신령).
[天地神明(천지신명)] 천지의 여러 신. 우주를 주관하는 신령. ¶천지신명께 비나이다
神格(신격), 神格化(신격화), 神權(신권), 神農(신농)/神農氏(신농씨), 神堂(신당), 神道(신도), 神道碑(신도비), 神靈(신령), 神明(신명), 神父(신부), 神像(신상), 神聖(신성), 神性(신성), 神位(신위), 神人(신인), 神人共怒(신인공노), 神殿(신전), 神主(신주), 神託(신탁), 神學(신학), 降神(강신), 乞神(걸신), 谷神(곡신), 無神論(무신론), 山神閣(산신각), 山神祭(산신제), 三神(삼신), 守護神(수호신), 女神(여신), 疫神(역신), 有神論(유신론), 唯一神(유일신), 雜神(잡신), 地神(지신), 天神(천신), 天佑神助(천우신조), 風神(풍신), 海神(해신), 花神(화신)

불가사의한 것, 현묘하여 헤아릴 수 없는 것
[神奇(신기)] 신묘하고 기이함.
[神童(신동)] 재주와 지혜가 남달리 뛰어난 신통한 아이.
[神秘(신비)] 사람의 능력으로는 알 수 없게 신기하고 묘한 것.
神妙(신묘), 神算(신산), 神通(신통)

정신, 혼, 마음, 사람의 본바탕
[神經(신경)] ① 생물이 자신의 몸과 주위에서 일어나는 자극을 감지하고 적절한 반응이나 정신을 일으키도록 하는 실 모양의 기관. ¶중추신경 ② 어떤 일에 대한 느낌이나 생각. ¶신경이 날카롭다 참神經過敏(신경과민), 神經衰弱(신경쇠약), 神經質(신경질), 神經痛(신경통)
[心神(심신)] 마음과 정신.
[精神(정신)] ☞ 精(정)
[精神一到何事不成(정신일도하사불성).] ☞ 精(정)
神氣(신기), 敢鬪精神(감투정신), 失神(실신), 精神薄弱(정신박약), 精神的(정신적), 精神錯亂(정신착란), 中樞神經系(중추신경계)

덕이 극히 높은 사람, 지식이 두루 넓은 사람, 기량이 매우 뛰어난 사람
[神劍(신검)] 검술이 매우 뛰어나 신의 경지에 오른 사람.
[神技(신기)] 신의 힘으로만 가능할 것 같은, 매우 뛰어나고 신묘한 기술.

[神仙(신선)] 도를 닦아서 인간 세상을 떠나 자연과 벗하여 늙지도 않고 오래 산다는 상상의 사람.
[入神(입신)] ① 기술 따위가 오묘한 경지에 이름. ② 바둑에서 9단이 됨. ③ 신의 경지에 듦. ④ 일심불란(一心不亂)해서 흔들리지 아니하는 상태.

科 과목 과, 과정 과, 禾부8　　0421

'科(과)'자는 '벼 禾(화)'와 '말 斗(두)'의 합자이다. '곡식의 분량', '곡식의 분량을 재다'가 본뜻이다.

과정, 조목, 과목
[科目(과목)] 공부할 지식 분야를 갈라놓은 것. 분야별로 나눈 학문의 구분. 또는 교과를 구성하는 단위 ¶내가 제일 좋아하는 과목은 역사이다
[敎科(교과)] 학교에서 가르치는 과목. 참敎科課程(교과과정)
[敎科書(교과서)] 학교의 교과용으로 편집한 책.
[分科(분과)] ① 각 과목별로 나누어 놓은 부문. ② 각 전문 분야에 따라 나눔.
[學科(학과)] ① 학문을 내용에 따라 나눈 분과. ② 교수 또는 연구의 편의를 위하여 구분한 학술의 분과. ¶국어국문학과
金科玉條(금과옥조), 百科(백과), 百科事典/百科事典(백과사전), 兵科(병과), 本科(본과), 實科(실과), 豫科(예과), 全科(전과), 轉科(전과)

과학, 학문의 분야
[科學(과학)] 보편적인 진리나 법칙의 발견을 목적으로 조목조목 체계적으로 연구하는 학문.
[工科(공과)] 공업에 관한 학과. 예를 들면 토목·기계·전기·전자·화공 등. 참工科大學(공과대학)
[農科(농과)] 대학에서, 농업에 관한 학문을 전공하는 한 분과. 참農科大學(농과대학)
[醫科(의과)] 의학을 연구하는 대학의 한 분과. 참醫科大學(의과대학)
內科(내과), 産婦人科(산부인과), 小兒科(소아과), 眼科(안과), 外科(외과), 理科(이과), 耳鼻咽喉科(이비인후과), 齒科(치과)

세금이나 벌을 매기다
[罪科(죄:과)] ① 죄와 허물. ②법률에 비추어 처벌함.
[前科(전과)] 이전에 범한 죄과(罪過).
[前科者(전과자)] 전에 죄를 저질러서 형벌을 받은 일이 있는 사람.

과거
[科擧(과거)] 옛날 벼슬아치를 뽑던 시험. 文科(문과)·武科(무과)·雜科(잡과)가 있었음. 동科試(과시)
[武科(무:과)] 武官(무관)을 뽑던 科擧(과거).
[文科(문과)] ① 經學文章(경학문장)으로써 선비를 뽑는 시험. ② 문학 내지 인문학에 관한 학과.
科場(과장), 大科(대과), 登科(등과), 文科及第(문과급제), 謁聖科(알성과), 譯科(역과), 律科(율과), 陰陽科(음양과), 醫科(의과), 雜科(잡과)

窓 창 창, 穴부11　　0422

'窓(창)'자는 '구멍 穴(혈)'과 '바쁠 悤(총)'으로 이루어진 글자이다. '悤(총)'자는 '창문 囱(창)' 대신 쓴 것으로 '지붕에 낸 창'을 뜻한다.

창
[窓(창)] 창문.
[窓口(창구)] ① 창문에 조그마하게 뚫어놓은 구멍. ② 손님을 응대하거나 문서·물품·금전의 출납 따위를 담당하는 곳. ¶예금은 일번 창구에서 취급합니다.
[窓門(창문)] 창으로 쓰기 위해 만든 문. 채광이나 통풍을 위하여 벽에 낸 작은 문.
[同窓(동창)] 같은 학교 또는 같은 스승 밑에서 배움. 同門(동문). 참同窓生(동창생), 同窓會(동창회)
[北窓三友(북창삼우)] 서재의 북쪽 창에 있는 세 벗. 즉 거문고, 술, 시를 일컬음. 『白居易(백거이)·北窓三友詩(북창삼우시)』
[鐵窓(철창)] ① 쇠창살로 된 창문. ② '교도소'를 달리 일컫는 말. ¶철창신세를 면치 못하다
窓戶(창호), 窓戶紙(창호지), 南窓(남창), 東窓(동창), 封窓(봉창), 北窓(북창), 映窓(영창), 車窓(차창), 天窓(천창), 學窓(학창)

章 글월 장, 문채 장, 立부11　　0423

'章(장)'자는 '소리 音(음)'과 '열 十(십)'의 합자이다. 음악의 '樂章(악장)'이 본래 의미였다. 후에 '글'을 뜻하는 것으로 쓰이게 되었다. '章(장)'자는 '설 立(립)'과 '이를 早(조)'의 합자로 잘못 볼 수가 있다.

악곡의 절, 악곡의 단락
[樂章(악장)] ① 음악의 한 단락. ② 소나타나 교향곡, 협주곡 따위에서 여러 개의 독립된 小曲(소곡)들이 모여서 큰 악곡이 되는 경우 그 하나하나의 소곡. ¶교향곡은 대개 4악장으로 구성된다

시문의 절, 시문의 단락
[初章(초장)] 작품의 첫째 장.
[中章(중장)] 세 개의 장으로 나누어진 악곡이나 시조의 가운데 장.
[終章(종장)] 세 개의 장으로 나누어진 악곡이나 시조의 마지막 장.

글, 문장, 조목(條目)
[文章(문장)] ① 생각이나 느낌을 글자로 써서 나타낸 것. 흔히 산문적인 글을 이른다. ② 문장가.
[文章三易(문장삼이)] 문장을 짓는 데 있어서 보기 쉽게, 알기 쉽게, 읽기 쉽게 하라는 뜻.
[憲章(헌:장)] ① (법) 헌법과 같이 중요한 글. ② 어떠한 사실에 대하여 약속을 이행하려고 정한 규범. ¶국민교육헌장

文章家(문장가), 文章論(문장론)
기, 표지
[肩章(견장)] 군인·경찰관 등의 제복의 어깨에 붙이는 標章(표장).
[腕章(완:장)] 신분이나 지위 따위를 나타내기 위하여 팔에 두르는 標章(표장).
[勳章(훈장)] 나라와 사회에 크게 공헌한 사람에게 그 명예를 기리기 위하여 나라에서 주는 휘장.
[徽章(휘장)] 직무·신분·명예를 나타내기 위하여 옷이나 모자 따위에 붙이는 標章(표장).
旗章(기장), 紋章(문장), 喪章(상장), 褒章(포장), 標章(표장)

인장, 도장
[圖章(도장)] 개인이나 단체의 이름 또는 어떤 글자나 기호 따위를 새겨 표적으로 찍는 물건. 동印章(인장)
[指章(지장)] 도장 대신 손가락의 지문을 찍는 印(인).

兒 아이 아, 儿부8　0424

'兒(아)'자는 '절구 臼(구)'와 '儿(인)'로 이루어졌다. 여기에서 '臼(구)'는 '절구'가 아니라 '얼굴'의 모습이라고 한다. 입을 크게 벌리고 앙 앙 우는 아이의 모습을 그린 것이라고 하는 설이 있다.

아이, 젖먹이
[兒童(아동)] 어린 아이.
[孤兒(고아)] 부모를 여의어 몸 붙일 곳이 없는 아이. 참孤兒院(고아원)
[小兒(소아)] 어린 아이. 참小兒科(소아과), 小兒痲痺(소아마비)
[育兒(육아)] 어린애를 기름.
兒役(아역), 棄兒(기아), 聾兒(농아), 迷兒(미아), 私生兒(사생아), 産兒(산아), 雙生兒(쌍생아), 女兒(여아), 嬰兒(영아), 乳兒(유아), 幼兒(유아), 幼兒期(유아기), 幼兒園(유아원), 託兒所(탁아소), 胎兒(태아), 混血兒(혼혈아)

나이가 어린 사람(옛날에는 결혼하지 않은 사람)
[問題兒(문:제아)] 지능·성격·행동 따위가 보통의 아동과 현저하게 달라 특별히 다룰 필요가 있는 아동.
[浮浪兒(부랑아)] 보호자의 곁을 떠나 일정한 거처와 하는 일 없이 떠돌아다니는 아이.

자식, 아들
[豚兒(돈아)] ① 아들놈. ② 남에게 '자기 아들'을 낮추는 말.

젊은 남자
[健兒(건:아)] ① 튼튼한 아이. ② 건강하고 씩씩한 사나이. ¶이기고 돌아온 대한의 건아들
[麒麟兒(기린아)] 재능이나 기술이 비상하게 뛰어난 사람을 비유하는 말이다. 기린은 신령한 짐승으로 일컫는 상상속의 동물이다. 수컷을 麒(기), 암컷을 麟(린)이라 한다.
[男兒(남아)] ① 사내 아이. 아들. ② 사나이. 丈夫(장부).
[風雲兒(풍운아)] 좋은 때를 타고 활동하여 세상에 두각을 나타내는 사람.
[幸運兒(행:운아)] 때를 잘 만나서 좋은 일만 닥치는 사람.
寵兒(총아), 快男兒(쾌남아), 蕩兒(탕아), 悖倫兒(패륜아), 好男兒(호남아)

어버이에 대한 아들의 자칭(自稱)

童 아이 동:, 立부12　0425

'童(동)'자는 '설 立(립)'과 '마을 里(리)'로 구성되었는데, 두 요소는 의미와 관련이 없다. '下人(하인)'이 본뜻이었는데, '아이'란 뜻으로 널리 활용되자 본래 의미는 '하인 僮(동)'자를 추가로 만들었다.

아이, 열대여섯 살 이하의 아이
[童心(동:심)] 어린이의 마음처럼 순진한 마음.
[童話(동:화)] 어린이를 위하여 童心(동심)을 바탕으로 지은 이야기.
[牧童(목동)] 소나 양을 치는 아이.
[三尺童子(삼척동자)] 키가 석 자 쯤 되는 철모르는 어린 아이. ¶삼척동자도 다 아는 이야기
[玉童子(옥동자)] 옥처럼 귀한 어린 아이.
童妓(동기), 童男童女(동남동녀), 童蒙先習(동몽선습), 童詩(동시), 童顔(동안), 童謠(동요), 童子(동자), 童貞(동정), 怪童(괴동), 貴童(귀동), 使童(사동), 仙童(선동), 侍童(시동), 神童(신동), 雙童(쌍동), 兒童(아동), 惡童(악동), 才童(재동), 樵童(초동), 學童(학동)

아직 뿔이 나지 아니한 양이나 소
[童牛角馬(동:우각마)] 뿔 없는 송아지와 뿔 있는 말. '도리에 어긋남'의 비유.

第 차례 제:, 竹부11　0426

'차례'라는 뜻을 위하여 만들어진 '弟(제)'자가 '아우'라는 뜻으로 쓰이게 되자, '차례'는 '대 竹(죽)'과 '아우 弟(제)'를 합쳐 '第(제)'자를 만들어 나타냈다.

차례, 차례를 정하다, 숫자 위에 붙여 써서 차례를 나타내는 말
[第三者(제삼자)] 당사자 이외의 다른 사람. 동三者(삼자)
[第二(제이)] 여럿 가운데서 두 번째. ¶이곳은 나의 제이의 고향이다
[第五列(제오열)] 적군에 내응하는 집단. (스페인 내란 때 마드리드를 공격한 프랑코 장군이 자기가 통솔하는 네 개의 부대 이외에 제 5부대가 마드리드 시에 있다고 한 말에서 나왔다고 함.) 동五列(오열)
[第一(제일)] 여럿 가운데서 첫 번째. ¶건강이 제일이다. 참第一位(제일위), 第一人者(제일인자)

과거, 과거에 급제하다

[及第(급제)] ① 시험에 합격함. ② 과거에 합격함. 凹落第(낙제)

[落第(낙제)] ① 시험에서 일정한 등급에 미치지 못하여 떨어짐. ② 진학 또는 진급을 못함. 凹及第(급제)

[壯元及第(장·원급제)] (역) 과거에서 갑과에 첫째로 한 급제.

기타

[本第入納(본제입납)] '본집으로 들어가는 것'이라는 뜻으로, 자기 집으로 편지할 때 편지 겉봉에 받을 이 주소 난에 자기 이름을 쓰고 그 밑에 쓰는 말.

等 등급 등:, 무리 등:, 竹부12   0427

'等(등)'자는 '대 竹(죽)'과 '절 寺(사)'로 이루어졌다. '竹(죽)'자는 원래 관청에서 쓰는 '竹簡(죽간)'을 뜻하는 것이었고, '절 寺(사)'는 '관청'의 뜻으로 쓰인 것이다. 죽간을 가지런히 정리해 놓은 모양에서 '가지런하다'의 뜻을 나타냈고, 후에 '등급', '차례'의 뜻을 가지게 되었다.

가지런하다, 가지런히 하다, 서책을 가지런히 정돈하다

[均等(균등)] 수량이나 상태 등이 고르고 가지런함. 凹均一(균일)

같다, 동등하다

[等高線(등:고선)] (지) 지도에서, 높이가 같은 지면을 둘러 이은 곡선.

[等分(등:분)] ① 등급의 구분. ② 똑같이 나눔. 또는 그 분량. 똑같은 분량으로 나누어진 몫을 세는 단위.

[等式(등식)] (수) 두 수나 두 식 또는 그 이상의 식을 등호 '='를 써서 그것의 값이 서로 같음을 나타내는 관계식. 참不等式(부등식)

[等身佛(등:신불)] 사람의 키 만 한 크기로 만든 불상.

[同等(동등)] 같은 등급.

[平等(평등)] 등급이 다 같음. 차별이 없음.

等等(등등), 等邊(등변), 等比(등비), 等比級數(등비급수), 等比數列(등비수열), 等神(등신), 等身(등신), 等身大(등신대), 等深線(등심선), 等壓(등압), 等壓線(등압선), 等溫(등온), 等溫線(등온선), 等差(등차), 等差級數(등차급수), 等差數列(등차수열), 等閑視(등한시), 等號(등호), 對等(대등), 不等(부등), 不等號(부등호), 比等(비등), 二等邊三角形(이등변삼각형)

등급, 계단, 계급, 구분하다, 차별

[等級(등:급)] 신분·값·품질 따위의 높고 낮음이나 좋고 나쁨의 차이를 여러 층으로 나누어 구별하는 급수. ¶등급이 높다/등급을 매기다

[等數(등:수)] 등급에 따라 붙인 번호.

[降等(강:등)] 등급을 낮춤. ¶일계급 강등

[劣等(열등)] 보통의 수준이나 등급보다 낮음. 또는 그러한 등급. ¶劣等生(열등생) 凹優等(우등) 참劣等意識(열등의식)

[優等(우등)] ① 우수한 등급. 凹劣等(열등) ② 성적 따위가 우수한 것. 또는 그런 성적. 참優等生(우등생)

[越等(월등)] 다른 것에 비하여 크게 나음. ¶그는 월등한 기량으로 금메달을 땄다

等外(등외), 等位(등위), 高等(고등), 分等(분등), 上等(상등), 劣等感(열등감), 優等生(우등생), 一等(일등), 中等(중등), 差等(차등), 次等(차등), 初等(초등), 特等(특등), 下等(하등), 何等(하등)

級 등급 급, 糸부10   0428

'級(급)'자는 '실 糸(사)'와 '미칠 及(급)'으로 이루어졌다. 실[糸]의 품질에 따른 등급[及]을 나타내기 위한 것이었다.

계급, 위계

[級數(급수)] ① 등급을 나타내는 수. ¶바둑의 급수가 높다 ② (수) 덧셈 부호를 써서 늘어 놓은 수열의 합.

[階級(계급)] ① 지위나 관직 등의 품계나 등급. ¶한 계급 승진하다 ② 신분이나 직업, 재산 등이 비슷한 사람들로 이루어진 사회적 집단. 또는 그것을 기준으로 구분되는 계층. ¶계급 간의 갈등 참階級意識(계급의식), 階級鬪爭(계급투쟁)

[等級(등:급)] ☞ 等(등)

[進級(진:급)] 등급·계급·학년 따위가 올라감. ¶아버지가 부장으로 진급하셨다

[體級(체급)] 권투나 레슬링 따위에서, 선수의 몸무게에 따라 매긴 등급. ¶체급 경기

級友(급우), 各級(각급), 高級(고급), 同級(동급), 上級(상급), 昇級(승급), 留級(유급), 一級(일급), 低級(저급), 中級(중급), 初級(초급), 特級(특급), 下級(하급), 學級(학급)

수급, 전장에서 벤 적의 머리

[首級(수급)] 전장에서 베어 얻은 적군의 머리.

米 쌀 미, 米부6   0429

'米(미)'자는 벼나 수수, 조의 이삭 모양을 본뜬 것으로, 곡식의 '낟알'을 나타낸다. 곡식의 대표인 벼의 낟알을 나타내는 글자로 쓰인다. '米(미)'자를 풀면 '八+十+八'이 되는데, 볍씨를 심어 벼를 거둘 때까지 88번 손이 간다는 뜻에서 '쌀 米(미)'자를 만들었다는 속설이 있다. 쌀알 한 톨을 생산하는데 그렇게 많은 힘이 든다는 뜻이다.

쌀(껍질을 벗긴 벼의 알맹이 외에 보리, 조, 수수, 옥수수 등도 이른다.)

[米穀(미곡)] ① 쌀을 비롯한 갖가지 곡식. ② 벼의 알맹이.

[米麥(미맥)] 쌀과 보리.

[白米(백미)] 희게 쓿은 멥쌀.

[玄米(현미)] 精米(정미)할 때 왕겨만 벗기고 쓿지 않은 쌀.

[子路負米(자로부미)/百里負米(백리부미)] 공자의 제자인 子路(자로)는 가난하여 매일 쌀을 백리 밖까지 져다 주고 그 품삯으로 양친을 봉양하였다는 故事(고사)에서 '가난한 가운데 孝養(효양)함'을 비유하여 이르는 말. 『孔子家語(공자가어)』

米價(미가), 米糠(미강), 米壽(미수), 米飮(미음), 米作(미작), 供養米(공양미), 節米(절미), 精米(정미), 精米所(정미소), 恤米(휼미)

나라 이름
미국을 우리나라와 중국에서는 '美國(미국)'으로, 일본에서는 '米國(미국)'으로 씀. 南美(남미), 北美(북미)도 일본식으로 쓰면 南米(남미), 北米(북미)임.

길이의 단위
'미터[m]'를 한자로 표기할 때 '米(미)'라고 표기함.

88세
[米壽(미수)] '米(미)'자를 풀면 '八+十+八'이 된다는 데서 88세를 이른다. 참米壽宴(미수연)

線 줄 선, 糸부15 0430

'線(선)'자는 '실 糸(사)'와 '샘 泉(천)'으로 이루어졌다. '실', '줄'을 뜻한다.

줄, 실
[線路(선로)] ① 기차나 전차 따위가 다니게 궤철의 줄을 깐 길. ¶철도 선로 ② 전기의 송전 또는 전화의 통화를 위해 일정한 계통을 따라 늘여 놓은 전기 회로.
[線形(선형)] 실처럼 가늘고 긴 모양.
[曲線(곡선)] 굽은 선. 참曲線美(곡선미), 直線(직선)
[導火線(도:화선)] ① 폭약이 터지게 하는 심지. ② 사건을 일으키는 직접 원인.
[水平線(수평선)] ① 지구 위에서 중력의 방향에 수직이 되는 직선. ② 정지한 물의 평면에 평행하는 직선. ③ 바닷물과 하늘이 접하여 한 선으로 보이는 선. ④ 보통 이상과 이하의 한계.
[休戰線(휴전선)] 휴전이 되어 작정한 군사상의 경계선. ¶한 많은 휴전선
可視光線(가시광선), 幹線(간선), 幹線道路(간선도로), 經線(경선), 光線(광선), 罫線(괘선), 螺線(나선), 路線(노선), 稜線(능선), 單線(단선), 單線軌道(단선궤도), 斷線(단선), 對角線(대각선), 動線(동선), 銅線(동선), 等高線(등고선), 等深線(등심선), 等壓線(등압선), 等溫線(등온선), 無線(무선), 放射線(방사선), 配線(배선), 伏線(복선), 複線(복선), 複線軌道(복선궤도), 不連續線(불연속선), 死線(사선), 斜線(사선), 射線(사선), 垂線(수선), 視線(시선), 實線(실선), 雙曲線(쌍곡선), 延長線(연장선), 熱線(열선), 緯線(위선), 有線(유선), 流線型(유선형), 子午線(자오선), 紫外線(자외선), 赤外線(적외선), 前線(전선), 電線(전선), 戰線(전선), 點線(점선), 接線(접선), 縱線(종선), 支線(지선), 地平線(지평선), 車線(차선), 打線(타선), 脫線(탈선), 平行線(평행선), 合線(합선), 海岸線(해안선), 混線(혼선), 回歸線(회귀선), 橫線(횡선)

習 익힐 습, 羽부11 0431

'習(습)'자는 원래 '깃 羽(우)'와 '날 日(일)'의 구조이다. 어린 새가 날마다 날갯짓을 익히는 것으로 '익히다'의 뜻을 나타냈다. 후에 '日(일)'이 '흰 白(백)'으로 잘못 변했다.

익히다, 새끼가 나는 법을 익히다, 숙달하다, 익다, 손에 익다, 되풀이하여 행하다, 연습하다, 복습하다
[習得(습득)] 배워서 지식 따위를 얻음. 배워 터득함.
[習字(습자)] 글자를 써 가면서 익힘.
[復習(복습)] 배운 것을 되풀이하여 익힘. 반豫習(예습)
[練習(연:습)] ① 학문·기예 등을 익숙하도록 되풀이하여 익힘. ② 일정한 작업을 반복하여 새로운 습관을 만듦.
[演習(연:습)] ① 練習(연습). ② (군) 전투 능력을 평가하기 위하여 실전과 비슷한 상황에서 실시하여 보는 군사 행동. 참총연습/예행연습 ③ (교) 세미나.
[豫習(예:습)] 배울 것을 미리 익힘. 반復習(복습)
[學而時習之(학이시습지), 不亦說乎(불역열호).] 배워서 그것을 제때에 익히니 또한 기쁘지 않겠는가. 한 번 배우면 그것으로 다 아는 것처럼 기가 산다. 그러나 실제로는 잘 모르는 것이다. 하지만 배운 것을 시간 있을 때마다 복습하고 연습해 보면 차츰 진정한 뜻을 이해하게 된다. 즉 몸소 깨달아 실천하게 되는 것이다. 그러한 체득의 기쁨이야말로 학문의 참다운 기쁨이다. 『論語(논어)·學而(학이)』 ☞ * 452
習作(습작), 敎習(교습), 童蒙先習(동몽선습), 猛練習(맹연습), 補習(보습), 時習(시습), 實習(실습), 豫行演習(예행연습), 自習(자습), 學習(학습)

길들이다, 습관, 관습, 버릇
[習慣(습관)] 어떤 행위를 오랫동안 되풀이 하는 과정에서 저절로 익혀진 버릇이나 행동방식.
[習性(습성)] ① 버릇이 되어버린 성질. ② 습관과 성질.
[慣習(관습)] ① 일반적으로 인정되어 오는 규칙. ② 여러 번 되풀이함으로써 저절로 익고 굳어진 행동. 참慣習法(관습법)
[風習(풍습)] 풍속과 습관. ¶대보름날에는 연날리기 하는 풍습이 있다
[習而不察(습이불찰), 察而不覺(찰이불각).] 이미 습관이 되어 발견하지 못하고, 발견을 해도 변화를 느끼지 못한다. 현실 속에서 변화의 흐름에 무감각해지고, 그 변화를 알아차린다고 하더라도 그 실상을 제대로 느끼지 못한다. 습관이나 버릇에 젖어 현실을 제대로 보지 못하는 나의 어리석음을 이르는 말이다.
習俗(습속), 常習(상습), 常習的(상습적), 世習(세습), 惡習(악습), 因習(인습), 弊習(폐습)

배우다
[講習(강:습)] 일정한 기간 임시적으로 하는 학문·기술·실무 등에 관한 교육. ¶요리 강습
[見習(견:습)/修習(수습)] 실무 따위를 배워 익힘. ¶견습공/수습사원

慣 버릇 관, 익숙할 관, 心부14　0432

'慣(관)'자는 '마음 心(심)'과 '꿸 貫(관)'으로 이루어진 글자이다. 마음 씀씀이의 '버릇'을 뜻하기 위하여 만든 것이다.

버릇, 버릇처럼 익숙하여진 것, 버릇이 되다, 익숙하여지다
[慣例(관례)] (관습적으로) 늘 해 오는 전례.
[慣習(관습)] ☞ 習(습)
[習慣(습관)] ☞ 習(습)
[慣用(관용)] 습관적으로 늘 씀. 또는 그렇게 쓰는 것. ¶관용적 표현. 참慣用句(관용구)
[慣行(관행)] 오랜 관례대로 함.
慣例法(관례법)/慣習法(관습법), 慣性(관성), 慣用語(관용어)

者 놈 자, 사람 자, 老부11　0433

놈, 사람
[結者解之(결자해지)] '묶은 사람이 풀어야 한다'는 뜻으로, 자기가 관계했거나 저지르거나 한 일에 대하여는 자신이 그 일을 해결하여야 한다는 말.
[經營者(경영자)] (경) 기업이나 사업을 관리·운영하는 사람이나 단체.
[勞動者(노동자)] ① 노동을 하여 그 품삯으로 살아가는 사람. ¶육체노동자와 정신노동자 ② 막일꾼. ¶노동자 차림을 한 사내
[配偶者(배:우자)] 부부로서 짝이 되는 사람. 남편에 대한 아내, 아내에 대한 남편.
[去者必返(거:자필반)] 떠나간 사람은 반드시 돌아온다 (헤어지면 언젠가는 다시 만나게 된다는 말). 참會者定離(회자정리)
[來者勿拒(내자물거), 去者勿追(거:자물추).] 오는 사람을 물리치지 말고, 가는 사람을 억지로 붙들지 말라. 『春秋公羊傳(춘추공양전)』 ☞ * 077
[仁者無敵(인자무적)] 어진 사람은 모든 사람을 사랑하므로 천하에 적대하는 사람이 없음.
[會者定離(회:자정리)] 만난 사람은 언젠가는 헤어지도록 운명이 정해져 있음. '인생의 무상함'을 비유하여 이르는 말. 『法華經(법화경)』 참去者必反(거자필반)
加害者(가해자), 角者無齒(각자무치), 敎育者(교육자), 權威者(권위자), 技術者(기술자), 記者(기자), 露宿者(노숙자), 能者多勞(능자다로), 當事者(당사자), 當者(당자), 代表者(대표자), 讀者(독자), 亡者(망자), 盲者(맹자), 牧者(목자), 無法者(무법자), 伴侶者(반려자), 傍觀者(방관자), 背信者(배신자), 百萬長者(백만장자), 病者(병자), 保菌者(보균자), 保護者(보호자), 附逆者(부역자), 富者(부자), 不在者(부재자), 貧者一燈(빈자일등), 死傷者(사상자), 死者(사자), 使者(사자), 生者必滅(생자필멸), 善游者溺(선유자익), 聖者(성자), 勝者(승자), 視聽者(시청자), 識者(식자), 信者(신자), 失業者(실업자), 愛國者(애국자), 弱者(약자), 兩者(양자), 譯者(역자), 緣故者(연고자), 年長者(연장자), 豫言者(예언자), 王者(왕자), 往者(왕자), 容疑者(용의자), 虞犯者(우범자), 僞善者(위선자), 有權者(유권자), 隱者(은자), 仁者(인자), 作者(작자), 長者(장자), 在所者(재소자), 著者(저자), 適任者(적임자), 前科者(전과자), 前者(전자), 第三者(제삼자), 第一人者(제일인자), 從者(종자), 走者(주자), 指揮者(지휘자), 債權者(채권자), 債務者(채무자), 責任者(책임자), 諜者(첩자), 初心者(초심자), 打者(타자), 覇者(패자), 敗者(패자)/敗北者(패배자), 被敎育者(피교육자), 被疑者(피의자), 被害者(피해자), 筆者(필자), 學者(학자), 賢者(현자), 或者(혹자), 患者(환자), 話者(화자), 後繼者(후계자), 候補者(후보자)

것, 일 또는 물건을 가리켜 이른다
[適者生存(적자생존)] (생) 생물이 외계의 상태나 변화에 적응하는 것은 살아가고, 그렇지 못한 것은 사라져 가는 자연 도태의 현상.
[前者(전자)] 먼저 말한 것. 반後者(후자)
[後者(후:자)] 두 가지 사물을 들어 말했을 때의 뒤의 것.
[農者天下之大本(농자천하지대본).] 농사는 세상 사람들이 생활해 나가는 데에 으뜸이 되는 근본이다.
近者(근자), 兩者擇一(양자택일)

苦 쓸 고, ⾋부9　0434

'苦(고)'자는 '씀바귀'가 본뜻이다. '풀 ⾋(초)'와 '예 古(고)'로 이루어졌다.

씀바귀, 쓴 나물, 쓰다, 쓴 맛
[苦味(고미)] 쓴맛. 반甘味(감미)
[苦杯(고배)] ① 쓴 술잔. ② '쓰라린 경험'을 일컫는 말. ¶인생의 고배를 마시다
[苦盡甘來(고진감래)] '쓴 것이 다하면 달콤한 것이 온다'라는 뜻으로, 고생한 끝에 즐거움이 온다는 말.
[甘呑苦吐(감탄고토)] '달면 삼키고 쓰면 뱉는다'는 뜻으로, 자기에게 이로우면 가까이하고 불리하면 배척하는 이기적인 태도를 이르는 말.
[良藥苦於口(양약고어구), 忠言逆於耳(충언역어이).] 좋은 약은 입에 쓰고, 충성스런 말은 귀에 거슬린다. 몸이나 행동에 이로운 것은 대개 사람의 생각과 어긋나기 쉽다는 말이다. 참良藥苦口(양약고구), 良藥苦於口利病(양약고어구리병) 『後漢書(후한서)』, 『孔子家語(공자가어)』

道傍苦李(도방고리)

괴로워하다, 괴롭히다, 아프다, 고통을 받다, 고달프다
[苦難(고난)] 괴로움과 어려움. 🖽苦楚(고초)
[苦悶(고민)] 속을 태우며 괴로워함.
[苦生(고생)] ① 괴롭게 살아감. ② 어렵고 힘든 생활을 함. 또는 그런 생활.
[苦痛(고통)] 몸이나 마음이 괴롭고 아픔.
[同苦同樂(동고동락)] 괴로움을 함께 하고 즐거움도 함께 함.
[千辛萬苦(천신만고)] '천만 가지의 辛苦(신고)'라는 뜻으로, 여러 가지 애를 쓰는 무한한 고생을 이르는 말.
[四苦(사고)] (佛) 사람이 한 세상을 살면서 겪는 네 가지 고통. 곧, 생(生)·노(老)·병(病)·사(死)를 이르는 말. ☞ * 169
[八苦(팔고)] (佛) 인생의 여덟 가지 괴로움. 곧, 생고(生苦)·노고(老苦)·병고(病苦)·사고(死苦)·애별리고(愛別離苦)·원증회고(怨憎會苦)·구부득고(求不得苦)·오온성고(五蘊盛苦). ☞ * 169
苦惱(고뇌), 苦樂(고락), 苦笑(고소), 苦心(고심), 苦言(고언), 苦肉之計(고육지계)/苦肉策(고육책), 苦衷(고충), 苦學(고학), 苦海(고해), 苦行(고행), 刻苦(각고), 艱苦(간고), 艱難辛苦(간난신고), 客苦(객고), 困苦(곤고), 塗炭之苦(도탄지고), 萬苦(만고), 病苦(병고), 産苦(산고), 辛苦(신고), 業苦(업고), 獄苦(옥고), 忍苦(인고), 七難八苦(칠난팔고)

힘쓰다, 애쓰다, 힘들다
[苦役(고역)] 힘들고 고된 일.
[苦戰(고전)] 몹시 괴롭고 힘든 싸움.
[勞苦(노고)] 힘들게 일하느라 고생함. ¶장병들의 노고를 치하함
[惡戰苦鬪(악전고투)] 몹시 어려운 조건에서 죽을 힘을 다하여 고생스럽게 싸움. ¶악전고투 끝에 간신히 적을 물리치다 ② 어려운 여건에서도 힘써 노력함.

매우, 과도하게
[苦待(고대)] 몹시 기다림.
[鶴首苦待(학수고대)] 학처럼 머리를 쭉 빼고 애태우며 기다림. 간절한 마음으로 애타게 기다림.

甘 달 감, 甘부5 0435

'甘(감)'자는 '입 口(구)'안에 선을 하나 그어 음식을 입에 물어 끼운 모양을 나타낸다고 한다.

달다, 단 맛이 있다, 달게 여기다, 맛이 좋다, 맛 좋은 것
[甘味(감미)] 단맛. 🖽苦味(고미) ¶감미롭다
[甘受(감수)] 달게 받음. 불가피한 상황에서 애써 피하지 말고 긍정적인 자세로 그 결과를 받아들임. ¶어떤 비난도 다 감수했다
[甘草(감초)] 높이는 일 미터 가량이며, 붉은 갈색의 뿌리는 단맛이 나는데 먹거나 약으로 쓰이는 풀. ¶약방에 감초 참藥房甘草(약방감초)
[甘呑苦吐(감탄고토)] ☞苦(고)
[苦盡甘來(고진감래)] ☞苦(고)
[饑者甘食(기자감식), 渴者甘飮(갈자감음).] 굶주린 사람은 달게 먹고, 목마른 사람은 달게 마신다. 굶주림과 목마름은 인간 미각의 본성을 그르친다. 그리고 빈곤함은 때때로 인간 본성의 선을 해친다. 『孟子(맹자)·盡心 上(진심 상)』
[言甘家醬不甘(언감가장불감).] '말 많은 집에 장맛이 쓰다'는 뜻으로, 가정에 말이 많으면 살림이 잘 안 됨, 또는 말이 많은 곳에는 실속이 없음을 비유하여 이르는 말.
甘露(감로), 甘露水(감로수), 甘露酒(감로주), 甘雨(감우), 甘藷(감저), 甘蔗(감자), 甘酒(감주), 甘泉(감천)

간사하다
[甘言利說(감언이설)] 남의 비위를 맞추는 달콤한 말과 이로운 조건을 내세워 꾀는 말. ¶감언이설에 속다
[忠言逆耳(충언역이), 甘詞易入(감사이입).] 충직한 말은 귀에 거슬리고, 달콤한 말은 귀에 쏙 들어온다. 참良藥苦於口(양약고어구), 忠言逆於耳(충언역어이)『史記(사기)』 ☞ * 432

英 꽃부리 영, ++부9 0436

꽃잎 전체를 뜻하는 '英(영)'자는 '풀 ++(초)'와 '가운데 央(앙)'자로 이루어졌다. 남성의 아름다움을 네 등급으로 구분하였는데, 지략이 있어 만 명을 당해내는 사람을 英(영), 천 명을 당해내는 사람을 俊(준), 백 명을 당해내는 사람을 豪(호), 열 명을 당해내는 사람을 傑(걸)이라 하였다.

아름답다, 뛰어나다, 뛰어난 것, 뛰어난 사람
[英雄(영웅)] 지혜와 재능이 뛰어나고 용맹하여 보통 사람이 하기 어려운 일을 해내는 사람. 참英雄心(영웅심)
[英雄豪傑(영웅호걸)] 영웅과 호걸.
[育英(육영)] 인재를 기름. 영재를 교육함.
[得天下英才而敎育之(득천하영재이교육지), 三樂也(삼락야).] 천하의 영재를 얻어서 교육하는 것이 세 번째 즐거움이다. 『孟子(맹자)·盡心 上(진심 상)』 ☞ * 044
英傑(영걸), 英斷(영단), 英物(영물), 英敏(영민), 英才(영재), 英特(영특)

나라 이름
[英國(영국)] 유럽의 서부 대서양상에 있는 입헌군주국. England의 Eng를 英(영)으로 음역하였음.
[英語(영어)] 인도·유럽어족 게르만 어파의 서게르만 어군에 속한 언어. 미국, 영국, 캐나다, 오스트레일리아 등을 비롯하여 세계 여러 나라에서 사용하는 국제어의 구실을 한다.
英文(영문), 英文學(영문학), 英譯(영역), 英字(영자)

기타
[紫雲英(자운영)] 콩과의 두해살이풀. 중국 원산으로

풋거름으로 쓰이고, 어린잎과 줄기는 사람이나 짐승이 먹음.

醫 의원 의, 酉부18　0437

'醫(의)'자는 수술 도구를 넣는 '상자 匚(방)', 살을 쩨는 데 쓰는 화살 촉 같은 작은 칼 '화살 矢(시)', 창 같이 큰 칼 '창 殳(수)', 마취나 소독에 쓰는 알코올을 담은 병 '술 酉(유)' 이렇게 네 가지로 구성되었다. 옛날의 의사나 지금의 의사나 크게 다를 것이 없다.

의원, 의사, 병을 치료하다

[醫科(의과)] 의학을 연구하는 대학의 한 분과. 짭醫科大學(의과대학)
[醫師(의사)] 국가시험에 합격하여 면허를 받고 병을 치료하는 것을 직업으로 삼는 사람.
[醫藥(의약)] ① 병을 고치는 데 쓰는 약. 의약품. ② 의술과 약.
[獸醫(수의)] 獸醫師(수의사)의 준말. 짐승, 특히 가축의 질병 치료를 전공으로 하는 의사.
[主治醫(주치의)] 어떤 사람의 병을 주로 맡아 치료하는 의사.
[韓醫(한:의)] 韓方(한방)의 의술. 또는 韓醫師(한의사).
[處疾則貴醫(처질즉귀의), 有禍則畏鬼(유화즉외귀).] 병에 걸리면 의사를 중히 여기고, 화가 있으면 귀신을 두려워한다. 『韓非子(한비자)·解老(해로)』
醫療(의료), 醫務(의무), 醫術(의술), 醫員(의원), 醫院(의원), 醫學(의학), 軍醫(군의), 東醫寶鑑(동의보감), 名醫(명의), 侍醫(시의), 洋醫(양의), 御醫(어의), 臨床醫學(임상의학), 專門醫(전문의), 韓醫師(한의사), 韓醫學(한의학)

藥 약 약, ++부19　0438

'藥(약)'자는 '풀 ++(초)'와 '즐거울 樂(락)'자로 이루어졌다. 어떤 풀을 먹으니 병이 나아 즐겁다.

약, 질병을 고치는 데 효과가 있는 것의 총칭

[藥(약)] ① 병이나 상처 따위를 고치거나 예방하는 데 쓰는 물질. ¶약을 먹다/약을 처방하다 ② 화약. ③ 세균·벌레·짐승 따위를 죽이는 물질. 파리약·빈대약·쥐약·농약 따위 ¶약을 뿌리다/약을 치다 ④ 電池(전지). ¶약이 떨어진 손전등 ⑤ 구두약. ¶약을 칠하다 ⑥ '술'의 곁말. ⑦ '아편'의 곁말. ⑧ '뇌물'의 곁말.
[藥局(약국)] 약사가 약을 조제하거나 파는 곳.
[藥師(약사)] ① 주무 관청의 면허를 받아 주로 약품의 조제·감정·보존·교부에 관한 실무를 보는 사람. ② '약사유리광여래'의 준말.
[藥水(약수)] 약효가 있는 샘물.
[藥品(약품)] ① 약으로 쓰는 물품. ② 병이나 상처 따위를 고치거나 예방하기 위하여 먹거나 바르거나 주사하는 물질. ③ 화학 변화를 일으키는 데 쓰는 물질.
[醫藥(의약)] ☞ 醫(의)
[聞則疾不聞藥(문:즉질불문약)] '들으면 병, 못 들으면 약이란 뜻으로, 마음에 걸리는 말은 처음부터 듣지 않는 편이 낫다는 속담.
[良藥苦於口(양약고어구), 忠言逆於耳(충언역어이).] 좋은 약은 입에 쓰고, 충성스런 말은 귀에 거슬린다. 몸이나 행동에 이로운 것은 대개 사람의 생각과 어긋나기 쉽다는 말이다. 짭良藥苦口(양약고구), 良藥苦於口利病(양약고어구리병) 『後漢書(후한서)』, 『孔子家語(공자가어)』
藥令市(약령시), 藥物(약물), 藥房(약방), 藥房甘草(약방감초), 藥方文(약방문), 藥食(약식), 藥用(약용), 藥材(약재), 藥典(약전), 藥劑(약제), 藥劑師(약제사), 藥指(약지), 藥草(약초), 藥鋪(약포), 藥學(약학), 藥和劑(약화제), 藥效(약효), 膏藥(고약), 救急藥(구급약), 劇藥(극약), 痲藥(마약), 沒藥(몰약), 妙藥(묘약), 百藥(백약), 補藥(보약), 服藥(복약), 不死藥(불사약), 死藥(사약), 賜藥(사약), 散藥(산약), 常備藥(상비약), 生藥(생약), 仙藥(선약), 眼藥(안약), 洋藥(양약), 良藥(양약), 靈藥(영약), 製藥(제약), 坐藥(좌약), 湯藥(탕약), 投藥(투약), 韓藥(한약), 丸藥(환약)

병을 치료하는 데 쓰이는 것은 아니나 약이라는 이름이 붙은 것

[藥果(약과)] ① 밀가루를 기름과 꿀에 반죽하여 기름에 지진 유밀과의 한 가지. ② 그 정도 당하는 일은 아무 것도 아님을 이르는 말. ¶그 정도면 약과지
[藥酒(약주)] ① 맑은 술. ② 약 술. ③ '술'을 점잖게 일컫는 말.
[農藥(농약)] 농작물에 해로운 병균·벌레·잡초 따위를 없애는 데 쓰는 약품.
[如狗食藥果(여구식약과).] 개 약과 먹듯 한다. 곧 '입에 넣고 먹기는 하나 맛을 모른다'는 뜻으로, '남의 말을 들으면서도 뜻을 알지 못함'을 비유하여 이르는 말. 또는 뜻을 모르면서도 글을 보는 것을 비유하여 이르는 말.
試藥(시약), 釉藥(유약), 齒藥(치약)

화약, 폭발 작용을 하는 합제

[彈藥(탄약)] 탄알과 화약을 아울러 이르는 말.
[彈藥庫(탄:약고)] (군) 탄환이나 폭발물을 넣어두는 창고.
[爆藥(폭약)] ① 폭발하는 성질을 가진 화약. ② 센 압력이나 열을 받으면 폭발하는 물질. ¶폭약을 터뜨리다
[火藥(화약)] 충격·마찰·점화 등에 의하여 터지는 폭발물.

독, 독약

[劇藥(극약)] ① 성분이 매우 심하게 독하여 적은 분량으로도 생명에 위험을 줄 수 있는 약품. ② '극단적인 해결 방법'을 비유하여 이르는 말. ¶증권 시장 안정을 위한 극약 처방
[毒藥(독약)] 독성을 가진 약제. 사람이나 동물의 건강

및 생명을 해침.
기타
[芍藥(작약)] (식) 미나리아재빗과의 백작약·산작약·호작약·적작약 따위를 통틀어 일컫는 말.

號 이름 호(:), 부를 호(:) 虍부13   0439

'號(호)'자의 '号(호)'는 '신음 소리'를 뜻하는 글자이다. 획수가 적어서 '부르다', '이름'을 뜻하는 '號(호)'자의 속자로 써왔다. '号(호)'에다 큰 소리를 내는 대표적인 동물인 '호랑이 虎(호)'를 덧붙인 것이 '號(호)'자이다.

부르짖다, 부르다, 불러오다
[號角(호:각)] 불어서 소리를 내는 뿔 모양의 신호용 도구. 🔁호루라기
[口號(구호)] ① 詩題(시제)의 하나. 글자로 적지 아니하고 머리에 떠오르는 대로 읊는다는 뜻. ② 號令(호령). ③ 어떤 단체·운동의 주장을 간결하게 나타낸 글.
[怒號(노:호)] ① 성내어 부르짖음. ② 바람·물결 따위의 세찬 소리.

일컫다, 호하다, 이름, 명호, 통칭 이외의 이름, 시호, 공신 호
[號(호)] ① 본 이름이나 字(자) 외에 허물없이 부르거나 쓰기 위해 지은 이름. ② 세상에 널리 드러난 이름. ¶싸움 잘하기로 호가 난 사람 ③ 일정하게 펴낸 차례에 해당하는 출판물. ¶5월호에 실린 논문 ④ 어떤 차례를 나타내는 단위. ¶101호 강의실 ⑤ 활자의 크기를 나타내는 단위의 하나. ¶8호 활자 ⑥ 그림에서 화폭의 크기를 나타내는 단위.
[國號(국호)] 나라의 이름. ¶우리나라의 국호는 대한민국이다
[商號(상호)] 상인이 영업을 목적으로 자기를 표시하는 이름.
[雅號(아:호)] 예술인이나 학자 등의 호.
[稱號(칭호)] 어떠한 뜻으로 일컫는 이름.
諡號(시호), 年號(연호), 題號(제호), 宅號(택호)

암호의 말, 군호
[暗號(암:호)] 다른 사람은 모르도록 몰래 꾸민 標識(표지).

신호, 첩보
[信號(신:호)] ① 통신을 위해 사용하는 표지. ② 미리 정한 부호. 표지, 소리, 몸짓 따위로 특정한 내용 또는 정보를 전달하거나 지시함. 또는 그렇게 하는 데 쓰는 부호. ¶교통 신호
[信號燈(신:호등)] 신호를 알리기 위해 켜는 등. 건널목·네거리 등에 있음.
[赤信號(적신호)] ① 교통신호에서 '멈춤'을 알리는 신호. 붉은 깃발이나 등을 이용함. ② 위험 신호. ¶무역수지의 적신호 🔁靑信號(청신호)

표, 표지
[號牌(호:패)] (역) 조선 시대, 열여섯 살 이상의 남자가 신분을 증명하기 위하여 차던 길쭉한 패. 한 면에 이름과 출생년도의 간지를 쓰고 뒷면에 관아의 낙인을 찍은 패.
[記號(기호)] 어떠한 뜻을 기록하기 위하여 쓰이는 標識(표지).
[符號(부호)] 어떤 뜻을 나타내려고 정한 기호.
等號(등호), 不等號(부등호)

호령하다, 명령, 호통
[號令(호:령)] ① 지휘하여 명령함, 또는 그 명령. ② 큰 소리로 꾸짖음.

차례
[號外(호:외)] 정기적으로 발행하는 號數(호수) 외에 급하고 중대한 일이 있을 때에 임시로 발행하는 신문이나 잡지.
[番號(번호)] 숫자로 나타낸 차례. ¶번호 순으로 대답해라

行 갈 행, 다닐 행, 행실 행, 항렬 항, 行부6   0440

'行(행)'자는 원래 '네거리' 모양을 본뜬 것이다. '네거리'가 본래 의미인데, '다니다', '가다', '행하다' 등으로 확대 사용되었다. '항렬', '줄'을 뜻하기도 하는데 이 경우에는 [항]으로 읽는다.

가다, 걸어가다, 다니다, 나아가다, 전진하다, 향하여 가다
[行(행)] ① 글의 줄. ② (문) 漢詩(한시)의 한 체. ③ 글의 줄을 세는 단위. ④ 지명이나 시간 아래에 붙어 '그리로 감' 또는 '어떤 곳으로 감'의 뜻을 나타내는 말. ¶서울행/평양행 ⑤ (불) 중이 불법을 닦는 일. ⑥ (불) 일체의 변화하는 존재. ⑦ (불) 십이 인연의 하나. 전생의 업으로 지은 선악의 행위.
[行軍(행군)] ① 여러 사람이 군대식으로 열 지어 먼 길을 걸어감. ② 군대가 열을 지어 먼 거리를 이동 또는 행진함.
[行方(행방)] 간 방향. 간 곳. 🔁行方不明(행방불명)
[行進(행진)] 여러 사람이 발맞춰 줄을 지어 다니며 걸어 나감.
[紀行(기행)] 여행하는 동안에 보고 듣고 느낀 것을 적은 글. 일기·편지·수필·보고 형식 등으로 씀. 🔁紀行文(기행문)
[同行(동행)] ① 길을 같이 감. ② 부역에 함께 나감. ③ 신앙이나 수행을 같이 하는 사람.
[旅行(여행)] 자기가 사는 곳을 떠나 먼 길을 감. 🔁旅行社(여행사)
[通行(통행)] ① 어떤 곳을 지나서 다님. 🔁通行禁止(통행금지) ¶그곳은 공사 중이라 통행이 불편하다 ② 돈이나 물건이 두루 돎.
[行不中道(행불중도), 立不門中(입불문중).] 길을 갈 때 한가운데로 다니지 않으며, 대문에 설 때 문 한가운데 서지 않는다. 남을 위한 배려가 중요함을 의미한다. 『禮記(예기)·曲禮 上(곡례 상)』

[行遠自邇(행원자이), 登高自卑(등고자비).] 먼 길을 가는 것은 가까운 데로부터 비롯하고, 높은 곳에 이르는 것은 낮은 데로부터 출발한다. '일을 하는 데는 순서가 있음'을 비유하여 이르는 말. 行遠必自邇(행원필자이) 登高必自卑(등고필자비). '登高自卑(등고자비)'는 지위가 높아질수록 스스로를 낮춘다는 뜻으로도 해석된다. 『中庸』

行脚(행각), 行脚僧(행각승), 行客(행객), 行宮(행궁), 行囊(행낭), 行廊(행랑), 行列(행렬), 行路(행로), 行步(행보), 行商(행상), 行色(행색), 行先地(행선지), 行星(행성), 行雲流水(행운유수), 行人(행인), 行裝(행장), 行次(행차), 車不自行(거불자행), 觀行(근행), 錦衣夜行(금의야행), 急行(급행), 微行(미행), 尾行(미행), 蜜月旅行(밀월여행), 密行(밀행), 竝行(병행), 步行(보행), 飛行機(비행기), 師弟同行(사제동행), 蛇行川(사행천), 上行(상행), 徐行(서행), 修學旅行(수학여행), 隨行(수행), 巡行(순행), 循行(순행), 新婚旅行(신혼여행), 暗行(암행), 暗行御史(암행어사), 夜行(야행), 逆行(역행), 連行(연행), 緩行(완행), 運行(운행), 遠行(원행), 移行(이행), 一行(일행), 潛行(잠행), 走行(주행), 直行(직행), 進行(진행), 初行(초행), 退行(퇴행), 爬行(파행), 平行(평행), 平行棒(평행봉), 平行線(평행선), 下行(하행), 航行(항행), 婚行(혼행), 橫行(횡행), 後行(후행)

옮다, 유행하다

[流行(유행)] 어떠한 양식이나 현상 등이 새로운 경향으로 한동안 사회에 널리 퍼지는 현상. ¶이 옷은 유행이 지났다

[流行病(유행병)] 돌림병. 여러 사람에게 돌려가며 옮아 앓는 병. 참傳染病(전염병)

행하다, 하다, 일하다, 행하여지다, 행실, 행위, 일

[行動(행동)] 길을 가거나 몸을 움직임. 어떤 동작을 함.

[行爲(행위)] ① 사람이 의지를 가지고 하는 짓. ¶부정행위 ② (법) 권리의 득실・이전 등의 원인이 되는 의사 표시. ③ (철) 분명한 목적이나 동기를 가지고 의식적으로 행하는 인간의 의지적인 언행.

[行政(행정)] ① 정치나 사무를 행함. ¶행정 계통 ② 법률을 집행하여 나랏일을 실현하는 통치 작용. 입법・사법과 함께 국가 통치 작용의 한 갈래임. 참行政權(행정권), 行政府(행정부)

[犯行(범:행)] 범죄 행위를 함. 또는 그 행위.

[所行(소:행)] 행한 일. 행한 바.

[言行(언행)] 말과 행동. ¶언행일치

[能言之者未必能行(능언지자미필능행), 能行之者未必能言(능행지자미필능언).] 말에 능한 자가 반드시 훌륭한 행동을 하는 것은 아니고, 실천을 잘 하는 사람 중에는 말을 더듬는 사람이 있다. '말을 잘 한다고 반드시 일을 잘 하는 것은 아니고, 실천하는 사람은 말이 적음'을 이르는 말. 『史記(사기)』

行動擧止(행동거지), 行樂(행락), 行事(행사), 行使(행사), 行賞(행상), 行世(행세), 行勢(행세), 行實(행실), 行惡(행악), 行狀(행장), 行跡(행적)/行蹟(행적)/行績(행적), 行態(행태), 行悖(행패), 刊行(간행), 強行(강행), 敢行(감행), 擧行(거행), 決行(결행), 苦行(고행), 慣行(관행), 奇行(기행), 論功行賞(논공행상), 訥言敏行(눌언민행), 斷行(단행), 單行本(단행본), 代行(대행), 德行(덕행), 蠻行(만행), 發行(발행), 百行(백행), 非行(비행), 使徒行傳(사도행전), 山行(산행), 三行(삼행), 善行(선행), 先行(선행), 盛行(성행), 素行(소행), 續行(속행), 遂行(수행), 修行(수행), 施行(시행), 實行(실행), 惡行(악행), 言行一致(언행일치), 豫行演習(예행연습), 銀行(은행), 淫行(음행), 履行(이행), 恣行(자행), 執行(집행), 醜行(추행), 暴行(폭행), 品行(품행), 現行犯(현행범), 孝行(효행), 興行(흥행)

바둑・장기의 수법의 하나

[行馬(행마)] ① 장기 따위를 둘 때 말을 씀. ② 바둑을 둘 때 세력을 펴 돌을 놓음.

행서

[行書(행서)] 한자 글씨체의 하나. 楷書(해서)와 草書(초서)의 중간에 해당되는 것으로, 획을 조금 흘려서 씀.

항렬, 서열

[行列(항렬)] 겨레붙이(혈족) 사이의 代數(대수) 관계를 나타내는 서열. ¶항렬이 높다

[淑行(숙항)] 아저씨뻘이 되는 항렬.

行列字(항렬자), 同行(동항), 排行(배항)

줄, 대열

[行間(행간)] ① 글의 줄과 줄 사이. 또는 行(행)과 행 사이. ② 글에 직접 나타나 있지 않아도 그 글에 숨어 있는 뜻을 비유하는 말.

[雁行(안:항/안:행)] 남의 형제를 높여 부르는 말.

오행

[五行(오행)] 중국 고래의 哲理(철리)로, 만물을 생성하는 우주간의 다섯 가지 원소. 곧 금(金)・목(木)・수(水)・화(火)・토(土). 오행에는 서로 도와 생성해주는 이치와 서로 배척하고 부정하는 이치 즉, 오행상생(五行相生)과 오행상극(五行相剋)의 이치로 우주 만물을 지배한다. 오행인 火(화)・水(수)・土(토)・木(목)・金(금)에 日(일)과 月(월)을 더하여 칠요일의 이름을 붙였고, 태양계 혹성의 이름도 이 오행에 天(천)・海(해)를 더하여 그 이름을 붙였다. ☞ * 291

爲 할 위(:), 위할 위(:), 爪부12   0441

'爲(위)'자에서, 손으로 코끼리를 길들이는 모습을 상상해보라. '손톱 爫(조)'는 '손'을 뜻하고, 그 아래는 코끼리 모양을 본뜬 것이다. 아래 '灬'는 네 다리를 나타낸다. 아래 좌측에 상아도 있다.

하다, 행하다

[爲政者(위정자)] 정치를 하는 사람.

[無所不爲(무소불위)] 못 할 것이 아무 것도 없음. 하지 못하는 일이 없음.
[無爲(무위)] ① 자연 그대로 두어 사람이 힘들여 가하지 아니함. 젭無爲自然(무위자연) ② 아무 일도 하지 않음. 젭無爲徒食(무위도식) ③ (불) 인연에 의해 이루어진 것이 아닌. 생멸 변화를 떠난 것.
[行爲(행위)] ☞ 行(행)
[小人閒居爲不善(소:인한거위불선).] 소인은 한가로이 혼자 있으면 사람이 보고 있지 않음을 기화로 나쁜 일을 함.『大學(대학)』
爲政(위정), 當爲(당위), 不作爲(부작위), 營爲(영위), 要式行爲(요식행위), 作爲(작위), 烏爲食死(조위식사)

되다, 성취하다, 이루다
[爲主(위주)] 주가 되는 것으로 삼음. 으뜸으로 삼음.
[婦老爲姑(부노위고)] '며느리가 늙어서 시어머니가 된다'는 뜻으로, 나이가 어리다고 업신여기지 말라는 뜻.
[轉禍爲福(전:화위복)] 재앙이 바뀌어 오히려 복이 되거나, 복인 줄 알았던 일이 재앙이 된다는 뜻이다. 사람의 인생살이란 어두운 부분과 밝은 부분이 반복된다는 말이다.
[江南橘化爲枳(강남귤화위지).] 강남의 귤을 강북에 심으면 탱자가 된다는 뜻으로, '사람도 사는 곳의 풍속의 선악에 따라 그 품성이 달라짐'을 비유하여 이르는 말. 『韓詩外傳(한시외전)』 ☞ * 007
爲始(위시), 爲富不仁(위부불인), 君爲臣綱(군위신강), 農爲國本(농위국본), 夫爲婦綱(부위부강), 父爲子綱(부위자강), 恩反爲仇(은반위구), 忍之爲德(인지위덕)

위하다, 돕다, 지키다, 위하여 꾀하다
[爲人設官(위인설관)] 사람을 위하여 벼슬자리를 마련함.
[爲親(위:친)] 어버이를 위함.
[爲父母保妻子(위부모보처자)] 부모를 위하고 처자를 보살핌.
爲民(위민), 爲人(위인), 助桀爲虐(조걸위학)

간주하다, 삼다, 인정하다, …라고 하다
[以財爲草(이:재위초)] 재물을 초개같이 봄.
[指鹿爲馬(지록위마).] 중국 秦(진)나라 때 趙高(조고)라는 간신이 임금에게 사슴을 말이라고 속여 바쳤다는 일에서 나온 말로, ① 윗사람을 농락하여 권세를 마음대로 함. ② '모순된 것을 끝까지 우겨서 남을 속이려는 짓'을 비유하여 이르는 말. 回以鹿爲馬(이록위마) 『史記(사기)』

表 겉 표, 衣부8 0442

'表(표)'자는 원래 '털이 달린 겉옷'으로 '털 毛(모)'와 '옷 衣(의)'로 이루어진 것이었다. 형태가 약간 변하였지만 그 모양을 엿볼 수 있다. '表裏(표리)'에 공통으로 들어가는 글자는 '옷'의 뜻인 '衣(의)'이다. '表(표)'는 겉에 입는 옷이라는 데서 '겉'이라는 뜻이고, '裏(리)'는 속에 입는 옷이라는 데서 '속'이라는 뜻이다.

겉, 거죽, 겉면
[表裏(표리)] ① 물체의 겉과 속. ② 옷의 겉감과 안찝. ③ 언행과 속마음. ¶표리가 다른 사람. 젭表裏不同(표리부동), 表裏相應(표리상응)
[表面(표면)] 겉으로 나타나는 부분이나 면. 凹裏面(이면)
[意表(의:표)] 생각 밖. ¶의표를 찌르다
[地表(지표)] 지구의 표면. 땅의 겉면.
表具(표구), 表面張力(표면장력), 表面積(표면적), 表出(표출), 表皮(표피), 表皮組織(표피조직)

나타내다, 밝히다, 명백히 하다, 나타나다
[表明(표명)] 드러내어 밝힘.
[表情(표정)] ① 얼굴에 내비쳐 이루어지는 갖가지 감정의 모습. ¶표정이 날카롭다 ② 마음속의 감정이 겉으로 드러남.
[表現(표현)] 생각이나 감정·느낌 등을 나타냄. ¶예술적 표현/추상적 표현 젭表現力(표현력)
[代表(대:표)] ① 단체나 한 개인을 대신하여 그의 생각이나 일을 드러냄. ¶정당 대표 ② 대표자. ③ 본보기로 내세울 만한 것. ¶아리랑은 우리나라 민요의 대표로 손꼽힌다 젭代表作(대표작)
[發表(발표)] 어떤 사실이나 내용 따위를 널리 드러내어 알림.
表決(표결), 表記(표기), 表音文字(표음문자), 表意文字(표의문자), 表徵(표징), 公表(공표), 代表者(대표자), 辭表(사표), 謝表(사표), 徵表(징표)

표하다, 표시하다
[表示(표시)] 겉으로 드러내 보임.

드러내다, 표창하여 드러나게 하다
[表象(표상)] 대표로 삼을 만큼 상징적인 것. ¶태극기는 우리나라의 표상이다
[表彰(표창)] 훌륭한 일을 세상에 드러내어 밝힘. 젭表彰狀(표창장)
[情表(정표)] 간절한 정을 들어내어 보이려고 물건을 줌. 또는 그 물건.

석물, 선행을 포상하여 그 집 대문이나 동구에 세우는 석주, 죽은 이의 덕을 기려 묘 앞에 세우는 석주
[表石(표석)/墓表(묘표)] 무덤 앞에 세우는 푯돌. 죽은 사람의 이름·생몰 연월일·행적 따위를 적음.
[旌表(정표)] 착한 행실을 세상에 드러내어 널리 알림.
[旌表門閭(정표문려)] 旌表(정표)·旌門(정문)·旌閭(정려)를 아울러 이르는 말.

규범, 모범
[師表(사표)] 세상 사람의 모범이 될 만한, 학식과 도덕이 높은 사람.

표, 임금에게 올리는 서장
[表文(표문)] (지난날) 임금께 품고 있는 생각을 적어 올리던 글.
[出師表(출사표)] ① 출병할 때 그 뜻을 적어서 임금에게 올리는 글. ② 중국 삼국 시대에, 촉나라 재상 제갈

량이 출병하면서 후왕에게 적어 올린 글.
사건을 열기하여 한 눈으로 볼 수 있게 만든 것
[年表(연표)] 역사상의 사건을 연월 순으로 편렬(編列)하여 표(表)로 한 것.
[貸借對照表(대:차대조표)] (경) 기업의 자산을 부채와 자본으로 견주어 놓은 표.
[圖表(도표)] 여러 가지 자료를 분석하여 그 관계를 일정한 양식의 그림으로 나타낸 표. 函統計表(통계표)
[時間表(시간표)] ① 일정한 시간 배당을 적은 표. ② 기차·자동차·기선·항공기 등의 닿고 떠나는 시간을 표시한 표.
책뚜껑
[表紙(표지)] 책의 겉장.

裏 속 리:, 衣부13 　0443

'裏(리)'자는 '옷 衣(의)'와 '마을 里(리)자'로 이루어졌다. '속옷'이 본뜻이다. 좌우 구조의 '裡(리)'자는 '裏(리)'와 同字(동자)이나 쓰임새가 다르다. 秘密裡(비밀리), 暗暗裡(암암리) 따위로 쓰인다.
속, 내부, 가운데
[裏面(이:면)] 물체의 안쪽에 있는 면. 凹表面(표면)
[裏書(이:서)] 뒷보증. 어음이나 증권을 양도할 때에 일정한 방법에 의하여 그 뒤쪽에 양도한다는 글귀를 쓰는 일. 동背書(배서)
[腦裏(뇌리)] 머리 속. ¶뇌리를 스치는 생각
[表裏(표리)] ☞表(표)
[誰知明鏡裏(수지명경리), 形影自相憐(형영자상련).] 누가 거울의 속을 알 수 있으리오. 거울 속에 비친 그림자와 현실의 내가 서로 불쌍하게 여기게 될 줄이야. 『唐詩選 五言絕句 張九齡 照鏡見白髮』
表裏不同(표리부동), 表裏相應(표리상응)
속마음, 충심
[笑裏藏刀(소:리장도)] '웃음 속에 칼을 감춘다'는 뜻으로, '말로는 좋게 하나 속으로는 해칠 뜻을 가짐'을 비유하는 말.
[胸裏(흉리)] 마음속.

親 친할 친, 見부16 　0444

'親(친)'자는 '볼 見(견)'과 '매울 辛(신)'의 변형으로 '가까이 다가가 보다'가 본뜻이고 '친근함'을 뜻하기도 한다. 가장 가까운 사람, 즉 '어버이'를 지칭할 때에도 쓰이며 '몸소'의 뜻을 나타내기도 한다.
친하다, 사랑하다, 사이좋게 지내다, 화목하다, 가까이 하다
[親近(친근)] 사귀어 지내는 사이가 매우 가까움. 凹親密(친밀) 凹疏遠(소원)/疎遠(소원)
[親睦(친목)] 서로 친하여 화목함. 函親睦會(친목회)
[親切(친절)] 남을 대하는 태도가 매우 정답고 성의가 있음.
[燈火可親(등화가친)] 가을이 들어 서늘하므로 밤에 등불을 가까이 하여 글 읽기에 좋음.
[和親(화친)] ① 서로 의좋게 지내는 정분. ② 나라와 나라 사이에 다툼 없이 가까이 지냄.
[不親家族疏後悔(불친가족소후회).] 가족에게 친하게 대하지 않으면 멀어진 뒤에 후회한다. 가까이 있을 때 가족에게 잘해라. 『朱子(주자)·朱子十悔訓(주자십회훈)』 ☞ * 387
親交(친교), 親分(친분), 親善(친선), 親疎(친소), 親熟(친숙), 親愛(친애), 親日派(친일파), 親知(친지), 親和(친화), 親和力(친화력), 懇親(간친), 懇親會(간친회), 父子有親(부자유친), 水魚親(수어친), 切親(절친)
친히, 손수, 몸소 하다
[親見(친견)] 친히 봄.
[親子(친자)] 자기가 몸소 낳은 자식.
[親筆(친필)] 손수 쓴 글씨.
[萬機親覽(만:기친람)] 임금이 온갖 정사를 직접 돌봄. 임금이 쓸 만한 인재가 없거나 아랫사람을 믿지 못하는 방증이다.
[養子息知親力(양:자식지친력).] 자식을 길러 보아야 어버이의 수고를 앎. ☞ * 261
親告罪(친고죄), 親書(친서), 親迎(친영), 親衛(친위), 親衛隊(친위대), 親展(친전), 親政(친정), 親征(친정)
자애, 우정, 친구
[親舊(친구)] ① 벗. ② 나이가 비슷한 또래의 사람을 가깝게 부르는 말.
[親友(친우)] 친한 벗.
어버이, 부모
[親家(친가)] 아버지의 집안.
[親喪(친상)] 부모 상.
[親庭(친정)] 시집간 여자의 부모가 사는 가정.
[兩親(양:친)] 어버이. 父親(부친)과 母親(모친)
[肉親(육친)/骨肉之親(골육지친)] 부모·자식·형제 따위와 같이 혈족 관계가 있는 사람.
親權(친권), 親權者(친권자), 親男妹(친남매), 親母(친모), 親父(친부), 親子(친자), 親兄(친형), 親兄弟(친형제), 親患(친환), 家親(가친), 繼親(계친), 覲親(근친), 老親(노친), 母親(모친), 奉親(봉친), 父親(부친), 思親(사친), 師親會(사친회), 事親(사친), 先親(선친), 養親(양친), 嚴親(엄친), 爲親(위친), 六親(육친), 慈親(자친), 至親(지친), 孝親(효친)
겨레, 일가, 친척
[親戚(친척)] ① 친족과 외척. ② 성이 다른 가까운 척분. 고종·내종·외종·이종 등.
[四顧無親(사:고무친)] 사방을 둘러보아도 친척이라곤 아무도 없음. 의지할 만한 사람이 전혀 없음.
[宗親(종친)] ① 성과 본이 같은 일가로서 유복친 안에는 들지 않는 일가붙이. 函宗親會(종친회) ② 임금의 친족.
[貧賤親戚離(빈천친척리).] 빈천하게 되면 친척마저도 떨어져 나간다는 뜻으로, '인정의 야박함'을 비유하여

이르는 말. 高貴他人合(고귀타인합), _____. 『曹擄(조터)·感舊詩(감구시)』
[遠親不如近隣(원:친불여근린).] 먼 데 있는 친척보다는 가까운 데 있는 이웃이 낫다는 뜻. 遠水難救近火(원수난구근화), _____. 『明心寶鑑(명심보감)』 ☞ 遠(원)

親族(친족), 親姻戚(친인척), 近親(근친), 堂內至親(당내지친), 有服之親(유복지친), 宗親會(종친회)

疏, 疎 트일 소, 거칠 소, 적을 소, 疋부11   0445

'疏(소)'자는 '발 疋(소)' '깃발 㐬(류)'로 이루어졌다. '멀어지다, 멀리하다'의 뜻을 나타낸다. '疎(소)'자는 '疏(소)'자와 同一語(동일어) 異體字(이체자)이다. 또는 '疎(소)'자는 '疏(소)'자의 俗字(속자)라고 한다. '멀리하다', '드물다', '거칠다', '치우다' 등의 뜻으로는 '疎(소)'와 疏(소)를 同字(동자)로 보아 같이 쓰지만 '트이다', '채소', '상소하다'는 관습상 '疏(소)'자를 쓰지 '疎(소)'자는 쓰지 않는다.

트이다, 통하다, 트다, 막힌 것이 트이다
[疏通(소통)] 막힘이 없이 서로 통함.
[意思疏通(의사소통)] 마음먹은 생각이 서로 통함.

멀다, 친하지 아니하다, 멀리하다, 멀어지다, 먼 친척
[疏外(소외)/疎外(소외)] 사이가 점점 멀어지고 밖으로 따돌림.
[疏遠(소원)] ① 오랫동안 만나지 아니함. ¶우리 그동안 너무 소원했지? ② 평소에 친하지 아니함. 또는 그 사람. ③ 탐탁하게 여기지 않아 멀리함.
[生疏(생소)] ① 친하지 않음. ② 서투름. 미숙함.
[親疏(친소)] 친함과 친하지 않음. ¶친소간에
[不親家族疏後悔(불친가족소후회)] ☞ 親(친)
[朋友數斯疏矣(붕우삭사소의).] 친구 사이에 지나치게 자주 충고하면 사이가 멀어진다. 『論語(논어)·里仁(이인)』
[去者日疏(거:자일소).] ① 죽어 저승에 간 사람은 날이 갈수록 疏遠(소원)해져서 차츰 잊혀지게 됨. 去者日以疏(거자일이소), 生者日以親(생자일이친) 『文選(문선)』 ② 멀리 떨어져 있는 사람과는 나날이 정도 멀어져 감. 去者日以疏(거자일이소), 來者日以親(내자일이친) 『古詩(고시)』

疏散(소산), 外謟內疎(외첨내소)

거칠다, 성기다, 드물다
[疏開(소개)] 밀집되어 있는 인원·물자·시설 등을 분산 분리시킴.
[疏密(소밀)/密疏(밀소)] 성김과 빽빽함.
[疏數(소삭)] 드묾과 잦음.

부주의하다, 빠뜨리다, 서투르다
[疏脫(소탈)] 수수하고 털털함. ¶소탈한 옷차림
[疏忽(소홀)] 대수롭지 않고 예사임. 탐탁하지 않고 데면데면함. ¶대접이 소홀했다

채소
古文(고문)에 '채소'를 '疏(소)'로 나타냈는데, 후에 채소의 뜻을 확실하게 하기 위하여 '蔬(소)'자를 만들어 쓰고 있다.
[疏食(소사)] 거친 음식.
[飯疏食飲水(반소사음수), 曲肱而枕之(곡굉이침지), 樂亦在其中矣(낙역재기중의).] 나물 반찬에 물을 마시고, 팔베개를 하고 누웠어도 즐거움이 또한 그 가운데 있다. 행복은 빈부에 의해 정해지는 것이 아니다. 비록 술 대신 물을 마시는 생활일지라도, 자기가 믿는 길에 따라 살아가는 자에게는 그런 가운데서도 자연의 즐거움이 있는 것이다. 『論語(논어)·述而(술이)』 ☞ * 125

조목별로 써서 진술하다, 상소하다, 편지, 조상하는 글, 또는 그 문체, 문체 이름(상소문)
[疏章(소장)] (역) 상소하는 글.
[疏請(소청)] 임금에게 상소를 올려 청함.
[上疏(상소)] 임금에게 글을 올림, 또는 그 글.

角 뿔 각, 角부7   0446

'角(각)'자는 '뿔'을 뜻하기 위하여 뿔 모양을 본뜬 것이다. 뿔은 모가 지므로, '모서리'를 나타내고, 짐승의 싸움 수단이기도 했으므로 '겨루다'는 뜻을 나타내기도 한다.

뿔, 짐승의 뿔, 달팽이나 곤충의 촉각, 뿔 세공, 뿔피리, 뿔로 만든 관악기
[角者無齒(각자무치)] '뿔이 있는 짐승은 이가 없다'는 뜻으로, '한 사람에게 여러 가지 복이 다 갖추어지지 않음'을 이르는 말.
[矯角殺牛(교각살우)] '뿔을 바로잡으려다 소를 죽인다'는 뜻으로, 결점이나 흠을 고치려다가 그 정도가 지나쳐서 도리어 일을 그르친다는 말.
[頭角(두각)] ① 머리 끝. ② 학식이나 재능이나 하는 일이 여럿 가운데서 뛰어난 모습. ¶두각을 나타내다
[觸角(촉각)] (동) 더듬이.
[馬角烏白(마:각오백)] 절대로 일어날 수 없는 일을 비유하여 이르는 말. 燕(연)의 태자 丹(단)이 秦(진)의 볼모가 되어 있을 때, 진왕이 까마귀의 머리가 희게 되고 말의 머리에 뿔이 나면 본국으로 돌려보내 주겠다고 한 말을 듣고, 하늘을 우러러 탄식하자 까마귀의 머리가 희게 되고, 엎드려 울자 말의 머리에 뿔이 났다는 고사. 『曹植(조식)·精微篇(정미편)』
[蝸牛角上爭何事(와우각상쟁하사), 石火光中寄此身(석화광중기차신).] 달팽이의 뿔 위에서 무엇을 다투는가. 부싯돌 불빛에 이 몸을 맡긴 신세면서. 지극히 사소한 것을 두고 서로 다투는 것 또는 좁은 세상에서 옥신각신 싸우는 짓을 비웃은 시구. 『白居易(백거이)·對酒詩(대주시)』 ㈜蝸角之爭(와각지쟁), 蝸牛角上之爭(와우각상지쟁) 『莊子(장자)』

角弓(각궁), 狗頭生角(구두생각), 鹿角(녹각), 童牛角馬(동우각마), 馬生角(마생각), 羊角(양각), 羊角風(양각풍), 牛角(우각), 兔角龜毛(토각귀모), 解角(해각), 號角(호각)

모, 귀, 모진 데, 구석, 한 모퉁이
[角度(각도)] ① 한 점에서 갈려나간 두 직선의 벌어진 정도. ② 생각의 방향이나 관점. ¶새로운 각도에서 검토해 보라
[多角(다각)] ① (수) 여러 각. 참多角形(다각형), ② 여러 방면이나 여러 부문. 참多角度(다각도), 多角的(다각적)
[視角(시:각)] 사물을 관찰하는 각도나 기본자세. ¶시각 차이
[直角(직각)] 90도의 각도.
角膜(각막), 傾斜角(경사각), 內角(내각), 對角線(대각선), 鈍角(둔각), 死角(사각), 銳角(예각), 外角(외각), 四角形(사각형), 三角形(삼각형), 正多角形(정다각형)

겨루다, 경쟁하다, 다투다
[角逐(각축)] 서로 이기려고 다툼. 참角逐戰(각축전)

껍질
[角質(각질)] (동) 뿔처럼 딱딱한 껍질. 동물의 몸을 보호하는 비늘, 털, 뿔, 부리, 손톱 등에 많이 포함되어 있다.

기타
[總角(총:각)] 결혼하지 않은 성년 남자. 참老總角(노총각)

訓 가르칠 훈:, 言부10   0447

'訓(훈)'자는 '말씀 言(언)'과 '내 川(천)'으로 이루어졌다. '川(천)'은 '따르다'의 뜻으로 쓰였으니, '訓(훈)'자는 '말로 이끌어 따르게 하다'의 뜻이 된다.

가르치다, 훈계하다, 인도하다, 이끌다
[訓戒(훈:계)/訓誡(훈계)] 타일러서 경계함. 또는 그런 말. 참訓戒放免(훈계방면)
[訓練(훈:련)] 익숙해지도록 가르치거나 되풀이하여 연습하는 일.
[教訓(교:훈)] 가르치고 타이름.
[校訓(교:훈)] 학교의 교육 이념을 간명하게 나타낸 표어.
[訓導不嚴師之惰(훈도불엄사지타).] 가르쳐 이끄는 데 엄하지 않는 것은 스승의 태만이다. 『古文眞寶·勸學文』☞ *262
訓令(훈령), 訓蒙字會(훈몽자회), 訓民正音(훈민정음), 訓放(훈방), 訓手(훈수), 訓示(훈시), 訓育(훈육), 訓長(훈장), 訓化(훈화), 家訓(가훈), 猛訓練(맹훈련), 山上垂訓(산상수훈), 遺訓(유훈), 轉地訓鍊(전지훈련), 政訓(정훈)

풀다, 자구의 뜻을 해석하다, 뜻, 문자의 해석
[訓(훈:)] 한자를 읽을 때의 뜻. '하늘 천' '나라 국'에서 '하늘' '나라' 따위.
[訓讀(훈:독)] 한자의 뜻을 새겨 읽음. 참音讀(음독)

讀 읽을 독, 구두 두, 言부22   0448

'讀(독)'자는 '말씀 言(언)'과 '행상할 賣(육)'의 합자이다. '행상할 賣(육)'자는 '팔 賣(매)'자와 모양이 유사하나 다른 글자이다. 賣(매)'자는 '선비 士(사)', '그물 罒(망)'과 '조개 貝(패)'의 세 부분으로 이루어진 반면에, '육'자는 '곧을 直(직)'아래 '조개 貝(패)'를 한 것이다. 쓸 때는 '賣(매)'자의 가운데 부분을 '罒(망)'자로 쓰고, '賣(육)'자의 가운데 부분을 '넉 四(사)'처럼 쓴다. '讀(독)', '續(속)', '瀆(독)' 따위의 글자를 쓸 때 주의해야 할 점이다. '읽다'의 뜻으로 쓰일 때는 [독]으로, 문장을 읽을 때 점을 '찍다'는 뜻일 때는 [두]로 읽는다.

읽다, 소리를 내어 글을 읽다, 읽기, 읽는 법
[讀書(독서)] 책을 읽음. ¶가을은 독서의 계절
[讀者(독자)] 책, 신문, 잡지 따위의 글을 읽는 사람.
[牛耳讀經(우이독경)] 쇠귀에 경 읽기. 아무리 가르치고 일러주어도 알아듣지 못함을 가리키는 말. 동牛耳誦經(우이송경)
[精讀(정독)] 여러모로 살피며 정밀하게 읽음. 반濫讀(남독) 참熟讀(숙독)
[晝耕夜讀(주경야독)] '낮에는 농사를 짓고 밤에는 글을 읽는다'는 뜻으로, 바쁘고 어려운 중에도 꿋꿋이 공부함을 이르는 말. 참晴耕雨讀(청경우독)
[讀書百遍義自見(독서백편의자현).] 백 번 반복하여 읽으면, 뜻이 통하지 않던 곳도 저절로 알게 됨. 『魏志(위지)』
[一日不讀書(일일부독서), 口中生荊棘(구중생형극).] 하루라도 책을 읽지 않으면, 입 안에 가시가 돋친다. 安重根(안중근) 義士(의사)의 遺墨(유묵)으로 유명함. 『推句(추구)』
讀經(독경), 讀本(독본), 讀書三餘(독서삼여), 讀音(독음), 讀祝(독축), 讀破(독파), 讀解(독해), 讀後感(독후감), 講讀(강독), 購讀(구독), 朗讀(낭독), 多讀(다독), 代讀(대독), 默讀(묵독), 奉讀(봉독), 速讀(속독), 愛讀(애독), 誤讀(오독), 輪讀(윤독), 音讀(음독), 耽讀(탐독), 通讀(통독), 必讀(필독), 訓讀(훈독)

문장 구절의 뜻을 해독하다, 풀다, 설명하다
[解讀(해독)] 잘 알 수 없는 글이나 암호·기호 따위를 읽어서 풀어냄.
[判讀(판독)] 어떤 내용인가를 헤아려서 읽음.

구두
[句讀點(구두점)] 글을 읽는 데 도움을 주기 위하여 찍는 쉼표와 마침표.

이두
[吏讀(이:두)/吏頭(이:두)] 신라 때 우리말을 적던 방식의 한 가지. 한자의 음이나 새김을 따다가 우리말을 적었음.

早 새벽 조, 이를 조:, 日부6　0449

'무(조)'자는 '해 日(일)'과 '으뜸 甲(갑)'으로 이루어진 글자라고 한다. '甲(갑)'자가 간략하게 변했다. 아침 중에서도 첫 번째 아침 즉 '이른 아침'을 뜻하는 글자였다.

새벽, 이른 아침
[早起(조:기)] 아침 일찍 일어남. ¶조기 축구회
早朝(조조), 早出(조출), 早出暮歸(조출모귀)

이르다, 때가 아직 오지 아니하다, 기준이 되는 때보다 앞서 있다, 일찍, 때가 오기 전에, 미리, 앞서
[早期(조:기)] 이른 시기. ¶조기 교육/조기 치료
[早晩間(조:만간)] ① 이르든지 늦든지 필경은. ¶조만간 알게 될 것이다 ② 앞으로 머지않아. ¶조만간 서울엘 다녀와야겠다.
[早速(조:속)] 이르고도 빠름. ¶조속한 시일 내에 처리해 주십시오
[早退(조:퇴)] 정해진 시간보다 일찍 물러나옴.
[時機尙早(시기상조)] 아직 시기가 이름. 아직 때가 덜 되었음을 이르는 말.
早老(조로), 早産(조산), 早生種(조생종), 早熟(조숙), 早失父母(조실부모), 早播(조파), 早婚(조혼)

서두르다, 서둘러, 급히, 빨리
[早急(조:급)] 늦거나 느긋하지 않고 매우 급함.
[躁急(조급)] 참을성이 없이 매우 급함.

晩 늦을 만:, 저물 만:, 日부11　0450

'晩(만)'자는 '해 日(일)'과 '면할 免(면)'자로 만들어졌다. '해가 저물다', '해가 지고 난 저녁', '늦다'의 뜻이다. '새벽 早(조)'에 상대되는 글자이다.

해가 저물다, 해질 무렵, 저녁때
[晩餐(만:찬)] 저녁 식사. 특별히 잘 차려 낸 저녁 식사. ¶만찬에 초대하다 참晩餐會(만:찬회)
[晩鐘(만:종)] 절이나 교회 등에서 저녁때 치는 종.

늦다, 때가 늦다
[晩期(만:기)] 느지막한 시기. ¶만기 파종/만기 재배
[晩時之歎(만:시지탄)] 기회를 놓쳐 뒤늦었음을 안타까워하는 탄식.
[晩學(만:학)] 나이가 들어 늦게야 배움.
[大器晩成(대:기만성)] 큰 그릇을 만들려면 시간이 오래 걸려 늦게 이루어짐. '크게 될 사람은 성공이 늦음'을 비유하여 이르는 말.
[早晩間(조:만간)] ☞ 早(조)
晩生種(만생종), 晩熟(만숙), 晩播(만파), 晩婚(만혼)

끝, 시간상의 끝
[晩秋(만추)] 늦가을.
晩冬(만동), 晩春(만춘), 晩夏(만하)

노년, 늘그막
[晩年(만:년)] 늘그막. 사람의 평생에서의 마지막 부분에 해당하는 시기.
[晩境(만:경)] 늙바탕. 늘그막. 늙은 무렵.
[晩生(만:생)] ① 늙어서 자식을 낳음. 晩得(만득) ② 선배에 대하여 자기를 낮추어 일컫는 말.
[年晩(연만)] 나이가 많음.

速 빠를 속, 辵부11　0451

'速(속)'자는 '길 갈 辶(착)'과 '묶을 束(속)'으로 이루어졌다. '빠르다'는 뜻을 나타낸다.

빠르다, 신속하다, 빨리 하다, 빨리, 빠르게, 속도
[速攻(속공)] 구기 경기에서 상대방에게 대비할 시간을 주지 않고 재빨리 공격함.
[速斷(속단)] ① 성급히 판단함. ② 신중히 생각하지 않고 함부로 내린 결단. ¶그 문제에 대해 속단하지 마라
[速度(속도)] ① 빠른 정도. ② 물체가 나아가거나 일이 진행되는 빠르기.
[加速(가속)] 속력이 더해짐. 또는 속력을 더 냄. 참加速裝置(가속장치) 반減速(감속)
[時速(시속)] 한 시간을 단위로 하여 잰 속도.
[欲速不達(욕속부달)] 급히 서두르면 달성하지 못한다. 너무 조급하게 서두르면 오히려 일을 그르친다는 뜻이다. 『論語(논어)·子路(자로)』
[進銳者(진예자), 其退速(기퇴속).] 나아가기를 빨리 하는 자는 그 물러남이 빠르다. 나아가는 속도가 지나치게 빠른 자는 그 후퇴 또한 빠르다. 한꺼번에 힘을 너무 많이 내면 그 세력은 빨리 쇠퇴한다. 『孟子(맹자)·盡心 上(진심 상)』
速決(속결), 速記(속기), 速棋(속기), 速達(속달), 速讀(속독), 速力(속력), 速步(속보), 速報(속보), 速射(속사), 速成(속성), 速戰(속전), 速戰速決(속전속결), 高速(고속), 高速道路(고속도로), 過速(과속), 光速(광속), 急速(급속), 變速(변속), 迅速(신속), 流速(유속), 音速(음속), 低速(저속), 全速(전속), 早速(조속), 拙速(졸속), 遲速(지속), 秒速(초속), 快速(쾌속), 快速艇(쾌속정), 風速(풍속)

通 통할 통, 辵부11　0452

'通(통)'자는 표의요소인 '길 갈 辶(착)'과 '길 甬(용)'으로 이루어졌다.

통하다, 꿰뚫다, 두루 통하다, 통하게 하다
[通路(통로)] 어떤 곳으로 통하여 다니는 길.
[通信(통신)] ① 소식이나 정보를 교환하고 연락하여 통하게 하는 일. 참通信網(통신망) ② 소식이나 의지, 지식 등을 전함.
[開通(개통)] ① 도로·철도·교량 따위가 새로 완성되어 다니기 시작함. ¶고속도로 개통 ② 전화·전신 따위를 설치하여 처음으로 통함. ¶전화 개통

[交通(교통)] ① 사람이 오고 가고 하는 일이나, 짐을 실어 나르는 일. 참交通網(교통망), 交通費(교통비) ② 서로 정보를 주고받고 하는 일. ③ 서로 통함.
[流通(유통)] ① 막힘없이 통함. ¶공기 유통 ② 세상에 널리 쓰임. ③ (경) 상품이나 화폐 따위가 통용·교환되는 일. ¶가짜 상품이 불법 유통되고 있다
通氣(통기), 通風(통풍), 通話(통화), 通貨(통화), 通貨量(통화량), 固執不通(고집불통), 共通(공통), 觀測通(관측통), 貫通(관통), 內通(내통), 能通(능통), 道通(도통), 萬事亨通(만사형통), 變通(변통), 不通(불통), 四通八達(사통팔달), 疏通(소통), 意思疏通(의사소통), 神通(신통), 一脈相通(일맥상통), 精通(정통), 直通(직통), 天眼通(천안통), 他心通(타심통), 亨通(형통)

거치다, 지나가다, 오가다, 오가게 하다, 왕래하다
[通過(통과)] ① 어떤 곳이나 때 또는 차례를 거쳐서 지나감. ¶국경을 통과하다 ② 청원·의안 따위가 승인되거나 가결됨. ③ 검사·시험 따위에 합격되거나 인정됨. ¶예선 통과
[通商(통상)] 나라들 사이에 서로 물건을 사고팔고 함.
[通行(통행)] ① 어떤 곳을 지나서 다님. 참通行禁止(통행금지) ② 돈이나 물건이 두루 돎.
通關(통관), 通勤(통근), 通勤車(통근차), 通禁(통금), 通信(통신), 通學(통학), 通行禁止(통행금지), 通婚(통혼), 左側通行(좌측통행)

전하다, 알려주다, 널리 알다
[通報(통보)] 알림.
[通譯(통역)] (서로 말이 통하지 않는 사람 사이에서) 뜻이 통하도록 말을 옮겨줌. 또는 그 사람. 참通譯官(통역관)
[通知(통지)] 알림. 참通知書(통지서)
通告(통고), 通事情(통사정), 通帳(통장)

간음하다, 몰래 정을 통하다
[通情(통정)] 남녀가 정을 통함.
[姦通(간통)] 배우자가 있는 사람이 배우자 아닌 사람과 정을 통함.

말하다, 진술하다
[通話(통화)] 전화 따위로 말을 서로 주고받음. 참通話中(통화중)

두루, 모두, 합계, 총계
[通念(통념)] 일반적으로 널리 통하는 개념. ¶사회적 통념을 뒤집다
[通算(통산)] 통틀어 계산함.
[通用(통용)] 여러 곳에 두루 다 쓰임.
[普通(보통)] ① 특별한 것이 없이 널리 통하여 예사로움. ② 평범하고 예사롭게. 참普通名詞(보통명사), 普通選擧(보통선거)
[融通(융통)] 금전·물품 따위를 서로 돌려 씀.
通達(통달), 通讀(통독), 通例(통례), 通論(통론), 通常(통상), 通說(통설), 通俗(통속), 通俗小說(통속소설), 通稱(통칭), 萬病通治(만병통치), 沙鉢通文(사발통문), 融通性(융통성)

部 거느릴 부, 떼 부, 邑부11 0453

'部(부)'자는 '고을 阝(읍)'과 '환할 咅(부)'의 합자이다.

거느리다, 통솔하다
[部下(부하)] 자기 手下(수하)에 거느리고 있는 직원.
[幹部(간부)] 단체나 기관의 책임 있는 자리에서 일을 맡아보는 사람. ¶간부회의

나누다, 가르다, 부분
[部分(부분)] 전체를 몇으로 나눈 것의 하나. ¶이 부분이 중요한 대목이다
[部品(부품)] 부분품. 하나의 제품에서 그 전체의 한 부분을 이루는 물품.
[一部(일부)] 일부분. 전체의 한 부분.
[全部(전부)] 모두. 총체. 사물의 모든 부분.
[胸部(흉부)] 가슴 부분.
部位(부위), 頸部(경부), 局部(국부), 局部痲醉(국부마취), 內部(내부), 頭部(두부), 臀部(둔부), 腹部(복부), 上部(상부), 細部(세부), 外部(외부), 陰部(음부), 恥部(치부), 下部(하부), 患部(환부)

분류, 조, 항오, 세분, 물건의 구분, 부류
[部(부)] ① 사무 부서의 한 단위. 특히 중앙 행정기관의 단위로도 쓰임. 일반 업무 부서로는 보통 '과'의 위에 둠. 접미사처럼 쓰임. ¶총무부 ② (접미사처럼 쓰여) '부분이나 부근'을 나타냄. ¶남부/중심부/연결부 ③ 일 또는 내용의 부분이나 전체. ¶5부로 된 장편소설/제1부 공연 ④ 책이나 신문 따위를 세는 단위. ¶시집 열 부
[部類(부류)] 어떤 공통되는 특성에 따라 나눈 갈래.
[部長(부장)] 部(부)의 책임자.
[本部(본부)] 어떤 기관이나 단체의 중심이 되는 조직이나 그 조직이 있는 곳. 참支部(지부)
[編輯部(편집부)] (신문·잡지·책 따위의) 편집에 관한 모든 일을 맡아보는 부서.
[販賣部(판매부)] 파는 일을 맡은 부서.
部門(부문), 部員(부원), 支部(지부), 文藝部(문예부), 司令部(사령부), 野球部(야구부), 蹴球部(축구부) 등

지역, 구역, 곳, 장소, 지경, 경계
[部族(부족)] 한 지역에 살면서 공통된 언어와 종교 따위를 가진 원시 민족이나 미개 민족의 생활 공동체. 참部族國家(부족국가), 部族社會(부족사회)
[東部(동부)] 어떤 지역의 동쪽 부분. ¶동부전선
[西部(서부)] 어떤 지역의 서쪽 부분. 참西部活劇(서부활극)
[中部(중부)] 어떤 지역의 가운데 부분. ¶중부 지역에 호우주의보가 발령되었다

행정청, 관공서
[部署(부서)] 어떤 조직체 내에서 일이나 사업의 성격에 따라 나누어진 사무의 각 부분. ¶새로운 부서를 두다
[部處(부처)] 정부 조직체의 部(부)와 處(처). ¶부처 간

에 협조가 잘 이루어진다
敎育部(교육부), 國防部(국방부), 外交通商部(외교통상부), 財政企劃部(재정기획부), 環境部(환경부) 따위. 吏部(이부), 禮部(예부), 刑部(형부), 戶部(호부), 工部(공부), 兵部(병부) 따위

떼, 집단
[部隊(부대)] ① 어떤 일을 위해 똑같은 특징을 지니고 한데 모인 사람들의 집단. ¶박수 부대 ② (군) 하나의 단위를 이루는 군대의 조직. ¶낙하산부대

촌락
[部落(부락)] ① 마을. ② 시골의 큰 마을. ¶자연 부락

부수
[部首(부수)] 'イ', 'ㅑ', 'ß'처럼 옥편에서 글자를 찾는 길잡이가 되는 글자의 한 부분.

野 들 야:, 里부11　　0454

'野(야)'자는 '마을 里(리)'와 '나 予(여)'로 이루어졌다. '아직 농경지로 개간되지 않은 거친 땅'이란 뜻을 나타낸다. 나아가 '길들이지 않다'는 뜻으로 확대되었다.

들, 들판, 논밭
[野生(야:생)] 동식물이 산이나 들에서 저절로 나서 자람. 참野生馬(야생마), 野生種(야생종)
[野營(야:영)] ① 들에 친 진영. 또는 거기에서 하는 생활. ② 들에 천막을 쳐 놓고 훈련이나 휴양을 하는 생활.
[廣野(광:야)] 광활한 벌판. 텅 비고 아득히 넓은 들.
[草野(초야)] '풀이 난 들이란 뜻으로, '궁벽한 시골'을 일컫는 말.
[平野(평야)] 넓고 평평한 들. 平原(평원).
野山(야산), 野遊會(야유회), 野戰(야전), 野菜(야채), 野草(야초), 野火(야화), 家鷄野雉(가계야치), 孤雲野鶴(고운야학), 牧野(목야), 山野(산야), 原野(원야), 林野(임야), 淸野(청야), 荒野(황야)

민간, 벼슬이 없는
[野黨(야:당)] 정당정치에서, 현재 집권하지 못하여 정권의 밖에 있는 정당. 반與黨(여당)
[野人(야:인)] ① 벼슬을 하지 않고 지내는 양반 계급의 사람. ② 교양이 없고 거친 사람. ③ 시골에 사는 사람. ④ (역) (지난날) 압록강과 두만강 이북 연안에 살던 여진족을 일컫던 말.
[在野(재:야)] '草野(초야)에 묻혀 있다'는 뜻으로, '벼슬 또는 공직에 나가지 않고 민간에 있음'을 이르는 말.
[下野(하:야)] 관직에서 물러남. 야인(野人)으로 돌아감.
野談(야담), 野史(야사), 野話(야화), 與野(여야), 朝野(조야)

지역, 장소
[分野(분야)] 여러 갈래로 나누어진 범위나 부분. ¶경제 분야/전공 분야

[視野(시:야)] ① 눈길이 미치는 범위. ¶시야에 들어오다 ② 사물을 관찰하는 식견이나 사려가 미치는 범위. ¶시야가 좁다

거칠다, 길들지 않다, 따르지 않다
[野蠻(야만)] ① 원시적인 미개한 상태. 또는 그러한 종족. ② 사람으로서는 할 수 없는 못된 짓. 또는 그런 짓을 하는 사람. 참野蠻人(야만인)
[野獸(야:수)] ① 들짐승. ② 하는 짓이나 성질이 몹시 포악하고 잔인한 사람을 비유하는 말.
[野望(야:망)] 크게 무엇을 이루어 보겠다는 희망이나 욕망. ¶젊은이들이여, 야망을 품어라
[野慾(야:욕)] ① 야심을 품은 욕심. ② 야수와 같은 성적 욕망.
野禽(야금), 野性(야성), 野心(야심)

비천하다, 촌스럽다, 꾸밈새가 없다
[野卑(야:비)]/野鄙(야:비)] 성질이나 행동이 야하고 천함.
[野薄(야:박)] 남의 사정을 돌보는 마음이 없거나 쌀쌀하고 인정이 없음. ¶야박한 인심.
[野俗(야:속)] ① 인정이 없고 쌀쌀함. ② 언짢고 섭섭함. ¶야속한 사람

밖, 야외, 시내의 외곽지대, 교외, 성 밖, 변두리
[野球(야:구)] 아홉 명씩 이루어진 두 팀이 9회 동안 번갈아가며 공격과 수비를 되풀이하여 득점을 다투는 운동 경기.
[野外(야:외)] 마을에서 좀 멀리 떨어져 있는 들. ¶야외 무대
[野壇法席(야:단법석)] ① 야외에 단을 차려 크게 베푼 설법장. ② 많은 사람들이 모여들어 떠들거나 부산하게 구는 일. ¶야단법석 떨지 말고 좀 조용히 해라 참惹端法席(야단법석)
[內野(내:야)] 야구에서 본루, 1루, 2루, 3루를 연결한 정방형의 지역.
內野手(내야수), 外野(외야), 外野手(외야수)

銀 은 은, 金부14　　0455

'銀(은)'자는 '쇠 金(금)'과 '어긋날 艮(간)'으로 이루어졌다.

은, 귀금속의 한 가지
[銀盤(은반)] ① 은으로 만든 쟁반. ② '맑고 깨끗한 얼음판'의 비유. 참銀盤界(은반계) ③ 맑고 둥근 달의 비유.
[金銀寶貨(금은보화)] 금·은·보석 같은 귀중한 보물.
銀鑛(은광), 銀塊(은괴), 銀箔(은박), 銀房(은방), 銀杯(은배), 銀賞(은상), 銀盞(은잔), 銀粧刀(은장도), 銀錢(은전), 銀婚式(은혼식), 銀貨(은화), 金銀(금은), 金銀房(금은방), 水銀(수은), 洋銀(양은)

화폐, 돈
[銀行(은행)] ① 예금을 받고 자금을 대출하며 어음 할

희고 광택이 있는 것의 총칭
[銀幕(은막)] ① 영사막. ② 영화계.
[銀河水(은하수)] 남북으로 길게 보이는 은하계를 강으로 보고 하는 말. 동銀河(은하)
[銀杏(은행)] 은행나무의 열매.
銀髮(은발), 銀色(은색), 銀世界(은세계), 銀兎(은토), 銀波(은파), 銀河系(은하계), 銀漢(은한)

銅 구리 동, 金부14   0456

'銅(동)'자는 '쇠 金(금)'과 '한 가지 同(동)'으로 이루어졌다.

구리, 구리로 만든 것
[銅像(동상)] 구리로 만든 형상. ¶애국자의 동상을 세우다
[銅錢(동전)] 구리로 만든 돈.
[靑銅(청동)] 구리와 주석의 합금. 참靑銅器時代(청동기시대)
銅鏡(동경), 銅鑛(동광), 銅賞(동상), 銅線(동선), 銅製(동제), 銅鐘(동종), 銅版(동판), 古銅色(고동색), 分銅(분동), 黃銅(황동)

돈
[銅臭(동취)] '재물로써 벼슬을 얻은 사람이나 또는 돈을 탐내서 꼭꼭 모아두는 사람'을 비웃는 말.

開 열 개, 門부12   0457

'開(개)'자는 '대문(門)'에 걸려 있는 '빗장[一]'을 '두 손으로[廾(공)]'여는 모습이다. '門(문)'안에 들어 있는 것이 '평평할 开(견)'이 아님에 주의해야 한다.

열다, 열리다, 막힌 또는 닫힌 것을 열다, 펴다
[開館(개관)] 도서관·박물관·영화관·회관 따위를 처음으로 엶. 또는 그날그날 일을 보기 위하여 문을 엶.
[開放(개방)] ① 터놓거나 열어 놓음. ¶개방 도서관 ② 금하던 것을 풀고 자유로이 드나들 수 있게 함. ¶문호 개방 ③ 기밀·비밀 따위를 숨김없이 공개함.
[開封(개봉)] ① 封(봉)한 것을 떼어 엶. ¶편지를 개봉하다 ② 새로 만들거나 수입한 영화를 처음으로 상영함. ¶개봉 박두
[開閉(개폐)] 열고 닫음. ¶개폐 장치
[公開(공개)] 일반에게 드러내어 개방함.
[展開(전:개)] ① 열려서 펼쳐짐. ¶창 밖에 전개되는 아름다운 풍경 ② 논리나 사건, 이야기의 장면 따위가 점차 크게 펼쳐져 열림. ¶신나는 이야기가 전개되었다 ③ (수) 주어진 문제를 셈법에 따라 늘어놓는 일. 또는 풀어가는 과정. ④ (군) 병력을 적당한 간격의 대형으로 흩어서 배치함. 참散開(산개)

[開門揖盜(개문읍도)] 문을 열어 도둑에게 인사를 하다. 주위 사정을 깨닫지 못하고 感傷(감상)이나 비탄에 젖어 스스로 재앙을 불러들이는 어리석은 행동을 비유하는 말. 동開門納盜(개문납도), 開門納賊(개문납적) 『三國志(삼국지)·孫權傳(손권전)』 ☞ *011
開口(개구), 開口笑(개구소), 開幕(개막), 開門(개문), 開門發車(개문발차), 開發(개발), 開腹(개복), 開心(개심), 開眼(개안), 開場(개장), 開天節(개천절), 開票(개표), 公開狀(공개장), 門戶開放(문호개방), 非公開(비공개), 續開(속개), 眼鼻莫開(안비막개), 裂開(열개), 再開(재개), 打開(타개)

비롯하다, 시작하다
[開校(개교)] 새로 세운 학교에서 처음으로 학교 일을 시작함. ¶개교 기념일
[開始(개시)] 처음으로 시작함.
[開業(개업)] ① 영업을 처음으로 시작함. ¶개업을 축하하다 ② 영업을 하고 있음.
[開通(개통)] ① 도로·철도·교량 따위가 새로 완성되어 다니기 시작함. ¶고속도로 개통 ② 전화·전신 따위를 설치하여 처음으로 통함. ¶전화 개통
開講(개강), 開館(개관), 開國(개국), 開闢(개벽), 開設(개설), 開式辭(개식사), 開場(개장), 開店(개점), 開催(개최), 開學(개학), 開港(개항), 開婚(개혼), 開會(개회), 開會辭(개회사)

피다, 꽃이 피다
[開花(개화)] ① 꽃이 핌. ② (문화·예술 등이) 한창 번영함. ¶민족 문화의 개화 발전
[滿開(만:개)] ① 꽃이 활짝 다 핌. 동滿發(만발) ② 활짝 열어 놓음. ③ 돛을 돛대 끝까지 펴서 올림.
[花看半開(화간반개), 酒飮未醉(주음미취), 此中大有佳趣(차중대유가취).] 꽃은 반만 피었을 때 보고, 술은 조금만 취하도록 마시면, 그 가운데 크게 아름다운 맛이 있느니라. 즐거움이 극에 달하면 더 큰 즐거움을 바라게 되고 결국에는 파탄에 이르게 된다. 즐거움이 극에 달하지 않게 즐기면 항상 그렇게 즐길 수 있어 늘 아름다운 맛이 있다. 즐거움 속에 빠져 결국 파탄하게 됨을 경계한 말이다. 『菜根譚(채근담)·後集(후집) 122』

개간하다, 개척하다
[開墾(개간)] 거친 땅이나 버려둔 땅을 일구어 경작지나 쓸모 있는 땅으로 만드는 일. ¶개간 사업
[開拓(개척)] ① 거친 땅을 일구어 농사지을 땅을 넓힘. ② 새로운 부문의 일을 시작하여 처음으로 길을 닦음. ¶새로운 시장을 개척하다 ③ 어려움을 이기고 나아갈 길을 헤쳐 엶. ¶자신이 갈 길을 개척하다
[開化(개화)] 새로운 사상과 문화에 의해 사람의 지혜가 열림.
[未開(미:개)] 아직 개화하지 못한 상태. 문명이 깨지 못한 상태에 있음. ¶미개한 민족

말하다, 개진하다
[開陳(개진)] 내용을 드러내어 말함. ¶의견을 개진하다

헤어지다, 떨어지다
[疏開(소개)] 밀집되어 있는 인원·물자·시설 등을 분산 분리시킴.
기타
[開平(개평)] 남이 가지게 된 것의 일부를 얻어 가지는 것. 노름판의 개평꾼

閉 닫을 폐:, 門부11   0458

'閉(폐)'자는 '문을 닫다'는 뜻을 나타내기 위하여 '대문 門(문)'과 빗장 모양이 크게 변화된 '才'를 합쳐 놓은 것이다. '재주 才(재)'와는 연관이 없다. '열 開(개)'자에 대응하는 글자이다.

닫다, 닫히다, 문을 잠그다
[閉鎖(폐쇄)] ① 문을 닫아 걺. ② 드나들지 못하게 막음. ¶통로 폐쇄 ③ 기관이나 단체 등을 없애버림.
[開閉(개폐)] ☞ 開(개)
[密閉(밀폐)] 샐 틈 없이 꼭 막거나 닫음.
閉口(폐구), 閉門(폐문), 閉廷(폐정), 金口閉舌(금구폐설)

끝, 종결, 끝맺다, 끊다
[閉幕(폐:막)] ① 연극·음악회 등을 마치고 막을 내림. ② 어떤 대회나 기념행사 따위를 끝냄. 짭閉幕式(폐막식) 땐開幕(개막)
[閉會(폐:회)] 집회 또는 회의를 마침.
閉講(폐강), 閉場(폐장), 閉店(폐점)

막다, 막히다
[閉塞(폐:색)] ① 닫아 막음. 또는 닫혀 막힘. ② 겨울에 천지가 얼어붙어 생기가 막힘. ③ 운수가 막힘.

가두다, 감추다
[幽閉(유폐)] 사람을 깊이 가두어 둠.

陰 그늘 음, 가릴 음, 阜부11   0459

'陰(음)'자는 산기슭의 비탈진 그늘진 곳을 뜻한다. '언덕 阝(부) + 이제 今(금) + 이를 云(운)'으로 이루어졌다. '云(운)'자는 '구름 雲(운)'의 생략된 형태로, '陰(음)'의 뜻을 더욱 분명히 하고 있다.

응달, 그늘, 그늘지다
[陰影(음영)] 그림자.
[陰地(음지)] 그늘진 곳.
[光陰(광음)] (햇빛과 그늘이라는 뜻으로) 세월이나 시간을 일컫는 말. 짭光陰如流(광음여류), 光陰如矢(광음여시)
[綠陰(녹음)] 푸른 잎이 우거진 수풀. 또는 그 그늘.
[少年易老學難成(소년이노학난성), 一寸光陰不可輕(일촌광음불가경).] 젊은이가 나이 먹어 늙기는 쉬우나 학문을 이루기는 어렵다. 그러니 짧은 시간이라도 가벼이 하지 말라. 『朱熹(주희)·勸學文(권학문)』 ☞ * 056
陰乾(음건), 綠陰芳草(녹음방초), 濃陰(농음), 寸陰(촌음)

음, 우주의 근원이 되는 두 원소(元素)의 하나, 양(陽)에 대하여 소극적 여성적인 원기
[陰曆(음력)] '태음력'의 준말. 달이 지구를 한 바퀴 도는 시간에 바탕을 두어 한 달을 29일 또는 30일로 하고, 한 해를 열두 달로 하는 달력. 짭太陽曆(태양력), 陽曆(양력)
[陰數(음수)] 0을 기준으로 수를 음과 양으로 나눌 때, 0보다 작아 陰(음)에 해당하는 수.
[陰陽(음양)] ① (철) 천지 만물이 서로 맞서 있는 두 요소의 성질. 곧 음과 양. ② 남녀의 性(성)에 관한 이치.
[陰陽五行(음양오행)] '陰陽(음양)'은 천지간에 있어서 만물을 지어내는 두 가지 기운, '五行(오행)'은 천지간에 循環(순환) 流行(유행)하여 만물을 만들어내는 다섯 가지 물질로, 水(수)·火(화)·金(금)·木(목)·土(토). ☞ * 292
陰刻(음각), 陰極(음극), 陰氣(음기), 陰陽家(음양가), 陰電氣(음전기), 補陰(보음)

어둡다, 날씨가 흐리다
[陰散(음산)] 날씨가 흐리고 쓸쓸함. ¶음산한 초겨울 날씨
[陰沈(음침)] ① 날씨가 흐리고 컴컴함. ¶음침한 겨울 날씨 ② 명랑하지 못하고 흉하다. ¶음침한 분위기
[夜陰(야:음)] 밤중. ¶야음을 틈타서 도주하다

밖으로 드러나지 않음
[陰功(음공)] ① 뒤에서 돕는 공. ② 세상이 모르는 숨은 공덕.
[陰德(음덕)] 숨은 덕행.
[蔭德(음덕)] 조상의 덕.
[陰性(음성)] ① 밖으로 드러나지 않는 성질. ¶음성 수입 ② 소극적인 성질. ③ 그늘을 좋아하는 성질. 땐陽性(양성)

남녀의 외부 생식기
[陰毛(음모)] (생) 거웃.
[陰部(음부)] 남녀의 생식기가 있는 곳. 동恥部(치부)
陰莖(음경), 陰囊(음낭), 陰門(음문)

몰래, 살짝
[陰謀(음모)] 남몰래 못된 일을 꾸밈. 또는 그런 꾀.
[陰害(음해)] 넌지시 남을 해침.
[陰險(음험)] 내숭스럽고 음흉함.
[陰凶(음흉)] 음침하고 흉악함. ¶음흉한 속셈으로 그에게 다가가다 ☞ * 271

陽 볕 양, 阜부12   0460

'陽(양)'자는 햇볕이 쬐는 모습인 '昜(양)'과 산비탈을 뜻하는 '阝(부)'가 합쳐진 글자이다. '양달'을 뜻한다. '陰(음)'의 상대되는 글자이다.

볕, 양지, 산의 남면의 땅
[陽傘(양산)] 볕을 가리기 위해 여자들이 쓰는 우산 같이 만든 물건.
[陽地(양지)] 볕이 잘 들어 밝은 지역. 땐陰地(음지)

[夕陽(석양)] ① 저녁나절의 해. 저녁 해. 斜陽(사양). ② 산의 서쪽. ③ 늘그막.
[遮陽(차양)] ① 햇볕을 가리거나 비를 막으려고 처마 끝에 덧대는 물건. ¶차양을 달다 ② 모자 따위의 앞에 대서 햇볕을 가리는 조각. ¶차양이 넓은 모자 図챙
[嚴冬不肅殺(엄동불숙살), 何以見陽春(하이견양춘).] 한 겨울 추위가 혹독하지 않고서야 어찌 봄날의 화창함이 있으랴. 『唐(당) 呂溫(여온)』

陽乾(양건), 陽光(양광), 陽春(양춘), 陽春佳節(양춘가절), 斜陽(사양), 曝陽(폭양)

양, 태극이 나뉜 두 기운 중 하나, 음에 대하여 적극적 능동적인 면을 상징하는 데 쓰이는 말

[陽氣(양기)] ① 햇볕의 따뜻한 기운. ② 만물이 살아 움직이는 활발한 기운.
[陽曆(양력)] '태양력'의 준말. 지구가 태양을 한 바퀴 도는 동안을 일 년으로 하는 달력. 図陰曆(음력), 太陰曆(태음력)
[陽數(양수)] 0을 기준으로 수를 음과 양으로 나눌 때, 0보다 큰 陽(양)에 해당하는 수.
[陰陽(음양)] ☞ 陰(음)
[陰陽五行(음양오행)] ☞ 陰(음)
[太陽(태양)] ① 태양계의 중심을 이루는 항성. 해. ② 생명과 희망을 주는 존재. ¶그대는 나의 태양 図太陽系(태양계), 太陽曆(태양력)

陽刻(양각), 陽極(양극), 陽物(양물), 陽性(양성), 陽子(양자), 陽電氣(양전기), 陽宅(양택), 補陽(보양), 陰陽家(음양가), 太陽系(태양계), 太陽曆(태양력)

기수, 홀수

[重陽(중양)] 명절의 하나로 음력 9월 9일을 일컫는 말. 重九(중구)

고을 이름

[洛陽(낙양)] 중국의 옛나라 周(주)의 수도 이름.
[漢陽(한:양)] 서울의 옛 이름. 옛날 지명을 정할 때, 산의 남쪽이나 강의 북쪽을 陽(양)이라고 했다. 漢陽(한양)은 漢江(한강)의 북쪽이며 北漢山(북한산)의 남쪽 땅, 洛陽(낙양)은 洛水(낙수)의 북쪽 땅, 충북 丹陽(단양)은 남한강의 북쪽 땅, 충남 靑陽(청양)은 금강의 북쪽 땅, 전남 光陽(광양)은 섬진강의 북쪽 땅이다.

音 소리 음, 音부9   0461

'音(음)'자에 '설 立(립)'과 '날 日(일)'이 왜 쓰였을까? '音(음)'자는 사람의 발음기관에서 나는 소리, 목소리를 뜻하는 글자였고, '聲(성)'자는 그 외의 소리, 즉 악기나 새의 울음소리, 대포 소리 따위를 뜻하는 글자였다고 한다. 그러나 지금은 그 구별은 확실하지 않다.

소리, 물체가 진동하여 나는 소리, 귀로 들어 인식할 수 있는 자극

[音聲(음성)] 말소리. 발음기관에서 생기는 음향.
[音響(음향)] ① 귀에 들리는 것. ② 물체에서 나는 소리와 그 울림.
[錄音(녹음)] 소리를 재생할 수 있도록 기계로 기록하는 일.
[發音(발음)] 혀, 이, 입술 등을 이용하여 소리를 냄.
[騷音(소음)] 시끄러운 소리. 図騷音公害(소음공해)

音感(음감), 音讀(음독), 音量(음량), 音色(음색), 音速(음속), 音譯(음역), 音波(음파), 硬音(경음), 轟音(굉음), 口蓋音化(구개음화), 單母音(단모음), 短音(단음), 讀音(독음), 同音(동음), 同音異義語(동음이의어), 母音(모음), 母音同化(모음동화), 防音(방음), 防音裝置(방음장치), 複母音(복모음), 複子音(복자음), 鼻音(비음), 消音(소음), 脣音(순음), 玉音(옥음), 原音(원음), 子音(자음), 子音接變(자음접변), 字音(자음), 雜音(잡음), 長音(장음), 正音(정음), 淸音(청음), 超音波(초음파), 蓄音機(축음기), 齒音(치음), 濁音(탁음), 破擦音(파찰음), 爆音(폭음), 表音(표음), 表音文字(표음문자), 喉音(후음), 訓民正音(훈민정음)

음악, 성악, 기악, 가락, 음조, 음색, 음률

[音盤(음반)] 소리가 새겨진 둥그런 판. 축음기에 걸어 그 소리를 들음. 레코드판.
[音樂(음악)] 소리의 높이·길이·세기를 조화시켜서 어떤 느낌이나 감정을 목소리나 악기로 나타내는 예술의 한 형태.
[音程(음정)] (악) 높이가 다른 두 음 사이의 간격. ¶음정과 박자가 모두 훌륭하였다
[和音(화음)] 두 개 이상의 높이가 다른 음이 동시에 울렸을 때 어울려 나는 소리. 협화음·불협화음 따위의 종류가 있음.
[知音(지음)] ① 음악의 곡조를 잘 앎. ② 거문고 소리를 듣고 그 의취를 분간하여 안다는 뜻으로, '자기의 마음을 잘 알아주는 친한 벗'을 이르는 말. 『列子(열자)·湯問篇(탕문편)』 ☞ *391

音階(음계), 音律(음률), 音色(음색), 音域(음역), 音節(음절), 音癡(음치), 音標(음표), 輕音樂(경음악), 高音(고음), 單音(단음), 得音(득음), 半音(반음), 複音(복음), 不協和音(불협화음), 低音(저음), 調音(조음)

말, 언어, 글 읽는 소리

[音韻(음운)] ① 말의 외형을 이루는 하나하나의 소리. 말의 뜻을 구별해주는 가장 작은 단위의 낱소리. 図音韻論(음운론) ② 중국 글자의 음운·사성·반절 따위를 연구하는 학문.
[德音(덕음)] ① 도리에 닿는 지당한 말. ② 좋은 평판이나 명망. ③ 임금의 음성. ④ 상대방의 '편지'나 '안부'의 높임말.
[福音(복음)] ① 매우 반갑고 기쁜 소식. ② (예수) 그리스도에 의한 인간 구원의 길. 또는 그리스도의 가르침. ③ (예수) 福音書(복음서).

소식

[訃音(부:음)] 사람이 죽었다는 기별. ¶부음을 들었다.

기타

[觀音(관음)/觀音菩薩(관음보살)/觀世音菩薩(관세음

보살)] (불) 大慈大悲(대자대비)의 상징이며, 중생이 그 이름을 정성으로 외면 구제해준다는 보살.

聲 소리 성, 耳부17 0462

'聲(성)'자는 '귀 耳(이)'와 '소리 殸(성)'으로 이루어진 글자이다. '소리 殸(성)'자는 '聲(성)'자의 古字(고자)이다. '소리', '음악', '말' 등의 뜻을 나타낸다.

소리, 음향, 소리를 내다
[聲帶(성대)] 목구멍의 중앙부에 위치한 소리를 내는 기관. ¶성대 모사
[聲量(성량)] 목소리의 울리는 양. ¶성량이 크다
[高聲放歌(고성방가)] 남을 의식하지 않고 목청을 높여 큰 소리로 노래를 부르는 것.
[音聲(음성)] ☞ 音(음)
[肉聲(육성)] 기계를 통하지 않고 사람의 몸에서 직접 나오는 소리. ¶마이크 없이 육성으로 연설을 하다
[銃聲(총성)] 총소리. ¶총성이 울리다
假聲(가성), 高聲(고성), 哭聲(곡성), 怪聲(괴성), 嬌聲(교성), 奇聲(기성), 雷聲霹靂(뇌성벽력), 大聲痛哭(대성통곡), 無聲(무성), 發聲(발성), 放聲痛哭(방성통곡)/放聲大哭(방성대곡), 變聲(변성), 變聲期(변성기), 言聲(언성), 曳履聲(예리성), 留聲機(유성기), 擬聲(의성), 擬聲語(의성어), 鐘聲(종성), 終聲(종성), 初聲(초성), 歎聲(탄성), 砲聲(포성), 喊聲(함성), 擴聲器(확성기), 歡聲(환성), 歡呼聲(환호성)

음악, 노래, 가락
[聲樂(성악)] 사람의 음성으로 이루어진 음악. 창가·민요·가요 따위의 종류가 있고, 독창·중창·합창·제창으로 노래함. 참聲樂家(성악가) 반器樂(기악)
[混聲(혼:성)] ① 뒤섞인 소리. ② (악) 남자의 소리와 여자의 소리를 서로 합함. ¶혼성사중창
[和聲(화성)] 높낮이가 서로 다른 여러 음이 동시에 울리면서 생기는 화음의 연결.

말, 언어
[聲明(성명)] 말이나 글로 자기의 입장이나 견해 따위를 밝힘. 또는 그 입장이나 견해. ¶정부의 성명이 있었다
[聲援(성원)] ① 소리를 지르며 응원함. ② 응원하거나 원조하여 기운을 북돋워줌. ¶사회 각계의 뜨거운 성원이 있었다
[怨聲(원성)] 원망하는 소리. ¶주민들의 원성이 자자했다.
[異口同聲(이:구동성)] 여러 사람의 말이 한결같음. 동如出一口(여출일구)
聲優(성우), 聲討(성토), 虛張聲勢(허장성세)

소문
[聲東擊西(성동격서)] 동쪽을 친다고 소문을 퍼뜨리고 실제로는 서쪽을 친다는 뜻으로, '기묘한 용병으로 승리를 거둠'을 비유하여 이르는 말. 바둑이나 전투에서 상대를 기만하는 전술.
[交絶不出惡聲(교절불출악성)] 교제를 끊은 다음에도 그 사람의 험담은 입 밖에 내지 않는다는 뜻으로, '군자의 깨끗한 마음씨'를 이르는 말.

명예
[聲價(성가)] 세상에 드러난 좋은 평판이나 가치. ¶세계적으로 성가를 높였다
[名聲(명성)] 세상에 떨친 이름. 명예. 평판.
[聲聞過情(성문과정), 君子恥之(군자치지).] 명성이 실제보다 지나친 것을 군자는 부끄러워한다. 『孟子(맹자)·離婁 下(이루 하)』

글자의 네 운, 사성(四聲)
[四聲(사성)] (언) 각 소리마디의 네 가지 음조. 곧 平聲(평성)·上聲(상성)·去聲(거성)·入聲(입성).

頭 머리 두, 頁부16 0463

'頭(두)'자는 표의요소인 '머리 頁(혈)'과 표음요소인 '콩 豆(두)'자로 이루어졌다.

머리, 두부, 인체의 목 윗부분
[頭角(두각)] ① 머리 끝. ② 학식이나 재능이나 하는 일이 여럿 가운데서 뛰어난 모습. ¶두각을 나타내다
[頭腦(두뇌)] ① 머릿속의 골. ② 생각하는 힘. 사물을 판단하는 슬기. ¶두뇌가 좋다 ③ '지식 수준이 높은 사람'을 비유하여 이르는 말. ¶우수 두뇌 유치
[頭痛(두통)] 머리가 아픈 증세.
[羊頭狗肉(양두구육)] '양의 머리를 내걸어 놓고 실제로는 개고기를 판다'는 뜻으로, 겉으로는 훌륭하게 보이고 속은 변변하지 않은 것을 비유하는 말. 懸羊頭賣狗肉(현양두매구육).
[龍頭蛇尾(용두사미)] '용의 머리에 뱀의 꼬리'란 뜻으로, 처음은 좋고 나중은 언짢고, 처음은 성하고 나중은 쇠하여, 끝으로 갈수록 점점 나빠지는 현상을 비유하는 말.
頭蓋骨(두개골), 頭巾(두건), 頭部(두부), 頭寒足熱(두한족열), 去頭截尾(거두절미), 擧手低頭(거수저두), 叩頭(고두), 空頭漢(공두한), 狗頭生角(구두생각), 龜頭(귀두), 露尾藏頭(노미장두), 斷頭臺(단두대), 禿頭(독두), 沒頭(몰두), 沒頭沒尾(몰두몰미), 猫頭懸鈴(묘두현령), 白頭翁(백두옹), 白頭大幹(백두대간), 佛頭着糞(불두착분), 魚頭肉尾(어두육미), 念頭(염두), 搖頭顚目(요두전목), 肉頭文字(육두문자), 蠶頭(잠두), 低頭(저두), 低頭不答(저두부답), 低頭平身(저두평신), 出頭(출두), 偏頭痛(편두통)

두발, 머리털
[頭髮(두발)] 머리카락.
[蓬頭亂髮(봉두난발)] 쑥대강이 같이 마구 흐트러진 머리털.
[流頭(유두)] '음력 유월 보름날'을 명절로 일컫는 말. 신라 때부터, 이 날 동쪽으로 흐르는 물에 머리를 감으

면 좋지 못한 일을 떨어버린다고 한다.
[油頭粉面(유두분면)] 여자의 기름 바른 머리와 분 바른 얼굴. 여자의 화장.
蓬頭(봉두), 蓬頭垢面(봉두구면)

꼭대기, 최상부, 첫째, 상위

[百尺竿頭(백척간두)] 백자의 장대 끝. '매우 위태롭고 어려운 지경'의 비유.
[白頭山(백두산)] 함경남북도와 만주와의 국경에 있는 우리나라 최고의 산. 산정(山頂)에 천지(天池)가 있다.
[白頭大幹(백두대간)] ☞ 幹0382
竿頭(간두), 白頭(백두), 案頭(안두), 乳頭(유두), 咽頭(인두), 釘頭(정두), 柱頭(주두), 喉頭(후두)

맨 앞, 선단, 시초

[頭緒(두서)] 일의 차례나 갈피. ¶두서가 없는 말
[卷頭(권두)] 책의 첫머리. 참卷頭辭(권두사), 卷頭言(권두언) 비卷首(권수)
[陣頭(진두)] 陣(진)의 맨 앞. 또는 일의 선두. ¶진두에 나서다
[徹頭徹尾(철두철미)] ① 처음부터 끝까지 투철함. ② 처음부터 끝까지 철저하게. ¶철두철미 항일 애국정신으로 무장하였다
[富貴草頭露(부:귀초두로).] 부귀는 풀잎에 맺힌 이슬같이 덧없는 것. 『蘇軾(소식)·詩(시)』☞ * 141
頭韻(두운), 擡頭(대두), 茫無頭緒(망무두서), 冒頭(모두), 迫頭(박두), 劈頭(벽두), 序頭(서두), 先頭(선두), 船頭(선두), 年頭(연두), 油頭(유두), 接頭辭(접두사), 指頭(지두), 指頭書(지두서), 指頭畵(지두화), 筆頭(필두), 話頭(화두)

우두머리

[頭領(두령)] 여러 사람을 거느리는 우두머리. 또는 그를 부르는 칭호.
[頭目(두목)] ① 머리에서 눈처럼 중요한 것. ② 패거리의 우두머리. ¶깡패 두목을 잡았다
[巨頭(거:두)] ① (세력이 큰) 우두머리. ② 일정한 분야에서, 권위가 있는 사람. ¶국어학계의 거두
[寡頭政治(과:두정치)] (정) 얼마 되지 않는 적은 수효의 사람이 지배권을 장악한 정치.

근처, 근방

[街頭(가:두)] 시가지의 길거리.
[橋頭堡(교두보)] ① (군) 다리나 길 따위를 엄호하거나 다음 작전의 발판이 되는 진지. ¶교두보를 확보하다 ② 세력 확장을 위한 발판이나 근거지.
[埠頭(부:두)] 항구에서, 배를 대어 사람과 짐이 오르내릴 수 있도록 된 곳. 참船艙(선창).
[園頭幕(원두막)] 원두밭을 지키려고 높게 지은 幕(막).
街頭示威(가두시위), 園頭(원두)

기타

[饅頭(만두)] 밀가루를 반죽하여 소를 넣고 빚어 삶거나 찌거나 기름에 튀겨 만든 음식. ¶만두를 빚다
[口頭禪(구:두선)] 실행함이 없이 입으로만 늘 지껄여 대는 말.
[口頭試驗(구:두시험)] 말로 묻고 말로 대답하는 시험.

물건을 셀 때의 단위, 사람을 세는 말, 동물을 세는 말, 음식상을 세는 말

[소 1두], [頭(두) 當(당) 쌀 1되]

腦 뇌 뇌, 肉부13　0464

'腦(뇌)'자의 '月(육)'은 뇌가 신체의 일부임을 나타내는 것이고, '巛(천)'은 머리카락의 모습을 그린 것이라고 한다. '囟(신)'은 머리의 문, 즉 '정수리'를 뜻한다.

뇌

[腦炎(뇌염)] (의) 뇌에 염증이 생겨 일어나는 병을 통틀어 일컬음.
[腦溢血(뇌일혈)/腦出血(뇌출혈)] (의) 고혈압이나 동맥경화 따위로 말미암아 골 속의 핏줄이 터져 피가 흘러나오고 갑자기 의식을 잃고 졸도하며, 반신불수가 되거나 죽는 병.
[頭腦(두뇌)] ☞ 頭(두)
[洗腦(세:뇌)] 본디 가지고 있던 생각을 다른 생각으로 개조하거나, 새로운 사상·주의를 주입시키는 일. ¶세뇌 교육
腦梗塞(뇌경색), 腦裏(뇌리), 腦膜(뇌막), 腦死(뇌사), 腦卒中(뇌졸중), 腦震蕩(뇌진탕), 肝腦塗地(간뇌도지), 大腦(대뇌), 小腦(소뇌)

심, 중심

[首腦(수뇌)] 어떤 조직이나 집단 등에서 가장 으뜸 자리에 있는 인물을 신체에서 가장 중요한 뇌에 비유하여 이르는 말.

기타

[長腦(장뇌)] 심어서 기른 산삼.

首 머리 수, 首부9　0465

'首(수)'자는 동물의 머리 모양을 본뜬 것이다. 머리털과 이마와 코를 형상화한 것이라고도 한다. '首(수)'를 意符(의부)로 하여, 머리 부분에 관한 문자를 이루는데, 상용한자 중에는 그 예가 없으니, '首(수)'자 하나만 신경쓰면 된다.

머리, 두부

[首丘初心(수구초심)] '여우가 죽을 때는 제가 살던 굴이 있는 언덕 쪽으로 머리를 돌린다'는 뜻으로, '죽을 때에도 자기의 근본을 잊지 아니함' 또는 '고향을 그리워함'을 뜻한다. 동狐死首丘(호사수구)
[首尾(수미)] ① 머리와 꼬리. ② 사물의 첫머리와 끄트머리. 참首尾相應(수미상응)
[機首(기수)] 비행기의 머리. ¶기수를 남으로 돌리다
[自首(자수)] 자기 스스로 (머리를 내밀어) 죄과를 관계 당국에 알리어 자백함.
首級(수급), 首鼠兩端(수서양단), 鳩首(구수), 鳩首會議(구수회의), 卷首(권수), 免冠頓首(면관돈수), 白首

(백수), 白首空歸(백수공귀), 匕首(비수), 船首(선수), 囚首喪面(수수상면)

목, 고개
[首肯(수긍)] ① 그러하다고 고개를 끄덕임. ② 옳다고 긍정함. ¶나는 네 말이 수긍이 되지 않는다
[絞首(교수)] 사형수의 목을 매어 죽임. 웹絞首刑(교수형)
[鶴首苦待(학수고대)] 학처럼 머리를 쭉 빼고 애태우며 기다림. 간절한 마음으로 애타게 기다림.
斬首(참수), 梟首(효수)

임금, 군주, 우두머리
[首腦(수뇌)] 어떤 조직이나 집단 등에서 가장 으뜸 자리에 있는 인물을 신체에서 가장 중요한 뇌에 비유하여 이르는 말.
[首相(수상)] ① (정) 내각의 우두머리. 국무총리, 내각 총리대신 등이 있음. ② (역) 영의정.
[黨首(당수)] 당의 우두머리.
[元首(원수)] ① 국가 원수. 나라를 다스리는 사람. ② 국제법상 외국에 대하여 나라를 대표하는 사람.
首魁(수괴)/魁首(괴수), 首領(수령), 首班(수반), 首長(수장)

첫째, 으뜸
[首都(수도)] 한 나라에서 으뜸가는 도시. 일반적으로 정부가 있는 도시를 말한다.
[首席(수석)] ① 맨 윗자리. ② 등급이나 직위 따위에서 맨 윗자리.

절하다, 머리를 숙이다
[頓首(돈수)] ① 공경하여 머리를 땅에 닿도록 꾸벅임. ② 편지의 첫머리나 끝에 경의를 나타내려고 쓰는 말.

기타
[部首(부수)] 'イ', 'ㅣ', 'ㅏ'처럼 옥편에서 글자를 찾는 길잡이가 되는 글자의 한 부분.

시문(詩文)의 편(篇) 수를 세는 수사
[漢詩(한시) 1首(수)]

尾 꼬리 미(ː), 尸부7 0466

'尾(미)'자는 '꼬리'를 뜻하기 위하여 '엉덩이 부분[尸]'에 난 '털[毛]'로 나타내었다. 후에 '뒤', '끝'의 뜻으로 확대 사용되었다.

꼬리, 짐승의 꼬리
[去頭截尾(거두절미)] ① 머리와 꼬리를 잘라버림. ② 사실의 줄거리만 말하고 부차적인 것은 빼어버림.
[九尾狐(구미호)] ① 오래 묵어서 꼬리가 아홉 개나 달리고, 자유자재로 변신을 잘하여 사람을 호린다는 여우. ② '몹시 약아빠지고 교활한 사람'을 비유하는 말.
[首尾(수미)] ☞ 首(수)
[龍頭蛇尾(용두사미)] '용의 머리에 뱀의 꼬리'란 뜻으로, 처음은 좋고 나중은 언짢고, 처음은 성하고 나중은 쇠하여, 끝으로 갈수록 점점 나빠지는 현상을 비유하는 말.
[虎尾難放(호ː미난방)] '쥐었던 호랑이 꼬리를 놓기가 어렵다'는 뜻으로 위험한 일을 시작하여 놓고 그냥 계속할 수도 없고, 중단할 수도 없는 난처한 사정을 일컫는 말.
露尾藏頭(노미장두), 首尾相應(수미상응), 魚頭肉尾(어두육미), 搖尾乞憐(요미걸련), 龍尾(용미), 虎尾(호미)

끝, 맨 뒤끝
[大尾(대ː미)] 맨 끝. 최종. ¶대미를 장식하다
[末尾(말미)] 끄트머리. ¶말미에 밝힌 결론
[徹頭徹尾(철두철미)] ① 처음부터 끝까지 투철함. ② 처음부터 끝까지 철저하게. ¶철두철미 항일 애국정신으로 무장하였다
尾蔘(미삼), 卷尾(권미), 沒頭沒尾(몰두몰미), 無頭無尾(무두무미), 船尾(선미), 接尾辭(접미사), 後尾(후미)

뒤, 등 뒤
[尾行(미행)] 몰래 뒤를 밟는 일. 또는 그 사람. ¶미행을 시키다

교미하다
[交尾(교미)] 동물의 암컷과 수컷이 性的(성적)인 관계를 맺는 일. 交接(교접)

기타
[尾生之信(미생지신)] 尾生(미생)이란 사람이 다리 밑에서 여자와 만날 약속을 지키려고 기다리던 중 홍수에도 피하지 않고 기다리다가 물에 빠져 죽었다는 일에서 나온 말로, '융통성 없이 약속만을 굳게 지킴'을 이르는 말. 『史記(사기)·蘇秦列傳(소진열전)』

題 글제 제, 頁부18 0467

'題(제)'자는 '머리 頁(혈)'과 '옳을 是(시)'로 이루어진 글자이다. 글의 머리 부분에 있는 제목을 나타낸다. '是(시)'가 표음요소로 쓰여 [제로 발음하는 예는 '提(제)'나 '堤(제)' 등에서도 볼 수 있다.

표제, 시문이나 서책의 제목
[題目(제목)] (이마와 눈이란 뜻에서) 작품이나 글 등에서 그것을 대표로 하거나 그 내용을 보이려고 붙이는 이름. ¶책의 제목/강연 제목
[主題(주제)] ① 주장이 되는 제목. ② 영화·악곡(樂曲)·문예 작품 따위의 근본적인 문제나 중심적인 사상. 테마.
[話題(화제)] ① 이야기의 제목. ② 이야깃거리.
題名(제명), 題號(제호), 論題(논제), 命題(명제), 無題(무제), 副題(부제), 詩題(시제), 原題(원제), 標題(표제)

이마, 맨 앞 머리
[題言(제언)] 서적·화폭·빗돌 따위의 위에 적은 글.
[題字(제자)] 서적·서화의 머리나 빗돌 따위에 쓴 글자.

물음, 문제
[課題(과제)] ① 맡겨진 일이나 문제. ¶당면 과제 ② 처리하거나 해결해야 할 문제. ¶학습 과제
[問題(문제)] ① 대답을 얻기 위한 물음. ② 당면한 연구 사항. 의문의 요점. ③ 논쟁거리가 되는 사건. 시끄러운 사건.
[宿題(숙제)] ① 복습이나 예습을 위하여 집에서 풀어오게 하는 문제. ¶숙제가 많다 ② 두고 생각하여 보거나 해결해야 할 문제. ¶오래 끌어온 숙제가 해결되었다.
[出題(출제)] 시가(詩歌)의 제목이나 시험의 문제를 냄.
難題(난제), 問題兒(문제아), 例題(예제), 議題(의제)

하다, 품평하다
[解題(해제)] 책의 저자·내용·체제·출판 연월일 따위의 간단한 설명.

奉 받들 봉:, 大부8 0468

'奉(봉)'자는 '양손을 모아 물건을 바치다'의 뜻을 위하여 만들어진 글자라고 한다.

받들다, 받아 올려 들다, 높이어 모시다, (가르침, 명령, 지시 등을) 지지하고 소중히 여기다
[奉祀(봉:사)] 조상의 제사를 받듦. 참奉祀孫(봉사손)
[奉送(봉:송)] ① 귀인이나 윗사람을 모시어 배웅함. ② 받들어 정중히 보냄. ¶聖火奉送(성화봉송)
[信奉(신:봉)] 옳다고 믿고 받듦.
奉讀(봉독), 奉老(봉로), 奉祀孫(봉사손), 奉安(봉안), 奉迎(봉영), 奉呈(봉정), 奉祭祀(봉제사), 奉祝(봉축), 奉獻(봉헌), 屢代奉祀(누대봉사)/累代奉祀(누대봉사), 侍奉(시봉)

섬기다, 힘쓰다
[奉仕(봉:사)] ① 국가나 사회 또는 남을 위하여 자신을 돌보지 않고 애씀. ¶봉사활동/봉사정신 ② 상인이 손님에게 헐값으로 물건을 팖. ¶반액 봉사
[奉養(봉:양)] 어버이나 할아버지·할머니들을 받들어 모시고 섬김. ¶부모 봉양
[奉職(봉:직)] 공직에 종사함.
[滅私奉公(멸사봉공)] 私心(사심)을 버리고 公共(공공)의 일을 받듦.

기타
[奉事(봉:사)] ① 받들어 섬김. ② 소경.
[參奉(참봉)] (역) 조선 때 능·원·종친부·돈령부·봉상시·사옹원·내의원·군기시 따위의 관아에 두었던 종9품 벼슬.

仕 섬길 사(:), 벼슬할 사(:), 人부5 0469

'仕(사)'자는 '사람 亻(인)'과 '선비 士(사)'로 이루어진 글자로, '벼슬하다'가 본뜻이다.

벼슬하다, 벼슬길에 오르다, 벼슬
[出仕(출사)] 벼슬하여 관청에 나감.

일하다, 섬기다
[給仕(급사)] 使喚(사환). 회사·가게 또는 관청 등에서 잔심부름을 하는 사람.
[奉仕(봉:사)] ☞ 奉(봉)

宗 마루 종, 宀부8 0470

'宗(종)'자는 '보일 示(시)'와 '집 宀(면)'으로 이루어졌다. '示(시)'는 '귀신', '제사'를 뜻하고, '宀(면)'은 '집'을 뜻하니, '宗(종)'은 신주를 모셔놓은 집, '선조의 사당'이 본뜻이다.

마루, 일의 근원, 근본
[宗敎(종교)] 신이나 초자연적인 절대자 또는 힘에 대한 믿음을 통하여 삶의 근원 문제를 가르치는 문화 체계.
[改宗(개:종)] 믿던 종교를 그만두고 다른 종교를 믿음.

사당, 가묘, 종묘
[宗廟(종묘)] 역대 여러 임금의 위패를 모시는 왕실의 사당.
[宗廟社稷(종묘사직)] 역대 여러 임금의 위패를 모시는 왕실의 사당과 땅을 맡은 신과 곡식을 맡은 신. 즉 왕실과 나라. 준宗社(종사)
[祖功宗德(조공종덕)] 功(공)이 있는 임금은 '祖(조)', 德(덕)이 있는 임금은 '宗(종)'이라 일컬음. ¶太祖(태조)/世宗(세종) 『孔子家語(공자가어)』

우두머리, 가장 뛰어난 것
[宗師(종사)] ① 모든 사람들이 높이 우러러보는 사람. ② (불) 선법을 전하는 고승. ③ (불) 각 종파의 祖師(조사). ④ 大倧敎(대종교)에서, 성도 천리한 사람을 높이는 말.
[宗正(종정)] ① 종파의 가장 높은 어른. ② (불) 우리나라 불교의 최고 통할자로 총본산의 우두머리.
[宗主國(종주국)] (법) 속국에 대하여 종주권을 가진 본국.

일족, 동성
[宗氏(종씨)] 같은 성으로서 촌수를 따질 정도가 못되는 겨레붙이에 대한 일컬음.
[宗中(종중)] 한 겨레의 문중.
[宗親(종친)] ① 성과 본이 같은 일가로서 유복친 안에는 들지 않는 일가붙이. 참宗親會(종친회) ② 임금의 친족.
宗山(종산), 宗畓(종답), 宗田(종전), 宗中畓(종중답), 宗中田(종중전), 宗中山(종중산), 宗會(종회)

갈래, 유파
[宗派(종파)] ① 支派(지파)에 대하여 종가의 계통. ② (불) 불교에서, 각기 주장하는 교리를 따라 세운 갈래.
[禪宗(선종)] 坐禪(좌선)을 통해 불도를 터득하려는 불교의 한 종파. 6세기 초에 달마대사가 중국에 전하였다. 참禪家(선가), 禪敎(선교), 禪門(선문), 敎宗(교종) 禪宗(선종), 曹溪宗(조계종), 天台宗(천태종), 太古宗

(태고종) 등
시조의 적장자
[宗家(종가)] 족보로 보아 한 문중에서 맏이로만 이어 온 큰집.
[宗婦(종부)] 종갓집 맏며느리.
[宗孫(종손)] 종가의 대를 이을 맏손자.
[正宗(정:종)] ① (불) 開祖(개조)의 정통을 이어받은 종파. ② (천도) 바르고 가장 근원적인 기준이 되는 표준. ③ 일본식으로 빚어 만든 맑은술.

負 질 부:, 貝부9 0471

'負(부)'자는 '빚지다'는 뜻을 나타내기 위한 것이었으니 '조개 貝(패)'와 '사람 人(인)' 둘 다 표의요소로 쓰였다. 윗부분은 '人(인)'의 변형이다. '짊어지다', '승부에 지다', '책임을 지다'는 의미로 확대 사용되었다. '負(부)'는 등에 짊어지는 것이고, '擔(담)'은 어깨에 메는 것이고, '戴(대)'는 머리에 이는 것이다.

지다, 등에 짐을 지다, 배후에 두다, 등에 업다, 짐, 등에 진 물건, 책임을 지다, 짐을 떠맡다, 책임, 부담
[負擔(부:담)] ① '등에 짊어지고 어깨에 짊어진다'는 뜻에서, 맡아서 지는 의무나 책임. ¶부담이 크다/적은 부담 ② 의무나 책임을 짐.
[男負女戴(남부여대)] 남자는 등에 짐을 지고 여자는 머리에 물건을 임. 가난한 사람들이 초라한 세간살이를 가지고 집을 떠나 떠돌아다님. 또는 전쟁이 나서 피난 길에 나선 모양.
[請負(청부)] 都給(도급). 어떤 일의 기한과 비용을 미리 정하고 도거리로 맡기는 일.
[抱負(포:부)] (품에 안기나 등에 짊어지고 있는) 마음 속에 품고 있는 생각이나 계획 또는 희망.
[子路負米(자로부미)/百里負米(백리부미)] 공자의 제자인 子路(자로)는 가난하여 매일 쌀을 백리 밖까지 져다 주고 그 품삯으로 양친을 봉양하였다는 故事(고사)에서 '가난한 가운데 孝養(효양)함'을 비유하여 이르는 말.『孔子家語(공자가어)』
負袋(부대), 負山(부산), 負商(부상), 負薪(부신), 負薪之憂(부신지우), 負薪之資(부신지자), 負荷(부하), 過負荷(과부하), 蚊蚋負山(문예부산), 褓負商(보부상), 使蚊負山(사문부산), 如蝟負瓜(여위부과), 下請負(하청부)

빚을 지다, 빚
[負債(부:채)] 빚을 짊. 또는 그 빚. ¶부채가 많다

지다, 승부에 지다, 싸움에 패하다, 패배
[勝負(승부)] 이김과 짐.

입다, 당하다
[負傷(부:상)] 몸에 상처를 입음. ¶교통사고로 부상을 입다 團負傷兵(부상병)

0보다 작은 수
[負數(부:수)] 陰數(음수).

[正負(정부)] (수) 陽數(양수)와 陰數(음수).

믿다, 힘으로 하여 믿다
[自負(자부)] 스스로 자기의 가치나 능력에 대하여 자신을 가짐.

擔 멜 담, 짐 담, 手부16 0472

'擔(담)'자는 '손 扌(수)'와 '이를 詹(첨)/넉넉할 詹(담)'으로 이루어졌다. '어깨에 메다'는 뜻을 나타낸다.

메다, 어깨에 메다, 짊어지다, 짐
[擔架(담가)] 들것.
[擔雪塡井(담설전정)] '눈을 져다가 우물을 메운다'는 뜻으로, 수고만 할 뿐 효과가 없음을 비유하여 이르는 말.
[擔屎漢(담시한)] 똥통을 메는 사나이. 남을 욕할 때 하는 말임.

맡다, 떠맡다, 책임지다, 맡은 일
[擔當(담당)] ① 어떤 일을 맡음. ② 책임지고 일을 맡아 처리함. 또는 그 일을 맡은 사람. ¶도대체 그 일 담당이 누구야?
[擔保(담보)] ① 맡아서 보증함. ② (법) 빚진 사람이 빚을 갚지 않을 경우를 대비하여 빚 준 사람이 그 빚을 대신할 수 있는 신용으로 제공하는 보장. 인적인 담보와 물적인 담보가 있음.
[擔任(담임)] (주로 학교에서 학급을) 책임지고 맡음. 또는 그 사람. ¶담임교사
[加擔(가담)] 무리에 같은 편이 되어 함께 일을 해 나감. 일을 거들어 도와줌.
[負擔(부:담)] ☞ 負(부)
擔稅(담세), 分擔(분담), 全擔(전담), 專擔(전담)

任 맡길 임(:), 人부6 0473

'任(임)'자는 '사람 亻(인)'과 '아홉째 천간 壬(임)'으로 이루어진 글자이다.

맡은 일, 책무, 직무, 지다, 맡기다, 주다, 책임을 맡다
[任期(임:기)] 일정한 업무 따위를 맡은 기간.
[任務(임:무)] 맡아서 해야 할 일.
[任用(임:용)] 어떤 사람을 직무를 맡기기 위해 씀.
[擔任(담임)] ☞ 擔(담)
[信任(신:임)] 믿고 맡김. ¶신임을 얻다
[責任(책임)] ① 맡겨진 임무나 의무. 團責任者(책임자) ¶책임이 무겁다 ② (법) 법에 어긋난 짓을 한 사람에게 법률상 불이익 또는 제재가 가해지는 일.
[德薄而位尊(덕박이위존), 知小而謀大(지소이모대), 力小而任重(역소이임중), 鮮不及矣(선불급의).] 덕은 박한데 지위가 높고, 아는 것이 적으면서 꾀하는 것은 크며, 힘이 부족한데 직임이 무거우면, 재앙이 미치지 않는 경우는 드물다.『論語(논어)·繫辭(계사)』
任官(임관), 任免(임면), 任命(임명), 任員(임원), 任地

(임지), 兼任(겸임), 大任(대임), 無限責任(무한책임), 背任(배임), 背任罪(배임죄), 補任(보임), 不信任(불신임), 赴任(부임), 辭任(사임), 常任(상임), 選任(선임), 先任(선임), 所任(소임), 新任(신임), 信任狀(신임장), 歷任(역임), 連任(연임), 委任(위임), 委任狀(위임장), 留任(유임), 有限責任(유한책임), 鷹犬之任(응견지임), 離任(이임), 一任(일임), 自任(자임), 在任(재임), 適任(적임), 適任者(적임자), 前任(전임), 轉任(전임), 專任(전임), 專任講師(전임강사), 重任(중임), 就任(취임), 退任(퇴임), 特任(특임), 解任(해임), 後任(후임)

마음대로, 멋대로
[任意(임:의)] ① 각자의 뜻에 맡김. 마음대로 하는 것. ¶임의 행동 ② 제한 없이 아무 때나 아무 곳에 있는 것.
[放任(방:임)] 돌보거나 간섭하지 않고 그냥 내버려 둠.

以 써 이: 부터 이:, 人부5 0474

써, …로써, …가지고
[以卵投石(이:란투석)] '달걀로 돌을 친다'는 뜻으로, 약한 것으로 강한 것을 당하여 내려는 어리석음의 비유. 圖以卵擊石(이란격석)
[以心傳心(이:심전심)] 마음과 마음으로 서로 뜻이 통함.
[以熱治熱(이:열치열)] 열로써 열을 다스림. 힘에는 힘으로, 강함에는 강함으로 상대함을 비유하는 말.
[以夷制夷(이:이제이)] 적을 이용하여 적을 침. 다른 사람의 힘에 의하여 자기의 이익을 취함. 『王安石(왕안석)』
[報怨以德(보:원이덕)] 덕을 베풀어 원한을 갚다. 원한을 원한으로 갚으면 다시 또 원한을 사게 된다. 때문에 진정한 복수는 덕으로 원한을 갚는 데 있다는 것이다. 『老子(노자)·63章(장)』
[君子以文會友(군자이문회우), 以友輔仁(이우보인).] 군자는 학문으로써 벗을 모으고, 벗으로써 인의 실천을 돕는다. 詩書禮樂(시서예악)의 학문을 토대로 해서 벗을 모은다. 그것이 수양을 기본으로 하는 군자의 사교이다. 이렇게 모인 벗을 자신이 인의 도리를 실천하는 데 필요한 보조 역할로 삼는다. 이것이 벗을 구하는 군자의 마음이다. 술이나 오락을 통해서 친구를 모으는 것은 참다운 교우 관계의 도리가 아니다. 『論語(논어)·顔淵(안연)』
以空補空(이공보공), 以短攻短(이단공단), 以德報怨(이덕보원), 以毒制毒(이독제독), 以鹿爲馬(이록위마), 以實直告(이실직고), 以弱勝强(이약승강), 以訛傳訛(이와전와), 以僞亂眞(이위난진), 以財爲草(이재위초), 以火救火(이화구화), 救火以薪(구화이신), 事君以忠(사군이충), 事親以孝(사친이효)

부터, …에서, …서
[以南(이:남)] 어떤 지점을 한계로 해서 그 남쪽. 凹以北(이북)
[以內(이:내)] 시간 또는 공간에서 일정한 범위의 기준으로부터 안쪽. 凹以外(이외)
[以上(이:상)] ① 어떤 기준으로부터 그 위쪽. ② 말이나 글 따위에서 이제까지 말한 내용. ③ 그것보다 정도가 더하거나 위임. 凹以下(이하)
[以前(이:전)] 기준이 되는 일정한 때를 포함하여 그로부터 앞 쪽. 凹以後(이후)
[自古以來(자고이래)] 예로부터 내려오면서. 圖自古(자고), 古來(고래)

까닭
[所以(소이)] 까닭.

位 자리 위, 人부7 0475

'位(위)'자는 '사람 亻(인)'과 '설 立(립)'둘 다 표의요소로 쓰였다. '사람이 서 있는 자리'를 나타낸다.

지위, 직위, 신분, 관직의 등급
[位階(위계)] 벼슬의 등급. 圖位階秩序(위계질서)
[地位(지위)] ① 사회적 신분에 따라 개인이 차지하는 자리나 계급. ② 처소. ③ 토지의 형세.
[職位(직위)] 직무상의 자리. 직무에 따라 규정되는 사회적·행정적 위치. 圖職位解除(직위해제)
[學位(학위)] 어떤 부문의 학술을 전문적으로 연구하여 그 진리를 발표한 사람에게 그 자격을 인정하기 위하여 법률의 절차를 거쳐 수여하는 칭호. 학사(學士)·석사(碩士)·박사(博士) 등이 있다.
高位(고위), 闕位(궐위), 寶位(보위), 三位一體(삼위일체), 上位(상위), 爵位(작위), 低位(저위), 竊位(절위), 下位(하위), 皇位(황위)

위치, 방향
[位相(위상)] 어떤 사물이 다른 사물과의 관계 속에서 가지는 위치나 모습. ¶금메달 획득으로 국가의 위상을 높이다
[位置(위치)] 사물을 일정한 자리에 둠. 또는 그 자리.
[方位(방위)] 동·서·남·북 사방의 위치.
[部位(부위)] ① 전체에 대한 어떤 부분의 위치. ② 어떤 국부의 자리 ¶수술 부위
[水位(수위)] 강·바다·호수·저수지 따위의 물의 높이.
同位元素(동위원소), 優位(우위), 危險水位(위험수위), 體位(체위)

임금의 지위
[王位(왕위)] 임금의 자리. 제왕의 자리.
[卽位(즉위)] 임금의 자리에 나아가 오름.
[退位(퇴:위)] 임금의 자리에서 물러남.
禪位(선위), 讓位(양위), 在位(재위), 帝位(제위), 廢位(폐위)

차례, 순서
[等位(등:위)] 등급.
[順位(순:위)] 순번에 따라 정해진 위치나 지위.

[第一位(제일위)] 지위·등급·등수 따위에서 첫째가는 자리.

기준, 표준
[單位(단위)] ① 길이·질량·시간 등 어떤 양을 나타낼 때 비교 기준이 되도록 크기를 정한 양. 미터·그램·초 따위. ¶무게의 단위 ② 어떤 조직체에서 여럿으로 나누어진 낱낱의 부문. ¶단위 부락 ③ 학습량을 계산하는 기준이 되는 것. 흔히 학습 시간으로 나타냄.
[本位(본위)] ① 기본으로 삼는 표준. ¶기술 본위/친절 본위 ② 근본의 자리.

품위, 품격
[品位(품:위)] ① 직품과 직위. ② 사람이 갖추어야 할 위엄이나 기품. ¶품위 유지 ③ 사물이 지닌 고상하고 격이 높은 인상. ¶세련되고 품위 있는 가구

신주 또는 위패
[位土(위토)] 위답과 위전. 수확물을 제사 따위에 쓰려고 마련한 논과 밭. 참位土畓(위토답), 位土田(위토전)
[位牌(위패)] 신주로 모시는 패. 靈位(영위)의 이름을 적은 나무패.
[神位(신위)] 죽은 사람이 의지할 자리. 紙榜(지방) 따위.

사람의 수를 세는 경칭, 분

분되는 계층. ¶계급 간의 갈등 참階級意識(계급의식), 階級鬪爭(계급투쟁)
[階層(계층)] 사회적 지위나 경제적으로 비슷한 사람들의 구분. ¶부유층/계층 간의 갈등
[位階(위계)] ☞位(위)
位階秩序(위계질서), 品階(품계)

倍 갑절 배:, 곱 배:, 人부10　0477

곱, 갑절, 더하다, 증가하다, 곱하다
[倍加(배:가)] 갑절로 늘거나 늘림. ¶회원 배가 운동
[倍數(배:수)] 어떤 수의 갑절이 되는 수.
[倍率(배:율)] ① 실제 도형이나 그림의 크기를 곱으로 축소 또는 확대한 비율. ② (물) 거울·렌즈·망원경·현미경 따위로 물체를 볼 때 실제 물체와 확대된 像(상)과의 크기의 비율.
[公倍數(공배수)] (수) 둘 이상의 整數(정수) 또는 整式(정식)에 공통되는 배수. 참最小公倍數(최소공배수)
倍增(배증), 百倍(백배)

기타
[倍達(배:달)] '배달나라'의 준말. 우리나라 상고 시대의 이름.
[倍達民族(배:달민족)] 배달겨레. 한반도를 중심으로 모여 사는 단군 자손들.

階 섬돌 계, 阜부12　0476

'階(계)'자는 '언덕 阝(부)'와 '다 皆(개)'로 이루어진 글자이다. '皆(개)'자는 표음요소인데 음이 약간 달라졌다. 언덕의 비탈진 곳을 미끄러지지 않고 잘 내려올 수 있도록 설치한 층층대, 즉 '섬돌'을 뜻하기 위한 것이다.

섬돌, 층계, 당(堂)에 오르는 층계
[階段(계단)] ① 오르내리기 편하도록 건물이나 비탈에 만든 층계. ② 일을 하는 데 밟아야 할 순서.
[段階(단계)] 일을 해 나갈 때 밟아야 할 일정한 과정. ¶첫 단계/아직 다 되었다고 안심할 단계는 아니다
[音階(음계)] 음악에 쓰이는 음을 어떤 한 음으로부터 차례로 늘어놓은 것. 동양음악은 5음계, 서양음악은 7음계를 기초로 하고 있음. 참階名(계명)
[層階(층계)] 층과 층 사이를 오르내릴 수 있도록 여러 턱이 지게 만들어 놓은 설비.
[竹影掃階塵不動(죽영소계진부동).] 대나무 그림자가 뜰을 쓸되 티끌은 조금도 움직이지 않네.『菜根譚(채근담)·後集(후집) 63』☞ *388

사닥다리, 사닥다리를 놓다
[階梯(계제)] ① (층계나 사닥다리를 밟아 나가듯이) 일이 차차 되어 나가는 차례나 절차. ¶계제를 밟다 ② 무슨 일이 될 수 있도록 하는 기회나 조건이나 처지. ¶말할 계제가 못 된다/앞뒤를 가릴 계제가 아니다

품계, 등위, 관등
[階級(계급)] ① 지위나 관직 등의 품계나 등급. ¶한 계급 승진하다 ② 신분이나 직업, 재산 등이 비슷한 사람들로 이루어진 사회적 집단. 또는 그것을 기준으로 구

半 반 반(:), 十부5　0478

'半(반)'자는 '여덟 八(팔)'과 '소 牛(우)'로 이루어진 글자이다. '八(팔)'은 '나누다'의 뜻, '牛(우)'는 '큰 것'의 뜻을 나타낸다. 즉 '半(반)'은 '큰 것을 둘로 나누다'의 뜻을 나타낸다.

반, 둘로 나눈 것의 한 부분, 나누다, 똑같이 둘로 나누다
[半島(반:도)] 반은 대륙에 붙어 있고 반은 바다 쪽으로 길게 나와 섬처럼 보이는 육지. 우리나라와 이탈리아 등이 그렇다.
[半身不隨(반:신불수)/半身不遂(반:신불수)] 몸의 좌우 어느 한쪽을 마음대로 움직이지 못함. 또는 그런 사람.
[半月(반:월)] 반달.
[過半(과:반)] 반을 넘음. 반이 더 됨. 참過半數(과반수)
[上半(상:반)] 위쪽 절반 凹下半(하반) 참上半期(상반기), 下半期(하반기), 上半身(상반신), 下半身(하반신)
[前半(전반)] 전체를 둘로 나누었을 때, 앞부분의 절반. 凹後半(후반)
半減(반감), 半減期(반감기), 半徑(반경), 半球(반구), 半期(반:기), 半旗(반기), 半年(반년), 半導體(반도체), 半裸(반라), 半半(반반), 半白(반백), 半生(반생), 半燒(반소), 半數(반수), 半身(반신), 半信半疑(반신반의), 半額(반액), 半圓(반원), 半切(반절), 半折(반절)/折半(절반), 半指(반지), 半透膜(반투막), 半打作(반타작),

半透明(반투명), 半透性(반투성), 居之半(거지반), 東半球(동반구), 一言半句(일언반구), 折半(절반), 太半(태반), 殆半(태반)
중간
[半途而廢(반:도이폐)] 일을 하다가 중도에서 그만둠. 图中道而廢(중도이폐)
[半熟(반:숙)] 반쯤만 익힘. 또는 그렇게 익은 것. ¶계란 반숙
[半音(반:음)] 온음의 절반이 되는 음정.
[花看半開(화간반개), 酒飲未醉(주음미취), 此中大有佳趣(차중대유가취).] 꽃은 반만 피었을 때 보고, 술은 조금만 취하도록 마시면, 그 가운데 크게 아름다운 맛이 있느니라. 즐거움이 극에 달하면 더 큰 즐거움을 바라게 되고 결국에는 파탄에 이르게 된다. 즐거움이 극에 달하지 않게 즐기면 항상 그렇게 즐길 수 있어 늘 아름다운 맛이 있다. 즐거움 속에 빠져 결국 파탄하게 됨을 경계한 말이다. 『菜根譚(채근담)·後集 122』

停 머무를 정, 人부11　　0479

'停(정)'자는 '사람 亻(인)'과 '정자 亭(정)'으로 이루어졌다. '(길을 가던) 사람이 정자를 만나 머무르다'의 뜻을 나타낸다.

머무르다, 멎다
[停車場(정거장)] 버스나 열차가 승객이 타고 내리거나 화물을 싣거나 내리기 위하여 멈추게 되어 있는 곳.
[停電(정전)] 전기가 잠깐 끊어짐.
[停止(정지)] 중도에서 멎거나 멈춤. ¶영업 정지
停車(정거), 停留(정류), 停留場(정류장)/停留所(정류소), 停職(정직), 停車(정차), 停學(정학)

그치다, 그만두다
[停戰(정전)] 전투 행위를 그침. 图정전 협정
[停會(정회)] 회의를 한 때 정지함.
[調停(조정)] 분쟁을 화해시켜 그치게 함.
停刊(정간)

막히다, 침체하다
[停滯(정체)] 사물이 앞으로 나아가지 못하고 멈추거나 막혀 있음. ¶교통 정체

止 그칠 지, 止부4　　0480

'止(지)'자는 원래 '발' 또는 '발자국'을 가리키는 것이었는데, 후에 '그치다'는 뜻으로 자주 쓰이게 되자 '발자국'은 '趾(지)'자를 만들어 그 본뜻을 나타냈다.

멎다, 멈추다, 멈추어 서다, 움직이던 행동을 그만두다, 진행되던 일을 멎게 하다, 앞으로 나아가지 아니하다
[止血(지혈)] 나오던 피가 멎음, 또는 멎게 함. 图止血劑(지혈제)
[停止(정지)] ☞停(정)

[中止(중지)] 하던 일을 중도에서 그만둠.
[行動擧止(행동거지)] 몸으로 움직이는 모든 짓. ¶行動擧止(행동거지)가 신중하다
[知止不殆(지지불태), 知足不辱(지족불욕), 可以長久(가이장구).] 멈출 때를 알면 위태로워지지 않고, 만족할 줄을 알면 모욕을 당하지 않는다. 그러면 오래도록 자신을 지켜 보존할 수 있다. 멈출 때를 알면 크게 실패하는 법이 없고, 만족이라는 것을 알면 결코 잘못을 범하는 일이 없기 때문에 자연히 세상 사람들에게 치욕을 받을 일도 없어진다. 『老子(노자)·道德經 44章(도덕경 44장)』

꼼짝하지 않는다, 움직이지 않는다
[止觀(지관)] (불) 산란한 망념을 그치고 고요한 맑은 지혜로 만법을 비추어 보는 일.
[明鏡止水(명경지수)] '밝은 거울이 될 만큼 고요하게 멈추어 있는 물'이란 뜻에서, 잡념과 가식과 허욕이 없이 아주 맑고 깨끗한 마음을 나타낸 말.
[靜止(정:지)] 고요히 그침. 또는 움직이지 않고 가만히 있는 상태.

그치다, 끝나다
[止揚(지양)] ① 어떤 행동을 계속하지 않고 그쳐서 높은 수준으로 올리는 것. ¶입시 위주의 교육 풍토는 지양되어야 한다 ② (철) 변증법에서 중요한 개념으로, 대립·모순 관계에 있는 두 명제나 개념이 서로 관련하여 그 대립이나 모순을 다시 한층 높은 단계로 조화·통일하여 나가는 일.
[終止符(종지부)] ① 마침표. 베풂(서술)·시킴(명령)·꾐(청유) 등의 문장을 끝맺는 데 쓰는 부호. ② 어떤 일의 결말을 지을 때, '종지부를 찍다'라고 표현한다.

그만두다, 폐하다
[廢止(폐:지)] 실시하던 일이나 제도 따위를 그만두거나 멈춤.
[休止(휴지)] ① 머무름. 그침. ② 당사자의 의사나 태도에 의하여 소송 절차의 진행을 정지시키는 일.

금(禁)하다, 못하게 하다
[禁止(금:지)] 말리어 못하게 함. ¶통행 금지/출입 금지
[防止(방지)] 어떤 일이나 현상이 일어나지 못하게 막음. ¶사고 방지/방지 대책
[制止(제:지)] 하려는 일을 말려서 못하게 함.
抑止(억지), 沮止(저지), 通行禁止(통행금지)

붙들다, 만류하다
[往者勿止(왕:자물지), 來者勿禁(내:자물금).] 가는 것은 그 자연에 맡겨 가게 할 것이요, 부질없이 잡아두어서는 아니 되고, 오는 것은 오지 못하게 막아서는 아니 된다. 『莊子(장자)』 ☞ * 077

傳 전할 전, 전기 전, 人부13　　0481

'傳(전)'자는 '사람 亻(인)'과 '오로지 專(전)'의 합자이다. 전한다는 것은 오로지 사람과 사람 사이에 있는 일

초급

이다.

전하다, 주다, 상대자에게 옮겨 주다
[傳達(전달)] 지시·명령·물품 따위를 전하여 이르게 함. ¶이 상자를 그에게 전달하여 주세요.
[父傳子傳(부전자전)] 대대로 아버지가 아들에게 전함.
[以心傳心(이:심전심)] 마음과 마음으로 서로 뜻이 통함.
傳導(전도), 傳導度(전도도), 傳導率(전도율), 傳貰(전세)

전하다, 알리다, 알릴 것을 남에게 알리다
[傳道(전도)] ① 종교적 인도를 세상에 널리 전함. ② 기독교의 교리를 세상에 널리 전하여 믿지 아니하는 사람에게 신앙을 가지도록 인도함. 또는 그런 일. 젬傳道師(전도사)
[傳言(전언)] 말을 전함. 또는 전하는 말.
[宣傳(선전)] 어떤 사물·사상·주의 따위를 많은 사람에게 전하여 알리는 일. ¶새 상품 선전 젬黑色宣傳(흑색선전)
[訛傳(와:전)] 그릇 전함. ¶와전된 소문
傳喝(전갈), 傳單(전단), 傳令(전령), 傳書鳩(전서구), 傳票(전표), 以訛傳訛(이와전와)

옮기다, 퍼지다
[傳染(전염)] ① 옮음. ② 옮아서 물듦. 젬傳染病(전염병)
[傳播(전파)] 전하여 널리 퍼뜨림. ¶불교의 전파

전해지다, 전해 내려오다
[傳來(전래)] ① 예로부터 전하여 내려옴. ¶전래 동화 ② 외국에서 전하여 들어옴.
[傳說(전설)] 예로부터 전하여 내려오는 말이나 이야기. 젬傳說的(전설적)
[傳統(전통)] 예로부터 계통을 이루어 전하여 내려오는 사상·관습·행동 따위의 양식. ¶빛나는 문화의 전통
[口傳(구:전)] ① 입으로 전함. 말로 전함. ② 말로 전해 내려옴, 또는 그 일.
[遺傳(유전)] ① 물려받아 내려옴. ② (생) 어버이의 형질이 자손에게 전해짐. 또는 그런 현상. ¶유전공학/유전병
傳家(전가), 傳家之寶(전가지보), 傳授(전수), 傳承(전승), 家傳(가전), 隔世遺傳(격세유전), 名不虛傳(명불허전)

전기, 사람의 일대기
[傳記(전기)] 한 개인의 일생을 전하여 적은 기록.
[偉人傳(위인전)] 위인들의 삶과 업적 따위를 적은 책.
[立志傳(입지전)] 뜻을 세우고 노력하여 출세한 사람의 전기. ¶입지전적 인물
[自敍傳(자서전)] 자기가 쓴 자신의 전기.
列傳(열전), 使徒行傳(사도행전), 自傳(자전), 春香傳(춘향전), 評傳(평전)

현인의 저서, 경서의 주해, 고서
[經傳(경전)] '聖經賢傳(성경현전)'의 준말. 성현들이 지은 여러 가지 책.

價 값 가, 人부15 0482

'價(가)'자는 '사람 亻(인)'과 '장사 賈(가)'로 이루어진 글자이다. 장사를 하려면 팔고 사는 사람들 사이에 가격이 정해져야 한다.

값, 가격, 대금
[價格(가격)] 물건이 지니고 있는 가치를 돈으로 나타낸 것. ¶도매가격/소매가격
[代價(대:가)] ① 일·수고·노력 등을 한 데 대한 보수나 보람. ¶노동의 대가/희생의 대가 ② 사고파는 물건의 돈머리.
[物價(물가)] 물건의 값. 젬物價指數(물가지수)
[定價(정:가)] ① 정하여진 값. 또는 일정한 가격. ② 값을 매김.
減價償却(감가상각), 高價(고가), 穀價(곡가), 公定價格(공정가격), 單價(단가), 對價(대가), 同價紅裳(동가홍상), 買價(매가), 賣價(매가), 米價(미가), 上限價(상한가), 相對評價(상대평가), 善價(선가), 酬價(수가), 市價(시가), 時價(시가), 廉價(염가), 原價(원가), 油價(유가), 有價(유가), 有價證券(유가증권), 低價(저가), 折價(절가), 正價(정가), 株價(주가), 株價指數(주가지수), 紙價(지가), 地價(지가), 特價(특가), 平價(평가), 呼價(호가)

값어치, 역할, 값있다
[價値(가치)] ① 쓸모나 보람. ¶상품가치/실용가치 ② 사물이 지니고 있는 중요성이나 쓸모. ③ 代價(대가)나 보람. ④ 어떤 사물에 해당하는 됨됨이나 의의. ¶작품의 가치/가치 의식 젬價値觀(가치관), 價値判斷(가치판단)
[營養價(영양가)] 음식물이 지니고 있는 영양의 값어치.
[眞價(진가)] 참된 가치. ¶이제 그가 진가를 발휘할 때가 되었다
[評價(평:가)] ① 물건 값을 헤아려서 매김. 또는 그 물건 값. ② 사물의 가치를 좋고 나쁨 따위로 따져서 매김. 또는 그 사물의 가치.
過大評價(과대평가), 過小評價(과소평가), 附加價値稅(부가가치세), 聲價(성가), 稀少價値(희소가치)

수
[原子價(원자가)] 어떤 원자가 다른 원자 몇 개와 결합할 수 있는가를 나타내는 수. 보통 수소를 기준으로 하여 수소 원자 n개와 결합하는 원소의 원자가를 'n가'라 함.

値 값 치, 人부10 0483

'値(치)'자는 '사람 人(인)'과 '곧을 直(직)'으로 이루어졌다. 원래 사람을 '만나다'는 뜻을 나타내기 위하여 만든 것이었다. '값'을 뜻하는 것으로 많이 쓰인다.

값, 가치, 가격, 물건의 값, 값하다, 값어치가 있다
[價値(가치)] ☞ 價(가)

[價値判斷(가치판단)] (철) (어떤 대상에 대하여) 진·선·미 등의 가치 문제와 관련시켜 하는 판단. 붉은 꽃을 보고 '붉다'고 하지 않고 '아름답다'고 하는 따위.
價値觀(가치관), 附加價値稅(부가가치세), 稀少價値(희소가치)

값, 수, 수학에서 글자 또는 식이 대표하는 수

[近似値(근:사치)] 근삿값. 참값에 가까운 값.
[數値(수:치)] 계산하여 얻은 값.
[絶對値(절대치)] (수) 절댓값. 어떤 實數(실수)에서 양(플러스+)·음(마이너스-)의 부호를 떼어버린 수.
極値(극치), 閾値(역치)

元 으뜸 원, 儿부4　　0484

'元(원)'자는 머리를 나타내는 '한 一(일)'과 '우뚝 서 있는 사람 兀(올)'이 합쳐진 것이다. '으뜸'의 뜻을 나타낸다.

으뜸, 처음, 시초, 첫째, 첫째가 되는 해나 날

[元年(원년)] ① 으뜸이 되는 해. ② 임금이 즉위한 해. ③ 어떤 중요한 일이 시작된 해.
[元來(원래)/原來(원래)] 처음 이래로. (중국에서는 元來로 쓰다가 明(명)나라 때 元(원)나라의 '元'자를 싫어하여 原來로 고쳤다는 설이 있다.)
[元老(원로)] 어떤 일에 오래 종사하여 경험과 공로가 으뜸이 되는 사람.
[元祖(원조)] ① 으뜸 조상. ② 어떤 일을 처음으로 시작한 사람이나 사물.
[紀元(기원)] ① 나라를 세운 첫해. ② 연대를 계산하는 데 기준이 되는 해. 참檀君紀元(단군기원), 西曆紀元(서력기원) ③ 새로 시작되는 시기나 시대.
[壯元(장:원)/狀元(장:원)] ① 과거시험에서 갑과에서 첫째로 급제함. 참壯元及第(장원급제) ② 대회에서 최우수상을 차지함. 또는 그런 사람. 壯元(장원)이라고 쓰는데, 엄격히 말하자면 狀元(장원)이 맞는 표현이고 壯元(장원)은 잘못된 것이다. 원래 급제자 이름을 적은 문서(狀)에 으뜸(元)으로 적힌 이름이다.
元旦(원단), 元始(원시)/原始(원시), 元帳(원장), 元勳(원훈), 天元(천원)

우두머리, 임금

[元首(원수)] ① 국가 원수. 나라를 다스리는 사람. ② 국제법상 외국에 대하여 나라를 대표하는 사람.
[元帥(원수)] 군인의 가장 높은 계급. 大將(대장)의 위.
[元兇(원흉)] 못된 짓을 한 무리의 우두머리.

근본, 근원

[元金(원금)] 본전. 꾸어주거나 맡긴 돈에 이자를 붙이지 않은 돈. 참元利金(원리금)
[元素(원소)] ① 만물의 본바탕. ② (화) 원자번호가 같은 원자만으로 이루어져 그 이상 더 분해할 수 없는 물질. 수소·산소·탄소 따위. ③ (수) 집합을 이루는 낱낱의 요소.
[身元(신원)] 주소·원적·신분·품행 따위로 보는 개인의 참모습. 참身元保證(신원보증)
[次元(차원)] ① 사물을 보거나 생각할 때의 처지. 또는 어떤 생각이나 의견 따위의 수준. ② (수) 일반적인 공간의 확장하는 정도를 나타내는 것. 직선은 일차원, 평면은 이차원, 보통의 공간은 삼차원이지만 n차원이나 무한 차원의 공간도 생각할 수 있음. 참一次元(일차원), 二次元(이차원), 三次元(삼차원), 四次元(사차원)
元利金(원리금), 元體(원체), 多元(다원), 多元論(다원론), 多元方程式(다원방정식), 單元(단원), 同位元素(동위원소), 復元(복원)/復原(복원), 一元論(일원론), 還元(환원)

연호

[開元(개원)] 開國(개국).

기운, 천지의 큰 덕, 만물을 육성하는 덕

[元氣(원기)] ① 타고난 기운. ② 심신의 정력. 참元氣不足(원기부족)

나라 이름

[元(원)]나라

原 근원 원, 언덕 원, 厂부10　　0485

'原(원)'자는 '언덕 厂(한)'과 '샘 泉(천)'으로 이루어진 것인데, '泉(천)'자가 변화되었다. 산 언덕 밑 계곡 같은 데서 물이 솟아 흐르는 모습을 본뜬 것으로 '水源(수원)'이 본래 의미이다. 후에 '본디', '언덕', '들판' 등으로 사용되는 예가 많아지자, 본래의 의미는 '물 氵(수)'를 첨가하여 源(원)자를 만들어 나타냈다.

일의 발단이나 시초, 본디

[原來(원래)] ☞元(원)
[原産(원산)] 어떤 고장에서 처음으로 생산되는 일. 또는 그 물건. 참原産地(원산지)
[原始(원시)] ① 시작되는 처음. ② 문화가 피어나지 않고 자연 그대로임. 참原始林(원시림)
[原點(원점)] ① 사물이 시작되는 점. 또는 근본이 되는 본래의 점. ¶원점에서 다시 생각해 보자 ② 길이 따위를 잴 때 기준이 되는 점. ③ (수) 좌표에서, 좌표축들이 출발하거나 서로 만나는 점.
原告(원고), 原盤(원반), 原簿(원부), 原絲(원사), 原音(원음), 原罪(원죄), 原住民(원주민)

근본, 기인하다, 의거하다, 기초를 두다, 근본을 추구하다

[原稿(원고)] 인쇄하거나 발표하기 위하여 쓴 글이나 그림 따위. ¶원고 청탁
[原料(원료)] 물건을 만드는 재료.
[原理(원리)] 사물의 근본이 되는 이치나 법칙.
[原因(원인)] 어떤 현상을 일으키게 하는 근본적인 요인.
[原則(원칙)] 기본이나 기초가 되는 법칙.
[病原(병:원)] 병의 근원. 참病原體(병원체)
[抗原(항:원)/抗元(항:원)] (생) 몸 안에서 항체를 만드는 물질.

原價(원가), 原鑛(원광), 原緞(원단), 原動(원동), 原論(원론), 原木(원목), 原文(원문), 原本(원본), 原狀(원상), 原色(원색), 原書(원서), 原石(원석), 原案(원안), 原野(원야), 原油(원유), 原子(원자), 原作(원작), 原籍(원적), 原典(원전), 原題(원제), 原爆(원폭), 原形(원형), 原型(원형), 原形質(원형질), 三原色(삼원색)

들, 언덕, 벌판

[高原(고원)] 높고도 넓은 들판. ¶고원지대/개마고원
[燎原(요원)] 불타고 있는 벌판. ¶요원의 불길 [참]燎原之火(요원지화)
[草原(초원)] 풀로 덮인 들판.
雪原(설원), 平原(평원)

용서하다, 놓아주다

[原宥(원유)] '용서'의 뜻으로 편지 따위에 쓰는 말. [동]原諒(원량)

源 근원 원, 水部13　　0486

'源(원)'자의 본래 글자인 '原(원)'은 산 언덕 밑의 계곡 같은 데서 물이 솟아 흐르는 모습을 나타낸 것이다. 물이 처음 흘러나온 곳, 즉 '水源(수원)'이 본래 의미인데, '본래', '들' 같은 확대된 의미로 많이 쓰이자, 본래 의미를 분명히 나타내기 위하여 '물 氵(수)'를 첨가한 글자가 '源(원)'자이다.

근원, 물줄기가 나오기 시작하는 곳, 샘이 흐르는 근원, 사물의 근원

[源泉(원천)] ① 물이 흘러나오는 근원. ② 사물의 근원. ¶힘의 원천
[拔本塞源(발본색원)] '뿌리를 뽑고 근원을 막아버림'이란 뜻에서, '폐단이나 문제의 근원을 아주 뽑아서 없애버림'을 뜻하는 말이다.
[資源(자원)] ① 어떤 목적에 이용되는 인적·물적 근원. ② 산업의 재료. 원료로서의 광물·산림·수산물 따위. [참]天然資源(천연자원) ③ (컴) 컴퓨터 프로그램을 작동시키기 위한 모든 기능과 기구의 총칭.
[電源(전:원)] ① 전기를 발생시키기 위해 이용하는 자원. ② 기계 등에 전류가 오는 원천. 전기 코드의 콘센트 따위.
[源淸流淸(원청류청)] '윗물이 맑으면 아랫물이 맑다'는 뜻으로, '윗사람이 청렴하면 아랫사람도 청렴해짐'을 비유하여 이르는 말. 『荀子(순자)』
[飮水思源(음:수사원)] 물을 마실 때 그 근본을 생각하라. '근본을 잊지 않음'을 비유한 말임. 『庚子山集(유자산집)·徵周曲(징주곡)』
源流(원류), 根源(근원), 起源(기원), 蜜源(밀원), 發源(발원), 本源(본원), 塞源(색원), 淵源(연원), 水源(수원), 水源池(수원지), 語源(어원), 字源(자원), 財源(재원), 震源(진원)

기타

[武陵桃源(무릉도원)] 무릉에서 복숭아꽃잎이 흘러내려 오는 근원지. 세상과 따로 떨어진 별천지를 이르는 말. 『陶淵明(도연명)』

充 찰 충, 가득할 충, 儿部5　　0487

차다, 가득 차다, 완전하다

[充滿(충만)] 한껏 차서 가득함. ¶마음에 기쁨이 충만하다
[充分(충분)] 모자람이 없이 만족할 만큼 넉넉함.
[充足(충족)] 넉넉하게 채움. 분량이 모자람이 없이 넉넉함.
充溢(충일), 割肉充腹(할육충복)/割股充腹(할고충복)

갖추다, 채우다

[充當(충당)] 모자라는 것을 채워 메움.
[充員(충원)] 인원을 채움.
[充電(충전)] 축전기나 축전지 따위에 전기를 채움.
[補充(보:충)] 부족한 것을 보태어 채움. ¶영양 보충 [참]補充兵(보충병), 補充役(보충역)
[擴充(확충)] 넓히고 보태어 충실하게 함. ¶시설을 확충하다
充實(충실), 充塡(충전), 充血(충혈), 自充(자충), 自充手(자충수)

滿 찰 만(:), 水部14　　0488

'滿(만)'자는 '물이 가득 차서 넘치다'의 뜻을 나타낸다.

차다, 가득하다

[滿期(만기)] 정해 놓은 기간이 다 참. ¶만기제대
[滿喫(만끽)] ① 잔뜩 배불리 먹거나 마심. ② 욕망을 실컷 만족시킴.
[滿員(만원)] ① 정한 인원이 다 참. ② 어떤 곳에 사람이 가득 들어참. ¶만원 버스에 시달리다
[未滿(미:만)] 정한 수나 정도에 차지 못함. ¶18세 미만 출입 금지
[充滿(충만)] ☞ 充(충)
[滿則覆(만즉복)] 가득 차면 뒤집혀진다. 사물은 차면 이지러지므로 가득 찬다는 것은 오히려 손실을 초래한다. 인간도 득의에 차서 거드름을 피우는 자는 반드시 망한다. 『荀子(순자)·宥坐篇(유좌편)』
[生年不滿百(생년불만백), 常懷千年憂(상회천년우).] 백 살도 못 사는 짧은 인생이 천년 후의 일까지 생각하며 늘 많은 근심을 품고 있음. 『古詩源 西門行』
滿開(만개), 滿乾坤(만건곤), 滿堂(만당), 滿了(만료), 滿壘(만루), 滿面(만면), 滿發(만발), 滿腹(만복), 滿朔(만삭), 滿船(만선), 滿身瘡痍(만신창이), 滿員謝禮(만원사례), 滿場(만장), 滿場一致(만장일치), 滿載(만재), 滿點(만점), 滿潮(만조), 滿則溢(만즉일), 滿紙長書(만지장서), 滿醉(만취), 干滿(간만), 盈滿之咎(영만지구), 自滿(자만), 膨滿(팽만), 飽滿(포만)

넉넉하다, 풍족하다

[滿足(만족)] 모자람이 없이 흐뭇함.

[不滿(불만)] ① 차지 않음. ② 불만족(不滿足)의 준말.
[肥滿(비:만)] 살이 너무 많이 쪄서 몸이 뚱뚱함. 참肥滿症(비만증)
[豊滿(풍만)] ① 풍족하여 그득함. ② 몸에 살이 탐스럽게 많음. ¶풍만한 육체

둥그래지다, 이지러짐이 없다
[滿月(만:월)] 원이 꽉 차도록 이지러진 데가 없이 생긴 달. 보름달.
[圓滿(원만)] ① 성격이나 행동이 모나지 않고 너그러움. ② 일이 잘 되어 만족스러움. ¶원만하게 해결되다 ③ 서로 사이가 좋음. ④ (불) 공덕이 가득 차는 일.
[月滿則虧(월만즉휴)] 달이 차서 둥글게 되면 곧 이지러지기 시작한다는 뜻으로, '사물이 한번 성하면 한번 쇠하여짐'을 비유하여 이르는 말. 줄여서 滿則虧(만즉휴)라고도 함. 日中則移(일중즉이), ____, 物盛則衰(물성즉쇠). 『史記(사기)』

만주(滿洲)의 약칭
[滿洲(만:주)] (지) 중국 동북 지방 일대를 일컫는 말. 참滿洲事變(만주사변), 滿洲族(만주족)

기타
[小滿(소:만)] 24절기의 하나. 입하(立夏) 다음인 양력 5월 21일 경.
[衛滿朝鮮(위만조선)] (역) 고조선의 마지막 나라. 위만이 왕검성에 도읍하여 세웠는데 3대 88년 만에 한나라에게 망함.
[豆滿江(두만강)] 백두산에서 시작하여 우리나라와 중국·러시아와 국경을 이루며 동해로 흘러드는 강.

具 갖출 구(:), 八부8   0489

'具(구)'자는 '솥 鼎(정)'과 '받들 廾(공)'자의 합자이다. '鼎(정)'에서 아랫부분은 생략되고 윗부분 '目(목)'만 남았다. '具(구)'자를 쓸 때 '具(구)'자가 만들어진 과정을 생각해서, '눈 目(목)'을 쓰고 나서 아래 받침을 써야 제대로 쓴 것이 된다.

갖추다, 갖추어지다
[具備(구비)] 갖추어야 할 것을 다 갖춤. ¶구비 서류
[具色(구색)] ① 여러 가지 물건의 갖춤새. ② 서로 어울리는 것.
[具體的(구체적)] 실제로 일정한(뚜렷한) 형상이나 성질을 갖추고 있는. 또는 그러한 것. ¶구체적으로 설명하다
[具現(구현)] 어떤 내용이 구체적인 사실로 나타나게 함. ¶민주주의 구현
具象(구상), 具足戒(구족계), 具體(구체)

그릇, 연장, 도구
[工具(공구)] 공작에 쓰이는 小器具(소기구).
[農器具(농기구)] 농사에 쓰이는 기구.
[文房具(문방구)] 학용품이나 사무용품을 통틀어 이르는 말. 文具(문구).
[玩具(완:구)] 장난감. 놀이 기구.
器具(기구), 敎具(교구), 農具(농구), 茶具(다구), 道具(도구), 馬具(마구), 文具(문구), 漁具(어구), 獵具(엽구), 用具(용구), 運動具(운동구), 蠶具(잠구), 裝具(장구), 裝身具(장신구), 唾具(타구), 刑具(형구), 畫具(화구)

설비, 준비
[寢具(침:구)] 잠을 자는 데 쓰이는 물건. 이부자리·베개 따위.
[家具(가구)] 가정의 일상 용구. 참家具店(가구점)

온전하다, 족하다
[不具(불구)] ① 갖추지 못함. ② 몸의 한 부분이 온전하지 못함. 不具者(불구자). ③ 편지 끝에 쓰는 말. (편지의 서식이나 내용을 다 갖추지 못했다는 뜻으로 겸손을 표현한다.)

기타
[表具(표구)] 서책·서화 따위를 종이나 비단으로 꾸미는 일.

備 갖출 비:, 人부12   0490

'갖출 備(비)'자는 '사람 亻(인)'과 '갖출 䇈(비)/포도 葡(포)'자로 이루어진 것이다. '䇈(비)'자의 '쌀 勹(포)'의 모양이 '언덕 厂(한)'자 모양으로 변하였다.

갖추다, 준비하다, 준비, 대비, 갖추어지다, 구비되다
[備考(비:고)] ① 참고하기 위하여 준비해 놓음. ② 어떤 내용에 참고가 될 만한 사항을 보태어 적는 일. 또는 그 내용.
[備品(비:품)] 늘 갖추어 두고 쓰는 물품. 한번 장만하면 오래 두고 쓰는 물건.
[具備(구비)] ☞ 具(구)
[未備(미:비)] 아직 다 갖추지 못함. 완전하지 못함. ¶미비한 점이 많다
[豫備(예:비)] 미리 마련하거나 갖추어 놓음. 참豫備軍(예비군), 豫備役(예비역)
[準備(준:비)] 필요한 것을 미리 마련하여 갖춤.
[居安思危(거안사위), 思則有備(사즉유비), 有備無患(유비무환).] 편안한 처지에 있을 때에도 위험한 때의 일을 미리 생각하고, 생각하면 곧 준비를 갖추어야 하고, 미리 준비함이 있으면 어떤 환란을 당해서도 걱정할 것이 없을 것이다. 『春秋左氏傳(춘추좌씨전)』
備忘(비망), 備忘記(비망기), 備忘錄(비망록), 備蓄(비축), 備置(비치), 改備(개비), 兼備(겸비), 警備(경비), 軍備(군비), 對備(대비), 防備(방비), 不備(불비), 常備(상비), 常備藥(상비약), 常備軍(상비군), 設備(설비), 守備(수비), 完備(완비), 裝備(장비), 戰備(전비), 整備(정비)

옷
[雨備(우비)] 비를 가리는 데 쓰는 여러 가지 기구. 우산·비옷·삿갓·도롱이 따위.

典 법 전:, 八부8　　0491

'典(전)'자는 많은 '冊(책)'을 두 손으로 '받들고ㅏ(공)' 있는 모양을 본뜬 것이다. '귀중한 책'이란 뜻에서 '모범', '서적'을 뜻한다.

바르다, 법도에 맞다, 본보기

[典據(전:거)] 말이나 문장 따위의 근거가 될 만한 문헌상의 출처.
[典例(전:례)] 典據(전거)가 되는 선례.
[典範(전:범)] 본보기.
[典型(전형)] ① 어떠한 부류의 본질적 특색을 나타내는 본보기. 참典型的(전형적) ② 자손이나 제자의 모양이나 행동이 그 조상이나 스승을 본받는 틀.

책, 서적

[典籍(전:적)] 책. 서적.
[經典(경전)] ① 변하지 않는 법식과 도리. ② 성인이 지은 글. 또는 성인의 말과 행실을 적은 글. ③ 종교의 교리를 적은 책.
[古典(고:전)] ① 古代(고대)의 典籍(전적). ② 옛날의 법식이나 의식. ③ 시대를 대표할 만한, 또는 후세에 전할 만한 가치가 있는 옛날 기록이나 서적. 특히 문예작품을 이른다.
[事典(사:전)] 여러 가지 사항을 모아 간추려 그 하나하나에 해설을 붙인 책.
[辭典(사전)] 어떤 범위 안에서 쓰이는 말을 모아서 일정한 순서로 배열하여 싣고 그 각각의 독음, 의미, 어원, 용법 따위를 해설한 책.
百科事典(백과사전)/百科辭典(백과사전), 法典(법전), 藥典(약전), 原典(원전), 字典(자전), 出典(출전)

예, 의식

[典禮(전:례)] ① 왕실 또는 나라의 경사나 상사 때의 의식. ② 일정한 의식. ③ (천주) 신자들의 공동체인 교회가 단체적으로 하느님과 그리스도, 또는 성인·복자들에게 드리는 공식적인 경배 행위.
[儀典(의전)] 儀式(의식). 격식을 갖춘 행사.
[祭典(제:전)] ① 제사의 의식. ② 문화·예술·체육 따위의 큰 행사를 일컫는 말.
[祝典(축전)] 축하하는 의식이나 행사.
[特典(특전)] ① 특별한 대우나 혜택. ② 특별한 의식.

전당잡다, 전당잡히다

[典當(전:당)] 물건을 담보로 잡고 돈을 꾸어주거나 쓰는 일. 참典當鋪(전당포)

기타

[上典(상:전)] ① 종에 대하여 그 주인을 이르던 말. ② 옛날의 규칙.

再 두 재:, 冂부6　　0492

두, 둘, 재차, 다시 한 번, 두 번 하다, 거듭하다

[再建(재:건)] 다시 일으켜 세움. ¶국토 재건 사업
[再發(재:발)] 한 번 생겼던 일이나 병 따위가 다시 생김.
[再修(재:수)] 한 번 배웠던 과정을 다시 배우는 일. 참再修生(재수생)
[再現(재:현)] 다시 나타남. 또는 다시 나타냄. ¶고려청자를 재현하다
[非一非再(비일비재)] 같은 현상이나 일이 한 두 번이나 한둘이 아니고 매우 많거나 흔함.
[時不再來(시불재래)] 한 번 간 때는 다시 오지 않음.
[一日難再晨(일일난재신).] 하루에 아침이 두 번 오지 않는다. 『古文眞寶·五言古風短篇 陶淵明 雜詩』☞ * 201
[落花難上枝(낙화난상지), 破鏡不再照(파:경부재조).] 떨어진 꽃은 다시 가지에 붙을 수 없고, 깨어진 거울은 다시 비출 수 없다. '부부 관계 따위의 일단 깨어진 것은 다시 원상태로 되돌아가지 않음'을 비유하여 이르는 말. 『傳燈錄(전등록)』☞ * 073

再嫁(재가), 再開(재개), 再考(재고), 再校(재교), 再敎育(재교육), 再歸(재귀), 再起(재기), 再論(재론), 再臨(재림), 再拜(재배), 再犯(재범), 再三(재삼), 再三再四(재삼재사), 再生(재생), 再選(재선), 再演(재연), 再燃(재연), 再昨年(재작년), 再從(재종), 再從間(재종간), 再從叔(재종숙), 再次(재차), 再唱(재창), 再請(재청), 再出發(재출발), 再湯(재탕), 再婚(재혼), 再活(재활), 再會(재회)

切 끊을 절, 모두 체, 刀부4　　0493

'切(절)'자는 '칼 刀(도)'와 '일곱 七(칠)'로 이루어졌다. '칼로 베다'. '자르다'의 뜻으로 쓰일 때는 [절로, '온통', '모두'란 뜻으로 쓰일 때는 [체로 읽는다.

끊다, 베다, 썰다, 자르다

[切斷(절단)] 자르거나 베어 끊어냄. ¶다리를 절단하다
[切除(절제)] 잘라 버림.
[半切(반:절)] 절반으로 자름. 또는 그렇게 자른 반.
[切磋琢磨(절차탁마)] '切磋(절차)'는 뼈나 뿔로 작품을 만들 때 칼이나 톱으로 자르고 줄로 다듬는 것이고, '琢磨(탁마)'는 옥이나 돌로 작품을 만들 때 정으로 쪼고 사포로 갈아서 윤을 내는 것을 말한다. '학문과 덕행을 닦는 것도 이와 같이 순서와 절차를 밟고 노력해야 함'을 비유하는 말. 참切磨(절마), 切磋(절차)
切上(절상), 切齒(절치), 切下(절하), 斷切(단절), 平價切上(평가절상), 平價切下(평가절하)

갈다, 문지르다

[切齒腐心(절치부심)] '이를 갈며 속을 썩임'이란 뜻에서, 몹시 분하여 갖은 노력을 다함을 이르는 말.
[咬牙切齒(교아절치)] 어금니를 악물고 이를 갈면서 몹시 분해함.

정성스럽다, 지성스럽다

[親切(친절)] 남을 대하는 태도가 매우 정답고 성의가 있음.

절실하다, 매우, 몹시, 꼭, 적절하다

[切感(절감)] 절실히 느낌.
[切實(절실)] ① 적절하여 실제에 꼭 들어맞음. ¶매우 절실한 표현 ② 매우 긴요하고 다급함. ¶난민에게 의약품이 절실히 필요함
[切親(절친)] 매우 친함.
[懇切(간:절)] 지성스럽고 절실함. ¶간절한 부탁
[適切(적절)] 꼭 알맞음. 참時宜適切(시의적절)
切迫(절박), 切要(절요), 切痛(절통), 迫切(박절), 哀切(애절), 痛切(통절)

떨어지다, 없어지다

[切品(절품)/品切(품절)] 어떠한 종류의 물품이 다 팔려서 떨어져 없음.

모두, 온통

[一切(일절)] 한 번 끊거나 자름.
[一切(일체)] 모든. 온갖. 전혀. 도무지.
[一切衆生(일체중생)] (불) 地(지)·水(수)·火(화)·風(풍) 네 가지로 합성된 몸을 가진 모든 물건.

기타

[貸切(대:절)] 계약에 의해 일정 기간 그 사람에게만 빌려주어 다른 사람의 사용을 금하는 일. 전세. ¶버스를 대절하여 관광을 다녀오다

斷 끊을 단:, 결단할 단:, 斤부14   0494

'斷(단)'자의 왼쪽 부분은 어떤 물건을 실로 엮어 놓은 것을 나타낸다. '도끼 斤(근)'을 붙여 '끊다'는 뜻을 나타냈다.

끊다, 절단하다, 동강을 내다, 베다, 끊어지다

[斷食(단:식)] 식사를 끊음. 일정 기간 음식물을 먹지 않음.
[斷絶(단:절)] 유대나 연관 관계 등을 끊음. 동絶斷(절단)
[斷切(단:절)] 切斷(절단). 끊어 냄. 동切斷(절단), 截斷(절단)
[分斷(분단)] 두 동강으로 나누어 끊음. ¶분단된 조국
[裁斷(재단)] ① 마름질. 옷을 만들기 위하여 옷감을 마르거나 끊음. 참裁斷師(재단사) ② 옳고 그름을 분별하여 판단함. ¶근거도 없이 다른 사람을 재단하지 마라
[遮斷(차:단)] 오가지 못하게 가로막거나 끊음. ¶길을 차단하다 참遮斷器(차단기) 遮斷機(차단기)
[孟母斷機之敎(맹모단기지교)] 학문을 중도에 포기하면 헛일임을 훈계하는 말. 맹자의 어머니가 짜던 베를 칼로 잘라서 학업을 중단하고 돌아온 아들의 잘못을 훈계했다고 함. 동孟母斷機(맹모단기), 斷機之敎(단기지교), 斷機之戒(단기지계) 『烈女傳(열녀전)』
[言語道斷(언어도단)] 언어도단은 글자 그대로 표현하면 '언어의 길이 끊어지다'라는 뜻이다. 이는 본래 불교에서 以心傳心(이심전심)이나 不立文字(불립문자)와 같은 의미로 쓰이는 말로, '말로는 도저히 표현할 수 없는 심오한 진리'를 일컫는다. 즉, 말로 표현할 수 있는 것은 이미 진리가 아니므로, 언어나 문자와 같은 소통 방식에 의지하지 않는다는 것이다. 하지만 요즈음은 언어도단의 의미가 변하여 '어이가 없어서 말하려 해도 말할 수 없음'을 이르는 의미로 쓰이고 있다.
斷交(단교), 斷頭臺(단두대), 斷末魔(단말마), 斷面(단면), 斷髮(단발), 斷髮令(단발령), 斷産(단산), 斷線(단선), 斷水(단수), 斷食鬪爭(단식투쟁), 斷崖(단애), 斷熱(단열), 斷熱材(단열재), 斷腸(단장), 斷電(단전), 斷折(단절), 斷指(단지), 斷層(단층), 斷絃(단현), 間斷(간단), 不斷(부단), 兩斷(양단), 如斷手足(여단수족), 一刀兩斷(일도양단), 縱斷(종단), 千仞斷崖(천인단애), 橫斷(횡단), 橫斷步道(횡단보도)

그만두다, 중도에 그만두다

[中斷(중단)] 중간에서 그만두거나 끊음.

근절시키다, 없애다

[禁斷(금단)] 어떤 행동을 딱 잘라 못하게 함. ¶흡연을 중단했더니 금단 현상이 나타났다

단념하다, 상대하지 아니하고 버리다

[斷念(단:념)] 품었던 생각을 끊어 버림. ¶집안 형편 때문에 진학을 단념하다

조각, 단편

[斷片(단:편)] 토막진 한 부분. 참斷片的(단편적)
[斷片的(단편적)] 전반에 걸치지 못하고 한 부분에 국한된. 또는 그러한 것. ¶단편적 지식

결단하다, 단정하다, 판가름하다, 판단을 내리다, 결단

[斷言(단:언)] 딱 잘라서 말함. ¶내가 단언하건대 그 소문은 사실이 아니다
[斷行(단:행)] 반대나 위험 등을 무릅쓰고 결단하여 실행함.
[決斷(결단)] 딱 잘라서 결정하거나 단안을 내림. 또는 그 단안이나 결정. 참決斷力(결단력)
[優柔不斷(우유부단)] ① 마음이 넉넉하고 부드럽기는 하지만 무언가 결단을 내리지는 못함. ② 어물어물 망설이기만 하지 딱 잘라 결단을 내리지 못함.
[判斷(판단)] 어떤 사물의 진위·선악·미추 등을 생각하여 판가름함. 참價値判斷(가치판단) ¶잘잘못의 판단/판단이 서다/판단을 내리다
斷案(단안), 斷定(단정), 斷罪(단죄), 斷乎(단호), 剛斷(강단), 果斷(과단), 獨斷(독단), 武斷(무단), 無斷(무단), 死生決斷(사생결단), 速斷(속단), 嚴斷(엄단), 英斷(영단), 豫斷(예단), 勇斷(용단), 診斷(진단), 診斷書(진단서), 處斷(처단), 推斷(추단), 判斷力(판단력)

단연, 단연히

[斷然(단:연)] 두말할 것도 없이 뚜렷하게. '단연'의 힘줌말로 '단연코'로 많이 쓴다.

기타

[壟斷(농단)] ① 가파른 언덕. ② 이익을 독점함. 옛날 어떤 사람이 장 근처의 가파른 언덕에 올라가 좌우를 빙둘러보고 싼 물건을 사서 비싸게 팔아 이익을 독점하였다는 故事(고사)에서 나온 말.

絶 끊을 절, 糸부12 0495

'絶(절)'자는 '실 糸(사)', '칼 刀(도)', '꿇어앉은 사람 卩/㔾(절)' 등 세 가지 요소로 이루어진 것이다. 즉 무릎을 꿇고 앉아 바느질하는 아내가 칼을 들고 실을 끊는 모습을 통하여 '끊다'의 뜻을 나타냈다. '刀(도)+㔾(절)'이 '色(색)'자처럼 변하였기 때문에 본래의 구조를 알기 힘들게 됐다. 絶(절)'자를 '실 糸(사) + 色(색)'의 구조로 보면 도저히 '끊다'의 뜻을 유추할 수 없다. 그래도 '絶(절)'자를 쓰려면 '실 糸(사)'와 '색 色(색)'을 '사색'해 보자.

끊다, 실을 자르다, 끊어지다, 절단되다

[絶體絶命(절체절명)] '몸을 끊고 목숨을 끊다'라는 뜻으로, 몹시 위태롭고 절박한 지경을 이르는 말이다. '절대절명'이라는 말은 잘못된 말이다. ¶지금 우리는 죽느냐 사느냐 하는 절체절명의 위기에 놓여 있다.
[連絡不絶(연락부절)] 자주 오고 가서 끊이지 아니함.
[伯牙絶絃(백아절현)/絶絃(절현)] ① 거문고의 줄을 끊음. 중국 춘추시대 거문고의 명수인 伯牙(백아)는 친구 鍾子期(종자기)가 죽자 자기의 거문고 소리를 이해하는 사람을 잃었다고 슬퍼한 나머지 현을 끊고 다시는 거문고를 타지 않았다는 고사에서 유래한다. ② 진정으로 자기를 알아주는 사람과 이별함.
[韋編三絶(위편삼절)] 공자가 주역을 너무 애독하여 그 책에 매었던 가죽 끈이 세 번이나 끊어졌다는 데서, '독서를 많이 함'을 비유한 말. 『史記(사기)·孔子世家(공자세가)』

막다, 차단하다, 가로막다, 금하다

[絶壁(절벽)] ① 험한 낭떠러지. ② ('같다'와 함께 쓰여) 깜깜하게 어두움을 이르는 말. ③ 남의 말을 전혀 이해하지 못하는 상태, 또는 그러한 사람을 비유하는 말. ④ 귀가 먹어서 소리가 전혀 들리지 아니하는 상태.
[絶緣(절연)] ① 인연이나 관계를 끊음. ② (물) 전기나 열이 통하지 못하게 함. 囲絶緣體(절연체)
[杜絶(두절)] 막히거나 끊어짐. ¶연락 두절/교통 두절
絶崖(절애). 絶緣體(절연체)

그만두다, 중지하다, 중단되다

[絶望(절망)] ① 희망이 끊어짐. ② 희망을 버리고 체념하는 일. ③ (철) 본래의 자기 자신을 잃음.
[絶版(절판)] ① 출판된 책이 다 팔려서 없어짐. ② 원판을 없애서 도서의 간행을 못하게 됨. ③ 인쇄판이 없어져서 인쇄할 수가 없게 됨.
[根絶(근절)] 다시 살아날 수 없게 뿌리째 뽑음. ¶부정부패를 근절하다
[絶學無憂(절학무우)] 배우는 일을 그만두면 근심이 없어질 것이다. 여기에서 '절학'은 속된 학문을 그만둔다는 뜻이다. 『老子(노자)·道德經 20章(도덕경 20장)』
絶滅(절멸), 絶食(절식), 絶信(절신), 絶筆(절필), 滅絶(멸절)

교제 또는 관계를 끊다

[絶交(절교)] 교제를 끊고 상종하지 아니함.
[斷絶(단:절)] ☞ 斷(단)
[拒絶(거:절)] 받아들이지 않고 물리침. ¶부탁을 거절하다
[謝絶(사:절)] 요구나 제의를 사양하고 받아들이지 않음. ¶면회 사절/외상 사절
[交絶不出惡聲(교절불출악성)] 교제를 끊은 다음에도 그 사람의 험담은 입 밖에 내지 않는다는 뜻으로, '군자의 깨끗한 마음씨'를 이르는 말이다.
[以利交者利窮則散(이:리교자이궁즉산), 以勢交者勢傾則絶(이:세교자세경즉절).] 이익을 위하여 교제하는 자는 그 이익이 다하면 흩어지고, 세력을 가지고 교제하는 자는 세력이 기울면 교제가 끊어진다. '소인들의 야박한 처세'를 비유하여 이르는 말. 『文中子(문중자)』
隔絶(격절), 頓絶(돈절), 義絶(의절)

후사가 없다

[絶孫(절손)] 자손이 끊어짐. ¶절손이 되다 囲無後(무후)

없다, 양식이 떨어지다

[絶糧(절량)] 양식이 다하여 떨어짐.

멀리 떨어지다, 멀다

[絶海孤島(절해고도)] 먼 바다의 외딴 섬.

죽이다, 숨이 그치다, 죽다

[絶命(절명)] 숨이 끊어짐. 囲絶息(절식)
[氣絶(기절)] ① 까무러침. ② 숨이 끊어짐. 죽음.
絶倒(절도), 絶息(절식), 氣塞昏絶(기색혼절), 昏絶(혼절)

뛰어나다, 더 이상 없다, 매우, 더 없이, 극에 이르다

[絶景(절경)] 뛰어난 경치.
[絶妙(절묘)] ① 뛰어나게 기묘함. ② 매우 아리따움. ¶금강산의 절묘한 자태/절묘한 자색
[絶頂(절정)] ① 산의 맨 꼭대기. ② 사물의 진행이나 발전 과정에서 한창때에 이른 경지. ¶인기가 절정에 이르다 ③ (문) 예술 작품에서 사건의 발전이 최고조에 이른 단계. 클라이맥스.
[悽絶(처절)] 몹시 애처로움. 몹시 처참함.
[凄切(처절)] 몹시 처량함.
絶技(절기), 絶倫(절륜), 絶色(절색), 絶世(절세), 絶世佳人(절세가인), 絶勝(절승), 絶讚(절찬), 絶讚裡(절찬리), 絶唱(절창), 絶好(절호), 萬古絶色(만고절색), 壯絶(장절)

절대로

[絶對値(절대치)] (수) 절댓값. 어떤 實數(실수)에서 양(+, 플러스)·음(-, 마이너스)의 부호를 떼어버린 수.
[絶對(절대)] ① 서로 견주거나 맞설 만한 것이 없는 것. ② 어떤 조건도 붙지 않고, 아무런 제약도 받지 않는 것. ¶절대습도/절대온도 ③ (철) 그 무엇에도 의존·제약되지 않고 스스로 존재하면서 모든 것을 뛰어

넘어 있는 것. 凰相對(상대) ④ 절대로.
다하다, 힘을 다하다
[絕叫(절규)] 온 힘을 다하여 부르짖음.
기타
[絕句(절구)] (문) 한시의 한 체. 起(기)·承(승)·轉(전)·結(결)의 네 구로 되는데, 한 구가 오언으로 된 것과 칠언으로 된 것이 있음. 凰五言絕句(오언절구), 七言絕句(칠언절구)

'자르다', '끊다'의 뜻을 나타내는 글자에는 斷(단)·切(절)·絕(절)·折(절)·截(절) 등이 있다. '斷(단)'자를 제외하면 왜 모두 음이 [절]일까?
'斷(단)'자는 '자르다', '끊다'는 뜻으로 널리 쓰인다.
'切(절)'자는 자르거나 베어내서 끊어냄 즉, 대체로 물건을 잘라서 하나를 두 토막을 내는 것을 말한다. 위암 조직 切除(절제) 수술을 받았다거나, 종이를 잘라 半切(반절)을 만들었다거나 할 때 쓴다.
'絕(절)'자는 '실을 끊는 모습'이니, 계속되어 오던 일이나 상황 또는 관계를 끊는다는 뜻으로 쓰인다. 소식이 杜絕(두절)되던지, 관계가 斷絕(단절)될 때, 품었던 희망이 絕望(절망)으로 변했을 때 '絕(절)'자를 쓴다.
'折(절)'자는 '(도끼로) 나무를 부러뜨린다'는 뜻이다. '꺾다', '휘어서 부러뜨리다'는 뜻이다. 운동하다가 骨折傷(골절상)을 입었다. '우스워서 허리가 부러질 듯하다'의 뜻인 腰折(요절). 최선을 다했는데, 학연, 지연 때문에 꿈이 挫折(좌절)되었다. 이럴 때 '折(절)'자를 쓴다.
'截(절)'자는 '切(절)'자와 거의 같은 뜻이나 '잘게 자르다'의 뜻이 있으니, '切(절)'자가 단칼에 하나를 잘라 두 동강을 내는 것이라면 '截(절)'자는 여러 번 손을 써서 여러 토막을 낸다는 뜻이라고 한다. 일상적으로 쓰이는 한자는 아니다. 1급 한자에 속한다.

旗 기 기, 깃발 기, 方부14   0496

'旗(기)'자는 '깃발 나부낄 㫃(언)'과 표음요소인 '그 其(기)'가 합쳐진 글자이다. '㫃(언)'자는 '方(방)'과 사람 人(인)으로 구성된 글자로, '깃발 나부끼다'의 뜻이다. 여기에 표음요소 '其(기)'가 합쳐진 글자이다. '族(족)0089'자를 참고하면 도움이 될 것이다.

기, 표, 표지
[旗手(기수)] ① 기를 드는 사람. ② 기를 가지고 신호하는 일을 맡은 사람.
[旗章(기장)] 標識(표지)로 하는 기. 국기·교기 따위를 통틀어 이르는 말.
[旗幟(기치)] ① 軍中(군중)에서 쓰던 온갖 旗(기), 또는 기의 標識(표지). ② 어떤 목적을 위하여 표명하는 태도나 주장.
[軍旗(군기)] 군의 부대 단위의 표장(標章)이 되는 기. 전쟁 때의 군의 표징(表徵)이 되는 기.
[弔旗(조:기)] ① 半旗(반기). ② 조의를 나타내려고 검은 선을 두른 기.

[太極旗(태극기)] 우리나라의 국기. 흰 바탕의 한가운데 태극을 양은 붉은 빛, 음은 남빛으로 그리고, 검은 빛으로 乾(건)·坤(곤)·坎(감)·離(리) 네 괘를 사방 대각선상에 그렸음.
旗艦(기함), 國旗(국기), 校旗(교기), 萬國旗(만국기), 半旗(반기), 反旗(반기), 叛旗(반기), 白旗(백기), 優勝旗(우승기), 義旗(의기), 降旗(항기)

到 이를 도:, 刀부8   0497

'到(도)'자는 표의요소인 '이를 至(지)'와 표음요소인 '칼 刂(도)'로 이루어졌다. 표의요소가 아닌 표음요소가 부수로 지정되어 있는 매우 특별한 예이다.

이르다, 닿다, 다다라 미치다
[到着(도:착)] 목적한 곳에 이르러 닿음. ¶열차가 늦게 도착하여 약속 시간을 지키지 못하였다
[到達(도:달)] 목적한 곳에 이르거나 목표한 수준에 다다름. ¶합의를 통해 결론에 도달하였다
[當到(당도)] 어떤 곳에 이름.
[精神一到何事不成(정신일도하사불성).] 정신을 집중하여 한결같이 노력하면 어떠한 어려운 일이라도 성취할 수 있음. 『朱子語類(주자어류)』
到底(도저), 到處(도처), 到來(도래), 到付(도부), 殺到(쇄도), 運到時來(운도시래)

빈틈없이 찬찬하다, 주밀하다
[用意周到(용:의주도)] 마음의 준비가 두루 미쳐 빈틈이 없음.
[周到(주도)] 주의가 두루 미쳐서 빈틈이 없이 찬찬함.
[周到綿密(주도면밀)] 주의가 두루 미쳐 자세하고 빈틈이 없음.

着 붙을 착, 目부12   0498

'着(착)'자는 '양 羊(양)'과 '눈 目(목)'으로 구성되었는데, '着(착)'자와의 관련성을 찾기가 어렵다. '着(착)'자는 '著(저)'자(1383)에서 유래한 글자이다. '著(저)'자가 '뚜렷하다'는 뜻일 때는 [저]로 읽고, '입다', '붙다'일 때에는 [착]으로 읽는다. 이 '著(착)'자를 '著(저)'자와 구별하기 위하여 '着(착)'자를 만들어 쓰게 된 것이다.

붙다, 붙이다, 달라붙다, 풀 붙다, 끈질기게 붙다, 잡다, 붙잡다
[着火(착화)] 불이 붙음.
[密着(밀착)] ① 빈틈없이 단단히 달라붙음. ② 사진을 현상된 건판이나 필름 그대로의 크기로 인화지에 구워 올림. ③ 서로의 관계가 매우 가깝게 됨.
[附着(부:착)] 들러붙어서 떨어지지 아니함. 또는 그렇게 붙이거나 닮. ¶이름표 부착
[愛着(애:착)] ① 어떤 사물과 떨어질 수 없게 그것을 사랑하고 아낌. ¶삶에 대한 애착 ② 愛執(애집)
[接着(접착)] 달라붙음. 또는 달라붙게 함. 凰接着劑

(접착제)
固着(고착), 固着觀念(고착관념), 膠着(교착), 佛頭着糞(불두착분), 癒着(유착), 裝着(장착), 粘着(점착), 粘着劑(점착제), 執着(집착), 草網着虎(초망착호), 吸着(흡착), 吸着劑(흡착제)

입다, 옷을 입다, 신다, 신을 신다, 쓰다, 머리에 쓰다
[着服(착복)] ① 옷을 입음. ② 남의 재물을 부당하게 자기 것으로 함. ¶공금을 착복하다
[着用(착용)] 입거나, 신거나, 쓰거나, 차는 일.
着帽(착모), 着衣(착의)

머물러 옮기지 아니하다, 도착하다, 자리잡고 살다, 정착하다
[着陸(착륙)] 비행기 따위가 땅 위에 내림.
[着席(착석)] 자리에 앉음.
[到着(도:착)] ☞ 到(도)
[定着(정:착)] ① 일정한 곳에 자리 잡아 들러붙어 있거나 머물러 삶. ② 다른 물건에 꼭 달라붙어 있음. ③ 제대로 자리 잡음. ④ 사진술에서, 현상을 마친 뒤에 감광판에서 감광력을 없애는 일.
[終着(종착)] 마지막으로 도착함. 참終着驛(종착역)
着根(착근), 着床(착상), 着色(착색), 着地(착지), 歸着(귀착), 發着(발착), 逢着(봉착), 不時着(불시착), 先着(선착), 先着順(선착순), 船着場(선착장), 延着(연착), 離着陸(이착륙), 彈着點(탄착점), 土着(토착), 土着民(토착민)

열매가 달리다
[着果(착과)] 과일 나무에 열매가 달림.
[不食木多着實(불식목다착실).] 못 먹는 나무에 열매가 많다는 속담. 바라는 일은 잘 안되고 바라지 않는 일만 흔하기 마련인 인간사를 비유하여 이르는 말.

침착하다
[着實(착실)] ① 사람이 허튼 데가 없고 진실함. ¶착실한 일꾼 ② 일정한 정도나 수준에 넉넉히 미치고 있음. ¶실력을 착실히 쌓다
[沈着(침착)] 행동이 들뜨지 아니하고 착실함. ¶침착한 성격

하게 하다, 하도록 하다
[着工(착공)] 공사에 착수함. 반竣工(준공), 完工(완공) 비起工(기공)
[着想(착상)] 창작의 실마리가 될 만한 생각이나 구상. ¶기발한 착상
[着手(착수)] ① 손을 댐. ② 어떤 일을 시작함. ③ 바둑을 둘 때, 바둑돌을 바둑판 위에 놓다.
[落着(낙착)] 일의 끝을 보거나 결정이 남. ¶낙착을 보다
[自家撞着(자가당착)] '스스로 맞부딪친다'는 뜻으로, 자기가 한 말이나 행동이 앞뒤가 맞지 않음. ¶자가당착에 빠지다 비自己矛盾(자기모순)
着眼(착안), 撞着(당착)

바둑을 두다
[着手(착수)] ③ 바둑을 둘 때, 바둑돌을 바둑판 위에 놓다. ① 손을 댐. ② 어떤 일을 시작함.
[失着(실착)] 착수를 잘못함.

憲 법 헌:, 心부16 0499

'憲(헌)'자는 '마음 心(심)'과 '눈 目(목)'그리고 '해칠 害(해)'의 생략형으로 이루어졌다. 이 요소들과 '법', '본보기'의 의미를 어떻게 연관시킬 수 있을까? 그 고민에 너무 '마음[心]'과 '눈[目→罒]'을 '해치지[害]' 말자.

법, 법규, 규정
[憲法(헌:법)] 국가가 정하는 모든 법의 기초법. 국가의 조직, 구성 및 작용에 관한 근본법으로 다른 법률이나 명령으로 변경할 수 없는 한 국가의 최고 법규.
[憲兵(헌:병)] (군) 군기 확립과 군사 경찰 업무를 수행하는 병과. 또는 그에 딸린 군인.
[違憲(위헌)] 헌법을 어김. 헌법 조항에 위배됨.
[制憲(제:헌)] 헌법을 만들어 정함. 참制憲節(제헌절)
憲政(헌정), 改憲(개헌), 官憲(관헌), 國憲(국헌), 司憲府(사헌부), 立憲(입헌), 立憲政治(입헌정치), 合憲(합헌), 護憲(호헌)

모범, 본보기, 쓰다, 본받다
[憲章(헌:장)] ① (법) 헌법과 같이 중요한 글. ¶국민교육헌장 ② 어떠한 사실에 대하여 약속을 이행하려고 정한 규범.

法 법 법, 水부8 0500

'法(법)'자는 '물 水(수)'와 '갈 去(거)'가 들어 있는 복잡한 구조였다. 후에 쓰기 편하게 하기 위하여, '물 水(수) + 갈 去(거)'로 나타냈다. 죄악을 除去(제거)하기 위하여는 물[水]과 같이 公平(공평) 無私(무사) 無邪(무사)해야 함은 물론이다.

법, 법률, 제도, 규정, 준칙, 형벌, 법을 지키다, 법대로 행하다
[法(법)] ① 누구나 지켜야 하는 규칙이나 규범. 온갖 규칙. 참法律(법률), 憲法(헌법) ¶법을 제정하다/법을 지키다 ② (불) 부처의 가르침이나 계율. ③ (불) 물질과 정신의 온갖 것. ④ (언) 문장의 내용에 관한 말하는 이의 태도를 나타내는 용언의 형태 변화. 직설법·명령법·가정법 따위. ⑤ (동사의 '-ㄴ'꼴 아래 쓰여) '방법'의 뜻. ¶음식을 만드는 법 ⑥ (용언의 '-ㄴ·-는'꼴 아래 쓰여 '이치나 도리'의 뜻. ¶신념을 가질 수 없는 사람은 늘 마음이 허전한 법이다/바다의 아침은 늘 일찍 오는 법이다 ⑦ (동사의 '-는' 관형형 아래에 쓰여) '필연적인 사실'을 나타냄. ¶기회란 언제나 오는 법이 아니다 ⑧ (동사의 '-는' 관형형 다음에 주로 '없다'와 함께 쓰여) '태도나 버릇' 따위를 나타냄. ¶그는 좀체로 서두르는 법이 없다 ⑨ (동사의 '-ㄴ·-은' 관형형 다음에 '하다'와 함께 쓰여) '그렇게 한 것 같음'의 뜻을 나타냄. ¶언젠가 그 말을 들은 법도 하다 ⑩ (용언의 '-ㄹ·-을'꼴 아래 주로 '하다'와 함께 쓰여) '추측이나

가능성'을 나타냄. ¶듣고 보니 그럴 법도 하다/있을 법 도 한 일
[法律(법률)] ① 헌법·법률·명령·규정 따위의 모든 법을 통틀어 일컫는 말. ② 국회의 의결을 거쳐서 제정 되고, 헌법보다는 아래, 명령·규칙보다는 위인 법.
[法則(법칙)] ① 법식과 규칙. ② 일정한 조건 아래서 반드시 성립되는 사물 상호간의 필연적·보편적·본질 적인 관계. ¶만유인력의 법칙/자연의 법칙 ③ (수) 演算(연산)의 규칙.
[民法(민법)] 주로 개인의 권리·의무를 규정한 사회생활에 관한 일반 법규.
[司法(사법)] 삼권의 하나. 국가가 법률을 사실에 적용하는 행위. 참司法府(사법부)
[遵法(준:법)] 법령을 지킴. 법을 따름. ¶준법정신
[憲法(헌:법)] ☞ 憲(헌)
法家(법가), 法界(법계), 法科(법과), 法官(법관), 法規(법규), 法令(법령), 法理(법리), 法網(법망), 法務(법무), 法務部(법무부), 法務士(법무사), 法案(법안), 法院(법원), 法人(법인), 法的(법적), 法典(법전), 法定(법정), 法廷(법정), 法制(법제), 法曹(법조), 法曹界(법조계), 法治(법치), 法治主義(법치주의), 法統(법통), 法學(법학), 公法(공법), 慣例法(관례법)/慣習法(관습법), 國法(국법), 軍法(군법), 大法院(대법원), 母法(모법), 犯法(범법), 不法(불법), 不文法(불문법), 社團法人(사단법인), 私法(사법), 司法權(사법권), 死法(사법), 商法(상법), 成文法(성문법), 稅法(세법), 惡法(악법), 違法(위법), 律法(율법), 依法(의법), 立法(입법), 立法權(입법권), 立法府(입법부), 財團法人(재단법인), 適法(적법), 治外法權(치외법권), 脫法(탈법), 合法(합법), 合法的(합법적), 刑法(형법)

방법
[歸納法(귀납법)] (논) 개별적인 사실이나 원리를 전제로 하여 일반적인 사실이나 원리로서의 결론을 이끌어 내는 연구 방법. 참演繹法(연역법)
[方法(방법)] ① 목적을 이루기 위하여 취하는 방식이나 수단. ② 객관적인 진리에 도달하기 위하여 연구하는 수법.
[手法(수법)] 수단과 방법을 아울러 이르는 말.
[演繹法(연:역법)] (논) 이미 알고 있는 일반적인 사실이나 원리를 전제로 하여 개별적인 특수한 사실이나 원리로서의 결론을 이끌어내는 연구 방법. 삼단논법은 그 대표적인 형식임. 참歸納法(귀납법)
[用法(용:법)] 사용하는 방법. ¶약품을 사용하기 전에 그 용법을 잘 알아야 한다
技法(기법), 論法(논법), 魔法(마법), 民間療法(민간요법), 辨證法(변증법), 兵法(병법), 秘法(비법), 算法(산법), 三段論法(삼단논법), 孫子兵法(손자병법), 術法(술법), 曆法(역법), 咏嘆法(영탄법), 禮法(예법), 療法(요법), 隱喩法(은유법), 作法(작법), 正攻法(정공법), 除法(제법), 直喩法(직유법), 陣法(진법), 唱法(창법), 便法(편법), 航法(항법)

도리, 사람이 지켜야 할 도리, 예의, 예법
[法度(법도)] ① 생활상의 예법과 제도. ② 법률과 제도.
[無法(무법)] ① 법도가 없음. ② 예법이 없음. 참無法者(무법자), 無法天地(무법천지)
[禮法(예:법)] ① 예로써 지켜야 할 규범. ② 예절.

모범, 본보기, 본받다, 모범으로 삼아 좇다
[劍法(검:법)] 검도에서 칼을 쓰는 법.
[筆法(필법)] 글씨 쓰는 법.

정해진 틀이나 형상
[文法(문법)] ① 문장의 작법 및 구성법. ② 언어의 구성 및 운영상의 규칙, 또는 그를 연구하는 학문.

부처의 가르침, 불도
[法堂(법당)] 불상을 모시고 說法(설법)도 하는 절의 正堂(정당).
[法師(법사)] 불법에 정통하여 다른 이들의 스승이 될 만한 승려. ¶삼장법사
[佛法僧(불법승)] 三寶(삼보)가 되는 如來(여래)와 敎法(교법)과 比丘(비구).
[說法(설법)] 불법의 오묘한 이치를 강설함.
[野壇法席(야:단법석)] ① 야외에 단을 차려 크게 베푼 설법장. ② 많은 사람들이 모여들어 떠들거나 부산하게 구는 일. ¶야단법석 떨지 말고 좀 조용히 해라 ☞ * 252
[惹端法席(야:단법석)] 많은 사람들이 모여들어 떠들거나 부산하게 구는 일.
法鼓(법고), 法難(법난), 法臘(법납), 法力(법력), 法輪(법륜), 法名(법명), 法門(법문), 法席(법석), 法悅(법열), 法要(법요), 法海(법해), 法會(법회), 妙法(묘법), 佛法(불법)

規 법 규, 見부11 0501

'規(규)'자는 '지아비 夫(부)'와 '볼 見(견)'으로 이루어진 글자이다. '夫(부)'자는 '成人(성인)'을 뜻한다. 성인의 행동의 규범으로 보는 것, 즉 '법규'를 나타낸다.

법, 규정, 법칙
[規程(규정)] ① 조목을 나누어 작성해 놓은 표준. ② 행동의 준칙이 되는 규칙.
[規定(규정)] ① 규칙으로 정함. ② 어떤 내용·성격·의미 등을 밝히어 정함. ¶의미 규정
[規則(규칙)] 정해 놓은 규범이나 원칙. 반不規則(불규칙). 참規則的(규칙적)
[內規(내:규)] 어떤 기관 안에서 정하여 실시하는 규정.
[法規(법규)] ① 법률상의 규정. ② 성문화된 법률·규칙·명령을 통틀어 일컫는 말. ¶교통법규를 준수하다
規例(규례), 規範(규범), 規約(규약), 規律(규율), 規制(규제), 規準(규준), 黨規(당규), 常規(상규), 例規(예규)

모범, 본뜨다, 모범으로 삼다, 본, 표준
[規格(규격)] ① 규정에 들어맞는 격식. ② 제품의 모

양·크기·품질 따위의 일정한 표준.
[新規(신규)] ① 새로운 규정 또는 규모. ② 새로이 하는 일. 새로이 어떤 일을 함. ¶신규로 가입하다
[正規(정규)] 바른 규정. 정당한 법.

범위, 한정하다, 구획하다
[規模(규모)] ① 사물의 크기와 범위. ¶규모가 큰 행사 ② 모범이 될 만한 짜임새나 틀. ¶규모 있게 만든 물건/살림을 규모 있게 하다

則 곧 즉, 법 칙, 刀부9　　0502

'則(칙)'자는 '조개 貝(패)'와 '칼 刀(도)'로 이루어졌다. 원래는 조개 '貝(패)'가 아니고 '솥 鼎(정)'이었는데, 쓰기의 편리함으로 조개 貝(패)로 변하게 되었다고 한다. '원칙', '규칙', '법칙' 같은 낱말의 구성요소로 쓰일 때는 [칙]으로 읽는다. 고전 문장에서는 '곧'이란 뜻으로 쓰이는데 이 경우에는 [즉]이라고 읽는다. 문장에서만 쓰이기 때문에 한자어에는 [즉]으로 읽는 예는 없다.

곧, 즉
[聞則疾不聞藥(문:즉질불문약).] 들으면 병, 못 들으면 약이란 뜻으로, 마음에 걸리는 말은 처음부터 듣지 않는 편이 낫다는 속담.
[恭而無禮則勞(공이무례즉로).] 공손하면서 예법이 없으면 고달프다. 몸가짐이 공손한 것은 중요하다. 그러나 거기에도 적당한 절도가 없다면 너무 거북하여 심신을 고달프게 만든다. 『論語(논어)·泰伯(태백)』 ☞ * 021

규칙, 법률, 제도, 표준, 법, 자연의 이법, 원칙
[規則(규칙)] ☞ 規(규)
[反則(반:칙)] 주로 운동 경기 따위에서 규칙을 어김. 또는 규칙에 어긋남.
[法則(법칙)] ① 법식과 규칙. ② 일정한 조건 아래서 반드시 성립되는 사물 상호간의 필연적·보편적·본질적인 관계. ¶만유인력의 법칙/자연의 법칙 ③ (수) 演算(연산)의 규칙.
[變則(변:칙)] ① 보통의 원칙이나 규칙을 바꾼 형태나 형식. ② 규칙·규정에서 벗어남. 함變則的(변칙적)
[原則(원칙)] 기본이나 기초가 되는 법칙. ¶원칙을 세우다
[會則(회:칙)] 모임의 규칙.
校則(교칙), 敎則(교칙), 罰則(벌칙), 犯則(범칙), 犯則金(범칙금), 附則(부칙), 細則(세칙), 守則(수칙), 準則(준칙), 鐵則(철칙), 總則(총칙), 學則(학칙)

律 법 률, 彳부9　　0503

'律(률)'자는 '걸을 彳(척)'과 '붓 聿(율)'로 이루어졌다. '사람이 가야 할 길로서 새겨져 있는 말'을 뜻한다.

법, 법령, 법령의 총칭, 형법
[律法(율법)] (기독) 하나님이 인간에게 지키도록 내린 규범을 이르는 말.
[法律(법률)] ① 헌법·법률·명령·규정 따위의 모든 법을 통틀어 일컫는 말. ② 국회의 의결을 거쳐서 제정되고, 헌법보다는 아래, 명령·규칙보다는 위인 법.
[不文律(불문률)] (법) 글로 적어 형식을 갖추지는 않았으나 관습으로 인정되어 있는 법. 동不文法(불문법) 참慣習法(관습법)
律令(율령), 軍律(군률)

법에 맞게 행동하다, 기준으로 삼고 따르다
[戒律(계:율)] 경계하여 지켜야 할 규율.
[規律(규율)] 질서나 제도를 세우기 위해 정해 놓은 규범.
[自律(자율)] ① 자기 스스로 자기를 제어함. ② 理性(이성) 이외에 外的(외적) 권위나 자연적 욕망에 구속 당하지 않는 일. 반他律(타율)
[他律(타율)] ① 다른 규율. ② 자기의 뜻대로 결정하여 한 것이 아니라 남의 강박·구속 따위에 따라 통제되는 일. 반自律(자율)
紀律(기율), 二律背反(이율배반), 一律(일률), 一律的(일률적)

가락, 음악적 가락
[律動(율동)] ① 규칙적으로 되풀이되는 움직임의 흐름새. ② 율동체조.
[音律(음률)] 오음과 육률. 오음은 궁·상·각·치·우의 다섯 가지 음을, 육률은 12율 중 양성에 속하는 여섯 가지 소리. 곧 황종·태주·고선·유빈·이칙·무역을 말한다.
[調律(조율)] ① 악기의 음을 바르게 맞춤. ② 일이나 의견 따위를 적절하게 다루어 조화롭게 함. ¶이견을 조율하다
[千篇一律(천편일률)] '천 편의 시가 하나의 음률로 되어 있음'이란 뜻에서, 개별적인 특성이 없이 모두 엇비슷함을 이르는 말.
旋律(선율), 韻律(운률)

율시(律詩), 오언(五言)·칠언(七言)의 8구로 된 시
[律詩(율시)] (문) 漢詩(한시)의 한 체. 여덟 구로 되어 있으며, 오언과 칠언의 구별이 있음.

勞 일할 로, 위로할 로, 力부12　　0504

'勞(로)'자는 '힘 力(력)'과 '등불 熒(형)'으로 이루어진 글자이다. '熒(형)'자는 횃불이나 화톳불을 뜻한다. 횃불이 힘을 다해 타다가 점점 사그러드는 것처럼 열심히 일하다가 피로해지는 모양을 뜻하는 글자라고 한다. 다시 힘을 회복해서 일을 하기 위해서는 휴식도 필요하지만 힘들여 일한 것에 대한 위로도 필요하다. 그래서 '위로하다'는 뜻도 가진다.

일하다, 힘써 일하다, 일
[勞動(노동)] 사람이 생활에 필요한 것을 얻기 위하여 체력이나 정신을 씀. 또는 그런 행위. 참勞動力(노동

력), 勞動者(노동자), 勞動組合(노동조합), 重勞動(중노동)
[勞使(노사)] 노동자와 사용자를 아울러 이르는 말.
[過:勞(과로)] 지나치게 일하여 고달픔. ¶과로에 시달리다
[勤勞(근:로)] 부지런히 일함. 참勤勞者(근로자), 勤勞所得(근로소득)
勞力(노력), 勞務(노무), 勞務者(노무자), 勞役(노역), 勞賃(노임), 勞組(노조), 功勞(공로), 功勞賞(공로상), 不勞(불로), 不勞所得(불로소득)

수고하다, 힘들이다, 애쓰다, 수고, 괴로움, 어려움, 위로하다, 수고한 것을 치하하다

[勞苦(노고)] 힘들게 일하느라 고생함. ¶장병들의 노고를 치하함
[勞作(노작)] ① 수고하여 만든 작품. 비力作(역작) ② 힘을 들여 부지런히 일함.
[犬馬之勞(견마지로)] '개나 말의 수고'라는 뜻에서, 남에게 자기가 바치는 노력을 아주 겸손하게 일컫는 말.
[能者多勞(능자다로)] 재능이 있는 사람은 남보다 더 수고함. 능력이 있는 사람일수록 가외 수고를 하게 됨. 『莊子(장자)』
[慰勞(위로)] 수고로움이나 아픔을 달램.
[無伐善(무벌선), 無施勞(무시로).] 자신이 잘하는 것을 자랑하지 않고, 힘든 일을 남에게 시키지 않는다. 아무리 훌륭한 일을 했어도 그것을 자랑하지 않으며, 힘든 일은 남에게 미루지 않는 그런 인간이 되고 싶다. 『論語(논어)·公冶長(공야장)』

노곤하다, 고달프다, 게으름을 피우다

[勞困(노곤)] 지쳐서 나른함. ¶봄날이라 그런지 온몸이 노곤하다
[疲勞(피로)] 몸과 마음을 지나치게 써서 쇠약해져 일하기가 힘든 상태. ¶피로가 쌓이다
[恭而無禮則勞(공이무례즉로).] 공손하면서 예법이 없으면 고달프다. 몸가짐이 공손한 것은 중요하다. 그러나 거기에도 적당한 절도가 없다면 너무 거북하여 심신을 고달프게 만든다. 『論語(논어)·泰伯(태백)』 ☞ * 021

근심하다, 괴로워하다, 앓다, 시달리다

[勞心(노심)] 마음으로 애씀.
[勞心焦思(노심초사)] 애를 쓰고 속을 태우며 골똘히 생각함.

役 부릴 역, 彳부7 0505

'役(역)'자는 '걸을 彳(척)'과 '몽둥이 殳(수)'자로 이루어졌다. 무기를 들고 변경을 지키러 가는 뜻을 나타내는 글자이다. 백성을 동원하여 강제로 시키던 당시의 賦役(부역)제도가 반영된 글자이다.

부리다, 일을 시키다, 일, 육체적 노동, 일하다, 힘쓰다, 경영하다, 일꾼, 남의 부림을 받는 사람

[役割(역할)] 구실. 마땅히 해야 할 노릇이나 일.
[苦役(고역)] 힘들고 고된 일. ¶고역을 치르다
[使役(사:역)] ① 부려 일을 시킴. ② 남에게 어떤 행동을 하게 하는 동작. ③ 使喚(사환).
[用役(용:역)] 생산과 소비에 필요한 勞務(노무)를 제공하는 일.
役夫(역부), 役事(역사), 勞役(노역), 免役(면역), 雜役(잡역), 雜役夫(잡역부), 助役(조역), 土役(토역), 荷役(하역)

백성에게 구실로 시키던 강제 노동 또는 의무, 수자리

[兵役(병역)] 국민이 의무로 군적에 편입되어 군무에 종사하는 일. 참兵役義務(병역의무)
[懲役(징역)] 죄인을 형무소에 가두어 두고 노동을 시키는 체형의 한 가지. ¶징역살이
[現役(현:역)] ① (군) 군에 입대하여 실제로 근무를 하는 병역. 또는 그 사람. ② 지금 어떤 일에 종사하고 있는 사람. ¶현역 작가
役種(역종), 軍役(군역), 補充役(보충역), 賦役(부역), 轉役(전역), 兵役義務(병역의무), 服役(복역), 身役(신역), 豫備役(예비역), 退役(퇴역)

직무

[役軍(역군)] ① 공사장에서 삯일을 하는 사람. ② 어떤 분야에서 중요한 역할을 하는 일꾼.
[配役(배:역)] (극·영) 연극이나 영화 따위에서 배우에게 어떤 역을 나누어 맡김.
[惡役(악역)] 연극이나 영화 또는 놀이 따위에서 惡人(악인)으로 연기하는 배역. ¶악역을 맡다
[重役(중:역)] ① 은행·회사 등의 중요한 임원. 이사·감사 따위. ② 책임이 무거운 역할.
役員(역원), 敎役(교역), 敎役者(교역자), 端役(단역), 代役(대역), 兒役(아역), 主役(주역)

財 재물 재, 貝부10 0506

'財(재)'자는 '조개 貝(패)'와 '재주 才(재)'로 이루어졌다. '조개 貝(패)'는 '재물'이나 '돈'을 뜻한다.

재물, 재산이 될 만한 가치가 있는 물건

[財團法人(재단법인)] 일정한 목적에 바친 재산을 독립된 것으로 운용하려고, 그 재산을 구성 요소로 하여 법률상 그 설립이 인정된 공익 법인. 참社團法人(사단법인)
[財物(재물)] 재산이 될 만한 물건.
[財産(재산)] ① 개인·단체·나라 등에서 가지고 있는, 경제적 가치를 지닌 모든 물건. ¶재산 관리/국유재산 ② '소중한 것'을 비유하는 말.
[文化財(문화재)] 문화적 가치가 있는 유형·무형의 소산들.
[蓄財(축재)] 재물을 모음. 모은 재산 ¶부정 축재를 하다
[橫財(횡재)] 뜻밖에 얻은 재물. ¶오늘 횡재를 했다
[仁者以財發身(인자이재발신), 不仁者以身發財(불인

자이신발재).] 어진 사람은 재물로써 몸을 일으키고, 어질지 못한 사람은 몸으로써 재물을 일으킨다. 어진 사람은 재물이 있으면 그것을 세상에 베풀어 민심을 얻고 자신의 몸을 향상시킨다. 그러나 어질지 못한 사람은 사람의 도리를 무시하고 자신의 몸을 망쳐서라도 재물을 얻으려고 한다. 『大學(대학)·傳10章(전10장)』
[臨財毋苟得(임재무구득), 臨難毋苟免(임난무구면).] 재물을 구할 때는 구차하게 얻으려고 하지 말아야 하고, 어려움을 당해서는 구차하게 모면하려고 하지 말아야 한다. 『禮記(예기)·曲禮 上(곡례 상)』, 『小學(소학)·內篇(내편)·敬身(경신)』
[淸官不愛財(청관불애재).] 청렴한 관리는 재물을 탐내지 아니함.
財界(재계), 財團(재단), 財力(재력), 財務(재무), 財閥(재벌), 財寶(재보), 財産稅(재산세), 財數(재수), 財運(재운), 財源(재원), 財政(재정), 財主(재주), 財貨(재화), 家財(가재), 國有財産(국유재산), 分財(분재), 私有財産(사유재산), 私財(사재), 損財數(손재수), 理財(이재)

卓 높을 탁, 十부8 0507

'卓(탁)'자는 '비수 匕(비)'와 '이를 早(조)'로 이루어졌다. '높다'는 뜻을 나타낸다.

높다, 뛰어나다, 훌륭하다
[卓見(탁견)] 뛰어난 의견이나 견해. ¶탁견을 가지고 있다
[卓越(탁월)] 월등하게 뛰어남.
卓論(탁론), 卓效(탁효)

책상, 탁자
[卓上空論(탁상공론)] 탁자 위에서만 펼치는 헛된 이론. 실현 가능성이 없는 이론이나 주장을 말함. ¶탁상공론 그만하고 현장에 나가 보라
[卓球(탁구)] 라켓으로 공을 쳐서 네트 넘어 상대편 탁자에 넘기면서 점수를 얻어 승부를 겨루는 경기.
[敎卓(교:탁)] 교단 앞에 놓인 탁자.
[食卓(식탁)] 음식을 차려 놓는 큰 탁자.
卓上(탁상), 卓子(탁자), 圓卓(원탁), 圓卓會議(원탁회의)

參 참여할 참, 석 삼, 厶부11 0508

'參(참)'자는 원래는 밤하늘의 '參星(삼성)'을 나타낸 것이었다. 위의 마늘모 세 개는 별 모양이고, 아래는 별빛이다. '삼성'에서 숫자 3을 나타낸다. '三(삼)'의 갖은자로 쓰인다. '참여하다'의 뜻으로 쓰일 때는 [참으로 읽는다.

간여하다, 관계하다, 참여하다
[參加(참가)] 어떤 모임이나 단체의 일에 참여하여 가입함.

[參與(참여)] 어떤 일에 끼어들어 관계함. ¶적극적인 참여 의식을 가지다
[參政權(참정권)] 국민이 나라의 정치에 참여할 수 있는 권리. 선거권·피선거권 및 공무원이 될 수 있는 권리 따위.
[同參(동참)] 같이 참여함.
[持參(지참)] 물건을 가지고서 모임 따위에 참여함.
參見(참견), 參觀(참관), 參觀人(참관인), 參禮(참례), 參謀(참모), 參謀總長(참모총장), 參席(참석), 參禪(참선), 參戰(참전), 參政(참정), 古參(고참), 不參(불참), 新參(신참), 持參金(지참금)

헤아리다, 비교하다
[參考(참고)] 살펴서 도움이 될 만한 재료로 삼음. 또는 그것. 囧參考書(참고서), 參考人(참고인) ¶참고 사항
[參酌(참작)] 이리저리 비추어 보아서 알맞게 헤아림. 囧勘案(감안) ¶미성년자임을 참작하여 주십시오
[參照(참조)] 참고하여 맞대어 봄. ¶별첨 서류를 참조 바람

뵈다, 뵙다
[參拜(참배)] ① 신이나 부처에게 절함. ② 무덤이나 죽은 사람을 기리는 기념비 등의 앞에서 경의나 추모의 뜻을 나타내는 일.

기타
[參判(참판)] (역) 조선 때, 六曹(육조)의 종2품 벼슬. 판서의 다음임.
[參奉(참봉)] (역) 조선 때 능·원·종친부·돈령부·봉상시·사옹원·내의원·군기시 따위의 관아에 두었던 종9품 벼슬.

三(삼)
[參(삼)] 석 三(삼)의 갖은자.

朋 벗 붕, 月부8 0509

'벗 朋(붕)'자는 '달 月(월)'부에 속해 있지만 '달 月(월)'을 두 개 붙여 만든 글자는 아니다. 몇 개의 조개를 실로 꿰어서 두 줄로 늘어놓은 모양을 본뜬 것이다. '벗'의 뜻이지만 '패거리', '무리'의 의미를 띠는 빗을 말한다.

벗, 친구, 한 스승 아래에서 함께 공부한 사람
[朋友(붕우)] 벗.
[朋友有信(붕우유신)] 五倫(오륜)의 하나. 벗 사이의 도리는 '믿음'에 있음. ☞ *179
[朋友數斯疎矣(붕우삭사소의).] 친구 사이에 지나치게 자주 충고하면 사이가 멀어진다. 『論語(논어)·里仁(이인)』
[責善(책선), 朋友之道也(붕우지도야).] 착한 일을 권하는 것은 친구 사이의 도리이다. 『孟子(맹자)·離婁下(이루 하)』
[有朋自遠方來(유붕자원방래), 不亦樂乎(불역락호).] 친구가 먼 곳에서 찾아오니 또한 즐겁지 않겠는가. 멀

리 떨어진 곳에 사는 마음의 벗이 뜻밖에 나를 찾아왔다. 이처럼 기쁘고 즐거운 일이 또 어디 있겠는가. 자신이 올바른 뜻이 있으면 어디서든 그 뜻에 동조하는 사람이 있어 함께하고자 찾아온다는 뜻이다. 『論語(논어)·學而(학이)』 ☞ * 452

무리, 떼, 무리를 이루다
[朋黨(붕당)] 이해나 주의 따위를 함께 하는 사람들끼리 뭉친 동아리.

友 벗 우:, 又부4   0510

'友(우)'자는 '又(우)+又(우)', 두 손이 겹쳐 있는 모습을 그린 것이었는데, 위의 又(우)가 약간 변하였다. '서로 힘을 합치다'가 본뜻인데 '벗'을 뜻하는 것으로 쓰인다. 두 손을 맞잡고 서로 힘을 합칠 수 있는 사람이 친구이다. '友(우)'자를 참 잘 만들었다.

벗, 벗하다, 사귀다
[友情(우:정)] 친구 사이의 정. 동友誼(우의)
[友好(우:호)] 개인이나 나라 간에 친구처럼 사이가 좋음. 동友好條約(우호조약)
[莫逆之友(막역지우)] 마음에 거슬림이 없는 친구. 허물없이 서로 친한 친구.
[朋友(붕우)] ☞ 朋(붕)
[朋友有信(붕우유신)] ☞ 朋(붕)
[戰友(전:우)] 군대 친구.
[竹馬故友(죽마고우)] '대말을 타고 놀던 벗'이란 뜻으로, 어릴 때부터 같이 놀며 자란 벗.
[學友(학우)] 학교에서 함께 공부하는 벗. 학문상의 벗.
[鄕友(향우)] 고향의 벗. 동鄕友會(향우회)
[朋友數斯疎矣(붕우삭사소의).] ☞ 朋(붕)
[不知其子視其友(부지기자시기우), 不知其君視其左右(부지기군시기좌우).] 자기 아들의 사람됨을 모르거든 그가 사귀는 친구를 보라. 사람의 선악은 그 친구를 보면 알게 된다. 임금이 나라를 다스림이 어떤가를 모르거든 임금의 좌우에 있는 신하들을 보라. 임금의 선악은 그 옆에 있는 신하를 보면 알게 된다. 『荀子(순자)』
[君子以文會友(군자이문회우), 以友輔仁(이우보인).] 군자는 학문으로써 벗을 모으고, 벗으로써 인의 실천을 돕는다. 詩書禮樂(시서예악)의 학문을 토대로 해서 벗을 모은다. 그것이 수양을 기본으로 하는 군자의 사교이다. 이렇게 모인 벗을 자신이 인의 도리를 실천하는 데 필요한 보조 역할로 삼는다. 이것이 벗을 구하는 군자의 마음이다. 술이나 오락을 통해서 친구를 모으는 것은 참다운 교우 관계의 도리가 아니다. 『論語(논어)·顔淵(안연)』

'벗 友(우)'와 관련된 成語(성어)들.
[文房四友(문방사우)] 종이·붓·벼루·먹을 이름. 文房四寶(문방사보).
[北窓三友(북창삼우)] 거문고·시·술 세 가지를 일컫는 말. 『白居易(백거이)·北窓三友詩(북창삼우시)』
[三友(삼우)] ① 서로 따라야 어울리는 세 가지 운치. 곧, 시(詩)·주(酒)·금(琴), 또는 산수(山水)·난죽(蘭竹)·금주(琴酒), 또는 송(松)·죽(竹)·매(梅).
[益者三友(익자삼우), 友直(우직), 友諒(우량), 友多聞(우다문), 益矣(익의).] 유익한 벗이 셋인데, 곧은 사람을 벗하며, 성실한 사람을 벗하며, 견문이 넓은 사람을 벗하면 유익하다. 『論語(논어)·季氏(계씨)』
[損者三友(손자삼우), 友便辟(우편벽), 友善柔(우선유), 友便佞(우편녕), 損矣(손의).] 해로운 벗이 셋인데, 편벽한 사람을 벗하며, 아첨하고 성실하지 못한 사람을 벗하며, 말재주만 있는 사람을 벗하면 해롭다. 『論語(논어)·季氏(계씨)』
[歲寒三友(세:한삼우)] '겨울철의 세 벗'이란 뜻으로, 소나무(松)·대나무(竹)·매화나무(梅), 또는 山水(산수)·松竹(송죽)·琴酒(금주)를 일컫는 말.

友軍(우군), 友邦(우방), 友人(우인), 故友(고우), 敎友(교우), 校友(교우), 交友(교우), 舊友(구우), 金蘭之友(금란지우), 級友(급우), 亡友(망우), 賣友(매우), 文友(문우), 詩友(시우), 畏友(외우), 益友(익우), 知友(지우), 親友(친우)

우애 있다, 형제를 사랑하다
[友愛(우:애)] ① 형제 사이의 정. ② 벗 사이의 정.
[兄友弟恭(형우제공)] 형제가 서로 우애를 다함.

기타
[血友病(혈우병)] (의) 쉽게 피가 나고, 또 피가 잘 굳어지지 않아 피가 잘 멎지 않는 병. 여자에 의해 유전되어 남자에게 나타나는 특이한 유전병임.

報 갚을 보:, 알릴 보:, 土부12   0511

갚다, 은혜·도움·원한 등의 상대편에게 알맞은 행동을 하여 주다, 상대편에게서 받은 만큼 알맞게 행동하여 주는 일
[報答(보:답)] 은혜나 호의에 답하여 갚음.
[報償(보:상)] ① 남에게 진 빚이나 받은 것을 갚음. ② 어떤 것에 대한 대가로 갚음.
[結草報恩(결초보은)] 은혜를 입은 사람의 혼령이 풀포기를 묶어놓아 은인이 적을 잡고 공을 세우게 하였다는 중국의 고사에서, 죽은 뒤에도 잊지 않고 은혜를 갚는다는 뜻.
[因果應報(인과응보)] (불) '원인에 대한 결과가 마땅히 갚아짐'이란 뜻에서, 과거 또는 전생에 지은 일에 대한 결과로, 뒷날의 길흉화복이 주어짐.
[報怨以德(보:원이덕)/以德報怨(이:덕보원)] 덕을 베풀어 원한을 갚다. 원한을 원한으로 갚으면 다시 또 원한을 사게 된다. 때문에 진정한 복수는 덕으로 원한을 갚는 데 있다는 것이다. 『老子(노자)·63章(장)』
報德(보덕), 報復(보복), 報酬(보수), 報恩(보은), 果報(과보), 業報(업보), 應報(응보)

알리다, 여쭈다, 알림, 통지
[報告(보:고)] 주어진 임무에 대하여 그 결과나 내용을

알림. 참報告書(보고서)
[報道(보:도)] ① 널리 알리거나 말해줌. ② 신문이나 방송으로 소식을 널리 알림. 또는 그 소식.
[警報(경:보)] 위험 또는 재난이 닥쳐올 때, 사람들에게 경계하도록 알리는 일. 또는 그 보도. ¶지진경보/태풍경보/공습경보
[豫報(예:보)] 앞으로 일어날 일을 미리 알림. 또는 그런 보도. ¶일기예보
[弘報(홍보)] 일반에게 널리 알림. 또는 그 보도나 소식.
警戒警報(경계경보), 公報(공보), 官報(관보), 急報(급보), 吉報(길보), 朗報(낭보), 大字報(대자보), 壁報(벽보), 悲報(비보), 飛報(비보), 詳報(상보), 速報(속보), 旬報(순보), 年報(연보), 誤報(오보), 月報(월보), 日報(일보), 電報(전보), 情報(정보), 提報(제보), 週報(주보), 諜報(첩보), 快報(쾌보), 通報(통보), 特報(특보), 畫報(화보), 會報(회보), 凶報(흉보), 喜報(희보)

신문, 신문지
**日報(일보), **旬報(순보) 따위

告 알릴 고:, 口부7   0512

'告(고)'자는 '입 口(구)'와 '소 牛(우)'로 이루어졌다. 신에게 제사를 지낼 때 희생 소를 바치고 입으로 축문을 읽는다는 데서 '고하다'의 뜻이다.

알리다, 일정한 일에 대하여 알리다
[告白(고:백)] 마음속에 숨기고 있던 것을 알려 털어놓음.
[告知書(고:지서)] ① 국가 기관이 개인에게 어떤 일을 통지하는 문서. ¶납세 고지서/납입금 고지서 ② '결혼 청첩장'을 비유하는 말.
[廣告(광:고)] 사람들에게 널리 알리는 일. 또는 그 표현물. ¶신문에 상품 광고를 내다
[申告(신고)] ① 국민이 행정 관청에 일정한 사실을 알림. ② (군) 새로 발령을 받거나 승진한 사람이 소속 상관이나 지휘관에게 인사로 자신의 성명·계급 및 임무를 보고함.
[豫告(예:고)] 미리 일러서 알게 함. ¶아무런 예고도 없이 불쑥 찾아왔다 참豫告篇(예고편)
告訃(고부), 告變(고변), 告別(고별), 告祀(고사), 告者(고자), 告知(고지), 警告(경고), 戒告(계고), 廣告塔(광고탑), 論告(논고), 密告(밀고), 訃告(부고), 社告(사고), 催告(최고), 通告(통고)

공식적으로 발표하다
[告示(고:시)] ① 알리려는 것을 글로 써서 게시함. 또는 그 게시. ② 행정 기관이 결정하여 일반에게 공식적으로 알리는 일.
[公告(공고)] 공개적으로 널리 알림.
[宣告(선고)] ① 公表(공표)하여 널리 알림. ② (법) 재판의 판결을 일반에게 발표함. ¶유죄를 선고하다
[布告(포:고)] ① 일반에게 널리 알림. ② 국가의 결정 의사를 공식으로 국민에게 발표하는 일. 참布告令(포고령), 宣戰布告(선전포고)

아뢰다, 여쭈다
[告由(고:유)] 큰일을 치르고자 할 때나 치른 뒤에 그 까닭을 사당이나 신명에게 고함.
[告解(고:해)/告解聖事(고해성사)] (천주) 세례받은 신자가 지은 죄를 뉘우치고 하느님에게 직접 또는 하느님의 대리자인 사제에게 고백하여 용서를 받는 일. 동 告白聖事(고백성사)
[謹告(근:고)] 삼가 아룀.
[報告(보:고)] 주어진 임무에 대하여 그 결과나 내용을 알림. 참報告書(보고서)

하소연하다, 고발하다
[告發(고:발)] ① 사회의 부정이나 부조리 따위를 드러내어 비판함. ② (법) 범인이나 피해자가 아닌 제삼자가 범죄 사실을 신고함.
[告訴(고:소)] (법) 범죄의 피해자나 다른 고소권자가 범죄자나 또는 범인이 있는 곳의 검사나 수사 기관에 구두 또는 서면으로 피해 사실을 일리고, 그 수사와 처분을 구하는 행위.
[誣告(무:고)] 없는 일을 거짓으로 꾸며 남을 고소하거나 고발함. 참誣告罪(무고죄)
[原告(원고)] (법) 법원에 소송을 제기하여 재판을 청구한 사람. 참被告(피고)
告發狀(고발장), 告訴狀(고소장), 上告(상고), 親告罪(친고죄), 被告(피고), 抗告(항고)

가르치다, 깨우쳐 주다
[勸告(권고)] 권하여 타이름. 또는 그런 말. ¶친구의 권고를 받아들이다
[忠告(충고)] 남의 잘못이나 결점을 알려 고치도록 충심으로 타이름.

品 물건 품:, 성품 품:, 口부9   0513

'品(품)'자는 器物(기물)을 본뜬 '口(구)' 셋을 합쳐서, 저마다의 개성을 지닌 물건의 뜻을 나타낸다.

물건, 물품
[品目(품:목)] ① 물품의 이름을 쓴 목록. ② 물품 종류의 이름.
[品切(품:절)] 물건이 다 팔리고 없음.
[物品(물품)] 사용가치가 있는 물건.
[商品(상품)] ① 사고파는 물품. ② (경) 교환 또는 판매에 의해 유통되는 생산물. 시장에서 판매를 목적으로 한 재화. ③ (법) 동산 따위 상거래를 목적으로 한 물건.
[食品(식품)] 음식의 재료가 되는 물품. '식료품'의 준말.
品名(품명), 景品(경품), 金品(금품), 嗜好品(기호품), 納品(납품), 模造品(모조품), 返品(반품), 附屬品(부속

品), 部品(부품), 備品(비품), 賞品(상품), 上品(상품), 消耗品(소모품), 所持品(소지품), 小品(소품), 手製品(수제품), 食料品(식료품), 新品(신품), 藥品(약품), 洋品(양품), 完製品(완제품), 遺留品(유류품), 用品(용품), 慰問品(위문품), 遺品(유품), 日用品(일용품), 一品(일품), 逸品(일품), 作品(작품), 戰利品(전리품), 切品(절품), 絶品(절품), 製品(제품), 拙品(졸품), 珍品(진품), 眞品(진품), 出品(출품), 特産品(특산품), 特品(특품), 廢品(폐품), 必需品(필수품), 下品(하품), 學用品(학용품), 現品(현품)

품격, 품위
[品位(품:위)] ① 직품과 직위. ② 사람이 갖추어야 할 위엄이나 기품. ¶품위 유지 ③ 사물이 지닌 고상하고 격이 높은 인상. ¶세련되고 품위 있는 가구
[品質(품:질)] 물품의 성질과 바탕. ¶품질을 개선하다
[氣品(기품)] ① 品格(품격). ② 고상한 성품. ③ 풍취.
[性品(성:품)] 성질과 품격. ¶온화한 성품. 동品性(품성)
[人品(인품)] 사람의 품위(品位). 人格(인격).
品格(품격), 品評(품평), 品行(품행), 骨品(골품)

관위, 벼슬의 등급
[品(품:)] 품계의 순위를 매기던 말. ¶정일품/종삼품
[品階(품:계)] (역) 정1품부터 종9품까지 열여덟 단계로 나뉘어 있는, 옛 벼슬아치의 직품과 등급.
[敍品(서:품)] (천주) 신품을 올림. ¶신부 서품

종류, 갈래, 가지
[品詞(품:사)] 단어를 문법적 기능·형태 및 의미에 따라 나눈 갈래. 우리나라의 학교 문법에서는 명사·대명사·수사·조사·동사·형용사·관형사·부사·감탄사로 분류하고 있음.
[品種(품:종)] (생) 생물 분류학상 같은 종의 생물을 그 특성으로 다시 세분한 단위.

因 인할 인, 口부6　　0514

'因(인)'자는 '돗자리[口] 위에 팔다리를 쭉 뻗고 드러누운 사람'을 본뜬 것이라고 한다. 후에 '까닭', '인하다'의 뜻으로 변하였으니 어떻게 이렇게 변했을까?

인하다, 말미암다, 원인이나 계기로 되다, 유래, …의 이유로, …에 의하여
[因果(인과)] ① 원인과 결과. 참因果關係(인과관계) ② 원인이 있으면 결과가 있게 마련이고, 결과가 있으면 반드시 그 원인이 있다는 이치.
[因果關係(인과관계)] 어떤 행위와 그 후에 발생한 사실과의 사이에 원인과 결과의 관계가 있는 일.
[起因(기인)] 일이 일어나는 원인.
[原因(원인)] 어떤 현상을 일으키게 하는 근본적인 요인.
因果應報(인과응보), 近因(근인), 死因(사인), 成因(성인), 素因(소인), 要因(요인), 遠因(원인), 敗因(패인)

연고, 연줄, 인연
[因緣(인연)] ① 緣分(연분). 서로 관계를 잇게 되는 緣(연). 어떤 사물과의 관계. 또는 사물들 사이에 맺어지는 연줄. ¶돈과는 인연이 없다 ② (불) 결과를 내는데 직접적인 '因(인)'과 간접적이며 보조적인 '緣(연)'. 쌀·보리 따위를 생산할 때, 그 씨가 '인'이 되고, 노력·날씨·비·거름 따위는 '연'이 됨.

이어받다, 이어받아 그대로 쓰다
[因習(인습)] 전부터 전하여 오는 습관. ¶인습 타파
[因襲(인습)] 옛것을 좇아서 그대로 함.

의거하다, 기초를 두다
[因數(인수)] 수나 식이 몇 개의 수나 식의 곱으로 이루어졌을 때 그 낱낱의 수나 식. 곧 수나 식을 나누는 기본이 되는 수나 식.
[因數分解(인수분해)] 수나 대수식을 각각 그들이 이루는 인수의 곱으로 나타내는 식.
[素因數(소인수)] (수) 어떤 정수를 素數(소수)만의 곱으로 나타냈을 때의 각 인수. 정수 15는 소수의 곱인 3x5로 나타낼 수 있고 이때 인수가 되는 3, 5를 15의 소인수라 함. 참素因數分解(소인수분해)

기타
[桓因(환인)] 단군신화에 나오는 인물. 아들 환웅이 세상에 내려가고 싶어 하자 태백산에 내려 보내어 세상을 다스리게 하였다.

堅 굳을 견, 土부11　　0515

'堅(견)'자는 '땅이 굳다'는 뜻을 나타내기 위한 것이다. '흙 土(토)'와 '굳을 臤(견/긴)'둘 다 표의요소이고, '굳을 臤(견/긴)'은 표음요소도 겸한다. 후에 '굳세다' '튼튼하다' 등의 뜻으로도 쓰였다.

굳다, 단단하다, 견디는 힘이 크다, 튼튼하게
[堅固(견고)] 굳고 단단함.
[堅果(견과)] (식) 단단한 껍질과 깍정이에 싸여 있는 나무 열매. 도토리·밤·은행·호두 등.
[剛堅(강견)/强堅(강견)] 굳세고 단단함.

마음이 굳다, 의지가 강하다, 굳세다, 강하다
[堅實(견실)] 미덥고 충실함.
[堅忍不拔(견인불발)] 굳게 참고 견뎌 마음이 흔들리지 않음.
[中堅(중견)] 단체나 사회의 중심이 되는 사람.
堅忍(견인), 堅持(견지)

固 굳을 고, 口부8　　0516

'固(고)'자는 사방이 험준한 산으로 둘러싸인 '요새[口]'에 표음요소로 '옛 古(고)'를 썼다. 방어가 튼튼하다.

굳다, 단단하다, 견고하다
[固體(고체)] 일정한 모양과 부피를 가진 물체.
[固形(고형)] 질이 단단하고 일정한 모양과 부피를 가

진 형체.
[堅固(견고)] ☞ 堅(견)
[凝固(응고)] ① 엉겨 뭉쳐 딱딱하게 됨. ② (물) 액체 또는 기체가 뭉쳐서 고체가 됨.

완고하다, 한 번 마음먹은 대로 버티고 나가는 의지가 강하다

[固陋(고루)] (묵은 생각이나 풍습에 젖어) 고집이 세고 변통성이 없음. ¶고루한 생각과 태도
[固執(고집)] 자기의 의견만 굳게 내세워 버티는 짓. 또는 그런 성미. ¶고집이 세다/고집을 부리다/쇠고집 참固執不通(고집불통), 壅固執(옹고집)
[頑固(완고)] 모질고 고집이 셈. ¶완고한 부모 밑에서 성장하다

처음부터, 원래, 본디

[固所願(고소원)] 본디 바라던 바임. ¶고소원이나 不敢請(불감청)이라
[固有(고유)] 본래부터 있음.
[固有名詞(고유명사)] 특정한 사물에만 홀로 쓰이는 이름을 나타내는 명사. 사람·땅·나라·책·역사적 사건 등의 이름 따위.

굳이, 굳게, 단단히, 반드시

[固辭(고사)] 굳이 사양함.
[固守(고수)] 굳게 지킴. ¶진지를 고수하다/자기의 주장을 고수하다
[確固(확고)] 확실하고 굳음. ¶확고한 신념. 참確固不動(확고부동)

굳어지다, 굳히다, 정하다, 안정시키다

[固定(고정)] ① 한번 정한 대로 변경하지 않음. ¶고정 인원 ② 붙박이로 있게 함. ③ 마음을 본래대로 가라앉힘.
[固定觀念(고정관념)] (심) 고착관념. 늘 그것에 쏠려 지배를 받는 의식이나 관념. 강박관념과는 달리 병적인 것이라고는 할 수 없음.
[固着(고착)] ① 굳게 들러붙음. ② 한 곳에 머물러 오래도록 그대로 있음. ③ (심) 어떤 생각이나 그 대상 따위에 머물러 벗어나지 못함. 참固着觀念(고착관념)
[鞏固(공고)] 굳고 튼튼함. ¶우방과의 관계를 더욱 공고히 하고

진실로, 참으로

[勝固欣然(승고흔연), 敗亦可喜(패역가희).] 이기니 참으로 기쁘다. 지니 또한 기쁘다. 벗과 바둑을 둘 때의 심경을 읊은 蘇軾(소식)의 시에 나오는 말임.

團 둥글 단, 囗부 0517

'團(단)'자는 '에워쌀 囗(위)'와 '오로지 專(전)'으로 이루어졌다. 둥근 모양으로 결속된 상태를 나타낸다. 군집 생활을 하는 동물들은 둥근 모양의 큰 덩어리를 만들어 자신들의 힘을 과시하며 외부의 침입을 경계한다. 이런 모양을 '團(단)'으로 나타냈다.

둥글다

[團扇(단선)] 깁 또는 종이로 된 둥근 부채.
[團拜(단배)] 둥글게 둘러서서 하는 절.

모임, 모여 이룬 조직체

[團員(단원)] 어떤 단체에 딸린 사람.
[團地(단지)] ① 일정한 산업 시설이 모여 있는 지역. ② 주택이나 공장 등 같은 종류의 현대적 건물이나 시설들을 한데 모아 조성한 일정 지역.
[團體(단체)] 같은 목적을 이루려고 여러 사람이 모여 맺은 동아리.
[財團(재단)] ① 일정한 목적을 위해 결합된 재산의 집단. 권리의 주체 또는 객체의 단위가 됨. ② '財團法人(재단법인)'의 준말. ¶장학재단
[集團(집단)] 한군데로 모인 떼.
團長(단장), 曲馬團(곡마단), 公團(공단), 工團(공단), 敎團(교단), 劇團(극단), 民團(민단), 分團(분단), 社團法人(사단법인), 使節團(사절단), 樂團(악단), 入團(입단), 財團法人(재단법인), 集團農場(집단농장)

모이다, 모이다

[團結(단결)] 여러 사람이 한뜻으로 뭉침. 참大同團結(대동단결)
[團欒(단란)] ① 빈 구석이 없이 매우 원만함. ② 집안의 겨레붙이가 화목하게 지냄. ¶단란한 가정
[團合(단합)] 많은 사람이 모여 마음과 힘을 합침.

덩어리, 둥글게 뭉친 것

[團子(단자)] 찹쌀가루를 반죽하여 끓는 물에 삶아 으깬 뒤에, 꿀에 섞은 팥이나 소를 넣고 둥글둥글하게 빚어 다시 꿀을 바르고 고물을 묻힌 떡.
[瓊團(경:단)] 찹쌀, 수수 따위의 가루를 반죽하여 밤톨만한 크기로 동글게 빚어 익힌 뒤 고물을 묻힌 떡.

군대 편성의 하나

[軍團(군단)] ① 군병의 집단. ② 군대 편제상의 가장 큰 단위. 사단(師團)의 위.
[師團(사단)] (군) 군단의 아래, 연대 또는 여단의 위가 되는 행정 및 전술 단위 부대.
旅團(여단), 戰團(전단)

통솔하다, 다잡다

[團束(단속)] ① 잘못되지 않도록 단단히 대책을 세우는 일. ¶자녀 단속 ② 규칙·법령 등을 지키도록 통제함. ¶불법 주정차 단속

기타

[團圓(단원)/大團圓(대단원)] 맨 끝. 연극 같은 데서 사건의 얽힌 실마리를 풀어 결말을 짓는 결정적인 장면.

壇 단상 단, 단 단, 土부16 0518

'壇(단)'자는 '흙 土(토)'와 '진실로 亶(단)'이 합쳐진 글자이다. '흙으로 쌓아 올린 높은 단'을 뜻하는 글자였다.

단, 흙을 모아 쌓은 제터, 높직한 자리

[壇上(단상)] 演壇(연단)이나 敎壇(교단) 등의 위.

[講壇(강:단)] 강연·강의·설교 따위를 하는 사람이 올라서는, 조금 높게 만든 자리. ¶강단에 서다
[野壇法席(야:단법석)] ① 야외에 단을 차려 크게 베푼 설법장. ② 많은 사람들이 모여들어 떠들거나 부산하게 구는 일. ¶야단법석 떨지 말고 좀 조용히 해라
[祭壇(제:단)] 제물을 바치기 위하여 다른 곳과 구별하여 마련한 신성한 단. 종교적으로 의례의 중심을 이룬다.
敎壇(교단), 劇壇(극단), 佛壇(불단), 社稷壇(사직단), 演壇(연단), 下壇(하단)

장소, 사회, 특수 사회의 구성원
[登壇(등단)] ① 연단이나 강단 같은 곳에 오름. ② 어떤 특수한 사회 분야에 처음으로 등장함. ¶시 文壇(문단)에 등단하였다
[文壇(문단)] 문인들의 사회. 문학상의 무대.
論壇(논단), 詩壇(시단), 畵壇(화단)

뜰, 안뜰
[花壇(화단)] 꽃밭. 흙을 한층 높게 쌓아 화초를 심는 곳.

舍 집 사, 舌부8   0519

'舍(사)'자의 '입 口(구)'는 움집 모양인 'ㅂ(감)'의 변형이고, 윗부분은 그 위에 텐트를 친 것 같은 집 모양으로 '집'을 나타냈다.

집, 거처, 묵다, 머물다, 살다
[舍宅(사택)] ① 단체나 기관에서 그 직원을 위하여 마련한 주택. 回官舍(관사) ② '주택'의 높임말.
[舍兄(사형)] ① 남에 대하여 '자기의 형'을 겸손하게 일컫는 말. ② 형이 아우에게 대하여 '자기'를 일컫는 말. 참舍弟(사제)
[寄宿舍(기숙사)] 학교나 공장 같은 기관에서 그 인원이 공동으로 생활하게 하는 집.
[幕舍(막사)] ① 판자나 천막 따위로 임시로 간단하게 지은 집. ¶피난민을 막사에 수용하였다 ② (군) 군인들이 주둔할 수 있도록 만든 건물 또는 가건물.
[作舍道傍三年不成(작사도방삼년불성).] 길가에 집을 짓는데, 오가는 사람들의 참견을 듣다보니, 삼년이 되어도 완성하지 못했다는 뜻으로, '異論(이론)이 많으면 일을 이루기 어려움'을 비유하여 이르는 말. 『後漢書(후한서)』
舍監(사감), 舍廊(사랑), 舍叔(사숙), 客舍(객사), 鷄舍(계사), 校舍(교사), 驛舍(역사), 獄舍(옥사), 牛舍(우사), 入舍(입사), 廳舍(청사), 畜舍(축사), 學舍(학사)

없애다, 버리다(捨), 버리고 쓰지 아니하다
[舍短取長(사단취장)] 나쁜 점을 버리고 좋은 점을 취함. 동捨短取長(사단취장)

기타
[舍利(사리)] (불) ① 부처나 도승의 화장된 유골. 오늘날에는 화장한 뒤에 나오는 작은 구슬 모양의 것만을 가리킴. ② 법신의 자취로서의 불경. 참舍利佛(사리불), 舍利塔(사리탑)
[舍利佛(사리불)] (불) 석가의 16제자의 한 사람.
[舍利塔(사리탑)] 부처의 사리를 모셔 둔 탑.

宅 집 택, 댁 댁, 宀부6   0520

'宅(택)'자는 '집 宀(면)'과 '부탁할 乇(탁)'으로 이루어졌다. '집'을 나타낸다.

집, 사람이 사는 주거
[宅配(택배)] 짐 따위를 각자 집으로 나누어 보내주는 일.
[家宅(가택)] 살림하는 집. 참家宅搜査(가택수사)
[舍宅(사택)] ☞ 舍(사)
[住宅(주:택)] 사람이 사는 집.
[徙宅而忘其妻(사택이망기처)/徙宅忘妻(사택망처)] '이사할 때 아내를 두고 간다'는 뜻으로, '심한 건망증이 있는 사람', 또는 '의리를 분변하지 못하는 어리석은 사람', '정말 중요한 것을 놓쳐 버리는 얼빠진 사람'을 비유하여 이르는 말이다. 『孔子家語(공자가어)·賢君(현군)』
舊宅(구택), 私宅(사택), 社宅(사택), 安宅(안택), 陽宅(양택), 聯立住宅(연립주택), 陰宅(음택), 自宅(자택), 邸宅(저택)

대지(垈地), 집이 들어앉은 부지
[宅地(택지)] 집을 지을 땅.

무덤
[幽宅(유택)] 무덤.

댁, 상대방의 집이나 가정을 이르는 말, 남의 아내를 이르는 말, 남의 집이나 부인을 이르는 말
[宅(댁)] ① '상대방 집'의 높임말. ¶댁까지 모셔다 드리겠습니다 ② '상대자의 아내'의 높임말. ¶댁께서는 어디 가셨습니까? ③ 평교간이나 그 아래의 사람에게 이 인칭으로 쓰는 말. ¶댁이 뉘신가? ④ (접미사처럼 성이나 직명에 붙여) '그 아내' 또는 '그 집'이란 뜻을 나타냄. 김 참봉 댁, 사장 댁 등. ⑤ (접미사처럼 친정 동네 이름 등에 붙여) '시집간 여자'를 일컫는 말. 안성댁, 경주댁 따위.
[宅內(댁내)] '남의 집안'의 높임말. ¶댁내가 다 무고하신지요?
[宅號(택호)] 벼슬 이름이나, 장가든 곳의 땅 이름을 붙여 그 사람의 집을 부르는 이름. 김참판댁, 서울댁, 평양댁 따위
[寡婦宅(과:부댁)/寡宅(과:댁)] 寡嫂(과수). 寡婦(과부)를 점잖게 일컫는 말.
[媤宅(시댁)] '시집'의 높임말.
[査頓宅(사돈댁)] ① 사돈의 아내. ② '사돈집'의 높임말.

남의 집을 지칭하는 것으로, 다음 네 가지가 있다. '宅(택)'은 '빼어나게 아름다운 집', '第(제)'는 '관직에 따라

왕실로부터 하사받은 집', '府(부)'는 '남의 집에 대한 높임말', '邸(저)'는 '고관 귀족들의 외지 별장'을 지칭한다. '宅(택, 우리말의 '댁'도 포함)'이 높임말로 쓰이게 된 까닭이 바로 여기에 있다. 그래서 자기 명함에 '自宅(자택)'이라고 표기하면 자신을 높이는 것이 되므로 바른 용법이 아니다.

屋 집 옥, 尸부9　　0521

'屋(옥)'자는 '주검 尸(시)'와 '이를 至(지)'의 합자이다. 그러면 '집'이란 '시체가 이르는 곳'이 된다. 그런데 다행히 '주검 尸(시)'가 문자의 요소로 쓰일 경우에는 '人體(인체), 몸'을 나타내는 의미로 쓰일 때가 많다. 예를 들면 '꼬리 尾(미)', '엉덩이 尻(고)' 등이 있고, '살다'의 뜻인 '居(거)', '신발'의 뜻인 '履(리)'자도 있다. '屋(옥)'이란 '일하고 돌아와 몸이 이르러 쉬는 곳'이란 뜻이 된다.

집, 주거
[屋外(옥외)] 집 또는 건물의 밖. 凹屋內(옥내)
[家屋(가옥)] 사람이 사는 집.
[社屋(사옥)] 회사의 건물.
[韓屋(한옥)] 전통 한식으로 지은 집. 凹洋屋(양옥)
古屋(고옥), 陋屋(누옥), 漏屋(누옥), 茅屋(모옥), 瓦屋(와옥), 草屋(초옥), 土屋(토옥)

지붕
[屋上(옥상)] 마당처럼 만든 양옥 지붕 위.
[屋上架屋(옥상가옥)] ① 지붕 위에 거듭 집을 세움. ② 물건이나 일을 부질없이 거듭하는 것의 비유.
[屋下架屋(옥하가옥)] 지붕 밑에 또 지붕을 만든다는 뜻으로, '흉내만 내고 발전이 없음'을 비유하여 이르는 말.

損 덜 손:, 手부13　　0522

'損(손)'자는 '수가 줄다'가 본뜻이다. '손 手(수)'와 '인원 員(원)' 둘 다 표의요소로 쓰였다.

덜다, 줄이다, 줄다, 감소하다
[減損(감:손)] ① 덜어서 줄임. ② 줄어서 손실을 입음.

잃다, 손해를 보다
[損失(손:실)] 축이 나거나 잃어서 손해를 봄. 또는 그 손해.
[損益(손:익)] 손해와 이익. 쥅損益計算書(손익계산서)
[損害(손:해)] ① 금전, 물질 면에서 본디보다 밑지거나 해를 봄. ¶그 사업에 손대더니 크게 손해만 보았다 ② 밑지는 일. ¶병이나 나면 자기 손해다
[缺損(결손)] ① 축이 나서 완전하지 못함. ② (집안 사정이) 온전하지 못함. ¶결손 가정 ③ 수입보다도 지출이 많아서 생기는 손실.
損友(손우), 損財數(손재수), 損害賠償(손해배상)

해치다, 상하게 하다
[損傷(손:상)] 온전한 것이 덜거나 다침.
[破損(파:손)] 깨어져 못 쓰게 됨. 또는 깨뜨려 못 쓰게 함.

[毀損(훼:손)] ① 체면이나 명예를 손상함. ¶명예 훼손 ② 헐어서 깨뜨려 못쓰게 만듦.
[益者三樂(익자삼요), 損者三樂(손자삼요).] 사람이 바라고 좋아하는 세 가지 있고, 몸에 해로운 것을 좋아하는 세 가지 있다.
樂節禮樂(요절례악), 樂道人之善(요도인지선), 樂多賢友(요다현우), 益矣(익의). 예악을 알맞게 지키기를 좋아하고, 남의 좋은 점 말하기를 좋아하고, 훌륭한 벗 많기를 좋아하면 유익하다.
樂驕樂(요교락), 樂佚遊(요일유), 樂宴樂(요연락), 損矣(손의). 교만한 쾌락을 좋아하고, 안일하게 노니는 것을 좋아하며, 주색의 향락을 좋아하면 해롭다.『論語(논어)·季氏(계씨)』
[損者三友(손자삼우), 友便辟(우편벽), 友善柔(우선유), 友便佞(우편녕), 損矣(손의).] 해로운 벗이 셋인데, 편벽한 사람을 벗하며, 아첨하고 성실하지 못한 사람을 벗하며, 말재주만 있는 사람을 벗하면 해롭다.『論語(논어)·季氏(계씨)』☞ * 338

益 더할 익, 皿부10　　0523

'益(익)'자는 '그릇 皿(명)'에 '물[水(수)]'이 철철 흘러넘치는 모양으로 '넘치다'가 본래 의미였다. 후에 '더하다'는 뜻으로 확대 되었다. 본래의 뜻은 '넘칠 溢(일)'자를 따로 만들어 나타냈다.

더하다, 불리다, 증가, 느는 일
[老當益壯(노당익장)] 늙어서는 더욱더 意氣(의기)를 굳건히 해야 함.
[富益富(부익부), 貧益貧(빈익빈)] 부자일수록 더욱 부자가 되고, 가난할수록 더욱 가난해짐.
[延年益壽(연년익수)] 더욱 더 수명을 늘여 나감.

이득, 이롭다
[益蟲(익충)] 사람에게 이로움을 주는 벌레. 누에·꿀벌·잠자리 따위.
[公益(공익)] 개인이 아닌 여러 사람의 이익.
[百害無益(백해무익)] 해롭기만 할 뿐 조금도 이로울 것이 없음.
[損益(손:익)] ☞ 損(손)
[有益(유:익)] 이익이 있음. 쓸모가 있음.
[弘益人間(홍익인간)] '널리 인간을 이롭게 함'이라는 뜻. 국조 단군의 조선 건국이념으로, 이후 우리나라 정치·교육·문화의 최고 이념으로 삼고 있음.
[益者三樂(익자삼요), 損者三樂(손자삼요)] ☞ 損(손)
[益者三友(익자삼우), 友直(우직), 友諒(우량), 友多聞(우다문), 益矣(익의).] 유익한 벗이 셋인데, 곧은 사람을 벗하며, 성실한 사람을 벗하며, 견문이 넓은 사람을 벗하면 유익하다.『論語(논어)·季氏(계씨)』☞ * 338
益母草(익모초), 益友(익우), 益鳥(익조), 權益(권익), 多多益善(다다익선), 無益(무익), 收益(수익), 實益(실익), 利益(이익), 差益(차익), 便益(편익), 弘益(홍익)

害 해칠 해:, 宀부10　0524

'해칠 害(해)'자는 '집 宀(면)', '풀 어지럽게 날 丯(개)', '입 口(구)'로 이루어졌다. '宀(면)'은 '덮어 가리다'의 뜻, '丯(개)'는 '새기다'의 뜻, '口(구)'는 '기도의 말'을 뜻한다. '기도의 말을 새기어 재앙이나 방해를 덮어 막다'는 뜻을 나타내는 글자였다.

해치다, 해롭게 하다

[害蟲(해:충)] 사람이나 농작물에 해가 되는 벌레를 통틀어 이르는 말.
[加害(가해)] ① 해를 줌. ② 다치게 하거나 죽임. 참加害者(가해자) 반被害(피해)
[公害(공해)] 여러 사람에게 미치는 피해. 주로 각종 산업 활동에 의하여 발생되는 것을 말한다.
[損害(손:해)] ☞ 損(손)
[利害得失(이:해득실)] 이로움과 해로움과 얻음과 잃음.
[被害(피:해)] 신체, 재물 또는 정신상의 손해를 당함. 반加害(가해)
[禍福同門(화:복동문), 利害爲隣(이:해위린).] 禍(화)나 福(복)은 다 사람이 스스로 불러들이는 것으로 하나의 같은 문으로 들어오는 것이고, 이익을 얻는 것과 손해를 입는 것은 이웃과 같은 것이라 동전의 양면처럼 언제나 함께 있는 것이다. 禍與福同門(화여복동문), 利與害爲隣(이여해위린). 『淮南子(회남자)·人閒訓 인간훈』
害黨(해당), 害毒(해독), 害惡(해악), 害鳥(해조), 冷害(냉해), 凍害(동해), 無害(무해), 迫害(박해), 百害無益(백해무익), 病蟲害(병충해), 病害(병해), 傷害(상해), 霜害(상해), 損害賠償(손해배상), 水害(수해), 雪害(설해), 辛酉迫害(신유박해), 危害(위해), 危害物(위해물), 有害(유해), 陰害(음해), 利害(이해), 自害(자해), 災害(재해), 沮害(저해), 潮害(조해), 蟲害(충해), 侵害(침해), 弊害(폐해), 風害(풍해), 避害(피해), 被害妄想(피해망상), 旱害(한해), 寒害(한해)

죽이다

[殺害(살해)] 사람을 해쳐 죽임.
[弑害(시:해)] 부모나 임금을 죽여 해침.

방해하다, 훼방하다

[妨害(방해)] 남의 일에 헤살을 놓아 해를 끼침. ¶安眠(안면) 방해
[障害(장해)] 무슨 일을 가로막거나 방해함.

험한 곳

[要害(요해)] 긴한 목. 자기편에는 이롭고 적의 편에는 해롭게 생긴 긴요한 지점. 요해지.

宿 잠잘 숙, 묵을 숙, 별자리 수:, 宀부11　0525

'宿(숙)'자는 '집[宀]' 안에 깔아 놓은 '돗자리[百]'에 누워서 자고 있는 '사람亻'의 모습을 본뜬 것이다. '百(백)'은 숫자 '100'과는 관련이 없다.

묵다, 숙박하다, 머무는 집, 여관

[宿泊(숙박)] 여관이나 주막에 들어 밤을 자고 머무름.
[旅人宿(여인숙)] 작은 규모의 여관.
[合宿(합숙)] 여러 사람이 한 곳에서 묵음.
[東家食西家宿(동가식서가숙).] 떠돌아다니며 얻어먹고 지내는 일. 또는 그러한 사람.
宿所(숙소), 宿食(숙식), 投宿(투숙)

잠자다

[宿虎衝鼻(숙호충비)] 잠자고 있는 호랑이의 코를 찌름. '가만히 있는 사람을 덧들여서 禍(화)를 스스로 불러들이는 일'을 비유하여 이르는 말.
[露宿(노숙)] 사방이나 하늘을 가리지 않은 장소에서 잠. 참露宿者(노숙자)
[獨宿空房(독숙공방)/獨守空房(독수공방)] '혼자서 빈방에서 밤을 지낸다'는 뜻으로, 결혼한 여자가 남편 없이 혼자 외롭게 밤을 지내는 일.
[風餐露宿(풍찬노숙)] 바람과 이슬을 맞으며 한데서 먹고 잠. 즉 모진 고생.

머무르다, 한 곳에 머물러 있다

[宿營(숙영)] (군) 군대가 병영을 떠나 다른 곳에서 머물러 지내는 일.
[宿主(숙주)] (생) 기생 생물에게 영양을 공급하는 생물. 임자몸.
[寄宿舍(기숙사)] 학교나 공장 같은 기관에서 그 인원이 공동으로 생활하게 하는 집.
[下宿(하:숙)] 비교적 오랜 기간을 정하여 숙박하는 일, 또는 그 집.
寄宿(기숙), 留宿(유숙)

번, 번들다

[宿直(숙직)] 다들 잠자는 밤에 당번을 맡아 지킴. 또는 그 사람.

오래다, 오래되다

[宿命(숙명)] 오래 묵어 돌이킬 수 없는 운명. 타고난 운명. 피할 수 없는 운명.
[宿願(숙원)] 오래도록 지녀온 소원. ¶숙원사업이 이루어지다
[宿題(숙제)] ① 복습이나 예습을 위하여 집에서 풀어오게 하는 문제. ¶숙제가 많다 ② 두고 생각하여 보거나 해결해야 할 문제. ¶오래 끌어온 숙제가 해결되었다.
[宿醉(숙취)] 이튿날까지 깨지 않은 술의 취기. ¶숙취 해소에 해장국
[宿患(숙환)] 오래된 병환. ¶숙환으로 고생하시다가 돌아가셨다
[怏宿(앙숙)] 오래 동안 원한을 품고 앙갚음하려고 벼르는 마음을 품음. 또는 그런 사이.
宿根(숙근), 宿根草(숙근초), 宿業(숙업), 宿怨(숙원), 宿敵(숙적)

寫 베낄 사, 宀부15　0526

'寫(사)'자는 실물을 밑에 깔고 그 위에 종이 따위를 덧씌워 '베끼다'의 뜻을 나타낸다. 글자의 형태는 '집 宀(면)'과 '까치 舃(작)'이 합쳐진 모양이다.

베끼다, 그대로 옮겨 쓰다
[寫本(사본)] 사진으로 찍거나 복사하여 만든 책이나 서류.
[謄寫(등사)] ① 원본에서 베껴 옮김. ② 등사기로 박음. 참謄寫機(등사기)
[複寫(복사)] ① 베껴 쓰거나 찍음. 어떤 사물을 본뜨거나 내용을 그대로 옮겨 놓음. ② 종이를 두 장 이상 포개어 같은 문서를 한꺼번에 여러 벌 만드는 일. 참複寫機(복사기)
[筆寫(필사)] 베껴 씀. 또는 베껴 쓴 글씨. 참筆寫本(필사본)

그리다, 본떠 그리다
[寫眞(사진)] ① 물건의 모양을 그대로 그려냄. ② (물)물체의 형상을 감광막 위에 나타나게 찍어서 오랫동안 보존할 수 있게 만들어낸 영상. 참寫眞舘(사진관), 寫眞機(사진기)
[描寫(묘사)] ① 사물을 있는 그대로 그림. ② 그림을 그리듯 글을 씀. ¶장면을 생생하게 묘사하다
[映寫(영사)] 글씨나 그림을 비치게 받쳐 놓고 그 위에 덧쓰거나 그림. 참映寫機(영사기), 映寫幕(영사막)
[靑寫眞(청사진)] ① 간단한 선도(線圖) 등의 복사에 쓰는 사진의 한 가지. 보통 설계도의 복사에 쓰인다. ② 구체적인 계획을 이름.
寫生(사생), 寫實(사실), 寫實主義(사실주의), 寫眞帖(사진첩), 透寫(투사)

본뜨다, 모방하다
[模寫(모사)] ① 사물을 형체 그대로 그림. ② 어떤 그림을 그대로 본떠서 그림. ¶남의 그림을 모사하다

局 판 국, 尸부7 0527

'局(국)'자는 '법도 尺(척)'과 '글귀 句(구)'로 이루어졌다. '尺(척)'과 '句(구)'의 모양이 약간 변형되었다. '주검 尸(시)'가 부수로 지정되어 있는데 의미와는 관계가 없다. '구획을 짓다'는 뜻을 나타낸다.

판, 판국, 일이 벌어진 형편이나 장면
[局面(국면)] ① 어떤 판이 벌어진 장면이나 형편. ② 바둑이나 장기에서, 반면의 형세를 이르는 말.
[局外者(국외자)] 벌어진 그 일에 관계가 없는 사람.
[結局(결국)] ① 일이 마무리되는 마당. 결말에 가서는. ¶결국에 가서는 마찬가지였다 ② (얼굴·묏자리·집터 등이) 형국을 완전히 갖춤.
[時局(시국)] 그 당시 일이 되어가는 모양 또는 형편.
[破局(파국)] 일이 결판나는 판. 일이나 사태가 잘못되어 결판이 남. ¶일이 파국으로 치달았다
局勢(국세), 難局(난국), 亂局(난국), 全局(전국), 政局(정국), 終局(종국), 敗局(패국), 形局(형국)

국, 행정기관이나 단체의 한 관청, 어떤 사무를 맡아보는 부서
[局番(국번)] 전화기가 가입된 전화국의 국명에 대용되는 번호.
[局長(국장)] 局(국)의 우두머리.
[當局(당국)] 어떤 일을 담당하여 처리하는 기관이나 부서. ¶정부 당국/관계 당국
[藥局(약국)] 약사가 약을 조제하거나 파는 곳.
[編輯局(편집국)] 여러 가지 자료를 모아 엮고 짜서 신문·잡지·책 따위를 만드는 부서.
放送局(방송국), 郵遞局(우체국), 電話局(전화국), 支局(지국)

장기, 바둑, 윷 따위의 밭을 그린 판, 바둑, 장기 등의 승부
[局面(국면)] ② 바둑이나 장기에서, 반면의 형세를 이르는 말. ① 어떤 판이 벌어진 장면이나 형편.
[對局(대:국)] ① 바둑이나 장기를 마주 대하여 둠. ② 어떤 형편이나 국면에 당면함.

재능, 도량
[局量(국량)] 재간과 도량.

구획, 구획한 한 방이나 집, 구획한 한 부분
[局部(국부)] ① 전체 가운데의 한 부분. ¶국부 마취 ② 陰部(음부).
[局地戰(국지전)] 교전국의 정치 목적에 한계가 있고, 사용 병기의 제약이나 지리적 제약을 받아 한정된 지역에서 치르는 전쟁. 국지 전쟁. 참全面戰(전면전)
[局限(국한)] 어떤 범위에 한정함.

展 펼 전:, 尸부10 0528

'展(전)'자는 '늘여 펴다', '펼쳐 보다'의 뜻을 나타낸다.

펴다, 넓게 벌리다, 뜻을 펴다, 열다, 널리 공포하다, 의사를 발표하다
[展開(전:개)] ① 열려서 펼쳐짐. ¶창 밖에 전개되는 아름다운 풍경 ② 논리나 사건, 이야기의 장면 따위가 점차 크게 펼쳐져 열림. ¶신나는 이야기가 전개되었다 ③ (수) 주어진 문제를 셈법에 따라 늘어놓는 일. 또는 풀어가는 과정. ④ (군) 병력을 적당한 간격의 대형으로 흩어서 배치함. 참散開(산개)
[展望(전:망)] ① 멀리 바라봄. 또는 멀리 바라보이는 경치. ¶전망이 아름답다 ② 앞날을 미리 내다봄. 또는 내다보이는 앞날. ¶전망이 밝다
[伸展(신전)] 늘이어 펼침.

발달하다, 더 나아지다
[發展(발전)] ① 어떤 상태가 보다 좋은 상태로 되어 감. ¶과학 기술의 발전 ② 어떤 일이 더 복잡한 단계로 나아감. ¶말다툼이 싸움으로 발전했다
[進展(진:전)] 일이 진행되어 발전함. 참急進展(급진전)

베풀다, 진열하다, 늘어놓다
[展示(전:시)] ① 벌이어 차려 놓고 보임. 참展示效果(전시효과), 展示會(전시회) ② 책·편지 따위를 펴서 봄.
[展示效果(전시효과)] ① 소비의 지출이 자기의 소득 수준에 따르지 않고 남을 모방하여 늘어나는 사회적·심리적 효과 ② 어떤 업적 따위를 과시하려고 실질적

인 효과가 크지도 않은 상징적인 사업을 실시하는 따위를 일컫는 말.
[展覽(전:람)] ① 펴서 봄. ② 여러 가지 물품·작품을 모아 보관 진열하고 일반에게 공개하여 보임. 젱展覽會(전람회)
[個人展(개인전)] 개인의 작품이나 물품을 가지고 베푸는 전시회. ¶개인전을 열다

살피다, 살펴보다
[親展(친전)] (주로 편지 겉봉에 써서) 편지를 받을 사람이 '몸소 펴 보라'는 말.

島 섬 도, 山부10　　0529

'島(도)'는 '섬'을 나타내기 위하여 '새 鳥(조)'와 '메 山(산)'을 합쳐 놓은 것이다. '鳥(조)'의 네 점(灬)은 편의상 생략됐다. 바다를 날던 새가 지친 날개를 접어 쉴 수 있는 산 그것이 바로 '섬'이다.

섬, 사면이 바다로 둘러싸인 육지
[島嶼(도서)] 크고 작은 온갖 섬.
[孤島(고도)] 외딴섬. ¶절해의 고도에서 10년을 외로움과 싸웠다
[群島(군도)] 무리지어 있는 많은 섬들. ¶고군산군도/필리핀군도
[落島(낙도)] 육지에서 멀리 떨어진 외딴섬. ¶낙도의 분교에서 초등학교를 다녔다
[半島(반:도)] 반은 대륙에 붙어 있고 반은 바다 쪽으로 길게 나와 섬처럼 보이는 육지. 우리나라와 이탈리아 등이 그렇다.
間島(간도), 獨島(독도), 無人島(무인도), 珊瑚島(산호도), 小鹿島(소록도), 列島(열도), 絶海孤島(절해고도), 諸島(제도), 濟州道(제주도), 火山島(화산도)

州 고을 주, 巛부6　　0530

'州(주)'자는 큰 하천[川] 한가운데 생겨난 삼각주를 뜻하기 위하여 그 모양을 본뜬 것이다. 후에 '고을', '마을'을 뜻하는 것으로 사용되었다. 지역의 이름으로는 많이 쓰이지만, 일반 낱말을 구성하는 예는 극히 드물다. '州(주)'자가 고을 이름으로 쓰이는 예가 많아지자 본뜻인 '삼각주'는 '물 氵(수)'를 붙여 '洲(주)'자를 만들어 나타냈다.

고을, 행정구획의 명칭
慶州(경주), 全州(전주), 忠州(충주), 公州(공주), 原州(원주), 濟州(제주), 海州(해주), 義州(의주), 蘇州(소주), 沆州(항주) 등등

己 몸 기, 자기 기, 己부3　　0531

'己(기)'자는 (자기) '몸'을 뜻한다. 무릎을 꿇고 앉은 사람의 모습을 본뜬 것이다. ☞ 已(이)1218

자기, 자기 자신
[克己(극기)] 자기의 감정이나 욕심 등을 스스로 눌러 이김. ¶극기 훈련 젱克己心(극기심)
[自己(자기)] 저. 제 몸.
[知己(지기)] '知己之友(지기지우)'의 준말. 서로 마음을 알아주는 벗.
[克己復禮(극기복례)] 나를 이기고 예의를 회복하다. 개인적인 이익을 좇는 욕심을 버리고 공공의 이익을 위해 세워진 질서인 禮(예)를 회복한다는 뜻이다. 젱克復(극복) 젱克己復禮爲仁(극기복례위인) 『論語(논어)』
[己所不欲勿施於人(기소불욕물시어인).] 내가 하고 싶지 않은 일을 남에게도 시키지 말라. 『論語(논어)·衛靈公(위령공)』
[知彼知己者(지피지기자), 百戰不殆(백전불태).] 적을 알고 나를 아는 자는 백 번 싸워도 위태롭지 않다. 『唐書(당서)·裴度傳(배도전)』 ☞ * 232
[(君子必) 愼己獨也(신:기독야)/愼獨(신:독).] (군자는) 자신이 홀로 있을 때 삼간다. 혼자 있을 경우, 즉 타인이 보거나 듣지도 않을 경우라도 언행을 조심하고 스스로를 속이지 않도록 한다. 이것이 군자가 지향하는 것이다. 『大學(대학)·傳6章(전6장)』
屈己(굴기), 修己(수기), 勝己者厭(승기자염), 禍福由己(화복유기)

사삿일, 사욕(私慾)
[利己(이:기)] 자기 한 몸의 이익만 차림.
[利己心(이:기심)] 제 한 몸의 이익만 차리고 남의 이해는 돌아보지 않는 마음.
[利己主義(이:기주의)] ① 자기의 利害(이해)·쾌락·주장을 중심으로 삼고 남의 처지를 돌보지 않는 주의. ② (윤) 도덕의 관념·원리를 개인의 이익으로 풀이하려는 경향.

여섯째 천간
己酉(기유), 己卯(기묘), 己卯士禍(기묘사화), 己未(기미), 己未獨立宣言(기미독립선언), 己巳(기사), 己丑(기축), 己亥(기해)

序 차례 서:, 广부7　　0532

'序(서)'자는 '집 广(엄)'과 '나 予(여)'로 이루어진 글자이다. '차례', '순서'의 뜻을 나타낸다.

차례, 장유(長幼)의 순서, 등급의 차례, 차례를 매기다
[序列(서:열)] 연령, 지위, 성적 따위를 일정한 순서에 따라 줄세워 정리하는 일.
[順序(순:서)] 어떤 기준에 따른 차례. ¶나이 순서대로 물을 마시다
[長幼有序(장:유유서)] 연장자와 연소자의 사이에는 지켜야 할 순서가 있음. 五倫(오륜)의 하나. ☞ * 179
[秩序(질서)] 순조롭게 이루어지게 하는 차례나 절차. 젱位階秩序(위계질서), 秩序整然(질서정연)

서문, 머리말, 머리말을 쓰다
[序曲(서:곡)] ① (악) 가극이나 성극에서 막을 열기 전에 연주하는 기악곡. ¶카르멘 서곡 ② 소나타 형식의 단악장으로 된 관현악의 한 형식. ¶에그몬트 서곡 ③ '어떤 일의 시초'를 비유하여 이르는 말. ¶평화의 서곡
[序論(서:론)] 머리말. 서두 부분의 논설.
序頭(서두), 序幕(서막), 序文(서문), 序說(서설), 序詩(서시), 序言(서언), 序奏(서주)

店 가게 점:, 广부8   0533

'店(점)'자는 표의요소인 '집 广(엄)'과 표음요소인 '차지할 占(점)'의 합자이다.

가게, 점방, 물건을 파는 곳
[店員(점:원)] 상점에 고용되어 물건을 팔거나 그 밖의 일을 맡아 하는 사람. ¶점방의 점원들은 참 친절하다
[店鋪(점:포)] 가겟집. 가게. 상점. 물건을 늘어놓고 파는 곳.
[賣店(매:점)] 가게. 일용 상품을 파는 작은 가게.
[百貨店(백화점)] 여러 가지 상품을 부문별로 나누어 진열 판매하는 대규모 상점.
[商店(상점)] 일정한 시설을 갖추고 물건을 파는 가게.
店房(점방), 店主(점주), 家具店(가구점), 開店(개점), 羅紗店(나사점), 露店(노점), 免税店(면세점), 飯店(반점), 本店(본점), 分店(분점), 書店(서점), 洋服店(양복점), 精肉店(정육점), 製菓店(제과점), 酒店(주점), 支店(지점), 閉店(폐점)

여관, 여인숙

廣 넓을 광:, 넓이 광:, 广부15   0534

'廣(광)'자는 '집 广(엄)'과 '누를 黃(황)'으로 이루어졌다. '广(엄)'은 넓은 지붕의 뜻이고, '黃(황)'은 '王(왕)'과 통하여 '크다'의 뜻이다. 단지 폭만 넓은 것이 아니라 '면적이 넓고 크다'는 뜻이다.

넓다, 면적이 크다, 널찍하다, 넓이, 일정하게 차지하는 평면의 크기, 너비, 가로, 동서의 길이, 직경
[廣告(광:고)] 사람들에게 널리 알리는 일. 또는 그 표현물. ¶신문에 상품 광고를 내다
[廣範(광:범)] 범위가 넓음. 통廣範圍(광범위)
[廣場(광:장)] 많은 사람이 모일 수 있게 거리에 만들어 놓은 넓은 빈 터.
[高臺廣室(고대광실)] 높은 돈대 위에 넓게 지은 집. 규모가 굉장히 크고 높고 잘 지은 집.
[長廣舌(장광설)] ① 오랫동안 기세 좋게 잘하는 말솜씨를 비유하는 말. (장광설은 본래 부처님의 32가지 신체적 특징의 하나로, 혀가 매우 길고 넓어서 귀에 까지 이르렀다고 함. 진리를 설법하는 부처님의 길고 넓은 혀에서 유래한 말임.) ② (부정적인 측면에서) 쓸데없이 장황하게 늘어놓는 말을 이름.
廣開土大王(광개토대왕), 廣告塔(광고탑), 廣軌(광궤), 廣大(광대), 廣大無邊(광대무변), 廣漠(광막), 廣木(광목), 廣野(광야), 廣魚(광어), 廣域(광역), 廣域市(광역시), 廣幅(광폭), 廣闊(광활)

너르다, 마음 쓰는 도량이 크다, 포괄하고 있는 내용이 걸치는 데가 많다
[廣義(광:의)] 어떤 말의 개념을 정의할 때 넓은 의미. ¶광의로 해석하다 맨狹義(협의)

狹 좁을 협, 犬부11   0535

'狹(협)'자는 '개 犭(견)'과 '낄 夾(협)'으로 이루어졌다. '좁다'는 뜻으로 '廣(광)'의 상대되는 글자이다.

좁다, 좁아지다, 좁히다
[狹量(협량)] 좁은 도량.
[狹小(협소)] 좁고 작음. 맨廣大(광대)
[狹義(협의)] 범위를 좁게 한정해서 본 뜻. 맨廣義(광의)
[狹窄(협착)] 공간이 몹시 좁음.
[編狹(편협)/偏狹(편협)] 한쪽으로 치우쳐 도량이 좁고 너그럽지 못함. ¶편협한 생각
挾軌(협궤), 狹路(협로), 狹路相逢(협로상봉), 廣狹(광협), 淺狹(천협)

必 반드시 필, 心부5   0536

'必(필)'자는 '마음 心(심)'에 '삐칠 丿(별)'을 더한 글자가 아니라 '창 戈(과)'가 변한 것이라고 한다. 그래도 우리는 '마음 心(심)'에 '삐칠 丿(별)'을 더한 것으로 알면 어떠랴.

반드시, 틀림없이, 꼭
[必須(필수)] 반드시 하여야 하거나 있어야 함. ¶필수 조건/필수 과목
[必修(필수)] 반드시 학습해야 함.
[必需(필수)] 없어서는 안 됨. ¶필수 영양소 참必需品(필수품)
[必要(필요)] 꼭 소용이 됨. 참必要性(필요성)
[輕敵必敗(경적필패)] 적을 업신여기면 반드시 패함.
[事必歸正(사:필귀정)] ① 모든 일은 반드시 바른 길로 돌아감. ② 일의 잘잘못이 언젠가는 밝혀져서 올바른 데로 돌아감.
[生者必滅(생자필멸)] (불) 이 세상은 무상하므로 살아 있는 모든 것은 반드시 사멸함.
[德不孤必有隣(덕불고필유인).] 덕은 외롭지 않으니 반드시 이웃이 있는 법이다. 훌륭한 일을 하는 사람은 한때 고립되고 질시를 받을 수는 있지만 결국 정성이 통해 이에 동참하는 사람이 나온다는 뜻이다. 『論語(논어)·里仁篇(이인편)』
[積善之家必有餘慶(적선지가필유여경)/積善餘慶(적선여경)] 착한 일을 쌓고 쌓은 사람은 慶福(경복)이 자신

에게 뿐만 아니라 자손에게까지 미치게 됨.『易經(역경)』
必讀(필독), 必需品(필수품), 必勝(필승), 必是(필시), 必然(필연), 必然性(필연성), 必要性(필요성), 必有曲折(필유곡절), 去者必返(거자필반), 不必再言(불필재언), 不必要(불필요), 信賞必罰(신상필벌), 言必稱(언필칭), 何必(하필)

기필코 이루어내다
[期必(기필)] 틀림없이 이루어지기를 기약함. 期必(기필)코 반드시.
[必死(필사)] ① 반드시 죽음. ② 죽도록 있는 힘을 다함.
[必死的(필사적)] 죽기로 결심하고 하거나 죽을힘을 다하는, 또는 그런 것. ¶필사적인 탈출

念 생각할 념:, 心부8　0537

'念(념)'자는 표의요소인 '마음 心(심)'과 표음요소인 '이제 今(금)'을 합친 글자이다. 마음속에 품고 있는 뜻, 즉 '생각'을 나타낸다. '今(금)'자도 표의요소로 보면 '念(념)'자는 '지금의 마음'이란 뜻이 되겠다.

생각하다, 생각, 마음속에 품고 있는 뜻
[念頭(염:두)] 머릿속의 생각. 마음 속. ¶그 일을 늘 염두에 두고 있었다
[念慮(염:려)] 앞일을 이리저리 헤아려 걱정함. ¶염려되는 일
[槪念(개:념)] 어떤 사물에 대한 일반적이고 본질적인 지식이나 관념. ¶개념을 정확히 파악하다
[觀念(관념)] ① 어떤 사실을 바라보는 생각이나 견해. ¶그 사람은 시간 관념이 없다 ② (철) 어떤 대상에 관한 인식이나 의식의 내용. 쥅强迫觀念(강박관념), 固定觀念(고정관념) ③ (불) 진리나 부처를 관찰하고 생각하는 것.

[記念(기념)/紀念(기념)] 뜻 깊은 일을 잊지 않고 생각함. '회갑 기념' 또는 '창립 기념', '졸업 기념'처럼 주기적으로 돌아오지 않는 중요한 일에는 '紀念(기념)'을 쓰고, '광복절 기념'처럼 주기적으로 돌아오는 중요한 행사에는 '記念(기념)'을 쓴다. 일본에서는 記念(기념)으로 통일하여 쓰고 있다. 우리나라에서 과거에는 '紀念(기념)'과 '記念(기념)'을 구분하여 썼는데, 근래에는 함께 쓰며, '記念(기념)'을 더 많이 쓰는 경향이 있다. 쥅紀念碑(기념비)/記念碑(기념비)　記念式(기념식)/紀念式(기념식)　記念日(기념일)/紀念日(기념일)

[信念(신:념)] 굳게 믿어 변하지 않는 생각.
[雜念(잡념)] 머릿속에 뒤엉켜 있는 여러 가지 생각. ¶잡념에 시달려 잠을 이루지 못했다
[諦念(체념)] 정황을 살피어 희망을 버리고 아주 단념함. ¶아직 체념하기엔 이르다
念願(염원), 掛念(괘념), 紀念碑(기념비)/記念碑(기념비), 紀念的(기념적), 斷念(단념), 無念(무념), 無念無想(무념무상), 默念(묵념), 邪念(사념), 思念(사념), 想念(상념), 餘念(여념), 怨念(원념), 留念(유념), 理念(이념), 一念(일념), 專念(전념), 情念(정념), 執念(집념), 追念(추념), 通念(통념), 惠念(혜념)

외다, 읊다
[念佛(염불)] ① (불) 부처의 모습과 공덕을 생각하면서, 나무아미타불을 부르는 일. 쥅念佛三昧(염불삼매) ② 불경을 외는 일. ¶염불에는 맘이 없고 잿밥에만 맘이 있다 ③ 어떤 사물에 집착해서 자꾸 되씹어 말함의 비유. ¶이제 그 염불 좀 그만 해라
[念誦(염송)] (불) '念佛誦經(염불송경)'의 준말. 마음속으로 부처를 잊지 않고 불경을 욈.
[念珠(염주)] (불) 여러 개의 보리자, 금강주, 또는 모감주나무의 열매 따위를 실에 꿰어서 염불할 때 손으로 돌려 수효를 세거나, 손목에 거는 法具(법구).
[空念佛(공염불)] ① 입으로만 외고 실천이 따르지 않은 헛된 염불. ② 실행이나 내용이 따르지 않는 주장이나 선전. ③ 아무리 타일러도 아무 효과가 없는 말.

思 생각할 사(:), 心부9　0538

'思(사)'자는 머리의 문, 즉 '정수리'를 뜻하는 '囟(신)'과 심장 즉 '마음'을 뜻하는 '心(심)'이 합쳐진 것으로, '생각하다'는 뜻을 나타낸다. '마음 心(심)이 콩밭田(전)에 가 있다'로 해석해서는 안 된다. 대개는 단음으로 발음하지만 '思想(사상)'은 장음으로 [사:상]이라고 읽는다.

생각하다, 사유·판단·추리 등을 하다, 뜻, 마음
[思考(사고)] 곰곰이 생각하여 잘 살펴 봄. ¶건전한 사고 쥅思考力(사고력), 思考方式(사고방식)
[思想(사:상)] ① 구체적인 생각이나 사고. ¶사상의 자유 ② (철) 지역·사회·인생 등에 관한 일정한 인식이나 견해. ¶정치 사상/종교 사상/계몽주의 사상
[思索(사색)] 깊이 생각하고 이치를 찾는 것. ¶사색에 잠기다
[思春期(사춘기)] 이성에 관심을 갖게 되고 춘정을 느끼기 시작하는 나이. 성장하여 남녀의 성적 구별이 명확해지는, 보통 13∼17세 때를 일컬음.
[心思(심사)] ① 마음. 마음을 쓰는 본체. ② 남이 하는 일에 방해를 하려는 고약한 마음보. 심술.
[深思熟考(심:사숙고)] 깊이 생각하고 푹 익을 정도로 충분히 생각함. 신중을 기하여 곰곰이 생각함.
[易地思之(역지사지)] 처지를 바꾸어 그것을 생각함. 상대편의 처지에서 생각해 봄. 어떤 사안을 자신의 처지에서만 생각하지 말고 상대편의 입장이 되어 생각해 보는 것이다.
[思無邪(사무사)/思毋邪(사무사)] 생각에 속임이 없음. 간사하게 꾸미는 일이 없음. 『論語(논어)』
[君子有三思(군자유삼사),　少思其長則務學(소사기장즉무학),　老思其死則務敎(노사기사즉무교), 有思其窮

則務施(유사기궁즉무시).] 장(長)·사(死)·궁(窮)의 세 가지 생각. 어릴 때는 자란 뒤를 생각하여 힘써 배우고, 늙어서는 죽은 뒤의 일을 생각하여 자손들의 가르치고, 넉넉할 때는 가난한 때를 생각하여 남을 도와줌.『孔子家語(공자가어)』
[於安思危(어안사위), 於達思窮(어달사궁), 於得思喪(어득사상).] 편안할 때에 위험하게 될 때를 생각하고, 잘 통할 때에 막힐 때를 생각하고, 사물을 소유하게 될 때에, 그것을 상실할 때의 일을 생각한다.『呂氏春秋(여씨춘추)』

[九思(구사)] 君子有九思(군자유구사). 군자에게는 아홉 가지 생각이 있어야 한다. 즉 사람이 살아가면서 늘 가슴 속에 명심해야 할 아홉 가지 소신을 말한다.
視思明(시사명), 볼 때는 명백히 보기를 생각하고,
聽思聰(청사총), 들을 때는 총명히 듣기를 생각하고,
色思溫(색사온), 표정은 부드럽게 할 것을 생각하고,
貌思恭(모사공), 태도는 공손하게 할 것을 생각하고,
言思忠(언사충), 말은 성실하게 할 것을 생각하고,
事思敬(사사경), 일에는 신중할 것을 생각하고,
疑思問(의사문), 의심나는 것에는 물어보기를 생각하고,
忿思難(분사난), 분이 날 때는 환난당할 것을 생각하고,
見得思義(견득사의). 이득을 보고는 의로운 것인가를 생각한다.『論語(논어)·季氏(계씨)』

思念(사념), 思慮(사려), 思料(사료), 思惟(사유), 思潮(사조), 思親(사친), 居安思危(거안사위), 勞心焦思(노심초사), 不可思議(불가사의), 想思(상사), 時代思潮(시대사조), 深思(심사), 意思(의사), 意思疏通(의사소통), 千思萬慮(천사만려), 秋思(추사), 春思(춘사)

따르다, 사모하다, 사랑하다, 귀여워하다
[思慕(사모)] 생각하고 그리워함. 참思慕不忘(사모불망)
[相思(상사)] 서로 그리워함. 참相思曲(상사곡)
[相思病(상사병)] 남녀 간에 그리워서 생기는 병.
[春思(춘사)] ① 봄을 느끼는 뒤숭숭한 생각. ② 色情(색정)을 달리 이르는 말.

想 생각 상:, 心부13 0539

'想(상)'자는 표의요소인 '마음 心(심)'과 표음요소인 '서로 相(상)'으로 이루어진 글자이다.
생각하다, 잊고 있던 것을 다시 생각하다, 생각에 잠기다
[想像(상:상)] 경험하지 못한 일을 마음속으로 그리며 미루어 생각함. ¶상상의 날개를 펴다
[空想(공상)] ① 마음속에 맺힌 응어리가 없는 생각. ② 실지로 행할 수 없는 헛된 생각. 현실을 떠난 생각.
[奇想天外(기상천외)] '기이한 생각이 하늘 밖에 이름'이란 뜻에서, 보통으로는 짐작도 할 수 없을 만큼 생각이 아주 기발하거나 엉뚱함. ¶기상천외의 생각

[思想(사:상)] ☞ 思(사)
[豫想(예상)] 어떤 일을 직접 당하기 전에 미리 생각하여 둠. 또는 그런 내용. ¶예상문제/한국팀은 예상 밖으로 좋은 성적을 거두었다
[回想(회상)] 지난 일을 돌이켜 생각함. 또는 그 생각.

想起(상기), 想念(상념), 想思(상사), 假想(가상), 假想敵(가상적), 感想(감상), 誇大妄想(과대망상), 構想(구상), 奇想(기상), 妄想(망상), 冥想(명상)/瞑想(명상), 夢想(몽상), 無念無想(무념무상), 無想(무상), 黙想(묵상), 發想(발상), 隨想(수상), 隨想錄(수상록), 詩想(시상), 樂想(악상), 聯想(연상), 理想(이상), 理想的(이상적), 着想(착상), 追想(추상), 推想(추상), 被害妄想(피해망상), 虛想(허상), 幻想(환상), 幻想曲(환상곡)

打 칠 타:, 手부5 0540

'打(타)'자는 '손 扌(수)'와 '장정 丁(정)'으로 이루어졌다. 손으로 때리니 '손 扌(수)'가 표의요소임은 확실한데, '丁(정)'이 표음요소?라고 한다.

치다, 목적물을 때리다, 공격하다
[打擊(타:격)] ① 때리기. 치기. ¶타격 자세 ② 어떤 영향을 받아 힘이 크게 꺾이거나 해를 입음. ¶심한 타격을 받았다.
[打倒(타:도)] ① 때려 쳐서 넘어지게 함. ② 쳐서 부수어버림. ¶부정부패의 타도를 외치다
[打字(타:자)] 타자기로 종이 위에 글자를 찍음. 참打字機(타자기) key board.
[毆打(구타)] 사람이나 짐승을 함부로 때리고 침.
[一網打盡(일망타진)] '한 번 그물을 쳐서 물고기를 다 잡는다'는 뜻에서, '한꺼번에 모조리 다 잡음'이라는 말. ¶도둑들을 일망타진하였다

打撲(타박), 打撲傷(타박상), 打糞杖(타분장), 打殺(타살), 打作(타작), 打草驚蛇(타초경사), 打破(타파), 強打(강타), 亂打(난타), 半打作(반타작), 連打(연타), 欲哭逢打(욕곡봉타), 以卵投石(이란투석), 風打浪打(풍타랑타)

소리 나게 두드리다
[打鐘(타:종)] 종을 침.
[打樂器(타:악기)] (음) 나무·가죽·쇠붙이 따위를 두드려서 소리를 내는 악기. 음계를 연주할 수 있는 것과 일정한 음률을 내지 못하는 것들이 있다.
[吹打(취:타)] 군대에서 나발, 소라, 대각 등을 불고 북과 바라를 치던 일.

공을 때리다
[打球(타:구)] 공을 치는 일.
[打者(타:자)] (체) 야구에서, 상대편 투수의 공을 치는 공격진의 선수.
[安打(안타)] (체) 야구에서 타자가 베이스에 나갈 수 있도록 공을 안전하게 치는 일.
[軟打(연타)] (체) ① 공을 약하게 침. ② 야구의 번트

또는 테니스의 로브(lob).
打擊數(타격수)/打數(타수), 打擊順(타격순)/打順(타순), 打擊率(타격률)/打率(타율), 打席(타석), 打線(타선), 打點(타점), 代打者(대타자)/代打(대타)

전신을 보내다
[打電(타:전)] 전보를 침.

어떤 동작을 함을 뜻하는 접두어
[打開(타:개)] 얽히고 막힌 일을 잘 처리하여 나아갈 길을 엶. 참打開策(타개책) ¶현실 타개
[打算(타:산)] 따져 헤아림. 또는 따져 본 셈속.
[打診(타:진)] ① (의) 打診器(타진기)나 손가락 끝으로 환부를 두드려 그 소리로 병을 진찰하는 일. ② 남의 마음이나 사정을 알려고 미리 떠 봄.

기타
[打令(타:령)] ① (악) 국악 곡조의 한 가지. ¶타령을 부르다 ② (악) 영산회상의 여덟째 곡의 이름. ③ (악) 황해도 민요 '잦은아리'의 다른 이름. ④ (악) 광대의 판소리나 잡가를 통틀어 일컫는 말. ⑤ (어떤 말 다음에 쓰여) 그 말이나 소리를 되풀이하는 일. ¶술타령 ⑥ ('이·그·저' 따위의 다음에 쓰여) 일의 형편이나 상태의 뜻을 나타냄. ¶신세타령/사업은 아직도 그 타령이다
[身世打令(신세타령)] 자기의 불우한 신세를 한탄하여 뇌까림. 또는 그러한 이야기.

타(dozen)

擊 칠 격, 手부17   0541

'擊(격)'자는 '(손으로) 치다'는 뜻을 나타내기 위하여, '부딪치다'는 뜻이 담긴 '殳(격)'에 '손 手(수)'를 보탠 것이다.

치다, 두드리다, 때리다
[擊墜(격추)] (비행기나 비행선 등을) 쏘아 떨어뜨림. ¶민간 항공기 격추 사건
[擊破(격파)] ① 쳐서 깨뜨리거나 쳐부숨. ¶주먹으로 벽돌을 격파하다 ② 쳐서 무찌름. ¶적의 진지를 격파하다
[射擊(사격)] 표적을 겨누어 총이나 대포, 활 등을 쏨. ¶사격 개시
[銃擊(총격)] 총으로 사격하는 것.
[打擊(타:격)] ☞打(타)
擊鼓(격고), 擊發(격발), 擊壤(격양), 擊壤歌(격양가), 擊節嘆賞(격절탄상), 自擊漏(자격루), 打擊率(타격률), 打擊數(타격수), 打擊順(타격순)

공격하다, 습격하다, 싸우다, 다투다
[擊沈(격침)] (배를) 공격하여 가라앉힘.
[擊退(격퇴)] 적을 쳐 물리침.
[攻擊(공:격)] ① 적을 침. ¶공격 명령 ② 상대편의 의견을 논박함. ¶여당에 대한 야당의 공격 ③ 경기에서 상대편을 이기기 위한 적극적인 행동. ¶경기 시작부터 공격을 퍼부었다 만守備(수비)
[反擊(반:격)] 쳐들어오는 적의 공격을 막아서 되잡아 공격함.
[聲東擊西(성동격서)] 동쪽을 친다고 소문을 퍼뜨리고 실제로는 서쪽을 친다는 뜻으로, '기묘한 용병으로 승리를 거둠'을 비유하여 이르는 말. 바둑이나 전투에서 상대를 기만하는 전술.
擊滅(격멸), 突擊(돌격), 追擊砲(박격포), 先制攻擊(선제공격), 襲擊(습격), 邀擊(요격), 遊擊(유격), 遊擊隊(유격대), 遊擊手(유격수), 遊擊戰(유격전), 遊擊訓練(유격훈련), 狙擊(저격), 電擊(전격), 進擊(진격), 追擊(추격), 出擊(출격), 侵擊(침격), 波狀攻擊(파상공격), 砲擊(포격), 爆擊(폭격), 被擊(피격), 橫擊(횡격)

쳐서 죽이다, 쳐서 꺾다, 쳐서 누르다, 쳐서 물리치다
[擊滅(격멸)] 쳐서 없앰.
[擊殺(격살)] (무기로) 쳐서 죽임.
[排擊(배격)] (남의 사상·의견 따위를) 배척하여 물리침.

부딪치다, 충돌하다
[衝擊(충격)] ① 물체에 갑자기 가해지는 힘. ② 마음에 받는 심한 자극. 참衝擊療法(충격요법)

다스리다, 계도하다
[擊蒙(격몽)] 어리석고 사리에 어두운 어린들을 일깨움.
[擊蒙要訣(격몽요결)] (책) 조선 선조 10(1577)년에 율곡 이이가 아이들에게 읽히기 위하여 한문으로 펴낸 책. 2권 1책.

움직이다, 눈이 움직이다
[目擊(목격)] ① 몸소 눈으로 봄. 참目擊談(목격담) 비目睹(목도) ② 우연히 보게 됨. ¶사고를 목격하다

攻 칠 공:, 공격할 공: 攴부7   0542

'攻(공)'자는 표음요소인 '장인 工(공)'과 표의요소인 '칠 攵(복)'으로 이루어진 글자이다.

치다, 공격하다
[攻擊(공:격)] ☞擊(격)
[攻防(공:방)] 공격과 방어. ¶공방이 치열하다
[攻守(공:수)] 공격과 수비.
[難攻不落(난공불락)] 공격하기가 어려워 함락되지 아니함. ¶난공불락의 요새
[遠交近攻(원:교근공)] 먼 나라와 가까이하여 가까운 나라를 침. 가까운 나라가 이미 자기 소유로 돌아오면 점차 먼 나라로 미치는 전국시대 秦(진)의 책략.
[侵攻(침:공)] 남의 나라에 쳐들어가 공격함. ¶히틀러의 러시아 침공
攻略(공략), 攻駁(공박), 攻城(공성), 攻勢(공세), 難攻(난공), 猛攻(맹공)/猛攻擊(맹공격), 先攻(선공), 先制攻擊(선제공격), 速攻(속공), 水攻(수공), 以短攻短(이단공단), 正攻法(정공법), 進攻(진공), 特攻隊(특공대), 波狀攻擊(파상공격), 挾攻(협공), 火攻(화공)

닦다, 배우다, 연구하다
[專攻(전공)] 전문적으로 연구함. ¶전공과목

守 지킬 수, 宀부6 0543

'守(수)'자는 '집 宀(면)'과 '마디 寸(촌)'으로 이루어졌다. '寸(촌)'은 '손 手(수)'가 변한 것이다. 궁전 따위를 손으로 지킨다는 뜻이다.

지키다, 보살피어 보호하다
[守門將(수문장)] ① 궁문이나 성문을 지키던 무관의 벼슬. ② (민) 대문을 지키는 神將(신장)의 하나.
[守錢奴(수전노)] '돈을 지나치게 아껴 모을 줄만 알고 쓸 줄은 모르는 사람'을 욕으로 이르는 말.
[守護神(수호신)] 지켜 보호해 주는 신.
[獨守空房(독수공방)] '혼자서 빈 방을 지킨다'는 뜻으로, 결혼한 여자가 남편 없이 혼자 외롭게 밤을 지내는 일. 圖獨宿空房(독숙공방)
[守身守之本也(수신수지본야).] 나라를 지키는 것이나 벼슬을 지키는 것이나 다 지키는 것이지만, 내 몸을 바르게 지키는 것이 지킴의 근본임. 『孟子(맹자)』
[守口如瓶(수구여병), 防意如城(방의여성).] 입을 굳게 다물기를 병마개 막듯이 하라. 그리고 꼭 필요할 때만 마개를 열어 그 물을 사용하면 된다. 항상 조심하여 불필요한 말로 오해를 사거나 주변 사람을 불편하게 해서는 안 될 것이다. 성을 지키는 것처럼 마음을 드러내려는 욕심을 삼가라. 사람은 자기 마음속에 있는 생각을 남에게 보이고 싶어 하는 속성이 있다. 그렇게 함으로써 남의 이목을 끌려고 한다. 그러나 생각을 함부로 내보였다가는 크게 손해를 보거나 오해를 불러일으킴으로써 일생을 망치는 수도 있다. 어느 때고 세상에 떠돌아다니는 말은 세배 열배로 늘어 큰 낭패를 보게 되는 것이다. 그래서 朱熹(주희)는 마음속의 생각을 함부로 내보이지 말라고 한 것이다. 『朱子(주자)·敬齋箴(경재잠)』
守口(수구), 守門(수문), 守身(수신), 守愚(수우), 守衛(수위), 守拙(수졸), 守株待兎(수주대토), 守則(수칙), 守護(수호), 固守(고수)

막다, 방어하다
[守備(수비)] 재해나 침입에 대비하여 지킴. 凹攻擊(공격)
[守勢(수세)] 적의 공격에 대하여 지키는 태세. 凹攻勢(공세)
[攻守(공:수)] 공격과 수비.
[死守(사:수)] 죽음을 무릅쓰고 지킴.
[把守(파수)] ① 한 곳을 지키어 방비함. ② 파수꾼.

규정·약속 등을 어기지 아니하고 그대로 실행하다
[守誡(수계)] (천주) 계명을 지킴.
[嚴守(엄수)] 엄하게 지킴. ¶시간 엄수/규율 엄수
[遵守(준:수)] 전례·명령·규칙 따위를 좇아서 지킴.

정조 등을 굽히지 아니하다, 정조, 지조, 절개
[守節(수절)] 지조나 정절을 지킴. ¶그녀는 평생을 수절하며 살았다

어떤 상태를 그대로 계속 유지하다
[守舊(수구)] 옛날의 제도나 풍습을 그대로 지킴. 참守舊黨(수구당)
[保守(보:수)] 오랜 습관, 제도, 방법 등을 소중히 여겨 그대로 보존하여 지킴. 참保守的(보수적) 凹進步(진보)

직무, 직책, 임무
[看守(간수)] ① 보살펴 지킴. ② 矯正職(교정직) 공무원 '矯導(교도)'의 전 이름.

벼슬 이름
[郡守(군:수)] 군의 행정을 맡아보는 으뜸 직위. 또는 그 직위에 있는 사람.
[太守(태수)] (역) 신라 때, 지방 각 고을을 맡아 다스리던 으뜸벼슬.

기타
[寡守(과:수)] 홀어미. 과부.

防 둑 방, 막을 방, 방비할 방, 阜부7 0544

'防(방)'자는 '언덕 阝(부)'와 '모 方(방)'으로 이루어진 글자이다. 공격을 막기 위하여 쌓아 놓은 '둑'을 뜻한다.

둑, 제방
[堤防(제방)] 둑. 물이 넘치는 것을 막거나 물을 저장하려고 돌이나 흙 따위로 막아 쌓은 언덕.

막다, 수비, 방어, 방비하다, 방지하다
[防犯(방범)] 범죄가 일어나지 않도록 막음.
[防腐(방부)] 썩는 것을 막음. 건조, 냉장, 밀폐, 소금절임, 훈제, 가열 따위의 방법이 있음. 참防腐劑(방부제)
[防水(방수)] 새거나 스미거나 넘치거나 하는 물을 막음. 참防水服(방수복)
[防止(방지)] 어떤 일이나 현상이 일어나지 못하게 막음. ¶사고 방지/방지 대책
[國防(국방)] 외적의 침략에 대한 나라의 방어. 참國防部(국방부)
[消防(소방)] 불이 나지 않도록 예방하며 불난 것을 끄는 일. 참消防官(소방관), 消防隊(소방대), 消防署(소방서)
[防民之口(방민지구), 甚於防川(심:어방천)] 백성들의 입을 막는 것이 강물을 막는 것보다 어렵다. 『國語(국어)』
[衆口難防(중:구난방)] '여러 사람의 입은 막기가 어렵다'는 뜻으로, 뭇 사람이 이러쿵저러쿵하는 말을 이루 다 막아내기 어려움을 이르는 말. 또는 비밀스런 일이라면 너무 많은 사람이 알지 않도록 하는 것이 좋다는 말이다. 『十八史略(십팔사략)』
[守口如瓶(수구여병), 防意如城(방의여성).] ☞守(수)
防共(방공), 防空(방공), 防毒(방독), 防毒面(방독면), 防備(방비), 防濕(방습), 防禦(방어), 防疫(방역), 防衛

(방위), 防音(방음), 防音裝置(방음장치), 防災(방재), 防諜(방첩), 防蟲網(방충망), 防彈(방탄), 防波堤(방파제), 防牌(방패), 防風林(방풍림), 防寒服(방한복), 防護(방호), 防火(방화), 防火壁(방화벽), 攻防(공방), 砂防(사방), 善防(선방), 水防(수방), 豫防(예방), 豫防注射(예방주사), 正當防衛(정당방위)

操 잡을 조(:), 절개 조(:), 手부16   0545

'操(조)'자는 '손 扌(수)'와 '울 喿(소)'로 이루어졌다. '喿(소)'는 '새집 巢(소)'와 통하여, 새가 둥지를 틀 듯 '손으로 교묘하게 놀리다' 즉 '조종하다'의 뜻을 나타낸다.

잡다, 쥐다, 가지다
[操身(조신)] 잘못이나 실수가 없도록 몸가짐을 잘 다잡음.
[操心(조:심)] 잘못이나 실수가 없도록 마음을 다잡음.

부리다, 조종하다
[操業(조:업)] 기계 따위를 움직여 일을 함.
[操作(조작)] 기계 따위를 다루어 움직이게 함.
[操縱(조종)] ① 마음대로 다루어 부림. ¶나는 누구의 조종을 받아 행동하는 그런 꼭두각시가 아니다 ② 비행기나 선박, 자동차 따위의 기계를 다룸. 참操縱士(조종사)
[操舵(조타)] 배의 키를 조종함. 참操舵手(조타수), 操舵室(조타실)

군사 훈련
[操練(조:련)] 전투에 필요한 지식·기술 따위를 가르치는 훈련.

운동
[體操(체조)] 신체의 이상적 발달을 꾀하고 신체의 결함을 교정 또는 보충시켜주기 위하여 여러 가지 방식으로 몸의 각 부분을 움직이는 운동. 참器械體操(기계체조), 徒手體操(도수체조)

절개, 절조, 뜻
[志操(지조)] 자신이 세운 원칙과 신념을 굽히지 않고 끝까지 지켜 나가는 꿋꿋한 의지. 또는 그러한 기개. ¶지조 있는 선비
[節操(절조)] ① 절개와 지조. ② 굳게 지키는 지조.
[貞操(정조)] ① 이성 관계에서 순결을 지키는 일. ② 여자의 바르고 깨끗한 절개.

改 고칠 개:, 攴부7   0546

'改(개)'자는 무릎을 꿇고 앉은 사람의 모습인 '己(기)'와 회초리를 들고 있는 모습인 '攵(복)'의 합자로 '잘못한 사람을 회초리로 쳐서 바로잡는다'는 데서 '고치다'라는 뜻을 나타낸다.

고치다, 못쓰게 된 것을 새롭게 고치다, 그릇된 것을 바로잡다
[改造(개:조)] 고쳐 다시 만듦. ¶주방을 개조하다

[改過遷善(개:과천선)] 잘못을 고치어 착한 마음으로 바꿈. 허물을 고치고 옳은 길로 들어섬.
[改良(개:량)] (주로 구체적인 것을 전보다 낫게) 좋게 고침. ¶개량 품종
[改善(개:선)] 잘못된 것을 고치어 좋게 함. ¶근로 조건을 개선하다 凹改惡(개악)
[悔改(회:개)] 이전의 잘못을 뉘우치고 고침. ¶회개하라! 천국이 가까웠느니라
[過則勿憚改(과즉물탄개).] 허물이 있다면 고치기를 꺼리지 말라. 즉 잘못을 저질렀다고 후회만 하지 말고, 그것을 빨리 바로잡아야만 다시는 같은 잘못을 저지르지 않는다는 뜻이다. 『論語(논어)·學而(학이)』
改修(개수), 改心(개심), 改惡(개악), 改悛(개전), 改正(개정)

다른 것으로 바꾸다, 바뀌다
[改定(개:정)] 고쳐서 다시 정함. ¶개정된 열차 시간표
[改憲(개:헌)] (법) 법률이 정하는 절차에 따라 헌법을 고침. ¶개헌을 위한 국민 투표
[改革(개:혁)] 새롭게 뜯어 고침. ¶토지 개혁/종교 개혁/화폐 개혁/의식 개혁/교육제도를 개혁하다
[朝變夕改(조변석개)] '아침저녁으로 뜯어 고친다'는 뜻으로, 계획이나 결정 따위가 일관성이 없이 자주 바뀜을 비유하는 말. 참朝令暮改(조령모개)
改嫁(개가), 改閣(개각), 改刊(개간), 改名(개명), 改備(개비), 改選(개선), 改新(개신), 改易(개역), 改議(개의), 改作(개작), 改宗(개종), 改札(개찰), 改札口(개찰구), 改稱(개칭), 改築(개축), 改漆(개칠), 改編(개편), 改廢(개폐), 改票(개표), 創氏改名(창씨개명)

效 본받을 효:, 攴부10   0547

'效(효)'자는 '사귈 交(교)'와 '칠 攵(복)'으로 이루어졌다. '効(효)'자는 속자이다.

보람, 효과, 효험, 힘쓰다, 힘을 다하다, 힘을 나타내다
[效果(효:과)] ① 보람·효력이 나타나는 결과. ② 연극·영화·방송 따위에서 장면에 알맞은 분위기를 인위적으로 만들어 넣어 실감을 자아내는 일. ③ (체) 유도 경기의 판정의 하나.
[效力(효:력)] 효과를 나타내는 힘.
[效率(효:율)] ① 들인 힘에 대하여 실제로 나타난 효과의 비율. ¶학습 효율을 높이다 ② 기계가 한 일의 양과 소요된 에너지의 비율. ¶에너지 효율/연료 효율
[無效(무효)] ① 효과가 없음. ② (법) 법률 행위가 어떤 원인으로 당사자가 의도한 효력을 나타내지 못함. ¶선거법 위반으로 그의 당선은 무효가 되었다
[時效(시효)] 일정한 기간의 경과에 의하여 권리가 발생 또는 소멸하는 일.
[藥效(약효)] 약의 효과. ¶약효가 나타나다
效能(효능), 效用(효용), 效驗(효험), 發效(발효), 失效(실효), 實效(실효), 逆效果(역효과), 有效(유효), 展示

效果(전시효과), 奏效(주효), 卽效(즉효), 卓效(탁효), 特效(특효)

救 건질 구:, 구원할 구:, 攴부11　0548

'救(구)'자는 '칠 攵(복)'과 '구할 求(구)'로 이루어졌다. '求(구)'자는 '분산되어 있던 것이 한 점에 모이다'의 뜻이다. '救(구)'자는 '무질서하게 흩어지려는 것에 제동을 걸어서 다스려 막아 수습하다'의 뜻을 나타내는 것이었다. '구하다', '구원하다'의 뜻으로 쓰인다.

건지다, 돕다, 도움, 구원하다

[救急(구:급)] 위급한 상황에서 구해냄. 참救急法(구급법), 救急藥(구급약), 救急車(구급차)
[救命(구:명)] 사람의 목숨을 구원함. 참救命具(구명구), 救命帶(구명대), 救命艇(구명정)
[救援(구:원)] ① (물에 빠진 사람을) 도와서 건져줌. 참救援兵(구원병), 救援投手(구원투수). ② (천주·예수) 인류를 죽음과 죄악과 고통에서 건져냄.
[救助(구:조)] 재난 따위를 당하여 어려운 처지에 빠진 사람을 도와줌. ¶침몰해 가는 배에서 人命(인명)을 구조하다
[抱薪救火(포:신구화)] 섶을 지고 불을 끈다. 재난을 구하려다가 오히려 더 확대시키거나 자멸하는 것을 비유하는 말이다. 『史記(사기)·魏世家(위세가)』
[遠水不救近火(원:수불구근화)] 먼 데 있는 물은 가까운 곳의 불을 끄는 데 소용이 되지 못함. '먼 데 것은 위급할 때의 소용이 되지 못함'의 비유. 줄여서 遠水近火(원수근화)라고도 한다. 동遠水難救近火(원수난구근화)』『明心寶鑑(명심보감)』☞ * 306

救國(구국), 救難(구난), 救貧(구빈), 救世主(구세주), 救主(구주), 救世(구세), 救世軍(구세군), 救濟(구제), 救出(구출), 救護(구호), 救荒(구황), 救恤(구휼), 救火以薪(구화이신), 以火救火(이화구화)

고치다, 치료하다

[救病(구:병)] ① 앓는 사람을 돌보아 시중드는 일. ② 병을 치료함.

援 도울 원:, 당길 원:, 手부12　0549

'援(원)'자는 '손 扌(수)'와 '이에 爰(원)'으로 이루어졌다. 본래의 뜻은 '(손으로) 잡아당기다'이다. '물에 빠진 사람을 손으로 잡아 당겨 살리다'에서 '잡아당기다, 돕다, 구원하다'의 뜻으로 확대 사용되었다.

돕다, 도움

[援軍(원:군)] 응원이나 구조를 위한 군대.
[援助(원:조)] 물품이나 돈 따위로 도와줌. ¶식량 원조
[孤立無援(고립무원)] 외톨이가 되어 구원을 받을 데가 없는 처지.
[救援(구:원)] ☞ 救(구)
[應援(응:원)] 운동 경기 따위에서 선수들이 힘을 낼 수 있도록 도와주는 일. 맞게 편들어줌.
[支援(지원)] 지지하여 도움. 버틸 수 있도록 도와줌. ¶아낌없는 지원에 감사드립니다

援兵(원병), 援護(원호), 救援兵(구원병), 救援投手(구원투수), 聲援(성원), 後援(후원), 後援者(후원자), 後援會(후원회)

당기다, 끌어당기다, 잡아당기다

嫂溺不援是豺狼也(수닉불원시시랑야) 형수가 물에 빠져 위급한 경우, 남녀 사이에 물건을 직접 手交(수교)하지 않는 것이 常禮(상례)라 하여 시동생이 이를 구하지 않는 것은 승냥이나 이리와 다를 것이 없다. '위급할 때 스스로 임기응변의 權道(권도)를 쓰지 않으면, 상례도 도리어 人道(인도)에 어긋남'을 이르는 말. 『孟子(맹자)』

尊 높을 존, 寸부12　0550

'尊(존)'자의 윗부분에 추장 酋(추)'자가 들어있다고 추장이나 두목을 뜻하는 것은 아니다. 酋(추)는 '묵은 술'을 뜻하는 술병 '酉(유)'가 변화된 것이다. 아랫부분은 원래 '받들다'는 뜻인 '廾(공)'이 '잡다'는 뜻인 '寸(촌)'으로 바뀐 것이다. 제사지낼 때 좋은 술을 따라 올리는 모습을 통하여 '높이 받들다'는 뜻을 나타냈다. 후에 사회적 지위나 덕망 따위가 '높다'는 뜻으로 쓰이게 되었다.

높다, 높이 또는 지위가 높다, 높은 사람

[尊貴(존귀)] 지위나 신분이 높고 귀함.
[尊卑貴賤(존비귀천)] 지위·신분 따위의 높고 낮음과 귀하고 천함.
[尊屬(존속)] 어버이와 같은 항렬 이상에 속하는 친족. 참直系尊屬(직계존속)
[官尊民卑(관존민비)] 관리는 높고 백성은 낮다고 보는 생각.
[世尊(세존)] 釋迦牟尼(석가모니)의 높임말.
[至尊(지존)] ① 더없이 존귀함. ② '임금'을 공경하여 일컫는 말.
[德薄而位尊(덕박이위존), 知小而謀大(지소이모대), 力小而任重(역소이임중), 鮮不及矣(선불급의).] 덕은 박한데 지위가 높고, 아는 것이 적으면서 꾀하는 것은 크며, 힘이 부족한데 직임이 무거우면, 재앙이 미치지 않는 경우는 드물다. 『論語(논어)·繫辭(계사)』

男尊女卑(남존여비), 本尊(본존), 釋尊(석존)

상대자를 높이다, 존경하다, 높임말을 쓰다, 우러러보다

[尊敬(존경)] 남의 인격, 사상, 행위 따위를 높이 받들어 공경함.
[尊待(존대)] ① 존경하여 받들어 대접하거나 대함. ② 존경하는 말씨로 대함. 참존댓말 반下待(하대)
[尊稱(존칭)] 높이어 일컬음. 동敬稱(경칭) 반卑稱(비칭)
尊顔(존안), 尊嚴(존엄), 尊影(존영), 尊體(존체), 尊銜(존함)

중히 여기다, 소중하게 생각하다, 무겁다, 소중하다

[尊重(존중)] 높여 귀중하게 대함.

[唯我獨尊(유아독존)] ① '天上天下唯我獨尊(천상천하유아독존)'의 준말. ¶유아독존의 小我(소아)를 벗어나 광대무변한 大我(대아)에 도달하다 ② 자기만 잘난 체하는 태도. ¶그런 유아독존식의 사고방식은 버려야 해
[自尊(자존)] ① 스스로 제 몸을 높임. 스스로 높은 사람인 체함. ② 스스로 제 품위를 지킴.
[自尊心(자존심)] 제 몸을 굽히지 않고 스스로 높이는 마음. 스스로 자기를 높이거나 잘난 체하는 마음.
[天上天下唯我獨尊(천상천하유아독존)] 獨尊(독존)은 덕망이 높아 사람들의 '존경을 독차지하다'는 뜻인데, '자기만 잘난 체하다'는 뜻으로 잘못 쓰이는 사례가 많다. 唯我獨尊(유아독존)은 불교에서 天上天下唯我獨尊(천상천하유아독존)에서 온 것이다. 이 말은 '천지 사이에 내가 가장 존귀함'을 뜻한다. 釋迦(석가)가 태어났을 때 처음 스스로 한 말이라고 한다. 유아독존의 '我(아)'는 개인의 '나'를 뜻하는 것이 아니라 '우리' 즉 '모든 인간'을 지칭하는 것이라고 한다. 고대 인도의 카스트 제도라는 계급주의를 타파하려는 깊은 의도가 깔려 있다. 따라서 석가의 이 말은 모든 인간의 존귀함을 뜻하는 것이므로 더 이상 '자기 자신만의 존귀함'으로 오해하지 말아야겠다. 석가가 그럴 분이시겠는가.

卑 낮을 비:, 十부8　0551

'卑(비)'자는 (신분 따위가) '낮다'는 뜻으로 쓰인다.

낮다, 신분·인격·지위 등이 높지 아니하다, 자신의 겸칭

[卑屬(비:속)] (법) 친족 관계에 있어서 항렬이 자기보다 아래인 친족. 魯尊屬(존속)
[卑賤(비:천)] 지체가 낮고 천함.
[直系卑屬(직계비속)] 자기에서 직계로 내려간 혈연의 겨레붙이. 곧, 아들·손자·증손자 등. 魯直系尊屬(직계존속)
[尊卑貴賤(존비귀천)] ☞ 尊(존)
[行遠自邇(행원자이), 登高自卑(등고자비).] 먼 길을 가는 것은 가까운 데로부터 비롯하고, 높은 곳에 이르는 것은 낮은 데로부터 출발한다. '일을 하는 데는 순서가 있음'을 비유하여 이르는 말. 行遠必自邇(행원필자이) 登高必自卑(등고필자비). '登高自卑(등고자비)'는 지위가 높아질수록 스스로를 낮춘다는 뜻으로도 해석된다. 『中庸』
[福生於淸儉(복생어청검), 德生於卑退(덕생어비퇴).] 복은 맑고 검소한 데서 생기고, 덕은 몸을 낮추고 물러나는 데서 생긴다. 『明心寶鑑(명심보감)·正己篇(정기편)』 ☞ *137
官尊民卑(관존민비), 男尊女卑(남존여비), 自卑(자비), 尊卑(존비)

천하다, 저속하다, 낮게 여기다

[卑俗(비:속)] 낮고 속됨. 魯高尙(고상) ¶말투가 비속하다
[卑語(비:어)/鄙語(비:어)] ① 점잖지 못하고 천한 말. ② 사물을 낮추어 부르는 말. '머리'를 '대가리'로, '입'을 '주둥이'라고 하는 따위.
[卑稱(비:칭)] ① 낮추어 일컬음. ② 낮춤. 魯尊稱(존칭)
[卑下(비:하)] 업신여기어 낮춤. ¶자기비하는 우월감의 표시일 수 있다
[野卑(야:비)/野鄙(야:비)] 성질이나 행동이 야하고 천함.

비루하다, 정정당당하지 못하다

[卑怯(비:겁)] ① 인격이 낮고 겁이 많음. ② 하는 짓이 떳떳하지 못하고 야비함.
[卑屈(비:굴)] 줏대가 없고 떳떳하지 못함. ¶비굴하게 행동하지 말라
[卑陋(비:루)/鄙陋(비:루)] 마음씨나 하는 짓이 못나고 더러움.
[卑劣(비:열)/鄙劣(비:열)] 사람 됨됨이가 천하고 치사하며 지저분함. ¶비열한 인간

가깝다, 생활 주변의 손쉬운 데 있다

[卑近(비:근)] 흔히 보고 들을 수 있으리만큼 알기 쉽고 실생활에 가까움. ¶비근한 예를 들면

恭 공손할 공, 心부10　0552

'恭(공)'자는 '함께 共(공)'과 '마음 心(심)'으로 이루어졌다. '공손하다'는 뜻을 나타낸다.

공손하다, 어렴성이 있고 겸손하다, 예의바르다, 정중하다

[恭敬(공경)] 공손한 마음가짐으로 남을 존경함.
[恭待(공대)] ① 공손하게 대접함. ② 상대자에게 높임말을 씀.
[恭遜(공손)] 예의바르고 겸손함. ¶공손한 태도
[過恭非禮(과:공비례)] 지나친 공손을 도리어 예가 되지 못함.
[兄友弟恭(형우제공)] 형제간에 서로 우애(友愛)를 다함.
恭寬信敏惠(공관신민혜). 仁道(인도)를 행하는 윗사람이 지녀야 할 마음가짐 다섯 가지는 공손함, 너그러움, 믿음직스러움, 민첩함, 은혜로움이다. 『論語(논어)·陽貨(양화)』 ☞ * 019
[恭而無禮則勞(공이무례즉로).] 공손하면서 예법이 없으면 고달프다. 몸가짐이 공손한 것은 중요하다. 그러나 거기에도 적당한 절도가 없다면 너무 거북하여 심신을 고달프게 만든다. 『論語(논어)·泰伯(태백)』 ☞ * 021
恭順(공순), 恭賀(공하), 恭賀新年(공하신년), 過恭(과공), 不恭(불공), 溫恭(온공)

敬 공경할 경:, 攴부13　0553

'敬(경)'자는 '진실로 苟(구)'와 '칠 攵(복)'으로 이루어졌다. '삼가다'가 본뜻이다. '공경하다', '존경하다'는 낱말이나 이것과 의미상 연관이 있는 단어의 구성요소로 쓰인다.

공경하다

[敬禮(경:례)] 恭敬(공경)의 뜻을 나타내기 위하여 머리를 숙이거나, 허리를 굽히거나, 손을 올려서 하는 인사. ¶국기에 대한 경례/거수 경례

[敬老(경:로)] 노인을 공경함.

[敬語(경:어)] 존경의 뜻을 나타내기 위하여 사용하는 말. 回卑語(비어)

[敬遠視(경원시)] 공경은 하면서도 한편으로 멀리함. 여기서 멀리한다는 말은 적당한 거리를 둔다는 뜻이지 아예 상종도 하지 않는다는 말은 아니다. 『論語(논어)·雍也篇(옹야편)』

[敬天愛人(경천애인)] 하늘을 공경하고 사람을 사랑함. 하늘이 내린 운명을 달게 받고 남들을 사랑하여 사이좋게 지냄.

[恭敬(공경)] ☞ 恭(공)

[尊敬(존경)] ☞ 尊(존)

[久而敬之(구:이경지)] 오래 사귀어도 공경한다. 친구를 사귀는 도리는 자칫하면 친숙해짐에 따라서 아무렇게나 대하는 경향이 있다. 그러나 친구와는 오래 사귈수록 더욱 상호간에 존중하도록 힘쓰는 것이 바람직하다. 回久敬(구경) 『論語(논어)·公冶長(공야장)』

[愛而不敬(애이불경), 獸畜之也(수축지야).] 사랑하기만 하고 공경하지 않으면 짐승을 기르는 것이다. 『孟子(맹자)·盡心 上(진심 상)』

敬拜(경배), 敬愛(경애), 敬畏(경외)/畏敬(외경), 敬遠(경원), 敬意(경의), 敬天(경천), 敬天愛人(경천애인), 敬稱(경칭), 敬歎(경탄), 擧手敬禮(거수경례), 不敬(불경)

삼가다, 마음을 절제하다

[敬虔(경:건)] 공경하는 마음으로 깊이 삼가고 조심함. ¶경건한 마음으로 묵념

料 되질할 료(:), 헤아릴 료(:), 斗부10   0554

'料(료)'자는 '쌀 米(미)'와 '말 斗(두)'로 이루어졌는데, 두 요소가 다 표의요소로 쓰인 글자이다. '쌀을 말로 되다'의 뜻을 나타낸다.

되질하다, 말로 용량을 헤아리다, 헤아리다, 생각하다, 수효를 세다

[料量(요량)] 생각하여 헤아림. 또는 그러한 생각. ¶형님의 요량으로는 잘 되어갈 전망이 있습니까?

[思料(사료)] 생각하여 헤아림.

다스리다, 꾀하다

[料理(요리)] ① 요모조모 헤아려 잘 다스림. ② 음식을 일정한 방법으로 만듦. 또는 그 음식. ¶요리 솜씨가 좋다

녹, 급여

[給料(급료)] 일한 대가로 주는 품삯. 일한 데에 대한 보수. ¶한 달 치 급료를 받았다

거리, 감

[料亭(요정)] 요릿집.

[食料品(식료품)] 음식의 재료가 되는 물건.

[原料(원료)] 물건을 만드는 재료.

[資料(자료)] 무엇을 하기 위한 밑천이나 바탕이 되는 재료. 특히 연구나 조사 등의 바탕이 되는 재료. ¶연구 자료를 수집하다

[材料(재료)] 물건을 만드는 감. 또는 어떤 일을 할 거리.

肥料(비료), 塗料(도료), 史料(사료), 飼料(사료), 食料(식료), 燃料(연료), 染料(염료), 飮料(음료), 飮料水(음료수), 調味料(조미료), 淸凉飮料(청량음료), 香料(향료), 糊料(호료)

삯, 값

[料金(요:금)] 다른 사람에게 끼친 수고나 어떤 사물의 관람·사용의 대가로 지불하는 삯 또는 값. ¶택시 요금이 오르다

[無料(무료)] ① 삯이나 값을 받지 않음. ¶학교 운동장을 무료로 개방하다 ② 보수를 받지 않음. ¶무료 봉사

[保險料(보험료)] (경) 보험 가입자가 보험회사에 정기적으로 내는 돈.

[手數料(수수료)] 공적 사무에 대한 수고의 대가로 받는 요금.

[入場料(입장료)] 입장하는 데 내는 돈.

稿料(고료), 過怠料(과태료), 授業料(수업료), 受驗料(수험료), 原稿料(원고료), 慰藉料(위자료), 有料(유료)

旅 군사 려, 나그네 려, 方부10   0555

'旅(려)'자는 '깃발나부낄 㫃(언)'과 '따를 从(종)'으로 이루어졌다. '㫃(언)'자는 '方(방) + 사람 人(인)'으로 '깃발 나부끼다'의 뜻이다. '从(종)'은 '사람 人(인)'이 두 개 붙은 것으로, '여러 사람'을 나타낸다. '旅(려)'자는 '500명의 군사'를 나타내기 위하여 하나의 깃발 아래 모인 여러 병사들을 나타낸 것이다. 그들 중에는 먼 길을 떠나온 사람들이 많았기에 '나그네'란 뜻으로도 쓰인다. ☞ 族(족)0089

군사, 군대

[旅團(여단)] (군) 군대 편성의 한 단위. 사단보다 규모가 작고, 보통 2개 연대로 이루어짐.

많은, 많이

[旅幕(여막)] ① 많은 장막. ② 주막 따위의 조그마한 집.

길, 여행, 여행하다, 나그네, 길손

[旅客(여객)] 여행을 하고 있는 사람. ¶여객들로 온통 붐비다 圈旅客機(여객기), 旅客船(여객선)

[旅館(여관)] 일정한 돈을 받고 여객을 묵게 하는 집.

[旅券(여권)] 국가가 외국에 여행하는 사람의 신분·국적을 증명하며, 상대국에 보호를 의뢰하는 문서.

[旅行(여행)] 자기가 사는 곳을 떠나 먼 길을 감. 圈旅行社(여행사), 蜜月旅行(밀월여행), 修學旅行(수학여행), 新婚旅行(신혼여행)

旅毒(여독), 旅路(여로), 旅費(여비), 旅愁(여수), 旅人宿(여인숙), 旅裝(여장), 旅程(여정), 旅情(여정)

景 볕 경(ː), 日부12　　0556

'景(경)'자는 '햇볕'이 본뜻이다. 표의요소인 '해 日(일)'과 표음요소인 '서울 京(경)'으로 이루어졌다. '景福宮(경복궁)'만 장음으로 발음하고 그 외는 모두 단음으로 발음한다.

경사스럽다, 상서롭다(慶)
[景福宮(경ː복궁)] 서울 북악산 남쪽 기슭에 있는 조선 때의 궁궐. 태조 3년에 창건하였으며, 임진왜란 때 소실, 고종 4년(1867년) 흥선대원군이 재건하였다.

모양, 형상, 국면
[景氣(경기)] 매매나 거래 따위에 나타나는 경제활동의 상황. 짭不景氣(불경기), 好景氣(호경기)
[景況(경황)] ① 여유나 겨를. ¶이러고저러고 할 경황이 있어야지 ② 흥미 있는 상황.
[光景(광경)] 벌어진 일이나 현상.
[背景(배ː경)] ① 뒤의 경치. ¶배경이 아름다운 마을 ② 무대의 뒤쪽에 그리거나 꾸며놓은 장치. ③ 그림이나 사진 따위에서 주요 제재의 뒤쪽 광경. ¶다보탑을 배경으로 하여 사진을 찍었다 ④ 문학 작품에서 주제를 뒷받침하는 사회 및 시대의 환경. ¶소설 '토지'는 구한말부터 일제가 망하고 광복이 될 때까지를 배경으로 한 소설이다 ⑤ 사건의 배후에서 그것과 연관을 맺고 있는 것. ⑥ 앞에 드러나지 않은 채 사람의 뒤를 돌보아 주는 힘. ¶배경이 든든하다

경치, 풍치
[景觀(경관)] ① 경치. ② (지) 어떤 지방에 공통되는 지리학적 특성이나 풍물. 또는 그러한 특성이 있는 지역. 자연경관과 문화경관이 있음.
[景致(경치)] 바라보이는 자연이나 지역의 모습. ¶경치가 좋다
[食後景(식후경)] 아무리 좋은 구경이라도 배가 부르지 않고서는 볼 맛이 없다는 말.
[夜景(야ː경)] 밤의 경치.
[風景(풍경)] ① '바람과 볕'이란 뜻에서, 아름다운 경치를 이름. 짭風景畵(풍경화) ② 어떤 모습이나 상황.
景勝(경승), 關東八景(관동팔경), 殺風景(살풍경), 雪景(설경), 勝景(승경), 全景(전경), 前景(전경), 絶景(절경), 造景(조경), 春景(춘경), 風景畵(풍경화)

상품에 곁들여 손님에게 주는 것
[景品(경품)] 고객에게 상품에 곁들여 거저 주는 물건.

曜 빛날 요, 日부18　　0557

'曜(요)'자는 '해 日(일)'과 '꿩 翟(적)'으로 이루어졌다. '빛나다'가 본뜻이지만 '빛나다'의 뜻으로는 쓰인 낱말이 없고, '요일'에만 쓰고 있다.

요일
[曜日(요일)] 일주일의 각 날. 日(일), 月(월)과 다섯 개의 혹성인 水(수), 金(금), 火(화), 木(목), 土(토) 의 칠요일로 이루어졌다.
日曜日(일요일), 月曜日(월요일), 火曜日(화요일), 水曜日(수요일), 木曜日(목요일), 金曜日(금요일), 土曜日(토요일)

最 가장 최ː, 日부12　　0558

'最(최)'자의 형태는 '가로 曰(왈)'과 '취할 取(취)'처럼 보이지만 실은 '무릅쓸 冒(모) + 취할 取(취)'로 이루어진 것이라고 한다. '수단과 방법을 가리지 않고, 무릅쓰고 취하다', '공을 세우다'가 본뜻이었다. 공을 세우기 위해서는 최선을 다해야 가능했기 때문에 '가장'이라는 뜻으로 쓰이게 되었다.

가장, 제일, 첫째의, 최상, 가장 중요한 것
[最高(최ː고)] ① 가장 높음. 짭最高峰(최고봉) ② 가장 으뜸이 되는 것. 짭最高記錄(최고기록) 맨最低(최저)
[最大(최ː대)] 가장 큼. 주로 관형어로 쓰임. ¶최대의 사건 맨 最小(최소) 짭最大値(최대치), 最大公約數(최대공약수), 最大限(최대한)
[最上(최ː상)] ① 가장 위. ② 가장 높고 만족스러운 상태. ¶최상의 컨디션으로 시합에 나갔다 맨最下(최하) 짭最上級(최상급)
[最善(최ː선)] ① 가장 좋고 훌륭함. 맨最惡(최악) ② 온 정성과 힘. ¶최선을 다하다
[最初(최ː초)] 맨 처음. ¶최초의 인공위성 맨最後(최후) 最終(최종)
最强(최강), 最古(최고), 最近(최근), 最多(최다), 最短(최단), 最先(최선), 最少(최소), 最小(최소), 最小公倍數(최소공배수), 最小限(최소한), 最新(최신), 最長(최장), 最低(최저), 最適(최적)

朗 밝을 랑(낭ː), 月부11　　0559

'朗(랑)'자는 '달 月(월)'과 '좋을 良(량)'으로 이루어졌다. '밝아서 좋다'가 본뜻이다.

밝다, 맑게 환하다
[朗月(낭ː월)] 맑고 밝은 달.
[晴朗(청랑)] 날씨가 맑고 화창함.

유쾌하고 활달하다
[明朗(명랑)] 표정이 밝고 마음이 밝음. 밝고 활달함. ¶명랑한 목소리

반갑다
[朗報(낭ː보)] 반가운 소식. ¶올림픽에서 금메달을 땄다는 낭보가 왔다

소리 높이, 또랑또랑하게
[朗讀(낭ː독)] 소리를 내어 읽음. 맨默讀(묵독)

[朗朗(낭:랑)] 소리가 맑고 또렷또렷함. ¶그 여자는 낭랑한 목소리로 시를 읽었다
[朗誦(낭:송)] ① 소리를 내어 글을 욈. ② (시 같은 것을) 음률적으로 감정을 넣어 읽거나 욈. ¶시 낭송

希 바랄 희, 巾부7　　0560

'希(희)'자는 '수건 巾(건)'과 '실 爻(효)'로 만들어졌다. '드물다'의 뜻으로 쓰이다가 '바라다'의 뜻으로 변하였다. '드물다'의 뜻은 '벼 禾(화)'를 붙여 '稀(희)'자를 만들어 썼다.

바라다, 기대하거나 원하다
[希求(희구)] 무엇을 바라고 구함.
[希望(희망)] 앞일에 대하여 어떤 기대를 가지고 바람. ¶너는 장래 희망이 무엇이냐?
[抱炭希涼(포탄희량)] '숯불을 안고 시원하기를 바란다'는 뜻으로, '행하는 바와 바라는 바가 상반됨'을 비유하여 이르는 말.

望 바랄 망:, 月부11　　0561

'望(망)'은 '보름달'을 뜻하는 글자이다. 사람들이 보름달을 바라보며 소원을 빈다는 데서 '바라다'의 뜻으로 확대되었다.

바라다, 기대하다, 원하다, 소망, 바라는 바
[望外(망:외)] 바라던 것 이상의 것. ¶망외의 소득이 있었다
[所望(소망)] 바람, 또는 바라는 바.
[失望(실망)] 희망을 잃음. 일이 뜻대로 되지 않아 낙심함.
[慾望(욕망)/欲望(욕망)] 부족을 느껴 무엇을 가지거나 누리고자 탐함. 또는 그런 마음. ¶평생 헛된 욕망을 버리지 못하다
[怨望(원:망)] 바란 대로 되지 않아 또는 남이 한 일에 대하여, 못마땅하게 여겨 탓하거나 불평을 품고 미워함.
[希望(희망)] ☞ 希(희)
可望(가망), 渴望(갈망), 落望(낙망), 難望(난망), 大望(대망), 待望(대망), 毋望之福(무망지복), 毋望之禍(무망지화), 伏望(복망), 羨望(선망), 信望(신망), 信望愛(신망애), 野望(야망), 輿望(여망), 熱望(열망), 要望(요망), 有望(유망), 切望(절망), 絕望(절망), 志望(지망), 囑望(촉망)/屬望(촉망)

멀리 내다보다, 조망, 전망, 보다, 눈으로 보다
[望遠鏡(망:원경)] (물) 렌즈를 써서 먼 곳에 있는 물체를 똑똑히 보기 위한 기구.
[望洋之嘆(망:양지탄)] '넓은 바다를 바라보고 감탄한다'라는 뜻에서, 위대한 인물이나 深遠(심원)한 학문 등에 접하여, 자신의 미흡함을 부끄러워하며 하는 탄식.『莊子(장자)·秋水(추수)편』
[觀望(관망)] ① 높은 곳에서 멀리 내다봄. ② 풍경 따위를 멀리서 바라봄. ③ 한 발 물러나서 어떤 일이 되어가는 형편을 바라봄.
[戴盆望天(대:분망천)] '동이를 이고는 하늘을 볼 수 없고, 하늘을 보려면 동이를 일 수 없다'는 뜻으로, '한 번에 두 가지 일을 할 수 없음'을 비유한 말.
[展望(전:망)] ① 멀리 바라봄. 또는 멀리 바라보이는 경치. ¶전망이 아름답다 ② 앞날을 미리 내다봄. 또는 내다보이는 앞날. ¶전망이 밝다
望臺(망대), 望樓(망루), 望月(망월), 潛望鏡(잠망경), 眺望(조망).

향하여 보다, 마주 대하다
[望九(망:구)] '아흔을 바라본다'는 뜻으로, 나이 '여든한 살'을 일컫는 말.
[望拜(망:배)] 멀리서 그 대상이 있는 쪽을 향하여 절함. 또는 그런 절.
[望祭(망:제)] 먼 곳에서 조상의 무덤이 있는 쪽을 바라보고 지내는 제사.
望百(망백), 望七(망칠), 望八(망팔)

기다리다
[望夫石(망:부석)] 정조를 굳게 지키던 아내가 멀리 떠난 남편을 기다리다가 죽어서 되었다는 돌.
[延頸鶴望(연경학망)] 학처럼 목을 길게 하여 기다림.『蜀志(촉지)』

우러러보다, 덕망, 우러러 따르는 바
[德望(덕망)] 덕행으로 얻은 명망. ¶덕망이 대단히 높다/덕망을 잃다
[名望(명망)] 명예와 인망.
[物望(물망)] 여러 사람이 우러러보아 드러난 이름, 또는 그 사람.
文望(문망), 仰望(앙망), 人望(인망).

그리워하다, 사모하다
[望鄕(망:향)] 고향을 그리고 생각함.

원망하다, 나무라다
[責望(책망)] 꾸짖음.

보름, 음력 15일
[朔望(삭망)] ① 음력 초하루와 보름. ② '朔望奠(삭망전)'의 준말. 喪中(상중)에 있는 집에서 그 죽은 이에게 매달 초하루·보름에 지내는 제사.

約 묶을 약, 아낄 약, 糸부9　　0562

'約(약)'자는 '실 糸(사)'와 '국자 勺(작)'으로 이루어졌다. '勺(작)'은 '조이다'의 뜻을 가지고 있다. '約(약)'자는 '실로 묶어 조이다'의 뜻을 나타낸다. 허리띠를 졸라매니 '아끼다'의 뜻으로도 쓰이게 되었다.

묶다, 다발짓다, 합치다, 결합하다
[括約(괄약)] ① 벌어진 것을 오므라지게 함. ② 모아서 한데 합침. ㉾括約筋(괄약근)

약속하다
[約束(약속)] ① 언약하여 정함. ¶약속을 어기다/약속

을 지키다 ② 서로 언약한 내용. ¶약속이 다르다
[約婚(약혼)] 혼인하기를 약속함.
[契約(계:약)] ① 사람과 사람 사이의 약속. ② (법) 일정한 법률적 효과의 발생을 목적으로 하는, 두 개 이상의 의사표시의 합치에 의해서 성립하는 법률 행위. ¶매매 계약을 맺다 참契約書(계약서)
[誓約(서:약)] 맹세하고 약속함. ¶혼인 서약
[豫約(예:약)] ① 미리 약속함. ② 앞으로 어떤 계약을 할 것을 미리 약속해두는 계약.
[條約(조약)] ① 條文(조문)으로써 맺는 약속. ② (법) 국제간의 권리와 의무를 규정하는, 문서에 의한 국가 간의 합의.
約款(약관), 約定(약정), 約條(약조), 佳約(가약), 公約(공약), 舊約(구약), 規約(규약), 期約(기약), 勒約(늑약), 盟約(맹약), 民約論(민약론), 密約(밀약), 百年佳約(백년가약), 誓約書(서약서), 先約(선약), 修好條約(수호조약), 新約(신약), 新約聖經(신약성경), 言約(언약), 違約(위약), 乙巳勒約(을사늑약), 請約(청약), 締約(체약), 特約(특약), 解約(해약), 鄕約(향약), 協約(협약), 確約(확약)

검약, 검소, 줄이다, 아끼다
[儉約(검:약)] 물건을 절약하여 낭비하지 않음.
[節約(절약)] 객쩍은 비용을 내지 않고 꼭 써야할 데만 쓰면서 아낌. ¶비용 절약/시간 절약

요점을 얻다
[要約(요약)] 요점을 추려냄.
[集約(집약)] 한데 모아서 요약함. 한데 모아서 묶음.
[集約的(집약적)] 하나로 모아서 뭉뚱그리는. 또는 그러한 것. ¶집약적 농업

나눗셈하다
[約分(약분)] (수) 맞줄임. 분수의 분모와 분자를 공약수로 나누는 일.
[約數(약수)] 어떤 수나 식을 다른 수나 식으로 나누어 나머지 없이 똑 떨어질 때 먼저 수나 식에 대한 나중의 수나 식. ¶2는 4, 6, 8의 약수이다
[公約數(공약수)] 둘 이상의 整數(정수) 또는 整式(정식)에 공통되는 약수. 참最大公約數(최대공약수)

멈추다, 말리다
[制約(제:약)] ① 어떤 조건을 붙여 제한함. ② 사물의 성립에 필요한 규정, 또는 조건.

束 묶을 속, 木부7 0563

'束(속)'자는 '나무[木]'를 '다발[口]'로 묶어 놓은 것이다.
묶다, 다발을 짓다, 묶음, 장작·잎나무·채소 따위를 작게 한 덩이씩 만든 묶음, 여럿을 하나로 모으거나 하나로 합치다
[結束(결속)] ① 한 덩어리가 되게 묶음. ② 서로의 마음이나 힘을 하나로 합함. ③ 여행을 떠나거나 싸움터에 나가기 위한 몸단속.
[維管束(유관속)] (식) 관다발. 꽃이 피는 식물에서 수

분과 양분의 통로이며 몸을 지탱하는 조직.
[彊自取柱(강자취주), 柔自取束(유자취속).] 강한 나무는 저절로 기둥이 되고, 약한 나무는 저절로 땔감이 된다. 단단한 나무는 원하지 않아도 저절로 기둥으로 사용된다. 또한 약한 나무는 아무리 좋은 장소에 쓰이길 바라더라도 언제나 장작으로만 사용된다. 사람도 재능에 따라 운명이 저절로 결정된다. 『荀子(순자)·勸學篇(권학편)』

손이나 몸을 결박하다, 매다, 잡아매다, 붙들어 매다
[束手無策(속수무책)] '손이 묶여 있어 어찌할 방책이 없음'이라는 뜻에서, 아무런 방법이 없어 꼼짝 못함.
[束縛(속박)] (얽어매어) 사람의 행동의 자유를 빼앗음.
[拘束(구속)] ① (붙잡아 묶어두어) 제 마음대로 못하게 함. ¶이런 일로 구속당하기 싫다 ② (법) 법원 또는 판사가 피의자나 피고인을 강제로 잡아 가두는 일. 참不拘束(불구속)

띠를 매다
[束帶(속대)] '띠를 맴'의 뜻으로 '예복을 입음'을 이르는 말.

삼가다, 잡도리하다
[團束(단속)] ① 잘못되지 않도록 단단히 대책을 세우는 일. ¶자녀 단속 ② 규칙·법령 등을 지키도록 통제함. ¶불법 주정차 단속

약속하다, 언약을 맺다
[約束(약속)] ☞約(약)

資 재물 자, 貝부13 0564

'資(자)'는 '조개 貝(패)'와 '버금 次(차)'로 이루어졌다. '돈이나 재물'을 총칭하는 것이다. '밑천', '비용', '바탕' 등의 뜻으로 쓰인다.

재물, 재화
[資産(자산)] 자본이 되거나 채무의 담보가 될 수 있는 재산.
[資源(자원)] ① 어떤 목적에 이용되는 인적·물적 근원. ② 산업의 재료. 원료로서의 광물·산림·수산물 따위. 참天然資源(천연자원) ③ (컴) 컴퓨터 프로그램을 작동시키기 위한 모든 기능과 기구의 총칭.
[資材(자재)] 물자와 재료를 아울러 이르는 말. ¶건축 자재
[物資(물자)] ① 물건을 만드는 자료. ② 물품.
[天然資源(천연자원)] 천연으로 존재하는 유용물로, 채취 가공하여 생산이나 생활에 이용할 수 있는 것.

밑천, 자본
[資金(자금)] ① 자본이 되는 돈. ② 어떤 목적에 쓰이는 돈. ¶사업 자금/정치 자금
[資本(자본)] 사업을 하는 데 밑바탕이 되는 재물. 참資本家(자본가), 資本金(자본금), 資本主義(자본주의)
[融資(융자)] 자본을 융통함.
[投資(투자)] 이익을 얻으려고 사업 등에 자본을 댐.

減資(감자), 農資(농자), 外資(외자), 增資(증자), 出資(출자), 出資金(출자금), 學資金(학자금), 合資(합자), 合資會社(합자회사)

비용

[路資(노:자)] 먼 길을 가고 오고 하는 데 드는 돈. ¶노자를 장만하다

바탕, 재질, 타고난 품성

[資格(자격)] ① 필요한 자질과 품격. ② 일정한 신분이나 지위에 필요한 조건. ¶응시 자격/시합에 출전할 자격을 얻었다

[資料(자료)] 무엇을 하기 위한 밑천이나 바탕이 되는 재료. 특히 연구나 조사 등의 바탕이 되는 재료. ¶연구 자료를 수집하다

[資質(자질)] ① 본래 타고난 성품이나 소질. ② 자격을 갖추는 데 필요한 소질.

[負薪之資(부:신지자)] '땔나무를 질 팔자'라는 뜻으로, 천하고 보잘것없는 출신.

材 재목 재, 木부7 0565

'材(재)'자는 '나무 木(목)'과 '재주 才(재)'로 이루어졌다. '나무 막대기'를 뜻하는 글자였다.

재목(건축 · 가구 등의 재료로 쓰이는 나무)

[材木(재목)] ① 건축 · 기구들의 재료로 쓰는 나무. ② '장차 큰일을 할 만한 능력이나 전망이 있는 인물'을 비유하는 말.

[材質(재질)] ① 목재의 성질. ② 재료의 성질.

[製材(제:재)] 베어낸 나무를 켜서 목재를 만듦.

원료, 물건을 만드는 자료

[材料(재료)] 물건을 만드는 감. 또는 어떤 일을 할 거리.

[建材(건재)] 건축하는 데 쓰이는 재료. 참建材商(건재상)

[敎材(교재)] 학문이나 기예 따위를 가르치거나 배우는 데 필요한 여러 가지 재료.

[木材(목재)] 나무로 된 재료.

[資材(자재)] ☞資(자)

[取材(취재)] 작품이나 기사의 재료를 구하여 얻음.

乾材(건재), 骨材(골재), 斷熱材(단열재), 木材商(목재상), 石材(석재), 素材(소재), 新素材(신소재), 藥材(약재), 鐵材(철재)

재능, 재주, 수완, 재능 있는 사람, 재능이 뛰어난 일

[棟梁之材(동량지재)] 한 집안이나 한 나라를 맡아 다스릴 만한 큰 인재. 图棟梁(동량)

[人材(인재)] 학식과 능력이 뛰어난 사람.

[適材(적재)] 어떠한 일에 적당한 재능. 또는 그러한 사람.

[適材適所(적재적소)] '알맞은 재목을 알맞은 곳에 씀'이란 뜻에서 사람이나 사물을 제 격에 맞게 잘 쓰는 것을 말함.

板 널빤지 판, 木부8 0566

'板(판)'은 '나무 木(목)'과 '되돌릴 反(반)'으로 이루어졌다. '널빤지'를 뜻한다.

널빤지, 얇고 넓게 켠 나뭇조각

[板橋(판교)] 널다리. 널빤지로 깔아 놓은 다리.

[板子(판자)] 널빤지.

[合板(합판)] 베니어 합판. 여러 장을 합하여 만든 널빤지.

얇고 넓은 물건의 총칭

[板書(판서)] 칠판에 글을 쓰는 것. 또는 그 글.

[看板(간판)] ① 상점이나 영업소 등에서, 그 이름이나 판매 상품 따위를 나타내어 사람들의 눈에 잘 띄도록 내걸거나 붙이는 물건. ¶간판을 내걸다/식당 간판 ② 대표하여 내세울 만한 사람이나 사물. ¶간판선수 ③ '명분'이나 '자격'을 홀하게 일컫는 말. ¶대학 간판이 그렇게 중요하냐? ④ '얼굴이나 겉모습'을 낮잡아 이르는 말. ¶그 사람, 간판은 그래도 실력은 대단하다

[揭示板(게시판)] 널리 알릴 글 · 그림 · 사진 등을 붙이는 판.

[松板(송판)] 소나무를 켜서 만든 널빤지.

[鐵板(철판)] 쇠로 된 넓은 조각. ¶얼굴에 철판 깔았다

板刻(판각), 板紙(판지), 甲板(갑판), 鋼板(강판), 薑板(강판), 經板(경판), 登板(등판), 苗板(묘판), 浮板(부판), 氷板(빙판), 石板(석판), 數板(수판), 食板(식판), 圓板(원판), 字板(자판), 坐板(좌판), 珠板(주판), 漆板(칠판), 平板(평판), 懸板(현판), 畫板(화판), 黑板(흑판)

판목

[板木(판목)] 두께가 6cm 이상이고 폭이 두께의 3배 이상인 재목.

審 살필 심(:), 宀부15 0567

'審(심)'자는 원래는 '집 宀(면)'과 '분변할 釆(변)'의 합자이었다. '깊이 사물의 본질에까지 미치어 要素的(요소적)인 것으로 낱낱이 구별하다'의 뜻을 나타낸다. 후에 '釆'의 부분이 잘못되어 '番(번)'으로 바뀌었다.

살피다, 주의하여 보다, 잘 따지어 관찰하다

[審問(심:문)] 자세히 따져서 물음.

[審美眼(심:미안)] 아름다움과 추함을 분별하여 살피는 마음의 눈. ¶심미안을 가지지 않고서는 예술가가 되기 어렵다

[審査(심:사)] 자세히 살피고 조사하여 결정함. ¶심사위원/논문 심사/자격 심사

[審判(심:판)] ① (법) 소송 사건을 심리하여 판단 또는 판결함. ② (체) 경기 등의 진행을 주관하고 반칙 행위와 우열을 판단함. 참副審(부심), 主審(주심), 線審(선심) ③ (성) 하나님이 세상의 선악을 가려 불의한 이에게 벌을 내리는 일.

[未審(미:심)] 마음이 놓이지 않을 만큼 일이 분명하지 못하다. ¶미심쩍은 데가 있어서 다시 알아보았다
審理(심리), 審美(심미), 審議(심의), 陪審(배심), 陪審員(배심원), 不審檢問(불심검문), 豫審(예심), 誤審(오심), 卽決審判(즉결심판), 初審(초심)

査 조사할 사, 사실할 사, 木부9   0568

'査(사)'자는 '나무 木(목)'과 '또 且(차)'로 이루어졌다. '뗏목'을 나타내는 글자이었다. 후에 '살피다'의 뜻을 가지는 '察(찰)'자와 통하는 뜻으로 쓰이게 되었다. 본래의 뜻인 '뗏목'은 '나무 木(목)'을 붙여 楂(사)'자를 만들어 나타냈다.

사실하다, 조사하다
[査閱(사열)] ① 조사하기 위해 열람함. ② (군) 부대의 교육 정도 및 장비 유지 등에 관하여 검열하는 일. ¶내무 사열 준비에 바빴다
[査正(사정)] 조사하여 그릇된 것을 바로잡음.
[査察(사찰)] ① 조사하고 살핌. ② (지난날) 주로 사상 관계의 동태를 조사하여 처리하던 경찰의 한 직무.
[檢査(검:사)] ① 어떤 사실을 조사하여 옳고 그름과 좋고 나쁨 따위를 판단함. ¶신체검사/제품 검사 ② 물질의 상태나 성분을 살펴보거나 실험하는 일. ¶대변 검사/혈액 검사
[審査(심사)] ☞審(심)
[調査(조사)] 사물의 내용을 명확히 알기 위하여 자세히 살펴보거나 찾아봄. ¶설문 조사
査定(사정), 査證(사증), 監査(감사), 監査院(감사원), 考査(고사), 內査(내사), 踏査(답사), 搜査(수사), 巡査(순사), 適性檢査(적성검사), 照査(조사), 徵兵檢査(징병검사), 探査(탐사)

사돈
[査家(사가)] 사돈집.
[査頓(사돈)] 혼인한 두 집안 사이의 관계나 그 관계에 있는 사람. 또는 그들 사이에 서로를 부르는 말. ¶사돈을 맺다/사돈의 팔촌
[査頓宅(사돈댁)] ① 사돈의 아내. ② '사돈집'의 높임말.

格 바로잡을 격, 격식 격, 木부10   0569

'格(격)'자는 '나무 木(목)'과 '각각 各(각)'으로 이루어졌다. '바르다', '겨루다' 등의 뜻으로 쓰이며, 지위, 격식, 품격, 자격, 인격, 등의 낱말의 구성요소로 쓰인다.

바로잡다, 바르다
[格納(격납)] 제자리에 바르게 잘 수납하여 둠.
[格納庫(격납고)] (비행기 따위를) 넣어두거나 정비하는 창고.

겨루다, 대적하다, 치다, 때리다
[格鬪(격투)] 몸으로 맞붙어 치고받으며 싸움.
[格鬪技(격투기)] 두 사람이 레슬링·권투·유도·태권도 등으로 맞붙어 승패를 가리는 경기.

궁구(窮究)하다
[格物(격물)] 사물의 이치를 깊이 파고들어 연구함.
[格物致知(격물치지)] 실제 사물의 본질이나 이치를 연구하여 지식을 완전하게 함.

감동하여 통하다
[格言(격언)] 인생에 대한 교훈이나 警戒(경계)가 되는 바른 말.

법, 법칙, 표준, 격식
[格式(격식)] 격에 맞는 일정한 법식. ¶격식을 갖추다.
[規格(규격)] ① 규정에 들어맞는 격식. ② 제품의 모양·크기·품질 따위의 일정한 표준.
[本格(본격)] ① 근본에 맞는 격식이나 규격. ② 본디의 격식이나 규격. 麕本格的(본격적)
[破格(파:격)] 격식을 깨뜨림. 격식에서 벗어남. 麕破格的(파격적)
本格的(본격적), 嚴格(엄격), 破格的(파격적)

자리, 품등
[格(격)] ① 마땅한 분수나 품위. ¶격에 맞는 행동/격이 떨어지는 언행 ② 격식. ¶격을 차리다/격을 갖추다 ③ (언) 문장에서 체언이 다른 단어들에 대하여 가지는 자격. 주격·목적격 따위. ④ 셈, 식, 꼴 등의 뜻을 나냄. ¶대표자 격인 사람/소 잃고 외양간 고치는 격
[格上(격상)] 자격이나 등급, 지위 따위를 높임. 凹格下(격하)
[格差(격차)] 품등·품위·자격 등의 차이.
[價格(가격)] 물건이 지니고 있는 가치를 돈으로 나타낸 것. ¶도매가격/소매가격
[失格(실격)] 기준 미달이나 기준 초과, 규칙 위반 따위로 자격을 잃음. 凹자격 상실
[資格(자격)] ① 필요한 자질과 품격. ② 일정한 신분이나 지위에 필요한 조건. ¶응시 자격/시험에 출전할 자격을 얻었다
[合格(합격)] ① 자격에 맞음. ② 채용이나 자격시험에 붙음. ¶합격을 축하합니다
公定價格(공정가격), 不合格(불합격), 昇格(승격), 神格(신격), 適格(적격)

인품, 모양
[格調(격조)] ① 문예 작품 등에서, 체제에 맞는 격식과 운치에 어울리는 가락. ¶격조 있는 시 ② 사람의 품격과 취향. ¶품위 있고 격조 높은 말씨.
[骨格(골격)] ① 뼈대. ¶골격이 우람하다 ② 어떤 사물이나 일에서 계획의 기본이 되는 틀이나 줄거리. ¶기본 골격을 짜다
[性格(성:격)] ① 개인이 가지고 있는 특유한 성질. ¶명랑한 성격/성격이 원만하다 ② 어떤 사물이나 현상이 지니고 있는 성질이나 경향. ¶정치적 성격/문학적 성격
[人格(인격)] ① 사람의 됨됨이. 人品(인품). ② 고상한 인품. 人格者(인격자). ③ 개인의 지(知)·정(情)·의(意) 및 육체적 측면을 총괄하는 전체적 통일체. ④ 도

덕적 행위의 주체. ⑤ 인성(人性)을 갖춘 품격.
[體格(체격)] 근육, 골격, 영양 상태로 나타나는 몸의 겉 생김새. ¶체격 좋은 남자
二重人格(이중인격), 品格(품격)
격(格)(문법 용어)
[同格(동격)] ① 한 글월 가운데서 한 가지 성분 여럿이 같은 자격으로 한 자리를 차지하여 나란히 서는 격. ② 같은 자격. 같은 격식.
[目的格(목적격)] (언) 문장에서 목적어임을 나타내는 격. 조사 '을·를' 따위를 붙여서 나타냄. 참목적격 조사
[與格(여격)] (언) 영어 등에서 볼 수 있는, 간접 목적을 나타내는 격 또는 어미변화의 형태.
[主格(주격)] (語) 체언이 갖는 격의 하나. 주로 문장 안에서 서술어에 대하여 주어의 위치에 있으며, 주격조사가 원칙적으로 붙는다.
격자
[格子(격자)] 가로세로로 바둑판 모양을 이룬 낱낱의 네모꼴. 또는 그런 모양으로 짜인 구조나 물건. ¶격자창

案 책상 안:, 木부10   0570

'案(안)'자는 '나무 木(목)'와 '편안할 安(안)'으로 이루어졌다. '책상'이 본뜻인데, '생각하다', '계획' 등 여러 뜻으로 확대 사용하게 되었다.
책상, 밥상
[案頭(안두)] 책상머리. ¶잠시도 안두를 떠나지 않고 열심히 일하다
[書案(서안)] ① 책을 얹는 책상. ② 문서의 草案(초안).
[酒案(주안)/酒案床(주안상)] 술상. 술과 안주를 차려 놓은 상.
擧案齊眉(거안제미)
앉을 때 몸을 기대는 방석
[案席(안:석)] 앉아서 몸을 기대는 뒷등방석. ¶안석에 의지하다
[案前(안:전)] 존귀한 사람이 앉아 있는 자리의 앞. ¶어느 안전이라고 숨기려 하느냐?
안, 생각한 계획
[案(안:)] ① 안건. ¶안을 표결에 부치다 ② 생각한 계획이나 의견. ③ 앞을 막아서 가린 산이나 담 따위. 참 案山(안산)
[案件(안:건)] 토의하거나 연구하려고 글로 적어 놓은 거리.
[考案(고안)] 무슨 안을 생각해 냄. 또는 생각해 낸 안.
[方案(방안)] 방법에 관한 고안.
[提案(제안)] 생각을 들어 내놓음. 또는 그런 생각.
[懸案(현:안)] 이전부터 해결되지 아니한 채 남아 있는 문제 또는 의안.
建議案(건의안), 決議案(결의안), 敎案(교안), 起案(기안), 斷案(단안), 答案(답안), 答案紙(답안지), 代案(대안), 圖案(도안), 妙案(묘안), 文案(문안), 飜案(번안)/翻案(번안), 法案(법안), 腹案(복안), 試案(시안), 原案(원안), 議案(의안), 立案(입안), 折衷案(절충안), 創案(창안), 草案(초안)
생각하다, 생각
[勘案(감안)] 헤아려 생각함. 回考慮(고려), 參酌(참작) ¶형편을 감안하여 수업료를 감면해주다
자세히 알려주다
[案內(안:내)] 어떤 내용을 자세히 알려줌. 또는 그런 일.
앞을 막아서 가린 산이나 담 따위
[案山(안:산)] (민) 풍수설에서, 집터나 묏자리의 맞은편에 있는 산.

橋 다리 교, 木부16   0571

'橋(교)'자는 '나무 木(목)'과 '높을 喬(교)'로 이루어졌다. 옛날에는 다리를 나무로 높게 놓았을 것이므로, '喬(교)'는 '높을 高(고)'와 의미가 무관하지 않다.
다리, 교량
[橋頭堡(교두보)] ① (군) 다리나 길 따위를 엄호하거나 다음 작전의 발판이 되는 진지. ¶교두보를 확보하다 ② 세력 확장을 위한 발판이나 근거지.
[橋梁(교량)] 다리. (강이나 어떤 곳의) 위로 건너다니도록 만든 시설물.
[陸橋(육교)] ① 사람들이 안전하게 횡단할 수 있도록 도로나 철도 위에 가로질러 놓은 다리. ② (지) 양쪽 뭍을 잇는 가늘고 긴 땅.
[鐵橋(철교)] 철을 주재료로 하여 놓은 다리. ¶한강 철교
橋脚(교각), 架橋(가교), 假橋(가교), 大橋(대교), 獨木橋(독목교), 木橋(목교), 浮橋(부교), 石橋(석교), 船橋(선교), 連陸橋(연륙교), 烏鵲橋(오작교), 棧橋(잔교), 弔橋(조교), 板橋(판교), 懸垂橋(현수교)

梁 들보 량, 木부11   0572

'梁(량)'자는 '물 氵(수)'와 '칼 刃(인)', '나무 木(목)'으로 이루어진 글자이다. 후에 '刃(인)'의 우측에 '丶'을 하나 덧붙였는데, 글자의 균형을 위해서일 것이다. 도랑이나 하천의 '나무다리'를 뜻하기 위하여 만든 것이다. 후에 나무로 만든 '들보'도 이것으로 나타냈다. '樑(량)'자는 '梁(량)'과 同字(동자)이나 俗字(속자)로 보기도 한다.
들보
[棟梁(동량)/棟樑(동량)] ① 기둥과 들보. ② '棟梁之材(동량지재)'의 준말.
[棟梁之材(동량지재)/棟樑之材(동량지재)] 한 집안이나 한 나라를 맡아 다스릴 만한 큰 인재. 준棟梁(동량)
[上梁(상량)/上樑(상량)] 마룻대를 올림. 집을 지을 때 기둥에 보를 얹고 그 위에 마룻대를 올리는 일.
[梁上君子(양상군자)] '대들보 위에 있는 군자'라는 뜻으로, '도둑'을 완곡하게 이르는 말.『後漢書(후한서)·

陳湜傳(진식전)』

다리, 교량
[橋梁(교량)] 다리. 강이나 어떤 곳의 위로 건너다니도록 만든 시설물.

比 견줄 비:, 比부4　0573

'比(비)'자는 두 사람이 바싹 늘어선 모양에서 '늘어섬', '가까이 하여 도움'의 뜻을 나타낸다.

견주다, 질 양의 차이를 알기 위하여 서로 대어 보다
[比較(비:교)] 둘 이상의 것을 견주어 차이·우열·공통점 따위를 살피는 일. ¶갑과 '을'을 비교한 후 그 차이점을 설명하라
[比較的(비:교적)] ① 견주는, 비교하는. 또는 그러한 것. ② 보통 수준이나 정도보다 꽤. ¶비교적 쉬운 일.
[對比(대비)] ① 서로 맞대어 비교함. ¶전년 대비 10점 올랐다. ② (심) 서로 대립되는 감정이 접근해 있을 때 그 차이가 두드러지는 현상.
[無比(무비)] (아주 뛰어나서) 견줄 데가 없음.

비기다, 나란히 하다
[比肩(비견)] 어깨를 나란히 함. 곧 우열이 없이 동등하게 함.
[比等(비등)] 견주어 보건대 서로 비슷함.

비슷하다
[比喩(비:유)] 어떤 사물을 효과적으로 표현하기 위하여 그와 비슷한 성질·모양 따위를 가진 다른 사물에 빗대어 표현함.

가지런하다
[櫛比(즐비)] 많은 것이 늘어선 모양이 빗살 같이 정연하고 빽빽함.

비율, 비례
[比(비)] (수) 비교하여 한 양이 다른 양의 몇 곱절인가를 나타내는 수. '가:나'의 꼴로 나타냄.
[比例(비:례)] ① 예(보기)를 들어 견주어 봄. ② 두 양의 比(비)가 일정하게 되는 관계. 한쪽의 양이나 수가 변동할 때 다른 쪽의 양이나 수도 같은 비율로 증가 또는 감소하는 관계. 정비례와 반비례가 있다. ¶행복은 돈과 꼭 비례하는 것은 아니다
[比率(비:율)] 어떤 수나 양에 대한 다른 수나 양의 비. ¶비율이 낮다/비율이 높다
[比重(비:중)] ① 다른 것과 견주었을 때 무겁거나 중요한 정도. ② 어떤 물질의 질량과 그것과 같은 체적의 표준물질의 질량과의 비. ¶금은 철보다 비중이 크다
比例稅(비례세), 比熱(비열), 等比(등비), 等比級數(등비급수), 等比數列(등비수열), 反比例(반비례), 正比例(정비례)

편들다, 아첨하여 편들다
[君子周而不比(군자주이불비), 小人比而不周(소인비이불주).] 군자는 두루 사귀어 偏黨(편당)하지 않고, 소인은 편당하여 두루 사귀지 못한다. 『論語(논어)·爲政(위정)』

기타
[比丘(비구)] (불) 집을 떠나 불교에 귀의하여 머리를 깎고 구족계를 받은 남자 중. 참比丘尼(비구니), 比丘僧(비구승)
[比丘尼(비구니)] (불) 집을 떠나 불교에 귀의하여 머리를 깎고 구족계를 받은 여자 중. 참比丘(비구)

較 견줄 교, 비교할 교, 車부13　0574

'較(교)'자는 원래 수레의 '車體(차체)'를 뜻하기 위하여 만든 것이다. '수레 車(거)'가 표의요소, '사귈 交(교)'는 표음요소로 쓰였다. 본래의 의미보다는 '견주다'는 뜻으로 많이 쓰인다.

견주다, 비교하다
[比較(비교)] ☞ 比(비)
[比較的(비교적)] ☞ 比(비)
[日較差(일교차)] 기온이나 습도 따위의 하루 동안의 변화하는 차이.
[年較差(연교차)] 기온, 습도 따위의 일 년 동안에 변화하는 차이.

決 결단할 결, 터질 결, 水부7　0575

'決(결)'자는 '물 氵(수)'와 '깍지 夬(결)'로 이루어진 글자이다. 깍지는 활시위를 잡아당기기 위해 엄지손가락에 끼는 기구이다. 깍지를 끼고 활을 쏘면 화살이 떠난다는 데서 '터놓다'라는 뜻이 파생되었다. '決(결)'자는 가두어 놓은 물이 흐르도록 물꼬를 터놓는 데서 '터지다'라는 뜻을 나타내는데, 갈피를 잡지 못하는 생각을 물꼬를 터놓듯이 한 곳으로 결정한다는 데서 '정하다'라는 뜻이 파생되었다.

터지다, 제방이 무너져서 물이 넘쳐 흐르다
[決河之勢(결하지세)] '둑이 무너져 가득찬 물이 쏟아져 흐르는 대단한 힘'이란 뜻으로, '누르려야 누를 수 없는 거센 힘'을 이르는 말. 비破竹之勢(파죽지세)『淮南子(회남자)』

정하다, 결단하다, 결정하다, 결정한 사항, 처분, 시비나 선악을 판단하다
[決斷(결단)] 딱 잘라서 결정하거나 단안을 내림. 또는 그 단안이나 결정. ¶결단을 내리다 참決斷力(결단력)
[決勝(결승)] 운동 경기 따위에서 마지막으로 승부를 가리는 시합. '결승전'의 준말.
[決定(결정)] ① 어떻게 하려는 태도나 방향 등을 정함. 또는 그 내용. ¶결정이 나다 ② (법) (법원이 행하는) 판결이나 명령 이외의 재판.
[多數決(다수결)] 회의에서 많은 사람의 의견에 따라 안건의 가부를 결정하는 일.
[未決(미:결)] ① 아직 결정되거나 해결되지 않음. 만既決(기결) ② (법) 법원에서 심리 중인 형사사건이 아직

판결이 나지 않음. ③ '未決囚(미결수)'의 준말.
[解決(해:결)] ① 얽힌 것을 풀고 막힌 물을 터놓음. ② 문제의 핵심을 밝혀서 가장 좋은 결과를 찾아냄. ¶복잡한 문제를 해결하다
決算(결산), 決選(결선), 決議(결의), 決裁(결재), 決戰(결전), 決濟(결제), 決鬪(결투), 決判(결판), 可決(가결), 對決(대결), 否決(부결), 死生決斷(사생결단), 先決(선결), 速決(속결), 速戰速決(속전속결), 手決(수결), 完決(완결), 議決(의결), 自決(자결), 終決(종결), 準決勝戰(준결승전), 卽決(즉결), 卽決審判(즉결심판), 卽決處分(즉결처분), 判決(판결), 表決(표결)

감연히, 결연히, 분연히
[決死(결사)] 어떤 일을 위하여 죽음을 각오함.
[決死的(결사적)] 죽기를 각오하고 온 힘을 다하는, 또는 그러한 것.
[決然(결연)] ① 단호히 하는 모양. 또는 딱 잘라 정하는 모양. ② 태도나 결심이 매우 굳세고 꿋꿋함. ¶결연한 태도를 보이다

결심, 각오
[決心(결심)] 마음을 굳게 작정함.
[決意(결의)] 뜻을 정하여 굳게 마음을 먹음. 또는 굳게 먹은 마음. ¶결의를 다지다
[決行(결행)] 마음을 정하여 실행함.

틈, 갈라진 틈
[決裂(결렬)] 교섭이나 회의 따위에서 의견이 합쳐지지 않아 각각 갈라서게 됨. ¶회담이 결렬되다

사람을 죽이다
[自決(자결)] ① 스스로 목숨을 끊음. ② 일을 스스로 해결함. ¶민족자결주의

汽 물 끓는 김 기, 거의 홀, 水부7 0576

'汽(기)'자는 '물 氵(수)'와 '기운 气(기)'로 이루어졌다.. '수증기'를 뜻하는 글자이지만 정작 수증기는 '水蒸氣'로 쓴다.

김, 증기
[汽船(기선)] 증기기관을 동력으로 하여 항해하는 배.
[汽笛(기적)] 기차나 배 따위에서 증기를 내뿜는 힘으로 경적 소리를 내는 장치. 또는 그 소리. ¶멀리서 기적 소리가 들린다
[汽車(기차)] 증기나 디젤의 힘으로 움직이는 철도 차량.

洗 씻을 세:, 水부9 0577

'洗(세)'자는 '물 氵(수)'와 '먼저 先(선)'자로 이루어졌다. '洗(세)'자의 원래 음은 [선]이었다. 옛날 방언에서 유래된 [세]라는 음이 득세하다보니 [선]이란 음은 없어지고 말았다.

씻다, 물로 깨끗하게 씻다
[洗手(세:수)] 손을 비롯한 얼굴 따위를 씻음.
[洗濯(세:탁)] 빨래. 옷이나 피륙 따위를 물에 빠는 일. ☞洗濯機(세탁기)
[眼淚洗面(안:루세면)] '눈물로 얼굴을 씻는다'는 뜻으로 '눈물을 많이 흘림'을 이르는 말.

> [洗耳(세:이)] ① 귀를 씻음. ② 더러운 말을 들은 귀를 씻고 깨끗이 함. 옛날 堯(요)가 天子(천자)의 位(위)를 許由(허유)에게 물려주겠다고 말하자, 許由(허유)가 隱者(은자)인 자기는 자기의 본분에 따르고 싶다고 거절한 후, 더러운 말을 들었다고 해서 귀를 씻었다는 고사에서 나온 말이다. 소를 몰고 가던 巢父(소부)가 허유에게 왜 귀를 씻느냐고 물었다. 귀를 씻는 연유를 말하자 소부는 더러운 귀를 씻은 구정물을 나의 소에게 먹일 수 없다고 강물을 거슬러 올라갔다. 『皇甫謐(황보밀)・高士傳(고사전)』

洗劍亭(세검정), 洗面(세면), 洗髮(세발), 洗顔(세안), 洗淨(세정), 洗劑(세제)/洗淨劑(세정제), 洗足(세족), 洗車(세차), 洗滌(세척), 刮腸洗胃(괄장세위), 梳洗(소세), 水洗(수세), 水洗式(수세식)

생각이나 마음을 깨끗이 씻다
[洗腦(세:뇌)] 본디 가지고 있던 생각을 다른 생각으로 개조하거나, 새로운 사상・주의를 주입시키는 일. ¶세뇌 교육
[洗心(세:심)] 마음을 깨끗하게 함.
[洗眼(세:안)] ① 눈을 씻음. ② 경치 따위가 아름다워 눈을 즐겁게 하는 일. 『蘇軾(소식)・詩(시)』

예수교에서 행하는 의식의 하나
[洗禮(세:례)] ① (기독교) 신자가 될 때 베푸는 의식으로 머리 위를 물로 적시거나 몸을 물에 잠그는 의식. ¶세례를 받다 ② '한꺼번에 몰아치는 비난이나 공격'을 비유하여 이르는 말. ¶선생님은 곧 학생들의 질문 세례를 받았다
[領洗(영세)] (천주) 세례를 받는 일.

깨끗하다, 결백하다
[洗雪(세:설)] 씻어버림. 부끄러움을 씻어버림. 명예를 회복함. 雪辱(설욕). 『後漢書(후한서)』

신선하다, 새롭다
[洗練(세:련)] ① 어색한 데가 없이 능숙하고 미끈하다. ¶세련된 솜씨 ② 모습이 깔끔하고 품위가 있다. ¶세련된 옷차림 ③ 말이나 글 따위가 잘 다듬어져 미끈하다. ¶세련된 문장

濯 씻을 탁, 水부17 0578

'濯(탁)'자는 '물 氵(수)'와 '꿩 翟(적)'으로 이루어졌다. 물로 '씻다'는 뜻을 나타내기 위하여 만든 글자이다.

씻다, 때를 씻다
[濯足(탁족)] 더운 伏中(복중)에 더위를 잊기 위하여 산간 계곡의 물에 발을 잠그는 일.
[洗濯(세:탁)] ☞洗(세)
[洗濯機(세탁기)] 빨래하는 기계.

流 흐를 류, 水부10 0579

'流(류)'자는 '물 氵(수)'와 '깃발 㐬(류)'가 합쳐진 글자이다. '물이 흐르다'의 뜻을 나타낸다.

흐르다, 물이 낮은 데로 흐르다, 흘리다, 흘러가는 물
[流動(유동)] 흘러 다니고 움직임. 또는 그런 것.
[流體(유체)] 유동체. 기체와 액체를 아울러 일컫는 말.
[氣流(기류)] 대기의 유동. 유동하는 대기.
[電流(전:류)] ① 전기가 흐름. ② 전하가 연속적으로 이동하는 현상. 도체 내부의 전위가 높은 곳에서 낮은 곳으로 흐르며 양전기가 흐르는 방향이 전류의 방향이다.
[潮流(조류)] ① 밀물과 썰물 때문에 일어나는 바닷물의 흐름. ② 시대 흐름의 경향이나 동향. ¶시대적 조류
[流水不爭先(유수부쟁선).] 흐르는 물은 앞을 다투지 않는다. 여유와 느긋함 그리고 순리대로 사는 것을 비유한다.
[落花流水(낙화유수)] 흐르는 물 위에 꽃잎이 떨어지다. 늦봄의 처량한 정취를 묘사한 詩(시)에서 나왔다. '가는 봄의 경치' 또는 '살림이나 세력이 약해져 아주 보잘것없이 됨'을 비유하는 말. ☞ * 074
流頭(유두), 流線型(유선형), 流速(유속), 流水(유수), 流水不腐(유수불부), 流域(유역), 流入(유입), 流出(유출), 激流(격류), 光陰如流(광음여류), 交流(교류), 急流(급류), 暖流(난류), 亂流(난류), 對流(대류), 放流(방류), 上流(상류), 歲月如流(세월여류), 逆流(역류), 源流(원류), 溢流(일류), 主流(주류), 中流(중류), 支流(지류), 直流(직류), 濁流(탁류), 下流(하류), 寒流(한류), 合流(합류), 海流(해류)

흘러가는 물처럼 거침없음
[流麗(유려)] 글이나 말이 유창하고 아름다움.
[流暢(유창)] 말이나 글이 거침없이 미끈함. ¶유창한 영어 실력.
[靑山流水(청산유수)] 말을 막힘없이 잘 함을 비유하여 이르는 말.
[行雲流水(행운유수)] ① 떠나가는 구름과 흐르는 물. ② 글을 짓거나 말을 하는 데 막힘이 없이 술술 풀림. ③ 일을 하는 데 막힘이 없이 잘 나감. ④ 마음씨가 시원시원함을 비유함. ⑤ 머물거나 고정되지 않고 늘 변하는 것의 비유.

떠내려가다
[流失(유실)] 물에 떠내려가서 없어짐.
[泥流(이류)] 화산의 폭발이나 산사태 따위로 말미암아 산꼭대기나 산허리에서 흘러내리는 진흙의 흐름.
[漂流(표류)] ① 물에 떠서 흘러감. ② 정처없이 떠돎. ¶하멜표류기

시간이 지나가다, 세월이 흘러가다
[流轉(유전)] ① 이리저리 떠돎. ② (불) 생사 인과가 끊임없이 윤회하여 그치지 않음.

흘러내리다
[流血(유혈)] 흘러나오는 피. 또는 피를 흘림. 참流血劇(유혈극)

눈물을 흘리다
[流涕(유체)] 눈물을 흘림.

날아가다, 화살 총탄 등이 날아가다
[流矢(유시)] ① 흐른살. 빗나간 화살. ② 누가 어디서 쏘았는지 모르는 화살.
[流箭(유전)] 흐른 살. 누가 어디서 쏘았는지 모르는 화살.
[流彈(유탄)] 빗나간 탄환. 누가 어디서 쏘았는지 모르는 탄환.

하늘을 스쳐가다, 또는 그런 별
[流星(유성)] 별똥별.

두루 돌아다니다, 방랑하다, 정처 없이 떠돌아다니다
[流浪(유랑)] 정처없이 떠돌아다님.
[流離乞食(유리걸식)] 이리저리 떠돌아다니면서 빌어먹음.
[流民(유민)] 유랑민.

옮겨 가다, 자리를 옮기다, 옮아 퍼지다, 널리 알려지다, 널리 통하다
[流通(유통)] ① 막힘없이 통함. ¶공기 유통 ② 세상에 널리 쓰임. ③ (경) 상품이나 화폐 따위가 통용·교환되는 일. 참流通手段(유통수단)
[流布(유포)] 널리 퍼지거나 퍼트림.
[流行(유행)] 어떠한 양식이나 현상 등이 새로운 경향으로 한동안 사회에 널리 퍼지는 현상. ¶이 옷은 유행이 지났다
[流行病(유행병)] 돌림병. 여러 사람에게 돌려가며 옮아 앓는 병. 참傳染病(전염병)
[物流(물류)] 물품을 유통하거나 보관하는 활동. 物的流通(물적유통)의 준말.
[時流(시류)] 그 시대의 풍조.

귀양 보내다
[流刑(유형)] 죄인을 섬 또는 변경 등으로 귀양 보내는 형벌.
[流配(유배)] 죄인을 귀양 보냄.

근거가 없다, 출처를 알지 못하다
[流言(유언)] 터무니없이 떠도는 소문.
[流言蜚語(유언비어)] 아무 근거 없이 널리 퍼진(떠도는) 소문. ¶유언비어를 퍼뜨리다

절제를 잃다, 제멋대로 행동하다
[流用(유용)] 다른 데로 돌려 씀. ¶公金(공금) 流用(유용) 참轉用(전용)

돌아오다, 모여들다
[合流(합류)] ① 한데 합하여 흐름. ② 일정한 목적을 위하여 행동을 같이 함.

같은 종류, 갈래, 유파
[女流(여류)] 어떤 분야에서 여성의 유파.
[主流(주류)] ① 원줄기가 되는 큰 물줄기. ② 사물의 으뜸 갈래나 중심 갈래. ③ 어떤 조직이나 단체에서 영향력이 가장 큰 세력. 참非主流(비주류)

품위, 계급
[三流(삼류)] ① 셋째 부류. ② 정도나 수준이 가장 못

한 부류. ¶삼류 소설
[上流(상:류)] ① 물의 근원에 가까운 쪽. 물이 흘러내리는 위쪽. 또는 그 지역. ② 사회적 지위나 생활수준, 교양 등이 높은 계층. 쥅上流社會(상류사회), 上流層(상류층)
[亞流(아류)] ① 으뜸에 다음가는 사람이나 사물. ② 예술·학문 따위에서 독창성이 없이 모방하는 일. 또는 그런 것이나 사람.
[一流(일류)] 첫째가는 부류. ¶일류 극장
中流(중류), 下流(하류)

놀이에 빠지다
[風流(풍류)] ① 풍치를 찾아 즐기며 멋스럽게 노니는 일. ② 멋스럽고 풍치가 있는 일. 속되지 않고 운치가 있는 일. ¶풍류를 즐기다 쥅風流三昧(풍류삼매)

태아가 죽어서 모태 밖으로 나오다
[流産(유산)] ① 태아가 달이 차기 전에 죽어서 나옴. ② '계획한 일이 이루어지지 못함'을 비유하는 말.

沐 머리 감을 목, 水부7　　0580

'沐(목)'자는 '물 氵(수)'와 '나무 木(목)'으로 이루어졌다. '머리를 감다'는 뜻을 나타낸다.

머리를 감다, 씻다
[沐浴(목욕)] 머리를 감으며 몸을 씻는 일. 쥅沐浴齋戒(목욕재계), 沐浴湯(목욕탕)
[沐浴齋戒(목욕재계)] 종교적 의식에서, 목욕을 하고 음식을 삼가며 몸가짐을 깨끗이 하는 일.
[沐浴湯(목욕탕)] 목욕을 할 수 있도록 설비를 갖추어 놓은 곳.
[櫛風沐雨(즐풍목우)] '바람으로 머리를 빗고 내리는 빗물로 목욕을 한다'는 뜻으로, '외지에서 온갖 고난을 다 겪음'을 비유하는 말.

浴 목욕할 욕, 水부10　　0581

'浴(욕)'자는 '물 氵(수)'와 '골짜기 谷(곡)'으로 이루어졌다. 몸을 씻는 것을 뜻한다. 목욕탕이 없던 시절에는 계곡의 물에 몸을 씻었다.

목욕하다, 물로 몸을 씻다, 깨끗이 몸을 다스리다
[浴室(욕실)] 목욕을 하기 위하여 시설을 갖추어 놓은 방. 목욕실의 준말.
[沐浴(목욕)] ☞ 沐(목)
[日光浴(일광욕)] (치료나 건강을 목적으로) 몸을 드러내어 햇볕을 쬐는 일.
[海水浴(해:수욕)/海水浴場(해:수욕장)] 여름에 운동·위생·오락의 목적으로 바닷물에서 목욕함. 그 장소.
浴槽(욕조), 浴湯(욕탕), 冷水浴(냉수욕), 沐浴齋戒(목욕재계), 沐浴湯(목욕탕), 溫浴(온욕), 入浴(입욕), 坐浴(좌욕), 薰浴(훈욕)

湖 호수 호, 水부12　　0582

'湖(호)'자는 '물 氵(수)'와 '오랑캐 胡(호)'로 이루어졌다. '호수'를 뜻한다.

호수
[湖南(호남)] 湖江(호강) 즉 지금의 錦江(금강)의 남쪽 지역. 전라남도와 전라북도를 두루 이르는 말.
[湖西(호서)] ① 湖江(호강) 즉 지금의 錦江(금강)의 서쪽 지역. ② 충청남도와 충청북도를 두루 이르는 말.
[湖水(호수)] 육지 내부에 위치하여 못이나 늪지보다 넓고 깊게 물이 괴어 있는 곳. ¶자연호수/인공호수
[江湖(강호)] ① 강과 호수. ② 세상을 일컬음. ③ 朝廷(조정)에 대하여 시골을 이름. 隱士(은사)가 사는 곳.
[畿湖(기호)] '경기도'와 '충청도'를 아울러 이름.
湖畔(호반), 湖上(호상), 湖沼(호소), 湖岸(호안), 江湖客(강호객), 淡水湖(담수호), 潟湖(석호), 火口湖(화구호)

池 못 지, 水부6　　0583

'池(지)'자는 물이 많이 고인 '못'을 뜻하기 위하여 만든 것이다. '물 氵(수)'와 '어조사 也(야)'로 이루어졌다. '땅 地(지)'자도 '也(야)'자가 표음요소로 쓰였다.

못, 벼루 따위의 물을 붓는 곳
[池魚籠鳥(지어롱조)] '못의 고기와 새장의 새'라는 뜻으로, 자유가 없는 신세를 비유하여 이르는 말.
[貯水池(저수지)] 산업용으로나 상수도용으로 물을 가두어 모아 두는 못.
[電池(전:지)] 화학반응, 방사선, 온도 차, 빛 따위로 전극 사이에 전기에너지를 저장하는 장치.
[酒池肉林(주지육림)] '술이 연못을 이루고 고기는 숲을 이루었다'는 뜻으로, 탐욕스런 지배층의 富華(부화) 放蕩(방탕)한 생활을 비유하는 말이다.
[天池(천지)] ① 백두산에 있는 호수 이름. 龍王潭(용왕담). ② 조물주가 만든 큰 못. 곧 바다를 이름.
[羈鳥戀舊林(기조연구림), 池魚思故淵(지어사고연).] 묶인 새는 옛 숲을 그리워하고, 연못의 물고기는 자기가 태어난 옛 연못을 잊지 못한다. '타향에 떠도는 나그네가 고향을 그리워함'을 비유하는 말. 『古文眞寶·五言古風長篇 陶淵明 歸田園居』
池魚之殃(지어지앙), 墨池(묵지), 蓮池(연지), 硯池(연지)

魚 물고기 어, 魚부11　　0584

'魚(어)'자는 '물고기'의 형상을 본뜬 것이다. 아래의 네 점은 '불 火(화)'의 변형이 아니고 꽁지지느러미의 모양이 변한 것이다. '魚(어)'자를 意符(의부)로 하여, 물고

기의 명칭이나 물고기를 가공한 것 등을 나타내는 문자를 이룬다.

고기, 물고기, 물 속에 사는 동물의 범칭

[魚東肉西(어동육서)] 생선 반찬은 동쪽에 놓고 고기 반찬은 서쪽에 놓음. 제사상을 차릴 때, 반찬을 진설하는 위치를 말함.

[魚雷(어뢰)] (군) '魚形水雷(어형수뢰)'의 준말. 물고기 모양의 공격용 수뢰.

[魚遊釜中(어유부중)] 물고기가 솥 안에서 놀고 있다는 뜻으로, '위험이 목전에 닥쳐 있음을 모름'을 비유하여 이르는 말. 웹釜中魚(부중어) 『後漢書(후한서)』

[魚貝類(어패류)] 물고기와 조개류. 해초류를 제외한 수산물의 총칭.

[乾魚(건어)] 말린 물고기.

[水魚之交(수어지교)] 물과 물고기는 떨어질 수 없듯이 '매우 친한 사귐'을 비유하여 이르는 말. 군신(君臣) 사이가 아주 친밀함 또는 부부의 화목함을 이름. 웹水魚親(수어친)

[養魚(양:어)] 물고기를 길러서 번식시킴. 또는 그 물고기.

[緣木求魚(연목구어)] '나무에 올라가서 물고기를 얻으려 한다'는 뜻으로, 허무맹랑한 욕심이나 대처 방식으로 도저히 불가능한 일을 하려 하는 것을 비유하는 말이다. 『孟子(맹자)·梁惠王章句(양혜왕장구)』

[一魚濁水(일어탁수)] '한 마리의 물고기가 물을 흐린다'는 뜻으로, 한 사람의 잘못으로 여러 사람이 그 피해를 받게 되는 일의 비유.

[得魚忘筌(득어망전)] 물고기를 잡았으면 통발을 잊는다. 筌(전)은 물고기를 잡을 때 쓰는 통발을 말한다. 바라던 바를 달성하고는 그에 소용되었던 것을 잊어버림. 곧 '은혜를 잊음'을 비유하여 이르는 말이다. 『莊子(장자)·外物(외물)』, 『故事成語考(고사성어고)』 ☞ *104

水至清則無魚(수지청즉무어). 人至察則無徒(인지찰즉무도).] 물이 너무 맑으면 고기가 없고, 사람이 너무 세세하게 살피면 따르는 무리가 없다. 지나치게 세밀한 부분까지 따지는 사람 밑에는 인재가 모여들지 않는다. 웹淸水無大魚(청수무대어), 水淸無大魚(수청무대어) 『古詩源·漢書』

魚頭肉尾(어두육미), 魚卵(어란), 魚魯不辨(어로불변), 魚類(어류), 魚鱗(어린), 漁網(어망)/魚網(어망), 魚物(어물), 魚物廛(어물전), 魚市(어시), 魚肉(어육), 魚炙(어적), 魚饌(어찬), 魚湯(어탕), 魚脯(어포), 魚缸(어항), 廣魚(광어), 淡水魚(담수어), 木魚(목어), 文魚(문어), 民魚(민어), 北魚(북어), 鮮魚(선어), 松魚(송어), 鰐魚(악어), 如魚得水(여어득수), 如魚失水(여어실수), 釣魚(조어), 人魚(인어), 長魚(장어), 煎油魚(전유어), 池魚籠鳥(지어롱조), 池魚之殃(지어지앙), 靑魚(청어), 鰍魚(추어), 鰍魚湯(추어탕), 稚魚(치어), 洪魚(홍어)

고기잡이 하다, 조개잡이 하다

[魚竿(어간)] 낚싯대.

漁 고기 잡을 어, 水部14 0585

'漁(어)'자는 '물 氵(수)'와 '물고기 魚(어)'자로 이루어졌는데, '물에 있는 물고기를 잡다'는 뜻이다.

물고기를 잡다, 어부

[漁撈(어로)] 물고기 기타의 해산물을 잡거나 채취하는 일.

[漁網(어망)/魚網(어망)] 물고기를 잡는 그물.

[漁船(어선)] 고기잡이 배.

[漁業(어업)] 魚貝類(어패류)·海藻類(해조류) 등을 잡거나 採取(채취)·養殖(양식)하는 사업.

[出漁(출어)] 고기잡이를 나감.

[豊漁(풍어)] 물고기가 많이 잡힘. 어획이 많음. ¶豊漁祭(풍어제) 凶漁(흉어)

[漁父之利(어부지리)] '어부가 이득을 챙김'이란 뜻으로, 두 사람이 이해관계로 서로 싸우는 사이에 엉뚱하게 제3자가 이익을 가로채는 것을 이르는 말. 도요새와 조가비가 서로 싸우다. 鷸蚌相爭(휼방상쟁). 도요새는 조개의 살을 물고, 조개는 도요새의 부리를 물고 있다. 어부가 와서 도요새와 조개를 다 잡아갔다. 싸우는 쌍방에는 아무런 이익도 없고, 제3자가 이득을 본다는 뜻이다. 蚌鷸之爭(방휼지쟁) 『戰國策(전국책)』

漁具(어구), 漁民(어민), 漁夫(어부)/漁父(어부), 漁場(어장), 漁樵(어초), 漁村(어촌), 漁港(어항), 漁獲(어획), 漁獲高(어획고)

災 재앙 재, 火部7 0586

'災(재)'자는 河川(하천)을 뜻하는 '내 巛(천)'과 '불 火(화)'의 합자이다. 水災(수재)와 火災(화재)를 합친 '재앙'을 뜻한다.

재앙, 하늘이 내리는 홍수·한발·지진·충재(蟲災) 따위

[災難(재난)] 재난으로 인한 어려움. 뜻밖의 불행한 일. 災殃(재앙)

[災殃(재앙)] 天災地異(천재지이) 따위로 생긴 불행한 변고.

[災害(재해)] 재앙으로 인하여 받는 피해. 웹災害補償(재해보상)

[三災(삼재)] 세 가지의 재액(災厄). 수재(水災)·풍재(風災)·화재(火災), 또는 전쟁·흉년의 굶주림·전염병.

[罹災(이재)] 재해를 입음. 재앙을 당함. 웹罹災民(이재민)

[天災地變(천재지변)/天災地異(천재지이)/天變地異(천변지이)] 하늘과 땅의 이변. 곧 日蝕(일식)·流星(유성)·地震(지진)·海溢(해일) 따위.

[幸災樂禍(행:재요화)] 남의 災禍(재화)를 보고 기뻐함.

災變(재변), 災厄(재액), 災異(재이), 災禍(재화), 防災(방재), 福過災生(복과재생), 水災(수재), 水災民(수재민), 罹災民(이재민), 天災(천재)

殃 재앙 앙, 歹부9　　0587

'殃(앙)'자는 '재앙'을 뜻한다. '죽은 사람의 뼈'를 가리키는 歹(알)과 '가운데 央(앙)'을 합친 글자이다.

재앙, 재앙을 내리다, 신이 내리는 벌

[殃禍(앙화)] ① 죄악의 과보로 받는 재앙. ② 어떤 일로 말미암아 생기는 근심이나 재난.

[災殃(재앙)] ☞ 災(재)

[池魚之殃(지어지앙)] '못 속의 물을 길어서 불을 끄면 물이 말라서 못의 고기에게 재앙이 미친다'는 뜻에서, 다른 데에 생긴 재앙으로 말미암아 상관없는 데까지 그 재앙이 미치는 것을 이르는 말.

牛 소 우, 牛부4　　0588

'牛(우)'자는 뿔이 있는 소의 머리의 모양을 본뜬 것이다. '소 牛(우)'를 意符(의부)로 하여 여러 종류의 소나 소를 키우는 일, 부리는 일 등에 관한 문자를 이룬다.

소

[牛刀割鷄(우도할계)] 소 잡는 칼로 닭을 잡음. '작은 일을 하는 데 어울리지 않게 거창하게 벌이거나 큰 도구를 씀'을 이르는 말. 『論語(논어)』

[牛乳(우유)] 소의 젖. 백색으로 지방·단백질·칼슘·비타민이 풍부하여 영양가가 높다. 아이스크림·버터·치즈 등의 원료로 쓰임.

[牛耳讀經(우이독경)] 쇠귀에 경 읽기. 아무리 가르치고 일러주어도 알아듣지 못함을 가리키는 말. 图牛耳誦經(우이송경), 對牛彈琴(대우탄금)

[矯角殺牛(교각살우)] '뿔을 바로잡으려다 소를 죽인다'는 뜻으로, 결점이나 흠을 고치려다가 그 정도가 지나쳐서 도리어 일을 그르친다는 말.

[九牛一毛(구우일모)] 아홉 마리 소 중에서 뽑은 한 오라기 털. 많은 것 가운데 지극히 작은 것을 일컫는 말. 司馬遷(사마천)이 任少卿(임소경)에게 보낸 편지 중에서 유래한 성어.

[韓牛(한우)] 한국 토종 소. 체질이 강하고 성질이 온순하며 고기 맛이 좋다.

[鍼子偸賊大牛(침자투적대우)] 바늘도둑이 소도둑 된다. 가벼운 범죄를 예사로이 아는 사람은 마침내 큰 범죄도 짓게 된다는 비유.

牛角(우각), 牛骨(우골), 牛骨塔(우골탑), 牛公(우공), 牛刀(우도), 牛痘(우두), 牛囊(우랑), 牛馬(우마), 牛毛(우모), 牛步(우보), 牛步虎視(우보호시), 牛糞(우분), 牛舍(우사), 牛舌(우설), 牛肉(우육), 牛耳(우이), 牛車(우차), 牛黃(우황), 牛後(우후), 歸馬放牛(귀마방우), 童牛角馬(동우각마), 亡羊得牛(망양득우), 牡牛(모우), 碧昌牛(벽창우), 蝸牛(와우)/蝸牛角上(와우각상), 種牡牛(종모우), 鬪牛(투우)

별 이름, 견우성

[牽牛(견우)] ① 牽牛織女(견우직녀) 설화에 나오는 소를 치는 남자 주인공. ② 牽牛星(견우성). ③ 나팔꽃.

[牽牛星(견우성)] 독수리자리의 가장 밝은 별. 图牽牛(견우)

馬 말 마:, 馬부10　　0589

'馬(마)'자는 '말'을 나타내기 위하여 뒷목의 털을 휘날리며 달리는 모양을 본뜬 것이다. 아래의 네 점은 '불 火(화)'의 변형이 아니고 네 다리를 나타낸 것이다.

말, 가축의 한 가지

[馬力(마:력)] 말 한 마리가 끄는 힘. 동력이나 일의 양을 나타내는 실용 단위.

[馬耳東風(마:이동풍)] '말의 귀에 동쪽에서 불어오는 바람'이란 뜻에서, 남의 말을 귀담아 듣지 않고 지나쳐 흘려버림을 이르는 말.

[犬馬之勞(견마지로)] '개와 말의 수고'라는 뜻에서, 남에게 자기가 바치는 노력을 아주 겸손하게 일컫는 말.

[競馬(경:마)] 일정한 거리를 기수가 말을 타고 달리는 경주. 图競馬場(경마장)

[老馬之智(노마지지)] 齊(제)의 管仲(관중)이 산중에서 길을 잃었을 때, 늙은 말을 풀어주어 그 뒤를 따라가 마침내 길을 찾았다는 고사에서, '경험을 쌓아 練達(연달)된 지혜'를 일컫는 말.

[野生馬(야:생마)] ① 산이나 들에서 나서 자란 말. ② 제멋대로 행동하거나 성격이 활달하고 거친 사람을 비유적으로 이르는 말.

[走馬加鞭(주마가편)] 달리는 말에 채찍질하기. ① 형편이나 힘이 한창 좋을 때 더욱 힘을 냄의 비유. ② 힘껏 하는데도 자꾸 더하라고 격려함의 비유.

[走馬看山(주마간산)] '달리는 말 위에서 산천을 구경함'이란 뜻에서, 이것저것을 천천히 제대로 살펴볼 틈이 없이 바빠 서둘러 대강대강 보고 지나침. 또는 사물의 외면만을 슬쩍 지나쳐 볼 뿐, 그 깊은 내용을 음미하지 못함을 비유한 말. 图走馬看花(주마간화)

[竹馬故友(죽마고우)] '대말을 타고 놀던 벗'이란 뜻으로, 어릴 때부터 같이 놀며 자란 벗.

[出馬(출마)] ① 말을 타고 나아감. ② 선거에 입후보(立候補)함.

[塞翁之馬(새옹지마)] 북쪽 변방의 한 늙은이가 기르던 말이 달아났다가 한 필의 준마를 데리고 왔는데, 아들이 그 준마를 타다가 떨어져 절름발이가 되었으나, 그로 말미암아 전쟁터에 나가지 않게 되어 목숨을 보전했다는 고사에서, 사람의 길흉화복은 늘 바뀌어 예측할 수 없음을 이르는 말. 图塞翁得失(새옹득실) 塞翁禍福(새옹화복), 人間萬事塞翁之馬(인간만사새옹지마) 『淮南子(회남자)』

[指鹿爲馬(지록위마)] 중국 秦(진)나라 때 趙高(조고)라는 간신이 임금에게 사슴을 말이라고 속여 바쳤다는 일에서 나온 말로, ① 윗사람을 농락하여 권세를 마음대로 함. ② 모순된 것을 끝까지 우겨서 남을 속이려는

짓을 비유하여 이르는 말. 圄 以鹿爲馬(이록위마) 『史記(사기)』
馬脚(마각), 馬角烏白(마각오백), 馬具(마구), 馬廐間(마구간), 馬券(마권), 馬鹿(마록), 馬夫(마부), 馬糞(마분), 馬糞紙(마분지), 馬生角(마생각), 馬術(마술), 馬乳(마유), 馬賊(마적), 馬車(마차), 馬草(마초), 馬牌(마패), 馬匹(마필), 車馬費(거마비), 犬馬(견마), 犬馬之誠(견마지성), 犬馬之齒(견마지치), 競馬(경마), 曲馬(곡마), 曲馬團(곡마단), 狗馬之心(구마지심)/犬馬之心(견마지심), 歸馬放牛(귀마방우), 騎馬(기마), 騎馬戰(기마전), 落馬(낙마), 童牛角馬(동우각마), 鈍馬(둔마), 木馬(목마), 名馬(명마), 白馬(백마), 不及馬腹(불급마복), 乘馬(승마), 心猿意馬(심원의마), 愛馬(애마), 驛馬(역마), 驛馬煞(역마살), 龍馬(용마), 牛馬(우마), 以鹿爲馬(이록위마), 鞍馬(안마), 種馬(종마), 走馬(주마), 走馬燈(주마등), 竹馬(죽마), 駿馬(준마), 天高馬肥(천고마비), 千軍萬馬(천군만마), 千里馬(천리마), 天馬(천마), 鐵馬(철마), 擺撥馬(파발마), 布帳馬車(포장마차), 匹馬(필마), 匹馬單騎(필마단기)/匹馬單槍(필마단창), 下馬(하마), 下馬評(하마평), 黃馬(황마),

아지랑이
[野馬(야:마)] ① 아지랑이. ② 야생하는 말.

나라 이름
[馬韓(마:한)] (역) 삼한의 하나. 삼국시대 이전에 경기도 일부와 충청도·전라도에 걸쳐 50여 부족국가로 이루어졌던 나라. 뒤에 백제에 병합되었음.

성(姓)
[馬良白眉(마:량백미)] 중국 三國(삼국) 시대 蜀(촉)의 馬良(마량)은 눈썹에 흰 털이 있었으며, 다섯 형제가 모두 빼어난 인물이었는데 그 중에서 마량이 가장 뛰어났던 고사에서 온 말. 여기에서 '白眉(백미)'라는 말이 나왔음. 쥅 白眉(백미).
[泣斬馬謖(읍참마속)] 중국 三國(삼국) 시대 蜀(촉)의 諸葛亮(제갈량)이 馬謖(마속)을 사랑하였으나, 명령을 어기어 패전한 책임을 물어 울면서 이를 사형에 처한 고사에서, '큰 목적을 위하여는 사랑하는 사람도 버림'을 비유하여 이르는 말.

바둑 또는 장기 용어
[大馬不死(대:마불사)] 바둑에서 큰 말은 잘 죽지 아니한다는 말.
[未生馬(미생마)] 바둑에서 아직 완전하게 살지 못한 말.
[行馬(행마)] ① 장기 따위를 둘 때 말을 씀. ② 바둑을 둘 때 세력을 펴 돌을 놓음.
困馬(곤마), 飛馬(비마)

기타
[河馬(하마)] (생) 아프리카의 늪·호수에서 살고 있는 하마과의 초식동물. 몸집이 크고 뚱뚱하고, 주둥이가 넓고 길이가 긴 송곳니가 있으며, 다리는 짧고 굵음.
[海馬(해마)]

豚 돼지 돈, 豕부11   0590

'豚(돈)'자는 '작은 돼지'를 뜻하기 위한 것이었으니, '돼지 豕(시)'가 표의요소로 쓰였다. 돼지고기는 豚肉(돈육)보다 猪肉(제육)을 더 일반적으로 쓴다. '猪(저)'는 '멧돼지'를 뜻하는 글자인데, '돼지고기'를 나타낼 때는 [제]로 발음한다.

돼지, 새끼 돼지
[豚肉(돈육)] 돼지고기.
[養豚(양:돈)] 돼지를 먹여 기름. 또는 그 돼지.
豚皮(돈피), 種豚(종돈)

자기 아들의 겸칭
[豚兒(돈아)] ① 아들놈. ② 남에게 자기 아들을 낮추어 이르는 말.
[家豚(가돈)] '변변하지 못한 자식'이란 뜻으로 남에게 대하여 자기의 아들을 낮추어 이르는 말.

복, 복어
[河豚(해돈)] 복어

羊 양 양, 羊부6   0591

'羊(양)'자는 '양'을 뜻하기 위하여 양의 머리와 그 뿔 모양을 본뜬 것이다.

양
[羊(양)] ① (동) 솟과의 짐승. 몸은 그리 크지 않고 길고 고불고불한 흰 털로 덮여 있는데, 털은 직물의 원료로 쓰이고 고기와 젖은 식용함. ② 성질이 퍽 온순한 사람을 비유하는 말. ③ (성) (성직자의 보살핌을 받는다는 데서) 信者(신자)를 비유하는 말.
[羊毛(양모)] 양의 털.
[緬羊(면양)/綿羊(면양)] 털이 긴 양. 그 털은 모직물의 원료로 씀.
[山羊(산양)] (동) 염소.

'羊(양)'과 관련된 사자성어
[羊頭狗肉(양두구육)] '양의 머리를 내걸어 놓고 실제로는 개고기를 판다'는 뜻으로, 겉으로는 훌륭하게 보이고 속은 변변하지 않은 것을 비유하는 말. 懸羊頭賣狗肉(현양두매구육).
[九折羊腸(구절양장)] 양의 창자처럼 꼬불꼬불하고 험한 길. ¶풍파에 놀란 사공 배 팔아 말을 사니 구절양장이 물도곤 어려왜라. 『옛 시조』
[多岐亡羊(다기망양)] 달아난 양을 찾다가 갈림길이 많아 결국 양을 찾지 못했다는 고사에서, ① 학문의 길이 여러 갈래이므로 진리를 찾기 어려움. 동 亡羊之歎(망양지탄) ② 방침이 너무 많아 도리어 갈 바를 모름.
[屠所之羊(도소지양)] '도수장으로 끌려가는 양이란 뜻으로, 죽음이 목전에 닥친 사람 또는 덧없는 인생을 비유하여 일컫는 말. 『摩訶摩耶經(마하마야경)』
[亡羊得牛(망양득우)] 양을 잃고 소를 얻음. 곧 작은

것을 잃고 큰 것을 얻음. 적은 손해로 많은 이익을 얻음을 비유하여 이르는 말.『淮南子(회남자)』
[亡羊補牢(망양보뢰)] 양을 잃고 우리를 고침. 이미 실패한 뒤에 뉘우쳐도 쓸데없음을 비유하여 이르는 말. 소 잃고 외양간 고치기.『戰國策(전국책)』
[亡羊之歎(망양지탄)] 양을 잃었는데 갈림길이 많고 복잡하여 어디로 갔는지 몰라 양을 찾을 수 없음을 한탄함. '어떤 일을 해결할 방법을 찾지 못하여 한탄함'을 비유하여 이르는 말. 동亡羊歎(망양탄) 비多岐亡羊(다기망양)『列子(열자)』
[使羊將狼(사:양장랑)] 양으로 하여금 이리의 장수가 되게 한다는 뜻으로, '약자에게 강자를 통솔하게 함'을 비유하여 이르는 말.

羊角(양각), 羊角風(양각풍), 羊乳(양유), 羊肉(양육), 羊腸(양장), 羊齒(양치), 羊齒類(양치류), 白羊(백양), 牧羊(목양), 攘羊(양양)

犬 개 견, 犬부4 0592

'犬(견)'자는 개의 모양을 본뜬 것이다.
개
[猛犬(맹견)] 사나운 개.
[愛犬(애:견)] 개를 사랑함. 또는 그 개.
一犬吠形百犬吠聲(일견폐형백견폐성) '한 마리의 개가 무엇을 보고 짖으면, 다른 많은 개들은 그 짖는 소리에 이끌리어 까닭도 모르며 짖는다'는 뜻으로, '한 사람이 그럴 듯하게 말하면 다른 많은 사람이 덩달아 그것을 사실인 양으로 소문내는 군중심리'를 비유하여 이르는 말.『旬五志(순오지)』

犬公(견공), 犬馬(견마), 犬吠(견폐), 狂犬(광견), 狂犬病(광견병), 軍犬(군견), 鷹犬(응견), 義犬(의견), 鬪犬(투견)

'개 犬(견)'와 '개 狗(구)'에 관한 사자성어
[犬馬之勞(견마지로)] 남에게 '자기가 바치는 노력'을 아주 겸손하게 일컫는 말.
[犬馬之誠(견마지성)] 남에게 '자기가 바치는 정성'을 아주 겸손하게 일컫는 말.
[犬馬之齒(견마지치)] 남에게 '자기의 나이'를 아주 겸손하게 일컫는 말.
[犬猿之間(견원지간)] 개와 원숭이의 사이처럼 두 사람의 관계가 몹시 나쁜 사이.
[犬兎之爭(견토지쟁)] 개와 토끼의 싸움. 만만한 두 사람이 싸우다 지치는 바람에 제3자가 이득을 보는 것을 말한다. 또는 '쓸데없는 다툼'을 비유하기도 한다. 비漁父之利(어부지리)
[鷹犬之任(응견지임)] 매나 사냥개처럼 남에게 부림을 당하는 소임.
[虎父犬子(호:부견자)] '아비는 범인데 자식은 개'라는 뜻으로, 훌륭한 아버지에 비해 못난 자식을 일컫는 말.
[狗頭生角(구두생각)] 개대가리에 뿔이 남. '있을 수 없는 일'을 비유하여 일컫는 말.
[狗馬之心(구마지심)/犬馬之心(견마지심)] 개나 말이 그 주인에게 충성을 다하는 만큼의 성의. '자기 진심'의 겸손한 표현.
[桀狗吠堯(걸구폐요)/桀犬吠堯(걸견폐요)] 걸왕의 개는 요임금을 보고도 짖는다. 주인이 포악하면 그를 따르는 사람이나 동물도 덩달아 사나워진다는 것을 비유하는 말.
[鷄鳴狗盜(계명구도)] 닭 울음소리나 내고 개구멍으로 물건을 훔치는 것과 같은 변변치 못한 재주를 말하거나, 혹은 고상한 학문은 없고 천박한 꾀를 써서 남을 속이는 사람을 비유하여 이르는 말.『史記(사기)』
[堂狗風月(당구풍월)] 서당의 개가 풍월을 읊음. 아무리 무식한 사람이라도 유식한 사람들과 함께 오래 생활하다보면 유식해짐. 堂狗三年吠風月(당구삼년폐풍월)
[喪家之狗(상가지구)] 초라하고 풀이 죽은 모습. 상갓집의 개는 주인이 죽어 누구도 돌봐주는 사람이 없기 때문에 슬슬 사람들의 눈치나 살피면서 지낸다는 뜻이다.『孔子家語(공자가어)·入官(입관)』
[羊頭狗肉(양두구육)] '양의 머리를 내걸어 놓고 실제로는 개고기를 판다'는 뜻으로, '겉으로는 훌륭하게 보이고 속은 변변하지 않은 것'을 비유하는 말. 懸羊頭賣狗肉(현양두매구육).
[泥田鬪狗(이전투구)] '진흙탕에서 싸우는 개'라는 뜻으로, 원래는 함경도 사람의 강인한 성격을 평한 말이었다. 두 가지 뜻이 있으니, 하나는 강인한 성격을 평하여 이르는 말이고, 또 하나는 명분이 서지 않는 일로 싸우거나 체면을 돌보지 않고 이익을 다투는 것을 비유하는 말로 사용된다. 볼썽사납게 서로 헐뜯거나 다투는 것을 비유하여 이르는 말이다.
[賊被狗咬(적피구교)] 도둑이 개한테 물림. '남에게 말할 수 없음'의 비유.『通俗編(통속편)』
[兎死狗烹(토사구팽)] '교활한 토끼가 죽으면 달리던 개도 삶아 먹힌다'는 뜻으로, 전쟁이 끝나면 功臣(공신)도 쓸모없는 것으로서 물리침을 당함을 나타내는 말. '狡兎死良狗烹(교토사양구팽)'이라는 말에서 나왔음.『史記(사기)·淮陰侯列傳(회음후열전)』☞ * 442

하찮은 것의 비유(자기에 관한 것을 겸양하여 말하거나 남을 업신여겨 말할 때 쓴다)

狗 개 구, 犬부8 0593

'狗(구)'자는 '개 犭(견)'과 '글귀 句(구)'로 이루어졌다. '강아지'를 뜻하기 위한 것이었다. 작은 개, 즉 강아지는 '狗(구)', 다 큰 개는 '犬(견)'으로 나타냈다. '개고기'는 '狗肉(구육)'이라고 하지 '犬肉(견육)'이라고 하지 않는다. 개고기는 어린 개의 고기가 맛있나보다.
개, 강아지
[狗肉(구육)] 개고기.

[堂狗三年吠風月(당구삼년폐풍월)] ☞ 犬(견)
[如狗食藥果(여구식약과)] 개 약과 먹듯 한다. 곧 '입에 넣고 먹기는 하나 맛을 모른다'는 뜻으로. 남의 말을 들으면서도 뜻을 알지 못함을 비유하여 이르는 말. 또는 뜻을 모르면서도 글을 보는 것을 비유하여 이르는 말.
[兎死狗烹(토사구팽)] ☞ 犬(견)
狗盜(구도), 獵狗(엽구), 走狗(주구), 海狗(해구), 海狗腎(해구신), 畵虎類狗(화호류구), 黃狗(황구)

鷄, 雞 닭 계, 鳥부21(18) 0594

'鷄(계)'자는 '새 鳥(조)'와 '어찌 奚(해)'로 이루어진 글자이다. '닭'을 뜻한다. '雞(계)'는 同字(동자)이나 잘 쓰이지 않는다.

닭, 가금
[鷄卵(계란)] 달걀. 닭이 낳은 알.
[鷄肋(계륵)] '닭의 갈비'처럼 먹을 만한 살은 붙어 있지 않으나 버리기는 아깝다는 뜻에서, '이익될 것도 없으나 그렇다고 버리기도 아까운 것'을 비유하는 말. 참 如嚼鷄肋(여작계륵)『後漢書(후한서)』
[群鷄一鶴(군계일학)] '닭의 무리 가운데 한 마리의 학'이라는 뜻으로, 많은 사람 가운데 뛰어난 인물을 비유하는 말.
[蔘鷄湯(삼계탕)/鷄蔘湯(계삼탕)] 어린 햇닭을 잡아 속을 빼내고 인삼을 넣고 고아서 먹는 음식.
[養鷄(양:계)] 닭을 침. 또는 그 닭. 참 養鷄場(양계장)
[牛刀割鷄(우도할계)] ☞ 牛(우)

[鷄五德(계오덕)] 닭은 다섯 가지 덕을 갖추고 있다. 머리에 冠(관)을 쓰고 있음은 文(문), 발에 며느리발톱을 가지고 있음은 武(무), 목숨을 걸고 싸움은 勇(용), 먹이를 보고 서로 부름은 仁(인), 때를 알림은 信(신).

鷄姦(계간), 鷄冠(계관), 鷄卵有骨(계란유골), 鷄鳴狗盜(계명구도), 如嚼鷄肋(여작계륵), 鷄林(계림), 鷄糞(계분), 鷄舍(계사), 鷄肉(계육), 家鷄(가계), 家鷄野雉(가계야치), 金鷄(금계), 牝鷄之晨(빈계지신), 村鷄官廳(촌계관청), 烏骨鷄(오골계), 鬪鷄(투계), 曉鷄(효계)

孤 외로울 고, 子부8 0595

'孤(고)'자는 '아버지가 죽고 없는 아이'를 뜻하기 위한 것이다. '아이 子(자)'가 표의요소로 쓰였다고 한다. '외로울 孑(혈)'을 표의요소로 볼 수도 있을 것이다. '孤(고)'자를 쓸 때도 '아이 子(자) + 오이 瓜(과)'로 쓰지 않고, '외로울 孑(혈) + 오이 瓜(과)'로 쓰고 있다. '오이 瓜(과)'는 표음요소이다. '홀로', '외롭다'는 뜻으로 쓰인다.

외롭다, 의지할 데가 없다
[孤軍奮鬪(고군분투)] ① 도움이 없는 외로운 군대가 힘에 벅찬 적군과 맞서 온 힘을 다하여 싸우는 것. ② 적은 인원이나 약한 힘으로, 남의 도움을 받지 못하고 힘겨운 일을 끈지게 하는 것.
[孤獨(고독)] ① 홀로 외로움. ¶고독을 느끼다/고독을 달래다 ② 부모 없는 어린아이와 자식 없는 늙은이.
[孤魂(고혼)] 붙일 곳 없이 떠도는 외로운 넋. 참 無主孤魂(무주고혼)
[德不孤必有隣(덕불고필유인)] 덕은 외롭지 않으니 반드시 이웃이 있는 법이다. 훌륭한 일을 하는 사람은 한때 고립되고 질시를 받을 수는 있지만 결국 정성이 통해 이에 동참하는 사람이 나온다는 뜻이다. 출 德必有隣(덕필유인)『論語(논어)·里仁篇(이인편)』
孤雲(고운), 孤雲野鶴(고운야학), 孤蝶(고접), 無主孤魂(무주고혼)

홀로, 하나, 외따로
[孤立(고립)] ① 홀로 외따로 떨어져 있음. ② 남과 어울리지 못하고 외톨이가 됨. 참 孤立無援(고립무원)
[孤掌難鳴(고장난명)] '한 손바닥으로는 소리가 나게 하기 어려움'이란 뜻에서, '혼자서는 일을 하기가 어려움'을 비유하여 이르는 말. 비 獨掌不鳴(독장불명)
[絶海孤島(절해고도)] 먼 바다의 외딴 섬.
孤高(고고), 孤單(고단), 孤島(고도), 孤峰(고봉), 孤松(고송), 孤舟(고주), 孤枕單衾(고침단금), 孤枕寒燈(고침한등), 傲霜孤節(오상고절)

고아, 아버지가 죽어 없는 아이, 부모가 죽어 없는 아이
[孤兒(고아)] 부모를 여의어 몸 붙일 곳이 없는 아이. ¶고아로 자라다 참 孤兒院(고아원)
[孤子(고자)] 아버지가 죽고 어머니만 있는, 상중에 있는 사람이 '자기'를 일컫는 말. 참 孤哀子(고애자), 哀子(애자)
[鰥寡孤獨(환과고독)] 홀아비, 과부, 고아, 늙어서 자식이 없는 사람. 외롭고 의지할 데 없는 四窮民(사궁민).

獨 홀로 독, 犬부16 0596

'獨(독)'자는 '개 犭(견)'과 '나라 이름 蜀(촉)'으로 이루어졌다. 개가 서로 '싸우다'는 뜻이다. 羊(양)은 무리를 짓고, 개는 그렇지 않기 때문에 '홀로'라는 뜻으로 쓰이게 되었다.

홀로, 혼자
[獨立(독립)] ① 독자적으로 존립함. ② 다른 것에 예속되거나 의존하지 아니하는 상태로 있음. ③ 한 나라가 정치적으로 완전한 주권을 행사함. 참 獨立國(독립국), 獨立軍(독립군), 獨立門(독립문)
[獨善(독선)] 남의 생각은 무시하고 제 혼자만 옳다고 믿거나 주장하는 일. ¶독선에 빠지다
[獨裁(독재)] ① 특정 개인·단체·당파·계급 따위가 국가나 어떤 분야에서 권력을 쥐고 모든 일을 독단으로 처리하는 일. ② 독재 정치.
[獨占(독점)] ① 독차지. ② (경) 어떤 특정 자본 또는

기업이 생산과 시장을 지배하고 있는 상태. 참獨占價格(독점가격), 獨占企業(독점기업), 獨占資本(독점자본)

[獨唱(독창)] 성악에서 혼자서 노래를 부름. 또는 그 노래. 참合唱(합창)

[孤獨(고독)] ☞ 孤(고)

[孤掌難鳴(고장난명)] ☞ 孤(고)

[獨木不林(독목불림)] 한 그루의 나무만으로는 숲이 되지 못함. '단 한 사람의 힘만으로는 일이 성취되지 못함'의 비유. 『崔駰(최인)·達旨(달지)』

[(君子必) 愼己獨也(신:기독야)/愼獨(신:독)] (군자는) 자신이 홀로 있을 때 삼간다. 혼자 있을 경우, 즉 타인이 보거나 듣지도 않을 경우라도 언행을 조심하고 스스로를 속이지 않도록 한다. 이것이 군자가 지향하는 것이다. 『大學(대학)·傳6章(전6장)』

[天上天下唯我獨尊(천상천하유아독존)] '천지 사이에 내가 가장 존귀함'을 뜻한다. 釋迦(석가)가 태어났을 때 처음 스스로 한 말이라고 한다. 唯我獨尊(유아독존)의 '我(아)'는 개인의 '나'를 뜻하는 것이 아니라 '우리' 즉 '모든 인간'을 지칭하는 것이라고 한다. ☞ * 416

獨居(독거), 獨寡占(독과점), 獨斷(독단), 獨島(독도), 獨樂(독락), 獨木橋(독목교), 獨舞臺(독무대), 獨房(독방), 獨白(독백), 獨步(독보), 獨步的(독보적), 獨不將軍(독불장군), 獨床(독상), 獨先生(독선생), 獨守空房(독수공방)/獨宿空房(독숙공방), 獨食(독식), 獨身(독신), 獨室(독실), 獨眼龍(독안룡), 獨也靑靑(독야청청), 獨子(독자), 獨自(독자), 獨酌(독작), 獨尊(독존), 獨奏(독주), 獨走(독주), 獨學(독학), 單獨(단독), 無男獨女(무남독녀), 惟獨(유독)/唯獨(유독), 唯我獨尊(유아독존)

남과 다르다

[獨創(독창)] 스스로 새롭고 독특한 것을 생각해 냄. 참獨創力(독창력), 獨創的(독창적)

[獨特(독특)] 견줄 만한 것이 없이 특별하게 다르다. ¶독특한 냄새/독특한 취향

홀몸, 늙어서 자식이 없는 사람

[鰥寡孤獨(환과고독)] ☞ 孤(고)

기타

[獨逸(독일)] '도이치란트(Deutschland)'의 한자 음역어

産 낳을 산:, 기를 산:, 生부11   0597

'産(산)'자는 '날 生(생)'과 '선비 彦(언)의 생략형'으로 이루어졌다.

낳다, 태어나다, 출생지

[産卵(산:란)] 알을 낳음. 참産卵回遊(산란회유)
[産母(산:모)] 막 해산한 아이 어머니.
[順産(순:산)] 아무 탈 없이 순조롭게 아이 낳음. 반難産(난산)
[流産(유산)] ① 태아가 달이 차기 전에 죽어서 나옴. ② '계획한 일이 이루어지지 못함'을 비유하는 말.
[出産(출산)] ① (아이를) 낳음. ② 생겨남. 만들어짐.

産苦(산고), 産氣(산기), 産婦(산부), 産婦人科(산부인과), 産室(산실), 産兒(산아), 産痛(산통), 産婆(산파), 産後(산후), 多産(다산), 斷産(단산), 姙産婦(임산부), 早産(조산), 助産(조산), 解産(해산)

만들어내다, 생산하다, 생업

[産業(산:업)] ① 살아가기 위한 모든 일. ② (경) 재화를 생산하는 사업. 농업·공업·수산업·임업 따위. 넓게는 생산과 직접 관계되지 않는 상업·운수업·금융업·서비스업 따위도 포함시킴.
[産地(산:지)] 물건이 생산되는 곳. 생산지의 준말.
[國産(국산)/國産品(국산품)] ① 자기 나라에서 생산되는 물품. ② 우리나라에서 생산된 물품.
[生産(생산)] ① 자연물에 인력을 가하여 사람에게 쓸모 있는 재화(財貨)를 만들어 내거나 획득하는 일. ② 생계(生計)의 방편이 되는 산업.
[增産(증산)] 계획이나 기준보다 생산량이 늘어남. ¶식량증산

産物(산물), 産油(산유), 産出(산출), 工産(공산), 共産主義(공산주의), 過剩生産(과잉생산), 基幹産業(기간산업), 農産(농산), 農産物(농산물), 名産(명산), 物産(물산), 副産物(부산물), 所産(소산), 水産(수산), 水産業(수산업), 量産(양산), 原産(원산), 原産地(원산지), 林産物(임산물), 畜産(축산), 土産(토산)/土産物(토산물)/土産品(토산품), 特産(특산), 特産物(특산물), 特産品(특산품), 海産物(해산물)

재산

[倒産(도:산)] ① 아기를 거꾸로 낳음. ② 재산을 모두 잃고 무너짐. ¶경기 불황으로 기업들이 도산하다
[動産(동:산)] 모양이나 성질을 변하지 않고 옮길 수 있는 재물. 토지 및 그 정착물(定着物) 이외의 모든 유체물(有體物). 참不動産(부동산)
[無産(무산)] 재산이 없음. 반有産(유산) 참無産階級(무산계급) 無産者(무산자)
[遺産(유산)] ① 죽은 사람이 남겨 놓은 재산. ② 앞 세대가 물려준 문화나 전통. ¶문화의 유산
[財産(재산)] ① 개인·단체·나라 등에서 가지고 있는, 경제적 가치를 지닌 모든 물건. ¶재산 관리/국유재산 ② '소중한 것'을 비유하는 말.
[破産(파:산)] ① 재산을 몽땅 잃고 망함. ② (법) 채무자가 채무를 완전히 갚을 수 없을 때, 채무자의 재산을 나누어 모든 채권자에게 공평히 갚을 것을 목적으로 하는 재판 절차. ¶파산 선고
[有恒産者有恒心(유항산자유항심), 無恒産者無恒心(무항산자무항심).] 떳떳한 재산이 있는 사람은 떳떳한 마음을 갖는다. 일정한 재산이 없는 사람은 떳떳한 마음이 없다. 그러므로 백성에게 일정한 재산을 갖게 하는 것이 백성의 마음을 안정시키는 방법이다. 『孟子(맹자)·滕文公 上(등문공 상)』

家産(가산), 公有財産(공유재산), 國有財産(국유재산),

禁治産(금치산), 禁治産者(금치산자), 不動産(부동산), 私有財産(사유재산), 殖産(식산), 有産者(유산자), 有産階級(유산계급), 資産(자산), 財産稅(재산세), 治産(치산), 限定治産(한정치산), 恒産(항산)

的 과녁 적, 白부8　0598

'的(적)'자는 '흰 白(백)'과 '술그릇 勺(작)'으로 이루어졌다. 활을 쏠 때 과녁은 희게 눈에 잘 띄어야 하는 것이었다. '희다'가 본뜻이었는데, '과녁', '요긴한 부분' 등의 뜻으로 바뀌어 쓰이게 되었다.

과녁, 활을 쏘는 표적, 요점, 가장 요긴한 부분
[的中(적중)] 목표한 과녁에 정확히 들어맞음. ¶일기예보가 적중하다.
[目的(목적)] ① 목표로 정한 과녁. ② 이루려고 하는 일. 또는 나아가려고 하는 방향.
[標的(표적)] ① 목표가 되는 물건. ② 표지로 삼는 표. 目的格(목적격), 目的語(목적어), 多目的(다목적)

참되다, 바르다, 적실하다
[的否(적부)] 꼭 그러함과 그렇지 아니함.

확실하게, 적확히
[的確(적확)] 틀림없이 들어맞음. 확실하여 틀림이 없음. ¶적확한 표현

조사(명사, 동사, 형용사, 부사에 붙여 쓴다. 주로 '…의'에 해당한다)
[客觀的(객관적)] 객관으로 존재하거나 객관에 바탕을 둔. 또는 그러한 것. 凾主觀的(주관적)
[經濟的(경제적)] ① 경제에 관한. 또는 그러한 것. ¶경제적으로 여유가 있다 ② 재물·노력·시간 따위가 적게 드는. 또는 그러한 것. ¶경제적인 방법
[具體的(구체적)] 실제로 일정한(뚜렷한) 형상이나 성질을 갖추고 있는. 또는 그러한 것. ¶구체적으로 설명하다
[物質的(물질적)] ① 물질에 관한. 또는 그러한 것. 凾精神的(정신적) ② 정신보다 돈 따위의 물질에 치중하는. 또는 그러한 것.
[歷史的(역사적)] ① 역사에 관한. 또는 그런 것. ¶역사적 경험 ② 역사에 따른. 또는 그러한 것. ¶우리는 역사적 사명을 띠고 이 땅에 태어났다 ③ 역사에 길이 남을 만한. 또는 그러한 것. ¶역사적 인물/역사적인 사건
[理想的(이상적)] 이성(理性)에 의하여 생각할 수 있는 범위 안에서 가장 바람직한. 또는 그러한 것.
[形式的(형식적)] 실질보다 형식만을 주로 하는. 또는 그러한 것.
憾情的(감정적), 感情的(감정적), 擧國的(거국적), 巨視的(거시적), 擧族的(거족적), 決死的(결사적), 姑息的(고식적), 公的(공적), 窮極的(궁극적), 規則的(규칙적), 極端的(극단적), 劇的(극적), 近視眼的(근시안적), 肯定的(긍정적), 機械的(기계적), 紀念碑的(기념비적), 樂天的(낙천적), 浪漫的(낭만적), 內省的(내성적), 內的(내적), 露骨的(노골적), 多角的(다각적), 端的(단적), 斷片的(단편적), 圖式的(도식적), 獨步的(독보적), 動的(동적), 盲目的(맹목적), 侮辱的(모욕적), 物的(물적), 微視的(미시적), 微溫的(미온적), 排他的(배타적), 法的(법적), 變則的(변칙적), 病的(병적), 保守的(보수적), 本格的(본격적), 附隨的(부수적), 否定的(부정적), 比較的(비교적), 悲劇的(비극적), 批判的(비판적), 私的(사적), 相對的(상대적), 常習的(상습적), 常套的(상투적), 世俗的(세속적), 消極的(소극적), 數的(수적), 實質的(실질적), 實用的(실용적), 心理的(심리적), 心的(심적), 癌的(암적), 壓倒的(압도적), 量的(양적), 演繹的(연역적), 靈的(영적), 外的(외적), 有機的(유기적), 肉體的(육체적), 意識的(의식적), 異例的(이례적), 印象的(인상적), 一般的(일반적), 恣意的(자의적), 暫定的(잠정적), 猪突的(저돌적), 積極的(적극적), 傳說的(전설적), 全的(전적), 漸進的(점진적), 情熱的(정열적), 靜的(정적), 粗放的(조방적), 組織的(조직적), 卽興的(즉흥적), 枝葉的(지엽적), 質的(질적), 集約的(집약적), 抽象的(추상적), 破格的(파격적), 偏頗的(편파적), 爆發的(폭발적), 皮相的(피상적), 必死的(필사적), 合理的(합리적), 合法的(합법적), 獻身的(헌신적), 現實的(현실적), 好戰的(호전적), 懷疑的(회의적), 劃期的(획기적), 劃一的(획일적)

相 서로 상, 볼 상, 目부9　0599

'相(상)'자는 '나무 木(목)'과 '눈 目(목)'으로 구성되었다. 부수는 '눈 目(목)'으로 지정되었다. '나무가 자라는 것을 눈으로 살피다'가 본뜻이었다. '서로'라는 뜻으로 쓰인다.

서로
[相關(상관)] ① 서로 관계를 맺음. 또는 그 관계. 凾相關關係(상관관계) ¶그것이 나와 무슨 상관이 있느냐? ② 남의 일에 간섭함. ¶상관하지 말아라
[相對(상대)] ① 서로 마주 대함. ¶상대를 해 주다 ② 서로 겨루거나 맞섬. 또는 그 대상. ¶그는 내 경쟁 상대가 아니다 ③ 어떤 관계의 대상 ¶결혼 상대 ④ (철) 다른 사물에 의존·제약 관계에 있는 것. 凾相對性(상대성), 相對的(상대적), 相對評價(상대평가)
[相扶相助(상부상조)] 서로서로 도움.
[相互(상호)] 서로. ¶상호 이해/상호 견제 凾相互作用(상호작용)
[同病相憐(동병상련)] 같은 병에 걸린 사람끼리 서로 불쌍히 여긴다는 뜻으로, '곤란한 처지에 있는 사람들끼리 서로 딱하게 여기고 동정함'을 이르는 말. 凾同憂相救(동우상구)
[一脈相通(일맥상통)] 어떤 상태나 성질 따위가 한 가지로 서로 통함.
[氷炭不相容(빙탄불상용)] 얼음과 숯불은 성질이 정반대여서 서로 용납되기 어려워 조화 일치할 수 없음을

이르는 말. 團氷炭不同器(빙탄부동기), 水火不相容(수화불상용)
相見禮(상견례), 相關關係(상관관계), 相剋(상극), 相談(상담), 相當(상당), 相對評價(상대평가), 相同(상동), 相面(상면), 相反(상반), 相逢(상봉), 相似(상사), 相思曲(상사곡), 相思病(상사병), 相生(상생), 相殺(상쇄), 相乘(상승), 相應(상응), 相議(상의), 相異(상이), 相殘(상잔), 相爭(상쟁), 相助(상조), 相從(상종), 相衝(상충), 相避(상피), 肝膽相照(간담상조), 隔闊相思(격활상사), 慶弔相問(경조상문), 骨肉相殘(골육상잔)/骨肉相爭(골육상쟁), 刮目相對(괄목상대), 敎學相長(교학상장), 同族相殘(동족상잔), 名實相符(명실상부), 不相見(불상견), 氷炭相愛(빙탄상애), 首尾相應(수미상응), 龍虎相搏(용호상박), 類類相從(유유상종), 志氣相合(지기상합), 表裏相應(표리상응), 皮骨相接(피골상접), 禍福相生(화복상생), 患難相恤(환난상휼)/患難相救(환난상구)

이어 받다, 끊이지 않다
[相續(상속)] 일정한 친족 관계에 있는 사람 사이에서 한 사람의 사망으로 다른 사람이 법률상의 신분이나 재산에 관한 지위를 물려받는 일. 호주상속과 재산상속의 두 가지가 있음.

점치다, 상을 보다
[觀相(관상)] 얼굴 등의 모양을 보고 그 사람의 재수나 운명 등을 판단하는 일. ¶관상을 보러 가다
[吉相(길상)] 복을 받을 相格(상격)
[手相(수상)] ① 손금. ¶손금을 보다 ② 손금으로 그 사람의 운수·길흉을 판단하는 점.
貴相(귀상), 惡相(악상), 凶相(흉상)

형상, 사람의 용모, 모습, 형태
[窮相(궁상)] 궁하게 생긴 얼굴 상.
[色相(색상)] ① 어떤 빛깔을 다른 빛깔과 구별하는 근거가 되는 특질. 곧 빨강·파랑·노랑 등으로 구별되는 특성. 團明度(명도), 彩度(채도) ② 色調(색조). ③ (불) 눈으로 볼 수 있는 형상.
[樣相(양상)] 생김새나 모습. ¶고분 벽화에서 보이는 회화는 그때 사람들의 생활 양상을 보여 주는 생생한 자료이다
[人相(인상)] 사람 얼굴의 생김새. ¶인상이 좋다.
[眞相(진상)] 참모습. 실제의 형편. ¶사건의 진상을 밝히다
[皮相(피상)] 겉으로 나타나 보이는 모양. 團皮相的(피상적)
骨相(골상), 男相(남상), 萬物相(만물상), 面相(면상), 福相(복상), 心相(심상), 位相(위상), 皮相的(피상적)

정승, 백관의 장, 섭정, 삼공
[相公(상공)] '宰相(재상)'의 높임말.
[首相(수상)] ① (정) 내각의 우두머리. 국무총리, 내각 총리대신 등이 있음. ② (역) 영의정.
[國亂則思良相(국난즉사량상)] 나라가 어지러우면 비로소 어진 신하를 생각하게 된다. 『史記(사기)』 ☞ * 001

[王侯將相寧有種乎(왕후장상영유종호)] 왕후장상이라 하여 어찌 따로 씨가 있겠느냐. '어떤 사람이라도 마음먹기에 따라 입신 출세할 수 있음'을 이름. 『史記(사기)』
丞相(승상), 領相(영상), 王侯將相(왕후장상), 將相(장상), 宰相(재상), 出將入相(출장입상)

對 대할 대:, 대답할 대:, 寸부14 0600

'對(대)'자는 '윗사람의 물음에 대답하다'가 본뜻이다.

대답하다
[對答(대:답)] ① 묻는 말에 대하여 답함. ② 어떤 문제를 푸는 실마리. 또는 그 해답.

앞에 두고 마주 대하다, 접촉하여 관계를 맺다, 행위의 대상으로 하다, 상대, 적대자, 사물과 사물의 대비나 대립을 나타낼 때 쓰는 말
[對立(대:립)] ① 서로 마주하여 섬. 서로 맞서거나 버팀. ② 서로 반대되거나 모순됨.
[對話(대:화)] 마주보며 이야기를 주고받음. 또는 그 이야기.
[反對(반:대)] ① 두 사물이 모양, 위치, 방향, 순서 따위에서 맞서 있는 상태. 團反對給付(반대급부) ② 어떤 의견이나 제안 등에 찬성하지 아니함.
[相對(상대)] ☞ 相(상)
對價(대가), 對角線(대각선), 對決(대결), 對共(대공), 對空(대공), 對局(대국), 對空砲(대공포), 對南(대남), 對內(대내), 對談(대담), 對鍊(대련), 對流(대류), 對面(대면), 對美(대미), 對北(대북), 對比(대비), 對備(대비), 對象(대상), 對岸(대안), 對譯(대역), 對外(대외), 對牛彈琴(대우탄금), 對應(대응), 對人(대인), 對日(대일), 對酌(대작), 對敵(대적), 對照(대조), 對坐(대좌), 對陣(대진), 對質(대질), 貸借對照表(대차대조표), 對策(대책), 對處(대처), 對替(대체), 對峙(대치), 對稱(대칭), 對抗(대항), 刮目相對(괄목상대), 相對性(상대성), 相對的(상대적), 相對評價(상대평가), 應對(응대), 敵對(적대), 敵對視(적대시), 絕對(절대), 絕對值(절대치), 絕對評價(절대평가)

서로 대립되게 짝을 만드는 수사적 표현
[對句(대:구)] (문) 對(대)를 맞춘 시의 글귀.

같다
[對等(대:등)] 서로 맞먹거나 같음.

기타
[對數(대:수)] (수) 어떤 수를 거듭 제곱하여 주어진 수와 같아지는 그 거듭제곱의 수. 로가리듬(logarithm). 團對數表(대수표), 對數函數(대수함수)

示 보일시:, 示부5 0601

'示(시)'자는 '신주' 모양을 본뜬 것이라고도 하고, 신에게 제사를 지내는 '제단' 모양을 본뜬 것이라고도 한다. '示(시)'자가 부수로 쓰일 때는 모두 '제사'와 관련이 있다.

'示(시)'자가 글자의 변으로 올 때에는 '衤(시)'로 쓴다.
보이다, 보여서 알리다
[示範(시:범)] 본보기를 보임. ¶시범을 보이다
[示威(시:위)] 위력을 드러내 보임. ¶대규모 시위가 벌어졌다
[揭示(게:시)] 내붙이거나 내걸어 널리 보게 함. 참揭示板(게시판)
[誇示(과:시)] ① 자랑하여 보임. ② 사실보다 크게 나타내 보임.
[暗示(암:시)] 뜻한 바를 넌지시 알림. 또는 그 내용. ¶무언으로써 승낙한다는 암시를 주었다
[展示(전:시)] ① 벌이어 차려 놓고 보임. 참展示效果(전시효과), 展示會(전시회) ② 책·편지 따위를 펴서 봄.
[標示(표시)] 잘 알아보도록 문자나 기호로 나타냄. ¶가격 표시
示達(시달), 示唆(시사), 街頭示威(가두시위), 啓示(계시), 告示(고시), 公示(공시), 明示(명시), 黙示(묵시), 黙示錄(묵시록), 例示(예시), 摘示(적시), 提示(제시), 指示(지시), 判示(판시), 表示(표시), 顯示(현시)
가르치다
[諭示(유시)] 관청 등에서 백성에게 타일러 가르침. 또는 그 문서.
[訓示(훈:시)] ① 가르쳐 보임. ② 윗사람이 아랫사람에게 집무상의 주의 사항을 일러 보임.

慶 경사 경:, 心부15 0602

'慶(경)'자는 '사슴 鹿(록)'과 '마음 心(심)', '천천히 걸을 夊(쇠)'의 세부분으로 이루어졌다. '(축하해줄 만한) 기쁜 일'이 본뜻이다. 축하는 마음[心]으로 하는 것이다. 사슴[鹿] 가죽 같은 귀중품을 선물했다. '발 止(지)'의 변형인 '夊(치)'가 들어간 것은 직접 가서 동참하는 의미를 가진다.
경사, 축하할 만한 기쁜 일, 경사스럽다, 축하하다, 기뻐하다
[慶事(경:사)] 매우 즐겁고 기쁜 일. ¶그 집에 경사 났네
[慶弔(경:조)] 경사스러운 일과 궂은 일. 婚事(혼사)나 喪事(상사) 따위. 참慶弔事(경조사)
[慶祝(경:축)] 경사스러운 일을 축하함. ¶광복절 경축 행사
[國慶日(국경일)] 나라에서 법으로 정한 국가적인 경축의 날. 삼일절(三一節), 제헌절(制憲節), 광복절(光復節), 개천절(開天節)이 있다.
[積善之家必有餘慶(적선지가필유여경)/積善餘慶(적선여경)] 착한 일을 쌓고 쌓은 사람은 慶福(경복)이 자신에게 뿐만 아니라 자손에게까지 미치게 됨. 『易經(역경)』
慶宴(경연), 慶節(경절), 慶弔相問(경조상문), 慶賀(경하), 具慶(구경), 具慶下(구경하)

祝 빌 축, 示부10 0603

'祝(축)'자는 '보일 示(시)', '입 口(구)', '사람 儿(인)'으로 이루어졌다. 신주 앞에 사람이 무릎을 꿇고 앉아 기도를 드리는 모습이다. 행복을 구하여 '빌다', '축하하다'의 뜻을 나타낸다.
빌다, 기원하다
[祝福(축복)] 행복을 빎.
[祝手(축수)] 두 손바닥을 마주 대고 빎.
[祝願(축원)] 神佛(신불)에게 바라는 바를 아뢰고 그 성취를 비는 일.
祝禱(축도), 祝壽(축수), 頌祝(송축)
축문, 신을 섬기는 일을 업으로 하는 사람
[祝官(축관)] 제사 지낼 때 축문을 읽는 사람.
[祝文(축문)] ① 복을 비는 글. ② 제사 때, 신명에게 읽어 고하는 글.
[讀祝(독축)] 축문을 읽음.
축하하다, 축배를 드리다, 축복하다, 경사, 기쁨
[祝杯(축배)] 축하하는 뜻으로 드는 술잔.
[祝祭(축제)] 축하하는 뜻에서 거행하는 제전. 경축하여 벌이는 큰 잔치나 행사를 이르는 말.
[祝賀(축하)] 남의 기쁜 일에 대하여 더 큰 기쁨이 있기를 빌어주는 뜻으로 하는 인사.
[慶祝(경:축)] ☞ 慶(경)
[自祝(자축)] 제 경사를 스스로 축하함.
祝辭(축사)/祝詞(축사), 祝詩(축시), 祝宴(축연)/祝筵(축연), 祝儀(축의), 祝意(축의), 祝日(축일), 祝典(축전), 祝電(축전), 祝砲(축포), 感祝(감축), 奉祝(봉축), 仰祝(앙축)

賀 하례 하:, 貝부12 0604

'賀(하)'자는 본래 '기쁨을 함께 하다'는 뜻을 나타내기 위하여 '돈'을 뜻하는 '貝(패)'와 '더하다'는 뜻의 '加(가)'자로 이루어진 글자이다. 다른 사람을 축하할 때는 간단한 예물이나 돈[貝]을 주는[加] 것이 중요함을 이로써 알만하다.
하례하다, 축사로 경축하다, 경축, 경사
[賀客(하:객)] 축하하기 위해 온 손님.
[謹賀新年(근:하신년)] '삼가 새해를 축하드립니다'라는 뜻의, 연말 연시에 연하장 등에 쓰는 인사말. 참恭賀新年(공하신년)
[年賀狀(연하장)] 새해를 축하하기 위하여 주고받는 인사장.
[祝賀(축하)] ☞ 祝(축)
[致賀(치:하)] ① 축하하는 뜻을 보냄. ② 남이 한 일에 대하여 고마움이나 칭찬의 뜻을 표하는 말. ¶직원들의 노고를 치하하다
賀禮(하례), 賀禮客(하례객), 賀筵(하연)/賀宴(하연), 賀正(하정), 慶賀(경하), 謹賀(근하), 年賀(연하)

種 씨 종, 종류 종(:), 禾부14 0605

'種(종)'자는 '벼 禾(화)'와 '무거울 重(중)'으로 이루어졌다. 벼 등 곡식의 씨를 '뿌리다'가 본뜻이다. '씨' 또는 '씨를 심다' 등의 뜻으로 쓰일 때는 단음 [종]으로 발음하고, '갈래·종류'의 뜻으로 쓰일 때는 장음 [종:]으로 발음한다.

씨, 곡식의 씨, 식물의 씨, 동물의 씨, 씨 뿌리다, 씨를 심다

[種豆得豆(종두득두)] 콩 심은 데 콩 난다. '원인에 따라 결과가 생김'을 이르는 말. 찹種瓜得瓜(종과득과), 種麥得麥(종맥득맥)

[種苗(종묘)] ① 종자와 묘. 찹種苗商(종묘상) ② 씨를 심어서 모종이나 묘목 따위를 가꿈.

[種子(종자)] 식물에서 나온 씨. 또는 씨앗.

[育種(육종)] 유용 동식물을 육성하는 일. 유전학적 품종 개량, 원종의 유지 관리 등을 포함한다.

[接種(접종)] (의) 병의 예방·치료·진단 또는 실험을 하려고 생물체나 병원체나 백신 따위를 사람 또는 동물의 체내에 주입하는 일. ¶예방접종

[播種(파종)] 논밭에 곡식의 씨앗을 뿌림.

[王侯將相寧有種乎(왕후장상영유종호).] 왕후장상이라 하여 어찌 따로 씨가 있겠느냐. '어떤 사람이라도 마음먹기에 따라 입신 출세할 수 있음'을 이름. 『史記(사기)』

[春不耕種秋後悔(춘불경종추후회).] 봄에 씨를 뿌리지 않으면 가을에 후회한다. 『朱子(주자)·朱子十悔訓(주자십회훈)』 ☞ * 387

種豚(종돈), 種痘(종두), 種馬(종마), 種牡牛(종모우), 種實(종실), 種畜(종축), 種畜場(종축장), 耕種(경종), 晩生種(만생종), 芒種(망종), 滅種(멸종), 變種(변종), 蠶種(잠종), 採種(채종), 浸種(침종)

종류, 품류

[種類(종:류)] 사물의 부문을 나누는 갈래.

[種目(종:목)] 여러 가지 종류에 따라 나눈 항목. ¶운동 경기 종목

[多種多樣(다종다양)] 가짓수와 모양이 여러 가지임.

[業種(업종)] 직업이나 영업의 종류.

[人種(인종)] 사람의 피부색·골격·용모 따위의 다름으로 분류한 사람의 종류. 黃人種(황인종)·白人種(백인종)·黑人種(흑인종) 등.

[在來種(재:래종)] 예로부터 전해 내려오는 작물이나 가축의 종자 또는 품종.

種別(종별), 各種(각종), 甲種(갑종), 毒種(독종), 某種(모종), 別種(별종), 丙種(병종), 純種(순종), 新種(신종), 野生種(야생종), 役種(역종), 異種(이종), 一種(일종), 雜種(잡종), 早生種(조생종), 職種(직종), 車種(차종), 土鐘(토종), 特種(특종), 品種(품종)

핏줄, 혈통, 부족, 무리

[種族(종족)] ① 조상이 같고, 같은 언어·문화 등을 가지는 사회 집단. ② 같은 종류에 딸려 있는 온갖 생물의 겨레.

[食人種(식인종)] 사람 고기를 먹는 일, 또는 그러한 풍습을 가진 종족.

類 무리 류:, 頁부19 0606

'類(류)'자는 '쌀 米(미)', '개 犬(견)', '머리 頁(혈)'로 이루어졌다. 모두 둥근 것들이어서 구별하기가 힘들어 '비슷하다'는 뜻을 나타낸다고 한다. 둥근 것이 어디 그것들뿐이랴. 차라리 '개[犬] 떼가 쌀밥[米]에 대가리[頁]를 처박고 허발을 하고 먹는 모습'을 상상하면서 글자 모양이라도 익히는 편이 낫겠다.

무리, 동류, 종류

[類類相從(유:유상종)] 같은 무리끼리 서로 왕래하며 사귄다는 뜻으로, 비슷한 부류의 사람들끼리 서로 어울려 지내는 것을 말한다.

[類型(유:형)] 비슷한 부류 또는 그 형태. ¶생물은 크게 식물과 동물의 두 유형으로 나뉜다.

[分類(분류)] 종류를 따라서 나눔. ¶도서 분류/식물 분류 찹分類學(분류학)

[書類(서류)] 글자로 적은 문서 따위.

[衣類(의류)] 옷으로 입을 수 있는 종류를 통틀어 이르는 말.

[種類(종:류)] 사물의 부문을 나누는 갈래.

類別(유별), 類緣(유연), 類聚(유취), 甲殼類(갑각류), 穀類(곡류), 果菜類(과채류), 菌類(균류), 糖類(당류), 同類(동류), 同類項(동류항), 豆類(두류), 麥類(맥류), 部類(부류), 薯類(서류), 兩棲類(양서류), 羊齒類(양치류), 魚類(어류), 魚貝類(어패류), 鹽類(염류), 靈長類(영장류), 有袋類(유대류), 油類(유류), 肉類(육류), 人類(인류), 鳥類(조류), 藻類(조류), 酒類(주류), 爬蟲類(파충류), 貝類(패류), 哺乳類(포유류)

닮다, 비슷하다

[類例(유:례)] 같거나 비슷한 사례.

[類似(유:사)] 비슷하거나 닮음. 서로 비슷함. ¶유사 단체

[類推(유:추)] 같거나 비슷한 원인을 근거로 결과를 미루어 짐작함. 또는 그런 짐작. 비斟酌(짐작), 推理(추리)

[畵虎類狗(화:호유구)] '범을 그리려다 강아지를 그린다'는 뜻으로, 서투른 솜씨로 어려운 특수한 일을 하려다가 도리어 잘못됨을 이르는 말.

競 겨룰 경:, 다툴 경:, 立부20 0607

'競(경)'자는 두 사람이 열심히 달리고 있는 모습이라고 한다.

겨루다, 다투다

[競技(경:기)] 일정한 규칙 아래 기량과 기술의 우열을 겨루는 일. 특히 스포츠 경기.

[競爭(경:쟁)] 서로 앞서거나 이기려고 겨루고 다툼. ¶치열한 경쟁을 벌이다
[競合(경:합)] 겨룸.
[生存競爭(생존경쟁)] ① 모든 생물이 제각기 자기 생명의 유지 발전을 위하여 서로 경쟁하여 적자(適者)는 생존하고 열자(劣者)는 도태(淘汰)되는 현상. ② 서로 살기 위하여 다투는 일.
競輪(경륜), 競馬(경마), 競馬場(경마장), 競賣(경매), 競買(경매), 競步(경보), 競選(경선), 競演(경연), 競艷(경염), 競飮(경음), 競走(경주), 競進(경진), 陸上競技(육상경기)

筆 붓 필, 竹부12　　0608

'筆(필)'자는 원래 손에 붓을 쥐고 있는 모습인 '붓 聿(율)'로 썼었다. 붓을 손에 잡는 부분을 대나무로 하는 예가 많아 후에 '대 竹(죽)'을 덧붙였다. '글씨'라는 뜻으로 확대되었다.

붓
[筆筒(필통)] ① 붓을 꽂아두는 통. ② 연필·지우개·붓 따위 필기도구를 넣어가지고 다니는 작은 상자 모양의 물건.
[萬年筆(만:년필)] 잉크를 넣어 오랫동안 글씨를 쓸 수 있게 만든 펜.
[鉛筆(연필)] 黑鉛(흑연)으로 심을 넣어 만든 필기도구.
[一筆揮之(일필휘지)] 한 번 붓을 들어 휘두름. 글씨를 단숨에 힘차고 시원하게 죽 쓰는 모양.
[執筆(집필)] ① 붓을 잡고 글이나 글씨를 씀. ② 직접 글을 씀.
[能書不擇筆(능서불택필).] 서예에 능한 사람은 붓을 가리지 않는다. 재주나 능력이 경지에 오른 사람은 도구의 성능에 구애받지 않고 일을 잘 처리한다는 뜻이다. '서툰 목수가 연장 탓한다'는 속담과 비슷한 뜻을 담고 있다. 『周顯宗(주현종)·論書(논서)』
筆頭(필두), 筆鋒(필봉), 筆舌(필설), 加筆(가필), 葛筆(갈필), 毛筆(모필), 墨筆(묵필), 粉筆(분필), 紙筆硯墨(지필연묵), 絶筆(절필), 鐵筆(철필)

필적, 글씨, 필재, 글씨를 쓰다
[筆記(필기)] ① 붓으로 기록함. ② 강의나 연설 따위의 내용을 받아씀.
[筆答(필답)] 글로 써서 대답함. 참筆答試驗(필답시험)
[筆跡(필적)] 써 놓은 글씨의 생김새나 그 솜씨. 참筆跡鑑定(필적감정)
[亂筆(난필)] ① 아무렇게나 끼적거려 어지럽게 쓴 글씨. ② 자기가 쓴 글씨를 겸손하게 이르는 말. ¶난필을 용서하시기 바랍니다
[達筆(달필)] ① 썩 잘 쓰는 글씨. ② 장래 귀하고 높이 될 기상이 있는 글씨.
[聰明不如鈍筆(총명불여둔필).] 아무리 기억력이 좋다고 하여도 그때그때 적어두는 것만 못하다는 말.
筆耕(필경), 筆耕士(필경사), 筆談(필담), 筆力(필력), 筆名(필명), 筆法(필법), 筆寫(필사), 筆寫本(필사본), 筆算(필산), 筆順(필순), 筆者(필자), 筆體(필체), 筆致(필치), 大書特筆(대서특필), 代筆(대필), 名筆(명필), 惡筆(악필), 肉筆(육필), 自筆(자필), 拙筆(졸필), 親筆(친필), 特筆(특필)

산문, 시가 아닌 보통 글
[筆禍(필화)] 글이 말썽이 되어서 받는 禍(화).
[漫筆(만:필)] 일정한 형식에 사로잡히지 않고 부드러운 문체로 사물의 특징을 과장하여 즉흥적이고 풍자적으로 가볍게 쓴 글.
[隨筆(수필)] (문) 일정한 형식을 따르지 않고 생활 체험이나 느낀 바를 생각나는 대로 쓴 글.
[主筆(주필)] 신문사나 잡지사의 제일 위의 기자로서 사설(社說)·논설(論說) 또는 중요한 기사를 쓰는 직분, 또는 그 사람.
曲筆(곡필), 文筆(문필)

結 맺을 결, 糸부12　　0609

'結(결)'자는 '실 糸(사)'와 '길할 吉(길)'로 이루어졌다. 실로 매듭을 짓듯이 '맺다', '끝을 맺다'는 뜻을 나타낸다.

맺다, 매듭짓다, 매듭, 묶다, 매다, 잇다, 연결하다
[結束(결속)] ① 한 덩어리가 되게 묶음. ② 서로의 마음이나 힘을 하나로 합함. ¶동지들끼리 결속을 다졌다 ③ 여행을 떠나거나 싸움터에 나가기 위한 몸단속.
[結緣(결연)] 인연을 맺음. ¶자매결연을 맺다
[結者解之(결자해지)] '묶은 사람이 풀어야 한다'는 뜻으로, 자기가 관계했거나 저지르거나 한 일에 대하여는 자신이 그 일을 해결하여야 한다는 말.
[結草報恩(결초보은)] 은혜를 입은 사람의 혼령이 풀포기를 묶어놓아 은인이 적을 잡고 공을 세우게 하였다는 중국의 고사에서, 죽은 뒤에도 잊지 않고 은혜를 갚는다는 뜻.
[結婚(결혼)] 정식으로 부부 관계를 맺음. 참結婚式(결혼식)
[團結(단결)] 여러 사람이 한 뜻으로 뭉침. 참大同團結(대동단결)
[連結(연결)] ① 잇대어서 맺음. ② 관계를 맺게 함.
[世人結交須黃金(세:인결교수황금), 黃金不多交不深(황금부다교불심).] 세상 사람들은 금전으로써 교제를 맺음. 돈이 많지 않으면 그 사귐도 깊지 않음. 돈으로 친구를 사귀는 세태를 개탄하며 읊은 시. 『張謂(장위)·詩(시)』
結縛(결박), 結付(결부), 結社(결사), 結成(결성), 結義(결의), 結晶(결정), 結晶體(결정체), 結託(결탁), 結合(결합), 結婚式(결혼식), 起承轉結(기승전결), 桃園結義(도원의), 百結(백결), 姉妹結緣(자매결연), 直結(직결), 締結(체결)

맺히다, 열매를 맺다
[結果(결과)] ① 열매를 맺음. ② 어떤 까닭으로 말미암아 이루어지는 결말의 상태. ¶결과보다 과정이 중요하다
[結實(결실)] ① 열매를 맺음. ¶가을은 결실의 계절이다 ② 일의 결과가 잘 맺어짐. ¶노력의 결과
[不結子花休要種(불결자화휴요종), 無義之朋不可交(무의지붕불가교).] 열매를 맺지 않는 꽃은 심지 말고, 의리가 없는 친구는 사귀지 말아라. 『明心寶鑑(명심보감)』

끝내다, 완성하다, 끝, 마지막 부분
[結局(결국)] ① 일이 마무리되는 마당. 결말에 가서는. ¶결국에 가서는 마찬가지였다 ② (얼굴·묏자리·집터 등이) 형국을 완전히 갖춤.
[結論(결론)] ① 말이나 글에서 끝맺는 부분. 맺음말. ② 최종적으로 내린 판단. ¶결론을 내리다
[完結(완결)] 완전하게 끝을 맺음.
[終結(종결)] 일을 마치어 끝맺음. ¶이 사건의 수사를 종결하다
結句(결구), 結末(결말), 歸結(귀결), 妥結(타결)

단단히 하다, 다지다
[結氷(결빙)] 물이 얼어서 얼음이 됨.
[凍結(동결)] ① 氷結(빙결). 얼어붙음. ② (경) 자산·자금 등을 묶어둠.
[凝結(응결)] ① 한데 엉겨 뭉침. ¶우리의 역사의식이 응결되어 있지 못하고... ② 응축. 포화상태의 기체가 온도가 낮거나 압력을 받아 액체로 되는 일.
結石(결석), 氷結(빙결)

엇갈리게 하다
[結跏趺坐(결가부좌)] (불) 오른발을 왼편 넓적다리 위에 놓은 뒤, 왼발을 오른편 넓적다리 위에 놓고 앉는 앉음새. 㽞跏坐(가좌), 結跏(결가) 㽞半跏趺坐(반가부좌)

모으다
[結託(결탁)] (주로 부정적인 어떤 일을 꾸미려고) 서로 한통속이 됨.
[結集(결집)] 한데 모이거나 모아서 뭉침.
[集結(집결)] 한군데로 모여 뭉침. 또는 한 자리에 모임. ¶집결 장소

기타
[結膜(결막)] (생) 눈꺼풀의 안쪽과 눈알의 흰자 부분을 덮고 있는 얇은 막. 㽞結膜炎(결막염)
[結核(결핵)] (의) 결핵균의 감염으로 발생하는 만성 전염병. 㽞肺結核(폐결핵)

供 이바지할 공:, 人부8　　0610

'供(공)'자는 '사람 亻(인)'과 '함께 共(공)'으로 이루어졌다. 다른 사람에게 '주다'는 뜻을 나타낸다. '이바지하다'의 뜻으로 확대되었다.

보내어주다, 공급하다
[供給(공:급)] 팔거나 요구에 따라 물품을 대어주는 것. ¶난민들에게 식량을 공급하다
[供託(공:탁)] ① 물건을 맡겨 보관을 부탁함. ② (법) 법령의 규정에 따라 금전·유가증권 또는 기타 물건을 공탁소에 기탁하는 일. 㽞供託金(공탁금)
供與(공여), 供託金(공탁금)

바치다, 받들다, 이바지하다
[供養(공:양)] ① 웃어른을 모셔 음식 이바지를 하는 일. ② (불) 부처 앞에 음식물을 이바지하는 일. 㽞供養米(공양미), 供養主(공양주) ③ (불) 중이 하루 세끼 음식을 먹는 일.
[佛供(불공)] 부처님 앞에 공양하는 일. ¶불공을 드리다
[捨身供養(사:신공양)] (불) 불보살의 자비하심을 좇거나 은혜에 보답하기 위하여 팔을 끊으며 몸을 태우고 살을 지지며 몸을 버려 공양함.
[提供(제공)] 바치어 이바지함.

給 넉넉할 급, 줄 급, 糸부12　　0611

'給(급)'자는 '실 糸(사)'와 '합할 合(합)'으로 이루어졌다.

대다, 공급하다, 제때에 대다, 주다
[給食(급식)] 학교나 공장 등에서 아동이나 종업원에게 음식을 주는 일.
[給油(급유)] ① 차·비행기·선박 따위에 연료를 공급해 줌. ② 기계류의 마찰 부분 따위에 기름을 침.
[供給(공:급)] ☞ 供(공)
[配給(배:급)] ① 나누어줌. ② 영리를 목적으로 하지 않고 상품을 나누어주는 일. 물자를 일정한 비례에 따라 몫을 떼어 나누어주는 일. ¶식량 배급
[支給(지급)] 지출하여 내어줌. ¶장학금 지급
給付(급부), 反對給付(반대급부), 給水(급수), 都給(도급), 發給(발급), 補給(보급), 需給(수급), 自給(자급), 自給自足(자급자족)

급여
[給料(급료)] 일한 대가로 주는 품삯. 일한 데에 대한 보수. ¶한 달 치 급료를 받았다
[給與(급여)] ① 관공서·회사 등에서 직원에게 주는 급료·수당 따위. ② 돈이나 물품을 줌.
[無給(무급)] 직무에 대한 보수가 없음. ¶무급 휴가 ↔ 有給(유급)
[俸給(봉:급)] 어떤 직장에서 계속적으로 일하는 사람이 그 일의 대가로 정기적으로 받는 돈. ¶봉급을 올려주다
年給(연급), 月給(월급), 日給(일급)

기타
[給仕(급사)] 使喚(사환). 회사·가게 또는 관청 등에서 잔심부름을 하는 사람.

需 구할 수, 쓰일 수, 雨부14　　0612

'需(수)'자는 본래 '기다리다'는 뜻을 나타내기 위하여 만든 글자이다. 비[雨(우)]를 줄줄 맞고 서 있는 사람

[大]이 비가 멎기만 기다리고 있는 모습을 그린 것이었는데, 예서 서체에서 '大(대)'가 '而(이)'로 변화되었다. '而(이)'는 머리를 풀어헤친 사람을 상징한다고도 한다. 가뭄이 들어 사람이 머리를 풀어헤치고 비가 오기를 기원한다는 데서 '구하다', '바라다'라는 뜻을 나타낸다. 한자어 낱말에서는 본뜻보다는 주로 '쓰다', '쓰이다'라는 뜻으로 쓰인다.

쓰다, 쓰이다

[需給(수급)] 수요와 공급. ¶수급 조절을 잘 하다
[需要(수요)] 재화나 용역을 일정한 가격을 주고 사려고 하는 욕구.
[內需(내:수)] 국내에서의 수요. ¶내수 부진이 불황의 원인이다
[必需(필수)] 없어서는 안 됨. ¶필수 영양소 웹必需品(필수품)
[婚需(혼수)] 혼인에 쓰이는 물품.
軍需(군수), 軍需品(군수품), 祭需(제수), 特需(특수)

要 구할 요, 요긴할 요, 襾부9 0613

'要(요)'자는 여자가 인체의 한가운데 부분인 허리에 양손을 댄 모습을 그린 것이라고 한다. '허리'를 뜻하는 글자였다. '要(요)'자가 '구하다', '요긴하다'의 뜻으로 쓰이게 되자, '허리'는 '月(육)'을 붙여 '허리 腰(요)'자를 만들어 나타냈다.

구하다, 요구하다, 원하다, 바라다

[要求(요구)] ① 필요한 것이나 받아야 할 것을 달라고 청구함. 또 그 청구. ② 생활체의 생리적·심리적 기관에 생기는 어떤 결핍을 보완하거나 또는 과잉을 배제하려고 하는 과정.
[要請(요청)] 요구하여 부탁함.
[要望(요망)] 바라는 일이 이루어지기를 간절히 바람. ¶요망 사항
[强要(강:요)] 억지로 요구함.
[所要(소:요)] 필요로 하는 것. 요구되는 바.

필요하다

[要件(요건)] ① 필요한 조건. ② 중요한 용건.
[要式行爲(요식행위)] (법) 신청·출원·기소 그 밖에 다른 법률행위를 하는 데 일정한 형식을 좇는 것을 필요로 하는 행위.
[要員(요원)] ① 필요한 인원. ¶행정 요원 ② 중요한 지위에 있는 사람. ¶정부 요원
[需要(수요)] ☞ 需(수)
[必要(필요)] 꼭 소용이 됨. 웹必要性(필요성)
要緊(요긴)/緊要(긴요), 要略(요략), 要式(요식), 不必要(불필요)

중요하다

[要領(요령)] ① 사물의 요긴하고 중요한 골자나 줄거리. ¶글 쓰는 요령 ② 적당히 꾀를 부려 하는 짓. ¶요령을 부리다

[要素(요소)] 어떤 사물을 성립시키거나 효력을 내는 데 없어서는 안 될 요인. ¶인물·사건·배경을 보통 소설의 삼대 요소라고 한다
[要職(요직)] 중요한 직책이나 직위.
[槪要(개:요)] 대개의 중요한 내용. ¶개요를 설명하다
[主要(주요)] 아주 중요하고 요긴함.
[重要(중:요)] (일부 명사 앞에 쓰여) 소중하고 요긴한 것.
要訣(요결), 要談(요담), 要路(요로), 要目(요목), 要塞(요새), 要所(요소), 要約(요약), 要人(요인), 要因(요인), 要地(요지), 要旨(요지), 要處(요처), 要諦(요체), 要衝(요충), 要項(요항), 要害(요해), 大要(대요), 法要(법요), 切要(절요), 重要視(중요시)

간략, 간추리다, 생략, 요컨대, 요약하여 말하면

[要覽(요람)] 어떤 부분의 중요한 점만을 뽑아 간추려서 만든 책.
[要約(요약)] 요점을 추려냄.
[要點(요점)] 가장 중요하고 중심이 되는 사실이나 관점. ¶요점을 정리하다
[摘要(적요)] 요점만 뽑아 적음. 또는 그 요점.
[輯要(집요)] 요점만을 모음. 또는 그 책.

근본

[要綱(요강)] 벼리. 일이나 글의 뼈대가 되는 줄거리.

求 구할 구, 水부6 0614

구하다, 필요한 것을 찾다

[求職(구직)] 직업을 구함.
[刻舟求劍(각주구검)] '배에서 떨어뜨린 칼을 찾는데, 배가 움직이는 것은 생각하지 않고 칼을 떨어뜨린 뱃전에다 표를 하고서 찾으려 했다'는 중국 고사에서 나온 말로, 사리에 어둡고 어리석음을 비유하는 말. 동 契舟求劍(계주구검) 『呂氏春秋(여씨춘추)』
[緣木求魚(연목구어)] '나무에 올라가서 물고기를 얻으려 한다'는 뜻으로, 허무맹랑한 욕심이나 대처 방식으로 도저히 불가능한 일을 하려 하는 것을 비유하는 말이다. 『孟子(맹자)·梁惠王章句(양혜왕장구)』
[追求(추구)] 끝까지 따라가 구함. ¶행복을 추구하다
[求不得苦(구부득고)] 구하려 하나 구하지 못하는 괴로움. 八苦(팔고)의 하나. ☞ * 169
[君子求諸己(군자구저기), 小人求諸人(소인구저인).] 군자는 자신에게서 찾고 소인은 남에게서 찾는다. 군자는 무슨 일이건 원인을 자기 자신에게 구하고 자기에게 책임을 부과한다. 스스로 반성하여 잘못된 원인을 자신에게서 찾으려고 한다. 줄여서 求諸己(구저기)라고 한다. 그러나 이와는 반대로 소인은 무슨 일이건 남에게 시키고 그 책임을 남에게 떠넘긴다. 『論語(논어)·衛靈公(위령공)』
[道在邇(도재이), 而求諸遠(이구저원).] 도가 가까운 곳에 있는데도 먼 곳에서 구한다. 사람의 도는 일상생

활 속에 있다. 그것을 잊고 사람들은 자칫하면 일부러 높고 심원한 곳에서 도를 구하려고 한다. 즉 부모를 친애하고 연장자를 존경하는 것, 그것이 바로 사람의 도리인 것이다. 『孟子(맹자)·離婁 上(이루 상)』☞ *098

[實事求是(실사구시)] 사실에 의거해서 진리를 탐구하다. 학문이나 사업을 벌일 때, 헛된 공상이나 막연한 가능성에 의지하지 않고, 직접 확인하고 경험하면서 사실을 이끌어내는 태도를 말한다. 곧 空理(공리)나 空論(공론)을 떠나서 정확한 고증에 따라 과학적으로 밝히려던 청나라 고증학의 학문 태도로서, 조선 때 실학파의 학문에 큰 영향을 주었음. 『漢書(한서)』

求道(구도), 求人(구인), 求人難(구인난), 求人欄(구인란), 求刑(구형), 渴求(갈구), 吹毛求疵(취모구자)

청하다, 얻기를 바라다

[求乞(구걸)] (남에게) 돈·물건·음식 따위를 거저 얻으려고 사정하는 것. ¶밥을 구걸하다/사랑을 구걸하다/목숨을 구걸하다

[求愛(구애)] 異性(이성)에게 사랑을 구함.

[求婚(구혼)] ① 결혼하기를 청함. ② 결혼 상대자를 구함.

[要求(요구)] ☞ 要(요)

[請求(청구)] 무엇을 달라고 요구함. 찹請求權(청구권), 請求書(청구서)

懇求(간구), 促求(촉구)

탐하다, 욕심을 부리다

[欲求(욕구)/慾求(욕구)] ① 욕심껏 구함. ② 욕망과 요구.

[苛斂誅求(가렴주구)] 가혹하게 세금을 거두어들이고 백성들의 재물을 빼앗음.

모으다, 모이다

[求心(구심)] ① 참된 마음을 찾음. ② (물) 중심 방향으로 쏠림.

[求心力(구심력)] 물체가 원운동 또는 곡선 운동을 할 때 원의 중심으로 쏠리는 힘. 딴遠心力(원심력)

[求心點(구심점)] ① 중심으로 향하여 쏠려 모이는 점. ② 어떤 활동의 핵심이 되는 인물이나 조직.

練 익힐 련:, 糸부15 0615

鍊 단련할 련:, 불릴 련:, 金부17 0616

'練(련)'자는 '실 糸(사)'와 '가릴 柬(간)'으로, '鍊(련)'자는 '쇠 金(금)'과 '가릴 柬(간)'으로 이루어졌다. '練(련)'자는 '단련하여 익숙하게 하다'가 본뜻이고, '鍊(련)'자는 '쇠를 불려 단련하다'는 뜻이 본뜻이다. 본뜻에 차이가 있지만 낱말에서 같이 쓰이는 예도 있고, 본뜻에 따라 구분하여 쓰이는 예가 있다.

익다, 익히다, 몸·정신 등을 단련하다, 훈련하다 (이 경우는 '練'과 '鍊'을 함께 쓴다.)

[練兵場(연:병장)/鍊兵場(연:병장)] 군대를 훈련하는 곳.

[練習(연:습)/鍊習(연:습)] ① 학문·기예 등을 익숙하도록 되풀이하여 익힘. ② 일정한 작업을 반복하여 새로운 습관을 만듦.

[敎練(교:련)/敎鍊(교:련)] ① 병사(兵士)를 가르치고 단련함. ② 학교에서 시행하는 군사 교육의 학과.

[修練(수련)/修鍊(수련)] ① 몸과 마음을 닦아서 익힘. ② 일정한 기간 동안 배운 것을 실제로 익힘. ¶수련 과정 찹修鍊醫(수련의) ③ (천주) 수도회에 들어가 수도 서원을 할 때까지 복음의 말씀을 좇아 몸과 마음을 닦고 단련하는 일.

[訓練(훈:련)/訓鍊(훈:련)] 익숙해지도록 가르치거나 되풀이하여 연습하는 일.

練兵(연병)/鍊兵(연병), 猛練習(맹연습)/猛鍊習(맹연습), 猛訓練(맹훈련)/猛訓鍊(맹훈련), 試練(시련)/試鍊(시련), 轉地訓練(전지훈련)/轉地訓鍊(전지훈련), 調練(조련)/調鍊(조련), 操練(조련)/操鍊(조련)

익숙하다, 사물을 익숙하게 하다 (이 경우는 '練'자를 주로 쓴다.)

[老練(노:련)] 오랫동안 경험을 쌓아 일에 익숙하고 능란함.

[洗練(세:련)] ① 어색한 데가 없이 능숙하고 미끈하다. ¶세련된 솜씨 ② 모습이 깔끔하고 품위가 있다. ¶세련된 옷차림 ③ 말이나 글 따위가 잘 다듬어져 미끈하다. ¶세련된 문장

[熟練(숙련)] 숙달하여 능숙해짐. 찹熟練工(숙련공)

未練(미련), 熟練工(숙련공)

불리다, 불린 쇠, 정금(精金), 쇠붙이를 달구어 두드리다, 정련하다 (이 경우에는 '鍊'자를 쓴다.)

[鍊金術(연:금술)] 중세기 유럽에서, 구리·납 따위로 금·은 등의 귀금속을 만들고, 늙지 않고 오래 사는 약까지 만들려고 했던 화학 기술.

[鍛鍊(단련)] ① 불림. 쇠를 달구어 불리는 일. ② 힘써 마음을 굳세게 기름. ¶체력 단련 ③ 벅차고 힘든 일에 부딪혀 그것을 익숙하게 익힘. ¶난생 처음 하는 막일이라 힘이 부쳤으나 차차 단련이 되었다 ④ 귀찮고 견디기 어려운 시달림. ¶주정꾼들의 단련도 많이 겪었다

[製鍊(제:련)] (공) 쇳돌을 용광로에 넣어 녹여서 쇠붙이를 뽑아내어 정제함. 찹製鍊所(제련소)

鍊丹(연단)/煉丹(연단), 鍊磨(연마)/練磨(연마)/研磨(연마), 精鍊(정련)

犯 범할 범: 어길 범:, 犬부5 0617

'犯(범)'자는 '(함부로) 들어가다'는 뜻을 나타내기 위한 것이었다. '개 犭(견)'이 표의요소로 쓰인 것은, 개가 어느 집에나 함부로 들락거리기 때문인 듯하다. '㔾(절)'이 표음요소이다. '넘칠 氾(범)'도 '㔾(절)'이 표음요소로 쓰이고 있다.

범하다, 저촉하다, 거스르다, 법을 어기다, 죄, 죄인

[犯人(범:인)] 죄를 저지른 사람.

[犯罪(범:죄)] 죄를 저지름. 또는 저지른 죄.
[犯行(범:행)] 범죄 행위를 함. 또는 그 행위.
[眞犯(진범)] '眞犯人(진범인)의 준말. 어떤 죄를 저지른 바로 그 사람.
[初犯(초범)] 처음으로 저지른 범죄. 또는 그 범인.
犯法(범법), 犯法者(범법자), 犯顏逆耳(범안역이), 犯則(범칙), 犯則金(범칙금), 干犯(간범), 輕犯(경범), 輕犯罪(경범죄), 共犯(공범), 敎唆犯(교사범), 盜犯(도범), 防犯(방범), 放火犯(방화범), 殺人犯(살인범), 虞犯(우범), 虞犯者(우범자), 虞犯地帶(우범지대), 再犯(재범), 戰犯(전범), 正犯(정범), 主犯(주범), 從犯(종범), 重犯(중범), 破廉恥犯(파렴치범), 現行犯(현행범)

치다, 공격하다
[侵犯(침:범)] 남의 권리나 영토 따위에 쳐들어가 죄를 저지르거나 해침.

여자를 욕보이다
[犯姦(범:간)] 여자를 욕보임.

罪 허물 죄:, 网부13   0618

'罪(죄)'자는 (새가 날아가다가 잘못하여 그물에) '걸리다'는 뜻을 위한 것이었다. '그물 罒(망)'과 새의 날개 모양을 본뜬 '非(비)'자로 이루어졌다. '죄', '허물' 등의 뜻으로 쓰인다.

허물, 죄
[罪悚(죄:송)] 죄스럽고 송구함. ¶늦어서 죄송합니다
[罪惡(죄:악)] 죄가 될 만한 나쁜 짓.
[罪責感(죄:책감)] 저지른 잘못에 대하여 책임을 느끼는 마음.
[謝罪(사죄)] 지은 죄나 잘못에 대하여 상대방에게 용서를 빎.
[原罪(원죄)] (천주·예수) 인류의 조상인 아담과 이브가 금단의 열매를 따 먹은 결과 그 자손인 인류가 날 때부터 가지고 있다는 죄.
罪過(죄과), 罪業(죄업), 罪責(죄책), 贖罪(속죄), 冤罪(원죄), 淨罪(정죄), 懷玉其罪(회옥기죄)

법을 어긴 죄, 형벌, 죄주다, 형벌하다
[罪囚(죄:수)] 죄인으로 교도소에 갇힌 사람.
[無罪(무죄)] 죄가 없음. 피고 사건이 범죄가 되지 않거나 범죄의 증명이 없음.
[犯罪(범:죄)] ☞ 犯(범)
[重罪(중:죄)] ① 중대한 죄. ② 무거운 죄.
罪科(죄과), 罪名(죄명), 罪目(죄목), 罪狀(죄상), 罪人(죄인), 罪質(죄질), 罪刑(죄형), 罪刑法定主義(죄형법정주의), 姦通罪(간통죄), 強姦罪(강간죄), 輕犯罪(경범죄), 輕罪(경죄), 斷罪(단죄), 得罪(득죄), 免罪(면죄), 免罪符(면죄부), 誣告罪(무고죄), 背任罪(배임죄), 詐欺罪(사기죄), 殺人罪(살인죄), 赦罪(사죄), 席藁待罪(석고대죄), 餘罪(여죄), 有罪(유죄), 作罪(작죄), 治罪(치죄), 親告罪(친고죄), 抗命罪(항명죄)

刑 형벌 형, 刀부6   0619

'刑(형)'자는 '무거운 죄에 대한 벌'을 가리키는 것이었으니 '칼 刀(도)'가 표의요소이다. 왼쪽의 것이 표음요소. 가벼운 죄에 대한 벌은 '罰(벌)'이라 했다.

형벌, 죄인에게 가하는 제재, 형벌하다, 벌하다
[刑罰(형벌)] (법) 나라에서 죄지은 사람에게 주는 벌.
[刑事(형사)] ① 형법의 적용을 받는 사건. ¶형사 사건 ② 주로 사복 차림으로 범죄를 수사하고 범인을 체포하는 따위의 일을 맡은 경찰관. 참刑事犯(형사범), 刑事訴訟(형사소송), 刑事裁判(형사재판), 刑事責任(형사책임)
[求刑(구형)] 형사재판에서 피고인에게 어떤 형벌을 줄 것을 검사가 판사에게 요구하는 일. ¶징역 10년을 구형하다
[極刑(극형)] '死刑(사형)'을 '가장 무서운 형벌'이라는 뜻으로 일컫는 말.
[實刑(실형)] 실제로 받는 체형.
[五刑(오형)] 조선 시대에 죄인에게 처하던 다섯 가지 형벌. 즉 笞刑(태형)·杖刑(장형)·徒刑(도형)·流刑(유형)·死刑(사형).
刑具(형구), 刑量(형량), 刑務(형무), 刑務所(형무소), 刑法(형법), 刑曹(형조), 減刑(감형), 宮刑(궁형), 徒刑(도형), 墨刑(묵형), 罰金刑(벌금형), 死刑(사형), 死刑囚(사형수), 受刑(수형), 惡刑(악형), 五刑五樂(오형오락), 流刑(유형), 杖刑(장형), 罪刑(죄형), 罪刑法定主義(죄형법정주의), 重刑(중형), 慘刑(참형), 斬刑(참형), 天刑(천형), 天刑病(천형병), 體刑(체형), 笞刑(태형), 炮烙刑(포락형), 火刑(화형)

죽이다, 살해하다
[刑場(형장)] 사형장.
[處刑(처:형)] 형벌에 처함. 사형에 처함.

罰 벌 벌, 벌줄 벌, 网부14   0620

'罰(벌)'자는 '칼 刀(도)'와 '꾸짖을 詈(리)'로 이루어졌다. '罰(벌)'은 가벼운 죄에 대한 벌이고 '刑(형)'은 무거운 죄에 대한 벌을 뜻한다.

벌, 형벌, 벌하다, 벌주다
[罰金(벌금)] 규약을 위반했을 때 벌로 내게 하는 돈.
[罰則(벌칙)] 법규를 어긴 행위에 대한 처벌을 정해 놓은 규칙.
[信賞必罰(신:상필벌)] '공로가 있는 사람에게는 반드시 상을 주고, 죄가 있는 사람에게는 반드시 벌을 줌'의 뜻으로, '상벌을 공정하게 함'을 이르는 말.
[一罰百戒(일벌백계)] 첫 번째 죄인을 엄하게 벌함으로써 후에 백 사람이 그런 죄를 경계하여 짓지 않도록 함. 다른 사람들에게 경각심을 불러일으키기 위하여 본보기로 첫 번째 죄인을 엄하게 처벌함.
[處罰(처:벌)] 죄를 범한 사람에게 벌을 줌.

[天罰(천벌)] 하늘이 내리는 형벌.
罰金刑(벌금형), 罰點(벌점), 罰酒(벌주), 罰責(벌책), 賞罰(상벌), 嚴罰(엄벌), 重罰(중벌), 懲罰(징벌), 體罰(체벌), 刑罰(형벌)

考 생각할 고(:), 老부8　0621

'考(고)'자는 '늙을 老(노)'의 부분인 '耂(노)'와 '考(고)'의 古字(고자)인 '攷(고)'의 왼쪽 부분을 합친 것이다. '오래 살다'가 본뜻인데, '곰곰이 생각하다'는 뜻으로 쓰인다.

곰곰 생각하다
[考慮(고려)] 잘 살펴 생각하여 봄.
[考案(고안)] 무슨 안을 생각해 냄. 또는 생각해 낸 안.
[思考(사고)] 곰곰이 생각하여 잘 살펴 봄. ¶건전한 사고 참思考力(사고력), 思考方式(사고방식)
[深思熟考(심:사숙고)] 깊이 생각하고 푹 익을 정도로 충분히 생각함. 신중을 기하여 곰곰이 생각함.
長考(장고), 再考(재고)

밝히다, 자세히 하다
[考古(고:고)] 유물과 유적으로써 古代(고대)의 역사적 사실을 연구함. 참考古學(고고학)
[考證(고증)] 옛 문헌이나 물건을 증거를 대어 밝힘.
[考察(고찰)] (연구하는 태도로) 생각하여 살펴봄.

살펴보다, 견주어 보다
[備考(비:고)] ① 참고하기 위하여 준비해 놓음. ② 어떤 내용에 참고가 될 만한 사항을 보태어 적는 일. 또는 그 내용.
[參考(참고)] 살펴서 도움이 될 만한 재료로 삼음. 또는 그것. 참參考書(참고서), 參考人(참고인) ¶참고 사항

죽은 뒤에 아버지를 이르는 말
[考妣(고:비)] 돌아간 아버지와 어머니.
[先考(선고)] 돌아가신 아버지.
[先考丈(선고장)] 남의 돌아가신 아버지를 일컫는 말.
[祖考(조고)] 돌아가신 할아버지.
[顯考(현:고)] 신주나 축문에서 '돌아가신 아버지'를 일컫는 말.
懸祖考(현조고), 顯祖妣(현조비), 懸曾祖考(현증조고), 懸高祖考(현고조고)

시험, 고시
[考課(고과)] 근무 성적이나 공부 성적 따위를 따져 평가하는 일. ¶고과 점수
[考查(고사)] ① 자세히 생각하여 살펴봄. ② 학교에서 학생의 학업 성적을 시험함. 또는 그 시험. ¶일제고사
[考試(고:시)] 공무원의 임용 자격을 결정하는 시험.
[檢定考試(검:정고시)] 어떤 자격이나 학력 등을 인정해 주기 위하여 행하는 시험. ¶대학 입학 자격 검정고시

오래 살다, 장수하다
[考終命(고종명)] 五福(오복)의 하나. 제 명대로 다 살고 죽음. 천명을 다하고 죽음.

慮 생각할 려, 心부15　0622

'慮(려)'자는 '생각할 思(사)'와 '호피무늬 虍(호)'로 이루어진 글자이다. 무엇을 도모하고자 하는 '생각'을 뜻하기 위하여 만들어졌다. 후에 '걱정하다'의 뜻도 나타내게 되었다.

생각하다, 이리저리 헤아려보다
[考慮(고려)] ☞ 考(고)
[配慮(배:려)] 보살펴 주려고 이리 저리 마음을 써 줌. ¶그의 따뜻한 배려를 받았다
[思慮(사려)] 여러 가지로 신중하게 생각함.
[遠謀深慮(원:모심려)] 먼 앞날을 깊이 생각함.
[千慮一失(천려일실)] ① 천 번을 생각하더라도 하나 정도는 잃을 수도 있음. ② 아무리 슬기로운 사람일지라도 많은 생각을 하다 보면 한 가지쯤은 실책이 있을 수도 있음. 智者千慮必有一失(지자천려필유일실). 『史記(사기)』
[千慮一得(천려일득)] ① 천 번을 생각하다 보면 하나 정도는 얻을 수도 있음. ② 아무리 어리석은 사람이라도 많은 생각을 하다 보면 한 가지 쯤은 좋은 방법을 찾을 수 있음. 愚者千慮必有一得(우자천려필유일득). 『史記(사기)』
輕慮淺謀(경려천모), 顧慮(고려), 無慮(무려), 千思萬慮(천사만려)

근심하다, 걱정하다, 염려
[心慮(심려)] 마음으로 염려함.
[念慮(염:려)] 앞일을 이리저리 헤아려 걱정함.
[遠慮(원:려)] ① 장차 있을 일에 대한 생각. ② 멀리 떨어져 하는 근심.
[憂慮(우려)] 근심하거나 걱정함.
[人無遠慮必有近憂(인무원려필유근우).] 사람은 멀리 생각하지 않으면 반드시 가까운 근심이 있느니라. 참無遠慮者必有近憂(무원려자필유근우) 『論語(논어)·衛靈公(위령공)』

致 이를 치:, 至부9　0623

'致(치)'자는 '이를 至(지)'와 '뒤져 올 夂(치)'의 합자였다. 후에 '夂(치)'가 '칠 攵(복)'으로 잘못 변화했다. '뜻을 전하다'가 본뜻이다.

이루다
[致富(치:부)] 재물을 모아 부자가 됨.
[所致(소:치)] 어떤 까닭으로 이루어진 바.

주다, 전하다, 보내다, 맡기다, 전송해 보내다
[致賀(치:하)] ① 축하하는 뜻을 보냄. ② 남이 한 일에 대하여 고마움이나 칭찬의 뜻을 표하는 말. ¶직원들의 노고를 치하하다
[功致辭(공치사)] 남을 위해 수고한 것을 제가 잘하였다고 스스로 자랑하는 것.
[拉致(납치)] 강제의 수단을 써서 억지로 끌어서 데리

고 감. ¶항공기를 납치하다 [참]拉致犯(납치범)
[誘致(유치)] (설비 등을 갖추어 두고) 권하여 오게 하거나 이르게 함. ¶관광객 유치/올림픽 경기 유치
致辭(치사), 空致辭(공치사), 送致(송치)

끝까지 다하다, 지극히 하다, 힘쓰다, 정성스레 하다
[致誠(치:성)] ① 있는 정성을 다함. ② 신불에게 정성을 들임. ¶치성을 올리다

이르다, 도달하다
[致命(치:명)] 목숨이 다할 지경에 이름. 죽을 지경에 이름. [참]致命傷(치명상)
[致死(치:사)] 죽음에 이르게 함. ¶過失致死(과실치사)
[理致(이:치)] 도리에 이르는 근본이 되는 뜻. 사물의 정당한 조리.
[一致(일치)] (한 가지로) 꼭 맞음. [참]滿場一致(만:장일치), 言行一致(언행일치), 祭政一致(제정일치)
致知(치지), 格物致知(격물치지), 合致(합치)

운치, 극치
[景致(경치)] 바라보이는 자연이나 지역의 모습. ¶경치가 좋다
[極致(극치)] 더할 수 없는 경지. ¶아름다움의 극치
[才致(재치)] ① 눈치 빠른 재주. ② 능란한 솜씨.
[風致(풍치)] 훌륭하고 멋진 경치. [참]風致林(풍치림)
韻致(운치), 筆致(필치)

擧 들 거:, 臼부18　0624

'擧(거)'자는 '손 手(수)'와 '줄 與(여)'로 이루어졌는데, 둘 다 표의요소이다. 손 따위를 '들다'가 본뜻이다.

들다, 손에 들다, 들어 올리다
[擧手(거:수)] 손을 위로 듦. [참]擧手敬禮(거수경례), 擧手低頭(거수저두)
[例擧(예:거)] 예(보기)를 듦.
[薦擧(천:거)] 사람을 그 자리에 쓰도록 소개하거나 추천함.
[一擧手一投足(일거수일투족)] '손 한 번 들고 발 한 번 옮겨놓음'이라는 뜻에서, 조그만 것에 이르기까지의 하나하나의 동작을 이름.
擧案齊眉(거안제미), 携擧(휴거)

높이 올리다, 칭찬하다
[擧揚(거:양)] 들어 올림.

움직이다, 일으키다, 세우다, 일어서다
[擧兵(거:병)] 군사를 일으킴.
[擧事(거:사)] 일을 일으킴. ¶거사 계획이 탄로나다
[義擧(의:거)] 정의를 위하여 일을 일으킴.

행하다, 잘 행하여지다, 행동, 행동거지
[擧動(거:동)] 짓이나 태도. ¶거동이 수상하다
[擧行(거:행)] ① 의식이나 행사를 행함. ② 명령대로 행함. ¶분부대로 거행하겠습니다
[輕擧妄動(경거망동)] 경솔하고 조심성 없이 함부로 행동함. ¶경거망동을 삼가라

[選擧(선:거)] 여러 사람들 가운데서 대표자 등을 골라 뽑는 일. [참]選擧權(선거권)
[一擧兩得(일거양득)] 한 가지 일을 하여 두 가지의 이득을 봄. [비]一石二鳥(일석이조)
[行動擧止(행동거지)] 몸으로 움직이는 모든 짓. ¶행동거지가 신중하다
檢擧(검거), 輕擧(경거), 選擧區(선거구), 一擧(일거), 快擧(쾌거), 被選擧權(피선거권)

낱낱이 들다, 사실을 들어서 말하다
[擧論(거:론)] 어떤 사항을 문제로 삼아 의논하거나 말함. ¶그 일은 거론할 필요가 없다
[列擧(열거)] 여러 가지 예나 사실을 낱낱이 죽 늘어놓음.

모두, 다
[擧皆(거:개)] 거의 모두. ¶마을 사람들은 거개가 소작인들이었다
[擧國的(거:국적)] 나라 전체가 일어나서 하는. 또는 그러한 것. ¶거국적 행사
[擧族的(거:족적)] 온 겨레가 다 참가하거나 관계되는. 또는 그러한 것. ¶거족적 운동

시험, 과거, 가려 뽑다
[科擧(과거)] 옛날 벼슬아치를 뽑던 시험. 文科(문과)·武科(무과)·雜科(잡과)가 있었음. [동]科試(과시)

船 배 선, 舟부11　0625

'船(선)'자는 '배 舟(주)'와 '납 鉛(연)'의 생략형으로 이루어졌다. '배'를 총칭한다.

배
[船舶(선박)] 배. 사람이나 물건을 싣고 물 위에 떠다니도록 나무나 쇠로 만든 기구.
[船員(선원)] 선박의 승무원.
[船長(선장)] 배에 탄 승무원의 우두머리로서 항해를 지휘하고 선원을 감독하며 배 안의 사무를 통할하는 사람. ¶선장은 승객과 선원의 생명과 재산을 책임지는 사람이다
[客船(객선)/旅客船(여객선)] 손님을 태우는 배.
[滿船(만:선)] 여객·어획물 등을 가득 실음. 또는 그런 배. ¶만선이 되어 입항하다
[漁船(어선)] 고기잡이 배.
[風船(풍선)] ① 얇은 고무주머니 속에 가벼운 기체를 넣어 한껏 부풀려서 뜨게 하는 장난감이나 물건. ② 바람으로 움직이는 배. ③ 氣球(기구).
船橋(선교), 船頭(선두), 船尾(선미), 船上(선상), 船首(선수), 船室(선실), 船賃(선임), 船積(선적), 船籍(선적), 船主(선주), 船着場(선착장), 船艙(선창), 船體(선체), 船便(선편), 汽船(기선), 難破船(난파선), 南船北馬(남선북마), 渡船(도선), 渡船場(도선장), 木船(목선), 密船(밀선), 帆船(범선), 兵船(병선), 覆船(복선), 飛行船(비행선), 上船(상선), 商船(상선), 碎氷船(쇄빙

선), 乘船(승선), 連絡船(연락선), 曳引船(예인선)/曳船(예선), 傭船(용선), 遊覽船(유람선), 油槽船(유조선), 敵船(적선), 賊船(적선), 戰船(전선), 造船(조선), 釣船(조선), 鐵甲船(철갑선), 鐵船(철선), 捕鯨船(포경선), 下船(하선), 艦船(함선), 貨物船(화물선)

良 어질 량, 艮부7　0626

'良(량)'자는 곡식 중에서 좋은 것만 골라내는 기구의 모양을 본뜬 것이라고 한다. 우리나라의 '키' 모양을 상상해보라.

좋다
[良禽擇木(양금택목)] '좋은 새는 좋은 나무를 가려서 앉는다'는 뜻으로, '현량한 사람은 섬겨야 할 사람을 가려서 섬김'을 비유하여 이르는 말.『春秋左氏傳(춘추좌씨전)』
[良書(양서)] 읽어서 유익한, 내용이 좋은 책.
[良好(양호)] 매우 좋음. ¶건강 상태가 양호하다
[改良(개:량)] (주로 구체적인 것을 전보다 낫게) 좋게 고침. ¶품종 개량
[美風良俗(미:풍양속)] 아름답고 좋은 풍속이나 기풍.
[優良(우량)] 매우 좋음. ¶우량 도서 凹不良(불량)
[良藥苦於口(양약고어구), 忠言逆於耳(충언역어이)] 좋은 약은 입에 쓰고, 충성스런 말은 귀에 거슬린다. 몸이나 행동에 이로운 것은 대개 사람의 생각과 어긋나기 쉽다는 말이다. 참良藥苦口(양약고구), 良藥苦於口利病(양약고어구리병)『後漢書(후한서)』,『孔子家語(공자가어)』
良苗(양묘), 良否(양부), 良俗(양속), 良藥(양약), 良質(양질), 良貨(양화), 不良(불량)

어질다, 선량하다
[良民(양민)] ① 선량한 백성. ② 양반과 천민의 중간 계층.
[良心(양심)] 사물의 가치를 변별하고, 자기의 행위에 관하여 선을 취하고 악을 물리치는 도덕적 의식. ¶양심의 가책을 받다
[賢母良妻(현모양처)] 어진 어머니이면서 착한 아내. 남편과 자식 모두에게 잘하는 훌륭한 여자.
[家貧則思良妻(가빈즉사량처), 國亂則思良相(국난즉사량상).] 집이 가난해지면 비로소 어진 아내를 생각하게 되고, 나라가 어지러우면 비로소 어진 신하를 생각하게 된다.『史記(사기)』
良家(양가), 良順(양순), 良識(양식), 善良(선량), 贖良(속량)

뛰어나다
[選良(선량)] ① 뛰어난 인물을 선출함. 또는 그 선출된 인재. ② 뽑힌 '국회의원'을 달리 일컫는 말.

기타
[閑良(한량)] ① (역) 현직이 없어서 놀던 벼슬아치. ② 虎班(호반)으로서 아직 무과에 급제하지 못한 사람. ③ 활을 잘 쏘는 사람. ④ 놀기를 좋아하고 돈을 잘 쓰는 사람.
[馬良白眉(마:량백미)] 중국 三國(삼국) 시대 蜀(촉)의 馬良(마량)은 눈썹에 흰 털이 있었으며, 다섯 형제가 모두 빼어난 인물이었는데 그 중에서 마량이 가장 뛰어났던 고사에서 온 말. 여기에서 '白眉(백미)'라는 말이 나왔음. 참白眉(백미)

好 좋을 호:, 좋아할 호:, 女부6　0627

'好(호)'자는 '아름답다'는 뜻을 나타내기 위하여 '여자 女(여)'가 '아이 子(자)'를 품에 안고 있는 모습을 본뜬 것이다. 후에 '좋다', '좋아하다' 등으로 확대되었다.

좋다, 아름다워 마음에 들다, 좋아하다, 사랑하다
[好感(호:감)] 좋은 감정.
[好轉(호:전)] ① 무슨 일이 잘되어 가기 시작함. ¶자금 사정이 호전되었다 ② 병세가 차차 나아지기 시작함.
[好事多魔(호:사다마)] 좋은 일에는 흔히 방해되는 일이 많다는 말.
[嗜好品(기호품)] ① 영양소는 아니나 독특한 향기나 맛이 있어 즐기고 좋아하는 음식물 따위. 술・차・담배 같은 것. ② 취미로 즐기고 좋아하는 물품. 노리개・보석・골동품 따위.
[勿失好機(물실호기)] 좋은 기회를 놓치지 말라.
[愛好(애:호)] 무엇을 즐기고 좋아함.
[良好(양호)] ☞ 良(량)
[好事不出門(호사불출문), 惡事走千里(악사주천리).] 좋은 일은 문 밖으로 퍼지기 어렵고, 나쁜 일은 단숨에 천리를 간다.『水滸志(수호지)』
[花無十日紅(화무십일홍), 人不百日好(인불백일호).] 꽃이 피어야 열흘을 넘기기 어렵고, 사람의 좋은 날은 100일을 넘기지 못한다. '청춘은 짧은 동안 금방 지나가버린다' 또는 '한 번 성하면 반드시 쇠하여짐'을 비유하여 이르는 말이다. 人不百日好(인불백일호) 대신 人無千日好(인무천일호) 또는 勢不十年長(세불십년장)이 쓰이기도 한다.『通俗(통속)編(통속편)』
[好仁不好學其弊也愚(호인불호학기폐야우).] 인을 좋아하지만 배우기를 좋아하지 않는다면 그 폐단은 어리석어지고, [好知不好學其弊也蕩(호지불호학기폐야탕),] 지혜를 좋아하지만 배우기를 좋아하지 않는다면 그 폐단은 방탕해진다.『論語(논어)・陽貨(양화)』☞ * 319
好景氣(호경기), 好機(호기), 好期(호기), 好奇(호기), 好奇心(호기심), 好不好(호불호), 好事(호사), 好事家(호사가)/好事者(호사자), 好喪(호상), 好色(호색), 好色漢(호색한), 好惡(호오), 好意(호의), 好衣好食(호의호식), 好戰的(호전적), 好調(호조), 好酒(호주), 好評(호평), 好學不倦(호학불권), 好好先生(호호선생), 好況(호황), 嗜好(기호), 同好(동호), 同好人(동호인), 不好(불호), 選好(선호), 攸好德(유호덕), 絕好(절호)

착하여 마음에 들다, 훌륭하여 마음에 들다
[好男兒(호:남아)] 씩씩하고 쾌활한 남자.
[好人(호:인)] 성질이나 인품이 좋은 사람.
[無骨好人(무골호인)] 아주 순하여 남의 비위에 두루 맞는 사람.

잘 사귀어 정답다, 우의, 정분, 교분
[好誼(호:의)] 좋은 정의.
[修好(수호)] 사이좋게 지냄. 참修好條約(수호조약)
[友好(우:호)] 개인이나 나라 간에 친구처럼 사이가 좋음. 참友好條約(우호조약)

만족스럽거나 흐뭇하여 기뻐하다
[好顏(호:안)] 기쁜 빛을 띤 얼굴.

조건에 맞다
[好敵手(호:적수)] 실력이나 기량이 잘 어울릴 만한 적수.
[好適(호:적)] 썩 알맞음. 매우 적합함. ¶호적 조건

落 떨어질 락, ⺾부13   0628

'落(락)'자는 '풀 ⺾(초)'와 '강 이름 洛(락)'으로 이루어진 글자이다. 나뭇잎이 시들어 떨어지는 모습을 그렇게 나타냈다.

떨어지다, 나뭇잎이 떨어지다, 낙엽, 지다, 위에서 아래로 내려지다, 붙었거나 달려 있던 것이 내려지다
[落葉(낙엽)] 저절로 떨어지는 나뭇잎. 말라서 떨어진 나뭇잎. 참落葉樹(낙엽수), 落葉歸根(낙엽귀근), 葉落知秋(엽락지추)
[落下(낙하)] 높은 곳에서 아래로 떨어짐. 참落下傘(낙하산)
[落花(낙화)] 떨어진 꽃. 꽃이 떨어짐.
[落花流水(낙화유수)] 흐르는 물 위에 꽃잎이 떨어지다. 늦봄의 처량한 정취를 묘사한 詩(시)에서 나왔다. '가는 봄의 경치' 또는 '살림이나 세력이 약해져 아주 보잘것없이 됨'을 비유하는 말.
[烏飛梨落(오비이락)] 까마귀 날자 배 떨어진다. 어떤 행동을 한 것이 공교롭게도 뒤미처 일어난 다른 일의 결과를 낳게 한 것처럼 되어 의심을 받게 되는 경우를 이르는 말.
[墜落(추락)] ① 높은 곳에서 떨어짐. ¶비행기 추락 사고 ② 위신 따위가 떨어짐.
落雷(낙뢰), 落淚(낙루), 落馬(낙마), 落磐(낙반)/落盤(낙반), 落傷(낙상), 落石(낙석), 落張不入(낙장불입), 落點(낙점), 落穽下石(낙정하석)/落井下石(낙정하석), 落差(낙차), 落下傘(낙하산), 落果(낙과), 落雁(낙안), 落花生(낙화생), 秋風落葉(추풍낙엽)

해·달이 지다
[落月(낙월)] 지는 달.
[落照(낙조)] 저녁에 떨어지듯 지는 햇빛. 비夕陽(석양)
[日落(일락)] 해가 짐.
[日落西山(일락서산)/日薄西山(일박서산)] 해가 서산에 지다. 나이가 들어 목숨이 얼마 남지 않은 것을 비유하는 말이다.

값·정도·수준·상태 따위가 낮아지거나 못해지다
[騰落(등락)] 오르내림. ¶주가가 등락을 거듭하다
[暴落(폭락)] ① 갑자기 크게 떨어짐. ¶시세가 폭락하다 ② 인격이나 위신이 갑자기 여지없이 떨어짐.
[下落(하:락)] 값이나 등급 따위가 떨어짐. ¶시세가 하락하다/인기가 하락하다

진지나 성 따위가 적의 손에 넘어가다
[難攻不落(난공불락)] 공격하기가 어려워 함락되지 아니함. ¶난공불락의 요새
[陷落(함:락)] ① 땅이 꺼져 떨어짐. ② 지키는 곳을 쳐서 빼앗거나 빼앗김. ¶6,25동란이 나자 서울이 3일 만에 함락되었다

숨이나 마음·감각 같은 것이 끊어지거나 없어지다
[落膽(낙담)] ① 너무 놀라서 肝膽(간담)이 떨어지는 듯함. ② 바라던 일이 뜻대로 되지 않아 마음이 몹시 상함. ¶이번의 실패에 대하여 너무 낙담하지 말아라 참落膽喪魂(낙담상혼)
[落望(낙망)] 희망을 잃음. 참絕望(절망), 落心(낙심)
[落心(낙심)] 바라던 일이 실패되어 마음이 상함.
[落心千萬(낙심천만)] 극도로 낙심함.

빗방울이 줄기져 떨어지다
[落水(낙수)] 낙숫물. 빗물, 눈 녹은 물 또는 고드름 따위가 녹아서 처마 끝에서 떨어지는 물.

뒤떨어지다, 뒤에 처지거나 남아 있다
[落伍(낙오)] ① 대오에서 뒤떨어짐. 참落伍兵(낙오병) ② 사회나 시대의 진보에서 뒤떨어짐. 참落伍者(낙오자)
[落後(낙후)] 어떤 기준에 이르지 못하고 뒤떨어짐.

거리가 멀리 떨어져 있다, 두 곳 사이에 거리를 두고 있다
[落島(낙도)] 육지에서 멀리 떨어진 외딴섬. ¶낙도의 분교에서 초등학교를 다녔다
[落鄕(낙향)] 서울에 사는 사람이 시골로 이사함. ¶낙향해서 농사나 지을까

없어지다
[落胎(낙태)] ① 태아가 달이 차기 전에 죽어서 나옴. ② 인위적으로 태아를 모체로부터 떼어 냄.
[漏落(누:락)] 기록에서 빠짐, 또는 빠뜨림. ¶명단에서 내 이름이 누락되었다

몰락하다, 영락하다, 어려운 상태에 빠지다
[那落(나락)/奈落(나락)] ① 지옥. ② 헤어날 수 없는 어려운 상태를 비유하여 이르는 말. ¶절망의 나락으로 떨어지다
[沒落(몰락)] 성하던 것이 쇠하여 형편없이 됨. ¶군국주의의 몰락
[轉落(전:락)] ① 굴러 떨어짐. ② 타락한 상태나 좋지 않은 처지에 빠짐. ¶주색에 빠지더니 결국 파산자로 전락하였다
[墮落(타:락)] 마음이나 행동이 잡되고 잘못된 길로 빠짐. ¶타락의 구렁텅이

초급

[破落戶(파:락호)] 몰락한 오래된 가문. 또는 경우 없이 마구잡이로 노는 건달이나 불량배를 지칭하기도 한다.
衰落(쇠락), 榮落(영락), 零落(영락), 淪落(윤락), 凋落(조락), 頹落(퇴락)

줄다, 줄어지다
[落潮(낙조)] ① 썰물. ② 점점 쇠퇴해지는 기미.

빠지다, 탈락하다, 일정한 기준에 들지 못하다, 시험·선발 따위에 뽑히지 못하다
[落選(낙선)] ① 선거에서 떨어짐. ② 심사나 선발에서 떨어짐.
[落第(낙제)] ① 시험에서 일정한 등급에 미치지 못하여 떨어짐. ② 진학 또는 진급을 못함. 凹及第(급제)
[脫落(탈락)] 어떤 데에 끼지 못하고 빠지거나 떨어짐. ¶예선에서 탈락하다
落榜(낙방), 落穗(낙수), 及落(급락), 登落(등락)

사람의 사는 곳, 촌락, 여럿이 모여 사는 곳
[群落(군락)] (식) 생육조건이 같은 식물이 떼를 지어 자라는 것. ¶군락을 이루다
[聚落(취:락)] 사람이 무리지어 사는 마을.
[部落(부락)] ① 마을. ② 시골의 큰 마을. ¶자연 부락
[村落(촌:락)] 시골의 부락.

낙성하다, 공사가 완공되다
[落成(낙성)] 건물을 다 지어 끝냄.
[落着(낙착)] 일의 끝을 보거나 결정이 남. ¶낙착을 보다
[段落(단락)] ① 일이 다 된 끝. ¶이 문제는 일단락이 되었으니 잠시 논외로 하자 ② 긴 글에서 내용으로 보아 일단 끊어지는 곳. ¶이 단락은 너무 길어서 이해하기 어렵다

손 안에 들거나 자기 차지로 되다
[落札(낙찰)] 입찰한 가운데서 뽑혀 권리를 얻는 일.

사물의 모양
[落落長松(낙락장송)] 가지가 축축 늘어질 정도로 키가 큰 소나무. 매우 크고 우뚝하게 잘 자란 소나무.

기타
[落書(낙서)] ① 장난으로 아무데나 함부로 쓴 글씨나 그림. ¶낙서 금지 ② 풍자하는 뜻으로 시사나 인물에 대해 쓴 글이나 그림. ③ 글자를 빠뜨리고 씀.
[斗落(두락)] 마지기. '한 말의 씨앗을 뿌릴 만한 논밭의 넓이'라는 뜻으로, 대략 200~300평에 해당하나 지방에 따라 다름.

葉 잎 엽, ++부13　　0629

'葉(엽)'자는 '풀 ++(초)', '인간 世(세)', '나무 木(목)'으로 이루어진 글자이다. '世'는 나뭇가지에 매달린 잎의 모양을 본뜬 것이다. 세 글자가 모두 표의요소로 쓰였다.

잎, 초목의 잎
[葉茶(엽차)] 차나무의 잎을 따서 말린 찻감. 또는 그 찻물.
[葉菜(엽채)] 채소류 중에서 잎을 주로 이용하는 채소류. 배추·상추·시금치 따위. 참根菜(근채), 果菜(과채)
[枯葉(고엽)] 마른 잎. 참枯葉劑(고엽제)
[落葉(낙엽)] ☞ 落(락)
[一葉片舟(일엽편주)] (하나의 작은 잎새 같은) 한 척의 작은 배.
[葉落知秋(엽락지추)] 잎이 떨어지는 것을 보고 가을이 왔음을 앎. 一葉落知天下秋(일엽낙지천하추). 『文錄(문록)』
葉綠素(엽록소), 葉脈(엽맥), 葉柄(엽병), 葉序(엽서), 葉身(엽신), 葉芽(엽아), 葉緣(엽연), 葉肉(엽육), 葉托(엽탁), 金枝玉葉(금지옥엽), 落葉樹(낙엽수), 桑葉(상엽), 雙子葉(쌍자엽), 梧桐一葉(오동일엽), 子葉(자엽), 竹葉(죽엽), 千枝萬葉(천지만엽), 秋風落葉(추풍낙엽), 針葉(침엽), 針葉樹(침엽수), 闊葉(활엽), 闊葉樹(활엽수)

끝, 갈래, 갈림
[枝葉(지엽)] ① 가지와 잎. ② 본체에서 갈라져 나간 중요치 않은 부분. 참根幹(근간)
[枝葉的(지엽적)] 본질적인 것이 아니라 부차적인. 또는 그러한 것.

세대, 시대
[末葉(말엽)] ① 어떤 시대나 세기를 셋으로 나누었을 때 맨 끝 무렵. ¶고려 말엽/20세기 말엽 ② 後孫(후손)
[中葉(중엽)] ① 중간 시대. ¶이조 중엽 참末葉(말엽) 初葉(초엽) ② 가운데 쪽의 잎.
[初葉(초엽)] 일정한 역사적 시대의 처음 시기.

평평하고 얇은 것, 평평하고 작은 것
[葉書(엽서)] ① '잎사귀에 쓴 글'이란 뜻으로, '편지'를 일컫는 말. ② 우편엽서.
[葉錢(엽전)] ① 놋쇠로 만든 옛날 돈. 둥글고 납작하며 가운데에 네모진 구멍이 있음. ② ('아직 봉건적인 인습에서 탈피하지 못한 사람'이라는 뜻으로) 과거 우리나라 사람들이 스스로를 비하하여 일컫던 말.
[胎葉(태엽)] 긴 강철 띠를 돌돌 말아 그 풀리는 힘으로 시계 장난감 등을 움직이게 하는 장치.
封緘葉書(봉함엽서), 郵便葉書(우편엽서)

觀 볼 관, 見부25　　0630

'觀(관)'자는 '볼 見(견)'과 '황새 雚(관)'으로 이루어졌다. 황새가 물고기를 잡으려고 물속을 유심히 본다는 데서 '자세히 보다'라는 뜻을 나타낸다. 즉, '觀(관)'은 어떤 목적을 가지고 목표물을 응시하듯 뚫어지게 바라보는 것이다.

보다, 자세히 보다, 살펴보다
[觀光(관광)] 다른 지방이나 다른 나라에 가서 그곳의 풍광, 풍습, 문물 따위를 구경함.

[觀覽(관람)] 구경. 연극, 영화, 운동 경기 따위를 흥미나 관심을 가지고 봄. ¶연극 공연을 관람하다 참觀覽客(관람객), 觀客(관객)
[觀衆(관중)] 구경하는 사람들. ¶많은 관중이 모였다
[觀察(관찰)] 사물을 꼼꼼히 살펴봄.
[槪觀(개:관)] ① 대체적으로 살펴봄. 또는 그러한 관찰. ¶한국 불교미술의 개관 ② (미) (윤곽·명암·색채·구도 따위의) 대체적인 모양.
[明若觀火(명약관화)] 아주 명백하거나 확실함. 불을 보듯 분명함. 뻔함.
[參觀(참관)] 어떤 자리에 직접 참가하여 지켜봄. 참參觀人(참관인)
[觀於海者難爲水(관어해자난위수).] 바다를 구경한 사람에게는 어지간한 물을 가지고는 물이라고 할 수 없다. 견문이 좁은 사람은 그 수준에서 말할 수밖에 없음을 이른 말임. 『孟子(맹자)·盡心章句上篇(진심장구상편)』☞ * 106

觀客(관객), 觀象(관상), 觀象臺(관상대), 觀心(관심), 觀音(관음)/觀世音菩薩(관세음보살)/觀音菩薩(관음보살), 觀自在(관자재)/觀自在菩薩(관자재보살), 觀戰(관전), 觀照(관조), 觀測(관측), 觀測通(관측통), 可觀(가관), 止觀(지관), 直觀(직관)

점쳐 보다
[觀相(관상)] 얼굴 등의 모양을 보고 그 사람의 재수나 운명 등을 판단하는 일. ¶관상을 보러 가다

바라보다, 쳐다보다
[觀望(관망)] ① 높은 곳에서 멀리 내다봄. ② 풍경 따위를 멀리서 바라봄. ③ 한 발 물러나서 어떤 일이 되어가는 형편을 바라봄.
[傍觀(방관)] 직접 관계하지 않고 곁에서 보기만 함. ¶남의 일 보듯 방관만 하지 말고 와서 좀 도와주게 참傍觀者(방관자)
[袖手傍觀(수수방관)] '팔짱을 끼고 보고만 있다'라는 뜻으로, 간섭하지 않고 그대로 버려둠을 이르는 말.
[坐井觀天(좌정관천)/井中觀天(정중관천)] '우물에 앉아 하늘을 본다'는 뜻으로, 견문이 썩 좁음을 이르는 말.

널리 보다
[達觀(달관)] ① 뛰어난 관찰. ② 넓고 멀리 내다봄. ¶달관의 경지에 이르다

볼품, 외관, 모양
[美觀(미:관)] ① 아름다운 풍경. ¶미관을 해치다 ② 미적 관점. 참美觀上(미관상)
[外觀(외:관)] 겉으로 본 모양. 볼품. 참外觀上(외관상)

경관, 경치
[觀賞(관상)] 동식물이나 자연 따위를 보고 즐김. 참觀賞植物(관상식물), 觀賞用(관상용)
[景觀(경관)] ① 경치. ② (지) 어떤 지방에 공통되는 지리학적 특성이나 풍물. 또는 그러한 특성이 있는 지역. 자연경관과 문화경관이 있음.
[壯觀(장:관)] ① 굉장하여 볼 만한 광경. ② '크게 구경거리로 될 만함' 또는 '매우 꼴 보기 좋음'의 뜻으로, 남의 행동이나 어떤 상태를 비웃어 일컫는 말.

체계화된 견해
[觀念(관념)] ① 어떤 사실을 바라보는 생각이나 견해. ¶그 사람은 시간 관념이 없다 ② (철) 어떤 대상에 관한 인식이나 의식의 내용. 참强迫觀念(강박관념), 固定觀念(고정관념) ③ (불) 진리나 부처를 관찰하고 생각하는 것.
[觀點(관점)] 사물을 보는 점. ¶국제 정세에 대한 관점.
[價値觀(가치관)] 가치에 관한 관점이나 태도. ¶가치관의 확립
[客觀(객관)] 자기와의 관계에서 떠나서 대상을 보거나 생각하는 것. ¶객관식 문제. 참客觀性(객관성), 客觀的(객관적)
[樂觀(낙관)] ① 인생을 즐겁게 여기거나 세상을 밝고 좋게 생각함. ② 일이 잘되어 갈 것으로 봄. ¶정세는 낙관을 불허하고 있다 참樂觀的(낙관적)
[悲觀(비:관)] ① 인생 따위를 슬퍼하거나 절망스럽게 봄. ② 앞으로의 일이 잘 안될 것이라고 봄. ¶앞날을 비관하다 참悲觀論(비관론), 悲觀的(비관적)
[主觀(주관)] ① (心) 대상을 지각(知覺)·사고(思考)·감동(感動)하는 자체. ② 자기 본인의 생각. 참主觀的(주관적)

史觀(사관), 先入觀(선입관), 世界觀(세계관), 唯物史觀(유물사관), 唯心史觀(유심사관), 人生觀(인생관)

'見(견)·看(간)·視(시)·監(감)·觀(관)·察(찰)·覽(람)·睹(도)·眺(조)'자의 공통점은 무엇인가? 모두가 '보다'라는 뜻을 가진 글자이다. 차이점은 무엇인가?

'見(견)'자는 '보다'는 뜻을 나타내기 위하여 '사람 儿(인)'의 '눈 目(목)'만을 크게 강조하여 그려 놓았다. 눈으로 '보다'의 뜻을 나타낸다.

'看(간)'자는 손[手]을 눈[目] 위에 대고 먼 곳을 바라보는 모습을 그린 것이다. '바라보다', '돌봐주다'는 뜻으로 쓰인다.

'視(시)'자는 '볼 見(견)'과 '제사 示(시)'로 이루어졌다. '示(시)'는 '손가락으로 가리키다'의 뜻이니 '視(시)'는 '한 점에 시선을 집중시켜서 보다', '볼 목적을 가지고 쳐다보다'의 뜻이다.

'監(감)'자는 '신하 臣(신)', '사람 人(인)', '한 一(일)', '그릇 皿(명)'의 네 부분으로 이루어졌다. '臣(신)'은 '눈'의 모양을 본뜬 것이라고 한다. 사람이 물이 들어 있는 물동이[皿]를 본다. 거기에 내 얼굴이 비추어져 보이는 것이 아닌가. '監(감)'자는 '거울에 비추어 보다'의 뜻이다.

'觀(관)'은 '볼 見(견)'자와 '황새 雚(관)'의 합자로, 황새가 물고기를 잡으려고 물속을 유심히 본다는 데서 '자세히 보다'라는 뜻을 나타낸다. 즉, '觀(관)'은 '어떤 목적을 가지고 목표물을 응시하듯 뚫어지게 바라보는 것'이다.

'察(찰)'은 '집'의 뜻인 '宀(면)'과 '제사'의 뜻인 '祭(제)'

의 합자로, 제사를 지낼 때는 집이 깨끗한지 또는 祭需(제수)가 제대로 마련되었는지 살펴봐야 한다는 데서 '살피다'는 뜻을 나타낸다.
'覽(람)'은 '볼 監(감)'과 '볼 見(견)'을 합쳐 놓은 것이다. 생각하며 자세히 살펴본다는 뜻이다.
'睹(도)'자는 '눈 目(목)'과 '놈 者(자)'로 이루어졌다. '몸소 잘 살펴본다'는 뜻이다.
'眺(조)'자는 '눈 目(목)'과 '조짐 兆(조)'로 이루어졌다. '兆(조)'자는 '좌우로 나누다'는 뜻으로 쓰인 것이다. '眺(조)'자는 '시선을 좌우로 돌려서 먼 데를 보다'는 뜻이다.

許 허락할 허, 言부11　　0631

'許(허)'자는 '말씀 言(언)'과 '낮 午(오)'로 이루어진 글자이다. '허락하다'의 뜻을 나타낸다.

허락하다, 받아들이다, 승인하다, 따르다, 말을 들어주다
[許可(허가)] ① 허락하여 가능하게 해 줌. 말을 들어 줌. ② (법) 법령으로 금지하는 일을 특정한 경우에 허락해 주는 행정 행위.
[許諾(허락)] 청하는 일을 들어주어 승낙함.
[許容(허용)] 허락하여 받아들임.
[免許(면허)] ① 나라나 공공기관에서 인정해 주는 일정한 기술 자격. ¶운전면허 ② 특수한 행위나 영업을 특정한 경우나 사람에게 허락하는 행정 행위.
[特許(특허)] ① 특별히 허락함. ② (법) 특정한 사람에게 새로운 특정한 권리를 주는 행정 행위. ¶자원의 채취·개발·이용에 관한 특허 ③ (법) 어떤 사람의 과학적 발명에 대하여 그 專用權(전용권)을 그 사람 또는 승계자에게 부여하는 행정 행위. ④ 特許權(특허권)
許心(허심), 許婚(허혼), 不許(불허), 運轉免許(운전면허), 認許(인허), 專賣特許(전매특허)

매우
[許多(허다)] 수효가 매우 많다.
[許久(허구)] 날이나 세월 따위가 매우 오램. ¶허구한 날 팔자타령만 한다

諾 허락할 낙(락), 言부16　　0632

'諾(낙)'자는 '예'하고 말로 '대답하다'는 뜻을 나타내기 위하여 만든 것이었다. '말씀 言(언)'과 '같을 若(약)'으로 이루어졌다. '허락하다, 승낙하다'의 뜻을 나타낸다. 본음은 [낙]이나, 받침이 없는 글자 다음에 올 때는 [락]으로 발음한다.

'예' 하고 대답하다, 허락하다, 승낙하다
[受諾(수락)] 요구를 받아들여 승낙함.
[承諾(승낙)] 청하는 바를 받아 들어줌.
[應諾(응:낙)] 부탁을 들어줌.
[許諾(허락)] 청하는 일을 들어주어 승낙함.
內諾(내락), 快諾(쾌락)

說 말씀 설, 기쁠 열, 달랠 세, 言부14　　0633

'說(설)'자는 '말하다'는 뜻을 위하여 고안된 것이었다. '말씀 言(언)'이 표의요소로, '바꿀 兌(태)'는 음의 차이는 크지만 표음요소로 쓰였다. '말하다'의 뜻으로 쓰일 때는 [설]로 읽는다. '달래다'의 뜻으로 쓰일 때는 장음 [세:]로 읽는다. '기쁘다'의 뜻으로 쓰일 때는 [열]로 읽는데, 후에 이 의미는 '悅(열)'로 바꾸어 나타냈다. '說(열)'은 스스로 배우고 익히는 과정에서 오는 내면의 즐거움이고, '樂(락)'은 벗들과의 교유를 통한 외면의 즐거움이다.

말씀, 말, 말하다, 이야기하다
[說敎(설교)] ① 종교상의 교리를 널리 설명함. 또는 그 설명. ② 남에게 무엇을 설득시키려고 여러 말로 타일러 가르침. 또는 그 가르침.
[說得(설득)] 잘 설명하거나 알아듣도록 타일러 말함.
[甘言利說(감언이설)] 남의 비위를 맞추는 달콤한 말과 이로운 조건을 내세워 꾀는 말. ¶감언이설에 속아 넘어가다
[演說(연:설)] 여러 사람 앞에서 자기의 주장 또는 의견을 펴서 말함.
[辱說(욕설)] 남의 인격을 무시하는 모욕적인 말. 또는 남을 저주하는 말. ¶욕설을 퍼붓다
[橫說竪說(횡설수설)] '가로로 말하고 세로로 말하다'라는 뜻에서, 조리에 맞지 않는 말을 이러쿵저러쿵 지껄임.
說服(설복)/設伏(설복), 說往說來(설왕설래), 說話(설화), 街談巷說(가담항설), 却說(각설), 浪說(낭설), 發說(발설), 佛說(불설), 辭說(사설), 序說(서설), 臆說(억설), 力說(역설), 逆說(역설), 淫談悖說(음담패설), 傳說(전설), 傳說的(전설적), 直說(직설), 吐說(토설), 悖說(패설), 稗說(패설), 巷說(항설)

학설, 가르치다, 교육하다
[假說(가:설)] (논·수) 假定(가정)을 바탕으로 설정한 명제. 실제로는 아직 타당성이 증명되지 않았으나, 어떤 사실을 설명하기 위하여 편의상 내세우는 이론.
[性善說(성:선설)] 인간의 본성은 착한데 물욕이 가려서 악하게 된다는 학설. 중국의 맹자가 주장한 도덕설. 참 性惡說(성악설)
[定說(정:설)] 일정한 결론에 도달하여 이미 확정된 설.
[學說(학설)] 학문상의 주장 및 논설.
概說(개설), 俗說(속설), 一說(일설), 天賦人權說(천부인권설), 總說(총설), 通說(통설), 惑說(혹설)

풀어서 하는 말, 설명, 해설, 변명, 해명
[說明(설명)] 어떤 일의 내용 따위를 알기 쉽게 밝혀 말함. ¶전시회에 관한 설명
[說法(설법)] 불법의 오묘한 이치를 강설함.
[解說(해:설)] 알기 쉽게 풀어서 설명함. 또는 그 설명.
說破(설파), 辨說(변설)

문제의 하나, 사물에 대한 뜻과 이치를 풀어 밝히고 자기의 의견을 진술하는 형식의 글
[論說(논설)] ① 자기의 의견이나 주장을 조리 있게 설

명함. 또는 그러한 글. ② 신문이나 잡지 따위의 사설.
[社說(사설)] 신문이나 잡지에서 그 회사의 주장으로 의견을 써 내는 논설.
[小說(소:설)] 허구(虛構)에 의해 줄거리를 사실처럼 구성하고 세태(世態)와 인정(人情)을 묘사, 또는 사실(史實)을 부연(敷衍)하는 산문체(散文體)의 문장.
小說家(소설가), 短篇小說(단편소설), 長篇小說(장편소설), 推理小說(추리소설)

달래다, 유세하다
[說客(세:객)] 능숙한 말솜씨로 유세하러 다니는 사람.
[遊說(유세)] 여러 곳을 돌아다니며 자기나 소속 정당의 의견·주장 등을 설명하고 선전하는 일. ¶선거 유세

기쁘다, 즐거워하다, 즐기다, 좋아하다
[學而時習之(학이시습지), 不亦說乎(불역열호).] 배워서 그것을 제때에 익히니 또한 기쁘지 않겠는가. 한 번 배우면 그것으로 다 아는 것처럼 기가 산다. 그러나 실제로는 잘 모르는 것이다. 하지만 배운 것을 시간 있을 때마다 복습하고 연습해 보면 차츰 진정한 뜻을 이해하게 된다. 즉 몸소 깨달아 실천하게 되는 것이다. 그러한 체득의 기쁨이야말로 학문의 참다운 기쁨이다.
『論語(논어)·學而(학이)』☞ * 452

課 과정 과, 매길 과, 言부15 0634

'課(과)'자는 '말씀 言(언)'과 '열매 果(과)'로 이루어진 글자이다.

매기다, 일 또는 세금 등을 부과하다
[課稅(과세)] 세금을 매기거나 또는 그 세금.
[課業(과업)] ① 해야 할 일이나 임무. ¶역사적 과업 ② 일과로 정한 학업.
[課外(과외)] ① 정해진 교육과정의 이외. ② 과외수업의 준말.
[課題(과제)] ① 맡겨진 일이나 문제. ¶당면 과제 ② 처리하거나 해결해야 할 문제. ¶학습 과제
[放課後(방:과후)] 학교에서, 그날의 정해진 수업을 마친 뒤.
[賦課(부:과)] ① 세금 따위를 매기어 물게 함. ¶세금 부과 ② 임무나 책임 따위를 지워 맡게 함. ¶임무 부과
課程(과정), 教育課程(교육과정)/教科課程(교과과정), 公課金(공과금), 放課(방과), 非課稅(비과세)

일과, 일상의 일
[日課(일과)] 매일매일 할당한 작업, 또는 학업. 그날그날의 근무.

부서, 사무 분담의 한 단위, 사무 상의 구별
經理課(경리과), 産業課(산업과), 庶務課(서무과), 人事課(인사과), 總務課(총무과) 등
[課長(과장)] 課(과)의 책임자.

관리의 성적 고사, 공과를 따져 등수를 정하다
[考課(고과)] 근무 성적이나 공부 성적 따위를 따져 평가하는 일. ¶고과 점수

調 고를 조, 言부15 0635

'調(조)'자는 '말씀 言(언)'과 '두루 周(주)'의 합자이다. '고르다', '헤아리다', '어울리다', '길들이다', '가락' 등 여러 가지 뜻으로 사용된다.

고르다, 적당하도록 조절하다, 어울리다, 걸맞다, 화합하다, 균형이 잡히다
[調律(조율)] ① 악기의 음을 바르게 맞춤. ② 일이나 의견 따위를 적절하게 다루어 조화롭게 함. ¶이견을 조율하다
[調節(조절)] 균형 맞게 바로잡음. 사물을 어느 정도에 맞추어서 알맞게 함. ¶실내 온도를 조절하다
[調和(조화)] 이것저것이 서로 모순됨이 없이 잘 어우르게 함. ¶이상과 현실과의 조화
[強調(강:조)] 특별히 힘을 주어 말하거나 두드러지게 나타냄.
[步調(보:조)] ① 걸음걸이의 속도나 모양. ¶보조를 늦춰라 ② 동시에 진행되는 여러 가지 일들 상호간의 조화나 진행 속도. ¶보조를 맞춰서 일을 하다
[失調(실조)] 조화를 잃음. ¶영양실조
調理(조리), 調味(조미), 調味料(조미료), 調攝(조섭), 調音(조음), 調停(조정), 調整(조정), 調製(조제), 調劑(조제), 調合(조합), 同調(동조), 不調(부조), 不調和(부조화), 色調(색조), 順調(순조), 雨順風調(우순풍조), 快調(쾌조), 好調(호조)

헤아리다, 살피다
[調査(조사)] 사물의 내용을 명확히 알기 위하여 자세히 살펴보거나 찾아봄. ¶설문 조사
[調書(조서)] 조사한 사실을 기록한 문서.
[調印(조인)] (사정을 잘 살펴 헤아려) 서로 약속하여 만든 문서에 도장을 찍음.
[取調(취:조)] 혐의자나 죄인을 따져 속속들이 조사함. ¶피의자를 취조하다

가락, 투, 말투, 음악의 율려, 악기로 연주하다
[曲調(곡조)] ① 음악과 가사의 선율. ¶경쾌한 곡조 ② 노래를 세는 단위. ¶한 곡조 부르다
[單調(단조)] ① 음향 등의 가락이 변화 없이 단일함. ② 같은 것만 되풀이되어 새로운 맛이 없음. ¶단조로운 일상을 보내고 있다
[是非調(시:비조)] 시비를 거는 듯한 투. ¶그는 눈을 부라리고 사뭇 시비조로 말했다
[語調(어:조)] 말의 가락. 말하는 투. 말투. ¶격렬한 어조
[低調(저:조)] ① 낮은 가락. ② 능률이나 성적이 낮음. ¶시청률이 저조하다
高調(고조), 基調(기조), 論調(논조), 短調(단조), 悲調(비조), 散調(산조), 哀調(애조), 長調(장조)

취향, 운치
[格調(격조)] ① 문예 작품 등에서, 체제에 맞는 격식과 운치에 어울리는 가락. ¶격조 있는 시 ② 사람의 품격

과 취향. ¶품위 있고 격조 높은 말씨.
길들이다
[調練(조련)/調鍊(조련)] 병사를 훈련함. 또는 그 훈련.
¶군사 조련
갖추다, 준비하다
[調達(조달)] 필요한 자금·물자 따위를 대어줌. 참調達廳(조달청)
기타
[時調(시조)] 고려 말엽부터 발달한 한국 고유의 定型詩(정형시). 初章(초장)·中章(중장)·終章(종장)으로 이루어진다.

整 가지런할 정:, 攴부16   0636

'整(정)'자는 '가지런하게 하다'는 뜻을 나타내기 위하여 나무 다발 [束(속)]을 잘 다독거려서[칠 攵(복)] 똑바르게[바를 正(정)] 하는 뜻을 모아 놓은 것이다.

가지런하다, 정돈하다
[整頓(정:돈)] 가지런히 하여 바로잡음. ¶정리 정돈
[整理(정:리)] 흐트러진 것이나 어지러운 것을 가지런하고 바르게 하는 일.
[整形外科(정:형외과)] (의) 운동기 계통의 기능 장애나 형상 변화를 연구하고 예방·치료하는 외과의 한 갈래.
[調整(조정)] 어떤 기준이나 실정에 맞게 다듬어 정돈함. ¶버스 노선을 조정하다
[秩序整然(질서정연)] 질서가 잘 잡혀 한결같이 바르고 가지런함. ¶시위대가 거리를 질서정연하게 행진하다
[瓜田不納履(과전불납리), 李下不整冠(이하부정관).] 참외밭을 지날 때는 허리를 굽혀 신을 고쳐 신지 말며, 오얏나무 밑을 지날 때는 갓을 고쳐 쓰지 말아야 한다.
『古詩(고시)·君子行(군자행)』☞ *024
整列(정렬), 整備(정비), 整肅(정숙), 整式(정식), 整然(정연), 整地(정지), 整枝(정지), 整形(정형), 不整脈(부정맥)

증서에서 금액을 쓴 끝에 그 이하의 단수(端數)가 없다는 뜻을 나타내기 위하여 쓰는 글자
[一金一萬圓整(일금일만원정)]

기타
[整數(정:수)] 0을 포함하여 절대값이 항상 자연수인 양·음의 수. 자연수

變 바뀔 변:, 言부23   0637

'變(변)'자는 '사모할 戀(련)'과 윗부분은 같고 받침이 다르다. 우스갯소리로 말하면 '사모할 戀(련)'에서 사모하는 마음[心]이 없어지면, 즉 변심하면 가슴을 치게[칠 攵(복)] 된다. '어지러울 䜌(련)'과 '칠 攵(복)'으로 이루어졌다.

바꾸다, 갈다, 변하다, 달라지다, 고치다
[變更(변:경)] 다르게 바꿈. 바꾸어 고침. ¶날짜를 변경하다
[變身(변:신)] ① 몸의 모양을 바꿈. 또는 모양을 바꾼 몸. ¶변신 로봇 ② 태도 따위를 바꿈. ¶기자에서 작가로 변신했다
[變態(변:태)] ① 탈바꿈. 동물이 알에서 부화하여 성체가 되기까지 여러 가지 형태로 변하는 일. ② 변하여 달라진 형태.
[變化(변:화)] 사물의 모양이나 성질 등이 바뀌어 달라짐. ¶자연의 변화
[激變(격변)] 급격하게 바뀜.
[萬古不變(만:고불변)] 오랜 세월이 지나도 변하지 않음. 즉 영원히 변하지 아니함.
變德(변덕), 變貌(변모), 變服(변복), 變色(변색), 變性(변성), 變成(변성), 變聲期(변성기), 變姓名(변성명), 變速(변속), 變數(변수), 變心(변심), 變壓(변압), 變壓器(변압기), 變異(변이), 變裝(변장), 變節(변절), 變造(변조), 變種(변종), 變奏(변주), 變質(변질), 變遷(변천), 變革(변혁), 變形(변형), 變化無常(변화무상), 變化無雙(변화무쌍), 變換(변환), 可變(가변), 可變性(가변성), 急變(급변), 多變(다변), 突變(돌변), 突然變異(돌연변이), 勃然變色(발연변색), 不變(불변), 一變(일변), 子音接變(자음접변), 滄桑之變(창상지변), 千變萬化(천변만화), 豹變(표변)

움직이다, 움직이게 하다, 이동시키다
[變動(변:동)] 상태가 움직여서 달라짐. ¶기후의 변동/물가의 변동

고치다, 변경하다, 새롭게 하다
[朝變夕改(조변석개)] '아침 저녁으로 뜯어 고친다'는 뜻으로, '계획이나 결정 따위가 일관성이 없이 자주 바뀜'을 비유하는 말. 동朝改暮變(조개모변), 朝夕變改(조석변개)

보통과 다르다, 특이하다, 또 그러한 일
[異變(이:변)] 이상한 변화나 사건. ¶기상 이변

갑자기 일어난 사건, 모반, 반란
[變故(변:고)] ① 災變(재변)과 事故(사고). ② 야릇한 사고. ¶이런 변고가 있나
[變死(변:사)] 뜻밖의 變故(변고)로 죽음. 사고·재난·자살 따위로 죽음.
[事變(사:변)] ① 사람의 힘으로는 피할 수 없는 변고(變故). 천재(天災) 따위. ② 경찰력으로 막기 어려운 정도의 소란. 난리. ③ 상대국에 대하여 선전포고 없이 무력을 행사하고 있는 상태. ④ 세상 일의 변화. 참乙未事變(을미사변)
[政變(정변)] 혁명이나 쿠데타 따위로 생긴 정치상의 큰 변동. 참甲申政變(갑신정변)
[慘變(참변)] 참혹한 변고. ¶그 사고로 수많은 사람이 참변을 당했다
變怪(변괴), 變亂(변란), 告變(고변), 怪變(괴변), 逢變(봉변)

재앙, 재화
[天災地變(천재지변)] 자연현상으로 일어나는 재변.

災變(재변), 地變(지변), 天變地異(천변지이), 禍變(화변)
편법, 그 당장만을 빠져 나가기 위한 바르지 않은 수단, 정도(正道)에 맞지 않으나 허용되는 방법
[變則(변:칙)] ① 보통의 원칙이나 규칙을 바꾼 형태나 형식. ② 규칙·규정에서 벗어남. 웹變則的(변칙적)
[變通(변:통)] ① 형편과 경우에 따라서 일을 이리저리 막힘없이 잘 처리함. ¶변통을 내다 ② 달리 융통함. ¶갑자기 그렇게 많은 돈이 변통되겠나?
[臨機應變(임기응변)] 그때그때 처한 형편에 따라 알맞게 처리함.

化 화할 화(:), ヒ부4 0638

'化(화)'자는 '요술부리다'는 뜻을 나타내기 위하여 만들어졌다. 바로 서 있는 사람(亻)과 거꾸로 서 있는 사람(匕)이 합쳐졌다. '사람이 몸의 자세를 바꾸다'라는 데서 '바꾸다', '~이 되다'의 뜻을 나타내게 되었다.

어떤 현상이나 상태로 변하여 되다, (접미사로 쓰일 때) 어근이 뜻하는 일정한 상태로 됨
[化石(화:석)] 아주 옛날의 생물의 뼈나 몸의 흔적이 돌로 변해 남아 있는 것.
[化學(화:학)] 물질의 성질·구조·화학 변화 등을 연구하는 자연과학의 한 부문. 물리화학·분석화학·무기화학·유기화학·생화학·공업화학 따위의 분야가 있음.
[化合(화:합)] 둘 이상의 물질이 결합하여 본디의 성질을 잃어버리고 새로운 물질이 되는 일. 산소와 수소가 결합하여 물이 되는 따위. 웹化合物(화합물)
[文化(문화)] ① 人智(인지)가 깨고 세상이 열리어 밝게 됨. ② 자연을 이용하여 인류의 이상을 실현해 나아가는 정신 활동. ③ 文德(문덕)으로 교화함. 웹文化史(문화사), 文化財(문화재)
[變化(변:화)] 사물의 모양이나 성질 등이 바뀌어 달라짐. ¶자연의 변화 웹變化無常(변화무상), 變化無雙(변화무쌍)
[消化(소화)] ① 먹은 것을 삭임. 섭취한 음식물을 분해하여 영양분을 흡수하기 쉬운 형태로 변화시키는 일. 또는 그런 작용. 웹消火器官(소화기관) ② 얻은 분량을 잘 감당하여 처분함. ③ 배우거나 얻은 지식·기술·경험 따위를 완전히 익혀 제 것으로 만듦. ④ 팔 물건 따위를 모두 팔아버림.
[風化(풍화)] ① (지) 지표면의 암석이 공기·물·온도·햇빛·생물 따위의 작용으로 부서지는 현상. 웹風化作用(풍화작용) ② (교육·정치 따위로) 풍습을 교화하는 일.
[江南橘化爲枳(강남귤화위지).] 강남의 귤을 강북에 심으면 탱자가 된다는 뜻으로, '사람도 사는 곳의 풍속의 선악에 따라 그 품성이 달라짐'을 비유하여 이르는 말. 南橘北枳(남귤북지), 江南種橘江北爲枳(강남종귤강북위지)『韓詩外傳(한시외전)』
化工(화공), 化膿(화농), 化身(화신), 化粧(화장), 化粧臺(화장대), 化粧品(화장품), 化粧室(화장실), 感化(감화), 强化(강화), 開化(개화), 硬化(경화), 口蓋音化(구개음화), 歸化(귀화), 劇化(극화), 機械化(기계화), 氣化(기화), 綠化(녹화), 老化(노화), 同化(동화), 同化作用(동화작용), 鈍化(둔화), 萬化方暢(만화방창), 美化(미화), 孵化(부화), 分化(분화), 酸化(산화), 純化(순화), 馴化(순화), 醇化(순화), 深化(심화), 惡化(악화), 液化(액화), 弱化(약화), 軟化(연화), 鹽化(염화), 羽化(우화), 羽化登仙(우화등선), 偶像化(우상화), 乳化(유화), 異化作用(이화작용), 赤化(적화), 淨化(정화), 淨化槽(정화조), 造化(조화), 進化(진화), 進化論(진화론), 千變萬化(천변만화), 炭水化物(탄수화물), 炭化(탄화), 退化(퇴화), 特化(특화), 平準化(평준화), 合理化(합리화), 形象化(형상화)

가르치다, 선도하다, 도덕적으로 잘못을 고치도록 하다
[敎化(교:화)] ① 가르쳐서 착한 사람이 되게 함. ② (佛) 불법으로 사람을 가르쳐서 선심(善心)을 가지게 함.
[訓化(훈:화)] 가르치고 타일러 착하게 함.

責 꾸짖을 책, 貝부11 0639

'責(책)'자는 '조개 貝(패)'와 '가시나무 朿(자)'로 이루어진 글자이다. '朿(자)'자의 형태가 바뀌었다. '빚'을 나타내기 위하여 만든 글자이다. '꾸짖다', '책임'의 뜻으로 사용되는 예가 많아지자 본뜻은 '亻(인)'을 붙여 '빚 債(채)'자를 만들었다.

꾸짖다, 꾸짖음, 책망, 꾸지람
[責望(책망)] 꾸짖음.
[呵責(가:책)] ① 꾸짖어 책망함. ¶가책을 받다 ② 마음에 찔림. ¶양심에 가책을 느끼다
[問責(문:책)] 일의 잘못을 물어 책망함.
[自責(자책)] 제 잘못을 스스로 꾸짖음.
[叱責(질책)] 꾸짖어 나무람.
[大人不責小人過(대:인불책소인과)] 큰 덕을 갖춘 사람은 하찮은 사람의 실수를 책망하지 아니함. 『陔餘叢考(해여총고)』
[以責人之心(이책인지심), 責己(책기).] 남을 책망하는 마음으로 자신을 책망해야 한다. 남을 책망하기에 앞서 자기를 책망해야 한다. 『小學(소학)·外篇(외편)·嘉言(가언)』
人雖至愚責人則明(인수지우책인즉명), 雖有聰明恕己則昏(수유총명서기즉혼).] 어리석은 사람도 남을 꾸짖는 데는 밝고, 총명이 있는 사람도 자기를 용서하는 데는 어둡다. 『明心寶鑑(명심보감)·存心篇(존심편)』
苛責(가책), 見責(견책), 譴責(견책), 罰責(벌책), 質責(질책), 詰責(힐책)

책임, 해야 할 임무
[責務(책무)] 책임과 의무.
[責任(책임)] ① 맡겨진 임무나 의무. ¶책임이 무겁다

習責任者(책임자) ② (법) 법에 어긋난 짓을 한 사람에게 법률상 불이익 또는 제재가 가해지는 일.
[免責(면:책)] 책망이나 책임을 면함. 習免責特權(면책특권)
[引責(인책)] 책임을 스스로 이끌어서 짐. ¶引責辭任(인책사임)
[職責(직책)] 직무상의 책임.
無限責任(무한책임), 有限責任(유한책임), 罪責(죄책), 罪責感(죄책감), 重責(중책)

바라다, 권장하다

[責善(책선), 朋友之道也(붕우지도야). 父子責善(부자책선), 賊恩之大者(적은지대자).] 착한 일을 권하는 것은 친구 사이의 도리이며, 부모 자식 사이에 선을 억지로 권하는 것은 은혜를 크게 해치는 것이다. 부모 자식 사이는 하늘로부터 타고난 은혜와 사랑을 위주로 하는 것이기 때문에 연마를 위한다고 해서 억지로 권하는 것은 오히려 은혜와 사랑의 인정에서 벗어나 해를 끼치게 된다. 習父子之間不責善(부자지간불책선)『孟子(맹자)·離婁 下(이루 하)』

買 살 매:, 貝부12　　0640

'買(매)'자는 '그물 罒(망)'과 '조개 貝(패)'가 합쳐진 글자이다. '그물로 조개를 주워 모으듯이 물건을 사들인다'는 뜻이다.

사다, 값을 치르고 넘겨받다

[買收(매:수)] ① 사들이기. ¶매수 가격 ② 남을 꾀어 자기편으로 끌어들임. ¶매수를 당하다
[買入(매:입)] 물건 따위를 사들임.
[買占(매:점)] 사재기. 값이 크게 오를 것을 내다보고 막 몰아 사들여 쟁이는 일. 習賣惜(매석)
[競買(경:매)] 파는 사람이 여럿일 때 가장 싸게 팔겠다고 하는 사람에게서 물건을 삼.
[賣買(매매)] 팔고 삼.
[豫買(예:매)] ① 물건을 받기 전에 미리 값을 치르고 사 둠. ② 정해진 때가 되기 전에 미리 삼.
買價(매가), 買氣(매기), 買櫝還珠(매독환주), 買上(매상), 買受(매수), 買食(매식), 買辦(매판), 強買(강매), 購買(구매), 都買(도매), 密買(밀매), 不買(불매), 收買(수매), 暗買(암매), 廉買(염매)

賣 팔 매(:), 貝부15　　0641

'賣(매)'자는 '날 出(출)'과 '팔 買(매)'로 이루어진 글자이다. 사들인 것을 내보내니 '팔다'의 뜻이다. '날 出(출)'이 '선비 士(사)' 모양으로 바뀌었다. 글자의 형태나 쓰기의 편리함 때문일 것이다. 장·단음 읽기가 어려운 글자이다.

팔다, 값을 받고 물건을 주다

[賣國奴(매:국노)] 사사로운 이익을 위하여 제 나라의 주권이나 이권을 남의 나라에 팔아먹는 사람.
[賣買(매매)] ☞ 買(매)
[賣惜(매:석)] (경) 물가 폭등에 의한 폭리를 바라고 어떠한 상품을 팔기를 꺼리는 일. 習買占(매점)
[競賣(경:매)] 사겠다는 사람이 여럿 있을 때 값을 제일 많이 부른 사람에게 팖. 習競賣人(경매인)
[都賣商(도매상)] 물건을 모개로 파는 장사. 또는 그 사람. 凹小賣商(소매상)
[薄利多賣(박리다매)] 이익을 적게 보고 많이 파는 일.
[專賣(전매)] 국가가 국고 수입을 위하여 어떤 재화의 판매를 독점하는 일. 習專賣權(전매권), 專賣收入(전매수입), 專賣特許(전매특허), 專賣品(전매품)
[販賣(판매)] 상품을 팖. ¶판매가격
[勸賣買鬪則解(권:매매투즉해).] '흥정은 붙이고 싸움은 말리라'는 뜻으로, '좋은 일은 권하고 나쁜 일은 화해시키라'는 뜻의 속담.
賣價(매가), 賣却(매각), 賣劍買犢(매검매독), 賣官(매관), 賣官賣職(매관매직), 賣國(매국), 賣渡(매도), 賣名(매명), 賣物(매물), 賣上(매상), 賣身(매신), 賣友(매우), 賣淫(매음), 賣場(매장), 賣店(매점), 賣盡(매진), 賣春(매춘), 賣出(매출), 賣票(매표), 強賣(강매), 公賣(공매), 多段階販賣(다단계판매), 密賣(밀매), 發賣(발매), 散賣(산매), 小賣(소매), 暗賣(암매), 廉賣(염매), 豫賣(예매), 立稻先賣(입도선매), 轉賣(전매), 直賣(직매), 投賣(투매)

費 쓸 비:, 貝부12　　0642

'費(비)'자는 '아닐 弗(불)'과 '조개 貝(패)'로 이루어졌다. '弗(불)'은 '뿌리다'는 뜻을 나타낸다. '재화를 뿌리다'가 본뜻이다.

쓰다, 금품을 소비하다, 비용, 용도

[費用(비:용)] 무엇을 사거나 어떤 일을 하는 데 쓰는 돈. 回經費(경비)
[經費(경비)] ① 사업을 경영·운영하는 데 드는 비용. ② 어떤 일을 하는 데 드는 비용. ¶여행 경비/경비가 많이 들다
[浪費(낭:비)] 재물이나 시간·정력 따위를 아무렇게나 씀. ¶시간을 낭비하다/돈을 낭비하다
[消費(소비)] ① 써서 없앰. ② (경) 욕망의 충족이나 재화의 생산을 위해 어떤 재화나 노력 따위를 이용하는 일. 凹生産(생산) ¶소비 수준/소비 욕구
費目(비목), 家計費(가계비), 車馬費(거마비), 經常費(경상비), 交通費(교통비), 國費(국비), 軍費(군비), 徒費(도비), 徒費脣舌(도비순설), 徒費心力(도비심력), 私費(사비), 歲費(세비), 食費(식비), 旅費(여비), 人件費(인건비), 日費(일비), 自費(자비), 雜費(잡비), 戰費(전비), 接待費(접대비), 車費(차비), 辦公費(판공비), 學費(학비), 虛費(허비), 會費(회비)

貯 쌓을 저:, 貝부12　0643

'貯(저)'자는 '돈을 쌓아두다'는 뜻이다. '조개 貝(패)'와 '쌓을 宁(저)'로 이루어졌다.

쌓다, 쌓아두다, 저축하다, 갈무리해 두다

[貯金(저:금)] ① 돈을 모아 둠. 또는 그 돈. ② 돈을 금융기관이나 우체국 등에 맡겨 저축함. 또는 그 돈.
[貯水池(저:수지)] 산업용으로나 상수도용으로 물을 가두어 모아 두는 못.
[貯藏(저:장)] 갈무리. 정돈하여 간직함.
[貯蓄(저:축)] ① 쓰지 않고 아껴서 모아둠. ② (경) 소득 중에서 일부를 아껴 금융기관에 맡겨둠.

蓄 쌓을 축, 모을 축, ++부14　0644

'蓄(축)'자는 '풀 艸(초)'와 '기를 畜(축)'으로 이루어진 글자이다. '풀을 쌓다'는 뜻을 위한 것이다.

모으다, 쌓아두다, 쌓다, 포개다, 저축하다, 저축

[蓄財(축재)] 재물을 모음. 모은 재산 ¶부정 축재
[備蓄(비:축)] 만일의 경우에 대비하여 미리 갖추어 쌓아둠.
[貯蓄(저:축)] ☞ 貯(저)
蓄膿症(축농증), 蓄音機(축음기), 蓄積(축적), 蓄電(축전), 電蓄(전축), 含憤蓄怨(함분축원)

감추다, 간직하다, 저장하다

[蓄妾(축첩)] 첩을 둠.
[含蓄(함축)] ① (짧은 말이나 글 등에) 어떤 내용이나 깊은 뜻이 들어 있음. ② 속에 간직하여 드러나지 않음. 웹含蓄美(함축미), 含蓄性(함축성)
[含蓄美(함축미)] 겉으로 드러내지 않고 안으로 지니고 있는 아름다움.

賞 상줄 상, 貝부15　0645

'賞(상)'자는 '조개 貝(패)'와 '오히려 尙(상)'으로 이루어진 것이다. '공을 세운 사람에게 돈(재물)을 주다'의 뜻이다.

상을 주다, 상, 기리다, 찬양하다, 칭찬하다

[賞(상)] 잘한 일을 칭찬하기 위하여 주는 표적. ¶상을 받다/상을 주다
[賞金(상금)] 상으로 주는 돈.
[賞狀(상장)] 상의 뜻으로 주는 증서.
[金賞(금상)] 상의 등급을 金(금), 銀(은), 銅(동)으로 구분하였을 때의 일등 상.
[施賞(시:상)] 상장이나 상품 또는 상금을 줌.
[信賞必罰(신:상필벌)] '공로가 있는 사람에게는 반드시 상을 주고, 죄가 있는 사람에게는 반드시 벌을 줌'의 뜻으로, '상벌을 공정하게 함'을 이르는 말.
[入賞(입상)] 상을 타는 데 뽑힘. 상을 탐.

賞罰(상벌), 賞與(상여), 賞與金(상여금), 賞牌(상패), 賞品(상품), 賞勳(상훈), 皆勤賞(개근상), 大賞(대상), 銅賞(동상), 副賞(부상), 受賞(수상), 授賞(수상), 銀賞(은상), 褒賞(포상), 行賞(행상), 論功行賞(논공행상), 懸賞(현상), 懸賞金(현상금)

즐기다, 감상하다, 완상하다

[賞春(상춘)] 봄의 경치를 보고 즐김. 웹賞春客(상춘객), 賞春曲(상춘곡)
[鑑賞(감상)] 예술 작품 등의 아름다움을 즐기며 평가함. ¶영화 감상
[觀賞(관상)] 동식물이나 자연 따위를 보고 즐김. 웹觀賞植物(관상식물), 觀賞用(관상용)
[玩賞(완상)] 구경. 흥미나 관심을 가지고 봄.

質 바탕 질, 貝부15　0646

'質(질)'자는 '조개 貝(패)'와 '도끼 斤(근)' 두 개가 합쳐진 것이다. 약속을 지키겠다는 증거로 잡혀 두는 물건, 즉 '볼모'가 본뜻이다. '바탕'이라는 뜻을 가진 낱말의 구성요소로 쓰인다.

바탕, 꾸미지 아니한 본연 그대로의 성질, 근본

[質量(질량)] (물) 물체를 이루는 물질의 양. 물체의 관성과 무게의 본질이 됨.
[物質(물질)] ① 물건의 본바탕. ② 물품. ③ 물체. 웹精神(정신)
[性質(성:질)] ① 정신적 심리적인 바탕. ¶성질이 순하다. ② 사물이나 현상이 본디부터 지니고 있는 다른 것과 구별되는 특징. ¶물에 잘 녹는 성질/일의 성질로 보아 까다로운 문제가 많을 것 같다 ③ 신경질. ¶성질을 부리다
[素質(소질)] 본디부터 가지고 있는 성질. 또는 타고난 능력이나 기질. ¶타고난 저마다의 소질을 계발하여 『국민교육헌장』
[體質(체질)] ① 몸의 본바탕. ② 태어날 때부터 지니고 있는 몸의 성질. ¶허약한 체질을 개선하다
[品質(품:질)] 물품의 성질과 바탕. ¶품질을 개선하다
質感(질감), 質的(질적), 角質(각질), 硬質(경질), 膠質(교질), 均質(균질), 基質(기질), 多血質(다혈질), 同質(동질), 膜質(막질), 媒質(매질), 物質的(물질적), 變質(변질), 本質(본질), 水質(수질), 神經質(신경질), 實質(실질), 惡質(악질), 弱質(약질), 良質(양질), 軟質(연질), 原形質(원형질), 肉質(육질), 異質(이질), 資質(자질), 才質(재질), 材質(재질), 低質(저질), 罪質(죄질), 地質(지질), 紙質(지질), 脂質(지질), 土質(토질), 特異體質(특이체질), 特質(특질), 形質(형질)

순진하다, 순박하다

[質朴(질박)/質樸(질박)] 꾸민 데가 없이 수수함.

본성, 품성

[氣質(기질)] ① 氣稟(기품). ② 인간의 성격을 특징지을 수 있는 감정의 경향. 多血質(다혈질)·神經質(신

경질)·膽汁質(담즙질)·粘液質(점액질)의 네 가지가 있다. ③ 신분·직업·연령 등에 상응한 특수한 氣風(기풍).

바르다, 바로잡다
[質責(질책)] 꾸짖어서 바로잡음.

묻다, 따져 묻다
[質問(질문)] 모르거나 의심나는 점을 물음.
[質疑(질의)] 의심나거나 모르는 점을 물어서 밝힘.
[對質(대:질)] 무릎맞춤. 두 사람의 말이 어긋날 때, 제삼자 앞에서나 말전주한 사람과 맞대어 전에 한 말을 되풀이시켜 옳고 그름을 가리는 일. 참對質審問(대질심문)
質議(질의), 質正(질정)

볼모, 인질
[言質(언질)] 상대자가 한 말을, 뒤에 자기가 한 말의 증거로 삼음. ¶언질을 주다/언질을 잡다
[人質(인질)] 서약의 담보로 상대방에게 잡혀두는 妻子(처자)나 近親者(근친자).

週 주일 주, 돌 주, 辵부12　　0647

'週(주)'자는 '(둘레 길을 한 바퀴) 돌다'는 뜻을 위한 글자이다. '길갈 辶(착)'과 '두루 周(주)'자로 이루어졌다.

돌다, 회전하다
[週期(주기)] ① 같은 현상이나 특징이 한 번 나타나고부터 다음 번에 다시 나타나기까지의 기간. ¶주기적으로 이런 현상이 나타난다/삼년 주기로 채소 가격이 급락한다 ② 회전하는 물체가 한 번 돌아서 본래의 위치로 오기까지의 기간. ¶지구는 1년 주기로 태양 주위를 공전한다
[週年(주년)] 한 해를 단위로 하여 돌아오는 그 날. ¶광복 70주년

일주일, 칠요
[週末(주말)] 한 주일의 끝. 토요일 또는 금요일 오후부터 일요일에 걸친 동안.
[週番(주번)] 한 週(주)마다 차례대로 하는 근무.
[週日(주일)] ① 월요일부터 일요일까지의 이레 동안. ② 이레 동안의 날수를 세는 단위.
[每週(매:주)] 주마다. 각각의 주. ¶매주 월요일 회의를 하다
週間(주간), 週刊(주간), 週報(주보), 週中(주중), 週初(주초), 隔週(격주), 今週(금주), 來週(내주)

選 가릴 선:, 뽑을 선:, 辵부16　　0648

'選(선)'자는 '길 갈 辶(착)'과 '부드러울 巽(손)'의 합자이다.

가리다, 가려 뽑다
[選拔(선:발)] (주로 사람 등을) 골라서 뽑음. ¶미인 선발 대회
[選手(선:수)] 어떠한 기술이나 운동 따위에 뛰어나 여럿 중에서 대표로 뽑힌 사람.
[選擇(선:택)] 여럿 중에서 골라서 뽑음.
[豫選(예:선)] 본선에 진출할 대상을 뽑는 일. 참本選(본선)
[入選(입선)] 출품한 물품이 심사의 표준 권내에 들어감.
[取捨選擇(취:사선택)] 가질 것과 버릴 것을 가리고 고름. 버릴 것은 버리고 취할 것은 취함.
選民(선민), 選別(선별), 選定(선정), 選集(선집), 選好(선호), 文選(문선), 文選工(문선공), 詩選(시선), 嚴選(엄선), 鹽水選(염수선), 精選(정선), 特選(특선)

뽑다, 인재를 뽑아서 벼슬자리에 앉히다
[選擧(선:거)] 여러 사람들 가운데서 대표자 등을 골라 뽑는 일. 참選擧權(선거권), 直接選擧(직접선거), 間接選擧(간접선거)
[選出(선:출)] 여럿 가운데서 고르거나 뽑아냄.
[落選(낙선)] ① 선거에서 떨어짐. ② 심사나 선발에서 떨어짐.
[當選(당선)] ① 선거에 뽑힘. ¶국회의원에 당선되다 참當選者(당선자) ② 출품작 따위가 심사나 선발에 뽑힘. ¶신춘문예에 당선 참當選作(당선작)
[直選(직선)/直接選擧(직접선거)] 선거인이 직접 피선거인을 뽑는 선거. 참間接選擧(간접선거) 준直選(직선)
選擧區(선거구), 選良(선량), 改選(개선), 決選(결선), 競選(경선), 官選(관선), 當選圈(당선권), 民選(민선), 補選(보선)/補闕選擧(보궐선거), 普選(보선)/普通選擧(보통선거), 秘密選擧(비밀선거), 總選(총선)/總選擧(총선거), 被選(피선), 被選擧權(피선거권), 互選(호선)

擇 가릴 택, 手부16　　0649

'擇(택)'자는 '손 扌(수)'와 '엿볼 睪(역)'으로 이루어졌다. '(손으로) 고르다'는 뜻을 위하여 만들어진 글자이다.

가리다, 가려서 구분하다, 차별을 두다, 좋은 것을 가려 뽑다
[擇一(택일)] 하나를 고름. 참兩者擇一(양자택일)
[擇日(택일)] 길흉을 따져 날을 가리어 정하는 일.
[選擇(선:택)] ☞ 選(선)
[揀擇(간택)] ① 분간하여 가림. ② (역) 임금의 아내나 며느리나 사윗감을 고르는 일. ¶부마를 간택하다
[殺生有擇(살생유택)] 함부로 살생하지 말아야 함. 화랑의 세속오계 중 하나.
[採擇(채:택)] 골라서 다루거나 뽑아 씀.
[取捨選擇(취:사선택)] ☞ 選(선)
[口無擇言(구무택언), 身無擇行(신무택행).] 입에는 가려서 하지 말아야 할 말이 없고, 몸에는 가려서 하지 말아야 할 행동이 없다. 쓸모없는 말은 하지 않고, 쓸

모없는 짓은 하지 않는다. (擇言 : 골라서 버려야 할 말)『孝敬(효경)·卿大夫(경대부)』

[能書不擇筆(능서불택필).] 서예에 능한 사람은 붓을 가리지 않는다. 재주나 능력이 경지에 오른 사람은 도구의 성능에 구애받지 않고 일을 잘 처리한다는 뜻이다. '서툰 목수가 연장 탓한다'는 속담과 비슷한 뜻을 담고 있다.『周顯宗(주현종)·論書(논서)』

[良禽擇木(양금택목).] 좋은 새는 좋은 나무를 가려서 앉는다는 뜻으로, '현량한 사람은 섬겨야 할 사람을 가려서 섬김'을 비유하여 이르는 말.『春秋左氏傳(춘추좌씨전)』

鐵 쇠 철, 金부21   0650

쇠, 금속의 한 가지
[鐵工(철공)] 쇠를 다루어서 기구를 만드는 일, 또는 그런 일에 종사하는 사람. 쵀鐵工所(철공소)
[鐵道(철도)] 열차의 운행을 위한 갖가지 시설과 교통 수단을 통틀어 이르는 말.
[鋼鐵(강철)] ① 무쇠를 녹여 고압을 가하고, 탄소의 양을 1.7% 이하로 줄여 굳고 질기게 만든 쇠. ② 아주 단단하고 굳센 것을 비유하는 말. ¶강철 같은 의지
[電鐵(전:철)] 전기를 동력으로 하여 궤도 위에 차량을 운전하는 철도.
鐵甲船(철갑선), 鐵鋼(철강), 鐵骨(철골), 鐵鑛(철광), 鐵橋(철교), 鐵筋(철근), 鐵器時代(철기시대), 鐵路(철로), 鐵輪(철륜), 鐵馬(철마), 鐵帽(철모), 鐵物(철물), 鐵棒(철봉), 鐵分(철분), 鐵絲(철사), 鐵船(철선), 鐵樹開花(철수개화), 鐵心(철심), 鐵材(철재), 鐵製(철제), 鐵條網(철조망), 鐵柱(철주), 鐵窓(철창), 鐵柵(철책), 鐵塔(철탑), 鐵槌(철퇴), 鐵板(철판), 鐵筆(철필), 古鐵(고철), 燔鐵(번철), 銑鐵(선철), 洋鐵(양철), 磁鐵(자철), 製鐵(제철), 鑄鐵(주철), 指南鐵(지남철)

단단하다, 견고하다, 두껍다
[鐵面皮(철면피)] 얼굴에 철판을 깔았다는 뜻으로, 부끄러움이 없고 뻔뻔스럽기 짝이 없는 사람을 비유하는 말이다.
[鐵壁(철벽)] ① 쇠로 된 벽. ② '매우 튼튼한 방비'의 비유. ¶철벽 수비에 막혀 공격을 제대로 펼 수 없었다
[鐵則(철칙)] 바꾸거나 어길 수 없는 중요한 규칙. ¶복장 단정은 우리 회사의 철칙이다
鐵面(철면), 鐵桶(철통), 鐵甕城(철옹성)/鐵甕山城(철옹산성), 金城鐵壁(금성철벽)

굳세다
[鐵拳(철권)] 쇠뭉치같이 강한 주먹. ¶철권을 휘두르다
[鐵石肝腸(철석간장)] '썩 굳고 단단한 의지'의 비유. 비鐵石心腸(철석심장)
[鐵人(철인)] 몸이나 힘이 무쇠처럼 굳센 사람. ¶철인 삼종 경기
鐵脚(철각), 鐵騎(철기), 鐵石(철석)

날카롭다
[寸鐵(촌:철)] 짧은 칼. 작은 무기.
[寸鐵殺人(촌:철살인)] 한 치밖에 안 되는 쇠붙이로 사람을 죽이다. 짤막한 警句(경구)로 사람의 의표를 찔러 핵심을 꿰뚫는 것을 말한다.

갑옷
[鐵甲(철갑)] ① 쇠로 둘러씌운 것. ② 쇠붙이를 겉에 붙여 만든 갑옷. ¶남산 위에 저 소나무 철갑을 두른 듯
쵀鐵甲船(철갑선)

鑛 쇳돌 광:, 金부23   0651

'鑛(광)'자는 '쇠 金(금)'과 '넓을 廣(광)'으로 이루어졌다. 각종 쇠 물질을 함유하고 있는 돌, 즉 '鑛石(광석)'을 뜻하기 위하여 만든 글자이다.

쇳돌
[鑛夫(광:부)] 광산에서 광물을 캐는 인부.
[鑛山(광:산)] 광물을 캐내는 산 또는 그 곳.
[金鑛(금광)] 금을 캐내는 광산.
[鐵鑛(철광)] ① '철광석'의 준말. ② 철광석이 나는 광산.
[炭鑛(탄:광)] 석탄을 캐내는 광산.
鑛坑(광갱), 鑛區(광구), 鑛毒(광독), 鑛脈(광맥), 鑛物(광물), 鑛床(광상), 鑛石(광석), 鑛業(광업), 鑛油(광유), 鑛泉(광천), 銅鑛(동광), 原鑛(원광), 銀鑛(은광), 粗鑛(조광), 採鑛(채광), 鐵鑛石(철광석), 廢鑛(폐광)

聯 연이을 련, 耳부17   0652

'聯(련)'자는 '귀 耳(이)'와 '실 絲(사)'로 이루어진 것이다. '잇달다', '연결하다'의 뜻이다.

잇다, 연결하다
[聯關(연관)] ① 사물이 서로 어울려서 의존하고 제약하며 전체를 이루는 관계. ② (생) 같은 염색체 가운데 있는 두 가지 이상의 유전자가 함께 유전하는 현상.
[聯立(연립)] ① 여럿이 어울리어 죽 섬. 쵀聯立住宅(연립주택), 聯立方程式(연립방정식) ② 내각 따위를 여러 정당 대표가 연합하여 조직함. 쵀聯立內閣(연립내각)
[聯合(연합)] 두 가지 이상의 사물이 서로 합동하여 하나의 조직체를 만듦. 또는 그렇게 만든 조직체. 쵀國際聯合(국제연합)
[關聯(관련)] 서로 관계를 맺어 있음. ¶관련 사건/밀접한 관련
聯隊(연대), 聯絡(연락)/連絡(연락), 聯絡網(연락망)/連絡網(연락망), 聯盟(연맹), 聯邦(연방), 聯想(연상)

關 관계할 관, 빗장 관, 門부19   0653

'關(관)'자는 대문의 문을 가로질러 잠그는 나무인 '문빗장'이란 뜻을 나타내기 위한 것이었다. 문빗장은 안과 밖을 연결시키는 중요한 도구라는 데서 '관계하다'란

뜻이 파생되었다.
문빗장, 닫다, 잠그다, 막다
[關鍵(관건)] ① 문빗장과 자물쇠. ② '어떤 일을 해결하는 요긴한 방책'을 비유하는 말.
기관, 자동 장치
[機關(기관)] ① (기) 화력·수력·전력 따위의 에너지를 기계적 일로 바꾸는 기계 장치. 증기기관·내연기관·수력기관 따위. 참機關車(기관차) ② 일정한 업무를 수행하는 사회의 각 기구나 조직체. ¶금융기관/언론기관 참機關紙(기관지) ③ 법인, 기타 단체의 의사 결정이나 집행에 참여하는 지위에 있는 개인 또는 집단. 의결기관·집행기관·자문기관 따위. ④ 사회생활에서 일정한 기능을 맡고 있는 수단. ¶교통기관
[機關銃(기관총)] (군) 탄환이 자동적으로 재어지면서 연발로 쏠 수 있게 만든 총. 준機銃(기총)
관문, 역참, 묘문
[關門(관문)] ① 관의 문. 국경의 요새나 성문. ② 중요한 길목. ¶예선의 관문을 통과하다
[關稅(관세)] (법) 국경 또는 특정 지역의 경계선, 곧 관세선을 통과하는 상품에 대하여 부과하는 세금. 동通關稅(통관세)
[難關(난관)] ① 지나기가 어려운 목. ② 뚫고 나가기가 어려운 고비 또는 그런 상황.
[稅關(세:관)] 관세청에 딸려, 비행장·항만·국경 지대에서 여행자들이 가지고 다니는 물품이나 수출입 화물에 대한 단속과 관세 징수 및 검역 사무를 맡아보는 관청.
[玄關(현관)] ① 건물의 출입문이나 건물에 붙여 따로 달아낸 어귀. ② '큰 도시의 역이나 공항' 또는 '외국과 왕래가 잦은 도시나 항구'를 비유하는 말. ③ (불) 禪寺(선사)의 작은 문. 또는 깊고 묘한 이치에 드는 문. 보통 참선으로 드는 어귀를 말함.
關西(관서), 關東(관동), 關北(관북), 通關(통관), 海關(해관)
관계하다, 관여하다, 참여하다
[關係(관계)] ① 사물이 서로 얽혀 맺어져 있는 것. ¶수요와 공급의 관계 참相關關係(상관관계), 因果關係(인과관계), 從屬關係(종속관계) ② 사람들 사이에 서로 얽혀 맺어져 있는 것. ¶가족 관계/인간관계 참血緣關係(혈연관계) ③ 相關(상관). 우리 일 하는데 그 사람이 무슨 관계냐? ④ 관련이 있는 것. ¶무역 관계 자료 ⑤ ('관계로'로 쓰여) '까닭으로', '때문에' 또는 '문제로' 등의 뜻을 나타냄. ¶날씨 관계로 행사를 연기했다
[關聯(관련)] ☞ 聯(련)
[關心(관심)] 마음에 끌려 주의를 기울임.
[關節(관절)] 뼈마디. 뼈와 뼈가 서로 연결되어 있는 부분. 참關節炎(관절염)
[相關(상관)] ① 서로 관계를 맺음. 또는 그 관계. ¶그것이 나와 무슨 상관이 있느냐? 참相關關係(상관관계) ② 남의 일에 간섭함. ¶상관하지 말아라
[聯關(연관)] ☞ 聯(련)
關與(관여), 無關(무관), 無關心(무관심), 三角關係(삼각관계), 所關(소관), 膝關節(슬관절), 吾不關焉(오불관언), 運數所關(운수소관)
성(姓)
[關羽(관우)]

係 맺을 계:, 걸릴 계:, 人부9   0654

'係(계)'자는 '사람 亻(인)'과 '맬 系(계)'로 이루어진 글자이다. 줄을 들고 서 있는 사람. 또는 사람이 어떤 일에 이어져 있다는 데서 '걸리다'라는 뜻을 나타낸다.
맺다, 묶다, 잇다, 걸리다, 관계되다
[係數(계:수)] (수) 숫자와 문자로 된 곱의 因數(인수)에서, 앞의 인수를 뒤의 인수에 대하여 일컫는 말.
[關係(관계)] ☞ 關(관)
[三角關係(삼각관계)] ① 세 사람의 남녀 간의 연애관계. ② 세 사람 또는 세 단체 사이의 관계.
[係風捕影(계:풍포영)] '바람을 잡아매며 그림자를 붙잡는다'는 뜻으로, 도저히 불가능한 일을 비유하여 이르는 말. 『漢書(한서)』
相關關係(상관관계), 因果關係(인과관계), 從屬關係(종속관계), 血緣關係(혈연관계)
계, 사무나 작업의 분담의 작은 갈래
[係員(계:원)] 계 단위의 부서에서 일하는 직원.
[係長(계:장)] 계 부서의 책임자.
人事係(인사계), 庶務係(서무계) 등

院 집 원, 담 원, 阜부10   0655

'院(원)'자는 '언덕 阝(부)'와 '완전할 完(완)'의 합자이다. '담' 또는 '담을 두른 집'을 뜻한다.
집
[院生(원생)] 학원이나 고아원, 소년원 따위의 '院(원)'에 소속되어 있는 사람.
[孤兒院(고아원)] 부모를 여의여 몸 붙일 곳이 없는 아이들을 수용하여 기르는 기관.
[病院(병:원)] ① 병든 사람을 진찰·치료 및 예방하기 위하여 설비를 갖추어 놓은 곳. ② (법) 환자 서른 명 이상을 수용하여 치료할 수 있는 시설을 갖춘 곳.
[養老院(양로원)] (사) 의지할 곳이 없는 노인을 모아 돌보는 시설.
[入院(입원)] 병원에 들어가 있으면서 병의 치료를 받음. 만退院(퇴원)
本院(본원), 分院(분원), 少年院(소년원), 療養院(요양원), 醫院(의원)
관청
[院長(원장)] 법원, 감사원 등과 같이 '院'자가 붙은 기관이나 직장의 사무를 총괄하는 책임자.
[監査院(감사원)] 국가의 세입·세출의 결산 및 공무원의 직무에 관한 감사를 행하는, 대통령에 직접 딸린 정부 기관.

[法院(법원)] (법) 소송 사건을 심판하는 국가 기관. 맡아 보는 심급에 따라 대법원·고등법원·지방법원으로 나뉨. 院內(원내), 司諫院(사간원), 上院(상원), 議院(의원), 下院(하원)

학교, 유학자(儒學者)의 거소
[大學院(대:학원)] (교) 대학의 일부로서 대학을 졸업한 사람이 한층 더 높은 정도의 학술·기예를 연구하는 곳.
[書院(서원)] (역) 조선 시대, 선비들이 모여서 학문을 강론하기도 하고 석학이나 충절로 죽은 사람을 제사하고, 인재를 키우던 사설 기관.
[學院(학원)] 학교 설치 기준의 여러 조건을 갖추지 않은 사립 교육 기관. 주로 진학 지도·직업 교육 따위를 함.

절
[寺院(사원)] (종) 절이나 암자. 또는 도교 등 종교의 교당.
[禪院(선원)] 禪宗(선종)의 절. 참선을 주장하는 절.

기타
[府院君(부원군)] (역) 조선 때, 왕비의 친아버지나 정일품 공신에게 주던 封爵(봉작).

陸 뭍 륙, 阜부11　0656

'陸(륙)'자는 '언덕 阝(부)'와 '언덕 坴(륙)'으로 이루어졌다. 수면에 비하여 높은 언덕 즉, '땅'을 뜻한다.

뭍, 육지
[陸橋(육교)] ① 사람들이 안전하게 횡단할 수 있도록 도로나 철도 위에 가로질러 놓은 다리. ② (지) 양쪽 뭍을 잇는 가늘고 긴 땅.
[陸軍(육군)] 육상에서 전투하는 군대.
[陸地(육지)] 물에 잠기지 않은 지구 표면의 땅. 뭍.
[內陸(내:륙)] 바다에서 멀리 떨어져 있는 육지.
[上陸(상:륙)] 배에서 내려 뭍에 오름.
[離着陸(이:착륙)] 비행기가 날기 위하여 땅에서 떠오름과 땅에 내림.
陸稻(육도), 陸路(육로), 陸士(육사), 陸上(육상), 陸上競技(육상경기), 陸松(육송), 陸運(육운), 陸戰(육전), 水陸(수륙), 大陸(대륙), 大陸棚(대륙붕), 連陸(연륙), 連陸橋(연륙교), 陸海(육해), 離陸(이륙), 着陸(착륙), 海陸(해륙), 海陸風(해륙풍)

雌 암컷 자, 隹부13　0657

'雌(자)'자는 '새 隹(추)'와 '이 此(차)'로 이루어졌다. 새의 '암컷'을 나타내기 위하여 만든 것이다.

암컷, 새의 암컷, 짐승의 암컷, 암나무
[雌性(자성)] ① 암컷. ② 암컷의 바탕이나 암컷다운 성질. 땐雄性(웅성)
[雌蕊(자예)] 꽃의 암술.
[雌雄(자웅)] ① 암수. ② 암수의 한 쌍. ③ '승부', '우열', '강약' 따위를 비유적으로 이르는 말.

雄 수컷 웅, 隹부12　0658

'雄(웅)'자는 '새 隹(추)'와 '팔 厷(굉)'으로 이루어졌다. 새의 '수컷'을 나타내는 글자이다.

수컷, 새의 수컷, 짐승류의 수컷
[雄蜂(웅봉)] (동) 수펄. 참雌蜂(자봉)
[雄性(웅성)] ① 수컷. ② 수컷이 가진 성질. 참雌性(자성)
[雌雄(자웅)] ☞雌(자)
[雄蕊(웅예)] 꽃의 수술.

우수하다, 뛰어나다, 크다
[雄大(웅대)] 기개가 뛰어나고 규모가 큼.
[雄飛(웅비)] 기운차고 용기 있게 활동함. 땐雌伏(자복)
[雄壯(웅장)] 빼어날 만큼 크고 장함.
[雄志(웅지)] 큰 뜻. ¶웅지를 품고 상경하다
[大雄殿(대웅전)] (불) 본존 불상을 모신 법당.
雄據(웅거), 雄健(웅건), 雄姿(웅자)

인걸, 달인, 용기 있는 사람
[群雄割據(군웅할거)] 여러 영웅들이 저마다 한 지방씩 차지하고 세력을 떨치는 일.
[聖雄(성:웅)] 거룩한 영웅. ¶성웅 충무공 이순신
[英雄(영웅)] 지혜와 재능이 뛰어나고 용맹하여 보통 사람이 하기 어려운 일을 해내는 사람. 참英雄心(영웅심), 英雄豪傑(영웅호걸)
[兩雄不俱立(양:웅불구립)] 두 영웅이 함께 천하를 가질 수 없으며 반드시 싸워서 어느 한 쪽이 패배하거나 둘 다 무너진다는 뜻이다. 『史記(사기)·酈生列傳(역생열전)』
奸雄(간웅)/姦雄(간웅), 群雄(군웅)

씩씩하다, 용감하다
[雄辯(웅변)] 청중을 감동시킬 수 있도록 조리 있고 씩씩하게 말을 잘 함. ¶웅변 대회
[雄步(웅보)] ① 씩씩한 걸음. ② 큰 사업이나 일을 위하여 나아감의 비유.

기타
[桓雄(환웅)] (역) 桓因(환인)의 아들. 환인에게 天符印(천부인) 세 개를 받아 무리 삼천을 거느리고 태백산 신단수 아래 내려와 神市(신시)를 열고 웅녀와 결혼하여 檀君(단군)을 나았다고 함.

順 순할 순:, 頁부12　0659

'順(순)'자는 흐르는 냇물의 모습인 '내 川(천)'과 큰 머리를 강조한 모습인 '머리 頁(혈)'이 합쳐진 것으로 '머리를 숙이고 흐르는 물과도 같은 성인의 도리를 따르다'가 본뜻이라고 한다. 후에 '순하다, 차례' 등의 뜻으로 확대되었다.

순하다, 온순하다, 순탄하다, 순조롭다, 일이 잘 풀리다
[順調(순:조)] 아무 탈 없이 일이 잘 되어가는 상태. ¶그의 도움을 받아 일이 한결 순조로웠다

[順風(순:풍)] ① 순하게 부는 바람. ② 배가 가는 방향으로 부는 바람. 또는 바람을 등에 지고 배가 감. 凹逆風(역풍)
[不順(불순)] ① 순조롭지 못함. ② 공손하지 못함. ③ 도리를 따르지 아니함.
[溫順(온순)] 성격이나 마음씨가 온화하고 양순함.
[物順來而勿拒(물순래이물거), 物旣去而勿追(물기거이물추).] 물건이 순리로 오거든 물리치지 말고, 물건이 이미 갔거든 쫓아가지 말라.『明心寶鑑(명심보감)·正己篇(정기편)』
[六十而耳順(육십이이순).] 예순 살에 모든 것을 듣는 대로 이해하게 되었다. 예순 살이 되어 경험도 많이 얻은 내 귀는 무슨 말을 듣더라도 이상하다고 느끼지 않았으며, 저항감이나 놀라움도 없게 되었다. 세상일을 비로소 터득하게 되었던 것이다. 여기에서 '耳順(이순)'이 예순 살을 뜻하는 말이 되었다.『論語(논어)·爲政(위정)』☞ * 289
順境(순경), 順産(순산), 順坦(순탄), 恭順(공순), 良順(양순), 雨順風調(우순풍조), 柔順(유순)

좇다, 따르다, 도리를 따르다, 거스르지 아니하다, 복종하다
[順理(순:리)] 이치를 따름. 또는 그렇게 따른 이치. ¶자연의 순리에 따르다
[順從(순:종)] 순순히 복종함. ¶부모님 말씀에 순종하다
[歸順(귀:순)] 적이나 나라의 배반자가 반항심을 버리고 복종하거나 순종함. ¶귀순 용사
[順天者存(순천자존), 逆天者亡(역천자망).] 하늘의 도리에 순종하는 자는 살아남고, 하늘이 도리에 거역하는 자는 망한다.『孟子(맹자)·離婁 上(이루 상)』
[禮順人情(예:순인정).] 예는 인정에 순종함. 예의는 사회 인사 행위의 준칙이므로 인정에 따라야 함을 필요로 함. 법치주의에 상대하여 이르는 말.
順命(순명), 順逆(순역), 順應(순응), 順天(순천), 順天應人(순천응인), 順風而呼(순풍이호)

차례로 이어지다, 잇다, 이어받다
[順番(순:번)] 차례로 번갈아 돌아오는 임무, 또는 그 순서.
[順序(순:서)] 어떤 기준에 따른 차례. ¶나이 순서대로 물을 마시다
[式順(식순)] 의식의 진행 순서.
[逆順(역순)] ① 거꾸로 된 차례. ② 순종과 거역. ③ 순리와 역리.
順延(순연), 順列(순열), 順位(순위), 順次(순차), 順行(순행), 打擊順(타격순)/打順(타순), 筆順(필순), 畵順(획순)

從 좇을 종(:), 시중들 종(:),
彳부11
0660

'從(종)'자는 '조금 걸을 彳(척)'과 '따를 从(종) + 발자국 止(지)'로 이루어졌다. '앞 사람을 졸졸 좇아가는 모습'을 뜻한다. '따르다', '…부터', '사촌'을 뜻하는 것으로도 활용됐다.

좇다, 뒤를 밟아 따르다, 쫓다, 뒤쫓다
[從軍(종군)] 군대를 따라 전쟁터로 나감. ¶종군기자 참白衣從軍(백의종군)
[從量制(종량제)] 요금이나 세금 따위를 사용량이나 배출량에 따라 매기는 제도. ¶쓰레기 종량제
[七十而從心所欲(칠십이종심소욕), 不踰矩(불유구).] 일흔 살에 마음이 하고 싶은 대로 해도 법도에서 벗어나지 않았다. 일흔 살이 된 후부터는 내가 하고 싶은 대로 말하고 행동해도 법도에서 벗어나지 않았다. 이것이야말로 수양의 극치이다. 나이 '일흔 살'을 이르는 '從心(종심)'은 여기에서 나왔다. 從心所欲(종심소욕)『論語(논어)·爲政(위정)』☞ * 289
從多數(종다수), 從量(종량), 從犯(종범), 從死(종사), 從俗(종속), 力不從心(역불종심), 白衣從軍(백의종군)

남의 말을 듣다, 남의 뜻을 따라 그대로 하다, 거역하지 않다
[從屬(종속)] 어떤 것에 딸려 매여 있음. 참從屬關係(종속관계), 從屬變數(종속변수), 從屬理論(종속이론)
[盲從(맹종)] 옳고 그름을 가리지 아니하고 남이 시키는 대로 무턱대고 따름.
[面從腹背(면:종복배)] 겉으로는 따르는 체하면서 속으로는 배반함. 凹陽奉陰違(양봉음위)
[服從(복종)] 남의 명령·요구·의지에 그대로 따름. ¶명령에 복종하다
[順從(순:종)] ☞ 順(순)
屈從(굴종), 三從四德(삼종사덕), 忍從(인종), 一夫從事(일부종사), 主從(주종), 追從(추종)

하다, 일하다
[從事(종사)] ① 한 가지 일에 마음과 힘을 다하여 씀. ② (어떤 일을) 일삼아서 함. ③ (어떤 사람을) 좇아 섬김.
[從業(종업)] 어떤 업무에 종사함. 참從業員(종업원)

…부터(自)
[從當(종당)] 그 뒤에. 드디어.
[從來(종래)] 이전부터 최근까지. 또는 이전부터 최근까지의 동안.
[從前(종전)] 지금보다 이전으로 거슬러간 그 때.

모이다, 무리를 이루다
[相從(상종)] 서로 친하게 지냄. ¶저 사람과는 상종을 말아야지
[類類相從(유유상종)] 같은 무리끼리 서로 왕래하며 사귄다는 뜻으로, 비슷한 부류의 사람들끼리 서로 어울려 지내는 것을 말한다.

시중들다, 시중들게 하기 위하여 데리고 다니다, 시중드는 사람, 심부름꾼
[從者(종자)] (남에게 종속하여) 따라다니는 사람.
[侍從(시:종)] ① (역) 조선 말과 대한제국 때, 시종원의 주임관 벼슬. 임금을 항상 곁에 모시어 일상의 일을 맡아 보았음. ② (천주) 미사나 기타 예식에서 執典者(집전자)를 거들어주는 일을 하는 사람.

친척 사이의 관계를 나타내는 말(부계나 모계에서 4촌의 관계에 있음을 나타낸다)
[從孫(종:손)] 형이나 아우의 손자. 참宗孫女(종손녀), 從孫婦(종손부)
[從祖(종:조)] 할아버지의 형이나 아우. 작은할아버지. 참從祖父(종조부), 從祖母(종조모)
[從兄弟(종:형제)] 사촌 관계인 형과 아우. 참從弟(종제), 從兄(종형)
[內外從(내:외종)] 내종(內從)과 외종(外從). 고종사촌과 외사촌.
[再從(재:종)] 육촌. 사촌의 아들 딸들. 참再從間(재종간), 再從兄(재종형), 再從妹(재종매), 再從叔(재종숙)
從氏(종씨), 姑從(고종), 內從(내종), 外從(외종), 姨從(이종), 三從(삼종)

종(직위는 같으나 계급은 낮은 것)
[從二品(종이품)] [從三品(종삼품)] 따위

逆 거스를 역, 辵부10 0661

'逆(역)'자는 '가다'의 뜻인 '辶(착)'과 '거스를 屰(역)'의 합자로, '거스르다'라는 뜻이다. '逆(역)'은 형세나 흐름에 따르지 않는 것이다.

배반하다, 반역하다
[逆賊(역적)] 제 나라 제 나라 임금에게 반역하는 사람.
[反逆(반:역)/叛逆(반:역)] ① 통치자에 반대하여 나라 다스리는 권한을 빼앗으려고 함. ② 제 나라와 겨레를 배반함. 동叛逆(반역)
[附逆(부:역)] 나라에 반역이 되는 일에 가담함. 참附逆者(부역자), 附逆行爲(부역행위)
逆徒(역도), 逆謀(역모), 逆臣(역신), 大逆(대역), 大逆無道(대역무도), 萬古逆賊(만고역적), 弑逆(시역), 簒逆(찬역)

불운, 불행
[逆境(역경)] 일이 뜻대로 되지 않는 불행한 경우나 환경. ¶역경에 처하다 만順境(순경)

거꾸로, 차례를 바꾸어
[逆流(역류)] ① 물이 거슬러 흐름. 또는 거슬러 흐르는 물. ② 세상 형편과 반대쪽으로 좇음.
[逆算(역산)] 거꾸로 하는 셈. 또는 이미 한 셈과 반대로 하는 셈.
[逆順(역순)] ☞ 順(순)
[逆襲(역습)] 공격해 오는 상대를 이편에서 거꾸로 공격함.
[逆行(역행)] ① 보통의 방향과 반대 방향으로 거슬러 나아감. ② 일정한 방향, 순서, 체계 따위를 거꾸로 바꾸어 행함.
[可逆(가:역)] (화) 물질의 상태를 열역학적으로 다루는 경우, 다시 본디의 상태로 돌아가려는 현상. 만不可逆(불가역), 非可逆(비가역) 참可逆反應(가역반응)
逆鱗(역린), 逆說(역설), 逆水(역수), 逆數(역수), 逆轉(역전), 逆風(역풍), 逆婚(역혼), 可逆反應(가역반응), 嘔逆(구역)

거스르다, 어기다, 상리(常理)에서 벗어나다, 공순하지 아니하다
[逆理(역리)] (논) 이치에 맞지 않음. 동背理(배리)
[逆情(역정)] 매우 못마땅하여 내는 성. ¶할아버지께서 역정을 내셨다 동逆症(역증)
[拒逆(거:역)] (윗사람의 뜻이나 명령 따위를) 따르지 않고 거스름.
[莫逆(막역)] '거스름이 없음'이란 뜻으로, 허물없이 친한 관계를 뜻하는 말. 참莫逆之間(막역지간), 莫逆之友(막역지우), 莫逆之交(막역지교)
[順天者存(순천자존), 逆天者亡(역천자망).] ☞ 順(순)
[良藥苦於口(양약고어구), 忠言逆於耳(충언역어이).] 좋은 약은 입에 쓰고, 충성스런 말은 귀에 거슬린다. 몸이나 행동에 이로운 것은 대개 사람의 생각과 어긋나기 쉽다는 말이다. 참良藥苦口(양약고구), 良藥苦於口利病(양약고어구리병) 『後漢書(후한서)』, 『孔子家語(공자가어)』
逆心(역심), 逆效果(역효과), 怒者逆德(노자역덕), 犯顔逆耳(범안역이), 順逆(순역), 惡逆無道(악역무도), 六逆(육역), 悖逆(패역)

領 옷깃 령, 거느릴 령, 頁부14 0662

'領(령)'자는 '머리 頁(혈)'과 '명령 令(령)'으로 이루어졌다. '고개[頁]를 숙이고 신의 명령[令]을 듣다'가 본뜻이라고 한다.

거느리다, 통솔하다, 다스리다
[領導(영도)] 앞장서서 거느려 이끎.
[領域(영역)] ① 어떤 나라의 주권이 미치는 범위. 영토·영해·영공으로 이루어짐. ② 영향이나 세력이 미치는 범위. ¶그 일은 내 영역 밖이다
[領土(영토)] (법) 국제법에서 국가의 통치권이 미치는 구역. ¶헌법에는 한반도와 그 부속도서를 대한민국의 영토로 명시하고 있다
領空(영공), 領事(영사), 領主(영주), 領地(영지), 領海(영해)

받다, 수령하다
[領收(영수)/領受(영수)/受領(수령)] 돈이나 물품 따위를 받아들임.
[領收證(영수증)/受領證(수령증)] 돈이나 물품을 받았다는 표시로 그것을 준 사람에게 영수인이 써 주는 증서.
[領洗(영세)] (천주) 세례를 받는 일.

가지다, 차지하다
[領有(영유)] 차지하여 가짐.
[占領(점령)] 무력 따위를 써서 어떤 지역이나 건물 등을 차지함. ¶고지 점령

[橫領(횡령)] ① 남의 재물을 불법하게 차지함. ② (법) 자기가 보관하는 남의 재물을 불법하게 취득하여 제 것으로 만드는 일. ¶공금 횡령

요점, 요령, 의취(意趣)
[綱領(강령)] ① 일이나 행동의 중요한 지침. ¶행동 강령 ② 정당이나 사회 단체 등이 자기의 기본 입장을 밝혀 놓은 방침이나 규범. ¶당의 강령
[要領(요령)] ① 사물의 요긴하고 중요한 골자나 줄거리. ¶글 쓰는 요령 ② 적당히 꾀를 부려 하는 짓. ¶요령을 부리다

우두머리, 수령
[領袖(영수)] 여러 사람 가운데 우두머리.
[領議政(영의정)] 의정부의 으뜸 벼슬. 지금의 국무총리에 해당함. 수상. 영상.
[頭領(두령)] 여러 사람을 거느리는 우두머리. 또는 그를 부르는 칭호.
[大領(대:령)] 국군에서 영관(領官)의 최상급 장교. 참 中領(중령), 少領(소령)
[大統領(대:통령)] 공화국의 원수(元首). 국민에 의하여 선출되어 일정한 기간 그 나라의 행정 전반을 통할하며 국가를 대표한다.

領官(영관), 領相(영상), 都頭領(도두령), 首領(수령)

招 부를 초, 手부8   0663

'招(초)'자는 '손 扌(수)'와 '부를 김(소)'로 이루어졌다. '손짓하여 부르다'는 뜻을 나타낸다. '부를 김(소)'는 말이나 문서 따위로 사람을 부르는 것이고, '부를 招(초)'는 직접 손짓하여 사람을 부르는 것이다. 그러나 요즈음은 그렇게 구분하여 쓰이지는 않는다.

부르다, 오라고 부르다, 소집하다
[招待(초대)] 남을 초청하여 대접함. ¶초대해 주셔서 감사합니다 참 招待狀(초대장)
[招聘(초빙)] 예를 갖추어 부름. ¶전문가를 초빙하여 특강을 듣다
[招人鐘(초인종)] 사람을 부르는 신호로 울리는 종.
[招請(초청)] 청하여 부름. 참 招請狀(초청장)

불러일으키다, 가져오게 하다
[招來(초래)] ① 어떤 결과를 가져옴. ② 불러옴.
[自招(자초)] 어떤 결과를 자기 스스로 불러들임. ¶禍(화)를 자초하다

나타내다, 밝히다, 명백히 하다
[問招(문:초)] 죄나 잘못을 따져 묻거나 심문함.

請 청할 청, 言부15   0664

'請(청)'자는 '(말로) 부탁하다'는 뜻을 위한 글자이다. '말씀 言(언)'과 '푸를 靑(청)'으로 이루어졌다.

청하다, 주기를 원하다, 구하다, 청, 청탁, 부탁하다
[請求(청구)] 무엇을 달라고 요구함. 참 請求權(청구권), 請求書(청구서)
[請願(청원)] ① 청하고 원함. ② (법) 국민이 법률에 정한 절차를 밟아서 어떤 기관에 희망·소원 등을 내어 해결해 주기를 요구하는 일. 참 請願警察(청원경찰), 請願書(청원서)
[請託(청탁)] 청하여 부탁함. ¶원고 청탁/인사 청탁
[懇請(간:청)] 간절히 청함. 또는 그 청.
[不敢請(불감청)] 마음속으로는 간절하지만 감히 청할 수 없음. ¶불감청이언정 固所願(고소원)이라
[不請客(불청객)] 오라고 청하지 않았는데도 찾아온 손.
[申請(신청)] 단체나 기관에 대하여 어떠한 일이나 물품 따위를 요청함. ¶면허 신청
[要請(요청)] 요구하여 부탁함.

請負(청부), 請負業(청부업), 請約(청약), 請婚(청혼), 敬請(경청), 謹請(근청), 訴請(소청), 仰請(앙청), 泣請(읍청), 自請(자청), 再請(재청), 提請(제청), 下請(하청)/下請負(하청부)

부르다, 초청하다
[請牒狀(청첩장)] 경사가 있을 때 남을 초청하는 글. 준 請牒(청첩)
[招請(초청)] ☞ 招(초)

願 원할 원:, 頁부19   0665

'願(원)'자는 '머리 頁(혈)'과 '근원 原(원)'으로 이루어진 글자이다. 본뜻은 '고지식하다'의 뜻이라고 한다. '융통성 없는 머리'에서 '외곬으로 한 가지 일을 바라다'의 뜻이라고 한다.

원하다, 바라다, 마음에 품다, 희망하다, 원컨대, 바라건대, 빌다, 기원하다, 소원, 소망
[祈願(기원)] 빌고 바람. ¶쾌유를 기원합니다
[所願(소:원)] 원함. 또는 원하는 바.
[宿願(숙원)] 오래도록 지녀온 소원. ¶숙원사업이 이루어지다
[念願(염:원)] 간절히 생각하고 바람. 또는 그런 것.
[祝願(축원)] 신불에게 바라는 바를 아뢰고 그 성취를 비는 일.

願力(원력), 固所願(고소원), 發願(발원), 悲願(비원), 誓願(서원)

청하다, 부탁하다
[願書(원:서)] 허가를 얻기 위하여 내는 서류. ¶입학원서
[民願(민원)] 국민의 청원(請願).
[哀願(애원)] 애달프게 사정하여 원함.
[志願(지원)] 뜻한 대로 들어줄 것을 바람.
[請願(청원)] ☞ 請(청)
[歎願(탄:원)] 사정을 하소연하여 도와주기를 바람. 참 歎願書(탄원서)

訴願(소원), 依願(의원), 依願免職(의원면직), 自願(자원), 出願(출원), 憲法訴願(헌법소원)

養 기를 양:, 食부15　0666

'養(양)'자는 '양 羊(양)'과 '밥 食(식)'으로 이루어졌다. 羊(양)을 '식기에 담다', '올리다'가 본뜻이다.

기르다, 자라게 하다, 성장시키다, 양육, 치다, 사육하다
[養鷄(양:계)] 닭을 침. 또는 그 닭. 참養鷄場(양계장)
[養育(양:육)] 아이를 보살펴서 기름.
[養護(양:호)] ① 기르고 보호함. ② 학교에서 학생들의 건강이나 위생 등에 관해 돌보아주는 일. 참養護室(양호실)
[養虎遺患(양:호유환)] '범을 길러 화근을 남긴다'는 뜻으로, '화근을 길러서 걱정거리를 산다'는 말.
[扶養(부양)] 스스로의 힘으로 살아갈 수 없는 사람의 생활을 돌봄. ¶부양가족/부양의무
[營養(영양)] (생) 생물이 양분을 섭취하여 삭임·숨쉬기·피돌기·걸러내기 따위의 모든 작용을 돕고 체질의 소모를 보충하여 생활 기능을 유지하는 작용. 또는 그 성분 참營養價(영양가), 營養素(영양소)
[養子方知父母恩(양:자방지부모은).] 제 자식을 길러 보고서야 비로소 부모의 은혜를 알 수 있다. 『明心寶鑑(명심보감)』
養鷄場(양계장), 養豚(양돈), 養苗(양묘), 養蜂(양봉), 養分(양분)/營養分(영양분), 養殖(양식), 養魚(양어), 養蠶(양잠), 養志(양지), 養畜(양축), 牧養(목양), 培養(배양), 飼養(사양), 滋養(자양)

양성하다
[養兵(양:병)] 군사를 양성함. ¶십만양병설
[養成(양:성)] 사람을 가르치고 길러 무엇이 되게 함. ¶인재 양성

튼튼하게 하다, 건전하게 하다
[養齒(양:치)] 이를 닦고 입안을 가셔내는 일. 양치질.

젖어머니, 유모, 젖을 먹이다, 품어 기르다
[養女(양:녀)] 수양딸.
[收養(수양)] ① 버릴 아이나 남의 자식을 맡아서 양육함. ② (민) 아이의 명이 길도록 한다 하여 남남끼리 명색으로만 부모 자식이라고 정하는 일.
收養女(수양녀), 收養母(수양모), 收養父母(수양부모)

양생(養生)하다, 건강의 증진을 꾀하다
[養生(양:생)] ① 오래 살기 위해 몸과 마음을 편안히 하고 병에 걸리지 않게 노력함. 동攝生(섭생) ② (건) 물을 축이고 보호 관리하여 콘크리트가 완전히 굳게 함.
[療養(요양)] 쉬면서 조섭하여 병을 치료함. 참療養院(요양원)
[休養(휴양)] ① 피로의 회복이나 다음 활동을 위하여 심신을 편안히 쉼. ② 조세를 가볍게 하여 민력(民力)을 기름.
轉地療養(전지요양), 靜養(정양), 休養地(휴양지)

양자 가다
[養家(양:가)] 양아들로 들어간 집. 참本生家(본생가)
[養子(양:자)] 입양에 의하여 자식의 자격을 얻은 사람. 양아들.
[入養(입양)] 양자(養子)를 들임, 또는 양자로 들어감.
[罷養(파:양)] 양자 관계의 인연을 끊음.
養母(양모), 養父(양부), 養孫(양손)

가르치다, 교육하다
[敎養(교:양)] ① 가르쳐 기름. ② 배워서 얻은 지식과 소양.
[素養(소양)] ① 평소에 닦아 놓은 학문이나 지식. ② 본디부터 가진 교양.
[修養(수양)] 몸과 마음을 닦아 인격·지식·도덕을 높임.
[涵養(함양)] 학문과 식견이 차차 몸에 스며들도록 하여 마음을 닦음.
[靜以修身(정이수신), 儉以養德(검:이양덕).] 고요함으로 몸을 닦고, 검소함으로 덕을 기른다. 『小學(소학)·外篇(외편)·嘉言(가언)』

봉양하다, 부모나 높은 사람을 받들어 모시다, 또는 그 일
[養老院(양:로원)] (사) 의지할 곳이 없는 노인을 모아 돌보는 시설.
[供養(공:양)] ① 웃어른을 모셔 음식 이바지를 하는 일. ② (불) 부처 앞에 음식물을 이바지하는 일. 참供養米(공양미) 供養主(공양주) ③ (불) 중이 하루 세끼 음식을 먹는 일.
[奉養(봉:양)] 어버이나 할아버지·할머니들을 받들어 모시고 섬김. ¶부모 봉양
[樹欲靜而風不止(수욕정이풍부지), 子欲養而親不待(자욕양이친부대).] 나무는 고요하게 있고 싶어 하나 바람이 그치지 않고, 자식이 어버이를 봉양하고자 하나 어버이는 이미 돌아가셔서 이 세상에 (기다리고) 계시지 않음. 효도를 다하지 못한 채 어버이를 여읜 자식의 슬픔을 이르는 말. 風樹之嘆(풍수지탄)이라고도 함. 『後漢書(후한서)』
養親(양친), 養老(양로), 捨身供養(사신공양)

鮮 고울 선, 魚부17　0667

'鮮(선)'자는 '생선'을 뜻하기 위한 것이었으니, '물고기 魚(어)'가 표의요소로 쓰였다. 나머지 '羊(양)'자는 '양 노린내 羴(전)'자가 변한 것이라고 한다. '생선 비린내'를 나타낸 것이니 '羊(양)'자도 표의요소라고 볼 수 있다.

뚜렷하다, 선명하다
[鮮明(선명)] 산뜻하고 또렷함.
[鮮紅(선홍)] 산뜻한 다홍색.

새롭다, 신선하다
[鮮度(선도)] 채소나 생선 따위의 신선한 정도.
[鮮血(선혈)] 몸에서 막 흘러나온 붉은 피.
[新鮮(신선)] ① 새롭고 싱싱함. ② 채소나 생선 따위가 싱싱함.

날생선, 생선회
[鮮魚(선어)] 생선.
[生鮮(생선)] 말리거나 절이지 않은 싱싱한 물고기.

적다, 드물다, 흔하지 않다
[巧言令色(교언령색), 鮮矣仁(선의인).] 말을 교묘하게 꾸미고 얼굴빛을 좋게 하는 자는 어진 이가 드물다. 말을 교묘하게 꾸미는 것과 얼굴빛을 좋게 하는 것 자체는 반드시 비난할 만한 것은 아니다. 그러나 입에 발린 말만 늘어놓고, 용모나 태도를 유연하고 아름답게 꾸미는 일에만 전념한다면 그런 사람에게는 자칫하면 근본의 도리인 인(仁)의 마음이 희박해지기 쉽다. 『論語(논어)·學而(학이)』
[德薄而位尊(덕박이위존), 知小而謀大(지소이모대), 力小而任重(역소이임중), 鮮不及矣(선불급의).] 덕은 박한데 지위가 높고, 아는 것이 적으면서 꾀하는 것은 크며, 힘이 부족한데 직임이 무거우면, 재앙이 미치지 않는 경우는 드물다. 『論語(논어)·繫辭(계사)』

기타
[朝鮮(조선)] 상고 때부터 써 내려오던 우리나라 이름. 참古朝鮮(고조선), 近世朝鮮(근세조선)
[衛滿朝鮮(위만조선)] (역) 고조선의 마지막 나라. 위만이 왕검성에 도읍하여 세웠는데 3대 88년 만에 한나라에게 망함.

李 오얏나무 리:, 木부7　0668

'李(리)'자는 '나무 木(목)'과 '아들 子(자)'로 이루어진 글자로 '오얏(자두)'이 본뜻이다. 우리나라에서는 성씨로 주로 쓰인다.

오얏나무, 오얏나무의 열매
[桃李(도리)] ① 복숭아꽃과 오얏꽃. 또는 그 열매. ② 남이 천거한 훌륭한 인재를 비유하는 말.
[道傍苦李(도:방고리)] 길가에 있는 쓴 오얏 열매라는 뜻으로 '남에게 버림받음'을 비유하여 이르는 말.
[瓜田不納履(과전불납리), 李下不整冠(이하부정관).] 참외밭을 지날 때는 허리를 굽혀 신을 고쳐 신지 말며, 오얏나무 밑을 지날 때는 갓을 고쳐 쓰지 말아야 한다. 『古詩(고시)·君子行(군자행)』 ☞ * 024

성(姓)
[李杜(이:두)] 중국 唐代(당대)의 시인 중 詩仙(시선) 李白(이백)과 詩聖(시성) 杜甫(두보)의 竝稱(병칭).
[李舜臣(이:순신)] 忠武公(충무공).
[李朝(이:조)] '이씨조선'의 준말.
[張三李四(장삼이사)] '장 씨의 셋째 아들과 이 씨의 넷째 아들'이라는 말로, 성명이나 신분을 똑똑히 알 수 없는 누구누구를 가리키는 말.

朴 성씨 박, 소박할 박, 후박나무 박, 木부6　0669

'朴(박)'자는 '나무 木(목)'과 '점 卜(복)'으로 이루어졌다. 우리나라에서는 성씨로 쓰인다.

순박하다, 꾸밈이 없다
[素朴(소박)] 꾸밈이 없고 수수함. ¶소박한 생활
[淳朴(순박)/醇朴(순박)] 순진하고 수수함. ¶순박한 인심
[質朴(질박)] 꾸민 데가 없이 수수함.
[厚朴(후:박)] ① 인정이 두텁고 거짓이 없음. ② (한의) 후박나무의 껍질. 胃寒(위한)·嘔吐(구토)·癨亂(곽란)·泄瀉(설사) 따위에 약으로 쓰임.

성(姓)
[朴赫居世(박혁거세)] 신라의 시조.

征 칠 정, 彳부8　0670

'征(정)'자의 본래 글자는 '正(정)'으로 '치다'는 뜻으로 쓰였다. '바르다'는 뜻으로 쓰이는 예가 많아지자, 그 뜻을 보강하기 위하여 '길 걸을 彳(척)'을 추가하여 '征(정)'자를 만들었다.

치다, 윗사람이 아랫사람의 무도(無道)함을 공격하여 바로잡다
[征伐(정벌)] 무력을 써서 적이나 죄 있는 무리를 치는 일. ¶야만적 행동을 일삼는 적을 정벌하다
[征服(정복)] ① 정벌하여 복종시킴. ② 어려운 일을 이겨 내어 자기의 뜻이나 목적을 이룸. ¶영어 완전 정복
[遠征(원:정)] ① 먼 곳을 치러 나감. ② 멀리 운동경기 따위를 하러 감. ¶해외 원정 참遠征隊(원정대)
南征北伐(남정북벌), 東征西伐(동정서벌), 長征(장정), 出征(출정), 親征(친정)

伐 칠 벌, 人부6　0671

'伐(벌)'자는 '사람 亻(인)'과 '창 戈(과)'로 이루어졌다. '사람을 창으로 베다'가 본뜻이었다.

치다, 적을 공격하다
[黨同伐異(당동벌이)/同黨伐異(동당벌이)] 같음에 무리하고 다름을 친다는 뜻으로, '일의 옳고 그름을 가리지 아니하고 같은 동아리끼리는 한데 뭉쳐 서로 돕고, 다른 동아리는 배격함'을 이르는 말.
[征伐(정벌)] ☞ 征(정)
[討伐(토벌)] 적을 쳐서 공격함. ¶공비 토벌

자르다, 끊다, 베다, 죽이다, 상처가 나게 하다
[伐採(벌채)] 나무를 베고 덩굴을 뽑음. ¶무분별한 벌채로 산림이 훼손되다
[伐草(벌초)] 봄과 가을에 무덤의 잡풀을 베어서 깨끗이 함.
[濫伐(남:벌)] 나무를 함부로 벰.
[殺伐(살벌)] ① 병력으로 죽이고 들이침. ② 위력을 가지고 무시무시한 짓을 함. ③ 행동이나 분위기가 무시무시함. ¶분위기가 살벌하다
[十伐之木(십벌지목)] 열 번 찍어 안 넘어가는 나무 없다는 속담. 아무리 心志(심지)가 굳은 사람이라도 여러 번 유인하면 결국 그 말을 믿고 따르게 된다는 말.
伐木(벌목), 間伐(간벌), 盜伐(도벌), 輪伐(윤벌)

뽐내다, 자랑하다
[伐善(벌선)] 자기의 선행이나 장점을 자랑함.
[無伐善(무벌선), 無施勞(무시로).] 자신이 잘하는 것을 자랑하지 않고, 힘든 일을 남에게 시키지 않는다. 아무리 훌륭한 일을 했어도 그것을 자랑하지 않으며, 힘든 일은 남에게 미루지 않는 그런 인간이 되고 싶다. 『論語(논어)·公冶長(공야장)』
[不說人短(불설인단), 不伐己長(불벌기장).] 남의 단점을 말하지 말고, 자기의 장점을 자랑하지 않음. 듣는 사람의 마음을 불편하게 하는 것으로, 군자가 취할 태도가 아님. 『北齊書(북제서)』
[克伐怨慾(극벌원욕), 不行焉(불행언), 可以爲仁矣(가이위인의).] '克(극)'은 이김을 즐거함이요, '伐(벌)'은 스스로를 자랑함이요, '怨(원)'은 원망함이요. '慾(욕)'은 재물에 대한 욕심이 많음이다. 이 네 가지를 四惡德(사악덕)이라 한다. 이 사악덕을 행하지 않으면 가히 仁(인)을 행한다고 할 수 있다. 『論語(논어)』

儒 선비 유, 人부16 0672

'儒(유)'자는 '사람 亻(인)'과 '구할 需(수)'로 이루어졌다. '선비'의 뜻이다.
선비, 공자의 사상과 학문을 닦는 사람, 유학, 공자의 학설을 연구하는 학문, 유교
[儒敎(유교)] 중국의 유학을 받드는 교. 政敎一致(정교일치)를 宗旨(종지)로 하고, 삼강오륜을 덕목으로 하며, 사서삼경을 경전으로 하는데, 공자와 맹자가 그 대표적인 성인임. ¶유교사상
[儒佛仙(유불선)] 儒道(유도)와 佛道(불도)와 仙道(선도)의 삼도를 일컬음.
[儒學(유학)] 공자를 시조로 하는 중국 고래의 政敎一致(정교일치)의 학문.
[焚書坑儒(분서갱유)] (역) 중국의 진시황이 즉위 34년에 학자들의 정치 비판을 금하려고, 민간에서 가지고 있던 醫藥(의약)·卜筮(복서)·農業(농업)에 관한 책만을 제외하고 모든 서적을 모아서 불살라 버리고, 이듬해 함양에서 수백 명의 儒生(유생)을 구덩이에 묻어 죽인 일.
儒家(유가), 儒巾(유건), 儒林(유림), 儒生(유생), 儒臣(유신), 巨儒(거유), 老儒(노유), 大儒(대유), 腐儒(부유), 俗儒(속유), 崇儒(숭유), 抑儒(억유), 斥佛崇儒(척불숭유), 村儒(촌유)
부드럽다, 너그럽다, 유약(柔弱)하다
[儒儒(유유)] 과단성이 없고 주저하는 모양.

佛 부처 불, 人부7 0673

'佛(불)'자는 '깨달은 자'를 뜻하는 梵語(범어)인 'Buddha'의 약칭으로 쓰인다. '사람 亻(인)'과 '아니 弗(불)'로 이루어졌다.

부처, 불교
[佛經(불경)] 불교의 경전.
[佛敎(불교)] (종) 기원전 5세기경 인도의 석가모니가 창시한 종교. 이 세상의 고통과 번뇌를 벗어나 부처가 됨을 종지로 하며, 죽어서 극락세계에 감을 이상으로 함. 참大乘佛敎(대승불교), 小乘佛敎(소승불교)
[蛇心佛口(사심불구)] '뱀의 마음에 부처의 입'이라는 뜻으로, 속에는 간악한 마음을 품고 있으면서 입으로는 착한 말을 함. 또는 그런 사람을 비유하는 말.
[成佛(성불)] ① 중생의 번뇌를 벗고 佛果(불과)를 이룸. ② 죽어서 저승으로 감. 참見性成佛(견성성불)
[念佛(염:불)] ① (불) 부처의 모습과 공덕을 생각하면서, 나무아미타불을 부르는 일. ② 불경을 외는 일. ¶염불에는 맘이 없고 잿밥에만 맘이 있다 참念佛三昧(염불삼매) ③ 어떤 사물에 집착해서 자꾸 되씹어 말함의 비유. ¶이제 그 염불 좀 그만 해라 참空念佛(공염불)
[直指人心(직지인심), 見性成佛(견:성성불)] (불) 자기의 본성을 투철하게 깨달을 수 있으면, 그 사람은 이미 부처와 같은 깨달음을 얻은 사람이라고 할 수 있다. 『悟性論(오성론)』

[佛子(불자)] 부처님의 자식. 즉 부처님의 제자라는 뜻. 불교를 믿는 사람은 남녀노소, 僧(승)과 俗(속)을 가릴 것 없이 누구나 불자이다. 부처님을 통해 새로운 생명을 얻었기 때문이다. 모든 衆生(중생)은 다 불자라 하는데, 그것은 모든 중생이 다 佛性(불성)이 있어 언젠가는 마침내 成佛(성불)하기 때문이다. 『攝大乘論釋(섭대승론석)』에 불자는 다섯 가지 뜻이 있다고 했는데, ① 믿음이 種子(종자)가 되고 ② 지혜는 어머니가 되며 ③ 禪定(선정)은 胎(태)가 되고 ④ 자비심은 乳母(유모)가 되며 ⑤ 부처님은 아버지가 된다는 것임.

佛家(불가), 佛供(불공), 佛國(불국), 佛紀(불기), 佛壇(불단), 佛堂(불당), 佛徒(불도), 佛頭着糞(불두착분), 佛門(불문), 佛法(불법), 佛法僧(불법승), 佛寶(불보), 佛事(불사), 佛像(불상), 佛說(불설), 佛性(불성), 佛心(불심), 佛祖(불조), 佛陀(불타), 佛誕日(불탄일), 佛塔(불탑), 掛佛(괘불), 金佛(금불), 等身佛(등신불), 排佛(배불), 石佛(석불), 舍利佛(사리불), 生佛(생불), 崇佛(숭불), 禮佛(예불), 儒佛仙(유불선), 讚佛(찬불), 讚佛歌(찬불가), 斥佛崇儒(척불숭유)
프랑스의 약칭
[佛蘭西(불란서)] (지) '프랑스'의 한자음 표기.
[佛語(불어)] 프랑스 말.
기타
[佛手散(불수산)] (한) 해산을 순하게 하기 위하여 쓰는 탕약.

仙 신선 선, 人부5 0674

'仙(선)'자는 '사람 亻(인)'과 '메 山(산)'으로 이루어졌다. 산에 사는 사람이 신선인가? 신선은 산에 산다는

뜻일까? 용왕과 해신이 섭섭하시겠다.

신선
[仙境(선경)] ① 신선이 산다는 곳. 동仙界(선계) ② 경치가 좋고 속세를 떠난 그윽한 곳.
[仙女(선녀)] 선경에 사는 여자.
[神仙(신선)] 도를 닦아서 인간 세상을 떠나 자연과 벗하여 늙지도 않고 오래 산다는 상상의 사람.
[水仙(수선)] 수선과에 속하는 다년초. 인경(麟莖)은 약초로 쓴다. 관상용으로 심는다. 水仙花(수선화).
[羽化登仙(우화등선)] 사람이 날개가 돋아서 하늘로 올라가 신선이 된다는 말.
仙丹(선단), 仙童(선동), 仙食(선식), 仙藥(선약), 仙人掌(선인장), 登仙(등선), 花中神仙(화중신선)

고상한 사람, 세속을 벗어난 사람
[仙風道骨(선풍도골)/仙骨道風(선골도풍)] '신선의 풍채와 도인의 골격'이란 뜻으로, '남달리 뛰어나고 청초하게 생긴 풍채'를 일컫는 말. 준仙骨(선골)
[詩仙(시선)] ① 仙風(선풍)이 있는 위대한 천재 시인. 참詩聖(시성) ② 세상일을 잊고 시 짓기에만 몰두하는 사람.
[玉骨仙風(옥골선풍)] 옥 같이 귀한 골격과 신선 같은 풍채. 귀티가 나고 신선 같이 깔끔한 풍채.
[酒仙(주선)] 술꾼. 술을 좋아하며 많이 먹는 사람.

도교(道敎)의 별칭
[仙敎(선교)] 仙道(선도)를 닦는 종교. 道敎(도교).
[儒佛仙(유불선)/儒佛仙三道(유불선삼도)] 儒道(유도)와 佛道(불도)와 仙道(선도)의 세 가지 도.

기타
[鳳仙花(봉선화)] 봉선화과의 한해살이풀. 줄기는 둥글고 살이 많으며 곧게 자라고, 잎은 어긋나고 톱니가 있음. 여름에 붉은빛·흰빛·분홍빛 따위의 꽃이 잎겨드랑이에 핌. 붉은 꽃잎을 따서 손톱에 물을 들임. 동봉숭아 ¶비 오자 장독간에 봉선화 반만 벌어 해마다 피는 꽃을 나만 두고 볼 것인가『김상옥·봉선화 중』

保 보전할 보:, 지킬 보:, 人부9 0675

'保(보)'자는 어른이 어린 아이를 포대기에 싸서 업고 있는 모습을 본뜬 글자이다. '呆(매/보)'자는 갓난아이를 두 손으로 감싼 모습이라고 한다. 어른이 아이를 지키고 보살핀다는 데서 '보전하다'라는 뜻이다.

지키다, 보살피다, 보호하다, 그대로 계속 유지하다
[保健(보:건)] 건강을 잘 지켜 온전하게 하는 일.
[保存(보:존)] 잘 보호하고 간수하여 남김. ¶문화재 보존
[安全保障(안전보장)] 외국으로부터의 침략에 대하여 국가의 영토적 안전을 보장하는 일. 준安保(안보)
[確保(확보)] ① 확실히 지님. ② 확실히 보증함.
[明哲保身(명철보신)] 어지러운 세상을 살 때, 세태와 사리에 아주 밝아서 몸을 위험한 자리나 욕된 곳에 빠뜨리지 않고 잘 보전함. 朱子(주자)에 따르면, '明(명)은 이치에 밝은 것이고, 哲(철)은 일을 살피는 것이라고 하였다. 保身(보신)은 이치에 순종해서 몸을 지키는 것이지, 이익을 좇고 재앙을 피해서 구차하게 몸을 온전히 하는 것은 아니다'라고 하였다.『詩經(시경)·大雅(대아)』
保留(보류)/留保(유보), 保稅(보세), 保守(보수), 保守的(보수적), 保身(보신), 保安(보안), 保眼(보안), 保溫(보온), 保佑(보우), 保障(보장), 保全(보전), 保持(보지), 保合(보합), 保合勢(보합세), 保護(보호), 保護林(보호림), 保護色(보호색), 保護者(보호자)

맡다, 책임지다
[保管(보:관)] 물건을 맡아서 관리함. ¶귀중품을 금고에 보관하다
[保證(보:증)] ① 남의 신분이나 행동을 뒷받침하여 책임짐. ¶보증을 세우다 ② 어떤 사물의 성과나 결과에 대하여 확실함을 책임짐. ¶일이 잘 된다는 무슨 보증이라도 있나? 참保證金(보증금), 保證手票(보증수표), 保證人(보증인), 身元保證(신원보증)
[保險(보:험)] (경) 담당 회사와 일정한 계약에 따라 미리 돈을 별러 내다가 재해나 사고 또는 질병 따위로 말미암은 손해 및 사망 따위에 대하여 보상을 받는 일. 참保險金(보험금), 保險料(보험료), 保險會社(보험회사), 健康保險(건강보험), 火災保險(화재보험), 損害保險(손해보험)
[擔保(담보)] ① 맡아서 보증함. ② (법) 빚진 사람이 빚을 갚지 않을 경우를 대비하여 빚 준 사람이 그 빚을 대신할 수 있는 신용으로 제공하는 보장. 인적인 담보와 물적인 담보가 있음.

지니다, 간직하다
[保菌(보:균)] 병균을 몸 안에 지님. 참保菌者(보균자)
[保有(보:유)] 간직하고 있음.

기르다, 양육하다
[保姆(보:모)] 일정한 자격을 가지고 유치원, 보육원, 양호 시설 등에서 아이들을 돌보아주며 가르치는 여자.
[保育(보:육)] 어린 아이들을 돌보아 기름. ¶보육 시설

기타
[酒保(주보)] 군대 영내 매점의 전 이름.

存 있을 존, 子부6 0676

'存(존)'자는 '재주 才(재)'와 '아들 子(자)'의 구조가 바뀐 것이다. '아이를 불쌍히 여기다'는 뜻을 나타내기 위하여 만들어진 것이었으나, 후에 '살피다', '있다' 등으로 확대 사용되었다.

있다, 객관적 현실적으로 존재하다, 머무른 상태로 계속해 있다
[存在(존재)] 현존하여 실제로 있음. 또는 그런 대상.
[存廢(존폐)] 남아 있음과 없어짐. 存續(존속)과 廢止(폐지).

[保存(보:존)] ☞ 保(보)
[齒墮舌存(치타설존)/齒敝舌存(치폐설존)] '이는 빠져도 혀는 아직 남아 있다'는 뜻으로, '剛(강)한 것보다 도리어 柔(유)한 것이 오래 감'을 비유하여 이르는 말.
[現存(현:존)] ① 현재 눈앞에 있음. ② 지금 살아 있음.
存立(존립), 存續(존속), 存置(존치), 共存(공존), 旣存(기존), 竝存(병존), 常存(상존), 尙存(상존), 實存(실존), 實存主義(실존주의), 實存哲學(실존철학), 安存(안존), 儼存(엄존), 依存(의존), 殘存(잔존), 平和共存(평화공존), 惠存(혜존)

살아 있다
[存亡(존망)] 존속과 멸망. 또는 삶과 죽음.
[生存(생존)] 죽지 않고 살아 있음.
[生存競爭(생존경쟁)] ① 모든 생물이 제각기 자기 생명의 유지 발전을 위하여 서로 경쟁하여 적자(適者)는 생존하고 열자(劣者)는 도태(淘汰)되는 현상. ② 서로 살기 위하여 다투는 일.
[適者生存(적자생존)] (생) 생물이 외계의 상태나 변화에 적응하는 것은 살아가고, 그렇지 못한 것은 사라져 가는 자연 도태의 현상.
[順天者存(순천자존), 逆天者亡(역천자망).] 하늘의 도리에 순종하는 자는 살아남고, 하늘의 도리에 거역하는 자는 망한다. 『孟子(맹자)·離婁 上(이루 상)』
存亡之秋(존망지추), 俱存(구존), 父母俱存(부모구존)

俗 풍속 속, 人부9　0677

'俗(속)'자는 '사람 亻(인)'과 '골 谷(곡)'으로 이루어졌다. '谷(곡)'은 '마을'을 뜻한다. 사람들이 사는 마을의 모습에서 '풍속'을 뜻한다.

풍속
[美風良俗(미:풍양속)] 아름답고 좋은 풍속이나 기풍.
[民俗(민속)] 백성들의 풍속이나 풍습.
[風俗(풍속)] ① 예부터 전해 내려오는 습관이나 버릇. ¶풍속을 따르다 ② 그 시대의 유행과 풍습.
[入鄕循俗(입향순속)] 다른 고장에 갔으면 그 고장의 풍습을 따른다. '로마에 가면 로마의 법을 따르라'는 서양 속담과 같은 말이다. 『淮南子(회남자)』
巫俗(무속), 循俗(순속), 習俗(습속), 良俗(양속), 異俗(이속), 從俗(종속), 土俗(토속), 鄕俗(향속)

속되다, 야비하다
[俗物(속물)] 돈, 권력 등 자신의 이익만 좇는 천한 사람.
[俗語(속어)] ① 민간에서 통속적으로 쓰이는 속된 말. ② 세간의 상스러운 말.
[低俗(저:속)] 품위가 낮고 속됨. ¶저속한 말씨
俗學(속학), 俗儒(속유), 卑俗(비속)

세상, 세상 사람
[俗談(속담)] ① 예로부터 민간에서 생겨 전해져 오는 쉬운 격언. ② 속된 이야기.
[俗世(속세)] ① '俗世間(속세간)'의 준말. ② (불) 불가에서 불교의 세계가 아닌 '일반 사회'를 일컫는 말.
[世俗(세:속)] ① 세상. ② 세상 풍속. ③ 세상 사람. 참世俗的(세속적)
[通俗(통속)] ① 널리 통하는 풍속. ② (주로 관형사로 쓰여) '일반 대중에게 널리 쉽게 통하는'의 뜻. ¶通俗小說(통속소설)
俗界(속계), 俗名(속명), 俗說(속설), 俗謠(속요), 俗塵(속진), 俗稱(속칭), 世俗五戒(세속오계), 野俗(야속), 脫俗(탈속)

출가하지 않은 사람
[俗家(속가)] ① '중의 생가'를 불가에서 이르는 말. ② 불교나 도교를 믿지 않는 사람의 집을 불가에서 이르는 말.
[還俗(환속)] (불) 중이 세속으로 되돌아감.
俗姓(속성), 俗人(속인), 非僧非俗(비승비속), 僧俗(승속)

侵 침노할 침, 人부9　0678

'侵(침)'자는 '사람 人(인)', '비 帚(추)'와 '또 又(우)'로 이루어졌다. '사람이 빗자루를 손에 들고 쓸면서 점점 앞으로 나아가다'의 뜻에서 '침범하다'의 뜻으로 발전하였다.

침노하다, 쳐들어가다, 남의 나라나 영토를 불법적으로 빼앗다
[侵略(침략)] 정당한 이유 없이 남의 나라에 쳐들어가는 일.
[侵犯(침범)] 남의 권리나 영토 따위에 쳐들어가 죄를 저지르거나 해침.
[侵害(침해)] 침범하여 손해를 끼침. ¶사생활이 침해되고 있다
[南侵(남침)] 북쪽에 있는 나라가 남쪽에 있는 나라를 쳐들어 옴. ¶1950년 6월 25일 북한이 남침했다
[不可侵(불가침)] 침범하지 못함. 침범해서는 안 됨.
侵擊(침격), 侵境(침경), 侵攻(침공), 侵寇(침구), 侵擄(침노), 侵掠(침략), 侵入(침입), 侵奪(침탈), 不侵(불침), 敵侵(적침), 被侵(피침)

먹어들다, 차츰 범하다
[侵蝕(침식)] 외부의 어떤 것이 침범해 내부의 영역이나 세력을 줄어들게 하는 것.
[浸蝕(침식)] (지) 자연현상인 비·바람·간물·빙하 등에 의해 지표나 바위가 차차 깎여 들어감. 참浸蝕輪廻(침식윤회), 浸蝕作用(침식작용)

個 낱 개(:), 人부10　0679

'個(개)'자는 본래 '箇(개)'자로 썼으며 '대나무 줄기'가 본뜻이었다. 그 후 '個(개)'로 바뀌었다. '사람 亻(인)'과 '굳을 固(고)'로 이루어졌다.

낱, 셀 수 있게 된 물건 하나 하나
[個性(개:성)] 사람마다 지닌 남다른 특성. 개체가 지닌 고유의 특성. ¶타인의 개성을 존중하다
[個人(개:인)] 단체의 제약에서 벗어난 낱낱의 사람. 참 個人技(개인기), 個人展(개인전), 個人主義(개인주의)
[各個(각개)] 따로따로의 하나. 참 各個戰鬪(각개전투)
[別個(별개)] 어떤 것과 함께 포함시킬 수 없는 딴 것. ¶이 일은 그 사건과 별개이다
個個(개개)/箇箇(개개), 個別(개별), 個數(개수), 個條(개조), 個中(개중)/箇中(개중), 個體(개체), 個體群(개체군)

개, 낱으로 된 물건의 수효를 세는 단위
[한 個(개)]

修 닦을 수, 人부10　　0680

'修(수)'자는 '바 攸(유)'와 '터럭 彡(삼)'의 합자이다.

닦다, 배우고 연구하여 잘 알도록 하다
[修了(수료)] 일정한 학업이나 과정을 다 공부하여 마침. 참 修了者(수료자), 修了證(수료증)
[修學(수학)] 학업을 닦음. 참 修學旅行(수학여행), 同門修學(동문수학)
[再修(재수)] 한 번 배웠던 과정을 다시 배우는 일. 참 再修生(재수생)
修習(수습), 硏修(연수), 必修(필수)

기르다, 도덕 품행 등을 다스려 기르다
[修女(수녀)] (천주) 독신으로 수도하는 여자. 청빈과 동정과 복종을 서약하여 지킴. 참 修士(수사)
[修身齊家(수신제가)] 몸을 닦고, 그런 후에 집을 다스림. 자기 수양을 하고 집안을 잘 돌봄.
[修養(수양)] 몸과 마음을 닦아 인격·지식·도덕을 높임.
[頓悟漸修(돈:오점수)] 갑자기 깨우치고 점진적으로 수양한다. 頓悟(돈오)는 漸悟(점오)의 상대말로 진리를 한꺼번에 깨친다는 뜻이다. 이러한 돈오의 체험 뒤에는 반드시 점차로 마음의 번뇌를 닦아 나가는 漸修(점수)가 뒤따라야 한다. 頓悟漸修(돈:오점수)는 우리나라 禪家(선가)에서 기본적인 수행 원리로 제창하는 수행 방법이다. ☞ * 101
[靜以修身(정이수신), 儉以養德(검:이양덕).] 고요함으로 몸을 닦고, 검소함으로 덕을 기른다.『小學(소학)·外篇(외편)·嘉言(가언)』
修己(수기), 修德(수덕), 修道(수도), 修練(수련)/修鍊(수련), 修身(수신), 修行(수행)

고치다, 손질하다
[修理(수리)] 고장난 데나 허름한 데를 손보아 고침. ¶자전거 수리
[修繕(수선)] 낡은 물건을 손보아 고침.
[改修(개:수)] ① 잘못된 데를 고쳐 바로잡음. ② (길·둑·집 따위를) 고쳐 닦거나 쌓거나 지음. ¶제방 개수 공사/집을 개수하다

[補修(보수)] 건물 따위를 손질하여 고침.
修正(수정), 修訂(수정), 修築(수축), 重修(중수)

꾸미다, 엮어 만들다, 글을 써서 책을 만들다
[修撰(수찬)] ① 書册(서책)을 편집하여 펴냄. ② (역) 고려와 조선 시대의 벼슬 이름.
[編修(편수)] 책을 편집하고 수정함.
[監修(감수)] 저술이나 편찬을 감독·지도함.

수식하다, 겉모양이나 언어 형식을 꾸미다
[修辭(수사)] 말을 다듬어서 뜻을 똑똑하고, 아름답고, 힘있게 하는 일. 참 修辭法(수사법)
[修飾(수식)] ① 겉모양을 꾸밈. ② (언) 체언이나 용언에 딸려 그 뜻을 좀 더 설명하는 일. 참 修飾語(수식어)

행하다, 거행하다
[修交(수교)] 나라와 나라 사이에 교제의 길을 닦아 맺음.
[修好(수호)] 사이좋게 지냄. 참 修好條約(수호조약)

갖추다, 베풀다
[修人事(수인사)] ① 늘 하는 인사. 일상의 예절. ② 사람으로서 할 수 있는 일을 다 함.

기타
[阿修羅場(아수라장)] ① (불) 아수라왕이 제석천과 싸운 마당. 阿修羅(아수라)는 고대 인도 신화에 나오는 善神(선신)이었는데 나중에 하늘과 싸우다가 惡神(악신)이 되었다고 한다. ② '끔찍하게 흐트러진 현장'이란 뜻으로, 모진 싸움으로 처참하게 된 곳, 또는 법석을 떨어 야단이 난 곳을 말한다. 피비린내 나는 전쟁터 또는 눈뜨고 차마 볼 수 없는 참혹한 현장을 가리킨다. ¶장내는 찬반의 격렬한 싸움으로 아수라장이 되고 말았다

兩 두 량:, 入부8　　0681

'兩(량)'자는 저울의 두 개의 '추'의 상형이다. '둘'의 뜻을 나타낸다.

두, 둘, 짝, 둘이 어울려 한 쌍이 되거나 한 벌이 되는 것
[兩面(양:면)] 사물의 두 면. 또는 겉과 안.
[兩分(양:분)] 둘로 나눔.
[兩親(양:친)] 어버이.
[一擧兩得(일거양득)] 한 가지 일을 하여 두 가지의 이익을 얻음.
[一口兩匙(일구양시)] '한 입에 두 숟가락이 들어갈 수 없다'는 뜻으로, 단번에 두 가지 일을 할 수 없음을 비유하여 이르는 말.
[進退兩難(진:퇴양난)] 앞으로 나아가기와 뒤로 물러나기 둘 다 모두 어려움. 어찌할 수 없는 곤란한 처지에 놓임. 回 進退維谷(진퇴유곡)
[兩雄不俱立(양:웅불구립)] 두 영웅이 함께 천하를 가질 수 없으며 반드시 싸워서 어느 한 쪽이 패배하거나 둘 다 무너진다는 뜻이다.『史記(사기)·酈生列傳(역생열전)』
兩家(양가), 兩脚(양각), 兩極(양극), 兩難(양난), 兩斷

(양단), 兩端間(양단간), 兩得(양득), 兩立(양립), 兩眉間(양미간), 兩班(양반), 兩邊(양변), 兩棲類(양서류), 兩舌(양설), 兩性(양성), 兩手(양수), 兩手据地(양수거지), 兩手兼將(양수겸장), 兩手執餠(양수집병), 兩袖淸風(양수청풍), 兩心(양심), 兩者(양자), 兩者擇一(양자택일), 兩主(양주), 兩側(양측), 兩便(양편), 物心兩面(물심양면), 首鼠兩端(수서양단), 一刀兩斷(일도양단), 冊床兩班(책상양반)

무게의 단위, 금전의 단위

列 벌릴 렬, 刀부4   0682

'列(렬)'자는 '앙상한 뼈 歹(알)'과 '칼 刂(도)'로 이루어졌다. '찢을 裂(렬)'의 原字(원자)이다. 본뜻은 '찢다'였는데, '줄지어 늘어놓다'는 뜻으로 쓰이게 되자, 본뜻은 '옷 衣(의)'를 붙여 `裂(렬)'자를 만들어냈다.

벌이다, 늘어놓다, 나란히 하다

[列擧(열거)] 여러 가지 예나 사실을 낱낱이 죽 늘어놓음.
[羅列(나열)] ① 죽 벌여 놓음. ② 나란히 열을 지음.
[陳列(진:열)] 물건을 죽 늘어놓거나 벌여 놓음. ¶상품을 진열하다 참陳列臺(진열대), 陳列欌(진열장)
系列(계열), 數列(수열), 班列(반열), 排列(배열)/配列(배열), 並列(병렬), 分列(분열), 直列(직렬)

여러

[列強(열강)] ① 여러 강한 나라. ② 국제적으로 큰 역할을 맡은 강대한 몇몇 나라.
[列國(열국)] 여러 나라.
[列傳(열전)] 기전체의 역사로 많은 사람의 전기를 차례로 벌여서 기록한 글.
列位(열위), 列邦(열방)

줄, 행렬

[列外(열외)] ① 늘어선 열의 바깥. ② 어떤 직책이나 임무를 맡지 않음.
[列車(열차)] ① 줄지어 늘어선 차량. ② 기관차에 객차나 화차를 연결하고 운전 장치를 설비한 차량.
[隊列(대열)] ① 隊(대)를 지어 죽 늘어선 열. ¶대열이 흩어진다 ② 어떤 활동을 하려고 이루어진 한 떼.
[整列(정:렬)] 가지런하게 줄을 지어 섬.
[行列(행렬)] ① 여럿이 벌여 줄서서 감. 또는 그 줄. ② (수) 어떤 수를 정한 몇 개의 행과 몇 개의 열로 나열한 표.
列島(열도), 堵列(도열), 順列(순열), 一列(일렬), 戰列(전열), 第五列(제오열), 縱列(종렬), 齒列(치열), 橫列(횡렬)

차례, 등급, 반열

[班列(반열)] 품계나 신분 등급의 차례.
[序列(서:열)] 연령·지위·성적 따위의 일정한 순서에 따라 줄을 세워 정리하는 일.
[行列(항렬)] 겨레붙이(혈족) 사이의 代數(대수) 관계를 나타내는 서열. ¶항렬이 높다 참行列字(항렬자)

기타

[虎列刺(호열자)] (의) 콜레라.

制 절제할 제:, 마를 제:, 刀부8   0683

'制(제)'자는 나뭇가지가 겹쳐진 모양인 '未(미)'와 '칼 刂(도)'로 이루어졌다. '制(제)'자는 나뭇가지를 칼로 잘라서 함부로 자라지 못하게 한다는 데서 '억제하다'라는 뜻을 나타낸다.

마르다, 자료를 필요한 규격대로 베거나 자르다

[制裁(제재)] '制(제)'자는 나뭇가지를 칼로 잘라서 함부로 자라지 못하게 한다는 데서 '억제하다'라는 뜻을 나타낸다. '裁(재)'는 옷감을 치수에 맞도록 재거나 자르는 일을 말한다. 가지치기를 하는 이유는 나무의 겉모양을 고르게 하고 품질 좋은 과실을 얻기 위해서이고, 마름질하는 이유는 옷 입을 사람의 몸에 옷이 꼭 들어맞게 하기 위해서이다.

만들다, 짓다(製)

[制定(제:정)] ① 제도 같은 것을 만들어서 정함. ② 법으로서의 규범을 일정한 절차를 따라서 定立(정립)하는 활동. 입법권의 작용으로서 행하여지며, 문서로 표현하는 것이 보통임.
[制憲(제:헌)] 헌법을 만들어 정함. 참制憲節(제헌절)

누르다, 억제하다, 못하게 하다, 묶다, 속박하다

[制動(제:동)] 기계나 자동차 따위를 눌러 움직이지 못하게 함.
[制御(제:어)] ① 감정, 충동, 생각 따위를 막거나 누름. ¶감정을 제어하기가 어려웠다 ② 기계나 설비 또는 화학반응 따위가 목적에 알맞은 작용을 하도록 조절함.
[制裁(제:재)] ① 습관이나 규정에 어그러짐이 있을 때 사회로서 금지하고 나무람. ② (법) 나라가 법률을 어긴 사람에게 가하여지는 불이익 또는 징벌을 이름.
[強制(강:제)] 권력이나 위력으로 남의 자유의사를 억누르는 것. ¶강제 동원
[抑制(억제)] 못하게 억눌러 제지함. ¶터지려는 감정의 폭발을 억제하다
[統制(통:제)] 일정한 방침에 따라 행위를 제약하거나 억눌러 조절하고 다스림. 참統制經濟(통제경제), 統制區域(통제구역)
[以夷制夷(이:이제이)] 적을 이용하여 적을 침. 다른 사람의 힘에 의하여 자기의 이익을 취함. 『王安石(왕안석)』
制壓(제압), 制約(제약), 制止(제지), 制限(제한), 牽制(견제), 牽制球(견제구), 管制(관제), 管制塔(관제탑), 規制(규제), 燈火管制(등화관제), 先制(선제), 先制攻擊(선제공격), 壓制(압제), 以毒制毒(이독제독)

법도, 규정

[制度(제:도)] 관습·도덕·법률 따위의 사회의 종합적 규범.

[制服(제:복)] 학교나 관청, 회사 따위에서 입도록 특별히 만든 옷. 閔私服(사복)
[法制(법제)] ① 법률의 제도 또는 체제. ② 법률의 제정.
[體制(체제)] ① 기존 사회의 질서. ② 일정한 정치 원리에 바탕을 둔 국가 질서의 경향. ③ 詩文(시문)의 양식.
官制(관제), 服制(복제), 喪制(상제), 稅制(세제), 儀制(의제), 從量制(종량제), 徵兵制度(징병제도), 職制(직제), 學制(학제)

다스리다, 주장하다, 지배하다

[制空權(제:공권)] (군) 공군력으로 일정한 지역의 상공을 지배하는 능력.
[制海權(제:해권)] (법) 평시 또는 전시에 무력으로써 바다를 지배하여 해상의 국방 또는 국가의 권익 옹호와 해상의 교통과 무역을 확보하는 군사력.
[制霸(제:패)] ① 적을 누르고 패권을 차지함. ② 경기 따위에서 우승함. ¶월드컵 제패를 눈앞에 두고 있다
[專制(전제)] 위정자가 모든 권력을 장악하고 그 개인의 의사에 따라 모든 일을 처리함. 참專制君主(전제군주), 專制政治(전제정치)

삼가다, 함부로 행동하지 아니하다

[自制(자제)] 자기의 감정·욕망 따위를 스스로 억제함.
[自制力(자제력)] 스스로 자기의 마음을 억제하는 理性(이성)의 힘.
[節制(절제)] ① 알맞게 조절함. ② 방종하지 않도록 자기의 욕망을 이성으로써 제어함.

副 버금 부:, 刀부11　0684

'副(부)'자는 '찰 畐(복)'과 '칼 刂(도)'로 이루어졌다.

버금, 다음

[副産物(부:산물)] ① 주요한 물질을 만드는 데에 더불어 생기는 물건. ② 어떤 일을 행할 때 기본적인 일 외에 부수적으로 일어나는 일. ¶공업화의 부산물로 공해가 생겼다
[副業(부:업)] 본업 외에 틈을 내서 갖는 직업. ¶그는 부업으로 가게를 냈다
[副作用(부:작용)] ① (의) 으뜸 되는 효과 외에 생기는 약의 딴 작용. ¶이 약은 위장 장애의 부작용이 있을 수 있다 ② 부차적으로 끼치는 바람직하지 못한 작용. ¶그 정책은 애초 노렸던 효과보다는 부작용이 더 컸다
[正副(정:부)] 으뜸 되는 것과 버금 되는 것.
副使(부사), 副賞(부상), 副收入(부수입), 副食(부식), 副次的(부차적), 副社長(부사장), 副院長(부원장), 副總長(부총장), 副總理(부총리), 副統領(부통령), 副會長(부회장) 따위

도움, 돕다, 보좌하다, 곁따르다, 옆에서 시중들다

[副官(부:관)] (군) ① 군의 인사 관리와 기록·공문·통신·각종 행정 명령을 내리는 따위의 군사 행정에 관한 일을 맡아 보는 참모. 또는 그 병과. ② '전속부관'의 준말.
[副詞(부:사)] (언) 품사의 하나. 용언 또는 다른 말 앞에 놓여 그 뜻을 한정하는 말. 참副詞句(부사구)
[副腎(부신)] 곁콩팥. 좌우의 콩팥 위에 있는 내분비샘. 피질과 수질로 나뉘어 있다.
[副應(부:응)] 무엇에 좇아서 응함.
[副題(부:제)] 서적·논문·문예 작품 따위에서 주가 되는 제목에 덧붙여 그것을 보충하는 제목.
[副葬(부장)] 장례를 할 때 죽은 사람이 생전에 사용하던 여러 물품을 함께 묻는 일. 참副葬品(부장품)

원본의 등사, 원본을 베낀 것

[副本(부:본)] 원본과 똑같이 만들어 참고로 보관하는 서류. 참正本(정본).

創 비롯할 창:, 상처 입을 창:, 刀부12　0685

'創(창)'자는 '곳집 倉(창)'과 '칼 刂(도)'로 이루어졌다. 본뜻은 '다치다'였는데, 후에 '비롯하다'의 뜻으로 쓰이게 되었다.

비롯하다, 시작하다, 처음으로 만들다, 처음으로 이룩하다

[創作(창:작)] ① 처음으로 생각해내어서 만듦. 또는 그 물건. ② 예술 작품을 남의 것을 본뜨지 않고 제 생각으로 지음. 또는 그 작품.
[創造(창:조)] ① 전에 없던 것을 처음으로 만듦. ② 신이 우주 만물을 만듦. 참創造主(창조주) ③ 새로운 업적이나 가치를 이룩함. ¶새 역사의 창조/민족 문화의 창조 ④ (책) 1919년 2월에 김동인·주요한·김억·전영택 등이 펴낸 우리나라의 첫 문예 동인지 이름.
[獨創(독창)] 스스로 새롭고 독특한 것을 생각해 냄. 참 獨創力(독창력), 獨創的(독창적)
[草創(초창)] ① 어떤 사업을 처음으로 일으켜 시작함. 또는 그 시초. 참草創期(초창기) ② 초안을 잡음.
創刊(창간), 創建(창건), 創黨(창당), 創立(창립), 創設(창설), 創世(창세), 創世記(창세기), 創始(창시), 創氏改名(창씨개명), 創案(창안), 創業(창업), 創意(창의), 創意力(창의력), 創製(창제), 創出(창출), 巨創(거창), 初創(초창)

상처를 입히다, 괴롭히다, 상처, 부스럼(瘡)

扶 도울 부, 붙들 부, 手부7　0686

'扶(부)'자는 원래 '지아비 夫(부)'와 '손 又(우)'로 이루어진 것이었다. 비틀거리는 사람을 손으로 껴안고 있는 모습을 나타낸 것이다. 후에 '손 又(우)'가 '손 扌(수)'로 바뀌었다. '夫(부)'는 표의와 표음요소를 겸한다. '부축하다'가 본래 의미이다.

돕다

[扶養(부양)] 스스로의 힘으로 살아갈 수 없는 사람의

생활을 돌봄. ¶부양가족/부양의무
[扶助(부조)] 남의 큰일에 돈이나 물건을 보내어 도와줌. ¶부조는 않더라도 제사상이나 차지 말라 웹扶助金(부조금)
[相扶相助(상부상조)] 서로서로 도움.
[抑强扶弱(억강부약)] 강한 자를 억누르고 약한 자를 도와줌. 세상 사람들에게 공평하게 함. 땐抑弱扶强(억약부강)

떠받치다, 붙들다
[扶腋(부액)/扶掖(부액)] 겨드랑이를 붙들어 걸음을 돕는 것.
[扶持(부지)] 고생이나 어려움을 견디어 배김. ¶목숨 부지가 이렇게 어려울 줄 몰랐다
[僅僅扶持(근:근부지)] 겨우겨우 배겨감.

助 도울 조:, 力부7   0687

'助(조)'자는 '또 且(차)'와 '힘 力(력)'으로 이루어졌다. '힘을 포개어 합쳐서 사람을 돕다'는 뜻을 나타낸다.

돕다, 힘을 빌리다, 거들다, 도움
[助教(조:교)] ① 대학 교수를 돕는 직위, 또는 그 직위에 있는 사람. ② 군사 교육·훈련을 할 때 교관을 도와 교재 관리, 시범, 훈련, 피교육자 인솔 따위를 맡아 보는 사병.
[助手(조:수)] 어떤 책임자 밑에서 지도를 받으면서 그 일을 도와주는 사람.
[助言(조:언)] 말로 거들거나 깨우쳐 주어서 도움. ¶전문가의 조언
[補助(보:조)] 물질적으로 보태어 줌. 웹補助動詞(보조동사), 補助員(보조원)
[扶助(부조)] ☞扶(부)
[協助(협조)] 힘을 합쳐 서로 도와줌. ¶여러분의 협조를 부탁드립니다
助桀爲虐(조걸위학)/助桀爲惡(조걸위악), 助動詞(조동사), 助力(조력), 助味(조미), 助詞(조사), 助辭(조사), 助産(조산), 助成(조성), 助役(조역), 助演(조연), 助長(조장), 共助(공조), 救助(구조), 內助(내조), 傍助(방조), 幫助(방조), 幫助犯(방조범), 賻助(부조), 扶助金(부조금), 相扶相助(상부상조), 相助(상조), 神助(신조), 援助(원조), 一助(일조), 自助(자조), 贊助(찬조), 天佑神助(천우신조)

勢 형세 세:, 기세 세:, 力부13   0688

'勢(세)'자는 '힘 力(력)'과 '심을 執(예)/권세 執(세)'로 이루어졌다. 힘이 있어야 세력을 심어놓을 수 있다. '힘', '형세', '권세' 등의 뜻을 나타낸다.

기세, 세력, 힘, 기운, 활동력
[勢力(세:력)] 권세의 힘.
[氣勢(기세)] 의기가 장한 형세.
[伯仲之勢(백중지세)] '첫째와 둘째를 가리기 어려운 형세'라는 뜻에서, 서로 실력이 비슷하여 우열을 가리기 힘든 형세. 준伯仲勢(백중세)
[破竹之勢(파:죽지세)] 대나무를 쪼개는 듯한 왕성한 기운. 세력이 워낙 강하게 확산되어 누구도 막을 수 없는 경우를 비유하는 말. 웹決河之勢(결하지세) 『秦書(진서)·杜預(두예)』
勢窮力盡(세궁력진), 勢力圈(세력권), 勢不得已(세부득이), 加勢(가세), 强勢(강세), 敎勢(교세), 騎虎之勢(기호지세), 黨勢(당세), 大勢(대세), 得勢(득세), 勝勢(승세), 乘勢(승세), 實勢(실세), 弱勢(약세), 餘勢(여세), 劣勢(열세), 外勢(외세), 優勢(우세), 脫兎之勢(탈토지세), 虛勢(허세), 合勢(합세), 虛張聲勢(허장성세)

형세, 형편
[家勢(가세)] 집안 형세.
[病勢(병:세)] 병이 들어 있는 정도나 형세. ¶병세가 호전되었다
[姿勢(자세)] ① 몸맵시와 태도. ② 몸이 가지고 있는 모양. 앉았거나 섰거나 하는 따위. ¶편한 자세로 앉으세요 ③ 무슨 일에 대하는 마음가짐. 곧 정신적인 태도. 웹高姿勢(고자세), 低姿勢(저자세)
[情勢(정세)] 일이 되어가는 사정과 형세. ¶국내외 정세를 분석하다
[形勢(형세)] ① 살림살이의 形便(형편)이나 氣勢(기세). ② 일이 되어가는 形便(형편).
高姿勢(고자세), 攻勢(공세), 局勢(국세), 山勢(산세), 保合勢(보합세), 守勢(수세), 樹勢(수세), 時勢(시세), 運勢(운세), 低姿勢(저자세), 戰勢(전세), 症勢(증세), 地勢(지세), 趨勢(추세), 態勢(태세)

세도, 권세, 권위
[勢道(세:도)] 정치상의 권세. 또는 그 권세를 마구 휘두르는 일. ¶세도가 당당하다
[勢利之交(세:리지교)] 권세와 이익을 목적으로 하여 맺는 교제.
[權勢(권세)] 권력과 세력을 아울러 이르는 말.
[有勢(유:세)] ① 힘이 있음. ② 자랑삼아 세도를 부림. ¶유세를 부리다
[以利交者利窮則散(이:리교자이궁즉산), 以勢交者勢傾則絕(이:세교자세경즉절).] 이익을 위하여 교제하는 자는 그 이익이 다하면 흩어지고, 세력을 가지고 교제하는 자는 세력이 기울면 교제가 끊어진다. '소인들의 야박한 처세'를 비유하여 이르는 말. 『文中子(문중자)』
勢家(세가), 勢族(세족), 權門勢家(권문세가), 失勢(실세), 威勢(위세), 行勢(행세)

불알, 남자의 성기
[去勢(거:세)] ① 동물의 수컷의 불알을 까 버리거나 암컷의 난소를 들어내어 생식 기능을 없앰. ¶거세한 돼지 ② 어떤 권력이나 세력 따위를 꺾어 버림. ¶반대 세력을 거세하다

包 쌀 포(:), ㄅ부5　0689

'包(포)'자는 '쌀 ㄅ(포)'와 '뱀 巳(사)'로 이루어졌다. '巳(사)'는 '태아'의 모습을 본뜬 것이라고 한다. 일반적으로 '싸다'의 뜻을 나타낸다.

싸다, 속에 넣고 둘러싸거나 씌워 가리거나 하다, 둘러싸다, 꾸러미, 싸서 꾸린 것

[包圍(포:위)] 둘레를 에워쌈. ¶너희들은 포위됐다. 무기를 버리고 투항하라
[包裝(포장)] ① 물건을 사서 꾸림. ¶선물을 포장하다 ② 마음속에 지니어 간직함.
[小包(소:포)] 소포 우편물의 준 말.
包袋(포대), 包藏(포장)

함께 들어 있다, 아우르다, 함께 넣다

[包括(포:괄)] 사물을 있는 대로 다 한 테두리 안에 휩쓸어 넣음.
[包攝(포:섭)] 상대편을 자기편으로 감싸 끌어들임. ¶포섭에 나선 공작원
[包含(포함)] 어떤 사물이나 현상 가운데 함께 들어 있거나 함께 넣음. ¶조사 대상에 포함되다
[內包(내:포)] 어떤 성질이나 뜻 따위를 속에 품음.

감싸다, 너그럽게 받아들이다

[包容(포:용)] ① 감싸 받아들임. ② 남을 아량 있고 너그럽게 감싸 받아들임. 웹包容力(포용력)

꾸러미의 수를 세는 단위

協 화합할 협, 맞을 협, 十부8　0690

'協(협)'자에는 힘이 많이 든다고 '힘 力(력)'자가 세 개나 들어 있고, 그것도 모자라서 '많다'는 뜻으로 '열 十(십)'자까지 합쳐져 있다. 열 사람이 힘을 합한다는 데서, '힘을 합하다', '화합하다'의 뜻을 나타낸다.

합하다, 한데 모으다

[協同(협동)] 힘을 합쳐 하나로 노력함. 서로 마음과 힘을 하나로 합함.
[協同組合(협동조합)] (사) 경제적으로 약소한 처지에 있는 소비자·농어민·중소기업자 등이 사업의 개선 및 권익 옹호 따위 또는 각각 자기들의 경제적 목적을 달성하기 위하여 만든 협력 체제를 통틀어 일컬음. ¶농업협동조합
[協力(협력)] 서로 돕는 마음으로 힘을 합침.
[協議(협의)] 여러 사람이 모여 서로 의논함. 웹協議會(협의회)
[協助(협조)] 힘을 합쳐 서로 도와줌. ¶여러분의 협조를 부탁드립니다
協商(협상), 協心(협심), 協約(협약), 協業(협업), 協演(협연), 協定(협정), 協奏(협주), 協奏曲(협주곡), 協贊(협찬), 協會(협회)

화합하다, 맞다, 적합하다

[不協和音(불협화음)] ① (음) 둘 이상의 악음(樂音)이 동시에 날 때 전체가 조화·융합되지 않아 불안정하고 불쾌한 느낌을 주는 화음. ② 안 어울림. ¶경영진들 사이에 불협화음이 있다
[妥協(타협)] 두 편이 서로 좋도록 협의함. ¶타협을 보다

博 넓을 박, 十부12　0691

'博(박)'자는 '전부'의 뜻인 '열 十(십)'과 '깔다'의 뜻인 '尃(부)'를 합쳐 놓은 것이다.

넓다, 넓히다, 넓게 하다, 넓이, 폭

[博覽會(박람회)] 농업·공업·상업 등에 관한 온갖 물품을 진열해 놓고 여러 사람에게 보이며, 판매·선전·우열 심사 등을 하여 생산물의 개량 발전 및 산업 진흥을 꾀하려고 여는 전람회.
[博物館(박물관)] 여러 사람들에게 보여 교육이나 연구에 도움이 되도록 고고학적 자료, 예술품, 역사적 유물, 그 밖의 학술 자료들을 널리 모아 보관·진열하는 시설.

지식이 넓다, 아는 것이 많다

[博士(박사)] ① 전문 학술 분야에서 연구와 업적을 쌓은 이에게 주는 가장 높은 학위. 또는 그 학위를 받은 사람. 웹碩士(석사), 學士(학사) ② (역) 경학이나 전문 기술에 관한 일을 맡은 벼슬아치. 천문·지리·의학·산술·율령·누각 등을 관리·지도하였으며, 조선 때는 교서관·성균관·승문원·홍문관 등에서 주로 경서를 교수하였음. ③ '모든 부문에 아는 것이 많거나 어떤 부문에 아주 숙달된 사람'을 비유하는 말. ¶만물박사/척척박사
[博識(박식)] 보고 들은 것이 넓어 아는 것이 많음.
[博學多識(박학다식)] 널리 배우고 많이 앎. 학문이 넓고 아는 것이 많음.
[該博(해박)] 학문이 넓음. 어떤 사물이나 분야에 대하여 아는 것이 많음. ¶해박한 지식

널리, 두루 다 미치다

[博施(박시)] 많은 사람에게 널리 사랑과 은혜를 베풂.
[博施濟衆(박시제중)] 사랑과 은혜를 베풀어서 뭇사람을 구제함.
[博愛(박애)] 뭇사람을 차별 없이 두루 사랑함.

노름, 노름하다, 돈을 걸고 하는 놀이

[賭博(도박)] ① 노름. ② 요행수를 바라고 불가능하거나 위험한 일에 손을 대는 일. 웹賭博場(도박장)

印 도장 인, 卩부6　0692

'印(인)'자는 '손톱 爪(조)'와 '병부 卩(절)'로 이루어진 글자이다. '손톱 爪(조)'는 '손가락'을 나타내기도 한다. '卩(절)'은 '節(절)'의 생략형으로 '표'를 뜻한다. '손가락으로 눌러 표를 하는 모양 즉, '도장'을 뜻한다.

도장

[印鑑(인감)] (법) 미리 관공서에 등록해 놓은 특정한 도장. 법률행위의 당사자가 인감 대장에 적힌 본인인지

를 확인하는 데 쓰임. 참印鑑圖章(인감도장), 印鑑證明(인감증명)
[印章(인장)] 개인이나 단체의 이름 또는 어떤 글자나 기호 따위를 새겨 표적으로 찍는 물건. 동圖章(도장)
[印朱(인주)] 도장을 찍는 데 쓰는 붉은 빛의 재료.
[捺印(날인)] 도장 찍기.
[封印(봉인)] 봉하여 붙인 자리에 도장을 찍음. 또는 그 도장. ¶봉인이 찍혀 있다
印紙(인지), 契印(계인), 官印(관인), 私印(사인), 消印(소인), 職印(직인), 刻印(각인), 檢印(검인), 烙印(낙인), 拇印(무인), 調印(조인)

찍다, 눌러서 자리를 내다, 박다, 박히다, 찍히다
[印象(인상)] 어떤 대상에 대하여 마음이나 기억에 새겨지는 자취나 느낌. 참印象的(인상적), 印象主義(인상주의), 印象派(인상파)
[印刷(인쇄)] 잉크를 사용하여 판면에 있는 글이나 그림·사진 등을 종이·천 따위에 찍어내는 일.
[油印物(유인물)] 謄寫(등사)한 물건.
印稅(인세), 印畫(인화), 印畫紙(인화지), 影印本(영인본), 月印千江之曲(월인천강지곡), 海印(해인)

기타
[印度洋(인도양)] 인도·오스트레일리아·남극해에 접하는 큰 바다.

刷 인쇄할 쇄, 쓸 쇄, 刀부8   0693

'刷(쇄)'자는 '깎다'는 뜻을 나타내기 위한 것이었으니 '칼 刀(도)'가 표의요소로 쓰였다. 후에 '박다', '쓸어내다' 등의 뜻으로 확대 사용되었다.

씻다, 없애버리다, 쓸다, 털다, 깨끗하게 하다, 솔, 쓸거나 터는 데 쓰는 물건
[刷新(쇄:신)] 묵은 것이나 폐단을 쓸어내어 새롭게 함. ¶분위기를 쇄신하다

박다, 인쇄하다, 등사하다
[印刷(인쇄)] ☞ 印(인)
[縮刷(축쇄)] 책이나 그림의 원형을 크기만 줄여서 하는 인쇄.

受 받을 수, 又부8   0694

'受(수)'자는 '손'을 나타내는 '爫(조)', 받는 손을 나타내는 '又(우)', 祭需(제수)를 담는 그릇을 나타내는 '冖(멱)'으로 이루어진 글자이다. '제수를 담은 그릇을 손으로 주고받다'는 뜻을 가진 글자였다.

받다, 주거나 보내는 것을 받다
[受領(수령)] 돈이나 물품을 받아들임. 참受領人(수령인), 受領證(수령증)
[受業(수업)] 학업이나 기술의 가르침을 받음.
[授受(수수)] 주고받고 하는 것.
[收受(수수)] (법) 무상으로 금품을 취득함. ¶금품 수수
[引受(인수)] 물건이나 권리를 넘겨받음.
[身體髮膚受之父母(신체발부수지부모), 不敢毁傷(불감훼상), 孝之始也(효지시야).] 신체와 모발, 피부는 부모에게 받았으니, 감히 손상하지 않는 것이 효도의 처음이다. 『孝敬(효경)·開宗明義(개종명의)』 ☞ *236
受講(수강), 受檢(수검), 受戒(수계), 受納(수납), 受賂(수뢰), 受賞(수상), 受像(수상), 受像機(수상기), 受信(수신), 受信人(수신인), 受信者(수신자), 受精(수정), 受精卵(수정란), 受取(수취), 受託(수탁), 受驗(수험), 受驗料(수험료), 受驗票(수험표), 受刑(수형), 受惠(수혜), 受話(수화), 受話器(수화기), 甘受(감수), 買受(매수), 領受(영수)/受領(수령), 引繼引受(인계인수), 傳受(전수)

사무 처리를 위해서 서류 물건 등을 받다
[接受(접수)] ① 받아들임. ② 관청·공공 단체 등이 서류 또는 구두로 제출되는 신청 사실을 처결할 목적으로 받아들임. ¶입학원서 접수

어떤 행동 영향 등을 당하거나 입거나 하다
[受動(수동)] 다른 것의 움직임이나 영향을 받음. 반能動(능동)
[受侮(수모)] 남에게 모욕을 받음. 또는 그 모욕.
[受難(수난)] ① 어려운 일이나 처지를 당함. ¶수난을 당하다 ② (예수) 예수 그리스도가 십자가에 못 박힐 때 당한 고난.
[感受性(감:수성)] 자극을 느끼고 받아들이는 성질이나 능력. ¶감수성이 예민하다

그릇 따위에 담다, 싣다
[受胎(수태)] 아이를 뱀.

얻다, 이익을 누리다
[受益(수익)] 이익을 얻거나 받음.

받아들이다, 받아들여지다, 받아들여 쓰다
[受諾(수락)] 요구를 받아들여 승낙함.
[受理(수리)] 소장이나 원서 따위의 문서를 받아서 처리함. ¶사표를 수리하다
[受容(수용)] 받아들임. ¶외국 문화를 무분별하게 수용해서는 안 된다

授 줄 수, 手부11   0695

'授(수)'자는 '손으로 집어 건네주다'는 뜻을 나타낸다. '손 扌(수)'와 '받을 受(수)'로 이루어졌다. '受(수)'자는 원래 '주고 받다'는 뜻이었는데, '주다'는 뜻의 '授(수)'자를 만들고서 '받다'는 뜻으로만 쓰이게 되었다.

주다, 넘겨주다
[授受(수수)] 주고받고 하는 것.
[授與(수여)] 증서·상품·훈장 따위를 줌. ¶졸업장 수여
[見利思義(견리사의). 見危授命(견위수명). 久要不忘平生之言(구요불망평생지언).] 이익될 일을 보고는 그것이 의리에 합당한가 어떤가를 생각하고, 국가의 위급에 즈음하여서는 목숨을 바침. 『論語(논어)·憲問(헌문)』

授戒(수계), 授賞(수상), 授乳(수유)
가르치다, 전하여 주다
[授業(수업)] 학예를 가르쳐 줌. ¶수업 시간 웹授業料(수업료)
[教授(교수)] ① 학문 또는 기예를 가르침. ② 학문 또는 기예를 가르치는 사람. 또는 그 관직. 대학·전문대학의 교원.
[傳授(전수)] 전하여 줌.

取 취할 취:, 가질 취:, 又부8　0696

'取(취)'자는 '귀 耳(이)'와 '또 又(우)'로 이루어졌다. 옛날에 전쟁에서 죽인 적의 왼쪽 귀를 베어내어 목 대신 모았던 데서 '붙잡다', '취하다'의 뜻을 가지게 되었다고 한다.
취하다, 가지다, 버리지 아니하고 가지다
[取得(취:득)] 자기의 것으로 삼아 가짐. 웹取得稅(취득세)
[取捨選擇(취:사선택)] 가질 것과 버릴 것을 가리고 고름. 버릴 것은 버리고 취할 것은 취함.
[攝取(섭취)] ① 양분 따위를 몸속으로 빨아들임. ¶양분 섭취 ② 좋은 요소를 가려서 빨아들임.
[採取(채취)] 찾아서 캐거나 베거나 따거나 뜯어서 거두어들임. ¶산나물 채취
[聽取(청취)] 말이나 음악·라디오 등을 자세히 들음. 웹聽取者(청취자)
取得稅(취득세), 取木(취목), 取捨(취사), 取水塔(취수탑), 取息(취식), 取食(취식), 取食客(취식객), 取材(취재), 取土(취토), 取汗(취한), 囊中取物(낭중취물), 舍短取長(사단취장), 捨小取大(사소취대), 詐取(사취), 先取(선취), 受取(수취), 受取人(수취인), 掠取(약취), 爭取(쟁취), 竊取(절취), 滄浪自取(창랑자취), 搾取(착취), 奪取(탈취), 騙取(편취)
대책을 세우거나 태도를 가지게 되다
[取扱(취:급)] ① 물건을 다룸. ② 사람이나 사건을 대하거나 처리함. ③ 사람을 얕잡아서 대우함. ¶더 이상 어린애 취급을 받기 싫다
[取消(취:소)] ① 발표한 의사를 거두어들이거나 예정된 일을 없애버림. ¶오늘 점심 약속을 취소하다 ② 법률 행위의 효력을 소급하여 소멸시킴. ¶면허 취소
[進取(진취)] 적극적으로 나서서 일을 이룸.
取調(취조), 取下(취하)

捨 버릴 사:, 手부11　0697

'捨(사)'자는 '손 扌(수)'와 '집 舍(사)'로 이루어졌다. 손에 들고 있는 것을 '놓다'는 뜻을 나타내기 위한 것이었다. 후에 '버리다', '베풀다' 등의 뜻으로 확대되었다.
버리다, 내버리다
[捨小取大(사:소취대)] 작은 것을 버리고 큰 것을 가짐.

[捨身供養(사:신공양)] (불) 불보살의 자비하심을 좇거나 은혜에 보답하기 위하여 팔을 끊으며 몸을 태우고 살을 지지며 몸을 버려 공양함.
[四捨五入(사:사오입)] (수) 우수리를 처리할 때 4 이하면 잘라버리고, 5 이상이면 잘라 올리는 셈법.
[取捨選擇(취:사선택)]☞取(취)
捨石(사석), 捨身(사신), 取捨(취사)
베풀다, 신불(神佛)을 위하여 금품을 내놓다
[喜捨(희사)] ① 즐거운 마음으로 기꺼이 재물을 내놓음. ② 절이나 교회 따위에 금전이나 토지 따위를 기부함.

呼 부를 호, 口부8　0698

'呼(호)'자는 '부르다'가 본뜻이다. 입 밖으로 내쉬는 '숨'을 뜻하기도 한다. 입 안으로 들이마시는 숨은 '吸(흡)'이다. '입 口(구)'와 '어조사 乎(호)'로 이루어졌다.
부르다, 오라고 부르다, 이름이나 글 따위를 소리 내어 부르다
[呼名(호명)] 이름을 부름.
[呼出(호출)] 불러냄.
[點呼(점호)] 인원을 점검하기 위하여 이름을 부름. ¶취침점호
[順風而呼(순:풍이호)] '바람이 부는 방향으로 부르면 잘 들린다'는 뜻으로, '時勢(시세)에 편승하면 일을 하기 쉬움'을 비유하여 이르는 말. 『荀子(순자)』
呼應(호응), 指呼之間(지호지간)
소리 내어 외치다, 호통치다, 큰 소리를 지르다
[呼訴(호소)] 억울하거나 원통한 사정을 하소연함. ¶억울한 사정을 호소하다
[歡呼(환호)] 기뻐서 소리를 높여 부르짖음. 웹歡呼雀躍(환호작약)
[歡呼聲(환호성)] 기뻐서 부르짖는 소리.
일컫다, 무엇이라고 말하다
[呼稱(호칭)] 이름을 지어 부름. 또는 그 이름.
[呼父(호부)] '아버지'라고 부름. 웹呼母(호모)
[呼兄呼弟(호형호제)] 썩 가까운 벗 사이에 형이나 아우니 하고 서로 부름.
값·액수 등을 얼마라고 말하다
[呼價(호가)] 팔거나 사려고 물건의 값을 부르는 것. ¶천만 원을 호가하는 그림
숨을 내쉬다
[呼吸(호흡)] ① 숨. 또는 숨쉬기. 웹呼吸器(호흡기), 腹式呼吸(복식호흡) ② 두 사람 이상이 함께 하는 일에 대한 생각의 조화 ¶호흡이 맞다
[腹式呼吸(복식호흡)] 배 근육을 움직여 횡격막을 신축시키면서 하는 호흡.
[深呼吸(심:호흡)] 깊은 숨. ¶심호흡을 한 번 한 뒤 승부차기에 나섰다
아! 탄식의 소리
[嗚呼(오호)] 슬플 때나 탄식할 때 '아'나 '어허'의 뜻으

로 내는 소리. ¶오호 통재라!
[嗚呼哀哉(오호애재)] (한문 투로) '아! 슬프도다'의 뜻.

吸 숨 들이쉴 흡, 마실 흡, 口부7　0699

'吸(흡)'자는 '입 口(구)'와 '미칠 及(급)'으로 이루어졌다. '들어가는 숨'이 본뜻이다. '내쉬는 숨'은 '呼(호)'이다.

숨을 들이쉬다
[呼吸(호흡)] ☞ 呼(호)
[深呼吸(심:호흡)] ☞ 呼(호)

마시다, 빨다
[吸煙(흡연)] 담배를 피움.
[吸收(흡수)] ① 빨아서 거두어들임. ② 외부에 있는 사람·사물 따위를 내부로 모아들임. ③ (물) 전자기파나 입자선이 물질 속을 통과할 때 에너지나 입자가 그 물질에 빨려들어 그 세기나 입자수가 감소함. 또는 그런 현상. ④ (생) 생체가 세포막 등을 통하여 외부의 물질을 안으로 끌어들이는 일. ⑤ 소화관 벽에서 혈관 또는 림프관으로 영양소와 물을 거두어들이는 일. ⑥ (화) 물질이 다른 물질 속으로 들어가는 일. 기체가 고체나 액체 속으로 빨려 들어가는 것 따위.
[吸着(흡착)] ① 달라붙음. ② (화) 어떤 액체나 고체가 다른 고체·액체·기체를 분자력에 의하여 그의 겉면에 끌어당겨 붙이는 일. 참吸着劑(흡착제)
吸水(흡수), 吸濕(흡습), 吸濕劑(흡습제), 吸引(흡인), 吸入(흡입), 吸着劑(흡착제), 吸血(흡혈), 吸血鬼(흡혈귀)

味 맛 미, 口부8　0700

'味(미)'자는 '입 口(구)'와 '아닐 未(미)'로 이루어진 글자이다. 입에 쏙 드는 '맛'이 본뜻이다.

맛, 음식의 맛, 맛보다, 맛을 보기 위해 먹어보다
[味覺(미각)] 무엇을 혀 따위로 맛보아 일어나는 감각. 단맛, 쓴맛, 짠 맛, 신맛 따위. ¶봄나물이 미각을 돋운다
[味盲(미맹)] 어떤 맛을 느끼지 못하는 상태. 또는 그러한 사람.
[別味(별미)] 특별히 좋은 맛.
[山海珍味(산해진미)] 산과 바다의 산물을 다 갖추어 썩 잘 차린 진귀한 음식.
[調味料(조미료)] 양념감. 맛을 돕기 위해 음식물에 사용하는 재료의 총칭. 소금·간장·설탕·깨소금·마늘·고추·후춧가루·생강 따위. ¶인공조미료
[心不在焉(심부재언) 視而不見(시이불견), 聽而不聞(청이불문), 食而不知其味(식이부지기미).] 마음에 있지 않으면 보아도 보이지 않고, 들어도 들리지 않고, 먹어도 그 맛을 모른다. 즉 하고자 하는 의식이 없으면 아무리 권하고 이끌어도 선뜻 따르지 않는다는 말이다.
『大學(대학)·正心章(정심장)』
味感(미감), 加味(가미), 甘味(감미), 苦味(고미), 妙味(묘미), 無味(무미), 無味乾燥(무미건조), 酸味(산미), 嘗味(상미), 辛味(신미), 五味(오미), 五味子(오미자), 口味(구미), 一味(일미), 助味(조미), 調味(조미), 眞味(진미), 珍味(진미), 八珍味(팔진미), 香味(향미)

느낌, 기분, 분위기, 재미
[氣味(기미)] ① 냄새와 맛. ② 낌새. 기척. ③ 기분, 느낌.
[性味(성:미)] 성질. 마음씨, 비위, 버릇 따위를 맛에 빗대어 이르는 말. ¶괴팍한 성미/성미를 부리다
[趣味(취:미)] ① 전문가로서가 아니라 즐기려고 사랑하며 좋아하는 일. ¶취미 활동 ② 마음에 느껴서 일어나는 멋. ③ 아름다운 대상을 감상하고 이해하는 힘.
[興味(흥:미)] ① 흥을 느끼는 재미. 참興味津津(흥미진진) ② 어떠한 사물에 대한 특별한 관심.
氣味相合(기미상합), 惡趣味(악취미), 人情味(인정미), 風味(풍미)

뜻, 의의
[吟味(음미)] ① 시가를 읊조리면서 깊은 맛을 감상함. ② 사물의 내용이나 속뜻을 깊이 새기어 맛봄.
[意味(의:미)] ① 말이나 글 또는 행동으로 나타내는 속내. ② 어떤 일이나 행동이 지니는 가치나 중요성. ¶의미 있는 행사 참意味深長(의미심장)

員 인원 원, 수효 원, 口부10　0701

'員(원)'자는 '입 口(구)'와 '조개 貝(패)'로 이루어졌다. '물건의 수효'를 뜻하는 글자이었는데 '사람의 수효'라는 뜻으로 쓰인다.

사람, 조직이나 단체를 이루고 있거나 수효 상으로 헤아릴 때의 사람
[減員(감:원)] 인원을 줄임. ¶사원을 대폭 감원하다 반增員(증원)
[人員(인원)] 단체를 이루고 있는 사람의 수. ¶출발하기 전에 인원 점검을 하겠습니다
[定員(정:원)] 일정한 규칙 등에 따라 정해진 인원.
[會員(회:원)] 어떤 회를 구성하는 사람들.
缺員(결원), 契員(계원), 團員(단원), 黨員(당원), 隊員(대원), 動員(동원), 滿員(만원), 滿員謝禮(만원사례), 班員(반원), 部員(부원), 成員(성원), 延人員(연인원), 要員(요원), 一員(일원), 全員(전원), 組員(조원), 總員(총원), 充員(충원)

어떤 직무를 맡고 있는 사람
[公務員(공무원)] 나라 또는 지방 공공 단체의 사무를 맡아보는 사람. 비官吏(관리)
[社員(사원)] ① 회사에 근무하는 사람. ② 사단법인의 구성원.
[任員(임:원)] 단체에 딸려 그 운영·감독을 맡아 보는 사람.
[職員(직원)] 직장에서 각각의 직무를 맡고 있는 사람.
客員(객원), 係員(계원), 工作員(공작원), 官員(관원),

敎員(교원), 國會議員(국회의원), 代議員(대의원), 陪審員(배심원), 事務員(사무원), 船員(선원), 乘務員(승무원), 役員(역원), 傭員(용원), 委員(위원), 銀行員(은행원), 議員(의원), 醫員(의원), 店員(점원), 從業員(종업원), 集配員(집배원), 特派員(특파원)

벼슬아치, 부윤·목사·군수·현감·현령 등을 통틀어 이르는 말

[員(원)] 부윤·목사·부사·군수·현감·현령 따위를 통틀어 일컫는 말.
[生員(생원)] ① 원고(院考)에 합격하여 부(府)·주(州)·현(縣)의 학생이 된 사람. ② 나이가 많은 선비를 그 성(姓) 아래 붙여 부르는 말.
[村生員(촌생원)] 시골 샌님.
[鄕員(향원)] (역) 좌수·별감 따위 鄕所(향소)의 직원.

單 홑 단, 오랑캐 이름 선, 口부12 0702

'單(단)'자는 무기의 일종을 나타내는 것이라고 한다. 위의 '口' 두 개는 돌멩이를 나타내고 그 아래 부분은 그 돌멩이를 멀리 보내는 활 같은 도구라고 한다. 돌멩이가 둘이든 몇이든 '單(단)'자는 '홑, 단지 하나, 홀로' 등을 뜻한다.

홑, 하나, 짝을 이루지 않거나 겹으로 되지 아니한 것

[單價(단가)] 낱개의 값. 각 단위의 값. ¶단가가 너무 비싸다
[單刀直入(단도직입)] ① 한 칼로 적을 거침없이 쳐서 들어감. ② 문장이나 말에서 머리말이나 다른 이야기를 빼고 곧바로 그 요점으로 들어감. ¶단도직입으로 말씀드리겠습니다 ③ (불) 생각과 분별과 말에 거리끼지 않고 眞境界(진경계)로 바로 들어가는 일.
[單複(단복)] ① 單數(단수)와 複數(복수). ② 單式(단식)과 複式(복식).
[單數(단수)] ① 단 하나의 수. ② 인도-유럽어에서 하나의 사람이나 사물의 존재를 나타내는 수의 개념이 체언이나 용언의 일정한 형태로 나타나는 문법 범주.
[福無雙至(복무쌍지), 禍不單行(화:불단행).] 복은 쌍으로 오지 아니하고, 화는 홀로 다니지 아니한다. 『水滸傳(수호전)』
單間房(단칸방), 單幕劇(단막극), 單母音(단모음), 單番(단번), 單線(단선), 單線軌道(단선궤도), 單手(단수), 單式(단식), 單元(단원), 單位(단위), 單音(단음), 單一(단일), 單層(단층), 單行本(단행본)

오직, 다만, 혼자, 외롭다

[單獨(단독)] 단 하나. 단 한 사람. ¶단독회담
[單身(단신)] 혼자의 몸. ¶단신의 몸으로 월남했다
[孑孑單身(혈혈단신)] 의지할 데 없이 외로운 홀몸.
[匹馬單騎(필마단기)] 혼자 한 필의 말을 탐. 또는 그저 대수롭지 않은 사람. ¶필마단기로 귀향길에 오르다
單騎(단기), 孤單(고단), 孤枕單衾(고침단금), 匹馬單槍(필마단창)

단자, 물목이나 사실을 죽 벌여 적은 종이

[單子(단자)] ① 부조 등 남에게 보내는 물건의 이름, 수량 및 보내는 사람의 이름을 적어, 받을 사람에게 알리는 종이. ② 사주 또는 후보자의 명단이나 물건의 목록을 적은 종이. 월四柱單子(사주단자)
[食單(식단)] ① 식당에서 음식의 단가를 적은 표. ② 일정한 기간 먹을 음식의 종류와 순서를 계획한 것.
[禮單(예:단)] 예물을 적은 單子(단자).
[名單(명단)] ① 名簿(명부). ② 名銜(명함).
[傳單(전단)] 광고나 선전의 내용을 적은 낱장 인쇄물. ¶전단을 뿌리다

복잡하지 않다, 구성이 한 가지로 되어 있다

[單純(단순)] 복잡하지 않고 간단하거나 단일한 것. 凹複雜(복잡).
[單語(단어)] 문법상의 일정한 뜻과 기능을 가진 최소 단위의 말.
[單調(단조)] ① 음향 등의 가락이 변화 없이 단일함. ② 같은 것만 되풀이되어 새로운 맛이 없음. ¶단조로운 일상을 보내고 있다
[簡單(간단)] ① 간략하고 단순함. ② 간편하고 단출함. ③ 단순하고 손쉬움. 월簡單明瞭(간단명료)
單利(단리), 單色(단색)

複 겹옷 복, 衣부14 0703

'複(복)'자는 '옷 衣(의)'와 '다시 复(복)'으로 이루어진 글자이다. '겹옷'이란 뜻을 위해 고안된 글자이다. 후에 '겹치다'는 의미도 이것으로 나타냈다.

겹치다, 거듭되다, 겹, 이중, 둘 이상의 것, 겹옷, 솜옷

[複數(복수)] ① 둘 이상의 수. ② 인도-유럽어에서 둘 이상의 사람이나 사물을 나타내는 명사·대명사 및 그것을 받는 동사·형용사 따위의 형식. 국어에서는 명사·대명사에 나타나는데 특히 접미사 '-들'이 복수를 만드는 데 큰 구실을 함.
[複式(복식)] ① 둘 이상으로 겹치는 방식. ② (체) '복식경기'의 준말. ③ '복식부기'의 준말.
[複雜(복잡)] ① 여럿이 겹치고 뒤섞여 있음. ¶복잡한 구조/복잡한 사건/문제가 복잡하다 ② 복작거려 번거롭고 혼잡스러움. ¶복잡한 장바닥/교통이 복잡하다 ③ 마음·생각 따위가 뒤숭숭하고 어수선함. ¶복잡한 심경
[重複(중복)] ① 같은 일이나 물건을 몇 번이고 거듭함. ② 겹친 위에 또 겹침.
複道(복도), 複利(복리), 複母音(복모음), 複文(복문), 複線(복선), 複線軌道(복선궤도), 複式競技(복식경기), 複式簿記(복식부기), 複眼(복안), 複音(복음), 複子音(복자음), 複合(복합), 單複(단복)

같다, 똑같이

[複寫(복사)] ① 베껴 쓰거나 찍음. 어떤 사물을 본뜨거나 내용을 그대로 옮겨 놓음. ② 종이를 두 장 이상 포개어 같은 문서를 한꺼번에 여러 벌 만드는 일. 월複

寫機(복사기)
[複製(복제)] 본디의 것과 똑같이 본떠서 만듦. ¶복제인간/복제 미술품. 참複製版(복제판)

器 그릇 기, 口부16 0704

'器(기)'자는 그릇을 진열해 놓고 개[犬(견)] 보고 지키라고 한 모양을 본뜬 것이라고 한다.

그릇, 물건을 담는 용기
[器物(기물)] 그릇 따위의 물건.
[大器晚成(대:기만성)] 큰 그릇을 만들려면 시간이 오래 걸려 늦게 이루어짐. '크게 될 사람은 성공이 늦음'을 비유하여 이르는 말.
[陶瓷器(도자기)/陶磁器(도자기)] 陶器(도기)와 瓷器(자기)를 아울러 이르는 말. 질그릇·오지그릇·사기그릇 따위.
[食器(식기)] ① 음식을 담는 그릇. ② 식사에 쓰이는 여러 가지 기구를 통틀어 이르는 말.
螺鈿漆器(나전칠기), 茶器(다기), 大器(대기), 陶器(도기), 名器(명기), 木器(목기), 便器(변기), 沙器(사기), 石器(석기), 甕器(옹기), 容器(용기), 鍮器(유기), 祭器(제기), 漆器(칠기), 湯器(탕기), 土器(토기), 投鼠恐器(투서공기)

어떤 일을 해낼 만한 도량이나 능력
[才器(재기)] 재국. 사람이 지닌 재주와 국량을 아울러 이르는 말.

도구, 연장
[器械(기계)] 동력 장치를 지니지 않은 연장·그릇·기구 따위를 두루 일컫는 말.
[器具(기구)] 세간·그릇·연장 등을 통틀어 일컫는 말. ¶실험기구/의료기구
[農器具(농기구)] 농사에 쓰이는 기구.
[武器(무기)] ① 전쟁에 쓰이는 총검·화포·핵병기 따위 온갖 기구. ② 어떤 일을 달성하기 위한 힘이나 방패가 되는 수단. ¶여자의 무기는 눈물이다
[樂器(악기)] 음악을 연주하는 데 쓰는 기구를 통틀어 이르는 말. 관악기·현악기·타악기 따위.
器械體操(기계체조), 器機(기기), 器樂(기악), 計器(계기), 計量器(계량기), 管樂器(관악기), 鈍器(둔기), 兵器(병기), 兵器庫(병기고), 補聽器(보청기), 分度器(분도기), 石器(석기), 石器時代(석기시대), 消火器(소화기), 用器(용기), 利器(이기), 什器(집기), 遮斷器(차단기), 靑銅器時代(청동기시대), 聽診器(청진기), 鐵器時代(철기시대), 銃器(총기), 測雨器(측우기), 打樂器(타악기), 絃樂器(현악기), 火器(화기), 擴聲器(확성기), 凶器(흉기)

기관, 생물체의 기관
[器官(기관)] (생) 몇 개의 조직으로 이루어져 일정한 기능을 하는 생물체의 일부분.
[臟器(장기)] (생) 내장의 모든 기관.
[呼吸器(호흡기)] (생) 호흡작용을 담당하는 器官(기관).
感覺器官(감각기관), 泌尿器(비뇨기), 生殖器(생식기), 消化器(소화기)

機 틀 기, 木부16 0705

'機(기)'자의 본래 글자인 '幾(기)'자는 베틀에 앉아 베를 짜는 모습으로 '베틀'이 본뜻이다. 후에 '기미', '얼마' 등의 의미로 차용되는 예가 잦아지자, '나무 木(목)'을 첨가한 '機(기)'자를 따로 만들어 '(나무로 짜여진) 베틀'을 나타냈다. 후에 동력 장치가 딸린 모든 '틀'을 나타내는 것으로 확대 사용되었고, '때', '실마리'를 나타내기도 하였다.

틀, 기계, 베틀
[機械(기계)] ① (공) 동력으로 움직여서 쓸모 있는 일을 하는 장치. 참機械工學(기계공학), 機械的(기계적), 機械化(기계화) ② '생각·행동·생활 방식이 정확하거나 판에 박은 듯한 사람'을 비유하는 말.
[機關(기관)] ① (기) 화력·수력·전력 따위의 에너지를 기계적 일로 바꾸는 기계 장치. 증기기관·내연기관·수력기관 따위. ② 일정한 업무를 수행하는 사회의 각 기구나 조직체. ¶금융기관/언론기관 ③ 법인, 기타 단체의 의사 결정이나 집행에 참여하는 지위에 있는 개인 또는 집단. 의결기관·집행기관·자문기관 따위. ④ 사회생활에서 일정한 기능을 맡고 있는 수단. ¶교통기관
[飛行機(비행기)] 날개의 양력과, 프로펠러를 돌리거나 연소 가스를 내뿜는 힘에 의해서 공중에 떠서 날아다니는 탈 것.
[扇風機(선풍기)] 회전축에 붙은 날개를 전동기로 돌려 바람을 일으키게 하는 송풍기.
[洗濯機(세탁기)] 빨래하는 기계.
[孟母斷機之敎(맹모단기지교)] 학문을 중도에 포기하면 헛일임을 훈계하는 말. 맹자의 어머니가 짜던 베를 칼로 잘라서 학업을 중단하고 돌아온 아들의 잘못을 훈계했다고 함. 동孟母斷機(맹모단기), 斷機之敎(단기지교), 斷機之戒(단기지계) 『烈女傳(열녀전)』
機關車(기관차), 機關銃(기관총), 機雷(기뢰), 機首(기수), 機長(기장), 機體(기체), 機銃(기총), 機銃掃射(기총소사), 乾燥機(건조기), 器機(기기), 起重機(기중기), 端末機(단말기), 昇降機(승강기), 映寫機(영사기), 留聲機(유성기), 敵機(적기), 織機(직기), 遮斷機(차단기), 蓄音機(축음기), 航空機(항공기)

계기, 실마리, 어떤 일의 기회, 때
[機敏(기민)] 동작 따위가 때에 맞게 날쌔고 재빠름.
[機會(기회)] ① 어떤 일을 하기에 알맞은 때나 경우. ¶기회를 잡다 ② 겨를이나 짬. ¶기회가 없어 가보지 못했다
[契機(계:기)] 어떤 결과를 맺게 된 실마리.

[動機(동:기)] ① 일의 실마리. 일이 일어나는 인연. ② 어떤 행위의 원인이 되는 마음의 상태. ③ 어떤 행동을 하려는 마음의 움직임.
[危機(위기)] 위험한 때. 위험한 고비. ¶간신히 위기를 넘기다 참危機感(위기감), 危機一髮(위기일발)
[投機(투기)] ① 기회를 틈타서 큰 이익을 보려는 짓. ② 시세가 바뀌는 데서 생기는 이익을 노려서 물건을 팔고 사는 일. ¶부동산 투기가 심하다
機動(기동), 機先(기선), 機智(기지), 機會主義(기회주의), 待機(대기), 秘機(비기), 時機(시기), 時機尙早(시기상조), 失機(실기), 心機一轉(심기일전), 臨機(임기), 臨機應變(임기응변), 轉機(전기), 好機(호기)

조짐, 전조
[機微(기미)] 낌새. ¶그런 기미가 있다

자연, 조화(우주 만물을 생성해 내는 것)
[無機物(무기물)] (화) 물·공기·광물 따위와 같이 생활 기능이 없는 물질이나 이들 물질로 만든 모든 물질을 통틀어 일컫는 말.
[有機物(유:기물)] 동식물처럼 생활 기능을 가지고 있는 조직체로 구성된 물질.
[有機的(유:기적)] 생활 기능을 가지고 있는 생물체와 같이 부분과 전체가 필연적 관계를 가지는 것. 사회나 국가 조직 따위.

작용, 활동
[機構(기구)] ① 역학적인 운동이나 작용을 하도록 구성되어 있는 기계나 도구 따위의 내부 구성. ② (사회의) 조직이나 기관의 구성 체계. ¶정부 기구/기구 개편
[機能(기능)] ① 사물의 작용이나 활동. ¶신체의 기능/화폐의 기능 ② 어떤 기관이 그 권한 내에서 활동할 수 있는 능력. ¶사법부의 기능
[心機(심기)] 마음의 기능. 마음의 활동. 참心機一轉(심기일전)
[樞機(추기)] ① 중추가 되는 기관. ② 몹시 중요한 사물. 또는 사물의 중요 부분. 참樞機卿(추기경)

비밀
[機務(기무)] 중요하고 비밀한 사무.
[機密(기밀)] 더없이 중요하고 비밀한 일. ¶군사기밀을 누설하다
[軍機(군기)] (군) 군사 기밀.
[天機漏泄(천기누설)/天機漏洩(천기누설)] 하늘의 비밀이 새어나감. 중대한 비밀이 새어서 알려짐.

械 기계 계, 木부11   0706

'械(계)'자는 나무로 만든 차꼬·수갑·칼 따위의 '형틀'을 뜻하기 위하여 '나무 木(목)'과 '벌줄 戒(계)' 두 표의 요소가 조합된 것이다. 후에 '兵器(병기)', '器具(기구)'의 뜻으로 확대되었다.

기구, 도구
[器械(기계)] 동력 장치를 지니지 않은 연장·그릇·기구 따위를 두루 일컫는 말.
[器械體操(기계체조)] (체) 철봉·평행봉·평균대·뜀틀·링 따위의 기구를 이용하여 하는 체조.

틀, 기구를 움직이게 하는 장치
[機械(기계)] ☞ 機(기)
[機械的(기계적)] ① 기계를 써서 하는. 또는 그러한 것. ② 기계처럼 수동적으로 하는, 또는 그러한 것. ¶기계적 사고방식/기계적으로 외우기만 한다
[機械化(기계화)] ① 사람의 노동력 대신에 기계의 힘을 이용함. ¶농업의 기계화 ② 사람의 생각이나 행동이 자발성·창조성을 잃고 기계적이 됨.

旋 돌 선, 方부11   0707

'旋(선)'자는 '깃발 나부낄 㫃(언)'과 '발'을 뜻하는 '疋(소)'자로 이루어진 것이다. '돌다'가 본뜻이고, '돌아오다'의 뜻으로도 쓰인다.

돌다, 회전하다, 둥글다, 원을 그리다
[旋風(선풍)] ① 회오리바람. 돌개바람. ② 돌발적으로 발생하여 사회에 큰 영향을 끼칠 만한 사건이나 그로 말미암아 일어난 어지러운 상태를 비유하여 이르는 말. ¶검거 선풍이 불다
[旋回(선회)] ① 원을 그리며 둘레를 빙빙 돌아감. ② 항공기가 그 진로를 바꿈.
[螺旋(나선)] 소라의 껍데기처럼 빙빙 비틀린 모양.

돌아오다, 되돌아오다
[凱旋(개:선)] 승리의 기쁨을 안고 돌아옴. 참凱旋將軍(개선장군)
[凱旋門(개:선문)] 전쟁에서 이기고 돌아오는 군대를 환영하고 기념하기 위하여 세운 문.

물이 돌며 흐르다, 빙 두르다, 두루 미치다
[旋律(선율)] 가락. 음악에서 소리의 높낮이와 길이의 어울림. ¶감미로운 선율이 흐르다
[斡旋(알선)] 남의 일이 잘 되도록 관리하여 이리저리 힘을 쓰는 일.
[周旋(주선)] 일이 잘 되도록 여러모로 두루 돌보며 힘씀.

回 돌 회, 口부6   0708

'回(회)'자는 '돌다'는 뜻을 나타내기 위하여 물이 소용돌이쳐 도는 모습을 본뜬 것이다. '돌아오다' '돌이키다'의 뜻으로 쓰인다. '廻(회)'자와 함께 쓰이는 예가 많다.

돌다, 돌리다
[回轉(회전)] ① 빙빙 돌아서 구름. ② 어떤 물체가 다른 물체의 둘레를 궤도를 그리며 움직임. ③ 일정한 과정을 순환적으로 돎. ¶자금 회전이 느리다
[旋回(선회)] ☞ 旋(선)

멀리 에돌다, 구부러져 돌다
[回避(회피)] ① 몸을 숨기고 만나지 아니함. ② 책임

을 지지 않고 꾀를 부림. ③ 일하기를 꺼려 선뜻 나서지 않음. ④ (법) 재판관이나 서기가 어떤 사건에 관하여 除斥(제척)·忌避(기피)의 원인이 있다고 생각하여 스스로 그 사건을 다루기를 피하는 일.
[迂回(우회)/迂廻(우회)] 멀리 돌아서 감. ¶우회도로

돌아오다, 처음에 떠났던 곳으로 돌아오다, 본디대로 돌아오다
[回甲(회갑)] 자신이 태어난 해에 해당되는 干支(간지)를 60년 만에 다시 맞이함. 만 60세의 나이. 동還甲(환갑)
[回歸(회귀)] 도로 돌아오거나 돌아감. 참回歸線(회귀선)
[回復(회복)] 이전의 상태로 다시 돌아옴.
[起死回生(기사회생)] 원래 뜻은 죽은 사람을 살린다는 말로 '의술이 뛰어남'을 일컫는 말이었다. 오늘날에는 힘든 역경을 이겨내고 재기한다는 뜻으로 쓰인다. 『史記(사기)·扁鵲傳(편작전)』
[産卵回遊(산:란회유)] (동) 물고기가 알을 낳기에 알맞은 곳으로 몰려가는 일. 뱀장어는 민물에서 바닷물로 몰려가고, 송어·연어 따위는 강으로 거슬러 올라옴.
[撤回(철회)] 벌인 일을 거두어들여 원래 상태로 돌아감.
回光反照(회광반조), 回軍(회군), 回歸線(회귀선), 回答(회답), 回附(회부), 回生(회생), 回收(회수), 回信(회신), 回雁(회안), 回春(회춘), 回航(회항), 回婚(회혼), 挽回(만회), 原狀回復(원상회복)

돌아다니다
[回覽(회람)] 여러 사람이 차례로 돌려봄.
[回診(회진)] 의사가 환자의 병실로 돌아다니며 진찰함. 또는 그 진찰.
[電氣回路(전:기회로)] (물) 도체에 의해 만들어지는, 전기가 흐르는 통로.
回廊(회랑), 回路(회로), 集積回路(집적회로)

돌이키다, 방향을 반대쪽으로 돌리다
[回顧(회고)] 지나간 일을 돌이켜 생각해 봄. ¶어린 시절을 회고하다
[回想(회상)] 지난 일을 돌이켜 생각함. 또는 그 생각.
[回心(회심)] ① 마음을 돌이켜 먹음. ② (불) 邪心(사심)을 돌려 바르고 착한 길로 들어서는 마음. 참回心曲(회심곡)

번, 횟수
[回數(횟수)] 어떤 일을 행한 수효.
[次回(차회)] 다음 번.

종교의 이름
[回敎(회교)] '회회교'의 준말. '이슬람교'의 딴 이름.

轉 구를 전:, 車부 18　　0709

'轉(전)'자는 '수레 車(거/차)'와 '오로지 專(전)'으로 이루어졌다. 수레바퀴가 '구르다'는 뜻을 나타낸다. 후에 '옮기다'는 뜻으로 확대되었다. '專(전)'자는 손에 실감개를 쥐고 있는 모양을 본뜬 글자이다. 본뜻은 '구르다'이다. 이후 '오로지'의 뜻으로 쓰이는 예가 많아지자 '구르다'라는 본뜻을 확실하게 하기 위하여 바퀴 모양을 본뜬 '車(거/차)'를 더하여 '轉(전)'자를 만들었다.

구르다, 둥글게 돌다, 한 바퀴 돌다, 빙빙 돌다, 회전하다, 돌리다
[公轉(공전)] 한 천체가 다른 천체를 섬기듯이 그 둘레를 주기적으로 도는 일. 떠돌이별(행성)이 태양의 둘레를, 달이 지구의 둘레를 도는 것 따위.
[回轉(회전)] ☞ 回(회)
輪轉機(윤전기), 自轉(자전), 自轉車(자전거)

굴러서 딴 곳으로 옮다, 옮겨가다, 운반하다, 상태가 바뀌다
[轉移(전:이)] ① (의) 어떤 부분에 생긴 종양 세포 따위가 다른 부분으로 옮아가 번식하는 것. ¶암세포가 허파로 전이되었다 ② (화) 물질이 어떤 상태에서 다른 상태로 달라지는 일. ③ (심) 한 가지 학습한 효과가 다른 학습이나 반응에 영향을 미치는 일.
[轉學(전:학)] 다른 학교로 학적을 옮겨 가서 배움.
[轉禍爲福(전:화위복)] 재앙이 바뀌어 오히려 복이 되거나, 복인 줄 알았던 일이 재앙이 된다는 뜻이다. 사람의 인생살이란 어두운 부분과 밝은 부분이 반복된다는 말.
[運轉(운:전)] ① 기계나 수레 따위를 움직여 부림. 참運轉免許(운전면허) ② 자본이나 무슨 일을 움직이어 조절함.
[好轉(호:전)] ① 무슨 일이 잘되어 가기 시작함. ¶자금 사정이 호전되었다 ② 병세가 차차 나아지기 시작함.
轉嫁(전가), 轉科(전과), 轉機(전기), 轉賣(전매), 轉役(전역), 轉用(전용), 轉載(전재), 轉籍(전적), 轉轉(전전), 轉地(전지), 轉地療養(전지요양), 轉地訓鍊(전지훈련), 轉換(전환), 急轉(급전), 起承轉結(기승전결), 反轉(반전), 逆轉(역전), 流轉(유전), 移轉(이전), 輾轉反側(전전반측)

생각을 돌리다, 마음을 움직이다
[轉向(전:향)] ① 방향을 바꾸어 다른 데로 향함. ② 종래의 사상이나 이념을 바꾸어 배치되는 사상이나 이념으로 돌림.
[心機一轉(심기일전)] 어떤 계기에 의해 이제까지 먹었던 마음을 바꿈.

전전(轉轉), 공전
[空轉(공전)] 일이나 행동이 헛되이 진행됨.

빠지다, 처박히다, 굴러 넘어지다
[轉落(전:락)] ① 굴러 떨어짐. ② 타락한 상태나 좋지 않은 처지에 빠짐. ¶주색에 빠지더니 결국 파산자로 전락하였다

관직이 바뀌다, 전직(轉職)되다, 관직을 옮기다
[轉勤(전:근)] 자리를 옮겨 일함. 근무처를 옮김.
[轉入(전:입)] 거주지나 학교 따위의 소속을 다른 곳으로부터 옮겨 들어옴. 참轉入申告(전입신고), 轉出(전출)
[轉職(전:직)] 직업을 바꿈.

[榮轉(영전)] 더 좋거나 높은 지위로 올라감.
轉補(전보), 轉屬(전속), 轉業(전업), 轉任(전임)

圓 둥글 원, 口부13　　0710

'圓(원)'자는 '둥글다'는 뜻을 나타내기 위하여 둥근 테두리 모양이 변한 '口(위)'와 '인원 員(원)'이 합쳐진 것이다.

둥글다, 원, 동그라미
[圓周(원주)] 원둘레. 일정한 점에서 같은 거리에 있는 점의 자취. 참圓周率(원주율)
[圓卓會議(원탁회의)] 자리의 차례가 없이 둥근 탁자에 둘러앉아 하는 회의.
[半圓(반:원)] (수) 원을 이등분한 한 쪽. 참半圓形(반원형)
[楕圓(타:원)/橢圓(타:원)] ① 좀 길게 둥근 원. ② (수) 평면 위의 두 정점에서의 거리의 합친 길이가 언제나 일정한 점의 궤적. 이 두 정점을 타원의 초점이라 한다.
圓孔方木(원공방목), 圓舞(원무), 圓盤(원반), 圓衫(원삼), 圓心(원심), 圓柱(원주), 圓錐(원추), 圓卓(원탁), 圓塔(원탑), 圓筒(원통), 圓板(원판), 圓形(원형), 同心圓(동심원)

모나지 아니하다, 사교에 능하다
[圓滿(원만)] ① 성격이나 행동이 모나지 않고 너그러움. ② 일이 잘 되어 만족스러움. ¶원만하게 해결되다 ③ 서로 사이가 좋음. ④ (불) 공덕이 가득 차는 일.
[圓熟(원숙)] ① 매우 익숙함. ② 인격이나 지식 따위가 깊고 원만함. ③ 빈틈이 없음. ④ 무르익음. ¶원숙한 연기
[圓滑(원활)] ① 모난 데가 없고 원만함. ② 일이 거침없이 잘되어 감.
[智欲圓而行欲方(지욕원이행욕방)/智圓行方(지원행방).] 지혜는 원만하기를 바라고 행동은 방정하기를 바란다. 인간의 지혜는 넓고 원만하여 한쪽에 치우치지 않기를 바라며, 또한 행동은 절도 있고 예의 바르기를 바란다. 한편은 圓(원)이고 한편은 四角(사각)이어서 별개의 것 같아도 두 가지 모두 인간에게는 필요하다. 『近思錄(근사록)・爲學類(위학류)』, 『小學(소학)・內篇(내편)・嘉言(가언)』, 『淮南子(회남자)・主術訓(주술훈)』

기타
[團圓(단원)] 연극이나 소설에서, 마지막 장면이나 끝.
[大團圓(대단원)] 맨 끝. 연극 같은 데서 사건의 얽힌 실마리를 풀어 결말을 짓는 결정적인 장면.

壁 벽 벽, 土부16　　0711

'壁(벽)'자는 '흙 土(토)'와 '임금 辟(벽)'의 합자이다. '흙으로 쌓은 담'을 뜻한다.

벽, 바람벽
[壁報(벽보)] 종이에 써서 담이나 게시판 등에 붙여 여러 사람에게 알리는 글. ¶선거벽보를 붙이다
[壁畫(벽화)] 건물이나 古墳(고분) 등의 벽에 장식으로 그린 그림. 넓게는 기둥이나 천정에 그린 것도 포함된다.
[城壁(성벽)] 성곽의 담.
[障壁(장벽)] ① 밖을 가려 둘러싸거나 가려 막는 벽. ¶장벽을 쌓다/앞길을 가로막는 수많은 장벽 ② 두 사람 사이를 가로막는 장애물. ¶언어장벽
[鐵壁(철벽)] ① 쇠로 된 벽. ② '매우 튼튼한 방비'의 비유. ¶철벽 수비에 막혀 공격을 제대로 펼 수 없었다
壁煖爐(벽난로), 壁面(벽면), 壁欌(벽장), 壁紙(벽지), 隔壁(격벽), 金城鐵壁(금성철벽), 面壁(면벽), 石壁(석벽), 擁壁(옹벽), 胃壁(위벽), 土壁(토벽), 灰壁(회벽)

벼랑, 낭떠러지
[巖壁(암벽)/岩壁(암벽)] 벽처럼 깎아지른 듯이 높이 솟은 바위. ¶암벽 등반
[絶壁(절벽)] ① 험한 낭떠러지. ② ('같다'와 함께 쓰여) '깜깜하게 어두움'을 이르는 말. ③ 남의 말을 전혀 이해하지 못하는 상태, 또는 그러한 사람을 비유하는 말. ④ 귀가 먹어서 소리가 전혀 들리지 아니하는 상태.

壓 누를 압, 土부17　　0712

'壓(압)'자는 '흙 土(토)'와 '싫을 厭(염)'의 합자이다.

누르다, 내리누르다, 물리적 힘을 가하다
[壓力(압력)] ① 두 물체의 접촉면 또는 한 물체 속의 어느 단면을 생각할 때, 그 면을 경계로 양쪽 부분이 수직으로 누르는 힘. ② 권세 따위로 누르는 힘. ¶압력단체/위에서 압력을 가할지도 모른다
[壓迫(압박)] ① 내리누름. ¶피가 나는 곳의 위쪽에 압박을 주면 피가 멎게 된다/압박 붕대 ② 내리 눌러서 기운을 펴지 못하게 함. ¶압박과 설움에서 해방된 민족 참壓迫感(압박감)
[壓縮(압축)] ① 물질 따위에 압력을 가하여 부피를 줄임. ¶공기 압축/압축액화가스 ② 문장 따위를 줄여서 짧게 함. ③ 많은 내용을 간추려 요약함. ¶단편소설은 인생의 한 단면이 압축된 것이라고 말한다 ④ (심) 스핑크스처럼, 둘 이상의 상이 합쳐져 내용이 축소되는 일. 꿈이나 신화, 정신분열증 환자의 그림에서 볼 수 있음.
[氣壓(기압)] 대기의 압력. 참高氣壓(고기압), 低氣壓(저기압)
[電壓(전:압)] ① 전기 마당의 압력. ② 전기 마당이나 도체 안에 있는 두 점 사이의 에너지의 차이.
[血壓(혈압)] (생) 심장에서 피를 밀어낼 때 혈관벽의 저항으로 생기는 혈관내의 압력.
壓卷(압권), 壓倒(압도), 壓倒的(압도적), 壓死(압사),

壓殺(압살), 壓搾(압착), 高壓(고압), 高壓線(고압선), 等壓(등압), 等壓線(등압선), 變壓(변압), 變壓器(변압기), 水壓(수압), 指壓(지압)

제재하다, 억박지르다, 자유로운 행동을 제한하다
[壓制(압제)] 권력이나 폭력을 사용하여 억지로 눌러 제어함. ¶35년간 일제의 압제에 시달린 우리 민족
[抑壓(억압)] ① 강제로 억누름. ¶억압과 속박에서 해방되다 ② (심) 현실적인 욕구를 묵살함으로써 자기 안정을 누리려는 일.
[鎭壓(진:압)] 힘으로 진정시켜 억누름. ¶반란을 진압하다
[彈壓(탄:압)] 권력이나 무력 따위로 억지로 눌러 꼼짝 못하게 함. ¶가혹한 탄압/언론 탄압

壓政(압정), 威壓(위압), 威壓的(위압적), 强壓(강압), 强壓的(강압적), 制壓(제압), 重壓(중압)

如 같을 여, 女부6   0713

'如(여)'자는 '여자 女(여)'와 '입 口(구)'로 이루어진 글자이다. (말을 잘) 따르다'가 본뜻이다. '여자의 입'이란 뜻이 아니다.

같다, 한 모양으로 되어 있다, 같게 하다
[如反掌(여반장)/易如反掌(이여반장)] 손바닥 뒤집듯이 일이 쉽다. 식은 죽 먹기. 『孟子(맹자)·公孫丑章句(공손추장구)』
[如實(여실)] 실제와 꼭 같음. ¶거짓임이 여실히 증명되었다
[如前(여전)] 전과 같다.
[缺如(결여)] 있어야 할 것이 없거나 모자람. ¶노력의 결여
[始終如一(시종여일)] 처음부터 끝까지 한결같아 변함이 없음.
[生不如死(생불여사)] 삶이 죽음만 같지 못함. '몹시 곤궁하게 지냄'을 이르는 말.
[百聞不如一見(백문불여일견).] 백 번 듣는 것이 한 번 보는 것만 못하다는 말.
[如狗食藥果(여구식약과)] 개 약과 먹듯 한다. 곧 '입에 넣고 먹기는 하나 맛을 모른다'는 뜻으로, '남의 말을 들으면서도 뜻을 알지 못함'을 비유하여 이르는 말. 또는 뜻을 모르면서도 글을 보는 것을 비유하여 이르는 말.

如見心肺(여견심폐), 如履薄氷(여리박빙), 如拔齒痛(여발치통), 如斯如斯(여사여사), 如此如此(여차여차), 如水投水(여수투수), 如是我聞(여시아문), 如蛾赴火(여아부화), 如魚得水(여어득수), 如魚失水(여어실수), 如蝟負瓜(여위부과), 如意(여의), 如一(여일), 如坐針席(여좌침석), 光陰如流(광음여류), 如意珠(여의주)/如意寶珠(여의보주), 光陰如矢(광음여시), 交淡如水(교담여수), 淡如水(담여수), 大辯如訥(대변여눌), 眉目如畫(미목여화), 辯舌如流(변설여류), 腹高如山(복고여산), 不如意(불여의), 歲月如流(세월여류), 守口如甁(수구여병), 視死如歸(시사여귀), 視死如生(시사여생), 視富如貧(시부여빈), 視生如死(시생여사), 危如累卵(위여누란), 進如激矢(진여격시), 恬言如蜜(첨언여밀), 學如穿井(학여천정)

어찌하랴, 어떠하냐
[如干(여간)] ① 웬만한. 또는 어지간한 정도. ¶여간 사람은 생각도 못했던 일이다 ② 어지간하게 또는 보통으로. ¶그렇게 하기란 여간 어려운 일이 아니다
[如何(여하)] 어떠함. ¶그 일은 너의 결심 여하에 달려 있을 뿐이다
[如何間(여하간)/何如間(하여간)] 어쨌든. 어떻게 해서라도.
[何如歌(하여가)] (문) 고려 말에 이방원이 지은 短歌(단가). 정몽주의 마음을 떠본 시조로, 이에 대하여 정몽주는 '丹心歌(단심가)'를 지어 불러 고려 조정에 대한 충절을 굽힐 뜻이 없음을 보였음.

기타
[如來(여래)] ① 진리의 세계에서 중생 구제를 위해 이 세상에 온 것 같음. ② 부처의 존칭. 석가모니여래의 준말.
[眞如(진여)] (불) 우주 만유의 평등 무차별한 절대 진리.

若 같을 약, 건초 야, 반야 야, ++부9   0714

'若(약)'자는 '풀 ++(초)'와 '오른쪽 右(우)'의 합자인 것처럼 보인다. 그런 것이 아니라, 머리를 흐트러뜨리고 神(신)을 받아들이는 巫女(무녀)의 모습을 본뜬 것이라고 한다. '같다', '만약', '반야'의 뜻을 나타낸다.

같다, 그와 같은, 그와 같이, 그대로, 본디대로
[明若觀火(명약관화)] 분명하기가 불을 보는 것과 같음. 매우 명백함. 뻔함.
[傍若無人(방약무인)] 곁에 아무 사람도 없는 것 같이 여겨, 거리낌 없이 함부로 행동함. ¶방약무인으로 설치다
[泰然自若(태연자약)] 마음에 어떤 충동을 받아도 움직임이 없이 천연스러움.
[上善若水(상:선약수).] 최상의 선은 물과 같다. 최상의 선은 물과 같은 것이다. 물이 최상의 선이 되는 이유는 세 가지이다. 첫째, 물은 만물에게 이로운 혜택을 주고 있다. 천지 사이에 물이 없이도 존재할 수 있는 것은 없다. 그 정도로 중대한 존재이면서도 물은 다른 것과 공적이나 명성을 다투는 일이 없다. 둘째, 인간은 한 걸음이라도 높은 위치를 원하지만, 물은 반대로 낮은 곳으로 낮은 곳으로 흘러간다. 셋째 낮은 곳에 있기 때문에 위대해 진다. 계곡이나 하천은 흘러서 큰 강이 되고, 더욱더 흘러서 바다가 되어 위대한 존재가 된다. 『老子(노자)·道德經 8章(도덕경 8장)』
[衣莫若新(의막약신), 人莫若故(인막약고).] 의복은 새

것일수록 좋고, 친구는 오래 될수록 좋음.『晏子(안자)』大巧若拙(대교약졸), 視若不見(시약불견), 自若(자약)
만일, 가령
[若干(약간)] 얼마 되지 아니함. 조금. 얼마쯤. ¶약간의 돈/약간의 차이
[萬若(만약)] 만일. 그와 같다면.
[若藥不瞑眩(약약불명현), 厥疾不瘳(궐질불추).] 만약 약이 독하여 정신이 어지럽지 않으면 그 병이 낫지 않는다. 충성스러운 말도 사람에게 강하게 작용하지 않으면 효과가 없다.『孟子(맹자)·滕文公 上(등문공 상)』
기타
[般若(반야)] 산스크리트어 'Prajna'의 한자 음역어. 모든 사물의 본질을 이해하고 불법의 참다운 이치를 깨닫는 지혜.

官 벼슬 관, 宀부8　0715

'官(관)'자는 '집 宀(면)'과 '언덕 阜(부)의 생략형'으로 이루어졌다. '언덕 위에 마련된 객사'가 본뜻이다.
벼슬, 벼슬아치, 관리, 벼슬을 주다, 임관하다
[官僚(관료)] ① 직업적인 관리. 또는 그 집단. ¶관료 사회 图官僚主義(관료주의) ② 같은 관직에 있는 동료.
[官吏(관리)] 관직에 있는 사람. 벼슬아치.
[官職(관직)] 벼슬자리. 관리의 직무나 직위.
[高官(고관)] 높은 벼슬자리. 또는 그런 자리에 있는 관리. 图高官大爵(고관대작)
[任官(임:관)] ① 관직에 임명됨. ② 사관후보생 또는 사관학교 생도가 장교로 임명됨.
[貪官汚吏(탐관오리)] 탐욕이 많고 행실이 깨끗하지 못한 벼슬아치.
[當官之法唯有三事(당관지법유유삼사),　 曰淸(왈청), 曰愼(왈신), 曰勤(왈근).] 관직을 맡아서 수행하는 법에는 오직 세 가지가 있는데, 청렴함과 신중함과 근면함이다.『小學(소학)·外篇(외편)·嘉言(가언)』
[淸官不愛財(청관불애재)] 청렴한 관리는 재물을 탐내지 아니함.
官名(관명), 官員(관원), 官服(관복), 官爵(관작), 官尊民卑(관존민비), 官弊(관폐), 檢察官(검찰관), 警官(경관)/警察官(경찰관), 敎官(교관), 舊官(구관), 貴官(귀관), 堂上官(당상관), 堂下官(당하관), 賣官(매관), 賣官賣職(매관매직), 名官(명관), 牧民官(목민관), 武官(무관), 文官(문관), 美官(미관), 微官(미관), 微官末職(미관말직), 民官(민관), 百官(백관), 法官(법관), 本官(본관), 副官(부관), 秘書官(비서관), 史官(사관), 士官(사관), 士官學校(사관학교), 司令官(사령관), 削奪官職(삭탈관직)/削奪官爵(삭탈관작), 上官(상관), 消防官(소방관), 搜査官(수사관), 譯官(역관), 領官(영관), 尉官(위관), 爲人設官(위인설관), 蔭官(음관), 長官(장관), 將官(장관), 裁判官(재판관), 祭官(제관), 地官(지관), 指揮官(지휘관), 次官(차관), 淸官(청관), 祝官(축

관), 貪官(탐관), 退官(퇴관), 判官(판관), 稗官(패관), 稗官文學(패관문학), 稗官小說(패관소설), 行政官(행정관), 獻官(헌관), 宦官(환관)
관청, 공무를 집행하는 곳
[官公署(관공서)] 관청과 공서. 나라나 지방자치단체 기관의 사무소.
[官認(관인)] 국가 기관에서 인정함.
[官廳(관청)] 관리들이 나랏일을 보는 기관.
[村鷄官廳(촌계관청)] '촌 닭 관청에 잡아다 놓은 것 같다'는 뜻으로, '경험이 없는 일을 당하여 어리둥절함'을 비유하여 이르는 말.
官家(관가), 官界(관계), 官軍(관군), 官權(관권), 官紀肅正(관기숙정), 官妓(관기), 官奴(관노), 官立(관립), 官物(관물), 官民(관민), 官報(관보), 官婢(관비), 官舍(관사), 官選(관선), 官衙(관아), 官營(관영), 官用(관용), 官印(관인), 官邸(관저), 官制(관제), 官製(관제), 官憲(관헌), 民官(민관)
관능, 이목구비 등 사람의 기관
[官能(관능)] ① 생리적 기관의 작용. ② 감각기관의 기능. ③ 감각적으로 자극하는 작용. 图官能美(관능미)
[器官(기관)] (생) 몇 개의 조직으로 이루어져 일정한 기능을 하는 생물체의 일부분. 감각기관·소화기관·호흡기관 따위.
[五官(오:관)] ① 다섯 가지 감각기관. 곧 눈·코·귀·혀·살갗. ② 오관의 작용. 곧, 시각(視覺)·청각(聽覺)·미각(味覺)·후각(嗅覺)·촉각(觸覺)
기타
[他官(타관)] 他鄕(타향).

吏 벼슬아치 리:, 아전 리:, 口부6　0716

'吏(리)'자는 '벼슬아치'를 뜻하기 위하여 손에 붓을 잡고 있는 모습을 본뜬 것이다. 주로 하급 관리(아전)를 지칭한다.
벼슬아치, 관원, 공무원, 다스리다, 벼슬아치로서 정사를 돌보다
[吏曹(이:조)] (역) 六曹(육조)의 하나. 벼슬아치를 임명하고 공훈·봉작 등의 일을 맡아보던 관청.
[官吏(관리)] 관직에 있는 사람. 벼슬아치.
[稅吏(세:리)] 세금을 징수하는 관리.
[淸白吏(청백리)] 맑고 깨끗한 마음으로 재물을 탐하지 않는 벼슬아치를 말한다.
[貪官汚吏(탐관오리)] ☞官(관)
廉吏(염리), 汚吏(오리), 獄吏(옥리), 贓吏(장리), 執達吏(집달리), 酷吏(혹리)
아전, 지방 관아의 구실아치
[吏房(이:방)] (역) 조선 때, 승정원과 지방 관아에 각각 딸린 육방의 하나. 전형 및 인사 행정의 일을 맡았음.
[吏屬(이:속)] (역) 관아에 딸린 모든 구실아치와 아전의 무리.

기타
[吏讀(이:두)/吏頭(이:두)] 신라 때 우리말을 적던 방식의 한 가지. 한자의 음이나 새김을 따다가 우리말을 적었음.

宮 집 궁, 宀부10　　0717

'宮(궁)'자는 '집 宀(면)'과 방이 서로 연이어 많이 있음을 가리키는 '呂(려)'로 구성된 것이다. 방이 많은 집, 즉 대궐이 본래 뜻인데 일반적 의미의 '집'을 가리키는 것으로 확대 사용된다.

궁궐, 임금이 거처하는 집, 대군, 왕자군, 공주, 옹주 등이 거처하는 집
[宮闕(궁궐)] 임금이 거처하는 집.
[宮女(궁녀)] 궁궐 안에서 왕과 왕비를 가까이 모시는 여자.
[宮殿(궁전)] 궁궐의 전각.
[迷宮(미궁)] ① 한 번 들어가면 빠져나오는 길을 쉽게 찾을 수 없는 곳. ② 사건, 문제 따위가 복잡하게 얽혀서 판단하거나 해결하기 어렵게 된 상태. ¶사건은 미궁에 빠졌다
[王宮(왕궁)] 임금이 거처하던 궁전.
[九重宮闕(구중궁궐)] 문이 겹겹이 달린 깊은 대궐.
宮內(궁내), 宮城(궁성), 宮廷(궁정), 宮庭(궁정), 宮中(궁중), 宮體(궁체), 景福宮(경복궁), 古宮(고궁), 東宮(동궁), 尙宮(상궁), 入宮(입궁), 行宮(행궁), 還宮(환궁), 皇宮(황궁)

신을 위하는 사당, 신선의 주거
[水宮(수궁)] 물 속에 있다는 상상의 궁궐. ¶별주부는 토끼를 수궁으로 데려왔다
[龍宮(용궁)] 전설에서 바다 속에 있다고 하는 용왕의 궁전.

임금의 아내나 첩
[後宮(후궁)] ① '임금의 첩'을 正宮(정궁)에 상대하여 이르는 말. ② 주가 되는 궁전의 뒤쪽에 있는 궁전.

오음 음계의 제일 음
[宮商角徵羽(궁상각치우)]

궁형, 오형의 하나
[宮刑(궁형)] (역) 원래는 중국에서 유래한 형벌로서 五刑(오형)의 하나. 남녀의 불의를 벌하는 것인데, 자손을 끊어버릴 의도에서 남자는 불알을 까 버리고, 여자는 음부를 도려내었음.

기타
[宮合(궁합)] (민) 혼인할 남녀의 생년월일과 난 시를 오행에 맞춰 보아 부부로서의 길흉을 말아보는 점.
子宮(자궁), 合宮(합궁)

殿 전각 전:, 큰집 전:, 殳부13　　0718

'殿(전)'자는 '펼 展(전)'의 변형과 '창 殳(수)'로 이루어졌다. '커다란 대궐'을 뜻한다.

큰 집, 커다란 건물
[殿閣(전:각)] ① 임금이 거처하는 궁전. ② '閣(각)'의 이름을 붙인 큰 집을 두루 일컫는 말.
[殿堂(전:당)] ① 대궐 같이 웅장하고 화려한 집. ② '학문, 예술, 과학, 기술, 교육 따위의 분야에서 가장 권위 있는 연구기관'을 비유하여 이르는 말. ¶예술의 전당
[伏魔殿(복마전)] ① 마귀가 숨어 있는 집이나 소굴. ② 남몰래 나쁜 일을 꾀하는 무리들이 모이는 곳.
[神殿(신전)] 신령을 모신 전각.

궁궐, 천자(天子)의 거처
[宮殿(궁전)] 궁궐의 전각.
[內殿(내:전)] ① 왕비가 거처하는 전각. ② 왕비의 높임말.
[御殿(어:전)] 임금이 있는 궁전.
坤殿(곤전), 大殿(대전), 集賢殿(집현전)

절
[大雄殿(대:웅전)] (불) 본존 불상을 모신 법당.
[聖殿(성:전)] ① 신성한 전당. ② (가톨릭) 가톨릭교의 성당.

존칭
[殿下(전:하)] ① 대궐 아래. ② 왕이나 왕비 또는 왕족을 높여 부르는 말.
[中殿(중전)] 中宮殿(중궁전). 왕후의 존칭

容 얼굴 용, 宀부10　　0719

'容(용)'자는 '집 宀(면)'과 '골짜기 谷(곡)'으로 이루어졌다. 골짜기는 산에서 생기는 모든 것을 받아들여 모든 것을 담고 있다.

얼굴, 모양, 용모
[容貌(용모)] 사람의 얼굴 모양. ¶용모가 단정하다
[偉容(위용)] 훌륭하고 뛰어난 모습.
[陣容(진용)] ① (군) 진을 친 세력의 형편이나 상태. ② 한 단체나 집단의 구성원들의 짜임새.
[形容(형용)] ① 생긴 모양. ② 말이나 글, 몸짓 따위로 사물이나 사람의 모양을 나타냄. ¶그곳의 경치는 형용할 수 없을 만큼 아름답다 ⓟ形容詞(형용사)
容色(용색), 容顔(용안), 容態(용태), 雪膚花容(설부화용), 威容(위용), 花容(화용), 花容月態(화용월태)

몸가짐, 일상 생활의 동작
[九容(구용)] 심신 수양에 필요한 아홉 가지 태도와 몸가짐을 일컫는 말이다. 그 아홉 가지 조목은 다음과 같다.
足容重(족용중) 걸을 때는 발걸음을 무겁게 해 가볍게 보이지 않도록 하고,
手容恭(수용공) 손은 공손하게 두어 태만하고 게으른 느낌을 주지 않으며,
目容端(목용단) 눈의 움직임은 단정하게 해 곁눈질을 하지 않고,
口容止(구용지) 입은 굳게 다물어 신중하게 하며,
聲容靜(성용정) 목소리는 재채기나 기침을 삼가 고요

하게 하고,
頭容直(두용직) 머리는 곧게 하여 한 쪽으로 기울지 않도록 하며,
氣容肅(기용숙) 기운(숨소리)은 엄숙하고 맑게 가지고,
立容德(입용덕) 서 있을 때의 자세는 중심을 잡고 의젓하게 하여 덕이 있게 하며,
色容莊(색용장) 얼굴빛은 씩씩하게 해 긍지를 갖게 하는 것이다. 『李珥(이이)·擊蒙要訣(격몽요결)』

담다, 그릇 안에 넣다, 담는 양, 용량
[容器(용기)] 물건을 담는 그릇. 어떤 일에 쓰는 기구.
[容量(용량)] ① 들이. 빈 그릇에 담는 분량. ② (물) 일정한 상태에서 어떤 물질의 일정한 양이 갈 수 있는 열량이나 전기량. ③ 컴퓨터에 저장할 수 있는 정보의 양.
[容積(용적)] ① 들이. 빈 그릇에 담기는 분량. ② (수) 입체가 차지하고 있는 공간의 분량.
[內容(내:용)] ① 사물의 속내, 또는 실속. ② 형식에 의하여 일체(一體)에 결합되는 온갖 성질. 참形式(형식)
容疑(용의), 容疑者(용의자), 內容證明(내용증명)

받아들이다, 일정한 곳에 받아들이다
[收容(수용)] 사람이나 물건을 일정한 곳에 거두어서 넣음. 참捕虜收容所(포로수용소)
[受容(수용)] 받아들임. ¶외국 문화를 경솔하게 무분별하게 수용해서는 안 된다
[許容(허용)] 허락하여 받아들임.

감싸다, 포용하다
[包容(포:용)] ① 감싸 받아들임. ② 남을 아량 있고 너그럽게 감싸 받아들임. 참包容力(포용력)
[氷炭不相容(빙탄불상용).] 얼음과 숯불은 성질이 정반대여서 서로 용납되기 어려워 조화 일치할 수 없음을 이르는 말. 참氷炭不同器(빙탄부동기), 氷炭相愛(빙탄상애), 氷炭之間(빙탄지간), 水火不相容(수화불상용)

용서하다, 꾸짖거나 처벌하지 아니하다
[容納(용납)] ① 너그러운 마음으로 남의 말이나 행동을 용서하거나 받아들임. ② 물건을 제자리에 들어서도록 받아줌. ¶너의 무례한 행동은 도저히 용납할 수 없다
[容恕(용서)] 지은 죄나 잘못한 일에 대하여 벌을 주지 않고 너그럽게 보아줌.
[寬容(관용)] 너그럽게 용서하거나 받아들임. ¶관용을 베풀다
容共(용공), 容忍(용인), 容認(용인)

쉽다, 어렵지 아니하다
[容易(용이)] 아주 쉽다. 어렵지 않다.

치장하다, 몸을 꾸미다, 맵시를 내다
[美容(미:용)] 얼굴이나 머리 등을 곱게 매만짐. 비美粧(미장)
[理容(이:용)] 이발과 미용.

기타
[處容歌(처:용가)] (문) 신라 헌강왕 때 처용이 지었다는 향가. 삼국유사에 전함. 疫神(역신)이 사람으로 변하여 처용의 아내와 동침하는 것을 보고 처용이 이 노래를 부르니 물러갔다고 함. 그 후 處容舞(처용무)의 가사가 됨.

貌 얼굴 모, 모양 모, 豸부14   0720

'貌(모)'자는 본래 '皃(모)'로 썼다. 이것은 서있는 사람[儿]의 얼굴을 나타낸 것으로 '얼굴 모양'이 본래 의미이다. '白'은 얼굴 모양이 잘못 변화한 것이니 '흰'과는 무관하다. 후에 왜 '벌레 豸(치)'가 덧붙여졌는지는 정설이 없다.

얼굴, 안색, 외모
[美貌(미:모)] 아름다운 얼굴 모습. ¶미모를 뽐내다
[外貌(외:모)] 겉으로 나타나 보이는 용모.
[容貌(용모)] ☞ 容(용)
[花顔月貌(화안월모)] 아름다운 얼굴.

형상, 모습, 자태, 표면에 나타나는 것, 겉보기
[面貌(면:모)] ① 얼굴 모양. ② 상태나 됨됨이. ¶새로운 면모를 갖추다
[變貌(변:모)] 모양이나 모습이 달라짐. ¶시골 마을이 중소도시로 변모했다
[全貌(전모)] 전체의 모습.
[體貌(체모)] ① 체면. ② 몸차림이나 몸가짐.
[風貌(풍모)] 풍채와 용모.

恕 용서할 서:, 心부10   0721

'恕(서)'자는 '같을 如(여)'와 '마음 心(심)'으로 이루어졌다. '(남과 더불어) 마음을 같이 하다' 즉, '어질다'가 본뜻이다. '동정하다', '용서하다'는 뜻으로 쓰인다. '용서한다'는 것은 '마음을 같이 한다'는 것임을 이 글자를 통하여 알 수 있다.

용서하다
[容恕(용서)] 지은 죄나 잘못한 일에 대하여 벌을 주지 않고 너그럽게 보아줌.
[人雖至愚責人則明(인수지우책인즉명), 雖有聰明恕己則昏(수유총명서기즉혼).] 어리석은 사람도 남을 꾸짖는 데는 밝고, 총명이 있는 사람도 자기를 용서하는 데는 어둡다. 『明心寶鑑(명심보감)·存心篇(존심편)』

祕, 秘 숨길 비:, 禾부10   0722

'祕(비)'자는 제사를 지내는 대상인 '귀신'을 뜻하기 위하여 만들어진 것이다. '제사 示(시)'가 표의요소이고, '반드시 必(필)'이 표음요소이다. 속자인 '秘(비)'자는 '벼 禾(화)'가 표의요소로 쓰였다. 본래의 글자인 '祕(비)'의 '示(시)'가 모양이 비슷한 '벼 禾(화)'로 바뀌어

버린 것이다. 지금은 속자인 '秘(비)'자가 더 일반적으로 쓰인다. '숨기다'가 본뜻이고, '신비', '비밀' 등으로 확대 되었다. '秘(비)'자와 '密(밀)'자는 다 같이 '必'이 들어간다. 여기에서 必(필)은 '문 닫다'의 뜻인 '閟(비)'의 생략형이다. 숨길 일은 문을 닫고 해야 한다.

신묘하여 헤아리기 어렵다, 심오하여 알기 어렵다
[秘訣(비:결)] ① 세상에 알려져 있지 않은 뛰어난 방법. ¶건강의 비결/성공의 비결 ② 앞날의 길흉·화복을 얼른 보아서는 그 내용을 알 수 없도록 적어 놓은 것.
[秘境(비:경)] ① 신비스러운 곳. 또는 그 경치. ② 남이 모르는 곳.
[神秘(신비)] 사람의 능력으로는 알 수 없게 신기하고 묘한 것.

숨기다, 알리지 아니하다
[秘密(비:밀)] ① 남에게는 알려서는 안 되거나 드러내지 않아야 할 일. ¶1급 비밀/비밀에 부치다/비밀을 지키다 ② 밝혀지지 않았거나 알려지지 않은 속내. ¶우주의 비밀/바다 속의 비밀 참秘密選擧(비밀선거), 秘密投票(비밀투표), 秘密裡(비밀리)
[秘書(비:서)] ① 중요한 직책에 있는 사람에게 직속되어 있으면서 기밀문서나 사무를 다루는 직무. 또는 그런 직무를 맡은 사람. ② 남모르게 감추어 둔 책. ③ 비법을 적은 책.
[極秘(극비)] 극히 중요한 비밀. ¶극비 문서
[黙秘權(묵비권)] (법) 피고나 피의자가 질문에 대하여 자기에게 불리한 진술을 거부하고 침묵할 수 있는 권리. ¶묵비권 행사
秘訣(비결), 秘記(비기), 秘機(비기), 秘錄(비록), 秘方(비방), 秘法(비법), 秘史(비사), 秘藏(비장), 秘策(비책), 秘話(비화), 極秘裡(극비리), 便秘(변비), 土亭秘訣(토정비결)

密 빽빽할 밀, 宀부11   0723

'密(밀)'자는 '집 宀(면)', '必(필)', '山(산)'의 구조로 보기 쉬우나 '성 宓(복/밀)'과 '메 山(산)'에서 온 글자이다. '산에는 나무가 빽빽하다'는 뜻이다.

빽빽하다, 촘촘하다
[密度(밀도)] ① 빽빽이 들어선 정도. ¶밀도가 높다 ② (물) 어떤 물체의 단위 부피 안에 들어 있는 질량.
[密林(밀림)] 나무들이 빽빽하게 들어선 깊은 숲.
[密集(밀집)] 빈틈없이 빽빽하게 모임.
[稠密(조밀)] 촘촘하고 빽빽함. ¶인구 조밀 지역 참奧密稠密(오밀조밀)
密植(밀식), 過密(과밀), 濃密(농밀)

자세하다, 꼼꼼하다
[綿密(면밀)] 꼼꼼함. 자세하고 빈틈이 없음. ¶이 계획서를 면밀히 검토해 보라
[細密(세:밀)] 자세하고 꼼꼼함. ¶세밀하게 조사하다
[精密(정밀)] 빈틈없고 자세함. 참精密檢査(정밀검사), 精密科學(정밀과학), 精密機械(정밀기계)
[緻密(치밀)] ① 촘촘하고 빽빽함. ¶이 천은 올이 가늘고 치밀하다 ② 자세하고 꼼꼼함. ¶치밀한 계획을 세우다
嚴密(엄밀), 周密(주밀), 周到綿密(주도면밀)

빈틈없다, 착 붙다, 맞닿다
[密封(밀봉)] 내용물이 보이지 않도록 단단히 붙여 봉함.
[密接(밀접)] (관계가) 매우 가까움. 매우 가깝게 맞닿음. ¶밀접한 관계
[密着(밀착)] ① 빈틈없이 단단히 달라붙음. ② 사진을 현상된 건판이나 필름 그대로의 크기로 인화지에 구워 올림. ③ 서로의 관계가 매우 가깝게 됨.
[密閉(밀폐)] 샐 틈 없이 꼭 막거나 닫음.
[緊密(긴밀)] ① 관계가 아주 가까움. ¶긴밀한 협조 관계 ② 아주 엄밀함.

몰래, 은밀하다, 비밀, 숨기다, 누설하지 아니하다
[密談(밀담)] 은밀히 주고받는 말. 또는 그러한 의논. ¶밀담을 나누다
[密輸(밀수)] 세관을 거치지 않고 몰래 하는 수출입.
[密室(밀실)] 아무나 함부로 드나들지 못하게 하고 비밀스럽게 쓰는 방.
[機密(기밀)] 더없이 중요하고 비밀한 일. ¶군사기밀을 누설하다
[秘密(비:밀)] ☞秘(비)
[隱密(은밀)] 숨어 있어서 形迹(형적)이 드러나지 아니함. 숨어서 몰래. 또는 남몰래. ¶그는 나에게 은밀히 말했다
[不窺密(불규밀). 不道舊故(부도구고).] 비밀을 살피지 않는다. 상대방의 옛 일을 말하지 않는다. 교제를 할 때는 상대가 비밀을 지키려고 생각하는 일에 대해서는 굳이 묻지 않도록 한다. 감추려고 하는 상처에 대해서도 언급해서는 안 된다. 오래된 친구의 과거의 잘못에 대해서는 그 사람에게나 제 삼자에게도 이야기해서는 안 된다. 『禮記(예기)·少儀(소의)』
密計(밀계), 密告(밀고), 密獵(밀렵), 密買(밀매), 密賣(밀매), 密命(밀명), 密使(밀사), 密書(밀서), 密船(밀선), 密約(밀약), 密語(밀어), 密入國(밀입국), 密偵(밀정), 密造(밀조), 密酒(밀주), 密旨(밀지), 密探(밀탐), 密通(밀통), 密派(밀파), 密航(밀항), 密航船(밀항선), 密航者(밀항자), 密行(밀행), 密會(밀회), 內密(내밀), 秘密選擧(비밀선거), 秘密裡(비밀리)

가깝다, 가까이하다, 친하게 하다
[親密(친밀)] 지내는 사이가 아주 친하고 가까움. 비親近(친근) 반疏遠(소원), 疏遠(소원)

寺 절 사, 내시 시, 寸부6   0724

'절 寺(사)/내시 寺(시)'자는 '발 止(지)' 밑에 '손 又(우)'를 붙인 것이었다. '止(지)'는 '흙 土(토)'로, '又(우)'는 '寸(촌)'으로 바뀌는 변화를 거쳐 '寺(사)'가 되었다. '내

시'란 뜻으로도 쓰였고, '마을', '관청'을 지칭하기도 하였다. 後漢(후한) 때 불교가 전래된 이후 '절'을 뜻하는 예가 많아지자 본뜻은 亻(인)을 첨가한 '모실 侍(시)'자를 따로 만들었다.

절, 중이 부처를 모신 곳
[寺院(사원)] (종) 절이나 암자. 또는 도교 등 종교의 교당.
[寺刹(사찰)] 절.
[末寺(말사)] 본산에 딸린 절.
[本寺(본사)] ① 처음에 출가하여 중이 된 절. ② 자기가 있는 절 또는 지금 이야기되고 있는 절.
山寺(산사), 廢寺(폐사)

기타
[寺黨(사:당)] (취음) (민) 떼를 지어 떠돌아다니면서 노래와 춤을 파는 여자.
[男寺黨(남사당)] 사당 복색을 하고 이곳저곳 다니면서 소리나 춤을 팔던 남자.

導 인도할 도:, 이끌 도:, 寸부16   0725

'導(도)'자는 '길 道(도)'와 '마디 寸(촌)'으로 이루어졌다. '寸(촌)'은 '손'을 뜻한다. '導(도)'자는 '나아가야 할 길을 (손으로 잡고) 이끌다'는 뜻을 나타낸다.

이끌다, 앞장서서 인도하다, 유도하다
[導入(도:입)] 기술, 방법, 물자 따위를 끌어들임. ¶기술 도입/외자 도입
[導火線(도:화선)] ① 폭약이 터지게 하는 심지. ② 사건을 일으키는 직접 원인.
[領導(영도)] 앞장서서 거느려 이끎.
[誘導(유도)] 사람이나 물건을 어떤 장소나 상태로 꾀어 이끄는 일. 참誘導彈(유도탄)
[引導(인도)] 알려주며 또는 가르쳐주며 이끄는 일. ¶손님을 인도하다/바른 길로 인도하다
導水路(도수로), 導出(도출), 啓導(계도), 先導(선도), 主導(주도), 唱導(창도), 嚮導(향도)

가르쳐서 인도하다, 인도, 지도
[矯導(교:도)] 바로잡아 이끎. 참矯導官(교도관), 矯導所(교도소)
[善導(선:도)] 좋은 길로 인도함. 올바른 길로 인도함.
[指導(지도)] 어떤 목적이나 방향으로 가르쳐 이끎. ¶지도 교수

통하다, 소통하게 하다
[導體(도:체)] 열 또는 전기 따위를 잘 전도하는 물체. 참半導體(반도체), 不導體(부도체)
[半導體(반:도체)] (규소나 게르마늄처럼) 낮은 온도에서는 거의 전기를 통하지 않으나 열을 받음에 따라 전기를 잘 통하는 물질.
[不導體(부도체)] 열이나 전기를 전혀 또는 거의 전하지 못하거나 잘 전하지 못하는 물체.
[傳導(전도)] (물) 열이나 전기가 물체의 한 부분에서 다른 부분으로 옮아감. 참傳導度(전도도), 傳導率(전도율)

布 베 포, 펼 포:, 보시 보:, 巾부3   0726

'布(포)'자는 '식물의 섬유로 짠 베'의 뜻으로 쓰일 때는 단음인 [포]로, '펴다', '널리 알리다', '흩다' 등의 뜻으로 쓰일 때는 장음인 [포:]로 발음한다. '베풀다', '나누어주다'는 뜻으로 쓰일 때는 [보:]로 발음한다.

식물의 섬유로 짠 베
[布袋(포대)] ① 베자루. ② 분량의 단위. ¶한 포대
[布帳馬車(포장마차)] ① 비바람이나 햇볕을 막으려고 포장을 둘러친 마차. ② 길가에서 손수레 따위에 포장을 치고 간단한 음식과 술을 파는 간이음식점.
[面紗布(면:사포)] ① 결혼식 때 신부가 머리에 써서 뒤로 길게 늘어뜨리는 흰 紗(사). ② 신부가 처음으로 신랑 집에 갈 때 머리에서부터 발까지 온몸을 덮어 가리는 검은 紗(사).
[毛布(모포)] ① 모직. ② 담요.
布木(포목), 布木商(포목상), 布衣(포의), 布衣之交(포의지교), 布帳(포장), 葛布(갈포), 巾布(건포), 昆布(곤포), 麻布(마포), 白布(백포), 砂布(사포), 喪布(상포), 喪布契(상포계), 倭布(왜포)

널리 알리다, 널리 실시하다, 널리 알리는 글, 펴다, 넓게 깔다
[布告(포:고)] ① 일반에게 널리 알림. ② 국가의 결정 의사를 공식으로 국민에게 발표하는 일. 참布告令(포고령), 宣戰布告(선전포고)
[公布(공포)] ① 공개적으로 퍼트려 널리 알게 함. ② 새로 제정된 법령이나 조약 등을 국민에게 두루 알림. 또는 그 절차.
[配布(배:포)] 널리 나누어줌. ¶학생들에게 학교생활 안내 책자를 배포하였다.
[宣布(선포)] 세상에 널리 알림. ¶세계 만방에 우리나라의 독립을 선포하다
[流布(유포)] 널리 퍼지거나 퍼트림.
布敎(포교), 布德(포덕), 塗布(도포), 頒布(반포), 排布(배포)

진을 치다
[布石(포:석)] ① 바둑을 둘 때에 앞으로의 싸움에 대비하여, 처음 바둑돌을 벌여 놓음. ② 앞날에 대비하여 미리 손을 씀.
[布陣(포:진)] 전쟁 등을 위해 진을 침.

흩다, 흩어지다
[分布(분포)] ① 흩어져 여러 곳에 널리 퍼져 있음. ¶동식물의 분포, 인구 분포 ② 나누어서 퍼뜨림.
[散布(산:포)] 흩어져 퍼짐. 또는 흩어 퍼뜨림. 참散布度(산포도)
[撒布(살포)] 흩어 뿌림. ¶농약을 살포하다
[瀑布(폭포)] 물이 절벽에서 쏟아져 내리는 것. 또는 그 물. 참瀑布水(폭포수)

베풀다, 나누어주다
[布施(보:시)] (불) 자비심으로 남에게 재물이나 불법을 베풂. 또는 그 베푸는 재물 따위.

師 스승 사, 巾부10   0727

'師(사)'자의 본뜻은 '兵力(병력)'이었다. 후에 '스승'의 뜻도 가지게 되었다.

스승, 선생, 사람을 깨우쳐 이끄는 사람
[師範(사범)] ① 스승이 될 만한 모범. 스승의 뜻으로 쓰임. ¶사범대학 ② 학술·기예·무술 따위를 가르치는 사람.
[師弟(사제)] 스승과 제자를 아울러 이르는 말.
[敎師(교:사)] 학술이나 기예를 가르치는 스승. 선생.
[大師(대:사)] ① 조정에서 덕이 높은 중에게 내리는 존호. ② 중을 높여서 부르는 말.
[牧師(목사)] (예수) 교의를 해설하고 예배를 인도하며 교회나 교구의 관리 및 신자의 지도 등의 일을 맡아 보는 교직. 또는 그런 사람.
[恩師(은사)] ① 가르침을 받아 은혜가 깊은 스승. ② (불) 자기를 출가시켜 길러준 스님.
[三人行必有我師(삼인행필유아사).] 세 사람이 함께 어떤 일을 행할 때, 다른 사람이 선(善)을 보면 이를 따르고, 다른 사람이 불선(不善)을 보면 반성하므로, 선·불선이 모두 나의 스승이 될 수 있다는 뜻이다.
[訓導不嚴師之惰(훈도불엄사지타).] 가르쳐 이끄는 데 엄하지 않는 것은 스승의 태만이다. 『古文眞寶·勸學文』 ☞ * 262
師道(사도), 師母(사모), 師父(사부), 師事(사사), 師弟同行(사제동행), 師親會(사친회), 師兄(사형), 講師(강사), 君師父一體(군사부일체), 反面敎師(반면교사), 法師(법사), 禪師(선사), 宣敎師(선교사), 禪師(선사), 嚴師(엄사), 傳道師(전도사), 專任講師(전임강사), 祖師(조사), 宗師(종사)

남의 모범이 될 사람, 모범으로 삼다
[師表(사표)] 세상 사람의 모범이 될 만한, 학식과 도덕이 높은 사람.
[前事之不忘後事之師(전사지불망후사지사).] 앞서 행한 일을 잊지 않는 것은 뒤에 일을 행하는 데 좋은 참고가 됨. 『史記(사기)』

전문적인 기예를 닦은 사람
[藥師(약사)] ① 주무 관청의 면허를 받아 주로 약품의 조제·감정·보존·교부에 관한 실무를 보는 사람. ② '약사유리광여래'의 준말.
[醫師(의사)] 국가시험에 합격하여 면허를 받고 병을 치료하는 것을 직업으로 삼는 사람.
[理髮師(이발사)] 남의 머리털을 이발하여 주는 일을 업으로 삼는 사람.
전문적인 직업, 직분을 나타내는 '사'자가 세 가지가 있다. 師(사)·士(사)·事(사)가 그것이다. 스승의 마음과 자세로 일하는 직분에는 '스승 師(사)'를 썼다. 예를 들면 敎師(교사), 醫師(의사), 藥師(약사) 등이다. 선비의 곧고 깨끗한 마음과 자세로 일하는 직분에는 '선비 士(사)'자를 썼다. 예를 들면 博士(박사), 技士(기사), 辯護士(변호사) 등이다. 바르게 일하면서 섬기는 마음과 자세로 일하는 직분에는 '일 事(사), 섬길 事(사)'자를 썼다. 예를 들면 判事(판사), 檢事(검사), 主事(주사) 등이다. 당신의 직분에 어떤 '사'자가 쓰였는가?
看護師(간호사), 技師(기사), 獸醫師(수의사), 裁斷師(재단사), 韓醫師(한의사)

군사, 군대
[師團(사단)] (군) 군단의 아래, 연대 또는 여단의 위가 되는 행정 및 전술 단위 부대.
[出師表(출사표)] ① 출병할 때 그 뜻을 적어서 임금에게 올리는 글. ② 중국 삼국 시대에, 촉나라 재상 제갈량이 출병하면서 후왕에게 적어 올린 글.

帶 띠 대(:), 巾부11   0728

'帶(대)'자는 허리띠를 졸라매어 옷에 주름이 진 모양을 본뜬 것이라고 한다. '허리띠'를 나타낸다.

띠, 옷 위의 허리에 두르는 띠, 물건의 둘레를 동여매는 너비가 좁고 기다란 천, 끈이나 띠를 두르다, 띠처럼 너비가 좁고 기다랗게 되어 있는 곳이나 그 근처
[帶狀(대:상)] 좁고 길어서 띠 같이 생긴 모양.
[救命帶(구:명대)] 물에 빠져도 몸이 뜨도록 허리에 두르는 띠.
[繃帶(붕대)] 상처나 헌 곳 따위에 감는 소독한 얇은 헝겊 띠. ¶상처 난 손가락에 붕대를 감았다
[腰帶(요대)] 허리띠. 바지 따위가 흘러내리지 않게 허리 부분에 둘러매는 띠.
[革帶(혁대)] 가죽으로 만든 띠. ¶혁대를 졸라매다
紗帽冠帶(사모관대), 聲帶(성대), 束帶(속대), 眼帶(안대), 靭帶(인대), 纏帶(전대), 地溝帶(지구대), 皮帶(피대), 橫帶(횡대)

몸에 지니다
[携帶(휴대)] 손에 들거나 몸에 지님. 윈携帶品(휴대품), 携帶電話(휴대전화)

차다, 허리에 차다
[帶劍(대:검)] (군) 소총의 총구 끝에 꽂아서 쓰는 칼.

데리다, 데리고 다니다, 붙어 다니다, 함께 하다
[帶同(대:동)] 사람을 따르게 하거나 물건을 지니고 감. ¶부하들을 대동하고 현장에 도착했다
[世帶(세:대)] 현실적으로 주거 및 생계를 같이하는 사람의 집단.
[連帶(연대)] 두 사람 이상이 한 덩어리로 연결되어 무슨 일을 하거나 책임지는 일. ¶연대 보증/연대 의식/연대 책임
[紐帶(유대)] 둘 이상의 관계를 연결 또는 결합시킴. 또는 그런 관계를 돈독히 함. ¶우방국과의 유대를 더욱

공고히 하다
帶分數(대분수), 帶妻僧(대처승), 世帶主(세대주)

지구 표면을 구분한 이름
[熱帶(열대)] (지) 적도를 중심으로 남북회귀선 사이에 있는 지대. 연평균기온이 20℃ 이상 또는 최한월 평균 기온이 18℃ 이상으로 기온이 높은 지역이다.
[溫帶(온대)] 열대와 한대 사이의 중위도 기후대. 연 평균 기온이 20℃ 이하, 最暖月(최난월) 평균이 10℃이상으로, 인구밀도가 높고 농작물이 풍부하며, 문명이 발달해 있음.
[一帶(일대)] 일정한 범위의 어느 지역 전부. ¶남해안 일대에 태풍의 피해가 컸다
[地帶(지대)] 자연이나 인위로 한정된 땅의 일정한 구역. ¶고원지대/공장지대
暖帶(난대), 冷帶(냉대), 亞熱帶(아열대), 亞寒帶(아한대), 寒帶(한대)

恒 항상 항, 心부9　　0729

'恒(항)'자는 '마음 忄(심)'과 '건널 亘(긍)'으로 이루어진 글자이다. '변함이 없다'는 뜻을 나타낸다. '늘, 언제나, 영구히', '언제나 변하지 아니하다' 등의 뜻으로 쓰인다.

항상, 늘, 언제나, 언제나 변하지 아니하다
[恒久(항구)] 변하지 않고 오래 감.
[恒常(항상)/恒時(항시)] 늘. 언제나.
[恒星(항성)] 항상 그 자리에 있는 별. 천구 위에서 서로의 상대 위치를 바꾸지 아니하고 별자리를 구성하는 별. 북극성, 삼태성, 견우성, 직녀성 따위.
[恒溫(항온)] 온도가 변하지 않고 일정함. 힌恒溫器(항온기), 恒溫動物(항온동물)
[有恒産者有恒心(유항산자유항심), 無恒産者無恒心(무항산자무항심).] 떳떳한 재산이 있는 사람은 떳떳한 마음을 갖는다. 일정한 재산이 없는 사람은 떳떳한 마음이 없다. 그러므로 백성에게 일정한 재산을 갖게 하는 것이 백성의 마음을 안정시키는 방법이다. 『孟子(맹자)·滕文公 上(등문공 상)』
恒茶飯(항다반)/恒茶飯事(항다반사), 恒心(항심), 恒數(항수)

常 항상 상, 巾부11　　0730

'常(상)'자는 '치마'가 본뜻이었다. '오히려 尙(상)'과 '수건 巾(건)'으로 이루어졌다. 치마는 늘 입고 있어야 하므로 '늘'이라는 뜻으로 쓰이게 되자, '오히려 尙(상)' 아래 '옷 衣(의)'를 붙여 '치마 裳(상)'자를 별도로 만들었다.

항상, 늘, 언제나, 오래도록 변하지 아니하다
[常綠(상록)] 겨울철에도 잎이 떨어지지 않고 사철 늘 초록빛을 띤 상태. 힌常綠樹(상록수)
[常備(상비)] 늘 갖추어 둠. ¶구급약을 상비하다 힌常備藥(상비약), 常備軍(상비군)
[常數(상수)] 늘 일정한 값을 가진 수.
[常任(상임)] 일정한 일을 늘 계속하여 맡음. ¶상임이사
[無常(무상)] ① (불) (상주하는 것이 없다는 뜻으로) '나고 죽으며 흥하고 망하는 것이 덧없음'을 일컫는 말. 힌諸行無常(제행무상) ② 모든 것이 늘 변함. 힌民心無常(민심무상)
[通常(통상)] 늘 있는 일.
[恒常(항상)] ☞恒(항)
[奢者心常貧(사자심상빈), 儉者心常富(검자심상부).] 사치스러운 이는 마음이 언제나 가난하고, 검소한 이는 마음이 언제나 부유하다. 『化書(화서)』
常道(상도), 常綠樹(상록수), 常設(상설), 常習(상습), 常習的(상습적), 常時(상시), 常存(상존), 常住(상주), 常駐(상주), 常套(상투), 常套手段(상투수단), 常套語(상투어), 常套的(상투적), 常平(상평), 常夏(상하), 五行母常勝(오행무상승)

보통 때, 일상, 보통, 보통의 정도, 평범한 정도, 일반적인
[常識(상식)] 일반 사람이 다 아는 보통의 지식이나 판단력. ¶상식에 어긋나다 힌沒常識(몰상식)
[非常(비:상)] ① 예사롭지 않고 특별함. ¶비상대책 ② 다급하고 특별한 명령이나 선언. ¶비상이 걸리다 ③ 평범하지 아니함. ¶비상한 두뇌 힌非常口(비상구), 非常金(비상금), 非常事態(비상사태)
[異常(이:상)] ① 정상적인 상태와 다름. ¶이상 고온/정신 이상 ② 기능이 순조롭지 않음. ¶기계에 이상이 생겼다 ③ 별나거나 색다름. ¶하는 짓이 이상하다
[人之常情(인지상정)] 사람이면 누구나 가지는 보통의 인정. ¶어려운 처지에 있는 사람을 보면 돌보는 게 인지상정 아닌가
[日常(일상)] ① 날마다. 평소에. ② 태양은 언제나 변하지 않는다는 뜻으로, '영원히 변하지 아니함'의 비유.
[勝敗兵家之常事(승패병가지상사).] 이기고 지는 것은 兵家(병가)에서 일상적인 일이다. 전쟁이든 경쟁이든 승패가 갈려야 할 상황에 놓여 있다면 지고 이기는 것에 크게 개의치 말고 최선을 다하는 것이 더욱 중요하다는 말이다. 『唐書(당서)·裴度傳(배도전)』 ☞ * 232
常規(상규), 常禮(상례), 常務(상무), 常民(상민), 常事(상사), 常用(상용), 常情(상정), 經常(경상), 經常費(경상비), 怪常(괴상), 班常(반상), 凡常(범상), 殊常(수상), 尋常(심상), 十常(십상), 平常服(평상복), 平常(평상), 平常時(평상시)

따라야 할 관례, 통례
[常軌(상궤)] 떳떳이 좇아야 할 바른 길. ¶그의 행동은 상궤를 벗어났다.
[常道(상도)] 변하지 않는 떳떳한 도리.
[正常(정:상)] 바르고 떳떳함.

床 상 상, 广부7　　0731

'床(상)'자는 '牀(상)'의 속자이다. '집 广(엄)'과 '나무 木(목)'으로 이루어졌다. 집안[广(엄)]에서 쓰는 나무 평상

을 가리킨다.
상, 소반, 밥상·책상·평상 등의 통칭
[床石(상석)] 무덤 앞에 祭物(제물)을 차려 놓기 위하여 돌로 만든 상.
[兼床(겸상)] 둘 또는 그 이상의 사람이 아울러 함께 먹을 수 있도록 차린 밥상. 또는 그렇게 차려 먹음. 참獨床(독상)
[病床(병:상)] 앓는 사람이 눕는 침상. 回病席(병석)
[冊床(책상)] 책을 읽거나 글씨를 쓰는 데 쓰는 평상. 참冊床兩班(책상양반), 冊床退物(책상퇴물)
[寢牀(침상)/寢床(침상)] 침대. 누워 자게 만든 평상.
床褓(상보), 臨床(임상), 臨床醫學(임상의학), 祭床(제상), 撤床(철상), 平床(평상)

잠자리
[起床(기상)] 잠자리에서 일어남. ¶기상 나팔/기상 시각
[同床異夢(동상이몽)] '같은 잠자리에서 다른 꿈을 꿈'이란 뜻에서, 몸은 함께 있으면서도 마음은 서로 떠나 있음. 곧, 일을 공동으로 하거나 혹은 처지를 같이 하면서 의견을 달리하는 일. 겉으로는 같은 행동을 하면서 속으로는 각각 딴 생각을 함을 비유하여 이르는 말.

못자리, 바닥
[床土(상토)] (농) 모판 흙.
[苗床(묘:상)] (농) ① 채소·꽃·나무 따위의 모종을 키우는 자리. ② 못자리.
[溫床(온상)] ① (농) 인공적으로 흙에 온열을 가하여 식물을 기르는 설비. ② 사물이나 사상 따위가 싹트기에 적당한 환경.
[河床(하상)] 하천의 바닥. ¶가뭄으로 하상이 드러났다
鑛床(광상), 着床(착상)

府 관청 부:, 곳집 부:, 广부8   0732

'府(부)'자는 '집 广(엄)'과 '부칠 付(부)'로 이루어졌다.
관청, 공무를 집행하는 곳
[司法府(사법부)] (법) 삼권분립에 의한 한 방면. 대법원 및 이에 딸린 모든 기관.
[立法府(입법부)] 정부를 이루는 세 부의 하나로, 법률을 제정하는 국회를 일컫는 말.
[政府(정부)] ① 정사를 보는 관청. ② 입법, 사법, 행정의 삼권을 포함하는 통치기구를 통틀어 이르는 말. 참亡命政府(망명정부), 臨時政府(임시정부)
[行政府(행정부)] 삼부의 하나로, 국가의 행정을 맡아보는 곳으로 단순히 정부라고도 부름.
傀儡政府(괴뢰정부), 幕府(막부), 無政府主義(무정부주의), 司憲府(사헌부), 三府(삼부), 議政府(의정부)

죽은 아버지
[府君(부:군)] 죽은 아버지나 남자 조상의 높임말. ¶부군 신위

집, 곳집, 문서나 재물을 갈무리해 두는 곳
[冥府(명부)] ① 저승. ② (불) 사람이 죽어서 심판을 받으러 간다는 곳. 참冥府殿(명부전)
[冥府殿(명부전)] (불) 지장보살을 주로 하여 염라대왕과 십대왕을 봉안한 절 안에 전각.

'귀하의 집'이라는 높임말
[府院君(부원군)] (역) 조선 때, 왕비의 친아버지나 정일품 공신에게 주던 封爵(봉작).
[春府丈(춘부장)/ 椿府丈(춘부장)] 남의 아버지의 존칭.

引 끌 인, 弓부4   0733

'引(인)'자는 '활줄을 당기다'는 뜻을 나타내기 위하여 '활 弓(궁)'이 표의요소로 쓰였고, '위아래로 통할 丨(곤)'은 당기는 방향을 나타내는 부호이다. '끌다'는 뜻으로 쓰인다.

끌다, 끌어당기다, 그물·물체·수레 따위를 잡아당기다
[引力(인력)] 떨어져 있는 두 물체가 서로 끌어당기는 힘. 참萬有引力(만유인력)
[引揚(인양)] 끌어서 들어 올림. ¶사고 선박을 인양하다
[牽引(견인)] 끌어당김. ¶차량을 견인하다 참牽引車(견인차)
[我田引水(아:전인수)] '자기 밭에 물을 끌어댐'이란 뜻에서 '자기에게만 이롭게 생각하거나 행동함'을 이르는 말.
[誘引(유인)] 남을 꾀어 끌어들임.
引上(인상), 引水(인수), 引出(인출), 引下(인하), 引火(인화), 曳引船(예인선), 割引(할인), 割引券(할인권), 吸引(흡인)

인도하다
[引導(인도)] 알려주며 또는 가르쳐주며 이끄는 일. ¶손님을 인도하다/바른 길로 인도하다
[引燈(인등)] (불) 부처 앞에 등불을 켜는 일.
[引率(인솔)] 이끌어 거느림. ¶선생님의 인솔 아래 학생들이 재래시장 견학을 했다

인용하다
[引用(인용)] 남의 말이나 글 가운데서 필요한 부분만을 끌어다 씀. 참引用句(인용구)
[索引(색인)] 찾아보기. 책 따위의 내용 가운데 글자나 낱말이나 사항을 빨리 찾아서 볼 수 있도록 만들어 놓은 목록.

넘겨주다, 넘겨받다
[引繼(인계)] 사물을 넘겨주고 받고 하는 일. 참引繼引受(인계인수)
[引渡(인도)] ① 사물이나 권리 따위를 넘겨 줌. ② (법) 점유물이나 범인 등을 넘겨주는 일.
[引受(인수)] 물건이나 권리를 넘겨받음. 참引受人(인수인)
[拘引(구인)] (법) 신문할 목적으로 피의자나 증인을 강제로 어떤 곳에 데려감.

떠맡다, 책임을 지다
[引責(인책)] 책임을 스스로 이끌어서 짐. ¶引責辭任(인책사임)

往 갈 왕:, 향할 왕:, 彳부8　0734

'往(왕)'자는 '걸을 彳(척)'과 '주인 主(주)'로 이루어졌다. 어떻게 '王(왕)'자가 쓰이지 않고 '主(주)'자가 쓰였을까? 원래는 '그칠 止(지)'와 '임금 王(왕)'의 합자이었는데 언젠가부터 이렇게 변하였다. '주인 主(주)'라고 생각하지 말고, 상투를 튼 왕(主)이라고 생각하자.

가다, 일정한 곳을 향하여 가다, 일정한 곳에 이르다

[往來(왕:래)/來往(내:왕)] ① 가고 오고 함. ② 서로 교제하여 사귐.
[往復(왕:복)] 갔다가 돌아옴. 참往復運動(왕복운동)
[右往左往(우:왕좌왕)] '오른쪽으로 갔다가 다시 왼쪽으로 갔다가 함'이란 뜻에서 이리저리 왔다갔다하며 나아갈 바를 종잡지 못하는 모양. 갈팡질팡함.
[禮尙往來(예:상왕래).] 예절은 서로 왕래하고 교제함을 귀히 여김. 『禮記(예기)』
往診(왕진), 說往說來(설왕설래), 牛往馬往(우왕마왕)

시간이 지나다, 옛, 예, 이미 지나간 일

[往年(왕:년)] 지나간 해.
[旣往(기왕)] ① 이미 지나간 과거. ② 이미. 벌써. ¶기왕 늦었으니 쉬었다 가자 참旣往之事(기왕지사)
[已往(이:왕)] 이미 정해진 사실로 그렇게 된 바에. ¶이왕 갈 거면 서두르자 참已往之事(이왕지사)

사람이 죽다, 죽은 사람

[往生(왕:생)] (불) 이 세상을 버리고 저승으로 가서 남.
[往生極樂(왕:생극락)] (불) 이 세상을 떠나 극락정토에 가서 다시 태어남.

달아나다, 떠나가다

[往者不追(왕:자불추), 來者不拒(내자불거).] 가는 사람 뒤쫓지 말고, 찾아오는 사람은 거절하지 말라. 『孟子(맹자)』
[來者勿禁(내자물금), 往者勿止(왕:자물지).] 오는 것은 금하지 말고, 가는 것은 그 자연에 맡겨 가게 할 것이요, 부질없이 잡아두려고 하지 말라. 『莊子(장자)』

이따금

[往往(왕:왕)] 이따금. ¶전에도 왕왕 그런 실수를 하였다.

復 돌아올 복, 다시 부:, 彳부12　0735

'復(복)'자는 '걸을 彳(척)'과 '다시 复(복)'으로 이루어졌다. '돌아오다'의 뜻으로 쓰일 때는 [복]으로, '다시'의 뜻으로 쓰일 때는 [부:]로 읽는다.

돌아오다, 처음 있던 곳으로 돌아오다

[復歸(복귀)] 본디의 상태나 자리로 돌아감. ¶원대 복귀
[復職(복직)] 그 직을 물러났던 사람이 다시 원래의 자리로 돌아감.
[復學(복학)] 정학이나 휴학을 하고 있던 학생이 다시 학교로 돌아감.
[往復(왕:복)] ☞往(왕)
復校(복교), 往復運動(왕복운동)

원상태로 돌아오다

[復舊(복구)] 그 전의 모양으로 되게 함. ¶수해 복구
[復元(복원)/復原(복원)] 본디대로 되게 함.
[光復(광복)] 잃었던 나라와 주권을 다시 찾음. 참光復節(광복절)
[回復(회복)] 이전의 상태로 다시 돌아옴.
[恢復(회복)] 쇠퇴한 國勢(국세)·家勢(가세)·病勢(병세) 따위를 되돌이킴. (回復과 함께 쓰기도 한다.) ¶건강을 회복하다/경기가 회복하다
復權(복권), 復古(복고), 復古主義(복고주의), 復古風(복고풍), 克己復禮(극기복례), 克復(극복), 收復(수복), 原狀回復(원상회복)

갚다, 은혜나 원한을 갚다

[復讎(복수)] 앙갚음. 마음속에 품고 있던 원한을 갚는 일. 참復讐心(복수심)
[報復(보:복)] 앙갚음. 남이 저에게 해를 준 대로 저도 그에게 해를 줌. ¶보복을 당하다
[雪復(설복)] 치욕을 깨끗이 갚음. 동雪恥(설치)

되풀이하다

[復棋(복기)] 바둑을 둔 경과를 검토하기 위해 첫 수부터 마지막 수 까지 순서대로 다시 벌여 놓는 일. 다음에 좀 더 나은 대국을 벌이기 위한 자기반성의 시간이다.
[復習(복습)] 배운 것을 되풀이하여 익힘. 반豫習(예습)
[復唱(복창)] 명령이나 지시하는 말을 그 자리에서 그대로 되풀이함. ¶復命(복명) 復唱(복창)
[反復(반:복)] 같은 말이나 일 또는 행동을 거듭함. 되풀이.

다시, 거듭, 거듭하여, 거듭하다

[復活(부:활)] ① 죽었다가 다시 살아남. 참復活節(부활절) ② 없어졌던 것이 다시 생김.
[復興(부:흥)] 쇠퇴하였던 것이 전의 번영 상태로 다시 일어나거나 일어나게 함. 참復興會(부흥회)
[文藝復興(문예부흥)] 14세기에서 16세기에 걸쳐 이탈리아에서 일어나 유럽 전체에 파급된 학술·예술상의 혁신 운동. 휴머니즘을 주장함과 아울러 그리스·로마 古典(고전)의 부흥을 목표로 하였다.
[死灰復燃(사:회부연)] 사그라진 재에서 다시 불이 살아난다는 뜻으로, '세력을 잃었던 사람이 다시 득세함'을 비유하여 이르는 말.
[重言復言(중언부언)] 한 말을 자꾸 되풀이함.
[一盃一盃復一盃(일배일배부일배).] 한 잔 한 잔 다시 한 잔 마음껏 잔을 기울이세. 『古文眞寶·七言古風短篇 李泰伯 山中對酌』 ☞ *260

志 뜻 지, 心부7　0736

'志(지)'자는 '(무엇을 하고자 하는) 마음'을 뜻한다. 원래는 '발 止(지)'와 '마음 心(심)'의 합자이었으나 '발 止(지)'가 '선비 士(사)'로 바뀌었다.

뜻, 의향, 뜻하다, 뜻을 두다
[志學(지학)] ① 학문에 뜻을 둠. ② 뜻을 두는 일과 배우는 일. ③ '15세'를 이르는 말. 참志學之年(지학지년) ☞ *289
[同志(동지)] 서로 뜻이 같음, 또는 그 사람.
[意志(의:지)] 어떤 일을 이루고자 하는 마음이나 뜻. ¶절망을 딛고 일어서려는 의지의 청년
[初志(초지)] 처음에 품은 의지.
[鬪志(투지)] 싸우고자 하는 굳센 마음. ¶투지가 강하다
志氣(지기), 志氣相合(지기상합)/志氣投合(지기투합), 篤志(독지), 篤志家(독지가), 心志(심지), 養志(양지), 雄志(웅지), 有志(유지), 遺志(유지), 立志(입지), 立志傳(입지전), 初志一貫(초지일관), 寸志(촌지)

희망, 바람, 원하는 바
[志望(지망)] 뜻하여 바람. 또는 그러한 뜻. 비志願(지원) ¶나는 한 때 의사를 지망했다
[志願(지원)] 뜻한 대로 들어줄 것을 바람.
[志向(지향)] 어떤 목표에 뜻이 쏠려 향함. 또는 그 방향.
[靑雲之志(청운지지)] ① 덕을 닦아 성현의 자리에 이르려는 뜻. 입신출세하려는 뜻. 공명을 세우고자 하는 마음. ② 고결하고 세상 밖에 초연한 지조. 은자(隱者)가 되려는 뜻.

의로움을 지키다, 절개가 있다
[志士(지사)] 나라나 겨레를 위하여 큰일을 할 뜻을 세운 사람. ¶독립지사/애국지사
[志操(지조)] 자신이 세운 원칙과 신념을 굽히지 않고 끝까지 지켜 나가는 꿋꿋한 의지. 또는 그러한 기개. ¶지조 있는 선비

적다, 기록하다, 기록
[三國志(삼국지)]

快 쾌할 쾌, 心부7   0737

'快(쾌)'자는 '마음 心(심)'과 '터놓을 夬(쾌)'로 이루어졌다. 쾌활해지기 위해서는 먼저 마음을 터놓아야 한다.
쾌하다, 마음이 상쾌하고 기분이 좋다
[快感(쾌감)] 감각 또는 심리적으로 기쁘고 즐거운 느낌. ¶승리의 쾌감
[快活(쾌활)] 마음씨나 성질 또는 행동이 명랑하고 활발함.
[爽快(상:쾌)] 느낌이 산뜻하고 마음이 기쁨. ¶계곡에는 상쾌한 바람이 불어왔다
[愉快(유쾌)] 마음이 즐겁고 기분이 좋음. ¶유쾌한 분위기
[明快(명쾌)] (말이나 글의 조리가) 명백하여 듣기에 마음이 시원함. ¶명쾌한 해설
[不快(불쾌)] 마음이 상쾌하지 않음. 기분이 좋지 못함.
快擧(쾌거), 快男兒(쾌남아), 快樂(쾌락), 快諾(쾌락), 快報(쾌보), 快勝(쾌승), 快心(쾌심), 快哉(쾌재), 快適(쾌적), 快調(쾌조), 快擲(쾌척), 快晴(쾌청), 快投(쾌투), 快漢(쾌한), 快闊(쾌활), 壯快(장쾌), 痛快(통쾌), 豪快(호쾌), 欣快(흔쾌)

병이 나아 몸이 가뿐하다
[快癒(쾌유)/快差(쾌차)] 병이 깨끗이 다 나음. ¶쾌유를 빕니다
[完快(완쾌)] 병이 완전하게 나음. ¶완쾌를 빕니다

빠르다, 재빠르다
[快速(쾌속)] 속력이나 속도가 매우 빠름. 참快速艇(쾌속정)
[輕快(경쾌)] ① 가볍고 날램. ② 가뜬하고 시원함. ③ (곡조 같은 것이) 가볍고 멋들어짐. ¶경쾌한 걸음걸이

날카롭다, 예리하다
[快刀亂麻(쾌도난마)] '快刀斬亂麻(쾌도참난마)'의 준말이다. 날랜 칼로 어지러운 마를 베다. 복잡하게 얽힌 일이나 정황을 명쾌하게 정리하고 분석하는 것을 비유하는 말이다.

姿 모양 자:, 맵시 자:, 女부9   0738

'姿(자)'자는 '여자의 맵시'를 뜻하기 위한 것이었다. '여자 女(여)'와 '버금 次(차)'로 이루어졌다.
맵시, 모양, 모습, 모양내다, 자태를 꾸미다
[姿勢(자:세)] ① 몸맵시와 태도. ② 몸이 가지고 있는 모양. 앉았거나 섰거나 하는 따위. ¶편한 자세로 앉으세요 ③ 무슨 일에 대하는 마음가짐. 곧 정신적인 태도. ¶그는 항상 성실한 자세로 임했다
[姿態(자:태)] ① 몸가짐과 맵시. ¶시냇가에 바위를 등지고 선 달래의 자태는 비길 데가 없이 아름다웠다 〈이광수:꿈〉 ② 어떤 모습이나 모양.
[高姿勢(고자세)] 거만하게 버티는 태도.
[低姿勢(저:자세)] 주체성을 잃고 남에게 굽실거리는 낮은 자세.
姿色(자색), 雄姿(웅자)

態 모양 태:, 心부14   0739

'態(태)'자는 곰의 모양을 본뜬 '能(능)'과 '마음 心(심)'으로 이루어졌다. '모양'의 뜻을 나타낸다.
모양, 겉으로 나타난 생김새, 형상, 모습, 차림새, 꼴
[態度(태:도)] ① 몸과 마음을 가지는 모양. ¶태도가 점잖다 ② 취하는 입장이나 생각.
[舊態依然(구:태의연)] ① 옛 모습 그대로임. ② (변화나 발전이 없이) 그대로 여전함. ¶구태의연한 방식을 고집하다
[變態(변:태)] ① 탈바꿈. 동물이 알에서 부화하여 성체가 되기까지 여러 가지 형태로 변하는 일. ② 변하여 달라진 형태.
[醜態(추태)] ① 더럽고 지저분한 꼴. ② 더럽고 잡스러운 태도나 짓. ¶술에 취해 추태를 부리다

[形態(형태)] ① 사물의 생긴 모양. ② 어떤 구조나 전체를 이루고 있는 구성체가 일정하게 갖추고 있는 모양.
嬌態(교태), 舊態(구태), 貴態(귀태), 容態(용태), 擬態(의태), 擬態語(의태어), 姿態(자태), 作態(작태), 千態萬狀(천태만상), 醉態(취태), 花容月態(화용월태)

상태, 형편
[態勢(태:세)] 태도와 자세를 아울러 이르는 말.
[事態(사:태)] 일이 되어가는 형편. 사정(事情) ¶사태가 심각하다
[狀態(상태)] 사물이나 현상이 처해 있는 모양이나 형편. ¶정신 상태 불량/건강 상태
[實態(실태)] 실제의 상태나 형편. 있는 그대로의 모양. ¶실태 파악
[重態(중:태)] 병이 위중한 상태.
動態(동태), 生態(생태), 世態(세태), 樣態(양태), 行態(행태), 昏睡狀態(혼수상태)

應 응할 응:, 당할 응:, 대답할 응:, 心부17 0740

'應(응)'자는 '매 雁(응)'과 '마음 心(심)'으로 이루어졌다.

대답하다, 응하다
[應急(응:급)] 위급한 상황을 임시로 대응함. 참應急室(응급실)
[應答(응:답)] 물음이나 부름에 응하여 대답함.
[應接(응:접)] 찾아온 이를 만나봄. 참應接室(응접실)
[反應(반:응)] ① 자극이나 작용에 대응하여 일어남. 또는 그 일어나는 현상. ② (화) 물질 사이에 일어나는 화학적 변화. ③ 배반하여 다른 편으로 달라붙어 응함. 참拒否反應(거부반응), 連鎖反應(연쇄반응)
[因果應報(인과응:보)] (불) '원인에 대한 결과가 마땅히 갚아짐'이란 뜻에서, 과거 또는 전생에 지은 일에 대한 결과로, 뒷날의 길흉화복이 주어짐.
應急室(응급실), 應對(응대), 應待(응대), 應募(응모), 應報(응보), 應手(응수), 應酬(응수), 應試(응시), 應戰(응전), 可逆反應(가역반응), 感應(감응), 對應(대응), 副應(부응), 不應(불응), 核反應(핵반응), 饗應(향응), 呼應(호응)

승낙하다, 허락하다
[應諾(응:낙)] 부탁을 들어줌.

따라 움직이다, 맞다, 적절히 맞추다
[應用(응:용)] 원리나 지식을 실제적인 사물에 적용하여 이용함. ¶응용과학/응용문제/응용미술
[應援(응:원)] 운동 경기 따위에서 선수들이 힘을 낼 수 있도록 도와주는 일. 맞게 편들어줌.
[順應(순:응)] ① 환경이나 경우의 변화에 익숙해지는 것. ② (생) 생물체의 기능·성질·상태가 주어진 외부 조건의 지속적인 변화에 따라 변하는 것. ③ (심) 감각 기관이 같은 자극을 연속하여 수용하는 것과 그에 대한 감수성이 저하되는 현상.

[適應(적응)] ① 일정한 조건·환경에 맞추어 알맞게 됨. ② (생) 동식물이 환경에 알맞게 형태나 습성이 변화함.
應分(응분), 相應(상응), 首尾相應(수미상응), 順天應人(순천응인), 臨機應變(임기응변), 表裏相應(표리상응)

응당 …하여야 하다
[應當(응:당)] 마땅히. ¶인간이라면 응당 했어야 할 일/수고한 데에 대한 응당한 대가

承 이을 승, 받들 승, 手부8 0741

'承(승)'자는 '손 手(수)', '병부 㔾(절)', '받들 廾(공)'으로 이루어진 글자라고 한다. '손 手(수)'의 모양은 남아 있는데, '㔾(절)'과 '廾(공)'의 모습은 변하여 알아보기가 힘들다. '몸을 굽힌 사람[㔾]을 손[手]으로 받아 올리다[廾]'가 본뜻이다.

받들다, 밑에서 받아 올려 들다, 공경하여 높이 모시다
[承重(승중)] 아버지와 할아버지를 대신하여 조상의 제사를 받듦. 참承重孫(승중손)
[承旨(승지)] (역) 조선 및 고려 때, 왕명을 받들어 전하던 벼슬. 참都承旨(도승지)
承重孫(승중손), 都承旨(도승지)

잇다, 계승하다
[承繼(승계)] ① 繼承(계승). ② (법) 권리나 의무를 이어받는 일. 상속과 같이 포괄 승계와 특정 승계의 구분이 있음.
[繼承(계승)] 조상이나 선임자의 뒤를 이어받음. 承繼(승계). ¶민족 문화의 계승과 발전
[傳承(전승)] 물려주어서 이어나감. ¶문화의 전승

받다, 받아들이다
[承諾(승낙)] 청하는 바를 받아 들어줌. ¶딸의 결혼을 승낙했다
[承服(승복)] 남의 의견 따위를 받아들이고 그에 따름.
[承認(승인)] 일정한 사실을 마땅하다고 인정함. ¶승인을 받다/국가의 승인

절구에서 둘째 구의 이름
[起承轉結(기승전결)] 시문·논문 등의 글을 짓는 체계. 문제를 제기하는 것을 '起(기)', 그 문제를 받아서 전개하는 것을 '承(승)', 그것을 결정적 방향으로 돌리는 것을 '轉(전)', 거두어서 끝맺는 것을 '結(결)'이라 함.

拜 절 배:, 手부9 0742

'拜(배)'자는 화초를 손에 들고 예를 갖추고 경배하는 모습을 본뜬 글자이다. '무릎을 꿇고 손을 바닥에 대어서 하는 절'을 뜻한다.

절, 절하다
[拜禮(배:례)] ① 절을 하는 예. ② 절하여 예를 표함.
[敬拜(경:배)] 공경하여 절함.
[歲拜(세:배)] 섣달 그믐이나 정초에 새해를 맞아 하는

인사. ¶세배를 드리다
[崇拜(숭배)] 거룩하게 높여 공경함. 칢偶像崇拜(우상숭배)
[禮拜(예:배)] (종) 신도가 신에게 기도와 경배·찬송 등을 드리는 의식. 칢禮拜堂(예배당)
叩拜(고배), 跪拜(궤배), 謹拜(근배), 望拜(망배), 團拜(단배), 答拜(답배), 百拜(백배), 百拜謝禮(백배사례), 百拜謝罪(백배사죄), 伏拜(복배), 焚香再拜(분향재배), 再拜(재배), 合掌拜禮(합장배례)

경의를 표하는 동작 위에 붙이는 말
[拜金主義(배:금주의)] 돈만이 제일이라고 알고 이것을 숭배하여 인생의 목적을 돈 모으기에 두는 경향이나 태도.
[拜上(배:상)] '절하고 올림'의 뜻으로 편지 끝의 자기 이름 밑에 쓰는 말.

찾다, 방문하다
[拜謁(배:알)] 높거나 존경하는 사람을 찾아 뵘.
[參拜(참배)] ① 신이나 부처에게 절함. ② 무덤이나 죽은 사람을 기리는 기념비 등의 앞에서 경의나 추모의 뜻을 나타내는 일.

指 가리킬 지, 손가락 지, 手부9   0743

'指(지)'자는 '손가락'을 뜻하는 글자이었다. '손 扌(수)'와 '뜻 旨(지)'의 합자이다. 어떤 방향을 가리킬 때 손가락을 사용한다는 데서 '가리키다'는 뜻이 파생되었다.

손가락, 발가락
[指紋(지문)] 손가락 끝 마디 안쪽에 이루어진 물결 같은 금. 또는 그것이 어떤 물체에 남긴 흔적.
[指壓(지압)] 손끝으로 누르거나 또는 주무름. 칢指壓療法(지압요법)
[指章(지장)] 도장 대신 손가락의 지문을 찍는 印(인).
[屈指(굴지)] ① (무엇을 셀 때) 손가락을 꼽는 것. ② ('굴지의'로 쓰여) '여럿 가운데서 손꼽을 만한'의 뜻. ¶굴지의 재벌

손가락의 한자 이름
拇指(무:지) 엄지손가락.
將指(장:지) 엄지손가락 또는 엄지발가락.
食指(식지) 집게손가락. 엄지손가락과 가운데손가락 사이에 있는 둘째손가락. 음식을 집어먹거나 맛본다는 데서 붙여진 이름이다.
長指(장지) 가운데손가락. 가장 긴 손가락.
中指(중지) 가운데손가락.
無名指(무명지) 넷째 손가락. 약손가락.
藥指(약지) 가운뎃손가락과 새끼손가락 사이의 손가락. 藥(약)을 탈 때 주로 쓰이는 손가락이라 하여 붙여진 이름이다.
季指(계:지) 새끼손가락.
小指(소:지) 새끼손가락.

指甲(지갑), 指甲花(지갑화), 指頭(지두), 指頭書(지두서), 指頭畫(지두화), 指環(지환), 金指環(금지환), 斷指(단지) 半指(반지)/斑指(반지)

가리키다, 손가락질하다
[指摘(지적)] ① 어떤 사물을 꼭 집어서 가리킴. ② 허물 따위를 곧바로 집어내어 말함. ¶잘못을 지적하다
[指定(지정)] ① 가리켜 정함. ② 여럿 가운데서 하나만을 가려내어 정함. ¶지정 병원
[物價指數(물가지수)] 일정한 지역·시기의 물가를 기준으로 하여, 어떤 시기의 물가를 그것과 비교하여 백분율로 나타낸 것.
[指鹿爲馬(지록위마)] 중국 秦(진)나라 때 趙高(조고)라는 간신이 임금에게 사슴을 말이라고 속여 바쳤다는 일에서 나온 말로, ① 윗사람을 농락하여 권세를 마음대로 함. ② '모순된 것을 끝까지 우겨서 남을 속이려는 짓'을 비유하여 이르는 말. 囘以鹿爲馬(이록위마) 『史記(사기)』
指南(지남), 指南鐵(지남철), 指名(지명), 指目(지목), 指數(지수), 指稱(지칭), 指彈(지탄), 指標(지표), 指向(지향), 指呼之間(지호지간), 根指數(근지수), 冪指數(멱지수), 株價指數(주가지수), 知能指數(지능지수)

지시하다, 어떻게 하라고 가리켜 보이다
[指導(지도)] 어떤 목적이나 방향으로 가르쳐 이끎. ¶지도 교수
[指示(지시)] ① 가리켜 보임. ② 무엇을 하라고 일러서 시킴. ¶지시를 따르다 칢指示代名詞(지시대명사)
[指揮(지휘)] ① 단체를 이끌어 행동을 통솔함. 칢指揮官(지휘관) ② (악) 합창·합주 따위에서 노래나 연주가 조화를 이루도록 손이나 몸동작으로 앞에서 이끎. 칢指揮者(지휘자)
指令(지령), 指針(지침)

掃 쓸 소(:), 手부11   0744

'掃(소)'자는 '손 扌(수)'와 '빗자루 帚(추)'로 이루어졌다. '쓸다'의 뜻을 나타낸다.

쓸다, 비로 쓸다
[掃除(소:제)] 청소.
[淸掃(청소)] 더럽거나 어지러운 것을 깨끗하게 쓸어냄. 동掃除(소제)
[各人自掃門前雪(각인자소문전설), 莫管他家瓦上霜(막관타가와상상).] 각각 자기 집 앞 눈이나 쓸 일이요, 남의 집 기와 위의 서리는 간섭 말라. 자기가 할 일은 자기가 하고, 남의 일에 간여하지 말라, 자신을 다스리고 경계하여 조심할지언정 남의 일에 지나치게 신경을 쓰거나 간섭하지 말라는 뜻임. 『事林廣記(사림광기)』
[竹影掃階塵不動(죽영소계진부동)]. 대나무 그림자가 뜰을 쓸되 티끌은 조금도 움직이지 않네. 『菜根譚(채근담)·後集 63』 ☞ * 388

제거하다, 멸망시키다
[掃蕩(소탕)] 휩쓸어서 죄다 없애버림.

[掃海(소해)] (군) 바다 속에 설치해 놓은 수뢰 따위의 위험물이나 장애물을 없애 항해를 안전하게 하는 일. 割掃海艇(소해정)
[一掃(일소)] 싹쓸이. 한꺼번에 모두 쓸어버림. ¶舊惡(구악)을 일소하고 새 역사를 창조하자

接 사귈 접, 手부11   0745

'接(접)'자는 '손 扌(수)'와 '첩 妾(첩)'으로 이루어졌다. '(손으로 가까이) 끌어당기다'가 본뜻이었다.

대접하다, 대우하다
[接客(접객)] 손님을 접대함. 割接客業(접객업)
[接待(접대)] ① 손님을 맞아서 치름. ② 음식을 차려 손님을 맞이함. 割接待婦(접대부), 接待費(접대비)
[待接(대:접)] ① 음식을 차려 손님을 맞이함. ¶융숭한 대접을 받다 ② 어떤 인격적 수준으로 사람을 대하거나 대함. ¶배우지 못했다고 사람 대접을 그렇게 하긴 가? 맨푸대접
[迎接(영접)] 손님을 맞아서 대접함.
[應接(응:접)] 찾아온 이를 만나봄. 割應接室(응접실)
[不接賓客去後悔(부접빈객거후회).] 손님을 제대로 대접하지 않으면 떠난 뒤에 후회한다. 『朱子(주자)·朱子十悔訓(주자십회훈)』 ☞ *387

잇다, 이어서 맞추다
[接骨(접골)] (의) 어긋나거나 부러진 뼈를 이어 맞춤.

접하다, 붙다, 잇닿다, 계속되다, 이어지다
[接境(접경)] 경계가 서로 맞닿음. 또는 서로 맞닿은 경계.
[接續(접속)] ① 서로 맞대어 이음. ② (전) 사용할 목적으로 여러 개의 기계를 導線(도선)으로 연결하는 일.
[接着(접착)] 달라붙음. 또는 달라붙게 함. 割接着劑(접착제)
[間接(간접)] 중간에서 관계 따위를 맺어줌. 割間接選擧(간접선거), 間接稅(간접세)
[隣接(인접)] 이웃하여 서로 맞닿아 있음. ¶인접 국가
[直接(직접)] 매개를 통하지 않고 바로 연결되는 관계. 割間接(간접), 直接選擧(직접선거), 直接稅(직접세)
[皮骨相接(피골상접)] 살갗과 뼈가 서로 맞닿아 있음. 몸이 몹시 여윔.
接口(접구), 接頭辭(접두사), 接吻(접문), 接尾辭(접미사), 接線(접선), 接續詞(접속사), 接戰(접전), 接種(접종), 接合(접합), 鎔接(용접)/熔接(용접), 子音接變(자음접변)

가까이하다, 가까이 가다
[接近(접근)] 가까이 접함. ¶접근 금지
[近接(근:접)] 가까이 접하거나 접근함. ¶근접 사격
[密接(밀접)] 관계가 매우 가까움. 매우 가깝게 맞닿음. ¶밀접한 관계

접촉하다
[接地(접지)] ① 땅에 닿음. 또는 땅에 댐. ② 전기 회로를 銅線(동선) 따위의 도체로 땅과 연결함.
[接觸(접촉)] ① 서로 맞닿음. ② 가까이 대하거나 만남. ¶사회적 접촉
[面接(면:접)] 직접 만나보고 됨됨이를 시험하는 일. '면접시험'의 준말.

받다, 받아들이다
[接受(접수)] ① 받아들임. ② 관청·공공 단체 등이 서류 또는 구두로 제출되는 신청 사실을 처결할 목적으로 받아들임. ¶입학원서 접수

흘레하다
[交接(교접)] ① 서로 달라붙음. ② 교미.

접, 접붙이다(椄)
[接木(접목)/椄木(접목)] (농) 나무를 접붙임. 또는 접붙인 나무.

提 들 제, 끌 제, 手부12   0746

'提(제)'자는 '손 扌(수)'와 '옳을 是(시)'로 이루어졌다. '是(시)'를 표음요소로 보는데, 음이 크게 변했다. '(손으로 집어) 들다'가 본뜻이다.

끌다, 끌고 가다, 같이 가다
[提携(제휴)] 서로 붙들어 도와줌.

들다, 손에 들다, 휴대하다
[提燈(제등)] ① 손에 들고 다닐 수 있게 자루가 달린 등. ② (불) 등불을 들고 부처님 앞에 축하하는 일. 割提燈行列(제등행렬)

걸다, 들어 올리다, 들어 내놓다
[提起(제기)] ① 의논할 문제나 의견 따위를 내어놓음. ② 드러내어 문제를 일으킴.
[提示(제시)] 어떤 의사를 글이나 말로 드러내어 보임.
[提出(제출)] 안건 따위를 내놓음.
[前提(전제)] ① 어떠한 사물을 논의할 때 맨 먼저 내세우는 기본이 되는 것. ② 추리(推理)를 할 때 결론의 기초가 되는 판단. 삼단논법(三段論法)의 대소(大小)의 두 전제. 割前提條件(전제조건)
提高(제고), 提報(제보), 提訴(제소), 提案(제안), 提言(제언), 提議(제의), 提唱(제창), 提請(제청)

돕다, 상부상조하다
[提供(제공)] 바치어 이바지함.

거느리다, 책임 맡아 관리하다
[大提學(대제학)] ① 홍문관(弘文館)·예문관(藝文館)의 으뜸 벼슬. ② 성균관(成均館)의 정이품(正二品) 벼슬.
[提督(제독)] (군) 함대의 사령관.

기타
[菩提樹(보리수)] ① 피나뭇과의 갈잎큰키나무. 중국 원산으로 여름에 꽃이 피고, 둥근 열매가 열리는데, 염주를 만드는 데 씀. ② 보리수나무의 열매.

干 방패 간, 干부3 0747

'干(간)'자는 공격과 방어를 겸하는 무기인 방패 모양을 본뜬 것으로 '방패'가 본래 의미이다. 후에 '범하다(공격)', '막다(방어)'의 뜻으로 확대되었고, '얼마', '천간'을 뜻하기도 한다.

방패, 막다, 방어하다
[干城(간성)] '방패와 성'의 뜻으로, 나라를 지키는 미더운 군대나 인물을 일컫는 말. ¶조국의 간성으로서 사명을 다하는 군대.
[欄干(난간)] (건) 층계·다리·마루 따위의 가장자리에 나무나 쇠붙이로 박아 세운 것.

범하다, 법·규칙 등을 위반하다
[干證(간증)] ① (지난날) 범죄에 관련된 증언. ② (예수) 지은 죄를 자백하고 신앙(믿음)을 고백하는 일.

간여하다, 참여하다
[干犯(간범)] 간섭하여 남의 권리를 침범하는 것.
[干涉(간섭)] ① 남의 일에 부당하게 참견(관계)함. ¶간섭하다/간섭을 받다 ② (물) 음파나 빛 따위가 둘 이상 겹칠 때 서로 작용하여 세어지거나 약해지는 현상.
[無不干涉(무불간섭)] 두루 간섭하지 않는 것이 없음.

수사(數詞)에 붙이는 어조사
[若干(약간)] 얼마 되지 아니함. 조금. 얼마쯤. ¶약간의 돈/약간의 차이
[如干(여간)] ① 웬만한. 또는 어지간한 정도. ¶여간 사람은 생각도 못했던 일이다 ② 어지간하게 또는 보통으로. ¶그렇게 하기란 여간 어려운 일이 아니다

물가
[干滿(간만)] 간조와 만조. ¶서해안은 간만의 차가 크다
[干潟地(간석지)] 개펄. 갯가의 개흙 땅.
[干潮(간조)] 감물. 썰물 때 바닷물이 가장 낮아지는 일.
[干拓(간척)] (지) 바다나 호수를 둘러막고 그 안의 물을 빼어 육지로 만드는 일. ¶서해안 간척 사업

천간(天干)
[干支(간지)] 天干(천간)과 地支(지지). 곧 '甲(갑)·乙(을)·丙(병)·丁(정)·戊(무)·己(기)·庚(경)·辛(신)·壬(임)·癸(계)'의 10간과 '子(자)·丑(축)·寅(인)·卯(묘)·辰(진)·巳(사)·午(오)·未(미)·申(신)·酉(유)·戌(술)·亥(해)'의 12지를 말한다. 天干(천간)과 地支(지지) 즉 10간과 12지를 차례로 조합하면 甲子(갑자), 乙丑(을축), 丙寅(병인), 丁卯(정묘) …… 壬戌(임술), 癸亥(계해) 총 60개의 간지가 나오는데 이 60개의 간지가 一週(일주)한 것을 六十甲子(육십갑자)라고 한다. 이 육십갑자를 年(연), 月(월), 日(일)에 차례로 붙이면 시간의 구분을 60진법으로 나누어 파악할 수 있다. 壬辰倭亂(임진왜란)은 임진년에, 丙子胡亂(병자호란)은 병자년에, 庚戌國恥(경술국치)는 경술년에 일어난 사건이다. 이와 같이 해마다 반복되는 사건이 아닌 특별한 사건이 일어났을 경우, 그 해의 간지를 이용하여 나타냈다. 예전에는 생년월일도 간지를 써서 나타냈는데, '양력 2016년 3월 1일 낮 12시 생'이면, '丙申年(병신년) 삼월 초하루 오시 생' 또는 '丙申年(병신년) 庚寅月(경인월) 壬午日(임오일) 午時(오시) 生(생)'이라고 하였다. 요즘도 결혼 때, 신랑집에서 신랑의 四柱(사주)를 이런 형식으로 써서 신부집에 보낸다.

支 지탱할 지, 가를 지, 支부4 0748

'支(지)'자는 '열 十(십)'과 '오른손 又(우)'로 이루어진 것처럼 보인다. 그러나 '十'은 대나무 가지를 본뜬 것이 변한 것이다. 즉 '손에 대나무 가지를 들고 있는 모습'을 나타낸 것이다. '가지', '줄기'가 본뜻이다. 후에 '가르다', '버티다'의 뜻으로 쓰이는 예가 많아지자 본뜻은 '가지 枝(지)'자를 만들어 나타냈다.

가르다, 갈리다, 쪼개지거나 나뉘어져 나가다, 근원에서 갈라진 것, 초목의 가지, 갈라져 나간 혈통, 종가에서 갈린 지파
[支流(지류)] 원줄기에서 갈라져 나간 물줄기. 원줄기로 흘러 들어가는 물줄기.
[支離滅裂(지리멸렬)] 갈라지고 흩어지고 없어지고 찢김. 이리저리 흩어져 없어짐. 이리저리 흩어져 갈피를 잡지 못하게 됨.
[支配(지배)] ① (가르고 나눔이란 뜻에서) 남을 억눌러 자기의 의사대로 다스리거나 부리는 것. 関被支配(피지배) 関支配人(지배인) ② 어떤 것에 눌리거나 좌우되는 영향. ¶환경의 지배를 받다
[支部(지부)] 본부의 관할 아래 일정한 지역에 설치하여 그곳의 일을 맡아 보는 곳.
[氣管支(기관지)] (생) 氣管(기관)의 아래쪽에서 두 갈래로 갈라져 폐로 이어지는 부분.
支局(지국), 支脈(지맥), 支社(지사), 支署(지서), 支線(지선), 支所(지소), 支店(지점), 支派(지파)

버티다, 쓰러지지 않게 받치다
[支援(지원)] 지지하여 도움. 버틸 수 있도록 도와줌. ¶아낌없는 지원에 감사드립니다
[支障(지장)] (앞에 버티고 가로막고 있어) 일을 하는 데 거치적거리는 장애.
[支持(지지)] ① 버티거나 짚고서 기댐. ② 남의 의견·사상·행동·정책 따위에 찬동하여 이를 위하여 힘씀. ¶어떤 후보를 지지합니까?
[依支(의지)] ① 몸을 기대거나 맡김. ② 마음을 붙여 그 도움을 받음. ¶마음의 의지가 되는 말.
支點(지점), 支柱(지주), 支撐(지탱)/支撑(지탱)

헤아리다, 계산하다
[度支部(탁지부)] 대한제국 때, 재정을 맡았던 중앙 관청. 関탁지부대신

치르다, 값을 주다
[支給(지급)] 지출하여 내어줌. ¶장학금 지급
[支拂(지불)] 지급. 지출하여 내어줌.

[支出(지출)] 돈을 치름. 凹收入(수입)
[收支(수지)] 수입과 지출. ¶수지가 맞았다
12지지 ☞ 干(간)

甲 첫째 천간 갑, 田부5　0749

'甲(갑)'자는 '갑옷'이 본뜻인데 '껍질'을 이르는 것으로 확대 사용되었다. 그리고 十干(십간) 가운데 맨 첫 번째의 것이기에 '첫째'의 뜻으로 쓰인다.

첫째 천간
[甲年(갑년)] 예순한 살이 되는 해. 곧 회갑이 되는 해.
[甲子(갑자)] 육십갑자의 첫째. 천간의 '甲(갑)'과 지지의 '子(자)'가 만난 간지.
[同甲(동갑)] 같은 나이. 또는 나이가 같은 사람. ¶동갑내기
[六十甲子(육십갑자)/六甲(육갑)] ☞ 干(간)
[回甲(회갑)] 자신이 태어난 해에 해당되는 干支(간지)를 60년 만에 다시 맞이함. 만 60세의 나이. 동還甲(환갑)
甲戌(갑술), 甲戌獄事(갑술옥사), 甲申(갑신), 甲申政變(갑신정변), 甲宴(갑연), 甲午(갑오), 甲午更張(갑오경장), 甲寅(갑인), 甲寅字(갑인자), 甲日(갑일), 甲子士禍(갑자사화), 甲辰(갑진), 同甲契(동갑계), 進甲(진갑), 華甲(화갑)

거북의 등딱지, 갑옷, 무장한 병사
[甲骨文字(갑골문자)] (역) 거북의 등딱지나 짐승의 뼈에 새겨진 중국 은나라 때의 글자. 한자의 가장 오래된 형태로 보고 있음.
[甲板(갑판)] 큰 배나 군함 위에 철판이나 나무 등으로 깐 넓고 평평한 바닥.
[裝甲車(장갑차)] (군) 쇠로 겉을 덧싸서 무장한 차량.
[鐵甲船(철갑선)] 쇠로 겉을 싸서 만든 병선.
甲殼類(갑각류), 甲兵(갑병), 甲狀腺(갑상선), 甲衣(갑의), 甲胄(갑주), 龜甲(귀갑), 遁甲(둔갑), 手甲(수갑), 裝甲(장갑), 指甲(지갑), 指甲花(지갑화), 鐵甲(철갑)

우두머리가 되다, 차례의 첫째
[甲富(갑부)] 첫째가는 부자.

아무, 모(이름의 대용으로 쓴다)
[甲男乙女(갑남을녀)] '갑이라는 남자와 을이라는 여자'라는 뜻으로, '그저 평범한 사람들'을 일컫는 말. 동匹夫匹婦(필부필부)
[甲論乙駁(갑론을박)] 서로 자기 주장을 내세우고 상대방의 주장을 반박함. ¶갑론을박으로 시비만 일삼다
[怒甲移乙(노:갑이을)] '갑에게 성내야 하는 것을 을에게 옮김'이란 뜻에서, 당사자가 아닌 엉뚱한 사람에게 화를 내거나 분풀이를 함.

기타
[三水甲山(삼수갑산)] 우리나라에서 가장 험한 산골이라는 함경남도 삼수와 갑산. '한 번 들어가면 도저히 나오기 어려운 험한 산골'을 이름. ¶삼수갑산을 가더라도 꼭 하고야 말겠다

乙 새 을, 乙부1　0750

'乙(을)'자는 십간의 두 번째 것이다. '두 번째'의 뜻으로 쓰인다. '乙(을)'자의 획수가 하나이어서, 사람의 이름에 쓰일 때는 '한 一(일)' 대신으로 쓰이기도 한다.

십간(十干)의 둘째
[乙酉(을유)] 육십갑자의 스물두째. 우리나라가 일제의 압제로부터 해방된 해(1945년).
[乙巳勒約(을사늑약)] (역) 대한제국 광무 9(1905)년 을사년에 일본이 한국의 외교권을 빼앗기 위하여 강제로 맺은 다섯 조항으로 된 조약. '을사오조약'이라고도 함.
[乙未事變(을미사변)] (역) 조선 고종 32(1895)년에, 일본 공사 三浦梧樓(삼포오루, 일본명 미우라 고로)의 무리가 친일 세력을 키우기 위해 친로파를 제거하려고 명성황후를 시해한 사건.
乙卯(을묘), 乙未(을미), 乙巳(을사), 乙丑(을축), 乙亥(을해)

둘째, 십간(十干)의 차례에 따라 순서나 등급을 매길 때의 둘째
[乙種(을종)] 둘째 등급의 종류.

아무개(이름을 대신하거나 부정칭 대명사로 쓰인다)
[甲男乙女(갑남을녀)] ☞ 甲(갑)
[甲論乙駁(갑론을박)] ☞ 甲(갑)
[怒甲移乙(노:갑이을)] ☞ 甲(갑)

丙 셋째 천간 병:, 남녘 병:, 一부5　0751

'丙(병)'자는 십간의 세 번째 것이다. '세 번째'의 뜻으로 쓰인다.

간(干)의 셋째
[丙寅洋擾(병:인양요)] (역) 조선 고종 때, 대원군이 천주교도를 학살·탄압하자, 고종 3(1866)년 병인년에 프랑스의 함대가 강화도를 침범한 사건.
[丙子胡亂(병:자호란)] (역) 조선 인조 14(1636)년 병자년에 청나라가 우리나라를 침노한 난리.
丙戌(병술), 丙申(병신), 丙午(병오), 丙寅(병인), 丙子(병자), 丙辰(병진)

십간(十干)의 차례로 순서나 등급을 매길 때의 셋째
[丙種(병:종)] 차례나 등급을 갑·을·병 따위로 매길 때 셋째.

丁 장정 정, 넷째 천간 정, 一부2　0752

'丁(정)'자는 원래 '못'을 뜻하기 위하여 못 모양을 본뜬 것이었다. 그런데 이것이 '사나이'란 뜻으로 사용되는 예가 많아지자 본뜻은 '쇠 金(금)'을 보탠 '못 釘(정)'자를 만들었다. 속칭 '고무래 정'은 '丁(정)'자가 고무래와 비슷한 모양에서 유래된 것이지 '고무래'를 뜻하는 것으로 쓰인 예는 없다.

천간의 넷째, 등급·순서 등을 매길 때의 넷째

[丁卯胡亂(정묘호란)] (역) 조선 인조 5(1627)년에 후금이 침입한 난리. 인조는 강화로 피난하였다가 평화조약을 맺고 두 나라는 형제의 나라가 되었음.

[丁酉倭亂(정유왜란)/丁酉再亂(정유재란)] (역) 조선 선조 30(1597)년 정월에 壬辰倭亂(임진왜란)에서 한번 패한 왜군이 다시 쳐들어온 난리. 참壬辰倭亂(임진왜란)

丁卯(정묘), 丁未(정미), 丁未七條約(정미칠조약), 丁巳(정사), 丁時(정시), 丁酉(정유), 丁丑(정축), 丁亥(정해)

젊은 남자, 젊은 일꾼

[白丁(백정)] ① 평민. ② 장정(壯丁)이 되었어도 병적(兵籍)에 들지 못한 사람. ③ 백장. 가축류의 도살을 주업으로 하고 고기를 잘 다루는 일을 부업으로 하는 사람.
[兵丁(병정)] 병역에 복무하는 장정.
[壯丁(장:정)] ① 성년에 이른 혈기 왕성한 남자. ② 징병 적령의 남자.

男丁(남정), 園丁(원정)

간곡히

[丁寧(정녕)] 조금도 틀림없이 꼭. 또는 더 이를 데 없이 정말로. ¶정녕 네가 그 일을 저질렀단 말이지?

성

[丁氏(정씨)]

기타

[目不識丁(목불식정)] '丁(정)'자를 보고도 그것이 고무래임을 알지 못한다는 뜻으로, 글자를 모르는 무식한 사람을 비유하여 이르는 말. 우리말 속담에 '낫 놓고 기역자 모른다'와 같은 뜻임.

戊 다섯째 천간 무:, 戈부5 0753

'戊(무)'자의 본래 뜻은 창과 비슷한 모양의 '도끼'를 가리키는 것이었다. 본래의 의미와는 달리, 10개 천간 가운데 다섯째 것으로 활용되었다. 그러자 그 본뜻을 위하여 만들어낸 것이 '도끼 戚(척)'자이다. 간지로 활용되는 경우 말고는 쓰이는 예가 거의 없다.

다섯째 천간

[戊午士禍(무:오사화)] (역) 조선 연산군 4(1498)년 무오년에 유자광의 무리인 훈구파가 〈성종실록〉에 실린 史草(사초) '弔義帝文(조의제문)'을 트집잡아 金宗直(김종직)을 중심으로 한 사림파를 모함하여 일으킨 사화.

戊戌(무술), 戊申(무:신), 戊午(무:오), 戊寅(무:인), 戊子(무:자), 戊辰(무:진)

己(기)0531 참조

庚 별(星) 경, 일곱째 천간 경, 广부8 0754

'庚(경)'자는 열 개의 천간 가운데 일곱 번째 것으로 쓰였다.

일곱째 천간

[庚戌國恥(경술국치)] (역) 1910년 '한일 병합'을 경술년에 당한 나라의 수치라는 뜻으로 일컫는 말.

庚戌(경술), 庚時(경시), 庚申(경신), 庚午(경오), 庚寅(경인), 庚子(경자), 庚辰(경진)

辛 매울 신, 辛부7 0755

'辛(신)'자는 옛날에 죄인의 얼굴을 찢고 먹물을 넣는 형벌, 또는 코를 베는 형벌을 가할 때 쓰는 작고 뾰족한 '칼'을 뜻하기 위하여 만든 것이었다. 이것이 표의요소로 쓰인 글자들은 '죄'나 '형벌'과 관련이 깊다. 후에 '맵다', '매운 맛', '고통' 등의 뜻으로 쓰이게 되었다. 이 글자의 뿌리를 생각한다면 '辛(신)'자가 식품의 이름으로 적합한 것일까? 그래도 그 식품이 오랫동안 인기를 누린다. 특히 중국에서 인기가 높다니, 중국인들, 漢族(한족)이 漢字(한자)의 뜻을 제대로 알기나 하는지? 농담이다.

맵다, 매운 맛

[辛辣(신랄)] ① 맛이 대단히 쓰고 매움. ② 수단이나 방법이 몹시 날카롭고 매서움. ¶신랄한 비평.
[辛酸(신산)] ① 맵고 신 맛. ② 쓰라리고 고생스러움. 또는 그러한 고통. ¶온갖 신산을 다 겪다
[辛味(신미)] 매운맛.
[五辛菜(오:신채)/五辛(오:신)] 불가(佛家)나 도가(道家)에서 자극성이 있다고 먹기를 꺼리는 다섯 가지 채소. 불가에서는 마늘·달래·무릇·김장파·골파, 도가에서는 부추·호유·마늘·평지·달래.

고생하다, 신고하다

[辛苦(신고)] ① 어려운 일을 당하는 고통. ② 몹시 애씀.
[艱難辛苦(간난신고)] 몹시 힘들고 고생스러움. ¶간난신고를 겪다
[艱辛(간신)] 힘들고 고생스러움. 참艱難辛苦(간난신고)
[千辛萬苦(천신만고)] 천 가지 고생과 만 가지 괴로움. 온갖 고생을 다 함.

鋤禾日當午(서화일당오), 논에 김을 매다보니 한낮에 이르렀네.
汗滴禾下土(한적화하토), 땀방울이 벼 아래 흙으로 떨어지네.
誰知盤中飧(수지반중손), 누가 알랴, 그릇 속의 음식이
粒粒皆辛苦(입립개신고). 알알이 전부 다 농부의 고생의 열매인 것을. 『李紳(이신)·憫農詩(민농시)』

천간의 이름, 십간의 여덟째

[辛未洋擾(신미양요)] (역) 조선 고종 8(1871)년에 미국 함대가 강화도 해협에 침입하여 온 사건. 조선의 수군에 의해 격퇴됨.

辛卯(신묘), 辛未(신미), 辛巳(신사), 辛時(신시), 辛酉(신유), 辛酉迫害(신유박해), 辛丑(신축), 辛亥(신해), 巳進辛退(사진신퇴)

壬 아홉 번째 천간 임:, 士부4　0756

'壬(임)'자는 베틀의 '북' 모양을 본뜬 것이었는데, 十干(십간)의 아홉 번째 것으로 차용되고, 그것이 '북방'을 가리키는 뜻으로 쓰이기도 한다.

아홉째 천간
[壬午軍亂(임:오군란)] (역) 조선 고종 19(1882)년 임오년에 구식 군인들이 군제 개혁을 반대하고 일으킨 반란.
[壬辰倭亂(임:진왜란)] (역) 조선 선조 25(1592)년 임진년에 일본이 침범하여 7년 동안 싸운 전쟁.
壬戌(임술), 壬申(임신), 壬午(임오), 壬寅(임인), 壬辰(임진)

癸 열째 천간 계, 癶부9　0757

'癸(계)'자는 十干(십간)의 열 번째 것으로 쓰인다.

열째 천간
[癸酉靖難(계유정난)] 단종 1(1453)년 계유년에 수양대군이 단종의 보좌 세력이자 원로 대신인 황보인 김종서 등 수십 인을 살해 제거하고, 정권을 잡은 사건.
[癸亥(계:해)] 육십갑자의 예순째. 마지막.
癸酉(계유), 癸卯(계묘), 癸未(계미), 癸巳(계사), 癸丑(계축)

子(자)0022 참조

丑 소 축, 一부4　0758

'丑(축)'자는 12지에서 두 번째로, '소'를 상징한다. 띠로 '소'에 해당한다.

십이지의 둘째
[丑年(축년)] 그 해의 지지가 '丑(축)'년으로 된 해.
[丑月(축월)] 月建(월건)이 '丑(축)'인 달.
[丑日(축일)] 日辰(일진)의 지지가 '丑(축)'으로 된 날.
[丑時(축시)] 십이시의 둘째 시. 오전 한 시부터 오전 세 시까지의 동안.
丑方(축방), 癸丑(계축), 己丑(기축), 辛丑(신축), 乙丑(을축), 丁丑(정축)

寅 셋째지지 인, 宀부11　0759

'寅(인)'자는 12지지 중에서 세 번째의 것으로 쓰였고, 띠로는 범에 해당한다.

셋째 지지
[寅時(인시)] 십이시의 셋째 시. 곧 오전 세시부터 다섯 시까지.
[丙寅洋擾(병:인양요)] ☞ 丙(병)
寅月(인월), 寅日(인일), 甲寅(갑인), 甲寅字(갑인자), 庚寅(경인), 戊寅(무인), 丙寅(병인), 壬寅(임인)

卯 토끼 묘:, 넷째지지 묘:, 卩부5　0760

'卯(묘)'자는 12지지 가운데 네 번째의 것으로 쓰였고, 띠로는 토끼에 해당되므로 속칭 '토끼 묘'라는 훈이 생겼다.

넷째 지지
[卯時(묘:시)] 십이시의 넷째 시. 오전 다섯 시부터 일곱 시까지의 동안.
[己卯士禍(기묘사화)] ☞ 己(기)
[丁卯胡亂(정묘호란)] ☞ 丁(정)
卯日(묘일), 卯月(묘월), 癸卯(계묘), 己卯(기묘), 辛卯(신묘), 乙卯(을묘), 丁卯(정묘)

辰 별 진, 지지 진, 때 신, 辰부7　0761

'辰(신)'자는 '대합조개'를 뜻하기 위하여 그 모양을 본뜬 것이다. 후에 '때', '날' 같은 뜻으로 차용되는 예가 많아지자, 본래 의미는 '대합조개 蜃(신)'자를 만들어 나타냈다. '辰'이 '다섯째 지지'로 쓰이는데, 이 경우에는 [진]으로 읽는다. 용띠에 해당된다.

다섯째 지지
[辰時(진시)] 십이시의 다섯째 시. 오전 일곱 시부터 아홉 시까지.
[日辰(일진)] ① 그날의 干支(간지). ② 그날의 운세.
[壬辰倭亂(임:진왜란)] ☞ 壬(임)
辰日(진일), 戊辰(무진), 庚辰(경진), 甲辰(갑진), 丙辰(병진), 壬辰(임진)

별, 일월성신(日月星辰), 별의 운행
[日月星辰(일월성신)] 해와 달과 별의 천체(天體).

때, 시각, 시대, 기회
[生辰(생신)] 윗사람이나 남을 높이어 그의 생일(生日)을 이르는 말.
[生辰茶禮(생신차례)] 죽은 이의 생신에 지내는 차례.
[誕辰(탄:신)] 임금이나 성인이 태어난 날. ¶세종대왕 탄신 기념행사/석가 탄신

巳 뱀 사, 여섯째지지 사, 己부3　0762

'巳(사)'자의 원형은 뱃속의 태아 모양을 본뜬 것으로 '子(자)'와 비슷한 형태의 것이었다. 그러나 이것이 '태아'를 뜻하는 것으로 쓰인 적은 없고, 12지지의 여섯째 것으로 활용되는 예가 많았다. 띠로는 뱀에 해당되기 때문에 '뱀 사'라 부르게 되었다.

여섯째 지지
[巳時(사시)] 십이시의 여섯째 시. 오전 아홉시부터 열한시까지.
[乙巳勒約(을사늑약)] ☞ 乙(을)
巳進辛退(사진신퇴), 癸巳(계사), 辛巳(신사), 己巳(기사), 乙巳(을사), 丁巳(정사)

午 낮 오ː, 일곱째 지지 오ː, 十부4　0763

'午(오)'십이지의 일곱 번째이다. '午時(오시)'가 낮 11시부터 1시 사이를 나타내므로 '午(오)'자는 '한낮'이라는 뜻으로 쓰인다. 띠로는 '말'을 나타낸다.

일곱째 지지
[甲午更張(갑오경장)] '갑오개혁'의 전 이름. 조선 고종 31(1894)년 갑오년에 개화당이 정권을 잡고 재래의 문물 제도를 근대식으로 고친 정치 개혁.
[戊午士禍(무ː오사화)] ☞戊(무)
[壬午軍亂(임ː오군란)] ☞壬(임)
甲午(갑오), 戊午(무오), 丙午(병오), 庚午(경오), 壬午(임오)

시각으로는 낮 12시, 낮
[午時(오ː시)] 上午 11시부터 下午 1시 사이.
[午睡(오ː수)] 낮잠.
[午餐(오ː찬)] 보통보다 잘 차리어 손을 청하여 대접하는 점심 식사.
[正午(정ː오)] 낮 12시. 한낮. 午正(오정).
午前(오전), 午後(오후), 上午(상오), 子午線(자오선), 下五(하오)

달로는 5월(음력)
[端午(단오)] 음력 5월에서 맨 첫 端(단) 5일에 해당되는 명절을 端五(단오)라 했는데 당나라 현종의 생일이 8월 5일이었으므로 '五'를 피하여 '端午'라 불렀다고 함.

未(미)0122 참조

申 아홉째 지지 신, 알릴 신, 펼 신, 田부5　0764

'申(신)'은 십이 地支(지지) 중 아홉째이다. 띠로는 '원숭이'를 나타낸다. '申(신)'자는 '알리다'의 뜻을 나타낸다.

아홉째 지지
[甲申政變(갑신정변)] (역) 조선 고종 21(1884)년 갑신년에 김옥균, 박영효, 홍영식을 중심으로 한 개화당이 수구당을 몰아내고 근대화를 위한 새 정부를 세우고자 일으킨 정변.
甲申(갑신), 丙申(병신), 戊申(무신), 壬申(임신), 庚申(경신)

거듭하다, 되풀이하다
[申申當付(신신당부)] 거듭거듭 간절히 부탁함. 同申申付託(신신부탁)

말하다, 말씀드리다, 글을 올리다
[申告(신고)] ① 국민이 행정 관청에 일정한 사실을 알림. ② (군) 새로 발령을 받거나 승진한 사람이 소속 상관이나 지휘관에게 인사로 자신의 성명·계급 및 임무를 보고함.
[申請(신청)] 단체나 기관에 대하여 어떠한 일이나 물품 따위를 요청함. ¶면허 신청
[內申(내신)] 겉으로 드러내지 않고 은밀히 상신함. ¶내신 성적
[追伸(추신)/追申(추신)] ('덧붙여 말한다'는 뜻으로) 편지의 끝에 덧붙여 적는 글의 머리에 쓰는 말.
申聞鼓(신문고), 答申(답신), 上申(상신), 稟申(품신)

酉 닭 유, 酉부7　0765

酉(유)자는 '술'을 뜻하기 위하여 술독 모양을 본뜬 것이다. 후에 이것이 12 地支(지지) 가운데 10번째 것으로 쓰이는 예가 많아지자 그 본래의 뜻을 분명하게 나타내기 위하여 만든 것이 바로 '술 酒(주)'자이다. 10번째 지지가 띠로는 '닭'에 해당하기 때문에 '닭 유'라는 훈이 생겨났다. 하지만 이것이 표의요소로 쓰이는 글자들은 모두 '술'과 관련이 있지, '닭'과는 관련이 없다.

술
[三酉(삼유)] 술을 이름. 주(酒)는 유(酉)에 삼수(氵)를 더한 데서 이르는 말.

12지의 열째
[酉時(유시)] 십이시의 열째 시. 오후 다섯 시부터 일곱 시까지의 동안.
[丁酉倭亂(정유왜란)/丁酉再亂(정유재란)] (역) 조선 선조 30(1597)년 정월에 壬辰倭亂(임진왜란)에서 한번 패한 왜군이 정유년에 다시 쳐들어온 난리. 참壬辰倭亂(임진왜란)
癸酉(계유), 己酉(기유), 辛酉(신유), 辛酉迫害(신유박해), 乙酉(을유), 丁酉(정유)

戌 개 술, 戈부6　0766

'戌(술)'자는 본래 '도끼'의 일종을 뜻하기 위한 것이었는데, 12지지 가운데 11번째의 것으로 차용되었다. '개 戌(술)'이라고 한 것은 개띠에 해당하기 때문이다. 자형이 비슷하여 혼동하기 쉬운 글자로, '천간 戊(무)', '지킬 戍(수)', '戎(융)', '도끼 戉(월)'이 있다.

열한째 지지
[戌時(술시)] 십이시의 열한째 시. 오후 일곱 시부터 아홉 시까지의 동안.
[庚戌國恥(경술국치)] ☞庚(경)
戌年(술년), 戌日(술일), 戌月(술월), 甲戌(갑술), 甲戌獄事(갑술옥사), 庚戌(경술), 戊戌(무술), 丙戌(병술), 壬戌(임술)

字源(자원)을 알면 혼동하기 쉬운 글자들도 구분하기가 쉬워진다.
'다섯째 천간 戊(무)'자는 도끼 같은 날(ノ)이 달린 창[戈(과)]의 모양을 본뜬 것이다. 글자 안에 아무것도 없는[無] 것이 '戊(무)'자이다.
'열한째 지지 戌(술)'자는 '戊(무)'자에 '한 一(일)'을 더한 것이다. '한 一(일)'은 '창으로 찌르다'의 뜻이다.

'지킬 戍(수)'자는 '변방을 지키는 군사'를 뜻한다. '戊(무)'자 안에 점[ ]이 있는 것처럼 보인다. 그렇게 만들어진 것이 아니라 '사람 人(인)'과 '창 戈(과)'가 합쳐져서 만들어졌다. '창을 들고 서 있는 사람'을 나타낸다. '사람 人(인)'의 오른쪽으로 삐쳐진 부분이 점[ ]으로 변한 것이다.

'오랑캐 戎(융)'자는 '창 戈(과)'와 '열 十(십)'으로 이루어졌다. 여기에서 '十'은 숫자 '열'이라는 뜻으로 쓰인 것이 아니라, 거북의 등딱지의 상형으로, '갑옷'의 뜻이다. 즉 갑옷을 입고 창을 들고 서 있는 사람을 뜻한다. 큰 활을 가진 '동쪽의 오랑캐 夷(이)'에 대하여, 갑옷 입고 창을 든 '서쪽 오랑캐 戎(융)'을 뜻한다.

'큰 도끼 戉(월)'자는 '도끼'의 상형이다. 나무를 찍어내는 도끼는 '斧(부)'로, 싸움할 때 쓰는 도끼는 '戉(월)'로 쓴다. '戉(월)'자는 1급 한자까지의 범위에 들지 않는다. 전문가들이나 신경 쓰시라. 다만 '넘을 越(월)'자의 표음요소 구실을 한다는 정도 알아두시라.

亥 돼지 해, 亥부6　　0767

'亥(해)'자는 12지지의 마지막 것이다. 때로는 '돼지'에 해당하여 '돼지 亥(해)'로 훈이 붙었지만 '돼지'라는 뜻으로 쓰인 한자어는 없다.

열두째 지지
[亥時(해시)] 12시의 하나, 오후 9~11시 사이.
[癸亥(계:해)] 육십갑자의 예순째. 마지막.
[辛亥(신해)] 육십갑자의 마흔여덟째. 참辛亥革命(신해혁명)
亥年(해년), 亥方(해방), 亥月(해월), 亥日(해일), 己亥(기해), 乙亥(을해), 丁亥(정해)

收 거둘 수, 길을 수, 攴부6　　0768

거두다, 거두어들이다, 받아들이다, 징수하다
[收去(수거)] 거두어 감. ¶쓰레기 분리 수거
[收納(수납)] 금품을 받아서 거두어들이는 것. ¶등록금을 수납하다
[收容(수용)] 사람이나 물건을 일정한 곳에 거두어서 넣음. 참捕虜收容所(포로수용소)
[收入(수입)] 돈이나 물건 따위를 벌어들이거나 거두어들이는 일. 또는 그 돈이나 물건.
[未收(미:수)] 돈이나 물건을 아직 다 거두어들이지 못함. 참未收金(미수금)
[徵收(징수)] 나라, 공공단체, 지주 등이 돈이나 곡식 또는 물품 따위를 거두어들이는 일.
[回收(회수)] 도로 거두어들임. ¶투자 자금의 회수
收金(수금), 收斂(수렴), 收買(수매), 收復(수복), 收益(수익), 收藏(수장), 收支(수지), 收稅(수세), 收受(수수), 收賄(수회), 買收(매수), 沒收(몰수), 副收入(부수입), 領收(영수)/領受(영수)/受領(수령), 領收證(영수증), 月收(월수), 日收(일수), 雜收入(잡수입), 粗收入(조수입), 撤收(철수), 還收(환수), 吸收(흡수)

수확을 얻다, 수확, 수확물
[收穫(수확)] ① 익은 농작물을 거두어들임. 또는 거두어들인 농작물. ¶벼를 수확하다 ② 어떤 일을 해서 얻은 성과. ¶이번 여행에서 그를 만난 것은 큰 수확이었다
[秋收(추수)] 가을에 익은 곡식을 거두어들이는 일.
減收(감수), 增收(증수)

널려 있거나 흩어져 있는 것을 한데 모으다
[收錄(수록)] 모아 거두어 기록함.
[收集(수집)] 여러 가지 것을 거두어 모음. ¶재활용품을 수집하다
[蒐集(수집)] 여러 가지 재료를 찾아 모음. ¶우표 수집 참蒐集狂(수집광)
[收合(수합)] 거두어 합함.
[覆水難收(복수난수)] 쏟아진 물은 다시 수습할 수 없다는 뜻으로, 상황이 더 이상 만회할 수없는 지경에 이르렀음을 비유하는 말. 동覆水不收(복수불수), 反水不收(반수불수), 覆水不返盆(복수불반분), 覆水不可收(복수불가수) 비已發之矢(이발지시) ☞ *138

떠맡다, 떠맡아 돌보다, 몸이나 신변 등에 관한 일을 잘 보살피다
[收養(수양)] ① 버릴 아이나 남의 자식을 맡아서 양육함. ② (민) 아이의 명이 길도록 한다 하여 남남끼리 명색으로만 부모 자식이라고 정하는 일.
[收養父母(수양부모)] 친부모가 아닌, 자기를 데려다 길러준 부모.
收養母(수양모), 收養女(수양녀)

거두어들여 정리하다
[收拾(수습)] ① 어수선하게 흐트러진 물건을 주워 정돈함. ② 산란한 정신이나 상태를 가라앉혀 바로잡음. ¶사건을 수습하다/민심을 수습하다
[民心收拾(민심수습)] 소란한 민심을 바로잡아 안정시킴.

잡다, 달아나지 못하게 손으로 붙들다
[收監(수감)] 옥에 가두어 놓음.

빼앗다, 약탈하다
[收奪(수탈)] 강제로 빼앗음.
[押收(압수)] (법) 법원이 증거물 따위를 잡아두는 강제 처분. 참押留(압류)

시들다, 오그라들다, 쇠하여지다
[收縮(수축)] 줄거나 오그라짐. 반膨脹(팽창)

故 예 고(:), 연고 고(:), 攴부9　　0769

'故(고)'자는 '칠 攵(복)'과 '옛 古(고)'로 이루어졌다. '어떤 일이 있게 된 근원', '까닭', '연고', '사고' 등의 뜻을 가진다. 대체로 장음으로 발음하지만 '故鄕(고향)'에서는 단음으로 발음한다.

예, 이미 지나간 때, 오래 되다, 해가 지나다, 오래 된 일
[故國(고국)] ① 예전에 살던 나라. ② 남의 나라에 가 있는 사람이 '자기 나라'를 이르는 말.
[故事(고:사)] 예로부터 전해오는 유서 깊은 일. 참故事成語(고사성어)
[故鄕(고향)] ① 자기가 태어나서 자란 곳. ¶고향 생각 ② 마음이나 영혼의 안식처. ¶마음의 고향
[溫故知新(온고지신)/溫故而知新(온고이지신).] 옛 것을 익히고 그것을 미루어서 새것을 앎. 『論語(논어)·爲政(위정)』

죽다
[故人(고:인)] 죽은 사람. 옛 사람. ¶고인의 명복을 빕니다
[作故(작고)] 사람의 '죽음'을 높여 이르는 말.

옛날부터 친숙한 벗, 잘 아는 교우
[故友(고:우)] 오래된 벗. 동故舊(고구)
[竹馬故友(죽마고우)] '대말을 타고 놀던 벗'이란 뜻으로, 어릴 때부터 같이 놀며 자란 벗.
[不窺密(불규밀). 不道舊故(부도구고).] 비밀을 살피지 않는다. 상대방의 옛 일을 말하지 않는다. 교제를 할 때는 상대가 비밀을 지키려고 생각하는 일에 대해서는 굳이 묻지 않도록 한다. 감추려고 하는 상처에 대해서도 언급해서는 안 된다. 오래된 친구의 과거의 잘못에 대해서는 그 사람에게나 제 삼자에게도 이야기해서는 안 된다. 『禮記(예기)·少儀(소의)』
[衣莫若新(의막약신), 人莫若故(인막약고).] 의복은 새 것일수록 좋고, 친구는 오래 될수록 좋음. 『晏子(안자)』

까닭, 이유, 고로, 까닭에
[緣故(연고)] ① 일의 까닭. ② 혈통, 정분, 법률 따위로 맺어진 관계. 참緣故者(연고자), 緣故地(연고지), 無緣故(무연고) ¶이 환자는 연고가 없다
[緣故者(연고자)] 혈통, 정분 또는 법률상의 연고 관계가 있는 사람.
[緣故地(연고지)] 그곳에서 나거나 살거나, 법률상 관계가 있는 곳.

일, 사건, 대사, 사변, 사고, 재앙이 되는 일
[故障(고:장)] ① 기계 따위의 기능에 이상이 생기는 일. ¶자동차가 오래 되어서 고장이 잦다 ② 몸에 탈이 생기는 일. ¶머리가 고장이 나서…
[忌故(기고)] 기제사를 지내는 일. 또는 그 제사. ¶기고가 들다
[無故(무고)] ① 탈없이 편안함. 凹無事(무사) ¶그동안 무고하셨습니까? ② 아무런 연고가 없음. 凹有故(유고)
[事故(사:고)] ① 뜻밖에 일어난 일이나 탈. ② 일의 원인.
[父母具存(부모구존), 兄弟無故(형제무고), 一樂也(일락야).] 부모가 모두 살아 계시고 형제들이 사고가 없는 것이 첫째 즐거움. 『孟子(맹자)·盡心 上(진심 상)』 ☞ *044
變故(변고), 別故(별고), 喪故(상고), 有故(유고)

일부러, 짐짓, 고의로, 고의로 한 일, 일부러 한 일
[故意(고:의)] ① 일부러 하는 생각이나 태도. ¶이 사고는 고의가 아니었다 ② (법) 자기 행위의 결과가 어떠하리라는 것을 알면서도 그 행위를 하는 심리 상태.

敵 원수 적, 대적할 적, 攴부15   0770

'敵(적)'자는 '원수'가 본뜻이다. '칠 攴(복)'과 '밑둥 啇(적)'으로 이루어졌다.

원수, 상대방, 서로 싸우거나 해치려 하거나 하는 상대방
[敵軍(적군)] 敵國(적국)의 군대나 병사.
[敵陣(적진)] 적의 진영이나 진지.
[輕敵必敗(경적필패)] 적을 업신여기면 반드시 패함.
[宿敵(숙적)] 오래 전부터의 적 또는 원수.
[衆寡不敵(중:과부적)] 적은 숫자로 많은 숫자를 대적할 수 없다. 처음부터 역량의 차이가 커서 싸움의 상대가 되지 못한다는 말이다. 『孟子(맹자)·梁惠王章句(양혜왕장구)』
[天敵(천적)] ① 어떤 생물에 대하여 해로운 적이 되는 생물. 개구리에 대한 뱀, 쥐에 대한 고양이 따위. ② (운동경기 따위에서) 평소에는 잘하다가도 특정한 사람이나 팀을 만나면 오금이 저리고 주눅이 들어 제 기량을 발휘하지 못하는 상대.
[仁者無敵(인자무적)] 어진 사람은 모든 사람을 사랑하므로 천하에 적대하는 사람이 없음.
敵愾(적개), 敵愾心(적개심), 敵國(적국), 敵機(적기), 敵對(적대), 敵對視(적대시), 敵兵(적병), 敵船(적선), 敵視(적시), 敵意(적의), 敵將(적장), 敵前(적전), 敵情(적정), 敵地(적지), 敵侵(적침), 敵彈(적탄), 假想敵(가상적), 强敵(강적), 輕敵(경적), 公敵(공적), 對敵(대적), 戀敵(연적), 外敵(외적), 利敵(이적), 政敵(정적)

대등하다, 맞서다, 경기 시합 등에서 서로 겨루는 상대방, 겨루다, 대항하다
[敵手(적수)] ① 적이 될 만한 사람. ② 재주나 힘이 서로 비슷해서 상대가 되는 사람.
[無敵(무적)] 겨룰 만한 맞수가 없음. ¶무적함대/천하무적
[匹敵(필적)] 지력이나 능력이 어슷비슷하여 맞설 만함.
[好敵手(호:적수)] 실력이나 기량이 잘 어울릴 만한 적수.

斗 말 두, 斗부4   0771

물건의 양을 되기 위하여 만든 자루 달린 국자의 모양을 본뜬 것이다. '열 되', '말'의 뜻을 나타낸다.

말, 되, 용량의 단위
[斗落(두락)] 마지기. '한 말의 씨앗을 뿌릴 만한 논밭의 넓이'라는 뜻으로, 대략 200~300평에 해당하나 지방에 따라 다름.

[斗升(두승)] 말과 되.
[斗酒不辭(두주불사)] 말술도 사양하지 않을 만큼 주량이 매우 큼.
별 이름
[北斗七星(북두칠성)/北斗(북두)/北斗星(북두성)] 별자리 작은곰자리의 뚜렷한 일곱 개의 별. 국자 모양으로 보이며 북극의 둘레를 원형으로 돈다.
[泰斗(태두)/泰山北斗(태산북두)] ① 태산과 북두성. ② 뭇 사람이 우러러 받드는 사람을 비유한 말. ③ 어떤 전문 분야에서 아주 권위가 있는 사람을 일컫는 말. ¶우리나라 역사학계의 태두

升 되 승, 十부4   0772

'升(승)'자는 용량의 단위로 열 홉에 해당하는 '되'를 뜻하기 위하여 그 그릇 모양을 본뜬 것이었다. 후에 '(퍼) 올리다', '오르다' 등으로 확대 사용됐는데, 이때는 '오를 昇(승)'과 통용된다. 조어력이 약하여 한자어 용례가 거의 없다.

되(곡식·액체의 분량을 헤아리는 데 쓰는 그릇), 용량의 단위, 피륙의 날을 세는 단위
[斗升(두승)] 말과 되.

施 베풀 시:, 方부9   0773

'施(시)'자는 '깃발 나부낄 㫃(언)'과 '어조사 也(야)'로 이루어졌다. '(깃발이) 펄럭이다'가 본뜻이었는데 '베풀다'는 뜻으로 쓰이게 되었다.

베풀다, 어떤 일을 차려서 벌이다, 은혜, 은혜를 베풀다
[施賞(시:상)] 상장이나 상품 또는 상금을 줌.
[施設(시:설)] 편리를 베풀어 구조물 따위를 세움. 또는 그 차린 설비. ¶의료 시설
[施惠(시:혜)] 은혜를 베풂.
[博施濟衆(박시제중)] 사랑과 은혜를 베풀어서 뭇사람을 구제함.
[布施(보:시)] (불) 자비심으로 남에게 재물이나 불법을 베풂. 또는 그 베푸는 재물 따위.
[己所不欲勿施於人(기소불욕물시어인).] 내가 하고 싶지 않은 일을 남에게도 시키지 말라.『論語(논어)·衛靈公(위령공)』
[無伐善(무벌선), 無施勞(무시로).] 자신이 잘하는 것을 자랑하지 않고, 힘든 일을 남에게 시키지 않는다. 아무리 훌륭한 일을 했어도 그것을 자랑하지 않으며, 힘든 일은 남에게 미루지 않는 그런 인간이 되고 싶다.『論語(논어)·公冶長(공야장)』
施肥(시비), 施術(시술), 施與(시여), 施主(시주), 施惠(시혜), 博施(박시)

행하다, 시행하다
[施工(시:공)] 공사를 시행함.
[施策(시:책)] 정치가·행정기관 등이 계획을 실제로 행하는 일. 또는 그러한 계획.
[施行(시:행)] ① 실제로 행함. ② (법) 법령을 공포한 뒤에 그 효력을 발생시킴. ③ (불) 보시하는 일.
[實施(실시)] 계획 따위를 실제로 시행함. ¶주 5일 근무제를 실시하다
施政(시정), 勿施(물시)

기타
[西施(서시)] 춘추 시대 월(越)의 미인. 월왕 구천(句踐)이 회계(會稽)에서 패하자 월의 범여(范蠡)는 미인계(美人計)로 서시(西施)를 오왕(吳王) 부차(夫差)에게 바쳤던 바, 과연 부차는 그녀의 미모에 혹하여 정사를 돌보지 아니하여 도리어 구천의 침공을 받아 망하였다.
[西施捧心(서시봉심)] 가슴앓이를 견디기 어려워 가슴에 손을 대고 찌푸린 서시의 얼굴이 몹시 아름다웠으므로, 못난 여자가 자기도 예쁘게 보이기 위해 일부러 가슴에 손을 대고 얼굴을 찌푸렸던 바, 사람들이 그의 추악한 얼굴에 놀라 도망쳤다는 고사에서, '같은 행위라도 그것을 행하는 사람의 됨됨이, 또는 행하는 경우에 따라 가치의 차이가 생김'을 비유하여 이르는 말.

星 별 성, 日부9   0774

'星(성)'자는 '해 日(일)'과 '날 生(생)'으로 이루어졌다. 원래는 '밝을 晶(정)'과 '날 生(생)'의 합자였다고 한다. '밝을 晶(정)'은 하늘의 별 모양을 본뜬 것이었다.

별
[星座(성좌)] 별자리. ¶오리온성좌
[金星(금성)] 아홉 유성(遊星)의 하나. 저녁때 서쪽 하늘에 보일 때는 장경성(長庚星:개밥바라기), 새벽 동쪽 하늘에 보일 때는 계명성(啓明星:샛별)이라 이른다. 图 太白星(태백성), 明星(명성)
[北斗七星(북두칠성)/北斗(북두)/北斗星(북두성)] 별자리 작은곰자리의 뚜렷한 일곱 개의 별. 국자 모양으로 보이며 북극의 둘레를 원형으로 돈다.
[衛星(위성)] 행성의 인력에 의하여 그 행성의 주위를 도는 별. 지구에 대한 달 따위. 图衛星國家(위성국가), 衛星都市(위성도시), 人工衛星(인공위성)
[日月星辰(일월성신)] 해와 달과 별의 천체(天體).
[將星(장:성)] (군) 계급장이 별로 표시되는, 준장에서 대장에 이르는 계급. 또는 그 군인.
[占星(점성)] 별의 빛이나 위치, 운행 따위를 보고 길흉을 점침. 图占星術(점성술)
星辰(성신), 星雲(성운), 牽牛(견우)/牽牛星(견우성), 明星(명성), 木星(목성), 水星(수성), 晨星(신성), 流星(유성), 織女星(직녀성), 直星(직성), 天王星(천왕성), 七星閣(칠성각)/七星壇(칠성단)/칠원성군(七元星君), 土星(토성), 恒星(항성), 行星(행성), 彗星(혜성), 惑星(혹성), 火星(화성), 曉星(효성)

세월, 나달
[星霜(성상)] ① 한 해 동안의 세월. ② 햇수를 세는 단

위로 쓰임. ¶삼십여 성상을 보냈다

是 옳을 시:, 이 시:, 日부9   0775

'是(시)'자는 '해 日(일)'과 '바를 正(정)'으로 이루어졌다. 해를 향하여 똑바로 걸어가는 모습을 통하여 '똑바로'의 뜻을 나타내었다.

옳다, 바르다, 옳다고 하다, 바르다고 인정하다
[是非(시:비)] ① 옳고 그름. ② 옳고 그름을 따지는 말다툼. 참고是非非(시시비비)
[是認(시:인)] 옳다고 인정함. ¶제 잘못을 시인하다
[自是之癖(자시지벽)] ① 제 뜻이 항상 옳은 줄만 믿는 버릇. ② 편벽된 소견을 고집하는 버릇.
[或是(혹시)] ① 혹 옳은지 모름. 확실한 것은 아니지만. ② 만일.
[是非之心智之端也(시비지심지지단야).] 옳고 그름을 가리는 마음을 일러 지혜의 실마리라 한다. 『孟子(맹자)·公孫丑 上(공손추 상)』☞ * 171
[實事求是(실사구시)] 사실에 의거해서 진리를 탐구하다. 학문이나 사업을 벌일 때, 헛된 공상이나 막연한 가능성에 의지하지 않고, 직접 확인하고 경험하면서 사실을 이끌어내는 태도를 말한다. 곧 空理(공리)나 空論(공론)을 떠나서 정확한 고증에 따라 과학적으로 밝히려던 청나라 고증학의 학문 태도로서, 조선 때 실학파의 학문에 큰 영향을 주었음. 『漢書(한서)』
是非曲直(시비곡직), 是非調(시비조), 必是(필시)

바로잡다, 바르게 하다
[是正(시:정)] 잘못된 것을 옳고 바르게 함.

다스리다
[國是(국시)] 온 국민의 지지를 받고 있는 그 나라 시정(施政)의 근본 방침. 만민(萬民)이 인정한 국가의 대계(大計).

이, 이것, 여기, 이에
[亦是(역시)] 또한.
[是父是子(시:부시자)] 그 아비에 그 아들. 그 아비를 닮은 그 아들. 부자가 모두 훌륭함을 이르는 말. 『書言故事(서언고사)』
[色卽是空(색즉시공). 空卽是色(공즉시색).] (佛) 우주 만물은 다 실체가 없는 공허한 것이기는 하나, 인연의 상관관계에 의하여 그대로 별개의 존재로서 존재하는 것이다. 무릇 형상을 갖춘 만물은 인연으로 말미암아 생긴 것이며 원래 實在(실재)하는 것이 아니므로 그대로 空無(공무)한 것이다. 般若心經(반야심경)의 구절이다. 참고色不異空(색불이공), 空不異色(공불이색). 色卽是空(색즉시공), 空卽是色(공즉시색). 『般若心經(반야심경)』
[口是傷人斧(구시상인부), 言是割舌刀(언시할설도).] 입은 곧 남을 상처 내는 도끼요, 말은 곧 자기 혀를 베는 칼이다. 『明心寶鑑(명심보감)·言語篇(언어편)』
是日(시일), 本是(본시), 如是如是(여시여시), 如是我聞(여시아문), 卽心是佛(즉심시불)

대저, 무릇
[都是(도시)] 도무지. ¶도시 모르겠다
[終是(종시)] 끝내.

非 아닐 비:, 비방할 비:, 非부8   0776

'非(비)'자는 두 날개가 서로 딴 방향을 향하고 있는 것을 본뜬 것으로 '서로 어긋나다'가 본뜻이다. '아니다'는 뜻으로도 많이 쓰인다.

아니다, 부정(否定)의 조사
[非公式(비:공식)] 공식적으로 정해지거나 받아들여지지 않고 사사로움. ¶비공식 회담
[非命(비:명)] 제 명대로 살지 못하는 목숨. 뜻밖의 재난으로 죽음. ¶교통사고로 비명에 갔다 참고非命橫死(비명횡사)
[非常(비:상)] ① 예사롭지 않고 특별함. ¶비상대책 ② 다급하고 특별한 명령이나 선언. ¶비상이 걸리다 ③ 평범하지 아니함. ¶비상한 두뇌 참고非常口(비상구), 非常金(비상금), 非常事態(비상사태)
[過恭非禮(과:공비례)] 지나친 공손은 도리어 예가 되지 못함.
[似而非(사이비)] 겉으로는 같은 듯하나 속은 다름. ¶사이비 종교
[四勿(사:물)] 공자가 안회(顔回)에게 가르친 네 가지 삼갈 일. 非禮勿視(비:례물시), 非禮勿言(비:례물언), 非禮勿聽(비:례물청), 非禮勿動(비:례물동). 예가 아니면 보지 말고, 예가 아니면 듣지 말고, 예가 아니면 말하지 말고, 예가 아니면 행동하지 말라. 예의에 벗어난 것은 되도록 피하는 것이 좋다. 보는 것, 듣는 것, 말하는 것, 행하는 것, 모두가 예가 아닌 것과 친숙하게 되면 자신도 모르게 마음도 그 올바름을 잃게 된다. 예가 아닌 것을 피하고 삼가는 것이 곧 仁(인)의 도리에 이르는 방법이다. 『論語(논어)·顔淵(안연)』
非可逆(비가역), 非公開(비공개), 非課稅(비과세), 非但(비단), 非道(비도), 非禮(비례), 非夢似夢(비몽사몽), 非凡(비범), 非僧非俗(비승비속), 非一非再(비일비재), 人非木石(인비목석)

거짓, 진실이 아니다, 나쁘다, 옳지 않다
[非理(비:리)] 옳은 이치에 어그러짐. ¶비리가 판치는 세태
[非違(비:위)] 법에 어긋남. 또는 그러한 일. ¶비위를 저지르다
[是非(시:비)] ☞ 是(시)
[是非之心智之端也(시비지심지지단야).] ☞ 是(시)
是非曲直(시비곡직), 是是非非(시시비비), 是非調(시비조)

없다
[非情(비:정)] 사람으로서의 따뜻한 정이 없음. ¶비정한 사람/비정한 세상

허물, 잘못

[昨非(작비)] 전에 저지른 잘못.

[非行(비:행)] 도리나 도덕 또는 법규에 어긋나는 행위. ¶비행 청소년

[耳不聞人之非(이불문인지비), 目不視人之短(목불시인지단), 口不言人之過(구불언인지과). 庶幾君子(서기군자).] 귀로는 다른 사람의 비행을 듣지 말고, 눈으로는 다른 사람의 단점을 보지 말고, 입으로는 다른 사람의 허물을 말하지 말라. 그러면 군자라 할 수 있다. 『明心寶鑑(명심보감)·正己篇(정기편)』

책하다, 꾸짖다, 나무라다

[非難(비:난)] 남의 잘못이나 흠 따위를 책잡아서 나쁘게 말함. ¶실책을 비난하다

暴 사나울 폭, 모질 포:, 日부15   0777

'暴(폭)'자는 '해 日(일)', '나갈 出', '받들 廾(공)', '쌀 米(미)'로 이루어졌다. 햇볕에 벼를 내다 말리는 모습을 통하여 '말리다', '쬐다'의 뜻을 나타내었다. 글자의 구조가 복잡하다 보니, '날 日(일)' 이외의 요소들은 그 형태가 많이 바뀌었다. 후에 '사납다'는 뜻으로 활용되는 예가 많아지자 본래의 뜻은 따로 '쬘 曝(폭)'자를 만들어냈다. '모질다'의 뜻으로 쓰일 때는 [포:]로 읽는다.

사납다, 성질이 사납다, 맨손으로 치거나 때리다, 행동이 거칠어 도리에 어긋나다, 난폭하다

[暴動(폭동)] 어떤 집단이 폭력으로 소동을 일으켜서 사회의 안녕을 어지럽히는 일. ¶폭동이 일어나다

[暴力(폭력)] 남을 거칠고 사납게 제압할 때 쓰는 주먹이나 발 또는 몽둥이 따위의 수단이나 힘.

[暴行(폭행)] ① (사람을) 주먹이나 발이나 몽둥이 따위로 때리는 것. ② '强姦(강간)'을 완곡하게 이르는 말. 참性暴行(성폭행)

[亂暴(난폭)] 행동이 몹시 거칠고 사나움.

暴君(폭군), 暴徒(폭도), 暴言(폭언), 暴政(폭정)

모질다, 학대하다

[暴惡(포:악)] 행동이 사납고 성질이 악함. ¶포악한 행동

[橫暴(횡포)] 성질이나 행동이 몹시 사납고 제멋대로임.

暴虐(포학), 強暴(강포), 狂暴(광포), 凶暴(흉포)

세차다, 비·바람·눈 등이 몹시 심하다

[暴利(폭리)] 지나치게 많이 남기는 부당한 이익. 반薄利(박리) ¶폭리를 취하다

[暴雪(폭설)] 갑자기 한꺼번에 많이 내린 눈. ¶어젯밤 폭설로 교통이 두절되었다 참暴雨(폭우), 暴風(폭풍)

暴暑(폭서), 暴食(폭식), 暴飮(폭음), 暴注(폭주), 暴走(폭주), 暴風雨(폭풍우)

해치다, 해롭게 하다

[自暴自棄(자포자기)] 스스로에게 난폭하고 스스로를 버린다. 마음에 불만이 있어 아무런 기대도 걸지 않고 짐짓 몸가짐이나 행동을 마구 되는 대로 함. 될 대로 되라는 행동을 이른다. '自暴(자포)'는 자신을 학대하는 것이고, '自棄(자기)'는 자신을 버리는 것이다. 또 孟子(맹자)에서는 禮義(예의)를 헐뜯는 것을 '自暴(자포)'라 하고 '仁義(인의)'를 실천하지 않는 것을 '自棄(자기)'라고 하였다. 참暴棄(포기)

갑자기, 급작스럽게

[暴騰(폭등)] 값이 갑자기 크게 뛰어 오름. 반暴落(폭락)

[暴落(폭락)] ① 갑자기 크게 떨어짐. ¶시세가 폭락하다 ② 인격이나 위신이 갑자기 여지없이 떨어짐.

[暴發(폭발)] ① 감정이 갑작스럽게 터져 나옴. ¶분노가 폭발하다 ② 사건 따위가 갑자기 벌어짐.

[爆發(폭발)] ① 불이 일어나며 갑작스럽게 터짐. ② (화) 물질이 부피가 몹시 커지면서 폭음·화염 및 파괴작용을 일으킴. ¶화산이 폭발하다 참爆發物(폭발물)

나타내다, 명백히 드러내 보이다

[暴露(폭로)] ① 알려지지 않은 일을 드러냄. ② 묻히거나 싸인 물건이 비바람에 노출되어 바램.

쬐다, 햇볕에 말리다

[一日暴之(일일폭지), 十日寒之(십일한지).] '하루 데워서 열흘 걸려 식혀버린다'는 뜻으로, '노력이 적고 게으름이 많음'을 경계한 말. 一暴十寒(일폭십한)『孟子(맹자)』

極 다할 극, 극진할 극, 木부13   0778

'極(극)'자는 '나무 木(목)'과 '추궁할 亟(극)'자로 이루어졌다. 본뜻은 가옥의 최고의 곳에 있는 '용마루'였다. '가장', '지극히', '임금의 자리'의 뜻으로 확대되었다.

극, 한계, 더 할 수 없는 막다른 지경, 매우, 심히

[極端(극단)] ① 맨 끝. ② 끝까지 다 가서 여지가 없는 지경. ③ 중용을 벗어나 한 쪽으로 지나치게 치우치는 것. 참極端的(극단적)

[極樂(극락)] ① 지극히 안락함. ② (불) 아미타불이 살고 있는 깨끗한 세상. 아무런 괴로움이 없고 지극히 안락하다는 세상. 佛果(불과)를 얻은 사람이 죽어서 이곳에 다시 태어난다고 함. 참極樂淨土(극락정토) ③ '아주 살기 좋은 이상적인 곳'을 비유하는 말.

[極貧(극빈)] 몹시 가난함. 참極貧者(극빈자)

[至極(지극)] 더할 나위 없이 극진함. ¶지극한 정성으로

[樂不可極(낙불가극).] 즐거움을 마음껏 누려서는 안 된다. 쾌락을 추구하는 마음은 한이 없는 것이며, 그 끝에는 권태와 절망이 기다리고 있다. 『禮記(예기)·曲禮 上(곡례 상)』 ☞ * 287

極口(극구), 極大(극대), 極度(극도), 極東(극동), 極力(극력), 極烈(극렬), 極秘(극비), 極秘裡(극비리), 極暑(극서), 極盛(극성), 極小(극소), 極甚(극심), 極惡(극악), 極惡無道(극악무도), 極言(극언), 極左(극좌), 極盡(극진), 極讚(극찬), 極致(극치), 極値(극치), 極寒(극한), 極限(극한), 極刑(극형), 窮極的(궁극적), 罔極

(망극), 罔極之恩(망극지은), 無極(무극), 往生極樂(왕생극락), 積極的(적극적), 終極(종극), 昊天罔極(호천망극)

끝, 일의 결과, 이르다, 닿다, 미치다
[消極(소극)] 스스로 앞으로 나아가거나 개선하려는 기백이 부족하고 비활동적임. 凹積極(적극) 참消極的(소극적)
[積極(적극)] ① 활동적이고 철저한 것. 또는 긍정적인 것. ② 활발하게. 힘껏. ¶적극 나서다/적극 힘쓰다 凹消極(소극) 참積極的(적극적)
[窮極(궁극)] (어떤 과정의) 마지막이나 끝. 참窮極的(궁극적)

지구 자전의 축이 지구 표면과 교차하는 점
[極光(극광)] (지) 오로라. 지구의 남북 양극 지방의 최고층 대기 중에 나타나는 발광 현상.
[極點(극점)] (지) 위도 90도의 지점. 곧 남극점과 북극점.
[極圈(극권)] 남극 또는 북극의 권역. 참南極圈(남극권), 北極圈(북극권)
[北極(북극)] ① 지구의 북단(北端). ② 북쪽 끝의 지방 北極圈(북극권). 참南極(남극)
極地(극지), 南極(남극), 兩極(양극)

전극, 자극, 극의 총칭
[陽極(양극)] (물) '양전극'의 준말. 전지·진공관 같은 장치의 직류 전원에서 양전기가 일어나는 부분. 곧 전류가 흘러나오는 전위가 높은 곳. 凹陰極(음극), 陰電極(음전극)
[陰極(음극)] '陰電極(음전극)'의 준말. (물) 전기·진공관 같은 장치의 직류 전원에서 전류가 들어가는 곳. 凹陽極(양극), 陽電極(양전극)
[磁極(자:극)] (물) 자석에서 쇠붙이를 끌어당기는 힘이 가장 강한 두 끝의 부분.
[電極(전:극)] 전기가 드나드는 양극의 단자.

좌표의 한 가지
[極座標(극좌표)] (수) 평면이나 공간에 있는 어느 점이나 선의 움직임이 원점을 극으로 하여 원운동하는 것으로 생각하여 극과의 거리 및 움직인 각도로써 그 위치를 나타내는 좌표. 극자리표.

지상(至上)의 자리, 임금
[登極(등극)] ① 지붕의 용마루에 오름. ② 천자의 자리에 오름.

북극성, 우주의 축이 천구와 교차하는 점
[北極星(북극성)] 별자리 작은곰자리의 주성(主星). 육안으로 보이는 별 중에서 이 별이 가장 북극에 가까우므로 이르는 이름.

하늘
[太極(태극)] ① 易學(역학)에서 우주 만물이 생긴 근원이라고 보는 본체. ② 하늘과 땅이 아직 나뉘기 전의 상태.
[太極旗(태극기)] 우리나라의 국기. 흰 바탕의 한가운데 태극을 양은 붉은 빛, 음은 남빛으로 그리고, 검은 빛으로 乾(건)·坤(곤)·坎(감)·離(리) 네 괘를 사방 대각선상에 그림.
太極(태극)의 의미는 하늘과 땅, 음과 양, 물과 불을 상징한다고 하는데 국기에 사용된 태극은 '조화'의 관점에서 보는 것이 더 타당하다고 한다. 즉 세상은 음과 양 두 가지 힘으로 이루어지고 서로 조화를 이루면서 세상이 존재한다는 것이 음양오행설의 핵심인데, 이 두 가지 힘이 서로 대립하지 않고 서로 조화를 이룬 모습을 형상화한 것이 태극이라는 상징인 것이다. 건곤감리를 태극의 괘라고 하는데 원래 괘는 총 8개로 각 괘는 자연의 근본이 되는 하늘, 땅, 못, 불, 지진, 바람, 불, 산을 상징하는 것이다. 이 중에서 대표적인 乾(건;하늘), 坤(곤;땅), 坎(감;물), 離(리;불)을 선정하여 우리나라 국기에 형상화한 것이다. 감은 물과 더불어 남성을, 리는 불과 더불어 여성을 상징하기도 한다.

榮 영화 영, 꽃필 영, 木부14　0779

'榮(영)'자는 나무 가지에 꽃이 무성하게 핀 모양을 형상화한 것이다.

꽃, 꽃이 피다, 성하다, 싱싱하게 우거지다
[榮枯(영고)] 초목이 무성함과 말라죽음을 사물의 번영과 쇠락에 비유한 말.
[榮枯盛衰(영고성쇠)] 꽃이 핌과 나무가 말라 죽음 그리고 번성함과 쇠망함. 개인이나 사회의 성함과 쇠함. 비興亡盛衰(흥망성쇠)
[榮落(영락)] 초목이 무성함과 말라죽음을 사물의 번영과 쇠락에 비유한 말.

기세 좋게 한창 일어나다, 융성하다, 창성하다
[繁榮(번영)] 일이 번성하고 영화롭게 됨. ¶번영을 누리다

나타나다, 이름이 드러나다, 영화, 영달
[榮光(영광)] 영화롭게 빛남. 또는 그런 영예.
[榮辱(영욕)] 榮華(영화)와 恥辱(치욕).
[榮華(영화)] 귀하게 되어 이름이 세상에 빛남. ¶부귀영화를 누리다
[虛榮(허영)] ① 헛된 영화. ② 필요 이상의 겉치레. 참虛榮心(허영심)
榮達(영달), 榮譽(영예), 榮轉(영전), 富貴榮華(부귀영화), 虛榮心(허영심)

華 꽃 화, 빛날 화, ++부12　0780

'華(화)'자는 '꽃'을 나타내기 위하여 가지마다 꽃이 만발한 나무 모양을 본뜬 것이다. '빛나다'는 뜻으로 많이 쓰인다.

꽃(花), 꽃이 피다
[枯樹生華(고수생화)] 마른 나무에 꽃이 핀다는 뜻으로, '노쇠한 사람이 다시 생기를 되찾음'을 이르는 말.

[枯楊生華(고양생화)] 마른 버드나무에 꽃이 핀다는 뜻으로, '늙은 여자가 자기보다 젊은 남편을 얻음'을 이르는 말.
[散華(산:화)] ① 꽃이 져서 흩어짐. 또는 그 꽃. ② 꽃다운 젊은이가 전쟁 따위에서 죽음.

화려하다, 아름답다, 요염하다, 용모가 아름답다
[華麗(화려)] ① 빛나고 아름다움. ¶화려한 옷차림 ② 어떤 일이나 생활 따위가 호화로움. ¶화려한 결혼식
[華燭(화촉)] ① 빛깔을 들인 밀초. ② 혼인식 따위에서 밝히는 등불. 뜻이 바뀌어 '혼례'를 달리 일컫는 말이 되었음. 참華燭洞房(화촉동방)/洞房華燭(동방화촉)
[豪華(호화)] 사치스럽고 화려함. ¶호화주택 참豪華燦爛(호화찬란), 豪華版(호화판)
華奢(화사), 萬華鏡(만화경), 昇華(승화)

겉으로 화려한 것, 허식
[外華(외화)] 외관이 화려함. 화려한 겉치레.
[外華內貧(외화내빈)] 겉으로 보기에는 화려하나 속으로는 가난함.
[虛華(허화)] ① 겉으로만 화려함. ② 헛되고 실속없는 榮華(영화).

번영하다, 성하다, 한창
[繁華(번화)] ① 번창하고 화려함. ¶번화한 거리 ② 얼굴이 높고 귀하게 될 빛이 있고 환함.
[榮華(영화)] ☞榮(영)
[富貴榮華(부:귀영화)] 재산이 넉넉하고 지위가 높으며 귀하게 되어 이름이 세상에 빛남. ¶온갖 부귀영화를 다 누리다

중국인이 자기 나라를 가리켜 이르는 말
[華僑(화교)] 외국에 가서 사는 중국 사람.
[華商(화상)] 중국 상인.
[中華(중화)] '둘레에 야만족이 있는, 한가운데의 문명한 나라'라는 뜻으로, 중국 사람이 자기 나라를 자랑스레 높여 일컫는 말.

61세
[華甲(화갑)] '성대한 회갑'을 이르는 말.

땅 이름, 성, 산 이름, 기타
[華山(화산)]
[華陀(화타)] 중국 후한 말의 의사. 삼국지의 등장인물. 神醫(신의)라고 일컬어지는 전설적인 명의. 참扁鵲(편작)
[華嚴(화엄)] (불) ① 연꽃 같이 장엄한 부처님의 깨달음과 가르침. ② 부처님의 가르침을 몸소 실천하여 수행함. 참華嚴經(화엄경) 華嚴宗(화엄종)
[華嚴經(화엄경)] (불) 석가가 도를 이룬 뒤, 이레가 되는 날 깨달은 대로 설법한 경문. 불교의 가장 높은 교리가 됨.
[華氏(화씨)] 화씨온도계의 눈금 이름. 부호는 'F'이다.

'꽃'을 뜻하는 한자에 '花(화)'와 '榮(영)'과 '華(화)'가 있다. '花(화)'자는 '華(화)'자의 속자였다. 후에 '華(화)'자는 '화려하다'는 뜻으로, '花(화)'자는 '꽃'이라는 뜻으로 독립하게 됐다. '榮(영)'은 서로 어우러진 두 줄기의 가지에 꽃을 활짝 피운 모양을 본뜬 글자로, 나무에 핀 꽃을 뜻하다가 후에 '영화롭다'의 뜻으로 쓰이게 되었다. '華(화)'는 잎이 늘어진 한 송이 꽃 모양을 본뜬 글자로, 한 송이의 '꽃'을 뜻하다가 후에 '빛나다'의 뜻으로 쓰이게 되었다. 한 마디로 '榮華(영화)'는 '꽃을 피우다'라는 뜻이다. 초목도 자신의 영화로운 존재를 알리려고 꽃을 피운다.

檢 검사할 검, 봉할 검, 木부17 0781

'檢(검)'자는 '나무 木(목)'과 '다 僉(첨)'으로 이루어졌다. 문서를 나무 상자 안에 넣고 표시하는 일 즉, '검사하다'는 뜻을 나타내는 글자이다.

잡도리하다, 단속하다
[檢擧(검:거)] (법) 수사 기관이 범죄 혐의가 있는 사람을 잡아들이는 일.
[檢事(검:사)] (법) 범죄의 수사, 공소의 제기, 법률 적용의 청구, 형 집행의 감독 등을 행하는 사법 행정관.
[巡檢(순검)] (역) 밤마다 순장과 감군이 맡은 구역을 이경 이후 오경까지 운행하여 감독하던 일. 또는 그 일을 하던 벼슬의 하나.
[特檢(특검)] (법) 특별검사. 고위 공직자의 비리나 위법 혐의가 있을 때, 방증 자료를 수집 조사하고 기소하기까지 독자적인 수사를 할 수 있는 일시적 독립 수사 기구.

조사하다
[檢査(검:사)] ① 어떤 사실을 조사하여 옳고 그름과 좋고 나쁨 따위를 판단함. ¶신체검사/제품 검사 ② 물질의 상태나 성분을 살펴보거나 실험하는 일. ¶대변 검사/혈액 검사
[檢索(검:색)] ① 검사하여 찾아봄. ¶검문검색/몸을 검색하다 ② 자료 따위를 찾아내는 일. ¶자료 검색
[檢察(검:찰)] ① 검사하여 살핌. ② (법) 범죄를 수사하고 증거를 수집하는 일. 참檢察官(검찰관), 檢察廳(검찰청)
[檢討(검:토)] 검사하면서 따져봄.
[點檢(점검)] 자세히 또는 낱낱이 검사함.
檢問(검문), 檢算(검산), 檢屍(검시), 檢疫(검역), 檢閱(검열), 檢印(검인), 檢定(검정), 檢定考試(검정고시), 檢證(검증), 檢診(검진), 檢出(검출), 檢針(검침), 不審檢問(불심검문), 受檢(수검), 臨檢(임검), 適性檢査(적성검사), 徵兵檢査(징병검사), 被檢(피검)

檀 박달나무 단, 木부17 0782

'檀(단)'자는 '나무 木(목)'과 '믿음 亶(단)'으로 이루어졌다. '박달나무'를 뜻한다.

우리나라 민족의 시조, 박달나무
[檀君(단군)] 우리 겨레의 시조.

[檀紀(단기)/檀君紀元(단군기원)] 단군 왕검이 즉위한 해를 원년으로 잡은 기원. 이 해는 서력기원 전 2333년에 해당한다.
白檀(백단), 紫檀(자단), 黑檀(흑단)
베풀다, 시주하다
[檀家(단가)] (불) 절에 시주하는 사람의 집.

權 권세 권, 저울추 권, 木부22 0783

'權(권)'자는 '나무 木(목)'과 '황새 雚(관)'의 합자이다. '저울추, 저울질하다'는 뜻을 위해 만들어졌다. '저울질을 할 수 있는 권한을 가진 사람'이라는 뜻에서, 후에 '권세', '권력'과 같은 뜻으로 쓰이게 되었다.
저울추, 저울질하다, 무게를 달다, 경중 대소를 분별하다
[權然後知輕重(권연후지경중), 度然後知長短(탁연후지장단).] 저울에 단 연후에 그 가볍고 무거움을 알 수 있고, 길이를 자로 재 본 후에야 그 길고 짧음을 알 수 있다. 『孟子(맹자)·梁惠王上(양혜왕상)』 ☞ *057
꾀하다, 책략을 쓰다, 임기응변의 방편
[權謀術數(권모술수)] 그때그때의 형편에 따라 꾀하는 모략이나 수단.
권리, 권세, 권력
[權力(권력)] 남을 복종시키거나 지배할 수 있는 공인된 권리와 힘. 특히 국가나 정부가 국민에 대하여 가지고 있는 강제력을 이른다.
[權利(권리)] ① 권세와 이익. ② 어떤 일을 행하거나 타인에 대하여 당연히 요구할 수 있는 힘이나 자격. 凾 義務(의무)
[權勢(권세)] 권력과 세력을 아울러 이르는 말.
[棄權(기권)] 투표·경기 등에서 부여받은 권리를 스스로 포기하고 행사하지 않음. ¶기권승을 거두다
[所有權(소유권)] 자기가 소유하고 있는 물건을 법률의 정한 범위 내에서 사용·수익·처분할 수 있는 권리.
[有權者(유:권자)] ① 권력이 있는 사람. ② 권리를 가진 사람. ③ 선거권이 있는 사람.
[人權(인권)] 사람의 권리. 인간이 인간으로서 누구나 당연히 가지는 기본적 권리.
權能(권능), 權門勢家(권문세가), 權不十年(권불십년), 權臣(권신), 權威(권위), 權威者(권위자), 權威主義(권위주의), 權益(권익), 權座(권좌), 權限(권한), 拒否權(거부권), 公權(공권), 公民權(공민권), 官權(관권), 敎權(교권), 大權(대권), 國權(국권), 金權(금권), 旣得權(기득권), 基本權(기본권), 母權(모권), 黙秘權(묵비권), 物權(물권), 民權(민권), 發言權(발언권), 兵權(병권), 復權(복권), 父權(부권), 分權(분권), 私權(사권), 司法權(사법권), 三權分立(삼권분립), 商權(상권), 選舉權(선거권), 市民權(시민권), 神權(신권), 實權(실권), 失權(실권), 女權(여권), 王權(왕권), 越權(월권), 利權(이권), 立法權(입법권), 抵當權(저당권), 著作權(저작권), 全權(전권), 專權(전권), 政權(정권), 主權(주권), 主權國(주권국), 主權在民(주권재민), 職權(직권), 職權濫用(직권남용), 職權處分(직권처분), 執權(집권), 參政權(참정권), 債權(채권), 天賦人權說(천부인권설), 治外法權(치외법권), 親權(친권), 統帥權(통수권), 統治權(통치권), 特權(특권), 覇權(패권), 被選擧權(피선거권), 行政權(행정권)
능력, 기지
[制空權(제:공권)] (군) 공군력으로 일정한 지역의 상공을 지배하는 능력.
[制海權(제:해권)] (법) 평시 또는 전시에 무력으로써 바다를 지배하여 해상의 국방 또는 국가의 권익 옹호와 해상의 교통과 무역을 확보하는 군사력.
권도, 수단은 상도(常道)에서 벗어나나 결과는 상도(常道)에 맞다
[權道(권도)] 그때그때의 형편에 따라 일을 처리하는 방도.

次 버금 차, 欠부6 0784

버금, 다음, 둘째, 주되는 것이 아닌 부차적인 것
[次官(차관)] 장관을 보좌하고 그를 대리하는 보조 기관. 또는 그 직위에 있는 공무원.
[次善(차선)] 최선에 버금가는 좋은 방도. 짧次善策(차선책)
[副次的(부차적)/二次的(이차적)] 어떤 사물에 주가 아닌 부수적인.
[孝有三(효유삼). 大孝尊親(대효존친), 其次弗辱(기차불욕), 其下能養(기하능양).] 효에는 세 가지가 있다. 큰 효는 부모를 존경하는 것이고, 그 다음은 부모를 욕되게 하지 않는 것이며, 마지막은 부모를 잘 봉양하는 것이다. 『禮記(예기)·祭義(제의)』
次等(차등), 次席(차석), 次善策(차선책), 次長(차장)
잇다, 뒤를 잇다, 다음에, 이어서
[次期(차기)] 다음 시기. 다음 번. ¶차기 동창회장
[次男(차남)] 둘째 아들. 짧次女(차녀)
次女(차녀), 次號(차호), 次回(차회)
차례, 순서, 매기다 차례를 정하다
[次例(차례)] ① 둘 이상의 것이 순서 있게 벌여 나가는 서로의 관계나 그 자리. ¶차례를 정하다/차례를 기다리다 ② 글·책 같은 것에서, 벌여 적어 놓은 항목. ③ (수) 크고 작음, 많고 적음의 관계. ④ 횟수를 세는 단위. ¶소나기가 한 차례 내렸다/병원에 몇 차례 다녀왔다
[目次(목차)] 책 첫머리에 그 속 내용의 제목을 차례로 벌여 적은 조목.
[席次(석차)] ① 자리의 차례. ② 성적의 차례.
[節次(절차)] 일을 치르는 데 밟아야 하는 순서나 방법. ¶입법 절차
歲次(세차), 順次(순차), 維歲次(유세차), 漸次(점차), 行次(행차)

때, 기회

[次次(차차)] ① 한 방향으로 조금씩 달라지는 모양. ¶차차 나아지다/차차 추어지다 ② 서두르지 않고 앞으로 천천히 ¶얘기는 차차 하기로 하고 밥부터 먹으렴
[將次(장차)] '앞으로'의 뜻. 미래의 일을 말할 때 씀. ¶장차 무엇을 할 것인가?

번, 횟수

[次元(차원)] ① 사물을 보거나 생각할 때의 처지. 또는 어떤 생각이나 의견 따위의 수준. ¶한 차원 높여 생각하다 ② (수) 일반적인 공간의 확장하는 정도를 나타내는 것. 직선은 일차원, 평면은 이차원, 보통의 공간은 삼차원이지만 n차원이나 무한 차원의 공간도 생각할 수 있음. 참一次元(일차원), 二次元(이차원), 三次元(삼차원), 四次元(사차원)
[屢次(누:차)/累次(누:차)] 여러 차례. 여러 차례에 걸쳐. ¶누차의 부탁/누차 말하다
[數次(수:차)] 두서너 차례. 몇 차례.
[一次(일차)] 첫 번째. 또는 한 번. 참一次方程式(일차방정식), 一次産業(일차산업), 二次(이차), 三次(삼차)
[再次(재:차)] ① 두 번째. 또는 두 차례. ② 또다시. ¶재차 부탁하다

步 걸을 보: 걸음 보:, 止부7   0785

'步(보)'자는 두 개의 발자국(止) 모양을 본뜬 것이었다. 위의 '止'는 그대로이고, 아래의 '止'는 거꾸로 된 것이다. 아랫부분을 '적을 少(소)'로 쓰면 틀리는 것이니 주의해야 한다.

걷다, 천천히 걷다, 걸음걸이, 발걸음, 한 걸음

[步武(보무)] 힘차고 씩씩하게 걷는 걸음. '步(보)'는 한 걸음, '武(무)'는 반걸음을 뜻한다. ¶보무도 당당하게 행진하다 참步武堂堂(보무당당)
[步調(보:조)] ① 걸음걸이의 속도나 모양. ¶보조를 늦춰라 ② 동시에 진행되는 여러 가지 일들 상호간의 조화나 진행 속도. ¶보조를 맞춰서 일을 하다
[步行(보:행)] ① 걸어가거나 걸어 다님. ② 먼 길에 보내는 급한 심부름. 또는 그 심부름꾼. 참步行者(보행자)
[獨步(독보)] ① 혼자서 걸음. ② 남이 감히 따를 수 없이 뛰어남. 참獨步的(독보적)
[讓步(양:보)] (앞서 걸어가기를 사양한다는 뜻으로) ① 길·자리·물건·권리 따위를 사양하여 남에게 미루어 줌. ¶자리를 양보하다 ② 자기의 의견이나 주장을 굽혀 물러섬. ③ 남을 위하여 자신의 이익을 희생함. ¶한 치도 양보하지 않았다
[初步(초보)] ① 아이가 처음으로 내딛는 걸음. ② 어떤 일을 익힐 때의 첫 단계나 수준. 또는 학문이나 기술 따위에서 가장 낮고 쉬운 정도의 단계. ¶초보 운전 참初步者(초보자)
[五十步笑百步(오:십보소백보).] 싸움에서 오십 보 달아난 사람이 백 보 달아난 사람을 비겁하다고 웃는다. 정도의 차이가 조금은 있으나 본질은 같다. '五十步百步(오십보백보)'라고 줄여서 쓰기도 한다. 『孟子(맹자)·梁惠王章句(양혜왕장구)』
步道(보도), 步哨(보초), 步幅(보폭), 巨步(거보), 競步(경보), 驅步(구보), 徒步(도보), 踏步(답보), 漫步(만보), 散步(산보), 速步(속보), 牛步(우보), 牛步虎視(우보호시), 雄步(웅보), 鷹視狼步(응시낭보), 進一步(진일보), 閑步(한보), 行步(행보), 闊步(활보), 橫斷步道(횡단보도), 橫步(횡보)

[七步詩(칠보시)] 魏(위)의 曹操(조조)의 아들 曹植(조식)이 형인 文帝(문제)의 미움을 받아, 일곱 걸음 걷는 동안에 시 한 수를 짓지 못하면 벌을 받으리라는 명령에 몰려서 그 시간 내에 지었다는 시.
煮豆燃豆萁(자두연두기), 콩을 삶는데 콩대를 베어 때니,
豆在釜中泣(두재부중읍). 솥 안에 있는 콩이 눈물 흘리네.
本是同根生(본시동근생), 본디 같은 뿌리에서 태어났는데,
相煎何太急(상전하태급). 어찌 그리도 세차게 삶아대는가. 『世說新語(세설신어)』

일정한 방향으로 나아가다

[進步(진:보)] 발전되어 앞으로 나아감. 반退步(퇴보). 참進步的(진보적), 進步主義(진보주의), 保守(보수)
[退步(퇴:보)] 수준이나 정도 따위가 이제까지보다 못하게 됨. 뒷걸음. ¶기술이 퇴보하다

보병

[步兵(보:병)] (군) 육군에서 소총·기관총 등을 소지하고 주로 도보 전투를 하도록 훈련된 군인. 또는 그 군인들의 병과.

면적의 단위

[段步(단보)] 땅 삼백 평을 나타내는 단위.
[町步(정보)] 땅 삼천 평을 나타내는 단위.

殺 죽일 살, 덜 쇄:, 殳부11   0786

'殺(살)'자는 '죽일 杀(살)'자의 아랫부분 '나무 木(목)' 위에 점 'ヽ'을 찍고, 우측에 '몽둥이 殳(수)'를 붙인 글자이다. 'ヽ'을 생략한 것은 '殺(살)'자의 속자이다. '杀(살)'자는 멧돼지의 모양을 본뜬 것이라는 설이 있다. 그러니 '殺(살)'자는 멧돼지를 몽둥이로 '때려잡다'는 뜻이 된다. 참고로 '절 刹(찰)'자는 이 'ヽ'이 없이 쓴다. '殺'자가 '죽이다'는 뜻으로 쓰일 때는 단음인 [살]로 읽고, '덜다' 또는 '심히'의 뜻으로 쓰일 때는 장음인 [쇄:]로 읽는다.

죽이다, 살해하다, 죄인을 죽이다, 베다

[殺傷(살상)] 죽이거나 상하게 함.
[殺身成仁(살신성인)] 자신의 몸을 죽여서 어짊을 이룩한다. 위급한 상황에 처했을 때 자신의 몸을 죽여 정의를 이룩하는 것이 사람의 올바른 자세라는 뜻이다. 『論語(논어)·衛靈公(위령공)』
[殺人(살인)] 사람을 죽임. 참殺人魔(살인마), 殺人犯(살인범)

[生巫殺人(생무살인)] 선무당이 사람 잡음. 기술과 경험이 적은 사람이 젠 체하다가 도리어 화를 초래한다는 말.
[暗殺(암ː살)] 몰래 사람을 죽임.
[自殺(자살)] 스스로 자기 목숨을 끊음.
殺菌(살균), 殺菌劑(살균제), 殺父之讐(살부지수), 殺生(살생), 殺生戒(살생계), 殺生有擇(살생유택), 殺鼠劑(살서제), 殺戮(살육), 殺人鬼(살인귀), 殺人犯(살인범), 殺蟲(살충), 殺蟲劑(살충제), 殺害(살해), 擊殺(격살), 矯角殺牛(교각살우), 絞殺(교살), 盜殺(도살), 屠殺(도살), 屠殺場(도살장), 毒殺(독살), 沒殺(몰살), 搏殺(박살), 撲殺(박살), 射殺(사살), 壓殺(압살), 刺殺(자살), 杖殺(장살), 誅殺(주살), 借刀殺人(차도살인), 寸鐵殺人(촌철살인), 斬殺(참살), 銃殺(총살), 他殺(타살), 打殺(타살), 投身自殺(투신자살), 被殺(피살), 虐殺(학살)

없애다, 제거하다
[抹殺(말살)] (어떤 현상이나 대상을) 세상에 전혀 남아 있지 않게 없앰. ¶일제의 국어 말살 정책
[黙殺(묵살)] 보고도 못 본 체, 듣고도 못 들은 체 내버려두고 문제 삼지 않음. 또는 무시해 버림. ¶의견을 묵살하다

무시무시하다, 혹독하다
[殺氣(살기)] 남을 죽일 듯한 기세나 분위기.
[殺伐(살벌)] ① 병력으로 죽이고 들이침. ② 위력을 가지고 무시무시한 짓을 함. ③ 행동이나 분위기가 무시무시함. ¶분위기가 살벌하다
[殺風景(살풍경)] ① (풍경이나 분위기가) 볼품없이 스산한 광경. ② (광경이) 살기를 띠어 무시무시함.
[嚴冬不肅殺(엄동불숙살), 何以見陽春(하이견양춘).] 한 겨울 추위가 혹독하지 않고서야 어찌 봄날의 화창함이 있으랴. 『唐(당) 呂溫(여온)』

[殺風景(살풍경)] 唐(당)나라 李商隱(이상은)(812~858)의 『雜纂(잡찬)』에 나오는 살풍경 시리즈
1. 松間喝道(송간갈도) 소나무 숲길에 갑자기 "물렀거라" 외치며 등장한 벼슬아치. 운치 없는 사람. 운치 없는 녀석.
2. 看花漏下(간화루하) 꽃 보다 말고 눈물을 흘린다. 눈물은 왜 짜나? 꽃 보다 말고 눈물은 왜 짜나?
3. 苔上鋪席(태상포석) 이끼 위에 자리 깔기. 그냥 앉지.
4. 斫却垂楊(작각수양) 시선을 가린다고 수양나무를 베는 행위. 몰취미하기는.
5. 花上曬褌(화상쇄곤) 꽃 위에 속옷을 널어 말리다. 만행이 따로 없다.
6. 游春重載(유춘중재) 먹을 것을 잔뜩 싣고 봄나들이 간다. 몸만 가지.
7. 石筍繫馬(석순계마) 종유석 기둥에 말고삐를 묶는 짓. 부서지면 어쩌려고.
8. 月下把火(월하파화) 달빛 아래 횃불을 든다. 하나마나 한 짓.
9. 妓筵說俗事(기연설속사) 기생과 노는 술자리에서 세속사를 말하다. 못난 놈.
10. 果園種菜(과원종채) 과수원에 채소 심기. 흐이구.
11. 背山起樓(배산기루) 으리으리한 누각에 가려 정작 산이 안 보인다. 참 잘났다.
12. 花架下養鷄鴨(화가하양계압) 꽃 시렁 아래 닭, 오리 기르기. 아! 시끄러워.
13. 淸泉濯足(청천탁족) 맑은 물에 발 씻기. 저는 시원하겠지.
14. 焚琴煮鶴(분금자학) 거문고 때서 학 삶기. 무식한 자식.
15. 對花啜茶(대화철다) 꽃 보며 차 마시다. 꽃구경이나 하지.
오늘날의 살풍경
버스 타고 음주 가무, 산에 가서 고기 굽고, 전철 타고 고성 통화, 법을 만드는 사람들 무법활극, 못난 짓하고 자화자찬.
不相稱(불상칭) 걸맞지 않는 일 시리즈
병든 의원, 글자 모르는 선생, 푸줏간에서 염불하기, 娼家(창가) 찾는 늙은이, 어깨가 떡 벌어진 신부.

어조사(어조를 강하게 하기 위하여 구중(句中)이나 구말(句末)에 쓴다.)
[笑殺(소ː살)] ① 몹시 크게 웃음. ② 웃어넘김. 문제 삼지 않음.
[愁殺(수살)] 몹시 큰 근심이나 슬픔.

매우, 심히, 세차게, 빨리
[殺到(쇄ː도)] 빨리 또는 세차게 몰려듦. ¶문의 전화가 쇄도하다
[惱殺(뇌쇄)] 애가 타도록 몹시 괴로워하거나 괴롭힘.

덜다, 저미다, 줄이다, 생략하다
[減殺(감ː쇄)] 덜리어 적어지거나 덜어서 적게 함.
[相殺(상쇄)] 엇셈. 서로 주고받을 것을 비겨 없애는 셈.
[殺頭而便冠(쇄ː두이편관), 削足而適履(삭족이적리)] '머리를 깎아내어 관을 쓰기에 편리하고, 발을 깎아서 신발에 맞춘다'는 뜻으로, '일의 본말이 전도됨'을 이르는 말. 『淮南子(회남자)·說林訓(설림훈)』

傷 다칠 상, 상할 상, 人부13   0787

'傷(상)'자는 '다친 사람'을 뜻한다. '볕 昜(양)'이 표음요소로 쓰였다.

상하다, 다치다, 몸을 다쳐 상처를 내다, 해치다
[傷痍(상이)] 상처. 다쳐서 상처를 입음. 団傷痍軍人(상이군인)
[傷處(상처)] ① 다친 데. ¶상처를 입다 ② 피해를 입은 흔적. ¶전쟁의 상처를 딛고 일어나다
[輕傷(경상)] (그리 심하지 않은) 가벼운 부상 또는 상처. 凹重傷(중상)
[負傷(부상)] 몸에 상처를 입음. ¶교통사고로 부상을 입다
[致命傷(치ː명상)] ① 치명적인 상처. 죽음의 원인이 되

는 상처. ② 회복할 수 없을 정도로 큰 손해나 타격. ¶투자를 잘못하여 사업에 치명상을 입었다
[口是傷人斧(구시상인부), 言是割舌刀(언시할설도).] 입은 곧 남을 상처 내는 도끼요, 말은 곧 자기 혀를 베는 칼이다. 『明心寶鑑(명심보감)·言語篇(언어편)』
[身體髮膚受之父母(신체발부수지부모), 不敢毁傷(불감훼상), 孝之始也(효지시야).] 신체와 모발, 피부는 부모에게 받았으니, 감히 손상하지 않는 것이 효도의 처음이다. 『孝敬(효경)·開宗明義(개종명의)』 ☞ *236
傷弓之鳥(상궁지조), 傷痍軍人(상이군인), 傷害(상해), 傷害致死(상해치사), 傷痕(상흔), 咬傷(교상), 骨折傷(골절상), 公傷(공상), 落傷(낙상), 內傷(내상), 凍傷(동상), 死傷(사상), 死傷者(사상자), 殺傷(살상), 裂傷(열상), 外感內傷(외감내상), 外傷(외상), 自傷(자상), 刺傷(자상), 戰傷(전상), 擦傷(찰상)/擦過傷(찰과상), 銃傷(총상), 打撲傷(타박상), 破傷風(파상풍), 火傷(화상), 毁傷(훼상)

물건이 해지거나 헐어지다
[損傷(손상)] 온전한 것이 덜거나 다침.

마음이 괴롭고 언짢다, 애태우다
[傷心(상심)] 슬픔이나 걱정 따위로 마음이 상함. 마음을 아프게 함.
[感傷(감:상)] 쉽게 슬퍼하거나 쓸쓸해져 마음이 상함. 또는 그러한 마음.
[食傷(식상)] ① 같은 음식이나 사물이 되풀이되어 물리는 일. ② 소화불량으로 복통·토사 등이 일어나는 병.
[樂而不淫(낙이불음), 哀而不傷(애이불상).] 즐기되 그 정도를 넘지 아니하고, 슬퍼하되 도를 넘지 아니한다. 좋은 일이 있으면 기뻐하고 즐거워하되 너무 도가 지나치지 않도록 자제하고, 슬픈 일을 당했더라도 너무 감정을 상하게 하거나 몸을 해치지 않도록 조심해야 한다는 뜻임. 『論語(논어)·八佾(팔일)』
傷憤(상분), 傷貧(상빈), 傷情(상정), 觸目傷心(촉목상심)

몸이 축나다
[傷寒(상한)] (한의) ① 추위 때문에 생기는 병. 감기와 유행성 전염병 따위. ② 방사 과도 또는 성욕 억제로 생기는 병의 한 가지.

욕하다, 남을 헐어 말하다
[中傷(중상)] 중간에서 터무니없는 말로 남을 헐뜯어 명예를 손상시킴.

일컫는 말.
[毒藥(독약)] 독성을 가진 약제. 사람이나 동물의 건강 및 생명을 해침.
[防毒面(방독면)] 방사성 물질·세균·독해물 따위로부터 피해를 막기 위해 얼굴에 쓰는 물건.
[消毒(소독)] 해로운 균을 약품, 열, 빛 따위로 죽여 없애는 일.
[中毒(중독)] ① 어떤 독성이 있는 물질을 체내에 섭취함으로써 몸의 한 부분, 또는 여러 곳에 기능 장애를 일으키는 일. ¶마약에 중독되다 ② 사상이나 사물에 젖어 정상적으로 사물을 판단할 수 없는 상태. ¶인터넷 도박 중독에 빠져 헤어나질 못하다
毒氣(독기), 毒杯(독배)/毒盃(독배), 毒殺(독살), 毒性(독성), 毒素(독소), 毒草(독초), 毒蟲(독충), 毒針(독침), 鑛毒(광독), 劇毒(극독)/劇毒物(극독물), 猛毒(맹독), 無毒(무독), 防毒(방독), 蛇毒(사독), 餘毒(여독), 鉛毒(연독), 有毒(유독), 陰毒(음독), 以毒制毒(이독제독), 杖毒(장독), 酒毒(주독), 菜毒(채독), 解毒(해독)

해독, 해악, 해치다, 괴롭히다, 거칠다, 난폭하다
[毒舌(독설)] 악독하게 혀끝을 놀려서 남을 해치는 말.
[毒種(독종)] ① 성질이 매우 매몰차고 모진 사람. ② 성질이 몹시 모질고 독한 짐승의 종자.
[三毒(삼독)] 착한 마음을 해치는 세 가지 번뇌. 즉 탐(貪)·진(瞋)·치(癡). 三垢(삼구)라고도 함.
[惡毒(악독)] 흉악하고 독살스러움. ¶그 범인은 악독한 짓을 서슴지 않았다
毒婦(독부), 毒手(독수), 慓毒(표독), 害毒(해독)

정도가 심하다
[毒感(독감)] ① 지독한 감기. 병세가 심한 감기. ② (의) 인플루엔자 바이러스에 의해 일어나는 감기. 고열과 함께 중이염, 뇌염 따위의 합병증을 일으킨다.
[毒酒(독주)] ① 매우 독한 술. ② 독약을 탄 술.
[至毒(지독)] 몹시 독함. 아주 심하거나 모짊. ¶날씨가 지독하게 춥다
[酷毒(혹독)] ① 몹시 심함. ② 마음씨나 하는 짓이 매우 모질고 악함.

기타
[梅毒(매독)] (의) 성병의 한 가지.
[旅毒(여독)/路毒(노독)] 먼 길에 지치고 시달려 생긴 피로나 병. ¶여독(노독)이 풀리다

毒 독 독, 毋부8　　0788

'毒(독)'자는 '싹날 屮(철)'과 '음란할 毐(애)'가 합쳐진 것이다. '독풀'이 본뜻이다. '독하다', '해롭다'는 뜻을 나타낸다. '주인 主(주) + 어미 母(모)'가 아니다. 한 가정의 주인인 어머니가 어찌 '독풀'이란 말인가? 한자는 이렇게 경우 없이 만들어진 것이 아니다. ☞ 每(매)0244

독, 건강이나 목숨을 해롭게 하는 것, 독약으로써 해치다
[毒蛇(독사)] 이빨을 통해 독을 분비하는 뱀을 통틀어

毛 털 모, 毛부4　　0789

'毛(모)'자는 '털이 숭숭 난 모양'을 나타낸 것이다.

털, 사람이나 동물의 살갗에 난 털, 식물의 줄기 잎 열매 등에 난 털, 동물의 몸에서 깎아낸 섬유
[毛髮(모발)] ① 사람의 몸에 난 온갖 털. ② 사람의 머리털.
[毛織(모직)] 털로 짠 피륙. 国毛織物(모직물)
[九牛一毛(구우일모)] 아홉 마리 소 중에서 뽑은 한 오

라기 터럭. 많은 것 가운데 지극히 작은 것을 일컫는 말. 司馬遷(사마천)이 任少卿(임소경)에게 보낸 편지 중에서 유래한 성어.
[發毛(발모)] 털이 남. ¶발모 촉진제
[羊毛(양모)] 양의 털.
[吹毛求疵(취:모구자)] '흠터를 찾으려고 털을 불어 헤친다'는 뜻으로, '억지로 남의 작은 허물을 들추어냄'을 이르는 말. 『韓非子(한비자)』
[脫毛(탈모)] 털이 빠짐. 또는 빠진 털. 참脫毛症(탈모증) 毛髮之功(모발지공), 毛骨(모골), 毛孔(모공), 毛管(모관), 毛根(모근), 毛絲(모사), 毛細管(모세관), 毛氈(모전), 毛布(모포), 毛筆(모필), 纖毛(섬모), 纖毛蟲(섬모충), 純毛(순모), 腋毛(액모), 牛毛(우모), 羽毛(우모), 絨毛(융모), 陰毛(음모), 體毛(체모), 火燒眉毛(화소미모)

모피, 털이 붙어 있는 가죽
[毛皮(모피)] 털이 그대로 붙어 있는 짐승의 가죽. ¶모피 외투

식물, 풀, 채소, 풀이 자라다, 오곡, 오곡이 자라다
[毛(모)]는 유용한 식물이 자라는 것을 말한다.
[不毛(불모)] ① 오곡(五穀)이 나지 않음. ② 털이 없음.
[不毛地(불모지)] 풀이나 나무가 나지 않는 거칠고 메마른 땅.

기타
[象毛(상모)] 벙거지의 꼭지에다 참대와 구슬로 장식하고 그 끝에 해오라기의 털이나 긴 백지 오리로 꾸민 꼬리. 털상모와 열두 발 상모가 있음. ¶상모돌리기
[毛遂自薦(모수자천)] 毛遂(모수)는 중국 전국시대 趙(조)나라의 平原君(평원군)의 食客(식객)이었다. 秦(진)이 趙(조)를 쳤을 때, 모수가 스스로 자기를 천거하여 평원군을 따라 楚(초)에 가서 합종의 협약을 맺게 하였다는 고사에서 나온 말. 자기 스스로 자기를 추천하는 때에 씀.

몸에 난 털은 '毛(모)', 머리에 난 털은 '髮(발)'이라 한다. 턱수염은 '鬚(수)', 콧수염은 '頿(자)', 귀 밑에서 턱까지 잇달아 난 수염 즉 구레나룻은 '髥(염)'이라고 한다. '理髮所(이발소)'라고 하지 '理毛所(이모소)'라고 하지는 않는다. 머리가 빠지는 사람들이 '發毛劑(발모제)'를 사용하는데, 몸에 털이 나는 데는 효과가 있을지언정 머리카락 나는 데는 효과가 얼마나 있을지 의문이다. '發髮劑(발발제)'라야 효과가 있을 것이다. 각각의 털이 성질이 같으면 왜 이렇게 어려운 글자를 만드느라고 수고를 했을 것인가. 각각 개성을 가지고 태어난 것이다.

髟 터럭 발, 髟부15 0790

'髟(발)'자는 '머리털 드리워질 髟(표)'와 '달릴 犮(발)'로 이루어진 글자이다.

터럭, 머리털
[金髮(금발)] 황금색의 머리털.
[毛髮(모발)] ☞ 毛(모)
[白髮(백발)] 하얗게 센 머리털. 참白髮老人(백발노인)
[危機一髮(위기일발)] '머리털 하나에 매달려 있어 곧 떨어질 것 같은 위기'라는 뜻에서, 당장이라도 끊어질 듯한 위태로운 순간을 형용하는 말.
[理髮(이:발)] 머리털을 깎고 다듬음. 참理髮師(이발사), 理髮所(이발소)
[身體髮膚受之父母(신체발부수지부모), 不敢毀傷(불감훼상) 孝之始也(효지시야).] 신체와 모발, 피부는 부모에게 받았으니, 감히 손상하지 않는 것이 효도의 처음이다. 『孝敬(효경)·開宗明義(개종명의)』 ☞ *236
髮膚(발부), 假髮(가발), 間一髮(간일발)/間髮(간발), 怒髮衝冠(노발충관), 亂髮(난발), 短髮(단발), 斷髮(단발), 斷髮令(단발령), 頭髮(두발), 毛髮之功(모발지공), 蓬頭亂髮(봉두난발), 白髮老人(백발노인), 削髮(삭발), 削髮爲僧(삭발위승), 散髮(산발), 洗髮(세발), 梳髮(소발), 銀髮(은발), 長髮(장발), 黑髮(흑발), 吐哺握髮(토포악발), 鶴髮(학발)

皮 가죽 피, 皮부5 0791

'皮(피)'자는 짐승을 죽여 나무에 매달아놓고 손(又)에 칼을 들고 가죽을 벗기는 모양이 변화된 것이다. '(털 짐승의) 껍질을 벗기다'가 본래 의미인데, '(털)가죽', '껍질', '겉' 등으로 확대 사용되었다.

가죽(털이 붙은 채 벗긴 가죽), 갖옷, 털옷, 모피 옷
[皮革(피혁)] 가죽.
[毛皮(모피)] 털이 그대로 붙어 있는 짐승의 가죽. ¶모피 외투
[虎皮(호:피)] 호랑이 가죽.
[豹死留皮(표사유피), 人死留名(인사유명).] 표범은 죽어서 가죽을 남기고, 사람은 죽어서 이름을 남긴다. '삶이 헛되지 않으면 그 명성이 길이 남음'을 이르는 말. 豹死留皮(표사유피) 대신 虎死留皮(호사유피)를 쓰기도 함. 人在名虎在皮(인재명호재피) 『五代史(오대사)·王彦章(왕언장)전』
皮帶(피대), 豚皮(돈피)

껍질, 겉, 거죽, 사물의 표면, 벗기다, 껍질을 벗기다
[皮骨相接(피골상접)] 살갗과 뼈가 서로 맞닿아 있음. 몸이 몹시 여윔.
[皮膚(피부)] 살가죽의 겉면. 참皮膚科(피부과), 皮膚病(피부병)
[皮相的(피상적)] 겉으로 드러나 보이는 현상에만 관계하는. 또는 그런 것.
[鐵面皮(철면피)] 얼굴에 철판을 깔았다는 뜻으로, 부끄러움이 없고 뻔뻔스럽기 짝이 없는 사람을 비유하는 말이다.
[脫皮(탈피)] ① 껍질이나 가죽을 벗김. ② (동) 벌레나 짐승이 허물을 벗음. ③ 낡은 사고방식에서 완전히 벗어나 진보하는 일.
[表皮(표피)] 동식물의 겉껍질. 참表皮組織(표피조직)

皮骨(피골), 皮膜(피막), 皮相(피상), 皮下(피하), 皮下組織(피하조직), 皮下脂肪(피하지방), 桂皮(계피), 果皮(과피), 面皮(면피), 面皮厚(면피후), 薄皮(박피), 剝皮(박피), 雪皮(설피), 樹皮(수피), 外皮(외피), 草根木皮(초근목피), 彈皮(탄피).

膚 살갗 부, 肉부15　　0792

'膚(부)'자는 '밥그릇 盧(로)'자와 '고기 月(육)'이 합쳐진 글자라고 한다. '盧(로)'자의 '그릇 皿(명)'이 '고기 月(육)'으로 대치된 것이다. 하여튼 이렇게 만들어져서 신체의 일부인 '살갗'을 뜻하는 글자가 되었다.

살갗, 피부
[雪膚花容(설부화용)] 눈 같이 흰 살과 꽃 같이 아름다운 얼굴. 미인의 형용.
[皮膚(피부)] ☞ 皮(피)
[身體髮膚受之父母(신체발부수지부모), 不敢毀傷(불감훼상), 孝之始也(효지시야).] ☞ 髮(발)

波 물결 파, 水부8　　0793

'波(파)'자는 '물 氵(수)'와 '가죽 皮(피)'로 이루어졌다. 물의 겉, 표면에서 일렁이는 모양이다.

물결, 수면에 생기는 파동, 물결이 일다, 파도가 일어나다
[波濤(파도)] 바다에 이는 작은 물결(波)과 큰 물결(濤).
[波瀾(파란)] ① 물결이 일어남. ② 심한 변화. 순조롭지 않고 어수선한 곤란이나 사단. ¶파란 많은 역사
[波紋(파문)] ① 수면에 이는 물결. 또는 그 물결의 모양. ¶연못에 파문이 일었다 ② 어떤 일이 다른 데에 미치는 영향. ¶파문이 확산되다
[防波堤(방파제)] 항구 안으로 밀려드는 센 물결을 막기 위해 쌓은 둑.
[人波(인파)] 사람의 물결. 사람이 많이 모여 물결처럼 보이는 상태.
[一波萬波(일파만파)] 한 물결이 가냘프게 움직여도 천만 물결이 이에 따라 일어난다는 뜻으로, '사소한 원인일지라도 그 미치는 바 영향이 큼'을 비유하여 이르는 말. 一波纔動萬波隨(일파재동만파수).
[風波(풍파)] ① 세찬 바람과 험한 물결. ¶풍파에 놀란 사공 배 팔아 말을 사니… ② 세상살이의 어려움이나 고통. ¶세상의 온갖 풍파를 헤쳐 나가 드디어 목표를 달성하였다 ③ 심한 분쟁이나 분란.
波高(파고), 波浪(파랑), 波市(파시), 萬頃蒼波(만경창파)/萬頃滄波(만경창파), 銀波(은파), 蒼浪(창랑), 滄波(창파), 蒼波(창파).

주름, 물결과 같은 모양을 이루는 것
[波動(파동)] ① 물결을 이루어 움직임. ② 공간으로 퍼져 가는 진동. ③ '사회적으로 새로운 변화를 가져올 만한 변동'을 비유적으로 이르는 말. ¶석유 파동
[波狀(파상)] ① 물결 모양. ② 어떤 일이 (바닷가에 파도가 몰려오는 모양처럼) 일정한 간격을 두고 되풀이되는 것. 관波狀攻擊(파상공격), 波狀攻勢(파상공세)
[波長(파장)] (물) 결의 마루와 마루 또는 골과 골 사이의 거리.
[音波(음파)] 소릿결. 발음체의 진동으로 말미암아 그 밖의 매질에 생기는 파동. ¶음파탐지기 관超音波(초음파)
[電波(전:파)] ① 전류의 파동. ② 도체 중의 전류가 진동함으로써 방사되는 전자기파. 특히 전기통신에서 쓰는 것을 가리킨다.
短波(단파), 長波(장파), 周波數(주파수)

평온하지 아니한 일
[波瀾萬丈(파란만장)] 물결의 기복이 몹시 심한 것처럼 생활이나 일의 진행에도 변화가 심함. ¶파란만장한 삶 비波瀾重疊(파란중첩)
[世波(세파)] ① 세상의 풍파. ② 사회의 움직이는 형편. ③ 괴로움이 많은 사회.
[平地風波(평지풍파)] 평지에 파란을 일으킨다는 뜻으로, '평온한 자리에서 뜻밖에 일어나는 다툼질'을 비유하여 이르는 말. 平地起波瀾(평지기파란).
[寒波(한파)] 겨울철에 기온이 갑자기 내려가는 현상. ¶한파주의보 발령

영향이 다른 데에 미치다
[波及(파급)] 어떤 일의 영향 따위가 다른 데로 미쳐 번짐. ¶파급을 막다/파급 효과가 크다
[餘波(여파)] ① 큰 물결이 지나간 뒤에 남는 잔물결. ② 어떠한 일이 일어난 뒤에 남아 미치는 그 영향.

눈빛, 눈길, 눈짓
[秋波(추파)] ① 가을철의 잔잔하고 아름다운 물결. ② 미인의 시원한 눈매. 여자의 아양 떠는 눈초리. 곁눈.

기타
[波羅密多(바라밀다)] (불) '현실의 나고 죽는 此岸(차안)을 건너 열반의 彼岸(피안)으로 간다'는 뜻으로, 열반에 이르고자 하는 보살 수행.

深 깊을 심:, 너비 심:, 水부11　　0794

깊다, 얕지 아니하다, 깊숙하다, 깊게 하다, 깊이
[深山幽谷(심:산유곡)] 깊은 산의 고요한 골짜기. 산 속의 아름다움.
[深夜(심:야)] 깊은 밤.
[深淵(심:연)] ① 깊은 못. ② '좀처럼 헤어나기 힘든 구렁'을 비유하여 이르는 말. ¶죽음의 심연
[深海(심:해)] 깊은 바다.
[日久月深(일구월심)] 날이 오래 되고 달이 깊어간다는 뜻으로, '세월이 흘러 오래 될수록 자꾸 더하여 짐'을 이르는 말.
[深根者難拔(심:근자난발).] 뿌리가 깊은 것은 뽑기가 어려움.『蜀志(촉지)』
[測水深昧人心(측수심매인심).] 물속 깊이는 알아도 사

람의 마음속은 모름. 사람의 마음은 알기 어렵다는 뜻. 『靑莊館全書(청장관전서)』
深耕(심경), 深度(심도), 深山(심산), 深淺(심천), 深層(심층), 深呼吸(심호흡), 等深線(등심선), 水深(수심), 夜深(야심), 林深鳥棲(임심조서), 土深(토심)

생각이 깊다
[深思熟考(심:사숙고)] 깊이 생각하고 푹 익을 정도로 충분히 생각함. 신중을 기하여 곰곰이 생각함.
[深奧(심:오)] 사상이나 이론 따위가 깊고 오묘함. ¶그의 작품 세계는 너무나 심오해서 이해하기가 힘들다
[深遠(심:원)] 깊이가 깊고 크기가 원대함.
深謝(심사), 深思(심사), 深化(심화), 遠謀深慮(원모심려)

깊이, 매우, 심하다, 무겁다, 후하다
[深刻(심:각)] ① 깊이 새김. ② 품은 뜻이 깊고 간곡하다. ¶심각한 문제/심각한 표정 ③ 매우 각박하다. ¶심각한 생활고
[深醉(심:취)] 몹시 취함.

淺 얕을 천:, 水部11　0795

'淺(천)'자는 '물 水(수)'와 '적을 戔(전)'으로 이루어졌다. 물이 '얕다'는 뜻을 나타낸다.

얕다, 바닥이 얕다, 물이 깊지 아니하다
[淺海(천:해)] 얕은 바다. 땐深海(심해)
[深淺(심:천)] 깊음과 얕음.

소견・지식・학문 등이 깊지 아니하다, 가볍다, 경망스럽다
[淺薄(천:박)] 지식이나 생각 따위가 얕음.
[淺學(천:학)] 학식이 보잘것없음.
[寡聞淺識(과:문천식)] 듣고 보고 한 것이 적고 지식이 얕음.
淺見(천견), 淺短(천단), 淺學菲才(천학비재)/淺學短才(천학단재), 淺狹(천협), 輕慮淺謨(경려천모)

오래지 아니하다
[年淺(연천)] ① 나이가 아직 적음. ② 시작한 지 몇 해가 아니 됨.
[日淺(일천)] 날짜가 많지 않음. 시작한 지 얼마 되지 않음.

液 진 액, 水部11　0796

'液(액)'자는 '물 氵(수)'와 '밤 夜(야)'로 이루어졌다.

진, 진액, 유동체의 총칭
[液晶(액정)] (물) 액체와 고체의 중간적인 상태의 물질. 액체와 같은 유동성을 가지면서, 광학적인 면에서는 결정과 비슷함. 시계・컴퓨터・텔레비전의 화면 따위에 이용됨.
[液體(액체)] 일정한 부피는 가졌으나 일정한 형태를 가지지 못한 물질. 고체에 비해 분자 응집력이 약함. 물・기름 따위.
[溶液(용액)] (물・화) 두 가지 이상의 물질이 섞여서 균질하게 되어 있는 액체. 녹아 있는 물질은 溶質(용질), 녹인 액체를 溶媒(용매)라 함.
[血液(혈액)] 동물의 혈관 속을 순환하는 액체. 생체 조직에 산소와 영양분을 공급하고 노폐물을 날라다 제거한다.
液狀(액상), 液汁(액즙), 液化(액화), 鼻液(비액), 樹液(수액), 胃液(위액), 粘液(점액), 精液(정액), 津液(진액), 唾液(타액), 血液型(혈액형)

測 잴 측, 水部12　0797

'測(측)'자는 '물 氵(수)'와 '법 則(칙)'으로 이루어졌다. 물의 깊이만 재는 것이 아니라, 길이나 넓이나 무게 등 여러 가지를 잰다는 뜻을 나타낸다.

재다, 깊이를 재다, 광협・장단・원근・고저 등의 정도를 재다
[測量(측량)] ① 물건의 넓이・길이・높이・깊이・방향 등을 재어서 헤아림. ② 지표에서의 각 지점의 위치 및 그 지점들 간의 거리를 구하며, 또 지형의 높고 낮음과 지역의 넓고 좁음을 재어서 헤아림. ③ 생각하여 헤아림.
[測定(측정)] ① 헤아려서 정함. ② 추측하여 결정함. ③어떤 양의 크기를 기계나 장치로 잼.
[計測(계:측)] 무게・길이・부피 등을 재어 계산함.
[觀測(관측)] ① 천체나 기상을 관측하여 헤아림. ¶기상 관측/태양 흑점 관측 ② 사정이나 형편 따위를 살펴보고 헤아림. 圖觀測通(관측통)
[測水深昧人心(측수심매인심).] 물속 깊이는 알아도 사람의 마음속은 모름. 사람의 마음은 알기 어렵다는 뜻. 『靑莊館全書(청장관전서)』
測雨器(측우기), 測候(측후), 測候所(측후소), 目測(목측)

헤아리다, 이모저모 따져 헤아리다
[罔測(망측)] ① 상리에 어그러져서 어처구니가 없음. ¶망측한 봉변을 당하다 ② 꼴이 사납다. ¶망측한 몰골.
[臆測(억측)] 이유와 근거 없이 짐작하여 헤아림.
[豫測(예:측)] 미리 헤아려 짐작함. ¶예측하기 힘든 승부
[推測(추측)] 미루어 헤아림.
[毋測未至(무측미지).] 아직 닥치지 않은 일을 예측하지 말라. 아직 일어나지도 않은 문제를 이리저리 지나치게 예측하는 일은 삼가야 한다. 자기의 수고를 더할 뿐만 아니라 상대의 마음을 상하게 하기 때문이다. 『小學(소학)・內篇(내편)・敬身(경신)』
奇怪罔測(기괴망측), 不測(불측), 駭怪罔測(해괴망측), 凶惡罔測(흉악망측), 凶測(흉측)

港 항구 항:, 水部12　0798

'港(항)'자는 '물 氵(수)'와 '거리 巷(항)'으로 이루어졌다.

항구
[港口(항:구)] 뱃길의 어귀. 배가 드나드는 시설이 있음.
[港灣(항:만)] 배를 대고 화물이나 승객의 오르내림이

편리한 수면과 여기에 따른 설비를 통틀어 이르는 말.
[空港(공항)] 비행기가 뜨고 내리고 할 수 있게 설비를 해 둔 곳.
[軍港(군항)] 해군의 근거지로서 특별한 시설을 갖춘 항만.
[漁港(어항)] 고깃배가 정박하는 항구. 어획물의 揚陸(양륙)·판매·수송에 관한 설비 또는 어획물의 일부 가공 또는 저장 시설을 갖추기도 함.
港都(항도), 開港(개항), 歸港(귀항), 內港(내항), 不凍港(부동항), 外航(외항), 入港(입항), 出港(출항)

準 준할 준:, 水부13　0799

'準(준)'자는 '평평하다'는 뜻을 위해 고안된 글자이다. '물보다 더 평평한 것은 없다. '물 水(수)'와 '새매 隼(준)'으로 이루어졌다.

수준기(水準器), 평평하다, 수평지다, 고르게 하다, 같다
[水準(수준)] 평형의 표준. 수준기(水準器)의 준 말.
[水準器(수준기)] 평면이 평평한가를 시험하는 기구.
[平準(평준)] ① 수평이 되도록 함. ② 질이나 능력 따위가 낫고 못함의 차이가 없음. 참平準化(평준화)

법, 법도, 본받다, 모범으로 삼다, 표준
[準則(준:칙)] 어떤 일을 기준삼아서 거기에 따르는 규칙.
[基準(기준)] 기본이 되는 표준. ¶기준을 정하다
[標準(표준)] 사물을 처리할 때 좇을 만한 기준·규범·목표 따위. ¶표준을 삼다/표준 시간
[標準語(표준어)] 표준말. 한 나라의 표준이 되는 말. 우리나라에서는 '교양 있는 사람들이 두루 쓰는 현대 서울말로 정함'을 원칙으로 하고 있음. 밴사투리
規準(규준), 標準時(표준시)

헤아리다
[準備(준:비)] 필요한 것을 미리 마련하여 갖춤.
[照準(조:준)] 겨냥. 탄환 따위를 목표물에 비추어 겨냥함.

허가하다, 허락하다
[準決勝戰(준:결승전)] (체) 경기에서 최후의 결승전을 하기 전에 치러 결승전에 나갈 선수나 팀을 결정하는 경기. 준準決勝(준결승) 참準準決勝(준준결승)

演 펄 연:, 멀리 흐를 연:, 水부14　0800

'演(연)'자는 '물 氵(수)'와 '삼갈 寅(인)'으로 이루어졌다. '길게 흐르는 물'을 나타낸다.

부연하다, 뜻을 넓혀 풀이하다
[演繹(연:역)] (논) 일반적인 사실이나 원리로부터 개별적인 사실이나 원리를 이끌어냄. 참演繹法(연역법), 演繹的(연역적), 歸納(귀납)
[演繹法(연:역법)] (논) 이미 알고 있는 일반적인 사실이나 원리를 전제로 하여 개별적인 특수한 사실이나 원리로서의 결론을 이끌어내는 연구 방법. 삼단논법은 그 대표적인 형식임. 참歸納法(귀납법)

널리 펴다, 열다, 넓히다
[演說(연:설)] 여러 사람 앞에서 자기의 주장 또는 의견을 펴서 말함.
[講演(강:연)] 청중 앞에서 강의 형식으로 이야기하는 것. 참講演會(강연회)
演壇(연단), 演士(연사), 口演(구연)

행하다
[演算(연:산)] (수) 식이 나타낸 일정한 규칙에 따라 계산하는 일.
[演習(연:습)] ① 練習(연습). ② (군) 전투 능력을 평가하기 위하여 실전과 비슷한 상황에서 실시하여 보는 군사 행동. ¶총연습/ 예행 연습 ③ (교) 세미나.
[豫行演習(예:행연습)] 어떤 행사를 갖기에 앞서, 그와 똑같은 순서로 미리 해보는 종합적인 연습.

가무·연극을 하다, 악기를 연주하다
[演劇(연:극)] ① 배우가 각본에 의하여 분장하고 음악·배경·조명, 그 밖의 여러 가지 장치의 힘을 빌어서 어떤 사건과 인물을 구체적으로 연출하는 예술. ¶희곡·배우·관객은 연극의 삼대요소이다 ② 거짓을 사실인 것처럼 그럴듯하게 둘러맞추어 꾸며내는 일.
[演技(연:기)] 관객 앞에서 연극, 노래, 춤, 곡예 따위의 재주를 행동으로 펼쳐 보임. 참演技者(연기자)
[演奏(연:주)] 악기로 음악을 들려주는 일. 참演奏者(연주자)
[公演(공연)] 연극이나 음악, 무용 등을 여러 사람이 모인 자리에서 펼쳐 보임.
[主演(주연)] 연극이나 영화에서 주인공으로 분장하여 연기를 함, 또는 그 배우. 참主演俳優(주연배우), 助演(조연)
[出演(출연)] 연설·음악·연극 등을 나가 함.
演藝(연예), 演出(연출), 競演(경연), 上演(상연), 試演(시연), 實演(실연), 熱演(열연), 再演(재연), 協演(협연)

익히다, 학습하다
[演習(연:습)] ①

潔 깨끗할 결, 水부15　0801

'潔(결)'자는 '물 水(수)'와 '헤아릴 絜(혈)'로 이루어졌다. '깨끗하다'는 뜻을 나타낸다.

깨끗하다, 더러움이 없다, 깨끗이 하다, 몸을 닦다
[潔白(결백)] 행동이나 마음 따위가 조촐하여 얼룩이나 허물이 없음.
[潔癖(결벽)] 유난스럽게 깨끗한 것을 좋아하는 성벽. 참潔癖症(결벽증)
[簡潔(간결)] 간단하고 깔끔함. ¶간결한 문체 참簡潔體(간결체)
[不潔(불결)] 깨끗하지 않음.

[純潔(순결)] ① 잡된 것이 없이 순수하고 깨끗함. ② 이성과의 성적인 관계가 없어 마음과 몸이 깨끗함. ¶순결을 잃다
[淸潔(청결)] 맑고 깨끗함. ¶몸과 마음을 항상 청결하게 潔癖症(결벽증), 簡潔體(간결체), 貞潔(정결), 淨潔(정결)

품행이 바르다, 청렴하다
[高潔(고결)] ① 고상하고 깨끗함. ② 뜻이 높고 깨끗함. ¶고결한 지조
[廉潔(염결)] 청렴하고 결백함.

煙, 烟 연기 연, 火부13 0802

'煙(연)'과 '烟(연)'은 동자이다. 우리나라에서는 '煙(연)'자를 주로 쓴다. '그을음'을 뜻하기 위하여 만들어진 글자이다. '불 火(화)'와 '막을 垔(인)' 또는 '불 火(화)'와 '인할 因(인)'으로 이루어졌다.

연기, 연기처럼 끼인 기운, 연기가 끼이다
[煙氣(연기)] 무엇이 불에 탈 때 생겨나는 그을음이나 기체.
[煙幕(연막)] ① (군) 어떤 군사 행동이나 목표물을 적에게 보이지 않게 하기 위하여 피워 놓는 짙은 연기. 챔煙幕彈(연막탄) ② 어떤 사실을 숨기기 위하여 쓰는 능청스러운 수단의 비유.
[無煙炭(무연탄)] (광) 탄화작용이 심해 탄소분이 90% 이상인 석탄. 불순물이 적고 탈 때 연기가 안 나며 열량이 높음. 챔有煙炭(유연탄)
[砲煙(포연)] 총포를 쏠 때 나는 연기. ¶자욱한 포연 챔砲煙彈雨(포연탄우)
[千里之堤(천리지제), 以螻蟻之穴漏(이루의지혈루), 百尋之屋(백심지옥), 以突隙之煙焚(이돌극지연분).] 천 리의 제방도 땅강아지나 개미의 구멍 때문에 새게 되며, 백 척의 높은 집도 굴뚝의 갈라진 틈에서 나온 불똥으로 인해 타버린다. 작은 일을 홀시하면 큰 사달을 빚어냄을 비유한 말이다. 千里之堤(천리지제), 潰于蟻穴(궤우의혈).『淮南子(회남자)・人閒訓 인간훈』
煙筒(연통), 康衢煙月(강구연월), 煙突(연돌), 暮煙(모연), 有煙炭(유연탄), 硝煙(초연), 燻煙(훈연), 薰煙(훈연)

산수에 끼는 놀・운무 따위의 기운
[煙霧(연무)] ① 연기와 안개. ② 공기 중에 건조한 썩 작은 먼지나 염분이 떠 있어 연기나 안개처럼 보이는 현상.

그을음
[煤煙(매연)] 그을음 섞인 연기.

담배
[煙草(연초)] 담배.
[禁煙(금:연)] ① 담배 피우는 것을 금함. ¶금연 구역 ② 담배를 끊음.
[喫煙(끽연)] 담배를 피우는 것. 동吸煙(흡연)

[愛煙(애:연)] 담배 피우기를 좋아함.

燈 등 등, 火부16 0803

'燈(등)'자는 '불 火(화)'와 '오를 登(등)'으로 이루어진 글자로, '등' 또는 '등불'을 나타낸다.

등잔, 등불
[燈臺(등대)] ① 바닷가나 섬 같은 곳에 높이 세워 밤에 다니는 배에 목표・뱃길・위험한 곳 따위를 알려 주려고 불을 켜 비추어 주는 곳. ② 촛불이나 등잔 따위를 올려놓는 나무 바탕. ③ 나아가야 할 길을 밝혀 주는 곳을 비유하는 말.
[燈下不明(등하불명)] ① 등잔 밑은 밝지 아니함. ② 가까이 있는 것이 도리어 알기 어려움.
[街路燈(가로등)] 길거리를 밝히는 등.
[信號燈(신:호등)] 신호를 알리기 위해 켜는 등. 건널목・네거리 등에 있음.
[燈火可親(등화가친)] 가을이 들어 서늘하므로 밤에 등불을 가까이 하여 글 읽기에 좋음.
[貧者一燈(빈자일등)] 가난한 사람이 부처에게 바치는 등 하나. 부자의 등 만 개보다도 더 功德(공덕)이 있음. '참마음'의 소중함'을 비유하여 이르는 말.
[風前燈火(풍전등화)] '바람 앞의 등불'이란 뜻으로, '매우 위급함', 또는 '인생이 덧없음'을 비유하는 말.
[燈臺不自照(등대부자조)] '등대의 불이 먼 곳을 비추나 등대 자신을 비추지 못한다'는 뜻으로, 사람도 '남의 일은 잘 보나 자신의 일은 도리어 보지 못함'을 이르는 말.
燈油(등유), 燈盞(등잔), 燈籠(등롱), 燈心(등심), 燈燭(등촉), 燈火(등화), 燈火管制(등화관제), 孤枕寒燈(고침한등), 石燈(석등), 消燈(소등), 燃燈(연등), 燃燈節(연등절), 燃燈會(연등회), 誘蛾燈(유아등), 引燈(인등), 殘燈(잔등), 電燈(전등), 點燈(점등), 點滅燈(점멸등), 提燈(제등), 走馬燈(주마등), 靑燈(청등), 螢光燈(형광등), 紅燈街(홍등가), 幻燈機(환등기)

牧 칠 목, 牛부8 0804

'牧(목)'자는 '소 牛(우)'와 손에 막대기를 들고 무언가를 치는 모습인 '칠 攵(복)'의 합자이다. 목동이 손에 막대기를 들고 소를 기르는 모습에서 '치다', '기르다'라는 뜻이다.

치다, 마소를 놓아기르다, 마소를 치는 사람, 목장
[牧童(목동)] 소나 양을 치는 아이.
[牧場(목장)] 일정한 시설을 갖추어 소・말・양 따위의 가축을 전문으로 치는 곳.
[牧畜(목축)] 소・말・양・돼지 따위의 가축을 많이 기르는 일.
[放牧(방:목)] 소나 말, 양 따위를 놓아서 기름. 챔放牧場(방목장)

[遊牧(유목)] 목축으로 업을 삼고, 물과 풀을 찾아 이리 저리 옮겨 다니며 삶. 圖遊牧民(유목민)
牧歌(목가), 牧夫(목부), 牧野(목야), 牧養(목양), 牧羊(목양), 牧笛(목적), 牧草(목초)

기르다
[牧師(목사)] (예수) 교의를 해설하고 예배를 인도하며 교회나 교구의 관리 및 신자의 지도 등의 일을 맡아 보는 교직. 또는 그런 사람.
[牧民官(목민관)] '백성을 다스려 기르는 벼슬아치'라는 뜻으로, '원'을 일컫는 말.
牧民心書(목민심서), 牧者(목자), 牧會(목회), 校牧(교목)

성 밖, 교외
[牧歌(목가)] ① 전원생활을 주제로 한 시가. ② 목동이나 목자가 부르는 노래.

벼슬 이름, 지방 장관
[牧使(목사)] (역) 고려와 조선 때, 지방 행정 단위의 하나인 牧(목)을 맡아 다스리던 정3품 외직 문관.

田 밭 전, 田부5   0805

'田(전)'자는 논이나 밭의 형상을 본뜬 것이다. 옛날에는 논과 밭의 구별이 없어 모두 이 글자를 썼다. 후에 '논'이 생기면서 '밭 田(전)' 위에 '물[水]'을 댄 '논 畓(답)'자를 만들었다.

밭, 곡식을 심는 경지, 들
[田畓(전답)] 밭과 논. 논밭.
[田園(전원)] ① 논밭과 동산. ② 시골. 교외. ¶전원 주택
[桑田碧海(상전벽해)] '뽕나무밭이 변하여 푸른 바다가 됨'이란 뜻에서, 세상일이 크게 변함을 비유하여 이르는 말.
[我田引水(아:전인수)] '자기 밭에 물을 끌어댐'이란 뜻에서 자기에게만 이롭게 생각하거나 행동하는 것을 이르는 말.
[泥田鬪狗(이전투구)] 진흙 밭에서 싸우는 개. 원래는 강인한 성격의 함경도 사람을 평한 말인데, 지금은 명분이 서지 않는 일로 싸우거나 체면을 돌보지 않고 이익을 다투는 것을 비유하는 말로 사용된다.
[鹽田(염전)] 염밭. 바닷물을 끌어들여 수분을 증발시켜 소금을 생산하는 땅.
[瓜田不納履(과전불납리), 李下不整冠(이하부정관).] 참외밭을 지날 때는 허리를 굽혀 신을 고쳐 신지 말며, 오얏나무 밑을 지날 때는 갓을 고쳐 쓰지 말아야 한다. 『古詩(고시)·君子行(군자행)』☞ * 024
[有田不耕倉廩虛(유전불경창름허). 有書不敎子孫愚(유서불교자손우).] 논밭이 있어도 경작하지 않으면 곳간은 빈다. 책이 있어도 가르치지 않으면 자손은 어리석게 된다. 『古文眞寶·勸學文』
耕田(경전), 屯田(둔전), 福田(복전), 桑田(상전), 石田(석전), 熟田(숙전), 心田(심전), 油田(유전), 苧麻田

(채마전), 炭田(탄전), 火田(화전), 火田民(화전민)

인체 부위의 이름
[丹田(단전)] 배꼽 아래 한 치 다섯 푼(약 4.5cm) 되는 곳. 道家(도가)에서는 이곳을 힘의 원천이라고 여겼다.
[上丹田(상단전)] 兩眉間(양미간).
[絳宮田(강궁전)] 심장,
[下丹田(하단전)] 배꼽 아래 세치

畓 논 답, 田부9   0806

'畓(답)'자는 우리나라 삼국시대 때 '논'을 나타내기 위하여 만들어진 한자이다. '물 水(수)'아래 '밭 田(전)'을 썼다. 중국에서는 '논'을 '水田(수전)'이라 한다. 우리나라에서 만든 한자를 國字(국자)라 하는데, 畓(답), 蔘(삼), 乭(돌) 등이 그 예이다.

논
[門前沃畓(문전옥답)] 집 가까이에 있는 기름진 논.
[田畓(전답)] ☞ 田(전)
[天水畓(천수답)] 천둥지기.
乾畓(건답), 濕畓(습답), 奉祀畓(봉사답), 沃畓(옥답)

留 머무를 류, 田부10   0807

'留(류)'자는 '넷째 지지 卯(묘)'와 '밭 田(전)'으로 이루어졌다. '버들 柳(류)'자도 '卯(묘)'자가 표음요소로 쓰였다.

머무르다, 일정한 곳에 머무르다, 만류로 인하여 머뭇거리다
[留念(유념)] 어떤 기억을 오래오래 두고 생각함. ¶각별히 건강에 유념해라
[留學(유학)] 외국에 나가서 머무르며 공부함.
[保留(보:류)/留保(유보)] 어떤 일을 처리하지 않고 미루어 둠. ¶결재를 보류하다
[挽留(만류)] 그만두도록 말림. 못하게 말림. ¶간곡한 만류를 뿌리치고 끝내는 돌아갔다
[滯留(체류)] 객지에 가서 오래 머물러 있음. ¶외국에 가서 체류 중이다
[徑路窄處(경로착처), 留一步與人行(유일보여인행).] 골목길의 좁은 곳에서는 한 걸음 멈추고 남을 지나가게 해야 한다. 작은 배려가 인생을 즐겁고 편안하게 만든다.『菜根譚(채근담)·前集 13』
留級(유급), 留聲機(유성기), 留宿(유숙), 留意(유의), 留任(유임), 留置場(유치장), 居留(거류), 繫留(계류), 拘留(구류), 押留(압류), 抑留(억류), 停留(정류), 停留場(정류장)

있다, 남아있다
[殘留(잔류)] 남아서 처져 있음.
[遺留品(유류품)] ① 죽은 뒤에 남겨 놓은 물품. ② 잊어버리고 놓아둔 물품.
[豹死留皮(표사유피), 人死留名(인사유명).] 표범은 죽어서 가죽을 남기고, 사람은 죽어서 이름을 남긴다. '삶

이 헛되지 않으면 그 명성이 길이 남음'을 이르는 말. 豹死留皮(표사유피) 대신 虎死留皮(호:사유피)를 쓰기도 함. 人在名虎在皮(인재명호재피) 『五代史(오대사)·王彦章(왕언장)전』

盛 성할 성:, 담을 성:, 皿부12 0808

'盛(성)'자는 '그릇에 가득 담다'는 뜻을 위한 것이다. '그릇 皿(명)'과 '이룰 成(성)'으로 이루어졌다.

성하다, 넘치다, 많다, 무성하다, 강하다, 한창 때, 번성하다, 득세하고 있을 때, 성한 사업

[盛大(성:대)] 크고 훌륭함. ¶성대한 예식
[盛衰(성:쇠)] 성함과 쇠함. 㐨興亡盛衰(흥망성쇠)
[盛行(성:행)] 매우 성하게 널리 행해짐.
[繁盛(번성)] 한창 성하게 일어나 잘됨. ¶자손이 번성하다/사업이 번성하다
[全盛(전성)] ① 가장 왕성함. 영화(榮華)의 극(極)을 누림. ② 한창 유행함. 㐨全盛期(전성기), 全盛時代(전성시대)
[珍羞盛饌(진수성찬)] 맛이 좋고 많이 잘 차린 음식.
[興亡盛衰(흥망성쇠)] 흥하고 망하고 성하고 쇠함.
[盛年不重來(성년부중래).] 젊고 왕성한 때는 두 번 다시 오지 않는다. 『古文眞寶·五言古風短篇 陶淵明 雜詩』☞ * 201
盛時(성시), 盛業(성업), 盛裝(성장), 盛粧(성장), 盛裝(성장), 盛饌(성찬), 盛夏(성하), 盛況(성황), 盛況裡(성황리), 强盛(강성), 極盛(극성), 茂盛(무성), 五蘊盛苦(오온성고), 旺盛(왕성), 隆盛(융성), 榮枯盛衰(영고성쇠), 昌盛(창성), 豊盛(풍성)

衰 쇠할 쇠(:), 衣부10 0809

'衰(쇠)'자는 풀로 엮어 만든 비옷, 즉 '도롱이'를 나타내기 위한 것이었으니, '옷 衣(의)'가 표의요소, 가운데 부분은 그것의 너덜너덜한 모양을 나타낸 것이다. 후에 '기운이 없어지다', '쇠하다'는 뜻으로 쓰이는 예가 많아지자, 본래의 뜻은 '풀 ++(초)'를 붙여 '도롱이 蓑(사)'자를 만들어 나타냈다.

쇠하다, 약해지다, 기운이 없어지다, 여위다

[衰弱(쇠약)] 몸이 쇠하여 약함. ¶쇠약한 몸을 추스르고 일하러 가다 㐨神經衰弱(신경쇠약)
[衰退(쇠퇴)/衰頹(쇠퇴)] 쇠하여 전보다 못하여 감. ¶침체와 쇠퇴
[老衰(노:쇠)] 늙어서 쇠함. 늙어서 기운이 떨어짐.
[盛衰(성:쇠)] ☞盛(성)
[不學(불학), 便老而衰(변노이쇠).] 배우지 않으면 곧 늙고 쇠약해진다. 학문에는 끝이 없기 때문에 배움에 충실한 사람에게는 노쇠가 없다. 『近思錄·爲學類(위학류)』
衰落(쇠락), 衰亡(쇠망), 衰微(쇠미), 衰殘(쇠잔), 榮枯盛衰(영고성쇠), 興亡盛衰(흥망성쇠)

監 볼 감, 살필 감, 皿부14 0810

'監(감)'자는 '신하 臣(신)', '사람 人(인)', '한 一(일)', '그릇 皿(명)'의 네 부분으로 이루어졌다. '臣(신)'은 '눈'의 모양을 본뜬 것이라고 한다. 사람이 물이 들어 있는 물동이皿를 본다. 거기에 내 얼굴이 비추어 보이는 것이 아닌가. '監(감)'자는 '거울에 비추어 보다'의 뜻이다.
☞觀(관)0630

보다, 위에서 아래로 내려다 보다

[上監(상감)] 위에서 살펴본다는 뜻에서 '임금'의 높임말이 되었다.

살피다, 단속하다, 감독하다, 헤아리다, 밝게 살피다

[監督(감독)] 보살펴 감독함. 또는 보살펴 감독하는 사람. ¶시험 감독/현장 감독/영화감독
[監査(감사)] 감독하고 검사함. ¶국정감사/회계감사
[監視(감시)] 주의 깊게 지켜봄. ¶감시를 받다/적의 움직임을 감시하다
監理(감리), 監査院(감사원), 監修(감수), 監察(감찰), 監護(감호)

우두머리

[監司(감사)] 관찰사. ¶전라감사/평안감사
[校監(교감)] 학교장(學校長)을 보좌하여 교무(敎務)를 감독하는 직책. 또는 그 사람.
[大監(대감)] ① 큰 일을 맡아보던 벼슬아치. ② 조선시대 정이품 이상의 벼슬아치의 존칭. ③ 대신이나 장관 등의 지위에 있는 관리의 존칭.
[舍監(사감)] 기숙사에서 기숙생들의 생활을 감독하는 사람. ¶B사감과 러브레터
監營(감영), 令監(영감), 統監(통감), 學監(학감), 縣監(현감)

감옥

[監禁(감금)] 감시하기 위하여 일정한 곳에 가두어 둠. 가두어서 신체의 자유를 속박함.
[監獄(감옥)] ① (지난날) 죄인을 가두어두던 곳. ② (역) 대한제국 때, 형벌 집행에 관한 일을 맡아보던 관아.
[收監(수감)] 옥에 가두어 놓음.
監房(감방), 入監(입감), 出監(출감)

督 살펴볼 독, 감독할 독, 目부13 0811

'督(독)'자는 '눈 目(목)'과 '아재비 叔(숙)'으로 이루어졌다. '삼촌이 조카의 행실을 살펴보는 눈'이 '督(독)'자라고 생각하면 '督(독)'자를 쓰기에 쉬울 것이다.

살펴보다

[監督(감독)] ☞監(감)

권하다, 재촉하다

[督勵(독려)] 감독하여 북돋아 줌.

[督戰(독전)] 싸움을 독려함.
[督促(독촉)] 무엇을 빨리 서둘러 하도록 죄어침. ¶독촉이 성화같다/빚 독촉을 받다

우두머리, 대장
[都督(도독)] ① 통틀어 거느리고 감독함. ② (역) 신라 때, 각 주의 으뜸 벼슬.
[提督(제독)] (군) 함대를 거느리고 군사를 감독하는 사령관.
[總督(총:독)] 어떤 관할 구역 안의 모든 행정을 통할하는 직책. 또는 그 직위에 있는 사람.

기타
[基督敎(기독교)] 그리스도교. 예수의 가르침을 믿는 종교.

破 깨뜨릴 파:, 石부10 0812

'破(파)'자는 '돌을 깨뜨리다'라는 뜻이라는데, '돌로 무엇을 깨뜨리다'로 생각하면 더 좋을 것 같다. 장난으로 던진 돌이 장독을 깨뜨린다. '돌 石(석)'과 '가죽 皮(피)'로 이루어졌다.

깨다, 돌을 부수다, 깨는 일, 깨진 곳
[破格(파:격)] 격식을 깨뜨림. 격식에서 벗어남. 참破格的(파격적)
[破壞(파:괴)] 깨어 부수거나 헐어버림. 참破壞力(파괴력)
[破廉恥(파:렴치)] 염치가 없어 도무지 부끄러움을 모르는 사람을 일컫는 말. 비沒廉恥(몰염치), 厚顔無恥(후안무치) 『管子(관자)·牧民(목민)편』
[破損(파:손)] 깨어져 못 쓰게 됨. 또는 깨뜨려 못 쓰게 함.
[擊破(격파)] ① 쳐서 깨뜨리거나 쳐부숨. ¶주먹으로 벽돌을 격파하다 ② 쳐서 무찌름. ¶적의 진지를 격파하다
[難破(난파)] 배가 풍랑을 만나거나 암초에 부딪치거나 하여 깨어짐. 참難破船(난파선)
[爆破(폭파)] 폭발시켜 부수어버림.
[落花難上枝(낙화난상지), 破鏡不再照(파:경부재조).] 떨어진 꽃은 다시 가지에 붙을 수 없고, 깨어진 거울은 다시 비출 수 없다. '부부 관계 따위의 일단 깨어진 것은 다시 원상태로 되돌아가지 않음'을 비유하여 이르는 말. 『傳燈錄(전등록)』
[破鏡(파:경)] 陳(진)나라의 관리 徐德言(서덕언)과 그의 아내 樂昌公主(낙창공주)가 뜻밖의 이별의 순간이 닥치자, 가지고 있던 銅鏡(동경)을 깨뜨려 나누어 가져 훗날 다시 만날 것을 언약하는 징표로 삼았다. 오늘날에는 본래의 뜻과 다르게 부부의 사이가 좋지 않아서 헤어지게 되는 일, 즉 이혼을 뜻하는 말로 사용되고 있으니 아이러니하다. 破鏡(파경)은 破鏡重圓(파경중원)의 준말이다.

[破字(파:자)] ① 한자의 자획을 나누거나 합하여 맞추는 수수께끼, 곧 '劉(류)'자를 파자하여 '卯金刀(묘금도)'라 하고, '姜(강)'자를 파자하여 '八王女(팔왕녀)'라

하는 따위를 말한다. 어떤 총각이 처녀에게 편지를 썼는데, 누가 볼까싶어 '左糸右糸中言下心(좌사우사중언하심)'이라고만 썼다. 왼쪽과 오른쪽에 각각 糸(사), 가운데에 言(언), 아래에 心(심)이 있으니 '戀(연)'자이다. 즉 '그대를 사모한다'라는 뜻이다. 우스개 파자의 예이다. ② (민) 術家(술가)에서, 점칠 때 한자를 풀어봄.

破契(파계), 破戒(파계), 破戒僧(파계승), 破棄(파기), 破廉恥犯(파렴치범), 破邪(파사), 破邪顯正(파사현정), 破碎(파쇄), 破顔大笑(파안대소), 破裂(파열), 破寂(파적), 破擦音(파찰음), 破綻(파탄), 破片(파편), 喝破(갈파), 論破(논파), 突破(돌파), 突破口(돌파구), 凍破(동파), 發破(발파), 劈破(벽파), 劈破門閥(벽파문벌), 說破(설파), 吐破(토파)

일을 망치다
[破局(파:국)] 일이 결딴나는 판. 일이나 사태가 잘못되어 결판이 남. ¶일이 파국으로 치달았다
[破滅(파:멸)] 깨어져 망함.
[破産(파:산)] ① 재산을 몽땅 잃고 망함. ② (법) 채무자가 채무를 완전히 갚을 수 없을 때, 채무자의 재산을 나누어 모든 채권자에게 공평히 갚을 것을 목적으로 하는 재판 절차. ¶파산 선고

破落戶(파락호), 破本(파본), 破傷風(파상풍), 破紙(파지), 破婚(파혼), 破興(파흥)

째다, 가르다
[破墓(파:묘)] 옮기거나 고쳐 묻기 위하여 무덤을 파냄.
[破竹之勢(파:죽지세)] 대나무를 쪼개는 듯한 왕성한 기운. 세력이 워낙 강하게 확산되어 누구도 막을 수 없는 경우를 비유하는 말. ¶파죽지세로 진격하다 『秦書(진서)·杜預(두예)전』

지우다, 패배시키다
[破門(파:문)] ① 師弟(사제)의 의리를 끊고 문하에서 내쫓음. ¶파문을 당하다 ② (천주) 신도의 자격을 빼앗고 宗門(종문)에서 내쫓음.
[大破(대:파)] 크게 부서지거나 깨뜨림. 또는 크게 쳐부숨.
[打破(타:파)] (부정적인 제도·관습 등을) 깨어 부숨. ¶허례허식을 타파하다

다하다, 남김이 없다
[看破(간파)] 꿰뚫어 알아냄. ¶상대방의 약점을 간파하다
[踏破(답파)] 험한 길이나 먼 길을 끝까지 걸어서 돌파함.
[讀破(독파)] 다 읽어냄.
[走破(주파)] 정해진 거리를 끝까지 달림.

銃 총 총, 金부14 0813

'銃(총)'자는 쇠로 만든 '총'을 뜻하기 위하여 만들 글자이다. '쇠 金(금)'과 '찰 充(충)'으로 이루어졌다.

총
[銃(총)] 화약의 힘으로 탄환을 발사시키는 무기. ¶총을

겨누다/총을 쏘다
[銃劍術(총검술)] (군) 총 끝에 칼을 꽂아서 단련하는 검술.
[銃聲(총성)] 총소리. ¶총성이 들리다
[銃彈(총탄)] 총알. 총을 쏘았을 때 목표 쪽으로 날아가는 물건.
[銃砲(총포)] ① 총. ② 총과 대포.
[拳銃(권:총)] 주로 한 손으로 가까운 거리에서 쏘는, 짧고 작은 총. ¶권총 강도/권총을 차다
銃架(총가), 銃劍(총검), 銃擊(총격), 銃口(총구), 銃器(총기), 銃殺(총살), 銃傷(총상), 銃身(총신), 空氣銃(공기총), 機關銃(기관총), 機銃(기총), 機銃掃射(기총소사), 木銃(목총), 小銃(소총), 獵銃(엽총), 長銃(장총), 鳥銃(조총)

砲 대포 포(:), 돌쇠뇌 포(:), 石부10　0814

'砲(포)'자는 '돌 石(석)'과 '쌀 包(포)'로 이루어졌다. 화약과 철이 이용되기 전에는 포탄을 돌로 만들었다.

돌쇠뇌, 대포
[砲擊(포격)] 대포를 쏨. 또는 대포에 의한 공격.
[砲彈(포탄)/砲丸(포환)] 포로 내쏘는 탄알. 포환
[空砲(공포)] 헛총. ① 탄알을 재지 않은 총포. ② 겁주거나 신호하기 위하여 총을 공중에다 쏘는 일. 참空砲彈(공포탄)
[大砲(대:포)] 큰 포탄을 멀리 내쏘는 화기(火器).
[祝砲(축포)] 행사에서 축하의 뜻으로 쏘는 총이나 대포의 空砲(공포).
砲臺(포대), 砲臺鏡(포대경), 砲門(포문), 砲兵(포병), 砲聲(포성), 砲手(포수), 砲身(포신), 砲煙(포연), 砲煙彈雨(포연탄우), 砲艦(포함), 砲火(포화), 巨砲(거포), 曲射砲(곡사포), 對空砲(대공포), 迫擊砲(박격포), 發砲(발포), 銃砲(총포), 投砲丸(투포환), 艦砲(함포), 火砲(화포)

硏 갈 연:, 벼루 연:, 石부11　0815

'硏(연)'자는 '돌로 갈다'의 뜻을 나타낸다. '돌 石(석)'과 '평탄할 幵(견)'으로 이루어졌다. '硏(연)'과 '磨(마)'는 돌을 문지르거나 마찰시켜 '갈다'라는 뜻을 나타낸다. 돌이나 쇠붙이를 갈고 닦아 표면을 반들반들하게 한다는 말로, 학문이나 정신, 기술 따위를 배워 익히는 것을 말한다.

갈다, 문지르다
[硏磨(연:마)] 학문이나 기술 따위를 힘써 연구함. 참鍊磨(연마)

깊이 캐다, 자세하게 밝히다
[硏究(연:구)] ① 어떤 사물을 과학적으로 분석·관찰하는 일. ¶연구 논문 ② 어떤 일에 대하여 깊이 생각하고 사리를 따져 보는 일. 참硏究費(연구비), 硏究所(연구소), 硏究員(연구원)
[硏修(연:수)] 학문 따위를 갈고 닦음.
[硏鑽(연찬)] 어떤 일에 대하여 깊이 생각하고 사리를 따져 보는 일.

究 연구할 구, 穴부7　0816

'究(구)'자는 '구멍의 맨 끝'을 이르는 것이었으니 '구멍 穴(혈)'과 '아홉 九(구)'로 이루어졌다. 막다른 골목에 이르면 생각이 골똘해지는 때문인지 '골똘히 생각하다'는 뜻으로 확대 사용되었다.

궁구하다
[究明(구명)] 깊이 연구하여 밝힘. ¶과학은 자연 법칙을 구명하는 데서 시작된다
[講究(강:구)] 좋은 방책을 찾아내도록 연구하거나 대책을 세움. ¶수해 복구 대책을 강구하라
[硏究(연:구)] ☞ 硏(연)
[探究(탐구)] 진리나 학문 따위를 파고들어 깊이 연구함. ¶진리 탐구
窮究(궁구), 學究(학구)

끝, 극
[究竟(구경)] ① 마지막. ② 마침내.

確 굳을 확, 石부15　0817

'確(확)'자는 '돌 石(석)'과 '새 높이 날 隺(확)'자로 이루어졌다. '돌처럼 굳게 확실히'라는 뜻을 나타낸다.

확실하다
[確固(확고)] 확실하고 굳음. ¶확고한 신념. 참確固不動(확고부동)
[確率(확률)] 어떤 일이 일어날 확실성의 정도. 또는 그것을 나타내는 수치.
[確實(확실)] 확고한 사실이 됨. 실제와 틀림없음.
[確認(확인)] ① 확실히 그러한가를 알아보거나 인정함. 또는 그러한 인정. ② (법) 특정한 사실이나 법률관계의 존속 여부를 판단하여 인정함.
[明確(명확)] 명백하고 확실함.
[正確(정:확)] 바르고 확실함.
確答(확답), 確立(확립), 確保(확보) 確信(확신), 確約(확약), 確言(확언), 確然(확연), 確定(확정), 確證(확증), 的確(적확)

굳다, 강하다, 굳세다

祭 제사 제:, 示부11　0818

'祭(제)'자는 삶은 고기 덩어리[月(육)]를 손[又(우)]으로 집어 제사상[示(시)] 위에 바치는 모습을 나타낸 것이다. 제사상을 차릴 때는 酒(주)·果(과)·脯(포)·醯(혜)만 있으면 되는 것이 아니다. 고기[月]가 있어야 한다.

제사, 제사지내다

[祭物(제:물)] ① 제사에 바치는 음식물. ② 어떤 것을 위해 목숨이나 명예 등을 빼앗긴 대상 즉, '희생물'을 비유하여 이르는 말. ¶나라를 위해 제물로 바치다

[祭祀(제:사)] 신령이나 죽은 사람의 넋에게 음식을 바쳐 정성을 나타냄. 祭(제)는 하늘에 대한 의식이고, 祀(사)는 땅에 대한 의식이다. 祭祀(제사)는 하늘의 신과 땅에 묻힌 조상을 만나는 의식이다.

[冠婚喪祭(관혼상제)] 冠禮(관례)·婚禮(혼례)·喪禮(상례)·祭禮(제례)를 통틀어 이르는 말.

[忌祭祀(기제사)/忌祭(기제)] 해마다 사람이 죽은 날(기일)에 지내는 제사.

[司祭(사제)] ① 의식과 전례를 맡은 성직자. ② 주교와 신부

[祝祭(축제)] 축하하는 뜻에서 거행하는 제전. 경축하여 벌이는 큰 잔치나 행사를 이르는 말.

祭官(제관), 祭器(제기), 祭壇(제단), 祭禮(제례), 祭文(제문), 祭床(제상), 祭需(제수), 祭典(제전), 祭政(제정), 祭政一致(제정일치), 祭酒(제주), 祭主(제주), 祭天(제천), 屈巾祭服(굴건제복), 祈雨祭(기우제), 忌祭祀(기제사), 祈晴祭(기청제), 路祭(노제), 望祭(망제), 墓祭(묘제), 燔祭(번제), 封墳祭(봉분제), 奉祭祀(봉제사), 謝肉祭(사육제), 時祭(시제), 慰靈祭(위령제), 前夜祭(전야제), 招魂祭(초혼제)

祀 제사 사, 示부8 0819

'祀(사)'자는 '제사지내다'는 뜻을 나타내기 위하여 제단(示) 앞에 꿇어앉은 사람의 모습(巳)을 본뜬 것이었다.

제사, 제사지내다

[告祀(고:사)] (민) 액운을 없애고 행운이 오도록 신령에게 음식을 차려 놓고 비는 일. ¶고사를 지내다

[忌祭祀(기제사)/忌祭(기제)] ☞ 祭(제)

[奉祀(봉:사)/奉祭祀(봉:제사)] 조상의 제사를 받듦. 참 奉祀孫(봉사손)

[祭祀(제:사)] ☞ 祭(제)

祀孫(사손), 屢代奉祀(누대봉사)/累代奉祀(누대봉사), 時祀(시사), 合祀(합사), 享祀(향사)

票 불똥 튈 표, 쪽지 표, 示부11 0820

'票(표)'자는 본래 '불똥'을 뜻하기 위한 것이었으니 '불 火(화)'가 표의요소로 쓰였는데, 특별한 이유 없이 '제사 示(시)'로 바뀌었다. 윗부분은 쪽지를 들고 불에 태우는 모습이 변화된 것이었다. 후에 '쪽지'를 뜻하는 것으로 많이 쓰이게 되자, '불똥'은 '熛(표)'자를 따로 만들어 나타냈다.

쪽지, 어음, 수표 따위

[票(표)] ① 무엇을 적어 증거로 삼는 쪽지. ¶차표/우표 ② 투표한 쪽지를 세는 단위. ¶열 표를 얻었다

[手票(수표)] 발행인이 은행을 지불인으로 하여 소지인에게 일정 금액을 지불하여 줄 것을 지불인에게 위탁하는 유가증권. 참 空手票(공수표), 保證手票(보증수표)

[郵票(우표)] 우편 요금을 낸 표시로 우편물에 붙이는 증표.

[車票(차표)] 차를 탈 수 있음을 증명한 쪽지.

[投票(투표)] 선거를 하거나 가부를 결정할 때 투표용지에 의사를 표시하여 일정한 곳에 내는 일. 참 投票權(투표권), 投票率(투표율), 投票紙(투표지), 投票函(투표함), 國民投票(국민투표)

改票(개표), 開票(개표), 記票(기표), 得票(득표), 賣票(매표), 賣票所(매표소), 浮動票(부동표), 否票(부표), 散票(산표), 受驗票(수험표), 暗票(암표), 傳票(전표), 錢票(전표), 證票(증표)

禁 금할 금:, 示부13 0821

'禁(금)'자는 '보일 示(시) 또는 제사 示(시)'와 '수풀 林(림)'으로 이루어졌다. '울창한 숲속의 귀신을 모시는 곳'을 나타낸다. 일반인들이 그곳에 접근하는 것을 '금지'하거나, 접근을 '꺼린다'.

금하다, 기(忌)하다

[禁斷(금:단)] 어떤 행동을 딱 잘라 못하게 함. ¶흡연을 중단했더니 금단현상이 나타났다

[禁煙(금:연)] ① 담배 피우는 것을 금함. ¶금연 구역 ② 담배를 끊음.

[禁慾(금:욕)] 욕구나 욕망을 억제하고 금함. ¶금욕 생활

[禁止(금:지)] 말리어 못하게 함. ¶통행금지/출입 금지

禁忌(금기), 禁男(금남), 禁物(금물), 禁獵(금렵), 禁書(금서), 禁輸(금수), 禁食(금식), 禁足(금족), 禁足令(금족령), 禁酒(금주), 禁治産者(금치산자), 嚴禁(엄금), 尿失禁(요실금), 通禁(통금), 通行禁止(통행금지), 解禁(해금)

감옥

[禁錮(금:고)] (법) 형벌의 한 가지. 죄인을 교도소에 가두기만 하고 강제로 노역은 시키지 않는 형벌.

[監禁(감금)] 감시하기 위하여 일정한 곳에 가두어 둠. 가두어서 신체의 자유를 속박함.

[拘禁(구금)] (법) 刑(형)이 확정되기 전에 피고인 또는 피의자를 구치소나 교도소 등에 가두어 신체의 자유를 구속하는 일.

移 옮길 이, 禾부11 0822

'移(이)'자는 '벼 禾(화)'와 '많을 多(다)'로 이루어졌다. '벼가 자라서 바람에 나부낀다'는 데서 '옮다'라는 뜻이 왔다고 한다. 세상에 바람에 나부끼는 것이 그것뿐이었을까?

옮기다, 딴 데로 가다, 다른 데로 보내다

[移動(이동)] ① 옮기어 움직임. ¶철새의 이동 ② 사물

의 위치를 옮김.
[移徙(이사)] 살던 집을 옮김.
[轉移(전:이)] ① (의) 어떤 부분에 생긴 종양 세포 따위가 다른 부분으로 옮아가 번식하는 것. ¶암세포가 폐로 전이되었다 ② (화) 물질이 어떤 상태에서 다른 상태로 달라지는 일. ③ (심) 한 가지 학습한 효과가 다른 학습이나 반응에 영향을 미치는 일.
[愚公移山(우공이산)] 옛날 愚公(우공)이 자기 집 앞의 산을 불편하게 생각하여, 오랜 세월을 두고 다른 곳에 옮기려고 노력하여 마침내 이루었다는 고사에서, '어떤 일이든지 끊임없이 노력하면, 마침내 성공함'을 비유하여 이르는 말.『列子(열자)』
移管(이관), 移木之信(이목지신), 移民(이민), 移設(이설), 移送(이송), 移越(이월), 移葬(이장), 移籍(이적), 移轉(이전), 移住(이주), 移職(이직), 移牒(이첩), 移替(이체), 移行(이행), 怒甲移乙(노갑이을)

모내기하다
[移植(이식)] ① 농작물이나 나무를 옮겨 심음. ② 생체의 일부 조직을 다른 생체나 부위에 옮겨 붙이는 일. 또는 그런 치료법.
[移秧(이앙)] 모내기. 모를 옮겨 심음. 참移秧期(이앙기), 移秧機(이앙기)

나아가다, 따라가다, 돌아오다
[推移(추이)] 일이나 형편이 변하여 나아감.

양보하다, 전하다
[移讓(이양)] 넘겨 줌.

변하다
[遷移(천:이)] ① 옮기어 바뀜. ② (생) 일정한 지역의 생물 군락의 계열이 시간이 변하여 감에 따라 변천하여 가는 현상.

租 조세 조, 구실 조, 禾부10   0823

'租(조)'자는 토지 사용료에 해당하는 '세금', '구실'을 나타내기 위하여 만든 것인데, '벼 禾(화)'가 표의요소로 쓰였다. 옛날에는 세금을 벼나 쌀로 냈기 때문일 것이다. '또 且(차)'는 표음요소이다. 후에 '빌리다', '세들다'의 뜻으로 확대 되었다.

구실, 세금
[租稅(조세)] 국가 또는 지방 공공 단체가 그 필요한 경비를 국민으로부터 강제로 거두어들이는 수입.

빌리다, 세들다, 세내다
[租界(조계)] (역) 조차한 지역의 경계. 19세기 후반에 중국의 개항 도시에 있던 외국인 거주 지역.
[租借(조차)] 한 나라가 다른 나라 땅의 일부를 빌려서 일정 기간 동안 사용권과 통치권을 행사하는 일. 참租借地(조차지)

기타
[正租(정조)] 벼. 수확한 벼를 탈곡, 정제한 도정 전의 벼. 참正租重(정조중)

稅 세금 세:, 禾부12   0824

'稅(세)'자는 '세금'의 뜻인데 '租(조)'자와 마찬가지로 '벼 禾(화)'가 표의요소로 쓰였다. 벼나 쌀로 세금을 냈기 때문일 것이다. '바꿀 兌(태)'가 표음요소로 쓰였다.

구실, 세금, 세금을 징수하다
[稅關(세:관)] 관세청에 딸려, 비행장·항만·국경 지대에서 여행자들이 가지고 다니는 물품이나 수출입 화물에 대한 단속과 관세 징수 및 검역 사무를 맡아보는 관청.
[稅金(세:금)] 국가나 지방 공공 단체가 구실로 징수하는 돈.
[稅務(세:무)] 세금을 매기고 거두어들이는 사무. ¶세무감사/세무 행정 참稅務署(세무서)
[課稅(과세)] 세금을 매기거나 또는 그 세금.
[納稅(납세)] 국가에 세금을 냄. ¶납세의 의무
[租稅(조세)] ☞租(조)
[脫稅(탈세)] 납세자가 옳지 않은 수단을 써서 내야 할 세금의 일부 또는 전부를 내지 않는 일.
稅穀(세곡), 稅吏(세리), 稅目(세목), 稅法(세법), 稅率(세율), 稅入(세입), 稅政(세정), 稅制(세제), 間接稅(간접세), 減稅(감세), 關稅(관세), 國稅(국세), 國稅廳(국세청), 累進稅(누진세), 擔稅(담세), 免稅(면세), 免稅店(면세점), 保稅(보세), 保稅加工(보세가공), 保稅品(보세품), 附加價値稅(부가가치세), 附加稅(부가세), 賦稅(부세), 非課稅(비과세), 比例稅(비례세), 所得稅(소득세), 收稅(수세), 印稅(인세), 財産稅(재산세), 酒稅(주세), 重稅(중세), 增稅(증세), 贈與稅(증여세), 地方稅(지방세), 直接稅(직접세), 徵稅(징세), 取得稅(취득세), 血稅(혈세), 酷稅(혹세)

程 길 정, 법 정, 禾부12   0825

'程(정)'자는 '벼 禾(화)'와 '발돋움하다'의 뜻인 '呈(정)'의 합자이다. '벼의 성장 상태'의 뜻에서 '정도'의 뜻을 나타낸다. '呈(정)'자는 표음요소이기도 하다.

법, 법도
[規程(규정)] ① 조목을 나누어 작성해 놓은 표준. ② 행동의 준칙이 되는 규칙.

한도, 정도
[程度(정도)] 얼마의 분량. 또는 알맞은 어떠한 태도. ¶장난도 정도껏 해라/한 숟가락 정도

길, 도로, 도중
[工程(공정)] 기술적 작업이 진행되어 가는 과정.
[過程(과:정)] 일이 되어 가는 경로. ¶발달 과정/성장 과정
[課程(과정)] 정해진 일이나 학업의 분량. 참敎育課程(교육과정)
[旅程(여정)] 여행하는 일정. 또는 여행하는 노정.
[日程(일정)] ① 계획된 그날그날에 해야 할, 또는 그

날에 해야 할 일의 짜임. 〖참〗日程表(일정표) ② 하루에 걷는 이수(里數).
路程(노정), 道程(도정), 登程(등정), 方程式(방정식), 鵬程萬里(붕정만리), 上程(상정), 歷程(역정), 里程標(이정표), 長程(장정)

음정
[音程(음정)] (악) 높이가 다른 두 음 사이의 간격. ¶음정과 박자가 모두 훌륭하였다

端 끝 단, 바를 단, 立부14 0826

'端(단)'자는 '자세가 바르다'는 뜻을 나타내기 위한 것으로 '설 立(립)'과 '끝 耑(단)'으로 이루어졌다.

바르다, 곧다, 비뚤어지지 아니하다
[端雅(단아)] 단정하고 아담함. ¶옷차림이 단아하다
[端的(단적)] 곧바르고 명백한. 또는 그러한 것. ¶단적인 예
[端正(단정)] 자세가 바르고 마음이 올바름.

끝, 가, 가장자리, 경계
[端末機(단말기)] (컴) 중앙에 있는 컴퓨터와 통신망으로 연결되어 데이터를 입력하거나 처리 결과를 출력하는 장치.
[端役(단역)] (극) 연극이나 영화에서 하찮은 역. 또는 그 역을 맡은 사람.
[極端的(극단적)] 지나치게 한쪽으로 치우치거나 극도에 이르는. 또는 그러한 것.
[末端(말단)] ① 맨 끄트머리. ¶말단 부분 ② 사람·일·부서 등의 맨 아래. ¶말단 공무원
[異端(이단)] '다른 쪽 끝'이란 뜻에서, ① (종) 자기가 믿는 종교·종파의 교리에 어긋나는 이론이나 행동. 〖참〗異端者(이단자) ② 자기가 지지하는 학설이나 이론에 어긋나는 다른 학설이나 이론. ¶이단과 邪說(사설)을 일삼는 하찮은 선비.
[君子避三端(군자피삼단).] 군자는 세 가지 끝을 피한다. 文士之筆端(문사지필단), 武士之鋒端(무사지봉단), 辯士之舌端(변사지설단). 즉 글쟁이의 붓끝과, 칼잡이의 칼끝, 말쟁이의 혀끝이 그것이다. 이 말은 자기에게 危害(위해)를 가할 소지가 많은 사람들에게는 미리 조심해서 약점을 보이지 않는다는 말이다. 『韓詩外傳(한시외전) ☞ * 051
端子(단자), 極端(극단), 南端(남단), 上端(상단), 先端(선단), 首鼠兩端(수서양단), 兩端間(양단간), 尖端(첨단)

실마리, 근본, 시초, 처음
[端緒(단서)] 일의 실마리. ¶단서가 없어 수사가 제자리 걸음을 하고 있다
[大端(대:단)] ① 큰 실마리. ② 대강의 줄거리.
[發端(발단)] ① 일이 일어남. 또는 그러한 실마리. ② 어떤 일이 벌어지게 된 실마리. ¶사건의 발단
[弊端(폐:단)] 괴롭고 번거로운 일. 귀찮고 해로운 일. ¶폐단을 피하다

[四端說(사:단설)] 四端(사단)이란 동양철학에서, 인간의 마음속에 선천적으로 타고난 네 가지 단서, 실마리 곧, 인(仁)·의(義)·예(禮)·지(智)의 도덕적 단서인 측은히 여기는 마음, 부끄러워하는 마음, 사양하는 마음, 시비를 따지려는 마음이 있다고 하는 맹자의 학설을 이른다.
惻隱之心仁之端也(측은지심인지단야) 측은히 여기는 마음을 일러 어짊의 실마리라 하고,
羞惡之心義之端也(수오지심의지단야) 부끄러워하고 미워하는 마음을 일러 의로움의 실마리라 하고,
辭讓之心禮之端也(사양지심예지단야) 감사하고 양보하는 마음을 일러 예의 실마리라 하고,
是非之心智之端也(시비지심지지단야) 옳고 그름을 가리는 마음을 일러 지혜의 실마리라 한다. 『孟子(맹자)·公孫丑 上(공손추 상)』

多事多端(다사다단), 事端(사단), 四端七情(사단칠정), 惹端(야단), 戰端(전단), 禍端(화단)

기타
[端午(단오)] 음력 5월에서 맨 첫 5일에 해당되는 명절을 '端五(단오)'라 했는데 당나라 현종의 생일이 8월 5일 이었으므로 '五'를 피하여 '端午'라 불렀다고 한다.

緖 실마리 서:, 糸부15 0827

'緖(서)'자는 헝클어진 실의 첫머리, 즉 '실마리'를 뜻하기 위한 것이다. '실 糸(사)'와 '사람 者(자)'로 이루어졌다.

실마리
[端緖(단서)] ☞ 端(단)

비롯함, 시초, 첫머리
[緖論(서:론)] 머리말.
[緖戰(서:전)] (전쟁이나 경기에서) 첫 번째 싸움.
[頭緖(두서)] 일의 차례나 갈피. ¶두서가 없는 말
緖言(서언), 茫無頭緖(망무두서)

차례, 순서, 차례를 세워 선 줄, 행렬
[由緖(유서)] 사물이 전해 오는 까닭과 내력. ¶유서 깊은 건물

마음
[情緖(정서)] ① 감정의 실마리. ② (심) 본능을 기초로 하여 일어나는 희로애락의 감정. 기쁨·노염·사랑·걱정·공포·시기·후회 따위. ¶정서 불안
[情緖障碍(정서장애)] (심) 바깥 세계의 자극에 응하여 반응을 보이지 못하는 하나의 정신 이상 상태.

梅 매화 매, 木부11 0828

'梅(매)'자는 '나무 木(목)'과 '매양 每(매)'로 이루어졌다. '매화나무'를 뜻하기 위하여 만든 것이다. 본래는 '某(모)'자를 써서 '楳(매)'자를 만들었다가 변형되었다. 매화(梅)·난초(蘭)·국화(菊)·대나무(竹)의 네 가지를 四君子(사군자)라 하여 사랑을 받아 왔으며, 묵화

(墨畵)의 주요 소재가 된다.
매화나무
[梅實(매실)] 매화나무의 열매. 참梅實酒(매실주)
[梅花(매화)] 매화나무의 꽃. 또는 매화나무.
[雪中梅(설중매)] 눈 속에 핀 매화.
金甁梅(금병매), 雪梅(설매), 松竹梅(송죽매), 春梅(춘매)
절후 이름(매실이 누렇게 익을 무렵에 있는 장마철)
[梅雨(매우)/梅霖(매림)] '매화나무 열매가 익어서 떨어질 때 지는 장마'라는 뜻으로, 대략 '6월 중순께부터 7월 상순께까지 지는 장마'를 일컫는 말.
기타
[梅毒(매독)] (의) 성병의 한 가지.

蘭 난초 란, ㅏㅏ부21　0829

'蘭(란)'자는 '풀 艸(초)'와 '가로막을 闌(란)'으로 이루어졌다. '난초'를 뜻하기 위하여 만든 것이다. 四君子(사군자)의 하나이다.
난초, 난과에 딸린 향초 이름
[蘭草(난초)] ① 난초과의 다년생 풀들을 통틀어 이름. 대체로 꽃이 아름답고 향기가 좋다. ② 화투짝의 한 가지. 난초를 그린 5월을 상징하는 딱지.
[蘭香(난향)] 난초의 향기.
[洋蘭(양란)] 원산지가 서양인 蘭(난).
[芝蘭之交(지란지교)] '지초와 난초의 사귐'이라는 뜻으로, 벗 사이에 맑고도 고귀한 교제를 비유하는 말.
[春蘭(춘란)] 난초의 한 가지. 잎이 가늘고 길며 봄에 약간 푸른 빛깔을 띤 흰 꽃이 핀다.
[同心之言其臭如蘭(동심지언기취여란).] 마음이 합한 사람끼리의 말은 그 향기로움이 마치 난초와 같다. 『周易(주역)』 ☞ * 330
蘭室(난실), 金蘭之契(금란지계), 金蘭之交(금란지교), 金蘭之友(금란지우), 芝蘭(지란), 春蘭秋菊(춘란추국), 風蘭(풍란), 寒蘭(한란)
기타
[佛蘭西(불란서)] (지) '프랑스'의 한자음 표기.

菊 국화 국, ㅏㅏ부12　0830

'菊(국)'자는 '풀 艸(초)'와 '움켜 뜰 匊(국)'로 이루어졌다. '국화'를 뜻한다. 四君子(사군자)의 하나이다.
국화
[菊花(국화)] 국화과의 여러해살이 풀. 또는 그 꽃.
[大菊(대:국)] 꽃송이의 크기가 큰 국화.
[小菊(소:국)] 꽃송이의 크기가 작은 국화.
[春蘭秋菊(춘란추국)] 봄의 난초와 가을의 국화. 모두 제사에 올린다.
[菊花之隱逸者也(국화지은일자야).] 국화는 꽃 중의 은자이다. 『古文眞寶 說類 周茂叔 愛蓮說』 ☞ * 037
菊花酒(국화주), 霜菊(상국), 殘菊(잔국), 黃菊(황국)

竹 대 죽, 竹부6　0831

'竹(죽)'자는 대나무 가지를 그린 것이다. 관악기는 대개 대나무로 만들었으므로 '관악기'를 뜻하기도 한다. 四君子(사군자)의 하나이다.
대, 대나무
[竹葉(죽엽)] 댓잎. 참竹葉酒(죽엽주)
[竹馬故友(죽마고우)/竹馬舊友(죽마구우)/竹馬之友(죽마지우)] '대말을 타고 놀던 벗'이란 뜻으로, 어릴 때부터 같이 놀며 자란 벗. 참竹馬舊誼(죽마구의)
[雨後竹筍(우:후죽순)] '비가 온 뒤에 여기저기 솟는 죽순'이란 뜻으로, '어떠한 일이 일시에 많이 일어남'을 비유하는 말.
[破竹之勢(파:죽지세)] 대나무를 쪼개는 듯한 왕성한 기운. 세력이 워낙 강하게 확산되어 누구도 막을 수 없는 경우를 비유하는 말. ¶파죽지세로 진격하다『秦書(진서)・杜預(두예)전』
[烏竹(오죽)] (식) 대나무의 한 가지. 줄기는 첫해에는 녹색이었다가 점점 검은빛이 됨. 여러 가지 죽세공에 쓰임.
[爆竹(폭죽)] 가는 대나무 통이나 종이로 만든 통에 불을 지르거나 화약을 재어 터뜨려서 소리가 나게 하는 물건.
[竹影掃階塵不動(죽영소계진부동)]. 대나무 그림자가 뜰을 쓸되 티끌은 조금도 움직이지 않네. 『菜根譚(채근담)・後集 63』 ☞ * 388
竹幹(죽간), 竹工藝(죽공예), 竹刀(죽도), 竹簾(죽렴), 竹籬(죽리), 竹林(죽림), 竹林七賢(죽림칠현), 竹馬(죽마), 竹夫人(죽부인), 竹扉(죽비), 竹細工(죽세공), 竹筍(죽순), 竹鹽(죽염), 竹杖(죽장), 竹杖芒鞋(죽장망혜), 竹槍(죽창), 墨竹(묵죽), 松竹梅(송죽매), 松竹之節(송죽지절), 煙竹(연죽), 長竹(장죽), 合竹扇(합죽선)
죽간
[竹簡(죽간)/竹冊(죽책)] 대쪽에 쓴 글이나 편지.
기타
[石竹(석죽)] (식) 패랭이꽃.

松 소나무 송, 木부8　0832

'松(송)'자는 '소나무'를 뜻하기 위한 것이다. '나무 木(목)'과 '공평할 公(공)'으로 이루어졌다. 소나무는 수명이 길고, 그 잎의 빛이 늘 푸르기에 節操(절조), 長壽(장수), 繁茂(번무) 등의 비유적 표현에 흔히 쓰인다.
소나무
[松林(송림)] 소나무가 우거진 숲.
[松竹梅(송죽매)] '소나무・대나무・매화'를 함께 이르는 말. 고상한 지조와 절개를 나타냄.
[落落長松(낙락장송)] 가지가 축축 늘어질 정도로 키가 큰 소나무. 매우 크고 우뚝하게 잘 자란 소나무.
[白松(백송)] 소나무의 한 가지. 중국 원산으로 껍질이 희다.

[赤松(적송)] 내륙에 있는 가장 흔한 소나무를 '白松(백송)'이나 '海松(해송)'에 상대하여 일컫는 말.
[菜松花(채:송화)] (식) 쇠비름과의 한해살이풀. 줄기는 10-20cm로 붉은빛을 띠고, 잎은 굵은 솔잎 모양임. 여름에서 가을에 걸쳐 빨강·자주·노랑·분홍·흰색의 꽃이 핌. 남아메리카 원산이며 관상용으로 가꿈.
[海松(해:송)] 바닷가에 나는 소나무의 총칭.
[松柏摧爲薪(송백최위신)] 천년 장수한다는 소나무와 잣나무도 한 번 패이면 장작이 되고 만다.
[歲寒松柏(세:한송백)] 겨울에도 푸름을 변하지 않는 소나무와 잣나무. '군자가 곤궁과 환난에 처해서도 지조를 바꾸지 않음'을 비유하는 말. 『論語(논어)』
松膏(송고)/松津(송진), 松鶻(송골), 松都(송도), 松都三絶(송도삼절), 松露(송로), 松餠(송병), 松荀(송순), 松嶽(송악), 松魚(송어), 松栮(송이), 松竹之節(송죽지절), 松蟲(송충), 松板(송판), 松花(송화), 巨松(거송), 孤松(고송), 老松(노송), 盤松(반송), 倭松(왜송), 陸松(육송), 長松(장송), 靑松(청송)

柏, 栢 측백 백, 木부10 0833

'栢(백)'자는 '나무 木(목)'과 '흰 白(백)'으로 이루어졌다. '측백나무'를 뜻하기 위하여 만든 것이다. '일백 百(백)'으로 쓴 '栢(백)'자는 속자이나 함께 쓴다. 우리나라에서는 '잣나무'도 '柏(백)'이라 했다.

나무 이름, 측백나무, 편백나무

[側柏(측백)] (식) 측백나무. 측백나무과의 상록침엽 교목. 줄기는 많은 가지로 갈라지며 잎은 비늘 모양으로 다닥다닥 붙음. 울타리로 심으며, 잎과 열매는 약재로 씀.
[扁柏(편백)] (식) 노송나무. 측백나뭇과에 속하는 상록 교목의 하나. 높이는 40m에 이르고, 가지는 수평으로 퍼져서 원뿔형 수관을 이룬다. 원산지는 일본이고 우리나라 남부지방에서도 자란다. 목재는 고급 가구나 침대 목공에 소품 등 쓰임새가 많으며, 편백나무 숲은 삼림욕장으로 인기가 있다.

잣나무

[柏子(백자)] 잣.
[松柏(송백)] 소나무와 잣나무. 둘 다 사철을 통하여 빛깔이 변하지 않는 데서, '사람의 절개'를 비유하여 이르는 말.
雪中松柏(설중송백), 歲寒松柏(세한송백)

기타

[冬柏(동백)] 동백나무, 또는 그 열매. 이 열매의 씨에서 짠 기름인 동백기름은 머릿기름으로 썼다.

笑 웃을 소:, 竹부10 0834

'笑(소)'자는 '대 竹(죽)'과 '일찍 죽을 夭(요)'로 이루어졌다. 요소들을 어떻게 조합해야 '웃을 笑(소)'가 되는지 알기가 어렵다. 한 번 웃기가 참 어려운가보다.

웃다, 기뻐서 웃다, 미소하다, 빙그레 웃다

[笑裏藏刀(소:리장도)] '웃음 속에 칼을 감춘다'는 뜻으로, '말로는 좋게 하나 속으로는 해칠 뜻을 가짐'을 비유하는 말.
[談笑(담소)] 웃고 즐기며 하는 이야기. ¶담소의 꽃이 활짝 피다
[大笑(대:소)] 크게 웃음. 참 呵呵大笑(가가대소), 拍掌大笑(박장대소), 仰天大笑(앙천대소), 破顔大笑(파안대소), 哄然大笑(홍연대소)
[微笑(미소)] 소리 없이 빙긋이 웃는 것. 또는 그 웃음. ¶입가에 미소가 번지다
[失笑(실소)] ① 마땅히 참아야 할 자리에서 웃음이 툭 터져 나옴. ② 저도 모르게 터져 나오는 웃음.
[爆笑(폭소)] 갑자기 세차게 터져 나오는 웃음. ¶폭소가 터졌다
[含笑入地(함소입지)] '웃음을 머금고 땅속에 들어간다'는 뜻에서, 안심하고 죽음을 비유적으로 이르는 말. 『後漢書(후한서)』
[對笑顔唾亦難(대:소안타역난)] '웃는 낯에 침 못 뱉는다'는 뜻으로, '좋게 대하는 사람에게는 미워도 괄시하기 어려움'을 일컫는 말.
[笑而不答心自閑(소이부답심자한).] 웃을 뿐 대답은 안 해도 마음은 절로 한가롭네. 『李伯(이백)·山中問答(산중문답)』 ☞ *119
[脅肩諂笑(흡견첨소), 病于夏畦(병우하휴).] 어깨를 으쓱거리며 아첨하며 웃어대는 것을 보는 역겨움은 여름날 논밭에서 일하는 것보다도 더 참기 어려운 것이다. 『孟子(맹자)·滕文公(등문공)下(하)』
笑談(소담), 笑殺(소살), 可笑(가소), 苦笑(고소), 諂笑(첨소), 癡者多笑(치자다소), 含笑(함소), 哄笑(홍소), 哄然大笑(홍연대소)

비웃다, 업신여기다

[冷笑(냉:소)] 비웃다. ¶입가에 냉소가 흐르다
[鼻笑(비:소)] 코웃음.
[嘲笑(조소)] 비웃음. 빈정거리거나 업신여기는 태도로 웃는 웃음. ¶입가에 조소가 감돈다
[五十步笑百步(오:십보소백보)] 싸움에서 오십 보 달아난 사람이 백 보 달아난 사람을 비겁하다고 비웃다. 정도의 차이가 조금은 있으나 본질은 같다. 五十步百步(오십보백보)라고 줄여서 쓰기도 한다. 『孟子(맹자)·梁惠王章句(양혜왕장구)』

築 쌓을 축, 지을 축, 竹부16 0835

'築(축)'자는 '나무 木(목)'과 '악기 이름 筑(축)'으로 이루어졌다. '성을 쌓다', '집을 짓다'는 뜻을 나타낸다.

쌓다, 성을 쌓다

[築臺(축대)] 높이 쌓아 올린 대나 터. ¶축대가 무너져 아래에 있는 집을 덮쳤다
[構築(구축)] ① 쌓아 올려 만듦. ¶진지를 구축하다 ②

(어떤 일의) 바탕을 닦아 이루거나 마련함. ¶정치적 기반을 구축하다
築城(축성), 築堤(축제), 築造(축조), 石築(석축)
집을 짓다
[建築(건:축)] 건물·성 따위의 구조물을 세우거나 쌓아 만드는 일. ¶建築家(건축가)/建築業(건축업)
[新築(신축)] 새로 건축함. ¶회관의 신축을 축하하다
改築(개축), 修築(수축), 增築(증축)

素 흴 소(:), 糸부10 0836

'素(소)'자는 염색을 하지 아니한 본래 그대로의 '비단'을 뜻하는 글자였다. '실 糸(사)'가 표의요소이다. '素(소)'는 삶지 않은 명주실로 짠 明紬(명주)를 말한다. 아직 물도 들이지 않고, 무늬도 없는 상태로 '희다'라는 뜻과 비단옷의 바탕이 되므로 '바탕'이라는 뜻이 파생되었다. '희다'라고 해서 '흰 白(백)'과는 구별되는 것에 주의하라. '白(백)'은 색깔이 희거나 '밝다'는 뜻이고, '素(소)'는 '잡것이 섞이지 않아 깨끗하다'는 뜻으로 '희다'라는 표현을 쓴다.

희다, 흰 빛
[素服(소:복)] 염색을 하지 않은 본디의 흰색 옷. 흔히 상복으로 입는다.
[繪事後素(회사후소)] 그림 그리는 일은 흰 바탕을 마련한 다음에 해야 한다. 그림을 그릴 때는 우선 밑바탕을 잘 만드는 것이 중요하며, 색채를 칠하는 것은 그 다음 일이다. 밑바탕을 만드는 일은 눈에 보이지 않는 작업이다. 그러나 견실한 밑바탕(素) 없이는 훌륭한 그림을 그릴 수가 없다. 몸을 장식하는 것보다는 먼저 수양을 쌓아 마음의 성실함을 근본을 삼도록 해야 한다.
준後素(후소) 『論語(논어)·八佾(팔일)』
꾸밈이 없다
[素朴(소:박)] 꾸밈이 없고 수수함. ¶소박한 생활
[素饌(소:찬)/素餐(소:찬)] 고기나 생선 등이 들어가지 않은 반찬. 또는 그러한 밥상.
[素麵(소:면)] 고기붙이를 넣지 않고 말거나 비빈 국수.
[簡素(간소)] 생활이나 차림새 등이 간략하고 수수함. ¶간소한 생활 방식
[儉素(검:소)] 사치하지 않고 수수함. ¶검소한 생활/검소한 옷차림
素飯(소반), 素食(소식), 素湯(소탕)
근본, 처음, 본시
[素因數(소인수)] (수) 어떤 정수를 素數(소수)만의 곱으로 나타냈을 때의 각 인수. 정수 15는 소수의 곱인 3x5로 나타낼 수 있고 이때 인수가 되는 3, 5를 15의 소인수라 함. 관素因數分解(소인수분해)
[素數(소수)] 1보다 크며 1과 그 자체 이외의 정수로는 똑 떨어지게 나눌 수 없는 수.
[素因(소인)] ① 근본 원인. ② 병에 걸리기 쉬운 신체적 소질.
[素質(소질)] 본디부터 가지고 있는 성질. 또는 타고난 능력이나 기질. ¶타고난 저마다의 소질을 계발하다
원료, 본바탕
[素材(소재)] ① 가공하지 않은 본디대로의 재료. 관新素材(신소재) ② (문) 예술 작품의 바탕이 되는 모든 대상. ¶소설의 소재를 잘 선택했다
[酸素(산소)] (화) 빛깔·맛·냄새가 없는, 공기 중의 중요한 성분인 원소. 생물의 호흡과 동식물의 생활에 없어서는 안 되는 기체로서 모든 원소와 화합하여 산화물을 형성함.
[要素(요소)] 어떤 사물을 성립시키거나 효력을 내는 데 없어서는 안 될 요인. ¶인물·사건·배경을 보통 소설의 삼대 요소라고 한다
[元素(원소)] ① 만물의 본바탕. ② (화) 원자번호가 같은 원자만으로 이루어져 그 이상 더 분해할 수 없는 물질. 수소·산소·탄소 따위. ③ (수) 집합을 이루는 낱낱의 요소.
[炭素同化作用(탄:소동화작용)] 녹색식물(엽록소)이 무기물인 이산화탄소와 물 분자를 재료로 하여 태양광에너지를 화학에너지(유기물)로 변환시키는 작용.
[酵素(효:소)] (화) 생물 체내에서 만들어지며, 소화나 호흡 등 생화학 반응에 관여하여 촉매 역할을 하는 단백질 화합물.
素描(소묘), 素地(소지), 硅素(규소)/珪素(규소), 毒素(독소), 同位元素(동위원소), 弗素(불소), 硼素(붕소), 砒素(비소), 色素(색소), 纖維素(섬유소), 水素(수소), 鹽素(염소), 葉綠素(엽록소), 營養素(영양소), 沃素(옥소), 尿素(요소), 窒素(질소), 臭素(취소), 炭素(탄소)
평소
[素養(소양)] ① 평소에 닦아 놓은 학문이나 지식. ② 본디부터 가진 교양.
[素懷(소:회)] 평소에 품고 있는 뜻이나 회포.
[平素(평소)] 평상시. 늘.
생명주, 흰 빛깔의 무늬가 없는 피륙

純 순수할 순, 생사 순, 糸부10 0837

'純(순)'자는 실의 뜻인 '糸(사)'와 땅을 막 뚫고 나온 새싹의 모습인 '屯(둔)'의 합자이다. 본뜻은 땅을 뚫고 나온 새싹처럼 누에고치에서 갓 뽑아내어 삶거나 염색하기 전의 실이라는 뜻이다.

생사, 실, 순색의 비단
[純絹(순견)] 본견. 동本絹(본견)
순수하다
[純潔(순결)] ① 잡된 것이 없이 순수하고 깨끗함. ② 이성과의 성적인 관계가 없어 마음과 몸이 깨끗함. ¶순결을 잃다
[純粹(순수)] ① 잡것의 섞임이 없음. ② 사사로운 욕심이나 못된 생각이 없음. ③ 학문에서 경제적 내용이나 응용을 포함하지 않은, 이론적 부문. ¶순수 과학/순

수 문학
[純眞(순진)] 꾸밈이 없고 참됨. ¶순진한 어린이/순진한 마음
[淸純(청순)] 깨끗하고 순수함. ¶청순한 그 소녀
純金(순금), 純度(순도), 純綿(순면), 純毛(순모), 純色(순색), 純全(순전), 純正(순정), 純情(순정), 純種(순종), 純化(순화), 不純(불순), 至純(지순), 至高至純(지고지순)

꾸밈이 없다, 단순하다, 천진하다
[單純(단순)] 복잡하지 않고 간단하거나 단일한 것. 凹 複雜(복잡)
[溫純(온순)] 온화하고 단순함.

微 작을 미, 亻부13　　0838

'微(미)'자는 '몰래 행하다'가 본뜻이다. '몰래', '작다'의 뜻을 나타낸다.

작다, 자질구레하다, 적다, 많지 않다
[微量(미량)] 아주 적은 분량.
[微生物(미생물)] (생) 현미경으로나 볼 수 있는 아주 작은 생물.
[微細(미세)] ① 아주 작음. ¶미세 먼지 농도가 높다 ② 몹시 자세하고 꼼꼼함.
[微笑(미소)] 소리 없이 빙긋이 웃는 것. 또는 그 웃음. ¶입가에 미소가 번지다
[微風(미풍)] 솔솔 부는 약한 바람.
[輕微(경미)] 정도가 가볍고 매우 작아서 대수롭지 않음.
[顯微鏡(현미경)] (물) 썩 작은 물체를 크게 확대하여 보는 장치.
[莫見乎隱(막현호은), 莫顯乎微(막현호미).] 숨은 것보다 더 잘 드러나는 것은 없으며, 작은 것보다 더 잘 나타나는 것이 없다. 남이 보지 않는 곳에서 한 일은 매우 잘 드러난다는 뜻이다. 『中庸(중용)·1章(1장)』
微動(미동), 微力(미력), 微粒子(미립자), 微物(미물), 微微(미미), 微分(미분), 微視的(미시적), 微弱(미약), 微熱(미열), 微溫(미온), 微溫的(미온적), 微意(미의), 微塵(미진), 微震(미진)

몰래, 은밀히, 비밀히, 몰래 살피다, 숨다, 숨기다
[微服(미복)] 지위가 높은 사람이 무엇을 살피러 다닐 때에 남의 눈을 피하려고 입는 수수한 옷차림. 참微服潛行(미복잠행)
[微行(미행)] 남이 알아보지 못하게 미복으로 넌지시 다님. '微服潛行(미복잠행)'의 준말.
[尾行(미행)] 몰래 뒤를 밟는 일. 또는 그 사람. ¶미행을 시키다

어렴풋하다, 또렷하지 아니하다
[微妙(미묘)] 어떤 현상이나 내용이 뚜렷하게 드러나지 않으면서 야릇하고 묘함. ¶미묘한 관계
[機微(기미)/幾微(기미)] ① 낌새. 어떤 일을 알아차릴 수 있는 눈치. ¶그런 기미가 있다 ② 일이 되어 가는 분위기.
[稀微(희미)] 또렷하지 못하고 어렴풋함. ¶희미한 그림자

천하다, 비천하다
[微官(미관)] ① 낮은 벼슬자리. ② '자신의 벼슬'의 낮춤말.
[微官末職(미관말직)] 자리가 아주 낮고 변변찮은 벼슬.
[微賤(미천)] 하찮고 천함.
[寒微(한미)] 가난하고 문벌이 변변하지 못함. ¶한미한 집안 출신

쇠하다, 쇠미하다
[衰微(쇠미)] 쇠잔하고 미약함.

細 가늘 세:, 糹부11　　0839

'細(세)'자는 '실 糹(사)'가 표의요소로 쓰였다. 실은 가늘다. 실이 굵으면 실의 쓰임새가 없다. '田(전)'자는 어린애 머리 숫구멍을 뜻하는 '囟(신)'자가 변한 것이다.

미미하다
[零細(영세)] ① 아주 자잘하고 변변치 못함. ② 살림이 보잘것없고 매우 가난함. ¶영세기업/영세농/영세상인
[零細農(영세농)] 소유 경작지가 적어 겨우 살아가는 가난한 농민.
[零細民(영세민)] 가난한 백성.

작다
[細工(세:공)] 섬세한 잔손질이 많이 가는 手工(수공).
[細菌(세:균)] 병을 일으키거나 발효작용을 하는 가장 하등의 단세포 미생물. 박테리아.
[細胞(세:포)] ① (생) 생물체를 구성하는 최소 단위. 원형질로 된 극히 작은 생활체로 세포핵과 세포질로 이루어짐. 참細胞膜(세포막), 細胞分裂(세포분열), 細胞質(세포질), 細胞核(세포핵) ② (사) 공산당이 일컫는, 당의 최소 기본 조직.
[微細(미세)] ☞ 微(미)
[圖難于其易(도난우기이), 爲大于其細(위대우기세).] 어려운 일을 하려고 함에는 그 일의 쉬운 곳부터 해 나가야 하고, 큰일을 하려고 할 때는 그 일의 작은 것부터 해 나가야 한다. 『老子(노자)』
[附耳細語(부:이세어)] 궤에 대고 소곤거리며 말하다. 즉 '남의 단점을 함부로 말하지 않는다'는 뜻이다. 『芝峯類說(지봉유설)』☞ 사자성어

가늘다, 가는 실
[細柳(세:류)] 세버들. 가지가 가는 버드나무.
[細腰(세:요)] 가는 허리. 또는 허리가 가는 여자.
[細雨(세:우)] 가랑비.
[細長(세:장)] 가늘고 긺.

[毛細管(모세관)] 털과 같이 아주 가는 관. ¶모세관 현상 참毛細血管(모세혈관)

자세히, 자세하다, 잘게, 잘다

[細密(세:밀)] 자세하고 꼼꼼함. ¶세밀하게 조사하다
[細部(세:부)] 자세한 부분.
[明細書(명세서)] 어떤 내용을 숫자적으로 분명하고 자세하게 적은 문서.
[詳細(상세)] 자상하고 세밀함. ¶자상한 설명
[仔細(자세)] ① 주의가 썩 잔 것에까지 속속들이 미치어 빠짐이 없음. ② 꼼꼼하고 찬찬함.
細目(세목), 細分(세분), 細細(세세), 細心(세심), 細則(세칙), 明細(명세), 纖細(섬세)

기타

[細作(세:작)] 염알이꾼. 남의 사정이나 비밀 따위를 몰래 알아냄. 또는 그런 일을 하는 사람.

統 거느릴 통:, 糸부12   0840

'統(통)'자는 '실 糸(사)'와 '가득할 充(충)'으로 이루어졌다. '실마리'가 본뜻이었다.

큰 줄기, 본 가닥의 실, 혈통, 핏줄

[系統(계통)] ① 서로 관련되어 있는 부분들의 통일된 조직. ¶소화기 계통/신경 계통 ② 일의 차례나 체계. ¶명령계통/지휘계통 ③ 어떤 분야나 부분. ¶생산 계통 ④ (생) 각 종류가 진화해 온 경로. ⑤ (생) 같은 조상에서 유래하고 일정한 형질을 가지면서 세대를 계속해 가는 개체의 모임.
[傳統(전통)] 예로부터 계통을 이루어 전하여 내려오는 사상·관습·행동 따위의 양식. ¶빛나는 문화의 전통
[正統(정통)] 바른 계통. 바른 혈통.
[血統(혈통)] 같은 핏줄을 타고난 겨레붙이의 계통.
嫡統(적통), 正統派(정통파), 體統(체통)

거느리다, 통괄하다, 통솔하다, 다스리다

[統率(통:솔)] 어떤 무리를 온통 몰아서 거느림. ¶지휘 통솔
[統制(통:제)] 일정한 방침에 따라 행위를 제약하거나 억눌러 조절하고 다스림. 참統制經濟(통제경제), 統制區域(통제구역)
[統治(통:치)] ① 하나로 묶어서 도맡아 다스림. ② 지배자가 주권을 행사하여 국토 및 국민을 다스림. 참統治權(통치권)
[大統領(대:통령)] 공화국의 원수(元首). 국민에 의하여 선출되어 일정한 기간 그 나라의 행정 전반을 통할하며 국가를 대표한다.
統監(통감), 統帥(통수), 統帥權(통수권), 信託統治(신탁통치), 總統(총통)

한데 묶다

[統計(통:계)] ① 한데 합쳐서 셈함. ② 어떤 집단의 현상이나 특성을 알아보기 위하여 일정한 체계에 따라 분석·정리하여 숫자로 나타냄. 또는 그렇게 나타낸 것. 참統計表(통계표)
[統一(통:일)] 나누어진 것들을 묶어 하나로 합침.
[統合(통:합)] 둘 이상의 것을 하나로 합침.
[南北統一(남북통일)] 남한과 북한이 통일하여 하나가 됨.

繼 이을 계:, 糸부20   0841

'繼(계)'자는 본래 '糸(사)'가 없는 형태였다. '잇다'는 뜻을 나타내기 위하여 실을 이어 놓은 모습을 본뜬 것이었다. 후에 그 의미를 더욱 보강하기 위하여 '실 糸(사)'가 첨가되었다.

잇다, 계통을 잇다, 이어 나가다, 이어지다, 뒤이음

[繼母(계:모)] 의붓어머니. 참繼父(계부)
[繼續(계:속)] ① 끊어지지 않게 잇댐. ¶계속사업 ② 끊어졌던 사업을 다시 이어서 함. ③ 잇따라 또는 잇대어. ¶계속 비가 내린다
[繼承(계:승)] 조상이나 선임자의 뒤를 이어받음. 承繼(승계) ¶민족 문화의 계승과 발전
[引繼(인계)] 사물을 넘겨주고 받고 하는 일. 참引繼引受(인계인수)
[中繼(중계)] ① 중간에서 이어줌. ② '중계방송'의 준말.
[後繼(후:계)] 뒤를 이음. 참後繼者(후계자)
繼代(계대), 繼配(계배), 繼嗣(계사), 繼泳(계영), 繼走(계주), 繼妻(계처), 繼娶(계취), 繼親(계친)

續 이을 속, 糸부21   0842

'續(속)'자는 표의요소인 '실 糸(사)'와 표음요소인 '행상할 賣(육)'으로 이루어졌다. ☞讀(독)0448

잇다, 이어지다, 뒤를 잇다, 계속

[續出(속출)] 잇달아 나옴.
[繼續(계:속)] ☞繼(계)
[相續(상속)] 일정한 친족 관계에 있는 사람 사이에서 한 사람의 사망으로 다른 사람이 법률상의 신분이나 재산에 관한 지위를 물려받는 일. 호주상속과 재산상속의 두 가지가 있음.
[連續(연속)] 끊이지 않고 죽 이음. 또는 연결되어 붙음. 참連續劇(연속극), 不連續(불연속), 不連續線(불연속선)
[接續(접속)] 서로 맞대어 이음. 참接續詞(접속사)
[鳧脛雖短續之則憂(부경수단속지즉우), 鶴脛雖長斷之則悲(학경수장단지즉비).] 물오리의 다리는 비록 짧지만 그것을 길게 이어주면 괴로워할 것이다. 학의 다리가 길다 하여 끊어서 짧게 한다면, 학은 필시 슬퍼할 것이다. 만물은 제각기 천부의 특징을 갖추어 있으므로, 쓸데없이 가감할 것이 아님'을 비유하여 이르는 말. 인간의 경우에도 마찬가지이다. 사람의 성질은 사람마다 각각 태어날 때부터 지니고 있는 것이므로 다른 사

람이 이러쿵저러쿵 지도하는 것은 본인에게 오히려 괴로울 뿐이다. 『莊子(장자)·外篇(외편)·騈拇(변무)』
續刊(속간), 續開(속개), 續編(속편), 續篇(속편), 續行(속행), 續絃(속현), 續續(속속), 勤續(근속), 手續(수속), 存續(존속), 永續(영속), 持續(지속), 後續(후속)

總 모두 총:, 거느릴 총:, 糸부17   0843

'總(총)'자는 '실 糸(사)'와 '바쁠 悤(총)'으로 이루어졌다. '실을 한 다발로 묶다'는 뜻을 나타내기 위한 것이었다.

모두, 다, 모아서 묶다, 합치다, 하나로 하다, 통일하다
[總計(총:계)] 전체를 한데 모아서 헤아림.
[總量(총:량)] 전체의 양.
[總力(총:력)] 전체의 힘. 집단 따위의 모든 힘
[總和(총:화)] ① 전체를 합하여 모은 수. ② 전체의 화합. ¶국민 총화/총화 단결
[總會(총:회)] ① 단체 구성원 전체가 모이는 회의. 참 定期總會(정기총회), 臨時總會(임시총회), 株主總會(주주총회)
總括(총괄), 總力戰(총력전), 總選(총선)/總選擧(총선거), 總額(총액), 總員(총원), 總點(총점), 總體(총체), 總販(총판), 總合(총합)

통괄하다, 거느리다
[總理(총:리)] ① 전체를 모두 관리함. ② '국무총리'의 준말.
[總務(총:무)] 단체나 기관에서 전체적이며 일반적인 사무. 또는 그런 사무를 맡아보는 사람. 참院內總務(원내총무)
[總長(총:장)] ① 어떤 조직체에서 사무 전체를 관리하는 최고 행정 책임 직위. 또는 그 자리에 있는 사람. 참參謀總長(참모총장) ② (교) 종합대학의 우두머리.
總管(총관), 總督(총독), 總裁(총재), 總統(총통), 國務總理(국무총리)

대강, 뭉뚱그림
[總論(총:론)] ① 어떤 부문의 일반적인 이론을 총괄하여 서술한 해설이나 저작. ② (논문이나 저서의 첫머리에 싣는) 그 논문이나 저서의 큰 줄거리.
[總評(총:평)] 총체적인 평가나 評定(평정).
總說(총설), 總則(총칙), 總稱(총칭)

머리카락을 묶다, 머리카락을 묶는 끈, 상투 끈
[總角(총:각)] 결혼하지 않은 성년 남자.
[老總角(노:총각)] 결혼할 나이가 훨씬 지난 총각. 늙은 총각.

缺 이지러질 결, 缶부10   0844

'缺(결)'자는 '장군 缶(부)'와 '깍지 夬(결/쾌)'로 이루어졌다. 원래는 '그릇이 깨지다'는 뜻이었는데, 후에 '모자라다', '빠지다' 등의 뜻으로 쓰이게 되었다.

모자라다, 흠, 결점, 빈 틈
[缺禮(결례)] 예의범절에 벗어나거나 모자람.
[缺損(결손)] ① 축이 나서 완전하지 못함. ② (집안 사정이) 온전하지 못함. ¶결손 가정 ③ 수입보다도 지출이 많아서 생기는 손실.
[缺點(결점)] 잘못되거나 모자란 점. 반長點(장점) 비短點(단점), 弱點(약점)
[補缺(보:결)] ① 모자라는 자리를 채움. ② 결점을 보충함.
[完全無缺(완전무결)] 충분하게 구비하여 결점이나 부족한 점이 없음.
缺本(결본), 缺食(결식), 缺如(결여), 缺員(결원), 缺乏(결핍), 缺陷(결함), 缺航(결항), 不可缺(불가결)

떠나다, 관직의 빈 자리
[缺講(결강)] 강의를 거름.
[缺勤(결근)] 마땅히 나가야 할 날에 출근하지 않음. 반出勤(출근)
[缺席(결석)] 출석해야 할 자리에 빠짐.
[出缺(출결)] 출석과 결석.

城 성곽 성, 土부10   0845

'城(성)'자는 '흙 土(토)'와 '이룰 成(성)'으로 이루어졌다. '흙으로 쌓은 토성'의 뜻이라기보다는 '땅[土] 위에 쌓은 성'으로 보는 것이 맞겠다. 옛날에는 도읍 특히 임금이 지내는 도읍은 성곽으로 둘러 적의 방어를 쉽게 하고, 임금의 위세를 떨치는 데 이용하였다. 옛날에는 흔히 이중으로 되어 있었는데, 안쪽의 것을 城(성), 바깥쪽의 것을 郭(곽)이라 했다.

성(도시를 둘러싼 울타리)
[城郭(성곽)] 內城(내성)과 外城(외성)을 아울러 이르는 말. 두 겹의 성벽 가운데 안쪽 부분의 담을 '城(성)'이라 하고 바깥 부분의 담을 '郭(곽)이라 함.
[城壁(성벽)] 성곽의 담.
[宮城(궁성)] ① 궁궐을 둘러싼 성곽. ② 궁궐.
[籠城(농성)] ① 군사가 있는 성이 적군에게 에워싸임. ② 성문을 굳게 닫고 성을 지킴. ③ 목적을 이루고자 줄곧 한자리에 둘러 모여서 버티는 일. ¶단식 농성
[牙城(아성)] ① (어금니처럼 가장 안쪽에 있는) 우두머리 장수가 거처하던 성. ② '어느 부류의 세력이 자리 잡고 있는 가장 중요한 근거지'를 비유하는 말. ¶아성을 무너뜨리다
[鐵甕城(철옹성)] (쇠로 만든 독처럼) 아주 튼튼하게 둘러싼 성. 비鐵甕山城(철옹산성)
城樓(성루), 城門(성문), 城主(성주), 城砦(성채), 城隍堂(성황당), 干城(간성), 攻城(공성), 古城(고성), 金城鐵壁(금성철벽), 金城湯池(금성탕지), 萬里長城(만리장성), 安市城(안시성), 甕城(옹성), 長城(장성), 赤舌燒城(적설소성), 妻城子獄(처성자옥), 築城(축성), 土城(토성)

나라, 도읍, 도시
[京城(경성)] ① 임금이 사는 곳. 서울. ② 서울의 일제 때 이름.
[都城(도성)] 도읍을 둘러싼 성곽. 성안의 도읍.
[不夜城(불야성)] 등불이 휘황하게 켜 있어 밤에도 대낮같이 밝은 번화한 곳. ¶불야성을 이룬 거리의 밤거리
[漢城(한성)] 서울의 옛 이름. 또는 서울을 달리 이르는 말.
王城(왕성), 入城(입성), 國內城(국내성), 皇城(황성)

郭 성곽 곽, 邑부11   0846

'郭(곽)'자는 고을의 內城(내성) 밖에 다시 쌓은 성을 뜻한다. 즉 두 겹의 성벽 가운데 안쪽 부분의 담을 '城(성)'이라 하고, 바깥 부분의 담을 '郭(곽)'이라 하였다. '둘레', '테두리'의 의미로는 '郭(곽)'과 '廓(곽)'이 통용된다.

성곽, 도읍의 주변을 둘러싼 누벽
[城郭(성곽)] ☞ 城(성)

둘레, 한 구획
[外郭(외:곽)/外廓(외:곽)] ① 성 밖에 다시 둘러쌓은 성. ② 바깥 언저리. ¶외곽도로
[輪郭(윤곽)/輪廓(윤곽)] 사물의 테두리나 대강의 모습. ¶사건의 윤곽이 선명하게 드러나다

置 둘 치:, 网부13   0847

'置(치)'자는 '그물 罒(망)'과 '곧을 直(직)'으로 이루어졌다. '그물에 걸린 것을 놓아주다'가 본뜻이라고 한다. '두다'라는 뜻으로 많이 쓰인다.

두다
[置簿(치:부)] ① 물품의 출납 따위를 장부 같은 데에 적어 둠. 㐂置簿冊(치부책) ② 마음속에 잊지 않고 새겨 두거나 그렇다고 여김.
[置重(치:중)] 무엇에 중점을 둠.
[配置(배:치)] 알맞은 자리에 분배하여 앉히거나 둠. ¶부대 배치/자리 배치
[備置(비:치)] 마련하여 갖추어 둠. ¶구급약을 비치하다
[位置(위치)] 사물을 일정한 자리에 둠. 또는 그 자리.
置換(치환), 拘置(구치), 拘置所(구치소), 代置(대치), 倒置(도치), 倒置法(도치법), 放置(방치), 排置(배치), 安置(안치), 領置(영치), 預置(예치), 圍籬安置(위리안치), 留置(유치), 留置場(유치장), 前置詞(전치사), 安置(안치), 且置(차치)

버리다, 버려두다
[置之度外(치:지도외)/度外視(도외시)] 이 성어에는 두 가지 뜻이 있다. 하나는 '加外(가외)의 것으로 본다'는 것이고, 또 하나는 '眼中(안중)에 두지 않고 무시한다'는 뜻이다. 어떤 일을 문제 삼지 않거나 불문에 붙인다는 뜻이다. 『後漢書(후한서)·光武帝記(광무제기)』

남기다
[存置(존치)] 그대로 두어둠.

세우다
[裝置(장치)] ① 기계나 설비 따위를 차려 둠. 또는 그 물건. ¶난방 장치 㐂記憶裝置(기억장치), 防音裝置(방음장치) ② 무대 따위를 차리어 꾸밈. 또는 그 차리어 꾸민 것. ¶무대 장치
[設置(설치)] ① 기계나 설비 따위를 마련하거나 세워 둠. ¶에어컨 설치 ② 어떤 기관을 마련함. ¶위원회 설치

베풀다
[措置(조치)] 어떤 문제 따위를 해결해 놓거나 잘 정돈하여 처치함. ¶단호하게 조치하다
[處置(처:치)] ① 일을 감당하여 치르는 일. ② 다루어서 치우거나 없애버림. 죽여서 없애버림. ③ 의료상의 조치를 취하는 일.

聖 성인 성:, 성스러울 성:, 耳부13   0848

'聖(성)'자는 '거룩하다'가 본뜻이다. '귀 耳(이)', '입 口(구)' '발돋움할 壬(정)'으로 이루어졌다. '壬(정)'자는 현재에는 쓰이지 않는 글자이다. '드릴 呈(정)', '조정 廷(정)' 등에서 그 흔적을 찾을 수 있다. 거룩한 사람이 되자면 귀를 크게 하여 남의 말을 경청해야 함을 '聖(성)'자를 통하여 알 수 있다.

'聖'자는 俗字(속자)로 '壬(정)' 대신 '임금 王(왕)'을 붙여 쓰기도 한다. '耳(이)'는 크게 쓰고, '口(구)'는 상대적으로 작게 써서, '귀는 크고 입은 작은 사람이 왕이다. 귀는 크게 하여 다른 사람의 말을 잘 듣고, 입은 작게 하여 말을 적게 하는 사람이 왕이다. 왕 된 자는 그래야 한다.' 라는 뜻을 가졌다고도 한다.

성스럽다, 성인
[聖經(성:경)] ① (성) 기독교의 경전. 신약과 구약으로 이루어져 있음. ② 종교상 신앙의 최고 법전이 되는 책. 유교의 사서오경, 예수교의 신·구약 성서, 불교의 팔만대장경, 이슬람교의 코란 따위의 경전.
[聖域(성:역)] ① 신성한 지역. 특히 종교적으로 신성하여 범해서는 안 되는 곳을 말한다. ② 성인의 경지.
[聖人(성:인)] ① 거룩하여 본받을 만한 사람. 유교에서는 堯(요)·舜(순)·禹(우)·湯(탕)·文王(문왕)·武王(무왕)·孔子(공자) 등을 가리킨다. ② (가톨릭) 신앙과 聖德(성덕)이 특히 뛰어난 사람에게 교회에서 諡聖式(시성식)을 통하여 내리는 칭호.
[聖賢(성:현)] 聖人(성인)과 賢人(현인)을 일컬음.
[聖火(성:화)] ① 신을 받들어 제사할 때 밝히는 성스러운 불. ② (체) 올림픽 경기나 전국체전 때 대회장의 성화대에 켜는 횃불. 㐂聖火奉送(성화봉송)
[大聖(대:성)] ① 지극히 거룩한 사람. ② 孔子(공자)를 높여 이르는 말. ③ (불) 석가처럼 '정각을 얻은 사람'의 높임말.
[神聖(신성)] 매우 거룩하고 성스러움.
[觀於海者難爲水(관어해자난위수),　遊於聖人之門者

難爲言(유어성인지문자난위언).] 바다를 구경한 사람에게는 어지간한 물을 가지고는 물이라고 할 수 없으며, 성인의 문하에서 배운 사람에게는 어지간한 말을 가지고는 훌륭한 말이라고 할 수 없다. 견문이 좁은 사람은 그 수준에서 말할 수밖에 없음을 이른 말임. 『孟子(맹자)·盡心章句上篇(진심장구상편)』 ☞ * 106

聖歌(성가), 聖骨(성골), 聖堂(성당), 聖德(성덕), 聖靈(성령), 聖母(성모), 聖父(성부), 聖像(성상), 聖書(성서), 聖心(성심), 聖者(성자), 聖戰(성전), 聖殿(성전), 聖地(성지), 聖職(성직), 聖職者(성직자), 聖哲(성철), 聖誕(성탄)/聖誕節(성탄절), 告解聖事(고해성사), 謁聖(알성), 謁聖科(알성과)

한 방면에 더할 수 없이 뛰어난 사람
[聖雄(성:웅)] 거룩한 영웅. ¶성웅 충무공 이순신
[棋聖(기성)] 아주 뛰어난 바둑의 명수.
[詩聖(시성)] 역사상 뛰어난 위대한 시인.
[樂聖(악성)] '드물게 뛰어난 음악가'를 높이는 말. ¶악성 베토벤

천자의 존칭, 천자에 관한 사물에 씌워 쓰는 경칭
[聖君(성:군)] 어진 임금. 回聖王(성왕)
[聖上(성:상)] 자기 나라의 살아있는 '임금'의 높임말.
[聖恩(성:은)] 임금의 거룩한 은혜. ¶성은이 망극하옵니다
[太平聖代(태평성대)] 어진 임금이 나라를 잘 다스려 태평한 세상이나 시대.
聖明(성명), 聖王(성왕), 聖旨(성지)

賢 어질 현, 貝부15　0849

賢(현)자는 원래 '돈이 많다'라는 뜻이었다. '조개 貝(패)'와 '군을 臤(견/긴/현)'으로 이루어졌다. 후에 '어질다'는 뜻으로 쓰이게 되었다.

어질다, 지혜와 덕행이 있다, 성인 다음 갈 만한 재덕(才德)이 있다, 어진 사람, 덕행이 뛰어난 사람
[賢明(현명)] 어질고 사리에 밝음. ¶현명한 판단
[賢母良妻(현모양처)] 어진 어머니이면서 착한 아내. 남편과 자식 모두에게 잘하는 훌륭한 여자.
[賢者(현자)] 어질고 총명하여 성인의 다음가는 사람.
[聖賢(성:현)] ☞ 聖(성)
賢君(현군), 賢母(현모), 賢婦(현부), 賢淑(현숙), 賢臣(현신), 賢人(현인), 賢妻(현처), 賢哲(현철), 名賢(명현), 先賢(선현), 竹林七賢(죽림칠현), 集賢殿(집현전)

남을 높여 이르는 대명사
[賢弟(현제)] 아우뻘이 되는 사람을 대접하여 일컫는 말.

骨 뼈 골, 骨부10　0850

'뼈 骨(골)'자는 '뼈'를 뜻하는 '살 바를 冎(과)'자와 '고기 月(육)'자로 이루어졌다. '月(육)'자는 '몸'을 뜻한다. '骨(골)'자는 몸의 핵을 이루는 '뼈'의 뜻을 나타낸다. '骨(골)'을 표의요소로 써서 몸의 각 부위의 뼈의 명칭, 뼈로 만든 물건 등을 나타내는 문자를 이룬다.

뼈, 근육 속에 있어 몸을 지탱하는 물질, 골격
[骨格(골격)] ① 뼈. ¶골격이 우람하다 ② 어떤 사물이나 일에서 계획의 기본이 되는 틀이나 줄거리. ¶기본 골격을 짜다
[骨髓(골수)] ① (생) 뼈의 속을 채우고 있는 연한 조직. 적혈구·백혈구·혈소판 등을 만듦. ② 마음 속 깊은 곳. ¶원한이 골수에 사무치다
[骨折(골절)/折骨(절골)] 뼈가 부러짐. 참骨折傷(골절상)
[刻骨難忘(각골난망)] 고마운 마음이 뼈에 새겨지듯 잊히지 아니함. ¶선생님의 은혜, 각골난망입니다
[露骨的(노골적)] 있는 그대로 숨김없이 드러내는. 또는 그런 것.
[粉骨碎身(분골쇄신)] ① 뼈가 가루가 되고 몸이 깨어지도록 노력함. '희생적 노력'을 이르는 말. ② 목숨을 내놓고 있는 힘을 다함. ③ 참혹하게 죽음. 또는 그렇게 죽음. 준粉骨(분골) 동粉身碎骨(분신쇄골), 碎骨粉身(쇄골분신), 碎身粉骨(쇄신분골)
[言中有骨(언중유골)] 말 속에 뼈가 있음. 예사로 들어넘기지 못할 단단한 뜻이 말 속에 들어있다는 뜻.
[鐵骨(철골)] ① 形鋼(형강)·鋼板(강판) 따위의 鐵材(철재)로 된 건조물의 뼈대. ② 매우 단단한 골격.
[皮骨相接(피골상접)] 살갗과 뼈가 서로 맞닿아 있음. 몸이 몹시 여윔.
骨幹(골간), 骨盤(골반), 骨粉(골분), 骨相(골상), 骨材(골재), 骨折傷(골절상), 骨組(골조), 骨牌(골패), 刻骨(각골), 刻骨之痛(각골지통), 刻骨痛恨(각골통한), 甲骨文字(갑골문자), 脛骨(경골), 頸骨(경골), 硬骨(경골), 硬骨漢(경골한), 筋骨(근골), 鷄卵有骨(계란유골), 肋骨(늑골), 頭蓋骨(두개골), 納骨(납골), 納骨堂(납골당), 毛骨(모골), 無骨蟲(무골충), 無骨好人(무골호인), 白骨(백골), 白骨難忘(백골난망), 鎖骨(쇄골), 膝蓋骨(슬개골), 軟骨(연골), 烏骨鷄(오골계), 牛骨(우골), 牛骨塔(우골탑), 遺骨(유골), 折骨之痛(절골지통), 接骨(접골), 坐骨(좌골), 脊骨(척골), 齒骨(치골), 皮骨(피골), 恥骨(치골), 恨入骨髓(한입골수), 骸骨(해골), 換骨奪胎(환골탈태)

몸
[骨肉(골육)] ① 뼈와 살. ② '骨肉之親(골육지친)'의 준말. 참骨肉相爭(골육상쟁)
[骨肉相殘(골육상잔)/骨肉相爭(골육상쟁)] 부자나 형제 등 가까운 혈연관계에 있는 사람끼리 서로 해치며 싸우는 일. 같은 민족끼리 해치며 싸우는 일. ¶골육상쟁의 6·25 남침을 잊어서는 안 된다
[氣骨(기골)] ① 氣血(기혈)과 骨格(골격). ② 씩씩한 의기. 정의를 지켜 굴하지 않는 기상.
[一將功成萬骨枯(일장공성만골고)] 한 장수의 성공을 위해 만 명의 뼈가 마른다. 위대한 성공의 이면에는 그를 위해 희생한 무수히 많은 사람이 있다는 뜻이다.

심, 중심이 되는 것, 골수
[骨子(골자)] 일정한 내용에서 가장 요긴한 부분. 가장 중요한 곳.
[骨髓(골수)] ② 마음 속 깊은 곳. ¶원한이 골수에 사무치다 ① (생) 뼈의 속을 채우고 있는 연한 조직. 적혈구·백혈구·혈소판 등을 만듦.

됨됨이, 사람의 품격
[貴骨(귀:골)] ① 귀한 사람이 될 만한 골격. ② 귀하게 자란 사람. 凹賤骨(천골).
[沒骨(몰골)] 볼품없는 모습. ¶몰골이 사납다
[色骨(색골)] 여색을 즐기는 사람. 好色漢(호색한).
[仙風道骨(선풍도골)] '신선의 풍채와 도인의 골격'이란 뜻으로, 남달리 뛰어나고 청초하게 생긴 풍채를 일컫는 말. 준仙骨(선골).
[弱骨(약골)] 약한 골격. 약한 몸. 또는 그런 사람. 참病骨(병골) 凹強骨(강골).
亡骨(망골), 玉骨仙風(옥골선풍), 癡骨(치골), 風骨(풍골), 俠骨(협골).

신라 시대 골품 제도
[骨品(골품)] (역) 신라 때, 혈통에 따라 구분한 신분 등급.
[聖骨(성:골)] (역) 신라 시대 골품의 하나. 부모 모두 왕계인 사람으로 혁거세 왕부터 28대 진덕여왕까지 이에 속함.
[眞骨(진골)] (역) 신라 시대 골품의 하나. 부모 가운데 어느 한쪽이 왕족의 혈통을 지니고 있는 사람. 태종 무열왕부터 혜공왕까지의 임금이 이에 딸림.

기타
[骨董(골동)/] 오래 되어 희귀한 세간이나 미술품. 오늘날에는 제작한지 오래된 예술품에 국한되어 쓰이지만, 원래 의미는 뼈를 푹 고아 나온 국물, 즉 骨董羹(골동갱)을 일컫는 말이었다. 어떤 물건의 精髓(정수)가 모두 뽑혀 나왔다는 뜻에서 의미가 확대된 것이다.
[骨董品(골동품)] ① 오래되고 희귀한 물품. ② '낡고 쓸모없는 물품' 또는 '시대적으로 뒤떨어지거나 무딘 사람'을 비유하는 말.

肉 고기 육, 肉부6   0851

'肉(육)'자는 짐승의 '살코기'를 나타내기 위하여 고기덩어리 모양을 본뜬 것이다. 사람의 신체 각 부위를 나타내는 어떤 글자의 표의요소로 쓰일 때에는 '月(육)'로 간략화된다. 후에 사람의 '몸', 과일의 '살'을 뜻하는 것으로 확대되었다.

고기, 베어낸 고기, 식용으로 하는 고깃덩이
[肉類(육류)] 먹을 수 있는 짐승의 고기 종류를 두루 일컫는 말.
[肉膾(육회)] 소의 살코기를 잘게 썰어서 갖은 양념을 한 음식.
[弱肉強食(약육강식)] '약한 자의 살은 강한 자의 먹이가 됨'이란 뜻에서, 강한 자가 약한 자를 희생시켜서 번영하거나, 약한 자가 강한 자에 의해 멸망되는 것을 말함.
[精肉(정육)] 살코기. 쇠고기나 돼지고기 따위에서 기름기·심줄·뼈를 발라내고 살로만 된 고기. 참精肉店(정육점)
[酒池肉林(주지육림)] '술이 연못을 이루고 고기는 숲을 이루었다'는 뜻으로, 탐욕스런 지배층의 富華(부화) 放蕩(방탕)한 생활을 비유하는 말이다.
[羊頭狗肉(양두구육)] '양의 머리를 내걸어 놓고 실제로는 개고기를 판다'는 뜻으로, 겉으로는 훌륭하게 보이고 속은 변변하지 않은 것을 비유하는 말. 懸羊頭賣狗肉(현양두매구육).
肉食(육식), 肉汁(육즙), 肉質(육질), 肉饌(육찬), 肉湯(육탕), 肉脯(육포), 鷄肉(계육), 狗肉(구육), 豚肉(돈육), 生肉(생육), 食肉(식육), 羊肉(양육), 魚東肉西(어동육서), 魚頭肉尾(어두육미), 魚肉(어육), 牛肉(우육), 醬肉(장육), 脯肉(포육).

동물의 살, 근육
[骨肉(골육)] ☞ 骨(골)
[筋肉(근육)] (생) 힘줄과 살을 통틀어 일컫는 말. 동물의 몸을 운동시키는 기관으로, 기능상 골격근과 내장근으로 이루어짐.
[割肉充腹(할육충복)/割股充腹(할고충복)] '제 살을 베어서 배를 채운다'는 뜻으로, '혈족의 재물을 빼앗아 먹음'을 비유하는 말.
肉脫(육탈), 骨肉相殘(골육상잔)/骨肉相爭(골육상쟁), 骨肉之親(골육지친)

과실 채소 등의 껍데기에 싸인 연한 부분
[果肉(과:육)] 과실의 살.
[多肉植物(다육식물)] (식) 두툼한 줄기나 조직의 일부 또는 전체에 다량의 수분을 함유하는 식물.
[葉肉(엽육)] (식) 잎살. 잎의 겉가죽과 잎맥을 뺀 녹색의 두꺼운 부분. 엽록체를 품은 연한 세포로 되어 있음.

몸, 육체
[肉身(육신)] 육체. 물질로서의 사람의 몸뚱이.
[肉體(육체)] 물질로서의 사람 몸뚱이. ¶건전한 육체에서 건전한 정신이 깃든다
[苦肉之計(고육지계)/苦肉策(고육책)] 적을 속이기 위해 제 몸을 괴롭히는 일까지도 무릅쓰면서 꾸미는 계책.
[靈肉(영육)] 영혼과 육체.
肉談(육담), 肉頭文字(육두문자), 肉薄(육박), 肉薄戰(육박전), 肉慾(육욕), 肉重(육중), 肉體美(육체미), 肉體的(육체적), 肉親(육친), 肉彈(육탄), 一點血肉(일점혈육), 血肉(혈육).

기계를 통하지 않고 사람의 몸으로 직접 느끼거나 행하는 것
[肉感(육감)] ① 육체에서 풍기는 느낌. ② 性的(성적)인 느낌.

[肉聲(육성)] 기계를 통하지 않고 사람의 몸에서 직접 나오는 소리. ¶마이크 없이 육성으로 연설을 하다
[肉眼(육안)] 맨눈. 육신에 갖추어져 있는 눈. ¶육안으로는 볼 수 없는 눈
[肉筆(육필)] 본인의 손으로 직접 쓴 글씨.

살이 붙다, 살이 오르다, 살찌다
[肥肉(비:육)] 살찐 짐승의 고기. 참肥肉牛(비육우)

背 등 배:, 배반할 배:, 肉부9 0852

'背(배)'자는 '등'을 뜻하기 위한 글자이다. 원래 이 뜻은 두 사람이 등을 돌리고 있는 모양을 본뜬 '北(북)'자로 나타냈다. '北(북)'자가 방향을 나타내는 뜻으로 쓰이는 예가 많아지자, '北'자에 '月(肉)'을 덧붙여 '등 背(배)'자를 만들었다. 신체 부위 중 얼굴과 가슴이 있는 곳이 앞이라면 등이 있는 곳은 뒤가 된다. 뒤는 드러나지 않는 부분이다. '등'의 뜻인 背(배)가 '뒤'의 뜻으로 많이 쓰이는 이유이다. 사람 사이에 이견이 있을 때 등을 돌린다는 데서 '등지다', '배반하다'라는 뜻이 생겨났다.

등, 뒤, 등 쪽
[背景(배:경)] ① 뒤의 경치. ¶배경이 아름다운 마을 ② 무대의 뒤쪽에 그리거나 꾸며놓은 장치. ③ 그림이나 사진 따위에서 주요 제재의 뒤쪽 광경. ¶탑을 배경으로 하여 사진을 찍었다 ④ 문학 작품에서 주제를 뒷받침하는 사회 및 시대의 환경. ¶소설 '토지'는 구한말부터 일제가 망하고 광복이 될 때까지를 배경으로 한 소설이다 ⑤ 사건의 배후에서 그것과 연관을 맺고 있는 것. ⑥ 앞에 드러나지 않은 채 사람의 뒤를 돌보아주는 힘. ¶배경이 든든하다
[背囊(배:낭)] 물건을 넣어서 등에 짊어지도록 질긴 천이나 가죽으로 만든 주머니.
[背水陣(배:수진)] ① (군) 강·호수·바다와 같은 물을 등지고 치는 진. 뒤로 물러설 수 없으므로 공격해 오는 적과 결전을 하게 됨. ② 어려움을 무릅쓰고 어떤 일에 결판을 내려는 태세. ¶우리의 목표를 이루기 위하여 배수진을 쳐야 한다
[腹背(복배)] 배와 등.
[向背(향:배)] '좇는 것과 등지는 것'이라는 뜻으로, 어떤 일이 되어가는 추세나 어떤 일에 대한 사람들의 태도를 이르는 말. ¶여론의 향배
[眼光徹紙背(안:광철지배).] '눈빛이 종이 뒷면까지 비친다(뚫는다)'는 뜻으로, '독서의 이해력이 예민함'을 이르는 말.
背面(배면), 背書(배서), 背泳(배영), 背後(배후), 芒刺在背(망자재배), 紙背(지배), 胸背(흉배)

배반하다, 등지다
[背反(배:반)/背叛(배:반)] 신의를 저버리고 등지고 돌아섬.
[背信(배:신)] 신뢰를 저버림. 참背信者(배신자)

[背恩(배:은)] 남의 은혜를 저버림. 반報恩(보은) 참背恩忘德(배은망덕)
[面從腹背(면:종복배)] 겉으로는 따르는 체하면서 속으로는 배반함. 관陽奉陰違(양봉음위)
[二律背反(이:율배반)] (논) 서로 모순되는 두 명제가 동등한 타당성을 가지고 주장되는 일. 두 개의 원리가 대립하여 논리상 모순이 생기는 일.
背敎(배교), 背德(배덕), 背道(배도), 背理(배리), 背任(배임), 背任罪(배임죄), 背馳(배치), 違背(위배)

腹 배 복, 肉부13 0853

'腹(복)'자는 '고기 月(육)'과 '다시 复(복)'으로 이루어졌다. '배'를 나타내기 위하여 만든 글자이다. '复(복)'은 '復(복)'의 古字(고자)이다. '돌아올 復(복)', '겹옷 複(복)' 등의 표음요소로도 쓰였다.

배, 창자
[腹部(복부)] ① 배. ② 물건의 머리와 꼬리 사이에 있는 가운데 부분.
[腹痛(복통)] 배앓이. ¶복통을 일으키다
[空腹(공복)] 주린 배. 음식을 먹지 않은 빈 속. 배가 고픔. 참滿腹(만복)
[口蜜腹劍(구:밀복검)] '입에는 꿀이 있고, 뱃속에는 칼이 있음'이라는 뜻에서, 말은 달콤하게 하지만 속으로는 해칠 생각을 하고 있음을 비유적으로 이르는 말.
[剖腹藏珠(부복장주)/割腹藏珠(할복장주)] 배를 가르고 보물을 감추다. 재물에 눈이 어두워 자신에게 해가 되는 일도 서슴지 않고 자행한다는 말이다. 이익을 챙기려 자신의 몸을 해치는 일은 하지 말라는 말임.
[抱腹絶倒(포:복절도)] 배를 그러안고 넘어질 정도로 몹시 웃음.
腹高如山(복고여산), 腹筋(복근), 腹膜(복막), 腹膜炎(복막염), 腹背(복배), 腹式呼吸(복식호흡), 開腹(개복), 不及馬腹(불급마복), 於腹(어복), 於腹點(어복점), 抱腹(포복), 下腹(하복), 割腹(할복), 割肉充腹(할육충복)/割股充腹(할고충복)

마음, 충심
[腹心(복심)] ① 心腹(심복). ② 깊은 속마음. 참腹心之臣(복심지신)
[腹案(복안)] 마음속으로 생각만하고 아직 내놓지 않은 안.
[心腹(심복)] ① 가슴과 배. ② 진심. 정성스러운 마음. ③ 격의 없이 가까이 사귀는 일. 서로 믿고 지내는 사이, 또는 그 사람. ④ 중요한 곳. 心腹(심복)은 인체의 要處(요처)인 데서 地形(지형)의 요지를 말한다.
[面從腹背(면:종복배)] ☞背(배)

아이 배다
[同腹(동복)] 같은 어머니의 배에서 남, 또는 그 형제자매. 참異腹(이복)
[遺腹子(유복자)] 태어나기 전에 아버지를 여읜 자식.

[異腹(이:복)] 아버지는 같고 어머니가 다름. 주로 관형어로 쓰임. 참異腹兄弟(이복형제), 同腹(동복)

脈 맥 맥, 줄기 맥, 肉부10 0854

'脈(맥)'자는 피가 몸으로 순환하는 줄기, 즉 '맥'을 뜻한다.

맥, 혈맥, 맥박, 진맥하다, 맥을 짚다

[脈搏(맥박)] (생) 심장의 운동에 따라 동맥을 통해 주기적으로 미치는 피의 파동. ¶맥박이 뛰다
[動脈(동:맥)] ① 심장에서 나오는 피를 몸 안의 모든 기관(器官)으로 보내는 맥관(脈管) 계통. 참動脈硬化(동맥경화), 靜脈(정맥) ② 어떤 분야에서 주간(主幹)이 되는 계통로(系統路)의 비유.
[亂脈(난:맥)] 갈피를 잡을 수 없게 마구 헝클어진 여러 가닥이나 줄기. ¶난맥 상태
[命脈(명:맥)] 목숨과 맥. 목숨을 이어가는 근본.
[靜脈(정맥)] (생) 순환계통의 하나로, 몸의 각 부의 피가 혈관을 통하여 심장으로 되돌아가는 혈액이 흐르는 핏줄. 참動脈(동맥)
脈動(맥동), 氣脈(기맥), 氣脈相通(기맥상통), 氣盡脈盡(기진맥진), 不整脈(부정맥), 診脈(진맥)

줄기, 잇닿음

[脈絡(맥락)] ① (생) 핏줄의 계통. ② 사물의 이어져 있는 연관. ¶맥락을 알아채다
[鑛脈(광:맥)] 광물이 묻힌 줄기.
[文脈(문맥)] 서로 연결되어 있는 문장의 전후 관계.
[山脈(산맥)] 산줄기.
[人脈(인맥)] 같은 계통·계열에 딸리는 사람들의 유대 관계.
[一脈相通(일맥상통)] 어떤 상태나 성질 따위가 한 가지로 서로 통함.
金脈(금맥), 水脈(수맥), 葉脈(엽맥), 一脈(일맥), 主脈(주맥), 支脈(지맥), 血脈(혈맥)

'派(파)'에서 '물 氵(수)'를 뺀 나머지 오른 쪽 부분은 물이 갈라져서 흐르는 형상을 본뜬 것이다. 脈(맥)자는 사람의 몸[月]에서 피가 물갈래처럼 퍼져 흐른다는 데서 '血脈(혈맥)'이라는 뜻이다. 사람의 몸 속에는 수많은 혈맥이 서로 긴밀하게 연결되어 있어서 생명에 필요한 영양소를 실어 나른다. 혈맥이 서로 연결되어 있지 않으면 한시도 생명을 온전하게 유지할 수 가 없다. 사람은 사회적 동물이다. 사람 간에도 혈맥이 흐른다. 바로 人脈(인맥)이다. 인맥은 같은 계통이나 계열로 엮어진 사람들의 유대관계를 말한다.

至 이를 지, 至부6 0855

'至(지)'자는 화살이 땅바닥土(토)]에 꽂힌 모양이라고 한다. '이르다', '당도하다'의 뜻을 나타낸다.

지극히, 매우, 지극하다, 극에 이르다, 다하다

[至高至純(지고지순)] 더할 수 없이 고상하고 더할 수 없이 순결함. ¶지고지순한 사랑
[至極(지극)] 더할 나위 없이 극진함. ¶지극한 정성으로
[至當(지당)] 매우 마땅함. 사리가 꼭 맞음. ¶지당하신 말씀
[至誠感天(지성감천)] '정성이 지극하면 하늘도 감동하게 된다'는 뜻으로, '어떤 일에나 정성을 다하면 아주 어려운 일도 풀리고 이루어진다'는 말.
[愛多憎至(애다증지)] 사랑이 크면 미움도 극에 이른다.
[水至淸則無魚(수지청즉무어), 人至察則無徒(인지찰즉무도).] 물이 너무 맑으면 고기가 없고, 사람이 너무 세세하게 살피면 따르는 무리가 없다. 지나치게 세밀한 부분까지 따지는 사람 밑에는 인재가 모여들지 않는다. 『古詩源·漢書』
至高(지고), 至公無私(지공무사), 至近(지근), 至急(지급), 至難(지난), 至大(지대), 至毒(지독), 至樂(지락), 至上(지상), 至善(지선), 至誠(지성), 至純(지순), 至嚴(지엄), 至尊(지존), 至重(지중), 至賤(지천), 至親(지친), 堂內至親(당내지친), 甚至於(심지어)

이르다, 새가 내려앉다, 닿다, 두루 미치다

[乃至(내:지)] ① (수량을 나타내는 말들 사이에 쓰여) '얼마에서 얼마까지'의 뜻을 나타냄. ¶그 일은 일주일 내지 열흘이면 마치겠다 ② 또는. ¶음력설을 쇠는 나라는 우리나라 내지 중국 등이다
[遝至(답지)] 한군데로 몰려들거나 몰려옴. ¶수재민들에게 의연금과 위문품이 답지하였다
[自初至終(자초지종)] 처음부터 끝까지.
[毋測未至(무측미지).] 아직 닥치지 않은 일을 예측하지 말라. 아직 일어나지도 않은 문제를 이리저리 지나치게 예측하는 일은 삼가야 한다. 자기의 수고를 더할 뿐만 아니라 상대의 마음을 상하게 하기 때문이다. 『小學(소학)·內篇(내편)·敬身(경신)』

동지, 하지

[冬至(동지)] 24절기의 하나. 밤이 가장 길고 낮이 가장 짧은 날. 大雪(대설)과 小寒(소한) 사이에 있는 절기. 양력 12월 22, 23일 경.
[冬至豆粥(동지두죽)] 동지팥죽.
[夏至(하:지)] 24절기의 하나. 양력 6월 21일 경. 芒種(망종)과 小暑(소서) 사이에 있는 절기로 일 년 중 해가 가장 긴 날.

航 건널 항:, 배 항:, 舟부10 0856

'航(항)'자는 '배 舟(주)'와 '목 亢(항)'으로 이루어졌다. '배로 가다'의 뜻을 나타낸다.

건너다

[航空(항:공)] 비행기로 하늘을 날아다님. 참航空機(항공기), 航空母艦(항공모함), 航空便(항공편)

[航路(항:로)] ① 배가 다니는 길. 뱃길. ② 항공기가 다니는 空路(공로).
[航海(항:해)] 배를 타고 바다를 다님.
[歸航(귀:항)] 배가 떠났던 항구로 다시 돌아가거나 돌아오는 항해.
[難航(난항)] ① 폭풍우 따위로 어렵게 된 항행. ② '일이 여러 가지 장애로 순조롭게 진척되지 않음'의 비유. ¶난항을 거듭한 협상이 마침내 타결되었다
[運航(운:항)] 배 또는 항공기가 항로를 운행함.
航法(항법), 航行(항행), 缺航(결항), 密航(밀항), 直航(직항), 出航(출항), 就航(취항), 回航(회항)

處 살 처:, 곳 처:, 虍부11　　0857

'處(처)'자는 '일손을 멈추고 쉬다'가 본뜻이었다. '사는 곳', '처리하다'의 뜻으로 확대 사용되었다.

살다, 머물러 있다, 거처하다, 집에 있다, 자리를 잡고 있다
[處世(처:세)] 세상에서 남과 더불어 살아감. 또는 그런 일. 참處世術(처세술)
[處所(처:소)] 사람이 살고 있는 곳.
[猫鼠同處(묘:서동처)] '고양이와 쥐가 한 자리에서 지낸다'는 뜻으로, 도둑을 잡아야 할 자가 그 본분을 버리고 도둑과 한 패가 되는 일. 상하가 결탁하여 부정을 행함.

처지, 형편, 상황
[處地(처:지)] ① 처하여 있는 사정이나 형편. ② 서로 사귀어 지내는 관계. ¶서로 허물없이 지내는 처지이다. ③ 지위 또는 신분.
[難處(난처)] 이럴 수도 저럴 수도 없어 딱하다. ¶일이 난처하게 됐다
[後者處上(후:자처상)] 남에게 앞을 양보하는 사람은 도리어 남의 위에 처하게 됨.

곳, 위치
[居處(거처)] ① 살고 있는 곳. ¶거처를 옮기다 ② 정한 집이나 방에 자리를 잡고 기거함.
[近處(근:처)] 가까운 곳.
[傷處(상처)] ① 다친 데. ¶상처를 입다 ② 피해를 입은 흔적. ¶전쟁의 상처를 딛고 일어나다
[安息處(안식처)] 편안히 쉬는 곳.
[人生何處不相逢(인생하처불상봉).] 사람은 어디서 다시 만나지 않겠는가? 어디선가 반드시 또 만남을 강조한 말. 『蘇軾(소식)·詩(시)』
各處(각처), 去來處(거래처), 大處(대처), 到處(도처), 某處(모처), 妙處(묘처), 法制處(법제처), 僻處(벽처), 部處(부처), 隨處(수처), 隨處樂(수처락), 外處(외처), 要處(요처), 援護處(원호처), 慰安處(위안처), 隱身處(은신처), 定處(정처), 處處(처처), 出處(출처), 避身處(피신처), 婚處(혼처)

벼슬을 하지 아니하다
[處士(처:사)] 세상에 나서지 않고 조용히 초야에 묻혀 사는 선비.

시집가지 아니하고 있다, 일이나 행동을 처음으로 하다
[處女(처:녀)] ① (결혼할 나이는 되었으나) 아직 결혼하지 않은 여자. ② 숫처녀. ③ (일부 명사의 앞에 쓰여) '처음으로 하는 것'을 나타냄. ¶처녀비행/처녀작 ④ (일부 명사의 어근 앞에 붙어) '사람이 밟거나 손을 대지 아니한 것'을 나타냄.
[處女林(처:녀림)] 사람이 손을 대지 않은 자연 그대로의 숲.
[處女作(처:녀작)] 첫 작품. 또는 처음으로 발표한 작품.

처방
[處方(처:방)] ① 일을 처리하는 방법. ② 증세에 따라 약을 짓는 방법. 處方箋(처방전)의 준말.

분별하다
[處身(처:신)] 세상을 살아가는 데 필요한 몸가짐이나 행동. ¶처신을 잘 하다

일을 처리하다, 다스리다
[處理(처:리)] ① 일을 다스려서 치름. ¶사건 처리 ② 어떤 결과를 얻기 위하여 화학적 또는 물리학적 작용을 일으키게 함. ¶화학적 처리
[處分(처:분)] ① 처리해 치움. ¶부동산의 처분 ② 법규에 따른 처리. 참假處分(가처분), 卽決處分(즉결처분), 懲戒處分(징계처분), 行政處分(행정처분) ③ 일정하게 처리하도록 하는 지시나 결정. ¶관대한 처분을 바라다
[善處(선:처)] 형편에 따라 잘 처리함. ¶선처를 부탁하다
[對處(대:처)] 어떤 정세나 사건에 대하여 알맞은 조치를 취함.
[措處(조처)] 어떤 문제 따위를 잘 정돈하여 처치함.
處斷(처단), 處方(처방), 處罰(처벌), 處事(처사), 處遇(처우), 處置(처치), 處刑(처형), 陵遲處斬(능지처참), 自處(자처)

기타
[處容歌(처:용가)] (문) 신라 헌강왕 때 처용이 지었다는 향가. 삼국유사에 전함. 疫神(역신)이 사람으로 변하여 처용의 아내와 동침하는 것을 보고 처용이 이 노래를 부르니 물러갔다고 함. 그 후 處容舞(처용무)의 가사가 됨.

虛 빌 허, 虍부12　　0858

'虛(허)'자는 '북녘 北(북)'과 '호랑이 虎(호)의 생략형'으로 이루어졌다. 여기에서 '北(북)'자는 '언덕 丘(구)'와 같은 뜻이다. '虛(허)'자는 '큰 언덕'이 본뜻이다. 큰 언덕은 인적이 드물고 늘 텅 비어 있기 때문에 '텅 비다', '헛되다'는 뜻도 이것으로 나타냈다.

비다, 없다, 존재하지 아니하다, 비워두다, 속에 든 것이 없이 비다
[虛空(허공)] ① 텅 빈 공중. ② (불) 모양과 빛깔이 없

는 상태.
[虛像(허상)] ① 실제 없는 것이 있는 것처럼 나타나 보이거나 실제와는 다른 것으로 보이는 모습. ② (물) 거울이나 렌즈에 의해 반사되는 빛이 반사되는 방향과 반대 방향으로 연장하여 이루어지는 가상적인 상. 凡 實像(실상)
[虛數(허수)] (수) 제곱하여 음수가 되는 수. 복소수 가운데 실수가 아닌 것.
[虛舟(허주)] 짐을 싣지 않은 빈 배.
[直節虛心(직절허심)] 곧은 마디와 빈 속. '대[竹]'의 형용.
虛根(허근), 虛飢(허기), 虛氣(허기)

틈, 빈 틈
[虛點(허점)] 주의가 덜 미치거나 허술한 구석. ¶허점을 드러내다/허점을 노리다

공허하다, 헛되다
[虛無(허무)] ① 텅 비어 실상이 없음. ② 매우 허전하고 쓸쓸함. ③ 한심하거나 어이가 없음. ④ (철) 노자의 설에서, 형상이 없어 볼 수도 없고 들을 수도 없는 우주의 본체.
[虛費(허비)] 헛되이 씀. 또는 그 비용. ¶쓸데없는 일에 시간만 허비했다
[虛事(허사)] 헛된 일. ¶우리의 노력은 허사로 돌아갔다
[虛送歲月(허송세월)] 세월을 헛되이 보냄. ¶젊었을 때 허송세월하면 나중에 후회한다
[虛榮(허영)] ① 헛된 영화. ② 필요 이상의 겉치레. 참 虛榮心(허영심)
[名不虛傳(명불허전)] 이름이 공연히 전하여진 것이 아니라는 뜻으로, '퍼질 만한 실제 조건이 있음'을 이르는 말.
虛構(허구), 虛老(허로), 虛妄(허망), 虛名(허명), 虛想(허상), 虛勢(허세), 虛送(허송), 虛實(허실), 虛慾(허욕), 虛張聲勢(허장성세), 虛脫(허탈), 虛蕩(허탕), 虛華(허화), 虛荒(허황), 空虛(공허), 心虛(심허)

욕심이 없다, 마음을 비우다
[虛心(허심)] 마음에 아무 거리낌이 없음.
[虛心坦懷(허심탄회)] 마음에 거리낌이 없이 솔직함.
[謙虛(겸허)] 겸손. 남에게 자기를 낮추어 대하는 태도.
[溫恭自虛(온공자허)] 안색을 부드러이 하고, 행실을 삼가고, 겸허하게 스승의 가르침을 받으며, 자기의 의견을 고집하지 않는 일. 『管子(관자)』
[(君子以) 虛受人(허수인).] 군자는 마음을 비우고서 다른 사람을 받아들인다. 자기 마음에 我執(아집)이 있으면 남의 가르침이나 훈계를 받아들일 여지가 없다. 『近思錄(근사록)·爲學類(위학류)』

약하다
[虛弱(허약)] 마음이나 몸이 튼튼하지 못하고 약하다. ¶허약한 체질
[虛汗(허한)] 원기가 부실하여 흘리는 땀.
[氣虛(기허)] 기력이 허약함.
[腎虛(신허)] (한의) 하초가 허약하여 노곤하고, 식은땀이 나오고 精水(정수)가 흘러나오는 병.

믿음성이 없다
[虛無孟浪(허무맹랑)] 터무니없이 거짓되고 실속이 없음.
[虛禮虛飾(허례허식)] 예절·법식들을 형편에 맞지 않게 겉으로만 번드르르하게 꾸밈. ¶우리는 허례허식을 버리고 실질을 숭상해야 한다
[虛僞(허위)] 진실이 아닌 것을 진실인 것처럼 꾸밈. ¶허위 보도/허위 자백
[虛風(허풍)] 지나치게 보태거나 꾸며서 실속이 없고 믿음성이 적은 과장된 말이나 행동. ¶허풍이 세다 참 虛風扇(허풍선)이
虛浪(허랑), 虛浪放蕩(허랑방탕), 虛禮(허례), 虛飾(허식), 虛言(허언)

하늘
[太虛(태허)] ① 하늘. ¶아득하고 캄캄한 태허 ② 동양 철학에서 氣(기)의 본체를 이르는 말.

蟲 벌레 충, 虫부18   0859

'蟲(충)'자는 많은 '벌레[虫]'들이 꿈틀거리는 모양이다. '벌레 虫(충/훼)'는 단순히 벌레라는 뜻을 나타내는 것이 아니라, 꿈틀거리는 뜻을 취하여 눈에 잘 보이지 않는 기운이 활발하게 움직이는 모양을 상징한다.

벌레, 곤충의 총칭, 벌레의 피해
[蟲齒(충치)] 벌레 먹은 이.
[昆蟲(곤충)] (동) 몸에 마디가 많고, 머리·가슴·배의 세 부분으로 나뉘며, 대개 세 쌍의 발과 두 쌍의 날개를 가진 벌레들. 개미·나비·벌·파리 따위.
[寄生蟲(기생충)] ① 다른 동물체에 붙어서 양분을 빨아먹고 사는 벌레. ② 스스로 노력하지 않고 남에게 기대거나 붙어서 살아가는 사람을 욕으로 일컫는 말.
[物腐蟲生(물부충생)] 물건이 썩고 벌레가 생김. 사람은 먼저 의심하고 다음에 헐뜯음을 비유하는 말.
[害蟲(해:충)] 사람이나 농작물에 해가 되는 벌레를 통틀어 이르는 말.
蟲媒花(충매화), 蟲霜水旱(충상수한), 蟲害(충해), 驅蟲(구충), 驅蟲藥(구충약), 驅蟲劑(구충제), 內蟲(내충), 毒蟲(독충), 螟蟲(명충), 無骨蟲(무골충), 防蟲(방충), 防蟲網(방충망), 病蟲害(병충해), 殺蟲(살충), 殺蟲劑(살충제), 成蟲(성충), 松蟲(송충), 水旱蟲雹霜(수한충박상), 十二指腸蟲(십이지장충), 幼蟲(유충), 益蟲(익충), 寸蟲(촌충), 爬蟲類(파충류), 捕蟲(포충), 捕蟲網(포충망), 蛔蟲(회충)

동물의 총칭
羽蟲(우충) 깃털 달린 동물. 새.
毛蟲(모충) 털이 난 동물. 짐승.
甲蟲(갑충) 갑으로 싸인 동물. 벌레.
鱗蟲(인충) 비늘로 싸인 동물. 물고기.
裸蟲(나충) 벌거벗은 동물. 사람.
호랑이는 大蟲(대충)이라고 함.

血 피 혈, 血부6　0860

'血(혈)'자는 하늘에 제사를 지낼 때 짐승의 피를 그릇에 담아 바치는 모습을 그린 것이어서 '그릇 皿(명)'자를 썼다.

피, 몸 안의 피

[血管(혈관)] 피가 통하여 흐르는 관. 동맥, 정맥, 모세혈관으로 나뉜다.
[血壓(혈압)] (생) 심장에서 피를 밀어낼 때 혈관벽의 저항으로 생기는 혈관내의 압력.
[血液(혈액)] 피. 사람 또는 동물의 몸 안을 돌며 산소와 영양을 공급하고 노폐물을 운반하는 붉은 빛의 액체. 참血液型(혈액형)
[貧血(빈혈)] (의) 피 속의 적혈구나 혈색소의 수가 적어지는 현상. 참貧血症(빈혈증)
[鳥足之血(조족지혈)] '새발의 피'라는 뜻으로, 얼마 되지 않는 아주 적은 양을 이르는 말.
[出血(출혈)] ① 피가 혈관 밖으로 나옴. ② 지나치게 손해를 봄의 비유.
[獻血(헌:혈)] 건강한 사람이 자기의 피를 다른 사람에게 無償(무상)으로 뽑아 주는 일.
[金樽美酒千人血(금준미주천인혈).] 금동이의 맛있는 술은 일천 백성의 피요.『춘향가·金樽美酒詩(금준미주시)』☞ * 063

血球(혈구), 血淚(혈루), 血脈(혈맥), 血便(혈변), 血色(혈색), 血漿(혈장), 血栓(혈전), 血友病(혈우병), 血淸(혈청), 喀血(객혈), 壞血病(괴혈병), 氣血(기혈), 冷血(냉혈), 冷血動物(냉혈동물), 冷血漢(냉혈한), 鹿血(녹혈), 膿血(농혈), 腦溢血(뇌일혈)/腦出血(뇌출혈), 多血質(다혈질), 白血球(백혈구), 白血病(백혈병), 補血(보혈), 瀉血(사혈), 鮮血(선혈), 輸血(수혈), 瘀血(어혈), 熱血(열혈), 溫血(온혈), 溫血動物(온혈동물), 鬱血(울혈), 流血(유혈), 流血劇(유혈극), 凝血(응혈), 義血(의혈), 赤血球(적혈구), 止血(지혈), 止血劑(지혈제), 採血(채혈), 充血(충혈), 吐血(토혈), 下血(하혈), 吸血(흡혈), 吸血鬼(흡혈귀)

피를 내다, 피를 칠하다, 죽음을 무릅쓰다

[血稅(혈세)] ① 매우 귀중한 세금.¶국민의 혈세가 낭비되고 있다 ② 가혹한 세금.
[血書(혈서)] 제 몸의 피로 글씨를 씀. 또는 그렇게 쓴 글자나 글.
[血眼(혈안)] ① 기를 쓰고 덤벼서 핏발이 선 눈. ② 어떠한 일을 힘을 다하여 애타게 하는 것.¶그는 돈을 버는 데에 혈안이 되었다
[血鬪(혈투)] 죽음을 무릅쓰고 맹렬히 하는 싸움.
血路(혈로), 血盟(혈맹), 血戰(혈전)

혈기

[血氣(혈기)] 힘차게 활동하는 기운.¶혈기가 왕성하다
[心血(심혈)] 至誠(지성)과 精力(정력).

골육의 관계, 혈통

[血緣(혈연)] 한 조상의 피를 이어받아 겨레붙이가 되는 관계. 참血緣關係(혈연관계)
[血肉(혈육)] 부모, 자식, 형제 따위처럼 한 혈통으로 맺어진 육친.
[血統(혈통)] 같은 핏줄을 타고난 겨레붙이의 계통.
[混血(혼:혈)] ① 서로 다른 종족이 통혼하여 생긴 혈통. 양쪽의 형질을 다 지님. ② 혼혈아.
血孫(혈손), 血族(혈족), 一點血肉(일점혈육), 混血兒(혼혈아)

衆 무리 중:, 血부12　0861

'衆(중)'자는 '피 血(혈)'과 세 개의 '사람 人(인)'으로 이루어졌다. '많은 사람들'을 뜻한다. '血(혈)'자를 쓴 것으로 보아, '살아있는 사람'을 뜻하지 '죽은 사람'은 '衆(중)'에 포함되지 않는다. '大衆(대중)'이나 '民衆(민중)'은 '살아있는 사람'의 무리이다.

무리, 많은 사람

[衆論(중:론)] 여러 사람의 말이나 의견.¶중론에 따라 결정하다
[群衆(군중)] 한데 모인 뭇 사람들. 참群衆心理(군중심리)
[大衆(대:중)] 많은 사람. 민중. 참大衆歌謠(대중가요), 大衆文化(대중문화)
[聽衆(청중)] 연설이나 강연·설교·음악 등을 들으려고 모인 사람들. 참觀衆(관중)
[衆口難防(중:구난방)] '여러 사람의 입은 막기가 어렵다'는 뜻으로, 뭇 사람이 이러쿵저러쿵하는 말을 이루다 막아내기 어려움을 이르는 말. 또는 비밀스런 일이라면 너무 많은 사람이 알지 않도록 하는 것이 좋다는 말이다.『十八史略(십팔사략)』
[衆口鑠金(중:구삭금)] '뭇 사람의 말은 쇠 같이 굳은 물건도 녹인다'는 뜻으로, 여러 사람의 말은 무섭다는 말.『文章軌範·中山靖王 聞樂對』
衆寡(중과), 衆寡不敵(중과부적), 衆口(중구), 衆生(중생), 衆意(중의), 衆人(중인), 衆智(중지), 公衆(공중), 博施濟衆(박시제중), 烏合之衆(오합지중), 一切衆生(일체중생), 濟度衆生(제도중생), 濟衆(제중), 出衆(출중), 會衆(회중)

백성, 서민

[民衆(민중)] ① 국민의 무리. 다수의 국민. ② 모든 국민을 단지 일원(一員)으로서 본 전체.
[民衆藝術(민중예술)] ① 민중이 만든 예술. ② 예술을 일반 민중의 것이 되도록 하자는 예술.

街 거리 가(:), 行부12　0862

'街(가)'자는 '길거리 行(행)'과 '홀 圭(규)'로 이루어졌다. '行(행)'은 '발 止(지)' 두 개가 각각 변한 것이다. '사통팔달의 큰 길거리'를 뜻한다.

거리, 시가, 길, 통로, 네거리

[街談巷說(가:담항설)] 거리에 떠도는 말과 골목에 떠

도는 이야기. 길거리에 떠도는 소문이나 이야기. 세상의 풍문.
[街路(가로)] 시가지의 도로. 길거리. 쵑街路燈(가로등), 街路樹(가로수)
[商街(상가)] ① 가게가 많이 늘어서 있는 거리. ② 장사하는 거리.
[市街(시가)] ① 도시의 큰 길거리. ② 상점이 죽 늘어서 있는 거리. 쵑市街戰(시가전)
[暗黑街(암흑가)] 범죄, 폭력 따위가 날뛰는 거리. ¶젊어서는 암흑가의 왕초였던 그 사람이 성직자가 되었다
街道(가도), 街頭(가두), 街頭示威(가두시위), 街販(가판)/街頭販賣(가두판매), 街巷(가항), 紅燈街(홍등가), 歡樂街(환락가)

衛 지킬 위, 行부16　0863

'衛(위)'자는 '다닐 行(행)'과 '다룸가죽 韋(위)'로 이루어졌다.

지키다, 막다, 방비하다
[衛生(위생)] 몸을 건강하게 하고 질병을 없애며 사회 환경을 깨끗하게 하는 일.
[防衛(방위)] 적의 공격을 막아서 지킴. ¶향토 방위/민방위 훈련
[守衛(수위)] ① 지킴. 또는 지키는 사람. ② 관공서·회사·공장 따위의 경비를 맡아보는 사람.
[前衛(전위)] ① 앞에서 먼저 나가는 호위. ② 본대(本隊)의 전방(前方)을 경위(警衛)하는 부대. ③ 복식정구·배구·빙구 따위의 경기에서 앞쪽 수비자. ④ 예술 운동에서 가장 선구적인 역할을 하는 그룹을 이르는 말. 쵑後衛(후위)
衛兵(위병), 衛生學(위생학), 衛戍(위수), 自衛(자위), 前衛隊(전위대), 正當防衛(정당방위), 親衛(친위), 親衛隊(친위대), 護衛(호위), 扈衛(호위)

주변에서 모시어 호위하다
[衛星(위성)] 행성의 인력에 의하여 그 행성의 주위를 도는 별. 지구에 대한 달 따위.
[衛星國家(위성국가)/衛星國(위성국)] (정) 강대국의 주변에 있어, 정치·경제·군사상 그 지배 또는 영향을 받고 있는 나라.
[衛星都市(위성도시)] (지) 대도시의 주위에 위치하면서 주체성을 가지고 대도시의 기능의 일부를 분담하고 있는 중소도시. 가령, 서울의 주위에 있는 성남시, 과천시, 안양시 따위.
[人工衛星(인공위성)] (물) 하늘에 쏘아 올려 지구나 달·별의 둘레를 돌도록 한 물체. 과학위성·기상관측위성·통신위성 등이 있음.

기타
[衛滿朝鮮(위만조선)] (역) 고조선의 마지막 나라. 위만이 왕검성에 도읍하여 세웠는데 3대 88년 만에 한나라에게 망함.

製 지을 제:, 衣부14　0864

'製(제)'자는 '制(제)'에서 분화된 것이다. '制(제)'는 '가지가 많은 나무' 모양을 본뜬 '未(미)'의 변형에 '칼 刀(도)'가 합쳐진 것이다. '나무 가지를 잘라 생활에 필요한 도구를 만들다'가 본뜻이다. 후에 '옷을 만들다'는 뜻을 위해 '옷 衣(의)'가 첨가된 것이 '製(제)'자이다. 둘 다 '만들다'는 뜻으로 쓰이지만, 制(제)는 '(제도를) 정하다'는 의미가, 製(제)는 '(물품을) 만들다'는 의미가 강하다.

짓다, 옷을 짓다, 마르다, 칫수에 맞추어 베다
[縫製(봉제)] 재봉틀 따위로 박거나 꿰매어 만듦. ¶봉제 공장

글을 짓다, 글, 시문
[謹製(근:제)] 삼가 짓거나 만듦.
[御製(어:제)] ① 임금이 만듦. ② 임금이 지은 글. ¶세종 어제 훈민정음
[創製(창:제)] 처음으로 만들거나 제정함. ¶훈민정음 창제

약을 짓다
[調製(조제)] ① (물건을) 주문에 따라서 만듦. ② 조절하여 만듦.

물품을 만들다
[製造(제:조)] 공장 따위에서 물건을 만듦. 쵑製造業(제조업)
[製品(제:품)] 재료를 써서 만들어낸 물품. ¶신제품/수제품
[製鐵(제:철)] 철광석을 제련하여 철, 특히 무쇠를 만들어냄. ¶포항제철공장
[木製(목제)] 나무를 재료로 하여 물건을 만듦. 또는 그 것.
[複製(복제)] 본디의 것과 똑같이 본떠서 만듦. ¶복제 인간/복제 미술품. 쵑複製版(복제판)
[完製(완제)] 완전하게 만듦. 또는 그런 물품. 쵑完製品(완제품)
製鋼(제강), 製菓(제과), 製菓店(제과점), 製糖(제당), 製圖(제도), 製鍊(제련), 製本(제본), 製粉(제분), 製氷(제빙), 製絲(제사), 製藥(제약), 製鹽(제염), 製作(제작), 製材(제재), 製紙(제지), 製靴(제화), 官製(관제), 舊製(구제), 銅製(동제), 磨製(마제), 剝製(박제), 私製(사제), 手製(수제), 手製品(수제품), 新製(신제), 外製(외제), 精製(정제), 鐵製(철제), 特製(특제), 燻製(훈제)

造 만들 조:, 지을 조:, 辶부11　0865

'造(조)'자는 '찾아가 알리다'는 뜻을 나타내기 위하여 만들어진 것이다. '길 갈 辶(착)'과 '고할 告(고)'로 이루어졌다. 후에 '이르다' '만들다' 등으로 확대 사용되었다.

짓다, 만들다, 제작하다
[造船(조:선)] 배를 만듦. 참造船所(조선소)
[造成(조:성)] ① 만들어서 이룸. ¶녹지 조성 ② 분위기 따위를 만듦. ¶연구 분위기 조성
[建造(건:조)] 건물이나 배 따위를 짓거나 만듦. ¶거북선 건조.
[人造(인조)] ① 사람의 힘으로 만듦. 또는 그 물건 ② 천연물과 동일하거나 유사한 물질을 화학적으로 합성하는 일.
[製造(제:조)] ☞ 製(제)
[創造(창:조)] ① 전에 없던 것을 처음으로 만듦. ② 신이 우주 만물을 만듦. 참創造主(창조주) ③ 새로운 업적이나 가치를 이룩함. ¶새 역사의 창조/민족 문화의 창조 ④ (책) 1919년 2월에 김동인·주요한·김억·전영택 등이 펴낸 우리나라의 첫 문예 동인지 이름.
造景(조경), 造林(조림), 造物(조물), 造物主(조물주), 造淸(조청), 造幣(조폐), 造形(조형), 造形美術(조형미술)/造形藝術(조형예술), 造花(조화), 造化(조화), 改造(개조), 構造(구조), 構造物(구조물), 急造(급조), 木造(목조), 密造(밀조), 釀造(양조), 人造絹(인조견), 酒造(주조), 鑄造(주조), 織造(직조), 築造(축조)

꾸미다, 조작하다
[造作(조:작)] 일을 꾸며 만들거나 지어 만듦.
[捏造(날조)] 사실인 듯이 거짓으로 꾸밈. ¶허위사실 날조/역사 날조
[模造(모조)] ① 본떠 만듦. ② '모조품'의 준말. ③ '모조지'의 준말.
[變造(변:조)] ① 이미 만들어진 물체를 손질하여 고쳐 만듦. ② 문서의 형태나 내용을 다르게 고침. ¶변조 여권
[僞造(위조)] 속여서 진짜처럼 만듦. 참僞造紙幣(위조지폐)
造言(조언), 模造紙(모조지), 模造品(모조품), 文書僞造(문서위조)

되다, 이루어지다
[造詣(조:예)] 학문·기술·음률 따위의 수양이 깊은 지경에 이른 정도. ¶조예가 깊다

解 풀 해:, 角부13 0866

'解(해)'자는 소의 뿔을 두 손으로 잡고 있는 모양이었다. 후에 손을 뜻하는 '又(우)'가 칼 '刀(도)'로 교체되었다. '가르다'가 본래 의미인데, '풀다'의 뜻으로도 쓰인다. '解(해)'는 소를 도축할 때에 칼로 소의 뿔을 제거하는 것으로부터 시작한다는 데서 '풀다'라는 뜻을 나타낸다.

풀이하다, 풀어서 설명하다, 풀어서 답을 내다
[解答(해:답)] ① 문제를 풀어서 밝히거나 답함. ② 어려운 일을 해결하는 방법.
[解析(해:석)] ① 사물을 이론적으로 자세히 풂. ② (수) 수학의 분과 가운데, 도형을 살피는 기하학에 대하여 수·식·함수를 살피는 쪽을 일컫는 말.
[解釋(해:석)] ① 풀이. ② 기호·말·예술 따위로 표현된 것을 실마리로 하여 그 속에 담긴 내용을 밝히거나 기교적으로 이행하는 것. ¶시의 해석
[解說(해:설)] 알기 쉽게 풀어서 설명함. 또는 그 설명.
[圖解(도해)] 그림풀이. 어떤 내용을 그림이나 도식으로 풀이함.
[正解(정:해)] 옳은 해석. 바른 해답.
[精解(정해)] 자세하게 풀이함.
解讀(해독), 解明(해명), 解夢(해몽), 解題(해제), 見解(견해), 杜詩諺解(두시언해), 詳解(상해), 諺解(언해), 字解(자해)

풀다, 풀리다
[解凍(해:동)] 얼었던 것이 녹아서 풀림. ¶내년 봄에 해동되면 다시 시작합시다
[解放(해:방)] 구속이나 억압, 부담 따위에서 벗어나 자유롭게 함.
[解産(해:산)] 아이를 낳음.
[溶解(용해)] ① 녹음. 녹임. ② (화) 물질이 액체 속에 녹아서 용액을 이루는 현상.
解毒(해독), 解氷(해빙), 融解(융해)

해결하다, 어려운 일을 처리하다, 맨 것이나 얽힌 것을 풀다, 면제하다
[解決(해:결)] ① 얽힌 것을 풀고 막힌 물을 터놓음. ② 문제의 핵심을 밝혀서 가장 좋은 결과를 찾아냄. ¶복잡한 문제를 해결하다
[解渴(해:갈)] ① 목마름을 해소함. 갈증을 풂. ② 가뭄에 비가 와서 마르는 상태를 겨우 면함. ③ '어렵던 돈 사정이 겨우 풀림'을 비유적으로 이르는 말.
[解消(해:소)] (대체로 좋지 않은) 이제까지의 어떤 상태나 관계를 풀어 없앰. ¶스트레스 해소
[解除(해:제)] 강제나 금지 따위를 풀어서 자유롭게 함. ¶통행금지 해제
[結者解之(결자해지)] '묶은 사람이 풀어야 한다'는 뜻으로, 자기가 관계했거나 저지르거나 한 일에 대하여는 자신이 그 일을 해결하여야 한다는 말.
解禁(해금), 解産(해산), 解約(해약), 解憂(해우), 解寃(해원)

이해되다, 납득이 가다
[諒解(양해)] 남의 사정을 잘 헤아려 그럴 수도 있겠다고 여겨 줌. ¶양해를 구하다/양해를 얻다
[誤解(오:해)] 그릇 해석하거나 이해함. 또는 그런 해석이나 이해. ¶오해를 사다/오해를 받다/오해를 풀다
[理解(이:해)] ① 이유를 풀어 찾아냄. ② 이치를 똑똑하게 알게 됨. ¶원리를 이해해야 문제를 쉽게 풀 수 있다 ③ 깨달아 앎. ④ 諒解(양해). 남의 사정을 잘 헤아려 그럴 수도 있겠다고 여겨 줌. ¶제 사정을 이해해 주시면 고맙겠습니다
曲解(곡해), 難解(난해), 讀解(독해), 不可解(불가해)

가르다, 해부하다
[解剖(해:부)] ① (생) 생물체의 일부나 전부를 절개하여 그 내부 구조와 각 부분 사이의 관련 및 병의 원인

따위를 조사하는 일. ② 사물의 조리를 자세히 분석하여 연구함.
[分解(분해)] 여러 부분이나 요소들로 이루어진 것을 그 낱낱의 부분이나 요소들로 갈라 냄. ¶총기 분해 결합 참加水分解(가수분해), 熱分解(열분해)
解離(해리), 因數分解(인수분해), 電解(전해)

흩뜨리다, 흩다, 흩어지다
[解散(해:산)] ① 모였던 사람들이 흩어짐. 또는 흩어지게 함. ② (법) 어떤 단체나 조직체를 없앰. ¶해산 명령
[解體(해:체)] ① 단체 따위를 풀어 없앰. ② 여러 부분을 모아 만든 물건을 작은 부분으로 다시 나누는 것.
[瓦解(와해)] 어떤 조직이나 계획 따위가 무너져 흩어짐.

변명하다, 해명하다
[解明(해:명)] 까닭이나 내용 등을 풀어서 밝힘.
[告解(고:해)/告解聖事(고:해성사)] (천주) 세례받은 신자가 지은 죄를 뉘우치고 하느님에게 직접 또는 하느님의 대리자인 사제에게 고백하여 용서를 받는 일. 통告白聖事(고백성사)

직위를 풀다
[解雇(해:고)] (사) 일정한 직업에서 고용주가 고용계약을 해제하여 피고용자를 내보냄.
[解任(해:임)] 어떤 지위나 임무를 그만두게 함.
[解職(해:직)] 직책에서 물러나게 함.

서로 좋게 하다, 화목해지다
[和解(화해)] ① 다툼질을 풂. ② (법) 소송 당사자가 서로 양보하여 분쟁을 풀기로 하는 계약. ③ (한의) 위장을 편하게 하고 땀이 나게 하는 약을 써서 맺혔던 外氣(외기)를 풀어버리는 일.
[杯酒解怨(배주해원)] 서로 술잔을 나누는 사이에 묵은 원한을 잊어버림.
[勸賣買鬪則解(권:매매투즉해).] '흥정은 붙이고 싸움은 말리라'는 뜻으로, 좋은 일은 권하고 나쁜 일은 화해시키라는 뜻의 속담.

해이해지다, 긴장이 풀리다
[解弛(해:이)] 마음의 긴장이나 규율이 풀려 느즈러짐.

떨어지다
[解角(해:각)] 노루·사슴 따위의 새 뿔이 나려고 묵은 뿔이 빠짐.

번뇌에서 벗어나다
[解脫(해:탈)] ① 얽매임을 벗어버림. ② (불) 번뇌의 속박을 풀어 삼계의 업고에서 벗어남.

몸의 열을 내리다
[解熱(해:열)] 몸에 오른 열을 풀어 내림. 참解熱劑(해열제)

訪 찾을 방:, 言부11　　0867

'訪(방)'자는 '말씀 言(언)'과 '모 方(방)'으로 이루어졌다. '널리 의견을 묻다'가 본뜻이다. '찾아가다'는 뜻으로도 쓰인다.

방문하다
[訪問(방:문)] 찾아가서 안부를 물음.
[巡訪(순방)] 나라나 도시 따위를 차례로 돌아가며 방문함.
[禮訪(예:방)] 예의를 갖추어 방문함.
[探訪(탐방)] 탐문하거나 찾아봄. ¶명승고적 탐방
來訪(내방), 尋訪(심방)

設 베풀 설, 言부11　　0868

'設(설)'자는 '말씀 言(언)'과 '몽둥이 殳(수)'로 이루어졌다. 글자 구성 요소와 의미가 잘 맞지 않는다.

베풀다, 늘어놓다, 연회를 베풀다
[設宴(설연)/設筵(설연)] 잔치를 베풂.
[陳設(진설)] 제사나 잔치 때에 음식을 상 위에 벌여 놓음.

설치하다, 세우다, 설립하다, 설비하다, 시설하다, 설비
[設計(설계)] ① 앞으로 이루어야 할 일에 대해 구체적인 계획을 세움. ② 건축·토목·기계 제작 따위에서 그 규모·구조·재료·원가 따위를 미리 어림잡아 계획을 세움. 참設計圖(설계도)
[設立(설립)] 학교, 회사 따위의 단체나 기관을 새로 설치하여 세움.
[設置(설치)] ① 기계나 설비 따위를 마련하거나 세워둠. ¶에어컨 설치 ② 어떤 기관을 마련함. ¶위원회 설치
[建設(건:설)] ① 건물이나 시설 등을 만들어 세움. ¶새 도시를 건설하다 ② 나라나 사회 등을 이룩함. ¶새나라 건설
[施設(시:설)] 편리를 베풀어 구조물 따위를 세움. 또는 그 차린 설비. ¶의료 시설
[創設(창:설)] (조직 따위를) 처음으로 만들어 세움.
設問(설문), 設備(설비), 設定(설정), 假設(가설), 架設(가설), 開設(개설), 公設(공설), 排設(배설), 倂設(병설)/竝設(병설), 附設(부설), 敷設(부설), 私設(사설), 常設(상설), 新設(신설), 爲人設官(위인설관), 移設(이설), 增設(증설), 特設(특설), 合設(합설)

설령, 가령
[設或(설혹)] 설령.
[設令(설령)] 그렇다더라도 ¶설령 합격하지 못한다하더라도
[設使(설사)] 설령 그렇게 한다면.

詩 시 시, 글 시, 言부13　　0869

'절 寺(사)/내시 寺(시)'자에 '말씀 言(언)'을 붙여 '시 詩(시)'자를 만들었다. '詩(시)'자는 '뜻을 나타내기 위한 것이었으니, '말씀 言(언)'이 표의요소로 쓰였다. '뜻을 담은 말 또는 글 중에서 가장 함축적인 것이 '詩(시)'일 것이다.

시

[詩經(시경)] (책) 중국 最古(최고)의 시집으로, 周(주)나라 초부터 춘추 시대 초기까지의 시 305편을 모은 유가 경전의 하나. 본디 삼천여 편이었으나 공자가 간추렸다고 함.
[詩人(시인)] 시를 잘 짓는 사람. 시를 전문적으로 짓는 사람.
[詩集(시집)] 여러 편의 시를 모아서 엮은 책.
[童詩(동:시)] ① 주로 어린이를 독자로 예상하고 어린이의 정서를 읊은 시. ② 어린이가 지은 시.
[敍事詩(서사시)] (문) 작가 자신의 감상을 떠나서, 역사의 사실이나 전설 따위를 그대로 순서를 좇아 시의 형식으로 서술한 객관적 문학.
[敍情詩(서:정시)] (문) 자신의 개인적 감정이나 정서를 읊은 시.
[漢詩(한:시)] 한문으로 지은 시. 고대 중국에서 이루어진 양식으로 한자를 쓰는 동양의 여러 나라에서 지어졌음.
詩歌(시가), 詩句(시구), 詩劇(시극), 詩壇(시단), 詩論(시론), 詩文(시문), 詩碑(시비), 詩想(시상), 詩選(시선), 詩仙(시선), 詩聖(시성), 詩語(시어), 詩友(시우), 詩作(시작), 詩才(시재), 詩題(시제), 詩篇(시편), 詩風(시풍), 詩畵(시화), 詩興(시흥), 桂冠詩人(계관시인), 狂詩曲(광시곡), 劇詩(극시), 唐詩(당시), 杜詩諺解(두시언해), 名詩(명시), 散文詩(산문시), 序詩(서시), 律詩(율시), 自由詩(자유시), 祝詩(축시), 獻詩(헌시)

試 시험할 시(:), 言부13　0870

'試(시)'자는 '말씀 言(언)'과 '법 式(식)'으로 이루어졌다. '말로 따지다'는 뜻을 나타내기 위한 것이었다. '시험' 또는 이와 의미상 연관이 있는 낱말에 쓰인다.

시험하다, 시험, 고사
[試金石(시:금석)] ① 금의 품질을 시험하는 돌. ② 가치나 역량을 알아보는 기회나 사물.
[試驗(시험)] ① 재능이나 실력 따위를 검사하고 평가하는 일. 참試驗紙(시험지) ¶시험에 합격하다 ② 사물의 성질이나 성능 등을 실제로 증명하여 봄. ¶시험 운전/시험 재배 참試驗管(시험관), 試驗臺(시험대), 試驗場(시험장)
[考試(고:시)] 공무원의 임용 자격을 결정하는 시험.
[入試(입시)] 입학시험. 학교에 들어가기 위한 시험.
試金(시금), 試鍊(시련), 試藥(시약), 檢定考試(검정고시), 高試(고시), 口頭試驗(구두시험), 應試(응시), 初試(초시)

맛보다, 간을 보다, 시험 삼아 해보다, 성능을 시험해보다
[試食(시:식)] 맛이나 요리 솜씨를 시험하기 위하여 먹어봄.
[試飮(시:음)] (술 따위를) 맛보기 위하여 시험 삼아 마셔 봄.
[試喫(시:끽)] (담배 따위의) 맛을 보기 위하여 시험 삼아 피워 봄.
[試圖(시:도)] 무엇을 시험 삼아 꾀하여 봄. 또는 꾀한 바를 시험해 봄.
[試合(시합)] ① 우열을 따지기 위하여 경합을 벌임. ② 운동이나 그 밖의 경기 따위에서 승부를 겨루는 일.
試掘(시굴), 試案(시안), 試演(시연), 試作(시작), 試錐(시추)

驗 시험할 험:, 馬부23　0871

'驗(험)'자는 '말 馬(마)'와 '다 僉(첨)'으로 이루어졌다. 원래 '말 馬(마)'의 일종을 나타내기 위한 것이었다.

시험하다, 시험, 고사
[受驗(수험)] 시험을 치름. 참受驗料(수험료), 受驗生(수험생), 受驗票(수험표)
[試驗(시험)] ☞ 試(시)

실지로 겪어봄
[經驗(경험)] 자신이 실제로 해 보거나 겪어봄. 또는 거기서 얻은 지식이나 기능. ¶경험을 쌓다/다양한 경험
[實驗(실험)] ① 어떠한 목적이나 결과가 바라는 대로 되는지 실제로 시험함. ② 자연현상에서 어떠한 법칙이나 효과 따위를 찾아내기 위하여 조건에 변화를 주고 관찰하고 시험함.
[體驗(체험)] 몸소 겪은 경험.
試驗管(시험관), 試驗臺(시험대), 試驗場(시험장), 試驗紙(시험지), 證驗(증험), 徵驗(징험)

효능
[靈驗(영험)] 기원하는 대로 되는 신령스러운 효과.
[效驗(효:험)] 일의 좋은 보람. 또는 어떤 작용의 효과. ¶효험을 보다

誠 정성 성, 言부14　0872

'誠(성)'자는 언젠가는 믿음을 얻을 수 있는 '진심'을 뜻하기 위한 것으로 '말씀 言(언)'이 표의요소이다. 말은 진심에서 우러나오는 것이라야 믿음이 있다는 뜻이 담긴 셈이다. '誠(성)'은 '말한 것을 이룬다'는 뜻이지, '말로 이룬다'는 뜻은 아니다. 말한 것을 이루려면 온갖 힘을 다하려는 진실하고 성실한 마음이 있어야 한다는 데서 '精誠(정성)'이라는 뜻을 나타낸다. '忠誠(충성)'과 '孝誠(효성)'에는 공통적으로 '誠(성)'자가 붙는데, 군주나 부모를 섬길 때에는 정성을 다해야 하기 때문이다.

정성, 참 마음, 진심 참되게 하다, 마음을 정성스럽게 가지다, 진실한, 참다운
[誠金(성금)] 정성으로 내는 돈. ¶불우이웃돕기 성금.
[誠實(성실)] 정성스럽고 참됨. ¶성실한 태도
[誠意(성의)] 진심에서 우러나오는 뜻. 참된 마음.
[精誠(정성)] 참되고 성실한 마음. ¶정성이 지극하다
[至誠(지성)] ① 지극한 정성. ¶지성으로 모시다 참至

誠感天(지성감천) ② 아주 성실함.
[忠誠(충성)] ① 진정에서 우러나오는 정성. ② 임금 또는 국가에 바치는 충직한 지성.
[孝誠(효:성)] 어버이를 섬기는 정성.
誠心(성심), 犬馬之誠(견마지성), 熱誠(열성), 積誠(적성), 衷誠(충성), 致誠(치성)

誤 그릇할 오:, 言부14　　0873

'誤(오)'자는 '말씀 言(언)'과 '나라 이름 吳(오)'로 이루어졌다. '吳(오)'는 '큰소리치다'의 뜻이라고 한다. 올바르지 않은 의견이 남에게 받아들여지지 않아 큰소리친다는 데서, '그르치다'의 뜻을 나타낸다.

그릇하다, 도리에 어긋나다, 실수하다, 잘못하다, 잘못 짚다, 잘못 알다, 그르치게 하다, 그릇된 길로 이끌다

[誤答(오:답)] 그릇된 대답을 함. 또는 그 대답.
[誤算(오:산)] ① 잘못 그르치게 셈함. ② 추측이나 예상을 잘못함. 또는 그런 추측이나 예상.
[誤差(오:차)] ① 관측하거나 셈한 수와 그 정확한 수와의 차이. ② (수) 참값과 근사값과의 차이. 참標準誤差(표준오차), 標本誤差(표본오차)
[誤解(오:해)] 그릇 해석하거나 이해함. 또는 그런 해석이나 이해. ¶오해를 사다/오해를 받다/오해를 풀다
[過誤(과:오)] 過失(과실). 잘못이나 허물. ¶저의 과오를 인정하고 사과드립니다
誤記(오기), 誤讀(오독), 誤謬(오류), 誤發(오발), 誤報(오보), 誤植(오식), 誤審(오심), 誤譯(오역), 誤用(오용), 誤認(오인), 誤入(오입), 誤濫用(오남용), 誤字(오자), 誤診(오진), 誤判(오판), 正誤(정오)

헷갈리게 하다, 현혹되게 하다, 현혹하는 일, 방황하는 일

[錯誤(착오)] 착각으로 말미암아 잘못함. 또는 그러한 잘못. ¶착오를 일으키다

認 알 인, 言부14　　0874

'認(인)'자는 '말씀 言(언)'과 '참을 忍(인)'으로 이루어졌다. '말을 듣고 분간하다'는 뜻을 나타내기 위한 것이었다. '알다', '허락하다'의 뜻으로 쓰인다.

알다, 인식하다

[認識(인식)] ① 사물을 분별하고 판단하여 앎. 또는 그 작용. ② (심) 지각·기억·상상·구상·판단·추리를 포함한 廣義(광의)의 知的(지적) 작용.
[認知(인지)] 어떤 사실을 알고 확실히 그러하다고 인정함.
[誤認(오:인)] 잘못하여 다른 것을 그것으로 인정함. ¶낯선 사람을 간첩으로 오인하다

알아서 정하다, 인정하다, 승인하다, 허락하다

[認定(인정)] ① 옳다고 믿고 정하는 일. ② (법) 국가나 지방자치단체가 자기의 판단에 의하여 어떤 사실의 存否(존부)나 어떤 일의 當否(당부)를 결정하는 일.
[認證(인증)] (법) 문서나 행위의 기재·성립이 정당한 절차로 된 것을 공적 기관이 증명하는 일.
[公認(공인)] ① 여러 사람이 다 같이 인정함. ② 국가나 공공단체가 인정함.
[否認(부:인)] 인정하지 않음. ¶사실을 부인하다 匣是認(시인)
[承認(승인)] 일정한 사실을 마땅하다고 인정함. ¶승인을 받다/국가의 승인
[確認(확인)] ① 확실히 그러한가를 알아보거나 인정함. 또는 그러한 인정. ② (법) 특정한 사실이나 법률관계의 존속 여부를 판단하여 인정함.
認可(인가), 認准(인준), 認許(인허), 官認(관인), 默認(묵인), 容認(용인), 自認(자인)

議 의논할 의(:), 言부20　　0875

'議(의)'자는 '(말을 주고받고) 따지다'는 뜻을 나타내기 위한 것이었다. '말씀 言(언)'과 '옳을 義(의)'로 구성되었다. '의논하다'는 뜻으로 쓰인다.

의논하다, 상의하다

[議決(의결)] 의논하여 결정함. 또는 그런 결정.
[議論(의논)] 의견을 주고받음.
[議會(의회)] 법률에 따라 조직된 합의제 기관. 국민이 선출한 議員(의원)들로 구성됨. 道議會(도의회), 市議會(시의회) 등.
[建議(건:의)] (어떤 문제에 대하여) 의견이나 희망을 내놓음. 또는 그 의견이나 희망.
[相議(상:의)] 서로 의논함.
[提議(제의)] 의견이나 의안을 제출함.
[討議(토:의)] 어떤 문제에 대하여 검토하고 의논함.
議事堂(의사당), 議案(의안), 議院(의원), 議員(의원), 議題(의제), 議長(의장), 改議(개의), 建議案(건의안), 決議(결의), 鳩首會議(구수회의), 國會議員(국회의원), 國會議長(국회의장), 爛商討議(난상토의), 論議(논의), 代議(대의), 代議員(대의원), 同議(동의), 動議(동의), 問議(문의), 物議(물의), 發議(발의), 領議政(영의정), 圓卓會議(원탁회의), 爭議(쟁의), 審議(심의), 異議(이의), 衆議(중의), 質議(질의), 評議(평의), 稟議(품의), 合議(합의), 抗議(항의), 協議(협의), 和議(화의), 會議(회의)

꾀하다, 계획을 세우다

[謀議(모의)] 어떤 일을 꾀하고 의논함.

여러모로 생각하다

[不可思議(불가사의)] 헤아려 알 수 없이 이상야릇함.

論 의론할 론, 말할 론, 言부15　　0876

'論(론)'자는 '이치를 논하다'는 뜻을 위한 것이었다. '말씀 言(언)'과 '생각할 侖(륜)'으로 이루어졌다. '侖(륜)'자는 '册(책)', 즉 木簡(목간)을 조리 있게 모아놓은 것

으로, '조리 있다'는 뜻이 있으니 '論(론)'은 '조리 있는 말'로 풀이하는 설도 있다.

말하다, 서술하다, 진술하다, 이치에 맞는 말, 조리가 있는 말, 의논하다, 토론하다, 사리를 밝히다, 옳고 그름을 따지다

[論理(논리)] ① 말이나 글에서의 짜임새나 조리. ¶논리가 정연한 글 ② 생각이 지녀야 하는 형식이나 법칙. ③ 사물의 이치나 법칙성. ¶역사 발전의 논리
[論述(논술)] 의견이나 주장을 논하는 글을 지음. 또는 그 글. ¶논술고사
[論議(논의)] ☞ 議(의)
[論爭(논쟁)] 여럿이 자신의 의견을 주장하며 다툼. ¶열띤 논쟁을 벌이다
[擧論(거:론)] 어떤 사항을 문제로 삼아 의논하거나 말함. ¶그 일은 거론할 필요가 없다
[言論(언론)] 말이나 글로써 의사를 발표하는 일. 또는 그 말이나 글. ¶언론의 자유를 보장하라 [참]言論機關(언론기관), 言論人(언론인)
[輿論(여:론)] 어떠한 개인의 행동이나 사회 현상에 관한 여러 사람의 공통된 의견. ¶여론 조사
[討論(토:론)] 마땅한 결론을 찾아내려고 여러 사람이 서로 비평적으로 의논하거나, 어떤 문제를 둘러싸고 옳고 그름을 따져 가며 의논함.

論客(논객), 論據(논거), 論功行賞(논공행상), 論難(논란), 論駁(논박), 論法(논법), 論外(논외), 論著(논저), 論題(논제), 論調(논조), 論證(논증), 論旨(논지), 論評(논평), 甲論乙駁(갑론을박), 講論(강론), 激論(격론), 經論(경론), 公論(공론), 空論(공론), 空理空論(공리공론), 國論(국론), 老論(노론), 談論(담론), 莫論(막론), 毋論(무론)/勿論(물론), 反論(반론), 辯論(변론), 詳論(상론), 三段論法(삼단논법), 世論(세론), 少論(소론), 時論(시론), 議論(의논), 異論(이론), 再論(재론), 前事勿論(전사물론), 正論(정론), 衆論(중론), 持論(지론), 推論(추론), 卓論(탁론), 卓上空論(탁상공론)

이론, 견해, 학설

[論理(논리)] 의논이나 思考(사고)·推理(추리) 따위를 끌고 나가는 條理(조리). ¶그의 주장은 논리에 맞지 아니하다
[原論(원론)] 근본이 되는 이론. 또는 그것을 기술한 것. ¶경제원론
[理論(이:론)] ① 이치나 지식을 밝힌 체계. ¶경제 이론 ② 어떤 논리나 견해의 체계.
[進化論(진화론)] (생) 생물이 극히 원시적인 것으로부터 진화하여 고등한 것이 되었다는 이론. ¶다윈의 진화론
[總論(총:론)] ① 어떤 부문의 일반적인 이론을 총괄하여 서술한 해설이나 저작. ② (논문이나 저서의 첫머리에 싣는) 그 논문이나 저서의 큰 줄거리.
論破(논파), 各論(각론), 槪論(개론), 多元論(다원론), 無神論(무신론), 文章論(문장론), 民約論(민약론), 汎論(범론)/氾論(범론), 詩論(시론), 唯物論(유물론), 有神論(유신론), 唯心論(유심론), 一元論(일원론), 通論(통론)

문체의 하나(자기의 의견을 서술하여 주장하는 글)

[論文(논문)] ① 어떤 일에 대하여 자기 의견을 논술한 글. ② 학술 연구의 업적이나 결과를 발표한 글.
[論說(논설)] ① 자기의 의견이나 주장을 조리 있게 설명함. 또는 그러한 글. ② 신문이나 잡지 따위의 사설.
[結論(결론)] ① 말이나 글에서 끝맺는 부분. 맺음말. ② 최종적으로 내린 판단. ¶결론을 내리다 [참]本論(본론), 序論(서론), 緖論(서론)
[評論(평:론)] ① 사물의 좋고 나쁨이나 가치 따위를 파헤쳐 따짐. 또는 그 글. ② 주로 예술 작품의 좋고 나쁨이나 가치 따위를 파헤쳐 따짐. 또는 그 글.

법률의 적용에 관한 의견을 진술하다

[論告(논고)] (법) 형사재판 절차에서, 증거 조사가 끝난 뒤에 검사가 범죄 사실과 법률 적용에 관하여 의견을 말함.

논어

[論語(논어)] 공자의 논설과 어록을 모아 엮은 책.

講 강론할 강:, 익힐 강:, 言부17 0877

'講(강)'자는 '화해하다'는 뜻을 위하여 만든 글자이다. '말씀 言(언)'과 '짤 冓(구)'로 이루어졌다. '강의하다', '익히다', '강구하다' 등의 뜻으로 쓰인다.

강론하다

[講堂(강:당)] 학교 등에서 강연이나 의식 등을 하기 위하여 특별히 마련한 큰 방이나 집.
[講士(강:사)] 강연회에서 강연하는 사람. ¶강사를 초청하다
[講師(강:사)] ① 대학이나 전문학교 등에서 촉탁을 받아 강의하는 교사. ¶시간강사 ② (불) 경스승.
[講義(강:의)] ① (학문·기술·실무 등에 대한 내용을) 설명하여 가르침. ② 대학에서의 수업.
[開講(개강)] 강의·강습 따위를 처음으로 시작함. [반]終講(종강)
[名講(명강)] 유명한 강의. 또는 훌륭한 강의.
[受講(수강)] 강습이나 강의를 받음. [참]受講生(수강생)
講壇(강단), 講論(강론), 講演(강연), 講座(강좌), 講評(강평), 缺講(결강), 代講(대강), 專任講師(전임강사), 聽講(청강), 聽講生(청강생), 特講(특강), 閉講(폐강), 休講(휴강)

익히다, 학습하다

[講習(강:습)] 일정한 기간 임시적으로 하는 학문·기술·실무 등에 관한 교육. ¶요리 강습

읽다, 독서하다

[講讀(강:독)] 뜻을 밝히면서 글을 읽음. 또는 그러한 과목.

강구하다, 검토하다, 연구하다, 조사하다

[講究(강:구)] 좋은 방책을 찾아내도록 연구하거나 대책

을 세움. ¶수해 복구 대책을 강구하라
화해하다, 화의하다
[講和(강:화)] 싸움을 그치고 화해함. ¶강화조약

謝 사례할 사, 言부17　0878

'謝(사)'자는 '(관직에서) 물러나다'는 뜻을 위하여 고안된 것이다. 물러날 때는 퇴임의 말이 빠질 수 없으니 '말씀 言(언)'이 표의요소로 쓰였고, '쏠 射(사)'는 표음요소이다. 후에 '거절하다', '용서를 빌다', '고마워하다' 등의 뜻으로 쓰이게 되었다.

사례하다, 고맙다는 뜻을 나타내다
[謝禮(사:례)] 언행이나 금품으로 고마운 뜻을 나타내는 인사. ¶사례의 뜻을 표하다
[謝恩(사:은)] 받은 은혜에 사례함. 웹謝恩會(사은회)
[感謝(감:사)] ① 고마움. ② 고마운 마음을 나타내는 인사.
謝辭(사사), 謝意(사의), 謝表(사표), 滿員謝禮(만원사례), 百拜謝禮(백배사례), 深謝(심사), 厚謝(후사)

사죄하다, 용서를 빌다
[謝過(사:과)] 자신의 과오에 대하여 용서를 빎. ¶진심으로 사과합니다
[謝罪(사:죄)] 지은 죄나 잘못에 대하여 상대방에게 용서를 빎.
[百拜謝罪(백배사죄)] 수없이 절을 하며 용서를 빎.

거절하다, 인연을 끊다
[謝絕(사:절)] 요구나 제의를 사양하고 받아들이지 않음. ¶면회 사절/외상 사절

바꾸다, 대사(代謝)하다
[代謝(대:사)] 새것과 낡은 것이 번갈아 듦.
[新陳代謝(신진대사)] ① 묵은 것은 없어지고, 새것이 대신 생기는 일. ② (생) 생물체가 영양을 섭취하고 낡은 물질을 걸러내는 일.

물러나다, 사퇴하다

警 경계할 경:, 깨우칠 경:, 言부20　0879

'警(경)'자는 '말로 타이르다'는 뜻을 나타내기 위한 것이었다. '말씀 言(언)'과 '공경할 敬(경)'으로 이루어졌다.

타이르다, 조심하게 하다, 깨우치다, 일깨우다
[警覺心(경:각심)] 정신을 가다듬어 경계하거나 주의하는 마음. ¶경각심을 불러일으키다
[警句(경:구)] 어떤 사상이나 진리를 간결하고도 날카롭게 표현한 글귀.

대비하다, 방비하다
[警戒(경:계)] ① 사고가 생기지 않도록 조심하고 단속함. ¶경계를 철저히 하다 ② 옳지 않은 일이나 잘못된 일이 없도록 타일러 주의하게 함. ③ (군) 적의 기습이나 간첩 활동과 같은 불의의 침입에 대비하여 살펴 지

킴. ¶야간 경계 근무 웹警戒警報(경계경보)
[警告(경:고)] ① 조심하라고 경계하여 이름. ¶도발 행위를 중지할 것을 엄중히 경고함 ② 운동경기에서 반칙을 했을 때 심판이 일깨우는 주의. ¶경기 중에 경고 누적으로 퇴장 당했다
[警鐘(경:종)] ① 비상사태나 위험을 알리기 위하여 치는 종 따위의 신호. ② 미리 경계하여 이르는 주의나 충고를 비유하여 이르는 말. ¶경종을 울리다
[警察(경:찰)] ① (법) 사회의 안녕 질서를 유지하기 위하여 국민에게 명령·강제하는 행정 작용. 또는 그러한 일을 하는 구성원이나 기관. ¶경찰에 신고하다 ② 경찰관. 웹警察官(경찰관), 警察署(경찰서)
[巡警(순경)] ① 순회하여 경계함. ② 9급 경찰공무원의 계급.
[海警(해:경)] ① 바다의 수비. 해변의 방비. ② 해상 범죄 단속과 수사 및 해난 구조 따위를 주관하는 경찰.
警報(경보), 警備(경비), 警笛(경적), 警察署(경찰서), 警護(경호), 警護員(경호원), 軍警(군경), 夜警(야경), 義警(의경)

경보, 사변의 통보
[警報(경:보)] 위험 또는 재난이 닥쳐올 때, 사람들에게 경계하도록 알리는 일. 또는 그 보도. ¶지진경보/태풍경보/공습경보

護 보호할 호:, 지킬 호:, 言부21　0880

'말씀 言(언)'과 '받들 蒦(확)'자로 이루어졌다. '蒦(확)'자는 표음요소이다.

보호하다, 감싸다, 비호하다, 지키다, 감시하다
[護身(호:신)] 외부의 위험으로부터 자기 몸을 지키는 일. 웹護身術(호신술)
[看護(간호)] 환자를 보살펴 돌보는 일. ¶부상자를 간호하다 웹看護師(간호사)
[辯護(변:호)] ① 남을 위하여 이롭도록 변명하여 감싸줌. ② (법) 법정에서 변호인이 검사의 공격으로부터 피고인의 처지를 해명하고 옹호함. 웹辯護士(변호사), 辯護人(변호인)
[保護(보:호)] ① 잘 보살펴 돌봄. ¶어린이 보호 ② 잘 지켜 원래대로 보존되게 함. ¶자연보호/문화재 보호 웹保護林(보호림), 保護色(보호색), 保護者(보호자),
[守護(수:호)] 지켜 보호함. ¶국토 수호 웹守護神(수호신)
護國(호국), 護喪(호상), 護送(호송), 護衛(호위), 護憲(호헌), 加護(가호), 監護(감호), 警護(경호), 警護員(경호원), 防護(방호), 庇護(비호), 愛護(애호), 養護(양호), 養護室(양호실), 擁護(옹호)

돕다, 구제하다
[救護(구:호)] ① 구조하여 보살핌. ¶구호 대책/구호물자 ② 다치거나 병든 사람에 대한 간호 또는 치료.
[援護(원:호)] 도와주고 돌보아줌. 웹援護處(원호처)

羅 새 그물 라, 벌일 라, 网부19　0881

'羅(라)'자는 '그물 罒(망)'과 '새 隹(추)'가 합쳐진 것으로 '그물을 쳐서 새를 잡다'를 뜻하는 것이었다. '그물', '벌리다', '망을 치다' 등으로 사용됐고, '얇은 비단'을 지칭하기도 하였다. '실 糸(사)'는 비단과 관련하여 후에 첨가된 표의요소이다.

새 그물, 그물질하다
[網羅(망라)] ① 촘촘한 그물로 건지듯이 빠짐없이 모음. ② 물고기나 새를 잡는 그물.
[一目之羅(일목지라), 不可以得鳥(불가이득조).] 그물 코가 하나뿐인 그물로는 새를 잡을 수 없다. 어떤 일을 성취하려면 알게 모르게 많은 사람의 협력이 필요하다. ㈜網之一目(망지일목)『淮南子(회남자)·說林訓(설림훈)』

펴다
[羅列(나열)] ① 죽 벌여 놓음. ② 나란히 열을 지음.
[森羅萬象(삼라만상)] 수풀 같이 빽빽하게 늘어서 있는 여러 가지 사물의 모습. 우주 속에 빽빽하게 존재하는 온갖 사물과 현상.

비단
[羅紗店(나사점)] 비단 따위를 파는 가게. 또는 그 옷감으로 옷을 짓는 가게.
[綾羅(능라)] 능 비단과 깁 비단.
[靑羅(청라)] 푸른 빛깔의 얇은 비단.
[亢羅(항라)] 명주실과 모시실·무명실 따위로 세 올이나 다섯 올씩 몰아 구멍이 송송 나게 짠 피륙. ¶물항라 저고리에 눈물이 젖는다

기타
[羅針盤(나침반)] 指針(지침)이 남북을 가리키는 성질을 이용하여 방위를 재는 기구.
[新羅(신라)] (역) 우리나라의 삼국 시대에서 고려 시대 이전까지 있었던 나라. 박혁거세가 지금의 경주를 중심으로 나라를 세웠고 고려 태조 왕건에게 멸망함.
[耽羅(탐라)] '제주도'의 옛 이름.

羅(라)자가 들어간 불교 용어. '그물'이나 '비단'과는 관계가 없다.
[羅刹(나찰)] (불) 푸른 눈·검은 몸·붉은 머리털을 하고 사람을 잡아먹으며, 지옥에서 죄인을 못살게 군다고 하는 악한 귀신. 나중에 불교의 수호신이 됨.
[阿羅漢(아라한)/羅漢(나한)] (불) ① 소승불교의 수행자 가운데 최고의 경지에 이른 이. 온갖 번뇌를 끊고, 四諦(사체)의 이치를 밝혀 얻어서 세상 사람들의 존경을 받을 만한 공덕을 갖춘 성자를 이름. ② 열 가지 부처의 칭호 가운데 하나. 생사를 이미 초월하여 배울 만한 법도가 없게 된 자리의 부처.
[阿修羅(아수라)/修羅(수라)] 싸움을 잘 하는 귀신의 이름. 阿修羅(아수라)는 고대 인도 신화에 나오는 善神(선신)이었는데 나중에 하늘과 싸우다가 惡神(악신)이 되었다고 한다.
[阿修羅場(아수라장)] ① (불) 아수라왕이 제석천과 싸운 마당. ② '끔찍하게 흐트러진 현장'이란 뜻으로, 모진 싸움으로 처참하게 된 곳, 또는 법석을 떨어 야단이 난 곳을 말한다. 피비린내 나는 전쟁터 또는 눈뜨고 차마 볼 수 없는 참혹한 현장을 가리킨다. ¶장내는 찬반의 격렬한 싸움으로 아수라장이 되고 말았다.
[閻羅大王(염라대왕)] (불) 저승에서 지옥에 떨어지는 인간의 생전의 선악을 심판하여 벌을 준다고 하는 왕.

豆 콩 두, 豆부7　0882

'豆(두)'자는 둥근 발이 있는, 제사 때 음식을 담는 그릇 모양을 본뜬 것으로, 그러한 '그릇'을 가리키는 것이었다. 콩을 뜻하는 낱말의 독음이 이것과 같아서 '콩'을 가리키는 것으로 쓰이게 되었다. 후에 '풀 艹(초)'를 붙여 '콩'을 뜻하는 '荳(두)'자를 만들었는데도 '豆(두)'를 애용하고 '荳(두)'는 잘 쓰지 않는다.

콩 또는 팥
[豆腐(두부)] 물에 불린 콩을 매에 갈아 베자루에 넣고 짜낸 콩물을 익힌 다음 간수를 쳐서 엉기게 한 식품.
[豆太(두태)] 콩과 팥.
[大豆(대:두)] 콩.
[綠豆(녹두)] 밭에 심는 콩과의 한해살이풀. 열매는 녹색을 띤 팥 모양이며, 녹두죽, 녹두전, 녹두묵 따위를 만들어 먹는다.
[種豆得豆(종:두득두)] 콩 심은 데 콩 난다. '원인에 따라 결과가 생김'을 이르는 말. ㈜種瓜得瓜(종과득과), 種麥得麥(종맥득맥)
[煮豆燃豆萁(자두연두기), 豆在釜中泣(두재부중읍).] 콩을 삶는데 콩대를 베어 때니, 솥 안에 있는 콩이 눈물 흘리네.『世說新語(세설신어)·七步詩(칠보시)』☞ * 436
豆芽菜(두아채), 豆油(두유), 豆乳(두유), 大豆粕(대두박), 小豆(소두), 軟豆(연두), 豌豆(완두), 蠶豆(잠두), 赤豆(적두)

기타
[豆滿江(두만강)] 백두산에서 시작하여 우리나라와 중국·러시아와 국경을 이루며 동해로 흘러드는 강.

豐, 豊 풍년 풍, 豆부18　0883

'豐(풍)'자는 곡물의 이삭을 그릇[豆]에다 풍성하게 담아 놓은 모양을 본뜬 것이다. 속자인 '豊(풍)'으로 쓰기도 한다. '넉넉하다', '풍년'의 뜻으로 쓰인다.

풍년, 풍년들다
[豊年(풍년)] 수확이 많은 해. ¶풍년이 들다/배추 풍년/명태 풍년
[豊作(풍작)] 곡식이 잘 됨. ㊥凶作(흉작)
[豊凶(풍흉)] 풍년과 흉년.

[豊漁(풍어)] 물고기가 많이 잡힘. 어획이 많음. ¶豊漁祭(풍어제)
[時和年豊(시화연풍)/時和歲豊(시화세풍)] 기후가 순조로워 풍년이 듦.
豊乞(풍걸), 大豊(대풍), 年豊(연풍)

넉넉하다, 성하다, 푸지다, 차다, 가득 차다, 많다, 족하다
[豊富(풍부)] 넉넉하게 많음. ¶풍부한 자원/감정이 풍부하다/풍부한 성량
[豊盛(풍성)] 넉넉하고 많음. ¶풍성한 가을
[豊饒(풍요)] 매우 많아서 넉넉하고 여유가 있음. ¶풍요를 누리다
[豊足(풍족)] 풍성하고 넉넉함. ¶살림이 풍족하다

크다, 두껍다, 굵다, 살찌다
[豊滿(풍만)] 몸에 살이 탐스럽게 많음. ¶풍만한 육체

貨 재물 화:, 貝부11 0884

'貨(화)'자는 '조개 貝(패)'와 '화할 化(화)'로 이루어졌다. '조개 貝(패)'는 '재물', '돈'을 뜻하니, '貨(화)'는 '재물', '돈', '물품'의 뜻으로 쓰인다.

재화, 돈, 값을 지닌 모든 물건
[貨幣(화:폐)] 돈. 상품 교환의 매개물. 지불의 수단, 가치 척도 등으로 쓰이는 돈, 금화, 은화, 은행권 따위가 있다.
[金銀寶貨(금은보화)] 금·은·보석 같은 귀중한 보물.
[財貨(재화)] ① 재산이 될 만한 물건. 財物(재물). ② (경) 사람의 욕망을 채워 주는 물질.
[通貨(통화)] 한 나라 안에서 통용되는 화폐의 총칭. 참 通貨量(통화량)
[貨悖而入者亦悖而出(화패이입자역패이출).] 부정한 수단으로 번 재물은 본인에게 좋지 못한 일, 곧 불의의 재난 등으로 잃어버림. 悖入悖出(패입패출). 『大學(대학)·傳10章(전10장)』 ☞ *268
硬貨(경화), 金貨(금화), 寶貨(보화), 惡貨(악화), 良貨(양화), 軟貨(연화), 外貨(외화), 銀貨(은화), 鑄貨(주화)

물품, 상품
[貨物(화:물)] 재물의 가치가 있는 물품.
[貨車(화:차)] 貨物(화물)을 실어 나르는 차.
[百貨店(백화점)] 여러 가지 상품을 부문별로 나누어 진열 판매하는 대규모 상점.
[雜貨商(잡화상)] 여러 가지 일용 상품을 파는 장사나 장수, 또는 가게.

走 달릴 주, 走부7 0885

'走(주)'자는 팔을 앞뒤로 흔들며 달리는 사람의 모습을 형상화한 것이다.

달리다, 빨리 가다, 뛰어가다
[走馬加鞭(주마가편)] 달리는 말에 채찍질하기. ① 형편이나 힘이 한창 좋을 때 더욱 힘을 냄의 비유. ② 힘껏 하는데도 자꾸 더하라고 격려함의 비유.
[走馬看山(주마간산)] '달리는 말 위에서 산천을 구경함'이란 뜻에서, 이것저것을 천천히 제대로 살펴볼 틈이 없이 바삐 서둘러 대강대강 보고 지나침. 또는 사물의 외면만을 슬쩍 지나쳐 볼 뿐, 그 깊은 내용을 음미하지 못함을 비유한 말. 비走馬看花(주마간화)
[走破(주파)] 정해진 거리를 끝까지 달림.
[競走(경:주)] 일정한 거리를 달음질하여 그 빠르기를 겨루는 운동.
[獨走(독주)] ① 혼자서 달림. ② 승부를 겨루는 일에서 혼자만이 두드러지게 앞서 나감. ③ 남을 아랑곳하지 않고 독자적으로 행동함.
[疾走(질주)] 빨리 달림.
走狗(주구), 走力(주력), 走路(주로), 走馬(주마), 走馬燈(주마등), 走者(주자), 走行(주행), 繼走(계주), 飛禽走獸(비금주수), 力走(역주), 完走(완주), 暴走(폭주), 滑走(활주), 滑走路(활주로)

달아나다, 도망치다, 달아나게 하다, 쫓다
[逃走(도주)] 달아남.
[脫走(탈주)] '脫身逃走(탈신도주)'의 준말. 몸을 빼서 달아남.
[敗走(패:주)] 싸움에 져서 달아남.

종종걸음, 바쁘게 빨리 걷다
[奔走(분주)] 매우 바쁨. 동奔忙(분망)
[東奔西走(동분서주)] '동쪽으로 달려갔다가 서쪽으로 달려갔다가 함'이라는 뜻에서, '여기저기 분주하게 다님'을 이르는 말.

起 일어날 기, 走부10 0886

'起(기)'자는 '달릴 走(주)'와 '몸 己(기)'로 이루어졌다. '일어나다'는 뜻을 나타낸다.

몸을 일으키다, 일어나다, 일어서다, 일으켜 세우다
[起動(기동)] ① 몸을 일으켜 움직임. ¶기동이 불편하다/기동을 잘 못하다 ② '起居動作(기거동작)'의 준말. ③ 始動(시동).
[起立(기립)] 일어나서 섬. ¶기립 박수
[起伏(기복)] ① 일어남과 엎드림. 임금께 아뢸 때 먼저 일어났다가 다시 엎드려 절하던 것. ② 지세가 높아졌다 낮아졌다 함. 또는 그 형태. ¶기복이 심한 지형 ③ (일이나 세력 따위가) 성하였다 쇠하였다 함. ¶기복이 없는 생활
[再起(재:기)] 한 번 망하거나 실패했다가 다시 일어남. ¶재기에 성공하다
[七顚八起(칠전팔기)] 여러 번의 실패에도 꺾이지 아니하고 다시 일어남.
起居(기거), 起居動作(기거동작), 蜂起(봉기)

생각 따위를 불러 일으키다
[想起(상:기)] 지난 일을 생각해 떠올림. ¶상기하자

6 · 25!
[喚起(환:기)] 관심이나 기억 따위를 불러일으킴. ¶주의를 환기하다
[饑寒起盜心(기한기도심)] 춥고 배고프면 도둑질할 생각이 절로 남.

잠에서 깨어 일어나다
[起床(기상)] 잠자리에서 일어남. ¶기상나팔/기상 시각
[起寢(기침)] ① 起床(기상). ② (불) 중들이 밤중에 일어나 부처에게 예배하는 일.
[起枕(기침)] ① (웃어른이) 잠자리에서 일어남. ② 병석에서 일어남. ¶할아버님께서 기침하셨다
[早起(조:기)] 아침 일찍 일어남. ¶조기 축구회

일이 일어나다, 일을 시작하다, 비롯하다, 발생하다, 일으키다
[起工(기공)] 공사를 시작함.
[起承轉結(기승전결)] 시문·논문 등의 글을 짓는 체계. 문제를 제기하는 것을 '起(기)', 그 문제를 받아서 전개하는 것을 '承(승)', 그것을 결정적 방향으로 돌리는 것을 '轉(전)', 거두어서 끝맺는 것을 '結(결)'이라 함.
[起因(기인)] 일이 일어나는 원인.
[起爆劑(기폭제)] ① (화) 폭발을 일으키는 작용을 하는 약. ② '어떤 사건을 일으키는 결정적 계기'를 비유하는 말. ¶3·15 부정선거 규탄이 4·19 민주혁명의 기폭제가 되었다
[發起(발기)] 어떤 일을 시작하는 데 앞장서서 방안이나 의견을 냄. 참發起人(발기인)
[提起(제기)] ① 의논할 문제나 의견 따위를 내어놓음. ② 드러내어 문제를 일으킴.
[平地起波瀾(평지기파란)] 평지에 파란을 일으킨다는 뜻으로, '평온한 자리에서 뜻밖에 일어나는 다툼질'을 비유하여 이르는 말. 平地風波(평지풍파)
起色(기색), 起重機(기중기), 起訴(기소), 起訴猶豫(기소유예), 起源(기원), 起點(기점), 蹶起(궐기), 叛起(반기), 奮起(분기), 惹起(야기), 緣起(연기)

솟아나다
[突起(돌기)] ① 갑자기 우뚝 솟음. ② 어떤 일이 갑자기 일어남. ③ 도드라지게 돋아난 부분. ¶가시돌기/충양돌기 ④ 어떤 부분이 뾰족하게 내밀거나 도드라짐. ⑤ (건) 주춧돌의 머리에 기둥을 받치려고 솟게 한 곳.
[勃起(발기)] ① 갑자기 불끈 일어남. ② (생) 음경의 해면체에 피가 가득 차 꼿꼿하게 됨.
[隆起(융기)] ① 어느 한 부분이 높이 솟아오름. ② (지) 뭍의 일부가 둘레보다 높아짐.

기용하다
[起用(기용)] ① 사람을 높은 자리에 올려 씀. ② 면직이나 휴직된 사람을 다시 어떤 자리에 올려 씀.

세우다, 짓다
[起案(기안)] 문서의 초안을 만듦. ¶공문을 기안하다
[起草(기초)] 글의 초안을 잡음. ¶연설문을 기초하다

소생시키다
[起死回生(기사회생)] 원래 뜻은 죽은 사람을 살린다는 말로 '의술이 뛰어남'을 일컫는 말이었다. 오늘날에는 힘든 역경을 이겨내고 재기한다는 뜻으로 쓰인다. 『史記(사기) · 扁鵲傳(편작전)』

送 보낼 송:, 辵부10   0887

보내다, 물품을 보내다, 남에게 물품을 보내는 일, 선물
[送舊迎新(송:구영신)] 묵은해를 보내고 새해를 맞이함. 새로운 마음으로 새해를 맞이함.
[送金(송:금)] 돈을 부침. 또는 그 돈. ¶송금 수수료
[發送(발송)] 물건을 부침.
[放送(방:송)] 라디오나 텔레비전을 통해서 널리 듣고 볼 수 있게 소리나 영상을 전자파로 바꾸어 내보냄.
[運送(운:송)] ① 물건을 실어 보냄. ② 화물 및 여객을 일정한 장소로부터 다른 장소로 옮김. ¶운송업
[虛送(허송)] 때를 헛되게 그저 보냄. 참虛送歲月(허송세월)
送球(송구), 送年(송년), 送達(송달), 送付(송부), 送信(송신), 送電(송전), 送話(송화), 返送(반송), 放送局(방송국), 放送網(방송망), 奉送(봉송), 封送(봉송), 輸送(수송), 輸送機(수송기), 郵送(우송), 移送(이송), 葬送(장송), 葬送曲(장송곡), 電送(전송), 託送(탁송), 退送(퇴송), 還送(환송)

사람을 보내다, 사람을 떠나보내다
[送別(송:별)] 멀리 떠나는 이를 보냄. 참送別會(송별회)
[送還(송:환)] 도로 돌려보냄. ¶국군 포로 송환
[押送(압송)] (법) 피고인 또는 죄인을 붙잡아 어느 한 곳에서 다른 곳으로 보냄.
[餞送(전송)] 서운하여 餞別(전별)의 잔치를 베풀어 보냄.
[歡送(환송)] 기뻐하며 보냄. ¶친구를 환송하다 참歡送會(환송회)
送別宴(송별연), 送辭(송사)/送別辭(송별사), 送迎(송영), 送致(송치), 護送(호송), 後送(후송)

進 나아갈 진:, 辵부12   0888

'進(진)'자는 '새 隹(추)'와 '길 갈 辶(착)'으로 이루어졌다. 날짐승은 오로지 앞으로만 날거나 걷는다. 새가 앞으로만 나아가는 것처럼 '進(진)'자는 '앞으로 나아가다'의 뜻을 나타낸다.

나아가다, 앞에 나가다, 전진하다
[進擊(진:격)] 앞으로 나아가 적을 침. ¶진격을 개시하다 동進攻(진공)
[進退兩難(진:퇴양난)] 앞으로 나아가기와 뒤로 물러나기 둘 다 모두 어려움. 어찌할 수 없는 곤란한 처지에 놓임. 回進退維谷(진퇴유곡)

[突進(돌진)] 거침없이 나아감.
[躍進(약진)] ① 힘차게 뛰어 나아감. ② 매우 빠르게 발전하거나 진보함. ¶한국 경제의 약진
[行進(행진)] 여러 사람이 발맞춰 줄을 지어 다니며 걸어 나감.
[進銳者(진예자), 其退速(기퇴속).] 나아가기를 빨리 하는 자는 그 물러남이 빠르다. 나아가는 속도가 지나치게 빠른 자는 그 후퇴 또한 빠르다. 한꺼번에 힘을 너무 많이 내면 그 세력은 빨리 쇠퇴한다. 『孟子(맹자)·盡心 上(진심 상)』
進攻(진공), 進軍(진군), 進壘(진루), 進水(진수), 進如激矢(진여격시), 進一步(진일보), 進入(진입), 進寸退尺(진촌퇴척), 進退(진퇴), 各個躍進(각개약진), 竝進(병진), 北進(북진), 自進(자진), 前進(전진), 直進(직진)

일이 진행되다
[進度(진:도)] 일이 진행되는 속도나 정도.
[進步(진:보)] 발전되어 앞으로 나아감. 凹退步(퇴보) 참進步的(진보적), 進步主義(진보주의)
[進行(진:행)] ① 앞으로 향해 나아감. ② 일을 처리감.
[進化(진:화)] ① 사물이 점점 발전되어 감. 凹退化(퇴화) ¶시간에 따라 언어도 진화한다 ② (생) 생물이 환경의 영향과 내부의 발전에 의하여 간단한 구조에서 복잡한 구조로, 하등한 것에서 고등한 구조로 발전하는 일. 참進化論(진화론)
[不進(부진)] 앞으로 나아가지 못함.
[漸進(점:진)] 순서대로 차차(조금씩) 나아감. 참漸進的(점진적)
[後進(후:진)] ① 사회나 사회적 지위·학예 따위가 뒤지거나 뒤떨어짐. ② 뒤쪽을 향해 나아감. ③ 後輩(후배). ④ 문물의 발달이 뒤늦은 상태. 참後進國(후진국), 後進性(후진성)
進甲(진갑), 進展(진전), 進取(진취), 進就(진취), 進陟(진척), 急進展(급진전), 急進派(급진파), 先進(선진), 先進國(선진국), 日進月步(일진월보), 增進(증진), 遲遲不進(지지부진), 促進(촉진), 推進(추진)

오르다, 올리다
[進級(진:급)] 등급·계급·학년 따위가 올라감. ¶중위에서 대위로 진급하다
[進學(진:학)] ① 학문의 길에 나아가 배움. ② 상급 학교에 올라감.
[昇進(승진)] 벼슬이나 지위가 오름. ¶부장으로 승진하다
[特進(특진)] 특별히 진급함. 또는 특별히 시키는 진급. ¶일 계급 특진
十進(십진), 累進(누진), 累進稅(누진세)

벼슬하다, (일이나 활동 범위를) 찾아가다
[進路(진:로)] 앞으로 나아갈 길. 凹退路(퇴로)
[進出(진:출)] 어떤 방면으로 활동 범위나 세력을 넓혀 나아감.
[進士(진:사)] (역) 조선시대 진사시에 합격한 사람에게 준 칭호.
[新進(신진)] ① 어떠한 전문 분야에 새로 나섬. 또는 그러한 사람. ② 새로 벼슬길에 오름. 또는 그러한 사람.

힘쓰다, 힘써 나아가다
[競進(경:진)] 다투어 나아감. ¶4-H경진대회
[邁進(매:진)] 힘차게 나아감. ¶사업에 매진하다 참一路邁進(일로매진)
[勇猛精進(용:맹정진)] ① 용맹하게 힘써 나아감. ② (불) 용맹하게 佛道(불도)를 수행함.
[精進(정진)] ① 힘써 나아감. ② (불) 잡된 생각을 버리고 한마음으로 불도를 닦아 나가는 공부.

바치다, 올리다
[進上(진상)] ① 윗사람에게 올리어 바침. ② 진귀한 물품이나 지방의 토산품 따위를 임금이나 고관 따위에게 바침.

退 물러날 퇴:, 바랠 퇴:, 辶부10 0889

'退(퇴)'자는 '뒤로 물러나다'는 뜻을 나타내기 위한 것이다. '가다'는 뜻인 '辶(착)'과 '그치다'의 뜻인 '艮(간)'으로 이루어졌다. '나아감'을 그치니 '물러섬'이다.

물러나다, 뒤로 물러나다
[退路(퇴:로)] 물러날 길. 후퇴할 길. 凹進路(진로)
[退化(퇴:화)] ① 생물의 조직이나 기능 따위가 약해지거나 기능 따위가 변하여 줄어들거나 없어지는 일. ② 진보해 가던 것이 오히려 이전의 상태로 돌아감. 凹進化(진화)
[進退維谷(진:퇴유곡)] '앞으로 나아가도 뒤로 물러서도 오직 깊은 골짜기뿐임'이라는 뜻에서, '어떻게 할 수 없는 매우 난처한 경우에 처함'의 뜻을 나타냄. 凹進退兩難(진퇴양난)
[後退(후:퇴)] ① 뒤로 물러남. 凹前進(전진) ② 발전하지 못하고 기운이 약해짐.
[進銳者(진예자), 其退速(기퇴속).] ☞ 進(진)
退却(퇴각), 退走(퇴주), 退行(퇴행), 臨戰無退(임전무퇴), 進寸退尺(진촌퇴척), 進退(진퇴), 撤退(철퇴), 敗退(패퇴), 寒退(한퇴)

자리·직장·단체·사회 따위에서 물러나다
[退勤(퇴:근)] 일터에서 일을 마치고 돌아감.
[退院(퇴:원)] 입원했던 환자가 병원에서 나옴. 凹入院(입원)
[退場(퇴:장)] ① 회의장·경기장 따위에서 그곳을 나감. ¶퇴장을 명하다 ② 연극 따위에서 등장인물이 무대 밖으로 나감.
[退職(퇴:직)] 현직에서 물러남. 또는 직장을 그만둠.
[辭退(사퇴)] 어떤 직책을 그만두고 물러남.
[隱退(은:퇴)] 직임에서 물러나 한가히 삶.
[中退(중퇴)] 학업을 끝내지 않고 중도에서 학교를 그

만둠.
[功遂身退天之道(공수신퇴천지도).] 공적을 이루면 물러나는 것이 하늘의 도리이다. 봄은 봄이 해야 할 일을 끝내면 그 지위를 여름에게 물려준다. 여름이나 가을도 각각 잎을 무성하게 하고 열매를 맺게 했으면 겨울에게 그 지위를 물려준다. 인간도 일단 일을 수행하여 공적이나 명성을 이루면 그 위치를 물러나는 것이 하늘의 도리를 따르는 방법이다. 참功成身退(공성신퇴) 『老子(노자)·道德經 9章(도덕경 9장)』
退官(퇴관), 退妓(퇴기), 退物(퇴물), 退社(퇴사), 退役(퇴역), 退位(퇴위), 退任(퇴임), 退廷(퇴정), 退職金(퇴직금), 退陣(퇴진), 退廳(퇴청), 巳進辛退(사진신퇴), 勇退(용퇴), 自退(자퇴), 早退(조퇴), 册床退物(책상퇴물), 脫退(탈퇴)

뒤떨어지다, 약해지다
[退步(퇴:보)] 수준이나 정도 따위가 이제까지보다 못하게 됨. 뒷걸음. ¶기술이 퇴보하다 凹進步(진보).
[衰退(쇠퇴)/衰頹(쇠퇴)] 쇠하여 전보다 못하여 감. ¶침체와 쇠퇴

물리치다, 내쫓다
[退校(퇴:교)/退學(퇴:학)] ① 다니던 학교를 그만둠. ② 학교에서 학생에게 내리는 징계처분으로, 학교를 다니지 못하게 함.
[退字(퇴:자)] ① 상납한 布木(포목)의 품질이 낮아 '退(퇴)'자 도장이 찍혀 되돌려 나온 물건. ② 바치는 물건을 받지 않고 물리치는 일. ¶부탁을 하다가 퇴자 맞았다
[退治(퇴:치)] 물리쳐서 없애버림. ¶마약 퇴치/병충해 퇴치
[擊退(격퇴)] 적을 쳐 물리침.
退送(퇴송), 退出(퇴출)

줄이다, 덜다
[減退(감:퇴)] 기세·체력 따위가 줄어듦.
[退潮(퇴:조)] ① 썰물. ② 기세·세력 따위가 쇠퇴함.

옮기다, 이동하다
[退去(퇴:거)] ① 물러감. ② 사는 곳을 옮김.
[退室(퇴:실)] 방에서 나오거나 나감.
[退酒(퇴:주)] 제사를 지낼 때, 올린 술을 물리는 일. 참 退酒盞(퇴주잔)

바래다, 빛깔이 날다(褪)
[退色(퇴:색)/褪色(퇴색)] ① 빛이 바램. ② '무엇이 낡거나 몰락하면서 그 존재가 희미해지거나 볼품없이 됨'을 비유하여 이르는 말이다. 사물이나 색이 외부의 영향으로 본래의 모습에서 점차 변하는 것을 '退色(퇴색)' 또는 '褪色(퇴색)'이라 한다. 어떤 의미나 가치 따위가 이전보다 희미해지거나 사라지는 것을 나타낼 때는 '退色(퇴색)'을 쓰고 '褪色(퇴색)'이라 쓰지는 않는다.

기타
[退枕(퇴:침)] 서랍이 있는 목침. 서랍에 빗 따위를 넣고 때로는 거울까지 붙여 만들기도 함.

連 이을 련, 잇닿을 련, 辵부11 0890

'連(련)'자는 '길을 가다'의 뜻인 '辶(착)'과 '수레 車(거)'가 합쳐진 것으로 '人力車(인력거)'가 본뜻이라고 한다. 후에 '이어지다'는 뜻으로 확대 사용되자, 본래의 의미는 '인력거 輦(련)'자를 따로 만들어 나타냈다. 다른 학설로는 '連(련)'자는 '수레 車(거)'와 '쉬엄쉬엄 갈 辶(착)'의 합자로, 수레 여러 대가 줄지어 가는 모습에서 '이어지다'라는 뜻을 나타낸다고 풀이하고 있다.

잇다, 이어지다, 계속되다, 맺다, 연결하다, 관련되다
[連結(연결)] ① 잇대어서 맺음. ② 관계를 맺게 함.
[連帶(연대)] 두 사람 이상이 한 덩어리로 연결되어 무슨 일을 하거나 책임지는 일. ¶연대 보증/연대 의식/연대 책임
[連絡(연락)] ① 서로 관련을 지음. ¶연락이 이루어지다 ② 사정을 알림. ¶전화 연락/연락이 끊기다 ③ 오고 가는 일이나 교통을 이어주는 일. ④ 서로 옮겨 주고받고 하는 일. ¶축구 경기에서는 공의 연락이 정확해야 한다 참連絡船(연락선), 連絡網(연락망), 連絡兵(연락병), 連絡不絶(연락부절)
[連續(연속)] 끊이지 아니하고 죽 이음. 참連續劇(연속극)
[連休(연휴)] 휴일이 이틀 이상 계속되는 일. 또는 그 휴일.
[一連(일련)] 하나로 이어짐. 또는 하나로 이어진 것. ¶소비자 보호 등 일련의 국민 복지 향상
連繫(연계), 連累(연루), 連名(연명)/聯名(연명), 連峰(연봉), 連年(연년), 連年生(연년생), 連陸(연륙), 連陸橋(연륙교), 連理枝(연리지), 連發(연발), 連席(연석), 連鎖(연쇄), 連鎖反應(연쇄반응), 連勝(연승), 連日(연일), 連任(연임), 連作(연작), 連載(연재), 連戰連勝(연전연승), 連坐(연좌), 連打(연타), 連彈(연탄), 連判(연판), 連判狀(연판장), 連敗(연패), 連覇(연패), 連環(연환), 連環計(연환계), 不連續(불연속), 不連續線(불연속선), 合縱連橫(합종연횡)/合縱連衡(합종연횡)

기타
[連行(연행)] 강제로 데리고 감. 특히 경찰관이 피의자를 체포하여 경찰서로 데리고 가는 일을 이른다.

絡 맥락 락, 이을 락, 糸부12 0891

'絡(락)'자는 실을 뽑아 쓸 수 있는 원료인 '솜'을 뜻하기 위한 것이었다. '실 糸(사)'와 '각각 各(각)'으로 이루어졌다. 후에 '잇다', '묶다'의 뜻으로 확대되었다.

묶다
[籠絡(농락)] '대그릇에 묶어 넣는다'는 뜻으로, 남을 교묘한 꾀로 휘잡아서 제 마음대로 놀리거나 이용함. ¶농락하다/농락당하다
[連絡(연락)] ☞ 連(련)
[連絡船(연락선)] 해협 따위의 양쪽 해안이나 큰 강의 양쪽 육상 교통을 이어주기 위하여 다니는 배.

사람의 몸 속의 맥락
[經絡(경락)] (한의) 몸 안의 精氣(정기)가 순환하는 길. 오장육부에 관계가 있어 적당한 자리에 침을 놓거나 뜸을 뜨면 그에 따르는 병이 치료됨.
[脈絡(맥락)] ① (생) 핏줄의 계통. ② 사물의 이어져 있는 연관. ¶맥락을 알아채다

達 통할 달, 辵부13   0892

'達(달)'자는 '길갈 辶(착)'과 '어린 양 羍(달)'로 이루어진 것이다. '羍(달)'자는 '大(대) + 양 羊(양)'로 이루어진 글자이다. '達(달)'자를 쓸 때 '辶(착) + 幸(행)'이 아니다. '幸(행)'자 모양에 한 획[一]이 더 많음에 주의해야 한다.

통하다, 뚫리다, 연결되다
[八達(팔달)] 팔방으로 통함. 교통이 매우 편리한 모양. 四通八達(사통팔달)

다다르다, 이르다, 미치다, 닿다, 미치게 하다
[達成(달성)] 뜻한 바를 이룸. ¶목표 달성
[到達(도:달)] 목적한 곳에 이르거나 목표한 수준에 다다름.
[未達(미:달)] 어떤 한도나 표준에 아직 이르지 못함. ¶정원 미달
[配達(배:달)] 물건을 가져다가 전달함. ¶신문 배달 [참]配達夫(배달부)
[傳達(전달)] 지시·명령·물품 따위를 전하여 이르게 함. ¶이 상자를 그에게 전달하여 주세요.
[欲速不達(욕속부달).] 급히 서두르면 달성하지 못함. 너무 조급하게 서두르면 오히려 일을 그르친다는 뜻이다. 『論語(논어)·子路(자로)』
速達(속달), 送達(송달), 示達(시달), 用達(용달), 用達車(용달차), 下達(하달)

꿰뚫다, 정통하다, 막힘이 없다, 깨닫다
[達觀(달관)] ① 뛰어난 관찰. ② 넓고 멀리 내다봄. ¶달관의 경지에 이르다
[達辯(달변)] 능변. 통달할 정도로 말을 잘함.
[達人(달인)] ① 사물의 이치에 통달한 사람. ② 학문이나 기예 따위가 뛰어난 사람. ¶달인의 경지.
[熟達(숙달)] 익숙하고 통달함.
[暢達(창:달)] ① 자기의 의견이나 주장을 거리낌 없이 자유로이 표현하여 전달함. ¶언론 창달 ② 거침없이 통하거나 쭉쭉 뻗어 자람. 또는 그렇게 되게 함. ¶전통문화 창달
達見(달견), 達人大觀(달인대관), 達筆(달필), 通達(통달), 洞達(통달), 豁達(활달)/闊達(활달)

갖추어지다
[調達(조달)] 필요한 자금·물자 따위를 대어줌. [참]調達廳(조달청)
[調達廳(조달청)] (법) 행정 부처가 행하는 정부 물자의 구매·공급 및 관리에 관한 일과 정부의 주요 시설 공사 계약에 관한 일 따위를 맡아보는 관청.
[執達吏(집달리)] (법) '집달관'의 전 이름. 법원에 딸려, 소송에 관한 서류의 송달 및 재판 결과의 집행을 맡아보는 독립기관.

입신출세하여 뜻을 이루다
[榮達(영달)] 지위가 높고 귀하게 됨.

자라다, 성장하다
[發達(발달)] ① 생체 따위가 자라거나 나아지거나 하여 완전한 모양과 기능을 갖추는 단계에 이르다. ¶신체 발달 ② 어떤 것의 구실·규모 등이 차차 커져 감. 발전함. ¶문명의 발달

기타
[達磨(달마)] 범어 'Dharma'의 음역. ① '법', '진리'의 뜻. ② 염주의 어미 구슬.
[乾達(건달)] ① 산스크리트어 'gandharva'를 음역한 '乾達婆(건달바)'의 준말. ② 빈둥빈둥 놀거나 게으름을 부리는 사람. 또는 난봉을 부리고 돌아다니는 사람. ¶백수 건달
[先達(선달)] ① 武科(무과)에 급제하고도 벼슬을 받지 못한 사람. ② 먼저 통달함.
[倍達(배:달)] '배달나라'의 준말. 우리나라 상고 시대의 이름.
[倍達民族(배:달민족)] 배달겨레. 한반도를 중심으로 모여 사는 난군의 자손들.

邊 가 변, 辵부19   0893

'邊(변)'자는 '辶(착)', '自(자)', '丙(병)', '方(방)'으로 이루어졌다. 요사스러운 귀신의 침입을 막기 위하여 '경계'에 놓인 '呪術(주술)'의 모양을 나타낸다고 한다. 일설에는 '코'의 양 옆, 즉 '중심에서 벗어난 부분'이라고 한다.

가, 가장자리, 끝
[邊方(변방)] ① 중심지에서 멀리 떨어진 가장자리 지역이나 지방. ② 변경.
[江邊(강변)] 강가.
[廣大無邊(광:대무변)] 넓고 커서 끝이 없음.
[沿邊(연변)] 국경, 큰길 가, 강가 따위를 따라 있는 일대의 지방. ¶철도 연변에는 코스모스가 만발해 있었다
[海邊(해:변)] 바닷가, 또는 그 지방.
路邊(노변), 爐邊(노변), 爐邊情談(노변정담)/爐邊情話(노변정화), 貸邊(대변), 右邊(우변), 左邊(좌변), 借邊(차변), 川邊(천변)

근처, 부근, 일대
[身邊(신변)] 몸이나 몸 주위. ¶신변이 위태롭다
[身邊雜記(신변잡기)] 작자의 일상생활에서 자질구레한 일들을 적은 글.
[周邊(주변)] 주위의 언저리.

변경, 국경
[邊境(변경)] 나라의 경계가 되는 변두리의 땅.

이자
[邊利(변리)] 이자가 붙는 돈에 대한 이자.
다각형의 한계를 짓는 선분
[等邊(등:변)] (수) 여러모꼴에 있어서 각 변의 길이가 같음. 또는 길이가 같은 변. ¶이등변삼각형
[四邊(사변)] ① 네 변두리 ¶산으로 둘러싸여 사변이 막힌 것같이 조용한 마을이다 ② (수) 네 개의 변. ¶평행사변형
[斜邊(사변)] (수) 빗변.
[兩邊(양:변)] 양쪽 변.
[底邊(저:변)] ① (수) 밑변. ② 밑바탕. ¶문학 인구의 저변 확대

配 짝 배:, 아내 배:, 酉부10 0894

'配(배)'자는 '술병'을 뜻하는 '酉(유)'와 무릎을 꿇고 앉은 사람의 모습인 '己(기)'의 합자로, 전통혼례에서 신랑과 신부가 술을 나누어 마시던 데서 '짝' 또는 '나누다'라는 뜻을 나타낸다.
아내, 배필, 부부가 되다, 짝지어 주다, 부부가 되게 하다
[配偶者(배:우자)] 부부로서 짝이 되는 사람. 남편에 대한 아내, 아내에 대한 남편.
[配匹(배:필)] 부부가 될 짝. ¶배필을 만나다
[交配(교배)] 서로 다른 계통이나 품종의 암수를 붙이는 일. 품종 개량에 쓰임.
配偶子(배우자), 繼配(계배), 喪配(상배), 作配(작배)
배향하다
[配享(배:향)] ① 공신의 위패를 종묘에 모심. ② 학덕이 있는 사람의 위패를 문묘나 사당·서원 등에 모심.
나누다, 할당하다, 분배하다, 배당
[配給(배:급)] ① 나누어 줌. ② 영리를 목적으로 하지 않고 상품을 나누어 주는 일. 물자를 일정한 비례에 따라 몫을 떼어 나누어주는 일. ¶식량 배급
[配慮(배:려)] 보살펴 주려고 이리 저리 마음을 써 줌. ¶그의 따뜻한 배려를 받았다
[配置(배:치)] 알맞은 자리에 분배하여 앉히거나 둠. ¶부대 배치/자리 배치
[分配(분배)] 각자의 몫을 따로 나눔.
[支配(지배)] ① (가르고 나눔이란 뜻에서) 남을 억눌러 자기의 의사대로 다스리거나 부리는 것. 땐被支配(피지배) 쯥支配人(지배인) ② 어떤 것에 눌리거나 좌우되는 영향. ¶환경을 지배를 받다
[宅配(택배)] 짐 따위를 각자 집으로 나누어 보내주는 일.
配達(배달), 配當(배당), 配付(배부), 配分(배분), 配色(배색), 配線(배선), 配屬(배속), 配食(배식), 配役(배역), 配電盤(배전반), 配點(배점), 配定(배정), 配車(배차), 配布(배포), 配合(배합), 句配(구배), 均配(균배), 集配(집배), 集配員(집배원)
귀양 보내다, 유형
[配所(배:소)] 귀양살이하는 곳.

[流配(유배)] 죄인을 귀양 보냄.
기타
[手配(수배)] ① 범인을 잡으려고 수사망을 폄. ② 부서를 갈라 맡아 어떤 일을 하게 함.

限 한계 한:, 끝 한:, 阜부9 0895

'限(한)'자는 '언덕 阝(부)'와 '한정할 艮(간)'으로 이루어졌다. '언덕 위에서 한정된 일정한 부분'을 가리킨다. 둘 다 표의요소이고, '艮(간)'은 표음요소도 겸한다.
한계, 한정하다, 제한, 끝
[限界(한:계)] ① 한정된 경계. ② 한정된 범위. ¶한계를 벗어나다
[限度(한:도)] 일정한 정도. 또는 한계가 되는 정도. ¶참는 데도 한도가 있다
[限定(한:정)] ① 수량·범위 따위를 제한하여 정함. ② (논) 어떤 개념의 성질이나 범위를 명확히 하거나 범위를 확실히 함. 특히 개념의 외연을 좁히고 내포를 넓히는 일.
[權限(권한)] ① 권리나 권력이 미치는 범위. ② 권리나 권력.
[無限(무한)] 한도가 없음. 끝이 없음.
[制限(제:한)] 일정한 한도를 정해 이를 넘지 못하게 막거나 억누름.
限量(한량), 限生前(한생전)/限平生(한평생), 限定治産(한정치산), 局限(국한), 極限(극한), 無限量(무한량), 無限小數(무한소수), 無限定(무한정), 無限責任(무한책임), 分限(분한), 有限(유한), 有限小數(유한소수), 有限責任(유한책임)
기한
[期限(기한)] 미리 어느 때까지라고 정함. 또는 그 시기. ¶기한을 정하다/납부 기한
[時限(시한)] 어떤 일을 마치기로 한 시간의 한계.
[年限(연한)] 정해지거나 지나간 햇수. ¶근무 연한/수업 연한

除 덜 제, 섬돌 제, 阜부10 0896

'除(제)'자는 원래 언덕진 곳을 잘 오르도록 쌓아 놓은 '(궁전의) 섬돌'을 가리키던 것이었으니, '언덕 阝(부)'가 표의요소로 쓰였다. '나 余(여)'는 표음요소라고 한다. 참고로 '음력 12월'을 가리키는 '除月'은 [제월]로 읽고, '음력 사월'을 가리키는 '除月'은 [여월]로 읽는다. '덜다', '나누다'는 뜻으로 많이 쓰인다.
덜다, 제거하다
[除去(제거)] 덜어 없앰. ¶불순물 제거/친일파 제거
[除名(제명)] 구성원 명단에서 이름을 뺌. 구성원 자격을 박탈함.
[除外(제외)] 어느 범위 밖에 둠. ¶세금을 제외하고
[免除(면:제)] 책임이나 의무를 면하거나 덜어줌. ¶병역

면제
[削除(삭제)] 깎아서 없앰. 지워버림. ¶내용의 일부를 삭제하다 땐添加(첨가)
除隊(제대), 除幕(제막), 除幕式(제막식), 除煩(제번), 除雪(제설), 除籍(제적), 除草(제초), 除草劑(제초제), 控除(공제), 驅除(구제), 排除(배제), 剪草除根(전초제근), 切除(절제)

쓸어서 깨끗이 하다
[掃除(소:제)] 청소
[辟除(벽제)] (역) 지위가 높은 사람이 지나갈 때 구종 별배가 다른 사람들의 통행을 막아 길을 치우던 일.

열다, 개통하다
[解除(해:제)] 강제나 금지 따위를 풀어서 자유롭게 함. ¶통행금지 해제

나누다, 나눗셈
[除算(제산)] (수) 나눗셈.
[除數(제수)] 나눗셈에서 어떤 수를 나누는 수.
[加減乘除(가감승제)] 더하기와 빼기와 곱하기와 나누기.

섣달, 섣달 그믐날 밤
[除夜(제야)/除夕(제석)] 섣달 그믐날 밤. ¶밤 12시가 되자 제야의 종소리가 울려 퍼졌다
[除月(제월)] 음력 12월.
[除日(제일)] 섣달 그믐날.

음력 사월
[除月(여월)] 음력 4월.

隊 대 대, 떼 대, 阜부12 0897

'隊(대)'자는 '언덕(阝)'에서 굴러 떨어지는 사람의 모습을 본뜬 것으로 '떨어지다'가 본뜻이다. 후에 '무리'를 뜻하는 것으로 쓰이는 예가 많아지자, 본래의 의미는 '隊(대)'자 밑에 '흙 土(토)'를 붙여서 '떨어질 墜(추)'자를 만들었다.

동아리를 이룬 무리, 떼
[隊員(대원)] 부대나 집단을 이루고 있는 사람.
[樂隊(악대)] 각종 악기로 음악을 합주하는 단체.
[遠征隊(원정대)] ① 멀리 치러 나가는 군대나 단체. ② 먼 곳에 탐험 같은 것을 하러 가는 선수.
[探險隊(탐험대)] 탐험을 목적으로 조직된 무리.
隊商(대상), 隊長(대장), 鼓笛隊(고적대)

줄, 늘어선 줄
[隊伍(대오)] 군대 행렬의 줄. ¶대오를 맞추어 걷다
[隊列(대열)] ① 隊(대)를 지어 죽 늘어선 열. ¶대열이 흩어진다 ② 어떤 활동을 하려고 이루어진 한 떼.
[隊形(대형)] 여러 사람이 줄지은 상태.
[縱隊(종대)] 세로로 줄을 지어서 늘어선 대오. 땐橫隊(횡대)
[橫隊(횡대)] 가로로 줄지어 늘어선 대오. 땐縱隊(종대)

병제(兵制), 군대의 편제
[軍隊(군대)] ① 일정한 규율 아래 조직 편제된 장병의 집단. ② 군대(軍隊)를 편성하고 있는 장교·병사의 총칭.
[部隊(부대)] ① 어떤 일을 위해 똑같은 특징을 지니고 한데 모인 사람들의 집단. ¶박수 부대 ② (군) 하나의 단위를 이루는 군대의 조직. ¶낙하산부대
[入隊(입대)] 군대에 들어가 군인이 됨.
[除隊(제대)] (군) 현역 군인이 규정된 연한이 차거나 다른 일로 말미암아 복무가 해제됨. 땐入隊(입대)
[海兵隊(해병대)] 해군으로서 상륙작전을 위하여 편성된 부대.
大隊(대대), 分隊(분대), 先發隊(선발대), 小隊(소대), 搜索隊(수색대), 聯隊(연대), 遊擊隊(유격대), 儀仗隊(의장대), 挺身隊(정신대), 中隊(중대), 親衛隊(친위대), 特攻隊(특공대), 編隊(편대), 艦隊(함대)

障 막힐 장, 가로막을 장, 阜부14 0898

'障(장)'자는 '언덕 阝(부)'와 '문장 章(장)'으로 이루어졌다. '가로막다'가 본뜻이다. '막다', '한계' 등으로 확대되었고, '뒷받침해주다'는 뜻으로도 쓰인다.

가로막다, 막다, 구멍으로 통하지 못하게 하다
[障壁(장벽)] ① 밖을 가려 둘러싸거나 가려 막는 벽. ¶장벽을 쌓다/앞길을 가로막는 수많은 장벽 ② 두 사람 사이를 가로막는 장애물. ¶언어장벽
[障害(장해)] 무슨 일을 가로막거나 방해함.
[支障(지장)] (앞에 버티고 가로막고 있어) 일을 하는 데 거치적거리는 장애.
[天障(천장)] 집의 안에서 하늘을 가리어 막은 위쪽 면.

방어하다, 지킴, 방비, 뒷받침해주다
[保障(보:장)] 일이 잘 되도록 보호하거나 뒷받침함. ¶생계 보장/안전보장
[安全保障(안전보장)] 외국으로부터의 침략에 대하여 국가의 영토적 안전을 보장하는 일.

지장, 장애
[障碍(장애)/障礙(장애)] ② 몸의 기관이나 기능이 온전하지 못해 정상적으로 행동할 수 없는 상태. ¶신체장애/언어장애/지적 장애 [참]障碍人(장애인), 障碍者(장애자) ① 가로막아서 거치적거림. ¶장애물 경주 [참]障碍物(장애물)
[障碍物(장애물)] 가로막아서 거치적거리는 사물. ¶장애물 경주
[障碍人(장애인)/障碍者(장애자)] 몸의 기관이나 기능이 온전하지 못해 정상적으로 행동할 수 없는 사람. ¶장애인올림픽대회
[故障(고:장)] ① 기계 따위의 기능에 이상이 생기는 일. ¶자동차가 오래 되어서 고장이 잦다 ② 몸에 탈이 생기는 일. ¶머리가 고장이 나서…

나쁜 행실, 나쁜 일, 업장
[魔障(마장)] 어떤 일에 마가 끼어드는 일.
[業障(업장)] (불) 전생에서 지은 죄로 인하여 이승에서 받는 魔障(마장).

際 사이 제:, 즈음 제:, 阜부14 0899

'際(제)'자는 '언덕 阝(부)'와 '제사 祭(제)'로 이루어졌다. 언덕진 곳에 쌓아 놓은 두 담이 서로 '맞닿은 곳'을 뜻하는 글자이다.

교제, 사귀다
[交際(교제)] ① 서로 사귀어 가까운 사이가 됨. ② 어떤 목적을 달성하기 위하여 남과 가까이 사귐.
[國際(국제)] ① 나라와 나라 사이의 교제, 또는 그 관계. ② 여러 나라 사이에 공통적인 것.
[國際社會(국제사회)] 여러 국가로써 이루어지는 사회. 여러 국가가 상호 교통과 상호 의존으로 국제적 공동생활을 영위하는 사회.

때, 기회, 시기
[實際(실제)] ① 사실의 경우나 형편. ¶이론과 실제/그는 실제 나이보다 어려 보인다 ② 실제로. ¶실제로 있었던 사건
[此際(차제)] 이 기회. 이즈음.

困 곤할 곤:, 口부7 0900

'困(곤)'자는 문 입구口(구)에 세워져 있는 나무[木(목)], 즉 문지방을 뜻하는 것이다. 그런데 이것이 본래의 의미와 달리 '곤하다', '괴롭다'는 뜻으로 사용되는 예가 많았다. 후에 본래 의미는 따로 '문지방 梱(곤)'자를 만들어 나타냈다.

곤하다, 나른하다, 피곤하다
[勞困(노곤)] 지쳐서 나른함. ¶봄날이라 그런지 온몸이 노곤하다
[春困(춘곤)] 봄철에 느껴지는 나른하고 졸리는 기운. 春困症(춘곤증).
[疲困(피곤)] 몸이나 마음이 지쳐 고단함. ¶몸이 피곤하다/피곤을 풀다

괴롭히다, 괴로움을 겪다, 시달리다, 난처하다, 겪기 어려운 일
[困境(곤:경)] 곤란한 경우나 처지. ¶곤경에 빠지다/곤경에서 벗어나다
[困難(곤:란)] ① 괴롭고 어려움. ② 처리하기 어려움. ¶지금은 통화하기가 곤란하다 ③ 생활이 쪼들림.
[困獸猶鬪(곤:수유투)] '곤경에 빠진 짐승일수록 더욱 발악한다'는 뜻으로, 어려움에 처한 사람일수록 최후의 발악을 하는 것을 비유하는 말이다.
[困辱(곤:욕)] 괴롭고 심한 모욕. 또는 참기 힘든 일. ¶곤욕을 치르다/곤욕을 겪다
[困惑(곤:혹)] 곤란하거나 난처한 일을 당해 어찌할 바를 모름. ¶곤혹스러운 질문
困苦(곤고), 困馬(곤마)

가난하다, 살기 어렵다
[困窮(곤:궁)] ① 매우 난처함. ¶곤궁에서 벗어나다 ② 몹시 가난하여 생활에 시달림.
[困乏(곤:핍)] ① 고달파서 힘이 없음. ② 가난함. 가난으로 고생함.
[貧困(빈곤)] ① 가난하고 곤궁함. ¶생활의 빈곤/빈곤 타파/빈곤에 찌들다 ② 내용 따위가 모자라거나 텅 빔. ¶정서의 빈곤

難 어려울 난, 근심 난, 隹부19 0901

'難(난)'자는 '새 隹(추)'와 '진흙 堇(근)'으로 이루어졌다. '새의 일종'이 본뜻이다. '어렵다', '꾸짖다'는 뜻으로 더 자주 쓰인다.

어렵다, 곤란하다, 어려운 사정, 고생하다, 힘겹다, 풀기가 까다롭다
[難關(난관)] ① 지나기가 어려운 목. ② 뚫고 나가기가 어려운 고비 또는 그런 상황.
[難局(난국)] 어려운 판국. ¶난국에 처하다
[難處(난처)] 이럴 수도 저럴 수도 없어 딱하다. ¶일이 난처하게 됐다
[苦難(고난)] 괴로움과 어려움. 回苦楚(고초) ¶고난을 겪다
[困難(곤:란)] ☞困(곤)
[無難(무난)] ① 어려울 것이 없음. ② 말썽 될 것이나 탈잡힐 것이 없이 무던함. ¶그런대로 무난한 작품이다
[刻骨難忘(각골난망)] 고마운 마음이 뼈에 새겨지듯 잊히지 아니함. ¶선생님의 은혜, 각골난망입니다
[孤掌難鳴(고장난명)] '한 손바닥으로는 소리가 나게 하기 어려움'이란 뜻에서, 혼자서는 일을 하기가 어려움을 비유하여 이르는 말. 回獨掌不鳴(독장불명)
[進退兩難(진:퇴양난)] 앞으로 나아가기와 뒤로 물러나기 둘 다 모두 어려움. 어찌할 수 없는 곤란한 처지에 놓임. 回進退維谷(진퇴유곡)
[虎尾難放(호:미난방)] '쥐었던 호랑이 꼬리를 놓기가 어렵다'는 뜻으로 위험한 일을 시작하여 놓고 그냥 계속할 수도 없고, 중단할 수도 없는 난처한 사정을 일컫는 말.
[難上之木勿仰(난상지목물앙).] '오르지 못할 나무는 쳐다보지 말라'는 뜻으로, 가망이 없는 일은 처음부터 생각도 내지 말라는 말.
[貧而無怨難(빈이무원난).] 가난하면서 원망이 없기는 어렵다. 가난한 상황에 빠지면 자칫 세상을 원망하고 남을 탓하는 것이 인지상정이다. 그러므로 가난한 경우에 놓였을 때 그래도 아직 원망을 품지 않는 것은 매우 어렵다. 『論語(논어)·憲問(헌문)』
[衆口難防(중:구난방)] '여러 사람의 입은 막기가 어렵다'는 뜻으로, 뭇 사람이 이러쿵저러쿵하는 말을 이루 다 막아내기 어려움을 이르는 말. 또는 비밀스런 일이라면 너무 많은 사람이 알지 않도록 하는 것이 좋다는 말이다. 『十八史略(십팔사략)』
難堪(난감), 難攻(난공), 難攻不落(난공불락), 難忘(난망), 白骨難忘(백골난망), 難望(난망), 難問(난문), 難産

(난산), 難澁(난삽), 難色(난색), 難易(난이), 難易度(난이도), 難點(난점), 難題(난제), 難治(난치), 難治病(난치병), 難航(난항), 難解(난해), 難行(난행), 難兄難弟(난형난제), 艱難(간난), 艱難辛苦(간난신고), 艱難險阻(간난험조), 騎虎難下(기호난하), 萬難(만난), 法難(법난), 覆水難收(복수난수), 色難(색난), 兩難(양난), 財政難(재정난), 至難(지난), 就職難(취직난), 險難(험난)

근심, 재난, 재앙, 고통, 괴롭히다, 고통을 주다

[難民(난민)] 전쟁으로 집을 잃고 떠돌아다니며 고생하는 사람.
[難破(난파)] 배가 풍랑을 만나거나 암초에 부딪치거나 하여 깨어짐. 참難破船(난파선)
[盜難(도난)] 도둑을 맞는 재난을 당함. ¶도난 당하다
[受難(수난)] ① 어려운 일이나 처지를 당함. ¶수난을 당하다 ② (예수) 예수 그리스도가 십자가에 못 박힐 때 당한 고난.
[災難(재난)] 재난으로 인한 어려움. 뜻밖의 불행한 일. 回災殃(재앙)
救難(구난), 國難(국난), 多難(다난), 多事多難(다사다난), 三災八難(삼재팔난), 水難(수난), 女難(여난), 賊難(적난), 遭難(조난), 七難八苦(칠난팔고), 避難(피난), 海難(해난), 患難(환난), 患難相恤(환난상휼)/患難相救(환난상구)

꾸짖다, 힐책하다, 따지다, 힐문하다

[論難(논란)] 잘못을 따져 비난함.
[非難(비난)] 남의 잘못이나 흠 따위를 책잡아서 나쁘게 말함. ¶실책을 비난하다
[詰難(힐난)] 트집을 잡아 거북하리만큼 따지고 듦.
[於禽獸又何難焉(어금수우하난언).] 금수에게 또 무엇을 꾸짖을 것이 있겠는가. 금수와 같은 사람에게 진지하게 비난할 필요는 없다. 상대를 하지 말아야 한다. 『孟子(맹자)・離婁 下(이루 하)』

易 바꿀 역, 쉬울 이:, 日부8   0902

'易(역)'자는 '(물을) 갈다'가 본뜻인데, '바꾸다'는 뜻으로 쓰인다. '쉽다'는 뜻으로도 쓰이는데, 이 경우에는 [이:]로 읽는다.

바꾸다, 고치다, 새롭게 하다

[易姓革命(역성혁명)] '덕이 있으면 천명을 받아 나라를 다스리게 되지만 덕을 잃으면 姓(성)이 다른 덕이 있는 이에게 천명이 옮으므로 혁명이 일어난다'는 뜻으로, '왕조가 바뀜'을 이르는 말.
[易地思之(역지사지)] 처지를 바꾸어 그것을 생각함. 상대편의 처지에서 생각해 봄. 어떤 사안을 자신의 처지에서만 생각하지 말고 상대편의 입장이 되어 생각해 보는 것이다. ☞사자성어
[改易(개:역)] 고쳐서 딴 것으로 바꿈.

장사하다, 물건과 물건을 바꾸다, 교환하다

[交易(교역)] 나라 사이에서 물건을 팔고사고 하여 바꾸는 일.
[貿易(무역)] ① 지방과 지방 사이에 물건을 사고 팔거나 교환하는 일. 참貿易商(무역상), 貿易業(무역업) ② 국제무역.
[貿易風(무역풍)] (지) 적도 부근의 더운 공기가 위로 올라가 그 빈 곳을 채우려고 북극과 남극에서 불어오는 바람. 지구 자전의 영향으로 북반구에서는 동북풍이 되고, 남반구에서는 동남풍이 됨.

점, 점치는 일을 맡은 벼슬아치

[易書(역서)] 점에 관한 책.
[易占(역점)] (민) 팔괘・육십사괘에 의하여 치는 점.

역학(易學), 주역(周易)

[易經(역경)] (책) 周易(주역)을 삼경의 하나로 일컫는 말.
[易學(역학)] (철) 주역의 괘를 풀어서 陰陽(음양)과 神人(신인) 교감의 신비를 연구하여 만물의 변화를 설명하는 학문.
[周易(주역)] (책) 중국 상고 시대의 伏羲氏(복희씨)가 그린 팔괘에 대하여 주나라 文王(문왕)과 周公(주공)이 발전시키고, 뒤에 공자가 깊은 원리를 붙여 이룩한 유교 경전. 陰(음)과 陽(양)의 二元(이원)으로써 천지 만물의 원리를 설명하였음.

쉽다

[難易(난이)] 어려움과 쉬움. 또는 어려운 것과 쉬운 것. 참難易度(난이도)
[文章三易(문장삼이)/三易(삼이)] 문장을 짓는 데 있어서 보기 쉽게, 알기 쉽게, 읽기 쉽게 하라는 뜻.
[容易(용이)] 아주 쉽다. 어렵지 않다. ¶용이한 일
[平易(평이)] ① 까다롭지 않고 쉬움. ② 평평하게 함. 평탄하게 함.
[圖難于其易(도난우기이).] 어려운 일을 하려고 함에는 그 일의 쉬운 곳부터 해 나가야 함. 『老子(노자)』☞ * 095
[少年易老學難成(소년이노학난성).] 젊음은 쉬 가고 늙기는 쉬우나 배움은 이루기 어렵다. 『朱熹(주희)・勸學文(권학문)』 ☞ * 056
難易度(난이도), 安易(안이), 便易(편이)

편안하다, 평온하다, 태평하다

[安易(안이)] ① 쉬움. 어렵지 않음. ② 근심이 없고 편안함.

생략하다, 간략하게 하다

[簡易(간:이)] ① (일부 명사 앞에 쓰여) '간단하고 편리함'을 뜻함. ¶간이식당/간이역 ② 간단하고 쉬움.
[簡易驛(간:이역)] 간단한 설비를 해 놓거나, 또는 설비가 없이 열차가 멈추기만 하는 역.

飛 날 비, 飛부9   0903

'飛(비)'자는 하늘을 나는 새의 날개 모양을 본뜬 것임.

날다, 하늘을 가다

[飛翔(비상)] (새 따위가) 공중을 날아다님.

[飛蛾赴火(비아부화)] 불을 향해 날아드는 나방. 스스로 자멸의 길로 들어가거나 재앙 속으로 몸을 던지는 것을 말한다.
[飛行(비행)] 항공기 따위가 하늘을 날아다님. 웹飛行機(비행기), 飛行船(비행선), 飛行艇(비행정)
[烏飛梨落(오비이락)] 까마귀 날자 배 떨어진다. '어떤 행동을 한 것이 공교롭게도 뒤미처 일어난 다른 일의 결과를 낳게 한 것처럼 되어 의심을 받게 되는 경우'를 이르는 말.
[雄飛(웅비)] 기운차고 용기 있게 활동함.
[風飛雹散(풍비박산)] '바람이 날리고 우박이 흩어진다'란 뜻에서 '사방으로 날아 흩어짐'을 이르는 말.
[魂飛魄散(혼비백산)] '혼백이 흩어진다'는 뜻으로, 몹시 놀라 어쩔 줄 모르는 상황을 이르는 말.
飛禽(비금), 飛騰(비등), 飛來(비래), 飛龍(비룡), 飛龍乘雲(비룡승운), 龍飛鳳舞(용비봉무), 龍飛御天歌(용비어천가)

지다, 떨어지다, 내리다
[飛散(비산)] 날아서 흩어짐.
[飛霜(비상)] 내리는 서리.

갑자기, 뜻밖에 찾아오다
[飛來福(비래복)] 뜻밖에 찾아온 행복.
[飛來禍(비래화)] 뜻밖의 災禍(재화).

빨리 가다, 빠르다, 빨리 닿게 하다
[飛報(비보)] 썩 빠른 보고. 또는 썩 빨리 보고함.
[飛躍(비약)] ① 나는 듯이 높이 뛰어오름. ② 빠른 속도로 발전하거나 나아감. ¶비약적인 발전 ③ 일의 단계나 순서를 뛰어넘음. ¶논리의 비약
[飛虎(비호)] 나는 듯이 날쌘 범.

근거 없는 말이 떠돌다
[飛言(비언)] 뜬소문. 근거 없는 말. 동飛語(비어)/蜚語(비어)
[飛語(비어)/蜚語(비어)] 뜬소문. 근거 없는 말.
[言飛千里(언비천리)] 말은 날개가 없지만 천리를 난다는 뜻으로, '말이란 삽시간에 멀리까지 퍼짐'을 이르는 말. 발 없는 말이 천리 간다.

튀다, 튀기다
[飛沫(비말)] 튀어 오르거나 흩어지는 안개 같은 물방울. ¶비말을 일으키며 부딪치는 파도
[飛火(비화)] ① 불똥이 튀어 다른 데로 옮겨 붙음. 또는 그 불똥. ② 어떤 일의 영향이 다른 데까지 번짐.

빨리 닫는 말, 바둑 행마의 한 가지
[飛馬(비마)] ① 나는 듯 빨리 달리는 말. ② 바둑 둘 때 가에서 둘째 줄에 있는 말에서 세 밭 건너 가의 줄에 놓는 점.

기타
[張飛軍令(장비군령)] 성미 급한 張飛(장비)의 군령처럼 '별안간 당하는 일' 또는 '졸지에 몹시 서두르는 일'을 이르는 말.

餘 남을 여, 食부16 0904

'餘(여)'자는 '배불리 먹고도 남음이 있다'는 뜻을 위해 만들어진 것이다. '먹을 食(식)'과 '나 余(여)'로 이루어졌다.

남다, 넉넉하다, 여유가 있다, 여유
[餘白(여백)] 종이 따위의 글자나 그림이 있는 이외의 빈 부분. ¶그림의 여백은 구도상 큰 구실을 한다
[餘裕(여유)] ① 넉넉하고 남음이 있음. ¶여유 있는 살림/시간 여유 ② 성급하지 않고 너그럽게 생각하는 마음. ¶생각할 여유도 없다 웹餘裕綽綽(여유작작)
[奢者富而不足(사자부이부족), 何如儉者貧而有餘(하여검자빈이유여).] 사치하는 사람에겐 아무리 부유해도 모자라거늘, 어찌 검소한 사람의 가난하면서도 여유 있음만 할 수 있으랴! 『菜根譚(채근담)·前集 55』

그 이상, 그 이외의 것, 나머지, 잉여
[餘談(여담)] 이야기하는 본 줄거리와는 관계가 없는 말.
[餘生(여생)] 앞으로 남은 인생. ¶부모님의 여생을 즐겁게 해드리다
[餘韻(여운)] ① 아직 가시지 않고 남아 있는 운치나 울림. ¶그 노래는 늘 들어도 무엇인가 여운을 느끼게 한다 ② 사람이 떠난 뒤에 남은 좋은 영향. ¶선생은 가셨지만 그 여운이 길이 후세에 떨칠 것이다
[餘地(여지)] ① 쓰고 남은 땅. ② 어떤 일을 하거나 어떤 일이 일어날 가능성이나 희망. (긍정적인 표현보다는 부정적인 표현에 더 많이 쓰인다.) ¶선택의 여지가 없다/立錐(입추)의 여지가 없다
[窮餘之策(궁여지책)/窮餘一策(궁여일책)] 궁한 나머지 생각다 못해 짜낸 계책. 막다른 골목에서 그 국면을 타개하려고 생각다 못해 짜낸 대책.
[剩餘(잉:여)] 나머지.
餘念(여념), 餘力(여력), 餘命(여명), 餘分(여분), 餘勢(여세), 餘滴(여적), 餘情(여정), 餘罪(여죄), 餘震(여진), 餘他(여타), 餘恨(여한), 餘興(여흥), 死無餘恨(사무여한), 殘餘(잔여)

뒤, 결말, 결국, 필경
[餘毒(여독)] ① 일을 마친 뒤에 아직 남아 있는 독기. ② 옳지 못한 일의 찌끼로 남아 있는 해로운 요소.
[餘波(여파)] ① 큰 물결이 지나간 뒤에 남는 잔물결. ② 어떠한 일이 일어난 뒤에 남아 미치는 그 영향.
[迂餘曲折(우여곡절)] 여러 가지로 뒤얽힌 복잡한 사정이나 변화. ¶우여곡절 끝에 그 사람은 다시 재기했다
[積善之家必有餘慶(적선지가필유여경)/積善餘慶(적선여경).] 착한 일을 쌓고 쌓은 사람은 慶福(경복)이 자신에게 뿐만 아니라 자손에게까지 미치게 됨. 『易經(역경)』

말미, 여가
[餘暇(여가)] 겨를. 틈.
[三餘(삼여)/讀書三餘(독서삼여)] 독서하기 좋은 세 여

가. 겨울·밤·비올 때를 이름.
나라 이름, 종족 이름
[夫餘(부여)/夫餘國(부여국)] 古代(고대) 퉁구스계 夫餘族(부여족)이 세웠던 부족국가. 판도는 백두산에서 송화강에 이르는 만주 일대로 東夷(동이)라 불리던 나라 가운데 가장 진보된 제도를 가졌다. 참 夫餘族(부여족)

裕 넉넉할 유(:), 衣부12 0905

'裕(유)'자는 '옷 衤(의)'와 '골 谷(곡)'으로 이루어진 것이다. 옷이 '크고 넉넉함'을 뜻하기 위하여 만든 글자이다. '谷(곡)'자는 '얼굴 容(용)'자의 생략형이라고 한다. '너그럽다'는 뜻으로 쓰인다.
넉넉하다, 넉넉하게 하다, 풍요롭게 하다
[裕福(유복)] 살림이 넉넉함. ¶유복한 가정에서 태어나다
[富裕(부:유)] 재물이 넉넉함.
[富裕層(부:유층)] 재산이 넉넉히 있는 계층. 또는 그런 계층의 사람들. 반 貧民層(빈민층)
여유, 느긋하다, 너그럽다, 관대하다
[餘裕(여유)] ☞ 餘(여)
[餘裕綽綽(여유작작)] 말이나 하는 짓이 아주 너그럽고 넉넉함. ¶여유작작한 사람들의 모습

香 향기 향, 香부9 0906

'香(향)'자는 갓 지은 쌀밥을 담아 놓은 그릇 위로 솔솔 피어나는 '향기'를 뜻한다. 그릇 모양이 '日'로 잘못 변하였다.
향기, 향내, 향기롭다, 향내가 나다
[香氣(향기)] 꽃이나 향 따위에서 나는 기분 좋은 냄새.
[香水(향수)] ① 향료를 알코올 등에 풀어 만든 향기로운 냄새가 나는 액체 화장품. ② (종) 부상을 씻을 때에 뿌리는 향을 달인 물.
[蘭香(난향)] 난초의 향기.
[芳香(방향)] 꽃다운 좋은 향내. 참 芳香油(방향유), 芳香劑(방향제)
[焚香再拜(분향재배)] 향을 피우고 두 번 절함.
香爐(향로), 香料(향료), 香木(향목), 香味(향미), 香油(향유), 香奠(향전), 香草(향초), 香燭(향촉), 香臭(향취), 香盒(향합), 蜂蝶隨香(봉접수향), 焚香(분향), 麝香(사향), 安息香(안식향), 酒香(주향), 淸香(청향), 花香(화향)
❖ **기타**

[春香傳(춘향전)] 지은이를 알 수 없는 고대 소설. 쓰인 연대는 18세기 말에서 19세기 초로 추측된다. 退妓(퇴기) 月梅(월매)의 딸 成春香(성춘향)과 남원 고을 원의 아들 李夢龍(이몽룡)의 연애를 그린 작품. 춘향의 정절과 당시 사회의 부패상을 잘 묘사한 艶情小說(염정소설) 중의 으뜸이다. 참 春香歌(춘향가)

鳥 새 조, 鳥부11 0907

'鳥(조)'자는 날짐승 즉 '새'를 나타내기 위하여 한 마리의 새의 모양을 본뜬 것이다
새, 조류
[鳥瞰圖(조감도)] 투시도의 한 가지. 위로부터 수직으로 내려다보이는 물체를 그린 그림이나 지도.
[鳥類(조류)] 새의 특징을 가진 동물 종류. ¶조류 독감
[鳥獸(조수)] 禽獸(금수). 날짐승과 길짐승.
[不死鳥(불사조)] 이집트 신화에 나오는 거듭 환생하여 없어지지 않는다는 신성한 새. 불사영생(不死永生)의 뜻으로 쓰인다.
[候鳥(후조)] 철새. 반 留鳥(유조)
[晝語鳥聽夜語鼠聽(주어조청야어서청).] 낮말은 새가 듣고 밤말은 쥐가 듣는다는 속담. 말을 삼가라는 뜻.
[鳥之將死其鳴也悲(조지장사기명야비), 人之將死其言也善(인지장사기언야선).] 새는 죽을 때가 가까워지면, 죽음을 두려워하여 슬픈 소리로 울고, 사람도 임종에 다다르면 악하던 사람도 착한 말을 한다.『論語(논어)·泰伯(태백)』

'새 鳥(조)'와 관련한 사자성어들
[鳥鼻之汗(조비지한)] '새 코의 땀'이라는 뜻으로, '얼마 되지 않는 아주 적은 양'을 이르는 말.
[鳥鵲之智(조작지지)] '까치의 지혜'라는 뜻으로, '하찮은 지혜'를 일컫는 말.『淮南子(회남자)』
[鳥爲食死(조위식사)] '높이 나는 새도 좋은 먹이를 찾다가 목숨을 잃는다'는 뜻으로, '욕심 때문에 몸을 망침'을 비유한 말.『通俗編(통속편)』
[鳥足之血(조족지혈)] '새발의 피'라는 뜻으로, '얼마 되지 않는 아주 적은 양'을 이르는 말.
[籠鳥戀雲(농조연운)] '갇힌 새가 구름을 그리워한다'는 뜻으로, 속박을 당한 몸이 자유를 그리워하는 마음을 비유한 말.
[傷弓之鳥(상궁지조)] '한 번 화살에 맞아 다친 적이 있는 새는 구부러진 나무만 보아도 놀람'을 뜻하는 말로, 한 번 놀란 일로 늘 의심과 두려운 마음을 품는 것을 이르는 말. '자라 보고 놀란 가슴 솥뚜껑 보고 놀란다'는 속담과 같은 뜻.
[雲散鳥沒(운산조몰)] 구름처럼 흩어지고 새처럼 형적을 감춤. 형적이 없음을 이름.
[一石二鳥(일석이조)] 한 번 돌을 던져 두 마리의 새를 잡음. 곧, '한 가지 일을 하여 두 가지 이득을 봄'을 이르는 말.
[池魚籠鳥(지어롱조)] '못의 고기와 새장의 새'라는 뜻으로, '不自由(부자유)한 신세'를 비유하여 이르는 말.
[花鳥風月(화조풍월)] ① 꽃과 새와 바람과 달. 천지자연의 아름다운 경치를 이름. ② 풍류.

鳥瞰(조감), 鳥籠(조롱), 鳥人(조인), 鳥葬(조장), 鳥銃(조총), 羈鳥(기조), 吉鳥(길조), 籠中鳥(농중조)/籠鳥

(농조), 白鳥(백조), 時鳥(시조), 益鳥(익조), 林深鳥棲(임심조서), 蜀鳥(촉조)/歸蜀道(귀촉도), 駝鳥(타조), 害鳥(해조), 海鳥(해조), 花鳥(화조), 黃鳥(황조), 孝鳥(효조)/孝烏(효오)

禽 새 금, 内부12　0908

'禽(금)'자는 '(새를) 사로잡다'가 본래 의미인데, 날아다니는 '날짐승'을 총칭하는 것으로 확대 사용되었다. '날짐승'을 뜻하는 것으로 많이 쓰이자, 본뜻은 따로 '사로잡을 擒(금)'자를 만들어 나타냈다.

날짐승

[禽獸(금수)] 날아다니는 날짐승과 기어 다니는 길짐승. ¶금수만도 못한 놈
[家禽(가금)] 집에서 기르는 거위·닭·오리 따위의 새.
펀野禽(야금)
[猛禽(맹:금)/猛禽類(맹:금류)] (동) 매·독수리 따위처럼 성질이 사납고 몸이 굳센 날짐승.
[良禽擇木(양금택목)] 좋은 새는 좋은 나무를 가려서 앉는다는 뜻으로, '현량한 사람은 섬겨야 할 사람을 가려서 섬김'을 비유하여 이르는 말. 『春秋左氏傳(춘추좌씨전)』

飛禽(비금), 飛禽走獸(비금주수), 夜禽(야금)

獸 짐승 수, 犬부19　0909

'獸(수)'자는 원래 '홀 單(단)'과 '개 犬(견)'이었다. '單(단)'은 짐승을 잡는 돌멩이를 두 개 던질 수 있는 활의 일종이었다. 후에 형태가 약간 변했다. '犬(견)'은 '사냥개'를 나타낸다. '獸(수)'는 사냥을 해서 잡는 '짐승'의 뜻이다.

짐승

[獸醫(수의)/獸醫師(수의사)] 짐승, 특히 가축의 질병 치료를 전공으로 하는 의사.
[困獸猶鬪(곤:수유투)] '곤경에 빠진 짐승일수록 더욱 발악한다'는 뜻으로, 어려움에 처한 사람일수록 최후의 발악을 하는 것을 비유하는 말이다.
[禽獸(금수)] ☞ 禽(금)
[猛獸(맹:수)] 사나운 짐승.
[野獸(야:수)] ① 들짐승. ② '하는 짓이나 성질이 몹시 포악하고 잔인한 사람'을 비유하는 말.
[人面獸心(인면수심)] 사람의 얼굴에 짐승의 마음. 사람으로서 지켜야 할 도리를 하지 못하는 짐승 같은 사람. 배은망덕하게 행동하는 사람.
[愛而不敬(애이불경), 獸畜之也(수축지야).] 사랑하기만 하고 공경하지 않으면 짐승을 기르는 것이다. 『孟子(맹자)·盡心 上(진심 상)』

獸心(수심), 怪獸(괴수), 百獸(백수), 飛禽走獸(비금주수), 鳥獸(조수)

畜 가축 축, 기를 축, 田부10　0910

'畜(축)'자는 '모아두다'가 본뜻이었다. '畜(축)'자는 '검을 玄(현)'과 '밭 田(전)'으로 이루어졌다. 후에 '짐승', '짐승을 기르다'는 뜻으로 사용되는 예가 많아지자, 본래 의미는 '艹(초)'를 붙여 '쌓을 蓄(축)'자로 나타냈다.

가축, 집에서 기르는 짐승, 기르다, 먹이다, 치다

[畜舍(축사)] 가축을 기르는 건물.
[畜産(축산)] 가축을 길러서 인간 생활에 유용한 물질을 생산하고 이용하는 농업의 한 부분. ¶축산 농가
[家畜(가축)] 집에서 기르는 짐승.
[牧畜(목축)] 소·말·양·돼지 따위의 가축을 많이 기르는 일.
[愛而不敬(애이불경), 獸畜之也(수축지야).] ☞獸(수)

畜生(축생), 畜生道(축생도), 養畜(양축), 人畜(인축), 種畜(종축)

麗 고울 려, 鹿부19　0911

'麗(려)'자는 양쪽 뿔이 매우 특이하고 아름다운 사슴을 본뜬 것이다. '사슴 鹿(록)'자 위의 것이 '뿔'의 모양이다.

곱다, 예쁘다, 아름답다, 화려하다, 눈부시다

[美麗(미려)] 아름답고 고움.
[美辭麗句(미사여구)] 아름답게 꾸민 말과 아름다운 문구. 내용은 없으면서 형식만 좋은 말. 또는 그런 표현.
[流麗(유려)] 글이나 말이 유창하고 아름다움.
[華麗(화려)] ① 빛나고 아름다움. ¶화려한 옷차림 ② 어떤 일이나 생활 따위가 호화로움. ¶화려한 결혼식
佳麗(가려), 眉目秀麗(미목수려), 秀麗(수려)

나라 이름

[高麗(고려)] (역) 王建(왕건)이 세운 나라. 935년에 신라를 병합하고 이듬해 후백제를 무너뜨려 한반도를 통일하였으나, 34대 475년 만에 조선에게 망하였다.
[高句麗(고구려)] (역) 삼국 시대의 한 나라. 동명왕이 세워 한반도의 북부와 만주 일대를 다스렸으며, 28대 705년 만에 신라에게 망하였다.

徒 무리 도, 彳부10　0912

'徒(도)'자는 '걸어다니다'는 뜻을 나타내기 위하여 '걸을 彳(척)'과 '달릴 走(주)'를 합쳐 놓았다. 함께 다니는 '무리'를 뜻하기도 한다.

무리, 동아리

[徒黨(도당)] 무리. ¶괴뢰 도당
[敎徒(교:도)] 종교를 믿는 사람이나 그 무리.
[佛徒(불도)] '불교도'의 준말. 불교를 믿는 사람. 또는 그 무리.
[信徒(신:도)] 어떤 종교를 믿는 사람들.
[暴徒(폭도)] 폭동을 일으키거나 폭동에 가담하는 자들

의 무리.
[水至淸則無魚(수지청즉무어). 人至察則無徒(인지찰즉무도).] 물이 너무 맑으면 고기가 없고, 사람이 너무 세세하게 살피면 따르는 무리가 없다. 지나치게 세밀한 부분까지 따지는 사람 밑에는 인재가 모여들지 않는다. 참清水無大魚(청수무대어) 水淸無大魚(수청무대어)『古詩源(고시원)·漢書(한서)』
叛徒(반도), 匪徒(비도), 嘗糞之徒(상분지도), 逆徒(역도), 異敎徒(이교도), 賊徒(적도), 學徒(학도), 平信徒(평신도)

걷다, 걸어다니다, 보병
[徒步(도보)] 탈 것을 타지 않고 걸어감. ¶도보 여행

제자, 문인
[徒弟(도제)] ① 제자. ② 직업에 필요한 지식·기능을 배우기 위해 일찍부터 스승 밑에 들어가 일하는 어린 직공. 참徒弟制度(도제제도)
[生徒(생도)] ① 학생. 제자. ② 군(軍)의 사관학교 학생을 이름.

종, 하인, 일꾼, 인부
[使徒(사:도)] ① (성) 복음 전파의 사명을 받은 예수의 제자. 참십이사도 ② 거룩한 일에 헌신하는 사람.
[使徒行傳(사:도행전)] (성) 『신약성서』의 한 권. 저작자는 누가(Luke)이며, 사도들의 복음을 전도한 행적과 초대 교회의 건설·발달 과정을 기록하였음.

맨손, 맨발
[徒手(도수)] 맨손.
[徒手體操(도수체조)] 맨손체조. 기계나 기구를 쓰지 않고 맨손으로 하는 체조.

헛되이, 보람 없이, 헛되다, 보람 없다
[徒費心力(도비심력)] 부질없이 아무 보람 없는 일에 애를 씀.
[苟命徒生(구:명도생)] 구차스럽게 겨우 목숨을 보전하여 살아감.
[無爲徒食(무위도식)] 아무 하는 일 없이 한갓 먹고 놀기만 함.
徒費(도비), 徒費脣舌(도비순설), 徒食(도식)

형벌, 고된 노동을 시키는 형벌
[徒刑(도형)] 죄인을 가두고 노역을 시키는 형벌.

黨 무리 당, 黑부20 0913

'무리 黨(당)'자는 '집 堂(당)'과 '검을 黑(흑)'으로 이루어진 글자이다. 한 지붕 아래 모인 '무리'를 뜻한다. '堂(당)'자에서 '흙 土(토)'가 생략된 것이다. '높일 尙(상)'과 '검을 黑(흑)'의 합자로 보는 견해도 있다. '黑(흑)'자에는 '나쁜 마음'이라는 뜻도 있다. 그렇다고 해서 '黨(당)'을 '나쁜 마음을 숭상하는 무리'라고 해석해서는 안 된다. '尙(상)'자는 단지 표음요소일 뿐이다.

무리, 한 동아리, 의가 상통하여 귀추를 같이 하는 사람들
[黨員(당원)] 당에 든 사람. 당적을 가진 사람.
[黨爭(당쟁)] 당파를 이루어 서로 싸움. 또는 그 싸움. ¶당쟁을 일삼다
[黨派(당파)] 당 안의 파벌. ¶당파 싸움
[同黨伐異(동당벌이)/黨同伐異(당동벌이)] 같음에 무리하고 다름을 친다는 뜻으로, '일의 옳고 그름을 가리지 아니하고 같은 동아리끼리는 한데 뭉쳐 서로 돕고, 다른 동아리는 배격함'을 이르는 말.
[朋黨(붕당)] 이해나 주의 따위를 함께 하는 사람들끼리 뭉친 동아리. ¶붕당을 짓다
[政黨(정당)] 정견이 같은 사람끼리 정치권력을 잡으려고 조직한 단체.
黨規(당규), 黨勢(당세), 黨首(당수), 黨籍(당적), 奸黨(간당), 公黨(공당), 男寺黨(남사당), 綠林黨(녹림당), 徒黨(도당), 不漢黨(불한당), 私黨(사당), 寺黨(사당), 惡黨(악당), 野黨(야당), 與黨(여당), 一黨(일당), 入黨(입당), 作黨(작당), 殘黨(잔당), 賊黨(적당), 酒黨(주당), 創黨(창당), 黜黨(출당), 脫黨(탈당), 合黨(합당), 害黨(해당)

치우치다, 편파
[不偏不黨(불편부당)] 어느 한쪽으로 치우치지 아니하고, 어느 한 편과 무리를 짓지 아니함. 어느 편으로 치우치지 않고 매우 공평함.
[偏黨(편당)] ① 한 편의 당파. ② 한 당파에 치우침.

齒 이 치, 齒부15 0914

'齒(치)'는 앞니, '牙(아)'는 어금니를 나타내는 것이었다. 지금은 '齒(치)'자가 '이'를 통칭한다.

이, 음식물을 씹는 기관
[齒科(치과)] 이를 전문으로 치료하고 연구하는 의학의 한 분과 참齒科大學(치과대학)
[齒牙(치아)] 이.
[齒墮舌存(치타설존)/齒敝舌存(치폐설존)] '이는 빠져도 혀는 아직 남아 있다'는 뜻으로, 단단한 것보다 도리어 부드러운 것이 오래 감'을 비유하여 이르는 말.
[養齒(양:치)] 이를 닦고 입안을 가셔내는 일. 양치질.
[如拔齒痛(여발치통)] '앓던 이가 빠진 것 같다'는 뜻으로, 괴로운 일을 벗어나서 시원함을 이르는 말.
[切齒腐心(절치부심)] '이를 갈며 속을 썩임'이란 뜻에서, 몹시 분하여 갖은 노력을 다함을 이르는 말.
[蟲齒(충치)] 벌레 먹은 이.
[脣亡齒寒(순망치한)] 입술이 없어지면 이가 시리게 됨. '이해관계가 서로 밀접한 둘 중 어느 한편이 망하면 다른 한편도 그 영향을 받아 온전하기가 어려움'을 비유하여 이르는 말.『春秋左氏傳(춘추좌씨전)』
齒骨(치골), 齒根(치근), 齒石(치석), 齒藥(치약), 齒列(치열), 齒齦(치은), 齒音(치음), 齒痛(치통), 角者無齒(각자무치), 咬齒(교치), 丹脣皓齒(단순호치), 明眸皓齒(명모호치), 拔齒(발치), 脣齒(순치), 永久齒(영구치), 幼齒(유치), 義齒(의치), 切齒(절치), 風齒(풍치)

이 같이 생긴 것, 또는 그와 같은 작용을 하는 것
[齒輪(치륜)/齒車(치차)] 톱니바퀴.
[羊齒類(양치류)/羊齒植物(양치식물)] 잎의 모양이 양의 이빨 모양을 하고 있다는 데서 붙여진 이름. 줄기는 대개 땅속줄기, 잎은 깃꼴겹잎이며, 잎 뒤에는 홀씨주머니가 있음. 고사리·고비·고란초 따위가 있음.

나이, 연령
[犬馬之齒(견마지치)] 남에게 '자기의 나이'를 아주 겸손하게 일컫는 말.
[亡子計齒(망자계치)] '죽은 자식 나이 세기'란 뜻으로, '이미 그릇된 일을 생각하고 애석히 여김'을 비유하여 이르는 말.
[年齒(연치)] '나이'의 높임말.

牙 어금니 아, 牙부4　　0915

'牙(아)'자는 '어금니'를 뜻하기 위하여 위와 아래의 두 어금니가 맞물려 있는 모양을 본뜬 것이다. '앞니'는 '齒(치)'로 나타냈다.

어금니, 송곳니, 이의 총칭
[齒牙(치아)] 이.
[牙城(아성)] ① (어금니처럼 가장 안쪽에 있는) 우두머리 장수가 거처하던 성. ② 어느 부류의 세력이 자리 잡고 있는 가장 중요한 근거지를 비유하는 말. ¶아성을 무너뜨리다
[咬牙切齒(교아절치)] 어금니를 악물고 이를 갈면서 몹시 분해함.

동물의 입 밖에까지 나온 이, 동물의 날카로운 이
[象牙(상아)] 코끼리의 어금니. 참象牙塔(상아탑)
[象牙塔(상아탑)] 조용하게 들어앉아 연구에 열중하고 있는 생활. 또는 그러한 장소.
[鼠口不出象牙(서구불출상아)] '쥐의 아가리에서는 상아가 돋지 않는다'는 뜻으로 '훌륭한 인재는 소인배의 무리에서는 나오니 않음'을 비유한 말.

기타
[牙箏(아쟁)] 악기의 한 종류. 일곱 줄을 매어 활로 문질러서 소리를 내는 낮은 음부에 속하는 현악기.
[伯牙絶絃(백아절현)/絶絃(절현)] ① 거문고의 줄을 끊음. 중국 춘추시대 거문고의 명수인 伯牙(백아)는 친구 鍾子期(종자기)가 죽자 자기의 거문고 소리를 이해하는 사람을 잃었다고 슬퍼한 나머지 현을 끊고 다시는 거문고를 타지 않았다는 고사에서 유래. ② 진정으로 자기를 알아주는 사람과 이별함.

乳 젖 유, 乙부8　　0916

'乳(유)'자는 '젖먹이다', 또는 '젖'의 뜻을 나타내기 위하여 어머니가 아이를 안고 젖을 먹이는 모습을 그린 것이라고 한다.

젖, 젖퉁이, 젖을 먹이다
[乳母(유모)] 젖어머니. 남의 자식에게 자기의 젖을 먹여 길러주는 여자. 참乳母車(유모차)
[乳房(유방)] 성숙한 여자나 포유류의 암컷의 가슴 또는 배에 달려 있어 아기나 새끼에게 젖을 먹이는 기관.
[口尙乳臭(구상유취)] 입에서 아직 젖 냄새도 가시지 않았다. 상대방을 얕잡아 볼 때 쓰는 말이다. 즉 나이가 어리고 경험이 없어 언행이 유치한 경우를 비웃으며 하는 말임.『史記(사기)·高祖記(고조기)』
[粉乳(분유)] 가루우유.
[牛乳(우유)] 소의 젖. 백색으로 지방·단백질·칼슘·비타민이 풍부하여 영양가가 높음. 아이스크림·버터·치즈 등의 원료로 쓰임.
[離乳(이:유)] ① 젖먹이가 자라서 젖을 안 먹게 됨. ② 젖먹이에게 젖을 그만 먹게 함. 참離乳期(이유기), 離乳食(이유식)
乳菓(유과), 乳糖(유당), 乳頭(유두), 乳酸(유산), 酸菌(유산균), 乳兒(유아), 乳汁(유즙), 乳臭(유취), 馬乳(마유), 母乳(모유), 胚乳(배유), 授乳(수유), 羊乳(양유), 搾乳(착유), 哺乳(포유), 哺乳類(포유류)

젖 같은 액
[乳劑(유제)] (화) 기름이나 지방 따위 등 물에 녹지 않는 물질에 아라비아고무·난황·연유 등의 매질을 가하여 물에 타고 짓개어서 만든 젖빛 액체. 감광 유제·석유 유제 따위.
[乳化(유화)] (물) 융합되지 않는 두 가지의 액체에 계면활성제를 넣고 휘저어 섞어, 한쪽의 액체를 다른 쪽의 액체 중에 분산시켜 에멀션(유탁액)을 생성시키는 일.
[豆乳(두유)] 콩국. 젖 대용으로 먹는, 흰콩을 물에 불린 뒤 갈아 끓인 걸쭉한 액체.

유방 모양의 것
[鐘乳石(종유석)] 돌고드름. 석회로 된 동굴의 천장에 석회질이 녹아 흘러 고드름 같이 달려 있는 석회암.

亂 어지러울 란:, 乙부13　　0917

'亂(란)'자는 어지럽게 엉킨 실을 두 손으로 푸는 모습을 본뜬 것이라고 한다.

어지럽다, 질서 없이 뒤얽히다
[亂局(난:국)] 어지러운 판국. ¶난국을 수습하다
[亂舞(난:무)] ① 마구 어지러이 추는 춤. ② 마구 흩날림. ③ '함부로 날뛰거나 마구 나타남'을 비유하는 말. ¶폭력이 난무하던 시대
[亂視(난:시)] (생) 각막이나 수정체 등의 굴절면이 고르지 않아, 밖에서 들어오는 광선이 망막 위의 한 점에 모이지 않기 때문에 물체를 똑똑히 볼 수 없는 시력. 또는 그러한 눈.
[紊亂(문:란)] 도덕이나 질서 따위가 흐트러져 어지러움. ¶풍기가 문란하다/교통질서가 문란하다
[一絲不亂(일사불란)] '한 줄의 실 같이 흐트러지지 않음'이란 뜻에서, 질서나 체계 따위가 조금도 흐트러진 데가 없음을 비유하여 이르는 말.

[快刀亂麻(쾌도난마)] 快刀斬亂麻(쾌도참난마)의 준말. 날랜 칼로 어지러운 마를 베다. 복잡하게 얽힌 일이나 정황을 명쾌하게 정리하고 분석하는 것을 비유하는 말이다.
[混亂(혼:란)] ① 뒤섞여 어지러움. ② 뒤죽박죽이 되어 질서가 없음. ¶사회 혼란을 막고 민심을 안정시켰다
亂流(난류), 亂立(난립), 亂麻(난마), 亂脈(난맥), 亂民(난민), 亂髮(난발), 亂世(난세), 亂雜(난잡), 亂場(난장), 亂戰(난전), 亂塵(난진), 亂打(난타), 亂鬪(난투), 亂鬪劇(난투극), 亂筆(난필), 狂亂(광란), 攪亂(교란), 蓬頭亂髮(봉두난발), 不亂(불란), 紛亂(분란), 散亂(산란), 騷亂(소란), 心亂(심란), 搖亂(요란)/擾亂(요란), 精神錯亂(정신착란), 錯亂(착란)

여럿이 널려 있다
[亂立(난:립)] ① 무질서하고 어지럽게 늘어섬. ② 선거 따위에서 많은 후보가 무턱대고 마구 나섬.

품행이 단정하지 못하다
[淫亂(음란)] 음탕하고 난잡함. ¶음란한 행위

반역, 무도
[亂臣賊子(난:신적자)] 나라를 어지럽히는 신하와 어버이를 해치는 자식. 즉 못난 신하나 자식.
[叛亂(반:란)/反亂(반:란)] 정부나 다스리는 사람에 반대하여 무리지어 일으키는 무력 행동. 참叛亂罪(반란죄)/反亂罪(반란죄) ¶반란을 진압하다.
[壬午軍亂(임:오군란)] (역) 조선 고종 19(1882)년 임오년에 구식 군인들이 군제 개혁을 반대하고 일으킨 반란.

함부로, 멋대로
[亂動(난:동)] 질서를 어지럽히며 함부로 행동함.
[亂入(난:입)] 함부로 뛰어듦. ¶궁궐 안에 난입하여 황후를 시해하다
[亂暴(난:폭)] 행동이 몹시 거칠고 사나움.
亂刀(난도), 亂發(난발), 亂射(난사), 亂刺(난자)

난리, 전쟁
[亂離(난:리)] ① 전쟁이나 병란. ¶난리가 나다 ② 재해나 큰 사고 따위로 사회 질서가 어지러워진 상태. ¶물난리/불 난리
[內亂(내:란)] 나라 안에서 일어난 반란이나 소동 따위. 참內亂罪(내란죄)
[壬辰倭亂(임:진왜란)] (역) 조선 선조 25(1592)년 임진년에 일본이 침범하여 7년 동안 싸운 전쟁.
[自中之亂(자중지란)] 자기네 패거리 속에서 일어나는 싸움질.
[避亂(피:란)] ① 난리를 피함. ② 난리를 피하여 있는 곳을 옮김. ¶피난을 가다 참避亂民(피란민), 避亂處(피란처)
[患亂(환:란)] 근심과 재앙을 통틀어 이르는 말.
亂中(난중), 大亂(대란), 動亂(동란), 丙子胡亂(병자호란), 民亂(민란), 變亂(변란), 兵亂(병란), 倭亂(왜란), 作亂(작란), 戰亂(전란), 靖亂(정란), 丁卯胡亂(정묘호란), 胡亂(호란)

기타
[癨亂(곽란)/吐瀉癨亂(토사곽란)] (한의) 갑자기 토하고 설사가 나며 심한 복통이 따르는 위장병.

伏 엎드릴 복, 人부6   0918

'伏(복)'자는 '엎드리다'는 뜻을 나타내기 위하여, 사람[人]의 발아래 엎드려 있는 개[犬]의 모습을 본뜬 것이다. '숨기다'는 뜻으로도 쓰인다.

엎드리다
[伏望(복망)] (엎드려서) 웃어른의 처분을 공손히 바람.
[起伏(기복)] ① 일어남과 엎드림. 임금께 아뢸 때 먼저 일어났다가 다시 엎드려 절하던 것. ② 지세가 높아졌다 낮아졌다 함. 또는 그 형태. ¶기복이 심한 지형 ③ (일이나 세력 따위가) 성하였다 쇠하였다 함. ¶기복이 없는 생활
[猛虎伏草(맹:호복초)] '풀밭에 엎드려 있는 사나운 범'이란 뜻으로, 영웅은 일시적으로는 숨어 있지만 때가 되면 반드시 세상에 드러난다는 말.
[俯伏(부복)] 고개를 숙이고 엎드림. 참平身低頭(평신저두)
[哀乞伏乞(애걸복걸)] 갖은 수단으로 소원이나 요구를 들어달라고 엎드려 빎.
伏拜(복배), 伏射(복사), 雌伏(자복)

숨다, 감추다
[伏魔殿(복마전)] ① 마귀가 숨어 있는 집이나 소굴. ② 남몰래 나쁜 일을 꾀하는 무리들이 모이는 곳.
[伏兵(복병)] 갑작스레 적을 내치려고 요긴한 길목에 군사를 숨김. 또는 그 군사.
[伏線(복선)] ① 만일의 경우, 뒤에 생길 일에 대처하려고 남몰래 미리 베푸는 준비. ¶복선을 깔다 ② 소설이나 희곡 따위의 작품에서 뒤에 나올 사건에 대하여 미리 넌지시 비쳐 두는 서술.
[埋伏(매복)] 상대편을 불시에 치거나 살피려고 적당한 곳에 몰래 숨어 있음. ¶적의 매복에 주의하라
[潛伏(잠복)] ① 겉으로 드러나지 않고 숨어 엎드림. ¶잠복근무 ② (의) 병원체나 병독이 몸 안에 들어있으면서 아직 병의 증세가 겉으로 드러나지 않음. 참潛伏期(잠복기)
[禍兮福所倚(화혜복소의), 福兮禍所伏(복혜화소복).] 불운 속에 행복이 기대고 있고, 행운 속에 불운이 엎드려 있다. 『老子(노자)·道德經(도덕경)』

굴복하다, 복종하다(服)
[屈伏(굴복)] 머리를 숙이고 꿇어 엎드림.
[屈服(굴복)] 굽히어 복종함.
[降伏(항복)/降服(항복)] ① 전쟁 등에서 자신이 진 것을 인정하고 상대방에게 굴복함. ② 잘못했다고 굽힘.

절후(음력 6월의 절기)
[伏中(복중)] 초복에서 말복까지 삼복의 동안.
[三伏(삼복)] 하지(夏至) 뒤의 초복(初伏)·중복(中伏)·말복(末伏)의 한창 더울 때. 夏至(하지) 뒤의 셋째 庚日(경일)을 初伏(초복), 넷째 庚日(경일)을 中伏

(중복), 立秋(입추) 뒤의 첫째 庚日(경일)을 末伏(말복)이라 한다.
伏暑(복서), 伏節(복절), 伏日(복일)

기타
[伏羲氏(복희씨)] 三皇(삼황)의 첫머리에 꼽히는 중국의 전설상의 제왕. 또는 신. 漁獵(어렵)을 가르치고 八卦(팔괘)를 만들었다고 함. 참燧人氏(수인씨), 神農氏(신농씨)

依 의지할 의, 人부8　　0919

'依(의)'자는 '사람 亻(인)'과 '옷 衣(의)'로 이루어졌다. '옷을 입다'가 본뜻이다. 사람은 추위를 피하기 위하여 옷에 의지할 수밖에 없었다. '의지하다' '기대다'의 뜻으로 확대 사용되었다.

의지하다, 기대다
[依賴(의뢰)] 남에게 의지하거나 부탁함. 참依賴心(의뢰심), 依賴人(의뢰인)
[依存(의존)] 의지하여 존재함. 참依存名詞(의존명사)
[依支(의지)] ① 몸을 기대거나 맡김. ② 마음을 붙여 그 도움을 받음. ¶마음의 의지가 되는 말.
[歸依(귀의)] ① 돌아와 의지함. ② (불) 불교를 믿어 불타와 불법과 절에 의지함. ③ (종) 종교를 믿어 그 절대자에 의지함. ¶불교에 귀의하다/천도교에 귀의하다
[棲守道德者(서수도덕자), 寂寞一時(적막일시). 依阿權勢者(의아권세자), 凄凉萬古(처량만고).] 도덕을 고수하며 사는 자는 일시적으로 매우 적막하다. 권세에 아부하고 의지하는 자는 만고에 처량하다. 『菜根譚(채근담)·前集(전집) 1』
依他(의타), 依他心(의타심), 依託(의탁), 依托(의탁)/依託(의탁), 赤貧無依(적빈무의)

전과 같다
[依舊(의구)] 옛날과 같음. ¶산천은 의구하되 인걸은 간데 없네
[依然(의연)] 전과 같이 다름이 없다.
[舊態依然(구:태의연)] ① 옛 모습 그대로임. ② (변화나 발전이 없이) 그대로 여전함. ¶구태의연한 방식을 고집하다

따르다, 좇다, 준거하다
[依據(의거)] ① 어떤 사실에 근거함. ② 산이나 물에 의지하여 응거함.
[依法(의법)] 법에 의거함. 법에 따름. ¶의법 조처/의법 처단
[依願(의원)] 원하는 바에 의함. 참依願免職(의원면직)

豪 호걸 호, 豕부14　　0920

'豪(호)'자는 돼지 비슷한 '호저'라는 짐승을 나타내기 위하여 만든 것이었으니, '돼지 豕(시)'가 표의요소이고, 윗부분은 '높을 高(고)'의 생략형으로 표음요소이다. '호

걸', '호쾌하다'의 뜻으로 쓰인다. ☞英(영)0436

호걸, 걸출한 사람
[豪傑(호걸)] 슬기와 힘이 뛰어나고 넓은 마음과 높은 기상을 가진 사람.
[豪氣(호기)] 호방한 기운. 씩씩한 기상.
[豪言(호언)] 호기스러운 말. 의기양양하게 하는 말. 참豪言壯談(호언장담)
[强豪(강:호)] 실력이나 힘이 세어 겨루기 힘든 상대.
豪放(호방), 豪快(호쾌), 豪宕(호탕), 英雄豪傑(영웅호걸)

귀인, 신분이 높은 사람
[豪族(호족)] 재력이 있고 세력이 강한 집안.
[文豪(문호)] 문장이 뛰어난 사람. 문학의 대가.
[富豪(부:호)] 재산이 넉넉하고 세력이 있는 사람.
[酒豪(주호)] 술꾼.
[土豪(토호)] 그 지방에서 양반을 떠세할 만큼 세력이 있는 사람. 그 지방의 호족(豪族).

성함, 웅대함
[豪商(호상)] 규모가 매우 큰 상인. 돈이 아주 많은 상인.
[豪雨(호우)] 호쾌하고 세차게 퍼붓는 비. ¶호우주의보/호우경보

사치, 호사
[豪奢(호사)] 호화롭게 사치를 함. 또는 그런 상태.
[豪華(호화)] 사치스럽고 화려함. ¶호화주택 참豪華燦爛(호화찬란), 豪華版(호화판)
[豪華版(호화판)] ① 호화롭게 꾸민 출판물. ② 호화로운 판국.

고슴도치
[豪豬(호저)] 고슴도치

傑 호걸 걸, 뛰어날 걸, 人부12　　0921

'傑(걸)'자는 '재주와 슬기가 뛰어난 사람'을 뜻하는 글자이다. '사람 人(인)'과 '홰 桀(걸)'로 이루어졌다. ☞英(영)0436

뛰어나다, 훌륭하다, 뛰어난 사람, 훌륭한 사람
[傑作(걸작)] ① 썩 훌륭한 작품. ② 남의 흥미를 끄는 우스꽝스런 말이나 행동. 또는 그러한 말이나 행동을 하는 사람.
[傑出(걸출)] 남보다 훨씬 뛰어남. ¶걸출한 인물
[女傑(여걸)] 걸출(傑出)한 여자. 여장부(女丈夫).
[英雄豪傑(영웅호걸)] 영웅과 호걸.
[豪傑(호걸)] ☞豪(호)
傑物(걸물), 英傑(영걸), 人傑(인걸), 俊傑(준걸)

傾 기울 경, 人부13　　0922

'傾(경)'자는 '사람 亻(인)'과 '잠깐 頃(경)'으로 이루어진 글자이다. 원래는 '頃(경)'자가 '기울다'의 뜻이었는데, 이 글자가 '잠깐', '즈음'의 뜻으로 쓰이게 되자 '亻(인)'

자를 붙인 '傾(경)'자를 만들어 '기울다'는 뜻을 나타냈다.

기울다, 기울어지다, 기울이다
[傾斜(경사)] 기울기. 기울어지고 비스듬한 정도나 상태. 참傾斜角(경사각), 傾斜度(경사도), 傾斜面(경사면)

[傾向(경향)] ① (생각이나 형세 따위가) 어떤 방향으로 기울어지거나 쏠림. 또는 그 방향. 참傾向文學(경향문학)·¶새로운 경향 ② (심) 일정한 자극에 대하여 일정한 반응을 보이는 생명체의 소질.
傾度(경도), 傾斜角(경사각), 急傾斜(급경사)

기울어 위태롭다, 위태롭게 하다
[傾國(경국)] 나라의 힘을 다 기울여 씀.
[傾國之色(경국지색)] 임금이 혹하여 나라가 기울어져도 모를 만한 미인이라는 뜻으로, 매우 뛰어난 미인. 동傾城之色(경성지색)
[以利交者利窮則散(이:리교자이궁즉산), 以勢交者勢傾則絕(이:세교자세경즉절).] 이익을 위하여 교제하는 자는 그 이익이 다하면 흩어지고, 세력을 가지고 교제하는 자는 세력이 기울면 교제가 끊어진다. 소인들의 야박한 처세를 비유하여 이르는 말. 『文中子(문중자)』

귀를 쫑긋 세우다, 귀를 기울이다
[傾聽(경청)] 귀를 기울여 들음. ¶경청해주셔서 감사합니다

힘이나 마음을 한 곳에 쏟다
[傾倒(경도)] ① 기울어져 넘어짐. ② 어떤 일이나 인물·사상 따위에 마음을 기울여 열중함.
[傾注(경주)] 정신이나 힘을 한곳에만 기울임. ¶국가 발전에 온 힘을 경주하다
[右傾(우:경)] ① 오른쪽으로 기울어짐. ② 國粹主義(국수주의)·파시즘(Fascism) 등 우익적 사상으로 기욺.
[左傾(좌:경)] ① 급진적 사회주의 사상에 기욺. 좌익 사상을 가지는 일. ② 왼쪽으로 기욺. 마음이 평온하지 못함을 비유하는 말.

斜 기울 사, 비낄 사, 斗부11   0923

'斜(사)'자는 '말 斗(두)'와 '나 余(여)'로 이루어졌다. 본뜻은 말로 곡식을 '푸다'는 뜻이었다. 후에 '기울다', '비끼다'는 뜻으로 바뀌어 쓰이게 되었다.

기울다, 한쪽이 낮다, 경사지다
[斜面(사면)] ① 비스듬한 바닥. ② 빗면. ③ 비탈.
[斜線(사선)] ① 비스듬하게 그은 줄. ② (수) 하나의 직선이나 평면에 수직이 아닌 선. 빗금.
[斜視(사시)] ① 사팔뜨기. 사팔눈. ② 눈을 모로 떠서 봄.
[斜塔(사탑)] 한쪽으로 비스듬히 기울어진 탑. ¶피사의 사탑
[傾斜(경사)] ☞傾(경)
傾斜角(경사각), 傾斜面(경사면), 急傾斜(급경사)

해나, 달이 서쪽으로 넘어가다
[斜陽(사양)] ① 저녁볕. ② 차츰 쇠약해지는 세력을 비유하는 말. ¶사양 산업/사양길에 접어들다

儀 거동 의, 人부15   0924

'儀(의)'자는 '사람 人(인)'과 '옳을 義(의)'로 이루어졌다. 생활상의 예법과 제도 즉, '법도'를 나타내기 위한 것이었다. '거동', '예의', '의식' 등의 뜻으로 쓰인다.

거동, 행동하는 짓이나 태도
[威儀(위의)] ① 엄숙한 차림새. ¶위의가 당당하다 ② 예법에 맞는 몸가짐. ¶위의를 갖추다

모형, 본떠 만든 기계, 본뜨다, 비슷하게 하다
[渾天儀(혼:천의)] (천) 지난날 천체의 운행과 위치를 관측하던 기계. 공 모양의 겉쪽에 해·달·별 따위의 천체를 표시하여 네 다리가 있는 틀 위에 올려놓고 돌려가며 보게 만들었음. 준渾儀(혼의)
[地球儀(지구의)] 자그마하게 만든 지구의 모형.

법, 법도, 본받다
[儀式(의식)] ① 예의를 갖추는 방식. ② 행사를 치르는 정해진 방식. ¶전통적 의식
[儀仗隊(의장대)] (군) 의식을 베풀기 위하여 특별히 조직 훈련된 부대. ¶의장대 사열
[儀典(의전)] 격식을 갖춘 행사.
[賻儀(부의)] 초상집에 도와주는 의미로 돈이나 물품을 보냄. 참賻儀金(부의금)
[禮儀(예:의)] 존경의 뜻을 표하여 예로써 나타내는 말투나 몸가짐. ¶그는 언제나 단정하고 예의 바른 사람이었다
[禮儀凡節(예의범절)] 일상생활에서 갖추어야 할 모든 예의와 절차.
儀軌(의궤), 儀禮(의례), 儀仗(의장), 儀制(의제), 葬儀(장의), 葬儀社(장의사), 祝儀(축의)

儉 검소할 검:, 人부15   0925

'儉(검)'자는 '사람 人(인)'과 '다 僉(첨)'으로 이루어졌다. '수수하다'는 뜻을 나타낸다.

검소하다, 낭비하지 않는다
[儉素(검:소)] 사치하지 않고 수수함. ¶검소한 생활/검소한 옷차림
[儉約(검:약)] 물건을 절약하여 낭비하지 않음.
[勤儉(근:검)] 부지런하고 검소함. 勤勉(근면) 儉素(검소)를 합하여 줄인 말.
[福生於淸儉(복생어청검).] 복은 맑고 검소한 데서 생긴다. 『明心寶鑑(명심보감)·正己篇(정기편)』 ☞ * 137
[富不儉用貧後悔(부불검용빈후회).] 재산이 풍족할 때 아껴 쓰지 않으면 가난해진 후에 후회한다. 『朱子(주자)·朱子十悔訓(주자십회훈)』 ☞ * 387
[由儉入奢易(유검입사이),   由奢入儉難(유사입검난).]

검소함으로부터 사치함에 들어가기는 쉽고, 사치함으로부터 검소함에 들어가기는 어렵다.『小學(소학)·外篇(외편)·善行(선행)』
廉儉(염검), 淸儉(청검)

勤 부지런할 근(:), 力부13　0926

'勤(근)'자는 '힘 力(력)'과 '진흙 堇(근)'으로 이루어졌다. '일하다'는 뜻을 나타내기 위한 글자이다. '부지런하다'의 뜻으로 확대되었다.

부지런하다, 부지런히 일하다
[勤儉(근:검)] ☞ 儉(검)
[勤勉(근:면)] ① 매우 부지런함. ② 부지런히 일하고 꾸준한 힘쓰는 태도가 있음.
[少不勤學老後悔(소불근학노후회).] 젊어서 부지런히 배우지 않으면 늙어서 뉘우친다.『朱子(주자)·朱子十悔訓(주자십회훈).』☞ * 387
[當官之法唯有三事(당관지법유유삼사), 曰淸(왈청), 曰愼(왈신), 曰勤(왈근).] 관직을 맡아서 수행하는 법에는 오직 세 가지가 있는데, 청렴함과 신중함과 근면함이다.『小學(소학)·外篇(외편)·嘉言(가언)』
[大富由命(대:부유명), 小富由勤(소:부유근).] '큰 부자는 천명에 의한 것으로 사람의 뜻이나 힘으로는 어찌할 수 없으나, 작은 부자는 천명과는 상관이 없으며, 노력 여하에 달려 있음.『女論語(여논어)·榮家(영가)』
勤實(근실), 勤學(근학)

임무를 행하다, 일, 직책, 임무
[勤勞(근:로)] 부지런히 일함. 합勤勞者(근로자), 勤勞所得(근로소득)
[勤務(근:무)] 직무에 종사함. ¶근무 시간/보초 근무
[缺勤(결근)] 마땅히 나가야 할 날에 출근하지 않음. 맨出勤(출근)
[夜勤(야:근)] 퇴근 시간이 지나 밤늦게까지 하는 근무.
[出勤(출근)] 일터로 근무하러 나감.
勤續(근속), 皆勤(개근), 皆勤賞(개근상), 內勤(내근), 外勤(외근), 轉勤(전근), 通勤(통근), 通勤車(통근차), 退勤(퇴근), 特勤(특근)

勉 힘쓸 면:, 力부9　0927

'勉(면)'자는 '힘쓰다'는 뜻을 나타내기 위하여 만들어진 글자이다. '힘 力(력)'과 '면할 免(면)'으로 이루어졌다.

힘쓰다, 부지런히 일하다
[勉學(면:학)] 학문에 힘씀. ¶면학 분위기를 조성하다
[勤勉(근:면)] ☞ 勤(근)

권하다, 힘쓰도록 격려하다
[勉勵(면:려)] 힘쓰게 함.
[勸勉(권:면)] 권하여 힘쓰게 함.

盛年不重來(성년부중래), 젊고 왕성한 때는 두 번 다시 오지 않고,
一日難再晨(일일난재신), 하루에 아침이 두 번 오지 않는다.
及時當勉勵(급시당면려), 때를 만났을 때 공부를 게을리 하지 말라.
歲月不待人(세월부대인). 세월은 사람을 기다려주지 않는다.
젊은 시절은 다시 오지 않으며, 시간은 한 번 지나면 다시 돌이킬 수 없다. 때를 놓치지 말고 부지런히 일해라. 세월은 사람을 기다려주지 않는다. '청춘을 헛되이 보내지 말라'는 말.『古文眞寶·五言古風短篇 陶淵明 雜詩』

優 뛰어날 우, 넉넉할 우, 人부17　0928

'優(우)'자는 '사람 亻(인)'과 '근심할 憂(우)'자로 이루어졌다. 여기서 '憂(우)'자는 '근심 걱정'이 아니라 '큰 머리를 얹고 발을 구르다' 즉, '광대'의 뜻을 나타낸다고 한다. '亻(인)'과 '憂(우)'가 둘 다 표의요소인 셈이고, '憂(우)'는 표음요소까지 겸하는 글자인 것이다. 후에 '뛰어나다' 등의 뜻으로도 쓰이게 되었다.

넉넉하다, 많다, 두텁다, 후하다
[優待(우대)] 특별히 잘 대우함. 또는 그런 대우.

얌전하다, 우아하다
[優美(우미)] 우아하게 아름다움.
[優雅(우아)] 점잖고 아름다워 품위가 있음.

낫다, 뛰어나다
[優等(우등)] ① 우수한 등급. 맨劣等(열등) ② 성적 따위가 우수한 것. 또는 그런 성적. 합優等生(우등생)
[優良(우량)] 매우 좋음. ¶우량 도서
[優秀(우수)] 여럿 가운데 뚜렷하게 뛰어남. ¶학업성적이 우수하여 이 상을 줍니다
[優勝(우승)] 경기 따위에서 첫째로 이김. 첫째 등위. 합優勝旗(우승기)
[優劣(우열)] 나음과 못함. 우수함과 열등함.
優生學(우생학), 優先(우선), 優性(우성), 優勢(우세), 優越(우월), 優越感(우월감), 優位(우위)

광대
[俳優(배우)] 연극이나 영화에서 전문적 또는 직업적으로 연기를 하는 사람.
[聲優(성우)] (극) 방송 연극에 딸린 배우. 목소리로만 출연하는 배우.
男優(남우), 名優(명우), 女優(여우)

머뭇거리다, 결단성이 없다
[優柔(우유)] ① 마음이 부드럽고 약함. ② 사물에 임하여 맺고 끊지 못함.
[優柔不斷(우유부단)] ① 마음이 넉넉하고 부드럽기는 하지만 무언가 결단을 내리지는 못함. ② 어물어물 망설이기만 하지 딱 잘라 결단을 내리지 못함.

부드럽다, 너그럽다
[優毅(우의)] 마음이 부드러우면서도 굳셈.

秀 빼어날 수, 禾부7　0929

'秀(수)'자는 '벼 禾(화)'자와 퍼져 뻗은 활의 모양을 나타내는 '乃(내)'자로 이루어졌다. '벼의 이삭이 패다'는 뜻을 나타낸다. 본뜻보다는 '빼어나다'는 뜻으로 많이 쓰인다.

빼어나다, 높이 솟아나다, 뛰어나다, 훌륭하다
[秀麗(수려)] 경치나 용모가 빼어나게 아름다움. ¶수려한 경관
[秀才(수재)] ① 뛰어난 재주. 또는 그 사람. 비英才(영재) ② 미혼 남자를 높여 이르는 말.
[優秀(우수)] ☞ 優(우)
[特秀(특수)] 특별히 빼어남.
閨秀(규수), 眉目秀麗(미목수려), 俊秀(준수)

성장하다, 자라다, 이삭이 패다
[麥秀之嘆(맥수지탄)] 箕子(기자)가 殷(은)나라가 망한 뒤에 그 궁궐터를 지나다가 보리가 무성한 것을 보고 읊었다는 '麥秀歌(맥수가)'에서 나온 말로, '조국이 망한 것을 한탄한다'라는 말.

劣 못할 렬, 용렬할 렬, 力부6　0930

'劣(렬)'자는 '적을 少(소)'와 '힘 力(력)'으로 이루어졌다. '힘이 약하다'는 뜻을 나타내기 위하여 만들어진 글자이다. 후에 '못하다', '못나다' 등의 뜻으로 확대되었다.

못하다, 어느 정도에 미치지 않는다, 남보다 뒤떨어지다, 수준·정도·지위 등이 낮다
[劣等(열등)] 보통의 수준이나 등급보다 낮음. 또는 그러한 등급. 참劣等生(열등생) 반優等(우등)
[劣等感(열등감)] 자기를 남보다 못하거나 무가치하게 낮추어 평가하는 생각. ¶열등감을 갖다 반優越感(우월감)
[劣惡(열악)] 품질이나 능력 따위가 몹시 떨어지고 나쁘다. ¶열악한 환경 속에서 세계적인 선수가 되었다
[卑劣(비:열)/鄙劣(비:열)] 사람 됨됨이가 천하고 치사하며 지저분함. ¶비열한 인간
劣等意識(열등의식), 劣性(열성), 優劣(우열), 低劣(저열)

약하다, 힘·마음 등이 약하다
[劣勢(열세)] 힘이나 세력이 상대편보다 못한 형세. ¶열세를 극복하다 반優勢(우세)

어리다, 어리석다
[庸劣(용렬)] 사람이 비겁하고 좀스러우며 변변하지 못함.
[愚劣(우열)] 어리석고 못남.
[拙劣(졸렬)] 옹졸하고 보잘것없음.

册 책 책, 冂부5　0931

'册(책)'자는 竹簡(죽간)을 실로 역어 놓은 모양에서 유래하였다. 종이가 널리 쓰이기 전까지의 책의 형태로서, 대나무 쪽을 얇게 다듬은 것을 '簡(간)'이라 하고, 거기에다 글을 쓴 다음에 실로 역어 놓은 것을 '册(책)'이라 하였다.

책, 문서
[册(책)] ① 어떤 내용을 글이나 그림으로 나타낸 종이를 겹쳐서 꿰맨 물건. ② 종이를 여러 장 겹쳐서 엮은 것. ③ 수량의 단위로 쓰임. ¶동화집 다섯 책
[册曆(책력)] 일 년 동안의 월 일, 해·달의 운행, 일식과 월식, 절기 및 그 밖의 기상 상황 따위를 날짜 순서에 따라 적은 책.
[册房(책방)] ① 책 가게. ② (역) 고을 원에 의하여 사사로이 임용되어 그 비서 일을 맡아 보던 사람. ③ 조선 세종 때 궁중에 설치되어 편찬·인쇄를 맡아보던 기관.
[册床(책상)] 책을 읽거나 글씨를 쓰는 데 쓰는 평상. 참册床兩班(책상양반), 册床退物(책상퇴물)
[空册(공책)] 필기하기 위하여 글씨를 쓰지 아니하고 매어 놓은 책.
[書册(서책)] 어떤 내용을 글이나 그림으로 나타낸 종이를 겹쳐서 꿰맨 물건.
册卷(책권), 册名(책명), 册褓(책보), 册子(책자), 册張(책장), 册欌(책장), 別册(별책)

책을 세는 말
[册(책)] ③ 수량의 단위로 쓰임. ¶동화집 다섯 책 ① 어떤 내용을 글이나 그림으로 나타낸 종이를 겹쳐서 꿰맨 물건. ② 종이를 여러 장 겹쳐서 엮은 것.

세우다, 봉(封)하다, 후비(后妃)·제후(諸侯)를 책봉할 때나 작위(爵位)·봉록(俸祿)을 내릴 때의 칙서
[册封(책봉)] 왕세자·왕세손·비·빈 등을 봉작함.
册立(책립), 册妃(책비), 册嬪(책빈), 封册(봉책)

判 판단할 판, 판가름할 판, 刀부7　0932

'判(판)'자는 어떤 물건을 '칼 刀(도)'로 '半(반)'씩 두 토막으로 자르는 것을 통하여 '가르다'는 뜻을 나타낸 것이다. '판가름하다'는 뜻으로 더 많이 쓰인다.

판가름하다, 판단하다
[判決(판결)] (법) 법원이 어떤 소송 사건을 법률에 따라 판단을 내림.
[判斷(판단)] 어떤 사물의 진위·선악·미추 등을 생각하여 판가름함. 참價値判斷(가치판단), 判斷力(판단력) ¶잘잘못의 판단/판단이 서다/판단을 내리다
[判事(판사)] ① 재판에 관련된 일. 또는 그런 일을 하는 사람. ② (역) 고려 또는 조선 때의 벼슬 이름.
[判定(판정)] 판별하여 결정함. ¶심판의 판정에 따르다
[批判(비:판)] 옳고 그름 또는 좋고 나쁨을 가려 판단하거나 지적함. ¶날카로운 비판 참批判的(비판적)
[審判(심:판)] ① (법) 소송 사건을 심리하여 판단 또는 판결함. ② (체) 경기 등의 진행을 주관하고 반칙 행위와 우열을 판단함. ③ '審判員(심판원)'의 준말. ④ (성) 하나님이 세상의 선악을 가려 불의한 이에게 벌을

내리는 일.
[裁判(재판)] ① 옳고 그름을 가리어 판단함. ② (법) 소송 사건을 법률에 따라 법원 또는 법관이 내리는 판단. 판결·명령·결정의 세 가지 형식이 있음. 관 裁判官(재판관), 裁判所(재판소)

[理判事判(이판사판)] 理判僧(이판승)과 事判僧(사판승). 원래 이판과 사판은 불교 교단을 크게 양분해서 부르던 명칭이었다. 즉 이판은 주로 교리를 연구하고 수행에 주력하면서 득도의 길을 걸었던 學僧(학승)을 말했다. 반면에 사판은 수행에도 힘쓰지만 아울러 사찰의 행정 업무나 살림살이의 일체를 돌보던 중을 일컫는 말이었다. 유래와 관계없이 사태가 막다른 곳에 다다라 더 이상 어쩔 수가 없게 되었을 때 자포자기하는 심정으로 결정을 내리는 것을 말한다.

判官(판관), 判例(판례)/判決例(판결례), 判明(판명), 判別(판별), 判書(판서), 判示(판시), 決判(결판), 公判(공판), 談判(담판), 批判力(비판력), 身言書判(신언서판), 連判(연판), 連判狀(연판장), 誤判(오판), 卽決審判(즉결심판), 參判(참판), 評判(평판)

나누다, 구별하다
[判讀(판독)] 어떤 내용인가를 헤아려서 읽음.
[判別(판별)] 판단하여 구별함. 진짜와 가짜를 구별함.
[判異(판이)] 성질이나 모양·상태 따위가 아주 다름.

刻 새길 각, 刀부8   0933

'刻(각)'자는 '칼 刀(도)'와 '돼지 亥(해)'로 이루어졌다. '亥(해)'는 표음요소인데 음이 크게 달라졌다. '칼로 새기다'는 뜻을 나타내기 위한 것이다. '시각'의 뜻으로도 쓰인다.

새기다, 파다, 아로새기다, 글자나 그림이 나타나도록 하다, 새김, 새겨 놓은 솜씨
[刻苦(각고)] 뼈를 깎아낼 정도의 괴로움을 견디며 몹시 애씀. ¶각고의 노력 끝에 성공하였다
[刻印(각인)] 도장을 새김.
[刻舟求劍(각주구검)] 배에서 떨어뜨린 칼을 찾는데, 배가 움직이는 것은 생각하지 않고 칼을 떨어뜨린 뱃전에다 표를 하고서 찾으려 했다는 중국 고사에서 나온 말로, 사리에 어둡고 어리석음을 비유하는 말. 『呂氏春秋(여씨춘추)』
[浮刻(부각)] ① 돋을새김. ② 어떤 사물을 특징지어 두드러지게 함. ¶성격이 뚜렷이 부각되다
[彫刻(조각)] 재료를 새기거나 깎아서 입체 형상을 만듦. 또는 그런 미술 분야. 관 彫刻家(조각가)
刻木(각목), 木刻(목각), 木刻畵(목각화), 陽刻(양각), 陰刻(음각), 彫刻家(조각가), 透刻(투각), 板刻(판각)

잊지 않도록 깊이 기억하다
[刻骨(각골)] (뼈에 새겨지듯) 마음속 깊이 사무침.
[刻骨難忘(각골난망)] 뼈 속 깊이 새겨 놓아 잊기 어려움. 은혜에 대한 고마움이 뼈 속 깊이 사무쳐 잊지 아니함. ¶선생님의 은혜는 각골난망입니다
[刻骨痛恨(각골통한)/刻骨之痛(각골지통)] 뼈에 새겨지도록 깊고 아픈 원한.

모질다, 몰인정하다
[刻薄(각박)] 인정이 없고 야박함. 잔인하고 박정함. ¶각박한 세상 인심
[刻薄成家(각박성가)] 매정하고 인색하여 부자가 됨.

심하다, 엄하다, 급하다
[深刻(심:각)] ① 깊이 새김. ② 품은 뜻이 깊고 간곡하다. ¶심각한 문제/심각한 표정 ③ 매우 각박하다. ¶심각한 생활고

때, 시각
[頃刻(경각)] 눈 깜빡하는 사이. 아주 짧은 동안. ¶환자의 생명이 경각에 달렸다 관 命在頃刻(명재경각)
[時刻(시각)] 시간의 어떤 순간에 있어서의 時點(시점).
[正刻(정:각)] 작정한 바로 그 시각.
[遲刻(지각)] 정해진 시각에 늦게 나옴.
[寸刻(촌:각)] 아주 짧은 시간.
[一刻如三秋(일각여삼추)] 짧은 시간이 삼년(일설에는 가을의 석 달) 같이 생각된다는 뜻으로, 기다리는 마음이 매우 간절함을 이르는 말.
時時刻刻(시시각각), 一刻(일각), 一刻千金(일각천금), 卽刻(즉각)

다하다, 있는 힘을 다 들이다

券 문서 권, 刀부8   0934

'券(권)'자는 '계약'을 뜻하기 위한 것이었다. 옛날에는 계약 내용을 나무쪽에다 써서 칼로 반을 나누어 각각 한 쪽씩 가졌기 때문에 '칼 刀(도)'가 들어있다. 위쪽은 표음요소이다. '문서'를 뜻하는 것으로도 쓰인다.

문서, 증서, 증표
[福券(복권)] 번호나 그림 따위의 특정 표시를 기입한 표. 추첨 따위를 통하여 일치하는 표에 대하여 상금이나 상품을 줌. ¶복권 당첨
[食券(식권)] 음식점에서 음식과 바꾸어 먹도록 되어 있는 표.
[旅券(여권)] 국가가 외국에 여행하는 사람의 신분·국적을 증명하며, 상대국에 보호를 의뢰하는 문서.
[入場券(입장권)] 장내로 들어가는 것을 허락하는 표.
[證券(증권)] ① 증거가 되는 문건. ② (법) 재산에 관한 권리와 의무를 밝혀 적은 문서. 유가증권과 증거증권이 있음. ③ (경) 거래소에서 사거나 팔기로 약정되어 있는 상품이나 주식 따위의 증서. 관 證券去來所(증권거래소), 證券會社(증권회사)
高額券(고액권), 馬券(마권), 有價證券(유가증권), 債券(채권), 割引券(할인권)

기타
[券番(권번)] (역) 일제 강점기에 있었던 기생들의 조합.

어음 쪽, 어음을 쪼갠 한 쪽

劇 심할 극, 刀부15　　0935

'劇(극)'자는 '심하다'는 뜻을 위한 것이었다. '칼 刀(도)'와 '원숭이 豦(거)'로 이루어졌다.

심하다, 보통의 정도보다 더하다, 많아지다, 혹독하다, 성하다

[劇甚(극심)/極甚(극심)] 몹시 심함. ¶극심한 피해/가뭄이 극심하였다
[劇藥(극약)] ① 성분이 매우 심하게 독하여 적은 분량으로도 생명에 위험을 줄 수 있는 약품. ② '극단적인 해결 방법'을 비유하여 이르는 말. ¶증권 시장 안정을 위한 극약 처방
劇烈(극렬)/極烈(극렬), 劇暑(극서)/極暑(극서), 劇甚(극심)/極甚(극심), 劇寒(극한)/極寒(극한)

연극

[劇作家(극작가)] 연극의 각본을 쓰는 것을 업으로 하는 사람.
[劇場(극장)] 연극이나 영화 따위를 전문으로 상연하는 건물이나 시설.
[劇的(극적)] 연극의 특성을 띤. 연극에서 볼 수 있는 것처럼 공교롭고 인상적인. 또는 그러한 것. ¶극적 장면
[悲劇(비:극)] ① (극) 슬프고 비참한 세상이나 인생을 소재로 하여 죽음·파멸·패배·고뇌 등 불행한 내용으로 끝맺는 극. 참喜劇(희극) ② 인생에서 일어나는 비참한 사건. 참悲劇的(비극적)
[演劇(연:극)] ① 배우가 각본에 의하여 분장하고 음악·배경·조명 그 밖의 여러 가지 장치의 힘을 빌려서 어떤 사건과 인물을 구체적으로 연출하는 예술. ¶희곡·배우·관객은 연극의 삼대요소이다 ② 거짓을 사실인 것처럼 그럴듯하게 둘러맞추어 꾸며내는 일.
[活劇(활극)] ① 격투 등의 광경을 연출하는 장쾌한 연극이나 영화, 또는 그 장면. ② 활극과 같이 격렬한 실제의 일을 비유하여 이르는 말.
劇團(극단), 劇壇(극단), 劇本(극본), 劇詩(극시), 劇作(극작), 劇化(극화), 歌劇(가극), 亂鬪劇(난투극), 單幕劇(단막극), 西部活劇(서부활극), 詩劇(시극), 樂劇(악극), 連續劇(연속극), 慘劇(참극), 唱劇(창극), 寸劇(촌극), 山臺劇(산대극), 喜劇(희극), 戲劇(희극)

勸 권할 권:, 力부20　　0936

'勸(권)'자는 '힘쓰다'는 뜻을 나타내기 위한 것이었다. '힘 力(력)'과 '황새 雚(관)'으로 이루어졌다. '힘쓰다'의 뜻보다는 주로 '권하다'의 뜻으로 쓰인다.

권하다, 권장하다

[勸告(권:고)] 권하여 타이름. 또는 그런 말. ¶친구의 권고를 받아들이다
[勸善懲惡(권:선징악)] 착한 일을 권하고 악한 일을 징계하는 것.
[勸誘(권:유)] 권하여 하도록 함. ¶친구의 권유로 새 사업을 시작했다
[勸奬(권:장)] 권하여 장려함. ¶저축을 권장하다
[勸買買鬪則解(권:매매투즉해).] 흥정은 붙이고 싸움은 말리라는 뜻으로, 좋은 일은 권하고 나쁜 일은 화해시키라는 뜻의 속담.

朱熹(주희)에게 勸學文(권학문) 두 편이 있다. 한 편은 詩(시)이고 한편은 散文(산문)이다. 시를 소개하면 다음과 같다.

> 少年易老學難成(소년이노학난성), 젊음은 쉬 지나가고 늙기는 쉬우나 배움은 이루기 어렵나니,
> 一寸光陰不可輕(일촌광음불가경). 한 치 시간인들 어찌 가볍게 여기리오.
> 未覺池塘春草夢(미각지당춘초몽), 연못가에 돋은 봄풀이 꿈을 깨기도 전에,
> 階前梧葉已秋聲(계전오엽이추성). 섬돌 앞 오동잎은 벌써 가을 소리로구나.
> 젊은이는 쉽게 늙어버리는데 학문은 이루기가 어렵다. 세월은 거침없이 빠르게 흘러가고, 그 가운데서 일을 이루기가 힘들다. 그러니 짧은 시간이라도 가벼이 여기지 말라. 『朱熹(주희)·勸學文(권학문)』

勸農(권농), 勸農日(권농일), 勸勉(권면), 勸善(권선), 勸業(권업), 勸諭(권유), 勸酒(권주), 勸酒歌(권주가), 强勸(강권)

힘쓰다, 애써 일하다

奬 장려할 장:, 권면할 장:, 大부14　　0937

'奬(장)'자는 개를 싸우도록 '부추기다'는 뜻을 나타내기 위한 것이었다. '개 犬(견)'과 '장차 將(장)'으로 이루어졌다. 편의상 '개 犬(견)'을 '큰 大(대)'로 바꿔 쓰기도 하는데 그것은 正字(정자)가 아니고 俗字(속자)이다.

장려하다, 권면하다

[奬勵(장:려)] 좋은 일에 힘쓰도록 북돋아줌. 참奬勵賞(장려상)
[奬學(장:학)] 학문을 장려함. 또는 그 일.
[奬學金(장:학금)] ① 학문에 대한 연구를 돕기 위하여 주는 돈. ② 주로 경제적 사정이 어려운 우수한 학생에게 학비의 보조로 주는 돈. 참奬學生(장학생)
[勸奬(권:장)] ☞勸(권)

勵 힘쓸 려:, 力부17　　0938

'勵(려)'자는 '힘쓰다'는 뜻을 나타내기 위하여 만든 것이다. '힘 力(력)'과 '갈 厲(려)'로 이루어졌다. '권장하다'는 뜻으로도 쓰인다.

힘쓰다, 일에 힘쓰다

[勉勵(면:려)] 힘쓰게 함.

권장하다, 힘써 하도록 권하다

[激勵(격려)] 용기나 의욕이 솟아나도록 북돋아 줌. ¶선

수들을 격려하다 [참]激勵辭(격려사)
[督勵(독려)] 감독하여 북돋아 줌.
[獎勵(장:려)] ☞ 獎(장)
*[及時當勉勵(급시당면려).] 때를 만났을 때 공부를 게을리 하지 말라. 盛年不重來(성년부중래), 一日難再晨(일일난재신). _____, 歲月不待人(세월부대인).『古文眞寶・五言古風短篇 陶淵明 雜詩』☞ *201

占 차지할 점(:), 점칠 점, 卜부5 0939

'占(점)'자는 '점치다'는 뜻을 나타낸다. '점 卜(복)'과 '입 口(구)'로 이루어졌다. 후에 '차지하다'는 뜻으로도 쓰이게 되었다. '점치다'의 뜻으로 쓰일 때는 단음으로 발음한다. '차지하다'는 뜻으로 쓰일 때는 장음으로 발음한다. 이 때에 占領(점령) 한 낱말만 단음으로 발음한다.

차지하다, 자기의 소유로 만들다
[占領(점령)] 무력 따위를 써서 어떤 지역이나 건물 등을 차지함. ¶고지 점령
[占有(점:유)] ① 차지하여 제 것으로 함. ② 어떤 물건을 사실상 지배하여 사용・수익함.
[獨占(독점)] ① 독차지. ② (경) 어떤 특정 자본 또는 기업이 생산과 시장을 지배하고 있는 상태. [참]獨占價格(독점가격), 獨占企業(독점기업), 獨占資本(독점자본)
[買占(매:점)] 사재기. 값이 크게 오를 것을 내다보고 막 몰아 사들여 쟁이는 일. [참]賣惜(매석)
占居(점거), 占據(점거), 占用(점용), 强占(강점), 寡占(과점), 獨寡占(독과점), 先占(선점)

점, 점치다, 운수를 헤아리다
[占(점)] 八卦(팔괘)・六爻(육효)・五行(오행) 따위로 길흉을 판단하며, 과거를 알아맞히거나 미래를 예언하는 일.
[占卦(점괘)] (민) 길흉을 점친 그 괘. ¶점괘가 좋게 나왔다
[占星術(점성술)] 별의 빛이나 위치, 운행 따위를 보고 인간의 운세, 사회의 동향 같은 것을 점치는 기술.
占卜(점복), 占星(점성), 占術(점술), 龜占(귀점), 易占(역점)

危 위태할 위, 卩부6 0940

'危(위)'자는 '두려워하다'는 뜻을 나타내기 위하여 '벼랑 厂(엄)' 위에 서 있는 '사람 人(인)과 겁이 나서 쭈그리고 앉아 있는 사람 모양인 '병부 卩(절)'로 만든 글자이다. '위험하다', '위태하다'는 뜻으로 쓰인다.

위태하다, 위태롭다, 위태롭게 하다, 해치다
[危急(위급)] 위태로워 마음을 놓을 수 없이 급한 상태.
[危機(위기)] 위험한 때. 위험한 고비. ¶간신히 위기를 넘기다 [참]危機感(위기감), 危機一髮(위기일발)

[危殆(위태)] 위험하여 마음을 놓을 수 없음.
[危險(위험)] 위태하고 험함. 안전하지 못함. [참]危險水位(위험수위), 危險人物(위험인물)
[累卵之危(누:란지위)] '쌓아 놓은 알처럼 위태롭다'란 뜻으로, '몹시 위태로운 지경에 처해 있음'을 비유하는 말. [참]累卵之勢(누란지세), 危如累卵(위여누란)
[安危(안위)] 편안함과 위태로움.
[居安思危(거안사위), 思則有備(사즉유비), 有備無患(유비무환).] 편안한 처지에 있을 때에도 위험할 때의 일을 미리 생각하고, 생각하면 곧 준비를 갖추어야 하고, 미리 준비하면 후환이 없을 것이다. 『春秋左氏傳(춘추좌씨전)』
[在上不驕高而不危(재:상불교고이불위), 制節謹度滿而不溢(제절근도만이불일).] 윗자리에 앉아서 교만하지 아니하면 지위가 아무리 높아도 위태하지 않고, 근면하면서 절제하고 예법을 지키면 가득 차면서도 넘치지 않는다. 높으면서도 위태롭지 않으면 오래도록 존귀함을 유지할 수 있고, 가득 차면서도 넘치지 않으면 오래도록 부유함을 지킬 수 있다. 『孝經(효경)』

병이 무겁다, 위독하다
[危篤(위독)] 생명이 위태롭고 병세가 매우 심하다.
[危重(위중)] 목숨이 위태로울 만큼 병세가 심각하다.

險 험할 험:, 阜부16 0941

'險(험)'자는 '험하다'는 뜻을 나타내기 위하여 만들어진 것이다. '산비탈'을 뜻하는 '언덕 阝(부)'와 '다 僉(첨)'으로 이루어졌다.

험하다, 다니기에 위태롭다, 위태롭다, 낭떠러지
[險難(험:난)] 위험하고 어려움. ¶험난한 길을 걷다
[險惡(험:악)] ① 길・地勢(지세)・天氣(천기)・形勢(형세) 따위가 거칠고 사나움. ② 마음씨나 인심이 험하고 악함. ¶순조롭게 진행되던 회의가 갑자기 험악한 분위기로 변하다
[冒險(모:험)] ① 위험을 무릅씀. ② 되고 안 되고를 돌보지 않고 덮어놓고 하고 봄. ¶목숨을 걸고 모험하다 [참]冒險心(모험심), 冒險談(모험담)
[保險(보:험)] (경) 담당 회사와 일정한 계약에 따라 미리 돈을 벌러 내다가 재해나 사고 또는 질병 따위로 말미암은 손해 및 사망 따위에 대하여 보상을 받는 일. [참]保險金(보험금), 保險料(보험료), 保險會社(보험회사), 健康保險(건강보험), 火災保險(화재보험), 損害保險(손해보험)
[危險(위험)] ☞ 危(위)
[探險(탐험)] 위태하고 험난함을 무릅쓰고 어떤 곳을 찾아봄. ¶남극 탐험/오지 탐험 [참]探險家(탐험가), 探險隊(탐험대)
險路(험로), 險狀(험상), 險峻(험준), 險地(험지), 艱難險阻(간난험조), 危險水位(위험수위), 危險人物(위험인물)

비뚤다, 부정(不正)하다, 거짓, 나쁘다
[險口(험:구)] 험한 말을 잘 하는 입. 또는 그 말. 참險口家(험구가)
[險談(험:담)] 남을 헐뜯어서 말함. 또는 그런 말. ¶험담하는 게 그의 취미야 비險言(험언)
[陰險(음험)] 내숭스럽고 음흉함.
[凶險(흉험)] 마음이 그늘지고 험상궂음.

수비에 좋다
[天險(천험)] 지세가 천연으로 험난하여 수비하기에 좋음. ¶천험의 요새

殆 위태할 태, 歹부9 0942

'殆(태)'자는 '다급하다'는 뜻을 나타내기 위하여 만든 것이다. '부서진 뼈 歹(알)'과 '별 台(태)'로 이루어졌다. '거의'라는 부사적 의미로 쓰이기도 한다.

위태하다, 위험하다, 위태롭게 하다
[危殆(위태)] 위험하여 마음을 놓을 수 없음.
[位尊身危(위존신위), 財多命殆(재다명태).] 지위가 높아지면 몸이 위험해지고, 재물이 많아지면 목숨이 위태로워진다. 『後漢書(후한서)·通俗編(통속편)』
[知止不殆(지지불태).] 멈출 때를 알면 위태로워지지 않는다. 『老子(노자)·道德經 44章(도덕경 44장)』 ☞ * 298
[知彼知己者(지피지기자), 百戰不殆(백전불태).] 적을 알고 나를 아는 자는 백 번 싸워도 위태롭지 않다. 『唐書(당서)·裴度傳(배도전)』 ☞ * 232

거의 ~에 가깝다
[殆無(태무)] 거의 없음.
[殆半(태반)] 절반에 가까움. 거의 절반.

卵 알 란:, 卩부7 0943

'卵(난)'자는 물고기의 '알'을 뜻하기 위하여 물고기 알을 본뜬 것이다.

알, 새·물고기·벌레 등의 알
[卵生(난:생)] (동) 동물의 새끼가 알의 형태로 태어남. 참卵生說話(난생설화)
[卵子(난:자)] 동물 암컷의 생식세포.
[鷄卵(계란)] 달걀. 닭이 낳은 알.
[累卵之危(누:란지위)] '쌓아 놓은 알처럼 위태롭다'란 뜻으로, '몹시 위태로운 지경에 처해 있음'을 비유하는 말. 동累卵之勢(누란지세), 危如累卵(위여누란) 준累卵(누란)
[産卵(산:란)] 알을 낳음. 참産卵回遊(산란회유)
[以卵投石(이:란투석)] '달걀로 돌을 친다'는 뜻으로, '약한 것으로 강한 것을 당하여 내려는 어리석음'의 비유. 동以卵擊石(이란격석)
卵管(난관), 卵白(난백), 卵巢(난소), 卵形(난형), 卵黃(난황), 鷄卵有骨(계란유골), 明卵(명란), 無精卵(무정란), 排卵(배란), 受精卵(수정란), 魚卵(어란), 危如累卵(위여누란), 有精卵(유정란), 採卵(채란), 土卵(토란), 抱卵(포란)

卷 책 권(:), 卩부6 0944

'卷(권)'자는 동글납작한 나무패를 가리키는 '병부 卩(절)'이 표의요소이다. 윗부분은 표음요소이다. 본뜻은 '말다'이다. '두루마리', '책' 등으로 확대 사용되는 예가 많아지자 본래의 뜻은 '말 捲(권)'자를 만들어 나타냈다.

책
[卷頭(권두)] 책의 첫머리. 참卷頭辭(권두사), 卷頭言(권두언) 비卷首(권수)
[上卷(상:권)] 두 권이나 세 권으로 된 책의 첫째 권.
[手不釋卷(수불석권)] 손에서 책을 놓지 않음. 늘 책을 들고 지내며 독서를 매우 좋아함.
[壓卷(압권)] ① 여러 책 가운데서 제일 잘 지은 책. ② 같은 책 가운데서 특별히 잘 지은 부분. ③ 가장 뛰어난 것.
卷末(권말), 卷尾(권미), 全卷(전권), 下卷(하권)

책을 세는 단위, 전집(全集) 등 여러 권으로 된 책의 차례를 나타내는 순서
[春秋左氏傳 第三卷(춘추좌씨전 제삼권)]
[卷帙(권질)] 책을 낱개로 세는 단위인 卷(권)과 여러 책으로 된 한 벌을 세는 단위인 帙(질)을 아울러 이르는 말.
[卷數(권수)] 책의 수효.

차례를 따라 편찬하는 책의 한 부분
[三國遺事 卷三(삼국유사 권삼)]

조선종이 스무 장을 한 묶음으로 하여 세는 단위
[白紙 二卷(백지 이권)]

말다, 돌돌 감아 싸다(捲)
[卷煙(권:연)] '궐련(cigarette)'의 원말.
[卷尺(권:척)] 줄자.
[席卷(석권)/席捲(석권)] 자리를 말다. 자리를 마는 것처럼 한쪽에서부터 토지를 공격해 전체를 취하는 것을 말한다. 오늘날에는 뜻이 바뀌어 어떤 부분을 자신의 손아귀에 넣어 으뜸이 되는 것을 말한다. 掌握(장악)과 뜻이 비슷하다. 『史記(사기)』

두루마리

厚 두터울 후:, 厂부8 0945

'厚(후)'자는 '언덕 厂(한)', '날 日(일)', '아들 子(자)'로 구성되었다. 지금은 쓰이고 있지 않지만 '日(일)자' 밑에 '子(자)'자를 붙인 글자가 '후'자라고 한다. 이것이 '厚(후)'자의 표음요소로 쓰인 것이다.

두텁다, 두터이 하다, 정성스레 대하다, 마음 쓰는 정도가 살뜰하게 크다
[厚待(후:대)] 아주 잘 대접함. 또는 그런 대접. 반薄待

(박대)

[厚生(후:생)] 살림을 안정시키거나 생활을 넉넉하게 함. ¶후생 복지 시설

[厚意(후:의)] 두텁게 쓰는 마음. 또는 그러한 뜻. ¶후의에 감사하다

[利用厚生(이:용후생)/厚生利用(후:생이용)] 기구를 편리하게 잘 쓰고, 먹을 것과 입을 것을 넉넉하게 하여 삶의 질을 개선함.

[重厚(중:후)] ① 태도가 정중하고 심덕이 두터움. ② 작품이나 분위기가 엄숙하고 무게가 있다.

厚德(후덕), 厚朴(후박), 厚謝(후사), 厚恩(후은), 厚誼(후의), 寬厚(관후), 溫厚(온후), 仁厚(인후)

두껍다, 무겁다, 많다, 깊다, 크다, 매우, 두께, 두꺼운 정도

[厚薄(후:박)] ① 두꺼움과 얇음. ② 후하게 구는 일과 박하게 구는 일.

[厚顔無恥(후:안무치)] 낯가죽이 두껍고 뻔뻔스러워 부끄러움을 모름.

[肥厚(비:후)] 살이 쪄서 뚱뚱함.

[下厚上薄(하:후상박)] 보수 인상 책정에 있어서 그 비율을 상부 층보다 하부 층에게 후하게 책정하는 일.

[躬自厚(궁자후), 而薄責於人(이박책어인), 則遠怨矣(즉원원의).] 자책하는 것을 후하게 하고 남을 책하기를 적게 한다면 사람들의 원망이 멀어질 것이다. 『論語(논어)·衛靈公(위령공)』

厚顔(후안), 面皮厚(면피후)

짙다, 진하다

[濃厚(농후)] ① 진하거나 짙음. ¶농후한 빛깔 ② 어떤 경향이나 기색 따위가 뚜렷함. ¶사태가 악화될 기미가 농후하다

薄 얇을 박, 엷을 박, ⺾부17　0946

'薄(박)'자는 풀이 자라기 어려울 정도로 땅이 '메마르다'는 뜻을 나타내기 위한 것이다. '풀 艹(초)'와 '넓을 溥(부)'로 이루어졌다. '엷다', '얇다'의 뜻으로 쓰인다.

얇다, 두껍지 않다, 얇게 하다

[薄氷(박빙)] ① 살얼음. ② 아주 얇은 것의 비유. ¶박빙의 승부를 벌이다

[如履薄氷(여리박빙)] '마치 살얼음판 위를 밟고 지나가듯하다'는 뜻에서, 세상이 어수선할 때는 살얼음판 위를 걷는 것처럼 조심조심 살아가라는 뜻이다.

[肉薄(육박)] 몸 가까이 바싹 다가감. ¶삼만 명에 육박하는 관중이 경기장에 모였다 图肉薄戰(육박전)

[下厚上薄(하후상박)] ☞厚(후)

[厚薄(후:박)] ☞厚(후)

薄膜(박막), 薄皮(박피)

적다

[薄利多賣(박리다매)] 이익을 적게 보고 많이 파는 일.

[薄命(박명)] ① 복이 없고 팔자가 사나움. ② 수명이 짧음. 图佳人薄命(가인박명)/美人薄命(미인박명)

[薄福(박복)] ① 복이 별로 없음. ② 복을 타고나지 못함. ③ 팔자가 사나움.

[薄俸(박봉)] 많지 않은 봉급. ¶박봉에 시달리면서도 노부모 봉양이 극진하다

[薄弱(박약)] ① 의지나 체력 따위가 굳세지 못하고 여림. 图精神薄弱(정신박약) ② 불충분하거나 모자람.

[奇薄(기박)] 운수가 사납고 복이 없음. ¶팔자가 기박하여

[躬自厚(궁자후), 而薄責於人(이박책어인), 則遠怨矣(즉원원의).] 『論語(논어)·衛靈公(위령공)』 ☞厚(후)

德薄而位尊(덕박이위존), 知小而謀大(지소이모대), 力小而任重(역소이임중), 鮮不及矣(선불급의). 덕은 박한데 지위가 높고, 아는 것이 적으면서 꾀하는 것은 크며, 힘이 부족한데 직임이 무거우면, 재앙이 미치지 않는 경우는 드물다. 『論語(논어)·繫辭(계사)』

薄利(박리), 薄色(박색), 薄運(박운), 薄才(박재), 薄學(박학), 才勝德薄(재승덕박), 紅顔薄命(홍안박명)

가볍다

[輕薄(경박)] 언행이 진중하지 못하고 가벼움. ¶경박한 웃음소리

천하다, 지위가 낮다

[淺薄(천:박)] 지식이나 생각 따위가 얕음.

땅이 박하다

[薄土(박토)] 메마른 땅. 凹沃土(옥토)

[瘠薄(척박)] 흙이 몹시 메마르고 기름지지 못함.

정이 박하다

[薄情(박정)] 인정이 적음. ¶박정한 친구

[刻薄(각박)] 인정이 없고 야박함. 잔인하고 박정함. ¶각박한 세상 인심

[野薄(야:박)] 남의 사정을 돌보는 마음이 없거나 쌀쌀하고 인정이 없음. ¶야박한 인심.

薄德(박덕), 刻薄成家(각박성가), 疏薄(소박)/疎薄(소박)

등한히 하다, 깔보다, 천하게 보다

[薄待(박대)] ① 인정 없이 심하게 굶. ② 아무렇게나 성의 없이 대접함. 凹厚待(후대)

[門前薄待(문전박대)] 푸대접. 인정 없이 심하게 굶.

叔 아재비 숙, 又부8　0947

'叔(숙)'자는 손으로 콩꼬투리를 줍는 모습을 본뜬 것으로 '콩'을 뜻하는 것이었다. 후에 '아버지의 아우', '형제 가운데 셋째', '아저씨' 등으로 차용되는 예가 많아지자, '콩'은 '풀'을 뜻하는 '艹(초)'를 붙여 '콩 菽(숙)'자를 따로 만들었다.

아재비, 아버지의 아우

[叔母(숙모)] 삼촌의 아내를 어머니처럼 높여 이르는 말. 작은어머니.

[叔父(숙부)] 삼촌을 아버지처럼 높여 이르는 말. 작은아버지.

[叔姪(숙질)] 아저씨와 조카.
[堂叔(당숙)] 從叔(종숙)을 친근하게 이르는 말. 아버지의 사촌 형제. 참堂叔母(당숙모), 外堂叔(외당숙), 再堂叔(재당숙)
[媤叔(시숙)] 남편의 형제.
[外叔(외숙)] 어머니의 남자 형제. 外三寸(외삼촌). 叔行(숙항), 舍叔(사숙)

아우, 형제 중 셋째 아우
[叔氏(숙씨)] 남의 셋째 형이나 셋째 아우에 대한 존칭. 참伯氏(백씨), 仲氏(중씨), 季氏(계씨)
[孟仲叔季(맹중숙계)] 형제자매의 맏이와 둘째와 셋째와 막내.

시동생
[叔妹(숙매)] 남편의 누이동생. 시누이.

기타
[伯夷叔齊(백이숙제)] 周代(주대) 孤竹君(고죽군)의 두 아들. 伯夷(백이)는 아버지가 동생 叔齊(숙제)에게 禪位(선위)할 뜻이 있음을 알고 아버지가 돌아가신 후 나라를 사양하고 달아나니, 숙제 또한 형인 백이에게 나라를 사양하고 달아났다. 후에 주 무왕이 商(상)을 칠 때 형제가 말고삐를 잡고 신하의 道(도)가 아님을 諫(간)하였으나 듣지 않으므로 周(주)의 祿(록)을 먹기를 부끄럽게 여겨 首陽山(수양산)에 들어가 고사리를 캐어먹으며 숨어 살다가 굶어 죽었다. 참夷齊(이제)

姪 조카 질, 女부9   0948

'姪(질)'자는 본래 '형의 딸'을 지칭하기 위한 것이다. '여자 女(여)'와 '이를 至(지)'로 이루어졌다. 후에 형제 자매의 아들과 딸을 통칭한 '조카'를 이르는 것으로 쓰이고 있다.

조카, 자기나 아내의 형제 또는 자매가 낳은 아들 딸
[姪女(질녀)] 조카딸.
[姪婦(질부)] 조카며느리.
[堂姪(당질)] 종질을 친근하게 이르는 말. 사촌 형제의 자녀. 참堂姪女(당질녀), 堂姪婦(당질부)
[甥姪(생질)] 누이의 아들딸.
[叔姪(숙질)] ☞ 叔(숙)
[姨姪(이질)] 자매간의 아들딸.
姪壻(질서), 長姪(장질)

周 두루 주, 口부8   0949

'周(주)'자는 옥의 무늬를 다듬는 모습이 변화된 것으로, '옥을 다듬다'는 뜻을 나타내기 위한 것이었다. 이것이 '周密(주밀)하다'는 뜻으로 쓰이고 '두루', '둘레' 등으로 사용되는 예가 많아지자, 본래의 의미는 '옥 다듬을 彫(조)'자를 추가로 만들었다.

두루, 골고루, 널리
[周旋(주선)] 일이 잘 되도록 여러모로 두루 돌보며 힘씀.
[周遊天下(주유천하)] 천하 각지를 두루 돌아다니며 구경함.
[周知(주지)] 여러 사람이 두루 앎. ¶주지의 사실
[君子周而不比(군자주이불비), 小人比而不周(소인비이불주).] 군자는 두루 사귀어 偏黨(편당)하지 않고, 소인은 편당하여 두루 사귀지 못한다. 『論語(논어)·爲政(위정)』

고루 미쳐 빈틈이 없다
[周到(주도)] 주의가 두루 미쳐서 빈틈이 없이 찬찬함.
[周密(주밀)/周到綿密(주도면밀)] 주의가 두루 미쳐 자세하고 빈틈이 없음.
[用意周到(용의주도)] 마음의 준비가 두루 미쳐 빈틈이 없음.

둘레, 두르다, 둥글게 에워싸다, 돌다, 일정한 사이를 한 바퀴 돌다(週)
[周圍(주위)] 둘레. ¶달은 지구 주위를 돈다.
[周波數(주파수)] (물) 진동 전류 또는 전파·음파 따위의 파동이 1초 동안에 되풀이되는 주기의 수.
[圓周(원주)] 원둘레. 일정한 점에서 같은 거리에 있는 점의 자취. 참圓周率(원주율)
[一周(일주)] 한 바퀴 돎. ¶세계 일주
周鉢(주발), 周緣(주연)

언저리
[周邊(주변)] 주위의 언저리.
[四周(사주)] ① 사방. ② 주위. ③ 둘레. ¶보초는 항상 사주 경계를 소홀히 해서는 안 된다

나라 이름
[周公(주공)] 주나라의 정치가. 文王(문왕)의 아들이며 武王(무왕)의 아우로 이름은 旦(단)임.
[周易(주역)] (책) 중국 상고 시대의 伏羲氏(복희씨)가 그린 팔괘에 대하여 주나라 文王(문왕)과 周公(주공)이 발전시키고, 뒤에 공자가 깊은 원리를 붙여 이룩한 유교 경전. 陰(음)과 陽(양)의 二元(이원)으로써 천지 만물의 원리를 설명하였음.

圍 에워쌀 위, 口부12   0950

'圍(위)'자는 네모 형태의 성을 나타내는 '口(위)' 안에 '다룸가죽 韋(위)'를 넣어 만들었다. '둘레', '언저리'의 뜻을 나타낸다.

둘레, 테두리, 언저리
[範圍(범:위)] ① 테두리가 정해진 구역. ¶활동 범위가 넓다 ② 무엇이 미치는 한계. ¶네가 아는 범위 내에서 의견을 내라
[四圍(사:위)] 사방의 둘레.
[周圍(주위)] ☞ 周(주)
[胸圍(흉위)] 가슴둘레.

두르다, 둘러싸다, 에우다
[圍籬安置(위리안치)] (역) 죄인을 配所(배소)에서 달아나지 못하도록 가시로 울타리를 만들어 그 안에 가둠.

[圍碁(위기)/圍棋(위기)] 바둑을 둠.
[雰圍氣(분위기)] ① 空氣(공기). ② 어떤 자리나 그 둘레에서 느껴지는 느낌. ¶분위기가 무겁다/분위기가 싸늘하다
[包圍(포:위)] 둘레를 에워쌈. ¶너희들은 포위됐다. 무기를 버리고 투항하라
[圍棋十訣(위기십결)/棋之十訣(기지십결)] 바둑을 두는 데 명심해야 할 열 가지 비결. 즉 不得貪勝(부득탐승), 入界宜緩(입계의완), 攻彼顧我(공피고아), 棄子爭先(기자쟁선), 捨小取大(사소취대), 逢危須棄(봉위수기), 愼勿輕速(신물경속), 動須相應(동수상응), 彼强自保 (피강자보), 勢孤取和(세고취화)이다. 圍棋十訣(위기십결)의 내용은 바둑을 둘 때뿐만 아니라 전쟁에서 전술 전략을 세우는데 반드시 고려해야할 내용을 담고 있다. 인생을 살아가는 데에도 교훈이 될 만하다. 『王積薪(왕적신)』 ☞ *309

嚴 엄할 엄, 口부20　0951

'嚴(엄)'자는 원래 산 언저리 '厂(엄)'에 있는 바위를 힘들게 옮기고 있는 모습으로, '바위'를 나타낸 것이다. 후에 '엄하다', '혹독하다'는 뜻으로 쓰이는 사례가 많아지자, 본래의 의미는 따로 '바위 巖(암)'자를 만들어 나타냈다.

엄하다, 엄격하다, 매우 딱딱하고 강하다
[嚴格(엄격)] ① 언행이 엄숙하고 딱딱함. ② 매우 엄하여 잘못이나 속임수 따위를 허용하지 않음. ¶엄격한 집안 환경에서 성장하다
[嚴禁(엄금)] 엄격하게 금지함. 절대로 못하게 함.
[冷嚴(냉:엄)] ① 태도가 냉정하고 엄격함. ② 상황이 적당히 할 수 없게 분명하고 확실하다. ¶냉엄한 현실
[峻嚴(준:엄)] 매우 엄격함. ¶준엄한 목소리로 꾸짖다
[訓導不嚴師之惰(훈도불엄사지타).] 가르쳐 이끄는 데 엄하지 않는 것은 스승의 태만이다. 『古文眞寶·勸學文』 ☞ *262
嚴斷(엄단), 嚴命(엄명), 嚴密(엄밀), 嚴罰(엄벌), 嚴選(엄선), 嚴守(엄수), 嚴正(엄정), 嚴重(엄중)

범하기 어렵다, 존경하고 어려워하다, 삼가다, 두려워하다, 두려워하며 삼가다
[嚴父慈母(엄부자모)] 엄한 아버지와 자애로운 어머니.
[嚴肅(엄숙)] ① 장엄하고 정숙함. ② 위엄이 있고 정중함.
[謹嚴(근:엄)] 점잖고 엄숙함. ¶근엄한 표정
[無嚴(무엄)] 삼가고 어려워함이 없음. 조심성이 없음.
[威嚴(위엄)] 점잖고 엄숙함. ¶위엄을 보이다/위엄을 부리다
[莊嚴(장엄)] ① 씩씩하고 엄숙함. ② 웅장하며 위엄 있고 엄숙함. ¶산 산 백두산 그의 기상 장엄해라
[不惡而嚴(불오이엄).] 군자는 소인을 멀리 할 뿐이지, 미워하여 꾸짖거나 하지 아니하고, 다만 자신의 행동을 바르게 하여 엄함을 보여 소인이 스스로 따르도록 하는 것이다. 소인(小人)을 대하는 방법을 이른다. 『孟子

(맹자)·公孫丑(공손추)』
嚴君(엄군), 嚴父(엄부), 嚴師(엄사), 嚴侍下(엄시하), 嚴妻侍下(엄처시하), 嚴親(엄친), 三嚴(삼엄), 森嚴(삼엄), 尊嚴(존엄), 至嚴(지엄), 華嚴(화엄), 華嚴經(화엄경), 華嚴宗(화엄종)

혹독하다, 심하다
[嚴冬雪寒(엄동설한)] 눈 내리는 깊은 겨울의 심한 추위.
[嚴冬不肅殺(엄동불숙살), 何以見陽春(하이견양춘).] 한 겨울 추위가 혹독하지 않고서야 어찌 봄날의 화창함이 있으랴. 『唐(당) 呂溫(여온)』

경계하다
[戒嚴(계:엄)] 전시나 사변 등 비상사태를 당하여, 일정한 지역을 군인들이 경비하고 그 지역의 행정권과 사법권의 전부 또는 일부를 군대가 맡아 다스리게 하는 일. ¶계엄을 선포하다 图戒嚴令(계엄령)

肅 엄숙할 숙, 聿부13　0952

'肅(숙)'자는 '수놓다'는 뜻을 나타내기 위하여 자수를 놓으려고 붓을 잡고 밑그림을 그리고 있는 모습을 본뜬 것이다. 자수를 놓을 때 바늘에 찔리지 않으려면 조심하고 엄숙해야 하므로 '엄숙하다'의 의미로 사용되는 예가 많아지자 본래 뜻은 '실 糸(사)'를 붙여 '수놓은 繡(수)'자를 만들어냈다.

엄숙하다, 엄하다
[肅然(숙연)] 분위기 따위가 고요하고 엄숙한 그런 모양. ¶선생님이 단상에 서시자 장내는 쥐 죽은 듯이 숙연해졌다
[肅正(숙정)] 엄격히 다스려 바로잡음. 图綱紀肅正(강기숙정), 官紀肅正(관기숙정)
[官紀肅正(관기숙정)] 문란해진 관청의 규율을 바로잡음.
[嚴肅(엄숙)] ☞ 嚴(엄)
[靜肅(정:숙)] 조용하고 엄숙함. ¶실내 정숙
[嚴冬不肅殺(엄동불숙살), 何以見陽春(하이견양춘)] 『唐·呂溫(여온)』 ☞ 嚴(엄)

가지런하다, 가지런히 하다, 정숙하다
[整肅(정:숙)] 몸가짐이나 차림새가 바르고 가지런함. ¶그 여자의 차림새가 정숙하다
[自肅(자숙)] 몸소 삼감.

맑다, 깨끗하게 하다
[肅淸(숙청)] 독재국가 따위에서, 반대파를 처단하거나 없앰.

均 고를 균, 土부7　0953

'均(균)'자는 '흙 土(토)'와 '고를 勻(균)'으로 이루어졌다. '평평한 땅'을 뜻하기 위한 것이다.

고르다, 평평하게 하다, 높낮이를 없게 하다, 한결같다, 같게 하다, 가지런하게 하다, 조화를 이루다
[均等(균등)] 수량이나 상태 등이 고르고 가지런함. 回

均一(균일)
[均一(균일)] 금액이나 수량 따위가 골고루 똑같음. 차이가 없음.
[均衡(균형)] 치우치거나 기울어지지 않고 고름. ¶균형을 잡다/균형을 잃다
[不均衡(불균형)] 균형이 잡히지 못함.
[成均館(성균관)] 조선 때, 유학의 교육을 맡아 보던 최고의 국립 교육 기관. '成均(성균)'은 '학문을 이루고 인품을 고르게 함'을 뜻하는 말임.
[平均(평균)] ① 많은 量(양) 또는 數(수)의 중간적인 값. 또는 이를 구하는 계산. ② 분량이나 바탕을 한결같이 고르게 함.
均排(균배), 均配(균배), 均質(균질)

墳 무덤 분, 土부15　0954

'墳(분)'자는 흙으로 덮어서 쌓은 '무덤'을 뜻한다. '흙 土(토)'와 '클 賁(분)'으로 이루어졌다. '墓(묘)'는 무덤의 땅 전체를 말하며, '墳(분)'은 무덤의 동그랗고 볼록하게 쌓은 부분을 말한다.

무덤
[墳墓(분묘)] 무덤. 묘.
[古墳(고:분)] 옛 무덤.
[封墳(봉분)] 무덤에서, 둥글게 흙을 쌓아 올린 부분.
[封墳祭(봉분제)] 시체를 파묻고 봉분을 만든 뒤에 지내는 제사.

墓 무덤 묘:, 土부14　0955

墓(묘)자는 '무덤이 있는 땅'을 나타내기 위한 것이다. '흙 土(토)'와 '없을 莫(막)'으로 이루어졌다.

무덤
[墓碑(묘:비)] 무덤 앞에 세우는 비석. 참墓碑銘(묘비명)
[墓地(묘:지)] 무덤이 있는 땅. 또는 그 구역. ¶국립묘지
[墳墓(분묘)] ☞ 墳(분)
[省墓(성묘)] 조상의 산소를 살펴봄. ¶추석에 할아버지 산소에 성묘를 했다
墓所(묘소), 墓域(묘역), 墓位土(묘위토), 墓前碑(묘전비), 墓祭(묘제), 墓誌(묘지), 墓表(묘표), 墓標(묘표), 墓穴(묘혈), 共同墓地(공동묘지), 侍墓(시묘), 破墓(파묘)
옛날에는 땅 속에 파묻기만 했던 平土葬(평토장)을 '墓(묘)'라고 했고, 땅 위로 볼록하게 흙을 쌓아 올린 封墳葬(봉분장)을 '墳(분)'이라고 구분하였다. 요즘은 그런 구분 없이 무덤을 통칭하여 '墓(묘)'라 한다. 또 옛날에는 왕과 왕비의 무덤은 '陵(릉)', 왕의 私親(사친)과 세자의 무덤은 '園(원)', 일반인의 무덤은 '墓(묘)'라 했다.

怪 기이할 괴(:), 이상할 괴(:), 心부8　0956

'怪(괴)'자는 '마음 忄(심)', '또 又(우)', '흙 土(토)'로 이루어진 글자이다. '土(토)'는 '토지의 신'을 뜻한다. '又(우)'는 '오른 손'을 뜻한다. '怪(괴)'자는 '건드려서는 안 되는 땅의 神(신) 위에 오른손을 놓고 이상한 심리 상태가 되다'의 뜻이라고 한다.

기이하다, 행동·마음·형체가 기이하다, 이상야릇하다, 불가사의하다
[怪奇(괴:기)/奇怪(기괴)] 기이하고 이상야릇함. ¶참으로 기괴한 사건이 발생했다
[怪談(괴:담)] 괴상한 이야기.
[怪物(괴:물)] ① 괴상하게 생긴 물체. ② '괴상한 사람'을 비유하여 이르는 말.
[怪漢(괴:한)] 거동이나 차림새가 수상한 사내.
[奇巖怪石(기암괴석)] 기이하게 생긴 바위와 괴상하게 생긴 돌.
[變怪(변:괴)] ① 이상야릇한 災變(재변). ¶까마귀 우는 게 뭐 그리 큰 변괴란 말이오 ② 마땅한 도리에 벗어난 못된 짓.
[駭怪(해괴)] 놀랄 만큼 괴상야릇함. ¶해괴한 소문
怪童(괴동), 怪力(괴력), 怪癖(괴벽), 怪變(괴변), 怪常(괴상), 怪聲(괴성), 怪獸(괴수), 怪異(괴이), 怪疾(괴질), 奇怪罔測(기괴망측), 奇談怪說(기담괴설), 駭怪罔測(해괴망측)

도깨비, 정상이 아닌 것
[妖怪(요괴)] 요사스러운 괴물.

奇 기이할 기, 大부8　0957

'奇(기)'자는 '발을 절뚝거리다'는 뜻을 나타내기 위한 것이었다. '큰 大(대)'와 '옳을 可(가)'로 만들어진 것이다. 후에 '기이하다'는 뜻으로 많이 쓰이게 되자 본뜻은 '발 足(족)'을 붙여 '절뚝발이 踦(기)'자를 만들었다. '갑자기', '홀수'의 뜻으로도 쓰인다.

기이하다, 이상야릇하다
[奇妙(기묘)] 기이하고 묘함. ¶기묘한 생각/기묘한 방법
[奇想天外(기상천외)] '기이한 생각이 하늘 밖에 이름'이란 뜻에서, 보통으로는 짐작도 할 수 없을 만큼 생각이 아주 기발하거나 엉뚱함. ¶기상천외의 생각
[奇蹟(기적)] 사람의 생각이나 힘으로는 할 수 없는 기이한 일. ¶기적이 일어나다
[神奇(신기)] 신묘하고 기이함.
[獵奇(엽기)] 기이한 사물에 호기심을 품고 즐겨서 쫓아다님. ¶엽기 소설
[珍奇(진기)] 진기하고 기이함.
[好奇心(호:기심)] 새롭고 기이한 것에 대하여 끌리는 마음. ¶호기심이 많은 사람.
奇怪(기괴), 奇怪罔測(기괴망측), 奇談(기담), 奇談怪說(기담괴설), 奇聞(기문), 奇癖(기벽), 奇峰(기봉), 奇

想(기상), 奇聲(기성), 奇巖(기암), 奇巖怪石(기암괴석), 奇異(기이), 奇人(기인), 奇行(기행), 奇形(기형), 奇花(기화), 奇花異草(기화이초)/琪花瑤草(기화요초), 怪奇(괴기), 新奇(신기)

뛰어나다, 보통과 다르다
[奇拔(기발)] ① 유달리 재치 있게 뛰어남. ② 진기하거나 묘함. ¶기발한 아이디어가 떠올랐다
[奇特(기특)] ① 말이나 행동이 신통하고 귀엽다. ¶네 생각이 참 기특하구나 ② 신기하거나 신통하다.
奇緣(기연), 奇才(기재), 奇智(기지)

갑자기, 돌연 느닷없이
[奇襲(기습)] 몰래 습격함. 또는 그 습격. ¶기습 작전

불운, 운수가 사납다
[奇薄(기박)] 운수가 사납고 복이 없음. ¶팔자가 기박하여

홀수, 짝수로 나눌 수 없는 수
[奇數(기수)] 홀수. 2로 나누어서 나머지 1이 남는 수. 판偶數(우수), 짝수

기타
[奇別(기별)/寄別(기별)] 다른 곳에 있는 사람에게 소식을 알림. 또는 그것을 적은 종이. ¶기별을 받다/간에 기별도 안 간다

妙 묘할 묘, 女부7   0958

'妙(묘)'자는 '젊은 여자'를 뜻하기 위하여 만들어진 것이다. '여자 女(여)'와 '젊다'는 뜻인 '少(소)'로 만들어졌다. '20살 안팎의 젊은 여자'를 뜻한다. '젊다', '예쁘다', '묘하다'의 뜻으로 확대되었다.

묘하다, 재주·솜씨·꾀 등이 희한하게 뛰어나거나 약빠르다, 생김새·동작 등이 색다르게 신기하거나 보기 좋다, 기회나 내용이 공교롭거나 신기롭다, 호기심을 끌 정도로 별스럽다
[妙技(묘:기)] 기묘한 기술과 재주. 매우 뛰어난 기술. ¶마술사의 묘기에 감탄하다
[妙策(묘:책)] 매우 교묘한 꾀. 절묘한 계책.
[巧妙(교묘)] (솜씨나 꾀가) 썩 묘함. ¶다보탑은 우리나라 탑 중에서 그 구조가 가장 교묘하다
[微妙(미묘)] 어떤 현상이나 내용이 뚜렷하게 드러나지 않으면서 야릇하고 묘함. ¶미묘한 관계
[絶妙(절묘)] ① 뛰어나게 기묘함. ② 매우 아리따움. ¶금강산의 절묘한 자태/절묘한 자색
妙境(묘경), 妙計(묘계), 妙略(묘략), 妙味(묘미), 妙法(묘법), 妙手(묘수), 妙案(묘안), 妙藥(묘약), 妙處(묘처), 奇妙(기묘), 美妙(미묘), 神妙(신묘), 奧妙(오묘), 玄妙(현묘)

젊다, 나이가 20세 안팎이다
[妙齡(묘:령)] 스물 안팎의 꽃다운 나이. ¶묘령의 여인

妨 방해할 방, 女부7   0959

'妨(방)'자는 '여자 女(여)'와 '모 方(방)'으로 이루어진 글자이다.

방해하다, 거리끼다, 헤살을 놓다, 일·행동·운동 등의 진행이 순조롭지 못하게 방해되다, 장애, 방해, 거리끼는 일
[妨害(방해)] 남의 일에 헤살을 놓아 해를 끼침. ¶安眠(안면) 방해
[無妨(무방)] ① 방해될 것이 없음. ② 해롭지 않음. ¶가도 무방하고 안 가도 무방하다

委 맡길 위, 女부8   0960

'委(위)'자는 '여자 女(여)'와 머리를 숙인 익은 벼의 모습을 그린 '벼 禾(화)'가 합쳐진 것이다. 둘 다 다소곳한 모습이니 '순종하다'가 본뜻이었다. 본뜻과는 달리 '맡기다'의 뜻으로 쓰인다.

맡기다, 맡게 하다
[委員會(위원회)] 특별한 자격을 가지거나 특별히 위임받은 사람들로써 구성되는 합의체.
[委任(위임)] ① 어떤 일을 지워 맡김. 또는 그 맡은 책임. ② (법) 당사자의 한쪽이 상대방에게 법률행위나 그 밖의 사무의 처리를 맡기는 계약. ③ (법) 행정청이 권한 사무를 다른 행정청에 맡기는 일. 참委任狀(위임장)
[委囑(위촉)] 특정한 일을 남에게 부탁하여 맡김. ¶그 일을 위촉받은 일이 있나요? 참委囑狀(위촉장)
[委託(위탁)] 어떤 행위나 사무의 처리를 남에게 맡겨 부탁함. ¶위탁교육

威 위엄 위, 女부9   0961

'威(위)'자는 '여자 女(여)'와 '무기 戌(술)'로 이루어진 것으로, '시어머니'가 본래의 의미였다고 한다. 후에 '위엄', '두려워하다'의 뜻으로 확대되었다.

위엄, 권위, 권세
[威力(위력)] ① 사람을 복종시키는 강한 강제력. ¶핵무기의 위력 ② 위풍 있는 강대한 권세. 권위에 찬 큰 힘.
[威信(위신)] 위엄과 신망. ¶국가의 위신
[威風堂堂(위풍당당)] 풍채가 위엄이 있고 씩씩함.
[權威(권위)] ① 권력과 위세. 참權威主義(권위주의) ② 일정한 분야에서 사회적으로 인정을 받고 영향을 끼칠 수 있는 위신. 또는 그러한 위신을 가진 사람. 참權威者(권위자)
[示威(시:위)] 위력을 드러내 보임. ¶대규모 시위가 벌어졌다
[狐假虎威(호가호위)] 여우가 호랑이의 위세를 빌리다. 남의 권세를 빌려 위세를 부림을 비유한 말.
威光(위광), 威德(위덕), 威勢(위세), 威壓(위압), 威壓的(위압적), 威嚴(위엄), 威容(위용), 威儀(위의), 威風(위풍), 街頭示威(가두시위), 國威(국위), 猛威(맹위), 皇威(황위)

으르다, 협박하다
[威脅(위협)] 으르고 협박함. 참威脅的(위협적)

婚 혼인할 혼, 女부11　0962

옛날에는 '황혼(昏)' 무렵에 '신부(女)'의 집에 가서 신부를 맞아 혼례를 올렸다. '婚(혼)'자는 아내의 본집, 즉 '丈人(장인)의 집'이 본뜻이다. '저녁때 여자의 집에서 식을 올리다', 즉 '장가가다'는 의미로 쓰이게 되었다.

혼인하다
[婚事(혼사)] 혼인에 관한 일.
[婚需(혼수)] 혼인에 쓰이는 물품.
[婚姻(혼인)] 남자와 여자가 예를 갖추어 부부가 되는 일. 동結婚(결혼)
[結婚(결혼)] 정식으로 부부 관계를 맺음. 참結婚式(결혼식)
[男婚女嫁(남혼여가)] 남자는 장가들고 여자는 시집감.
[未婚(미:혼)] 아직 결혼하지 않음. 참旣婚(기혼)
[新婚(신혼)] 갓 결혼함. 또는 그 혼인. 참新婚旅行(신혼여행)
[婚取而論財(혼취이론재), 夷虜之道也(이로지도야). 議婚姻(의혼인), 勿苟慕其富貴(물구모기부귀).] 혼인에 재물을 논하는 것은 오랑캐의 도이다. 혼인을 의논할 때는 구차스럽게 그 부귀함과 귀함만을 흠모하지 말아야 한다. 『小學(소학)·外篇(외편)·嘉言(가언)』
婚家(혼가), 婚期(혼기), 婚談(혼담), 婚禮(혼례), 婚書(혼서), 婚處(혼처), 婚行(혼행), 開婚(개혼), 冠婚喪祭(관혼상제), 求婚(구혼), 金婚式(금혼식), 旣婚(기혼), 晩婚(만혼), 成婚(성혼), 新婚旅行(신혼여행), 約婚(약혼), 逆婚(역혼), 銀婚式(은혼식), 離婚(이혼), 再婚(재혼), 政略結婚(정략결혼)/政略婚(정략혼), 早婚(조혼), 請婚(청혼), 初婚(초혼), 通婚(통혼), 破婚(파혼), 許婚(허혼), 回婚(회혼)

아내의 친정 또는 아내의 친정의 살붙이

姻 혼인 인, 女부9　0963

'姻(인)'자는 딸[女]이 인연[因]을 맺어 가는 곳, 즉 '사위의 집'이 본뜻인데, '시집가다'는 뜻으로 쓰인다.

혼인
[婚姻(혼인)] ☞婚(혼)
[婚取而論財(혼취이론재), 夷虜之道也(이로지도야). 議婚姻(의혼인), 勿苟慕其富貴(물구모기부귀).] ☞婚(혼)

인척, 결혼 관계로 맺어진 친척
[姻戚(인척)] 혼인에 의하여 맺어진 친척.
[親姻戚(친인척)] 친척과 인척을 아울러 이르는 말.

孔 구멍 공:, 子부4　0964

'孔(공)'자는 '외로울 子(혈)'과 '숨을 ㄴ(은)'으로 이루어진 글자이다. '깊은 구멍'을 뜻한다.

구멍
[孔隙(공:극)] 구멍. 뚫어냈거나 파낸 자리.
[瞳孔(동:공)] 눈동자의 한가운데에 있는 구멍 같은 부분. 빛이 이곳을 통하여 들어간다.
[鼻孔(비:공)] 콧구멍.
[圓孔方木(원공방목)] 둥근 구멍에 네모난 나무를 꽂아 맞춤. '일이 잘 맞지 않음'을 비유하여 이르는 말. 『傳燈錄(전등록)』
[穿孔(천:공)] 구멍이 뚫림. 또는 구멍을 뚫음. 참穿孔機(천공기)
氣孔(기공), 九孔炭(구공탄), 多孔(다공), 毛孔(모공)

새 이름
[孔雀(공:작)] (동) 꿩과의 새. 머리 위에 10cm 정도의 깃털이 삐죽하게 있으며, 수컷이 꽁지를 펴면 큰 부채와 같으며 오색찬란하다. 암컷은 수컷보다 작고 꼬리가 짧으며 무늬가 없다. 참孔雀扇(공작선)

공자(孔子)의 약칭
[孔孟(공:맹)] 孔子(공자)와 孟子(맹자). 참孔孟學(공맹학)
[孔子(공:자)] 중국 춘추 시대의 큰 성인. 이름은 구(丘), 자는 중니(仲尼). 魯(노)나라 사람. 六經(육경)을 찬술하고 仁(인)과 禮(예) 등의 윤리 도덕을 널리 가르쳤음. 제자들이 그의 언행을 기록하여 놓은 『論語(논어)』가 있음. (기원전 552~479)

[孔子穿珠(공:자천주)] 공자가 아는 사람에게서 진기한 구슬을 얻었다. 구슬의 구멍이 무려 아홉 구비나 되었다. 이것을 실로 꿰려고 갖은 방법을 다 써 보았지만 성공하지 못했다. 그러다가 바느질하는 아낙이라면 어렵지 않게 꿸 수 있지 않을까 여겨 뽕밭에서 뽕잎을 따고 있던 아낙네에게 그 방법을 물었다. 공자의 이야기를 듣더니, 아낙이 말했다. "찬찬히 꿀을 가지고 생각해 보세요" 아낙의 말을 골똘히 생각하던 공자는 잠시 후 그녀의 말뜻을 깨닫고 무릎을 치며 외쳤다. "그렇구나." 그리고는 나무 그늘 밑을 오가는 개미를 붙잡아 허리에 실을 묶고 구슬 한 쪽 구멍으로 넣었다. 그런 뒤 반대 편 구멍에는 꿀을 발라 놓았다. 개미는 꿀 냄새를 맡고는 구멍 속으로 기어 들어가더니 저쪽 구멍으로 나왔다. 이렇게 해서 구슬에 실을 꿸 수 있었다. 공자는 배우는 일에는 나이나 신분, 귀천과 부귀를 따지지 않았다. 모르는 것이 있으면 배우는 것이지 다른 조건이 중요한 것은 아니라고 생각했기 때문이다. '三人行(삼인행) 必有我師(필유아사). 곧 세 사람이 길을 가면 반드시 나의 스승이 될 사람이 있다.'고 한 것도 그런 생각을 보여준 말이다. 『祖庭事苑(조정사원)』

孔老(공로), 孔門十哲(공문십철), 孔子家語(공자가어)

宣 베풀 선, 宀부9　0965

'宣(선)'자는 '집 宀(면)'과 '구할 亘(선)'으로 이루어졌다. '亘(선)'은 '고루 펴다'의 뜻이다. '宀(면)'은 임금이 사는 '집'을 뜻한다. 왕이 신하에게 자신의 意思(의사)를 말해 널리 알리는 榜(방)의 뜻을 나타낸다.

베풀다, 은혜 따위를 끼치어 주다
[宣撫(선무)] 흥분된 민심을 어루만져 안정시킴. 참宣撫工作(선무공작)
펴다, 생각을 말하다, 의사를 밝히다
[宣告(선고)] ① 公表(공표)하여 널리 알림. ② (법) 재판의 판결을 일반에게 발표함. ¶유죄를 선고하다
[宣誓(선서)] 성실함을 확실히 보증하기 위해 굳게 다짐함. ¶선수 대표가 선서를 했다.
宣告猶豫(선고유예), 宣明(선명), 宣戰(선전), 宣戰布告(선전포고)
널리 알리다, 널리 공포하다, 널리 퍼뜨리다
[宣敎(선교)] 종교를 전도하여 널리 펼침.
[宣敎師(선교사)] ① 종교를 널리 전도하는 사람. ② (예수) 기독교를 다른 나라에 가서 전도하는 사람.
[宣言(선언)] 국가나 단체가 방침, 주장 따위를 정식으로 공표함. ¶독립 선언
[宣傳(선전)] 어떤 사물·사상·주의 따위를 많은 사람에게 전하여 알리는 일. ¶새 상품 선전
[宣布(선포)] 세상에 널리 알림. ¶세계만방에 우리나라의 독립을 선포하다
[黑色宣傳(흑색선전)] 터무니없는 사실을 조작하여 상대방을 중상모략하고 교란시키는 정치적 술책.
떨치다
[宣揚(선양)] (명성이나 권위 따위를) 널리 퍼뜨려 떨침.

寄 부칠 기, 宀부11　　0966

'寄(기)'자는 '집 宀(면)'과 '기이할 奇(기)'로 이루어졌다. '맡기다'가 본뜻이다. '부치다'의 뜻으로도 쓰인다.
부치다, 보내다
[寄稿(기고)] 원고를 써서 보냄.
[寄別(기별)/奇別(기별)] 다른 곳에 있는 사람에게 소식을 알림. 또는 그것을 적은 종이. ¶기별을 받다/간에 기별도 안 간다
맡기다, 증여하다, 위임하다, 의뢰하다, 의지하다, 위임, 부탁
[寄附(기부)] 돈 따위를 대가없이 보내주거나 덧붙여 내놓음. ¶적십자사에 돈을 기부하다 참寄附金(기부금)
[寄與(기여)] ① 남에게 이바지함. ② 물건을 부쳐줌. 참寄與金(기여금)
[寄贈(기증)] 남에게 선물하거나 이바지하는 뜻으로 거저 물품을 줌. ¶도서 기증
[寄託(기탁)] 물건이나 돈을 부쳐 주어 그 관리를 맡김.
붙여 살다, 임시로 얹혀살다
[寄居(기거)] 남에게 얹혀 삶.
[寄生(기생)] ① (생) 어떤 생물이 다른 생물에 붙어서 영양을 섭취하며 사는 일. ② 스스로 생활하지 못하고 남에게 기대어 생활하는 일. 참寄生蟲(기생충)
[寄宿舍(기숙사)] 학교나 공장 같은 기관에서 그 인원이 공동으로 생활하게 하는 집.
[生寄死歸(생기사귀)] 사람이 이 세상에 사는 것은 잠시 몸을 맡겨 머무는 것이고, 죽는 것은 원래의 집인 고향으로 돌아가는 것이다. 生寄也(생기야), 死歸也(사귀야)『十八史略(십팔사략)·卷一(권일) 夏后氏(하후씨)』
寄生蟲(기생충), 寄宿(기숙), 寄食(기식), 寄主(기주)

寢 잠잘 침:, 宀부14　　0967

'寢(침)'자는 '집 宀(면)', '조각 爿(장)', '侵(침)의 생략형'으로 이루어졌다. '爿(장)'은 '잠자리'의 뜻이고, '侵(침)'은 '깊숙이 들어감'을 뜻한다. 깊숙한 곳에 있는 '방'이나 '방에서 자다'의 뜻을 나타낸다.
잠자다, 자리에 눕다
[寢具(침:구)] 잠을 자는 데 쓰이는 물건. 이부자리·베개 따위.
[寢臺(침:대)] 사람이 누워 잠을 잘 수 있도록 편평하게 만든 대.
[寢室(침:실)] 잠을 잘 수 있게 만든 방.
[同寢(동침)] 부부 또는 남녀가 한 자리에서 같이 잠.
[不寢番(불침번)] 밤에 잠을 자지 않고 번(番)을 서는 일, 또는 그런 사람.
[就寢(취:침)] 잠자리에 들어 잠을 잠.
寢囊(침낭), 寢牀(침상)/寢床(침상), 寢食(침식), 起寢(기침)

專 오로지 전, 寸부11　　0968

'專(전)'자는 손에 실감개를 쥐고 있는 모양을 본뜬 글자이다. 본뜻은 '구르다'이다. 이후 '오로지'의 뜻으로 쓰이는 예가 많아지자 '구르다'라는 본뜻을 확실하게 하기 위하여 바퀴 모양을 본뜬 '車(차)'를 더하여 '구를 轉(전)'자를 만들었다.
오로지, 오직 한 곬으로
[專攻(전공)] 전문적으로 연구함. ¶전공과목
[專念(전념)] 오로지 한 가지 일만 마음에 두어 생각함. ¶훈련에 전념하다
[專務(전무)] ① 전문적으로 맡아 봄. 또는 그런 사람. ② '전무이사'의 준말.
[專門(전문)] 어떠한 분야에서 상당한 지식과 경험을 가지고 오직 그 분야만 연구하거나 맡음. 또는 그 분야. 참專門家(전문가), 專門大學(전문대학), 專門醫(전문의)
專擔(전담), 專屬(전속), 專心(전심), 專業(전업), 專任(전임), 專任講師(전임강사)
마음대로, 마음대로 하다, 홀로, 단독으로
[專制(전제)] 위정자가 모든 권력을 장악하고 그 개인의 의사에 따라 모든 일을 처리함. 참專制君主(전제군주), 專制政治(전제정치)

[專權(전권)] 모든 권력을 혼자 쥐고 마음대로 행사함.
[專用(전용)] ① 공동으로 쓰지 아니하고 오로지 혼자서만 씀. ¶버스 전용차로 ② 오로지 한 가지만 씀. ¶한글 전용
[專橫(전횡)] 권리나 세력을 써서 제 마음대로 함.

하나로 되다, 하나로 합쳐지다
[專一(전일)] 마음과 몸을 오로지 한군데에만 씀.

독차지하다, 독점하다
[專賣(전매)] 국가가 국고 수입을 위하여 어떤 재화의 판매를 독점하는 일. 참專賣權(전매권), 專賣收入(전매수입), 專賣特許(전매특허), 專賣品(전매품)
[專賣特許(전매특허)] ① (법) 정부가 발명품에 대한 판매 독점권을 주는 특별한 허가. ② 어떤 분야에서 남들보다 특별히 잘 하거나 독점 행위를 하는 것을 이르는 말. ¶성대모사는 그의 전매특허이다

就 나아갈 취:, 이룰 취:, 尢부3 0969

'就(취)'자는 '높이 올라가다'는 뜻을 나타내기 위하여 '높다'의 뜻인 '京(경)'과 '더욱'의 뜻이 있는 '尤(우)'를 합쳐 놓은 것이다. 후에 '나아가다', '이루다' 등으로 확대되었다.

이루다, 어떤 상태나 결과로 되게 하다, 뜻 한 바를 그대로 되게 하다
[就寢(취:침)] 잠자리에 들어 잠을 잠.
[就學(취:학)] 학교에 입학하여 공부함.
[就航(취:항)] (배나 비행기가) 항행의 길에 나섬.
[成就(성취)] 목적한 대로 일을 이룸. ¶소원 성취
[日就月將(일취월장)] '날마다 뜻을 이루고 달마다 나아감'이란 뜻으로, '발전이 빠르고 성취가 많음'을 이르는 말.

일자리나 벼슬자리에 나가다
[就業(취:업)] ① 일정한 직업을 갖고 직장에 나아가 일을 함. ② 취직.
[就任(취:임)] 직무를 수행하러 맡은 자리에 처음으로 나아감. 반離任(이임)
[就職(취:직)] 일정한 직업을 잡아 직장에 나아감. 참就職難(취직난)
[去就(거:취)] ① (사람이) 어떠한 지위를 떠나거나 새로운 자리로 나아가는 것. ¶그의 거취가 궁금하다 ② (어떤 사태에 대하여) 자기의 처지를 밝혀 취하는 태도. ¶거취를 분명히 하다

屈 굽을 굴, 굽힐 굴, 尸부8 0970

'屈(굴)'자는 몸을 굽힌 모양을 본뜬 '尸(시)'와 '날 出(출)'로 이루어졌다.

굽다, 구부러지다, 한쪽으로 휘다, 접다
[屈曲(굴곡)] ① 이리저리 꺾이거나 굽음. ¶굴곡이 심한 산길 ② 사람 살아가면서 잘 되거나 잘 안 되거나 하는 일이 번갈아 나타나는 변동. 참曲折(곡절) ③ 일의 과정에서 생기는 이러저러한 변동. ④ (언) 한 낱말의 꼴이 바뀌는 것.
[屈指(굴지)] ① (무엇을 셀 때) 손가락을 꼽는 것. ② ('굴지의'로 쓰여) '여럿 가운데서 손꼽을 만한'의 뜻. ¶굴지의 재벌
[屈伸(굴신)] 굽혔다 폈다 함. ¶팔다리를 굴신을 못 하겠다
[屈折(굴절)] 꺾임. ¶빛의 굴절 참屈折率(굴절율)
[百折不屈(백절불굴)] 수없이 꺾어도 굽히지 않음. 萬難(만난)을 무릅쓰고 이겨 나감.
[不撓不屈(불요불굴)] '휘지도 구부러지지도 않는다'는 뜻에서, 의지가 굳어 온갖 어려움에도 한 번 먹은 마음을 굽히지 아니함.
屈巾(굴건), 屈巾祭服(굴건제복), 屈非(굴비), 屈性(굴성), 屈地性(굴지성)

굽히다, 기개·의지·지조 따위를 굽히다
[屈伏(굴복)] 머리를 숙이고 꿇어 엎드림.
[屈服(굴복)] 굽히어 복종함.
[屈辱(굴욕)] 남에게 억눌려 업신여김을 받는 辱(욕). 참屈辱感(굴욕감)
[不屈(불굴)] 굽히지 아니함.
[卑屈(비:굴)] 줏대가 없고 떳떳하지 못함. ¶비굴하게 행동하지 말라
[此膝一屈(차슬일굴), 不可復伸(불가복신).] 이 무릎 한 번 꿇으면 다시 펼 수가 없다. 상대에게 일단 무릎을 꿇어버리면 다시는 펼 수가 없다. 영원한 패배인 것이다. 南宋(남송)의 高宗(고종)이 그 부모형제를 금나라의 포로로 빼앗기자 금나라와 강화해야 한다는 주장이 거론되었다. 이때 胡澹庵(호담암)이 그 화친에 반대하며 그와 같은 말을 적어 고종에게 올렸다고 한다. 『文章軌範 胡澹庵 上高宗封事』
屈身(굴신), 屈節(굴절), 屈從(굴종)

겪다, 억누르다
[屈己(굴기)] 私心(사심)·野慾(야욕)을 억누름.

崇 높을 숭, 山부11 0971

'崇(숭)'자는 '높고 큰 산'을 뜻하기 위한 것이었으니 '메 山(산) + 마루 宗(종)'으로 이루어졌다. 후에 '높다', '높이 받들다' 등으로 확대 사용되었다.

높다, 높이가 높다, 높이
[崇山(숭산)]

존중하다, 우러러 공경하다
[崇高(숭고)] 뜻이 높고 고상함. ¶숭고한 희생정신
[崇拜(숭배)] 거룩하게 높여 공경함.
[崇尙(숭상)] 높이어 소중히 여김. ¶예의를 숭상하다
[偶像崇拜(우:상숭배)] 신 이외의 사람이나 물체를 신앙의 대상으로 숭배하는 일.
崇禮門(숭례문), 崇慕(숭모), 崇文(숭문), 崇佛(숭불), 崇儒(숭유), 崇祖(숭조), 斥佛崇儒(척불숭유)

소중하게 여기다
[隆崇(융숭)] 대하는 태도가 극진하고 정성스러움. ¶융숭한 대접을 받다

層 층 층, 尸부15　0972

'層(층)'자는 '주검 尸(시)'와 '일찍 曾(증)'으로 이루어졌다. '尸(시)'자는 죽음과는 관계가 없고, '집' 또는 '건물'의 모양을 본뜬 것이다. '曾(증)'은 '겹쳐 쌓임'을 뜻하고, 표음요소 역할도 한다. 지붕이 포개져 쌓인 높은 '다락집'을 뜻한다.

같은 높이로 서 있는 건물의 한 부분, 층, 계단, 층계
[層(층)] ① 여러 겹으로 포개어 지은 건물에서 같은 높이를 이루고 있는 공간. ¶아파트의 위층과 아래 층 ② 포개진 물건의 켜나 격지. ③ 차이가 나는 등급. ④ 층계. ⑤ 계층. ¶부유층/빈곤층 ⑥ (숫자나 수사의 뒤에 붙어) 같은 높이의 켜를 세는 단위로 쓰임. ¶한 층/두 층/여러 층
[層階(층계)] 층과 층 사이를 오르내릴 수 있도록 여러 턱이 지게 만들어 놓은 설비.
[層臺(층대)/層層臺(층층대)] 여러 층으로 된 대. 층층다리.
[加一層(가일층)] 일정 수준보다 상태나 정도가 한 단계보다 더 한층 높은 상태.
[高層(고층)] ① 大氣(대기)의 높은 층. ② 높이 지은 여러 층. 또는 높은 층. ¶고층 건물
層數(층수), 層層(층층), 單層(단층), 一層(일층)

같지 않아서 차이가 나는 등급
[各界各層(각계각층)] 사회의 각 방면과 각 계층. ¶각계각층의 분들이 전시회를 찾아주셨다.
[階層(계층)] 사회적 지위나 경제적으로 비슷한 사람들의 구분. ¶부유층/계층 간의 갈등
[富裕層(부유층)] 재산이 넉넉히 있는 계층. 또는 그런 계층의 사람들. 맨貧民層(빈민층)
[深層(심:층)] 속에 깊이 있는 밑층.
上層(상층), 中層(중층)/中間層(중간층), 下層(하층)

켜, 고체, 액체, 기체 등의 포개어져 이루어진 켜
[斷層(단:층)] (지) 지각이 위나 아래로 움직여 지각에 갈라진 틈이 생기고, 이에 따라 지층이 어긋나서 맞지 않는 현상.
[地層(지층)] 땅 껍질의 층.
[成層圈(성층권)] (지) 대류권과 중간층 사이에 있는 거의 안정된 대기층. 지상에서 평균 11km 이상의 높이에 있으며 온도는 50℃ 쯤 됨.

屬 무리 속, 엮을 속, 붙일 속, 尸부21　0973

'屬(속)'자는 본래 '꼬리를 잇다'는 뜻이었다. 약간 변형된 '꼬리 尾(미)'가 표의요소로, '나라 이름 蜀(촉)'이 표음요소로 쓰였다.

붙다, 붙이다, 부착하다, 딸리다
[屬國(속국)] 주권이 다른 나라에 속해 있는 나라.
[屬性(속성)] ① 사물에 근본적으로 딸리어 있으면서 그 바탕을 이루는 성질. ② 주요한 성질에 딸려 있는 성질.
[附屬(부:속)] ① 부속품. ¶기계 부속품 ② 주가 되는 사물이나 기관에 딸려 붙어 있음. ¶의과대학 부속병원
참附屬學校(부속학교), 附屬病院(부속병원), 附屬品(부속품)
[所屬(소:속)] 딸림. 어떠한 기관이나 단체에 딸림, 또는 그 사람이나 물건.
[從屬(종속)] 어떤 것에 딸려 매여 있음. 참從屬關係(종속관계), 從屬變數(종속변수), 從屬理論(종속이론)
歸屬(귀속), 配屬(배속), 附屬品(부속품), 隸屬(예속), 吏屬(이속), 專屬(전속), 轉屬(전속), 直屬(직속)

무리, 동아리, 한 패
[金屬(금속)] 쇠붙이.
[族屬(족속)] ① 같은 겨레에 속하는 무리. ② 같은 패거리에 속하는 사람들을 낮잡아 이르는 말. ¶사기꾼 족속
[重金屬(중:금속)] 비중이 4 이상인 금속 원소. 철·금·백금·동·납·수은·카드뮴 따위.

살붙이 혈족
[軍屬(군속)] ① 군인 가족. ② 민간인으로 군무에 종사하는 사람.
[眷屬(권:속)] 자기 집에 딸린 식구. 또는 한 집안의 겨레붙이. 참妻子眷屬(처자권속)
[卑屬(비:속)] (법) 친족 관계에 있어서 항렬이 자기보다 아래인 친족. 참尊屬(존속)
[尊屬(존속)] 어버이와 같은 항렬 이상에 속하는 친족. 참直系尊屬(직계존속)

좇다, 복종하다
[服屬(복속)] 복종하여 붙좇음.

差 어긋날 차, 다를 차, 工부10　0974

'差(차)'자는 '벼 禾(화)'의 변형과 '왼 左(좌)'로 이루어진 글자이다. 벼의 이삭이 고르지 않게 팬 모양에서 만들어진 글자이다. 고르지 않으며 제각각의 뜻, 사물이 다르다는 뜻을 나타낸다. 글자의 모양으로만 보면 '差(차)'자는 '양 羊(양) + 장인 工(공)'으로 보인다. 그렇다면 '다르다'는 뜻과 관계를 맺을 수가 없다.

어긋나다, 일치하지 아니하다, 엇갈리다, 다름, 틀림, 잘못, 나머지, 어느 수에서 다른 수를 뺀 나머지
[差(차)] ① 둘 이상의 사물을 견줄 때 서로 어긋나거나 틀리는 정도. ¶차가 나다/빈부의 차가 심했다 ② (수) 어떤 수나 식에서, 다른 수나 식을 덜어낸 나머지.
[差別(차별)] 차등이 있게 구별함. ¶차별 대우
[差異(차이)] 서로 차가 있게 다른 것. ¶의견 차이
[隔差(격차)] (빈부·임금·기술수준 등의) 벌어진 차

이. ¶빈부의 격차를 없애다
[誤差(오:차)] ① 관측하거나 셈한 수와 그 정확한 수와의 차이. ② (수) 참값과 근사값과의 차이. 참標準誤差(표준오차), 標本誤差(표본오차)
[日較差(일교차)] (기온이나 습도 따위의) 하루 동안의 변화하는 차이. 참年較差(연교차)
[天壤之差(천양지차)] 하늘과 땅 사이와 같이 엄청난 차이. 동天壤之判(천양지판)
差減(차감), 差等(차등), 差額(차액), 差益(차익), 格差(격차), 落差(낙차), 等差(등차), 等差級數(등차급수), 等差數列(등차수열), 時差(시차), 千差萬別(천차만별), 偏差(편차)

부리다, 보내다, 파견하다, 사신으로 보내다, 심부름꾼, 심부름 가는 벼슬아치
[差使(차사)] (역) 중요한 임무를 지워 파견하던 임시 벼슬 또는 그 사람. 참咸興差使(함흥차사)
[差人(차인)] ① 남의 장사하는 일에 시중드는 사람. ② 임시 심부름꾼으로 쓰는 하인.
[差出(차출)] ① 지난날 관리를 임명하려고 뽑아내던 일. ② 인원을 떼어서 냄. ¶병력 차출

낫다, 병이 낫다
[差度(차도)] 병이 조금씩 나아가는 정도.
[快差(쾌차)] 병이 깨끗이 다 나음.

기타
[差押(차압)] (법) 국가기관이 공권력으로써 어떤 재산이나 증거물 따위를 잡아 두고, 그 권리자가 자유 처분을 못하게 하는 강제 행위. ¶세금을 내지 않아 재산을 차압하다 동押留(압류)

巨 클 거:, 工부5 0975

'巨(거)'자는 손잡이가 달린 곱자를 본뜬 모양이다. 본뜻은 '곱자'였다. '巨(거)'자가 '크다'는 뜻으로 쓰이는 예가 많아지자 '화살 矢(시)'를 붙여 '곱자 矩(구)'자를 만들어 나타냈다.

크다, 부피가 크다
[巨大(거:대)] 엄청나게 큼. ¶거대 도시
[巨視的(거:시적)] 어떤 대상을 드러내는 전체적 구조로 보는. 또는 그러한 것. 참微視的(미시적)
[巨人(거:인)] ① 몸집이 유난히 큰 사람. ② 신화·전설·동화 등에 나오는 초인간적인 힘을 가진 인물. ③ 품성·재능 등이 뛰어난 인물.
[巨創(거:창)] (규모 따위가) 엄청나게 큼. ¶거창한 사업/거창한 공사
巨軀(거구), 巨木(거목), 巨富(거부), 巨商(거상), 巨石(거석), 巨松(거송), 巨樹(거수), 巨刹(거찰), 巨砲(거포), 巨漢(거한), 巨艦(거함)

많다, 수량이 많다
[巨金(거:금)] 거액의 돈. 큰 돈.
[巨額(거:액)] 매우 많은 돈.

중요하다, 대단하다, 뛰어나다
[巨物(거:물)] 사회적으로 큰 영향력을 가진 뛰어난 인물.
[巨步(거:보)] '큰 걸음'이라는 뜻으로, 크게 발전하여 나아가는 걸음.
[巨匠(거:장)] 예술·과학 등의 전문 분야에서 특별히 뛰어난 사람. ¶영화계의 거장
巨頭(거두), 巨儒(거유), 巨族(거족), 名門巨族(명문거족)

帳 장막 장, 휘장 장, 巾부11 0976

'帳(장)'자는 '장막'을 뜻하기 위한 것이다. '수건 巾(건)'과 '긴 長(장)'으로 이루어졌다. 옛날에는 장막 안에서 장부 정리를 했나보다. '장부', '공책'의 뜻으로도 쓰인다.

휘장·장막 등을 두루 이르는 말
[帳幕(장막)] 볕이나 비를 피할 수 있도록 둘러친 휘장이나 천막.
[布帳(포장)] 베·무명 따위로 만든 휘장. 참布帳馬車(포장마차)
[揮帳(휘장)] 피륙을 여러 폭으로 이어서 빙 둘러치는 장막.
面帳(면장), 房帳(방장)

공책, 장부
[帳簿(장부)] 돈이나 물건의 드나드는 셈을 적어두는 책.
[日記帳(일기장)] 하루 중에 있었던 일이나 감상을 적는 책.
[通帳(통장)] 은행·우체국 같은 데서 입금·출금 따위의 상황을 기록하여 내어주는 장부. ¶은행 통장
記帳(기장), 臺帳(대장), 元帳(원장)

幕 장막 막, 막 막, 巾부14 0977

'幕(막)'자는 '휘장'을 뜻한다. '수건 巾(건)'과 '없을 莫(막)'으로 이루어졌다.

막, 장막, 천막
[幕後(막후)] ① 막의 뒤. ② 背後(배후). 어떤 일에 겉으로 드러나지 않은 뒤편. 참幕後交涉(막후교섭)
[內幕(내:막)] 일의 속내. 내부의 실정.
[帳幕(장막)] ☞帳(장)
[除幕(제막)] 막을 걷어냄. 참除幕式(제막식)
[天幕(천막)] 露天(노천)에 치는 장막.
[懸垂幕(현:수막)] ① 방이나 극장 따위에 드리운 막. ② 선전문·구호문 같은 것을 써서 드리운 막.
[黑幕(흑막)] ① 검은 장막. ② 겉으로 드러나지 않은 음흉한 내막.
暗幕(암막), 煙幕(연막), 煙幕彈(연막탄), 銀幕(은막), 字幕(자막)

임시로 간단하게 지은 집
[幕舍(막사)] ① 판자나 천막 따위로 임시로 간단하게 지은 집. ② (군) 군인들이 주둔할 수 있도록 만든 건물 또는 가건물.
[山幕(산막)] 사냥꾼이나 약초 캐는 사람이 쓰려고 산 속에 임시로 지은 오두막집.
[園頭幕(원두막)] 원두밭을 지키려고 높게 지은 幕(막).
[酒幕(주막)] 시골 길목에서 술과 밥을 팔고 나그네를 재우는 집.
農幕(농막), 旅幕(여막), 草幕(초막), 土幕(토막).

연극에서 연기의 큰 단락을 세는 단위
[幕間(막간)] ① 연극에서 한 막이 끝나고 다음 막이 시작되기까지의 사이. ② 어떤 일의 한 단락이 끝나고 다음 단락이 시작되기까지의 동안. ¶막간을 이용하여 안내방송을 시작하겠습니다.
[開幕(개막)] ① (연극 따위를 시작할 때) 막을 열거나 올림. ② 어떤 대회나 기념행사 따위를 시작함. ¶전국 체육대회 개막. 찹閉幕(폐막)
[單幕劇(단막극)] (극) 단 한 막으로 된 극.
[序幕(서막)] ① 연극 따위에서 처음 여는 막. ② 일의 시작. ¶근대화의 서막이 열리다
[閉幕(폐:막)] ① 연극·음악회 등을 마치고 막을 내림. ② 어떤 대회나 기념행사 따위를 끝냄. 잡閉幕式(폐막식) 찹開幕(개막)

장군의 군막 또는 군사·정치에 관한 일을 처리하는 곳
[幕僚(막료)] (군) 사령관 또는 참모총장 등에 딸려 참모의 일을 보는 장교.
[幕府(막부)] 옛날 일본을 통치한 무인들의 정부.
[幕下(막하)] 주장이나 책임자가 거느리고 있는 부하. 또는 그 지위.

底 밑 저:, 广부8   0978

'底(저)'자는 '집의 밑바닥'을 나타내기 위한 것이다. '집 广(엄)'과 '근본 氐(저)'로 이루어졌다.

밑, 사물의 바닥을 이루는 부분, 사물의 아래, 아래쪽
[底面(저:면)] ① 밑바닥. ② (수) 입체를 평면 위에 놓았을 때, 밑 부분을 이루는 면.
[底邊(저:변)] ① (수) 밑변. ② 밑바탕. ¶문학 인구의 저변 확대
[底意(저:의)] 드러내지 않고 밑바닥 속에 품고 있는 뜻.
[井底之蛙(정저지와)] '우물 속 개구리'란 말인데, 식견이 좁아 세상 물정을 모르는 사람을 일컫는 말이다. 井底蛙(정저와), 井蛙(정와), 井蛙之見(정와지견), 坐井觀天(좌정관천), 井中視星(정중시성) 등도 같은 뜻이다.
[海底(해:저)] 바다의 밑바닥.

맨 끝, 끝나는 곳이나 때
[歲底(세저)] 세밑.

[到底(도:저)히] 아무리 하여도. 끝끝내. ¶도저히 알 수 없는 일

기초, 근본이 되는 것
[底力(저:력)] 밑바닥에 간직하고 있는 끈기 있는 힘. 여차할 때 발휘되는 강한 힘.
[根底(근저)] 사물의 기초 또는 밑바탕.
[基底(기저)] 밑바탕이나 바탕.

속, 안
[徹底(철저)] 속 깊이 밑바닥까지 빈틈이 없음. 또는 그런 태도.

倉 창고 창(:), 곳집 창(:), 人부10   0979

'倉(창)'자는 곡물을 넣어 두는 '곳집'을 뜻하기 위하여 만든 글자이다. 맨 위쪽은 창고의 지붕, 가운데 출입문, 아래의 口(구)는 습기를 방지하기 위한 창고 건물의 받침돌을 나타낸다. 후에 '감옥'의 뜻으로도 쓰였다.

곳집, 창고
[倉庫(창고)] 곳집. 물건을 넣어 두는 집.
[穀倉(곡창)] ① 곡식을 넣어두는 창고. ② 곡식이 많이 생산되는 곳. ¶호남평야는 우리나라 제일의 곡창이다
[社倉(사창)] (역) 조선 때, 각 고을에 환곡을 저축하여 두는 곳집.
[義倉(의:창)] (역) 흉년에 식량이 없는 백성을 구제하기 위한 곡식을 저장하여 두던 창고.
[彈倉(탄:창)] 연발총에 잴 탄환을 넣어두는 집.
[有田不耕倉廩虛(유전불경창름허), 有書不敎子孫愚(유서불교자손우).] 논밭이 있어도 경작하지 않으면 곳간은 빈다. 책이 있어도 가르치지 않으면 자손은 어리석게 된다. 『古文眞寶·勸學文』

감옥
[營倉(영창)] (군) 병영에 설치한 감옥. ¶영창에 갔다왔다

갑자기, 당황하다, 총망하다
[倉猝(창:졸)/倉卒(창:졸)] 미처 어찌할 사이 없이 매우 급작스러움. ¶창졸간에 벌어진 일이라 정신을 차릴 수 없었다 잡倉卒間(창졸간)

庫 곳집 고, 广부10   0980

'庫(고)'자는 군사용 수레를 넣어두는 집 '무기 창고'를 가리키는 것이었다. '집 广(엄)'과 '車(거)'로 이루어졌다.

곳집, 병거(兵車)를 넣어 두는 곳집
[格納庫(격납고)] (비행기 따위를) 넣어두거나 정비하는 창고.

문서를 넣어두는 곳집
[文庫(문고)] ① 책을 넣어두는 곳. ② 문서·문방구 등을 담는 상자. ③ 출판물의 한 형태. 보급을 목적으

로 하여 만든 염가·소형의 책.
[史庫(사고)] 예전에 국가의 중요 역사 서적을 보관하던 창고.
[書庫(서고)] 책을 두는 창고.
여러 가지 물건을 넣어 두는 곳집
[庫間(곳간)] 물건을 넣어두는 창고나 집.
[金庫(금고)] ① 금은보화(金銀寶貨)를 넣어두는 창고. ② 돈이나 귀중품을 간직하는 견고하게 만든 궤. ③ 국가 또는 공공단체의 공금의 출납 기관.
[冷藏庫(냉장고)] 식품·약품 따위를 상하지 않게 차게 보관하는 상자 모양의 기구.
[車庫(차고)] 차량을 넣어두는 곳.
[倉庫(창고)] ☞ 倉(창)
[出庫(출고)] 물품을 창고에서 꺼냄.
國庫(국고), 兵器庫(병기고), 寶庫(보고), 氷庫(빙고), 入庫(입고), 在庫(재고), 彈藥庫(탄약고).

廳 관청 청, 广부25　0981

'廳(청)'자는 '관리의 사무실로 쓰이는 집'을 나타내기 위한 것이다. '집 广(엄)'과 '들을 聽(청)'으로 이루어졌다. '관청', '마루'의 뜻으로 쓰인다.

관청, 관아
[廳舍(청사)] 관청의 사무실로 쓰이는 건물. ¶정부종합청사
[官廳(관청)] 관리들이 나랏일을 보는 기관.
[市廳(시청)] 행정구역의 하나인 시의 행정 사무를 맡아보는 곳.
警察廳(경찰청), 敎育廳(교육청), 國稅廳(국세청), 區廳(구청), 郡廳(군청), 農村振興廳(농촌진흥청), 道廳(도청), 登廳(등청), 兵務廳(병무청), 山林廳(산림청), 水産廳(수산청), 調達廳(조달청), 退廳(퇴청).

대청, 마루, 건물
[大廳(대청)] 집 몸채의 방과 방 사이에 있는 큰 마루.
[借廳入室(차:청입실)] '대청을 빌려 쓰다가 점차 안방으로 들어온다'는 뜻으로, '남에게 의지하고 있다가 점차 남의 권리를 침범하는 것'을 비유하는 말. 图借廳借閨(차청차규)
[醮禮廳(초례청)] 초례를 치르는 곳.

延 늘일 연, 뻗칠 연, 끌 연, 廴부7　0982

'延(연)'자는 '오래 가다'는 뜻을 나타내기 위하여 만들어진 것이다. '길갈 廴(착)'과 의미에 큰 차이가 없는 '길게 걸을 廴(인)'과 목적지를 향해 감을 뜻하는 '正(정)'의 변이형이 합쳐 있다. 후에 '끌다', '늘이다'의 뜻으로 쓰이게 되었다.

끌다, 길게 뻗도록 늘이다
[延頸鶴望(연경학망)] 학처럼 목을 길게 하여 기다림. 『蜀志(촉지)』

[延年益壽(연년익수)] 더욱 더 수명을 늘여 나감.
[延命(연명)] 목숨을 겨우 연장해 감. 겨우 살아감.
[延長(연장)] 시간이나 거리 따위를 본래보다 길게 늘임. 图延長線(연장선), 延長戰(연장전)

일이나 시간을 미루거나 지연시키다
[延期(연기)] 정해진 기한을 뒤로 늘림. ¶약속을 연기하다
[延着(연착)] 시간을 끌어 예정보다 늦게 도착함. ¶열차가 연착하다
[延滯(연체)] ① 정한 기한에 약속을 지키지 못하고 지체함. ② 이행해야 할 채무나 납세의 기한을 넘김. ¶연체 이자
[順延(순연)] 차례로 연기함. ¶날씨 관계로 이번 시합은 다음 주로 순연한다
[遲延(지연)] 예정보다 오래 걸려 늦추거나 늦추어짐. 图遲延作戰(지연작전)

넓어지다, 퍼지다
[蔓延(만연)/蔓衍(만연)] ① 널리 뻗음. ② 번지어 퍼짐.

숫자적인 것을 종합하면
[延人員(연인원)] 어떤 일에 날마다 든 인원을 모두 합한 수효.

張 베풀 장, 뽐낼 장, 弓부11　0983

'張(장)'자는 '활줄을 당기다'란 뜻을 나타내기 위한 것이었다. '활 弓(궁)'과 '긴 長(장)'으로 이루어졌다. '넓게 벌이다'의 뜻으로도 쓰인다. 반대로 '활줄을 풀다'는 '늦출 弛(이)'이다.

베풀다, 어떤 일을 차리어 벌이다
[張本(장본)] 어떤 일의 발단이 되는 근원.
[張本人(장본인)] 일을 꾀하여 일으킨 사람.
[出張(출장)] 용무를 띠고 다른 지방에 감.

매다, 활시위를 매다, 거문고와 비파의 줄을 매다
[張力(장력)] ① 오므라들고 당겨지는 힘. ② 물체가 스스로 오므라들어 가능한 한 작은 면적을 가지려는 힘.
[更張(경장)] ① 해이한 것을 고쳐 긴장하게 함. ② 사회적·정치적으로 묵은 제도를 고쳐 새롭게 함. 图甲午更張(갑오경장)
[緊張(긴장)] ① 팽팽하게 켕김. ¶근육의 긴장 ② 정신이나 힘을 바싹 다잡음. ¶긴장을 풀고 쉬다 ③ 어떤 분위기나 정세가 악화되어 무슨 일이 벌어질 듯한 상태. ¶긴장이 감돌다/긴장이 고조되다
[表面張力(표면장력)] 액체의 표면이 면적을 가능한 한 작게 하기 위하여 스스로 수축하려고 하는 힘. 액체 표면의 분자층에 의하여 생김.

넓히다, 크게 하다, 세게 하다, 성하게 하다, 기세가 오르다
[誇張(과:장)] 사실보다 크게 나타냄. ¶허위 과장 광고
[伸張(신장)] 권리·세력 따위를 늘임. ¶민권 신장

[擴張(확장)] 범위 따위를 늘려서 넓게 함.
말하다, 크게 떠벌이다
[張皇(장황)] 번거롭고도 긺. ¶서론이 꽤 장황하였다
[主張(주장)] ① 자기의 의견과 주의(主義). ② 자기의 의견을 내세움.
[虛張聲勢(허장성세)] 실속은 없으면서 큰소리치거나 허세를 부림.
성
[張三李四(장삼이사)] 장씨의 셋째 아들과 이씨의 넷째 아들이라는 말로, 성명이나 신분을 똑똑히 알 수 없는 누구누구를 가리키는 말.
[張飛軍令(장비군령)] 성미 급한 張飛(장비)의 군령처럼 '별안간 당하는 일' 또는 '졸지에 몹시 서두르는 일'을 이르는 말.
장, 얇은 물건이나 활·거문고·비파·휘장 따위를 세는 단위
[落張不入(낙장불입)] 화투·투전·트럼프 따위를 할 때 한번 바닥에 내놓은 패는 물리려고 집어들이지 못한다는 규칙.
[冊張(책장)] 책의 낱장.

彈 탄알 탄:, 튀길 탄:, 弓부15　0984

'彈(탄)'자는 '활 弓(궁)'과 '홑 單(단)'으로 이루어졌다. 화살 시위에 얹어 쏘는 돌 즉 '탄알'이 본뜻이다. '튀기다'의 뜻으로도 쓰인다.
탄알, 쏘다, 활을 쏘다
[彈藥(탄:약)] 탄알과 화약을 아울러 이르는 말. ¶彈藥庫(탄약고)
[彈丸(탄:환)] ① 탄알. ② 총이나 포에 재어서 놓아 터뜨리면 폭발하는 힘으로 탄알이 튀어 나가게 된 물건.
[防彈(방탄)] 날아드는 탄알을 막음. ¶방탄조끼/방탄유리
[肉彈(육탄)] 적진에 뛰어드는 사람의 몸을 포탄에 비유하는 말.
[爆彈(폭탄)] 폭발탄. 인명 살상이나 구조물 파괴를 위하여 폭발약을 채워서 쏘거나 던지거나 투하하여 폭발하게 만든 무기.
彈道(탄도), 彈着點(탄착점), 彈倉(탄창), 彈皮(탄피), 彈痕(탄흔), 燒夷彈(소이탄), 手榴彈(수류탄), 實彈(실탄), 煙幕彈(연막탄), 誘導彈(유도탄), 流彈(유탄), 敵彈(적탄), 硝煙彈雨(초연탄우), 砲煙彈雨(포연탄우), 銃彈(총탄), 催淚彈(최루탄), 砲彈(포탄)
튀기다, 손가락으로 튀기다
[彈力(탄:력)] ① 끌어당기는 작용이 중지된 후에 다시 본디의 형태로 돌아가려는 힘. ② '반응이 빠르고 약동하는 것'의 비유. ¶수요와 공급의 탄력성
[彈性(탄:성)] (물) (고무줄처럼) 물체가 다른 힘을 받으면 그 부피와 모양이 일정한 정도로 바뀌었다가, 그 힘이 없어지면 다시 본디대로 돌아가는 성질. 圖彈力性(탄력성)

바루다, 힐책하다
[彈劾(탄:핵)] ① 죄상을 들어서 논란하여 책망함. ② (법) 공무원의 위법을 조사하고 일정한 소추 방식에 의하여 파면시키는 절차.
[糾彈(규탄)] 들추어 비난하고 공격함. ¶부정 부패 규탄 대회
[指彈(지탄)] 잘못을 지적하여 비난함. 손가락질. ¶뇌물을 먹은 정치인은 지탄받아 마땅하다
반발하다
[彈壓(탄:압)] 권력이나 무력 따위로 억지로 눌러 꼼짝 못하게 함. ¶가혹한 탄압/언론 탄압
타다, 연주하다
[彈琴(탄:금)] 거문고나 가야금 따위를 탐. ¶彈琴臺(탄금대)
[對牛彈琴(대우탄금)] '소를 위하여 거문고를 탄다'는 뜻으로, 어리석은 사람에게 도를 깨치게 해도 되지 않음을 비유하여 이르는 말. 凹牛耳讀經(우이독경)
[連彈(연탄)] (악) 한 대의 피아노를 두 사람이 함께 치는 일.

丸 둥글 환, 알 환, ヽ부3　0985

'丸(환)'자는 '점 ヽ(주)'와 '아홉 九(구)'로 이루어졌지만 그 의미가 점이나 아홉과는 무관하고, '작은 공'이 본뜻이다.
알(작고 둥글게 생긴 물건의 낱개)
[彈丸(탄:환)] ☞ 彈(탄)
[投砲丸(투포환)] (체) 포환던지기.
[砲丸(포환)/砲彈(포탄)] 포로 내쏘는 탄알. 포환
환, 환약, 환약 따위의 개수를 나타내는 단위
[丸藥(환약)] 알약. 작고 둥글게 만든 약.
[淸心丸(청심환)] (한의) 心經(심경)의 열을 푸는 약.
[抱龍丸(포:룡환)] (한의) 열로 생기는 경풍에 쓰는 환약.

怨 원망할 원:, 心부9　0986

'怨(원)'자는 '마음에 사무치는 원망'을 나타내기 위한 것이다. '마음 心(심)'과 '누워 뒹굴 夗(원)'으로 이루어졌다.
원망하다, 마음에 못마땅하게 여겨 미워하다, 원망, 원한
[怨望(원:망)] 바란 대로 되지 않아 또는 남이 한 일에 대하여, 못마땅하게 여겨 탓하거나 불평을 품고 미워함.
[怨恨(원:한)] 원통하고 한이 되는 생각.
[誰怨誰咎(수원수구)] 누구를 원망하고 탓하랴. 남을 원망하거나 탓할 것이 없음.
[怨憎會苦(원:증회고)] 미운 사람과 자꾸 만나는 괴로움. 八苦(팔고)의 하나. ☞ *169
[克伐怨欲(극벌원욕), 不行焉(불행언), 可以爲仁矣(가이위인의).] '克(극)'은 이김을 즐겨함이요, '伐(벌)'은 스스로를 자랑함이요, '怨(원)'은 원망함이요, '欲(욕)'은

재물에 대한 욕심이 많음이다. 이 네 가지를 四惡德(사악덕)이라 한다. 이 사악덕을 행하지 않으면 가히 仁(인)을 행한다고 할 수 있다. 『論語(논어)』
[報怨以德(보:원이덕)/以德報怨(이:덕보원)] 덕을 베풀어 원한을 갚다. 원한을 원한으로 갚으면 다시 또 원한을 사게 된다. 때문에 진정한 복수는 덕으로 원한을 갚는 데 있다는 것이다. 『老子(노자)·63章(장)』
[貧而無怨難(빈이무원난).] 가난하면서 원망이 없기는 어렵다. 가난한 상황에 빠지면 자칫 세상을 원망하고 남을 탓하는 것이 인지상정이다. 그러므로 가난한 경우에 놓였을 때 그래도 아직 원망을 품지 않는 것은 매우 어렵다. 『論語(논어)·憲問(헌문)』

怨念(원념), 怨慕(원모), 怨聲(원성), 怨心(원심), 舊怨(구원), 久怨(구원), 民怨(민원), 杯酒解怨(배주해원), 宿怨(숙원), 恩甚怨生(은심원생), 含憤蓄怨(함분축원)

원수
[怨讐(원:수)] 자기에게 해를 끼치어 원한이 맺히게 한 개인이나 단체나 또는 사물.

恨 원망할 한:, 한할 한:, 心부9 0987

'恨(한)'자는 '마음속에 품은 원한'을 뜻하기 위한 것이다. '마음 忄(심)'과 '어긋날 艮(간)'으로 이루어졌다.

한, 억울하거나 원통하거나 원망스럽게 생각하여 뉘우치거나 맺힌 마음
[刻骨痛恨(각골통한)] 뼈에 새겨지도록 깊고 아픈 원한.
[餘恨(여한)] 남은 원한. ¶죽어도 여한이 없다
[怨恨(원:한)] ☞怨(원)
[千秋遺恨(천추유한)] 오랜 세월을 두고 잊지 못할 원한.

恨入骨髓(한입골수), 多恨(다한), 多情多恨(다정다한), 死無餘恨(사무여한), 遺恨(유한), 長恨(장한), 長恨歌(장한가), 情恨(정한), 徹天之恨(철천지한)/徹天之冤(철천지원), 痛恨(통한), 抱恨(포한)

뉘우치다, 후회하다
[恨歎(한:탄)] 원망하거나 또는 뉘우침이 있을 때 한숨 짓는 탄식.
[悔恨(회:한)] 뉘우치고 한탄함.

慰 위로할 위, 心부15 0988

'慰(위)'자는 '따뜻한 마음으로 달래다'는 뜻을 나타낸다. '마음 心(심)'과 '벼슬 尉(위)'로 이루어졌다.

위로하다, 남의 정신적 육체적 고달픔을 풀도록 따뜻하게 대하여 주다
[慰勞(위로)] 수고로움이나 아픔을 달램. ¶그의 실패를 위로하다
[慰問(위문)] 위로하기 위하여 방문함. ¶위문공연 图慰問品(위문품)

[慰安(위안)] 위로하여 마음을 편하게 함. 图安慰(안위) 图慰安婦(위안부), 慰安處(위안처)
[弔慰(조:위)] 남의 喪事(상사)에 대하여 슬픈 뜻을 나타내며 위로함. 图弔慰金(조위금)

慰靈(위령), 慰靈祭(위령제), 慰靈塔(위령탑), 慰撫(위무), 慰問袋(위문대), 慰藉料(위자료), 自慰(자위)

憤 분할 분:, 성낼 분:, 心부15 0989

'憤(분)'자는 '마음에 응어리가 맺히다'가 본뜻이었다. '마음 忄(심)'과 '클 賁(분)'으로 이루어졌다. 후에 '분하다', '성내다'의 뜻으로 확대되었다. '힘쓰다', '분발하다'의 뜻으로 쓰일 때는 '떨칠 奮(분)'자와 뜻이 통하여 같이 쓰는 경우가 많다. '성내다', '분하다'의 뜻으로 쓰일 때는 '성낼 忿(분)'자와 뜻이 통하여 같이 쓴다.

결내다, 성을 내다, 분, 분한 마음
[憤慨(분:개)] 몹시 분하게 여김. ¶너무나 분개한 나머지 고함을 지르고 말았다
[憤怒(분:노)/忿怒(분:노)] 분하여 성을 냄. ¶그의 목소리는 분노에 차 있었다/분노를 터뜨리다
[憤敗(분:패)] 이길 수 있는 것을 분하게 짐.
[激憤(격분)] 몹시 분개함.
[鬱憤(울분)] 답답하고 분한 마음이 가슴에 쌓임. 또는 그 분기. ¶그는 가슴 가득한 울분을 한숨으로 내뿜었다
[義憤(의:분)] 의를 위하여 일어나는 분노. ¶의분을 참지 못하다

憤激(분격), 憤氣(분기)/忿氣(분기), 憤氣衝天(분기충천)/憤氣撑天(분기탱천), 憤死(분사), 憤然(분연)/忿然(분연), 憤痛(분통), 公憤(공분), 悲憤(비분), 悲憤慷慨(비분강개), 傷憤(상분), 雪憤(설분), 痛憤(통분)/痛忿(통분), 含憤蓄怨(함분축원)

힘쓰다, 분발하다
[憤發(분발)/奮發(분발)] 가라앉았던 마음과 힘을 떨쳐 일으킴. ¶이제 우리 분발하여 다음 경기에서는 승리하자 图發憤(발분), 發奮(발분)
[發憤忘食(발분망식), 樂以忘憂(낙이망우), 不知老之將至(부지노지장지).] 분발하여 먹는 것도 잊고, 도를 즐거워하여 근심을 잊으며, 늙음이 다가옴을 느끼지 못한다. 공자의 생활을 표현한 말이다. 『論語(논어)·述而(술이)』
[不憤不啓(불분불계)] '분발하는 바가 없으면 계도(啓導)하지 아니한다'는 뜻으로, 스스로 터득하려고 무한 애쓰는 사람이라야 스승의 가르침으로 미묘한 이치에 통달할 수 있음을 이르는 말. 『論語(논어)·述而(술이)』

奮 떨칠 분:, 大부16 0990

'奮(분)'자는 '큰 大(대)', '새 隹(추)', '밭 田(전)'의 합자로 큰 새가 밭에서 두 날개를 활짝 펴고 날아오른다는

데서, '떨치다'의 뜻이다.

떨치다, 힘을 내다, 위세 · 용맹 · 명성 등을 높이 또는 널리 들날리다

[奮激(분ː격)] 급하게 마음을 떨쳐 일으킴.
[憤激(분ː격)] 분하고 노여운 감정이 북받쳐 오름.
[奮發(분ː발)/憤發(분발)] ☞ 憤(분)
[孤軍奮鬪(고군분투)] ① 도움이 없는 외로운 군대가 힘에 벅찬 적군과 맞서 온 힘을 다하여 싸우는 것. ② 적은 인원이나 약한 힘으로, 남의 도움을 받지 못하고 힘겨운 일을 끈지게 하는 것.
[義奮(의ː분)] 의를 위하여 분발함.
[義憤(의ː분)] 의를 위하여 일어나는 분노. ¶의분을 참지 못하다
[興奮(흥분)] ① 어떤 자극으로 감정이 북받쳐 일어남. 또는 그 감정. ¶흥분의 도가니 ② (생) 자극을 받아 일어나는 감각세포나 신경 단위의 상태 변화. 또는 그것으로 일어나는 전신의 상태 변화.
[發奮忘食(발분망식)/發憤忘食(발분망식)] 『論語(논어) · 述而(술이)』 ☞ 憤(분)

奮起(분기), 奮然(분연), 奮戰(분전), 奮鬪(분투), 激奮(격분)

戒 경계할 계ː, 주의할 계ː, 戈부7   0991

'戒(계)'자는 '방비하다'는 뜻을 나타내기 위한 것이다. 군사가 창[戈]을 '두 손 又 又→받들 廾(공)'으로 꼭 잡고 있는 모습을 그려 나타냈다. '주의하다', '경계하다' 또는 이와 의미상 연관이 있는 뜻으로 쓰인다.

경계하다, 막아 지키다, 무기를 가지고 경비하다

[警戒(경ː계)] ① 사고가 생기지 않도록 조심하고 단속함. ¶경계를 철저히 하다 ② 옳지 않은 일이나 잘못된 일이 없도록 타일러 주의하게 함. ③ (군) 적의 기습이나 간첩 활동과 같은 불의의 침입에 대비하여 살펴 지킴. ¶야간 경계 근무 ㉾警戒警報(경계경보)
[戒嚴(계ː엄)] 전시나 사변 등 비상사태를 당하여, 일정한 지역을 군인들이 경비하고 그 지역의 행정권과 사법권의 전부 또는 일부를 군대가 맡아 다스리게 하는 일. ¶계엄을 선포하다 ㉾戒嚴令(계엄령)
[哨戒(초계)] 적의 습격에 대비하여 엄중하게 감시하여 망보고 경계함. ㉾哨戒艇(초계정)

조심하고 주의하다, 삼가다

[戒盈杯(계ː영배)] 술을 많이 마시는 것을 경계하기 위하여 만든 잔. 술이 어느 한도에 차면 새어 나가도록 술잔 옆에 구멍이 뚫려 있음.
[戒色(계ː색)] 색욕을 경계함.
[戒心(계ː심)] 마음을 놓지 않고 경계함.
[戒飮(계ː음)] 술을 삼감.

훈계, 지켜야 할 행동 규범, 계율

[戒律(계ː율)] 경계하여 지켜야 할 규율.
[一罰百戒(일벌백계)] 첫 번째 죄인을 엄하게 벌함으로써 후에 백 사람이 그런 죄를 경계하여 짓지 않도록 함. 다른 사람들에게 경각심을 불러일으키기 위하여 본보기로 첫 번째 죄인을 엄하게 처벌함.
[懲戒(징계)] ① 허물을 나무라서 경계함. ② (법) 공무원의 의무 위반에 대하여 국가가 내리는 행정법상의 처벌. ㉾懲戒處分(징계처분)
[破戒(파ː계)] 계율을 어기고 지키지 않음. ㉾破戒僧(파계승)
[訓戒(훈ː계)] 타일러서 경계함. 또는 그런 말.
[五戒(오ː계)] 불교의 다섯 가지 계율. 곧, 살생(殺生) · 투도(偸盜) · 사음(邪淫) · 망어(妄語) · 음주(飮酒)를 금하는 계율(戒律). 이 계율을 지키지 않음을 오악(五惡)이라 한다. ☞ * 284
[世俗五戒(세ː속오계)] 신라 때, 원광이 지은 화랑의 다섯 가지 계율. 곧 事君以忠(사군이충), 事親以孝(사친이효), 交友以信(교우이신), 臨戰無退(임전무퇴), 殺生有擇(살생유택). ☞ * 284
[十戒(십계)] 불가(佛家)에서의 열 가지 경계. 사미십계(沙彌十戒)는 불살생(不殺生), 불투도(不偸盜), 불사음(不邪淫), 불망어(不妄語), 불음주(不飮酒), 부도식향만(不塗飾香鬘), 불가무관청(不歌舞觀聽), 부좌고광대상(不坐高廣大牀), 불비시식(不非時食), 불축금은보(不蓄金銀寶)이다. 기독교 성경에서의 십계는 '十誡命(십계명)'이라 한다. ☞ * 242

戒名(계명), 具足戒(구족계), 沙彌戒(사미계), 殺生戒(살생계), 三事戒(삼사계), 授戒(수계), 受戒(수계), 出家戒(출가계), 持戒(지계), 偸盜戒(투도계), 訓戒放免(훈계방면)

재계, 재계하다

[齋戒(재계)] 마음과 몸을 가지런히 하고 몸을 깨끗이 하며, 또 부정한 일을 멀리함. 洗心曰齋(세심왈재), 防患曰戒(방환왈계). 마음을 씻는 것을 '齋'라 하고, 근심을 막는 것을 '戒'라 한다.
[沐浴齋戒(목욕재계)] 종교적 의식에서, 목욕을 하고 음식을 삼가며 몸가짐을 깨끗이 하는 일.

或 혹 혹, 戈부8   0992

'或(혹)'자의 본래 뜻은 '나라'를 뜻하는 것으로, '나라 國(국)'과 '지경 域(역)'의 본래 글자였다. 이것을 假借(가차)하여 '혹시'의 뜻으로 쓰게 되었다.

혹, 혹은, 어쩌다가, 더러

[或時(혹시)] 어쩌다가, 어떠한 때에.
[或是(혹시)] ① 혹 옳은지 모름. 확실한 것은 아니지만. ② 만일.
[間或(간혹)] ① 간간이 또는 혹시. ② 어쩌다가 띄엄띄엄.
[設或(설혹)] 설령.

어떤 이, 어떤 사람, 어떤 것, 어떤 사물, 어떤 경우

[或者(혹자)] 어떠한 사람.

惑 미혹할 혹, 心부12   0993

'惑(혹)'자는 '(마음이) 홀리다'는 뜻을 나타내기 위하여 만든 것이었다. '마음 心(심)'과 '혹시 或(혹)'으로 이루어졌다.

미혹하다, 현혹되다, 무엇에 홀려서 제 정신을 못 차리다, 정신이 헷갈려서 갈팡질팡하다

[惑星(혹성)] (천) 떠돌이별. 行星(행성)
[惑世誣民(혹세무민)] 사람을 속여 迷惑(미혹)시키고 세상을 어지럽힘.
[困惑(곤:혹)] 곤란하거나 난처한 일을 당해 어찌할 바를 모름. ¶곤혹스러운 질문
[迷惑(미혹)] ① 정신이 흐려지도록 무엇에 홀림. ② 정신을 호려 흐려지게 함. ¶색에 미혹되다
[不惑(불혹)] ① 무엇에 마음이 홀려 헷갈리지 않음. ② 나이 '마흔 살'의 다른 이름. 웹不惑之年(불혹지년), 不惑之歲(불혹지세) 참四十而不惑(사십이불혹)
[誘惑(유혹)] ① 꾀어 정신을 흐리게 함. ② 남을 호리어 나쁜 길로 유도함. ¶유혹에 빠지다
[四十而不惑(사십이불혹).] 마흔 살에 망설임이 없었다. 마흔 살은 한창 활동하는 때로서 일반적으로는 망설임이 많은 때이지만, 나는 자신의 인생 문제에 망설임이 없어졌다. 『論語(논어)·爲政(위정)』 ☞ *289
[仁者不憂(인자불우), 知者不惑(지자불혹), 勇者不懼(용자불구).] 어진 사람은 근심하지 않고, 지혜로운 사람은 의혹하지 않고, 용기 있는 사람은 두려워하지 않는다. 군자가 실천해야 할 도리는 仁(인)·知(지)·勇(용) 세 가지이다. 어진 사람은 자신의 행동을 뒤돌아보아도 잘못된 것이 없고, 지혜로운 사람은 도리를 지키며, 용기 있는 사람은 소신껏 돌진한다. 그러므로 각기 그 행동거지에 있어서 걱정하지도 망설이지도 않으며 또한 두려워하지도 않는다. 『論語(논어)·憲問(헌문)』
惑說(혹설), 惑世(혹세), 當惑(당혹), 魅惑(매혹), 魅惑的(매혹적), 眩惑(현혹)

의심하다, 수상해 하다, 의아스럽게 여기다, 의혹

[疑惑(의혹)] 의심하여 분간하지 못함. 또는 그런 생각.

批 비평할 비:, 칠 비:, 手부7   0994

'批(비)'자는 손을 꼽으며 '따지다'는 뜻을 위한 것이었다. '손 扌(수)'와 '견줄 比(비)'로 이루어졌다. 과거에 임금이 신하가 올린 글을 보고 그 끝에다 기록한 답을 일러 '批(비)'라 했다. 그래서 '의견을 밝히다'는 뜻으로 많이 쓰이게 되었다.

표를 하다, 확인하다

[批准(비:준)] (법) 조약 따위에 대해 나라에서 최종적으로 승인·확인함.

평하다, 품평하다, 평한 말

[批判(비:판)] 옳고 그름 또는 좋고 나쁨을 가려 판단하거나 지적함. ¶날카로운 비판 웹批判力(비판력), 批判的(비판적)
[批評(비:평)] ① 선악·미추·장단점 따위를 가려 논란함. ¶문예 비평/인물 비평/신작 소설을 비평하다 웹批評家(비평가) ② 남을 이러쿵저러쿵 좋지 않게 말함.

評 평론할 평:, 평할 평:, 끊을 평:, 言부12   0995

'評(평)'자는 사실의 옳고 그름이나 사물의 우열 등에 대하여 말로 '평하다'는 뜻을 나타내기 위한 것이다. '말씀 言(언)'이 표의요소이고, 평가는 공평해야 하므로 '平(평)'은 표음요소와 표의요소를 겸한다.

끊다, 잘잘못을 살피어 정하다, 됨됨을 평하다, 품평

[評價(평:가)] ① 물건 값을 헤아려서 매김. 또는 그 물건 값. ② 사물의 가치를 좋고 나쁨 따위로 따져서 매김. 또는 그 사물의 가치.
[評論(평:론)] ① 사물의 좋고 나쁨이나 가치 따위를 파헤쳐 따짐. 또는 그 글. ② 주로 예술 작품의 좋고 나쁨이나 가치 따위를 파헤쳐 따짐. 또는 그 글.
[評判(평:판)] ① 세상 사람들의 평. ¶능력이 있다고 평판이 난 사람. ② 평하여 옳고 그름을 판정함.
[論評(논평)] 어떤 사건이나 작품 등의 내용에 대하여 설명하면서 비평함. ¶시사 논평
[批評(비:평)] ☞ 批(비)
[定評(정:평)] 모든 사람이 다 같이 인정하는 평판. ¶그는 음악가로 이미 정평이 나 있다
[寸評(촌평)] 매우 짧은 평.
評傳(평전), 評點(평점), 講評(강평), 槪評(개평), 過大評價(과대평가), 過小評價(과소평가), 漫評(만평), 批評家(비평가), 相對評價(상대평가), 世評(세평), 惡評(악평), 絶對評價(절대평가), 總評(총평), 品評(품평), 下馬評(하마평), 合評(합평), 好評(호평), 酷評(혹평)

의론하여 평정(評定)하다

[評議(평:의)] 서로 의견을 교환하여서 의논하는 것. 웹評議會(평의회)

문체의 하나, 史官(사관)이 군신의 언행을 평론하는 글

折 꺾을 절, 手부7   0996

'折(절)'자는 '손 扌(수)'와 '도끼 斤(근)'의 합자로, 도끼로 나무를 부러뜨린다는 데서 '꺾다', '자르다'의 뜻을 나타낸다. '죽다'의 뜻으로도 쓰인다. ☞ 絶(절)0495

꺾다, 휘어서 부러뜨리다, 부러지다

[折半(절반)/半折(반:절)] 하나를 반으로 가른 것 중 하나.
[折衷(절충)] 서로 같지 아니한 견해나 관점 따위를 조절하여 알맞게 함. 웹折衷案(절충안)
[曲折(곡절)] ① 복잡한 사정이나 까닭. ¶도무지 말을 하지 않으니 무슨 곡절이 있는 게 아닌가 ② 구불구불 꺾이어 있는 상태.
[骨折(골절)/折骨(절골)] 뼈가 부러짐. 웹骨折傷(골절상)
[百折不屈(백절불굴)/百折不撓(백절불요)] 수없이 꺾

여도 굽히지 않음. 萬難(만난)을 무릅쓰고 이겨 나감.
[腰折(요절)/腰絶(요절)] 몹시 우스워서 허리가 부러질 듯함. 찹腰折腹痛(요절복통), 腰絶腹痛(요절복통)
[挫折(좌:절)] ① 마음과 기운이 꺾임. ② 어떠한 계획이나 일이 도중에 실패됨. 찹挫折感(좌절감)
折骨之痛(절골지통), 折枝(절지), 折衝(절충), 折花(절화), 屈折(굴절), 斷折(단절), 迂餘曲折(우여곡절), 太剛則折(태강즉절), 必有曲折(필유곡절), 毁折(훼절)

죽다, 어려서 죽다
[短折(단:절)] 젊은 나이에 일찍 죽음.
[夭折(요:절)] 젊은 나이에 일찍 죽음. 동短折(단절), 夭死(요사)

깎다, 값을 깎다, 할인하다
[折價(절가)] ① 물건의 값을 깎음. ② 어떤 물품 대신으로 다른 물품을 받을 때, 값을 헤아려 그 받을 물품의 수량을 정함.

구부리다, 굽히다, 굽다
[九折羊腸(구절양장)] 양의 창자처럼 꼬불꼬불하고 험한 길. ¶풍파에 놀란 사공 배 팔아 말을 사니 구절양장이 물도곤 어려왜라. 『옛 시조』
[折腰(절요)] 허리를 굽혀서 남에게 절 따위를 함. 절개를 굽히고 남에게 굽실거림을 이르는 말.

投 던질 투, 手부7   0997

'投(투)'자는 '손 手(수)'와 '몽둥이 殳(수)'로 이루어진 것으로, '몽둥이를 던지다'가 본뜻이다. '보내다', '들여 놓다'는 뜻으로도 쓰인다.

던지다, 손에 든 물건을 내던지다
[投手(투수)] (체) 야구에서, 내야 가운데 서서 타자에게 공을 던지는 사람.
[投票(투표)] 선거를 하거나 가부를 결정할 때 투표용지에 의사를 표시하여 일정한 곳에 내는 일. 찹投票權(투표권), 投票率(투표율), 投票紙(투표지), 投票函(투표함)
[以卵投石(이:란투석)] '달걀로 돌을 친다'는 뜻으로, 약한 것으로 강한 것을 당하여 내려는 어리석음의 비유. 동以卵擊石(이란격석)
[漢江投石(한강투석)] '한강에 돌 던지기'란 뜻으로 몹시 미미하여 전혀 효과가 없음을 비유하여 이르는 말.
投球(투구), 投網(투망), 投射(투사), 投石(투석), 投石戰(투석전), 投影(투영), 投槍(투창), 投擲(투척), 投砲丸(투포환), 投下(투하), 救援投手(구원투수), 國民投票(국민투표), 失投(실투), 力投(역투), 完投(완투), 快投(쾌투), 暴投(폭투), 下穽投石(하정투석)

자기 몸을 던지다
[投身(투신)] ① (죽으려고) 높은 곳에서 몸을 던짐. 찹投身自殺(투신자살) ② 어떤 직업이나 분야에 뛰어들어 관계함. ¶그는 평생 교육계에 투신했다
[五體投地(오체투지)] (불) 불교의 절하는 방법의 한 가지. 먼저 두 무릎을 땅에 꿇고 다음에 두 팔을 땅에 대고 그 다음에 머리를 땅에 닿도록 절함.
[一擧手一投足(일거수일투족).] '손 한 번 듦과 발 한 번 옮겨놓음'이란 뜻으로, 사소한 데 이르기까지의 하나하나의 동작을 이르는 말.

내버리다, 추방하다
[投賣(투매)] 막팔기. 채산을 무시하고 아주 싼 값으로 물건을 막 파는 일.

주다, 던져주다, 보내다, 증여하다
[投稿(투고)] 실어 달라고 신문이나 잡지 등에 원고를 써서 보냄. 또는 그 원고. ¶독자 투고란
[投入(투입)] ① 던져 넣음. ② 필요로 하는 인력이나 물자·자본을 댐.
[投資(투자)] 이익을 얻으려고 사업 등에 자본을 댐.
[如水投水(여수투수)] '물에 물 탄 듯 술에 술 탄 듯'과 같은 뜻으로, 무슨 일을 하는 데 철저하지 못하여 흐리멍덩함의 비유.
投書(투서), 投藥(투약), 投與(투여), 投獄(투옥), 投降(투항)

맞다, 합치다
[投合(투합)] 뜻이나 성질이 서로 잘 맞음.
[意氣投合(의:기투합)] 마음이 서로 맞음. 동志氣相合(지기상합), 志氣投合(지기투합)

묵다, 숙박하다
[投宿(투숙)] 호텔, 여관 따위에 들어 묵음. ¶호텔 투숙객

투호(投壺)
[投壺(투호)] 예전에 두 사람이 각기 병 속에 화살 모양의 것을 던져 그 수효로 승부를 겨루던 놀이.

주사위를 던지다, 노름을 하다
[投機(투기)] ① 기회를 틈타서 큰 이익을 보려는 짓. ② 시세가 바뀌는 데서 생기는 이익을 노려서 물건을 팔고 사는 일. ¶부동산 투기가 심하다
[投錢(투전)] 돈치기. 동전을 땅바닥에 던져서 맞히는 내기를 하는 놀이.

抵 막을 저:, 거스를 저:, 手부8   0998

'抵(저)'자는 '(손으로) 밀어젖히다'가 본뜻이다. '손 手(수)'와 '근본 氐(저)'로 이루어졌다. '막다', '맞서다' 등의 뜻으로 쓰인다.

거스르다, 거절하다
[抵觸(저:촉)] ① 서로 부딪치거나 모순됨. ② 법률이나 규칙 등에 위배됨.
[抵抗(저:항)] ① 굽히거나 따르지 않고 거슬러 버팀. ② (물) 물체의 운동을 방해하는 작용. ③ (생) 병원균·질병 따위를 견디냄. 찹抵抗力(저항력), 抵抗性(저항성) ④ (심) 정신분석학에서 어떤 정신 질환의 치료에 대해 감정적으로 거슬러 버티는 경향. 또는 실험 심리학에서 자극과 반대 방향의 일을 일으키는 것을 일컫는 말.
[抵抗力(저:항력)] ① 저항하는 힘. 또는 (병원균·질병

따위를) 견디어내는 힘. ② (물) 운동체의 운동을 방해하는 힘. 젭電氣抵抗(전기저항)
[無抵抗(무저항)] 거슬러 버티거나 대들지 않음. ¶무저항 비협력 주의

겨루다, 대항하다, 해당하다, 상당하다
[抵當(저당)] 부동산이나 동산 따위를 채무의 담보로 삼음.
[抵當權(저당권)] (법) 저당 잡은 채권자가 채무의 담보로 제공된 부동산·동산·지상권·어업권 그 밖의 특수 재산에 대하여 다른 채권자에 우선하여 자기의 채권을 변제 받을 수 있는 권리. ¶저당권 설정

근본, 뿌리(柢)
[大抵(대저)] 대체로 보아서. 무릇.

抗 겨룰 항:, 항거할 항:, 막을 항:, 手부7   0999

'抗(항)'자는 '손 扌(수)'와 '목 亢(항)'으로 이루어졌다. '버티다'가 본뜻인데, '(손으로) 막다', '겨루다' 등으로도 쓰인다.

겨루다, 대항하다, 대적하다, 맞서다, 막다, 저지하다
[抗拒(항:거)] 순종하지 아니하고 맞서서 반항함.
[抗生(항:생)] 다른 생물이 사는 것을 막음. 젭抗生劑(항생제)
[抗癌(항:암)] 암세포의 증식을 막거나 암세포를 죽임. 젭抗癌劑(항암제)
[抗議(항:의)] 어떤 일을 부당하게 여겨 반대하는 뜻을 폄. ¶항의가 빗발치다
[反抗(반:항)] 순순히 따르지 않고 반대하거나 저항함. ¶부모에게 반항하다
[抵抗(저:항)] ☞抵(저)
抗告(항고), 抗力(항력), 抗命(항명), 抗命罪(항명죄), 抗辯(항변), 抗訴(항소), 抗原(항원)/抗元(항원), 抗日(항일), 抗爭(항쟁), 抗戰(항전), 抗體(항체), 拮抗(길항), 拮抗作用(길항작용), 對抗(대항), 無抵抗(무저항), 不可抗力(불가항력), 抵抗力(저항력)

拒 막을 거:, 手부8   1000

'拒(거)'자는 '(손으로) 막다'는 뜻을 나타내기 위한 것이다. '손 手(수)'와 '클 巨(거)'로 이루어졌다.

막다, 거부하다, 거절하다
[拒否(거:부)] 승낙하지 않고 물리침. ¶요구를 거부하다/협상을 거부하다/단호히 거부하다 젭拒否權(거부권), 拒否反應(거부반응)
[拒逆(거:역)] (윗사람의 뜻이나 명령 따위를) 따르지 않고 거스름.
[拒絶(거:절)] 받아들이지 않고 물리침. ¶부탁을 거절하다
[來者勿拒(내자물거), 去者勿追(거:자물추).] 오는 사람을 물리치지 말고, 가는 사람을 억지로 붙들지 말라. 『春秋公羊傳(춘추공양전)』☞ *077

[物順來而勿拒(물순래이물거), 物旣去而勿追(물기거이물추).] 물건이 순리로 오거든 물리치지 말고, 물건이 이미 갔거든 쫓아가지 말라. 『明心寶鑑(명심보감)·正己篇(정기편)』

겨루다, 적대하다
[抗拒(항:거)] ☞抗(항)

持 가질 지, 手부9   1001

'持(지)'자는 '손으로 잡다'는 뜻을 위한 것이었다. '손 手(수)'와 '절 寺(사)'로 이루어졌다. '가지다'의 뜻을 나타낸다.

가지다, 손에 쥐다, 몸에 지니다
[持病(지병)] 宿病(숙병). 오래 앓고 있는 병.
[持分(지분)] 제 소유로 있는 몫.
[持參(지참)] 물건을 가지고서 모임 따위에 참여함. 젭持參金(지참금)
[所持(소:지)] 몸에 지님. 무엇을 가지고 있음. 젭所持品(소지품)
持株(지주), 持株會社(지주회사), 保持(보지), 把持(파지)

지키다, 유지하다, 보전하다, 보존하다
[持論(지론)] 늘 가지고 있는 의견. 전부터 주장해 오는 이론.
[持續(지속)] 유지하여 오래 계속함.
[矜持(긍:지)] 자신의 능력을 믿음으로써 가지는 자랑. ¶긍지를 가지다
[維持(유지)] 어떤 상태를 그대로 이어감. ¶평화 유지
[待人春風(대:인춘풍), 持己秋霜(지기추상).] 남을 대할 때는 봄바람마냥 따뜻하게 하고, 나를 지킬 때는 가을 서릿발처럼 엄히 하라. 『菜根譚(채근담)』
持戒(지계), 堅持(견지), 住持(주지)

버티다, 견디어내다
[持久(지구)] 오래도록 버텨 변하지 아니함. 젭持久力(지구력), 持久戰(지구전)
[扶持(부지)] 고생이나 어려움을 견디어 배김. ¶목숨 부지가 이렇게 어려울 줄 몰랐다 젭僅僅扶持(근근부지)

믿다, 의지하다, 돕다, 부조하다
[支持(지지)] ① 버티거나 짚고서 기댐. ② 남의 의견·사상·행동·정책 따위에 찬동하여 이를 위하여 힘을 씀. ¶어떤 후보를 지지합니까?

拍 칠 박, 어깨 박, 手부8   1002

'拍(박)'자는 '손뼉치다'는 뜻을 위한 것이다. '손 手(수)'와 '흰 白(백)'으로 이루어졌다.

치다, 손으로 두드리다
[拍手(박수)] 환영, 축하, 격려, 찬성 등의 뜻으로 손뼉을 여러 번 침.
[拍掌(박장)] 두 손바닥을 마주침.
[拍車(박차)] ① 수레의 말을 차서 빨리 달리게 하는

도구. ② 말을 탈 때 신는 구두의 뒤축에 달려 있는 물건. ③ 사람이 말을 빨리 달리게 하기 위해 박차로 말의 배를 찬다는 데서, 어떤 일을 촉진하려고 더하는 힘을 뜻함. 回走馬加鞭(주마가편)
拍手喝采(박수갈채), 拍掌大笑(박장대소)

박자, 음악의 리듬
[拍子(박자)] 음악적 시간을 구성하는 기본 단위. ¶박자가 빠르다/박자가 느리다
[拍節(박절)] (악) 일정한 박자가 주기적으로 되풀이하여 진행되는 마디. 참拍節機(박절기), 메트로놈.

採 캘 채:, 手부11 1003

'採(채)'자의 본래 글자는 '采(채)'이다. 이것은 나무의 과일을 따는 모습을 본뜬 것으로 '따다'가 본래 의미이다. '손톱 爫(조)'는 '손 又(우)'의 변형으로 의미는 똑같이 '손으로 하는 동작'과 관련이 있다. '采(채)'자의 '나무 木(목)'은 원래 '과실 果(과)'였는데 편의상 간략하게 변화되었다. 후에 의미를 더욱 분명히 하기 위하여 '손 扌(수)'가 첨가된 '採(채)'자가 만들어졌다. '캐다', '가려내다'가 그 뜻이다.

캐다, 따다, 묻힌 것을 파내다
[採光(채:광)] 실내를 밝게 하기 위하여 바깥 햇빛 등을 받아들임. ¶채광이 잘 되어 실내가 밝다
[採集(채:집)] 무엇을 찾거나 캐거나 잡거나 하여 모음. ¶곤충 채집/식물 채집
[採取(채:취)] 찾아서 캐거나 베거나 따거나 뜯어서 거두어들임. ¶산나물 채취
[伐採(벌채)] 나무를 베고 덩굴을 뽑음. ¶무분별한 벌채로 산림이 훼손되다
採鑛(채광), 採掘(채굴), 採金(채금), 採卵(채란), 採錄(채록), 採石(채석), 採種(채종), 採草(채초), 採炭(채탄), 採血(채혈)

가리다, 가려내다
[採用(채:용)] ① 사람을 골라서 씀. ② 의견·방법 등을 받아들여서 씀. ¶직원을 채용하다
[採擇(채:택)] 골라서 다루거나 뽑아 씀.
[特採(특채)] 특별히 채용함.

매기다, 맞추다
[採算(채:산)] 수지가 맞고 안 맞음을 따지는 셈.
[採點(채:점)] ① 시험 답안을 살피어 점수를 매김. ② 얻은 점수에 따라 성적의 좋고 나쁨을 결정함.

推 밀 추, 밀 퇴, 옮을 추, 手부11 1004

'推(추/퇴)'자는 '(손으로) 밀다'는 뜻을 나타내기 위하여 만들어진 것이다. '손 扌(수)'와 '새 隹(추)'로 이루어졌다.

옮다, 변천하다
[推移(추이)] 일이나 형편이 변하여 나아감.

천거하다, 추천하다
[推薦(추천)] 사람을 내세워서 그 자리에 쓰도록 소개하거나 추천함. 참推薦狀(추천장)

받들다, 공경하여 높이 받들다
[推戴(추대)] 윗사람으로 떠받듦.
[推仰(추앙)] 높이 받들어 우러러봄.

헤아리다, 추측하다
[推理(추리)] ① 사리를 미루어 생각함. ② (논) 이미 아는 사실을 전제로 하여 미루어서 다른 사실을 알아냄. 참推理小說(추리소설)
[推定(추정)] ① 미루어 생각하여 판정함. ② (법) 무슨 사실에 대하여 반대되는 증거가 없는 때에는 그것이 올바르다고 가정하여 법적 효과를 발생시키는 일.
[推測(추측)] 미루어 헤아림.
[類推(유:추)] 같거나 비슷한 원인을 근거로 결과를 미루어 짐작함. 또는 그런 짐작. 回斟酌(짐작) 推理(추리)
推計(추계), 推斷(추단), 推論(추론), 推算(추산), 推想(추상)

밀다, 앞으로 밀다
[推進(추진)] 밀어 나아가게 함. ¶계획을 추진하다

[推敲(퇴고)/(추고)] 시문을 지을 때 字句(자구)를 여러 번 생각하여 고치는 일을 뜻한다. 당나라의 시인 賈島(가도)가 당나귀를 타고 가다가 시 한 수가 떠올랐다. '鳥宿池邊樹(조숙지변수), 僧推月下門(승퇴월하문). 새는 연못 가 나무에 자고, 중은 달 아래 문을 민다'라는 것이었다. 그런데 달 아래 문을 '민다推(추)/(퇴)'보다는 '두드린다敲(고)'고 하는 것이 어떨까 하고 골똘히 생각하는데 그만 京兆尹(경조윤) 韓愈(한유)의 행차 길을 침범하고 말았다. 한유 앞으로 끌려간 그가 자신이 시를 생각하다가 그랬다는 사실을 이야기하자 한유는 노여운 기색도 없이 한참 생각하더니 "역시 민다는 '推(퇴)'보다는 두드린다는 '敲(고)'가 좋겠군"하며 가도와 행차를 나란히 하였다. 이 일화는 『唐詩紀事(당시기사)』에 실린 故事(고사)에서 생겨난 말로, 이때부터 시나 글을 고치는 것을 '推敲(퇴고/추고)'라고 하였다고 한다.

밝히다, 추궁하다
[推尋(추심)] ① 찾아서 가지거나 받아냄. ② (경) 은행이 소지인의 의뢰를 받아 수표 또는 어음을 지급인에게 제시하여 지급하게 하는 일.

探 찾을 탐, 더듬을 탐, 手부11 1005

'探(탐)'자는 '찾다'가 본뜻이다. 손으로 더듬어 찾는 예가 많았던지 '손 手(수)'가 표의요소로 쓰였다. 그 오른쪽의 것은 표음요소이다.

찾다, 어디 있는지 모르는 것을 얻어 내려고 뒤지거나 살피다, 모르는 것을 알아내거나 밝혀내다
[探究(탐구)] 진리나 학문 따위를 파고들어 깊이 연구

함. ¶진리 탐구
[探査(탐사)] 알려지지 않은 사실이나 사물 따위를 찾아 조사함. ¶오지 탐사/달 표면 탐사
[探索(탐색)] ① 살피어 찾음. ② (법) 범죄와 관계된 사람이나 물건의 죄상이나 자취를 샅샅이 찾음.
[探險(탐험)] 위태하고 험난함을 무릅쓰고 어떤 곳을 찾아봄. ¶남극 탐험/오지 탐험 <u>참</u>探險家(탐험가), 探險隊(탐험대)
探求(탐구), 探問(탐문), 探聞(탐문), 探知(탐지)

보거나 만나기 위하여 오거나 가거나 하다
[探訪(탐방)] 탐문하거나 찾아봄. ¶명승고적 탐방

엿보다, 살피다
[探偵(탐정)/偵探(정탐)] 드러나지 않은 사정을 찾아 몰래 염탐하여 알아냄. 또는 그런 일을 하는 사람. <u>참</u>探偵小說(탐정소설)
[廉探(염탐)/密探(밀탐)/內探(내:탐)] 염알이. 남의 사정이나 비밀 따위를 몰래 알아냄.

揮 휘두를 휘, 手부12   1006

'揮(휘)'자는 '(손을) 휘두르다'는 뜻을 나타내기 위한 것이다. '손 扌(수)'와 '군사 軍(군)'으로 이루어졌다.

휘두르다, 휘휘 내어두르다, 힘차게 움직이다
[揮帳(휘장)] 피륙을 여러 폭으로 이어서 빙 둘러치는 장막.
[揮筆(휘필)/揮毫(휘호)] '붓을 휘두르다'는 뜻으로, 미술품으로서의 글씨를 쓰거나 그림을 그림. 또는 그 작품.
[一筆揮之(일필휘지)] 한 번 붓을 들어 휘두름. 글씨를 단숨에 힘차고 시원하게 쭉 쓰는 모양.

나타내다
[發揮(발휘)] 재능이나 힘 따위를 떨쳐서 드러냄.

지시하다
[指揮(지휘)] ① 단체를 이끌어 행동을 통솔함. <u>참</u>指揮官(지휘관) ② (악) 합창·합주 따위에서 노래나 연주가 조화를 이루도록 손이나 몸동작으로 앞에서 이끎. <u>참</u>指揮者(지휘자)

날다, 날아오르다
[揮發(휘발)] 보통의 온도에서 액체가 기체로 되어 날아 흩어지는 현상.
[揮發油(휘발유)] ① 원유를 증류하거나 열 또는 화학적 처리를 하여 얻은 기름. 쉽게 불이 붙어 자동차·비행기 등의 연료나 공업용으로 쓰임. ② 식물에서 뽑아낸 휘발성 기름을 두루 일컫는 말.

據 의거할 거:, 근거 거:, 手부16   1007

'據(거)'자는 '(손으로 잡는) 지팡이'를 뜻하기 위하여 고안된 것이다. '손 扌(수)'와 '원숭이 豦(거)'로 이루어졌다. '근거하다', '의거하다'는 뜻을 나타낸다.

의거하다, 일정한 사실에 근거하다, 증거로 삼다, 근원, 증거
[根據(근거)] ① 근본이 되는 자리나 토대. <u>참</u>根據地(근거지) ② 근본 바탕이나 까닭. ¶근거를 대다
[依據(의거)] 어떤 사실에 근거함.
[證據(증거)] 어떤 사실을 증명할 수 있는 근거. ¶그가 도둑질을 했다는 증거는 없다
根據地(근거지), 論據(논거), 典據(전거), 遵據(준거)

의지하여 자리를 차지하고 있다, 어떤 자리에 있다, 지키다
[據點(거:점)] 어떤 활동의 근거로 삼는 중요한 지점. ¶공격 거점/원양어업의 거점을 확보하다
[本據(본거)] ① 근본이 되는 자리나 토대. <u>참</u>本據地(본거지) ② 근본이 되는 증거.
[占據(점:거)] ① 어떤 곳을 차지하여 자리를 잡음. ② 占領(점령).
[割據(할거)] 땅을 나누어 차지하고 세력권을 형성함. <u>참</u>群雄割據(군웅할거)

敢 감히 감:, 구태여 감:, 攴부12   1008

'敢(감)'자는 '손톱으로 창을 가지고서 무릅쓰고 나아간다'는 뜻이었다. '감히'라는 뜻으로 쓰인다.

감히, 두려움을 무릅쓰고, 감행하다 결연히, 과단성 있게
[敢鬪(감:투)] 용감하게 싸움. <u>참</u>敢鬪精神(감투정신)
[敢行(감:행)] 어려움을 무릅쓰고 과감하게 실행함. ¶공격을 감행하다
[果敢(과:감)] 과단성 있고 용감함.
[不敢請(불감청)] 마음속으로는 간절하지만 감히 청할 수 없음. ¶불감청이언정 固所願(고소원)이라
[勇敢(용:감)] 어려움이나 두려움을 모르고 기운차고 씩씩함. ¶용감하게 싸워라
敢當(감당), 敢不生心(감불생심), 不敢(불감), 不敢當(불감당), 勇敢無雙(용감무쌍)

감히 하지 아니하랴!
[焉敢生心(언감생심)] '어찌 감히 그런 마음을 가질 수 있으랴'의 뜻.
[身體髮膚受之父母(신체발부수지부모), 不敢毁傷(불감훼상), 孝之始也(효지시야).] 신체와 모발, 피부는 부모에게 받았으니, 감히 손상하지 않는 것이 효도의 처음이다. 『孝敬(효경)·開宗明義(개종명의)』 ☞ * 236

映 비출 영(:), 日부9   1009

'映(영)'자는 '(햇빛이) 비치다'는 뜻을 나타내기 위한 것이었다. '해 日(일)'과 '가운데 央(앙)'으로 이루어졌다.

비추다, 비치다
[映像(영상)] ① 비치는 그림자. ② (물) 광선의 굴절 또는 반사에 의하여 비친 물체의 모양. ③ 머릿속에 그리는 모습이나 광경.

[映畵(영화)] 연속 촬영한 필름을 연속으로 영사막에 비추어 물건의 모습이나 움직임을 실제와 같이 재현하여 보이는 것. ¶영화를 보러 가다
[反映(반:영)] ① 빛 따위가 반사에 의하여 비침. ② 어떤 영향이 다른 것에 미쳐 나타남.
[放映(방:영)] 텔레비전으로 영상을 방송함.
[上映(상:영)] ① 스크린 위로 필름의 빛을 비춤. ② 극장 따위에서 영화를 영사하여 공개함.
映寫(영사), 映寫機(영사기), 映窓(영창), 映畵館(영화관)

기타
[映山紅(영:산홍)] (식) 진달랫과의 갈잎떨기나무. 키는 약 1m. 가지가 많으며 잎은 어긋나고 피침형이며 윤이 남. 5-7월에 담홍색의 꽃이 가지 끝에 핌. 참映山白(영산백), 映山紫(영산자)

普 넓을 보:, 널리 보:, 日부12 1010

'普(보)'자는 '아우를 竝(병)의 축약형 並(병)'과 '해 日(일)'이 합쳐진 것이다. 햇살은 누구에게나 두루두루 그리고 널리 비친다. '두루', '널리', '넓다' 같은 의미로 쓰인다.

널리, 두루 널리 미치다
[普及(보:급)] 많은 사람에게 골고루 널리 미치게 함. ¶새 기술의 보급/신문 보급
[普遍(보:편)] 모든 것에 두루 미치거나 통함. 참普遍性(보편성), 普遍的(보편적)
[普遍妥當性(보:편타당성)] 모든 경우에 두루 통용되고 적용되는 성질.

보통, 중간
[普通(보:통)] ① 특별한 것이 없이 널리 통하여 예사로움. ② 평범하고 예사롭게.
[普通選擧(보:통선거)] 일정한 나이에 이른 모든 국민에게 제한 없이 선거권을 주는 선거. 준普選(보선)

프러시아의 음역
[普佛戰爭(보불전쟁)]

暇 겨를 가:, 日부13 1011

'暇(가)'자는 '겨를' 같은 시간적 의미를 나타내기 위하여 고안된 것이다. '날 日(일)'과 '빌 叚(가)'로 이루어졌다.

겨를, 틈
[公暇(공가)] 공무원에게 공식으로 인정되어 있는 휴가.
[病暇(병:가)] 병으로 얻는 휴가.
[餘暇(여가)] 겨를. 틈.
[休暇(휴가)] 학교·직장 따위에서 일정한 기간 쉬는 일. 또는 그 겨를.

느긋하게 지내다, 여유 있게 지내다
[閑暇(한가)] 바쁘지 않아 여유가 있음. ¶한가한 시간을 즐기다

更 다시 갱:, 고칠 경, 日부7 1012

'更(경/갱)'자는 '고치다', '바꾸다', '바로잡다'의 뜻으로 쓰일 때는 [경]으로 읽고, '다시'라는 뜻으로 쓰일 때는 [갱:]으로 읽는다. '시각'을 가리키기도 한다.

다시, 재차, 또, 그 위에
[更生(갱:생)] ① 거의 죽을 지경에서 다시 살아남. ② 마음을 잡아 다시 옳은 생활에 들어섬. ¶교도소를 나와 갱생의 길을 걷다 참自力更生(자력갱생) ③ 못쓰게 된 물건이나 쓰지 않는 물건에 손을 대어 다시 쓸 수 있도록 만듦. ¶갱생고무
[更新(갱:신)] ① 다시 새롭게 함. ② 법률관계의 존속 기간이 끝났을 때 그 기간을 연장하는 일. ¶여권을 갱신하다
[更新(경신)] ① 고쳐 새롭게 함. ② 종전의 기록을 깨뜨려 새로운 기록을 세움.

[更年期(갱:년기)] 나이가 다시 새로워지는 시기. 성숙기에서 노년기로 접어드는 40~50대의 시기. 여성의 경우, 생식 기능이 없어지고 불안·우울증 같은 정신적 변화를 겪는 시기. 육체적으로는 노화되는 시기이지만 정신적으로는 성숙해지는 시기. 사람은 누구나 늙기 마련이다. 이 시기에 우울증을 겪는 사람들은 갱년기를 단순히 육체가 노화되는 시기로만 본다. 갱년기에 해당하는 나이인 마흔 살과 쉰 살을 각각 不惑(불혹)과 知天命(지천명)이라 한 것도 정신적으로 성숙하는 시기임을 말한 것이다.

고치다, 개선하다, 새롭게 하다, 새로워지다, 고쳐지다, 개선되다
[更張(경장)] ① 해이한 것을 고쳐 긴장하게 함. ② 사회적·정치적으로 묵은 제도를 고쳐 새롭게 함. 참甲午更張(갑오경장)
[更正(경정)] 改正(개정). 고쳐 바로잡음. ¶추가경정예산
[更定(경정)] 改定(개정). 고쳐서 정함.
[更訂(경정)] 改訂(개정). 글자나 글을 고쳐 바로잡음.

바꾸다, 교환하다
[更迭(경질)] 어떤 자리에 있는 사람을 그만두게 하고 다른 사람으로 바꿈. ¶장관 경질
[變更(변:경)] 다르게 바꿈. 바꾸어 고침. ¶날짜를 변경하다
[貞女不更二夫(정녀불경이부)/烈女不更二夫(열녀불경이부).] 정조가 굳은 여자는 두 남편을 바꾸지 않는다. 『史記(사기)』

시각, 밤 시각의 칭호
[三更(삼경)] 하룻밤을 오경(五更)으로 나눈 셋째 시각. 오후 11시부터 다음날 오전 1시 사이
[初更(초경)] 하룻밤을 다섯으로 나눈 첫째 부분. 대개 오후 7시부터 9시 사이.

朱 붉을 주, 木부6

'朱(주)'자는 '나무 木(목)'의 중심에 한 획을 덧붙여 나무의 벤 단면의 심이 '붉음'을 나타낸다. '朱木(주목)'이라는 뜻이다.

붉다, 붉은 빛, 붉은 빛깔을 띤 물건
[朱紅(주홍)] 붉은 빛깔.
[朱黃(주황)] 빨강[朱(주)]과 노랑[黃(황)]의 중간색.
[印朱(인주)] 도장을 찍는 데 쓰는 붉은 빛의 재료.
[紫朱(자주)] 짙은 남빛을 띤 붉은 색.
[近朱者赤(근주자적)/近墨者黑(근묵자흑)] 붉은색을 가까이하면 자신도 붉어진다. 먹을 가까이하는 사람은 검은 물이 든다. 사람의 성격이나 능력은 주변의 환경이나 친구에 의해 많이 좌우된다는 것을 비유한 말이다. 『傅玄(부현)·太子少傅箴(태자소부잠)』
朱砂(주사), 朱書(주서), 朱雀(주작)

나무 이름
[朱木(주목)] 주목과의 늘푸른큰키나무. 정원수로 심기도 하며, 재목은 가구재·건축재·조각 재료 등으로, 가지와 잎은 약재로 쓰임.

성
[朱子(주자)] 중국 송나라 때의 유학자 朱熹(주희).
[朱子學(주자학)] 중국 송나라 때의 유학자 朱熹(주희)가 집대성한 理氣二元論(이기이원론)의 유학.

柳 버들 류(:), 木부9

'柳(류)'자는 '버드나무'를 나타내기 위한 것이었다. '나무 木(목)'과 '卯(묘)'로 이루어졌다. '머무를 留(류)', '묘금도 劉(류)'자에서도 '토끼 卯(묘)'가 [류]로 발음되는 표음요소로 쓰이고 있다.

버들, 버드나무의 총칭
[路柳墻(牆)花(노:류장화)] (누구나 꺾을 수 있는) 길가의 버들과 담 밑의 꽃. 곧, 娼婦(창부)를 이름.
[細柳(세:류)] 세버들. 가지가 가는 버드나무.
[花柳(화류)] ① 붉은 꽃과 푸른 버들. '아름다움을 형용하여 이르는 말. ② 사내들을 상대로 노는 계집. 또는 遊廓(유곽). 圖花柳界(화류계).
柳綠花紅(유록화홍), 柳眉(유미), 柳腰(유요), 楊柳(양류), 敗柳殘花(패류잔화)

核 씨 핵, 木부10

'核(핵)'자는 나무의 일종의 이름으로 쓰였다. '나무 木(목)'과 '돼지 亥(해)'로 이루어졌다. '씨', '알맹이', '중심' 등으로 쓰인다.

씨, 핵과(核果)의 내과피, 씨가 있는 과일
[核果(핵과)] 살 속의 씨가 단단한 핵으로 변화 과일류. 복숭아·살구 따위.

물건의 중심이 되는 알맹이
[核(핵)] ① 사물의 중심이 되는 알맹이. ② (생) 생물세포의 중심에 있는 공 모양의 둥근 물체. ③ (식) 열매 속의 씨를 보호하는 속껍데기. ④ (물) '원자핵'의 준말.
[核家族(핵가족)] 부부와 그 미혼의 자식만으로 이루어진 가족. 回小家族(소가족).
[核心(핵심)] 사물의 중심이 되는 가장 요긴한 부분.

세포핵
[核膜(핵막)] (생) 세포의 핵을 둘러싸고 있는 얇은 껍질.
[核分裂(핵분열)] ① (생) 세포의 핵이 분열하는 일. ② (물) 원자핵이 둘 이상의 비교적 큰 부분으로 분열되는 현상. 回核融合(핵융합).

원자핵
[核武器(핵무기)] 원자핵이 분열·융합할 때 생기는 힘을 이용한 무기. 원자폭탄·수소폭탄 따위.
[核反應(핵반응)] (물) 원자핵이 중성자 따위 다른 입자의 충격을 받아 원자번호·질량수 등 다른 원자핵으로 바뀌는 일.
[原子核(원자핵)] 원자의 중심부를 이루는 알갱이. 양전하를 띠는 양자와 전기적으로 중성인 중성자로 이루어지고 원자량의 대부분을 차지함.

기타
[結核(결핵)] (의) 결핵균의 감염으로 발생하는 만성 전염병.
[肺結核(폐:결핵)] (의) 폐에 결핵균이 침입하여 생기는 병. 초기에는 기침과 함께 미열이 있고 식은땀을 잘 흘리며, 차츰 심해지면서 그 증세가 더하여 몸이 쇠약해지고 숨쉬기가 괴롭고 각혈을 하게 됨.

'核(핵)'속에는 핵의 중심이 되는 '仁(인)'이 있다. 복숭아나 살구의 딱딱한 껍질에 싸여 있는 상태의 씨를 '核(핵)'이라고 하고, 핵을 깨서 그 속의 씨를 발라낸 것을 '仁(인)'이라 한다. 細胞(세포)에도 그 중심에 '核(핵)'이 있고 그 핵 속에 '仁(인)'이 있다. 原子(원자)에도 '核(핵)'이 있는데, 原子核(원자핵) 속에도 '仁(인)'이 들어 있을지도 모른다. 그것을 발견한다면 대단한 일이 될 것이다.

條 가지 조, 木부11

'條(조)'자는 '나무의 가늘고 긴 가지'를 뜻하기 위한 것이다. '나무 木(목)'과 '바 攸(유)'로 이루어졌다. '가지 枝(지)'는 좀 더 굵은 가지를 뜻한다.

가지, 나뭇가지 곁가지, 가지를 치다, 나뭇가지를 베어내다
[枝條(지조)] 나뭇가지.

조리, 맥락, 조리를 세우다
[條件(조건)] ① 어떤 일을 이루게 하거나 못 이루게 하는 기본적인 상태나 요소. ¶결혼 조건/자연 조건 ② 내놓는 요구나 의견 ¶조건을 붙이다/조건을 제시하다
[條件反射(조건반사)] (심) 동물이 그의 환경에 적응하

려고 후천적으로 가지게 되는 반사.
[條理(조리)] 말·글 또는 일이나 행동에서, 앞뒤가 들어맞고 체계가 서는 갈피. ¶그의 말은 항상 조리가 있다
[無條件(무조건)] 아무런 조건이 없음. 아무런 조건도 없이 덮어놓고. ¶무조건 시키기만 한다

조목으로 벌여놓다, 조목, 사항

[條例(조례)] ① 조목조목으로 적어 놓은 규칙이나 법령. ② (법) 지방자치단체가 그 고유 사무와 위임 사무 등에 관하여 법령의 테두리 안에서, 지방의회의 의결에 따라 만든 법.
[條文(조문)] 규정 따위를 조목조목 벌여 적은 글.
[條約(조약)] ① 條文(조문)으로써 맺는 약속. ② (법) 국제간의 권리와 의무를 규정하는, 문서에 의한 국가 간의 합의.
[信條(신:조)] 굳게 믿는 조목. ¶나는 근면을 신조로 삼고 산다
[約條(약조)] 조건을 정하여 약속함. 또는 약속하여 정한 조항.
條目(조목), 條目條目(조목조목), 條項(조항), 個條(개조), 金科玉條(금과옥조), 修好條約(수호조약), 玉條(옥조)

줄, 가늘고 긴 물건을 세는 단위

[條播(조파)] 줄뿌림. 씨앗을 줄을 맞춰 뿌림.
[星條旗(성조기)] 미국의 국기. 13개의 붉은빛·흰빛의 가로줄과 푸른 바탕에 50개의 흰 별을 그렸는데, 이는 13주로 시작하여 50주로 발전하였음을 나타냄.
[鐵條網(철조망)] 가시철사를 그물 모양으로 얼기설기 엮어 놓은 물건. ¶철조망 울타리/철조망을 넘다

模 법 모, 모범 모, 본뜰 모, 木부15   1017

'模(모)' 자는 원래 잎의 색갈이 철따라 변하는 '나무'를 지칭하는 것이었다. '나무 木(목)'과 '없을 莫(막)/저물 暮(모)'로 이루어졌다. '본뜨다', '본보기' 등의 뜻으로 쓰인다.

본, 모범이 될 만한 일, 본보기, 본뜨다, 본받다, 법, 법식

[模範(모범)] 본받아 배울 만한 본보기. ¶모범을 보이다 [참]模範生(모범생)
[模倣(모방)] 어떤 것을 본보기 삼아 본뜸. ¶모방은 창조의 어머니
[模造(모조)] ① 본떠 만듦. ② '모조품'의 준말. ③ '모조지'의 준말. [참]模造紙(모조지), 模造品(모조품)
[模型(모형)] ① 같은 형상의 물건을 만들기 위한 틀. ② 원형을 줄여서 만든 본. ③ (미) 작품을 만들기 전에 미리 만들어 보는 본보기.
模本(모본), 模寫(모사), 模擬(모의)

모양, 형상

[模樣(모양)] ① 겉으로 나타나는 생김새나 됨됨이. ¶모양이 좋다 ② '맵시'의 뜻을 나타냄. ¶모양을 내다 ③ '체면'의 뜻을 나타냄. ¶여러 사람 앞에서 모양이 말이 아니었다 ④ (비교되는 대상 다음에 쓰여) '~처럼'의 뜻을 나타냄. ¶봄빛은 어머니 품속 모양 따스하다 ⑤ (주로 '모양으로'로 쓰여) '어떤 식이나 방법으로'의 뜻을 나타냄. ⑥ (주로 '이다' 앞에 쓰여) 짐작이나 추측의 뜻을 나타냄. ¶서로 좋아하는 모양이다
[規模(규모)] ① 사물의 크기와 범위. ¶규모가 큰 행사 ② 모범이 될 만한 짜임새나 틀. ¶규모 있게 만든 물건/살림을 규모 있게 하다
[模糊(모호)] 말이나 태도가 흐리터분하고 알쏭달쏭함.
[曖昧模糊(애:매모호)] ① 흐리터분하고 분명하지 못함. ② 말이나 태도 따위가 흐리터분하고 분명하지 못함.

範 법 범:, 모범 범:, 竹부15   1018

'範(범)'자는 '수레 車(거)'와 '법 笵(범)'으로 이루어졌다. '笵(범)'은 '본보기'라는 뜻이다. '법 笵(범)'자의 '물 氵(수)'를 '수레 車(거)'로 바꾸어 놓은 것이 '範(범)'자이다. '수레를 만들기 위한 모형'이란 뜻이다. 이렇게 자원을 따지면 더 어렵게 되기만 하므로, '範(범)'자는 '대 竹(죽) + 수레 車(거) + 병부 卩(절)'로 이루어졌다고 하자.

본, 꼴, 틀

[模範(모범)] ☞ 模(모)
[師範(사범)] ① 스승이 될 만한 모범. 스승의 뜻으로 쓰임. ¶사범대학 ② 학술·기예·무술 따위를 가르치는 사람.
[垂範(수범)] 몸소 착한 일을 하여 모범을 보임. [참]率先垂範(솔선수범)
[示範(시:범)] 본보기를 보임. ¶시범을 보이다

법

[敎範(교범)] 가르치는 법식. 교육 방법, 또는 그 형식.
[軌範(궤:범)] 본보기가 되는 규범이나 법도. [참]樂學軌範(악학궤범)
[規範(규범)] 인간이 마땅히 따르고 지켜야 할 규칙이나 기준. ¶행동 규범에 따르다
[典範(전:범)] 본보기.

한계, 구획

[範圍(범:위)] ① 테두리가 정해진 구역. ¶활동 범위가 넓다 ② 무엇이 미치는 한계. ¶네가 아는 범위 내에서 의견을 내라
[範疇(범:주)] ① 일정한 범위나 경계. ② 같은 종류나 부류. ¶둘은 같은 범주에 속한다
[廣範(광:범)] 범위가 넓음. [동]廣範圍(광범위)

樣 모양 양, 木부15   1019

'樣(양)'자는 破字(파자)하면 '나무 木(목) + 양 羊(양) + 길 永(영)'이 된다. 字源(자원)을 따지면 복잡하다. '모양·양상·상태'의 뜻을 나타낸다.

모양, 형상, 상태
[樣相(양상)] 생김새나 모습. ¶고분 벽화에서 보이는 회화는 그때 사람들의 생활 양상을 보여 주는 생생한 자료이다
[樣態(양태)] 사물이나 현상이 처해 있는 모양이나 형편. 图狀態(상태)
[各樣各色(각양각색)] 서로 다른 각가지 모양. ¶각양각색의 옷차림들
[多樣(다양)] 모양이나 양식이 여러 가지임. 말수가 많음.
[模樣(모양)] ☞ 模(모)
各樣(각양), 多種多樣(다종다양), 外樣(외양)

본, 법식, 양식, 본보기, 모범
[樣式(양식)] ① 일정한 모양과 방식. ② 문학·예술·공예 따위에서 어떤 시대 또는 부류에 따라 각기 독특하게 지니는 형식.

무늬, 문채
[紋樣(문양)/文樣(문양)] 무늬나 모양. 물건의 거죽에 얼룩져 나타난 어떤 모양. 또는 물건의 표면에 장식 목적으로 나타낸 어떤 모양.

같이, 같게 ~하는
[~하는 樣(양)]

構 얽을 구, 木部14   1020

'構(구)'자는 본래 '(나무) 서까래'를 뜻하기 위한 것이었다. '나무 木(목)'과 '짤 冓(구)'로 이루어졌다. '얽다'는 뜻이다.

얽다, 집을 짓다, 재목을 짜 맞추다, 글을 짓다, 생각을 짜내다, 안(案)을 만들다
[構想(구상)] ① 생각을 얽어냄. ② 앞으로 하려는 일의 내용이나 규모, 실현 방법 따위를 어떻게 할 것인지 이리저리 생각함. 또는 그 생각. ¶조직 개편을 구상하다 ③ 예술 작품을 창작할 때, 작품의 주요 내용이나 표현 형식 따위에 대하여 생각함. 또는 그 생각. ¶작품을 구상하다
[構成(구성)] ① 부분이나 요소들을 모아서 일정한 전체를 짜 이룸. 또는 그 짜임. ¶대표단을 구성하다 ② (문) 문학 작품에서 사건의 줄거리를 배열·서술하여 얽어 짜는 일. ¶작품의 구성
[構造(구조)] ① 부분이나 요소들을 모아 전체를 이루는 짜임. ¶건물의 구조/몸의 구조/문장의 구조 ② 얼개. ③ 조직이나 체계. ¶산업 구조 ④ '구조물'의 준말. 圏構造物(구조물)
[機構(기구)] ① 역학적인 운동이나 작용을 하도록 구성되어 있는 기계나 도구 따위의 내부 구성. ② (사회의) 조직이나 기관의 구성 체계. ¶정부 기구/기구 개편
構圖(구도), 構造物(구조물), 構築(구축)

없는 일을 있는 것처럼 만들다
[虛構(허구)] ① 사실에 없는 일을 얽어서 꾸밈. ② (문) 작가의 상상을 통해 실제로 있을 수 있는 일처럼 꾸며낸 작품이나 그 구성.

집
[構內(구내)] 일정한 건물이나 시설의 안. ¶構內食堂(구내식당)

꾀하다, 도모하다

標 표할 표, 우듬지 표, 木部15   1021

'標(표)'자는 나무의 꼭대기 줄기 즉 '우듬지'를 뜻하기 위한 것이다. '나무 木(목)'과 '불똥 튈 票(표)'로 이루어졌다.

우듬지, 높은 나뭇가지, 끝, 사물의 말단
[標高(표고)] 바다의 면이나 어떤 지점을 기준으로 하여 수직으로 잰 높이.

기둥, 푯말, 표, 표시, 표하다, 표를 하여 나타내다, 상표
[標示(표시)] 잘 알아보도록 문자나 기호로 나타냄. ¶가격 표시
[標語(표어)] 주의, 주장, 강령 따위를 간결하게 나타낸 짧은 어구.
[標識(표지)] 어떤 사물을 다른 것과 구별하여 알아보기 쉽도록 기호로 標示(표시)하거나 문자로 기록함. 圏標識板(표지판)
[商標(상표)] 사업자가 자기 상품을 다른 것과 구별하기 위하여 이름처럼 붙인 표시.
[里程標(이:정표)] 목적지까지의 거리의 里數(이수)를 나타내는 표지.
[座標(좌:표)] ① (수) 어떤 위치나 점의 자리를 나타내는 데에 표준이 되는 표. ② 사물이 처해 있는 위치나 형편을 비유하는 말.
標記(표기), 標榜(표방), 標本(표본), 標石(표석), 標章(표장), 標題(표제), 標紙(표지), 標徵(표징), 標札(표찰), 極座標(극좌표), 帽標(모표), 墓標(묘표), 浮標(부표), 信標(신표), 音標(음표)

과녁, 목표
[標的(표적)] ① 목표가 되는 물건. ¶표적을 맞히다 ② 표지로 삼는 표.
[標準(표준)] 사물을 처리할 때 좇을 만한 기준·규범·목표 따위. ¶표준을 삼다 圏標準時(표준시), 標準語(표준어)
[目標(목표)] ① 목적을 이루기 위하여 실제적으로 대상을 삼는 것. ¶목표를 달성하다 ② 가서 닿을 곳. ¶서울을 목표로 하고 길을 떠나다 ③ 어떤 일을 이루어 내려는 시간상의 한계. ¶연말 완성을 목표로 서둘러라
[指標(지표)] 방향이나 목적, 기준 따위를 가리키는 표지.

드러내어 칭찬하다
[標榜(표방)] ① 주의·주장이나 처지를 어떠한 명목을 붙여 앞에 내세움. ② 남의 선행을 칭찬하여 여러 사람에게 보임.

歎 노래할 탄:, 탄식할 탄:, 欠부15　1022

'歎(탄)'자는 '한숨짓다'는 뜻을 나타내기 위한 것이다. '입을 크게 벌릴 欠(흠)'과 '진흙 堇(근)의 변형'으로 이루어졌다. '歎(탄)'자가 '탄식하다', '노래하다'는 뜻으로 쓰일 때는 표의요소(부수)를 '입 口(구)'로 바꾼 '탄식할 嘆(탄)'자와 같은 뜻으로 쓰이기도 한다.

노래하다, 읊다
[詠歎(영:탄)/詠嘆(영탄)] 소리를 길게 뽑아 깊은 정회를 노래하거나 외침. 참詠嘆法(영탄법)
[詠嘆法(영:탄법)] (문) 문장 표현 방법의 한 가지. 비통하고 애절한 감정을 '아아!'·'오오!'·'…인가!'·'…는고!' 따위의 말과 함께 써서 나타냄.

칭찬하다, 감탄하다
[歎服(탄:복)] 깊이 감탄하여 마음을 굽힘.
[歎聲(탄:성)] ① 탄식하거나 한탄하는 소리. ② 감탄하는 소리. ¶탄성을 지르다
[感歎(감:탄)] 크게 감동하여 찬복함.
[讚歎(찬:탄)] 칭찬하거나 찬양하여 감탄함. ¶그 아름다운 경치에 찬탄을 금치 못했다
感歎詞(감탄사), 敬歎(경탄), 驚歎(경탄)

탄식하다, 한숨 쉬다
[歎息(탄:식)] 한탄하여 한숨을 쉼. 또는 그 한숨.
[歎願(탄:원)] 사정을 하소연하여 도와주기를 바람. 참歎願書(탄원서)
[晩時之歎(만:시지탄)] 기회를 놓쳐 뒤늦었음을 안타까워하는 탄식.
[痛歎(통:탄)] 몹시 안타깝고 한스러운 태도로 탄식함. ¶통탄을 금할 수 없다
[恨歎(한:탄)] 원망하거나 또는 뉘우침이 있을 때 한숨짓는 탄식.
[亡羊之歎(망양지탄)] 양을 잃었는데 갈림길이 많고 복잡하여 어디로 갔는지 몰라 양을 찾을 수 없음을 한탄함. '어떤 일을 해결할 방법을 찾지 못하여 한탄함'을 비유하여 이르는 말. 준亡羊歎(망양탄) 비多岐亡羊(다기망양)『列子(열자)』
[望洋之嘆(망:양지탄)] '넓은 바다를 바라보고 감탄한다'라는 뜻에서, 위대한 인물이나 深遠(심원)한 학문 등에 접하여, 자신의 미흡함을 부끄러워하며 하는 탄식. 『莊子(장자)·秋水(추수)편』
[川上之嘆(천상지탄)] 공자가 물가에 서서 물을 바라보며, 한번 지나가면 다시 돌아오지 아니하는 만물의 변화를 탄식한 고사. 『論語(논어)·子罕(자한)』
[風樹之嘆(풍수지탄)] ☞ * 224
慨歎(개탄), 車魚之歎(거어지탄), 麥秀之嘆(맥수지탄), 悲歎(비탄), 自歎(자탄), 長歎(장탄), 長歎息(장탄식)

歡 기뻐할 환, 欠부22　1023

'歡(환)'자는 '기뻐하다'는 뜻을 위해 고안된 것이다. '입 크게 벌릴 欠(흠)'과 '박주가리 雚(환)'으로 이루어졌다.

기뻐하다, 즐거워하다, 기쁘게 하다, 기쁨, 즐거움
[歡樂(환락)] 기쁘고 즐거움. 또는 기뻐하고 즐거워함. 참歡樂街(환락가)
[歡聲(환성)] 기뻐서 지르는 소리.
[歡迎(환영)] 기쁘게 맞이함. ¶박수로 환영하다 참歡送(환송)
[歡呼(환호)] 기뻐서 소리를 높여 부르짖음. 참歡呼聲(환호성), 歡呼雀躍(환호작약)
[哀歡(애환)] 슬픔과 기쁨을 아울러 이르는 말. ¶일제시대의 우리 민족의 애환을 담은 노래
[合歡(합환)] ① 기쁨을 같이 함. ② 남자와 여자가 같이 자며 즐김. 참合歡酒(합환주)
[不盡人之歡(부진인지환), 不竭人之忠(불갈인지충), 以全交也(이전교야).] 남의 환대를 다 받지 않으며, 남의 성의를 다 받지 않아야 사귐을 온전히 유지한다. 약간의 사양과 절제가 있는 것이 교제를 영속시킬 수 있는 방법이다. 『小學(소학)·內篇(내편)·明倫(명륜)』
歡談(환담), 歡待(환대), 歡送(환송), 歡送會(환송회), 歡心(환심), 歡迎會(환영회), 歡喜(환희)

歸 돌아갈 귀:, 止부18　1024

'歸(귀)'자는 '언덕 阜(부)'의 생략형, '발 止(지)', '비 帚(추)'로 이루어졌다. '본디 있던 곳으로 돌아오다'는 뜻이다. 돌아올 때는 흙먼지 더러운 것 다 떨어버리고 정결한 몸과 마음으로 돌아와야 한다는 의미로 '비 帚(추)'를 썼다고 한다.

돌아가다, 돌아오다, 본디 있던 곳에 돌아오다, 온 곳으로 돌아오다
[歸家(귀:가)] 집으로 돌아감.
[歸國(귀:국)] 외국에 나가 있던 사람이 자기 나라로 돌아오거나 돌아감.
[歸省(귀:성)] 객지에서 부모님을 뵈러 고향집으로 돌아가거나 돌아옴. 참歸省客(귀성객) ¶서울역에 추석 귀성 인파가 몰렸다
[歸鄕(귀:향)] ① 고향으로 돌아가거나 돌아옴. ② '귀양'의 원말.
[歸化(귀:화)] ① 다른 나라 국적을 얻어 그 나라 백성이 됨. ② 귀순하여 복종함. ③ (생) 동식물이 원산지가 아닌 지역에서 그 기후나 조건에 적응하게 됨. 참歸化動物(귀화동물), 歸化植物(귀화식물)
[復歸(복귀)] 본디의 상태나 자리로 돌아감. ¶원대 복귀
[事必歸正(사:필귀정)] ① 모든 일은 반드시 바른 길로 돌아감. ② 일의 잘잘못이 언젠가는 밝혀져서 올바른 데로 돌아감.
[回歸(회귀)] 도로 돌아오거나 돌아감. 참回歸線(회귀선), 回歸本能(회귀본능)
[落葉歸根(낙엽귀근)/葉落歸根(엽락귀근)] 잎사귀는 뿌리에서 생긴 것이니 다시금 본디의 자리로 돌아간다. 의연히 제자리에서 몫을 다하고 홀연히 흙으로 돌아간

다. 사물이 그 근본으로 돌아감을 비유하여 이르는 말. 葉落喜歸根(엽락희귀근)『陸遊(육유)·詩(시)』
[視死如歸(시:사여귀)] 죽는 일을 집으로 돌아가는 것 같이 여기어 조금도 두려워하지 아니함. 君子(군자)_____.『大戴禮(대대례)』
歸去來(귀거래), 歸去來辭(귀거래사), 歸結(귀결), 歸京(귀경), 歸校(귀교), 歸納(귀납), 歸納法(귀납법), 歸農(귀농), 歸路(귀로), 歸馬放牛(귀마방우), 歸巢本能(귀소본능), 歸屬(귀속), 歸順(귀순), 歸一(귀일), 歸正(귀정), 歸着(귀착), 歸趨(귀추), 歸航(귀항), 歸降(귀항), 歸港(귀항), 歸還(귀환), 不歸(불귀), 不歸客(불귀객), 異路同歸(이로동귀), 再歸(재귀), 早出暮歸(조출모귀)

죽다
[歸元(귀:원)] (불) '본원으로 돌아간다'는 뜻으로, '승려의 죽음'을 일컫는 말. 통歸寂(귀적)
[歸寂(귀적)] (불) 승려의 죽음.
[歸天(귀:천)] '넋이 하늘로 올라감'이란 뜻으로, '죽음'을 이르는 말.
[歸土(귀:토)] 사람이 죽음.

몸을 의탁하다, 몸을 의탁할 곳
[歸依(귀:의)] ① 돌아와 의지함. ② (불) 불교를 믿어 불타와 불법과 절에 의지함. ③ (종) 종교를 믿어 그 절대자에 의지함. ¶불교에 귀의하다/천도교에 귀의하다

殘 남을 잔, 해칠 잔, 歹부12 1025

'殘(잔)' 자는 '부서진 뼈 歹(알)'과 '해칠 戔(잔)'으로 이루어졌다. '戔(잔)'은 '토막으로 자르다'의 뜻으로 '殘(잔)'자는 '토막으로 자르고 남은 것'을 뜻한다. 참 살벌한 뜻의 글자이다.

해치다, 해롭게 하다, 손상하다, 해독, 상해, 죽이다
[相殘(상잔)] 서로 싸우고 해침. ¶동족상잔의 비극적 역사 참骨肉相殘(골육상잔), 同族相殘(동족상잔)

잔인하다, 인정이 없다, 잔인한 사람, 모진 사람, 흉악한 사람
[殘惡(잔악)] 잔인하고 악독함.
[殘忍(잔인)] 인정이 없고 아주 모짊.
[殘虐(잔학)] 잔인하고 포학함. ¶잔학한 독재자
[殘酷(잔혹)] 잔인하고 혹독함. ¶잔혹 행위

쇠하여 약하다, 피폐하다
[殘民(잔민)] 외롭고 가난한 백성.
[衰殘(쇠잔)] 쇠하여 힘이나 세력이 점점 약해짐.

남다, 나머지가 있게 되다, 나머지, 먹다 남은 음식
[殘金(잔금)] ① 남은 돈. ② 갚다가 다 갚지 못하고 처져 있는 돈. ¶잔금을 치르다
[殘黨(잔당)] 패하거나 망하고 남은 무리. ¶공비 잔당
[殘飯(잔반)] 먹고 남은 밥. (군대에서 흔히 '짬밥'이라고 하는 것.)
[殘額(잔액)] 남은 돈.

[殘餘(잔여)] 남아 있음. 또는 그런 나머지.
[殘滓(잔재)] 찌꺼기. ¶일제 시대의 잔재
[敗殘兵(패:잔병)] 싸움에 진 뒤에 살아남은 군사.
殘高(잔고), 殘燈(잔등), 殘壘(잔루), 殘務(잔무), 殘渣(잔사), 殘雪(잔설), 殘月(잔월), 殘在(잔재), 殘賊(잔적), 殘錢(잔전), 敗柳殘花(패류잔화)

떠나거나 없어지지 않고 계속 있게 되다
[殘菊(잔국)] 늦은 가을까지 피어 남아 있는 국화. 또는 시든 국화.
[殘留(잔류)] 남아서 처져 있음.
[殘存(잔존)] 남아 있음.
[殘骸(잔해)] ① 썩거나 타다가 남은 뼈대. ② 부서지거나 못쓰게 되어 남은 물체.

段 층계 단, 구분 단, 殳부9 1026

'층계 段(단)'자는 벼랑 따위에 손을 대어 오르내리기 편리하게 한 '층층대'를 뜻하는 글자였다. '층계', '문장의 단락', '어떤 일을 이루기 위한 구체적인 방법', '사물을 세는 단위', '땅의 넓이를 나타내는 단위' 등의 뜻으로 쓰인다.

층계, 층층대의 턱을 이룬 날개
[段階(단계)] 일을 해 나갈 때 밟아야 할 일정한 과정. ¶첫 단계/아직 다 되었다고 안심할 단계는 아니다
[階段(계단)] ① 오르내리기 편하도록 건물이나 비탈에 만든 층계. ② 일을 하는 데 밟아야 할 순서.
[三段論法(삼단논법)] (논) 대전제·소전제의 두 명제로부터 결론인 판단을 내리는 간접 추리. 보기로, '동물은 생물이다. 고래는 동물이다. 그러므로 고래는 생물이다' 하는 따위.
[上段(상:단)] ① 위가 되는 높은 단. ② 글의 첫째 단.
段丘(단구), 多段階(다단계), 多段階販賣(다단계판매), 下段(하단)

구분, 갈림, 부분, 문장의 단락
[段落(단락)] 긴 문장에서 내용상으로 일단 끊어지는 곳. ¶이 단락은 너무 길어서 이해하기 어렵다
[文段(문단)] 전체 글의 한 단락.
[分段(분단)] ① 사물을 몇 개의 단으로 나눔. 또는 그 단계. ② 문장을 뜻에 따라 몇 段落(단락)으로 나눔.

방법, 어떤 일을 이루기 위한 구체적인 방법
[手段(수단)] 일을 해 나가는 꾀와 솜씨.
[常套手段(상투수단)] 늘 쓰는 수단.

사물을 세는 단위, 바둑, 유도 등의 등급을 세는 단위
[시금치 한 段(단)]
[段數(단수)] 바둑이나 태권도 등 단으로 등급을 매기는 기능이나 운동 따위의 단의 수.
[有段者(유:단자)] 바둑·검도·유도·태권도 따위에서 초단 이상의 사람.
[初段(초단)] ① 첫째 단계. ② 유도·검도·태권도 따위나 바둑 따위에서 등급의 첫째 단. ¶초단을 따다

출판물을 평면으로 나눈 구획
[三段記事(삼단기사)]
땅 300평에 해당하는 넓이
[段步(단보)] 땅 300평을 나타내는 단위.

氏 성 씨, 氏부4 1027

'氏(씨)'자는 하나의 부족이 하나의 '姓(성)'을 가지고 있던 모계사회에서 아버지가 누군가를 구분하기 위하여 생겨난 것이다. 후에 부계사회로 변모되자 姓(성)과 氏(씨)가 합쳐져 그 차이가 없어졌다고 한다. 옛날에는 귀족들만 姓氏(성씨)를 가질 수 있었다. '김씨'가 '김가'에 비하여 높임말인 것은 그러한 사실에 뿌리를 두고 있다.

성, 같은 성 중에서 혈통의 갈래를 나타내는 말
[氏族(씨족)] (사) 같은 조상을 가진 겨레붙이의 집단. 원시 사회에서는 조상의 직계를 우두머리로 하는 씨족 사회가 이루어졌고, 그것들이 여러 개 모여 부족 사회로 발전하였음. 참氏族社會(씨족사회), 氏族制度(씨족제도)

성(姓)
[姓氏(성:씨)] 남을 높이어 그 '성'을 이르는 말.
[宗氏(종씨)] 같은 성으로서 촌수를 따질 정도가 못되는 겨레붙이에 대한 일컬음.
[創氏改名(창:씨개명)] 1940년 일제가 우리 겨레 고유의 문화와 전통을 없애려고 강제적으로 우리나라 사람의 성과 이름을 일본식으로 고치게 한 일. 1946년 조선성명 복구령에 따라 무효가 됨.

사람의 호칭으로 쓴다
[妹氏(매씨)] 남의 누이의 높임말. 동令妹(영매)
[某氏(모:씨)] '아무개'의 높임말.
[伯氏(백씨)] 남의 '맏형'에 대한 높임말.
季氏(계씨), 某氏(모씨), 無名氏(무명씨), 叔氏(숙씨), 弟氏(제씨), 從氏(종씨), 仲氏(중씨)

사람의 성이나 이름 밑에 붙여서 존칭의 뜻을 나타낸다
[安東金氏(안동김씨)] 등

섭씨, 화씨 온도를 표시할 때
[攝氏(섭씨)] (물) 섭씨온도계의 눈금을 이름. 1기압에서 물이 어는점을 0℃, 끓는점을 100℃로 정하고 그 사이를 100등분하였음. 스웨덴의 Celsius가 정했고, 부호는 ℃로 나타냄.
[華氏(화씨)] (물) 화씨온도계의 눈금을 이름. 1기압에서 물이 어는점을 32℃, 끓는점을 212℃로 정하고 그 사이를 180등분하였음. 독일의 D. G. Fahrenheit의 이름을 딴 온도 단위이고, 그 부호는 °F로 나타냄.

況 상황 황:, 水부8 1028

'況(황)'자는 '물 氵(수)'와 '兄(형)'으로 이루어졌다. '况(황)'자는 俗字(속자)이다.

모양, 형편, 사정
[近況(근:황)] 요즈음의 형편. ¶친구의 근황이 궁금하다
[不況(불황)] 경기(景氣)가 좋지 못함. 돈벌이가 잘 안됨. 참好況(호황), 活況(활황)
[狀況(상황)] 형편. 일이 되어가는 모양이나 경로. ¶어려운 상황이 전개되고 있다
[盛況(성:황)] 성대한 상황. 또는 그런 모임이나 행사. 참盛況裡(성황리) ¶성황을 이루다
[實況(실황)] 실제의 상황. ¶홍수 피해 지역의 실황을 중계방송하다
[現況(현:황)] 현재의 상황.
概況(개황), 作況(작황), 景況(경황), 戰況(전황), 情況(정황)

泉 샘 천, 水부9 1029

'泉(천)'자의 '白'은 '옹달샘' 모양이 변한 것이다. 즉 산골짜기 옹달샘에서 '물 水(수)'이 졸졸 흘러나오는 모양을 본뜬 것으로 '샘'을 나타낸 것이다.

샘, 땅에서 솟는 물
[鑛泉(광:천)] 비교적 광물질이 많이 들어 있는 샘. 참鑛泉水(광천수)
[溫泉(온천)] 地熱(지열)로 물이 더워져서 땅위로 솟아오르는 샘. 여러 가지 광물질이 녹아있어 온천욕을 하면 질병의 치료나 요양에 효과가 있다고 함.
[源泉(원천)] ① 물이 흘러나오는 근원. ② 사물의 근원. ¶힘의 원천
[黃泉(황천)] ① 지하의 샘. ② 저승. 죽은 자의 혼이 간다고 하는 세계. 참黃泉客(황천객)
甘泉(감천), 九泉(구천), 冷泉(냉천), 硫黃泉(유황천), 酒泉(주천), 淸泉(청천), 炭酸泉(탄산천)

井 우물 정(:), 二부4 1030

'井(정)'자는 우물 난간의 네 모서리를 나무로 걸쳐 쌓아올린 모양을 그린 것이다.

우물
[井底之蛙(정저지와)] '우물 속 개구리'란 말인데, 식견이 좁아 세상 물정을 모르는 사람을 일컫는 말이다. 井底蛙(정저와), 井蛙(정와), 井蛙之見(정와지견), 坐井觀天(좌정관천), 井中視星(정중시성) 등도 같은 뜻이다.
[落井下石(낙정하석)/落穽下石(낙정하석)/投井下石(투정하석)] 우물에 빠진 사람에게 돌을 던지다. 남이 어려운 처지에 놓였는데 도와주지는 않고 도리어 해를 입히는 경우를 일컫는 말.
[石井(석정)] 돌우물.
[臨渴掘井(임갈굴정)/渴而穿井(갈이천정)] '목이 말라야 우물을 판다'는 뜻으로, '평소에 준비 없이 있다가 일을 당하고 나서야 허둥지둥 서두름'을 이르는 말.
[坐井觀天(좌정관천)/井中觀天(정중관천)] '우물에 앉아 하늘을 본다'는 뜻으로, '견문이 썩 좁음'을 이르는

말.
[短綆不可汲深井(단:경불가급심정)] 짧은 두레박줄로써는 깊은 우물물을 길을 수 없다는 뜻으로, 학식이 얕은 사람은 깊은 도리를 말할 수 없음, 또는 생각이 얕은 자는 모든 면에서 깊게 생각하고 헤아리지 못함을 비유하여 이르는 말. 图綆短汲深(경단급심)『荀子(순자)·榮辱篇(영욕편)』
擔雪填井(담설전정), 溫井(온정), 油井(유정), 鑿井(착정), 學如穿井(학여천정)

정(井)자형 천장
[天井(천정)] ①天障(천장). ② 日月星辰(일월성신)을 이름. ③ 사방이 험한 산으로 둘러싸인 낮은 땅.
[天井不知(천정부지)] 물건 값이 자꾸 오름을 이르는 말.

마을, 동네
[市井(시정)] ① 장이 서는 곳. 저자. ② 거리의 장사치. ③ 인가가 많이 모인 곳. 市街(시가).
[市井輩(시정배)] 시정에서 장사하는 천한 무리. 市井雜輩(시정잡배)

派 물갈래 파, 갈래 파, 水部9 1031

'派(파)'자의 오른 쪽은 '길 永(영)'에서 변화된 것이다. 강물이 길게 흐르는 중에는 갈래가 있게 마련이기 때문에, '물갈래'를 그렇게 나타냈다. 후에 일반적인 '갈래', '보내다'의 뜻으로 쓰였다. ☞脈(맥)0854

물갈래, 강물이 갈려서 흘러내리는 가닥, 갈라져 흐르다, 갈라져 나온 계통
[派閥(파벌)] 이해관계에 따라 갈라진 사람들의 무리. ¶파벌 싸움에 휘말리다
[派生(파생)] 본체에서 갈라져 나와 다른 하나가 새롭게 생김. 图派生語(파생어)
[黨派(당파)] 당 안의 파벌. ¶당파 싸움
[親日派(친일파)] ① 일본과 친한 무리. ② 일제 강점기에 일본인 또는 일본 관헌과 밀착하여 일제의 침략·약탈 정책을 지지·옹호하면서 반민족적 행위를 한 무리.
[學派(학파)] 학문상 주장을 달리하는 갈래.
急進派(급진파), 浪漫派(낭만파), 分派(분파), 新派(신파), 右派(우파), 印象派(인상파), 戰後派(전후파), 宗派(종파), 左派(좌파), 支派(지파)

파견하다, 내보내다
[派遣(파견)] 어떤 임무를 맡겨서 보냄. 图派遣部隊(파견부대)
[派出所(파출소)] ① 어떤 기관이 그 직원을 파견하여 일을 맡아 보게 하는 곳. ② 어떤 지역에 경찰관이 파견되어 관할 구역의 치안을 맡아 보는 곳.
[特派員(특파원)] ① 특파된 사람. ② 신문사·잡지사·방송국 등에서 외지에 특파되어 보도에 종사하는 사람.

派兵(파병), 派出(파출), 派出婦(파출부), 急派(급파), 南派(남파), 密派(밀파), 特派(특파)

混 섞을 혼:, 水部11 1032

'混(혼)'자는 '물 水(수)'와 '형 昆(곤)'으로 이루어졌다. '(물살이) 거세다'라는 본뜻에서 '섞다', '합치다'는 뜻으로 확대 사용되었다.

섞다, 섞이다
[混同(혼:동)] ① 이것과 저것을 구별하지 못하고 뒤섞어서 보거나 생각함. ② 대립되는 두 개의 법률적 지위가 한 사람에게 귀속하는 일. 곧 채권과 채무가 같은 사람에게 돌아가서 채권이 소멸되는 따위.
[混亂(혼:란)] ① 뒤섞여 어지러움. ② 뒤죽박죽이 되어 질서가 없음. ¶사회 혼란을 막고 민심을 안정시켰다
[混線(혼:선)] ① 전신·전화·전파 따위가 여러 가지 작용에 의해 엉클어지거나 방해를 받는 일. ② 줄이 갈피를 잡을 수 없게 서로 엉클어지거나 뒤섞임. 또는 그 줄. ③ 말이나 일 따위의 갈래가 얽혀 종잡을 수 없음.
[混雜(혼:잡)] 여럿이 한데 뒤섞여 어수선함.
[混合(혼:합)] ① 뒤섞어서 한데 합함. ② (화) 두 가지 이상의 물질이 화학적인 결합을 하지 않고 섞이는 일.
混紡(혼방), 混成(혼성), 混食(혼식), 混用(혼용), 混作(혼작), 混血(혼혈), 混血兒(혼혈아), 混淆(혼효), 混淆林(혼효림), 玉石混淆(옥석혼효)

흐리다, 혼탁하다, 뒤섞여 어지럽다
[混沌(혼:돈)] ① 하늘과 땅이 아직 나눠지 않은 개벽 전의 상태. ② 사물이 뒤섞여 갈피를 잡을 수 없는 상태. 图混沌世界(혼돈세계), 混沌天地(혼돈천지)
[混濁(혼:탁)] 깨끗하지 못하고 몹시 흐림. ¶공기가 혼탁하다/타락하고 혼탁한 정신
[混戰(혼:전)] 서로 뒤섞여 어지럽게 싸움.

합하다, 맞추다
[混聲(혼:성)] ① 뒤섞인 소리. ② (악) 남자의 소리와 여자의 소리를 서로 합함. ¶혼성사중창

潮 조수 조, 水部15 1033

'潮(조)'자는 강물이 바다를 향해 '흐르다'는 뜻을 위한 것이었다. '물 水(수)'와 '아침 朝(조)'로 이루어졌다.

조수, 밀려들어왔다가 나가는 바닷물, 밀물
[潮流(조류)] ① 밀물과 썰물 때문에 일어나는 바닷물의 흐름. ② 시대 흐름의 경향이나 동향. ¶시대적 조류
[潮水(조수)] 달, 태양 따위의 인력에 의하여 주기적으로 높아졌다 낮아졌다 하는 바닷물. 밀물과 썰물을 통틀어 이르는 말.
[干潮(간조)] 감물. 썰물 때 바닷물이 가장 낮아지는 일.
[滿潮(만:조)] 가장 꽉 차게 들어왔을 때의 밀물.
潮力(조력), 潮風(조풍), 潮害(조해), 落潮(낙조), 赤潮

(적조), 海潮(해조)

흐름, 일정한 시대나 부문의 사람들이 가지는 생각의 흐름
[思潮(사조)] 한 시대 사람들의 사상의 일반적인 경향.
참 文藝思潮(문예사조), 時代思潮(시대사조)
[時代潮流(시대조류)] 한 시대 사회의 흐름의 경향이나 동향.
[退潮(퇴:조)] ① 썰물. ② 기세·세력 따위가 쇠퇴함.
[風潮(풍조)] ① 시대에 따라 변하는 세태 ¶사치 풍조가 만연하다 ② 바람에 따라 흐르는 조수.

激 격할 격, 물결 부딪쳐 흐를 격, 水부16   1034

'激(격)'자는 물이 장애에 부딪쳐 '튀어 오르다'는 뜻을 나타내기 위한 것이다. '물 氵(수)'와 '노래할 敫(교)'로 이루어졌다. 후에 (물살이) '거세다', '격하다' 등의 뜻으로 확대되었다.

물결이 부딪쳐 흐르다, 바람이나 물살이 빠르다, 흐름이 세차다, 세차게 부딪치다
[激浪(격랑)] ① 사납게 치는 세찬 물결. ② '모진 시련'을 비유하는 말. ¶격랑에 시달리다
[激流(격류)] ① 몹시 세차게 흐르는 물. ¶격류에 휩쓸리다 유 急流(급류) ② (사회적 변화나 사조 등의) '세찬 흐름'을 비유하는 말.
[進如激矢(진:여격시)] 솟살같이 빠름. '나아감이 빠름'을 비유한 말. 『淮南子(회남자)』
[衝激(충격)] 서로 세차게 부딪침.

몹시, 심하다, 심하게 움직이다, 성격이 격렬하다
[激動(격동)] ① 급격히 움직이거나 심하게 진동함. ¶격동하는 국제 정세 ② 몹시 감동함. 또는 그렇게 되게 함.
[激烈(격렬)] 몹시 맹렬함. 아주 세참. ¶격렬한 시위/격렬한 싸움
[激論(격론)] 격렬한 논쟁. ¶격론을 벌이다
[激務(격무)] 몹시 고된 업무. ¶격무에 시달리다
[激變(격변)] 급격하게 바뀜.
[激戰(격전)] 격렬하게 싸움. 또는 그런 전투.
[激讚(격찬)] 열렬히 칭찬함. 또는 열렬한 칭찬. ¶격찬을 받다/격찬을 보내다
[感激(감:격)] ① 마음에 깊이 느껴 격동함. ② 깊이 고맙게 느낌.
[過激(과:격)] 지나치게 격렬함. ¶과격한 말을 하다
激減(격감), 激怒(격노), 激突(격돌), 激奮(격분), 激憤(격분), 激忿(격분), 激甚(격심), 激昂(격앙), 激情(격정), 激增(격증), 激鬪(격투), 急激(급격), 憤激(분격), 奮激(분격)

떨치다, 힘쓰다
[激勵(격려)] 용기나 의욕이 솟아나도록 북돋아 줌. ¶선수들을 격려하다 참 激勵辭(격려사)
[自激之心(자격지심)] 자기가 한 일에 대하여 미흡하게 여겨 스스로 분발하려는 마음.

烈 매울 렬, 세찰 렬, 火부10   1035

烈(렬)자는 '불 灬(화)'와 '줄 列(렬)'로 이루어졌다. 맹렬히 타오르는 '불길'이 본뜻이다. '세차다', '굳세다' 등의 뜻으로 쓰인다.

세차다, 불길이 세다, 거세다, 바람이 세차다
[烈火(열화)] 맹렬하게 타는 불.
[强烈(강렬)] 강하고 세참.
[激烈(격렬)] ☞ 激(격)
[猛烈(맹:렬)] 기세가 몹시 사납고 세참. ¶불길이 맹렬한 기세로 타올랐다
[熾烈(치열)] (세력이나 기세가) 불길같이 맹렬함.
極烈(극렬)/劇烈(극렬), 熱烈(열렬), 峻烈(준열)

맵다, 강하고 곧다
[烈女(열녀)] 고난이나 죽음을 무릅쓰고, 절개를 지키어 남의 모범이 될 만한 여자. 참 烈女門(열녀문), 烈女碑(열녀비)
[烈士(열사)] 이해나 권력에 굴하지 않고 나라를 위하여 절의를 굳게 지킨 사람. ¶이 준 열사
[殉國先烈(순국선열)] 나라를 위하여 목숨을 바친 애국열사. ¶순국선열에 대한 묵념
[壯烈(장:렬)] 의기가 씩씩하고 열렬함. ¶전쟁에 나아가 나라를 위하여 장렬히 죽음을 맞이하다
[痛烈(통:렬)] 몹시 매섭고 가차없음. 호됨. ¶통렬한 비판
先烈(선열), 忠烈(충렬), 忠烈祠(충렬사), 孝烈(효열)

灰 재 회, 火부6   1036

'灰(회)'자는 불타고 남은 '재'를 뜻한다. 손又(우)에 막대기를 잡고, 타고 남은 불씨火(화)를 토닥거리는 모습을 본뜬 것이었는데 '又(우)'자의 모양이 약간 달라졌다.

재, 재가 되다, 망하다
[灰色(회색)] 재의 빛깔.
[灰色分子(회색분자)] 소속 또는 정치적·사상적 경향이 뚜렷하지 아니한 사람.
[死灰復燃(사:회부연)] 사그라진 재에서 다시 불이 살아난다는 뜻으로, '세력을 잃었던 사람이 다시 득세함'을 비유하여 이르는 말.
木灰(목회), 死灰(사회), 枯木死灰(고목사회)

석회(石灰)의 약칭
[灰分(회분)] 석회질의 성분.
[灰壁(회벽)] 석회를 반죽하여 바른 벽.
[石灰(석회)] ① 생석회(산화칼슘)와 소석회(수산화칼슘)를 통틀어 일컫는 말. ② 탄산칼슘.
[洋灰(양회)] 시멘트.

燃 태울 연, 탈 연, 사를 연, 火부16   1037

'燃(연)'자는 '불 火(화)'와 '그럴 然(연)'으로 이루어졌다. 원래는 '然(연)'자가 '타다'의 뜻이었다. '그렇다'의

뜻으로 쓰이는 예가 많아지자, '불 火(화)'를 붙여 '탈 燃(연)'자를 만든 것이다.
사르다, 타다
[燃料(연료)] ① 땔감. 불 때는 데 쓰이는 재료. ② 연소하여 열, 빛, 동력의 에너지를 얻을 수 있는 물질을 통틀어 이르는 말. 참燃料費(연료비)
[燃燒(연소)] ① 불에 탐. ② (화) 주로 물질이 산소와 화합할 때, 다량의 열을 내며 동시에 빛을 내는 현상.
[再燃(재:연)] ① 꺼졌던 불이 다시 탐. ② 한동안 잠잠하던 일이 다시 문제되어 일어남.
[煮豆燃豆萁(자두연두기), 豆在釜中泣(두재부중읍).] 콩을 삶는데 콩대를 베어 때니, 솥 안에 있는 콩이 눈물 흘리네. 『世說新語(세설신어)·七步詩(칠보시)』 ☞ * 436
燃燈(연등), 燃燈節(연등절), 燃燈會(연등회), 燃眉(연미), 燃眉之急(연미지급)/焦眉之急(초미지급), 可燃性(가연성), 不燃性(불연성)

營 경영할 영, 火부17　1038

'營(영)'자는 밤이면 경비를 위하여 '등불 熒(형)'을 환하게 밝혀 놓은 집, 즉 '군인들이 집단 거주하는 집'을 가리킨다. 軍營(군영), 兵營(병영)의 '營(영)'이 본래의 뜻으로 쓰인 예이다. '경영하다', '짓다', '(이익을) 꾀하다' 등의 뜻으로 쓰인다.
행하다, 경영하다, 이익을 꾀하다, 짓다, 만들다
[營農(영농)] 농사를 지음. 농업을 경영함.
[營業(영업)] (경) 영리를 목적으로 사업을 경영하는 일. 또는 그 사업. ¶영업 사원
[營爲(영위)] 무슨 일을 해 나감. 일을 경영함.
[經營(경영)] ① 기업이나 사업을 관리하고 운영함. ¶기업 경영/경영 방침 참經營者(경영자) ② 계획을 세워 일을 다스려 나감. ③ 터를 잡아 집을 지음.
[國營(국영)] 나라에서 직접 관리하여 이익을 꾀함.
[民營(민영)] 민간인의 경영.
[運營(운:영)] 조직·기구 따위를 운용하여 경영함. ¶운영 방침
[自營(자영)] ① 자기의 이익을 꾀함. ② 스스로 사업을 경영함.
營利(영리), 營林(영림), 營繕(영선), 營業主(영업주), 公營(공영), 官營(관영), 直營(직영)
얻다
[營養(영양)] (생) 생물이 양분을 섭취하여 삭임·숨쉬기·피돌기·걸러내기 따위의 모든 작용을 돕고 체질의 소모를 보충하여 생활 기능을 유지하는 작용. 또는 그 성분
[營養價(영양가)] 음식물이 지니고 있는 영양의 값어치.
[營養素(영양소)] (생) 생물체의 영양이 되는 성분. 단백질·탄수화물·굳기름·무기염류·비타민 따위.
진영(陣營)
[營內(영내)] (군) 병영의 안. ¶영내 거주 맨營外(영외)
[兵營(병영)] 병사들이 먹고 자고 하는 막사를 비롯한 필요한 시설을 갖추어 부대가 주둔하고 있는 일정한 구역.
[野營(야영)] ① 들에 친 진영. 또는 거기에서 하는 생활. ② 들에 천막을 쳐 놓고 훈련이나 휴양을 하는 생활.
[入營(입영)] 병정이 되기 위하여 군문(軍門)에 들어감.
[陣營(진영)] ① 진을 치고 있는 곳. ¶아군 진영 ② 서로 대립하는 각각의 세력. ¶민주주의 진영/자본주의 진영
[脫營(탈영)] 군인이 병영에서 빠져 도망함.
營倉(영창), 監營(감영), 軍營(군영), 屯營(둔영), 水營(수영), 宿營(숙영)

爆 불 터질 폭, 火부19　1039

'爆(폭)'자는 '(불이) 터지다'는 뜻을 나타내기 위하여 만든 것이다. '불 火(화)'와 '쬐일 暴(폭)'으로 이루어졌다.
터지다, 폭발하다
[爆擊(폭격)] 항공기가 폭탄을 떨어뜨려 어떤 목표물을 파괴함. ¶무차별 폭격이 계속된다
[爆發(폭발)] ① 불이 일어나며 갑작스럽게 터짐. ② (화) 물질이 부피가 몹시 커지면서 폭음·화염 및 파괴 작용을 일으킴. ¶화산이 폭발하다 참爆發物(폭발물), 爆發的(폭발적)
[爆笑(폭소)] 갑자기 세차게 터져 나오는 웃음. ¶폭소가 터졌다
[爆彈(폭탄)] 폭발탄. 인명 살상이나 구조물 파괴를 위하여 폭발약을 채워서 쏘거나 던지거나 투하하여 폭발하게 만든 무기.
[起爆劑(기폭제)] ① (화) 폭발을 일으키는 작용을 하는 약. ② 어떤 사건을 일으키는 결정적 계기를 비유하는 말. ¶3·15 부정선거 규탄이 4·19 민주혁명의 기폭제가 되었다
[自爆(자폭)] 폭약을 터뜨려 자살함.
爆死(폭사), 爆藥(폭약), 爆裂(폭렬), 爆音(폭음), 爆竹(폭죽), 爆沈(폭침), 爆破(폭파), 起爆(기폭), 猛爆(맹폭), 原爆(원폭)

珍 보배 진, 玉부9　1040

'珍(진)'자는 옥 종류의 '보배'를 뜻하기 위한 것이었으니 '구슬 玉(옥)'이 표의요소. '검은머리 㐱(진)'은 표음요소이다.
보배, 진귀하다
[珍貴(진귀)] 보배롭고 보기 드물게 귀하다
[珍品(진품)] 진귀한 물품. ¶珍品(진품) 名品(명품) 쇼 시간이 되었다
珍寶(진보), 珍珠(진주)/眞珠(진주)
맛좋은 음식
[珍味(진미)] 음식의 썩 좋은 맛. 또는 그런 맛이 나는 음식. 참山海珍味(산해진미), 八珍味(팔진미)
[珍羞盛饌(진수성찬)] 맛이 좋고 많이 잘 차린 음식.

珍羞(진수), 山海珍味(산해진미), 八珍味(팔진미)
귀하게 여기다, 높이다, 진귀하다
[珍客(진객)] 귀한 손님.
[珍技(진기)] 진귀한 기술.
[珍奇(진기)] 진기하고 기이함.

環 고리 환, 물러날 환, 玉부17　1041

'環(환)'자는 '둥근 모양의 옥'이 본뜻이다. '구슬 玉(옥)'과 '볼 睘(경)'으로 이루어졌다. '고리', '사방', '주위'의 의미로 확대되었다. '볼 睘(경)'자는 還(환), 園(환) 등 '환'자의 표음요소로 쓰인 예가 많다.

환옥, 고리 모양의 옥, 고리
[環狀(환상)] 고리처럼 속이 비고 둥글게 생긴 모양.
[金環(금환)/金指環(금지환)] 금가락지.
[花環(화환)] 假花(가화) 또는 生花(생화)로 장식하여 큰 고리 모양으로 만들어 慶弔(경조)의 표시로 보내는 물건.
環礁(환초), 金環日蝕(금환일식), 連環(연환), 連環計(연환계), 耳環(이환), 指環(지환)

두루 미치다, 둘러싸다, 사방, 주위
[環境(환경)] ① 생물에게 직·간접적으로 영향을 끼치는 자연적 조건이나 사회적인 상황. ② 인간이 생활하는 주위 상태.
[環境汚染(환경오염)] 자원 개발에 따른 자연의 파괴 또는 산업 활동에 따른 유해 물질이나 폐수의 발생 등으로 환경이 점점 더러워지는 일.

돌다, 선회하다, 돌리다
[循環(순환)] ① 어떤 현상이나 일련의 변화 과정이 주기적으로 반복되거나 되풀이하여 돎. ¶대기의 순환/역사의 순환 ② 피나 물 따위가 사람의 몸 안이나 건물의 파이프 안 따위를 한 번 돌거나 되풀이하여 돎. ¶혈액 순환/온수 순환 ③ (컴) 컴퓨터 프로그래밍에서, 어떤 조건에 도달할 때까지 계속하여 반복되는 일련의 명령문.
[循環系(순환계)] (의) 신체의 각 부분에 영양, 호르몬, 산소 따위를 공급하고, 노폐물의 배출을 관장하는 계통. 림프관과 림프샘으로 이루어지는 림프계와 심장과 혈관으로 이루어지는 혈관계가 있다.
[循環小數(순환소수)] (수) 소수점 이하의 어떤 자리 다음부터 몇 개의 숫자가 같은 순서로 한없이 반복되는 무한소수. 예를 들면 0.1666…, 0.141414… 따위. 원말은 無限循環小數(무한순환소수).

略 간략할 략, 다스릴 략, 田부11　1042

'略(략)'자는 토지를 '경영하다'는 뜻으로 만들어진 것이다. '밭 田(전)'과 '각각 各(각)'으로 이루어졌다. 후에 '꾀하다', '탈취하다', '줄이다' 등으로 확대 사용되었다.

다스리다, 경륜하다
[經略(경략)] ① 나라를 경영하고 다스림. ② 침략하여 차지한 나라나 점령한 지방을 다스림.

빼앗다, 범하다, 치다, 정벌하다
[劫略(겁략)/劫掠(겁략)] 掠奪(약탈). 폭력을 써서 남의 것을 억지로 빼앗음.
[攻略(공:략)] 영토 따위를 공격하여 침략함.
[侵略(침:략)] 정당한 이유 없이 남의 나라에 쳐들어가는 일.

계략, 꾀, 지혜
[計略(계:략)] 꾀와 방법. ¶계략을 꾸미다.
[戰略(전:략)] ① 전쟁을 수행해 가는 大局的(대국적)인 책략. 참戰術(전술) ② 정치·경제·사회적 활동이나 투쟁에 있어서의 기본 방침.
[政略(정략)] 정치상의 책략.
[策略(책략)] 일을 꾸미어 처리해 나가는 교묘한 방법.
膽略(담략), 謀略(모략), 妙略(묘략), 六韜三略(육도삼략), 政略結婚(정략결혼), 智略(지략)

줄이다, 간략하게 하다, 상세하지 아니하다, 대강, 대략
[略圖(약도)] 간략하게 줄여 주요한 것만 대충 그린 도면이나 지도.
[略歷(약력)] 간략하게 적은 이력. ¶선생님의 약력을 소개하다
[略式(약식)] 정식 절차를 다 차리지 않고 생략한 의식이나 樣式(양식).
[簡略(간략)] ① 간단하게 간추림. ② 단출하고 짤막함.
[大略(대:략)] 대강. 대충.
[省略(생략)] 전체에서 일부를 덜거나 줄임. ¶이하는 생략하겠다
略少(약소), 略史(약사), 略述(약술), 略字(약자), 略稱(약칭), 槪略(개략), 要略(요략), 前略(전략), 節略(절략)/節約(절약), 中略(중략), 後略(후략)

疑 의심할 의, 疋부14　1043

'疑(의)'자는 '비수 匕(비)', '화살 矢(시)', '아들 子(자)', '발 止(지)'로 이루어진 글자이다. 사람이 고개를 쳐들고 생각하며 서 있는 모양, 사람이 갈림길을 만나 지팡이를 세워놓고 생각을 굴리면서 서 있는 모양을 나타낸 것이라고 한다. 그야말로 알듯말듯하다. '알듯말듯하다'가 본뜻이고, '의심하다', '의아하다' 등으로 확대 사용됐다.

의심하다, 의혹하다, 의심스럽다, 혐의
[疑問(의문)] ① 의심하여 물음. ② 의심스러운 생각을 함. 또는 그런 일.
[疑心(의심)] 확실히 알 수 없어서 의아해하는 마음.
[疑妻症(의처증)] 공연히 아내의 행실을 의심하는 병적 성격. 참疑夫症(의부증)
[疑惑(의혹)] 의심하여 분간하지 못함. 또는 그런 생각.
[容疑(용의)] ① 의심을 받음. ② 범죄를 저지른 사실이 있으리라는 의심을 하는 것을 가리킴. 참容疑者(용의자)
[質疑(질의)] 의심나거나 모르는 점을 물어서 밝힘.

[懷疑(회의)] 의심을 품음. 또는 그런 마음. ¶회의적인 태도 참懷疑的(회의적)
[疑心生暗鬼(의심생암귀)] 의심은 귀신을 낳는다. 마음에 의심이 생기면 온갖 무서운 망상이 생긴다. 『列子(열자)·說符(설부)』
[疑人勿使使人勿疑(의인물사사인물의)] 의심하는 사람이면 쓰지 말 것이며, 일단 쓴 바에는 의심하지 말라. 비疑則勿用用則勿疑(의즉물용용즉물의) 『金史(금사)·熙宗記(희종기)』
疑問詞(의문사), 疑兵(의병), 疑者闕之(의자궐지), 半信半疑(반신반의), 十分無疑(십분무의), 被疑(피의), 被疑者(피의자), 嫌疑(혐의)

괴이하게 여기다
[疑訝(의아)] 의심스럽고 이상함.

두려워하다
[疑懼(의구)] 의심하고 두려워함.

疲 지칠 피, 피곤할 피, 疒부10　1044

'疲(피)'자는 '지치다'는 뜻을 나타내기 위하여 만들어진 것이다. '병들어 누울 疒(역)'과 '가죽 皮(피)'로 이루어졌다.

지치다, 지치게 하다, 피로
[疲困(피곤)] 몸이나 마음이 지쳐 고단함. ¶몸이 피곤하다/피곤을 풀다
[疲勞(피로)] 몸과 마음을 지나치게 써서 쇠약해져 일하기가 힘든 상태. ¶피로가 쌓이다
[樂此不疲(요차불피)] 좋아서 하는 일은 아무리 하여도 지치지 않음.
[不寐夜長(불매야장), 疲倦道長(피권도장).] 잠 못 이루는 사람에게 밤은 길고, 지쳐 있는 나그네에게 지척도 천리. 『法句經(법구경) 60』

노쇠하다, 여위다
[疲弊(피폐)] 지치고 쇠약해짐.

盜 훔칠 도, 도적 도, 皿부12　1045

'盜(도)'자는 '훔치다'가 본래 의미이고 '도둑'을 이르는 것으로 확대 사용되었다. '盜(도)'자의 윗부분은 '버금 次(차)'로 쓰기도 하는 데, 이것은 '버금 次(차)'가 아니라 '침 次(연)'이다. '밥그릇을 보고 침을 흘리다'라는 뜻에서 '훔치다', '도둑'이라는 뜻으로 확대되었다. 배가 너무 고파서 먹을 것을 훔쳤나보다.

훔치다, 몰래 남의 재화를 갖다, 도둑질, 도둑
[盜難(도난)] 도둑을 맞는 재난을 당함. ¶도난을 당하다
[盜用(도용)] 남의 물건이나 명의를 몰래 훔쳐 씀. ¶명의 도용
[盜賊(도적)] 도둑.
[强盜(강:도)] 폭행이나 협박으로 남의 재물을 빼앗는 도둑. 또는 그런 행위.
[竊盜(절도)] 남의 물건을 몰래 훔치는 짓. 참竊盜犯(절도범)
[治盜棍(치도곤)] ① (역) 조선 때, 곤장의 하나. 도둑을 다스리는 데 쓰던 몽둥이. ② 몹시 혼남. 또는 그 곤욕. ¶치도곤을 안기다
[開門揖盜(개문읍도)] 문을 열어 도둑에게 인사를 하다. 주위 사정을 깨닫지 못하고 感傷(감상)이나 비탄에 젖어 스스로 재앙을 불러들이는 어리석은 행동을 비유하는 말이다. 동開門納盜(개문납도), 開門納賊(개문납적) 『三國志(삼국지)·孫權傳(손권전)』
[饑寒起盜心(기한기도심)] 춥고 배고프면 도둑질할 생각이 절로 남.
[不治垣墻盜後悔(불치원장도후회).] 담장을 제대로 고치지 않으면 도둑을 맞고 난 후에 후회한다. 『朱子(주자)·朱子十悔訓(주자십회훈)』☞ * 387

[盜亦有道乎(도역유도호)] 도둑들이 두목인 盜跖(도척)에게 물었다. 도둑질에도 도가 있습니까? 도척이 그 도당들의 물음에 답하기를, 도둑에게도 또한 도둑으로서의 지켜야 할 도리가 있다, 盜亦有道乎(도역유도호). 애초에 최상의 지식이건 최고 성인의 도이건 모두 도적을 위해 준비된 것이다. 노렸던 곳간 속에 재물이 있는지 없는지를 간파하는 것은 도둑의 성스러움(聖)이요, 곳간 속으로 가장 먼저 들어가는 것은 도둑의 용기(勇)이다. 그리고 물러갈 때 후미를 맡아보면서 제일 뒤에 남는 것은, 일행을 먼저 달아나게 하기 위한 행동이므로 의리(義)이다. 훔친 물건의 좋고 나쁨을 판별하는 것은 지식(知)이요, 그 물건을 서로 골고루 나누어 갖는 것은 인(仁)이다. 이러한 다섯 가지 덕이 없이는 큰 도둑의 역할을 감당해낼 수 없다. 『莊子(장자)·外篇(외편)·胠篋(거협)』

盜掘(도굴), 盜伐(도벌), 盜犯(도범), 盜癖(도벽), 盜殺(도살), 盜心(도심), 鷄鳴狗盜(계명구도), 狗盜(구도), 群盜(군도), 大盜(대도), 偸盜(투도), 偸盜戒(투도계), 捕盜(포도), 捕盜廳(포도청)

몰래 부당한 짓을 하여 자기의 이익을 취하다(재물 이외의 것에 대하여도 이른다)
[盜名(도명)] 이름을 도둑질함. 실력도 없이 명예를 얻음.
[盜聽(도청)] 몰래 엿들음. ¶도청 장치
[欺世盜名(기세도명)] 세상 사람을 속이고 헛된 명예를 탐냄.
[盜名不如盜貨(도명불여도화).] 명예를 훔치는 것은 재물을 훔치는 것보다 나쁘다. 『荀子(순자)·不苟篇(불구편)』

賊 도둑 적, 貝부13　1046

'賊(적)'자는 표의요소인 '창 戈(과)'와 표음요소인 '법칙 則(칙)'이 합쳐진 글자라는 설이 있는데, 창(戈)이나 칼(刀) 같은 무기를 들고서 돈(貝)을 훔치는 '도둑'을 뜻하는 것으로 풀이하는 것이 낫겠다.

창(戈)이나 칼(刀)을 들고서 남의 돈 재물을 훔치는 자, 도둑, 훔치다, 강탈하다

[賊窟(적굴)] 도적의 무리가 있는 소굴. 圖賊巢(적소)
[賊反荷杖(적반하장)] '도둑이 도리어 매를 든다'는 뜻으로, 잘못한 놈이 도리어 잘한 사람을 나무랄 경우에 쓰는 말.
[賊被狗咬(적피구교)] 도둑이 개한테 물림. '남에게 말할 수 없음'의 비유. 『通俗編(통속편)』
[開門納賊(개문납적)] ☞ 盜(도)
[盜賊(도적)] ☞ 盜(도)
[山賊(산적)] 산 속에 있어 지나는 사람의 재물을 빼앗는 도둑.
[倭賊(왜적)] 일본 도둑놈.
[海賊(해:적)] 배를 타고 다니면서 항해하는 선박이나 해변을 습격하는 도둑. 海盜(해도). 海寇(해구).
[鍼子偸賊大牛(침자투적대우).] 바늘도둑이 소도둑 된다. 가벼운 범죄를 예사로 아는 사람은 마침내 큰 범죄도 짓게 된다는 비유.
賊難(적난), 賊黨(적당), 賊徒(적도), 賊匪(적비), 賊船(적선), 賊巢(적소), 賊心(적심), 寇賊(구적), 馬賊(마적), 女賊(여적), 義賊(의적), 殘賊(잔적), 火賊(화적)

역적, 반역자, 불충불효한 자

[賊軍(적군)] 도둑이나 역적의 무리의 군대.
[國賊(국적)] 나라와 겨레를 배반하는 놈.
[亂臣賊子(난:신적자)] 나라를 어지럽히는 신하와 어버이를 해치는 자식. 즉 못난 신하나 자식.
[逆賊(역적)] 제나라 제나라 임금에게 반역하는 사람.
[五賊(오적)] 을사늑약을 찬동하여 맺은 다섯 반역자. 곧, 외부대신 박제순(朴齊純), 내부대신 이지용(李址鎔), 군부대신 이근택(李根澤), 학부대신 이완용(李完用), 농상공부대신 권중현(權重顯).

奸臣賊子(간신적자), 賊兵(적병), 賊勢(적세), 賊臣(적신), 奸賊(간적)/姦賊(간적), 萬古逆賊(만고역적), 叛賊(반적)

盡 다할 진:, 진력할 진:, 皿부14   1047

'盡(진)'자는 '붓 聿(율)', '灬', '그릇 皿(명)'으로 이루어졌다. 솔[聿]로 그릇[皿] 속에 있는 먼지[灬]를 깨끗이 다 털어내는 모습에서 만든 글자이다. '다하다'의 뜻을 나타낸다.

다 되다, 다하다, 끝까지 가다, 한도에 이르다, 다 없어지다

[苦盡甘來(고진감래)] '쓴 것이 다하면 달콤한 것이 온다'라는 뜻으로, 고생한 끝에 즐거움이 온다는 말.
[氣盡脈盡(기진맥진)/氣盡力盡(기진력진)] 기력이 죄다 없어짐.
[賣盡(매:진)] 모두 팔려 남은 것이 없음. ¶기차표가 매진되었다
[無窮無盡(무궁무진)] 끝이 없음. 다함이 없음.
[蕩盡(탕:진)] 재물을 다 써서 없어짐. ¶술과 도박으로 재산을 탕진하다

盡終日(진종일), 竭盡(갈진), 氣盡(기진), 無盡藏(무진장), 未盡(미진), 勢窮力盡(세궁력진), 消盡(소진), 燒盡(소진), 運盡(운진), 一網打盡(일망타진), 縱橫無盡(종횡무진), 脫盡(탈진), 興盡悲來(흥진비래)

극진하다, 정성, 정성을 다하다, 전력하다

[盡力(진:력)] 있는 힘을 다함. 또는 낼 수 있는 모든 힘.
[盡心(진:심)] 마음을 다함. 정성을 다 기울임.
[盡忠報國(진:충보국)] 충성을 다하여서 나라의 은혜를 갚음.
[極盡(극진)] 정성이 더할 나위 없음. ¶극진한 간호/대접이 극진했다
[不盡人之歡(부진인지환), 不竭人之忠(불갈인지충), 以全交也(이전교야).] 남의 환대를 다 받지 않으며, 남의 성의를 다 받지 않아야 사귐을 온전히 유지한다. 약간의 사양과 절제가 있는 것이 교제를 영속시킬 수 있는 방법이다. 『小學(소학)·內篇(내편)·明倫(명륜)』
[盡人事待天命(진:인사대천명).] 사람으로서 해야 할 일을 다 하고 하늘의 뜻을 기다린다. 자신에게 주어진 일을 성실하게 수행하지 않고 요행만 바라는 사람에게 충고할 때 쓰는 말이다. 『胡寅(호인)·致堂讀書管見(치당독서관견)』

盡心竭力(진심갈력), 盡忠(진충), 曲盡(곡진)

죽다

[自盡(자진)] ① 스스로 제 목숨을 끊음. ② 스스로 힘을 다함.

窮 궁할 궁, 다할 궁, 穴부15   1048

'窮(궁)'자는 '다하다'는 뜻을 위하여 고안된 것이다. '구멍 穴(혈)'과 '몸 躬(궁)'으로 이루어졌다. '궁하다'의 뜻으로도 쓰인다. 사람이 궁지에 몰렸을 때, 힘을 다해 몸소 굴을 파고 들어가 살 길을 도모한다는 데서 '궁하다', '다하다'라는 뜻이다. 그리고 굴을 파는 것처럼 어떤 일에 대해 깊이 파고들어 연구한다는 데서 '궁구하다'라는 뜻이 파생되었다.

다하다, 끝나다, 말다, 그치다, 끝

[窮極(궁극)] (어떤 과정의) 마지막이나 끝. 國窮極的(궁극적)
[無窮(무궁)] 공간이나 시간이 다함이 없음.
[無窮無盡(무궁무진)] ☞ 盡(진)
[無窮花(무궁화)] ① 무궁화나무. ② 무궁화나무의 꽃. 우리의 나라꽃임.
[勢窮力盡(세:궁력진)] 기세가 꺾이고 힘이 빠져 꼼짝할 수 없게 됨.
[追窮(추궁)] 끝까지 쫓아 따져서 밝힘.
[以利交者利窮則散(이:리교자이궁즉산), 以勢交者勢傾則絶(이:세교자세경즉절).] 이익을 위하여 교제하는 자는 그 이익이 다하면 흩어지고, 세력을 가지고 교제하는 자는 세력이 기울면 교제가 끊어진다. '소인들의 야박한 처세'를 비유하여 이르는 말. 『文中子(문중자)』

막히다, 어려움을 겪다, 고생하다, 외롭고 살기가 어려운 사람, 가난하다, 불행

[窮(궁하다)] ① 가난하고 어렵다. ¶궁한 살림살이 ② (일이나 물건이) 다 되어 없다. ¶용돈이 궁하다 ③ 일이 난처하거나 막혀 어떻게 피해 나갈 길이나 도리가 없다. ¶대답할 말이 궁했다/궁한 도적을 쫓지 말라 ④ '궁한' 따위로 쓰여, '구차스러운·딱한'의 뜻. ¶궁한 소리는 정말 하기 싫다

[窮狀(궁상)] 꾀죄죄하고 초라함. ¶궁상스런 몰골

[窮餘之策(궁여지책)] 궁한 나머지 생각다 못해 짜낸 계책. 막다른 골목에서 그 국면을 타개하려고 생각다 못해 짜낸 대책.

[窮乏(궁핍)] 궁하고 가난함.

[困窮(곤:궁)] ① 매우 난처함. ¶곤궁에서 벗어나다 ② 몹시 가난하여 생활에 시달림.

[多言數窮(다언삭궁)] 말이 많으면 자주 막힌다. 사람이 말이 너무 많으면 여러 가지 막다른 상황이 생겨서 곤란해진다. 말 많음을 경계한 말. 『老子(노자)·道德經 5章(도덕경 5장)』

[貧窮(빈궁)] 가난하고 궁함. ¶빈궁에서 허덕이다/빈궁에서 벗어나다

[四窮(사:궁)/四窮民(사:궁민)] 늙고 아내가 없는 자 鰥(환), 젊어서 남편을 잃은 여인 寡(과), 어리고 부모가 없는 아이 孤(고), 봉양해 줄 자식이 없는 사람 獨(독), 즉 鰥寡孤獨(환과고독)을 말함.

[小人窮斯濫矣(소인궁사람의).] 소인은 곤궁해지면 상도(常道)를 벗어나 나쁜 일을 하게 됨. ('濫'은 예의와 법도에서 벗어나는 일.) 『論語(논어)·衛靈公(위령공)』

窮下必危(궁하필위). 아랫사람을 궁하게 하면 반드시 자기가 먼저 위태롭게 된다.
鳥窮則啄(조궁즉탁), 새는 궁하면 사람을 쪼고,
獸窮則攫(수궁즉확), 짐승은 궁하면 사람을 할퀴고,
人窮則詐(인궁즉사). 사람은 궁하면 남을 속인다. 『顔淵(안연)』

窮寇莫追(궁구막추), 窮氣(궁기), 窮僻(궁벽), 窮相(궁상), 窮塞(궁색), 窮地(궁지), 窮村(궁촌), 固窮(고궁), 春窮(춘궁), 春窮期(춘궁기)

깊이 연구하다

[窮究(궁구)] 속속들이 파고들어 연구함. ¶그 근본을 궁구한 즉…

[窮理(궁리)] ① 사물의 이치를 깊이 연구함. ② 마음속으로 이리저리 깊이 생각함. 또는 그런 생각.

看 볼 간, 目부9　　1049

'看(간)'자는 손手(수)을 눈目(목) 위에 대고 먼 곳을 바라보는 모습을 그린 것이다. '바라보다', '돌봐주다'는 뜻으로 쓰인다. ☞觀(관)0630

보다, 손을 이마에 얹고 바라보다

[看過(간과)] ① 예사로 보아 넘김. ② 대강 보아 빠뜨리고 넘어감. ¶간과할 수 없는 사회 문제

[看做(간주)] 그렇다고 봄. 또는 그렇게 여김. ¶우방으로 간주할 수 없는 나라

[看板(간판)] ① 상점이나 영업소 등에서, 그 이름이나 판매 상품 따위를 나타내어 사람들의 눈에 잘 띄도록 내걸거나 붙이는 물건. ¶간판을 내걸다/식당 간판 ② 대표하여 내세울 만한 사람이나 사물. ¶간판선수 ③ 명분이나 자격을 흘하게 일컫는 말. ¶대학 간판이 그렇게 중요하냐? ④ 얼굴이나 겉모습을 낮잡아 이르는 말. ¶그 사람, 간판을 그래도 실력은 대단하다

[走馬看山(주마간산)] '달리는 말 위에서 산천을 구경함'이란 뜻에서, 이것저것을 천천히 제대로 살펴볼 틈이 없이 바빠 서둘러 대강대강 보고 지나침. 또는 사물의 외면만을 슬쩍 지나쳐 볼 뿐, 그 깊은 내용을 음미하지 못함을 비유한 말. 画走馬看花(주마간화)

[花看半開(화간반개), 酒飮未醉(주음미취), 此中大有佳趣(차중대유가취).] 꽃은 반만 피었을 때 보고, 술은 조금만 취하도록 마시면, 그 가운데 크게 아름다운 맛이 있느니라. 즐거움이 극에 달하면 더 큰 즐거움을 바라게 되고 결국에는 파탄에 이르게 된다. 즐거움이 극에 달하지 않게 즐기면 항상 그렇게 즐길 수 있어 늘 아름다운 맛이 있다. 즐거움 속에 빠져 결국 파탄하게 됨을 경계한 말이다. 『菜根譚(채근담)·後集 122』

看山(간산), 看破(간파)

돌봐주다, 지키다, 번서다

[看病(간병)] 병이 든 사람을 보살핌. 图看病師(간병사)

[看守(간수)] ① 보살펴 지킴. ② 矯正職(교정직) 공무원 '矯導(교도)'의 전 이름.

[看護(간호)] 환자를 보살펴 돌보는 일. ¶부상자를 간호하다 图看護師(간호사)

碑 비석 비, 돌기둥 비, 石부13　　1050

'碑(비)'자는 돌을 다듬어 글을 새겨서 세워 놓은 '비석'을 뜻하기 위한 것이었다. '돌 石(석)'과 '낮을 卑(비)'로 이루어졌다.

돌기둥, 석주

[碑文(비문)] 비석에 새긴 글.

[碑石(비석)] 돌로 만든 碑(비).

[紀念碑(기념비)/記念碑(기념비)] 오래도록 뜻 깊은 일을 기념하기 위하여 세운 비. ¶전승기념비 图紀念碑的(기념비적)

[墓碑銘(묘:비명)] 묘비에 기록한, 죽은 사람에 대한 글.

[頌德碑(송:덕비)] 공덕을 기리어서 세운 비.

碑閣(비각), 碑銘(비명), 墓碑(묘비), 墓前碑(묘전비), 詩碑(시비), 神道碑(신도비), 斥和碑(척화비)

문체의 이름

[口碑(구비)] 세간에 전하여 내려오는 말. 전설. ('碑'는 영원히 없어지지 않는다는 뜻)

[口碑文學(구비문학)] 문자의 힘을 빌리지 않고 입으로 전해온 문학.

稱 일컬을 칭, 저울 칭, 禾부14　1051

'稱(칭)'자는 본래 '벼 禾(화)'가 없는 형태였다. 어떤 물건을 손으로 들어서 무게를 '가늠하다'는 뜻을 나타낸 것이었다. '벼 禾(화)'는 '穀物(곡물)'을 나타낸다. 곡물의 무게를 정확하게 가늠하는 것이 백성을 다스리는 데 무엇보다 중요했다. 이런 이유로 '벼 禾(화)'을 붙이게 된 것이다. '칭찬하다', '일컫다'는 뜻으로도 쓰인다.

일컫다, 이르다, 부르다, 명칭, 이름
[稱號(칭호)] 어떠한 뜻으로 일컫는 이름.
[名稱(명칭)] ① 이름. ② 명예. 좋은 평판.
[詐稱(사칭)] 성명·직함·계급·주소·연령 따위를 거짓으로 속여 말함. ¶계급을 사칭하다
[俗稱(속칭)] 세속에서 보통 일컬음. 또는 그 칭호. ¶김병연은 속칭 '김삿갓'으로 알려져 있다
[自稱(자칭)] ① 자기가 자기를 칭찬함. ② 남에 대한 자기 자신을 일컬음. 자기가 자기를 높여 무엇이라고 일컬음. ③ 제일인칭.
[尊稱(존칭)] 높이어 일컬음. 图敬稱(경칭) 凹卑稱(비칭)
假稱(가칭), 改稱(개칭), 汎稱(범칭)/泛稱(범칭), 別稱(별칭), 世稱(세칭), 愛稱(애칭), 略稱(약칭), 言必稱(언필칭), 人稱(인칭), 指稱(지칭), 僭稱(참칭), 總稱(총칭), 通稱(통칭), 呼稱(호칭)

칭찬하다
[稱頌(칭송)] 공덕을 일컬어 기림. 또는 그 말.
[稱讚(칭찬)] 좋은 점이나 훌륭한 일을 높이 평가하여 잘한다고 추어줌. 또는 그러한 말. ¶칭찬을 받다/칭찬을 하다

저울, 저울질하다, 달다
[稱量(칭량)] 저울을 이용하여 어떤 물건의 무게를 닮.
[對稱(대:칭)] 두 점이나 두 선, 또는 두 그림꼴이 한 점이나 한 선, 또는 한 평면을 사이에 두고 같은 거리에 서로 마주 놓여 있는 일.
[天秤(천칭)/天稱(천칭)] 天平秤(천평칭)의 준말. 가운데에 줏대를 세우고, 줏대의 양쪽으로 똑같은 저울판이 달려 있어 한쪽에는 무게를 달 물건을 놓고, 다른 쪽에는 추를 놓아 평평하게 하여 물건의 무게를 잼.

핑계하다
[稱病(칭병)] 병이 있다고 핑계함.

糧 양식 량, 米부18　1052

'糧(량)'자는 곡물, 즉 '먹을거리'를 뜻하는 것이다. '쌀 米(미)'와 '헤아릴 量(양)'으로 구성되었다.

양식, 식량의 총칭
[糧穀(양곡)] 양식으로 쓰는 곡식.
[糧食(양식)] 생존을 위하여 필요한 사람의 먹을거리. ¶양식이 떨어졌다
[糧政(양정)] 糧穀(양곡)에 관한 정책이나 행정.
[軍糧(군량)] 군대의 양식.
[食糧(식량)] 먹을 양식. 사람의 먹을거리.
[絶糧(절량)] 양식이 다하여 떨어짐.

穀 곡식 곡, 禾부15　1053

'穀(곡)'자는 여러 가지 '곡식'을 뜻하기 위한 것이었으니 그 대표적인 곡식인 '쌀'을 뜻하는 '벼 禾(화)'가 표의요소로 쓰였다. 그 나머지가 표음요소이다. 글자를 破字(파자)하면 '선비 士(사) + 멀 冂(경) + 한 一(일) + 벼 禾(화) + 창 殳(수)'가 된다.

곡식, 곡물, 양식
[穀食(곡식)] 곡물로 만든 먹을거리. 또는 그 곡물.
[穀雨(곡우)] 24절기의 여섯째. 청명과 입하 사이 양력 4월 20일경. 곡식이 자라는 데 이로운 비가 내리기 시작하는 절기로 전해옴.
[米穀(미곡)] ① 쌀을 비롯한 갖가지 곡식. ② 벼의 알맹이.
[糧穀(양곡)] ☞ 糧(량)
[五穀(오곡)] ① 다섯 가지 곡식. 쌀·보리·콩·조·수수(또는 기장). 이 오곡은 삼국시대 이래 우리나라에서 중요했던 곡식을 말한다. 현대에는 오곡을 소비의 중요성으로 보면 쌀·밀·옥수수·콩·보리라고 해야 할 것이다. ② 중요한 곡식의 총칭.
[雜穀(잡곡)] 쌀 이외의 모든 곡식. 보리·밀·콩·옥수수 따위.
[一年之計莫如樹穀(일년지계막여수곡).] 일 년에 대한 계책에는 곡식을 심는 것 만한 일이 없다. 『管子(관자)·勸修(권수)』 ☞ * 351
穀價(곡가), 穀氣(곡기), 穀類(곡류), 穀物(곡물), 穀酒(곡주), 穀倉(곡창), 稅穀(세곡), 五穀百果(오곡백과), 秋穀(추곡), 脫穀(탈곡), 脫穀機(탈곡기)/脫穀器(탈곡기), 夏穀(하곡), 禾穀(화곡)

積 쌓을 적, 禾부16　1054

'積(적)'자는 벼 같은 곡물을 '쌓다', '모으다'는 뜻을 나타내기 위한 것이었다. '벼 禾(화)'와 '꾸짖을 責(책)'으로 이루어졌다.

모으다, 저축하다, 떼지어 모이다, 벌어 놓은 것, 쌓다, 포개다
[積金(적금)] 금융기관에 일정한 기간마다 일정한 금액을 적립하는 저금.
[積立(적립)] 모아서 쌓아 둠. 图積立金(적립금)
[積善(적선)] 착한 일을 많이 함. 凹積惡(적악)
[積雪(적설)] 쌓인 눈. 图積雪量(적설량)
[積土成山(적토성산)/土積成山(토적성산)] 흙덩이도 쌓이면 높은 산을 이룬다는 뜻으로 작은 것도 쌓이고

쌓이면 크게 됨을 이르는 말. 티끌 모아 태산. 回積小成大(적소성대)
[累積(누:적)] 포개어 쌓음.
[山積(산적)] 일이나 물건 따위가 산더미처럼 많이 쌓여 있음.
[集積回路(집적회로)] (컴) 여러 개의 회로 소자가 하나의 기판 안에 결합되어 있는, 아주 작은 전자 회로.
[堆積(퇴적)] ① 많이 겹쳐 쌓거나 쌓임. ② (지) 퇴적 작용.
[積善之家必有餘慶(적선지가필유여경)/積善餘慶(적선여경).] 착한 일을 쌓고 쌓은 사람은 慶福(경복)이 자신에게 뿐만 아니라 자손에게까지 미치게 됨. 『易經(역경)』

積極(적극), 積極的(적극적), 積德(적덕), 積算(적산), 積算溫度(적산온도), 積誠(적성), 積載(적재), 積弊(적폐), 過積(과적), 露積(노적), 船積(선적), 集積(집적), 蓄積(축적), 沖積(충적), 沖積土(충적토), 堆積作用(퇴적작용)

정체하다, 막히다
[積滯(적체)] 쌓여 막혀서 순하게 통하지 못함.

적(수학 용어, 곱하여 얻은 결과)
[積(적)] 곱. 곱하기.
[積分(적분)] ① 어떤 함수를 도함수의 본디 함수로 고치는 셈. ② 일정한 구간 안에서 변수의 변화와 그에 따른 도함수의 곱을 모두 더하는 극한값을 셈하는 일. 곡선으로 둘러싸인 넓이. 맴돌이의 부피, 직선 및 평면 운동을 하는 물체의 빠르기와 위치 등의 해결에 응용됨. 回微分(미분)
[積和(적화)] 곱하여 얻은 여러 개의 수치를 더함.

분량
[見積(견:적)] 필요한 비용 따위를 미리 어림잡아 계산해 봄.
[面積(면적)] 일정한 평면이나 구면의 크기나 넓이. 回表面積(표면적)
[容積(용적)] ① 들이. 빈 그릇에 담기는 분량. ② (수) 입체가 차지하고 있는 공간의 분량.
[體積(체적)] 부피.

筋 힘줄 근, 竹부12   1055

'筋(근)'자는 대나무처럼 쭉쭉 뻗친 '힘줄'을 나타내기 위하여 '힘 力(력)', '살 月(육)', 그리고 '대 竹(죽)'을 합쳐 놓은 것이다. 내 몸의 힘줄筋(근)을 살펴보라. 대나무 같으면 내 몸을 잘 관리하고 있는 것이다. 지렁이나 두부 같으면 관리 불량이다. 불량한 주인을 만나면 그 몸이 고생한다.

힘줄
[筋力(근력)] 근육의 힘. 또는 그 지속성.
[筋肉(근육)] (생) 힘줄과 살을 통틀어 일컫는 말. 동물의 몸을 운동시키는 기관으로, 기능상 골격근과 내장근으로 이루어짐.
[腹筋(복근)] 배에 붙어 있는 근육.
[心筋梗塞症(심근경색증)] 관상동맥이나 그 가지에 피 톨덩이나 다른 물질이 그 통로를 막음으로써 갑작스럽게 피의 흐름이 감소하고 심근이 괴사하는 병.
[鐵筋(철근)] (건) 콘크리트 속에 박아 그 장력에 대한 약점을 보강하기 위하여 사용하는 쇠막대.

筋骨(근골), 括約筋(괄약근), 大腿筋(대퇴근), 上膊筋(상박근), 心筋(심근), 二頭膊筋(이두박근), 闊背筋(활배근)

管 대롱 관, 竹부14   1056

'管(관)'자는 쪼개지 아니한 가늘고 긴 대[竹]의 토막, 즉 '대롱'을 뜻하기 위한 것이다. '대 竹(죽)'과 '벼슬 官(관)'으로 이루어졌다. 피리 같은 '관악기', '맡다'는 뜻으로도 쓰인다.

피리, 대나무로 만든 악기의 총칭
[管樂器(관악기)] (악) 입으로 불어서 소리를 내는 관으로 된 악기. 피리·트럼펫·클라리넷 따위가 있고, 木管(목관)과 金管(금관)의 구별이 있음.
[管絃樂(관현악)] 管樂器(관악기)·絃樂器(현악기)·打樂器(타악기)들로 함께 연주하는 음악. 참管絃樂團(관현악단)
[金管樂器(금관악기)] (음) 쇠붙이로 만든 관악기. 트럼본·트럼펫·호른 따위.
[木管樂器(목관악기)] 몸통이나 소리가 나는 부분이 나무로 된 관악기.

대롱, 붓대
[氣管支(기관지)] (생) 氣管(기관)의 아래쪽에서 두 갈래로 갈라져 폐로 이어지는 부분.
[毛細管(모세관)/毛管(모관)] 털과 같이 아주 가는 관. ¶모세관 현상 참毛細血管(모세혈관)
[試驗管(시험관)] 어떤 물질의 성질이나 반응 따위를 시험하는 데 쓰이는 유리관. ¶시험관 아기
[血管(혈관)] 피가 통하여 흐르는 관. 동맥, 정맥, 모세혈관으로 나뉜다.

氣管(기관), 卵管(난관), 雷管(뇌관), 膽管(담관), 鉛管(연관), 維管束(유관속)

맡아 다스리다
[管理(관리)] ① 사무를 맡아 처리함. ¶선거 관리 ② 물건의 보존·이용·생산 등의 일을 맡아 함. ¶재산 관리/건물 관리 ③ 사람을 거느려 감독하고 다스림.
[管轄(관할)] 권한으로 거느려 다스림. 또는 그 권한. ¶관할 구역
[保管(보:관)] 물건을 맡아서 관리함. ¶귀중품을 금고에 보관하다
[所管(소관)] 관리·관할함. 또는 그 범위.
[移管(이관)] 옮기어 관할함.
[主管(주관)] 일을 맡아서 주장하여 관리함.

管區(관구), 管內(관내), 管外(관외), 管掌(관장), 管制(관제), 管制塔(관제탑), 燈火管制(등화관제), 總管(총관)

성(姓)
[管鮑之交(관포지교)] 춘추 시대, 齊(제)의 管仲(관중)과 鮑叔牙(포숙아)의 사귐이란 뜻으로, 친밀한 교제를 비유하여 이르는 말.
[管鮑貧時交(관포빈시교)] 춘추 시대, 齊(제)의 管仲(관중)과 鮑叔牙(포숙아)가 가난하던 시절부터 부귀하게 된 후까지, 그 우정이 변하지 않았던 일. 『杜甫(두보)·貧交行(빈교행)』

篇 책 편, 竹부15 1057

'篇(편)'자는 대쪽으로 만든 '책'을 뜻하기 위한 것이었다. '대 竹(죽)'과 '넓적할 扁(편)'으로 이루어졌다.

완결된 시문(詩文)이나 책
[短篇小說(단:편소설)] (문) 길이가 짧은 소설. 보통 200자 원고지 70매 안팎의 분량으로 단순한 줄거리와 치밀한 구성, 간결한 문체를 특징으로 함.
[上篇(상:편)] 두 편이나 세 편으로 된 책의 첫째 책. 참下篇(하편).
[詩篇(시편)] 구약성서의 한권. 150편의 시가를 다섯 가지로 분류하여 수록하고 있음.
[玉篇(옥편)] 낱낱의 한자 뜻을 풀이한 책. 字典(자전). 옥과 같이 훌륭한 책. 임금이 편찬한 책을 뜻하기도 한다.
[長篇小說(장편소설)] 복합구성(複合構成)으로 내용이 광대하고 복잡하며 등장인물이 많고 무대가 넓으며 양(量)에 있어서도 긴 소설.
短篇(단편), 續編(속편), 掌篇(장편), 長篇(장편), 前篇(전편), 中篇(중편), 後篇(후편)

시문을 세는 단위
[千篇一律(천편일률)] '천 편의 시가 하나의 음률로 되어 있음'이란 뜻에서, ① 많은 시문의 격조가 모두 비슷비슷함. ② 여러 사물의 개별적 특성이 없이 모두 비슷비슷함의 비유.

簡 대쪽 간(:), 간략할 간(:), 竹부18 1058

'簡(간)'자는 '대 竹(죽)'과 '사이 間(간)'으로 이루어졌다. 종이가 발명되기 전 아득한 옛날에는 길고 납작하게 다듬은 대나무쪽에다 글을 썼다. 그러한 대쪽을 일러 '簡(간)'이라 했다. '간략하다', '간단하다'의 뜻으로 쓰인다. 장음과 단음에 주의하여야 한다.

대쪽(종이가 없던 옛날에 글을 쓰는 데 썼다), 글, 책
[竹簡(죽간)/竹竿(죽간)/竹册(죽책)] 대쪽에 쓴 글이나 편지.

편지
[簡札(간:찰)] 편지.

[內簡(내:간)] 부녀자의 편지.
[書簡(서간)] 편지. 참書簡文(서간문)

줄이다, 검소하다, 단출하다
[簡潔(간:결)] 간단하고 깔끔함. ¶간결한 문체 참簡潔體(간결체)
[簡單(간단)] ① 간략하고 단순함. ② 간편하고 단출함. ③ 단순하고 손쉬움. 참簡單明瞭(간단명료)
[簡素(간소)] 생활이나 차림새 등이 간략하고 수수함. ¶간소한 생활 방식
[簡易(간:이)] ① (일부 명사 앞에 쓰여) '간단하고 편리함'을 뜻함. ¶간이식당/간이역 ② 간단하고 쉬움.
[簡便(간편)] 간단하고 편리하다.
簡潔體(간결체), 簡略(간략), 簡明(간명), 簡易驛(간이역)

籍 서적 적, 문서 적, 竹부20 1059

'籍(적)'자는 관청의 戶口(호구)·地籍(지적)·公納(공납) 등을 기록해두는 '장부'를 뜻하기 위하여 만들어진 것이다. 옛날에는 그것을 대쪽에다 기록했으므로 '대 竹(죽)'이 표의요소로 쓰였다. '빌릴 耤(적)'은 표음요소이다.

서적, 책, 문서
[書籍(서적)] 책. 어떤 내용을 글이나 그림으로 나타낸 종이를 겹쳐서 꿰맨 물건.
[典籍(전:적)] 책. 서적.

장부, 명부, 대쪽, 호적, 장부 또는 명부에 적다, 기록하다, 등록하다
[國籍(국적)] 한 나라의 국민된 자격. 일정한 국가에서의 법적인 소속 관계.
[本籍(본적)] 본래의 호적. 조상의 호적이 있는 곳.
[在籍(재:적)] ① (호적·학적·병적 따위의) 籍(적)에 올라 있음. ② 어떤 단체 등의 적에 올라 있음. ¶재적 의원의 과반수 찬성으로 가결하다
[除籍(제적)] 호적·학적·당적 따위에서 이름을 지워 버림. ¶학교에서 제적되었다
[學籍(학적)] 학생으로서의 籍(적). 학교에 비치하는 학생의 성명·생년월일 주소·성적·입학·졸업·보호자·환경·신체 상황 따위에 관한 기록. 참學籍簿(학적부)
[戶籍(호:적)] 한 집안을 표준으로 하여 호주와 그 가족들의 관계·성명·본적지·생년월일 따위를 적은 공문서. 참戶籍謄本(호적등본), 戶籍抄本(호적초본)
軍籍(군적), 妓籍(기적), 漏籍(누적), 黨籍(당적), 無籍(무적), 兵籍(병적), 船籍(선적), 原籍(원적), 移籍(이적), 入籍(입적), 轉籍(전적), 地籍(지적)

기타
[符籍(부:적)] 못된 귀신을 쫓고 재앙을 물리친다고 하여 붉은 색으로 글씨나 그림을 그려 몸에 지니거나 붙여 놓는 종이.

粉 가루 분(:), 米부10　　1060

'粉(분)'자는 쌀 등 곡물의 '가루'를 뜻하기 위한 것이었다. '쌀 米(미)'가 표의요소, '나눌 分(분)'은 표의와 표음을 겸하는 요소이다. 후에 '잘게 부수다', '빻다' 등으로 확대 사용되었다.

가루, 차진 음식 위에 붙지 않게 뿌리는 가루, 가루를 빻다, 가루를 내다

[粉骨碎身(분골쇄신)] ① (뼈가 가루가 되고 몸이 깨어지도록) 노력함. '희생적 노력'을 이르는 말. ② 목숨을 내놓고 있는 힘을 다함. ③ 참혹하게 죽음. 또는 그렇게 죽임. 준粉骨(분골)
[粉碎(분쇄)] ① 가루처럼 부스러뜨림. ② 여지없이 쳐부숨. ¶무력 도발을 분쇄하다
[粉食(분식)] 빵, 국수 등 곡식의 가루로 만든 음식. 또는 그런 음식을 먹음.
[粉乳(분유)] 가루우유.
[小麥粉(소맥분)] 밀가루.
[澱粉(전:분)] 녹말.
[花粉(화분)] 꽃가루.
粉末(분말), 粉劑(분제), 粉塵(분진), 粉炭(분탄), 粉筆(분필), 粉紅(분홍), 骨粉(골분), 金粉(금분), 麥粉(맥분), 製粉(제분)

분(화장품의 한 가지), 분을 바르다, 단장하다

[粉飾(분식)] ① 내용은 없이 거죽만 꾸밈. ② 사실을 감추고 거짓 꾸밈. ¶분식 회계
[油頭粉面(유두분면)] 여자의 기름 바른 머리와 분 바른 얼굴. 여자의 화장.
[脂粉(지분)/粉脂(분지)] 분과 연지.
粉面(분면), 粉貼(분첩), 白粉(백분)

系 계통 계:, 이을 계:, 糸부7　　1061

'系(계)'자는 실(糸)을 손으로 거는 모양을 본뜬 것이다. '걸다', '잇다', '매다'의 뜻을 나타낸다.

핏줄, 혈통, 겨레붙이, 계보

[系譜(계:보)] ① 조상 때부터 내려오는 혈통과 집안의 역사를 적은 책. ② 사람의 혈연관계나 학문, 사상 등의 계통 또는 순서의 내용을 나타낸 기록.
[家系(가계)] 한 집안의 혈통.
[傍系(방계)] ① 직계에서 갈라져 나온 계통. ② 같은 시조에서 갈라져 나간 친계. 참直系(직계), 傍系親族(방계친족)
[直系(직계)] ① 직접적으로 계승되어 이어지는 계통. ② 혈통이 부자 관계로 이어지는 계통.
系圖(계도), 母系(모계), 父系(부계), 世系(세계), 直系卑屬(직계비속), 直系尊屬(직계존속), 出系(출계)

이어지다, 매다, 걸리다, 잇다

[系列(계:열)] 서로 관련되는 계통이나 조직. ¶인문계열로 진학하다

[系統(계:통)] ① 서로 관련되어 있는 부분들의 통일된 조직. ¶소화기 계통/신경 계통 ② 일의 차례나 체계. ¶명령계통/지휘계통 ③ 어떤 분야나 부분. ¶생산 계통 ④ (생) 각 종류가 진화해 온 경로. ⑤ (생) 같은 조상에서 유래하고 일정한 형질을 가지면서 세대를 계속해 가는 개체의 모임.
[循環系(순환계)] (의) 신체의 각 부분에 영양, 호르몬, 산소 따위를 공급하고, 노폐물의 배출을 관장하는 계통. 림프관과 림프샘으로 이루어지는 림프계와 심장과 혈관으로 이루어지는 혈관계가 있다.
[體系(체계)] 낱낱의 다른 것을 일정한 원리로써 계통적으로 통일한 조직. ¶체계가 섰다/학문의 체계
神經系(신경계), 銀河系(은하계), 太陽系(태양계), 血管系(혈관계)

紀 벼리 기, 糸부9　　1062

'紀(기)'자는 실타래의 '실마리', 그물의 '벼리'를 뜻하기 위한 것이었다. '실 糸(사)'와 '자기 己(기)'로 이루어졌다. 작은 벼릿줄은 '紀(기)'로, 큰 벼릿줄은 '綱(강)'으로 나타냈다. 후에 '시초', '연대' 등으로 확대 사용되었다. '적다', '기록하다'의 뜻으로 쓰일 때는 음이 같고 모양이 비슷한 '기록할 記(기)'가 '紀(기)'를 대신하여 쓰이기도 한다.

사람의 길, 인륜 도덕, 법, 규칙, 벼리, 작은 벼릿줄

[紀綱(기강)] 기율과 질서. ¶문란한 기강을 바로잡다
[紀律(기율)] 집단 또는 사회생활에서의 행위나 태도의 기준이 되는 것.
[綱紀(강기)] ① 나라의 법률과 풍속·풍습에 대한 기율. ¶강기를 세우다 ② 사람이 지켜야 할 도리인 삼강오상과 기율.
[軍紀(군기)] 군대의 기율.
[風紀(풍기)] 풍속이나 풍습에 대한 기율. 주로 남녀가 교제할 때의 절도를 이른다. 참風紀紊亂(풍기문란)
綱紀肅正(강기숙정), 綱紀解弛(강기해이), 官紀肅正(관기숙정), 國紀(국기)

근본, 바탕(基), 시초, 연대, 실마리, 실마리를 잡다

[紀元(기원)] ① 나라를 세운 첫해. ② 연대를 계산하는 데 기준이 되는 해. 참檀君紀元(단군기원), 西曆紀元(서력기원) ③ 새로 시작되는 시기나 시대.
[檀君紀元(단군기원)] 단군 왕검이 즉위한 해를 원년으로 잡은 기원. 이 해는 서력기원 전 2333년에 해당한다. 준檀紀(단기)
[西曆紀元(서력기원)] 서력으로써 연대를 헤아리는 데 쓰는 기원. 준西紀(서기)
[世紀(세기)] ① 연대. 시대. ② 서력(西曆)에서 기원(紀元) 원년(元年)을 전후해서 100년을 1기로 세는 시대의 단위.
檀紀(단기), 佛紀(불기), 西紀(서기)

적다, 기록하다

[紀念(기념)/記念(기념)] ① 오래도록 기억하여 잊지

아니함. 먼 후일까지 추모할 수 있게 남김, 또는 그 물건. 紀念碑(기념비)/記念碑(기념비), 紀念式(기념식)/記念式(기념식), 紀念日(기념일)/記念日(기념일) ☞0531念(념)
[紀行(기행)] 여행하는 동안에 보고 듣고 느낀 것을 적은 글. 일기·편지·수필·보고 형식 등으로 씀. 紀行文(기행문) '기행'은 '記行(기행)'이라고 쓰지는 않는다.

역사에서 제왕의 사적을 요약하여 적은 부분

[本紀(본기)] (역) 기전체의 역사로 제왕의 일을 적은 부분. ¶항우본기

納 바칠 납, 드릴 납, 糸부10   1063

'納(납)'자는 '內(내)'로부터, '內(내)'는 '入(입)'으로부터 내려온 것이라고 한다. 들어온다, 안으로. 무엇이? 주로 실이나 비단이 들어왔으니 '실 糸(사)'가 쓰였을 것이다. 비단은 귀한 것이다. 주로 아랫사람이 윗사람에게 바치는 것을 뜻한다.

보내다, 바치다, 헌납하다

[納付(납부)] 세금·공과금 따위를 냄. 同納入(납입)
[納稅(납세)] 국가에 세금을 냄. ¶납세의 의무
[納品(납품)] 주문 받은 물건을 대어 줌. ¶자동차 공장에 부속품을 납품하다
[未納(미:납)] 내야 할 돈을 아직 내지 못함.
[返納(반:납)] 도로 바침. 돌려줌. ¶빌린 책을 반납하다
[滯納(체납)] 세금·공과금 등을 기한까지 내지 못하여 밀림.
[出納(출납)] 돈이나 물품 등을 내어주거나 받아들임.
納金(납금), 納期(납기), 納本(납본), 納入(납입), 納采(납채), 納幣(납폐), 公納(공납), 公納金(공납금), 代納(대납), 本第入納(본제입납), 分納(분납), 上納(상납), 完納(완납), 入納(입납), 獻納(헌납)

넣어두다

[納骨堂(납골당)] 유골을 모셔 두는 곳.
[格納庫(격납고)] (비행기 따위를) 넣어두거나 정비하는 창고.
[受納(수납)] 받아서 넣어둠. ¶수납 공간

들이다, 받아들이다, 끌어들이다, 인도하다

[納得(납득)] 사리를 이해함. ¶납득이 가다/납득을 못하다
[納凉(납량)] 여름철에 더위를 피하여 서늘한 바람을 쐬는 것. ¶납량 특집극
[開門納賊(개문납적)] '문을 열어 도둑놈을 불러들인다'는 뜻으로, 제가 스스로 화를 만든다는 뜻.
[歸納法(귀납법)] (논) 개별적인 사실이나 원리를 전제로 하여 일반적인 사실이나 원리로서의 결론을 이끌어내는 연구 방법. 反演繹法(연역법)
[收納(수납)] 금품을 받아서 거두어들이는 것. ¶등록금을 수납하다
[容納(용납)] ① 너그러운 마음으로 남의 말이나 행동을 용서하거나 받아들임. ② 물건을 제자리에 들어서도록 받아줌. ¶너의 무례한 행동은 도저히 용납할 수 없다

신을 신다

[瓜田不納履(과전불납리), 李下不整冠(이하부정관).] 참외밭을 지날 때는 허리를 굽혀 신을 고쳐 신지 말며, 오얏나무 밑을 지날 때는 갓을 고쳐 쓰지 말아야 한다. 『古詩(고시)·君子行(군자행)』 ☞ * 024

組 짤 조, 끈 조, 糸부11   1064

'組(조)'자는 실로 만든 '끈'을 뜻하기 위한 것이었다. '실 糸(사)'와 '또 且(차)'로 이루어졌다. '且(차)'자는 험할 阻(조), 구실 租(조), 조상 祖(조) 따위처럼 '조'자의 표음요소로 많이 쓰였다.

짜다, 베를 짜다

[組立(조립)] 여러 부품을 하나의 구조물로 엮어 만듦.
[組版(조판)] 원고에 따라서 골라 뽑은 활자를 원고의 지시대로 순서, 행수, 자간, 행간, 위치 따위를 맞추어 짬. 또는 그런 일.
[骨組(골조)] 건물에 있어서 뼈대에 해당되는 주요 구조의 짜임.

짝이 되다, 조직하다

[組織(조직)] ① 특정한 목적을 달성하기 위하여 여러 개체나 요소들을 모아서 체계적인 집단을 이룸. ¶학생회를 조직하다/축구부를 조직하다 組織的(조직적), 組織體(조직체) ② (생) 같은 구조나 기능을 가진 세포의 모임. ¶표피조직/근육조직
[組合(조합)] ① 여럿을 모아 합하여 한 덩어리가 되게 함. ② (법) 행정에서 인격을 가진 지방 단체. 또는 특정한 자격이 있는 사람끼리 조직된 단체. 공공조합 따위. ③ 두 사람 이상이 출자하여 공공사업을 경영하는 단체. 협동조합 등. 組合員(조합원), 組合長(조합장) ④ (수) 몇 개 중에서 정한 수를 한 쌍으로 뽑아서 모음. 또는 그 짝.
[勞動組合(노동조합)] (사) 노동 조건의 유지 개선 및 노동자의 사회적·경제적 지위 향상을 위해 조직하는 노동자의 단체. 勞組(노조)
[協同組合(협동조합)] (사) 경제적으로 약소한 처지에 있는 소비자·농어민·중소기업자 등이 사업의 개선 및 권익 옹호 따위 각각 자기들의 경제적 목적을 달성하기 위하여 만든 협력 체제를 통틀어 일컬음. ¶농업협동조합
組閣(조각), 組成(조성), 組員(조원), 組長(조장), 組織的(조직적), 共濟組合(공제조합)

織 짤 직, 糸부18   1065

'織(직)'자는 베를 '짜다'는 뜻을 위한 것이었다. '실 糸(사)'와 '찰진 흙 戠(시)'로 이루어졌다.

짜다, 베를 짜다, 베틀에 차려 놓은 맨 실, 직물
[織女(직녀)] ① 피륙을 짜는 여자. ② '직녀성'의 준말.
[織造(직조)] 틀로 피륙 따위를 짜는 일.
[紡織(방직)] 실을 뽑아서 천을 짜는 일. ¶방직공장
[毛織(모직)] 털로 짠 피륙. 참毛織物(모직물)
[臨河而羨魚(임하이선어), 不如歸家織網(불여귀가직망).] 강에 가서 물고기를 탐내는 것은 집에 돌아가 그물을 짜는 것만 못하다. 『淮南子(회남자)·說林訓(설림훈)』
織工(직공), 織機(직기), 織女星(직녀성), 織物(직물), 牽牛織女(견우직녀), 絹織物(견직물), 男耕女織(남경여직), 綿織物(면직물), 染織(염직)
조직하다
[組織(조직)] ☞ 組(조)
[組織的(조직적)] 여러 사물 사이에 유기적인 체계와 질서가 있는. 또는 그러한 것.

絲 실 사, 糸부12   1066

'絲(사)'자는 누에고치에서 뽑은 '명주실'을 뜻하기 위하여 두 타래의 실 모양을 본뜬 것이다. 후에 일반적 의미의 '실', '비단'을 이르는 것으로 확대되었다.
실, 명주실, 실을 잣다, 명주
[絹絲(견사)] 깁이나 비단을 짜는 명주실.
[螺絲(나사)] 소라껍데기에 실을 감은 것처럼 고랑이진 물건.
[綿絲(면사)] 무명실.
[一絲不亂(일사불란)] '한 줄의 실 같이 흐트러지지 않음'이란 뜻에서, 질서나 체계 따위가 정연하여 조금도 흐트러진 데가 없음을 비유하여 이르는 말.
[製絲(제:사)] 누에고치나 솜 따위로 실을 만듦.
繭絲(견사), 毛絲(모사), 生絲(생사), 原絲(원사), 蠶絲(잠사), 寸絲不掛(촌사불괘)
가늘고 길다
[絲狀(사상)] 실같이 가느다랗고 긴 모양. ¶絲狀菌(사상균)
[菌絲(균사)] 균류의 몸을 이루고 있는 가는 실 모양의 부분. 가는 세포가 한 줄로 이어져 있음.
[鐵絲(철사)] 쇠로 만든 가는 줄을 통틀어 일컬음. 町鐵線(철선)

績 길쌈 적, 실 낳을 적, 糸부17   1067

'績(적)'자는 삼(麻) 등에서 실을 '뽑아내다'는 뜻을 나타내기 위한 것이었다. '실 糸(사)'와 '꾸짖을 責(책)'으로 이루어졌다. 후에 '업적', '실적' 등의 뜻을 나타내는 것으로 확대되었다.
실을 뽑아내다
[紡績(방적)] 솜·누에고치·털 따위에서 실을 뽑는 일. ¶방적공장/방적기

이루어 놓은 일, 공적, 사업
[功績(공적)] 공로의 실적. ¶공적을 남기다
[成績(성적)] ① 해 온 일이나 사업 따위의 결과. ¶근무성적 ② (교) 학습에 의해 활동한 지식·기능·태도 따위의 평가된 결과. ¶모의고사 성적
[實績(실적)] 실제로 쌓아 올린 업적. ¶실적을 올리다
[業績(업적)] 어떤 일을 하여 쌓은 실적이나 공적.
[戰績(전:적)] 상대와 싸워서 얻은 실적.
[治績(치적)] 잘 다스린 공적.

伸 펼 신, 人부7   1068

'伸(신)'자는 다른 사람들이 볼 수 있도록 '넓게 펴다'는 뜻을 위한 것이었다. '사람 人(인)'과 '납 申(신)'으로 이루어졌다. 후에 '길게 늘이다'는 뜻으로 쓰이게 되었다.
펴다, 굽은 것을 곧게 하다
[屈伸(굴신)] 굽혔다 폈다 함. ¶팔다리를 굴신을 못 하겠다
[此膝一屈(차슬일굴), 不可復伸(불가복신).] 이 무릎 한 번 꿇으면 다시 펼 수가 없다. 상대에게 일단 무릎을 꿇어버리면 다시는 펼 수가 없다. 영원한 패배인 것이다. 『文章軌範 胡澹庵 上高宗封事』 ☞ * 408
늘이다, 발전하다, 구김살 없이 뻗다
[伸長(신장)] 길게 늘임.
[伸張(신장)] 권리·세력 따위를 늘임. ¶민권 신장
[伸展(신전)] 늘이어 펼침.
[伸縮(신축)] 늘거나 줄어듦. 늘이고 줄임. 참伸縮性(신축성)
풀다, 마음에 맺힌 것을 없애다
[伸寃(신원)] 원통한 일을 풀어버림.
[伸寃雪恥(신원설치)] 원통한 일을 풀고 부끄러운 일을 씻어버림.
말하다, 사뢰다
[追伸(추신)/追申(추신)] '덧붙여 말한다'는 뜻으로, 편지의 끝에 덧붙여 적는 글의 머리에 쓰는 말.

縮 오그라들 축, 줄일 축, 糸부17   1069

'縮(축)'자는 줄을 '동여매다'는 뜻을 나타내기 위한 것이었다. '실 糸(사)'와 '잠잘 宿(숙)'으로 이루어졌다.
다리가 움츠러들다, 오그라들다, 짧다, 좁히다, 쭈그러지다, 주름잡히다, 모자라다, 줄다
[縮小(축소)] 줄여서 작게 함. 반擴大(확대)
[縮尺(축척)] 축소도를 그릴 때 그 줄인 비율. ¶축척 5만분의 1 지도
[短縮(단:축)] 시간이나 거리를 짧게 줄임. 반延長(연장)
[收縮(수축)] 줄거나 오그라짐. 반膨脹(팽창)
[伸縮(신축)] ☞ 伸(신)
[壓縮(압축)] ① 물질 따위에 압력을 가하여 부피를 줄

임. ¶공기 압축/압축액화가스 ② 문장 따위를 줄여서 짧게 함. ③ 많은 내용을 간추려 요약함. ¶단편소설은 인생의 한 단면이 압축된 것이라고 말한다 ④ (심) 스핑크스처럼, 둘 이상의 상이 합쳐져 내용이 축소되는 일. 꿈이나 신화, 정신분열증 환자의 그림에서 볼 수 있음.
[萎縮(위축)] ① 쪼그라듦. ② 움츠러듦. ③ (생) 생물체의 기관·조직 따위의 모양이나 기능이 줄어드는 일. 참萎縮感(위축감)

縮圖(축도), 縮刷(축쇄), 縮地(축지), 縮地法(축지법), 減縮(감축), 軍縮(군축), 緊縮(긴축), 濃縮(농축), 伸縮性(신축성), 凝縮(응축), 寒縮(한축)

羣, 群 무리 군, 羊부13　1070

'群(군)'자는 '무리를 짓는 양 羊(양)'과 '임금 君(군)'으로 이루어졌다. '羣(군)'이 본래 글자이고 '群(군)'은 속자이었는데, 주객이 뒤바뀐 것은 '群(군)'의 짜임새가 더 좋기 때문인 듯하다.

떼 지어 모이다, 무리, 떼
[群鷄一鶴(군계일학)] '닭의 무리 가운데 한 마리의 학'이라는 뜻으로, 많은 사람 가운데 뛰어난 인물을 비유하는 말.
[群盲撫象(군맹무상)] 여러 장님들이 코끼리를 어루만져 보고, 자기가 만져본 부분에 의하여 의견을 말하는 일. ① 사물에 대하여 총체적으로 파악하지 못함을 비유하는 말. ② 凡人(범인)에게는 큰 인물이 경영하는 큰 사업의 한 부분 밖에 알지 못함을 비유하는 말.
[群衆(군중)] 한데 모인 뭇 사람들. 참群衆心理(군중심리)
[拔群(발군)] 여럿 가운데서 훨씬 뛰어남. ¶발군의 실력 비出衆(출중)
[學群(학군)] 지역별로 나누어 놓은 중학교나 고등학교의 무리.

群島(군도), 群盜(군도), 群落(군락), 群舞(군무), 群峰(군봉), 群像(군상), 群小(군소), 群雄(군웅), 群雄割據(군웅할거), 群集(군집), 群鶴(군학), 個體群(개체군), 症候群(증후군)

기타
[群靑色(군청색)] 고운 광택이 나는 짙은 남빛.

胞 태 포, 태보 포, 肉부9　1071

'胞(포)'자는 '고기 月(육)'과 '쌀 包(포)'로 이루어졌다. '月(육)'은 '몸'을 뜻하고, '包(포)'는 아이를 배는 모양을 본뜬 것이다. '태아를 싸는 막'을 뜻한다.

세포
[細胞(세:포)] ① (생) 생물체를 구성하는 최소 단위. 원형질로 된 극히 작은 생활체로 세포핵과 세포질로 이루어짐. 참細胞膜(세포막), 細胞分裂(세포분열), 細胞質(세포질), 細胞核(세포핵) ② (사) 공산당이 일컫는, 당의 최소 기본 조직.

[細胞膜(세:포막)] (생) 세포의 원형질을 보호하는 엷은 막. 細胞壁(세포벽)의 뜻으로도 쓰임.
[胞子(포자)] 혼자서 새로운 개체로 발생할 수 있는 생식세포. 홀씨.

친형제
[僑胞(교포)] 다른 나라에 살고 있는 동포.
[同胞(동포)] ① 같은 민족. 같은 국민. ② 같은 어머니에서 태어난 형제자매.

脫 벗을 탈, 肉부11　1072

'脫(탈)'자는 '살이 바짝 마르다'가 본뜻이다. '고기 月(육)'과 '바꿀 兌(태)'로 이루어졌다. '빠지다', '벗다' 등의 뜻으로 쓰인다.

벗기다, 껍질을 벗기다
[脫殼(탈각)] 꼬투리나 껍데기를 벗기거나 벗음.
[脫皮(탈피)] ① 껍질이나 가죽을 벗김. ② (동) 벌레나 짐승이 허물을 벗음. ③ 낡은 사고방식에서 완전히 벗어나 진보하는 일.

벗다, 옷을 벗다
[脫喪(탈상)] 어버이의 삼년상을 마침. 삼년상을 마치고 상복을 벗음.
[脫衣(탈의)] 옷을 벗음. 반着衣(착의) 참脫衣室(탈의실)
[解脫(해:탈)] ① 얽매임을 벗어버림. ② (불) 번뇌의 속박을 풀어 삼계의 업고에서 벗어남.
[足脫不及(족탈불급)] 발을 벗고 뛰어도 따라잡지 못함. 능력이나 역량, 재질 따위가 도저히 따라가지 못할 정도임을 비유하여 이르는 말.

脫帽(탈모), 脫俗(탈속), 座脫立亡(좌탈입망)

면하다, 빠져나가다, 빠지다, 빠뜨리다
[脫落(탈락)] 어떤 데에 끼지 못하고 빠지거나 떨어짐. ¶예선에서 탈락하다
[脫毛(탈모)] 털이 빠짐. 또는 빠진 털. 참脫毛症(탈모증)
[脫線(탈선)] ① 기차나 전차 따위의 바퀴가 선로를 벗어남. ② 언행이 상규를 벗어나거나 나쁜 방향으로 빗나감을 비유하여 이르는 말.
[脫出(탈출)] 일정한 환경이나 구속에서 빠져 나감.
[離脫(이탈)] 어떤 범위나 대열 따위에서 벗어남. ¶부대 이탈
[逸脫(일탈)] ① 정해진 범위나 본래의 목적에서 벗어남. ② (사) 사회적인 규범으로부터 벗어나는 일. 청소년 비행·성적 탈선·약물 남용 따위.

脫黨(탈당), 脫漏(탈루), 脫法(탈법), 脫色(탈색), 脫稅(탈세), 脫營(탈영), 脫獄(탈옥), 脫獄囚(탈옥수), 脫腸(탈장), 脫走(탈주), 脫脂(탈지), 脫脂綿(탈지면), 脫兎之勢(탈토지세), 脫退(탈퇴), 脫肛(탈항), 脫會(탈회)

나오다, 떨어져 나오다
[脫稿(탈고)] 원고를 다 씀.
[脫穀(탈곡)] 거두어들인 곡식의 이삭에서 낟알을 떠는

일. 참脫穀機(탈곡기), 脫穀器(탈곡기)

없애다, 없어지다

[脫水(탈수)] 물기를 뺌. 참脫水機(탈수기)
[脫盡(탈진)] 원기가 다 빠져 없어짐.
[脫臭(탈취)] 어떤 물질 속에 있는 냄새를 제거함. 참脫臭劑(탈취제)
[虛脫(허탈)] ① 정신이 멍하여 일이 손에 잡히지 아니하는 몽롱한 상태. ② (의) 심장 쇠약과 함께 혈액 순환의 장애로 전신의 힘이 빠져서 빈사지경에 이르는 상태.

거칠다, 소략하다

[疎脫(소탈)/疏脫(소탈)] 수수하고 털털함. ¶소탈한 옷차림

臟 오장 장, 肉부22　1073

'臟(장)'자는 인체 내부에 감추어져 있는 '내장'이 본뜻이다. '고기 肉(육)'이 표의요소, '감출 藏(장)'은 표음요소와 표의요소를 겸한다.

오장, 내장

[臟器(장기)] (생) 내장의 모든 기관.
[內臟(내:장)] 고등 척추동물의 흉강(胸腔)과 복강(腹腔) 속에 있는 여러 가지 기관의 총칭.
[心臟(심장)] ① 혈액의 순환작용을 맡고 있는 혈관 계통의 중추 기관. 염통. 참心臟痲痺(심장마비), 心臟病(심장병) ② '마음'의 비유. ③ '중심'이나 '중추'의 비유. ④ '비위 좋은 마음보'의 비유.
[五臟(오:장)] ① 폐장(肺臟)·심장(心臟)·비장(脾臟)·간장(肝臟)·신장(腎臟)의 다섯 가지 장기(臟器). 참五臟六腑(오장육부) ② 속을 이루는 다섯 가지 내장이란 뜻으로 '마음보'를 비유하는 말. ¶오장을 긁다/오장이 뒤집힌다
[胃臟(위장)] (생) 밥통. 식도에 이어지는 주머니 모양의 소화기관. 사람의 위는 식도와 십이지장 사이에 있고 위액을 분비하여 주로 단백질을 분해한다.
[胃腸(위장)] 胃(위)와 腸(장). 참胃腸病(위장병)

[五臟六腑(오:장육부)] 五臟(오장) 즉 폐장(肺臟)·심장(心臟)·비장(脾臟)·간장(肝臟)·신장(腎臟)의 다섯 가지 장기(臟器)와 六腑(육부) 즉 大腸(대장)·小腸(소장)·胃(위)·膽囊(담낭)·膀胱(방광)·三焦(삼초)를 통틀어 이르는 말.

胃 밥통 위, 肉부9　1074

'胃(위)'자는 소화기관의 하나인 '밥통'을 뜻하기 위하여 만든 것이다. 사람의 몸을 가리키는 '고기 月(육)'이 표의요소이고, 또 하나의 요소인 '밭 田(전)'은 밥통의 모습을 본뜬 것이다. 밭과는 관계가 없다.

밥통, 위

[胃癌(위암)] 위에 발생하는 암.

[胃腸(위장)] 胃(위)와 腸(장). 참胃腸病(위장병)
[胃臟(위장)] ☞ 臟(장)
[健胃(건:위)] 위를 튼튼하게 함. 참健胃劑(건위제)
[脾胃(비:위)] ① 지라와 위. ② 음식 맛이나 어떤 사물에 대하여 좋고 언짢음을 느끼는 기분. ¶비위가 좋아 아무 음식이나 잘 먹는다 ③ 아니꼽거나 언짢은 일을 잘 견디어 내는 힘. ¶놀림을 당하고도 비위 좋게 앉아 있다 참補脾胃(보비위)
胃痙攣(위경련), 胃潰瘍(위궤양), 胃壁(위벽), 胃酸(위산), 胃酸過多症(위산과다증), 胃液(위액), 胃炎(위염), 刮腸洗胃(괄장세위)

腸 창자 장, 肉부13　1075

'腸(장)'자는 '창자'를 나타내기 위한 것이다. '고기 月(육)'과 '볕 昜(양)'으로 이루어졌다.

창자

[肝腸(간:장)] ① 간과 창자. ② '마음' 또는 '애'의 뜻. ¶어미 간장을 녹인다
[九折羊腸(구절양장)] 양의 창자처럼 꼬불꼬불하고 험한 길. ¶풍파에 놀란 사공 배 팔아 말을 사니 구절양장이 물도곤 어려왜라. 『옛 시조』
[九曲肝腸(구곡간장)] '굽이굽이 서린 창자'라는 뜻으로, 깊은 마음속 또는 시름이 쌓인 마음속을 비유하여 이르는 말.¶구곡간장 맺힌 원한
[斷腸(단:장)] 몹시 슬퍼서 창자가 끊어지는 듯함. ¶단장의 미아리 고개를 넘어 피난길에 오르다
[大腸(대:장)] 큰창자. 작은창자(小腸)의 끝에서부터 항문(肛門)에 이르는 창자.
[胃腸(위장)] ☞ 胃(위)
[鐵石肝腸(철석간장)] '썩 굳고 단단한 의지'의 비유. 回鐵石心腸(철석심장)
腸癌(장암), 腸炎(장염), 腔腸(강장), 腔腸動物(강장동물), 灌腸(관장), 刮腸洗胃(괄장세위), 盲腸(맹장), 盲腸炎(맹장염), 無腸公子(무장공자), 小腸(소장), 十二指腸(십이지장), 羊腸(양장), 腸窒扶斯(장질부사), 蚕腸出食(조장출식), 酒有別腸(주유별장), 直腸(직장), 脫腸(탈장), 肺腸(폐장)

마음, 충심

[心腸(심장)] 감정이 우러나는 속 자리.
[換腸(환:장)] (여기에서의 腸은 '창자'가 아니라 '마음'이다.) ① 마음의 속내가 확 바뀜. '換心腸(환심장)'의 준말. ② 마음이 비정상적인 상태로 크게 달라짐. ¶그 사람 환장했나봐

肝 간 간:, 肉부7　1076

'肝(간)'자는 '간'을 나타내기 위한 것이다. '고기 肉(육)'과 '방패 干(간)'으로 이루어졌다. '마음'을 상징적으로 나타내기도 한다.

간

[肝腦塗地(간:뇌도지)] '참혹한 죽음을 당하여 간과 뇌가 땅바닥에 으깨어진다'는 뜻으로, 나라 일을 위하여 당하는 참혹한 죽음을 비유하는 말.
[肝膽(간:담)] ① 간과 쓸개. ② 속마음. ¶간담이 서늘하다
[肝膽相照(간:담상조)] '간과 쓸개가 서로 비쳐 보임'이란 뜻에서, 서로 상대방의 마음속까지 이해하여 속마음을 터놓고 가까이 사귐'을 비유하여 이르는 말.
[肝臟(간:장)] (생) 간.
[肝腸(간:장)] ☞ 腸(장)
[九曲肝腸(구곡간장)] ☞ 腸(장)
[鐵石肝腸(철석간장)] ☞ 腸(장)
肝癌(간암), 肝炎(간염), 肝油(간유), 肝肺(간폐)

肺 허파 폐:, 肉부8　　1077

'肺(폐)'자는 '허파'를 뜻하기 위하여 만든 것이다. '고기 肉(육)'과 '슬갑 巿(불)'로 이루어졌다. '불(巿)'자는 '저자 巿(시)'와 혼동하지 말아야 한다. '저자 巿(시)'자는 '점ヽ(주)'와 '한 一(일)'과 '수건 巾(건)'으로 이루어졌고, '슬갑 巿(불)'은 '한 一(일)'과 '수건 巾(건)'으로 이루어진 글자이다. '저자 巿(시)'는 5획이고, '슬갑 巿(불)'은 4획이다.

허파
[肺腑(폐:부)] ① 허파. ② 마음의 깊은 속. ¶그의 말 한마디가 나의 폐부를 찔렀다
[肺癌(폐:암)] (의) 허파에 생기는 암. 혈담·기침·호흡곤란·흉통 따위의 증세가 있음.
[肺活量(폐:활량)] (생) 허파가 공기를 출입시킬 수 있는 최대량.
[心肺(심폐)] 염통과 허파.
[如見心肺(여견심폐)] 남의 마음속을 꿰뚫어 보는 듯이 속속들이 환히 앎.
肺結核(폐결핵), 肺炎(폐렴), 肺病(폐병), 肺臟(폐장), 肺腸(폐장), 肝肺(간폐)

마음, 충심
[肺腑(폐:부)] ② 마음의 깊은 속. ¶그의 말 한마디가 나의 폐부를 찔렀다 ① 허파.

膽 쓸개 담:, 肉부17　　1078

'膽(담)'자는 '쓸개'를 뜻하기 위하여 만든 것이다. 인체의 일부를 가리키는 '살 月(육)'과 '이를 詹(첨)/넉넉할 詹(담)'으로 이루어졌다. 예부터 용감한 마음이나 생각이 쓸개에서 나온다고 생각했으므로, 그러한 뜻으로 쓰인 예가 많다.

쓸개
[膽(담:)] ① (생) 쓸개. ② '膽力(담력)'의 준말.
[膽石(담:석)] (의) 사람·소·양의 쓸개관이나 쓸개주머니에 생기는 돌과 같이 단단한 물질.
[肝膽(간:담)] ① 간과 쓸개. ② 속마음. ¶간담이 서늘하다
[肝膽相照(간:담상조)] '간과 쓸개가 서로 비쳐 보임'이란 뜻에서, '서로 상대방의 마음속까지 이해하여 속마음을 터놓고 가까이 사귐'을 비유하여 이르는 말.
[落膽(낙담)] ① 너무 놀라서 肝膽(간담)이 떨어지는 듯함. ② 바라던 일이 뜻대로 되지 않아 마음이 몹시 상함. ¶이번의 실패에 대하여 너무 낙담하지 말아라
[熊膽(웅담)] 곰의 쓸개. 곰의 쓸개를 채취하여 말린 것. 약간 일그러진 가늘고 긴 주머니 모양이다. 맛이 매우 쓰며 약재로 쓰인다.
[臥薪嘗膽(와:신상담)/嘗膽(상담)] 거북한 섶[薪(신)]에 몸을 눕히고, 쓸개[膽(담)]를 맛봄. 원수를 갚거나 마음먹은 일을 이루기 위해 온갖 어려움과 괴로움을 참고 견딤을 비유하여 이름.『史記(사기)』☞ 사자성어
膽管(담관), 膽囊(담낭), 膽汁(담즙), 落膽喪魂(낙담상혼)

담력
[膽大(담:대)/大膽(대:담)] 담력이 큼. 뱃심이 좋음.
[膽力(담:력)] 겁이 없고 용감한 마음. ¶담력을 길러 씩씩하고 힘찬 젊은이가 되라
[壯膽(장:담)] 씩씩한 담력.
[膽欲大而心欲小(담:욕대이심욕소).] 담은 크기를 바라고 마음은 작기를 바란다. 대담함과 동시에 소심하기를 바란다.『小學(소학)·內篇(내편)·嘉言(가언)』
[錢是人之膽(전:시인지담).] '돈이 있으면 담이 커짐'을 이르는 말.『元曲(원곡)』
膽大心小(담대심소), 膽大於身(담대어신), 膽略(담략), 膽小(담소)

腎 콩팥 신:, 肉부12　　1079

'腎(신)'자는 '콩팥'을 뜻하기 위하여 만든 것이다. '살 月(육)'과 굳을 臤(견/긴)으로 이루어졌다.

콩팥, 오장의 하나
[腎臟(신:장)] (생) 콩팥. 척추동물의 비뇨기과 장기의 하나. 인체에서는 강낭콩 모양으로 좌우에 한 쌍이 있어 체내의 불필요한 물질을 몸 밖으로 배출하고 체액의 성분이나 양을 조절하는 기능을 함.
[腎虛(신:허)] (한의) 하초가 허약하여 노곤하고, 식은땀이 나오고 精水(정수)가 흘러나오는 병.
[補腎(보:신)] 보약을 먹어 정력을 도움.
腎盂(신우), 副腎(부신), 海狗腎(해구신)

與 줄 여:, 참여할 여:, 臼부13　　1080

'與(여)'자는 '줄 与(여)'와 '마주 들 舁(여)'가 합쳐진 것이다. 두 요소 모두 표의와 표음을 겸하는 드문 예이다. '동아리'가 본뜻이며 '함께하다', '주다', '도와주다'의 뜻으로 확대되었다.

주다, 베풀다

[與件(여:건)] 주어진 조건. ¶열악한 여건 속에서 일하다
[與信(여:신)] 금융기관에서 거래하는 상대편에게 신용을 주는 일. 곧 돈을 빌려주는 일. 웹受信(수신)
[給與(급여)] ① 관공서·회사 등에서 직원에게 주는 급료·수당 따위. ② 돈이나 물품을 줌.
[寄與(기여)] ① 남에게 이바지함. ② 물건을 부쳐줌. 웹寄與金(기여금)
[賞與(상여)] ① 상으로 돈이나 물품 따위를 줌. ② 관청이나 회사에서 직원에게 정기 급여와 별도로 업적이나 공헌도에 따라 돈을 줌. 또는 그 돈. 웹賞與金(상여금)
[授與(수여)] 증서·상품·훈장 따위를 줌. ¶졸업장 수여
與格(여격), 與奪(여탈), 供與(공여), 貸與(대여), 附與(부여), 賞與金(상여금), 贈與(증여), 贈與稅(증여세), 投與(투여)

함께하다, 참여하다, 따르다, 돕다, 좋아하다, 편을 들다, 한 동아리가 되다

[與黨(여:당)] 정부의 정책을 지지하여, 이것에 편을 드는 정당. 집권당. 웹野黨(야당)
[與民同樂(여:민동락)] 백성과 더불어 즐거움을 함께한다. 『孟子(맹자)·梁惠王章句(양혜왕장구)』
[與野(여:야)] 여당과 야당.
[關與(관여)] 관계하여 참여함. ¶정치에 관여하다
[參與(참여)] 어떤 일에 끼어들어 관계함. ¶적극적인 참여 의식을 가지다

같이 하다, 같게 하다

[與否(여:부)] 그러함과 그렇지 아니함. ¶생사 여부를 묻다

…와, 과, 및, 함께, …를 따라, 더불어

[禍與福同門(화여복동문), 利與害爲隣(이여해위린).] 화와 복은 들어오는 문이 같으며, 이익과 해악은 이웃 지간이다. 『淮南子(회남자)·人閒訓 인간훈』

舞 춤출 무:, 舛부14 1081

'舞(무)'자는 '춤추다'는 뜻을 나타내기 위하여, 양손에 쇠고리 모양의 물건을 들고 춤을 추는 무당의 모습을 그린 것이었다. 이것이 '없다'는 뜻으로 차용되는 예가 많아지자 '춤추다'는 뜻을 분명하게 하기 위하여, 두 발자국 모양을 본뜬 '舛(천)'을 붙여 '舞(무)'자를 만들었다.

춤, 춤추다, 춤추게 하다, 율동적으로 팔다리를 움직이다

[舞臺(무:대)] ① 연극이나 무용, 음악 따위를 공연하기 위하여 특별히 좀 높게 마련한 자리. ¶무대의 막이 오르다 ② 재능이나 역량 따위를 시험해 보거나 발휘할 수 있는 활동 분야. ¶세계를 무대로 너의 역량을 한껏 펼쳐 보아라
[舞蹈(무:도)] 춤. 춤을 춤. 또는 그 춤. 웹舞蹈場(무도장), 舞蹈會(무도회)
[舞踊(무:용)] 춤. 음악에 맞추어 몸을 움직여 감정과 의지를 나타내는 예술. 웹舞踊家(무용가), 舞踊團(무용단), 舞踊手(무용수)
[歌舞(가무)] ① 노래와 춤. ② 노래하고 춤을 춤. ③ 제멋대로 놀고 즐기는 일.
[獨舞臺(독무대)] 독판. 혼자서 차지하여 마음대로 활동하는 자리. ¶그의 독무대가 된 씨름판
舞曲(무곡), 舞姬(무희), 劍舞(검무), 群舞(군무), 獅子舞(사자무), 僧舞(승무), 按舞(안무), 龍飛鳳舞(용비봉무), 圓舞(원무), 輪舞(윤무)

하늘을 훨훨 날다, 깡충깡충 뛰다

[亂舞(난:무)] ① 마구 어지러이 추는 춤. ② 마구 흩날림 ¶눈보라가 난무하는 어느 겨울날 ③ 함부로 날뛰거나 마구 나타남을 비유하는 말. ¶폭력이 난무하던 시대

격려하다

[鼓舞(고무)] 더욱 힘을 내도록 용기를 북돋움.

裝 꾸밀 장, 행장 장, 衣부13 1082

'裝(장)'자는 옷을 차려 '입다'는 뜻을 나타내기 위한 것이다. '옷 衣(의)'와 '씩씩할 壯(장)'으로 이루어졌다. 후에 '차리다', '꾸미다' 등으로 확대 사용되었다.

꾸미다, 화장을 하다, 수식하다, 꾸밈, 장식

[裝飾(장식)] 겉모양을 아름답게 꾸밈. 또는 그 꾸밈새나 장식물. ¶실내 장식/크리스마스트리 장식 웹裝飾品(장식품)
[裝身具(장신구)] 몸치장을 하는 데 쓰는 물건. 귀고리·목걸이·반지 따위.
[扮裝(분장)] ① 모양을 꾸밈. ② (연) 배우가 작품의 어떤 인물 모습으로 꾸며 차림. 또는 그 차림새. ¶분장이 뛰어나다
[僞裝(위장)] 거짓 꾸밈. 또는 그 꾸밈새.
[鋪裝(포장)] 길바닥에 돌·아스팔트·콘크리트 같은 것을 깔아 단단하게 다져 꾸밈. ¶포장도로/비포장도로
裝幀(장정), 塗裝(도장), 僞裝網(위장망)

차리다, 옷차림

[假裝(가:장)] (알아보지 못하게) 얼굴이나 몸차림을 바꾸어 꾸밈. ¶나무꾼으로 가장하다
[軍裝(군장)] ① 군인의 복장. ② 군대의 장비. ¶완전군장을 꾸리다
[男裝(남장)] 여자가 남자의 옷차림을 함. 또는 그 차림. 웹女裝(여장)
[變裝(변:장)] 본디의 모습을 감추려고 얼굴, 옷차림, 머리 모양 등을 고쳐서 다르게 꾸밈. 또는 그 다르게 꾸민 모습.
[服裝(복장)] ① 옷차림. 옷을 차려 입은 모양. ¶복장이 단정하다/복장 상태 불량 ② 나이·직업·신분에 따라 달리 만든 옷.
[洋裝(양장)] 옷차림이나 머리 모양을 서양식으로 꾸밈.
盛裝(성장), 女裝(여장), 雨裝(우장), 正裝(정장)

장치

[裝備(장비)] ① 장치와 설비. ② 어떠한 장치나 설비

따위를 갖추어 차림. ③ 군대의 전투 능력을 이루는 준비와 차림.
[裝置(장치)] ① 기계나 설비 따위를 차려 둠. 또는 그 물건. ¶난방 장치 ② 무대 따위를 차리어 꾸밈. 또는 그 차리어 꾸민 것. ¶무대 장치
[武裝(무:장)] 전투를 할 수 있도록 갖추어 차린 장비. 또는 그러한 장비를 갖추어 차림. 참精神武裝(정신무장), 非武裝(비무장)
裝着(장착), 記憶裝置(기억장치), 防音裝置(방음장치), 鞍裝(안장)

싣다, 적재하다
[裝塡(장전)] 속에 무엇을 집어넣어서 채움. ¶실탄 일발 장전

길 떠날 차비를 하다, 행장, 길 떠날 차림
[旅裝(여장)] 나그네의 몸차림. ¶여장을 풀다
[行裝(행장)] 여행할 때 쓰는 물건과 차림. ¶길 떠날 행장을 꾸리다

싸다, 묶다
[裝甲(장갑)] ① 갑옷을 입고 투구를 씀. ② 배나 차량 따위의 군사 장비를 적의 탄환으로부터 막으려고 특수한 강철판으로 덧싸는 일. 또는 그 강철판.
[裝甲車(장갑차)] (군) 쇠로 겉을 덧싸서 무장한 차량.
[包裝(포장)] ① 물건을 사서 꾸림. ¶선물을 포장하다 ② 마음속에 지니어 간직함.

의복이나 신변의 도구
[裝具(장구)] ① 무엇을 꾸미는 데 쓰는 여러 가지 도구. ② 어떤 활동을 하려고 몸에 지녀 갖추는 물건. ¶등산 장구

覺 깨달을 각, 見부20   1083

'覺(각)'자는 '볼 見(견)'과 '배울 學(학)'의 합자이다. 배워서 확실히 보다 즉, '깨닫다', '잠깨다', '느끼다'의 뜻을 나타낸다.

깨닫다, 터득하다, 깨우치다, 깨달음, 도리를 깨달아 아는 일
[覺悟(각오)/覺寤(각오)] ① 앞으로 닥쳐올 일에 대한 마음의 준비나 작정. ¶각오를 단단히 하다 ② 도리를 깨쳐서 앎.
[警覺心(경:각심)] 정신을 가다듬어 경계하거나 주의하는 마음. ¶경각심을 불러일으키다
[沒知覺(몰지각)] 지각이 없음. ¶몰지각한 사람
[先覺者(선각자)] 남보다 먼저 깨달은 사람.
[自覺(자각)] ① 스스로 자기를 반성하여 깨달음. ② 자기가 자기를 의식하는 작용. ③ (불) 三覺(삼각)의 하나. 스스로 迷妄(미망)을 끊고 正法(정법)을 깨닫는 일.
[知覺(지각)] ① 알아서 깨달음. ② 감각기관을 통하여 외부의 사물을 인식하는 작용. ③ 사물의 이치를 가려 볼 줄 아는 능력. ¶지각이 나다
[錯覺(착각)] 사실과 다르게 느끼거나 생각함. ¶착각에 빠지다
警覺(경각), 沒覺(몰각), 正覺(정각)

알다, 기억하다
[覺書(각서)] ① 서로 확인하여 기억하기 위해 적어 두는 문서. ¶합의 각서 ② 어떤 일의 이행을 약속하는 뜻으로 상대에게 적어주는 문서. ③ (정) 국제 문제에 관한 자기 나라의 견해나 의견을 나타낸 외교 문서. ¶양해 각서

느끼다, 감각기관을 통해서 느껴지는 감각
[感覺(감:각)] ① (눈·코·귀·혀·살갗 등 감각기관을 통하여) 느끼거나 깨닫는 것. 보고 듣고 냄새를 맡고 살에 닿음을 느끼는 것. 참感覺器官(감각기관) ② 인상적인 느낌. ¶미적 감각 ③ 본질에 대한 의식. ¶언어 감각
[味覺(미각)] 무엇을 혀 따위로 맛보아 일어나는 감각. 단맛, 쓴맛, 짠 맛, 신맛 따위. ¶봄나물이 미각을 돋운다
[視覺(시:각)] 무엇을 눈으로 보고 알아내는 감각.
[視聽覺(시:청각)] 눈으로 보고 귀로 듣는 느낌. 참視聽覺敎育(시청각교육)
[聽覺(청각)] 소리를 느끼는 감각. 참視聽覺(시청각), 聽覺器官(청각기관)
[觸覺(촉각)] (생) 살갗에 닿아서 받는 느낌. ¶촉각을 곤두세우다
[嗅覺(후각)] (생) 냄새에 대한 감각. 참嗅覺器官(후각기관)
[習而不察(습이불찰), 察而不覺(찰이불각).] 이미 습관이 되어 발견하지 못하고, 발견을 해도 변화를 느끼지 못한다. 현실 속에서 변화의 흐름에 무감각해지고, 그 변화를 알아차린다고 하더라도 그 실상을 제대로 느끼지 못한다. 습관이나 버릇에 젖어 현실을 제대로 보지 못하는 나의 어리석음을 이르는 말이다.

나타나다, 드러나다, 나타내다, 밝히다
[發覺(발각)] 숨겼던 일이 드러나서 남이 알게 됨. 또는 숨겼던 일을 알아냄. ¶범행이 발각되었다

깨다, 꿈을 깨다, 깨우다, 일으키다
[覺醒(각성)] ① 깨어 정신을 차림. ② 깨달아 앎.
[覺醒劑(각성제)] (약) 중추신경계를 흥분시켜 잠이 오는 것을 막는 약.
[幻覺(환:각)] (심) 감각기관을 자극하는 외부 자극이 없는데도 마치 어떤 사물이 있는 것처럼 지각함. 또는 그런 지각. 참幻覺劑(환각제)

覽 볼 람, 見부21   1084

'覽(람)'자는 '볼 監(감)'과 '볼 見(견)'을 합쳐 놓은 것이다. 생각하며 자세히 살펴본다는 뜻이다. ☞(觀관)0630

보다, 살펴보다, 비교하여 보다
[觀覽(관람)] 구경. 연극·영화·운동경기 따위를 흥미나 관심을 가지고 봄. ¶연극 공연을 관람하다 참觀覽

客(관람객)
[萬機親覽(만:기친람)] 임금이 온갖 정사를 직접 돌봄. 임금이 쓸 만한 인재가 없거나 아랫사람을 믿지 못하는 방증이다.
[博覽會(박람회)] 농업·공업·상업 등에 관한 온갖 물품을 진열해 놓고 여러 사람에게 보이며, 판매·선전·우열 심사 등을 하여 생산물의 개량 발전 및 산업 진흥을 꾀하려고 여는 전람회.
[閱覽(열람)] 죽 내리 훑어서 봄. 㮤閱覽室(열람실)
[遊覽(유람)] 두루 돌아다니며 구경함. 㮤遊覽船(유람선)
[展覽會(전:람회)] 여러 가지 물품 또는 작품을 진열해 놓고 관람시키는 모임. ¶미술 전람회
[便覽(편람)] 보기에 편리하게 쓴 책. 간단명료하게 볼 수 있게 엮은 책.
御覽(어람), 要覽(요람), 一覽表(일람표), 回覽(회람)

討 칠 토(:), 言부10　　1085

'討(토)'자는 잘못한 사람을 붙잡아 그 잘못된 점을 말로 '따지다'는 뜻이다. 후에 '논의하다', '치다' 등으로 확대되었다.

치다, 정벌하다, 토벌하다
[討伐(토벌)] 적을 쳐서 공격함. ¶공비 토벌
討滅(토멸), 討捕(토포), 討捕使(토포사)

꾸짖다
[聲討(성토)] 여러 사람이 모여서 어떤 잘못을 규탄함. ¶성토 대회

찾다, 탐구하다, 논의하다
[討論(토:론)] 마땅한 결론을 찾아내려고 여러 사람이 서로 비평적으로 의논하거나, 어떤 문제를 둘러싸고 옳고 그름을 따져 가며 의논함.
[討議(토의)] 어떤 문제에 대하여 검토하고 의논함.
[檢討(검:토)] 검사하면서 따져봄.
[爛商討議(난상토의)] 충분히 자세하게 의논함.

誌 기록할 지, 言부14　　1086

'기록하다'는 뜻인 '誌(지)'자는 원래 '志(지)'자로 나타내었는데 '뜻'의 뜻으로 쓰이는 예가 많아지자 '말씀 言(언)'이 추가되었다. '三國志(삼국지)'는 원래의 '기록하다'의 뜻인 '志(지)'자를 쓰고 있다.

기록하다, 적어두다, 그 기록
[校誌(교:지)] 학생들이 학교에서 편집·발행하는 잡지.
[日誌(일지)] 그날그날의 진행된 사실을 적는 기록, 또는 그 책.
[雜誌(잡지)] 호를 거듭하며 여러 가지 내용의 글을 모아서 펴내는 정기간행물. 주간·월간·계간 등의 구별이 있음.
[地誌(지지)] 어떤 지역의 자연·사회·문화 등의 지리적 현상을 기술하여 그 지역의 특색을 나타낸 것.
[會誌(회지)] 모임에서 발행하는 잡지.
誌面(지면), 誌上(지상), 墓誌(묘지)

證 증거 증, 言부19　　1087

'證(증)'자는 '고발하다'는 뜻을 나타내기 위한 것이었다. '말씀 言(언)'과 '오를 登(등)'으로 이루어졌다. 고발할 때는 증거가 필요했기에 '증거', '증명하다'는 뜻으로 확대되었다.

증거, 사실을 증명할 만한 근거나 표적, 증명하다, 확실함을 밝히다
[證據(증거)] 어떤 사실을 증명할 수 있는 근거. ¶그가 도둑질을 했다는 증거는 없다
[證明(증명)] ① 증거로써 사물을 밝혀 확실하게 함. ② (논) 어떤 사물의 판단 또는 진위를 정하는 근거를 표시하거나 어떤 명제가 참인 것을 근본 원리에서 밝혀냄.
[證人(증인)] ① 어떤 사실을 증명하는 사람. ② (법) 민사와 형사 소송에 있어, 소송 당사자가 아니면서 법원의 신문에 대하여, 자기가 듣고 본 사실을 진술하는 사람.
[檢證(검:증)] 검사하여 증명함. ¶현장 검증
[保證(보:증)] ① 남의 신분이나 행동을 뒷받침하여 책임짐. ¶보증을 세우다 ② 어떤 사물의 성과나 결과에 대하여 확실함을 책임짐. ¶일이 잘 된다는 무슨 보증이라도 있나? 㮤保證金(보증금), 保證手票(보증수표), 保證人(보증인)
[立證(입증)] 증거를 세움.
證券(증권), 證券去來所(증권거래소), 證券會社(증권회사), 證書(증서), 證市(증시), 證言(증언), 證票(증표), 證驗(증험), 考證(고증), 公證(공증), 公證人(공증인), 論證(논증), 物證(물증), 反證(반증), 傍證(방증), 辨證(변증), 辨證法(변증법), 證憑(증빙), 證憑書類(증빙서류), 査證(사증), 修了證(수료증), 身元保證(신원보증), 心證(심증), 實證(실증), 例證(예증), 僞證(위증), 有價證券(유가증권), 認證(인증), 借用證(차용증), 確證(확증)

알리다, 고하다
[干證(간증)] ① (지난날의) 범죄에 관련된 증언. ② (예수) 지은 죄를 자백하고 신앙(믿음)을 고백하는 일.

讚 기릴 찬:, 言부26　　1088

'讚(찬)'자는 '기리다'는 뜻을 나타내기 위한 것이다. '말씀 言(언)'과 '도울 贊(찬)'으로 이루어졌다. '贊(찬)'자를 '讚(찬)'자와 같이 쓰이기도 한다.

기리다, 칭찬하다
[讚辭(찬:사)] 칭찬하는 말이나 글. ¶찬사를 받다/찬사를 보내다

[讚頌(찬:송)] ① 덕을 기리어 칭찬함. ② (예수) 하느님의 사랑과 은혜를 칭찬함. 또는 그런 일. 참讚頌歌(찬송가)
[讚揚(찬:양)] 칭찬하거나 기리어 드러냄. 참讚揚隊(찬양대)
[禮讚(예:찬)] 아름다운 것에 경의를 표하고 찬양함. ¶청춘 예찬
[自畵自讚(자화자찬)] '자기가 그린 그림을 스스로 칭찬함'이란 뜻에서, 자기가 한 일을 스스로 자랑함을 비유하여 이르는 말.
[稱讚(칭찬)] 좋은 점이나 훌륭한 일을 높이 평가하여 잘한다고 추어줌. 또는 그러한 말. ¶칭찬을 받다/칭찬을 하다
讚佛(찬불), 讚佛歌(찬불가), 讚美(찬미), 讚歎(찬탄)/贊嘆(찬탄), 過讚(과찬), 激讚(격찬), 極讚(극찬), 自讚(자찬), 絶讚(절찬), 絶讚裡(절찬리)

象 코끼리 상, 豕부12　1089

'象(상)'자는 코끼리의 모양을 보고 '코끼리'를 간단하게 그린 것이다. 후에 그 뜻이 '본래 모양', '본뜨다' 등으로 확대되었다.

코끼리, 상아, 코끼리 어금니
[象牙(상아)] 코끼리의 어금니.
[象牙塔(상아탑)] 조용하게 들어앉아 연구에 열중하고 있는 생활.
[群盲撫象(군맹무상)] 여러 장님들이 코끼리를 어루만져 보고, 자기가 만져본 부분에 의하여 의견을 말하는 일. ① 사물에 대하여 총체적으로 파악하지 못함을 비유하는 말. ② 凡人(범인)에게는 큰 인물이 경영하는 큰 사업의 한 부분 밖에 알지 못함을 비유하는 말.
[盲人摸象(맹인모상)] 장님이 코끼리 만지듯 문제나 상황을 전체적으로 관찰하지 못하고 일면만 본다는 뜻이다. 『涅槃經(열반경)』
[鼠口不出象牙(서구불출상아)] '쥐의 아가리에서는 상아가 돋지 않는다'는 뜻으로 '훌륭한 인재는 소인배의 무리에서는 나오지 않음'을 비유한 말.

모양, 모습, 생김새
[象徵(상징)] 추상적인 사물이나 개념을 구체적인 사물로 나타냄. 또는 그렇게 나타낸 기호·표지·물건 따위.
참象徵劇(상징극), 象徵詩(상징시), 象徵塔(상징탑)
[象形(상형)] 어떤 물건의 모양을 본뜸. ¶象形文字(상형문자)
[氣象(기상)] ① 風雨(풍우)·寒暑(한서)·陰晴(음청) 따위와 같은 자연계의 변화. ② 기풍의 겉으로 드러난 상태. 타고난 性情(성정). ③ 기분. 흥취.
[對象(대:상)] 행위의 상대 또는 목표가 되는 것.
[森羅萬象(삼라만상)] 수풀 같이 빽빽하게 늘어서 있는 여러 가지 사물의 모습. 우주 속에 빽빽하게 존재하는 온갖 사물과 현상.

[印象(인상)] 어떤 대상에 대하여 마음이나 기억에 새겨지는 자취나 느낌. 참印象的(인상적), 印象主義(인상주의), 印象派(인상파)
[抽象(추상)] (심) 낱낱의 구체적 사물에서 공통되는 속성이나 관계 따위를 관념적으로 뽑아냄. 참抽象名詞(추상명사), 抽象的(추상적), 抽象畵(추상화)
[現象(현:상)] ① 눈앞에 나타나 보이는 사물의 현상. ¶적조 현상/기상 현상 ② (철) 본질이나 본체의 외면에 나타나는 상.
[現狀(현:상)] 현재의 상태. 또는 지금의 형편. ¶현상을 유지하다

[印象主義(인상주의)] 사실주의와는 반대로, 대상에서 받는 작가의 주관적인 순수한 인상을 작품에 나타내는 예술상의 주의. 19세기 후반 프랑스에서 일어났는데 조각·음악에도 영향을 끼쳤음.
[印象派(인상파)] (미) 인상주의 경향을 띠는 한 유파. 대상의 고유한 색을 부인하고 색조를 분할하여 원색에 가까운 색채로 그림을 그렸음.

象嵌靑瓷(상감청자), 象形文字(상형문자), 假象(가상), 觀象(관상), 觀象臺(관상대), 具象(구상), 氣象觀測(기상관측), 氣象臺(기상대), 萬象(만상), 物象(물상), 事象(사상), 四象醫學(사상의학), 心象(심상), 表象(표상), 形象(형상), 形象化(형상화)

기타
[象毛(상모)] 벙거지의 꼭지에다 참대와 구슬로 장식하고 그 끝에 해오라기의 털이나 긴 백지 오리로 꾸민 꼬리. 털상모와 열두 발 상모가 있음. ¶상모돌리기

豫 미리 예:, 豕부16　1090

'豫(예)'자의 본뜻은 '큰 코끼리'였다. '코끼리 象(상)'과 '나 予(여)'로 이루어졌다. '미리'의 뜻을 나타낸다.

미리, 사전에, 미리 하다, 사전에 대비하다
[豫防(예:방)] 앞으로 일어날 수 있는 일을 미리 손을 써서 막음. 참豫防注射(예방주사)
[豫報(예:보)] 앞으로 일어날 일을 미리 알림. 또는 그런 보도. ¶일기예보
[豫算(예:산)] ① 필요한 비용을 미리 헤아려 계산함. 또는 그 비용. ② 국가나 단체에서 한 회계연도의 수입과 지출을 미리 셈하여 정한 계획.
[豫想(예:상)] 어떤 일을 직접 당하기 전에 미리 생각하여 둠. 또는 그런 내용. ¶예상문제/한국팀은 예상 밖으로 좋은 성적을 거두었다
[豫定(예:정)] 미리 작정함. 또는 그 작정.
豫感(예감), 豫見(예견), 豫告(예고), 豫告篇(예고편), 豫科(예과), 豫期(예기), 豫斷(예단), 豫買(예매), 豫賣(예매), 豫備(예비), 豫備軍(예비군), 豫備役(예비역), 豫選(예선), 豫習(예습), 豫審(예심), 豫約(예약), 豫言(예언), 豫言者(예언자), 豫測(예측), 豫行(예행), 豫行演習(예행연습), 豫後(예후)

미루다, 주저하다, 미적거리다
[猶豫(유예)] 일의 시행을 뒤로 미룸. ¶한 시각의 유예도 허락하지 아니하다 참 起訴猶豫(기소유예), 宣告猶豫(선고유예), 執行猶豫(집행유예)

趣 뜻 취:, 走부15 1091

'趣(취)'자는 '빨리 가다'는 뜻을 나타내기 위하여 만들어진 것이다. '달릴 走(주)' '취할 取(취)'로 이루어졌다. 후에 '목적지를 향하여 감'이란 뜻을 나타내게 되었고, 그러한 모습이 멋있게 보였는지 '멋', '풍치' 등의 뜻을 나타내기도 한다.

뜻, 취향, 마음이 이끌리는 곳, 멋, 자태, 풍정(風情)
[趣味(취:미)] ① (전문가로서가 아니라) 즐기고 사랑하며 좋아하는 일. ¶취미 활동 ② 마음에 느껴서 일어나는 멋. ③ 아름다운 대상을 감상하고 이해하는 힘.
[趣向(취:향)] 하고 싶은 마음이 쏠리는 방향.
[情趣(정취)] 좋은 감정을 자아내는 흥취.
[風趣(풍취)] 풍경의 멋스럽고 아담한 정취. ¶이국의 풍취에 젖어들다
[興趣(흥:취)] 흥과 취미.
[花看半開(화간반개), 酒飮未醉(주음미취), 此中大有佳趣(차중대유가취).] 꽃은 반만 피었을 때 보고, 술은 조금만 취하도록 마시면, 그 가운데 크게 아름다운 맛이 있느니라. 즐거움이 극에 달하면 더 큰 즐거움을 바라게 되고 결국에는 파탄에 이르게 된다. 즐거움이 극에 달하지 않게 즐기면 항상 그렇게 즐길 수 있어 늘 아름다운 맛이 있다. 즐거움 속에 빠져 결국 파탄하게 됨을 경계한 말이다. 『菜根譚(채근담)·後集 122』
佳趣(가취), 雅趣(아취), 惡趣味(악취미)

까닭, 취지
[趣旨(취:지)] 근본이 되는 중요한 뜻.

輪 바퀴 륜, 車부15 1092

'輪(륜)'자는 '살이 달린 수레바퀴'를 뜻하기 위하여 고안한 글자이다. '수레 車(거)'와 '생각할 侖(륜)'으로 이루어졌다. 후에 '둘레', '돌다' 등으로 그 뜻이 넓어졌다.

바퀴, 수레바퀴, 수레, 탈 것
[競輪(경:륜)] 자전거 경주.
[五輪(오륜)] ① 올림픽 대회의 휘장. ② (불교) 우주의 만물을 형성한다고 하는 다섯 가지 원소. 지(地)·수(水)·화(火)·풍(風)·공(空). 五大(오대)라고도 한다.
[車輪(차륜)] 차바퀴.
法輪(법륜), 雙輪(쌍륜), 鐵輪(철륜), 齒輪(치륜)/齒車(치차)

돌다, 구르다
[輪轉機(윤전기)] 양면 또는 두 색 이상의 인쇄를 빨리 하는 기계. 신문 같은 대량 고속 인쇄에 쓰임.
[輪廻(윤회)] ① 차례로 돌아감. ② (불) 몸은 죽어 없어져도 넋은 남아 다른 몸에 옮아 태어나기를 끊임없이 거듭하는 일. ③ (지) 침식 윤회.

주위, 외곽
[輪廓(윤곽)] 사물의 테두리나 대강의 모습. ¶사건의 윤곽이 선명하게 드러나다

둥근 것
[輪舞(윤무)] 圓舞(원무). 여럿이 둥그렇게 둘러서서, 또는 돌며 추는 춤.
[年輪(연륜)] 나무의 목질부(木質部)의 횡단면의 둥근 테. 해마다 층이 생기므로 나이를 알 수 있다. 나이테.
[月輪(월륜)] 달.
[月輪穿沼水無痕(월륜천소수무흔).] 달의 그림자가 연못을 뚫되 물에는 아무런 흔적이 없네. 『菜根譚(채근담)·後集 63』 ☞ * 388

번갈아, 섞바꾸어
[輪番(윤번)] 돌아가며 차례로 돌아오는 임무. 참 輪番制(윤번제)
[輪作(윤작)] (농) 돌려짓기. 같은 땅에 여러 가지 농작물을 해마다 바꾸어 짓는 일.
輪讀(윤독), 輪伐(윤벌)

辭 말 사, 辛부19 1093

'辭(사)'의 본뜻은 '잘잘못을 따지다'인데, 말이나 글로 하소연하는 경우가 많았는지 '말씀', '글', '물러나다'는 뜻으로 많이 쓰인다.

언어, 글, 언변, 논술, 말하다, 이야기하다, 어구
[辭典(사전)] 어떤 범위 안에서 쓰이는 말을 모아서 일정한 순서로 배열하여 싣고 그 각각의 독음, 의미, 어원, 용법 따위를 해설한 책.
[美辭麗句(미사여구)] 아름답게 꾸민 말과 아름다운 문구. 내용은 없으면서 형식만 좋은 말. 또는 그런 표현.
[式辭(식사)] 식장에서 인사로 하는 말.
[言辭(언사)] 말. 사람의 생각이나 느낌을 입으로 나타내는 소리. ¶모욕적인 언사를 서슴지 않다
[讚辭(찬:사)] 칭찬하는 말이나 글. ¶찬사를 받다/찬사를 보내다
[祝辭(축사)] 축하하는 뜻의 글이나 말.
[吉人辭寡(길인사과), 躁人辭多(조인사다).] 마음씨가 바르고 편안한 사람은 말이 적고, 성급한 사람은 말수가 많다. 『易經(역경)』
辭色(사색), 辭說(사설), 歌辭(가사), 開式辭(개식사), 閉式辭(폐식사), 開會辭(개회사), 閉會辭(폐회사), 激勵辭(격려사), 歸去來辭(귀거래사), 答辭(답사), 功致辭(공치사), 美辭(미사), 變辭(변사), 謝辭(사사), 送辭(송사), 送別辭(송별사), 頌辭(송사), 修辭(수사), 修辭法(수사법), 助辭(조사), 弔辭(조사), 主禮辭(주례사), 贅辭(췌사), 致辭(치사)

떠나다, 사퇴하다
[辭意(사의)] ① 사임할 뜻. ② 말이나 글의 요지.
[辭任(사임)] 임무를 내놓음.
[辭職(사직)] 맡은 직무를 내놓고 물러남. ¶일신상의 사

유로 사직을 원함
[辭退(사퇴)] 어떤 직책을 그만두고 물러남.
[辭表(사표)] 자리를 사양하는 표시 즉, 사임의 뜻을 적은 문서. ¶사표를 내다

거절하다, 사양하다, 면회를 거절하다
[辭讓(사양)] 겸손하게 받지 않거나 응하지 않음. 젭辭讓之心(사양지심)
[固辭(고사)] 굳이 사양함.
[斗酒不辭(두주불사)] 말술도 사양하지 않을 만큼 주량이 매우 큼.
[不辭(불사)] 사양하지 아니함. ¶죽음도 불사하겠다
[辭讓之心禮之端也(사양지심예지단야).] 감사하고 양보하는 마음을 일러 禮(례)의 실마리라 한다.『孟子(맹자)·公孫丑 上(공손추 상)』☞ * 171

辯 말씀 변:, 말 잘할 변:, 辛부21 1094

'辛(신)'자가 두 개인 '辡(변)'자는 '나누다'의 뜻이다. '辯(변)'자는 '辡(변)'자 가운데에 '말씀 言(언)'을 넣었다. '말로 일의 도리를 가려 밝히다'의 뜻이다.

말하다, 이야기하다, 말 잘하다, 말을 교묘히 하다
[辯護(변:호)] ① 남을 위하여 이롭도록 변명하여 감싸줌. ② (법) 법정에서 변호인이 검사의 공격으로부터 피고인의 처지를 해명하고 옹호함. 젭辯護士(변호사), 辯護人(변호인)
[口辯(구변)] 말솜씨. 말재주. 言辯(언변).
[詭辯(궤:변)] ① 형식적으로는 그럴 듯하나 본질이나 이치에는 맞지 않는 말. ¶궤변을 늘어놓다 ② (논) 형식적인 논리로써 거짓을 참으로 꾸미는 논법이나 추리.
[訥辯(눌변)] 더듬거리는 말솜씨. 땐達辯(달변)
[達辯(달변)] 능변. 통달할 정도로 말을 잘함.
[代辯(대:변)] 어떤 기관이나 개인을 대신하여 그의 의견이나 태도를 책임지고 발표함.
[雄辯(웅변)] 청중을 감동시킬 수 있도록 조리 있고 씩씩하게 말을 잘 함. ¶웅변대회
[善者不辯(선:자불변), 辯者不善(변:자불선).] ① 진실로 착한 사람은 자기의 선함을 남에게 말하지 않고. 자기의 착함을 남에게 말하는 사람은 선하지 않다. ② 착한 사람은 말재주가 적고, 말재주만 많은 사람은 착하지 못하다. ③ 선한 사람은 변명하지 않고, 변명하는 사람은 선하지 않다.『老子(노자)·道德經 81章(도덕경 81장)』
辯論(변론), 辯士(변사), 辯舌(변설), 辯舌如流(변설여류), 强辯(강변), 多辯(다변), 答辯(답변), 大辯如訥(대변여눌), 代辯人(대변인)/代辯者(대변자), 熱辯(열변), 抗辯(항변)

迎 맞이할 영, 마중할 영, 辶부8 1095

'迎(영)'자는 '맞이하다'는 뜻을 나타내기 위한 것이다. '길 갈 辶(착)'과 '나 卬(앙)'으로 이루어졌다.

맞이하다, 오는 것을 맞아들이다, 마중하다
[迎賓(영빈)] 손님을 맞음. ¶영빈관
[迎接(영접)] 손님을 맞아서 대접함.
[送舊迎新(송:구영신)] 묵은해를 보내고 새해를 맞이함. 새로운 마음으로 새해를 맞이함.
[歡迎(환영)] 기쁘게 맞이함. ¶박수로 환영하다 젭歡迎會(환영회)
迎月(영월), 迎入(영입), 迎春(영춘), 迎風待月(영풍대월), 奉迎(봉영), 送迎(송영), 親迎(친영)

마음으로 따르다
[迎合(영합)] ① (비위를 맞추기 위해) 자기의 생각을 상대편에 맞춤. 또는 아첨하여 좇음. 젭迎合主義(영합주의) ② 서로의 뜻이 맞음.

逃 달아날 도, 辶부10 1096

'逃(도)'자는 '달아나다'는 뜻을 나타내기 위한 것이다. '길 갈 辶(착)'과 '조짐 兆(조)'로 이루어졌다.

달아나다, 도망치다, 피하다, 회피하다, 숨다
[逃亡(도망)] 피하거나 쫓기어 달아남.
[逃走(도주)] 달아남.
[逃避(도피)] 도망하여 피함. ¶도피 생활 젭逃避行(도피행)
[現實逃避(현:실도피)] ① 생각이나 행동 면에서 현실과 맞서기를 피함. ② 소극적이며 퇴폐적인 처세 태도.

遇 만날 우:, 맞을 우:, 辶부13 1097

'遇(우)'자는 길을 가다가 '우연히 만나다'는 뜻을 나타내기 위한 것이다. '길 갈 辶(착)'이 표의요소, '긴꼬리원숭이 禺(우)'가 표음요소이다.

만나다, 길에서 만나다, 우연히 만나다
[不遇(불우)] 때를 만나지 못하여 출세를 못함.
[遭遇(조:우)] 뜻밖에 서로 만남.
[千載一遇(천재일우)] 천년에 한 번 만남, 곧 좀처럼 만나기 어려운 기회.

대접하다, 예우하다, 대우, 예우
[待遇(대:우)] ① 어떤 사회적 관계나 태도로 남을 대함. 신분에 맞게 대접함. ② 직장 따위에서 받는 보수의 수준이나 직위.
[禮遇(예:우)] 예로서 정중히 대우함.
[處遇(처:우)] 형편에 알맞게 대우함.

때, 기회, 때마침, 어느 기회에 알맞게
[境遇(경우)] 놓이는 조건이나 사정 또는 형편. ¶비가 올 경우

遊 놀 유, 辶부13 1098

'遊(유)'자는 '놀다'는 뜻을 가지고 있다. 놀이를 하자면 먼 길을 가야 한다는 뜻에서 '길갈 辶(착)'이 표의요소

로, '깃발 㫃(유)'는 표음요소로 쓰였다. 원래는 '遊(유)'자는 '游(유)'자의 속자였는데 정자를 제치고 정자처럼 쓰이고 있다.

놀다, 즐겁게 지내다, 놀이
[遊戱(유희)] 놀이를 하며 즐겁게 놂.
[野遊會(야유회)] 들놀이.
[魚遊釜中(어유부중)] '물고기가 솥 안에서 놀고 있다'는 뜻으로, '위험이 목전에 닥쳐 있음을 모름'을 비유하여 이르는 말. 참釜中魚(부중어)『後漢書(후한서)』

돌아다니다, 여행하다
[遊擊(유격)] (군) 미리 공격 목표를 정하지 않고 전열 밖에 있으면서 그때그때 형편에 따라서 우군을 도와 적을 치는 일. 참遊擊隊(유격대), 遊擊手(유격수), 遊擊戰(유격전), 遊擊訓練(유격훈련)
[遊覽(유람)] 두루 돌아다니며 구경함. 참遊覽船(유람선)
[遊牧(유목)] 목축으로 업을 삼고, 물과 풀을 찾아 이리저리 옮겨 다니며 삶.
[夢遊病(몽:유병)] (의) 자다가 갑자기 일어나 깨었을 적과 마찬가지의 짓을 하다가 다시 자는 병적 증세.
[周遊天下(주유천하)] 천하 각지를 두루 돌아다니며 구경함.
産卵回遊(산란회유), 西遊記(서유기), 西遊見聞(서유견문), 外遊(외유), 周遊(주유)

유세(遊說)하다, 돌아다니며 달래다
[遊說(유세)] 여러 곳을 돌아다니며 자기나 소속 정당의 의견·주장 등을 설명하고 선전하는 일. ¶선거 유세

뜨다, 물 위에 뜨다
[浮游(부유)/浮遊(부유)] ① 공중이나 수면에 떠돌아다님. 참浮遊生物(부유생물) ② 행선지를 정하지 않고 이리저리 돌아다님.
[游泳(유영)/遊泳(유영)] 물속에서 헤엄치며 놂.

사귀다, 교제하다
[交遊(교유)] 서로 사귀어 지내거나 오고 가고 함.
[觀於海者難爲水(관어해자난위수), 遊於聖人之門者難爲言(유어성인지문자난위언).] 바다를 구경한 사람에게는 어지간한 물을 가지고는 물이라고 할 수 없으며, 성인의 문하에서 배운 사람에게는 어지간한 말을 가지고는 훌륭한 말이라고 할 수 없다. 견문이 좁은 사람은 그 수준에서 말할 수밖에 없음을 이른 말임.『孟子(맹자)·盡心章句上篇(진심장구상편)』 ☞ * 106

適 마칠 적, 갈 적, 辶부15　　1099

'適(적)'자는 '가다'는 뜻을 위하여 고안된 것이다. '길갈 辶(착)'이 표의요소, '밑동 啇(적)'자는 표음요소이다. '알맞다'는 뜻으로 쓰인다.

좋다, 알맞다, 적당하다, 맞추다, 균형이 잡히다, 당연하다, 사리에 맞다, 조절하다, 고르다, 절후에 알맞다
[適當(적당)] 정도나 이치에 꼭 알맞고 마땅함. ¶적당한 운동은 건강에 필수
[適性(적성)] 어떤 일에 알맞은 성질이나 적응 능력. 참適性檢査(적성검사)
[適應(적응)] ① 일정한 조건·환경에 맞추어 알맞게 됨. ② (생) 동식물이 환경에 알맞게 형태나 습성이 변화함.
[適者生存(적자생존)] (생) 생물이 외계의 상태나 변화에 적응하는 것은 살아가고, 그렇지 못한 것은 사라져 가는 자연 도태의 현상.
[適材適所(적재적소)] '알맞은 재목을 알맞은 곳에 씀'이란 뜻에서 사람이나 사물을 제 격에 맞게 잘 쓰는 것을 말함.
[時宜適切(시의적절)] 그때의 사정이나 요구에 아주 알맞음.
[最適(최:적)] 가장 적당하거나 적합함. ¶최적의 조건
[殺頭而便冠(쇄:두이편관), 削足而適履(삭족이적리).] '머리를 깎아내어 관을 쓰기에 편리하고, 발을 깎아서 신발에 맞춘다'는 뜻으로, 일의 본말이 전도됨을 이르는 말. 『淮南子(회남자)·說林訓(설림훈)』
適格(적격), 適口之餠(적구지병), 適期(적기), 適度(적도), 適量(적량), 適齡(적령), 適齡期(적령기), 適例(적례), 適法(적법), 適否(적부), 適所(적소), 適時(적시), 適用(적용), 適宜(적의), 適任(적임), 適任者(적임자), 適者(적자), 適材(적재), 適切(적절), 適正(적정), 適中(적중), 適地(적지), 適合(적합), 好適(호적)

상쾌하다, 기분이 좋다
[快適(쾌적)] 몸과 마음이 알맞아 기분이 매우 좋음. ¶쾌적한 공기

생각대로, 마음이 내키는 대로
[自適(자적)] 마음 내키는 대로 유유히 생활함.
[悠悠自適(유유자적)] 속세를 떠나 아무 것에도 매이지 않고 편안하게 지냄.

遺 남길 유, 辶부16　　1100

'遺(유)'자는 길을 가다가[辶] 貴(귀)한 물건을 '잃어버리다'가 본 뜻이니 '길갈 辶(착)'과 '귀할 貴(귀)' 둘 다 표의요소로 쓰였다. 후에 '끼치다', '버리다', '남기다' 등으로 그 뜻이 넓어졌다.

남다, 남기다, 끼치다, 후세에 전하다
[遺家族(유가족)] 죽은 사람의 살아남은 가족. 준遺族(유족)
[遺憾(유감)] 마음에 남아 있는 섭섭한 느낌. ¶그런 말을 하다니 유감이다
[遺骨(유골)] ① 주검을 태우고 남은 뼈. ② 무덤 속에서 나온 뼈. 동遺骸(유해)
[遺産(유산)] ① 죽은 사람이 남겨 놓은 재산. ② 앞 세대가 물려준 문화나 전통. ¶한국 문화의 유산
[遺言(유언)] 죽을 때 부탁하여 남기는 말.
[遺蹟(유적)/遺跡(유적)] 옛날 사람들이 남긴 발자취.

건축물이나 싸움터 또는 역사적인 사건이 벌어졌던 곳, 패총, 고분 따위를 이른다. ¶고구려 유적 답사
[遺傳(유전)] ① 물려받아 내려옴. ② (생) 어버이의 형질이 자손에게 전해짐. 또는 그런 현상.
[養虎遺患(양:호유환)] '범을 길러 화근을 남긴다'는 뜻으로, 화근을 길러서 걱정거리를 산다는 말.
遺稿(유고), 遺留(유류), 遺留品(유류품), 遺命(유명), 遺物(유물), 遺民(유민), 遺腹子(유복자), 遺書(유서), 遺業(유업), 遺作(유작), 遺志(유지), 遺品(유품), 遺風(유풍), 遺恨(유한), 遺訓(유훈), 千秋遺恨(천추유한)

잃다
[遺失(유실)] 가지고 있던 돈이나 물건 따위를 부주의하여 잃어버림.
[流失(유실)] 떠내려가서 없어짐.

버리다, 내어 버리다, 유기(遺棄)하다
[遺棄(유기)] ① 내버림. ② (법) 보호할 사람이 보호받을 사람을 보호하지 않는 일. ¶시체 유기
[職務遺棄(직무유기)] (법) 공무원이 정당한 사유 없이 그 직무 수행을 거부하거나 게을리 하는 일.

避 피할 피:, 辶부17   1101

'避(피)'자는 마주치지 않으려고 길을 돌아가다 즉, '피하다'는 뜻이다. '길 갈 辶(착)'과 '피할 辟(피)'로 이루어졌다.

피하다, 회피하다
[避難(피:난)] ① 재난을 피함. ¶긴급 피난 ② 재난을 피해 옮아감.
[避亂(피:란)] ① 난리를 피함. ② 난리를 피하여 있는 곳을 옮김. 참避亂民(피란민), 避亂處(피란처)
[避雷針(피:뢰침)] 벼락의 피해를 막기 위하여 건물의 높은 곳에 세우는 뾰족한 쇠막대. 여기에 선을 잇고 한 끝을 땅에 묻어서 전기를 흩어지게 함.
[避暑(피:서)] 더위를 피함. 참避暑地(피서지), 避寒(피한)
[忌避(기피)] 꺼려서 피함. 참忌避者(기피자) ¶병역 기피자
[待避(대:피)] 위험이나 피해를 당하지 않도록, 위험한 일이 지나갈 때까지 피하여 기다림. 참待避所(대피소)
[回避(회피)] ① 몸을 숨기고 만나지 아니함. ② 책임을 지지 않고 꾀를 부림. ③ 일하기를 꺼려 선뜻 나서지 않음. ④ (법) 재판관이나 서기가 어떤 사건에 관하여 제척·기피의 원인이 있다고 생각하여 스스로 그 사건을 다루기를 피하는 일.
[君子避三端(군자피삼단).] 군자는 세 가지 끝을 피한다. 文士之筆端(문사지필단), 武士之鋒端(무사지봉단), 辯士之舌端(변사지설단). 즉 글쟁이의 붓끝과, 칼잡이의 칼끝, 말쟁이의 혀끝이 그것이다. 이 말은 자기에게 危害(위해)를 가할 소지가 많은 사람들에게는 미리 조심해서 약점을 보이지 않는다는 말이다. 『韓詩外傳(한시외전)』 ☞ * 051

避球(피구), 避雷(피뢰), 避妊(피임)/避妊(피임), 避害(피해), 避禍(피화), 逃避(도피), 現實逃避(현실도피), 不可避(불가피), 相避(상피)

숨다, 자취를 감추다
[避身(피:신)] 몸을 숨겨 피함. 참避身處(피신처) ¶현장에 가보니 범인들은 이미 피신한 뒤였다

酒 술 주(:), 酉부10   1102

'酒(주)'자는 본래 '삼 氵(수)'변이 없는 술독 모양을 본뜬 '酉'였다. 이 글자가 간지 명칭인 '닭 酉(유)'로 쓰이는 예가 많아지자 '술'의 뜻을 분명히 하기 위하여 '물 氵(수)'를 덧붙였다.

술, 누룩으로 빚은 술
[酒邪(주사)] 술에 취하여 부리는 나쁜 버릇. ¶그 사람은 주사가 심해 함께 술 마실만한 사람이 아니야
[酒入舌出(주입설출)] 술이 들어가면 혀가 나옴. 술을 마시면 수다스러워진다는 뜻.
[酒酊(주:정)] 술에 취하여 정신없이 하는 말이나 짓.
[禁酒(금:주)] 술을 마시지 못하게 함. 또는 술을 끊음.
[斗酒不辭(두주불사)] 말술도 사양하지 않을 만큼 주량이 매우 큼.
[飯酒(반주)] 끼니때 밥에 곁들여서 마시는 술.
[按酒(안주)] 술을 마시면서 곁들여 먹는 음식.
[愛酒(애:주)] 술을 좋아함. 참愛酒家(애주가)
[飮酒(음:주)] 술을 마심. ¶음주 운전
[酒百藥之長(주백약지장).] '술은 모든 약에서 으뜸간다'는 뜻으로 술을 기리어 이르는 말. 『漢書(한서)』
[百禮之會非酒不行(백례지회비주불행).] 온갖 예식에 술이 없으면 잘 진행되지 않는다는 말.(중국 속담)

酒家(주가), 酒客(주객), 酒果脯醯(주과포혜), 酒氣(주기), 酒囊飯袋(주낭반대), 酒黨(주당), 酒毒(주독), 酒量(주량), 酒樓(주루), 酒類(주류), 酒幕(주막), 酒母(주모), 酒癖(주벽), 酒保(주보), 酒色雜技(주색잡기), 酒席(주석), 酒仙(주선), 酒稅(주세), 酒案(주안)/酒案床(주안상), 酒宴(주연) 酒筵(주연), 酒甕飯囊(주옹반낭), 酒有別腸(주유별장), 酒店(주점), 酒精(주정), 酒造(주조), 酒池肉林(주지육림), 酒滯(주체), 酒香(주향), 酒豪(주호), 酒壺(주호), 酒興(주흥), 甘露酒(감로주), 甘酒(감주), 強酒(강주), 客酒(객주), 乾酒酊(건주정), 高粱酒(고량주), 穀酒(곡주), 空酒(공주), 菊花酒(국화주), 勸酒歌(권주가), 金樽美酒(금준미주), 農酒(농주), 毒酒(독주), 斗酒(두주), 麥酒(맥주), 銘酒(명주), 母酒(모주), 美酒(미주), 密酒(밀주), 杯酒解怨(배주해원), 白酒(백주), 罰酒(벌주), 別酒(별주), 色酒家(색주가), 生麥酒(생맥주), 醒酒湯(성주탕), 燒酒(소주), 御酒(어주), 有酒無肴(유주무효), 藥酒(약주), 洋酒(양주), 耳明酒(이명주), 節酒(절주)/節飮(절음), 祭酒(제주), 淸酒(청주), 聰耳酒(총이주), 濁酒(탁주), 退

酒(퇴주), 葡萄酒(포도주), 閑茶悶酒(한다민주), 合歡酒(합환주), 好酒(호주), 火酒(화주)

郵 우편 우, 역참 우, 邑부11　　1103

'郵(우)'자는 문서나 편지를 전달하는 人馬(인마)를 번갈아 내보내기 위하여 적당한 거리를 두고 설치한 집, 즉 '驛站(역참)'을 뜻한다. 대개 '고을[邑]'의 모서리나 '끝[垂]'에 역참이 있었나보다. 그 두 글자의 합자이다. '우편', '우송'의 뜻으로 쓰인다.

역참, 역말을 갈아타는 곳, 역참에서 역참으로 짐이나 문서 따위를 차례로 전해 보내던 일

[郵遞局(우체국)] ① 정보통신부에 딸린 기관의 하나. 전신·전화·우편·소포·우편 저금·우편환·우편연금 따위의 사무를 맡아봄. ② 조선 말기 공무아문에 있던 국.
[郵便(우편)] ① 편지 따위를 우송함. ② '우편물'의 준말.
[郵票(우표)] 우편 요금을 낸 표시로 우편물에 붙이는 증표.
[軍郵(군우)] '군사 우편'의 준말.
郵送(우송), 郵政(우정), 郵便葉書(우편엽서), 登記郵便(등기우편)

針 바늘 침(:), 金부10　　1104

'針(침)'자는 원래 '鍼(침)'자로 쓰다가 속자인 '針(침)'자가 만들어져 쓰이게 되었다. 바느질 할 때 쓰는 바늘은 '針(침)'으로 쓰고, 의료용으로 쓰는 침은 '鍼(침)'자를 쓴다. '鍼(침)'자는 1급 한자로 다음에 소개한다.

바늘, 꿰매는 데 쓰는 기구, 바느질하다, 재봉하다

[針母(침:모)] 남의 바느질을 맡아 하고 일정한 품삯을 받는 여자.
[針小棒大(침소봉대)] 작은 일을 크게 불려 떠벌림.
[磨斧作針(마부작침)] 쇠도끼를 갈아서 바늘을 만들다. 한 번 일을 시작하면 不撓不屈(불요불굴)의 정신으로 끝까지 노력해서 성공한다는 뜻. 동鐵杵磨針(철저마침), 磨杵作針(마저작침)
'縫針(봉침)] 바느질할 때 쓰는 바늘.
[如坐針席(여좌침석)] 바늘방석에 앉은 것과 같이 마음이 편안하지 못함.
[先針而後縷(선침이후루).] 바늘이 먼저 가야 실이 뒤따르게 됨. 사물에는 순서가 있음을 비유하는 말. 『淮南子(회남자)·說山訓(설산훈)』

침, 의료용으로 쓰는 바늘(鍼), 침놓다, 침으로 찌르다

[鍼灸(침구)] 침질과 뜸질.
[鍼術(침술)] (한의) 침을 놓아 병을 다스리는 의술.
[毒針(독침)] 독을 묻힌 바늘 따위.

바늘 같이 생긴 물건

[針葉樹(침엽수)] 바늘잎나무. 소나무나 잣나무 따위와 같이 잎 모양이 바늘 같이 생긴 나무.
[檢針(검:침)] (전기·수도·가스 등의 쓴 양을 알아보려고) 계량기의 눈금을 살펴봄.
[羅針盤(나침반)] 指針(지침)이 남북을 가리키는 성질을 이용하여 방위를 재는 기구.
[時針(시침)] 시계에서 時(시)를 가리키는 짧은 바늘.
[注射針(주사침)] 주삿바늘.
[避雷針(피:뢰침)] 벼락의 피해를 막기 위하여 건물의 높은 곳에 세우는 뾰족한 쇠막대. 여기에 선을 잇고 한 끝을 땅에 묻어서 전기를 흩어지게 함.
針葉(침엽), 蜂針(봉침), 分針(분침), 磁針(자침), 秒針(초침)

방침, 방향

[方針(방침)] ① 앞으로 일을 치러나갈 방향과 계획. 목표. ② 방위를 가리키는 자석.
[指針(지침)] ② 가리켜 인도할 만한 준칙이나 방침. 참指針書(지침서) ① 계기에서 알고자 하는 방향·시간·분량 따위를 가리키는 바늘.

鉛 납 연, 金부13　　1105

'鉛(연)'자는 부드럽고 연한 쇠붙이인 '납'을 뜻한다.

납, 광물의 한 가지

[鉛管(연관)] 납관.
[鉛毒(연독)] 납에 들어있는 독. 납이나 납화합물에 의한 중독.
[鉛筆(연필)] 黑鉛(흑연)으로 심을 넣어 만든 필기도구.
[亞鉛(아연)] 질이 무르고 광택이 나는 푸른빛을 띤 은백색의 금속. 납 함량이 99.9%이다.
[黑鉛(흑연)] (광) 육방정계에 딸린 순수한 탄소로 된 광물. 연필심·전기 공업 따위에 쓰임.

錢 돈 전:, 金부16　　1106

'錢(전)'자는 구리돈, 즉 '동전'을 뜻하는 것이다. '쇠 金(금)'과 '쌓일 戔(전)'으로 이루어졌다.

돈

[錢主(전:주)] 밑천을 대어주는 사람.
[金錢(금전)] ① 돈. ② 금으로 만든 돈. 금화.
[無錢(무전)] 돈이 없음. 참無錢旅行(무전여행), 無錢取食(무전취식)
[本錢(본전)] ① 꾸어주거나 맡긴 돈에 이자를 붙이지 않은 돈. ¶이자는 그만두고 본전만 갚으시오 ② 밑천으로 들인 돈. ¶본전은 뽑아야지
[守錢奴(수전노)] '돈을 지나치게 아껴 모을 줄만 알고 쓸 줄은 모르는 사람'을 욕으로 이르는 말.
[換錢(환:전)] 서로 종류가 다른 화폐와 화폐, 또는 화폐와 地金(지금)을 교환하는 일.
[錢是人之膽(전:시인지담).] '돈이 있으면 담이 커짐'을 이르는 말. 『元曲(원곡)』

[有錢可使鬼(유:전가사귀).] 돈이 있으면 귀신도 부릴 수 있음. 돈의 위력이 큼을 이름. 回錢可通神(전가통신)/錢可通鬼(전가통귀)

錢驕(전교), 錢本糞土(전본분토), 錢票(전표), 口錢(구전), 急錢(급전), 囊乏一錢(낭핍일전), 銅錢(동전), 贖錢(속전), 葉錢(엽전), 有錢(유전), 銀錢(은전), 殘錢(잔전), 鑄錢(주전), 紙錢(지전), 投錢(투전)

鍾, 鐘 쇠북 종, 술병 종, 金부17 1107

'鐘(종)'자는 쇠로 만든 북, 즉 '쇠북'을 뜻하기 위한 것이다. '쇠 金(금)'이 표의요소, '아이 童(동)'이 표음요소이다. '鍾(종)'자는 본래 놋쇠로 만든 '술그릇'을 뜻하는데, 우리나라에서는 '鐘(종)'자를 대신하는 것으로 많이 쓰인다. 즉 '鐘(종)'과 '鍾(종)'은 통용자이다. 다음에 예로 든 낱말의 '鐘(종)'자는 '鍾(종)'자로 바꿔 써도 무방하다. '鐘(종)'자와 '鍾(종)'자는 사람의 이름자로 자주 쓰이는데, 이때는 바꿔 써서는 안 된다.

쇠북, 악기의 한 가지

[鐘閣(종각)] 큰 종을 달아 두기 위하여 지은 누각.
[警鐘(경:종)] ① 비상사태나 위험을 알리기 위하여 치는 종 따위의 신호. ② '미리 경계하여 이르는 주의나 충고'를 비유하여 이르는 말. ¶경종을 울리다
[弔鐘(조종)] ① 죽은 사람을 슬퍼하는 뜻으로 치는 종. ② 일의 마지막을 뜻하는 말.
[招人鐘(초인종)] 사람을 부르는 신호로 울리는 종.
鐘樓(종루), 鐘聲(종성), 鐘乳石(종유석), 鐘塔(종탑), 卦鐘(괘종), 卦鐘時計(괘종시계), 銅鐘(동종), 晚鐘(만종), 鳴鐘(명종), 梵鐘(범종), 打鐘(타종), 編鐘(편종), 曉鐘(효종)

시계

[自鳴鐘(자명종)] 때가 되면 저절로 울려서 시간을 알리는 시계.

鏡 거울 경:, 金부19 1108

'鏡(경)'자는 '구리로 만든 거울'을 뜻하는 것이다. '쇠 金(금)'과 '다할 竟(경)'으로 이루어졌다.

거울, 형상을 비쳐보는 물건

[鏡臺(경:대)] 거울을 버티어 세우고 그 아래 화장품 따위를 넣는 서랍을 갖추어 만든 가구. 화장대.
[盲者得鏡(맹자득경)] 소경이 거울을 얻음. '그 처지가 되지 못하는 사람이 물건을 소유함'을 비유하는 말. 『韓非子(한비자)』
[明鏡止水(명경지수)] '맑은 거울이 될 만큼 고요하게 멈추어 있는 물'이란 뜻에서, 맑고 고요한 心境(심경)을 나타낸 말.
[破鏡(파:경)] ① 깨어진 거울. ② '이지러진 달'을 비유하는 말. ③ '부부의 영원한 이별'을 비유하는 말.
[破鏡不再照(파:경부재조), 落花難上枝(낙화난상지).] 깨어진 거울은 다시 비출 수 없고, 떨어진 꽃은 다시 가지로 돌아갈 수 없다. 부부 관계 따위의 일단 깨어진 것은 다시 원상태로 되돌아가지 않음을 비유하여 이르는 말. 『傳燈錄(전등록)』 ☞ *444

달, 명월

[鏡浦臺(경포대)]

시력을 조절하는 기구, 육안으로 볼 수 없는 사물을 볼 수 있게 하는 장치

[望遠鏡(망:원경)] (물) 렌즈를 써서 먼 곳에 있는 물체를 똑똑히 보기 위한 기구.
[水鏡(수경)] ① 물 속에서 물이 눈으로 들어오지 못하도록 쓰는 안경. ② 물이 물체를 반영하듯이, 공평한 처지에서 사물을 판단하여 남의 모범이 되는 일, 또는 그런 사람.
[眼鏡(안:경)] 불완전한 시력을 돕거나, 또는 바람·먼지·센 빛 따위를 막거나 하여 눈을 보호하려고 덧쓰게 만든 물건. ¶안경을 쓰다
[顯微鏡(현미경)] (물) 썩 작은 물체를 크게 확대하여 보는 장치.
雙眼鏡(쌍안경), 潛望鏡(잠망경), 擴大鏡(확대경)

閑 한가할 한, 막을 한, 門부12 1109

'閑(한)'자의 본래 뜻은 나뭇가지[木]로 문(門)을 둘러쳐 놓은 '마구간'을 가리키는 것이었다. 그런데 이것이 '틈 閒(한)' 대신에 쓰이는 사례가 많아지자 '한가하다', '틈' 같은 뜻으로도 쓰이게 되었다.

틈, 한가한 시간, 느긋하다, 한가하다, 마음이 한가롭다

[閑暇(한가)] 바쁘지 않아 여유가 있음. ¶한가한 시간을 즐기다
[閑茶悶酒(한다민주)] 한가할 때는 茶(차), 고민 풀이에는 술.
[閑談(한담)] ① 심심풀이로 하는 이야기. ② 그리 긴하지 않은 말.
[忙中閑(망중한)] 바쁜 가운데 잠깐 짜낸 틈.
[閑人有忙事(한인유망사).] 한가로운 사람에게도 바쁜 일이 있음. 『韓偓(한악)·詩(시)』
[笑而不答心自閑(소이부답심자한).] 웃을 뿐 대답은 안 해도 마음은 절로 한가롭네. 『李伯(이백)·山中問答(산중문답)』 ☞ *119
閑步(한보)/閑行(한행), 閑中忙(한중망)/閒中忙(한중망), 忙中有閑(망중유한), 自閑(자한)

할 일이 없어 한가하다, 일이 없다

[閑良(한량)] ① (역) 현직이 없어서 놀던 벼슬아치. ② 虎班(호반)으로서 아직 무과에 급제하지 못한 사람. ③ 활을 잘 쏘는 사람. ④ 놀기를 좋아하고 돈을 잘 쓰는 사람.
[閑職(한직)] 한가한 벼슬자리. 별로 중요하지 않은 관직.
[空閑(공한)] 집이나 터 따위가 할 일 없이 비어 있음.

참 空閑地(공한지)
[農閑期(농한기)] 농사일에 그다지 바쁘지 아니하여 겨를이 많은 때. 반 農繁期(농번기)
[等閑視(등:한시)] 마음에 두지 않거나 소홀함. 소홀하거나 무심히 봄. 대수롭지 않게 여김.
[小人閒居爲不善(소:인한거위불선).] 소인은 한가로이 혼자 있으면 사람이 보고 있지 않음을 기화로 나쁜 일을 함. 『大學(대학)』
閑客(한객), 閑居(한거), 休閑(휴한), 休閑地(휴한지)

고요하다
[閑散(한산)] ① 일이 없어 한가함. ② 조용하고 쓸쓸함.
[閑寂(한적)] 한가하고 매인 데가 없어 자적함.

昇 오를 승, 日부8   1110

'昇(승)'자는 '해가 떠오르다'는 뜻을 위하여 만든 것이다. '해 日(일)'과 '되 升(승)'으로 이루어졌다. 후에 '올라가다', '오르다' 등의 뜻으로 넓어졌다.

오르다, 해가 떠오르다, 높은 곳에 오르다
[昇降(승강)] 오르고 내림.
[昇降機(승강기)] 사람을 태우거나 물건을 싣고 오르내리는, 고층 건물에 장치한 기계. 엘리베이터.
[乘降(승강)] 기차·자동차 따위를 타고 내리고 함. 참 乘降場(승강장)
[上昇(상:승)] 위로 올라감.
[旭日昇天(욱일승천)] 떠오르는 아침 해처럼 왕성한 기세나 세력을 비유하여 이르는 말.

벼슬·지위 등이 오르다, 올리다, 위계(位階)를 올려주다
[昇級(승급)] 등급이 오름. 급수가 오름.
[昇格(승격)] 지위나 등급 따위가 오름. 또는 지위나 등급 따위를 올림.
[昇進(승진)] 벼슬이나 지위가 오름. ¶부장으로 승진하다
[昇華(승화)] ① (화) 고체가 액체 상태를 거치지 않고 곧바로 기체로 변하는 현상. ② (심) 정신분석에서, 성적 에너지가 예술 또는 종교 활동을 통해 사회적 가치가 있는 노력으로 전환되는 일. ③ 어떤 현상이 더 높은 상태로 전환되는 일. ¶그는 실연의 아픔을 아름다운 음악으로 승화시켰다

죽다(임금이나 귀인 또는 기독교 등에서 쓴다)
[昇天(승천)] ① 하늘에 오름. ¶용이 승천하다. ② (가톨릭교에서) '죽음'을 이르는 말.
[昇遐(승하)] 임금이 죽음. 참 崩御(붕어)

降 항복할 항, 내릴 강:, 阜부9   1111

'降(강)'자는 비탈을 '내려오다'는 뜻을 나타낸다. '산비탈 阝(부)'가 표의요소로 쓰였다. 참고로 산비탈을 올라가는 것은 '오를 陟(척)'으로 나타냈다. '내리다', '항복하다'는 뜻으로 쓰이는데 이 경우 [항]으로 읽는다.

항복하다, 적에게 굴복하다, 항복받다, 적을 굴복시키다
[降伏(항복)/降服(항복)] ① 전쟁 등에서 자신이 진 것을 인정하고 상대방에게 굴복함. ② 잘못했다고 굽힘.
[投降(투항)] 적에게 항복함.
降旗(항기), 降書(항서), 降將(항장), 歸降(귀항)

내리다, 높은 곳에서 낮은 곳으로 옮다
[降等(강:등)] 등급을 낮춤. ¶일 계급 강등
[降下(강:하)] ① 공중에서 아래쪽으로 내림. ¶낙하산 강하 훈련 ② 기온 따위가 내림.
[昇降(승강)] ☞ 昇(승)
[乘降(승강)] ☞ 昇(승)
[沈降(침강)] ① 가라앉아 밑으로 내려감. ② (지) 지각의 일부가 아래쪽으로 움직이거나 꺼짐. 참 沈降海岸(침강해안)
[下降(하:강)] 아래로 내려감. 上昇(상승)
昇降機(승강기), 乘降場(승강장), 急降下(급강하), 滑降(활강)

임하다, 행차하다
[降靈(강:령)] 몸에 신이 내림.
[降臨(강:림)] 신이 인간 세상에 내려오심.
[降神(강:신)] ① (제사에서 먼저 신을 내려오게 하는 뜻으로) 향을 피우고 술을 잔에 따라 모사 위에 붓는 일. ② (민) 주문을 외거나 술법으로 신을 내려오게 함.
[誕降(탄:강)] 하늘에서 세상에 내림. 곧 임금이나 성인이 세상에 남.

비가 내리다, 비가 오다
[降水量(강:수량)] (기상) 비·눈·우박·이슬·안개 따위가 일정한 기간 동안 일정한 곳에 내린 물의 양(높이).
[降雨(강:우)] 비가 내리는 것. 또는 내린 비. ¶강우 전선 참 降雨量(강우량)
[降雪量(강:설량)] 일정한 기간에 일정한 곳에 내린 눈을 녹여서 물로 셈한 양.
[霜降(상강)] 24절기의 열여덟째. 한로와 입동 사이로 양력 10월 23일이나 24일에 듦.
降霜(강상), 降水(강수), 降雨量(강우량), 降雪(강설)

陣 진칠 진, 줄 진, 阜부10   1112

'陣(진)'자는 수레[車]를 비탈진 곳[阝]으로 끌고 올라가 '진을 치다'는 뜻이다. '한바탕'의 뜻도 있다.

진영, 둔영, 진치다, 줄, 열, 대오, 군대의 행렬
[陣頭(진두)] 陣(진)의 맨 앞. 또는 일의 선두. ¶진두에 나서다
[陣營(진영)] ① 진을 치고 있는 곳. ¶아군 진영 ② 서로 대립하는 각각의 세력. ¶민주주의의 진영/자본주의 진영
[陣地(진지)] 진을 치고 있는 곳. 언제든지 적과 싸울 수 있도록 설비 또는 장비를 갖추고 부대를 배치하여

둔 곳.
[對陣(대:진)] ① 싸우는 양쪽의 군사가 서로 마주 대하여 진을 침. ② 시합이나 경기에서 두 편이 싸우려고 서로 마주 대하여 섬. 웹對陣表(대진표)
[背水陣(배:수진)] ① (군) 강·호수·바다와 같은 물을 등지고 치는 진. 뒤로 물러설 수 없으므로 공격해 오는 적과 결전을 하게 됨. ② 어려움을 무릅쓰고 어떤 일에 결판을 내리는 태세. ¶우리의 목표를 이루기 위하여 배수진을 쳐야 한다
[長蛇陣(장사진)] 병법에서 소위 긴 뱀처럼 길게 늘어진 진법을 가리킨다. 많은 사람이 줄을 지어 길게 늘어선 것을 이름.
[退陣(퇴:진)] ① 공적인 지위에서 물러남. ② 군대의 陣(진)을 뒤로 물림.
陣法(진법), 陣容(진용), 陣中(진중), 陣形(진형), 軍陣(군진), 雁陣(안진), 敵陣(적진), 布陣(포진), 鶴翼陣(학익진)

한바탕
[一陣狂風(일진광풍)] 한바탕 부는 사납고 거센 바람.

출산 직전의 복통
[陣痛(진통)] ① (의) 아이를 낳으려고 할 때 주기적·반복적으로 배가 아픈 증세. ¶진통이 오다 ② 어떤 일을 마무리하거나 사물을 완성하기 직전에 겪는 '고통과 시련'을 비유하는 말. ¶합의를 이루기까지는 많은 진통을 겪었다

隱 숨길 은, 기댈 은, 阜부17   1113

'隱(은)'자를 破字(파자)하면 '언덕 阝(부) + 손톱 爫(조) + 장인 工(공) + 돼지 머리 ㅋ(계) + 마음 心(심)'이 된다. 언덕 뒤에 숨어, 손으로 돼지머리고기를 잘 다듬어 먹으니 마음이 흡족하다. 기억술의 연상법에서는 이런 광경을 그림으로 만들어 머릿속에 집어넣으면 오래 기억할 수 있다고 가르친다.

숨다, 가리다, 드러나지 아니하다, 가려진 곳, 숨어서 드러나지 않는 사람
[隱匿(은닉)] 숨김. 웹隱匿罪(은닉죄)
[隱遁(은둔)] (사회활동을 그만두고) 세상을 피하여 숨음. ¶은둔생활
[隱忍自重(은인자중)] 마음속으로 참으며 신중하게 행동함. ¶세상이 하도 어수선하니 은인자중하거라
[隱退(은퇴)] 직임에서 물러나 한가히 삶.
[莫見乎隱(막현호은), 莫顯乎微(막현호미).] 숨은 것보다 더 잘 드러나는 것은 없으며, 작은 것보다 더 잘 나타나는 것이 없다. 남이 보지 않는 곳에서 한 일은 매우 잘 드러난다는 뜻이다. 『中庸(중용)·1章(1장)』
[父爲子隱(부위자은), 子爲父隱(자위부은).] 아버지는 자식을 위해 숨겨주고 자식은 아버지를 위해 숨겨준다. 아버지의 죄를 폭로하는 행위는 정직하다고는 말할 수 있어도 칭찬할 만한 것은 아니다. 아버지는 자식의 죄를 숨겨주고, 자식은 아버지의 죄를 숨겨준다. 이것이 인간의 순수한 정이며, 이 인정 속에서야말로 진정 자기를 속이지 않는 정직한 마음이 있는 것이다. 『論語(논어)·子路(자로)』
隱居(은거), 隱君子(은군자), 隱士(은사), 隱身(은신), 隱身處(은신처), 隱然(은연), 隱人(은인), 隱忍(은인), 隱者(은자), 隱蔽(은폐), 隱花植物(은화식물)

수수께끼, 은어
[隱語(은어)] 특수한 집단이나 계층에서 남이 모르게 자기네끼리만 쓰는 말.
[隱喩(은유)] ① (문) 간접적이며 암시적으로 나타내는 비유. 이를 테면 '내 마음은 호수요', '시간은 금이다' 하는 따위. 웹隱喩法(은유법) ② 어떤 사물을 그와 비슷한 특징을 가진 이를테면, '미련퉁이'를 '곰', '키다리'를 '전봇대'라 일컫는 것 따위.

비밀로 하다
[隱密(은밀)] 숨어 있어서 形迹(형적)이 드러나지 아니함. 숨어서 몰래. 또는 남몰래. ¶그는 나에게 은밀히 말했다

아파하다, 불쌍히 여기다, 가엽게 여기다
[惻隱(측은)] 가엽고 불쌍함.
[惻隱之心仁之端也(측은지심인지단야).] 측은히 여기는 마음을 일러 어짊의 실마리라 한다. 『孟子(맹자)·公孫丑 上(공손추 상)』 ☞ * 171

雜 섞일 잡, 隹부18   1114

'雜(잡)'자의 본자는 '襍(잡)'으로 옷 '衣(의)'와 '모을 集(집)'의 합자이었다. '集(집)'자는 새가 많이 모여 있는 것을 나타낸 글자이다. 따라서 雜(잡)은 새가 많이 섞여 있는 것처럼 옷에 여러 색이 뒤섞여 있다는 데서 '섞이다', '여러 빛깔의 천을 모아서 짠 옷'을 나타내는 글자였다. '여러 가지가 섞이다', '어수선하다'의 뜻으로 쓰인다.

뒤섞이다, 색이 섞이다, 섞다, 순수하지 않다
[雜多(잡다)] 여러 가지가 뒤섞여 너저분하다.
[雜木(잡목)] 여러 종류가 뒤섞인 나무. ¶잡목이 무성한 산.
[雜種(잡종)] ① 여러 가지가 섞인 잡다한 종류. ② (생) 품종이 다른 암수의 교배로 생긴 유전적으로 순수하지 못한 생물체.
[交雜(교잡)] ① 뒤섞임. ② (생) 다른 계통이나 품종의 암수를 교배시키는 일.
雜駁(잡박), 雜色(잡색), 雜食(잡식), 亂雜(난잡), 挾雜(협잡), 挾雜物(협잡물), 挾雜輩(협잡배)

장황하고 번거롭다, 어수선하다
[雜念(잡념)] 머릿속에 뒤엉켜 있는 여러 가지 생각. ¶잡념에 시달리다 잠을 이루지 못했다
[亂雜(난:잡)] 어지럽고 어수선함. ¶사람들과 차로 난잡한 길거리

[煩雜(번잡)] 번거롭고 복잡함. ¶번잡한 장터
[複雜(복잡)] ① 여럿이 겹치고 뒤섞여 있음. ¶복잡한 구조/복잡한 사건/문제가 복잡하다 ② 복작거려 번거롭고 혼잡스러움. ¶복잡한 장바닥/교통이 복잡하다 ③ 마음·생각 따위가 뒤숭숭하고 어수선함. ¶복잡한 심경
[錯雜(착잡)] 여러 가지가 뒤섞여 마음이 어수선함. ¶편지를 받고 마음이 착잡했다
[混雜(혼:잡)] 여럿이 한데 뒤섞여 어수선함.

많다, 여러 가지
[雜記(잡기)] 여러 가지 잡다한 일을 질서 없이 적음 또는 그 기록. 참雜記帳(잡기장)
[雜誌(잡지)] 호를 거듭하며 여러 가지 내용의 글을 모아서 펴내는 정기간행물. 주간·월간·계간 등의 구별이 있음.
[雜菜(잡채)] 여러 가지 나물에 쇠고기·돼지고기를 잘게 썰어 볶은 것을 한데 섞어, 갖은 양념과 고명을 하여 만든 음식. 당면을 넣기도 함.
[雜貨(잡화)] 여러 가지의 일용 상품. 참雜貨商(잡화상)
雜家(잡가), 雜技(잡기), 雜湯(잡탕), 雜貨商(잡화상), 酒色雜技(주색잡기)

정(正)이 아닌 여러 가지 것들
[雜穀(잡곡)] 쌀 이외의 모든 곡식. 보리·밀·콩·옥수수 따위.
[雜談(잡담)] 이런저런 얘기를 섞어 쓸데없이 하는 말. ¶수업 중 잡담 금지
[雜務(잡무)] 자질구레한 사무.
[雜費(잡비)] 기본 비용 이외에 자질구레하게 쓰이는 돈.
[雜草(잡초)] 잡풀. 가꾸지 않아도 저절로 나서 자라는, 대수롭지 않은 여러 가지 풀. 농작물이 자라는 동안 나는 잡초는 여러 가지 해를 줌.
雜歌(잡가), 雜科(잡과), 雜鬼(잡귀), 雜輩(잡배), 雜事(잡사), 雜收入(잡수입), 雜神(잡신), 雜役(잡역), 雜音(잡음)

천하다, 낮다, 수준이 낮다, 거칠다
[粗雜(조잡)] 거칠고 잡스러움. ¶조잡하게 만들어진 장난감
[醜雜(추잡)] 말과 행실이 지저분하고 잡상스러움.

靜 고요할 정(:), 靑부16 1115

'靜(정)'자는 丹靑(단청)의 채색이 잘 되었는지를 '살피다'는 뜻을 위하여 고안된 글자이니 '푸를 靑(청)'이 표의요소. '다툴 爭(쟁)'은 표음요소로 쓰였다. 본래의 의미로 쓰이는 예는 거의 없고, 주로 '고요하다', '깨끗하다'는 뜻으로 쓰인다.

고요하다, 움직이지 아니하다
[靜脈(정맥)] (생) 순환계통의 하나로, 몸의 각 부의 피가 혈관을 통하여 심장으로 되돌아가는 혈액이 흐르는 핏줄. 참動脈(동맥)
[靜中動(정:중동)] (겉으로는 평온해 보이지만) 고요한 가운데 어떤 움직임이 있음.
[冷靜(냉:정)] 감정에 사로잡히지 아니하고 차분함. ¶이번에는 어떠한 경우라도 냉정을 잃지 말라
[動靜(동:정)] ① 움직이는 일과 가만히 있는 일. ② 형편(形便). 상황(狀況). 소식(消息).
[安靜(안정)] ① 육체적 또는 정신적으로 편안하고 고요함. ② 병을 치료하기 위하여 몸과 마음을 편안하고 고요하게 하는 일.
[鎭靜(진:정)] ① 요란하던 것이 가라앉음. 또는 가라앉게 함. ② 흥분이나 아픔이 가라앉음. 또는 가라앉게 함. 참鎭靜劑(진정제)
[平靜(평정)] 평온하고 고요함. 고요하여 마음의 동요가 없음. ¶마음의 평정을 구하다 참平靜心(평정심)
[樹欲靜而風不止(수욕정이풍부지).] 나무는 고요하게 있고 싶어 하나 바람이 그치지 않음. 『後漢書(후한서)』 ☞ *224
靜物(정물), 靜物畵(정물화), 靜養(정양), 靜的(정적), 靜電氣(정전기), 靜坐(정좌), 靜止(정지)

소리가 없다, 조용한 환경, 조용하다, 고요하다
[靜肅(정:숙)] 조용하고 엄숙함. ¶실내 정숙
[靜寂(정:적)] 고요하고 괴괴함. ¶정적을 깨뜨리다

革 가죽 혁, 革부9 1116

'革(혁)'자는 '가죽'을 나타내기 위하여 짐승의 가죽을 벗겨서 말리는 모양을 본뜬 것이다. 후에 가죽을 벗겨 안과 밖을 뒤집는 것처럼 완전히 '바꾸다'는 뜻으로도 확대 사용되었다.

가죽, 다루지 아니한 가죽
[革帶(혁대)] 가죽으로 만든 띠. ¶혁대를 졸라매다
[皮革(피혁)] 가죽.

고치다, 고쳐지다
[革命(혁명)] ① 하늘이 내린 천명을 바꿈. 참易姓革命(역성혁명) ② 헌법의 범위를 벗어나 국가 기초, 사회 제도, 경제 제도, 조직 따위를 근본적으로 고치는 일. ¶프랑스 대혁명 ③ 이전의 관습이나 제도, 방식 따위를 단번에 깨뜨리고 질적으로 새로운 것을 급격하게 세우는 일. ¶산업혁명
[革新(혁신)] 제도나 방법, 조직이나 풍습 따위를 뒤바꾸거나 버리고 새롭게 함. ¶기술 혁신
[改革(개:혁)] 새롭게 뜯어 고침. ¶토지 개혁/종교 개혁/화폐 개혁/의식 개혁
[變革(변:혁)] 급격하게 바꾸어 아주 달라지게 함. ¶사회 제도의 변혁
[沿革(연:혁)] '지난 것을 따른 것과 바꾼 것'이라는 뜻에서, 변천되어 온 내력. ¶학교 연혁

頌 기릴 송: 칭송할 송:, 頁부13 1117

'頌(송)'자의 본뜻은 '얼굴 모양'을 가리키는 것이었다. '머리 頁(혈)'이 표의요소, '공변될 公(공)'은 표음요소이다. '기리다'는 뜻으로 사용된다.

기리다, 칭송하다
[頌德(송:덕)] 공덕을 기림. 참頌德碑(송덕비)
[頌辭(송:사)] 공덕을 칭송하는 말.
[偈頌(게송)] (불) 가타. 부처의 공덕을 찬미하거나 가르침을 적은 노래.
[讚頌(찬:송)] ① 덕을 기리어 칭찬함. ② (예수) 하느님의 사랑과 은혜를 칭찬함. 또는 그런 일. 참讚頌歌(찬송가)
[稱頌(칭송)] 공덕을 일컬어 기림. 또는 그 말.
頌歌(송가), 頌功(송공), 頌祝(송축), 悟道頌(오도송)

문체의 하나(성덕을 칭송하는 글)
[頌(송:)] 공덕을 칭송하는 글월.

額 이마 액, 頁부18 1118

'額(액)'자는 '이마'를 가리키기 위한 것으로, '머리 頁(혈)'이 표의요소, '손 客(객)'은 표음요소이다. '액수'의 뜻으로 쓰인다.

일정한 액수, 수량의 한도
[額數(액수)] 금액의 수. 돈의 머릿수.
[高額(고액)] 많은 액수. 참高額券(고액권)
[金額(금액)] 돈의 액수.
[半額(반:액)] 정해진 것의 절반에 해당하는 가격. ¶반액 대매출
[殘額(잔액)] 남은 돈.
減額(감액), 巨額(거액), 少額(소액), 小額換(소액환), 全額(전액), 定額(정액), 增額(증액), 差額(차액), 總額(총액)

편액, 현판
[額面(액면)] ① 편액의 겉면. ② 표면에 내세운 사물의 가치. ¶그 사람은 허풍이 많아서 액면 그대로 믿기는 어렵다 ③ 화폐나 유가증권 따위의 앞면. ¶액면 가격
[額子(액자)] 그림, 글씨, 사진 따위를 끼우는 틀.
[賜額(사:액)] 임금이 사당이나 서원 등에 이름을 지어 주고 그 편액을 내림.
[扁額(편액)] 종이・비단・널빤지 따위에 그림을 그리거나 글씨를 쓴 액자.

顯 나타날 현:, 頁부23 1119

'밝을 㬎(현)'자에 '머리 頁(혈)'을 붙여 '나타날 顯(현)'자를 만들었다. 원래는 '머리 頁(혈)'이 아니라 '볼 見(견)'이 붙었었다. '㬎(현)'자는 '해 日(일)'과 '실 絲(사)'로 이루어진 글자이다. 밝은 태양日(일) 아래서 실[絲(사)]을 보니 명백히 잘 보인다[見(견)].

나타나다, 드러나다, 나타내다, 드러나게 하다
[顯微鏡(현:미경)] (물) 썩 작은 물체를 크게 확대하여 보는 장치.
[顯忠(현:충)] 나라를 위하여 몸을 바친 사람들의 큰 뜻을 드러내어 기림. 참顯忠祠(현충사), 顯忠日(현충일), 顯忠塔(현충탑)
[莫見乎隱(막현호은), 莫顯乎微(막현호미).] 숨은 것보다 더 잘 드러나는 것은 없으며, 작은 것보다 더 잘 나타나는 것이 없다. 남이 보지 않는 곳에서 한 일은 매우 잘 드러난다는 뜻이다. 『中庸(중용)・1章(1장)』
[發現(발현)/發顯(발현)] 숨겨져 있던 것이 드러나 보임. 또는 드러나게 함.
[破邪顯正(파:사현정)] ① 그릇된 생각을 깨뜨리고 바른 도리를 드러냄. ② (불) 부처의 가르침에 어그러지는 사악한 생각을 깨뜨리고 올바른 도리를 뚜렷이 드러냄.
[立身行道(입신행도), 揚名於後世(양명어후세), 以顯父母(이현부모), 孝之終也(효지종야).] 입신하여 도리를 행하고, 후세에 이름을 날려 부모를 드러내는 것이 효도의 끝이다. 『孝敬(효경)・開宗明義(개종명의)』☞ * 236
顯示(현시), 顯揚(현양), 顯正(현정), 顯彰(현창), 顯花植物(현화식물)

현저하다, 저명하다
[顯著(현:저)] 두드러지게 드러남. ¶현저한 차이

죽은 아버지・할아버지에 대한 경칭
[顯考(현:고)] 신주나 축문에서 '돌아가신 아버지'를 일컫는 말.
[顯妣(현:비)] 신주나 축문에서 '돌아가신 어머니'를 일컫는 말.
[顯祖考(현:조고)] 신주나 축문에서 '돌아가신 할아버지'를 일컫는 말.
[顯祖妣(현:조비)] 신주나 축문에서 '돌아가신 할머니'를 일컫는 말.
顯曾祖考(현증조고), 顯高祖考(현고조고)

驚 놀랄 경, 馬부23 1120

'驚(경)'자는 '놀라다'는 뜻을 나타내기 위한 것인데, 말이 잘 놀래는 특성이 있나보다. '말 馬(마)'가 표의요소이고, '敬(경)'자는 표음요소이다.

놀라다, 말이 겁내다, 당황하고 두려워하다
[驚愕(경악)] 깜짝 놀람. ¶하도 끔찍한 일이 일어나서 경악하지 않을 수 없었다
[驚異(경이)] 놀랍고 이상스러움. ¶경이에 찬 눈길.
[驚天動地(경천동지)] '하늘을 놀라게 하고 땅을 뒤흔든다'는 뜻으로, 세상을 크게 놀라게 함을 형용하는 말.
[驚蟄(경칩)] 24절기의 하나. 우수와 춘분 사이로 3월 5

일이나 6일에 듦. 겨울잠을 자던 벌레들이 깨어 꿈질거리기 시작하는 시기라는 뜻.
[大驚失色(대:경실색)] 크게 놀라 얼굴빛이 제 모습을 잃음.
[勿驚(물경)] '놀라지 말라' 또는 '놀랍게도'의 뜻으로, 엄청난 것을 말할 때 겁주는 뜻으로 쓰는 말. ¶물경 10만 인파가 모였다
[打草驚蛇(타:초경사)] 풀을 쳐서 뱀을 놀라게 하다. 원래는 한쪽을 징벌해서 다른 한쪽을 경계하도록 하는 것을 비유한 말인데, 병법에서는 뱀을 찾기 위해 풀밭을 두드린다, 즉 적정을 미리 살피는 것을 말한다.
驚歎(경탄), 驚惶(경황), 且驚且喜(차경차희)
경풍, 경기
[驚氣(경기)] 놀란 기색.
[驚風(경풍)] (한의) 어린아이가 깜짝깜짝 놀라고 경련을 일으키며 까무러치는 병.

鳴 울 명, 鳥부14　1121

'鳴(명)'자는 '새가 울다'는 뜻을 나타내기 위하여 '새 鳥(조)'와 '입 口(구)'를 합쳐 놓은 것이다. 후에 모든 동물의 '울음소리'와 '물체의 울림'을 뜻하는 것으로 확대되었다.

새의 입에서 나는 소리, 새·짐승이 소리를 내다, 또는 우는 소리
[鷄鳴(계명)] 닭의 울음. 새벽닭이 울음.
[悲鳴(비:명)] 갑작스러운 위험이나 두려움 때문에 지르는 외마디 소리. ¶비명을 지르다/비명이 들리다
[鳥之將死其鳴也悲(조지장사기명야비), 人之將死其言也善(인지장사기언야선).] 새는 죽을 때가 가까워지면, 죽음을 두려워하여 슬픈 소리로 울고, 사람도 임종에 다다르면 악하던 사람도 착한 말을 한다. 『論語(논어)·泰伯(태백)』
[春山雉以鳴死(춘산치이명사).] '봄철의 꿩은 울기 때문에 죽는다'는 뜻으로, '남이 모르는 일을 자기 자신이 발설하여 해를 당함'을 비유하여 이르는 말. 『靑莊館全書(청장관전서)』
鷄鳴狗盜(계명구도), 長鳴(장명), 鶴鳴(학명)

울리다, 음향이 나다
[孤掌難鳴(고장난명)] '한 손바닥으로는 소리가 나게 하기 어려움'이란 뜻에서, 혼자서는 일을 하기가 어려움을 비유하여 이르는 말.
[共鳴(공:명)] ① 한 물체가 외부의 음파에 자극되어 함께 울림. ② 남의 사상이나 의견 따위에 동감함.
[百家爭鳴(백가쟁명)] 많은 학자나 논객들이 자기의 학설이나 주장을 활발한 논쟁을 벌여 토론하는 일.
[耳鳴(이:명)] (의) 귓속에서 윙하고 소리가 울리는 느낌이 나는 현상. 또는 그 증세. 귀울음.
[自鳴鐘(자명종)] 때가 되면 저절로 울려서 시간을 알리는 시계.
[物不得其平則鳴(물부득기평즉명).] 대개 만물은 평정을 얻지 못하면 소리를 내게[鳴(명)] 된다. 풀과 나무가 소리를 내는 것은 바람으로 인해 평정을 잃기 때문이며, 물이 소리를 내는 것은 바위 같은 것과 부딪쳐서 평정을 잃기 때문이다. 사람도 마찬가지여서 너무 기쁘거나 슬프면 마음의 평정이 깨져 소리 내어 웃거나 울게 되고, 곤란한 상황에 부딪치면 투덜거리게 된다. 『文章軌範 漢文公 送孟東野序』
[泰山鳴動鼠一匹(태산명동서일필).] 처음 시작할 때는 마치 큰 일이라도 하려는 듯 태산이 울릴 정도로 요란을 떨더니 막상 마치고 보니 겨우 쥐 한 마리 잡았다는 뜻.
鳴動(명동), 鳴鐘(명종), 獨掌不鳴(독장불명), 自鳴(자명), 自鳴鼓(자명고)

鬪 싸움 투, 鬥부24　1122

'鬪(투)'자는 두 사람이 주먹싸움을 벌이고 있는 모습을 본뜬 것이다. '싸울 鬥(투)' 안에 들어 있는 '설 尌(수/주)'는 표음요소이다.

싸우다, 싸움, 싸우게 하다, 겨루다, 경쟁하다
[鬪病(투병)] 병을 고치려고 병과 싸움.
[鬪牛(투우)] 소싸움을 붙이는 경기. 또는 그 경기에 나오는 소.
[鬪爭(투쟁)] ① 싸우거나 다툼. ② 사회 운동이나 노동 운동 등에서 목적을 이루기 위하여 다투는 일.
[鬪志(투지)] 싸우고자 하는 굳센 마음. ¶투지가 강하다
[敢鬪精神(감:투정신)] 용감히 싸우고자 하는 마음가짐. ¶감투정신으로 무장하고 싸움터에 나서다
[孤軍奮鬪(고군분투)] ① 도움이 없는 외로운 군대가 힘에 벅찬 적군과 맞서 온 힘을 다하여 싸우는 것. ② 적은 인원이나 약한 힘으로, 남의 도움을 받지 못하고 힘겨운 일을 끈지게 하는 것.
[拳鬪(권:투)] (체) 두 사람이 두툼한 가죽장갑을 끼고 일정한 규칙에 따라 서로 치고 막고 하는 경기.
[泥田鬪狗(이전투구)] 진흙 밭에서 싸우는 개. 원래는 강인한 성격의 함경도 사람을 평한 말인데, 지금은 명분이 서지 않는 일로 싸우거나 체면을 돌보지 않고 이익을 다투는 것을 비유하는 말로 사용된다.
[戰鬪(전:투)] 두 편의 군대가 조직적으로 무장하여 싸움.
[血鬪(혈투)] 죽음을 무릅쓰고 맹렬히 하는 싸움.
[勸賣買鬪則解(권:매매투즉해).] '흥정은 붙이고 싸움은 말리라'는 뜻으로, '좋은 일은 권하고 나쁜 일은 화해시키라'는 뜻의 속담.
鬪犬(투견), 鬪鷄(투계), 鬪技(투기), 鬪士(투사), 鬪魂(투혼), 各個戰鬪(각개전투), 敢鬪(감투), 健鬪(건투), 格鬪(격투), 格鬪技(격투기), 決鬪(결투), 階級鬪爭(계급투쟁), 苦鬪(고투), 困獸猶鬪(곤수유투), 亂鬪(난투), 亂鬪劇(난투극), 斷食鬪爭(단식투쟁), 奮鬪(분투), 死

鬪(사투), 惡戰苦鬪(악전고투), 暗鬪(암투), 力鬪(역투)

기타

[花鬪(화투)] 48장으로 된 꽃이 그려진 놀이딱지. 솔, 매화, 벚꽃, 난초, 모란, 국화, 오동 따위 열두 가지 그림이 각각 네 장씩 모두 48장으로 되어 있다.

點 점 점(:), 黑부17 1123

'點(점)'자는 '작고 까만 점'을 나타내기 위한 것이다. '검을 黑(흑)'이 표의요소, '점칠 占(점)'은 표음요소이다. '점찍다', '불을 켜다' 등의 뜻으로 쓰인다.

점, 작은 흔적, 점찍다, 두 선이 맞닿은 자리

[點(점)] ① 작고 둥글게 찍힌 표나 자리. ¶점을 찍다 ② 살갗이나 짐승의 털 따위에 다른 빛깔을 나타내는 작은 얼룩 따위. ③ 두 선이 맞닿은 자리. 크기·길이·두께가 없음. ④ 그 요소나 부분이나 사실 등을 나타냄. ¶좋은 점과 나쁜 점/배울 점이 많다 ⑤ 성적의 끗수를 나타내는 단위. ¶100점 만점에 50점 ⑥ 물건의 가짓수를 세는 단위. ⑦ 조각 따위를 세는 단위. ¶구름 한 점 없는 하늘 ⑧ 물방울을 세는 단위. ⑨ 지난 날 시각을 나타내는 단위.
[點線(점선)] 점으로 이루어진 줄. 참實線(실선)
[點字(점자)] 두꺼운 종이 위에 도드라진 점들을 일정한 방식으로 짜 모아 만든 글자. 시각장애인들이 손가락으로 더듬어 읽도록 만든 문자이다.
[汚點(오:점)] ① 깨끗한 바탕에 떨어진 더러운 점. ② 불명예스러운 흠이나 결점.
[焦點(초점)] ① (물) 오목거울이나 볼록렌즈 따위에서 빛이 꺾이거나 되쏘여 한 곳에 모이는 점. ② 사물의 가장 중요한 부분. 사람들의 관심이나 시선이 집중되는 점. ¶관심의 초점 ③ (수) 타원·쌍곡선·포물선의 뜻을 설명하거나 그것들을 그리는 데 꼭 있어야 할 점. ④ 사진을 찍을 때 대상의 영상이 가장 똑똑하게 나타나게 되는 점.
[紅一點(홍일점)] ① 푸른 잎 가운데 피어 있는 한 송이의 붉은 꽃. ② 많은 남자 속의 한 여자나 여자 여럿 속에 있는 색다른 것을 가리키는 말.
[畵龍點睛(화룡점정)] (용을 그리는데 마지막에 눈을 그려 넣었더니 실제로 용이 되어 하늘로 날아 올라갔다는 고사에서) 무슨 일을 하는데 가장 요긴한 부분을 마치어서 완결시킴을 이르는 말.
點眼(점안), 點睛(점정), 點綴(점철), 點播(점파), 求心點(구심점), 落點(낙점), 斑點(반점), 傍點(방점), 時點(시점), 原點(원점), 頂點(정점), 中心點(중심점), 支點(지점), 黑點(흑점)

문장의 구두점

[句讀點(구두점)] 글을 읽는 데 도움을 주기 위하여 찍는 쉼표와 마침표.

점을 찍은 것과 같은 작은 물건

[點心(점:심)] ① 낮에 끼니로 먹는 음식. ② (불) 선종에서, 배고플 때 조금 먹는 음식. ③ 무당이 삼신에게 간단한 음식을 차려놓고 갓난아기의 젖이나 명복을 비는 일.
[點滴(점적)] ① 낱낱의 액체 방울. ② 액체를 한 방울씩 흘려 떨어뜨림. ③ (화) 시료에 시약 방울을 적정하는 일.

세다, 점검하다

[點檢(점검)] 자세히 또는 낱낱이 검사함.
[點呼(점호)] 인원을 점검하기 위하여 이름을 부름. ¶일석점호

수로서 나타낸 평가의 숫자

[點數(점수)] 성적을 나타내는 숫자.
[得點(득점)] 점수를 얻어냄. ¶득점 기회
[滿點(만점)] ① 규정된 점수의 가장 높은 점수. ¶백점만점/만점을 받았다 ② 아주 만족할 만한 정도. ¶요리 솜씨가 이만하면 만점이다
[失點(실점)] ① 경기나 승부에서 잃은 점수. ② 점수를 잃음.
[採點(채:점)] ① 시험 답안을 살피어 점수를 매김. ② 얻은 점수에 따라 성적의 좋고 나쁨을 결정함.
減點(감점), 同點(동점), 配點(배점), 罰點(벌점), 勝點(승점), 零點(영점), 總點(총점), 打點(타점), 評點(평점), 學點(학점)

물건의 개수(個數)를 나타내는 말

[一點(일점)] 한 개.
[一點血肉(일점혈육)] 자기가 낳은 단 하나의 자녀. ¶일점혈육도 없다

장소를 나타내는 말

[據點(거:점)] 어떤 활동의 근거로 삼는 중요한 지점. ¶공격 거점/원양어업의 거점을 확보하다
[終點(종점)] ① 기차·버스 따위 운행 구간의 맨 끝이 되는 지점. ② 맨 끝이 되는 때.
[地點(지점)] 어디라고 지정한 땅의 한 곳.
[出發點(출발점)] ① 길을 가는 데 처음 떠나는 지점. ② 일련의 동작·운동이 시작되는 점.
極點(극점), 基點(기점), 起點(기점), 視點(시점)

상태, 조건을 나타내는 말

[強點(강점)] 남보다 우수하거나 뛰어난 점. 맨弱點(약점)
[缺點(결점)] 잘못되거나 모자란 점. 맨長點(장점) 비短點(단점), 弱點(약점)
[觀點(관점)] 사물을 보는 점. ¶국제 정세에 대한 관점.
[短點(단:점)] 결점. 모자란 점. 맨長點(장점)
[要點(요점)] 가장 중요하고 중심이 되는 사실이나 관점. ¶요점을 정리하다
[重點(중:점)] ① 가장 중요하다고 여기는 점. ② 지렛대를 써서 물체를 움직일 때 무게가 직접 작용하는 점.
[虛點(허점)] 주의가 덜 미치거나 허술한 구석. ¶허점을 드러내다/허점을 노리다
難點(난점), 盲點(맹점), 力點(역점), 利點(이점), 爭點(쟁점), 主眼點(주안점)

한도를 나타내는 말
[沸點(비:점)/沸騰點(비:등점)] (물) 끓는 온도.
[氷點(빙점)] (물) 물이 얼기 시작하는 온도.
[融點(융점)] (물) 녹는 온도.

등불을 켜다
[點燈(점등)] 등에 불을 켬.
[點滅(점멸)] 등불이 켜졌다 꺼졌다 함. 또는 등불을 켰다 껐다 함. 참點滅燈(점멸등)
[點火(점화)] 불을 붙이거나 켬.

작은 조각
[紅爐點雪(홍로점설)] ① 벌겋게 단 화로에 떨어지는 한 점의 눈. 풀리지 않던 이치 따위가 눈 녹듯이 단번에 깨쳐짐. ② 큰 것 앞에서 맥을 못 추는 매우 작은 것.

기타
[點指(점:지)] 신불이 사람에게 자식을 낳게 하여 줌.

자획의 하나인 점, 시간을 세는 단위

龍 용 룡, 龍부16 1124

'龍(룡)'자는 용의 모양을 본뜬 것이다. 용을 본 사람이 없을 터이니 상상의 그림에서나 볼 수 있을 것이다. 그림 속의 용의 모습을 보자. 첫째 '辛(신)'자를 닮은 '머리'를 가지고 있다. '辛(신)'자는 무시무시한 글자이다. 머리 아래에는 살[月(육)]로 이루어진 몸이 있다. 몸은 뱀처럼 구불구불하다. 그리고 등에는 각질의 뼈가 무섭게 돋아나 있다. 이제 우리는 '龍(용)'자를 쉽게 쓸 수 있게 되었다.

용
[龍宮(용궁)] 전설에서 바다 속에 있다고 하는 용왕의 궁전.
[龍頭蛇尾(용두사미)] '용 대가리에 뱀 꼬리'라는 말로, 시작은 요란하고 그럴 듯하지만 끝에 가서는 흐지부지 흐려지는 것을 말한다.
[恐龍(공룡)] (동) 중생대 쥐라기로부터 백악기에 걸쳐 번성한 몸집이 거대한 파충류.
[登龍門(등용문)] ① 立身出世(입신출세)의 關門(관문). ② 용문에 오름. 곧, 뜻을 이루어 크게 영달함의 비유. 龍門(용문)은 黃河(황하)의 상류에 있는 급류로 잉어가 이곳을 오르면 용이 된다고 한다.
[畵龍點睛(화룡점정)] ☞ 點(점)
龍馬(용마), 龍尾(용미), 龍飛鳳舞(용비봉무), 龍飛御天歌(용비어천가), 龍沼(용소), 龍鬚(용수), 龍鬚鐵(용수철), 龍王(용왕), 蛟龍(교룡), 登龍(등용), 飛龍(비룡), 飛龍乘雲(비룡승운), 臥龍(와룡), 雲龍(운룡), 潛龍(잠룡), 靑龍(청룡), 土龍(토룡), 抱龍丸(포룡환), 亢龍(항룡)

임금, 제왕의 비유
[龍顔(용안)] 임금의 얼굴.
[袞龍袍(곤룡포)/龍袍(용포)] (역) 임금이 입던 정복. 누른빛이나 붉은 빛의 비단으로 지었으며, 발톱이 다섯 개 달린 용을 수놓았음.

뛰어난 인물, 호걸
[龍鳳(용봉)] '용과 봉황'이란 뜻으로, 영웅호걸을 이름.
[龍虎(용호)] ① 용과 범. ② 실력이 비슷한 두 사람의 영웅. ③ (민) 풍수설에서, 묫자리나 집터의 왼쪽과 오른쪽의 지형.
[龍虎相搏(용호상박)] '용과 범이 서로 싸운다'는 뜻으로, 강자끼리 승부를 겨룸을 비유한 말.
[獨眼龍(독안룡)] 눈이 하나뿐인 장애를 딛고 용맹을 떨쳤거나 공을 세운 사람.

丈 어른 장:, 一부3　1125

'丈(장)'자는 어른이 손으로 긴 지팡이를 들고 있는 모양을 본뜬 것이었다. '길이의 한 단위', '성인 남자' 또는 '어른'의 뜻을 나타낸다.

길이의 단위
[1丈] 10尺(척).
[氣高萬丈(기고만장)] 기세가 높기가 만 길이나 됨. 일이 뜻대로 잘 되어 뽐내는 기세가 대단함을 비유하는 말. 또는 성을 낼 때에 지나치게 자만하는 기운이 펄펄 나는 일.
[波瀾萬丈(파란만장)] 물결의 기복이 몹시 심한 것처럼 생활이나 일의 진행에도 변화가 심함. ¶파란만장한 삶 ㈜波瀾重疊(파란중첩)

어른, 명사 어근으로 쓰이는 외에 사람의 칭호·별호·직함 등에 붙여 높이는 뜻을 나타내는 접미사로 쓰인다
[丈母(장:모)] 장인의 부인을 어머니에 비유한 말. ㈜丈人(장인)
[丈夫(장:부)] 어른이 된 씩씩한 사내. ㈜丈夫淚(장부루), 大丈夫(대장부)
[丈祖父(장:조부)] 아내의 할아버지. ㈜丈祖母(장조모)
[老人丈(노인장)] 늙으신네. 노인을 부르는 높임말.
[聘丈(빙장)] 아내의 아버지 '丈人(장인)'의 높임말. ㈜聘母(빙모)
[拙丈夫(졸장부)] 도량이 좁고 겁이 많은 사내. ㈞大丈夫(대장부)
[椿府丈(춘부장)/春府丈(춘부장)] 어르신네. 남의 아버지의 높임말.

丹 붉을 단, 丶부4　1126

'丹(단)'자는 '붉다'가 본뜻이다. 道家(도가)에서는 朱砂(주사)로 장생불사의 약을 만들 수 있다고 생각하여 '영약'의 뜻으로도 쓰인다. '깊은 속'의 뜻도 있다. 牡丹은 [모란]으로, 契丹은 [거란]으로 읽는다.

붉다, 붉음
[丹脣皓齒(단순호치)] '붉은 입술과 흰 이'의 뜻으로, '여자의 썩 아름다운 얼굴'을 일컫는 말.
[丹粧(단장)] ① 얼굴·머리·몸·옷차림 따위를 잘 매만져 곱게 꾸밈. ¶단장을 곱게 하고 어디를 가니? ② 집 따위를 손질하여 새롭게 꾸밈. ¶집 단장을 하다
[丹靑(단청)] ① 붉은 색과 푸른 색. ② 궁궐, 사찰, 정자 등 옛날식 집의 기둥 천장 따위에 여러 가지 빛깔로 그림이나 무늬를 그림. 또는 그 그림이나 무늬.
[丹楓(단풍)] ① (식) '단풍나무'의 준말. ② 늦가을에 나뭇잎이 붉거나 누르게 변하는 현상. 또는 그렇게 된 나뭇잎.
[盲者丹靑(맹자단청)] '소경 단청 구경' 즉 보아도 알지 못할 일을 비유하는 말.
丹脣(단순), 丹頂(단정)

정성, 진심, 참마음
[丹心(단심)] 속에서 우러나오는 정성스러운 마음.
[一片丹心(일편단심)] 한 조각의 붉은 마음. 곧, 진정에서 우러나는 충성된 마음. ¶임 향한 일편단심이야 가실 줄이 있으랴

약, 불로 불사의 약
[仙丹(선단)] 신선이 만든다는 장생불사의 환약.

깊은 속
[丹田(단전)] 배꼽 아래 한 치 다섯 푼(약 4.5cm) 되는 곳. 道家(도가)에서는 이곳을 힘의 원천이라고 여겼다. ㈜上丹田(상단전), 絳宮田(강궁전), 下丹田(하단전)
[鍊丹(연:단)/煉丹(연:단)] ① 도사가 辰砂(진사)로 선약을 만듦. ② 몸의 기운을 단전에 모아서 몸과 마음을 닦는 일.

기타
[契丹(거란)] 퉁구스와 몽고의 혼혈족으로 東胡(동호)계의 한 종족 이름.
[牡丹(모란)] (식) 미나리아재빗과의 갈잎떨기나무. 잎은 깃꼴겹잎으로 긴 잎자루가 달려 있음. 큰 꽃이 5월쯤에 피는데, 보통은 붉으나 품종에 따라 약간씩 다름. 뿌리의 껍질은 약에 쓰임. 관상용이나 약재용으로 재배함.

楓 단풍나무 풍, 木부13　1127

'楓(풍)'자는 '단풍나무'를 뜻하기 위하여 만든 것이다. '나무 木(목)'과 '바람 風(풍)'으로 이루어졌다.

단풍나무
[丹楓(단풍)] ☞ 丹(단)

乃 이에 내:, 丿부2　1128

'乃(내)'자는 '이에', '이리하여' 등의 의미를 가진다.

곧, 바꾸어 말하면 곧(강조의 뜻을 나타내는 말)
[人乃天(인내천)] 천도교의 종지(宗旨)로서 사람이 곧 한울이라는 말.

이에(윗말을 받아 아랫말을 일으키는 접속사)
[乃至(내:지)] ① (수량을 나타내는 말들 사이에 쓰여) '얼마에서 얼마까지'의 뜻을 나타냄. ¶그 일은 일주일 내지 열흘이면 마치겠다 ② 또는. ¶음력설을 쇠는 나라는 우리나라 내지 중국 등이다
[終乃(종내)] 마침내. 끝내.

之 갈 지, 丿부4　1129

'之(지)'자는 '발자국'을 뜻하는 '止(지)'자의 변형으로 '가다'가 본래의 의미이다. '그것'을 가리키는 대명사적 용법과 '~의' 같은 소유 관계를 나타내는 어조사로 많이 쓰였다.

이 책에 수록된 '之(지)'자가 들어간 낱말, 성구들을 아

래에 모아 보았다.

강조의 어조사
感之德之(감지덕지), 結者解之(결자해지), 久而敬之(구이경지), 無日忘之(무일망지), 愛之重之(애지중지), 易地思之(역지사지), 一筆揮之(일필휘지), 左之右之(좌지우지), 執之失道(집지실도)

…의, 주격, 소유격의 조사
車魚之歎(거어지탄), 居之半(거지반), 隔世之感(격세지감), 犬馬之勞(견마지로), 犬馬之誠(견마지성), 犬馬之齒(견마지치), 犬猿之間(견원지간), 決河之勢(결하지세), 傾國之色(경국지색), 苦肉之計(고육지계), 骨肉之親(골육지친), 管鮑之交(관포지교), 口耳之學(구이지학), 窮餘之策(궁여지책), 金蘭之契(금란지계), 金蘭之交(금란지교), 金蘭之友(금란지우), 今昔之感(금석지감), 金石之契(금석지계), 金石之交(금석지교), 既往之事(기왕지사), 騎虎之勢(기호지세), 囊中之錐(낭중지추), 老馬之智(노마지지), 累卵之危(누란지위), 累卵之勢(누란지세), 斷機之敎(단기지교), 斷機之戒(단기지계), 當然之事(당연지사), 屠所之羊(도소지양), 莫逆之友(막역지우), 萬乘之國(만승지국), 晚時之歎(만시지탄), 忘年之交(망년지교), 忘年之友(망년지우), 忘形之友(망형지우), 亡羊之歎(망양지탄), 望洋之嘆(망양지탄), 網之一目(망지일목), 無用之物(무용지물), 無人之境(무인지경), 無舵之舟(무타지주), 反哺之孝(반포지효), 不繫之舟(불계지주), 散之四方(산지사방), 殺父之讐(살부지수), 喪家之狗(상가지구), 傷弓之鳥(상궁지조), 塞翁之馬(새옹지마), 先見之明(선견지명), 水魚之交(수어지교), 羞惡之心(수오지심), 是非之心(시비지심), 漁父之利(어부지리), 烏合之卒(오합지졸), 蝸角之爭(와각지쟁), 搖之不動(요지부동), 憂國之士(우국지사), 有終之美(유종지미), 移木之信(이목지신), 已發之矢(이발지시), 已往之事(이왕지사), 人之常情(인지상정), 自激之心(자격지심), 自是之癖(자시지벽), 自中之亂(자중지란), 適口之餠(적구지병), 井底之蛙(정저지와), 糟糠之妻(조강지처), 鳥鼻之汗(조비지한), 鳥鵲之智(조작지지), 鳥足之血(조족지혈), 芝蘭之交(지란지교), 指呼之間(지호지간), 川上之嘆(천상지탄), 天壤之差(천양지차), 天壤之判(천양지판), 惻隱之心(측은지심), 他山之石(타산지석), 七去之惡(칠거지악), 破竹之勢(파죽지세), 布衣之交(포의지교), 螢雪之功(형설지공), 糊口之策(호구지책), 浩然之氣(호연지기), 畵中之餠(화중지병), 會稽之恥(회계지치)

乘 탈 승, 丿부10　　1130

'乘(승)'자는 양 손발을 벌린 사람의 형상인 '큰 大(대)', 두 발을 벌린 모양을 본뜬 '어그러질 舛(천)', '나무 木(목)'이 합쳐진 글자이다. '수레 따위를 타다'는 뜻을 나타낸다. '어그러질 乖(괴)' + '사람 人(인)'으로 보이지만 '타다'의 뜻을 끌어낼 수가 없다.

타다, 차·비행기·배·짐승의 등에 몸을 올려놓다
[乘降(승강)] 기차·자동차 따위를 타고 내리고 함.
[乘客(승객)] 차나 배, 비행기 따위에 탄 손님. ¶승객 여러분의 안전을 위하여 안전벨트를 매십시오
[乘馬(승마)] 말을 탐. 또는 말을 타고 부려서 하는 경기.
[乘用(승용)] 사람이 타고 다니는 데 씀. ¶乘用車(승용차)
[搭乘(탑승)] 항공기·선박·기차·버스 따위에 올라탐.
[便乘(편승)] ① 남이 타고 가는 거마(車馬)의 한 자리를 얻어 탐. 편의를 얻어 거마(車馬)를 탐. ② 세태나 남의 세력을 이용하여 자기의 이익을 얻음.
[合乘(합승)] 여럿이 함께 탐. 또는 그 차.
乘降場(승강장), 乘務員(승무원), 乘船(승선), 乘車(승차), 同乘(동승), 無賃乘車(무임승차), 分乘(분승), 飛龍乘雲(비룡승운)

타다, 어떤 조건이나 시간·기회·등을 이용하다
[乘勢(승세)] 세력을 믿고 대듦.
[乘勝長驅(승승장구)] 싸움에 이긴 형세를 타서 계속 몰아침.
[便乘(편승)] ② 세태나 남의 세력을 이용하여 자기의 이익을 얻음. ① 남이 타고 가는 거마(車馬)의 한 자리를 얻어 탐. 편의를 얻어 거마(車馬)를 탐.

곱하다, 곱셈
[乘數(승수)] 곱하는 수.
[加減乘除(가감승제)] 더하기와 빼기와 곱하기와 나누기.
[相乘(상승)] 서로 수를 곱함.
[自乘(자승)] 같은 수를 곱함, 또는 그 곱한 수. 제곱.

대, 수레의 수를 세는 말
[萬乘之國(만:승지국)] '일만 대의 병거가 있는 나라'라는 뜻에서, 천자가 다스리는 나라.

중생을 피안의 열반에 이르게 하는 가르침
[大乘(대승)] (佛) 소승(小乘)과 더불어 불교의 양대 교파의 하나. 소승이 개인적 해탈을 위한 교법(敎法)임에 대하여 대승은 널리 인간적 구제를 목표로 한다. 참 大乘佛敎(대승불교)
[小乘(소승)] (佛) 지식과 이론에 의하여서가 아니라 '滅身(멸신)·苦行(고행)'에 의하여 극락세계에 제도한다고 하는 불교 교리의 한 갈래. 참 小乘佛敎(소승불교)

乾 하늘 건, 마를 건, 乙부11　　1131

하늘, 우주의 넓은 공간
[乾坤(건곤)] ① '하늘과 땅'을 달리 일컫는 말. ② 陰(음)과 陽(양). ③ 乾方(건방)과 坤方(곤방).
[滿乾坤(만:건곤)] 하늘과 땅에 가득함. ¶백설이 만건곤할 제 독야청청하리라
[乾坤一擲(건곤일척)] '하늘과 땅을 걸고 주사위를 던진

다'라는 뜻으로, 천하를 걸고 싸우는 승부 또는 승부를 결정짓는 단판걸이의 행동을 뜻한다. 唐(당)의 시인 韓愈(한유)의 過鴻溝(과홍구, 홍구를 지나며)라는 시에서 유래했다.

[乾杯(건배)] 건강·행복 따위를 빌면서 서로 술잔을 높이 들어 마시는 일. 건배란 말은 술잔을 비워 '잔이 마르다'의 뜻이 아니라, 귀한 술을 마실 때 먼저 하늘 높이 잔을 들어 신에게 감사의 뜻을 표하고, 아울러 서로의 건강과 행복 따위를 신에게 비는 풍습에서 유래했다는 설이 있다.

괘 이름, 팔괘의 하나, 육십사괘의 하나
[乾方(건방)] (민) 八方(팔방)의 하나. 正北(정북)과 正西(정서)의 한가운데를 중심으로 한 45도 각도 안.
[乾坤坎離(건곤감리)] 주역에 나오는 八卦(팔괘) 중 네 개의 이름이다. 특히 우리의 국기인 태극기의 四方(사방)을 감싸고 있는 괘의 이름이기도 하다.

마르다, 말리다, 시들다
[乾果(건과)] 말린 과실. 곶감·건포도 따위.
[乾濕(건습)] 마름과 젖음. 참乾濕計(건습계)
[乾燥(건조)] ① 말라서 물기가 없음. 또는 말려서 물기를 없앰. 참乾燥期(건조기), 乾燥機(건조기) ② (살갗 따위가) 메마름. ③ 분위기·정신·환경·글의 내용 등이 여유나 윤기가 없이 메마름. 참無味乾燥(무미건조)
[無味乾燥(무미건조)] 재미나 멋이 없어 메마름.
[陽乾(양건)] 햇볕에 말림.
[陰乾(음건)] 그늘에서 말림.
[唾面自乾(타ː면자건)] 남이 나의 얼굴에 침을 뱉었을 때, 이 침을 닦으면 그 사람의 뜻을 거스르는 것이므로, 저절로 마를 때까지 기다린다는 뜻으로, 처세와 아부에 그만큼 인내가 필요함을 이르는 말이다. 반드시 나쁜 뜻으로만 쓰이는 것은 아니다. 『十八史略(십팔사략)』
乾薑(건강), 乾期(건기), 乾蔘(건삼), 乾性(건성), 乾柿(건시), 乾魚(건어), 乾材(건재), 乾菜(건채), 乾川(건천), 乾草(건초), 乾布(건포), 乾布摩擦(건포마찰)

건성으로, 속뜻 없이 겉으로만, 건으로, 그저 터무니없이
[乾酒酊(건주정)] 일부러 취한 체하고 하는 주정.

기타
[乾達(건달)] ① 산스크리트어 'gandharva'를 음역한 '乾達婆(건달바)'의 준말. ② 빈둥빈둥 놀거나 게으름을 부리는 사람. 또는 난봉을 부리고 돌아다니는 사람. ¶ 백수건달

濕 축축할 습, 水부17 1132

'濕(습)'자는 '물 氵(수)'에 '밝을 㬎(현)'을 붙여 만들어진 글자처럼 보인다. 실을 물에 담근 모양에서 '축이다'는 뜻을 나타내는 글자인데, 형태는 많은 변화를 거쳐 현재의 모양을 가지게 되었다. 후에 '축축하다', '젖다'라는 뜻으로 사용되었다.

축축하다, 습기가 있다, 습기, 물기
[濕氣(습기)] 축축한 기운.
[濕度(습도)] ① 공기 따위가 축축한 정도. ② 공기 중에 습기가 포함되어 있는 정도. 참濕度計(습도계)
[濕地(습지)] 습기가 많은 땅.
[乾濕(건습)] ☞乾(건)
[防濕(방습)] 습기를 막음. 참防濕劑(방습제)
[吸濕(흡습)] 어떤 물질이 공기 중의 습기를 빨아들이는 일. 참吸濕性(흡습성), 吸濕劑(흡습제)
濕性(습성), 濕潤(습윤), 濕疹(습진), 囊濕(낭습), 冷濕(냉습), 溫濕(온습), 陰濕(음습)

亞 버금 아(ː), 二부8 1133

'버금 亞(아)'자는 고대의 墓室(묘실)을 위에서 본 모양을 본뜬 것이라고 한다. '버금', '다음', '아시아'를 나타내는 글자로 쓰인다.

버금, 다음
[亞流(아ː류)] ① 으뜸에 다음가는 사람이나 사물. ② 예술·학문 따위에서 독창성이 없이 모방하는 일. 또는 그런 것이나 사람.
[亞熱帶(아ː열대)] 열대와 온대 사이에 드는 기후대.
[亞寒帶(아ː한대)] 온대와 한대 사이에 드는 기후대.
[亞獻(아ː헌)] 제사 지낼 때 두 번째로 잔을 올림. 참初獻(초헌), 終獻(종헌)

'버금' 또는 '다음'의 의미를 가지는 것들
[亞麻(아마)] (식) 아마과의 한해살이풀. 껍질의 섬유로 리넨 등 피륙을 짜고 씨는 아마인이라고 하여 기름을 짜거나 약제로 쓴다. 참亞麻仁(아마인), 亞麻仁油(아마인유)
[亞鉛(아연)] 납鉛과 비슷한, 질이 무르고 광택이 나는 푸른빛을 띤 은백색의 금속.

아시아의 약칭
[亞細亞(아세아)] 아시아.
[東亞(동아)] 동쪽 아시아. 곧, 우리나라·중국·일본을 포함하는 지역.

亦 또 역, 亠부6 1134

'亦(역)'자는 본래 '겨드랑이'를 뜻하기 위하여 서 있는 사람인 '大(대)'와 겨드랑이 부분을 가리키는 두 점으로 구성되었다. 후에 '또'의 뜻으로 차용되는 예가 많아지자 본뜻은 '겨드랑이 腋(액)'자를 추가로 만들었다.

또, 또한(又)
[亦是(역시)] 또한.
[對笑顔唾亦難(대ː소안타역난ː)] 웃는 낯에 침을 못 뱉는다.
[學而時習之(학이시습지), 不亦說乎(불역열호)] 배워서 그것을 제때에 익히니 또한 기쁘지 않겠는가. 한 번

배우면 그것으로 다 아는 것처럼 기가 산다. 그러나 실제로는 잘 모르는 것이다. 하지만 배운 것을 시간 있을 때마다 복습하고 연습해 보면 차츰 진정한 뜻을 이해하게 된다. 즉 몸소 깨달아 실천하게 되는 것이다. 그러한 체득의 기쁨이야말로 학문의 참다운 기쁨이다.
『論語(논어)·學而(학이)』 ☞ * 452

亭 정자 정, 亠부9　1135

'亭(정)'자는 '정자'를 나타내기 위한 글자이다. 정자에 앉아 주변의 풍광을 즐길 수 있으면 좋겠다. 그러기 위해서는 좀 높은 곳에 정자를 지어야겠다. 표의요소인 '높을 高(고)'에서 '口(구)'를 빼고, 표음요소인 '못 丁(정)'을 집어넣은 것이 '정자 亭(정)'자이다.

정자
[亭子(정자)] 경치가 좋은 곳에 놀거나 쉬기 위하여 지은 집. 벽이 없이 기둥과 지붕만 있다.
[料亭(요정)] 요릿집.
[八角亭(팔각정)] 여덟모가 지게 지은 정자.
　一松亭(일송정), 茅亭(모정), 洗劍亭(세검정), 鴨鷗亭(압구정), 草亭(초정)

介 끼일 개:, 人부4　1136

'介(개)'자는 비늘 모양의 간단한 갑옷을 입고 있는 모양을 본뜬 것으로 '갑옷'이 본래 의미이다. 후에 '사이에 끼다'는 뜻도 이 글자로 나타냈다.

끼다, 사이에 들다, 소개하다, 양자 사이의 관계를 맺어주다
[介意(개:의)] 언짢은 일 따위를 마음에 두어 생각함.
[介入(개:입)] 어떤 일에 끼어들어가 관계함. 참견.
[媒介(매개)] 관계를 맺어주기 위하여 둘 사이에 끼어 듦. 또는 그런 물체. ¶뇌염은 뇌염모기를 매개로 하여 감염된다
[紹介(소개)] ① 두 사람 사이에 서서 일을 어울리게 함. ¶직업 소개 ② 모르는 사이를 서로 알고 지내도록 관계를 맺어줌. ③ 잘 알려지지 않은 사실이나 내용을 설명하여 알려줌. ¶신간 소개 ㉾紹介所(소개소), 紹介狀(소개장)
[仲介(중개)] 제삼자로서 두 당사자 사이에 서서 일을 주선하는 일. ㉾仲介貿易(중개무역), 仲介業(중개업), 仲介人(중개인)

딱지, 단단한 껍질, 갑옷
[介殼類(개:각류)/介甲類(개:갑류)/甲殼類(갑각류)] 몸이 단단한 껍데기로 덮인 게·새우·가재 따위 동물.

깔끔하다, 얌전하다, 정조 절의
[節槪(절개)/節介(절개)] (지조나 정조를) 굽히지 않는 꿋꿋한 태도. ¶절개를 지키다

기타
論介(논개), 介子推(개자추)

付 부칠 부:, 줄 부:, 人부5　1137

'付(부)'자는 '사람 人(인)'과 '마디 寸(촌)'이 조합된 것이다. '마디 寸(촌)'은 '손 又(우)'의 변형이기 때문에 '마디'보다 '손'과 관련된 의미로 쓰이는 예가 많다. 따라서 '손에 쥐고 있는 물건을 다른 사람에게 주다'가 '付(부)'의 본래 의미이다. '청하다'는 뜻으로도 쓰인다.

주다, 건네다
[給付(급부)] ① 주로 국가 또는 공공 단체에서 금품을 주는 일. ② (법) 청구권의 목적이 되는 의무자의 행위. ㉾反對給付(반대급부)
[交付(교부)] 내어줌. ¶입학원서 교부
[納付(납부)] 세금·공과금 따위를 냄. ⑤納入(납입)
[貸付(대:부)] ① 은행 따위에서 변리와 기한을 정하고 돈을 꾸어줌. ¶신용대부 ② 반환의 언약으로 어떤 물건을 남에게 빌려 주어 사용과 수익을 허락함.
[配付(배:부)] 출판물이나 문서 따위를 나누어줌. ¶원서 배부
[分付(분부)] 아랫사람에게 내리는 명령. 또는 아랫사람에게 명령을 내림. ¶분부를 내리다
　交付金(교부금), 到付(도부), 送付(송부)

청하다, 부탁하다
[付託(부:탁)] 어떤 일을 해달라고 청하거나 맡김. ¶부탁을 받다/부탁을 청하다
[當付(당부)] 말로 어찌 하라고 단단히 부탁함. 또는 그 부탁. ¶당부의 말씀
[申申當付(신신당부)] 거듭거듭 간절히 부탁함. ⑤申申付託(신신부탁)

붙이다(附)
[結付(결부)] 서로 관련시킴. ¶당사자의 이권이 결부된 문제

企 바랄 기, 꾀할 기, 人부6　1138

'企(기)'자는 발[止]뒤꿈치를 들고 종긋이 서 있는 사람[人]의 모습을 그린 것이다. '발돋움하다', '꾀하다'는 뜻으로 쓰인다.

꾀하다, 계획하다, 꾀, 계획
[企圖(기도)] 일을 꾀하여 도모함.
[企業(기업)] ① (경) 영리를 목적으로 생산·판매·서비스 따위의 사업을 행하는 조직체. ¶기업을 경영하다 ㉾企業體(기업체), 公企業(공기업), 私企業(사기업) ② 사업을 계획함.
[企劃(기획)] 계획을 세움. ㉾企劃室(기획실)

바라다, 원하다
[期待(기대)/企待(기대)] 일이 이루어지기를 바라고 기다림.

발뒤꿈치를 들어 올리다
[企者不立(기자불립), 跨者不行(과자불행).] (키가 커

보이게 하려고) 발뒤꿈치를 들어 올리는 사람은 똑바로 설 수가 없고, 가랑이를 너무 넓게 벌리고 걷는 사람은 걸을 수가 없다. 자신의 능력에 맞는 속도로 변화 발전하면서 성장하는 것이 행복한 삶이며 멋진 인생이라는 말. 『老子(노자)·道德經(도덕경)』 ☞ * 067

仰 우러를 앙:, 믿을 앙:, 높을 앙:, 人부6　1139

'仰(앙)'자는 '사람 亻(인)'과 '나 卬(앙)'으로 이루어졌다. '우러러보다'는 뜻을 나타낸다.

우러르다, 고개를 쳐들다, 우러러보다, 존경하는 마음을 가지다
[仰望(앙:망)] 우러러 바람. ¶부디 참석하시어 축하의 말씀을 주시기를 앙망하나이다
[俯仰(부앙)] 하늘을 우러러보고 세상을 굽어봄.
[仰天(앙:천)] 하늘을 우러러봄. 짭仰天大笑(앙천대소), 仰天俯地(앙천부지)
[推仰(추앙)] 높이 받들어 우러러봄.
[仰不愧於天(앙불괴어천), 俯不怍於人(부부작어인), 二樂也(이락야).] 위로는 하늘에 부끄럽지 않으며 아래로는 사람에 대해 부끄럽지 않은 것이 두 번째 즐거움이다. 『孟子(맹자)·盡心 上(진심 상)』 ☞ * 044
[難上之木勿仰(난상지목물앙).] '오르지 못할 나무는 쳐다보지 말라'는 뜻으로, 가망이 없는 일은 처음부터 생각도 내지 말라는 말.
仰請(앙청), 仰祝(앙축)

믿다, 의지하다
[信仰(신:앙)] 신이나 초자연적인 절대자를 믿고 우러러보며 따르는 마음.
[民間信仰(민간신앙)] 옛날부터 민간에 전하여 내려오는 신앙.

但 다만 단(:), 人부7　1140

'但(단)'자는 본래 '윗도리를 벗다'는 뜻을 나타내기 위하여 만들어진 것이다. '사람 人(인)'과 '아침 旦(단)'으로 이루어졌다. 후에 이것이 '다만', '한갓' 등의 의미로 차용되는 예가 많아지자 그 본래의 의미는 따로 '웃통 벗을 袒(단)'을 만들었다.

다만
[但只(단지)] 다만. 오로지. ¶내가 알고 있는 것은 단지 그것뿐이오
[非但(비단)] 부정의 뜻을 가진 문맥 속에서 '다만', '오직'의 뜻을 나타냄. ¶이런 일은 비단 어제 오늘만의 일이 아니다

단, 다른 내용이 아니라 바로(영수증, 인수증 등에서 앞에 쓴 금액·물품·조건 등이 어떤 것인가를 밝히는 문장 앞에 쓴다)
[金五阡圓整(금오천원정), 但(단:) 敎科書(교과서) 代金(대금)]
[但書(단:서)] 법률 조문이나 문서 등에서, 본문 다음에 '但(단)'자를 쓰고 그 본문에 풀이나 조건, 예외 따위를 밝혀 정한 글.

伯 맏 백, 人부7　1141

'白(백)'자는 엄지손가락을 본뜬 것이라고 한다. 엄지손가락은 손가락 중에서 '맏이'이다. '白(백)'자가 '희다'는 뜻으로 쓰이는 예가 많아지자 본뜻은 '사람 人(인)'을 붙여 '맏이 伯(백)'자를 만들었다.

맏, 맏아들
[伯母(백모)] 아버지의 형수. 큰어머니.
[伯父(백부)] 큰아버지. 아버지의 형.
[伯氏(백씨)] 남의 '맏형'에 대한 높임말.
[伯仲(백중)] ① 맏이와 둘째. 伯仲之間(백중지간). ② 실력·기술 따위가 서로 비금비금하여 낫고 못함이 없음. ¶실력이 백중하여 승부를 점칠 수 없다/백중세
[伯仲叔季(백중숙계)/孟仲叔季(맹중숙계)] 맏이·둘째·셋째·넷째 또는 막내인 네 사람의 형제 차례.
[伯仲之勢(백중지세)] '첫째와 둘째를 가리기 어려운 형세'라는 뜻에서, 서로 실력이 비슷하여 우열을 가리기 힘든 형세. 준伯仲勢(백중세)

우두머리, 지방의 장관
[道伯(도:백)] 도의 장관을 이름.
[方伯(방백)] 지방 장관. 道伯(도백).

신, 신처럼 높은 분
[風伯(풍백)] 風神(풍신).
[風伯雨師(풍백우사)] 바람의 신과 비의 신.
[河伯(하백)] 물을 맡은 신.

일가를 이룬 사람(특히 문예 방면에서 일가를 이룬 사람)
[畵伯(화:백)] 畵家(화가)를 높여 이르는 말.

작위, 오등작의 셋째
[伯爵(백작)] 다섯 등급의 작위 가운데 셋째.

기타
[伯牙絕絃(백아절현)/絕絃(절현)] ① 거문고의 줄을 끊음. 중국 춘추시대 거문고의 명수인 伯牙(백아)는 친구 鍾子期(종자기)가 죽자 자기의 거문고 소리를 이해하는 사람을 잃었다고 슬퍼한 나머지 현을 끊고 다시는 거문고를 타지 않았다는 고사에서 유래. ② 진정으로 자기를 알아주는 사람과 이별함.
[伯夷叔齊(백이숙제)]

仲 버금 중(:), 人부6　1142

'仲(중)'자는 형제자매 가운데 '둘째'를 뜻하기 위하여 만든 것이다. '사람 人(인)'과 '가운데 中(중)'으로 이루어졌다. 후에 '버금가다', '가운데'의 뜻도 가지게 되었다.

버금, 둘째
[仲氏(중:씨)] 남의 둘째형을 높여 일컫는 말.
[孟仲叔季(맹중숙계)/伯仲叔季(백중숙계)] ☞伯(백)

[伯仲(백중)] ☞ 伯(백)
[伯仲之勢(백중지세)] ☞ 伯(백)
仲兄(중형), 仲父(중부)

가운데(中)

[仲秋(중추)] ① 가을의 한가운데. ② 음력 팔월을 달리 이르는 말. 中秋(중추)
[仲秋節(중추절)] 한가위.
仲冬(중동), 仲春(중춘), 仲夏(중하)

거간, 중개

[仲媒(중매)] 혼인을 하도록 소개하는 일. 또는 그 사람. 중신. ¶중매쟁이
[仲介(중개)] 제삼자로서 두 당사자 사이에 서서 일을 주선하는 일. 國仲介貿易(중개무역), 仲介業(중개업), 仲介人(중개인)
[仲裁(중재)] 분쟁이나 싸움의 가운데 끼어들어 제재함. 다투는 사이에 들어 화해시킴.

기타

[仲尼(중니)] 孔子(공자)의 字(자).

何 어찌 하, 人부7 1143

'何(하)'자는 '메다'의 뜻을 나타내기 위하여 어깨에 기다란 창을 메고 있는 사람의 모습을 그린 것이었다. 이것이 '어찌', '무엇'을 이르는 것으로 차용되어 쓰이자, 본뜻은 '荷(하)'자로 나타냈다.

어찌, 어떻게, 어째서, 왜, 무슨, 무엇, 어느, 어떤, 얼마, 어느 정도, 누구, 어느 사람, 왜냐하면 (의문·반어문에 쓴다)

[何等(하등)] ① '하등의'의 형태로 주로 부정하는 문장에 쓰여 '아무런'의 뜻을 나타냄. ¶그 일과 나는 하등의 관계가 없다 ② 조금도. 전혀.
[何時(하시)] 어느 때. 언제. ¶하시라도 방문하십시오
[何必(하필)] 어째서 꼭. 다른 방도도 있는데 왜. 하고 많은 중에 어찌하여. ¶하필이면 소풍가는 날 비가 올 게 뭐람!
[幾何(기하)] ① 얼마. ¶민족적 존영의 훼손됨이 무릇 기하며, …「기미독립선언문」 ② (수) 幾何學(기하학), 幾何級數(기하급수), 幾何平均(기하평균)
[誰何(수하)] ① 누구. ¶수하를 막론하고 ② (군) 누구냐고 외치며 묻거나 암호를 확인하는 일.
[抑何心情(억하심정)] 대체 무슨 생각으로 그런 짓을 하는지 마음을 알 수 없음을 이르는 말. ¶무슨 억하심정으로 그런 짓을 하오?
[如何(여하)] 어떠함. ¶그 일은 너의 결심 여하에 달려 있을 뿐이다
[如何間(여하간)/何如間(하여간)] 어쨌든. 어떻게 해서라도.
[問余何事栖碧山(문여하사서벽산).] 무슨 일로 푸른 산(깊은 산골)에서 사냐고 묻는다. 『李伯(이백)·山中問答(산중문답)』 ☞ *119
[不知何歲月(부지하세월)] 언제 될지 그 기한을 알지 못함.
[人生何處不相逢(인생하처불상봉).] 사람은 어디서 다시 만나지 않겠는가? 어디선가 반드시 또 만남을 강조한 말. 『蘇軾(소식)·詩(시)』
[精神一到何事不成(정신일도하사불성).] 정신을 집중하여 한결같이 노력하면 어떠한 어려운 일이라도 성취할 수 있음. 『朱子語類(주자어류)』
何事(하사), 何如歌(하여가), 奈何(내하)

기타

[何首烏(하수오)] (식) 마디풀과의 여러해살이 덩굴성풀. 뿌리는 한방에서 강장·강정·완하제로 쓰이고 잎은 나물로 식용함.

佳 아름다울 가:, 人부8 1144

'佳(가)'자는 '아름다운 사람'을 뜻하기 위하여 만든 것이다. '사람 人(인)'과 '홀 圭(규)'로 이루어졌다.

아름답다, 좋다, 훌륭하다

[佳境(가:경)] ① 경치가 좋은 곳. ② 재미있는 판이나 경지.
[佳人薄命(가:인박명)] 미인은 흔히 불행하거나 병약하여 요절하는 일이 많다는 뜻으로 이르는 말. 동美人薄命(미인박명)
[佳作(가:작)] ① 잘 된 작품. ② 당선작의 다음가는 작품.
[漸入佳境(점:입가경)] '점점 들어갈수록 아름다운 경지에 이름'이란 뜻으로, 갈수록 경치가 좋아짐 또는 일이 점점 재미있어짐을 뜻함.
[百年佳約(백년가약)] 결혼하여 평생을 같이 지낼 언약.
[陽春佳節(양춘가절)] 따뜻하고 좋은 봄철.
[玉盤佳肴萬姓膏(옥반가효만성고).] 옥소반의 아름다운 음식은 일만 백성의 기름이라. 『춘향가·金樽美酒詩(금준미주시)』 ☞ *063
佳客(가객), 佳期(가기), 佳麗(가려), 佳名(가명), 佳賓(가빈), 佳約(가약), 佳人(가인), 佳節(가절), 佳趣(가취), 佳肴(가효), 佳姬(가희), 四時佳節(사시가절), 才子佳人(재자가인), 絕世佳人(절세가인)

侍 모실 시:, 人부8 1145

'侍(시)'자는 '모시다'는 뜻을 위하여 '발 止(지)' 밑에 '손 又(우)'를 합쳐 놓은 것이었다. 후에 '寺'의 형태로 변하였다. 불교가 전해진 이후로 이 '寺(시)'자가 '절'을 뜻하는 '절 寺(사)'로 쓰이는 예가 많아지자 '사람 人(인)'을 붙인 '侍(시)'자를 만들어 본뜻을 나타냈다.

모시다, 받들다, 귀인을 곁에서 모시고 있는 사람

[侍女(시:녀)] ① 궁녀. ② 몸 가까이에서 시중드는 여자.
[侍立(시:립)] 웃어른을 모시고 섬.
[侍下(시:하)] 부모나 조부모가 살아있는 처지. 또는 그러한 사람. ¶엄부 시하

[內侍(내시)] 궁중에서 시봉(侍奉)하는 일, 또는 그 관직.
[嚴妻侍下(엄처시하)] 아내에게 쥐어 사는 恐妻家(공처가)를 농으로 이르는 말.
[偏母膝下(편모슬하)/偏母侍下(편모시하)] 홀로 남은 어머니를 모시고 있는 처지.

侍童(시동), 侍墓(시묘), 侍奉(시봉), 侍臣(시신), 侍醫(시의), 侍者(시자), 侍從(시종), 嚴侍下(엄시하), 慈侍下(자시하)

促 재촉할 촉, 人부9   1146

'促(촉)'자는 '사람 亻(인)'과 '足(족)'으로 이루어졌다. '足(족)'은 '速(속)'의 뜻을 나타내어 '빠르다', '사람을 재촉하여 빨리 시키다'의 뜻을 나타낸다.

재촉하다, 독촉하다
[促求(촉구)] 재촉하여 요구함.
[促成(촉성)] 재촉하여 빨리 이루어지게 함. 참促成栽培(촉성재배)
[促進(촉진)] 재촉하여 빨리 나아가게 함.
[督促(독촉)] 무엇을 빨리 서둘러 하도록 죄어침. ¶독촉이 성화같다/빚 독촉을 받다

다가오다, 급하다, 시간적으로 몹시 급하다
[促急(촉급)] 촉박하여 매우 급함.
[促迫(촉박)] 어떤 기한이나 시간이 바짝 다가오거나 닥침. ¶시간이 촉박하니 빨리 떠나라

催 재촉할 최, 人부13   1147

'催(최)'자는 '죄다, 재촉하다'는 뜻을 나타내기 위해서 만든 것이다. '사람 人(인)'과 '높을 崔(최)'로 이루어졌다. '(행사 따위를) 열다'는 뜻으로도 쓰인다.

재촉하다, 빨리 하도록 요구하다
[催告(최고)] ① 재촉하는 뜻을 나타내어 알림. ② (법) 일정한 행위를 할 것을 다른 사람에게 요구하는 통지.
[催淚(최루)] 눈물을 흘리게 함. 눈물을 흘리도록 자극함. 참催淚彈(최루탄)
[催眠(최면)] 잠이 들게 함. 참催眠術(최면술)
[催促(최촉)] 재촉. 남이 하는 일을 빨리 하도록 죄어침.

행사 따위를 열다, 베풀다
[開催(개최)] (모임·행사 따위를) 주최하여 엶. ¶전당대회 개최/한글날 기념행사 개최
[主催(주최)] 어떤 행사나 회합을 주장하여 엶, 또는 그 당사자.

綱 벼리 강, 糸부14   1148

'綱(강)'자는 그물의 위쪽 코를 꿴 굵은 줄, 즉 '벼리'를 뜻하기 위하여 만든 것이었으니, '실 糸(사)'가 표의요소로 쓰였다. '산등성이 岡(강)'은 표음요소이다. 후에 사물을 총괄하여 규제할 수 있는 '규율', '잡아 묶다', '다스리다', '줄거리'의 뜻으로 확대되었다.

벼리, 그물을 버티는 줄, 중요한 줄거리, 사물의 가장 주가 되는 것, 근본, 주요
[綱紀(강기)] ① 나라의 법률과 풍속·풍습에 대한 기율. ¶강기를 세우다 ② 사람이 지켜야 할 도리인 삼강오상과 기율.
[綱紀解弛(강기해이)] 나라의 법과 풍기가 풀려 느즈러짐.
[綱領(강령)] ① 일이나 행동의 중요한 지침. ¶행동 강령 ② 정당이나 사회 단체 등이 자기의 기본 입장을 밝혀 놓은 방침이나 규범. ¶당의 강령
[政綱(정강)] 정부 또는 정당이 세운 정치적 기본 방향과 목적을 국민에게 공약하여 이룩하고자 하는 정치 강령.
[三綱(삼강)] 유교 도덕의 기본이 되는 세 가지 대강(大綱). 임금과 신하(君臣), 부모와 자식(父子), 남편과 아내(夫婦) 사이에 지켜야 할 떳떳한 도리, 곧, 君爲臣綱(군위신강), 父爲子綱(부위자강), 夫爲婦綱(부위부강)을 말한다. 『孟子(맹자)·滕文公 上(등문공 상)』 ☞ * 179
[三綱五倫(삼강오륜)] 三綱(삼강)과 五倫(오륜)을 함께 이르는 말. 『孟子(맹자)·滕文公 上(등문공 상)』 ☞ * 179

綱紀肅正(강기숙정), 綱目(강목), 綱常(강상)

통괄하다
[大綱(대강)] ① 대체로 추리는 정도로. ② 일의 가장 중요한 줄거리.
[要綱(요강)] 벼리. 일이나 글의 뼈대가 되는 줄거리.

倫 인륜 륜, 도리 륜, 人부10   1149

'倫(륜)'자는 원래는 '사람의 무리'를 뜻하기 위하여 만든 것이었다. '사람 人(인)'과 '둥근 侖(륜)'으로 이루어졌다. 사람의 무리가 되자면 무리 내에서 지켜야 할 '도리'가 필요하고, '倫(륜)'자가 이 도리를 뜻하는 글자가 되었다.

인륜, 윤리, 도리
[倫理(윤리)] 인륜 도덕의 원리. 사람이 사회적 관계에서 지켜야 할 도리.
[不倫(불륜)] 인륜(人倫)에서 벗어남.
[人倫(인륜)] 사람으로서 지켜야 할 도리. 五倫(오륜).
[天倫(천륜)] 하늘이 맺어준 사람 사이에 지켜야 할 도리. 부자·형제 사이에 마땅히 지켜야 할 도리.
[悖倫(패:륜)] 사람으로서 마땅히 지켜야 할 도리에 어그러짐. 참悖倫兒(패륜아)
[五倫(오:륜)] 사람으로서 마땅히 지켜야 할 다섯 가지의 윤리(倫理), 곧, 父子有親(부자유친), 君臣有義(군신유의), 夫婦有別(부부유별), 長幼有序(장유유서), 朋友有信(붕우유신)을 말한다. 『孟子(맹자)·滕文公 上

(등문공 상)』☞ * 179
[三綱五倫(삼강오륜)] 三綱(삼강)과 五倫(오륜)을 함께 이르는 말.『孟子(맹자)·滕文公 上(등문공 상)』☞ * 179

순서, 차례
[絕倫(절륜)] 아주 두드러지게 뛰어남. 回出衆(출중).

偶 짝 우(:), 人부11   1150

'偶(우)'자는 '허수아비'를 뜻하기 위하여 만든 것이다. '사람 人(인)'과 '긴꼬리원숭이 禺(우)'로 이루어졌다. 후에 '짝', '짝수', '뜻밖에' 등의 뜻으로 쓰이게 되었다.

짝, 부부, 내외
[配偶者(배:우자)] 부부로서 짝이 되는 사람. 남편에 대한 아내, 아내에 대한 남편.
[配偶子(배:우자)] (생) 두 개의 생식세포가 합쳐서 접합자가 되어 새로운 개체로 자라는 경우에 그 낱낱의 생식세포.

짝수, 2로 나누어지는 수
[偶數(우:수)] 짝수. 回奇數(기수).

인형, 허수아비
[偶像(우:상)] ① 나무나 돌이나 쇠붙이로 만든 신불이나 사람의 형상. ② (종) 기독교에서 하나님 이외에 인위적으로 만들어내어 신과 같이 여겨 섬기는 대상. ③ 맹목적인 인기나 추종·존경의 대상.
[木偶(목우)] 나무 인형.
[土偶(토우)] 흙으로 만든 허수아비.

뜻하지 아니하게, 때때로
[偶發(우:발)] 우연히 일어남. 또는 그런 일.
[偶然(우연)] 아무런 인과관계가 없이 뜻밖에 일어난 그러한 일.

側 곁 측, 人부11   1151

'側(측)'자는 '옆 사람'을 뜻하기 위하여 만든 것이다. '사람 人(인)'과 '곧 則(즉)'으로 이루어졌다. 후에 '곁', '가까이'의 뜻으로 쓰이게 되었다.

곁
[側近(측근)] ① 어떤 사람과 가까운 관계에 있는 사람. ② 윗사람을 곁에서 가까이 모시는 사람.
[側室(측실)] ① 첩 또는 첩의 집. ② 곁방.

기울다, 한쪽으로 기울어지다, 어느 한쪽 면
[側面(측면)] ① 옆쪽 면. 回側面圖(측면도) ② 사물이나 현상의 한 부분. 또는 한쪽 면.
[兩側(양측)] 양쪽.
[右側(우측)] 오른쪽. 回左側(좌측).
[片側(편측)] 한쪽.
側根(측근), 側柏(측백), 左側(좌측)

엎드리다, 뒤척이다
[反側(반:측)] ① 시름에 잠기거나 잠이 오지 않아 누워서 이리저리 몸을 뒤척거림. ② 두 마음을 품고 바른 길로 좇지 않음.
[輾轉反側(전:전반측)] 누워서 이리 뒤척 저리 뒤척 하며 잠을 이루지 못함. 轉(전)은 '구르다'라는 뜻이니 360°, 反(반)은 '뒤집다'의 뜻이니 180°, 側(측)은 '측면'이라는 뜻이니 90°로 몸을 회전하는 것을 말하는 것이다.

像 형상 상, 人부14   1152

'像(상)'자는 '실제와 닮은 모양'을 뜻하는 글자이다. 마음속에 그려진 어떤 형상, 거울 속에 비친 형상, 사람이 어떤 형태로 빚은 모양 등을 뜻하니 사람(亻)이 어떤 형상[象]을 만든 것이다.

형상, 모양
[氣像(기상)] 기개나 마음씨가 겉으로 드러난 모양. ¶진취적인 기상
[想像(상:상)] 경험하지 못한 일을 마음속으로 그리며 미루어 생각함. ¶상상의 날개를 펴다
[映像(영상)] ① 비치는 그림자. ② (물) 광선의 굴절 또는 반사에 의하여 비친 물체의 모양. ③ 머릿속에 그리는 모습이나 광경.
[虛像(허상)] ① 실제 없는 것이 있는 것처럼 나타나 보이거나 실제와는 다른 것으로 보이는 모습. ② (물) 거울이나 렌즈에 의해 반사되는 빛이 반사되는 방향과 반대 방향으로 연장하여 이루어지는 가상인 상. 回實像(실상).

본뜬 형상, 본떠 그린 모양
[銅像(동상)] 구리로 만든 형상. ¶동상 제막식
[佛像(불상)] (불) 나무·돌·쇠·흙 따위로 만든, 부처의 塑像(소상)이나 畫像(화상) 따위.
[石像(석상)] 돌로 조각하여 만든 모양.
[受像(수상)] (물) 텔레비전이나 사진 전송 따위에서 신호로 받은 사물의 형상을 볼 수 있게 비치는 일. 回受像機(수상기).
[偶像(우:상)] ① 나무나 돌이나 쇠붙이로 만든 신불이나 사람의 형상. ② (종) 기독교에서 하나님 이외에 인위적으로 만들어내어 신과 같이 여겨 섬기는 대상. ③ 맹목적인 인기나 추종·존경의 대상.
[肖像(초상)] 사진·그림 따위에 나타난 사람의 얼굴과 모습. 回肖像權(초상권), 肖像畫(초상화)
群像(군상), 木像(목상), 塑像(소상), 聖像(성상), 神像(신상), 偶像崇拜(우상숭배), 偶像化(우상화), 立像(입상), 自畫像(자화상), 彫像(조상), 坐像(좌상), 現像(현상), 畫像(화상), 胸像(흉상)

僧 중 승, 人부14   1153

'僧(승)'자는 '스님'의 뜻을 나타내기 위하여 만든 것이다. '사람 人(인)'과 '더할 曾(증)'으로 이루어졌다.

중급

중, 불도를 닦는 사람
[僧侶(승려)] 중.
[僧房(승방)] (불) '여승방'의 준말. 여승들이 사는 절.
[佛法僧(불법승)] 三寶(삼보)가 되는 如來(여래)와 敎法(교법)과 比丘(비구).
[非僧非俗(비:승비속)] (중도 아니요 속인도 아니라는 뜻에서) 이것도 저것도 아니고 어중간함을 이르는 말.
[小僧(소:승)] 중이 남에게 자기를 겸손하게 일컫는 말.
[托鉢僧(탁발승)] 도를 닦는 중이 경문을 외면서 집집마다 다니며 동냥하는 중.
[破戒僧(파계승)] 계율을 어기고 지키지 아니한 중.
僧家(승가), 僧伽(승가), 僧舞(승무), 僧服(승복), 僧兵(승병), 僧俗(승속), 高僧(고승), 帶妻僧(대처승), 貧僧(빈승), 削髮爲僧(삭발위승), 禪僧(선승), 在家僧(재가승), 老僧(노승), 名僧(명승), 貧僧(빈승), 女僧(여승), 妖僧(요승), 學僧(학승), 行脚僧(행각승)

克 이길 극, 儿부7 1154

'克(극)'자는 사람이 머리 위에 무거운 짐을 이고 일어나는 모습을 본뜬 것이라고 한다. '이기다', '능히' 등의 뜻으로 쓰인다.

이기다, 싸움·난관·고생 등을 이기다, 사욕(私慾)·결점·약점 등을 이기다, 참고 견디다

[克己(극기)] 자기의 감정이나 욕심 등을 스스로 눌러 이김. ¶극기 훈련 图克己心(극기심)
[克服(극복)] 어려운 상태를 이겨냄. 克服(극복)이 외부와의 싸움에서 이겨내는 것이라면 克復(극복)은 자신과의 싸움에서 이기는 것이다. ¶시련을 극복하다
[克己復禮(극기복례)] 나를 이기고 예의를 회복하다. 개인적인 이익을 좇는 욕심을 버리고 공공의 이익을 위해 세워진 질서인 禮(예)를 회복한다는 뜻이다. 图克復(극복) 图克己復禮爲仁(극기복례위인) 『論語(논어)』
[克伐怨慾(극벌원욕), 不行焉(불행언), 可以爲仁矣(가이위인의).] '克(극)'은 이김을 즐겨함이오, '伐(벌)'은 스스로를 자랑함이요, '怨(원)'은 원망함이요. '慾(욕)'은 재물에 대한 욕심이 많음이다. 이 네 가지를 四惡德(사악덕)이라 한다. 이 사악덕을 행하지 않으면 가히 仁(인)을 행한다고 할 수 있다. 『論語(논어)』

능하다, 능력이 있다

[克明(극명)] ① 똑똑하게 밝힘. 또는 분명하게 밝혀진 모양. ② 더없이 매우 분명함.

兎 토끼 토, 儿부8 1155

'兎(토)'자는 '토끼'를 나타내기 위하여 토끼의 모습을 그려 나타낸 것이다. '달'을 이르기도 한다.

토끼

[兎角龜毛(토각귀모)] '토끼 뿔과 거북의 털'이란 뜻으로, 세상에 없는 것을 비유하는 말.

[狡兎三窟(교토삼굴)] '똑똑한 토끼는 만약을 위해 세 개의 굴을 파 놓는다'는 뜻으로, 만약을 위해 이중 삼중의 대비책을 마련하는 준비성을 말한다.
[守株待兎(수주대토)] '나뭇등걸에 걸려 죽은 토끼를 보고 나무 그루터기를 지키고 앉아 다시 토끼가 오기를 기다린다'는 데서, 달리 변통할 줄은 모르고 어리석게 한 가지만을 내내 고집함 또는 우연을 필연으로 믿는 어리석음을 비유하여 이르는 말. 图守株(수주) 『韓非子(한비자)』
[脫兎之勢(탈토지세)] 달아나는 토끼의 기세. 곧 재빠른 동작.
[逐二兎者不得一兎(축이토자부득일토).] '한꺼번에 토끼 두 마리를 몰면 한 마리도 잡지 못한다'는 뜻으로, 동시에 두 가지 일을 뜻하면 결국 아무 일도 이루지 못함을 비유하여 이르는 말.
[兎死狗烹(토사구팽)] '교활한 토끼가 죽으면 달리던 개도 삶아 먹힌다'는 뜻으로, 전쟁이 끝나면 功臣(공신)도 쓸모없는 것으로서 물리침을 당함을 나타내는 말. '狡兎死良狗烹(교토사양구팽)'이라는 말에서 나왔음. 『史記(사기)·淮陰侯列傳(회음후열전)』 ☞ * 442

달의 이칭(異稱) (달에는 토끼가 살고 있다는 전설에서 유래)

[玉兎(옥토)] 옥토끼. '달'의 다른 이름.
[銀兎(은토)] ① 은빛 털을 가진 토끼. ② '달'을 아름답게 일컫는 말.

其 그 기, 어조사 기, 八부8 1156

'其(기)'자는 본래 곡식을 까부는 데 쓰는 농기구인 '키'를 뜻하기 위하여 그 모양을 그대로 그린 것이었다. 후에 '그것'이라는 대명사 또는 추정이나 미래 어조를 나타내는 어조사로 차용되는 예가 많아지자 본래 뜻은 '대 竹(죽)'을 붙여 '키 箕(기)'자를 만들었다.

그, 사물을 지시하는 말

[其他(기타)] 그 밖. 그 밖의 것. ¶기타 사항
[各其(각기)] 저마다. 图각각
[及其也(급기야)] 마침내.
[不知其數(부지기수)] 그 수를 알 수 없을 만큼 썩 많음.
[不知其子視其友(부지기자시기우), 不知其君視其左右(부지기군시기좌우).] 자기 아들의 사람됨을 모르거든 그가 사귀는 친구를 보라. 사람의 선악은 그 친구를 보면 알게 된다. 임금이 나라를 다스림이 어떤가를 모르거든 임금의 좌우에 있는 신하들을 보라. 임금의 선악은 그 옆에 있는 신하를 보면 알게 된다. 『荀子(순자)』
[愛人不親反其仁(애인불친반기인), 治人不治反其智(치인불치반기지), 禮人不答反其敬(예인부답반기경).] 남을 사랑하여도 친해지지 않으면 자기의 어진 마음을 반성해보고, 남을 다스려도 다스려지지 않으면 자기의 지혜를 돌이켜 반성해보고, 예의를 차렸는데도 답례하지 않으면 남을 공경하는 마음을 돌이켜 반성해보아야 한다. 잘못을 남에게서 구하지 말고 늘 자기 안에서 찾

으라는 말이다. 『孟子(맹자)·離婁 上(이루 상)』

兼 겸할 겸, 八부10   1157

'兼(겸)'자는 '손'을 뜻하는 '又(우)'와 나란히 심어 놓은 벼의 모양인 '秝(력)'자로 이루어졌다. '겸하다'의 뜻을 나타낸다.

겸하다, 아우르다
[兼備(겸비)] 두 가지 이상의 좋은 점을 겸하여 갖춤. 웹文武兼備(문무겸비)
[兼事(겸사)] 한 가지 일을 하면서 동시에 다른 일도 아울러 함.
[兼職(겸직)] 일정한 직무 외의 다른 직무를 겸함. 또는 겸하는 임무. ¶공무원은 겸직할 수 없게 되어 있다
[兩手兼將(양:수겸장)] 장기에서 두 개의 장기짝이 한 꺼번에 말밭에 놓이게 된 관계.
兼務(겸무), 兼床(겸상), 兼用(겸용), 兼人之勇(겸인지용), 兼任(겸임)

두 명사 사이에 쓰이어 앞뒤 명사의 내용이 서로 아울러짐을 나타내는 말
講堂(강당) 兼(겸) 劇場(극장)

冠 갓 관, 관례 관, 冖부9   1158

'冠(관)'자는 '덮을 冖(멱)', '마디 寸(촌)', '으뜸 元(원)'으로 이루어졌다. '冖(멱)'은 '덮다'의 뜻으로 머리를 덮는 '관'의 모양이고, 관을 쓰는 것은 다른 것이 아니라 '손[寸]'으로 쓰는 것이며, 다른 무엇보다도 으뜸[元]인 것이 '冠(관)'이다.

갓, 관, 갓을 쓰다, 벼슬, 지위
[冠詞(관사)] (언) 영어 등의 서양 언어에서 주로 명사 앞에 놓여, 수·성·격 따위를 나타내는 품사.
[怒髮衝冠(노:발충관)] '격노하여 곤두선 머리카락이 관을 밀어 올린다'는 뜻으로, '몹시 성난 모양'을 비유하여 이르는 말.
[無冠(무관)] 어떤 지위나 선수권 따위가 없음. ¶무관의 제왕
[紗帽冠帶(사:모관대)] 사모와 관대. 벼슬아치의 차림 또는 전통혼례식 때 신랑의 옷차림.
[王冠(왕관)] 임금이 쓰는 관.
[月桂冠(월계관)] 월계수의 잎으로 장식하여 만든 관. 고대 그리스에서 경기에 우승한 사람에게 명예와 영광의 표상(表象)으로 머리에 씌우던 관.
[衣冠(의관)] ① 옷과 갓. ② 남자가 정식으로 차려 입은 옷차림. ¶의관을 정제하다
[瓜田不納履(과전불납리), 李下不整冠(이하부정관).] 참외밭을 지날 때는 허리를 굽혀 신을 고쳐 신지 말며, 오얏나무 밑을 지날 때는 갓을 고쳐 쓰지 말아야 한다. 『古詩(고시)·君子行(군자행)』 ☞ * 024
[殺頭而便冠(쇄:두이편관), 削足而適履(삭족이적리).] '머리를 깎아내어 관을 쓰기에 편리하고, 발을 깎아서 신발에 맞춘다'는 뜻으로, 일의 본말이 전도됨을 이르는 말. 『淮南子(회남자)·說林訓(설림훈)』
冠帶(관대), 冠帽(관모), 冠形詞(관형사), 桂冠(계관), 桂冠詩人(계관시인), 金冠(금관), 戴冠(대관), 戴冠式(대관식), 免冠(면관), 免冠頓首(면관돈수), 冕旒冠(면류관), 花冠(화관)

볏
[鷄冠(계관)] ① 닭의 볏. ② (식) 맨드라미.

관례(남자가 처음으로 갓을 쓰고 어른이 되는 의식)
[冠禮(관례)] 아이가 어른이 되는 예식. 남자는 갓을 쓰고 여자는 쪽을 찜. 열대여섯 살에서 스무 살에 행하였음. 웹成年式(성년식)
[冠婚喪祭(관혼상제)] 冠禮(관례)·婚禮(혼례)·喪禮(상례)·祭禮(제례)를 통틀어 이르는 말.

성년, 나이 스무 살을 이르는 말
[弱冠(약관)] 남자 스무 살에 冠禮(관례)를 한다는 데서 남자 나이 스무 살 된 때를 일컫는 말. 『禮記(예기)·曲禮(곡례)』 ☞ * 253

凉 서늘할 량, 冫부10   1159

'凉(량)'자의 본래 글자인 '涼(량)'은 표의요소인 '물 氵(수)'와 표음요소인 '서울 京(경)'으로 구성된 것으로, '묽은 술'이 본뜻이었는데, '서늘하다', '쓸쓸하다'는 뜻으로 확대 사용되었다. 후에 표의요소가 '물 氵(수)'가 '얼음 冫(빙)'으로 바뀐 '凉(량)'자를 만들었다.

서늘하다
[納凉(납량)] 여름철에 더위를 피하여 서늘한 바람을 쐬는 것. ¶납량 특집극
[淸凉(청량)] 맑고 서늘함. 웹淸凉飮料(청량음료), 淸凉劑(청량제)
[抱炭希凉(포탄희량)] '숯불을 안고 시원하기를 바란다'는 뜻으로, 행하는 바와 바라는 바가 상반됨을 비유하여 이르는 말.
爽凉(상량), 炎凉(염량)

슬퍼하다, 시름, 근심, 슬픔
[凄凉(처량)] ① 마음이 구슬퍼질 만큼 쓸쓸함. ② 서글프고 구슬픔. ¶처량한 내 신세/처량한 물결 소리
[棲守道德者(서수도덕자), 寂寞一時(적막일시). 依阿權勢者(의아권세자), 凄凉萬古(처량만고).] 도덕을 고수하며 사는 자는 일시적으로 매우 적막하다. 권세에 아부하고 의지하는 자는 만고에 처량하다. 『菜根譚(채근담)·前集 1』

쓸쓸하다
[荒凉(황량)] 황폐하여 거칠고 쓸쓸함.

凡 무릇 범(:), 几부3   1160

'凡(범)'자는 쪽배에 달아 놓은 돛 모양을 본뜬 것으로 '돛'이 본뜻이다. 후에 이것이 '무릇', '평범한' 같은 의미

로 활용되는 사례가 많아지자, 본뜻은 따로 '돛 帆(범)'을 만들어 나타냈다.

무릇, 대체로 보아, 보통의, 예사로운

[凡夫(범부)] ① 凡人(범인). 평범한 사람. ② (불) 번뇌에 얽매여 생사를 초월하지 못하는 사람.
[凡事(범사)] 예사로운 일. ¶범사에 신중하라/범사에 감사하라
[凡常(범상)] 예사로움. ¶범상한 인물이 아니다
[非凡(비:범)] 보통 수준에서 훨씬 뛰어남. ¶비범한 재주
[平凡(평범)] 뛰어난 점이 없이 보통임.
凡庸(범용), 凡人(범인), 凡才(범재)

모두, 다, 전부, 대강, 개요

[凡例(범:례)] 일러두기. 미리 알아두어야 할 모든 사항을 본보기로 적은 글.
[凡節(범절)] 법도에 맞는 모든 질서와 절차.
[禮儀凡節(예의범절)] 일상생활에서 갖추어야 할 모든 예의와 절차.

刀 칼 도, 刀부2　1161

'刀(도)'자는 '칼'을 뜻하기 위하여 식칼 모양을 본뜬 것이다.

칼, 물건을 베거나 썰거나 깎는 기구

[果刀(과:도)] 과일칼.
[面刀(면:도)] 얼굴의 잔털이나 수염을 깎는 칼. 또는 그런 일.
[笑裏藏刀(소:리장도)] '웃음 속에 칼을 감춘다'는 뜻으로, 말로는 좋게 하나 속으로는 해칠 뜻을 가짐을 비유하는 말.
[食刀(식도)] 식칼. 음식을 만들 때 사용하도록 만들어진 칼.
[一刀兩斷(일도양단)] 한 칼에 둘로 자름. 머뭇거리지 않고 과감히 처리함.
[借刀殺人(차:도살인)] ① 남의 칼을 빌어 사람을 죽임. ② 음험한 수단.
[冶家無食刀(야가무식도)] '대장간에 식칼이 논다'는 뜻으로, 생활에 쫓기다보니 남의 뒷바라지만 하고 정작 제 일에는 등한히 되어 버림. 또는 마땅히 흔해야 할 곳에 도리어 그 물건이 의외로 부족하거나 없는 경우를 이르는 속담이다.
[舌是斬身刀(설시참신도).] 혀는 제 몸을 자르는 칼이다. 말을 조심하라는 말. 『馮道(풍도)・舌詩(설시)』
☞ * 032
短刀(단도), 亂刀(난도), 單刀直入(단도직입), 寶刀(보도), 削刀(삭도), 腰刀(요도), 牛刀割鷄(우도할계), 銀粧刀(은장도), 粧刀(장도), 竹刀(죽도), 執刀(집도), 快刀亂麻(쾌도난마)

劍 칼 검:, 刀부15　1162

'劍(검)'자는 무사나 병사들이 허리에 차는 긴 '칼'을 나타내기 위하여 만든 것이었다. '칼 刀(도)'와 '다 僉(첨)'으로 이루어졌다.

칼, 무기로 쓰이는 긴 칼, 검법, 칼을 쓰는 법

[劍客(검:객)] 검술에 능한 사람.
[劍道(검:도)] ① 검술을 닦는 법도. ② 두 사람이 護具(호구)를 착용하고 竹刀(죽도)로 상대를 타격하기를 겨루는 경기.
[刻舟求劍(각주구검)] 배에서 떨어뜨린 칼을 찾는데, 배가 움직이는 것은 생각하지 않고 칼을 떨어뜨린 뱃전에다 표를 하고서 찾으려 했다는 중국 고사에서 나온 말로, 사리에 어둡고 어리석음을 비유하는 말. 『呂氏春秋(여씨춘추)』
[見蚊拔劍(견:문발검)] '모기를 보고 칼을 뺀다'는 뜻으로, 보잘것없는 작은 일에 어울리지 아니하게 엄청나고 큰 대책을 씀을 비유하여 이르는 말. 모기 보고 칼 빼기.
[口蜜腹劍(구:밀복검)] '입에는 꿀이 있고, 뱃속에는 칼이 있음'이라는 뜻에서, 말은 달콤하게 하지만 속으로는 해칠 생각을 하고 있음을 비유적으로 이르는 말.
[槍劍(창검)] 창과 칼.
[銃劍(총검)] ① 총과 칼. ② 총 끝에 꽂는 칼. 참銃劍術(총검술)
劍舞(검무), 劍法(검법), 劍士(검사), 劍術(검술), 怒蠅拔劍(노승발검), 短劍(단검), 帶劍(대검), 名劍(명검), 拔劍(발검), 寶劍(보검), 洗劍亭(세검정), 神劍(신검), 雙劍(쌍검), 長劍(장검)

나무로 만든 긴 칼

[木劍(목검)] 나무로 만든 긴 칼. 주로 훈련할 때 쓴다.

刊 책 펴낼 간, 刀부5　1163

옛날에 책을 만들 때 나무토막을 깎아 다듬어 글을 쓰고 줄로 엮었다. '刊(간)'자는 바로 그렇게 하기 위하여 칼로 나무를 '깎다'는 뜻을 나타내기 위하여 만든 것이었다. '칼 刀(도)'와 '방패 干(간)'으로 이루어진 글자이다. '책을 만들다'는 뜻으로 쓰인다.

책을 펴내다, 출판하다

[刊行(간행)] 책을 찍어 발행함.
[發刊(발간)] 신문・잡지・도서 따위를 펴냄.
[月刊(월간)] 매달 한 차례씩 간행함. 또는 그 간행물. 참月刊誌(월간지)
[朝刊(조간)] 매일 아침 발행되는 신문. '조간신문'의 준말. 참夕刊(석간)
[創刊(창:간)] 정기간행물 따위를 처음으로 발간함. 참創刊號(창간호)
季刊(계간), 改刊(개간), 近刊(근간), 旣刊(기간), 續刊(속간), 旬刊(순간), 日刊(일간), 週刊(주간), 出刊(출간), 休刊(휴간), 夕刊(석간), 夕刊新聞(석간신문), 新

刊(신간), 停刊(정간), 朝刊新聞(조간신문), 初刊(초간), 廢刊(폐간)

剛 굳셀 강, 刀부10   1164

'剛(강)'자는 '산등성이 岡(강)'과 '칼 刀(도)'로 이루어졌다. '岡(강)'자는 어떤 이유에서인지 '강할 强(강)'자 대신 쓰였다고 한다. '剛(강)'자는 '강한 칼'이라는 뜻에서 '굳세다'의 뜻을 나타낸다.

굳세다, 의지가 굳세다, 힘차고 튼튼하다

[剛健(강건)] ① 기상이나 의지가 꿋꿋하고 건전함. ¶강건한 의지 ② 筆力(필력)이나 文勢(문세)가 강하고 씩씩함. 참剛健體(강건체)

[剛斷(강단)] ① 굳세게 견디어내는 힘. ¶약골 같아도 강단이 있는 그였다 ② 딱 잘라서 결정짓거나 처리하는 용단.

[剛直(강직)] 굳세고 옳다. 반狡猾(교활).

[外柔內剛(외:유내강)] 성질이 겉으로 보기에는 순하고 부드러운 것 같으나 속은 꿋꿋하고 굳음.

[外剛內柔(외:강내유)] 겉으로는 강하게 보이나 속은 부드러움.

剛氣(강기), 剛愎(강퍅), 內剛(내강), 外剛(외강)

굳다, 단단하다

[剛度(강노)] (물) 금속성의 물질이 끊어지지 않으려고 저항하는 단단하고 질긴 정도.

[剛性(강성)] (압력을 받아도 모양이 변하지 않는) 물질의 단단한 성질.

[金剛(금강)] ① 오행(五行)의 금(金)의 기(氣). ② 금강석(金剛石)의 준 말. ③ 여래의 지덕(知德)이 견고하여 일체의 번뇌를 깨뜨림의 비유.

[太剛則折(태강즉절)] 너무 강하면 꺾어지기 쉬움.

[柔能制剛(유능제강)] 부드럽고 약한 것이 능히 단단하고 강한 것을 이길 수 있음. 柔弱勝剛强(유약승강강). 『三略(삼략)』 ☞ *313

剛堅(강견), 剛柔(강유), 金剛石(금강석)

柔 부드러울 유, 木부9   1165

'柔(유)'자는 재질이 부드러워 굽힐 수 있는 '나무'를 뜻하기 위하여 만든 것이다. '창 矛(모)'와 '나무 木(목)'으로 이루어졌다. '창 矛(모)'가 표음요소라고 하는데 너무 많이 변했다. '부드럽다', '약하다'는 뜻으로 쓰인다.

부드럽다, 성질·태도 등이 화평하고 순하다

[柔道(유도)] 두 사람이 맨손으로 서로 맞잡고 상대의 힘을 이용하여 넘어뜨리거나 눌러 승부를 겨루는 운동.

[柔順(유순)] 부드럽고 순함.

[柔軟(유연)] 부드럽고 연함.

[內柔外剛(내:유외강)] ☞ 剛(강)

[外柔內剛(외:유내강)] ☞ 剛(강)

[溫柔(온유)] 인품이 온화하고 부드러움. ¶온유한 낯빛

[懷柔(회유)] 달래어 말을 잘 듣도록 함. ¶그들은 우리를 회유하려고 온갖 술책을 다 동원하였다.

[柔能制剛(유능제강)] ☞ 剛(강)

柔和(유화), 剛柔(강유)

약하다, 여리다, 무르다

[柔弱(유약)] 부드럽고 약함.

[善柔(선:유)] 남에게 아첨할 뿐 성실하지 못함.

[優柔(우유)] ① 마음이 부드럽고 약함. ② 사물에 임하여 맺고 끊지 못함.

[優柔不斷(우유부단)] ① 마음이 넉넉하고 부드럽기는 하지만 무언가 결단을 내리지는 못함. ② 어물어물 망설이기만 하지 딱 잘라 결단을 내리지 못함.

[彊自取柱(강자취주), 柔自取束(유자취속).] 강한 나무는 저절로 기둥이 되고, 약한 나무는 저절로 땔감이 된다. 단단한 나무는 원하지 않아도 저절로 기둥으로 사용된다. 또한 약한 나무는 아무리 좋은 장소에 쓰이길 바라더라도 언제나 장작으로만 사용된다. 사람도 재능에 따라 운명이 저절로 결정된다. 『荀子(순자)·勸學篇(권학편)』

割 벨 할, 나눌 할, 刀부12   1166

'割(할)'자는 '(칼로 베어) 나누다'는 뜻을 나타내기 위하여 만든 것이다. '칼 刀(도)'와 '해칠 害(해)'로 이루어졌다.

나누다

[割據(할거)] 땅을 나누어 차지하고 세력권을 형성함. 참群雄割據(군웅할거)

[割賦(할부)] 여러 번에 나누어 냄. 月賦(월부) 따위. 참割賦金(할부금), 割賦販賣(할부판매)

[割愛(할애)] ① 아끼는 물건 따위를 나누어 줌. ② 소중한 시간, 돈, 공간 따위를 아깝게 여기지 아니하고 선뜻 내어줌. ¶시간을 할애하다

[割引(할인)] 일정한 값에서 얼마를 빼 줌.

[分割(분할)] 갈라서 나눔. ¶토지 분할/분할 측량

[役割(역할)] 구실. 마땅히 해야 할 노릇이나 일.

쪼개다, 가르다, 갈라서 찢다, 자르다, 끊다

[割禮(할례)] (종) 고대부터 유대교도·이슬람교도·아프리카의 여러 종족들 사이에서 종교적·관습적으로 행하여져 온 의식으로, 남자의 음경 포피를 잘라 내거나 여자의 음핵이나 소음순을 잘라내는 일.

[割腹(할복)] 배를 가름. 참割腹自殺(할복자살)

[割肉充腹(할육충복)/割股充腹(할고충복)] '제 살을 베어서 배를 채운다'는 뜻으로, '혈족의 재물을 빼앗아 먹음'을 비유하는 말.

[牛刀割鷄(우도할계)] 소 잡는 칼로 닭을 잡음. '작은 일을 하는 데 어울리지 않게 거창하게 벌이거나 큰 도구를 씀'을 이르는 말. 『論語(논어)』

[口是傷人斧(구시상인부), 言是割舌刀(언시할설도).] 입은 곧 남을 상처 내는 도끼요, 말은 곧 자기 혀를 베

는 칼이다.『明心寶鑑(명심보감)·言語篇(언어편)』
할, 비율, 1/10
[五割(오할)]

劃 그을 획, 刀부14   1167

'劃(획)'자는 원래 '畫(화/획)'자로 그 뜻을 나타내었다. 畫(화/획)'자가 '그림'이라는 뜻으로 쓰이는 예가 많아지자, '칼 끝으로 긋는다'는 뜻을 확실하게 하기 위하여 '칼 刀(도)'를 더하여 '劃(획)'자를 만들었다. 선을 '긋다'의 뜻으로 폭넓게 쓰인다.

긋다, 구분하다, 한계를 짓다, 구획, 구별하다
[劃期的(획기적)] 어떤 분야에서 새로운 기원이나 시기를 열어 놓을 만큼 두드러짐. 또는 그러한 것.
[劃一(획일)] '一'자를 긋듯 가지런하다. 모두 한결같다. 웹劃一的(획일적)
[區劃(구획)] 토지 따위를 구분하여 나눔. 또는 그런 구역.

계획, 꾀하다, 꾀, 계략
[劃策(획책)] 어떤 일을 하려고 꾸미거나 꾀함. 또는 그러한 꾀.
[計劃(계:획)] 앞으로 할 일의 방법·차례·규모 따위를 미리 잡음. 또는 그 잡은 내용. ¶사업 계획/계획을 세우다
[企劃(기획)] 계획을 세움. 웹企劃室(기획실)

획, 글자의 획, 한자를 구성하는 선
[劃數(획수)] 한자에 쓰인 획의 수.
[劃順(획순)] 글씨를 쓸 때 획을 긋는 순서.

勿 말 물, 勹부4   1168

'勿(물)'자는 '하지 말라', '없음' 등 부정이나 금지를 나타내는 뜻으로 쓰인다.

말다, 말라, 말아라(금지하는 뜻을 나타내는 어조사)
[勿驚(물경)] '놀라지 말라' 또는 '놀랍게도'의 뜻으로, 엄청난 것을 말할 때 겁주는 뜻으로 쓰는 말. ¶물경 10만 인파가 모였다
[勿忘草(물망초)] (식) 지칫과의 여러해살이풀. 봄·여름에 남색의 작은 꽃이 아름답게 핌. 관상용으로 널리 재배함. '나를 잊지 마세요'라는 뜻의 이름을 가진 풀임.
[勿失好機(물실호기)] 좋은 기회를 놓치지 말라.
[前事勿論(전사물론)] 지난날의 일에 시비를 논란하지 아니함.
[過則勿憚改(과즉물탄개).] 허물이 있다면 고치기를 꺼리지 말라. 즉 잘못을 저질렀다고 후회만 하지 말고, 그것을 빨리 바로잡아야만 다시는 같은 잘못을 저지르지 않는다는 뜻이다.『論語(논어)·學而(학이)』
[己所不欲勿施於人(기소불욕물시어인).] 내가 하고 싶지 않은 일을 남에게도 시키지 말라.『論語(논어)·衛靈公(위령공)』
[難上之木勿仰(난상지목물앙).] '오르지 못할 나무는 쳐다보지 말라'는 뜻으로, 가망이 없는 일은 처음부터 생각도 내지 말라는 말.
[來者勿拒(내자물거), 去者勿追(거:자물추).] 오는 사람을 물리치지 말고, 가는 사람을 억지로 붙들지 말라.『春秋公羊傳(춘추공양전)』☞ * 077
[四勿(사:물)] 공자가 안회(顔回)에게 가르친 네 가지 삼갈 일. 非禮勿視(비:례물시), 非禮勿言(비:례물언), 非禮勿聽(비:례물청), 非禮勿動(비:례물동). 예가 아니면 보지 말고, 예가 아니면 듣지 말고, 예가 아니면 말하지 말고, 예가 아니면 행동하지 말라. 예의에 벗어난 것은 되도록 피하는 것이 좋다. 보는 것, 듣는 것, 말하는 것, 행하는 것, 모두가 예가 아닌 것과 친숙하게 되면 자신도 모르게 마음도 그 올바름을 잃게 된다. 예가 아닌 것을 피하고 삼가는 것이 곧 仁(인)의 도리에 이르는 방법이다.『論語(논어)·顔淵(안연)』

아니다, 없다(부정하는 뜻을 나타내는 어조사)
[勿論(물론)/毋論(무론)] 말할 것도 없이. 말할 것도 없음. ¶물론 그렇고말고/그야 물론이다

卽 곧 즉, 卩부9   1169

'卽(즉)'자는 '(막 밥을) 먹으려 하다'가 본래 의미이고, '곧', '당장', '나아가다' 등의 뜻으로 사용된다.

곧, 바로, 때를 넘기지 아니하고 그 자리에서 바로
[卽刻(즉각)] 당장에. 곧바로. ¶즉각 알려달라고 부탁하였다
[卽決(즉결)] ① 그 자리에서 곧 결정하거나 처리함. ② '즉결심판' 또는 '즉결처분'의 준말.
[卽死(즉사)] 그 자리에서 곧 죽음.
[卽席(즉석)] 일이 진행되는 바로 그 자리.
[卽時(즉시)] 바로 그 때. 곧바로.
[卽興(즉흥)] ① 즉석에서 일어나는 흥취. ② 그때그때 내키는 기분. 웹卽興曲(즉흥곡), 卽興詩(즉흥시), 卽興的(즉흥적)
[一觸卽發(일촉즉발)] 조금만 닿아도 폭발할 것 같이 몹시 위급한 상태.
卽決審判(즉결심판), 卽決處分(즉결처분), 卽答(즉답), 卽日(즉일), 卽效(즉효)

곧, 다시 말해서, 바꾸어 말하면
[卽心是佛(즉심시불)] (불) '마음이 곧 부처'라는 뜻으로, 부처를 밖으로 찾다가 하루아침에 대오하면, 내 마음이 곧 부처의 마음이나 마찬가지라는 뜻.
[色卽是空(색즉시공). 空卽是色(공즉시색).] (佛) 우주 만물은 다 실체가 없는 공허한 것이기는 하나, 인연의 상관관계에 의하여 그대로 별개의 존재로서 존재하는 것이다. 무릇 형상을 갖춘 만물은 인연으로 말미암아 생긴 것이며 원래 實在(실재)하는 것이 아니므로 그대로 空無(공무)한 것이다. 웹色不異空(색불이공) 空不異色(공불이색) 色卽是空(색즉시공) 空卽是色(공즉시

색). 『般若心經(반야심경)』
나아가다, 자리에 나아가다
[卽位(즉위)] 임금의 자리에 나아가 오름.

及 미칠 급, 又부4　　1170

'及(급)'자는 '따라잡다'는 뜻을 나타내기 위하여 앞에서 달아나는 사람의 옷을 붙잡는 손(又)을 그린 것이다. '미치다', '이르다', '더불어' 등의 뜻으로 쓰인다.
미치다, 가 닿다, 뒤쫓아 따르다, 시기·상태·생각·힘·작용 등이 어떤 사실에 이르다
[及其也(급기야)] 마침내.
[普及(보ː급)] 많은 사람에게 골고루 널리 미치게 함. ¶새 기술의 보급/신문 보급
[遡及(소급)] 지나간 일에까지 거슬러 올라가서 미치게 함. ¶소급 적용
[足脫不及(족탈불급)] 발을 벗고 뛰어도 따라잡지 못함. '능력이나 역량, 재질 따위가 도저히 따라가지 못할 정도임'을 비유하여 이르는 말.
[波及(파급)] 어떤 일의 영향 따위가 다른 데로 미쳐 번짐. ¶파급을 막다/파급 효과가 크다
[後悔莫及(후회막급)] 잘못된 뒤에 아무리 후회하여도 어찌할 수가 없음.
[過猶不及(과ː유불급)] 지나친 것은 미치지 못하는 것과 같다. 일을 처리하거나 수행할 때 지나친 것은 미치지 못한 것과 같다는 말이다. 물론 이 말은 물질적 성과만 가지고 성패를 따지는 것은 아니다. 지나치지도 않고 모자람도 없는 中庸(중용)의 문제를 거론한 것이다. 혹시 '過猶不及(과유불급)'을 '지나친 것은 모자라는 것만 못하다'라는 뜻으로 쓴다면 이것은 본뜻과는 달라진 것이다.
論及(논급), 不及(불급), 不及馬腹(불급마복), 言及(언급)
급제(及第)의 준말
[及落(급락)] 급제와 낙제.
[及第(급제)] ① 시험에 합격함. ② 과거에 합격함. 맨落第(낙제)
[壯元及第(장ː원급제)] (역) 과거에서 甲科(갑과)에 첫째로 한 급제.
및, 와(접속사), 함께, 더불어

司 맡을 사, 口부5　　1171

'司(사)'자는 '임금 后(후)'자를 반대로 돌려놓은 것으로 '(신하가 임금을 위하여) 봉사하다'가 본뜻이고, '맡다', '관직' 등을 뜻하는 것으로 쓰인다.
맡다, 직무로서 어떤 일을 맡다
[司令部(사령부)] (군) 사단급 이상의 부대를 통솔하고 지휘하는 본부. 참司令官(사령관)
[司法(사법)] 삼권의 하나. 국가가 법률을 사실에 적용하는 행위. 참司法權(사법권), 司法府(사법부)
[司書(사서)] ① 도서의 정리·보존 및 열람에 관한 업무 등 도서관 운영에 필요한 지식과 자격을 갖춘 전문직. 또는 그 직에 종사하는 사람. ② 국·공립 도서관에서 일하는 6급 공무원.
[司祭(사제)] ① 의식과 전례를 맡은 성직자. ② 주교와 신부
[司會(사회)] 회의나 예식 따위를 맡아 진행함.
벼슬, 관리, 공무원
[監司(감사)] 관찰사. ¶전라감사/평안감사
[上司(상ː사)] 자기보다 벼슬이나 지위가 위인 사람.
관아, 공무를 집행하는 곳
[司諫院(사간원)] 조선 때 삼사의 하나. 임금께 간하는 일을 맡아보던 관아.
[司憲府(사헌부)] (역) ① 고려 때, 정치를 논의하고 풍속을 바로잡으며 벼슬아치의 잘못을 탄핵하던 관아. ② 조선 때, 三司(삼사)의 하나로 고려의 제도를 이어받은 관아. 백성의 억울한 누명을 풀어주는 일도 맡았음.
[三司(삼사)] (역) 조선 때 사헌부·사간원·홍문관의 세 관아.

吹 불 취ː, 바람 취ː, 口부7　　1172

'吹(취)'자는 '(입으로) 불다'는 뜻을 나타낸다. '입 크게 벌릴 欠(흠)'과 '입 口(구)'로 이루어졌다.
불다, 입김을 내불다, 숨을 밖으로 내보내다
[吹毛求疵(취ː모구자)] '흉터를 찾으려고 털을 불어 헤친다'는 뜻으로, '억지로 남의 작은 허물을 들추어냄'을 이르는 말. 『韓非子(한비자)』
[懲湯吹冷水(징탕취냉수)] '끓는 물에 입을 데고 나서 냉수도 불면서 마신다'는 뜻으로, 한번 크게 혼난 사람이 그와 비슷한 경우를 당하면 공연히 무서워함을 비유하여 이르는 말.
피리 등 관악기를 불다, 취주 악기, 취주 악기의 가락
[吹笛(취ː적)] 피리를 붊.
[吹奏(취ː주)] (저·피리·생황·나팔 등의) 관악기를 입으로 불어서 연주함. 참吹奏樂(취주악)
[吹打(취ː타)] 군대에서 나발, 소라, 대각 등을 불고 북과 바라를 치던 일.
바람이 불다, 바람이 불어서 물건을 움직이게 하다
[吹雪(취ː설)] 눈보라.
부추기다, 충동하다
[鼓吹(고취)] ① 북을 치고 피리를 붊. ② (마음이나 의기를) 북돋움. ¶애국심을 고취하다

含 머금을 함, 口부7　　1173

'含(함)'자는 입 속에 넣어 씹거나 삼키지 않고 있다, 즉 '머금다'를 뜻하기 위하여 만든 것이다. '입 口(구)'와 '이제 今(금)'으로 이루어졌다. '넣다', '품다'의 뜻으로도 쓰인다.

어떤 생각·감정 등을 품다
[含笑入地(함소입지)] '웃음을 머금고 땅속에 들어간다'는 뜻에서, 안심하고 죽음을 비유적으로 이르는 말. 『後漢書(후한서)』
[含蓄(함축)] ① (짧은 말이나 글 등에) 어떤 내용이나 깊은 뜻이 들어 있음. ② 속에 간직하여 드러나지 않음. 참含蓄美(함축미), 含蓄性(함축성)
含憤蓄怨(함분축원), 含羞(함수), 含羞草(함수초)

싸다, 담다, 넣다, 싸서 가지다
[含量(함량)] '含有量(함유량)'의 준말. 어떤 물질 속에 포함되어 있는 분량.
[含有(함유)] 어떤 물질이 어떤 성분을 포함하고 있음.
[包含(포함)] 어떤 사물이나 현상 가운데 함께 들어 있거나 함께 넣음. ¶조사 대상에 포함되다

참다, 견디어내다
[含垢(함구)] 욕된 일을 참고 견딤.

哭 울 곡, 口부10   1174

'哭(곡)'자는 '입으로 크게 소리 내어 울다'가 본뜻이다. '口'자 두 개는 입의 숫자가 많다, 즉 여러 사람의 입을 뜻한다. '개 犬(견)'은 사람이 죽었을 때 '犧牲(희생)'으로 바치는 동물을 뜻한다. 소리 내지 않고 눈물만 흘리며 우는 것은 '泣(읍)'이다.

울다, 큰 소리를 내며 울다
[哭聲(곡성)] 우는 소리. 곡소리.
[鬼哭(귀:곡)] 귀신의 울음. 참鬼哭聲(귀곡성), 鬼哭鳥(귀곡조)
[欲哭逢打(욕곡봉타)] '울려고 하는 아이를 때려서 마침내 울게 한다'는 뜻으로 불평을 품고 있는 사람을 선동함을 비유한 말.
[痛哭(통:곡)/慟哭(통:곡)] 큰 소리로 슬피 옮. 참大聲痛哭(대성통곡), 放聲痛哭(방성통곡)

곡하다, 사람의 죽음을 슬퍼하여 울다
[哭婢(곡비)] 장례 때 울면서 행렬의 앞에 가는 계집종. 옛날에는 喪家(상가)에서 곡성이 끊이지 않게 하기 위하여 직업적으로 우는 사람을 사서 울게 하였음.
[弔哭(조:곡)] 조상하는 뜻으로 옮. 또는 그 울음.
[卒哭(졸곡)] 三虞(삼우)가 지난 뒤에 지내는 제사. 사람이 죽은 뒤 석 달 만에 丁日(정일)이나 亥日(해일)을 가려서 지냄. '哭(곡)을 그침'을 뜻함.

泣 울 읍, 水부8   1175

'泣(읍)'자는 소리를 내지 않고 '눈물을 흘리며 울다'는 뜻을 나타내기 위하여 만든 것이다. '물 氵(수)'와 '설 立(립)'으로 이루어졌다. '크게 소리를 내며 울다'는 '哭(곡)'이다.

울다, 울음
[泣訴(읍소)] 울면서 하소연함.

[泣斬馬謖(읍참마속)] 중국 三國(삼국) 시대 蜀(촉)의 諸葛亮(제갈량)이 馬謖(마속)을 사랑하였으나, 명령을 어기어 패전한 책임을 물어 울면서 이를 사형에 처한 고사에서, '큰 목적을 위해서는 사랑하는 사람도 버림'을 비유하여 이르는 말.
[感泣(감:읍)] 감격하여 눈물을 흘림.
[煮豆燃豆萁(자두연두기), 豆在釜中泣(두재부중읍).] 콩을 삶는데 콩대를 베어 때니, 솥 안에 있는 콩이 눈물 흘리네. 『世說新語(세설신어)·七步詩(칠보시)』☞ *436
泣諫(읍간), 泣別(읍별), 泣請(읍청)

唐 당나라 당, 口부10   1176

'唐(당)'자는 '庚 별(星) 경'과 '입 口(구)'로 이루어진 글자이다. '크다', '큰소리', '황당하다'는 뜻으로 쓰인다. 나라 이름 '唐(당)나라'의 뜻으로 쓰인다.

당나라, 사물 앞에 당(唐)을 붙여 중국으로부터 들어온 좋은 물건의 뜻을 나타낸다
[唐麵(당면)] 녹말가루로 만든 마른 국수.
[唐絲(당사)] 중국에서 나는 명주실.
[唐詩(당시)] (문) 중국 당나라 때의 작가들이 지은 시. 참唐詩選(당시선)

[唐宋八大家(당송팔대가)] 중국 唐(당)나라와 宋(송)나라의 뛰어난 문장가 여덟 명을 가리키는 말이다. 唐(당)나라의 韓愈(한유)와 柳宗元(유종원), 宋(송)나라의 歐陽脩(구양수), 蘇洵(소순), 蘇軾(소식), 蘇轍(소철), 曾鞏(증공), 王安石(왕안석)을 이른다.

허풍, 큰소리, 허풍을 떨다
[荒唐(황당)] 거칠고 허황함. ¶황당한 소문
[荒唐無稽(황당무계)] 말이나 행동이 허황하고 터무니없음. '荒唐(황당)'은 '언행이 거칠고 줏대가 없어서 취할 만한 것이 없다'는 말이고, '無稽(무계)'는 '유례를 찾아볼 수 없다'는 뜻이다. 즉 하는 일이 너무나 어처구니없어서 달리 그런 경우를 찾을 수 없다는 말이다.

저촉되다, 위반되다
[唐突(당돌)] ① 조금도 꺼리거나 어려워함이 없이 올차고 다부짐. ¶당돌한 태도. ② 윗사람에게 대하는 짓이 버릇이 없고 주제넘음. ¶당돌한 아이

당황하다, 황당하다
[唐惶(당황)] 놀라거나 다급하여 정신이 어리둥절하다

哲 밝을 철, 口부10   1177

'哲(철)'자는 사리에 '밝다'는 뜻을 나타내기 위한 것이다. '꺾을 折(절)'과 '입 口(구)'로 이루어졌다.

밝다, 총명하다, 지혜롭다
[哲學(철학)] ① 인간과 삶의 원리와 본질 따위를 밝히는 학문. ② 투철한 인생관이나 가치관.

[明哲(명철)] 사리에 아주 밝음.
[明哲保身(명철보신)] 어지러운 세상을 살 때, 세태와 사리에 아주 밝아서 몸을 위험한 자리에나 욕된 곳에 빠트리지 않고 잘 보전함. 朱子(주자)에 따르면, '明(명)은 이치에 밝은 것이고, 哲(철)은 일을 살피는 것이라고 하였다. 保身(보신)은 이치에 순종해서 몸을 지키는 것이지, 이익을 좇고 재앙을 피해서 구차하게 몸을 온전히 하는 것은 아니다'라고 하였다. 『詩經(시경)·大雅(대아)』

도리나 사리에 밝은 사람
[哲人(철인)] 어질고 사리에 밝은 사람.
[孔門十哲(공:문십철)] 공자의 제자 중에 학덕이 빼어난 열 사람을 일컫는 말. 곧 顏淵(안연)·子貢(자공)·子夏(자하) 등
[聖哲(성:철)] ① 만사에 통달하고 사리에 밝은 사람. ② 성인과 철인.
[賢哲(현철)] 賢人(현인)과 哲人(철인).

啓 열 계:, 口부11　　1178

'啓(계)'자는 '열다'는 뜻을 나타내기 위하여 '외짝 문 戶(호)'를 여는 '손 우(又)'를 그린 것이었다. '又(우)'는 '칠 攵(복)'으로 바뀌어 닫혔던 문을 쳐서 연다는 뜻이 강화되었다. 여기에 '입 口(구)'가 보태져 '아뢰다', '일깨우다'는 뜻으로 쓰이게 되었다. 문을 손으로 열어젖히듯 재능이나 정신 따위를 입으로 깨우쳐 준다는 데서 '열다'의 뜻을 가진다.

개척하다, 열어 나가다, 나아갈 길을 터놓다
[啓發(계:발)] (지능·정신 등을) 깨우쳐 열어줌. ¶저마다의 소질을 계발하고

啓發(계발)과 開發(개발)
[啓發(계:발)] 어두운 방의 문을 열어 밝히듯 잠재되어 있는 사람의 슬기나 재능을 일깨우는 것을 의미한다.
[開發(개발)] 닫혔던 문을 여는 것과 같이 토지나 천연자원 따위를 개척하여 발전시킨다는 의미이다.

가르치다, 알려주어 깨닫게 하다
[啓導(계:도)] 깨우쳐 이끌어줌.
[啓蒙(계:몽)] 인습에 젖거나 바른 지식을 가지지 못한 사람을 일깨워 새롭고 바른 지식을 가지도록 함. 참啓蒙文學(계몽문학) 啓蒙思想(계몽사상) 啓蒙主義(계몽주의)
[啓示(계:시)] 사람의 지혜로는 알 수 없는 일을 영감으로 알려줌. ¶신의 계시를 받다
[不憤不啓(불분불계)] 분발하는 바가 없으면 계도(啓導)하지 아니한다는 뜻으로, 스스로 터득하려고 무한 애쓰는 사람이라야 스승의 가르침으로 미묘한 이치에 통달할 수 있음을 이르는 말. 『論語(논어)·述而(술이)』

여쭈다, 아뢰다
[謹啓(근:계)] '삼가 아룀'의 뜻으로 편지 첫머리에 쓰는 말. 동敬啓(경계)

상주(上奏)하다, 상주하는 글
[狀啓(장:계)] (역) 감사 또는 임금의 명을 받들고 지방에 나간 벼슬아치가 임금에게 글로써 하는 보고.

기타
[啓明星(계명성)] 샛별.

喪 죽을 상(:), 잃을 상, 口부12　　1179

죽다, 사람이 죽다, 복을 입다, 상제 노릇을 하다
[喪家(상가)] 초상이 난 집.
[喪家之狗(상가지구)] 초라하고 풀이 죽은 모습. 상갓집의 개는 주인이 죽어 누구도 돌봐주는 사람이 없기 때문에 슬슬 사람들의 눈치나 살피면서 지낸다는 뜻이다. 『孔子家語(공자가어)·入官(입관)』
[喪制(상제)] ① 어버이나 承重(승중) 조부모의 居喪(거상) 중에 있는 사람. 참喪主(상주) ② 喪禮(상례)에 관한 제도.
[居喪(거상)] 喪中(상중)에 있음.
[問喪(문:상)] 초상난 집에 가서 슬픔을 나타내는 인사를 함, 또는 그 인사. 동弔喪(조상)
[囚首喪面(수수상면)] 죄수의 머리와 상주의 얼굴. 囚首(수수)는 빗지 않은 머리, 喪面(상면)은 세수하지 않은 얼굴, 즉 용모를 꾸미지 않음을 뜻한다. 『蘇洵(소순)』
[初喪(초상)] 사람이 죽어서 장사 지낼 때까지의 일. ¶초상을 치르다
[親喪(친상)] 부모 상.
喪故(상고), 喪禮(상례), 喪配(상배), 喪服(상복), 喪夫(상부), 喪夫煞(상부살), 喪事(상사), 喪輿(상여), 喪章(상장), 喪中(상중), 喪妻(상처), 喪布(상포), 喪布契(상포계), 冠婚喪祭(관혼상제), 國喪(국상), 父母喪(부모상), 三年喪(삼년상), 妻喪(처상), 出喪(출상), 脫喪(탈상), 好喪(호상), 護喪(호상)

잃다, 잃게 하다, 없어지게 하다
[喪失(상실)] 잃어버림. ¶기억상실
[喪失感(상실감)] 무엇인가를 잃어버린 후의 느낌이나 감정 상태.
[喪心(상심)] 근심 걱정으로 맥이 빠지고 마음이 산란하여짐.
[喪魂落膽(상혼낙담)] 몹시 놀라서 肝膽(간담)이 떨어져 나가고 넋을 잃을 것 같음.
[玩人喪德(완인상덕), 玩物喪志(완물상지).] 사람을 하찮게 여기면 덕을 잃게 되고, 물건을 가지고 놀기를 좋아하면 뜻을 잃게 된다. 『書經(서경)·旅獒(여오)』

弔 조상할 조:, 弓부4　　1180

'弔(조)'자는 죽은 사람의 영혼을 '조상하다', '위문하다', '불쌍히 여기다'는 뜻을 나타낸다. '吊(조)'자는 '弔(조)'자의 속자인데, 균형미가 있기 때문에 많이 쓰인다.

조상하다, 영혼을 위로하다, 유족을 위로하다
[弔客(조:객)] 조상하는 사람.
[弔旗(조:기)] ① 半旗(반기). ② 조의를 나타내려고 검은 선을 두른 기.
[弔問(조:문)] 조상하여 상주를 위문함. 또는 그 위문. 웹弔問客(조문객)
[弔喪(조:상)] 남의 상사에 대하여 슬픈 뜻을 나타냄. 또는 그 인사.
[弔鐘(조:종)] ① 죽은 사람을 슬퍼하는 뜻으로 치는 종. ② 일의 마지막을 뜻하는 말.
[慶弔相問(경:조상문)] 경사에 서로 축하하고 불행한 일에 서로 위문함.
[謹弔(근:조)] 삼가 조상함.
弔歌(조가), 弔哭(조곡), 弔文(조문), 弔詞(조사)/弔辭(조사), 弔慰(조위), 弔慰金(조위금), 弔意(조의), 弔電(조전), 弔花(조화), 慶弔(경조), 慶弔事(경조사)

매어달다
[弔橋(조:교)] 강이나 좁은 해협의 양쪽에 굵은 줄이나 쇠사슬 등을 건너질러 놓고 거기에 의지하여 매달아 놓은 다리. 줄다리. 현교. 현수교.

坐 앉을 좌:, 土부7 1181

'坐(좌)'자는 '앉다'는 뜻을 나타내기 위하여 한 자리[土]에 두 사람[人]이 서로 마주보고 앉아 있는 모습을 본뜬 것이다.

앉다
[坐不安席(좌:불안석)] '앉아도 편안하지 않은 자리'라는 뜻에서, 가만히 앉아 있지 못하고 안절부절 걱정함을 나타내는 말.
[坐席(좌:석)/座席(좌:석)] 앉을 수 있게 마련된 자리.
[坐礁(좌:초)] ① 배가 암초 위에 얹힘. ② 어려운 처지에 빠짐. 주저앉음.
[跏趺坐(가부좌)] 책상다리를 하고 앉음. 또는 그 앉음새. 結跏趺坐(결가부좌)와 半跏趺坐(반가부좌)가 있음.
[如坐針席(여좌침석)] 바늘방석에 앉은 것과 같이 마음이 편안하지 못함.
[連坐(연좌)] ① 같은 자리에 잇대어 앉음. ¶연좌 데모 ② 다른 사람의 범죄에 대하여 특정한 범위의 몇 사람이 연대 책임을 짐. ¶連坐制(연좌제)
[正坐(정:좌)] 몸가짐을 바르게 하고 앉음.
[人生坐興樂(인생좌여락), 不知肩興苦(부지견여고).] 사람들이 아는 것은 가마 타는 즐거움뿐, 가마 메는 괴로움은 모르고 있네. 『茶山(다산)』
坐見千里(좌견천리), 坐骨(좌골), 坐像(좌상), 坐禪(좌선), 坐藥(좌약), 坐浴(좌욕), 坐而待死(좌이대사), 坐定(좌정), 坐井觀天(좌정관천), 坐板(좌판), 坐向(좌향), 對坐(대좌), 趺坐(부좌), 靜坐(정좌), 鼎坐(정좌), 平坐(평좌), 合坐(합좌)

앉아서, 아무 일도 하지 않고서
[坐視(좌:시)] 앉아서 보기만 함. ¶내가 이번 사태에 대해서 좌시하지 않겠다

栽 심을 재:, 木부10 1182

'栽(재)'자는 '나무를 심다'는 뜻을 나타내기 위하여 만든 것이었으니 '나무 木(목)'이 표의요소. 그 나머지가 표음요소이다. 이 표음요소가 쓰인 예로는 哉(재), 載(재), 裁(재), 截(절), 戴(대) 등이 있다.

심다, 가꾸다
[栽培(재:배)] 식물을 심어서 가꾸는 일.
[栽植(재:식)] 농작물이나 나무를 심음.
[盆栽(분재)] 화분에 심어서 가꿈.
[促成栽培(촉성재배)] (농) (온실이나 온상 따위에서) 자연의 상태에서는 잘 자라지 않는 시기에 빨리 자라게 하는 재배 방법. 웹抑制栽培(억제재배)

培 북돋울 배:, 土부11 1183

'培(배)'자는 초목의 뿌리를 흙으로 싸서 가꾸다, 즉 '북돋우다'는 뜻을 나타내기 위하여 만든 것이었으니 '흙 土(토)'와 '환할 咅(부)'로 이루어졌다.

북돋우다, 식물을 북을 주어 가꾸다, 가꾸다, 길러 키우다
[培養(배:양)] ① 식물이나 미생물 따위를 가꾸어 기름. ¶세균 배양 웹培養基(배양기), 培養土(배양토) ② 인격·사상·역량 따위가 발전하도록 가르쳐 기름.
[培土(배:토)] 농작물의 포기 밑을 흙으로 두둑하게 북돋아줌.
[栽培(재:배)] ☞ 栽(재)
[促成栽培(촉성재배)] ☞ 栽(재)

執 잡을 집, 土부11 1184

'執(집)'자의 字源(자원)을 따지면 복잡하다. 破字(파자)하면 '다행 幸(행)'과 '둥글 丸(환)'이 된다. 다행히[幸] 유리구슬 알[丸]을 놓쳐 깨뜨리지 않고 잡았다[執].

잡다, 손으로 잡아 쥐다
[執刀(집도)] ① 칼을 잡음. ② 칼을 놀려서 일을 함. 수술·해부 따위.
[執杯(집배)] 술잔을 잡음. 술을 마심.
[執筆(집필)] ① 붓을 잡고 글이나 글씨를 씀. ② 직접 글을 씀.
[兩手執餠(양:수집병)] 두 손에 떡. ① 두 가지 좋은 일을 놓고 어느 것부터 먼저 해야 할지 모를 경우를 이르는 말. ② 한꺼번에 두 가지 좋은 일이 생김을 이르는 말.

권리·세력 등을 차지하여 가지다
[執權(집권)] 권세나 정권을 잡음.
[執政(집정)] 정권을 잡음. 또는 그런 사람. 웹執政官(집정관), 執政者(집정자)

마음을 일정하게 가지다, 꼭 가지고 놓지 아니하다, 달아나

지 못하게 붙들다
[執念(집념)] 한 가지 일에만 달라붙어 정신을 쏟음. 또는 그 마음이나 생각. ¶집념이 강하다
[執拗(집요)] 고집스럽게 끈질김. ¶집요하게 파고들다
[執着(집착)] ① 마음이 늘 그리로 쏠려서 잊히지 아니함. ② 마음을 단단히 먹고 달라붙음. ¶승부에 집착하지 말고 경기를 즐겨라
[固執(고집)] 자기의 의견만 굳게 내세워 버티는 짓. 또는 그런 성미. ¶고집이 세다/고집을 부리다/쇠고집
[我執(아:집)] ① 제 생각만 옳다고 내세우는 고집. 자기중심적인 생각이나 좁은 소견에 사로잡힌 고집. ¶아집이 강하다 ② (불) 자기의 심신 가운데에 사물을 주재하는 常住不滅(상주불멸)의 실체가 있다고 믿는 집착. ¶아집을 버려라
[執之失道(집지실도) 必入邪路(필입사로).] 붙잡고 있으면 도를 잃어 반드시 잘못된 길로 빠져 들어가고 만다. 『心信銘(심신명)』
愛執(애집), 固執不通(고집불통), 壅固執(옹고집), 偏執狂(편집광)

처리하다, 맡아 다스리다
[執務(집무)] 사무를 봄.
[執事(집사)] ① 주인의 옆에 있으면서 그 집의 일을 맡아 보는 사람. ② (예수) 교회의 일을 맡아 하는 신자의 한 교직.
[執行(집행)] ① 실제로 처리함. ② 법률·명령·재판·처분 따위의 내용을 실행하는 일. 짭執行猶豫(집행유예)
執達吏(집달리), 集禮(집례)

塔 탑 탑, 土부13　1185

'塔(탑)'자는 '탑'을 뜻하기 위하여 만든 것이다. '흙 土(토)'와 '좀콩 荅(답)'으로 이루어졌다. '荅(답)'자는 '풀을 뜻하는 ++(초) + 합할 合(합)'의 합자이다.

탑(어떤 일을 기념하거나 선전하기 위하여 세운 여러 층으로 된 좁고 높은 건축물)
[廣告塔(광:고탑)] 광고하는 데 쓰려고 세운 탑.
[金字塔(금자탑)] ① 길이 후세에 남을 저작(著作)이나 사업의 비유. ② 이집트의 피라미드. 그 모양이 '金'자와 같으므로 이르는 말.
[多寶塔(다보탑)] 다보여래의 사리를 봉안하였다는 정교한 탑. 우리나라에는 불국사 대웅전 뜰의 동쪽에 있음.
[象牙塔(상아탑)] 조용하게 들어앉아 연구에 열중하고 있는 생활.
[慰靈塔(위령탑)] 죽은 이의 넋을 위로하기 위하여 세운 탑.
[積功之塔不虧(적공지탑불휴).] 공든 탑이 무너지랴의 속담으로, 정성 들여 이룬 일은 헛되지 아니함을 비유하여 이르는 말.
塔身(탑신), 管制塔(관제탑), 木塔(목탑), 寶塔(보탑),
佛塔(불탑), 斜塔(사탑), 舍利塔(사리탑), 釋迦塔(석가탑), 石塔(석탑), 牛骨塔(우골탑), 圓塔(원탑), 鐘塔(종탑), 鐵塔(철탑), 尖塔(첨탑), 取水塔(취수탑)

壞 무너질 괴:, 土부19　1186

'壞(괴)'자는 흙더미가 '무너지다'는 뜻을 위하여 만든 것이니 '흙 土(토)'가 표의요소, '품을 褱(회)'가 표음요소이다. '무너뜨리다', '허물어지다'는 뜻으로 쓰인다.

무너지다, 허물어져 내려앉다, 무너뜨리다, 파괴하다, 제도·사상·질서 등이 유지될 수 없게 파괴되다
[壞滅(괴:멸)] 조직이나 체계 따위가 모조리 파괴되어 멸망함. ¶교전 끝에 적군을 괴멸시켰다
[壞血病(괴:혈병)] (의) (비타민C의 부족으로) 잇몸에서 피가 나고 빈혈·심장 쇠약 따위를 일으키는 병.
[倒壞(도:괴)] 무너지거나 무너뜨림.
[崩壞(붕괴)] 허물어져 무너짐. ¶축대의 붕괴/왕조의 붕괴
[破壞(파:괴)] 깨어 부수거나 헐어버림. 짭破壞力(파괴력)

壤 흙 양:, 土부20　1187

'壤(양)'자의 원래 뜻은 '비옥한 땅'을 가리키는 것이었다. '흙 土(토)'와 '도울 襄(양)'으로 이루어졌다. 일반적인 의미는 '흙덩이' 또는 '땅'이다.

흙, 부드러운 흙
[壤土(양:토)] (농) 참흙. 모래와 진흙이 알맞게 섞여서 농작물이 잘 자랄 수 있는 흙.
[擊壤(격양)] ① 흙을 두드림. ② 흙으로 만든 악기의 하나.
[擊壤歌(격양가)] 농부가 풍년이 들어 태평한 세월을 즐기는 노래. 옛날 중국 요나라 때부터 불렸다고 함.
[土壤(토양)] 식물에 영양과 수분을 공급하여 자라게 할 수 있는 흙. 짭土壤學(토양학)

땅, 토지, 경작지, 국토
[天壤(천양)] 하늘과 땅.
[天壤之差(천양지차)] 하늘과 땅 사이와 같이 엄청난 차이. 동天壤之判(천양지판)

夢 꿈 몽:, 夕부14　1188

'夢(몽)'자는 字源(자원)을 따지면 복잡하다. 破字(파자)하면 '풀 ++(초) + 그물 罒(망) + 덮을 冖(멱) + 저녁 夕(석)'이 된다. 이 네 가지를 가지고 재미있는 또는 무시무시한 꿈(夢(몽))속의 장면을 만들어 보라.

꿈, 잠을 잘 때 일어나는 심리 현상, 꿈꾸다
[夢寐(몽:매)] 잠을 자며 꿈을 꿈. 또는 그 꿈. ¶몽매간에도 잊지 못할 고향
[吉夢(길몽)] 좋은 징조의 꿈. ¶길몽인줄 알았더니 개꿈

이었네 참惡夢(악몽), 凶夢(흉몽) 비瑞夢(서몽)
[同床異夢(동상이몽)] '같은 잠자리에서 다른 꿈을 꿈'이란 뜻에서, 몸은 함께 있으면서도 마음은 서로 떠나 있음. 곧, 일을 공동으로 하거나 혹은 처지를 같이 하면서 의견을 달리하는 일. 겉으로는 같은 행동을 하면서 속으로는 각각 딴 생각을 함을 비유하여 이르는 말.
[非夢似夢(비:몽사몽)] 꿈을 꾸는지 잠이 깨어 있는지 어렴풋한 상태. ¶이때 춘향이 비몽사몽간에 서방님이 오셨는데 머리에는 금관이요 몸에는 홍삼이라 『춘향전』
[胎夢(태몽)] 아이를 밸 징조로 꾸는 꿈.

[南柯一夢(남가일몽)/南柯夢(남가몽)] 한 때의 헛된 부귀를 이르는 말. 당(唐)의 순우분(淳于棼)이 느티나무의 남쪽 가지 밑에서 잠이 들었다가 꿈에 괴안국(槐安國)에 이르러 임금의 딸을 맞아 아내로 삼고 남가군(南柯郡)의 태수가 되어 영화를 누렸다는 고사에서 온 말.
[一炊之夢(일취지몽)/邯鄲之夢(한단지몽)] 이 세상의 부귀영화가 덧없음을 비유하여 이르는 말. 唐代(당대)에 노생(盧生)이 한단(邯鄲) 땅의 주막집에서 여옹(呂翁)이란 선인(仙人)의 베개를 얻어 베고 한잠 자는 동안에 50년 동안의 영화를 꿈꾸었으나 깨고 보니 짓고 있던 밥이 아직 익지 않은 짧은 시간이었으므로 인생의 허무를 깨달았다는 고사에서 온 말.
[莊周夢(장주몽)/莊周之夢(장주지몽)/胡蝶夢(호접몽)/胡蝶之夢(호접지몽)] 莊子(장자)가 꿈에 나비가 되었다가 깬 뒤에, 원래 인간인 자기가 꿈에 나비가 되었는지, 나비인 자기가 꿈에 인간으로 됐는지, 분간하지 못했다는 고사에서, 物我一體(물아일체), 즉 나와 외물은 본디 하나로 현실은 그 分化(분화)임을 비유하여 이르는 말. 장자 사상의 근간이 된다.

夢寐間(몽매간), 夢外之事(몽외지사), 夢遊病(몽유병), 夢精(몽정), 白日夢(백일몽), 瑞夢(서몽), 惡夢(악몽), 夜長夢多(야장몽다), 人生如夢(인생여몽), 解夢(해몽), 現夢(현몽), 凶夢(흉몽)

덧없는 현상, 현실적이 아닌 현상
[夢死(몽:사)] 아무 일도 못하고 헛되이 죽음. 무의미하게 일생을 보냄.
[夢想(몽:상)] ① 꿈속의 생각. ② 꿈같은 헛된 생각. ¶몽상에 잠기다
[夢幻(몽:환)] 꿈같은 헛된 생각.
[一場春夢(일장춘몽)] 한바탕의 봄꿈. '헛된 영화나 덧없는 일'을 비유하는 말.
[醉生夢死(취:생몽사)] '술에 취해 살다가 꿈을 꾸다 죽음'이란 뜻에서, 아무 의미 없이 한 평생을 흐리멍덩하게 살다가 허망하게 죽음을 비유적으로 나타낸 말. 『程子語錄(정자어록)』

흐릿하다, 똑똑하지 않다
[迷夢(미:몽)] 무엇에 홀린 듯 생각이나 정신이 똑똑하지 못하고 얼떨떨한 상태. ¶미몽에 빠져 깨어나지 못하다

央 가운데 앙, 大부5 1189

'央(앙)'자는 사람[大]의 목에 '칼'을 씌운 모양이라고 한다. 여기서 '칼'이란 옛날에 죄인에게 씌우던 刑具(형구)의 한 가지를 말한다.

가운데, 한가운데, 어느 쪽으로든지 치우치지 않은 곳
[中央(중앙)] 사방에서 한가운데가 되는 곳.
[震央(진:앙)] 지진이 발생한 지하의 震源(진원) 바로 위에 해당하는 지표상의 지점.

契 맺을 계:, 계약 계:, 종족 이름 글, 大부9 1190

'契(계)'자는 '새기다'가 본래 의미이고, '약속하다', '(관계나 계약을) 맺다'의 뜻으로 쓰인다. 종족 이름 '契丹'은 [거란]으로 읽는다.

맺다, 인연이나 관계를 짓거나 이루다
[契機(계:기)] 어떤 결과를 맺게 된 실마리.
[契印(계:인)] 관련된 두 서류에 걸쳐 찍는 '契(계)'자를 새긴 도장.
[金蘭之契(금란지계)] 벗 사이의 매우 두터운 정의.

약속, 언약, 계약서, 증서
[契約(계:약)] ① 사람과 사람 사이의 약속. ② (법) 일정한 법률적 효과의 발생을 목적으로 하는, 두 개 이상의 의사표시의 합치에 의해서 성립하는 법률 행위. ¶매매 계약을 맺다 참契約書(계약서)
[黙契(묵계)] 말을 하지 않고도 약속이나 한 듯이 뜻이 맞음. 또는 그렇게 하여 이루어진 약속이나 계약.
[破契(파:계)] 계약을 깨뜨림.

새기다
[契舟求劍(계:주구검)/刻舟求劍(각주구검)] '배에서 떨어뜨린 칼을 찾는데, 배가 움직이는 것은 생각하지 않고 칼을 떨어뜨린 뱃전에다 표를 하고서 찾으려 했다'는 중국 고사에서 나온 말로, '사리에 어둡고 어리석음'을 비유하는 말. 『呂氏春秋(여씨춘추)』

종족 이름
[契丹(글안/거란)]

계(친목이나 상부상조를 도모하는 조직체)
[契(계:)] 주로 경제적인 도움을 주고받거나 친목을 꾀하기 위하여 조직하는 전통적인 협동 단체. 상포계 · 동갑계 등. 참契員(계원), 契主(계주)
[同甲契(동갑계)] 나이가 같은 사람끼리 주로 친목을 꾀하려고 맺은 계.
[算筒契(산통계)] 계원들이 일정한 곗돈을 내고 통에 든 계알을 흔들어 당첨된 사람에게 계금을 태워주는 계.
[喪布契(상포계)] 초상 때의 비용을 서로 도와주기 위한 계.
[親睦契(친목계)] 친목을 꾀하기 위한 모임.

奔 달아날 분, 달릴 분, 大부9 1191

'奔(분)'자는 '큰 大(대)'와 '그칠 止(지)'세 개로 이루어진 글자였다. '大'는 '사람'을 뜻하고, '止(지)'는 '발'을 뜻한다. 얼마나 빨리 달아나면 발이 세 개로 보였을까. 후에 [止]는 '十(십)'으로 바뀌었다. 쓰기가 편해졌다. '大'자 아래에 있는 '열 十(십)' 세 개가 모여 있는 것은 '풀 卉(훼)'자와 형태가 같다. 卉(훼)'자의 세 개의 '十(십)'은 '풀 屮(철)'이 변한 것이다. 글자 형태는 같아도 조상이 다르다. 그러니 '奔(분)'자를 '큰 大(대) + 풀 卉(훼)'로 보아서는 안 된다.

달리다, 빨리 가거나 오거나 하다, 급히 향해 가다, 바쁘다
[奔忙(분망)] 바쁘게 돌아다님.
[奔放(분방)] ① 체면이나 관습 같은 것에 얽매이지 아니하고 마음대로임. ② 힘차게 내달림.
[奔走(분주)] 매우 바쁨. 동奔忙(분망)
[狂奔(광분)] ① 미친 듯이 바쁘게 날뜀. ② 미친 듯이 달아남.
[東奔西走(동분서주)] '동쪽으로 달려갔다가 서쪽으로 달려갔다가 함'이라는 뜻에서, '여기저기 분주하게 다님'을 이르는 말.
[自由奔放(자유분방)] 격식이나 관습에 얽매이지 않고 행동이 자유로움.

奴 종 노, 女부5 1192

'奴(노)'자는 '여자 女(여)'와 '손으로 붙잡다'는 뜻을 가진 '又(우)'가 합쳐진 것이다. 옛날 중국에서는 연약한 아녀자들을 납치하여 종으로 팔아먹는 폐습이 있었다고 한다. '종'의 뜻을 나타낸다.

종, 남자 종
[奴婢(노비)] 사내종(奴)과 여자종(婢).
[奴僕(노복)] 사내종.
[奴隸(노예)] ① 주로 서양에서, 남의 소유물이 되어 갖가지 노동에 부림을 당하는 사람. 사고팔기도 하였음. 참奴隸制度(노예제도) ② 자유를 빼앗기고 부림을 당하는 사람. ¶민중은 권력의 노예가 아니다/식민지 노예 ③ 어떤 목적에 얽매여 인격을 저버리고 있는 사람. ¶돈의 노예/욕망의 노예
[官奴(관노)] (역) 봉건시대에 관청에 소속되었던 노비.
참私奴(사노)
[私奴婢(사노비)] 개인이 사사롭게 부리는 노비.
家奴(가노)/家僕(가복), 農奴(농노), 叛奴(반노), 賤奴(천노)

놈(남을 홀하게 부르는 데 접미사처럼 붙이는 말)
[賣國奴(매:국노)] 사사로운 이익을 위하여 제 나라의 주권이나 이권을 남의 나라에 팔아먹는 사람.
[守錢奴(수전노)] 돈을 지나치게 아껴 모을 줄만 알고 쓸 줄은 모르는 사람을 욕으로 이르는 말.

기타
[匈奴(흉노)] (역) 기원전 3~1세기에 몽골 지방에서 세력을 떨쳤던 유목민족.

婢 여자 종 비(:), 女부11 1193

'婢(비)'자는 낮은 신분의 여자, 즉 '여자 종'을 뜻한다. '여자 女(여)'와 '낮을 卑(비)'로 이루어졌다.

여자 종
[婢女(비녀)] 계집종.
[婢僕(비복)] 계집종과 사내종.
[哭婢(곡비)] 장례 때 행렬의 앞에 가면서 곡소리를 내게 하던 계집종.
[官婢(관비)] 봉건시대에 관가에 속하여 있던 여자종.
[奴婢(노비)] ☞奴(노)
[私奴婢(사노비)] ☞奴(노)

僕 종 복, 人부14 1194

'僕(복)'자는 종이나 하인, 잡일이나 천한 일에 종사하는 사람을 나타낸다. '사람 亻(인)'의 오른쪽 부분은 '번거로울 菐(복)'자인데, '매울 辛(신) + 그 其(기) + 사람 人(인)'으로 이루어진 글자라고 한다. 그 자체로도 노예나 전쟁 포로나 하층민을 뜻하는 글자이다.

종, 하인
[家僕(가복)] 사삿집에서 부리던 사내종.
[公僕(공복)] '공무원'을 '공중의 종'이라는 뜻으로 일컫는 말.
[奴僕(노복)] ☞奴(노)
[婢僕(비복)] ☞婢(비)
[忠僕(충복)] 진심으로 주인을 섬기는 종.

隸 종 례, 隶부17 1195

'隸(례)'자는 '죄인이나 異民族(이민족)을 붙잡아서 종으로 삼다'는 뜻이다. 식민지 백성을 '奴隸(노예)'라고 하지, '奴僕(노복)'이나 '奴婢(노비)'라고 하지는 않는다. '미칠 隶(이) + 선비 士(사) + 보일 示(시)'로 이루어졌는데, 字源(자원)은 분명하지 않다. 1급 한자에 속하니 어려운 글자이다. '종', '노예'를 뜻하는 글자를 함께 다루다보니 여기(3급 한자)에서 소개한다.

부리다, 사역하다, 종
[隸屬(예:속)] ① 남의 지배하에 매임. 또는 종처럼 매여 딸림. ¶약소국이 강대국에 예속되다 ② 윗사람에게 매인 아랫사람.
[奴隸(노예)] ☞奴(노)

서체의 이름
[隸書(예:서)] 六書(육서) 또는 육서체의 하나로, 전서보다 간략하고 해서에 가까운 글씨체.

妄 망령될 망:, 女부6　　1196

'妄(망)'자는 '미친 듯이 날뛰다'는 뜻을 위하여 만든 글자다. '망령되다'는 뜻으로 쓰인다. '여자 女(여)'와 '망할 亡(망)'으로 이루어졌다.

망령되다, 말이나 행동이 도리나 예의에 어그러지다
[妄擧(망:령)] 함부로 못되게 행동하는 것. ¶망령된 행동으로 부모를 욕먹이다
[妄靈(망:령)] 늙거나 정신이 흐려 말이나 행동이 이상한 상태. ¶늙어서 망령이나 들지 말았으면 ☞ * 271
[妄發(망:발)] 실수로 말이나 행동을 그릇되게 하여 자신에게나 조상에게 욕되게 함. 또는 그런 말이나 행동. ¶그가 감히 그런 말을 하다니, 망발도 유분수지
[妄言(망:언)] 망령된 말. 헛된 말. ¶독도가 자기네 땅이라고 망언을 일삼는 자들!
[輕擧妄動(경거망동)] 경솔하고 조심성 없이 함부로 행동함. ¶경거망동을 삼가라 图輕妄(경망)
[老妄(노:망)] 늙어서 망령을 부림. 또는 그 妄靈(망령).
[醉中妄言醒後悔(취중망언성후회).] 술에 취해 망령된 말을 하고서 술 깬 뒤에 후회한다. 지나치게 술을 많이 마시면 쓸데없는 말을 하게 되니 항상 조심하라는 말. 『朱子(주자)·朱子十悔訓(주자십회훈)』 ☞ * 387
妄動(망동), 輕妄(경망), 狂言妄說(광언망설), 妖妄(요망)

허망하다, 헛되다
[妄想(망:상)] 이치에 어긋나는 헛된 생각. 이것이 지나치면 병적인 것으로 되어 被害妄想(피해망상)·誇大妄想(과대망상) 따위의 정신이상이 일어남. ¶적화 통일의 망상에서 깨어나라
[迷妄(미:망)] 사리에 어두워 갈피를 잡지 못하고 헤맴.
[虛妄(허망)] ① 어이없고 허무함. ② 거짓되어 미덥지 못함.

속이다, 거짓
[妄語(망:어)] 헛된 말. 거짓말. ¶妄語(망어)하지 않는 것이 佛家(불가) 十戒(십계) 중 하나이다.

기타
[無妄(무망)/無妄中(무망중)] ① 일이 갑자기 생겨 생각지도 않았던 판. ② 생각지도 않았던 판에.

妃 왕비 비, 女부6　　1197

'妃(비)'자는 본래 '짝', '아내'란 뜻이었는데 왕의 아내 즉 '왕비'를 지칭하는 것으로 쓰이게 되었다. '여자 女(여)'와 '몸 己(기)'로 이루어졌다.

왕비, 임금의 아내
[妃嬪(비빈)] 왕의 아내와 세자의 아내를 아울러 이르는 말.
[貴妃(귀:비)] 조선 초기에 후궁에게 내리던 가장 높은 지위.
[大妃(대:비)] 선왕의 후비.
[王妃(왕비)] 임금의 아내.
[廢妃(폐:비)] 자리에서 쫓겨난 왕비. 또는 왕비의 자리를 물러나게 함.

황태자의 아내
[太子妃(태자비)] 황태자의 아내.

嬪 아내 빈, 궁녀 벼슬 이름 빈, 女부17　　1198

'嬪(빈)'자는 '여자 女(여)'와 '손 賓(빈)'으로 이루어졌다.

궁첩, 임금의 소실
[妃嬪(비빈)] ☞ 妃(비)

여관(女官), 우리나라에선 正一品(정일품의 內命婦(내명부)의 품계

妻 아내 처, 시집보낼 처, 女부8　　1199

'妻(처)'자는 '싹날 屮(철)', '또 又(우)', '여자 女(여)'로 이루어졌다. '屮(철)'은 '비녀'를 본뜬 모습이다. '又(우)'는 '비녀를 손으로 매만져 머리를 다듬다'는 뜻이다. 이런 모습에서 '아내'를 뜻한다.

아내
[妻家(처가)] 아내의 친정. 아내의 친정집.
[妻男(처남)] 아내의 남자 형제.
[妻兄(처형)] 아내의 언니. 图妻弟(처제)
[夫妻(부처)] 남편과 아내.
[糟糠之妻(조강지처)] 술지게미나 겨와 같은 조악한 음식을 먹으며 함께 고생하면서 집안을 일으킨 아내를 일컫는 말. 『後漢書(후한서)·宋弘(송홍)전』
[賢母良妻(현모양처)] 어진 어머니이면서 착한 아내. 남편과 자식 모두에게 잘하는 훌륭한 여자.
[家貧則思良妻(가빈즉사량처).] 집이 가난해지면 비로소 어진 아내를 생각하게 된다. 『史記(사기)』
[徙宅而忘其妻(사택이망기처)/徙宅忘妻(사택망처).] '이사할 때 아내를 두고 간다'는 뜻으로, 심한 건망증이 있는 사람, 또는 의리를 분변하지 못하는 어리석은 사람, 정말 중요한 것을 놓쳐 버리는 얼빠진 사람을 비유하여 이르는 말이다. 『孔子家語(공자가어)·賢君(현군)』
妻德(처덕), 妻福(처복), 妻喪(처상), 妻城子獄(처성자옥), 妻子(처자), 妻子眷屬(처자권속), 妻妾(처첩), 恐妻(공처), 恐妻家(공처가), 亡妻(망처), 本妻(본처), 繼妻(계처), 帶妻僧(대처승), 喪妻(상처), 惡妻(악처), 良妻(양처), 愛妻家(애처가), 嚴妻侍下(엄처시하), 疑妻症(의처증), 拙妻(졸처), 娶妻(취처), 妬妻(투처), 賢妻(현처), 後妻(후처)

妾 첩 첩, 女부8　　1200

'妾(첩)'자의 최초의 자형은 '辛(신)'과 '女(녀)'가 합쳐진 것이었다. '辛(신)'은 형벌에 쓰는 둥근 칼을 가리킨다. 형벌에 처하거나 대신 노예로 삼을 여자를 가리킨다.

즉 '여자종'이 본뜻이었는데 그들 가운데 일부를 첩으로 삼는 예가 많았기 때문인지 '첩'을 뜻하는 것으로 사용되었다.

첩, 본처 외에 데리고 사는 여자

[妾室(첩실)] ① 첩을 점잖게 이르는 말. ② 여자가 윗사람에게 '자기 방'을 이르던 말.
[愛妾(애:첩)] 사랑하고 아끼는 첩.
[妻妾(처첩)] 아내와 첩.
[蓄妾(축첩)] 첩을 둠.

여자가 남자에 대하여 '자기'를 낮추어 이르는 말

[少妾(소첩)] 여자가 '자기'를 낮추어 이르는 말.
[臣妾(신첩)] 여자가 임금에 대하여 '자기'를 말할 때 일컫는 말.
[賤妾(천:첩)] ① 종이나 기생으로서 남의 첩이 된 사람. ② 부인이 남편에게 '자기'를 낮추어 일컫는 말.

姑 시어미 고, 女부8　1201

'姑(고)'자는 남편의 어머니, 즉 '시어머니'를 뜻하기 위하여 '여자 女(여)'를 표의요소로 택하였다. '옛 古(고)'는 표음요소이다. 아버지의 자매, 즉 '고모' 또는 이와 의미상 연관이 있는 낱말의 한 구성요소로 쓰인다.

시어미, 남편의 어머니

[姑婦(고부)] 시어머니와 며느리. 回姑息(고식).

> [姑婦(고부)] 婦(부)자의 字源(자원)은 두 가지 설이 있다. 첫째는 '여자 女(여)'와 '빗자루 帚(추)'의 합자로 빗자루를 들고 집안 청소를 하는 여자일 뿐이라는 견해이다. 둘째는 '여자 女(여)'와 '돌아올 歸(귀)'의 합자로 집에 돌아온 여자로 보는 견해이다. 시댁을 자기가 돌아와야 할 집으로 여겨 시집가는 것을 '돌아오다'라는 뜻의 '歸(귀)'를 사용했다. 시어머니는 며느리를 청소나 하는 여자로 보지 않고, 며느리도 시댁을 돌아와야 할 자신의 집으로 여긴다면 고부 간의 갈등이란 없을 것이다.〈조선일보, 신문으로 배우는 實用漢字〉

[舅姑(구고)/姑舅(고구)] 시부모.
[婦老爲姑(부노위고)] '며느리가 늙어서 시어머니가 된다'는 뜻으로, '나이가 어리다고 업신여기지 말라'는 뜻.
[先姑(선고)] 돌아간 시어머니.

고모, 아버지의 자매

[姑母(고모)] 아버지의 누이. 劉姑母夫(고모부).
[姑從(고종)] 고종사촌.
[堂姑母(당고모)] 從姑母(종고모)를 친근하게 이르는 말. 아버지의 사촌 누이. 劉堂姑母夫(당고모부).
[王姑母(왕고모)/大姑母(대고모)] 아버지의 고모.

잠시, 잠깐

[姑息(고식)] '잠시 숨을 쉰다'는 뜻으로, 당장에는 탈이 없는 한때의 안정. 임시변통.
[姑息的(고식적)] 임시변통으로 맞추어 대는. 또는 그러한 것.
[姑息之計(고식지계)] '잠시 쉴 틈을 얻기 위한 계책'이란 뜻에서, 근본적인 해결책이 아니라 임시변통을 위한 대책을 말함. ¶현대인은 코앞의 일에만 아름아름하는 고식지계에만 현명하다

孟 맏 맹(:), 子부8　1202

'孟(맹)'자는 형제자매 가운데 '맏이'를 뜻하기 위하여 만든 것이니 '아이 子(자)'가 표의요소, '그릇 皿(명)'은 표음요소이다. 각 계절의 첫 달을 '맏이'의 뜻인 '孟(맹)'자를 써서 나타내는데, 孟春(맹춘) 孟夏(맹하) 따위가 그 예이다. 이 때 孟(맹)자는 初(초) 또는 上(상)과 같아, 孟春(맹춘)은 初春(초춘) 또는 上春(상춘)과 같은 말이다.

맏, 맏이, 여러 형제나 자매들 중에서 제일 손위

[孟仲叔季(맹:중숙계)] 형제자매의 맏이와 둘째와 셋째와 막내. 이 때의 '孟(맹)자'는 '맏 伯(백)'자와 같은 뜻으로 쓰인다.

처음

[孟冬(맹:동)] ① 초겨울. ② '음력 시월'을 달리 일컫는 말.
[孟秋(맹:추)] ① 초가을. ② '음력 7월'을 달리 일컫는 말.
[孟春(맹:춘)] ① 초봄. ② '음력 정월'을 달리 일컫는 말.
[孟月(맹:월)/孟朔(맹:삭)] 봄·여름·가을·겨울의 첫 번째 달인 음력 정월·사월·칠월·시월을 가리킨다.
[孟夏(맹:하)] ① 초여름. ② '음력 사월'을 달리 일컫는 말.

맹자

[孟子(맹:자)] ① 중국 전국 시대의 사상가(기원 전 372-289). 성선설을 주장하였음. ② (책) 사서의 하나 유교의 교리를 설명한 이론서.
[孔孟(공:맹)] 孔子(공자)와 孟子(맹자). 劉孔孟學(공맹학).
[孟母斷機之敎(맹:모단기지교).] 학문을 중도에 포기하면 헛일임을 훈계하는 말. 맹자의 어머니가 짜던 베를 칼로 잘라서 학업을 중단하고 돌아온 아들의 잘못을 훈계했다고 함. 图孟母斷機(맹모단기), 斷機之敎(단기지교), 斷機之戒(단기지계) 『烈女傳(열녀전)』
[孟母三遷之敎(맹:모삼천지교).] 맹자의 어머니가 아들의 교육에 나쁜 영향을 주는 환경을 피하여 세 번 집을 옮긴 고사에서, 어머니의 자녀 교육에 대한 태도가 용의주도함을 이르는 말. 처음 묘지 옆에서 살다가, 저자 거리로 옮기고, 다시 학교 옆으로 옮겼다. 图孟母三遷(맹모삼천), 三遷之敎(삼천지교) 『烈女傳(열녀전)』

앞뒤의 조리가 맞지 않다, 조리가 맞지 않는 엉터리

[孟浪(맹:랑)] ① 생각하던 바와는 달리 아주 허망함. ¶맹랑한 일 ② 처리하기가 매우 어렵고 딱함. ¶그런 맹랑한 질문이 어디 있나? ③ 만만히 볼 수 없을 만큼 똘똘하고 깜찍함. ¶그 녀석 맹랑한 소리를 하고 있네

[虛無孟浪(허무맹랑)] 터무니없이 거짓되고 실속이 없음.

宇 집 우:, 宀부6　1203

'宇(우)'자는 '집 宀(면)'과 '어조사 于(우)'로 이루어졌다. '집', '처마'를 뜻한다.

宙 집 주:, 하늘 주:, 宀부8　1204

'宙(주)'자는 '집 宀(면)'과 '말미암을 由(유)'로 이루어졌다.

하늘, 공간, 천지 사방
[宇宙(우:주)] 무한한 시간과 만물을 포함하고 있는 끝없는 공간의 총체.

宴 잔치 연:, 宀부10　1205

'宴(연)'자는 '집 안에서 편하고 즐겁게 쉬다'는 뜻이다. 破字(파자)하면, '집 宀(면) + 날 日(일) + 여자 女(여)'가 된다. 잔치집에 초대받아 온 여자들인가 보다. 잔치를 준비하는 여자들은 편하지 않을 테니.

잔치, 술자리, 잔치하다, 술자리를 베풀다
[宴會(연:회)] 잔치에 여러 사람이 모임. 또는 여러 사람이 모인 잔치.
[送別宴(송:별연)] 송별의 섭섭한 뜻을 나타내려고 베푸는 잔치. 囹送宴(송연).
[壽宴(수연)/壽筵(수연)] 장수를 축하하는 잔치. 보통 환갑잔치를 이름.
[披露宴(피로연)] 잔치. 결혼이나 출생 따위의 기쁜 일을 사람들에게 널리 알리기 위하여 베푸는 잔치.
[饗宴(향:연)] 특별히 잘 베풀어 손님을 대접하는 잔치. ¶풍성한 가을의 향연
甲宴(갑연), 慶宴(경연), 古稀宴(고희연), 白壽宴(백수연), 設宴(설연)/設筵(설연), 酒宴(주연)/酒筵(주연), 祝宴(축연), 罷宴(파연), 賀宴(하연)/賀筵(하연)

寂 고요할 적, 宀부11　1206

'寂(적)'자는 집이 '고요하다'는 뜻을 위하여 만든 것이다. '집 宀(면)'과 '아재비 叔(숙)'으로 이루어졌다.

고요하다, 쓸쓸하다
[寂寞(적막)] ① 고요하고 쓸쓸함. ② 의지할 데 없이 외로움.
[寂寂(적적)] 쓸쓸하고 고요함. ¶손주들이 왔다가 다 가고나니 집안이 적적하다
[鬱寂(울적)] 마음이 답답하고 쓸쓸함.
[靜寂(정:적)] 고요하고 괴괴함. ¶정적을 깨뜨리다
[破寂(파:적)] ① 적적함을 깨뜨림. ¶심심파적 ② 심심풀이.
[閒寂(한적)/閑寂(한적)] 한가하고 매인 데가 없어 자적함.
[棲守道德者(서수도덕자), 寂寞一時(적막일시). 依阿權勢者(의아권세자), 凄涼萬古(처량만고).] 도덕을 고수하며 사는 자는 일시적으로 매우 적막하다. 권세에 아부하고 의지하는 자는 만고에 처량하다. 『菜根譚(채근담)·前集 1』
寂寞空山(적막공산), 寂寥(적요)

열반(속세에 대한 망상이 사라지고 본유상주(本有常住)의 진리가 나타나는 일)
[寂滅(적멸)] (불) 생멸이 함께 없어져 無爲(무위) 寂靜(적정)함. 곧 번뇌의 경계를 떠난 열반.
[寂滅宮(적멸궁)] (불) 불상을 봉안하지 않고 법당만 있는 건물.
[入寂(입적)] 승려의 죽음. 생사(生死)의 고계(苦界)를 벗어나 열반(涅槃)에 든다는 뜻. 囹入滅(입멸).

寡 적을 과:, 宀부14　1207

'寡(과)'자는 '집 宀(면)'과 '근심 憂(우)'로 이루어진 글자였다. 집 안에서 혼자 근심하는 사람의 모양에서 '과부'의 뜻을 나타낸다. 후에 '憂(우)'자는 크게 변하였는데, 아직도 흔적은 남아 있다. 과부의 사회적 지위나 처신에도 옛날과 비교하여 큰 변화가 있다.

적다, 수량이 적다
[寡黙(과:묵)] 말수가 적고 침착함. ¶과묵한 성품
[寡占(과:점)] (경) 몇몇 기업들이 시장을 지배하여 거래량이나 값을 마음대로 결정하는 상태. 웹獨寡占(독과점)
[衆寡不敵(중:과부적)] 적은 숫자로 많은 숫자를 대적할 수 없다. 처음부터 역량의 차이가 커서 싸움의 상대가 되지 못한다는 말이다. 『孟子(맹자)·梁惠王章句(양혜왕장구)』
[淸心寡慾(청심과욕)] 마음을 깨끗이 가지고 욕심을 적게 함.
吉人辭寡(길인사과), 躁人辭多(조인사다). 마음씨가 바르고 편안한 사람은 말이 적고, 성급한 사람은 말수가 많다. 『易經(역경)』
[揚言者寡信(양언자과신).] 큰소리치는 사람은 그것을 실행하는 일이 적음. 『逸周書(일주서)』
寡頭政治(과두정치), 寡聞(과문), 寡聞淺識(과문천식), 寡少(과소), 寡言(과언), 寡慾(과욕), 求不厭寡(구불염과), 獨寡占(독과점)

나, 임금이 자기 자신을 일컫는 겸칭(덕이 적다는 뜻으로 일컫는다)
[寡人(과:인)] 임금이 '자기'를 겸손하게 일컫던 말.

홀어미, 과부
[寡婦(과:부)/寡婦宅(과:부댁)/寡守(과:수)] 홀어미. 남편이 죽어 혼자 사는 여자. 웹未亡人(미망인)
[生寡婦(생과부)] 남편이 살아있지만 멀리 떨어져 있거

나 소박맞아 혼자 사는 여자.
[靑孀(청상)/靑孀寡婦(청상과부)] 나이가 젊은 과부.
[鰥寡孤獨(환과고독)] 홀아비, 과부, 고아, 늙어서 자식이 없는 사람. 외롭고 의지할 데 없는 四窮民(사궁민).

寬 너그러울 관, 宀부15   1208

'寬(관)'자는 '넓은 집'을 뜻하기 위한 것이었다. '넓다', '너그럽다' 등의 뜻으로 쓰인다. '寬(관)'자를 아래 점[丶]이 없이 쓰기도 하는데 그것은 俗字(속자)이다.

너그럽다, 도량이 크다
[寬大(관대)] 마음이 너그럽고 도량이 큼.
[寬容(관용)] 너그럽게 용서하거나 받아들임. ¶관용을 베풀다
[寬仁大度(관인대도)] 마음이 너그럽고 어질며 도량이 큼.
[恭寬信敏惠(공관신민혜).] 仁道(인도)를 행하는 윗사람이 지녀야 할 마음가짐 다섯 가지는 공손함, 너그러움, 믿음직스러움, 민첩함, 은혜로움이다. 『論語(논어)·陽貨(양화)』☞ *019
[直而溫(직이온), 寬而栗(관이율).] 곧으면서도 온화해야 하고, 너그러우면서 엄격해야 한다. 늘 자신을 채찍으로 다스리고 나를 용서함과 같이 남에게도 관대하라는 말이다. 『書經(서경)』
寬恕(관서), 寬厚(관후)

封 봉할 봉, 寸부9   1209

'封(봉)'자는 '국경에 경계로 삼는 나무를 심다'는 뜻인 '圭(규)'와 '팔꿈치'를 뜻하는 寸(촌)의 합자이다. 국경에다 경계로 나무를 심고 영토를 주어 제후로 삼음을 나타내기 위하여 만든 글자이다. '제후에게 땅을 나누어 주다', '봉하다'의 뜻을 나타낸다.

작위나 작품(爵品)을 내려주다, 일정한 지역의 땅을 주어 제후를 삼다, 제후가 천자로부터 받은 땅
[封建(봉건)] ① (역) 임금(천자)이 나라의 토지를 나누어 주고 제후를 봉하여 나라를 세우게 하는 일. 참封建社會(봉건사회), 封建制度(봉건제도) ② 세력이 있는 사람이 중앙정부의 통제에서 벗어나 토지와 백성을 사유화하는 일.
[封爵(봉작)] 제후로 봉하고 관작을 줌.
[册封(책봉)] 왕세자·왕세손·비·빈 등을 封爵(봉작)함.
封建社會(봉건사회), 封君(봉군), 封册(봉책), 封土(봉토)

아가리나 구멍을 붙이거나 싸서 막다, 봉지, 종이 따위로 큰 봉투 비슷한 것을 만든 주머니
[封鎖(봉쇄)] ① 굳게 잠금. ② 오가지 못하게 막음. ¶해안을 봉쇄하다/공항을 봉쇄하다

[封印(봉인)] 봉하여 붙인 자리에 도장을 찍음. 또는 그 도장. ¶봉인이 찍혀 있다
[封紙(봉지)] 입구를 여밀 수 있도록 종이나 비닐 따위로 만든 주머니.
[封套(봉투)] 편지나 서류 따위를 넣을 수 있도록 만든 주머니.
[開封(개봉)] ① 封(봉)한 것을 떼어 엶. ¶편지를 개봉하다 ② 새로 만들거나 수입한 영화를 처음으로 상영함. ¶개봉 박두
[密封(밀봉)] 내용물이 보이지 않도록 단단히 붙여 봉함.
[完封(완봉)] ① 완전히 봉하거나 봉쇄함. ② (체) 야구에서, 투수가 완투하여 상대 팀에게 전혀 득점을 주지 않음. 참完封勝(완봉승)
封送(봉송), 封窓(봉창), 封緘(봉함), 封緘葉書(봉함엽서), 同封(동봉)

편지, 봉한 편지
[封書(봉서)] ① 봉투에 넣어 봉한 편지. ② (역) 임금이 종친이나 近臣(근신)에게 내리던 사사로운 편지. ③ (역) 왕비가 친정에 내리던 사사로운 편지.

봉지나 봉투 또는 편지의 수를 세는 단위
[金一封(금일봉)] 금액을 밝히지 않고 봉해서 주는 돈 봉투. ¶상금으로 금일봉을 받다

흙을 쌓아 올려 무덤을 만들다, 무덤, 뫼
[封墳(봉분)] 무덤에서, 둥글게 흙을 쌓아 올린 부분.
[封墳祭(봉분제)] 시체를 파묻고 봉분을 만든 뒤에 지내는 제사.

기타
[封堂(봉당)] 안방과 건넌방 사이의 마루를 놓을 자리에 마루를 놓지 않고 흙바닥 그대로 있는 곳.
[長蛇封豕(장사봉시)] 長蛇(장사)는 큰 뱀, 封豕(봉시)는 큰 돼지로, 탐욕 많은 사람을 비유한 말.

尙 오히려 상(:), 小부8   1210

'尙(상)'자는 '여덟 八(팔)'과 '향할 向(향)'의 합자이다. '八(팔)'은 '神氣(신기)가 내리는 모양', '向(향)'은 '집 안에서 비는 모양'을 본뜬 것이라고 한다. '아직', '높이다', '받들다' 등의 뜻을 나타낸다.

오히려, 생각과는 달리 도리어, 아직
[尙存(상존)] 아직 그대로 있음.
[常存(상존)] 늘 있음.
[口尙乳臭(구상유취)] 입에서 아직 젖 냄새도 가시지 않았다. 상대방을 얕잡아 볼 때 쓰는 말. 즉 나이가 어리고 경험이 없어 언행이 유치한 경우를 비웃으며 하는 말. 『史記(사기)·高祖記(고조기)』
[時機尙早(시기상조)] 아직 시기가 이름. '아직 때가 덜 되었음'을 이르는 말.
[尙有十二隻(상유십이척), 微臣不死(미신불사).] 배가 아직 열두 척이나 남아 있고, 신이 아직 죽지 않았습니

다.『忠武公(충무공)』
바라다, 바라건대
[尙饗(상향)] 제사 때 읽는 축문의 맨 끝에 쓰며, '비록 적지만 차린 제물을 받으시옵소서'라는 뜻으로 이르는 말.
높다, 높이다, 숭상하다
[尙武(상:무)] 무예를 숭상함. ¶상무 정신
[尙文(상:문)] 문예를 숭상함.
[嘉尙(가상)] 착하고 귀여워 높이 칭찬할 만함. ¶어린 나이에 그 뜻이 가상하구나
[高尙(고상)] ① 품위가 높음. ② 뜻이 높고 훌륭함. 빤卑俗(비속), 低俗(저속) ¶고상한 취미를 가지다
[崇尙(숭상)] 높이어 소중히 여김. ¶예의를 숭상하다
[禮尙往來(예:상왕래).] 예절은 서로 왕래하고 교제함을 귀히 여김.『禮記(예기)』
[君子尙義(군자상의), 小人尙利(소:인상리).] 군자는 의리를 높이 사고, 소인은 이익을 높이 산다.『宋(송)·邵雍(소옹)』
벼슬 이름
[尙書(상서)] (역) 고려 육부의 으뜸 벼슬.
[尙宮(상궁)] ① 왕실 사람들을 받들어 모시는 일을 하던 여자 벼슬. 조선 시대에, 내명부의 하나인 女官(여관)의 정오품 벼슬.
기타
[和尙(화상)] ① 수행을 많이 한 중. ② '중'의 높임말.

履 밟을 리:, 신 리:, 尸부15 1211

'履(리)'자는 '주검 尸(시)', '걸을 彳(척)', '배 舟(주)', '뒤져올 夂(치)'로 이루어졌다. '尸(시)'는 '사람의 몸', '彳(척)'은 '길을 가다', '舟(주)'는 '짚신(신발)'의 모양인데 그 모양이 크게 변했다. '夂(치)'는 몸의 아랫부분인 '발'을 뜻한다. 사람이 길을 갈 때는 신발을 신고 간다. 그런 뜻에서 '신' 또는 '밟다'는 뜻을 나타낸다. (너무 복잡하다. 이런 설명은 한자 학자들에게나 보내자.) '履(리)'자는 '주검 尸(시)'와 '돌아갈 復(복)/다시 復(부)'로 이루어졌다.
신, 발에 신는 것의 총칭, 신다, 신을 신다
[曳履聲(예:리성)] 신발 끄는 소리.
[瓜田不納履(과전불납리), 李下不整冠(이하부정관).] 참외밭을 지날 때는 허리를 굽혀 신을 고쳐 신지 말며, 오얏나무 밑을 지날 때는 갓을 고쳐 쓰지 말라.『古詩(고시)·君子行(군자행)』☞ * 024
[殺頭而便冠(쇄:두이편관), 削足而適履(삭족이적리).] '머리를 깎아내어 관을 쓰기에 편리하고, 발을 깎아서 신발에 맞춘다'는 뜻으로, '일의 본말이 전도됨'을 이르는 말.『淮南子(회남자)·說林訓(설림훈)』
[鄭人買履(정인매리)] ☞ * 381
밟다, 발로 밟다, 밟으며 걷다, 밟으며 가다
[如履薄氷(여리박빙)] '마치 살얼음판 위를 밟고 지나가듯하다'는 뜻에서, '세상이 어수선할 때는 살얼음판 위를 걷는 것처럼 조심조심 살아가라'는 뜻이다.

순서나 절차 등을 거치어 행하다
[履行(이:행)] 정해진 대로 실제로 함. ¶의무 이행
겪다, 경험하다
[履歷(이:력)] 지금까지 겪어온 내력. 주로 학력과 경력을 말한다. 관履歷書(이력서)

岸 언덕 안:, 山부8 1212

'岸(안)'자는 '메 山(산)', '언덕 厂(한)', '방패 干(간)'으로 이루어졌다.
언덕, 물가의 낭떠러지, 기슭, 강기슭
[沿岸(연안)] 강이나 호수 또는 바닷가를 따라서 잇닿아 있는 땅.
[彼岸(피:안)] ① 강의 건너편 기슭. ② (불) 사바세계의 저쪽에 있다는 淨土(정토).
[此岸(차안)] (불) 나고 죽고 하는 이 세상.
[海岸(해:안)] 바닷가.
[海岸線(해:안선)] ① 바다와 육지가 접한 곳. 해륙의 경계를 길게 뻗어간 선. ② 해안에 따라 부설한 철도 선로.
江岸(강안), 對岸(대안), 湖岸(호안)

峰, 峯 봉우리 봉, 山부10 1213

'峰(봉)'자는 '산봉우리'를 뜻하기 위하여 만든 것이다. '뫼 山(산)'과 '끝 夆(봉)'으로 이루어졌다. '峰(봉)'자와 '峯(봉)'자는 同字(동자)이다.
봉우리, 산봉우리
[靈峰(영봉)] 신령스러운 산봉우리. ¶백두산 영봉에 태극기 휘날리며
[主峰(주봉)] 산맥 가운데서 가장 높은 산봉우리.
[最高峰(최고봉)] ① 가장 높은 산봉우리. ② 어떤 분야에서 가장 높은 수준.
高峰(고봉), 高峰峻嶺(고봉준령), 孤峰(고봉), 群峰(군봉), 奇峰(기봉), 上峰(상봉), 連峰(연봉), 雲峰(운봉), 峻峰(준봉)

嶺 고개 령, 재 령, 山부17 1214

'嶺(령)'자는 '산길'을 뜻한다. '뫼 山(산)'과 '옷깃 領(령)'으로 이루어졌다.
재, 산마루의 고개
[大關嶺(대관령)]
[嶺南(영남)] 삼남의 하나. 문경 새재의 남쪽으로 경상도를 말함.
[嶺東(영동)] 강원도의 대관령의 동쪽 지방.
[嶺西(영서)] 강원도의 대관령 서쪽 지방.
[分水嶺(분수령)] ① 分水界(분수계)가 되는 산마루나 산맥. ② 어떤 사물이 발전하는 데 있어서의 전환점.
산봉우리, 산마루
[高峰峻嶺(고봉준령)] 높이 솟은 산봉우리와 험준한 산

마루.
잇닿아 뻗어 있는 산줄기

巖, 岩 바위 암, 山부23 1215

'巖(암)'자는 산에 있는 '바위'를 뜻하기 위하여 만든 것이다. '메 山(산)'과 '엄할 嚴(엄)'으로 이루어졌다. '岩(암)'자는 '巖(암)'자의 속자이다.

바위
[巖壁(암벽)/岩壁(암벽)] 벽처럼 깎아지른 듯이 높이 솟은 바위. ¶암벽 등반
[巖石(암석)] 바위와 돌. 지각을 구성하고 있는 단단한 물질.
[奇巖怪石(기암괴석)] 기이하게 생긴 바위와 괴상하게 생긴 돌.
[怒蹴巖(노:축암)] '성나서 바위를 찬다'는 뜻으로, 화풀이를 우둔하게 하여서는 도리어 손해를 봄을 비유하여 이르는 말.
[鎔巖(용암)] (지) 화산이 분화할 때 분화구에서 분출한 마그마. 또는 그것이 식어서 굳어진 바위.
巖盤(암반), 巖鹽(암염), 奇巖(기암), 母巖(모암), 碧巖(벽암), 礫巖(역암), 泥巖(이암), 鑿巖(착암)

巡 돌 순, 巛부7 1216

'巡(순)'자는 오며가며 '살피다'는 뜻을 나타내기 위하여 만든 것이다. '길갈 辶(착)'과 '내 川(천)'의 본래 글자인 '巛(천)'으로 이루어졌다. 후에 여러 곳을 '들르다', '방문하다'는 뜻으로 확대되었다.

돌다, 임금이 그 영토 안을 돌다, 벼슬아치가 그 관할 구역 안을 돌아보다
[巡杯(순배)] 술자리에서 술잔을 차례로 돌림. 또는 그 술잔.
[巡警(순경)] ① 순회하여 경계함. ② 9급 경찰공무원의 계급.
[巡察(순찰)] 순행하면서 사정을 살핌.
巡檢(순검), 巡邏軍(순라군), 巡狩(순수), 巡査(순사), 巡視(순시), 巡行(순행)

널리 돌아다니다
[巡禮(순례)] 여러 성지나 영지 등을 차례로 돌아다니며 참배함. ¶성지 순례
[巡訪(순방)] 나라나 도시 따위를 차례로 돌아가며 방문함.
[巡洋艦(순양함)] (군) 전함보다 빠른 기동력과 구축함보다 우수한 전투력을 지닌 큰 군함.
[巡廻(순회)] 여러 곳으로 돌아다님. ¶순회도서관/순회병원/순회공연

어루만지다, 위로하다
[巡撰(순무)] 여기저기 돌아다니면서 백성들을 위로하고 달래는 일. 참巡撫使(순무사)

巧 공교할 교, 工부5 1217

'巧(교)'자는 '장인 工(공)'과 '氣(기)'가 뻗어 오르려다 막힐 丂(고)'로 이루어졌다. 여기에서 '丂(고)'는 구부러진 彫刻刀(조각도)를 뜻한다. 조각도를 가지고 장인이 솜씨 좋게 작품을 다듬고 있다.

공교하다, 솜씨가 있다, 기교, 재주, 기능, 재치가 있다, 날렵하다
[巧妙(교묘)] (솜씨나 꾀가) 썩 묘함. ¶다보탑은 우리나라 탑 중에서 그 구조가 가장 교묘하다
[工巧(공교)] ① 솜씨가 좋음. 교묘함. ② 솜씨가 좋은 목수. ③ 경박함. ④ 생각지 않았던 우연한 사실과의 마주침이 썩 기이함. ¶공교롭게도
[技巧(기교)] 빼어난 기술이나 솜씨. ¶기교를 부리다
[精巧(정교)] 정밀하고 교묘함. ¶정교하게 만든 장난감.
[大巧若拙(대:교약졸)] 참된 巧妙(교묘)가 俗人(속인)의 눈에는 도리어 粗拙(조졸)로 보인다. 『老子(노자)·道德經(도덕경)』

잘하다, 꾸며서 하는 말솜씨가 있다, 겉을 꾸미다, 교묘하게 꾸미다
[巧言(교언)] 교묘하게 꾸며대는 말.
[巧言亂德(교언난덕)] 교묘하게 꾸며대는 말은 是非(시비)를 어지럽게 하므로 덕을 잃게 함. 『論語(논어)』
[巧言令色(교언령색), 鮮矣仁(선의인).] 말을 교묘하게 꾸미고 얼굴빛을 좋게 하는 자는 어진 이가 드물다. 『論語(논어)·學而(학이)』 ☞ * 028

계교, 꾀
[奸巧(간교)] 매우 간사하고 교활함. ¶간교를 부리다
[計巧(계:교)] 요리조리 생각해낸 꾀. ¶계교를 부리다
[機巧(기교)] 잔꾀와 솜씨가 매우 잽쌈.

거짓, 꾸밈, 겉치레, 꾸미다
[詐巧(사교)] 남을 교묘하게 속임. 또는 그 속임수.

已 이미 이:, 己부3 1218

'已(이)'자는 농기구의 일종인 '쟁기'의 모양을 본뜬 것이다. '쟁기'의 뜻으로 쓰이는 예는 없고, '이미' 또는 '그치다'의 뜻으로 쓰인다.

이미, 벌써
[已發之矢(이:발지시)] '이미 시위를 떠나간 화살'이란 뜻으로, 중도에 그만두기 어려운 형편을 이르는 말.
[已往(이:왕)] 이미 정해진 사실로 그렇게 된 바에. ¶이왕 갈 거면 서두르자
[已往之事(이:왕지사)] 이미 지나간 일.

말다, 그치다, 그만두다
[死而後已(사:이후이)] 목숨이 붙어 있는 한 끝까지.
[不得已(부득이)] 마지못하여. 하는 수 없이.
[勢不得已(세:부득이)] 세력이 딸려 하는 수 없음.

'몸 己(기)', '뱀 巳(사)', '이미 已(이)'자의 모양에 유의하여야 한다. '已(이)'자는 세 번째 획이 둘째 획 위로

약간 올라가고, '己(기)'자는 세 번째 획이 두 번째 획 위로 올라가지 않으며, '巳(사)'자는 세 번째 획이 올라가 첫 번째 획과 붙는다.

帥 장수 수, 巾부9　1219

'帥(수)'자의 앞부분은 요즈음은 단독으로는 쓰이지 않는 '모으다'의 뜻인 '퇴'자이다. '스승 師(사)'의 앞부분이나 '따를 追(추)'의 책받침 위에서 볼 수 있다. '수건 巾(건)'은 장수가 지휘할 때 쓰는 '깃발'을 나타낸다.

장군, 군대의 장군
[元帥(원수)] 군인의 가장 높은 계급. 大將(대장)의 위.
[將帥(장:수)] (군) 군사를 거느리고 지휘하는 우두머리.

거느리다, 통솔자, 인솔자, 우두머리
[統帥(통:수)] ① 統率(통솔). ② 부하를 통솔하는 장수. 참統帥權(통수권)
[統帥權(통수권)] (법) 한 나라의 병력을 지휘·통솔하는 권한.

幼 어릴 유, 幺부5　1220

'幼(유)'자는 '작을 幺(요)'와 '힘 力(력)'이 합쳐진 것이다. '작다'가 본래 의미이다. '어리다', '어린이'의 뜻을 나타낸다.

어리다, 나이가 어리다, 어린 아이
[幼年(유년)] 어린 나이. 또는 그런 사람.
[幼兒(유아)] 어린 아이. ¶유아 교육
[幼稚園(유치원)] 초등학교에 들어갈 나이가 안 된 아이들을 모아서 초등 지식과 놀이를 가르치는 곳.
[長幼有序(장유유서)] 연장자와 연소자의 사이에는 지켜야 할 순서가 있음. 五倫(삼강오륜)의 하나. ☞ * 179
幼年期(유년기), 幼根(유근), 幼木(유목), 幼少年(유소년), 幼兒期(유아기), 幼兒園(유아원), 幼弱(유약), 幼蟲(유충), 幼齒(유치), 老幼(노유), 長幼(장유)

경험이 적거나 수준이 낮다
[幼稚(유치)] ① 나이가 어림. ② 생각이나 하는 짓이 어림. ¶유치한 짓을 하지 마라

幽 그윽할 유, 幺부9　1221

'幽(유)'자는 '등불이 희미하다'는 뜻을 나타내기 위하여 심지에 불이 붙어 있는 모양을 본뜬 것이다. 후에 '어둡다', '검다', '그윽하다', '조용하다' 등의 뜻으로 확대되었다.

그윽하다, 깊숙하고 으늑하다, 어둡다, 구석, 구석진 곳
[幽谷(유곡)] 그윽하고 깊은 산골. 참深山幽谷(심산유곡), 進退維谷(진퇴유곡)
[幽冥(유명)] ① 깊숙하고 어두움. ② 저승.
[深山幽谷(심:산유곡)] 깊은 산의 고요한 골짜기. 산 속의 아름다움.

가두다, 갇히다
[幽閉(유폐)] 사람을 깊이 가두어 둠.

저승, 귀신, 초현실적인 것
[幽靈(유령)] ① 죽은 사람의 혼령. 또는 그것이 생전의 모습으로 나타난 현상. ② 이름뿐이고 실제는 없음. 참幽靈會社(유령회사)
[幽明(유명)] ① 어둠과 밝음. ② 저승과 이승. ¶幽明(유명)을 달리하다
[幽宅(유택)] 무덤.
[幽魂(유혼)] 귀신의 혼. 죽은 사람의 혼을 일컬음.

廊 사랑채 랑, 복도 랑, 행랑 랑, 广부13　1222

'廊(랑)'자는 원래 본채 양쪽 옆의 '담'을 뜻하기 위하여 만든 것이다. '집 广(엄)'과 '사나이 郎(랑)'으로 이루어졌다. 후에 '곁채', '복도' 등의 뜻으로 쓰이게 되었다.

복도, 행랑
[廊下(낭하)] 행랑. 복도.
[舍廊(사랑)] 바깥주인이 거처하며 손님을 대접하는 곳. 사랑채나 사랑방.
[行廊(행랑)] ① 대문간에 붙어 있는 방. ② 옛날 대문 안에 죽 벌여 있어 하인들이 거처하던 방. ¶행랑살이하다
[畵廊(화:랑)] 그림 등의 미술품을 진열하여 관람하도록 만든 방.
[回廊(회랑)] ① 正堂(정당)의 좌우로 있는 긴 집채. ② 양옥의 어떠한 방을 중심으로 하고 둘러댄 마루. ③ 긴 복도.

廷 조정 정, 廴부7　1223

'廷(정)'자의 본뜻은 '뜰'이었다. '관청'이라는 뜻으로 쓰이는 예가 많아지자, 본뜻은 뜰 庭(정)자를 따로 만들었다. '법정'의 뜻으로도 쓰인다.

조정, 관청, 관아
[宮廷(궁정)] 궁궐.
[法廷(법정)] 법에 따라 송사를 심리하는 곳. ¶법정에서 진술하다
[朝廷(조정)] 임금과 신하들이 모여 정치를 의논하고 집행하는 곳.
[退廷(퇴:정)] 법정에서 물러나옴.
[閉廷(폐:정)] (법) 재판을 마치고 법정을 닫음. 반開廷(개정)

弄 희롱할 롱:, 廾부7　1224

'弄(롱)'자는 '(손에 가지고) 놀다'가 본뜻인데, '놀리다'는 뜻으로 많이 쓰인다. '구슬 玉(옥)'과 '받들 廾(공)'으로 이루어졌다. '廾(공)'자는 '두 손'을 뜻한다. '두 손으로 구슬을 가지고 놀다'의 뜻이다.

희롱하다, 말이나 행동으로 실없이 놀리다
[弄假成眞(농:가성진)] 장난으로 한 것이 참으로 한 것처럼 됨.
[弄奸(농:간)] 남을 속이거나 일을 그르치게 하려는 간사한 짓. ¶그의 농간에 넘어갈 뻔했다.
[弄過成嗔(농:과성진)] 장난도 지나치면 노여움을 이룸.
[弄談(농:담)] ① 장난삼아 하는 말. ② 실없이 하는 소리.
[戱弄(희롱)] 말이나 농담으로 실없이 놀림.

업신여기다
[愚弄(우롱)] 사람을 어리석게 보고 함부로 놀림. ¶더 이상 우롱하지 말라
[嘲弄(조롱)] 비웃거나 깔보면서 놀림. ¶조롱을 참고 그 장소를 나왔다

놀다
[弄蕩(농:탕)] 남녀가 음탕한 소리와 난잡한 행동으로 막 놀아대는 것.
[才弄(재롱)] 재주를 부리며 귀엽게 놂. ¶아기의 재롱이 무척 귀여웠다

좋아하다, 흥겨워하다
[吟風弄月(음풍농월)] '바람을 읊고 달을 가지고 놂'이란 뜻에서, 자연에 대해 시를 짓고 흥취를 자아내며 즐김을 뜻하는 말임. 圖吟風哦月(음풍영월)

弊 해질 폐:, 廾부15 1225

'弊(폐)'자는 '해진 옷'을 뜻하는 '敝(폐)'자와 그 옷이 아까워 두 손으로 움켜쥐고 있는 '廾(공)'으로 이루어진 글자이다. '해져 떨어지다', '낡다', '나쁘다'는 뜻으로 쓰인다.

나쁘다, 좋지 아니하다
[弊習(폐:습)] 나쁜 버릇이나 풍습.

폐, 귀찮은 신세나 괴로움, 폐단
[弊(폐:)] ① '弊端(폐단)'의 준말. ② 남에게 끼치는 괴로움. ¶이웃에게 폐를 끼쳤다
[弊端(폐:단)] 괴롭고 번거로운 일. 귀찮고 해로운 일. ¶폐단을 피하다
[弊風(폐:풍)] 폐해가 되는 어지러운 풍습.
[弊害(폐:해)] 귀찮고 해로운 일. 좋지 않고 나쁜 점과 해로운 점. ¶도박의 폐해
[民弊(민폐)] 국민에게 폐가 되는 일.
[病弊(병:폐)] 병과 폐단을 아울러 이르는 말.
[生梗之弊(생경지폐)] '生梗(생경)'은 두 사람 사이에 화목하지 못한 일이 생김을 말하는 것으로, 두 사람 사이에 생긴 불화로 말미암은 폐단.
[語弊(어:폐)] 말의 폐단이나 결점. 남의 오해를 받기 쉬운 말.

곤하다, 피곤하다
[疲弊(피폐)] 지치고 쇠약해짐.

자기 사물에 붙이는 겸칭
[弊社(폐:사)] '자기 회사'를 겸손하게 이르는 말.

해지다, 옷이 다 낡다, 넘어지다, 넘어뜨리다
[舌柔順終以不弊(설유순종이불폐).] '혀는 부드러우므로 이보다 오래 견딘다'는 뜻으로, 부드러운 것이 강한 것보다 오래 보전됨을 비유하여 이르는 말. 『孔叢子(공총자)』

'敝(폐)'자는 '베'의 뜻인 '수건 巾(건)'에 점이 네 개와 '칠 攵(복)'이 합쳐진 글자이다. 점 네 개는 떨어져 나온 베 조각을 가리킨다. 즉 베로 만든 옷이나 이불 같은 것을 막대기로 친 결과 군데군데 찢어져서 너덜거린다는 데서 '해지다', '깨지다'의 뜻이다.
'敝(폐)'자에 '풀 艹(초)'를 더하여 만든 '蔽(폐)'자는, 좋지 않은 것을 풀로 '덮는다'는 데서, '가리다'는 뜻을 나타낸다.
'敝(폐)'자에 '받들 廾(공)'을 더하여 만든 '弊(폐)'자는, 두 손에 들고 있는 사물이 해지거나 깨져서 쓸모가 없다는 데서, '나쁘다', '폐단'의 뜻을 나타낸다.

弓 활 궁, 弓부3 1226

'弓(궁)'자는 활의 모양을 본뜬 것이다.

활, 궁술, 활을 쏘는 법이나 기술
[弓道(궁도)] ① 궁술을 닦는 일. ② 활 쏘는 데 지켜야 할 도리. ③ 활을 쏘는 무술.
[弓矢(궁시)] 활과 화살.
[名弓(명궁)] ① 활을 잘 쏘기로 이름난 사람. ② 유명한 활. 由緖(유서) 깊은 활.
[傷弓之鳥(상궁지조)] '한 번 화살에 맞아 다친 적이 있는 새는 구부러진 나무만 보아도 놀람'을 뜻하는 말로, 한 번 놀란 일로 늘 의심과 두려운 마음을 품는 것을 이르는 말. '자라 보고 놀란 가슴 솥뚜껑 보고 놀란다'는 속담과 같은 뜻.
[洋弓(양궁)] 서양식으로 만든 활. 또는 그 활로 겨루는 경기.
弓弩(궁노), 弓弩手(궁노수), 弓手(궁수), 弓術(궁술), 弓形(궁형), 角弓(각궁), 强弓(강궁), 天弓(천궁)

影 그림자 영:, 彡부15 1227

'影(영)'자는 '햇볕 景(경)'에 비치어 나타난 '그림자[彡]'를 뜻한다. '모습' 등을 뜻하기도 한다.

그림자
[影不離身(영:불리신)] 그림자는 몸에서 떨어지지 않는다. 사람이 아무리 빨리 뛰어도 그림자는 그대로 따라오는 것처럼, 허물이 있으면 그것을 고쳐야지 이를 비난만 해서는 결코 사라지지 않는다는 의미이다. 『莊子(장자)·漁父(어부)편』
[影響(영:향)] 어떤 사물의 작용이 다른 사물에 미침. 또는 그 작용이나 현상. 國影響力(영향력)

[投影(투영)] ① 그림자가 비침. 비치는 그림자. 그림자를 비춤. ② (수) 어떤 물체에 평행 광선을 보내고 그 그림자를 평면 위에 비추는 일. 또는 그 평면 위에 생기는 그림자. 참投影圖(투영도) ③ 어떤 사물을 다른 사물에 반영시켜 나타냄.
[竹影掃階塵不動(죽영소계진부동).] 대나무 그림자가 뜰을 쓸되 티끌은 조금도 움직이지 않네. 『菜根譚(채근담) · 後集 63』 ☞ * 388

> 형체가 있는 사물은 반드시 그림자를 드리우고, 소리가 발생하면 반드시 그 울림이 남는다. 사물은 그림자와 울림을 통하여 주위의 다른 사물에게 그 사물의 속성을 간접적으로 인식하게 한다. 이처럼 한 사물이 다른 사물에 미치는 현상을 '그림자와 울림'을 뜻하는 '影響(영향)'이라고 한다.

係風捕影(계풍포영), 無影(무영), 陰影(음영)
거울이나 물 속에 비치어 나타난 물체의 형상
[影印本(영:인본)] 원본을 사진 제판으로 복사하여 만든 책.
[杯中蛇影(배중사영)] 공연한 의혹으로 고민하는 일. 晉(진)나라 樂廣(악광)의 친구 한 사람이 벽에 걸린 활 그림자가 술잔에 비친 것을 잘못 알고 뱀을 삼켰다고 생각하여 병이 되었는데, 악광이 그렇지 않음을 소상히 설명해 주었더니, 곧 개운하게 병이 나았다는 고사에서 유래한 말. 『晉書(진서)』
초상, 화상, 사람의 모양, 모습
[影堂(영:당)] 이름난 이의 화상이나 조각상을 모셔 둔 사당.
[影幀(영:정)] 화상을 그린 족자.
[近影(근:영)] 요즈음에 찍은 사진.
[尊影(존영)] 상대방의 畫像(화상) · 사진을 높여 일컫는 말.
[眞影(진영)] 주로 얼굴을 그린 화상 또는 사진.
[撮影(촬영)] 형상을 사진이나 영화로 찍음.
[幻影(환영)] 사상이나 감각의 착오로 말미암아 실재하지 않는 現象(현상) · 影像(영상) · 상태 · 신념을 사실로 인정하는 현상.

彼 저 피:, 彳부8　　1228

'彼(피)'자는 '저것'이라는 대명사적 용법으로 쓰인 것인데, 원래 '가죽 皮(피)'자를 빌어 그러한 의미를 나타내다가, 후에 '걸을 彳(척)'을 덧붙였다.
저, 저 사람(삼인칭 대명사), 그, 그이(자기 이외의 나에게 대가 되는 상대를 가리키는 대명사), 저기(장소를 지시하는 대명사), 저것(사물을 지시하는 대명사)
[彼我(피:아)] 그와 나. 또는 저편과 이편을 아울러 이르는 말. 참彼我間(피아간)
[彼岸(피:안)] ① 강의 건너편 기슭. ② (불) 사바세계의 저쪽에 있다는 淨土(정토).
[彼此(피:차)] ① 저것과 이것. 또는 이쪽과 저쪽의 양쪽. ② 서로. ¶내가 가나 그가 오나 피차 마찬가지다 참彼此一般(피차일반)
[於此於彼(어차어피)/於此彼(어차피)] 이렇게 하든지 저렇게 하든지. 이러거나 저러거나. 어떤 일이 자신의 의지와는 상관없이 진행되어 일의 결과에 대해 아무렇게나 되라는 식의 심리 상태를 표현하는 말이다.
[此日彼日(차일피일)] 이 날 저 날. '약속이나 기한 따위를 미적미적 미루는 태도'를 비유한 말.
[知彼知己者(지피지기자), 百戰不殆(백전불태).] 적을 알고 나를 아는 자는 백 번 싸워도 위태롭지 않다. 『唐書(당서) · 裴度傳(배도전)』 ☞ * 232

此 이 차, 止부6　　1229

'此(차)'자는 가장 가까운 곳을 가리키는 대명사 '이것', '이곳' 등의 뜻을 나타낸다.
이, 이곳(자기로부터 가장 가까운 장소), 이것(자기로부터 가장 가까운 사물)
[此岸(차안)] (불) 나고 죽고 하는 이 세상.
[此際(차제)] 이 기회. 이즈음.
[此日彼日(차일피일)] ☞ 彼(피)
[此後(차후)] 이 다음.
[於此於彼(어차어피)/於此彼(어차피)] ☞ 彼(피)
[如此如此(여차여차)] 이러이러함.
[樂此不疲(요차불피)] 좋아서 하는 일은 아무리 하여도 지치지 않음.
[彼此(피:차)] ☞ 彼(피)

徐 천천할 서(:), 彳부10　　1230

'徐(서)'자는 '천천히'의 뜻을 나타내기 위한 것이다. '걸을 彳(척)'과 '나 余(여)'로 이루어졌다.
급하지 아니하고 느리다, 천천히 하다, 늦추다, 천천히, 느릿하게
[徐徐히(서:서히)] 천천히.
[徐行(서:행)] 천천히 감.
고을 이름, 나라 이름
[徐羅伐(서라벌)]

御 거느릴 어:, 임금 어:, 막을 어:, 彳부11　　1231

'거느릴 御(어)'자는 '길 갈 辵(착)', '낮 午(오)'와 '병부 卩(절)'로 이루어진 글자이다. '辵(착)'의 '辶'과 '止'가 헤어서져 모양이 약간 변했다.
막다, 억제하다, 막아서 멎게 하다
[制御(제:어)] ① 감정, 충동, 생각 따위를 막거나 누름. ¶감정을 제어하기가 어려웠다 ② 기계나 설비 또는 화학반응 따위가 목적에 알맞은 작용을 하도록 조절함.

천자·제후에 관한 사물이나 행위에 붙이는 말

[御命(어:명)] 임금의 명령을 이르던 말.
[御史(어:사)] ① 임금의 명령으로 특별한 사명을 띠고 지방에 파견된 임시 벼슬. ② '암행어사'의 준말. ¶어사出頭(출두)요!
[御用(어:용)] ① 임금이 씀. ② 정부에서 씀. ③ 정부나 그 밖의 권력기관에 영합하여 그 이익을 위해 활동하는 등 자주성이 없음을 비꼬는 말. 참御用記者(어용기자), 御用新聞(어용신문), 御用學者(어용학자)
御駕(어가), 御覽(어람), 御寶(어보), 御使(어사), 御賜花(어사화), 御醫(어의), 御前(어전), 御殿(어전), 御製(어제), 御酒(어주), 御眞(어진), 崩御(붕어), 暗行御史(암행어사), 龍飛御天歌(용비어천가), 臨御(임어)

어거하다, 말을 몰다

徵 부를 징, 彳부15   1232

'徵(징)'자는 길을 가며 앞서 가는 사람을 '부르다'는 뜻을 나타내기 위하여 만든 것이다. '걸을 彳(척)'이 표의요소, 나머지는 표음요소이다. 후에 '거두다', '조짐' 등의 뜻으로 쓰이게 되었다. 破字(파자)하면 '길 彳(척) + 메 山(산) + 한 一(일) + 임금 王(왕) + 칠 攵(복)'이 된다.

부르다, 사람을 불러들이다

[徵發(징발)] ① 전쟁이나 사변 때 사람이나 물자를 강제로 뽑아 모음. ② 어떤 일을 시키기 위해 강제로 사람을 불러냄.
[徵兵(징병)] 국가가 법령으로 병역 의무자를 강제적으로 징집하여 일정 기간 병역에 복무시키는 일. 참徵兵檢査(징병검사), 徵兵制度(징병제도)
[徵用(징용)] ① 징수하거나 징발하여 씀. ② 국가의 권력으로 국민을 강제적으로 불러내어 일정한 업무에 종사시킴.
[徵集(징집)] ① 물건을 거두어 모음. ② 국가가 병역 의무자를 현역에 복무할 의무를 부과하여 불러 모음. ¶징집 영장

거두다, 거두어들이다

[徵稅(징세)] 세금을 거두어 받음.
[徵收(징수)] 나라, 공공단체, 지주 등이 돈이나 곡식 또는 물품 따위를 거두어들이는 일.
[追徵(추징)] 뒷날에 추가하여 징수함.

증거(證), 증거를 세우다, 밝히다, 명백히 하다

[象徵(상징)] 추상적인 사물이나 개념을 구체적인 사물로 나타냄. 또는 그렇게 나타낸 기호·표지·물건 따위. 참象徵劇(상징극), 象徵詩(상징시), 象徵塔(상징탑)
[特徵(특징)] (다른 것과 비교하여) 특별히 눈에 뜨이는 점.
徵表(징표), 性徵(성징), 表徵(표징), 標徵(표징)

조짐

[徵兆(징조)] 어떤 일이 생길 기미가 미리 보이는 조짐.
[徵驗(징험)] ① 징조를 경험함. ② 경험에 비추어 앎.
[徵候(징후)] 겉으로 나타나는 조짐.

透 통할 투, 꿰뚫 투, 비칠 투, 辶부11   1233

'透(투)'자는 길을 가며 '뛰다'는 뜻을 나타내기 위하여 만든 것이었다. '길 갈 辶(착)'이 표의요소, '빼어날 秀(수)'는 표음요소인데 음이 다소 달라졌다. 후에 '뚫다', '(환히) 비치다' 등의 뜻으로 쓰이게 되었다.

통하다, 통하게 하다, 통하여 지나가다

[透過(투과)] ① (광선·방사선 따위가) 꿰뚫고 지나감. ② 원형질막 또는 기타 피막이 액체나 용질 따위를 지나가게 하는 일. 참透過性(투과성)
[透光(투광)] 빛이 물체를 뚫고 지나감. 또는 그 빛.
[透徹(투철)] 속까지 꿰뚫을 정도로 아주 철저함. ¶투철한 사명감이 필요하다
[半透性(반:투성)] 용매는 통과시키나 용질은 통과시키지 않는 성질. 참半透膜(반투막)

통해서 보다, 어떤 것을 통해서 안쪽이 들여다보이다, 환히 비치다

[透刻(투각)] (미) 조각에서 묘사할 대상의 윤곽만을 남겨 놓고 나머지 부분을 파서 구멍이 나도록 하거나 윤곽만을 파서 구멍이 나도록 만듦. 또는 그런 기법.
[透明(투명)] 속까지 환하게 비침. ¶투명 테이프/거래를 투명하게 하다 참半透明(반투명), 不透明(불투명)
[透視(투시)] ① 속의 것을 환하게 꿰뚫어 봄. ② (심) 일반적인 감각 밖의 사물을 알아내는 힘. 또는 그렇게 알아내는 일. ③ (의) X선을 통과시켜 형광판 위에 투영된 인체 내부를 검진하는 방법.
[不透明(불투명)] ① 속까지 비치게 환하지 못함. ② 빛을 투과시키지 못함. ③ 태도나 성질 따위가 확실하거나 분명하지 않음. ④ 일이 되어 가는 모양이나 앞날이 확실하지 않음.

새다, 스며들다, 누설되다

[透水(투수)] 물이 스며듦. 참透水層(투수층)
[滲透(삼투)] ① 액체 따위가 스며들어감. ② (물) 농도가 다른 두 액체가 반투막을 사이에 두고 접할 때 서로 스며들어 농도가 비슷하게 됨. 참滲透壓(삼투압), 滲透現狀(삼투현상)
[浸透(침:투)] ① 스며 젖어서 뱀. ② 몰래 숨어 들어감.

徹 통할 철, 彳부15   1234

'徹(철)'자는 '걸을 彳(척)', '기를 育(육)', '칠 攵(복)'으로 이루어진 글자이다. '育(육)'은 '솥 鬲(력/격)'이 변한 것이고, '攵(복)'은 '손'을 뜻하는 又(우)가 변한 것이다. '음식을 먹은 뒤 뒤치다꺼리를 하다', '상을 치우다'

가 본래 의미였다고 한다. 후에 길 따위가 '통하다'는 뜻으로 쓰이게 되었고, '치우다'는 뜻은 '撤(철)'자를 만들어 나타냈다.

통하다, 막힘없이 트이다, 막히거나 가려진 것을 헤치고 통하다

[徹頭徹尾(철두철미)] ① 처음부터 끝까지 투철함. ② 처음부터 끝까지 철저하게. ¶철두철미 항일 애국정신으로 무장하였다

[徹夜(철야)] 자지 않고 밤을 새움. ¶이틀 밤을 철야했더니 눈이 저절로 감긴다

[徹底(철저)] 속 깊이 밑바닥까지 빈틈이 없음. 또는 그런 태도.

[貫徹(관철)] 어려움을 뚫고 나아가 끝내 목적을 이룸. ¶初志(초지)를 관철하다

[透徹(투철)] ☞ 透(투)

[眼光徹紙背(안:광철지배).] '눈빛이 종이 뒷면까지 비친다(뚫는다)'는 뜻으로, 독서의 이해력이 예민함을 이르는 말.

徹天之寃(철천지원)/徹天之恨(철천지한), 冷徹(냉철)

忍 참을 인, 질길 인, 心부7　1235

'忍(인)'자는 '참다'는 뜻을 나타내기 위하여 만든 것이다. '마음 心(심)'이 표의요소, '칼 刃(인)'은 표음요소이다. 칼날에 베었지만 마음속으로 아픔을 참는다는 데서 '참다'라는 뜻을 나타낸다. '모질다', '차마 못하다'는 뜻도 가지고 있다.

참다, 견디어내다

[忍耐(인내)] 괴로움이나 어려움을 참고 견딤. 참忍耐心(인내심) ¶인내는 쓰다. 그러나 그 열매는 달다

[忍苦(인고)] 괴로움을 참음. ¶기나긴 인고의 세월

[堅忍不拔(견인불발)] 굳게 참고 견뎌 마음이 흔들리지 않음.

[隱忍自重(은인자중)] 마음속으로 참으며 신중하게 행동함. ¶세상이 하도 어수선하니 은인자중거라

[百忍(백인)] 아무리 어렵고 거북한 일이 있더라도 늘 참고 견디어 냄. ¶옛날 학생들은 책상머리에 '百忍(백인)'을 써 붙여 놓곤 했지

[欲富乎(욕부호), 忍恥矣(인치의).] 부유해지고자 하면 부끄러움을 참아라. 오직 돈만이 목적이라면 창피를 당하더라도 꾹 참아야 한다. 친구도 버리고 의리도 팽개쳐라. 『荀子(순자)·大略篇(대략편)』

忍冬(인동)/忍冬草(인동초), 忍辱(인욕), 忍從(인종), 堅忍(견인), 百忍(백인), 容忍(용인), 隱忍(은인)

마음을 억누르다, 차마 못하다

[不忍(불인)] ① 참지 못함. ② 차마 하지 못함.

[目不忍見(목불인견)] 눈으로 차마 볼 수 없음. 준不忍見(불인견)

잔인하다, 동정심이 없다

[殘忍(잔인)] 인정이 없고 아주 모짊.

耐 견딜 내:, 而부9　1236

'耐(내)'는 '수염'의 모양인 '而(이)'와 '손'의 뜻인 '寸(촌)'의 합자이다. 고대 중국에서는 수염을 자르는 형벌이 있었는데, 다른 사람의 손에 수염이 잘리는 모욕을 견뎌낸다는 데서 '견디다'라는 뜻이다.

견디다, 참다

[耐久(내:구)] 오래 견딤. 오래 감. 참耐久力(내구력), 耐久性(내구성)

[耐性(내:성)] ① 약물을 반복해서 복용할 때 약효가 저하하는 현상. ¶약을 많이 먹으면 내성이 생긴다 ② 세균 따위의 생물체가 어떤 약에 견디어내는 성질.

[耐熱(내:열)] 높은 열에도 잘 견딤.

[耐乏(내:핍)] 궁핍을 견딤.

[堪耐(감내)] 참고 견딤. ¶어려움을 감내하다

[忍耐(인내)] ☞ 忍(인)

耐病性(내병성), 耐暑(내서), 耐震(내진), 內蟲(내충), 耐寒(내한), 耐旱(내한), 耐火(내화)

忽 문득 홀, 갑자기 홀, 소홀히 할 홀, 心부8　1237

'忽(홀)'자는 '마음에 두지 않다'는 뜻을 나타내기 위하여 '마음 心(심)'과 '아니할 勿(물)'을 합쳐 놓은 것이다. '갑자기', '소홀하다'의 뜻으로 쓰인다.

소홀히 하다, 탐탁지 않게 여겨 경시하다

[忽待(홀대)] 소홀하게 대접함. 또는 정성을 들이지 않고 아무렇게나 하는 대접.

[疏忽(소홀)/疎忽(소홀)] 대수롭지 않고 예사임. 탐탁지 않고 데면데면함. ¶대접이 소홀했다

[福生於微(복생어미), 禍生於忽(화:생어홀).] 복은 작은 일에서부터 생기고, 화는 소홀히 여기는 데서 일어난다. 『老子(노자)』

문득, 갑자기, 돌연히

[忽然(홀연)] 갑자기 그러함. 뜻밖에.

恐 두려울 공:, 心부10　1238

'恐(공)'자는 '두려워하다'는 뜻을 나타내기 위한 것이었다. '마음 心(심)'이 표의요소, 그 나머지가 표음요소로 쓰였다.

두렵다, 두려워하다

[恐龍(공:룡)] (동) 중생대 쥐라기로부터 백악기에 걸쳐 번성한 몸집이 거대한 파충류.

[恐怖(공:포)] 두려움이나 무서움. ¶공포에 떨다 참恐怖感(공포감), 恐怖心(공포심)

[恐慌(공:황)] ① 놀랍고 두려워 어찌할 바를 모르는 심리 상태. ② '경제 공황'의 준말. 생산과 공급의 과잉과 부족으로 인해 경제가 혼란되는 현상.

[可恐(가:공)] 두려워할 만함. ¶가공할 만한 사건이 터

졌다
[投鼠恐器(투서공기)] '무엇을 던져서 쥐를 때려잡고 싶으나, 그 옆에 있는 그릇을 깰까 두렵다'는 뜻으로, 임금 측근에 알랑거리는 간신을 제거하고 싶으나, 임금을 상하게 할까 걱정됨을 비유하여 이르는 말.
[惶恐(황공)] 지위나 위엄에 눌려 두려움. 비惶悚(황송)
[君子戒愼乎其所不睹(군자계신호기소부도), 恐懼乎其所不聞(공구호기소불문).] 군자는 남이 보지 않는 곳에서도 경계하고 삼가며, 듣지 않는 곳에서도 두려워한다. 『中庸(중용)·1章(1장)』
恐懼(공구), 恐水病(공수병), 恐妻家(공처가), 恐怖心(공포심), 恐惶(공황), 惶恐無地(황공무지)

으르다, 협박하다
[恐喝(공:갈)] ① 윽박지르며 을러대는 짓. ¶공갈협박 ② '거짓말'을 속되게 일컫는 말.

怖 두려워할 포, 心부8 1239

'怖(포)'자는 마음이 떨리다, 즉 '두려워하다'는 뜻을 나타내기 위하여 만든 것이다. '마음 忄(심)'과 '베 布(포)'로 이루어졌다.

두려워하다, 두려움, 떨다, 두려워서 전율하다
[恐怖(공:포)] ☞恐(공)
[恐怖心(공:포심)] 두려워하거나 무서워하는 마음.

悚 두려워할 송, 心부10 1240

'悚(송)'자는 '마음 心(심)'과 '묶을 束(속)'의 합자이다. '束(속)'은 다발로 묶은 땔나무의 상형으로, '죄어들어 오므라듦'의 뜻을 나타낸다. '悚(송)'자는 '마음이 죄어들어 오므라들다', '두려워하다'의 뜻을 나타낸다.

두려워하다, 두려움으로 꼼짝 못하다, 두려움으로 오싹해지다
[悚懼(송:구)] 두려워서 마음이 거북함.
[罪悚(죄:송)] 죄스럽고 송구함. ¶늦어서 죄송합니다
[惶悚(황송)] 지위나 위엄에 눌려 두려움. 비惶恐(황공)

懼 두려워할 구, 心부21 1241

'懼(구)'자는 마음을 떨며 '두려워하다'는 뜻을 나타내기 위하여 만든 것이다. '마음 心(심)'과 '놀랄 瞿(구)'로 이루어졌다.

두려워하다, 겁이 나다, 무서운 마음이 들어 불안을 느끼다
[恐懼(공:구)] 몹시 두려움.
[悚懼(송:구)] ☞悚(송)
[畏懼(외:구)] 무서워하고 두려워함.
[疑懼(의구)] 의심하고 두려워함. 참疑懼心(의구심)
[臨事而懼(임사이구)] '일에 임함에 매사 두려워하라' 어떤 일도 만만하게 보지 말라는 뜻. 『論語(논어)』

[仁者不憂(인자불우), 知者不惑(지자불혹), 勇者不懼(용자불구).] 어진 사람은 근심하지 않고, 지혜로운 사람은 의혹하지 않고, 용기 있는 사람은 두려워하지 않는다. 군자가 실천해야 할 도리는 仁(인)·知(지)·勇(용) 세 가지이다. 어진 사람은 자신의 행동을 뒤돌아보아도 잘못된 것이 없고, 지혜로운 사람은 도리를 지키며, 용기 있는 사람은 소신껏 돌진한다. 그러므로 각기 그 행동거지에 있어서 걱정하지도 망설이지도 않으며 또한 두려워하지도 않는다. 『論語(논어)·憲問(헌문)』

상대방을 어렵게 여겨 조심하다
[君子戒愼乎其所不睹(군자계신호기소부도), 恐懼乎其所不聞(공구호기소불문).] 『中庸(중용)·1章(1장)』 ☞ *039
[三懼(삼구)] 임금이 조심해야 할 세 가지 일. 곧 아랫사람의 말을 참고하지 않는 일, 연로하여 교만해지는 일, 듣기만 하고 행하지는 않는 일을 이른다.

근심, 걱정
[多男子則多懼(다남자즉다구), 富則多事(부즉다사), 壽則多辱(수즉다욕).] 아들들이 많으면 걱정이 많아지고, 부유해지면 일거리가 많아지고, 장수하면 욕된 일이 많아진다. 지금은 '多子則多懼(다자즉다구) 자식이 많으면 걱정이 많아진다'로 바뀌어야 할 것이다. 『莊子(장자)·外篇(외편)·天地(천지)』, 『十八史略(십팔사략)·帝堯陶唐(제요도당)』

畏 두려워할 외:, 田부9 1242

'畏(외)'자는 머리에 무서운 가면[田]을 쓴 귀신이 손에 무기를 쥐고 있는 모습을 상상한 것이라고 한다. 생각만 해도 '두렵지' 아니한가.

두려워하다, 겁을 내다
[畏懼(외:구)] ☞懼(구)
[處疾則貴醫(처질즉귀의), 有禍則畏鬼(유화즉외귀).] 병에 걸리면 의사를 중히 여기고, 화가 있으면 귀신을 두려워한다. 괴로울 때 신을 찾는다. 『韓非子(한비자)·解老(해로)』
[痴人畏婦(치인외부).] 어리석은 사람은 아내를 두려워한다. 『明心寶鑑(명심보감)·治家篇(치가편)』
[貪欲生憂(탐욕생우), 貪欲生畏(탐욕생외). 無所貪欲(무소탐욕), 何憂何畏(하우하외).] 헛된 집착에서 근심이 생기고, 헛된 집착에서 두려움이 생긴다. 헛된 집착에서 벗어난 이는 근심이 없는데, 어찌 두려움이 있겠는가. (법구경의 이 구절에서는 '탐욕'을 '헛된 집착'이라고 풀이하고 있다. 왜 '탐욕'이라고 그대로 해석하지 않고 '헛된 집착'이라고 했는지 생각해 볼 일이다. 탐욕이든 헛된 집착이든 그것이 없으면 '두려움'도 없어지나 보다.) 『法句經(법구경) 216』

경외하다, 조심하다
[畏兄(외:형)] 친구끼리 상대방을 극히 대접하여 일컫는

말. 回畏友(외우)
[可畏(가:외)] 가히 두려워할 만함.
[敬畏(경:외)/畏敬(외:경)] 공경하고 두려워함.
[後生可畏(후:생가외)] '후생이 두렵다'는 뜻으로, 후배는 나이가 젊고 의기가 장하므로 학문을 계속 쌓고 덕을 닦아 가면 그 진보는 선배를 능가하는 경지에 이를 것이라는 말.
[君子三畏(군자삼외)] 군자는 세 가지 두려워하는 것이 있다. 畏天命(외천명), 畏大人(외대인), 畏聖人之言(외성인지언). 군자는 천명을 두려워하고, 대인을 두려워하고, 성인의 말씀을 두려워해야 한다. 小人不知天命而不畏也(소인부지천명이불외야). 그러나 소인배는 천명을 알지 못하여 두려워할 줄 모른다. 狎大人(압대인), 侮聖人之言(모성인지언). 때문에 대인에게 함부로 대하며, 성인의 말씀도 업신여기느니라. 『論語(논어)·季氏(계씨)』

羞 부끄러워할 수, 羊부11　　1243

'羞(수)'자는 희생의 양을 뜻하는 표의요소 '양 羊(양)'과 표음요소 '소 丑(축)'으로 이루어졌다. '희생의 양을 신에게 바치다'가 본뜻이었는데, 가차되어 '부끄러워하다'는 뜻으로 쓰인다.

부끄러움, 수치, 부끄러워하다
[羞辱(수욕)] 부끄러움과 욕됨.
[羞恥(수치)] 부끄러움. 웹羞恥心(수치심)
[羞惡之心義之端也(수오지심의지단야).] 부끄러워하고 미워하는 마음을 일러 의로움의 실마리라 한다. 四端(사단)의 하나. 『孟子(맹자)·公孫丑 上(공손추 상)』 ☞ * 171
[結交莫羞貧(결교막수빈), 羞貧友不成(수빈우불성).] 친교를 맺는데 가난을 부끄러워하지 말라. 가난을 부끄러워하면 우정이 생기지 않는다. 『古詩源 漢古詩』
羞色(수색), 愧羞(괴수), 含羞(함수), 含羞草(함수초)
맛있는 음식, 맛좋은 음식물
[珍羞(진수)] 진귀한 음식. 맛이 가장 좋은 음식.
[珍羞盛饌(진수성찬)] 맛이 좋고 많이 잘 차린 음식.

恥 부끄러워할 치, 心부10　　1244

'恥(치)'자는 '귀 耳(이)'와 '마음 心(심)'이 조합된 것으로 '욕먹다'가 본뜻이다. 욕먹는 것은 부끄러운 일이므로 '부끄럽다'는 뜻을 나타낸다. 또 수줍어하거나 양심에 거리낌이 있어 떳떳하지 못하면 귀가 붉어진다는 데서 '부끄럽다'라는 뜻이라고 한다.

부끄러워하다, 도(道)에 어긋남을 부끄럽게 여기는 마음, 남에게 당한 부끄러움, 욕보이다, 창피를 주다
[恥部(치부)] ① 남에게 알리고 싶지 않은 부끄러운 부분. ② 남녀의 외부 생식기.
[恥辱(치욕)] 수치와 모욕. 웹國恥民辱(국치민욕)
[庚戌國恥(경술국치)] (역) 1910년 '한일 병합'을 경술년에 당한 나라의 수치라는 뜻으로 일컫는 말. 웹國恥民辱(국치민욕), 國恥日(국치일)
[不恥下問(불치하문)] 자기보다 아래인 사람에게 묻는 일을 부끄러워하지 아니함. 학문하는 자세는 겸손해야 한다는 뜻임.
[羞恥(수치)] ☞ 羞(수)
[廉恥(염치)] 체면을 차리고 부끄러움을 아는 마음. ¶사람이면 염치가 있어야지 웹沒廉恥(몰염치), 不顧廉恥(불고염치), 破廉恥(파:렴치)
[破廉恥(파:렴치)] 염치가 없어 도무지 부끄러움을 모름, 또는 그런 사람을 일컫는 말. 回沒廉恥(몰염치) 웹破廉恥犯(파렴치범)『管子(관자)·牧民(목민)편』
[厚顔無恥(후:안무치)] 낯가죽이 두껍고 뻔뻔스러워 부끄러움을 모름.
[聲聞過情(성문과정), 君子恥之(군자치지).] 명성이 실제보다 지나친 것을 군자는 부끄러워한다. 『孟子(맹자)·離婁 下(이루 하)』
[欲富乎(욕부호), 忍恥矣(인치의).] 부유해지고자 하면 부끄러움을 참아라. 오직 돈만이 목적이라면 창피를 당하더라도 꾹 참아야 한다. 『荀子(순자)·大略篇(대략편)』
[會稽之恥(회:계지치)] 중국 춘추 시대에 越王(월왕) 句踐(구천)이 吳王(오왕) 夫差(부차)에게 회계산에서 생포되어 굴욕적인 강화를 맺은 故事(고사)에서 나온 말로, '전쟁에 패한 치욕', 또는 '뼈에 사무쳐 잊을 수 없는 치욕'을 일컫는 말.
恥骨(치골), 恥事(치사), 不恥(불치), 伸冤雪恥(신원설치), 禮義廉恥(예의염치)

愧 부끄러워할 괴:, 心부13　　1245

'愧(괴)'자는 마음으로 '부끄러워하다'는 뜻이다. '마음 忄(심)'과 '귀신 鬼(귀)'로 이루어졌다.

부끄러워하다, 부끄러움
[愧羞(괴:수)] 부끄러워함.
[愧怍(괴:작)] 부끄러워함.
[面愧(면:괴)] 남의 얼굴을 마주치기 부끄러움.
[自愧(자괴)] 스스로 부끄러워함.
[自愧之心(자괴지심)] 스스로 부끄럽게 여기는 마음.
[慙愧(참괴)] 부끄러워함.
[仰不愧於天(앙불괴어천), 俯不怍於人(부부작어인), 二樂也(이락야).] 위로는 하늘에 부끄럽지 않으며 아래로는 사람에 대해 부끄럽지 않은 것이 두 번째 즐거움이다. 『孟子(맹자)·盡心 上(진심 상)』 ☞ * 044
창피를 주다, 모욕하다

悅 기쁠 열, 心부10　　1246

'悅(열)'자의 본래 글자는 '兌(태)'이다. '기뻐하다'는 뜻이다. 그 뜻을 옛날에는 '說'자로 쓰기도 했다. '말씀 言

(언)'이라는 표의요소가 '마음 忄(심)'으로 바뀌어 '悅(열)'자가 만들어졌다. ☞ 說(설)0633

기쁘다, 마음에 즐겁다, 기뻐하다, 즐거워하다, 기뻐하며 따르다

[悅樂(열락)] 기뻐하고 즐거워함. ¶희망의 놀이 뜨고, 열락의 새가 운다 〈민태원·청춘예찬〉
[法悅(법열)] ① (불) 설법을 듣고 마음속에 일어나는 큰 기쁨. ② 참된 이치를 깨달았을 때와 같은 기쁨.
[松茂栢悅(송무백열)] '소나무가 무성하면 잣나무가 기뻐한다'는 뜻으로, 벗이 잘 되는 일을 기뻐함을 비유하여 이르는 말.
[喜悅(희열)] 기쁨과 즐거움.

悟 깨달을 오:, 心부10   1247

'悟(오)'자는 마음으로 깊이 '깨닫다'는 뜻이다. '마음 忄(심)'과 '나 吾(오)'로 이루어졌다.

깨닫다, 도리를 알다, 진리를 체득하다, 깨달음, 깨닫는 일

[悟道(오:도)] ① 불도의 진리를 깨달음. 또는 그런 일. ② 번뇌에서 벗어나 부처의 세계에 들어갈 수 있는 길. 참悟道頌(오도송).
[覺悟(각오)/覺寤(각오)] ① 앞으로 닥쳐올 일에 대한 마음의 준비나 작정. ¶각오를 단단히 하다 ② 도리를 깨쳐서 앎.
[大悟(대오)] ① 크게 깨달음. ② 번뇌를 벗어나 진리를 깨달음.
[頓悟漸修(돈:오점수)] 갑자기 깨우치고 점진적으로 수양한다. 頓悟(돈오)는 漸悟(점오)의 상대말로 진리를 한꺼번에 깨친다는 뜻이다. 이러한 돈오의 체험 뒤에는 반드시 점차로 마음의 번뇌를 닦아 나가는 漸修(점수)가 뒤따라야 한다. 頓悟漸修(돈오점수)는 우리나라 禪家(선가)에서 기본적인 수행 원리로 제창하는 수행 방법이다. ☞ * 101

悟道頌(오도송), 頓悟(돈오), 漸悟(점오), 悔悟(회오)

悠 멀 유, 心부11   1248

'悠(유)'자는 본래 마음 속 깊이 자리한 '걱정거리'를 나타내기 위하여 만든 것이었다. '마음 心(심)'과 '바 攸(유)'로 이루어졌다. '아득하다', '멀다', 한가하다' 등으로 그 뜻이 확대되어 쓰이고 있다.

멀다, 거리가 멀다, 아득히, 시간상 멀리

[悠久(유구)] 연대가 길고 오램. ¶유구한 역사와 전통에 빛나는 우리나라
[悠長(유장)] ① 연대가 길고 오램. ¶유장한 세월 ② 서두르지 않고 여유가 있음. ¶유장하게 흐르는 저 강물

한가하다, 한가한 모양, 한가로이

[悠悠(유유)] ① 태연하고 느긋함. 한가로움. ¶강물이 유유히 흐른다 ② 아득히 멀거나 오래 됨.
[悠悠自適(유유자적)] 속세를 떠나 아무 것에도 매이지 않고 편안하게 지냄.

悔 뉘우칠 회:, 心부10   1249

'悔(회)'자는 '(진심으로) 뉘우치다'는 뜻을 위해 만든 것이다. '마음 忄(심)'과 '매양 每(매)'로 이루어졌다.

뉘우치다, 제 잘못을 깨달아 스스로 꾸짖다, 뉘우침, 후회

[悔改(회:개)] 이전의 잘못을 뉘우치고 고침. ¶회개하라! 천국이 가까웠느니라
[悔恨(회:한)] 뉘우치고 한탄함.
[感悔(감:회)] 지난 일을 더듬어 생각하며 느끼는 회포.
[懺悔(참회)] 자기의 잘못을 뉘우침. ¶참회의 눈물을 흘리다 참懺悔錄(참회록)
[後悔(후:회)] 전의 잘못을 깨닫고 뉘우침.

悔悟(회오), 悔心(회심), 憾悔(감회), 愚者多悔(우자다회), 慙悔(참회), 後悔莫及(후회막급)

[朱子十悔訓(주자십회훈)] 송나라 朱子(주자)가 후대 사람들을 경계하기 위하여 사람이 평생을 살아가면서 하기 쉬운 후회 가운데 열 가지를 뽑아 제시한 것이다. '朱子十訓(주자십훈)', '朱子十悔(주자십회)'라고도 한다.

不孝父母死後悔(불효부모사후회). 부모에게 효도하지 않으면 돌아가신 뒤에 후회한다. 참風樹之嘆(풍수지탄).

不親家族疏後悔(불친가족소후회). 가족에게 친하게 대하지 않으면 멀어진 뒤에 후회한다. 가까이 있을 때 가족에게 잘해라.

少不勤學老後悔(소불근학노후회). 젊어서 부지런히 배우지 않으면 늙어서 뉘우친다.

安不思難敗後悔(안불사난패후회). 편안할 때 어려움을 생각하지 않으면 실패한 후에 후회한다.

富不儉用貧後悔(부불검용빈후회). 재산이 풍족할 때 아껴 쓰지 않으면 가난해진 후에 후회한다.

春不耕種秋後悔(춘불경종추후회). 봄에 씨를 뿌리지 않으면 가을에 후회한다.

不治垣墻盜後悔(불치원장도후회). 담장을 제대로 고치지 않으면 도둑을 맞고 난 후에 후회한다.

色不謹愼病後悔(색불근신병후회). 색을 삼가지 않으면 병든 뒤에 후회한다.

醉中妄言醒後悔(취중망언성후회). 술에 취해 망령된 말을 하고 술깬 뒤에 후회한다.

不接賓客去後悔(부접빈객거후회). 손님을 제대로 대접하지 않으면 떠난 뒤에 후회한다. 『朱子(주자)·朱子十悔訓(주자십회훈)』

惜 아낄 석, 心부11   1250

'惜(석)'자는 '(마음이) 아프다'는 뜻을 위하여 만든 것이다. '마음 忄(심)'과 '저녁 昔(석)'로 이루어졌다. '아끼다', '애틋해하다'는 뜻을 나타낸다.

아끼다, 아깝게 여기다, 아쉬워하다
[惜別(석별)] 헤어지는 것을 섭섭하고 애틋하게 여김. ¶석별의 정을 나누다
[惜敗(석패)] 경기에서 약간의 차이로 아깝게 지는 일.
[賣惜(매석)] (경) 물가 폭등에 의한 폭리를 바라고 어떠한 상품을 팔기를 꺼리는 일.
[哀惜(애석)] 슬프고 아깝게 여김. ¶그 나이에 죽다니 참으로 애석하다
買占賣惜(매점매석), 不惜(불석), 不惜千金(불석천금), 痛惜(통석)

愁 근심 수, 시름 수, 心부13   1251

'愁(수)'자는 마음으로 깊이 '걱정하다'는 뜻을 나타내기 위하여 만든 것이다. '마음 心(심)'과 '가을 秋(추)'로 이루어졌다. 가을에는 누구나 걱정이 많기 때문이라고 하는 설도 있다. 이 설에 따르면 '秋(추)'자는 표의요소로 쓰인 것이 된다.

시름, 시름겨워하다, 근심하다
[愁心(수심)] 근심함. 또는 근심하는 마음. ¶수심이 가득한 얼굴
[哀愁(애수)] 마음을 서글프게 하는 슬픈 근심. ¶애수에 잠기다
[旅愁(여수)/客愁(객수)] 객지에서 느끼는 시름 ¶여수에 젖다
[憂愁(우수)] 근심하고 걱정함. 또는 그런 시름. ¶깊은 우수에 잠기다
[鄕愁(향수)] 고향을 그리워하는 마음이나 시름. 참鄕愁病(향수병)

> '가을 秋(추)'와 '마음 心(심)'이 합쳐진 '愁(수)'는 '근심 걱정'을 뜻하고, '봄 春(춘)'자와 '마음 心(심)'이 합쳐진 '惷(준)'자는 '어수선하다', '마음이 어지럽다'는 뜻을 가지고 있다. 가을이 되면 사람들 마음이 근심 걱정에 쓸쓸해지고, 봄이 되면 사람들의 마음이 안정되지 않고 싱숭생숭해지는 모양이다. 하기는 '여름 夏(하)'와 '겨울 冬(동)'자에 '마음 心(심)'이 붙은 글자가 없다고 해서 여름과 겨울에 마음 편한 날이 있으랴.

愁殺(수살), 愁色(수색), 無愁翁(무수옹), 春愁(춘수)

愚 어리석을 우, 心부13   1252

'愚(우)'자는 '어리석다'는 뜻을 나타내기 위한 것이다. '마음 心(심)'과 '긴꼬리원숭이 禺(우)'로 이루어졌다.

어리석다, 슬기롭지 아니하다, 옳고 그름을 분별하지 못하다, 어리석은 사람, 어리석은 마음, 어리석은 생각
[愚鈍(우둔)] 어리석고 둔함.
[愚弄(우롱)] 사람을 어리석게 보고 함부로 놀림. ¶더 이상 우롱하지 말라
[愚昧(우매)] 어리석고 사리에 어두움.
[愚問賢答(우문현답)] 어리석은 물음에 현명한 대답.
[萬愚節(만우절)] 'April Fool's Day'의 역어. 구미(歐美) 여러 나라의 한 풍습으로 4월 1일에 악의 없는 거짓말로 남을 속이며 즐기는 날.
[人雖至愚責人則明(인수지우책인즉명), 雖有聰明恕己則昏(수유총명서기즉혼).] 어리석은 사람도 남을 꾸짖는 데는 밝고, 총명이 있는 사람도 자기를 용서하는 데는 어둡다. 『明心寶鑑(명심보감)·存心篇(존심편)』
愚問(우문), 愚民(우민), 愚民政策(우민정책), 愚劣(우열), 愚者多悔(우자다회), 大愚(대우), 守愚(수우)

정직하여 변통성이 없다
[愚直(우직)] 어리석을 정도로 올곧다. 고지식하다.
[愚惡(우악)] ① 미련하고 험상궂음. ② 무지하고 포악하여 드셈. ¶우악스럽다

자기의 겸칭, 자기에 관계되는 사물에 붙이는 겸칭
[愚見(우견)] ① 어리석은 생각. ② 자기의 생각을 겸손하게 이르는 말.
[愚弟(우제)] ① 자기의 아우를 겸손하게 이르는 말. ② 형으로 대접하는 사람에게 자신을 겸손하게 일컫는 말.

기타
[愚公移山(우공이산)] 옛날 愚公(우공)이 자기 집 앞의 산을 불편하게 생각하여, 오랜 세월을 두고 다른 곳에 옮기려고 노력하여 마침내 이루었다는 고사에서, '어떤 일이든지 끊임없이 노력하면, 마침내 성공함'을 비유하여 이르는 말. 『列子(열자)』

謹 삼갈 근:, 言부18   1253

'謹(근)'자는 '삼가다'의 뜻을 나타내기 위하여 만든 것이다. '말씀 言(언)'과 '진흙 堇(근)'으로 이루어졌다.

삼가다, 조심하다, 삼가는 일, 삼가, 정중하게
[謹啓(근:계)] '삼가 아룀'의 뜻으로 편지 첫머리에 쓰는 말. 동敬啓(경계)
[謹身(근:신)] 몸가짐이나 행동을 삼감.
[謹愼(근:신)] ① 말을 삼가하고 행동을 신중히 함. ② 벌로 일정 기간 동안 출근이나 등교, 집무 따위의 활동을 하지 아니하고 말이나 행동을 삼감. ¶1개월 근신 처분을 받았다.
[謹弔(근:조)] 삼가 조상함.
[謹賀新年(근:하신년)] '삼가 새해를 축하드립니다'라는 뜻의, 연말 연시에 연하장 등에 쓰는 인사말. 동恭賀新年(공하신년)
[色不謹愼病後悔(색불근신병후회).] 색을 삼가지 않으면 병든 뒤에 후회한다. 『朱子(주자)·朱子十悔訓(주자십회훈)』 ☞ *387
謹告(근고), 謹拜(근배), 謹言愼行(근언신행), 謹呈(근정), 謹製(근제), 謹請(근청), 謹聽(근청)

엄하게 하다
[謹嚴(근:엄)] 점잖고 엄숙함. ¶근엄한 표정

愼 삼갈 신:, 心부13　1254

'愼(신)'자는 '삼가다'는 뜻을 나타내기 위하여 만든 글자이다. '마음 忄(심)'과 '참 眞(진)'으로 이루어졌다.

삼가다, 태도나 언행을 조심스럽게 가지다

[愼重(신:중)] 행동을 삼가고 입을 무겁게 닫고 조심스러워함.

[謹愼(근신)] ☞ 謹(근)

[君子戒愼乎其所不睹(군자계신호기소부도), 恐懼乎其所不聞(공구호기소불문).] 군자는 남이 보지 않는 곳에서도 경계하고 삼가며, 듣지 않는 곳에서도 두려워한다. 『中庸(중용)·1章(1장)』

[(君子必) 愼其獨也(신:기독야)/愼獨(신:독)] (군자는) 자신이 홀로 있을 때 삼간다. 혼자 있을 경우, 즉 타인이 보거나 듣지도 않을 경우라도 언행을 조심하고 스스로를 속이지 않도록 한다. 이것이 군자가 지향하는 것이다. 『大學(대학)·傳6章(전6장)』

[色不謹愼病後悔(색불근신병후회)] ☞ 謹(근)

憂 근심할 우, 心부15　1255

근심하다, 걱정하다, 애태우다

[憂慮(우려)] 근심하거나 걱정함.

[憂愁(우수)] 근심하고 걱정함. 또는 그런 시름. ¶깊은 우수에 잠기다

[憂鬱(우울)] 기분이 밝지 못함. 근심스럽고 답답함. 찹憂鬱症(우울증)

[忘憂(망우)] 근심을 잊음. 찹忘憂物(망우물), 忘憂草(망우초)

[識字憂患(식자우환)] 글자를 아는 것이 도리어 근심거리가 됨. 차라리 몰랐으면 좋았을 것임.

[解憂(해:우)] 근심이 풀림. 또는 근심을 풂.

[杞人憂天(기인우천)] 옛 중국 杞(기)나라 사람이 '하늘이 무너지면 어디로 피하면 좋을까' 하고 침식을 잊고 걱정했다는 데서 온 말. 쓸데없는 걱정이나 지나친 걱정을 비유하는 말이다. 줄여서 杞憂(기우)라고 한다. 『列子(열자)·天瑞篇(천서편)』

[生年不滿百(생년불만백), 常懷千年憂(상회천년우)] 백 살도 못 사는 짧은 인생이 천년 후의 일까지 생각하며 늘 많은 근심을 품고 있음. 『古詩源 西門行』

[知足可樂(지족가락), 務貪則憂(무탐즉우).] 자기 분수를 지킬 줄 알면 가히 즐겁다. 탐욕에 힘쓰면 근심이 생긴다. 『明心寶鑑(명심보감)·正己篇(정기편)』

憂國之士(우국지사), 同憂相救(동우상구)

고통, 괴로움, 환난, 고생하다, 괴로워하다

[內憂外患(내:우외환)] 나라 안의 걱정과 나라 밖에서 오는 환란. 내란과 외적의 침입.

[鳧脛雖短續之則憂(부경수단속지즉우), 鶴脛雖長斷之則悲(학경수장단지즉비).] 물오리의 다리는 비록 짧지만 그것을 길게 이어주면 괴로워할 것이다. 학의 다리가 길다 하여 끊어서 짧게 한다면, 학은 필시 슬퍼할 것이다. 만물은 제각기 천부의 특징을 갖추어 있으므로, 쓸데없이 가감할 것이 아님을 비유하여 이르는 말. 인간의 경우에도 마찬가지이다. 사람의 성질은 사람마다 각각 태어날 때부터 지니고 있는 것이므로 다른 사람이 이러쿵저러쿵 지도하는 것은 본인에게 오히려 괴로울 뿐이다. 『莊子(장자)·外篇(외편)·騈拇(변무)』

병, 질병, 앓다, 병을 앓다

[憂患(우환)] ① 가족 가운데 병자가 있거나 사고가 생겨 겪는 걱정. ¶그 집안에 우환이 끊이지 않는다 ② (쓸데없는) 근심이나 걱정. 찹識字憂患(식자우환)

慧 슬기로울 혜:, 지혜 혜:, 心부15　1256

'慧(혜)'자는 '슬기롭다'는 뜻을 나타내기 위한 것이다. '마음 心(심)'과 '빗자루 彗(혜)'로 이루어졌다.

슬기롭다, 총명하다, 사리에 밝다, 슬기, 능력

[慧眼(혜:안)] ① 사물을 밝히 보는 슬기로운 눈. ② (불) 五眼(오안)의 하나. 모든 집착과 차별을 떠나 진리를 밝히 보는 눈.

[慧智(혜:지)] 총명한 슬기.

[淨慧(정혜)] 깨끗하고 맑은 지혜.

[智慧(지혜)] ① 知慧(지혜). 슬기. ② (불) 모든 법에 환하여 잃고 얻는 것과 옳고 그름을 가려내는 마음의 작용.

憎 미워할 증, 心부15　1257

'憎(증)'자는 마음으로 깊이 '미워하다'는 뜻이다. '마음 忄(심)'과 '일찍 曾(증)'으로 이루어졌다.

미워하다, 미움

[憎惡(증오)] 몹시 미워함. 찹憎惡心(증오심)

[可憎(가:증)] 얄미움.

[愛多憎至(애다증지)] 사랑이 크면 미움도 극에 이른다.

[愛憎(애:증)] 사랑과 미움. ¶애증, 그것은 우리들의 생명의 가장 깊은 근저이다

[怨憎會苦(원증회고)] 미운 사람과 자꾸 만나는 괴로움. 八苦(팔고)의 하나. ☞ *169

懇 간절할 간:, 살뜰할 간:, 心부17　1258

'懇(간)'자는 '정성'을 뜻하기 위하여 만든 것이다. '마음 心(심)'과 '간절할 豤(간)'으로 이루어졌다.

살뜰하다, 간절하다, 정성을 다하다, 정성, 성심, 진심

[懇曲(간:곡)] 간절하고 곡진함. ¶간곡한 부탁

[懇談(간:담)] 서로 정답게 의견을 나눔. 또는 그 이야기. 찹懇談會(간담회)

[懇切(간:절)] 지성스럽고 절실함. ¶간절한 부탁
[懇請(간:청)] 간절히 청함. 또는 그 청. ¶간청에 못 이겨 따라가다
[懇親(간:친)] 다정하고 친밀하게 지냄. 참懇親會(간친회)

憶 생각할 억, 心부16   1259

'憶(억)'자는 '생각하다'는 뜻을 나타내기 위하여 만든 것이다. '마음 忄(심)'과 '뜻 意(의)'로 이루어졌다.

생각하다, 늘 생각하다, 잊지 아니하다, 추억하다, 기억을 살리다

[記憶(기억)] ① 머릿속에 간직하여 잊지 아니함. ② 한 번 知覺(지각)·경험한 사물을 잊지 아니하고 인식하는 작용. 참記憶力(기억력), 記憶裝置(기억장치)
[記憶裝置(기억장치)] (컴) 컴퓨터의 구성부분으로, 데이터나 프로그램을 기억시켜 두는 장치.
[追憶(추억)] 지나간 일을 돌이켜 생각함.

懸 매달 현:, 心부20   1260

'懸(현)'자는 '고을 縣(현)'이 표음요소이다. '매달다', '걸다'는 뜻으로 쓰인다. 여기에 '마음 心(심)'이 쓰인 것에 대해서는 마음을 매달지 말자.

매달다, 매달리다, 늘어지다

[懸垂幕(현:수막)] ① 방이나 극장 따위에 드리운 막. ② 선전문·구호문 같은 것을 써서 드리운 막.
[懸案(현:안)] 이전부터 해결되지 아니한 채 남아 있는 문제 또는 의안.
[懸板(현:판)] 글씨나 그림을 새기거나 써서 문 위에 거는 편액.
[猫頭懸鈴(묘:두현령)] 고양이 목에 방울 달기. 실행하기 어려운 空論(공론)을 비유하는 말.
[耳懸鈴鼻懸鈴(이:현령비현령).] 귀에 걸면 귀고리, 코에 걸면 코걸이. 일정함이 없이 둘러댈 탓이라는 뜻. 또는 하나의 사물이 양쪽에 관련되어 해석할 나름으로 이리도 되고 저리도 됨을 비유하여 이르는 말.
懸垂(현수), 懸吐(현토)

걸다, 상을 걸다

[懸賞(현:상)] 어떤 목적으로 조건을 붙여 상금이나 상품을 내거는 일. ¶현상 공모/현상 수배
[懸賞金(현:상금)] 어떤 목적으로 조건을 붙여 내건 돈.

멀리 떨어지다, 동떨어지다, 멀리, 멀다

[懸隔(현:격)] 매우 동떨어져 멀거나 차이가 큼.

懷 품을 회, 心부19   1261

'懷(회)'자는 '(가슴, 마음에) 품다'는 뜻이다. '마음 忄(심)'이 표의요소, '품을 褱(회)'는 표음과 표의를 겸한다. '褱(회)'자는 '懷(회)'자의 古字(고자)이다.

품다, 품에 넣어 안거나 가지다, 품안, 가슴

[懷中(회중)] 가슴 속에 품음.
[懷中時計(회중시계)] (지난날) 끈을 달아 주로 조끼 따위의 주머니에 넣고 다니게 만든 시계.
[懷玉其罪(회옥기죄)/懷璧其罪(회벽기죄)] 신분에 어울리지 않는 보물을 가지고 있으면 죄다. 匹夫無罪(필부무죄), ＿＿＿. 소인은 죄가 없더라도, 신분에 어울리지 않는 보물을 가지고 있으면 죄다.『左傳(좌전)』
[懷橘墮地(회귤타지)] 효자의 정성을 이르는 말. 後漢(후한)의 陸績(육적)이 여섯 살 때 袁術(원술)을 찾아가서 차려 내온 귤에서 세 개를 옷 속에 품었다가, 하직 인사를 할 때 그만 땅에 떨어뜨렸으므로 원술이 이상히 여겨 물으니, 돌아가 어머니에게 드리려 하였다고 대답한 고사에서 나온 말. 동懷橘(회귤), 陸績懷橘(육적회귤)『二十四孝(이십사효)』

어떤 생각을 마음속에 가지다, 마음, 생각, 정

[懷古(회고)] 옛 자취를 돌이켜 생각함. 참懷古談(회고담)
[懷疑(회의)] 의심을 품음. 또는 그런 마음. 참懷疑的(회의적)
[懷抱(회포)] 마음속에 품은 생각이나 情(정). ¶오랜만에 친구를 만나 회포를 풀다
[感懷(감:회)] 느끼는 바를 마음에 품음. ¶감회가 새롭다
[虛心坦懷(허심탄회)] 마음에 거리낌이 없이 솔직함.
[生年不滿百(생년불만백), 常懷千年憂(상회천년우).] 백 살도 못 사는 짧은 인생이 천년 후의 일까지 생각하며 늘 많은 근심을 품고 있음.『古詩源 西門行』
所懷(소회), 素懷(소회), 述懷(술회), 心懷(심회), 情懷(정회), 暢懷(창회)

몸에 지니다

[懷妊(회임)] 임신.

길들이다, 따르게 하다

[懷柔(회유)] 달래어 말을 잘 듣도록 함. ¶그들은 우리를 회유하려고 온갖 술책을 다 동원하였다.

我 나 아:, 戈부7   1262

'我(아)'자는 창의 날 부위가 톱날 모양을 하고 있는 창을 본뜬 것으로 '무기'가 본뜻이다. 후에 제1인칭 즉, '나'를 가리키는 것으로 차용되어 쓰이게 됐다.

나, 나 자신, 나의, 자기에게 속해 있는 것임을 나타내는 말

[我軍(아:군)] 우리 편 군대. 반敵軍(적군)
[我田引水(아:전인수)] '자기 밭에 물을 끌어댐'이란 뜻에서 '자기에게만 이롭게 생각하거나 행동함'을 이르는 말.
[我執(아:집)] ① 제 생각만 옳다고 내세우는 고집. 자기중심적인 생각이나 좁은 소견에 사로잡힌 고집. ¶아집이 강하다 ② (불) 자기의 심신 가운데 사물을 주

재하는 常住不滅(상주불멸)의 실체가 있다고 믿는 집착. ¶아집을 버려라
[無我境(무아경)/無我之境(무아지경)] 정신이 어느 한 곳에 통일되거나 쏠려 자신의 존재를 망각한 경지.
[唯我獨尊(유아독존)] ①'天上天下唯我獨尊(천상천하유아독존)'의 준말. ¶유아독존의 小我(소아)를 벗어나 광대무변한 大我(대아)에 도달하다 ② 자기만 잘난 체 하는 태도. ¶그런 유아독존식의 사고방식은 버려야 해 ☞ * 416
[自我實現(자아실현)] 자기의 능력이나 개성을 발달시키거나 발휘하는 일. 回自己實現(자기실현)
[彼我(피:아)] 그와 나. 또는 저편과 이편을 아울러 이르는 말.
我慢(아만), 忘我(망아), 沒我(몰아), 無我(무아), 物我(물아), 物我一體(물아일체), 小我(소아), 自我(자아), 彼我間(피아간)

戚 친척 척, 겨레 척, 戈부11　1263

'戚(척)'자는 '도끼 戊(월) + 아재비 叔(숙)의 생략형'으로 이루어졌다. '戊(월)'과 '叔(숙)'으로 '친척 戚(척)'을 설명하려면 좀 복잡하다. 친척이면 의당 친하게 지내야 한다. 그러나 친척 때문에 근심하고, 슬퍼하고, 괴로울 때도 있다. '戚(척)'자는 이들 뜻을 다 가지고 있다.

겨레, 친족
[外戚(외:척)] 외가편의 겨레붙이.
[姻戚(인척)] 혼인에 의하여 맺어진 친척.
[族戚(족척)] 성이 같은 겨레붙이와 성이 다른 겨레붙이.
[親姻戚(친인척)] 친척과 인척을 아울러 이르는 말.
[親戚(친척)] ① 친족과 외척. ② 성이 다른 가까운 척분. 姑從(고종)·內從(내종)·外從(외종)·姨從(이종) 등
[貧賤親戚離(빈천친척리).] 빈천하게 되면 친척마저도 떨어져 나간다는 뜻으로, '인정의 야박함'을 비유하여 이르는 말. 高貴他人合(고귀타인합), _____. 『曹攄(조터)·感舊詩(감구시)』
戚臣(척신), 近戚(근척)

근심하다, 염려하다
[長戚戚(장척척)] 오래 근심하고 괴로워함.
[君子坦蕩蕩(군자탄탕탕), 小人長戚戚(소인장척척).] 군자는 마음이 평정하여 넓고 너그러우며, 소인은 항상 걱정에 싸여 마음이 초조하다. 『論語(논어)·述而(술이)』

戲, 戯 놀 희, 희롱할 희, 戈부17　1264

'戲(희)'자는 '놀이', '(재미있게) 놀다', '놀리다' 등의 뜻이다. '戲(희)'자가 정자이나 속자인 '戯(희)'자가 일반적으로 쓰인다. 속자 '戯(희)'자는 '빌 虛(허)'와 '창 戈

(과)'가 합쳐진 모양이다.
희롱하다, 말이나 행동으로 실없이 놀리다
[戲弄(희롱)] 말이나 농담으로 실없이 놀림.
놀이, 장난, 놀다, 재미있게 시간을 보내다, 담소(談笑)로써 흥겹게 시간을 보내다
[遊戱(유희)] 놀이를 하며 즐겁게 놂.
연기, 연극
[戲曲(희곡)] (문) ① 공연을 목적으로 하는 연극의 대본. ② 등장인물들의 행동·대화·혼잣말 등을 직접적·구체적으로 표현 전개하는 문학 형식의 하나. ¶셰익스피어의 희곡은 정말 재미있다
[戱劇(희극)] ① 실없이 하는 행동. ② (극) 익살을 부리는 연극.

抑 누를 억, 手부7　1265

'抑(억)'자는 '손 扌(수)'와 '印(인)자 모양으로 이루어졌다. '印(인)'자는 '손가락으로 눌러 표를 하는 모양' 즉, '도장'을 뜻한다. 의미를 따지면 그렇더라도 형태는 '손 扌(수)'와 '나 卬(앙)'이니 그렇게 기억해 두자.
누르다, 어떤 마음이 일어나지 못하게 누르다, 윽박질러 내리누르다
[抑留(억류)] 가지 못하게 강제로 붙잡아 둠. ¶수용소에서 억류 생활을 3년이나 했다
[抑壓(억압)] ① 강제로 억누름. ¶억압과 속박에서 해방되다 ② (심) 현실적인 욕구를 묵살함으로써 자기 안정을 누리려는 일.
[抑揚(억양)] (언어) 내려가고 올라가는 상대적인 음의 높이. 또는 그런 변화.
[抑鬱(억울)] 공평하지 못한 일을 당하여 원통하고 가슴이 답답함. ¶잘못도 없이 꾸중을 들으니 무척 억울했다
[抑制(억제)] 못하게 억눌러 제지함. ¶터지려는 감정의 폭발을 억제하다
[抑止(억지)] 抑制(억제). 억눌러 못하게 함.
[抑强扶弱(억강부약)] 강한 자를 억누르고 약한 자를 도와줌. 세상 사람들에게 공평하게 함. 回抑弱扶强(억약부강)
발어사, 그런데, 그런데도, 게다가, 각설하고(화제를 돌림을 나타낸다)
[抑何心情(억하심정)] 대체 무슨 생각으로 그런 짓을 하는지 마음을 알 수 없음을 이르는 말. ¶무슨 억하심정으로 그런 짓을 하오?

拘 거리낄 구, 잡을 구, 手부8　1266

'拘(구)'자는 손으로 '잡아끌다'는 뜻을 나타내기 위하여 만든 것이다. '손 扌(수)'와 '글귀 句(구)'로 이루어졌다.
잡다, 체포하다
[拘禁(구금)] (법) 刑(형)이 확정되기 전에 피고인 또는 피의자를 구치소나 교도소 등에 가두어 신체의 자유를

구속하는 일.
[拘留(구류)] (법) 죄인을 1일 이상 30일 미만 동안 교도소나 경찰서 유치장에 가두어 자유를 속박하는 일.
[拘束(구속)] ① (붙잡아 묶어두어) 제 마음대로 못하게 함. ¶이런 일로 구속당하기 싫다 ② (법) 법원 또는 판사가 피의자나 피고인을 강제로 잡아 가두는 일. 참拘束令狀(구속영장), 不拘束(불구속)
[拘引(구인)] (법) 신문할 목적으로 피의자나 증인을 강제로 어떤 곳에 데려감.
[拘置(구치)] (법) 피의자나 범죄자 따위를 잡아서 일정한 곳에 가둠. 참拘置所(구치소)

거리끼다, 구애받다
[拘礙(구애)/拘碍(구애)] 거리낌. ¶돈에 구애받지 말고 일을 적극 추진해보라
[不拘(불구)] 거리끼지 않음.

拓 개척할 척, 박을 탁, 手부 8   1267

'拓(척)'자는 손으로 '꺽다'는 뜻을 나타내기 위하여 만든 것이었다. '손 扌(수)'가 표의요소, '돌 石(석)'은 표음요소인데 음이 약간 변했다. '줍다', '넓히다'의 뜻으로 쓰인다. '뜨다'의 뜻을 나타내기도 하는데 이 경우에는[탁]으로 발음한다.

넓히다
[拓植(척식)/拓殖(척식)] 拓地(척지)와 植民(식민). ¶동양척식주식회사
[拓地(척지)] ① 땅을 개척함. ② 땅의 경계를 넓힘.
[干拓(간척)] (지) 바다나 호수를 둘러막고 그 안의 물을 빼어 육지로 만드는 일. ¶서해안 간척 사업
[開拓(개척)] ① 거친 땅을 일구어 농사지을 땅을 넓힘. ② 새로운 부문의 일을 시작하여 처음으로 길을 닦음. ¶새로운 시장을 개척하다 ③ 어려움을 이기고 나아갈 길을 헤쳐 엶. ¶자신의 삶을 개척하다

박다, 금석문을 종이에 박다
[拓本(탁본)] 金石(금석)에 새긴 글씨나 그림을 종이에 그대로 박아냄. 또는 그 박아낸 종이.

拳 주먹 권:, 手부10   1268

'拳(권)'자는 '주먹'을 뜻하기 위하여 '손 手(수)'가 표의요소로 쓰였다. 그 윗부분은 표음요소이다.

주먹, 주먹을 쥐다
[拳銃(권:총)] 주로 한 손으로 가까운 거리에서 쏘는, 짧고 작은 총. ¶권총 강도/권총을 차다
[拳鬪(권:투)] (체) 두 사람이 두툼한 가죽장갑을 끼고 일정한 규칙에 따라 서로 치고 막고 하는 경기.
[空拳(공권)] 손에 아무것도 가진 것이 없음. 빈주먹.
[赤手空拳(적수공권)] 맨손과 맨주먹. 곧 가진 것이라고는 아무것도 없음.
[鐵拳(철권)] 쇠뭉치같이 강한 주먹. ¶철권을 휘두르다

[跆拳道(태권도)] 맨손과 맨발로 상대방을 치고, 차고, 넘어뜨리는 우리나라 고유의 무술.

拾 주을 습, 열 십, 手부9   1269

'拾(습)'자는 손으로 땅에 떨어진 물건을 '줍다'는 뜻을 나타내기 위하여 만든 것이다. '손 扌(수)'가 표의요소. '합할 습(합)'은 표음요소인데 음이 약간 달라졌다. '十(십)'의 갖은자로 쓰일 때는 [십]으로 읽는다.

줍다
[拾得(습득)] (남이 잃어버린 물건을) 주워서 얻음.
[收拾(수습)] ① 어수선하게 흐트러진 물건을 주워 정돈함. ② 산란한 정신이나 상태를 가라앉혀 바로잡음. ¶사건을 수습하다/민심을 수습하다
[民心收拾(민심수습)] 소란한 민심을 바로잡아 안정시킴.

열 십(十)의 갖은자로 쓴다
[一拾萬(일십만)원整(정)]

振 떨칠 진:, 진동할 진:, 手부10   1270

'振(진)'자는 물에 빠진 사람을 손으로 잡아 올려 '구해주다'는 뜻을 나타내기 위하여 만든 것이었다. '손 扌(수)'와 '별 辰(진)'으로 이루어졌다. '떨리다', '떨치다'는 뜻으로 쓰인다.

떨치다, 위세·명성 등을 들날리다, 떨쳐 일어나다
[振作(진:작)] 정신을 가다듬어 떨쳐 일으키거나 일어남. ¶士氣(사기)를 진작시키다
[振興(진:흥)] 펼쳐 일어남. 또는 떨쳐 일어남. 떨치어 일으킴. ¶농촌 진흥
[不振(부진)] 세력이 떨치지 못함.
[食慾不振(식욕부진)] 식욕이 줄어듦. 또는 그러한 상태.

떨다, 흔들려 움직이다
[振動(진:동)] ① 떨리거나 움직임. ② 냄새 따위가 아주 심하게 나는 상태. ¶고약한 냄새가 진동한다.
[振子(진:자)] 줄 끝에 추를 매달아 좌우로 왔다갔다 흔들리게 만든 물체.
[振幅(진:폭)] (물) 진동하는 물체의 정지 위치에서 좌우 극점의 최대 범위까지 이동하는 거리.

기타
[三振(삼진)] 야구 경기에서 타자가 스트라이크를 세 번 당하여 아웃되는 일.

排 밀칠 배, 물리칠 배, 手부11   1271

'排(배)'자는 손을 '밀치다'는 뜻을 나타내기 위하여 만든 것이다. '손 扌(수)'와 '아닐 非(비)'로 이루어졌다.

밀치다, 밀어젖히다, 밀어 열다
[排球(배구)] 직사각형으로 된 경기장 중앙에 네트를

두고 두 팀으로 나누어 공을 땅에 떨어뜨리지 아니하고 손으로 공을 패스하여 세 번 안에 상대편 코트로 넘겨 보내는 운동 경기.

물리치다, 배척하다
[排擊(배격)] (남의 사상·의견 따위를) 배척하여 물리침.
[排除(배제)] 장애가 되는 것을 한 곳에서 밀어내 없앰. ¶그런 가능성을 완전히 배제할 수 없다
[排斥(배척)] 반대하여 물리침. ¶뜻을 달리한다고 배척만 해서는 안 된다
[排他(배타)] 남을 반대하여 내침. 참排他的(배타적)

내보내다, 소통하다, 통하다
[排氣(배기)] 안에 든 공기를 밖으로 뽑아냄.
[排尿(배뇨)] 오줌을 눔.
[排泄(배설)] ① 안에서 밖으로 새어 나가게 함. ② (생) 생물체가 먹이를 먹어서 양분을 섭취하고 찌꺼기를 몸 밖으로 내보내는 작용. 참排泄物(배설물)
[排水(배수)] ① 안에 있는 물을 밖으로 빼냄. ¶배수 시설 ② 물꼬를 터서 물을 내보냄. ③ 물에 잠기는 물체가 물 속에 잠긴 만큼의 부피의 물을 밀어냄. 참排水溝(배수구), 排水路(배수로)
[排出(배출)] 불필요한 물질을 밀어서 내보냄.
排膿(배농), 排卵(배란)

늘어서다, 차례로 서다, 줄, 늘어선 줄
[排立(배립)] 줄을 지어 죽 늘어섬.
[排設(배설)] 의식이나 연회에서, 필요한 것들을 벌여 베풂. ¶연회 배설
[排布(배포)] ① 마음을 써서 이리저리 계획함. 또는 그 세운 계획. ¶그 배포가 좋구나 ② 배짱.
排列(배열), 排置(배치), 均排(균배)

형제의 차례
[排行(배항)] 一族(일족)을 尊卑(존비)에 의하여 祖父行(조부항)·父行(부항)·兄弟行(형제항)·子行(자항) 등으로 나누고, 각 항렬을 長幼(장유)의 순으로 배열한 숫자. 특히 형제 사이에 대하여 이른다. 옛날에는 伯(백)·仲(중)·叔(숙)·季(계) 등의 말을 쓰거나 같은 邊(변)이나 旁(방)을 사용함으로써 형제간의 長幼(장유) 관계를 나타내었다.

掌 손바닥 장:, 手부12   1272

'掌(장)'자는 '손바닥'을 나타내기 위한 것이다. '손 手(수)'와 '오히려 尙(상)'으로 이루어졌다.

손바닥, 발바닥
[掌匣(장:갑)] 손을 보호하거나 추위를 막기 위하여 천이나 실 또는 가죽 따위로 만들어 손에 끼는 물건.
[掌握(장:악)] '손바닥에 쥔다'는 뜻으로, 판세나 권력 따위를 휘어잡음.
[獨掌不鳴(독장불명)] '한쪽 손만으로는 소리가 나지 않는다'는 뜻으로, '상대가 없이 싸움이 나지 않음'을 비유하여 이르는 말.
[孤掌難鳴(고장난명)] '한 손바닥으로는 소리가 나게 하기 어려움'이란 뜻에서, '혼자서는 일을 하기가 어려움'을 비유하여 이르는 말.
[仙人掌(선인장)] 선인장과의 여러해살이 풀. 줄기는 살지고 즙이 많으며, 잎은 바늘꼴의 가시로 변하고, 줄기의 꼭대기나 옆에서 꽃이 핌. 열대나 아열대의 사막에서 자람. 관상용으로 심음.
[如反掌(여반장)/易如反掌(이여반장)] 손바닥 뒤집듯이 일이 쉽다. 식은 죽 먹기. 『孟子(맹자)·公孫丑章句(공손추장구)』
[合掌(합장)] (불) 불가에서 인사할 때나 절할 때 두 손바닥을 가슴께에서 마주 합침. 참合掌拜禮(합장배례)
掌中(장중), 掌中寶玉(장중보옥), 掌篇(장편), 拍掌(박장), 拍掌大笑(박장대소), 熊掌(웅장), 以掌蔽天(이장폐천)

맡다, 주관하다
[掌理(장:리)] 일을 맡아서 처리함.
[管掌(관장)] 주관하여 맡아 봄.
[車掌(차장)] 기차나 버스 따위를 타고 다니면서 차의 운행을 관리하고 승객의 편의를 돌보는 사람.

揚 오를 양, 날릴 양, 手부12   1273

'揚(양)'자는 '솟아오르다'는 뜻을 나타낸다. '해돋이 昜(양)'과 '손 扌(수)' 두 자가 다 표의요소이다. '昜(양)'자는 표음요소도 겸한다. '드러나다'는 뜻으로도 쓰인다.

오르다, 위로 오르다, 솟아오르다
[揚力(양력)] (물) 유체 속을 운동하는 물체에 대하여 그 운동 방향과 직각인 방향으로 작용하는 힘. ¶비행기가 뜨게 하는 데는 양력을 응용한다.
[揚水(양수)] 물을 퍼 올림. 참揚水機(양수기)
[揭揚(게양)] 매달아 높이 올림. ¶국기 게양
[得意揚揚(득의양양)/意氣揚揚(의기양양)] 바라던 일이 이루어져 뽐내는 마음이 얼굴에 가득함.
[浮揚(부양)] 가라앉은 것이 떠오름. 또는 떠오르게 함. ¶경기 부양/부양 작업/공중 부양
[抑揚(억양)] (언어) 내려가고 올라가는 상대적인 음의 높이. 또는 그런 변화.
[引揚(인양)] 끌어서 들어 올림. ¶사고 선박을 인양하다
[揚言者寡信(양언자과신).] 큰소리치는 사람은 그것을 실행하는 일이 적음. 『逸周書(일주서)』

[止揚(지양)] ① 어떤 행동을 계속하지 않고 그쳐서 높은 수준으로 올리는 것. ¶입시 위주의 교육 풍토는 지양되어야 한다 ② (철) 변증법에서 중요한 개념으로, 대립·모순 관계에 있는 두 명제나 개념이 서로 관련하여 그 대립이나 모순을 다시 한층 높은 단계로 조화·통일하여 나가는 일.

揚揚(양양), 擧揚(거양), 昂揚(앙양)

드날리다, 알려지다
[揚名(양명)] 이름을 드날림.
[立身揚名(입신양명)] 출세하여 이름을 세상에 떨침.
[立身行道(입신행도), 揚名於後世(양명어후세), 以顯父母(이현부모), 孝之終也(효지종야).] 입신하여 도리를 행하고, 후세에 이름을 날려 부모를 드러내는 것이 효도의 끝이다. 『孝敬(효경)·開宗明義(개종명의)』 ☞ * 236

나타나다, 드러나다, 나타내다, 드러내다
[高揚(고양)] 높이 올림. 드높임. ¶민족정기를 고양하다
[宣揚(선양)] (명성이나 권위 따위를) 널리 퍼뜨려 떨침.
[讚揚(찬:양)] 칭찬하거나 기리어 드러냄. 참讚揚隊(찬양대)
[顯揚(현:양)] 이름·지위를 세상에 높이 드러냄.
[家醜不外揚(가추불외양).] 집 안의 수치를 바깥에 드러내지 않음.

換 바꿀 환:, 手부12　　1274

'換(환)'자는 각자 손에 들고 있는 물건을 맞바꾸다, 즉 '물물교환하다'는 뜻이다. '손 扌(수)'와 '빛날 奐(환)'으로 이루어졌다.

바꾸다, 주고받고 하다, 바뀌다, 교체되다
[換骨奪胎(환:골탈태)] '뼈를 바꾸고 태를 없애버린다'는 뜻으로, ① 얼굴이 전보다 훨씬 아름다워지고 환하게 트여서 딴사람처럼 됨. ② 남이 지은 글의 취지는 취하되 형식을 바꾸어 지었으나, 더욱 아름답고 새로운 글이 됨.
[換金(환:금)] ① 물건을 팔아서 돈으로 바꿈. 참換金作物(환금작물) ② 한 나라의 돈을 다른 나라의 돈으로 바꿈.
[換氣(환:기)] 탁한 공기를 빼고 새 공기로 바꿈.
[換言(환:언)] 먼저 한 말을 표현을 바꾸어서 쉽게 말함. ¶환언하면
[換節期(환:절기)] 계절이 바뀌는 때. ¶환절기에는 감기에 걸리지 않게 조심해라
[交換(교환)] ① 서로 바꿈. ¶포로 교환 ② 공급자와 수요자 사이에 재화를 서로 바꾸는 일. ③ 서로 주고받음. ④ 전화나 전신을 통할 수 있도록 사이에서 선로를 이어 주는 일. ⑤ 전화 교환원.
[轉換(전:환)] ① 다른 방향이나 상태로 옮기거나 바꿈. ② (심) 마음속 감정적 갈등이 신체적 운동 기능이나 감각 기능의 증상으로 나타나는 것. ¶기분 전환을 위해 둘레길에 가서 산책을 했다
換拂(환불), 換算(환산), 換率(환율), 換腸(환장), 換錢(환전), 換風(환풍), 換風機(환풍기), 物物交換(물물교환), 變換(변환), 小額換(소액환), 外換(외환), 置換(치환), 兌換(태환)

摘 딸 적, 手부14　　1275

'摘(적)'자는 '(손으로) 따다'는 뜻을 나타내기 위한 것이다. '손 扌(수)'와 '밑동 商(적)'으로 이루어졌다. 후에 '들추어내다'라는 뜻으로도 쓰이게 되었다.

따다, 과일 따위를 손으로 집어 따다, 솎다
[摘果(적과)] (농) 열매 솎기.
[摘芽(적아)] (농) 쓸데없는 새싹을 골라서 따버리는 일.
摘心(적심), 摘花(적화)

요점만 가려서 쓰다, 남의 글을 따다 쓰다
[摘要(적요)] 요점만 뽑아 적음. 또는 그 요점.
[摘載(적재)] 중요한 것만 따서 기록하여 실음.

들추어내다
[摘發(적발)] 숨겨져 있는 일이나 드러나지 아니한 것을 들추어냄.
[摘出(적출)] 속에 있는 것을 끄집어내거나 도려냄.

손가락으로 가리키다
[摘示(적시)] 지적하여 제시함.
[指摘(지적)] ① 어떤 사물을 꼭 집어서 가리킴. ② 허물 따위를 곧바로 집어내어 말함. ¶잘못을 지적하다

鼓 두드릴 고, 북 고, 支부10　　1276

'鼓(고)'자는 '북' 또는 '북을 치다'가 본뜻이다. '支(지)'는 '칠 攴(복)'의 변형으로 손에 북채를 들고 있는 모습이고, 왼편의 '세울 壴(주)'는 북 모양을 본뜬 것이다.

북, 악기의 한 가지, 북을 치다, 타다, 거문고 같은 것을 연주하다
[鼓膜(고막)] (생) 귀청. 귓구멍 안에 있는 북 모양의 얇은 꺼풀. 공기의 진동에 따라 이 막이 울려 소리를 듣게 한다. ¶폭탄 터지는 소리에 고막이 터질 것 같다
[鼓手(고수)] 북을 치는 사람.
[鼓笛隊(고적대)] (악) (주로) 피리와 북으로 구성된 행진 음악대.
[法鼓(법고)] ① (불) 절에서 아침·저녁 예불 때나 법식을 거행할 때 치는 큰 북. ② (불) '불법이 세상에 북소리가 널리 퍼지듯하다' 하여 '佛法(불법)'을 비유하는 말.
[勝戰鼓(승전고)] 싸움에 이기고 울리는 북. ¶승전고를 울리다
[長鼓(장고)] 장구.
鼓子(고자), 鼓笛(고적), 鼓脹(고창), 擊鼓(격고), 小鼓(소고), 申聞鼓(신문고), 自鳴鼓(자명고)

맥박, 심장의 고동
[鼓動(고동)] 혈액순환에 따라 심장이 뛰는 일.

부추기다, 격려하여 분발하게 하다
[鼓舞(고무)] 더욱 힘을 내도록 용기를 북돋움.

[鼓吹(고취)] ① 북을 치고 피리를 붊. ② (마음이나 의기를) 북돋움. ¶애국심을 고취하다

旦 아침 단, 日부5　1277

'旦(단)'자는 지평선이나 '수면[一]' 위로 '해[日]'가 솟아오르는 모습으로 '이른 아침'이라는 뜻을 나타낸다.

아침, 해 돋을 무렵
[元旦(원단)] 설날 아침.
기타
[一旦(일단)] 우선. 먼저. 잠깐. ¶일단 밥부터 먹고 하자/건널목에서는 일단 정지

旬 열흘 순, 日부6　1278

'旬(순)'자는 '날 日(일)'과 '고를 勻(균)'으로 이루어졌다. '열흘'을 뜻한다.

열흘, 열흘 동안, 열 번
[旬報(순보)] 열흘에 한 번씩 발행하는 신문이나 잡지.
[上旬(상:순)] 한 달의 초하루부터 초열흘까지의 동안.
旬刊(순간), 三旬九食(삼순구식), 五旬節(오순절), 中旬(중순), 初旬(초순), 下旬(하순)
십 년
[七旬(칠순)] ① 열의 일곱 곱절. ② 일흔 살. 칠순잔치
[八旬(팔순)] 여든 살.
九旬(구순), 四旬(사순), 六旬(육순)

昌 창성할 창(:), 日부8　1279

'昌(창)'자는 '해 日(일)'과 '말할 曰(왈)'이 조합된 글자이다. '(아름다운) 말'이나 '햇빛'이 본래 의미였다. 후에 햇빛처럼 쫙 퍼지다, 즉 '창성하다'는 뜻으로 확대되었다.

창성하다, 기운·세력 등이 성한 모양
[昌大(창대)] 성하고 큼. ¶네 시작은 미약하지만 나중은 창대하리라
[昌盛(창성)] 무럭무럭 자라 잘 되어감.
[繁昌(번창)] 한창 잘 되어 많이 창성함.
기쁨, 경사
[昌慶宮(창경궁)] 서울시 와룡동에 있는 조선 시대의 왕궁.
기타
[碧昌牛(벽창우)] ① 평안북도의 碧洞(벽동)·昌城(창성) 땅에서 나는 큰 소. ② 고집이 세고 무뚝뚝한 사람. 보통 '벽창호'라고 한다.

暫 잠시 잠(:), 日부15　1280

'暫(잠)'자는 짧은 시간, 즉 '잠깐'이라는 뜻을 적기 위한 것이다. 시간을 의미하는 '날 日(일)'이 표의요소, '벨 斬(참)'은 표음요소이다.

잠시, 잠깐, 얼마 되지 아니한 동안
[暫間(잠간)] 매우 짧은 동안.
[暫時(잠:시)] 잠깐 동안. 잠깐.
임시로, 임시의
[暫定(잠정)] 잠시 작정함. ¶잠정 규정
[暫定的(잠정적)] 임시로 정하는. 또는 그러한 것.

曆 책력 력, 日부16　1281

'曆(력)'자는 해의 변동을 정하는 법, 즉 '책력'을 뜻하기 위하여 만든 것이다. '날 日(일)'과 '다스릴 厤(력)'으로 이루어졌다.

책력, 역법
[曆法(역법)] 책력을 만드는 법. 천체의 운행을 추산하여 나달·계절 등을 정하는 법.
[曆書(역서)] ① 책력. ② 책력 연구에 관한 책.
[西曆(서력)] 서양의 로마력으로부터 유래하여 오늘의 그레고리력으로 개량되어 세계적으로 쓰이고 있는 태양력. 예수가 태어난 해를 원년으로 함.
[陽曆(양력)] '태양력'의 준말. 지구가 태양을 한 바퀴 도는 동안을 일 년으로 하는 달력.
[陰曆(음력)] '태음력'의 준말. 달이 지구를 한 바퀴 도는 시간에 바탕을 두어 한 달을 29일 또는 30일로 하고, 한 해를 열두 달로 하는 달력.
[冊曆(책력)] 일 년 동안의 월일, 해·달의 운행, 일식과 월식, 절기 및 그 밖의 기상 상황 따위를 날짜 순서에 따라 적은 책.
曆術(역술), 西曆紀元(서력기원), 月曆(월력), 日曆(일력)

'歷(력)'자는 '언덕'의 뜻인 '厂(한)'과 '차례대로 가지런히 늘어놓다'의 뜻인 '秝(력)'과 '발'의 뜻인 '止(지)'로 이루어진 글자이다. 즉 사람의 발걸음이 언덕 밑의 들판을 차례대로 가지런히 지나온 과거의 모습이라는 데서 '지나다' 또는 '지내다'라는 뜻이다. '歷(력)'이 사람이 지나온 과거의 행적을 의미한다면, '曆(력)'은 인간이 지내왔거나 또는 앞으로 겪어야 할 '시간[日(일)]'의 행적을 의미한다.

曾 일찍 증, 日부12　1282

'曾(증)'자는 '여덟 八(팔)', '밭 田(전)', '가로 曰(왈)'로 이루어진 글자이다. 원래는 '시루'를 본뜬 것이었다. '곧', '일찍이' 등과 같은 부사로 쓰인 것은 假借(가차)한 것이다.

일찍, 일찍이, 이전에
[未曾有(미:증유)] 이제까지 한 번도 있어본 적이 없음. 벌어진 상황이나 사건이 너무 뜻밖이라 유례를 찾을 수 없을 때 쓰는 말이다. '前代未聞(전대미문)'과 같은

뜻이지만 굳이 구분한다면, 미증유는 좋은 일에, 전대미문은 나쁜 일에 주로 쓰인다.
거듭하다
[曾孫(증손)] 손자의 자식. '曾孫子(증손자)'의 준말.
[曾祖(증조)] 조부의 아버지. '曾祖父(증조부)'의 준말.

染 물들일 염:, 木부9　　1283

'染(염)'자는 '샘 氿(궤)'와 '나무 木(목)'으로 이루어졌다. '氿(궤)'자는 고로쇠물 같은 樹液(수액)을 뜻한다. 옛날에는 주로 나무에서 채취한 수액으로 옷감을 물들였다.
물들이다, 염색하다, 색칠하다, 바르다, 염색이 되다
[染料(염:료)] 옷감 따위에 빛깔을 들이는 데 필요한 거리나 물질.
[染色(염:색)] 염료를 사용하여 실이나 천 따위에 빛깔을 물들임. 또는 그런 일.
[捺染(날염)] 피륙에 무늬가 나타나게 하는 염색 방법의 하나.
染色體(염색체), 染織(염직)
더럽히다, 때 묻다, 더러움, 물들어서 더러워짐
[汚染(오:염)] ① 더럽게 물듦. ② 생태계에서 환경을 훼손하는 일. 쥔環境汚染(환경오염), 水質汚染(수질오염), 大氣汚染(대기오염), 海洋汚染(해양오염), 土壤汚染(토양오염)
[環境汚染(환경오염)] 자원 개발에 따른 자연의 파괴 또는 산업 활동에 따른 유해 물질이나 폐수의 발생 등으로 환경이 점점 더러워지는 일.
[蓮之出淤泥而不染(연지출어니이불염).] '연꽃은 진흙 가운데서 났으나, 진흙에 더럽히지 않는다'는 뜻으로, 혼탁한 세상에서도 청렴 결백함을 비유적으로 이르는 말이다. 쥔淤泥蓮(어니련) 『周茂叔(주무숙)·愛蓮說(애련설)』
옮다, 질병에 걸리다
[染病(염:병)] ① '장티푸스'를 속되게 일컫는 말. ② '전염병'의 준말.
[感染(감:염)] ① (전염병·세균 따위가) 몸에 옮아 들어옴. ② 남의 나쁜 버릇이나 풍습 따위가 옮아서 그대로 따라하게 됨.
[傳染(전염)] ① 옮음. ② 옮아서 물듦.
[傳染病(전염병)] 유행병. 돌림병.

柱 기둥 주, 버틸 주, 木부9　　1284

'柱(주)'자는 나무 '기둥'을 뜻하기 위한 것이다. '나무 木(목)'과 '주인 主(주)'로 이루어졌다.
기둥, 보, 어떠한 물건 밑에서 위로 곧게 받치거나 버티는 것의 범칭
[柱礎(주초)] 주추. 건물의 기둥 밑에 괴는 돌 따위의 물건.
[圓柱(원주)] ① (건) 두리기둥. ② (수) 원기둥.
[立柱(입주)] 기둥을 세움.
[支柱(지주)] ① 어떠한 물건이 쓰러지지 않도록 버티는 기둥. ② 정신적·사상적으로 의지할 수 있는 근거나 힘을 비유하여 이르는 말. ¶그분은 우리들의 정신적 지주이셨다
[鐵柱(철주)] 쇠로 만든 기둥. ¶철주를 박다
[彊自取柱(강자취주), 柔自取束(유자취속).] 강한 나무는 저절로 기둥이 되고, 약한 나무는 저절로 땔감이 된다. 단단한 나무는 원하지 않아도 저절로 기둥으로 사용된다. 또한 약한 나무는 아무리 좋은 장소에 쓰이길 바라더라도 언제나 장작으로만 사용된다. 사람도 재능에 따라 운명이 저절로 결정된다. 『荀子(순자)·勸學篇(권학편)』
柱石(주석), 石柱(석주)
사주
[四柱(사주)] 사람이 태어난 연·월·일·시의 간지(干支). 또는 그 간지로 운명을 점치는 일.
[四柱單子(사주단자)] 정혼(定婚)한 뒤 신랑집에서 신부집으로 보내는 신랑의 사주(四柱)를 적은 쪽지.
[四柱八字(사주팔자)] ① 사주의 간지(干支)로 되는 여덟 글자. ② 타고난 운수.
기둥과 같이 곧게 서 있는 것
[柱頭(주두)] (식) 암술머리.
[電信柱(전:신주)/電柱(전:주)] 전선이나 통신선 따위를 늘여 매기 위하여 세운 기둥.
[花柱(화주)] (식) 암술대.

棗 대추나무 조, 木부12　　1285

'棗(조)'자는 나무의 가시를 뜻하는 '가시 朿(자)'자를 두 개 겹쳐 놓았다. 대추나무 가시가 참 뾰족하고 날카롭다.
대추, 대추나무
[棗栗梨柿(조율이시)] 제사에 쓰는 대추·밤·배·감 따위의 과실.
[棗東栗西(조동율서)] 제상에 제물을 차릴 때 '대추는 동쪽에, 밤은 서쪽에 놓음'을 이르는 말.

栗 밤나무 률, 木부10　　1286

'栗(률)'자는 밤나무[木]에 밤송이[覀]가 달려 있는 모양을 본뜬 것이다.
밤, 밤나무
[生栗(생률)] 굽거나 삶지 않은 날것으로의 밤. 날밤.
[棗栗梨柿(조율이시)] ☞ 棗(조)
[棗東栗西(조동율서)] ☞ 棗(조)
공손하다, 몸을 삼가다
[直而溫(직이온), 寬而栗(관이율).] 곧으면서도 온화해야 하고, 너그러우면서 엄격해야 한다. 늘 자신을 채찍으로 다스리고 나를 용서함과 같이 남에게도 관대하라는 말이다. 『書經(서경)』

梨 배나무 리, 木부11　　1287

'梨(리)'자는 '배나무'를 뜻하기 위하여 만든 것이다. '나무 木(목)'과 '날카로울 利(리)'로 이루어졌다.

배나무, 배
[梨木(이목)] (식) 배나무.
[梨花(이화)] 배꽃.
[烏飛梨落(오비이락)] 까마귀 날자 배 떨어진다. 어떤 행동을 한 것이 공교롭게도 뒤미처 일어난 다른 일의 결과를 낳게 한 것처럼 되어 의심을 받게 되는 경우를 이르는 말.
[棗栗梨柿(조율이시)] ☞ 棗(조)

柿 감나무 시, 木부9　　1288

'柿(시)'자는 원래 '감나무 柹(시)'의 속자이었는데, 지금은 '柿(시)'자가 본자의 위치에서 쓰이고 있다. 표음요소인 '市(시)'자 때문인 것 같다.

감나무, 감
[乾柿(건시)] 곶감.
[熟柿(숙시)] 나무에 달린 채 아주 잘 익은 감.
[熟柿主義(숙시주의)] 잘 익은 감이 저절로 떨어지기를 기다리듯이, 노력은 하지 않고 일이 잘 되어 이익이 돌아올 때만 기다리는 주의.
[棗栗梨柿(조율이시)] ☞ 棗(조)
[紅柿(홍시)] 붉고 말랑말랑하게 익은 감.
柿雪(시설), 盤柿(반시), 軟柿(연시)

森 나무 빽빽할 삼, 木부12　　1289

'森(삼)'자는 '나무가 빽빽하다'는 뜻을 나타내기 위하여 '나무 木(목)'을 세 개나 겹쳐 놓은 것이다. 중국에서 '3'은 '많다'는 뜻을 지닌다.

나무가 빽빽하다, 나무가 많이 서 있는 모양, 숲, 성(盛)한 모양
[森林(삼림)] 나무가 빽빽한 숲. 나무가 많이 우거진 곳.
[森羅(삼라)] 많은 나무가 늘어서 있는 것 같음. 참森羅萬象(삼라만상)
[森羅萬象(삼라만상)] 수풀 같이 빽빽하게 늘어서 있는 여러 가지 사물의 모습. 우주 속에 빽빽하게 존재하는 온갖 사물과 현상.

오싹하다, 으쓱하다
[森嚴(삼엄)] 무시무시하게 엄숙함. ¶삼엄한 경계망

槪 대개 개:, 평미레 개:, 木부15　　1290

'槪(개)'자는 '나무 木(목)'이 표의요소, '이미 旣(기)'가 표음요소이다. 되 위에 수북한 곡식을 밀어낼 때 쓰는 '평미레'가 본뜻이었다. 그것을 밀지 않고 대강대강 가늠했던 예도 많았는지 '대강', '대개'의 뜻을 나타낸다. '절개', '기개'의 뜻으로 쓰인다.

절개, 절조
[氣槪(기개)] 굽히지 않는 강한 의기. 씩씩한 기상과 꿋꿋한 절개.
[節槪(절개)/節介(절개)] (지조나 정조를) 굽히지 않는 꿋꿋한 태도. ¶절개를 지키다

대개, 대강
[槪觀(개:관)] ① 대체적으로 살펴봄. 또는 그러한 관찰. ¶한국 불교미술의 개관 ② (미) (윤곽·명암·색채·구도 따위의) 대체적인 모양.
[槪念(개:념)] 어떤 사물에 대한 일반적이고 본질적인 지식이나 관념. ¶개념을 정확히 파악하다
[槪論(개:론)] 대략 간추려 풀이한 것. 또는 그 책. ¶문학 개론
[槪況(개:황)] 대개의 상황. ¶개황 설명
[大槪(대:개)] ① 대체의 사연이나 줄거리. ② 대강. 대충.
槪括(개괄), 槪略(개략), 槪算(개산), 槪說(개설), 槪要(개요), 槪評(개평)

樓 다락 루, 木부15　　1291

'樓(루)'자는 나무로 2층 이상의 높이로 지은 '다락집'을 뜻하는 것이다. '나무 木(목)'과 '별 이름 婁(루)'로 이루어졌다.

다락, 다락집
[樓閣(누각)] 다락 같이 높게 지은 집.
[空中樓閣(공중누각)] 하늘 위에 지은 누각. 헛된 망상이나 진실성이 없고 비현실적인 이야기나 문장 따위를 비웃는 말이다. 回沙上樓閣(사상누각)『夢溪筆談(몽계필담)』
[登樓去梯(등루거제)] 다락에 오르게 하고 사다리를 치운다는 뜻으로, '사람을 꾀어서 난처한 처지에 빠지게 함'을 비유한 말. 回上樓擔梯(상루담제), 上樹拔梯(상수발제)
[沙上樓閣(사상누각)/砂上樓閣(사상누각)] '모래 위에 세운 높은 건물'이란 뜻에서, 겉모양은 번듯하나 기초가 약하여 오래 가지 못하는 것 또는 실현 불가능한 일 따위를 비유하여 이르는 말.
高樓(고루), 摩天樓(마천루), 蜃氣樓(신기루), 雲樓(운루), 鐘樓(종루), 慶會樓(경회루), 廣寒樓(광한루), 矗石樓(촉석루)

망루(벽이 트이어 사방을 바라볼 수 있게 높이 지은 집)
[樓臺(누대)] 둘레를 내려다보려고 크고 높게 세운 누각이나 정자. 누각과 臺榭(대사).
[望樓(망:루)] 주위의 동정을 살피려고 세운 높은 대. 동望臺(망대)
[城樓(성루)] 성곽의 곳곳에 있는 망루.
[戍樓(수루)] 적군의 동정을 망보기 위하여 성 위에 만든 누각. 성의 망루.

기생집
[妓樓(기루)] 娼妓(창기)를 두고 영업하는 집.
[酒樓(주루)] 설비를 잘 갖추고 술을 파는 집.
[靑樓(청루)] 기생집.
[紅樓(홍루)] ① 붉은 칠을 한 높은 누각. ② 부귀한 집 안의 여자가 거처하는 곳. ③ 기생집.

閣 집 각, 門부14 1292

'閣(각)'자는 커다란 '대궐'을 나타내기 위하여 만든 것이니, '대문 門(문)'이 표의요소로 쓰였고, '각각 各(각)'은 표음요소이다. '閣(각)'은 본래 사방을 바라볼 수 있도록 높은 기둥 위에 벽이 없이 마루를 놓은 '다락집'을 가리킨다. '대궐'을 뜻하는 '殿(전)'보다는 등급이 낮은 건물이기 때문에 주로 관료들이 나랏일을 논의하던 집이라는 데서, 內閣(내각)이란 뜻을 가진다. 과거에 '대통령' 뒤에 붙였던 '閣下(각하)'라는 호칭도 이와 관련이 있다.

다락집, 누각, 큰 집
[空中樓閣(공중누각)] ☞ 樓(루)
[樓閣(누각)] ☞ 樓(루)
[碑閣(비각)] 비를 세우고 그 위를 덮어 지은 집.
[沙上樓閣(사상누각)/砂上樓閣(사상누각)] ☞ 樓(루)
[鐘閣(종각)] 큰 종을 달아 두기 위하여 지은 누각.

궁전
[閣僚(각료)] 내각을 구성하는 각 장관.
[閣下(각하)] 특정한 고급 관료에 대한 경칭.
[改閣(개:각)] 內閣(내각)을 고쳐 짜는 일. ¶개각을 단행하다
[內閣(내각)] 국가 행정권을 담당하고 있는 최고 기관으로, 수장인 국무총리와 국무위원으로 조직되는 합의체.
[殿閣(전각)] ① 임금이 거처하는 궁전. ② '각'의 이름을 붙인 큰 집을 두루 일컫는 말.
入閣(입각), 組閣(조각)

縱 늘어질 종, 세로 종, 糸부17 1293

'縱(종)'자는 줄이 '느슨해지다'는 뜻을 나타내기 위하여 만든 것이다. '실 糸(사)'가 표의요소, '좇을 從(종)'은 표음요소이다. 후에 '놓아주다', '제멋대로 굴다'로 확대 사용되었고, '橫(횡)'의 상대 개념인 '세로'의 뜻으로 쓰인다.

놓다, 활을 쏘다, 풀다
[七縱七擒(칠종칠금)] '제갈량이 맹획을 일곱 번 사로잡았다 놓아주었다 하였다'는 옛일에서 온 말로, '마음대로 잡았다 놓아주었다 함'을 이르는 말. 또는 상대를 완전하게 제압하기 위해서 강압적인 수단보다는 마음으로 굴복하게 만드는 것을 말한다.『三國志(삼국지)』

방종, 규칙에서 어긋나다, 자유자재, 멋대로 하다, 내버려두다
[放縱(방:종)] 거리낌 없이 제멋대로 함부로 행동함. ¶自由(자유)와 放縱(방종)을 혼동하지 마라

조종(操縱)
[操縱(조종)] ① 마음대로 다루어 부림. ¶나는 누구의 조종을 받아 행동하는 그런 꼭두각시가 아니다 ② 비행기나 선박, 자동차 따위의 기계를 다룸.
[操縱士(조종사)] 비행기 따위를 조종하는 사람. 파일럿.

세로, 남북
[縱斷(종단)] ① 세로로 끊거나 길이로 가름. ② 남북 방향으로 건너가거나 건너옴. 凹橫斷(횡단)
[縱隊(종대)] 세로로 줄을 지어서 늘어선 대오. 凹橫隊(횡대)
[縱橫(종횡)] ① 가로와 세로. ② 거침없이 마구 오고 가거나 이리저리 흐름. 習縱橫無盡(종횡무진)
[合縱連橫(합종연횡)/合縱連衡(합종연횡)] 중국 전국시대의 蘇秦(소진)이 주장했던 외교 정책 이론. 즉 서쪽의 강국 秦(진)나라에 대항하기 위하여 남북의 韓(한)·魏(위)·趙(조)·燕(연)·齊(제)·楚(초)의 여섯 나라가 동맹하여야 한다는 주장. 중국 전국시대에 여섯 나라가 횡으로 연합하여 진나라를 섬기자는 주장.
縱列(종렬), 縱裂(종렬), 縱書(종서), 縱線(종선)

橫 가로 횡, 방자할 횡, 木부16 1294

'橫(횡)'자는 '나무 木(목)'이 표의요소, '누를 黃(황)'이 표음요소로 쓰였다. '橫(횡)'자는 대문짝에 문이 열리는 것을 막기 위해 가로질러 놓은 '빗장'이 본뜻이다. 신분제가 엄격했던 사회에서 질서를 위해 수평적인 횡적 관계보다는 수직적인 종적인 관계를 중요시했다. 그래서 '橫(횡)'은 기존의 질서를 부정하고 체제를 어지럽히게 하는 의미를 가지게 되어 '멋대로', '뜻밖에', '갑자기', '거스르다', '제멋대로하다', 사납다' 등의 뜻이 나왔다.

가로, 가로 놓다, 남북을 '종(縱)'으로 하는 데 대하여 동과 서
[橫斷(횡단)] ① 가로로 자름. ② 동서 방향으로 건너가거나 건너옴. 凹縱斷(종단)
[橫斷步道(횡단보도)] 차도 위에 사람이 가로 건너다니게 마련한 길.
[橫隊(횡대)] 가로로 줄지어 늘어선 대오. 凹縱隊(종대)
[橫說竪說(횡설수설)] '가로로 말하고 세로로 말하다'라는 뜻에서, 조리에 맞지 않는 말을 이러쿵저러쿵 지껄임.
[縱橫(종횡)] ☞ 縱(종)
橫膈膜(횡격막), 橫帶(횡대), 橫列(횡렬), 橫書(횡서), 橫線(횡선), 縱橫無盡(종횡무진)

옆, 곁, 좌우
[橫步(횡보)] 모로 걷는 걸음. 게걸음. 옆으로 걷는 걸음.
[橫步行好去京(횡보행호거경).] '모로 가도 서울만 가면 된다'는 뜻으로, 수단은 어떻든 목적만 달성하면 된다는 우리나라 속담.

뜻밖에
[橫死(횡사)] 뜻밖의 재앙을 당하여 죽음.

[橫厄(횡액)] 뜻밖에 닥쳐오는 불행. 橫來之厄(횡래지액)의 준말.
[橫財(횡재)] 뜻밖에 얻은 재물. ¶오늘 횡재를 했다
[非命橫死(비:명횡사)] 제 명대로 다 살지 못하고 뜻밖의 사고로 죽음.
연횡(連衡), 전국시대에 여섯 나라가 연합하여 진나라에 대항하려던 정책
[合縱連橫(합종연횡)/合縱連衡(합종연횡)] ☞ 縱(종)
방자하다, 제멋대로, 도리에 벗어나다
[橫領(횡령)] ① 남의 재물을 불법하게 차지함. ② (법) 자기가 보관하는 남의 재물을 불법하게 취득하여 제 것으로 만드는 일. ¶공금 횡령
[橫暴(횡포)] 성질이나 행동이 몹시 사납고 제멋대로임.
[橫行(횡행)] 거리낌 없이 마음대로 행동함.
[豺狼橫道(시:랑횡도)] 이리와 승냥이처럼 탐욕스럽고 잔혹한 사람이 중요한 자리에 앉아 권세를 휘두르고 있다는 뜻. 잔인무도한 자들이 세도를 부림. 凹豺狼當路(시랑당로)
[專橫(전횡)] 권리나 세력을 써서 제 마음대로 함.

欄 난간 란, 木부21 1295

'欄(란)'자는 나무로 만든 '난간'을 뜻하는 것이었으니, '나무 木(목)'과 '가로막을 闌(란)'으로 이루어졌다. '난', '칸'의 뜻으로도 쓰인다.
난간, 우물 난간, 우물의 전
[欄干(난간)] (건) 층계·다리·마루 따위의 가장자리에 나무나 쇠붙이로 박아 세운 것.
난, 글·그림 등을 싣기 위하여 적당히 줄을 그어 지은 몇 개의 구획, 무엇을 쓰기 위하여 따로 설정한 지면의 한 부분
[欄外(난외)] 신문이나 잡지, 책 따위에서 본문 가장자리를 둘러 싼 줄의 바깥쪽.
[空欄(공란)] 지면의 빈 난.
[求人欄(구인란)] 신문 등의 구인 광고를 싣는 난.
文藝欄(문예란)
우리, 짐승을 가두어 기르는 곳, 울, 칸막이, 경계

沈 잠길 침, 가라앉을 침, 성 심:, 水부7 1296

'沈(침)'자의 본뜻은 '물에 가라앉다'였다. 후에 마음을 '가라앉히다', '잠기다' 등의 뜻으로 쓰이게 되었다. 사람의 성씨로 쓰일 때는 [심:]으로 읽는다. '물 氵(수)'와 '망설일 冘(유)'로 이루어졌다. '冘(유)'자는 '베개 枕(침)'의 원자였다. '침'이라는 음이 여기서 온 것이다.
가라앉다, 물 밑바닥으로 내려앉다, 빠지다, 물에 빠져 죽다
[沈沒(침몰)] 물에 가라앉거나 빠짐. ¶유람선이 침몰하여 여러 사람이 죽었다
[沈水(침수)] 물에 젖거나 잠김.
[擊沈(격침)] (배를) 공격하여 가라앉힘.
[浮沈(부침)] ① 물 위에 떠올랐다 잠겼다 함. ② 시세나 세력 따위의 현상이 성하였다 쇠하였다 함. ③ 편지가 받아볼 사람에게 이르지 못하고 도중에서 없어짐.
[小隙沈舟(소극침주)] '조그마한 틈에서 물이 새어 들어와 배가 가라앉는다'는 뜻으로, '작은 일을 게을리 하면 큰 재앙이 옴'을 이르는 말.
[意氣銷沈(의:기소침)] 뜻과 기세가 쇠하여 사그라짐.
沈降(침강), 沈潛(침잠), 沈漬(침지), 爆沈(폭침)
액체 속에 섞여 있는 물질이 아래쪽으로 내려앉다
[沈澱(침전)] ① 액체 속에 섞여 있는 물질이 가라앉음. ㉰沈澱物(침전물) ② (화) 용액 속에서 화학변화가 일어날 때 불용성의 반응 생성물이 생기는 일. 또는 농축·냉각 등에 의하여 용질의 일부가 고체로서 용액 속에 나타나는 일.
마음이 가라앉다, 마음이 안정되다
[沈着(침착)] 행동이 들뜨지 아니하고 착실함. ¶침착한 성격
[沈黙(침묵)] 아무 말도 하지 않고 잠잠히 있음.
무엇에 지나치게 마음이 쏠리어 헤어나지 못하다
[沈於酒色(침어주색)] 주색에 빠져 헤어나지를 못함.
막히다, 침체하다, 어느 범위 안에 그치다
[沈滯(침체)] 일이 잘 진전되지 못함.
마음이 무겁다
[沈鬱(침울)] ① 걱정과 근심에 잠겨서 마음이나 기분이 답답함. ② 어둡고 시원하지 못함.
[沈痛(침통)] (근심이나 슬픔 등으로) 마음이 아프고 구슬픔.
구름이 두껍게 끼다, 오래도록 구름이 끼다
[陰沈(음침)] ① 날씨가 흐리고 컴컴함. ¶음침한 겨울 날씨 ② 명랑하지 못하고 흉하다. ¶음침한 분위기
사물의 형용
[沈沈(침침)] 무엇이 보일락말락할 정도로 빛이 어두움.
성
[沈淸傳(심:청전)]

沒 가라앉을 몰, 빠질 몰, 水부7 1297

'沒(몰)'자는 '물에 빠지다'는 뜻을 나타내기 위하여 만들어진 글자이다. 후에 '가라앉다', '없어지다'의 뜻으로 넓어졌다.
가라앉다, 잠기다, 물에 빠지다
[埋沒(매몰)] 땅속에 묻거나 빠짐. ¶탄갱이 무너져 갱부들이 매몰되는 사고가 발생했다
[水沒(수몰)] 물에 잠김.
[日沒(일몰)] 해가 짐. 해넘이.
[沈沒(침몰)] ☞ 沈(침)
[陷沒(함:몰)] ① 움푹 파이거나 쏙 들어감. ② 어떤 것에 푹 빠져들어 헤어나지 못함.
숨다, 숨기다
[雲散鳥沒(운산조몰)] 구름처럼 흩어지고 새처럼 형적

을 감춤. 형적이 없음을 이름.
[出沒(출몰)] 나타났다 숨었다 함. 보였다 안 보였다 함.
[神出鬼沒(신출귀몰)] '귀신처럼 나타났다 사라졌다 함'이란 뜻에서, 자유자재로 출몰하여 변화를 짐작할 수 없음.

다하다, 다 없애다
[沒却(몰각)] ① 아주 없애버림. ② 아주 잊음.
[沒落(몰락)] 성하던 것이 쇠하여 형편없이 됨. ¶군국주의의 몰락
[沒死(몰사)] 죄다 죽음. ¶극심한 오염으로 하천의 물고기가 몰사했다
[沒殺(몰살)] 씨도 없이 죄다 죽어 버림.
[沒我(몰아)] 스스로를 잊고 있음.

죽다
[沒年(몰년)] 卒年(졸년). 죽은 해.
[俱沒(구몰)] 부모가 다 돌아가심.
[父母俱沒] (부모구몰) 양친이 다 돌아감. 替父母俱存(부모구존)
[生沒(생몰)] 태어남과 죽음. ¶생몰년도

없다(無)
[沒知覺(몰지각)] 지각이 없음. ¶몰지각한 사람
[沒常識(몰상식)] 상식이 없음. ¶몰상식한 행동
[沒廉恥(몰염치)] 염치가 없음.
沒覺(몰각), 沒頭沒尾(몰두몰미), 沒人情(몰인정)

지나치다, 정도를 넘다, 빠져들다
[沒頭(몰두)] 汨沒(골몰). (다른 생각을 할 여유가 없이) 오로지 한 가지 일에 파묻힘. ¶연구에 몰두하다
[沒入(몰입)] 아주 심하게 빠져듦.
[汨沒(골몰)] (다른 생각을 할 여유가 없이) 오로지 한 가지 일에 파묻힘. ¶연구에 골몰하다

강제로 빼앗다, 범죄나 책임 불이행에 의하여 재산이나 사람을 강제로 몰수하다
[沒收(몰수)] 남은 것이 하나도 없도록 모두 거두어들임.

기타
[沒骨(몰골)] 볼품없는 모습. ¶몰골이 사납다
[沒藥(몰약)] (식) 감람과의 중키나무. 그 나무의 줄기 속에서 새어 나오는 즙을 말린 반투명의 덩어리. 특이한 향기와 맛이 있는데, 통경제·건위제·함수제로 씀.

沙, 砂 모래 사, 水부7 1298

'沙(사)'자는 하천에 물이 적어지면 보이는 것이 '모래'였기에 '沙(사)'자로 썼는데, 작아도 돌은 돌이니 '물 水(수)' 대신 '돌 石(석)'을 쓰자는 주장이 있어 '砂(사)'자를 만들었다. '砂'자를 속자로서 쓰기도 한다. 沙工(사공), 沙鉢(사발), 沙門(사문), 沙彌(사미), 沙蔘(사삼) 따위에서는 '砂'를 함께 쓰지 않는다. 砂囊(사낭)은 沙囊(사낭)이라고 쓰지는 않는다.

모래, 사막, 모래벌판
[沙工(사공)] ① 모래밭에서 일하는 장인. ② 노를 저어 배를 부리는 사람. '뱃사공'의 준말. ¶사공이 많으면 배가 산으로 올라간다
[沙漠(사막)/砂漠(사막)] 까마득하게 크고 넓은 모래 벌판. 너무 메말라 풀과 나무가 거의 없으나 이따금 오아시스가 있음.
[沙上樓閣(사상누각)/砂上樓閣(사상누각)] '모래 위에 세운 높은 건물'이란 뜻에서, 겉모양은 번듯하나 기초가 약하여 오래 가지 못하는 것 또는 실현 불가능한 일 따위를 비유하여 이르는 말.
[沙汰(사태)/砂汰(사태)] ① 산비탈이나 언덕 따위가 무너지거나 허물어져 내리는 현상. ② 사람이나 물건이 한꺼번에 많이 몰려들거나 나가는 일을 비유하는 말. ¶감원 사태/오줌사태
[白沙場(백사장)/白砂場(백사장)] 흰 모래벌. 강변이나 해변의 흰 모래톱.
[炊沙成飯(취사성반)] '모래를 때어 밥을 짓는다'는 뜻으로 '헛수고'를 비유하여 이르는 말.
[黃砂(황사)/黃沙(황사)] ① 누런 모래. ② 중국 북부나 몽고 지방의 황토가 바람에 날려 온 하늘에 누렇게 끼는 현상. ¶봄이 되면 어김없이 황사가 찾아온다
沙丘(사구)/砂丘(사구), 沙金(사금)/砂金(사금), 沙器(사기)/砂器(사기), 砂囊(사낭), 沙鉢(사발), 沙鉢農事(사발농사), 沙鉢通文(사발통문), 沙防(사방)/砂防(사방) 沙防工事(사방공사)/砂防工事(사방공사), 沙礫(사력)/砂礫(사력), 沙場(사장)/砂場(사장), 沙洲(사주)/砂洲(사주), 沙土(사토)/砂土(사토), 沙布(사포)/砂布(사포), 土沙(토사)/土砂(토사)

달고도 맛있는 것에 붙이는 말
[砂糖(사탕)/沙糖(사탕)] ① 맛이 달고 물에 잘 녹는 식료품. 사탕수수나 사탕무우에 많이 들어있고 순수한 것은 검붉은 결정성임. ② 알사탕.
[沙果(사과)/砂果(사과)] 과일의 한 종류. 사과나무의 열매.

기타
[沙門(사문)] (불) '중'을 달리 이르는 말.
[沙彌(사미)] (불) 불도를 닦는 20세 미만의 남자 중. 替沙彌戒(사미계)
[沙蔘(사삼)] 더덕. 더덕의 뿌리.
硅砂(규사)/硅沙(규사), 硼砂(붕사)/硼沙(붕사)

沿 물가 연, 물 따라갈 연(:), 水부8 1299

'沿(연)'자는 물길을 '따라 내려가다'는 뜻을 나타내기 위하여 만든 것이니, '물 水(수)'가 표의요소, 오른쪽의 것은 표음요소이다. 후에 '따르다', '쫓다', '잇닿다' 등의 뜻으로도 쓰이게 되었다.

선례를 따르다, 물을 따라 내려가다, 길을 따르다
[沿革(연:혁)] '지난 것을 다른 것과 바꾼 것'이라는 뜻에서, 변천되어 온 내력을 이르는 말이다. ¶학교 연혁

가, 가장자리, 언저리
[沿道(연도)] 큰길에 연해 있는 곳.

[沿邊(연변)] 국경, 큰길 가, 강 따위를 따라 있는 일대의 지방. ¶철도 연변에는 코스모스가 만발해 있었다
[沿岸(연안)] 강이나 호수 또는 바닷가를 따라서 잇닿아 있는 땅.
[沿海(연해)] 바다를 따라 있는 곳. 육지에 가까이 있는 바다. 즉 대륙붕을 덮고 있는 바다를 이른다.

泰 클 태, 水부10 1300

'泰(태)'자의 본뜻은 '미끄러지다'이었다. 지금은 본뜻으로는 쓰이지 않고, '크다', '대단히', '뽐내다', '침착하다' 등의 뜻으로 쓰이고 있다.

크다, 매우 크다(太)
[泰斗(태두)] ① '태산북두'의 준말. ② 어떤 전문 분야에서 아주 권위가 있는 사람을 일컫는 말. ¶우리나라 역사학계의 태두
[塵合泰山(진합태산)] 티끌 모아 태산.
[泰山鳴動鼠一匹(태산명동서일필).] 처음 시작할 때는 마치 큰 일이라도 하려는 듯 태산이 울릴 정도로 요란을 떨더니 막상 마치고 보니 겨우 쥐 한 마리 잡았다는 뜻.
[登泰山而小天下(등태산이소천하).] 태산에 올라 천하가 작은 것을 안다. 큰 진리를 깨우친 사람은 그만큼 사고나 행동의 폭이 넓어져 세상을 인식하는 방식도 거침이 없어진다는 말이다. 『孟子(맹자)·盡心章句上篇(진심장구상편)』 ☞ * 106
泰山北斗(태산북두), 泰山鴻毛(태산홍모)

편안하다, 편안하고 자유롭다
[泰然(태연)] ① 침착한 모양. ② (마땅히 머뭇거리거나 두려워할 상황에서) 태도나 기색이 아무렇지 않고 예사로움. 참泰然自若(태연자약)
[泰平(태평)] ① 걱정이 없고 편안함. ② 아무 걱정 없고 무관심함. ¶저이는 모든 일에 태평이야 참無事泰平(무사태평), 天下泰平(천하태평)
[君子泰而不驕(군자태이불교), 小人驕而不泰(소인교이불태).] 군자는 태연하되 교만하지 않고, 소인은 교만하되 태연하지 못하다. 『論語(논어)·子路(자로)』

산 이름
[泰山(태산)] ① 높고 큰 산. ② 중국의 명산 五嶽(오악) 중의 하나. ¶태산이 높다 하되 하늘 아래 메이로다

洲 섬 주, 물가 주, 水부9 1301

'洲(주)'자의 본래 글자인 '州(주)'는 큰 河川(하천) 한 가운데 생겨난 '삼각주'를 뜻하기 위하여 그 모양을 본뜬 것이다. 후에 '고을', '마을'을 뜻하는 것으로 사용되는 예가 많아지자 본래 의미는 '물 水(수)'를 덧붙인 '모래섬 洲(주)'자를 만들어냈다. '대륙'이란 뜻으로 쓰인다.

섬, 강이나 호수 가운데 모래가 쌓여 된 섬
[洲島(주도)] 강어귀에 삼각주 모양으로 흙과 모래가 쌓여 이루어진 섬. 동洲嶼(주서)
[沙洲(사주)] 바닷가에 생기는 모래톱. 파도나 조류의 작용으로 강이나 해안의 수면 위에 모래 등이 쌓여 둑 모양을 만든다.

대륙
[五大洲(오대주)] 지구 위의 다섯 대륙. 아시아주·유럽주·아프리카주·오세아니아주·아메리카주의 다섯 대륙.
[滿洲(만:주)] (지) 중국 동북 지방 일대를 일컫는 말. 참滿洲事變(만주사변), 滿洲族(만주족)
[濠洲(호주)] '오스트렐리아'를 이름.

洪 넓을 홍, 큰 물 홍, 水부9 1302

'洪(홍)'자는 큰 물, 즉 '홍수'를 뜻하기 위하여 만든 것이다. '물 水(수)'와 '함께 共(공)'로 이루어졌다. '크다', '넓다'는 뜻으로도 쓰인다.

큰 물, 물이 불어서 강을 넘쳐흐르다, 크다, 넓다
[洪水(홍수)] 비가 많이 내려 강과 시내의 물이 크게 불어나 넘치는 것.
[洪範九疇(홍범구주)] 『書經(서경)』의 '洪範(홍범)'에 기록되어 있는, 禹(우)가 정한 정치 도덕의 아홉 원칙.
[洪福(홍복)] 큰 복.
[洪魚(홍어)] (동) 가오릿과의 바닷물고기. 가오리와 비슷하나 좀 더 둥글고 등은 갈색, 배는 희거나 회색임.
[洪荒(홍황)] 넓고 거칠음. 천자문에서 우주의 상태를 표현한 말.

浪 물결 랑(:), 水부10 1303

'浪(랑)'자는 '물결'을 뜻하기 위하여 만든 것이다. '물 水(수)'와 '좋은 良(량)'으로 이루어졌다. '함부로'의 뜻으로도 쓰인다.

물결, 파도, 물결이 일다
[激浪(격랑)] ① 사납게 치는 세찬 물결. ② '모진 시련'을 비유하는 말. ¶격랑에 시달리다
[波浪(파랑)] 바다에 이는 작은 물결[波]과 큰 물결[浪].
[風浪(풍랑)] ① 바람과 물결. ② 바다에서 바람으로 인해 일어나는 물결. ¶풍랑이 높이 인다
[滄浪自取(창랑자취)] '물이 맑고 흐린 데 맞추어 처신한다'는 뜻으로, 칭찬이나 비난, 상이나 벌을 받는 것이 모두 자기가 하기 나름이라는 것을 이르는 말.

떠돌아다니다
[浪人(낭:인)] 일정한 직업이 없이 허랑하게 돌아다니며 날을 보내는 사람.
[浪說(낭:설)] 떠돌아다니는 터무니없는 소문.
[放浪(방:랑)] 정처 없이 이리저리 떠돌아다님. ¶방랑시인 김삿갓
[浮浪(부랑)] 일정한 거처나 직업이 없이 물결처럼 이리저리 떠돌아다님. 참浮浪輩(부랑배), 浮浪兒(부랑아), 浮浪人(부랑인)

[流浪(유랑)] 정처 없이 떠돌아다님.
함부로, 마구, 삼가지 아니하다
[浪漫(낭만)] 실현성이 적고 매우 정서적이며 이상적으로 사물을 파악하는 심리 상태. 또는 그로 인한 감미로운 분위기. 참浪漫的(낭만적), 浪漫主義(낭만주의)
[浪費(낭:비)] 재물이나 시간·정력 따위를 아무렇게나 씀. ¶시간을 낭비하다/돈을 낭비하다
[虛浪(허랑)] 허황하고 착실하지 못함. 참虛浪放蕩(허랑방탕)
어리석은 모양, 허망한 모양
[孟浪(맹:랑)] ① 생각하던 바와는 달리 아주 허망함. ¶맹랑한 일 ② 처리하기가 매우 어렵고 딱함. ¶그런 맹랑한 질문이 어디 있나? ③ 만만히 볼 수 없을 만큼 똘똘하고 깜찍함. ¶그 녀석 맹랑한 소리를 하고 있네
[虛無孟浪(허무맹랑)] 터무니없이 거짓되고 실속이 없음.

浮 뜰 부, 水부10   1304

'浮(부)'자는 '뜨다'는 뜻을 나타내기 위하여 만든 것이다. '물 水(수)'와 '미쁠 孚(부)'로 이루어졌다.
뜨다, 떠오르다, 가라앉지 않고 물 위에 있다, 사람을 물 위에 뜨게 하는 기구, 둥실둥실 떠 움직이다
[浮力(부력)] 유체 속에 있는 물체를 떠오르게 하는 힘.
[浮上(부상)] ① 물 위로 떠오름. ② 어떤 현상이 관심의 대상이 되거나 어떤 사람이 훨씬 좋은 위치로 올라섬.
[浮揚(부양)] 가라앉은 것이 떠오름. 또는 떠오르게 함. ¶경기 부양/부양 작업/공중 부양
[浮游(부유)/浮遊(부유)] ① 공중이나 수면에 떠돌아다님. 참浮遊生物(부유생물) ② 행선지를 정하지 않고 이리저리 돌아다님.
[浮沈(부침)] ① 물 위에 떠올랐다 잠겼다 함. ② 시세나 세력 따위의 현상이 성하였다 쇠하였다 함. ③ 편지가 받아볼 사람에게 이르지 못하고 도중에서 없어짐.
浮刻(부각), 浮橋(부교), 浮囊(부낭), 浮石寺(부석사), 浮彫(부조), 浮板(부판), 浮萍(부평)/浮萍草(부평초), 浮漂(부표)
하늘에 떠 있다
[浮雲(부운)] ① 뜬구름. ② 덧없는 세상일을 비유하는 말. ¶인생살이 부운이여
[不義而富且貴(불의이부차귀), 於我如浮雲(어아여부운).] 의롭지 못하고서 부귀를 누림은 내게 있어 뜬구름과 같다. 나쁜 짓을 해서 부자가 되고 높은 지위에 앉게 된들 그러한 것은 내게는 모두 정처없이 흘러가는 뜬구름처럼, 마음을 움직이기에는 부족한 것이다. 『論語(논어)·述而(술이)』 ☞ * 125
안착되지 아니하고 들썽하게 되다
[浮動(부동)] ① 물이나 공기 중에 떠서 움직임. ② 고정되어 있지 않고 움직임. ¶浮動票(부동표)
[浮浪(부랑)] 일정한 거처나 직업이 없이 물결처럼 이리저리 떠돌아다님. 참浮浪兒(부랑아), 浮浪人(부랑인)
덧없다, 정황이 없다
[浮生(부생)] 덧없는 인생. 참浮生六記(부생육기)
[浮世(부세)] 덧없는 세상.
몸이 붓다, 부어오르다
[浮氣(부기)] 아파서 몸이 부은 기색.
[浮腫(부종)/浮症(부증)] 몸이 부어오르는 병.
[浮黃(부황)] (한의) 오래 굶어서 살가죽이 들떠서 붓고 누런 빛깔이 나는 병.
낚시 찌
[浮標(부표)] ① 선박의 안전 항해를 위해 암초나 여울 따위의 위치를 표시한 항로 표지의 하나. ② 물 위에 띄워 어떤 표적을 삼는 물건. ③ 부이(buoy). 낚시찌.

浦 개 포, 물가 포, 水부10   1305

'浦(포)'자는 강의 '개'를 뜻하기 위한 것이다. '물 水(수)'와 '클 甫(보)'로 이루어졌다.
개, 강이나 내에 조수가 드나드는 곳
[浦口(포구)] 배가 드나드는 개의 어귀.
물가, 바닷가
浦項(포항), 麻浦(마포), 釜山浦(부산포), 永登浦(영등포), 榮山浦(영산포), 濟物浦(제물포), 合浦(합포) 등등

浩 넓을 호:, 클 호:, 水부10   1306

'浩(호)'자는 강물이 넓고 세찬 모양을 뜻하기 위하여 만든 것이었으니, '물 水(수)'와 '알릴 告(고)'로 이루어졌다. 후에 '넓다', '광대하다', '넉넉하다'는 뜻으로 쓰이게 되었다.
크다, 물이 크고 넓게 흐르는 모양, 넉넉하다, 많다
[浩氣(호:기)] 하늘과 땅 사이에 넘치게 가득 찬, 넓고도 큰 원기.
[浩然(호:연)] ① 물이 끊임없이 흐르는 모양. ② 크고도 왕성한 모양. 넓고도 성대한 모양. ③ 마음이 넓고 뜻이 아주 큰 모양.
[浩然之氣(호연지기)] ① 하늘과 땅 사이에 넘치게 가득 찬, 넓고도 큰 원기. 한량없이 넓고 거침없이 큰 기개. ② 도의에 뿌리를 박고 공명정대하여 조금도 부끄러울 바 없는 도덕적 용기. ③ 사물에서 해방되어 자유스럽고 유쾌한 마음.
[浩浩蕩蕩(호:호탕탕)] 물이 넓어서 끝이 없음. 동浩蕩(호탕) 浩浩湯湯(호호탕탕)

濃 짙을 농(:), 水부16   1307

'濃(농)'자는 '이슬에 젖다'는 뜻을 나타내기 위하여 만든 것이었다. '물 氵(수)'와 '농사 農(농)'으로 이루어졌

다. '짙다', '진하다'라는 뜻으로 쓰인다.

짙다, 두텁다, 빛이 짙다, 맛이 진하다
[濃淡(농담)] ① 짙음과 옅음. 또는 그 정도. ② 진함과 묽음. 또는 그 정도.
[濃度(농도)] ① 액체의 진하고 묽은 정도. ② 어떤 성질이나 성분이 깃들어 있는 정도.
[濃霧(농무)] 짙은 안개.
[濃縮(농축)] 농도를 진하게 높임. ¶농축우라늄
[濃厚(농후)] ① 진하거나 짙음. ¶농후한 빛깔 찹濃厚飼料(농후사료) ② 어떤 경향이나 기색 따위가 뚜렷함. ¶사태가 악화될 기미가 농후하다

우거지다, 무성하다
[濃陰(농음)] 짙은 그늘.
[濃綠萬枝紅一點(농록만지홍일점).] 만 가지 푸르름의 떨기 가운데 한 점 붉은 석류꽃이여. '紅一點(홍일점)'이란 말이 생겨나게 된 원문. 『王安石(왕안석)·詠石榴詩(영석류시)』

정이 두텁다, 태도나 행동의 정도가 깊다
[濃密(농밀)] ① 짙고 빽빽함. ② 서로 사귀는 정도가 두텁고 가까움.

淡 묽을 담(:), 맑을 담(:), 水부11　1308

'淡(담)'자는 물이 너무 많아 맛이 '싱겁다'는 뜻을 나타내기 위하여 만든 것이었다. '물 水(수)'와 '불탈 炎(염)'으로 이루어졌다. '맑다', '엷다'는 뜻으로 쓰인다.

묽다, 담박하다, 담담하다
[淡泊(담:박)] ① 마음이 깨끗하고 욕심이 적음. ¶담박한 사람 ② 음식이 느끼하지 않고 맑음. ③ 싱겁다 ¶술맛이 오늘따라 너무 담박하다 ④ 빛깔이 연하고 맑다 ¶담박한 색의 옷을 즐겨 입다
[淡白(담:백)] 진하지 않고 산뜻함.
[淡水(담:수)] 민물. 강이나 호수 따위에 있는, 짜지 않은 물. 찹淡水魚(담수어), 淡水湖(담수호)
[雅淡(아:담)] 조촐하고 산뜻함.
[淸淡(청담)] ① 마음이 깨끗하고 담박함. ② 빛깔이 맑고 엷음. ③ 맛이 산뜻하고 개운함.
[交淡如水(교담여수)] 사귀어서 담박하기가 물과 같다는 뜻으로, '담박한 君子(군자)의 교제를 이르는 말. 『禮記(예기)』

연하다, 빛이 연하다
[淡色(담:색)] 엷은 색깔.
[濃淡(농담)] ☞ 濃(농)

사물의 형용
[淡淡(담:담)] ① 달빛이나 물빛 따위가 엷고 맑음. ¶담담한 달빛 속에 고요가 깃들다 ② 음식이 느끼하지 않고 맑음. ¶육류는 느끼해서 싫고 담담한 채소가 좋다 ③ 싱겁다. ④ 마음이 안온하고 침착하다. ¶죽음에 임해서도 마음은 담담했다 ⑤ 물의 흐름이 그득하고 평온하다. ¶담담하게 흘러내리는 저 강물

[冷淡(냉:담)] 쌀쌀함. ¶냉담하게 거절하다
[頓淡無心(돈:담무심)] 사물에 대하여 도무지 탐탁하게 여기는 마음이 없음.

淑 맑을 숙, 水부11　1309

'淑(숙)'자는 물이 '맑다'는 뜻을 나타내기 위하여 만든 것이다. '물 水(수)'와 '아재비 叔(숙)'으로 이루어졌다. '(마음이) 맑다', '착하다'라는 뜻으로 쓰인다.

착하다, 정숙하다, 맑다, 아름답다
[淑女(숙녀)] ① 교양과 품격을 갖춘 정숙한 여자. ② 성년이 된 여자를 아름답게 이르는 말.
[窈窕淑女(요조숙녀)] 말과 행동이 얌전하고 품위가 있는 여자.
[貞淑(정숙)] 여자로서 행동이 곧고 마음씨가 맑음.
[靜淑(정:숙)] 여자의 성품과 몸가짐이 조용하고 얌전함.
[賢淑(현숙)] 여자의 마음이나 몸가짐이 어질고 정숙함.

사모하다, 경모하다
[私淑(사숙)] 직접 배우지는 못했지만 옛 선인이나 멀리 떨어져 있는 사람을 스승으로 삼아 자신의 품성을 도야하는 것을 말한다.

淨 깨끗할 정, 水부11　1310

'淨(정)'자는 물이 '깨끗하다'는 뜻을 나타내기 위하여 만든 것이다. '물 水(수)'와 '다툴 爭(쟁)'으로 이루어졌다.

깨끗하다, 때 묻지 아니하다, 정하다, 깨끗이 하다
[淨潔(정결)] 깨끗하고 말끔함.
[淨水(정수)] 물을 깨끗하고 맑게 함. 찹淨水器(정수기)
[淨化(정화)] 불순하거나 더러운 것을 깨끗하게 함. 찹淨化槽(정화조)
[不淨(부정)] 깨끗하지 못함. 더러워진 것.
[自淨作用(자정작용)] 물이 흐르는 동안에 저절로 깨끗하게 되는 작용.
[淸淨(청정)] ① 아주 맑고 깨끗함. ¶청정 수역 ② 더럽거나 속되지 아니함. ③ (불) 허물이나 번뇌의 더러움에서 벗어나 깨끗함. ¶청정심
[上濁下不淨(상탁하부정).] 윗물이 흐리면 아랫물도 맑지 않음. 윗사람이 바르지 못하면 아랫사람도 본받아서 행실이 바르지 못하다는 뜻. 찹源淸流淸(원청류청)
淨書(정서), 淨罪(정죄), 洗淨(세정)

해탈하여 미망(迷妄)을 떨어버린 생각과 해탈하는 방법
[淨土(정토)] 불보살이 사는 번뇌의 굴레를 벗어난 아주 깨끗한 세상.
[淨慧(정혜)] 깨끗하고 맑은 지혜.
[西方淨土(서방정토)] (불) 서쪽 십만억토(十萬億土) 저쪽에 있다고 하는 극락세계.

溪 시내 계, 水부13　　1311

'溪(계)'자는 '시냇물'을 뜻한다. '물 水(수)'와 '어찌 奚(해)'로 이루어졌다. '谿(계)'자는 동자이다.

시내, 산골짜기에 흐르는 시내, 산골짜기
[溪谷(계곡)] 시냇물이 흐르는 골짜기.
[溪水(계수)] 골짜기를 흐르는 물.
[碧溪(벽계)/碧溪水(벽계수)] 물이 매우 맑아 푸른빛이 도는 시내. ¶청산리 벽계수야 수이 감을 자랑마라
[淸溪(청계)] 맑은 시내. ¶淸溪川(청계천)
[曹溪(조계)] 중국 남방에 曹溪山(조계산)이 있는데 禪宗(선종)의 六祖(육조)인 慧能(혜능)대사가 거기서 제자를 가르쳤음.
[曹溪宗(조계종)] (불) 우리나라 선종을 통틀어 일컫는 말. 신라의 구산문이 쇠퇴하였을 때, 고려의 普照國師(보조국사)가 조계산에 수선사를 세워 그 법맥을 이었음.

谷 골 곡, 谷부7　　1312

'谷(곡)'자는 '산골짜기'를 뜻하기 위하여 산등성이를 네 줄의 빗금으로 나타낸 다음 골짜기의 입구를 가리키는 '입 口(구)'를 첨가한 것이다.

골, 골짜기, 계곡
[谷神(곡신)] 골짜기의 공허한 곳. 바꾸어, '현묘한 도'의 비유. 일설에는 神(신)을 이름. 참谷神不死(곡신불사)『老子(노자)』
[溪谷(계곡)] 시냇물이 흐르는 골짜기.
[深山幽谷(심:산유곡)] 깊은 산의 고요한 골짜기. 산 속의 아름다움.
[幽谷(유곡)] 그윽하고 깊은 골.
[峽谷(협곡)] 좁고 험한 골짜기.

앞이 막히다
[進退維谷(진:퇴유곡)] '앞으로 나아가도 뒤로 물러서도 오직 깊은 골짜기뿐임'이라는 뜻에서, '어떻게 할 수 없는 매우 난처한 경우에 처함'의 뜻을 나타냄. 동進退兩難(진퇴양난)『詩經(시경)』

滅 멸망할 멸, 水부13　　1313

'滅(멸)'자는 물이 '다하다'는 뜻을 나타내기 위한 것이었다. '물 水(수)'가 표의요소, 오른쪽 것은 표음요소이다. 후에 '없어지다', '없애다' 등의 뜻으로 확대되었다.

멸망하다, 다하다, 없어지다, 끊어지다, 뿌리 뽑다, 없애버리다, 싸워서 나라를 빼앗다
[滅菌(멸균)] 세균을 죽여 없앰.
[滅裂(멸렬)] 찢기고 흩어져 없어짐. 참支離滅裂(지리멸렬)
[滅亡(멸망)] 망해서 없어짐. ¶신라의 멸망 원인이 무엇인가?
[滅種(멸종)] 씨가 아주 없어지거나 아주 없애버림. ¶멸종 위기에 있는 동물
[不滅(불멸)] 망하지 않음. 없어지지 아니함.
[消滅(소멸)] 사라져 없어짐.
[自滅(자멸)] 자연히 멸망함. 자기가 자기 자신을 망침.
[破滅(파:멸)] 깨어져 망함.
滅共(멸공), 滅道(멸도), 滅門(멸문), 滅門之禍(멸문지화), 滅私奉公(멸사봉공), 滅絶(멸절), 滅族(멸족), 擊滅(격멸), 共滅(공멸), 壞滅(괴멸), 潰滅(궤멸), 磨滅(마멸), 萬古不滅(만고불멸), 撲滅(박멸), 死滅(사멸), 殲滅(섬멸), 燒滅(소멸), 湮滅(인멸), 寂滅(적멸), 寂滅宮(적멸궁), 全滅(전멸), 絶滅(절멸), 證據湮滅(증거인멸)

끄다, 불이 꺼지다
[明滅(명멸)] ① 불이 켜졌다 꺼졌다 깜박거림. ② 불빛이 나타났다 사라졌다 함.
[點滅(점멸)] 등불이 켜졌다 꺼졌다 함. 또는 등불을 켰다 껐다 함.
[點滅燈(점멸등)] (자동차 따위의) 불이 켜졌다 꺼졌다 하는 전등.

죽다
[入滅(입멸)] (불) 入寂(입적). 중이 죽음.
[生滅(생멸)] 태어남과 죽음. 만물의 생김과 없어짐.
[生者必滅(생자필멸)] (불) 이 세상은 무상하므로 살아 있는 모든 것은 반드시 사멸함.

덮어 가리다, 보이지 아니하다
[幻滅(환:멸)] 이상이나 환상·기대가 깨어졌을 때 느끼는 괴롭고도 속절없는 마음.

漠 사막 막, 아득할 막, 水부14　　1314

'漠(막)'자는 물이 없어 생긴 모래벌판 즉, '사막'을 나타내기 위하여 만든 것이다. '물 水(수)'가 표의요소, '없을 莫(막)'은 표음과 표의를 겸하는 요소이다. 사막은 매우 넓은 땅이니 '넓다', '아득하다' 등의 뜻으로 확대되었다.

사막
[沙漠(사막)/砂漠(사막)] 까마득하게 크고 넓은 모래벌판. 너무 메말라 풀과 나무가 거의 없으나 이따금 오아시스가 있음.

조용하다, 소리가 없다, 쓸쓸하다
[索漠(삭막)] 쓸쓸하고 막막함.

넓다, 광막하다
[漠漠(막막)] 아득하다. 가물가물할 정도로 매우 멀다.
[茫漠(망막)] 아득한 사막처럼 끝이 보이지 않음. ¶망막한 평원
[廣漠(광:막)] 아득하게 넓음.
[荒漠(황막)] 거칠고 한없이 넓음. ¶황막한 광야를 달리는 인생아! 너는 무엇을 찾으러 왔느냐?

어렴풋하다, 어둠침침하다
[漠然(막연)] ① 잘 보이지 않을 정도로 아득한 모양. ② 똑똑하지 못하고 어렴풋함.

漸 점점 점:, 水부14 1315

'漸(점)'자는 '물들다'는 뜻을 나타내기 위한 것이었으니, '물 水(수)'와 '벨 斬(참)'으로 이루어졌다. '자라다', '점점', '차츰'의 뜻으로 쓰인다.

점점, 차차, 차츰 나아가다, 천천히 움직이다
[漸減(점:감)] 차차 줄어듦. 凹漸增(점증)
[漸入佳境(점:입가경)] '점점 들어갈수록 아름다운 경지에 이름'이란 뜻으로, '갈수록 경치가 좋아짐' 또는 '일이 점점 재미있어짐'을 뜻함.
[漸進的(점:진적)] 목적·이상 등을 서두르지 않고 순서를 좇아서 서서히 실현해 나가는, 또는 그러한 모양.
[漸次(점:차)] 차례를 따라 점점. ¶점차 좋아지다
[頓悟漸修(돈:오점수)] 갑자기 깨우치고 점진적으로 수양한다. 頓悟(돈오)는 漸悟(점오)의 상대말로 진리를 한꺼번에 깨친다는 뜻이다. 이러한 돈오의 체험 뒤에는 반드시 점차로 마음의 번뇌를 닦아 나가는 漸修(점수)가 뒤따라야 한다. 頓悟漸修(돈오점수)는 우리나라 禪家(선가)에서 기본적인 수행 원리로 제창하는 수행 방법이다. ☞ * 101

漸近(점근), 漸騰(점등), 漸悟(점오), 漸漸(점점), 漸增(점증), 漸進(점진)

潤 윤택할 윤:, 젖을 윤:, 불을 윤:, 水부15 1316

'潤(윤)'자는 물에 '젖다'는 뜻을 나타내기 위하여 만든 것이다. '물 水(수)'와 '윤달 閏(윤)'으로 이루어졌다. '적시다', '반들거리다'는 뜻으로 쓰인다.

젖다, 물에 젖다, 적시다, 물기
[濕潤(습윤)] 젖어서 질척함.
[浸潤(침:윤)] ① 차차 젖어 들어감. ② 생체의 조직에 다른 물질이 붙어 변화를 일으킴.

윤, 광택, 윤이 나다
[潤氣(윤:기)] 반들반들함. 반들거리는 기운.
[潤澤(윤:택)] ① 윤기 있는 광택. ② 살림이 넉넉함. ¶그는 살림이 윤택한 가정에서 태어났다
[潤滑(윤:활)] 기름기나 물기가 있어 뻑뻑하지 않고 미끄러움.
[潤滑油(윤:활유)] 기계 접촉부의 마찰을 덜기 위하여 쓰는 미끄러운 기름.

붇다, 불리다
[利潤(이:윤)] ① 돈벌이를 하는 동안에 남는 돈. ② 기업의 총수익에서 임금·지대·이자·감가상각비 등 모든 비용을 빼고 남는 순이익.

꾸미다, 수식하다, 훌륭하게 하다
[潤色(윤:색)] 매만져 곱게 꾸밈.

澤 못 택, 水부16 1317

'澤(택)'자는 물이 고여 있는 '못'을 뜻하기 위하여 만들어진 것이다. '물 水(수)'가 표의요소, '엿볼 睪(역)'자는 표음요소이다. '윤이 나다', '은덕'의 뜻으로 쓰인다.

윤, 윤이 나다, 윤을 내다, 매끄럽다
[光澤(광택)] 빛의 반사로 반짝반짝 윤이 남.
[色澤(색택)] 빛나는 윤기.
[潤澤(윤:택)] ☞ 潤(윤)

은혜
[恩澤(은택)] 은혜와 덕택.
[德澤(덕택)] 남에게 끼치는 은덕의 혜택.
[惠澤(혜:택)] 은혜와 덕택. ¶복지 혜택

潛 잠길 잠, 자맥질할 잠, 水부15 1318

'潛(잠)'자는 물에 '잠기다'는 뜻을 나타내기 위하여 만든 것이다. '물 水(수)'가 표의요소, '숨을 朁(참)'자는 표음요소이다. '숨다'의 뜻으로도 쓰인다.

자맥질하다, 잠기다
[潛望鏡(잠망경)] (물) 두 개의 잠망경 프리즘을 양 끝에 장치한 긴 통 모양의 반사 망원경. 잠수함이나 참호 안에서 바다 위나 밖을 정찰하는 데 씀.
[潛水(잠수)] 물 속으로 잠겨 들어감. 또는 그런 일. 참潛水服(잠수복), 潛水夫(잠수부), 潛水艇(잠수정), 潛水艦(잠수함)
[沈潛(침잠)] ① 물 속에 깊숙이 가라앉아서 겉으로 드러나지 않음. ② 마음이 깊이 가라앉아 잠김. 또는 마음을 가라앉혀 생각을 모음.

숨다, 숨기다, 몰래
[潛龍(잠룡)] ① 아직 하늘에 오르지 않고 물 속에 잠겨 있다고 하는 용. ② 잠시 왕위에 오르지 않고 피해 있는 임금, 또는 때를 아직 얻지 못한 영웅을 비유하는 말.
[潛伏(잠복)] ① 겉으로 드러나지 않고 숨어 엎드림. ¶잠복근무 ② (의) 병원체나 병독이 몸 안에 들어있으면서 아직 병의 증세가 겉으로 드러나지 않음. 참潛伏期(잠복기)
[潛入(잠입)] 넌지시 들어옴.
[潛在(잠재)] 겉에 나타나지 않고 속에 잠겨 있거나 숨어 있음. ¶잠재 능력 참潛在意識(잠재의식)
[潛跡(잠적)] 종적을 감춤.
[潛行(잠행)] 넌지시 오고 감. 또는 남모르게 다님. 참微服潛行(미복잠행)

烏 까마귀 오, 火부10 1319

'烏(오)'자는 '까마귀'를 나타내기 위하여 '새 鳥(조)'에서 눈을 가리키는 점(丶)을 뺀 것이다. 까마귀는 온 몸

이 새까맣기 때문에 까만 눈동자가 구분이 잘 안 되어 없는 것처럼 보였나보다. 아래의 네 점은 발가락을 가리킨다.

까마귀

[烏飛梨落(오비이락)] 까마귀 날자 배 떨어진다. 어떤 행동을 한 것이 공교롭게도 뒤미처 일어난 다른 일의 결과를 낳게 한 것처럼 되어 의심을 받게 되는 경우를 이르는 말.

[烏鵲橋(오작교)] (민) 칠석날 저녁에 견우와 직녀의 두 별을 서로 만나게 하기 위하여, 까막까치가 은하수에 모여서 그 몸을 잇대어 놓는다고 하는 다리.

[烏合之卒(오합지졸)] 까마귀가 모인 것처럼 질서가 없는 병졸. 임시로 모아 훈련이 부족하고 규율이 없는 군대. 즉 어중이떠중이를 비유하는 말이다. 참烏合之衆(오합지중)『後漢書(후한서)·耿弇(경엄)전』

[金烏(금오)] '금빛 나는 까마귀' '해'를 달리 이르는 말. 태양 속에 세 개의 발을 가진 까마귀가 있다는 전설에서 유래한다.

[孝烏(효오)] 까마귀. 孝鳥(효조). 까마귀는 커서 먹이를 물어다 어미에게 주어 報恩(보은)한다는 데서 온 말.

검다

[烏骨鷄(오골계)] (동) 깃털·가죽·살과 뼈까지 모두 검은 닭.

[烏竹(오죽)] (식) 대나무의 한 가지. 줄기는 첫해에는 녹색이었다가 점점 검은빛이 됨. 여러 가지 죽세공에 쓰임.

照 비출 조: 비칠 조ː, 火부13　　1320

'照(조)'자는 해[日]나 불[灬] 같이 '밝다'가 본래 의미이다. '해 日(일)'과 '불 火(화)'가 모두 표의요소이다. '부를 召(소)'가 표음요소이다. 후에 '비치다', '비추다', '빛' 등의 뜻으로 쓰이게 되었다.

비추다, 밝게 하다, 빛을 보내다, 비치다

[照明(조ː명)] ① 빛을 비추어 밝게 함. 참照明彈(조명탄) ② 무대 효과나 촬영 효과를 높이기 위해 광선을 사용하여 비침. 또는 그 광선.

[照射(조ː사)] 빛이나 방사선 따위를 쬐거나 비춤. ¶방사선 조사

[照準(조ː준)] 겨냥. 탄환 따위를 목표물에 비추어 겨냥함.

[肝膽相照(간ː담상조)] '간과 쓸개가 서로 비쳐 보임'이란 뜻에서, 서로 상대방의 마음속까지 이해하여 속마음을 터놓고 가까이 사귐을 비유하여 이르는 말.

[回光反照(회광반조)] 등불이나 사람의 목숨이 다하려고 하는 마지막 때에 잠시 기운을 되차리는 일.

[燈臺不自照(등대부자조ː)] '등대의 불이 먼 곳을 비추나 등대 자신을 비추지 못한다'는 뜻으로, 사람도 남의 일은 잘 보이나 자신의 일은 도리어 보지 못함을 이르는 말.

[日月無私照(일월무사조ː)] 해와 달은 사사로이 비추지 않는다는 뜻으로 은혜를 공평하게 베풂을 이르는 말. 『禮記(예기)』

[落花難上枝(낙화난상지), 破鏡不再照(파ː경부재조ː).] 떨어진 꽃은 다시 가지에 붙을 수 없고, 깨어진 거울은 다시 비출 수 없다. 부부 관계 따위의 일단 깨어진 것은 다시 원상태로 되돌아가지 않음을 비유하여 이르는 말.『傳燈錄(전등록)』☞ * 444

햇빛

[落照(낙조)] 저녁에 떨어지듯 지는 햇빛. 비夕陽(석양)

[夕照(석조)] 저녁때에 비치는 햇빛. 저녁놀. 斜陽(사양).

[日照(일조)] 햇볕이 내리쬠.

대조하여 보다, 비추어서 보다

[照査(조ː사)] 대조하여 조사함.

[照會(조ː회)] ① 확인을 위하여 대조해 보거나 만나 봄. ② 어떤 사람이나 사실에 대하여 상세히 알아보는 일. ¶身元照會(신원조회)

[對照(대ː조ː)] ① 둘을 맞대어서 같고 다름을 비추어 봄. ¶원본과의 대조 ② 서로 달라서 대비됨.

[參照(참조ː)] 참고하여 맞대어 봄. ¶별첨 서류를 참조 바람

통고하다, 문서로써 알리다

[照會(조ː회)] 무엇을 묻거나 알리려고 공문을 보냄. 또는 그 공문.

깨우치다, 알게 하다

[觀照(관조ː)] 고요한 마음으로 관찰하는 것.

熟 익을 숙, 火부15　　1321

'熟(숙)'자의 본래 글자는 '孰(숙)'이다. '孰(숙)'자는 제사 음식을 익혀서 두 손을 받쳐 들고 사당(享)에 올리는 모습이다. 후에 '누구'를 뜻하는 것으로 차용되는 예가 많아지자, 음식물을 '익히다'는 본래 뜻을 더욱 명확하게 하기 위하여 '불 火(화)'를 첨가하여 만든 글자가 '熟(숙)'지이다. 후에 '곡식이 익다', '무르익다' 등으로 그 뜻이 넓어졌다.

곡식·과일 등이 익다

[熟成(숙성)] ① 충분히 익어서 이루어짐. ② (화) 물질을 적당한 온도로 오랜 시간 둘 때 천천히 발효되거나 콜로이드 입자가 생성되는 따위의 화학 변화.

[未熟(미ː숙)] ① 열매가 채 익지 않음. 참適熟(적숙), 過熟(과숙) ② 음식 따위가 덜 익음. ③ 일에 서투름. ¶미숙한 솜씨

[成熟(성숙)] ① 초목의 열매가 익음. ② 생물이 완전히 자람. ③ 경험이나 훈련을 쌓아 익숙해짐. ¶성숙한 연기 ④ 사물이 적당한 시기에 이름. ¶여건이 성숙되면 사업을 시작하자

[完熟(완숙)] ① 완전하게 익음. 완전히 성숙함. 참未

熟(미숙), 過熟(과숙), 完熟期(완숙기) ② 완전히 삶음.
참半熟(반숙) ③ 재주나 기술 따위가 아주 능숙함. ¶
그의 소리는 완숙의 경지에 이르렀다
[早熟(조:숙)] ① (심신의 발달이) 나이에 비해 빠름. ②
(곡식이나 과일 따위가) 일찍 익음. 반晩熟(만숙)
登熟(등숙), 成熟期(성숙기)

익숙하다
[熟達(숙달)] 익숙하고 통달함.
[熟練(숙련)] 숙달하여 능숙해짐. 참熟練工(숙련공)
[熟手(숙수)] ① 어떤 일에 익숙한 사람. ② 잔치와 같은 큰일 때의 조리사.
[熟語(숙어)] (언) 두 개 이상의 낱말이 합하여 하나의 뜻을 이루는 말. 또는 관용적으로 특유한 뜻을 나타내는 성구. 익은말.
[老熟(노:숙)] 경험을 많이 쌓아서 사물에 익숙함. 노련함, 또는 그 사람.
[能熟(능숙)] 능란하고 익숙함. ¶일을 능숙하게 처리하다
[親熟(친숙)] 친하여 익숙함.
熟田(숙전), 熟知(숙지)

삶아서 익히다
[半熟(반:숙)] 반쯤만 익힘. 또는 그렇게 익은 것. ¶계란 반숙
[白熟(백숙)] 맹물에 삶음, 또는 그 음식. ¶영계백숙으로 몸보신을 하다
[完熟(완숙)] ② 완전히 삶음. 참半熟(반숙) ① 완전하게 익음. 완전히 성숙함. 참未熟(미숙), 過熟(과숙), 完熟期(완숙기) ③ 재주나 기술 따위가 아주 능숙함. ¶그의 소리는 완숙의 경지에 이르렀다

무르다, 물러지다
[熟柿(숙시)] 나무에 달린 채 아주 잘 익은 감.
[熟柿主義(숙시주의)] 잘 익은 감이 저절로 떨어지기를 기다리듯이, 노력은 하지 않고 일이 잘 되어 이익이 돌아올 때만 기다리는 주의.

이루다, 완전한 경지에 이르다
[熟眠(숙면)] 단잠. 곤하게 깊이 자는 잠.
[圓熟(원숙)] ① 매우 익숙함. ② 인격이나 지식 따위가 깊고 원만함. ③ 빈틈이 없음. ④ 무르익음. ¶원숙한 연기

상세히 생각하다, 곰곰이, 자세히
[熟考(숙고)] 곰곰이 생각함.
[熟讀(숙독)] ① 글의 뜻을 잘 생각하면서 읽음. ② 익숙하게 읽음.
[深思熟考(심:사숙고)] 깊이 생각하고 푹 익을 정도로 충분히 생각함. 신중을 기하여 곰곰이 생각함.

片 조각 편(:), 片부4　　　1322

'片(편)'자는 '나무 木(목)'자를 세로로 짜갠 오른쪽 절반의 모양을 나타낸다. '나뭇조각', 또는 '얇고 납작한 물체'를 뜻한다. '片(편)'을 意符(의부)로 하여 널빤지로 만들어진 것, 牌(패), 조각 따위에 관한 글자를 만든다.

조각, 나무 조각, 토막, 납작한 조각
[片鱗(편린)] 조각 비늘. 곧 사물의 작은 한 부분. ¶숱한 대화의 편린들
[片月(편월)] 조각달.
[片舟(편주)] 쪽배.
[斷片(단:편)] 토막진 한 부분.
[斷片的(단:편적)] 전반에 걸치지 못하고 한 부분에 국한된, 또는 그러한 것. ¶단편적 지식
[一葉片舟(일엽편주)] 한 척의 작은 배.
[一片丹心(일편단심)] 한 조각의 붉은 마음. 곧, 진정에서 우러나는 충성된 마음. ¶임 향한 일편단심이야 가실 줄이 있으랴
[破片(파:편)] 깨진 조각.

한 쪽, 둘이 합하여 하나를 이루는 것
[片道(편도)] 오고 가는 길 가운데 어느 한 쪽 길.
[片側(편측)] 한쪽.

기타
[阿片(아편)] 양귀비의 채 익지 않은 열매에 상처를 내어서 뽑아낸 진을 말려서 굳힌 갈색 가루. 모르핀 등을 주성분으로 하는 마약으로서, 진통제나 설사약 등에 씀. 참阿片戰爭(아편전쟁)

爐 화로 로, 火부20　　　1323

'爐(로)'자는 '화로'를 뜻하기 위한 글자이다. '불 火(화)'와 '밥그릇 盧(로)'가 둘 다 표의요소로 쓰였다. '盧(로)'자는 표음요소도 겸한다.

화로
[爐邊情談(노변정담)/爐邊情話(노변정화)] 난롯가에 둘러앉아 허물없이 주고받는 정다운 이야기.
[煖爐(난:로)] 땔감을 때거나 전기 같은 것으로 열을 내어서 방안을 덥게 하는 기구나 장치. ¶난로를 피우다
[夏爐冬扇(하:로동선)] 여름의 화로와 겨울의 부채라는 뜻으로, '시기에 맞지 아니하여 쓸모없이 된 사물' 또는 '아무 소용이 없는 말이나 재주'를 비유하여 이르는 말. 동冬扇夏爐(동선하로).
[紅爐點雪(홍로점설)] ① 벌겋게 단 화로에 떨어지는 한 점의 눈. 풀리지 않던 이치 따위가 눈 녹듯이 단번에 깨쳐짐. ② 큰 것 앞에서 맥을 못 추는 매우 작은 것.
[火爐(화로)] 불을 담아두는 그릇.
[夏爐炙濕冬扇翣火(하:로자습동선삽화)] 여름 화로는 습기를 말리는 데 쓰이고 겨울 부채는 불을 피우는 데 쓰인다는 뜻으로, 물건은 제각기 때를 따라 그 쓰임을 달리함을 이르는 말.
爐邊(노변), 鎔鑛爐(용광로), 風爐(풍로)

향로
[香爐(향로)] 향을 피우는 데 쓰는 자그마한 화로.

版 널 판, 조각 판, 片부8　1324

'版(판)'자는 '널빤지'를 뜻하기 위하여 만든 것이니 '(나무)조각 片(편)'이 표의요소, '되돌릴 反(반)'이 표음요소로 쓰였다. 후에 '책'과 관련하여 쓰이는 예가 많아지자, '널빤지'를 위하여 '板(판)'자를 따로 만들었다.

널, 널빤지
[版畵(판화)] 널빤지에 새긴 그림. 또는 그 판으로 찍은 그림.
[壯版(장판)] 방바닥에 바르는 기름먹인 두꺼운 종이로 바른 방바닥. 또는 그 종이. 종이가 크고 넓고 두꺼운 데서 온 말. 참壯版紙(장판지)

판본(版木), 인쇄를 뜻한다
[版權(판권)] (법) 저작권법에 의해 책이나 문서 출판에 관한 이익을 독점하도록 인정하는 재산상의 권리.
[銅版(동판)] (인) 구리를 널빤지 모양으로 만들고 그 위에 그림이나 글씨를 새긴 인쇄용 원판.
[組版(조판)] 원고에 따라서 골라 뽑은 활자를 원고의 지시대로 순서, 행수, 자간, 행간, 위치 따위를 맞추어 짬. 또는 그런 일.
[絕版(절판)] ① 출판된 책이 다 팔려서 없어짐. ② 원판을 없애서 도서의 간행을 못하게 됨. ③ 인쇄판이 없어져서 인쇄할 수가 없게 됨.
[初版(초판)] 서적의 첫 출판. 참再版(재판)
[出版(출판)] 서적을 발행함. 문서(文書)·도화(圖畵) 따위를 인쇄하여 세상에 내어 놓음. 出刊(출간).
[活版(활판)] 활자로 조판한 인쇄판.
經版(경판), 舊版(구판), 木版(목판), 石版(석판), 新版(신판), 原版(원판), 再版(재판), 重版(중판), 複製版(복제판), 豪華版(호화판)

이름표, 명부, 호적부
[版圖(판도)] ① 한 나라의 영토. ¶우리 역사에서 고구려의 판도가 가장 컸다. ② 어떤 세력이 미치는 영역이나 범위. 版圖(판도)는 '戶籍(호적)과 그림'이라는 뜻으로, 일정한 지역에 사는 사람들의 이름을 적은 장부와 그 지역의 형세를 그린 지도를 말한다. 한 지역을 다스리기 위해서는 구성원들의 인적 사항을 기록한 호적과 지역의 형세를 자세하게 나타낸 지도가 필요하다. 즉 어떤 세력이 한 지역의 호적과 지도를 관할하고 있다면 그 지역에 영향력을 미친다고 할 수 있다.

猛 사나울 맹:, 犬부11　1325

'猛(맹)'자는 '사나운 개'를 뜻하기 위하여 만든 것이다. '개 犬(견)'과 '맏 孟(맹)'으로 이루어졌다.

사납다, 사납고 세차다, 날래다, 용감하다
[猛犬(맹:견)] 사나운 개. ¶맹견 조심
[猛攻(맹:공)/猛攻擊(맹:공격)] 세차게 쳐부수어 나아감.
[猛烈(맹:렬)] 기세가 몹시 사납고 세참. ¶불길이 맹렬한 기세로 타올랐다
[猛獸(맹:수)] 사나운 짐승.
[猛虎伏草(맹:호복초)] '풀밭에 엎드려 있는 사나운 범'이란 뜻으로, 영웅은 일시적으로는 숨어 있지만 때가 되면 반드시 세상에 드러난다는 말.
[猛訓練(맹:훈련)] 맹렬한 훈련.
[勇猛(용:맹)] 용감하고 사나움.
猛禽(맹금)/猛禽類(맹금류), 猛襲(맹습), 猛練習(맹연습), 猛威(맹위), 猛將(맹장), 猛爆(맹폭), 猛虎(맹호), 勇猛精進(용맹정진)

심하다, 잔혹하다
[苛政猛於虎(가:정맹어호).] 가혹한 정치는 호랑이보다 더 무섭다. '정치가 잘못되어 사람을 해치는 것은 호랑이가 사람을 잡아 죽이는 것보다 더욱 견디기 힘들다'는 뜻으로, 그릇된 정치의 폐해를 지적하는 성어이다. 비苛斂誅求(가렴주구) 『禮記(예기)·檀弓篇(단궁편)』

猶 오히려 유, 犬부12　1326

'猶(유)'자는 원숭이의 일종을 나타내기 위하여 만든 글자이다. 개와 비슷한 점이 있기 때문에 '개 犬(견)'이 표의요소로 쓰였다. '두목 酋(추)'가 표음요소이다. 후에 '오히려', '망설이다'라는 뜻으로 쓰이게 되었다. 한문 문장에는 많이 쓰이지만 한자어 용례는 많지 않다.

마치 …와 같다
[過猶不及(과:유불급)] 지나친 것은 미치지 못하는 것과 같다. 일을 처리하거나 수행할 때 지나친 것은 미치지 못한 것과 같다는 말이다. 물론 이 말은 물질적 성과만 가지고 성패를 따지는 것은 아니다. 지나치지도 않고 모자람도 없는 中庸(중용)의 문제를 거론한 것이다. 혹시 過猶不及(과유불급)을 '지나친 것은 모자라는 것만 못하다'라는 뜻으로 쓴다면 이것은 본뜻과는 달라진 것이다.
[汲汲於名者(급급어명자), 猶汲汲於利也(유급급어리야).] 명예를 얻으려고 안달하는 것은 이익을 얻으려고 안달하는 것과 같다. 『文章軌範(문장궤범)·司馬光(사마광) 諫院題名記(간원제명기)』

주저하다, 망설이다
[猶豫(유:예)] 일의 시행을 뒤로 미룸. ¶한 시각의 유예도 허락하지 아니하다 참起訴猶豫(기소유예), 宣告猶豫(선고유예), 執行猶豫(집행유예)

그 위에 더, 더욱
[困獸猶鬪(곤수유투)] '곤경에 빠진 짐승일수록 더욱 발악한다'는 뜻으로, 어려움에 처한 사람일수록 최후의 발악을 하는 것을 비유하는 말이다.

기타
[猶太(유태)] (역) 유대 왕국. 참猶太人(유태인)

獄 옥 옥, 犬부14

'獄(옥)'자는 '소송하다'는 뜻을 나타내기 위하여 두 마리의 개(犭/犬)가 서로 으르렁거리는[言] 모습에서 만들어진 글자이다. '가두다', '감옥' 등의 뜻을 나타낸다.

옥, 감옥
[獄苦(옥고)] 감옥살이하는 고생.
[獄中(옥중)] 감옥의 안. ¶옥중에서 보낸 편지
[監獄(감옥)] ① (지난날) 죄인을 가두어두던 곳. ② (역) 대한제국 때, 형벌 집행에 관한 일을 맡아보던 관아.
[生地獄(생지옥)] 살아 있으면서 지옥에서와 같은 괴로움을 받는 일. 가혹한 형벌이나 지극히 괴로움을 겪는 상태.
[地獄(지옥)] ① 불교에서 생전의 죄로 말미암아 사후에 苛責(가책)을 받는다는 곳. ② 못 견딜 가책이나 고통을 받는 곳. 곧, 어둡고 추하고 처참한 곳을 이름.
[脫獄(탈옥)] 죄수가 감옥에서 빠져나와 도망함. 참脫獄囚(탈옥수)
[投獄(투옥)] 감옥에 가둠.
獄吏(옥리), 獄舍(옥사), 煉獄(연옥), 典獄(전옥), 妻城子獄(처성자옥), 下獄(하옥), 獄死(옥사), 出獄(출옥)

죄의 유무를 조사하여 처단하는 일
[獄事(옥사)] 역적·살인범 따위의 크고 중대한 범죄를 다스리는 일. 또는 그러한 사건. 참甲戌獄事(갑술옥사)

獲 얻을 획, 犬부17

'獲(획)'자의 본뜻은 '(사냥이나 전쟁을 통하여) 얻다'였다. 그 후 일반적 의미의 '얻다', '잡다'의 뜻으로 쓰인다. '개 犭(견)'과 '받들 蒦(확)'으로 이루어졌다.

잡다, 잡히다, 사냥하여 짐승을 잡다, 손에 넣다
[獲得(획득)] 얻어내거나 얻어 가짐. ¶금메달 획득
[濫獲(남:획)] 짐승이나 물고기 따위를 함부로 마구 잡음. ¶보호 어종을 남획하다
[虜獲(노획)] 전쟁 중에 적을 사로잡음.
[捕獲(포획)] ① 짐승이나 물고기를 잡음. ② (법) 국제법상 전시에, 적의 선박이나 범법한 중립국의 선박을 수색하고 나포하는 일.
[漁獲(어획)] 수산물을 잡거나 채취함. 또는 그 수산물. 참漁獲高(어획고), 漁獲量(어획량)

獻 바칠 헌, 犬부20

'獻(헌)'자는 본래 '솥 鬲(격)'과 '개 犬(견)'이 합쳐져 있었던 것이다. 당시 종묘에서 큰 제사를 지낼 때 살찐 개를 삶아 탕을 끓여 제사상에 바쳤다고 한다. 그러한 풍습을 통하여 '바치다', '드리다'는 뜻을 나타내었다. 후에 첨가된 '虍(호)'는 그 솥의 겉면에 새겨진 호랑이 머리 모양의 무늬를 가리키는 것이라고 한다.

바치다, 받들다, 바치는 물건
[獻金(헌:금)] 돈을 바침. 또는 바치는 돈.
[獻身(헌:신)] 몸을 바쳐 있는 힘을 다함. 또는 어떤 일이나 남을 위하여 이해관계를 돌보지 아니하고 힘씀. 참獻身的(헌신적)
[獻酌(헌:작)/獻爵(헌:작)] 제사 때, 술잔을 올림. 동進爵(진작)
[獻血(헌:혈)] 건강한 사람이 자기의 피를 다른 사람에게 無償(무상)으로 뽑아 주는 일.
[貢獻(공:헌)] ① 이바지. 도움이 되도록 힘을 씀. ② 공물을 바침.
[文獻(문헌)] 典籍(전적)과 賢人(현인). '글을 바치다'라는 뜻에서, 옛날의 제도와 문물을 알 수 있는 증거가 되는 것, 또는 문서, 혹은 제도를 이름.
[初獻(초헌)] 제사 지낼 때 첫째 번으로 잔을 올림. 참亞獻(아헌), 終獻(종헌)
獻官(헌관), 獻納(헌납), 獻杯(헌배)/獻盃(헌배), 獻詩(헌시), 獻花歌(헌화가), 奉獻(봉헌)

임금에게 드리다, 상주하다, 임금께 아뢰다, 임금·빈객에게 헌상하는 물건
[獻上(헌:상)] 임금께 바침.

玄 검을 현, 玄부5

검다, 검은 빛
[玄武(현무)] 빛깔은 검고 굳센 성질을 가진 동물. 四神(사신)의 하나. 북쪽 방위의 '水(수) 기운'을 맡은 太陰神(태음신)을 상징한 짐승. 거북과 뱀이 뭉친 형상이다.
[玄米(현미)] 精米(정미)할 때 왕겨만 벗기고 쓿지 않은 쌀. ¶건강에 좋은 현미

멀다, 그윽하다
[天地玄黃(천지현황)] 千字文(천자문)의 첫 번째 구. (하늘은 아득히 멀고 땅은 누르다.)

통하다
[玄關(현관)] ① 건물의 출입문이나 건물에 붙여 따로 달아낸 어귀. ② 큰 도시의 역이나 공항 또는 외국과 왕래가 잦은 도시나 항구를 비유하는 말. ③ (불) 禪寺(선사)의 작은 문. 또는 깊고 묘한 이치에 드는 문. 보통 참선으로 드는 어귀를 말함.

불가사의하다, 신묘하다
[玄妙(현묘)] 도리나 기예가 깊어서 썩 미묘함. ¶현묘한 이치

현손
[玄孫(현손)] 曾孫(증손)의 아들.

북쪽, 북향
[玄武(현무)] (민) 북쪽 방위를 지키는 신령을 상징하는 동물. 거북으로 상징하였음. 참白虎(백호), 朱雀(주작),

青龍(청룡)
기타
[玄武巖(현무암)], [玄海灘(현해탄)]

率 거느릴 솔, 비율 률, 玄부11 1331

'率(솔)'자는 날짐승을 잡으려고 실로 짜 만든 그물 모양을 본뜬 것으로 '실', '그물'이 본뜻이다. 후에 본뜻보다는 '거느리다', '소탈하다', '거칠다' 등으로 차용되었다. '비율', '값'의 의미로도 쓰이는데 이때에는 [률]로 읽는다.

거느리다, 이끌다
[率家(솔가)] 온 집안 식구를 데리고 가거나 옴.
[家率(가솔)/眷率(권:솔)/食率(식솔)] 한 집에 거느리고 사는 식구.
[引率(인솔)] 이끌어 거느림. ¶선생님의 인솔 아래 학생들이 재래시장 견학을 했다
[統率(통:솔)] 어떤 무리를 온통 몰아서 거느림. ¶지휘 통솔

앞서다, 앞장서다
[率先(솔선)] ① 남보다 먼저 나서서 다른 사람들을 거느림. ② 앞장서서 모범을 보임.
[率先垂範(솔선수범)] 남보다 앞장서서 몸소 착한 일을 하여 모범을 보임. ¶그 학생은 매사에 솔선수범하는 모범생이었다

가벼운 모양
[輕率(경솔)] 말이나 행동이 진중하지 아니하고 가벼움. ¶경솔한 판단

대범하다, 시원스럽다
[率直(솔직)] 거짓이나 숨김이 없이 소탈하고 올곧음.
[眞率(진솔)] 진실하고 솔직함.

비율
[能率(능률)] 일정한 동안에 할 수 있는 일의 비율. 일의 성과. ¶능률을 높이다
[百分率(백분율)] 전체의 양을 100분의 1을 단위로 하여 나타내는 비율. percent.
[比率(비율)] 어떤 수나 양에 대한 다른 수나 양의 비. ¶비율이 낮다/비율이 높다
[確率(확률)] 어떤 일이 일어날 확실성의 정도. 또는 그것을 나타내는 수치.
[換率(환:율)] (경) 자기 나라 돈과 다른 나라 돈을 교환하는 비율.
[效率(효:율)] ① 들인 힘에 대하여 실제로 나타난 효과의 비율. ¶학습 효율을 높이다 ② 기계가 한 일의 양과 소요된 에너지의 비율. ¶에너지 효율/연료 효율
高率(고율), 同率(동률), 倍率(배율), 稅率(세율), 勝率(승률), 圓周(원주), 圓周率(원주율), 低率(저율), 打擊率(타격률), 打率(타율)

성
[率居(솔거)]

琴 거문고 금, 玉부12 1332

'琴(금)'자는 '거문고'를 뜻하기 위한 것이다. 윗부분은 거문고에 줄이 매어져 있는 모양을 본뜬 것이고, '이제 수(금)'은 표음요소이다.

거문고
[琴棋書畫(금기서화)] 거문고를 타고, 바둑을 두며, 글씨를 쓰며, 그림을 그림. 곧, 雅人(아인)의 風流(풍류)를 이름.
[琴瑟(금슬)] '거문고와 비파는 음이 잘 어울리는 악기'라는 데서 부부간의 사랑을 비유적으로 이르는 말. (우리말로는 금실이라고 한다) 참琴瑟之樂(금슬지락), 琴瑟不調(금슬부조)
[對牛彈琴(대우탄금)] '소를 위하여 거문고를 탄다'는 뜻으로, '어리석은 사람에게 도를 깨치게 해도 되지 않음'을 비유하여 이르는 말. 비牛耳讀經(우이독경)
[心琴(심금)] 감동하여 마음이 울림. ¶심금을 울리다
[彈琴(탄:금)] 거문고나 가야금 따위를 탐. ¶彈琴臺(탄금대)
[風琴(풍금)] 페달을 밟으면서 손가락으로 건반을 눌러서 공기의 작용으로 소리를 내는 건반 악기의 하나. 오르간.
奚琴(해금)

甚 심할 심:, 甘부9 1333

'甚(심)'자는 '달 甘(감)'과 '짝 匹(필)' 두 표의요소가 조합된 것이다. '단짝'이 본래 의미인데, '몹시', '심하다'는 뜻으로 쓰인다.

심하다, 정도에 지나치다, 몹시
[甚至於(심:지어)] 더욱 심하다 못해 나중에는. ¶심지어는 학부형까지도 호출하는 것이었다
[極甚(극심)/劇甚(극심)] 몹시 심함. ¶극심한 피해/가뭄이 극심하였다
[莫甚(막심)] 더 이상 이를 수 없을 정도로 심함. ¶피해가 막심하다
[防民之口(방민지구) 甚於防川(심:어방천).] 백성들의 입을 막는 것이 강물을 막는 것보다 어렵다. 『國語(국어)』
激甚(격심), 滋甚(자심)

畢 마칠 필, 田부11 1334

'畢(필)'자는 새 또는 토끼를 사냥할 때 쓰는 긴 자루가 달린 그물 모양을 본뜬 것이다. '그물', '그물질하다', '마치다'는 뜻으로 쓰인다.

마치다, 끝내다
[畢生(필생)] ① 삶을 마침. ② 생명의 마지막까지 다함. ¶필생의 작품.

[未畢(미:필)] 아직 다 끝내지 못함. ¶병역 미필
마침내, 결국
[畢竟(필경)] 마침내. 결국에는.

畿 경기 기, 田부15

'畿(기)'자는 王都(왕도) 근처에 있는 천자 직할의 땅을 이르기 위한 것이었으니, '밭 田(전)'이 표의요소이고, 표음요소는 '기미 幾(기)'이다

경기, 기내
[畿內(기내)] ① 나라의 수도 가까운 행정구역 안. ② 조선 시대, 경기도 일대를 이름.
[畿湖(기호)] '경기도'와 '충청도'를 아울러 이름.
[京畿(경기)] ① 서울을 중심으로 500리 이내의 땅. ② 우리나라 중서부에 있는 '경기도'의 준말.
[近畿(근기)] 서울에서 가까운 지방.

盟 맹세할 맹, 皿부13

'盟(맹)'자는 원래 그릇에 피를 담아 놓은 모습이었다. 옛날에는 서로 동맹을 맺거나 굳게 약속할 때 피를 나누어 마시는 풍속이 있었다. '굳게 다짐하다', '맹세하다'는 뜻을 나타내었다. 후에 피를 상징하는 요소가 빠지고, 대신 피를 담았던 그릇[皿]이 남았다. 음을 나타내기 위하여 '明(명)'을 덧붙였다.

맹세하다, 맹세
[盟誓(맹서)] 굳게 약속하거나 다짐함. 우리말로는 '맹세'라고도 한다.
[同盟(동맹)] 개인이나 단체 또는 국가가 공통되는 목적을 이루기 위하여 동일한 행동을 취할 것을 맹세하여 맺는 약속.
[血盟(혈맹)] 피로써 굳게 맹세함.
盟邦(맹방), 盟約(맹약), 盟主(맹주), 盟休(맹휴), 締盟(체맹), 會盟(회맹)

취미·기호를 같이하는 사람끼리의 모임
[加盟(가맹)] 동맹이나 연맹에 듦. ¶가맹 단체
[聯盟(연맹)] 공동 목적을 가진 조직.

盲 소경 맹, 눈멀 맹, 目부8

'盲(맹)'자는 '눈이 멀다'는 뜻을 나타내기 위하여 '망할 亡(망)'과 '눈 目(목)'을 합쳐 놓은 것이다. '亡(망)'은 표음요소도 겸한다. '장님', '못 알아보다'는 뜻을 나타낸다.

소경, 장님, 색맹
[盲啞(맹아)] 눈먼 장님과 귀먹은 벙어리.
[盲人(맹인)/盲者(맹자)] 눈이 먼 사람.
[色盲(색맹)] 특정한 색을 구별하지 못하는 시각, 또는 그 사람.

'盲(맹)'자가 들어간 고사성어들. 시각장애인들에 대한 배려가 부족하고, 장애인에 대한 인권을 존중하지 않은 면이 있다.
[盲人摸象(맹인모상)] 장님이 코끼리 만지듯 문제나 상황을 전체적으로 관찰하지 못하고 일면만 본다는 뜻이다. 『涅槃經(열반경)』
[盲人直門(맹인직문)/盲者正門(맹자정문)] '소경이 정문을 바로 찾아 들어간다'는 뜻으로, 어리석은 사람이 어쩌다 이치에 들어맞는 일을 함을 비유하는 말.
[盲者丹靑(맹자단청)] 소경 단청 구경 즉, 보아도 알지 못할 일을 비유하는 말.
[盲者得鏡(맹자득경)] 소경이 거울을 얻음. 그 처지가 되지 못하는 사람이 물건을 소유함을 비유하는 말. 『韓非子(한비자)』
[盲者失杖(맹자실장)] 소경이 지팡이를 잃음. 의지할 곳을 잃음의 비유. 『陳亮(진량)·文(문)』
[盲者孝道(맹자효도)] '눈먼 자식이 효도한다'는 속담으로, 무능하다고 여긴 사람에게서 도리어 도움을 입음을 비유하는 말.
[群盲撫象(군맹무상)] 여러 장님들이 코끼리를 어루만져 보고, 자기가 만져본 부분에 의하여 의견을 말하는 일. ① 사물에 대하여 총체적으로 파악하지 못함을 비유하는 말. ② 凡人(범인)에게는 큰 인물이 경영하는 큰 사업의 한 부분 밖에 알지 못함을 비유하는 말.
[問道於盲(문:도어맹)] 맹인에게 길을 묻다. 알지도 못하는 사람에게 물건의 행방이나 사태의 추이에 대해 묻는 어리석은 태도를 비유하는 말이다. 『韓愈(한유)·答陳生書(답진생서)』

聾盲(농맹), 夜盲症(야맹증), 靑盲(청맹)
사리를 분별하지 못하다
[盲目(맹목)] ① 먼 눈. 보지 못하는 눈. ② 사려 분별에 어두운 눈. 참盲目的(맹목적)
[盲目的(맹목적)] 사리를 따지지 않고 덮어놓고 하는. 또는 그러한 것. ¶맹목적인 사랑
[盲信(맹신)] 옳고 그름을 가리지 않고 무턱대고 믿음.
[盲從(맹종)] 옳고 그름을 가리지 아니하고 남이 시키는 대로 무턱대고 따름.
못 알아보다, 눈이 어둡다
[盲點(맹점)] ① (생) 시신경이 망막으로 들어오는 곳에 있는 희고 둥근 부분. 시세포가 없어 빛을 느끼지 못함. ② 어떠한 일에 생각이 미치지 못한 점. ¶그 계획에서 맹점이 발견되었다
[文盲(문맹)] 무식하여 글에 어두움. 글을 볼 줄도 쓸 줄도 모름, 또는 그런 사람. 까막눈이. 참文盲退治(문맹퇴치)
[味盲(미맹)] 어떤 맛을 느끼지 못하는 상태. 또는 그러한 사람.
기타
[盲腸(맹장)] (생) 대장의 위 끝으로 소장에 이어진 곳에 자그마하게 내민 주머니 모양의 부분. 참盲腸炎(맹

장염)

睡 졸음 수, 目부13　　1338

'睡(수)'자는 앉아서 자다, 즉 '졸다'는 뜻을 나타내기 위하여 '눈 目(목)'과 '숙일 垂(수)'를 합쳐 놓았다.

자다, 앉아서 졸다, 잠
[睡魔(수마)] 못 견디게 퍼붓는 졸음을 마력에 비유하여 일컫는 말.
[睡眠(수면)] ① 잠자는 일. 어떤 생리적인 원인에 의하여 주기적으로 생기며, 감각이나 반사 기능 기타 여러 가지의 생리 기능이 저하하여, 의식은 상실되어 있으나 쉽게 각성할 수 있는 상태. 참睡眠劑(수면제) ② 활동을 쉬고 있는 상태의 비유.
[午睡(오수)] 낮잠.
[昏睡(혼수)] ① 정신없이 잠이 듦. ② 의식이 없어지고 인사불성이 됨. 아주 정신을 잃어서 거의 죽은 사람이나 다름이 없이 됨. 참昏睡狀態(혼수상태)

꽃봉오리 지는 모양, 오므라들다
[睡蓮(수련)] (식) 수련과의 여러해살이풀. 연못이나 늪에 떠서 살며, 잎은 말굽 모양이고, 가을에 하얀 꽃이 봉오리를 이루며 소담스럽게 핌.

眠 잠잘 면, 目부10　　1339

眠(면)자는 눈을 감고 '잠자다'는 뜻을 나타내기 위하여 만든 것이다. '눈 目(목)'과 '백성 民(민)'으로 이루어졌다.

잠자다, 눈을 감고 자다, 잠
[高枕安眠(고침안면)] '베개를 높게 하여 편안하게 잠'이란 뜻에서, 근심 걱정 없이 편안함을 비유적으로 이르는 말.
[不眠(불면)] 잠을 자지 아니하거나 자지 못함. 참不眠症(불면증)
[睡眠(수면)] ☞睡(수)
[熟眠(숙면)] 단잠. 곤하게 깊이 자는 잠.
[安眠(안면)] 편안히 잘 잠. 참安眠妨害(안면방해)
[永眠(영:면)] 영원히 잠을 잠. 곧 죽음.
[催眠(최면)] 잠이 들게 함. 참催眠術(최면술)

동물이나 식물이 잠을 자는 것처럼 활동을 중지하다, 누에가 잠자다
[冬眠(동면)] 양서류(兩棲類)·파충류(爬蟲類) 등 냉혈동물이 겨울 동안 생활을 멈추고 땅 속이나 물 속에서 수면(睡眠) 상태로 있는 현상. 참夏眠(하면)
[夏眠(하면)] 여름잠. 동물이 여름철의 더위와 건조를 피하며 신진대사를 절약하기 위하여 어느 기간 동안 아무 것도 먹지 않고 잠을 자는 일. 참冬眠(동면)
[休眠(휴면)] ① 외계(外界)의 상태가 생존에 맞지 않게 될 때 동식물이 그 생활 기능을 활발하게 하지 않고 일정 기간을 지내는 일. ② 부화(孵化)한 누에가 어느 정도 성장한 후에 잠을 자는 일.

睦 화목할 목, 目부13　　1340

'睦(목)'자는 '화목하다'는 뜻을 나타내기 위한 것이다. '눈 目(목)'이 표의요소로 쓰인 것으로 보아 화목함의 첫 번째는 말의 부드러움보다 눈빛의 부드러움인가 보다. '언덕 坴(륙)'은 표음요소이다.

화목하다
[親睦(친목)] 서로 친하여 화목함. 참親睦契(친목계), 親睦會(친목회)
[和睦(화목)] 서로 뜻이 맞고 정다움.
[睦於父母之黨(목어부모지당), 可謂孝也(가위효야).] 부모의 친족들에게 화목하게 대하는 것을 효도라고 할 수 있다. 『禮記(예기)·坊記(방기)』
敦睦(돈목), 不睦(불목)

瞬 순간 순, 눈 깜짝일 순, 目부17　　1341

'瞬(순)'자는 '눈을 깜빡하다'는 뜻을 나타내기 위하여 만든 것이다. '눈 目(목)'과 '순임금 舜(순)'으로 이루어졌다.

눈을 깜짝이다, 잠깐 사이, 눈 깜짝할 사이
[瞬間(순간)] ① 눈을 깜짝할 사이. 잠깐 동안. ② 어떤 일이 일어난 바로 그 때.
[瞬息間(순식간)] 눈 한 번 깜짝하거나 숨 한 번 쉴 사이와 같이 짧은 동안. ¶순식간에 사라지다

碧 푸를 벽, 石부14　　1342

'碧(벽)'자는 '구슬 玉(옥)', '돌 石(석)', '흰 白(백)' 모두가 표의요소이다. '흰 白(백)'은 표음요소도 겸한다. '푸르다'는 뜻이다.

푸른 빛, 짙은 푸른 빛, 푸른 옥돌
[碧溪(벽계)/碧溪水(벽계수)] 물이 매우 맑아 푸른빛이 도는 시내. ¶청산리 벽계수야 수이 감을 자랑마라
[碧山(벽산)] 푸른 산.
[碧眼(벽안)] 푸른 눈동자. 푸른 눈동자를 가진 서양 사람.
[桑田碧海(상전벽해)] '뽕나무밭이 변하여 푸른 바다가 됨'이란 뜻에서, 세상일이 크게 변함을 비유하여 이르는 말.
[問余何事栖碧山(문여하사서벽산).] 무슨 일로 푸른 산(산골)에서 사냐고 묻는다. 『李伯(이백)·山中問答(산중문답)』 ☞ *119
碧巖(벽암), 碧梧桐(벽오동), 碧玉(벽옥), 碧海(벽해)

기타
[碧昌牛(벽창우)] ① 평안북도의 碧洞(벽동)·昌城(창성) 땅에서 나는 큰 소. ② 고집이 세고 무뚝뚝한 사람. 우리말로는 보통 '벽창호'라고 한다.

礎 주춧돌 초, 石부18　1343

'礎(초)'자는 기둥의 받침돌 즉, '주춧돌'을 뜻하기 위하여 만든 것이다. '돌 石(석)'과 '모형 楚(초)'로 이루어졌다. '근본'의 뜻으로도 쓰인다.

주춧돌
[礎石(초석)] ① 주춧돌. 건물의 기둥 밑에 받쳐 놓는 돌. ② '사물의 기초'를 비유하여 이르는 말. ¶국가 발전의 위한 초석을 놓다
[基礎(기초)] ① 기둥의 밑을 받치는 주춧돌 같은 토대. ¶기초를 다지다/수학의 기초 ② 건물, 다리 따위와 같은 구조물의 무게를 받치기 위하여 만든 밑받침.
[定礎(정:초)] ① 기초를 잡아 정함. ② (건) 머릿돌. 서양식 건물 같은 것을 지을 때 모퉁이에 처음 놓는 큰 돌.
[柱礎(주초)] 주추. 건물의 기둥 밑에 괴는 돌 따위의 물건.

祈 빌 기, 示부9　1344

'祈(기)'자는 '(복을) 빌다'가 본뜻이다. '示(시)'자는 '神主(신주)'를 본뜬 것으로, 이것이 표의요소로 쓰인 글자들은 모두 '제사'와 관련이 있다. '도끼 斤(근)'은 표음요소이다.

빌다, 신에게 빌다
[祈禱(기도)] 절대적인 존재에게 바라는 것을 빎. 또는 그런 의식.
[祈雨祭(기우제)] 심하게 가물 때 비 오기를 비는 제사. 참祈晴祭(기청제)
[祈願(기원)] 빌고 바람. ¶쾌유를 기원합니다
[祈晴祭(기청제)] (역) 입추가 지나도록 장마가 그치지 않고 계속될 때, 날이 개기를 빌던 나라의 제사.
祈祝(기축)

禱 빌 도, 示부18　1345

'禱(도)'자는 '신에게 빌다'의 뜻이다. '보일 示(시)'와 '목숨 壽(수)'로 이루어졌다. '示(시)'는 '祭祀(제사)'나 '神(신)'을 뜻하고, '壽(수)'는 표음요소이다.

빌다, 신명에 일을 고하고 그 일이 성취되기를 기원하다
[祈禱(기도)] ☞祈(기)
[黙禱(묵도)] 소리 없이 마음속으로 기도함. 또는 그 기도.
[祝禱(축도)] '축복 기도'의 준말.

秩 차례 질, 禾부10　1346

'秩(질)'자는 벼 따위의 곡식을 '쌓아두다'는 뜻을 위하여 만든 것이었다. '벼 禾(화)'와 '잃을 失(실)'로 이루어졌다. 옛날에는 급여를 쌀로 주었기 때문인지 '급여'의 뜻으로도 쓰였으며, 그것을 줄 때는 일정한 차례나 절차에 따라 주었기 때문에 '차례'의 뜻도 이것으로 나타냈다.

차례를 세우다, 차등을 붙이다
[秩序(질서)] 순조롭게 이루어지게 하는 차례나 절차. ¶교통 질서/질서를 지키다
[秩序整然(질서정연)] 질서가 잘 잡혀 한결같이 바르고 가지런함. ¶거리를 질서정연하게 행진하다
[上秩(상:질)] 上等(상등)의 차례에 속하는 품질. 상길.
[位階秩序(위계질서)] 관등이나 직책의 상하 관계에서 마땅히 있어야 하는 복종·예절 등의 질서.
[下秩(하:질)] 여럿 중에서 차례가 가장 아래임. 또는 그것.

稀 드물 희, 禾부12　1347

'稀(희)'자는 벼의 싹이 '드문드문하다'는 뜻을 나타내기 위하여 만든 것이었다. '벼 禾(화)'가 표의요소로 쓰였고, '성기다'의 뜻인 '希(희)'는 표의요소와 표음요소를 겸한다.

드물다, 성기다, 벼가 성기다
[稀貴(희귀)] 드물어서 매우 진귀하다.
[稀代(희대)/稀世(희세)] 세상에 드묾.
[稀少(희소)] 드물어서 얼마 안 되고 적음. 참稀少價値(희소가치)
[稀罕(희한)] 매우 드묾.
[古稀(고희)] '예부터 보기 드문 나이'라는 뜻에서, 사람의 나이가 일흔이 되는 것을 일컫는 말이다. 杜甫(두보)의 시 曲江(곡강) 二首(이수) 중 두 번째 작품의 '人生七十古來稀(인생칠십고래희)'에서 유래하였다. 참古稀宴(고희연) ☞ *018

적다
[稀薄(희박)] ① 기체·액체 따위의 농도나 밀도가 옅거나 낮음. ② 감정이나 의지 같은 것이 굳세지 못하고 약함. ③ 일이 그렇게 될 희망이나 가망이 적음.

묽다
[稀微(희미)] 또렷하지 못하고 어렴풋함. ¶희미한 그림자
[稀釋(희석)] ① (화) 용액에 물이나 용매를 가하여 묽게 함. ② (물) 흰색을 더하여 빛깔의 강도를 약하게 만듦.

稚 어릴 치, 禾부13　1348

'稚(치)'자는 '어린 벼'를 뜻하기 위하여 만든 것이었으니, '벼 禾(화)'가 표의요소로 쓰였다. 원래는 '穉(치)'자로 썼는데 획수가 적은 '稚(치)'자로 바뀌었다. '새 隹(추)'는 표음요소이다.

어리다, 어린 벼
[稚氣(치기)] 유치하고 철없는 감정이나 기분.

[稚魚(치어)] 알에서 깬지 얼마 되지 않는 어린 물고기.
[稚拙(치졸)] 어린아이처럼 생각이 좁음. ¶치졸한 방법으로 나를 회유하려 했다
[幼稚(유치)] ① 나이가 어림. ② 생각이나 하는 짓이 어림. ¶유치한 짓을 하지 마라
[幼稚園(유치원)] 초등학교에 들어갈 나이가 안 된 아이들을 모아서 초등 지식과 놀이를 가르치는 곳.

稿 원고 고, 볏짚 고, 禾부15　　1349

'稿(고)'자는 벼의 낟알을 떨어낸 줄기, 즉 '볏짚'을 뜻하기 위하여 만든 것이다. '벼 禾(화)'와 '높을 高(고)'로 이루어졌다. 후에 '원고', '초안'을 뜻하는 것으로 쓰이게 되자 본뜻은 '볏짚 藁(고)'자를 만들어 나타냈다.

초고, 초안, 원고
[稿料(고료)] '原稿料(원고료)'의 준말.
[寄稿(기고)] 원고를 써서 보냄.
[原稿(원고)] 인쇄하거나 발표하기 위하여 쓴 글이나 그림 따위. ¶원고 청탁
[草稿(초고)] 詩文(시문)의 맨 처음 쓴, 아직 잘 정리되지 않은 원고.
[投稿(투고)] 실어 달라고 신문이나 잡지 등에 원고를 써서 보냄. 또는 그 원고. ¶독자 투고란
玉稿(옥고), 遺稿(유고), 拙稿(졸고), 脫稿(탈고)

볏짚
[稿工藝(고공예)/藁工藝(고공예)] 볏짚으로 만든 공예. 또는 그 공예품.

突 갑자기 돌, 穴부9　　1350

'突(돌)'자는 '(갑자기) 튀어나오다'는 뜻을 나타내기 위하여 '구멍 穴(혈)'과 '개 犬(견)' 두 표의요소를 모아 놓은 것이다. '갑자기', '부딪히다'는 뜻으로 쓰인다.

갑자기
[突擊(돌격)] ① 불시에 냅다 침. ② (군) 돌진하여 공격함. ¶돌격 앞으로!
[突發(돌발)] 뜻밖의 일이 갑자기 생겨남. ¶돌발 사고
[突變(돌변)] 뜻밖에 갑자기 달라짐. 또는 그런 변화.
[突風(돌풍)] ① 갑자기 세게 부는 바람. ② 갑작스럽게 큰 영향을 끼치는 현상을 이르는 말. ¶돌풍을 일으키다
[猪突(저돌)] '멧돼지가 갑자기 뛰어드는 모습'에서, 앞뒤를 헤아리지 않고 내닫거나 덤빔. 웹猪突的(저돌적)
突然(돌연), 突然變異(돌연변이), 突入(돌입), 突進(돌진), 突出(돌출)

부딪다, 부딪치다
[激突(격돌)] 세차게 부딪침. ¶두 팀은 결승에서 격돌하다
[左衝右突(좌:충우돌)] 왼쪽에 부딪쳤다가 다시 오른쪽에 부딪침. 닥치는 대로 마구 치고받고 함.
[衝突(충돌)] ① 맞부딪침. ② 몰아침. ③ (물) 움직이는 두 물체가 접촉하는 순간에 서로 擊力(격력)을 미쳐 움직임의 상태가 변하는 일.

불룩하게 나오다
[突起(돌기)] ① 갑자기 우뚝 솟음. ② 어떤 일이 갑자기 일어남. ③ 도드라지게 돋아난 부분. ¶가시돌기/충양돌기 ④ 어떤 부분이 뾰족하게 내밀거나 도드라짐. ⑤ (건) 주춧돌의 머리에 기둥을 받치려고 솟게 한 곳.
[唐突(당돌)] ① 조금도 꺼리거나 어려워함이 없이 올차고 다부짐. ¶당돌한 태도. ② 윗사람에게 대하는 짓이 버릇이 없고 주제넘음. ¶당돌한 아이

뚫다, 파다
[突破(돌파)] ① 뚫고 나감. ¶저지선 돌파 웹突破口(돌파구) ② 어떤 표준 정도를 깨뜨려 넘음.
[突破口(돌파구)] 가로막고 있는 것을 쳐서 깨뜨려 뚫을 수 있는 길이나 목. ¶돌파구가 열리다/돌파구를 마련하다

굴뚝
[煙突(연돌)] 굴뚝.
[溫突(온돌)] 따뜻한 불기둥이 방 밑을 통과하여 굴뚝으로 빠져 나가면서 방을 덥히는 장치. 한국 특유의 난방 설비임. 됭溫堗(온돌)
[突不煙不生煙(돌불연불생연).] 아니 땐 굴뚝에 연기 날까?
[千里之堤(천리지제),　以螻蟻之穴漏(이루의지혈루), 百尋之屋(백심지옥),　以突隙之煙焚(이돌극지연분).] 천 리의 제방도 땅강아지나 개미의 구멍 때문에 새게 되며, 백 척의 높은 집도 굴뚝의 갈라진 틈에서 나온 불똥으로 인해 타버린다. 『淮南子(회남자)・人閒訓 인간훈』

符 부호 부(:), 부신 부(:), 竹부11　　1351

'符(부)'자는 옛날에 대나무쪽으로 만든 '符信(부신)'을 뜻하기 위하여 만든 글자이니 '대 竹(죽)'이 표의요소, '줄 付(부)'는 표음요소로 쓰였다. '맞다'는 뜻으로도 쓰인다.

부신, 부호
[符信(부:신)] 나뭇조각이나 두꺼운 종이에 글자를 기록하고 증인을 찍은 뒤에, 두 조각을 쪼개어 한 조각은 상대자를 주고 한 조각은 보관하였다가 뒷날에 서로 맞추어서 증거를 삼게 만든 물건.
[符籍(부:적)] 못된 귀신을 쫓고 재앙을 물리친다고 하여 붉은 색으로 글씨나 그림을 그려 몸에 지니거나 붙여 놓는 종이.
[符號(부:호)] 어떤 뜻을 나타내려고 정한 기호.
[免罪符(면죄부)] (역) 중세 로마 가톨릭 교회에서 신도들에게 죄를 면하게 한다는 뜻으로 발행한 증서.
[音符(음부)] (악) 음표.
[終止符(종지부)] ① 마침표. 베풂(서술)・시킴(명령)・

꾀임(청유) 등의 문장을 끝맺는 데 쓰는 부호. ② 어떤 일의 결말을 지을 때 쓰는 부호. '종지부를 찍다'라고 표현한다.
符節(부절), 符信(부신)
맞다, 꼭 들어맞다
[符合(부:합)] 틀림없이 서로 꼭 들어맞음.
[名實相符(명실상부)] 이름과 실상이 서로 들어맞음.

笛 피리 적, 竹부11   1352

'笛(적)'자는 대나무로 만든 '피리'를 뜻하기 위하여 만든 것이었으니 '대 竹(죽)'이 표의요소로 쓰였다. 음 차이가 매우 크지만 '말미암을 由(유)'가 표음요소로 쓰였다.
피리
[警笛(경:적)] 주의나 경계를 하도록 울리는 고동(음향) 장치. 또는 그 소리. ¶자동차가 경적을 울리다
[鼓笛隊(고적대)] (악) (주로) 피리와 북으로 구성된 행진 음악대.
[汽笛(기적)] 기차나 배 따위에서 증기를 내뿜는 힘으로 경적 소리를 내는 장치. 또는 그 소리. ¶멀리서 기적 소리가 들린다
[牧笛(목적)] 목자나 목동이 부는 피리.
[草笛(초적)] 풀잎피리.
鼓笛(고적), 霧笛(무적), 玉笛(옥적), 樵笛(초적), 吹笛(취적), 胡笛(호적)

策 채찍 책, 꾀 책, 竹부12   1353

'策(책)'자는 본래 대나무로 만든 '(말) 채찍'을 뜻하기 위한 것이었다. '대 竹(죽)'과 '가시 朿(자)'로 이루어졌다. 후에 '계략', '꾀' 등을 뜻하는 것으로 쓰이게 되었다.
꾀, 꾀하다
[策動(책동)] 꾀를 써서 슬그머니 꾸미거나 행동함.
[策略(책략)] 일을 꾸미고 처리해 나가는 교묘한 방법.
[窮餘之策(궁여지책)/窮餘一策(궁여일책)] 궁한 나머지 생각다 못해 짜낸 계책. 막다른 골목에서 그 국면을 타개하려고 생각다 못해 짜낸 대책.
[對策(대:책)] 어떤 일에 대하여 세우는 계획이나 수단. ¶대책을 세우다
[束手無策(속수무책)] '손이 묶여 있어 어찌할 방책이 없음'이라는 뜻에서, 아무런 방법이 없어 꼼짝 못함.
[失策(실책)] ① 잘못된 계책. ② 야구에서, 야수가 정상적으로 잡든지 막을 수 있는 주자를 놓치거나 진루시키는 실수.
[政策(정책)] 정치적 목적을 이루려는 방책.
[糊口之策(호구지책)] '입에 풀칠을 하는 계책'이라는 뜻에서, 간신히 끼니만 이으며 살아가는 방법.

[彌縫策(미봉책)] 빈구석을 메우다. 모자란 부분을 때우고 잇는다. 또는 시급한 일을 대충 눈가림으로 덮어둔다. 彌縫(미봉)이란 원래 나쁜 의미로 쓰인 것은 아니었다. 다만 '군대를 배치할 때 그 사이를 메운다'는 뜻이었는데, 시간이 지나면서 얼렁뚱땅 일을 처리하는 것이나 그러한 처리 방식을 일컫는 성어가 되었다.

策謀(책모), 策定(책정), 計策(계책), 苦肉策(고육책), 國策(국책), 妙策(묘책), 方策(방책), 秘策(비책), 上策(상책), 術策(술책), 施策(시책), 愚民政策(우민정책), 宥和政策(유화정책), 拙策(졸책), 次善策(차선책), 最善策(최선책), 下策(하책), 劃策(획책)
기타
[散策(산책)] 한가한 마음으로 이리저리 거닐음. ¶친구와 산책을 나서다

簿 장부 부(:), 문서 부(:), 竹부19   1354

'簿(부)'자는 종이가 널리 보급되기 전인 옛날에 대나무 쪽으로 만든 '장부'를 뜻하기 위하여 만든 것이다. '대 竹(죽)'과 '넓을 溥(부)'로 이루어졌다.
장부, 회계부
[簿記(부기)] (경) 재산의 출납, 변동의 기입을 똑똑히 하여 장부에 기록함.
[家計簿(가계부)] 한 가정의 살림살이에 관한 수입과 지출 등을 적는 장부.
[名簿(명부)] 관계자의 성명을 적은 문건.
[帳簿(장부)] 돈이나 물건의 드나드는 셈을 적어두는 책.
[置簿(치:부)] ① 물품의 출납 따위를 장부 같은 데에 적어 둠. 참置簿册(치부책) ② 마음속에 잊지 않고 새겨 두거나 그렇다고 여김.
[學籍簿(학적부)] 학교에서 학적을 기록하여 비치해 두는 장부.
登記簿(등기부), 原簿(원부), 戶籍簿(호적부)

粧 단장할 장, 米부12   1355

粧(장)자는 '꾸미다', '얼굴 치장'의 뜻을 나타낸다. '쌀 米(미)'와 '농막 庄(장)'으로 이루어졌다. 여기에서 '米(미)'는 얼굴에 바르는 '粉(분)'을 나타낸다. '裝(장)'은 옷이나 건물 따위의 治裝(치장)을, '粧(장)'은 얼굴 단장, 즉 化粧(화장)을 가리키는 차이가 있다.
단장하다
[粧刀(장도)] 칼집이 있는 작은 칼. 차고 다니며 주머니칼처럼 씀. 참銀粧刀(은장도)
[粧飾(장식)/裝飾(장식)] 아름답게 꾸미는 일. 또는 그 꾸밈새나 장식물.
[丹粧(단장)] ① 얼굴·머리·몸·옷차림 따위를 잘 매만져 곱게 꾸밈. ¶단장을 곱게 하고 어디를 가니? ② 집 따위를 손질하여 새롭게 꾸밈. ¶집 단장을 하다
[美粧(미:장)] 얼굴이나 머리를 아름답게 매만짐. 참美粧院(미장원)

[治粧(치장)] 잘 매만져서 보기 좋게 꾸밈.
[化粧(화:장)] 화장품을 바르거나 문질러 얼굴을 곱게 단장함. 참化粧臺(화장대), 化粧室(화장실), 化粧品(화장품)
金粧刀(금장도), 盛粧(성장), 銀粧刀(은장도), 新粧(신장)

紛 어지러울 분, 糸부10 1356

'紛(분)'자는 '(실이) 헝클어지다'는 뜻을 나타내기 위하여 만든 글자이다. '실 糸(사)'가 표의요소로 쓰였다. 여러 개로 나누어 놓은 실이 엉클어져 어지럽다. '나눌 分(분)'은 표음요소이다.

어지러워지다, 어지러워진 모양, 말썽이 나다, 옥신각신하다
[紛糾(분규)] 이해나 주장이 어지럽게 뒤얽힘. ¶노사 분규가 해결되다
[紛亂(분란)] 어수선하고 떠들썩함. ¶의견 차이로 분란이 생겼다
[紛紛(분분)] ① 이리저리 뒤섞여 어지러움. ② 의견이 각각이어서 갈피를 잡을 수 없음.
[紛爭(분쟁)] 어지럽게 얽힌 문제로 서로 다툼. 또는 그런 일. ¶영유권 분쟁
[內紛(내:분)] 내홍(內訌). 내부에서 저희끼리 일으키는 분쟁.

흐리다, 정신이 흐리다
[紛失(분실)] 자기도 모르는 사이에 물건 따위를 잃어버림. ¶손가방을 분실하다

索 동아줄 삭, 찾을 색, 糸부10 1357

'索(삭)'자는 '새끼줄'을 뜻하기 위하여 두 손으로 노끈이나 새끼 따위를 꼬는 모양을 그린 것이었다. 예전에는 굵은 것을 '索(삭)'이라 하고, 가는 것을 '繩(승)'이라 하였다. 후에 '꼬다', '(헤어져) 쓸쓸하다'는 뜻으로 사용되었다. '찾다'는 뜻으로도 쓰이는데, 이 경우에는 [색]이라 읽는다.

비다, 공허하다, 쓸쓸하다
[索漠(삭막)/索寞(삭막)/索莫(삭막)] 쓸쓸하고 막막함.

동아줄
[索道(삭도)/架空索道(가:공삭도)] 공중에 기구를 달아 짐이나 사람을 실어 나르는 시설. 로프웨이.

찾다
[索引(색인)] 찾아보기. 책 따위의 내용 가운데 글자나 낱말이나 사항을 빨리 찾아서 볼 수 있도록 만들어 놓은 목록.
[索出(색출)] 샅샅이 뒤져서 찾아 냄.
[檢索(검:색)] ① 검사하여 찾아봄. ¶검문검색/몸을 검색하다 ② 자료 따위를 찾아내는 일. ¶자료 검색
[摸索(모색)] 일이나 사건 따위를 해결할 수 있는 방법이나 실마리를 더듬어 찾음. ¶해결책을 모색하다 참暗中摸索(암중모색)
[思索(사색)] 깊이 생각하고 이치를 찾는 것. ¶사색에 잠기다
[搜索(수색)] ① 수사하여 탐색함. ¶적의 위치를 수색하다 참搜索隊(수색대) ② (법) 형사소송에 있어서 검사 및 사법 경찰관이 증거물 또는 범죄인을 찾아내려고 강제로 집·몸·물건을 탐사함. 참家宅搜索(가택수색)
[探索(탐색)] ① 살피어 찾음. ② (법) 범죄와 관계된 사람이나 물건의 죄상이나 자취를 샅샅이 찾음.

緊 요긴할 긴, 굳게 얽을 긴, 糸부14 1358

'緊(긴)'자는 실을 팽팽하게 당겨 단단히 '졸라매다'는 뜻을 나타내기 위하여 만든 것이다. '실 糸(사)'와 '굳을 臤(견/긴)'으로 이루어졌다. '긴급하다', '긴요하다', '팽팽하다' 등의 뜻으로 쓰인다.

팽팽하다
[緊張(긴장)] ① 팽팽하게 켕김. ¶근육의 긴장 ② 정신이나 힘을 바싹 다잡음. ¶긴장을 풀고 쉬다 ③ 어떤 분위기나 정세가 악화되어 무슨 일이 벌어질 듯한 상태. ¶긴장이 감돌다/긴장이 고조되다

매우, 긴축하다, 위태하다, 급하다
[緊急(긴급)] 매우 급함. 요긴하고 급함. ¶긴급 조치/긴급 대책
[緊密(긴밀)] ① 관계가 아주 가까움. ¶긴밀한 협조 관계 ② 아주 엄밀함.
[緊迫(긴박)] 바싹 닥쳐 몹시 급함.
[緊縮(긴축)] ① 바짝 줄임. ② 재정의 기초를 다지기 위하여 지출을 줄임. ¶긴축 예산/긴축 재정
[要緊(요긴)/緊要(긴요)] 절실하게 필요하거나 중요함.

綿 솜 면, 糸부14 1359

'綿(면)'자는 '실 糸(사)'와 '비단 帛(백)'이 합쳐진 글자이다. 실이나 무명의 원료인 '햇솜'이 본래 의미이고, '이어지다', '빈틈없다'는 뜻으로도 쓰인다. 솜을 만드는 데 쓰는 면화는 '목화 棉(면)'자를 쓰고, 가공한 실이나 직물에는 '솜 綿(면)'자를 쓴다.

이어지다, 가늘고 길게 이어지다, 잇다, 연속하다
[綿綿(면면)] 끊임없이 이어지다. ¶면면히 이어져 내려온 전통

목화에서 딴 솜
[綿絲(면사)] 무명실.
[綿織物(면직물)] 무명실로 짠 피륙 따위.
[綿羊(면양)] 털이 많고 긴 양의 한 종류.
[石綿(석면)] 돌솜. 사문석이나 각섬석이 섬유질로 변한 것. 열과 추위를 막는 데 널리 쓰이는데, 흡입하면 폐암 등의 원인이 되므로 사용이 규제되고 있음.
[海綿(해면)] 海綿動物(해면동물) 門(문)에 딸린 하등동물의 한 가지.

綿紡(면방), 綿紡織(면방직), 純綿(순면), 脫脂綿(탈지면)

빈틈없다
[綿密(면밀)] 꼼꼼함. 자세하고 빈틈이 없음. ¶이 계획서를 면밀히 검토해 보라
[周到綿密(주도면밀)] 주의가 두루 미쳐 자세하고 빈틈이 없음.

維 밧줄 유, 얽을 유, 糸부14   1360

'維(유)'자는 '(굵은) 밧줄'을 뜻하기 위하여 만든 것이다. '실 糸(사)'와 '새 隹(추)'로 이루어졌다.

실, 줄
[纖維(섬유)] 생물체의 몸을 이루는 가늘고 긴 실 모양의 물질. 또는 실 모양으로 된 고분자 물질. 솹纖維素(섬유소), 纖維組織(섬유조직), 纖維工業(섬유공업) ¶천연섬유/화학섬유
[纖維素(섬유소)] (화) 셀룰로오스. 식물의 세포막을 이루는 흰빛 무정형의 탄수화물. 필름·종이·인조견 따위의 원료로 씀.

받치다, 유지하다, 줄을 매어 유지하다
[維管束(유관속)] (식) 관다발. 꽃이 피는 식물에서 수분과 양분의 통로이며 몸을 지탱하는 조직.
[維持(유지)] 어떤 상태를 그대로 이어감. ¶평화 유지

(출입을) 막다
[進退維谷(진:퇴유곡)] '앞으로 나아가도 뒤로 물러서도 오직 깊은 골짜기뿐임'이라는 뜻에서, 어떻게 할 수 없는 매우 난처한 경우에 처함의 뜻을 나타냄.『詩經(시경)』

발어사, 이, 다만
[維歲次(유세차)] 제문이나 축문의 첫머리에 쓰는 말. 해의 차례. 또는 '생각하건대', '干支(간지)'를 따라 정한 해로 말하면'의 뜻을 나타냄.

[維新(유신)] 낡은 제도나 체제를 고쳐 새롭게 함. '維(유)'는 발어사로 아무런 의미가 없다. 그러던 것이 후대로 내려오면서 독특한 의미를 가지게 되었다. 즉 혁명이나 폭동 같은 물리적인 힘에 의한 변화가 아니라 자체 내에서 점진적인 개혁을 말할 때 이를 '유신'이라 이르는 것이다.『詩經(시경)·大雅(대아)』

繁 번성할 번, 많을 번, 糸부17   1361

'繁(번)'자는 '민첩할 敏(민)'과 '실 糸(사)'의 합자이다. '많다', '번성하다', '번거롭다' 등의 뜻을 가진다.

많다, 성하다, 무성하다, 번성하다
[繁茂(번무)] 한창 잘 되어 무성함.
[繁盛(번성)] 한창 성하게 일어나 잘됨. ¶자손이 번성하다/사업이 번성하다
[繁殖(번식)] 붇고 늘어서 많이 퍼짐.
[繁榮(번영)] 일이 번성하고 영화롭게 됨. ¶번영을 누리다
[繁昌(번창)] 한창 잘 되어 많이 창성함.
[繁華(번화)] ① 번창하고 화려함. ¶번화한 거리 ② 얼굴이 높고 귀하게 될 빛이 있고 환함.

번거롭다, 자주
[繁文縟禮(번문욕례)] 번거롭고 까다로운 규칙과 예절.
[頻繁(빈번)] 번거로울 정도로 매우 잦음.

바쁘다
[農繁期(농번기)] 농사짓는 일이 가장 바쁜 철. 곧 모내기·논매기·추수 등을 할 때. 반農閑期(농한기)

署 관청 서:, 网부14   1362

'署(서)'자는 관청의 조직 단위인 '부서'가 본뜻이다. '그물 罒(망)'과 '사람 者(자)'로 이루어졌다. '관청', '이름을 쓰다' 등의 뜻으로 쓰인다.

관청, 관아, 벼슬, 관직
[署理(서:리)] 직무를 대리함. 또는 그러한 사람. ¶국무총리 서리
[署長(서:장)] 경찰서·세무서 따위와 같이 '署(서)'자로 끝나는 관청의 우두머리.
[官公署(관공서)] 官署(관서). 관청과 공서. 나라나 지방자치단체 기관의 사무소.
[部署(부서)] 어떤 조직체 내에서 일이나 사업의 성격에 따라 나누어진 사무의 각 부분. ¶새로운 부서를 두다
警察署(경찰서), 本署(본서), 稅務署(세무서), 消防署(소방서), 支署(지서)

적다, 제목·표제를 쓰다, 서명하다, 수결을 두다
[署名(서:명)] 문서에 자기 이름을 씀. 또는 그 이름.

羽 깃 우:, 羽부6   1363

'羽(우)'자는 새 날개 털 즉, '깃'을 뜻하기 위하여 양쪽 날개를 활짝 편 모양을 나타낸 것이다.

깃, 날개, 새의 날개, 날벌레의 날개
[羽緞(우:단)] 거죽에 고운 털이 돋게 짠 비단. 비로드. 벨벳.
[羽翼(우:익)] ① 새의 날개. ② 윗사람을 보좌하는 사람의 비유. 또는 그 사람의 일.
[羽化(우:화)] ① (동) 곤충의 번데기가 탈바꿈하여 성충으로 변하는 일. ② '羽化登仙(우화등선)'의 준말.
[羽化登仙(우:화등선)/羽化而登仙(우:화이등선)] 사람이 날개가 돋아서 하늘로 올라가 신선이 된다는 말.『蘇軾(소식)·前(전) 赤壁賦(적벽부)』
羽毛(우모), 羽衣(우의)

翼 날개 익, 羽부18   1364

'翼(익)'자는 '날개'를 뜻하기 위하여 만든 것이다. '날개 羽(우)'가 표의요소, '다를 異(이)'는 표음요소이다. '돕

다는 뜻으로도 쓰인다.
날개, 새의 날개, 곤충의 날개, 좌우의 부대
[羽翼(우:익)] ☞ 羽(우)
[右翼(우:익)] ① 오른쪽 날개. ② (군) 중군의 오른쪽 군대. ③ (사) 점진적 또는 보수적 당파나 인물. ④ (체) 야구에서, 외야의 오른쪽. 우익수.
[左翼(좌:익)] ① 왼쪽 날개. ② 군대의 왼쪽 진영. ③ 급진파·사회주의·공산주의 등의 처지. 프랑스 혁명 당시 의회에서 자코뱅 당이 왼쪽 의석을 차지한 데서 온 말.

[一翼(일익)] 하늘을 나는 새는 두 날개가 수평을 이루면서 날개짓을 해야 바람을 가르고 앞으로 나아갈 수가 있다. 두 날개 중 어느 한쪽도 소중하지 않은 것이 없다. '한 날개'라는 뜻을 가진 一翼(일익)은 어떤 일에 중요한 구실을 하는 한 부분을 뜻한다. ¶일익을 맡다.

右翼手(우익수), 左翼手(좌익수), 鶴翼陣(학익진)
돕다
[羽翼(우:익)] ① 새의 날개. ② 윗사람을 보좌하는 사람의 비유. 또는 그 사람의 일.

耕 밭갈 경, 耒부10 1365

'耕(경)'자는 '밭을 갈다'는 뜻을 나타내기 위하여 만든 것이었으니, '쟁기 耒(뢰)'가 표의요소로 쓰였다. '우물 井(정)'은 음의 유사성으로 표음요소로 보기도 하고, 고대 井田制(정전제)와 연관시켜 표의요소로 보기도 한다. '농사짓다', '일하다'는 뜻이다.
논밭을 갈다, 농사
[耕耘(경운)] 논밭을 갈고 김을 매는 일. 참耕耘機(경운기)
[耕作(경작)] 땅을 갈아서 농사를 지음.
[耕地(경지)] 경작하는 토지. 경작지의 준말.
[農耕(농경)] 논밭을 갈아 농사를 지음.
[水耕(수경)] 흙을 전혀 사용하지 않고 식물의 생장에 필요한 물질을 녹인 물에서 식물을 기르는 방법. 水耕栽培(수경재배).
[晝耕夜讀(주경야독)] '낮에는 농사를 짓고 밤에는 글을 읽는다'는 뜻으로, 바쁘고 어려운 중에도 꿋꿋이 공부함을 이르는 말. 참晴耕雨讀(청경우독)
[春不耕種秋後悔(춘불경종추후회)] 봄에 씨를 뿌리지 않으면 가을에 후회한다. 『朱子(주자)·朱子十悔訓(주자십회훈)』 ☞ * 387
耕田(경전), 耕種(경종), 耕土(경토), 男耕女織(남경여직), 深耕(심경), 秋耕(추경), 春耕(춘경), 春耕秋穫(춘경추화), 休耕(휴경)
생계를 꾸리다
[舌耕(설경)] 말을 하는 것으로 벌이를 삼는 일.
[筆耕(필경)] 직업으로 글씨를 쓰는 일. 참筆耕士(필경사)

肖 닮을 초, 肉부7 1366

'肖(초)'자는 '(용모가) 닮다'는 뜻을 나타내기 위한 것이었다.
닮다, 육체가 닮다
[肖像(초상)] 사진·그림 따위에 나타난 사람의 얼굴과 모습. 참肖像權(초상권), 肖像畫(초상화)
[肖像畫(초상화)] 사람의 얼굴과 모습을 그린 그림.

[不肖(불초)]는 어버이에 대하여 자신을 낮추어 일컫는 말이다. '부모를 닮지 못한 미련한 자식'이 그 뜻인데, 부모님의 덕망이나 대업을 이을 만한 재질이 없는 사람 또는 못나고 어리석은 사람이라고 자신을 겸손하게 표현할 때 쓰는 고품격 어휘이다. ① 못난 아들. 아버지를 닮지 않음의 뜻. ② 못난 사람. 하늘을 닮지 못함의 뜻. ③ '자기'의 겸칭. 참不肖男(불초남), 不肖子(불초자), 不肖孫(불초손), 不肖子弟(불초자제)

肥 살찔 비:, 肉부8 1367

'肥(비)'자는 '살찌다'는 뜻을 나타내기 위하여 만든 것이니 '고기 肉(육)'이 표의요소, '땅 이름 巴(파)'는 '병부 㔾(절)'이 잘못 변화된 것으로 표음요소이다. '기름지다'는 뜻으로 쓰인다.
살찌다, 살찐 말, 살찐 고기
[肥大(비:대)] ① 살이 찌고 몸집이 큼. ② 권력·기구·지역 따위가 큼.
[肥滿(비:만)] 살이 너무 많이 쪄서 몸이 뚱뚱함. 참肥滿症(비만증)
[肥育(비:육)] 고기로 쓸 집짐승을 살이 찌게 기르는 일. 참肥育牛(비육우)
[肥厚(비:후)] 살이 쪄서 두툼함.
[天高馬肥(천고마비)] 하늘이 높고 말이 살찐다는 뜻으로, 하늘이 맑고 초목이 결실하는 가을의 계절을 이르는 말.
땅을 기름지게 하다, 거름
[肥料(비:료)] 거름. (식물이 잘 자라도록) 땅을 걸게 하려고 땅에 주는 물질.
[肥沃(비:옥)] 땅이 걸고 기름짐. ¶비옥한 논과 밭
[施肥(시:비)] 농작물에게 비료를 줌.
[堆肥(퇴비)] (농) 두엄. 풀·짚 또는 가축들의 똥·오줌 등의 잡살뱅이를 썩힌 거름.
肥土(비토), 廏肥(구비), 金肥(금비), 基肥(기비), 綠肥(녹비), 追肥(추비)

沃 물 댈 옥, 기름질 옥, 水부7 1368

'沃(옥)'자는 논에 '물을 대다'는 뜻을 나타내기 위하여 만든 글자이다. '물 氵(수)'와 '어릴 夭(요)'로 이루어졌

다. '기름지다'는 뜻으로도 쓰인다.
기름지다, 토지가 걸차다
[沃土(옥토)] 토질이 기름진 땅. 땐薄土(박토)
[門前沃畓(문전옥답)] 집 가까이에 있는 기름진 논.
[肥沃(비:옥)] ☞ 肥(비)
화학원소, 옥소
[沃度(옥도)] (화) 요오드(Iodine). 沃素(옥소). 바닷말에 많이 들어있는 어두운 갈색 결정 원소. 화학공업에 널리 쓰임.
기타
[沃沮(옥저)] (역) 고조선 때, 지금의 함경도를 중심으로 한 일대에 살고 있던 한 부족. 또는 그 부족이 세운 나라.

胡 오랑캐 호, 肉부9   1369

'胡(호)'자는 짐승의 턱 밑 '살'을 뜻하기 위하여 만든 것이었다. '고기 肉(육)'과 '옛 古(고)'로 이루어졌다. 고대 중국의 북쪽과 서쪽에 살던 미개한 종족 또는 그 지역을 일러 '胡(호)'라 통칭하였다. 그래서 '오랑캐'의 뜻을 갖게 되었다. 호도나 호초(후추)처럼 농작물 명칭에 이 글자가 쓰인 것은 원산지가 그 지역이었기 때문이다.

오랑캐 이름
[胡桃(호도)] 호두.
[胡亂(호란)] 오랑캐가 일으킨 난리. 참丙子胡亂(병자호란), 丁卯胡亂(정묘호란)
[胡虜(호로)] ① '오랑캐의 포로'라는 뜻에서, 중국 북방의 이민족 흉노를 달리 이르던 말. ② 외국인을 얕잡아 이르던 말. ¶호로 자식 같은 놈
[五胡(오호)] (역) 중국 동한에서 남북조 시대에 이르기까지 서북방에 살던 다섯 소수 민족. 匈奴(흉노)·羯(갈)·鮮卑(선비)·氐(저)·羌(강)을 이름. 참五胡十六國(오호십륙국)
胡麻(호마), 胡麥(호맥), 胡笛(호적), 胡蝶(호접), 胡蝶夢(호접몽), 胡椒(호초)

脅 위협할 협, 으쓱거릴 흡, 肉부10   1370

'脅(협)'자는 '고기 肉(육)'이 표의요소, '힘 합할 劦(협)'은 표음요소이다. '胁(협)'으로 쓰기도 한다. '옆구리'가 본뜻이다. 협박할 때는 옆구리를 쿡쿡 찌르는 경우가 많았는지 '으르다', '협박하다'는 뜻으로 확대되었다.

옆구리, 갈빗대, 으르다
[脅迫(협박)] ① 어떤 일을 강제로 시키기 위하여 을러서 괴롭게 굶. ¶협박 전화에 시달리다 ② (법) 남을 두렵게 할 목적으로 불법하게 가해할 뜻을 통고하는 일. 참脅迫狀(협박장)
[威脅(위협)] 위력으로 으르고 협박함. ¶위협사격

으쓱거리다
[脅肩諂笑(흡견첨소), 病于夏畦(병우하휴).] 어깨를 으

쓱거리며 아첨하며 웃어대는 것을 보는 역겨움은 여름날 논밭에서 일하는 것보다도 더 참기 어려운 것이다. 『孟子(맹자)·滕文公(등문공)下(하)』

迫 닥칠 박, 핍박할 박, 辵부9   1371

'迫(박)'자는 길이 '가깝다'는 뜻을 나타내기 위하여 만든 글자이다. '길갈 辶(착)'과 '흰 白(백)'으로 이루어졌다. 후에 '(가까이) 닥치다', '다그치다' 등의 뜻으로 확대되었다.

가까이 다다르다, 닥치다, 좁히다, 접근하다, 다급하다, 급박하다
[迫頭(박두)] 기일이나 시기가 가까이 닥쳐옴. ¶개봉 박두
[迫力(박력)] 행동에서 느껴지는 강하게 밀고 나가는 힘.
[迫眞(박진)] 표현 따위가 사실처럼 다가옴. 참迫眞感(박진감)
[臨迫(임박)] 어떤 시기가 가까이 닥쳐옴. ¶화산 폭발이 임박했다
[切迫(절박)] ① 시기나 기한이 가까이 닥쳐 다급함. ② 여유가 없이 됨. ¶목숨이 오락가락 절박한 순간
[促迫(촉박)] 어떤 기한이나 시간이 바짝 다가오거나 닥침. ¶시간이 촉박하니 빨리 떠나라
迫擊砲(박격포), 迫眞感(박진감), 急迫(급박), 緊迫(긴박)

다그치다, 핍박하다, 바짝 죄어 괴롭히다
[迫害(박해)] 억눌러 괴롭히거나 못살게 굶.
[强迫(강:박)] ① 억지로 다그침. 협박하여 강제로 자기의 의사를 좇게 함. ② 어떤 생각에 사로잡혀 억제할 수 없는 것. 참强迫觀念(강박관념)
[壓迫(압박)] ① 내리누름. ¶피가 나는 곳의 위쪽을 압박하면 피가 멎게 된다/압박 붕대 ② 내리 눌러서 기운을 펴지 못하게 함. ¶압박과 설움에서 해방된 민족 참壓迫感(압박감)
[逼迫(핍박)] ① 가까이 닥쳐와서 형세가 매우 절박해짐. ¶전쟁이 가져오는 핍박은 시골이 한층 더 심한 듯했다 ② 바짝 죄어서 괴롭게 굶. ¶어떠한 핍박에도 굴복하지 말고 뜻을 밀고 나가라/핍박받는 민족 ③ 경제적으로 여유가 없게 됨.
[脅迫(협박)] ☞ 脅(협)
迫切(박절), 驅迫(구박), 辛酉迫害(신유박해)

肩 어깨 견, 肉부8   1372

'肩(견)'자는 '어깨'를 뜻한다. 어깨는 신체에서 무거운 짐을 운반할 때 사용하는 부위이다. 우리말에서 어깨는 '책임', '자신감' 등의 여러 상징적 의미를 내포하고 있다.

어깨, 어깨뼈
[肩臂(견비)] 어깨와 팔. 참肩臂痛(견비통)
[肩章(견장)] 군인·경찰관 등의 제복의 어깨에 붙이는 標章(표장).

[路肩(노:견)] 갓길. 주로 자동차 길에서, 가장자리 길.
[比肩(비:견)] 어깨를 나란히 함. 곧 우열이 없이 동등하게 함.
[脅肩諂笑(흡견첨소), 病于夏畦(병우하휴).] ☞ 脅(협)

견디다, 무거운 짐에 견디다, 어깨에 메다
[肩輿(견여)] 좁은 길을 지날 때 임시로 쓰는 간단한 상여.
[人生坐輿樂(인생좌여락), 不知肩輿苦(부지견여고).] 사람들이 아는 것은 가마 타는 즐거움뿐, 가마 메는 괴로움은 모르고 있네. 『茶山(다산)』

脚 다리 각, 肉부11   1373

'脚(각)'자는 '다리'를 뜻하기 위하여 만든 것이다. '고기 肉(육)'과 '물리칠 却(각)'으로 이루어졌다.

다리, 정강이, 다리의 범칭
[脚氣(각기)] 다리가 붓고 마비되고 기운이 없어 제대로 걷지 못하는 증세.
[脚光(각광)] ① 무대 앞면의 아래쪽 다리 부분에서 배우를 비추는 빛. (영어 'foot light'를 풀이해 만든 한자어이다.) ② 사회적 관심이나 인기. 注目(주목)
[脚本(각본)] 배우들이 무대에서 연습을 할 때 '다리(脚) 밑에 두고 보는 책'이라는 데서 온 말로, 영화나 연극 등의 대사, 동작, 무대 장치 등에 대하여 자세히 적은 글. 回劇本(극본)
[脚色(각색)] ① 소설·서사시·전설 따위를 각본으로 고쳐 쓰는 일. ② 어떤 사실을 다른 인상을 띠게 달리 표현하는 일.
[健脚(건:각)] 튼튼하여 잘 걷거나 뛰는 다리. 또는 그런 사람. ¶세계의 건각들이 펼치는 마라톤 대회
[馬脚(마:각)] 말의 다리. '마각이 드러나다'는 '숨기고 있던 일이나 정체가 부지중에 드러나다'는 뜻이다.
脚絆(각반), 脚線美(각선미), 兩脚(양각), 鐵脚(철각)

발자취
[行脚(행각)] ① 어떤 목적으로 여기저기 돌아다님. ② (불) 여러 곳을 돌아다니며 도를 닦음. 참行脚僧(행각승)

물건의 다리
[脚韻(각운)] (문) 꼬리운. 시에서 각 줄의 끝에 맞추는 운.
[脚注(각주)] 본문 아래쪽에 밝히는 풀이나 참고 글.
[橋脚(교각)] 다리를 받치는 기둥.

바탕, 기슭
[失脚(실각)] 일에 실패하여 자리에서 물러남.
[立脚(입각)] ① 장소를 차지함. 발판을 정함. ② 근거를 두어 그 입장에 섬.

臨 임할 림, 臣부17   1374

'臨(림)'자는 '(아래를) 살펴보다'가 본뜻인데 '오다'의 올림말 격인 '임하다'로 쓰인다. '누울 臥(와)'와 '물건 品(품)'의 합자이다. '엎드려 눈으로 내려봄'을 뜻한다.

임하다
[臨渴掘井(임갈굴정)] '목이 말라야 우물을 판다'는 뜻으로, '평소에 준비 없이 있다가 일을 당하고 나서야 허둥지둥 서두름'을 이르는 말. 同渴而穿井(갈이천정)
[臨迫(임박)] 어떤 시기가 가까이 닥쳐옴. ¶화산 폭발이 임박했다
[臨床(임상)] ① 병상에 임함. ② (의) 임상의학.
[臨戰無退(임전무퇴)] 전쟁에 나아가서 물러서지 아니함. ☞ * 284
[臨終(임종)] ① 죽음을 맞이함. ② 부모가 돌아가실 때에 그 곁에 있는 일. 同終身(종신)
[臨財毋苟得(임재무구득), 臨難毋苟免(임난무구면).] 재물을 구할 때는 구차하게 얻으려고 하지 말아야 하고, 어려움을 당해서는 구차하게 모면하려고 하지 말아야 한다. 『禮記(예기)·曲禮 上(곡례 상)』, 『小學(소학)·內篇(내편)·敬身(경신)』
[臨河而羨魚(임하이선어), 不如歸家織網(불여귀가직망).] 강에 가서 물고기를 탐내는 것은 집에 돌아가 그 물을 짜는 것만 못하다. 『淮南子(회남자)·說林訓(설림훈)』
臨檢(임검), 臨界(임계), 臨界角(임계각), 臨界溫度(임계온도), 臨界質量(임계질량), 臨床醫學(임상의학), 臨席(임석), 臨戰(임전), 戰態勢(임전태세)

내려다보다, 낮은 데로 향하여 대하다
[君臨(군림)] 어떤 분야에서 권위가 가장 높은 자리에 섬.

남이 내게로 옴을 높이는 말
[降臨(강:림)] 신이 인간 세상에 내려오심.
[枉臨(왕:림)] 남이 '자기가 있는 곳으로 옴'의 높임말.
[再臨(재:림)] ① 다시 옴. ② (성) 세상의 마지막 날에 예수가 세상을 심판하려고 이 세상에 다시 나타난다고 하는 일.

미치다, 그 때에 미치다
[臨機(임기)] 그때그때에 맞게 임시로 대응함.
[臨機應變(임기응변)] 어떤 시기가 닥치면 그에 부응하여 변화함. 그때그때의 형편에 따라 알맞게 일을 처리함.
[臨時(임시)] 필요에 따른 일시적인 때. ¶임시정부/임시열차
[臨時政府(임시정부)] ① 아직 적법한 정부로는 인정받지 못한 사실상의 정부. 그 권력이 확립된 뒤, 여러 나라의 승인을 얻음으로써 국제법상의 적법한 정부가 됨. 준臨政(임정) ② (역) 대한민국임시정부

臺 집 대, 돈대 대, 至부14   1375

'臺(대)'자는 墩臺(돈대) 즉 '둘레의 지형보다 높으면서 평평한 땅'을 가리키는 것이었다. '높을 高(고)'와 '이를 至(지)'로 이루어진 글자인데, '高(고)'자의 형태가 많이 변했다. 높은 곳에 이르러 먼 곳까지 볼 수 있게 만든 터가 '臺(대)'의 본뜻이다.

돈대, 사방을 바라볼 수 있게 높이 만든 곳

[臺(대)] ① 사방을 바라볼 수 있게 높이 만든 곳. ② 받치거나 올려놓도록 만든 물건. ¶진열대 ③ 어떤 일을 하거나 운동·놀이 따위를 할 때 쓰는 높은 상처럼 생긴 시설물. ¶탁구대/작업대 ④ 차·비행기 또는 기계 따위를 세는 단위. ¶승용차 한 대/자전거 석 대 ⑤ (수·액수 따위를 뜻하는 말 아래에 쓰여) '그 정도나 범위'를 나타내는 말. ¶십만 원 대 자전거

[樓臺(누대)] 둘레를 내려다보려고 크고 높게 세운 누각이나 정자. 樓閣(누각)과 臺榭(대사).

[墩臺(돈대)] '둘레의 지형보다 높으면서 평평한 땅'을 가리키는 말.

[燈臺(등대)] ① 바닷가나 섬 같은 곳에 높이 세워 밤에 다니는 배에 목표·뱃길·위험한 곳 따위를 알려 주려고 불을 켜 비추어 주는 곳. ② 촛불이나 등잔 따위를 올려놓는 나무 바탕. ③ 나아가야 할 길을 밝혀 주는 곳을 비유하는 말.

[望臺(망:대)] 주위의 동정을 살피려고 세운 높은 대. 回望樓(망루)

[燈臺不自照(등대부자조).] '등대의 불이 먼 곳을 비추나 등대 자신을 비추지 못한다'는 뜻으로, 사람도 '남의 일은 잘 보이나 자신의 일은 도리어 보지 못함'을 이르는 말.

대(물건을 얹는 대)

[臺座(대좌)] 佛像(불상)을 올려놓는 대.

[鏡臺(경:대)] 거울을 버티어 세우고 그 아래 화장품 따위를 넣는 서랍을 갖추어 만든 가구. 화장대.

[化粧臺(화장대)] 化粧(화장)할 때 쓰는 탁자 또는 상자 모양의 가구. 거울이 달려 있고 서랍이 있어 화장품을 올려놓거나 넣어 둠.

斷頭臺(단두대), 跳躍臺(도약대), 燭臺(촉대), 砲臺(포대)

높고 평평한 곳

[臺本(대본)] ① 배우가 연습할 때 舞臺(무대)에서 보는 책. ② 연극의 상연이나 영화 제작 등에 기본이 되는 각본. 回臺詞(대사)

[高臺廣室(고대광실)] 높은 돈대 위에 넓게 지은 집. 규모가 굉장히 크고 높고 잘 지은 집.

[舞臺(무:대)] ① 연극이나 무용, 음악 따위를 공연하기 위하여 특별히 좀 높게 마련한 자리. ¶무대의 막이 열렸다 ② 재능이나 역량 따위를 시험해 보거나 발휘할 수 있는 활동 분야. ¶세계를 무대로 너의 역량을 한껏 펼쳐 보아라 回獨舞臺(독무대)

[築臺(축대)] 높이 쌓아 올린 대나 터. ¶축대가 무너져 아래에 있는 집을 덮쳤다

[寢臺(침:대)] 사람이 누워 잠을 잘 수 있도록 편평하게 만든 대.

[土臺(토대)] ① 흙으로 쌓아 올린 높은 대. ② 건축물의 윗부분을 떠받치기 위해 밑바닥에 대는 나무. ③ 사업의 밑천.

臺詞(대사), 高臺(고대), 獨舞臺(독무대), 山臺(산대), 山臺劇(산대극), 試驗臺(시험대), 釣臺(조대), 層臺(층대)/層層臺(층층대), 卓球臺(탁구대), 下石上臺(하석상대)

관청, 큰 건물

[觀象臺(관상대)] '기상청'의 전 이름.

[氣象臺(기상대)] 기상을 관측하고 조사하는 곳.

[天文臺(천문대)] 천문학상의 관측 및 연구를 위한 기관 또는 시설.

[靑瓦臺(청와대)] 우리나라 대통령 관저.

근거 또는 바탕이 되는 것

[臺帳(대장)] 어떤 근거가 되도록 일정한 양식으로 기록한 장부나 원부.

[臺木(대목)] (농) 밑나무. 접을 붙일 때 그 바탕이 되는 나무.

[土臺(토대)] ③ 사업의 밑천.

茂 우거질 무, 무성할 무, 艹부9 1376

'茂(무)'자는 풀이나 나무가 '우거지다'는 뜻을 나타내기 위하여 만든 것이다. '풀 艸(초)'와 '다섯째 천간 戊(무)'로 이루어졌다.

우거지다, 무성하다

[茂盛(무:성)] 풀이나 나무 따위가 우거짐.

[繁茂(번무)] 한창 잘 되어 무성함.

[松茂栢悅(송무백열)] '소나무가 무성하면 잣나무가 기뻐한다'는 뜻으로, 벗이 잘 되는 일을 기뻐함을 비유하여 이르는 말.

茶 차 다, 艹부10 1377

'茶(다/차)'자는 '차나무'를 뜻하기 위하여 '풀 艸(초)', '사람 人(인)', '나무 木(목)' 세 표의요소를 합쳐놓은 것이다. 사람들이 그 나무의 잎을 말렸다가 달여 먹기를 좋아하기 때문에 人(인)자를 포함시켰나 보다. 단음절 어휘일 때에는 [차]로만 쓰인다 예로, '차를 마시다'라고 하지 '다를 마시다'라고는 하지 않는다.

차, 차나무

[茶菓(다과)] 차와 과자. 回茶菓會(다과회)

[茶禮(차례)] ① 茶(차)를 올리는 예. ② 음력 매달 초하룻날 또는 보름, 명절, 조상 생신날 등에 간단히 지내는 제사. ¶설날 아침에 차례를 지냈다

[茶飯(다반)/茶飯事(다반사)/恒茶飯(항다반)/恒茶飯事(항다반사)] ① 밥을 먹고 차를 마시듯 늘 있어 예사롭고 흔함. 예사롭고 흔한 일. ② 예사로.

[茶房(다방)] ① 실내에 탁자와 의자를 갖추어 놓고 커피·차·우유·청량음료 따위를 파는 곳. ② (역) 조선 때, 궁중에서 약을 지어 바치던 부서.

[綠茶(녹차)] ① 푸른빛이 그대로 나도록 말린 부드러운 찻잎. ② 녹차를 넣어 달인 찻물.

[閑茶悶酒(한다민주)] 한가할 때는 茶(차), 고민 풀이에

는 술.
[紅茶(홍차)] 차나무의 잎을 발효시켜 말린 찻감. 그 달인 물이 붉은 빛깔을 띰.
茶具(다구), 茶器(다기), 茶道(다도), 茶香(다향), 茶食(다식), 茶室(다실), 喫茶(끽다), 生辰茶禮(생신차례), 冷茶(냉차), 葉茶(엽차), 烏龍茶(오룡차)

기타
[茶毘(다비)] (불) 주검을 불에 태워 장사하는 일. 참茶毘式(다비식)

莫 없을 막, ++부11   1378

'莫(막)'자는 평원의 풀밭에 해가 지는 모습을 본뜬 것이었다. 즉 '해 日(일)'과 '잡초우거질 茻(망)'을 조합하여 '해가 저물다'는 뜻을 나타내었다. 중국 중원의 지역적 특색 즉, 끝없이 펼쳐진 지평선과 연관이 깊다. 후에 '莫(막)'자가 '이것보다 더한 ~것이 없다'는 부정사로 차용되는 예가 잦아지자, 본뜻은 '해 日(일)'을 더 추가한 '暮(모)'자를 따로 만들어 나타냈다.

없다, 부정의 조사, 금지의 조사
[莫論(막론)] (주로 '막론하고'로 쓰여) '이것저것 가려서 따져 말하지 않고'의 뜻을 나타냄. ¶남녀노소를 막론하고/이유 여하를 막론하고
[莫無可奈(막무가내)] 도무지 어찌할 수 없음. ¶아무리 달래 봐도 막무가내였다
[莫上莫下(막상막하)] 더 낫고 더 못함의 차이가 거의 없음. 서로 비슷하여 우열을 가리기 어려움. ¶막상막하의 실력 대결
[莫逆(막역)] '거스름이 없음'이란 뜻으로, 허물없이 친한 관계를 뜻하는 말. 참莫逆之間(막역지간), 莫逆之友(막역지우), 莫逆之交(막역지교)
[後悔莫及(후회막급)] 잘못된 뒤에 아무리 후회하여도 어찌할 수가 없음.
[莫見乎隱(막현호은), 莫顯乎微(막현호미).] 숨은 것보다 더 잘 드러나는 것은 없으며, 작은 것보다 더 잘 나타나는 것이 없다. 남이 보지 않는 곳에서 한 일은 매우 잘 드러난다는 뜻이다. 『中庸(중용)·1章(1장)』
[白日莫空過(백일막공과).] 밝은 날을 헛되이 보내지 말라. '청춘을 아껴야 할 것임'을 이르는 말. 『林寬(임관)·少年行(소년행)』 ☞ * 131
[衣莫若新(의막약신), 人莫若故(인막약고).] 의복은 새 것일수록 좋고, 친구는 오래 될수록 좋음. 『晏子(안자)』
[他弓莫挽(타궁막만)] 남의 활을 당겨 쏘지 말라는 뜻으로, '무익한 일은 하지 말라', 또는 '자기가 닦은 바를 지켜 마음을 딴 데 쓰지 말라'는 말. _____, 他馬莫騎(타마막기). 『無門關(무문관)』
窮寇莫追(궁구막추), 無知莫知(무지막지), 有意莫遂(유의막수), 眼鼻莫開(안비막개)

매우, 더 할 수 없이
[莫强(막강)] 더할 수 없이 강함.

[莫大(막대)] 더할 수 없이 큼. ¶막대한 손실/막대한 피해
[莫甚(막심)] 더 이상 이를 수 없을 정도로 심함. ¶피해가 막심하다
[莫重(막중)] 임무 따위가 더할 수 없이 무겁다. ¶막중한 임무.

莊 장엄할 장, ++부11   1379

'莊(장)'자는 풀이 '무성하다'는 뜻을 나타내기 위하여 만든 글자이다. '풀 艹(초)'와 '씩씩할 壯(장)'으로 이루어졌다.

엄숙하다
[莊嚴(장엄)] ① 씩씩하고 엄숙함. ② 웅장하며 위엄 있고 엄숙함. ¶산 산 백두산 그의 기상 장엄해라
[莊重(장중)] 장엄하고 무겁게 느껴진다.

시골 마을, 촌락이나 산촌의 원포(園圃)
[莊園(장원)] (역) 중세기 때 귀족이나 사원에 딸린 넓고 큰 토지. 봉건제도에서 토지 소유의 한 형태임.
[別莊(별장)] 살림집 밖에 경치 좋은 곳에 따로 지어 놓고 때때로 묵으면서 쉬는 집.
[山莊(산장)] 산에 있는 별장. 산방(山房).

성
[莊子(장자)] ① 莊周(장주)의 존칭. ② 莊子(장자)의 저서 이름. 老子(노자)의 道德經(도덕경)과 함께 道家(도가)의 대표적인 저작으로 꼽는다.
[老莊(노장)] 老子(노자)와 莊子(장자). 또는 그 학설.
[莊周夢(장주몽)/莊周之夢(장주지몽)/胡蝶夢(호접몽)/胡蝶之夢(호접지몽)] 莊子(장자)가 꿈에 나비가 되었다가 깬 뒤에, 원래 인간인 자기가 꿈에 나비가 되었는지, 나비인 자기가 꿈에 인간으로 됐는지, 분간하지 못했다는 고사에서, '物我一體(물아일체) 즉, 나와 외물은 본디 하나로 현실은 그 分化(분화)임'을 비유하여 이르는 말. 장자 사상의 근간이 된다.

菜 나물 채:, ++부12   1380

'菜(채)'자는 먹을 수 있는 풀, 즉 '나물'을 뜻하기 위하여 만든 것이었으니, '풀 艹(초)'가 표의요소, '캘 采(채)'는 표음과 표의요소를 겸한다.

나물, 푸성귀
[菜蔬(채:소)/蔬菜(소채)] 밭(또는 논)에서 가꾸어 식용하는 각종 푸성귀나 나물.
[菜食(채:식)] 고기류를 먹지 않고 식물성 음식만 먹음.
[果菜類(과:채류)] 열매채소류로서 참외, 수박, 토마토 따위.
[山菜(산채)] 산나물.
[生菜(생채)] 익히지 않고 날로 무친 나물.
[野菜(야채)] ① 들에서 나는 나물. ② '채소'의 일본어식 표현.
[雜菜(잡채)] 여러 가지 나물에 쇠고기·돼지고기를 잘

게 썰어 볶은 것을 한데 섞어, 갖은 양념과 고명을 하여 만든 음식. 당면을 넣기도 함.

五辛菜(오:신채) 불가(佛家)나 도가(道家)에서 자극성이 있다고 먹기를 꺼리는 다섯 가지 채소. 불가에서는 마늘·달래·무릇·김장파·골파, 도가에서는 부추·호유·마늘·평지·달래.

菜根(채근), 菜根譚(채근담), 菜毒(채독), 菜麻(채마), 菜麻田(채마전), 菜松花(채송화), 菜園(채원), 菜油(채유), 乾菜(건채), 果菜(과채), 根菜(근채), 冷菜(냉채), 豆芽菜(두아채), 白菜(백채), 葉菜(엽채), 油菜(유채), 花菜(화채)
반찬

蔬 푸성귀 소, 나물 소, ++부15 1381

'蔬(소)'자는 먹을 수 있는 풀, 즉 '나물'을 뜻하기 위하여 만든 것이다. '풀 ++(초)'와 '트일 疏(소)'로 이루어졌다.
푸성귀, 채소, 남새, 식용하는 온갖 나물의 총칭
[蔬食(소사/소식)] 고기류가 없는 거친 음식. 변변하지 못한 음식.
[菜蔬(채:소)/蔬菜(소채)] ☞ 菜(채)

葬 장사지낼 장:, ++부13 1382

'葬(장)'자는 '장사지내다'는 뜻을 나타내기 위하여 '잡초 우거질 茻(망)'과 '죽을 死(사)' 두 표의요소를 합친 것이다.
장사지내다, 매장하다
[葬禮(장:례)] 장사를 지내는 예절. 찹葬禮式(장례식)
[葬事(장:사)] 죽은 사람을 땅에 묻거나 화장하는 일.
[葬儀(장의)] 죽은 사람을 땅에 묻거나 화장하는 장사를 지내는 의식. 동葬禮(장례) 찹葬儀社(장의사)
[國葬(국장)] 국가에 특별한 공훈이 있는 사람이 죽었을 때, 국가가 주관하여 국가의 비용으로 치르는 장례.
[埋葬(매장)] ① 시체나 유골을 땅에 묻어 장사지냄. ② 못된 짓을 한 사람을 사회에서 용납하지 못하게 함.
[移葬(이장)] 무덤을 다른 곳으로 옮겨 새로 葬事(장사)지냄.
葬送(장송), 葬送曲(장송곡), 假葬(가장), 副葬(부장), 副葬品(부장품), 水葬(수장), 殉葬(순장), 暗埋葬(암매장)/暗葬(암장), 鳥葬(조장), 土葬(토장), 風葬(풍장), 合葬(합장), 火葬(화장), 會葬(회장)

著 나타날 저:, 입을 착, ++부13 1383

'著(저)'자는 '나타나다', '뚜렷하다', '드러나다', '(글을) 짓다' 등의 뜻으로 쓰인다. '풀 ++(초)'와 '사람 者(자)'로 이루어졌다. '(옷을) 입다', '(신을) 신다', '붙이다', '다다르다'는 뜻으로도 쓰였는데 이 경우는 [착]으로 읽는다.

혼동을 피하기 위하여 '著(착)'의 속자인 '着(착)'자를 만들어 이러한 뜻을 나타냈다. '着(착)'자(0498) 참조.
드러나다, 나타내다, 분명함, 뚜렷함
[著明(저:명)] 세상에 이름이 높이 드러남. 찹著名人士(저명인사)
[顯著(현:저)] 두드러지게 드러남. ¶현저한 차이
짓다, 저술하다
[著書(저:서)] 책을 지음 또는 그 책.
[著者(저:자)] 책이나 글 따위를 지은 사람. 지은이.
[力著(역저)] 힘을 들여서 지은 책. 훌륭한 저서.
[名著(명저)] 이름난 저서.
[拙著(졸저)] ① 변변치 못한 저술. ② 자기의 저술을 겸손하게 일컫는 말.
著述(저술), 著作(저작), 著作權(저작권), 論著(논저), 編著(편저)

蒙 어릴 몽, 어두울 몽, ++부14 1384

'蒙(몽)'자는 한약제로 쓰는 식물의 일종인 '소나무겨우살이'를 뜻하기 위하여 만든 것이다. '풀 艸(초)'와 '덮어쓸 冡(몽)'으로 이루어졌다. '(은혜 따위를) 입다', '어둡다', '어리다' 등의 뜻을 나타낸다.
덮다, 덮어씌우다, 싸다, 덮어쓰다, 덮개, 숨기다, 덮어 가리다
[蒙塵(몽진)] (역) 播遷(파천). '머리에 먼지를 뒤집어쓴다'는 뜻으로 '임금이 난리를 피하여 안전한 곳으로 감을 비유적으로 이르는 말. ¶임진왜란 때 선조의 몽진과 백성들의 분노
어리석다, 어둡다
[蒙昧(몽매)] 어리석고 사리에 어두움.
[啓蒙(계:몽)] 인습에 젖거나 바른 지식을 가지지 못한 사람을 일깨워 새롭고 바른 지식을 가지도록 함. 찹啓蒙文學(계몽문학), 啓蒙思想(계몽사상), 啓蒙主義(계몽주의)
[無知蒙昧(무지몽매)] 아는 것이 없고 미욱하고 어리석음.
어린 사람, 어리석은 사람, 어린 모양
[擊蒙(격몽)] 어리석고 사리에 어두운 어린이들을 일깨움. 찹擊蒙要訣(격몽요결)
[童蒙(동몽)] 아직 장가를 들지 않은 어린 사내 아이. 찹童蒙先習(동몽선습)
[訓蒙(훈:몽)] 어린 아이나 처음 배우는 이에게 글을 가르침. 찹訓蒙字會(훈몽자회)
나라 이름, 몽고(蒙古)의 약칭
[蒙古(몽고)]

蒸 찔 증, ++부14 1385

'蒸(증)'자는 껍질을 벗겨낸 '삼 줄기'를 뜻하기 위한 것이었다. '풀 ++(초)'와 '김 오를 烝(증)'으로 이루어졌다. 후에 '찌다'는 뜻으로 쓰이면서 '烝(증)'이 표의요소도 겸하게 되었다.

찌다, 수증기 따위의 김이 올라가다, 김을 올려 익히다
[蒸氣(증기)] 액체나 고체가 증발 또는 승화하여 생긴 기체. 수증기의 준말.
[蒸溜(증류)] (물) 액체 속에 섞인 잡된 물건을 분리시키고, 액체를 끓여 증발시키고, 그 증기를 식혀 다시 액체가 되게 함. 准蒸溜水(증류수)
[蒸發(증발)] ① (물) 액체가 그 겉면에서 기체로 변함. ② 있던 것이 갑자기 사라져 보이지 않음을 비유하여 이르는 말.
[蒸散(증산)] (식) 식물의 잎에서 대기 중으로 수분이 증발하여 흩어지는 일.
[水蒸氣(수증기)] 기체로 화한 물.
[汗蒸(한:증)] 높은 온도로 몸을 덥게 하여 땀을 내서 병을 다스리는 일. 准汗蒸幕(한증막), 汗蒸湯(한증탕)

덥다, 무덥다
[蒸暑(증서)] '찌는 듯한 더위'를 이르는 말.

蒼 푸를 창, 어슴푸레할 창, ++부14 1386

'蒼(창)'자는 풀 빛, 즉 '짙은 푸른색'을 뜻하기 위하여 만든 것이었다. '풀 ++(초)'와 '곳집 倉(창)'으로 이루어졌다.

푸르다, 풀의 푸른 빛깔
[蒼空(창공)/蒼天(창천)/穹蒼(궁창)] 푸른 하늘.
[蒼白(창백)] 얼굴에 푸른빛이 돌며 핏기가 없이 희다. 해쓱하다.
[蒼海(창해)] 푸른 바다.
[古色蒼然(고:색창연)] 오랜 세월을 겪어 옛 정취가 역력히 나는 모양
[萬頃蒼(滄)波(만경창파)] 한없이 넓은 바다. ('頃'은 면적의 단위로 약 5천 평에 해당한다)
蒼浪(창랑), 蒼蠅(창승), 蒼然(창연), 蒼蒼(창창), 蒼蒼少年(창창소년), 蒼波(창파)

우거지다, 무성해지다
[蒼生(창생)] 세상의 모든 사람.
[億兆蒼生(억조창생)] 수많은 백성.
[鬱蒼(울창)] 나무가 빽빽하게 우거지고 푸름. ¶울창한 숲속으로 들어가다

藏 감출 장(:), ++부18 1387

'藏(장)'자는 '감추다'는 뜻을 나타내기 위한 것이었는데, '풀 ++(초)'가 표의요소로 쓰였다. 우거진 풀 속에다 감추면 눈에 잘 뜨이지 않았을 것이다. '감출 臧(장)'은 표의요소와 표음요소를 겸한다. 후에 '거두다', '간직하다'는 뜻으로 확대되었다.

감추다, 감추어두다
[露尾藏頭(노미장두)] 꼬리가 드러난 채 머리만 숨긴다. '잘못을 숨기려고 애써도 결국 탄로됨'을 비유하여 일컫는 말.
[剖腹藏珠(부복장주)] 배를 가르고 보물을 감추다. 재물에 눈이 어두워 자신에게 해가 되는 일도 서슴지 않고 자행한다는 말이다. 이익을 챙기려 자신의 몸을 해치는 일은 하지 말라는 말임.
[笑裏藏刀(소:리장도)] '웃음 속에 칼을 감춘다'는 뜻으로, 말로는 좋게 하나 속으로는 해칠 뜻을 가짐을 비유하는 말.

품다, 속에 안고 있다, 간직하다
[藏書(장서)] 책을 간직하여 둠. 또는 그 책.
[內藏(내:장)] 안에 가지고 있음. ¶별도의 기억장치가 내장되어 있다
[無盡藏(무진장)] 물건이나 지식을 습득한 것이 너무 많아 바닥이 나지 않는다. 부처님의 한량없는 자비심을 비유하는 말인데, 지금은 다양하게 쓰인다. 주로 단위로 계량할 수 없는 많은 물량을 비유하는 말로 쓰인다. ¶무진장의 지하자원/돈을 무진장 벌었다
[秘藏(비:장)] 비밀히 감추어 두거나 간직함. ¶비장의 무기/비장의 카드
[所藏(소:장)] 자기의 것으로 간직함, 또는 간직하고 있는 것.
大藏經(대장경), 備藏(비장), 死藏(사장), 收藏(수장), 包藏(포장)

저장하다
[冷藏(냉:장)] 차게 하기 위하여 저온에서 저장하는 일.
[冷藏庫(냉:장고)] 식품·약품 따위를 상하지 않게 차게 보관하는 상자 모양의 기구.
[鹽藏(염장)] 소금에 절여 저장함.
[貯藏(저:장)] 갈무리. 정돈하여 간직함.

서장(西藏)의 약칭
[藏族(장족)]

蘇 되살아날 소, 깨어날 소, 차조기 소, ++부20 1388

'蘇(소)'자는 꿀풀과에 속하는 일년생 식물인 '차조기'를 뜻하기 위하여 만든 것이다. '풀 艸(초)'와 '긁어모을 穌(소)'로 이루어졌다. '되살아나다'는 뜻으로도 쓰인다.

차조기, 자소(紫蘇)
[紫蘇(자소)] (식) 차조기. 소엽.

소생하다, 깨어나다
[蘇生(소생)/甦生(소생)] 다시 살아남.

나라 이름
[蘇聯(소련)]

성
蘇定方(소정방), 蘇軾(소식), 蘇轍(소철)

虎 범 호(:), 虍부8 1389

'虎(호)'자는 '호랑이'를 뜻하기 위하여 호랑이 모양을 그려 놓은 것이다.

범
[虎口(호:구)] ① '범의 아가리'라는 뜻으로, '매우 위태

로운 지경'을 비유하는 말. ② 바둑에서 한쪽 편의 석 점이 이미 싸고 있는 그 속.
[虎尾難放(호:미난방)] '잡은 범의 꼬리를 놓기가 어렵다'는 뜻으로 위험한 일을 시작하여 놓고 그냥 계속할 수도 없고, 중단할 수도 없는 난처한 사정을 일컫는 말.
[虎視眈眈(호:시탐탐)] '범이 눈을 부릅뜨고 먹이를 노려본다'는 뜻으로, 기회를 노리고 가만히 정세를 관망함을 비유하는 말.
[虎皮(호:피)] 호랑이 가죽.
[養虎遺患(양:호유환)] '범을 길러 화근을 남긴다'는 뜻으로, '화근을 길러서 걱정거리를 산다'는 말.
[狐假虎威(호가호위)] 여우가 호랑이의 위세를 빌리다. 남의 권세를 빌려 위세를 부림을 비유한 말.
[不入虎穴不得虎子(불입호혈부득호자)] 호랑이 굴에 들어가지 않고는 호랑이 새끼를 잡을 수 없음. 즉 모험을 하지 않으면 이익을 얻지 못함의 비유.
[苛政猛於虎(가:정맹어호)] 가혹한 정치는 호랑이보다 더 무섭다. '정치가 잘못되어 사람을 해치는 것은 호랑이가 사람을 잡아 죽이는 것보다 더욱 견디기 힘들다'는 뜻으로, 그릇된 정치의 폐해를 지적하는 성어이다. 〔비〕苛斂誅求(가렴주구) 『禮記(예기)·檀弓篇(단궁편)』
[市虎成於三人(시:호성어삼인)] 시장에 범이 있을 리 만무하지만, 이를 말하는 사람이 셋에 이르면 마침내 믿게 된다는 뜻으로, '터무니없는 말도 말하는 사람이 여럿이면, 마침내 사람을 현혹하게 함'을 비유하여 이르는 말.
[前門拒虎後門進狼(전문거호후문진랑)] 범을 피하자 늑대를 만남. 겨우 한 가지 재난을 피하자마자 또 다른 재난에 부딪침. 前虎後狼(전호후랑). 『趙雪航(조설항)·評史(평사)』

虎尾(호미), 虎父犬子(호부견자), 虎視(호시), 虎穴(호혈), 虎患(호환), 騎虎之勢(기호지세), 猛虎(맹호), 猛虎伏草(맹호복초), 白虎(백호), 飛虎(비호), 宿虎衝鼻(숙호충비), 龍虎(용호), 龍虎相搏(용호상박), 草網着虎(초망착호), 畵虎類狗(화호유구)

사납고 모짊의 비유
[虎狼(호:랑)] ① 범과 이리. ② '욕심이 많고 잔인한 사람'을 비유한 말.
[虎狼之心(호:랑지심)] 사납고 모질어서 자비롭지 못한 마음.
[虎列刺(호열자)] (의) 콜레라.

바둑의 수법 이름, 호구(虎口)치다
[虎口(호:구)] ② 바둑에서 한쪽 편의 석 점이 이미 싸고 있는 그 속. ① '범의 아가리'라는 뜻으로, 매우 위태로운 지경을 비유하는 말.

용맹스럽다, 용맹함의 비유

被 이불 피, 입을 피, 衣부10　1390

'被(피)'자는 잠을 잘 때 덮는 옷, 즉 '이불'을 나타내기 위한 것이다. '옷 衣(의)'와 '가죽 皮(피)'로 이루어졌다.

'당하다', '덮다'는 뜻으로 확대되었다.

덮다, 덮어 가리다, 가리개, 이불, 덮는 침구
[被覆(피:복)] 거죽을 덮어씌움. 또는 그런 물건.

입다, 옷을 입다, 입는 것
[被服(피:복)] 옷.

당하다(수동적임을 나타내는 말), 피해·부상 등을 당하다
[被告(피:고)] (법) 민사소송에서 소송을 당한 편의 당사자.
[被教育者(피:교육자)] 교육을 받는 사람. 배우는 사람.
[被動(피:동)] ① 남의 힘이나 권고를 받아서 움직임. 〔참〕被動的(피동적) ② (언) 남의 행동을 입는(당하는) 동사의 성질. 〔참〕被動詞(피동사) 〔반〕能動(능동)
[被殺(피:살)] (어떤 사람에게) 죽임을 당함.
[被害(피:해)] 신체, 재물, 정신상의 손해를 당함. 〔참〕被害妄想(피해망상) 〔반〕加害(가해)
[賊被狗咬(적피구교)] 도둑이 개한테 물림. '남에게 말할 수 없음'의 비유. 『通俗編(통속편)』

被檢(피검), 被擊(피격), 被拉(피랍), 被選(피선), 被選擧權(피선거권), 被訴(피소), 被襲(피습), 被疑(피의), 被疑者(피의자), 被逮(피체), 被侵(피침)

裁 마를 재, 衣부12　1391

'裁(재)'자는 '옷을 마르다'가 본뜻이다. 옷감을 치수에 맞도록 재거나 자르는 일을 말한다. '분별하다', '처리하다'는 뜻으로도 쓰인다.

마르다, 마름질하다, 옷을 짓다
[裁斷(재단)] ① 마름질. 옷을 만들기 위하여 옷감을 마르거나 끊음. 〔참〕裁斷師(재단사) ② 옳고 그름을 분별하여 판단함.
[裁縫(재봉)] 옷을 말라서 바느질함. 또는 그 일. ¶재봉틀
[洋裁(양재)] 서양식 옷을 마름질하는 일.

헤아리다, 재량하다, 분별하다
[裁可(재가)] 안건을 결재하여 허가함.
[裁量(재량)] 스스로 분별하고 헤아려 처리함.
[裁判(재판)] ① 옳고 그름을 가리어 판단함. ② (법) 소송 사건을 법률에 따라 법원 또는 법관이 내리는 판단. 판결·명령·결정의 세 가지 형식이 있음. 〔참〕裁判官(재판관), 裁判所(재판소)
[決裁(결재)] 책임 있는 윗사람이 부하가 제출한 안건이나 서류를 허가하거나 승인함. ¶결재 서류
[獨裁(독재)] ① 특정 개인·단체·당파·계급 따위가 국가나 어떤 분야에서 권력을 쥐고 모든 일을 독단으로 처리하는 일. ② 독재 정치.
[總裁(총:재)] 어떤 기관이나 단체에서 사무를 관리·감독하는 최고 지위 지위. 또는 그 사람. ¶적십자사 총재

억제하다
[制裁(제:재)] ① 습관이나 규정에 어그러짐이 있을 때 사회로서 금지하고 나무람. ② (법) 나라가 법률을 어

긴 사람에게 가하여지는 불이익 또는 징벌을 이름.
[仲裁(중재)] 분쟁이나 싸움의 가운데 끼어들어 제재함. 다투는 사이에 들어 화해시킴.

補 기울 보:, 衣부12　　1392

'補(보)'자는 '(떨어진 옷을) 깁다'는 뜻을 나타내기 위하여 만든 것이었다. '옷 衣(의)'와 '클 甫(보)'로 이루어졌다. '돕다', '채우다'는 뜻으로 쓰인다.

고치다, 보수하다, 깁다, 옷 따위의 해진 데를 깁다

[補修(보:수)] 건물 따위를 손질하여 고침.
[亡羊補牢(망양보뢰)] 양을 잃고 우리를 고침. '이미 실패한 뒤에 뉘우쳐도 쓸데없음'을 비유하여 이르는 말. 소 잃고 외양간 고치기. 『戰國策(전국책)』
[補綴(보:철)] ① 헤어진 것을 깁고 꿰맴. ② 글귀를 이것저것 모아 붙여서 시나 글을 지음. ③ (의) 이가 상한 것을 고쳐 바로잡으며 이를 해 박는 일. ④ (의) 의수·의족 등을 해서 끼우거나 덧대어 힘을 쓰게 하는 일.

채우다, 보충하다, 더하다, 보태다

[補強(보:강)] 모자라는 곳이나 약한 부분을 채워서 강하게 함.
[補闕(보:궐)] 모자라는 자리를 채움. 동補缺(보결) 참補闕選擧(보궐선거)
[補償(보:상)] ① 남에게 끼친 손해를 그 값으로 갚음. ¶피해 보상 참補償金(보상금) ② (심) 자기 결함을 다른 것으로 메워서 열등감에서 벗어나려고 하는 일. ¶보상 심리
[補完(보:완)] 모자라는 것을 보태서 완전하게 함. ¶보완 대책
[補充(보:충)] 부족한 것을 보태어 채움. ¶영양 보충
[以空補空(이:공보공)] 제 살로 제 때우기. 곧 세상에는 공것이 없다는 뜻.
補給(보급), 補選(보선), 補習(보습), 補語(보어), 補塡(보전), 補助(보조), 補足(보족), 補聽器(보청기), 補充兵(보충병), 補充役(보충역), 增補(증보)

돕다

[補脾胃(보:비위)] ① 비장과 위의 기운을 도움. ② 남의 비위를 잘 맞추어 줌. ¶보비위를 잘하다
[補身(보:신)] 보약 따위를 먹어 몸의 원기를 도움. 참補身湯(보신탕)
[補藥(보:약)] 몸의 기력을 돕는 약. ¶밥이 보약이다
[補佐(보:좌)/輔佐(보:좌)] 윗사람 곁에서 그 일을 도움. 참補佐官(보좌관)/輔佐官(보좌관)
[捐補(연보)] ① 자기 재물을 내어서 다른 사람을 도와줌. ② 헌금. 참捐補金(연보금)
補色(보색), 補腎(보신), 補陽(보양), 補陰(보음), 補血(보혈)

임명하다, 관직에 임명하다

[補任(보:임)] 임명하여 어떤 직을 맡김.
[補職(보:직)] ① 임명받아 맡은 직책. ¶보직을 받다 ② 어떤 직책을 맡도록 임명함.
[轉補(전:보)] 다른 직책으로 보직을 변경함.
[候補(후:보)] ① 어떤 직위나 신분에 오르기를 바람. ¶대통령 후보 ② 앞으로 어떤 지위에 오를 자격이나 가망이 있음. 또는 그 사람. ¶우승 후보
[候補生(후:보생)] 일정한 과정을 마침으로써 어떤 지위나 신분에 나아갈 자격을 갖춘 학생. ¶사관후보생

책의 내용을 증정(增訂)하다

[增補版(증보판)] 서적 등의 내용을 더 보태고 모자람을 보충해서 출판하는 책.

裳 치마 상, 衣부14　　1393

'裳(상)'자의 본래 글자는 '常(상)'이었다. '치마'가 본뜻이었는데, '늘'을 뜻하는 부사로 쓰이는 예가 많아지자 '常(상)'자의 '수건 巾(건)'을 '옷 衣(의)'로 바꾼 '裳(상)'자를 만들어 '치마'란 뜻을 나타냈다. '裳(상)'이 원래는 '常(상)'의 속자이었는데 독립 분가하였다.

치마, 아랫도리에 입는 옷

[紅裳(홍상)] 다홍치마.
[綠衣紅裳(녹의홍상)] 연두저고리에 다홍치마. 곧 젊은 여자의 곱게 치장한 복색. ¶녹의홍상 꺼내 입고
[同價紅裳(동가홍상)] '같은 값이면 다홍치마'라는 뜻으로 이왕이면 좀 낫고 마음에 드는 것으로 골라잡음을 이르는 말.
[衣裳(의상)] ① 겉에 입는 위아래 옷. ② (주로) 여자들이 입는 겉옷.
[靑裳(청상)] ① 푸른 치마. ② 기생·기녀를 일컬음.

衝 찌를 충, 行부15　　1394

'衝(충)'자는 본래 '큰 길'을 나타내기 위한 것이었다. '네거리'를 뜻하는 '行(행)'이 표의요소, '무거울 重(중)'이 표음요소이다. 본래 의미보다 '맞부딪치다', '찌르다'의 뜻으로 많이 쓰인다.

찌르다, 치다

[衝擊(충격)] ① 물체에 갑자기 가해지는 힘. ② 마음에 받는 심한 자극. 참衝擊療法(충격요법)
[衝天(충천)] ① 공중에 높이 솟아서 하늘을 찌를 듯함. ② 의로운 느낌이나 분한 느낌이 북받쳐 오름. 참怒氣衝天(노기충천), 憤氣衝天(분기충천), 意氣衝天(의기충천), 火光衝天(화광충천)
[怒氣衝天(노:기충천)] 노기가 하늘을 찌를 듯함. '노기가 대단함'을 이르는 말. 동怒氣沖天(노기충천), 怒氣撑天(노기탱천)
[怒髮衝冠(노:발충관)] '격노하여 곤두선 머리카락이 관을 밀어올린다'는 뜻으로, 몹시 성난 모양을 비유하여 이르는 말.
[宿虎衝鼻(숙호충비)] 잠자고 있는 호랑이의 코를 찌

름. 가만히 있는 사람을 덧들여서 화를 자초한다는 말.

맞부딪치다
[衝激(충격)] 서로 세차게 부딪침.
[衝突(충돌)] ① 맞부딪침. ② 몰아침. ③ (물) 움직이는 두 물체가 접촉하는 순간에 서로 擊力(격력)을 미쳐 움직임의 상태가 변하는 일.
[相衝(상충)] 서로 어긋남.
[緩衝(완:충)] 대립하는 것 사이에 있어, 그것들의 충돌이나 불화를 완화시킴. 참緩衝作用(완충작용), 緩衝地帶(완충지대)
[左衝右突(좌:충우돌)] 왼쪽에 부딪쳤다가 다시 오른쪽에 부딪침. 닥치는 대로 마구 치고받고 함.
[折衝(절충)] ① 적의 침입을 막아냄. ② 국제상의 외교 담판.

움직이다
[衝動(충동)] ① 마음을 들쑤셔 움직이게 함. ② 순간적으로 어떤 행동을 하고 싶은 욕구를 느끼게 하는 마음속의 자극. ③ 어떤 일을 하도록 남을 부추기거나 심하게 마음을 흔들어 놓음.

사북, 요충
[要衝(요충)] 긴한 목. 자기 편에는 이롭고 적의 편에는 해롭게 생긴 긴요한 지점. 동要衝地(요충지), 要害(요해), 要害處(요해처)

襲 엄습할 습, 衣부22   1395

'襲(습)'자는 죽은 사람에게 입히는 '수의'를 뜻하기 위하여 만든 글자이니 '옷 衣(의)'가 표의요소이다. 원래는 '용 龍(룡)'자 두 개를 겹쳐 쓴 '겹쳐 합치다'의 뜻인 '답'자에 '옷 衣(의)'가 붙여진 글자였다. '물려받다', '갑자기', '습격하다'는 뜻으로 쓰인다.

엄습하다, 불의에 쳐들어가다
[襲擊(습격)] 갑자기 적을 공격함.
[空襲(공습)] 항공기로 공중에서 습격함. 참空襲警報(공습경보)
[奇襲(기습)] 몰래 습격함. 또는 그 습격. ¶기습 작전
[掩襲(엄:습)] ① 뜻하지 아니하는 사이에 몰래 습격함. ② 감정, 생각, 감각 따위가 갑작스럽게 들이닥치거나 덮침. ¶두려움이 엄습하다
[逆襲(역습)] 공격해 오는 상대를 이편에서 거꾸로 공격함. ¶역습을 당하다
强襲(강습), 急襲(급습), 猛襲(맹습), 夜襲(야습), 被襲(피습)

잇다, 계승하다, 종전대로 따르다(襲)
[踏襲(답습)] 옛것을 좇아 그대로 함.
[世襲(세:습)] 대대로 물려받음.
[因襲(인습)] 옛것을 좇아서 그대로 함.

염습하다, 죽은 사람에게 옷을 입히다
[殮襲(염:습)] 죽은 사람의 몸을 씻긴 후, 옷을 입히고 홑이불로 싸는 일. ¶지금 염습을 잡수시고 계십니다

觸 닿을 촉, 角부20   1396

'觸(촉)'자는 '뿔로 떠받다'는 뜻을 나타내기 위하여 만든 것이었다. '뿔 角(각)'과 '나라 이름 蜀(촉)'으로 이루어졌다. 후에 '닿다', '범하다'는 뜻으로 쓰이게 되었다.

닿다, 감각하다, 감동하다
[觸覺(촉각)] (생) 살갗에 닿아서 받는 느낌. ¶촉각을 곤두세우다
[觸角(촉각)] (동) 더듬이.
[觸感(촉감)] 무엇에 닿는 느낌.
[觸媒(촉매)] (화) 자신은 화학 반응에 참여하지 않고 다른 물질의 반응을 촉진시키거나 지연시키는 물질. 참觸媒劑(촉매제)
[一觸卽發(일촉즉발)] 조금만 닿아도 폭발할 것 같이 몹시 위급한 상태.
[接觸(접촉)] ① 서로 맞닿음. ② 가까이 대하거나 만남. ¶사회적 접촉

[蠻觸(만촉)] 달팽이의 왼쪽 뿔 위에 세운 나라가 觸(촉)이고, 오른쪽 뿔 위에 세운 나라는 蠻(만)인데, 두 나라가 가끔 지역을 다투어서 전쟁을 하면 송장이 수만이 되고, 쫓고 쫓기고 해서 달을 넘길 때도 있다고 한다. 곧 '작은 것이 서로 다툰다'는 뜻이다. 또는 '하찮은 일로 승강이를 하는 것'을 비유하여 이르는 말이기도 하다. 참蝸牛角上之爭(와우각상지쟁) 『莊子(장자)·則陽(칙양)』 ☞ * 297

觸目傷心(촉목상심), 觸發(촉발), 觸手(촉수), 感觸(감촉)

범하다, 저촉하다
[抵觸(저:촉)] ① 서로 부딪치거나 모순됨. ② 법률이나 규칙 등에 위배됨.

詞 말씀 사, 言부12   1397

'詞(사)'자는 '말'을 뜻하기 위하여 만든 것이다. '말씀 言(언)'과 '맡을 司(사)'로 이루어졌다. '글', '낱말'의 뜻으로도 쓰인다.

말씀, 말, 문장, 글
[歌詞(가사)] 노래의 내용이 되는 글.
[臺詞(대사)] (극) 배우가 무대 위에서 연극 중에 하는 말.
[作詞(작사)] 노랫말을 지음.
[弔詞(조:사)/弔辭(조:사)] 조상하는 뜻을 표하는 글.
[祝詞(축사)/祝辭(축사)] 축하하는 뜻을 표하는 글. 또는 말. 동賀詞(하사)
[致詞(치:사)/致辭(치:사)] 남을 칭찬하는 말을 함.
[忠言逆耳(충언역이), 甘詞易入(감사이입).] 충직한 말은 귀에 거슬리고, 달콤한 말은 귀에 쏙 들어온다. 『史記(사기)』

품사
[動詞(동:사)] 품사의 한 가지. 사물의 동작·작용을 나타내는 품사.
[名詞(명사)] 품사의 하나. 사물의 이름을 나타내는 말.
[品詞(품:사)] 단어를 문법적 기능·형태 및 의미에 따라 나눈 갈래. 우리나라의 학교 문법에서는 명사·대명사·수사·조사·동사·형용사·관형사·부사·감탄사로 분류하고 있음.
[形容詞(형용사)] (언) 품사의 하나. 사물의 상태·성질이 어떠함을 나타냄. 활용할 수 있어 동사와 함께 용언에 딸림. 그림씨.
感歎詞(감탄사), 冠詞(관사), 冠形詞(관형사), 代名詞(대명사), 副詞(부사), 數詞(수사), 疑問詞(의문사), 自動詞(자동사), 前置詞(전치사), 接頭辭(접두사), 接尾辭(접미사), 接續詞(접속사), 助動詞(조동사), 助詞(조사), 抽象名詞(추상명사), 他動詞(타동사), 被動詞(피동사)

訴 하소연할 소, 호소할 소, 言부12 1398

'訴(소)'자는 '말씀 言(언)'과 '물리칠 斥(척)'으로 이루어졌다. 부당함을 물리치기 위한 말, 즉 '訴訟(소송)'의 뜻을 나타낸다.

하소연하다, 변명하다, 원통함을 호소하다, 알리다, 고하다
[哀訴(애소)] 슬프게 하소연함.
[泣訴(읍소)] 울면서 하소연함.
[直訴(직소)] 절차를 밟지 않고 윗사람에게 직접 하소연함.
[呼訴(호소)] 억울하거나 원통한 사정을 하소연함. ¶억울한 사정을 호소하다

헐뜯어 말하다, 헐뜯다 참소(讒訴)하다
[譖訴(참소)/讒訴(참소)] 간악한 말로 남을 헐뜯어 없는 죄도 있는 것처럼 윗사람에게 고해바침. ¶간신의 참소

송사하다, 관청에 고하여 판결을 청하다
[訴訟(소송)] (법) 법률에 따른 판결을 법원에 요구하는 일. 또는 그 절차. 민사 소송·형사소송·행정소송·선거소송 등의 구별이 있음.
[告訴(고:소)] (법) 범죄의 피해자나 다른 고소권자가 범죄자나 또는 범인이 있는 곳의 검사나 수사 기관에 구두 또는 서면으로 피해 사실을 알리고, 그 수사와 처분을 구하는 행위.
[上訴(상:소)] 소송법상 판결에 대한 불복 신청 가운데 재판의 확정 전에 상급 법원에 취소 변경을 요구하는 절차.
[勝訴(승소)] (법) 訟事(송사)에서 이김. 凹敗訴(패소)
[抗訴(항:소)] 제1심의 판결에 대하여 제2심 법원에의 상소.
訴願(소원), 訴狀(소장), 訴請(소청), 訴追(소추), 告訴狀(고소장), 公訴(공소), 起訴(기소), 起訴猶豫(기소유예), 民事訴訟(민사소송), 提訴(제소), 被訴(피소), 憲法訴願(헌법소원)

訟 송사할 송:, 言부11 1399

'訟(송)'자는 '말다툼'이라는 뜻을 나타내기 위하여 만든 것이다. '말씀 言(언)'과 '공변될 公(공)'으로 이루어졌다.

송사하다(당국에 호소하여 시비를 가려주기를 원하는 일)
[訟事(송:사)] 법원에 고소하여 소송을 청구하는 일. 또는 그 절차.
[民事訴訟(민사소송)] 개인 사이의 분쟁과 이해 충돌을 국가의 재판권에 의하여 법률적 또는 강제적으로 해결 조정을 받기 위한 소송.
[訴訟(소송)] ☞ 訴(소)
[爭訟(쟁송)] 서로 송사로 다툼.

誇 자랑할 과:, 과장할 과:, 言부13 1400

'誇(과)'자는 원래 '夸(과)'로 썼는데, 후에 '말씀 言(언)'이 덧붙여진 것은 그 뜻을 더욱 분명하게 하기 위한 것이다. '誇(과)'자는 크게[大] 부풀리어 말하다 즉, '자랑하다', '분수에 넘치다'는 뜻이다.

자랑하다, 자랑
[誇功(과:공)] 공로를 자랑함.

과장하다
[誇大(과:대)] 작은 것을 큰 것처럼 과장함.
[誇大妄想(과:대망상)] 사실보다 과장하여 크게 믿는 생각.
[誇張(과:장)] 사실보다 크게 나타냄. ¶허위 과장 광고

자만하다, 자만
[誇示(과:시)] ① 자랑하여 보임. ¶실력을 과시하다 ② 사실보다 크게 나타내 보임. ¶권력을 과시하다

詳 상세할 상, 자세할 상, 言부13 1401

'詳(상)'자는 말이 '자세하다'는 뜻을 나타내기 위한 것이다. '말씀 言(언)'과 '양 羊(양)'으로 이루어졌다.

자세하다, 상세
[詳細(상세)] 자상하고 세밀함. ¶자상한 설명
[詳述(상술)] 자세하게 진술함.
[未詳(미:상)] 자세하지 않음. ¶작자 미상/원인 미상
[不詳(불상)] 자세하지 않음.
[仔詳(자상)] 성질이 자세하고 찬찬함. ¶자상하셨던 아버지
詳論(상론), 詳報(상보), 詳解(상해), 昭詳(소상)

誘 꾈 유, 달랠 유, 言부14 1402

'誘(유)'자는 '말을 빼어나게 잘하다'는 뜻을 나타내기 위한 것이었다. '말씀 言(언)'과 '빼어날 秀(수)' 둘 다

표의요소로 쓰였다. 후에 '이끌다', '꾀다'는 뜻으로 쓰이게 되었다. 사람을 유혹하려면 말을 빼어나게 잘 해야 한다.

꾀다, 유혹하다, 불러내다, 유인하다

[誘拐(유괴)] 사람을 속여 꾀어내는 일.

[誘引(유인)] 남을 꾀어 끌어들임.

[誘惑(유혹)] ① 꾀어 정신을 흐리게 함. ② 남을 호리어 나쁜 길로 유도함. ¶유혹에 빠지다

誘蛾燈(유아등)

권하다, 권유하다

[勸誘(권:유)] 권하여 하도록 함. ¶친구의 권유로 새 사업을 시작했다

인도하다

[誘導(유도)] 사람이나 물건을 어떤 장소나 상태로 꾀어 이끄는 일.

[誘導彈(유도탄)] (군) 컴퓨터와 무선·레이더·적외선 따위의 유도에 따라 자동적으로 목표물에 날아가 명중하도록 만든 포탄.

[誘致(유치)] (설비 등을 갖추어 두고) 권하여 오게 하거나 이르게 함. ¶관광객 유치/올림픽 경기 유치

움직이다, 감동하게 하다

[誘發(유발)] 어떤 일이 원인이 되어 다른 일을 일어나게 하는 것.

謀 꾀할 모, 言부16 1403

'謀(모)'자는 서로 말을 주고받으며 '상의하다'는 뜻을 나타내기 위하여 만든 글자이다. '말씀 言(언)'과 '아무 某(모)'로 이루어졌다. 후에 '꾀', '꾀하다'는 뜻도 가지게 되었다.

꾀하다, 꾀, 꾸미다, 책략을 세우다, 술책, 계책, 정책

[謀利輩(모리배)] 온갖 수단 방법으로 자신의 이익만을 꾀하는 무리. 謀利之輩(모리지배)라고도 함.

[謀免(모면)] 꾀를 쓰거나 운이 좋아 어려운 상황이나 죄 따위를 면하게 됨.

[謀事(모사)] 일을 꾀함. ¶謀事(모사)는 在人(재인)이요, 成事(성사)는 在天(재천)이라.

[謀議(모의)] 어떤 일을 꾀하고 의논함. ¶역적 모의

[圖謀(도모)] 어떤 일을 이루기 위하여 대책과 방법을 세움.

[無謀(무모)] 분별이 없이 어리석고 신중하지 못함. ¶무모한 짓

[遠謀深慮(원:모심려)] 먼 앞날을 깊이 생각함.

[主謀(주모)] 주장하여 일을 꾀함. 또는 그 사람. 참主謀者(주모자)

[謀事在人成事在天(모사재인성사재천).] 일을 도모하는 것은 사람의 일이지만 일이 이루어지는 것은 하늘에 달려있는 것이다. 『姜甑山(강증산)』

[德薄而位尊(덕박이위존), 知小而謀大(지소이모대), 力小而任重(역소이임중), 鮮不及矣(선불급의).] 덕은 박한데 지위가 높고, 아는 것이 적으면서 꾀하는 것은 크며, 힘이 부족한데 직임이 무거우면, 재앙이 미치지 않는 경우는 드물다. 『論語(논어)·繫辭(계사)』

[六耳不同謀(육이부동모).] 세 사람으로서는 비밀을 지켜 계략을 수행하기 어려움을 이르는 말. 육이(六耳)는 '세 사람'의 뜻임.

謀利(모리), 謀反(모반)/謀叛(모반), 謀士(모사), 謀臣(모신), 謀議(모의), 逆謀(역모), 遠謀(원모), 智謀(지모), 策謀(책모)

의논하다, 일을 물어 의논하다, 정사를 의논하다

[參謀(참모)] ① 어떤 일을 꾀하고 꾸미는 데 참여함. 또는 그 사람. ② (군) 지휘관을 보좌하여 지휘 본부의 각 부서별 업무를 맡아 처리하는 장교. 참參謀長(참모장) ¶인사참모/작전참모

[參謀總長(참모총장)] 육·해·공 각 군의 우두머리.

(나쁜 일을)모의하다, 권모술수

[謀略(모략)] 남을 해치려고 꾸미는 계략.

[謀陷(모함)] 나쁜 꾀로 남을 어려운 처지에 빠지게 함.

[權謀術數(권모술수)] 그때그때의 형편에 따라 꾀하는 모략이나 수단.

[陰謀(음모)] 남몰래 못된 일을 꾸밈. 또는 그런 꾀.

謂 이를 위, 言부16 1404

'謂(위)'자는 말로 '평론하다'는 뜻을 나타내기 위하여 만든 것이었다. '말씀 言(언)'과 '밥통 胃(위)'로 이루어졌다. 후에 '이르다', '설명하다'의 뜻으로 쓰이게 되었다.

이르다, 말하다, 이르는 바, 이르는 일

[可謂(가:위)] ① 가히 이르자면. ② 과연. 참. ¶폭포의 장관은 가위 일품이었다

[所謂(소:위)] 이른 바.

[云謂(운위)] 일러 말함. ¶운위하다

[睦於父母之黨(목어부모지당), 可謂孝也(가위효야).] 부모의 친족들에게 화목하게 대하는 것을 효도라고 할 수 있다. 『禮記(예기)·坊記(방기)』

[誰謂鼠無牙(수위서무아), 誰謂雀無角(수위작무각).] 누가 쥐에는 상아가 없다고 하며, 누가 참새에게 뿔이 없다고 할 것인가. '사물이 흡사하면서도 같지 아니함'을 이르는 말이다. 『詩經(시경)』

諸 모두 제, 言부16 1405

'諸(제)'자가 어떤 낱말의 첫음절에 쓰일 경우 대부분 '모든', '여러' 같은 의미를 지닌다. 문장 안에서 어조사로 쓰일 때 [제로 읽는 예가 있다. '말씀 言(언)'과 '놈 者(자)'로 이루어졌다.

모든, 여러

[諸君(제군)] 평교나 손아랫사람에게 '여러분' 또는 '그대들'의 뜻으로 쓰는 말.

[諸般(제반)] 어떤 것과 관련된 모든 全般(전반)의 것.

모든 것.
[諸島(제도)] 여러 섬. ¶하와이제도
[諸行無常(제행무상)] (불) 우주 만물은 항상 돌고 변하여 잠시라도 한 모양으로 머물러 있지 않음.
諸子(제자), 諸子百家(제자백가), 諸侯(제후)

어조사, 어세를 강하게 하는 발어사
[君子求諸己(군자구저기), 小人求諸人(소인구저인).] 군자는 자신에게서 찾고 소인은 남에게서 찾는다. 군자는 무슨 일이건 원인을 자기 자신에게 구하고 자기에게 책임을 부과한다. 스스로 반성하여 잘못된 원인을 자신에게서 찾으려고 한다. 줄여서 求諸己(구저기)라고 한다. 그러나 이와는 반대로 소인은 무슨 일이건 남에게 시키고 그 책임을 남에게 떠넘긴다. 『論語(논어)·衛靈公(위령공)』
[道在邇(도재이), 而求諸遠(이구저원).] 도가 가까운 곳에 있는데도 먼 곳에서 구한다. 사람의 도는 일상생활 속에 있다. 그것을 잊고 사람들은 자칫하면 일부러 높고 심원한 곳에서 도를 구하려고 한다. 즉 부모를 친애하고 연장자를 존경하는 것, 그것이 바로 사람의 도리인 것이다.
[事在易(사재이), 而求諸難(이구저난).] 일이 쉬운 곳에 있는데도 먼 곳에서 찾는다. 도덕과 관련된 일은 인정에 기초한 매우 쉬운 일인데도 사람들은 특별히 어려운 도리 속에서 이것을 구하려고 한다. 그러나 이것은 잘못된 생각이다. 『孟子(맹자)·離婁 上(이루 상)』

謙 겸손할 겸, 言부17   1406

'謙(겸)'자는 말을 할 때 '(남을) 올리다'는 뜻을 나타내기 위하여 만든 글자이다. '말씀 言(언)'과 '겸할 兼(겸)'으로 이루어졌다.

겸손하다, 제 몸을 낮추어 양보하다
[謙遜(겸손)] 남은 올리고[謙(겸)] 자기는 낮춤[遜(손)]. 또는 그런 태도나 마음가짐. 问謙讓(겸양), 謙虛(겸허)
[謙讓(겸양)] 겸손하게 사양함.
[謙虛(겸허)] 겸손. 남에게 자기를 낮추어 대하는 태도.
[過謙(과:겸)] 지나치게 겸손함.

遜 겸손할 손, 辶부14   1407

'遜(손)'자는 원래 '달아나다'의 뜻이었다. '길갈 辶(착)'과 '손자 孫(손)'으로 이루어졌다. 후에 '겸손하다'는 뜻으로 쓰이게 되었다.

겸손하다, 몸을 낮추다
[謙遜(겸손)] ☞ 謙(겸)
[恭遜(공손)] 예의바르고 겸손함. ¶공손한 태도
[不遜(불손)] 공손하지 않음. 교만함.

못하다, 뒤떨어지다
[遜色(손색)] 다른 것과 견주어 보아 못한 점. ¶손색이 없다

讓 사양할 양:, 言부24   1408

'讓(양)'자는 원래 '말로 꾸짖다'는 뜻을 나타내기 위한 것이었다. '말씀 言(언)'과 '도울 襄(양)'으로 이루어졌다. '사양하다', '넘겨주다', '겸손하다'의 뜻으로 쓰인다.

사양하다, 남에게 양보하다, 사양, 양보
[讓步(양:보)] '앞서 걸어가기를 사양한다'는 뜻으로, ① 길·자리·물건·권리 따위를 사양하여 남에게 미루어 줌. ¶자리를 양보하다 ② 자기의 의견이나 주장을 굽혀 물러섬. ③ 남을 위하여 자신의 이익을 희생함. ¶한 치도 양보하지 않았다
[辭讓(사양)] 겸손하게 받지 않거나 응하지 않음. 참辭讓之心(사양지심)

자기를 낮추다, 겸손해하다
[謙讓(겸양)] 겸손하게 사양함.
[禮讓(예:양)] 예의 바르고 겸손한 일.
[溫良恭儉讓(온량공검양)] '溫(온)'은 온화하고 중후함, '良(양)'은 양순하고 정직함, '恭(공)'은 공손하고 엄숙함, '儉(검)'은 마음에 절제가 있어 방종하지 아니함, '讓(양)'은 겸양. 이 다섯 가지 덕은 子貢(자공)이 공자의 언어, 용모, 동작을 평한 말이다.

주다, 넘겨주다
[讓渡(양:도)] 남에게 넘겨 건네줌. 또는 그런 일.
[分讓(분양)] 많은 것이나 큰 덩이를 갈라서 여럿에게 넘겨줌. ¶아파트 분양
[移讓(이양)] 넘겨 줌.
讓位(양위), 禪讓(선양)

譯 번역할 역, 통변할 역, 言부20   1409

'譯(역)'자는 '다른 말로 옮기다'는 뜻을 나타내기 위하여 만든 것이다. '말씀 言(언)'과 '엿볼 睪(역)'으로 이루어졌다. '번역하다', '풀이하다'의 뜻으로 쓰인다.

통역하다, 뜻을 풀다
[譯官(역관)] 통역관. 사역원 관원을 통틀어 일컫던 말.
[譯者(역자)] 어떤 언어로 된 글을 다른 언어의 글로 옮긴 사람.
[飜譯(번역)/翻譯(번역)] 어떤 언어로 된 글을 다른 언어의 글로 옮김.
[意譯(의:역)] 원문의 낱말·구절에 구애되지 않고 전체의 뜻을 살려 번역함. 또는 그렇게 하는 번역.
[直譯(직역)] 원문의 문구대로 번역함.
[通譯(통역)] (서로 말이 통하지 않는 사람 사이에서) 뜻이 통하도록 말을 옮겨줌. 또는 그 사람. 참通譯官(통역관)
國譯(국역), 對譯(대역), 英譯(영역), 誤譯(오역), 完譯(완역), 音譯(음역), 通譯官(통역관)

나타내다, 풀어 밝히다
[內譯(내:역)] 셈한 것의 자세한 내역.

譽 명예 예:, 기릴 예:, 言부21　1410

譽(예)자는 '좋은 평판'의 말을 뜻하기 위하여 만든 것이다. '말씀 言(언)'과 '줄 與(여)'로 이루어졌다. 후에 '기리다', '칭송하다'는 뜻으로 쓰이게 되었다.

영예, 명성
[名譽(명예)] 사회적으로 평가를 받는 떳떳한 이름이나 자랑. 참名譽心(명예심), 名譽慾(명예욕)
[名譽職(명예직)] 봉급을 받지 않고 다만 명예로서 그 지위에 있을 뿐, 다른 본업을 가질 수 있는 공직.
[榮譽(영예)] 영광스러운 명예. ¶우승의 영예를 안다

貞 곧을 정, 貝부9　1411

'貞(정)'자는 '(마음이) 곧다', '(몸가짐이) 깔끔하다'는 뜻을 나타낸다. '조개 貝(패)'와 '점 卜(복)'으로 이루어졌다. 여기에서 '貝(패)'는 '솥 鼎(정)'자가 간략하게 변한 것이지 '재물'을 뜻하는 '조개 貝(패)'가 아니다. '솥 鼎(정)'자는 '바를 正(정)'자와 통한다. 곧 '곧을 貞(정)'자는 '바를 正(정)'자와 통하는 것이다.

곧다(正), 정조, 여자의 절개, 절개를 지키다
[貞潔(정결)] 정조가 굳고 행실이 깨끗함.
[貞淑(정숙)] 여자로서 행동이 곧고 마음씨가 맑음.
[貞節(정절)] 여자의 곧은 지조. ¶정절을 지키다
[貞操(정조)] ① 이성 관계에서 순결을 지키는 일. ② 여자의 바르고 깨끗한 절개. ¶정조를 굳게 지킨 여성
[童貞(동:정)] ① 한 번도 이성과 성교가 없이 지키고 있는 순결. ¶동정을 지키다 ② 순결을 지키고 있는 사람. 주로 남자를 일컬음. 참童貞男(동정남), 童貞女(동정녀)
[不貞(부정)] 절개(節槪)·정조(貞操)를 지키지 아니함.

貢 바칠 공:, 貝부10　1412

'貢(공)'자는 돈이나 귀한 물품을 천자에게 '바치다'는 뜻을 나타내기 위하여 만든 것이다. 돈이나 재물을 뜻하는 '조개 貝(패)'가 표의요소, '장인 工(공)'은 표음요소로 쓰였다.

바치다, 드리다, 공물을 바치다, 나라에 바치는 산물
[貢獻(공:헌)] ① 이바지. 도움이 되도록 힘을 씀. ② 공물을 바침.
[朝貢(조공)] (역) 속국이 종주국에게나, 제후국이 천자에게 예물을 바치던 일. 또는 그 예물.
貢女(공녀), 貢緞(공단), 貢物(공물), 歲貢(세공)

貫 꿸 관(:), 貝부11　1413

'貫(관)'자는 화폐 수단으로 활용할 조개를 실로 '꿰다'는 뜻을 나타내기 위하여 만든 것이다. '조개 貝(패)'가 표의요소로 쓰였다. '뚫을 毋(관)'은 표음과 표의요소를 겸한다.

꿰다, 꿰뚫다
[貫徹(관:철)] 어려움을 뚫고 나아가 끝내 목적을 이룸. ¶初志(초지)를 관철하다
[貫通(관:통)] 꿰뚫음. 처음부터 끝까지 일관함.

변하지 아니하다, 일관(一貫)하다, 이어지다, 연속하다
[一貫(일관)] 한 방법이나 태도로써 한결같이 꿰뚫음. 처음부터 끝까지 변함이 없음
[始終一貫(시:종일관)] 처음부터 끝까지 한결같이.
[初志一貫(초지일관)] 처음에 먹은 마음을 끝까지 관철함.

무게의 단위
[尺貫法(척관법)] 길이의 단위를 '尺(척)', 무게의 단위를 '貫(관)'으로 하는 도량형 법.

쌓다, 시간을 쌓아서 오래 되게 하다
[貫祿(관:록)] 일에 경력이 쌓여 갖추어진 경력이나 권위.

기타
[本貫(본관)/貫鄕(관향)] 어느 성씨의 시조가 난 고장.

貿 무역할 무:, 貝부12　1414

'貿(무)'자는 돈과 물건을 '바꾸다'는 뜻을 나타내기 위하여 만든 것이었으니, '조개 貝(패)'가 표의요소, '넷째지지 卯(묘)'는 표음요소로 쓰였다. 후에 '장사하다'는 뜻으로도 쓰이게 되었다.

바꾸다, 무역하다, 물품을 교역하다
[貿易(무:역)] ① 지방과 지방 사이에 물건을 사고 팔거나 교환하는 일. 참貿易商(무역상), 貿易業(무역업) ② 국제무역.
[貿易商(무:역상)] 나라와 나라 사이에 물건을 사고파는 일을 업으로 하는 상인.
[貿易風(무:역풍)] (지) 적도 부근의 더운 공기가 위로 올라가 그 빈 곳을 치우려고 북극과 남극에서 불어오는 바람. 지구 자전의 영향으로 북반구에서는 동북풍이 되고, 남반구에서는 동남풍이 됨.

賴 힘 입을 뢰, 의뢰할 뢰, 貝부16　1415

'賴(뢰)'자는 돈으로 쓸 '조개(貝(패)'를 '칼刀(도)'로 잘 다듬어 '다발束(속)'로 엮어 안전한 곳에 두거나 믿을 만한 사람에게 '맡기다'는 뜻이다. 후에 '부탁하다', '믿다'는 뜻으로 확대되었다.

힘입다, 의뢰하다, 의뢰
[依賴(의뢰)] 남에게 의지하거나 부탁함. 참依賴心(의뢰심), 依賴人(의뢰인)

믿다, 의지하다, 의지
[無賴(무뢰)] ① 일을 맡길 만한 사람이 못됨. ② 예의와 염치를 모르며 함부로 행동하는 사람.

[無賴漢(무뢰한)] 일정한 거처와 직업 없이 핀둥핀둥 놀면서 떠돌아다니며 허랑방탕한 생활을 하는 사람. 참 無賴輩(무뢰배)
[信賴(신:뢰)] 어떤 일 따위를 믿고 맡김. 참 信賴性(신뢰성)
[信賴度(신:뢰도)] (수) 통계에서 어떠한 값이 알맞은 것이라고 믿을 수 있는 정도.

贊 도울 찬:, 貝부19　　1416

'贊(찬)'자는 '돕다'는 뜻을 나타내기 위하여 만든 것이다. '조개 貝(패)'가 표의요소로 쓰였다. '나아갈 兟(신)'자는 지금은 잘 쓰이지 않는 글자이지만, '드리다'는 뜻의 표의요소이다. '돈을 드려서 돕는다'는 것이 돕는 방법 중 가장 우선인가보다. '先(선)'자를 '夫(부)'로 바꿔 쓴 '賛'자는 속자이다.

돕다, 조력하다
[協贊(협찬)] ① 힘을 합하여 도움. ② 어떤 일에 재정적인 도움을 줌.

찬성하다, 찬의를 표하다(讚)
[贊同(찬:동)] 찬성하여 동의함.
[贊否(찬:부)] 찬성과 불찬성. ¶찬부를 묻다
[贊成(찬:성)] ① 도와서 되기를 꾀함. ② 옳다고 여겨 동의함. ¶과반수의 찬성을 얻다
[贊助(찬:조)] 찬성하여 도움. ¶찬조 출연/찬조연설 참 贊助金(찬조금)
[贊歎(찬:탄)/讚歎(찬:탄)] 칭찬하거나 찬양하여 감탄함. ¶그 아름다운 경치에 찬탄을 금치 못했다

超 넘을 초, 走부12　　1417

'超(초)'자는 '뛰어넘다'는 뜻을 나타내기 위하여 만든 것이다. '달릴 走(주)'와 '부를 召(소)'로 이루어졌다.

넘다, 뛰어넘다
[超過(초과)] 일정한 수나 한도를 넘음. ¶예산을 초과하다
[超然(초연)] ① 현실에 아랑곳하지 않고 의젓함. ② 보통 수준보다 아주 높고 뛰어남.
[超越(초월)] 어떤 한계나 표준을 뛰어넘음. ¶상상을 초월하다
[超音波(초음파)] (물) 진동수가 너무 크기 때문에 사람의 귀로는 느끼지 못하는 음파. ¶초음파 검사

낫다, 뛰어나다
[超人(초인)] 보통 사람을 뛰어넘는 능력이 있는 사람.

越 넘을 월, 走부12　　1418

'越(월)'자는 '넘다'는 뜻을 나타내기 위한 것이다. '달릴 走(주)'와 '도끼 戉(월)'로 이루어졌다. '뛰어나다'는 뜻으로도 쓰인다.

넘다, 건너가다, 거치다
[越境(월경)] 국경이나 경계선을 넘음.
[越南(월남)] ① 어떤 경계선을 지나 남쪽으로 넘음. ② 삼팔선 또는 휴전선 이남으로 넘어오는 것.
[越冬(월동)] 겨울을 넘기는 것.
[越北(월북)] ① 어떤 경계선을 지나 북쪽으로 넘음. ② 삼팔선 또는 휴전선 이북으로 넘어오는 것.
[移越(이월)] (경) 부기에서 한쪽의 합계를 그 다음 쪽으로 넘기거나, 회계에서 그 기간의 계정을 그 다음 기간으로 넘기는 일.

앞지르다, 뛰어넘다, 초과하다
[越等(월등)] 다른 것에 비하여 크게 나음. ¶그는 월등한 기량으로 금메달을 땄다
[越班(월반)] 성적이 뛰어나 상급반으로 건너뛰어 진급함.
[越尺(월척)] 낚시에서 낚은 물고기가 한 자[尺(척)]가 넘음. 또는 그 물고기. ¶월척을 낚다
[超越(초월)] ☞ 超(초)
[追越(추월)] 뒤따라 가다가 앞질러 넘어섬. ¶터널 안에서는 추월 금지

분수에 넘치다
[越權(월권)] 권한 밖의 일을 함. ¶월권 행위

빼어나다
[優越(우월)] 남보다 월등하게 뛰어남.
[優越感(우월감)] 자기가 스스로 남보다 뛰어나다고 여기는 생각이나 느낌. ¶우월감에 사로잡히다 반 劣等感(열등감)
[卓越(탁월)] 월등하게 뛰어남.

나라 이름, 남방에 살던 종족 이름
[越南(월남)] 'Vietnam'의 한자 음역어. ¶월남전 참전 전우회
[吳越同舟(오월동주)] (중국 춘추전국시대의 오 왕 부차와 월 왕 구천은 서로 적대관계였는데, 같은 배를 탔다가 풍랑을 만나서 서로 단합해야 했던 고사에서) 서로 적의를 품은 사람들이 같은 처지나 한자리에 있게 됨을 비유하는 말. 또는 서로 반목하면서도 공통의 곤란이나 이해에 대하여 협력함을 비유하는 말.

距 거리 거:, 떨어질 거:, 足부12　　1419

'距(거)'자는 원래 새나 닭의 발꿈치 뒤에 돋아난 '며느리발톱'을 가리키기 위하여 만든 것이었다. '발 足(족)'과 '클 巨(거)'로 이루어졌다.

떨어지다, 공간적으로 사이가 뜨다, 또 그 정도
[距離(거:리)] ① 서로 떨어져 있는 두 곳 사이의 거리. ② 두 점을 잇는 직선의 길이. ¶집에서 학교까지의 거리 ③ 인간관계에서 친밀하지 못한 사이. ¶그와는 좀 거리를 두고 지내는 편이 낫다
[距離感(거:리감)] ① 공간적으로 떨어진 느낌. ② (사

귀는 사이가) 친밀하지 못한 느낌. ¶어딘지 모르게 그와는 거리감이 있었다
[可視距離(가:시거리)] 볼 수 있는 거리.
[短距離(단:거리)] 짧은 거리. ¶단거리 경주 [참]長距離(장거리)
[遠距離(원:거리)] 먼 거리.
시간적으로 동안이 뜨다, 또는 그 정도
[距今(거:금)] 지금으로부터 거슬러 올라가서. ¶거금 구일
며느리발톱, 닭의 뒷발톱
[鉤距(구거)] 미늘. 창이나 살촉 따위의 날이나 밑동 부분에 달려 물체에 박히면 빠지지 않게 하는 갈고리 같은 것.

跡 자취 적, 足부13   1420

蹟 자취 적, 足부13   1421

迹 자취 적, 辵부10   1422

'跡(적)'자는 '발자취'를 뜻하기 위하여 만든 것이다. '발 足(족)'과 '또 亦(역)'으로 이루어졌다. '자취 迹(적)'이 본자였고, '跡(적)'과 '蹟(적)'은 속자였다. 이 세 글자가 의미가 비슷해서 같이 쓰이기도 하지만, 구분해서 쓰이기도 한다. 한글사전에서 그 쓰임새를 가려 보았다.
발의 디딘 자국 ('跡'과 '迹'을 함께 쓴다)
[軌跡(궤:적)/軌迹(궤:적)] ① 수레바퀴가 지나간 자국. ② 물체가 움직이면서 남긴 흔적. ③ 어떤 일을 이루어 온 과정이나 흔적. ④ (수) 어떤 일정한 성질을 가진 점들의 집합으로 이루어진 도형. 자취.
[人跡(인적)/人迹(인적)] 사람이 다닌 발자취.
[足跡(족적)/足迹(족적)] ① 발자국. ② 지내 오거나 겪어온 일의 자취.
흔적, 무슨 일이 있었던 것을 추리할 수 있는 단서, 지나간 일을 더듬어 찾다 ('跡' 또는 '迹'을 쓴다.)
[潛跡(잠적)] 종적을 감춤.
[蹤跡(종적)/蹤迹(종적)] ① 발자취. ② 행방. ③ 故人(고인)의 행적. 발자취.
[追跡(추적)] 도망하는 자의 발자취를 따라 뒤를 쫓음.
[筆跡(필적)] 써 놓은 글씨의 생김새나 그 솜씨. [참]筆跡鑑定(필적감정)
[痕迹(흔적)] ① (몸에 남은 흉터와 같이) 어떤 현상이나 실체가 없어졌거나 지나간 뒤에 남은 자국이나 자취. ¶흔적도 없이 사라지다 ② 물질의 성분을 화학적으로 분석할 때 그 성분량이 썩 적게 들어 있으나 무시할 수 없는 경우의 양.
옛날 사람들의 발자취, 유적('跡'과 '蹟'을 함께 쓴다.)
[古跡(고:적)/古蹟(고:적)] ① 옛날 사람들의 발자취. ② 옛적 물건이나 시설물 따위가 남아 있음. 또는 그런 유물이나 遺跡(유적).
[史蹟(사:적)/史跡(사:적)] 역사적으로 중요한 사건이나 시설의 자취.
[遺跡(유적)/遺蹟(유적)] 옛날 사람들이 남긴 발자취. 건축물이나 싸움터 또는 역사적인 사건이 벌어졌던 곳, 패총, 고분 따위를 이른다. ¶고구려 유적 답사
[戰蹟(전:적)/戰跡(전:적)] 전쟁의 자취.
일정한 동안의 행위의 자취 ('跡', 蹟', '迹'을 함께 쓰나, '奇蹟'은 예외로 '蹟'을 쓴다.)
[奇蹟(기적)] 사람의 생각이나 힘으로는 할 수 없는 기이한 일. ¶기적이 일어나다
[事蹟(사:적)/事跡(사:적)/事迹(사:적)] 일의 자취. 사실의 형적. 사업의 남은 자취.
[行跡(행적)/行蹟(행적)/行迹(행적)] ① 일정한 동안의 행위의 자취. ¶행적을 감추다 ② 평생에 한일.

踏 밟을 답, 足부15   1423

'踏(답)'자는 발로 땅을 '디디다'는 뜻을 위하여 만든 글자이다. '발 足(족)'과 '유창할 沓(답)'으로 이루어졌다. '밟다', '걷다'는 뜻으로 쓰인다.
밟다, 디디다, 걷다, 밟고 가다
[踏步(답보)] 제자리걸음. 일이 잘 되지 않음. ¶답보 상태에 빠지다
[踏査(답사)] 실제로 일이 있는 곳에 가서 돌아다니며 조사함. ¶고적 답사
[踏襲(답습)] 옛것을 좇아 그대로 함.
[前人未踏(전인미답)] 이전 사람이 아직 가보지 못했거나 해보지 못함.
[飛鴻踏雪泥(비홍답설니)/雪泥鴻爪(설니홍조).] 눈 위의 기러기 발자국, 곧 눈이 녹으면 없어진다는 뜻으로, '인생이 무상하고 아무 흔적이 없음'을 비유하여 이르는 말. 『蘇軾(소식)·詩(시)』
踏橋(답교), 踏壓(답압), 踏破(답파), 未踏(미답)

踐 밟을 천:, 足부15   1424

'踐(천)'자는 발로 '밟다'는 뜻을 나타내기 위하여 만든 것이다. '발 足(족)'과 '쌓일 戔(전)'으로 이루어졌다. '이행하다'는 뜻으로 쓰인다.
실천하다, 이행하다
[實踐(실천)] 계획, 생각 따위를 실제로 행함. ¶계획만 세우면 어찌하나? 실천을 해야지

軟 연할 연:, 車부11   1425

'軟(연)'자는 '(수레가 부드럽게) 잘 구르다'가 본뜻이었다. '수레 車(거)'와 '하품 欠(흠)'으로 이루어졌다. 후에

'부드럽다', '연하다' 등의 뜻으로 쓰이게 되었다.
연하다, 부드럽다, 보들보들하다, 몰랑몰랑하다, 하늘하늘하다, 글이나 말이 딱딱하지 않다
[軟膏(연:고)] (약) 무르고 부드러워서 살갗에 잘 발라지는 성질이 있는 약.
[軟骨(연:골)] ① 물렁뼈. ② 아직 뼈대가 굳지 않은 어린 나이. 또는 그런 사람.
[軟性(연:성)] 부드럽고 무른 성질. 凾硬性(경성)
[軟打(연:타)] (체) ① 공을 약하게 침. ② 야구의 번트 또는 테니스의 로브(lob).
[柔軟(유연)] 부드럽고 연함.
軟水(연수), 軟柹(연시), 軟質(연질), 軟體動物(연체동물), 軟化(연화), 軟貨(연화), 硬軟(경연)
연약하다, 몸이 약하다, 정신이 굳세지 못하다
[軟弱(연:약)] 무르고 약함. ¶연약한 여자의 마음
가볍다, 정도가 심하지 않다
[軟豆(연:두)] 누른빛을 띤 연한 초록빛. 연둣빛. 연두색.

硬 굳을 경, 단단할 경, 가로막을 경, 石부12 1426

'硬(경)'자는 돌처럼 '단단하다'는 뜻을 나타내기 위한 것이다. '돌 石(석)'과 '고칠 更(경)'으로 이루어졌다.
단단하다
[硬骨(경골)] ① (생) 굳뼈. ② 남에게 좀처럼 굽히지 않는 기질을 지닌 사람을 비유하는 말. 참硬骨漢(경골한)
[硬性(경성)] 단단한 성질. 凾軟性(연성)
[硬直(경직)] ① 단단하고 곧음. ② 생각이나 태도 등이 매우 딱딱함.
[硬化(경화)] ① 단단하게 굳어짐. ② (태도 따위가) 강경해짐.
[動脈硬化(동맥경화)] 동맥의 벽이 변성(變性)하여 탄력성을 잃은 상태.
硬度(경도), 硬便(경변), 硬軟(경연), 硬音(경음), 硬質(경질)
굳세다
[硬水(경수)] 센물. 석회의 성분이나 그 밖의 광물질이 많이 들어 있어 비누가 잘 풀리지 않는 물. 凾軟水(연수)
[硬貨(경화)] ① 금속으로 주조한 돈. ② 금 또는 각국의 화폐와 언제나 바꿀 수 있는 돈. 미국의 달러, 스위스의 프랑 따위. 참軟貨(연화)
[强硬(강경)] ① 마음가짐이나 태도가 강하고 단단함. ¶강경한 태도 ② 강하게 버티어 굽히지 아니함.
무리하게, 억지로, 가로막다, 방해하다
[生硬(생경)] ① 세상 물정에 어둡고 완고함. ② 익지 않고 딱딱함. ③ 시문이 어색하고 세련되지 못함.

載 실을 재:, 車부13 1427

'載(재)'자는 '(수레에) 싣다'는 뜻을 나타내기 위한 것이다. '수레 車(거)'가 표의요소, 그 나머지가 표음요소이다. '장부 따위에 기록하여 올리다'는 뜻으로도 쓰인다.
싣다, 수레에 실어서 운반하다
[滿載(만:재)] 가득 실음.
[積載(적재)] 물건을 쌓아서 실음.
[搭載(탑재)] 배나 항공기 따위에 물건을 실음.
[艦載(함:재)] (군) 군함에 실음. 참艦載機(함재기)
[水可載舟(수가재주), 亦可覆舟(역가복주).] 물은 배를 띄울 수도 있지만, 동시에 배를 뒤집을 수도 있다. 어떤 일에 도움을 주는 것이 때로는 해를 끼칠 수 있다는 말이다. 원래의 뜻은 임금을 배에, 백성을 물에 비유한 것이다. 임금은 백성에 의하여 일어서기도 하며, 또한 백성에 의해 망하기도 함을 비유하여 이르는 말이다. 동載舟覆舟(재주복주), 水能載舟又覆舟(수능재주우복주)『後漢書(후한서)·皇甫規傳(황보규전)』
적다, 기재하다, 문서
[揭載(게:재)] 글이나 그림 따위를 신문이나 잡지에 실음.
[記載(기재)] 기록하여 실음. ¶쓴 돈을 장부에 기재하다
[登載(등재)] 신문·잡지 따위에 글을 실음.
[連載(연재)] 긴 글이나 여러 장면의 그림 따위를 여러 번에 나누어 신문이나 잡지 등에 계속하여 실음. ¶신문 연재 소설
[轉載(전:재)] 다른 데 실렸던 글을 옮겨 실음.
해, 일년
[千載一遇(천재일우)] 천년에 한 번 만남, 곧 좀처럼 만나기 어려운 기회.

輩 무리 배:, 車부15 1428

'輩(배)'자는 원래 '백 대의 수레'를 나타내기 위하여 만든 것이었다. '수레 車(거)'와 '아닐 非(비)'로 이루어졌다. 본뜻보다는 '무리', '또래'라는 뜻으로 쓰인다.
무리, 동아리, 패, 떼, 같은 또래
[奸商輩(간상배)] 간사한 방법으로 부당한 이익을 보려는 장사치 무리.
[同年輩(동년배)] 같은 나이 또래. 참年輩(연배)
[謀利輩(모리배)] 온갖 수단 방법으로 자신의 이익만을 꾀하는 무리. 謀利之輩(모리지배)라고도 함.
[小人輩(소인배)] 간사하고 도량이 좁은 사람, 또는 그런 무리.
[先輩(선배)] ① 학문이나 연령이 자기보다 위인 사람. ② 자기의 출신학교를 먼저 졸업한 사람. 참後輩(후배)
[政商輩(정상배)] 정권을 이용하여 사사로운 이익을 꾀하는 무리.
同輩(동배), 無賴輩(무뢰배), 浮浪輩(부랑배), 不良輩(불량배), 鼠輩(서배), 市井輩(시정배), 市井雜輩(시정잡배), 年輩(연배), 雜輩(잡배), 挾雜輩(협잡배)
연달아
[輩出(배출)] 인재들을 양성하여 사회에 내보냄.

輸 보낼 수, 나를 수, 車부16 1429

'輸(수)'자는 수레로 '(짐을) 나르다'의 뜻을 나타낸다. '수레 車(거)'와 '그러할 俞(유)'로 이루어졌다.

나르다, 수레로 물건을 나르다, 이쪽 물건을 저쪽으로 옮기다
[輸送(수송)] 짐 따위를 실어 보냄. 劃輸送機(수송기)
[輸入(수입)] 외국에서 물품이나 문화를 날라 들임.
[輸出(수출)] ① 실어서 내보냄. ② 국내의 상품이나 기술 따위를 외국으로 팔아 내보냄. 凹輸入(수입)
[密輸(밀수)] 세관을 거치지 않고 몰래 하는 수출입.
[運輸(운:수)] 큰 규모로 짐이나 사람을 나르는 일. ¶운수업
輸血(수혈), 空輸(공수), 禁輸(금수)

辱 욕되게 할 욕, 辰부10 1430

'辱(욕)'자는 원래 '김매다'는 뜻을 나타내기 위하여 만든 글자이다. '대합조개'의 뜻을 나타내는 辰(신)과 '잡을 寸(촌)' 둘 다 표의요소로 쓰인 것이다. 옛날에 호미 대용으로 대합 껍데기를 손에 들고 김을 매었나보다. 여름에 밭에서 김을 매는 일은 참으로 수고롭고 힘든 일이어서 후에 '수고하다', '욕되다' 등의 뜻으로 쓰이게 되었다.

욕되게 하다, 욕보이다, 욕, 수치
[辱(욕)] ① '辱說(욕설)'의 준말. ¶욕을 퍼붓다 ② 인격적으로 당하는 불명예스러운 일. ¶욕을 당하다 ③ 수고로운 일. ¶먼 길 오느라고 욕봤다 ④ 꾸지람. ¶욕먹었다
[辱說(욕설)] 남의 인격을 무시하는 모욕적인 말. 또는 남을 저주하는 말. ¶욕설을 퍼붓다
[困辱(곤:욕)] 괴롭고 심한 모욕. 또는 참기 힘든 일. ¶곤욕을 치르다
[屈辱(굴욕)] 남에게 억눌려 업신여김을 받는 辱(욕). 劃屈辱感(굴욕감)
[侮辱(모:욕)] 깔보고 욕되게 함. 劃侮辱的(모욕적)
[雪辱(설욕)] 부끄러움을 씻음. ¶지난번의 패배를 깨끗이 설욕하였다. 劃雪辱戰(설욕전)
[榮辱(영욕)] 영화와 치욕.
[汚辱(오:욕)] 남의 명예를 더럽히고 욕되게 함.
[恥辱(치욕)] 수치와 모욕.
[壽則多辱(수즉다욕).] 오래 살면 욕된 일이 많아진다. 『莊子(장자)·外篇(외편)·天地(천지)』☞ *082
[知足不辱(지족불욕)] 만족할 줄을 알면 모욕을 당하지 않는다. 만족이라는 것을 알면 결코 잘못을 범하는 일이 없기 때문에 자연히 세상 사람들에게 치욕을 받을 일도 없어진다. 『老子(노자)·道德經 44章(도덕경 44장)』
[孝有三(효유삼). 大孝尊親(대효존친), 其次弗辱(기차불욕), 其下能養(기하능양).] 효에는 세 가지가 있다.

큰 효는 부모를 존경하는 것이고, 그 다음은 부모를 욕되게 하지 않는 것이며, 마지막은 부모를 잘 봉양하는 것이다. 『禮記(예기)·祭義제의)』
見辱(견욕), 袴下辱(고하욕), 屈辱感(굴욕감), 陵辱(능욕)/凌辱(능욕), 侮辱的(모욕적), 逢辱(봉욕), 雪辱戰(설욕전), 受辱(수욕), 羞辱(수욕), 忍辱(인욕), 國恥民辱(국치민욕)

더럽히다, 더럽혀지다
[汚辱(오:욕)] 남의 명예를 더럽히고 욕되게 함.

述 지을 술, 베풀 술, 펼 술, 辵부9 1431

'述(술)'자는 길을 '따르다'는 뜻을 나타내기 위한 것이다. '길갈 辶(착)'과 '차조 朮(출)'로 이루어졌다. '(따라)말하다', '짓다'는 뜻으로 쓰인다.

말하다, 설명하다, 거듭 말하다, 짓다, 글로 표현하다
[述語(술어)] 주어의 동작이나 상태를 서술하는 말. 敍述語(서술어). 劃主語(주어)
[述懷(술회)] 마음속에 품고 있는 여러 가지 생각을 말함. 또는 그 말.
[口述(구:술)] 말로 진술함.
[論述(논술)] 의견이나 주장을 논하는 글을 지음. 또는 그 글. ¶논술고사
[敍述(서:술)] 차례를 좇아 말하거나 적음. 또는 그 말이나 글. ¶서술형 문제를 풀다
[陳述(진:술)] 자세히 아뢰거나 말함. 또는 그런 이야기. ¶진술을 받다/거짓 진술을 하다
[述而不作(술이부작).] 기술하기만 할 뿐 지어내지 않는다. 공자가 자신의 저술이 옛 성인의 말을 따라 기록했을 뿐 스스로 창작한 것은 아니라는 겸손을 보인 표현임. 『論語(논어)』
記述(기술), 旣述(기술), 詳述(상술), 上述(상술), 略述(약술), 著述(저술), 前述(전술)

追 쫓을 추, 辵부10 1432

'追(추)'자는 '쫓다'를 뜻하기 위하여 만든 것이다. '길갈 辶(착)'이 표의요소로 쓰였다. 그 나머지는 표음요소이다.

쫓다, 뒤쫓아 가다, 뒤, 쫓는 사람, 추격자
[追擊(추격)] 뒤쫓아 가며 공격함.
[追窮(추궁)] 끝까지(쫓아) 따져서 밝힘.
[追越(추월)] 뒤따라 가다가 앞질러 넘어섬. ¶터널 안에서는 추월 금지
[窮寇莫追(궁구막추)] 달아나는 도적을 뒤쫓지 말라는 뜻. 사람이 위급해지면 모진 마음으로 대항할 수도 있으니, 자칫 작은 이익 때문에 큰 피해를 당할 수 있다는 말이다.
[來者勿拒(내자물거), 去者勿追(거:자물추).] 오는 사람을 물리치지 말고, 가는 사람을 억지로 붙들지 말라.

『春秋公羊傳(춘추공양전)』 ☞ * 077
[物順來而勿拒(물순래이물거), 物旣去而勿追(물기거이물추).] 물건이 순리로 오거든 물리치지 말고, 물건이 이미 갔거든 쫓아가지 말라. 『明心寶鑑(명심보감)·正己篇(정기편)』
追跡(추적), 追逐(추축), 訴追(소추)

내쫓다, 쫓아버리다
[追放(추방)] 내쫓음. 몰아냄.

따르다
[追從(추종)] 남의 뒤를 따라서 쫓음.
[追求(추구)] 끝까지 따라가 구함. ¶행복을 추구하다
[追究(추구)] 근본을 캐어 들어가 연구함.

옛날로 거슬러 올라가다, 지나가다, 다음, 다음에, 지난 다음에
[追加(추가)] 나중에 더 보탬. ¶짜장면 한 그릇 추가
[追慕(추모)] 죽은 이를 추억하며 그리워함. ¶희생자들의 묘역에서 추모 행사를 하였다
[追憶(추억)] 지나간 일을 돌이켜 생각함.
[追後(추후)] 이 다음. 또는 나중. ¶추후에 연락하겠습니다
追悼(추도), 追肥(추비), 追想(추상), 追敍(추서), 追伸(추신)/追申(추신), 追贈(추증), 追徵(추징)

途 길 도:, 辵부11   1433

'途(도)'자는 '길'을 뜻하기 위하여 만든 것이다. '길갈 辶(착)'과 '나 余(여)'로 이루어졌다.

길, 도로
[途中(도:중)] 길을 오가는 중간.
[壯途(장:도)] 중대한 사명을 띠거나 큰 뜻을 품고 떠나는 길. ¶장도에 오르다
[日暮途遠(일모도원)] 날은 저물고 갈 길은 멀다는 뜻으로, 늙고 쇠약한데 할 일은 아직 많음을 비유하여 이르는 말. 『史記(사기)·伍子胥列傳(오자서열전)』

일을 처리하는 길, 또는 방법
[途上(도:상)] 일이 미처 끝나지 않고 진행되고 있는 사이. ¶개발도상국
[半途而廢(반:도이폐)] 일을 하다가 중도에서 그만둠. 图中道而廢(중도이폐)
[方途(방도)] 일을 치러 나갈 길. 方便(방편)
[別途(별도)] ① 딴 방면이나 방도. ② 딴 용도.
[用途(용:도)] 쓸 데. 쓰임. ¶다양한 용도 图多用途(다용도)
[前途(전도)] 앞길. 장래. 图前途洋洋(전도양양), 前途有望(전도유망)

逢 만날 봉, 辵부11   1434

'逢(봉)'자는 길을 가다가 우연히 '만나다'는 뜻을 나타내기 위하여 만든 글자이다. '길갈 辶(착)'과 '끌 夆(봉)'으로 이루어졌다.

만나다, 마주치다
[逢變(봉변)] 변을 당함.
[逢辱(봉욕)] 욕을 봄. ¶산적들에게 무슨 봉욕을 당할지 모른다
[逢着(봉착)] 만나서 부닥침. ¶시련에 봉착하다
[相逢(상봉)] 서로 만남. ¶이산가족 상봉
[欲哭逢打(욕곡봉타)] '울려고 하는 아이를 때려서 마침내 울게 한다'는 뜻으로 불평을 품고 있는 사람을 선동함을 비유한 말.
[人生何處不相逢(인생하처불상봉)] 사람은 어디서 다시 만나지 않겠는가? 어디선가 반드시 또 만남을 강조한 말. 『蘇軾(소식)·詩(시)』

逸 편안할 일, 달아날 일, 辵부12   1435

'逸(일)'자는 '길을 잃다'는 뜻을 나타내기 위하여 만든 글자이다. '길갈 辶(착)'과 '토끼 兎(토)' 두 표의요소가 합쳐진 것이다. 토끼는 사람이나 맹수에게 사냥감의 표적이 되지만 동작이 재빨라 잘 달아난다는 데서 '달아나다'의 뜻을 나타낸다. 후에 '없어지다', '숨다', '(숨어서) 한가히 지내다' 등으로 확대되었다.

없어지다, 잃다
[散逸(산:일)/散佚(산:일)] 흩어져서 일부가 빠져 없어짐.

빗나가다, 풀어놓다, 버려두다, 멋대로 하게 하다, 제멋대로 함, 방자하다
[逸脫(일탈)] ① 정해진 범위나 본래의 목적에서 벗어남. ② (사) 사회적인 규범으로부터 벗어나는 일. 청소년 비행·탈선·약물남용 따위.
[放逸(방:일)] 제멋대로 난봉이나 부리고 함부로 놂.

한가히 지내다
[安逸(안일)] 편하게 즐김. 일하지 않고 놀고 지냄. 图安佚(안일)

뛰어나다, 빼어나다
[逸品(일품)] 썩 뛰어난 물건.

숨다
[逸話(일화)] 세상에 널리 알려지지 아니한 숨은 이야기.
[隱逸(은일)] ① 세상을 피해 숨음. 또는 그런 사람. ② 숨은 학자로서 임금이 특별히 벼슬을 준 사람.

還 돌아올 환(:), 辵부17   1436

'還(환)'자는 길을 '돌아오다'는 뜻을 위하여 만든 글자이니 '길갈 辶(착)'과 '볼 睘(경)'으로 이루어졌다. '돌려주다', '갚다'는 뜻으로도 쓰인다.

돌아오다, 복귀하다, 귀로에 오르다, 옛집에 돌아오다
[還甲(환:갑)] 甲子(갑자)가 다시 돌아옴. ¶환갑잔치
[還生(환생)] 죽음에서 돌아와 다시 살아남. 다시 태어남.

[歸還(귀:환)] (다른 곳에 떠나 있던 사람 등이) 본래의 곳으로 돌아오거나 돌아감. ¶귀환 장병/우주선이 무사히 귀환했다
[錦衣還鄕(금:의환향)] '비단옷을 입고 고향으로 돌아가거나 돌아온다'는 뜻으로, 출세하여 고향으로 돌아가거나 돌아옴을 비유적으로 이르는 말. 图衣錦還鄕(의금환향)
[生還(생환)] 살아서 돌아옴.
[奪還(탈환)] 도로 빼앗음. ¶고지 탈환/서울 탈환
還國(환국), 還宮(환궁), 還都(환도), 還俗(환속), 還收(환수), 還元(환원), 還鄕(환향), 召還(소환), 送還(송환)

돌려보내다, 가져온 것을 도로 보내다, 갚다
[還拂(환불)] 요금 따위를 되돌려 지불함. ¶요금 환불
[還送(환송)] 도로 돌려보냄. 图返送(반송)
[返還(반:환)] 되돌아오거나 되돌려줌. ¶입장료 반환
[償還(상환)] 갚거나 돌려줌.

邪 간사할 사, 邑부7   1437

'邪(사)'자는 '고을 阝(읍)'과 '어금니 牙(아)'로 이루어진 글자이다. 본래는 '고을 이름'이었는데, 음이 같은 '사특할 裏(사)'자 대신 쓰이게 되었다. '간사하다', '그르다'는 뜻으로 쓰인다.

간사하다, 옳지 아니하다, 악하다, 성질이 나쁘다, 사악하다
[邪敎(사교)] 그릇된 교리로 사회에 해를 끼치는 요사한 종교.
[邪道(사도)] 올바르지 않은 길.
[邪惡(사악)] 마음이 간사하고 악함.
[奸邪(간사)] 교활하고 올바르지 못함.
[酒邪(주사)] 술에 취하여 부리는 나쁜 버릇.
[破邪顯正(파:사현정)] ① 그릇된 생각을 깨뜨리고 바른 도리를 드러냄. ② (불) 부처의 가르침에 어그러지는 사악한 생각을 깨뜨리고 올바른 도리를 뚜렷이 드러냄.
[執之失道(집지실도) 必入邪路(필입사로).] 붙잡고 있으면 도를 잃어 반드시 잘못된 길로 빠져 들어가고 만다. 『心信銘(심신명)』
[思無邪(사무사)/思毋邪(사무사)] 생각에 속임이 없음. 간사하게 꾸미는 일이 없음. 『論語(논어)』
邪見(사견), 邪曲(사곡), 邪鬼(사귀), 邪氣(사기), 邪念(사념), 邪道(사도), 邪戀(사련), 邪路(사로), 邪魔(사마), 邪術(사술), 邪心(사심), 邪慾(사욕), 邪淫(사음), 邪慝(사특), 辟邪(벽사), 妖邪(요사), 斥邪(척사), 斥邪衛正(척사위정), 破邪(파사), 凶邪(흉사)

郎 사나이 랑, 邑부10   1438

'郎(랑)'자는 '고을 邑(읍)'과 '좋을 良(량)'으로 이루어졌다. 본래는 고을 이름이었으나 假借(가차)되어 '벼슬 이름', '사내', '남편' 등의 뜻으로 쓰이게 되었다.

사나이, 남자의 미칭
[花郞(화랑)] 신라 때의 문벌과 학식이 있고 용모가 단정하며 덕행이 있는 청소년의 종교적·사회적·교양적 집단, 또는 그 중심 인물. 图花郞道(화랑도), 花郞徒(화랑도)

남의 아들을 부르는 말
[郞子(낭자)] (지난날) 남의 집 '도령(총각)'을 점잖게 이르던 말.
[令郞(영랑)] 아드님.

남편
[郞君(낭군)] 젊은 아내가 자기 남편을 사랑스럽게 일컫는 말.
[壻郞(서:랑)] '사위'의 높임말. 남의 사위를 높여 이르는 말.
[新郞(신랑)] ① 갓 결혼하였거나 결혼하는 남자. ② '남의 젊은 남편'을 일컫는 말.

醉 취할 취:, 酉부15   1439

'醉(취)'자는 본래 '죽다'는 뜻을 나타내기 위하여 만든 글자인데, '술독 酉(유)'와 '죽을 卒(졸)' 두 표의요소가 합쳐진 것이다. 너무 취하면 죽을[卒] 수도 있음을 경고하는 것 같다. 후에 '(술에) 취하다'는 뜻을 나타낸다.

취하다, 취기, 곤드레만드레가 되다
[醉客(취:객)] 술 취한 사람.
[醉氣(취:기)] 술기운.
[醉生夢死(취:생몽사)] '술에 취해 살다가 꿈을 꾸다 죽음'이란 뜻에서, '아무 의미 없이 한 평생을 흐리멍덩하게 살다가 허망하게 죽음'을 비유적으로 나타낸 말. 『程子語錄(정자어록)』
[滿醉(만:취)] 술에 잔뜩 취함.
[昨醉未醒(작취미성)] 어제 마신 술이 아직도 깨지 않음.
[醉中妄言醒後悔(취중망언성후회)] 술에 취해 망령된 말을 하고서 술 깬 뒤에 후회한다. 지나치게 술을 많이 마시면 쓸데없는 말을 하게 되니 항상 조심하라는 말. 『朱子(주자)·朱子十悔訓(주자십회훈)』☞ * 3871
[醉中無言眞君子(취중무언진군자)] 술에 취했으면서도 말을 하지 않으면(말을 절제할 수 있으면) 가히 군자라 할 수 있다. 图酒中不言眞君子(주중불언진군자) 『明心寶鑑(명심보감)·正己篇(정기편)』
醉夢(취몽), 醉言(취언)/醉談(취담), 醉翁(취옹), 醉中(취중), 醉態(취태), 醉漢(취한), 醉興(취흥), 宿醉(숙취), 深醉(심취)

갈피를 못 찾다, 정신을 못 차리다
[痲醉(마취)] 약물 따위의 작용으로 얼마 동안 의식을 잃거나 부분적으로 감각을 잃게 하기. 图痲醉劑(마취제), 痲醉法(마취법), 局部痲醉(국부마취)

마음을 빼앗기다, 잠기다, 빠지다
[心醉(심취)] 어떤 일에 마음이 쏠리어 열중함.

[陶醉(도취)] ① 기쁜 마음에 흠뻑 취함. ② 어떠한 것에 마음이 쏠려 취하다시피 함. ¶자기도취에 빠진 사람

酌 술 부을 작, 대작할 작, 酉부10　1440

'酌(작)'자는 '술을 따르다'는 뜻을 나타내기 위하여 술독을 뜻하는 '닭 酉(유)'와 술 따위를 뜰 때 쓰는 국자, 즉 '구기 勺(작)'을 합쳐놓은 것이다. '勺(작)'은 표음과 표의요소를 겸한다. 술을 마실 때는 주량을 잘 참작해야 했기 때문인지 '헤아리다'의 뜻도 가진다.

따르다, 잔에 술을 따르다, 술잔을 서로 주고받다, 대작하다
[酌婦(작부)] 술집에서 손님에게 술을 따라주는 여자.
[對酌(대:작)] 서로 마주 대하여 술을 마심.
[獨酌(독작)] 혼자서 술을 마심. 習對酌(대작)
[酬酌(수작)] ① 술잔을 서로 주고받음. ② 말을 서로 주고받음. 또는 그러한 말. ③ '남의 언행'을 하찮게 일컫는 말. ¶터무니없는 수작을 걸어오다/건방진 수작
[獻酌(헌:작)/獻爵(헌:작)] 제사 때, 술잔을 올림. 통進爵(진작)
[兩人對酌山花開(양인대작산화개).] 두 사람이 대작하니 산의 꽃도 활짝 피었다. 『古文眞寶(고문진보)·李泰伯(이태백) 山中對酌(산중대작)』☞ * 260
前酌(전작), 自酌(자작), 淺酌(천작), 添酌(첨작)

헤아리다, 참작하다, 골라내다, 이것저것 대보아 취사(取捨)하다
[酌定(작정)] ① 짐작하여 정함. ② 일의 사정을 잘 헤아려서 알맞게 결정함.
[無酌定(무작정)] 얼마든지 또는 어떻게 하리라고 미리 정한 것이 없음. 덮어놓고. 맹목적으로.
[斟酌(짐작)] 어림쳐서 헤아림. ¶짐작이 가다
[參酌(참작)] 이리저리 비추어 보아서 알맞게 헤아림. 習勘案(감안)

釋 풀 석, 釆부20　1441

'釋(석)'자는 분별하여 '풀다'는 뜻을 나타내기 위하여 만든 것이다. '분별할 釆(변)'과 '엿볼 睪(역)'으로 이루어졌다.

풀다, 풀이, 해석, 설명하다
[釋然(석연)] 미심쩍거나 꺼림칙한 일들이 완전히 풀려 마음이 개운한 상태.
[解釋(해:석)] ① 풀이. ② 기호·말·예술 따위로 표현된 것을 실마리로 하여 그 속에 담긴 내용을 밝히거나 기교적으로 이해하는 것. ¶시의 해석

흩뜨리다
[稀釋(희석)] ① (화) 용액에 물이나 용매를 가하여 묽게 함. ② (물) 흰색을 더하여 빛깔의 강도를 약하게 만듦.

놓아주다, 석방하다
[釋放(석방)] 법으로 구속했던 이를 풀어 자유롭게 함.
동放免(방면)
[假釋放(가:석방)] (법) 형기나 수용 기간이 끝나지 않는 죄수를 일정한 조건 아래 풀어주는 일.
[保釋(보:석)] ① 보증을 받고 풀어줌. ② (법) 일정한 보증금의 납부를 조건으로 구속의 집행을 정지하고 구금을 해제하여 구속된 피고인을 석방하는 제도.

놓다, 두다
[手不釋卷(수불석권)] 손에서 책을 놓지 않음. 늘 책을 들고 지내며 독서를 매우 좋아함.

석가(釋迦), 불교
[釋迦(석가)] ① 고대 인도에서, 아리아족의 크샤트리아에 딸린 종족. 석가모니도 이 종족 출신임. ② '석가모니'의 준말.
[釋迦牟尼(석가모니)] (불) 부처로서의 석가모니.
[釋迦塔(석가탑)] (불) 석가의 치아·머리털·뼈·사리 등을 모셔 둔 탑.
釋迦世尊(석가세존), 釋迦如來(석가여래), 釋迦牟尼如來(석가모니여래), 釋尊(석존)

銘 새길 명, 金부14　1442

'銘(명)'자는 솥이나 종 등 청동 기물에 중요한 내용을 '새기다'는 뜻을 나타내기 위하여 만든 것이었다. '쇠 金(금)'과 '이름 名(명)'으로 이루어졌다. 이렇게 새긴 글에는 후세에 전할 교훈적인 내용이 많다는 데서 '교훈의 말'이라는 뜻이 생겨났다.

새기다, 조각하다, 금석(金石)에 새긴 글자 또는 글, 그런 글의 문체
[碑銘(비명)] 비석에 새긴 글.
[墓碑銘(묘:비명)] 묘비에 기록한 죽은 사람에 대한 글.

마음에 새기다, 명심하다
[銘心(명심)] 어떤 일이나 말 따위를 마음속 깊이 새겨 둠.
[銘酒(명주)] 특히 이름난 술.
[刻骨銘心(각골명심)] 뼈에 새기고 마음에 새겨 둠. 마음 깊이 새겨서 영원히 잊지 않도록 함.
[感銘(감:명)] 감격하여 마음에 새김. 또는 그 새겨진 느낌. ¶깊은 감명을 받다

명정(죽은 사람의 성명, 관위를 쓴 기)
[銘旌(명정)] 죽은 사람의 품계·관직·본관·성씨 등을 기록하여 상여 앞에 들고 가는 긴 기.

교훈의 말, 후세의 자손에게 보이거나 또는 경계의 글을 새겨 조석으로 반성하는 자료로 삼는 글
[座右銘(좌우명)] 늘 자리 옆에 갖추어 두고 반성하는 재료로 삼는 말이나 문구.

錦 비단 금:, 金부16　1443

'錦(금)'자는 형형색색의 무늬를 넣어 짠 '비단'을 뜻하기 위하여 만든 것이다. '비단 帛(백)'과 '쇠 金(금)'으로

이루어졌다. 예외적으로 부수가 표음요소인 글자이다.
비단, 여러 가지 색채로 무늬를 넣어 짠 비단
[錦上添花(금:상첨화)] '비단 위에 꽃을 더한다'는 뜻으로, 좋은 일 위에 좋은 일이 더하여지는 것.
[錦繡江山(금:수강산)] '비단에 수를 놓은 것 같은 강산'이라는 뜻으로, 자연이 매우 아름다운 나라. ¶예로부터 우리나라를 삼천리금수강산이라 하였다.
[錦衣還鄕(금:의환향)] '비단옷을 입고 고향으로 돌아가거나 돌아온다'는 뜻으로, '성공하여 고향으로 돌아옴'을 비유적으로 이르는 말. 동衣錦還鄕(의금환향)
錦繡(금수), 錦衣(금의), 錦衣夜行(금의야행), 錦衣玉食(금의옥식), 紫錦(자금)
아름다운 것의 비유, 기타
[錦江(금:강)] 전라북도 장수군에서 발원하여 충청북도 남서부를 거쳐 충청남도와 전라북도의 도계를 이루면서 군산만으로 흐르는 우리나라에서 여섯 번째로 긴 강.

鎭 진압할 진:, 金부18　　1444

'鎭(진)'자는 쇠 따위의 무거운 물건을 위에 놓아 '누르다'는 뜻을 나타내기 위하여 만든 것이다. '쇠 金(금)'과 '참 眞(진)'으로 이루어졌다.
진압하다, 적을 눌러서 조용하게 하다
[鎭壓(진:압)] 힘으로 진정시켜 억누름. ¶반란을 진압하다
[鎭定(진:정)] 힘으로 억눌러서 平定(평정)함.
[鎭火(진:화)] 불길을 진압함. 화재를 끔. 참消火(소화)
☞消(소)0394
어루만져 눌러서 편안하게 하다
[鎭撫(진:무)] 백성의 마음을 진정시켜 어루만져 달램.
지덕(地德)으로 한 지방을 편안하게 하는 명산
[鎭山(진:산)] (역) 도읍이나 城市(성시)의 뒤쪽에 있는 큰 산.
누르다, 무거운 것으로 누르다, 눌러두는 물건
[文鎭(문진)/書鎭(서진)] 책장이나 종이쪽이 바람에 흐트러지지 못하도록 눌러두는 물건.
무겁다, 무겁게 하다
[重鎭(중:진)] 어떤 분야 또는 방면에서 지도적 영향력을 가진 중요한 인물.
진정하다
[鎭靜(진:정)] ① 요란하던 것이 가라앉음. 또는 가라앉게 함. ② 흥분이나 아픔이 가라앉음. 또는 가라앉게 함. 참鎭靜劑(진정제)
[鎭痛(진:통)] (의) 아픈 것을 가라앉힘. 참鎭痛劑(진통제)
[鎭魂(진:혼)] 죽은 이의 넋을 달래고 진정시켜 고이 잠들게 함. 참鎭魂曲(진혼곡)
진영, 둔영, 요해지(要害地), 전략상의 요긴한 곳
[六鎭(육진)] 조선 세종 때, 동북 국경을 지키던 경원·경흥·부령·온성·종성·회령의 여섯 진.
점잖다
[鎭重(진:중)] 사람의 됨됨이로서 무게가 있음. ¶회석상에서 진중한 태도를 보이다

鑑 거울 감, 金부22　　1445

'鑑(감)'자는 본래 청동기로 만든 큰 '동이'를 뜻하기 위하여 만든 글자다. '쇠 金(금)'이 표의요소, '볼 監(감)'은 표음과 표의요소를 겸한다. '거울', '거울삼다', '보다'는 뜻으로 쓰인다.
본보기, 모범, 훈계, 교훈
[龜鑑(귀감)] '점치는 데 쓰는 거북과 얼굴을 비춰보는 데 쓰는 거울'이란 뜻에서, 본보기가 될 만한 언행이나 거울삼아 본받을 만한 모범이란 뜻을 나타냄.
[東醫寶鑑(동의보감)] 선조(宣祖) 때 의관(醫官) 허준(許浚)이 왕명으로 편찬한 의서(醫書). 우리나라와 중국의 의서를 모아서 완벽하게 저술한 것으로 광해군(光海君) 5년에 완성하여 간행하였다.
[印鑑(인감)] (법) 미리 관공서에 등록해 놓은 특정한 도장. 법률행위의 당사자가 인감 대장에 적힌 본인인지를 확인하는 데 쓰임. 참印鑑圖章(인감도장), 印鑑證明(인감증명)
보다, 거울에 비추어 보다
[鑑賞(감상)] 예술 작품 등의 아름다움을 즐기며 평가함. ¶영화 감상
[圖鑑(도감)] 실물 대신 그림이나 사진을 모아 알기 쉽게 한 책. ¶식물도감/어류도감.
[年鑑(연감)] 한 해 동안 일어난 일 따위를 알아보기 쉽도록 엮은 책.
[惠鑑(혜:감)] 자기의 저서나 작품을 남에게 드릴 때, '받아 보아 주십사'라는 뜻으로 상대방의 이름 옆에 쓰는 말.
살피다, 성찰(省察)하다
[鑑別(감별)] 참과 거짓, 좋고 나쁨 따위를 판단하여 가려 냄. ¶병아리의 암수를 감별하다 참鑑別師(감별사)
[鑑識(감식)] ① 감정하여 식별함. ¶지문 감식 ② (법) 범죄 수사상 필적이나 지문, 또는 혈흔 등에 관한 감정과 식별. ¶지문 감식 ③ 미술 공예품의 종류·眞假(진가)·제작연대 등을 판별하는 일.
[鑑定(감정)] ① 사물의 참과 거짓, 좋고 나쁨을 살펴서 판정함. ¶골동품 감정 ② (법) 법관의 판단에 도움을 주기 위해, 재판에 관련된 특정 사항에 관하여 그 분야의 전문가가 자기의 지식과 의견을 밝히는 일. ¶필적 감정
[鑑札(감찰)] 어떤 영업이나 행위를 허가한 표시로 관청에서 내주는 증표.
거울, 물체의 형상을 비추어 보는 물건(鏡)

附 붙을 부:, 阜부8　　1446

'附(부)'자는 '언덕 阝(부)'와 '부칠 付(부)'로 이루어졌다. '나지막한 흙산'이 본뜻이었다. 후에 '붙다'는 뜻으

로 쓰이게 되었다.

붙다, 달라붙다, 접착하다, 붙이다, 덧붙이다
[附加(부:가)] 주되는 것에 붙여서 더함. 참附加價値稅(부가가치세)/附加稅(부가세)
[附錄(부:록)] ① 본문 끝에 덧붙이는 기록. ② 신문·잡지 따위의 본지에 덧붙인 지면이나 따로 내는 책자.
[附着(부:착)] 들러붙어서 떨어지지 아니함. 또는 그렇게 붙이거나 닮. ¶이름표 부착
[附則(부:칙)] (법) 어떤 법령이나 규정의 조항을 보충하기 위하여, 뒤에 경과규정·시행기일·細目(세목)을 정하는 방법 따위를 덧붙인 조항.
[添附(첨부)] 덧붙임.
附加價値稅(부가가치세), 附加稅(부가세), 附言(부언), 附箋(부전)/附箋紙(부전지), 附合(부합)

따르게 하다, 좇게 하다
[阿附(아부)] 아첨하여 좇음.
[附和雷同(부:화뇌동)] '남에게 빌붙어 화합하며 우레와 같이 큰 소리로 동조함'이란 뜻에서, 줏대 없이 남의 의견에 따라 움직임을 나타낸 말.

가깝다, 가까이 하다
[附近(부:근)] 어떤 곳을 중심으로 하여 그에 가까운 곳. ¶학교 부근
[附耳細語(부:이세어)] 귀에 대고 소곤거리며 말하다. 즉 '남의 단점을 함부로 말하지 않는다'는 뜻이다. 『芝峯類說(지봉유설)』 ☞사자성어

매이다, 관련되다
[附設(부:설)] 덧붙여서 설치함. ¶교회 부설 유치원
[附屬(부:속)] ① 부속품. ¶기계 부속품 ② 주가 되는 사물이나 기관에 딸려 붙어 있음. 참附屬學校(부속학교), 附屬病院(부속병원), 附屬品(부속품)
[附逆(부:역)] 나라에 반역이 되는 일에 가담함. 참附逆者(부역자), 附逆行爲(부역행위)
[牽强附會(견강부회)] 당치도 않은 말을 억지로 끌어대어 논리에 맞추려고 함.
附屬品(부속품), 附隨(부수), 附隨的(부수적), 附逆者(부역자)

부치다, 보내다
[附與(부:여)] 사물이나 일에 가치·의미를 붙여줌. ¶임무 부여/특권 부여
[寄附(기부)] 돈 따위를 대가없이 보내주거나 덧붙여 내놓음. ¶적십자사에 돈을 기부하다
[回附(회부)] (어떤 물건이나 사건을) 돌려보내거나 넘김.

阿 언덕 아, 阜부8   1447

'阿(아)'자는 원래 가파른 '언덕'을 뜻하기 위하여 만든 것이다. '언덕 阝(부)'와 '옳을 可(가)'로 이루어졌다.

아첨하다, 상관에게 알랑거리다
[阿附(아부)] 아첨하여 좇음.
[阿世(아세)] 세상 사람들이 하는 대로 붙좇음.
[阿諂(아첨)] 남의 환심을 사거나 잘 보이기 위하여 알랑거림. ☞ *271
[曲學阿世(곡학아세)] '곧지 않은 학문으로 세상에 아부함'이란 뜻에서, 바른 길에서 벗어난 학문으로 권력자에게 아첨하여 출세를 하려고 함. 『史記(사기)·儒林傳(유림전)』 ☞사자성어
[棲守道德者(서수도덕자), 寂寞一時(적막일시). 依阿權勢者(의아권세자), 凄凉萬古(처량만고).] 도덕을 고수하며 사는 자는 일시적으로 매우 적막하다. 권세에 아부하고 의지하는 자는 만고에 처량하다. 『菜根譚(채근담)·前集(전집) 1』

불제자(佛弟子)의 이름, 불교와 관련되어 쓰이는 말
[阿彌陀(아미타)/阿彌陀佛(아미타불)] (불) 서방 정토에 있다는 부처의 이름. 모든 중생을 제도하겠다는 큰 원을 품었다고 하며 이 부처를 염하면 죽어서 극락세계에 간다고 함.
[阿修羅場(아수라장)] ① (불) 아수라왕이 제석천과 싸운 마당. ② '끔찍하게 흐트러진 현장'이란 뜻으로, 모진 싸움으로 처참하게 된 곳, 또는 법석을 떨어 야단이 난 곳을 말한다. 피비린내 나는 전쟁터 또는 눈뜨고 차마 볼 수 없는 참혹한 현장을 가리킨다. ¶장내는 찬반의 격렬한 싸움으로 아수라장이 되고 말았다
[阿羅漢(아라한)/羅漢(나한)] (불) ① 소승불교의 수행자 가운데 최고의 경지에 이른 이. 온갖 번뇌를 끊고, 四諦(사체)의 이치를 밝혀 얻어서 세상 사람들의 존경을 받을 만한 공덕을 갖춘 성자를 이름. ② 열 가지 부처의 칭호 가운데 하나. 생사를 이미 초월하여 배울 만한 법도가 없게 된 자리의 부처.
[阿鼻叫喚(아비규환)] 阿鼻地獄(아비지옥)과 叫喚地獄(규환지옥)을 합친 말. ① (불) 아비지옥의 고통을 못 참아 울부짖는 소리. ② 심한 참상을 형용하는 말.
[南無阿彌陀佛(나무아미타불)] ① (불) ('아미타불에 돌아가 의지한다'는 뜻으로) 염불할 때 외우는 말. ② '공들여 해 놓은 일이 허사가 됨'을 이르는 말. 참十年工夫(십년공부) 南無阿彌陀佛(나무아미타불)

기타
[阿膠(아교)] 당나귀 가죽을 진하게 고아서 굳힌 끈끈한 것. 주로 풀로 쓰는데 지혈제나 그림을 그리는 재료로도 사용한다.
[阿片(아편)] 양귀비의 채 익지 않은 열매에 상처를 내어서 뽑아낸 진을 말려서 굳힌 갈색 가루. 모르핀 등을 주성분으로 하는 마약으로서, 진통제나 설사약 등에 씀. 참阿片戰爭(아편전쟁)

陶 질그릇 도, 阜부11   1448

'陶(도)'자는 '질그릇'을 뜻하는 글자이다. 옹기 가마는 대개 비탈진 곳에 설치하기 때문에 '언덕 阝(부)'를 표의요소로 썼다. '질그릇 匋(도)'는 표의요소와 표음요소를 겸한다. 후에 '기뻐하다'는 뜻으로 쓰이게 되었다.

질그릇, 도기, 도자기를 굽다, 옹기장이, 도공
[陶工(도공)] 옹기 만드는 일을 하는 사람.
[陶器(도기)] 오지그릇. 진흙으로 만들어 볕에 말린 다음 오짓물을 입혀 구운 질그릇. 검붉은 윤이 나고 질김.
[陶藝(도예)] 도자기를 만들어내는 공예. 또는 그 기술.
[陶窯(도요)] 도기를 굽는 가마.
[陶瓷器(도자기)/陶磁器(도자기)] 질그릇·오지그릇·사기그릇 따위.

교화(敎化)하다, 바로잡다, 바루다
[陶冶(도야)] ① 마음과 몸을 잘 갈고 닦아서 훌륭한 인격을 만들도록 힘씀. ¶학문과 품성을 도야하다 ② 질그릇 굽는 일과 대장일.

기뻐하다
[陶醉(도취)] ① 기쁜 마음에 흠뻑 취함. ② 어떠한 것에 마음이 쏠려 취하다시피 함. ¶자기도취에 빠진 사람
[自己陶醉(자기도취)] (심) 스스로에게 황홀하게 빠지는 일.

성
[陶淵明(도연명)]

陵 큰 언덕 릉, 阜부11   1449

'陵(릉)'자는 '큰 언덕'을 뜻하여 만든 것이다. '언덕 阝(부)'가 표의요소로, '언덕 夌(릉)'은 표의와 표음요소로 쓰였다. '능가하다', '깔보다'의 뜻에는 '凌(릉)'자와 같이 쓴다.

언덕, 큰 언덕
[丘陵(구릉)] 언덕. 작은 언덕[丘(구)]과 큰 언덕[陵(릉)].

무덤, 임금의 무덤 (墓0955 참조)
[陵墓(능묘)] 능과 묘.
[王陵(왕릉)] 임금의 묘(墓)

깔보다, 가벼이 보다, 범하다, 침범하다
[陵蔑(능멸)/凌蔑(능멸)] 업신여겨 깔봄.
[陵侮(능모)/凌侮(능모)] 오만한 태도로 업신여김.
[陵辱(능욕)/凌辱(능욕)] ① 업신여겨 욕보임. ② 여자를 강간하여 욕보임.

기타
[武陵桃源(무릉도원)] 무릉에서 복숭아꽃잎이 흘러내려오는 근원지. '세상과 따로 떨어진 별천지'를 이르는 말. 『陶淵明(도연명)·桃花源記(도화원기)』
[陵遲處斬(능지처참)] 대역죄를 범한 자에게 과하던, 산채로 머리·팔·다리·몸뚱이를 토막쳐서 천천히 죽여 각지에 돌려 보이던 극형.

陳 베풀 진:, 늘어놓을 진:, 阜부11   1450

'陳(진)'자는 원래는 '언덕'을 나타내기 위한 것이었다. '언덕 阝(부)'가 표의요소로 쓰였다. '동녘 東(동)'은 표음요소로 쓰였는데, 음이 많이 달라졌다. 후에 '늘어놓다', '아뢰다', '묵다' 등으로 뜻이 바뀌어 쓰이게 되었다.

늘어놓다, 늘어서다, 벌여 놓다, 진열하다
[陳設(진:설)] 제사나 잔치 때에 음식을 상 위에 벌여 놓음.
[陳列(진:열)] 물건을 죽 늘어놓거나 벌여 놓음. ¶상품을 진열하다 國陳列臺(진열대), 陳列欌(진열장)

말하다, 설명하다
[陳述(진:술)] 자세히 아뢰거나 말함. 또는 그런 이야기. ¶진술을 받다/거짓 진술을 하다
[陳情(진:정)] 사정을 늘어놓아 말함. 國陳情書(진정서)
[開陳(개진)] 내용을 드러내어 말함. ¶의견을 개진하다

묵다, 오래되다
[陳腐(진:부)] ① 오래 묵어서 썩음. ② 사상, 표현, 생각 따위가 낡아서 새롭지 못함. ¶그 글에는 진부한 표현이 너무 많았다
[新陳(신진)] 새것과 묵은 것.
[新陳代謝(신진대사)] ① 묵은 것은 없어지고, 새것이 대신 생기는 일. ② (생) 생물체가 영양을 섭취하고 낡은 물질을 걸러내는 일.

기타
[陳外家(진외가)] 아버지의 외가.

陷 빠질 함:, 阜부11   1451

'陷(함)'자는 구렁텅이에 '빠지다'는 뜻을 나타내기 위하여 '언덕[阝(부)]'에 파놓은 '함정[臼(구)]'에 빠진 '사람[人(인)]'의 광경을 묘사해 놓은 것이다. '陷(함)'은 언덕에 설치된 함정에 빠지는 것이고, '諂(첨)'은 말에 설치된 함정에 빠지는 것이다.

빠지다, 가라앉다, 빠뜨리다, 함정, 허방다리, 땅이 움푹 패다
[陷入(함:입)] 빠져 들어감.
[陷沒(함:몰)] ① 움푹 파이거나 쏙 들어감. ② 어떤 것에 푹 빠져들어 헤어나지 못함.
[陷穽(함:정)] ① 허방다리. 땅바닥에 구덩이를 파고 그 위에 너스레를 치고 흙을 덮어 땅바닥처럼 만든 자리. ② 남을 해치려고 꾸민 모략, 또는 벗어날 수 없는 곤경이나 계략을 비유하는 말. ¶함정을 파놓다/함정에 빠지다

실수하다, 잘못하다, 모자라다, 이지러지다
[缺陷(결함)] 부족한 점이나 흠. ¶신체적 결함을 극복하다

속여 넘기다, 궁지에 몰아넣다, 해치다
[謀陷(모함)] 나쁜 꾀로 남을 어려운 처지에 빠지게 함.

함락하다, 항복하다, 무너지다, 괴멸하다, 무너뜨리다, 헐다
[陷落(함:락)] ① 땅이 꺼져 떨어짐. ② 지키는 곳을 쳐서 빼앗거나 빼앗김. ¶6,25동란이 나자 서울이 3일 만에 함락되었다

隆 클 륭, 높을 륭, 阜부12   1452

'隆(륭)'자는 '언덕 阝(부)'가 부수로 지정되어 있지만 언덕과 관계는 없다. '내릴 降(강)'과 '날 生(생)'으로 이루어진 글자이다. 여기에서 '降(강)'자는 '봉긋 돋아 오

른 모양'을 뜻한다고 한다. '隆(륭)'자는 생김새가 '풍만하고 크다'는 뜻을 나타내기 위하여 만든 것이었다. '높다', '두텁다'는 뜻으로도 쓰인다.

크다, 풍성하고 크다
[隆盛(융성)] 매우 성하고 기운참. 또는 그렇게 일어남. ¶국가의 융성
[興隆(흥륭)] 일어나 번영함.

두텁다, 극진하다, 융숭하다
[隆崇(융숭)] 대하는 태도가 극진하고 정성스러움. ¶융숭한 대접을 받다

높다, 높이다
[隆起(융기)] ① 어느 한 부분이 높이 솟아오름. ② (지) 뭍의 일부가 둘레보다 높아짐.

隨 따를 수, 阜부16   1453

'隨(수)'자는 길을 '따라가다'는 뜻을 나타내기 위하여 만든 자이다. '길갈 辶(착)'이 표의요소, '수나라 隋(수)'는 표음요소이다.

따르다, 따라가다, 수행하다, ~을 따라, 거느리다, 동반하다, 몸에 지니다
[隨伴(수반)] ① 어떤 일에 더불어 생김. ② 붙어 따름.
[隨行(수행)] (높은 지위에 있는 사람을) 따라서 감. 참隨行員(수행원)
[蜂蝶隨香(봉접수향)] '벌과 나비가 향기를 따른다'는 뜻으로, 남자가 여자의 아름다움을 따르는 것을 비유한 말.
[附隨的(부:수적)] 붙어 따르는. 또는 그런 것.
[不隨(불수)] 병·사고 등으로 몸이 마음대로 되지 않음. 참半身不隨(반신불수), 全身不隨(전신불수)
半身不隨(반신불수), 附隨(부수), 夫唱婦隨(부창부수), 全身不隨(전신불수)

따라서, 때마다, 일마다
[隨想(수상)] 그때그때 떠오르는 느낌이나 생각. 참隨想錄(수상록)
[隨時(수시)] ① 때에 따라서, 때때로. ② 그때그때 ¶수시 모집
[隨意(수의)] 임의. 마음대로 하는. 참隨意契約(수의계약)
[隨筆(수필)] (문) 일정한 형식을 따르지 않고 생활 체험이나 느낀 바를 생각나는 대로 쓴 글.
隨處樂(수처락)

雅 맑을 아(:), 올바를 아(:), 隹부12   1454

'雅(아)'자는 원래 '까마귀'의 일종을 뜻하는 글자이었으니 '새 隹(추)'가 표의요소, '어금니 牙(아)'는 표음요소이다. '곱다', '너그럽다'는 뜻으로도 쓰인다. 본뜻을 위하여 '까마귀 鴉(아)'자를 새로 만들었다.

바르다
[雅量(아:량)] 너그럽고 깊은 도량. ¶아량이 넓다/양보

하는 아량을 보이다

바른 음악
[雅樂(아:악)] (악) 우리나라 궁중에서 의식 따위에 정식으로 쓰던 음악. 고려 예종 때 중국 송나라에서 들여온 것을 조선 세종이 박연에게 명하여 새로 완성시켰다.

곱다, 우아하다, 고상하다, 아름답다, 아리땁다
[雅淡(아:담)] 조촐하고 산뜻함.
[端雅(단아)] 단정하고 아담함. ¶옷차림이 단아하다
[優雅(우아)] 점잖고 아름다워 품위가 있음.
雅趣(아취), 儒雅(유아), 淸雅(청아)

좋다, 좋아하다
[雅號(아:호)] 예술인이나 학자 등의 호.

雙 쌍 쌍, 견줄 쌍, 隹부18   1455

'雙(쌍)'자는 '두 마리의 새'를 나타내기 위하여 한 '손[又]'에 두 마리의 '새[隹(추)]'를 잡고 있는 모습을 본뜬 것이다. 후에 '쌍', '둘' 등의 뜻으로 쓰이게 되었다.

한 쌍, 새 두 마리, 둘, 두 짝으로 이루어진 것, 짝이 되다
[雙(쌍)] ① 둘씩 짝을 이룬 물건. ¶쌍가락지/쌍권총 ② 암컷 하나와 수컷 하나의 짝. ¶기러기 한 쌍/토끼 한 쌍 ③ 둘을 하나로 묶어 세는 단위.
[雙曲線(쌍곡선)] (수) 원뿔곡선의 하나. 한 평면 위의 두 정점에서의 거리의 차가 일정한 점들을 이은 곡선임. ¶희비의 쌍곡선이 교차하다
[雙方(쌍방)] 둘로 나뉜 것의 두 쪽. 이쪽과 저쪽. 또는 이편과 저편을 아울러 이르는 말.
[雙璧(쌍벽)] ① 두 개의 구슬. ② 여럿 가운데 두 가지가 별로 우열의 차가 없이 특히 뛰어남. ¶두 거장이 쌍벽을 이루었다
[雙手(쌍수)] 두 손. ¶쌍수를 들어 환영하다
[無雙(무쌍)] 서로 견줄 만한 짝이 없음. 둘도 없이 썩 뛰어남. 참變化無雙(변화무쌍), 勇敢無雙(용감무쌍)
雙劍(쌍검), 雙童(쌍동), 雙輪(쌍륜), 雙雙(쌍쌍), 雙生兒(쌍생아), 雙十節(쌍십절), 雙眼鏡(쌍안경), 雙子葉(쌍자엽), 福無雙至(복무쌍지)

霜 서리 상, 雨부17   1456

'霜(상)'자는 '서리'를 뜻하기 위하여 만든 글자이다. '비雨(우)'와 '서로 相(상)'으로 이루어졌다.

서리
[霜降(상강)] 24절기의 열여덟째. 한로와 입동 사이로 양력 10월 23일이나 24일에 듦. 서리가 내리기 시작하는 시기이다.
[霜害(상해)] 서리가 가을에 너무 일찍 내리거나 봄에 너무 늦게까지 내려 입는 농작물의 피해.
[雪上加霜(설상가상)] 눈 위에 서리가 덮인다는 뜻으로, 난처한 일이나 불행한 일이 잇따라 일어남을 이르는

말. 엎친 데 덮치기.
[飛霜(비상)] 내리는 서리.
[傲霜孤節(오:상고절)] '서릿발 속에서도 굽히지 않고 지키는 절개'라는 뜻으로, '국화'를 비유하는 말. ¶국화야, ……아마도 오상고절은 너뿐인가 하노라 〈이정보〉
[六月飛霜(유월비상)] 유월에 서리가 내린다는 뜻으로 여인의 원한이 심히 큼을 이르는 말
[初霜(초상)] 첫서리. 참晩霜(만상)
[各人自掃門前雪(각인자소문전설), 莫管他家瓦上霜(막관타가와상상).] 각각 자기 집 앞 눈이나 쓸 일이요, 남의 집 기와 위의 서리는 간섭 말라. 자기가 할 일은 자기가 하고, 남의 일에 간여하지 말라, 자신을 다스리고 경계하여 조심할지언정 남의 일에 지나치게 신경을 쓰거나 간섭하지 말라는 뜻임. 『事林廣記(사림광기)』
降霜(강상), 霜菊(상국), 水旱蟲雹霜(수한충박상), 傲霜(오상)

해, 세월
[星霜(성상)] ① 한 해 동안의 세월. ② 햇수를 세는 단위로 쓰임. ¶삼십여 성상을 보냈다

날카로움의 비유, 법의 엄함의 비유
[秋霜(추상)] ① 가을 서리. ② 당당한 위세, 엄한 형벌, 굳은 절개 등을 비유하여 이르는 말. ③ 백발을 비유하여 이르는 말.
[待人春風(대:인춘풍), 持己秋霜(지기추상).] 남을 대할 때는 봄바람마냥 따뜻하게 하고, 자기 자신을 대할 때는 가을 서릿발처럼 엄히 하라. 『菜根譚(채근담)』

차가움의 비유, 힘듦의 비유
[風霜(풍상)] ① 바람과 서리. ② '세상의 모진 고난이나 고통'을 비유하여 이르는 말. ¶갖은 풍상에 찌든 얼굴
[萬古風霜(만고풍상)] 오랜 동안 겪어온 많은 쓰라림.

기타
砒霜(비:상) (약) 砒石(비석)을 태워 昇華(승화)시켜 만든 서리[霜(상)] 같은 결정체 독약.

머리털이 흼의 비유

露 이슬 로(:), 雨부20   1457

'露(로)'자는 '이슬'을 나타내기 위하여 만든 것이다. '비雨(우)'와 '길 路(로)'로 이루어졌다. '드러내다'는 뜻으로도 쓰인다.

이슬
[白露(백로)] 24절기의 하나. 처서와 추분 사이로 양력 9월 8일 경.
[寒露(한로)] 이십사절기의 열일곱째 추분과 상강 사이로 양력 10월 8~9일이 됨.

하늘이 드러나 이슬을 맞는 곳
[露天(노천)] 지붕이 없어 하늘이 드러난 곳.
[露宿(노숙)] 사방이나 하늘을 가리지 않은 장소에서 잠. 참露宿者(노숙자)

[露店(노점)] 집이 없어 밖에 드러내어 벌여놓고 물건을 파는 가게. '露天商店(노천상점)'의 준말. 참露店商(노점상)
露積(노적), 露地(노지), 風餐露宿(풍찬노숙)

드러나다, 드러내다
[露骨的(노골적)] 있는 그대로 숨김없이 드러내는. 또는 그런 것.
[露出(노출)] ① 속을 드러내거나 나옴. ② 사진을 찍을 때 셔터를 열어 필름에 빛을 비춤.
[發露(발로)] 말이나 글이나 행동 따위로 드러남. ¶애국심의 발로
[綻露(탄:로)] 비밀이 드러남.
[吐露(토:로)] 드러내어 말함.
[暴露(폭로)] ① 알려지지 않은 일을 드러냄. ② 묻히거나 싸인 물건이 비바람에 노출되어 바램.

허무함의 비유, 보잘 것 없음의 비유
[如露(여로)] 사람의 목숨이란 해가 돋기만 하면 곧 사라져 없어질 아침 이슬과도 같이 덧없는 것임.
[朝露(조로)] ① 아침 이슬. ② '인생의 덧없음'을 아침 이슬에 비유하여 이르는 말.
[草頭露(초두로)/草露(초로)] 풀잎에 맺힌 이슬이란 뜻으로, '사물의 덧없음'을 비유하여 이르는 말.
[富貴草頭露(부:귀초두로).] 부귀는 풀잎에 맺힌 이슬같이 덧없는 것. 『蘇軾(소식)·詩(시)』 ☞ * 141

향기가 세고 진한 술이나 물
[甘露(감로)] ① 태평성대에 하늘이 내린다는 단 이슬. ② 생물에게 이로운 이슬. ③ 여름에 단풍나무·졸참나무 따위의 잎에서 떨어지는 달콤한 액즙. 진드기가 배설한 것임. ④ (불) '부처의 교법'을 비유하는 말.
[甘露水(감로수)] ① 설탕을 달게 타서 끓인 뒤에 식힌 물. ② 맛이 썩 좋은 물.
[甘露酒(감로주)] 소주에 용안육·대추·포도·살구씨·구기자·두충·숙지황 등을 넣어 우린 술.

기타
[披露宴(피로연)] 잔치. 결혼이나 출생 따위의 기쁜 일을 사람들에게 널리 알리기 위하여 베푸는 잔치.
[松露(송로)] ① 솔잎에 맺힌 이슬. ② (식) 송로과에 속하는 식용 버섯의 일종.

靈 신령 령, 雨부24   1458

'靈(령)'자는 '신령'을 뜻하는 글자이다. '霝(령)'자는 '기도하는 말[口]을 늘어놓아 비[雨]내리기를 빌다'는 뜻으로 표음과 표의요소를 겸한다. 여기에 '무당 巫(무)'자를 덧붙여 '기우제를 올리는 사람'의 뜻을 나타냈다. '靈(령)'자가 획수는 많지만 글자의 구성요소를 따져보면 쉽게 '靈(령)'자를 익힐 수 있다.

신령, 팔방의 신, 하늘의 신, 구름의 신
[山靈(산령)/山神靈(산신령)] (민) 산을 수호하고 다스리는 신령.

[神靈(신령)] 신이나 사람의 영혼.
신령하다, 신묘하다, 빼어난 것, 걸출한 것
[靈感(영감)] ① 신령스러운 예감이나 느낌. ② 창조적인 일의 계기가 되는 기발한 착상이나 자극.
[靈山(영산)] ① 신령스러운 산. ¶민족의 영산 백두산 탐사 여행 ② 신불에게 제사지내는 산.
[靈藥(영약)] 신령스럽게 효험이 있는 약.
靈性(영성), 靈物(영물), 靈峰(영봉), 靈長(영장), 靈長類(영장류), 靈驗(영험)
영혼, 만유(萬有)의 정기(精氣), 인체의 정기, 죽은 사람의 혼백
[靈柩(영구)] 혼령이 담겨 있는 널. 시신을 담은 관. ¶靈柩車(영구차)
[靈肉(영육)] 영혼과 육체.
[靈魂(영혼)/魂靈(혼령)] ① 죽은 이의 넋. ② (불) 사람의 모든 정신적 활동의 본원이 되는 실체. ③ (천주) 신령하여 불사불멸하는 정신. 찹靈魂不滅(영혼불멸)
[亡靈(망령)] ① 죽은 사람의 영혼. ② 혐오스러운 과거의 잔재를 이르는 말. ¶당파싸움의 망령이 되살아났다
[妄靈(망:령)] 늙거나 정신이 흐려 말이나 행동이 이상한 상태. ¶늙어서 망령이나 떨지 말았으면
[聖靈(성:령)] (예수·천주) 聖三位(성삼위)의 하나. 신자의 영적 생활의 근본적인 힘이 되는 본체임.
[慰靈(위령)] 죽은 이의 영혼을 위로함. 찹慰靈祭(위령제), 慰靈塔(위령탑)
[幽靈(유령)] ① 죽은 사람의 혼령. 또는 그것이 생전의 모습으로 나타난 현상. ② 이름뿐이고 실제는 없음. 찹幽靈會社(유령회사)
靈界(영계), 靈媒(영매), 靈的(영적), 靈前(영전), 降靈(강령), 心靈(심령), 惡靈(악령), 精靈(정령)

魂 넋 혼, 鬼부14　　1459

'魂(혼)'자는 '귀신 鬼(귀)'와 '이를 云(운)'으로 이루어졌다. '정신', '넋', '마음'을 뜻하는 글자이다.
넋, 사람의 정신을 주관하는 혼(魂)
[魂魄(혼백)] 사람의 몸에 있으면서 몸을 거느리고 정신을 다스리는 비물질적인 넋.
[魂帛(혼백)] 신주를 만들기 전에 모시 또는 명주를 접어서 만든 임시의 신위.
[落膽喪魂(낙담상혼)] 몹시 놀라서 肝膽(간담)이 떨어져 나가고 넋을 잃을 것 같음.
[無主孤魂(무주고혼)] 의지할 곳 없이 떠돌아다니는 외로운 영혼.
[靈魂(영혼)/魂靈(혼령)] ☞ 靈(령)
[招魂祭(초혼제)] 전사 또는 순직한 혼령을 위로하는 제사.

'魂(혼)'은 '구름'의 뜻인 '雲(운)'의 축약인 '云(운)'과 '귀신'의 뜻인 '鬼(귀)'의 합자로 구름처럼 하늘로 올라간 넋이라는 뜻이다. '魄(백)'은 '魂(혼)'의 상대 개념으로, 땅에 내려간 넋이라는 뜻이다. 옛날에는 사람이 죽으면 영혼이 육체와 분리되고, 그 영혼은 다시 '魂(혼)'과 '魄(백)'으로 나뉘어 각각 하늘로 올라가고 땅으로 내려간다고 믿었다. 그래서 제사를 지낼 때 향을 피우는 것은 '魂(혼)'을 부르기 위한 것이고, 술을 따르는 것은 '魄(백)'을 부르기 위한 것이다. 魂飛魄散(혼비백산)이란 말을 보면 혼과 백이 명확하게 구분됨을 알 수 있다. 혼비백산의 혼은 하늘로 날고, 백은 땅으로 흩어져, 즉 사방으로 흩어진다는 뜻으로 매우 놀라거나 혼이 나서 넋을 잃음을 이른다.

孤魂(고혼), 亡魂(망혼), 冤魂(원혼), 幽魂(유혼), 鎭魂(진혼), 招魂(초혼)
마음, 생각
[鬪魂(투혼)] 끝까지 투쟁하려는 기백. ¶투혼을 불사르다

魄 넋 백, 鬼부15　　1460

'魄(백)'자는 육체에 깃들어 있다가 죽으면 그 육체를 떠나서 땅으로 돌아가는 '넋'의 뜻이다. '鬼(귀)'는 '영혼', '白(백)'은 '생기를 잃다'는 뜻이어서 둘 다 표의요소로 쓰였다. '白(백)'은 표음요소를 겸한다.
넋, 사람의 육체와 오관(五官)의 기능을 주관하는 넋
[落魄(낙백)] ① 넋을 잃음. ② 세력이나 살림이 보잘것없는 처지가 됨. 궁한 형편에 처함.
[氣魄(기백)] 씩씩한 기상과 진취성이 있는 정신.
[魂飛魄散(혼비백산)] ☞ 魂(혼)
[魂魄(혼백)] ☞ 魂(혼)

鬼 귀신 귀:, 鬼부9　　1461

'鬼(귀)'자는 '귀신'을 나타내기 위하여, 얼굴에 큰 가면을 쓰고 있는 모습을 본뜬 것이었다.
귀신, 사람을 해치는 요괴, 형체는 보이지 않으나 화난(禍難)을 가져다준다고 믿는 인격
[鬼神(귀:신)] ① 죽은 사람의 넋. ② 사람에게 禍福(화복)을 준다는 신령. ③ 어떤 일에 '뛰어난 재주가 있는 사람'을 비유하여 하는 말. ¶그는 냄새 맡는 데 귀신이다 ④ 생김새나 몰골이 몹시 사나운 사람을 비유하는 말.
[魔鬼(마귀)] ① 요사스러운 귀신을 통틀어 일컫는 말. ¶마귀가 들다 ② (성) 하느님의 적으로서, 인격을 가지고 악하고 그릇된 짓을 하게 하는 영적 존재. ¶마귀를 대적하라. 그러면 너희를 피하리라 〈야고보서〉
[神出鬼沒(신출귀몰)] '귀신처럼 나타났다 사라졌다 함'이란 뜻에서, 자유자재로 출몰하여 변화를 짐작할 수 없음.
[吸血鬼(흡혈귀)] ① 밤중에 무덤에서 나와 사람의 피

를 빨아먹는다고 일컬어지는 전설적인 귀신. ② 피를 빨아먹다시피 남을 착취하는 사람을 비유하여 이르는 말. [未能事人(미:능사인), 焉能事鬼(언능사귀). 未知生(미지생), 焉知死(언지사).] 아직 사람도 능히 섬기지 못하는데 어찌 귀신을 섬길 수 있으며, 삶도 모르는데 어떻게 죽음에 대해서 알 수 있겠는가. 죽음을 알려고 하기 전에 우선 삶에 대해서 먼저 알아야 한다. 『論語(논어)·先進(선진)』

[疑心生暗鬼(의심생암귀).] 의심은 귀신을 낳는다. 마음에 의심이 생기면 온갖 무서운 망상이 생긴다. 『列子(열자)·說符(설부)』

[處疾則貴醫(처질즉귀의), 有禍則畏鬼(유화즉외귀).] 병에 걸리면 의사를 중히 여기고, 화가 있으면 귀신을 두려워한다. 괴로울 때 신을 찾는다. 『韓非子(한비자)·解老(해로)』

[有錢可使鬼(유:전가사귀).] 돈이 있으면 귀신도 부릴 수 있음. '돈의 위력이 큼'을 이름. 回錢可通神(전가통신) 鬼哭(귀곡), 鬼哭聲(귀곡성), 鬼哭鳥(귀곡조), 鬼氣(귀기), 鬼面(귀면), 邪鬼(사귀), 水鬼(수귀), 惡鬼(악귀), 疫鬼(역귀), 妖鬼(요귀) 冤鬼(원귀), 雜鬼(잡귀)

불가사의한 힘이 있다고 믿어지는 인격, 지혜롭다, 교활하다

[鬼斧(귀부)] '귀신의 도끼'라는 뜻으로, '신기한 연장'을 일컫는 말.
[鬼才(귀:재)] ① 귀신같은 재주. ② 세상에 보기 드물게 뛰어난 재능. 또는 그런 재능을 가진 사람.

야차(夜叉)·나찰(羅刹)·아귀(餓鬼) 등

[餓鬼(아:귀)] ① (불) 계율을 어겨 아귀도에 떨어진 귀신. 몸이 앙상하게 마르고 목구멍이 바늘구멍 같아서 음식을 먹을 수 없어 늘 굶주린다고 함. ② '염치없이 음식을 탐하는 사람'을 비유하는 말. ③ '남과 다투기를 잘 하는 사람'을 비유하는 말.

사람이 죽으면 정신을 맡은 '魂(혼)'은 승천하여 '神(신)'이 되고, 육체를 맡은 '魄(백)'은 땅에 들어가 '鬼(귀)'가 된다. 衆生必死(중생필사), 死必歸土(사필귀토), 此之謂鬼(차지위귀). 모든 사람은 죽는다. 죽으면 흙으로 돌아가고, 이것을 일러 '鬼(귀)'라 한다. 제사를 모실 때 죽은 사람의 혼백에 대한 『禮記(예기)』에 나오는 말임.

韻 운 운:, 音부19 1462

'韻(운)'자는 '서로 잘 어울리는 소리'를 뜻하기 위하여 만든 것이었으니 '소리 音(음)'이 표의요소, '수효 員(원)'이 표음요소이다. '떨어질 隕(운)', '죽을 殞(운)' 등도 '員(원)'자가 표음요소로 쓰일 때 [운]으로 발음하는 예이다.

운, 음운(한자를 그 소리 성질에 따라 분류한 것), 음성의 동화(음성의 맨 끝울림이 같은 성질의 것끼리 조화되는 일)

[韻(운:)] 詩歌(시가)에서 각 詩行(시행)의 동일한 위치에 규칙적으로 쓰인 음조가 비슷한 글자. 운의 위치에 따라 頭韻(두운), 腰韻(요운), 脚韻(각운)으로 구분되며 각각 시행의 첫머리, 중간, 마지막에 규칙적으로 달리게 된다. 특정한 위치에 운을 다는 이유는 특정한 소리의 반복을 통해서 리듬감을 자아내기 위해서이다.
[韻律(운:률)] (문) 詩(시) 따위에서 운을 이용해 만든 리듬. 음의 강약, 장단, 고저 또는 同音(동음)이나 類音(유음)을 반복하는 방법을 쓴다.
[韻文(운:문)] 일정한 韻(운)을 사용한 시문.
[音韻(음운)] ① 말의 외형을 이루는 하나하나의 소리. 말의 뜻을 구별해주는 가장 작은 단위의 낱소리. 참音韻論(음운론) ② 중국 글자의 음운·사성·반절 따위를 연구하는 학문.

운치, 풍도

[韻致(운:치)] 그윽한 멋. 고상하고 우아함.
[餘韻(여운)] ① 아직 가시지 않고 남아 있는 운치나 울림. ¶그 노래는 늘 들어도 무엇인가 여운을 느끼게 한다 ② 사람이 떠난 뒤에 남은 좋은 영향. ¶선생은 가셨지만 그 여운이 길이 후세에 떨칠 것이다
[風韻(풍운)] 풍류와 운치.

響 울림 향:, 音부22 1463

'響(향)'자는 소리가 '울리다'는 뜻을 나타내기 위하여 만든 것이다. '소리 音(음)'이 표의요소, '시골 鄕(향)'은 표음요소이다. 후에 울림의 '여파'를 뜻하는 것으로 그 쓰임이 넓어졌다.

울림, 음향, 울리다

[交響曲(교향곡)] 관현악으로 연주하는, 여러 악장으로 된 소나타 형식의 악곡. 交響樂(교향악).
[反響(반:향)] ① 소리가 어떤 장해물에 부딪쳐서 되울리는 현상. ② 어떤 일의 영향을 받아 일어나는 움직임.
[影響(영:향)] 어떤 사물의 작용이 다른 사물에 미침. 또는 그 작용이나 현상. 참影響力(영향력)
[音響(음향)] ① 귀에 들리는 것. ② 물체에서 나는 소리와 그 울림.

頃 밭 넓이 단위 경, 잠깐 경, 頁부11 1464

'頃(경)'자는 본래 머리가 비스듬하게 '기울어지다'는 뜻을 나타내기 위한 것이었으니, '머리 頁(혈)'이 표의요소이고, '匕(비)'는 표음요소라고 하는데 거리가 멀다. 후에 '잠깐' 등으로 차용되는 예가 많아지자 본래의 뜻은 '기울 傾(경)'자를 만들어 나타냈다.

잠간, 잠시

[食頃(식경)] 한 끼 밥을 먹을 만한 짧은 시간.
[頃刻(경각)] 눈 깜빡하는 사이. 아주 짧은 동안. ¶환자의 생명이 경각에 달렸다
[命在頃刻(명:재경각)] 목숨이 짧은 시간, 頃刻(경각)에

달려 있음. 거의 죽게 되어 곧 숨이 끊어질 지경에 이름. '寸刻(촌각)'은 頃刻(경각)보다 더 짧은 시간이라고 한다.

밭 넓이의 단위, 넓다
[頃(경)] 면적의 단위로 약 5천 평에 해당한다.
[萬頃蒼(滄)波(만경창파)] 한없이 넓은 바다.

頂 정수리 정, 頁부11　1465

'頂(정)'자는 '(머리) 정수리'를 뜻하기 위한 것이었다. '머리 頁(혈)'과 '장정 丁(정)'으로 이루어졌다.

정수리
[頂門(정문)] 숫구멍. 정수리.
[丹頂(단정)] '붉은 머리'란 뜻으로, '두루미'를 일컫는 말.

꼭대기, 정상
[頂上(정상)] ① 산 따위의 맨 꼭대기. ¶백두산 정상 ② 그 이상 더 없는 최고의 상태. ③ 한 나라의 최고 수뇌. ¶정상회담
[頂點(정점)] ① 맨 꼭대기가 되는 점. ② (수) 꼭짓점.
[登頂(등정)] 산꼭대기에 오름.
[絶頂(절정)] ① 산의 맨 꼭대기. ② 사물의 진행이나 발전 과정에서 한창때에 이른 경지. ¶인기가 절정에 이르다 ③ (문) 예술 작품에서 사건의 발전이 최고조에 이른 단계. 클라이맥스.
頂芽(정아), 頂芽優勢(정아우세), 山頂(산정)

項 목 항:, 항목 항:, 頁부12　1466

'項(항)'자는 본래 머리의 아래쪽 즉, '목'을 뜻하기 위하여 만든 것이다. '머리 頁(혈)'과 '장인 工(공)'으로 이루어졌다. '工(공)'자는 '항아리 缸(항)', '항문 肛(항)'에서도 표음요소로 쓰이고 있다.

사항, 조목, 분류한 종목(種目)의 이름
[項目(항:목)] 법률이나 규정 따위의 條項(조항)과 條目(조목).
[款項(관:항)/款項目(관:항목)] 예산이나 결산서 따위의 내용 구분 단위인 관·항·목을 아울러 이르는 말.
[問項(문:항)] 문제의 항목.
[事項(사:항)] 일의 조항(條項).
[要項(요항)] 요긴한 사항. ¶수험 요항
[條項(조항)] 조목이나 항목.

수학 용어, 다항식을 구성하는 각 단위, 분수(分數)에 있어서 분모나 분자, 비례식에 있어서의 각 부분, 급수(級數)를 이루는 각 수
[多項式(다항식)] 덧셈표 또는 뺄셈표로 몇 개의 단항식을 이어 놓은 정식.
內項(내항), 外項(외항), 前項(전항), 後項(후항)

기타
[項羽(항우)]

顔 얼굴 안(:), 頁부18　1467

'顔(안)'자는 양쪽 눈썹 사이, 즉 '印堂(인당)'을 뜻하기 위한 것이다. '머리 頁(혈)'과 '선비 彦(언)'으로 이루어졌다.

얼굴, 낯, 안면
[顔面(안면)] ① 얼굴. ② 서로 얼굴을 알 만한 친분.
[童顔(동:안)] ① 어린이의 얼굴. ② 나이가 들었는데도 어린이 같은 얼굴.
[破顔大笑(파:안대소)] 얼굴 매무새를 깨뜨리어 한바탕 활짝 웃음.
[紅顔(홍안)] '붉은 얼굴'이란 뜻으로, 젊은이의 얼굴이나 혈색이 좋은 얼굴을 일컫는 말.
[對笑顔唾亦難(대:소안타역난).] '웃는 낯에 침 못 뱉는다'는 뜻으로, 좋게 대하는 사람에게는 미워도 괄시하기 어려움을 일컫는 말.
犯顔逆耳(범안역이), 洗顔(세안), 玉顔(옥안), 龍顔(용안), 容顔(용안), 尊顔(존안), 破顔(파안), 好顔(호안), 紅顔薄命(홍안박명), 花顔(화안), 花顔月貌(화안월모)

안색, 얼굴 표정
[顔色(안색)] 얼굴에 나타나는 빛깔이나 표정.
[和顔(화안)] 부드럽고 기쁜 빛을 띤 얼굴.

면목, 체면, 염치
[免無顔(면:무안)] 간신히 무안을 면함.
[無顔(무안)] 부끄러워서 볼 낯이 없음. ¶무안하여 얼굴이 빨개지다
[厚顔(후:안)] 낯가죽이 두꺼움. 뻔뻔스러움.
[厚顔無恥(후:안무치)] 낯가죽이 두껍고 뻔뻔스러워 부끄러움을 모름.

飯 밥 반, 食부13　1468

'飯(반)'자는 '밥'을 뜻하기 위하여 만든 글자이다. '먹을 食(식)'과 '되돌릴 反(반)'으로 이루어졌다.

밥
[飯酒(반주)] 끼니때 밥에 곁들여서 마시는 술.
[飯饌(반찬)] ① 밥과 반찬. ② 밥에 곁들여 먹는 음식.
[茶飯(다반)/恒茶飯(항다반)/茶飯事(다반사)/恒茶飯事(항다반사)] ① 밥을 먹고 차를 마시듯 늘 있어 예사롭고 흔함. 준恒茶飯事(항다반사) ② 예사로.
[白飯(백반)] 흰밥. 쌀밥.
[朝飯夕粥(조반석죽)] 아침에는 밥을 먹고, (점심은 굶고) 저녁에는 죽을 먹을 정도의 구차한 생활.
[炊沙成飯(취사성반)] '모래를 때어 밥을 짓는다'는 뜻으로 '헛수고'를 비유하여 이르는 말.
飯店(반점), 飯盒(반합), 麥飯(맥반), 素飯(소반), 粟飯(속반), 鹽飯(염반), 殘飯(잔반), 朝飯(조반), 酒囊飯袋(주낭반대), 酒甕飯囊(주옹반낭), 湯飯(탕반)

먹다, 밥을 먹다, 밥을 먹이다
[飯疏食飲水(반소사음수), 曲肱而枕之(곡굉이침지), 樂

亦在其中矣(낙역재기중의).] 나물 반찬에 물을 마시고, 팔베개를 하고 누웠어도 즐거움이 또한 그 가운데 있다. 행복은 빈부에 의해 정해지는 것이 아니다. 비록 술 대신 물을 마시는 생활일지라도, 자기가 믿는 길에 따라 살아가는 자에게는 그런 가운데서도 자연의 즐거움이 있는 것이다. 『論語(논어)·述而(술이)』 ☞ * 125

飾 꾸밀 식, 食부14   1469

'飾(식)'자는 표음요소인 '밥 食(식)'이 부수로 지정되어 있는 예외적인 글자이다. '수건 巾(건)'과 '사람 人(인)'이 표의요소로 '털어내다'가 본뜻인데, 후에 '깨끗이 씻다', '꾸미다' 등의 뜻으로 쓰이게 되었다.

꾸미다, 치장하다, 모양을 내다, 꾸밈, 장식
[服飾(복식)] 옷과 옷차림의 꾸밈새.
[粉飾(분식)] ① 내용은 없이 거죽만 꾸밈. ② 사실을 감추고 거짓 꾸밈. ¶분식 회계
[修飾(수식)] ① 겉모양을 꾸밈. ② (언) 체언이나 용언에 딸려 그 뜻을 좀 더 설명하는 일. 礀修飾語(수식어)
[裝飾(장식)] 겉모양을 아름답게 꾸밈. 또는 그 꾸밈새나 장식물. ¶실내 장식/크리스마스트리 장식 礀裝飾品(장식품)
[虛禮虛飾(허례허식)] 예절·법식들을 형편에 맞지 않게 겉으로만 번드르르하게 꾸밈. ¶우리는 허례허식을 버리고 실질을 숭상해야 한다
扮飾(분식), 粧飾(장식), 虛飾(허식)

속이다, 속마음과는 달리 거짓으로 둘러대다
[假飾(가ː식)] 거짓으로 꾸밈. ¶가식이 없는 자연스런 태도

館 집 관, 객사 관, 食부17   1470

'館(관)'자는 '밥 食(식)'과 '관청 官(관)'으로 이루어졌다. 손님 접대를 위한 '집'이 본뜻이다. 관서 이름으로도 쓰이는데, 圖書館(도서관), 博物館(박물관), 弘文館(홍문관), 成均館(성균관) 등이 그 예이다. '집 舍(사)'와 '벼슬 官(관)'으로 이루어진 '집 舘(관)'자는 俗字(속자)이다.

객사, 원(院), 여관
[旅館(여관)] 일정한 돈을 받고 여객을 묵게 하는 집.

관청·학교 등 사람이 상주하지 않는 건물
[大使館(대ː사관)] (정) 대사가 주재국에서 공무를 처리하는 공관.
[圖書館(도서관)] 도서를 비롯한 온갖 기록된 자료들을 모아 두고 일반이 와서 볼 수 있게 시설을 한 집.
[博物館(박물관)] 여러 사람들에게 보여 교육이나 연구에 도움이 되도록 고고학적 자료, 예술품, 역사적 유물, 그 밖의 학술 자료들을 널리 모아 보관·진열하는 시설.
[會館(회ː관)] 어떤 단체에서 집회장 따위로 쓰기 위해 지어 놓은 건물.
[休館(휴관)] 도서관·박물관 따위의 기관에서 일반에게 공개하는 일을 하지 않고 쉼. ¶공휴일에는 휴관합니다
開館(개관), 公館(공관), 舊館(구관), 美術館(미술관), 白堊館(백악관), 別館(별관), 本館(본관), 分館(분관), 書館(서관), 成均館(성균관), 新館(신관), 洋館(양관), 驛館(역관), 映畵館(영화관), 俄館播遷(아관파천), 倭館(왜관), 廢館(폐관), 弘文館(홍문관)

기타
[水族館(수족관)] 수족(水族)을 모아 기르며 구경시키는 설비.

驛 역 역, 馬부23   1471

'驛(역)'자는 옛날 공문서를 전달하거나 관리들이 출장 갈 때 驛站(역참)에 배치하여 이용하던 '말'을 뜻하기 위한 것이었다. '말 馬(마)'가 표의요소, '엿볼 睪(역)'은 표음요소이다. 요즈음은 '(열차) 정거장'을 뜻하는 것으로 많이 쓰인다.

역참, 역말을 갈아타는 곳, 역
[驛馬煞(역마살)] 늘 분주하게 멀리 돌아다녀야 하는 액운. ¶역마살이 끼다
[驛舍(역사)] 역으로 쓰는 건물.
[驛長(역장)] 역의 책임자.
[簡易驛(간ː이역)] 간단한 설비를 해 놓거나, 또는 설비가 없이 열차가 멈추기만 하는 역.
[終着驛(종착역)] 기차·전차 따위의 최종 도착역.
驛館(역관), 驛馬(역마), 驛前(역전), 驛卒(역졸), 驛站(역참)

鶴 학 학, 鳥부21   1472

'鶴(학)'자는 새의 일종인 '두루미'를 뜻하기 위하여 만든 것이니 '새 鳥(조)'가 표의요소, '새 높이 날 隺(확)'은 표음과 표의를 겸하는 요소이다.

학, 두루미
[鶴首苦待(학수고대)] 학처럼 머리를 쭉 빼고 애태우며 기다림. 간절한 마음으로 애타게 기다림.
[群鷄一鶴(군계일학)] '닭의 무리 가운데 한 마리의 학'이라는 뜻으로, 많은 사람 가운데 뛰어난 인물을 비유하는 말.
[延頸鶴望(연경학망)] 학처럼 목을 길게 하여 기다림. 『蜀志(촉지)』
[紅鶴(홍학)] 붉은색의 학.
[鳧脛雖短續之則憂(부경수단속지즉우), 鶴脛雖長斷之則悲(학경수장단지즉비).] 물오리의 다리는 비록 짧지만 그것을 길게 이어주면, 괴로워할 것이다. 학의 다리가 길다 하여 끊어서 짧게 한다면, 학은 필시 슬퍼할 것이다. 만물은 제각기 천부의 특징을 갖추어 있으므

로, 쓸데없이 가감할 것이 아님'을 비유하여 이르는 말이다. 인간의 경우에도 마찬가지이다. 사람의 성질은 사람마다 각각 태어날 때부터 지니고 있는 것이므로 다른 사람이 이러쿵저러쿵 지도하는 것은 본인에게 오히려 괴로울 뿐이다. 『莊子(장자)·外篇(외편)·騈拇(변무)』
鶴鳴(학명), 鶴壽(학수), 鶴翼陣(학익진), 孤雲野鶴(고운야학), 群鶴(군학), 靑鶴(청학)

희다, 흰 빛깔의 비유
[鶴髮(학발)] 흰 머리. 백발.

默, 黙 묵묵할 묵, 잠잠할 묵, 黑부16　1473

'默(묵)'자는 '개가 짖지 않고 사람을 졸졸 따라가다'가 본뜻이었다. '개 犬(견)'과 '검을 黑(흑)'으로 이루어졌다.

묵묵하다, 말하지 않다, 말이 적다
[默過(묵과)] (말하지 않고) 모르는 체 넘어감. ¶이 일은 정말로 묵과할 수 없는 문제이다
[默念(묵념)] 소리 없이 마음속으로 기도함.
[默秘權(묵비권)] (법) 피고나 피의자가 질문에 대하여 자기에게 불리한 진술을 거부하고 침묵할 수 있는 권리. ¶묵비권 행사
[默殺(묵살)] 보고도 못 본 체, 듣고도 못 들은 체 내버려두고 문제 삼지 않음. 또는 무시해 버림. ¶의견을 묵살하다
[默認(묵인)] 모르는 체하고 하려는 대로 내버려 둠으로써 넌지시 인정함. ¶부정행위를 묵인하다
[寡默(과:묵)] 말수가 적고 침착함. ¶과묵한 성품
[沈默(침묵)] 아무 말도 하지 않고 잠잠히 있음.
默契(묵계), 默禱(묵도), 默讀(묵독), 默禮(묵례), 默想(묵상), 默示(묵시), 默示錄(묵시록), 默言(묵언), 默珠(묵주), 暗默裡(암묵리)

齊 가지런할 제, 조화할 제, 齊부14　1474

'齊(제)'자는 '가지런하다'는 뜻을 나타내기 위하여 벼나 보리의 이삭이 평평하고 가지런하게 자란 모양을 본뜬 것이었다. 후에 '같게 하다', '동등하다', '다스리다'는 뜻으로 쓰이게 되었다.

가지런하다, 같다, 가지런하게 하다, 같게 하다
[齊家(제가)] 집안을 잘 다스려 바로잡음.
[修身齊家(수신제가)] 몸을 닦고, 그런 후에 집을 다스림. 자기 수양을 하고 집안을 잘 돌봄.

다, 똑같이, 모두
[齊民(제민)] 일반 백성
[齊唱(제창)] ① 여러 사람이 다 같이 소리를 내어 부름. ② (악) 하나의 선율을 여럿이 같이 노래 부름. ¶애국가 제창
[一齊(일제)] 여럿이 한꺼번에. 동시에. ¶일제고사

기타
[伯夷叔齊(백이숙제)] ☞叔(숙)0947

丘 언덕 구, 一부4　1475

'丘(구)'자는 흙으로만 이루어진 '작은 산'이 본래 의미인데, '언덕'의 뜻으로 많이 쓰인다.

언덕, 동산
[丘陵(구릉)] 언덕. 작은 언덕[丘(구)]과 큰 언덕[陵(릉)].
[砂丘(사구)] 모래 언덕.
[首丘初心(수구초심)] '여우가 죽을 때는 제가 살던 굴이 있는 언덕 쪽으로 머리를 돌린다'는 뜻으로, 죽을 때에도 자기의 근본을 잊지 아니함 또는 고향을 그리워함을 이르는 말. 同狐死首丘(호사수구)
段丘(단구)

마을
[丘里之言(구리지언)] ① 촌스런 말. ② 터무니없는 말.

기타
[比丘(비구)] (불) 집을 떠나 불교에 귀의하여 머리를 깎고 구족계를 받은 남자 중. 참比丘尼(비구니), 比丘僧(비구승)
[比丘尼(비구니)] (불) 집을 떠나 불교에 귀의하여 머리를 깎고 구족계를 받은 여자 중. 참比丘(비구)

且 또 차:, 一부5　1476

'且(차)'자는 '조상'을 뜻하기 위하여 조상의 위패 모양을 본뜬 것이다. 후에 '또', '잠깐'의 의미로 차용되는 예가 많아지자, 본뜻은 '제사 示(시)'를 덧붙인 '조상 祖(조)'자를 만들어냈다.

또, 또한, 다시 더
[重且大(중차대)] ① 무겁고도 큼. ② '중대하다'의 힘줌말.
[不義而富且貴(불의이부차귀), 於我如浮雲(어아여부운).] 의롭지 못하고서 富(부)와 貴(귀)를 누림은 내게 있어 뜬구름과 같다. 나쁜 짓을 해서 부자가 되고 높은 지위에 앉게 된들 그러한 것은 내게는 모두 정처없이 흘러가는 뜬구름처럼, 마음을 움직이기에는 부족한 것이다. 『論語(논어)·述而(술이)』 ☞ * 125

잠깐, 얼마간
[且置(차:치)] 잠시 내버려 두고 문제 삼지 않음. ¶잠시 그 문제는 차치해두고 다음 문제로 넘어 갑시다 同且置勿論(차치물론)

구구하다, 임시적이다
[苟且(구차)] ① 말이나 행동이 떳떳하거나 버젓하지 못함. ¶구차한 변명은 하지 않겠다 ② 매우 가난함. ¶구차스런 살림

…하기도 하다
[且驚且喜(차경차희)] 한편으로 놀라면서 한편으로 기쁨.

[且問且答(차문차답)] 한편으로 물으면서 한편으로 대답함.

乎 어조사 호, 온 호, ノ부5　1477

'乎(호)'자는 고대 한문 문장에서 疑問(의문)이나 反問(반문) 따위의 어조를 나타내는 어조사로 많이 쓰였으며, 낱말의 한 구성요소로 쓰이지는 않았다. 고문을 해석하기 위해서는 반드시 알아두어야 할 글자이다.

어조사 (의문·영탄·반어·호격의 어조사로 쓰인다.) …하지 아니한가, …하겠느냐
[斷乎(단:호)] 단정하여 흔들림이 없이 엄격함. ¶단호한 태도
[德蕩乎名(덕탕호명)] 덕은 명예를 구하면 허물어짐. 『莊子(장자)』
[入乎耳出乎口(입호이출호구).] 귀로 듣고, 이내 입으로 말할 뿐, 실천하지 않는 일. 『荀子(순자)』
[王侯將相寧有種乎(왕후장상영유종호).] 왕후장상이라 하여 어찌 따로 씨가 있겠느냐. '어떤 사람이라도 마음 먹기에 따라 입신출세할 수 있음'을 이름. 『史記(사기)』
[出乎爾者反乎爾(출호이자반호이).] 너에게서 나온 것은 너에게로 돌아간다. 네가 한 언행은 네게로 돌아간다. 즉 선에는 선이 돌아오고, 악에는 악이 돌아온다. 스스로 인(因)을 지어 스스로 과(果)를 받음. 『孟子(맹자)·梁惠王 下(양혜왕 하)』
[學而時習之(학이시습지), 不亦說乎(불역열호).] 배워서 그것을 제때에 익히니 또한 기쁘지 않겠는가. 한 번 배우면 그것으로 다 아는 것처럼 기가 산다. 그러나 실제로는 잘 모르는 것이다. 하지만 배운 것을 시간 있을 때마다 복습하고 연습해 보면 차츰 진정한 뜻을 이해하게 된다. 즉 몸소 깨달아 실천하게 되는 것이다. 그러한 체득의 기쁨이야말로 학문의 참다운 기쁨이다. 『論語(논어)·學而(학이)』 ☞ * 452

也 어조사 야:, 乙부3　1478

'也(야)'자는 고대 한문의 문장 끝에 쓰여 斷定(단정)이나 肯定(긍정) 어조를 나타내는 어조사로 많이 쓰였지만, 조어력이 약하여 어떤 낱말의 구성요소로 쓰인 예는 거의 없다.

어조사, 文末(문말)에 놓여 단정·결정의 뜻을 나타낸다
[及其也(급기야)] 마침내.
[口者心之門戶也(구자심지문호야), 心者神之主也(심자신지주야).] 입은 마음이 흘러나오는 문이요, 마음의 주인은 정신이다. 의지·욕망·생각·지모 등의 모든 정신이 바로 이 문호, 즉 입을 통해서 드러나게 된다. 『鬼谷子(귀곡자)』
[(君子必) 愼己獨也(신:기독야)/愼獨(신:독).] (군자는) 자신이 홀로 있을 때 삼간다. 혼자 있을 경우, 즉 타인이 보거나 듣지도 않을 경우라도 언행을 조심하고 스스로를 속이지 않도록 한다. 이것이 군자가 지향하는 것이다. 『大學(대학)·傳6章(전6장)』

了 마칠 료:, 亅부2　1479

'了(료)'자는 '아이 子(자)'에서 양손에 해당하는 '一'이 없는 꼴이다. '마치다'는 뜻으로 쓰인다.

마치다, 끝나다
[滿了(만:료)] 기한이 다 차서 끝남. ¶임기가 만료되다
[修了(수료)] 일정한 학업이나 과정을 다 공부하여 마침. 智修了者(수료자), 修了證(수료증)
[完了(완료)] 완전히 끝마침.
[終了(종료)] 어떤 행동이나 일 따위를 끝내어 마침. 딴開始(개시)

予 나 여, 줄 여, 亅부4　1480

'予(여)'자는 '주다'가 본래 의미이다. 일찍이 제1인칭인 '나'를 가리키는 것으로 차용되는 예가 많아지자, '주다'는 뜻은 '與(여)'자를 새로 만들어 나타냈다. 고전 한문에서는 단음절 어휘로 많이 쓰였으나 조어력이 약하여 한자어에서는 거의 쓰이지 않는다.

나(단수의 제일인칭 대명사)

于 어조사 우, 감탄할 우, 二부3　1481

'于(우)'자는 고대부터 '~로', '~에' 같은 의미의 전치사로 쓰였다. 다른 글자와 낱말을 구성하는 조어력이 매우 낮다.

…에(전치사), …에서(장소·비교를 나타내는 전치사)
[于先(우선)] 어떤 일에 먼저. ¶우선 밥부터 먹고 남은 일을 하자.
[子曰(자왈), 吾十有五而志于學(오십유오이지우학).] 나는 열다섯 살에 학문에 뜻을 두었다. 『論語(논어)·爲政(위정)』 ☞ * 289
[圖難于其易(도난우기이), 爲大于其細(위대우기세).] 어려운 일을 하려고 함에는 그 일의 쉬운 곳부터 해 나가야 하고, 큰일을 하려고 할 때는 그 일의 작은 것부터 해 나가야 한다. 『老子(노자)』

云 이를 운, 二부4　1482

'云(운)'자는 원래 하늘에 구름이 매달려 있는 모양을 본뜬 것으로, '구름'이 본뜻이었는데, 후에 '말하다'는 뜻으로 차용되어 쓰이는 예가 많아지자 본래 의미를 위하여 추가로 '구름 雲(운)'자를 만들어냈다.

이르다(曰), 말하다
[云謂(운위)] 일러 말함. ¶운위하다

가로되(남의 말을 인용해서 말한다), …라고 말하다(말이나 문장을 생략할 때 쓴다)
[云云(운운)] ① 다른 글이나 말을 인용 또는 생략할 때 '이러이러하게 말하였다'는 뜻으로 쓰는 말. ② 여러 가지의 말.
하다, 행동하다
[云爲(운위)] ① 말과 행동. 언행. ② 세태와 인정.

互 서로 호:, 二부4 1483

'互(호)'자는 본래 푸줏간에서 고기 덩어리를 걸어 둘 때 쓰는 '시렁'이나 '고리'를 뜻하기 위하여 그 모양을 본뜬 것이었다. 후에 '(서로) 어긋 매기다', '서로' 같은 뜻으로 사용되었다.
서로(피차가 동시에 그 대상에 대하여)
[互選(호:선)] 특정한 사람들이 모여 그 가운데서 어떠한 사람을 골라 뽑는 선거.
[互惠(호:혜)] 서로 특별한 편익을 주고받는 일. 참互惠條約(호혜조약)
[相互(상호)] 서로. ¶상호 이해/상호 견제
[相互作用(상호작용)] 서로 원인이 되고 결과가 되는 작용. 통交互作用(교호작용)
互先(호선), 交互(교호), 互惠條約(호혜조약)
서로 어긋 매기다, 뒤섞이다
[互生(호:생)] (식) 어긋나기. 잎이 서로 어긋맞게 나는 것.

亨 형통할 형, 亠부7 1484

'亨(형)'자는 조상신을 모신 사당의 건물의 모양을 본뜬 것이었다. '일이 잘 풀리다'는 뜻을 나타낸다.
형통하다, 지장 없이 이루어지다
[亨通(형통)] 일이 뜻대로 잘 풀리고 막혔던 것이 통함.
[萬事亨通(만사형통)] 온갖 일이 다 잘 됨.

享 누릴 향:, 亠부8 1485

'享(향)'자는 원래는 '亨(형)'자였다. 글자의 아랫부분에 '一'이 더하여져 '아들 子(자)'처럼 변하였다. 이 경우의 '子(자)'는 건축물의 하단 모양이 잘못 변화된 것이므로, '아이'나 '아들'이란 의미와는 관계가 없다. '享(향)'자는 '조상신에게 제물을 바치다'는 뜻으로 쓰이고, '亨(형)'자는 '사람이 제물을 바치는 뜻을 신이 받아들여 일이 잘 이루어짐'을 뜻하는 것으로 쓰여 역할을 분담하게 되었다.
누리다, 받다, 응하다
[享年(향:년)] 살아서 한평생 누린 나이. 죽은 사람의 나이를 이를 때만 쓴다.
[享樂(향:락)] 즐거움을 누림. 쾌락을 누림. ¶향락에 빠지다
[享有(향:유)] 누려서 가짐.
제사지내다
[享祀(향:사)] 제사.
[臘享(납향)] 납일에 한 해 동안 지은 농사 형편과 그 밖의 일을 여러 신에게 고하는 제사.
[配享(배:향)] ① 공신의 위패를 종묘에 모심. ② 학덕이 있는 사람의 위패를 문묘나 사당·서원 등에 모심.
[春享大祭(춘향대제)] 초봄에 지내는 종묘·사직의 대제.

似 닮을 사:, 같을 사:, 人부7 1486

'似(사)'자는 다른 사람과 '닮다'는 뜻을 위하여 만든 것이었으니, '사람 人(인)'이 표의요소, 음의 차이가 크지만 '써 以(이)'가 표음요소로 쓰였다. '비슷하다'는 뜻으로도 쓰인다.
같다, 같게 하다
[非夢似夢(비:몽사몽)] 꿈을 꾸는지 잠이 깨어 있는지 어렴풋한 상태. ¶이때 춘향이 비몽사몽간에 서방님이 오셨는데 머리에는 금관이요 몸에는 홍삼이라『춘향전』
닮다, 비슷하다, 흉내내다
[似而非(사:이비)/似是而非(사:시이비)] 겉으로 보거나 얼핏 보기에는 옳은 듯하지만 실제로는 옳지 않을 때 쓰는 말이다.
[近似(근:사)] ① 거의 같음. 비슷함. 참近似値(근사치) ② 그럴싸하게 괜찮음. 꽤 좋음.
[相似(상사)] ① 서로 모양이 비슷함. ② (생) 다른 종류의 생물의 기관이 그 구조는 다르나 작용은 서로 닮은 점. 새의 날개와 벌레의 날개 따위. ③ (수) 닮음. (상사형, 닮은꼴)
[類似(유:사)] 비슷하거나 닮음. 서로 비슷함. ¶유사 단체
[恰似(흡사)] 거의 같음. 또는 거의 비슷한 모양. 그럴 듯하게 비슷함. ¶그 울부짖음이 흡사 호랑이 울음소리 같았다.
[春來不似春(춘래불사춘).] 봄은 왔지만 봄 같지가 않다. 계절이나 절기는 제때 왔지만 거기에 어울리는 상황이 아니라는 말이다. 오늘날에는 상당히 광범위하게 쓰인다.
近似値(근사치), 擬似症(의사증), 酷似(혹사)

余 나 여, 人부7 1487

'余(여)'자는 원래 '끝이 뾰족한 풀 베는 기구를 본뜬 글자였으나, 일찍이 '나'를 일컫는 것으로 활용되었고, '음력 사월'의 뜻으로도 쓰인다. 조어력이 매우 약하여 용례가 별로 없다.
나, 자신(予)
[余等(여등)] 우리들.

[問余何事栖碧山(문여하사서벽산).] 무슨 일로 푸른 산(산골)에서 사냐고 묻는다. 『李伯(이백)·山中問答(산중문답)』 ☞ * 119

음력 사월
[余月(여월)] 음력 사월을 일컬음.

佐 도울 좌:, 人부7 1488

'佐(좌)'자는 다른 사람을 '돕다'는 뜻을 위한 것이다. '사람 人(인)'과 '왼 左(좌)'로 이루어졌다.

돕다, 거들어주다, 도움, 도움을 주는 사람
[補佐(보:좌)/輔佐(보:좌)] 윗사람 곁에서 그 일을 도움. 웹補佐官(보좌관)/輔佐官(보좌관)

기타
[上佐(상:좌)] ① 스승의 대를 이을 여러 중 가운데 가장 높은 사람. ② 속인으로서 절에 들어가 불도를 닦는 사람.

俊 준걸 준:, 人부9 1489

'俊(준)'자는 '뛰어난 사람'을 뜻하기 위한 것이었으니 '사람 人(인)'이 표의요소, '천천히 갈 夋(준)'은 표음요소이다. 후에 일반적 의미인 '뛰어나다'라는 뜻으로 쓰였다. ☞ 英(영)0436

준걸(俊傑), 재주와 지혜가 뛰어난 사람, 뛰어나다
[俊傑(준:걸)] 재주와 슬기가 매우 뛰어난 사람.
[俊秀(준:수)] 슬기가 뛰어나고 풍채가 빼어남. ¶용모가 준수한 젊은이
[俊才(준:재)] 아주 뛰어난 재주. 또는 재주가 뛰어난 사람.

크다, 높다

侯 제후 후, 임금 후, 과녁 후, 人부9 1490

'侯(후)'자는 원래 '사람 人(인)'이 없는 형태의 것이었다. 그것은 활을 쏘아 맞추는 '과녁'을 뜻하는 것이다. 옛날에는 활을 잘 쏘는 사람에게 작위를 부여하는 일이 있었다. 그래서 '제후'라는 뜻을 이것으로 나타내자 표의요소인 '사람 人(인)'을 추가시킨 것이다. 한 획이 더 많지만 자형이 너무 비슷한 '물을 候(후)'와 혼동하기 쉽다.

제후, 봉토를 받음
[王侯將相(왕후장상)] 제왕(帝王)·제후(諸侯)·장수(將帥)·재상(宰相)의 총칭.
[諸侯(제후)] 모든 侯爵(후작). 봉건 시대에 일정한 영토를 가지고 그 영내의 백성을 지배하는 권력을 가지던 사람.
[王侯將相寧有種乎(왕후장상영유종호).] 왕후장상이라 하여 어찌 따로 씨가 있겠느냐. '어떤 사람이라도 마음먹기에 따라 입신출세할 수 있음'을 이름. 『史記(사기)』

君侯(군후), 封侯謚公(봉후시공), 列侯(열후), 王侯(왕후)

오등작의 둘째
[侯爵(후작)] 오등작 중 둘째 작위.

俱 함께 구, 人부10 1491

'俱(구)'자는 '다른 사람과 함께'라는 뜻을 위해 만든 것이다. '사람 人(인)'이 표의요소로 쓰였고, '갖출 具(구)'는 표음요소와 표의요소를 겸한다.

함께, 다, 모두, 함께하다, 같이하다
[俱存(구존)] 부모가 함께 살아계심. 웹父母俱存(부모구존)
[俱沒(구몰)] 부모가 다 돌아가심. 웹父母俱沒(부모구몰)
[玉石俱焚(옥석구분)] '옥이나 돌이나 모두 다 탄다'는 뜻으로, '옳은 사람이나 그른 사람이나 구별이 없이 모두 재앙을 받음'의 비유. '玉石區分(옥석구분)'이라고 하여 '옥석을 구분하다'라고 쓰는 예가 있는데 원래 그런 말은 없는 것이었다.
[不俱戴天(불구대천)] 하늘을 함께 이지 못함. 이 세상에서 같이 살 수 없을 만큼 큰 원한을 가짐. 웹不俱戴天之讎(불구대천지수)/不共戴天之讎(불공대천지수)
[父母俱存(부모구존), 兄弟無故(형제무고), 一樂也(일락야).] 부모가 모두 살아 계시고 형제들이 사고가 없는 것이 첫째 즐거움이다. 『孟子(맹자)·盡心 上(진심 상)』 ☞ * 044
[兩雄不俱立(양:웅불구립)] 두 영웅이 함께 천하를 가질 수 없으며 반드시 싸워서 어느 한 쪽이 패배하거나 둘 다 무너진다는 뜻이다. 『史記(사기)·酈生列傳(역생열전)』

갖추다, 갖다, 고루고루 있다

倒 넘어질 도:, 거꾸로 도:, 人부10 1492

'倒(도)'자는 사람이 걸어가다 '넘어지다'는 뜻을 나타내기 위하여 만든 것이다. '사람 人(인)'이 표의요소로 쓰였다. '이를 到(도)'는 표음요소이니 뜻과는 무관하다. '거꾸로'의 뜻으로도 쓰인다.

넘어지다, 자빠지다, 넘어뜨리다
[倒壞(도:괴)] 무너지거나 무너뜨림.
[倒産(도:산)] ① 아기를 거꾸로 낳음. ② 재산을 모두 잃고 무너짐. ¶경기 불황으로 기업들이 도산하다
[傾倒(경도)] ① 기울어져 넘어짐. ② 어떤 일이나 인물·사상 따위에 마음을 기울여 열중함. ③ 어떤 일을 하기 위해 모든 재산을 내놓음. '傾囷倒廩(경균도름)'의 준말.
[抱腹絕倒(포:복절도)] 배를 그러안고 넘어질 정도로 몹시 웃음.
[罵倒(매:도)] ① 심하게 나쁜 쪽으로 몰아세움. ¶그의 선행을 거짓 선행으로 매도하지 말라 ② 심하게 욕하

여 꾸짖음.
[不倒翁(부도옹)] 오뚝이.
[壓倒(압도)] ① 눌러서 넘어뜨림. ② 모든 점에서 월등히 우세하여 남을 눌러버림. 참壓倒的(압도적) ¶그의 기세에 압도당했다
[打倒(타:도)] ① 때려 쳐서 넘어지게 함. ② 쳐서 부수어버림. ¶부정부패의 타도를 외치다
倒潰(도궤), 壓倒的(압도적), 絶倒(절도)

죽다
[卒倒(졸도)] (의) 심한 충격이나 과로·일사병 따위로 갑자기 정신을 잃고 쓰러짐.

거꾸로, 거꾸로 하다
[倒立(도:립)] 물구나무서기.
[倒錯(도:착)] ① 위아래가 뒤바뀌어 어긋남. ② 본능이나 감정 및 덕성의 異常(이상)으로 사회와 도덕에 어그러진 행동을 나타냄.
[倒置(도:치)] ① 차례나 위치가 거꾸로 뒤바뀜. ② (언) 문장에서 어순이 뒤바뀌는 일. 참倒置法(도치법)
[本末顚倒(본말전도)] 일의 순서가 뒤바뀌거나 중요한 것과 사소한 것이 구별되지 못하는 상태를 이르는 말.
[主客顚倒(주객전도)] 사물의 경중(輕重)·선후(先後)·완급(緩急)의 순서가 뒤바뀜.
[顚倒(전:도)] ① 순서나 위치 또는 이치를 뒤바꾸어 거꾸로 함. ② 엎어져 넘어짐. 또는 넘어뜨림.

倣 본뜰 방:, 모방할 방:, 본받을 방:, 人부10   1493

'倣(방)'자는 다른 사람을 따라 '배우다'는 뜻을 나타내기 위한 것이다. '사람 人(인)'과 '놓을 放(방)'으로 이루어졌다. '본뜨다'의 뜻으로 쓰인다.

본받다, 본뜨다
[倣刻(방:각)] 본새를 본떠서 새김.
[模倣(모방)] 어떤 것을 본보기 삼아 본뜸. ¶모방은 창조의 어머니

貸 빌릴 대:, 貝부12   1494

'貸(대)'자는 본래 돈 따위를 공짜로 주다, 즉 '베풀다'는 뜻을 나타내기 위하여 만든 것이다. '조개 貝(패)'와 '대신할 代(대)'로 이루어졌다. 후에 '빌려주다'는 뜻으로 변했다. 빌려주는 사람은 되돌려 받을 것을 믿고 빌려주지만, 빌린 사람은 공짜로 받은 것으로 알고 빌렸다고 생각할 수도 있음을 이 '貸(대)'자가 대변해주고 있다. 빌리고 빌려주고 할 때 '貸(대)'자의 본래의 뜻을 심사숙고할 일이다.

빌리다, 빌린 금품, 빌다, 차용하다
[貸切(대:절)] 계약에 의해 일정 기간 그 사람에게만 빌려주어 다른 사람의 사용을 금하는 일. 전세. ¶버스를 대절하여 관광을 다녀오다
[貸借(대:차)] ① 꾸어주거나 꾸어 옴. ② (경) 부기에서 대변과 차변. 참貸借對照表(대차대조표)
[賃貸(임:대)] 삯을 받고 빌려줌. 참賃貸料(임대료), 賃貸人(임대인), 賃貸住宅(임대주택), 賃貸借(임대차)

금품을 대여하다
[貸付(대:부)] ① 은행 따위에서 변리와 기한을 정하고 돈을 꾸어줌. ¶신용대부 ② 반환의 언약으로 어떤 물건을 남에게 빌려 주어 사용과 수익을 허락함.
[貸與(대:여)] 꾸어주거나 빌려줌. ¶학자금을 대여하다
[貸出(대:출)] 돈이나 물건 따위를 빚으로 꾸어주거나 빌려줌.

借 빌 차:, 빌릴 차:, 人부10   1495

'借(차)'자는 다른 사람에게 '빌리다'는 뜻을 나타내기 위하여 만든 것이었으니, '사람 人(인)'이 표의요소, 음의 차이가 크지만 '예 昔(석)'이 표음요소로 쓰였다. '빌려줄 貸(대)'자의 상대가 되는 글자이다.

빌다, 빌리다, 남의 것을 도로 주기로 하고 임시로 쓰다, 도로 받기로 하고 임시로 내어주다
[借款(차:관)] 정부나 기업·은행이 외국 정부나 공적 기관으로부터 자금을 빌려오는 일. 또는 그 빚.
[借刀殺人(차:도살인)] ① 남의 칼을 빌어 사람을 죽임. ② 음험한 수단.
[借名(차:명)] 남의 이름을 빌려 씀. 참借名計座(차명계좌)
[借用(차:용)] 돈이나 물건을 빌려서 씀. 참借用證(차용증)
[貸借(대:차)] ☞ 貸(대)
[賃借(임:차)] 삯을 주고 남의 물건을 빌려 씀. 참賃借料(임차료), 賃借人(임차인)
[租借(조차)] 한 나라가 다른 나라 땅의 일부를 빌려서 일정 기간 동안 사용권과 통치권을 행사하는 일. ¶영국은 홍콩을 99년간 기한으로 조차하였다
借家(차가), 借力(차력), 借邊(차변), 借入(차입), 借主(차주), 借地(차지), 借廳入室(차청입실), 假借(가차), 貸借對照表(대차대조표)

傍 곁 방, 기댈 방, 人부12   1496

'傍(방)'자는 다른 사람과 '가까이하다'는 뜻을 위한 것이었으니, '사람 人(인)'이 표의요소, '곁 旁(방)'은 표음요소와 표의요소를 겸한다.

곁, 옆, 가까이
[傍觀(방관)] 직접 관계하지 않고 곁에서 보기만 함. ¶남의 일 보듯 방관만 하지 말고 와서 좀 도와주게 참傍觀者(방관자)
[傍若無人(방약무인)] 곁에 아무 사람도 없는 것 같이 여겨, 거리낌 없이 함부로 행동함. ¶방약무인으로 설치다
[傍助(방조)] 곁에서 도와줌.
[傍聽(방청)] 직접 관련이 없는 사람이 회의·연설·공

판 같은 것을 가서 들음. 图傍聽客(방청객), 傍聽席(방청석)
[袖手傍觀(수수방관)] '팔짱을 끼고 보고만 있다'라는 뜻으로, '간섭하지 않고 그대로 버려둠'을 이르는 말.
[近傍(근:방)] 가까운 곁. ¶이 근방을 샅샅이 찾아라
[作舍道傍三年不成(작사도방삼년불성).] 길가에 집을 짓는데, 오가는 사람들의 참견을 듣다보니, 삼년이 되어도 완성하지 못했다는 뜻으로, '異論(이론)이 많으면 일을 이루기 어려움'을 비유하여 이르는 말. 『後漢書(후한서)』
傍系(방계), 傍系親族(방계친족), 傍白(방백), 傍點(방점), 傍證(방증), 道傍苦李(도방고리)
한자 구성에서 오른쪽 또는 왼쪽에 붙어 있는 부수
[右阜傍(우부방)] 한자 부수의 하나인 '고을 邑(읍)= 阝'이 우측으로 붙을 때의 이름.
[左阜傍(좌부방)] 한자 부수의 하나인 '언덕 阜(부)= 阝'가 좌측으로 붙을 때의 이름.

僅 겨우 근:, 人부13   1497

'僅(근)'자는 본래 사람의 '재능'을 나타내기 위한 것이었다. '사람 人(인)'과 '진흙 堇(근)'으로 이루어졌다. 재능이 출중한 사람도 있지만, 겨우 쓸 만한 정도도 많았던지 '겨우', '거의', '적다'는 뜻으로도 사용되었다.
겨우, 근근이
[僅僅(근:근)] 겨우겨우. ¶근근이 살아가다
[僅僅得生(근:근득생)] 겨우겨우 살아감.
[僅僅扶持(근:근부지)] 겨우겨우 배겨감.
조금, 약간, 적음
[僅少(근:소)] 아주 적어서 얼마 되지 않음. ¶근소한 차이로 떨어졌다

傲 거만할 오:, 人부13   1498

'傲(오)'자는 본래 '敖(오)'였다. 古文(고문)에는 '敖(오)'자로 쓰였고, '傲(오)'는 보이지 않는다. 본뜻은 '방랑하다', '자유로이 나가서 놀고 즐기다'는 뜻이었는데, '업신여기다', '오만하다'는 뜻으로 쓰이게 되자, 그 뜻을 분명하게 하기 위하여 '사람 亻(인)' 또는 '마음 忄(심)'이 첨가됐다. '傲(오)'자는 '慠(오)'자와 의미가 같아 함께 쓰기도 한다.
거만하다, 뽐내다, 거만한 마음, 업신여기다, 깔보다
[傲氣(오:기)] 능력은 부족하면서 남에게 지기 싫어하는 마음.
[傲慢(오:만)] 잘난 체하고 건방져 남을 업신여김.
[敖不可長(오불가장), 欲不可從(욕불가종).] 오만함을 자라게 해서는 안 되며 욕심을 마음껏 채우게 해서는 안 된다. 어느 쪽이든 적당하게 억제하지 않으면 무한히 커져서 몸을 망치게 된다. 『禮記(예기)·曲禮 上(곡례 상)』 ☞ * 287

[傲霜孤節(오:상고절)] '서릿발 속에서도 굽히지 않고 지키는 절개'라는 뜻으로, '국화'를 비유하는 말. ¶국화야, ……아마도 오상고절은 너뿐인가 하노라 〈이정보〉
[傲然(오:연)] 태도가 오만함.
[倨傲(거:오)] 거만스럽고 남을 낮추어 보는 데가 있음.

倨 거만할 거(:), 人부10   1499

'居(거)'는 '철퍼덕 앉다'의 뜻이다. '人(인)'을 더하여, 사람이 단정한 모습으로 앉지 않고 아무렇게나 철퍼덕 앉으니, '거만하다', '불손하다'의 뜻을 나타낸다.
거만하다, 뽐내다, 불손하다
[倨慢(거:만)] 잘난 체 뽐내며 건방지게 굶. ¶거만한 태도
[倨傲(거:오)] 거만스럽고 남을 낮추어 보는 데가 있음.

慢 거만할 만, 게으를 만, 心부14   1500

'慢(만)'자는 '게으르다'가 본뜻이다. 게으른 것은 원초적으로 마음에 따르는 것이므로, '마음 忄(심)'이 표의요소, '길 曼(만)'이 표음요소로 쓰였다. 후에 '건방지다'는 뜻으로도 쓰이게 되었다.
게으르다, 게으름을 피우다
[怠慢(태만)] 게으르고 느림. 맡은 바 일을 게을리 함. ¶근무 태만
느리다, 더디다
[慢性(만성)] ① 병이 급하거나 심하지도 않으면서 쉽사리 낫지도 않는 성질. ¶만성 위염 凹急性(급성) ② 버릇이 되다시피 하여 쉽사리 고쳐지지 않는 상태나 성질. ¶이젠 만성이 되어 아무렇지도 않다
[緩慢(완:만)] ① 행동이 느릿느릿함. ② 경사가 급하지 않음. ¶완만한 경사
거만하다, 오만하다, 모멸하다, 업신여기다
[倨慢(거:만)] ☞ 倨(거)
[驕慢(교만)] 잘난 체하고 뽐내며 방자함. ¶교만을 부리다
[我慢(아:만)] (불) 네 번뇌의 하나. 자기를 자랑하고 남을 업신여기는 마음.
[傲慢(오:만)] ☞ 傲(오)
[自慢(자만)] 스스로 큰 체함. 또는 자기를 크게 여김. 图自慢心(자만심)
[過生於輕慢(과생어경만).] 과실은 경솔하고 거만한 데서 생긴다. 『明心寶鑑(명심보감)·正己篇(정기편)』 ☞ * 137

債 빚 채:, 人부13   1501

'債(채)'자의 본래 글자는 '責'였다. '빚'을 뜻하기 위하여 만든 '責(책)'자가 '책임', '꾸짖다' 등 다른 뜻으로 사용되는 예가 많아지자 '빚'은 다른 사람에게 진 것임을

더욱 확실하게 나타내기 위하여 표의요소로 '사람 亻(인)'을 추가시킨 것이 바로 '債(채)'자이다.

빚, 갚아야 할 돈이나 일, 갚기로 하고 임시로 쓰다, 빌려준 금품

[債券(채:권)] (경) 국가·지방자치단체·은행·회사 등이 장기 자금을 차입할 때 발행하는 공채·사채 따위 유가증권. 참 公債(공채), 國債(국채), 社債(사채)

[債權(채:권)] (법) 재산권의 한 가지. 어떤 특정인에 대하여 재산상의 급부를 요구할 수 있는 권리. 곧 빚을 준 데 대한 금전상의 권리. 참 債權者(채권자) 반 債務(채무)

[債務(채:무)] (법) 채무자가 채권자에 대하여 어떤 급부를 해야 할 의무. 곧 빚을 갚아야 할 의무 등. 참 債務者(채무자)

[高利債(고리채)] 비싼 이자의 빚.
[卜債(복채)] 점을 쳐준 값으로 점쟁이에게 주는 돈.
[負債(부:채)] 빚을 짊. 또는 그 빚. ¶부채가 많다
[私債(사채)] 개인 간의 빚.

債務者(채무자), 債主(채주), 放債(방채), 外債(외채)

償 갚을 상, 人부17 1502

'償(상)'자는 원래 주인에게 '돌려주다'는 뜻을 위하여 만든 것이다. '사람 亻(인)'과 '상줄 賞(상)'으로 이루어졌다.

갚다, 진 빚을 돌려주다, 보상, 보답, 속죄

[償還(상환)] 갚거나 돌려줌.
[減價償却(감가상각)] (경) 고정자산이 시간이 지나면서 낡아서 값이 떨어지는 것을 각 연도(결산기)마다 셈하는 일.
[無償(무상)] 아무런 대가나 보상이 없이 거저임. ¶무상 급식 반 有償(유상)
[賠償(배상)] 남에게 입힌 손해를 물어줌. 참 賠償金(배상금) 비 辨償(변상) ¶배상금을 청구하다
[報償(보:상)] 어떤 것에 대한 대가로 갚음.
[補償(보:상)] ① 남에게 끼친 손해를 그 값으로 갚음. ¶피해 보상 참 補償金(보상금) ② (심) 자기 결함을 다른 것으로 메워서 열등감에서 벗어나려고 하는 일. ¶보상 심리

辨償(변상), 損害賠償(손해배상), 有償(유상)

免 면할 면:, 儿부7 1503

'免(면)'자는 원래 머리에 쓴 '관'이 본뜻이었다. 큰 모자를 쓰고 서 있는 사람의 모습을 본뜬 글자이다. 후에 '놓아주다', '면하다'는 뜻으로 쓰이게 되었다. 본뜻은 '면류관 冕(면)'자를 만들어 나타냈다.

면하다, 책임·의무를 지지 아니하게 되다, 어떤 일을 당하지 아니하게 되다, 어떤 한계에서 벗어나다

[免稅(면:세)] 조세를 면제함. 참 免稅店(면세점), 免稅品(면세품)

[免疫(면:역)] ① (의) 몸속에 들어온 균에 대항하는 항체를 생산하여 다음에는 그 병에 걸리지 않도록 하는 기능. ② 반복되는 자극 따위에 무감각해지는 상태를 비유하여 이름.

[免除(면:제)] 책임이나 의무를 면하거나 덜어줌. ¶병역 면제

[免罪(면:죄)] 죄를 면함. 또는 면해줌. 참 免罪符(면죄부)

[減免(감:면)] 덜어주거나 면제함. ¶세금 감면/학비 감면

[臨財毋苟得(임재무구득), 臨難毋苟免(임난무구면).] 재물을 구할 때는 구차하게 얻으려고 하지 말아야 하고, 어려움을 당해서는 구차하게 모면하려고 하지 말아야 한다. 『禮記(예기)·曲禮 上(곡례 상)』, 『小學(소학)·內篇(내편)·敬身(경신)』

免無識(면무식), 免無顔(면무안), 免役(면역), 免責(면책), 免賤(면천), 免禍(면화), 謀免(모면), 特別赦免(특별사면)

어떤 자격을 주다

[免狀(면:장)] ① '면허장'의 준말. ② '사면장'의 준말.
[免許(면:허)] ① 나라 공공기관에서 인정해 주는 일정 기술 자격. ¶운전면허 ② 특수한 행위나 영업을 특정한 경우나 사람에게 허락하는 행정 행위. 참 免許狀(면허장), 免許證(면허증)
[運轉免許(운전면허)] 일정한 자격을 갖춘 자에 한하여 자동차 등의 운전을 할 수 있도록 하는 행정처분. 도로교통법에 따라 시장·도지사가 발급함.

물러나다, 그만두다, 물러나게 하다

[免職(면:직)] 일자리나 직무를 물러나게 함.
[依願免職(의원면직)] 본인의 청원에 의하여 직위를 그만둠.
[任免(임:면)] 직무를 맡기는 일과 그만두게 하는 일.
[罷免(파:면)] 잘못을 저지른 사람에게 그 직업이나 직무를 그만두게 함.

용서하다, 풀어주다

[放免(방:면)] 법으로 구속했던 이를 풀어 자유롭게 함. 동 釋放(석방)
[赦免(사:면)] 죄를 용서하여 형벌을 면제함.
[訓戒放免(훈:계방면)] 경범자 따위를 훈계하여 놓아주는 일.

兮 어조사 혜, 八부4 1504

'兮(혜)'자는 고정된 의미로 쓰이는 예가 없고 어조사로만 쓰인다. 고대 시가에서만 많이 쓰였을 뿐이다. 조어력이 낮아서 한자어 용례가 없다.

어조사

[不素餐兮(불소찬혜).] 공밥을 먹지 않는다. 공적도 없이 봉급을 받는 짓은 하지 않는다. 『孟子(맹자)·盡心

上(진심 상)』

[少壯幾時兮奈老何(소장기시혜나노하), 歡樂極兮哀情多(환락극혜애정다).] 젊음은 얼마 동안도 아니되고, 이내 곧 늙어짐을 어찌할 수 없구나. 환락이 극에 달하면 도리어 슬픈 마음이 많아진다. 『漢武帝(한무제), 秋風詩(추풍시)』

[禍兮福所倚(화혜복소의), 福兮禍所伏(복혜화소복).] 불운 속에 행복이 기대고 있고, 행운 속에 불운이 엎드려 있다. 『老子(노자) · 道德經(도덕경)』

只 다만 지, 단지 지, 八부5   1505

'只(지)'자는 '다만'이라는 부사로 쓰인다. 조어력이 매우 낮다.

다만(포괄하는 범위를 일정한 것에 국한하는 뜻을 나타낸다.)
[只今(지금)] ① 바로 이 시간. ② 말하고 있는 바로 이 때. 현재.
[但只(단지)] 다만. 오로지. ¶내가 알고 있는 것은 단지 그것뿐이오

冥 어두울 명, 冖부10   1506

'冥(명)'자는 '덮을 冖(멱)', '해 日(일)', '여섯 六(륙)'으로 이루어졌다. 字源(자원)을 따지자면 복잡하다. 해를 여섯 겹으로 덮으니 어두울 수밖에. 이렇게 쉽게 생각하기로 하자. '저승'이라는 뜻도 있다.

어둡다, 캄캄하다, 주위가 보이지 않는 상태에 있다, 어둠, 밤
[晦明(회:명)] 그믐날의 어두움. 어두컴컴함.

깊숙하다, 아득하다, 그윽하다
[冥想(명상)/瞑想(명상)] 고요한 가운데 눈을 감고 깊이 사물을 생각함. 또는 그렇게 하는 생각. ¶명상에 잠기다
[冥王星(명왕성)] 태양계의 가장 밖을 도는 떠돌이별.

저승
[冥福(명복)] 죽은 뒤에 저승에서 받는 복. ¶명복을 빌다
[冥府(명부)] ① 저승. ② (불) 사람이 죽어서 심판을 받으러 간다는 곳.
[冥府殿(명부전)] (불) 지장보살을 주로 하여 염라대왕과 십대왕을 봉안한 절 안에 전각.
[幽冥(유명)] ① 깊숙하고 어두움. ② 저승.

凍 얼 동:, 冫부10   1507

'凍(동)'자는 '(얼음이) 얼다'는 뜻을 나타내기 위하여 만든 것이다. '얼음 冫(빙)'과 '동녘 東(동)'으로 이루어졌다.

얼다, 물 이외의 물체가 굳어지다
[凍結(동:결)] ① 氷結(빙결). 얼어붙음. ② (경) 자산·자금 등을 묶어둠.
[凍太(동:태)] 얼린 명태.
[凍破(동:파)] 얼어서 터짐. ¶수도관이 동파되어 난리가 났다
[冷凍(냉:동)] (생선이나 육류 따위를 신선하게 보관하기 위하여) 인공적으로 얼림.
[解凍(해:동)] 얼었던 것이 녹아서 풀림. ¶내년 봄에 해동되면 다시 시작합시다
凍土(동토), 凍土帶(동토대), 凍破(동파), 凍害(동해), 不凍液(부동액), 不凍港(부동항)

추위 · 냉기로 몸이 뻣뻣하게 굳어지다
[凍死(동:사)] 얼어서 죽음.
[凍傷(동:상)] 추위에 살가죽이 얼어서 살빛이 붉어지며 붓고 가렵게 되거나 또는 물이 잡히고 터져서 헌데가 되는 일. ¶동상에 걸리다
[凍屍(동:시)] 얼어 죽은 송장. 동僵屍(강시)
[凍足放尿(동:족방뇨)] 언 발에 오줌 누기. 잠시의 효력은 있으나 그 효력이 오래 가지 않을뿐더러 상황이 더 나빠지는 경우를 비유적으로 이르는 말.

刃 칼날 인, 刀부3   1508

'刃(인)'자는 '칼날'을 뜻하기 위하여 '칼 刀(도)'에 날의 위치를 가리키는 부호인 점(丶)이 첨가된 글자이다.

칼날
[白刃(백인)] 서슬이 번쩍이는 칼날.
[銳刃(예:인)] 날카로운 칼날.
兵刃(병인), 鋒刃(봉인), 霜刃(상인)

칼, 칼질하다, 베다
自刃(자인) 칼로 제 목숨을 끊음. 참自害(자해)

刺 찌를 자:, 刀부8   1509

'刺(자)'자는 칼이나 가시 같은 뾰족한 물건으로 '찌르다'는 뜻을 위하여 만든 것이다. '칼 刂(도)'와 '가시 朿(자)'라는 두 표의요소를 조합하였다. 원래 발음은 [척]이었는데 후에 [자로 읽게 되었다.

찌르다, 찔러 죽이다, 끝이 날카로운 연장으로 찌르다
[刺繡(자:수)] 천에 바늘을 찔러 넣어 수를 놓음. 또는 그 수.
[刺客(자:객)] 사람을 몰래 찔러 죽이는 사람. ¶자객을 보내어 암살하다
[刺殺(자:살)/(척살)] 칼 따위로 찔러 죽임.
[刺傷(자:상)] 칼 같이 날카로운 것에 찔린 상처.
[亂刺(난:자)] 함부로 찌름.

자극하다, 감각기관이나 마음을 흥분시키다
[刺戟(자:극)] ① 신경을 충동하여 흥분되게 함. 참刺戟的(자극적), 刺戟劑(자극제) ② (심) 감각기관을 격동시켜 작용을 일으킴. ③ (생) 생체에 작용하여 어떤 반응을 일으키게 하는 일. 또는 그런 작용의 요인.

[刺戟劑(자:극제)] ① 어떠한 현상이 촉진되도록 자극을 주는 요소. ② 살갗이나 내장을 자극하여 염증을 일으키게 하거나 또는 痒疹(양진)시키는 약제.

나무라다, 헐뜯다, 비난하다
[諷刺(풍자)] ① 남의 결점을 빗대어 찌름. ② 문학 작품 따위에서, 현실의 부정적 현상이나 모순 따위를 빗대어 비웃으면서 공격하는 일.

가시·침·창끝 따위
[芒刺在背(망자재배)] '까끄라기를 등에 지고 있다'는 뜻으로, 두려워하는 일이 있어 마음이 편안치 않음을 비유하여 이르는 말. 『漢書(한서)』

削 깎을 삭, 刀부9 1510

'削(삭)'자의 원래 발음은 [초]이고, '칼집'을 뜻하기 위한 것이었다. '칼 刂(도)'가 표의요소로 쓰였다. '닮을 肖(초)'는 표음요소이다. 후에 이 글자가 다른 뜻과 다른 음으로 쓰이는 예가 많아지자 '칼집 鞘(초)'자를 따로 만들어 그 의미를 나타냈다. '깎다', '빼앗다' 등의 뜻으로 쓰인다.

깎다, 잘라내다, 연장의 날로 베어내거나 밀어내다
[削刀(삭도)] (불) 머리털을 깎는 칼.
[削髮(삭발)] 머리털을 깎음. 또는 그 머리.
[削髮爲僧(삭발위승)] 머리를 깎고 중이 됨.
[殺頭而便冠(쇄:두이편관), 削足而適履(삭족이적리).] '머리를 깎아내어 관을 쓰기에 편리하고, 발을 깎아서 신발에 맞춘다'는 뜻으로, 일의 본말이 전도됨을 이르는 말. 『淮南子(회남자)·說林訓(설림훈)』

덜어버리다, 빼앗다, 떼어내다
[削減(삭감)] 깎아서 줄임. ¶예산을 삭감하다
[削除(삭제)] 깎아서 없앰. 지워버림. ¶내용의 일부를 삭제하다 ↔添加(첨가)
[削奪官職(삭탈관직)/削奪官爵(삭탈관작)] (역) 죄지은 사람의 벼슬과 품계를 빼앗고 벼슬아치의 명부에서 지움. ㊛削職(삭직)
[添削(첨삭)] 보태거나 뺌.

募 뽑을 모, 모을 모, 力부13 1511

'募(모)'자는 '널리 구하다'는 뜻을 위하여 고안된 글자이다. 그렇게 하자면 힘이 들었던지 '힘 力(력)'이 표의요소로 쓰였다. '없을 莫(막)'은 표음요소이다. 후에 '모으다', '뽑다'는 뜻으로 쓰이게 되었다.

모으다, 여럿을 한 곳에 오게 하다, 불러 모으다, 부름, 뽑음
[募金(모금)] 돈을 모음. ¶이웃돕기 모금 행사를 벌이다
[募集(모집)] 사람이나 물품을 일정한 조건 아래 널리 구하여 모음. ¶학생 모집
[應募(응:모)] 모집에 응함. ¶경연대회에 응모하다
[公募(공모)] 일반에게 드러내어 널리 모집함.
募兵(모병), 急募(급모), 徵募(징모), 招募(초모)

匹 짝 필, 匚부4 1512

'匹(필)'자는 옷감을 여러 겹으로 겹쳐 놓은 모양을 본뜬 것인데, 일찍이 옷감 길이 단위를 나타내는 것으로 쓰였다. 후에 옷감뿐만 아니라 말 같은 가축을 세는 단위로 쓰이기도 했다. '짝'의 의미로 쓰이기도 한다.

말이나 소를 세는 단위, 필
[匹馬(필마)] 한 필의 말.
[匹馬單騎(필마단기)] 혼자 한 필의 말을 탐. 또는 그저 대수롭지 않은 사람. ¶필마단기로 귀향길에 오르다
[泰山鳴動鼠一匹(태산명동서일필).] 처음 시작할 때는 마치 큰 일이라도 하려는 듯 태산이 울릴 정도로 요란을 떨더니 막상 마치고 보니 겨우 쥐 한 마리 잡았다는 뜻.

짝, 배우자, 둘이 서로 어울려서 한 쌍을 이루는 것
[匹夫匹婦(필부필부)] '그저 평범한 사람들'을 일컫는 말. ¶그저 필부필부이지 별다를 게 없는 사람들이야 ㊌甲男乙女(갑남을녀)
[配匹(배:필)] 부부가 될 짝. ¶배필을 만나다

맞서다, 상대가 되다, 적수가 되다
[匹敵(필적)] 지력이나 능력이 어슷비슷하여 맞설 만함.

정한 길이를 가진 피륙의 단위
[모시 한 匹(필)]

卜 점 복, 卜부2 1513

'卜(복)'자는 거북이의 뼈에 불을 지져 균열이 생긴 모양을 본뜬 것이었다. '점치다', '점'의 뜻을 나타낸다.

점(길흉을 판단하는 일), 점치다, 길흉을 알아내다
[卜術(복술)] ① 점을 치는 술법. ② 복술쟁이. 점을 치는 일로 업을 삼는 사람.
[卜占(복점)] 점을 쳐서 길흉을 미리 가리는 일.
[卜債(복채)] 점을 쳐준 값으로 점쟁이에게 주는 돈.
[占卜(점복)] 점을 쳐서 길흉을 예견하는 일.

却 물리칠 각, 卩부7 1514

'却(각)'자는 '卻(각)'자의 속자였다. '卻(각)'자는 '절제하다'는 뜻을 나타내기 위하여 무릎을 꿇고 앉은 사람의 모습을 그린 '卩(절)'을 표의요소로 쓰였다. 후에 '却(각)'자로 바뀌면서 '물러나다', '물리치다', '돌리다' 등으로 확대 사용되었다.

치워 없애다
[減價償却(감가상각)] (경) 고정자산이 시간이 지나면서 낡아서 값이 떨어지는 것을 각 연도(결산기)마다 셈하는 일.
[忘却(망각)] 잊어버림. 기억에서 아주 사라진 상태. ¶망각의 세계
[賣却(매:각)] 물건을 팔아버림. ¶주식을 매각하다

[消却(소각)] ① 지워 없앰. ② 빚 따위를 갚아버림.
[燒却(소각)] 불에 살라 버림.

받아들이지 아니하다, 돌려보내다

[却下(각하)] ① 아래로 내림. ② 청구·신청·항의 따위를 받아들이지 않고 물리침. (소송법상으로는 소송 요건의 흠결이나 부적법 등을 이유로 본안 심리를 거절하는 재판이며, 본안 심리 후 그 청구에 이유가 없다 하여 청구를 배척하는 '기각'과 구별됨.)
[棄却(기각)] ① 내버리고 쓰지 않음. ② (법) 법원이 수리한 소송을 심리한 결과 그 이유가 없는 것이나, 절차가 틀린 것이나, 기간을 경과한 것 따위를 도로 물리치는 일.

물러나다, 물리치다, 뒤로 물러가다

[冷却(냉:각)] 차게 하여 따뜻한 기운을 물리침. 식힘.
[참]冷却水(냉각수), 冷却裝置(냉각장치)
[冷却水(냉각수)] 과열된 기계를 차게 식히는 물.
[退却(퇴:각)] ① 패하여 물러남. 후퇴함. ② 가져온 금품을 받지 않고 물리침.

발어사('자!' 정도의 뜻으로, 화제를 돌려 새 말을 꺼낼 때 쓴다)

[却說(각설)] ① 화제를 돌려 다른 말을 꺼낼 대 첫머리에 쓰는 말. ② 각설하고, 그건 그렇고.
[却說(각설)이] '장타령꾼'을 홀하게 일컫는 말.

卿 벼슬 경, 卩부10　1515

'卿(경)'자는 '토끼 卯(묘)' 가운데에 '밥 食(식)'의 변형이 들어간 글자이다. 두 사람이 음식을 가운데에 두고 마주보고 있는 모양을 본뜬 것이라고 한다. 왕실에서의 접대 담당자를 뜻하는 데서, 고급 관리에 대한 '경칭'을 나타낸다.

벼슬, 집정(執政)의 대신이나 그 자리

[公卿(공경)] 三公(삼공)과 九卿(구경).
[公卿大夫(공경대부)] '三公(삼공)과 九卿(구경)과 大夫(대부)'. 곧 벼슬이 높은 사람.
[樞機卿(추기경)] (천주) 교회 행정상 교황의 최고 고문. 교황의 자문 기관이나 교황의 협력자로 추기경단을 조직하며 이들은 교황의 선거권과 피선거권이 있음.

厄 재앙 액, 厂부4　1516

'厄(액)'자는 '재앙', '(운수가) 사납다', '사나운 운수'의 뜻을 나타낸다. 조어력이 약하여 한자어 용례가 많지 않다.

재앙, 불행한 변고

[災厄(재액)] 재앙과 액이 닥치는 불행한 고비.
[度一切苦厄(도:일체고액).] 모든 괴로움을 여의었느니라.『般若心經(반야심경)』

사나운 운수

[厄年(액년)] ① 운수가 사나운 해. ② 음양도에서 말하는 운수가 사나운 해. 남자는 스물다섯·마흔둘·예순하나(또는 쉰) 살, 여자는 열아홉·서른셋·서른일곱 살.
[厄運(액운)] 재앙을 당할 운수. ¶액운을 쫓기 위해 굿을 벌였다
[禍厄(화:액)] 禍難(화난)과 災厄(재액).
[橫厄(횡액)] 뜻밖에 닥쳐오는 불행. 橫來之厄(횡래지액)의 준말.

厥 그 궐, 굽을 궐, 厂부12　1517

'厥(궐)'자는 한자 문장에서 '그 其(기)'와 통용된다. 다른 글자와 더불어 낱말을 구성하는 예도 극히 적다. '언덕 厂(한)'과 '숨찰 欮(궐)'로 이루어졌다.

그(대명사)

흉노의 한 종족

[突厥(돌궐)] (역) 6-7세기에 알타이 산맥 부근에서 일어나 몽골·중앙아시아에 걸쳐 큰 나라를 세웠던 터키계 유목 민족.

又 또 우:, 又부2　1518

'又(우)'지는 원래 '오른손'을 뜻하는 것이었는데 '또'라는 의미로 차용되어 쓰이는 예가 많아지자 그 본래의 의미는 '右(우)'자를 만들어 나타냈다. '又(우)'자가 어떤 글자의 표의요소로 쓰인 경우는 한결같이 손으로 하는 행위나 동작과 관련된 뜻을 나타내고, '또'의 뜻과는 아무런 상관이 없다. 조어력이 매우 약하여 상용 한자어의 용례는 거의 없다.

또, 다시 더, 그 위에, 거듭하여

[日日新又日新(일일신우일신).] 나날이 새롭게 하고 또 날로 새롭게 함. 나날이 진보 향상함.
[水能載舟又覆舟(수능재주우복주)] 물은 능히 배를 띄우기도 하고 또한 전복시키기도 한다는 뜻으로, '임금은 백성에 의하여 일어서기도 하며, 또한 백성에 의해 망하기도 함'을 비유하여 이르는 말.『荀子(순자)』☞ * 219

叛 배반할 반:, 又부9　1519

'叛(반)'자는 원래 같은 편이었다가 따로 떨어져 나간 '반쪽'이란 뜻을 나타내기 위하여 만든 것이었다. '반 半(반)'이 표의요소로 쓰였고, '되돌릴 反(반)'은 표음요소이다. 후에 '(믿음을) 저버리다'는 뜻으로 확대 사용되었다. 부수가 '又(우)'이다.

배반하다, 상도(常道)를 어지럽히다

[叛旗(반:기)] 반란을 일으켜 드는 기.
[叛起(반:기)] 배반하여 일어남.
[叛亂(반:란)/反亂(반:란)] 정부나 다스리는 사람에 반대하여 무리지어 일으키는 무력 행동.

[叛逆(반:역)] 배반하여 돌아섬. ¶민족에 반역하다 참叛逆者(반역자)/反逆者(반역자)
[謀叛(모반)] 제 나라를 배반하고 다른 나라 좇기를 꾀함. 지금의 '外患罪(외환죄)'에 해당함.
[背反(배:반)/背叛(배:반)] 신의를 저버리고 등지고 돌아섬.
叛徒(반도), 叛軍(반군), 叛奴(반노), 叛賊(반적)

叫 부르짖을 규, 口부5　　1520

'叫(규)'자는 입을 크게 벌려 '고함을 지르다'는 뜻을 나타내기 위하여 만든 것이다. '입 口(구)'와 '얽힐 丩(규/구)'로 이루어졌다.

부르짖다, 큰소리로 외치다
[叫喚(규환)] 괴로워 큰 소리로 부르짖음. 참叫喚地獄(규환지옥)
[阿鼻叫喚(아비규환)] 阿鼻地獄(아비지옥)에서 외치는 신음소리. 사고나 재앙을 당해 사람들이 외치는 비명을 비유하는 말. 또는 阿鼻地獄(아비지옥)과 叫喚地獄(규환지옥)을 합친 말이기도 하다.
[絕叫(절규)] 온 힘을 다하여 부르짖음.

召 부를 소, 口부5　　1521

'召(소)'자는 '입 口(구)'와 '칼 刀(도)'로 이루어진 글자이다. '口'는 술을 담은 그릇의 모양이다. 그 위에 칼을 손에 들고 축문을 외면서 신을 부르는 의식을 나타내는 것이라고 한다. '부르다'의 뜻을 나타낸다.

부르다, 오라고 부르다, 부름
[召命(소명)] ① 신하를 부르는 임금의 명령. ② (예수교에서) 하나님이 죄인을 구원받도록 부르심. 또는 하나님이 자신의 일을 맡길 일꾼을 부르심.
[召集(소집)] 단체나 조직체의 구성원을 불러 모음. ¶소집 명령
[召喚(소환)] 법원이 소송 관계인에게 어느 시간에 어느 장소로 나오라고 법적으로 부르는 일. 참召喚狀(소환장)
[召還(소환)] ① 일을 끝마치기 전에 奉命(봉명)한 사람을 불러 돌아오게 함. ② (법) 외국에 파견된 외교 사절이나 영사를 본국으로 불러들임. ③ (법) 선거권자가 뽑아 세운 공직자를 임기 전에 선거권자 대다수의 의견으로 파면시키는 일.
[應召(응:소)] 소집에 응함.

어떤 결과를 가져오게 하다

吐 토할 토(:), 口부6　　1522

'吐(토)'자는 입 밖으로 '토해내다'는 뜻을 나타내기 위한 것이다. '입 口(구)'와 '흙 土(토)'로 이루어졌다.

토하다, 게우다, 뱉다
[吐瀉(토:사)] '上吐下瀉(상토하사)'의 준말. 위로는 토하고 아래로는 설사함.
[吐血(토:혈)] 위·식도 등의 질환으로 피를 토함.
[甘呑苦吐(감탄고토)] '달면 삼키고 쓰면 뱉는다'는 뜻으로, 자기에게 이로우면 가까이하고 불리하면 배척하는 이기적인 태도를 이르는 말.
[嘔吐(구토)] 게우는 것.
吐瀉癨亂(토사곽란), 吐哺握髮(토포악발)

털어놓다, 말하다, 펴다
[吐露(토:로)] 드러내어 말함.
[吐說(토:설)] 숨겼던 사실을 처음으로 털어놓고 말함.
[吐破(토:파)] 마음에 품고 있는 사실을 다 털어내어 말함.
[實吐(실토)] 사실대로 솔직하게 내용을 모두 밝히어 말함. ¶범인이 드디어 실토하게 됐다

기타
[懸吐(현:토)] 한문에 토를 닮. 한문을 읽을 때 그 뜻이나 讀誦(독송)을 위하여 각 구절 아래에 달아 쓰던 요소를 통틀어 이름.

吾 나 오, 口부7　　1523

'吾(오)'자는 제1인칭 '나'를 뜻하기 위한 것이었다. '다섯 五(오)'는 표음요소. '입 口(구)'가 왜 표의요소로 쓰였는지는 정설이 없다.

나, 나 자신
[吾不關焉(오불관언)] 나는 그 일에 상관하지 아니함.
[吾鼻三尺(오비삼척)] 내 코가 석 자. 내 문제의 해결에 여념이 없어 남의 일을 거들떠볼 시간이 없음.
[子曰(자왈), 吾十有五而志于學(오십유오이지우학).] 나는 열다섯 살에 학문에 뜻을 두었다.『論語(논어)·爲政(위정)』☞ *289

우리, 우리들(자기들의 나라·집·당 등을 나타낼 때 쓴다.)
[吾等(오등)] 우리들. ¶오등은 자에 아 조선의 독립국임과 자주민임을 선언하노라『기미독립선언문』

吟 읊을 음, 口부7　　1524

'吟(음)'자는 입으로 소리 내어 '끙끙거리다'는 뜻을 나타내기 위한 것이었다. '입 口(구)'와 '이제 今(금)'으로 이루어졌다. 후에 '소리 내어 읊다'는 뜻으로 확대되었다.

읊다, 읊조리다
[吟味(음미)] ① 시가를 읊조리면서 깊은 맛을 감상함. ② 사물의 내용이나 속뜻을 깊이 새기어 맛봄.
[吟風弄月(음풍농월)/吟風咏月(음풍영월)] '바람을 읊고 달을 가지고 놂'이란 뜻에서, '자연에 대해 시를 짓고 흥취를 자아내며 즐김'을 뜻하는 말임.
吟誦(음송), 吟詠(음영), 微吟(미음), 詠吟(영음)

끙끙 앓다, 괴로워서 끙끙거리다
[呻吟(신음)] 끙끙거리며 앓음. 또는 그러한 소리.

詠 읊을 영:, 言부12　　1525

'詠(영)'자는 시가, 시조 따위를 소리 내어 '읊다'는 뜻을 나타내기 위하여 만든 것이다. '말씀 言(언)'과 '길 永(영)'으로 이루어졌다.

읊다, 노래하다, 시가(詩歌)를 읊다
[詠誦(영:송)/誦詠(송:영)] 소리 내어 읊음. 시가를 외워 읊조림.
[詠吟(영:음)/吟詠(음영)] 소리 내어 읊음. 시가 따위를 읊음.
[吟風詠月(음풍영월)] ☞吟(음)

길게 읊조리다
[詠歎(영:탄)] 소리를 길게 뽑아 깊은 정회를 노래하거나 외침.
[詠歎法(영:탄법)] (문) 문장 표현 방법의 한 가지. 비통하고 애절한 감정을 '아아!' · '오오!' · '…인가!' · '…는고!' 따위의 말과 함께 써서 나타냄.

哉 어조사 재, 口부9　　1526

'哉(재)'자는 '입 口(구)'가 표의요소, 그 나머지가 표음요소이다. 감탄 따위의 어조를 나타내는 어조사로 쓰이기 때문에 문장에서는 많이 쓰이지만 낱말을 구성하는 조어력은 매우 약하여 한자어 용례가 거의 없다.

어조사(구중이나 구말에 쓰인다), 영탄(詠嘆)의 뜻을 나타낸다
[哀哉(애재)] (한문 투로) '슬프도다'의 뜻.
[嗚呼哀哉(오호애재)/嗚呼痛哉(오호통재)] (한문 투로) '아! 슬프도다'의 뜻.
[快哉(쾌재)] 마음먹은 대로 썩 잘되어 '시원하구나!', '통쾌하구나!' 등의 뜻을 나타내는 말. ¶쾌재를 부르다
[眼中拔釘(안중발정), 豈不樂哉(기불락재).] 눈에 박힌 못이 빠졌으니 어찌 즐겁지 아니한가. 『十八史略(십팔사략)』

咸 모두 함, 다 함, 口부9　　1527

'咸(함)'자는 사람을 상징하는 '입 口(구)'와 긴 도끼를 가리키는 '戌(술)'이 합쳐진 것으로, '(반란군이나 적군을) 모조리 죽이다'가 본래 의미이다. 후에는 '모조리', '모두'의 뜻으로 쓰이게 되었으나 조어력이 약하여 우리말로 쓰인 예는 없다.
[咸興差使(함흥차사)] 이조 태조 이성계가 임금 자리를 물려주고 함흥에 가 있을 때 아들 태종이 보낸 사신을 돌려보내지 아니한 일에서 나온 말로, '심부름을 가서 소식이 없거나 돌아오지 않는 사람'을 비유하는 말이다.

다, 모두, 두루 미치다, 널리 미치다

唯 오직 유, 口부11　　1528

'唯(유)'자는 본래 '예'하고 대답하는 소리를 뜻하기 위한 것이었다. '입 口(구)'와 '새 隹(추)'로 이루어졌다. '오직'의 뜻으로 쓰인다.

오직, 다만(한정하는 말)
[唯獨(유독)] 여럿 가운데 홀로. 오직 홀로. ¶이번 계획에 유독 그만이 반대했다
[唯物論(유물론)] (철) 만물의 근원을 물질로 보고, 모든 정신 현상도 물질의 작용이나 그 산물이라고 주장하는 이론. 참唯物史觀(유물사관)
[唯心論(유심론)] (철) 우주의 본체를 정신적인 것으로 보며, 물질적인 현상도 정신적인 것의 발현이라고 하는 설. 참唯心史觀(유심사관)
[唯我獨尊(유아독존)] ① '天上天下唯我獨尊(천상천하유아독존)의 준말. ② 자기만 잘난 체하는 태도. ¶그런 유아독존식의 사고방식은 버려야 해 ☞ *416
[唯一(유일)] 오직 하나. 오직 하나밖에 없음.
唯一無二(유일무이), 唯一神(유일신)

咽 목구멍 인, 목멜 열, 口부9　　1529

'咽(인)'자는 '목구멍'을 뜻한다. '입 口(구)'와 '인할 因(인)'으로 이루어졌다. 물건이 목구멍에 걸려 '목이 메다', '막히다'의 뜻으로 쓰일 때는 [열]로 읽는다.

목구멍
[咽頭(인두)] (생) 입 안의 끝부터 식도의 첫머리 사이의 근육으로 된 기관. 위는 코 안으로, 앞은 입 안으로, 밑은 식도로 닿은 깔때기 모양의 부분.
[咽喉(인후)] ① (생) 목구멍. ② 길목. 길의 중요한 통로가 되는 곳.
[耳鼻咽喉科(이:비인후과)] (의) 귀 · 코 · 목구멍 · 氣管(기관) · 식도의 질환을 치료하는 의술의 한 분과.

목메다, 목이 메어 말을 못하다
[嗚咽(오열)] 슬피 흐느껴 울어 목이 멤. ¶모두 오열을 금치 못하였다.

喉 목구멍 후, 口부12　　1530

'喉(후)'자는 입안의 '목구멍'을 뜻하기 위하여 만든 것이다. '입 口(구)'와 '과녁 侯(후)'로 이루어졌다.

목구멍
[喉頭(후두)] (생) 氣管(기관)의 앞 끝 부분. 氣道(기도)를 보호하고 발성 · 호흡 작용 따위의 기능을 가짐.
[喉頭結節(후두결절)] (생) 목에 불룩하게 두드러져 나온 후두의 부분.
[喉音(후음)] (언) 목청소리. 목구멍에서 나는 소리. 내

쉬는 숨으로 목젖을 마찰하여 내는 소리.
[耳鼻咽喉科(이:비인후과)] ☞ 咽(인)
[咽喉(인후)] ☞ 咽(인)
목, 긴한 곳

嗚 슬플 오, 탄식 소리 오, 탄식할 오, 口부13 1531

'嗚(오)'자는 입으로 내는 '한숨소리'를 뜻하기 위한 것이었다. '입 口(구)'와 '까마귀 烏(오)'로 이루어졌다. 한숨은 주로 슬플 때 짓기 때문인지 '슬프다'는 뜻으로도 쓰인다.

탄식 소리, 탄식하다, 애달파하다
[嗚呼(오호)] 슬플 때나 탄식할 때 '아'나 '어허'의 뜻으로 내는 소리. ¶오호 통재라!
[嗚呼哀哉(오호애재)/嗚呼痛哉(오호통재)] (한문 투로) '아! 슬프도다'의 뜻.
[噫嗚(희오)] 슬피 탄식하는 모양.
[噫嗚流涕(희오류체)] 슬피 탄식하며 눈물을 흘림.

흐느껴 울다
[嗚咽(오열)] 슬피 흐느껴 울어 목이 멤. ¶모두 오열을 금치 못하였다.

噫 슬플 희, 탄식할 희, 口부16 1532

'噫(희)'자는 입으로 '한숨짓다'는 뜻을 위한 것이었으니, '입 口(구)'와 '뜻 意(의)'로 이루어졌다. 다른 글자와 더불어 낱말을 구성하는 조어력이 매우 낮아 한자어 용례가 거의 없다.

탄식하다, 아!(감탄・탄식・한탄 등의 소리)
[噫嗚(희오)] ☞ 嗚(오)
[噫嗚流涕(희오류체)] ☞ 嗚(오)

嘗 맛볼 상, 口부14 1533

'嘗(상)'자는 음식을 '맛보다'는 뜻을 위한 것이다. '맛있을 旨(지)'와 '오히려 尚(상)'으로 이루어졌다.

맛보다, 음식을 맛보다, 먹어보다
[嘗味(상미)] 맛을 봄.
[嘗糞(상분)] '똥을 맛본다'는 뜻으로, 두 가지 뜻으로 쓰인다. ① 효성이 지극하여 부모의 병세를 살피려고 그 대변을 맛봄. ② '몹시 아첨함'을 비유적으로 이르는 말.
[嘗糞之徒(상분지도)] 부끄러움을 돌아보지 않고 아첨하는 사람을 낮잡아 일컫는 말.
[臥薪嘗膽(와:신상담)/嘗膽(상담)] 거북한 섶[薪(신)]에 몸을 눕히고, 쓸개[膽(담)]를 맛봄. 원수를 갚거나 마음 먹은 일을 이루기 위해 온갖 어려움과 괴로움을 참고 견딤을 비유하여 이름. 『史記(사기)』, 『十八史略(십팔사략)』 ☞ 사자성어

일찍이, 일찍(會)
[未嘗不(미:상불)] 아닌 게 아니라 과연.

囚 가둘 수, 口부5 1534

'囚(수)'자는 '가두다'는 뜻을 나타내기 위하여 죄를 지은 사람[人]이 담장[口] 안에 갇힌 모습을 본뜬 것이다. 후에 '죄인', '포로'의 뜻으로 확대되었다.

가두다, 갇히다, 자유를 빼앗다, 죄인, 죄를 짓고 갇힌 사람
[囚人(수인)] 옥에 갇힌 사람.
[囚首喪面(수수상면)] 죄수의 머리와 상주의 얼굴. 囚首(수수)는 빗지 않은 머리, 喪面(상면)은 세수하지 않은 얼굴, 즉 용모를 꾸미지 않음을 뜻한다. 『蘇洵(소순)』
[囚衣(수의)] 죄수가 입는 옷. ¶그는 푸른 囚衣(수의)를 입고 있었다
[死刑囚(사:형수)] 사형의 선고를 받은 죄수.
[罪囚(죄:수)] 죄인으로 교도소에 갇힌 사람.
[脫獄囚(탈옥수)] 감옥에서 빠져 도망간 죄수.

포로, 인질

坤 땅 곤, 괘 이름 곤, 土부8 1535

'坤(곤)'자는 팔괘 가운데 '땅'을 상징하는 것이었기에 '흙 土(토)'가 표의요소, '申(신)'은 '귀신 神(신)'의 본래 글자로 '정신'이나 '혼'을 가리키는 표의요소이다. 易學的(역학적)으로 '陰(음)' 또는 '여자'를 상징하는 것으로도 쓰인다.

괘 이름, 팔괘의 하나, 64괘의 하나, 땅(地)의 상, 음(陰)・여자의 상
[坤殿(곤전)] 중궁전.
[乾坤(건곤)] ① '하늘과 땅'을 달리 일컫는 말. ② 陰(음)과 陽(양). ③ 乾方(건방)과 坤方(곤방).
[滿乾坤(만:건곤)] 하늘과 땅에 가득함. ¶백설이 만건곤할 제 독야청청하리라
[乾坤坎離(건곤감리)] 주역에 나오는 八卦(팔괘) 중 네 개의 이름이다. 특히 우리의 국기인 태극기의 四方(사방)을 감싸고 있는 괘의 이름이기도 하다.
[乾坤一擲(건곤일척)] '하늘과 땅을 걸고 주사위를 던진다'라는 뜻으로, 천하를 걸고 싸우는 승부 또는 승부를 결정짓는 단판걸이의 행동을 뜻한다. 唐(당)의 시인 韓愈(한유)의 過鴻溝(과홍구, 홍구를 지나며)라는 시에서 유래했다.

埋 묻을 매, 土부10 1536

'埋(매)'자는 땅 속에 '묻다'는 뜻을 나타내기 위한 것이다. '흙 土(토)'가 표의요소. '마을 里(리)'는 '너구리 貍(매)'의 생략형으로 표음요소이다. '埋(매)'자는 그냥 '흙

土(토)'와 '마을 里(리)'로 이루어졌다고 알아두자.
묻다, 땅에 파묻다, 묻히다
[埋立(매립)] 우묵한 땅을 메워 올림.
[埋沒(매몰)] 땅속에 묻히거나 빠짐. ¶탄갱이 무너져 갱부들이 매몰되는 사고가 발생했다
[埋葬(매장)] ① 시체나 유골을 땅에 묻어 장사지냄. ② 못된 짓을 한 사람을 사회에서 용납하지 못하게 함.
[埋藏(매장)] ① 묻어서 감춤. ② 지하자원 따위가 땅속에 묻혀 있음. ③ 인재나 물자 따위가 이용되지 못하고 있음.
[暗埋葬(암:매장)/暗葬(암:장)] ① 남몰래 지내는 장사. ② 남몰래 남의 묘지나 산에 묻는 매장. 동盜葬(도장)
드러나지 않게 감추어지다
[埋伏(매복)] 상대편을 불시에 치거나 살피려고 적당한 곳에 몰래 숨어 있음. ¶적의 매복에 주의하라

堤 둑 제, 방죽 제, 土부12　1537

'堤(제)'자는 하천의 양쪽에 범람을 막기 위하여 흙으로 쌓아 올린 '둑'을 뜻하기 위한 것이다. '흙 土(토)'와 '옳을 是(시)'로 이루어졌다. 언덕[阝(부)처럼 높이 쌓은 것이라 해서 '둑 隄(제)'로 쓰기도 한다.
방죽, 둑
[堤潰蟻穴(제궤의혈)] 개미굴이 제방을 무너뜨린다. 사소한 실수나 부주의로 큰일을 망치게 되는 것을 비유하는 말이다. 『韓非子(한비자)·喩老(유노)』 ☞ *010
[堤防(제방)] 둑. 물이 넘치는 것을 막거나 물을 저장하려고 돌이나 흙 따위로 막아 쌓은 언덕.
[防波堤(방파제)] 항구 안으로 밀려드는 센 물결을 막기 위해 쌓은 둑.
[堰堤(언:제)] 물을 가두어 두기 위해 하천이나 골짜기 따위에 쌓은 둑. 동堤堰(제언)
[築堤(축제)] (토) 둑을 쌓아 만듦.
[千里之堤(천리지제), 以螻蟻之穴漏(이루의지혈루), 百尋之屋(백심지옥), 以突隙之煙焚(이돌극지연분).] 천 리의 제방도 땅강아지나 개미의 구멍 때문에 새게 되며, 백 척의 높은 집도 굴뚝의 갈라진 틈에서 나온 불똥으로 인해 타버린다. 작은 일을 홀시하면 큰 사달을 빚어냄을 비유한 말이다. 千里之堤(천리지제), 潰于蟻穴(궤우의혈). 『淮南子(회남자)·人間訓(인간훈)』 ☞ *414

塊 흙덩이 괴, 土부13　1538

'塊(괴)'자는 '흙덩이'를 뜻하기 위한 것이다. '흙 土(토)'와 '귀신 鬼(귀)'로 이루어졌다. 조어력이 매우 낮아 한자어 용례가 많지 않다.
흙덩이, 덩이
[塊莖(괴경)] 줄기의 한 종류. 덩이줄기. 덩이 모양을 이룬 양분을 저장하는 땅속줄기. 감자, 토란 따위.
[塊根(괴근)] 뿌리의 한 종류. 덩이뿌리. 덩이 모양을 이룬 양분을 저장하는 뿌리. 고구마, 다알리아 따위.
[金塊(금괴)] 금 덩어리.
山塊(산괴), 銀塊(은괴), 地塊(지괴)

塞 변방 새, 막을 색, 土부13　1539

'塞(색)'자는 '변방'의 뜻으로 쓰일 때는 [새]로, '막히다'의 뜻으로 쓰일 때는 [색]으로 읽는다. '찰 寒(한)'자에서 아래에 '점 두 개'가 빠져나가고 그 자리에 '흙 土(토)'가 들어간 글자이다.
변방, 국경지대
[塞翁之馬(새옹지마)] 북쪽 변방의 한 늙은이가 기르던 말이 달아났다가 한 필의 준마를 데리고 왔는데, 아들이 그 준마를 타다가 떨어져 절름발이가 되었으나, 그로 말미암아 전쟁터에 나가지 않게 되어 목숨을 보전했다는 고사에서, 사람의 길흉화복은 늘 바뀌어 예측할 수 없음을 이르는 말. 동塞翁得失(새옹득실), 塞翁禍福(새옹화복), 人間萬事塞翁之馬(인간만사새옹지마) 『淮南子(회남자)』
성채, 보루, 변경에 쌓은 성
[要塞(요새)] 국방상 중요한 곳에 구축해 놓은 견고한 방어 시설. ¶해안 요새
막다, 통하지 못하게 하다, 막히다, 막히어 열리지 아니하다
[梗塞(경색)] ① 길이 꽉 막힘. ¶정국의 경색을 타개하다 ② (의) 핏줄이 막힘. 참腦梗塞(뇌경색), 心筋梗塞(심근경색) ③ 경제적으로 융통이 잘 되지 못하고 막힘.
[窘塞(군:색)] ① 필요한 것이 없거나 모자라서 딱하고 옹색함. ¶좁은 집에서 손님을 모시자니 군색합니다 ② 자연스럽거나 떳떳하지 못하고 거북함. ¶군색한 변명은 하지 않겠다
[拔本塞源(발본색원)] '뿌리를 뽑고 근원을 막아버림'이란 뜻에서, '폐단이나 문제의 근원을 아주 뽑아서 없애버림'을 뜻하는 말이다.
[語塞(어:색)] ① 말이 궁하여 답변할 말이 없음. ② 서먹서먹하여 멋쩍고 쑥스러움. ③ 보기에 서투름.
[壅塞(옹:색)] 막혀서 통하지 않음. 생활에 필요한 것이 없거나 모자라서 딱함.
[窒塞(질색)] 몹시 놀라거나 싫어서 기가 막힘. 몹시 싫어서 꺼림.
塞源(색원), 窮塞(궁색), 氣塞(기색), 氣塞昏絕(기색혼절), 閉塞(폐색)

墨 먹 묵, 土부15　1540

'墨(묵)'자는 붓글씨를 쓸 때 사용하는 검은 '먹'을 뜻하기 위하여 만든 것이다. '흙 土(토)'와 '검을 黑(흑)' 둘 다 표의요소로 쓰였다.

먹
[墨客(묵객)] 먹을 갈아 글씨를 쓰기나 그림을 그리기를 좋아하는 사람.
[墨畵(묵화)] (미) 먹물로 그린 그림.
[紙筆硯墨(지필연묵)] 종이·붓·벼루·먹 즉, 文房四友(문방사우).
[近朱者赤(근주자적)/近墨者黑(근묵자흑)] 붉은색을 가까이하면 자신도 붉어진다. 먹을 가까이하는 사람은 검은 물이 든다. 사람의 성격이나 능력은 주변의 환경이나 친구에 의해 많이 좌우된다는 것을 비유한 말이다. 『傅玄(부현)·太子少傅箴(태자소부잠)』
墨竹(묵죽), 墨池(묵지), 水墨畵(수묵화), 白墨(백묵), 筆墨(필묵)

필적
[墨迹(묵적)] 먹으로 쓴 흔적.

형벌 이름, 오형(五刑)의 하나로 자자(刺字)하는 벌
[墨刑(묵형)] 죄인의 이마나 팔뚝 따위에 먹줄로 죄명을 써 넣던 형벌.

묵자(墨子)의 학파, 묵가(墨家)의 줄인 말
[墨家(묵가)] 춘추 전국시대 魯(노)나라 사람 墨子(묵자)의 사상을 받들고 실천하던 제자백가의 한 파.
[墨子(묵자)] ① 墨翟(묵적). ② 墨翟(묵적)이 지은 책. 兼愛(겸애)·崇儉說(숭검설)을 주장하였다.

검다, 검어지다, 더러워지다, 불결하다

墮 떨어질 타:, 土부15　　　　1541

'墮(타)'자는 땅바닥에 '떨어지다'는 뜻을 나타내기 위한 것이다. '흙 土(토)'와 '떨어질 隋(타/수)'로 이루어졌다. 조어력이 매우 약하다.

떨어지다, 낙하하다, 떨어뜨리다
[墮落(타:락)] 마음이나 행동이 잡되고 잘못된 길로 빠짐. ¶타락의 구렁텅이
[善游者溺(선:유자익), 善騎者墮(선기자타).] 헤엄 잘 치는 사람이 물에 빠지고, 말을 잘 타는 사람이 말에서 떨어지기 쉽다. '한 가지 재주에 뛰어난 사람이 그 재주만 믿고 자만하다가 도리어 재앙을 당함'을 비유하여 일컫는 말. 善騎者墮(선기자타) 대신 好騎者墜(호기자추)로 쓰는 경우도 있는데, 의미는 같다. 『淮南子(회남자)·原道訓(원도훈)』
[懷橘墮地(회귤타지)] 효자의 정성을 이르는 말. 後漢(후한)의 陸績(육적)이 여섯 살 때 袁術(원술)을 찾아가서 차려 내온 귤에서 세 개를 옷 속에 품었다가, 하직 인사를 할 때 그만 땅에 떨어뜨렸으므로 원술이 이상히 여겨 물으니, 돌아가 어머니에게 드리려 하였다고 대답한 고사에서 나온 말. 동懷橘(회귤), 陸績懷橘(육적회귤) 『二十四孝(이십사효)』

잃다, 망실하다
[齒墮舌存(치타설존)] '이는 빠져도 혀는 아직 남아 있다'는 뜻으로, '강한 것보다 유한 것이 오래 감'을 비유하여 이르는 말. 동齒敝舌存(치폐설존)

墻 담 장, 土부16　　　　1542

'墻(장)'자는 본래 '牆(장)'으로 썼다. 嗇(색)은 보리를 수확하여 들에 쌓아둔 모습으로 '쌓다'는 뜻으로 쓰인 표의요소이고, '나무 조각 爿(장)'은 표음요소이다. 후에 흙으로 쌓은 '담'이란 뜻을 더욱 분명하게 나타내기 위하여 '흙 土(토)'라는 요소를 넣어 만든 것이 '墻(장)'자이다.

담
[路柳墻(牆)花(노:류장화)] (누구나 꺾을 수 있는) 길가의 버들과 담 밑의 꽃. 곧, 娼婦(창부)를 이름.
[不治垣墻盜後悔(불치원장도후회).] 담장을 제대로 고치지 않으면 도둑을 맞고 난 후에 후회한다. 『朱子(주자)·朱子十悔訓(주자십회훈)』 ☞ * 387
墻壁(장벽), 墻籬(장리), 土墻(토장)

경계, 사물을 나누어 놓은 칸막이

壹 한 일, 갖은 하나 일, 士부12　　　　1543

'壹(일)'자는 '한 一(일)'의 갖은자이다. 금액 따위의 중요한 숫자를 적을 때 변조하기 쉬운 '一(일)' 대신에 쓰기 위하여 만들었다.

한 一(일)의 갖은자
[一金(일금) 壹拾貳萬參阡伍百 원整(일십이만삼천오백 원정)]

貳 두 이:, 갖은 두 이:, 貝부12　　　　1544

'貳(이)'자는 '두 二(이)'의 갖은자이다. 금액 따위의 중요한 숫자를 적을 때 변조하기 쉬운 '二(이)' 대신에 쓰기 위하여 만들었다.

두 二(이)의 갖은자

伍 대오 오:, 다섯 사람 오:, 人부6　　　　1545

'伍(오)'자는 다섯 사람을 한 조로 한 군대의 편제상의 단위를 나타내기 위한 것이었다. '什(십)'자가 열 사람, 즉 십인 일조를 뜻하는 것과 같은 예이다. 그 후에 隊伍(대오)나 隊列(대열)의 뜻으로 확대 사용되었다. '사람 人(인)'은 표의요소로, 다섯 '五(오)'는 표음과 표의 요소 겸용이다. 금액 따위의 중요한 숫자를 적을 때 변조하기 쉬운 '다섯 五(오)'자의 갖은자로 쓰이기도 한다.

대오, 편성된 대열
[落伍(낙오)] ① 대오에서 뒤떨어짐. 관落伍兵(낙오병) ② 사회나 시대의 진보에서 뒤떨어짐. 관落伍者(낙오자)

[隊伍(대오)] 군대 행렬의 줄. ¶대오를 맞추어 걷다
'다섯 五(오)'의 갖은자로 쓴다

漆 옻 칠, 水부14　1546

'漆(칠)'자는 '옻나무'를 나타내기 위한 것으로, 원래는 '桼(칠)'이라 썼다. 이것은 나무에서 진이 흘러나오는 모습을 본뜬 것이다. 후에 나무에서 흘러나오는 진물 즉 '옻'을 분명하게 나타내기 위하여 '물 氵(수)'를 첨가한 것이 漆(칠)이다. 속자로 '柒(칠)'을 쓰고, 七(칠)의 갖은자로 쓸 때는 대개 이 속자 柒(칠)을 쓴다.

옻, 옻나무, 옻나무 진, 옻칠하다
[漆器(칠기)] ① '漆木器(칠목기)'의 준말. ② 옻칠같이 검은 잿물을 입힌 도자기.
[螺鈿漆器(나전칠기)] 여러 모양으로 자개를 박고 옻칠을 한 옷장·궤·밥상·벼룻집 따위.
漆工(칠공), 漆毒(칠독)

검은 칠, 검다
[漆夜(칠야)] 캄캄한 밤.
[漆板(칠판)] 검정이나 초록색 등의 칠을 하여 분필로 글씨를 쓰게 만든 널조각으로 된 교구.
[漆黑(칠흑)] 옻처럼 검고 캄캄함. ¶칠흑 같은 어둠 속에서 우리는 포위망을 뚫고 탈출하였다

칠하다
[漆甲(칠갑)] 무엇을 지나치게 흠뻑 칠하여 바름. 또는 그렇게 하여 이루어진 겉더께. ¶흙칠갑을 하고 돌아다니다
[改漆(개:칠)] ① 그은 획에 다시 붓을 대어 더 칠함. ② 칠한 물건에 다시 고쳐 칠함.
[色漆(색칠)] 빛깔이 나게 칠을 함. 또는 그 칠.

'일곱 七(칠)'의 갖은자로 쓴다

夷 큰활 이, 오랑캐 이, 大부6　1547

'夷(이)'자는 중국의 동부지역에 거주하였던 소수 민족(오랑캐)을 통칭하기 위한 것이었다. 우리 민족의 조상인 고조선의 민족은 체격이 커서 한족보다 큰 활을 사냥이나 전쟁에 사용하였다고 한다. 그래서 동쪽에 사는 큰[大] 활[弓] 쓰는 민족이라는 데서 '東夷族(동이족)'이라는 이름을 붙였다는 설이 있다. 한편, '夷(이)'는 사람을 본뜬 '大(대)'와 '弓(궁)'으로 이루어져 있다. 이 경우 '弓(궁)'은 활이 아니라 몸을 꽁꽁 묶어 놓은 밧줄을 가리킨다고 하는 설도 있다.

오랑캐, 중국의 동쪽에 있는 미개 민족, 중국의 사방에 살고 있는 종족의 총칭
[夷蠻戎狄(이만융적)] 東夷(동이)·南蠻(남만)·西戎(서융)·北狄(북적) 즉, 동서남북의 모든 오랑캐를 통틀어 일컬음.
[東夷(동이)] ① 동쪽의 오랑캐. ② 중국 사람들이 그들의 동쪽에 있는 이민족들을 멸시하여 이르던 말.
[四夷(사:이)] 옛날 중국의 漢族(한족) 이외의 이방인을 오랑캐라 일컫던 말. 즉 東夷(동이)·西戎(서융)·南蠻(남만)·北狄(북적).
[洋夷(양이)] 서양 사람을 오랑캐라고 얕잡아 하는 말.
[攘夷(양:이)] 외국인을 얕보고 배척함.
[以夷制夷(이:이제이)] 적을 이용하여 적을 침. 다른 사람의 힘에 의하여 자기의 이익을 취함. 『王安石(왕안석)』
[婚取而論財(혼취이론재), 夷虜之道也(이로지도야). 議婚姻(의혼인), 勿苟慕其富貴(물구모기부귀).] 혼인에 재물을 논하는 것은 오랑캐의 도이다. 혼인을 의논할 때는 그 부귀함과 귀함만을 흠모하지 말아야 한다. 『小學(소학)·外篇(외편)·嘉言(가언)』

멸하다, 죽여 없애다
[燒夷(소이)] 燒却(소각).
[燒夷彈(소이탄)] (군) 목표물을 불살라 버리는 데 쓰는 폭탄이나 포탄.

기타
[伯夷叔齊(백이숙제)] ☞ * 132

奈 어찌 내, 나락 나, 大부8　1548

'奈(나)'자의 본래 의미가 무엇인가에 대하여는 잘 알려지지 않았다. 그래서 자형을 풀이할 수도 없다. 다만 '어찌'라는 뜻으로 쓰인다는 것만 확실하다. 다른 글자와 더불어 낱말을 만드는 조어력도 매우 낮다.

어찌(那, 柰)
[奈何(내하)] 어찌함. 주로 한문 투의 문장에서 의문을 나타내는 종결어미. '-오'가 붙어 '내하오'로만 쓰인다. ¶종무소식이니 내하오
[莫無可奈(막무가내)/無可奈(무가내)/無可奈何(무가내하)] 도무지 어찌할 수 없음. ¶아무리 달래 봐도 막무가내였다
[少壯幾時兮奈老何(소장기시혜나노하), 歡樂極兮哀情多(환락극혜애정다).] 젊음은 얼마 동안도 아니되고, 이내 곧 늙어짐을 어찌할 수 없구나. 환락이 극에 달하면 도리어 슬픈 마음이 많아진다. 『漢武帝(한무제), 秋風詩(추풍시)』

지옥, 나락
[奈落(나락)/那落(나락)] ① 지옥. ② '헤어날 수 없는 어려운 상태'를 비유하는 말. ¶절망의 나락에 빠지다

奚 어찌 해, 大부10　1549

'奚(해)'자는 '종', '노예'가 본래 의미인데, '어찌'라는 뜻으로도 활용되었다. 조어력이 매우 낮다.

'어찌, 어찌 …하느냐? 어떻게, 어느, 무엇, 어떤'의 뜻을 나타내는 의문사

기타
[奚琴(해금)] 민속 악기의 한 가지. 둥근 나무통에 긴 나무를 박고 두 가닥의 명주실을 매어 활로 비벼서 켬.

奪 빼앗을 탈, 大부14   1550

'奪(탈)'자는 새를 '놓치다'는 뜻을 나타내기 위하여 만든 글자이다. 글자를 해부해 보면 '큰大 + 새[隹] + 손寸'으로 나눌 수 있는데, 큰 새를 손으로 잡았다가 놓쳤나보다.

빼앗다, 남의 것을 강제로나 억지로 제 것으로 만들다

[奪取(탈취)] 빼앗아 가짐.
[奪還(탈환)] 도로 빼앗음. ¶고지 탈환/서울 탈환
[强奪(강:탈)] 남의 것을 억지로 빼앗음.
[劫奪(겁탈)] 폭력을 써서 남의 것을 억지로 빼앗음.
[剝奪(박탈)] 지위나 자격 따위를 권력이나 힘으로 벗겨 빼앗음. ¶시민권을 박탈하다
[掠奪(약탈)] 폭력을 써서 남의 것을 빼앗음. ¶천년도 넘게 자행되어온 왜구의 약탈은 필설로 다 표현할 수가 없다
[爭奪(쟁탈)] 서로 다투어 빼앗음. 참爭奪戰(쟁탈전)
削奪官職(삭탈관직)/削奪官爵(삭탈관작), 收奪(수탈), 與奪(여탈), 侵奪(침탈)

없어지다, 빠지다

[換骨奪胎(환:골탈태)] '뼈를 바꾸고 태를 없애버린다'는 뜻으로, ① 얼굴이 전보다 훨씬 아름다워지고 환하게 트여서 딴사람처럼 됨. ② 남이 지은 글의 취지는 취하되 형식을 바꾸어 지었으나, 더욱 아름답고 새로운 글이 됨.

妥 타당할 타:, 평온할 타:, 女부7   1551

'妥(타)'자는 포로로 잡혀온 여자[女]를 손[爪=爫]으로 눌러 꿇어앉힌 모양으로, '어루만져 위로하다'가 본래 의미이다. '무사하다', '온당하다'의 뜻으로 쓰인다.

평온하다, 온당하다

[妥結(타:결)] 온당하게 매듭지음. 잘 끝냄. ¶마침내 협상이 타결되었다
[妥當(타:당)] 사리에 맞고 형편이나 이치에 마땅함. 참 妥當性(타당성)
[妥協(타:협)] 두 편이 서로 좋도록 협의함. ¶타협을 보다
[普遍妥當性(보:편타당성)] 모든 경우에 두루 통용되고 작용되는 성질.

姦, 奸 간사할 간(:), 女부9   1552

'姦(간)'자는 본래 '음탕하다'는 뜻이었다. '여자 女(여)'가 셋이나 쓰인 것은 한 남자가 한꺼번에 여러 여자와 정을 통한다는 뜻이라고 한다. '간사하다', '간통하다' 또는 이와 의미상 연관이 있는 낱말의 한 구성요소로 쓰인다. '奸(간)'자와 통용되며, 획수가 적어 '姦(간)'보다는 '奸(간)'을 선호하는 경향이 있다. 그러나 '간음 또는 간통하다'에는 '姦(간)'자를, '간사하다 또는 위반하다'에는 '奸(간)'자를 쓰는 경향이 있다. 여기서는 그 경향을 따른다. 함께 써도 틀리는 것은 아니다.

간사하다, 간악하다

[奸巧(간교)] 매우 간사하고 교활함. ¶간교를 부리다
[奸邪(간사)] 교활하고 올바르지 못함.
[奸詐(간사)] 남의 비위를 맞추려고 교활하게 알랑거리는 것. ¶간사한 웃음.
[奸臣(간신)] 간사한 신하.
[奸惡(간악)] 간사하고 악독함. ¶간악한 무리들을 소탕하다
奸計(간계), 奸黨(간당), 奸臣賊子(간신적자), 奸雄(간웅), 姦慝(간특)

간음하다, 간통하다

[姦夫(간:부)] 간통한 남자.
[姦婦(간:부)] 간통한 여자.
[姦淫(간음)/姦婬(간음)] 부부가 아닌 남녀가 성적으로 관계하는 것.
[姦通(간통)] 배우자가 있는 사람이 배우자 아닌 사람과 성교함.
[强姦(강:간)] 폭행이나 협박을 하여 강제로 간음 또는 간통함.
[和姦(화간)] 부부가 아닌 남녀가 서로 눈이 맞아서 육체적으로 관계함.
劫姦(겁간), 鷄姦(계간), 屍姦(시간), 輪姦(윤간)

범하다, 위반하다, 저지르다

[奸商輩(간상배)] 간사한 방법으로 부당한 이익을 보려는 장사치 무리.
[弄奸(농:간)] 남을 속이거나 일을 그르치게 하려는 간사한 짓. ¶그의 농간에 넘어갈 뻔했다.
奸商(간상), 奸賊(간적), 奸策(간책)

娘 여자 낭, 아가씨 낭, 女부10   1553

'娘(낭)'자는 '소녀'를 뜻하기 위하여 만든 것이었으니, '여자 女(여)'와 '좋을 良(량)'으로 이루어졌다. '사나이 郎(랑)'에 상대되는 글자이다. 똑같이 '좋을 良(량)'이 쓰인 것을 보면 처녀 총각이 좋긴 좋은가보다. 약간의 차이는 '사나이 郎(랑)'은 [랑]으로, '아가씨 娘(낭)'은 [낭]으로 발음한다. '娘子'와 '郎子'는 똑같이 [낭재로 발음된다. 사나이 郎子(낭자)는 두음법칙에 의하여 [낭재가 되었다. 문장 중에 '낭자'라는 말이 나오면 그 내용을 헤아려 구분해야 할 것이다.

아가씨, 소녀

[娘子(낭자)] 예전에 처녀를 높여 이르던 말. 맨도령
[娘子軍(낭자군)] 여자로 조직된 군대. ¶태극 낭자군들이 올림픽에서 금메달을 획득하였다

娛 즐길 오:, 女부10   1554

'娛(오)'자는 여자와 더불어 '즐기다'는 뜻을 나타내기 위하여 만든 것이었다. '여자 女(여)'와 '나라 吳(오)'로

이루어졌다.
즐거워하다, 즐겁다
[娛樂(오:락)] 쉬는 시간에 여러 가지 방법으로 기분을 즐겁게 하는 일.
[娛樂室(오:락실)] 오락에 필요한 시설이 갖추어져 있는 방.

媒 중매 매, 女부12 1555

'媒(매)'자는 '(여자) 중매인'을 뜻하기 위하여 만든 것이다. '여자 女(여)'와 '아무 某(모)'로 이루어졌다.
중매, 중매하다
[媒婆(매파)] 혼인을 중매하는 할멈.
[仲媒(중매)] 혼인을 하도록 소개하는 일. 또는 그 사람. 중신. ¶중매쟁이
매개, 매개하다
[媒介(매개)] 관계를 맺어주기 위하여 둘 사이에 끼어듦. 또는 그런 물체. ¶뇌염은 뇌염모기를 매개로 하여 전염된다
[媒體(매체)] ① 한쪽과 다른 쪽을 맺어주는 물체. ¶정보매체 ② 물질과 물질 사이에서 媒質(매질)이 되는 물체.
[冷媒(냉:매)] (화) 냉동기 따위에서 그 속을 돌며 기화와 액화를 되풀이함으로써 기화열로 둘레의 온도를 낮추는 기체.
[溶媒(용매)] (화) 용액을 만들 때에 용질을 녹이는 액체. 액체에 액체를 녹일 때는 많은 쪽의 액체를 말함.
[觸媒(촉매)] (화) 자신은 화학 반응에 참여하지 않고 다른 물질의 반응을 촉진시키거나 지연시키는 물질. 참 觸媒劑(촉매제)
[蟲媒花(충매화)] (식) 나비나 벌 등의 벌레가 가루받이를 시켜 주는 꽃. 호박꽃·외꽃·복숭아꽃·무궁화꽃·개나리꽃 등.
媒質(매질), 水媒花(수매화), 靈媒(영매), 風媒花(풍매화)

孰 누구 숙, 子부11 1556

'孰(숙)'자는 '누구'의 뜻을 나타낸다. 조어력이 약하여 한자어 용례를 찾기 어렵다.
누구, 어느 사람, 어느, 어느 것, 무엇

宜 마땅할 의, 宀부8 1557

'宜(의)'자는 고기 덩어리를 도마 위에 올려놓은 모습이다. '도마'가 본래 의미이다. 후에 '옳다', '마땅하다', '좋다' 등의 뜻으로 쓰이게 되었다.
마땅하다, 마땅히, 마땅히 …하여야 한다
[宜當(의당)] 마땅히. 으레. ¶의당 그래야지
어떤 조건에 어울리게 알맞다, 이치나 도리에 맞아 옳다, 형편이 좋다, 사정이 좋다
[時宜(시의)] 그 때의 사정에 맞음.

[時宜適切(시의적절)] 그때의 사정이나 요구에 아주 알맞음.
[適宜(적의)] 무엇을 하기에 알맞고 적당함.
[便宜(편의)] ① 편리하고 마땅함. ② 형편이 좋음. 참 便宜店(편의점)
[貧者士之宜(빈자사지의).] 가난한 선비에게 어울리는 일임. 『晉書(진서)』

尋 찾을 심, 寸부12 1558

'尋(심)'자는 두 팔을 벌려 자리의 길이를 재는 모습을 본뜬 것이었다. 자리의 길이를 '재다'가 본래의 의미인데, '묻다', '찾다', '보통', '평소' 등의 뜻으로 쓰인다.
찾다, 보거나 만나기 위하여 찾다
[尋訪(심방)] 찾아가거나 찾아봄.
[尋人(심인)] 사람을 찾음. 또는 찾는 사람.
[覆水不可收(복수불가수), 行雲難重尋(행운난중심).] 엎지른 물은 거두어 담을 수 없고, 흘러간 구름은 다시 찾을 수 없다. 한번 한 말은 다시 거두어들일 수가 없으니 신중해야 한다는 말. 『李白(이백)·代別情人(대별정인)』
얻어내려고 뒤지다, 알기 위하여 캐묻다
[推尋(추심)] ① 찾아서 가지거나 받아냄. ② (경) 은행이 소지인의 의뢰를 받아 수표 또는 어음을 지급인에게 제시하여 지급하게 하는 일.
보통, 평소
[尋常(심상)] 대수롭지 않고 예사로움.

尖 뾰족할 첨, 小부6 1559

'尖(첨)'자는 '뾰족하다'는 뜻을 나타내기 위하여 '작을 小(소)'와 '큰 大(대)'가 상하 구조로 놓여 있다.
뾰족하다, 끝이 날카롭다, 끝, 날카로운 끝
[尖端(첨단)] ① 뾰족한 물건의 맨 끝. ② 시대적 사조·학문·기술·유행 등에 있어서 맨 앞장. ¶첨단 과학의 시대
[尖兵(첨병)] (군) 행군하는 부대의 앞에 나가거나 따라가면서 적을 경계·수색하는 병사. 또는 그 일을 하는 부대.
[尖銳(첨예)] ① 날카롭고 뾰족함. ② (사상·행동이) 급진적이고 과격함.
[尖塔(첨탑)] 꼭대기가 뾰족한 탑. 또는 그런 탑이 있는 높은 건물.

尤 더욱 우, 尢부4 1560

'尤(우)'자는 손가락질하다 즉 '나무라다'가 본뜻이고, '허물', '더욱' 등으로 쓰인다. 조어력이 약하여 한자어 용례가 거의 없다.

더욱, 유별나게
[尤甚(우심)] 더욱 심함.
탓하다, 원망하다
[言寡尤行寡悔(언과우행과회).] 말을 신중하게 하면 과실이 적어지고, 행동을 조심하면 후회를 적게 한다. 곧, 말과 행동을 조심하라는 뜻이다. 『論語(논어)·爲政(위정)』

屛 병풍 병, 尸부11　1561

'屛(병)'자는 '주검 尸(시)'와 '어우를 并(병)'으로 이루어졌다. 여기에서 '주검 尸(시)'는 원래는 '집 广(엄)'이었는데 변한 것이다. '并(병)'은 '가리개'의 모습이다. 병풍은 집에 있는 가리개이다.

병풍
[屛風(병풍)] 주로 집안에서 장식을 겸하여 무엇을 가리거나 바람을 막기 위하여 둘러치는 물건. ¶병풍을 두르다
[屛風石(병풍석)] 능의 봉분 둘레에 병풍 같이 돌려 세운 긴네모꼴의 넓적한 돌.
[畵屛(화:병)] 그림을 그린 병풍.

屢 여러 루:, 尸부14　1562

'屢(루)'자는 '별 이름 婁(루)'가 표음요소이다. '자주', '여러'의 뜻으로 쓰인다. '포갤 累(루)'자와 의미와 쓰임새가 거의 같아 함께 쓰인다.

여러, 수효가 많음, 자주, 여러 번 되풀이하여
[屢年(누:년)/累年(누:년)] 여러 해.
[屢代(누:대)/累代(누:대)] 여러 대. ¶누대를 두고 내려온 솜씨
[屢代奉祀(누:대봉사)/累代奉祀(누:대봉사)] 여러 대의 조상의 제사를 받듦.
[屢次(누:차)/累次(누:차)] 여러 차례. 여러 차례에 걸쳐. ¶누차의 부탁/누차 말하다

岳, 嶽 큰 산 악, 山부8　1563

岳(악)자는 '큰 산'을 뜻하기 위하여 '山(산)' 위에 '언덕 丘(구)'를 덧붙여 놓은 것으로, '큰 산 嶽(악)'의 古字(고자)이다.

큰 산
[山岳(산악)/山嶽(산악)] 높고 큰 산들.
[山岳會(산악회)/山嶽會(산악회)] 등산하는 사람들의 단체.
[雪嶽山(설악산)] 강원도 양양군과 인제군 사이에 있는 산. 小金剛(소금강)이라고 일컫는 경승지.
冠岳山(관악산), 月岳山(월악산), 雉岳山(치악산)

崩 무너질 붕, 山부11　1564

'崩(붕)'자는 산이 '무너지다'는 뜻을 나타내기 위하여 만든 것이다. '뫼 山(산)'과 '벗 朋(붕)'으로 이루어졌다. 후에 천자의 죽음을 산이 무너지는 것에 비유하였기에 '(천자가) 죽다'는 뜻으로 쓰이게 되었다. ☞死(사)0057

무너지다, 산·언덕 따위가 무너지다
[崩壞(붕괴)] 허물어져 무너짐. ¶축대의 붕괴/왕조의 붕괴
[崩落(붕락)] ① 무너져서 떨어짐. ¶붕락 지반 ② 물건값이 무너지다시피 갑자기 뚝 떨어짐.
[雪崩(설붕)] 눈사태.

죽다, 천자가 죽다
[崩御(붕어)] 임금의 죽음.

巷 거리 항:, 己부9　1565

'巷(항)'자는 원래 좁고 꼬불꼬불한 '골목'을 가리키는 것이었다. 넓고 곧은 거리는 '街(가)'로 나타냈다. 기와집이 즐비한 양반촌이 아닌 서민들이 살고 있는 거리나 골목을 말한다.

거리, 마을 안에 있는 거리
[巷間(항:간)] 일반 사람들 사이.
[巷談(항:담)/巷說(항:설)] ① 거리에 떠도는 말. ② 여러 사람의 입에서 입으로 옮겨지는 말.
[街談巷說(가:담항설)] 거리에 떠도는 말과 골목에 떠도는 이야기. 길거리에 떠도는 소문이나 이야기. 세상의 풍문.
[陋巷(누:항)] ① 좁고 지저분하며 더러운 거리나 마을. ¶몸은 비록 누항에 있어도 가슴에는 높은 뜻을 가지고 있다 ② 자기가 사는 거리나 동네의 낮춤말.
[簞瓢陋巷(단표누항)] 공자는 자신의 제자인 顏回(안회)를 가리키며, '한 광주리의 밥과 한 표주박의 물을 마시며 좁고 누추한 거리에 사는 것을 다른 사람들은 시름겨워하거늘, 안회는 그 속에서도 즐거움이 변하지 않는구나'라고 칭찬했다는 데서, 소박한 시골 살림 또는 청빈한 선비의 살림을 비유적으로 이르는 말이다. 『論語(논어)·雍也(옹야)』
街巷(가항), 閭巷(여항)

幅 폭 폭, 巾부12　1566

'幅(폭)'자는 옷감의 넓이, 즉 '너비'를 뜻하기 위한 것이었다. 옷감의 뜻을 나타내는 '수건 巾(건)'이 표의요소, 오른쪽의 '畐(복)'은 표음요소이다.

폭, 너비, 넓이
[廣幅(광:폭)] 넓은 폭. ¶광폭 타이어
[大幅(대폭)] 차이가 심하게.
[步幅(보:폭)] 걸음의 발자국과 발자국 사이의 거리. 걸

음나비.
[全幅的(전폭적)] 있는 대로의 전부. 남김없이 완전한.
[增幅(증폭)] ① 폭을 늘림. ② (물) 전압·전류·전력 따위의 진폭을 늘림. 웹增幅器(증폭기)
[振幅(진:폭)] (물) 진동하는 물체의 정지 위치에서 좌우 극점의 최대 변위까지 이동하는 거리.

하나로 넓게 연결하기 위하여 같은 길이로 잘라 놓은 천·종이·널 따위의 조각
[畵幅(화:폭)] 그림을 그린 종이·천 따위의 크고 작은 조각.

幣 비단 폐:, 화폐 폐:, 巾부15   1567

'幣(폐)'자는 '비단'을 뜻하기 위한 것이었다. 표의요소 '옷감 巾(건)'과 표음요소 '해질 敝(폐)'로 이루어졌다. 옛날에는 귀한 손님에게 비단을 예물로 주는 예가 많았다 '예물'의 뜻으로도 쓰인다. 천을 화폐의 수단으로 삼았으므로 '돈', '화폐'를 뜻하기도 한다.

폐백, 예물로 보내는 비단
[幣帛(폐:백)] ① 예물로 보낸 비단. ② 신부가 처음으로 시부모를 뵐 때 올리는 대추나 포 따위.
[納幣(납폐)] 혼인 때 신랑집에서 신부집으로 보내는, 주로 푸른 비단과 붉은 비단 예물. 또는 그 예물을 보내는 일.

돈, 재물, 재화
[僞幣(위폐)] '위조지폐'의 준말.
[造幣(조:폐)] 화폐를 만듦.
[紙幣(지폐)] ① 종이에 인쇄한 화폐. ② 신에게 바치는 폐백.
[貨幣(화:폐)] 돈. 상품 교환의 매개물. 지불의 수단, 가치 척도 등으로 쓰이는 돈, 금화, 은화, 은행권 따위가 있다.

幾 몇 기, 기미 기, 幺부12   1568

'幾(기)'자는 '機(기)'의 본래 글자였다. 베틀에 앉아 베를 짜는 사람의 모습으로 '베틀'이 본뜻이었는데, 후에 이것이 '기미', '얼마' 등의 의미로 쓰이는 예가 잦아지자, 본뜻을 위하여 '機(기)'자를 만들었다. '幾(기)'자를 破字(파자)하면 '작을 幺(요)' 두 개와 '지킬 戍(수)'가 된다.

기미, 낌새, 조짐, 징조
[幾微(기미)/機微(기미)] ① 낌새. 어떤 일을 알아차릴 수 있는 눈치. ② 일이 되어 가는 분위기.

몇, 얼마, 어느 정도
[幾何(기하)] ① 얼마. ¶민족적 존영의 훼손됨이 무릇 기하며,…「기미독립선언문」 ② (수) 幾何學(기하학).
[幾何學(기하학)] (수) 평면이나 공간 안에서 입체·면·선·점·각 따위의 수리적 관계를 연구하는 수학의 한 분야.

幾何級數(기하급수), 幾何平均(기하평균)

庶 여러 서:, 무리 서:, 广부11   1569

'庶(서)'자는 본뜻이 음식물을 '익히다'였으나, 본뜻보다는 '여러', '많은', '첩' 등으로 쓰인다.

여러, 갖가지, 여러 가지
[庶務(서:무)] 어떤 관청이나 기관의 일반 사무. 또는 그러한 일을 맡아 하는 사람.
[庶政(서:정)] 여러 방면에 두루 걸치는 정사. ¶서정을 쇄신하다

서출(庶出), 첩의 자식이나 자손
[庶母(서:모)] 아버지의 첩.
[庶孼(서:얼)] 서자와 그의 자손.
[庶子(서:자)] 첩에게서 태어난 아이.
[嫡庶(적서)] 嫡子(적자)와 庶子(서자). 본처의 아들과 첩의 아들.
庶女(서녀), 庶孫(서손), 庶族(서족), 庶出(서출)

많은 사람, 온갖 사람, 벼슬이 없는 사람
[庶民(서:민)] ① 여러 일반 국민. ② 귀족이나 상류층이 아닌 보통 사람.
[庶人(서:인)] 평민. 서민.

거의, 가까운, 가깝다, 거의 되려 하다
[耳不聞人之非(이불문인지비), 目不視人之短(목불시인지단), 口不言人之過(구불언인지과). 庶幾君子(서기군자).] 귀로는 다른 사람의 비행을 듣지 말고, 눈으로는 다른 사람의 단점을 보지 말고, 입으로는 다른 사람의 허물을 말하지 말라. 그러면 군자라 할 수 있다. 『明心寶鑑(명심보감)·正己篇(정기편)』

庸 쓸 용, 广부11   1570

'庸(용)'자는 '사람을 쓰다'는 뜻을 위하여 만든 것이니 '쓸 用(용)'이 표의요소, '庚(경)'도 '일을 바꾸다'는 뜻으로 쓰인 표의요소라 한다. '庚(경)'과 '用(용)'을 합쳐서 쓰다 보니 편의상 '庚(경)'의 마지막 획이 생략되었다. '집 广(엄)'이 부수로 지정되어 있지만 뜻과는 무관하다. 후에 '어리석다', '보통이다' 등으로 확대 사용되었다. 그 본래의 뜻은 '사람 亻(인)'을 붙여서 '품팔 傭(용)'자를 만들어 그 뜻을 더욱 분명하게 나타냈다.

쓰다, 사람을 채용하다
[登庸(등용)/登用(등용)] 인재를 골라 뽑아서 씀.

항상, 일정하여 변하지 아니하다
[中庸(중용)/中庸之道(중용지도)] ① 어느 쪽으로나 치우치지 않고 중정(中正)함. ② 유교의 경전(經典)인 사서(四書)의 하나.

범상, 보통, 보통의 사람
[凡庸(범용)] 평범하고 변변하지 못함.

어리석다, 우매하다
[庸劣(용렬)] 사람이 비겁하고 좀스러우며 변변하지 못함.

[庸人(용인)] 못난이.

廉 청렴할 렴, 广부13　　1571

'廉(렴)'자는 '집 广(엄)'이 부수이자 표의요소, '겸할 兼(겸)'이 표음요소이다. '(집이) 좁다'가 본뜻인데, 뜻이 곧고 청렴하면 좁은 집에서 살게 마련인가보다. '청렴하다', '값싸다', '검소하다' 등으로 쓰이게 되었다.

청렴하다, 결백하다, 검소하다, 곧다, 바르다
[廉儉(염검)] 청렴하고 검소함.
[廉恥(염치)] 체면을 차리고 부끄러움을 아는 마음. ¶사람이면 염치가 있어야지
[禮義廉恥(예:의염치)] '禮(예)'는 貴賤(귀천) 尊卑(존비)의 分限(분한)에 따르는 일정한 예의범절, '義(의)'는 人道(인도)에서 벗어나지 않는 일, '廉(렴)'은 正邪善惡(정사선악)의 구분을 명백히 하는 일, '恥(치)'는 부끄러움을 아는 태도이다. 예절과 의리와 청렴과 부끄러움을 아는 태도를 말한다. 『管子(관자)』
[淸廉(청렴)] 성품과 행실이 높고 맑으며 탐하는 마음이 없음.
[破廉恥(파:렴치)] 염치가 없어 도무지 부끄러움을 모름. 또는 그러한 사람. 國破廉恥犯(파렴치범) 回沒廉恥(몰염치), 厚顔無恥(후안무치) 『管子(관자)·牧民(목민)편』
廉潔(염결), 廉吏(염리), 廉正(염정)

싸다, 값이 헐하다
[廉價(염가)] 매우 싼 값. ¶오늘만 염가로 판매합니다
[低廉(저:렴)] 금액이 쌈. ¶저렴함 가격

廟 사당 묘:, 广부15　　1572

'廟(묘)'자는 조상의 신주를 모셔 놓은 집, 즉 '사당'을 뜻하기 위한 것이었으니, '집 广(엄)'이 표의요소. '아침 朝(조)'가 표음요소라는 설이 있지만 음의 차이가 너무 크다.

사당, 조상의 신주를 모신 곳, 신을 제사지내는 곳(주로 위인이나 성현을 모시는 곳), 공자묘(孔子廟)
[文廟(문묘)] 공자를 모신 사당.
[宗廟(종묘)] 역대 여러 임금의 위패를 모시는 왕실의 사당.
[宗廟社稷(종묘사직)] 역대 여러 임금의 위패를 모시는 왕실의 사당과 땅을 맡은 신과 곡식을 맡은 신. 즉 왕실과 나라.

한 나라의 정사를 집행하는 곳
[廟堂(묘:당)] ① '의정부'를 달리 이르는 말. ② 나라와 정치를 다스리는 조정.

廢 버릴 폐:, 폐할 폐:, 广부15　　1573

'廢(폐)'자는 본래 한 쪽 모퉁이가 무너져서 '사람이 살지 않고 내버려둔 집'을 뜻하기 위하여 만든 것이다. '집 广(엄)'과 '떠날 發(발)' 둘 다 표의요소로 본다. '버리다', '그만두다'의 뜻으로 쓰인다.

폐하다, 있어온 제도·기관·풍습 등을 버리거나 없애다
[廢校(폐:교)] 학교의 운영을 폐지함. 또는 그러한 학교.
[閉校(폐:교)] 학교의 문을 닫고 수업을 중지하고 쉼.
[廢棄(폐:기)] ① 못 쓸 것으로 생각하고 내버림. 圂廢棄物(폐기물) ② 약속·법령·조약 따위를 무효로 함.
[廢止(폐:지)] 실시하던 일이나 제도 따위를 그만두거나 멈춤.
[改廢(개:폐)] 고치거나 없앰.
[存廢(존폐)] 남아 있음과 없어짐. 存續(존속)과 廢止(폐지).

어떤 신분의 사람을 그 자리에서 몰아내다
[廢立(폐:립)] ① 임금을 폐하고 새로 다른 임금을 맞아 세움. ② 신하가 마음대로 임금을 폐하거나 또는 옹립함.
[廢妃(폐:비)] 자리에서 쫓겨난 왕비. 또는 왕비의 자리를 물러나게 함.
[廢位(폐:위)] 임금의 자리를 폐함.
[廢黜(폐:출)] 벼슬을 떼고 내침.

그만두다, 그치다, 행하여지지 아니하다
[廢刊(폐:간)] 신문, 잡지 따위의 정기간행물 간행을 그만둠.
[廢業(폐:업)] 직업 또는 영업을 그만둠.
[半途而廢(반:도이폐)/中道而廢(중도이폐)] 일을 하다가 중도에서 그만둠.
[撤廢(철폐)] 걷어치워서 없앰. 거두어들이거나 그만둠.
廢坑(폐갱), 廢館(폐관), 廢鑛(폐광), 廢農(폐농)

부서지다, 못쓰게 되다
[廢棄物(폐:기물)] 못 쓰게 되어 내버린 물건.
[廢水(폐:수)] 사용하고 내버린 물. ¶공장 폐수
[廢人(폐:인)] ① 병·마약 등으로 몸을 버린 사람. ② 남에게 버림을 받아서 쓸모없이 된 사람.
[廢車(폐:차)] ① 낡아서 버린 차. ② 차량 등록이 취소된 차.
[廢墟(폐:허)] 집이나 성 따위의 황폐해진 터. ¶지진으로 폐허가 된 도시
[老廢(노:폐)] 오래 되거나 낡아서 쓰지 않음.
[荒廢(황폐)] 집, 토지, 삼림 따위가 거칠고 못 쓰게 됨.
廢家(폐가), 廢物(폐물), 廢寺(폐사), 廢紙(폐지), 廢品(폐품)

해이해지다, 느슨해지다
[頹廢(퇴폐)] 도덕이나 풍속, 문화 따위가 어지러워짐.

弗 아닐 불, 弓부5　　1574

'弗(불)'자는 '(그것이) 아니다'는 부정사로 쓰였다. 주로 문장에 쓰일 따름이며, 낱말의 한 요소로 쓰인 예는 없다. 달러를 표시하는 '$'을 편의상 [불]로 읽고 '弗'로 적기도 한다. 조어력이 매우 약하다.

아니다(不), 부정하는 뜻을 나타낸다
[孝有三(효유삼). 大孝尊親(대효존친), 其次弗辱(기차불욕), 其下能養(기하능양).] 효에는 세 가지가 있다. 큰 효는 부모를 존경하는 것이고, 그 다음은 부모를 욕되게 하지 않는 것이며, 마지막은 부모를 잘 봉양하는 것이다. 『禮記(예기)·祭義(제의)』

달러(미국 화폐의 단위)
[弗貨(불화)] 달러. 미국, 캐나다 등지의 돈의 기본 단위.

기타
[弗素(불소)] (화) 할로겐 원소의 한 가지. 상온에서는 특유한 냄새를 가진 황록색의 기체이며 화합력이 강하다. 'fluor'를 음역한 '弗(불)'에 원소를 가리키는 '素(소)'를 덧붙여 만들었다. ¶불소치약

弘 넓을 홍, 클 홍, 弓부5 1575

'弘(홍)'자는 '활 弓(궁)'이 표의요소. '사사 厶(사)'는 처음에는 활줄이 단단히 매여 있는 부분을 가리키는 부호인 'ノ(별)'이었는데 그 모양이 변했다. '활 소리'가 본래 의미이다. '크다', '널리'의 뜻으로 쓰인다.

넓다, 널리, 넓히다
[弘文館(홍문관)] (역) ① 고려 때, 임금의 자문 기관의 하나. ② 조선 때, 三司(삼사)의 하나. 궁중의 경서·사적·문서 따위를 관리하고 임금의 자문에 응하였음.
[弘報(홍보)] 일반에게 널리 알림. 또는 그 보도나 소식.
[弘益(홍익)] 널리 이롭게 함.
[弘益人間(홍익인간)] '널리 인간을 이롭게 함'이라는 뜻. 국조 단군의 조선 건국이념으로, 이후 우리나라 정치·교육·문화의 최고 이념으로 삼고 있음.

弦 활시위 현, 弓부8 1576

'弦(현)'자는 화살의 '시위'를 뜻하는 것이니 '활 弓(궁)'과 '검을 玄(현)'으로 이루어졌다. '초승달'을 뜻하기도 한다.

시위, 활시위, 시위의 울림, 활을 쏘았을 때 울려나는 시위의 소리
[弓弦(궁현)] 활시위.

반원형의 달
[弦月(현월)] 초승달.
[上弦(상:현)] 매월 음력 7, 8일께 나타나는 달. 활시위가 위로 간 형상인 데서 이름.
[下弦(하:현)] 음력 매월 23일 경에 반달 모양으로 되는 달. 만월과 다음 신월(新月)과의 중간이며 활의 현(弦)을 뒤엎은 모양이 이루어진다.

徑 지름길 경, 건널 경, 彳부10 1577

'徑(경)'자는 수레가 다닐 수 없는 '좁고 작은 길'을 뜻하기 위하여 만든 것이었다. '길 彳(척)'과 '지하수 巠(경)'으로 이루어졌다. 후에 '지름길', '곧다'는 뜻으로 쓰였다.

지름길
[捷徑(첩경)] ① 지름길. 가깝게 질러 통한 길. ② 빨리 이루는 방법. ¶성공의 첩경은 노력이다 ③ 어떤 일을 함에 있어서 흔히 그렇게 되기가 쉬움을 이르는 말. ¶말이 길어지면 싸움이 되기 첩경이다

지름
[口徑(구경)] ① 원통 모양으로 된 물건의 아가리의 지름. ¶삼팔 구경 권총 ② 렌즈나 거울 따위의 유효 지름. ¶망원경의 구경
[半徑(반:경)] 반지름. 원이나 공의 중심에서 그 둘레 또는 면에 이르기까지의 길이.
[直徑(직경)] 圓(원)이나 球(구)의 중심을 통과하여 건너지른 길이. 지름.

循 돌아다닐 순, 좇을 순, 彳부12 1578

'循(순)'자는 '길을 따라가다'는 뜻을 위해 만든 것이다. '길 걸을 彳(척)'과 '방패 盾(순)'으로 이루어졌다.

좇다, 뒤따르다, 뒤를 밟아 따르다
[循俗(순속)] 풍속을 따름. 쵑入鄕循俗(입향순속)
[入鄕循俗(입향순속)] 다른 고장에 갔으면 그 고장의 풍습을 따른다. '로마에 가면 로마의 법을 따르라'는 말과 같다. 『淮南子(회남자)』
[循行(순행)] 각지를 돌며 순시함.

돌다, 빙빙 돌다
[循環(순환)] ① 어떤 현상이나 일련의 변화 과정이 주기적으로 반복되거나 되풀이하여 돎. ¶대기의 순환/역사의 순환 ② 피나 물 따위가 사람의 몸 안이나 건물의 파이프 안 따위를 한 번 돌거나 되풀이하여 돎. ¶혈액의 순환 쵑循環系(순환계) ③ (컴) 컴퓨터 프로그래밍에서, 어떤 조건에 도달할 때까지 계속하여 반복되는 일련의 명령문.
[循環系(순환계)] (의) 신체의 각 부분에 영양, 호르몬, 산소 따위를 공급하고, 노폐물의 배출을 관장하는 계통. 림프관과 림프샘으로 이루어지는 림프계와 심장과 혈관으로 이루어지는 혈관계가 있다.
[循環期(순환기)] 순환하는 데 걸리는 기간. 또는 순환하는 시기.
[循環小數(순환소수)] (수) 소수점 이하의 어떤 자리 다음부터 몇 개의 숫자가 같은 순서로 한없이 반복되는 무한소수. 예를 들면 0.1666…, 0.141414… 따위. 원말은 無限循環小數(무한순환소수).

忌 꺼릴 기, 心부7 1579

'忌(기)'자는 '(마음속 깊이) 미워하다'는 뜻이다. '마음 心(심)'과 '자기 己(기)'로 이루어졌다.

꺼리다, 싫어하다, 싫어하여 피하다
[忌地(기지)] (농) 그루를 타는 땅. 한 논밭에 같은 곡

식을 연거푸 심을 때, 그 곡식의 생육이나 소출이 줄거나 약해지는 것. ¶기지현상
[忌憚(기탄)] 어렵게 여겨 꺼림. ¶기탄없이 말하시오
[忌避(기피)] 꺼려서 피함. 참忌避者(기피자) ¶병역 기피자
[禁忌(금:기)] 꺼려서 금하거나 싫어하는(피하는) 것.
[嫌忌(혐기)] 싫어서 꺼림.

꺼림하게 여기다, 꺼림하여 피하다
[忌諱(기휘)] ① 꺼리어 싫어하거나 피함. ② (남의 비밀이나 불상사 따위를) 입에 올려 말하기를 꺼림.

기일, 부모나 조상이 죽은 날
[忌故(기고)] 기제사를 지내는 일. 또는 그 제사. ¶기고가 들다
[忌日(기일)] ① 사람이 죽은 날. ② (불길하여) 꺼리는 날.
[忌祭祀(기제사)] 해마다 사람이 죽은 날(기일)에 지내는 제사. 참忌祭(기제)

질투하다, 시새우다, 미워하다
[猜忌(시기)] 샘하여 미워함. 참猜忌心(시기심)
[妬忌(투기)] 강샘. 사귀는 이성이나 부부 사이에서, 상대방이 다른 이성과 좋아함을 지나치게 미워하는 마음이나 성질. ¶투기가 심하다/투기를 부리다

忙 바쁠 망, 心부6　　1580

'忙(망)'자는 '정신없이 바쁘다'는 뜻을 위하여 만들어진 것이다. '마음 心(심)'과 '없을 亡(망)'이 함께 표의요소이다. '亡(망)'은 표음요소도 겸한다. '마음 心(심)'과 '없을 亡(망)'이 상하로 조합되면 '잊을 忘(망)'이 된다.

바쁘다, 겨를이 없다
[忙中閑(망중한)] 바쁜 가운데에 잠깐 짜낸 틈.
[多事多忙(다사다망)] 일이 많아서 몹시 바쁨.
[奔忙(분망)] 바쁘게 돌아다님.
[閑中忙(한중망)] 한가한 가운데에도 바쁨. ¶한가하다면 한가하고, 바쁘다면 바쁜 한중망의 생활이었다.
[閑人有忙事(한인유망사)] 한가로운 사람에게도 바쁜 일이 있음. 『韓偓(한악)·詩(시)』
忙中有閑(망중유한), 多忙(다망), 悤忙(총망)

조급하다, 마음이 조급해지다
[慌忙(황망)/遑忙(황망)] 마음이 몹시 급하고 황황하여 허둥지둥함. ¶황망히 어디론가 사라졌다

忘 잊을 망, 心부7　　1581

'忘(망)'자는 마음에 남아 있지 아니함 즉 '잊다'는 뜻을 나타내기 위하여 만든 것이다. '마음 心(심)'이 표의요소이고, '없을 亡(망)'은 표음과 표의를 겸하는 요소이다.

잊다, 기억하지 못하다
[忘却(망각)] 잊어버림. 기억에서 아주 사라진 상태. ¶망각의 세계
[忘年(망년)] ① 나이를 잊음. ② 그해의 온갖 괴로운 일을 잊음. 참忘年會(망년회)
[忘年交(망년교)] 나이 차이를 떠나서 재주와 학문을 존중하여 사귀는 벗. 즉 義氣(의기)가 서로 통하는 벗. 참忘年之友(망년지우)
[刻骨難忘(각골난망)] 뼈 속 깊이 새겨 놓아 잊기 어려움. 은혜에 대한 고마움이 뼈 속 깊이 사무쳐 잊히지 아니함. ¶선생님의 은혜 각골난망입니다
[備忘錄(비:망록)] 잊어버렸을 때에 대비하여 중요한 사항을 적어두는 책자.
[寤寐不忘(오:매불망)] 자나 깨나 잊지 못하다. 근심이나 생각 때문에 잠 못 드는 것을 일컫는 말이다. 주로 사랑하는 연인이 그리워서 잠 못 드는 경우에 많이 쓴다. ¶오매불망 내 사랑
[貴冠履忘頭足(귀:관이망두족)] '관과 신을 소중히 여기는 나머지 그 근본인 머리와 발을 잊어버린다'는 뜻으로, 근본은 망각하고 枝葉(지엽)에만 정신을 씀을 비유하여 이르는 말. 『淮南子(회남자)』
[得魚忘筌(득어망전)] 물고기를 잡았으면 통발을 잊는다. 筌(전)은 물고기를 잡을 때 쓰는 통발을 말한다. 바라던 바를 달성하고는 그에 소용되었던 것을 잊어버림. 곧 '은혜를 잊음'을 비유하여 이르는 말. 莊子(장자)·外物(외물)』, 『故事成語考(고사성어고)』 ☞ * 104
[發憤忘食(발분망식), 樂以忘憂(낙이망우), 不知老之將至(부지노지장지).] 분발하여 먹는 것도 잊고, 도를 즐거워하여 근심을 잊으며, 늙음이 다가옴을 느끼지 못한다. 공자의 생활을 표현한 말이다. 『論語(논어)·述而(술이)』
[徙宅而忘其妻(사택이망기처)/徙宅忘妻(사택망처).] '이사할 때 아내를 두고 간다'는 뜻으로, '심한 건망증이 있는 사람', 또는 '의리를 분변하지 못하는 어리석은 사람', '정말 중요한 것을 놓쳐 버리는 얼빠진 사람'을 비유하여 이르는 말이다. 『孔子家語(공자가어)·賢君(현군)』
忘失(망실), 忘我(망아), 忘言(망언), 忘言交(망언교), 忘憂(망우), 忘憂物(망우물), 忘憂草(망우초), 忘持度(망지도), 忘八(망팔), 忘形(망형), 忘形交(망형교), 忘形之友(망형지우), 無日忘之(무일망지), 勿忘草(물망초), 不忘(불망), 備忘(비망), 思慕不忘(사모불망)

마음에 새겨두지 아니하고 저버리다, 품었던 생각을 끊어버리다
[忘恩(망은)] 은혜를 잊음.
[忘八(망팔)] 남을 욕하는 말. 孝(효)·弟(제)·忠(충)·信(신)·禮(예)·義(의)·廉(염)·恥(치)를 모른다는 뜻.
[見利忘義(견:리망의)] 눈앞의 이익만 보고 의리를 망각함.
[背恩忘德(배:은망덕)] 은혜를 저버리고 은덕을 잊음. 은혜를 잊고 배신함.
[貧賤之交不可忘(빈천지교불가망).] 빈천했던 시절에 사귀었던 친구는 부귀하게 된 뒤에도 잊어서는 안 됨.

＿＿＿, 糟糠之妻不下堂(조강지처불하당). 『後漢書(후한서)』
難忘(난망), 白骨難忘(백골난망).

건망증, 기억을 상실하는 병
[健忘症(건:망증)] 잘 잊어버리는 증세. ¶건망증이 심하다

怠 게으를 태, 心부9　　1582

'怠(태)'자는 '게으르다'는 뜻을 나타내기 위한 것인데, 왜 '마음 心(심)'이 표의요소로 쓰였을까? 게으름과 부지런함은 마음의 문제인가보다. '별 台(태)'는 표음요소이다.

게으르다, 게을리 하다, 느리다
[怠慢(태만)] 게으르고 느림. 맡은 바 일을 게을리 함. ¶근무 태만
[怠業(태업)] ① 맡은 일을 게을리 함. ② (사) 노동 쟁의에서 노동자 측이 의식적으로 노동의 능률을 낮춤으로써 업무의 정상적인 운영을 방해하는 일.
[過怠(과:태)] 나라에 대한 어떤 의무를 제때에 이행하지 못했을 때 물게 하는 벌금. 찝過怠料(과태료)
[倦怠(권:태)] ① 어떤 일이나 상태에 시들해져서 생기는 게으름이나 싫증. 찝倦怠期(권태기) ② 심신이 피로하고 나른함. ③ 탐탁한 맛이 없어지고 귀찮아짐.
[懶怠(나:태)] 행동이나 성격 따위가 느리고 게으름.

恣 마음대로 자(:), 방자할 자(:), 心부10　　1583

'恣(자)'자는 '마음대로 하다'는 뜻을 나타내기 위한 것이다. '마음 心(심)'과 '버금 次(차)'로 이루어졌다.

방자하다, 제멋대로이다, 마음 내키는 대로 하다
[恣意(자의)] 제멋대로의 생각.
[恣意的(자의적)] 일정한 원칙이나 법칙을 따르지 않고 제멋대로 함. ¶자의적 해석
[恣行(자행)] 제멋대로 행동함. 또는 그 행동. ¶반국가적 행위를 자행하다
[放恣(방:자)] 꺼리거나 삼가는 태도가 없이 건방지다. ¶방자하게 굴다

惟 생각 유, 心부11　　1584

'惟(유)'자는 '생각하다'는 뜻을 나타내기 위한 것이다. '마음 忄(심)'과 '새 隹(추)'로 이루어졌다.

생각하다
[思惟(사유)] ① 곰곰이 생각함. ② (철) 어떠한 사실을 헤아리고 간추려서 일정한 개념·판단·추리로 파악하는 일. ¶인식과 사유

오직, 홀로, 유독, 오로지(唯)
[惟獨(유독)] 여럿 가운데 홀로. 오직 홀로. ¶이번 계획에 유독 그만이 반대했다
[唯一(유일)]이 쓰이고, [惟一(유일)]은 잘 안 쓰인다.

悽 슬퍼할 처(:), 心부11　　1585

'悽(처)'자는 마음으로 '슬퍼하다'는 뜻을 나타내기 위한 것이다. '마음 忄(심)'과 '아내 妻(처)'로 이루어졌다.

슬퍼하다, 구슬픈 생각이 들다
[悽絶(처절)] 몹시 애처로움. 몹시 처참함.
[悽慘(처참)] 매우 슬프고 참혹함.

凄 쓸쓸할 처, 冫부10　　1586

'凄(처)'자는 날씨가 차거나 싸늘한 모양, 또는 처량한 모양을 나타낸다. '얼음 冫(빙)'과 '아내 妻(처)'로 이루어졌다.

쓸쓸하다, 으스스하고 음산하다, 구슬프다
[凄凉(처량)] ① 마음이 구슬퍼질 만큼 쓸쓸함. ② 서글프고 구슬픔. ¶처량한 내 신세/처량한 물결 소리
[凄然(처연)] 처량하고 구슬픔.
[棲守道德者(서수도덕자), 寂寞一時(적막일시). 依阿權勢者(의아권세자), 凄凉萬古(처량만고),] 도덕을 고수하며 사는 자는 일시적으로 매우 적막하다. 권세에 아부하고 의지하는 자는 만고에 처량하다. 『菜根譚(채근담)·前集 1』

煩 번거로울 번, 괴로워할 번, 火부13　　1587

'煩(번)'자는 '열에 받쳐 머리가 아프다'는 뜻을 나타내기 위하여 만든 것이었으니 '불 火(화)'와 '머리 頁(혈)'이 표의요소로 쓰였다. '답답하다', '번거롭다'는 뜻으로도 쓰인다.

괴로워하다, 괴로워서 가슴이 답답하다, 마음 조이다, 번민, 고민, 근심
[煩惱(번뇌)] ① 마음이 시달려서 괴로움. ¶속인의 삶이란 늘 번뇌가 따르기 마련입니다 ② (불) 나를 생각하는 사정에서 일어나는 나쁜 경향의 마음 작용. 곧 눈앞의 苦樂(고락)에 미혹하여 貪慾(탐욕), 瞋心(진심), 愚痴(우치) 등에 의하여 마음에 동요를 일으키는 몸과 마음을 惱亂(뇌란)케 하는 정신 작용. 찝煩惱魔(번뇌마), 煩惱障(번뇌장)
[煩悶(번민)] 마음이 번거롭고 답답하여 괴로워함. ¶고만한 일로 번민에 싸여 있다니
[百八煩惱(백팔번뇌)] (佛) 衆生(중생)의 과거·현재·미래를 통한 일체의 번뇌.
[眼不見心不煩(안:불견심불번)] 눈으로 보지 않으면 마음에 번뇌가 생기지 않는다. 『紅樓夢(홍루몽)』
[耳不聽心不煩(이:불청심불번)] 귀로 듣지 않으면 마음에 번뇌가 없다. 들으면 병, 듣지 않는 것이 약이란 말.

번거롭다, 번잡하고 까다롭다, 성가시다, 피로하게 만들다, 바쁘다
[煩多(번다)] 번거롭게 많음.
[煩雜(번잡)] 번거롭고 복잡함. ¶번잡한 장터
[頻煩(빈번)] 번거로울 정도로 잦음.
[食少事煩(식소사번)] 먹을 것은 적고 할 일은 많음. 소득 없이 할 일만 많음.
[除煩(제번)] '번다한 인사말은 덜어버리고 바로 할 말만 적는다'는 뜻으로, 간단한 편지의 첫머리에 쓰는 말. ¶제번하고, 이번에 추진되는 일은…
[禮煩則亂(예:번즉란)]. 예의가 너무 까다로우면 도리어 문란해짐. 『書經(서경)』

惱 괴로워할 뇌, 번뇌할 뇌, 心부12　1588

'惱(뇌)'자는 '괴롭다', '번뇌하다'의 뜻으로 '마음 忄(심)'이 표의요소, 오른 쪽의 것이 표음요소로 쓰였다.

괴로워하다, 괴로움, 괴롭히다, 괴롭게 굴다
[惱殺(뇌쇄)] 애가 타도록 몹시 괴로워하거나 괴롭힘.
[苦惱(고뇌)] 고통과 번뇌. 고통스럽게 괴로워함. ¶이 시대를 고뇌하는 지식인들
[百八煩惱(백팔번뇌)] ☞ 煩(번)
[煩惱(번뇌)] ☞ 煩(번)
[懊惱(오:뇌)] 뉘우쳐 한탄하고 번뇌함.

愈, 癒 병 나을 유, 心부13　1589

'愈(유), 癒(유), 瘉(유)' 이 세 글자는 모두 '병이 낫다'는 의미로 쓰인다. 원래는 '瘉(유)'자로 썼는데, 후에 '愈(유)' 또는 '癒(유)'로 썼다. 그 후 '癒(유)'자로 쓰는 경향이다. '점점', '더욱 더'의 뜻으로 쓰일 때는 '愈(유)'자를 쓴다. '瘉(유)'자는 1급 한자 범위 밖이다.

낫다, 병이 낫다
[癒着(유착)] ① (의) 분리되어 있어야 할 생체 기관의 조직 면이 어떤 원인으로 붙어 버리는 일. ¶장 유착 ② 어떤 사물이 서로 깊은 관계를 가지고 결합되어 있는 일. ¶정경 유착
[癒合(유합)] 상처가 나아서 피부나 근육이 아물어 붙음.
[治癒(치유)] 치료하여 병이 나음. ¶상처가 치유되다
[快癒(쾌유)] 병이 빨리 다 나음.

더욱, 점점 더
[愈出愈怪(유출유괴)] 갈수록 더 괴상함.

慨 분개할 개:, 슬퍼할 개:, 心부14　1590

'慨(개)'자는 '슬퍼하다'는 뜻을 나타내는 것이다. '마음 忄(심)'과 '이미 旣(기)'로 이루어졌다. '慨(개)'는 특히 힘 센 장사가 뜻을 얻지 못하여 슬퍼하는 것을 이른다는 설이 있다.

분개하다, 개탄하다, 뜻을 얻지 못하여 분격하다
[慨歎(개:탄)] 분개하여 탄식함(한스럽게 여김). ¶그 비리에 개탄을 금치 못하다
[憤慨(분:개)] 몹시 분하게 여김. ¶너무나 분개한 나머지 고함을 지르고 말았다

슬퍼하다, 탄식하다
[慷慨(강개)] 의롭지 못한 것에 의분을 느껴 슬퍼하고 한탄함.
[悲憤慷慨(비:분강개)] 슬프고 분하여 마음이 북받침.

(마음속에) 사무치다
[感慨(감:개)] 마음속 깊이 사무치는 느낌.
[感慨無量(감:개무량)] 마음에 사무치는 느낌이 헤아릴 수 없음.

慘 참혹할 참, 슬플 참, 心부14　1591

'慘(참)'자는 마음에 느끼기에 '끔찍하다'는 뜻을 나타내기 위하여 만든 것이다. '마음 忄(심)'과 '참여할 參(참)'으로 이루어졌다.

참혹하다, 무자비하다, 비참하다, 애처롭다
[慘劇(참극)] ① 비참한 사건. ② 비참한 내용을 줄거리로 한 연극.
[慘變(참변)] 참혹한 변고. ¶그 사고로 수많은 사람이 참변을 당했다
[慘事(참사)] 참혹한 사건.
[慘敗(참패)] 참혹할 만큼 크게 패하거나 실패함. 또는 그런 패배나 실패.
[慘酷(참혹)] 비참하고 끔찍함. 잔인하고 무자비함. ¶참혹한 장면
[無慘(무참)] 몹시 끔찍하다. 참혹하다. ¶무참하게 짓밟힌 인권
[悲慘(비:참)] 차마 눈뜨고 볼 수 없을 만큼 슬프고 끔찍함. ¶비참한 생활
[悽慘(처참)] 매우 슬프고 참혹함.
慘憺(참담), 慘死(참사), 慘狀(참상), 慘刑(참형), 慘禍(참화)

慙, 慚 부끄러워할 참, 心부15　1592

'慙(참)'자는 마음으로 '부끄러워하다'는 뜻을 나타내기 위하여 만든 것이다. '마음 心(심)'과 '벨 斬(참)'으로 이루어졌다. '慙(참)'자와 '慚(참)'자는 동자이다.

부끄러워하다, 부끄럽게 여기다, 부끄러움, 수치
[慙愧(참괴)] 부끄러워함.
[慙悔(참회)] 부끄럽게 여겨 뉘우침.
[無慙(무참)] 더없이 부끄러움.

懺 뉘우칠 참, 心부20　1593

'懺(참)'자는 '뉘우치다'는 뜻을 나타낸다. '마음 忄(심)'과 '산부추 韱(섬)'으로 이루어졌다.

뉘우치다, 저지른 잘못을 뉘우치고 고백하다
[懺悔(참회)] 자기의 잘못을 뉘우침. ¶참회의 눈물을 흘리다
[懺悔錄(참회록)] 참회한 내용을 적은 기록. ¶윤동주 참회록/톨스토이 참회록

憩 쉴 게:, 心부16　　1594

'憩(게)'자는 원래 '쉴 愒(게)'의 이체자였다. '마음 心(심)'을 덧붙였다. 쉰다는 것은 마음이 편히 쉬어야 한다는 뜻이다.
쉬다, 숨을 돌리다, 휴식하다
[休憩(휴게)] 일을 하거나 길을 걷다가 잠깐 쉼. 참休憩所(휴게소), 休憩室(휴게실)

憐 불쌍히 여길 련, 心부15　　1595

'憐(련)'자는 '가엽게 여기다'는 뜻을 나타내기 위하여 만든 것이었으니, '마음 心(심)'이 표의요소, 오른쪽의 '도깨비불 㷠(린)'은 표음요소이다.
불쌍히 여기다, 가엾게 생각하다
[憐憫(연민)/憐愍(연민)] 불쌍하고 가엽게 여김. ¶연민의 정을 감출 수 없었다
[可憐(가:련)] 신세가 딱하고 가엾음. 불쌍함. ¶가련한 내 신세야
[同病相憐(동병상련)] 같은 병에 걸린 사람끼리 서로 불쌍히 여긴다는 뜻으로, '곤란한 처지에 있는 사람들끼리 서로 딱하게 여기고 동정함'을 이르는 말.
[哀憐(애련)] 애처롭고 가엾게 여김.
[搖尾乞憐(요미걸련)] 개가 꼬리를 흔들어서 사람에게 알찐거리듯, 마음이 간사하여 남에게 아첨하기를 잘함.
부러워하다

[風憐心(풍련심)] 바람은 마음을 부러워한다. 옛날에 발이 하나 달린 蘷(기)라는 동물이 있었다. 아주 귀하고 길한 동물이라 모두가 蘷(기)를 부러워하였다. 그러나 기는 발이 많이 달린 지네를 부러워하였다. 지네는 발이 없이도 다닐 수 있는 뱀을 부러워하였다. 뱀은 발도 없으면서 어디든지 갈 수 있는 바람을 부러워하였다. 바람은 아무 수고도 하지 않고 가만히 있으면서도 어디든지 갈 수 있는 눈을 부러워하였다. 눈은 보이지 않는 곳은 볼 수가 없었기 때문에 마음처럼 가서 보지 않아도 갈수도 있고 볼 수도 있는 마음을 부러워하였다. 마음은 모두가 부러워하는 蘷(기)를 부러워하였다. 『莊子(장자)』

憫 근심할 민, 민망할 민, 心부5　　1596

'憫(민)'자는 마음으로 '걱정하다'는 뜻을 나타내기 위하여 만든 것이다. '마음 忄(심)'과 '위문할 閔(민)'으로 이루어졌다. 후에 '불쌍하다'는 뜻으로도 쓰이게 되었다.
불쌍히 여기다, 가엾게 생각하다
[憫惘(민망)] 딱하고 안타까움. 부끄럽고 딱함. ¶그 딱한 광경이 민망하여 차마 보고 있을 수가 없었다
[憐憫(연민)/憐愍(연민)] ☞憐(련)
근심하다, 고민하다

懲 징계할 징, 혼날 징, 心부19　　1597

'懲(징)'자는 '혼내다'는 뜻을 나타낸다. '마음 心(심)'과 '부를 徵(징)'으로 이루어졌다.
혼나다, 혼이 나서 잘못을 뉘우치거나 고치다, 벌주다, 응징하다, 징계
[懲戒(징계)] ① 허물을 나무라서 경계함. ② (법) 공무원의 의무 위반에 대하여 국가가 내리는 행정법상의 처벌. 참懲戒處分(징계처분)
[懲役(징역)] 죄인을 형무소에 가두어 두고 노동을 시키는 체형의 한 가지. ¶징역살이
[勸善懲惡(권:선징악)] 착한 일을 권하고 악한 일을 징계하는 것.
[膺懲(응징)] ① 잘못을 뉘우치도록 징계함. ¶불법 도발을 응징하다 ② 적국을 정복함.
[懲前毖後(징전비후)] 지난날을 징계하고 뒷날을 삼간다. 이전에 저지른 오류에서 교훈을 얻어 이후에는 일을 신중하게 처리한다는 뜻이다. 柳成龍(유성룡)이 임진왜란을 회고하면서 저술한 책의 제목 '懲毖錄(징비록)'은 이 성어에서 유래한 것이다. 준懲毖(징비)
[懲湯吹冷水(징탕취냉수)] 끓는 물에 입을 데고 나서 냉수도 불면서 마신다'는 뜻으로, '한번 크게 혼난 사람이 그와 비슷한 경우를 당하면 공연히 무서워함'을 비유하여 이르는 말.
懲罰(징벌), 懲毖錄(징비록), 懲惡(징악), 懲治(징치)

戈 창 과, 戈부4　　1598

'戈(과)'자는 '창'을 뜻하기 위하여 그 모양을 본뜬 것이다. 끝은 뾰족한데 한쪽 옆에만 날이 덧붙은 것은 '戈(과)', 양쪽에 날이 덧붙은 것은 '戟(극)'이라고 한다.
창
[干戈(간과)] ① 방패[干(간)]나 槍(창)과 같은 병기의 총칭. ② '전쟁'을 비유하여 이르는 말.

托 의탁할 탁, 맡길 탁, 밀 탁, 手부6　　1599

'托(탁)'자는 손으로 '밀다'는 뜻을 나타내기 위한 것이었으니, '손 扌(수)'와 '부탁할 乇(탁)'으로 이루어졌다. 후에 '맡기다', '부탁하다'는 뜻으로 쓰이게 되었다.
받침, 대
[茶托(차탁)] (차를 마실 때) 찻그릇을 올려놓은 탁자.

[托葉(탁엽)] (식) 턱잎. 보통 잎자루 밑에 붙은 한 쌍의 작은 잎.
[花托(화탁)] (식) 꽃받침. 꽃잎을 받치고 있는 꽃의 보호기관의 하나.

맡기다, 의지하다, 부탁하다(託)
[托鉢(탁발)] (불) ① 도를 닦는 중이 경문을 외면서 집집마다 다니며 동냥하는 일. 🔄托鉢僧(탁발승) ② 절에서 식사 때 중들이 바리때를 들고 식당에 가는 일.
[依托(의탁)/依託(의탁)] 남에게 의뢰함.

抄 뽑을 초, 베낄 초, 手부7 1600

'抄(초)'자는 인쇄술이 발달하기 전에 손으로 책의 중요한 것을 '베껴 쓰다'는 뜻을 나타내기 위한 것이었다. '손 扌(수)'와 '적을 少(소)'로 이루어진 글자이다. 후에 '간추리다'는 뜻이 추가되었다.

초(抄)하다, 필요한 것만을 뽑아서 기록하다, 초록
[抄錄(초록)] ① 뽑아 적음. ② 뽑아 적은 것.
[抄本(초본)] 원본에서 일부 내용만을 뽑아서 베낀 문서.
[拔抄(발초)] 글 가운데서 중요한 부분만을 뽑아 베낌. 또는 그 기록.
[戶籍抄本(호적초본)] 한 집안의 호적 원본 중에서 신청한 사람이 원하는 부분만 복사한 공인 문서.

拔 뽑을 발, 뺄 발, 手부8 1601

'拔(발)'자는 손으로 '뽑아내다'는 뜻을 나타내기 위한 것이다. '손 扌(수)'와 '달릴 犮(발)'로 이루어졌다.

뽑다, 잡아당기다
[拔本塞源(발본색원)] 나무를 뿌리째 뽑아 없애고, 물의 근원을 막는다. 문제를 해결할 때 근본적인 부분까지 철저하게 손을 댄다는 뜻이다.
[拔萃(발췌)] 필요한 부분만을 가려 뽑아냄. 🔄拔萃案(발췌안)
[拔齒(발치)] 이를 뽑음.
[拔擢(발탁)] 여러 사람 가운데 특별한 사람을 가려서 뽑음.
[見蚊拔劍(견:문발검)] '모기를 보고 칼을 뺀다'는 뜻으로, '보잘것없는 작은 일에 어울리지 아니하게 엄청나고 큰 대책을 씀'을 비유하여 이르는 말. 모기 보고 칼 빼기. 🔄怒蠅拔劍(노승발검)
[選拔(선:발)] (주로 사람 등을) 골라서 뽑음. ¶미인 선발 대회
[如拔齒痛(여발치통)] '앓던 이가 빠진 것 같다'는 뜻으로, 괴로운 일을 벗어나서 시원함을 이르는 말.
[眼中拔釘(안중발정), 豈不樂哉(기불락재).] 눈에 박힌 못이 빠졌으니 어찌 즐겁지 아니한가. 『十八史略(십팔사략)』
[力拔山氣蓋世(역발산기개세).] 힘은 산을 뽑을 만하고, 의기는 세상을 뒤덮을 만하다는 뜻으로, 기력(氣力)이 뛰어난 모양을 일컫는 말. 『史記(사기)』
拔劍(발검), 拔本(발본), 拔穗(발수), 拔釘(발정), 拔抄(발초), 堅忍不拔(견인불발), 怒蠅拔劍(노승발검), 上樹拔梯(상수발제), 海拔(해발)

빼어나다, 특출하다
[拔群(발군)] 여럿 가운데서 훨씬 뛰어남. ¶발군의 실력 回出衆(출중)
[奇拔(기발)] ① 유달리 재치 있게 뛰어남. ② 진기하거나 묘함. ¶기발한 아이디어가 떠올랐다

拂 떨칠 불, 털어낼 불, 手부8 1602

'拂(불)'자는 손으로 '털어내다'는 뜻을 나타내기 위한 것이다. '손 扌(수)'와 '아니 弗(불)'로 이루어졌다. '지불'이라는 뜻으로도 쓰인다.

떨다, 먼지 따위를 떨다, 떨어 없애다, 먼지떨이, 도리깨
[拂拭(불식)] ① 털어내고 닦아내어 아주 치워 없앰. ② 의심이나 부조리한 점 따위를 말끔히 없앰. ¶의혹을 불식하다

치르다, 값을 건네주다
[拂入(불입)] 납입. 세금·공과금 따위를 냄. ¶적금을 불입하다
[拂下(불하)] 국가나 공공 단체의 재산을 민간에게 팔아넘김.
[假拂(가:불)] 가지급. 기일 전에 미리 받는 돈이나 월급.
[支拂(지불)] 지급. 지출하여 내어줌.
[還拂(환불)] 요금 따위를 되돌려 지불함. ¶요금 환불
先拂(선불), 換拂(환불), 後拂(후불)

拙 못날 졸, 手부8 1603

'拙(졸)'자는 '(솜씨가) 서투르다'는 뜻을 나타내기 위한 것이다. '손 扌(수)'와 '나갈 出(출)'로 이루어졌다. 치밀한 계획 없이 무작정 손부터 대고 본다는 데서 '서투르다'의 뜻을 나타낸다. 자신의 것을 낮추어 말하는 謙稱(겸칭)으로 많이 쓰인다.

졸하다, 솜씨가 서투르다, 자신의 것을 겸사하여 이르는 말
[拙稿(졸고)] ① 보잘것없는 원고. ② 자기의 원고를 겸손하게 일컫는 말.
[拙速(졸속)] 일을 지나치게 빨리 서둘러서 어설프고 서투름. 또는 그런 태도. ¶졸속 행정의 결과로 일을 그르치다
[拙作(졸작)] ① 보잘것없는 작품. ② 자기 작품을 겸손하게 일컫는 말.
拙文(졸문), 拙夫(졸부), 拙著(졸저), 拙策(졸책), 拙妻(졸처), 拙品(졸품), 拙筆(졸필)

재주가 없다, 어리석다
[拙劣(졸렬)] 옹졸하고 보잘것없음.

[守拙(수졸)] 스스로의 졸렬한 생활 태도에 만족함. 시세에 약빠르게 적응하지 않고 만족함.
[稚拙(치졸)] 어린아이처럼 생각이 좁음.
[大巧若拙(대:교약졸)] 참된 巧妙(교묘)가 俗人(속인)의 눈에는 도리어 粗拙(조졸)로 보인다. 『老子(노자)·道德經(도덕경)』

주변 없고 고리삭다
[拙丈夫(졸장부)] 도량이 좁고 겁이 많은 사내. 凹大丈夫(대장부)
[壅拙(옹:졸)] ① 성질이 너그럽지 못하고 좁음. ② 오죽잖아 답답함. ¶옹졸한 사내

抽 뽑을 추, 뺄 추, 手부8　1604

'抽(추)'자는 '(손으로) 끌어당기다'는 뜻을 나타내기 위한 것이다. '손 扌(수)'와 '말미암을 由(유)'로 이루어졌다.

빼다, 뽑다, 뽑아내다
[抽象(추상)] (심) 낱낱의 구체적 사물에서 공통되는 속성이나 관계 따위를 관념적으로 뽑아냄. 圀抽象名詞(추상명사), 抽象的(추상적), 抽象畫(추상화)
[抽象的(추상적)] ① 낱낱의 사물에서 공통되는 속성을 뽑아내어 관념적으로 종합함. 또는 그러한 것. ② 사실이나 현실과 동떨어져 막연하고 일반적인. 또는 그러한 것. 凹具體的(구체적)
[抽籤(추첨)] 제비를 뽑음. ¶복권 추첨
[抽出(추출)] 용매를 써서 고체나 액체로부터 어떤 물질을 뽑아냄.

싹트다, 싹이 나오다
[抽薹(추대)] 식물의 꽃대가 나오는 현상. 배추나 무우 따위처럼 겨울(저온 조건)을 지나서 봄이 되어야 꽃대가 나오는 것도 있고, 상추 따위처럼 여름(고온 조건)에 꽃대가 나오는 것도 있다.

抱 안을 포:, 手부8　1605

'抱(포)'자는 '(손으로) 안다'는 뜻을 나타내기 위한 것이었으니 '손 扌(수)'가 표의요소, '감쌀 包(포)'는 표음과 표의를 겸하는 요소이다. 후에 '(마음속 등에) 품다'는 뜻으로도 쓰이게 되었다.

안다, 가슴에 안다, 품안에 넣다
[抱擁(포:옹)] 품에 껴안음. ¶감격의 포옹
[抱薪救火(포:신구화)] 섶을 지고 불을 끈다. 재난을 구하려다가 오히려 더 확대시키거나 자멸하는 것을 비유하는 말이다. 『史記(사기)·魏世家(위세가)』
[抱炭希涼(포:탄희량)] '숯불을 안고 시원하기를 바란다'는 뜻으로, 행하는 바와 바라는 바가 상반됨을 비유하여 이르는 말.
[抱火臥薪(포:화와신)] '불을 안고 섶나무 위에 눕는'는 뜻으로, 점점 더 위험한 짓을 함을 비유하여 이르는 말. 화약을 안고 불로 들어감.

가슴이나 배를 부둥키다
[抱腹(포:복)] ① 배를 그러안음. ② 포복절도.
[抱腹絕倒(포:복절도)] 배를 그러안고 넘어질 정도로 몹시 웃음. 凹捧腹絕倒(봉복절도)

생각·감정 등을 마음에 품다
[抱負(포:부)] (품에 안거나 등에 짊어지고 있는) 마음속에 품고 있는 생각이나 계획 또는 희망.
[抱恨(포:한)] 원한을 품음.
[懷抱(회포)] 마음속에 품은 생각이나 情(정). ¶오랜만에 친구를 만나 회포를 풀다

새·짐승이 알을 품다
[抱卵(포:란)] 새가 알을 품음.

기타
[抱主(포:주)] ① 기둥서방. ② 娼妓(창기)를 사서 두고 영업을 하는 주인.
[抱龍丸(포:룡환)] (한의) 열로 생기는 경풍에 쓰는 환약.

挑 돋울 도, 手부9　1606

'挑(도)'자는 손으로 등잔 심지 따위를 잡고서 '돋우다'는 뜻을 나타내기 위한 것이었다. '손 扌(수)'와 '조짐 兆(조)'로 이루어졌다. '화나게 하다', '싸움을 걸다'는 뜻으로 쓰인다.

성이 나게 충동하다, 싸움을 걸어오게 하다
[挑發(도발)] 감정 따위를 돋워 일이 생겨나게 함.
[挑戰(도전)] ① 싸움을 돋우어 거는 일. ② 어떤 일을 이루거나 정복하려고 맞섬.

捉 잡을 착, 手부10　1607

'捉(착)'자는 손바닥으로 '꽉 잡다'는 뜻을 나타내기 위한 것이었으니 '손 扌(수)'와 '발 足(족)'으로 이루어졌다.

잡다, 손에 쥐다, 붙잡다, 사로잡다
[捉鼻(착비)] '코를 쥔다'는 뜻으로, '달갑지 않게 여김'을 나타내는 동작.
[把捉(파착)] ① 포착. 꼭 붙잡음. ② 마음을 단단히 다잡고 늦추지 않음.
[捕捉(포:착)] ① 꼭 붙잡음. ② 일의 요점이나 요령을 얻음. ¶문제의 핵심을 포착하다 ③ 어떤 기회나 정세를 알아차림. ¶적군의 동태를 포착하였다
[捉山猪失家猪(착산저실가저).] '멧돼지 잡으려다 집돼지 잃는다'는 뜻으로, 분수 밖의 욕심을 내려다 도리어 손해를 봄을 비유하여 이르는 말.

捕 사로잡을 포:, 手부10　1608

'捕(포)'자는 손으로 '잡다'는 뜻을 나타내기 위한 것이다. '손 扌(수)'와 '클 甫(보)'로 이루어졌다.

사로잡다, 붙잡다, 붙잡히다, 사로잡히다
[捕盜(포:도)] 도둑을 잡음. 찹捕盜廳(포도청), 捕盜大將(포도대장)
[捕虜(포:로)] ① 전투에서 사로잡은 적. ② 무엇에 마음이 팔리거나 매여 꼼짝 못하는 상태. ¶사랑의 포로가 되어 정신을 차리지 못하다
[捕手(포:수)] (체) 야구에서, 본루 뒤에 앉아서 본루를 지키면서 투수가 던지는 공을 받는 선수.
[捕捉(포:착)] ☞ 捉(착)
[係風捕影(계:풍포영)] '바람을 잡아매며 그림자를 붙잡는다'는 뜻으로, 도저히 불가능한 일을 비유하여 이르는 말. 『漢書(한서)』
[生捕(생포)] 산 채로 잡음.
[逮捕(체포)] 범인 또는 피의자를 잡음.
捕鯨(포경), 捕鯨船(포경선), 捕球(포구), 捕縛(포박), 捕繩(포승), 捕食(포식), 捕食者(포식자), 捕卒(포졸), 捕蟲(포충), 捕蟲網(포충망), 捕獲(포획), 討捕(토포), 討捕使(토포사)

掛 걸 괘, 手부11　　1609

'掛(괘)'자는 손으로 들어서 높은 곳에 '걸다'는 뜻을 나타내기 위한 것이다. '손 扌(수)'와 '점괘 卦(괘)'로 이루어졌다.

걸다, 걸어놓다
[掛圖(괘도)] 벽에 걸어 놓고 보는 학습용 그림이나 지도.
[掛佛(괘불)] ① 탱화. ② 부처를 그린 그림을 높이 거는 일.
[掛鐘時計(괘종시계)] 벽이나 기둥 따위에 걸게 된 종이 달린 시계.

(마음에) 걸리다
[掛念(괘념)] 마음에 두고 잊지 않거나 걱정함.
[寸絲不掛(촌사불괘)] 짧은 한 오리 실 토막도 걸리지 아니한다는 뜻에서, '조금도 마음에 걸림이 없음'을 이르는 말.

掠 노략질할 략, 빼앗을 략, 手부11　　1610

'掠(략)'자는 손으로 남의 것을 '빼앗다'는 뜻을 나타내기 위한 것이다. '손 扌(수)'가 표의요소, 음 차이는 크지만 '서울 京(경)'이 표음요소로 쓰였다.

노략질하다, 탈취하다
[掠取(약취)] 빼앗음.
[掠奪(약탈)] 폭력을 써서 남의 것을 빼앗음. ¶천년도 넘게 자행되어온 왜구의 약탈은 필설로 다 표현할 수가 없다
[劫掠(겁략)] 掠奪(약탈). 폭력을 써서 남의 것을 억지로 빼앗음.
[擄掠(노략)] 큰 떼를 지어 돌아다니면서 재물을 빼앗아 감. ¶왜구의 노략질에 삼남의 백성들이 얼마나 고통을 받았던가
[侵掠(침:략)] 침노하여 약탈함.

携 끌 휴, 手부13　　1611

携(휴)자는 '들다'는 뜻을 나타내기 위한 것이었으니 '손 扌(수)'가 표의요소, 그 나머지는 표음요소이다.

끌다, 이끌다
[携擧(휴거)] (기독) 예수가 세상을 심판하기 위하여 재림할 때 구원받는 사람을 끌어 공중으로 들어 올리는 것.

들다, 손에 가지다
[携帶(휴대)] 손에 들거나 몸에 지님. ¶휴대전화 찹携帶品(휴대품)
[必携(필휴)] 반드시 지녀야 함. 또는 그러한 물건.

잇다, 연(連)하다
[提携(제휴)] 서로 붙들어 도와줌.

搖 흔들릴 요, 手부13　　1612

'搖(요)'자는 손으로 '흔들다'는 뜻을 나타내기 위한 것이다. '손 扌(수)'가 표의요소, 오른쪽 것이 표음요소로 쓰였다.

움직이다, 흔들다, 흔들리다, 마음이 흔들리다
[搖動(요동)] 흔듦. 또는 흔들림. ¶위대한 정신과 감동이 요동칠 때 위대한 작품이 마련된다
[搖頭顚目(요두전목)] '머리를 흔들고 눈알을 굴리면서 몸을 움직인다'는 뜻으로, '행동이 침착하지 못함'을 이르는 말.
[搖籃(요람)] ① 젖먹이 어린애를 잘 놀게 하거나 재우기 위하여, 위에 눕히거나 앉히어 놓고 흔들게 만든 물건. 주로 작은 채롱처럼 된 것을 끈으로 매닮. ¶요람에서 무덤까지 ② '포근하고 아늑한 보금자리'의 비유. ③ '어떤 일의 발생지나 근원지'의 비유. ④ '어떤 일이 발전하는 실마리'의 비유. 찹搖籃期(요람기)
[搖尾乞憐(요미걸련)] 개가 꼬리를 흔들어서 사람에게 알찐거리듯, 마음이 간사하여 남에게 아첨하기를 잘함.
[搖之不動(요지부동)] 흔들어도 움직이지 아니함. ¶그는 한 번 마음을 먹으면 요지부동이다
[動搖(동요)] ① 흔들어 움직임. ② 생각이나 의지가 확고하지 못하고 흔들림. ③ 어떤 체제나 상황 따위가 혼란스럽고 술렁임. ¶민심이 동요하다
搖鈴(요령)

播 뿌릴 파(:), 手부15　　1613

'播(파)'자는 손으로 씨를 '뿌리다'는 뜻을 나타내기 위한 것이다. '손 扌(수)'와 '차례 番(번)'으로 이루어졌다.

뿌리다, 씨를 뿌리다
[播種(파종)] 논밭에 곡식의 씨앗을 뿌림.
[晚播(만:파)] 씨앗을 제철보다 늦게 뿌림. 참早播(조파)
[秋播(추파)] (농) 가을에 씨를 뿌림. 참春播(춘파)
代播(대파), 散播(산파), 點播(점파), 條播(조파), 直播(직파)

퍼뜨리다, 베풀다, 널리 미치게 하다
[播多(파다)] 짜함. 퍼진 소문이 왁자함. ¶소문이 파다하다
[傳播(전파)] 전하여 널리 퍼뜨림. ¶불교의 전파

옮기다, 옮아가다
[播遷(파천)] (역) 임금이 도성을 떠나 피란함. 참俄館播遷(아관파천)

擴 넓힐 확, 手부18   1614

'擴(확)'자는 손으로 잡아끌어 '넓히다'는 뜻을 나타내기 위한 것이다. '손 扌(수)'가 표의요소, '넓을 廣(광)'은 표음과 표의요소를 겸한다.

넓히다, 규모·세력 등을 넓히다
[擴大(확대)] 늘여서 크게 함. ¶확대 복사 참擴大鏡(확대경)
[擴大鏡(확대경)] 돋보기. 물체가 크게 보이는 렌즈.
[擴散(확산)] ① 퍼져 흩어짐. ② (물) 어떤 물질 속에 다른 물질이 점차 섞여 들어가는 현상. 액체와 액체, 기체와 기체, 때로는 기체와 고체, 액체와 고체 사이에도 일어남.
[擴聲器(확성기)] 소리를 크게 하여 멀리 들리게 하는 기구.
[擴張(확장)] 범위 따위를 늘려서 넓게 함.
[擴充(확충)] 넓히고 보태어 충실하게 함. ¶시설을 확충하다

敏 민첩할 민, 재빠를 민, 攴부11   1615

'敏(민)'자는 '매양 每(매)'와 '칠 攵(복)'으로 이루어졌다. 생각이 어둡거나 동작이 굼뜬 것을 쳐서 민첩하게 하는 것을 뜻한다.

재빠르다, 동작이 재고 빠르다
[敏感(민감)] 감각이 예민함.
[敏捷(민첩)] 재빠르고 날램. ¶민첩한 동작
[過敏(과:민)] 지나치게 예민함. 참神經過敏(신경과민)
[訥言敏行(눌언민행)] 말은 더듬어도 동작은 민첩함.
[銳敏(예민)] ① (감각·신경 등의 반응이) 빠르고 날카로움. ② (사물에 대한 이해·판단이) 빠르고 날카로움.
[恭寬信敏惠(공관신민혜).] 仁道(인도)를 행하는 윗사람이 지녀야 할 마음가짐 다섯 가지는 공손함, 너그러움, 믿음직스러움, 민첩함, 은혜로움이다. 『論語(논어)·陽貨(양화)』 ☞ * 019

敏腕(민완), 機敏(기민)

총명하다, 영리하다
[明敏(명민)] 총명하고 민첩함.
[不敏(불민)] ① 민첩하지 못함. 어리석음. ② 자기의 겸칭.
[英敏(영민)] 영특하고 민첩함.

敘 펼 서:, 베풀 서:, 차례서:, 攴부11   1616

'敘(서)'자의 '나 余(여)'는 표음요소이다. 표의요소인 '칠 攵(복)'은 신하들이 손에 왕의 신표를 받아 들고 차례대로 서 있다는 뜻이다. '차례'가 본뜻이었고, 후에 '차례대로 말하다', '글로 쓰다' 등의 뜻으로 쓰이게 되었다. '叙(서)'자는 속자이다.

등급, 품계, 품계나 관직을 주다
[敘品(서:품)] (천주) 신품을 올림. ¶신부 서품
[敘勳(서:훈)] 勳功(훈공)의 등급에 따라 훈장을 내림.
[追敘(추서)] 죽은 뒤에 벼슬의 등급을 올리거나 훈장을 줌. ¶일계급 특진을 추서하다

말하다, 진술하다, 서술하다
[敘事(서:사)] 사실을 있는 그대로 서술함.
[敘事詩(서:사시)] (문) 작가 자신의 감상을 떠나서, 역사의 사실이나 전설 따위를 그대로 순서를 좇아 시의 형식으로 서술한 객관적 문학.
[敘述(서:술)] 차례를 좇아 말하거나 적음. 또는 그 말이나 글. ¶서술형 문제를 풀다
[敘情(서:정)/抒情(서:정)] 자기가 겪고 느낀 바를 그려냄. 또는 그 감정.
[敘情詩(서:정시)/抒情詩(서:정시)] 자신의 개인적인 감정이나 정서를 읊은 시.
[自敘傳(자서전)] 자기가 쓴 자신의 전기.

抒 퍼낼 서:, 手부7   1617

'抒(서)'자는 '손 扌(수)'와 '나 予(여)'로 이루어졌다. '손을 뻗어서 퍼내다'가 본뜻이었다. '서술하다'의 뜻으로 쓰일 때는 '敘(서)'자와 같은 뜻으로 쓰인다.

펴다, 토로하다, 쏟아놓다
[抒情(서:정)/敘情(서:정)] 자기가 겪고 느낀 바를 그려냄. 또는 그 감정.
[抒情詩(서:정시)/敘情詩(서:정시)] 자신의 개인적인 감정이나 정서를 읊은 시.
한글사전에 따르면, '서사시'는 '敘事詩(서사시)'라고만 쓰여 있지 '抒事詩(서사시)'는 없다.

敦 도타울 돈, 攴부12   1618

'敦(돈)'자는 본래 '성내다'는 뜻이었다. '칠 攵(복)'이 표의요소. '누릴 享(향)'자와 비슷한 모양의 왼쪽 것은 표

음요소인데, 양고기를 오래 삶기 위하여 만든 두툼한 질그릇의 모양이라고 한다. 원래의 뜻과는 크게 다르게 '도탑다'는 뜻으로 쓰인다.
도탑다, 두텁다
[敦篤(돈독)] 인정이 두터움.
[敦睦(돈목)] 정이 두텁고 화목함.

斤 도끼 근, 斤부4　　1619

'斤(근)'자는 '도끼'를 뜻하기 위하여 도끼의 모양을 본뜬 것이다. 무게 단위의 '근', '무게' 등의 뜻으로도 쓰인다. 본뜻인 도끼는 '斧(부)'자를 만들어 나타냈다.
무게의 단위, 무게, 근(무게의 단위로 16냥에 해당한다)
[斤量(근량)] 저울로 단 무게.
[千斤(천근)] 아주 무거운 무게.
斤數(근수), 斤重(근중), 萬斤(만근)
도끼, 자귀(나무를 베거나 깎는 연장)

斥 물리칠 척, 斤부5　　1620

'斥(척)'자는 도끼를 뜻하는 '斤(근)'과 그것의 손잡이 부분을 가리키는 '점(丶)'으로 구성된 것이다. 도끼의 자루를 잡고 '휘두르다'가 본뜻인데, '내치다', '내몰다', '물리치다' 등의 뜻으로 쓰인다.
물리치다, 내쫓다
[斥邪衛正(척사위정)] '간사한 것을 배척하고 정의를 지킨다'는 뜻으로, 조선 말기에 기독교와 외세를 배척·탄압하기 위한 명분으로 내세운 구호.
[斥和(척화)] 화친하자는 의논을 배척함. 참斥和碑(척화비)
[排斥(배척)] 반대하여 물리침. ¶뜻을 달리한다고 배척만 해서는 안 된다
斥佛崇儒(척불숭유), 斥邪(척사)
엿보다, 망보다, 몰래 살피다
[斥候(척후)] ① 적군의 상황을 몰래 살핌. ② '척후병'의 준말.

斯 이 사, 斤부12　　1621

'斯(사)'자의 본래 뜻은 도끼로 나무를 '찍다'는 것이었다. '도끼 斤(근)'과 '그 其(기)'로 이루어졌다. 후에 사물을 가리키는 대명사 즉, '이것', '그것'이란 뜻으로 차용되었다.
이(사물을 가리키는 대명사)
[斯界(사계)] 그 방면이나 그 분야. ¶사계의 권위자
[斯學(사학)] 이 학문. 그 방면의 학문. 유학을 가리켜 일컫기도 함.
어조사, 곧 즉(則)과 같은 뜻을 나타낸다, 강조의 뜻을 나타낸다
[能善小斯能善大(능선소사능선대).] 작은 일을 잘 할 수 있는 사람은 마침내 큰일도 잘 할 수 있음.『淮南子(회남자)』
[朋友數斯疏矣(붕우삭사소의).] 친구 사이에 지나치게 자주 충고하면 사이가 멀어진다.『論語(논어)·里仁(이인)』
[小人窮斯濫矣(소인궁사람의).] 소인은 곤궁해지면 상도(常道)를 벗어나 나쁜 일을 하게 됨. ('濫'은 예의와 법도에서 벗어나는 일.)『論語(논어)·衛靈公(위령공)』

於 어조사 어, 方부8　　1622

'於(어)'자는 본래 '까마귀 烏(오)'의 古字(고자)였다. 그리고 감탄사로도 활용되었다. 이 두 경우에는 [오]로 읽는다. 후에 장소를 나타내는 전치사, 즉 '~에서'라는 뜻의 '于(우)'를 대신하여 쓰이는 예가 많았다. 이 경우에는 [에]로 읽는다. 조어력은 매우 약하여 한자어 용례가 많지 않다.
어조사
[於腹(어복)] 바둑판의 중앙 부분.
[於焉間(어언간)] 알지 못하는 사이에. 어느덧.
[於中間(어중간)] ① 거의 중간이 되는 것. ② 엉거주춤한 형편.
[於此於彼(어차어피)/於此彼(어차피)] 이렇게 하든지 저렇게 하든지. 이러거나 저러거나. 어떤 일이 자신의 의지와는 상관없이 진행되어 일의 결과에 대해 아무렇게나 되라는 식의 심리 상태를 표현하는 말이다.
[膽大於身(담:대어신)] '쓸개가 몸보다 크다'는 뜻으로, '담력이 큼'을 형용하여 이르는 말.
[甚至於(심:지어)] 더욱 심하다 못해 나중에는. ¶심지어는 학부형까지도 호출하는 것이었다
[於安思危(어안사위), 於達思窮(어달사궁), 於得思喪(어득사상).] 편안할 때는 위험할 때를 생각하고, 통할 때는 막힐 때를 생각하고, 물건을 얻었을 때는 잃을 때를 생각하라.『呂氏春秋(여씨춘추)』
[靑出於藍靑於藍(청출어람청어람)/靑出於藍(청출어람).] 푸른 물감은 쪽에서 났지만 쪽보다 더 푸름. '제자가 스승보다 더 훌륭한 경우'의 비유. 준靑藍(청람), 出藍(출람)『荀子(순자)·勸學(권학)편』

福生於淸儉(복생어청검), 德生於卑退(덕생어비퇴), 복은 맑고 검소한데서 생기고, 덕은 몸을 낮추고 물러나는 데서 생기며, 道生於安靜(도생어안정), 命生於和暢(명생어화창). 도는 편안하고 고요한 데서 생기고, 생명은 화창한 데서 생긴다.
憂生於多慾(우생어다욕), 禍生於多貪(화생어다탐), 근심은 욕심 많은 데서 생기고, 재앙은 많이 탐내는 데서 생기며, 過生於輕慢(과생어경만), 罪生於不仁(죄생어불인). 과실은 경솔하고 거만한 데서 생기고, 죄는 어질지 못한 데서 생긴다.『明心寶鑑(명심보감)·正己篇(정기편)』

旣 이미 기, 无부11　1623

'旣(기)'자는 밥을 '다 먹다'가 본래 의미이다. '비수 匕(비)'는 밥그릇 모양, '흰 白(백)'은 밥그릇에 담긴 '밥'의 모양, '이미 旡(기)'는 '이미 다 먹었다'는 뜻이다. '다 마치다', '다 없어지다', '이미'의 뜻으로 쓰인다. 형태가 비슷한 '없을 无(무)'와 '이미 旡(기)'를 구분해야 한다.

이미, 벌써, 이전에

[旣得(기득)] 이미 얻음. 앞서 차지함. 참旣得權(기득권)
[旣成(기성)] (주로 명사 앞에 쓰여) 이미 이루어져 있는 것. 참旣成服(기성복), 旣成世代(기성세대)
[旣往(기왕)] ① 이미 지나간 과거. ② 이미. 벌써. ¶기왕 늦었으니 쉬었다 가자 참旣往之事(기왕지사)
[旣定(기정)] 이미 정해진 것. ¶기정 사실
[物順來而勿拒(물순래이물거), 物旣去而勿追(물기거이물추).] 물건이 순리로 오거든 물리치지 말고, 물건이 이미 갔거든 쫓아가지 말라. 『明心寶鑑(명심보감)·正己篇(정기편)』
旣刊(기간), 旣決(기결), 旣決囚(기결수), 旣設(기설), 旣述(기술), 旣約(기약), 旣存(기존), 旣知(기지), 旣知數(기지수), 旣婚(기혼), 旣婚者(기혼자)

다하다, 다 없어지다, 다 없애다

[皆旣日蝕(개기일식)] (천) 달이 해를 완전히 가리어 해가 보이지 않게 되는 현상. 참部分日蝕(부분일식)
[皆旣月蝕(개기월식)] (천) 달이 지구의 그림자에 완전히 가리어 아주 보이지 않게 되는 현상. 참部分月蝕(부분월식)

旱 가물 한:, 日부7　1624

'旱(한)'자는 만날 햇볕만 쨍쨍하고 비가 오지 않아 '가물다'는 뜻을 나타내기 위하여 만든 것이다. '해 日(일)'과 '방패 干(간)'으로 이루어졌다.

가물다, 가뭄

[旱魃(한:발)] ① 가뭄. ② 가뭄을 맡고 있다는 귀신.
[旱害(한:해)] 가뭄으로 인한 재해.
[耐旱(내:한)] 가뭄을 견딤.
[大旱(대:한)] 큰 가뭄.
[水旱蟲雹霜(수한충박상)] 농사에 가장 두려운 홍수·가뭄·해충·우박·이른 서리의 다섯 가지 재해.

魃 가뭄 발, 가뭄귀신 발, 鬼부15　1625

'魃(발)'자는 '가뭄귀신'이란 뜻이다. '귀신 鬼(귀)'와 '달릴 犮(발)'로 이루어졌다.

가뭄귀신

[旱魃(한발)] ☞ 旱(한)

昔 옛날 석, 日부8　1626

'昔(석)'자는 햇볕[日]에 말린 고깃점 즉 '육포'를 뜻하는 글자였는데, 가차되어 '어제 昨(작)'과 비슷한 뜻의 '옛날'이란 뜻이 되었다.

예, 옛날, 옛

[今昔(금석)] 오늘과 예전.
[今昔之感(금석지감)] 지금과 전과 비교하여 변화가 너무 심한 것을 보고 일어나는 느낌. ¶금석지감을 금할 수 없다

昏 어두울 혼, 日부8　1627

'昏(혼)'자는 '해가 진 때'를 가리키기 위한 것이다. '해 日(일)'이 표의요소이다.

저녁때, 해질 무렵, 어둡다, 해가 져서 어둡다, 밤

[昏定晨省(혼정신성)] '밤에는 부모의 잠자리를 보아드리고 이른 아침에는 부모의 밤새 안부를 묻는다'는 뜻으로, 아침저녁으로 어버이의 안부를 물어 살피며 효성을 다함을 이르는 말. 참定省(정성)
[初昏(초혼)] 해가 지고 땅거미가 지기 시작할 무렵.
[黃昏(황혼)] ① 하늘이 누렇고 어둑어둑한 해질 무렵. ② 늘그막.

사리에 어둡다, 어리석다

[昏迷(혼미)] ① 정신이 헛갈리고 흐리멍덩함. ② 사리에 어둡고 미욱함.
[人雖至愚責人則明(인수지우책인즉명), 雖有聰明恕己則昏(수유총명서기즉혼).] 어리석은 사람도 남을 꾸짖는 데는 밝고, 총명이 있는 사람도 자기를 용서하는 데는 어둡다. 『明心寶鑑(명심보감)·存心篇(존심편)』

현혹되다, 깨닫지 못하고 헤매다

[昏懜(혼몽)/昏憹(혼몽)] 정신이 흐릿하여 가물가물함.
[昏睡(혼수)] ① 정신없이 잠이 듦. ② 의식이 없어지고 인사불성이 됨. 참昏睡狀態(혼수상태)
[昏絕(혼절)] 정신이 아찔하여 까무러짐.
[氣塞昏絕(기색혼절)] 숨이 막혀 까무러짐.

暮 저물 모:, 日부15　1628

'暮(모)'자는 본뜻이 '해가 저물다'이다. '해 日(일)'과 '없을 莫(막)'으로 이루어졌다.

저물다, 해가 지다, 해질 무렵, 저녁 무렵, 밤

[朝令暮改(조령모개)] 아침에 내린 법령을 저녁에 고치다. 정책이 일관성이 없어서 제대로 정착되기도 전에 뜯어고치는 한심한 작태를 말한다. 『漢書(한서)』
[朝三暮四(조삼모사)] (아침에 네 개 저녁에 세 개 주던 것을) 아침에 세 개 저녁에 네 개를 주겠다고 하면서 더 주는 것처럼 하여, 간사한 꾀로 남을 속여 희롱함. 똑같은 것을 가지고 간사한 말주변으로 남을 속임

을 뜻하는 말.『列子(열자)』
[朝生暮死(조생모사)] 아침에 태어나서 저녁에 죽는다는 말로, 인생의 짧고 덧없음을 비유한 말.
[早出暮歸(조:출모귀)] ① 아침에 일찍 나가고 저녁에 늦게 돌아와서, 집에 있는 시간이 얼마 되지 못함. ② 사물이 항상 바뀌어서 떳떳함이 없음을 가리키는 말.
[日暮途遠(일모도원)] '날은 저물고 갈 길은 멀다'는 뜻으로, 늙고 쇠약한데 할 일은 아직 많음을 비유하여 이르는 말.『史記(사기)·伍子胥列傳(오자서열전)』
暮色(모색), 暮煙(모연), 日暮(일모), 朝暮(조모)

한 해가 거의 다 지나게 되다
[歲暮(세:모)] 세밀. 연말. 세말. 한 해의 마지막 때.

일정한 계절이 거의 다 지나게 되다
[暮春(모:춘)] ① 늦은 봄. ② 음력 3월.
[暮秋(모:추)] ① 늦은 가을. ② 음력 9월.

늙다, 노쇠하다
[暮境(모:경)] 晩境(만경). 늙바탕. 늙은 무렵.
[暮年(모:년)] 늘그막.

끝, 시간상의 마지막

晨 새벽 신, 日부11   1629

'晨(신)'자는 해가 뜰 무렵, 즉 '새벽'을 뜻하기 위한 것이었다. '해 日(일)'과 '날 辰(신)'으로 이루어졌다.

새벽, 아침, 닭이 울다, 새벽을 알리다
[晨省(신성)] 이른 아침에 부모의 침소에 가서 밤새의 안후를 살피는 일.
[晨星(신성)] 曉星(효성). 샛별.
[牝鷄之晨(빈계지신)] 암탉이 울어 새벽을 알린다. '암탉이 울면 집안이 망한다'는 뜻이다.
[昏定晨省(혼정신성)] ☞ 昏(혼)
[一日難再晨(일일난재신).] 하루에 아침이 두 번 오지 않는다.『古文眞寶·五言古風短篇 陶淵明 雜詩』☞ * 201

曉 새벽 효:, 日부16   1630

'曉(효)'자는 날이 '환해지다'는 뜻을 위한 것이었다. '해 日(일)'이 표의요소, '임금 堯(요)'가 표음요소이다. '새벽'의 뜻으로 쓰인다.

새벽, 동틀 무렵, 밝다, 환하다
[曉鐘(효:종)] 새벽에 치는 종.
[曉鷄(효:계)] 새벽을 알리는 닭.
[曉星(효:성)] ① 새벽 하늘의 별. 샛별. ② '매우 드문 존재'의 비유.

昭 밝을 소, 日부9   1631

'昭(소)'자는 햇빛이 '밝게 빛나다'는 뜻을 나타내기 위한 것이다. '해 日(일)'과 '부를 召(소)'로 이루어졌다.

밝다, 환히 빛나다, 밝게, 환히, 밝히다, 환히 나타나게 하다
[昭詳(소상)] 밝고 자세함. ¶전후 사정을 소상히 밝히다

晴 갤 청, 日부12   1632

'晴(청)'자는 구름에 가렸던 해가 나타나다, 즉 '개다'는 뜻을 나타내기 위한 것이다. '해 日(일)'이 표의요소, '푸를 靑(청)'은 표음요소이면서 푸른 하늘을 연상하게 하는 표의요소를 겸한다.

개다, 비가 그치다, 하늘에 구름이 없다, 하늘이 맑다
[晴曇(청담)] 날씨의 맑음과 흐림.
[晴耕雨讀(청경우독)] '날이 개면 논밭을 갈고, 비가 오면 글을 읽는다'는 뜻으로, 부지런히 일하며 공부함을 이르는 말.
[晴天(청천)] 맑게 갠 하늘.
[祈晴祭(기청제)] (역) 입추가 지나도록 장마가 그치지 않고 계속될 때, 날이 개기를 빌던 나라의 제사.
[快晴(쾌청)] 날씨가 상쾌하게 맑음. ¶쾌청한 날씨
晴朗(청랑), 晴和(청화)

마음이 개운하게 되다

暑 더울 서:, 日부13   1633

'暑(서)'자는 햇볕이 '뜨겁다'는 뜻을 나타내기 위한 것이다. '해 日(일)'과 '놈 者(자)'로 이루어졌다.

덥다, 무덥다, 더위
[暑濕(서:습)/暑濕之氣(서:습지기)] 더운 기운과 습기.
[避暑(피:서)] 더위를 피함. 짢避寒(피한)
[酷暑(혹서)] 몹시 심한 더위.
劇暑(극서)/極暑(극서), 耐暑(내서), 伏暑(복서), 暴暑(폭서), 寒暑(한서)

더운 계절, 여름
[大暑(대:서)] ① 아주 심한 더위. ② 24절후의 하나. 7월 23일 경.
[小暑(소:서)] 대서보다 더위가 좀 덜한 절기. 양력 7월 6일 경.

暢 펼 창:, 日부14   1634

'暢(창)'자는 날씨나 마음이 '화창하다'는 뜻을 나타내기 위한 것이다. '햇볕 昜(양)'이 표의요소, '申(신)'은 '神(신)'의 본래 글자이니 '마음'을 가리키는 표의요소로 볼 수 있다.

펴다, 진술하다, 말을 늘어놓다
[暢懷(창:회)] 가슴 속에 품고 있던 것을 시원하게 펼쳐 놓음.
[流暢(유창)] 말이나 글이 거침없이 미끈함. ¶유창한 영어 실력.

통하다, 통달하다
[暢達(창:달)] ① 자기의 의견이나 주장을 거리낌 없이

자유로이 표현하여 전달함. ¶언론 창달 ② 거침없이 통하거나 쭉쭉 뻗어 자람. 또는 그렇게 되게 함. ¶전통 문화 창달
날씨가 맑다
[和暢(화창)] (날씨 따위가) 온화하고 맑음.
[萬化方暢(만:화방창)] 봄이 되어 만물이 나서 자람.

曰 가로 왈, 말할 왈, 曰부4 1635

'曰(왈)'자는 '말하다'는 뜻을 나타내기 위하여 '입 口(구)'에다 '소리가 나옴'을 상징하는 부호 'ㅡ'을 더한 것이었다. '가로 왈'의 '가로'는 '말하되' 또는 '말하기를'이란 뜻인 '가로되'의 줄인 말이다.
가로되, 말하기를(남의 말이나 글을 인용할 때에 쓰는 말), 이르다, 말하다
[子曰(자왈)] '공자께서 말씀하시되'
[子曰(자왈), 吾十有五而志于學(오십유오이지우학).] 나는 열다섯 살에 학문에 뜻을 두었다. 『論語(논어)·爲政(위정)』
…라 하다(사물을 열거할 때에 붙이는 말)
[曰可曰否(왈가왈부)] 어떤 이는 옳다고 말하고 어떤 이는 아니라고 말함. 어떤 일에 대하여 옳거니 옳지 않거니 옥신각신함.
[曰是曰非(왈시왈비)] 어떤 일에 대하여 잘했느니 못했느니 말함.
[曰兄曰弟(왈형왈제)] 呼兄呼弟(호형호제).
기타
[曰子(왈자)/曰牌(왈패)] 언행이 단정하지 못하고 수선스러운 사람.

替 바꿀 체, 쇠퇴할 체, 曰부12 1636

'替(체)'자는 '사나이[夫]' 둘이 '큰소리[曰]'로 임무 교대 신고를 하는 모습에서 온 글자라고 한다.
갈다, 바꾸다
[交替(교체)] 다른 사람이나 사물로 갈아 바꿈. ¶인원 교체
[代替(대:체)] 다른 것으로 바꿈.
[世代交替(세:대교체)] ① 세대가 바뀌는 것. 묵은 세대가 새 세대로 바뀌거나 늙은 세대가 젊은 세대로 바뀌는 따위. ② 世代交番(세대교번).
[對替(대:체)] 어떤 계정의 금액을 다른 계정에 옮겨 적는 일.
[移替(이체)] 서로 바꿈. 또는 서로 갈리고 바뀜. ¶계좌 이체/자동 이체
번갈다, 갈마들다
[替番(체번)] 대거리. 일을 시간과 순서에 따라 교대 바꾸어 함. 또는 그 일. ¶체번으로 석탄을 캐다

朔 초하루 삭, 月부10 1637

'朔(삭)'자는 '거스를 屰(역)'과 '달 月(월)'로 이루어졌다. '屰(역)'자는 '본디로 되돌아가다'는 뜻이다. 완전히 이지러진 달이 다시 되돌아가는 '초하루'의 뜻을 나타낸다.
초하루, 음력의 매월 1일
[朔望(삭망)] ① 음력 초하루와 보름. ② 喪中(상중)에 있는 집에서 그 죽은 이에게 매달 초하루·보름에 지내는 제사. '朔望奠(삭망전)의 준말.
[朔月貰(삭월세)] 사글세. 남의 집이나 방을 빌려 쓰는 값으로 다달이 내는 세. 또는 그런 제도.
[滿朔(만삭)] 아이 낳을 달이 다 참. ¶만삭의 몸으로 피란을 가다
[八朔(팔삭)] ① 음력 팔월 초하룻날. 농가에서 처음 햇곡식을 베는 날. ② 여덟 달. ¶팔삭둥이
朔望奠(삭망전), 朔月(삭월), 朔日(삭일)
북쪽
[朔風(삭풍)] 겨울철에 북쪽에서 불어오는 찬바람. ¶삭풍은 나무 끝에 불고 명월은 눈 속에 차다

杯, 盃 잔 배, 木부8 1638

'杯(배)'자는 나무로 만든 '술잔'을 뜻하기 위하여 만든 것이다. '나무 木(목)'이 표의요소, '아니 不(불)'이 표음요소이다. 후에 금속이나 도자기로 만들기도 했기에 표의요소를 바꾼 '盃(배)'자를 만들어 쓰기도 한다.
잔, 술잔
[杯酒解怨(배주해원)] 서로 술잔을 나누는 사이에 묵은 원한을 잊어버림.
[乾杯(건배)] 건강·행복 따위를 빌면서 서로 술잔을 높이 들어 마시는 일.
[苦杯(고배)] ① 쓴 술잔. ② 쓰라린 경험을 일컫는 말. ¶인생의 고배를 마시다
[祝杯(축배)] 축하하는 뜻으로 드는 술잔.
杯中蛇影(배중사영), 戒盈杯(계영배), 金杯(금배), 答杯(답배), 毒杯(독배), 返杯(반배), 巡杯(순배), 玉杯(옥배), 銀杯(은배), 執杯(집배), 獻杯(헌배)
잔의 수량을 나타내는 말
[後來三杯(후래삼배)] 술자리에서 늦게 온 사람에게 권하는 석 잔의 술.
[一盃一盃復一盃(일배일배부일배).] 한 잔 한 잔 다시 한 잔 마음껏 잔을 기울이세. 『古文眞寶(고문진보)·李泰伯(이태백)·山中對酌(산중대작)』 ☞ * 260

析 가를 석, 쪼갤 석, 木부8 1639

'析(석)'자는 나무를 도끼로 '쪼개다'는 뜻이다. '나무 木(목)'과 '도끼 斤(근)' 둘 다 표의요소로 쓰였다.

해부하다, 나누어 밝히다
[分析(분석)] ① 어떤 사물을 분해하여 그것을 이루고 있는 각 성분·요소를 확실히 밝힘. ② (화) 화합물·혼합물·용액의 성분을 定性的(정성적)·定量的(정량적)으로 검출하는 일. 참分析化學(분석화학), 定量分析(정량분석), 定性分析(정성분석) ③ 개념을 각개의 속성으로 나누어 그 의미와 구성을 명확히 함. 참分析哲學(분석철학)
[解析(해:석)] ① 사물을 이론적으로 자세히 풂. ② (수) 수학의 분과 가운데, 도형을 살피는 기하학에 대하여 수·식·함수를 살피는 쪽을 일컫는 말.

枝 가지 지, 木부8　　1640

'枝(지)'자의 본래 글자는 '支(지)'이다. 支(지)는 '가지'의 뜻을 나타냈는데, 후에 다른 뜻으로 쓰이는 예가 많아지자 본뜻인 '나무 가지'를 더욱 분명하게 나타내기 위하여 '나무 木(목)'을 추가한 것이다.

가지, 초목의 가지, 가지치다
[枝葉(지엽)] ① 가지와 잎. ② 본체에서 갈라져 나간 중요치 않은 부분. 참根幹(근간)
[枝葉的(지엽적)] 본질적인 것이 아니라 부차적인. 또는 그러한 것.
[金枝玉葉(금지옥엽)] '금가지와 옥잎사귀'라는 뜻으로, ① '임금의 가족'을 높여 부르는 말. ② '귀여운 자손'을 소중하게 일컫는 말. ¶금지옥엽으로 자라다
[連理枝(연리지)] ① 두 나무의 가지가 맞닿아서 결이 서로 통한 것. ② 화목한 부부 또는 남녀 사이를 비유하여 이르는 말.
[枝大於本必披(지대어본필피).] 가지가 줄기보다 커지면 반드시 찢어짐. 『史記(사기)』
[落花難上枝(낙화난상지), 破鏡不再照(파:경부재조).] 떨어진 꽃은 다시 가지에 붙을 수 없고, 깨어진 거울은 다시 비출 수 없다. '부부 관계 따위의 일단 깨어진 것은 다시 원상태로 되돌아가지 않음'을 비유하여 이르는 말. 『傳燈錄(전등록)』☞ * 444
枝幹(지간), 枝根(지근), 枝梢(지초), 剪枝(전지), 折枝(절지), 整枝(정지)

枕 베개 침:, 말뚝 침:, 木부8　　1641

'枕(침)'자는 나무토막으로 만든 '베개'를 뜻하기 위하여 만든 것이다. '나무 木(목)'이 표의요소, '베개 枕(침)'자의 원형인 '冘[침]'자는 표음요소와 표의요소를 겸한다.

베개
[高枕短眠(고침단면)] 베개를 높이 베면 오래 자지 못한다는 말.
[孤枕單衾(고침단금)] 홀로 쓸쓸히 자는 여자의 이부자리.
[木枕(목침)] 나무토막 베개.
[鴛鴦衾枕(원앙금침)] 원앙을 수놓은 이불과 베개.
[退枕(퇴:침)] 서랍이 있는 목침. 서랍에 빗 따위를 넣고 때로는 거울까지 붙여 만들기도 함.
[曲肱而枕之(곡굉이침지)] 팔을 굽혀 베개를 대신함. 팔베개를 벰. '지극히 가난함'을 이른다. 참枕肱(침굉), 曲肱枕(곡굉침)『論語(논어)·述而(술이)』☞ * 125
高枕短命(고침단명), 高枕安眠(고침안면), 孤枕寒燈(고침한등), 衾枕(금침), 鴛鴦枕(원앙침)

잠자다, 잠
[起枕(기침)] ① (웃어른이) 잠자리에서 일어남. ¶할아버님께서 기침하셨다 ② 병석에서 일어남.

긴 물건 밑에 베개처럼 가로 괴는 물건
[枕木(침:목)] 굄목. (물건 따위의) 밑을 받쳐서 괴는 나무. ¶선로 침목

架 시렁 가(:), 木부9　　1642

'架(가)'자는 나무로 만든 '시렁'을 뜻하기 위하여 만든 것이다. '나무 木(목)'과 '더할 加(가)'로 이루어졌다.

시렁, 횃대, 물건을 걸어두는 기구
[擔架(담가)] 들것.
[書架(서가)] 책을 얹어두는 시렁.
[銃架(총가)] 총받침.

건너지르다
[架橋(가교)] ① 다리를 놓음. ② 서로 떨어져 있는 두 대상을 이어주는 사물이나 사실을 비유적으로 이르는 말.
[架設(가:설)] (전깃줄·전횟줄 따위를) 공중에 건너질러 시설함. ¶전화 가설
[高架道路(고가도로)] 땅 위에 높이 支臺(지대)를 건설하고 그 위에 만든 도로.
[十字架(십자가)] ① 고대(古代) 서양에서 죄인을 사형하던 '十'자 형의 형구(刑具). ② 기독교가 위하는 '十'자형의 표. 예수가 못 박혀 죽었으므로 후세에 기독교도의 표지(標識)로 쓰며 희생·속죄·고난 등의 표상으로서 예배의 대상이 된다.
架空索道(가공삭도), 高架(고가), 屋上架屋(옥상가옥), 屋下架屋(옥하가옥)

枯 마를 고, 木부9　　1643

'枯(고)'자는 나뭇잎이 '마르다'는 뜻을 나타내기 위하여 만든 것이다. '나무 木(목)'과 '옛 古(고)'로 이루어졌다.

마르다, 초목이 마르다, 말라죽은 나무
[枯木(고목)] 말라 죽은 나무.
[枯木生花(고목생화)] '말라 죽은 나무에서 꽃이 핀다'는 뜻에서, ① '곤궁한 사람이 행운을 만나서 잘 되는 것'을 비유하는 말. ② '늘그막에 아기를 낳거나 대가 끊길 지경에 아들을 낳는 것'을 비유하는 말.
[枯死(고사)] (식물 따위가) 말라서 죽음.

[枯葉(고엽)] 마른 잎. 참枯葉劑(고엽제)
[一將功成萬骨枯(일장공성만골고)] 한 장수의 성공을 위해 만 명의 뼈가 마른다. 위대한 성공의 이면에는 그를 위해 희생한 무수히 많은 사람이 있다는 뜻이다.
枯木死灰(고목사회), 枯樹生華(고수생화), 枯楊生華(고양생화)

물이 마르다, 물기가 없다, 건조하다
[枯渴(고갈)] ① 물이 말라서 없어짐. ② (돈이나 물자 등이) 다하여 없어짐. ¶자원 고갈 ③ 생각이나 느낌 등이 아주 없어짐. ¶정서의 고갈

야위다, 수척하다
[榮枯(영고)] 초목이 무성함과 말라 죽음을 사물의 번영과 쇠락에 비유한 말.
[榮枯盛衰(영고성쇠)] 꽃이 핌과 나무가 말라 죽음 그리고 번성함과 쇠망함. 개인이나 사회의 흥망성쇠. 비 興亡盛衰(흥망성쇠)

某 아무 모:, 木부9 1644

'某(모)'자는 원래 '매화나무'를 뜻하는 것이었으니, '나무 木(목)'이 표의요소, '달 甘(감)'은 매실의 쓴 맛을 가리키는 표의요소이다. 그 후에 '아무'를 뜻하고 [모]로 읽는 예가 많아지자, '매화 梅(매)'자를 따로 만들어 나타냈다.

아무, 아무개(호칭을 알 수 없는 사람·사물·장소·일시 등을 나타내는 대명사), 어느
[某校(모:교)] 불확실하거나 밝히기 어려운 어느 학교.
[某氏(모:씨)] '아무개'의 높임말.
[某種(모:종)] 아무 종류. 어떤 종류. ¶모종의 사건/모종의 조치
[某處(모:처)] 아무 곳.
某年(모년), 某某(모모), 某時(모시), 某月(모월), 某人(모인), 某日(모일)

성 아래 놓아 이름 대신에 그 어떤 사람의 이름을 지적하지 않고 이르는 말
[金某(김모)] 김 아무개라고 하는 사람.

桂 계수나무 계:, 木부10 1645

'桂(계)'자는 '계수나무'를 뜻하기 위하여 만든 것이다. '나무 木(목)'과 '홀 圭(규)'로 이루어졌다.

계수나무
[桂冠(계:관)] 계수나무로 엮어 만든 관. 참桂冠詩人(계관시인)
[桂林(계:림)] ① 계수나무 숲. ② '아름다운 숲'의 비유. ③ '문인들의 사회'를 비유하는 말.
[桂皮(계:피)] 계수나무의 껍질. 한약재로 쓴다.
桂樹(계수), 桂園筆耕(계원필경), 桂枝(계지)

월계수, 달에 있다고 하는 상상상의 나무
[月桂冠(월계관)] 월계수의 잎으로 장식하여 만든 관. 고대 그리스에서 경기에 우승한 사람에게 명예와 영광의 표상(表象)으로 머리에 씌우던 관.
[月桂樹(월계수)] 유럽 지중해 연안의 원산으로 녹나무과에 속하는 상록수.

桃 복숭아 도, 木부10 1646

'桃(도)'자는 '복숭아나무'를 뜻하기 위하여 만든 것이다. '나무 木(목)'과 '조짐 兆(조)'로 이루어졌다.

복숭아나무, 복숭아
[桃李(도리)] ① 복숭아꽃과 오얏꽃. 또는 그 열매. ② 남이 천거한 훌륭한 인재를 비유하는 말.
[桃色(도색)] ① 복숭아꽃과 같은 분홍빛. ② '남녀 사이의 색정적인 것'을 상징하는 말. ¶도색잡지/도색영화
[桃園結義(도원결의)] 복숭아밭에서 맺은 의로운 약속. 중국 삼국시대 蜀(촉)나라를 세운 劉備(유비)와 關羽(관우), 張飛(장비) 세 사람이 의형제를 맺은 일에서 온 말이다. 意氣投合(의기투합)해서 함께 사업이나 일을 추진할 때도 비유적으로 쓴다.
[桃花煞(도화살)] 占術(점술)이나 四柱學(사주학)에서 가장 중요시되는 煞(살)의 하나. 사주에 이 살이 있으면 남자는 好色(호색)하는 성질이 있어 酒色(주색)으로 집을 망하게 하는 수가 있고, 여자는 음란한 성질 대문에 일신을 망침은 물론 한 집안을 망하게 한다고 함.
[武陵桃源(무릉도원)] 무릉에서 복숭아꽃잎이 흘러내려 오는 근원지. '세상과 따로 떨어진 별천지'를 이르는 말. 『陶淵明(도연명)·桃花源記(도화원기)』
[櫻桃(앵도)] 앵두나무의 열매. 모양이 작고 둥글며 익으면 빛이 붉고 맛이 있음. '앵두'라고 읽는다. ¶앵두같이 고운 입술
[扁桃腺(편도선)] (생) 사람의 입 속 양쪽 구석으로 평편하고 타원형으로 퍼져 있는 림프소절의 집합체.
[胡桃(호도)] 호두.
[桃花流水杳然去(도화유수묘연거).] 복숭아꽃 물 따라 두둥실 떠가는 곳. 『李伯(이백)·山中問答(산중문답)』
☞ * 119
桃園(도원), 桃源(도원), 桃仁(도인), 桃花(도화), 白桃(백도), 天桃(천도), 仙桃(선도), 扁桃(편도), 紅桃(홍도), 黃桃(황도)

杏 살구나무 행:, 木부7 1647

'杏(행)'자는 표의요소인 '나무 木(목)'과 표음요소인 '향할 向(향)'으로 이루어진 글자이었다. 후에 '向(향)'이 간소화되어 '입 口(구)'만 남았다.

살구나무, 살구, 살구나무의 열매
[杏花村(행:화촌)] 살구꽃이 많이 피는 마을.
[杏仁(행:인)] 살구씨의 껍데기를 깐 알맹이. 기침·변비 따위의 약재로 씀.

은행나무
[銀杏(은행)] 은행나무의 열매.

梧 오동나무 오(:), 木부11　1648

'梧(오)'자는 '오동나무'를 뜻하기 위하여 만든 것이다. '나무 木(목)'과 '나 吾(오)'로 이루어졌다.

오동나무
[梧桐(오동)] (식) 잎은 넓은 심장 모양이며, 재목은 가볍고 곱고 휘거나 트지 않아 거문고, 장롱, 나막신 따위를 만드는 데 씀.
[碧梧桐(벽오동)] (식) 벽오동과의 갈잎큰키나무. 껍질은 녹색이며, 여름에 연한 황색의 꽃이 핌. 콩 비슷한 열매가 가을에 익는데, 재목은 가구나 악기 제조에 쓰이고, 나무껍질에서는 섬유를 채취함.
[梧桐一葉(오동일엽).] 오동나무 잎이 하나 떨어지는 것으로써 가을이 옴을 알게 된다는 뜻. 사물이 쇠해짐을 보이는 징조를 이른다. 梧桐一葉落(오동일엽락), 天下盡知秋(천하진지추)『群芳譜(군방보)』

책상
[梧下(오하)] '책상 밑'이란 뜻으로, 편지 수신인 이름 밑에 써서 경의를 표하는 말.

桐 오동나무 동, 木부10　1649

'桐(동)'자는 '오동나무'를 뜻하기 위하여 만든 것이다. '나무 木(목) + 한 가지 同(동)'으로 이루어졌다.

오동나무
[梧桐(오동)] ☞梧(오)
[梧桐一葉(오동일엽)] ☞梧(오)
[碧梧桐(벽오동)] ☞梧(오)

桑 뽕나무 상, 木부10　1650

'桑(상)'자는 '뽕나무'를 뜻하기 위하여 만든 것이다. '나무 木(목)'이 표의요소이다. 윗부분인 세 개의 '또 又(우)'는 무성한 뽕잎을 상징하는 것이다.

뽕나무, 뽕잎을 따다, 뽕나무를 재배하여 누에를 치다
[桑果(상과)/桑實(상실)] ① 오디. ② 多花果(다화과)의 한 종류. 짧은 꽃대에 많은 꽃이 한 덩어리로 엉기어 피고, 거기에 그냥 열매가 다닥다닥 붙어 열어, 겉으로 보기에는 한 개와 같이 보이는 열매. 오디·파인애플 등.
[桑麻蠶績(상마잠적)] 뽕을 따다 누에를 치고 삼을 심어 베를 짬. 양잠과 방적.
[桑田碧海(상전벽해)] '뽕나무밭이 변하여 푸른 바다가 됨'이란 뜻에서, 세상일이 크게 변함을 비유하여 이르는 말.
[桑中之喜(상중지희)] 남녀 간의 불의의 쾌락.

[蠶桑(잠상)] 누에와 뽕을 아울러 이르는 말.
桑麻(상마), 桑葉(상엽), 桑蠶(상잠), 桑田(상전), 滄桑之變(창상지변)

株 그루 주, 木부10　1651

'株(주)'자는 '나무의 그루터기'를 뜻하기 위하여 만든 것이다. '나무 木(목)'과 '붉을 朱(주)'로 이루어졌다. '株式(주식)' 또는 이와 관련된 낱말에 쓰인다.

그루, 그루터기, 나무·곡식 따위의 줄기의 밑동
[分株(분주)] 식물의 영양번식 방법 중 하나로, 포기나누기.
[守株待兎(수주대토)] '나뭇등걸에 걸려 죽은 토끼를 보고 나무 그루터기를 지키고 앉아 다시 토끼가 오기를 기다린다'는 데서, 달리 변통할 줄은 모르고 어리석게 한 가지만을 내내 고집함 또는 우연을 필연으로 믿는 어리석음을 비유하여 이르는 말. 준守株(수주)『韓非子(한비자)』

주식(株式), 은행·회사 등의 재산에 대하여 출자자가 갖는 권리
[株價(주가)] 株式(주식)의 가격. 참株價指數(주가지수)
[株式(주식)] (경) 주식회사의 자본을 이루는 단위. 참株式會社(주식회사)
[株主(주주)] 주식회사에 출자한 사람. 주식을 가진 사람.
[持株(지주)] 어떤 회사의 주식을 가지고 있음. 또는 소유하고 있는 주식. 참持株會社(지주회사)

식물의 포기 수를 세는 말

棄 버릴 기, 木부12　1652

'棄(기)'자는 갓난애를 삼태기에 담아 두 손으로 바쳐 들고 내다버리는 모습을 그린 것이라 한다.

버리다, 내버리다, 그만두다, 폐하다
[棄却(기각)] ① 내버리고 쓰지 않음. ② (법) 법원이 수리한 소송을 심리한 결과 그 이유가 없는 것이나, 절차가 틀린 것이나, 기간을 경과한 것 따위를 도로 물리치는 일.
[棄權(기권)] 투표·경기 등에서 부여받은 권리를 스스로 포기하고 행사하지 않음. ¶기권승을 거두다
[棄兒(기아)] 아이를 버림. 또는 버려진 아이.
[遺棄(유기)] ① 내버림. ② (법) 보호할 사람이 보호받을 사람을 보호하지 않는 일. ¶시체 유기 참職務遺棄(직무유기)
[廢棄(폐:기)] ① 못 쓸 것으로 생각하고 내버림. 참廢棄物(폐기물) ② 약속·법령·조약 따위를 무효로 함.
[暴棄(포기)] '自暴自棄(자포자기)'의 준말. 자기의 몸을 스스로 해치고 버림. 마음에 불만이 있어 짐짓 몸가

짐이나 행동을 마구 되는 대로 함. 될 대로 되라는 행동. ☞暴(포)0777
[抛棄(포:기)] ① 하던 일을 중도에 그만두어 버림. ② 자기의 권리·자격·물건 따위를 내던져 버림.
放棄(방기), 唾棄(타기), 破棄(파기)

楊 버들 양, 木부13　1653

'楊(양)'자는 '버드나무'를 뜻하기 위하여 만든 것이다. '나무 木(목)'과 '볕 昜(양)'으로 이루어졌다.

버들, 버드나무(버드나무 중에서 잎이 크고 가지가 억센 것)
[楊柳(양류)] (식) 버드나무. 수양버들.
[枯楊生華(고양생화)] 마른 버드나무에 꽃이 핀다는 뜻으로, '늙은 여자가 자기보다 젊은 남편을 얻음'을 이르는 말.
[綠楊芳草(녹양방초)] 푸른 버드나무와 향기로운 풀. 아름다운 여름철의 자연경관.
[白楊(백양)] ① 황철나무. ② 사시나무. ③ 은백양.
[垂楊(수양)] 수양버들. 가지를 밑으로 축 늘어뜨리며 자라는 버드나무.
[水楊(수양)] 갯버들. 땅버들.

기타
[楊貴妃(양귀비)]

詐 속일 사, 言부12　1654

'詐(사)'자는 '속이다'는 뜻을 나타내기 위하여 만든 것이다. '말씀 言(언)'과 '잠깐 乍(사)'로 이루어졌다. 속이는 것의 첫 번째는 말로 속이는 것이다. 말 잘하는 사람을 조심하라.

속이다, 거짓말하다, 사기
[詐欺(사기)] ① 못된 목적으로 남을 속임. ② 남을 속여 착오에 빠지도록 하는 범죄 행위. ¶사기를 당해 집을 잃었다
[詐取(사취)] 남의 것을 거짓으로 속여 빼앗음.
[詐稱(사칭)] 성명·직함·주소·연령 따위를 거짓으로 속여 말함. ¶계급을 사칭하다
[人窮則詐(인궁즉사)] 사람은 궁하면 남을 속인다. 『顔淵(연연)』 ☞ * 054
詐巧(사교), 詐病(사병), 詐術(사술)

말을 꾸미다, 교묘한 말
[奸詐(간사)] 남의 비위를 맞추려고 교활하게 알랑거리는 것. ¶간사한 웃음

欺 속일 기, 欠부12　1655

'欺(기)'자는 '그 其(기)'와 '하품 欠(흠)'으로 이루어졌다. '欠(흠)'은 입을 크게 벌린 모양이다. '其(기)'는 '기대하다'의 뜻이다. '欺(기)'자는 '큰 기대를 갖게 하면서

속임'을 뜻한다. '詐(사)'는 말로 꾸며 거짓말을 하는 것이니, '詐欺(사기)'는 말을 잘하는 사람이 말로 꾸며서 상대방에게 큰 기대를 가지게 하여 속이는 것이다.

속이다, 속여 넘기다, 거짓, 허위
[欺瞞(기만)/欺罔(기망)] 남을 속이거나 속여 넘김. ¶기만을 당하다
[欺世盜名(기세도명)] 세상 사람을 속이고 헛된 명예를 탐냄.
[詐欺(사기)] ☞ 詐(사)
[自欺欺人(자기기인)] 자기를 속이고 남을 속임. 자타를 함께 속임.
欺君罔上(기군망상), 欺世(기세), 欺人(기인), 欺人取物(기인취물), 誣欺(무기)

> [欺罔(기망)] '欺(기)'는 이치가 있는 것으로써 즉 그럴듯하게 속이는 것이고, '罔(망)'은 이치가 없는 것으로써 즉 터무니없는 것으로써 속이는 것이다. '罔(망)'은 '瞞(만)'과 통한다. 한 가지 거짓말을 참말처럼 하려면 일곱 가지 거짓말이 필요하다고 한다. 그 일곱 가지 거짓말을 참말처럼 하려면 49가지 거짓말이 필요할 것이다. 이렇게 계산하면 결국 완전한 거짓말이란 불가능하다는 결론이 나온다. 그러니 거짓말을 참말처럼 완전하게 할 생각을 버려야 한다.

毁 헐 훼:, 殳부13　1656

'毁(훼)'자는 '흙 土(토)'와 '쌀 쓿을 毇(훼)'로 이루어진 글자였다. 본뜻은 '흙덩이를 부수다'의 뜻이다. '土(토)'는 '工(공)'으로 바뀌고, '쌀 米(미)'는 생략되었다. 그 결과 '毁(훼)'자가 되었다. '毁(훼)'자를 破字(파자)해 보면 '절구 臼(구) + 장인 工(공) + 몽둥이 殳(수)'가 된다. 이것을 풀어보면 '절구에 무엇을 넣고 절구공이로 찧어 부순다'의 뜻이 되겠다. '헐다', '무너뜨리다'의 뜻을 나타낸다.

헐다, 짓거나 만든 것을 뜯어서 없애다
[毁損(훼:손)] ① 체면이나 명예를 손상함. ¶명예 훼손 ② 헐어서 깨뜨려 못쓰게 만듦.
[毁節(훼:절)] 절개나 절조를 깨뜨림.
[毁折(훼:절)] 부딪쳐서 꺾임.

상처를 입히다
[毁傷(훼:상)] 몸에 상처를 냄.
[身體髮膚受之父母(신체발부수지부모), 不敢毁傷(불감훼상), 孝之始也(효지시야).] 신체와 모발, 피부는 부모에게 받았으니, 감히 손상하지 않는 것이 효도의 처음이다. 『孝敬(효경)·開宗明義(개종명의)』 ☞ * 236

남을 헐뜯어 말하다
[毁謗(훼:방)] ① 남을 헐뜯어 비방함. ② 남의 일을 방해함.
[毁言(훼:언)] 남을 헐뜯어 비방하는 말.
[讒毁(참훼)] 거짓으로 꾸며서 남을 헐뜯어 말함.

殉 따라 죽을 순, 歹부10　1657

'殉(순)'자는 '따라 죽다'는 뜻을 나타내기 위하여 만든 것이다. '죽은 사람의 뼈'를 가리키는 '歹(알)'이 표의요소, '열흘 旬(순)'은 표음요소이다.

죽은 이를 따라 죽다
[殉葬(순장)] (역) 임금이나 귀족이 죽었을 때, 살아있는 그의 아내나 신하 또는 종을 함께 장사지내던 일.

목숨을 바치다
[殉敎(순교)] 자기가 믿는 종교를 위하여 목숨을 바침.
참殉敎者(순교자)
[殉國(순국)] 나라를 위하여 목숨을 바침. 참殉國先烈(순국선열)
[殉愛譜(순애보)] 사랑에 목숨을 바친 것을 적은 이야기. ¶로미오와 줄리엣의 비극적인 사랑 이야기는 서양의 순애보 중 백미로 꼽힌다
[殉職(순직)] 맡은 바 직무를 보다가 죽음.
殉死(순사), 殉節(순절)

毫 터럭 호, 가는 털 호, 毛부11　1658

'毫(호)'자는 짐승의 터럭, 즉 '잔털'을 뜻하기 위한 것이었다. '털 毛(모)'가 표의요소. 그 나머지가 '높을 高(고)'의 생략형으로 표음요소에 해당한다.

가는 털, 길고 끝이 뾰족한 가는 털, 조금, 작거나 잔 것의 비유
[秋毫(추호)] 가을철에 털갈이를 하여 새로 돋아나는 짐승의 가는 털이란 뜻으로 '매우 미세함'을 비유하여 이르는 말. '추호도 없다' 따위와 같이 부정어와 함께 쓴다.
[毫末(호말)] ① 털끝. ② 아주 사소한 일이나 적은 양을 비유적으로 이르는 말.
[目見毫末不見其睫(목견호말불견기첩)] 눈은 잔털의 끝도 볼 수 있지만 자기의 속눈썹은 보지 못함. '타인의 선악은 눈에 잘 띄지만 자신의 선악은 알아차리지 못함'의 비유. 동目不見睫(목불견첩), 眼不能見其睫(안불능견기첩) 비能見百步之外(능견백보지외), 而不能自見其睫(이불능자견기첩). 『史記(사기)』 ☞ * 113

붓, 붓의 털끝
[揮筆(휘필)/揮毫(휘호)] '붓을 휘두른다'는 뜻으로, 미술품으로서의 글씨를 쓰거나 그림을 그림. 또는 그 작품.

汎 넓을 범, 뜰 범, 水부6　1659

'汎(범)'자는 물 위에 '뜨다'는 뜻을 나타내기 위하여 만든 것이었으니 '물 氵(수)'가 표의요소, '무릇 凡(범)'은 표음요소이다. 후에 '넓다'는 뜻으로 쓰이게 되었다.

뜨다, 물 위에 뜨다, 물 위에 띄우다, 넘치다, 물이 넘치다
[汎濫(범람)/氾濫(범람)] ① 큰물이 넘쳐흐름. ¶강의 범람 ② 바람직하지 못한 것이 마구 쏟아져 나와 돌아다님. ¶외래 사조의 범람 ③ 제 분수에 넘침.

넓다, 널리
[汎論(범론)/氾論(범론)] 널리 개관한 이론.
[汎稱(범칭)/泛稱(범칭)] 넓은 범위로 부르는 이름. ¶우리나라의 畿湖(기호) 지방이라면 황해도 남부·경기도·충청남북도 지방을 일컫는 범칭이다

헷갈리는 汎(범), 氾(범), 泛(범)

'汎(범)'자는 물에 '뜨다', '넓다'의 뜻이다. '氾(범)'자는 물이 '넘치다'의 뜻이다. '泛(범)'자는 물에 '뜨다', '넓다'의 뜻이다. 한자 사전에 그렇게 설명되어 있다. 그러나 이 세 글자의 정확한 의미를 구분하기는 쉽지 않다. 이 세 글자가 쓰인 한자어 낱말을 한글사전에서 찾아 그 쓰임새를 정리하면 다음과 같다. '汎(범)'자가 물에 '뜨다' 또는 물이 '넘치다'의 뜻으로 쓰일 때는 '氾(범)'자와 같이 쓴다. '汎(범)'자가 '넓다'는 뜻으로 쓰일 때는 '泛(범)'자와 같이 쓴다. '汎(범)'자가 '두루 (통하다)'의 뜻으로 쓰일 때는 '泛(범)'자와 같이 쓴다. '氾(범)'자와 '泛(범)'자는 1급 한자에 속한다. '汎(범)'자는 3급 한자이다. 1급 한자자격시험을 준비하지 않는다면 그냥 '汎(범)'자 하나로 충분하다.

汝 너 여:, 水부6　1660

'汝(여)'자는 중국 하남성에 있는 어떤 강을 이름하기 위한 것이었으니 '물 氵(수)'가 표의요소. '여자 女(여)'는 표음요소로 쓰였다. 중국 고문에서는 제2인칭 '너'를 지칭하는 글자로 쓰였다. 조어력이 매우 낮아서 한자어 용례를 찾기 어렵다.

너(대등한 사이나 손아랫사람에 대한 이인칭)
[汝等(여등)] 너희들.

汚 더러울 오:, 水부6　1661

'汚(오)'자는 흐르지 않고 '고여 있는 물'을 뜻하기 위하여 만든 것이었으니 '물 氵(수)'가 표의요소, 오른쪽의 것은 '어조사 于(우)'의 本字(본자)인 '亐(우)'의 변형으로 표음요소 역할을 한다. '더럽다'는 뜻을 나타낸다.

더럽다, 깨끗하지 아니하다, 더러워지다, 때·찌끼 따위
[汚名(오:명)] 더러워진 이름이나 영예.
[汚物(오:물)] 지저분하고 더러운 물건. 쓰레기나 배설물 따위.
[汚染(오:염)] ① 더럽게 물듦. ② 생태계에서 환경을 훼손하는 일. 참環境汚染(환경오염), 水質汚染(수질오염), 大氣汚染(대기오염), 海洋汚染(해양오염), 土壤汚染(토양오염)
[汚辱(오:욕)] 남의 명예를 더럽히고 욕되게 함.
[汚點(오:점)] ① 깨끗한 바탕에 떨어진 더러운 점. ② 불명예스러운 흠이나 결점.
[貪官汚吏(탐관오리)] 탐욕이 많고 행실이 깨끗하지 못한 벼슬아치.

[環境汚染(환경오염)] 자원 개발에 따른 자연의 파괴 또는 산업 활동에 따른 유해 물질이나 폐수의 발생 등으로 환경이 점점 더러워지는 일.
汚泥(오니), 汚瀆(오독), 汚吏(오리), 汚水(오수), 汚濁(오탁)

汗 땀 한:, 水부6 1662

'汗(한)'자는 '땀'을 나타내기 위하여 만든 것이다. '물 氵(수)'와 '방패 干(간)'으로 이루어졌다.

땀, 땀을 흘리다
[汗蒸(한:증)] 높은 온도로 몸을 덥게 하여 땀을 내서 병을 다스리는 일. 참汗蒸幕(한증막), 汗蒸湯(한증탕)
[鳥鼻之汗(조비지한)] '새 코의 땀'이라는 뜻으로, 얼마 되지 않는 아주 적은 양을 이르는 말.
[取汗(취:한)] (한의) 병을 다스리기 위하여 땀을 내는 일. 참發汗(발한)
[汗滴禾下土(한적화하토).] 땀방울이 벼 아래 흙으로 떨어지네. 『李紳(이신)·憫農詩(민농시)』☞ *196
汗腺(한선), 冷汗(냉한), 虛汗(허한)

기타
[不汗黨(불한당)] 떼를 지어 다니며 재물을 강탈하는 강도.

泥 진흙 니, 水부8 1663

'泥(니)'자는 중국 감숙성에 있는 어떤 강의 이름을 위하여 만든 것이다. '물 氵(수)'가 표의요소, '중 尼(니)'는 표음요소이다. 후에 '물기가 많은 땅' 즉, '진흙'의 뜻으로 쓰였다.

진흙, 질척질척하게 이기어진 흙, 진창
[泥流(이류)] 화산의 폭발이나 산사태 따위로 말미암아 산꼭대기나 산허리에서 흘러내리는 진흙의 흐름.
[泥田鬪狗(이전투구)] '진흙탕에서 싸우는 개'라는 뜻으로, 원래는 함경도 사람의 강인한 성격을 평한 말이었다. 두 가지 뜻이 있으니, 하나는 강인한 성격을 평하여 이르는 말이고, 또 하나는 볼썽사납게 서로 헐뜯거나 다투는 것을 비유하여 이르는 말.
[飛鴻踏雪泥(비홍답설니)/雪泥鴻爪(설니홍조)] 눈 위의 기러기 발자국, 곧 눈이 녹으면 없어진다는 뜻으로, '인생이 무상하고 아무 흔적이 없음'을 비유하여 이르는 말. 『蘇軾(소식)·詩(시)』
[蓮之出淤泥而不染(연지출어니이불염).] '연꽃은 진흙 가운데서 났으나, 진흙에 더럽히지 않는다'는 뜻으로, 청렴결백함을 비유적으로 이르는 말. 참淤泥蓮(어니련)『周茂叔(주무숙)·愛蓮說(애련설)』
泥巖(이암), 泥炭(이탄)

바를 수 있게 반죽한 진흙 비슷한 것
[泥金(이금)] 금가루를 아교에 갠 것. 서화에 쓰임.
[泥銀(이은)] 은가루를 아교에 갠 것. 서화에 쓰임.

썩고 더러운 흙, 흐리다, 더럽혀지고 썩다
[汚泥(오:니)] 더러운 흙. 특히 오물을 포함하고 있는 진흙.

泊 머무를 박, 배 댈 박, 水부8 1664

'泊(박)'자는 물가에 '배를 대다'는 뜻을 나타내기 위하여 만든 것이다. '물 氵(수)'와 '흰 白(백)'으로 이루어졌다. 후에 '머무르다'는 뜻도 가지게 되었다.

배대다, 배를 물가에 대다, 배를 대는 곳
[碇泊(정박)/椗泊(정박)] 배가 닻을 내리고 머무름. ¶항구에 배가 정박하다.

머무르다, 멎다, 정지하다, 묵다, 유숙하다, 여관, 여인숙
[宿泊(숙박)] 여관이나 주막에 들어 밤을 자고 머무름.
[民泊(민박)] 민가에 숙박함.
[一泊(일박)] 하루 밤을 묵음.
[外泊(외박)] 집이나 일정한 숙소에서 자지 아니하고 밖에 나가서 잠.

조용한 모양, 이욕(利慾)에 미혹되지 아니하는 모양
[淡泊(담:박)/澹泊(담:박)] ① 마음이 깨끗하고 욕심이 적음. ¶담박한 사람 ② 음식이 느끼하지 않고 맑음. ¶육류는 느끼해서 싫고 담박한 채소가 좋다 ③ 싱겁다 ¶술맛이 오늘따라 너무 담박하다 ④ 빛깔이 연하고 맑다 ¶담박한 색의 옷을 즐겨 입다

泳 헤엄칠 영:, 水부8 1665

'泳(영)'자는 본래 '永(영)'으로 썼다. '헤엄치다'는 뜻을 나타내기 위하여 표의요소로 '물 氵(수)'를 덧붙였다.

헤엄치다, 물속을 헤엄치다
[水泳(수영)] 헤엄치기.
[游泳(유영)/遊泳(유영)] 물속에서 헤엄치며 놂.
[平泳(평영)] 엎드린 자세로 두 팔을 수평으로 원을 그리듯이 움직이고 다리는 개구리처럼 오므렸다 폈다 하며 치는 헤엄.
繼泳(계영), 背泳(배영), 蝶泳(접영)

洛 낙수 락, 水부9 1666

'洛(락)'자는 '강 이름'을 나타내기 위하여 만든 것이다. '물 氵(수)'와 '각각 各(각)'으로 이루어졌다.

지명
[洛陽(낙양)] 중국의 옛 나라 周(주)의 수도 이름.

涉 건널 섭, 水부10 1667

'涉(섭)'자는 물[水]을 맨발로 걸어서[步] '건너다'의 뜻이다. 후에 남의 영역에 '관계하다'는 뜻을 가지게 되었다.

겪다, 경과하다
[涉獵(섭렵)] 책을 이것저것 많이 읽음.
[負重涉遠(부:중섭원)] 무거운 짐을 지고 먼 길을 감.
관계하다
[涉外(섭외)] 외부와 연락이나 交涉(교섭)을 하는 일.
[干涉(간섭)] ① 남의 일에 부당하게 참견(관계)함. ¶간섭을 받다 ② (물) 음파나 빛 따위가 둘 이상 겹칠 때 서로 작용하여 세어지거나 약해지는 현상.
[交涉(교섭)] 상대편에 말을 건네어 의논함.
[無不干涉(무불간섭)] 두루 간섭하지 않는 것이 없음.

浸 잠길 침:, 담글 침:, 젖을 침:, 水부10   1668

'浸(침)'자는 물에 '잠기다'의 뜻을 나타낸다. '물 氵(수)'가 표의요소, 그 나머지가 표음요소로 쓰였다.
담그다, 물에 담그다, 잠기다, 물 속에 들다
[浸禮(침:례)] (예수) 침례교에서 행하는 세례의 한 형식. 온 몸을 물에 적시는데, 그 몸이 罪(죄)에 죽고 義(의)의 몸으로 다시 살아난다는 뜻을 상징함. 참浸禮敎(침례교)
[浸水(침:수)] 물에 젖거나 잠김. ¶침수 가옥
[浸種(침:종)] (농) 씨앗의 싹이 빨리 트게 하려고 물에 담가 불리는 일.
[浸漬(침:지)] 무엇을 물에 담가 적심.
스며들다, 배어들다
[浸潤(침:윤)] ① 차차 젖어 들어감. ② 생체의 조직에 다른 물질이 붙어 변화를 일으킴.
[浸透(침:투)] ① 스며 젖어서 뱀. ② 몰래 숨어 들어감.
기타
[浸蝕(침:식)] (지) 자연현상인 비·바람·강물·빙하 등에 의해 지표나 바위가 차차 깎여 들어감. 참浸蝕輪廻(침식윤회), 浸蝕作用(침식작용)

涙 눈물 루:, 水부11   1669

'涙(루)'자는 '눈물'이라는 뜻을 나타내기 위하여 만든 것이다. '물 氵(수)'와 '어그러질 戾(려)'로 이루어졌다.
눈물, 눈물 흘리다, 울다
[淚腺(누:선)] (생) 눈물샘. 눈구멍 윗벽의 바깥쪽에 있는 눈물을 내보내는 곳.
[落淚(낙루)] 눈물을 흘림. 또는 그 눈물.
[別淚(별루)] 이별할 때 슬퍼서 흘리는 눈물. 비離淚(이루)
[眼淚洗面(안:루세면)] '눈물로 얼굴을 씻는다'는 뜻으로 '눈물을 많이 흘림'을 이르는 말.
[丈夫淚(장:부루)] 어른이 된 씩씩한 사내의 눈물.
[催淚彈(최루탄)] 눈물을 흘리게 하는 최루 가스를 넣은 탄환.
[燭淚落時民淚落(촉루낙시민루락).] 촛불농이 떨어질 때 백성의 눈물 떨어지네.『춘향가·金樽美酒詩(금준미주시)』☞ * 063

淚珠(누주), 冤淚(원루), 涕淚(체루), 催淚(최루), 血淚(혈루), 紅淚(홍루), 喜淚(희루)
촛농이 떨어지다
[燭淚(촉루)] 초의 눈물. '촛농'을 이르는 말.

涯 물가 애, 水부11   1670

'涯(애)'자는 강의 '물가'를 뜻하기 위하여 만든 것이었으니 '물 氵(수)'가 표의요소, '언덕 厓(애)'는 표의와 표음을 겸하는 요소이다. 후에 '끝'을 이르는 것으로 쓰였다.
물가, 가, 끝
[无涯(무애)/無涯(무애)] 넓고 멀어서 끝이 없음.
[生涯(생애)] 삶이 끝날 때까지의 기간. 살아있는 한 평생의 기간.
[天涯(천애)] ① 하늘의 끝. 아주 먼 곳. ② 온 세상. 천하.

淫 음란할 음, 水부11   1671

'淫(음)'자는 본래 '물들다'는 뜻을 나타내기 위하여 만든 것이었다. '물 氵(수)'가 표의요소, 오른쪽의 것이 표음요소이다. 후에 '지나치다', '넘치다', '음란하다'는 뜻으로 쓰이게 되었다.
음란하다
[淫談悖說(음담패설)] 음탕하고 덕의에 어그러진 상스러운 이야기.
[淫亂(음란)] 음탕하고 난잡함. ¶음란한 행위
[淫慾(음욕)] ① 음탕하여 호색하는 욕심. ② (불) 三欲(삼욕)의 하나. 色(색)에 대한 욕심을 이름. 참三欲(삼욕), 睡眠慾(수면욕), 食慾(식욕)
[淫蕩(음탕)] 음란하고 방탕함.
[姦淫(간음)/姦婬(간음)] 부부가 아닌 남녀가 성적으로 관계하는 것.
淫女(음녀), 淫談(음담), 淫婦(음부), 淫心(음심), 淫佚(음일), 淫風(음풍), 淫行(음행), 過淫(과음), 賣淫(매음), 邪淫(사음), 荒淫(황음), 荒淫無道(황음무도)
빠지다, 도를 넘다
[樂而不淫(낙이불음), 哀而不傷(애이불상).] 즐기되 그 정도를 넘지 아니하고, 슬퍼하되 도를 넘지 아니한다. 좋은 일이 있으면 기뻐하고 즐거워하되 너무 도가 지나치지 않도록 자제하고, 슬픈 일을 당했더라도 너무 감정을 상하게 하거나 몸을 해치지 않도록 조심해야 한다는 뜻임.『論語(논어)·八佾(팔일)』

添 더할 첨, 맛을 더할 첨, 水부11   1672

'添(첨)'자는 '물 氵(수)'와 '더럽힐 忝(첨)'으로 이루어졌다. '忝(첨)'자는 '하늘 天(천) + 마음 心(심)'으로 이루어졌는데, '天(천)'자가 '어릴 夭(요)'로 형태가 변했다.

主(주)가 되는 것에 副(부)가 되는 것을 '더하다'의 뜻을 나타낸다.

더하다, 보태다

[添加(첨가)] 덧붙여 넣음. 凹削除(삭제) ¶방부제를 첨가하지 않은 식품

[添附(첨부)] 덧붙임.

[錦上添花(금:상첨화)] '비단 위에 꽃을 더함'이라는 뜻에서, '좋은 일 위에 좋은 일이 더하여짐'을 비유하여 이르는 말. 凾雪上加霜(설상가상)

[別添(별첨)] 서류 따위를 따로 덧붙임. ¶별첨 서류

[畵蛇添足(화:사첨족)] 뱀을 그리는데 실물에는 있지도 않은 발을 그려 넣어서 원래의 모양과 다르게 되었다는 고사에서, '쓸데없는 일을 하여 일을 그르침'을 이르는 말. 凾蛇足(사족)

[火上添油(화상첨유)] 불난 데 기름을 끼얹는다는 뜻으로, '화란(禍亂)을 조장함'을 비유하여 이르는 말. 火上加油(화상가유)

添削(첨삭), 添酌(첨작)

渴 목마를 갈, 水부12   1673

'渴(갈)'자는 물이 '마르다'는 뜻을 나타내기 위한 것이다. '물 氵(수)'와 '어찌 曷(갈)'로 이루어졌다.

목이 마르다, 갈증

[渴症(갈증)] 목이 마른 증세. ¶갈증이 나다

[枯渴(고갈)] ① 물이 말라서 없어짐. ② (돈이나 물자 등이) 다하여 없어짐. ¶자원 고갈 ③ 생각이나 느낌 등이 아주 없어짐. ¶정서의 고갈

[臨渴掘井(임갈굴정)/渴而穿井(갈이천정)] '목이 말라야 우물을 판다'는 뜻으로, 평소에 준비 없이 있다가 일을 당하고 나서야 허둥지둥 서두름을 이르는 말.

[解渴(해:갈)] ① 목마름을 해소함. 갈증을 풂. ② 가뭄에 비가 와서 마르는 상태를 겨우 면함. ③ '어렵던 돈 사정이 겨우 풀림'을 비유적으로 이르는 말.

[饑者甘食(기자감식), 渴者甘飮(갈자감음).] 굶주린 사람은 달게 먹고, 목마른 사람은 달게 마신다. 굶주림과 목마름은 인간 미각의 본성을 그르친다. 그리고 빈곤함은 때때로 인간 본성의 선을 해친다. 『孟子(맹자)·盡心 上(진심 상)』

渴水(갈수), 飢渴(기갈), 消渴(소갈)/消渴症(소갈증), 燥渴(조갈), 燥渴症(조갈증)

몹시 …하다

[渴求(갈구)] 몹시 바라고 구함. ¶사랑을 갈구하다/자유를 갈구하다

[渴急(갈급)] 목이 마른 듯이 몹시 조급함.

[渴急症(갈급증)] 목이 마른 듯이 몹시 조급하게 바라는 마음.

[渴望(갈망)] (목마른 사람이 물을 찾듯이) 간절히 바람. ¶온 겨레가 갈망하는 통일

[渴愛(갈애)] 몹시 사랑하거나 좋아함.

渡 건널 도, 水부12   1674

'渡(도)'자는 물을 '건너다'는 뜻을 나타내기 위하여 만든 것이다. '물 氵(수)'와 '법도 度(도)'로 이루어졌다.

건너다, 물을 건너다, 건네다, 물을 건너게 하다

[渡江(도강)] 강을 건넘.

[渡美(도미)] 미국으로 건너감. ¶도미 유학생

[渡船場(도선장)] 나루터.

渡來(도래), 渡船(도선), 渡河(도하)

지나가다, 널리 미치다

[過渡(과:도)] 어떤 상황에서 다른 상황으로 넘어가는 도중.

[過渡期(과:도기)] (주로 사회적인 현상이) 한 단계에서 다른 단계로 넘어가는 도중에 있는 시기. ¶이런 사회 혼란은 과도기적 현상이다

주다, 교부하다

[賣渡(매:도)] 물건을 팔아넘김. 凾賣渡證書(매도증서)

[明渡(명도)] 건물·토지·선박 등을 비우고 남에게 넘겨주는 일.

[不渡(부도)] ① (경) 어음·수표에 쓰인 금액을 지불 날짜에 받을 수 없게 되는 일. ② 줄 것을 주지 않음.

[讓渡(양:도)] 남에게 넘겨 건네줌. 또는 그런 일.

[言渡(언도)] 宣告(선고). 재판의 판결을 일반에게 발표함.

[引渡(인도)] ① 사물이나 권리 따위를 넘겨 줌. ② (법) 점유물이나 범인 등을 넘겨주는 일.

湯 끓일 탕:, 水부12   1675

'湯(탕)'자는 '물이 끓다'는 뜻을 나타내기 위하여 만든 것이었으니 '물 氵(수)'와 '볕 昜(양)'으로 이루어졌다. 후에 '끓인 물', '국', '욕탕' 등을 뜻하게 되었다.

끓인 물

[白沸湯(백비탕)] 맹탕으로 오래 끓인 맹물.

[重湯(중탕)] ① 거듭하여 끓임. ② 끓는 물속에 음식 담은 그릇을 넣어 익히거나 데움.

[懲湯吹冷水(징탕취냉수).] '끓는 물에 입을 데고 나서 냉수도 불면서 마신다'는 뜻으로, '한번 크게 혼난 사람이 그와 비슷한 경우를 당하면 공연히 무서워함'을 비유하여 이르는 말.

목욕탕, 온천, 목욕하다

[沐浴湯(목욕탕)] 목욕을 할 수 있도록 설비를 갖추어 놓은 곳.

[汗蒸湯(한:증탕)] 높은 온도로 몸을 덥게 하여 땀을 내기 위해 목욕탕처럼 만든 시설.

男湯(남탕), 冷湯(냉탕), 女湯(여탕), 溫湯(온탕), 浴湯(욕탕)

탕약

[湯藥(탕:약)] 끓이고 달여서 만든 한약.

[湯劑(탕:제)] (한의) 탕약. 달여서 짜서 먹는 약을 환약에 상대하여 일컫는 말.

[再湯(재:탕)] ① (한약 따위의) 달여 낸 찌끼를 두 번째 달임. ② 이미 한 번 써먹었던 것을 또 다시 써먹는 것을 비유하여 이르는 말.
葛根湯(갈근탕), 雙和湯(쌍화탕)

국, 끓인 국
[湯器(탕기)] 국이나 찌개 따위를 떠놓는, 주발처럼 생긴 자그마한 그릇.
[補身湯(보:신탕)] 몸을 보한다고 하는 '개장국'을 일컬음.
[蔘鷄湯(삼계탕)/鷄蔘湯(계삼탕)] 어린 햇닭을 잡아 속을 빼내고 인삼을 넣고 고아서 먹는 음식.
湯飯(탕반), 醒酒湯(성주탕), 雜湯(잡탕), 鰍湯(추탕)/鰍魚湯(추어탕)

제사에 쓰는 국
[素湯(소탕)] 고기붙이가 전혀 들어가지 않은 국. 제사에 쓰는, 고기는 넣지 않고 지진 두부와 다시마를 넣고 맑은장에 끓인 탕.
[魚湯(어탕)] 생선국. 제사에 쓰는, 생선으로 만든 탕.
[肉湯(육탕)] 고깃국. 제사에 쓰이는 고기붙이로 만든 탕.

姓(성), 殷朝(은조)의 시조
[湯武(탕무)] 고대 중국에서 夏(하)나라를 멸망시키고 殷(은)나라를 세운 湯王(탕왕)과 殷(은)나라를 멸망시키고 周(주)나라를 세운 武王(무왕)을 함께 일컬음.

滄 바다 창, 水부13 1676

'滄(창)'자는 본래 물이 '차갑다'는 뜻을 나타내기 위하여 만든 것이다. '물 氵(수)'와 '곳집 倉(창)'으로 이루어졌다. 후에 바닷물의 녹색 빛을 나타내는 '푸를 蒼(창)'과 통용되는 예가 많다 보니, '큰 바다'를 지칭하게 되었다.

푸르다
[滄浪(창랑)] 푸른 물결.
[滄浪自取(창랑자취)] '물이 맑고 흐린 데 맞추어 처신한다'는 뜻으로, 칭찬이나 비난, 상이나 벌을 받는 것이 모두 자기가 하기 나름이라는 것을 이르는 말.

바다, 큰 바다
[滄桑之變(창상지변)] '푸른 바다가 변하여 뽕나무밭이 된다'는 뜻으로, 자연이나 사회에 심한 변화가 생기는 일. 回滄海桑田(창해상전), 桑田碧海(상전벽해)
[滄海一粟(창해일속)] '넓고 큰 바다 가운데 한 알의 좁쌀'이란 뜻으로, 매우 많거나 넓은 가운데 섞여 있는 보잘것없는 작은 물건의 비유.
[萬頃蒼(滄)波(만경창파)] 한없이 넓은 바다. ('頃'은 면적의 단위로 약 5천 평에 해당한다.)
滄波(창파), 滄海(창해)

漏 샐 루:, 水부14 1677

'漏(루)'자는 '물이 새다'는 뜻을 나타내기 위하여 만든 것이다. '물 氵(수)'의 오른쪽 부분은 요즈음은 쓰이지 않는 글자인데, '지붕'을 뜻하는 '尸(시)'와 '비 雨(우)'가 합쳐져서, 지붕에 구멍이 나서 비가 새는 것을 뜻한다고 한다.

새다, 틈으로 새다, 틈으로 스며들다, 틈으로 나타나다
[漏水(누:수)] 물이 샘. 또는 새는 물. ¶누수 방지 공사
[漏屋(누:옥)] 비가 새는 집.
[漏電(누:전)] 전류가 전선 밖으로 새어 나가는 일.
[漏出(누:출)] ① 기체나 액체 따위가 새어 나옴. ② 비밀이나 정보가 밖으로 새어 나감.
[千里之堤(천리지제), 以螻蟻之穴漏(이루의지혈루), 百尋之屋(백심지옥), 以突隙之煙焚(이돌극지연분).] 천 리의 제방도 땅강아지나 개미의 구멍 때문에 새게 되며, 백 척의 높은 집도 굴뚝의 갈라진 틈에서 나온 불똥으로 인해 타버린다. 작은 일을 홀시하면 큰 사달을 빚어냄을 비유한 말이다. 千里之堤(천리지제), 潰于蟻穴(궤우의혈). 『淮南子(회남자)·人間訓 인간훈』

비밀이 드러나다
[漏泄(누:설)/漏洩(누:설)] ① 물 따위가 새거나, 새어 나가게 함. ② 비밀이 새거나, 새어 나가게 함. ¶기밀 누설
[天機漏泄/天機漏洩(천기누설)] 하늘의 비밀이 새어나감. 중대한 비밀이 새어서 알려짐.

빠뜨리다
[漏落(누:락)] 기록에서 빠짐. 또는 빠뜨림. ¶명단에서 내 이름이 누락되었다
[漏籍(누:적)] 호적·병적·학적 따위의 기록에서 빠뜨림.
[脫漏(탈루)] 빠져서 샘. ¶세무조사를 실시하여 탈루 세원을 찾아내었다

물시계
[自擊漏(자격루)] (역) 조선 세종 때, 물이 흐르면서 스스로 소리가 나게 하여 시간을 알리게 되어 있는 물시계의 한 가지.

병 이름
[早漏(조:루)] (의) 성교할 때 정액이 비정상적으로 너무 빨리 나옴.
[痔漏(치루)] 치질의 한 가지.

때, 시각
[罷漏(파:루)] (역) 조선 때, 큰 도시에서 통행금지를 풀던 시간인 오경 삼점에 쇠북을 서른 세 번 치던 일.

漫 흩어질 만:, 퍼질 만:, 멋대로 만:, 水부14 1678

'漫(만)'자는 '물이 질펀하다'는 뜻을 나타내기 위하여 만든 것이다. '물 氵(수)'와 '끌 曼(만)'으로 이루어졌다. '흩어지다', '멋대로' 등의 뜻을 나타낸다.

질펀하다, 넘쳐흐르다
[爛漫(난:만)] ① 꽃이 활짝 피어 화려함. ¶백화가 난만하게 피어… ② 광채가 선명하고 강함. ③ 의견의 주고받음이 충분함.

흩어지다, 어지럽다
[散漫(산:만)] 질서나 통일성이 없이 어지럽게 흩어져 있어 어수선함. ¶주위가 너무 산만하다/산만한 구성

멋대로
[漫談(만:담)] 재미있고 익살스럽게 멋대로 세상과 인정을 풍자하는 이야기. 참漫談家(만담가)
[漫評(만:평)] 일정한 형식이나 체계 없이 멋대로 하는 비평.
[漫畫(만:화)] 사물의 특징을 과장하여 간단하고 익살스럽게 그려 인생이나 사회를 풍자하는 그림. ('멋대로 그린 그림'이라는 뜻인 독일어 'Karikatur'를 일본 사람들이 '漫畫'라고 옮겼다고 함.)
[浪漫(낭:만)] 실현성이 적고 매우 정서적이며 이상적으로 사물을 파악하는 심리 상태. 또는 그로 인한 감미로운 분위기. 참浪漫的(낭만적)
[浪漫主義(낭:만주의)] (문예) 로맨티시즘. 18세기 말엽부터 19세기에 걸쳐 유럽에서 일어난 문예사조. 아름다운 세계를 동경하는 개성과 감정·자유를 동경했음. 보편적·이성적·합리적인 것을 이상으로 삼는 고전주의에 대립하여 일어남.
[天眞爛漫(천진난만)] 조금도 꾸미지 아니하고 있는 그대로를 언동에 나타냄.
漫步(만보), 漫筆(만필)

滴 물방울 적, 水부14 1679

'滴(적)'자는 '물방울'을 뜻하기 위하여 만든 것이다. '물 氵(수)'와 '밑동 啇(적)'으로 이루어졌다.

물방울, 방울져 떨어지다
[滴定(적정)] (화) 어떠한 반응이 끝날 때까지 시료의 용액에 표준액을 떨어뜨리고, 그 떨어뜨린 양에 따라 시료의 성분비 및 농도를 알아내는 일.
[水滴石穿(수적석천)] 물방울이 돌을 뚫는다는 뜻으로, '미미한 작은 힘도 모이면 큰 힘이 될 수 있음'을 비유하여 이르는 말.
[餘滴(여적)] ① 글을 다 쓰거나 그림을 다 그리고 아직 남아 있는 먹물. ② 나머지 사실의 기록. 餘錄(여록).
[硯滴(연적)] 벼룻물을 담그는 그릇.
[汗滴禾下土(한적화하토).] 땀방울이 벼 아래 흙으로 떨어지네. 『李紳(이신)·憫農詩(민농시)』 ☞ * 196
水滴(수적), 雨滴(우적), 點滴(점적)

극히 적은 분량의 비유
[大海一滴(대:해일적)] '크고 넓은 바다 가운데 있는 물 한 방울'이라는 뜻으로, 매우 큰 것 중의 보잘것없는 아주 작은 것을 비유하여 이르는 말.

漂 떠돌 표, 빨래할 표, 水부14 1680

'漂(표)'자는 물 위에 '떠다니다'는 뜻을 나타내기 위하여 만든 것이다. '물 氵(수)'와 '불똥 튈 票(표)'로 이루어졌다. 후에 '빨래하다'는 뜻도 추가되었다.

떠돌다, 물에 떠돌다, 물결에 떠서 흐르다, 유랑하다
[漂浪(표랑)] ① 물 위에 떠돎. ② 정처 없이 떠돎.
[漂流(표류)] ① 물에 떠서 흘러감. ② 정처 없이 떠돎. ¶하멜표류기
[漂泊(표박)] 떠돌아다니며 삶.
[浮漂(부표)] 물 위에 떠서 돌아다님.

빨래하다, 헹구다, 바래다
[漂白(표백)] ① 하얗게 되도록 빨래함. ② 종이나 피륙 따위를 화학약품으로 탈색하여 희게 함. 참漂白劑(표백제)

潭 못 담, 水부15 1681

'潭(담)'자는 원래 중국의 강의 이름을 위한 것이었다. '물 氵(수)'와 '미칠 覃(담)'으로 이루어졌다. '못'의 뜻을 나타낸다.

소, 물이 깊게 괸 곳
[靑潭(청담)] 푸른 연못.
[淸潭(청담)] 맑은 연못.
[潭水(담수)] 못이나 늪의 물.

濫 넘칠 람:, 퍼질 람:, 水부17 1682

'濫(람)'자는 강물이 '넘치다'는 뜻을 나타내기 위하여 만든 것이다. '물 氵(수)'와 '볼 監(감)'으로 이루어졌다.

넘치다, 넘쳐흐르다, 퍼지다, 물이 퍼져 흐르다
[汎濫(범람)/氾濫(범람)] ① 큰물이 넘쳐흐름. ¶강의 범람. ② 바람직하지 못한 것이 마구 쏟아져 나와 돌아다님. ¶외래 사조의 범람 ③ 제 분수에 넘침.

함부로 하다, 예나 법에 어긋나다, 도가 지나치다, 함부로
[濫讀(남:독)] 이것저것 마구 읽음. 凹精讀(정독)
[濫發(남:발)] ① 법령·지폐·증서 같은 것을 마구 공포하거나 발행함. ② 어떤 말이나 행동 같은 것을 함부로 자꾸 함. ¶공약을 남발하다
[誤濫用(오:남용)] 잘못 그르치게 쓰거나 함부로 마구 씀. ¶약물을 오남용하면 안 됩니다
[猥濫(외:람)] 하는 짓이 분수에 지나침. ¶외람된 생각인지 모르겠습니다만…
[職權濫用(직권남용)] 공무원이 직무를 핑계 삼아 직권 이외의 행위를 함부로 하는 짓.
[小人窮斯濫矣(소인궁사람의).] 소인은 곤궁해지면 상도(常道)를 벗어나 나쁜 일을 하게 됨. 『論語(논어)·衛靈公(위령공)』
濫伐(남벌), 濫用(남용), 濫獲(남획), 僭濫(참람)

炎 불탈 염, 불꽃 염, 火부8 1683

'炎(염)'자는 '불꽃'을 나타내기 위하여 활활 타오르는 불꽃 모양을 그린 것이다. '염증'의 뜻도 가지고 있다.

불타다, 불이 타오르다, 불꽃
[火炎(화:염)/火焰(화:염)] 불꽃.

덥다, 뜨겁다
[炎凉(염량)] ① 더위와 서늘함. ② 선악과 시비를 분별하는 슬기. ¶염량이 뛰어나다 ③ 세력의 성함과 쇠함. ④ 인정의 후함과 박함. 참炎凉世態(염량세태)
[炎天(염천)] ① 몹시 더운 날씨. ② 구천의 하나인 남쪽 하늘.
[酷炎(혹염)] 몹시 심한 더위. 동酷暑(혹서)

염제(炎帝)
[炎帝(염제)] ① 여름을 맡은 신. ② 중국 고대의 불의 신. 때로는 태양신이라 하여 신농씨와 동일시하기도 하였음.

염증
[炎症(염증)] ① 빨갛게 붓고 열이 나는 현상. ② (의) 생체 조직이 손상을 입었을 때 체내에서 일어나는 방어적 반응.
[消炎(소염)] 염증을 가라앉힘. 참消炎劑(소염제)
[肺炎(폐:렴)] (의) 허파에 생기는 염증. 세균 따위의 침입으로 처음에는 오한이 나고 차차 열이 생겨 가슴을 찌르는 것같이 아프고 기침이 나며 호흡 곤란을 일으킴.
肝炎(간염), 結膜炎(결막염), 腦炎(뇌염), 肋膜炎(늑막염), 盲腸炎(맹장염), 鼻炎(비염), 胃炎(위염), 腸炎(장염)

焉 어찌 언, 어조사 언, 火부11 1684

'焉(언)'자는 '어찌'라는 의문 어조사나 '이에'라는 부사적으로 쓰인다. 낱말을 구성하는 조어력은 매우 낮다.

어찌(반어나 의문을 나타낸다), 어찌하여
[焉敢生心(언감생심)] '어찌 감히 그런 마음을 가질 수 있으랴'의 뜻.
[吾不關焉(오불관언)] 나는 그 일에 상관하지 아니함.
[於焉間(어언간)] 알지 못하는 사이에. 어느덧.
[終焉(종언)] ① 없어지거나 죽어서 존재가 사라짐. ② 계속하던 일이 끝장이 남.
[未能事人(미:능사인), 焉能事鬼(언능사귀). 未知生(미지생), 焉知死(언지사).] 아직 사람도 능히 섬기지 못하는데 어찌 귀신을 섬길 수 있으며, 삶도 모르는데 어떻게 죽음에 대해서 알 수 있겠는가. 죽음을 알려고 하기 전에 우선 삶에 대해서 먼저 알아야 한다. 『論語(논어)·先進(선진)』
[心不在焉(심부재언) 視而不見(시이불견), 聽而不聞(청이불문), 食而不知其味(식이부지기미).] 마음에 있지 않으면 보아도 보이지 않고, 들어도 들리지 않고, 먹어도 그 맛을 모른다. 즉 하고자 하는 의식이 없으면 아무리 권하고 이끌어도 선뜻 따르지 않는다는 말이다. 『大學(대학)·正心章(정심장)』

熙 빛날 희, 火부13 1685

'빛날 熙(희)'자는 불빛이 '빛나다'는 뜻을 나타내기 위하여 만든 것이었으니, '불 火(화)'가 표의요소로 쓰였다. 조어력이 약하여 한자어 용례는 없다. 이름자로 애용되었다. 이 '熙(희)'자는 정확하게 쓰기가 어려우니 주의해야 한다. '불 灬(화)' 위의 좌측에 있는 것은 '신하 臣(신)'처럼 쓰기 쉬우나 '臣(신)'이 아니라 '아래턱이'자이다. PC가 이 글자를 지원해주지 않으니 꼭 한번 字典(자전)에서 확인해 보기 바란다. 우측에 있는 것은 '몸 己(기)'나 '뱀 巳(사)'가 아니고 '이미 已(이)'자이다. '熙(희)'자가 이름자로 쓰인 사람의 성명을 쓸 때 잘못된 글자를 쓰면 실례가 된다.

(불빛이) 빛나다

燒 불사를 소, 火부16 1686

'燒(소)'자는 '불사르다'는 뜻을 나타내기 위하여 만든 것이다. '불 火(화)'와 '요임금 堯(요)'로 이루어졌다.

사르다, 불태우다, 타다
[燒却(소각)] 불에 살라 버림. 참燒却場(소각장)
[燒滅(소멸)] 불에 타서 없어짐.
[燒失(소실)] 불에 타서 없어짐.
[燒眉之急(소미지급)/焦眉之急(초미지급)] 눈썹에 불이 붙은 것과 같이 매우 위급함.
[燃燒(연소)] ① 불에 탐. ② (화) 주로 물질이 산소와 화합할 때, 다량의 열을 내며 동시에 빛을 내는 현상.
[全燒(전소)] 죄다 타 없어짐.
[赤舌燒城(적설소성)] 小人(소인)들이 君子(군자)를 讒害(참해)하는 혓바닥은 불같아서 성곽이라도 태워버릴 만하다는 뜻으로, 讒言(참언)의 무서움을 비유한 말. 『陳本禮(진본례)·闠祕(천비)』
燒死(소사), 燒散(소산), 燒夷(소이), 燒夷彈(소이탄), 燒紙(소지), 燒盡(소진), 燒火(소화), 半燒(반소), 火燒眉毛(화소미모)

술의 한 가지
[燒酒(소주)] 곡물을 발효시켜 증류하거나 에탄올을 물로 희석하여 향료 등을 첨가한 술.

燕 제비 연(:), 火부16 1687

'燕(연)'자는 '제비'의 모양을 본뜬 것이다. 아래 부분의 '불 灬(화)'는 제비의 꼬리를 나타낸 것이지 '불'과는 상관이 없다.

제비
[燕尾服(연:미복)] 검은 羅紗(나사)로 지은 남자의 예복. 저고리 뒤가 길게 내려오고 두 갈래로 째져서 제비 꼬리처럼 되어 있고, 앞쪽은 허리 아래가 없음.
[燕巢(연:소)] 제비의 집.
[燕雀(연:작)] ① 제비와 참새. ② 도량이 좁은 사람.
[海燕(해:연)] 바다제비.
[燕雀安知鴻鵠之志(연:작안지홍곡지지).] 제비나 참새가 어찌 기러기나 고니의 뜻을 알겠는가? 소견이 좁은

사람은 뜻이 큰 사람의 야망을 이해하지 못한다는 말이다.『史記(사기)·陳涉世家(진섭세가)』

나라 이름
[燕京(연:경)] (지) 중국 '베이징'의 옛 이름.
[燕麥(연:맥)] (식) 귀리.
[燕行(연:행)] (역) 사신이 중국 북경으로 감.

기타
[燕山君(연:산군)]

燥 마를 조, 火부17 1688

'燥(조)'자는 불을 지펴 열을 가하여 물기를 '말리다'는 뜻을 나타내기 위하여 만든 것이다. '불 火(화)'와 '울 喿(소)'로 이루어졌다. 사람이 어떤 일에 골몰하여 신경을 쓰면 속이 새까맣게 타거나 피가 바짝바짝 마른다는 데서 '焦(초)'와 '燥(조)'에 각각 '애태우다'라는 뜻이 파생되었다.

마르다, 말리다, 마른 것
[燥渴(조갈)] 목이 몹시 마름. ¶조갈이 나다 웹燥渴症(조갈증)
[乾燥(건조)] ① 말라서 물기가 없음. 또는 말려서 물기를 없앰. 웹乾燥期(건조기) 乾燥機(건조기) ② (살갗 따위가) 메마름. ③ 분위기·정신·환경·글의 내용 등이 여유나 윤기가 없이 메마름. 웹無味乾燥(무미건조)
[無味乾燥(무미건조)] 재미나 멋이 없어 메마름.
[焦燥(초조)] 애를 태우고 마음을 졸임. ¶내 차례를 초조하게 기다렸다.

燭 촛불 촉, 火부17 1689

'燭(촉)'자는 '촛불'을 뜻하기 위하여 만든 것이다. '불 火(화)'와 '나라 이름 蜀(촉)'으로 이루어졌다.

촛불
[燭臺(촉대)] 초를 꽂아두는 대.
[燈燭(등촉)] 등불과 촛불. ¶등촉을 밝히다
[洋燭(양촉)] 양초. 지방이나 석유의 찌꺼기를 걸러내어 심지를 넣고 굳힌 흰 빛깔의 초.
[華燭(화촉)] ① 빛깔을 들인 밀초. ② 혼인식 따위에서 밝히는 등불. 뜻이 바뀌어 '혼례'를 달리 일컫는 말이 되었음.
[洞房華燭(동방화촉)/華燭洞房(화촉동방)] 부녀자의 방에 불빛이 밝다는 뜻으로 '결혼식의 밤' 또는 '혼인'을 이르는 말.
[燭淚落時民淚落(촉루낙시민루락).] 촛불농이 떨어질 때 백성의 눈물 떨어지네.『춘향가·金樽美酒詩(금준미주시)』 ☞ * 063
燭淚(촉루), 香燭(향촉), 花燭(화촉)

촉, 촉광
[燭光(촉광)] ① 촛불의 빛 ② 광도의 단위.

비추다, 밝히다
[洞燭(통촉)] 아랫사람의 형편 등을 헤아려 살핌.

爛 찬란할 란:, 빛날 란:, 문드러질 란:, 火부21 1690

'爛(란)'자는 불빛이 '빛나다'는 뜻을 나타내기 위하여 만든 것이다. '불 火(화)'와 '가로막을 闌(란)'으로 이루어졌다.

화려하다, 선명하다, 빛나다, 번쩍번쩍하다
[爛漫(난:만)] ① 꽃이 활짝 피어 화려함. ¶백화가 난만하게 피어… ② 광채가 선명하고 강함. ③ 의견의 주고받음이 충분함..
[能爛(능란)] 익숙하고 솜씨가 있음.
[燦爛(찬:란)] ① 눈부시게 빛남. ② 매우 훌륭함. ¶반만년 찬란한 우리의 역사
[天眞爛漫(천진난만)] 조금도 꾸미지 아니하고 있는 그대로를 언동에 나타냄.

많다
[爛發(난:발)] 꽃이 한창 흐드러지게 핌.
[爛商(난:상)] 충분히 의논함.
[爛商討議(난:상토의)] 충분히 자세하게 의논함.

爵 벼슬 작, 잔 작, 爪부18 1691

'爵(작)'자는 원래 참새의 모양을 본뜬 것으로, '참새' 또는 참새 모양으로 빚은 '술잔'을 뜻하는 것이었다. '벼슬'을 뜻하는 글자로 사용되는 예가 많아지자, '참새 雀(작)'을 따로 만들었다. 천자가 제후에게 벼슬을 내릴 때 금이나 은 또는 옥 따위로 만든 잔을 내린 데서 '벼슬', '벼슬을 내리다'의 뜻으로 쓰이게 되었다.

벼슬, 신분의 위계, 작위(爵位)를 내리다
[爵位(작위)] 벼슬의 자리.
[高官大爵(고관대작)] 높은 관직이나 높은 신분. 또는 그런 신분에 있는 사람.
[爵高者憂深(작고자우심), 祿厚者責重(녹후자책중).] 작위가 높은 사람은 임무가 무겁기 때문에 걱정이 많고, 봉급이 많은 사람은 책임이 무거워 임무를 수행하기가 그만큼 힘들다.『蜀志(촉지)』
[爵高者人妬之(작고자인투지).] 작위가 높은 사람은 남에게 시샘을 받음.『列子(열자)·說符篇(설부편)』

[五等爵(오:등작)] (역) 고려 때부터 중국의 봉작 제도를 모방한 다섯 등급의 작위를 말한다. 公爵(공작)은 오등작 가운데 첫째 작위. 侯爵(후작)은 둘째, 伯爵(백작)은 셋째, 子爵(자작) 넷째, 男爵(남작)은 최하위 작위이다.

官爵(관작), 封爵(봉작), 贈爵(증작)

잔, 참새 모양을 한 울창주를 따르는 잔, 술을 마시는 그릇의 총칭
[獻爵(헌:작)] ① 제사 때 술을 부어 올림. ② (천주) 미사 때 포도주가 담긴 잔을 사제가 두 손으로 높이 받들어 올리는 일.

琢 다듬을 탁, 쪼을 탁, 玉부12 1692

'琢(탁)'자는 '옥을 다듬다'는 뜻을 나타내기 위하여 만든 것이다. '옥돌 玉(옥)'과 '발 얽은 돼지 걸음 豕(축)'으로 이루어졌다. '玉(옥)'이 표의요소(부수)로 쓰일 때 점(丶)을 생략하는 것은 '임금 王(왕)'이 부수로 쓰이는 예가 없어 혼동될 여지가 없기 때문이다. 후에 '쪼다'는 뜻으로도 쓰이게 되었다.

쪼다, 옥을 다듬다, 덕이나 기량을 닦다, 수양하다, 연마하다

[琢磨(탁마)] ① 옥이나 돌을 쪼고 가는 것. ② 학문이나 덕행을 닦는 것. 切磋琢磨(절차탁마).

[彫琢(조탁)] ① 보석 따위를 새기거나 쪼는 일. ② 詩文(시문) 따위를 다듬는 일.

[玉不琢不成器(옥불탁불성기), 人不學不知道(인불학부지도).] 옥은 본시 그 바탕은 아름답지마는 다듬지 않으면 완전한 것이 되지 못하고, 사람은 본바탕은 선하지만 배우지 않으면 인간의 올바른 도리를 알지 못한다. 『禮記(예기)』, 『明心寶鑑(명심보감)·勤學篇(근학편)』

[切磋琢磨(절차탁마)] '切磋(절차)'는 뼈나 뿔로 작품을 만들 때 칼이나 톱으로 자르고 줄로 다듬는 것이고, '琢磨(탁마)'는 옥이나 돌로 작품을 만들 때 정으로 쪼고 사포로 갈아서 윤을 내는 것을 말한다. '학문과 덕행을 닦는 것도 이와 같이 순서 절차를 밟고 노력해야 함'을 비유하는 말. 囹切磨(절마), 切磋(절차)

瓜 오이 과, 瓜부5 1693

'瓜(과)'자는 '오이'를 나타내기 위하여 넝쿨에 달려 있는 오이 모양을 본뜬 것이다. 조어력이 약하여 상용 한자어 용례는 거의 없다. '손톱 爪(조)'자와 형태가 비슷한데, 잘 보면 '손톱 爪(조)'에는 '손톱'이 없고, '오이 瓜(과)'에는 '손톱'이 있다. 우스갯소리이지만 이렇게 알고 있으면 혼동할 염려가 없다.

오이

[木瓜(목과→모과)] 모과나무 또는 그 열매.
[甘瓜(감과)] 참외.
[如蝟負瓜(여위부과)] '고슴도치 오이 짊어지듯 한다'는 뜻으로, 빚을 많이 진 것을 비유하여 이르는 말.
[種瓜得瓜(종과득과)] '오이를 심으면 반드시 오이가 난다'는 뜻으로, 원인에 따라 결과가 생김을 이르는 말. 囹種豆得豆(종두득두), 種麥得麥(종맥득맥)
[瓜田不納履(과전불납리), 李下不整冠(이하부정관).] 참외밭을 지날 때는 허리를 굽혀 신을 고쳐 신지 말며, 오얏나무 밑을 지날 때는 갓을 고쳐 쓰지 말아야 한다. 『古詩(고시)·君子行(군자행)』 ☞ *024

瓦 기와 와(:), 瓦부5 1694

'瓦(와)'자는 '기와'를 뜻하기 위하여 두 장의 기와가 맞물려 있는 모양을 본뜬 것이다. 진흙을 구워 만든 질그릇을 통칭하기도 한다.

기와

[瓦家(와가)] 기와집.
[瓦解(와:해)] 어떤 조직이나 계획 따위가 무너져 흩어짐.
[蓋瓦(개:와)] 기와로 지붕을 임.
[靑瓦臺(청와대)] 우리나라 대통령 관저. 기와가 청색임.
[各人自掃門前雪(각인자소문전설), 莫管他家瓦上霜(막관타가와상상).] 각각 자기 집 앞 눈이나 쓸 일이요, 남의 집 기와 위의 서리는 간섭 말라. 자기가 할 일은 자기가 하고, 남의 일에 간여하지 말라, 자신을 다스리고 경계하여 조심할지언정 남의 일에 지나치게 신경을 쓰거나 간섭하지 말라는 뜻임. 『事林廣記(사림광기)』
瓦當(와당), 瓦屋(와옥), 瓦解氷銷(와해빙소), 靑瓦(청와)

질그릇, 질흙으로 구워 만든 그릇

[煉瓦(연:와)] 구운 벽돌. 진흙 따위를 이겨 틀에 박아서 구워 만든 벽돌.

기타

[瓦斯(와사)] 가스.

疫 전염병 역, 疒부9 1695

'疫(역)'자는 유행성 급성 돌림병의 통칭, 즉 '전염병'을 뜻하기 위하여 만든 것이었으니, '병들어 누울 疒(역)'이 표의요소이다. '창 殳(수)'는 '부릴 役(역)'을 줄여서 쓴 것으로 표음요소이다.

염병, 돌림병, 전염병

[疫病(역병)] ① 집단적인 돌림병이 되는 악성 병증. ② 농작물의 전염병의 하나. 감자·담배·토마토·가지·고추 등에서 장마철에 자주 생김.
[疫疾(역질)] (한의) 천연두.
[檢疫(검:역)] 전염병·해충 따위가 외국에서 들어오는 것을 막으려고 여객·화물·교통기관 등을 소독하거나 검진하는 일.
[免疫(면:역)] ① (의) 몸속에 들어온 균에 대항하는 항체를 생산하여 다음에는 그 병에 걸리지 않도록 하는 기능. ② 반복되는 자극 따위에 무감각해지는 상태를 비유하여 이름.
[防疫(방역)] 전염병이 유행할 때 소독이나 또는 그 밖의 방법으로 그것을 미리 막음.
[紅疫(홍역)] (의) 얼굴과 몸에 붉은 발진이 돋으면서 앓는 어린이의 돌림병.

돌림병을 퍼뜨리는 귀신

[疫鬼(역귀)] 악성 돌림병을 일으킨다는 귀신. ¶고려 시대에는 역귀를 물리치기 위하여 처용무를 추었다
[疫神(역신)] ① 천연두. ② 집집마다 찾아다니며 천연두를 앓게 한다는 귀신.

열병

皆 모두 개, 다 개, 白부9　1696

'皆(개)'자는 '견줄 比(비)'와 '흰 白(백)'으로 이루어졌는데 이 두 자와 관계는 없다. 처음의 원형에서 변하는 과정에서 그렇게 된 것 뿐이다. '모두'의 뜻을 나타낸다.

다, 모두, 함께
[皆勤(개근)] 하루도 빠짐없이 출근하거나 출석함. 참 皆勤賞(개근상)
[皆旣日蝕(개기일식)] (천) 달이 해를 완전히 가리어 해가 보이지 않게 되는 현상. 참 部分日蝕(부분일식), 皆旣月蝕(개기월식)
[皆兵(개병)] ① 모두가 병사가 됨. ② (법) 국민 모두가 병역의 의무를 지는 것. 참 國民皆兵制(국민개병제)
[擧皆(거:개)] 거의 모두. ¶마을 사람들은 거개가 화전민이었다
[行有不得者(행유부득자) 皆反求諸己(개반구저기).] 행하고도 결과가 나타나지 않으면 모두 자기에게 돌이켜 반성해야 한다. 『孟子(맹자)·離婁 上(이루 상)』

盤 소반 반, 皿부15　1697

'盤(반)'은 그릇의 일종인 '대야'를 뜻하기 위한 것이다. '그릇 皿(명)'과 '나를 般(반)'으로 이루어졌다.

소반, 쟁반, 대야, 세숫대야, 목욕통
[盤松(반송)] 키가 작고 가지가 옆으로 퍼진 소나무.
[鍵盤(건:반)] (피아노·오르간·타자기 등에) 건을 늘어놓은 면. 키보드.
[小盤(소:반)] 음식을 놓고 앉아서 먹는 짧은 발이 달린 작은 쟁반 같은 상.
[圓盤(원반)] ① 접시 모양으로 둥글넓적하게 생긴 물건. ② (체) 육상경기의 던지기에 쓰는 운동구의 한 가지. 나무 바탕에 놋쇠의 둥글납작한 판을 박고 테를 두른 원형 판.
[音盤(음반)] 소리가 새겨진 둥그런 판. 축음기에 걸어 그 소리를 들음. 레코드판.
[錚盤(쟁반)] 운두가 얕고 둥글납작한 그릇.
[玉盤佳肴萬姓膏(옥반가효만성고).] 옥소반의 아름다운 음식은 일만 백성의 기름이라. 『춘향가·金樽美酒詩(금준미주시)』 ☞ * 063
盤柿(반시), 羅針盤(나침반), 配電盤(배전반), 水盤(수반), 原盤(원반), 銀盤(은반), 銀盤界(은반계)

대(臺), 밑받침
[盤石(반석)] ① 넓고 편편한 소반 같은 바위. ② '아주 믿음직스럽고 든든함'을 비유하여 이르는 말. ¶이제 그의 사업도 반석 위에 자리를 잡고 있다.
[骨盤(골반)] (생) 엉덩이 부분의 뼈대. 허리등뼈와 다리뼈를 잇는 깔때기 모양의 뼈. 엉덩이뼈.
[基盤(기반)] 기초가 되는 바탕. ¶생활의 기반을 잡다
[地盤(지반)] ① 땅의 거죽. ② 건물 생위의 기초가 되는 지면. ③ 활동의 발판. 세력 범위.
[胎盤(태반)] (생) 어미의 아기집 안벽과 태아 사이에 있어서 영양분을 공급하고 배설물을 받아내는 기관.
棋盤(기반), 旋盤(선반), 巖盤(암반)

어떤 사물의 진행되는 단계
[終盤(종반)] (운동경기·바둑·장기 등에서) 승부의 마지막 단계. 참 終盤戰(종반전)
中盤(중반), 初盤(초반)

眉 눈썹 미, 目부9　1698

'眉(미)'자는 눈(目)두덩 위에 난 털, 즉 '눈썹' 모양을 그린 것이다.

눈썹
[眉目(미목)] ① 눈썹과 눈. ② 얼굴 모양.
[眉月(미월)] 초승달.
[白眉(백미)] ① 흰 눈썹. ② '여럿 중에서 가장 뛰어남'을 이름. '馬良白眉(마량맥미)'에서 온 말임.
[蛾眉(아미)] '누에나방의 촉수처럼 털이 짧고 초승달 모양으로 길게 굽은 아름다운 눈썹'이라는 뜻으로, '아름다운 미인의 눈썹'을 일컬음. ¶아리땁던 그 아미 높게 흔들리우며, 그 석류속 같은 입술 죽음을 입맞추었네. 『변영로·논개』
[兩眉間(양:미간)] 두 눈썹 사이. ¶양미간을 찌푸리다 준 眉間(미간)
[燒眉之急(소미지급)/燃眉(연미)/燃眉之急(연미지급)/焦眉(초미)/焦眉之急(초미지급)/火燒眉毛(화소미모)] 눈썹에 불이 붙은 것과 같이 '일이 매우 위급하거나 절박함'을 비유하여 이르는 말.
[馬良白眉(마:량맥미)] 중국 三國(삼국) 시대 蜀(촉)의 馬良(마량)은 눈썹에 흰 털이 있었으며, 다섯 형제가 모두 빼어난 인물이었는데 그 중에서 마량이 가장 뛰어났던 고사에서 온 말. 여기에서 '白眉(백미)'라는 말이 나왔음. 참 白眉(백미)
眉目秀麗(미목수려), 眉目如畵(미목여화), 眉睫(미첩), 擧案齊眉(거안제미), 曲眉(곡미), 柳眉(유미)

矛 창 모, 矛부5　1699

'矛(모)'자는 적을 찌를 때 쓰는 '창'의 모양을 그린 것이었다.

창, 자루가 긴 창
[矛盾(모순)] ① 창과 방패. ② 말이나 행동이 앞뒤가 서로 맞지 않음. ③ (논) 두 판단이 중간에 존재하는 것이 없이 대립하여 양립하지 못하는 관계. 삶과 죽음, 유와 무, 참과 거짓 등.

矛盾(모순)은 약 2300년 전 楚(초)나라의 한 무기 장사꾼의 허풍에서 비롯되었다. 장사꾼과 구경꾼의 대화를 들어 보자.

상인 : "이 방패[盾(순)]는 너무 단단해서 어떤 창[矛(모)]이라도 다 막아낼 수 있고, 이 창은 너무 날카로워 어떤 방패라도 다 뚫을 수 있소."
구경꾼 : "그럼 그 창으로 그 방패를 찔러 보쇼!"

盾 방패 순, 目부9   1700

'盾(순)'자는 '방패'의 모양을 본뜬 것이다. 조어력이 낮아 '矛盾(모순)'이란 단어 밖에 없다.

방패
[矛盾(모순)] ☞ 矛(모)

矢 화살 시, 矢부5   1701

'矢(시)'자는 '화살'을 뜻하기 위하여 화살 모양을 본뜬 것이다. '화살을 펴다', '바르게 하다', '맹세하다'는 뜻을 나타낸다.

살, 화살, 투호(投壺)에 쓰는 화살 모양의 대산가지
[流矢(유시)] ① 흐른살. 빗나간 화살. ② 누가 어디서 쏘았는지 모르는 화살.
[光陰如矢(광음여시)] 세월 가는 것이 화살과 같이 매우 빠름. 또는 세월은 날아가는 화살과 같아 한번 지나가면 되돌아오지 않음을 비유한 말. 동光陰如流(광음여류)
[弓矢(궁시)] 활과 화살.
[已發之矢(이:발지시)] '이미 시위를 떠나간 화살'이란 뜻으로, 중도에 그만두기 어려운 형편을 이르는 말.
[進如激矢(진:여격시)] 쏜살같이 빠름. '나아감이 빠름'을 비유한 말. 『淮南子(회남자)』
[嚆矢(효시)] ① 소리를 내며 우는 살. ② (옛날에 싸움을 시작한다는 신호로 적진에 우는 화살을 먼저 쏘아 보낸 데서 나온 말로) 사물이 비롯된 '맨 처음'을 비유하여 이르는 말. ¶한글 신문의 효시인 독립신문은 1896년 4월 7일에 창간되었다

矣 어조사 의, 矢부7   1702

'矣(의)'자는 고전 문장에서 애용되는 '어조사' 가운데 하나이다. 다른 글자와 더불어 낱말을 만드는 조어력은 없다.

어조사
[萬事休矣(만:사휴의)] 모든 일이 끝장임. 이미 어떻게도 할 수 없게 됨. '모든 일이 헛수고로 돌아감'을 일컫는 말.
[於分足矣(어분족의)] 자기의 분수에 만족함.
[巧言令色(교언령색), 鮮矣仁(선의인).] 말을 교묘하게 꾸미고 얼굴빛을 좋게 하는 자는 어진 이가 드물다. 말을 교묘하게 꾸미는 것과 얼굴빛을 좋게 하는 것 자체는 반드시 비난할 만한 것은 아니다. 그러나 입에 발린 말만 늘어놓고, 용모나 태도를 유연하고 아름답게 꾸미는 일에만 전념한다면 그런 사람에게는 자칫하면 근본의 도리인 인[仁]의 마음이 희박해지기 쉽다. 『論語(논어)·學而(학이)』
[小人窮斯濫矣(소인궁사람의).] 소인은 곤궁해지면 상도(常道)를 벗어나 나쁜 일을 하게 됨. ('濫'은 예의와 법도에서 벗어나는 일.) 『論語(논어)·衛靈公(위령공)』

矯 바로잡을 교:, 矢부17   1703

'矯(교)'자는 옛날에 화살을 바르게 펴지도록 끼워 놓는 틀을 지칭하는 것이었다. '화살 矢(시)'와 '높을 喬(교)'로 이루어졌다. 후에 '바로잡다'는 뜻으로 쓰이게 되었다.

바로잡다, 곧추다, 바루다
[矯角殺牛(교각살우)] '뿔을 바로잡으려다 소를 죽인다'는 뜻으로, 결점이나 흠을 고치려다 그 정도가 지나쳐서 도리어 일을 그르친다는 말이다.
[矯導(교:도)] 바로잡아 이끎. 참矯導官(교도관), 矯導所(교도소)
[矯導所(교도소)] 형벌을 받은 사람을 따로 수용하여 교화하는 곳.
[矯正(교정)] ① 틀어지거나 삐뚤어진 것을 바르게 바로잡음. ② 교도소나 소년원 따위에서 재소자의 잘못된 품성이나 행동을 바로잡음.

硯 벼루 연:, 石부12   1704

'硯(연)'자는 '벼루'를 뜻하기 위하여 만든 것이었다. '돌 石(석)'과 '볼 見(견)'으로 이루어졌다.

벼루
[硯滴(연:적)] 벼룻물을 담는 그릇.
[硯池(연:지)] 물을 부어 괴게 되어 있는 벼루 앞쪽의 오목한 부분.
[紙筆硯墨(지필연묵)] 종이·붓·벼루·먹 즉, 文房四友(문방사우)를 이름.

磨 갈 마, 연자방아 마, 石부16   1705

'磨(마)'자는 돌연장을 '갈다'는 뜻을 나타내기 위한 것이었다. '돌 石(석)'과 '삼 麻(마)'로 이루어졌다.

갈다, 돌을 갈아 광을 내다, 숫돌에 갈다
[磨碎(마쇄)] 갈아서 부스러뜨림.
[磨杵作針(마저작침)] 쇠공이를 갈아서 바늘을 만들다. 한 번 일을 시작하면 不撓不屈(불요불굴)의 정신으로 끝까지 노력해서 성공한다는 뜻이다. 동鐵杵磨針(철저마침), 磨斧作針(마부작침)
[鍊磨(연:마)/練磨(연:마)/研磨(연:마)] ① (쇠붙이 따위

를) 갈고 닦는 일. ② 학문이나 기술 따위를 힘써 연구함.
[切磋琢磨(절차탁마)] '切磋(절차)'는 뼈나 뿔로 작품을 만들 때 칼이나 톱으로 자르고 줄로 다듬는 것이고, '琢磨(탁마)'는 옥이나 돌로 작품을 만들 때 정으로 쪼고 사포로 갈아서 윤을 내는 것을 말한다. 학문과 덕행을 닦는 것도 이와 같이 순서 절차를 밟고 노력해야 함을 비유하는 말. 즘切磨(절마), 切磋(절차)
磨崖(마애), 磨製(마제), 磨製石器(마제석기)

닳다, 닳아 없어지다
[磨滅(마멸)] 닳음. 또는 닳아 없어짐.
[磨耗(마모)] 닳아 작아짐.

기타
[達磨(달마)] 범어 'Dharma'의 음역. ① '법', '진리'의 뜻. ② 염주의 어미 구슬.

祥 상서로울 상, 示부11　1706

'祥(상)'자는 喪中(상중)에 맞이하는 '제사'를 뜻하기 위한 것이었다. '제사 示(시)'와 '양 羊(양)'으로 이루어졌다. 후에 '복', '조짐' 등의 뜻으로도 쓰이게 되었다.

상서롭다, 상서로운 일, 상서로운 조짐
[祥瑞(상서)] 복되고 길한 일.
[吉祥(길상)] 좋은 조짐.
[發祥(발상)] ① 상서로운 조짐이 나타남. ② 역사상 큰 의의를 가질 만한 일이 처음으로 나타남. 참發祥地(발상지)
[不祥事(불상사)] 나쁘고 언짢은 일. ¶불상사가 일어났다
[猝富貴不祥(졸부귀불상).] 갑자기 얻은 부귀는 도리어 상서롭지 못함.
祥氣(상기), 祥運(상운), 祥雲(상운), 吉祥善事(길상선사), 不祥(불상), 三不祥(삼불상)

제사 이름
[祥事(상사)] 大祥(대상).
[大祥(대상)] 장사 지낸 뒤 두 돌 만에 지내는 제사.
[小祥(소상)] 죽은 뒤 일 년 되는 날에 지내는 제사.
祥月(상월), 祥日(상일), 小大祥(소대상)

祿 복 록, 示부13　1707

'祿(록)'자는 조상신에 대한 제사를 통하여 받을 수 있는 '복'을 뜻한다. '제사 示(시)'와 '나무 깎을 彔(록)'으로 이루어졌다. 후에 옛날 관리들이 황실로부터 받는 '봉급'을 뜻하는 것으로 쓰이게 되었다.

녹, 녹봉, 녹을 주다
[祿俸(녹봉)/俸祿(봉ː록)] (역) 벼슬아치에게 일 년 단위 또는 계절 단위로 주던 곡식이나 피륙 또는 돈 따위의 총칭.
[國祿(국록)] 나라에서 관원에게 주는 급료.
[貫祿(관ː록)] 일에 경력이 쌓여 갖추어진 경력이나 권위.

[福祿(복록)] 타고난 복과 나라에서 주는 벼슬아치의 녹봉.
[爵高者憂深(작고자우심), 祿厚者責重(녹후자책중).] 작위가 높은 사람은 임무가 무겁기 때문에 걱정이 많고, 봉급이 많은 사람은 책임이 무거워 임무를 수행하기가 그만큼 힘들다. 『蜀志(촉지)』
祿邑(녹읍), 祿爵(녹작)/爵祿(작록), 祿地(녹지)

禪 참선 선, 고요할 선, 示부17　1708

'禪(선)'자는 하늘에 대한 '제사'를 뜻하기 위한 것이었으니, '제사 示(시)'와 '오랑캐 이름 單(선)'으로 이루어졌다. 불교가 전래되어 범어 'dhyana'를 '禪那'로 음역하게 되었고, 이로부터 '坐禪(좌선)'이나 '參禪(참선)' 같은 불교 용어가 만들어졌다.

선위하다, 왕의 자리를 물려주다
[禪讓(선양)] 임금 자리를 물려주어 양보함.
[禪位(선위)] 왕위를 물려줌.

고요하다, 선나(禪那)의 준말, 깨달음
[禪那(선나)] 마음을 전일(專一) 정허(靜虛)하게 하고 진리를 직관하여 삼매(三昧)에 이르는 일.
[禪院(선원)] 禪宗(선종)의 절. 참선을 주장하는 절.
[禪定(선정)] (불) 禪(선). 마음을 고요히 가라앉히고 무아의 경지에 드는 일.
[口頭禪(구두선)] 실행함이 없이 입으로만 늘 지껄여 대는 말. 비空念佛(공염불)
[坐禪(좌ː선)] (불) 고요히 앉아서 參禪(참선)함.
[參禪(참선)] 坐禪(좌선)에 참여하는 일. 좌선하여 불도를 닦는 일.
禪房(선방), 禪室(선실), 入禪(입선)

불교의 한 파
[禪宗(선종)] 坐禪(좌선)을 통해 불도를 터득하려는 불교의 한 종파. 6세기 초에 달마 대사가 중국에 전하였다. 참禪家(선가), 禪敎(선교), 禪門(선문), 敎宗(교종)
[禪敎(선교)] (불) 禪宗(선종)과 敎宗(교종).
[禪師(선사)] ① (불) 선종에서 참선하여 진리를 통달한 스님. ② '중'의 높임말.
[禪僧(선승)] ① 참선하는 중. ② 선종의 중.

禾 벼 화, 禾부5　1709

'禾(화)'자는 '벼'를 뜻하기 위하여 한 포기의 벼가 고개를 숙이고 있는 모양을 본뜬 것이다. '곡식'의 총칭으로도 쓰인다. 벼 [禾(화)]는 곡식이 익으면 고개를 숙인다. 곡식 이름에서 벼 '禾(화)'를 부수로 하는 것은 익으면 고개를 숙이는 것들이다. 수수, 조, 기장 따위이다. 모든 곡식이 익으면 다 고개를 숙이는 것은 아니다. 예를 들면 보리는 익어도 고개를 숙이지 않는다. 보리, 밀, 호밀 등은 곡식이지만 글자에 '벼 禾(화)'가 쓰이지 않는다. 그것들은 익어도 고개를 숙이지 않고

빳빳하게 쳐들고 있다.

벼, 곡물
[禾穀(화곡)] 벼에 속하는 곡식을 통틀어 이르는 말.
[禾本科(화본과)] 외떡잎식물로 볏과라고도 하며, 벼·보리·밀 등이 여기에 속한다.
[嘉禾(가화)] 낟알이 많이 붙은 잘된 곡식.

鋤禾日當午(서화일당오), 논에서 김을 매는데 한낮이 되니,
汗滴禾下土(한적화하토). 벼포기 아래로 땀방울이 떨어지네.
誰知盤中飱(수지반중손), 누가 알랴, 소반에 담긴 밥,
粒粒皆辛苦(입립개신고). 알알이 모두 (농부들의)고통이라는 것을.
쌀알 하나하나가 다 농부의 애써 고생한 결과라는 뜻. '憫農(민농)'은 '가련한 농부 또는 농부를 가련하게 생각함'이란 뜻임. 『李紳(이신)·憫農詩(민농시)』

稻 벼 도, 禾부15   1710

'벼 稻(도)'자는 '벼 禾(화)'와 '떠낼 舀(요)'로 이루어졌다. '舀(요)'자는 쌀을 절구에 넣은 모양을 본뜬 것이었다. 후에 '벼'라는 뜻을 더욱 분명하게 나타내기 위하여 '벼 禾(화)'가 첨가되었다.

벼
[稻熱病(도열병)] (식) 벼에 생기는 병. 잎줄기에 암갈색의 반점이 퍼지면서 마르게 됨. 벼의 생산량과 품질에 큰 영향을 미친다.
[稻作(도작)] 벼농사.
[水稻(수도)] 논에 심는 벼. 참陸稻(육도)
[陸稻(육도)] 밭벼. 참水稻(수도)
[立稻先賣(입도선매)] 돈이 급한 농민이 벼를 수확하기 전에 헐값으로 팔아넘기는 일.

穫 거둘 확, 벼 벨 확, 禾부19   1711

'穫(확)'자는 익은 벼 따위의 곡식을 '거두다'는 뜻을 나타낸다. '벼 禾(화)'는 표의요소, '받들 蒦(확)'자는 표음요소이다.

벼를 베다, 거두다
[收穫(수확)] ① 익은 농작물을 거두어들임. 또는 거두어들인 농작물. ¶벼를 수확하다 ② 어떤 일을 해서 얻은 성과. ¶이번 여행에서 그를 만난 것은 큰 수확이었다
[春耕秋穫(춘경추확)] 봄에 밭을 갈고 가을에 거둠.

穴 구멍 혈, 穴부5   1712

'穴(혈)'자는 원시시대 반지하의 움집 모양을 본뜬 것으로, 土室(토실)의 '움집'이 본뜻이며, 출입구가 구멍 같았기 때문에 '구멍'을 뜻하는 것으로 확대 사용되었다.

구멍, 맞뚫린 구멍, 뚫다, 구덩이, 동굴, 짐승이 숨어 있는 구멍
[穴居(혈거)] 구멍 같은 동굴에서 삶.
[使穴可入(사:혈가입)] 부끄러워서 숨을 구멍이 있으면 숨어버리고 싶다는 뜻. 『新書(신서)』
[偕老同穴(해로동혈)] '살아서는 같이 늙고, 죽어서는 한 무덤에 묻힌다'는 뜻으로, 생사를 같이 하자는 부부의 사랑의 맹세를 가리키는 말.
[不入虎穴不得虎子(불입호혈부득호자).] 호랑이 굴에 들어가지 않고는 호랑이 새끼를 잡을 수 없음. 즉 모험을 하지 않으면 이익을 얻지 못함의 비유.
[堤潰蟻穴(제궤의혈)] 개미굴이 제방을 무너뜨린다. 사소한 실수나 부주의로 큰일을 망치게 되는 것을 비유하는 말이다. 江河大潰從蟻穴(강하대궤종의혈)『韓非子(한비자)·喻老(유노)』 ☞ *010 *414
墓穴(묘혈), 虎穴(호혈)

혈, 경혈(침을 놓거나 뜸을 뜨는 자리)
[經穴(경혈)] (한의) 침을 놓거나 뜸을 뜨기에 알맞은 자리. 축穴(혈)

竝 나란히 병:, 立부10   1713

'竝(병)'자는 '나란히 하다'는 뜻을 나타내기 위하여 두 사람이 나란히 서 있는 모습을 본뜬 것이다. 줄여 쓴 형태는 '並(병)'이다. '幷(병)' 또는 '倂(병)'자와는 다른 글자이나 의미도 비슷하고 함께 쓰이는 예가 많다. 굳이 구분한다면, 둘의 관계가 독립적이면 '竝(병)'자를, 둘의 관계가 의존적이면 '倂(병)'자를 쓰는 경향이 있다.

倂 아우를 병:, 함께할 병:, 人부10   1714

'倂(병)'자의 본래 형태는 '幷(병)'이다. '어우르다'는 뜻을 나타내기 위하여 두 사람이 다리를 함께 묶고 서 있는 모습을 본뜬 것이다. 후에 '함께 하다', '다른 사람과 어깨를 나란히 하다'는 뜻을 더욱 분명히 하려고 '사람 亻(인)'을 덧붙였다.

함께 하다, 아우르다
[竝發(병:발)/倂發(병:발)] 두 가지 이상의 일이 한꺼번에 일어남.
[竝設(병:설)/倂設(병:설)] 두 가지 이상을 아울러 설비하거나 설치함. ¶학교 병설 유치원
[竝用(병:용)/倂用(병:용)] ① 한 가지 것으로, 이렇게도 저렇게도 다 같이 씀. ② 한 가지 일에, 둘 이상을 아울러 씀.
[竝呑(병:탄)/倂呑(병:탄)] 남의 물건을 강제로 제 것에 합침.
[合倂(합병)] 단체·기구·나라 따위를 합침. ¶계열 회사 합병 동倂合(병합)

[合併症(합병증)] (의) 한 가지의 질병에 곁들여 일어나는 다른 질병. ¶당뇨병 합병증

竟 마침내 경:, 立부11   1715

'竟(경)'자는 연주 등을 '끝내다'는 뜻을 나타낸다. '끝내', '마침내'의 뜻으로도 쓰인다.

마침내, 드디어, 다하다, 끝나다, 끝, 극에 이르다
[究竟(구경)] 마지막. 궁극. 마침내.
[畢竟(필경)] 마침내. 결국에는. ¶필경 그는 오지 않을 것이다

罔 없을 망, 网부8   1716

'欺(기)'는 이치가 있는 것으로써 즉 그럴 듯하게 속이는 것이고, '罔(망)'은 이치가 없는 것으로써 즉, 터무니 없는 것으로써 속이는 것이다. 罔(망)은 瞞(만)과 통한다. ☞ 欺(기)1665 참조.

없다(無)
[罔極(망극)] 끝이 없음. 주로 임금이나 어버이의 은혜가 매우 큼을 나타낼 때 쓴다. ¶성은이 망극하옵니다 찹罔極之恩(망극지은)
[罔測(망측)] ① 常理(상리)에 어그러져서 어처구니가 없음. ¶망측한 봉변을 당하다 ② 꼴이 사납다. ¶망측한 몰골.
[駭怪罔測(해괴망측)] 이루 말할 수 없이 괴상야릇함.
罔極之恩(망극지은), 奇怪罔測(기괴망측), 昊天罔極(호천망극), 凶惡罔測(흉악망측)

덮어씌워서 속이다
[欺君罔上(기군망상)] 임금을 속임.
[欺罔(기망)/欺瞞(기만)] 남을 속이거나 속여 넘김. ¶기만을 당하다

篤 도타울 독, 竹부16   1717

'篤(독)'자의 본래 뜻은 말이 넘어졌다 일어나 '천천히 걷다'는 것이었기에 '말 馬(마)'가 표의요소로 쓰였다. '대 竹(죽)'은 표음요소라고 한다. 후에 '도탑다', '열성스럽다', '심하다' 등의 뜻으로 쓰인다.

두텁다, 굳다, 흔들리지 아니하다, 두터이 하다, 인정이 많다
[篤志(독지)] 도탑고 친절한 마음. 찹篤志家(독지가)
[篤志家(독지가)] ① 열성이 있고 정성이 지극한 사람. ② 어떤 사회적인 사업에 특히 마음을 쓰고 물질적 도움을 주는 도타운 사람. ¶숨은 독지가가 있어서 그 어려움을 극복할 수 있었다
[敦篤(돈독)] 인정이 두터움.

열성스럽다, 신실하다
[篤信(독신)] 착실히 믿음. 찹篤信者(독신자)
[篤學(독학)] 독실하게 배움.

[篤實(독실)] 믿음이 두텁고 성실함. ¶독실한 믿음

괴로워하다, 고생하다, 병이 위중하다
[危篤(위독)] 생명이 위태롭고 병세가 매우 심하다.

麥 보리 맥, 麥부11   1718

'麥(맥)'자는 '보리'를 나타내는 것이다. 원래 보리는 '來(래)'자로 나타냈는데 '오다'라는 뜻으로 차용되는 예가 많아지자 '來(래)'자 밑에 보리 뿌리의 모양을 닮은 '止(지)'를 붙였다. 이 '止(지)'가 '뒤져올 夊(치)'로 변하여 현재의 '麥(맥)'자가 되었다. ☞ 禾(화)1709

보리, 오곡의 하나
[麥飯(맥반)] 보리밥.
[麥酒(맥주)] 엿기름을 짠 물에 보리와 호프(hop) 등을 섞어 발효시켜 만든 술. 찹生麥酒(생맥주)
[米麥(미맥)] 쌀과 보리.
[不辨菽麥(불변숙맥)/菽麥不辨(숙맥불변)] '콩과 보리를 구별하지 못한다'는 뜻으로 어리석은 사람을 이르는 말. 찹菽麥(숙맥)
[麥秀之嘆(맥수지탄)] 箕子(기자)가 殷(은)나라가 망한 뒤에 그 궁궐터를 지나다가 보리가 무성한 것을 보고 읊었다는 '麥秀歌(맥수가)'에서 나온 말로, '조국이 망한 것을 한탄하다'라는 말.
麥藁(맥고), 麥門冬(맥문동), 麥粉(맥분), 麥芽(맥아), 麥芽糖(맥아당), 裸麥(나맥)

맥류의 총칭
[麥類(맥류)] 보리 종류를 통틀어 일컫는 말. 보리·밀·귀리·호밀 따위.
[蕎麥(교맥)] 메밀. (메밀은 이름에 '밀'이라는 글자가 들어갔고, 한자로는 '麥(맥)'자가 들어갔다. 그러나 메밀은 맥류는 아니다. 식물분류학상 보리나 밀과는 관계가 멀다. 영어로는 'buckwheat'라고 하는데, 여기에도 '밀'을 뜻하는 'wheat'가 쓰이고 있다.
[大麥(대:맥)] 보리.
[小麥(소:맥)] 밀.
[小麥粉(소:맥분)] 밀가루.
[燕麥(연:맥)] 귀리.
[胡麥(호맥)] 호밀.

粟 조 속, 米부12   1719

'粟(속)'자는 상단은 곡식의 '낟알'을 가리키고, 米(미)는 '쌀' 또는 '곡식'을 통칭하는 것이다. '조', '좁쌀'을 나타낸다. '밤 栗(률)'은 아래 부분이 '나무 木(목)'이다. 글자 모양이 흡사하니 주의해야 한다.

조
[粟麥(속맥)] 조와 보리. 잡곡을 이름.
[粟飯(속반)] 조밥.
[黍粟(서:속)] 기장과 조.
[滄海一粟(창해일속)] '넓고 큰 바다 가운데 한 알의 좁

'쌀'이란 뜻으로, 매우 많거나 넓은 가운데 섞여 있는 보잘것없는 작은 물건의 비유하는 말이다.

糖 엿 당, 사탕 탕, 米부16 1720

'糖(당)'자는 쌀 따위로 만든 '엿'을 뜻하기 위하여 만든 것이다. '쌀 米(미)'와 '당나라 唐(당)'으로 이루어졌다. 원래의 음은 [당]인데, '사탕'을 가리킬 때는 [탕]으로 읽는다.

엿, 사탕, 당분
[糖尿(당뇨)] (의) 당분이 많이 섞여 나오는 오줌. 참糖尿病(당뇨병)
[糖分(당분)] 단 맛이 나는 성분.
[砂糖(사탕)/沙糖(사탕)] ① 맛이 달고 물에 잘 녹는 식료품. 사탕수수나 사탕무에 많이 들어있고 순수한 것은 검붉은 결정성임. ② 알사탕.
[雪糖(설탕)] 본음은 설당. 맛이 달고 물에 잘 녹음. 사탕수수·사탕무 등을 원료로 하여 만듦. 사탕가루.
[製糖(제:당)] 사탕무·사탕수수 등과 같이 당분의 함유량이 많은 식물의 즙액을 달여, 이것을 결정화시켜 설탕을 만듦.
糖度(당도), 糖類(당류), 果糖(과당), 麥芽糖(맥아당), 乳糖(유당), 葡萄糖(포도당)

累 포갤 루:, 묶을 루:, 여러 루:, 糸부11 1721

'累(루)'자는 '실 糸(사)'와 '밭 사이 땅 畾(뢰)'로 이루어진 글자이다. '畾(뢰)'자는 '포개다'의 뜻이다. 후에 '田(전)'으로 간략하게 되었다. '포개다', '여러 번', '엮이다'의 뜻으로 쓰인다. '여러'라는 뜻으로 쓰일 때는 '屢1562(루)'자와 함께 쓴다.

쌓이다, 포개다, 포개어지다
[累加(누:가)] ① 자꾸 보태어 나감. ② 같은 수를 여러 차례 더함. ¶세율이 누가되었다
[累卵之危(누:란지위)] '쌓아 놓은 알처럼 위태롭다'란 뜻으로, 몹시 위태로운 지경에 처해 있음을 비유하는 말. 동累卵之勢(누란지세), 危如累卵(위여누란) 준累卵(누란)
[累積(누:적)] 포개어 쌓음.
[累進(누:진)] 가격이나 수량이 증가함에 따라 그에 대한 비율도 점점 높아짐. 참累進稅(누진세)
[累進稅(누:진세)] (법) 세금을 매길 물건의 수량 또는 화폐 가치가 커짐에 따라서 세율이 점점 높아지는 세. 참比例稅(비례세)

끊임없이, 여러 번
[累年(누:년)/屢年(누:년)] 여러 해.
[累代(누:대)/屢代(누:대)] 여러 대. ¶누대를 두고 내려온 솜씨
[累代奉祀(누:대봉사)/屢代奉祀(누:대봉사)] 여러 대의 조상의 제사를 받듦.
[累日(누:일)/屢日(누:일)] 여러 날. 여러 날에.
[累次(누:차)/屢次(누:차)] 여러 차례. 여러 차례에 걸쳐. ¶누차의 부탁/누차 말하다

연루, 연좌
[連累(연루)] (법) 남이 저지른 죄에 관계됨. 참連累者(연루자)

紫 자주 빛 자:, 糸부11 1722

'紫(자)'자는 실이나 비단의 '자줏빛 색깔'을 뜻하기 위하여 만든 것이다. '실 糸(사)'와 '이 此(차)'로 이루어졌다.

자주빛, 자주빛의 의관(衣冠)
[紫色(자:색)] 자줏빛.
[紫水晶(자:수정)] 자주빛이 나는 수정.
[紫雲(자:운)] ① 자줏빛 구름. ② 상서로운 구름.
[紫朱(자:주)] 짙은 남빛을 띤 붉은 색.
[山紫水明(산자수명)] 산과 물의 경치가 맑고 아름다움. 동山明水麗(산명수려), 山明水紫(산명수자), 山明水清(산명수청)
[千紫萬紅(천자만홍)] '여러 가지 빛깔의 꽃이 만발함'을 이르는 말.

신선 또는 제왕의 집의 빛깔
[紫禁城(자:금성)] 중국 베이징에 있는 明(명)과 淸(청) 왕조의 궁궐.

絹 명주 견, 비단 견, 糸부13 1723

'絹(견)'은 명주실로 짠 '비단'을 뜻하기 위하여 만든 것이다. '실 糸(사)'와 '장구벌레 肙(연)'으로 이루어졌다. '명주'를 뜻하기도 한다.

명주, 생명주, 생견
[絹絲(견사)] 깁이나 비단을 짜는 명주실.
[絹織物(견직물)] 명주실로 짠 피륙.
[本絹(본견)] 다른 실을 섞지 않고 명주실로만 짠 비단. 동純絹(순견)
[生絹(생견)] 생사로 짠 깁.
[純絹(순견)] 본견. 동本絹(본견)
[人絹(인견)/人造絹(인조견)] 섬유소로 명주실 비슷하게 만든 실. 또는 그 실로 짠 비단.

絃 악기 현, 줄 현, 糸부11 1724

'絃(현)'자는 현악기의 '줄'을 뜻하기 위하여 만든 것이다. '실 糸(사)'와 '검을 玄(현)'으로 이루어졌다.

악기 줄(거문고·비파 등의 줄)
[絃樂(현악)] 거문고나 바이올린 따위와 같이 줄을 통하여 소리를 내는 악기로 연주하는 음악. 참絃樂器(현악기)

[管絃樂(관현악)] 管樂器(관악기)·絃樂器(현악기)·打樂器(타악기)들로 함께 연주하는 음악. 웹管絃樂團(관현악단)
伯牙絕絃(백아절현)/絕絃(절현) ① 거문고의 줄을 끊음. 중국 춘추시대 거문고의 명수인 伯牙(백아)는 친구 鍾子期(종자기)가 죽자 자기의 거문고 소리를 이해하는 사람을 잃었다고 슬퍼한 나머지 현을 끊고 다시는 거문고를 타지 않았다는 고사에서 유래. ② 진정으로 자기를 알아주는 사람과 이별함.
絃樂器(현악기), 斷絃(단현), 續絃(속현), 彈絃(탄현)

緯 씨 위, 묶을 위, 糸부15   1725

'緯(위)'자는 베나 돗자리를 짤 때 가로로 놓는 실, 즉 '씨실'을 뜻하기 위하여 만든 것이다. '실 糸(사)'와 '다룸가죽 韋(위)'로 이루어졌다. 후에 '횡선', '동서', '좌우' '과정'을 비유하는 것으로 확대 사용되었다.

씨, 가로, 피륙의 가로 짜인 실, 씨실, 좌우 또는 동서의 방향
[緯度(위도)] 지구 위의 어떤 점의 위치를 적도와 평행선으로 표시한 것. 웹經度(경도)
[緯線(위선)] (지리) 적도와 평행하게 지구의 표면을 동서로 자른 가상의 선. 緯度(위도)를 나타낸 선
[經緯(경위)] ① 직물의 날실(經)과 씨실(緯). ② 일이 진행되어 온 과정. ¶사건의 경위를 밝히다 ③ (지) 經度(경도)와 緯度(위도)
[北緯(북위)] 지구의 적도 이북의 위도. 웹南緯(남위)

줄기, 길, 종횡

編 엮을 편, 땋을 편, 糸부15   1726

'編(편)'자는 종이가 나오기 전에 글을 써 놓은 竹簡(죽간)이나 木簡(목간)을 엮을 때 쓰는 '실'을 뜻하기 위하여 만든 것이었다. '실 糸(사)'가 표의요소, '넓적할 扁(편)'은 죽간을 넓게 엮어 놓은 모양을 나타낸 것이었으니 표음과 표의를 겸한다. 후에 '엮다', '엮어 놓은 책' 등의 뜻으로 쓰인다.

엮다, 대쪽을 엮다, 편성하다
[編年(편년)] 연대순으로 역사를 엮음. 웹編年體(편년체)
[編成(편성)] ① 엮어서 만듦. ② 원고를 엮어 모아 책이나 신문을 만들거나 여러 장면의 필름을 정리하고 맞추어서 영화를 만듦. ③ 사람들로 조직이나 대오를 짜서 이룸. ¶학급 편성
[編入(편입)] 다니던 학교를 그만두고 다른 학교에 들어가는 것.
[改編(개:편)] ① 고쳐 다시 짬(편성함). ¶조직 개편 ② 책 따위를 고쳐 다시 엮음. ¶교과서 개편
編隊(편대), 編鐘(편종)

문서를 모아 엮다
[編輯(편집)] 여러 가지 자료를 모아 엮고 짜서 신문·잡지·책 따위를 만듦. 웹編輯局(편집국), 編輯人(편집인)
[編纂(편찬)] 여러 가지 자료를 모아 체계적으로 정리하여 책을 만듦.
編修(편수), 編著(편저), 編綴(편철)

맺다, 얽다
[編物(편물)] 뜨개질. 또는 뜨개질하여 만든 것. 옷·목도리·장갑 따위를 실로 뜨는 일.

책, 책을 맨 끈
[續編(속편)] 이미 나온 책에 잇따라 편찬된 책.
[續篇(속편)] 이미 나온 소설·영화·드라마 따위의 연속물로서 만들어진 편.
[韋編(위편)] 책을 꿰맨 가죽 끈.
[韋編三絕(위편삼절)] 공자가 주역을 너무 애독하여 그 책에 매었던 가죽 끈이 세 번이나 끊어졌다는 데서, '독서를 많이 함'을 비유한 말. 『史記(사기)·孔子世家(공자세가)』

기타
[編曲(편곡)] (음) 지어 놓은 악곡을 다른 형식으로 바꾸어 꾸미는 일. 또는 그 곡.

縣 고을 현:, 糸부16   1727

'縣(현)'자는 '매달다'가 본뜻이었으나 '고을'을 뜻하는 예가 많아지자, 본래의 뜻은 '繫(계)' 또는 '懸(현)'자를 만들어 나타냈다.

지방 행정구역 이름
[縣監(현감)] (역) 조선 때, 縣(현)의 우두머리 벼슬아치 (종6품).
[縣令(현령)] (역) 신라 때부터 조선 때까지 큰 현에 두었던 우두머리 벼슬. 종5품 외직.
[郡縣(군:현)] (역) 지방 제도인 州(주)·府(부)·郡(군)·縣(현)을 통틀어 일컫던 말.

翁 늙은이 옹, 羽부10   1728

'翁(옹)'자의 본래 뜻은 새의 '목털'을 뜻하는 것이었다. '깃털 羽(우)'와 '공변될 公(공)'으로 이루어졌다. '늙은이', '노인'에 대한 경칭, '시아버지' 등으로 쓰이게 되었다.

늙은이(노인을 높이어 이르는 말)
[老翁(노옹)] 늙은 남자.
[無愁翁(무수옹)] ① 근심 걱정이 없는 늙은이. ② 낙천적이어서 근심 걱정 따위를 모르는 사람.
[白頭翁(백두옹)] ① 머리털이 허옇게 센 남자. ② 할미꽃. 또는 할미꽃의 뿌리. 해열제 또는 이질을 고치는 데 쓴다.
[不倒翁(부도옹)] 오뚝이.
[塞翁之馬(새옹:지마)] 북쪽 변방의 한 늙은이가 기르던 말이 달아났다가 한 필의 준마를 데리고 왔는데, 아들이 그 준마를 타다가 떨어져 절름발이가 되었으나, 그

로 말미암아 전쟁터에 나가지 않게 되어 목숨을 보전했다는 고사에서, 사람의 길흉화복은 늘 바뀌어 예측할 수 없음을 이르는 말. 劉人間萬事塞翁之馬(인간만사 새옹지마)『淮南子(회남자)』
[醉翁(취:옹)] 술에 취한 노인.

기타
[翁主(옹주)] ① 조선 때 임금의 후궁에게서 난 딸을 이르던 말. ② 고려 때 내명부나 외명부에서 내리던 봉작. '宮主(궁주)'를 고친 이름.

婆 할미 파, 범어 바, 女부11　　1729

'婆(파/바)'자는 '여자 女(여)'와 '물결 波(파)'로 이루어졌다. '할미'의 뜻을 나타낸다. 梵語(범어) 'bha'의 음역자로 쓰인다. '늙은 여자'의 뜻으로 쓰인 때는 [파], 梵語(범어) 'bha'의 음역자로 쓰인 때는 [바로 읽는다.

할미, 늙은 여자, 늙은 어머니
[婆婆(파파)] 머리가 하얗게 센 노인. 劉婆婆老人(파파노인)
[老婆(노:파)] ① 늙은 여자. 할미. ② 남편이 아내를 일컫는 말.
[老婆心(노:파심)] ① 친절하여 남의 일을 지나치게 걱정하는 마음. 필요 이상의 친절한 마음. ② 의견·충고 따위를 말할 때 자기 마음을 겸손하여 이르는 말.
[媒婆(매파)] 혼인을 중매하는 할멈.
[産婆(산파)] 조산원. 아기가 태어나는 것을 도와주는 여자.

범어(梵語) Bha의 음역자
[婆羅門(바라문)] 梵語(범어) Brahmana의 음역. ① 인도 四姓(사성) 가운데서 가장 높은 지위의 승족. 婆羅門敎(바라문교)의 敎法(교법)·祭典(제전)·學問(학문)의 일을 맡았으며, 王侯(왕후) 이상의 권력이 있음. ② 婆羅門敎(바라문교). 또는 그 승려.
[裟婆(사바)] 梵語(범어) sabha의 음역. 忍土(인토)·能忍(능인) 등으로 번역함. '안에 여러 번뇌가 있고, 밖에 寒暑風雨(한서풍우)의 고통이 있어 이러한 여러 고통을 견디어 내야 하는 국토'라는 뜻. 곧 이 세상, 현세를 말함.
[乾達婆(건달바)] 산스크리트어 'gandharva'를 음역한 말. 劉乾達(건달)

翻 날 번, 번역할 번, 羽부18　　1730

'翻(번)'자는 새가 날개짓하다, 즉 '높이 날다'는 뜻을 위하여 만든 것이었다. '깃 羽(우)'와 '차례 番(번)'으로 이루어졌다. '뒤집히다', '뒤집다', '변하다', '다른 말로 옮기다'는 뜻으로 쓰인다. '飜(번)'자는 '翻(번)'자와 同字(동자)이다. 컴퓨터로 작성한 문서에 '飜(번)'자로 쓴 예가 많은 것은 '飜(번)'자가 1수준 한자, '翻(번)'자가 2수준 한자로 등록되어 있기 때문이다. '翻(번)'자가 획수

도 적고 균형미도 있다.

뒤집다
[翻覆(번복)/飜覆(번복)] 표리가 바뀜. 변하기 쉬움.
[翻案(번안)/飜案(번안)] ① 안을 뒤집음. 사건을 다시 조사함. ② 외국의 문예 작품을 줄거리는 그대로 두고 인정·풍속·지명·인명 등만 자기 나라의 것으로 고쳐 쓰는 일.
[翻意(번의)/飜意(번의)] 먹었던 마음을 뒤집음.

번역하다
[翻譯(번역)/飜譯(번역)] 어떤 언어로 된 글을 다른 언어의 글로 옮김.

罷 마칠 파:, 그만둘 파:, 网부15　　1731

'罷(파)'자는 무슨 일을 '그만두다'는 뜻을 나타내기 위하여 만든 것이다. '그물 罒(망)'과 '곰 能(능)'을 합쳐 놓은 것이다.

방면하다, 놓아주다
[罷漏(파:루)] (역) 조선 때, 큰 도시에서 통행금지를 풀던 시간인 오경 삼점에 쇠북을 서른 세 번 치던 일.

그치다, 쉬다, 그만두다
[罷市(파:시)/撤市(철시)] 시장·가게 따위가 문을 닫고 영업을 하지 않음.
[罷業(파:업)] ① 하던 일을 그만둠. ② (사) 노동 조건의 유지 및 개선을 위하여 노동자들이 집단적으로 작업을 중단하는 일.
[罷場(파:장)] 장을 마침. 섰던 장이 끝남.
罷宴(파연), 罷學(파학)

내치다, 물리치다
[罷免(파:면)] 잘못을 저지른 사람에게 그 직업이나 직무를 그만두게 함.
[罷養(파:양)] 양자 관계의 인연을 끊음.
[罷職(파:직)] 관직을 파면함.

而 말 이을 이, 而부6　　1732

而(이)자는 본래 턱 아래 난 '수염'을 뜻하기 위하여 수염 모양을 본뜬 것이다. 그런데 고전 문장에서는 접속사로 쓰이는 예가 많다보니 '말 이을 而(이)'라는 훈을 달게 됐다. 조어력이 매우 약하여 한자어 용례는 극히 적다.

어조사, 접속사
[而立(이립)/而立之年(이립지년)] 삼십 세를 이름. ☞ * 289
[似而非(사이비)] 겉으로는 같은 듯하나 속은 다름. ¶ 사이비 종교
[坐而待死(좌:이대사)] '앉아서 죽음을 기다린다'는 뜻으로, 아무런 대책도 강구할 길이 없음을 이르는 말.
[中道而廢(중도이폐)] 일을 하다가 중도에서 그만둠. 劉半途而廢(반도이폐)

[形而上(형이상)] ① 형식이나 모양을 초월한 것. 정신적인 것. ② (철) 시간·공간의 感性(감성) 형식을 취하는 경험적 현상으로서 존재하는 일 없이 그 자신 초자연적이고 다만 理性的(이성적) 사유나 독특한 直觀(직관)에 의하여 포착되는 궁극적인 것. 참 形而上學(형이상학), 形而下(형이하)

[形而下(형이하)] 형체를 갖추어 나타나 있는, 곧 물질적인 영역. 참 形而下學(형이하학), 形而上(형이상)

[久而敬之(구:이경지)] 오래 사귀어도 공경한다. 친구를 사귀는 도리는 자칫하면 친숙해짐에 따라서 아무렇게나 대하는 경향이 있다. 그러나 친구와는 오래 사귈수록 더욱 상호간에 존중하도록 힘쓰는 것이 바람직하다. 참 久敬(구경) 『論語(논어)·公冶長(공야장)』

[君子和而不同(군자화이부동), 小人同而不和(소인동이불화)] 군자는 다른 사람과 화합하지만 아첨을 하면서 그를 따르지는 않고, 소인은 남을 따르면서 아첨하지만 화합하지는 못한다. 참 附和雷同(부화뇌동) 『論語(논어)·子路(자로)』

[學而時習之(학이시습지), 不亦說乎(불역열호)] 배워서 그것을 제때에 익히니 또한 기쁘지 않겠는가. 한 번 배우면 그것으로 다 아는 것처럼 기가 산다. 그러나 실제로는 잘 모르는 것이다. 하지만 배운 것을 시간 있을 때마다 복습하고 연습해 보면 차츰 진정한 뜻을 이해하게 된다. 즉 몸소 깨달아 실천하게 되는 것이다. 그러한 체득의 기쁨이야말로 학문의 참다운 기쁨이다. 『論語(논어)·學而(학이)』☞ * 452

耶 어조사 야(:), 耳부9　1733

'耶(야)'자는 고전 문장에서 주로 어조사로 쓰였다. 굳이 우리말로 하자면 '그런가?'에 해당되는 셈이다. 어조사로만 쓰이기 때문에 조어력은 극히 약하다.

어조사, 어세를 돕는 조사
[有耶無耶(유:야무야)] 어물어물함. 흐지부지함. 흐리멍덩함. 어느 쪽도 아님.
기타
[摩耶夫人(마야부인)] 석가모니의 어머니.

聘 부를 빙, 耳부13　1734

'聘(빙)'자의 본뜻은 '찾아가 보다'이다. '(예를 갖추어) 부르다', '장가들다' 등의 뜻으로 쓰인다.

부르다, 예를 갖추어 부르다
[招聘(초빙)] 예를 갖추어 부름. ¶전문가를 초빙하여 특강을 듣다
장가들다
[聘母(빙모)] 丈母(장모). 아내의 어머니.
[聘父(빙부)] 丈人(장인). 아내의 아버지.
[聘丈(빙장)] '丈人(장인)'의 높임말.

聰 귀 밝을 총, 耳부17　1735

聰(총)자는 '귀가 밝다'는 뜻을 나타내기 위한 것이다. '귀 耳(이)'와 '바쁠 悤(총)'으로 이루어졌다.

귀가 밝다, 총명하다
[聰氣(총기)] 총명한 기질.
[聰明(총명)] ① 귀가 밝고 눈이 밝음. 귀가 밝은 것을 聰(총)이라 하고, 눈이 밝은 것을 明(명)이라고 한다. ② 썩 영리하고 재주가 있음. ¶총명한 아이
[聰耳酒(총이주)] 음력 정월 보름날 아침에 먹는 술. 귀밝이술.
[聰明不如鈍筆(총명불여둔필)] 아무리 기억력이 좋다고 하여도 그때그때 적어두는 것만 못하다는 말.
[人雖至愚責人則明(인수지우책인즉명), 雖有聰明恕己則昏(수유총명서기즉혼)] 어리석은 사람도 남을 꾸짖는 데는 밝고, 총명이 있는 사람도 자기를 용서하는 데는 어둡다. 『明心寶鑑(명심보감)·存心篇(존심편)』
듣다

肯 옳이 여길 긍:, 肉부8　1736

'肯(긍)'자는 '그칠 止(지)'와 '고기 月(육)'으로 이루어졌다. '止(지)'는 '뼈'의 상형이라고 한다. 그러니 '肯(긍)'자의 본뜻은 '뼈에 붙은 살'이 되겠다. 우리말 한자어에서는 '긍정하다'의 뜻으로 쓰이고 있다.

옳이 여기다, 수긍하다
[肯定(긍:정)] ① 그렇다고 하거나 옳다고 인정함. ② (논) 主槪念(주개념)과 賓槪念(빈개념)이 일치함. 반 否定(부정)
[肯定的(긍정적)] 그렇다고 하거나 옳다고 인정하는. 또는 그러한 것. ¶긍정적 대답/긍정적 반응 반 否定的(부정적)
[首肯(수긍)] ① 그러하다고 고개를 끄덕임. ② 옳다고 긍정함. ¶나는 네 말에 수긍이 되지 않는다

胸 가슴 흉, 肉부10　1737

'胸(흉)'자는 '가슴'을 뜻하기 위하여 만든 것이다. '고기 月(육)'과 '오랑캐 匈(흉)'으로 이루어졌다. '月(육)'은 사람의 몸을 가리킨다. 마음이 가슴속에 있다고 여겼기 때문인지, '마음', '마음속'을 뜻하기도 한다.

가슴
[胸廓(흉곽)] (생) 가슴의 골격. 가슴뼈·가슴등뼈·갈비뼈로써 바구니 모양으로 이루어져 있음.
[胸部(흉부)] 가슴 부분.
[胸像(흉상)] 인체의 가슴 윗부분을 나타낸 조각상이나 초상화.
[胸圍(흉위)] 가슴둘레.
胸背(흉배), 胸痛(흉통), 氣胸(기흉)

가슴속, 마음
[胸襟(흉금)] ① 앞가슴의 옷깃. ② 가슴속에 품은 생각. ¶흉금을 털어놓다
[胸裏(흉리)] 마음속.
[胸中(흉중)] 마음속. 또는 가슴속.

脣 입술 순, 肉부11 1738

'脣(순)'자는 '입술'을 뜻하기 위하여 만든 것이다. '고기 月(육)'과 '지지 辰(신)'으로 이루어졌다. '月(육)'은 사람의 몸의 부분을 가리킨다.

입술
[脣齒(순치)] ① 입술과 이. ② 입술과 이처럼 서로 깊은 관계에 있는 것의 비유.
[丹脣皓齒(단순호치)] '붉은 입술과 흰 이'의 뜻으로, 여자의 썩 아름다운 얼굴을 일컫는 말.
[脣亡齒寒(순망치한)] 입술이 없어지면 이가 시리게 됨. 이해관계가 서로 밀접한 둘 중 어느 한편이 망하면 다른 한편도 그 영향을 받아 온전하기가 어려움을 비유하여 이르는 말. 『春秋左氏傳(춘추좌씨전)』
脣音(순음), 丹脣(단순), 徒費脣舌(도비순설), 櫻脣(앵순), 焦脣(초순), 紅脣(홍순)

腐 썩을 부:, 肉부14 1739

'腐(부)'자는 '썩다'는 뜻을 위하여 만든 것이다. '腐(부)'자는 '곳간'의 뜻인 '府(부)'와 '고기'의 뜻인 '肉(육)'이 합쳐진 글자로, 곳간에 고기를 쌓아둔 모양이다. 옛날에는 냉장고가 없어서 고기를 오래 보관할 수가 없었다. 그래서 고기는 필요할 때만 잡아 썼다. 곳간에 고기를 쌓아 두면 쉽게 썩기 마련이라는 데서, '썩다'라는 뜻을 나타낸다. '마음을 괴롭히다'라는 뜻도 있다. '분하여 이를 갈다'라는 뜻의 切齒(절치)와 합하여 切齒腐心(절치부심)이라는 말을 만들었다.

썩다, 살·나무·물 등이 썩다, 썩히다
[腐蝕(부:식)] 금속이 외부의 화학작용에 의하여 금속이 아닌 상태로 소모되어 가는 일. 또는 그런 현상.
[腐敗(부:패)] ① (유기물이) 썩음. ¶부패 방지/부패 음식물 ② 도덕·사상·의식·사회 제도 따위가 타락함. ¶부패 공무원
[腐朽(부:후)] 물질이 세균 따위의 작용으로 썩음.
[豆腐(두부)] 물에 불린 콩을 매에 갈아 베자루에 넣고 짜낸 콩물을 익힌 다음 간수를 쳐서 엉기게 한 식품.
[物腐蟲生(물부충생)] 물건이 썩고 나서 벌레가 생김. '사람은 먼저 의심하고 다음에 헐뜯음'의 비유.
[防腐(방부)] 썩는 것을 막음. 건조, 냉장, 밀폐, 소금 절임, 훈제, 가열 따위의 방법이 있음. 웹防腐劑(방부제)
[流水不腐(유수불부)] '흐르는 물은 썩지 않는다'는 뜻에서, 늘 움직이는 것은 썩지 아니함을 이르는 말. 『呂氏春秋(여씨춘추)』
[陳腐(진:부)] ① 오래 묵어서 썩음. ② 사상, 표현, 생각 따위가 낡아서 새롭지 못함. ¶그 글에는 진부한 표현이 너무 많았다
腐生(부생), 腐植(부식), 腐植土(부식토), 腐土(부토), 油腐(유부)

쓸모없다
[腐儒(부:유)] 정신이 아주 낡고 완고하여 쓸모없는 선비.

마음을 상하다
[腐心(부:심)] ① 근심·걱정으로 마음을 썩임. ② 무엇을 생각해 내느라고 몹시 애를 씀.
[切齒腐心(절치부심)] '이를 갈며 속을 썩임'이란 뜻에서, '몹시 분하여 갖은 노력을 다함'을 이르는 말.

腰 허리 요, 肉부13 1740

'腰(요)'자는 본래 '要(요)'로 썼다. '허리'가 본뜻이다. 후에 '要(요)'자가 '중요하다', '요구하다' 등으로 쓰이는 예가 많아지자, 본래의 뜻은 '고기 月(육)'을 추가하여 '腰(요)'자를 만들었다.

허리, 허리에 띠다
[腰帶(요대)] 허리띠. 바지 따위가 흘러내리지 않게 허리 부분에 둘러매는 띠.
[腰折(요절)/腰絕(요절)] 몹시 우스워서 허리가 부러질 듯함. 웹腰折腹痛(요절복통)/腰絕腹痛(요절복통)
[折腰(절요)] 허리를 굽혀서 남에게 절 따위를 함. 절개를 굽히고 남에게 굽실거림을 이르는 말.
腰刀(요도), 細柳腰(세류요), 細腰(세요), 柳腰(유요)

臥 누울 와:, 臣부8 1741

'臥(와)'자는 '신하 臣(신)'과 '사람 人(인)'으로 이루어졌다. '臣(신)'자는 아래쪽을 향하는 눈의 모양을 본뜬 것이다. '엎드리다'의 뜻이다. 후에 '자리에 눕다', '잠자다'의 뜻도 나타내게 되었다.

엎드리다, 엎드려 자다, 누워 자다, 자리에 들다
[臥病(와:병)] 병으로 누워 있음.
[抱火臥薪(포:화와신)] '불을 안고 섶나무 위에 눕는다'는 뜻으로, 점점 더 위험한 짓을 함을 비유하여 이르는 말. 화약을 안고 불로 들어감.
[臥薪嘗膽(와:신상담)/嘗膽(상담)] 거북한 섶[薪(신)]에 몸을 눕히고, 쓸개[膽(담)]를 맛봄. 원수를 갚거나 마음먹은 일을 이루기 위해 온갖 어려움과 괴로움을 참고 견딤을 비유하여 이름. 『史記(사기)』, 『十八史略(십팔사략)』 ☞ 사자성어

숨어 살다
[臥龍(와:룡)] '누워있는 용'이란 뜻으로, 드러나지는 않았으나 앞으로 큰일을 할 사람의 비유.

臭 냄새 취:, 自부10　　1742

'臭(취)'자는 '스스로 自(자)'와 '犬(견)'으로 이루어졌다. '自(자)'는 원래 '코'를 뜻하기 위하여 그 모양을 본뜬 것이다. '개의 코'라는 뜻에서 '냄새'의 뜻을 나타냈다.

냄새, 후각을 통한 감각, 냄새나다, 냄새 맡다

[口尙乳臭(구상유취)] 입에서 아직 젖 냄새도 가시지 않았다. 상대방을 얕잡아 볼 때 또는 나이가 어리고 경험이 없어 언행이 유치한 경우를 비웃으며 하는 말임. 『史記(사기)·高祖記(고조기)』

[口臭(구:취)] 입에서 나는 냄새.

[銅臭(동취)] '동전에서 나는 냄새'라는 뜻으로 돈으로 벼슬을 산 사람을 비웃는 말이다. 오늘날에는 뇌물을 써서 일을 이루려는 짓이나 그런 인물을 가리키는 말에 두루 쓰이고 있다.

[惡臭(악취)] 나쁜 냄새. ¶악취를 풍기다

[體臭(체취)] ① 몸에서 나는 냄새. ② 어떤 개인이나 집단 또는 작품 등이 풍기는 독특한 느낌. ¶그 작품에서 그의 체취가 물씬 느껴진다

[脫臭(탈취)] 어떤 물질 속에 있는 냄새를 제거함. 참脫臭劑(탈취제)

[同心之言其臭如蘭(동심지언기취여란).] 마음이 합한 사람끼리의 말은 그 향기로움이 마치 난초와 같다. 『周易(주역)』　☞ * 330

腋臭(액취), 乳臭(유취), 酒臭(주취), 香臭(향취)

기타

[臭素(취:소)] (화) 브롬(brom). 원자번호 35. 진홍색의 발연액체. 톡 쏘는 듯한 냄새가 나며 피부·눈·호흡기관에 자극을 준다. 천연에서 지각에 존재하며, 상업적으로는 해수를 염소로 치환시켜 추출한다.

舟 배 주, 舟부6　　1743

'舟(주)'자는 작은 '쪽배'를 뜻하기 위하여 그 모양을 본뜬 것이다. 배와 관련된 글자들의 표의요소로 많이 활용된다.

배

[刻舟求劍(각주구검)] 배에서 떨어뜨린 칼을 찾는데, 배가 움직이는 것은 생각하지 않고 칼을 떨어뜨린 뱃전에다 표를 하고서 찾으려 했다는 중국 고사에서 나온 말로, 사리에 어둡고 어리석음을 비유하는 말. 동契舟求劍(계주구검) 『呂氏春秋(여씨춘추)』

[不繫之舟(불계지주)] '잡아매지 않은 배'라는 뜻으로 허심평기(虛心平氣)·무념무상(無念無想)의 마음 또는 정처 없이 방랑하는 사람을 뜻함.

[一葉片舟(일엽편주)] 한 척의 작은 배.

[無舵之舟(무타지주)] '키 없는 배'란 뜻으로, 목표가 없음을 비유하여 이르는 말. 志不立(지불립), 如(여)＿＿. 뜻을 세우지 않으면 키가 없는 배와 같다. 『王守仁(왕수인)·文(문)』

[吳越同舟(오월동주)] 중국 춘추전국시대의 吳王(오왕) 夫差(부차)와 越王(월왕) 句踐(구천)은 서로 적대관계였는데, 같은 배를 탔다가 풍랑을 만나서 서로 단합해야 했던 고사에서, 서로 적의를 품은 사람들이 같은 처지나 한자리에 있게 됨을 비유하는 말. 또는 서로 반목하면서도 공통의 곤란이 나 이해에 대하여 협력함을 비유하는 말.

[水可載舟(수가재주), 亦可覆舟(역가복주)] 물은 배를 띄울 수도 있지만, 동시에 배를 뒤집을 수도 있다. 어떤 일에 도움을 주는 것이 때로는 해를 끼칠 수 있다는 말이다. 원래의 뜻은 임금을 배에, 백성을 물에 비유한 것이다. 임금은 백성에 의하여 일어서기도 하며, 또한 백성에 의해 망하기도 함을 비유하여 이르는 말이다. 동載舟覆舟(재주복주), 水能載舟又覆舟(수능재주우복주). 『後漢書(후한서)·皇甫規傳(황보규전)』　☞ * 219

孤舟(고주), 同舟(동주), 方舟(방주), 小隙沈舟(소극침주), 片舟(편주), 虛舟(허주)

般 일반 반, 모두 반, 舟부10　　1744

'般(반)'자는 배에 실어 '옮기다'는 뜻을 나타내기 위하여 만들어진 글자였다. 조그마한 쪽배 모양을 본뜬 '배 舟(주)'가 표의요소로 쓰였다. 이 경우 '창 殳(수)'는 손에 노를 들고 있는 모양에서 변한 것으로 볼 수 있으니, 이것도 표의요소로 볼 수 있다. 후에 '모두'의 뜻으로 많이 쓰이자, 본뜻은 따로 '搬(반)'자를 만들어 나타냈다. '일반' 또는 이와 의미상 연관이 있는 낱말을 만든다.

일반, 모두

[萬般(만:반)] 여러 가지 일. 갖가지 일.

[一般(일반)] ① 한 모양. ② 전반. ¶언어 일반에 관한 공부 ③ 보통 사람들. ¶일반에 공개하다 ④ 특별 또는 특수에 대비되는 말.

[一般的(일반적)] 일반에 공통된. 또는 그런 것.

[全般(전반)] ① 전체에 공통되는 일반적인 것. ② 어떤 일이나 부문에 대하여 그것에 관계되는 전체. 또는 통틀어서 모두.

[彼此一般(피:차일반)] '저것이나 이것이나 하나로 돌아감'이라는 뜻에서, 두 편이 서로 같음을 이르는 말.

今般(금반), 別般(별반), 諸般(제반)

기타

[般若(반야)] 범어 'Prajan'을 음역한 것. 분별이나 망상을 떠나 깨달음과 참모습을 환히 아는 지혜. 이 지혜를 얻어야 성불한다고 함.

[般若心經(반야심경)] (불) 262자로 된 짧은 경으로 〈대반야경〉의 진수를 간결하게 설한 것. 반야바라밀다심경.

[般若湯(반야탕)] '술'을 가리키는 중들의 속어.

芳 꽃다울 방, ++부8　1745

'芳(방)'자는 풀의 '향기'를 뜻하기 위하여 만든 것이다. '풀 ++(초)'와 '모 方(방)'으로 이루어졌다. '꽃답다'는 뜻으로 확대되었다.

향기풀, 풀이 향기를 내다, 향기, 꽃답다, 아름다움의 비유

[芳年(방년)] 이십 세 전후의 한창 나이. 여자의 꽃다운 나이를 일컬음.
[芳名(방명)] ① 꽃다운 이름. ② '남의 이름'을 높여 부르는 말.
[芳香(방향)] 꽃다운 좋은 향내.
[綠陰芳草(녹음방초)] 우거진 나무 그늘과 꽃다운(향기로운) 풀. 특히 단오 무렵의 아름다운 산야를 이름.
[流芳百世(유방백세)] 향기가 백대에 걸쳐 흐름. 꽃다운 이름이 후세에 길이 전함.
芳草(방초), 芳春(방춘), 芳香油(방향유)

芽 싹 아, ++부8　1746

'芽(아)'자는 초목의 '싹'을 뜻하기 위하여 만든 것이다. '풀 ++(초)'와 '어금니 牙(아)'로 이루어졌다.

싹, 싹트다

[麥芽(맥아)] 엿기름. 보리에 싹을 틔워 말린 것. 참麥芽糖(맥아당)
[萌芽(맹아)] ① 새싹. 새로 돋은 싹. ② 새로운 일의 시초 또는 그러한 조짐을 비유하여 이르는 말. 참萌芽期(맹아기)
[發芽(발아)] 씨앗에서 싹이 나옴.
豆芽菜(두아채), 胚芽(배아), 摘芽(적아), 頂芽(정아), 頂芽優勢(정아우세), 催芽(최아)

苟 진실로 구:, 구차할 구:, 풀 이름 구:, ++부9　1747

'苟(구)'자는 원래 한 채소의 이름을 뜻하기 위하여 만든 것이었다. '풀 ++(초)'와 '글귀 句(구)'로 이루어졌다. '구차하다'의 뜻으로 쓰인다.

적어도, 구차히도, 구차히 하다, 눈앞의 편안만 탐내다

[苟命徒生(구:명도생)] 구차스럽게 겨우 목숨을 보전하여 살아감.
[苟且(구:차)] ① 말이나 행동이 떳떳하거나 버젓하지 못함. ¶구차한 변명은 하지 않겠다 ② 매우 가난함. ¶구차스런 살림
[臨財毋苟得(임재무구득), 臨難毋苟免(임난무구면).] 재물을 구할 때는 구차하게 얻으려고 하지 말아야 하고, 어려움을 당해서는 구차하게 모면하려고 하지 말아야 한다. 『禮記(예기)·曲禮 上(곡례 상)』, 『小學(소학)·內篇(내편)·敬身(경신)』
苟得(구득), 苟命(구명), 苟生(구생)

진실로, 다만

苗 모종 묘:, 싹 묘:, ++부9　1748

'苗(묘)'자는 옮겨심기 위하여 밭에 심어 놓은 어린 식물 즉, '모종'을 뜻하기 위하여 만든 것이다. '풀 ++(초)'와 '밭 田(전)'이 둘 다 표의요소이다. 풀이나 나무가 '어리다'는 뜻으로도 쓰인다.

모(옮겨심기 위하여 가꾼 어린 식물)

[苗木(묘:목)] 나무모. 옮겨 심게 된 어린 나무.
[苗床(묘:상)] (농) ① 채소·꽃·나무 따위의 모종을 키우는 자리. ② 못자리.
[育苗(육묘)] 모나 묘목을 기름.
[種苗(종묘)] ① 종자와 묘. 참種苗商(종묘상) ② 씨나 싹을 심어서 모종이나 묘목 따위를 가꿈.
苗板(묘판), 苗圃(묘포), 養苗(양묘), 良苗(양묘)

茫 아득할 망, ++부10　1749

'茫(망)'자는 '풀 ++(초)'와 '망연할 汒(망)'으로 이루어졌다. '汒(망)'자는 '아득하다'는 뜻이다. '茫(망)'자는 초원 따위가 넓고 끝없이 아득한 모양을 나타낸다.

물이 아득히 이어진 모양, 사물의 모양

[茫漠(망막)] 아득한 사막처럼 끝이 보이지 않음. ¶망막한 평원
[茫茫大海(망망대해)] 넓고 먼 큰 바다.
[茫洋(망양)] 끝없이 넓고 먼 바다.

정신이 멍하다

[茫無頭緖(망무두서)] 정신이 아득하여 하는 일이 두서가 없음.
[茫然(망연)] ① 매우 아득한 모양. ② 충격으로 어이가 없어서 멍하다.
[茫然自失(망연자실)] 자신의 넋을 잃어버린 듯이 멍함. 정신을 잃고 어리둥절함.

茲 이 자, 무성할 자, ++부10　1750

'茲(자)'는 초목이 무성한 모습을 본뜬 것이라는 설이 있다. 낱말의 구성요소로 쓰이는 예가 거의 없다. '지금', '이' 또는 '이에'의 뜻으로 고전 문장에서 쓰였다.

지금, 여기, 이에, 이것, 이

吾等(오등)은 茲(자)에 我(아) 朝鮮(조선)의 獨立國(독립국)임과 自主民(자주민)임을 宣言하노라. 『기미독립선언문의 첫 구절』

荒 거칠 황, ++부10　1751

'荒(황)'자는 '(풀을 베지 않은) 거친 땅'을 뜻하기 위하여 만든 것이다. '풀 ++(초)'와 '망할 㐬(황)'으로 이루어졌다.

거칠다, 거칠어지다, 망치다, 황폐하다, 황무지

[荒凉(황량)] 황폐하여 거칠고 쓸쓸함.

[荒蕪地(황무지)] 돌보거나 거두지 않고 버려둔 거친 땅.
[荒野(황야)] 버려진 채 거칠어진 들판.
[荒廢(황폐)] 집, 토지, 삼림 따위가 거칠고 못 쓰게 됨. 荒漠(황막), 荒蕪(황무)

기근, 흉년
[荒民(황민)] 흉년을 만난 백성.
[救荒(구:황)] 기근 때 굶주림에서 벗어나도록 돕는 것.
[荒年無六親(황년무육친)] 흉년에는 六親(육친)도 서로 화합하지 못함.

함부로 행하다, 거칠어지다, 삭막하다, 빠지다
[荒淫(황음)] 함부로 음탕한 짓을 함.
[荒淫無道(황음무도)] 술과 계집에 빠져 사람으로서의 마땅한 도리를 돌아보지 아니함.

어이없다, 사리에 어둡다
[荒唐(황당)] 거칠고 허황함. ¶황당한 소문
[荒唐無稽(황당무계)] '荒唐(황당)'은 '언행이 거칠고 줏대가 없어서 취할 만한 것이 없다'는 말이고, '無稽(무계)'는 '유례를 찾아볼 수 없다'는 뜻이다. 즉 말이나 행동이 너무나 어처구니가 없어서 달리 그런 경우를 찾을 수 없다는 말이다.
[虛荒(허황)] ① 사람됨이 들떠서 황당함. ② 헛되고 미덥지 못함. ¶허황한 이야기/허황한 꿈

荷 멜 하(:), 짊어질 하(:), ++부11   1752

'荷(하)'자는 연꽃과에 속하는 다년생 수초인 '연'을 뜻하기 위하여 만든 것이다. '풀 ++(초)'와 '어찌 何(하)'로 이루어졌다. '어찌'의 뜻을 가진 何(하)자의 원래의 뜻은 '메다'이었다. 그 의미를 살려, '荷(하)'자가 '어깨에 메다', '짐'의 의미를 가지게 되었다.

짊어지다, 물건을 어깨에 걸메다, 떠맡다, 짐, 짊어지는 물건
[荷役(하역)] 짐을 싣고 내리는 일.
[荷重(하중)] 짐의 무게.
[負荷(부:하)] ① 맡아서 지는 의무나 책임. ② (물) 전기를 띠게 하거나 기계의 힘을 내게 하는 부담. 또는 그 부담량. 참過負荷(과부하)
[手荷物(수하물)] 손으로 들고 다닐 수 있는 작은 짐.
[賊反荷杖(적반하장)] '도둑이 도리어 매를 든다'는 뜻으로, 잘못한 놈이 도리어 잘한 사람을 나무랄 경우에 쓰는 말.
[出荷(출하)] ① 하물(荷物)을 내어보내거나 실림. ② 상품(商品)을 시장에 내놓음.
荷物(하물), 荷電(하전)/電荷(전하), 小荷物(소하물), 入荷(입하)

菌 버섯 균, ++부12   1753

'菌(균)'자는 '버섯'을 뜻하기 위하여 만든 것이다. '풀 ++(초)'와 '곳집 囷(균)'으로 이루어졌다. 후에 '미생물', '세균'을 뜻하는 것으로 확대되었다.

버섯, 곰팡이, 세균
[菌類(균류)] (식) 엽록소를 갖지 않고 다른 유기체에 기생하며 포자로 번식하는 하등 민꽃식물. 곰팡이·버섯·효모 따위.
[滅菌(멸균)] 균류나 세균을 죽여 없앰.
[病菌(병:균)] 병을 일으키는 세균. 참病原菌(병원균)
[殺菌(살균)] 균류나 세균을 죽임. 참滅菌(멸균) 참殺菌劑(살균제)
[細菌(세:균)] 병을 일으키거나 발효작용을 하는 가장 하등의 단세포 미생물. 박테리아.
菌絲(균사), 大腸菌(대장균), 保菌(보균), 保菌者(보균자), 乳酸菌(유산균)

버섯, 버섯푸성귀, 목이버섯, 석이버섯, 흙버섯

蓋 덮을 개:, ++부14   1754

'蓋(개)'자는 지붕의 이엉을 엮을 때 쓰는 '풀 草(초)'와 그릇 뚜껑을 덮어 놓은 모양인 '덮을 盍(합)'의 합자이다. '지붕이나 그릇의 뚜껑을 덮다'는 뜻을 나타낸다. 破字(파자)하면 '풀 ++(초) + 갈 去(거) + 그릇 皿(명)'이 된다. '去(거)'는 표음요소로 쓰인 것이다.

덮다, 덮어씌우다, 덮개, 뚜껑, 그릇 아가리의 덮개, 뚜껑을 덮다
[蓋棺事定(개:관사정)] 관 뚜껑을 닫아야 비로소 일은 정해진다. 사람에 대한 평가란 모든 일이 완전히 끝나기 전에는 아무도 모른다는 말이다. 『杜甫(두보)·詩(시)』
[頭蓋骨(두개골)] 머리를 둘러싸고 있는 뼈. 머리뼈.
[覆蓋(복개)/蓋覆(개:복)] ① 덮개·뚜껑을 덮음. ② (건) 하천에 덮개 구조물을 씌워 겉으로 보이지 않도록 함. 또는 그 덮개 구조물.
[力拔山氣蓋世(역발산기개세)] 힘은 산을 뽑을 만하고, 의기는 세상을 뒤덮을 만하다는 뜻으로, 기력(氣力)이 뛰어난 모양을 일컫는 말. 『史記(사기)』
蓋棺(개관), 蓋世(개세), 蓋瓦(개와), 口蓋(구개), 口蓋音化(구개음화), 無蓋(무개), 寶蓋(보개), 膝蓋腱(슬개건), 膝蓋骨(슬개골)

대개, 대략(추측·상상하는 말)
[蓋然(개:연)] 확실하지는 않으나 대개 그러할 것 같음을 이르는 말. 참必然(필연)
[蓋然性(개:연성)] (꼭 단정할 수는 없으나) 대개 그러하리라고 생각되는 성질이나 정도. 참必然性(필연성)
[大蓋(대:개)] 일의 큰 원칙으로 말하건대.

이엉
[蓋草(개:초)] 이엉. 이엉으로 지붕을 이는 일.

蓮 연꽃 련, 연밥 련, ++부15   1755

'蓮(련)'자는 '연꽃의 열매 즉 연밥'을 뜻하기 위하여 만든 것이니, '풀 ++(초)'와 '잇닿을 連(련)'으로 이루어졌

다. 불교에서 연꽃은 번뇌에서 벗어난 아주 깨끗한 세상을 뜻하는 것으로, '蓮(련)'자를 많이 쓴다.

연, 연꽃, 연밥, 연실, 연방

[蓮根(연근)] (식) 연꽃의 뿌리. 구멍이 많고, 주성분은 녹말이며, 저냐·죽·정과 따위를 만들어 먹는다. 얕은 연못이나 깊은 논에서 재배한다.
[蓮實(연실)] 연밥. 연꽃의 열매. 약으로도 쓰고 먹기도 함.
[蓮花(연화)] 연꽃.
[蓮花世界(연화세계)] (불) 극락세계.
[木蓮(목련)] 목련과에 속하는 낙엽교목(落葉喬木). 꽃은 백색 또는 암자색(暗紫色). 이른 봄 잎이 나기 전에 크고 탐스러운 꽃이 핀다.
[蓮之出淤泥而不染(연지출어니이불염).] '연꽃은 진흙 가운데서 났으나, 진흙에 더럽히지 않는다'는 뜻으로, 청렴 결백함을 비유적으로 이르는 말. 囼淤泥蓮(어니련) 『古文眞寶고문진보』·說類(설류)·周茂叔(주무숙)·愛蓮說(애련설)』
[蓮花之君子者也(연화지군자자야).] 연꽃은 꽃 중의 군자이다. 연꽃은 진흙탕 속에서 피어나도 더러움에 물들지 않기 때문에 군자의 품격을 갖추었다고 할 수 있다. 『古文眞寶고문진보』·說類(설류)·周茂叔(주무숙)·愛蓮說(애련설)』 ☞ * 037

蓮塘(연당), 蓮座(연좌)/蓮華坐(연화좌), 蓮池(연지), 白蓮(백련), 睡蓮(수련), 旱蓮(한련)

蔽 덮을 폐:, 가릴 폐:, ++부16 1756

'蔽(폐)'자는 본래 작은 '잡초'를 뜻하기 위하여 만든 것이다. '풀 ++(초)'와 '해질 敝(폐)'로 이루어졌다. '敝(폐)'자는 '베'의 뜻인 수건 巾(건)에 점이 네 개와 칠 攵(복)이 합쳐진 글자이다. 점 네 개는 떨어져 나온 베 조각을 가리킨다. 즉 베로 만든 옷이나 이불 같은 것을 막대기로 친 결과 군데군데 찢어져서 너덜거린다는 데서 '해지다', '깨지다'의 뜻이다. 이 '敝(폐)'자에 '풀 ++(초)'를 붙인 글자가 蔽(폐)'자이다.

덮다, 가리어 덮다, 가림, 가리개, 가려 막는 것, 숨기다, 비밀로 하다

[蔽一言(폐:일언)/一言以蔽之(일언이폐지)] 이러니저러니 할 것 없이 한마디로 휩싸 하는 말. ¶폐일언하고 당장 시작합시다
[掩蔽(엄폐)] ① 가리어 숨김. ② (군) 적의 사격이나 관측소에서 보호되는 것. 囼掩蔽物(엄폐물)
[隱蔽(은폐)] ① 가리어 숨김. ② (군) 적에게 관측되지 않게 하는 것.
[遮蔽(차:폐)] ① (군) 적의 관측이나 사격의 목표가 되지 않게 막아 덮음. ② (물) 일정한 공간을 전기나 자기로부터 보호하기 위하여 차단함.

막다, 가로막다

[六言六蔽(육언육폐)] 여섯 가지 말과 여섯 가지 가려짐. 여섯 가지 德目(덕목)과 여섯 가지 弊端(폐단)이 나란히 한다는 말. 여섯 가지 덕목을 좋아하면서도 행하지 않으면 그 덕목에 반하는 여섯 가지 폐단이 생긴다는 뜻으로, 살아가는 동안에 조심해야 할 것들에 대한 공자의 가르침이다. 德目(덕목)은 仁(인)·知(지)·信(신)·直(직)·勇(용)·剛(강)이고, 弊端(폐단)은 愚(우)·蕩(탕)·賊(적)·絞(교)·亂(란)·狂(광)이다. 好仁不好學(호인불호학) 其蔽也愚(기폐야우). 어진 것을 좋아하면서 배우려하지 않는 것을 우매함이라 하고, 好知不好學(호지불호학) 其蔽也蕩(기폐야탕). 앎을 좋아하면서도 배우려하지 않는 것을 방탕함이라 하고, 好信不好學(호신불호학) 其蔽也賊(기폐야적). 믿음을 좋아하면서 배우려하지 않는다면 남을 해치게 되고, 好直不好學(호직불호학) 其蔽也絞(기폐야교). 정직함을 좋아하면서 배우려하지 않으면 일이 꼬이게 되고, 好勇不好學(호용불호학) 其蔽也亂(기폐야난). 용기 있는 것을 좋아하면서 진정한 용기를 배우려하지 않으면 방자함이 되고, 好剛不好學(호강불호학) 其蔽也狂(기폐야광). 강인함을 좋아하면서 배우고 다듬지 않는다면 과격함이 된다. 이렇듯 仁(인)·知(지)·信(신)·直(직)·勇(용)·剛(강)은 훌륭한 덕목이지만 배우고 이해하고 행하지 않으면 여섯 가지 폐단인 愚(우)·蕩(탕)·賊(적)·絞(교)·亂(란)·狂(광)으로 변해 해악을 끼치게 되니 동전의 양면과 같은 六言(육언)과 六蔽(육폐) 중에 무엇을 선택하느냐에 따라 삶은 전혀 다른 모습을 보여주게 된다. 살아가는 데 필요한 모든 것들을 먼저 머리로 배우고 가슴으로 그 뜻을 이해한 후에 몸으로 행한다면 나쁜 길로 빠지지 않게 되는 것이니, 좋은 것이 있으면 그냥 좋아만 할 것이 아니라 성심을 다해 배워 마음속에 담아 두고 실천하며 살아간다면 그것이야말로 사람답게 살아가는 것이다. 『論語(논어)·陽貨(양화)』

薦 천거할 천:, ++부17 1757

'薦(천)'자는 본래 짐승에게 먹일 풀, 즉 '꼴'을 뜻하기 위하여 만든 것이었으나, '뽑다', '인재를 소개하다'는 뜻으로 쓰인다.

천거하다, 뽑아 올리다, 추천하다

[薦擧(천:거)] 사람을 그 자리에 쓰도록 소개하거나 추천함.
[公薦(공천)] ① 공동으로 하는 추천. ② 정당에서 자기 당의 입후보자를 공식적으로 추천하는 것. ③ 공정한 추천.
[推薦(추천)] 사람을 내세워서 그 자리에 쓰도록 소개하거나 추천함. 囼推薦狀(추천장)
[毛遂自薦(모수자천)] 毛遂(모수)는 중국 전국시대 趙(조)나라의 平原君(평원군)의 食客(식객)이었다. 秦(진)이 趙(조)를 쳤을 때, 모수가 스스로 자기를 천거하여 평원군을 따라 楚(초)에 가서 합종의 협약을 맺게 하였다는 고사에서 나온 말. 자기 스스로 자기를 추천

藍 쪽풀 람, ++부18　1758

'藍(람)'자는 푸른 물감 채취용으로 쓰이는 풀 즉, '쪽'을 뜻하기 위하여 만든 것이다. '풀 ++(초)'와 '볼 監(감)'으로 이루어졌다.

쪽(마디풀과에 달린 한해살이 풀, 남빛을 물들이는 염료로 쓰인다)

[靑出於藍靑於藍(청출어람청어람)/靑出於藍(청출어람)] 푸른 물감은 쪽에서 났지만 쪽보다 더 푸름. '제자가 스승보다 더 훌륭한 경우'의 비유. 㑃靑藍(청람), 出藍(출람)『荀子(순자)·勸學(권학)편』

남색, 진한 푸른 빛

[藍色(남색)] 쪽과 같은 짙은 푸른 빛.

기타

[伽藍(가람)] 절의 별칭.

蛇 뱀 사, 虫부11　1759

'蛇(사)'자의 古字(고자)는 몸을 꿈틀거리며 꼬리를 늘어뜨리는 뱀의 모양을 본뜬 "它(사/타)였다. 후에 '뱀'의 뜻을 확실하게 하기 위하여 '벌레 虫(충)'을 붙여 '蛇(사)'자를 만들었다.

뱀

[蛇心佛口(사심불구)] '뱀의 마음에 부처의 입'이라는 뜻으로, 속에는 간악한 마음을 품고 있으면서 입으로는 착한 말을 함. 또는 그런 사람을 비유하는 말.
[毒蛇(독사)] 이빨을 통해 독을 분비하는 뱀을 통틀어 일컫는 말.
[龍頭蛇尾(용두사미)] '용 대가리에 뱀 꼬리'라는 말로, 시작은 요란하고 그럴 듯하지만 끝에 가서는 흐지부지 흐려지는 것을 말한다.
[長蛇陣(장사진)] 많은 사람이 줄을 지어 늘어 있음의 형용.
[打草驚蛇(타:초경사)] 풀을 쳐서 뱀을 놀라게 하다. 원래는 한쪽을 징벌해서 다른 한쪽을 경계하도록 하는 것을 비유한 말인데, 병법에서는 뱀을 찾기 위해 풀밭을 두드린다, 즉 적정을 미리 살피는 것을 말한다.
[畵蛇添足(화:사첨족)] 뱀을 그리는데 실물에는 있지도 않은 발을 그려 넣어서 원 모양과 다르게 되었다는 고사에서, '쓸데없는 일을 하여 일을 그르침'을 이르는 말. 㑃蛇足(사족)
蛇蝎(사갈), 蛇蝎視(사갈시), 蛇毒(사독), 蛇紋(사문), 蛇紋石(사문석), 蛇足(사족), 杯中蛇影(배중사영), 長蛇封豕(장사봉시)

구불구불 가다, 용·뱀 따위가 구불구불 가는 모양

[蛇行(사행)] ① 뱀처럼 구불구불 기어감. ② (지) 도로나 하천이 구불구불 구부러짐.
[蛇行川(사행천)] 뱀이 기어가는 모습처럼 구불구불한 모양으로 흐르는 강.

蜂 벌 봉, 虫부13　1760

'蜂(봉)'자는 '벌'을 뜻하기 위한 것이다. '벌레 虫(충)'과 '끝 夆(봉)'으로 이루어졌다.

벌

[蜂起(봉기)] 벌떼처럼 세차게 일어남. ¶민중 봉기
[蜂蝶隨香(봉접수향)] '벌과 나비가 향기를 따른다'는 뜻으로, 남자가 여자의 아름다움을 따르는 것을 비유한 말.
[蜂針(봉침)] 바늘(침) 모양으로 생긴 산란관.
[養蜂(양:봉)] 꿀을 얻기 위하여 벌을 기르는 일.
[女王蜂(여왕봉)] 여왕벌. 먹을 것 구해 오지는 않고 알만 스는, 몸이 큰 우두머리 암벌.
蜂蜜(봉밀), 蜂房(봉방), 蜂蝶(봉접), 分蜂(분봉), 王蜂(왕봉), 雄蜂(웅봉), 雌蜂(자봉)

蜜 꿀 밀, 虫부14　1761

'蜜(밀)'자는 벌이 만든 '꿀'을 뜻하기 위한 것이다. '벌레 虫(충)'이 표의요소이고, '편안할 宓(밀)'이 표음요소로 쓰였다.

꿀

[蜜柑(밀감)] 귤나무의 열매.
[蜜月(밀월)] 영문 'honey moon'의 한자 의역어. ① 결혼하고 난 바로 다음의 즐거운 한두 달. ② '밀월여행'의 준말.
[口蜜腹劍(구:밀복검)] '입에는 꿀이 있고, 뱃속에는 칼이 있음'이라는 뜻에서, '말은 달콤하게 하지만 속으로는 해칠 생각을 하고 있음'을 비유적으로 이르는 말.
[蜂蜜(봉밀)] 벌꿀.
[食蜜啞(식밀아)] 꿀 먹은 벙어리. 아무 대꾸나 대답을 하지 않는 사람을 조롱하는 말.
蜜蠟(밀랍), 蜜腺(밀선), 蜜源(밀원), 蜜月旅行(밀월여행), 甛言蜜語(첨언밀어), 甛言如蜜(첨언여밀)

蝶 나비 접, 虫부15　1762

'蝶(접)'자는 '나비'를 뜻하기 위한 것이다. '나뭇잎 葉(엽)'과 '벌레 虫(충)'으로 이루어졌다.

나비, 인시류(鱗翅類) 중 나방(蛾)을 제외한 곤충의 총칭

[蝶泳(접영)] (체) 두 손을 앞으로 뻗쳐 물을 끌어당기는 움직임을 되풀이하면서 앞으로 나아가는 헤엄.
[蜂蝶隨香(봉접수향)] ☞蜂(봉)
[胡蝶夢(호접몽)/胡蝶之夢(호접지몽)] 莊子(장자)가 꿈에 나비가 되었다가 깬 뒤에, 원래 인간인 자기가 꿈에 나비가 되었는지, 나비인 자기가 꿈에 인간으로 됐는

지, 분간하지 못했다는 고사에서, '物我一體(물아일체), 즉 나와 외물은 본디 하나로 현실은 그 分化(분화)'임을 비유하여 이르는 말. 장자 사상의 근간이 된다. 莊周夢(장주몽)/莊周之夢(장주지몽)
[花蝶(화접)] 꽃과 나비. 꽃 사이를 나는 나비.
蜂蝶(봉접), 孤蝶(고접), 胡蝶(호접)

螢 개똥벌레 형, 반딧불 형, 虫부16 1763

'螢(형)'자는 '개똥벌레'를 뜻하기 위한 것이다. '벌레'의 뜻을 나타내기 위하여, '등불 熒(형)'의 아랫부분 '火(화)'가 '벌레 虫(충)'으로 바뀐 것이다.

개똥벌레, 반디
[螢光(형광)] ① 반딧불의 불빛. 반딧불. ② 어떤 물질이 빛이나 방사선을 받았을 때 그 빛과는 다른 고유의 빛을 내는 현상.
[螢光燈(형광등)] ① 진공 유리관 속에 수은과 아르곤을 약간 넣고 안벽에 형광 도료를 칠한 방전등. ② 아둔하거나 반응이 느린 사람을 속되게 일컫는 말.
[螢雪之功(형설지공)/螢雪(형설)] 중국의 晉(진)나라 車胤(차윤)이 반딧불로 글을 읽고, 孫康(손강)이 눈빛으로 글을 읽었다는 고사에서, 어려운 여건을 이겨내면서 부지런하고 꾸준하게 열심히 학업에 정진하여 立身揚名(입신양명)한 것을 비유하는 말. 참孫康映雪(손강영설)

蠶 누에 잠, 虫부24 1764

'蠶(잠)'자는 '누에'를 나타내기 위하여 '벌레 虫(충)'자 두 개로 벌레가 꼬물꼬물하는 모양을 그린 후, 표음요소로 '일찍 朁(참)/숨을 朁(참)'을 첨가하였다. 획수가 많아 약자로 '蚕(잠)'자를 만들었다.

누에, 누에나방의 유충, 누에치다, 양잠을 하다
[蠶繭(잠견)] 누에고치.
[蠶絲(잠사)] 누에고치에서 뽑은 실.
[蠶食(잠식)] 누에가 뽕잎을 먹듯이 조금씩 차차 먹어 들어감. 또는 조금씩 점차적으로 침략하여 들어감.
[蠶室(잠실)] 누에를 치는 방.
[蠶業(잠업)] 누에치기.
[養蠶(양:잠)] 누에를 기름. 또는 그 일.
蠶具(잠구), 蠶農(잠농), 蠶頭(잠두), 蠶豆(잠두), 蠶箔(잠박), 蠶婦(잠부), 蠶桑(잠상), 蠶蔟(잠족), 蠶種(잠종), 農蠶(농잠), 桑麻蠶績(상마잠적), 桑蠶(상잠), 秋蠶(추잠), 春蠶(춘잠), 夏蠶(하잠)

蠻 오랑캐 만, 虫부25 1765

'蠻(만)'자는 고대 중국의 남방 지역에 살던 소수민족을 지칭하기 위하여 만든 것이었다. '벌레 虫(충)'이 표의 요소로 쓰인 것은 그들을 깔보았던 때문인 듯하다. '어지러울 䜌(련)'은 표음요소이다. '미개인', '야만'의 뜻을 나타낸다.

오랑캐, 남방의 미개 민족, 미개 민족의 총칭, 야만스럽다
[蠻人(만인)] ① 야만인. ② 남방의 오랑캐. 南蠻(남만).
[蠻行(만행)] 야만스러운 행위.
[南蠻北狄(남만북적)] 남쪽과 북쪽에 사는 오랑캐.
[野蠻(야만)] ① 원시적인 미개한 상태. 또는 그러한 종족. ② 사람으로서는 할 수 없는 못된 짓. 또는 그런 짓을 하는 사람. 참野蠻人(야만인)
[夷蠻戎狄(이만융적)] 東夷(동이)·南蠻(남만)·西戎(서융)·北狄(북적) 즉, 동서남북의 모든 오랑캐를 통틀어 일컬음.

권력·힘을 제멋대로 행하다
[蠻勇(만용)] 사리분별 없이 함부로 날뛰는 용맹. ¶만용을 부리다

업신여기다, 모멸하다

裂 찢을 렬, 衣부12 1766

'裂(렬)'자는 옷이 '찢어지다'는 뜻을 나타내기 위하여 만든 것이다. '옷 衣(의)'와 '벌릴 列(렬)'로 이루어졌다.

찢다, 찢어지다, 쪼개지다, 갈라지다, 깨지다
[裂傷(열상)] 피부가 찢어진 상처.
[決裂(결렬)] 교섭이나 회의 따위에서 의견이 합쳐지지 않아 각각 갈라서게 됨. ¶회담이 결렬되다
[龜裂(균열)] ① 거북등의 무늬처럼 이리저리 갈라짐. ¶벽에 균열이 생겼다 ② (손발이) 터서 갈라짐. ③ 사귀어 지내는 사이가 틈이 남.
[分裂(분열)] ① 한 물체나 물질, 한 집단이나 생각 따위가 갈라져 나뉨. ¶국론의 분열 ② (의) 병적으로 정신이 흐트러지거나 어지러워지는 상태 ¶분열 증세 ③ (물) 원자핵이 다량의 방사능과 열을 방출하면서 쪼개짐. ¶핵분열 ④ (생) 생물의 세포나 핵이 갈라져서 증식되는 일. ¶세포분열
[四分五裂(사:분오열)] 여러 갈래로 갈기갈기 찢긴다는 뜻으로 '천하가 크게 어지러워진 모양'을 이르는 말.
[支離滅裂(지리멸렬)] 갈라지고 흩어지고 없어지고 찢김. 이리저리 흩어져 없어짐.
[破裂(파:열)] 터져 갈라짐. 또는 터뜨려 가름.
裂開(열개), 裂果(열과), 滅裂(멸렬), 炸裂(작렬), 縱裂(종렬), 爆裂(폭렬)

차열(車裂)
[車裂(차열)] 수레에 묶어 사지를 찢는 형벌의 하나.

訂 바로잡을 정(:), 고칠 정(:), 言부9 1767

'訂(정)'자는 '의논하다'가 본뜻이다. '말씀 言(언)'과 '넷째천간 丁(정)'으로 이루어졌다. '바로잡다'는 뜻으로 쓰

인다.

바로잡다, 문자·문장의 잘못된 것을 바로잡아 고치다
[訂定(정:정)] 잘잘못을 의논하여 정함.
[訂正(정:정)] 글자나 글 따위의 잘못을 바로잡아 바르게 고침.
[更訂(경정)/改訂(개정)] 글자나 글을 고쳐 바로잡음.
[校訂(교:정)] 출판물의 잘못된 글자나 글귀를 바르게 고침.
[修訂(수정)] 글이나 글자의 잘못을 고침.

該 해당할 해, 그 해, 言부13 1768

'該(해)'자는 말이 '맞다'는 뜻을 나타내기 위하여 만든 것이다. '말씀 言(언)'과 '돼지 亥(해)'로 이루어졌다. '특정의 그것'이라는 뜻을 나타낸다.

그, 사물을 지시하는 말
[該當(해당)] ① 무엇에 관계되는 바로 그것. 관형어처럼 쓰임. ¶해당 부서 ② 어떤 사물에 바로 들어맞음. ¶해당되는 답을 찾아라

갖추다, 갖추어지다
[該博(해박)] 학문이 넓음. 어떤 사물이나 분야에 대하여 아는 것이 많음. ¶해박한 지식

誦 욀 송:, 言부14 1769

'誦(송)'자는 '소리 내어 읽다'는 뜻을 나타내기 위하여 만든 것이다. '말씀 言(언)'과 '길 甬(용)'으로 이루어졌다. 후에 '외다', '읊다'는 뜻으로 쓰이게 되었다.

외다, 암송하다
[誦經(송:경)] 불경을 욈.
[朗誦(낭:송)] ① 소리를 내어 글을 욈. ② (시 같은 것을) 음률적으로 감정을 넣어 읽거나 욈. ¶시 낭송
[暗誦(암:송)] 글을 보지 않고 외는 것.
[愛誦(애:송)] 어떤 글을 좋아하여 욈. 참愛誦詩(애송시)
誦詠(송영), 念誦(염송), 詠誦(영송), 吟誦(음송)

諒 살필 량, 헤아릴 량, 言부15 1770

'諒(량)'자는 상대방의 말이나 사정을 '믿어주다'는 뜻을 나타내기 위하여 만든 것이니, '말씀 言(언)'과 '서울 京(경)'으로 이루어졌다. '서늘할 凉(량)'자도 '서울 京(경)'이 표음요소로 쓰인 예이다.

헤아리다, 살피다, 믿다, 의심하지 아니하다
[諒知(양지)] 살펴서 앎.
[諒察(양찰)] 헤아려서 살핌.
[諒解(양해)] 남의 사정을 잘 헤아려 그럴 수도 있겠다고 여겨 줌. ¶양해를 구하다/양해를 얻다
[惠諒(혜량)] 편지 따위에서, '다른 사람이 살펴서 이해함'을 높여 이르는 말.

誰 누구 수, 言부15 1771

'誰(수)'자는 의문대명사 '누구'의 뜻을 나타내기 위하여 만든 것이다. '말씀 言(언)'과 '새 隹(추)'로 이루어졌다. 고전 문장에서 단음절 어휘로 많이 쓰이기는 하지만 조어력은 약하여 낱말을 구성하는 예는 거의 없다.

누구, 어떤 사람
[誰無過(수무과)] 어떤 사람인들 허물이 없으리오. 사람은 누구나 다소의 허물이 있다. 人非聖人(인비성인), ____. 『愼思錄(신사록)』
[誰怨誰咎(수원수구)] 누구를 원망하고 탓하랴. 남을 원망하거나 탓할 것이 없음.
[誰何(수하)] ① 누구. ¶수하를 막론하고 ② (군) 누구냐고 외치며 묻거나 암호를 확인하는 일.
[誰知明鏡裏(수지명경리), 形影自相憐(형영자상련).] 누가 거울의 속을 알 수 있으리오. 거울 속에 비친 그림자와 현실의 내가 서로 불쌍하게 여기게 될 줄이야. 『唐詩選(당시선)·張九齡(장구령)·照鏡見白髮(조경견백발)』

謁 뵐 알, 아뢸 알, 言부16 1772

'謁(알)'자는 말로 '아뢰다'는 뜻을 나타내기 위하여 만든 것이다. '말씀 言(언)'과 '어찌 曷(갈)'로 이루어졌다.

뵈다, 신분이 높은 사람을 만나 뵙다
[謁聖(알성)] (역) 조선 때, 임금이 성균관 문묘의 공자 신위에 참배함.
[謁聖科(알성과)] (역) 조선 때, 임금이 성균관 문묘의 공자 신위에 참배한 뒤 성균관에서 보이던 과거. 일정한 때와 정원은 없음. 참謁聖及第(알성급제)
[謁見(알현)] 높고 귀한 이에게 뵘.
[拜謁(배:알)] 높거나 존경하는 사람을 찾아 뵘.

아뢰다, 여쭈다, 알리다, 고하다

譜 족보 보:, 계보 보:, 言부19 1773

'譜(보)'자는 원래 말을 '적어놓다'는 뜻을 나타내기 위하여 만든 것이다. '말씀 言(언)'과 '널리 普(보)'로 이루어졌다.

계보, 족보
[系譜(계:보)] ① 조상 때부터 내려오는 혈통과 집안의 역사를 적은 책. ② 사람의 혈연관계나 학문, 사상 등의 계통 또는 순서의 내용을 나타낸 기록.
[世譜(세:보)] 계보를 모아 놓은 책.
[年譜(연보)] 사람의 일생에 있었던 행적(行蹟)을 연대순으로 적은 기록. 한 사람의 연대기.
[族譜(족보)] 한 가문의 계통과 혈통 관계를 적어 놓은

책.
譜錄(보록), 譜牒(보첩)
악보, 음악의 가락을 적은 표
[樂譜(악보)] 음악의 곡조를 일정한 기호로 써서 적어 놓은 것.
계통을 좇아 기록하다
[棋譜(기보)] ① 바둑이나 장기 두는 법을 적은 책. ② 바둑이나 장기를 둔 내용의 기록.
[殉愛譜(순애보)] 사랑에 목숨을 바친 것을 적은 이야기. ¶로미오와 줄리엣의 비극적인 사랑 이야기는 서양의 순애보 중 백미로 꼽힌다

豈 어찌 기, 豆부10   1774

'豈(기)'자는 '어찌'라는 부사적 용법으로 한문에서는 많이 쓰이나 조어력이 약하여 한자어 용례는 거의 없다.
어찌, 어째서 반어(反語)의 조사
[豈不爾思(기불이사)] 어찌 너를 생각하지 않으리오.
[眼中拔釘(안중발정), 豈不樂哉(기불락재)] 눈에 박힌 못이 빠졌으니 어찌 즐겁지 아니한가. 『十八史略(십팔사략)』

貝 조개 패:, 貝부7   1775

'貝(패)'자는 '조개'를 뜻하기 위하여 그 모양을 본뜬 것이었는데 그 모양이 많이 변했다. 옛날에는 조개껍데기를 화폐의 수단으로 사용했으므로, 이것이 표의요소로 쓰인 글자들은 대개 '돈'과 관련이 있다.
조개, 물에 사는 조개류의 총칭, 조개껍데기
[貝殼(패:각)] 조개의 껍데기.
[貝類(패:류)] 조개류.
[貝塚(패:총)] 조개더미.
[魚貝類(어패류)] 물고기와 조개류. 해초류를 제외한 수산물의 총칭.

貪 탐낼 탐, 貝부11   1776

'貪(탐)'자는 '탐내다'는 뜻을 나타내기 위한 것이다. '조개 貝(패)'와 '이제 今(금)'으로 이루어졌다.
탐하다, 과도히 욕심내다
[貪官汚吏(탐관오리)] 탐욕이 많고 행실이 깨끗하지 못한 벼슬아치.
[貪慾(탐욕)] 사물을 지나치게 탐내는 욕심.
[小貪大失(소탐대실)] 작은 것을 탐하다가 큰 것을 잃음.
[食貪(식탐)] 음식을 욕심껏 탐내는 일.
[貪者怨之本(탐자원지본).] 탐한다는 것은 남의 원한을 살 근본임.
[知足可樂(지족가락), 務貪則憂(무탐즉우).] 자기 분수를 지킬 줄 알면 가히 즐겁다. 탐욕에 힘쓰면 근심이 생긴다. 『明心寶鑑(명심보감)·正己篇(정기편)』
[貪欲生憂(탐욕생우), 貪欲生畏(탐욕생외). 無所貪欲(무소탐욕), 何憂何畏(하우하외).] 헛된 집착에서 근심이 생기고, 헛된 집착에서 두려움이 생긴다. 헛된 집착에서 벗어난 이는 근심이 없는데, 어찌 두려움이 있겠는가. (법구경의 이 구절에서는 '탐욕'을 '헛된 집착'이라고 풀이하고 있다. 왜 '탐욕'이라고 그대로 해석하지 않고 '헛된 집착'이라고 했는지 생각해 볼 일이다.) 『法句經(법구경) 216』
[不得貪勝(부득탐승)] 이기기만을 탐내지 마라. 이기고자 욕심을 부리지 말고 바둑을 순리대로 두어라. 『圍棋十訣(위기십결)』 ☞ * 309
貪官(탐관), 貪心(탐심), 貪財(탐재), 色貪(색탐)/貪色(탐색)

販 팔 판, 貝부11   1777

'販(판)'자는 돈을 벌기 위해 싼 것을 비싸게 '팔다'는 뜻을 나타내기 위하여 만든 것이다. '조개 貝(패)'와 '되돌릴 反(반)'으로 이루어졌다.
팔다, 사다, 매매하다, 장사하다
[販路(판로)] 상품이 팔리는 방면이나 길. ¶판로를 개척하다
[販賣(판매)] 상품을 팖.
[市販(시:판)] 시중 판매. 시장에서 일반에게 판매함. ¶이 물건은 아직 시판하지 않습니다.
[外販(외:판)] 판매원이 직접 외부 고객을 찾아다니면서 물건을 팖.
[總販(총판)] '총판매'의 준말. 어떤 상품을 도거리로 도맡아 파는 것.
街販(가판), 共販(공판), 多段階販賣(다단계판매), 直販(직판)

賃 품팔이 임:, 품삯 임:, 貝부13   1778

'賃(임)'자는 돈을 주고 사람을 '고용하다'는 뜻을 나타내기 위하여 만든 것이다. '조개 貝(패)'와 '맡길 任(임)'으로 이루어졌다.
품팔이, 더부살이, 고용, 품팔이하다, 품삯, 노동의 대가
[賃金(임:금)] 일을 한 품삯으로 받는 돈.
[勞賃(노임)] 품삯. 품을 팔거나 산 대가로 받거나 주는 돈이나 물건.
[無賃乘車(무임승차)] 차비를 내지 않고 차를 탐.
[運賃(운:임)] 운송에 대한 삯.
船賃(선임), 低賃(저임)/低賃金(저임금)
세내다, 세를 주고 물건을 임시로 빌려 쓰다
[賃貸(임:대)] 삯을 받고 빌려줌. 賃貸料(임대료), 賃貸人(임대인), 賃貸住宅(임대주택), 賃貸借(임대차)
[賃貸借(임:대차)] (법) 당사자의 한편이 상대편에게 일

정한 물품이나 부동산을 쓰게 하고, 상대편은 이에 대하여 일정한 삯을 치르도록 하는 계약. 참賃貸借契約(임대차계약)
[賃借(임:차)] 삯을 주고 남의 물건을 빌려 씀. 참賃借料(임차료), 賃借人(임차인)

賓 손 빈, 貝부14 1779

'賓(빈)'자는 '손님'이란 뜻을 나타낸다. '집[宀(면)]에 걸어온[止(지)] 사람[人(인)]에게 귀한 물건이나 돈[貝(패)]을 주다'는 뜻에서 '손님'의 뜻을 나타내었다.

손, 손님, 손으로서 묵다, 손으로 대우하다
[賓客(빈객)] 점잖은 손님.
[國賓(국빈)] 나라의 손님으로 국가로부터 특별한 대우를 받는 외국의 손님.
[貴賓(귀:빈)] 귀중한 손님. ¶내외 귀빈 여러분 동貴客(귀객)
[來賓(내:빈)] 손님으로 찾아옴, 또는 그 사람.
[主賓(주빈)] 여러 손님 가운데 주장이 되는 손님.
[不接賓客去後悔(부접빈객거후회).] 손님을 제대로 대접하지 않으면 떠난 뒤에 후회한다. 『朱子(주자)·朱子十悔訓(주자십회훈)』 ☞ * 387
佳賓(가빈), 內賓(내빈), 迎賓(영빈), 迎賓館(영빈관), 外賓(외빈), 接賓(접빈)

賦 부세 부:, 부여할 부:, 貝부15 1780

'賦(부)'자는 '조개 貝(패)'와 '굳셀 武(무)'로 이루어졌다. '세금을 부과하다'는 뜻을 나타낸다.

구실, 조세, 조세를 바치다, 매기다, 부과하다
[賦課(부:과)] ① 세금 따위를 매기어 물게 함. ¶세금 부과 ② 임무나 책임 따위를 지워 맡게 함. ¶임무 부과
[賦金(부:금)/賦課金(부:과금)] 일정한 기간마다 내는 돈.
[賦稅(부:세)] 부과하는 세금. 또는 세금을 부과함.
[月賦(월부)] 값 또는 빚을 다달이 나누어 갚아 가는 일.
[割賦(할부)] 여러 번에 나누어 냄. 月賦(월부) 따위. 참割賦金(할부금), 割賦販賣(할부판매)

부역, 부역에 징발된 사람
[賦役(부:역)] 국가나 공공단체가 국민에게 의무적으로 책임을 지우는 勞役(노역).

주다, 나누어주다
[賦與(부:여)] 나눠 줌. 벌려 줌.

받다, 천생으로 타고나다
[天賦(천부)] ① 하늘이 줌. 하늘로부터 주어진 것. ② 타고난 성질.
[天賦人權說(천부인권설)] 인권은 하늘이 인류에게 부여한 것으로 남이 감히 침해할 수 없다는 법률상의 학설.

문체의 하나, 시(詩)의 육의(六義)의 하나, 시가를 짓다
[賦(부)] ① 감상을 그대로 적는 漢詩體(한시체)의 한 가지. ② 한문체에서, 글귀 끝에 운을 달고 흔히 對(대)를 맞추어 짓는 글. ③ 科文(과문)의 한 가지. 여섯 글자로 한 글귀를 만들어 짓는 漢詩(한시)의 글.
[詩賦(시부)] 시와 부.

賜 줄 사:, 貝부15 1781

'賜(사)'자는 윗사람이 아랫사람에게 '주다'는 뜻을 나타내기 위한 것이었다. '조개 貝(패)'와 '쉬울 易(이)'로 이루어졌다.

주다, 하사하다
[賜藥(사:약)] 임금이 사형에 처할 신하에게 먹고 죽을 약을 줌.
[膳賜(선:사)] 존경, 친근, 애정의 뜻을 나타내기 위하여 남에게 선물을 줌.
[御賜花(어:사화)] 과거 시험의 문무과에 급제한 사람에게 임금이 주어 머리에 꽂게 한 종이꽃.
[下賜(하:사)] 임금이 신하에게 물건을 내려줌.
賜姓(사성), 賜額(사액)

은혜를 베풀다, 은덕, 은혜
[恩賜(은사)] ① 은혜로 내려줌. ② (성) 하느님이 주신 재능.
[特賜(특사)] 임금이 신하에게 특별히 줌.

赴 나아갈 부:, 다다를 부:, 走부9 1782

'赴(부)'자는 '나아가다'는 뜻을 나타내기 위하여 만든 것이다. '달릴 走(주)'와 '점 卜(복)'으로 이루어졌다.

나아가다, 향하여 가다, 들어가다, 도달하다
[赴任(부:임)] 임명을 받고 근무할 곳으로 감.
[飛蛾赴火(비아부화)] 불을 향해 날아드는 나방. 탐욕으로 말미암아 몸을 망치거나 스스로 자멸의 길로 들어가거나 재앙 속으로 몸을 던지는 것을 말한다.

贈 보낼 증, 줄 증, 貝부19 1783

'贈(증)'자는 돈이나 귀중한 품물을 '선물하다'는 뜻을 나타내기 위하여 만들었다. '조개 貝(패)'와 '일찍 曾(증)'으로 이루어졌다.

보내다, 선물하다, 선물
[贈與(증여)] ① 물건을 선사로 줌. ② (법) 자기의 재산을 무상으로 상대자에게 줄 의사를 보이고 상대자가 이를 승낙함으로써 이루어지는 계약.
[贈與稅(증여세)] (법) 증여받은 재산이나 권리에 대하여 물리는 세금.
[贈呈(증정)] 남에게 선물이나 기념품 따위를 보내 드림.

[寄贈(기증)] 남에게 선물하거나 이바지하는 뜻으로 거저 물품을 줌. ¶도서 기증

관위(官位)를 추사(追賜)하다
[贈爵(증작)] 죽은 뒤에 작위를 줌.
[贈職(증직)] 예전에, 종이품 이상의 벼슬아치의 부친, 조부, 증조부나 또는 충신, 효자 및 학행이 높은 사람에게 사후에 벼슬과 품계를 추증하는 일을 이르는 말.
[追贈(추증)] (역) ① 예전에, 나라에 공로가 있는 벼슬아치가 죽은 뒤에 벼슬의 품계를 높여서 내리는 일을 이르던 말. ② 예전에, 종이품 이상의 벼슬아치의 부친, 조부, 증조부나 또는 충신, 효자 및 학행이 높은 사람에게 사후에 벼슬과 품계를 높여서 내리는 일을 이르는 말.

跳 뛸 도, 달아날 도, 足부13 1784

'跳(도)'자는 발로 '뛰다'는 뜻을 나타내기 위하여 만들었다. '발 足(족)'과 '조짐 兆(조)'로 이루어졌다.

뛰다, 도약하다
[跳躍(도약)] ① 뛰어오름. ② (체) 뜀뛰기. 참跳躍臺(도약대), 跳躍競技(도약경기)
[棒高跳(봉고도)] (체) 장대높이뛰기.

軒 추녀 헌, 집 헌, 車부10 1785

'軒(헌)'자는 본래 옛날 고급 관리가 타던 '수레'를 뜻하기 위한 것이었다. '수레 車(거)'와 '방패 干(간)'으로 이루어졌다. 후에 '집', '처마'의 뜻으로 뜻이 확대되었다.

집, 가옥
[東軒(동헌)] 고을의 원이나 병사(兵使)·수사(水使) 그 밖의 수령들의 공사(公事)를 처리하던 대청이나 집.
[烏竹軒(오죽헌)] 보물 165호. 강원도 강릉시에 있는 이 건물은 최응현의 고택에 딸린 별당으로, 율곡 이이가 태어난 유서 깊은 곳이다.

추녀, 처마

輝 빛날 휘, 車부15 1786

'輝(휘)'자는 본래 '빛날 煇(휘)'로 쓰이다가, 후에 '불 火(화)'가 '빛 光(광)'으로 바뀌었다. '군사 軍(군)'은 표음요소이다.

빛나다, 광채를 발하다, 빛, 아침 햇빛, 불빛, 광채, 광휘
[輝光(휘광)] 빛이 남. 또는 찬란한 빛.
[輝煌(휘황)] 광채가 눈이 부시게 빛나다. 輝煌燦爛(휘황찬란)의 준말.
[光輝(광휘)] ① 환하고 아름답게 빛남. 또는 그 빛. ¶천지는 아무리 장구하더라도 끊임없이 태어나고, 일월은 아무리 오래가도 광휘가 날로 새롭다 ② 눈부시게 훌륭함을 비유적으로 이르는 말.

輿 수레 여:, 車부17 1787

'輿(여)'자는 '수레 車(거)'와 '마주 들 舁(여)'가 합쳐진 것으로, '수레의 차체'가 본뜻이다. 여러 하인이 들거나 끌었기 때문에 '하인', '여러 사람' 등으로 확대 사용되었다.

많다, 대중
[輿論(여:론)] 어떠한 개인의 행동이나 사회 현상에 관한 여러 사람의 공통된 의견. ¶여론 조사
[輿望(여:망)] 어떤 사람이나 일에 대한 많은 사람의 기대.

가마, 두 사람이 마주 메는 가마
[肩輿(견여)] 좁은 길을 지날 때 임시로 쓰는 간단한 상여.
[喪輿(상여)] 장례 때 시체를 묘지까지 운반하는 제구. 行喪(행상).
[人生坐輿樂(인생좌여락), 不知肩輿苦(부지견여고).] 사람들이 아는 것은 가마 타는 즐거움뿐, 가마 메는 괴로움은 모르고 있네. 『茶山(다산)』

땅, 대지
[大東輿地圖(대:동여지도)] 조선 철종(哲宗) 때 김정호(金正浩)가 엮은 조선 지도.

辨 분별할 변:, 辛부16 1788

'辨(변)'자는 칼로 '나누다'는 뜻을 나타내기 위하여 만든 것이다. '칼 刀(도)'가 표의요소, '매울 辛(신)'을 두 개 겹쳐 쓴 '죄인 서로 송사할 辡(변)'은 표음요소이다. '가리다'는 뜻으로 쓰인다.

가리다, 분별하다, 판별하다, 구별하다
[辨別(변:별)] ① 사물의 옳고 그름 또는 좋고 나쁨을 가리어 앎. ¶변별 능력 ② 같고 다름을 가림.
[辨證法(변:증법)] (철) 자연·사회·사유 등의 발전을 모순·대립·종합의 논리로 밝히는 연구 방법. 이념이나 의식의 정·반·합의 발전 법칙으로 보는 관념론적인 것과 객관적 실재의 발전 공식으로 보는 유물론적인 것들이 있음.
[不辨菽麥(불변숙맥)] 콩과 보리를 구별하지 못한다는 뜻으로 '어리석은 사람'을 이르는 말.
[魚魯不辨(어로불변)] '고기 魚(어)'자와 '노나라 魯(로)'자를 분간하지 못할 만큼 무식함.
辨駁(변박), 辨說(변설), 辨證(변증)

분명히 하다, 의혹 없이 하다
[辨明(변:명)] ① 어떤 잘못에 대하여 구실을 대며 그 까닭을 밝힘. ② 옳고 그름을 가려 사리를 밝힘.

다스리다, 경륜하여 처리하다
[辨理(변:리)] 일을 맡아 처리함. 참辨理士(변리사)

따지다, 물어서 밝히다
[辨償(변:상)] 남에게 입힌 손해를 돈이나 물건 따위로 물어줌. 回賠償(배상)

返 돌이킬 반:, 돌아올 반:, 辵부8　1789

'返(반)'자는 길을 갔다가 '돌아오다'는 뜻을 나타내기 위하여 만든 것이다. '길 갈 辶(착)'과 '되돌릴 反(반)'으로 이루어졌다.

돌아오다, 되돌아오다
[去者必返(거:자필반)] 떠나간 사람은 반드시 돌아온다 (헤어지면 언젠가는 다시 만나게 된다는 말). 참會者定離(회자정리)

돌려주다, 되돌리다
[返納(반:납)] 도로 바침. 돌려줌. ¶빌린 책을 반납하다
[返送(반:송)] 도로 돌려보냄. 동還送(환송) ¶우편물 반송
[返品(반:품)] 사들인 물품 따위를 도로 돌려보냄. 또는 그러한 물품.
[返還(반:환)] 되돌아오거나 되돌려줌. ¶입장료 반환
返戾(반려), 返杯(반배), 返信(반신)

迷 미혹할 미(:), 辵부10　1790

'迷(미)'자는 길을 잃고 '헤매다'는 뜻을 나타내기 위하여 만든 것이다. '길 갈 辶(착)'과 '쌀 米(미)'로 이루어졌다.

길을 잃어 헤매다, 길을 잃거나 갈피를 잡지 못해 헤매는 일
[迷宮(미:궁)] ① 한번 들어가면 빠져나오는 길을 쉽게 찾을 수 없는 곳. ② 사건, 문제 따위가 복잡하게 얽혀서 판단하거나 해결하기 어렵게 된 상태. ¶사건은 미궁에 빠졌다.
[迷路(미:로)] 한번 들어가면 방향을 알 수 없어 헤매게 되는 길. ¶미로 속을 헤매다
[迷兒(미:아)] 길이나 집을 잃고 헤매는 아이. ¶미아보호소

미혹하다, 시비의 판단을 하지 못하다
[迷妄(미:망)] 사리에 어두워 갈피를 잡지 못하고 헤맴.
[迷夢(미:몽)] 무엇에 홀린 듯 생각이나 정신이 똑똑하지 못하고 얼떨떨한 상태. ¶미몽에 빠져 깨어나지 못하다
[迷信(미:신)] ① 어리석어서 그릇된 신앙을 잘못 믿음. ② 합리적·과학적 입장에서 헛되다고 여겨지는 믿음.
[迷惑(미혹)] ① 정신이 흐려지도록 무엇에 홀림. ② 정신을 호려 흐려지게 함. ¶주색에 미혹되다
[昏迷(혼미)] ① 정신이 헛갈리고 흐리멍덩함. ② 사리에 어둡고 미욱함.

逐 쫓을 축, 辵부11　1791

'逐(축)'자는 본래 산돼지를 '쫓다'는 뜻을 나타내기 위하여 만든 것이었다. '길 갈 辶(착)'과 '돼지 豕(시)'로 이루어졌다.

쫓다, 뒤쫓아 가다
[追逐(추축)] ① 남의 뒤를 좇아 따름. ② 친구끼리 서로 오가며 사귐.
[逐鹿者不見山(축록자불견산), 攫金者不見人(확금자불견인).] 사슴을 쫓는 사람은 산을 볼 여유가 없다. 명예와 욕심에 눈이 멀어 사람된 도리를 저버린다는 뜻이다. 돈을 움켜쥔 자는 사람을 보지 못한다. 物慾(물욕)에 가리면 의리·염치를 모름을 비유하여 이르는 말이다. 利慾(이욕)에 정신이 팔린 사람은 자신에게 다가올 위험도 돌보지 않는다는 뜻이다.『淮南子(회남자)』
[逐二兎者不得一兎(축이토자부득일토).] '한꺼번에 토끼 두 마리를 쫓으면 한 마리도 잡지 못한다'는 뜻으로, 동시에 두 가지 일을 뜻하면 결국 아무 일도 이루지 못함을 비유하여 이르는 말.

내쫓다, 쫓아버리다, 쫓아내다, 추방하다
[逐客(축객)] 손님을 푸대접하여 쫓아냄.
[逐出(축출)] 쫓아서 내보냄.
[驅逐(구축)] 어떤 세력 따위를 몰아서 쫓아냄.
[驅逐艦(구축함)] (군) 어뢰를 주요 무기로 하여 적의 주력함이나 잠수함을 공격하는 군함.

다투다, 경쟁하다
[角逐(각축)] 서로 이기려고 다툼.
[角逐戰(각축전)] 서로 맞서 이기려고 다투는 싸움. ¶각축전을 벌이다

遂 이룰 수, 드디어 수, 辵부13　1792

'遂(수)'자는 '성취하다'는 뜻을 나타내기 위하여 만든 것이다. '길 갈 辶(착)', '여덟 八(팔)', '돼지 豕(시)'로 이루어졌다. '八(팔) + 豕(시)'는 요즈음은 쓰이지 않는 '따를 수'자이다. 이 '수'자가 표음요소로 쓰였다.

이루다, 성취하다, 마치다, 끝내다, 다하다, 끝나다
[遂行(수행)] 계획한 대로 해냄. ¶임무 수행
[未遂(미:수)] ① 목적한 바를 아직 이루지 못함. ¶미수에 그치다 ② (법) 죄를 범하려고 착수했으나 그 목적을 이루지 못함.
[完遂(완수)] 목적을 완전히 달성함. ¶책임 완수
[有意莫遂(유의막수)] 마음에는 있어도 뜻대로 되지 않음.
[功遂身退天之道(공수신퇴천지도).] 공적을 이루면 물러나는 것이 하늘의 도리이다. 봄은 봄이 해야 할 일을 끝내면 그 지위를 여름에게 물려준다. 여름이나 가을도 각각 잎을 무성하게 하고 열매를 맺게 했으면 겨울에게 그 지위를 물려준다. 인간도 일단 일을 수행하여 공적이나 명성을 이루면 그 위치에서 물러나는 것이 하늘의 도리를 따르는 방법이다.『老子(노자)·道德經 9章(도덕경 9장)』

맞다, 적합하다, 따르다, 순응하다
[半身不遂(반:신불수)/半身不隨(반:신불수)] 몸의 좌우 어느 한쪽을 마음대로 움직이지 못함. 또는 그런 사람.

기타
[毛遂自薦(모수자천)] ☞ 사자성어

違 어길 위, 辵부13　1793

'違(위)'자는 길을 가면서 서로 '떨어지다'는 뜻을 나타내기 위하여 만든 것이었으니, '길 갈 辶(착)'과 '어길 韋(위)'로 이루어졌다. 길 따위가 '어긋나다', 규칙 등을 '어기다' 등의 뜻을 나타낸다.

어기다, 위반하다, 옳지 않음, 잘못, 과실
[違反(위반)] 어기어서 배반함.
[違背(위배)] 어기어 배반함. 回違反(위반)
[違法(위법)] 법을 어김. ¶위법 행위
[違約(위약)] 약속이나 계약을 어김. 참違約金(위약금)
[違憲(위헌)] 헌법을 어김. 헌법 조항에 위배됨.
[非違(비:위)] 법에 어긋남. 또는 그러한 일. ¶비위를 저지르다

다르다, 틀리다, 어긋나다
[相違(상위)] 서로 어긋남.

멀리하다, 소원하게 하다
[違和(위화)] 다른 사물과 잘 조화되지 않는 일.
[違和感(위화감)] 잘 조화되지 아니하는 어색한 느낌. ¶위화감을 조성하다

遍 두루 편:, 辵부13　1794

'遍(편)'자는 길이 '널리 미치다'는 뜻을 나타내기 위하여 만든 것이다. '길 갈 辶(착)'과 '넙적할 扁(편)'으로 이루어졌다.

두루, 고루 미치다
[遍歷(편:력)] ① 이곳저곳을 두루 돌아다님. ② '여러 가지 경험'을 비유하여 이르는 말.
[普遍(보:편)] 모든 것에 두루 미치거나 통함. 참普遍性(보편성), 普遍的(보편적), 普遍妥當性(보편타당성)

횟수를 세는 말, 처음부터 끝까지 한 차례 하는 일
[讀書百遍義自見(독서백편의자현).] 백 번 반복하여 읽으면, 뜻이 통하지 않던 곳도 저절로 알게 됨. 『魏志(위지)』

遣 보낼 견:, 辵부14　1795

'遣(견)'자는 군대를 '보내다'가 본뜻이었다. '길을 가다'의 뜻인 '辶(착)과 그 나머지가 표의요소이다. 후에 군인뿐만 아니라 일반적인 의미로 쓰이게 되었다.

보내다, 놓아주다
[派遣(파견)] 어떤 임무를 맡겨서 보냄. 참派遣部隊(파견부대)

遙 멀 요, 辵부14　1796

'遙(요)'자는 길을 천천히 '거닐다'는 뜻을 나타내기 위하여 만든 것이다. '길 갈 辶(착)'이 표의요소, 그 나머지가 표음요소이다.

멀다, 아득하다
[遙遠(요원)]/[遼遠(요원)] 아득히 멂. ¶우리의 소원 평화 통일, 요원한 일이 아니다

거닐다
[逍遙(소요)] 이리저리 마음 내키는 대로 거니는 일.

遵 따를 준:, 좇을 준:, 辵부16　1797

'遵(준)'자는 '따르다'는 뜻을 나타내기 위하여 만든 것이다. '길 갈 辶(착)'과 '높을 尊(존)'으로 이루어졌다.

좇다, 순종하다, 복종하다
[遵據(준:거)] 따르고 의거함. ¶전례에 준거하여 판단해 보라
[遵法(준:법)] 법령을 지킴. 법을 따름. ¶준법정신
[遵守(준:수)] 전례·명령·규칙 따위를 좇아서 지킴.
[遵用(준:용)] 그대로 좇아서 따라 씀.

遲 늦을 지, 더딜 지, 기다릴 지, 辵부16　1798

'遲(지)'자는 '천천히 걷다'가 본뜻이다. '길 갈 辶(착)'이 표의요소, 그 나머지는 표음요소이다.

늦다, 정해진 시각에 대지 못하다, 더디다, 느리다, 굼뜨다
[遲刻(지각)] 정해진 시각에 늦게 나옴.
[遲速(지속)] 더딤과 빠름. 또는 빠르고 느림의 정도.
[遲延(지연)] 예정보다 오래 걸려 늦추거나 늦어짐.
[遲延作戰(지연작전)] 일을 지연시켜 자기에게 이롭게 하려는 작전.
[遲遲不進(지지부진)] 매우 더디어서 일 따위가 잘 진척되지 않음.
[遲滯(지체)] ① 늑장을 부려 시간을 끌거나 기한에 뒤짐. ② (법) 정당한 이유 없이 의무 이행을 늦추는 일.

기타
[陵遲處斬(능지처참)] 대역죄를 범한 자에게 과하던, 산채로 머리·팔·다리·몸뚱이를 토막쳐 천천히 죽여 각지에 돌려 보이던 극형.

遷 옮길 천:, 辵부16　1799

'遷(천)'자는 본래 오르막 길 따위를 '오르다'는 뜻을 나타내기 위하여 만든 것이었다. '길 갈 辶(착)'이 표의요소, 그 나머지는 표음요소이다. 후에 '바뀌다', '옮기다'는 뜻을 가지게 되었다.

옮기다, 위치를 바꾸어 놓다
[遷都(천:도)] 도읍을 옮김.
[播遷(파천)] (역) 임금이 도성을 떠나 피란함. 참俄館播遷(아관파천)
[孟母三遷之敎(맹:모삼천지교)] 맹자의 어머니가 아들의 교육에 나쁜 영향을 주는 환경을 피하여 세 번 집을

옮긴 고사에서, '어머니의 자녀 교육에 대한 태도가 용의주도함'을 이르는 말. 처음 묘지 옆에서 살다가, 저자거리로 옮기고, 다시 학교 옆으로 옮겼다. 图孟母三遷(맹모삼천) 三遷之敎(삼천지교) 『烈女傳(열녀전)』
[不遷怒(불천노), 不二過(불이과).] 노여움은 옮기지 말고, 잘못은 거듭하지 말라. 『論語(논어)·雍也(옹야)편』

바꾸다, 새롭게 하다, 변하다, 바뀌다
[遷移(천:이)] ① 옮기어 바뀜. ② (생) 일정한 지역의 생물 군락의 계열이 시간이 변하여 감에 따라 변천하여 가는 현상.
[改過遷善(개:과천선)] 잘못을 고치어 착한 마음으로 바꿈. 허물을 고치고 옳은 길로 들어섬.
[變遷(변:천)] 세월이 흐르는 동안에 바뀜.

관위(官位)가 옮겨지다
[左遷(좌:천)] 높은 지위에서 낮은 지위로 떨어짐. 중앙에서 지방으로 전근됨.

那 어찌 나:, 무엇 나:, 邑부7 1800

'那(나)'자는 '어찌', '어느' 등의 의미로 활용됐다. 조어력이 약하여 한자어 용례가 거의 없다.

어찌, 어떻게, 어찌 하랴, 어떻게 하느냐

기타
[那落(나락)/奈落(나락)] ① 지옥. ② 헤어날 수 없는 어려운 상태를 비유하여 이르는 말. ¶절망의 나락으로 떨어지다
[刹那(찰나)] 범어 'Ksana'의 한자 음역어로 '매우 짧은 동안'을 이름. 비瞬間(순간)

邦 나라 방, 邑부7 1801

'邦(방)'자는 '제후의 나라'를 지칭하기 위하여 만든 것이었다. '땅 邑(읍)'과 '예쁠 丰(봉)'으로 이루어졌다.

나라
[邦畵(방화)] 자기 나라에서 제작된 영화. 반外畵(외화)
[盟邦(맹방)] 동맹을 맺은 나라.
[友邦(우:방)] 서로 우호적인 관계를 맺고 있는 나라.
[異邦人(이:방인)] ① 다른 나라에서 온 사람. ② (성) 유대인이 선민의식에서 그들 이외의 여러 민족을 얕잡아 일컫는 말.
[合邦(합방)] 둘 이상의 나라를 합침.
萬邦(만방), 聯邦(연방), 列邦(열방), 異邦(이방)

郊 성 밖 교, 邑부9 1802

'郊(교)'자는 都城(도성)의 성문으로부터 100리까지의 땅을 지칭하기 위한 것이었다. '땅 邑(읍)'과 '사귈 交(교)'로 이루어졌다. 예전에는 성문에서 50리까지는 近郊(근교), 50리에서 100리까지는 '遠郊(원교)'로 구분했다.

성 밖, 서울의 교외, 인가가 드물고 전야(田野)가 많은 곳
[郊外(교외)] 도시에서 떨어진 주변 지역. ¶서울 교외
[近郊(근교)] 도시에서 가까운 변두리의 마을이나 들. 참근교농업
[遠郊(원:교)] 도시에서 멀리 떨어져 있는 교외.

酸 초 산, 실 산, 酉부14 1803

'酸(산)'자는 술독 같은 데에 넣고 발효시킨 것에서 나는 '신 맛'을 뜻하기 위하여 만들어진 글자이다. 술독을 뜻하는 '닭 酉(유)'가 표의요소, 오른쪽의 것은 표음요소이다. '酸素(산소)' 또는 산소와 관계가 있는 낱말의 한 구성요소로 쓰인다.

초, 식초, 시다, 신물, 위액
[酸味(산미)] 신맛.

괴롭다, 고통스럽다
[辛酸(신산)] ① 맵고 신 맛. ② 쓰라리고 고생스러움. 또는 그러한 고통. ¶온갖 신산을 다 겪다

산소(酸素)
[酸性(산성)] (화) 수용액에서 이온화할 때, 수산 이온의 농도보다 수소 이온의 농도가 더 큰 물질. 수소이온 농도지수(pH)가 7 미만이면 청색 리트머스 시험지를 붉게 만들고 산성을 나타낸다.
[酸素(산소)] (화) 빛깔·맛·냄새가 없는, 공기 중의 중요한 성분인 원소. 생물의 호흡과 동식물의 생활에 없어서는 안 되는 기체로서 다른 원소와 화합하여 산화물을 형성함.
[酸化(산화)] 어떤 물질이 산소와 결합하거나 어떤 물질에서 수소를 제거함. 반還元(환원)
[胃酸(위산)] (생) 위액 속에 들어 있는 산. 주로 염산이나 젖산. 참胃酸過多症(위산과다증)
[乳酸菌(유산균)] 당류를 분해하여 젖산을 만드는 균의 한 가지. ¶유산균 음료수
[醋酸(초산)] (화) 아세트산. 자극성 냄새가 있고, 신맛이 나는 무색의 액체로 식초의 주성분임. 물이나 알코올에 잘 녹음. 조미료, 식품의 갈무리, 유기화합물의 제조 또는 염색 따위에 쓰임.
[炭酸水(탄산수)] (화) 탄산이 물에 풀린 것. 천연으로는 탄산천이 괴어서 나고, 인공적으로는 고압으로 이산화탄소를 물에 풀어서 만듦. 화학 시험이나 약·청량음료 따위를 만드는 데 씀.
酸度(산도), 强酸(강산), 硅酸(규산), 硼酸(붕산), 砒酸(비산), 水酸基(수산기), 亞黃酸(아황산), 弱酸(약산), 鹽酸(염산), 乳酸(유산), 硫酸(유산), 蟻酸(의산), 燐酸(인산), 窒酸(질산), 靑酸(청산), 靑酸加里(청산가리), 硝酸(초산), 炭酸(탄산), 炭酸泉(탄산천), 黃酸(황산)

鈍 둔할 둔:, 무딜 둔:, 金부12 1804

'鈍(둔)'자는 쇠로 만든 칼의 끝이 '무디다'는 뜻을 나타내기 위하여 만든 것이다. '쇠 金(금)'과 '진칠 屯(둔)'으

로 이루어졌다. '둔하다', '굼뜨다'의 뜻도 나타낸다.
무디다, 둔하다
[鈍感(둔:감)] 무딘 감정이나 감각.
[鈍器(둔:기)] ① 무딘 날붙이. ② 날이 없는 기구. ¶둔기로 얻어맞다
[鈍濁(둔:탁)] ① 소리가 굵고 거침. ② 성질이 굼뜨고 흐리멍덩함.
[銳鈍(예:둔)] ① 날카로움과 둔함. ② 민첩함과 둔박함.
鈍角(둔각), 鈍化(둔화)
어리석다, 우둔하다, 미련하다
[鈍才(둔:재)] 둔한 재주. 또는 재주가 둔한 사람. 凹天才(천재), 英才(영재)
[駑鈍(노둔)] 둔하고 미련함. ¶노둔한 당나귀
[愚鈍(우둔)] 어리석고 둔함.
느리다, 행동이 굼뜨다
[鈍馬(둔:마)] 둔한 말.
[老鈍(노:둔)] 늙고 둔함.
[聰明不如鈍筆(총명불여둔필).] 아무리 기억력이 좋다고 하여도 그때그때 적어두는 것만 못하다는 말.

銳 날카로울 예:, 金부15   1805

'銳(예)'자는 쇠칼의 끝이 '날카롭다'는 뜻을 나타내기 위하여 만든 것이었으니 '쇠 金(금)'이 표의요소, '바꿀 兌(태)'는 표음요소인데 음이 많이 달라졌다. '날쌔다'는 뜻으로도 쓰인다.
날카롭다, 쇠붙이 등이 예리하다
[銳角(예:각)] 직각보다 작은 각. 凹鈍角(둔각)
[銳利(예:리)] ① 연장 등이 날카로움. ¶예리한 칼날 ② 두뇌나 판단력 등이 날카롭고 정확함. ¶예리한 판단력
[銳鋒(예:봉)] ① (창·칼 따위의) 날카로운 끝. ② 정예한 선봉. ③ 날카로운 논조나 표현. ¶언론의 예봉을 피하다
[尖銳(첨예)] ① 날카롭고 뾰족함. ② (사상·행동이) 급진적이고 과격함.
銳氣(예기), 銳鈍(예둔)
예민하다, 재빠르다, 민속하다
[銳敏(예:민)] ① (감각·신경 등의 반응이) 빠르고 날카로움. ② (사물에 대한 이해·판단이) 빠르고 날카로움.
[銳智(예:지)] 날카로운 슬기.
[進銳者(진예자), 其退速(기퇴속).] 나아가기를 빨리 하는 자는 그 물러남이 빠르다. 나아가는 속도가 지나치게 빠른 자는 그 후퇴 또한 빠르다. 한꺼번에 힘을 너무 많이 내면 그 세력은 빨리 쇠퇴한다. 『孟子(맹자)·盡心 上(진심 상)』
군대가 날래고 용맹하다
[新銳(신예)] 새롭고 기세나 힘이 뛰어남. 또는 그런 사람.

[精銳(정예)] 알짜로만 골라 뽑아 아주 우수함. ¶정예부대

鋼 강철 강, 강할 강, 金부16   1806

'鋼(강)'자는 굳고 질기게 만든 쇠, 즉 '강철'을 뜻하기 위하여 만든 것이다. '쇠 金(금)'과 '산등성이 岡(강)'으로 이루어졌다.
강철, 단련(鍛鍊)을 거쳐 강도(剛度)를 높게 한 쇠
[鋼鐵(강철)] ① 무쇠를 녹여 고압을 가하고, 탄소의 양을 1.7% 이하로 줄여 굳고 질기게 만든 쇠. ② 아주 단단하고 굳센 것을 비유하는 말. ¶강철 같은 의지
[鋼板(강판)] 강철로 만든 널빤지. '강철판'의 준말.
[製鋼(제:강)] 강철을 만듦. 또는 그 강철.
[鐵鋼(철강)] 鑄鐵(주철)과 鋼鐵(강철)을 아울러 이르는 말.

錯 어긋날 착, 섞일 착, 金부16   1807

'錯(착)'자는 본래 쇠를 '도금하다'는 뜻을 나타내기 위하여 만든 것이었다. '쇠 金(금)'과 '옛날 昔(석)'으로 이루어졌다. 후에 '섞다', '어긋나다', '틀리다'는 뜻으로 바뀌어 쓰이게 되었다. 본뜻인 '도금하다'는 '도금할 鍍(도)'자를 만들어 나타냈다.
섞다, 뒤섞이다, 뒤섞여 어지러워지다, 어지럽다
[錯雜(착잡)] 여러 가지가 뒤섞여 마음이 어수선함. ¶편지를 받고 마음이 착잡했다
[錯亂(착란)] 어지럽고 어수선함. ¶정신 착란을 일으키다
[交錯(교착)] 이리저리 뒤섞여 엇갈림.
[倒錯(도:착)] ① 위아래가 뒤바뀌어 어긋남. ② 본능이나 감정 및 덕성의 異常(이상)으로 사회와 도덕에 어그러진 행동을 나타냄.
[精神錯亂(정신착란)] (의) 급성의 중독이나 전염병 따위로 말미암아 정신에 장애를 일으켜 知覺(지각)·記憶(기억)·思考(사고) 따위의 지적 능력이 일시 상실되는 상태.
잘못하다, 등지다, 어긋나다
[錯覺(착각)] 사실과 다르게 느끼거나 생각함. ¶착각에 빠지다/착각을 일으키다/생김새로 봐서는 여자로 착각하겠다
[錯視(착시)] 실제와 달리 잘못 봄.
[錯誤(착오)] 착각으로 말미암아 잘못함. 또는 그러한 잘못. ¶착오를 일으키다

鎖 쇠사슬 쇄:, 자물쇠 쇄:, 金부18   1808

'鎖(쇄)'자는 쇠로 만든 '자물쇠'를 나타내기 위하여 만든 것이었다. '쇠 金(금)'이 표의요소, 그 나머지가 표음

요소이다.

쇠사슬, 매다, 쇠사슬로 붙들어 매다

[鎖骨(쇄:골)] (생) 빗장뼈. 가슴의 위쪽에 있는, 흉골과 견갑골에 잇닿아 있는 'S'꼴로 된 뼈.

[連鎖(연쇄)] ① 두 쪽을 맞걸어서 매는 사슬. ② 서로 잇대어 관련을 맺는 사물. ③ 여러 개가 한데 어울려 통일체가 되게 맞물림. ④ 서로 잇대어 관련을 맺음.

[連鎖反應(연쇄반응)] ① (화) 하나의 화학반응이 다른 반응을 일으키고 그것이 다른 것으로 번져서 계속되는 반응. ② 하나의 사건이 계기가 되어 같은 종류의 사건이 잇따라 일어나는 일의 비유.

[足鎖(족쇄)] ① 죄인의 발목에 채우던 쇠사슬. ② 자유를 구속하는 대상을 비유적으로 이르는 말.

자물쇠, 잠그다, 닫아걸다

[鎖國(쇄:국)] ① 나라 문을 잠금. ② 외국과의 교통이나 무역을 막음. ¶쇄국 정책을 쓰다

[封鎖(봉쇄)] ① 굳게 잠금. ② 오가지 못하게 막음. ¶해안을 봉쇄하다/공항을 봉쇄하다

[閉鎖(폐:쇄)] ① 문을 닫아 걺. ② 드나들지 못하게 막음. ¶통로 폐쇄 ③ 기관이나 단체 등을 없애버림.

閏 윤달 윤:, 門부12　1809

'閏(윤)'자는 '문 門(문)'과 '임금 王(왕)' 모두 표의요소로 쓰였다. 옛날에 윤달에 해당되는 한 달 동안은 왕이 바깥출입을 삼가고 종묘의 대문 안에만 거처하였다. 이 풍속을 형상화하여 '윤달'을 나타내었다.

윤달, 윤년, 여분의 월 일

[閏年(윤:년)] 윤일이나 윤달이 든 해.

[閏月(윤:월)] 윤년에 드는 달. 달력의 계절과 실제 계절과의 차이를 조절하기 위하여 1년 중의 달 수가 어느 해보다 많은 달을 이른다.

[閏日(윤:일)] 윤날. 4년에 한 번 2월 29일.

[閏集(윤:집)] 원본에서 빠진 글을 따로 모아 만든 문집.

閨 안방 규, 도장방 규, 門부14　1810

'閨(규)'자는 본래 '방 문'을 뜻하는 것이었다. '문 門(문)'과 '홀 圭(규)'로 이루어졌다. '안방', '부녀자'와 관련된 의미로 쓰인다.

여자들이 거처하는 방, 규방, 부녀자의 거실

[閨房(규방)] 부녀자가 거처하는 방. 안방. 참閨房歌詞(규방가사)

[閨中(규중)] 부녀자가 거처하는 방 안.

[空閨(공규)] 오랫동안 남편 없이 아내 혼자서 사는 방.

소녀, 부인

[閨秀(규수)] '안방의 일에 빼어난 솜씨'라는 뜻에서, 혼기에 이른 남의 집 처녀를 점잖게 이르는 말.

隣, 鄰 이웃 린, 阜부15　1811

'隣(린)'자는 '鄰(린)'자의 속자였다. '鄰(린)' 자는 본래 고을의 다섯 집을 단위로 한 행정 구획을 뜻하는 것이었다. '고을 阝(읍)'이 표의요소이고, '도깨비불 㷠(린)'은 표음요소로 쓰였다. 속자인 '隣(린)'의 '阝(부)'는 '언덕 阜(부)'의 변형이니 의미 연관성이 '고을邑/ 阝(읍)'보다 덜하다. 그러나 속자인 '隣(린)'자가 본자보다 더 흔히 쓰이고 있다.

이웃, 이웃집, 이웃 지역, 이웃 나라, 이웃하다

[隣近(인근)] 이웃. 가까이 있는 장소.

[隣接(인접)] 이웃하여 서로 맞닿아 있음. ¶인접 국가

[近隣(근:린)] 가까운 이웃. ¶근린공원

[善隣(선:린)] 이웃과 사이좋게 지냄. 또는 그러한 이웃.

[遠族近隣(원:족근린)] 멀리 사는 친족보다 가까이 있는 이웃이 더 낫다는 말. 이웃사촌.

[德不孤必有隣(덕불고필유인)] 덕은 외롭지 않으니 반드시 이웃이 있는 법이다. 훌륭한 일을 하는 사람은 한때 고립되고 질시를 받을 수는 있지만 결국 정성이 통해 이에 동참하는 사람이 나온다는 뜻이다. 준德必有隣(덕필유인)『論語(논어)・里仁篇(이인편)』

[遠親不如近隣(원:친불여근린).] 먼 데 있는 친척보다는 가까운 데 있는 이웃이 낫다는 뜻임.『明心寶鑑(명심보감)』

[禍福同門(화:복동문), 利害爲隣(이해위린).] 禍(화)나 福(복)은 다 사람이 스스로 불러들이는 것으로 하나의 같은 문으로 들어오는 것이고, 이익을 얻는 것과 손해를 입는 것은 이웃과 같은 것이라 동전의 양면처럼 언제나 함께 있는 것이다. 禍與福同門(화여복동문), 利與害爲隣(이여해위린).『淮南子(회남자)・人閒訓 인간훈』

雁 기러기 안:, 隹부12　1812

'雁(안)'자는 '기러기'를 뜻하기 위하여 만든 것이다. '사람 亻(인)'과 '새 隹(추)'가 표의요소, '기슭 厂(한)'은 표음요소로 쓰였다. 참고로 큰기러기는 '鴻(홍)'이다.

기러기, 기러기 울음소리

[雁書(안:서)] 먼 곳에서 소식을 전하는 편지. 한 무제 때 사신 蘇武(소무)가 흉노에게 붙잡혀 있을 당시 기러기雁(안)의 다리에 편지書(서)를 매달아 한나라로 보냈다는 고사에서 유래한다.

[雁行(안:항/안:행)] 남의 형제를 높여 부르는 말.

雁信(안신), 雁陣(안진), 落雁(낙안), 奠雁(전안), 回雁(회안), 候雁(후안)

雖 비록 수, 隹부17　1813

'雖(수)'자는 '비록'과 같은 접속사로 많이 쓰인다. 한문 문장에서는 많이 쓰이지만 조어력이 약하여 한자어 용

례는 거의 없다. 글자의 형태는 '벌레 虫(충) + 오직 唯(유)'이다. '唯(유)'자에 있던 '口(구)'가 '虫(충)'의 머리 꼭대기에 가서 붙었다. 재미있는 형태이다.

비록, 그러나(확정의 말), …(라 하)더라도, …할지라도(가정의 말)

人雖至愚責人則明(인수지우책인즉명), 雖有聰明恕己則昏(수유총명서기즉혼).] 어리석은 사람도 남을 꾸짖는 데는 밝고, 총명이 있는 사람도 자기를 용서하는 데는 어둡다. 『明心寶鑑(명심보감)·存心篇(존심편)』
[鳧脛雖短續之則憂(부경수단속지즉우), 鶴脛雖長斷之則悲(학경수장단지즉비).] 물오리의 다리는 비록 짧지만 그것을 길게 이어주면 괴로워할 것이다. 학의 다리가 길다 하여 끊어서 짧게 한다면, 학은 필시 슬퍼할 것이다. 만물은 제각기 천부의 특징을 갖추어 있으므로, 쓸데없이 가감할 것이 아님'을 비유하여 이르는 말. 인간의 경우에도 마찬가지이다. 사람의 성질은 사람마다 각각 태어날 때부터 지니고 있는 것이므로 다른 사람이 이러쿵저러쿵 지도하는 것은 본인에게 오히려 괴로울 뿐이다. 『莊子(장자)·外篇(외편)·騈拇(변무)』
[花落雖頻意自閒(화락수빈의자한).] 꽃의 떨어짐이 비록 잦지만 마음은 스스로 한가하네. 『菜根譚(채근담)·後集 63』 ☞*388

零 조용히 오는 비 령, 떨어질 령, 雨부13   1814

'零(령)'자는 본래 비가 그칠 무렵에 서서히 내리는 나머지 비, 즉 '가랑비'를 뜻하는 것이었다. '비 雨(우)'와 '명령 令(령)'으로 이루어졌다. '떨어지다', '없어지다', '없음', '영' 등의 뜻으로 쓰인다.

영락(零落)하다, 풀이 마르다
[零落(영락)] ① 식물의 잎이 시들어 말라짐. ② 권세나 살림이 줄어서 보잘것없이 됨. ¶영락한 집안
[零細(영세)] ① 아주 자잘하고 변변치 못함. ② 살림이 보잘것없고 매우 가난함. ¶영세기업/영세농/영세상인
[零細農(영세농)] 소유 경작지가 적어 겨우 살아가는 가난한 농민.

수가 없음
[零上(영상)] 0 C 이상의 온도를 이르는 말.
[零時(영시)] 24시간제에서 24시.
[零點(영점)] ① 득점이 전혀 없음. ¶수학만 영점이 아니면 낙제는 면했을 텐데 ② 취할 것이 아무것도 없거나 어떤 일의 성과가 전혀 없음. ③ (물) 어는 점.
[零下(영하)] 0 C 이하의 온도를 이르는 말.

조용히 오는 비

雷 우레 뢰, 雨부13   1815

'雷(뢰)'자는 주로 큰 비가 올 때 번개를 동반한 '천둥'을 뜻하기 위하여 만든 것이다. '비 雨(우)'가 표의요소이고, '田(전)'은 번개불이 번쩍하는 모양을 그린 것이 잘못 변한 것이다. 후에 그 소리와 함께 떨어지는 '벼락'도 이것으로 나타냈다.

우레, 천둥
[雷聲(뇌성)] 천둥소리. 우레 소리. 참雷聲霹靂(뇌성벽력)
[落雷(낙뢰)] 벼락이 떨어짐. 또는 그 벼락.
[避雷針(피:뢰침)] 벼락의 피해를 막기 위하여 건물의 높은 곳에 세우는 뽀족한 쇠막대. 여기에 선을 잇고 한 끝을 땅에 묻어서 전기를 흩어지게 함.
雷雨(뇌우), 遠雷(원뢰), 避雷(피뢰)

무기, 돌을 내리굴리다, 성을 지킬 때 사용하는 무기
[雷管(뇌관)] 포탄·탄환 따위와 같은 폭발물의 화약에 점화시키기 위하여 안에 충격에 의하여 발화되는 특수한 물질을 넣은 쇠붙이로 만든 관.
[機雷(기뢰)] (군) 물 속에 장치해 놓거나 떠다니게 하여 건드리면 터지도록 만든 폭발물.
[魚雷(어뢰)] (군) '魚形水雷(어형수뢰)'의 준말. 물고기 모양의 공격용 수뢰.
[地雷(지뢰)] 적을 殺傷(살상)하거나 적의 구축물 등을 파괴할 목적으로 땅 속에 묻는 폭약.

큰 소리의 형용
[雷同(뇌동)] 아무 주견이 없이 덮어놓고 남의 의견에 붙좇아 함께 어울림.
[附和雷同(부:화뇌동)] '남에게 빌붙어 화합하며 우레와 같이 큰 소리로 동조함'이란 뜻에서, '줏대 없이 남의 의견에 따라 움직임'을 나타낸 말.

霧 안개 무:, 雨부19   1816

'霧(무)'자는 '안개'를 뜻하기 위한 것이다. '비 雨(우)'와 '일 務(무)'로 이루어졌다.

안개, 안개 속처럼 어둡다
[霧笛(무:적)] 안개가 끼었을 때 신호의 일종으로 등대나 배에서 울리는 고동.
[濃霧(농무)] 짙은 안개.
[噴霧(분:무)] 물이나 약품 따위를 안개처럼 뿜음. 참噴霧器(분무기)
[五里霧中(오:리무중)] 오리 안이 짙은 안개 속에 있다. 어떤 일의 상황을 파악하기 어렵거나 일의 갈피를 잡기 어려운 것을 비유하는 말이다. 『後漢書(후한서)·張覇(장패)전』
[雲霧(운무)] ① 구름과 안개. ② 사람의 눈을 가리고, 또는 흉중을 막아 지식이나 판단을 흐리게 하는 것의 비유. 참雲霧中(운무중)
霧中(무중), 煙霧(연무), 雲霧中(운무중), 海霧(해무)

흩어짐의 비유
[霧散(무:산)] ① 안개가 걷히듯 흩어져 사라짐. ② 안개가 걷혀 사라지듯이 그렇게 흐지부지 취소됨. ¶계획이 무산되다
[雲消霧散(운소무산)] 구름처럼 사라지고 안개처럼 흩

어진다는 뜻으로, '자취 없이 사라짐'의 형용하는 말.
가볍고 짦의 비유, 모임의 비유, 젖음의 비유

須 모름지기 수, 頁부12　1817

'須(수)'자는 얼굴의 턱에 난 털 즉, '턱수염'을 나타내기 위하여 만든 것이었다. '머리 頁(혈)'과 '터럭 彡(삼)' 둘 다 표의요소이다. '모름지기', '잠간', '필요하다' 등으로 차용되었다. 본래의 뜻은 '턱수염 鬚(수)'를 만들어 나타냈다.

모름지기, 반드시, 마땅히(결정의 조사)
[必須(필수)] 반드시 하여야 하거나 있어야 함. ¶필수조건
[終須一別(종수일별)] '끝내는 이별해야 한다'는 뜻으로, 그 자리에서 작별하나 좀 더 가서 작별하나 섭섭하기는 마찬가지라는 말.
[世人結交須黃金(세:인결교수황금), 黃金不多交不深(황금부다교불심).] 세상 사람들은 모름지기 금전으로써 교제를 맺음. 돈이 많지 않으면 그 사귐도 깊지 않음. 돈으로 친구를 사귀는 세태를 개탄하며 읊은 시. 『張謂(장위)·詩(시)』

기타
[須彌山(수미산)] (불) 불교 세계설에서, 세계의 한가운데 높이 솟아 있다고 하는 높은 산. 준須彌(수미)

頗 치우칠 파, 자못 파, 頁부14　1818

'頗(파)'자는 머리가 한쪽으로 '기울다'는 뜻을 위하여 만든 것이었다. '머리 頁(혈)'과 '가죽 皮(피)'로 이루어졌다.

치우치다, 기울다, 굽다, 공평하지 못하다
[偏頗(편파)] 생각 따위가 한편으로 치우쳐 기울어짐.
[偏頗的(편파적)] 치우쳐서 공정하지 못함. 또는 그러한 것. ¶편파적인 판정에 경기에서 지고 말았다

자못, 조금, 약간, 거의, 매우, 꽤, 몹시, 대단히
[頗多(파다)] 아주 많음. 퍼진 소문이 왁자함. ¶항간에 그런 얘기가 파다하였다

頻 자주 빈, 頁부16　1819

'頻(빈)'자는 '물 건널 涉(섭)'과 '머리 頁(혈)'로 이루어진 글자이었다. '涉(섭)'자에서 '물 氵(수)'가 생략된 것이다. '강을 건널 때의 물결처럼 얼굴에 주름을 짓다, 찡그리다'가 본뜻이었다. 너무 자주 얼굴을 찡그렸나 보다. '자주'라는 뜻으로 쓰이게 되자 본뜻은 '찡그릴 嚬(빈)'자를 만들어 나타냈다. '걸음 步(보) + 머리 頁(혈)'로 이루어진 글자로 해석하기도 한다. 이렇게 해석하면 얼굴 찡그릴 필요가 없겠다.

자주, 빈번히
[頻度(빈도)] 어떤 일이 자주 되풀이되는 정도.
[頻發(빈발)] (어떤 일이) 자주 일어남. ¶사고 빈발 지역
[頻繁(빈번)], 頻煩(빈번)] 번거로울 정도로 매우 잦음.
[頻數(빈삭)] 매우 잦음.
[尿意頻數(요의빈삭)] (한의) 數尿症(삭뇨증). 오줌이 자주 마려운 병.
[花落雖頻意自閒(화락수빈의자한).] 꽃의 떨어짐이 비록 잦지만 마음은 스스로 한가하네. 『菜根譚(채근담)·後集 63』 ☞*388

顧 돌아볼 고, 頁부21　1820

'顧(고)'자는 길을 가다가 머리를 돌리다, 즉 '돌아보다'는 뜻을 위하여 만든 것이다. '머리 頁(혈)'과 '품살 雇(고)'로 이루어졌다. 또 이런 설도 있다. '顧(고)'자는 '새 이름'의 뜻인 '雇(호)'와 '머리'의 뜻인 '頁(혈)'의 합자로, 새가 날아오는 것을 머리를 돌려 바라본다는 데서 '돌아보다'라는 뜻을 나타낸다. '雇(호)'는 농사철에 날아오는 철새의 일종으로, 농부들은 새가 날아오는 것을 보고 농사지을 준비를 했다. 그래서 '顧(고)'는 단순히 돌아보는 것이 아니라, 어떤 사안에 대하여 관심을 두고 돌아보는 것을 말한다.

돌아보다, 머리를 돌려 뒤를 보다, 사방을 둘러보다, 생각하다, 마음에 두다
[顧慮(고려)] ① 돌이켜 생각함. ② 앞일을 헤아려 걱정함.
[四顧無親(사:고무친)] 사방을 둘러보아도 친척이라곤 아무도 없음. 의지할 만한 사람이 전혀 없음.
[不顧體面(불고체면)] 체면을 돌아보지 아니함.
[一顧(일고)] 관심을 두고 조금 생각해 봄. (주로 부정하는 말과 함께 쓰인다) ¶일고의 가치가 없다
[左顧右眄(좌:고우면)] 이쪽저쪽 돌아다본다는 뜻으로, '앞뒤를 재고 망설임'을 이르는 말.
[回顧(회고)] 지나간 일을 돌이켜 생각해 봄. ¶어린 시절을 회고하다
四顧(사고), 不顧(불고), 不顧家事(불고가사), 不顧廉恥(불고염치)

끌다, 인도하다
[顧問(고문)] ① 의견을 물음. ② 어떤 전문적인 일에 대한 물음에 해답을 주거나 의견을 제시해 주는 직책. 또는 그 직책에 있는 사람.

찾다, 방문하다
[顧客(고:객)] ① 단골손님. ② 상점 따위에 물건을 사러 자주 오는 손님. ¶고객은 왕이다
[三顧草廬(삼고초려)] 초가집을 세 번 찾아가다. 蜀(촉)의 劉備(유비)가 諸葛亮(제갈량)의 오두막집을 세 번이나 방문하여 出廬(출려)할 것을 간청한 고사. 신분 고하를 막론하고 인재를 구하러 몸소 누추한 곳까지 찾아다님을 이르는 말. 동草廬三顧(초려삼고).

飢, 饑 주릴 기, 食부11　1821

'飢(기)'자는 밥을 충분히 못 먹어 '굶주리다'는 뜻을 위하여 만든 것이다. '밥 食(식)'과 '안석 几(궤)'로 이루어졌다. '饑(기)'자는 同字(동자)이다. '饑(기)'자는 '밥 食(식)과 '몇 幾(기)'로 이루어졌다.

굶주리다, 기아
[飢渴(기갈)] 배고픔과 목마름.
[飢餓(기아)] 굶주림. ¶기아에 허덕이다
[療飢(요기)] 간신히 배고픈 증세만 고칠 정도로 조금 먹음. ¶점심 시간이 꽤나 지났는데 요기는 했나?
[虛飢(허기)] 굶어서 몹시 배고픈 느낌. ¶허기가 들다
[饑者甘食(기자감식), 渴者甘飲(갈자감음).] 굶주린 사람은 달게 먹고, 목마른 사람은 달게 마신다. 굶주림과 목마름은 인간 미각의 본성을 그르친다. 그리고 빈곤함은 때때로 인간 본성의 선을 해친다. 『孟子(맹자)·盡心 上(진심 상)』
[饑寒起盜心(기한기도심).] 춥고 배고프면 도둑질할 생각이 절로 남.

기근, 흉작
[飢饉(기근)] ① 먹을 양식이 모자라 굶주릴 정도로 흉년이 듦. ② '최소한의 수요도 채우지 못할 만큼 심히 모자라는 상태'를 비유하여 이르는 말. ¶생필품 기근 현상

모자라다, 결핍되다
[飢饉(기근)] ②

餓 주릴 아ː, 食부16　1822

'餓(아)'자는 밥을 '굶주리다'는 뜻을 위하여 만든 것이다. '밥 食(식)'과 '나 我(아)'로 이루어졌다.

주리다, 굶주리다, 굶기다, 기아
[餓鬼(아ː귀)] ①〈불〉계율을 어겨 아귀도에 떨어진 귀신. 몸이 앙상하게 마르고 목구멍이 바늘구멍 같아서 음식을 먹을 수 없어 늘 굶주린다고 함. ② 염치없이 음식을 탐하는 사람을 비유하는 말. ③ 남과 다투기를 잘 하는 사람을 비유하는 말.
[餓鬼道(아ː귀도)]〈불〉三惡道(삼악도)의 하나 늘 굶주리고 매를 맞는다는 아귀들이 모여 사는 세계.
[餓狼之口(아ː랑지구)] '굶주린 이리의 아가리'란 뜻으로, 탐욕스럽고 잔인한 사람의 비유.
[餓死(아ː사)] 굶어 죽음.
[飢餓(기아)] ☞ 飢(기)

먹을 것이 없어 곤란을 겪다

飽 배부를 포ː, 물릴 포ː, 食부14　1823

'飽(포)'자는 밥을 '배불리 먹다'는 뜻을 위하여 만든 것이다. '밥 食(식)'과 '쌀 包(포)'로 이루어졌다.

실컷 먹다, 음식이 많다, 배불리, 실컷
[飽滿(포ː만)] 넘치도록 차거나 가득함. 참飽滿感(포만감)
[飽食(포ː식)] 배부르게 먹음.
[暖衣飽食(난ː의포식)/煖衣飽食(난ː의포식)] 옷을 따뜻하게 입고 음식을 배부르게 먹는다는 뜻으로, 아무 부족함이 없이 생활함을 이름. 통飽食暖衣(포식난의 준暖飽(난포)『孟子(맹자)』

가득 차다, 만족하다
[飽和(포ː화)] 어떤 정도에 한껏 이르러 꽉 참. 또는 그러한 상태. 맨不飽和(불포화), 飽和度(포화도)
[不飽和(불포화)] 어떤 정도에 한껏 이르지 않음.

물리다, 싫증이 나다, 물리게 하다

騎 말 탈 기, 기병 기, 馬부18　1824

'騎(기)'자는 '말을 타다'는 뜻을 위하여 만든 것이다. '말 馬(마)'와 '기이할 奇(기)'로 이루어졌다.

말을 타다, 기병, 말을 탄 군사, 기마, 승마
[騎馬(기마)] ① 말을 탐. ② 타고 다니는 말. 참騎馬戰(기마전)
[騎士(기사)] ① 말을 탄 군사나 무사. ② 중세 유럽에서, 중상류 계층 출신의 무인, 또는 그 계급을 일컫는 말.
[一騎當千(일기당천)] 한 사람의 기마 병사가 천 사람의 적을 당해낸다는 뜻으로 '용맹이 아주 뛰어남'을 이르는 말.
[匹馬單騎(필마단기)] 혼자 한 필의 말을 탐. 또는 그저 대수롭지 않은 사람. ¶필마단기로 귀향길에 오르다
[善游者溺(선ː유자익), 善騎者墮(선기자타).] 헤엄 잘 치는 사람이 물에 빠지고, 말을 잘 타는 사람이 말에서 떨어지기 쉽다. '한 가지 재주에 뛰어난 사람이 그 재주만 믿고 자만하다가 도리어 재앙을 당함'을 비유하여 일컫는 말. 善騎者墮(선기자타) 대신 好騎者墜(호기자추)로 쓰는 경우도 있는데, 의미는 같다. 『淮南子(회남자)·原道訓(원도훈)』
騎兵(기병), 騎手(기수), 單騎(단기), 鐵騎(철기)

걸터앉다
[騎虎之勢(기호지세)] '범을 타고 달리는 형세'라는 뜻으로, 이미 시작한 일을 중도에서 그만 둘 수 없는 내친 형세를 이르는 말.
[騎虎難下(기호난하)] '범의 등에 타기는 탔는데 내리면 잡아먹힐까봐 내리기가 어렵다'는 뜻에서, 이러지도 못하고 저러지도 못하는 딱한 형편을 이르는 말.

騷 떠들 소, 시끄러울 소, 馬부20　1825

騷(소)자는 놀란 말들이 '이리저리 뛰다'는 뜻을 위하여 만든 것이다. '말 馬(마)'와 '벼룩 蚤(조)'로 이루어졌다. 후에 '떠들다', '떠들썩하다' 등의 뜻으로 확대되었다.

떠들다, 떠들썩하다
[騷動(소동)] ① 시끄럽게 떠들어대는 일. ¶소동을 피우다 ② 떠들썩한 움직임이나 분위기. ¶소동이 벌어지다
[騷亂(소란)] 시끄럽고 어수선함. ¶소란을 피우다
[騷擾(소요)] ① 사람들이 떠들썩하게 들고일어남. ② (법) 뭇사람들이 들고일어나서 폭행·파괴 따위로 사회의 질서를 문란하게 함. 또는 그러한 행위. ¶소요 사태가 벌어지다
[騷音(소음)] 시끄러운 소리. ¶騷音公害(소음공해)/자동차 소음

驅 몰 구, 馬부21   1826

'驅(구)'자는 말을 타고 '달리다'는 뜻을 위하여 만든 것이다. '말 馬(마)'와 '지경 區(구)'로 이루어졌다.

몰다, 말을 채찍질하여 달리게 하다, 달리다, 빨리 가다
[驅步(구보)] ① 달음박질. ② (체) 달리듯 빨리 걸어감. 또는 그런 걸음걸이. ¶삼보 이상 구보
[先驅(선구)] ① 말을 타고 앞장서서 달림. ② '선구자'의 준말.
[先驅者(선구자)] 다른 사람보다 앞서 일을 행하는 사람.
[乘勝長驅(승승장구)] 싸움에 이긴 여세를 타고 계속 몰아침. 승리의 여세로 계속 이김.

쫓다, 몰아내다
[驅除(구제)] 없애 버림. ¶해충 구제
[驅逐(구축)] 어떤 세력 따위를 몰아서 쫓아냄.
[驅逐艦(구축함)] (군) 어뢰를 주요 무기로 하여 적의 주력함이나 잠수함을 공격하는 군함.
[驅蟲(구충)] 기생충·해충 따위를 없애버림. 참驅蟲藥(구충약), 驅蟲劑(구충제)

대지르다, 핍박하다
[驅迫(구박)] 못 견디게 괴롭힘. 몰아붙이고 다그침. ¶구박을 받다

鳳 새 봉:, 鳥부14   1827

'鳳(봉)'자는 성인이 세상에 나오면 나타난다고 하는 상상 속의 새, 즉 '봉황새'를 나타내기 위하여 만든 것이다. '鳳(봉)'자는 바람에 펄럭이는 돛을 나타내는 '凡(범)'과 새 '鳥(조)'가 합쳐진 글자이다. 바람에 날개를 펄럭이는 '봉새'의 뜻을 나타낸다. '凰(황)'자와 함께 천자나 성인을 비유하는 것으로 쓰이는 예가 많다.

凰 봉황새 황, 几부11   1828

'凰(황)'자는 바람에 펄럭이는 돛을 나타내는 '凡(범)'과 '임금 皇(황)'이 합쳐진 글자이다.

봉황새, 성인이 세상에 나면 이에 응하여 나타난다고 하는 상서로운 새
[鳳凰(봉황)] 상서로운 상상의 새. 수컷을 '鳳(봉)'이라고 하고 암컷을 '凰(황)'이라고 하는데, 덕이 높은 천자가 나면 나타난다고 하며, 오동나무에 깃들이고 대[竹(죽)]의 열매를 먹으며 醴泉(예천)을 마신다고 함. 키가 대여섯 자나 되고, 닭의 머리, 뱀의 목, 제비의 턱, 거북의 등, 물고기의 꼬리를 갖추었으며, 깃과 털은 다섯 가지 색이고, 소리는 五音(오음)에 맞는다고 함. 참鳳凰舞(봉황무), 鳳凰紋(봉황문)
[鳳仙花(봉선화)] 봉선화과의 한해살이풀. 줄기는 둥글고 살이 많으며 곧게 자라고, 잎은 어긋나고 톱니가 있음. 여름에 붉은빛·흰빛·분홍빛 따위의 꽃이 잎겨드랑이에 핌. 붉은 꽃잎을 따서 손톱에 물을 들임. ¶비 오자 장독간에 봉선화 반만 벌어 해마다 피는 꽃을 나만 두고 볼 것인가(김상옥:봉선화 중) 동봉숭아
[龍鳳(용봉)] '용과 봉황'이란 뜻으로, 영웅호걸을 이름.
[龍飛鳳舞(용비봉무)] '용이 날고 봉이 춤춘다'는 뜻으로, '산천이 빼어나고 생동하는 신령한 기세'를 비유하는 말이다.

鴻 큰기러기 홍, 鳥부17   1829

'鴻(홍)'자는 '큰기러기'를 뜻하기 위하여 만든 것이다. '새 鳥(조)'와 '강 江(강)'으로 이루어졌다. 작은 기러기는 '雁(안)'이다.

큰기러기
[泰山鴻毛(태산홍모)] 태산처럼 무겁기도 하고 기러기 털처럼 가볍기도 하다. 죽음의 무게를 따지면서 쓰는 말로, 사람에게는 어떻게 사느냐보다 어떻게 죽느냐가 더욱 중요할 때도 있다는 뜻이다.
[飛鴻踏雪泥(비홍답설니)/雪泥鴻爪(설니홍조).] 눈 위의 기러기 발자국, 곧 눈이 녹으면 없어진다는 뜻으로, '인생이 무상하고 아무 흔적이 없음'을 비유하여 이르는 말. 『蘇軾(소식)·詩(시)』
[燕雀安知鴻鵠之志(연:작안지홍곡지지).] 제비나 참새가 어찌 기러기나 고니의 뜻을 알겠는가? 소견이 좁은 사람은 뜻이 큰 사람의 야망을 이해하지 못한다는 말이다. 『史記·陳涉世家(진섭세가)』

크다, 성하다, 번성하다
[鴻德(홍덕)] 큰 덕. ¶홍덕을 베풀다
[鴻圖(홍도)] 넓고 크게 꾀한 계획. '임금의 계획'을 이르던 말.
[鴻恩(홍은)] 넓고 큰 은혜.

기타
[鴻門之會(홍문지회)] 중국 秦(진)나라 말기에 항우와 유방이 咸陽(함양) 쟁탈을 둘러싸고 鴻門(홍문)에서 회동한 일. 표면적으로는 즐겁지만 殺氣(살기)를 감추고 있는 모임.

鷗 갈매기 구, 鳥부22　1830

'鷗(구)'자는 바다에 사는 대표적인 새, 즉 '갈매기'를 뜻하기 위하여 만든 것이었으니 '새 鳥(조)'와 '지경 區(구)'로 이루어졌다. 조어력이 약하여 한자어 용례는 적다.

갈매기
[白鷗(백구)] 갈매기.
[海鷗(해:구)] 바닷가의 갈매기.

鹽 소금 염, 절일 염, 鹵부24　1831

'鹽(염)'자는 '소금'을 뜻하기 위하여 만든 것이다. '소금밭 鹵(로)'가 '볼 監(감)'자 속으로 들어가 이루어진 글자이다. '鹵(로)'가 표의요소로 쓰였다. '監(감)'자가 표음요소라는 설이 있다. 속자인 '塩(염)'자가 획수가 적어 많이 쓰인다.

소금
[鹽飯(염반)] 소금엣밥. 반찬이 변변하지 못하게 차린 밥. ¶염반이라도 좀 드시고 가시지요
[鹽分(염분)] 소금기. 소금 성분.
[鹽素(염소)] (화) 할로겐 원소의 하나. 자극성 냄새가 있는 황록색 가스인데, 산화제·표백제·소독제로서, 물감·의약·폭발물·표백분 따위를 만드는 데 쓰임.
[鹽田(염전)] 염밭. 바닷물을 끌어들여 수분을 증발시켜 소금을 생산하는 땅.
[食鹽(식염)] 소금.
[竹鹽(죽염)] 대나무 통 속에 천일염을 다져 넣고 황토로 봉한 후, 높은 열에 여러 차례 구워 얻은 소금 가루. 주로 약용으로 쓰임.
[天日鹽(천일염)] 볕소금. 바닷물을 햇볕에 증발시켜 만든 소금.
[烹牛而不鹽(팽우이불염), 敗所爲(패소위).] (비싼) 쇠고기를 삶아도 (값이 얼마 되지 않는) 소금을 치지 않으면 맛이 없다. 한 푼 아끼려다 백 배의 손해를 본다. 『淮南子(회남자)·說山訓(설산훈)』
鹽基(염기), 鹽類(염류), 鹽酸(염산), 鹽水(염수), 鹽水選(염수선), 鹽藏(염장), 鹽化(염화), 巖鹽(암염), 製鹽(제염)

鹿 사슴 록, 鹿부11　1832

'鹿(록)'자는 '사슴'을 나타내기 위하여 한 마리의 사슴이 서 있는 모양을 본뜬 것이었다. 그 자체가 부수이고, '집 广(엄)'이 부수가 아니다.

사슴
[鹿角(녹각)] ① 사슴의 뿔. 查鹿茸(녹용) ② 나뭇가지나 나무토막을 사슴뿔처럼 얼기설기 놓거나 박아서 적을 막는 장애물.
[鹿茸(녹용)] 사슴의 새로 돋은 연한 뿔.
[指鹿爲馬(지록위마)] 중국 秦(진)나라 때 趙高(조고)라는 간신이 임금에게 사슴을 말이라고 속여 바쳤다는 일에서 나온 말로, ① 윗사람을 농락하여 권세를 마음대로 함. ② 모순된 것을 끝까지 우겨서 남을 속이려는 짓을 비유하여 이르는 말이다. 囲以鹿爲馬(이록위마) 『史記(사기)』
[逐鹿者不見山(축록자불견산), 攫金者不見人(확금자불견인).] 사슴을 쫓는 사람은 산을 볼 여유가 없다. 명예와 욕심에 눈이 멀어 사람된 도리를 저버린다는 뜻이다. 돈을 움켜쥔 자는 사람을 보지 못한다. 物慾(물욕)에 가리면 의리·염치를 모름을 비유하여 이르는 말이다. 利慾(이욕)에 정신이 팔린 사람은 자신에게 다가올 위험도 돌보지 않는다는 뜻이다. 『淮南子(회남자)』
鹿血(녹혈), 馬鹿(마록), 小鹿島(소록도), 馴鹿(순록), 逐鹿(축록)

麻 삼 마(:), 麻부11　1833

'麻(마)'자는 껍질을 벗겨 베를 짜는 데 쓰는 '삼'을 뜻하기 위하여 만든 것이었다. '집 广(엄)' 안에 '수풀 林(림)'이 아니라, 점이 없는 '차조 朮(출)'이 두 개 붙어 있는 것이다. '麻(마)'자 그 자체로 하나의 부수이다.

삼, 삼실·삼베·베옷을 두루 일컫는 말
[麻袋(마대)] 굵고 거친 삼실로 짠 큰 부대.
[麻衣(마의)] 삼베옷. 查麻衣太子(마의태자)
[大麻草(대마초)] 마약의 일종. 대마의 말린 잎으로 만들었음.
[桑麻蠶績(상마잠적)] 뽕을 따다 누에를 치고 삼을 심어 베를 짬. 양잠과 방적.
[菜麻(채:마)] ① 나물과 삼(麻). ② 먹을거리나 입을거리로 심어서 가꾸는 식물. ③ '채마밭'의 준말.
[快刀亂麻(쾌도난마)] 快刀斬亂麻(쾌도참난마)의 준말이다. 날랜 칼로 어지러운 마를 베다. 복잡하게 얽힌 일이나 정황을 명쾌하게 정리하고 분석하는 것을 비유하는 말이다.
麻仁(마인), 麻布(마포), 亂麻(난마), 大麻(대마), 桑麻(상마), 亞麻(아마), 苧麻(저마), 菜麻田(채마전), 天麻(천마), 黃麻(황마)

참깨
[胡麻(호마)] (식) 깨. 참깨·들깨·검은깨 따위를 통틀어 일컫는 말. 참깨를 이르는 경우가 많음.

기타
[麻雀(마작)] 중국에서 들어온 실내 오락의 한 가지. 상아나 뼈에 여러 가지를 새기고 대를 등에 붙인 136개의 패를 가지고 놀이를 한다.

龜 거북 귀, 나라 이름 구, 틀 균, 龜부16　1834

'龜(구)'자는 '거북'을 나타내기 위하여 거북 모양을 본뜬 것이다. 나라 이름이나 지역 이름으로 쓰일 때는

[귀로 읽고, 거북이와 관련된 의미일 경우에는 [귀]로 읽는다. '트다', '갈라지다'의 의미로도 쓰이는데 이때는 [균]으로 읽는다. '龜旨歌'는 거북이와 관련된 시가이지만 [구지개]라고 읽는다.

거북, 거북의 등껍데기
[龜甲(귀갑)] ① 거북의 등딱지. 한약재로 씀. ② 거북이 등딱지 모양의 육각형이나 그와 같은 무늬를 나타냄. ¶귀갑 창문
[龜頭(귀두)] ① 龜趺(귀부). 돌로 만든 거북 모양의 빗돌. ② 남자 생식기의 끝부분.
[兎角龜毛(토각귀모)] '토끼 뿔과 거북의 털'이란 뜻으로, 세상에 없는 것을 비유하는 말.
龜趺(귀부), 龜旨歌(구지가)

거북점, 귀갑을 태워서 길흉을 점치는 일
[龜鑑(귀감)] '점치는 데 쓰는 거북과 얼굴을 비춰보는 데 쓰는 거울'이란 뜻에서, '본보기가 될 만한 언행이나 거울삼아 본받을 만한 모범'이란 뜻을 나타냄.
[龜占(귀점)] 거북점. ① 거북의 등딱지를 불에 태워서 그 갈라진 금을 보고 길흉을 판단하는 점. ② (골패로) 거북패를 지어서 보는 점.

지명
경상북도 龜尾(구미), 부산광역시 龜浦(구포)

트다, 터지다, 손이 트다, 논바닥이 갈라지다
[龜裂(균열)] ① 거북등의 무늬처럼 이리저리 갈라짐. ¶벽에 균열이 생겼다 ② (손발이) 터서 갈라짐. ③ 사귀어 지내는 사이가 틈이 남.

乞 빌 걸, 乙부3 1835

'乞(걸)'자는 '빌다'는 뜻이다. 字源(자원)은 정설이 없다. 형태는 '사람 人(인)' + '새 乙(을)'이다.

빌다, 빌어먹다, 구하다

[乞食(걸식)] 밥을 빌어먹음. 國門前乞食(문전걸식)
[乞神(걸신)] ① 빌어먹는 귀신. ② 염치없이 지나치게 탐하는 마음을 비유하여 이르는 말. ¶걸신들린 것처럼 음식을 먹어치우다
[乞人(걸인)] 거지. 빌어먹는 사람.
[乞人憐天(걸인연천)] '거지가 하늘을 불쌍히 여긴다'는 뜻으로, 불행한 처지에 있는 사람이 행복한 사람을 걱정함을 비유하여 이르는 말. 자기 분수에 넘치는 일을 하는 부질없는 사람. 또는 그런 일을 이른다.
[求乞(구걸)] (남에게) 돈·물건·음식 따위를 거저 얻으려고 사정하는 것. ¶밥을 구걸하다/사랑을 구걸하다
[哀乞(애걸)] 소원을 들어 달라고 애처롭게 빎. 國哀乞伏乞(애걸복걸)
[流離乞食(유리걸식)] 이리저리 떠돌아다니면서 빌어먹음.

乞士(걸사), 搖尾乞憐(요미걸련), 豐乞(풍걸)

伴 짝 반:, 人부7 1836

'伴(반)'자는 늘 함께 하는 사람, 즉 '짝'을 가리키기 위한 것이다. '사람 亻(인)'과 '반 半(반)'으로 이루어졌다.

짝, 동무, 동아리

[伴侶(반:려)] 생각이나 행동을 함께 하는 짝. 짝이 되는 동무.
[伴侶者(반:려자)] 짝이 되는 사람.
[同伴(동반)] 데리고 함께 다님. 길을 같이 감. 同行(동행).
[同伴者(동반자)] 짝이 되어 함께하는 사람.
[作伴(작반)] 동행자나 동무로 삼음.

따르다, 따라가다

[伴性遺傳(반:성유전)] (생) 성별에 따라 특별한 관계를 가지는 유전현상. 색맹이나 혈우병이 여자에게는 드물게 유전하는 현상 따위.
[伴奏(반:주)] (악) 노래나 기악에 다른 악기로 도와 하는 연주.
[隨伴(수반)] ① 어떤 일에 더불어 생김. ② 붙어 따름.

侶 짝 려, 人부9 1837

'呂(려)'는 척추 마디뼈가 죽 이어져 있는 모습으로, '이어지다'의 뜻을 나타낸다. '侶(려)'자는 사람이 죽 이어져 있는 것이니, '반려', '동무'의 뜻을 나타낸다.

짝, 벗, 벗하다, 함께 놀다

[伴侶(반:려)] ☞ 伴(반)
[伴侶者(반:려자)] ☞ 伴(반)
[僧侶(승려)] 중.

俳 배우 배, 광대 배, 人부10 1838

'俳(배)'자는 '사람 亻(인)'과 '아닐 非(비)'로 이루어졌다. '광대'를 뜻한다.

광대, 배우

[俳優(배우)] 연극이나 영화에서 전문적 또는 직업적으로 연기를 하는 사람.

俸 봉급 봉:, 녹 봉:, 人부10 1839

'俸(봉)'자는 관청의 일을 받드는[奉(봉)] 사람[人(인)]에게 주는 돈 즉, '봉급'을 뜻하는 글자이다. '받들 奉(봉)'은 표의요소도 겸한다.

녹, 봉급, 급료

[俸給(봉:급)] 어떤 직장에서 계속적으로 일하는 사람이 그 일의 대가로 정기적으로 받는 돈. ¶봉급을 올려주다
[減俸(감:봉)] 봉급을 줄임. ¶감봉 처분/감봉을 당하다
[薄俸(박봉)] 많지 않은 봉급. ¶박봉에 시달리면서도 노부모 봉양이 극진하다
[本俸(본봉)] 기본급. 賃金(임금)의 기본이 되는 급료.
[年俸(연봉)] 한 해 단위로 정하여 지불하는 봉급.

偵 염탐할 정, 정탐할 정, 人부11 1840

'偵(정)'자는 '점쳐 묻는 사람'을 뜻하기 위한 것이었다. '사람 亻(인)'이 표의요소이고, '점쳐 묻다'의 뜻인 貞(정)'은 표의와 표음요소를 겸한다. 후에 '염탐하다'는 뜻으로 쓰이게 되었다.

정탐하다, 엿보다, 염탐꾼, 간첩

[偵探(정탐)] 사건이나 남의 비밀을 몰래 염탐하여 찾아냄. 또는 그런 일을 하는 사람.
[探偵(탐정)] 드러나지 않은 사정을 찾아 몰래 염탐하여 알아냄. 또는 그런 일을 하는 사람. 國探偵小說(탐정소설)
[偵察(정찰)] ① 더듬어서 알아냄. ② (군) 작전에 필요한 자료를 얻으려고 적의 정세나 지형을 몰래 살피는 일. 國偵察機(정찰기)
[密偵(밀정)] 염알이. 廉探(염탐). 남의 사정이나 비밀 따위를 몰래 알아냄. 또는 그런 일을 하는 사람. ¶밀정이 숨어들었다

侮 업신여길 모(:), 人부9 1841

'侮(모)'자는 다른 사람에게 준 '(마음의) 상처'를 뜻하기 위한 것이었다. '사람 亻(인)'과 '매양 每(매)'로 이루어졌다. 후에 '업신여기다', '깔보다'는 뜻으로 쓰이게

되었다.

업신여기다, 낮추어보다, 경시, 모욕, 업신여겨 마음에 상처를 주다
[侮蔑(모:멸)] 깔보고 업신여김. 모욕하고 멸시함. ¶그의 말에서 모멸감을 느꼈다
[侮辱(모:욕)] 깔보고 욕되게 함. 참侮辱的(모욕적)
[受侮(수모)] 남에게 모욕을 받음. 또는 그 모욕.
輕侮(경모), 陵侮(능모)/凌侮(능모)

偏 치우칠 편, 人부11 1842

'偏(편)'자는 '치우치다'는 뜻을 나타내기 위하여 만든 것이다. '사람 亻(인)'과 '넓적할 扁(편)'으로 이루어졌다.

치우치다, 기울다
[偏見(편견)] 공정하지 못하고 한쪽으로 치우친 생각이나 견해. ¶편견을 버리다
[偏僻(편벽)] ① 생각 따위가 한쪽으로 치우쳐 있음. ② 구석지거나 외짐.
[偏食(편식)] 좋아하는 것만 골라 치우치게 먹음.
[偏愛(편애)] 어느 한쪽으로 치우치게 사랑함.
[偏頗的(편파적)] 치우쳐서 공정하지 못함. 또는 그러한 것. ¶편파적인 판정에 경기에서 지고 말았다
[不偏不黨(불편부당)] 어느 한쪽으로 치우치지 아니하고, 어느 한 편과 무리를 짓지 아니함. 어느 편으로 치우치지 않고 매우 공평함.
偏黨(편당), 偏在(편재), 偏重(편중), 偏差(편차), 偏頗(편파), 偏向(편향), 無偏無黨(무편무당)

반, 한 쪽
[偏頭痛(편두통)] (의) 한쪽 머리에 주기적으로 나타나는 발작성 두통.
[偏母膝下(편모슬하)/偏母侍下(편모시하)] 홀로 남은 어머니를 모시고 있는 처지.

시골, 궁벽한 곳
[偏僻(편벽)] ② 구석지거나 외짐. ① 생각 따위가 한쪽으로 치우쳐 있음.

오로지, 한곬으로
[偏執狂(편집광)] (의) 어떤 사물에 집착하여 상식 밖의 행동을 예사로 하는 정신병자.
[偏西風(편서풍)] (지) 남북 양반구의 중위도 지방에서 일년 내내 부는 서풍.
[偏光(편광)] (물) 일정한 방향으로만 진동하는 빛. 자연광을 전기석이나 편광 프리즘에 통과시키면 얻을 수 있음. 참偏光顯微鏡(편광현미경)
[偏狹(편협)] 한쪽으로 치우쳐 도량이 좁고 너그럽지 못함. ¶편협한 생각

傀 허수아비 괴:, 꼭두각시 괴:, 人부12 1843

'傀(괴)'자는 귀신 같이 이상한 모양으로 꾸민 인형 즉, '꼭두각시'를 뜻한다. '귀신 鬼(귀)'가 표의와 표음요소를 겸한다.

꼭두각시
[傀儡(괴:뢰)] ① 꼭두각시. 나무로 만들어 줄을 매달아 노는 인형. ② 남의 지시대로 움직이는 사람을 비유하는 말.
[傀儡政府(괴:뢰정부)] 딴 나라가 시키는 데 따라 꼭두각시 노릇을 하는 정부.

儡 꼭두각시 뢰, 人부17 1844

'儡(뢰)'자는 '꼭두각시', '인형'의 뜻을 나타낸다. '망치다' 또는 '피로하다'는 뜻도 가지나 성어로 쓰이는 예는 적다.

꼭두각시
[傀儡(괴:뢰)] ☞ 傀(괴)
[傀儡政府(괴:뢰정부)] ☞ 傀(괴)

傘 우산 산, 人부12 1845

'傘(산)'자는 우산의 편 모양을 형상화한 것이다 '수레 덮개'를 뜻하는 '繖(산)'의 이체자이다. 후에 '우산'으로 더 많이 쓰이게 되었다.

우산, 일산, 삿갓
[傘下(산하)] '우산 아래'라는 뜻에서, 어떤 조직체나 세력의 관할 아래를 이르는 말. ¶산하 단체
[落下傘(낙하산)] 공중을 날고 있는 비행기에서 사람이나 물건을 안전하게 땅으로 떨어져 내리도록 하는 데 쓰는 기구. 여러 개의 줄이 달렸고, 펼쳐지면 큰 우산 모양인데 공기의 저항으로 떨어지는 속도를 느리게 함.
[陽傘(양산)] 볕을 가리기 위해 여자들이 쓰는 우산 같이 만든 물건. 回日傘(일산)
[雨傘(우:산)] 우비의 한 가지. 펴고 접을 수 있어 비가 올 때 펴 들고 머리 위를 가림. ¶우산을 받치다

기타
[傘壽(산수)] 80세. '傘(산)'자를 破字(파자)하면 八(팔)과 十(십)으로 나누어진다는 데서 80세를 이름.

傭 품팔 용, 人부13 1846

'傭(용)'자는 본래 '庸(용)'이었다. '사람을 쓰다'는 뜻을 위하여 만든 것인데, 후에 '어리석다', '보통이다' 등으로 사용되는 예가 많아지자 '사람 亻(인)'을 덧붙여 그 뜻을 분명히 하였다. 품을 파는 사람 즉, '품팔이'의 뜻으로 쓰인다.

품팔이, 품팔이하다, 임금, 품삯
[傭兵(용병)] 보수를 주고 병사를 고용함. 또는 그 병사.
[傭船(용선)] 배를 세내고 빌림. 또는 그 배.
[傭員(용원)] ① 임시 직원. ② 품팔이.

[傭人(용인)] 품팔이꾼.
[雇傭(고용)] 품팔이. 참雇傭人(고용인), 雇用主(고용주)

僑 더부살이 교, 人부14　　1847

'僑(교)'자는 '더부살이하는 사람'을 뜻하기 위한 것이었다. '사람 亻(인)'과 '높을 喬(교)'로 이루어졌다. '타향살이' '외국 살이'의 뜻으로도 쓰인다.

타관살이하다, 객지에 나가 살다
[僑民(교민)] 외국에 나가 살고 있는 자기 나라의 백성.
[僑胞(교포)] 다른 나라에 살고 있는 동포.
[韓僑(한교)] 해외에 살고 있는 '한국 교포'.
[華僑(화교)] 외국에 가서 사는 중국 사람.

僚 동료 료, 人부14　　1848

'僚(료)'자는 본래는 '예쁜 사람'을 뜻하기 위한 것이었다. '사람 亻(인)'과 '화톳불 尞(료)'로 이루어졌다. '동료', '벼슬아치' 등의 뜻으로 쓰인다.

동료, 같은 부문에서 일하는 벗
[同僚(동료)] 같은 데서 같이 일하는 사람.

벼슬아치, 관리
[閣僚(각료)] 내각을 구성하는 각 장관.
[官僚(관료)] ① 직업적인 관리. 또는 그 집단. ¶관료사회 ② 같은 관직에 있는 동료.
[官僚主義(관료주의)] ① 관료의 지위와 권세를 내세우거나 부리는 주의. ② 관료들이 하는 방식과 같은 획일적이고 권위주의적인 경향이나 태도.
[幕僚(막료)] (군) 사령관 또는 참모총장 등에 딸려 참모의 일을 보는 장교.

僻 후미질 벽, 人부15　　1849

'僻(벽)'자는 사람들을 '피하다'는 뜻을 위한 것이었다. '사람 亻(인)'과 '임금 辟(벽)'으로 이루어졌다. '후미지다', '치우치다' 등의 뜻으로 쓰인다.

후미지다, 구석지다, 피하다(避), 멀리하다, 외지다
[僻地(벽지)] 외딴 곳. 두메. ¶벽지 학교에 근무하다
[僻村(벽촌)] 외진 곳에 있는 마을.
[窮僻(궁벽)] 외따로 떨어져 구석지고 으슥함.
[山間僻地(산간벽지)/山間僻村(산간벽촌)] 아주 구석진 산골.
僻居(벽거), 僻姓(벽성), 僻字(벽자), 僻處(벽처)

치우치다, 편벽되다
[僻見(벽견)] ① 편벽된 소견. ② 어느 한 편으로 지나치게 치우쳐 사물을 똑바로 보지 못하는 견해.
[僻論(벽론)] 한편으로 치우쳐서 도리에 맞지 않는 의론.
[偏僻(편벽)] ① 생각 따위가 한쪽으로 치우쳐 있음. ② 구석지거나 외짐.

바르지 못하다
[乖僻(괴벽)] 언행이 괴상하고 꾀까다로움.

准 승인할 준:, 冫부10　　1850

'准(준)'자는 원래 '수준기 準(준)'의 속자였다. 이후로 '승인하다'는 의미의 공문서 용어로 쓰이게 되었다. 군대의 '계급'을 나타내는 것으로도 쓰인다.

승인하다, 허락하다
[批准(비:준)] (법) 조약 따위에 대해 나라에서 최종적으로 승인·확인함.
[認准(인준)] (법) 법률에 지정된 공무원의 임명에 대한 입법부의 승인. 또는 행정부에서 행한 행위에 대하여 국회가 이를 승인하는 일.

견주다, 비기다, 군대 등의 계급
[准尉(준:위)] (군) 준사관의 계급. 부사관 출신으로 사관에 준하는 대우를 받는 분류를 말함.
[准將(준:장)] (군) 장성의 맨 아래 계급. 대령의 위, 소장의 아래임.

凝 엉길 응:, 冫부16　　1851

'凝(응)'자는 '얼음이 얼다'는 뜻을 나타내기 위하여 만든 것이다. '얼음 冫(빙)'과 '의심할 疑(의)'로 이루어졌다. '엉기다', '덩어리지다' 등의 뜻으로 쓰인다.

엉기다, 한데 뭉치어 붙다
[凝結(응:결)] ① 한데 엉겨 뭉침. ¶우리의 역사의식이 응결되어 있지 못하고... ② 응축. 포화상태의 기체가 온도가 낮거나 압력을 받아 액체로 되는 일.
[凝集(응:집)] 한군데 엉켜서 뭉침.
[凝集力(응:집력)] ① 물체를 구성하는 분자 또는 원자 사이에서 작용하는 引力(인력). ② 어느 단체나 조직체의 구성원들 간에 또는 사상이나 목표를 같이하는 사람들 사이에 뭉치는 힘.
[凝縮(응:축)] ① 엉겨 줄어듦. ② (물) 포화 상태의 기체가 온도가 낮아지거나 압력을 받아 액체로 되는 일.
[凝血(응:혈)] 엉긴 피. 또는 피가 엉김.

모으다, 집중하다
[凝視(응:시)] 한참 눈여겨 봄. 微動(미동)도 하지 않고 어떤 목표를 향해 뚫어지게 바라보아 마치 시선이 얼어붙어 있는 것과 같은 것.

굳다, 굳어지다
[凝固(응:고)] ① 엉겨 뭉쳐 딱딱하게 됨. ② (물) 액체 또는 기체가 뭉쳐서 고체가 됨.

刹 절 찰, 刀부8　　1852

'刹(찰)'자는 '칼 刂(도)'와 '죽일 杀(살)'로 이루어졌다. 본뜻은 '깃발을 세우는 기둥'이었다. '殺(살)'자는 범어

'Ksana'의 한자 음역어이었는데, '죽이다'의 뜻을 피하여 '몽둥이 殳(수)'가 빠지고 대신 '칼 刂(도)'가 들어가 '刹(찰)'자를 만들었다. '절', '불탑' 등 불교 용어로 쓰인다.

절, 사원
[古刹(고:찰)] 옛 절. 오래된 절.
[名山大刹(명산대찰)] 이름난 산과 큰 절.
[寺刹(사찰)] 절.
巨刹(거찰), 大刹(대찰)

짧은 시간
[刹那(찰나)] 범어 'Ksana'의 한자 음역어로 '매우 짧은 동안'을 이름. 回瞬間(순간)

기타
[羅刹(나찰)] (불) 푸른 눈·검은 몸·붉은 머리털을 하고 사람을 잡아먹으며, 지옥에서 죄인을 못살게 군다고 하는 악한 귀신. 나중에 불교의 수호신이 됨.

劑 약 지을 제, 刀부16   1853

'劑(제)'자는 '가지런하게 자르다'는 뜻을 나타내기 위하여 '칼 刀(도)'와 '가지런할 齊(제)'를 합쳐놓은 것이다. '약을 짓다'는 뜻을 나타낸다.

약 짓다, 조제한 약
[洗劑(세:제)] 몸이나 기구·의류 따위에 붙은 물질을 씻어내는 데 쓰는 물질. 비누 따위. ¶중성 세제/합성 세제 동洗淨劑(세정제)
[睡眠劑(수면제)] 잠이 들게 하는 약.
[藥劑(약제)] 여러 가지 약재를 섞어 의료용으로 약을 조제함. 참藥劑師(약제사)
[調劑(조제)] 약을 지음.
[鎭痛劑(진:통제)] (약) 중추신경에 작용하여 아픈 것을 멎게 하는 약제.
[抗生劑(항:생제)] 미생물·세균 따위의 발육·증식을 막거나 죽이는 항생물질로 된 약제.
覺醒劑(각성제), 起爆劑(기폭제), 强心劑(강심제), 强壯劑(강장제), 防腐劑(방부제), 防濕劑(방습제), 粉劑(분제), 殺菌劑(살균제), 殺鼠劑(살서제), 殺蟲劑(살충제), 藥和劑(약화제), 乳劑(유제), 利尿劑(이뇨제), 刺戟劑(자극제), 接着劑(접착제), 除草劑(제초제), 鎭靜劑(진정제), 淸凉劑(청량제), 催眠劑(최면제), 湯劑(탕제), 下劑(하제), 抗癌劑(항암제), 解熱劑(해열제), 和劑(화제), 幻覺劑(환각제), 吸濕劑(흡습제), 吸着劑(흡착제)

勳 공 훈, 力부16   1854

'勳(훈)'자는 힘들여 세운 '큰 공로'를 뜻하기 위하여 만든 것이다. '힘 力(력)'과 '연기 낄 熏(훈)'으로 이루어졌다. 일반적 의미의 '功(공)'을 뜻한다.

공, 국가나 임금을 위해 세운 업적
[勳章(훈장)] 나라와 사회에 크게 공헌한 사람에게 그 명예를 기리기 위하여 나라에서 주는 휘장.
[功勳(공훈)] 드러나게 세운 공로. ¶공훈을 세우다
[武勳(무:훈)] 武功(무공). 군사에 관한 공적.
[賞勳(상훈)] ① 상과 훈장. ② 훈공을 표창함.
[敍勳(서:훈)] 勳功(훈공)의 등급에 따라 훈장을 내림.
[殊勳(수훈)] 뛰어난 공훈.
[元勳(원훈)] ① 나라를 위한 가장 큰 공훈. ② 나라에 큰 공이 있어 임금이 사랑하고 믿어 가장 가까이 하는 늙은 신하.

匪 비적 비:, 匚부10   1855

'匪(비)'자의 본래 뜻은 대나무로 만든 '광주리'를 가리키는 것이었다. '상자 匚(방)'과 '아닐 非(비)'로 이루어졌다. 후에 표음요소인 非(비)의 의미인 '아니다', 도둑 같은 '나쁜 무리'를 뜻하는 것으로 쓰였다. 본래의 뜻은 '대 竹(죽)'을 붙여 '대광주리 篚(비)'자를 만들어 나타냈다.

도둑, 악한
[匪徒(비:도)] 무기를 가지고 떼를 지어 다니며 사람을 해치거나 재물을 빼앗는 무리.
[匪賊(비:적)/賊匪(적비)] 도둑질·약탈을 일삼는 무리.
[共匪(공비)] ① 공산당을 도둑에 비유한 말. '共産(공산) 匪賊(비적)'의 준말. ② 중국에서 공산당의 지도 아래 활동하던 게릴라를 이르는 말. 참武裝共匪(무장공비)
[土匪(토비)] 어떤 지방을 중심으로 활동하는 도둑의 떼.

厭 싫을 염:, 厂부14   1856

'厭(염)'자는 개가 맛있는 고기를 실컷 먹어 더 이상 먹을 수 없는, 즉 '물리다'는 뜻을 나타낸 것이다. 후에 '싫다', '싫어하다'의 뜻으로 넓어졌다.

싫다, 싫증이 나다, 물리다, 싫어지다
[厭世(염:세)] 세상을 괴롭고 귀찮은 것으로 여겨 싫증을 냄. 참厭世主義(염세주의)
[厭症(염:증)] 싫어하는 정도가 병에 가까울 정도로 심함. 싫증. ¶그는 계속된 실패로 세상에 염증이 났다
[山不厭高(산불염고)] 산은 높음을 싫어하지 않음. '덕은 쌓을수록 좋음'을 비유하여 이르는 말.
[勝己者厭(승기자염)] 자기보다 재주가 나은 사람을 싫어함.
[時然後言(시연후언), 人不厭其言(인불염기언).] 말할 만한 때가 된 후에야 말을 하니 사람들이 그의 말을 싫어하지 않는다. 『論語(논어)·憲問(헌문)』

呈 드릴 정, 口부7   1857

'呈(정)'자는 입으로 말하여 '드러내다'가 본래 의미이고 '윗사람에게 드리다'는 뜻으로 확대되었다. '입 口(구)'

와 '정(壬)'으로 이루어졌다.
드리다, 윗사람에게 바치다
[謹呈(근:정)] 삼가 드림.
[奉呈(봉:정)] 받들어 올림. 받들어 드림. ¶회갑기념논문집을 봉정하다
[贈呈(증정)] 남에게 선물이나 기념품 따위를 보내 드림.
나타나다, 나타내다, 드러내 보이다
[露呈(노정)] 드러내 보임.

唆 부추길 사, 口부10　1858

'唆(사)'자는 말로 '부추기다', '꾀다'를 뜻하는 것이다. '입 口(구)'와 '천천히 갈 夋(준)'으로 이루어졌다. +음이 [준]이 아니라 [새]임을 주의해야 한다.
부추기다, 꼬드기다, 꾀다
[敎唆(교사)] ① 남을 부추겨 못된 일을 하게 함. ② 형법상 犯意(범의)를 갖지 않은 사람에게 범의를 갖게 하는 행위.
[敎唆犯(교사범)] 공범(共犯)의 하나로 남을 교사하여 범죄를 실행하게 한 자.
[示唆(시:사)] 어떠한 것을 넌지시 일러줌.

哨 망볼 초, 口부10　1859

'哨(초)'자의 본뜻은 '(입이) 비뚤어지다'이고 원래 음은 [쇠]였다. '입 口(구)'가 표의요소, '닮을 肖(초)'가 표음요소이다. 후에 '망보다'는 뜻으로 쓰였는데, 음도 [최]로 변하였다.
망보다, 파수보다, 망보는 곳, 망보는 사람
[哨戒(초계)] 적의 습격에 대비하여 엄중하게 감시하여 망보고 경계함. 참哨戒艇(초계정)
[哨所(초소)] 보초가 서서 망보는 곳.
[步哨(보:초)] (군) 초소에서 경비를 맡아보는 사람. 立哨(입초)와 動哨(동초)가 있음.
[前哨(전초)] ① 전방에 세운 초소, 또는 그 병사. ② 사회운동 등에서, 선봉이 되어 싸우는 사람들을 비유하여 이르는 말.

圈 우리 권(:), 口부11　1860

'圈(권)'자는 가축을 기르는 '우리'를 나타내기 위하여 만든 것이었으니, '에운담 위(囗)'가 표의요소, '쇠뇌 卷(권)'은 표음요소이다. 후에 '테두리', '범위' 등의 뜻으로 쓰이게 되었다.
한정된 일정한 구역이나 범위
[圈內(권내)] 일정한 범위나 테두리의 안. ¶합격권내에 들다 참圈外(권외)
[圈域(권:역)] 어떤 범위 안의 지역.
[當選圈(당선권)] 당선될 가능성이 있는 범위. ¶당선권

내에 들다
[大氣圈(대:기권)] 지구를 둘러싸고 있는 대기의 영역.
[商圈(상권)] 상업의 세력 범위.
[勢力圈(세:력권)] 세력이 미치는 범위.
極圈(극권), 南極圈(남극권), 北極圈(북극권), 成層圈(성층권)

坑 구덩이 갱, 土부7　1861

'坑(갱)'자는 '흙 土(토)'와 '목 亢(항)'으로 이루어졌다. '(흙)구덩이'를 뜻한다.
구덩이, 움푹하게 팬 곳, 구덩이에 묻다
[坑夫(갱부)] (광) 광산의 채굴 작업에 종사하는 노동자.
[炭坑(탄:갱)] 석탄을 캐내는 구덩이.
[焚書坑儒(분:서갱유)] (역) 중국의 진시황이 즉위 34년에 학자들의 정치 비판을 금하려고, 민간에서 가지고 있던 醫藥(의약)·卜筮(복서)·農業(농업)에 관한 책만을 제외하고 모든 서적을 모아서 불살라 버리고, 이듬해 함양에서 수백 명의 儒生(유생)을 구덩이에 묻어 죽인 일.
坑內(갱내), 坑道(갱도), 坑木(갱목), 鑛坑(광갱), 廢坑(폐갱)

垈 집터 대, 土부8　1862

'垈(대)'자는 '집터'를 뜻하기 위하여 만든 것이다. '흙 土(토)'와 '대신할 代(대)'로 이루어졌다.
터, 집터
[垈地(대지)] 집터로 쓰이는 땅.

垂 드리울 수, 土부8　1863

'垂(수)'자는 꽃이나 잎이 축 늘어진 모양을 본뜬 것이다. '축 늘어지다', '드리우다'는 뜻을 나타낸다.
드리우다, 물체가 위에서 아래로 쳐져서 늘어지다
[垂簾(수렴)] 늘인 발. 또는 발을 늘임. 참垂簾聽政(수렴청정)
[垂線(수선)] 한 직선 또는 평면과 직각을 이루며 만난 직선.
[垂直(수직)] ① 똑바로 내려온 모양. ② 선과 선, 선과 면, 면과 면이 서로 만나 직각을 이룬 상태.
[懸垂幕(현:수막)] ① 방이나 극장 따위에 드리운 막. ② 선전문·구호문 같은 것을 써서 드리운 막.
垂楊(수양), 垂釣(수조), 胃下垂(위하수), 懸垂(현수)
교훈을 주다, 베풀다, 명예·공적 등을 후세에 전하다
[垂範(수범)] 몸소 착한 일을 하여 모범을 보임.
[率先垂範(솔선수범)] 남보다 앞장서서 몸소 착한 일을 하여 모범을 보임. ¶그 학생은 매사에 솔선수범하는 모범생이었다

坪 들 평, 평평할 평, 土부8 1864

'坪(평)'자는 평평한 땅, 즉 '平地(평지)'를 뜻하기 위하여 만든 것이다. '흙 土(토)'와 '평평할 平(평)'으로 이루어졌다. 요즈음은 본래의 뜻보다는 토지 면적의 단위로 많이 쓰인다.

평, 땅의 면적을 측정하는 단위
[坪當(평당)] 한 평에 대한 값이나 수량.
[坪數(평수)] 평으로 따진 넓이의 수치.
[建坪(건:평)] (건) ① 건물이 차지한 땅바닥의 평수. ② 건물의 각 층이 차지한 밑바닥의 총 평수.

입체를 측정하는 단위
평평하다, 땅이 평평하다

型 모형 형, 거푸집 형, 土부9 1865

'型(형)'자는 쇠그릇을 만들기 위하여 먼저 흙으로 빚어 만든 틀 즉, '거푸집'을 뜻하기 위하여 만든 것이다. '흙 土(토)'와 '형벌 刑(형)'으로 이루어졌다.

거푸집, 흙으로 된 그릇 만드는 꼴, 모형, 본보기, 모범
[模型(모형)] ① 같은 형상의 물건을 만들기 위한 틀. ② 원형을 줄여서 만든 본. ③ (미) 작품을 만들기 전에 미리 만들어 보는 본보기.
[典型(전형)] ① 어떠한 부류의 본질적 특색을 나타내는 본보기. 좹典型的(전형적) ② 자손이나 제자의 모양이나 행동이 그 조상이나 스승을 본받는 틀.
[鑄型(주:형)] ① 거푸집. 금속을 녹여 부어서 만드는 물건의 바탕으로 쓰이는 모형. ② 활자의 몸을 만드는 틀.
[血液型(혈액형)] (생) 적혈구와 혈청의 응집 반응을 기초로 분류한 혈액의 유형. ABO식 혈액형 따위.
[體型(체형)] 체격에 따라 나눈 몸의 모양(유형). ¶체형에 맞는 옷

舊型(구형), 新型(신형), 原型(원형), 類型(유형), 定型(정형), 紙型(지형)

塗 칠할 도, 진흙 도, 土부13 1866

'塗(도)'자는 본래 '진흙'을 뜻하기 위하여 만든 것이다. '흙 土(토)'와 '도랑 涂(도)'로 이루어졌다. 후에 '칠하다'는 뜻으로 확대되었다.

진흙, 진흙탕, 진창
[塗炭(도탄)] '진구렁이나 숯불과 같은 데 빠졌다'는 뜻으로, '몹시 고통스러운 지경'을 일컫는 말. ¶창생을 도탄에서 구해내고 나라를 반석 위에 두자 함이다
[塗炭之苦(도탄지고)] 진흙탕에 빠지고, 숯불에 타는 듯한 고통. '몹시 곤궁하여 고통스러운 지경'을 비유하는 말.

칠하다, 칠하여 꾸미다, 바르다
[塗褙(도배)] 종이로 벽이나 반자, 장지 따위를 바르는 일.
[塗裝(도장)] 칠하거나 발라서 꾸밈. ¶차량 도장
[肝腦塗地(간:뇌도지)] '참혹한 죽음을 당하여 간과 뇌가 땅바닥에 으깨어진다'는 뜻으로, 나라 일을 위하여 당하는 참혹한 죽음을 비유하는 말.
[一敗塗地(일패도지)] 여지없이 패배를 당하다. 코가 납작해지다. 철저하게 실패해서 도저히 수습할 방법이 없다는 뜻이다. 塗地(도지)는 '간과 뇌를 땅바닥에 바르다'는 뜻임.

塗抹(도말), 塗料(도료), 塗布(도포)

지우다, 칠하여 없애다
[糊塗(호도)] ① 性情(성정)이 어둡고 흐리터분함. ② 명확히 결말을 내지 않고 일시적으로 감추거나 우물우물 덮어 버림. ¶진실을 호도하여 감추어 버리다

길, 도로(途)
[道聽塗說(도:청도설)] 아무런 근거도 없는 허황한 소문을 이르는 말이다. (공자가 말하기를) '길가에서 얻어들은 헛소문을 그대로 길가에서 퍼뜨리는 것은 자신의 덕을 버리는 것이다'. 子曰(자왈), 道聽而塗說(도청이도설), 德之棄也(덕지기야). 『論語(논어)·陽貨(양화)』

塵 티끌 진, 土부14 1867

'塵(진)'자는 '먼지'나 '티끌'을 뜻한다. 사슴鹿(록)이 달려가니 먼지土(토)가 인다.

티끌, 티, 먼지, 더러운 것
[塵土(진토)] 티끌과 흙을 통틀어 이르는 말. ¶백골이 진토가 되도록.
[塵合泰山(진합태산)] 티끌 모아 태산.
[蒙塵(몽진)] (역) 播遷(파천). '머리에 먼지를 뒤집어쓴다'는 뜻으로, 임금이 난리를 피하여 안전한 곳으로 감을 비유적으로 이르는 말. ¶임진왜란 때 선조의 몽진과 백성들의 분노
[微塵(미진)] ① 아주 작은 티끌이나 먼지. ② 아주 작고 아주 변변치 못한 물건.
[竹影掃階塵不動(죽영소계진부동).] 대나무 그림자가 뜰을 쓸되 티끌은 조금도 움직이지 않네. 『菜根譚(채근담)·後集 63』 ☞ *388

塵垢(진구), 塵埃(진애), 粉塵(분진), 黃塵(황진)

속된 세상
[塵界(진계)/塵世(진세)] 티끌세상.
[風塵(풍진)] ① 바람에 날리는 티끌. ② 세상의 속된 일. ¶이 풍진 세상에서 어찌 학처럼만 살 수 있으랴
[和光同塵(화광동진)] ① 자기의 智德(지덕)과 才氣(재기)를 감추고, 세속을 따름. ② (불) 부처가 衆生(중생)을 구제하기 위하여 그 본색을 숨기고 人間界(인간계)에 나타남.

塵緣(진연), 俗塵(속진), 紅塵(홍진)

奏 아뢸 주(:), 大부9 1868

'奏(주)'자는 원래 (상소문 따위를 두 손으로 받들고) '아뢰다'였다. 후에 '곡조', '연주하다'는 뜻으로 쓰이게 되었다.

아뢰다, 여쭈다, 윗사람에게 말씀드려 알리다, 상소, 임금에게 올리는 글
[奏請(주:청)] 임금에게 아뢰어 청함. 回啓請(계청)
[上奏(상:주)] 임금에게 말씀을 아룀.
[出班奏(출반주)] ① 많은 사람이 모인 자리에서 맨 처음으로 말을 꺼냄. ② 많은 신하 가운데서 유독 혼자서 임금에게 나아가 말을 함.

나타나다, 향하여 가다
[奏效(주:효)] 효력이 나타남. 또는 기대한 결과가 나타남. ¶새로운 전략이 경영 개선에 주효하였다

곡조, 연주하다, 윗사람 앞에서 풍악을 하다
[奏樂(주:악)] 음악을 연주하는 일. 또는 그 음악. 참吹奏樂(취주악)
[獨奏(독주)] 혼자서 연주함. 또는 그 연주. ¶피아노 독주 참重奏(중주), 合奏(합주)
[伴奏(반:주)] (악) 노래나 기악에 다른 악기로 도와 하는 연주.
[演奏(연:주)] 악기로 음악을 들려주는 일. 참演奏者(연주자)
[協奏(협주)] (악) 독주 악기의 연주를 돕기 위하여 함께하는 연주. 참協奏曲(협주곡)
間奏(간주), 變奏(변주), 變奏曲(변주곡), 序奏(서주), 前奏(전주), 前奏曲(전주곡)

妖 요사할 요, 아리따울 요, 女부7 1869

'妖(요)'자는 여자가 고개를 약간 옆으로 삐딱하게 한 채 서 있는 모양으로 '아리땁다', '요사스럽다'는 뜻을 나타낸 것이다. '젊을 夭(요)'는 표음과 표의를 겸하는 요소이다.

아름답다, 아리땁다
[妖艶(요염)] 사람을 홀릴 만큼 아리따움. ¶요염하게 웃고 있는 여인

괴이하다, 요망하다
[妖鬼(요귀)/妖魔(요마)] 요사스러운 마귀.
[妖物(요물)] ① 요사스러운 물건. ② 말과 행동이 간악한 사람.
[妖術(요술)] 요사한 일을 꾸미는 술법. ¶요술을 부리다
妖怪(요괴), 妖氣(요기), 妖女(요녀), 妖妄(요망), 妖變德(요변덕), 妖婦(요부), 妖邪(요사), 妖僧(요승), 妖言(요언)

도깨비, 요사한 귀신
[妖精(요정)] ① 요사스러운 정령. ② 서양의 전설이나 동화에 나오는, 불가사의한 마력을 지닌 사람 모양의 초자연적인 존재.

姙, 妊 아이 밸 임:, 女부9 1870

'姙(임)'자는 본래 '妊(임)'으로 썼다. '아이를 배다'는 뜻이니 '여자 女(여)'가 표의요소, '壬(임)'은 표음요소이다. 壬(임)의 음을 '壬(정)'으로 혼동할까 싶어 '맡길 任(임)'으로 바꾸어 쓴 것이 '姙(임)'자이다.

아이를 배다
[姙産婦(임:산부)] 아기를 낳은 지 며칠 되지 않은 여자를 뜻하는 産婦(산부)와 아이를 밴 여자를 뜻하는 姙婦(임부)를 아울러 이르는 말.
[姙娠(임:신)] 아이를 뱀. 回孕胎(잉태), 懷妊(회임)
[不姙(불임)] 임신되지 아니함.
[避姙(피:임)] 일부러 임신을 피함. 참避姙藥(피임약)

姬 아가씨 희, 女부9 1871

姬(희)자는 '아가씨', '첩'을 뜻한다. '女(여)'자의 오른쪽에 있는 것은 '신하 臣(신)'이 아니라 '아래턱 이'자이다. '빛날 熙(희) 1685' 참조.

아가씨, 여자의 미칭
[歌姬(가희)] 여자 가수.
[佳姬(가:희)] 아리따운 젊은 여자.
[舞姬(무:희)] 춤을 추는 일을 업으로 하는 여자.
[美姬(미:희)] 미인. 아리따운 젊은 여자.
[寵姬(총:희)] 총애를 받는 여자.

첩
[姬妾(희첩)] 본처 외에 데리고 사는 여자.

娩 낳을 만:, 해산할 만:, 女부10 1872

'娩(만)'자는 여자가 '아이를 낳다'는 뜻을 나타내기 위하여 만든 것이다. '여자 女(여)'와 '면할 免(면)'으로 이루어졌다.

해산하다, 아이를 낳다
[分娩(분만)] 解産(해산). 아이를 낳음.

嫌 싫어할 혐, 女부13 1873

'嫌(혐)'자는 '여자를 원망하다'는 뜻을 나타내기 위하여 만든 것이었다. '여자 女(여)'와 '겸할 兼(겸)'으로 이루어졌다. 후에 여자와 상관없이 일반적 의미인 '의심하다', '싫어하다' 등의 뜻으로 쓰인다.

싫어하다, 미워하다
[嫌忌(혐기)] 싫어서 꺼림.
[嫌氣(혐기)] 공기, 특히 산소를 싫어함. 반好氣(호기) 참嫌氣性(혐기성) ¶혐기성세균
[嫌惡(혐오)] 싫어하고 미워함. 참嫌惡感(혐오감)

의심하다, 의심스럽다
[嫌疑(혐의)] ① 의심스럽게 생각함. 또는 그런 생각. ② (법) 범죄를 저질렀으리라는 의심. 단순히 주관적인 판단에 의한 것이 아니라 객관적 증거에 의한 것임. 참 無嫌疑(무혐의) ③ 꺼리고 싫어함. 또는 그런 점.

孃 아가씨 양, 女부20 1874

'孃(양)'자는 '아가씨'라는 뜻을 나타내기 위하여 만든 것이다. '여자 女(여)'와 '도울 襄(양)'으로 이루어졌다. 조어력이 약하여 한자어 용례는 거의 없다.

계집애, 딸, 아가씨, 처녀의 뜻으로 여자의 성명 아래에 붙여 대접하여 이르는 말
[令孃(영양)] 따님. 남의 딸을 높여 부르는 말.
[金孃(김양)]

宰 재상 재:, 宀부10 1875

'宰(재)'자는 관청의 집을 가리키는 '집 宀(면)'과 형벌에 사용하는 칼을 뜻하는 '辛(신)' 두 표의요소를 합친 것이다. 관청에서 형벌을 담당하던 '벼슬아치'가 본래 의미인데, '맡다', '재상' 등의 뜻으로 쓰인다.

벼슬아치, 백관(百官)의 우두머리로 임금을 보필하는 벼슬아치
[宰相(재:상)] (역) 임금을 도와 백관을 지휘 감독하는 지위에 있던 2품 이상의 벼슬.

주관하다, 맡아 다스리다
[主宰(주재)] 주장하여 통할함. 또는 그 사람.

尉 벼슬 위, 寸부11 1876

'尉(위)'자는 군대의 '벼슬'이나 '계급'을 나타내는 글자이다.

벼슬, 벼슬 이름
[尉官(위관)] (군) 소위·중위·대위의 계급을 가진 군인. ¶위관 장교
[大尉(대:위)] 국군에서 위관(尉官)의 최상급 장교.
少尉(소위), 准尉(준위), 中尉(중위)

尼 여승 니, 그칠 니, 尸부5 1877

'尼(니)'자는 불교에서 여자 수행자를 뜻하는 범어 'Bhiksuni'의 약칭으로, '여승 尼(니)'라는 훈이 생겼다. 조어력이 약하여 한자어 용례는 거의 없다.

중, 여승, 비구니
[比丘尼(비:구니)] (불) 집을 떠나 불교에 귀의하여 머리를 깎고 구족계를 받은 여자 중. 참 比丘(비구)

기타
[仲尼(중니)] 공자의 字(자).
[尼斯今(이사금)] (역) 신라 때 임금 칭호의 하나.

糞 똥 분, 米부17 1878

사전에 의하면 '糞(분)'자의 윗부분 '米(미)'는 '釆(변)'이 변한 것이라고 한다. 그러니 쌀[米]이 달라진[異] 것이 '糞(분)'이라고 보는 것은 맞지 않는다. 그러나 '쌀을 먹고 달라져서 나온 것이 똥[糞]이다'라고 생각하면 '糞(분)'자를 쉽게 기억할 수 있겠다. 쌀[米]이 죽어서[尸] 나온 것도 '똥[屎](시)'이다. '죽음 尸(시)'는 부수로 쓰일 때 '엉덩이'를 뜻하기도 하니, '쌀[米]'이 엉덩이 아래에서 나온 것이 '똥[屎](시)]'이다.

똥, 거름 주다
[糞尿(분뇨)] 똥과 오줌.
[糞土(분토)] 똥을 혼합한 흙이나 썩은 흙.
[轉糞世樂(전분세락)] 개똥밭에 뒹굴어도 이 세상에 사는 것이 낫다.
[馬糞(마:분)] 말똥.
[佛頭着糞(불두착분)] '부처의 머리에 똥을 묻힌다'는 뜻으로, '훌륭한 著書(저서)에 졸렬한 序文(서문)임', 또는 '썩 깨끗한 것을 더럽힘'을 비유하여 이르는 말.
[嘗糞(상분)] '똥을 맛본다'는 뜻으로, 두 가지 뜻으로 쓰인다. 하나는 효성이 지극한 것을 말하고, 또 하나는 아주 극단적인 아첨을 비유한다.
[人糞(인분)] 사람의 똥.
[打糞杖(타:분장)] '똥 친 막대기'란 뜻으로, 망신을 당하여 명예나 위신이 여지없이 떨어진 사람을 비유하여 이르는 말.
糞土言(분토언)/糞土之言(분토지언), 放糞(방분), 鷄糞(계분), 馬糞紙(마분지), 放糞(방분), 嘗糞之徒(상분지도), 牛糞(우분)

尿 오줌 뇨, 尸부7 1879

'尿(뇨)'자는 '오줌'을 뜻한다. '꼬리 尾(미)'와 '물 水(수)'의 합자이다. 꽁무니에서 나오는 물이란 뜻이다. '물 水(수)'가 '주검 尸(시)'와 짝지으면 '오줌 尿(뇨)'가 되고, '쌀 米(미)'가 '주검 尸(시)'와 짝지으면 '똥 屎(시)'가 된다.

오줌, 소변
[尿素(요소)] (화) 동물의 체내에서 단백질이 분해할 때 생성되어 오줌으로 배출되는 질소화합물. 물에 녹기 쉬운 바늘 모양의 結晶(결정)으로 질소비료·수지·의약품 등에 쓰임.
[尿失禁(요실금)] (한의) 오줌이 뜻하지 아니한 때 저절로 나오는 증상.
[糖尿(당뇨)] (의) 당분이 많이 섞여 나오는 오줌. 참 糖尿病(당뇨병)
[凍足放尿(동:족방뇨)] 언 발에 오줌 누기. 잠시의 효력은 있으나 그 효력이 오래 가지 않을뿐더러 상황이 더 나빠지는 경우를 비유적으로 이르는 말.

[路上放尿(노:상방뇨)] 길거리에서 오줌을 눔.
[糞尿(분뇨)] 똥과 오줌.
[泌尿器(비:뇨기)] 오줌을 만들고 그것을 배설하는 기관. 신장·수뇨관·방광·요도 등으로 이루어짐. 젭泌尿器科(비뇨기과)
尿道(요도), 尿意(요의), 尿意頻數(요의빈삭), 放尿(방뇨), 排尿(배뇨), 數尿症(삭뇨증), 夜尿症(야뇨증), 利尿(이뇨), 利尿劑(이뇨제)

屍 주검 시:, 尸부9　　1880

'屍(시)'자의 본래 글자는 '주검 尸(시)'이었다. 후에 그 뜻을 더욱 명확히 하려고 '죽을 死(사)'를 덧붙였다.
주검, 송장, 죽은 사람의 몸뚱이
[屍身(시:신)] '갓 죽은 이의 몸'을 높이는 말. 屍身(시신)은 일반적으로 신원이 확인된 주검을, 屍體(시체)는 신원이 확인되지 않은 주검, 死體(사체)는 죽은 동물을 가리킬 때 쓴다.
[屍體(시:체)] 죽은 사람 또는 죽은 생물의 몸. 송장.
[檢屍(검:시)] (법) 변사자의 시체를 검사하여 죽은 원인을 판정하는 일.
[剖棺斬屍(부:관참시)] (역) 큰 죄를 지고 죽은 사람을 뒤에 다시 극형에 처하던 일. 관을 쪼개고 송장의 목을 벰.
凍屍(동시), 戮屍(육시), 斬屍(참시)

屯 둔칠 둔, 屮부4　　1881

'屯(둔)'자는 초목의 씨앗이 땅 속에서 어렵게 싹을 터서 땅 밖으로 나오는 모습을 본뜬 것으로, '어렵다'는 뜻을 나타낸 것이었다. 이 경우에는 음이 [쥰]이다. 우리말 한자어에는 [쥰]으로 읽는 예는 없다. 후에 군대가 '진치다'는 뜻을 나타냈고, 음은 [둔]이다. 그래서 '진칠 둔'이란 훈이 생겨나게 되었다.
진치다, 군대를 일정한 곳에 모아 수비하다, 진, 주둔군
[屯兵(둔병)] 주둔한 군사.
[屯營(둔영)] 군사가 주둔한 군영.
[駐屯(주:둔)] 군대가 어떤 곳에 진을 치고 머물러 있음. 젭駐屯軍(주둔군)
변경에 주둔하여 평상시에는 농사를 짓고 유사시에는 군인의 일을 하는 제도
[屯田(둔전)] (역) 고려와 조선 때, 나라와 궁과 관아 및 지방에 주둔하는 군대에 딸린 밭. 젭屯田制(둔전제)

峽 골짜기 협, 山부10　　1882

'峽(협)'자는 두 산 사이에 끼어 흐르는 '물길'을 뜻하기 위하여 만든 것이었다. '메 山(산)'이 표의요소, '낄 夾(협)'은 표의 및 표음요소이다. 두 산 사이에 흐르는 물길이니 바로 '골짜기'이다.

골짜기, 산골짜기
[峽谷(협곡)] 좁고 험한 골짜기.
산골짜기처럼 육지를 양쪽에 둔 띠 모양의 바다
[海峽(해:협)] 육지와 육지, 섬과 섬 사이에 끼어 있는 바다의 폭이 좁은 부분.

帽 모자 모, 巾부12　　1883

'帽(모)'자는 '모자'를 뜻한다. '수건 巾(건)'과 '가릴 冒(모)'로 이루어졌다. 수건으로 머리를 가리니 '모자'이다.
모자, 두건(머리에 쓰거나 모자처럼 덮어씌우는 것)
[帽子(모자)] 머리에 쓰는 쓰개를 통틀어 이르는 말.
[帽標(모표)] '帽子標(모자표)'의 준말.
[軍帽(군모)] 군인 모자.
[防寒帽(방한모)] 추위를 막기 위해 쓰는 모자.
[紗帽冠帶(사:모관대)] 사모와 관대. 벼슬아치의 차림 또는 전통혼례식 때 신랑의 옷차림.
[鐵帽(철모)] (총알과 파편 따위로부터 머리를 보호하기 위해 군인들이 쓰는) 쇠로 만든 모자.
冠帽(관모), 紗帽(사모), 禮帽(예모), 正帽(정모), 着帽(착모), 脫帽(탈모)

幻 헛보일 환:, 幺부4　　1884

'幻(환)'자는 '헛보이다', '홀리다', '변하다'의 뜻을 나타낸다.
미혹하다, 홀리게 하다, 정신을 어지럽게 하다
[幻覺(환:각)] (심) 감각기관을 자극하는 외부 자극이 없는데도 마치 어떤 사물이 있는 것처럼 지각함. 또는 그런 지각. 젭幻覺劑(환각제)
[幻想(환:상)] ① 홀린 것 같은 생각. ② 현실로는 있을 수 없는 일을 있는 것처럼 상상하는 일. ¶환상이 깨지다/환상 속에 살다 젭幻想曲(환상곡)
[幻滅(환:멸)] 이상이나 환상·기대가 깨어졌을 때 느끼는 괴롭고도 속절없는 마음.
허깨비, 가상(假像)이 언뜻 나타났다가는 사라져버리는 것
[幻燈(환:등)] 그림·사진·실물 따위에 강한 불빛을 비추어 그 반사광을 렌즈에 의해서 확대 영사하는 장치. 젭幻燈機(환등기)
[幻影(환:영)] 사상이나 감각의 착오로 말미암아 실재하지 않는 現象(현상)·影像(영상)·상태·신념을 사실로 인정하는 현상.
[夢幻(몽:환)] 꿈같은 헛된 생각.
[變幻(변:환)] 갑자기 나타났다 없어졌다 하여 미루어 헤아릴 수 없는 변화.

廻 돌 회, 廴부9　　1885

'廻(회)'자는 원래 '迴(회)'로 썼다. '辶(착)'과 '廴(인)'은 본래 같은 자형에서 나온 것으로 의미상 차이가 없다.

모두 '가다' 또는 '길가다'는 뜻이다. '回(회)'는 표의요소와 표음요소를 겸한다.
돌다, 빙빙 돌다, 돌리다(回)
[廻轉(회전)/回轉(회전)] ① 빙빙 돌아서 구름. ② 어떤 물체가 다른 물체의 둘레를 궤도를 그리며 움직임. ③ 일정한 과정을 순환적으로 돎. ¶자금 회전이 느리다
[上廻(상:회)] 어떤 기준을 웃돎.
[巡廻(순회)] 여러 곳으로 돌아다님. ¶순회도서관/순회 병원/순회 공연
[迂回(우회)/迂廻(우회)] 멀리 돌아서 감. ¶우회도로
[輪廻(윤회)] ① 차례로 돌아감. ② (불) 몸은 죽어 없어져도 넋은 남아 다른 몸에 옮아 태어나기를 끊임없이 거듭하는 일. ③ (지) 침식 윤회.
[下廻(하:회)] 어떤 기준을 밑도는 것.

彫 새길 조, 彡부11　1886

'彫(조)'자는 옥 따위에 무늬를 '새기다'는 뜻을 나타내기 위하여 만든 것이었다. '터럭 彡(삼)'은 그 무늬를 가리키는 표의요소이다. '두루 周(주)'자는 본래 '옥을 다듬다'는 뜻이었으니 표의와 표음 두 요소를 겸하는 것이라고 볼 수 있다.
새기다, 칼 따위로 파다
[彫刻(조각)] 재료를 새기거나 깎아서 입체 형상을 만듦. 또는 그런 미술 분야. 참彫刻家(조각가)
[彫塑(조소)] 재료를 새기거나 빚어서 입체 형상을 만드는 미술.
[浮彫(부조)] (미) 돋을새김. 바탕이 되는 물건의 거죽에 도드라지게 새긴 조각. 陽刻(양각).
[朽木不可彫(후목불가조)] '썩은 나무에는 조각할 수 없다'는 뜻으로, '나태하고 정신이 썩은 사람은 가르칠 수가 없음'을 비유하여 이르는 말. 『論語(논어)·公冶長(공야장)』
彫像(조상), 彫琢(조탁), 木彫(목조)

彰 드러낼 창:, 밝을 창:, 彡부14　1887

'彰(창)'자는 본래 얽히고설킨 '무늬'나 '채색'을 나타내기 위하여 만든 것이었다. 무늬를 가리키는 '터럭 彡(삼)'이 표의요소, '글 章(장)'은 표음요소이다. 무늬를 가진 것이 드러나 보이니, '드러나다'의 뜻으로 확대되었다.
밝다, 뚜렷하다, 밝히다, 드러내다
[表彰(표창)] 훌륭한 일을 세상에 드러내어 밝힘. 참表彰狀(표창장)
[顯彰(현:창)] 밝게 나타내거나 나타남.

悼 슬퍼할 도, 心부11　1888

'悼(도)'자는 마음으로 깊이 '슬퍼하다'는 뜻을 나타내기 위하여 만든 것이다. '마음 忄(심)'과 '높을 卓(탁)'으로 이루어졌다. '悼(도)'자는 특히 사람의 죽음을 슬퍼할 때 쓰인다.
슬퍼하다, 남의 죽음을 슬퍼하다
[哀悼(애도)] 사람의 죽음을 슬퍼함. ¶애도의 뜻을 나타내다
[追悼(추도)] 죽은 사람을 생각하여 슬퍼함.
마음 아파하다, 가엽게 여기다

惹 이끌 야:, 心부13　1889

'惹(야)'자는 사람의 마음을 '이끌다'는 뜻을 나타내기 위하여 만든 것이다. '마음 心(심)'과 '같을 若(약)'으로 이루어졌다.
이끌다, 끌어당기다
[惹起(야기)] (일이나 사태를) 끌어 일으킴. ¶불행한 사태를 야기해서는 안 된다
휘감기다, 엉겨 붙다, 어지럽다
[惹端(야:단)] ① '惹起鬧端(야기요단)'의 준말. ② 몹시 떠들썩하거나 부산하게 구는 일. ¶싼 물건을 사겠다고 야단들이다 ③ 소리를 높여 마구 꾸짖는 일. ¶야단을 맞다/야단을 치다 ④ 매우 곤란한 일이나 딱한 형편. ¶야단이 났다
[惹起鬧端(야기요단)] 시비의 실마리를 끌어 일으킴. 준惹鬧(야료)
[惹端法席(야:단법석)] 많은 사람들이 모여들어 떠들거나 부산하게 구는 일. 참野壇法席(야단법석)
[惹鬧(야료)] 생트집을 하고 함부로 떠들대는 짓. '惹起鬧端(야기요단)'의 준말. ¶야료를 부리다

憾 섭섭할 감, 心부16　1890

'憾(감)'자는 '섭섭한 마음'을 나타내는 것이다. '마음 忄(심)'과 '느낄 感(감)'으로 이루어졌다.
한하다, 원한을 품다, 한, 원한
[憾情(감:정적)] 언짢은 감정에 치우치는. 또는 그러한 것.
[感情的(감:정적)] 감정이 예민한. 또는 그러한 것.
[憾悔(감:회)] 한탄하고 뉘우침.
[感悔(감:회)] 지난 일을 더듬어 생각하며 느끼는 회포.
[私憾(사감)] 사사로운 일로 품는 섭섭한 마음.
[私感(사감)] 사사로운 감정.
[遺憾(유감)] 마음에 남아 있는 섭섭한 느낌. ¶그런 말을 하다니 유감이다
근심하다, 마음이 불안하다

戴 일 대:, 戈부18   1891

'戴(대)'자는 '머리에 이다'는 뜻을 나타내기 위하여 만든 것이다. 얼굴에 가면을 쓴 모습인 '異(이)'가 표의요소, 그 나머지는 표음요소이다.

이다, 머리 위에 올려놓다
[戴冠(대:관)] 대관식 때 임금이 왕관을 받아 머리에 씀. 참 戴冠式(대관식)
[戴盆望天(대:분망천)] '동이를 머리에 이면 하늘을 볼 수 없고, 하늘을 바라보면 동이를 일 수 없다'는 뜻으로, 두 가지 일을 동시에 행할 수 없음을 비유하여 일컫는 말. 『後漢書(후한서)』
[男負女戴(남부여대)] 남자는 등에 짐을 지고 여자는 머리에 물건을 임. 가난한 사람들이 초라한 세간살이를 가지고 집을 떠나 떠돌아다님. 또는 전쟁이 나서 피난길에 나선 모양.
[不俱戴天之讎(불구대천지수)/不俱戴天(불구대천).] ① 하늘을 함께 이지 못하는, 즉 한 하늘 아래서는 더불어 살 수 없는 원수. ② 임금이나 부모에 대한 원수. 不共戴天之讎(불공대천지수).

받들다, 떠받들다, 공경하여 모시다
[推戴(추대)] 윗사람으로 떠받듦.

把 잡을 파(:), 手부7   1892

'把(파)'자는 손으로 꽉 '움켜쥐다'는 뜻을 나타내기 위하여 만든 것이다. '손 扌(수)'와 '땅이름 巴(파)'로 이루어졌다.

잡다, 가지다, 쥐다, 한 손으로 쥐다
[把守(파수)] ① 한 곳을 지키어 방비함. ② 파수꾼. 참 把守幕(파수막), 把守兵(파수병)
[把握(파악)] '꽉 잡아 쥐다'는 뜻으로, 확실하게 깨달아 앎. 또는 확실하게 알아봄. ¶내용 파악/인원 파악
[把捉(파착)] ① 포착. 꼭 붙잡음. ② 마음을 단단히 다잡고 늦추지 않음.

拉 끌 랍, 꺾을 랍, 手부8   1893

'拉(랍)'자는 손으로 '꺾다'는 뜻을 나타내기 위하여 만든 것이다. '손 扌(수)'와 '설 立(립)'으로 이루어졌다. 후에 '끌다', '끌어가다'는 뜻으로 쓰이게 되었다.

데려가다, 끌어가다
[拉北(납북)] 북에서 붙들어감. ¶납북 어선
[拉致(납치)] 강제의 수단을 써서 억지로 끌어서 데리고 감. ¶항공기를 납치하다 참 拉致犯(납치범)
[被拉(피:랍)] 납치를 당함. ¶피랍 선원을 송환하라

押 누를 압, 手부8   1894

'押(압)'자는 손으로 도장 따위를 '찍다'는 뜻을 나타내기 위하여 만든 것이다. '손 扌(수)'와 '갑옷 甲(갑)'으로 이루어졌다. 후에 '누르다', '붙잡다'는 뜻으로 쓰이게 되었다.

억지로 누르다
[押留(압류)] (법) 국가기관이 공권력으로써 어떤 재산이나 증거물 따위를 잡아 두고, 그 권리자가 자유 처분을 못하게 하는 강제 행위. ¶세금을 내지 않아 재산을 압류하다 동 差押(차압)
[押收(압수)] (법) 법원이 증거물 따위를 잡아두는 강제 처분. 참 押留(압류)
[押釘(압정)] 대가리가 크고 촉이 짧아서 손가락으로 눌러 박는 쇠못.

붙잡다, 잡아 가두다
[押送(압송)] (법) 피고인 또는 죄인을 붙잡아 어느 한 곳에서 다른 곳으로 보냄.

시를 지을 때 운자(韻字)를 달다
[押韻(압운)] 글을 짓는 데 운을 다는 일.

抛 던질 포:, 手부8   1895

'抛(포)'자는 '손 扌(수)'와 '절름발이 尢(왕)', '힘 力(력)'으로 이루어진 글자이다. 손[手]으로 힘[力]을 다하여 구부러지게[尢] 던지는 것을 말한다. '抛(포)'자의 가운데 부분이 '굽을 尢(우)'로 쓰인 것이 正字(정자)였고, '아홉 九(구)'로 쓰인 것은 俗字(속자)였다. '九(구)'가 들어가게 쓰면 '구부러진다'는 뜻을 알 수 없다. 그런데 요즘 활자에서는 아예 정자는 사라져 버렸다. '九(구)'로 쓴 '抛(포)'자가 正子(정자)처럼 쓰인다. '抛物線(포물선)'의 線形(선형)이 어떤 것인가? 생각해 보자. '내던지다'가 본뜻이다.

던지다, 내던지다
[抛物線(포:물선)] ① 공중에 비스듬히 던져 올린 물체가 날아가면서 그리는 곡선. ② 한 定點(정점)과 한 정직선에 이르는 거리가 같은 점의 궤적.

버리다, 내버리다
[抛棄(포:기)] ① 하던 일을 중도에 그만두어 버림. ② 자기의 권리·자격·물건 따위를 내던져 버림.
[暴棄(포기)] '自暴自棄(자포자기)'의 준말. 자기의 몸을 스스로 해치고 버림. 마음에 불만이 있어 짐짓 몸가짐이나 행동을 마구 되는 대로 함. 될 대로 되라는 행동.

掘 팔 굴, 手부11   1896

'掘(굴)'자는 '파다'는 뜻을 나타내기 위하여 만든 것이다. '손 扌(수)'와 '굽을 屈(굴)'로 이루어졌다.

파다, 우묵하게 파내다, 움푹 패다
[掘鑿(굴착)] 땅이나 암석 따위를 파고 뚫음. 합掘鑿機(굴착기)
[盜掘(도굴)] 허가나 승낙을 받지 않고 무덤을 파거나 광물을 몰래 캐냄.
[發掘(발굴)] ① 땅 속에 묻혀 있던 것을 파냄. ¶유물 발굴 ② 알려지지 않고 있던 것을 찾아냄.
[試掘(시:굴)] (광) 鑛床(광상)을 조사하려고 시험적으로 파 봄.
[臨渴掘井(임갈굴정)/渴而穿井(갈이천정)] '목이 말라야 우물을 판다'는 뜻으로, 평소에 준비 없이 있다가 일을 당하고 나서야 허둥지둥 서두름을 이르는 말.
[採掘(채:굴)] 땅에 묻힌 물건을 파내는 일. ¶석탄을 채굴하다

措 둘 조, 手부11　1897

'措(조)'자는 손으로 들어 잘 세워 '놓다'는 뜻을 나타내기 위하여 만든 것이다. '손 扌(수)'와 '예 昔(석)'으로 이루어졌다.

처리하다, 조처하다
[措處(조처)] 어떤 문제 따위를 잘 정돈하여 처치함.
[措置(조치)] 어떤 문제 따위를 해결해 놓거나 잘 정돈하여 처치함. ¶단호하게 조치하다

揭 들 게:, 내걸 게:, 手부12　1898

'揭(게)'자는 손으로 높이 '들다'는 뜻을 나타내기 위하여 만든 것이다. '손 扌(수)'와 '어찌 曷(갈)'로 이루어졌다.

들다, 높이 들다, 높이 오르다, 들어 걸다, 걸어 두다
[揭斧入淵(게:부입연)]. 도끼를 메고 산으로 가지 않고 못으로 간다. 물건을 사용하는 데 당치도 않은 짓을 하는 것의 비유. 『淮南子(회남자)·說山訓(설산훈)』
[揭示(게:시)] 내붙이거나 내걸어 널리 보게 함.
[揭示板(게:시판)] 널리 알릴 글·그림·사진 등을 붙이는 판.
[揭揚(게:양)] 매달아 높이 올림. ¶국기 게양
[揭載(게:재)] 글이나 그림 따위를 신문이나 잡지에 실음.

挿 꽂을 삽, 手부12　1899

'挿(삽)'자는 손으로 집어 '꽂다'는 뜻을 나타내기 위하여 만든 것이다. '손 扌(수)'와 '가래 臿(삽)'으로 이루어졌다.

꽂다, 박아 넣다, 끼워 넣다
[挿圖(삽도)/挿畵(삽화)] 신문·잡지·서적 따위에서, 문장의 내용을 보완하거나 이해를 돕도록 장면을 묘사하여 끼워 넣은 그림.
[挿木(삽목)] (식) 꺾꽂이. 식물의 번식 방법의 한 가지. 줄기나 가지 또는 잎의 일부를 잘라 이것을 꺾꽂이판에 꽂아서 뿌리가 내리게 하는 방법.
[挿入(삽입)] 끼워 넣음.
[挿話(삽화)] 에피소드. 어떤 이야기나 사건의 줄거리에 끼인 토막 이야기. 또는 숨은 이야기.
挿穗(삽수), 挿匙(삽시)

握 쥘 악, 手부12　1900

'握(악)'자는 손으로 '쥐다'는 뜻을 나타내기 위하여 만든 것이다. '손 扌(수)'와 '집 屋(옥)'으로 이루어졌다.

쥐다, 손가락을 굽혀 물건을 쥐다, 주먹을 쥐다, 주먹
[握力(악력)] (물건을) 손아귀로 쥐는 힘. 합握力計(악력계)
[把握(파악)] '꽉 잡아 쥔다'는 뜻으로, 확실하게 깨달아 앎. 또는 확실하게 알아봄. ¶내용 파악/인원 파악
[吐哺握髮(토:포악발)] '입 속에 있는 밥을 뱉고 머리카락을 움켜쥔다'라는 뜻으로, 사람이 집에 찾아오면 먹던 음식을 뱉고, 감던 머리를 움켜쥐고 나와 극진히 맞이한다는 말.

잡다, 마음대로 휘두르게 손에 쥐다, 손아귀, 수중
[掌握(장:악)] '손바닥에 쥔다'는 뜻으로, 판세나 권력 따위를 휘어잡음.

악수
[握手(악수)] 손을 마주 잡아 줌. 주로 인사, 감사, 친애, 화해, 따위의 뜻을 나타내기 위하여 오른손을 잡는다.

搬 옮길 반, 운반할 반, 手부13　1901

'搬(반)'자는 원래는 '般(반)'으로 썼다. 물건을 '옮기다'가 본래의 뜻이다. '般(반)'이 다른 뜻으로 쓰이는 예가 많아지자 '옮기다'의 뜻을 확실하게 하기 위하여 '손 扌(수)'를 덧붙였다.

나르다, 운반하다, 옮기다, 이사를 하다
[搬入(반입)] 물건을 옮겨 들임.
[搬出(반출)] 물건을 옮겨 나감, 또는 내보냄.
[運搬(운:반)] 사람이나 화물을 옮겨 나름.

搜 찾을 수, 手부13　1902

'搜(수)'자는 손으로 더듬어 '찾다'는 뜻을 나타내기 위하여 만든 것이다. '손 扌(수)'와 '늙은이 叟(수)'로 이루어졌다.

찾다, 얻어내려고 뒤지거나 살피다, 모르는 것을 알아내거나 밝혀내다
[搜査(수사)] ① 찾아다니며 조사함. ② (법) 국가 가관

에서 범인 또는 범죄 사실을 증명할 증거를 모음. 또는 그러한 절차. 참搜査官(수사관)
[搜索(수색)] ① 수사하여 탐색함. ¶적의 위치를 수색하다 ② (법) 형사소송에 있어서 검사 및 사법 경찰관이 증거물 또는 범죄인을 찾아내려고 강제로 집·몸·물건을 탐사함. 참家宅搜索(가택수색)
[搜索隊(수색대)] (군) 적의 위치·병력·화력 따위를 수색하는 부대.
[搜所聞(수소문)] 세상에 떠도는 소문을 더듬어 찾음.

摩 갈 마, 문지를 마, 手부15   1903

'摩(마)'자는 손으로 '문지르다'는 뜻을 나타내기 위하여 만든 것이다. '손 手(수)'와 '삼 麻(마)'로 이루어졌다.

쓰다듬다, 어루만지다
[撫摩(무마)] ① 손으로 어루만짐. ② 달래어 위로함. ¶성난 군중을 가까스로 무마하다
[按摩(안마)] 몸을 주무르고 두드리고 하여 근육을 바로잡고 피가 잘 돌게 하는 일. 참按摩師(안마사)

닿다, 스치다, 문지르다
[摩擦(마찰)] ① 두 물체가 서로 닿아 문질리거나 비벼짐. 참摩擦係數(마찰계수), 摩擦力(마찰력), 摩擦音(마찰음) ② 둘 사이의 불화나 충돌. 또는 알력. ¶서로 마찰을 피하다
[乾布摩擦(건포마찰)] 살갗을 튼튼하게 하고 혈액 순환이 잘 되도록 마른수건으로 온몸을 문지르는 일. 참冷水摩擦(냉수마찰)

가까이 하다, 접근하다
[摩天樓(마천루)] 하늘을 찌를 듯이 아주 높이 솟은 고층 건물.

기타
[摩耶夫人(마야부인)] 석가모니의 어머니.
[維摩居士(유마거사)]

撤 거둘 철, 手부15   1904

'撤(철)'자는 손으로 집어 '거두어들이다'는 뜻을 나타내기 위하여 만든 것이다. 원래는 '徹(철)'자였다. '徹(철)'자는 '걸을 彳(척)', '기를 育(육)', '칠 攵(복)'으로 이루어진 글자이다. '育(육)'은 '솥 鬲(력/격)'이 변한 것이고, '攵(복)'은 '손'을 뜻하는 '又(우)'가 변한 것이다. '음식을 먹은 뒤 뒤치다꺼리를 하다', '상을 치우다'가 본래 의미였다고 한다. 후에 '徹(철)'자는 길 따위가 '통하다'는 뜻으로 쓰이게 되었고, '치우다'는 뜻은 '撤(철)'자를 만들어 나타냈다.

거두다, 치우다, 그만두다, 폐하다
[撤去(철거)] ① 있던 곳으로부터 거두어 가지고 떠나감. ② 건물·시설 따위를 무너뜨려 없애거나 걷어치움.
[撤軍(철군)] 撤兵(철병). 주둔하고 있던 군대를 철수함.
[撤收(철수)] ① 거둬들이거나 걷어치움. ② 있던 곳에서 장비나 시설을 거두어가지고 물러남.
[撤市(철시)] 시장·가게 따위가 문을 닫고 영업을 하지 않음.
[撤回(철회)] 벌인 일을 거두어들여 원래 상태로 돌아감.
[不撤晝夜(불철주야)] 밤과 낮을 가리지 아니함. 밤낮 없이 노력함.
撤床(철상), 撤退(철퇴), 撤廢(철폐)

擁 껴안을 옹:, 가릴 옹:, 手부16   1905

'擁(옹)'자는 팔로 '껴안다'는 뜻을 나타내기 위하여 만든 것이다. '손 扌(수)'와 '누그러질 雍(옹)'으로 이루어졌다.

안다, 끌어안다
[抱擁(포:옹)] 품에 껴안음. ¶감격의 포옹

지키다, 호위하다
[擁立(옹:립)] 임금으로 모시어 세움.
[擁護(옹:호)] 두둔하고 편들어 지키는 것. ¶인권 옹호/자유를 옹호하다

싸다, 막다, 묻다
[擁壁(옹:벽)] (토) 깎거나 파낸 흙 비탈 또는 흙 구조물이 무너져 내리지 않도록 둘러 치는 벽.

攝 당길 섭, 잡을 섭, 手부21   1906

'攝(섭)'자는 손으로 '잡아당기다'는 뜻을 나타내기 위하여 만든 것이다. '손 扌(수)'와 '소곤거릴 聶(섭)'으로 이루어졌다.

당기다, 끌어당기다, 잡다, 쥐다
[攝食(섭식)] 음식물을 섭취함.
[攝取(섭취)] ① 양분 따위를 몸속으로 빨아들임. ¶양분 섭취 ② 좋은 요소를 가려서 빨아들임.
[包攝(포섭)] 상대편을 자기편으로 감싸 끌어들임. ¶포섭에 나선 공작원

다스리다, 맡다, 거느리다, 관할하다
[攝理(섭리)] ① 병중에 몸을 조리함. ② 대신하여 다스리거나 처리함. ③ 신이 세계를 창조한 의지로 우주를 지배하며 인간의 구원에 관한 계획을 이루려는 뜻. 또는 그 목표로 이끎. ④ 자연계를 지배하고 있는 원리와 법칙.

알맞게 하다, 조절하다, 기르다
[攝生(섭생)] 몸과 마음을 편안히 하고 병이 걸리지 않게 노력함.
[調攝(조섭)] 건강이 회복되도록 몸을 고르게 잘 다스림.

대신하다, 대리하다
[攝政(섭정)] (정) 임금이 직접 정치를 보살필 수 없는

경우에 임금을 대리하여 통치권을 맡아 행하는 일. ¶대원군의 섭정
기타
[攝氏(섭씨)] (물) 섭씨온도계의 눈금을 이름. 1기압에서 물이 어는점을 0℃, 끓는점을 100℃로 정하고 그 사이를 100등분하였음. 스웨덴의 Celsius가 정했고 부호는 ℃로 나타냄. 참華氏(화씨)

敷 펼 부(:), 攴부15   1907

'敷(부)'자는 '펼 尃(부)'와 '칠 攵(복)'으로 이루어진 글자였다. 후에 '尃(부)'의 '마디 寸(촌)'이 '모 方(방)'으로 바뀌었다. '볏모를 벌여 깔다'가 본뜻이었다. 후에 '널리 펴다', '분할하다', '진술하다' 등의 뜻으로 확대되었다.
펴다, 넓게 깔거나 벌리다
[敷設(부:설)] 다리·철도·기뢰 따위를 설치함. ¶교량 부설/철도 부설
[敷地(부:지)] 집이나 건물 따위를 짓기 위하여 펼치듯이 골라놓은 땅.
[敷草(부:초)] 외양간, 마구간 등에 깔아주는 짚이나 마른 풀. 또는 보온이나 보습을 위하여 밭의 표면에 깔아주는 짚이나 마른 풀.
널리 베풀다, 널리 실시하다, 널리 공포하다, 진술하다
[敷衍(부:연)] ① 알기 쉽게 더하여 자세히 설명함. ¶부연하여 설명하다 ② 늘려서 널리 퍼지게 함.

斬 벨 참:, 斤부11   1908

'斬(참)'자는 '수레 車(거)'와 '도끼 斤(근)'이 둘 다 표의요소로 쓰였다. 형벌을 뜻하기 위하여 만든 것이었으니, 도끼로 죽이는 형벌 또는 팔다리를 수레에 묶어 찢어 죽이는 車裂刑(거열형)을 나타내는 것이었다.
베다, 날카로운 연장으로 자르거나 베다, 베어서 죽이다, 형벌의 한 가지(목을 쳐서 죽이는 극형)
[斬首(참:수)] 목을 벰.
[斬刑(참:형)] 목을 베어 죽임. 또는 그 형벌.
[陵遲處斬(능지처참)] 대역죄를 범한 자에게 과하던, 산채로 머리·팔·다리·몸뚱이를 토막쳐서 천천히 죽여 각지에 돌려 보이던 극형.
[剖棺斬屍(부:관참시)] (역) 큰 죄를 지고 죽은 사람을 뒤에 다시 극형에 처하던 일. 관을 쪼개고 송장의 목을 벰.
[泣斬馬謖(읍참마속)] 중국 三國(삼국) 시대 蜀(촉)의 諸葛亮(제갈량)이 馬謖(마속)을 사랑하였으나, 명령을 어기어 패전한 책임을 물어 울면서 이를 사형에 처한 고사에서, '큰 목적을 위하여는 사랑하는 사람도 버림'을 비유하여 이르는 말.
[舌是斬身刀(설시참신도).] 혀는 몸을 자르는 칼이다.
『馮道(풍도)·舌詩(설시)』 ☞ * 032

斬級(참급), 斬殺(참살), 斬屍(참시)
매우, 가장, 심히
[斬新(참:신)] 매우 새로움.

旨 맛있을 지, 뜻 지, 日부6   1909

'旨(지)'자의 匕(비)는 '숟가락 匙(시)'의 본래 글자이고, 日(일)은 '입 口(구)' 또는 '달 甘(감)'이 잘못 변화된 것이다. 숟가락으로 음식물을 입에다 넣으며 달게 먹음을 통하여, '맛있다'는 뜻을 나타냈다. 후에 '맛', '의향', '뜻' 등의 뜻을 가지게 되었다.
뜻, 속에 먹은 마음, 내용, 의의
[論旨(논지)] 논하는 말이나 글의 취지. ¶논지를 요약하면 다음과 같다
[要旨(요지)] 중요한 뜻. 또는 대강의 내용. ¶토론의 요지를 미리 발표해 주십시오
[趣旨(취:지)] 근본이 되는 중요한 뜻.
천자의 의향
[聖旨(성:지)] 임금의 뜻.
[承旨(승지)] (역) 조선 및 고려 때, 왕명을 받들어 전하던 벼슬. 참都承旨(도승지)
[諭旨(유지)] (역) 임금이 신하에게 내리던 글.
명령, 상관의 명령
[密旨(밀지)] 몰래 내리는 임금의 명령.

札 패 찰, 편지 찰, 木부5   1910

'札(찰)'자는 종이가 일반화되기 전인 옛날에 글을 쓰려고 다듬어 놓은 얇고 작은 '나무 패'를 뜻하기 위하여 만든 것이었으니, '나무 木(목)'이 표의요소, '새 乙(을)'이 표음요소로 쓰였다.
패, 나무·종이·쇠 등의 얇은 조각
[鑑札(감찰)] 어떤 영업이나 행위를 허가한 표시로 관청에서 내주는 증표.
[改札(개:찰)] 차를 타거나 극장 같은 곳에 들어가는 어귀에서 표를 검사함. 동改票(개표) 참改札口(개찰구)
[落札(낙찰)] 입찰한 가운데서 뽑혀 권리를 얻는 일.
[名札(명찰)] 이름표.
[入札(입찰)] 일의 도급이나 물건의 매매에 있어서 서로 경쟁하는 사람들이 각기 문서로 가격이나 기타에 대하여 의사를 표시하는 일.
[正札(정:찰)] 물건의 에누리 없는 정당한 값을 적은 종이쪽. 참正札制(정찰제)
[標札(표찰)] ① 어떤 표시로 붙여 놓은 쪽지. ② 거주자의 성명을 써서 문 따위에 걸어 놓은 표.
[現札(현:찰)] 現金(현금). 현금으로 통용되는 화폐 쪽지.
편지
[簡札(간:찰)] 편지.
[書札(서찰)] 편지.

枚 낱 매(:), 줄기 매, 木부8 1911

'枚(매)'자는 나무쪽 따위의 얇고 납작한 것을 세는 말이다.

매, 장
[枚數(매수)] 종이나 유리 따위의 장으로 셀 수 있는 물건의 수효.

일일이, 낱낱이
[枚擧(매:거)] 낱낱이 들어서 말함.

棋, 碁 바둑 기, 木부12 1912

'棋(기)'자는 나무판에 두는 '바둑'을 뜻하기 위하여 만든 것이었다. '나무 木(목)'과 '그 其(기)'로 이루어졌다. 바둑돌을 강조한 '碁(기)'자로 쓰기도 한다.

바둑, 바둑돌
[棋士(기사)] 바둑이나 장기를 잘 두는 사람.
[琴棋書畫(금기서화)] 거문고를 타고, 바둑을 두며, 글씨를 쓰며, 그림을 그림. 곧, 雅人(아인)의 風流(풍류)를 이름.
[復棋(복기)] 바둑을 둔 경과를 검토하기 위해 첫 수부터 마지막 수 까지 순서대로 다시 벌여 놓는 일. 다음에 좀 더 나은 대국을 벌이기 위한 자기반성의 시간이다.
[圍棋(위기)/圍碁(위기)] 바둑을 둠.
[圍棋十訣(위기십결)/棋之十訣(기지십결)] 바둑을 두는 데 명심해야 할 열 가지 비결. 즉 不得貪勝(부득탐승), 入界宜緩(입계의완), 攻彼顧我(공피고아), 棄子爭先(기자쟁선), 捨小取大(사소취대), 逢危須棄(봉위수기), 愼勿輕速(신물경속), 動須相應(동수상응), 彼强自保 (피강자보), 勢孤取和(세고취화)이다. 圍棋十訣(위기십결)의 내용은 바둑을 둘 때뿐만 아니라 전쟁에서 전술 전략을 세우는데 반드시 고려해야할 내용을 담고 있다. 인생을 살아가는 데에도 교훈이 될 만하다.
『王積薪(왕적신)』 ☞ * 309
棋客(기객), 棋界(기계), 棋盤(기반), 棋譜(기보), 棋石(기석), 棋聖(기성), 速棋(속기)

장기, 장기쪽 또는 그 놀이
[將棋(장:기)] 놀이의 한 가지. 각각 漢(한)과 楚(초)의 將(장)과 車(차)·包(포)·馬(마)·象(상)·士(사) 두 짝씩과 卒(졸) 또는 兵(병) 다섯 짝씩을 판 위에 벌여 놓고 서로 치고 막아 지고 이김을 겨루는 놀이.

棟 용마루 동, 木부12 1913

'棟(동)'자는 굵고 긴 나무로 만든 '마룻대'를 뜻하기 위하여 만든 것이다. '나무 木(목)'과 '동녘 東(동)'으로 이루어졌다.

용마루
[雲棟(운동)] 용마루.

기둥, 중임(重任)을 맡거나 맡을 인물
[棟梁(동량)/棟樑(동량)] ① 기둥과 들보. ②'棟梁之材(동량지재)'의 준말.
[棟梁之材(동량지재)/棟樑之材(동량지재)] 한 집안이나 한 나라를 맡아 다스릴 만한 큰 인재. 준棟梁(동량)

집, 건물
[病棟(병:동)] 여러 개의 입원실로 이루어진 병원 내 건물. ¶외과 병동

채, 집을 세는 단위
[건물 세 棟(동)] [아파트 101棟(동)]

款 항목 관:, 정성 관:, 欠부12 1914

'款(관)'자는 字源(자원)을 따지면 복잡하다. 破字(파자)하면 '선비 士(사) + 보일 示(시) + 하품 欠(흠)'이 된다. '정성', '항목', '글자를 새긴 도장' 등의 뜻으로 쓰인다.

정성, 성의
[款待(관:대)] 친절하게 대하거나 정성껏 대접함.
[寬大(관대)] 너그러움.

주로 서예가나 화가들의 도장
[落款(낙관)] 書畫(서화)를 완성한 다음 필자 스스로 그 작품에 성명, 연월, 또는 시구, 跋語(발어) 등을 기입하고, 雅號(아호)의 도장을 찍는 일.

문서
[約款(약관)] 조약이나 계약에서 약속하여 정한 조항.
[定款(정:관)] 회사, 공익 법인, 각종 협동조합 등의 목적과 조직에 대한 업무 집행에 관한 자주적이고 근본적인 규칙. 또는 그것을 기재한 문서.

항목
[款項(관:항)/款項目(관:항목)] 예산이나 결산서 따위의 내용 구분 단위인 관·항·목을 아울러 이르는 말.

돈, 경비
[借款(차:관)] 정부나 기업·은행이 외국 정부나 공적 기관으로부터 자금을 빌려오는 일. 또는 그 빚.

歐 노래할 구, 토할 구, 欠부15 1915

'歐(구)'자는 '토하다'는 뜻을 나타내기 위하여 만든 것이었다. 입을 크게 벌린 사람의 입 모양을 뜻하는 '하품 欠(흠)'이 표의요소, '지경 區(구)'는 표음요소로 쓰였다. 근대 이후 유럽을 歐羅巴(구라파)로 한역한 데서 '유럽'을 뜻하게 되었다.

구라파(유럽의 약칭)
[歐羅巴(구라파)] 유럽의 한자 표기.
[歐美(구미)] 유럽과 아메리카 주. 또는 유럽과 미국.
[歐洲(구주)] 유럽주.
南歐(남구), 東歐(동구), 北歐(북구), 西歐(서구), 中歐(중구)

歪 비뚤 왜, 止부9　　1916

'歪(왜)'자는 '비뚤다', '기울다'의 뜻을 나타낸다. '아니 不(불)'과 '바를 正(정)'으로 이루어졌다. 독음은 [왜], [외], [의] 세 가지가 있지만 뜻이 달라지는 것은 아니다. 우리말에서는 [왜]로 쓰인 한자어만 있다.

비뚤다, 기울다, 바르지 않다
[歪曲(왜곡)] 사실과 다르게 해석하거나 그릇되게 함. ¶역사를 왜곡하지 말라
[歪形(왜형)] 비뚤어진 모양.

殖 번식할 식, 歹부12　　1917

'殖(식)'자는 '부서진 뼈 歹(알)'과 '곧을 直(직)'으로 이루어진 글자로 '곧게 뻗은 死體(사체)'가 본뜻이었으나 우리말 한자어 중에는 이런 뜻으로 쓰인 예는 없다. 전혀 다른 '번식하다', '붇다', '불리다' 등의 뜻으로 쓰인다.

번성하다, 자손이 번성하다
[繁殖(번식)] 붇고 늘어서 많이 퍼짐.
[生殖(생식)] 생물이 수정(受精)·분열(分裂) 등에 의하여 자기와 같은 종류의 생물을 낳아 종족을 유지·번식하는 현상. 참生殖器(생식기), 無性生殖(무성생식), 有性生殖(유성생식)
[養殖(양:식)] 물고기·海藻(해조) 따위를 인공적으로 길러서 번식시키는 일. ¶양식 어업/김 양식장
[增殖(증식)] ① 처음보다 늘어서 많아짐. ② 더하여 수량을 불림. ③ (생) 생물 또는 그의 조직이나 세포 따위가 수적으로 늘어남. ¶암세포 증식
[松柏之下其草不殖(송백지하기초불식)] '소나무와 잣나무 밑에는 풀이 번식하지 못한다'는 뜻으로, '약한 자는 강대한 사람에게 세력을 빼앗김'을 비유하여 이르는 말.

붇다, 불어나다, 불리다, 불어나게 하다
[殖利(식리)] 재물을 불리어 이익을 불림.
[殖産(식산)] ① 재산을 불려 늘림. ② 생산물을 늘림.
[殖財(식재)] 재산을 불려 늘림.
[利殖(이:식)] 이자가 이자를 낳아 재물이 늘어감.

沮 막을 저:, 水부8　　1918

'沮(저)'자는 원래 중국의 한 강의 이름이었다. '물 氵(수)'와 '또 且(차)'로 이루어졌다. '막다', '방해하다' 등의 뜻으로 쓰인다.

막다, 저지하다, 방해하다, 가로막다
[沮止(저:지)] 막아서 못하게 함. ¶저지를 당하다
[沮害(저:해)] 막아서 못하게 해침. ¶사회 발전의 저해 요인

기타
[沃沮(옥저)] (역) 고조선 때, 지금의 함경도를 중심으로 한 일대에 살고 있던 한 부족. 또는 그 부족이 세운 나라.

津 나루 진(:), 水부9　　1919

'津(진)'자는 강가의 '나루'를 뜻하기 위하여 만든 것이다. '물 氵(수)'와 '붓 聿(율)'로 이루어졌다. 원래는 '붓 聿(율)'과는 다른 것이었는데 후에 '붓 聿(율)'로 변한 것이다.

나루, 강·내에서 배가 건너다니는 일정한 곳, 나루터, 도선장
[渡津(도진)] 나루. 강이나 좁은 바닷목에서 배가 건너다니는 곳.
[津船(진:선)] 나루를 건너는 배.
新灘津(신탄진), 三浪津(삼랑진), 鷺梁津(노량진)

진, 인체에서 분비되는 액체, 풀·나무 등에서 분비되는 끈끈한 물질
[津氣(진:기)] ① 끈적끈적한 기운. ② 먹은 것이 잘 삭지 아니하여 오랫동안 유지되는 든든한 기운. ¶진기가 있는 밥을 먹었더니 속이 든든하다
[津液(진:액)] 생물의 체내에서 생겨나는 액체. 수액이나 체액 따위.
[松津(송진)] 소나무에서 나오는 진액. 동松膏(송고)

넉넉해지다, 윤택해지다
[興味津津(흥미진진)] 넘쳐흐를 정도로 흥미가 매우 많음. ¶그 소설은 내용이 흥미진진하다

溺 빠질 닉, 水부13　　1920

'溺(닉)'자는 원래 중국의 한 '강'을 이름 짓기 위하여 만든 것이었다. '물 氵(수)'와 '약할 弱(약)'으로 이루어졌다. '(물에) 빠지다', '잠기다' 등의 뜻으로 쓰인다.

빠지다, 물에 빠지다, 물에 가라앉아 죽다
[溺死(익사)] 물에 빠져 죽음.
[善游者溺(선:유자익), 善騎者墮(선:기자타).] 헤엄 잘 치는 사람이 물에 빠지고, 말을 잘 타는 사람이 말에서 떨어지기 쉽다. 한 가지 재주에 뛰어난 사람이 그 재주만 믿고 자만하다가 도리어 재앙을 당함을 비유하여 일컫는 말. 善騎者墮(선기자타) 대신 好騎者墜(호기자추)로 쓰는 경우도 있는데, 의미는 같다. 『淮南子(회남자)·原道訓(원도훈)』
[小人溺於水(소:인익어수), 君子溺於口(군자익어구), 大人溺於民(대:인익어민).] 소인은 물에 빠지고, 군자는 입에 의한 재난에 빠지고, 대인은 백성들에 의한 재난에 빠진다. 백성은 종종 물에 빠지고, 사람을 다스리는 관리는 자칫하면 말을 잘못해서 오는 재앙에 빠지며, 천하 국가를 다스리는 사람은 백성을 잘못 다스려

고급

서 백성들에 의한 재난에 빠지는 경우가 있다. 『禮記(예기)·緇衣(치의)』
[嫂溺不援是豺狼也(수닉불원시시랑야).] 형수가 물에 빠져 위급한 경우, 남녀 사이에 물건을 직접 手交(수교)하지 않는 것이 常禮(상례)라 하여 시동생이 이를 구하지 않는 것은 승냥이나 이리와 다를 것이 없다. '위급할 때 스스로 임기응변의 權道(권도)를 쓰지 않으면, 상례도 도리어 人道(인도)에 어긋남'을 이르는 말이다. 『孟子(맹자)』

마음이 빠지다
[耽溺(탐닉)] 어떤 일을 지나치게 즐겨서 거기에 빠짐.
[溺於人不可救也(익어인불가구야), 溺於淵尙可游也(익어연상가유야).] 연못에 빠지면 헤엄쳐 나올 수라도 있지만, 여색에 빠진 사람은 구출하기 어렵다. 『大戴禮(대대례)』

滑 미끄러울 활, 水부13   1921

'滑(활)'자는 물에 '미끌어지다'를 뜻하기 위하여 만든 것이었으니, '물 氵(수)'와 '뼈 骨(골)'로 이루어졌다.

미끄럽다, 반드럽다, 부드럽게 하다
[滑降(활강)] ① 비탈진 곳을 미끄러져 내림. ② 스키 경기의 한 종목.
[滑空(활공)] 바람이나 양력을 써서 공중을 미끄러져 나는 일. ¶활공 비행
[滑走路(활주로)] 비행기가 내려앉거나 뜨거나 할 때 달리는 길.
[圓滑(원활)] ① 모난 데가 없고 원만함. ② 일이 거침없이 잘되어 감.
[潤滑(윤활)] 기름기나 물기가 있어 뻑뻑하지 않고 미끄러움. 찹潤滑油(윤활유)
滑石(활석), 滑走(활주), 滑車(활차), 平滑(평활)

滯 막힐 체, 水부14   1922

'滯(체)'자는 물이 흐르지 못하고 '막히다'를 뜻하기 위하여 만든 것이다. '물 氵(수)'와 '띠 帶(대)'로 이루어졌다.

막히다, 막히어 통하지 아니하다, 막히어 해결되지 아니하다
[滯症(체증)] ① (한의) 먹은 음식물이 막혀 소화가 잘 안 되는 증세. ② 막혀서 소통이 잘 되지 않음. ¶명절이라 교통 체증이 심하다
[食滯(식체)] 먹은 것이 소화가 잘 되지 않는 병.
[積滯(적체)] 쌓여 막혀서 순하게 통하지 못함.
[停滯(정체)] 사물이 앞으로 나아가지 못하고 멈추거나 막혀 있음. ¶교통 정체
[酒滯(주체)] 술을 마셔 생기는 체증, 위염.

꾸물거리다
[滯納(체납)] 세금·공과금 등을 기한까지 내지 못하여 밀림.

[延滯(연체)] ① 정한 기한에 약속을 지키지 못하고 지체함. ② 이행해야 할 채무나 납세의 기한을 넘김. ¶연체 이자
[遲滯(지체)] ① 늑장을 부려 시간을 끌거나 기한에 뒤짐. ② (법) 정당한 이유 없이 의무 이행을 늦추는 일.

머무르다, 체재하다
[滯留(체류)] 객지에 가서 오래 머물러 있음. ¶외국에 가서 체류 중이다
[滯在(체재)] 객지에 가서 오래 머물러 있음. 동滯留(체류)

전진하지 못하고 한 자리에 머물다
[沈滯(침체)] ① 일이 잘 진전되지 못함. ② 오래도록 벼슬의 지위가 오르지 못함.

濠 해자 호, 水부17   1923

'濠(호)'자는 적군의 접근을 막기 위하여 성곽의 둘레에 깊게 파놓은 도랑, 즉 '해자'를 뜻하기 위하여 만든 것이었다. '물 氵(수)'와 '호걸 豪(호)'로 이루어졌다. 후에 지명이나 강 이름으로 널리 쓰이자, 그 본래의 뜻은 '해자 壕(호)'로 나타냈다.

해자
오스트렐리아의 준말
[濠洲(호주)] '오스트렐리아'를 이름.

灣 물굽이 만, 水부25   1924

'灣(만)'자는 바닷가 '물굽이'를 뜻하기 위하여 만든 것이다. '물 氵(수)'와 '굽을 彎(만)'으로 이루어졌다.

물굽이, 육지로 쑥 들어온 바다의 부분
[港灣(항:만)] 배를 대고 화물이나 승객의 오르내림이 편리한 수면과 여기에 따른 설비를 통틀어 이르는 말. 牙山灣(아산만), 迎日灣(영일만)

기타
[灣商(만상)] (역) 조선 때, 평안북도 의주에서 중국과 교역하던 큰 장사치.

炊 불땔 취:, 火부8   1925

'炊(취)'자는 불火(화)을 지핀 다음 하품欠(흠)을 할 때처럼 입을 크게 벌려 입김을 불어 넣어 '불 때다'는 뜻을 나타내기 위하여 만든 것이다. '하품 欠(흠)'은 '불 吹(취)'의 생략형으로 볼 수도 있다.

불때다, 밥을 짓다
[炊事(취:사)] 불을 때서 음식을 장만하는 일. 찹炊事班(쉬사반)
[炊沙成飯(취:사성반)] '모래를 때어 밥을 짓는다'는 뜻으로 '헛수고'를 비유하여 이르는 말.
[自炊(자취)] 손수 식사를 마련함.

[一炊之夢(일취지몽)/邯鄲之夢(한단지몽)] 이 세상의 부귀영화가 덧없음을 비유하여 이르는 말. 唐代(당대)에 노생(盧生)이 한단(邯鄲) 땅의 주막집에서 여옹(呂翁)이란 선인(仙人)의 베개를 얻어 베고 한잠 자는 동안에 50년 동안의 영화를 꿈꾸었으나 깨고 보니 짓고 있던 밥이 아직 익지 않은 짧은 시간이었으므로 인생의 허무를 깨달았다는 고사에서 온 말.

焦 탈 초, 그을릴 초, 火부12   1926

'焦(초)'자는 새[隹(추)]를 불[火(화)]에 '굽다'는 뜻을 나타내기 위하여 그 모습을 본뜬 것이다. '태우다', '그슬리다'는 뜻이다. 사람이 어떤 일에 골몰하여 신경을 쓰면 속이 새까맣게 타거나 피가 바짝바짝 마른다는 데서 '焦(초)'와 '燥(조)'에 각각 '애태우다'라는 뜻이 파생되었다.

태우다, 그을리다, 그을다
[焦眉(초미)/焦眉之急(초미지급)] 눈썹에 불이 붙은 것과 같이 '썩 위급함'을 이르는 말.
[焦點(초점)] ① (물) 오목거울이나 볼록렌즈 따위에서 빛이 꺾이거나 되쏘여 한 곳에 모이는 점. ② 사물의 가장 중요한 부분. 사람들의 관심이나 시선이 집중되는 점. ¶관심의 초점 ③ (수) 타원·쌍곡선·포물선의 뜻을 설명하거나 그것들을 그리는 데 꼭 있어야 할 점. ④ 사진을 찍을 때 대상의 영상이 가장 똑똑하게 나타나게 되는 점.
[焦土(초토)] ① 불에 타서 그슬려진 땅. ② 불에 탄 것처럼 황폐해지고 못 쓰게 된 상태를 비유적으로 이르는 말.
[焦土戰術(초토전술)/焦土作戰(초토작전)] (군) 적군이 이용하지 못하도록 모든 시설이나 물자를 불태워 버리는 전술. 주로 패전하여 철수하거나 후퇴할 때 쓰는 전술이다.

애타다, 애태우다
[焦脣(초순)] 입술이 타는 듯함. '몹시 애태움'을 비유하여 이르는 말.
[焦心(초심)] 마음을 졸여서 태움.
[焦燥(초조)] 애를 태우고 마음을 졸임. ¶내 차례를 초조하게 기다리다.
[勞心焦思(노심초사)] 애를 쓰고 속을 태우며 골똘히 생각함.

삼초
[三焦(삼초)] (한의) 몸통을 셋으로 나눈 상초·중초·하초. 음식을 흡수·소화·배설함.
[上焦(상초)] (한의) 삼초의 하나. 횡격막 위로부터 머리에 이르는 윗몸을 이름.
[中焦(중초)] (한의) 삼초의 하나. 염통과 배꼽 사이를 말한다.
[下焦(하:초)] (한의) 삼초의 하나. 흔히 배꼽 아랫부분을 말한다.

煉 달굴 련(:), 불릴 련(:), 火부13   1927

'煉(련)'자는 쇠를 불로 '달구다'는 뜻을 나타내기 위하여 만든 것이다. '불 火(화)'가 표의요소, 그 나머지가 표음요소로 쓰였다.

불리다, 쇠붙이를 불에 달구어서 정련하다
[煉丹(연:단)] 몸의 기를 丹田(단전)에 모아 몸과 마음을 수련하는 일.
[煉獄(연:옥)] (천주) 죽은 사람의 영혼이 천국에 들어가기 전에 남은 죄를 씻기 위하여 불로써 단련 받는 곳.

굽다, 고다, 반죽하여 굽다
[煉瓦(연:와)] 구운 벽돌. 진흙 따위를 이겨 틀에 박아서 구워 만든 벽돌.
[煉炭(연:탄)] 구멍탄·조개탄 따위를 통틀어 일컫는 말.

鎔 녹일 용, 金부18   1928

'鎔(용)'자는 쇠를 녹일 때 쓰는 '거푸집'을 뜻한다. '쇠 金(금)'과 '얼굴 容(용)'으로 이루어졌다.

熔 녹일 용, 火부14   1929

'熔(용)'자는 쇠붙이 따위의 고체가 높은 온도의 불에 '녹다'는 뜻을 나타내기 위하여 만든 것이다. '불 火(화)'와 '얼굴 容(용)'으로 이루어졌다. '녹일 鎔(용)'의 俗字이다.

녹이다, 쇠를 녹이다, 쇠가 녹다, 거푸집, 주물의 모형
[鎔鑛爐(용광로)] (공) 광석을 녹여 쇠붙이를 뽑아내는 가마.
[鎔巖(용암)] (지) 화산이 분화할 때 분화구에서 분출한 마그마. 또는 그것이 식어서 굳어진 바위.
[鎔接(용접)] 땜질. 녹여서 서로 이어붙임.

牽 끌 견, 牛부11   1930

'牽(견)'자는 '끌다'는 뜻을 소의 고삐를 잡아끄는 모습을 통하여 비유적으로 나타낸 것이다.

끌다, 끌고 가다
[牽强(견강)] 억지로 끌어당김.
[牽强附會(견강부회)] 당치도 않은 말을 억지로 끌어대어 논리에 맞추려고 함.
[牽引(견인)] 끌어당김. ¶주차 위반 차량을 견인하다
[牽引車(견인차)] ① 고장난 차량을 뒤에 매달고 끌고 가는 역할을 하는 자동차. ② 앞장서서 어떤 일을 이끌고 나가는 사람이나 단체를 비유하여 이르는 말.

강요하다
[牽制(견제)] 세력 따위를 함부로 퍼거나 마음대로 행동하지 못하도록 억누르거나 막음.
[牽制球(견제구)] (체) 야구에서 도루를 막기 위하여 투

수나 포수가 각 베이스의 수비수에게 던지는 공.
별 이름
[牽牛(견우)] ① 牽牛織女(견우직녀) 설화에 나오는 소를 치는 남자 주인공. ② 牽牛星(견우성). ③ 나팔꽃.
[牽牛星(견우성)] 독수리자리의 가장 밝은 별. 동牽牛(견우)

狂 미칠 광, 犬부8   1931

'狂(광)'자는 '미친개'를 뜻하기 위하여 만든 것이다. '개 犭(견)'과 '임금 王(왕)'으로 이루어졌다. '굽을 枉(왕)'과 통하여, 정신이 굽은 상태 즉, '미치다'의 뜻이다.
미치다, 정신이상이 되다, 미친병, 미친개, 미친 사람
[狂犬(광견)] 미친개.
[狂犬病(광견병)] (의) 미친갯병. 미친개에게서 볼 수 있는 바이러스성 전염 질환. 사람은 대개 개에게 물려 감염되는데, 림프절이 붓고 경련·호흡 곤란 따위의 격렬한 증상을 보이며, 특히 물을 마시거나 보기만 하여도 공포를 느끼며 목에 경련을 일으킴. 동恐水病(공수병)
[狂人(광인)] 미친 사람.
[發狂(발광)] ① 미친 증세가 일어남. ② 미친 것처럼 날뜀.
마음이 미혹하여 사리를 분별하지 못하다, 상규(常規)를 벗어나다
[狂亂(광란)] 미친 듯이 날뜀.
[狂想曲(광상곡)] (음) 카프리치오. 형식에 구애받지 않고 독창적이며 자유스러운 구상으로 지어진 기악곡.
[狂信(광신)] 신앙이나 사상 따위에 대하여 이성을 잃고 미친듯이 믿음.
[色狂(색광)] 여색에 미친 사람.
[偏執狂(편집광)] (의) 어떤 사물에 집착하여 상식 밖의 행동을 예사로 하는 정신병자.
狂氣(광기), 狂詩曲(광시곡), 狂言(광언), 狂言妄說(광언망설)
기세가 세다
[狂奔(광분)] ① 미친 듯이 바쁘게 날뜀. ② 미친 듯이 달아남.
[狂暴(광포)] (마음결이나 행동이) 미친 듯이 포악함.
[狂風(광풍)] 미친 듯이 사납게 부는 바람. ¶광풍이 몰아치다
[熱狂(열광)] 너무 기쁘거나 흥분하여 미친 듯이 날뜀. ¶청중들은 그의 연설에 열광했다 참熱狂的(열광적)
[一陣狂風(일진광풍)] 한바탕 부는 사납고 거센 바람.
오로지 한 가지 일에 골똘한 사람

獵 사냥 렵, 犬부18   1932

'獵(렵)'자는 개를 데리고 가서 '사냥하다'는 뜻을 나타내기 위하여 만든 것이다. '개 犬(견)'과 '목 갈기 巤(렵)'으로 이루어졌다.

사냥, 사냥하다
[獵銃(엽총)] 사냥할 때 쓰는 총.
[密獵(밀렵)] 허가를 받지 않고 몰래 사냥함. 또는 그런 사냥.
[狩獵(수렵)] 사냥.
[川獵(천렵)] 냇물에서 고기잡이를 하는 일.
禁獵(금렵), 獵具(엽구), 獵狗(엽구)
찾다, 쫓다
[獵奇(엽기)] 기이한 사물에 호기심을 품고 즐겨서 쫓아다님. ¶엽기 소설
[獵色(엽색)] 好色(호색). 여색을 특히 좋아함. ¶엽색 행각을 벌이다
지나다, 거치다
[涉獵(섭렵)] 책을 이것저것 많이 읽음.

珠 구슬 주, 玉부10   1933

'珠(주)'자는 '진주'를 나타내기 위하여 만든 글자이다. '구슬 玉(옥)'과 '붉을 朱(주)'로 이루어졌다.
구슬, 진주
[珠簾(주렴)] 구슬발. 구슬을 꿰어 만든 발.
[剖腹藏珠(부복장주)] 배를 가르고 보물을 감추다. 재물에 눈이 어두워 자신에게 해가 되는 일도 서슴지 않고 자행한다는 말이다. 이익을 챙기려 자신의 몸을 해치는 일은 하지 말라는 말임.
[如意珠(여의주)/如意寶珠(여의보주)] (불) 용의 턱 아래에 있다고 하는 영명한 구슬. 사람이 이것을 얻으면 변화를 마음대로 부릴 수 있다고 함.
[珍珠(진주)/眞珠(진주)] 진주조개 따위의 속에 생기는 아름다운 구슬.
[孔子穿珠(공:자천주)] 『祖庭事苑(조정사원)』 ☞ * 022
둥근 알
[珠算(주산)/珠板(주판)] 구슬 모양의 알을 이용하여 셈하는 기구.
[黙珠(묵주)] (천주) 로사리오. 구슬 59개 또는 11개를 꿴 끝에 작은 십자가가 달린 줄. '로사리오기도'를 바칠 때 씀.
[胚珠(배주)] (식) 밑씨. 꽃식물의 암꽃술에 있는 중요한 기관. 정받이한 뒤에 자라서 씨가 된다.
[念珠(염:주)] (불) 여러 개의 보리자, 금강주, 또는 모감주나무의 열매 따위를 실에 꿰어서 염불할 때 손으로 돌려 수효를 세거나, 손목에 거는 法具(법구).
아름다운 것의 비유
[珠玉(주옥)] ① 구슬과 옥돌. ② 아름답고 귀한 것을 비유하여 이르는 말. ¶주옥같은 문장

瑞 상서 서:, 玉부13   1934

'瑞(서)'자는 제후를 봉할 때 信標(신표)로 주는 옥으로 만든 홀圭(규)을 뜻하기 위하여 만든 것이었으니, '구

슬 玉(옥)'이 표의요소, '실마리'의 뜻인 '耑(단)'도 표의 요소이다. 후에 '상서로운 조짐'을 뜻하는 것으로 쓰이게 되었다.

상서, 경사스럽다
[瑞光(서:광)] 상서로운 빛.
[瑞氣(서:기)] 상서로운 기운.
[瑞雪(서:설)] 상서로운 눈.
[祥瑞(상서)] 복되고 길한 일.
瑞夢(서몽), 瑞雲(서운), 瑞兆(서조)

痲 저릴 마, 疒부13   1935

痲(마)자는 질병 증세의 하나인 '저리다'는 뜻을 나타내기 위하여 만든 것이다. '병질 疒(녁)'과 '삼 麻(마)'로 이루어졌다. '수풀 林(림)'이 표음요소로 쓰인 '임질 痳(임)'자와 혼동하기 쉽다.

저리다, 마비
[痲痺(마비)] ① 신경이나 근육이 형태의 변화 없이 기능을 잃어버리는 상태. 감각이 없어지고 힘을 제대로 쓰지 못하게 된다. 참小兒痲痺(소아마비), 心臟痲痺(심장마비) ② 본래의 기능이 둔해져서 정지되는 일을 비유하여 이르는 말. ¶업무가 마비되었다
[痲藥(마약)] 아편·모르핀 따위처럼 중추신경을 마비시키고 진통·마취 작용을 하며, 다른 약의 효력을 적게 하고, 습관성을 일으켜서 오래 쓰면 중독이 되는 물질. ¶마약 중독
[痲醉(마취)] 약물 따위의 작용으로 얼마 동안 의식을 잃거나 부분적으로 감각을 잃게 하기. 참痲醉劑(마취제)

療 병 고칠 료, 疒부17   1936

'療(료)'자는 '(병을) 치료하다'는 뜻을 나타내기 위하여 만든 것이다. '병질 疒(녁)'과 '화톳불 尞(료)'로 이루어졌다.

병을 고치다
[療飢(요기)/療饑(요기)] 간신히 배고픈 증세만 고칠 정도로 조금 먹음. ¶점심시간이 꽤나 지났는데 요기는 했나?
[療養(요양)] 쉬면서 조섭하여 병을 치료함. 참療養院(요양원)
[醫療(의료)] 의술로 병을 고치는 일. 참醫療院(의료원)
[診療(진:료)] 의사가 환자를 진찰하고 치료하는 일. ¶진료 시간
[治療(치료)] 병이나 상처를 다스려서 낫게 함.
療法(요법), 加療(가료), 民間療法(민간요법)

癌 암 암:, 疒부17   1937

'癌(암)'자는 악성종양이라는 나쁜 병을 나타내기 위하여 만든 것이다. '병질 疒(녁)'이 표의요소, '바위 嵓(암)'은 표음요소이다. '바위 嵓(암)'자에는 '입 口(구)'가 세 개나 있고 그 밑에 '메 山(산)'이 있다. 여기서 세 개는 많다는 말이다. 입이 많으니 많이 먹는다. 산더미처럼 많은 음식을 과식하니 암이라는 병에 걸릴 수밖에 없다. 또 입이 많으면 말이 얼마나 많겠는가? 三人成市虎(삼인성시호) 라고 셋이 말하면 없는 호랑이도 만들어내니 그 쓸데없는 말에 시달리는 사람의 스트레스는 얼마나 크겠는가? 암에 걸릴 수밖에 없겠다. 어떤 의사는 癌(암)이 입口(구)을 자주 놀려 山(산)처럼 많이 먹어 생기는 병이라고 진단하였다.

암
[癌(암:)] ① 몸 조직에 바탕이 다른 세포가 무제한으로 자라 만들어지는 악성 종양. 癌腫(암종). 위암·폐암·자궁암·피부암 따위. ② '아주 나쁜 병폐나 폐단'을 일컫는 말. ¶암적 존재
[癌腫(암:종)] (의) 癌(암). 몸 조직에 바탕이 다른 세포가 무제한으로 자라 만들어지는 악성 종양.
[發癌(발암)] 암이 생기거나 생기게 함. ¶발암물질
[胃癌(위암)] 위에 발생하는 암.
[抗癌(항:암)] 암세포의 증식을 막거나 암세포를 죽임. 참抗癌劑(항암제)
肝癌(간암), 膽癌(담암), 大腸癌(대장암), 舌癌(설암), 腎癌(신암), 乳房癌(유방암), 子宮癌(자궁암), 腸癌(장암), 直腸癌(직장암), 膵臟癌(췌장암), 肺癌(폐암), 皮膚癌(피부암), 喉頭癌(후두암)

硫 유황 류, 石부12   1938

'硫(유)'자는 암석의 일종인 '硫黃(유황)'을 뜻하기 위하여 만든 것이다. '돌 石(석)'이 표의요소, '깃발 㐬(류)'는 표음요소이다.

유황(비금속 원소의 하나)
[硫酸(유산)] 黃酸(황산)의 딴 이름.
[硫安(유안)] ① 황산암모니아. ('유산암모니아'라고도 함) ② 황산암모니아를 주성분으로 하는 질소 비료의 일종.
[硫黃(유황)] 화산 지역에서 많이 나는 누런 결정의 비금속원소. 전기절연체·화약·성냥과 살충제 등의 재료로 쓰임.
[硫黃泉(유황천)] 유황 성분이 들어 있는 광천. 피부병·신경통 등에 효과가 있다고 함.

碩 클 석, 石부14   1939

碩(석)자는 '(머리가) 크다'는 뜻을 위하여 만든 것이다. '머리 頁(혈)'과 '돌 石(석)'으로 이루어졌다.

크다, 머리가 크다
[碩士(석사)] ① 대학원 과정을 마치고 전공과목에 대한 연구 논문의 인정을 받은 사람에게 주는 학위. ② '벼슬이 없는 선비'를 높여 일컫던 말.

[碩學(석학)] 대학자. 학술 연구에 업적이 많은 학자. ¶세계의 석학들이 모여 토론을 벌이다

磁 자석 자:, 石부15　　1940

'磁(자)'자는 '자석'을 뜻하기 위하여 만든 것이다. '돌 石(석)'과 '이 玆(자)'로 이루어졌다.

자석
[磁氣(자:기)] 자석이 철을 끌어당기는 힘이나 기운.
[磁力(자:력)] 자기(磁氣)의 힘.
[磁石(자:석)] 磁性(자성)을 가진 광석. 철을 끌어당기는 성질이 있는 물체.
[電磁(전:자)] '電磁氣(전자기)'의 준말. 전류에 생기는 자기.
磁極(자극), 磁性(자성), 磁場(자장), 磁鐵(자철), 磁針(자침)

사기 그릇(瓷의 속자)
[陶磁器(도자기)/陶瓷器(도자기)] 질그릇·오지그릇·사기그릇 따위.
[白磁/白瓷(백자)] 흰 빛의 자기.
[靑磁(청자)/靑瓷(청자)] 푸른 빛깔의 자기. ¶고려청자는 그 기술과 무늬의 독창적인 아름다움이 세계적이다

礙, 碍 거리낄 애, 石부19　　1941

'礙(애)'자는 '거리끼다'는 뜻을 위하여 만든 것이다. '돌 石(석)'과 '의심할 疑(의)'로 이루어졌다. 속자인 '碍(애)'가 더 많이 쓰인다.

거리끼다, 방해하다, 가로막다, 저지하다
[礙子(애자)] (전) 전선을 매거나 전기의 절연체로 쓰는 사기나 플라스틱으로 만든 기구.
[拘礙(구애)/拘碍(구애)] 거리낌. ¶돈에 구애받지 말고 일을 적극 추진해보라
[障碍(장애)/障礙(장애)] ① 가로막아서 거치적거림. ¶장애물 경주 ⓒ障碍物(장애물) ② 몸의 기관이나 기능이 온전하지 못해 정상적으로 행동할 수 없는 상태. ¶신체장애/언어장애/지적 장애
[障碍人(장애인)/障碍者(장애자)] 몸의 기관이나 기능이 온전하지 못해 정상적으로 행동할 수 없는 사람. ¶장애인올림픽대회
無碍(무애)/無礙(무애), 妨礙(방애), 情緖障碍(정서장애)

秒 시간 단위 초, 禾부9　　1942

'秒(초)'자는 '벼 禾(화)'와 '적을 少(소)'로 이루어졌다. 본뜻은 벼의 '까끄라기'였으나 '시간의 단위'로 쓰이고 있다.

시간·각도·온도 등의 단위
[秒速(초속)] 1초 동안에 나아가는 속도.
[秒針(초침)] 시계의 초를 가리키는 바늘.
[分秒(분초)] ① 시간의 단위인 분과 초. ② 매우 짧은 시간. ¶분초를 다투다

穩 평온할 온(:), 禾부19　　1943

'穩(온)'자를 破字(파자)하면 '벼 禾(화) + 손톱 爫(조) + 장인 工(공) + 돼지 머리 彐(계) + 마음 心(심)'이 된다. 음이 '따뜻할 溫(온)'과 같아 뜻도 비슷해졌다. '隱(은)'자 참조.

평온하다, 안온하다
[穩健(온:건)] 말과 행동·생각 따위가 평온하고 건실함. ¶온건한 사상/온건한 개혁파
[穩當(온:당)] 사리에 어그러지지 않고 마땅함.
[穩全(온:전)] ① 평온하고 완전하다. ② 본바탕대로 고스란히 있다. ¶온전한 물건 ③ 잘못된 것이 없이 바르거나 옳다. ¶정신이 온전한 사람
[穩和(온:화)] 조용하고 평화로움.
[不穩(불온)] ① 온당치 아니함. ② 평온하지 아니함.
[安穩(안온)] 조용하고 평온함.
[平穩(평온)] 고요하고 안온함.

窒 막을 질, 막힐 질, 穴부11　　1944

'窒(질)'자는 '(구멍이) 막히다'는 뜻을 나타내기 위하여 만든 것이다. '구멍 穴(혈)'과 '이를 至(지)'로 이루어졌다. 구멍의 끝에 이르니 더 갈 곳이 없어 막혔다. 후에 일반적인 의미의 '막히다'로 사용되고 있다.

막다, 막히다, 메이다, 통하지 아니하다
[窒塞(질색)] 몹시 놀라거나 싫어서 기가 막힘. 몹시 싫어서 꺼림.
[窒息(질식)] 숨이 막힘 또는 그로 인해 생기는 장애나 상태. ⓒ窒息死(질식사)

기체 원소의 하나
[窒酸(질산)] (화) 强酸(강산)의 하나. 무색의 발연성 액체이고 자극성이 있는 냄새가 있음. 질산염·물감·폭약을 만드는 데 쓰임.
[窒素(질소)] (화) 공기 부피의 약 78%를 차지하고 있는, 색·맛·냄새가 없는 기체. 단백질의 구성 성분으로 비료·질산의 제조 따위에 쓰임.

窟 굴 굴, 穴부13　　1945

'窟(굴)'자는 깊고 넓은 구멍, 즉 '동굴'을 나타내기 위하여 만든 것이었다. '구멍 穴(혈)'과 '굽을 屈(굴)'로 이루어졌다. '사람이 많이 모여드는 곳'을 이르기도 하는데, 주로 나쁜 의미로 쓰인다.

굴, 움
[狡免三窟(교토삼굴)] '똑똑한 토끼는 만약을 위해 세

개의 굴을 파 놓는다'는 뜻으로, 만약을 위해 이중 삼중의 대비책을 마련하는 준비성을 말한다.
[洞窟(동굴)] (깊고 넓은) 큰 굴.
[石窟(석굴)] 바위에 뚫린 굴. 비嚴窟(암굴) 참石窟庵(석굴암)
[土窟(토굴)] 땅굴. 움막

사람이 모이는 곳, 짐승이 사는 굴, 벌레나 물고기의 구멍
[魔窟(마굴)] ① 악마들이 모여서 사는 곳. ② '못된 무리들이 모여서 사는 곳'의 비유. ¶아편쟁이들의 마굴을 벗어나다
[巢窟(소굴)] '새가 사는 집과 짐승이 들끓는 굴'이란 뜻에서, 나쁜 짓을 하는 도둑이나 악한 따위의 무리가 활동의 본거지로 삼고 있는 곳을 일컬음.
[賊窟(적굴)] 도적의 무리가 있는 소굴. 동賊巢(적소)

竊 훔칠 절, 穴부22   1946

'竊(절)'자는 '훔치다'는 뜻을 나타내기 위하여 만든 것이다. '卨(설)'은 표음요소로 쓰였다. 글자가 복잡하니 破字(파자)하면 '구멍 穴(혈) + 쌀 米(미)가 변한 釆(변) + 은나라 조상 이름 卨(설)'이 된다. '도둑이 개구멍으로 들어가 쌀을 훔친다'는 뜻이다.

훔치다, 남의 것을 몰래 가지다, 도둑
[竊盜(절도)] 남의 물건을 몰래 훔치는 짓. 참竊盜犯(절도범)
[竊視(절시)] 몰래 훔쳐봄. 엿봄.
[竊取(절취)] 훔침. ¶금품을 절취하다
[剽竊(표절)] 시나 글, 노래 따위를 지을 때에 남의 작품의 일부를 따다가 자기 것인 양 씀. ¶표절 시비로 장관 후보에서 낙마하다

헛되이 녹만 받다
[竊名(절명)] 아무 실적 없이 명예만 높음.
[竊位(절위)] 자격이 없으면서 벼슬자리에 머물러 있음. 또는 관직에 있으면서 직무를 다하지 아니하는 일.

箱 상자 상, 竹부15   1947

'箱(상)'자는 대나무로 만든 '통'을 뜻하는 것이다. '대 竹(죽)'과 '서로 相(상)'으로 이루어졌다.

상자
[箱子(상자)] 물건을 넣어두기 위하여 나무, 대나무, 두꺼운 종이 같은 것으로 만든 네모난 그릇.

籠 대그릇 롱, 竹부22   1948

'籠(롱)'자는 대나무로 만든 '바구니'를 뜻하기 위하여 만든 것이다. '대 竹(죽)'과 '용 龍(룡)'으로 이루어졌다.

대그릇, 삼태기(흙을 옮기는 데 쓰는 대그릇)
[籠城(농성)] ① 군사가 있는 성이 적군에게 에워싸임. ② 성문을 굳게 닫고 성을 지킴. ③ 목적을 이루고자 줄곧 한자리에 둘러 모여서 버티는 일. ¶시위대가 농성에 들어갔다/단식 농성
[籠球(농구)] 다섯 사람씩으로 된 두 팀이 규정된 시간 안에 상대편의 바스켓 속에 공을 던져 넣어서, 그 넣은 점수의 많고 적음으로써 승부를 겨루는 경기.
[籠絡(농락)] '대그릇에 묶어 넣는다'는 뜻으로, 남을 교묘한 꾀로 휘잡아서 제 마음대로 놀리거나 이용함. ¶농락하다/농락당하다

새장
[籠中鳥(농중조)/籠鳥(농조)] ① 새장 속의 새. ② 무엇에 얽매여서 자유가 없는 몸의 비유.
[籠鳥戀雲(농조연운)] '갇힌 새가 구름을 그리워한다'는 뜻으로, 속박을 당한 몸이 자유를 그리워하는 마음을 비유한 말.
[燈籠(등롱)] 대오리나 쇠로 살을 만들고 겉에 종이나 헝겊을 씌워 그 안에 촛불을 넣어서 달아 두기도 하고 들고 다니기도 하는 등.
[鳥籠(조롱)] 새장. ¶조롱 안의 새
[池魚籠鳥(지어롱조)] '못의 고기와 새장의 새'라는 뜻으로, 자유가 없는 신세를 비유하여 이르는 말.

糾 얽힐 규, 꼴 규, 糸부8   1949

'糾(규)'자는 세 겹으로 꼰 '줄'을 뜻하기 위하여 만든 것이었다. '실 糸(사)'와 '얽힐 니(규/구)'로 이루어졌다. '꼬다', '얽히다', '따지다' 등의 뜻을 나타낸다.

끌어 모으다
[糾合(규합)] 사람이나 힘을 끌어 모음. ¶동지들을 규합하다/세력을 규합하다

얽히다, 맺히다, 꼬다
[紛糾(분규)] 이해나 주장이 어지럽게 뒤얽힘. ¶노사 분규가 해결되다

살피다, 규명하다, 따지다
[糾明(규명)] 사실의 원인이나 진상을 캐고 따지어 밝힘. ¶진상 규명
[糾彈(규탄)] 들추어 비난하고 공격함. ¶부정 부패 규탄 대회

紊 어지러울 문(:), 糸부10   1950

'紊(문)'자는 실이 흐트러져 '어지럽다'는 뜻을 위하여 만든 것이다. '실 糸(사)'와 '무늬 文(문)'으로 이루어졌다. 상하 구조를 좌우 구조로 바꾸면 '무늬 紋(문)'자가 된다.

어지럽다, 어지럽히다
[紊亂(문:란)] 도덕이나 질서 따위가 흐트러져 어지러움. ¶풍기가 문란하다/교통질서가 문란하다

紡 길쌈 방, 糸부10　1951

'紡(방)'자는 '실을 뽑다'는 뜻을 위하여 만든 것이다. '실 糸(사)'와 '모 方(방)'으로 이루어졌다.

잣다, 실을 뽑다, 실, 자은 실

[紡績(방적)] 솜·누에고치·털 따위에서 실을 뽑는 일. ¶방적공장/방적기
[紡織(방직)] 실을 뽑아서 천을 짜는 일. ¶방직공장
[紡錘(방추)] 물레로 실을 자을 때, 실을 감는 쇠꼬챙이. 참紡錘絲(방추사), 紡錘形(방추형)
[紡錘形(방추형)] 물렛가락 비슷한 모양. 원기둥의 양 끝이 뾰족한 모양.
[混紡(혼:방)] 성질이 다른 두 가지 이상의 섬유를 섞어서 짠 섬유.

紹 이을 소, 糸부11　1952

'紹(소)'자는 떨어진 실을 '잇다'를 뜻한다. '실 糸(사)'와 '부를 召(소)'로 이루어졌다. 후에 '소개하다', '알선하다' 등의 뜻으로 쓰이게 되었다.

소개하다, 알선하다

[紹介(소개)] ① 두 사람 사이에 서서 일을 어울리게 함. ¶직업 소개 ② 모르는 사이를 서로 알고 지내도록 관계를 맺어줌. ③ 잘 알려지지 않은 사실이나 내용을 설명하여 알려줌. ¶신간 소개 참紹介所(소개소), 紹介狀(소개장)

紳 큰 띠 신:, 糸부11　1953

'紳(신)'자는 실로 엮은 '큰 띠'를 뜻하기 위하여 만든 것이다. '실 糸(사)'와 '납 申(신)'으로 이루어졌다.

큰 띠(예복에 맞추어 매는 큰 띠)

[紳士(신:사)] 紳(신)은 옛날 중국에서 예의를 갖추어 입을 때 사용한 넓은 띠를 가리킨다. ① 교양이 있고 예의와 품격이 갖추어 있는 점잖은 남자. 참淑女(숙녀) ② 상류 사회의 남자. ③ 보통의 남자를 대접하여 이르는 말. ¶신사 숙녀 여러분!

絞 목맬 교, 糸부12　1954

'絞(교)'자는 끈으로 목을 매어 죽이는 '형벌'을 뜻하기 위하여 만든 것이다. '실 糸(사)'와 '사귈 交(교)'로 이루어졌다.

목매다

[絞首(교수)] 사형수의 목을 매어 죽임. 참絞首刑(교수형) 絞死(교사), 絞殺(교살)

엄하다, 조금의 여유도 없다

[直而無禮則絞(직이무례즉교).] 정직하면서 예가 없으면 각박해진다. 『論語(논어)·泰伯(태백)』 ☞ * 021

網 그물 망, 糸부14　1955

'網(망)'자의 본래 글자는 '罔(망)'이었다. '罔(망)'이 본래의 의미와는 달리 '없다'는 뜻으로 많이 쓰이자 본래의 의미인 '그물'이란 뜻을 분명하게 나타내기 위하여 '실 糸(사)'라는 표의요소를 덧붙여 '網(망)'자를 만들었다. '산등성이 岡(강)', '벼리 綱(강)'과 혼동하지 말자.

그물, 그물질하다, 그물로 잡다

[網羅(망라)] ① 촘촘한 그물로 건지듯이 빠짐없이 모음. ② 물고기나 새를 잡는 그물.
[防蟲網(방충망)] 해로운 벌레를 막기 위하여 창문틀 따위에 설치하는 망.
[一網打盡(일망타진)] '한 번 그물을 쳐서 물고기를 다 잡는다'는 뜻에서, 한꺼번에 모조리 다 잡음이라는 말. ¶도둑들을 일망타진하였다
[鐵條網(철조망)] 가시철사를 그물 모양으로 얼기설기 엮어 놓은 물건. ¶철조망 울타리/철조망을 넘다
[草網着虎(초망착호)] '썩은 새끼로 범을 잡기'란 뜻으로, 엉터리없는 짓을 꾀함을 이르는 말.
[投網(투망)] 물고기를 잡기 위해 그물을 던짐.
[臨河而羨魚(임하이선어), 不如歸家織網(불여귀가직망).] 강에 가서 물고기를 탐내는 것은 집에 돌아가 그물을 짜는 것만 못하다. 『淮南子(회남자)·說林訓(설림훈)』
網巾(망건), 網膜(망막), 網目(망목), 網紗(망사), 網之一目(망지일목), 漁網(어망)/魚網(어망), 僞裝網(위장망)

날과 씨가 빗겨 엇걸리는 무늬, 그물처럼 얽혀 있는 모양이나 상태

[交通網(교통망)] 그물처럼 밀집하여 이리저리 통하는 교통 선로의 배치를 비유한 말.
[放送網(방:송망)] 라디오나 텔레비전의 방송에 있어서 각 방송국을 연결하여 동시에 같은 프로그램을 방송하는 체제.
[聯絡網(연락망)/連絡網(연락망)] 연락을 유지하기 위하여 갖춘 유선·무선 통신망. 또는 인적 조직 체계. ¶비상연락망
[通信網(통신망)] 통신사나 신문사 따위가 각 곳에 통신원을 보내어 두고서 본사와 연락하도록 하는 조직. ¶통신망을 넓히다

규칙, 법, 법망을 씌우다

[法網(법망)] 죄를 지은 사람에게 제재를 할 수 있는 법률이나 기관. ¶법망에 걸리다/법망이 허술하다

綜 모을 종, 잉아 종, 糸부14　1956

'綜(종)'자는 실로 피륙을 짤 때, 제구의 하나인 '바디'를 뜻하기 위하여 만든 것이었다. '실 糸(사)'와 '마루 宗(종)'으로 이루어졌다. 바디가 왔다갔다하면서 천이 짜이므로 '모으다'는 뜻으로도 쓰인다.

모으다, 통할하다
[綜合(종합)] 여러 가지를 한데 모아 합함.

締 맺을 체, 糸부15   1957

'締(체)'자는 실을 얽어서 '단단히 맺다'는 뜻을 위하여 만든 것이다. '실 糸(사)'와 '임금 帝(제)'로 이루어졌다.
맺다, 연결하다, 끈으로 묶다
[締結(체결)] ① 얽어서 맴. ② 계약·조약 등을 맺음. ¶자유무역협정을 체결하다
締盟(체맹), 締約(체약)

縫 꿰맬 봉, 솔기 봉, 糸부17   1958

'縫(봉)'자는 실로 '꿰매다'는 뜻을 위하여 만든 것이다. '실 糸(사)'와 '만날 逢(봉)'으로 이루어졌다. '바느질하다', '꿰어맞추다'는 뜻으로 쓰인다.
꿰매다, 깁다, 붙이다
[縫製(봉제)] 재봉틀 따위로 박거나 꿰매어 만듦. ¶봉제공장
[假縫(가:봉)] 양복을 임시로 듬성듬성 시쳐 놓은 바느질. 또는 그런 옷.
[彌縫策(미봉책)] 빈구석을 메우다. 모자란 부분을 때우고 잇는다. 또는 시급한 일을 대충 눈가림으로 덮어 둔다. 彌縫(미봉)이란 원래 나쁜 의미로 쓰인 것은 아니었다. 다만 '군대를 배치할 때 그 사이를 메운다'는 뜻이었는데, 시간이 지나면서 얼렁뚱땅 일을 처리하는 것이나 그러한 처리 방식을 일컫는 성어가 되었다.
[裁縫(재봉)] 옷을 말라서 바느질함. 또는 그 일. ¶재봉틀
[天衣無縫(천의무봉)] 선녀가 만든 옷은 꿰맨 흔적이 없다. 완벽하거나 조그마한 흠도 없는 경우 또는 詩歌(시가)나 문장 등이 기교의 흔적이 없이 자연스럽게 잘 되어 있음을 이르는 말.
縫針(봉침), 彌縫(미봉)

繕 기울 선:, 糸부18   1959

'繕(선)'자는 실로 떨어진 곳을 '깁다'를 뜻하기 위하여 만든 것이다. '실 糸(사)'와 '착할 善(선)'으로 이루어졌다. '고치다', '손보다'는 뜻으로 쓰인다.
손보아 고치다, 깁다
[修繕(수선)] 낡은 물건을 손보아 고침.
[營繕(영선)] 건축물 따위를 짓거나 수리함.

繫 맬 계:, 糸부19   1960

'繫(계)'자의 본래 글자는 '系(계)'이었다. '系(계)'자는 '매달다'는 뜻을 나타내기 위하여 실을 엮어 매달아 놓은 모습을 본뜬 것이다. 후에 '줄' 등 다른 뜻으로 사용되는 예가 많아지자 본래의 의미를 위하여 만든 것이 繫(계)이다. '부딪칠 𣪘(격)'과 '실 糸(사)'로 이루어졌다. '부딪칠 𣪘(격)'자는 '수레 車(거) + 입 口(구) + 창 殳(수)'로 이루어졌는데, '입 口(구)'의 모양이 '繫(계)', '擊(격)'자 등에서 약간 변하였다.
매다, 동여매다, 매달다, 매달리다, 줄, 끈, 매듭
[連繫(연계)] ① 남의 죄에 관련되어 함께 옥에 매임. ② 어떠한 일에 관련하여 관계를 맺음. 또는 그러한 관계.
[不繫之舟(불계지주)] '잡아매지 않은 배'라는 뜻으로, 허심평기(虛心平氣)·무념무상(無念無想)의 마음, 또는 정처 없이 방랑하는 사람을 뜻한다.
머무르게 하다
[繫留(계:류)] ① 붙잡아 매어 놓음. 참繫留船(계류선), 繫留場(계류장) ② 사건이나 의안들이 미결 상태로 걸려 있음. ¶법원에 계류 중인 사건

纖 가늘 섬, 糸부23   1961

'纖(섬)'자는 실이 '가늘다'는 뜻을 나타내기 위하여 만든 것이다. '실 糸(사)'와 '산부추 韱(섬)'으로 이루어졌다.
가늘다, 가는 실, 가는 줄
[纖毛(섬모)] (생) 올실로 된 가는 털. 참纖毛蟲(섬모충)
[纖維(섬유)] 생물체의 몸을 이루는 가늘고 긴 실 모양의 물질. 또는 실 모양으로 된 고분자 물질. 참纖維素(섬유소), 纖維組織(섬유조직), 纖維工業(섬유공업) ¶천연섬유/화학섬유
[纖維素(섬유소)] (화) 셀룰로오스. 식물의 세포막을 이루는 흰빛 무정형의 탄수화물. 필름·종이·인조견 따위의 원료로 씀.
잘다, 작다
[纖細(섬세)] ① 곱고 가느다람. ② 아주 찬찬하고 세밀함.
[纖纖玉手(섬섬옥수)] 여자의 가냘프고 고운 손. ¶거문고를 안고 나와 섬섬옥수로 붉은 줄을 골라 『壬辰錄(임진록)』

翰 붓 한:, 편지 한:, 羽부16   1962

'翰(한)'자는 새의 '깃'을 뜻하기 위하여 만든 것이었으니, '깃 羽(우)'가 표의요소, 그 나머지가 표음요소이다. 새의 '깃'을 붓의 대용으로 글을 쓰는 예가 많아 '붓', '글', '학자', '편지' 등의 뜻을 가지게 되었다.
붓, 학자
[翰林(한림)] ① (역) 신라 때 예문관의 관직을 이르던 말. ② 유학자의 모임. 또는 학자의 모임. 翰林院(한림원), 翰林學士(한림학사)

문서, 편지, 글
[公翰(공한)] 공적인 편지.
[書翰(서한)] 편지. 소식을 전하기 위한 글.

胎 아이 밸 태, 肉부9

'胎(태)'자는 '아이를 배다'는 뜻을 나타내기 위하여 만든 것이다. '살 月(육)'과 '별 台(태)'로 이루어졌다.

아이 배다, 태아
[胎敎(태교)] 뱃속의 태아에 대한 가르침. 임산부가 마음을 바르게 하고 언행을 삼가 태아를 가르치는 일을 이른다.
[胎夢(태몽)] 아이를 밸 징조로 꾸는 꿈.
[胎兒(태아)] 아이를 밴 어머니의 몸 안에서 자라고 있는 아기.
[落胎(낙태)] ① 태아가 달이 차기 전에 죽어서 나옴. ② 인위적으로 태아를 모체로부터 떼어 냄.
[母胎(모:태)] ① 어머니의 태 안. ② 발생하거나 발전하는 사물의 밑바탕. ¶이 소설은 설화를 모태로 하고 있다.
[孕胎(잉:태)] ① 아이나 새끼를 뱀. ② 어떠한 일이 일어날 조건 등을 내부에 미리 갖춤. ¶욕심이 잉태한 즉 죄를 낳고…
[換骨奪胎(환:골탈태)] '뼈를 바꾸고 태를 없애버린다'는 뜻으로, ① 얼굴이 전보다 훨씬 아름다워지고 환하게 트여서 딴사람처럼 됨. ② 남이 지은 글의 취지는 취하되 형식을 바꾸어 지었으나, 더욱 아름답고 새로운 글이 됨.
胎氣(태기), 胎盤(태반), 胎生(태생), 胎熱(태열), 胎中(태중), 胚胎(배태), 受胎(수태)

사물의 기원
[胎動(태동)] ② 어떤 일이 일어날 기운이 싹틈. ① 태아가 움직임.

태아처럼 싸여 있는 물건
[胎葉(태엽)] 긴 강철 띠를 돌돌 말아 그 풀리는 힘으로 시계 장난감 등을 움직이게 하는 장치.

脂 기름 지, 肉부10

'脂(지)'자는 뿔 있는 동물의 기름진 '살코기'를 뜻하기 위하여 만든 것이었다. '고기 月(육)'과 '맛있을 旨(지)'로 이루어졌다. 후에 '기름', '기름진' 등의 뜻으로 쓰였다. 참고로 뿔이 없는 동물의 살코기는 膏(고)라 했다.

기름, 비계, 기름기가 돌다, 기름을 치다, 기름을 바르다
[脂肪(지방)] 삼대 영양소의 하나로, 常溫(상온)에서 굳어 있는 기름. 생물체의 에너지 공급의 중요한 원천임.
[脂溶性(지용성)] (화) 어떤 물질이 기름에 녹는 성질. 참水溶性(수용성)
[樹脂(수지)] ① 소나무나 전나무 등의 나무에서 분비하는 粘度(점도)가 높은 액체. 또는 그것이 공기에 닿아 산화하여 굳어진 것. 송진·호박 따위. ② 천연수지와 합성수지의 총칭.
[臙脂(연지)] 여자가 화장할 때 입술이나 뺨에 찍는 붉은 빛깔의 염료. ¶볼에 연지를 바르다
[油脂(유지)] 동식물에서 얻는 기름을 통틀어 이르는 말.
[脫脂(탈지)] 기름이나 기름기를 빼는 것. 참脫脂綿(탈지면), 脫脂粉乳(탈지분유)
脂粉(지분)/粉脂(분지), 脂肪油(지방유), 脂質(지질), 脫脂綿(탈지면), 脫脂粉乳(탈지분유)

膠 아교 교, 肉부15

'膠(교)'자는 쇠가죽을 진하게 고아 굳힌 '갖풀'을 뜻하기 위하여 만든 것이다. '고기 月(육)'과 '높이 날 翏(료)'로 이루어졌다.

아교, 갖풀, 아교로 붙이다, 끈끈하다
[膠匣(교갑)] 캡슐. 갖풀로 얇게 만든 작은 갑. 맛이나 냄새가 좋지 않은 가루약이나 기름 따위를 넣어서 먹는 데 쓰임.
[膠質(교질)] ① 끈끈한 성질. ② (화) 콜로이드(colloid). 기체·액체·고체 속에 매우 작게 분산되어 있으나 분자보다 크고 확산 속도가 느리며, 반투막을 통과할 수 없을 정도 크기의 물질. 갓풀·녹말·한천·단백질 등의 수용액 중의 입자 같은 것임. 참膠質溶液(교질용액)
[膠着(교착)] ① (아교처럼) 단단히 달라붙음. ② 어떤 상황이 조금도 변동이나 진전이 없이 머물러 있음. ¶교착 상태에 빠진 회담.
[阿膠(아교)] 당나귀 가죽을 진하게 고아서 굳힌 끈끈한 것. 주로 풀로 쓰는데 지혈제나 그림을 그리는 재료로도 사용한다.

膜 막 막, 肉부15

'膜(막)'자는 동식물체 내부의 근육 및 모든 기관을 싸고 있는 '(얇은) 꺼풀'을 뜻하기 위하여 만든 것이다. '고기 月(육)'과 '없을 莫(막)'으로 이루어졌다.

막, 얇은 꺼풀
[膜質(막질)] 막으로 된 성질이나 성분.
[角膜(각막)] 눈알의 앞면 겉을 이루는 볼록하고 맑은 막. 이를 통하여 광선이 눈으로 들어옴.
[鼓膜(고막)] (생) 귀청. 귓구멍 안에 있는 북 모양의 얇은 꺼풀. 공기의 진동에 따라 이 막이 울려 소리를 듣게 한다. ¶폭탄 터지는 소리에 고막이 터질 것 같았다
[網膜(망막)] 안구의 가장 안쪽에 시신경이 그물처럼 분포되어 있는 빛을 느끼는 부분.
[粘膜(점막)] (생) 소화관·기도·생식기관 등의 내벽을 덮는 부드러운 조직. 혈관·림프관·신경이 분포함. 표

면은 점액에 의하여 끈끈하고 미끄러우며, 흡수·분비 기능이 있는 경우가 많음.
膈膜(격막), 結膜(결막), 結膜炎(결막염), 腦膜(뇌막), 腦膜炎(뇌막염), 肋膜(늑막), 肋膜炎(늑막염), 薄膜(박막), 半透膜(반투막), 腹膜(복막), 腹膜炎(복막염), 細胞膜(세포막), 處女膜(처녀막), 瓣膜(판막), 皮膜(피막), 核膜(핵막), 橫膈膜(횡격막)

舶 큰 배 박, 舟부11   1967

'舶(박)'자는 '큰 배'를 뜻하기 위하여 만든 것이다. '배 舟(주)'와 '흰 白(백)'으로 이루어졌다.
큰 배, 장삿배, 상선
[大舶(대:박)] '큰 물건'이나 '큰 이득'을 비유하여 이르는 말.
[船舶(선박)] 배. 사람이나 물건을 싣고 물 위에 떠다니도록 나무나 쇠로 만든 기구.

艇 거룻배 정, 舟부13   1968

'艇(정)'자는 좁고 긴 '거룻배'를 뜻하기 위하여 만든 것이다. '배 舟(주)'와 '조정 廷(정)'으로 이루어졌다.
거룻배, 작은 배
[救命艇(구:명정)] 물에 빠진 사람을 구해 내는 배. 구명보트.
[快速艇(쾌속정)] 매우 빠른 속도로 달리는 작은 배.
[艦艇(함:정)] 크고 작은 군함들을 통틀어 일컫는 말.
飛行艇(비행정), 掃海艇(소해정), 潛水艇(잠수정), 哨戒艇(초계정)

艦 싸움배 함:, 舟부20   1969

'艦(함)'자는 '싸움배'를 뜻하기 위하여 만든 것이다. '배 舟(주)'와 '볼 監(감)'으로 이루어졌다.
싸움배, 군함
[艦隊(함:대)] (군) 두 척 이상의 군함과 항공기 및 해군으로 짜여진 해상 부대.
[艦船(함:선)] 군함과 선박을 통틀어 일컫는 말.
[艦長(함:장)] (군) 군함의 승무원을 지휘·통솔하는 우두머리.
[艦艇(함:정)] ☞艇(정)
[艦砲(함:포)] (군) 군함에 장비한 포. ¶함포 사격
[軍艦(군함)] 해전(海戰)에 쓰이는 큰 배. 전투함·항공모함·순양함·구축함·잠수함 따위.
[潛水艦(잠수함)] (군) 물 속에 잠기기도 하고 물 위로 떠다닐 수 있는 군함의 한 가지. 참潛水艇(잠수정)
[航空母艦(항:공모함)] (군) 항공기를 싣고 다니면서 발착 및 작전하게 할 수 있는 설비를 갖춘 큰 군함. 준航母(항모)

艦載(함재), 巨艦(거함), 驅逐艦(구축함), 旗艦(기함), 母艦(모함), 巡洋艦(순양함), 戰鬪艦(전투함), 戰艦(전함), 哨戒艦(초계함), 砲艦(포함)

苑 동산 원, ++부9   1970

'苑(원)'자는 임금이 사냥을 즐길 수 있도록 짐승들을 방목하고 초목을 잘 가꾸어 놓은 '동산'을 뜻하기 위하여 만든 것이었다. '풀 ++(초)'와 '누워 뒹굴 夗(원)'으로 이루어졌다.
가꾸는 곳 동산, 울타리를 치고 꽃, 채소, 과일 따위를
[筆苑(필원)] 문필가들의 사회를 동산에 비유하여 아름답게 이르는 말.
[花苑(화원)/花園(화원)] 화초를 심는 동산. 꽃밭.
[後苑(후:원)] 대궐 안에 있는 동산.
禁苑(금원), 秘苑(비원), 藝苑(예원)
나라동산(울타리를 쳐 놓고 짐승을 기르는 임야)

菓 과일 과, 열매 과, ++부12   1971

'菓(과)'자의 본래 글자는 '果(과)'이었다. '果(과)'자는 '열매'를 뜻하기 위한 것이었는데 다른 뜻으로 쓰이는 예가 많아지자, 본뜻을 분명하게 나타내기 위하여 '풀 ++(초)'라는 표의요소를 덧붙였다. '과일'을 뜻하기 위하여 만들어졌으나, 우리나라에서는 '과자'라는 뜻으로 쓰인다.
과일, 식용하는 나무 열매
과자
[菓子(과자)] 과일과 같은 간식용 식품.
[茶菓會(다과회)] 차와 과자를 차려 놓고 가지는 간단한 모임. ¶다과회가 열리는 장소
[氷菓(빙과)] 아이스크림. 얼음과자.
[製菓(제:과)] 과자류를 만듦. 참製菓店(제과점)
[漢菓(한과)] 밀가루를 꿀이나 설탕에 반죽하여 네모지게 만들어 기름에 튀겨낸 油菓(유과)의 한 가지.
茶菓(다과), 乳菓(유과), 油菓(유과)

葛 칡 갈, ++부13   1972

'葛(갈)'자는 풀의 일종인 '칡'을 뜻하기 위하여 만든 것이다. '풀 ++(초)'와 '어찌 曷(갈)'로 이루어졌다.
칡, 갈포, 거친 베
[葛巾(갈건)] 갈포로 만든 두건.
[葛根(갈근)] 칡뿌리. 참葛根湯(갈근탕)
[葛布(갈포)] 칡의 올실로 짠 베. ¶갈포벽지
[葛筆(갈필)] 칡뿌리를 잘라 끝을 두드려 털붓 대신 쓰는 붓.
덩굴, '몸에 감겨들어 곤란함'의 비유
[葛藤(갈등)] ① 칡덩굴과 등덩굴이 얽힌 것처럼, 일이

뒤얽혀 풀기 어렵게 된 상태. ¶심리적 갈등 ② 서로 달리하는 입장·견해·관계 따위로 일어나는 불화나 충동. ¶노사 간의 갈등
[葛藤禪(갈등선)] 말이 번잡한 것을 갈등이라 함. 宗旨(종지)를 알지 못하고 번잡한 말에만 팔리는 禪客(선객)을 비방하는 말.
옛 나라 이름, 姓(성)
[諸葛亮(제갈량)]

藤 등나무 등, ++부19　　1973

'藤(등)'자는 '등나무'를 뜻하기 위하여 만든 것이다. '풀 ++(초)'가 표의요소, 나머지는 표음요소이다.
등나무, 등나무 덩굴
[紫藤(자ː등)] 자주색 꽃이 피는 등나무.
[葛藤(갈등)] ☞ 葛(갈)
[葛藤禪(갈등선)] ☞ 葛(갈)

蔑 업신여길 멸, ++부15　　1974

'蔑(멸)'자는 '풀 ++(초)', '눈 目(목)', '지킬 戍(수)'가 합쳐진 것이다. 무기를 들고 눈썹이 치켜 올라가도록 눈을 부릅뜬 모습으로 '업신여기다'의 뜻이다.
업신여기다, 깔보다, 얕보다, 가볍게 보다
[蔑視(멸시)] 업신여김. ¶멸시를 당하다
[輕蔑(경멸)] 업신여김. ¶경멸의 눈으로 쳐다보다
[凌蔑(능멸)/陵蔑(능멸)] 업신여겨 깔봄.
[侮蔑(모멸)] 깔보고 업신여김. 모욕하고 멸시함. ¶그의 말에서 모멸감을 느꼈다

蔘 인삼 삼, ++부15　　1975

'蔘(삼)'자는 '인삼'을 뜻하기 위하여 우리나라 사람들이 만든 글자이다. '풀 ++(초)'와 '석 參(삼)'으로 이루어졌다. 우리나라에서 만든 한자를 國字(국자)라 한다. 그 예로는 '논 畓(답)', '이름 乭(돌)' 따위가 있다.
인삼
[蔘鷄湯(삼계탕)/鷄蔘湯(계삼탕)] 어린 햇닭을 잡아 속을 빼내고 인삼을 넣고 고아서 먹는 음식.
[乾蔘(건삼)] 줄기와 잔뿌리를 자르고 겉껍질을 벗겨 말린 인삼. 쳄水蔘(수삼)
[山蔘(산삼)] 깊은 산 속에 저절로 나서 자라는 인삼. 약효(藥效)가 썩 좋다고 한다.
[水蔘(수삼)] 말리지 않은 인삼.
[人蔘(인삼)] 뿌리의 모양이 사람의 형체를 닮아 이름이 붙여진 다년생 식물로, 그 뿌리는 강장제(强壯劑)로 귀중하게 여기는 약재이다.
[紅蔘(홍삼)] (한의) 수삼을 쪄서 말린 붉은 빛깔의 인삼.

[海蔘(해ː삼)] 근해의 바위 틈 또는 모래 속에 사는 바다 속 동물의 일종. 식용 또는 약용으로 쓴다.
蔘農(삼농), 蔘商(삼상), 蔘業(삼업), 蔘圃(삼포), 家蔘(가삼), 蔓蔘(만삼), 尾蔘(미삼), 白蔘(백삼), 沙蔘(사삼)

虐 사나울 학, 모질 학, 虍부9　　1976

'虐(학)'자는 호랑이가 사람을 짓밟고 물어뜯는 형상을 그린 것이다. '범 虎(호)'의 생략형인 虍(호)와 '사람 人(인)'의 변형이 합쳐진 것이다. '해치다'가 본뜻이고, '모질다', '사납다' 등의 뜻으로도 쓰인다.
사납다, 모질다, 잔인하다, 가혹하다
[虐待(학대)] 몹시 괴롭히거나 사납게 대우함.
[虐殺(학살)] 잔인하고 참혹하게 마구 죽임. ¶동족을 학살한 만행은 역사에서 지워지지 않을 것이다
[虐政(학정)] 사납고 혹독한 정치. 쳄苛政(가정)
[自虐(자학)] 스스로 자기를 학대함.
[殘虐(잔학)] 잔인하고 포학함. ¶잔학한 독재자
加虐(가학), 苛虐(가학), 助桀爲虐(조걸위학), 暴虐(포학)

融 화할 융, 녹을 융, 虫부16　　1977

'融(융)'자는 '솥 鬲(력)'과 '벌레 虫(충/훼)'로 이루어졌다. 솥에서 김이 벌레처럼 꼬물꼬물 나오는 모양 뜻하는 글자라고 한다. 상상력이 아주 좋아야 '녹다', '녹아 흐르다', '화합하다'는 뜻을 끌어낼 수 있을 것 같다.
화(和)하다, 화합하다, 화락하다
[融和(융화)] 서로 어울려 화목하게 됨.
녹다, 녹이다, 용해
[融點(융점)] (물) 녹는 온도.
[融合(융합)] 녹아서 하나로 합함.
[融解(융해)] 녹아서 풀어짐. 쳄熔融(용융)
통하다
[融資(융자)] 자본을 융통함.
[融通(융통)] 금전·물품 따위를 서로 돌려 씀.
[融通性(융통성)] 형편에 따라 잘 대처하는 성질이나 능력. ¶융통성이 그렇게 없어서 되겠나?
[金融(금융)] ① 돈의 융통. ② 경제사회의 자금의 대차(貸借) 및 수요 공급의 관계.

衡 저울대 형, 가로 횡, 行부16　　1978

'衡(형)'자는 '갈 行(행)'이 표음요소, 가운데 부분은 '뿔 角(각)'과 '어른 大(대)'가 합쳐진 것이다. '저울대', '평형'을 뜻한다. '가로'의 뜻으로 쓰일 때는 [횡]으로 발음한다.
저울대, 저울, 저울질하다, 달다
[度量衡(도ː량형)] 길이·부피·무게 따위의 단위를 재

는 법 및 그 재는 기구.
[銓衡(전:형)] 사람의 됨됨이나 재능을 여러모로 저울질함.

평평하다, 고르다
[衡平(형평)] 한쪽으로 치우치지 않고 균형이 맞음.
[均衡(균형)] 치우치거나 기울어지지 않고 고름. ¶균형을 잡다/균형을 잃다
[平衡(평형)] ① 사물이 한쪽으로 치우치거나 기울지 않고 똑바로 있는 상태. ② 둘 이상의 힘이나 작용이 균형을 이루어 안정된 상태.

가로, 가로 눕다
[合縱連衡(합종연횡)/合縱連橫(합종연횡)] 중국 전국시대의 蘇秦(소진)이 주장했던 외교 정책 이론. 즉 서쪽의 강국 秦(진)나라에 대항하기 위하여 남북의 韓(한)·魏(위)·趙(조)·燕(연)·齊(제)·楚(초)의 여섯 나라가 동맹하여야 한다는 주장. 중국 전국시대에 여섯 나라가 횡으로 연합하여 진나라를 섬기자는 주장.

衷 속마음 충, 衣부10 1979

'衷(충)'자는 '옷 衣(의)'와 '가운데 中(중)'이 합쳐진 것이다. 속에 입은 옷, 즉 '속옷'이 본뜻이다. '옷 衣(의)'가 표의요소, '가운데 中(중)'은 표의와 표음요소를 겸한다.

속마음, 정성스러운 마음
[衷心(충심)] 마음속에서 우러나온 참된 마음.
[衷情(충정)] 속에서 우러나오는 참된 정.
[苦衷(고충)] ① 괴로운 속마음. ② 어려운 사정. ¶고충을 털어놓다
衷懇(충간), 衷誠(충성)

가운데, 중앙
[折衷(절충)] 서로 같지 아니한 견해나 관점 따위를 조절하여 알맞게 함. 图折衷案(절충안)

裸 벌거숭이 라:, 벗을 라:, 衣부13 1980

'裸(라)'자는 옷을 벌거벗은 '알몸'을 뜻하기 위하여 만든 것이다. '옷 衣(의)'와 '실과 果(과)'로 이루어졌다. '벌거벗다', '숨김없다'는 뜻으로도 쓰인다.

벌거숭이, 벌거벗다, 옷을 모두 벗다
[裸體(나:체)] 벌거벗은 몸. 알몸. 图裸身(나신)
[半裸(반:라)] 옷을 벗어 신체가 거의 다 보이는 상태.
[全裸(전라)] 온통 옷을 벗어 몸에 아무 것도 걸치지 않다. 인간의 신체가 전체적으로 알몸으로 보이는 상태.
裸麥(나맥), 裸子植物(나자식물), 裸出(나출)

숨김이 없다
[赤裸裸(적나나)] (붉은 몸이 드러나도록 벗고 또 벗어서) 있는 그대로 드러내어 숨김이 없음.

覆 뒤집힐 복, 덮을 부, 襾부18 1981

'覆(복)'자는 '덮다'는 뜻을 나타내기 위하여 만든 것이다. '덮을 襾(아)'와 '다시 復(부/복)'으로 이루어졌다. '뒤집히다', '엎어지다'의 뜻으로 쓰였을 때는 [복으로 읽는다. '덮다/덮개'를 뜻할 때는 [부로 읽는 것이 원칙인데 [복으로 읽기도 한다.

뒤집히다, 뒤집다, 뒤집어놓다, 넘어지다, 거꾸로 하다
[覆盆子(복분자)] (식) 복분자. 또는 복분자 딸기의 열매.
[覆船(복선)] 엎어진 배. 또는 배가 엎어짐.
[飜覆(번복)/翻覆(번복)] 표리가 바뀜. 변하기 쉬움.
[顚覆(전:복)] 넘어져서 뒤집힘. ¶자동차 전복 사고
[覆水不可收(복수불가수), 行雲難重尋(행운난중심).] 엎지른 물은 거두어 담을 수 없고, 흘러간 구름은 다시 찾을 수 없다. 한번 한 말은 다시 거두어들일 수가 없으니 신중해야 한다는 말. 『李白(이백)·代別情人(대별정인)』
[水可載舟(수가재주), 亦可覆舟(역가복주).] 물은 배를 띄울 수도 있지만, 동시에 배를 뒤집을 수도 있다. 어떤 일에 도움을 주는 것이 때로는 해를 끼칠 수 있다는 말이다. 원래의 뜻은 임금을 배에, 백성을 물에 비유한 것이다. '임금은 백성에 의하여 일어서기도 하며, 또한 백성에 의해 망하기도 함'을 비유하여 이르는 말이다. 图載舟覆舟(재주복주), 水能載舟又覆舟(수능재주우복주). 『後漢書(후한서)·皇甫規傳(황보규전)』 ☞ *219
[滿則覆(만즉복)] 가득 차면 뒤집혀진다. 사물은 차면 이지러지므로 가득 찬다는 것은 오히려 손실을 초래한다. 인간도 득의에 차서 거드름을 피우는 자는 반드시 망한다. 『荀子(순자)·宥坐篇(유좌편)』

되풀이하다, 겹치다
[反覆(반:복)] 이랬다저랬다 하여 자꾸 고침.

덮다, 덮어씌우다, 덮어 싸다, 덮개, 덮는 물건
[覆蓋(복개)/蓋覆(개:복)] ① 덮개·뚜껑을 덮음. ② (건) 하천에 덮개 구조물을 씌워 겉으로 보이지 않도록 함. 또는 그 덮개 구조물.
[日覆(일복)] 일광을 덮어 가리는 것. 해가림.
[被覆(피:복)] 거죽을 덮어씌움. 또는 그런 물건.

감싸다, 비호하다, 덮어 숨기다
[覆面(복면)] ① 얼굴을 덮어 가림. ② 얼굴을 알아보지 못하도록 헝겊 따위로 가림. 또는 그 때 쓰는 보자기 같은 물건.

覇 으뜸 패:, 襾부19 1982

'覇(패)'자는 '霸(패)'자의 속자이지만 正字(정자)처럼 쓰이고 있다. 字源(자원)을 따지면 복잡하다. 破字(파자)하면 '비 雨(우) 또는 덮을 襾(아) + 가죽 革(혁) +

달 月(월)'이 된다.

으뜸, 우두머리

[覇權(패:권)] 어떤 분야에서 우두머리나 으뜸의 자리를 차지하여 누리는 권력. ¶패권을 차지하다

[覇氣(패:기)] 적극적으로(우두머리가 되어) 일을 해내려는 기운.

[覇者(패:자)] ① 제후의 우두머리. ② 覇道(패도)로 천하를 다스리는 사람. ③ 어느 부분에서 으뜸의 자리를 차지한 사람. ¶패자를 가리다

[爭覇(쟁패)] 패권이나 우승을 서로 다툼.

[制覇(제:패)] ① 적을 누르고 패권을 차지함. ② 경기 따위에서 우승함. ¶월드컵 제패를 눈앞에 두고 있다

覇道(패도), 覇業(패업), 覇王(패왕), 連覇(연패), 楚覇王(초패왕)

기타

[萬覇不聽(만:패불청)] ① 바둑에서, 큰 패가 생겼을 때 상대자가 어떤 패를 써도 응하지 않고 패 자리를 해소하는 일. ② 아무리 싸움을 걸려고 집적거려도 못들은 체하고 응하지 않음.

託 부탁할 탁, 言부10　1983

'託(탁)'자는 '맡기다'는 뜻을 나타내기 위하여 만든 것이다. 맡길 때는 당부의 말이 빠질 수 없을 테니 '말씀 言(언)'이 표의요소, '乇(탁)'은 표음요소이다. '부탁하다'는 뜻으로도 쓰인다.

부탁하다, 청탁하다, 맡기다, 위탁하다, 기탁하다

[託兒所(탁아소)] 어린아이를 맡기는 곳. 예전에 보육 시설인 '어린이집'이나 '놀이방'을 이르던 말.

[託送(탁송)] 남에게 부탁하여 물건을 보냄.

[付託(부:탁)] 어떤 일을 해달라고 청하거나 맡김. ¶부탁을 받다/부탁을 청하다

[信託(신:탁)] ① 믿고 맡김. ② (법) 일정한 목적에 따라 재산의 관리와 처분을 남에게 맡기는 일. 참信託銀行(신탁은행), 信託統治(신탁통치)

[信託統治(신:탁통치)] (정) 국제연합의 위임을 받는 나라가 일정한 비자치 지역을 통치하는 일.

[委託(위탁)] 어떤 행위나 사무의 처리를 남에게 맡겨 부탁함. ¶위탁교육

[請託(청탁)] 청하여 부탁함. ¶원고 청탁/인사 청탁

結託(결탁), 供託(공탁), 供託金(공탁금), 寄託(기탁), 受託(수탁), 受託販賣(수탁판매), 神託(신탁), 囑託(촉탁)

붙다, 붙이다

[依託(의탁)] 몸이나 마음 따위를 어떤 것에 의지하여 맡김.

診 진찰할 진:, 볼 진:, 言부12　1984

'診(진)'자는 환자의 말을 듣고 증세를 '살펴보다'는 뜻을 나타내기 위하여 만든 것이었으니, '말씀 言(언)'이 표의요소, '검은머리 㐱(진)'은 표음요소이다.

맥을 보다, 진찰하다

[診斷(진:단)] 의사가 앓는 사람의 병의 상태를 살펴보아 판단하는 일. 참診斷書(진단서)

[診療(진:료)] 의사가 환자를 진찰하고 치료하는 일. ¶진료 시간

[診察(진:찰)] (의) 의사가 여러 가지 방법으로 환자의 병 증세를 살펴서 봄. 참診察室(진찰실)

[檢診(검:진)] 병에 걸렸는지 검사하기 위하여 하는 진찰. ¶건강 검진

[誤診(오:진)] (의) 병을 잘못 진찰함. 또는 그런 진찰.

[聽診器(청진기)] (의) 환자의 몸 안에서 일어나는 심장·호흡·흉막·동맥·정맥 등의 소리를 들어 진찰할 수 있도록 만든 의료 기구. 몸에 대는 나팔 모양의 장치에 고무 대롱이 달려 귀에 대고 들을 수 있게 되어 있음.

[打診(타:진)] ① (의) 打診器(타진기)나 손가락 끝으로 환부를 두드려 그 소리로 병을 진찰하는 일. ② 남의 마음이나 사정을 알려고 미리 떠 봄.

診脈(진맥), 來診(내진), 問診(문진), 往診(왕진), 聽診(청진), 初診(초진), 特診(특진), 回診(회진), 休診(휴진)

눈으로 보다, 엿보다

誓 맹세할 서:, 言부14　1985

'誓(서)'자는 말로 '다짐하다'는 뜻을 나타내기 위하여 만든 것이다. '말씀 言(언)'과 '꺾을 折(절)'로 이루어졌다. '折(절)'은 '밝을 晢(철)'의 생략형으로 '분명함'의 뜻을 나타낸다. 神(신)이나 사람에게 분명히 한 말, 즉 '언약'의 뜻을 나타낸다.

맹세하다, 약속하다, 맹세, 약속

[誓約(서:약)] 맹세하고 약속함. ¶혼인 서약 참誓約書(서약서)

[誓願(서:원)] ① (불) 보살이 수행의 목적을 이루기 위해 다짐함. ② (성) 하느님께 어떤 선행이나 헌물을 하겠다고 다짐하는 일.

[盟誓(맹서)] 굳게 약속하거나 다짐함. 우리말로는 '맹세'라고도 한다.

[宣誓(선서)] 성실함을 확실히 보증하기 위해 굳게 다짐함. ¶선수 대표가 선서를 했다.

誕 태어날 탄:, 言부14　1986

'誕(탄)'자의 본래 뜻은 '큰소리치다', '속이다'는 뜻을 나타내기 위하여 만든 것이었다. '말씀 言(언)'과 '끌 延(연)'으로 이루어졌다. 우리나라에서는 본뜻으로는 쓰이지 않고, '태어나다'의 뜻으로만 쓰인다.

태어나다, 탄생하다

[誕生(탄:생)] ① 사람이 세상에 태어나는 것. 주로 문

어에서 쓰이는 말임. ② 어떤 기관·사업체·조직·제도 등이 생겨남. ¶민주국가의 탄생
[誕辰(탄:신)] 임금이나 성인이 태어남. ¶세종대왕 탄신 기념행사/석가 탄신
[佛誕日(불탄일)] 석가모니의 탄생일. 음력 4월 8일.
[聖誕節(성:탄절)] (예수·천주) ① 크리스마스. 예수 그리스도의 탄생을 기념하는 날. 12월 25일. ② 12월 24일부터 1월 6일까지 성탄을 축하하는 명절.
誕降(탄강), 誕日(탄일), 聖誕(성탄)

諮 물을 자ː, 言부16　1987

'諮(자)'자의 본래 글자는 '咨(자)'이다. '咨(자)'는 말을 주고받으며 '상의하다'는 뜻을 위하여 만든 것이었으니 '입 口(구)'가 표의요소로 쓰였다. '버금 次(차)'가 표음요소이다. '말씀 言(언)'을 덧붙여서 그 의미를 더욱 보강하였다.

묻다, 자문하다

[諮問(자ː문)] 아랫사람이 윗사람에게 의견을 물음.

諜 염탐할 첩, 言부16　1988

'諜(첩)'자는 적군에 잠입하여 그네들이 하는 말을 몰래 엿듣는 '염탐꾼'을 가리키기 위하여 만든 것이었다. '말씀 言(언)'이 표의요소, 오른쪽의 '나뭇잎 枽(엽)'은 표음요소이다.

염탐하다, 몰래 적지에 들어가서 사정을 살피다, 염탐꾼, 간첩

[諜報(첩보)] 어떤 정보나 형편을 몰래 알아내어 보고함. 또는 그 자료나 내용. 참情報(정보)
[諜者(첩자)] 적의 형편이나 사정을 몰래 알아내는 사람. 回間諜(간첩)
[間諜(간ː첩)] 비밀을 몰래 알아내어 제공하는 사람.
[防諜(방첩)] 간첩 활동을 막음.

謄 베낄 등, 言부17　1989

'謄(등)'자는 말을 글로 '옮겨 쓰다'는 뜻을 나타내기 위하여 만든 것이다. '말씀 言(언)'이 표의요소, '나 朕(짐)'이 표음요소로 쓰였다.

베끼다, 등사하다

[謄本(등본)] 원본을 똑같이 베낌. 또는 그런 서류. ¶주민등록등본
[戶籍謄本(호적등본)] 한 집안의 호적 원본의 전부를 복사한 공인 문서.
[謄寫(등사)] ① 원본에서 베껴 옮김. ② 등사기로 박음. 참謄寫機(등사기)

謬 그릇될 류, 言부18　1990

'謬(류)'자는 말을 '그르치다'는 뜻을 나타내기 위하여 만든 것이다. '말씀 言(언)'과 '높이 날 翏(료)'로 이루어졌다.

그릇되다, 잘못되다, 과실, 과오

[誤謬(오ː류)] ① 그릇되어 이치에 어긋남. ¶오류를 범하다 ② (논) 바르지 못한 논리적 과정 및 그 결과로 생긴 추리나 판단.
[訛謬(와류)] 착오. 잘못. (중국어에서 쓰는 말임)

貰 세낼 세ː, 貝부12　1991

'貰(세)'자는 돈을 받고 '빌려주다'는 뜻을 나타내기 위하여 만든 것이다. '돈 貝(패)'와 '대 世(세)'로 이루어졌다. '세놓다'의 뜻으로 쓰인다.

세내다, 세를 주고 남의 것을 빌다, 외상으로 사다

[貰房(세ː방)] 셋방.
[房貰(방세)] 남의 집 방을 빌려 쓰며 내는 돈. ¶방세를 내다
[朔月貰(삭월세)/月貰(월세)] 사글세. 남의 집이나 방을 빌려 쓰는 값으로 다달이 내는 세. 또는 그런 제도.
[傳貰(전세)] ① 남의 집이나 방을 빌려 쓸 때 그 임자에게 일정한 돈을 맡기고 빌려 쓰다가 나갈 때 그 돈을 다시 찾아가는 제도. 또는 그 세. ② 전셋집이나 전세방. ¶전세를 놓다/전세를 들다 ③ 어떤 물건을 세를 내고 빌려 쓰는 일. ¶전세 버스

賠 물어줄 배, 貝부15　1992

'賠(배)'자는 돈으로 '물어주다'는 뜻을 나타내기 위하여 만든 것이다. '조개 貝(패)'와 '환할 咅(부)'로 이루어졌다.

물어주다, 보상하다

[賠償(배상)] 남에게 입힌 손해를 물어줌. 참賠償金(배상금) 回辨償(변상) ¶배상금을 청구하다
[損害賠償(손ː해배상)] (법) 법률의 규정에 따라 남에게 끼친 손해를 물어줌.

購 살 구, 貝부17　1993

'購(구)'자는 돈을 들여 '사들이다'는 뜻을 나타내기 위하여 만든 것이다. '조개 貝(패)'와 '짤 冓(구)'로 이루어졌다.

사다, 값을 치르고 사들이다

[購讀(구독)] 책이나 신문·잡지 등을 구입하여 읽음.
[購買(구매)] 물건 따위를 사들임.
[購入(구입)] 물건을 사들임. 매입.

赦 용서할 사:, 赤부11

'赦(사)'자는 원래 '또 亦(역)'자와 '칠 攵(복)'자가 합쳐진 것이었는데, '亦(역)'자가 '붉을 赤(적)'자로 바뀌었다. '놓아주다', '용서하다'의 뜻이다.

용서하다, 잘못을 책하지 아니하다, 사면, 죄과를 용서하는 일

[赦免(사:면)] 죄를 용서하여 형벌을 면제함.
[赦罪(사:죄)] ① 죄를 용서하여 죄인을 놓아줌. ② (천주) 고해 성사에 의해 죄를 赦(사)함.
[恩赦(은사)] 나라에 경사가 있을 때 죄가 가벼운 죄인을 풀어주던 일.
[特別赦免(특별사면)] 특정한 사람에게 대하여, 선고받은 형의 집행을 면제하거나 그 선고 효력을 없애주는 일. ¶특별사면을 받다 [준]特赦(특사)

趨 달릴 추, 달아날 추, 走부17

趨(추)자는 '달아나다'는 뜻을 나타내기 위하여 만든 것이다. '달릴 走(주)'와 '꼴 芻(추)'로 이루어졌다.

달리다, 빨리 가다, 향하여 가다

[趨勢(추세)] 어떤 현상이 일정한 방향으로 향하는 힘. 그때의 대세의 흐름이나 경향.
[歸趨(귀:추)] 일이 되어가는 형편. ¶귀추가 주목된다/그 귀추를 지켜보기로 했다

蹴 찰 축, 足부19

'蹴(축)'자는 발로 '밟다'는 뜻을 나타내기 위하여 만든 것이다. '발 足(족)'과 '이룰 就(취)'로 이루어졌다. 우리말 한자어로는 발로 '차다'라는 뜻으로 쓰이지 '밟다'의 뜻으로 쓰인 예는 없다.

차다, 발로 물건을 차다

[蹴球(축구)] 공을 발로 차서 상대편 고울(goal)에 공을 많이 넣는 것으로 승부를 겨루는 경기.
[怒蹴巖(노:축암)] '성나서 바위를 찬다'는 뜻으로, 화풀이를 우둔하게 하여서는 도리어 손해를 봄을 비유하여 이르는 말.
[先蹴(선축)] 축구 경기 등에서 경기를 시작할 때 공을 먼저 차는 일.
[一蹴(일축)] 한 번 참. 가볍게 물리쳐 거절함.

躍 뛸 약, 足부21

'躍(약)'자는 발 빠르게 '뛰다'는 뜻을 나타내기 위하여 만든 것이었으니, '발 足(족)'과 '꿩 翟(적)'으로 이루어졌다. 일반적 의미인 '뛰다', '뛰어오르다', '오르다'의 뜻으로 쓰인다.

뛰다, 뛰어오르다, 뛰게 하다

[躍動(약동)] 뛰어오르듯 생기 있고 활발히 움직임.
[跳躍(도약)] ① 뛰어오름. ② (체) 뜀뛰기. [참]跳躍臺(도약대), 跳躍競技(도약경기)
[飛躍(비약)] ① 나는 듯이 높이 뛰어오름. ② 빠른 속도로 발전하거나 나아감. ¶비약적인 발전 ③ 일의 단계나 순서를 뛰어넘음. ¶논리의 비약
[暗躍(암:약)] 暗中飛躍(암중비약)의 준말. 비밀리에 맹렬히 활동함.
[鳶飛魚躍(연비어약).] 솔개는 날아 하늘에 이르고, 물고기는 못에서 뜀. 詩經(시경)의 본뜻은 새나 물고기와 같은 微物(미물)이 스스로 만족하게 여기는 모양, 또는 임금의 德化(덕화)가 골고루 미친 모양을 말한 것이나, 중용에 인용된 뜻은 솔개가 하늘로 나는 것이나 물고기가 못에서 뛰는 것은 다 道(도)의 작용이며, '천지만물은 자연의 성품을 따라 움직여 저절로 그 즐거움을 얻음'의 뜻으로 쓰였다. 鳶飛戾天魚躍于淵 (연비여천어약우연), 『詩經(시경)』
[活躍(활약)] ① 힘차게 뛰어다님. ② 힘차게 활동함. 눈부시게 일함.
勇躍(용약)

뛰며 좋아하다

[雀躍(작약)] 날뛰며 기뻐함.
[歡呼雀躍(환호작약)] 기뻐서 소리치며 날뜀.

빠른 모양, 신속한 모양

[躍進(약진)] ① 힘차게 뛰어 나아감. ② 매우 빠르게 발전하거나 진보함. ¶한국 경제의 약진
[各個躍進(각개약진)] (군) 저마다 따로따로 달려 나감.

뛰어넘다, 가슴이 뛰다, 흥분하다, 물가가 뛰다

軌 법 궤:, 車부9

'軌(궤)'자는 수레의 '바퀴자국'을 뜻하기 위하여 만든 것이다. '수레 車(거)'와 '아홉 九(구)'로 이루어졌다.

바퀴 자국, 수레바퀴의 지나간 자국, 궤도, 천체의 운행하는 길

[軌道(궤:도)] ① 수레가 지나간 바퀴자국이 난길. ② 기차 등이 다니도록 깔아놓은 철길. ¶기차가 궤도를 이탈했다. ③ 사물이 움직이도록 정해진 길. ¶인공위성이 궤도에 진입했다.
[軌跡(궤:적)/軌迹(궤:적)] ① 수레바퀴가 지나간 자국. ② 물체가 움직이면서 남긴 흔적. ③ 어떤 일을 이루어 온 과정이나 흔적. ¶근대 문학의 궤적을 남긴 작품. ④ (수) 어떤 일정한 성질을 가진 점들의 집합으로 이루어진 도형. 자취.
[軌轍(궤:철)] ① (수레의) 바퀴 자국. ② 법칙이나 규율. ③ 지나간 일의 자취.
[廣軌(광:궤)] 철도에서, 궤간 표준 너비가 1.435m 이상인 궤도. [참]狹軌(협궤)
單線軌道(단선궤도), 複線軌道(복선궤도), 狹軌(협궤)

법, 법도, 법칙, 사람이 행해야 할 도리, 본보기

[軌範(궤:범)] 본보기가 되는 규범이나 법도. [참]樂學軌範(악학궤범)

[軌轍(궤:철)] ② 법칙이나 규율. ① (수레의) 바퀴 자국. ③ 지나간 일의 자취.
[常軌(상궤)] 떳떳이 좇아야 할 바른 길. ¶그의 행동은 상궤를 벗어났다.
[先軌(선궤)] 앞선 사람이 남긴 본보기.
[儀軌(의궤)] ① 정하여진 방식에 따라 치르는 행사의 본보기. ② 조선 시대, 왕실이나 국가 행사가 끝난 후에 논의, 준비 과정, 의식 절차, 진행, 논공행상 등에 관하여 기록한 책.

길, 도로, 바퀴 사이, 수레의 두 바퀴의 사이, 굴대, 차축

軸 굴대 축, 車부12   1999

'軸(축)'자는 수레의 '굴대'를 뜻하기 위하여 만든 것이다. '수레 車(거)'와 '말미암을 由(유)'로 이루어졌다.

굴대(양 바퀴를 꿰뚫는 가로나무)

[短軸(단:축)] 짧은 지름. ¶短軸(단:축)icon, 短軸(단:축)key
[短軸(단:축)icon/短軸(단:축)key] 글쇠판에서 명령을 입력할 필요가 있을 때 자주 사용하는 기능을 간단히 호출하는 키.
[主軸(주축)] ① 몇 개의 축(軸)을 가진 도형(圖形) 또는 물체에서 가장 주가 되는 축. ② 원동기(原動機)에서 직접 동력을 전하는 축. ③ 활동의 중심이 되는 인물.
[地軸(지축)] 지구 자전의 중심축. 곧 지구의 남북 양극을 연결하는 축.
[車軸(차축)] 두 개의 차바퀴를 이은 바퀴 회전의 중심이 되는 축.
[天方地軸(천방지축)] ① 못난 사람이 주책없이 덤벙거림. ② 매우 급하여 방향을 분간하지 못하고 함부로 날뜀.
[樞軸(추축)] ① 운동이나 활동의 중심 부분. ② 권력이나 정치의 중심. 합樞軸國(추축국)

중요한 지위, 사물의 요점

[主軸(주축)] ③ 활동의 중심이 되는 인물. ① 몇 개의 축(軸)을 가진 도형(圖形) 또는 물체에서 가장 주가 되는 축. ② 원동기(原動機)에서 직접 동력을 전하는 축.

輛 수레 량, 車부15   2000

'輛(량)'자는 '수레'를 뜻하기 위하여 만든 것이다. '수레 車(거)'와 '두 兩(량)'으로 이루어졌다.

수레, 차량

[車輛(차량)] ① 열차의 한 칸. ② 도로나 선 위를 달리는 모든 차를 통틀어 이르는 말.

수레의 수를 세는 단위

[객차 3량]

輯 모을 집, 車부16   2001

'輯(집)'자는 수레의 '차체'를 뜻하기 위하여 만든 것이었다. '수레 車(거)'와 '참소할 咠(집)'으로 이루어졌다. '모으다'는 뜻으로 쓰인다.

모으다, 모이다

[輯要(집요)] 요점만을 모음. 또는 그 책.
[蒐輯(수집)] 여러 가지 재료를 찾아 모아서 편집함.
[蒐集(수집)] 어떤 물건이나 자료들을 찾아서 모음. ¶우표 수집/연구 자료 수집 합蒐集狂(수집광)
[收集(수집)] 거두어 모음.

합치다, 하나 되게 하다

[編輯(편집)] 여러 가지 자료를 모아 엮고 짜서 신문·잡지·책 따위를 만듦. 합編輯局(편집국), 編輯人(편집인)
[特輯(특집)] 신문·잡지·방송 등에서, 특정한 내용이나 대상에 중점을 두고 하는 편집. 또는 그 편집물. ¶특집 방송

逮 잡을 체, 辵부12   2002

'逮(체)'자는 '길 갈 辶(착)'과 '미칠 隶(이)'로 이루어졌다. '隶(이)'자는 '손'을 뜻하는 '又(우)'와 '꼬리 尾(미)'가 합쳐진 글자이다. '꼬리를 잡으려는 손이 뒤에서 미치는 모양'이라고 한다. '逮(체)'자는 길을 앞서가는 사람을 '따라잡다'는 뜻을 나타낸다.

잡다, 뒤따라가 붙잡다

[逮捕(체포)] 범인 또는 피의자를 잡음.

遞 갈릴 체, 번갈아 체, 辵부14   2003

'遞(체)'자는 서로 번갈아 '길을 가다'는 뜻을 나타내기 위하여 만든 것이었다. '길 갈 辶(착)'과 '짐승 虒(치)'로 이루어졌다.

갈마들다, 번갈아 들다, 번갈아, 교대로

[遞減(체감)] 단계별로 차례로 줄어듦. 또는 단계별로 차례로 덜어감. 반遞增(체증) ¶효용체감의 법칙/수확체감의 법칙
[遞增(체증)] 단계별로 차례로 더하여 감. 반遞減(체감)

역참, 역말, 전하다, 보내다

[遞信(체신)] ① 우편이나 전신·전화 따위의 통신. ② 차례로 여러 곳을 거쳐서 音信(음신)을 통하는 일.
[郵遞局(우체국)] ① 정보통신부에 딸린 기관의 하나. 전신·전화·우편·소포·우편저금·우편환·우편연금 따위의 사무를 맡아봄. ② 조선 말기 공무아문에 있던 국.

遮 가릴 차(:), 막을 차(:), 辵부15   2004

'遮(차)'자는 '길 갈 辶(착)'과 '여러 庶(서)'로 이루어졌다. 길을 '가로막다', '가리다'는 뜻을 나타낸다. 읽을 때

장, 단음에 주의하여야 한다.
막다, 못하게 하다
[遮斷(차:단)] 오가지 못하게 가로막거나 끊음. ¶길을 차단하다
[遮斷器(차:단기)] 전류나 전자가 흐르지 못하도록 전선을 끊거나 막는 기구.
[遮斷機(차:단기)] ① 기차나 전차 따위가 지나갈 때 자동차나 사람이 건너다니지 못하도록 건널목을 막는 장치. ② 초소나 정문 등에서 자동차나 사람을 점검하기 위하여 정지하도록 막는 장치.
[遮蔽(차:폐)] ① (군) 적의 관측이나 사격의 목표가 되지 않게 막아 덮음. ② (물) 일정한 공간을 전기나 자기로부터 보호하기 위하여 차단함.
덮다, 가리다
[遮光(차:광)] 햇빛이나 불빛을 가림.
[遮陽(차:양)] ① 햇볕을 가리거나 비를 막으려고 처마 끝에 덧대는 물건. ¶차양을 달다 ② 모자 따위의 앞에 대서 햇볕을 가리는 조각. ¶차양이 넓은 모자 준챙
[遮日(차:일)] 햇볕을 가리려고 치는 포장.

酷 독할 혹, 심할 혹, 酉부14　2005

'酷(혹)'자는 술맛이 지나치게 '진하다'는 뜻을 나타내기 위하여 만든 것이었다. '술 酉(유)'와 '알릴 告(고)'로 이루어졌다. 후에 '독하다', '심하다'는 뜻으로 쓰이게 되었다.
잔인하다, 모질다, 심하다, 지독하다, 엄혹하다, 형벌이 엄격하다
[酷毒(혹독)] ① 몹시 심함. ② 마음씨나 하는 짓이 매우 모질고 악함.
[酷使(혹사)] 혹독하게 부림. ¶몸을 혹사하다
[酷評(혹평)] 가혹한 비평.
[酷寒(혹한)] 몹시 혹독한 추위. 凹酷暑(혹서)
[苛酷(가:혹)] 몹시 모질게 혹독함. ¶가혹한 벌
[慘酷(참혹)] 비참하고 끔찍함. 잔인하고 무자비함. ¶참혹한 장면
酷吏(혹리), 酷稅(혹세), 酷炎(혹염), 酷政(혹정), 酷刑(혹형), 冷酷(냉혹), 殘酷(잔혹)
매우
[酷似(혹사)] 서로 같다고 할 정도로 매우 닮음. 쏙 빼닮음.
독하다, 술이 독하다, 술 맛이 진하다

釣 낚시 조:, 金부11　2006

'釣(조)'자는 가느다란 쇠로 만든 '낚시 바늘'을 뜻하기 위하여 만든 것이다. '쇠 金(금)'으로 만들어진, 술을 뜰 때 쓰는 '국자 勺(작)'의 모양을 본뜬 것이라고 한다. '고기를 낚다', '낚시'를 뜻한다. 또 일설에는 '쇠 金(금)'과 '바라 亅(조)'로 이루어진 것이지 '勺(작)'은 아니라는 설도 있다. '亅(조)'는 구리로 만든 솥 같이 생긴 기구이다. 낚시 바늘이 국자 같이 생겼는지, 솥 같이 생겼는지는 여러분의 판단에 맡긴다.
낚시, 낚시질하다, 낚다
[釣竿(조:간)] 낚싯대.
[釣船(조:선)] 낚싯배.
[釣魚(조:어)] 물고기를 낚음.
釣鉤(조구), 釣臺(조대), 釣絲(조사), 垂釣(수조)
꾀다, 유혹하다

鋪 가게 포, 金부15　2007

'鋪(포)'자는 본래 쇠붙이로 만든 '문고리'를 뜻하는 것이었다. '쇠 金(금)'과 '클 甫(보)'로 이루어졌다. 후에 '(문을 열고) 펴놓다', '가게' 등의 뜻으로 쓰이게 되었다.
펴다, 깔다
[鋪道(포도)] '鋪裝道路(포장도로)'의 준말.
[鋪石(포석)] 길에 까는 돌.
[鋪裝(포장)] 길바닥에 돌·아스팔트·콘크리트 같은 것을 깔아 단단하게 다져 꾸밈. ¶포장도로/비포장도로
가게, 점포
[藥鋪(약포)] 약방.
[典當鋪(전:당포)] 전당을 잡고 돈을 꾸어주는 일을 업으로 삼는 집.
[店鋪(점:포)] 가게. 상점. 물건을 늘어놓고 파는 곳.
[紙物鋪(지물포)] 온갖 종이를 파는 점포.

鍛 쇠 두드릴 단, 쇠붙이 단, 金부17　2008

'鍛(단)'자는 쇠를 불리어 '두드리다'는 뜻을 나타내기 위하여 만든 것이다. '쇠 金(금)'과 '구분 段(단)'으로 이루어졌다. '익히다', '닦다'는 뜻을 비유적으로 나타내기도 한다.
쇠를 불리다, 쇠를 단련하다, 심신을 단련하다
[鍛金(단금)] (공) 금속을 다루어 여러 가지 모양의 기물을 만드는 일.
[鍛鍊(단련)/鍊鍛(연:단)] ① 쇠를 불에 달구어 불리는 일. ② 힘써 몸과 마음을 굳세게 기름. ¶체력 단련 ③ 벅차고 힘든 일에 부딪쳐 그것을 익숙하게 익힘. ¶처음 하는 막일이라 힘이 부쳤으나 차차 단련이 되더군 ④ 귀찮고 견디기 어려운 시달림. ¶주정꾼들의 단련도 많이 받았다

鑄 쇠 부어 만들 주:, 金부22　2009

'鑄(주)'자는 쇠를 녹여 거푸집에 넣어 '철기를 만들다'는 뜻이다. '쇠 金(금)'과 '목숨 壽(수)'로 이루어졌다.
주조하다, 쇠를 부어 만들다
[鑄物(주:물)] 쇳물을 일정한 틀 속에 부어 굳혀 만든

물건.
[鑄型(주:형)] ① 거푸집. 금속을 녹여 부어서 만드는 물건의 바탕으로 쓰이는 모형. ② 활자의 몸을 만드는 틀.
[鑄貨(주:화)] 쇠붙이로 녹여 만든 화폐. 또는 그러한 일.
鑄字(주자), 鑄錢(주전), 鑄造(주조), 鑄鐵(주철)

閥 문벌 벌, 공훈 벌, 門부14 2010

'閥(벌)'자는 표의요소인 '대문 門(문)'과 표음요소인 '칠 伐(벌)'로 구성된 글자이다. '伐(벌)'은 '공로'의 뜻이다. '閥(벌)'은 전쟁에서 공적을 세운 것을 기념하기 위해서 문의 왼쪽에 걸어둔 '榜(방)'을 말하는 것이었다. 문의 오른 쪽에는 경력을 써서 걸었는데 이것은 閱(열)이라고 하였다. 문에 내걸었던 공적이 그 집안의 위상을 나타내고, 따라서 '지체 높은 집안'을 뜻하게 되었다. '가문', '공로', '무리' 등으로 확대 사용되었다.

문벌, 집안의 지체, 공훈, 공적의 내력을 밝히다, 대문의 왼쪽에 세우는 기둥
[門閥(문벌)] 대대로 내려온 가문의 지체.
[劈破門閥(벽파문벌)] 문벌을 쪼개고 깨뜨림. 인재를 등용함에 있어서 문벌을 가리지 아니함.
[財閥(재벌)] 재산을 많이 가진 사람의 가문. 또는 혈연으로 맺어진 자본가 집단. ¶재벌 기업

무리
[軍閥(군벌)] ① 군인의 파벌. ② 군부를 배경으로 하거나 중심으로 한 정치적 당파나 세력.
[派閥(파벌)] 이해관계에 따라 갈라진 사람들의 무리. ¶파벌 싸움에 휘말리다
[學閥(학벌)] ① 같은 학교의 출신자나 같은 학파의 학자로 이루어진 파벌. ② 학문을 닦아서 얻게 된 사회적 지위나 신분. 또는 출신 학교의 사회적 지위나 등급. ¶학벌이 좋다

閱 검열할 열, 훑어볼 열, 門부15 2011

閱(열)자는 대문을 열고 들어가 '훑어보다'는 뜻을 위하여 만든 것이다. '대문 門(문)'과 '바꿀 兌(태)'로 이루어졌다. 전쟁에서 공적을 세운 것을 기념하기 위해서 문의 오른 쪽에 경력을 써서 걸었는데 이것은 '閱(열)'이라고 하였다. ☞閥(벌)2010

검열하다, 조사하다, 하나하나 수효를 세어 확인하다, 점검
[閱兵(열병)] 군대를 정렬시켜 놓고 검열함.
[檢閱(검:열)] 살펴 검사함. ¶위생 검열/군사 검열/검열을 받다
[査閱(사열)] ① 조사하기 위해 열람함. ② (군) 부대의 교육 정도 및 장비 유지 등에 관하여 검열하는 일. ¶내무 사열 준비에 바빴다

문서를 견주며 바로잡다
[校閱(교열)] 원고의 내용 가운데 잘못된 것을 바로잡아 고치며 훑어 봄.

보다, 돌보다
[閱覽(열람)] 죽 내리 훑어서 봄. 관閱覽室(열람실)

闕 대궐 궐, 門부18 2012

'闕(궐)'자는 큰 대문이 달린 집, 즉 '대궐'을 뜻하기 위하여 만든 것이다. '대문 門(문)'과 '숨찰 欮(궐)'로 이루어졌다. 후에 '빠지다', '모자라다' 등의 뜻으로도 쓰이게 되었다.

대궐, 천자의 거소
[宮闕(궁궐)] 임금이 거처하는 집.
[大闕(대:궐)] 궁궐.
[入闕(입궐)] 대궐로 들어감. 관退闕(퇴궐)
[九重宮闕(구중궁궐)] 문이 겹겹이 달린 깊은 대궐.

빠지다, 모자라다, 결원, 이지러지다, 제외하다, 줄이다, 깎다, 부족하다
[闕本(궐본)] 여러 권으로 한 벌이 되는 책에서 빠진 낱권. 동缺本(결본)
[闕席(궐석)] 어떤 자리에 당연히 나와야 할 사람이 출석하지 않음. 동缺席(결석) ¶궐석 재판
[闕位(궐위)] 자리가 빔. 또는 빈 자리.
[補闕(보:궐)] 모자라는 자리를 채움. 동補缺(보결) 관補闕選擧(보궐선거)
[補闕選擧(보:궐선거)] 임기 도중에 사직·사망 또는 실격한 사람의 남은 임기를 채우기 위하여 후임자를 뽑는 선거. 관補選(보선)

隔 사이 뜰 격, 阜부13 2013

'隔(격)'자는 본래 길이 언덕으로 '막히다'는 뜻을 위하여 만든 것이었다. '언덕 阝(부)'와 '솥 鬲(력/격)'으로 이루어졌다. '사이 뜨다', '칸막이' 등의 뜻으로 쓰인다.

사이가 뜨다, 사이를 떼다, 사이, 간격
[隔日(격일)] 하루 거르거나 하루씩 거름. ¶격일제 근무 관隔年(격년), 隔月(격월), 隔週(격주)
[隔離(격리)] 사이를 막거나 따로 떼어 놓음. ¶격리 병동/격리 수용
[隔世之感(격세지감)] ① 世代(세대)가 크게 차이나는 느낌. ② 많은 진보와 변화를 겪어서 딴 세상처럼 여겨지는 느낌.
[隔意(격의)] 서로 터놓지 않는 속마음. ¶격의 없는 대화
[間隔(간격)] ① 공간적으로 사이가 벌어짐. ② 시간적으로 벌어진 사이. ③ 사람들의 관계가 벌어진 정도.
[懸隔(현:격)] 매우 동떨어져 멀거나 차이가 큼. ¶현격한 차이
隔壁(격벽), 隔世(격세), 隔世遺傳(격세유전), 隔差(격차)

막다, 막히다, 저지하다
[隔阻(격조)] ① 멀리 떨어져 있어서 서로 통하지 못함.

② 오랫동안 소식이 막힘. ¶격조했습니다. 별고 없으신지요?
[隔靴搔癢(격화소양)] '신을 신고 발바닥을 긁는다'는 뜻으로, 성에 차지 아니함 또는 요긴한 데에 직접 미치지 못해 시원치 않음을 가리키는 말.

멀어지다, 멀리하다, 등한히 하다
[隔絕(격절)] 사이가 동떨어져 연락이 끊어짐.
[隔闊相思(격활상사)] 멀리 떨어져 있으면서 몹시 사모함.
[遠隔(원:격)] 멀리 떨어져 있음.

隻 새 한 마리 척, 隹부10 2014

'隻(척)'자는 '새 한 마리'를 뜻하기 위하여 만든 것이다. 손에 새[隹(추)] 한 마리를 잡고 있는 모습을 본뜬 것이다. 후에 '하나', '외짝', '척' 등의 뜻을 나타낸다. '새 두 마리'는 '雙(쌍)'이다.

새 한 마리, 짝 있는 것의 한 쪽
[隻身(척신)] 짝이 없어 혼자인 몸.
[隻愛(척애)] 짝사랑.
[隻行(척행)] 먼 길을 혼자서 떠남.

한 사람, 한 개, 배 한 척
[尙有十二隻(상유십이척), 微臣不死(미신불사)] 배가 아직 열두 척이나 남아 있고, 신이 아직 죽지 않았습니다. 『忠武公(충무공)』

雇 품 살 고, 새 이름 호, 隹부12 2015

'雇(고)'자는 본래 '새'의 일종의 이름이었다. '새 隹(추)'와 '지게 戶(호)'로 이루어졌다. 후에 '품을 팔다'는 뜻으로 쓰이게 되었다.

품을 사다, 고용하다
[雇傭(고용)] 품팔이. 참雇傭人(고용인)
[雇用(고용)] 품삯을 주고 사람을 부림. ¶직원을 고용하다 참雇用主(고용주)
[日雇(일고)] 날품.
[解雇(해:고)] (사) 일정한 직업에서 고용주가 고용계약을 해제하여 피고용자를 내보냄.

霖 장마 림, 雨부16 2016

'霖(림)'자는 '비 雨(우)'와 '수풀 林(림)'으로 이루어졌다. '비가 사흘 이상 장기간에 걸쳐서 눌러앉아 내리다'는 뜻이니, '장마'를 나타낸다.

장마, 비가 그치지 않는 모양
[霖雨(임우)] 장마.
[梅霖(매림)] '매실나무 열매가 익을 즈음에 내리는 비'라는 뜻으로, 6월부터 7월 중순에 걸쳐 계속되는 장마 또는 장마철을 이르는 말.

[秋霖(추림)] 가을장마.
[春霖(춘림)] 봄장마.
[夏霖(하림)] 여름장마.

震 우레 진:, 벼락 진:, 雨부15 2017

'震(진)'자는 비가 오면서 '벼락 치다'는 뜻을 나타내기 위하여 만든 것이다. '비 雨(우)'와 '별 이름 辰(진)'으로 이루어졌다. 벼락이 칠 때면 산천초목이 흔들리기 때문인지 '떨다', '흔들리다'는 뜻으로 확대되었다.

벼락, 천둥, 벼락치다
[震死(진:사)] 벼락을 맞아 죽음.
[震天雷(진:천뢰)] 옛날에 쓰던 대포의 한 가지.

움직이다, 떨다, 흔들리다
[震動(진:동)] ① 떨리어 움직임. ② 물체가 몹시 울리어 흔들림.
[震天動地(진:천동지)] ① 소리가 하늘과 땅을 흔들어 움직임. ② 위엄이 천하에 떨침.
[腦震蕩(뇌진탕)] (의) 머리를 심하게 부딪치거나 얻어맞았을 때에 그로 말미암아 뇌의 기능 장애를 일으켜서 지각과 의식이 없어지고 까무러치게 되며 심하면 죽게 되는 증상.

크게 성내다
[震怒(진:노)] 존엄한 존재가 벼락같이 크게 성을 냄. ¶할아버지가 진노하셨다

지진
[震度(진:도)] 어떤 지역에서 나타나는 지진의 진동 크기나 피해 정도.
[震源地(진:원지)] ① 지진이 시작되는 곳. ② 사건이 일어난 근원지.
[强震(강진)] 강한 지진. 보통 진도 5 이상을 말함. 참微震(미진), 弱震(약진)
[耐震(내:진)] 지진을 견딤. ¶내진 설계
[地震(지진)] 땅이 흔들려 움직이는 현상.
震央(진앙), 震域(진역), 餘震(여진)

기타
[震檀(진:단)/震壇(진:단)] 우리나라를 예스럽게 일컫는 말. 참震檀學會(진단학회)

靴 신 화, 革부13 2018

'靴(화)'자는 가죽으로 만든 '구두'를 뜻하기 위하여 만든 것이다. '가죽 革(혁)'과 '될 化(화)'로 이루어졌다. '신발'을 총칭하는 뜻으로 쓰인다.

신, 가죽신, 목이 긴 신
[靴工(화공)] 구두를 만드는 기능공.
[隔靴搔癢(격화소양)] '신을 신고 발바닥을 긁다'는 뜻으로, 성에 차지 아니함 또는 요긴한 데에 직접 미치지 못해 시원치 않음을 가리키는 말.
[軍靴(군화)] 군인용 구두.

[長靴(장화)] 목이 긴 신이나 구두. 참短靴(단화)
[製靴(제:화)] 구두를 만듦. ¶제화 공장
防寒靴(방한화), 洋靴(양화), 運動靴(운동화)

預 미리 예:, 맡길 예:, 頁부13　　2019

'預(예)'자는 머리가 '편하다'는 뜻을 나타내기 위하여 만든 것이었다. '머리 頁(혈)'과 '줄 予(여)'로 이루어졌다. '미리'라는 뜻인 '豫(예)'와 통용되었는데, 중국과 달리 우리나라에서는 '맡기다'는 뜻으로 쓰이는 때가 많다.

미리, 미리하다
[預言(예:언)/豫言(예:언)] 앞으로 일어날 일을 미리 알거나 짐작하여 말함.

참여하다, 간여하다
[參預(참예)] 어떤 일에 끼어들어 관계함. 동參與(참여)

맡기다, 금품을 맡기다
[預金(예:금)] 일정한 계약에 의하여 은행, 우체국 따위에 돈을 맡기는 일. 또는 그 돈. 참定期預金(정기예금)
[預置(예:치)] 맡겨 둠. 참預置金(예치금)

颱 태풍 태, 風부14　　2020

'颱(태)'자는 '태풍'을 뜻하기 위하여 만든 것이다. '바람 風(풍)'과 '별 台(태)'로 이루어졌다. 조어력이 약하여 한자어 용례가 거의 없다.

태풍
[颱風(태풍)] 북태평양 남서부에서 발생하여 동북아시아 내륙으로 닥치는 폭풍우.

飼 먹일 사, 기를 사, 食부14　　2021

'飼(사)'자는 가축에게 '먹이를 주다', '기르다'는 뜻을 위하여 만든 것이다. '밥 食(식)'과 '맡을 司(사)'로 이루어졌다.

먹이, 사료, 기르다, 치다
[飼料(사료)] 집짐승의 먹이.
[飼養(사양)] 짐승을 먹여 기름. 동飼育(사육)
[放飼(방:사)] 放牧(방목). 소·말·양 따위를 놓아서 기름.

餐 밥 찬, 먹을 찬, 食부16　　2022

'餐(찬)'자는 음식물을 '삼키다'는 뜻을 나타내기 위하여 만든 것이었다. '먹을 食(식)'이 표의요소, 그 나머지가 표음요소이다.

먹다, 마시다
[晚餐(만:찬)] 저녁 식사. 특별히 잘 차려 낸 저녁 식사. ¶만찬에 초대하다 참晚餐會(만찬회)
[不素餐兮(불소찬혜).] 공밥을 먹지 않는다. 공적도 없이 봉급을 받는 짓은 하지 않는다. 『孟子(맹자)·盡心上(진심 상)』
[素餐(소:찬)] 고기나 생선 등이 들어가지 않은 반찬. 또는 그러한 밥상이나 식사.
[午餐(오:찬)] 보통보다 잘 차리어 손을 청하여 대접하는 점심 식사.
[正餐(정:찬)] 定食(정식)의 식단에 의한 식사.
[朝餐(조찬)] 손님을 초청하여 함께 먹는 아침 식사.
[風餐露宿(풍찬노숙)] 바람과 이슬을 맞으며 한데서 먹고 잠. 즉 모진 고생을 이름.

駐 머무를 주:, 馬부15　　2023

'駐(주)'자는 달리던 말이 '정지하다'는 뜻을 나타내기 위하여 만든 것이다. '말 馬(마)'와 '주인 主(주)'로 이루어졌다. 후에 '머무르다'는 뜻으로 쓰이게 되었다.

머무르다, 말이 머물러서다, 수레가 머무르다
[駐車(주:차)] 자동차를 세워 둠. 참駐車場(주차장) ¶주차 위반

한 곳에 체류하다
[駐屯(주:둔)] 군대가 어떤 곳에 진을 치고 머물러 있음. 참駐屯軍(주둔군)
[駐在(주:재)] ① 일정한 곳에 머물고 있음. ② 직무상 파견된 곳에 머물러 있음. 참駐在國(주재국)
[駐韓(주:한)] 한국에 주재함. ¶주한 *국 대사 참駐韓美軍(주한미군)
[常駐(상주)] 군대 따위가 늘 머물러 있음.
駐美(주미) 駐日(주일) 駐中(주중)

騰 오를 등, 馬부20　　2024

'騰(등)'자는 '말 馬(마)'와 '나 朕(짐)'으로 이루어졌다. 말을 '타다'를 뜻하는 글자였는데, '오르다'라는 뜻으로 더 많이 쓰인다.

오르다, 높은 곳으로 가다, 올리다
[騰落(등락)] 오르내림.
[飛騰(비등)] 날아오름.
[沸騰(비:등)] ① (액체가) 끓어오름. 참沸騰點(비등점), 沸點(비점) ② 물 끓듯 일어남. ¶반대 여론이 비등하다
[沸騰點(비:등점)/沸點(비:점)] (물) 끓는 온도.

값이 비싸지다
[騰貴(등귀)] 물건 값이 뛰어오름. 비昂騰(앙등).
[急騰(급등)] (물가나 시세 따위가) 갑자기 오름.
[昂騰(앙등)] 물건 값이 뛰어오름. 비騰貴(등귀)
[漸騰(점:등)] 시세가 점점 오름.
[暴騰(폭등)] 값이 갑자기 크게 뛰어 오름. 비暴落(폭락)

사물의 형용
[騰騰(등등)] 드러내는 어떤 기세가 무서우리만큼 드높음. 참氣勢騰騰(기세등등), 怒氣騰騰(노기등등)

鬱 막힐 울, 답답할 울, 鬯부29　2025

'鬱(울)'자는 '숨이 막히다'가 본뜻이다. 사람이 기둥과 기둥 사이에 서서 향초를 디딜방아에 넣고 찧는 모양을 본뜬 것이라고 한다. '답답하다', '우울' 등을 뜻한다.

> 글자가 복잡하니 破字(파자)를 해 보겠다. '두 개의 나무 木(목) 가운데 장군 缶(부) + 민갓머리 덮을 ᄀ(멱) + 술 이름 鬯(창) + 터럭 彡(삼)'이 된다. 여기에서 좀 복잡한 '鬯(창)'자를 다시 破字(파자)하면, '입 벌릴 凵 (감) + 쌀 米(미)의 변형 + 그릇 모양 匕(비)'가 된다. 나무[木] 그늘 아래 술독[缶]을 묻고, 더러운 것들이 들어가지 않도록 덮개로 덮은[ᄀ]은 후. 디딜방아[凵]에서 쌀[米]을 찧어 잘게 빻아[彡] 술독에 넣으면 향긋한 술이 된다. 누룩이 빠졌구나. 이 얘기는 저자가 복잡한 '鬱(울)'자를 틀리지 않게 쓸 수 있도록 꾸며낸 이야기이니 누룩이 빠진 것을 탓하지 마시라. 지금도 복잡한데 '누룩 麴(국)'자를 또 어떻게 집어넣는단 말인가.

막히다, 막혀서 통하지 아니하다
[鬱血(울혈)] (의) 몸의 어느 부분에 정맥의 피가 몰려 있는 증상.

가득 차다, 답답하다
[鬱憤(울분)] 답답하고 분한 마음이 가슴에 쌓임. 또는 그 분기. ¶그는 가슴 가득한 울분을 한숨으로 내뿜었다
[鬱寂(울적)] 마음이 답답하고 쓸쓸함.
[鬱火(울화)] 가슴이 꽉 막힌 듯 답답하여 치밀어 오른 화. ¶울화가 치밀다. 참鬱火病(울화병)
[暗鬱(암:울)] ① 어둡고 답답함. ② 막막하고 침울함. ¶내 인생에 암울했던 시대
[抑鬱(억울)] 공평하지 못한 일을 당하여 원통하고 가슴이 답답함. ¶잘못도 없이 꾸중을 들으니 무척 억울했다
[憂鬱(우울)] 기분이 밝지 못함. 근심스럽고 답답함. 참憂鬱症(우울증)
陰鬱(음울), 躁鬱症(조울증), 沈鬱(침울)

우거지다, 초목이 무성하다
[鬱蒼(울창)] 나무가 빽빽하게 우거지고 푸름. ¶울창한 숲속으로 들어가다 참鬱鬱蒼蒼(울울창창)

원망하다
[交友不信則離散鬱怨(교우불신즉이산울원).] 친구를 사귐에 있어 信義(신의)를 다하지 않으면, 서로 떨어져 원망하게 됨. 『呂氏春秋(여씨춘추)』

 魅 매혹 매, 도깨비 매, 鬼부15　2026

'魅(매)'자는 원래 '彔(매)'자로, '도깨비'를 뜻하였다. '귀신 鬼(귀)'가 표의요소. 후에 '터럭 彡(삼)'이 '아닐 未(미)'로 바뀌고 표음요소 역할을 하게 되었다.

홀리다, 미혹하게 하다
[魅力(매력)] 남의 마음을 홀리어 사로잡는 야릇한 힘.
[魅惑(매혹)] 남의 마음을 사로잡아 홀림. 참魅惑的(매혹적)

도깨비, 요괴
[妖魅(요매)] 요망스런 도깨비.

魔 마귀 마, 鬼부 21　2027

'魔(마)'자는 수행을 방해하는 나쁜 귀신을 일컫는 범어 mara를 음역하기 위하여 만든 글자이다. '귀신 鬼(귀)'는 표의요소, '삼 麻(마)'는 표음요소이다. 두 구성요소의 음 [마+귀]를 한글로 적으면 '마귀'가 된다.

마귀, 악귀
[魔鬼(마귀)] ① 요사스러운 귀신을 통틀어 일컫는 말. ¶마귀가 들다 ② (성) 하느님의 적으로서, 인격을 가지고 악하고 그릇된 짓을 하게 하는 영적 존재. ¶마귀를 대적하라. 그러면 너희를 피하리라『야고보서』
[魔手(마수)] 음험하고 흉악한 손길. ¶마수를 뻗치다/마수에 걸려들다
[病魔(병:마)] '病(병)'을 악마에 비유한 말. ¶병마와 싸우다
[伏魔殿(복마전)] ① 마귀가 숨어 있는 집이나 소굴. ② 남몰래 나쁜 일을 꾀하는 무리들이 모이는 곳.
[殺人魔(살인마)] 殺人鬼(살인귀). 걸핏하면 사람을 죽이는 악한 놈.
[色魔(색마)] 여자를 색정으로 농락하는 사내.
[惡魔(악마)] ① 악독한 마귀. 나쁜 짓을 하는 마귀. ② 매우 악독한 짓을 하는 사람. ¶그 사람은 악마야 ③ (불) 사람의 마음을 홀려 제정신을 차리지 못하게 하고 불도 수행을 방해하여 악한 길로 유혹하는 것. 땐天使(천사)
[好事多魔(호사다마)] 좋은 일에는 흔히 방해되는 일이 많다는 말.
魔軍(마군), 魔窟(마굴), 魔女(마녀), 魔力(마력), 魔物(마물), 魔性(마성), 魔王(마왕), 魔障(마장), 邪魔(사마), 睡魔(수마), 眼魔(안마), 妖魔(요마)

마술, 요술, 이상한 힘이나 현상
[魔力(마력)] 사람을 현혹하는 마귀와 같은 이상한 힘.
[魔法(마법)] 魔力(마력)으로 불가사의한 일을 행하는 술법.
[魔術(마술)] 교묘하고 빠른 손놀림으로 특별하게 만든 도구를 이용하여 사람들의 눈을 속여 신기한 일을 보여주는 기술. 참魔術師(마술사)

수도를 방해하는 악귀

亢 목 항, 높을 항, 亠부4　2028

'亢(항)'자는 '목'을 나타내기 위하여 목을 쭉 빼 들고 서 있는 사람의 모습을 그린 것이다.

극하다, 더할 수 없는 정도에 이르다
[亢龍(항:룡)] '하늘에 오른 용'이란 뜻으로, '썩 높은 지

위'를 일컫는 말.
기타
[亢羅(항라)] 명주실과 모시실·무명실 따위로 세 올이나 다섯 올씩 몰아 구멍이 송송 나게 짠 피륙. ¶물항라 저고리에 눈물 젖는다
목, 목구멍, 숨통

伽 절 가, 人부7 2029

'伽(가)'자는 범어 'gha'를 옮기기 위하여 만든 글자이다.
절
[伽藍(가람)] 절의 별칭.
[伽倻(가야)] 가야국. 신라 유리왕(서기 42년) 때 변한 땅에 김수로왕의 형제 여섯 사람이 세운 金官伽倻(금관가야) 등 여섯 나라.
[伽倻琴(가야금)] (악) 오동나무로 된 기다란 울림통 위에 열두 줄을 세로로 매고 기러기발로 버티어 손가락으로 뜯어 소리를 내는 우리나라 고유의 현악기.
[僧伽(승가)] (불) 중.
[伽倻山(가야산)]

倻 가야 야, 人부11 2030

'倻(야)'자는 우리나라 악기인 가야금을 적는 데 활용된 한자이다. 산 이름, 나라 이름에도 쓰였다.
가야
[伽倻(가야)] ☞ 伽(가)
[伽倻琴(가야금)] ☞ 伽(가)

佑 도울 우:, 복 우:, 人부7 2031

'佑(우)'자는 '사람 亻(인)'과 '오른쪽 右(우)'로 이루어졌다. '돕다'의 뜻이다.

'사람 亻(인) + 왼 左(좌)'로 이루어진 '佐(좌)'자도 '돕다'의 뜻이다. 그러나 그 의미는 다르다. '佐(좌)'자는 다른 사람을 '돕다'는 뜻으로 '사람과 사람 사이의 도움'을 뜻하고, '佑(우)'자는 '하늘이나 神(신)의 도움'을 뜻한다.

돕다, 도움
[保佑(보:우)] 보호하고 도움. ¶하나님이 보우하사 우리나라 만세
[天佑神助(천우신조)] 하늘과 신령의 도움.

倭 왜국 왜, 人부10 2032

'倭(왜)'자는 '사람 亻(인)'과 '맡길 委(위)'로 이루어졌다. 우리나라 중국에서 '일본'을 일컫던 명칭이다.
왜국, 일본
[倭館(왜관)] (역) 조선 때, 일본 사람이 우리나라에 건너와서 통상하던 곳.
[倭寇(왜구)] (역) 옛날 우리나라와 중국 연안을 무대로 약탈을 일삼던 일본 해적.
[倭國(왜국)] '일본'을 얕잡아 일컫던 말.
[倭賊(왜적)] 일본 도둑놈.
[倭政(왜정)] 일본이 침략하여 강점하고 다스리던 정치. ¶왜정 때 받은 학대와 굴욕
[壬辰倭亂(임:진왜란)] (역) 조선 선조 25(1592)년 임진년에 일본이 침범하여 7년 동안 싸운 전쟁.
倭軍(왜군), 倭女(왜녀), 倭奴(왜노), 倭亂(왜란), 倭船(왜선), 倭松(왜송), 倭式(왜식), 倭人(왜인), 倭布(왜포), 倭風(왜풍), 丁酉倭亂(정유왜란)/丁酉再亂(정유재란)

傅 스승 부:, 펼 부:, 人부12 2033

'傅(부)'자는 '사람 亻(인)'과 '펼 尃(부)'로 이루어졌다. 공부를 도와주는 사람, 즉 '스승'을 뜻한다.
스승(임금·왕세자·왕세손의 교육을 맡은 벼슬아치)
[師傅(사부)] 스승.

兌 바꿀 태, 儿부7 2034

'兌(태)'자는 '기뻐하다'는 뜻을 나타내기 위하여 입[口(구)]가에 주름이 생길 정도로 웃음을 지으며 서 있는 사람의 모습을 그린 글자였다. 후에 '바꾸다'는 뜻으로 쓰이게 되었다.
바꾸다, 교환하다
[兌換(태환)] 지폐와 正貨(정화)를 바꿈. [참]兌換券(태환권), 兌換制度(태환제도), 兌換紙幣(태환지폐)

兢 떨릴 긍:, 삼갈 긍:, 儿부14 2035

'兢(긍)'자는 '이길 克(극)'자를 두 번 쓴 것이다. '조심하다'는 뜻이므로 신중한 사람이 되기를 바라는 뜻에서 사람 이름으로 쓰인다.
두려워하다, 와들와들 떨다, 삼가다, 조심하다
[戰戰兢兢(전전긍긍)] 몹시 두려워하며 조심함.

冕 면류관 면:, 冂부11 2036

'冕(면)'자는 예전에 大夫(대부) 이상의 벼슬아치가 머리에 쓰던 禮帽(예모)를 일컫기 위한 것이었다. 윗부분은 모자 모양을 본뜬 것이고, '면할 免(면)'은 표음요소이다.
면류관
[冕旒冠(면:류관)] (역) 임금의 정복에 갖추는 면류가 달린 관. 거죽은 검고 속은 붉으며, 위에는 긴네모꼴의

판이 있고 관 앞에 끈을 늘이고 주옥을 꿰었음. ¶가시면류관

沖, 冲 화할 충, 氵, 冫부7 2037

'沖(충)'자는 '물 氵(수)'와 '가운데 中(중)'으로 이루어졌다. '冲(충)'자는 속자이다. '물의 속'이란 뜻에서 '깊다'는 뜻을 나타내고, 여러 가지 뜻으로 쓰이지만, 우리말에서는 '흘려보내다', '찌르다'는 뜻으로 쓰인 한자어밖에 없다.

흘려보내다
[沖積(충적)] 흙이나 모래가 물에 흘려 내려와 쌓임. 참 沖積物(충적물), 沖積世(충적세), 沖積層(충적층), 沖積土(충적토)

찌르다, 부딪다
[怒氣衝天(노:기충천)/怒氣沖天(노:기충천)/怒氣撑天(노:기탱천)] 노기가 하늘을 찌를 듯함. '노기가 대단함'을 이르는 말.

기타
[杜沖(두충)] (식) 갈잎큰키나무의 한 가지. 마른 껍데기는 한약재 또는 두충차의 원료가 됨.

匈 오랑캐 흉, 勹부6 2038

'匈(흉)'자는 원래 '가슴'을 뜻하기 위하여 만든 글자이다. '쌀 勹(포)'와 '흉할 凶(흉)'으로 이루어졌다. 후에 '오랑캐'를 지칭하는 것으로 쓰이게 되자 본뜻인 '가슴'은 신체의 부분을 뜻하는 '月(육)'을 붙여 '가슴 胸(흉)'자를 만들었다.

오랑캐
[匈奴(흉노)] (역) 기원전 3-1세기에 몽골 지방에서 세력을 떨쳤던 유목민족.

后 임금 후, 왕후 후, 口부6 2039

'后(후)'자는 '사람 人(인)'과 '입 口(구)'로 이루어진 글자이다. 명령을 내리는 사람, 즉 '임금'을 뜻한다. 略字(약자)는 아니지만 '後(후)'와 음이 같아 '뒤'의 뜻으로 같이 쓰인다. '왕후'를 나타낸다.

임금, 군주, 천자, 제후
[王后(왕후)] ① 임금·군주. ② 임금의 아내.

왕비, 후비
[皇太后(황태후)] 황제의 생존한 모후.
[皇后(황후)] 황제의 아내.

뒤(後)

吳 성씨 오, 나라 이름 오, 口부7 2040

'吳(오)'자는 머리에 커다란 쓰개[口]를 쓰고 신나게 춤을 추는 모습을 본뜬 것이라고 한다. '큰소리로 말하다'가 본뜻이다. 본뜻이야 어떻든 '나라 이름', '姓(성)'으로 쓰인다.

나라 이름
[吳越同舟(오월동주)] 중국 춘추전국시대의 吳王(오왕) 夫差(부차)와 越王(월왕) 句踐(구천)은 서로 적대관계였는데, 같은 배를 탔다가 풍랑을 만나서 서로 단합해야 했던 고사에서, 서로 적의를 품은 사람들이 같은 처지나 한 자리에 있게 됨을 비유하는 말. 또는 서로 반목하면서도 공통의 곤란이나 이해에 대하여 협력함을 비유하는 말.

떠들썩하다, 큰소리로 말하다

埃 티끌 애, 土부10 2041

'埃(애)'자는 '흙 土(토)'와 '어조사 矣(의)'로 이루어진 글자이다. '티끌', '먼지'를 뜻한다.

티끌, 먼지
[塵埃(진애)] ① 티끌. ② 세상의 속된 것.

이집트
[埃及(애급)] 이집트.
[出埃及記(출애급기)] 구약성서 중의 모세오경의 하나. 모세의 이집트 탈출에 대하여 기록되어 있으며 유명한 십계명도 이 안에 있다.

堯 요임금 요, 土부12 2042

'堯(요)'자는 '우뚝할 兀(올)'과 '흙 土(토)' 세 개로 이루어졌다. '흙을 높이 쌓다'가 본뜻인데 중국 고대의 '堯(요)'임금을 뜻하는 것으로 쓰인다.

요임금
[堯舜(요순)] 고대 중국의 堯(요)와 舜(순)의 두 임금. '나라가 태평하던 시대'를 일컬음.
[堯舜時節(요순시절)] '거룩한 堯(요)와 舜(순)의 두 임금이 다스리던 시절'이란 뜻으로, '나라가 태평한 시절'을 일컫는 말. 동 堯舜時代(요순시대)
[桀狗吠堯(걸구폐요)/桀犬吠堯(걸견폐요)] 걸왕의 개는 요임금을 보고도 짖는다. 주인이 포악하면 그를 따르는 사람이나 동물도 덩달아 사나워진다는 것을 비유하는 말이다.

舜 순 임금 순, 舛부12 2043

'舜(순)'자는 중국 고대의 '舜(순)'임금을 뜻하는 것으로 쓰인다. 字源(자원)을 따지면 복잡하다. 破字(파자)하면 '손톱 爫(조) + 덮을 冖(멱) + 어그러질 舛(천)'이 된다.

순 임금
[堯舜(요순)] ☞ 堯(요)
[堯舜時節(요순시절)] ☞ 堯(요)

址 터 지, 土부7　2044

'址(지)'자는 '흙 土(토)'와 '발 止(지)'로 이루어졌다. '땅', '터'를 뜻하지만 뜻이 좋고 쓰기 쉬워 이름자로 쓰인다.
터, 토대, 기지, 자리
[城址(성지)] 성터.

塘 못 당, 土부13　2045

'塘(당)'자는 '연못의 둑'을 뜻한다. '흙 土(토)'와 '당나라 唐(당)'으로 이루어졌다.
못, 연못, 둑, 방죽
[蓮塘(연당)] 蓮(연)을 심은 못.
[池塘(지당)] 못. 넓고 깊게 팬 땅에 늘 물이 괴어 있는 곳.

姜 성 강, 女부9　2046

'姜(강)'자는 '양 羊(양)'과 '여자 女(녀)'로 이루어졌다.
성
[姜太公(강태공)] ① 중국 周(주)나라 초기의 정치가인 '太公望(태공망)'을 그의 성인 姜(강)과 함께 이르는 말. ② '낚시꾼'을 비유적으로 이르는 말.

媛 미인 원, 女부12　2047

'媛(원)'자는 '미인'을 뜻한다. '여자 女(여)'와 '이에 爰(원)'으로 이루어졌다. 여자들의 이름에 많이 쓰이는 글자이다.
미인, 우아한 여자, 예쁘다, 아름답다
[才媛(재원)] 재주 있는 젊은 여자. 참才子(재자)

宋 성씨 송:, 송나라 송:, 宀부7　2048

'宋(송)'자는 '집 宀(면)'과 '나무 木(목)'으로 이루어졌다. '나라 이름' 외에 쓰이는 낱말 예가 없다.
송나라
[宋襄之仁(송:양지인)] 宋襄公(송양공)의 어짊. 적들에게도 仁義(인의)를 베풀어야 한다고 말하는 어리석은 행동을 비유하는 말이다.
南宋(남송), 北宋(북송), 唐宋(당송), 唐宋八大家(당송팔대가)

尹 성씨 윤:, 다스릴 윤:, 尸부4　2049

'尹(윤)'자는 '주검 尸(시)'자에 한 획 '一'을 더 그어 넣은 글자이다. '벼슬아치', '다스리다'의 뜻을 가지지만 요즈음의 벼슬 이름에는 쓰이지 않고, 주로 '姓(성)'으로 쓰이는 글자이다.
벼슬아치, 장관인 벼슬아치, 다스리다, 바로잡다
[府尹(부윤)] (역) 조선 때 종2품 문관의 외관직. 한양, 경기도 광주, 전라도 전주, 평안도 평양, 함경도 함흥, 평안도 의주 등 여섯 곳에 설치되었음.
[判尹(판윤)] 한성부의 으뜸 벼슬. 품계는 정2품. 府尹(부윤)을 고친 것임.

岐 갈림길 기, 山부7　2050

'岐(기)'자는 '메 山(산)'과 '가지 支(지)'로 이루어졌다. '산의 갈림길'을 뜻한다.
갈림길
[岐路(기로)] 갈림길. ¶기로에 서다
[多岐(다기)] ① 길의 갈래가 많음. ② 다방면에 걸침. 또는 그 모양.
[多岐亡羊(다기망양)] 달아난 양을 찾다가 갈림길이 많아 결국 양을 찾지 못했다는 고사에서, ① 학문의 길이 여러 갈래이므로 진리를 찾기 어려움. 동亡羊之歎(망양지탄) ② 방침이 너무 많아 도리어 갈 바를 모름.
[分岐(분기)] 나뉘어서 여럿으로 갈라짐. 또는 그 갈래. 참철도 분기점
지명
충남 燕岐(연기)

峙 언덕 치, 우뚝 솟을 치, 山부9　2051

'峙(치)'자는 '메 山(산)'과 '모실 寺(시)'로 이루어졌다. 산처럼 '우뚝 솟다'는 뜻을 나타낸다.
언덕, 높은 언덕
[對峙(대:치)] 서로 맞서서 버팀.
大峙洞(대:치동)
우뚝 솟다, 산이 높아 우뚝 솟다

峻 높을 준:, 山부10　2052

'峻(준)'자는 '메 山(산)'과 '천천히 갈 夋(준)'으로 이루어졌다. '산이 높고 험하다'의 뜻을 나타낸다.
높다, 높고 크다
[峻節(준:절)] 높고 고상한 절조.
산이 높고 험하다
[峻峰(준:봉)] 높고 험한 산봉우리.
[高峰峻嶺(고봉준령)] 높이 솟은 산봉우리와 험준한 산마루.
[險峻(험:준)] 지세가 험하고 높고 가파름.
엄하다, 엄하고 심하다, 엄하게 하다
[峻烈(준:열)] 매우 엄격하고 격렬함.
[峻嚴(준:엄)] 매우 엄격함. ¶준엄한 목소리로 꾸짖다

[高談峻論(고담준론)] ① 고상하고 준엄한 말. ② 아무 거리낌없이 젠체하면서 과장하여 하는 말.

壕 해자 호, 山부17 2053

'壕(호)'자는 성에 함부로 침입하지 못하도록 그 둘레에 파 놓은 못을 뜻한다. '흙 土(토)'와 '호걸 豪(호)'로 이루어졌다.

해자, 도랑
[塹壕(참호)] (군) ① 성 둘레의 구덩이. ② 야전에서, 적의 공격을 막으려고 좁고 기다랗게 판 구덩이.

巢 집 소, 巛부11 2054

'巢(소)'자는 나무 위에 지어진 새집 모양에서 '새집'을 뜻한다.

집, 새의 보금자리, 원시시대에 나무 위에 지은 사람의 집, 짐승·가축·벌레·물고기들의 집
[歸巢本能(귀:소본능)] (동) 동물이 제 보금자리나 태어난 곳으로 되돌아오는 성질. 참 回歸本能(회귀본능).
[卵巢(난:소)] (의) 동물의 암컷의 생식기관의 한 부분. 난자를 만들어내며 여성 호르몬을 분비한다.
[燕巢(연:소)] 제비의 집.
[鵲巢鳩居(작소구거)] '까치둥지에 비둘기 산다'는 뜻으로, 남의 물건이나 업적을 무리하게 빼앗음을 이르는 말. 『詩經(시경)』

오랑캐나 도둑떼들의 집
[巢窟(소굴)] '새가 사는 집과 짐승이 들끓는 굴'이란 뜻에서, 나쁜 짓을 하는 도둑이나 악한 따위의 무리가 활동의 본거지로 삼고 있는 곳을 일컬음.
[賊巢(적소)] 도적의 무리가 있는 소굴. 동 賊窟(적굴).

廬 오두막집 려, 广부19 2055

'廬(려)'자는 '집 广(엄)'와 '밥그릇 盧(로)'로 이루어졌다. '오두막집'을 뜻한다.

오두막집, 농막, 초옥, 볼품없는 초라한 집
[草廬(초려)] ① 草幕(초막). 오두막집. ② 자기 집의 겸칭.
[三顧草廬(삼고초려)] 초가집을 세 번 찾아가다. 蜀(촉)의 劉備(유비)가 諸葛亮(제갈량)의 오두막집을 세 번이나 방문하여 出廬(출려)할 것을 간청한 고사. 신분 고하를 막론하고 인재를 구하러 몸소 누추한 곳까지 찾아다님을 이르는 말. 동 草廬三顧(초려삼고).

상제가 거처하는 무덤 근처에 지은 집
[廬幕(여막)] 几筵(궤연) 옆이나 무덤 가까이에 지어 놓고 喪制(상제)가 거처하는 초가.
[廬墓(여묘)] 喪制(상제)가 무덤 근처에 여막을 짓고 살면서 무덤을 지키는 일.

弼 도울 필, 弓부12 2056

'弼(필)'자는 '활 弓(궁)' 두 개의 사이에 '일백 百(백)'이 들어간 글자이다. '弓(궁)'은 '활'이 아니라 '사람'을 뜻하고, '百(백)'은 숫자 100이 아니라 바닥에 깐 '자리'를 나타낸다. '弼(필)'자는 깔개를 같이 깔고 서로 돕는 두 사람의 모습이라고 한다. '돕다'는 뜻을 가진다.

돕다, 상대편을 위하여 거들거나 잘되게 하다
[輔弼(보:필)] 일을 도움. 임금의 덕업을 도움.

彊 굳셀 강, 힘쓸 강, 굳을 강, 弓부16 2057

'彊(강)'자는 '탄탄한 활'을 나타내기 위한 글자였다. '활 弓(궁)'과 '지경 畺(강)'으로 이루어졌다. '강할 强(강)'자 대신 쓰는 예가 있다.

굳세다
[自彊(자강)/自强(자강)] 스스로 몸과 마음을 가다듬음.
[自强不息(자강불식) 自彊不息(자강불식)] 스스로 굳세게 되기 위하여 쉬지 않고 노력함. 게으름을 피우지 않고 스스로 열심히 노력함.
[彊自取柱(강자취주), 柔自取束(유자취속).] 강한 나무는 저절로 기둥이 되고, 약한 나무는 저절로 땔감이 된다. 단단한 나무는 원하지 않아도 저절로 기둥으로 사용된다. 또한 약한 나무는 아무리 좋은 장소에 쓰이길 바라더라도 언제나 장작으로만 사용된다. 사람도 재능에 따라 운명이 저절로 결정된다. 『荀子(순자)·勸學篇(권학편)』

억지로, 억지로 시키다

疆 지경 강, 굳은 땅 강, 田부19 2058

땅의 경계를 원래 '畺(강)'으로 썼다. 이것은 연이어 있는 두 밭의 경계선을 그어 놓은 것이다. 후에 '활 弓(궁)'과 '흙 土(토)'가 덧붙여졌다. 아득한 옛날에는 활을 땅의 길이를 재는 도구로 썼다고 한다.

지경, 경계, 경계 짓다, 경계 긋다
[疆域(강역)] ① 강토의 구역. ② 국경.
[疆土(강토)] 국경 안에 있는 땅. ¶삼천리 강토/조국 강토

끝, 한계
[無疆(무강)] 끝이 없음. 無窮(무궁).
[萬壽無疆(만수무강)] 한이 없이 오래오래 삶. 다른 사람이 오래 살기를 비는 말.

'彊(강)'자와 '疆(강)'자를 혼동하지 말아야 한다. '활 弓(궁)' 아래 부분에 '흙 土(토)'가 있느냐 없느냐의 차이이다. '疆(강)'자는 땅의 경계, 한계를 뜻한다. '無疆(무강)'은 '한계가 없다'는 뜻이다. '萬壽無疆(만수무강)'은 한계가 없이 오래오래 사시라고 비는 말이다. 壽宴(수연)자리에서 '萬壽無疆(만수무강)을 빕니다'라고 '강'자를 잘못 쓰면 오래오래 사시는데 강하지 않게 약하게 사시

라는 뜻이 되니, 큰 실수에 실례를 범하는 것이 된다. 만수무강을 빌 때면 '흙 土(토)'를 빼먹지 말아야 한다.

彌 미륵 미, 두루 미, 그칠 미, 弓부17　2059

'彌(미)'자는 '활 弓(궁)'과 '너 爾(이)'로 이루어졌다.

오래다
[彌久(미구)] 동안이 매우 오래 됨.
[未久(미:구)] 동안이 그리 오래 되지 않음.

깁다, 꿰매다, 메우다
[彌縫策(미봉책)] 빈구석을 메우다. 모자란 부분을 때우고 잇는다. 또는 시급한 일을 대충 눈가림으로 덮어둔다. 彌縫(미봉)이란 원래 나쁜 의미로 쓰인 것은 아니었다. 다만 '군대를 배치할 때 그 사이를 메운다'는 뜻이었는데, 시간이 지나면서 얼렁뚱땅 일을 처리하는 것이나 그러한 처리 방식을 일컫는 성어가 되었다.

미륵
[彌勒(미륵)] ① 돌부처. 돌로 새겨 세운 불상. ② '미륵보살'의 준말.
[彌勒菩薩(미륵보살)] (불) 미래세에 성불하여 사바세계에 나타나서 석가모니 다음으로 중생을 제도하리라는 보살. 참彌勒(미륵), 彌勒佛(미륵불).
[南無阿彌陀佛(나무아미타불)] ① (불) '아미타불에 돌아가 의지한다'는 뜻으로, 염불할 때 외우는 말. ② '공들여 해 놓은 일이 허사가 됨'을 이르는 말. 참十年工夫(십년공부) 南無阿彌陀佛(나무아미타불).
[沙彌(사미)] (불) 불도를 닦는 20세 미만의 남자 중. 참沙彌戒(사미계).
須彌山(수미산)

徽 아름다울 휘, 彳부17　2060

'徽(휘)'자는 '작을 微(미)'자의 가운데 부분의 아래 '几(궤)' 모양의 것이 '실 糸(사)'로 바뀐 형태이다. 破字(파자)하면 '걸을 彳(척) + 메 山(산) + 한 一(일) + 실 糸(사) + 칠 攵(복)'이 된다. '아름답다', '표지로 세운 旗(기)'의 뜻을 나타낸다.

표기, 어떤 표지(標識)로 세운 기
[徽章(휘장)] 직무·신분·명예를 나타내기 위하여 옷이나 모자 따위에 붙이는 標章(표장).

아름답다, 훌륭하다

扁 넓적할 편, 戶부9　2061

'扁(편)'자는 '문 戶(호)'와 '책 冊(책)'으로 이루어졌다. 글씨를 적은 나무쪽을 끈으로 엮은 모양이다. 문 위에 걸어놓은 '패'의 뜻에서 '납작하다'는 뜻을 나타낸다.

넓적하다, 납작하다
[扁桃(편도)] (식) 장미과의 큰키나무. 또는 그 열매. 복숭아나무와 비슷함. 이른 봄에 살구꽃과 같은 꽃이 피며, 열매는 복숭아보다 물기가 적어 익으면 껍질이 말라 터져 씨가 드러남. 먹기도 하고 약재로 씀.
[扁平(편평)] 넓고 평평하다.
[扁形(편형)] 평평한 모양. 참扁形動物(편형동물)

문 위나 방 안에 거는 액자
[扁額(편액)] 종이·비단·널빤지 따위에 그림을 그리거나 글씨를 쓴 액자.

병 이름
[扁桃腺(편도선)] (생) 사람의 입 속 양쪽 구석으로 평편하고 타원형으로 퍼져 있는 림프소절의 집합체. 참扁桃腺炎(편도선염)

성
[扁鵲(편작)] 중국 周代(주대)의 명의.

기타
[扁柏(편백)] (식) 노송나무. 측백나뭇과에 속하는 상록교목의 하나. 높이는 40m에 이르고, 가지는 수평으로 퍼져서 원뿔형 수관을 이룬다. 원산지는 일본이고 우리나라 남부지방에서도 자란다. 목재는 고급 가구나 침대 목공에 소품 등 쓰임새가 많으며, 편백나무 숲은 삼림욕장으로 인기가 있다.

扈 뒤따를 호:, 戶부11　2062

'扈(호)'자는 '문 戶(호)'와 '고을 邑(읍)'으로 이루어졌다. '뒤따르다', '넓다', '나라 이름', '姓(성)'을 나타낸다.

뒤따르다, 시중들기 위하여 뒤따르다
[扈衛(호:위)] 궁성을 경호함.

만연하다, 창궐하다, 퍼지다
[跋扈(발호)] 자기 마음대로 행동함. 권세나 세력을 휘두르거나 함부로 날뜀. '跋(발)'은 '뛰어넘는다'는 뜻이고, '扈(호)'는 '대나무로 만든 통발'을 말한다. 즉 통발을 물에 넣으면 작은 물고기들은 힘이 없어서 통발 안에 그대로 남지만, 큰 물고기들은 이를 뛰어넘어 달아난다는 데서 유래하였다. 아랫사람 또는 신하가 윗사람 또는 임금을 우습게보고 권한을 침범하는 경우에 쓰인다. 『後漢書(후한서)·梁冀傳(양기전)』

旌 기 정, 方부11　2063

'旌(정)'자는 '깃발 나부낄 㫃(언)'과 '날 生(생)'으로 이루어졌다.

기, 천자가 사기(士氣)를 고무시킬 때 쓰던 기
[旌(정)] 깃대 끝에 깃을 꾸민 장목을 늘어뜨린 기. 백성의 사기를 고무시킬 때 썼음.
[旌旗(정기)] 旌(정)과 旗(기).
[銘旌(명정)] 죽은 사람의 품계·관직·본관·성씨 등을 기록하여 상여 앞에 들고 가는 긴 기.

나타내다, 표창하다
[旌閭(정려)] 충신·효자·열녀 등이 살던 고을에 旌門

(정문)을 세워 표창하는 일.
[旌門(정문)] 충신·효자·열녀 등을 표창하려고 그 집 앞에 세우던 붉은 문.
[旌表(정표)] 착한 행실을 세상에 드러내어 널리 알림.
[旌表門閭(정표문려)] 旌表(정표)·旌門(정문)·旌閭(정려)를 아울러 이르는 말.
[懸旌(현정)] 바람에 나부끼는 깃발.

旭 아침 해 욱, 日부6　　2064

'旭(욱)'자는 '해 日(일)'과 '아홉 九(구)'로 이루어졌다. 아침 해가 돋는 모양을 나타낸다.

아침 해, 돋는 해, 해가 뜨다, 해 돋는 모양

[旭日(욱일)] 아침 해.
[旭日昇天(욱일승천)] 떠오르는 아침 해처럼 왕성한 기세나 세력을 비유하여 이르는 말.

旺 성할 왕:, 日부8　　2065

'旺(왕)'자는 '해 日(일)'과 '임금 王(왕)'으로 이루어졌다. 세상에서 크고 빛나는 것 두 개를 모아 놓았다. '盛(성)하다'의 뜻이다.

왕성하다, 세력·기운이 왕성한 모양

[旺盛(왕:성)] 한창 성함. ¶혈기 왕성/식욕 왕성
[旺運(왕:운)] 왕성한 운수.

昊 하늘 호:, 日부8　　2066

'昊(호)'자는 '해 日(일)'과 '하늘 天(천)'으로 이루어졌다. '하늘'을 뜻한다.

하늘, 하늘의 범칭

[昊天(호:천)] 넓고 큰 하늘.
[昊天罔極(호:천망극)] 어버이의 은혜가 넓고 큰 하늘과 같이 다함이 없다는 뜻.

晳 밝을 석, 日부12　　2067

'晳(석)'자는 '가를 析(석)'과 '해 日(일)'로 이루어졌다. '밝다'는 뜻이다.

밝다, 분명한 모양

[明晳(명석)] 생각이나 판단이 분명하고 똑똑함.

晶 밝을 정, 日부12　　2068

'晶(정)'자는 아주 밝은 별빛의 모양을 본떠 만들었다. '밝다'의 뜻을 나타낸다.

수정

[結晶(결정)] ① (물) 일정한 법칙에 따라 기하학적인 관계를 갖는 몇 개의 평면으로 둘러싸인 형체를 이루며, 내부의 원자 배열이 규칙적인 고체. ② 애써서 이룬 보람이 있는 결과. ¶노력의 결정
[結晶體(결정체)] ① (광) 結晶(결정)하여 일정한 모양을 이룬 물체. ② 애쓴 결과로 얻어지는 보람. ¶노력의 결정체/땀의 결정체
[水晶(수정)] 보석의 하나. 무색 투명한 석영(石英). 참 紫水晶(자수정)
[水晶體(수정체)] 안구의 일부로서 동공(瞳孔)의 뒤쪽에 붙어 있어 렌즈의 작용을 하는 투명한 조직체.
[液晶(액정)] (물) 액체와 고체의 중간적인 상태의 물질. 액체와 같은 유동성을 가지면서, 광학적인 면에서는 결정과 비슷함. 시계·컴퓨터·텔레비전의 화면 따위에 이용됨.

밝다, 환하다, 밝게 빛나는 모양

杜 막을 두, 팥배나무 두, 木부7　　2069

'杜(두)'자는 '나무 木(목)'과 '흙 土(토)'로 이루어진 글자이다.

막다, 닫다, 닫아걸다

[杜門洞(두문동)] 고려 말기 遺臣(유신) 72명이 새 朝宗(조종)인 조선에 반대하여 벼슬살이를 거부하고 은거하여 살던 곳. 두문불출한다 하여 두문동으로 불리었다.
[杜門不出(두문불출)] 문을 닫아걸고 밖을 나가지 않음. 외부와 소식을 끊고 홀로 지냄.
[杜絶(두절)] 막히거나 끊어짐. ¶연락 두절/교통 두절

姓(성)

[杜甫(두보)] 중국 당나라 때의 시인. 字(자)는 子美(자미). 李白(이백)과 더불어 중국 최고의 시인으로 꼽힌다. 중국 고대 시에 지대한 영향을 미쳐 詩聖(시성)이라 불린다.
[杜詩諺解(두시언해)] 우리나라 최초의 번역 시집. 杜甫(두보)의 시 1647편을 52부로 분류하여 주석을 달아 한글로 옮긴 책. 훈민정음과 우리말의 변천사를 연구하는 데 소중한 자료이다.
[李杜(이두)] 중국 唐代(당대)의 시인 중 詩仙(시선) 李白(이백)과 詩聖(시성) 杜甫(두보)의 並稱(병칭)

기타

[杜鵑(두견)] ① (동) 두견이. 두견이과의 여름새. 뻐꾸기와 비슷함. ② (식) 진달래.
[杜鵑花(두견화)] 진달래꽃.
[杜冲(두충)] (식) 갈잎큰키나무의 한 가지. 마른 껍데기는 한약재 또는 두충차의 원료가 됨.

柯 가지 가, 木부7　　2070

'柯(가)'자는 나무 일종의 이름이다. 현대 우리말 한자어로는 南柯一夢(남가일몽)뿐이다.

지명

[南柯一夢(남가일몽)] 한 때의 헛된 부귀를 이르는 말. 당(唐)의 순우분(淳于棼)이 느티나무의 남쪽 가지 밑에서 잠이 들었다가 꿈에 괴안국(槐安國)에 이르러 임금의 딸을 맞아 아내로 삼고 남가군(南柯郡)의 태수가 되어 영화를 누렸다는 고사에서 온 말. 南柯夢(남가몽)

柄 손잡이 자루 병:, 木부9　　2071

'柄(병)'자는 '나무 木(목)'과 '셋째 천간 丙(병)'으로 이루어졌다.

자루, 손잡이
[葉柄(엽병)] (식) 잎자루.
[花柄(화병)] (식) 꽃꼭지.

柴 섶 시:, 木부9　　2072

'柴(시)'자는 '이 此(차)'와 '나무 木(목)'으로 이루어졌다. '땔나무'를 뜻한다.

섶, 산야에 절로 나는 왜소한 잡목, 땔나무
[柴奴(시:노)] 땔나무를 하는 머슴.
[柴薪(시:신)] 땔나무.
[柴糧(시:량)/柴米(시:미)] 땔나무와 양식.

울짱, 울타리, 목책
[柴門(시:문)] 사립문.
[柴扉(시:비)] 사립문.

桀 왕 이름 걸, 木부10　　2073

'桀(걸)'자는 '어그러질 舛(천)'과 '나무 木(목)'으로 이루어졌다. 暴君(폭군)의 대명사 걸왕을 뜻한다.

왕 이름
[桀狗吠堯(걸구폐요)/桀犬吠堯(걸견폐요)] 걸왕의 개는 요임금을 보고도 짖는다. 주인이 포악하면 그를 따르는 사람이나 동물도 덩달아 사나워진다는 것을 비유하는 말.
[桀紂(걸주)] ① 중국 하나라의 걸왕과 은나라의 주왕. ② 매우 포악한 임금을 비유적으로 이르는 말.
[助桀爲虐(조:걸위학)] 못된 사람을 부추겨 악한 짓을 하게 함. 통助桀爲惡(조걸위악)

桓 굳셀 환, 푯말 환, 木부10　　2074

'桓(환)'자는 '나무 木(목)'과 '건널 亘(긍)'으로 이루어졌다. 우리말 한자어의 예는 없다. 단군 신화에 나오는 '桓雄(환웅)', '桓因(환인)'에서 '桓(환)'자가 쓰인다.

[桓雄(환웅)] (역) 桓因(환인)의 아들. 환인에게 天符印(천부인) 세 개를 받아 무리 삼천을 거느리고 태백산 신단수 아래 내려와 神市(신시)를 열고 웅녀와 결혼하여 단군을 낳았다고 함.
[桓因(환인)] 단군신화에 나오는 인물. 아들 환웅이 세상에 내려가고 싶어 하자 태백산에 내려 보내어 세상을 다스리게 하였다.

楞 네모질 릉, 木부13　　2075

'楞(릉)'자는 '네모진 나무'를 뜻한다. '나무 木(목)', '넉 四(사)', '모 方(방)'으로 이루어졌으니 각 요소가 '네모진 나무'를 뜻한다.
[楞伽經(능가경)] 한국 불교 근본경전 중 하나.
[楞嚴經(능엄경)] 한국 불교 근본경전 중 하나.

楚 초나라 초, 가시나무 초, 木부13　　2076

'楚(초)'자는 '수풀 林(림)'과 '발 疋(소)'로 이루어졌다. '나라 이름', '곱고 선명하다' 등의 뜻으로 쓰인다.

곱고 선명하다
[清楚(청초)] 깨끗하고 고움.

매, 회초리, 매질하다, 아프다, 고통을 느끼다, 마음이 아프다
[苦楚(고초)] 어려움과 괴로움. ¶고초가 이만저만이 아닐세

초나라, 중국 양자강 하류의 좌우 일대의 범칭
[四面楚歌(사:면초가)] 초(楚)의 항우(項羽)가 해하(垓下)에서 한(漢)의 고조(高祖) 유방(劉邦)의 군사에게 포위되었을 때, 밤중에 그를 포위한 한나라 진영 가운데서 초나라 노래를 부르는 소리를 듣고, 초나라 백성이 이미 한나라에 투항한 것으로 생각하고 탄식했다는 고사에서, ① 적에게 포위되어 고립무원(孤立無援)한 상태, ② 내어놓은 의견에 주위의 사람들이 다 반대하여 고립된 상태 등을 비유하여 이르는 말이다.

椿 참죽나무 춘, 木부13　　2077

'椿(춘)'자는 '나무 木(목)'과 '봄 春(춘)'으로 이루어졌다. 항상 봄 같이 생명력을 가진 나무. 즉 長壽(장수)를 상징한다. 大椿(대춘)이라는 나무는 8000년을 봄으로 삼고, 8000년을 가을로 삼는다.

참죽나무, 신령스러운 나무 이름
[椿葉菜(춘엽채)] 참죽나무잎.

아버지, 부친
[椿堂(춘당)/春堂(춘당)] 어르신네. 남의 아버지의 높임말.
[椿府丈(춘부장)/春府丈(춘부장)] 어르신네. 남의 아버지의 높임말. 椿(춘)이라는 나무가 자라는 집에 사는 어른.

槿 무궁화나무 근ː, 木부15　2078

'槿(근)'자는 '나무 木(목)'과 '진흙 堇(근)'으로 이루어졌다. '무궁화나무'를 뜻한다.

무궁화나무
[槿花(근ː화)] 무궁화꽃.
[槿花一日自爲榮(근화일일자위영).] 무궁화꽃이 하루에 피었다가 지는 것이 꼭 인간 세상의 榮華(영화)와 같다. 무궁화꽃은 아침에 피었다가 저녁이면 지기 때문에 이런 성어가 나왔다고 한다. 『白樂天(백낙천)·放言(방언)』 ☞ * 062

우리나라의 이칭(異稱)
[槿域(근ː역)] 무궁화나무가 많은 땅. '우리나라'를 달리 이르는 말.

樑 들보 량, 木부15　2079

'樑(량)'자는 '나무 木(목)'과 '들보 梁(량)'으로 이루어졌다. '梁(0572)'과 동자(속자)이다.

들보, 대들보
[上樑(상량)] 마룻대를 올림. 집을 지을 때 기둥에 보를 얹고 그 위에 마룻대를 올리는 일.
[棟梁(동량)/棟樑(동량)] ① 기둥과 들보. ② '棟梁之材(동량지재)'의 준말.
[棟梁之材(동량지재)/棟樑之材(동량지재)] 한 집안이나 한 나라를 맡아 다스릴 만한 큰 인재. 준棟梁(동량)

樟 녹나무 장, 木부15　2080

'樟(장)'자는 '나무 木(목)'과 '글월 章(장)'으로 이루어졌다. '녹나무'를 뜻한다.

녹나무
[樟腦(장뇌)] 樟木(장목)을 증류하여 얻는 백색 방향성 결정. 향료 또는 방충제·방취제로 쓴다.

殷 은나라 은, 殳부10　2081

'殷(은)'자는 여러 가지 뜻이 있지만 우리말 한자어로 쓰인 예는 없다. 다만 고대 중국의 '殷(은)'나라를 뜻하는 글자로 쓰인다.

은나라
[夏桀殷紂(하걸은주)] 하나라의 걸왕과 은나라의 주왕. 폭군의 대명사처럼 쓰인다.

毘 도울 비, 比부9　2082

'毘(비)'자는 '밭 田(전)'과 '견줄 比(비)'로 이루어졌다. 원래는 '田(전)'이 아니라 머리 모양을 나타내는 '囟(신)'이었다고 한다. 불교에서의 용어로 쓰인다.

[毘盧遮那佛(비로자나불)] (불) '몸의 빛·지혜의 빛이 법계에 두루 비치어 가득하다'는 뜻으로, '부처의 전신'을 일컫는 말.
[茶毘(다비)] (불) 주검을 불에 태워 장사하는 일. 참茶毘式(다비식)

毖 삼갈 비, 比부9　2083

'毖(비)'자는 '견줄 比(비)'와 '반드시 必(필)'로 이루어졌다. 마음을 냉정히 하여 한 가지 일에 정신을 집중시키는 모양이다.

삼가다, 근신하다
[懲毖(징비)] 前過(전과)를 뉘우쳐 삼감.
[懲毖錄(징비록)] 조선 때 柳成龍(유성룡)이 지은 史書類(사서류).
[懲前毖後(징전비후)] 지난날을 징계하고 뒷날을 삼간다. 이전에 저지른 오류에서 교훈을 얻어 이후에는 일을 신중하게 처리한다는 뜻이다. 柳成龍(유성룡)이 임진왜란을 회고하면서 저술한 책의 제목 '懲毖錄(징비록)'은 이 성어에서 유래한 것이다.

泌 스밀 비(ː), 샘물 흐르는 모양 비(ː), 水부8　2084

'泌(비)'자는 '물 氵(수)'와 '반드시 必(필)'로 이루어졌다. 닫힌 곳에서 가만히 흘러나오는 물을 뜻한다.

세포에서 일정한 물질을 만들어 내보내는 일
[泌尿器(비ː뇨기)] 오줌을 만들고 그것을 배설하는 기관. 신장·수뇨관·방광·요도 등으로 이루어짐.
[內分泌(내ː분비)] 각종 의 선(腺)이 그 분비물을 도관(導管)을 거치지 않고 직접 혈관 또는 임파액(淋巴液) 속에 보내는 일. 호르몬 따위. 참內分泌線(내분비선)
[分泌(분비)] 땀·침·소화액·호르몬 따위를 내어보내는 기능.

沼 못 소, 水부8　2085

'沼(소)'자는 '물 氵(수)'와 '부를 召(소)'로 이루어졌다. '늪' 또는 '못'을 뜻한다.

늪, 얕고 진흙이나 수초가 많은 못
[龍沼(용소)] 폭포가 떨어지는 바로 밑에 깊이 패여 있는 웅덩이.
[湖沼(호소)] 호수와 늪.
[月輪穿沼水無痕(월륜천소수무흔).] 달의 그림자가 연못을 뚫되 물에는 아무런 흔적이 없네. 『菜根譚(채근담)·後集 63』 ☞ * 388

浚 깊게 할 준ː, 水부10　2086

'浚(준)'자는 '물 氵(수)'와 '천천히 갈 夋(준)'으로 이루어졌다.

치다, 우물을 치다, 도랑 등의 물 밑바닥을 파서 깊게 하다
[浚渫(준:설)] 하천·항만 등의 밑바닥에 쌓인 토사 따위를 파냄. 참浚渫機(준설기), 浚渫船(준설선)

渫 칠 설, 파낼 설, 水부12   2087

'渫(설)'자는 '물 氵(수)'와 '나뭇잎 枼(엽)'자로 이루어졌다. 많은 변화 과정을 거쳐 '나뭇잎 枼(엽)'의 모양이 된 것이니 '枼(엽)'자가 표음요소로 쓰인 것에 대하여 그냥 넘어가자. '샐 泄(설)'자에 '나무 木(목)'을 붙여서 만든 글자로 보면 간단하게 해결된다.

치다, 물밑을 쳐내다
[浚渫(준:설)] ☞ 浚(준)

淮 물 이름 회, 水부11   2088

'淮(회)'자는 '물 氵(수)'와 '새 隹(추)'로 이루어졌다. 우리말 한자어로 쓰인 예는 없다.

강 이름
[淮水(회수)]
[淮南子(회남자)] 前漢(전한)의 淮南王(회남왕) 劉安(유안)이 편찬한 일종의 백과사전. 『呂氏春秋(여씨춘추)』와 함께 제자백가 중 雜家(잡가)의 대표작이다.

渤 바다 이름 발, 水부12   2089

'渤(발)'자는 '물 氵(수)'와 '우쩍 일어날 勃(발)'로 이루어졌다.

바다 이름, 나라 이름
[渤海(발해)] ① 黃海(황해)의 일부. ② 만주의 동부 한반도의 북부에 걸쳐 있던 나라.

淵 못 연, 水부12   2090

못, 소, 물이 깊이 차 있는 곳
[揭斧入淵(게:부입연)]. 도끼를 메고 산으로 가지 않고 못으로 간다. 물건을 사용하는 데 당치도 않은 짓을 하는 것의 비유. 『淮南子(회남자)·說山訓(설산훈)』
[深淵(심:연)] ① 깊은 못. ② '좀처럼 헤어나기 힘든 구렁'을 비유하여 이르는 말. ¶죽음의 심연
[淵源(연원)] 사물이나 일 따위의 근본. ¶이 문제가 발생하게 된 연원을 거슬러 올라가 보자
[羈鳥戀舊林(기조연구림), 池魚思故淵(지어사고연).] 묶인 새는 옛 숲을 그리워하고 연못의 물고기는 자기가 태어난 옛 연못을 잊지 못한다. '타향에 떠도는 나그네가 고향을 그리워함'을 비유하는 말. 『古文眞寶(고문진보)·陶淵明(도연명) 歸田園居(귀전원거)』
[溺於淵尙可游也(익어연상가유야), 溺於人不可救也(익어인불가구야).] 연못에 빠지면 헤엄쳐 나올 수라도 있지만, 여색에 빠진 사람은 구출하기 어렵다. 『大戴禮(대대례)』
[淵蓋蘇文(연개소문)]

渭 물 이름 위, 水부12   2091

'胃(위)'자는 '물 氵(수)'와 '밥통 胃(위)'로 이루어졌다.

강 이름
[涇渭(경위)] 사물의 이치에 대한 옳고 그른 구분이나 분별. 涇渭(경위)는 黃河(황하)의 지류로, 涇水(경수)는 항상 흐리고, 渭水(위수)는 항상 맑다. 이 두 물은 제각각 흐르다가 西安(서안) 부근에서 서로 합쳐진다. 그런데 섞여 흐르는 동안에도 맑고 흐림이 합쳐지지 않고 더욱 뚜렷이 구별된다는 데서 '사물의 이치에 대한 옳고 그른 분별'을 이른다. '境遇(경우)가 바른 사람' 또는 '경우에 어긋난 행동'이 예전에는 '涇渭(경위)가 바른 사람' 또는 '경위에 어긋난 행동'으로 쓰였고, 이것이 올바른 표현이다.

滋 불을 자, 水부12   2092

'滋(자)'자는 '물 氵(수)'와 '이 茲(자)'로 이루어졌다.

자라다
[滋養(자양)] 몸의 영양을 좋게 함. 또는 그런 물질. 참滋養分(자양분)

더욱
[滋甚(자심)] 더욱 심함.

溶 녹을 용, 넘칠 용, 水부13   2093

'溶(용)'자는 '물 氵(수)'와 '얼굴 容(용)'으로 이루어졌다. 고체가 녹아서 액체가 되는 것을 뜻한다.

녹다, 용해하다
[溶媒(용매)] (화) 용액을 만들 때에 용질을 녹이는 액체. 액체에 액체를 녹일 때는 많은 쪽의 액체를 말함.
[溶液(용액)] (물·화) 두 가지 이상의 물질이 섞여서 균질하게 되어 있는 액체. 녹아 있는 물질은 溶質(용질), 녹인 액체를 溶媒(용매)라 함.
[溶質(용질)] (화) 용액에 녹아 있는 물질. 액체에 다른 액체가 녹았을 때는 양이 적은 쪽을 가리킴.
[溶解(용해)] ① 녹음. 녹임. ② (화) 물질이 액체 속에 녹아서 용액을 이루는 현상.
[不溶性(불용성)] 용해되지 않는 성질. 凹可溶性(가용성)
[水溶性(수용성)] (화) 어떤 물질이 물에 녹는 성질.
[脂溶性(지용성)] (화) 어떤 물질이 기름에 녹는 성질.

灘 여울 탄, 水부22   2094

'灘(탄)'자는 여울 또는 물가를 뜻한다. '물 氵(수)'와 '어려울 難(난)'로 이루어졌다.

여울, 물가
玄海灘(현해탄), 新灘津(신탄진)

熊 곰 웅, 火부14　2095

'熊(웅)'자는 '곰'을 뜻한다. 곰은 원래 '能(능)'자로 나타냈었다. 그런데 '能(능)'자가 '능하다'의 뜻으로 쓰이는 예가 많아지자 '곰'은 '灬'를 붙여 '熊(웅)'자를 만들어 나타냈다. '熊(웅)'에서 '灬'는 '불 灬(화)'가 아니라 '발가락' 모양이다.

곰
[熊膽(웅담)] 곰의 쓸개. 곰의 쓸개를 채취하여 말린 것. 약간 일그러진 가늘고 긴 주머니 모양이다. 맛이 매우 쓰며 약재로 쓰인다.
[熊掌(웅장)] 곰의 발바닥. 八珍味(팔진미)의 하나로 꼽히며, 이것을 먹으면 風寒(풍한)을 물리친다고 함.

燦 빛날 찬:, 火부17　2096

'燦(찬)'자는 '불 火(화)'와 '정미 粲(찬)'으로 이루어졌다. '빛나다'의 뜻을 나타낸다.

빛나다, 번쩍번쩍하다
[燦爛(찬:란)] ① 눈부시게 빛남. ② 매우 훌륭함. ¶반만년 찬란한 우리의 역사
[燦然(찬연)] 눈부시게 빛나는 그러한 모양.

琪 아름다운 옥 기, 玉부12　2097

'琪(기)'자는 '구슬 玉(옥)'과 '그 其(기)'로 이루어졌다. 옥 같이 '아름답다'는 뜻이다.

옥
[琪花瑤草(기화요초)] 고운 꽃과 풀. ¶온갖 기화요초가 봄을 찬송하고 이름 모를 나비와 새의 떼가 하늘을 난다

瑟 큰 거문고 슬, 玉부13　2098

'瑟(슬)'자는 '큰 거문고'를 뜻한다. 윗부분은 거문고에 줄이 매어져 있는 모양을 본뜬 것이고, '반드시 必(필)'은 표음요소이다.

큰 거문고, 비파
[琴瑟(금슬)] '거문고와 비파는 음이 잘 어울리는 악기'라는 데서, 부부간의 사랑을 비유적으로 이르는 말. (우리말로는 금실이라고 한다)
[琴瑟之樂(금실지락)] 부부 사이의 다정하고 화목한 즐거움.
[琴瑟不調(금실부조)] 부부 사이의 정이 조화롭지 못함.

차고 바람이 사납다, 쓸쓸하다
[蕭瑟(소슬)] 으스스하고 쓸쓸함. ¶소슬바람/소슬한 바람 소리

瓊 구슬 경, 玉부19　2099

'瓊(경)'자는 '아름답고 둥근 옥'을 뜻한다. '구슬 玉(옥)이 표의요소이고 오른쪽 부분이 표음요소로 쓰였다.

옥, 아름다운 옥, 아름다운 것의 비유, 둥근 것의 비유
[瓊團(경:단)] 찹쌀, 수수 따위의 가루를 반죽하여 밤톨만한 크기로 동글게 빚어 익힌 뒤 고물을 묻힌 떡.

甕 독 옹:, 瓦부18　2100

'甕(옹)'자는 질그릇으로 만든 '독'을 뜻한다. '질그릇 瓦(와)'가 표의요소, '화목할 雍(옹)'이 표음요소로 쓰였다.

독, 단지
[甕器(옹:기)] 질그릇과 오지그릇을 통틀어 일컫는 말.
㈜甕器匠(옹기장)
[甕算(옹:산)] 독장수 셈. 실현성이 전혀 없는 허황된 셈이나 헛수고로 애만 쓰는 일. 옛날에 옹기장수가 길에서 독을 쓰고 자다가, 꿈에 큰 부자가 되어 좋아서 뛰는 바람에 꿈을 깨고 보니 독이 깨졌더라는 이야기에서 유래했다.
[甕算畵餅(옹:산화병)] 독장수의 궁리와 그림의 떡. 곧 헛배만 부르고 실속이 없음의 비유.
[甕城(옹:성)] 큰 성문을 엄호하려고 성문 밖에 반달 모양으로 달아 쌓은 성. ㈜鐵甕城(철옹성)
甕棺(옹관), 甕頭(옹두), 酒甕飯囊(주옹반낭)

邯 땅 이름 한, 邑부7　2101

'邯(한)'자는 고을 이름을 뜻하는 글자였다. '달 甘(감)'과 '고을 阝(읍)'으로 이루어졌다.

땅 이름
[邯鄲之夢(한단지몽)] 이 세상의 부귀영화가 덧없음을 비유하여 이르는 말. 唐代(당대)에 노생(盧生)이 한단(邯鄲) 땅의 주막집에서 여옹(呂翁)이란 선인(仙人)의 베개를 얻어 베고 한잠 자는 동안에 50년 동안의 영화를 꿈꾸었으나 깨고 보니 짓고 있던 밥이 아직 익지 않은 짧은 시간이었으므로 인생의 허무를 깨달았다는 고사에서 온 말. 图一炊之夢(일취지몽)
[邯鄲學步(한단학보)] 한단 사람의 걷는 모습을 배우다. 시골의 한 젊은이가 서울인 한단에 가서 한단의 걸음걸이를 제대로 배우기도 전에 본래의 걸음걸이마저 잊어버려 엎드려 기어서 돌아갈 수밖에 없었다는 고사에서 온 말. '남의 흉내를 내다가는 나 자신도 잃는다'는 뜻을 비유한 말. 『莊子(장자)』

甫 클 보:, 用부7　2102

'甫(보)'자는 '싹 날 屮(철) + 밭 田(전)'으로 만들어져서 '아버지 父(부) + 쓸 用(용)'의 형태를 거쳐 현재의 '甫

(보)'자의 형태를 취하게 되었다. '남자가 사회의 일원으로 쓰이게 됨', 즉 '아버지의 자격을 얻다'는 뜻으로 '남자'의 미칭으로 쓰였다.

사나이
[濁甫(탁보)] ① 성질이 흐리터분한 사람. ② 아무 분수를 모르는 사람. ③ 막걸리를 좋아하는 사람. ¶술탁보

기타
[杜甫(두보)] 중국 당나라 때의 시인. 字(자)는 子美(자미). 李白(이백)과 더불어 중국 최고의 시인으로 꼽힌다. 중국 고대 시에 지대한 영향을 미쳐 詩聖(시성)이라 불린다.

크다, 아무개, 남자의 미칭

疇 이랑 주, 田부19　2103

'疇(주)'자는 '밭 田(전)'과 '목숨 壽(수)'로 이루어졌다. '밭두둑', '이랑'의 뜻에서 '밭의 경계', '범위'의 뜻으로 확대되었다.

밭두둑, 갈아놓은 밭, 경계
[範疇(범:주)] ① 일정한 범위나 경계. ② 같은 종류나 부류. ¶둘은 같은 범주에 속한다
[洪範九疇(홍범구주)] 『書經(서경)』의 '洪範(홍범)'에 기록되어 있는, 禹(우)가 정한 정치 도덕의 아홉 원칙.

皓 흴 호:, 白부12　2104

'皓(호)'자는 '밝을 晧(호)'와 동자이다. '밝다'는 뜻을 나타낸다. 표의요소 '해 日(일)'이 '흰 白(백)'으로 바뀐 것이다.

희다, 희게 빛나다, 밝다, 깨끗하다
[皓齒(호:치)] 희고 깨끗한 이.
[丹脣皓齒(단순호치)] '붉은 입술과 흰 이'의 뜻으로, '여자의 썩 아름다운 얼굴'을 일컫는 말.
[明眸皓齒(명모호치)] '맑은 눈동자와 흰 이'라는 뜻으로, '미인의 아름다움'을 형용하는 말.
[商山四皓(상산사호)] 중국 진나라 말기에 난리를 피하여 상산에 살던 東園公(동원공), 夏黃公(하황공), 角里先生(각리선생), 綺里季(기리계)를 말함. 네 사람이 모두 눈썹과 수염이 흰 노인이어서 그렇게 불렸다.

盈 찰 영, 皿부9　2105

'찰 盈(영)'자는 '이에 乃(내)', '또 又(우)', '그릇 皿(명)'으로 이루어졌다. '乃(내)'는 펴진 활의 모양, '又(우)'는 '손'을 뜻한다. 덜 펴진 활을 손으로 잔뜩 당기듯이, '접시에 음식을 담아 올리다', '그릇에 가득 차다'는 뜻이다.

차다, 그릇에 가득 차다, 가득 차 넘치다
[盈滿之咎(영만지구)] '가득 차면 기운다'는 뜻으로, 사물이 十分(십분) 이루어졌을 때에는 도리어 화를 부르게 됨을 이르는 말. 『後漢書(후한서)』
[盈不可久(영불가구)] 차서 넘치게 되면 오래 유지하지 못함. 『易經(역경)』
[盈則必虧(영즉필휴)] 꽉 차서 극에 달하면 반드시 이지러짐. 『呂氏春秋(여씨춘추)』
[盈虧(영휴)] 가득 참과 이지러짐.
[戒盈杯(계:영배)] 술을 많이 마시는 것을 경계하기 위하여 만든 잔. 술이 어느 한도에 차면 새어 나가도록 술잔 옆에 구멍이 뚫려 있음.

만월, 보름달
[盈月(영월)] 보름달. 동滿月(만월)

叡, 睿 슬기 예:, 깊고 밝을 예:, 目부14　2106

'叡(예)'자의 字源(자원)을 따지면 복잡하다. 현재의 형태에서 저자 임의로 破字(파자)하면, '점 卜(복) + 덮을 冖(멱) + 한 一(일) + 골 谷(곡)에서 입 口(구)가 생략된 모양 + 눈 目(목) + 또 又(우)'로 이루어졌다. 자원에 따르면 '골 谷(곡)'의 윗부분은 '도려내다'의 뜻이라고 한다. 아랫부분과 연관시키면, '골짜기를 도려내듯이 깊이 사물을 보는 눈의 모양'이 '叡(예)'자라고 한다. '슬기'란 이런 깊은 통찰에서 오는 것이라는 뜻이다. '睿(예)'자는 古字(고자)이다.

총명하다, 슬기롭다, 깊고 밝다
[叡智(예:지)/睿智(예:지)] 사물의 도리를 꿰뚫어 보는 뛰어난 지혜.
[睿旨(예:지)] (역) 왕세자가 왕을 대신해서 내리는 명령.
[聰明睿智(총명예지)] 聖君(성군)이 갖추어야 할 필수 요건 네 가지. '聰(총)', 귀가 밝다는 것이다. 경청을 잘한다는 것이 아니라 아랫사람의 말을 듣는 순간 그 말 속에 섞여 있는 참과 거짓, 즉 眞僞(진위)를 정확히 가려낼 줄 안다는 뜻이다. '明(명)', 눈이 밝다는 뜻이다. 오랜 경험으로 인해 눈앞에 벌어지는 일의 잘잘못을 명확하게 가려낼 줄 안다는 뜻이다. '睿(예)', 일에 밝다는 뜻이다. 그래서 어떤 일을 추진하기에 앞서 밑그림을 빈틈없이 그려낼 줄 안다는 뜻이다. '智(지)', 사람에 밝다는 것이다. 사람을 깊이 꿰뚫어 보기 때문에 그 사람의 마음가짐이나 숨은 능력을 들여다볼 줄 안다는 뜻이다. 이렇게 풀이해야 왜 聰明睿智(총명예지)가 聖君(성군)의 덕목이라 했는지 알게 된다. 『中庸(중용)』

稷 기장 직, 禾부15　2107

'稷(직)'자는 '벼 禾(화)'와 '보습 날카로울 畟(측)'으로 이루어졌다.

기장, 오곡의 신 또는 그 사당, 농사를 다스리는 벼슬
[社稷(사직)] ① 땅을 맡은 신과 곡식을 맡은 신. 나라를 세우면 반드시 조상신과 함께 모셔 제사를 지냈음.

② 나라 또는 朝廷(조정)
[宗廟社稷(종묘사직)] 역대 여러 임금의 위패를 모시는 왕실의 사당과 땅을 맡은 신과 곡식을 맡은 신. 즉 왕실과 나라.

筏 뗏목 벌, 竹부12　2108

'筏(벌)'자는 대나무로 만든 '뗏목'을 뜻하는 것이었다. '대 竹(죽)'과 '칠 伐(벌)'으로 이루어졌다.

떼, 뗏목
[筏夫(벌부)] 뗏목을 물에 띄워 타고 나르는 사공.
기타
[筏橋(벌교)] 전남 보성군

繩 노끈 승, 밧줄 승, 糸부19　2109

'繩(승)'자는 '실 糸(사)'와 '파리 蠅(승)의 생략형'으로 이루어진 글자이다. '파리 蠅(승)'은 '배가 뽈록한 파리'의 뜻에서, 꼰 부분이 오목볼록한 실을 뜻한다. '파리 蠅(승)'자는 '벌레 虫(충) + 맹꽁이 黽(맹)'으로 이루어진 글자이다.

줄, 새끼, 먹줄, 묶다, 결박하다
[自繩自縛(자승자박)] '제 새끼로 제 몸을 옭아 묶는다'는 뜻으로, ① 제가 잘못하여 불행을 자초함을 비유하여 이르는 말. ② 제 마음으로 번뇌를 일으켜 괴로워함을 비유하여 이르는 말.
[捕繩(포:승)] 오라. 도둑이나 중죄인의 두 손을 뒷짐지어 묶는 데 쓰는 굵은 줄.
[火繩(화:승)] 화약심지. 불이 붙게 하는 데 쓰는 노끈.
⟦참⟧火繩銃(화승총)

羲 복희 희, 羊부16　2110

'羲(희)'자는 '어조사 兮(혜)'와 '옳을 義(의)'로 이루어졌다. '義(의)'자는 '양 羊(양) + 나 我(아)'로 이루어졌다. '羲(희)'자는 여기에 '어조사 兮(혜)'가 더 붙은 것이다. 잘 살펴보면 我(아)'자에서 한 획이 생략된 것을 찾을 수 있을 것이다. 글자 모양을 위해서 그렇게 되었다.

복희(伏羲)의 약칭
[伏羲氏(복희씨)] 三皇(삼황)의 첫머리에 꼽히는 중국의 전설상의 제왕. 또는 신. 漁獵(어렵)을 가르치고 八卦(팔괘)를 만들었다고 함. ⟦참⟧燧人氏(수인씨), 神農氏(신농씨)

왕희지(王羲之)의 약칭

耆 늙을 기:, 老부10　2111

'耆(기)'자는 '늙을 老(노)'와 '맛있을 旨(지)'로 이루어진 글자인데, 비수 匕(비) 하나가 생략되었다.

늙은이, 예순 살 또는 일흔 살 이상의 늙은이
[耆年(기:년)] 예순 살이 넘은 나이.
[耆老(기:로)] 예순 살 이상의 노인.
[耆老所(기:로소)] (역) 조선 때, 노인을 대접하는 뜻에서 일흔 살이 넘은 정2품 이상의 문관들이 모여 지내게 하던 곳.

耽 즐길 탐, 耳부10　2112

'耽(탐)'자는 '귀 耳(이)'와 '베개 尤(침)'로 이루어졌다. 본뜻은 귀가 커서 축 늘어진 모양을 뜻하는 것이었다. '눈 目(목) + 尤(침)'으로 이루어진 '노려볼 眈(탐)'자와 혼동하지 말아야 한다.

즐기고 좋아하다, 즐기다, 기쁨을 누리다
[耽美(탐미)] 아름다움을 찾아 거기에 빠짐.
[耽美主義(탐미주의)] (예) 아름다움만을 최고의 가치나 목적으로 여겨, 이를 추구하는 예술의 경향.
탐닉하다, 열중하여 빠지다
[耽溺(탐닉)] 어떤 일을 지나치게 즐겨서 거기에 빠짐.
[耽讀(탐독)] 어떤 책이나 글을 유달리 즐겨서 열중하여 읽음. 다른 것을 잊어버릴 만큼 글 읽기에 빠짐.
[耽樂(탐락)] 주색에 빠져 마음껏 즐김.
기타
[耽羅(탐라)] '제주도'의 옛 이름.
사물의 모양
[耽耽(탐탐)] 썩 마음에 들어 즐겁고 좋아하는 모양.

眈 노려볼 탐, 범이 보는 모양 탐, 目부9　2113

'眈(탐)'자는 '目(목)'과 '베개 尤(침)'로 이루어졌다. '尤(침)'자는 표음요소로 쓰인 것이다.

노려보다, 범이 내려다보는 모양
[虎視眈眈(호:시탐탐)] '범이 눈을 부릅뜨고 먹이를 노려본다'는 뜻으로, '기회를 노리고 가만히 정세를 관망함'을 비유하는 말.

聚 모일 취:, 耳부14　2114

'聚(취)'자는 '세 개의 사람 人(인)'과 '취할 取(취)'로 이루어졌다.

모이다, 모여들다, 모으다
[聚斂(취:렴)] 백성의 재물을 탐하여 거두어들임.
[聚散(취:산)] 모임과 흩어짐.
[類聚(유:취)] 같은 종류의 물건을 모음.
[財聚則民散(재취즉민산)] 윗자리에 있는 자가 자기의 재물만을 모으려고 하면 민심을 잃어 백성은 흩어짐. 『大學(대학)』
마을, 촌락
[聚落(취:락)] 사람이 무리지어 사는 마을.

芝 지초 지, ⺿부8　2115

'芝(지)'자는 神草(신초)라는 '靈芝(영지)'를 뜻한다. '풀 ⺿(초)'와 '갈 之(지)'로 이루어졌다.

상서로운 징조로 보는 지초(芝草)와 지란(芝蘭)
[芝蘭(지란)] ① 芝草(지초)와 蘭草(난초). ② 높고 맑은 인품을 비유하는 말.
[芝蘭之交(지란지교)] '지초와 난초의 사귐'이라는 뜻으로, 벗 사이에 맑고도 고귀한 교제를 비유하는 말.
버섯을 일종
[靈芝(영지)] 영지버섯.

茅 띠 모, ⺿부9　2116

'茅(모)'자는 풀의 일종인 '띠'를 뜻하는 것이다. '풀 ⺿(초)'와 '창 矛(모)'로 이루어졌다.

띠, 띠를 베다, 새를 베다, 띠집, 띠로 지붕을 이은 집
[茅屋(모옥)] 띠로 지붕을 인 집. 누추한 집.
[茅亭(모정)] 짚이나 억새 따위로 지붕을 이은 정자.

荀 풀 이름 순, ⺿부10　2117

'荀(순)'자는 '풀'의 이름을 나타내는 글자였다. '풀 ⺿(초)'와 '열흘 旬(순)'으로 이루어졌다.

풀 이름
[荀子(순재)] 중국 전국시대의 철학자.

董 바를 동: 거둘 동:, ⺿부13　2118

'董(동)'자는 원래 '바로잡다'라는 뜻을 나타내는 것이었으나, 우리나라에서는 '골동품'이라는 뜻으로만 쓰인다. '풀 ⺿(초)'와 '무거울 重(중)'으로 이루어졌다.

골동품
[骨董(골동)] 오래 되어 희귀한 세간이나 미술품. 오늘날에는 제작한지 오래된 예술품에 국한되어 쓰이지만, 원래 의미는 뼈를 푹 고아 나온 국물, 즉 骨董羹(골동갱)을 일컫는 말이었다. 어떤 물건의 精髓(정수)가 모두 뽑혀 나왔다는 뜻에서 의미가 확대된 것이다.
[骨董品(골동품)] ① 오래되고 희귀한 물품. ② 낡고 쓸모없는 물품 또는 시대적으로 뒤떨어지거나 무딘 사람을 비유하는 말.

葡 포도 포, ⺿부13　2119

'葡(포)'자는 '포도'를 뜻한다. '풀 ⺿(초)'와 '기어갈 匍(포)'로 이루어졌다. '匍(포)'자는 '쌀 勹(포) + 클 甫(보)'로 이루어진 글자이다.

萄 포도 도, ⺿부12　2120

'萄(도)'자는 '포도'를 뜻하기 위한 것이다. '풀 ⺿(초)'와 '질그릇 匋(도)'로 이루어졌다. '匋(도)'자는 '쌀 包 + 장군 缶(부)'로 이루어졌다.

포도
[葡萄(포도)] 포도나무의 열매.
[葡萄糖(포도당)] 희거나 환한 결정으로서, 단맛이 있고 물이나 알코올에 잘 녹으며, 자양제나 술·음식물을 만드는 데 쓰는 당분.
[葡萄酒(포도주)] 포도의 즙을 원료로 하여 담근 술.

蓬 쑥 봉, 초목 무성할 봉, ⺿부15　2121

'蓬(봉)'자는 '쑥'을 뜻하는 것이다. '풀 ⺿(초)'와 '만날 逢(봉)'으로 이루어졌다. '逢(봉)'자는 '길갈 辶(착) + 거스를 夆(봉)'으로 이루어졌다.

쑥, 흐트러지다, 머리카락이 흐트러지다
[蓬頭(봉두)] 쑥대강이. 쑥대강이 같이 마구 흐트러진 머리털.
[蓬頭垢面(봉두구면)] '흐트러진 머리와 때 묻은 얼굴'이라는 뜻으로, 성질이 털털하여 겉모습에 별 관심을 두지 않음을 이르는 말.
[蓬頭亂髮(봉두난발)] 쑥대강이 같이 마구 흐트러진 머리털. 同蓬髮(봉발)

薰 향풀 훈, ⺿부18　2122

'薰(훈)'자는 '향기로운 풀'을 뜻하는 것이다. '풀 ⺿(초)'와 '연기 낄 熏(훈)'으로 이루어졌다. '熏(훈)'자는 불을 때서 '연기가 나게 하는 것', 또는 '연기의 향'을 뜻하니 표의요소로 볼 수도 있다.

향풀, 향내 나다, 향기를 풍기다, 향기, 좋은 향기
[香薰(향훈)] 향내.
[蘭薰(난훈)] 난의 향기.
연기가 나다, 연기가 오르다, 훈자(薰炙)하다
[薰煙(훈연)] 냄새가 좋은 연기.
[薰蒸(훈증)] 찌는 듯이 무더움.
훈훈하다, 평온하다
[薰氣(훈기)] 훈훈한 기운.
[薰風(훈풍)] 첫여름에 부는 훈훈한 바람.

蜀 나라 이름 촉, 虫부13　2123

'蜀(촉)'자는 원래는 큰 눈을 가진 징그러운 벌레를 나타내는 것이었다. '罒'은 '그물 罒(망)'이 아니라 '눈 目(목)'이 자세를 바꾼 것이고, '勹(포)'는 벌레의 몸집을 나타낸다. '벌레'임을 나타내기 위해서 '벌레 虫(충)'을 썼다. 실제로는 나라 이름 또는 지역 이름으로만 쓰인다.

나라 이름, 땅 이름, 사천성의 약칭
[蜀葵(촉규)/蜀葵花(촉규화)] 접시꽃.
[蜀道(촉도)] ① 蜀(촉) 즉, 지금의 사천성으로 통하는 험준한 길. ② 人情(인정)과 世路(세로)의 어려움을 비유하여 이르는 말. 참蜀道難(촉도난)
[蜀黍(촉서)] 수수.
[玉蜀黍(옥촉서)] 옥수수.
[蜀鳥(촉조)/歸蜀道(귀:촉도)] 두견이.
[蜀漢(촉한)] 옛날 중국 漢(한)나라가 망한 후 劉備(유비), 曹操(조조), 孫權(손권)이 천하를 삼분하여 나라를 세웠을 때, 劉備(유비)가 세운 나라.

衍 넘칠 연:, 行부9 2124

'衍(연)'자는 '물이 흐르다, 퍼지다, 넘치다' 등의 뜻을 나타내는 것이었다. '갈 行(행)'의 가운데에 '물 氵(수)'가 들어간 형태를 취한다.

펴다, 퍼지다, 만연하다, 넓히다
[蔓衍(만연)/蔓延(만연)] 널리 퍼짐. 번지어 퍼짐.
[敷衍(부:연)] ① 알기 쉽게 더하여 자세히 설명함. ¶부연하여 설명하다 ② 늘려서 널리 퍼지게 함.

넘치다, 넘쳐 흐르다, 흐르다, 물이 흘러가다

襄 도울 양(:), 衣부17 2125

'襄(양)'자는 '옷을 걷어 올리다'가 본뜻이다. '옷 衣(의)'와 가운데의 나머지로 이루어졌다. 그 나머지가 표음요소라고 한다. '襄(양)'자가 쓰인 한자어는 우리말 사전에 "宋襄之仁(송양지인)"정도가 올라 있다.
[宋襄之仁(송:양지인)] 송양공의 어짊. 적들에게도 仁義(인의)를 베풀어야 한다고 말하는 어리석은 행동을 비유하는 말이다. 『十八史略(십팔사략)』

謨 꾀 모, 言부18 2126

'謨(모)'자는 주로 天子(천자) 또는 政事上(정사상)의 大計(대계)를 뜻하는 글자이다. '말씀 言(언)'과 '없을 莫(막)'으로 이루어졌다. 음도 같고 의미도 '꾀'의 뜻으로 비슷한 '謀(모)'자와는 다른 글자이다. '謀(모)'자는 서로 말을 주고받으며 '상의하다'는 뜻을 나타내기 위하여 만든 글자이다.

꾀, 계책, 광범위한 계략, 꾀하다, 대계(大計)를 정하다, 계획하다
[謨訓(모훈)] 국가의 大計(대계) 및 後代(후대)의 모범이 될 만한 교훈.

赫 빛날 혁, 赤부14 2127

'赫(혁)'자는 불이 붉게 '빛나다'는 뜻이다. '붉을 赤(적)'자 두 개로 이루어졌다.

붉다, 붉은 빛, 붉은 모양, 빛나는 모양, 덕이 밝은 모양
[赫赫(혁혁)] 두드러지게 빛나는 모양. ¶혁혁한 공을 세우다 참赫赫之功(혁혁지공)

기타
[朴赫居世(박혁거세)] 신라의 시조.

踰 넘을 유, 足부16 2128

'踰(유)'자는 '한정에서 벗어나 넘다'의 뜻을 나타낸다. '발 足(족)'과 '더욱 俞(유)'로 이루어졌다.

넘다
[不踰矩(불유구)] 규칙에 벗어나지 아니함. 하늘의 법칙에 어긋나지 아니함. 도덕이 몸에 배어 멋대로 행하여도 도덕에 벗어나지 아니함. 七十而從心所欲(칠십이종심소욕), ____. 『論語(논어)·爲政(위정)』 ☞ * 289
[禮不踰節(예불유절)] 예의는 절도를 넘지 않는다. 예의는 절도를 넘어서는 안 된다. 정중한 것이 좋다 하더라도 도를 넘어선 정중함은 오히려 아부에 가까워져서, 때로는 실례가 되기까지 한다. 『禮記(예기)·曲禮 上(곡례 상)』, 『小學(소학)·內篇(내편)·敬身(경신)』

輔 도울 보:, 덧방나무 보:, 車부14 2129

'輔(보)'자는 '수레의 덧방나무'를 뜻하는 것이다. '수레 車(거)'와 '클 甫(보)'로 이루어졌다. 수레의 양쪽 가장자리에 덧대어 받치는 힘을 도울 수 있게 하는 역할을 하는 것이다.

돕다, 보좌, 도와서 바로잡다, 보조역
[輔國(보:국)] 나라의 일을 도움. 참輔國安民(보국안민)
[輔仁(보:인)] 벗들끼리 서로 격려하고 도와 덕을 닦음.
[輔佐(보:좌)/佐(보:좌)] 윗사람 곁에서 그 일을 도움. 참補佐官(보좌관) 輔佐官(보좌관)
[輔弼(보:필)] ① 補佐(보좌). ② 임금의 덕업을 도움. 또는 그런 사람.
[盡忠輔國(진충보국)] 충성을 다하여 나라의 은혜를 갚음.
[君子以文會友(군자이문회우), 以友輔仁(이우보인).] 군자는 학문으로써 벗을 모으고, 벗으로써 仁(인)의 실천을 돕는다. 『論語(논어)·顔淵(안연)』

迦 부처 이름 가, 辶부9 2130

'迦(가)'자는 '석가모니'의 '가'자를 위하여 만든 글자이다. '길 갈 辶(착)'과 '더할 加(가)'로 이루어졌다.

범어(梵語)의 '가'음을 나타내는 차자(借字)
[釋迦(석가)] ① 고대 인도에서, 아리아족의 크샤트리아에 딸린 종족. 석가모니도 이 종족 출신임. ② '석가모니'의 준말.
[釋迦牟尼(석가모니)] (불) 부처로서의 석가모니.
[釋迦世尊(석가세존)] '釋迦牟尼(석가모니)'의 높임말.

遼 멀 료, 辶부16 2131

'遼(료)'자는 '먼 길'의 뜻을 나타낸다. '길 갈 辶(착)'과 '화톳불 尞(료)'로 이루어졌다.

멀다, 거리·시간 등이 멀다
[遼遠(요원)] 아득히 멂.

강 이름
[遼河(요하)] [遼東(요동)] [遼西(요서)]

鄭 나라 이름 정:, 邑부15 2132

'鄭(정)'자는 '나라 이름'을 나타내는 것이다. '고을 阝(읍)'과 '정할 奠(전)'으로 이루어졌다.

나라 이름
[鄭重(정중)] 태도나 모양이 점잖고 묵직하다. 은근하고 친절하다.
[鄭鑑錄(정감록)] 조선 초에 만들어졌다는 예언서.

[鄭人買履(정인매리)] 정나라의 且置履(차치리)라는 사람이 신을 사러 장에 갔다. 그는 먼저 발 칫수를 쟀다. 막상 장에 갈 때는 칫수를 적어둔 종이를 깜빡 잊고 집에 둔 채 나왔다. 그가 신발 장수에게 말했다. "여보게, 내가 발 칫수를 적어둔 종이를 깜빡 집에 두고 왔네. 내 얼른 가서 가져 옴세." 그가 바삐 집으로 돌아가 종이를 가지고 시장으로 돌아왔지만 신발 장수는 이미 가게 문을 닫은 뒤였다. 곁에서 보던 이가 물었다. "어째서 직접 신어보질 않았소?" "자로 잰 칫수는 믿을 수 있지만 내 발은 믿을 수가 없어야지." 곧이곧대로 열심히 일하는 것이 중요하지 않다. 제대로 똑바로 하는 것이 중요하다. 직접 신어볼 생각은 없고 맨날 칫수 적은 종이만 찾다 보면 백날 가도 신은 못 산다. 백성을 위한다는 선량들이 하는 꼴이 맨날 이 모양이다. 맨발로 겨울 나게 생겼다. 이런 내용의 글의 제목으로 '치수 잰 것을 가져오는 것을 잊었다'는 뜻의 '忘持度(망지도)'라고도 알려져 있다. 『韓非子(한비자)·外儲說左上(외저설좌상)』

采 풍채 채:, 캘 채:, 釆부8 2133

'采(채)'자에서 '나무 木(목)'은 '과일 果(과)'의 생략형이다. '손(爪)(조)'으로 열매[果(과)]를 따다'의 뜻을 나타낸다.

캐다, 따다
[采薇(채:미)] 고사리를 캠.
[采薇歌(채:미가)] 고사리를 캐면서 부르는 노래. 伯夷(백이)와 叔齊(숙제)가 首陽山(수양산)에 들어가 고사리를 꺾어 먹고 살다가 굶어 죽기 전에 지었다는 노래. ☞ *132

폐백
[采緞(채:단)] 혼인 때 신랑 집에서 신부의 집으로 미리 보내는, 청색과 홍색의 두 가지 비단. 치마나 저고릿감으로 쓰임.
[納采(납채)] ① 신랑집에서 신부집으로 혼인을 청하는 의례. ② 納幣(납폐).

용모, 풍채
[風采(풍채)] 빛나서 드러나 보이는 사람의 겉모양. ¶풍채가 늠름하다

기타
[喝采(갈채)] 찬양하거나 환영하는 뜻으로 열렬히 외침. ¶갈채를 보내다
[拍手喝采(박수갈채)] 손뼉을 치며 환영하거나 찬성하거나 칭찬함. ¶박수갈채를 받다

釜 가마 부, 金부10 2134

'釜(부)'자는 '가마솥'을 나타내는 것이다. '아비 父(부)'와 '쇠 金(금)'으로 이루어졌다. 글자의 모양을 위해서 일부 중복된 것이 생략되었다.

가마, 발 없는 큰 솥, 솥의 범칭
[魚遊釜中(어유부중)] 물고기가 솥 안에서 놀고 있다는 뜻으로, '위험이 목전에 닥쳐 있음을 모름'을 비유하여 이르는 말. ㊞釜中魚(부중어) 『後漢書(후한서)』
[煮豆燃豆萁(자두연두기), 豆在釜中泣(두재부중읍).] 콩을 삶는데 콩대를 베어 때니, 솥 안에 있는 콩이 눈물 흘리네. 『世說新語(세설신어)·七步詩(칠보시)』 ☞ *436

欽 공경할 흠, 金부12 2135

'欽(흠)'은 어른께 '몸을 삼가다'의 뜻이다. 어른 앞에서 하품을 할 때 입을 크게 벌리는 것을 삼간다는 뜻이다. '쇠 金(금) + 하품 欠(흠)'으로 이루어졌다. '쇠 金(금)'은 원래는 '머금을 含(함)'이었다.

공경하다, 몸을 삼가다
[欽慕(흠모)] 기쁜 마음으로 공경하며 사모함.
[欽服(흠복)] 깊이 공경하고 사모하여 복종함.

鉢 바리때 발, 金부13 2136

'鉢(발)'자는 '스님의 밥그릇'을 뜻한다. '쇠 金(금)'과 '밑 本(본)'으로 이루어졌다.

바리때, 중의 밥그릇
[沙鉢(사발)] 사기로 만든 밥그릇이나 국그릇. 분량의 단위로도 쓰임. ¶밥 한 사발
[沙鉢農事(사발농사)] '사발로 짓는 농사'라는 뜻으로, 사발을 들고 다니면서 걸식하는 짓 곧, 빌어먹을 삶을

일컫는 말.
[沙鉢通文(사발통문)] 주모자를 숨기기 위해 관계자들의 성명을 사발 둘레 모양으로 둥글게 빙 돌려 적은 통지문.
[周鉢(주발)] 놋쇠로 둘러 만든 밥그릇.
[托鉢(탁발)] (불) ① 도를 닦는 중이 경문을 외면서 집집마다 다니며 동냥하는 일. 참托鉢僧(탁발승) ② 절에서 식사 때 중들이 바리때를 들고 식당에 가는 일.
불가에서 대대로 전하는 가사(袈裟)와 바리때, 바꾸어 대대로 전하는 물건

鍵 열쇠 건:, 金부17　　2137

'鍵(건)'자는 '열 쇠'를 뜻한다. '쇠 金(금)'과 '세울 建(건)'으로 이루어졌다.

열쇠, 자물쇠를 여는 쇠
[關鍵(관건)] ① 문빗장과 자물쇠. ② 어떤 일을 해결하는 요긴한 방책을 비유하는 말.

건반(鍵盤)
[鍵盤(건:반)] (피아노·오르간·타자기 등에) 건을 늘어놓은 면으로 쳐서 소리가 나게 하는 부분. 키보드.

鑽 뚫을 찬, 金부27　　2138

'鑽(찬)'자는 나무에 구멍을 뚫는 연장 '끌'을 뜻하는 것이었다. 쇠로 '뚫다'는 뜻을 나타낸다. '쇠 金(금)'과 '도울 贊(찬)'으로 이루어졌다.

깊이 연구하다
[研鑽(연찬)] 어떤 일에 대하여 깊이 생각하고 사리를 따져 보는 일. 참研鑽會(연찬회)

끌, 강철로 만든 끌, 송곳, 송곳으로 구멍을 내다

閭 마을 려, 門부15　　2139

'閭(려)'자는 집들이 모인 '마을의 문'을 뜻한다. '문 門(문)'과 '이어질 呂(려)'로 이루어졌다.

길에 세운 문, 문
[旌閭(정려)] 충신·효자·열녀 등이 살던 고을에 旌門(정문)을 세워 표창하는 일.
[旌表門閭(정표문려)] 旌表(정표)·旌門(정문)·旌閭(정려)를 아울러 이르는 말.

마을, 거리
[閭閻(여염)] 백성들의 살림집이 많이 모여 있는 곳. 동閭巷(여항).

閻 마을 염, 門부16　　2140

'閻(염)'자는 '마을의 문'을 뜻하는 글자였다. '문 門(문)'과 '불꽃 焰(염)'에서 火(화)가 생략된 것'으로 이루어졌다.

마을의 문, 한길, 번화한 거리
[閻閻(여염)] ☞ 閭(려)

기타
[閻羅大王(염라대왕)] (불) 저승에서 지옥에 떨어지는 인간의 생전의 선악을 심판하여 벌을 준다고 하는 왕.

陟 오를 척, 阜부10　　2141

'陟(척)'자는 '언덕을 오르다'는 뜻이다. 언덕[阝(부)]을 오르는 발걸음[步(보)]으로 이루어졌다.

나아가다
[進陟(진:척)] ① 일이 진행되어 나아감. ② 일이 목적한 방향대로 진행되어 감. ¶공사가 진척을 보이지 않는다

雉 꿩 치, 隹부13　　2142

'雉(치)'자는 '꿩'을 뜻하는 것이다. '새 隹(추)'와 '화살 矢(시)'로 이루어졌다.

꿩
[家鷄野雉(가계야치)] 집의 닭을 싫어하고 들의 꿩을 좋아한다는 뜻으로, 집안에 있는 좋은 것을 버리고 밖에 있는 나쁜 것을 탐냄, 또는 좋은 필적을 버리고 나쁜 필적을 좋아함, 또는 正妻(정처)를 버리고 妾(첩)을 사랑함 등을 비유하여 이르는 말.
[春山雉以鳴死(춘산치이명사).] '봄철의 꿩은 울기 때문에 죽는다'는 뜻으로, '남이 모르는 일을 자기 자신이 발설하여 해를 당함'을 비유하여 이르는 말. 『靑莊館全書(청장관전서)』
[雉岳山(치악산)]

靺 말갈 말, 革부14　　2143

'靺(말)'자는 종족의 이름을 뜻한다. '가죽 革(혁)'과 '끝 末(말)'로 이루어졌다.

鞨 오랑캐 갈, 革부18　　2144

'鞨(갈)'자는 가죽으로 만든 '신발'을 뜻하는 것이었다. 그러나 이 뜻의 한자어 낱말은 없고, '나라 이름'으로만 쓰인다. '가죽 革(혁)'과 '어찌 曷(갈)'로 이루어졌다.

북방 종족 이름
[靺鞨(말갈)] 중국 북방 지역에 거주한 고대 부족.

鞠 성씨 국, 공 국, 革부17　　2145

'鞠(국)'자는 가죽으로 만든 '공'을 뜻하는 것이었다. '가죽 革(혁)'과 '움켜뜰 匊(국)'으로 이루어졌다.

공
[蹴鞠(축국)] 옛날에 있었던 공차기 놀이.

국문하다
[鞠問(국문)] 국청에서 중죄인을 심문하던 일.
[鞠廳(국청)] (역) 조선 때, 역적 같은 큰 죄인을 신문하기 위하여 임시로 둔 관아.
굽히다, 삼가다
[鞠躬(국궁)] 존경하는 뜻으로 몸을 굽힘. 참鞠躬拜禮(국궁배례)

韋 다룸가죽 위, 韋부9　2146

'韋(위)'자는 '무두질하여 부드러워진 가죽'을 뜻한다. '어그러질 舛(천)'과 '입 口(구)'로 이루어진 글자이다. '舛(천)'자의 두 부분이 세로로 배열되고 '口(구)'가 가운데로 들어갔다.
다룸가죽, 무두질한 가죽
[韋編(위편)] 책을 꿰맨 가죽 끈.
[韋編三絕(위편삼절)] 공자가 주역을 너무 애독하여 그 책에 매었던 가죽 끈이 세 번이나 끊어졌다는 데서, '독서를 많이 함'을 비유한 말. 『史記(사기)·孔子世家(공자세가)』
부드러운 것, 유연한 것의 비유

頓 조아릴 돈:, 頁부13　2147

'頓(돈)'자는 '머리를 조아리다'는 뜻이다. '머리 頁(혈)'과 '진칠 屯(둔)'으로 이루어졌다.
조아리다, 머리를 숙여 이마가 땅에 닿도록 절을 하다
[頓首(돈:수)] ① 공경하여 머리를 땅에 닿도록 꾸벅임. ② 편지의 첫머리나 끝에 경의를 나타내려고 쓰는 말.
[免冠頓首(면:관돈수)] 관을 벗고 이마가 땅에 닿도록 절을 함.
갖추다, 정비하다
[整頓(정:돈)] 가지런히 하여 바로잡음. ¶정리 정돈
갑자기, 급작스럽게, 문득
[頓死(돈:사)] 갑자기 죽음.
[頓悟(돈:오)] ① 갑자기 깨달음. ② (불) 바로 깨달음에 이를 수 있다는 것이 돈오이며, 이에 반해 단계를 거칠 필요성을 설하는 것이 漸悟(점오)이다.
[頓悟漸修(돈:오점수)] 갑자기 깨우치고 점진적으로 수양한다. 頓悟(돈:오)는 漸悟(점오)의 상대말로 진리를 한꺼번에 깨친다는 뜻이다. 이러한 돈오의 체험 뒤에는 반드시 점차로 마음의 번뇌를 닦아 나가는 漸修(점수)가 뒤따라야 한다. 頓悟漸修(돈오점수)는 우리나라 禪家(선가)에서 기본적인 수행 원리로 제창하는 수행을 말한다. ☞ * 101
[頓絕(돈:절)] 소식이 아주 끊어짐. ¶이별 후 소식이 돈절일세
기타
[頓淡無心(돈:담무심)] 사물에 대하여 도무지 탐탁하게 여기는 마음이 없음.

[查頓(사돈)] 혼인한 두 집안 사이의 관계나 그 관계에 있는 사람. 또는 그들 사이에 서로를 부르는 말. ¶사돈을 맺다/사돈의 팔촌
[查頓宅(사돈댁)] ① 사돈의 아내. ② '사돈집'의 높임말.

駿 준마 준:, 馬부17　2148

'駿(준)'자는 잘 달리는 '좋은 말'을 뜻한다. '말 馬(마)'와 '천천히 갈 夋(준)'으로 이루어졌다.
준마, 잘 달리는 말, 빠르다, 신속하다
[駿馬(준:마)] 썩 잘 달리는 좋은 말.
[駿足(준:족)] '걸음이 빠른 좋은 말'이라는 뜻에서, '잘 달리는 사람'을 비유하는 말.
뛰어난 사람, 걸출한 사람

魯 노나라 로, 魚부15　2149

'魯(로)'자는 접시 위에 올려놓은 생선 모양을 본뜬 것이라고 한다. '맛있음', '훌륭함'을 뜻하지만 주로 '나라 이름'으로 쓰인다.
나라 이름
[魚魯不辨(어로불변)] '魚(어)'자와 '魯(로)'자를 분간하지 못할 만큼 무식함.

鮑 절인 물고기 포:, 魚부16　2150

'鮑(포)'자는 절이거나 말린 '물고기'를 뜻한다. '고기 魚(어)'와 '쌀 包(포)'로 이루어졌다.
절인 어물, 소금에 절인 생선
기타
[管鮑之交(관포지교)/管鮑貧時交(관포빈시교)] 춘추 시대, 齊(제)의 管仲(관중)과 鮑叔牙(포숙아)가 가난하던 시절부터 부귀하게 된 후까지, 그 우정이 변하지 않았던 일. 『杜甫(두보)·貧交行(빈교행)』

鴨 오리 압, 鳥부16　2151

'鴨(압)'자는 '오리'를 뜻한다. '첫째 천간 甲(갑)'과 '새 鳥(조)'로 이루어졌다.
오리, 집오리
[家鴨(가압)] 집오리.
[野鴨(야:압)] 물오리.
[鴨綠江(압록강)]

鵬 대붕새 붕, 鳥부19　2152

'鵬(붕)'자는 '대붕새'를 뜻한다. '봉황새 鳳(봉)'의 古字(고자)이기도 하다. '새 鳥(조)'와 '벗 朋(붕)'으로 이루

어졌다.

대붕새
[大鵬(대:붕)] 크기가 수천 리에 달하며, 한 번에 구만 리를 난다는 상상의 큰 새, 곤어(鯤魚)가 화하여 된다는 새.
[鵬程萬里(붕정만리)] '鵬(붕)새가 날아가는 거리만큼 머나먼 거리'라는 뜻에서 ① 앞길이 아득히 멂. ② 장래가 밝지만 멀고 멂.

鷺 해오라기 로, 鳥부23　2153

'鷺(로)'자는 '해오라기'를 나타낸다. '새 鳥(조)'와 '길 路(로)'로 이루어졌다.

해오라기, 백로
[白鷺(백로)] 새 이름. 해오라기.
[鷺梁津(노량진)]

鷹 매 응(:), 鳥부24　2154

'鷹(응)'자는 '매'를 뜻한다. '새 鳥(조)'와 '매 雁(응)'으로 이루어졌다.

매, 송골매, 해동청
[鷹犬(응견)] ① 매와 개. 둘 다 사냥에 쓰임. ② 下手人(하수인).
[鷹犬之任(응견지임)] 매나 사냥개처럼 남에게 부림을 당하는 소임.
[鷹視(응시)] 매 같은 눈초리로 날카롭게 노려봄.
[鷹視狼步(응시낭보)] 매 같은 날카로운 눈매와 이리 같은 탐욕스런 걸음걸이. '매나 이리처럼 날래고 탐욕스런 모양'을 이름.
鷹坊(응방), 籠鷹(농응).

麒 기린 기, 鹿부19　2155

'麒(기)'자는 '기린'을 뜻한다. 상상상의 신령스러운 동물로 수컷을 '麒(기)'라 하고 암컷을 '麟(린)'이라 한다. '사슴 鹿(록)'과 '그 其(기)'로 이루어졌다.

麟 기린 린, 鹿부23　2156

'麟(린)'자는 '기린'을 뜻한다. '사슴 鹿(록)'과 '도깨비불 粦(린)'으로 이루어졌다.

기린, 기린과에 딸린 야생 동물
[麒麟(기린)] ① 기린과의 동물. 현재의 동물 가운데 키가 제일 커서 6m나 되고, 목과 다리가 매우 길다. 아프리카 원산으로 초원에서 떼지어 삶. ② 聖人(성인)이 세상에 나면 나타난다고 하는 상상의 동물. 사슴의 몸, 소의 꼬리, 말의 발굽과 갈기를 가졌다고 함.
[麒麟兒(기린아)] 재주와 지혜가 남달리 뛰어난 젊은이.

鼎 솥 정:, 鼎부13　2157

'鼎(정)'자는 '세발 솥'을 나타낸다. 발이 세 개가 달렸으므로 어디에서도 안정되게 놓을 수 있다.

솥, 발이 셋 달리고 귀가 둘 달린 음식을 익히는 데 쓰는 기구
[鼎談(정:담)] 세 사람이 솥발처럼 마주 앉아서 하는 이야기.
[鼎立(정:립)] 세 사람이 솥에 달린 세발과 같이 벌여서 섬.
[鼎足(정:족)] ① 솥발. ② 鼎立(정립).
[鼎坐(정:좌)] 세 사람이 솥발 모양으로 서로 대하고 벌여 앉음.

丞 도울 승, 一부6　2158

'丞(승)'자는 천자를 '돕다, 보좌하다, 받들다'의 뜻을 나타낸다. 오늘날의 장관에 해당하는 '벼슬 이름'으로 쓰인다.

벼슬 이름, 돕다, 보좌하다, 받들다
[丞相(승상)] 옛적 중국의 벼슬. 조선 때 정승에 해당함.
[政丞(정승)] (역) 고려에서는 '시중'을, 조선에서는 '의정'을 일컫던 말.

기타
[長丞(장승)] ① 나무에 사람의 형상을 새겨 10리나 5리마다 세웠던 이정표. 또는 길과 성(城)의 수호신이라 하여 동리 입구에 세운 한 쌍의 나무 인형. 각각 '천하대장군(天下大將軍)', '지하여장군(地下女將軍)'이라고 새겼다. ② 키가 멋없이 큰 사람의 비유.

乏 가난할 핍, 丿부5　2159

'乏(핍)'자는 '바를 正(정)'자를 180° 회전해서 반대로 쓴 글자라고 한다. 형태는 '삐칠 丿(별) + 갈 之(지)'이니 그렇게 알아두자. '물자가 다 없어져 떨어지다', '모자라다' 등의 뜻으로 쓰인다. 없는 것이 많으면 가난하고, 고달프니, '가난하다', '고달프다'는 뜻으로도 쓰인다.

모자라다, 없다
[缺乏(결핍)] 있어야 할 것이 없거나 모자라거나 함. ¶ 사랑의 결핍
[囊乏一錢(낭핍일전)] 주머니 속이 텅 비어 한 푼도 없음.

가난하다, 고달프다, 쇠하다
[困乏(곤:핍)] ① 고달파서 힘이 없음. ② 가난함. 가난으로 고생함.
[窮乏(궁핍)] 궁하고 가난함.
[耐乏(내:핍)] 궁핍을 견딤.

乖 어그러질 괴(:), 丿부8　2160

'乖(괴)'자는 '羊(양)'의 뿔과 등[背]이 서로 등져 어그러지거나 떨어진 모양을 본뜬 것이라고 한다. 어그러지고, 빗나가서 틀어지고, 생각과 달라 맞지 아니한 상태를 나타낸다. 분리되어 떨어져 나가 구별되는 것을 나타내는 글자이다. 다르다보니 이상하고 괴이한 생각까지 들게 된다.

어기다, 어그러지다
[乖離(괴리)] 어그러져 동떨어짐. ¶현실과 괴리된 생각
괴상하다, 괴이하다
[乖僻(괴:벽)] 언행이 괴상하고 꾀까다로움.
[乖愎(괴:퍅)] 성미가 까다롭고 걸핏하면 성을 잘 냄.

仇 원수 구, 人부4　2161

'仇(구)'자는 '상대방·짝'을 나타내는 글자로, 주로 미워하거나 원망하거나 적으로 여기는 짝을 뜻한다. '사람 人(인)'과 '아홉 九(구)'로 이루어졌다.

원수, 적, 원망하다, 미워하다, 적으로 여기다
[仇敵(구적)/仇讐(구수)/仇怨(구원)] 怨讐(원수).
[仇視(구시)] 원수로 여김.
[美女者醜婦之仇(미:녀자추부지구)] '아름다운 여자는 못생긴 여자의 원수'라는 뜻으로, '賢臣(현신)은 姦臣(간신)의 원수임'을 비유하여 이르는 말.

仔 자세할 자, 人부5　2162

'仔(자)'자는 '자세하거나 잘다'는 뜻을 나타낸다. 사람의 성격이나 태도를 나타낼 때 주로 쓰인다. '사람 人(인)'과 '아들 子(자)'로 이루어졌다.

자세하다, 잘다
[仔詳(자상)] 성질이 자세하고 찬찬함. ¶자상하셨던 아버지
[仔細(자세)] ① 주의가 썩 잔 것에까지 속속들이 미치어 빠짐이 없음. ② 꼼꼼하고 찬찬함.

仗 무기 장, 의장 장, 人부8　2163

'仗(장)'자는 '지팡이나 지팡이 같은 무기를 가진 사람'이란 뜻을 나타내기 위하여 만든 글자이다. 병장기 또는 병장기를 들고 임금이나 궁궐을 호위하는 사람이란 뜻으로 쓰인다. '사람 亻(인)'과 '지팡이 丈(장)'으로 이루어졌다.

호위
[儀仗(의장)] (역) 나라 의식에 쓰는 무기·일산·월부·깃발 따위 물건.
[儀仗隊(의장대)] (군) 의식을 베풀기 위하여 특별히 조직 훈련된 부대. ¶의장대 사열

佚 편안할 일, 방탕할 일, 人부7　2164

'佚(일)'자는 '일상생활이나 진실된 생활에서 벗어난 사람 또는 그러한 생활'이란 뜻을 위하여 만들어진 글자이다. '사람 人(인)'과 '잃을 失(실)'로 이루어졌다. 정상적인 것을 잃고(떠나고) 일상생활에서 벗어나면 편안하고 때로는 즐겁기도 하지만, 지나치면 들뜨고 방탕하여 잘못을 저지를 수도 있다. '逸(일)'자와 뜻이 같아 현대에는 '佚(일)'자를 '逸(일)'자가 대신하는 예가 많다.

편안하다, 편히 즐기다
[無事安佚(무사안일)/無事安逸(무사안일)] 아무런 일이 없이 편안하고 한가함.
[無事安佚主義(무사안일주의)/無事安逸主義(무사안일주의)] 모든 일에 말썽 없이 무난히 지내려는, 진취성이 없고 소극적인 태도나 경향.
[安佚(안일)/安逸(안일)] 편하게 즐김. 일하지 않고 놀고 지냄.
방탕하다, 들뜨다
[淫佚(음일)] 음탕하게 놂.
숨다, 달아나다, 없어지다
[佚老(일로)] 은둔한 노인.

奠 제사 지낼 전:, 大부12　2165

'奠(전)'자는 '신에게 술을 올려 제사하다'는 뜻이다. 破字(파자)하면, '여덟 八(팔) + 닭 酉(유) + 큰 大(대)'가 된다. 큰[大] 상 위에 여러 가지[八] 제물을 차려 놓고 술[酒]을 올리는 제사라고 생각하자.

제수, 신불에 드리는 물건, 제사지내다, 장례 전에 영좌 앞에 술·과실 등을 차려 놓는 일
[奠雁(전:안)] 전통혼례에서 신랑이 신부의 집에 기러기[雁(안)]를 가지고 가서 상 위에 놓고 절하는 예식.
[香奠(향전)] 향을 바치는 대신 죽은 이의 영전에 놓는 돈.
[朔望奠(삭망전)] 喪中(상중)에 있는 집에서 그 죽은 이에게 매달 초하루·보름에 지내는 제사. 㽞朔望(삭망)

佩 찰 패, 人부8　2166

'佩(패)'자는 사람 人(인), 대강 凡(범), 수건 巾(건)의 세 자가 모여서 만들어진 글자이다. '노리개', '차다'의 뜻을 나타낸다.

차다, 띠나 허리에 매달다, 지니다, 몸에 간직하다, 노리개
[佩物(패:물)] 몸에 차는 물건. 몸치장으로 차는 금·은·보석 따위로 만든 장식품.
[佩用(패:용)] 훈장이나 명찰 따위를 몸에 달거나 참.
[佩玉(패:옥)] (역) 조선 때, 금관 조복의 좌우에 늘여 차던 옥.

伶 영리할 령, 亻부7　2167

'伶(령)'자는 '영리하다'는 뜻을 나타낸다. '사람 亻(인)'과 '영 令(령)'으로 이루어졌다. '怜(영)'자와 동자이다.

俐 똑똑할 리, 영리할 리, 人부9　2168

'俐(리)'자는 '사람 人(인)'과 '날카로울 利(리)'자로 이루어졌다. '머리가 예민한 사람'을 나타낸다.

똑똑하다, 영리하다

[伶俐(영리)/怜悧(영리)] ① 슬기롭고 눈치가 빠름. ¶영리한 아이/영리한 짐승 ② 약거나 약삭빠름.

俄 갑자기 아, 아까 아, 人부9　2169

'俄(아)'자는 '잠깐 동안', '잠시', '갑자기'의 뜻으로 만들어진 글자이지만 한자 성어로 쓰이는 예는 많지 않고, 러시아(Russia)를 한자로 표기할 때 쓰인다. '사람 亻(인)'과 '나 我(아)'로 이루어졌다.

러시아

[俄羅斯(아라사)] '러시아'를 한자로 적은 것.
[俄館播遷(아관파천)] (역) 대한제국 건양 원년(1896)에, 러시아가 그 세력을 우리나라에 펴기 위해 그해 2월부터 약 1년 동안 고종과 태자를 러시아 공사관에 옮겨 거처하게 한 일.

俠 의기로울 협, 人부9　2170

'俠(협)'자는 '약자를 감싸고 포용력 있는 사람'을 뜻한다. '사람 亻(인)'과 '낄 夾(협)'으로 이루어졌다.

호협하다, 협기, 호협한 기개

[俠客(협객)] 의롭고 씩씩한 장부다운 기개가 있는 사람.
[俠骨(협골)] 호방하고 의협심이 강한 장부다운 기골.
[俠氣(협기)] 의롭고 씩씩한 장부다운 기개.
[義俠(의:협)] 정의를 위하여 강한 이와 맞서고 약한 이를 돕는 용기.
[義俠心(의:협심)] 남의 어려움이나 억울함을 풀어주려는 마음.

倦 게으를 권, 人부10　2171

'卷(권)'자는 사람이 무릎을 오그리는 모양을 본뜬 것이다. 그 모양에서 일이 하기 싫음을 나타낸다. 하기 싫은 일을 하면 피곤하고 고달프다. 人(인)을 더하여 이런 뜻을 나타냈다.

게으르다, 태만하다, 쉬다, 일을 하지 않고 놀다, 싫증나다, 피로하다, 고달프다

[倦怠(권:태)] ① 어떤 일이나 상태에 시들해져서 생기는 게으름이나 싫증. 團倦怠期(권태기) ② 심신이 피로하고 나른함. ③ 탐탁한 맛이 없어지고 귀찮아짐.
[好學不倦(호:학불권)] 배우기를 즐겨 게을리 하지 아니함. 학문에 열중함.
[不寐夜長(불매야장), 疲倦道長(피권도장).] 잠 못 이루는 사람에게 밤은 길고, 지쳐 있는 나그네에게 지척도 천리. 『法句經(법구경) 60』

倆 재주 량, 人부10　2172

'兩(량)'자는 天秤(천칭)으로 무게를 다는 뜻, 자잘한 것을 計量(계량)하는 솜씨·수완의 뜻을 나타내고, 人(인)을 붙여 그런 재능 또는 재능을 가진 사람을 뜻한다. '兩(량)'은 '둘'의 뜻을 가지고 있어 倆(량)은 '두 사람 한 쌍'을 나타내기도 한다.

재주, 솜씨, 재능

[技倆(기량)] 기술적인 재주나 솜씨. ¶기량을 발휘하다

둘, 두 사람

俯 구부릴 부, 人부10　2173

'俯(부)'자는 '수그리다', '구부리다'의 뜻을 나타낸다. '사람 亻(인)'과 '곳집 府(부)'로 이루어졌다.

구푸리다, 구부리다

[俯伏(부복)] 고개를 숙이고 엎드림.
[俯仰(부앙)] 하늘을 우러러보고 세상을 굽어봄.
[俯仰無愧(부앙무괴)] 하늘을 우러러보나 땅을 굽어보나 양심에 부끄러움이 없음.
[仰天俯地(앙:천부지)] 하늘을 올려다보고 땅을 굽어봄.
[仰不愧於天(앙불괴어천), 俯不怍於人(부부작어인), 二樂也(이락야).] 위로는 하늘에 부끄럽지 않으며 아래로는 사람에 대해 부끄럽지 않은 것이 두 번째 즐거움이다. 『孟子(맹자)·盡心 上(진심 상)』 ☞ *044

倡 광대 창:, 창도할 창:, 人부10　2174

'昌(창)'은 '唱(창)'과 통하여 '노래하다'의 뜻이다. '倡(창)'은 '사람 亻(인)'과 '창성할 昌(창)'으로, '노래하는 사람', '광대', '배우'를 뜻한다.

광대, 배우, 기생

[倡夫(창:부)] ① 남자 광대. 團倡夫打令(창부타령) ② 무당의 남편. 주로 음악을 맡아 봄.
[倡夫打令(창:부타령)] (민) 서울 지방 굿에서, 광대 귀신을 청해 놓고 부르던 소리로서, 경기민요의 한 가지.

창도하다, 외치다

[倡義(창:의)] 국난을 당하여 의병을 일으킴.

偈 쉴 게, 人부11　2175

'偈(게)'자는 원래의 '쉬다' 또는 '굳세다'는 뜻이었는데 이 뜻으로 쓰이는 성어는 없고, 불교의 덕을 찬양하거나 敎旨(교지)를 설명하는 글을 뜻하는 것으로 쓰인다. '사람 亻(인)'과 '어찌 曷(갈)'로 이루어졌다.

불전(佛典)의 글귀
[偈頌(게송)] (불) 부처의 공덕을 찬미하거나 가르침을 적은 노래.

做 지을 주, 人부11　2176

'做(주)'자는 '사람이 고의로 하다'의 뜻을 나타낸다. '사람 亻(인)'과 '옛일 故(고)'로 이루어졌다.

짓다, 만들다
[看做(간주)] 그렇다고 봄. 또는 그렇게 여김. ¶우방으로 간주할 수 없는 나라

偕 함께 해, 人부11　2177

'皆(개)'는 '모두'의 뜻이다. '사람 亻(인)'을 붙여, '사람이 함께 하다'의 뜻을 나타낸다.

함께, 다 같이, 함께 있다, 동반하다
[偕老(해로)] 부부가 한평생 같이 살며, 함께 늙음.
[偕老同穴(해로동혈)] '살아서는 같이 늙고, 죽어서는 한 무덤에 묻힌다'는 뜻으로, 생사를 같이 하자는 부부의 사랑의 맹세를 가리키는 말.
[百年偕老(백년해로)] 부부가 화락하게 함께 늙음.

僉 다 첨, 人부13　2178

'僉(첨)'자는 '모두', '여러'의 뜻을 나타낸다. 윗부분인 '사람 人(인) + 한 一(일)'은 '합할 合(합)'의 생략형이다. 아랫부분의 '兄(형)'자 두 개는 '형'의 뜻이 아니라 '입 口(구) + 사람 儿(인)'이다. '여러 사람이 입을 맞춰 말하다'는 뜻이 된다.

다, 모두, 여러, 많은 사람이 함께 말하다
기타
[僉知(첨지)] ① '나이 많은 남자'를 홀하게 일컫는 말. ② '첨지중추부사'의 준말.

僥 바랄 요, 요행 요, 人부14　2179

'僥(요)'자는 '분 외로 얻은 행복', '우연의 복'을 뜻한다. '사람 亻(인)'과 '요임금 堯(요)'로 이루어졌다.

분 외로 얻은 행복, 우연의 복, 행운이나 이익을 바라고 구하다
[僥倖(요행)] ① 뜻밖에 얻은 행복. 習僥倖萬一(요행만일) ② 늘 利(이)를 구하는 모양.

倖 요행 행:, 人부10　2180

'倖(행)'자는 '분 외로 얻은 행복', '우연의 복'을 뜻한다. '사람 亻(인)'과 '다행 幸(행)'으로 이루어졌다.

요행
[射倖(사행)] 우연한 이익을 얻고자 요행을 노림. 習射倖心(사행심)
[射倖數跌(사행삭질)] 요행을 노려 쏘는 화살은 번번이 차질을 일으킨다는 뜻으로, '사행심으로 하는 일은 성취하기 어려움'을 비유하여 이르는 말. 『蜀志(촉지)』
[僥倖(요행)] ☞ 僥(요).

僭 주제넘을 참:, 人부14　2181

'朁(참)'은 '숨다'의 뜻이다. '사람 亻(인)'을 붙여서, 사람이 숨어서 불성실한 짓을 한다는 뜻에서, '불신', '어그러지다'의 뜻을 나타낸다. 특히 아랫사람이 윗사람에게 숨어서 불성실한 짓을 할 때 쓰인다.

분수에 지나치게 행동하다, 어긋나다, 어그러지다, 거짓, 거짓을 꾸미다
[僭濫(참:람)] 분수에 넘쳐 너무 지나침.
[僭稱(참:칭)] 자기의 신분에 넘치는 칭호를 자칭함. 또는 그 칭호.

儼 의젓할 엄, 엄연할 엄, 人부22　2182

'嚴(엄)'은 '엄하다'의 뜻이다. '사람 亻(인)'을 붙인 '儼(엄)'자는 '사람됨이 엄격하다', '정중하고 근엄하다'의 뜻을 나타낸다.

의젓하다, 엄숙하다
[儼然(엄연)] ① 겉모양이 의젓한 그러한 모양. ② 현상이 뚜렷하여 누구도 감히 부인할 수 없음.
[儼存(엄존)] 엄연하게 존재함.

兇 흉할 흉, 儿부6　2183

'兇(흉)'자는 '흉할 凶(흉)'과 '사람 儿(인)'이 합쳐진 글자이다. '흉악한 사람' 또는 '나쁜 사람을 두려워하다'는 뜻을 나타낸다. '凶(흉)'자는 '흉하다', '운수가 나쁘다', '불길하다'의 뜻을 나타내고, '兇(흉)'자는 나쁜 일과 사람이 관련되었을 때 쓰인다.

흉악하다, 나쁜 사람, 흉악한 사람
[兇盜(흉도)] 험하고 사나운 도둑.
[兇賊(흉적)] 흉악한 도둑.
[兇行(흉행)] 사람을 해치는 몹쓸 짓.
[元兇(원흉)] 못된 짓을 한 무리의 우두머리.
두려워하다

兜 투구 두, 도솔천 도, 儿부11　2184

'兜(두)'는 '사람의 머리를 덮는다'는 뜻에서 '투구' 또는 '두건'의 뜻을 나타낸다. 불교에서 '兜率天(도솔천)'의 뜻으로 쓰일 때에는 [도로 읽는다.

도솔천
[兜率天(도솔천)] 欲界(욕계) 六天(육천)의 第四天(제사천)으로서 욕계의 淨土(정토). 지상에서 32만 由旬(유순) 위에 있으며, 미륵보살이 사는 곳이라고 함. 囵 兜率(도솔)

투구, 쓰개, 여자들이 쓰는 쓰개

胄 맏아들 주, 자손 주, 투구 주, 肉부9　2185

'胄(주)'자는 '투구'를 나타내는 것이었는데 '맏아들', '자손' 등 後嗣(후사)의 뜻으로도 쓰인다. '고기 月(육)'과 '말미암을 由(유)'로 이루어졌다.

투구
[甲冑(갑주)] 갑옷과 투구.

맏아들
맏아들의 이름자로 흔히 쓰인다.

冤, 寃 원통할 원, 冖부10　2186

'冤(원)'자의 원형은 '그물 网(망)'과 '토끼 兎(토)'가 합쳐진 것이었다. 그물 속에서 움츠리고 있는 토끼의 모양에서, 억울한 죄, 원한의 뜻을 나타낸다. 寃(원)자는 冤(원)자의 속자이었는데 근래 더 일반적으로 쓰여 同字(동자)의 지위를 차지하였다.

원통하다, 억울한 죄를 받다, 원한, 불평
[冤痛(원통)] 몹시 분하고 억울함.
[冤魂(원혼)] 원통하게 죽은 이의 영혼.
[伸冤雪恥(신원설치)] 원통한 일을 풀고 부끄러운 일을 씻어버림.
[徹天之冤(철천지원)] 徹天之恨(철천지한). 하늘에 사무치는 크나큰 원한. ¶철천지한을 풀지 못하고 한많은 세상을 등졌다
[解冤(해:원)] 분풀이. 분한 마음을 푸는 일.
冤鬼(원귀), 冤淚(원루), 冤罪(원죄), 伸冤(신원)

冶 불릴 야, 불릴 야, 冫부7　2187

'冶(야)'자는 '쇠를 불리다'는 뜻이다. 쇠를 불려 기물을 만드는 것이라면 金(금)이 쓰였어야 할 텐데 어찌하여 얼음 冫(빙)이 쓰였을까? '쇠'를 '녹은 쇳물이 얼은 것'이라고 본 모양이다. '台(이)'자는 입이 벌어져서 기운이 풀리는 뜻을 나타낸다. 쇠붙이를 녹여서 鑄造(주조)하거나 대장간에서 쇠붙이를 녹여 기물을 만드는 것을 뜻한다.

불리다, 쇠붙이를 불에 달구어서 성질을 변화시키다
[冶金(야금)] 광석에서 공업적으로 쇠붙이를 골라내거나 합금을 만드는 일.

단련하다, 몸·정신 등을 굳세게 단련하다
[陶冶(도야)] ① 마음과 몸을 잘 갈고 닦아서 훌륭한 인격을 만들도록 힘씀. ¶학문과 품성을 도야하다 ② 질그릇 굽는 일과 대장일.

대장장이, 대장일을 전문으로 하는 사람
[冶家無食刀(야가무식도)] '대장간에 식칼이 논다'는 뜻으로, 생활에 쫓기다보니 남의 뒷바라지만 하고 정작 제 일에는 등한히 되어 버림. 또는 마땅히 흔해야 할 곳에 도리어 그 물건이 의외로 부족하거나 없는 경우를 이르는 속담이다.

凌 능가할 릉, 업신여길 릉, 冫부10　2188

'凌(릉)'자는 얼음을 뜻하는 '冫(빙)'과 언덕을 뜻하는 '夌(릉)'자를 합쳐서 만들어, '얼음' 또는 '얼음을 저장하는 곳간'을 뜻하는 것이었다. 얼음 창고 속은 분명 추웠을 것이므로, '부들부들 떨다'는 뜻을 나타내게 되었고, 후에 '능가하다', '넘다', '깔보다', '업신여기다'는 뜻으로 확대 사용되었다. '陵(릉)'자와 같이 쓴다.

능가하다, 무엇에 비교하여 그것을 훨씬 넘어서다, 지나다, 넘다
[凌駕(능가)/陵駕(능가)] 무엇에 비하여 그보다 훨씬 넘어섬.

깔보다, 업신여기다
[凌辱(능욕)/陵辱(능욕)] ① 업신여겨 욕보임. ② 여자를 강간하여 욕보임.
[凌蔑(능멸)/陵蔑(능멸)] 업신여겨 깔봄.
[凌侮(능모)/陵侮(능모)] 오만한 태도로 업신여김.

凋 시들 조, 冫부10　2189

'周(주)'는 '弔(조)'와 통하여 '애처롭다'는 뜻이다. 凋(조)는 추위(冫(빙)) 때문에 초목이 애처로운 꼴이 된 모양, 즉 '시들다'의 뜻을 나타낸다.

시들다, 이울다, 초목이 마르다
[凋落(조락)] 시들어 떨어짐. 囵衰落(쇠락), 零落(영락)
[萎凋(위조)] 쇠약하여 시듦.

기력·건강·기세 등이 쇠하여 줄어지다

凜 찰 름, 冫부15　2190

'凜(름)'자는 '몸이 오므라드는 듯한 추위'를 나타내는 것이었는데, 사람이 늠름하고 위풍이 있는 모양을 뜻하는 것으로 바뀌어 쓰인다. '얼음 冫(빙)'과 '곳집 稟(름)'으로 이루어졌다.

사람의 생김새이나 태도가 꿋꿋하고 의젓하다
[凜凜(늠름)] ① 추위가 살을 에는 듯한 모양. ② 위풍

이 있는 모양.

几 안석 궤:, 几부2　　2191

'几(궤)'자는 다리가 달려 있는 책상의 모습을 본뜬 것이다. 앉을 때 몸을 기대는 방석인 案席(안석)을 뜻하기도 한다. 훈으로 쓰인 안석은 여기서 왔다.
제향에 쓰이는 기구의 한 가지
[几筵(궤:연)] ① 죽은 사람의 혼백이나 그에 딸린 물건들. 또는 그것들을 차려 놓은 곳. ② 靈座(영좌). 영위를 모셔 놓은 자리.
안석, 앉을 때에 몸을 기대는 방석, 책상

凱 개선할 개:, 几부12　　2192

'豈(개/기)'자는 '전쟁에 이겨서 부르는 노래'를 뜻하고, '几(궤)'자는 '제사에 쓰이는 책상'을 뜻한다. '凱(개)'는 '전쟁에 이겨서 제사를 지내며 기뻐하다'는 뜻을 나타낸다.
승리의 함성, 싸움에 이기고 부르는 노래
[凱歌(개:가)] 싸움에서 이기고 기뻐서 부르는 노래.
[凱旋(개:선)] 승리의 기쁨을 안고 돌아옴. 참凱旋門(개선문), 凱旋將軍(개선장군)
즐기다, 화락하다

凹 오목할 요, 凵부5　　2193

'凹(요)'자는 가운데가 오목한 모양을 본떠 만들어진 글자이다.

凸 볼록할 철, 凵부5　　2194

'凸(철)'자는 가운데가 볼록한 모양을 본떠 만들어진 글자이다.
오목하다(凹), 볼록하다(凸)
[凹凸(요철)] 오목함과 볼록함.

函 함 함:, 凵부8　　2195

'函(함)'자는 화살을 넣는 동개에 화살이 들어 있는 모양을 본떠 만든 글자이다. '휩싸다', '포함하다', '상자'의 뜻을 나타낸다.
함, 상자, 물건을 넣는 그릇
[私書函(사서함)] 우편 사서함. 우체국에 따로 만들어 놓은 받는 이 전용의 우편함.
[投票函(투표함)] 투표용지를 넣는 상자.
密函(밀함), 書函(서함), 玉函(옥함), 郵遞函(우체함)
함, 혼인 때 신랑 측에서 채단과 혼서지를 넣어서 신부 측에게 보내는 나무 그릇
[函(함:)] ① 옷·서류 따위를 넣어 두는 상자 비슷한 기구. ② 혼인 때 신랑 쪽에서 채단과 혼서지를 넣어 신부 측에 보내는 나무 궤짝. ¶함진아비
편지, 서간
[貴函(귀:함)] 상대방의 편지를 높여 일컫는 말. 동惠函(혜함)
기타
[函數(함:수)] 두 변수 x와 y 사이에 x의 값이 정해짐에 따라 y의 값이 정해지는 관계에서 x에 대하여 y를 이르는 말. 참函數論(함수론), 函數表(함수표)

刪 깎을 산, 刀부7　　2196

'刪(산)'자는 글자가 쓰인 대쪽을 엮은 모양을 본뜬 '冊(책)'에서 부적당한 것을 '칼刀, 刂(도)로 깎다'는 뜻이다.
깎다, 덜어버리다, 삭제하다
[刪補(산보)] 쓸데없는 부분은 삭제하고 부족한 부분은 보충함.
[刪削(산삭)] 쓸데없는 글자나 글귀를 지워버림.

刮 깎을 괄, 긁을 괄, 비빌 괄, 刀부8　　2197

'刮(괄)'자는 '혀 舌(설)'과 '칼 刂(도)'가 합쳐진 것으로 잘 못 알기 쉽다. 이 글자에서 '舌(설)'자처럼 보이는 것은 현대에는 쓰이지 않는 '입 口(구) + 氏(씨)'로 이루어진 글자가 변하여 '舌'자 모양을 한 것이다. 혀를 칼로 자르면 큰일 아닌가.
깎다, 깎아내다, 도려내다
[刮腸洗胃(괄장세위)] 칼을 삼키어 창자를 도려내고, 잿물을 마시어 위를 씻음. 곧, '마음을 고쳐 스스로 새 사람이 됨'을 이르는 말.『南史(남사)』
비비다, 눈을 비비다, 닦다
[刮目相對(괄목상대)] (주로 남의 학식이나 재주가 부쩍 느는 것에 놀라) 눈을 비비고 사람을 다시 보다. 준刮目(괄목)『三國志(삼국지)·呂蒙傳(여몽전)』

剋 이길 극, 刀부9　　2198

'克(극)'은 '이기다'의 뜻이다. 여기에 '칼 刂(도)'가 붙었으니, '剋(극)'은 '칼로 이기다'의 뜻에서 '강제로 억누르다'의 뜻을 가진다.
억누르다
[相剋(상극)] ① 두 사람 사이에 서로 마음이 맞지 않음. ¶만나기만 하면 싸우는 것을 보면 두 사람은 상극임에 틀림없다 ② 두 사물이 서로 맞서거나 해를 끼쳐 어울리지 못함. 또는 그러한 사물. ¶닭은 지네와, 쥐는 고양이와 상극이다 ③ (민) 오행의 운행에서, 쇠는 나무, 나무는 흙, 흙은 물, 물은 불, 불은 쇠를 이김을 이르는 말. 참相生(상생) ☞ * 291

[下剋上(하극상)] 하(下)가 상(上)을 이김. 신분이 낮은 사람이 윗사람을 꺾고 오름.

剌 어그러질 랄, 발랄할 랄, 수라 라, 刀부9　2199

'束(속)'자는 '섶나무를 묶은 단'의 뜻이다. 낫 刂(도)으로 섶나무(束(속))를 베려는데 '나뭇가지가 튀다'의 뜻에서 '剌(랄)'자는 본뜻이 '어그러지다'이다. 그러나 이 뜻으로 쓰인 한자어의 예는 거의 없다. '발랄하다'는 뜻으로 쓰인다. 임금님에게 올리는 음식을 뜻하는 '수라'에서는 [라로 읽는다. '가시 朿(자) + 칼 刂(도)'로 이루어진 '찌를 刺(자)'자와 혼동하지 말자.

발랄하다
[潑剌(발랄)] 생기 있고 활발함.

수라
[水剌(수라)] 임금에게 올리는 밥을 궁중에서 이르던 말.
[水剌床(수랏상)] 임금에게 올리는 진짓상.

剝 벗길 박, 刀부10　2200

'剝(박)'자의 왼쪽 부분인 '彔(록)'은 '썰다', '새기다'의 뜻이었다. '칼 刂(도)'가 붙어 '칼로 째다', '벗기다'의 뜻을 나타낸다.

벗기다, 가죽이나 껍질을 벗기다, 벗겨져 떨어져 나가다, 깎아서 벗기다, 가리거나 덮은 것을 벗기다
[剝皮(박피)] 껍질을 벗김.
[剝製(박제)] 새나 짐승의 가죽을 곱게 벗기고 썩지 않도록 한 뒤에 솜 같은 것으로 속을 메워 살아 있는 모양대로 만드는 일. 또는 그렇게 만든 물건. 圖剝製標本(박제표본).
[剝脫(박탈)] 벗겨서 떨어짐. 또는 벗겨 떨어지게 함.

지위나 자격 따위를 빼앗다
[剝職(박직)] 관직을 박탈함.
[剝奪(박탈)] 지위나 자격 따위를 권력이나 힘으로 벗겨 빼앗음. ¶시민권을 박탈하다

剖 쪼갤 부:, 刀부10　2201

'剖(부)'자는 '쪼개다'의 뜻을 나타낸다. '침할 音(부)'와 '칼 刂(도)'로 이루어졌다.

쪼개다, 여러 조각으로 나누다, 가르다
[剖棺斬屍(부:관참시)] (역) 큰 죄를 지고 죽은 사람을 뒤에 다시 극형에 처하던 일. 관을 쪼개고 송장의 목을 벰.
[剖腹藏珠(부:복장주)] '배를 가르고 보물을 감춘다'는 뜻으로 재물에 눈이 어두워 자신에게 해가 되는 일도 서슴지 않고 자행한다는 말이다. 同剖身藏珠(부신장주)

[解剖(해:부)] ① (생) 생물체의 일부나 전부를 절개하여 그 내부 구조와 각 부분 사이의 관련 및 병의 원인 따위를 조사하는 일. ② 사물의 조리를 자세히 분석하여 연구함.

剪 벨 전:, 자를 전:, 刀부11　2202

'前(전)'의 본뜻은 '가지런히 자르다'였다고 한다. '前(전)'이 '앞'의 뜻으로 쓰이게 되자 본뜻을 분명히 하기 위하여 '칼 刀(도)'를 덧붙여 '剪(전)'자를 만들었다.

베다, 가지런하게 베다, 깎다, 자르다, 끊다
[剪枝(전:지)] 가지치기.
[剪定(전:정)] 가지치기. ¶전정가위
[剪草除根(전:초제근)] 풀을 베고 뿌리를 캐내다. 미리 폐단의 근본을 없애버림. 同拔本塞源(발본색원), 削株掘根(삭주굴근)

剩 남을 잉:, 刀부12　2203

'乘(승)'은 '올리다'의 뜻이고, '刂(도)'는 '이익 利(리)'의 뜻이 들어있다. '剩(잉)'은 '이익이 오르다', '남다'의 뜻을 나타낸다.

남다, 나머지, 남음
[剩餘(잉:여)] 나머지.
[過剩(과:잉)] 일정한 수량이나 한도를 넘음. 지나침. ¶인구 과잉
[過剩生産(과:잉생산)] (경) 수요량에 비하여 지나치게 많은 생산. ¶과잉생산으로 배추 값이 폭락하다

剽 빠를 표, 겁박할 표, 刀부13　2204

'剽(표)'자는 '협박하다', '사납고 독살스럽다'의 뜻과 '빠르다', '민첩하다'의 뜻을 가진 글자이었는데, 후에 '훔치다'의 뜻도 가지게 되었다. '불똥튈 票(표)'와 '칼 刂(도)'로 이루어졌다.

벗기다, 훔치다
[剽竊(표절)] 시나 글, 노래 따위를 지을 때에 남의 작품의 일부를 따다가 자기 것인 양 씀. ¶표절 시비로 장관 후보에서 낙마하다

빠르다, 재빠르다, 사납다, 표독하다, 거칠다

劈 쪼갤 벽, 刀부15　2205

'辟(벽)'자는 '사람을 찢어 죽이는 형벌'을 뜻하는 것이었다. 여기에 '칼 刀(도)'를 더하여 '칼로 베어 쪼개다'의 뜻을 나타내었다.

쪼개다, 가르다, 깨뜨리다
[劈頭(벽두)] 일이 시작된 맨 처음. ¶회의는 벽두부터 치열한 논쟁으로 시작되었다.

[劈破(벽파)] 쪼개어 깨뜨림.
[劈破門閥(벽파문벌)] 문벌을 쪼개고 깨뜨림. 인재를 등용함에 있어서 문벌을 가리지 아니함.

劫 위협할 겁, 力부7　2206

'劫(겁)'자는 '힘 力(력)'과 '갈 去(거)'로 이루어진 글자이다. 여기에서 '去(거)'자는 '모일 盍(합)'자의 생략형이다. '盍(합)'자는 '뚜껑을 덮다'의 뜻을 가지고 있다. '劫(겁)'자는 '힘으로 뚜껑을 닫다, 위협하다'의 뜻을 나타낸다. 불교에서 '오랜 세월'의 뜻으로 쓰인다.

위협하다, 으르다, 빼앗다, 힘으로써 억지로 빼앗다
[劫姦(겁간)] 강간. 폭력을 써서 강제로 간음함.
[劫掠(겁략)/劫略(겁략)] 掠奪(약탈). 폭력을 써서 남의 것을 억지로 빼앗음.
[劫奪(겁탈)] 폭력을 써서 남의 것을 억지로 빼앗음.

겁, 오랜 세월
[劫(겁)] 불교에서 하늘과 땅이 한번 개벽할 때부터 다음 개벽할 때까지의 동안을 이른다.
[億劫(억겁)] 무한하게 오랜 동안. ¶억겁을 두고 비바람에 깎인 바위
[永劫(영:겁)] (불) 한없이 오랜 세월. ¶영겁의 세월 참 千劫(천겁), 萬劫(만겁)

劾 꾸짖을 핵, 캐물을 핵, 刀부8　2207

'劾(핵)'자는 '죄상을 조사하고 캐묻다', '사람의 죄를 캐묻다'는 뜻을 나타낸다. '돼지 亥(해)'와 '힘 力(력)'으로 이루어졌다.

캐묻다, 죄상을 조사하다, 관리의 죄상을 고발하다
[彈劾(탄:핵)] ① 죄상을 들어서 논란하여 책망함. ② (법) 공무원의 위법을 조사하고 일정한 소추 방식에 의하여 파면시키는 절차.

勁 굳셀 경, 力부9　2208

'巠(경)'은 '힘이 있고 곧다'의 뜻이다. 여기에 '힘 力(력)'을 더한 '勁(경)'자는 '굳세다', '의지가 강하다'는 뜻을 나타낸다.

굳세다, 힘·의지 등이 강하다, 힘
[勁直(경직)] 뜻이 곧고 곧음.
[硬直(경직)] ① 신체의 근육이나 조직 따위가 굳어서 뻣뻣해짐. ② 사고방식이나 체제 따위가 융통성이 없어 형편에 따라 잘 대처하지 못함.

勃 우쩍 일어날 발, 노할 발, 力부9　2209

'孛(발)'은 '갑자기 성해지다'의 뜻을 나타낸다. 여기에 '힘 力(력)'을 붙여서 만든 '勃(발)'자는 '갑자기 기세 좋게 성하게 일어나다'의 뜻을 나타낸다.

갑자기, 갑작스럽게
[勃起(발기)] ① 갑자기 불끈 일어남. ② (생) 음경의 해면체에 피가 가득 차 꼿꼿하게 됨.
[勃發(발발)] 큰일이 갑자기 일어남. ¶6·25동란이 발발하다
[勃興(발흥)] 갑자기 왕성하게 일어나서 잘 됨. ¶강대국들의 발흥과 패망의 역사

발끈하는 모양, 발끈 화내는 모양
[勃然(발연)] ① 급한 모양. 갑작스러운 모양. ② 갑자기 안색이 변하여 성내는 모양.
[勃然大怒(발연대로)] 별안간 성을 대단히 냄.
[勃然變色(발연변색)] 왈칵 성을 내어 얼굴빛이 변함.
回 勃然作色(발연작색)

勅 조서 칙, 칙서 칙, 力부9　2210

'勅(칙)'자는 원래는 '가릴 柬(간)'과 '칠 攵(복)'으로 이루어진 글자였다. 후에 '柬(간)'이 '묶을 束(속)'자로 바뀌고, '攵(복)'은 '力(력)'으로 바뀌어 오늘날의 '勅(칙)'자가 되었다. '타이르다', '조심하다'의 뜻이었는데, 오늘날에는 보통 '詔書(조서)'의 뜻으로 쓰인다.

조서, 임금의 명령을 적은 문서
[勅令(칙령)/勅命(칙명)] 御命(어명) 천자 또는 임금의 명령.
[勅使(칙사)] 칙명을 받든 사신.
[勅書(칙서)] 제왕이 어느 특정한 사람에게 勸戒(권계)의 뜻이나 알릴 일을 적은 글.
[勅諭(칙유)] 임금이 몸소 가르친 말씀.
[遺勅(유칙)] 임금이 생전에 남긴 명령.

타이르다, 경계하다

勒 굴레 륵, 刀부11　2211

'勒(륵)'자는 '가죽 革(혁)'과 '힘 力(력)'으로 이루어진 글자이다. '힘을 들여 말의 움직임을 억누를 수 있는 가죽'이라는 뜻에서, '굴레'의 뜻을 나타낸다.

굴레, 재갈, 억지로 하다, 강제하다
[勒約(늑약)] 억지로 맺은 조약.
[勒買(늑매)] 억지로 팖.
[勒賣(늑매)] 억지로 삼.
[乙巳勒約(을사늑약)] (역) 대한제국 광무9(1905)년 을사년에 일본이 한국의 외교권을 빼앗기 위하여 강제로 맺은 다섯 조항으로 된 조약. 乙巳五條約(을사오조약).

묶다, 졸라매다
[勒死(늑사)] 목을 매어 죽음.
[勒痕(늑흔)] 목을 졸라 죽인 흔적.

기타
[彌勒(미륵)] ① 돌부처. 돌로 새겨 세운 불상. ② '미

륵보살의 준말.
[彌勒菩薩(미륵보살)] (불) 미래세에 성불하여 사바 세계에 나타나서 석가모니 다음으로 중생을 제도하리라는 보살. 密彌勒(미륵), 彌勒佛(미륵불)

勾 굽을 구, 勹부4　2212

'勾(구)'자는 '句(구)'자의 속자였다. '글귀 句(구)'와 구별하여 '굽다', '기울다'의 뜻을 나타내는 다른 글자로 취급하기도 한다.
굽다
[勾配(구배)] ① 기울기. 기울어지거나 비탈진 정도. ② 비탈. ③ 물매.

匍 길 포, 勹부9　2213

'匍(포)'자는 사람이 몸을 앞으로 구부리는 모양인 '勹(포)'와 '클 甫(보)'로 이루어졌다. '손을 땅에 대고 엎드려가다', '엉금엉금 기어가다'는 뜻을 나타낸다.

匐 길 복, 勹부11　2214

'匐(복)'자는 '匍(포)'자와 짝을 이루어 '기다'의 뜻을 나타낸다. '쌀 勹(포)'와 '가득 찰 畐(복)'으로 이루어졌다.
기다, 엎드려서 기어가다
[匍匐(포복)] 엉금엉금 기어감.
[匍匐莖(포복경)] 땅 위를 덩굴지어 길게 뻗어 가는 줄기. 고구마나 잔디 따위.

匕 비수 비, 匕부2　2215

'匕(비)'자는 숟가락의 모양을 본뜬 것이라는 설이 있다. 숟가락이나 화살촉을 나타낸다.
숟가락, 살촉, 화살의 촉, 비수, 단검
[匕首(비:수)] ① 매우 날카롭고 짧은 칼. ② 화살촉처럼 날카로운 칼의 머리 부분.

匙 숟가락 시:, 匕부11　2216

'匙(시)'자는 '옳을 是(시)'와 숟가락 모양의 '비수 匕(비)'로 이루어졌다.
숟가락
[匙箸(시:저)] 수저.
[挿匙(삽시)] 제사를 지낼 때 숟가락을 메에 꽂는 일.
[十匙一飯(십시일반)] 열 사람의 한 술 밥이 한 사람분의 끼니가 된다는 뜻으로, '여러 사람이 힘을 합치면 한 사람을 구제하기 쉽다'는 속담.
[一口兩匙(일구양시)] '한 입에 두 숟가락이 들어갈 수 없다'는 뜻으로, 단번에 두 가지 일을 할 수 없음을 비유하여 이르는 말.

匡 바를 광, 匚부6　2217

'匡(광)'자는 '상자 匚(방)' 안에 '임금 王(왕)'을 넣어 만들었다. 속이 넓은 상자를 만들기 위하여 구부리거나 곧게 펴서 모양을 '바로잡다'는 뜻이다.
바르다, 바로잡다
[匡正(광정)] 잘못된 것을 바로잡아 고침.
[匡輔(광보)] 군주를 바르게 도움.

匠 장인 장, 匚부6　2218

'匠(장)'자는 '상자 匚(방)' 안에 '도끼 斤(근)'을 넣어 만들었다. '匚(방)'은 '곱자'의 상형. '斤(근)'은 도끼의 상형이다. '匠(장)'은 곱자와 도끼를 사용하는 '기술자'의 뜻을 나타낸다.
장인, 물건을 만드는 것을 업으로 삼는 사람, 기술자, 일정한 기술을 가진 직업인
[匠人(장인)] 손으로 물건을 만드는 것을 업으로 삼는 사람. 密匠人精神(장인정신)
[巨匠(거:장)] 예술·과학 등의 전문 분야에서 특별히 뛰어난 사람. ¶영화계의 거장
[工匠(공장)] 물건 만드는 일을 업으로 삼는 사람. 공장이.
[名匠(명장)] 이름난 匠人(장인). 훌륭한 工人(공인).
고안, 궁리
[意匠(의:장)/美匠(미장)] 물건의 겉보기를 아름답게 보이도록 모양이나 빛깔을 특수하게 하는 고안.
[意匠登錄(의:장등록)] 의장 고안자나 그 계승자의 청구에 따라 특허청이 공식적으로 문서에 올리는 일.

匣 갑 갑, 匚부7　2219

'匚(방)'은 '상자'의 뜻이고, '甲(갑)'은 '거북딱지'의 뜻이다. '匣(갑)'은 넣는 물건을 거북의 등딱지처럼 가려서 감추는 작은 상자의 뜻을 나타낸다.
갑, 궤, 작은 상자
[膠匣(교갑)] 캡슐. 갖풀로 얇게 만든 작은 갑. 맛이나 냄새가 좋지 않은 가루약이나 기름 따위를 넣어서 먹는 데 쓰임.
[文匣(문갑)] 문서나 문구를 넣어두는, 여러 개의 서랍이나 문짝이 달려 있는, 가로로 긴 궤짝.
[手匣(수갑)] 쇠고랑. 죄인의 두 손목을 채우는 자물쇠.
[掌匣(장:갑)] 손을 보호하거나 추위를 막기 위하여 천이나 실 또는 가죽 따위로 만들어 손에 끼는 물건.
[紙匣(지갑)] ① 종이로 만든 갑. ② 가죽이나 헝겊 따위로 자그마하게 만들어서 돈 따위를 넣는 물건.
寶匣(보갑), 玉匣(옥갑)

갑으로 된 것을 세는 단위
[담배 한 갑

匿 숨을 닉, 匚부11 2220

'匿(닉)'자는 '상자 匚(방)' 안에 '같을 若(약)'을 넣어 만들었다. '若(약)'은 '순진하고 얌전하다'는 뜻이다. '匿(닉)'은 순진하고 얌전하게 상자 안에 들어가 있으니, '개성을 드러내지 않고 감추다'의 뜻을 나타낸다. 若(약)은 표음요소 역할도 한다.

숨다, 도피하다, 숨어서 나타나지 아니하다, 숨기다, 감추고 나타내지 아니하다

[匿年(익년)] 나이를 숨김.
[匿名(익명)] 본 이름을 숨김.
[隱匿(은닉)] 숨김. 짤隱匿罪(은닉죄)
[匿怨而友其人(익원이우기인)] 원한을 감추고 그 사람과 벗한다. 내심으로는 원망하고 미워하면서도 겉으로는 매우 다정한 듯 꾸미고 교제하는 것은 매우 부끄러운 일이다. 『論語(논어)·公冶長(공야장)』

卍 만자 만, 十부6 2221

梵(범)자의 '일만 萬(만)'자이다. 본디 부처의 가슴에 있다고 하는 형상으로서 吉祥海雲(길상해운)이라고 번역한다.

만자, 부처 가슴에 있는 길상

[卍字(만자)] 부처 가슴에 있는 길상.
[卍字旗(만자기)] 복판에 卍(만)자 모양을 붉은 빛으로 그린 기.
卍海(만해)

卉 풀 훼, 十부6 2222

'卉(훼)'자는 '풀이 많은 모양'을 나타낸 것이다.

풀, 초목의 총칭, 풀이 많은 모양

[花卉(화훼)] 꽃이 피는 풀. 花草(화초). 짤花卉園藝(화훼원예)

卦 괘 괘, 점괘 괘, 卜부8 2223

'卦(괘)'자는 점칠 때 나타나는 여러 가지 '점괘'를 나타낸다. '점 卜(복)'과 '홀 圭(규)'로 이루어졌다.

괘, 점괘, 점치다

[卦(괘)] ① 복희씨가 만들었다고 하는 일종의 글자임. 周易(주역)의 골자가 되는 것으로, 음과 양을 하나로 옹근 줄과 두 도막 줄을 포개어 나타내는 상. 한 괘에 각각 三爻(삼효)가 있고, 爻(효)를 음양으로 나누어서 팔괘가 있고, 팔괘가 거듭하여 64괘가 됨. 이것으로 천지간의 변화를 나타내며, 길흉화복을 판단하는 주역의 골자가 되는 것임. ② 占卦(점괘)의 준말. ☞ *026
[卦象(괘상)] 괘의 길흉의 象(상).
[卦爻(괘효)] 易卦(역괘)를 이루는 여섯 개의 획. 64卦(괘).
[占卦(점괘)] (민) 길흉을 점친 그 괘. ¶점괘가 좋게 나왔다
[八卦(팔괘)] 복희씨가 지었다는 여덟 가지 괘.

叉 갈래 차, 깍지 낄 차, 又부3 2224

'叉(차)'자는 손가락 사이에 물건을 끼운 꼴을 본떠 '끼우다', '작살'의 뜻을 나타낸다. '엇갈리다'는 뜻으로 확대 사용되었다.

엇갈리다

[交叉(교차)] ① 서로 엇갈림. ② (생) 감수분열 때 유전자가 짝을 이룬 다른 염색체에 있는 대립유전자와 서로 자리바꿈(교대)하는 현상.
[交叉路(교차로)] 두 길이 엇갈리는 곳. 또는 서로 엇갈리는 길.

귀신 이름

[夜叉(야차)] ① 두억시니. 하늘을 날아다니며 사람을 잡아먹고, 상해를 입힌다는 잔인한 귀신. ② 염라국에서 죄인을 가책하는 옥졸. 생김새가 추하고 괴상하고, 위력이 있는 귀신으로 사람을 해치지만 佛法(불법)을 수호한다고 함.

叢 모일 총, 떨기 총, 又부18 2225

'叢(총)'자의 윗부분인 '착'은 톱날이 붙은 '工具(공구)'의 모양, 아랫부분은 '모을 聚(취)'와 통하는 '取(취)'이다. '叢(총)'은 '떼지어 모이다'의 뜻을 가진다.

모으다, 모이다

[叢論(총론)] 여러 가지 논문·논설 따위를 모아 놓은 글.
[叢林(총림)] ① 雜木(잡목)이 우거진 숲. ② (불) 절.
[叢書(총서)] ① 같은 종류의 여러 책들. 또는 한 질을 이루는 여러 책들. ② 갖가지 책을 통일 없이 많이 모음. 또는 그 모은 책들.
[叢說(총설)] 여러 논설이나 학설을 모아 놓은 것.

떨기, 풀·나무 등의 무더기

[叢生(총생)] (식) 뭉쳐나기. 풀이나 나무가 무더기로 더부룩하게 남.

많다, 번잡하다

[人叢(인총)] 한곳에 많이 모여 있는 사람들의 무리.

叩 두드릴 고, 口부5 2226

'口(구)'자는 두드릴 때의 소리를 나타내는 의성어. '卩(절)'은 사람이 무릎을 꿇은 모양을 본뜸. '무릎을 꿇고

앉아서 땅에 톡톡 두드리며 절을 하다'의 뜻을 나타냄.
조아리다, 꾸벅거리다
[叩頭(고두)] 머리를 조아림.
[叩拜(고배)] 무릎을 꿇고 머리를 조아리며 절함.
[三拜九叩頭(삼배구고두)] 세 번 절하고 머리를 아홉 번 찧는 예식. 조선 때 仁祖(인조)가 三田渡(삼전도)에서 淸(청) 태조에게 항복 의식으로 한 절. 대단한 치욕으로 간주됨.

叱 꾸짖을 질, 口부5 2227

'叱(질)'자는 입으로 베듯이 '몰아세우다', '꾸짖다'의 뜻을 나타낸다. '입 口(구)'와 '일곱 七(칠)'로 이루어졌다.
꾸짖다, 큰 소리로 책망하다, 꾸짖는 소리
[叱正(질정)] '꾸짖어 고친다'는 뜻으로, 自作(자작)의 詩文(시문)을 남에게 고쳐달라고 부탁할 때의 겸손한 표현의 말. ¶여러분의 질정과 조언을 겸허히 받겠습니다
[叱責(질책)] 꾸짖어 나무람.

吝 아낄 린, 口부7 2228

'吝(린)'자는 '아끼다'는 뜻을 나타낸다. '글월 文(문)'과 '입 口(구)'로 이루어졌다.
아끼다
[吝嗇(인색)] ① 체면을 돌아보지 않고 재물을 지나치게 아낌. ② 어떤 일을 하는 데 지나치게 박함. ¶허물을 고치는 데 인색하지 마십시오

嗇 아낄 색, 口부13 2229

'아낄 嗇(색)'자는 '보리'를 뜻하는 '來(래)'의 변형과 '창고'를 뜻하는 '곳집 稟(름)'의 생략형 '回'가 합쳐진 글자이다. '수확'의 뜻을 나타내는 것이었다.
아끼다, 재물을 아끼다, 사랑하여 아끼다
[吝嗇(인색)] ☞ 吝(린)

禿 대머리 독, 禾부7 2230

'禿(독)'자는 두발이 없어져 '대머리'가 됨을 뜻한다. '벼 禾(화)'와 '사람 儿(인)'으로 이루어졌다.
대머리, 벗어지다, 대머리가 되다
[禿頭(독두)] 대머리.
[禿翁(독옹)] 대머리 노인.
민둥산, 민둥산이 되다
[禿山(독산)] 민둥산.
붓이 모지라다
[禿筆(독필)] 몽당붓. 끝이 모지라진 붓.

吩 분부할 분, 뿜을 분, 口부7 2231

'吩(분)'자는 '아랫사람에게 명령을 내림'을 뜻한다. '입 口(구)'와 '나눌 分(분)'으로 이루어졌다. '뿜을 噴(분)'자의 속자로 쓰이기도 한다.

咐 분부할 부, 불 부, 口부8 2232

'咐(부)'자는 '아랫사람에게 내리는 명령'을 뜻한다. '입 口(구)'와 '부탁할 付(부)'로 이루어졌다.
분부하다
[吩咐(분부)/分付(분부)] 아랫사람에게 명령을 내림. 또는 그 명령.

吞 삼킬 탄, 口부7 2233

'吞(탄)'자는 '이로 씹지 않고 단숨에 삼키다'의 뜻을 나타낸다. '입 口(구)'와 '하늘 天(천)'으로 이루어졌다.
삼키다, 목구멍으로 넘기다
[甘吞苦吐(감탄고토)] '달면 삼키고 쓰면 뱉다'는 뜻으로, 자기에게 이로우면 가까이하고 불리하면 배척하는 이기적인 태도를 이르는 말.
남의 것을 자기 것으로 만들다, 가로채다
[並吞(병:탄)/倂吞(병:탄)] 남의 물건을 강제로 제 것에 합침.

吼 울 후, 울부짖을 후, 口부7 2234

'吼(후)'자는 '짐승이 성내어 큰 소리로 으르렁거리다'의 뜻을 나타낸다. '입 口(구)'와 '구멍 孔(공)'으로 이루어졌는데, '孔(공)'은 '정도가 심하다'의 뜻으로 쓰인 것이다.
울다, 사나운 짐승이 울다, 아우성치다, 큰소리로 외치다
[獅子吼(사자후)] ① '사자의 으르렁거림'이란 뜻으로, '크게 부르짖어 열변을 토하는 연설'을 일컫는 말이다. ② 질투가 많은 사람이 암팡지게 떠드는 일. ③ (불) 부처님의 위엄 있는 설법에 뭇 악마가 굴복하여 귀의함을 비유하는 말.

呵 꾸짖을 가, 口부8 2235

'呵(가)'자는 '큰 목소리로 꾸짖다', '큰 소리로 웃다'는 뜻을 나타낸다. '입 口(구)'와 '옳을 可(가)'로 이루어졌다.
꾸짖다, 책망하다, 비난하다
[呵責(가:책)] ① 꾸짖어 책망함. ¶가책을 받다 ② 마음에 찔림. ¶양심에 가책을 느끼다
웃다, 껄껄 웃는 모양
[呵呵大笑(가:가대소)] 껄껄 크게 소리 내어 웃음.

呱 울 고, 口부8 2236

'呱(고)'자는 갓난아기의 울음소리를 나타내는 의성어이다. '입 口(구)'와 '오이 瓜(과)'로 이루어졌다.

울다, 어린 아이의 울음 소리
[呱呱(고고)] 아이가 세상에 나오면서 처음 우는 소리. 주로 '고고의 소리'로 쓰인다. 참 呱呱之聲(고고지성)

呻 끙끙거릴 신, 口부8 2237

'呻(신)'자는 '신음하다'의 뜻을 나타낸다. '입 口(구)'와 '납 申(신)'으로 이루어졌다.

끙끙거리다, 병으로 앓는 소리를 내다
[呻吟(신음)] 끙끙거리며 앓음. 또는 그러한 소리.

咀 씹을 저:, 口부8 2238

'咀(저)'자의 본뜻은 '혀에 음식을 올려놓고 맛보다'였다. '씹다', '저주하다'의 뜻으로 쓰인다. '입 口(구)'와 '또 且(차)'로 이루어졌다.

씹다, 음식물을 씹다, 씹어서 맛을 보다
[咀嚼(저작)] 음식물을 씹음.

저주하다
[咀呪(저:주)/詛呪(저:주)] ① 미워하는 상대가 불행이나 재앙을 당하도록 빌고 바람. ② 미움을 받아서 당하는 몹시 불행한 일.

嚼 씹을 작, 口부21 2239

'嚼(작)'자는 '음식을 입에 넣고 잘게 씹다'는 뜻을 나타낸다. '입 口(구)'와 '참새 爵(작)'으로 이루어졌다. '爵(작)'은 '참새 雀(작)'과 통하여 '잘다'의 뜻을 나타낸다.

씹다
[咀嚼(저작)] 음식물을 씹음.
[如嚼鷄肋(여작계륵)/鷄肋(계륵)] 닭의 갈비뼈를 씹는 듯하다. 맛이 없다. 흥미가 없다. 또는 아무 짝에도 쓸모가 없는 것을 비유하는 말이다.

呪 빌 주:, 口부8 2240

'呪(주)'자는 '저주하다'의 뜻이다. '입 口(구)', '입 口(구)', 사람 儿(인)'으로 이루어졌다. '口(구)'는 '빌다'의 뜻이고, '儿(인)'은 사람이 무릎을 꿇은 모양을 나타낸다.

저주, 저주하다
[咀呪(저주)/詛呪(저주)] ☞ 咀(저)

주술, 주술을 부리다, 빌다, 바라는 대로 되어 달라고 빌다
[呪文(주:문)] ① 呪術師(주술사)가 술법을 부릴 때 외는 글귀. ② 저주하는 글.
[呪術(주:술)] 초자연적인 존재나 신비적인 힘을 빌려 불행이나 재해를 막으려고 외거나 술법을 부리는 일. 참 呪術師(주술사)

咆 으르렁거릴 포, 고함지를 포, 口부8 2241

'咆(포)'자는 '짐승이 으르렁거리다'의 뜻을 나타낸다. '입 口(구)'와 '쌀 包(포)'로 이루어졌다. 여기에서 '包(포)'는 '으르렁거리는 소리'를 나타내는 의성어이다.

哮 으르렁거릴 효, 성낼 효, 口부10 2242

'哮(효)'자는 '짐승이 으르렁거리다'의 뜻을 나타낸다. '입 口(구)'와 '효도 孝(효)'로 이루어졌다. 여기에서 '孝(효)'는 '으르렁거리는 소리'를 나타내는 의성어이다.

으르렁거리다, 짐승이 울다, 맹수 등이 울부짖다
[咆哮(포효)] 사나운 짐승이 으르렁거림. ¶사자의 포효

咬 새소리 교, 口부9 2243

'咬(교)'자의 본뜻은 '새의 울음소리'였다. 후에 '물다', '씹다'는 뜻으로 확대되었다. '입 口(구)'와 '사귈 交(교)'로 이루어졌다. '交(교)'는 새의 울음소리의 의성어이다.

새 소리, 새의 지저귀는 소리
[咬咬(교교)] 새의 지저귀는 소리.

물다, 깨물다, 씹다
[咬傷(교상)] 짐승이나 벌레 따위에 물린 상처.
[咬牙切齒(교아절치)] 어금니를 악물고 이를 갈면서 몹시 분해함.
[咬齒(교치)] 이를 갈거나 깨무는 것.
[賊被狗咬(적피구교)] 도둑이 개한테 물림. '남에게 말할 수 없음'의 비유. 『通俗編(통속편)』

咫 길이 지, 여덟 치 지, 口부9 2244

'咫(지)'자는 '짧은 거리'를 뜻한다. '只(지)'는 '8치'를 나타내고, '尺(척)'은 '길이'를 뜻한다. '咫(지)'자는 '길이 8치' 즉, '짧은 거리'를 뜻한다.

짧은 거리의 비유, 적은 분량의 비유
[咫尺(지척)] 아주 가까운 거리. ¶지척이 천리라, 오래 못 만났네

咳 기침 해, 口부9 2245

'咳(해)'자는 '기침'을 뜻한다. '입 口(구)'와 '돼지 亥(해)'로 이루어졌다.

기침, 기침을 하다
[咳嗽(해소)] (의) 咳嗽(해수)의 변한 말. 기침.
[百日咳(백일해)] 백일해균에 의하여 전염되는 소아과에 속하는 병. 한 번 발작한 기침은 호흡 곤란을 일으킬 만큼 길게 연달아 나는 것이 특징이다.
咳喘(해천), 咳唾(해타)

哄 크게 웃을 홍, 口부9　2246

'哄(홍)'자는 '크게 웃다'의 뜻이다. '입 口(구)'와 '함께 共(공)'으로 이루어졌다.

크게 웃다, 크게 웃는 소리, 여러 사람이 함께 웃다
[哄笑(홍소)] 껄껄 웃음. 떠들썩하게 웃음.
[哄然大笑(홍연대소)] 껄껄 크게 소리 내어 웃음.

哥 노래 가, 성씨 가, 口부10　2247

'哥(가)'자는 원래는 '노래'를 뜻하는 것이었다. 성 밑에 붙이는 호칭의 접미사로 쓰이는 예가 많아지자 '노래'의 뜻은 '哥(가)'자에 '하품 欠(흠)'을 붙여 '노래 歌(가)'자를 만들어 나타냈다. '하품 欠(흠)'은 '입을 크게 벌리다'는 뜻을 나타낸다.

성 밑에 붙이는 접미사
[李哥(이가)]

哺 먹을 포:, 口부10　2248

'哺(포)'자는 '음식을 입 속에 넣다', '먹다'는 뜻을 나타낸다. '입 口(구)'와 '클 甫(보)'로 이루어졌다.

먹다, 음식물을 씹어서 먹다, 입 속에서 씹고 있는 음식물, 먹이다, 먹여 기르다
[哺乳(포:유)] 젖을 먹여 기름.
[哺乳類(포:유류)] (동) 척추동물문 포유강에 속하는 동물의 총칭. 제 몸에 있는 젖으로 새끼를 먹여 기르며, 동물 중에서 가장 고등한 동물임.
[反哺之孝(반:포지효)] 까마귀 새끼가 자란 뒤에 늙은 어미에게 먹을 것을 물어다 준다는 데서 자식이 부모의 은혜를 갚음을 비유해서 일컫는 말. 까마귀를 反哺鳥(반포조)라고도 함.
[吐哺握髮(토:포악발)] '입 속에 있는 밥을 뱉고 머리카락을 움켜쥐다'라는 뜻으로, 사람이 집에 찾아오면 먹던 음식을 뱉고, 감던 머리를 움켜쥐고 나와 극진히 맞이한다는 말임.

啞 벙어리 아(:), 口부11　2249

'啞(아)'자는 '말이 되지 않는 목소리'의 의성어이다. '벙어리', '말이 막히다'는 뜻을 나타낸다. '입 口(구)'와 '버금 亞(아)'로 이루어졌다. '亞(아)'자는 '막히다'는 뜻을 가지고 있어 표의요소와 표음요소로 쓰였다.

벙어리
[啞鈴(아:령)] (체) 쥐기에 알맞은 쇠붙이나 나무 막대기의 두 끝을 공처럼 만든 운동 기구. 두 개가 한 쌍이 되어, 두 손에 하나씩 쥐고 팔을 놀림.
[啞然(아연)] 너무 놀라거나 어이가 없어서 또는 기가 막혀서 입을 딱 벌리고 말을 못하는 그런 모양.
[啞然失色(아연실색)] 뜻밖의 일에 너무 놀라서 얼굴빛이 달라짐.
[聾啞(농아)] 귀머거리와 벙어리.
[盲啞(맹아)] 눈먼 장님과 귀먹은 벙어리.
[食蜜啞(식밀아)] 꿀 먹은 벙어리. 아무 대꾸나 대답을 하지 않는 사람을 조롱하는 말.

聾 귀머거리 롱, 귀먹을 롱, 耳부22　2250

'聾(롱)'자는 '귀머거리'를 뜻한다. '귀 耳(이)'와 '용 龍(룡)'으로 이루어졌다.

귀머거리
[聾盲(농맹)] 귀머거리와 소경.
[聾兒(농아)] 귀머거리 아이.
[聾啞(농아)] ☞啞(아)

唾 침 타:, 口부11　2251

'唾(타)'자는 입에서 흘러 떨어지는 액체 즉, '침'을 가리킨다. '입 口(구)'와 '늘어질 垂(수)'로 이루어졌다.

침, 침뱉다
[唾腺(타:선)] 口腔(구강)의 침을 분비하는 腺(선).
[唾液(타액)] 침.
[唾面自乾(타:면자건)] '남이 나의 얼굴에 침을 뱉었을 때, 이 침을 닦으면 그 사람의 뜻을 거스르는 것이므로, 저절로 마를 때까지 기다린다'는 뜻으로, 처세와 아부에 그만큼 인내가 필요함을 이르는 말이다. 반드시 나쁜 뜻으로만 쓰이는 것은 아니다. 『十八史略(십팔사략)』
[對笑顔唾亦難(대:소안타역난).] '웃는 낯에 침 못 뱉는다'는 뜻으로, '좋게 대하는 사람에게는 미워도 괄시하기 어려움'을 일컫는 말.
唾具(타구), 唾棄(타기), 唾面(타면), 咳唾(해타)

喝 꾸짖을 갈, 口부12　2252

'喝(갈)'자는 '목소리를 높여 목이 쉬다', '큰소리로 꾸짖다'는 뜻을 나타낸다. '입 口(구)'와 '어찌 曷(갈)'로 이루어졌다.

고함치다, 외치다
[喝采(갈채)] 찬양하거나 환영하는 뜻으로 열렬히 외침. ¶갈채를 보내다 閻拍手喝采(박수갈채)

[喝破(갈파)] ① 정당한 이론으로 부당한 이론을 깨뜨림. ② 큰소리로 꾸짖거나 나무람.
꾸짖다, 큰 소리로 나무라다
[一喝(일갈)] 한 번 큰 소리로 꾸짖음.
[大喝(대:갈)] 큰 소리를 내어 꾸짖음.
으르다, 위협하다
[恐喝(공:갈)] ① 윽박지르며 을러대는 짓. ¶공갈협박 ② '거짓말'을 속되게 일컫는 말.
기타
[傳喝(전갈)] 사람을 시켜서 남의 안부를 묻거나 말을 전함.

喬 높을 교, 口부12   2253

'喬(교)'자는 높은 누각 위에 깃발이 세워진 모양을 본떠, '높다'의 뜻을 나타낸다.
높다, 높이 솟다
[喬木世家(교목세가)] 여러 대를 중요한 지위에 있어서 나라와 운명을 같이 하는 집안.
[喬木(교목)] ① 키가 큰 나무. ㉳灌木(관목) ② 줄기가 곧고 높이 자라서 가지가 퍼지는 나무. 소나무·전나무 등.

喫 마실 끽, 口부12   2254

'喫(끽)'자의 본뜻은 '입 안에서 잘게 쪼개다'였다. '입 口(구)'와 '맺을 契(계)'로 이루어졌다.
마시다, 음료수를 마시다
[喫茶(끽다)] 차를 마심.
피우다, 담배를 피우다
[喫煙(끽연)] 담배를 피우는 것. ㉤吸煙(흡연)
[試喫(시:끽)] (담배 따위의) 맛을 보기 위하여 시험 삼아 피워 봄.
생활하다, 먹고 마시고 피우다
[滿喫(만끽)] ① 잔뜩 배불리 먹거나 마심. ② 욕망을 실컷 만족시킴.

喩 깨우칠 유, 口부12   2255

'喩(유)'자는 '가르치고 타일러 이해시키다'는 뜻이다. '비유하다'의 뜻으로 확대되었다. '입 口(구)'와 '그러할 俞(유)'로 이루어졌다. '깨우칠 諭(유)'자와 통용된다.
고(告)하다, 이르다, 깨우치다, 깨닫다, 가르쳐주다
[告喩(고:유)/告諭(고:유)] 깨우침.
비유, 비유하다
[比喩(비유)/譬喩(비:유)] 어떤 사물을 효과적으로 표현하기 위하여 그와 비슷한 성질·모양 따위를 가진 다른 사물에 빗대어 표현함.
[隱喩(은유)] ① (문) 간접적이며 암시적으로 나타내는 비유. 이를 테면 '내 마음은 호수요', '시간은 금이다' 하는 따위. ㉰隱喩法(은유법) ② 어떤 사물을 그와 비슷한 특징을 가진 이를테면, '미련퉁이'를 '곰', '키다리'를 '전봇대'라 일컫는 것 따위.
[直喩(직유)] 비유법의 한 가지. 직접으로 두 가지 사물을 견주어 형용하는 수사법. '같이·처럼·듯이' 따위의 조사나 어미를 개입시켜 나타낸다.
[諷喩(풍유)/諷諭(풍유)] 어떤 사실을 풍자적이며 암시적으로 나타냄. 속담과 격언 등에서 흔히 볼 수 있음.

喘 숨찰 천, 口부12   2256

'喘(천)'자는 '입 口(구)'와 '끝 耑(단)'으로 이루어졌다. '숨이 차다'는 뜻이다.
헐떡이다, 숨이 차다, 기침, 기관지의 탈에서 오는 병
[喘滿(천:만)] 숨이 차서 가슴이 몹시 벌떡거림.
[喘息(천:식)] ① 숨결. ② (한의) 기관지에 경련이 생기면서 숨이 차고 기침이 나며 가래가 성한 병.
[咳喘(해천)] (한의) 기침과 천식.

喊 소리 함:, 다물 함:, 소리칠 함:, 口부12   2257

'喊(함)'자는 '입 口(구)'와 '다 咸(함)'으로 이루어졌다. '소리치다'는 뜻이다.
화를 내거나 외치는 소리, 고함지르다, 크게 외치다
[喊聲(함:성)] 여럿이 함께 고함지르는 소리.
[高喊(고함)] 크게 부르짖거나 외치는 소리. ¶고함을 질렀다

嗜 즐길 기, 口부13   2258

'嗜(기)'자는 '맛있어 하며 즐기다'는 뜻을 나타낸다. '입 口(구)'와 '늙을 耆(기)'로 이루어졌다. '耆(기)'자는 '늙을 老(노) + 맛 旨(지)'로 '맛있다'의 뜻이다.
즐기다, 좋아하다
[嗜好(기:호)] 즐기고 좋아함. 또는 그 취미.
[嗜好品(기호품)] ① 영양소는 아니나 독특한 향기나 맛이 있어 즐기고 좋아하는 음식물 따위. 술·차·담배 같은 것. ② 취미로 즐기고 좋아하는 물품. 노리개·보석·골동품 따위.
嗜眠(기면), 嗜酒(기주)

嗣 이을 사, 口부13   2259

'嗣(사)'자는 '입 口(구)', '책 冊(책)', '맡을 司(사)'로 이루어졌다. '冊(책)'은 後嗣(후사)를 세울 때의 詔勅(조칙)을 뜻한다. '嗣(사)'자는 廟堂(묘당)에서 後嗣(후사)를 세우는 문서를 읽는 의식을 나타낸다.
잇다, 뒤를 잇다, 계승하다, 상속자, 후임자

[嗣子(사자)] 맏아들. 대를 잇는 아들.
[嫡嗣(적사)] 본처의 소생으로서 대를 잇는 아들.
[後嗣(후:사)] 대를 잇는 자식.
[繼嗣(계:사)] 繼後(계후). 양자를 맞아 대를 이음.

嗔 성낼 진, 口부13　　2260

'嗔(진)'자는 '입 口(구)'와 '참 眞(진)(音)'으로 이루어졌다. 여기서 '眞(진)'자의 의미는 '가득 차다'이다. '嗔(진)'자는 '입이 가득 차서 터져 나오는 성난 소리'를 나타낸다.

성내다
[嗔心(진심)/瞋心(진심)] 왈칵 성내는 마음.
[弄過成嗔(농:과성진)] 장난도 지나치면 노여움을 이룸.

嗅 맡을 후, 口부13　　2261

'嗅(후)'자는 '냄새를 맡다'는 뜻이다. '입 口(구)'와 '냄새 臭(취)'로 이루어졌다.

맡다, 냄새를 맡다
[嗅覺(후각)] (생) 냄새에 대한 감각. 참嗅覺器官(후각기관)
[嗅官(후관)] 후각을 맡은 기관.

嘉 아름다울 가, 口부14　　2262

'嘉(가)'자는 '세울 壴(주)'와 '더할 加(가)'로 이루어졌다. '壴(주)'는 '악기가 죽 늘어서 있는 모양'을 나타낸다. 축하할 좋은 일이 있었나보다. '축하할 賀(하)'와 통하여 '선물을 하여 축하하고, 기뻐하다'의 뜻을 나타낸다. 저자 임의로 풀이해 보면, '嘉(가)'자는 '기쁠 喜(희)'자의 아랫부분 '입 口(구)'를 '더할 加(가)'로 바꿔치기한 것으로 보인다. 기쁜[喜] 일을 더하다보니[加] 더 아름답지 아니한가! 아니면 '기쁠 喜(희)'자에 '힘 力(력)'을 더한 것으로 보아도 좋을 것 같다.

아름답다, 예쁘다, 훌륭하다, 뛰어나다
[嘉客(가객)/佳客(가객)] 반가운 손님.
[嘉賓(가빈)/佳賓(가빈)] 반가운 손님.
[嘉禾(가화)] 낟알이 많이 붙은 잘된 곡식.
[嘉肴(가효)/佳肴(가효)] 맛좋은 안주.

기리다, 칭찬하다
[嘉尙(가상)] 착하고 귀여워 높이 칭찬할 만함. ¶어린 나이에 그 뜻이 가상하구나

기쁘다, 경사스럽다, 즐기다, 기뻐하다
[嘉慶(가경)] 즐겁고 경사스러움.
[嘉時(가시)] 즐겁고 경사스러운 때.

오례의 하나
[嘉禮(가례)] ① 경사스러운 예식. ② 임금의 성혼이나 즉위, 세자·세손·태자 등의 성혼이나 책봉 예식.

嘔 게울 구, 口부14　　2263

'嘔(구)'자는 '해로운 것을 몸이 분별하여 게우다'는 뜻을 나타낸다. '입 口(구)'와 '나눌 區(구)'로 이루어졌다. '區(구)'는 '많은 것을 구별하다'의 뜻을 가지고 있다.

게우다, 토하다
[嘔逆(구역)] 욕지기. 속이 메스꺼워 게우고 싶은 느낌. ¶구역질이 나다
[嘔吐(구토)] 게우는 것.

嗾 부추길 주, 口부14　　2264

'嗾(주)'자는 '입으로 선동하다'의 뜻을 나타낸다. '입 口(구)'와 '겨레 族(족)'으로 이루어졌다. '族(족)'은 '재촉할 促(촉)'과 통하여, '촉구하다'는 뜻이다.

부추기다, 선동하다
[使嗾(사:주)] 남을 부추겨 좋지 않은 일을 시킴. ¶적의 사주를 받아 아군의 기밀을 누출했다

噴 뿜을 분:, 口부15　　2265

'噴(분)'자는 '입으로부터 막 뿜어내다'의 뜻을 나타낸다. '입 口(구)'와 '꾸밀 賁(분)'으로 이루어졌다.

뿜다, 물·불 같은 것을 뿜어내다
[噴霧(분:무)] 물이나 약품 따위를 안개처럼 뿜음. 참噴霧器(분무기)
[噴水(분:수)] ① 좁은 구멍으로 세차게 뿜어 나오는 물. ¶치솟아 오르는 분수 ② 좁은 구멍으로 물을 세차게 뿜어내는 설비. 참噴水臺(분수대)
[噴出(분:출)] ① 좁은 곳에서 액체나 기체가 세차게 뿜어 나옴. ② 요구나 욕구 따위가 한꺼번에 터져 나옴. 또는 그렇게 되게 함.
[噴火(분:화)] ① 불을 내뿜음. ② (지) 화산이 터져서 땅 속의 용암이나 화산재 따위를 땅거죽으로 내뿜는 현상. 참噴火口(분화구)
噴射(분사)

嘲 비웃을 조, 口부15　　2266

'嘲(조)'자는 '입으로 조롱하다'는 뜻이다. '입 口(구)'와 '아침 朝(조)'로 이루어졌다.

비웃다, 조롱하다, 희롱하다
[嘲弄(조롱)] 비웃거나 깔보면서 놀림. ¶조롱을 참고 그 장소를 나왔다
[嘲笑(조소)] 비웃음. 빈정거리거나 업신여기는 태도로 웃는 웃음. ¶입가에 조소가 감돈다
[自嘲(자조)] 스스로 자기를 비웃음. 자신을 嘲笑(조소)함.

噓 불 허, 口부15　2267

'噓(허)'자는 '입김을 천천히 내불음'의 뜻이다. '입 (구)'와 '虛(허)'로 이루어졌다. 여기에서 虛(허)'자는 숨을 내뱉을 때의 소리를 나타내는 의성어이다.

불다, 숨을 바깥으로 내보내다

[虛風扇(허풍선)/噓風扇(허풍선)] ① 숯불을 불어서 피우는 손풀무의 하나. ② 허풍선이. '허풍만 치고 돌아다니는 사람'을 낮잡아 일컫는 말.

嚆 울릴 효, 口부17　2268

'嚆(효)'자는 '소리가 울려 높이 올라가다'의 뜻이다. '입 口(구)'와 '蒿(호)'로 이루어졌다. '蒿(호)'자는 '수증기가 올라가는 모양'을 나타낸다.

울리다, 소리가 나다

[嚆矢(효시)] ① 소리를 내며 우는 살. ② (옛날에 싸움을 시작한다는 신호로 적진에 우는 화살을 먼저 쏘아 보낸 데서 나온 말로) 사물이 비롯된 '맨 처음'을 비유하여 이르는 말. ¶한글 신문의 효시인 독립신문은 1896년 4월 7일에 창간되었다

嚬 찡그릴 빈, 口부19　2269

'嚬(빈)'자는 '눈살을 찌푸리다'는 뜻이다. '입 口(구)'와 '자주 頻(빈)'으로 이루어졌다. 여기에서 '頻(빈)'은 '얼굴을 찡그리다'의 뜻이다.

蹙 줄일 축, 찡그릴 축, 足부18　2270

'蹙(축)'자는 '움츠러들다'는 뜻이다 '발 足(족)'과 '겨레 戚(척)'으로 이루어졌다.

찡그리다, 눈살을 찌푸리다

[嚬蹙(빈축)] '눈살을 찌푸리고 얼굴을 찡그림'의 뜻으로, 비난·나쁜 평판을 이르는 말.

嚮 향할 향, 口부19　2271

'嚮(향)'자는 '고향 鄕(향)'과 '향할 向(향)'으로 이루어졌다.

향하다, 바라보다, 대하다(向)

[嚮導(향도)] ① 길을 인도함. ② (군) 행진할 때 대오의 선두에서 방향과 속도를 조절하는 사람.

囊 주머니 낭, 口부22　2272

'囊(낭)'자는 '도울 襄(양)'이 표음요소로 쓰였고, 그 윗부분이 주머니의 모양을 본뜬 것으로, 표의요소로 쓰였다. '물건을 채워 넣는 주머니', '물건을 넣어 감추어두는 것'의 범칭으로 쓰인다.

주머니, 자루, 주머니에 넣다, 돈주머니, 지갑

[囊中(낭중)] 주머니 속.
[囊中之錐(낭중지추)] '주머니 속에 든 송곳'이라는 뜻으로, '감추려 해도 저절로 드러나게 되는 것'을 일컫는 말.
[膽囊(담:낭)] 쓸개. 쓸개주머니.
[背囊(배:낭)] 물건을 넣어서 등에 짊어지도록 질긴 천이나 가죽으로 만든 주머니.
[寢囊(침:낭)] 잠을 잘 때 쓰는 자루 모양의 이불.
[行囊(행낭)] 무엇을 넣어 보내는 큰 주머니. ¶우편 행낭/외교 행낭

囊中物(낭중물), 囊中取物(낭중취물), 囊乏一錢(낭핍일전), 空囊(공낭), 胚囊(배낭), 浮囊(부낭), 酒囊飯袋(주낭반대), 酒甕飯囊(주옹반낭)

불알

[囊濕(낭습)] 불알이 축축함.
[囊心(낭심)] 남자의 성기, 특히 불알을 완곡하게 이르는 말.
[牛囊(우랑)] 쇠불알.
[陰囊(음낭)] (생) 불.

囑 부탁할 촉, 口부24　2273

'囑(촉)'자는 '말로 사람을 복종시키다'는 뜻이었는데 지금은 주로 '부탁하다'는 뜻으로 쓰인다. '입 口(구)'와 '屬(속)'으로 이루어졌다. '屬(속)'자는 '꼬리 尾(미)'의 변형과 '고을 이름 蜀(촉)'으로 이루어졌다.

부탁하다, 맡기다

[囑望(촉망)] 잘되기를 바라고 기대함. 또는 그런 대상. ¶촉망을 받다/장래가 촉망되는 젊은이
[囑託(촉탁)] ① 일을 부탁하여 맡김. 또는 일을 부탁 받아 맡은 사람. ② 정식 직원이 아니라 임시로 부탁을 받고 어떤 일을 맡아 보는 사람.
[委囑(위촉)] 특정한 일을 남에게 부탁하여 맡김. 참委囑狀(위촉장)

囹 옥 령, 口부8　2274

'囹(령)'자는 '감옥'을 뜻한다. '에워쌀 口(위)' 안에 '영 令(령)'자를 넣어 만들었다. 여기에서 '令(령)'자는 '무릎을 꿇고 신의 뜻을 듣는 사람의 모양'을 본뜬 것이라고 한다. '口(위)'자는 '에워쌀 圍(위)'자의 古字(고자)이다.

圄 옥 어, 口부10　2275

'圄(어)'자는 죄인을 가두는 '감옥'을 뜻한다. '에워쌀 口(위) 안에 '나 吾(오)'를 넣어 만들었다.

옥, 감옥, 죄 지은 사람을 가두어두는 곳

[囹圄(영어)] '교도소', '유치장' 따위를 예스럽게 이르

말. ¶영어의 몸이 되다

圃 채마밭 포, 囗부10　2276

'圃(포)'자는 작물을 심는 '밭'을 뜻한다. 주로 채소나 과일을 심은 밭을 말한다. 벼, 보리, 콩 같은 것은 밭에서 따서 바로 먹을 수가 없다. 그러나 고추, 오이, 수박, 사과 같은 것들은 밭에서 따서 바로 먹을 수 있다. 이런 채소나 과일류를 심으면 좀도둑이나 동물의 피해를 막기 위하여 밭 주위를 에워싸는 울타리가 필요했다. 지금도 그렇다. '圃(포)'자에 '에워쌀 囗(위)'가 쓰인 것은 그런 이유에서이다. '클 甫(보)'는 표음요소이다.

밭, 채소나 과실나무를 심어 가꾸는 밭
[圃場(포장)] 논밭과 채소밭.
[苗圃(묘포)] 모밭. 모를 키우는 밭.
[蔘圃(삼포)] 인삼을 재배하는 밭.

坊 동네 방, 土부7　2277

'坊(방)'자는 '좌우로 펼쳐진 마을'을 뜻한다. '흙 土(토)'와 '모 方(방)'으로 이루어졌다.

동네, 마을
[坊坊曲曲(방방곡곡)] 한 군데도 빼놓지 않은 모든 곳. ¶방방곡곡에서 만세를 불렀다

절, 중이 거처하는 곳
[僧坊(승방)] 중이 거처하는 곳.

관청, 공무의 집행 장소, 저자, 가게, 점방
[春坊(춘방)] (역) 조선 때, '세자시강원'의 다른 이름.

坦 평탄할 탄:, 土부8　2278

'坦(탄)'자는 '흙 土(토)'와 '아침 旦(단)'으로 이루어졌다. '旦(단)'은 지평선 위의 아침 해를 본뜬 것이다. 아침에 지평선 위에 해가 떠오르니 '坦(탄)'자는 그 땅이 널리 '평탄하다'는 뜻을 나타낸다.

평평하다, 평탄하다
[坦坦大路(탄:탄대로)] ① 평탄하고 넓은 큰 길. ② 장래가 아무 어려움이나 괴로움이 없이 수월함을 이르는 말.
[平坦(평탄)] ① 지면이 평평하고 넓음. ② 거침새가 없이 순조로움. ③ 감정의 격함이 없이 마음이 고요함.

편하다, 마음의 평정을 얻다
[坦然(탄:연)] 마음이 아무 걱정이 없이 평탄함.
[順坦(순:탄)] ① 까다롭지 않음. ② 길이 험하지 않고 평탄함. ③ 탈 없이 순조로움. ¶그렇게 간단하게 그가 자리를 잡을 만큼 현실은 순탄하지 않았다
[虛心坦懷(허심탄회)] 마음에 거리낌이 없이 솔직함.
[君子坦蕩蕩(군자탄탕탕), 小人長戚戚(소인장척척).] 군자는 마음이 평정하여 넓고 너그러우며, 소인은 항상 걱정에 싸여 마음이 초조하다. 『論語(논어)·述而(술이)』

垢 때 구, 土부9　2279

'垢(구)'자는 '두껍게 낀 흙먼지'를 뜻한다. '흙 土(토)'와 '왕 后(후)'로 이루어졌다.

때, 티끌, 더러운 물질, 때묻다, 더럽혀지다, 수치, 부끄러움
[垢面(구면)] 때 묻은 얼굴.
[蓬頭垢面(봉두구면)] '흐트러진 머리와 때 묻은 얼굴'이라는 뜻으로, '성질이 털털하여 겉모습에 별 관심을 두지 않음'을 이르는 말.
[天眞無垢(천진무구)] 조금도 때 묻음이 없이 아주 천진함.
無垢(무구), 塵垢(진구)

埠 부두 부:, 선창 부:, 土부11　2280

'埠(부)'자는 '부두'를 뜻한다. '흙 土(토)'와 '언덕 阜(부)'로 이루어졌다.

선창, 배를 대는 바닷가
[埠頭(부:두)] 항구에서, 배를 대어 사람과 짐이 오르내릴 수 있도록 된 곳. 참船艙(선창)

埴 찰흙 식, 찰흙 치, 土부11　2281

'埴(식)'자는 '찰흙'을 뜻한다. '흙 土(토)'와 '곧을 直(직)'으로 이루어졌다.

찰흙, 점토, 진흙, 진흙탕
[埴土(식토/치토)] 진흙이 50% 이상 들어있는 흙. 점착력이 강하고 공기 유통과 배수가 잘 안 되어 경토로서는 좋지 못하나 모래를 알맞게 섞어서 양토로 바꿔 씀.

堊 백토 악, 흰 흙 악, 土부11　2282

'堊(악)'자는 고대 묘실의 벽에 바르는 '백토'를 뜻한다. '흙 土(토)'와 '버금 亞(아)'로 이루어졌다. '亞(아)'는 고대 묘실의 모양을 나타낸다.

백토, 석회, 회칠하다, 벽을 희게 하다
[白堊(백악)] 유공충 또는 기타 미생물의 사체가 쌓여서 이루어진 회백색이나 담황색의 탄산석회. 참白堊紀(백악기)
[白堊館(백악관)] 미국 대통령의 관저.

堆 언덕 퇴, 쌓을 퇴, 土부11　2283

'堆(퇴)'자는 '흙무더기'를 뜻한다. '흙 土(토)'와 '새 隹(추)'로 이루어졌다.

언덕, 사구, 흙무더기, 높게 쌓이다, 산더미처럼 쌓이다
[堆肥(퇴비)] (농) 두엄. 풀·짚 또는 가축들의 똥·오줌 등의 잡살뱅이를 썩힌 거름.
[堆積(퇴적)] ① 많이 겹쳐 쌓거나 쌓임. ② (지) 퇴적작용.
[堆積作用(퇴적작용)] (지) 자갈과 모래·점토·생물의 유해 따위가 물, 빙하, 바람, 따위의 작용으로 운반되어 어떤 곳에 쌓이는 현상. 참堆積巖(퇴적암)

堪 견딜 감, 土부12 2284

'堪(감)'자는 약한 마음이나 욕망, 또는 자기에게 가해진 압력에 '이겨내다', '견디다'의 뜻을 나타낸다. '흙 土(토)'와 '심할 甚(심)'으로 이루어졌다.

견디다, 버티어내어 계속하다, 능히 당하여내다, 참아내다
[堪當(감당)] (일을) 맡아서 능히 해냄. ¶네가 이 일을 감당할 수 있겠니?
[堪耐(감내)] 참고 견딤. ¶고통을 감내하다
[難堪(난감)] ① 견디어 내기 어려움. ② 이러기도 어렵고 저러기도 어려워 처지가 매우 딱하다. ¶입장이 난감하다
[不堪當(불감당)] 감당할 수가 없음. 준不堪(불감)

堵 담 도, 土부12 2285

'堵(도)'자는 양쪽 판자 사이에 진흙을 넣고 다져서 굳히는 방법으로 만든 흙벽을 뜻한다. '흙 土(토)'와 '놈 者(자)'로 이루어졌다. 다른 사람의 침입을 막기 위한 '토담'의 뜻에서 '편안한 느낌'이란 뜻도 생겨났다.

담, 담장
[堵牆(도장)] 집의 둘레나 일정한 공간을 막기 위하여 흙, 돌 따위로 쌓아 올린 것. 비담장
[堵列(도열)] 많은 사람이 죽 늘어섬. 또는 그런 대열.
거처, 주거(담의 안이란 뜻)
[安堵(안도)] ① 자기가 있는 곳에서 편안히 삶. ② 마음을 놓음. 안심함. 담 안에서 편안하게 머무름. 또는 걱정이나 근심거리가 사라져 마음이 편안해짐.
[安堵感(안도감)] 편안한 느낌. 안심할 수 있는 느낌.

堡 작은 성 보:, 土부12 2286

'堡(보)'자는 외적으로부터 나라를 지키는 '작은 성'을 뜻한다. '흙 土(토)'와 '보전할 保(보)'로 이루어졌다.

작은 성, 성채, 돌·흙 등으로 쌓은 성채
[堡壘(보:루)] ① 적이 쳐들어오는 것을 막거나 적의 포화에서 아군을 보호하기 위하여 돌·흙·콘크리트 따위로 튼튼하게 쌓은 진지. ② 튼튼한 기반이나 발판. ¶민주주의의 보루로 삼다

壘 진 루, 土부18 2287

'壘(루)'자는 '흙을 포개서 쌓은 진'을 뜻한다. '흙 土(토)'와 '밭 사이 땅 畾(뢰)'로 이루어졌다.

진, 보루
[堡壘(보:루)] ☞堡(보)
야구의 베이스
[滿壘(만:루)] (체) 야구에서, 모든 베이스에 주자가 차 있는 상태.
[進壘(진루)] (체) 야구에서, 주자가 다음 베이스로 나아감.
[殘壘(잔루)] ① 남아있는 보루. ② (체) 야구에서 공격과 수비가 바뀔 때 아직도 베이스에 주자가 남아 있는 일.
一壘(일루), 二壘(이루), 三壘(삼루)

堰 방죽 언:, 둑 언:, 土부12 2288

'堰(언)'자는 물의 흐름을 막는 '보'를 뜻한다. '흙 土(토)'와 '도랑 匽(언)으로 이루어졌다.

방죽, 둑, 보, 막다, 보를 막다, 흐르는 물을 막다
[堰堤(언:제)] 물을 가두어 두기 위해 하천이나 골짜기 따위에 쌓은 둑. 동堤堰(제언)

塑 토우 소:, 흙 빚을 소:, 土부13 2289

'塑(소)'자는 진흙덩이를 깎아 점차 사람의 모습에 다다르는 工程(공정)을 거치는 '土偶(토우)'의 뜻을 나타낸다. '흙 土(토)'와 '초하루 朔(삭)'으로 이루어졌다.

토우(土偶), 흙으로 만든 사람이나 신불(神佛)의 형체, 흙을 이겨서 물건의 형체를 만들다
[塑像(소:상)] (미) 찰흙으로 만든 인물의 모형. 주로 조각, 주물의 원형으로 쓰임.
[塑性(소:성)] (물) 물체가 외부에서 어떤 힘을 받아 형태가 바뀐 뒤 그 힘을 없애도 본디 모양으로 돌아가지 않는 성질.
[可塑性(가:소성)] 압력을 가하면 부서지지 않고 모양이 바뀌며, 그 압력을 없앴을 때, 본디 모양으로 돌아오지 않고 그대로 있는 성질.
[彫塑(조소)] 재료를 새기거나 빚어서 입체 형상을 만드는 미술.

塡 메울 전, 누를 진, 土부13 2290

'塡(전)'자는 '흙 土(토)'와 '참 眞(진)'으로 이루어졌다. 여기서 '眞(진)'은 '채우다', '메우다'의 뜻으로 쓰였다. '메우다'의 뜻으로 쓰일 때는 [전]으로, '누르다'의 뜻으로 쓰일 때는 [진]으로 읽는다. 오늘날 '누르다' 등의 뜻

으로 쓰여 [진]으로 읽는 한자어 낱말은 없고, [전]으로 읽는 것만 남았다.
메우다, 메이다, 채우다, 가득 차다
[裝塡(장전)] 속에 무엇을 집어넣어서 채움. ¶실탄 일발 장전
[充塡(충전)] 집어넣어서 채움.
[擔雪塡井(담설전정)] '눈을 져다가 우물을 메운다'는 뜻으로, 수고만 할 뿐 효과가 없음을 비유하여 이르는 말.

塚 무덤 총, 土부13　　2291

'塚(총)'자는 '冢(총)'자의 속자였다. '冢(총)'자는 '쌀 冖(포) + 발 얽은 돼지의 걸음 豖(축)'으로 이루어졌다. '豖(축)'자는 '돼지 豕(시)'에다 한 획을 더하여 '발을 묶은 돼지' 모양을 나타낸 것이다. '冢(총)'자는 희생을 갖추어 바치고 덮는 무덤의 뜻을 나타낸다. 무덤의 뜻을 더욱 확실하게 하기 위하여 후에 '흙 土(토)'를 덧붙여 '무덤 塚(총)'을 만들었다. 지금은 본자인 '冢(총)'자 대신 '塚(총)'자가 본자로 쓰이고 있다.
무덤
[疑塚(의총)] 남이 파헤칠 염려가 있는 무덤의 보호를 위해 그와 똑같이 만들어 놓은 여러 개의 무덤.
[義塚(의총)] 조상하는 사람이 없는 無緣(무연)의 죽은 이를 위하여 다른 사람이 義(의)로써 세운 무덤. ¶칠백의총
[貝塚(패:총)] 조개더미.

塾 글방 숙, 土부14　　2292

'塾(숙)'자는 어린이에게 사물의 이치를 익히 알도록 하기 위하여, 문의 양 옆의 방 등에 베푼 私設(사설) 글방의 뜻을 나타낸다. '흙 土(토)'와 '누구 孰(숙)'으로 이루어졌다. 여기에서 '孰(숙)'은 '熟(숙)'자의 생략형으로 '익다'의 뜻으로 쓰인 것이다.
글방, 서당
[塾舍(숙사)] 글방과 숙소를 겸한 서당.
[私塾(사숙)] 글방.
[義塾(의:숙)] 공익을 위하여 의연금으로 세운 교육기관.
방, 문 좌우에 있는 방

塹 구덩이 참, 土부14　　2293

'塹(참)'자는 흙을 파낸 구덩이인 '해자'를 뜻한다. '흙 土(토)'와 '벨 斬(참)'으로 이루어졌다.
구덩이, 해자, 파다, 구덩이·해자 등을 파다
[塹壕(참호)] (군) ① 성 둘레의 구덩이. ② 야전에서, 적의 공격을 막으려고 좁고 기다랗게 판 구덩이.

墜 떨어질 추, 土부15　　2294

'墜(추)'자는 原字(원자)는 '隊(대)'였다. 언덕에서 사람이 거꾸로 떨어지는 모양을 본뜬 것이었다. '隊(대)'자가 군대 조직의 단위로 쓰이는 예가 많아지자 '흙 土(토)'를 붙여 '땅으로 떨어짐'을 나타냈다.
떨어지다, 낙하하다, 떨어뜨리다
[墜落(추락)] ① 높은 곳에서 떨어짐. ¶비행기 추락사고 ② 위신 따위가 떨어짐.¶인기가 추락하다
[擊墜(격추)] (비행기나 비행선 등을) 쏘아 떨어뜨림. ¶민간 항공기 격추 사건
잃다, 망실하다, 무너지다, 붕괴하다
[失墜(실추)] 떨어뜨리거나 잃음. ¶신용이 실추되다

墾 개간할 간, 따비질할 간, 土부16　　2295

'墾(간)'자는 '땅을 개간하다'는 뜻이다. '흙 土(토)'와 '간절할 貇(간)'으로 이루어졌다.
따비질하다, 개간하다
[開墾(개간)] 거친 땅이나 버려둔 땅을 일구어 경작지나 쓸모 있는 땅으로 만드는 일. ¶개간 사업

壅 막을 옹:, 土부16　　2296

'壅(옹)'자는 외부로부터의 침입에 대비하여 '흙으로 막다'는 뜻이다. '흙 土(토)'와 '화목할 雍(옹)'으로 이루어졌다.
막다, 막아 통하지 못하게 하다, 막히다, 메이다
[壅固執(옹:고집)] 억지가 아주 심하게 자신의 생각이나 의견만을 굽히지 않고 우김. 또는 그런 사람.
[壅塞(옹:색)] 막혀서 통하지 않음. 생활에 필요한 것이 없거나 모자라서 딱함.
[壅拙(옹:졸)] ① 성질이 너그럽지 못하고 좁음. ② 오죽잖아 답답함. ¶옹졸한 사내

嶼 섬 서, 土부17　　2297

'嶼(서)'자는 바다 가운데에 두세 개의 섬이 모여 있는 것을 이른다. '메 山(산)'과 '줄 與(여)'로 이루어졌다.
섬, 작은 섬
[島嶼(도서)] 크고 작은 온갖 섬.

壑 골짜기 학, 土부17　　2298

'壑(학)'자는 '두 산 사이의 오목한 곳'을 이른다. 原字(원자)는 '흙 土(토)'가 없는 것이었다가 후에 붙었다. 글자가 좀 복잡하니 破字(파자)를 해 보면, '범의 문채 虍(호) + 골 谷(곡) + 또 又(우) + 흙 土(토)'이다. '虍(호)'의 자형이 약간 변했다.

골, 골짜기
[萬壑千峰(만학천봉)] 수많은 산봉우리와 골짜기.

壙 광 광, 뫼구덩이 광, 土부18 2299

'壙(광)'자는 '땅 속의 넓은 구멍'이란 뜻에서 '묘의 구덩이'를 뜻한다. '흙 土(토)'와 '넓을 廣(광)'으로 이루어졌다.
광(송장을 묻기 위하여 판 구덩이)
[壙中(광중)] 무덤의 구덩이 속.

壟 밭두둑 롱, 土부19 2300

'壟(롱)'자는 용의 모양처럼 구불구불 너울거리는 '밭두둑'을 뜻한다. '흙 土(토)'와 '용 龍(룡)'으로 이루어졌다.
언덕, 돈대, 구릉, 밭이랑, 밭두둑
[壟斷(농단)] ① 가파른 언덕. ② 이익을 독점함. 옛날 어떤 사람이 장 근처의 가파른 언덕에 올라가 좌우를 빙둘러보고 싼 물건을 사서 비싸게 팔아 이익을 독점하였다는 故事(고사)에서 나온 말.

壻 사위 서:, 土부12 2301

'壻(서)'자는 '자기의 딸과 동거하는 남자', 즉 '사위'를 뜻한다. '선비 士(사)'와 '서로 胥(서)'로 이루어졌다. '士(사)'는 '남자'를 뜻하고, '胥(서)'는 '동거하다'는 뜻이다.
사위
[壻郞(서:랑)] '사위'의 높임말.
[姪壻(질서)] 조카사위.
동서
[同壻(동서)] ① 자매의 남편끼리 서로 이르는 말. ② 형제의 아내끼리 서로 이르는 말.

夙 일찍 숙, 이를 숙, 夕부6 2302

'夙(숙)'자는 '이른 아침부터 조심스럽게 일하다'는 뜻을 나타낸다. 字源(자원)은 그렇게 설명하고 있지는 않지만 '几(궤)'와 '뼈 歹(알)'로 보지 말고, '무릇 凡(범)'과 '저녁 夕(석)'의 형태로 보면 된다.
일찍, 아침 일찍, 아침 일찍부터 일을 하다
[夙夜(숙야)] 이른 아침과 깊은 밤.
[夙興夜寐(숙흥야매)] 아침 일찍 일어나고 밤에 늦게 자며 부지런히 일함.

夭 어릴 요:, 일찍 죽을 요:, 大부4 2303

'夭(요)'자는 젊은 巫女(무녀)가 나긋나긋 몸을 움직이며 神(신)을 부르는 춤을 추는 모양이라고 한다. '젊다'는 뜻을 나타낸다.

일찍 죽다, 나이 젊어서 죽다
[夭死(요:사)] 일찍 죽음. 나이가 어려서 죽음.
[夭折(요:절)] 젊은 나이에 일찍 죽음. 통短折(단절), 夭死(요사)
어리다, 젊다, 젊고 아름다운 모양, 화기가 있는 모양
[夭桃(요:도)] ① 꽃이 아름답게 핀 복숭아나무. ② 젊고 예쁜 여자의 얼굴. ③ 시집갈 나이.
[夭夭(요:요)] ① 나이가 젊고 예쁜 모양. ② 안색이 온화한 모양. 얼굴에 화색이 도는 모양. ③ 무성하게 잘 자라는 모양.

套 덮개 투, 大부10 2304

'套(투)'자는 '큰 大(대)'와 '긴 長(장)'으로 이루어져, '크고 길다'는 뜻을 나타내는 것이었다. 현재에 쓰이는 뜻은 크게 변하였다.
덮개, 씌우개
[封套(봉투)] 편지나 서류 따위를 넣을 수 있도록 만든 주머니.
[外套(외:투)] 추위를 막기 위하여 겉 옷 위에 입는 옷.
정한 대로의, 버릇이 되어 이루어진 일
[常套(상투)] 늘 하는 투. 늘 써서 버릇이 되다시피 하는 투. 참常套手段(상투수단), 常套語(상투어), 常套的(상투적)
[語套(어투)] 말하는 버릇.

奢 사치할 사, 大부12 2305

'奢(사)'자는 '크다'의 뜻인 '大(대)'와 '삶다'의 뜻인 '煮(자)'의 합자이다. 먹을 것을 필요 이상으로 큰 솥에 삶는다는 데서 '사치하다'란 뜻을 나타낸다. '侈(치)'자는 '사람'의 뜻인 '亻(인)'과 '많다'의 뜻인 '多(다)'의 합자로 사람이 고기를 필요 이상 많이 가졌다는 데서 '사치하다'의 뜻을 나타낸다. '多(다)'는 본래 '고기'를 뜻하는 '肉(육)'이 두 점 있다는 데서 '많다'라는 뜻이다. 奢侈(사치)는 결국 사람이 필요 이상으로 음식을 많이 만들거나 먹는 것을 나타낸다.
사치하다, 호사하다
[奢侈(사치)] 씀씀이나 치레가 분수에 지나침.
[奢侈品(사치품)] 생활에 필요한 정도를 넘어서거나 분수에 맞지 않는 고가의 물품.
[豪奢(호사)] 호화롭게 사치를 함. 또는 그런 상태.
[華奢(화사)] ① 화려하고 사치스러움. ② 밝고 우아함. ¶화사한 옷차림/화사한 웃음
[奢者富而不足(사자부이부족), 何如儉者貧而有餘(하여검자빈이유여).] 사치하는 사람에겐 아무리 부유해도 모자라거늘, 어찌 검소한 사람의 가난하면서도 여유 있음만 할 수 있으랴!『菜根譚(채근담)·前集 55』☞ * 176
[奢者心常貧(사자심상빈), 儉者心常富(검자심상부)] 사치스러운 이는 마음이 언제나 가난하고, 검소한 이는

마음이 언제나 부유하다.『化書(화서)』
[由儉入奢易(유검입사이), 由奢入儉難(유사입검난).] 검소함으로부터 사치함에 들어가기는 쉽고, 사치함으로부터 검소함에 들어가기는 어렵다.『小學(소학)·外篇(외편)·善行(선행)』
자랑하다, 뽐내며 말하다

侈 사치할 치, 人부8   2306

'侈(치)'자는 '사람 亻(인)'과 '많을 多(다)'가 합쳐진 글자로, '財貨(재화)'가 많은 사람'에서 '사치를 부리다'의 뜻을 나타낸다. ☞奢(사)
사치하다, 사치, 호사
[侈心(치심)] 사치를 좋아하는 성미.
[奢侈(사치)] ☞奢(사)
[奢侈品(사치품)] ☞奢(사)
[儉則金賤(검즉금천), 侈則金貴(치즉금귀).] 검소하면 돈이 천해 보이고, 사치하면 돈이 귀해 보인다.『管子(관자)·乘馬(승마)』
음란하다, 난잡하다, 거만하다, 분수에 넘다

奧 속 오(:), 깊을 오(:), 大부13   2307

'奧(오)'자는 '살필 審(심)의 원래 글자 寀(심)과 '받들 廾(공)'으로 이루어진 것이다. '寀(심)'자는 '집 宀(면) + 분변할 釆(변)'으로 이루어진 것이다. '廾(공)'자는 '큰 大(대)'로 변하였다. '집 宀(면)'도 양쪽 끝이 길게 늘어졌다. 그 결과 현재의 형태인 '奧(오)'자가 되었다.
깊숙하다, 그윽하다
[奧妙(오:묘)] 심오하고 미묘함. ¶오묘한 자연의 섭리
[奧密稠密(오밀조밀)] ① 공예에 관한 솜씨가 매우 세밀하고 교묘한 모양. ② 사물에 대한 마음씨가 매우 자상스럽고 꼼꼼한 모양.
[深奧(심:오)] 사상이나 이론 따위가 깊고 오묘함. ¶그의 작품세계는 너무나 심오해서 이해하기가 힘들다
속, 깊숙한 안쪽
[奧地(오:지)] 해안이나 도시에서 멀리 떨어진 대륙 내부의 땅.

妓 기생 기:, 女부7   2308

'妓(기)'자는 '여자 女(여)'와 '가지 支(지)'로 이루어진 글자이다. '광대'를 뜻하는 것이었다.
기생, 노래나 춤을 파는 여자
[妓女(기:녀)] ① 기생. ② (역) 의약·침구·재봉·노래와 춤 등을 배워 익히던 官婢(관비)의 총칭.
[妓生(기:생)] 잔치나 술자리에서 흥을 돋우는 일로 살아가는 여자.
[名妓(명기)] 이름난 기생.

[義妓(의:기)] 의로운 일을 한 기생. ¶진주 남강은 의기 論介(논개)가 적장을 끌어안고 강으로 떨어져 순국한 곳으로 유명하다
妓樓(기루), 妓籍(기적), 官妓(관기), 童妓(동기), 舞妓(무기), 愛妓(애기), 藝妓(예기), 娼妓(창기), 賤妓(천기), 退妓(퇴기)

妣 죽은 어미 비, 女부7   2309

'妣(비)'자는 늙은 여성을 본떠 '돌아간 어머니'의 뜻을 나타낸다. '여자 女(녀)'와 '견줄 比(비)'로 이루어졌다.
죽은 어미
[考妣(고:비)] 돌아간 아버지와 어머니.
[先妣(선비)] 돌아간 어머니.
[祖妣(조비)] 돌아간 할머니.

嫉 시기할 질, 미워할 질, 女부13   2310

'嫉(질)'자는 '여자의 마음이 병들다', '시새우다'는 뜻을 나타낸다. '여자 女(녀)'와 '병 疾(질)'로 이루어졌다.
시기하다, 시새움하다
[嫉妬(질투)] 강샘. ① 자신이 좋아하는 異性(이성)이 다른 이성을 좋아하는 것을 지나치게 시기함. ② 다른 사람이 잘되거나 자신보다 앞서서 좋은 위치에 있는 것을 시기하여, 미워하며 깎아내림. ③ (천주) 본죄의 일곱 가지 근원인 七罪宗(칠죄종)의 하나.
미워하다, 싫어하다
[嫉視(질시)] 妬視(투시). 시기하여 봄.
[疾視(질시)] 밉게 봄.
[反目嫉視(반:목질시)] 서로 미워하고 시기하는 눈으로 봄.

妬 샘낼 투, 女부8   2311

'妬(투)'자는 아내의 남편에 대한 감정 즉, '질투'의 뜻을 나타낸다. '여자 女(녀)'와 '돌 石(석)'으로 이루어졌다.
질투하다, 시새우다, 투기하다, 시기하다
[妬忌(투기)] 강샘. 사귀는 이성이나 부부 사이에서, 상대방이 다른 이성과 좋아함을 지나치게 미워하는 마음이나 성질. ¶투기가 심하다/투기를 부리다
[妬氣(투기)] 질투가 나는 느낌. 또는 그런 기분.
[嫉妬(질투)] ☞嫉(질)
[爵高者人妬之(작고자인투지).] 작위가 높은 사람은 남에게 시샘을 받음.
妬婦(투부), 妬心(투심), 妬妻(투처)

姨 이모 이, 女부9   2312

'姨(이)'자는 어머니의 자매, '이모'를 나타낸다. '여자 女(녀)'와 '오랑캐 夷(이)'로 이루어졌다.

이모, 어머니의 자매
[姨母(이모)] 어머니의 언니와 여동생. 鄭姨母夫(이모부)
[姨從(이종)] 이종사촌. 鄭姨從四寸(이종사촌)
[姨姪(이질)] 자매간의 아들딸.
아내의 자매, 처형과 처제

娑 춤출 사, 사바 세상 사, 女부10   2313

'娑(사)'자의 본뜻은 고운 모래가 슬슬 굴러 가듯이 여자가 옷소매를 펄럭이며 너울너울 춤추는 모양을 나타낸다. '여자 女(녀)'와 '모래 沙(사)'로 이루어졌다. 본뜻으로 쓰인 한자어의 예는 없고 '사바 세상'을 뜻하는 글자로만 쓰인다.

사바 세상
[娑婆(사바)] 梵語(범어) sabha의 음역. 忍土(인토)·能忍(능인) 등으로 번역함. '안에 여러 번뇌가 있고, 밖에 寒暑風雨(한서풍우)의 고통이 있어 이러한 여러 고통을 견디어 내야 하는 국토'라는 뜻. 곧 이 세상, 현세를 말함.

娠 애 밸 신, 女부10   2314

'娠(신)'자는 '애를 배다'는 뜻이다. '여자 女(녀)'와 '때 辰(신)'으로 이루어졌다.

애 배다, 잉태하다
[姙娠(임:신)/妊娠(임:신)] 아이를 뱀. 回孕胎(잉태), 懷妊(회임)

婉 순할 완:, 女부11   2315

'婉(완)'자는 본뜻이 '나긋나긋하고 예쁜 여자'였다. '여자 女(녀)'와 '굽을 宛(완)'으로 이루어졌다. '宛(완)'자는 '몸을 나긋나긋하게 구부림'의 뜻이다. 우리말 한자어에서는 본뜻보다는 '은근하다'의 뜻으로 쓰인다.

은근하다, 에둘러 말하다
[婉曲(완:곡)] 상대의 감정이 상하지 않도록 빙 둘러 말하는 투가 부드러움. ¶완곡하게 거절하다

娼 창녀 창, 女부11   2316

'娼(창)'자는 '여자 女(녀)'와 '창성할 昌(창)'으로 이루어졌다. 여기서 '昌(창)'은 '唱(창)'과 통하여, '노래하다'의 뜻으로 쓰인 것이다. '娼(창)'은 '노는계집'의 뜻을 나타낸다.

몸 파는 일이 직업인 여자
[娼妓(창기)] 몸을 파는 천한 기생.
[娼女(창녀)/娼婦(창부)] 몸을 파는 것을 업으로 삼는 여자.

[私娼(사창)] 관청의 허가를 받지 않고 매음하는 여자.

娶 장가들 취:, 女부11   2317

'娶(취)'자는 '여자 女(녀)'와 '취할 取(취)'로 이루어졌다. 여자를 취하다 즉 '장가들다'를 뜻한다.

장가들다, 아내를 맞다
[娶嫁(취:가)] 시집가고 장가드는 일.
[娶妻(취:처)] 아내를 얻음. 장가듦.
[繼娶(계:취)] 재취. 아내를 여의었거나 이혼한 사람이 두 번째 장가듦. 또는 두 번째 장가들어 얻은 아내.

媚 아첨할 미, 女부12   2318

'媚(미)'자는 '여성이 눈썹을 움직여 교태를 지음'을 뜻한다. '여자 女(녀)'와 '눈썹 眉(미)'로 이루어졌다.

아양부리다, 요염한 느낌을 주다
[媚笑(미소)] 아양 부리는 웃음.
[媚態(미태)] 아양 떠는 태도.

媤 시집 시, 女부12   2319

'媤(시)'자는 '시부모가 사는 집'을 뜻한다. '여자 女(녀)'와 '생각 思(사)'로 이루어졌다. 여자가 생각을 많이 해야 하는 집인가 보다.

시집, 남편의 집
[媤家(시가)] 시집.
[媤宅(시댁)] '시집'의 높임말.
[媤父母(시부모)] 시아버지와 시어머니.
[媤同生(시동생)] 남편의 남동생.
媤姑母(시고모), 媤堂叔(시당숙), 媤父(시부), 媤叔(시숙), 媤外家(시외가)

嫁 시집갈 가, 女부13   2320

'嫁(가)'자는 '여자가 生家(생가)를 떠나 남편의 집으로 가다'는 뜻이다. '여자 女(녀)'와 '집 家(가)'로 이루어졌다.

시집가다, 시집보내다
[改嫁(개:가)] 시집갔던 여자가 다시 다른 데로 시집가는 일.
[男婚女嫁(남혼여가)] 남자는 장가들고 여자는 시집감. 男婚女姻(남혼여인).
[出嫁(출가)] 처녀가 시집을 감. 鄭出嫁外人(출가외인)
再嫁(재가)

떠넘기다, 허물·죄·책임 등을 남에게 밀다
[轉嫁(전:가)] ① 자기의 허물이나 책임 따위를 남에게 넘겨씌움. ¶책임을 친구에게 전가하다 ② 두 번째 시집을 감.

嫂 형수 수, 女부13　2321

'嫂(수)'자는 '형수'를 뜻하는 것으로, '여자 女(녀)'와 '늙은이 叟(수)'로 이루어졌다.

형의 아내, 아우의 아내

[季嫂(계:수)] 아우의 아내. 형제가 여럿일 때는 막내아우의 아내.
[弟嫂(제수)] ① 남자 형제 사이에서 아우의 아내를 이르는 말. ② 남남의 남자끼리 동생이 되는 남자의 아내를 이르는 말.
[兄嫂(형수)] 형의 아내.
[嫂溺不援是豺狼也(수닉불원시시랑야)。] 형수가 물에 빠져 위급한 경우, 남녀 사이에 물건을 직접 手交(수교)하지 않는 것이 常禮(상례)라 하여 시동생이 이를 구하지 않는 것은 승냥이나 이리와 다를 것이 없다. '위급할 때 스스로 임기응변의 權道(권도)를 쓰지 않으면, 상례도 도리어 人道(인도)에 어긋남'을 이르는 말. 『孟子(맹자)』

嫡 정실 적, 女부14　2322

'嫡(적)'자는 '정실'의 뜻을 나타낸다. '여자 女(녀)'와 '밑동 啇(적)'으로 이루어졌다. '啇(적)'은 '중심을 향하여 다가가다'의 뜻이다.

정실, 본처, 본처가 낳은 아들, 정실이 낳은 맏아들로서 대를 이을 사람

[嫡母(적모)] 아버지의 본처. 庶子(서자)가 아버지의 正室(정실)을 일컫는 말.
[嫡庶(적서)] 嫡子(적자)와 庶子(서자). 본처의 아들과 첩의 아들.
[嫡孫(적손)] 적자의 적자. 대를 잇거나 지위를 물려받는 손자.
[嫡子(적자)] 본처의 몸에서 난 아들. 또는 그 아들들.
嫡嗣(적사), 嫡出(적출), 嫡統(적통)

嬌 아리따울 교, 女부15　2323

'嬌(교)'자는 '여자가 날씬하고 요염함'을 나타낸다. '여자 女(녀)'와 '높을 喬(교)'로 이루어졌다.

아리땁다, 예쁘다, 요염하게 아름다운 모양, 미녀, 요염한 부인

[嬌聲(교성)] 아양을 떠는 소리.
[嬌態(교태)] ① 아리따운 태도. ② 아양을 부리는 태도. ¶교태를 부리다
[愛嬌(애:교)] 남에게 귀엽게 보이는 태도. ¶애교를 부리다

嬰 갓난 아이 영, 女부17　2324

'嬰(영)'자는 '갓난 아이'를 뜻한다. '여자 女(녀)'와 '목치장 賏(영)'으로 이루어졌다. '賏(영)'은 '조개를 이어 만든 목 치장(목걸이)'을 뜻한다.

갓난 아이, 어린 아이

[嬰兒(영아)] 갓난 아이. 젖먹이.

孀 과부 상, 홀어머니 상, 女부20　2325

'孀(상)'자는 '여자 女(녀)'와 '서리 霜(상)'으로 이루어졌다. 여기에서 '霜(상)'은 '喪(상)'과 통하여, '남편을 잃은 아내'를 뜻한다.

과부, 남편과 사별한 여자

[靑孀寡婦(청상과부)] 젊어서 과부가 된 여자. 준靑孀(청상)

孕 아이 밸 잉, 子부5　2326

'孕(잉)'자는 '아들 子(자)'와 '이에 乃(내)'로 이루어졌다. '乃(내)'는 胎兒(태아)의 모양을 나타낸 것으로 '孕(잉)'자의 原字(원자)이다. '乃(내)'자가 '곧' 등의 조사로 쓰이게 되자, 구별하기 위하여 '子(자)'를 덧붙였다고 한다.

아이 배다, 임신하다

[孕胎(잉:태)] ① 아이나 새끼를 뱀. ② 어떠한 일이 일어날 조건 등을 내부에 미리 갖춤. ¶욕심이 잉태한 즉 죄를 낳고…

孵 알 깔 부, 子부14　2327

'孵(부)'자는 '알 卵(란)'과 '알 깔 孚(부)'로 이루어졌다. '孚(부)'자는 자식을 껴안은 모양이다. '卵(란)'을 덧붙여, '알을 까다'는 뜻을 나타냈다.

알을 까다

[孵卵(부란)] 알을 깜.
[孵化(부화)] 알을 까게 됨. 알을 깸. ¶알이 부화하여 병아리가 되다 합孵化場(부화장)

宏 클 굉, 宀부7　2328

'宏(굉)'자는 '집 宀(면)'과 '팔 厷(굉)'으로 이루어졌다. '집이 크다'는 뜻이다.

크다, 넓다, 광대하다

[宏才(굉재)] 뛰어나게 큰 재능.
[宏壯(굉장)] ① 아주 크고 으리으리함. ② 아주 대단함. ¶굉장한 부자/그의 인기가 굉장하다

宛 완연할 완, 굽을 완, 女부8　2329

'宛(완)'자는 '집 宀(면)'과 '누워 뒹굴 夗(원)'으로 이루어졌다. 집에서 편안히 누워 쉬는 모양을 나타낸 것이

다.
굽다, 구부정하게 하다, 굽히다
[宛延(완연)] 꼬불꼬불한 모양. 꼬부라져 뻗은 모양.
완연히, 마치
[宛然(완연)] ① 모양이 마치 그러하다. ② 눈에 보이는 것처럼 아주 또렷함.

宕 방탕할 탕:, 호탕할 탕:, 宀부8 2330

'宕(탕)'자는 '집 宀(면)과 '지나칠 碭(탕)'으로 이루어졌다. '멋대로 굶'을 나타낸다. '碭(탕)'자에서 '볕 昜(양)'이 생략되었다.
방탕하다(蕩)
[宕子(탕:자)] 방탕한 자. 同蕩子(탕자)
[豪宕(호탕)] 호기가 많고 걸걸함.

宥 용서할 유, 너그러울 유, 宀부9 2331

'宥(유)'자는 '집 宀(면)'과 '있을 有(유)'로 이루어졌다. '有(유)'는 '동산 囿(유)'의 생략형이다. '정원처럼 넓은 여유로운 집'을 뜻한다. 환경이 여유로우니 마음 또한 너그럽다.
용서하다, 벌하지 아니하다, 너그럽고 어질다
[宥和(유화)] 너그럽게 용서하고 사이좋게 지냄.
[宥和政策(유화정책)] 국내·국제 정치에서 상대방의 적극적인 요구에 양보·타협하여 직접 충돌을 피하고 긴장을 완화하는 정책.

宦 벼슬 환:, 宀부9 2332

'宦(환)'자는 '집 宀(면)'과 '신하 臣(신)'으로 이루어졌다. 몸을 굽혀 섬기는 '신하'를 뜻한다.
벼슬, 관직, 벼슬아치, 관리, 벼슬살이하다
[宦路(환:로)] 벼슬길.
[宦族(환:족)] 대대로 벼슬을 지내는 집안.
[內宦(내:환)] (역) 조선 시대, 임금의 시중을 들거나 숙직 따위 일을 맡아 보던 관원.
내시, 환관
[宦官(환:관)] 궁형을 당하고 궁중에서 일하는 小吏(소리). 同宦者(환자), 內侍(내시)
[宦女(환:녀)] 궁중에서 일을 보는 여자.

宵 밤 소, 宀부10 2333

'宵(소)'자는 '집 宀(면)', '작을 小(소)', 달 月(월)'로 이루어졌다. '겨우 조금 달빛이 창문에 들이비치다'의 뜻에서 '밤'을 나타낸다.
밤, 야간
[宵寢(소침)] 밤늦게 잠.
[春宵(춘소)] 봄 밤.
작다(小)
[宵小輩(소소배)] 간사하고 소갈머리 없는 못된 무리.
[宵人(소인)] 간사한 사람. 小人(소인).

寇 도둑 구, 宀부11 2334

'寇(구)'자는 '집 宀(면)', '으뜸 元(원)', '칠 攴(복)'으로 이루어졌다. '宀(면)'은 '屋內(옥내)', '元(원)'은 '사람', '攴(복)'은 '치다'는 뜻이다. 남의 집에 들어가 사람을 치는 모습에서, '남에게 해를 주다'의 뜻을 나타낸다.
도둑, 떼지어 백성의 재물을 약탈하는 도둑, 약탈하다, 침범하다
[寇賊(구적)] 떼를 지어 다니며 백성을 해치기도 하고 물건을 강탈하기도 하는 도둑.
[倭寇(왜구)] (역) 옛날 우리나라와 중국 연안을 무대로 약탈을 일삼던 일본 해적.
[海寇(해:구)] 배를 타고 다니며 다른 배나 해안 지방을 습격하여 재물을 약탈하는 도둑. 同海賊(해적)
난리, 외적의 침입
[寇敵(구적)] 나라를 침범하는 외적.
[外寇(외:구)] 외부로부터 쳐들어오는 적.
[侵寇(침:구)] 침입하여 노략질함.

寤 깰 오, 宀부14 2335

'寤(오)'자는 '잠에서 깨다'는 뜻이다. '집 宀(면)', '조각 爿(장)', '나 吾(오)'로 이루어졌다. '爿(장)'은 '침대'를 나타낸다.
깨다, 잠에서 깨다, 깨닫다, 사리를 깨달을 수 있게 열리다
[寤寐(오:매)] 깨었을 때나 잘 때. ¶오매에 그리는 정
[寤寐不忘(오:매불망)] 자나깨나 잊지 못한다. 근심이나 생각 때문에 잠 못 드는 것을 일컫는 말이다. 주로 사랑하는 연인이 그리워서 잠 못 드는 경우에 많이 쓴다. ¶오매불망 내 사랑
[覺悟(각오)/覺寤(각오)] ① 앞으로 닥쳐올 일에 대한 마음의 준비나 작정. ¶각오를 단단히 하다 ② 도리를 깨쳐서 앎.

寐 잘 매, 宀부12 2336

'寐(매)'자는 '집 宀(면)', '조각 爿(장)', '아닐 未(미)'로 이루어졌다. '宀(면)'은 집, '爿(장)'은 침상의 형상, '未(미)'는 '눈을 감다'의 뜻이다. '寐(매)'는 '자다'의 뜻을 나타낸다.
잠자다
[夢寐(몽:매)] 잠을 자며 꿈을 꿈. 또는 그 꿈. ¶몽매간에도 잊지 못할 고향
[夙興夜寐(숙흥야매)] 아침 일찍 일어나고 밤에 늦게

자며 부지런히 일함.
[寤寐不忘(오매불망)] ☞ 寤(오)
[不寐夜長(불매야장), 疲倦道長(피권도장).] 잠 못 이루는 사람에게 밤은 길고, 지쳐 있는 나그네에게 지척도 천리.『法句經(법구경)60』
寐息(매식), 寐語(매어), 寤寐(오매)

寓 머무를 우, 宀부12　2337

'寓(우)'자는 '집 宀(면)'과 '긴꼬리원숭이 禺(우)'로 이루어졌다. '禺(우)'는 '나뭇가지에 매달려 잠을 자는 나무늘보'를 뜻한다. '寓(우)'는 집이 아닌 곳에서 '임시로 거처하다'는 뜻이다.

붙어살다, 임시로 살다, 남에게 의지하여 살다, 머무르다, 객지에서 묵다
[寓居(우:거)] 남의 집이나 타향에서 임시로 삶.

핑계 삼다, 구실 삼다
[寓話(우화)] 동식물이나 기타 사물에게 사람 역할을 맡겨 그들 행동 속에 풍자와 교훈의 뜻을 나타내는 이야기.

寥 쓸쓸할 료, 宀부14　2338

'寥(료)'자는 '집 宀(면)'과 '높이 날 翏(료)'로 이루어졌다.

쓸쓸하다, 휑하다, 텅 비다, 공허하다
[寥寥(요요)] ① 적막한 모양. ② 텅 비고 넓은 모양.
[寂寥(적요)] 적적하고 고요함.

寞 고요할 막, 宀부14　2339

'寞(막)'자는 '집 宀(면)'과 '없을 莫(막)'으로 이루어졌다. 여기서 '莫(막)'은 '해가 지다'는 뜻이다. '寞(막)'은 '해가 질 때처럼 조용하고 쓸쓸함'을 뜻한다.

쓸쓸하다, 고요하고 쓸쓸하다
[寞寞(막막)] 괴괴하고 쓸쓸한 모양.
[索寞(삭막)/索莫(삭막)] 쓸쓸하고 막막함.
[寂寞(적막)] ① 고요하고 쓸쓸함. 참寂寞空山(적막공산) ② 의지할 데 없이 외로움.
[棲守道德者(서수도덕자), 寂寞一時(적막일시). 依阿權勢者(의아권세자), 凄凉萬古(처량만고).] 도덕을 고수하며 사는 자는 일시적으로 매우 적막하다. 권세에 아부하고 의지하는 자는 만고에 처량하다.『菜根譚(채근담)·前集 1』

寨 목책 채, 宀부14　2340

'寨(채)'자는 '나무울타리', '목책으로 둘러싼 방위 시설'을 뜻한다. '변방 塞(새)'자와 형태가 비슷하다. 아랫부분이 '塞(새)'는 '흙 土(토)', '寨(채)'는 '나무 木(목)'이다. 의미를 잘 알면 혼동하지 않을 수 있다.

울짱, 울타리, 작은 성, 성채
[木寨(목채)] 나무 울짱.
[山寨(산채)] ① 산에 돌이나 목책 따위로 둘러 만든 진지. ② 산적들의 소굴.

寵 괼 총, 사랑할 총, 宀부19　2341

'寵(총)'자는 '집 宀(면)'과 '용 龍(룡)'으로 이루어졌다. 용은 상상의 동물, 신성하고 존귀한 동물이다. 그런 동물을 모신 집을 '숭상하다', '공경하다'는 뜻을 나타낸다.

괴다, 사랑하다, 첩, 특히 임금의 첩
[寵臣(총신)] 총애를 받는 신하.
[寵兒(총:아)] ① 특별한 사랑을 받는 사람. ② 時運(시운)을 타고 입신출세한 사람.
[寵愛(총:애)] 매우 사랑함. 남달리 귀여워하고 사랑함.
[寵姬(총:희)] 총애를 받는 여자.

은혜
[寵恩(총은)/恩寵(은총)] 높은 이에게서 받은 특별한 사랑.¶봄의 은총/신의 은총
[天下有三危(천하유삼위).] 세상에는 세 가지 위태로움이 있다. 少德而多寵(소덕이다총), 一危也(일위야). 덕이 모자라는 터에 남보다 많은 사랑을 받는 것이 첫째 위태로움이요, 才下而位高(재하이위고), 二危也(이위야). 재능이 낮은데 직위가 높은 것이 둘째 위태로움이요, 身無大功而受厚祿(신무대공이수후록), 三危也(삼위야). 스스로 큰 공이 없으면서 후한 국록을 받는 것이 셋째 위태로움이다.『淮南子(회남자)·人間訓(인간훈)』

尨 삽살개 방:, 尢부4　2342

'尨(방)'자는 '삽살개, 털이 더부룩한 개'의 모양을 본뜬 것이다. 글자의 형태로는 '더욱 尤(우)'와 '터럭 彡(삼)'으로 볼 수 있다. 기왕이면 '개 犬(견) + 터럭 彡(삼)'이면 알기가 더 쉬웠을 것을.

삽살개, 털이 많은 개
[尨犬(방:견)] 삽살개.

크다
[尨大(방:대)] 엄청나게 크거나 많음.¶방대한 저술

屠 잡을 도, 죽일 도, 尸부12　2343

'屠(도)'자는 '주검 尸(시)'와 '놈 者(자)'로 이루어졌다. 여기에서 '者(자)'는 '많이 모이다'의 뜻이다. 시체가 많이 모이는 곳이니 가축을 잡는 곳이나 그 곳에서 일하는 사람을 뜻한다.

잡다, 짐승을 잡다, 백장, 가축을 잡는 일을 업으로 삼는 사람
[屠家(도가)] 백장.
[屠殺(도살)] 식용을 위해 가축을 잡아 죽임.

[屠殺場(도살장)/屠獸場(도수장)] 소·돼지 따위를 도살하는 곳. ¶도살장에 끌려가는 소 모양
[屠所之羊(도소지양)] '도수장으로 끌려가는 양'이란 뜻으로, '죽음이 목전에 닥친 사람'또는 '덧없는 인생'을 비유하여 일컫는 말. 『摩訶摩耶經(마하마야경)』
무찌르다, 적을 쳐서 성을 빼앗고 많은 사람을 죽이다
[屠戮(도륙)] 마구 무찔러서 죽임.

崎 험할 기, 山부11   2344

'崎(기)'자는 '메 山(산)'과 '기이할 奇(기)'로 이루어졌다. 여기에서 '奇(기)'는 '굽다'의 뜻이다. 산길이 구불구불 '험하다'는 뜻을 나타낸다.
험하다, 산길이 험하다
[崎嶇(기구)] ① 산길이 험함. ② 인생살이가 순탄하지 못하고 가탈이 많음. ¶기구한 내 팔자야
[崎險(기험)] ① 산이 험악함. ② 성질이 음험함.

嶇 험할 구, 山부14   2345

'嶇(구)'자는 '메 山(산)'과 '지경 區(구)'로 이루어졌다. '산길이 험하여 평탄하지 아니한 모양'을 나타낸다.
험하다, 가파르다, 산길이 평탄하지 아니하다
[崎嶇(기구)] ☞ 崎(기)

崖 벼랑 애, 언덕 애, 山부11   2346

'崖(애)'자는 '메 山(산)'과 '벼랑 厓(애)'로 이루어졌다. '厓(애)'는 '벼랑'의 뜻을 나타낸다. '메 山(산)'을 덧붙여 뜻을 분명히 하였다.
벼랑, 낭떠러지, 언덕
[斷崖(단:애)] 깎아 세운 듯한 낭떠러지. ¶단애에 서다
[磨崖(마애)] 석벽에 글자나 그림을 새김. 준 磨崖佛(마애불)
[絕崖(절애)] 낭떠러지.
[千仞斷崖(천인단애)] 천 길이나 되는 높은 낭떠러지.

巍 높고 클 외, 山부21   2347

'巍(외)'자는 '높을 嵬(외)'와 '맡길 委(위)'로 이루어졌다. '嵬(외)'는 '산이 높다'의 뜻. '委(위)'는 音形(음형)을 나타내기 위하여 덧붙인 것 같다. '나라 이름 魏'는 [위]자이다. '魏(위)'자에 '山(산)'을 붙인 모양의 글자이니 '巍(외)'자를 [위]로 잘못 읽을 수가 있다. '巍(외)'자는 '메 山(산) + 나라 이름 魏(위)'가 아니라, '높을 嵬(외) + 맡길 委(위)'라고 字源(자원)은 밝히고 있다. 字源(자원)을 알아야 하는 까닭이 여기에 있다. 이제 '음의 구분이 확실해졌을 것이다. 다른 글자에서도 이러한 예를 참고하기 바란다.

높다, 높고 큰 모양
[巍然(외연)] ① 산 따위가 썩 높고 우뚝 솟은 모양. ② 인격이 높고 뛰어남.

巫 무당 무:, 工부7   2348

'巫(무)'자는 신을 제사지내는 장막 속에서 사람이 양손으로 祭具(제구)를 받드는 모양을 형상화한 것이다. 신을 부르는 자 곳, '무당'을 뜻한다. 여자 무당을 '巫(무)', 박수인 남자 무당을 '覡(격)'이라고 한다.
무당
[巫覡(무:격)] 무당과 박수.
[巫女(무:녀)] 무당.
[巫堂(무:당)] 춤과 노래로 강신(降神)하게 하여 소원을 비는 사람. 또는 신이 접하여 그와 통한다고 하는, 사람의 길흉을 점치며 굿을 하는 여자.
[巫俗(무:속)] 무당의 풍속.
[生巫殺人(생무살인)] 선무당이 사람 잡음. 기술과 경험이 적은 사람이 젠 체하다가 도리어 화를 초래한다는 뜻.
산 이름 무산(巫山)의 약칭
[巫山之夢(무산지몽)] 남녀의 情交(정교)를 이름.

覡 박수 격, 남자 무당 격, 見부14   2349

'覡(격)'자는 '박수' 즉, '남자 무당'을 이른다. '무당 巫(무)'와 '볼 見(견)'으로 이루어졌다. '볼 見(견)'자가 왜 여기에 쓰였는지, 왜 [격]으로 읽게 됐는지에 대해서는 정설이 없다.
박수, 남자 무당
[巫覡(무:격)] ☞ 巫(무)

巴 땅이름 파, 꼬리 파, 己부4   2350

'巴(파)'자는 뱀이 땅바닥에 바짝 엎드린 모양을 형상화하여 '뱀', '소용돌이'의 뜻을 나타낸다. '巴(파)'자가 '蜀(촉)'나라가 근거하던 사천성의 지명으로 쓰이는 예가 많아지자, 후에 '爬(파)'자를 만들어 뱀을 나타냈다.
땅 이름(사천성에 있는 지명)
[巴蜀(파촉)] 중국 四川省(쓰촨성)의 별칭. 巴(파)는 지금의 충칭 지방, 蜀(촉)은 지금의 청두 지방이다.
기타
[淋巴腺(임:파선)] (생) 림프샘. 림프관의 군데군데에 림프구가 모여 있는 매듭 모양의 작은 조직.

巾 수건 건, 巾부3   2351

'巾(건)'자는 헝겊에 끈을 달아 허리띠에 찔러 넣는 형상에서, '헝겊'을 나타낸다. 한자에서 '巾(건)'이 부수로

쓰이면 '천으로 만든 것'을 뜻하는 예가 많다.
수건
[手巾(수건)] 얼굴이나 몸을 닦기 위하여 만든 벳조각.
건, 두건
[屈巾(굴건)] 상복을 입을 때 두건 위에 덧쓰는 건.
[屈巾祭服(굴건제복)] 굴건과 제복. 喪禮(상례) 또는 祭禮(제례)에서 복식을 예절에 맞게 갖춤.
[頭巾(두건)] 상례에서 남자 상제나 服人(복인)이 머리에 쓰는 쓰개.
[儒巾(유건)] 검은 베로 만든 儒生(유생)의 禮冠(예관).
巾布(건포), 葛巾(갈건), 網巾(망건)

帆 돛 범:, 돛달 범, 巾부3 2352

'凡(범)'은 '돛'을 뜻하는 것이었는데, '모든'의 뜻으로 쓰이게 되자, '巾(건)'을 붙여 '帆(범)'자를 만들어 '돛'을 나타내었다.
돛, 바람을 받아 배를 나아가게 하는 베, 돛단배, 돛을 달아서 배를 나아가게 하다
[帆船(범:선)] 돛단배. 돛을 단 배. 돛에 닿는 바람의 힘으로 움직이는 배.
[出帆(출범)] ① 선박이 항구를 떠남. ② 어떤 단체가 새로 조직되어 일을 시작하는 것을 비유적으로 이르는 말.

帛 비단 백, 巾부8 2353

'帛(백)'자는 '수건 巾(건)'과 '흰 白(백)' 즉 '흰 천'이란 뜻에서 '흰 비단'을 나타낸다.
비단, 견직물, 예물로서 보내는 비단
[幣帛(폐:백)] ① 예물로 보낸 비단. ② 신부가 처음으로 시부모를 뵐 때 올리는 대추나 포 따위.
[魂帛(혼백)] 신주를 만들기 전에 모시 또는 명주를 접어서 만든 임시의 神位(신위).

帙 책갑 질, 책권 질, 巾부8 2354

'帙(질)'자는 '수건 巾(건)'과 '잃을 失(실)'로 이루어졌다. '失(실)'은 '秩(질)'과 통하여 '질서를 잡아 채워 넣다'의 뜻이다. '帙(질)'은 책을 질서 있게 채워 넣는 '덮개'의 뜻을 나타낸다.
여러 권으로 된 책의 한 벌, 책의 권수의 차례, 책
[卷帙(권질)] 책을 낱개로 세는 단위인 卷(권)과 여러 책으로 된 한 벌을 세는 단위인 帙(질)을 아울러 이르는 말.

帖 표제 첩, 문서 첩, 巾부8 2355

'帖(첩)'자는 '수건 巾(건)'과 '점칠 占(점)'으로 이루어졌다. '占(점)'은 '얇고 납작함'을 나타낸다. 글씨를 쓰기 위한 '얇은 천'을 뜻한다.
수첩
[手帖(수첩)] ① 가지고 다니며 간단한 기록을 하는 작은 공책. ② 손수 쓴 서류. ③ 각 증명 쪽지를 모아 엮은 책.
책, 사진이나 그림 같은 것을 붙이기 위하여 맨 책, 법첩
[寫眞帖(사진첩)] 사진을 붙이거나 끼워두는 장첩. 앨범(album).
[法帖(법첩)] 옛 사람의 필적으로 체법이 될 만한 글씨.
[書帖(서첩)] 이름난 이의 글씨를 모은 書畵帖(서화첩). 동墨帖(묵첩)
[畵帖(화첩)] ① 그림을 모아 엮은 책. 동畵集(화집) ② 그림을 그릴 수 있도록 종이를 여러 장 모아 묶은 책. ③ 그림을 복사 또는 인쇄하여 엮은 책.

幀 그림 족자 정/탱, 巾부12 2356

'幀(정/탱)'자는 '수건 巾(건)'과 '곧을 貞(정)'으로 이루어졌다. '幀畵'의 경우에는 [탱]으로 읽는다.
그림 족자, 비단에 그린 그림
[幀畵(탱화)] (불) 부처·보살·성현 등을 그려서 벽에 거는 그림. 동幀(탱)
[影幀(영:정)] 화상을 그린 족자.
책의 겉장이나 싸개
[裝幀(장정)] 책을 꾸밈. 또는 그 꾸밈새. ¶호화 장정한 책
그림틀, 수틀

幟 기 치, 巾부15 2357

'幟(치)'자는 '수건 巾(건)'과 '알 識(식)의 생략형'으로 이루어졌다. '구별하는 표시'를 뜻한다.
기(표로 세워 보이는 기), 표지(標識)
[旗幟(기치)] ① 軍中(군중)에서 쓰던 온갖 旗(기), 또는 기의 標識(표지). ② 어떤 목적을 위하여 표명하는 태도나 주장. ¶기치를 높이 들다

幫 도울 방, 巾부17 2358

'幫(방)'자는 '비단 帛(백)'과 '봉할 封(봉)'으로 이루어진 '幚(방)'자와 동자이다. 후에 '흰 白(백)'이 생략되었다.
돕다, 보좌하다
[幫助(방조)] (법) 형법에서, 남의 범죄 수행에 편의를 주는 모든 행위. 正犯(정범)의 범죄 행위에 대한 조언, 격려, 범행 도구의 대여, 범행 장소 및 자금의 제공 따위가 있음. 참幫助犯(방조범) ¶범행 방조/자살 방조
패거리, 패, 동업조합, 동향(同鄕) 상인들의 단체
[四人幫(사인방)]

庇 덮을 비, 广부7　2359

'庇(비)'자는 '집 广(엄)'과 '견줄 比(비)'로 이루어졌다. '广(엄)'은 지붕의 상형. '감싸다'의 뜻을 나타낸다. '허물 疵(자)'자와 형태가 비슷하니 주의해야 한다.

덮다, 덮어씌워 가리다, 감싸다, 덮어 숨겨주다, 감싸는 도움
[庇護(비:호)] 덮어주고 돌보아줌. 두둔함. ¶범죄자를 비호하다

庖 부엌 포, 广부8　2360

'庖(포)'자는 '집 广(엄)'과 '쌀 包(포)'로 이루어졌다. 고기를 싸 두는 방, 즉 '부엌'을 뜻한다.

부엌, 취사장, 요리사, 요리, 요리한 음식, 푸주
[庖廚(포주→푸주)] 소·돼지 따위의 짐승 고기를 파는 가게. 정육점.

廚 부엌 주, 广부15　2361

'廚(주)'자는 '집 广(엄)'과 '설 尌(수)'로 이루어졌다. '부엌'을 뜻한다.

부엌, 취사장, 요리인, 음식 만드는 일이 전문인 사람
[廚房(주방)] 음식을 만들거나 차리는 방. 图廚房長(주방장)
[庖廚(푸주)] ☞ 庖(포)

廓 둘레 곽, 넓을 확, 广부13　2362

'郭(곽)'은 넓은 도시의 주위를 둘러싼 '외곽', '바깥쪽 성'이란 뜻이다. '广(엄)'이 더해진 '廓(곽)'도 같은 뜻이다. '廓'자는 '넓다'는 뜻으로도 쓰이는데, 이때는 [확]으로 읽는다. '집 广(엄)'이 없는 '郭(곽)'자는 '넓다'는 뜻은 없다.

둘레, 한 구역을 이루는 지역
[外廓(외:곽)/外郭(외:곽)] ① 성 밖에 다시 둘러쌓은 성. ② 바깥 언저리. ¶외곽도로
[輪廓(윤곽)/輪郭(윤곽)] 사물의 테두리나 대강의 모습. ¶사건의 윤곽이 선명하게 드러나다

외성, 성·요새 따위를 두른 울타리
[城廓(성곽)/城郭(성곽)] 內城(내성)과 外城(외성)을 아울러 이르는 말. 두 겹의 성벽 가운데 안쪽 부분의 담을 '城(성)'이라 하고 바깥 부분의 담을 '郭(곽)/廓(곽)'이라 한다.

넓히다, 열리다, 확장하다
[廓大(확대)] 넓혀서 크게 함.
[擴大(확대)] 늘여서 크게 함.
[廓然(확연)] 넓어서 훵하게 빔.

廐 마구간 구, 广부14　2363

'廐(구)'자는 '廄(구)'의 속자였다. 지금은 '廐(구)'자가 정자처럼 쓰인다. '집 广(엄)'과 '이미 旣(기)'로 이루어졌다. '마구간'을 뜻한다.

마구간
[廐肥(구비)] 마구간이나 외양간에서 나오는 거름.
[馬廐間(마:구간)] 말을 기르는 곳.

廛 가게 전:, 广부15　2364

'廛(전)'자는 '집 广(엄)', '마을 里(리)', '여덟 八(팔)', '흙 土(토)'로 이루어졌다. '八(팔)'은 '나누다', '土(토)'는 '땅'을 뜻한다. '마을[里(리)]에서 한 가구[广(엄)]에 나누어[八(팔)] 준 땅[土(토)]'을 뜻하는 글자이다.

가게, 상점, 전방
[廛房(전:방)] 가게. 상점.
[亂廛(난:전)] 어지럽게 널려 있는 가게. ¶난전을 벌이다
[市廛(시전)] 상점이 늘어선 시내.
[魚物廛(어물전)] 魚物(어물)을 파는 가게. ¶어물전 망신은 꼴뚜기가 시킨다

터, 집터, 밭(100무 넓이의 땅)

庵 암자 암, 广부11　2365

'庵(암)'자는 '집 广(엄)'과 '가릴 奄(엄)'자로 이루어졌다. '奄(엄)'은 '덮다'의 뜻이다. 풀잎 지붕에 덮인 '암자'의 뜻을 나타낸다.

암자, 중이 도를 닦기 위해 임시로 거처하는 작은 집
[庵子(암자)] 큰 절에 딸린 작은 절.

[石窟庵(석굴암)] 경상북도 경주시 토함산 중턱에 있는 석굴로서 국보 24호. 서기 751년 신라의 김대성이 만들기 시작하여 20여년 후 완성되었다. 건축, 수리, 기하학, 종교, 예술적인 가치와 독특한 건축미를 인정받아 불국사와 함께 1995년 유네스코가 제정한 세계문화유산이 되었다.

廠 공장 창, 헛간 창, 广부15　2366

'廠(창)'자는 '집 广(엄)'과 '앞이 탁 트일 敞(창)'으로 이루어졌다. '敞(창)'자는 '오히려 尙(상) + 칠 攵(복)'으로 이루어진 글자이다.

공장, 물건을 만드는 곳
[工作廠(공작창)] (철도청 같은 데 딸리어) 필요로 하는 기계를 만들거나 수리하는 공장.
[兵器廠(병기창)] 병기를 만들거나 수리하는 공장.
[製造廠(제조창)] 물품을 만들거나 수리하는 공장. ¶연초제조창

弑 윗사람 죽일 시:, 弋부10　2367

'弑(시)'자는 '죽일 殺(살)'의 앞부분과 '법 式(식)'자로 이루어졌다. '殺'과 같은 뜻이나, 대체로 신하가 임금을, 자식이 어버이를, 아랫사람이 윗사람을 죽이는 데 쓴다.

(윗사람을)죽이다
[弑君(시:군)] 임금을 죽임.
[弑逆(시:역)] 부모나 임금을 죽이는 大逆(대역) 행위.
[弑害(시:해)] 부모나 임금을 죽여 해침.

弛 늦출 이, 弓부6　2368

'弛(이)'자는 '활 弓(궁)'과 '어조사 也(야)'로 이루어졌다. '활의 시위가 늘어지다'는 뜻이다.

늦추다, 켕겼던 것을 느슨하게 하다, 바싹 죈 것을 헐겁게 하다, 풀리다, 죄어 있지 아니하다
[弛緩(이완)] ① 바싹 조였던 정신이 풀려 늦추어짐. ② 잘 조성된 분위기가 흐트러져 느슨해짐. ③ 뻣뻣하게 굳은 근육 등이 풀어짐.

게으르다
[綱紀解弛(강기해이)] 나라의 법과 풍기가 풀려 느즈러짐.
[解弛(해:이)] 마음의 긴장이나 규율이 풀려 느즈러짐.

弩 쇠뇌 노, 弓부8　2369

'弩(노)'자는 '활 弓(궁)'과 '종 奴(노)'로 이루어졌다. 여러 개의 화살이나 돌을 잇달아 쏠 수 있게 된 큰 활을 이른다.

쇠뇌
[弩臺(노대)] 성 안에 활을 쏘려고 높게 지은 대.
[弩手(노수)] 쇠뇌를 쏘는 사람.
[弓弩(궁노)] 활과 쇠뇌. 짧弓弩手(궁노수)

弧 활 호, 弓부8　2370

'弧(호)'자는 '활 弓(궁)'과 '오이 瓜(과)'로 이루어졌다. 여기에서 '瓜(과)'는 '휘다'의 뜻이다. '활처럼 휘다'의 뜻을 나타낸다.

활 모양으로 굽은 선, 곡선이나 원주(圓周)의 한 부분
[弧(호)] (수) 원둘레 또는 기타 곡선상의 두 점에 의해 한정된 부분.
[弧度(호도)] (수) 라디안. 반지름과 같은 길이의 원호에 대한 중심각.
[括弧(괄호)] 묶음표. 숫자나 문장 따위의 앞뒤에 써서 다른 것과 구별하는 ( )·{ }·[ ] 따위의 기호.

彎 굽을 만, 弓부22　2371

'彎(만)'자는 '활 弓(궁)'과 '어지러울 䜌(련)'으로 이루어졌다. '활이 휘다, 활을 당기다'의 뜻을 나타낸다.

굽다
[彎曲(만곡)] 활처럼 굽음.
[彎入(만입)/灣入(만입)] 바다나 강의 물이 활을 당긴 모양 같이 뭍으로 휘어듦.

彗 비 혜, 살별 혜, 크부11　2372

'彗(혜)'자는 끝이 가지런한 비를 손에 잡은 모양을 나타낸 것이다.

살별, 꼬리별, 비, 쓰는 비, 쓸다
[彗星(혜:성)] 꼬리가 달린 것 같이 보이는 별. 태양을 초점으로 긴 꼬리를 타원이나 포물선 또는 쌍곡선의 궤도로 그리며 운동하는 천체.

彙 무리 휘, 크부13　2373

'彙(휘)'자는 원래는 털이 밀생한 '고슴도치'를 나타내는 것이었다. 본뜻은 '고슴도치 蝟(위)'자에게 물려주고, 같은 종류의 것이 한데 모인 것을 뜻하여 '무리'의 뜻으로 쓰인다. 破字(파자)하면 '돼지머리 彑(계) + 덮을 冖(멱) + 실과 果(과)'가 된다.

무리, 동류, 모으다
[語彙(어휘)] ① 많은 말을 유별하여 모아 놓은 것. ② 어떤 부분에서 쓰는 말의 전체.

彷 헤맬 방(:), 비슷할 방(:), 彳부7　2374

'彷(방)'자는 '조금 걸을 彳(척)'과 '모 方(방)'으로 이루어졌다.

거닐다, 헤매다, 배회하다
[彷徨(방황)] ① 이리저리 헤매어 돌아다님. ② 갈팡질팡함.

비슷하다, 확연히 구별할 수 없는 모양
[彷彿(방:불)] 비슷하다. 거의 같다.

徨 헤맬 황, 노닐 황, 彳부12　2375

'徨(황)'자는 '걸을 彳(척)'과 '임금 皇(황)'으로 이루어졌다.

노닐다, 어정거리다, 방황하다, 왔다갔다하다
[彷徨(방황)] ☞ 彷(방)

彿 비슷할 불, 彳부8　2376

'彿(불)'자는 '걸을 彳(척)'과 '아닐 弗(불)로 이루어졌다.
비슷하다, 확연히 구별하기가 어렵다

[彷佛(방:불)] ☞ 彷(방)

徘 어정거릴 배, 彳부11　2377

'徘(배)'자는 '어정거리다'는 뜻이다. '걸을 彳(척)'과 '아닐 非(비)'로 이루어졌다.

徊 노닐 회, 머뭇거릴 회, 彳부9　2378

'徊(회)'자는 '걸을 彳(척)'과 '돌아올 回(회)'로 이루어졌다.
노닐다, 어정거리다, 왔다갔다하다
[徘徊(배회)] 어떤 곳을 중심으로 목적 없이 이리저리 어정어정 돌아다님.

徙 옮길 사, 彳부11　2379

'徙(사)'자는 '길 갈 辵(착)'과 '그칠 止(지)'로 이루어진 것이다. 부수가 '彳(척)'변이지만 근원은 다르다. '辵(착)'의 아랫도리가 이사를 가서 '止(지)'자의 밑으로 갔다. '무리 徒(도)'자와 매우 흡사하니 유의하여야 한다.
옮기다, 장소를 옮기다, 자리를 바꾸다
[移徙(이사)] 살던 집을 옮김.
[徙宅而忘其妻(사택이망기처)/徙宅忘妻(사택망처).] '이사할 때 아내를 두고 간다'는 뜻으로, 심한 건망증이 있는 사람, 또는 의리를 분변하지 못하는 어리석은 사람, 정말 중요한 것을 놓쳐 버리는 얼빠진 사람을 비유하여 이르는 말이다. 『孔子家語(공자가어)·賢君(현군)』

忿 성낼 분:, 心부8　2380

'忿(분)'자는 '마음 心(심)'과 '나눌 分(분)'으로 이루어졌다. ☞ 憤0989
성내다, 화내다, 분한 마음, 결내다, 성을 내다, 분, 분한 마음
[忿氣(분:기)/憤氣(분:기)] 분한 생각이나 기운.
[忿怒(분:노)/憤怒(분:노)] 분하여 성을 냄. ¶그의 목소리는 분노에 차 있었다/분노를 터뜨리다
[忿然(분:연)/憤然(분:연)] 벌컥 성을 내면서 분해함.
[奮然(분:연)] 떨쳐 일어서는 기운이 세차고 꿋꿋함.
[痛忿(통분)/痛憤(통분)] 원통하고 분함.

怏 원망할 앙, 心부8　2381

'怏(앙)'자는 '마음 忄(심)'과 '가운데 央(앙)'으로 이루어졌다. '央(앙)'은 목에 칼이 씌워진 사람의 상형이다.
원망하다, 납득하지 아니하다
[怏心(앙심)] 원한을 품고 앙갚음을 하려고 벼르는 마음. ¶앙심을 품다
[怏宿(앙숙)] 오래 동안 원한을 품고 앙갚음하려고 벼르는 마음을 품음. 또는 그런 사이. ¶그들은 서로 앙숙이다

怯 겁낼 겁, 心부8　2382

'怯(겁)'자는 '마음 忄(심)'과 '갈 去(거)'로 이루어졌다. 여기에서 '去(거)'자는 '뒷걸음질치다'는 뜻이다.
겁내다, 무서워하다, 두려워하다, 무서움을 잘 타다
[怯心(겁심)] 겁나는 마음.
[怯弱(겁약)] 겁이 많고 마음이 약함.
[懦怯(나겁)] 마음이 여리고 겁이 많음.
[氣怯(기겁)] 기운을 잃고 겁에 질림. ¶기겁을 하고 도망치다
약하다, 비겁하다
[卑怯(비:겁)] ① 인격이 낮고 겁이 많음. ② 하는 짓이 떳떳하지 못하고 야비함.

恪 삼갈 각, 心부9　2383

'恪(각)'자는 '마음 忄(심)'과 '손 客(객)'으로 이루어졌다. 손님을 맞이할 때의 마음가짐 즉, '삼가다'는 뜻을 나타낸다.
삼가다, 삼감으로써 상대방을 공경하다
[恪別(각별)] 삼가고 정성스러움이 유달리 특별함. ¶각별한 대우

恙 근심 양, 心부10　2384

'恙(양)'자는 '마음 心(심)'과 '羊(양)'으로 이루어졌다. '羊(양)'은 痒(양)과 통하여, '앓다'의 뜻으로 쓰였다. '마음이 아프다', '걱정하다'는 뜻을 나타낸다.
근심하다, 걱정하다, 병
[無恙(무양)] 탈이 없음. 병이 없음. ¶그동안 무양하셨나?

悍 사나울 한:, 心부10　2385

'悍(한)'자는 '마음 忄(심)'과 '가물 旱(한)'으로 이루어졌다. '사납다'는 뜻을 나타낸다.
사납다, 성질이나 행동이 억세고 모질다
[悍婦(한:부)] 사나운 계집.
[慓悍(표한)/剽悍(표한)] 성질이 급하고 사나움.

恍 황홀할 황, 心부9　2386

'恍(황)'자는 '마음 忄(심)'과 '빛 光(광)'으로 이루어졌다. '분명하지 아니한 모양'을 나타낸다.
황홀하다, 마음을 빼앗겨 멍한 모양
[恍惚(황홀)/慌惚(황홀)] ① 눈이 부시게 찬란하거나 화려함. ② 기막힌 아름다움이나 관능 따위에 취하거

나 마음을 빼앗겨 정신을 차리기 어려운 상태에 있음. ¶황홀한 기분 ③ 놀랍거나 감격스럽거나 하여 정신이 어지러움. ④ 미묘하여 헤아려 알기 어려움.

惚 황홀할 홀, 心부11　2387

'惚(홀)'자는 '마음 忄(심)'과 '소홀할 忽(홀)'로 이루어졌다. '의식이 희미해지다', '아찔해지다'는 뜻이다.
황홀하다, 마음을 빼앗겨 멍한 모양
[恍惚(황홀)/慌惚(황홀)] ☞恍(황)

恤 불쌍할 휼, 구휼할 휼, 心부9　2388

'恤(휼)'자는 '마음 忄(심)'과 '피 血(혈)'로 이루어졌다. '마음으로부터 피가 흐르다', '불쌍히 여기다'는 뜻을 나타낸다.
구휼하다, 어려운 처지에 놓인 사람에게 금품을 주다
[恤金(휼금)] 정부에서 이재민에게 내려주는 돈.
[恤米(휼미)] 정부에서 이재민에게 주는 쌀.
[救恤(구:휼)] 곤궁하거나 딱한 사람을 도와줌.
[撫恤(무휼)] 백성을 어루만져 위로하며 물질로써 은혜를 베풂.
[患難相恤(환난상휼)] 鄕約(향약)의 네 가지 덕목 가운데 하나. 어려운 일이 생겼을 때 서로 도와줌. 图患難相救(환난상구)
동정하다, 가엽게 여기다, 돌보다, 마음을 쓰다, 근심하다
[矜恤(긍:휼)] 불쌍히(가엽게) 여겨 돌보아 줌. ¶긍휼히 여기는 자는 복이 있나니 저희가 긍휼히 여김을 받을 것이요 『마태복음 5장 7절』

恰 흡사할 흡, 마치 흡, 心부9　2389

'恰(흡)'자는 '마음 忄(심)'과 '합할 合(합)'으로 이루어졌다. '마음이 생각했던 바와 들어맞다'는 뜻이다.
마치, 꼭, 흡사
[恰似(흡사)] 거의 같음. 또는 거의 비슷한 모양. 그럴듯하게 비슷함. ¶그 울부짖음이 흡사 호랑이 울음소리 같았다

悌 공경할 제, 心부10　2390

'悌(제)'자는 '마음 忄(심)'과 '弟(제)'로 이루어졌다. '형에 대한 아우의 마음'을 나타낸다.
공경하다, 어린 사람이 어른을 잘 공경하다
[孝悌(효제)] 어버이에 대한 효도와 형제에 대한 우애.
[不孝不悌(불효부제)] 어버이에게 효성스럽지 못하고 어른에게 공손하지 못함.
화락하다, 화평하고 즐겁다
[悌友(제우)] 형제간 또는 어른과 어린이 사이의 두터운 정의.

悸 두근거릴 계:, 心부11　2391

'悸(계)'자는 '마음 忄(심)'과 '계절 季(계)'로 이루어졌다. '걱정하고 두려워하여 마음이 움직이다', '가슴이 설레다'는 뜻이다.
두근거리다, 가슴이 두근거리다, 가슴이 두근거리는 병
[心悸(심계)] 사람 몸의 왼쪽 아래 가슴에 귀를 대면 들을 수 있는 심장의 고동.
[心悸亢進(심계항진)] (의) 정신적 흥분·육체적 과로·심장병 따위로 말미암아 심장의 고동이 빠르고 또 세어지는 일.
[悸心痛(계:심통)] (한의) 신경성으로 심장이 두근거리고 가슴이 답답하여 아픈 병.
두려워하다

悉 다 실, 心부11　2392

'悉(실)'자는 '마음 心(심)'과 '분별할 釆(변)'로 이루어졌다. '悉(실)'자는 한자어 조어 능력이 적어 오늘날 쓰이는 낱말이 없다.
다, 모두, 남김없이, 다하다, 다 알다, 다 갖추다
[備悉(비:실)] 어떤 일을 두루 잘 앎.

悛 고칠 전:, 心부10　2393

'悛(전)'자는 지난 잘못을 '고치다'는 뜻이다. '마음 忄(심)'과 '천천히 갈 夋(준)'으로 이루어졌다. 음이 [전]임을 주의해야 한다.
고치다, 잘못을 깨달아 착한 방향으로 마음을 돌리다
[改悛(개:전)] 잘못을 뉘우치고 마음을 바르게 먹음. ¶개전의 정이 있어 벌을 면제해 주겠다

憔 수척할 초, 心부15　2394

'憔(초)'자는 '속이 타서 여위다'는 뜻을 나타낸다. '마음 忄(심)'과 '탈 焦(초)'로 이루어졌다. '焦(초)'는 '누른빛이 나도록 타다'는 뜻이다.
수척하다, 야위어 쇠약하다, 애태우다, 애태우느라 쇠약하다
[憔悴(초췌)] 고생이나 병으로 인하여 몹시 피로하고 파리함.

悴 파리할 췌, 心부　2395

'悴(췌)'자는 마음이 다할 때까지 근심하여 '수척해지다'는 뜻을 나타낸다. '마음 忄(심)'과 '군사 卒(졸)'로 이루어졌다.
파리하다, 야위어 수척하다, 시들다, 생기를 잃다
[憔悴(초췌)] ☞憔(초)
근심하다, 마음 아파하다, 괴로워하다

悖 어그러질 패:, 거스를 패:, 心부10　2396

'悖(패)'자는 '마음 忄(심)'과 '어두울 孛(패)'로 이루어졌다. '배반하다', '어그러지다'는 뜻을 나타낸다.

어그러지다, 도리·사리·기준에서 벗어나다

[悖倫(패:륜)] 사람으로서 마땅히 지켜야 할 도리에 어그러짐. ¶패륜을 일삼다 [참]悖倫兒(패륜아)

[悖(패;역)] 도리에 어긋나고 순리를 거스름. [참]悖逆無道(패역무도)

[淫談悖說(음담패설)] 음탕하고 덕의에 어그러진 상스러운 이야기.

[行悖(행패)] 버릇없이 덤벼 체면에 어그러진 짓을 함.

[言悖而出者亦悖而入(언패이출자역패이입).] 도리에 벗어난 말을 남에게 하면, 그 사람도 또한 그러한 말로 내게 갚음. '가는 말이 고와야 오는 말이 곱다'와 같은 뜻. 『大學(대학)·傳10章(전10장)』

[貨悖而入者亦悖而出(화패이입자역패이출).] 부정한 수단으로 번 재물은 본인에게 좋지 못한 일, 곧 불의의 재난 등으로 잃어버림. 悖入悖出(패입패출). 『大學(대학)·傳10章(전10장)』

惘 멍할 망, 心부11　2397

'惘(망)'자는 '마음이 그물에 붙잡힌 것처럼 자신을 잊고 멍해지다'는 뜻이다. '마음 忄(심)'과 '그물 罔(망)'으로 이루어졌다.

멍하다, 멍한 모양

[惘惘(민망)] 딱하고 안타까움. 부끄럽고 딱함. ¶그 딱한 광경이 민망하여 차마 보고 있을 수가 없었다

悶 번민할 민, 답답할 민, 心부12　2398

'悶(민)'자는 '입에 내지는 않지만 이것저것 自問(자문)하고 번민하다'는 뜻이다. '마음 心(심)'과 '문 門(문)'으로 이루어졌다.

번민하다, 마음이 우울해지다

[苦悶(고민)] 속을 태우며 괴로워함. ¶고민에 쌓이다

[煩悶(번민)] 마음이 번거롭고 답답하여 괴로워함. ¶고민한 일로 번민에 싸여 있다니

[閑茶悶酒(한다민주)] 한가할 때는 茶(차), 고민 풀이에는 술.

愉 즐거울 유, 心부12　2399

'愉(유)'자는 불쾌한 마음을 빼내어 '즐겁다'는 뜻이다. '마음 忄(심)'과 '그러할 俞(유)'로 이루어졌다.

즐겁다, 즐거워하다, 기뻐하다, 기쁘다

[愉快(유쾌)] 마음이 즐겁고 기분이 좋음. ¶유쾌한 분위기

愕 놀랄 악, 心부12　2400

'愕(악)'자는 '마음 忄(심)'과 '놀랄 咢(악)'으로 이루어졌다. '咢(악)'자는 예상이 어긋나서 '놀라다'는 뜻이다. '마음 忄(심)'을 붙여 그 뜻을 더욱 분명히 하였다.

놀라다, 놀라 당황하다

[驚愕(경악)] 깜짝 놀람.

惻 슬퍼할 측, 心부12　2401

'惻(측)'자는 '사람의 마음을 헤아려 동정하다', '슬퍼하다'는 뜻이다. '마음 忄(심)'과 '법 則(칙)'으로 이루어졌다.

슬퍼하다, 가엽게 여기다

[惻隱(측은)] 가엽고 불쌍함.

[惻隱之心(측은지심)] 四端(사단)의 하나. 불쌍히 여겨서 언짢아하는 마음.

[惻隱之心仁之端也(측은지심인지단야).] 측은히 여기는 마음을 일러 어짊의 실마리라 한다. 『孟子(맹자)·公孫丑 上(공손추 상)』 ☞ *171

惰 게으를 타:, 心부12　2402

'惰(타)'자는 '마음에 긴장이 풀어져서 조심성이 없다'는 뜻이다. '둥글길쭉할 隋(타)'자에 '마음 忄(심)'을 붙여 '게으를 惰(타)'자를 만들었다. '언덕 阝(부)'가 생략되었다.

게으르다, 나태하다, 게으름

[惰性(타:성)] 오래 되어 굳어진 버릇.

[懶惰(나:타)] 느리고 게으름.

[訓導不嚴師之惰(훈도불엄사지타).] 가르쳐 이끄는 데 엄하지 않는 것은 스승의 태만이다. 『古文眞寶·勸學文』 ☞ *262

愎 괴팍할 퍅, 강퍅할 퍅, 心부12　2403

'愎(퍅)'자는 '남의 말에 따르지 않고 되돌아가다', '엇나가다', '고집을 부리다'는 뜻이다. '마음 忄(심)'과 '다시 复(복)'으로 이루어졌다.

괴팍하다, 너그럽지 못하다, 어긋나다, 남의 말을 듣지 아니하다

[乖愎(괴:퍅)] 성미가 까다롭고 걸핏하면 성을 잘 냄. ¶괴팍한 사람

[剛愎(강퍅)] 성미가 깐깐하고 과격함. ¶강퍅한 성미

惶 두려워할 황, 心부12　2404

'惶(황)'자는 '마음이 동요하다', '두려워하다'는 뜻이다. '마음 心(심)'과 '임금 皇(황)'으로 이루어졌다. 여기에

서 '皇(황)'은 '徨(황)'과 통하여 '침착하지 못하게 걷다'는 뜻이다.

두려워하다, 황공해하다
[惶恐(황공)] 지위나 위엄에 눌려 두려움. 回惶悚(황송)
[惶恐無地(황공무지)] 지위나 위엄에 눌려 두려워 몸 둘 바를 모름.
[惶悚(황송)] 지위나 위엄에 눌려 두려움. 回惶恐(황공)

당황하다, 갑작스러워 어찌할 바를 모르다
[惶惶/遑遑(황황)] 마음이 급하여 허둥거리며 정신이 없음.
[惶急(황급)/遑急(황급)] 몹시 바쁘고 급함. ¶황급히 쫓아나가다
[驚惶(경황)] 놀라고 두려워 허둥지둥함.
[恐惶(공:황)] 두려워서 당황해 함.
[唐惶(당황)] 놀라거나 다급하여 정신이 어리둥절함.

遑 급할 황, 허둥거릴 황, 辵부13 2405

'遑(황)'자는 '갈 길이 급하여 황급히 서두르다, 허둥거리다'는 뜻이다. '길 갈 辶(착)'과 '임금 皇(황)'으로 이루어졌다.

허둥거리다, 바쁘다, 몹시 급하게 서두르다
[遑汲(황급)] 황황하고 마음에 여유가 없음.
[遑急(황급)/惶急(황급)] 매우 급함. ¶황급히 쫓아가다
[遑忙(황망)/慌忙(황망)] 마음이 몹시 급하고 황황하여 허둥지둥함. ¶황망히 어디론가 사라졌다
[遑遑(황황)] 마음이 몹시 급하여 허둥지둥하는 모양.
[遑遑汲汲(황황급급)] 살림에 쪼들려 안달함.

慌 어렴풋할 황, 어리둥절할 황, 心부13 2406

'慌(황)'자는 '마음 忄(심)'과 '거칠 荒(황)'으로 이루어졌다. '荒(황)'자 속에 있는 '亡(망)'자는 '없다'의 뜻이다. '慌(황)'자는 마음[忄]속에 아무것도 없어[亡]서 '어리둥절하다'는 뜻이다. '恍(황)'과 동자.

다급하다, 절박하다
[慌忙(황망)/遑忙(황망)] ☞ 遑(황)

황홀하다(恍)
[慌惚(황홀)/恍惚(황홀)/怳惚(황홀)] ① 눈이 부시게 찬란하거나 화려함. ② 기막힌 아름다움이나 관능 따위에 취하거나 마음을 빼앗겨 정신을 차리기 어려운 상태에 있음. ¶황홀한 기분 ③ 놀랍거나 감격스럽거나 하여 정신이 어지러움. ④ 미묘하여 헤아려 알기 어려움.

잃다, 잃어버리다
[恐慌(공:황)] ① 놀랍고 두려워 어찌할 바를 모르는 심리 상태. ② '경제 공황'의 준말. 생산과 공급의 과잉과 부족으로 인해 경제가 혼란되는 현상.
[恐惶(공:황)] 두려워서 당황해 함.

헷갈리는 徨(황), 恍(황), 惶(황), 遑(황), 慌(황)

'徨(황)'자는 '걸을 彳(척) + 임금 皇(황)'으로 이루어졌다. 길을 가다가 길을 잃어 '헤매다', '방황하다'는 뜻이다. 두인변인 '彳(척)'자의 뜻이 '천천히 걸어 가다'이다. 彷徨(방황)
'恍(황)'자는 '마음 忄(심) + 빛 光(광)'으로 이루어졌다. '분명하지 아니한 모양'을 나타낸다. 강한 빛이나 충격적인 광경을 보았을 때 마음을 빼앗겨 '정신없음'을 뜻한다. 恍惚(황홀)
'惶(황)'자는 '마음 忄(심) + 임금 皇(황)'으로 이루어졌다. 往(왕)→徨(황)→皇(황)으로, 여기에서 '皇(황)'자는 '갈 往(왕)'의 뜻으로 쓰였다. '마음이 왔다갔다하다', '마음이 동요하다', '두려워하다'는 뜻이다. 惶悚(황송)
'遑(황)'자는 '갈 길이 급하여 황급히 서두르다, 허둥거리다'는 뜻이다. '길 갈 辶(착) + 임금 皇(황)'으로 이루어졌다. 遑汲(황급)
'慌(황)'자는 '마음 忄(심) + 거칠 荒(황)'으로 이루어졌다. '荒(황)'자 속에 있는 '亡(망)'자는 '없다'의 뜻이다. '慌(황)'자는 마음[忄]속에 아무것도 없어[亡]서 '어리둥절하다'는 뜻이다. 恐慌(공황)

愾 성낼 개, 心부13 2407

'愾(개)'자는 '마음 忄(심)'과 '기운 氣(기)'로 이루어졌다. '한탄과 노여움의 심정에서 나오는 한숨'을 뜻한다. 비슷한 뜻으로 '慨(개)'자가 있다. '慨(개)'자는 '슬퍼하여 탄식하다'는 뜻이다.

성내다, 분개하다
[敵愾(적개)] 적에게 대한 의분.
[敵愾心(적개심)] 적을 미워하여 분개하는 마음. ¶적개심에 불타다

慄 두려워할 률, 떨릴 률, 心부13 2408

'慄(률)'자는 '마음 忄(심)'과 '밤 栗(률)'로 이루어졌다. '밤의 가시를 보고 느끼는 마음'을 나타낸다.

두려워하다, 떨다, 벌벌 떨다, 오싹하다, 소름이 끼치다
[戰慄(전율)] 몹시 두렵거나 무서워서 벌벌 떪.

愴 슬플 창:, 心부13 2409

'愴(창)'자는 '마음 忄(심)'과 '곳집 倉(창)'으로 이루어졌다.

슬퍼하다, 마음 아파하다, 뜻과 의욕을 잃다
[悲愴(비창)] 마음이 아프고 서운함. ¶베토벤 피아노 소나타 '비창'

慟 서러워할 통:, 心부14 2410

'慟(통)'자는 '몸을 움직여 떨며 슬퍼하다'는 뜻이다. '마음 忄(심)'과 '움직일 動(동)'으로 이루어졌다.

서럽게 울다, 큰소리로 울면서 슬퍼하다
[慟哭(통:곡)] 큰 소리로 슬피 욺. 回痛哭(통곡)

慷 강개할 강, 슬플 강, 心부14 2411

'慷(강)'자는 '마음이 상기되어 오르다', '한탄하다'는 뜻이다. '마음 忄(심)'과 '편안 康(강)'으로 이루어졌다.
강개하다, 의기가 북받치어 원통해하고 슬퍼하다
[慷慨(강개)] 의롭지 못한 것에 의분을 느껴 슬퍼하고 한탄함.
[悲憤慷慨(비:분강개)] 슬프고 분하여 마음이 북받침.

憧 그리워할 동, 동경할 동, 心부15 2412

'憧(동)'자는 '마음 忄(심) + 아이 童(동)'으로 이루어졌다. 字源(자원)을 따지면 '童(동)'자는 '움직일 動(동)'의 뜻으로 쓰여 '마음이 움직여 정해지지 않다'는 뜻이라고 한다. '아이들[童]의 마음[忄]'이라고 해석한다면, 한자 공부가 훨씬 쉬웠을 것이다.

憬 그리워할 경:, 心부15 2413

'憬(경)'자는 '마음속이 밝아지다'는 뜻이다. '마음 忄(심)'과 '볕 景(경)'으로 이루어졌다. '景(경)'자는 '햇빛이 밝다'는 뜻이다.
그리워하다
[憧憬(동경)] ① 무엇이 그리워서 마음이 팔려 그것만을 생각함. ② 마음이 스스로 달떠서 가라앉지 아니함.

慓 날랠 표, 급할 표, 心부14 2414

'慓(표)'자는 '마음 忄(심)과 '불똥 票(표)'로 이루어졌다. 불똥이 튀는 것처럼 '날래고 사납다'는 뜻을 나타낸다.
날래다, 재빠르다
[慓毒(표독)] 사납고 독살스러움. ¶얼굴이 표독스럽게 생겼다
[慓悍(표한)/剽悍(표한)] 성질이 급하고 사나움.

憚 꺼릴 탄, 心부15 2415

'憚(탄)'자는 곤란에 반발하여 '꺼리어 싫어하다'는 뜻을 나타낸다. '마음 忄(심)과 '홑 單(단)'으로 이루어졌다.
꺼리다, 싫어하다, 미워하다, 마음에 꺼림하게 여기다
[忌憚(기탄)] 어렵게 여겨 꺼림. ¶기탄없이 말하시오
[過則勿憚改(과즉물탄개).] 허물이 있다면 고치기를 꺼리지 말라. 즉 잘못을 저질렀다고 후회만 하지 말고, 그것을 빨리 바로잡아야만 다시는 같은 잘못을 저지르지 않는다는 뜻이다. 『論語(논어)·學而(학이)』

慫 권할 종, 心부15 2416

'慫(종)'자는 '마음 心(심)'과 '따를 從(종)'으로 이루어졌다.

慂 종용할 용, 心부14 2417

'慂(용)'자는 '마음 心(심)'과 '물 솟아날 涌(용)'으로 이루어졌다.
권하다, 남에게 이렇게 함이 좋다고 권하다
[慫慂(종용)] 잘 설명하고 달래서 권함.

慝 사특할 특, 숨길 특, 心부15 2418

'慝(특)'자는 '마음 心(심)'과 '숨길 匿(닉)'으로 이루어졌다. '숨어서 하는 몹쓸 일'을 뜻한다.
사특하다, 간사하다, 악하다, 못되다, 악한 일, 악한 사람, 악한 짓
[姦慝(간특)] (사람이나 그 성질, 언행이) 간사하고 악함.
[邪慝(사특)] 요사스럽고 간특함.

憊 고달플 비, 고단할 비, 心부16 2419

'憊(비)'자는 '마음 心(심)'과 '갖출 備(비)'로 이루어졌다. 사람은 마음[心]의 준비[備]가 부족하여 늘 '고달픔'이 달라붙어 따라다닌다.
고달프다, 피곤하다, 앓다, 병으로 고생하다
[憊色(비색)] 피로한 얼굴빛.
[困憊(곤:비)] 피곤하고 고달픔. 回困乏(곤핍)

憺 편안할 담, 움직일 담, 心부16 2420

'憺(담)'자는 '마음 忄(심)과 '넉넉할 詹(담)'으로 이루어졌다. '淡(담)'자와 같은 의미이다. 마음이 무슨 일에나 담담하고 욕심이 없어 '편안하다'는 뜻을 나타낸다. '마음이 움직이다'는 뜻으로 쓰일 때도 있다.
편안하다, 안정되다
[憺憺(담담)/淡淡(담담)] 마음이 안온하고 침착하다.
두려워하다
[慘憺(참담)] ① (일이나 상태가) 비참하고 막막함. ¶일제 치하에서 참담했던 시절을 보낸… ② 가슴이 아플 정도로 참혹함. ¶그의 죽음은 너무나도 참담하기에…

憑 기댈 빙, 心부16 2421

'憑(빙)'자는 '마음 心(심)'과 '기댈 馮(빙)'으로 이루어졌다. '마음이 의지하다'는 뜻을 나타낸다.

기대다, 몸이나 물건을 무엇에 의지하다, 남의 힘에 의지하다
[憑藉(빙자)] ① 핑계. 방패막이로 또는 공연히 내세우는 이유나 근거. 구차스런 변명. ② 어떤 힘을 빌어서 의지함.
의거하다, 전거로 삼다, 의거할 것, 의거하는 대상, 증거, 증서
[信憑(신:빙)] 믿어서 근거나 증거로 삼음.
[證憑(증빙)] 증거로 삼음. 또는 증거로 삼은 근거.
[證憑書類(증빙서류)] ① 증거가 되는 서류. ② (경) 기업 사이에 주고받아 거래의 성립을 입증하는 각종 서류.
붙다, 귀신이 들리다
[憑依(빙의)] 귀신이 붙음.

懊 한할 오, 心부16 2422

'懊(오)'자는 '마음 忄(심)'과 '깊을 奧(오)'로 이루어졌다. '마음속 깊이 괴로워하다'는 뜻을 나타낸다.
한하다, 괴로워하다, 뉘우치며 한하다
[懊恨(오:한)] 悔恨(회한). 뉘우치고 한탄함.
[懊惱(오:뇌)] 뉘우쳐 한탄하고 번뇌함.

懈 게으를 해:, 心부16 2423

'懈(해)'자는 '마음 忄(심)'과 '풀 解(해)'로 이루어졌다. '마음의 긴장이 풀리다', '게을리 하다'는 뜻을 나타낸다.
게으르다, 게으름을 피우다, 느슨해지다, 헐렁하다
[懈怠(해:태)] ① 게으름. ② (법) 어떤 법률 행위를 이유 없이 정해진 기간 안에 행하지 아니함.
[懈意一生(해의일생), 便是自棄自暴(변시자기자포).] 게으른 뜻이 일단 생기면 곧 자포자기에 빠지게 된다. 『近思錄(근사록)・爲學類(위학류)』

懦 나약할 나:, 心부17 2424

'懦(나)'자는 '마음 忄(심)'과 '머뭇거릴 需(수)'로 이루어졌다. '마음이 부드럽고 약하다'는 뜻을 나타낸다. '需(수)'에 '사람 亻(인)'을 더하면 '선비'의 뜻인 '儒(유)'가 되고 '마음 忄(심)'을 붙이면 '나약하다'의 뜻인 '懦(나)'가 된다.
나약하다, 무기력하다
[懦夫(나:부)] 겁이 많은 남자.
[懦弱(나:약)] 무기력하고 의지가 약함. ¶나약한 태도

懶 게으를 라, 心부19 2425

'懶(라)'자는 '마음 心(심)'과 '힘입을 賴(뢰)'로 이루어졌다. '마음이 지치다', '게으르다'는 뜻을 나타낸다.
게으르다, 나른하다, 의욕이 없다
[懶婦(나:부)] 게으른 여자.
[懶惰(나:타)] 느리고 게으름.
[懶怠(나:태)] 행동이나 성격 따위가 느리고 게으름.

戍 킬 수, 수자리 수, 戈부6 2426

'戍(수)'자는 사람이 창을 들고 '지키다'는 뜻을 나타낸다. 특히 변경을 지키는 뜻으로 쓰인다. '사람 人(인)'과 '창 戈(과)'로 이루어졌다. ☞戌(술)0766
지키다, 무기를 가지고 국경・국가 등을 지키다, 수자리, 국경을 지키는 임무나 그 사람, 경비병이 주둔하고 있는 병영
[戍樓(수루)] 적군의 동정을 망보기 위하여 성 위에 만든 누각. 성의 망루. ¶한산섬 달밝은 밤에 수루에 홀로 앉아
[戍卒(수졸)] 국경을 지키는 군사.
[衛戍(위수)] ① (군) 육군 부대가 오래 한 곳에 주둔하여 경비하는 일. ② (군) 육군의 주둔 지구 내의 경비, 육군의 질서 및 군기의 감시와 육군의 건축물 기타 시설을 보호하는 일. 관衛戍地區(위수지구)
戍旗(수기), 戍人(수인), 鎭戍(진수)

戎 되 융, 오랑캐 융, 戈부6 2427

'戎(융)'자는 '창과 갑옷의 병장기'를 뜻하는 글자였다. '창 戈(과)'와 '열 十(십)'으로 이루어졌다. 오랑캐 특히 '서쪽의 오랑캐'를 뜻하는 것으로 쓰인다. ☞戌(술)0766
되, 오랑캐
[西戎(서융)] 중국에서 자기 나라 서쪽에 사는 겨레들을 오랑캐로 업신여겨 일컫던 말.
[夷蠻戎狄(이만융적)] 東夷(동이)・南蠻(남만)・西戎(서융)・北狄(북적) 즉 동서남북의 모든 오랑캐를 통틀어 일컬음.

戟 창 극, 戈부12 2428

'戟(극)'자는 '창 戈(과)'와 '창 矛(모)'로 이루어졌다. 걸어 당기는 戈(과)와 찌르는 矛(모)를 합쳐 놓은 무기이니 그 두 가지 기능을 다 갖춘 창이 戟(극)이다. '戈(과)'는 창끝이 외가닥이고, '戟(극)'은 두 가닥으로 되어 있다.
창, 찌르다
[刺戟(자:극)] ① 신경을 충동하여 흥분되게 함. 관刺戟的(자극적), 刺戟劑(자극제) ② (심) 감각기관을 격동시켜 작용을 일으킴. ③ (생) 생체에 작용하여 어떤 반응을 일으키게 하는 일. 또는 그런 작용의 요인.
[刺戟劑(자:극제)] ① 어떠한 현상이 촉진되도록 자극을 주는 요소. ② 살갗이나 내장을 자극하여 염증을 일으키게 하거나 또는 痒疹(양진)시키는 약제.

截 끊을 절, 戈부14 2429

'截(절)'자는 '창 戈(과)', '작을 小(소)', '새 隹(추)'로 이루어졌다. 새를 창으로 조각조각 작게 베는 모양에서, '베다', '깨다'는 뜻을 나타낸다. ☞絕(절)0495

끊다, 동강을 내다, 절단하다
[截斷(절단)/切斷(절단)] 끊어 냄. 동斷切(단절)
[折斷(절단)] 구부려서 끊음.
[絶斷(절단)] 유대나 연관 관계 등을 끊음. 동斷絶(단절)
[截長補短(절장보단)/絶長補短(절장보단)] '긴 것을 끊어 짧은 것에 보태서 알맞게 한다'는 뜻으로, 장점이나 넉넉한 것으로 단점이나 부족한 것을 메움.
[截頭(절두)] 머리를 자름.
[去頭截尾(거두절미)] ① 머리와 꼬리를 잘라버림. ② 사실의 줄거리만 말하고 부차적인 것은 빼어버림.

戮 죽일 륙, 戈부15   2430

'戮(륙)'자는 '창 戈(과)'와 '높이 날 翏(료)'로 이루어졌다. '창으로 죽이다'는 뜻을 나타낸다.
죽이다, 살해하다, 사형에 처하다
[屠戮(도륙)] 마구 무찔러서 죽임.
[殺戮(살육)] 사람을 마구 죽임.
[誅戮(주륙)] 죄인을 죽임. 죄로 몰아 죽임.
육시하다, 죽은 사람에게 형벌을 가하여 목을 베다
[戮屍(육시)] 이미 죽은 사람에게 형벌을 가하여 그 목을 벰.

戾 어그러질 려, 戶부8   2431

'戾(려)'자는 '문간에 있는 집 지키는 개', '사납다', '어그러지다'는 뜻을 나타낸다. '지게 戶(호)'와 '개 犬(견)'으로 이루어졌다.
어그러지다, 맞지 아니하다, 틀어지다, 벗어나다
[反戾(반:려)] 어기어 배반함.
돌려주다, 돌아가다, 되돌아가다
[返戾(반:려)] 返還(반환). 도로 돌려줌.
[鳶飛戾天魚躍于淵(연비여천어약우연).] 솔개는 날아 하늘에 이르고, 물고기는 못에서 뜀. 詩經(시경)의 본뜻은 새나 물고기와 같은 微物(미물)이 스스로 만족하게 여기는 모양, 또는 임금의 德化(덕화)가 골고루 미친 모양을 말한 것이나, 중용에 인용된 뜻은 솔개가 하늘로 나는 것이나 물고기가 못에서 뛰는 것은 다 道(도)의 작용이며, 천지만물은 자연의 성품을 따라 움직여 저절로 그 즐거움을 얻음을 뜻한다. 鳶飛魚躍(연비어약). 『詩經(시경)』

扇 문짝 선, 부채 선, 戶부10   2432

'扇(선)'자는 새의 깃처럼 펴졌다 닫혔다 하는 문짝의 뜻에서 펼친 것처럼 생긴 '부채'를 뜻한다. '지게 戶(호)'와 '깃 羽(우)'로 이루어졌다.
부채, 부채질하다
[扇形(선형)] (수) 부채꼴. 부채와 같은 모양.
[扇風機(선풍기)] 회전축에 붙인 날개를 전동기로 돌려 바람을 일으키게 하는 송풍기.
[太極扇(태극선)] 태극 모양을 그린 둥근 부채.
[夏爐冬扇(하:로동선)/冬扇夏爐(동선하로).] 여름의 화로와 겨울의 부채라는 뜻으로, '시기에 맞지 아니하여 쓸모없이 된 사물' 또는 '아무 소용이 없는 말이나 재주'를 비유하여 이르는 말.
[合竹扇(합죽선)] 얇게 깎은 겉대를 맞붙여서 살을 만든 쥘부채.
[虛風扇(허풍선)이] '허풍만 치고 돌아다니는 사람'을 낮잡아 일컫는 말.
[夏爐炙濕冬扇爇火(하:로자습동선설화)] 여름 화로는 습기를 말리는 데 쓰이고 겨울 부채는 불을 피우는 데 쓰인다는 뜻으로, '물건은 제각기 때를 따라 그 쓰임을 달리함'을 이르는 말.

扉 문짝 비, 사립문 비, 戶부12   2433

'扉(비)'자는 '사립문'을 뜻한다. '지게 戶(호)'와 '아닐 非(비)'로 이루어졌다.
문짝, 집, 주거
[竹扉(죽비)] 대사립.
[柴扉(시:비)] 사립문.

扱 취급할 급, 手부7   2434

'扱(급)'자는 '손 扌(수)'와 '미칠 及(급)'으로 이루어졌다. 우리나라에서 만든 글자이다. '취급하다'의 뜻으로 쓰인다.
다루다, 처리하다
[取扱(취:급)] ① 물건을 다룸. ② 사람이나 사건을 대하거나 처리함. ③ 사람을 얕잡아서 대우함. ¶더 이상 어린애 취급을 받기 싫다

扮 꾸밀 분, 手부7   2435

'扮(분)'자는 손으로 '꾸미다'는 뜻을 나타낸다. '손 扌(수)'와 '나눌 分(분)'으로 이루어졌다.
꾸미다, 매만져 차리다
[扮飾(분식)] 몸치장.
배우가 맡은 역의 인물로 가장하다
[扮裝(분장)] ① 모양을 꾸밈. ② (연) 배우가 작품의 어떤 인물 모습으로 꾸며 차림. 또는 그 차림새. ¶분장이 뛰어나다

拐 속일 괴, 후릴 괴, 手부8   2436

'拐(괴)'자는 '사람을 사악한 말로 속이다'는 뜻이다. '손 扌(수)'와 '후릴 另(괴)'로 이루어졌다. '另(괴)'자는 '입

口(구)'와 '칼 刀(도)'로 이루어졌으니 '칼같이 무서운 입'을 나타낸다.
속이다, 꾀어내다, 속임수로 남을 데려가다
[誘拐(유괴)] 사람을 속여 꾀어내는 일.

抹 지울 말, 바를 말, 手부8   2437

'抹(말)'자는 '손으로 비비어 가루처럼 만들어 똑똑히 보이지 않게 하다'는 뜻이다. '손 扌(수)'와 '끝 末(말)'로 이루어졌다. 여기에서 '末(말)'자는 '가루'라는 뜻으로 쓰였다.
바르다, 칠하다
[塗抹(도말)] ① 발라서 드러나지 않게 함. ② 이리저리 임시변통으로 발라 맞추어 꾸밈.
[東塗西抹(동도서말)] '이리저리 칠한다'는 뜻으로 문필에 종사하는 사람이 자기를 낮추어 일컫는 말.
지우다, 지워 없애다
[抹殺(말살)] (어떤 현상이나 대상을) 세상에 전혀 남아 있지 않게 없앰. ¶일제의 국어 말살 정책
[抹消(말소)] 기록된 사실을 지워 없앰. ¶등기 말소
말뚝
[抹木(말목)] 말뚝.

拇 엄지손가락 무, 手부8   2438

'拇(무)'자는 '손 扌(수)'와 '어미 母(모)'로 이루어졌다. 손가락 가운데 어머니 격인 '엄지손가락'을 뜻한다.
엄지손가락
[拇印(무:인)] 손도장.
[拇指(무:지)] 엄지손가락.

拌 섞을 반, 手부8   2439

'拌(반)'자는 '손 扌(수)'와 '반 半(반)'으로 이루어졌다. '半(반)'은 반으로 '쪼개다'는 뜻이다. 현재 우리말 한자어에는 '쪼개다'의 뜻으로 쓰인 예는 없고, '양 손에 숟가락을 들고 뒤섞다'는 뜻으로만 쓰였다.
뒤섞다, 휘저어 뒤섞다
[攪拌(교반)] 휘젓기. 골고루 섞이도록 휘휘 젓다.

拗 꺾을 요, 비뚤 요, 手부8   2440

'拗(요)'자는 '손 扌(수)'와 '어릴 幼(유)'로 이루어졌다. '손으로 비틀어 꺾다'는 뜻을 나타낸다.
비꼬이다, 마음이 비뚤어지다, 부러뜨리다, 비틀다
[執拗(집요)] 고집스럽게 끈질김. ¶집요하게 파고들다

披 나눌 피, 찢을 피, 手부8   2441

'披(피)'자는 '짐승의 가죽을 벗겨내다'는 뜻이다. '손 扌

(수)'와 '가죽 皮(피)'로 이루어졌다.
펴다, 열다, 개척하다
[披露宴(피로연)] 잔치. 결혼이나 출생 따위의 기쁜 일을 사람들에게 널리 알리기 위하여 베푸는 잔치.
[披瀝(피력)] ① 모조리 털어 놓다. ② 평소 마음에 품은 생각이나 가정을 모조리 털어 놓음.
풀다, 끈을 풀다
[猖披(창피)] ① 옷을 입고 띠를 띠지 않음. ② 낯이 깎이거나 아니꼬움을 당한 부끄러움. ¶창피를 당하다/창피를 주다
나누다, 쪼개다, 찢다, 찢어지다
[枝大於本必披(지대어본필피)] 가지가 줄기보다 커지면 반드시 찢어짐. 『史記(사기)』

瀝 거를 력, 水부19   2442

'瀝(력)'자는 '물 氵(수)'와 '지낼 歷(력)'으로 이루어졌다.
거르다, 밭치다
[瀝靑(역청)] (화) 천연으로 나는 탄화수소 화합물. 고체의 아스팔트, 액체의 석유, 기체의 천연가스 따위.
[瀝靑炭(역청탄)] (광) 석탄의 한 가지. 갈탄과 무연탄의 중간 정도로 탄화되었고, 빛깔은 새까만데, 휘발 성분이 많음.
쏟다, 쏟아 넣다
[披瀝(피력)] ☞ 披(피)

猖 미쳐 날뛸 창, 犬부11   2443

'猖(창)'자는 '개 犬(견)'과 '창성할 昌(창)'으로 이루어졌다. '기세가 세찬 개'라는 뜻에서 '미쳐 날뛰다'는 뜻을 나타낸다.
미쳐 날뛰다
[猖獗(창궐)] ① 함부로 날뜀. 좋지 못한 세력이 맹렬히 일어서서 퍼짐. ② 못된 전염병이 자꾸 퍼져서 걷잡을 수 없이 일어남.
어지럽다, 흐트러지다
[猖披(창피)] ☞ 披(피)

拮 일할 길, 手부9   2444

'拮(길)'자는 '손 扌(수)'와 '길할 吉(길)'로 이루어졌다. '손발을 놀려 일하다'는 뜻을 나타낸다.
맞서다, 겨루다
[拮抗(길항)] 서로 버티고 대항함.
[拮抗作用(길항작용)] (생) 생리 현상에서 나타나는 서로 반대되는 작용. 또는 상반되는 두 가지 요인이 동시에 작용하여 그 효과를 상쇄시키는 작용.
일하다, 손과 입을 함께 놀리며 일하다

拿 붙잡을 나:, 手부10　2445

'拿(나)'자는 '손 手(수)'와 '합할 合(합)'으로 이루어졌다. '손을 물건에 가까이 갖다 대어 모아서 잡다'는 뜻을 나타낸다.

붙잡다, 사로잡다, 손에 넣다
[拿捕(나:포)] 죄인이나 적의 배 따위를 붙잡는 일.

拷 칠 고, 手부9　2446

'拷(고)'자는 '손 扌(수)'와 '생각할 考(고)'로 이루어졌다. '손에 몽둥이를 들고 두드리다', '죄상을 자백하게 하기 위하여 매질하다'는 뜻을 나타낸다.

치다, 자백을 받기 위하여 세게 때리다
[拷問(고문)] 피의자에게 여러 가지 신체적 고통을 주며 신문함.

拱 팔짱낄 공, 手부9　2447

'拱(공)'자는 '손 扌(수)'와 '함께할 共(공)'으로 이루어졌다. '공경하는 뜻을 나타내기 위하여 두 손을 마주 잡다'는 뜻을 나타낸다. 禮(예)의 한 가지로, 두 손을 들어 가슴 앞에서 마주 잡는 것을 말한다.

두 손을 맞잡다
[拱手(공수)] ① 두 손을 겹쳐 모아 행하는 절. 吉事(길사)에는 남자는 왼손, 여자는 오른손을 앞으로 하고, 凶事(흉사)에는 그 반대로 한다. ② 두 손을 마주 잡고 아무 일도 하지 않음.
[拱揖(공읍)] 두 손을 마주 잡고 揖(읍)함.

括 묶을 괄, 手부9　2448

'括(괄)'자는 '손 扌(수)'와 '막을 (괄)'로 이루어졌다. '괄'자는 '성씨 氏(씨)' 아래 '입 口(구)'로 이루어진 글자였으나 현재는 쓰이지 않는 글자이다. 이 '괄'자가 '혀 舌(설)'로 바뀐 것이어서 '혀'와는 상관이 없다. '손으로 모아 합치다'는 뜻을 나타낸다.

묶다, 다발을 짓다, 끈으로 동이다
[括約(괄약)] ① 벌어진 것을 오므라지게 함. ② 모아서 한데 합침.
[括約筋(괄약근)] 입·눈·요도·항문 등 구멍 끝을 벌렸다 오므렸다 하는 고리 형상의 근육.
[括弧(괄호)] 묶음표. 숫자나 문장 따위의 앞뒤에 써서 다른 것과 구별하는 ( )·{ }·[ ] 따위의 기호.

여럿을 하나에 망라하다, 여럿을 한 체계로 합치다
[概括(개:괄)] 내용의 대체적인 요점이나 줄거리를 추려 뭉뚱그림. 또는 그렇게 뭉뚱그린 것.
[一括(일괄)] 개별적인 것들을 한 데 묶음.
[總括(총:괄)] 여러 가지를 한데 모아서 뭉침.

[包括(포:괄)] 사물을 있는 대로 다 한 테두리 안에 휩쓸어 넣음.

拭 닦을 식, 씻을 식, 手부9　2449

'拭(식)'자는 '손 扌(수)'와 '법 式(식)'으로 이루어졌다. '손으로 닦다'는 뜻을 나타낸다.

닦다, 닦아서 깨끗하게 하다, (걸레 따위로)훔치다
[拂拭(불식)] ① 털어내고 닦아내어 아주 치워 없앰. ② 의심이나 부조리한 점 따위를 말끔히 없앰. ¶의혹을 불식하다

按 누를 안, 어루만질 안, 手부9　2450

'按(안)'자는 '손 扌(수)'와 '편안 安(안)'으로 이루어졌다. '손으로 눌러 가라앉히다'는 뜻을 나타낸다.

편안하게 하다, 안심시키다
[按據(안:거)] 마음을 놓고 편안히 살게 함.
[按撫(안:무)] 어루만져 위로함. 참按撫使(안무사)
[按酒(안주)] 술을 마시면서 곁들여 먹는 음식.

주무르다, 문지르다
[按摩(안:마)] 몸을 주무르고 두드리고 하여 근육을 바로잡고 피가 잘 돌게 하는 일. 참按摩師(안마사)

차례를 따라 나란히 하다
[按舞(안:무)] (춤) 가곡·가요에 따르는 춤의 형이나 진행을 창안함. 또는 그것을 연기자에게 가르침.
[按配(안:배)/按排(안:배)] 알맞게 벌여 놓음.

어루만지다, 쓰다듬다
[按手(안:수)] (예수) ① 목사 또는 장로가 기도를 받는 사람의 머리 위에 손을 얹는 일. 참按手祈禱(안수기도) ② 감독이나 목사가 성직 후보자의 머리 위에 손을 얹고 성직을 임명하는 일. ¶목사 안수를 받다

捏 이길 날, 꾸밀 날, 手부10　2451

'捏(날)'자는 '흙 같은 것을 반죽하다'는 뜻이다. '손 扌(수)', '절구 臼(구)', '흙 土(토)'로 이루어졌다. '질그릇을 만들기 위하여 흙을 절구에 넣고 이기다'가 본뜻이었다. 후에 '있지도 아니한 일을 있는 것처럼 만들어내다', '꾸미다'는 뜻으로 확대되었다.

있지도 아니한 일을 있는 것처럼 만들어내다
[捏造(날조)] 사실인 듯이 거짓으로 꾸밈. ¶허위 사실 날조/역사 날조

이기다, 반죽하다

挽 당길 만, 手부10　2452

'挽(만)'자는 '손으로 당겨 꺼내다'는 뜻이다. '손 扌(수)'와 '면할 免(면)'으로 이루어졌다.

당기다, 끌어당기다
[挽回(만회)] 뒤처지거나 글러 가는 일을 바로잡아 본디의 상태로 돌이킴. ¶실수를 만회하다
[他弓莫挽(타궁막만)] 남의 활을 당겨 쏘지 말라는 뜻으로, '무익한 일은 하지 말라', 또는 '자기가 닦은 바를 지켜 마음을 딴 데 쓰지 말라'는 말. ____, 他馬莫騎(타마막기). 『無門關(무문관)』
말리다, 잡아당겨 못하게 하다
[挽留(만류)] 그만두도록 말림. 못하게 말림. ¶간곡한 만류를 뿌리치고 끝내는 돌아갔다

捐 버릴 연:, 手부10 2453

'捐(연)'자는 '손 扌(수)'와 '장구벌레 肙(연)'으로 이루어졌다. '손으로 버려서 덜다'는 뜻이다.
버리다, 소유하던 것을 버리다, 주다, 바치다, 내놓다, 기부하다
[捐補(연보)] ① 자기 재물을 내어서 다른 사람을 도와줌. ② 헌금. 참捐補金(연보금)
[義捐(의:연)] 자선이나 공익을 위하여 금품을 냄.
[義捐金(의:연금)/捐金(연:금)] 자선 또는 공익을 위하여 내는 돈.
[出捐(출연)] 금품을 내어 원조함.

挺 뺄 정, 빼낼 정, 手부10 2454

'挺(정)'자는 '손 扌(수)'와 '조정 廷(정)'으로 이루어졌다.
앞서다, 앞장을 서다
[挺身(정신)] 어떤 일에 몸을 바침. 무슨 일에 앞장섬.
[挺身隊(정신대)] ① 떨쳐 일어나 앞장서는 부대. ② 태평양전쟁 때 일본군의 위안부로 강제로 끌려간 여성들을 일본 제국주의자들이 일컫던 말.
[空挺部隊(공정부대)] (군) 항공기로 적의 후방에 내려 작전하는 낙하산 부대나 글라이더 부대. 참空輸部隊(공수부대)
내놓다, 내밀다, 빼다, 뽑다, 빼내다

挫 꺾을 좌:, 手부10 2455

'挫(좌)'자는 '손 扌(수)'와 '앉을 坐(좌)'로 이루어졌다. 일어서려는 사람을 손으로 제지하여 앉게 한다는 데서 '꺾다'의 뜻을 나타낸다.
꺾다, 부러지다, 기세를 꺾다, 꼼짝 못하게 누르다
[挫折(좌:절)] ① 마음과 기운이 꺾임. ② 어떠한 계획이나 일이 도중에 실패됨.
[挫折感(좌:절감)] 뜻한 바가 이루어지지 않거나 이루어질 수 없어서 생기는, 자신을 잃는 마음의 상태.
창피를 주다, 손상시키다

挾 낄 협, 手부10 2456

'挾(협)'자는 '손 扌(수)'와 '낄 夾(협)'으로 이루어졌다. '손으로 끼다'는 뜻이다.
끼다, 겨드랑·손가락 사이에 끼다, 끼우다, 끼워 넣다
[挾攻(협공)] 앞뒤 또는 좌우에서 들이침.
[挾雜(협잡)] 옳지 않은 짓으로 남을 속이는 일. 참挾雜物(협잡물), 挾雜輩(협잡배)
[挾雜物(협잡물)] ① 잡것이 섞이어 순수하지 못한 물건. ② 협잡질하여 얻은 물건.
생각하다, 마음에 품다, 믿고 의지하다
[不挾長(불협장), 不挾貴(불협귀), 不挾兄弟而友(불협형제이우).] 나이의 많고 적음에 관계치 않고, 귀천에 관계치 않고, 형제의 상황에 관계치 않고 벗한다.
[友也者友其德也(우야자우기덕야). 不可以有挾也(불가이유협야).] 벗한다는 것은 그 사람의 덕을 벗하는 것이다. 믿고 기대는 것이 있어서는 안 된다. 친구를 사귀는 도리는 부귀나 권세, 재능 등을 믿고, 그것을 친구 관계에 끼워 넣는 일이 있어서는 결코 성립될 수 없는 것이다. 『孟子(맹자)·萬章(만장) 下(만장 하)』

捺 누를 날, 手부11 2457

'捺(날)'자는 '손 扌(수)'와 '어찌 柰(나/내)'로 이루어졌다.
누르다, 찍다
[捺染(날염)] 피륙에 무늬가 나타나게 하는 염색 방법의 하나.
[捺印(날인)] 도장 찍기.

捲 거둘 권:, 말 권:, 手부11 2458

'捲(권)'자는 '손 扌(수)'와 '말 卷(권)'으로 이루어졌다. '손으로 말다'는 뜻을 위하여 '손 扌(수)'를 덧붙였다.
말다, 돌돌 감아 말다
[席卷(석권)/席捲(석권)] (멍석을 둘둘 만다는 뜻으로) 어떤 세력이 휩쓰는 것.
[捲土重來(권토중래)] '땅을 마는 것 같은 세력으로 다시 온다'는 뜻으로, 실패한 뒤 힘을 길러 다시 일어나다. 벼슬을 그만두었다가 다시 벼슬길에 나서다. 어떠한 일을 하다가 실패한 후에도 굽히지 않고 거듭 노력하여 재기하는 경우에 쓰인다. 『杜牧(두목)·詩(시)·烏江亭(오강정)』

掉 흔들 도, 手부11 2459

'掉(도)'자는 '손 扌(수)'와 '높을 卓(탁)'으로 이루어졌다. '卓(탁)'자는 '슬퍼할 悼(도)'에서도 [도]의 음으로 쓰였다.
흔들다, 움직이게 하다, 흔들리다, 요동하다
[尾大難掉(미대난도)] '꼬리가 커서 흔들기가 어렵다'는

뜻으로, 어떤 일이 끝에 이르러 크게 벌어져 처리하기가 어려움을 이르는 말. 圖尾大不掉(미대부도)

捧 받들 봉:, 手부11 2460

'捧(봉)'자는 '손 扌(수)'와 '받들 奉(봉)'으로 이루어졌다. '두 손으로 받듦'을 뜻한다.

받들다(奉), 바치다, 두 손으로 받들다, 두 손으로 떠올리다, 들다, 들어 올리다
[捧納(봉:납)] ① 물건을 바침. ② 물건을 거두어 받아들임.
[奉讀(봉:독)/捧讀(봉:독)] 받들어 읽음. ¶성경 봉독

들어 올리다, 양팔로 껴안다
[捧腹絶倒(봉:복절도)] 몹시 우스워서 배를 안고 몸을 가누지 못할 만큼 웃음. 비抱腹絶倒(포복절도)
[西施捧心(서시봉심)] 가슴앓이를 견디기 어려워 가슴에 손을 대고 찌푸린 서시의 얼굴이 몹시 아름다웠으므로, 못난 여자가 자기도 예쁘게 보이기 위해 일부러 가슴에 손을 대고 얼굴을 찌푸렸던 바, 사람들이 그의 추악한 얼굴에 놀라 도망쳤다는 고사에서, '같은 행위라도 그것을 행하는 사람의 됨됨이, 또는 행하는 경우에 따라 가치의 차이가 생김'을 비유하여 이르는 말.

掖 겨드랑이 액, 手부11 2461

'掖(액)'자는 '손 扌(수)'와 '밤 夜(야)'로 이루어졌다. '부축하다'는 뜻으로 쓰일 때는 '겨드랑이 腋(액)'자와 같은 자로 쓰인다.

겨드랑이, 끼다, 겨드랑이에 끼다, 부축하다, 곁부축하다
[扶掖(부액)/扶腋(부액)] 겨드랑이를 붙들어 걸음을 돕는 것.

腋 겨드랑이 액, 肉부12 2462

'腋(액)'자는 '살 月(육)'과 '밤 夜(야)'로 이루어졌다.

겨드랑이
[腋毛(액모)] 겨드랑이에 난 털.
[腋芽(액아)] 식물의 줄기와 가는 가지 또는 잎이 이루는 겨드랑이에 나는 눈.
[腋臭(액취)] 암내. 겨드랑이에서 나는 고약한 냄새.
[扶掖(부액)/扶腋(부액)] ☞ 掖(액)

掩 가릴 엄, 手부11 2463

'掩(엄)'자는 '손 扌(수)'와 '가릴 奄(엄)'으로 이루어졌다. '손으로 가리다'는 뜻을 나타낸다.

가리다, 보이지 아니하게 가리다, 숨기다, 감싸다, 비호하다
[掩蔽(엄:폐)] ① 가리어 숨김. ② (군) 적의 사격이나 관측소에서 보호되는 것. 圖掩蔽物(엄폐물)

[掩護(엄호)] ① 남의 허물을 덮어 숨겨줌. ② 덮거나 가려서 보호해 줌. ③ (군) 적의 공격으로부터 아군을 보호하는 일. ④ (군) 아군 주력 부대가 작전을 쉽게 할 수 있도록 지원 부대가 사격으로 적의 공격을 분쇄하는 일. 圖掩護射擊(엄호사격)

불의에 치다, 갑자기 공격하다
[掩襲(엄:습)] ① 뜻하지 아니하는 사이에 몰래 습격함. ② 감정, 생각, 감각 따위가 갑작스럽게 들이닥치거나 덮침. ¶두려움이 엄습하다

恢 넓을 회, 心부9 2464

'恢(회)'자는 '마음 忄(심)'과 '클 宏(굉)'으로 이루어진 것이다. 본뜻은 '넓다', '마음이 크고 넓다'였다. 후에 '宏(굉)'자가 '灰(회)'자로 바뀌고, '전의 상태로 되돌아가다'는 뜻이 추가되었다. '恢(회)'자가 현대의 우리말 한자어에서 '크다'는 뜻으로 쓰인 예는 없고, '돌이키다'는 뜻으로 쓰이는데 그 예도 '恢復(회복)' 한 낱말뿐이다.

돌이키다
[恢復(회복)] 쇠퇴한 國勢(국세)·家勢(가세)·病勢(병세) 따위를 되돌이킴. '回復(회복)'과 함께 쓰기도 하지만, '恢復(회복)'은 쇠퇴하였던 것을 다시 원상태로 돌아오게 한 경우에, '回復(회복)'은 원상태로 다시 돌아오게 한 경우에 쓴다. ¶건강을 회복하다/경기가 회복되다

捷 이길 첩, 手부11 2465

'捷(첩)'자는 '손 扌(수)'와 '빠를 疌(섭)'으로 이루어졌다. '손을 재빠르게 놀려서 사냥감을 잡다'는 뜻이다.

이기다, 싸움에 이기다, 승전, 이긴 싸움
[大捷(대:첩)] 大勝(대승).
[勝捷(승첩)] 勝戰(승전). 전쟁에 이김.
[戰捷(전:첩)] 전쟁에 이김.

빠르다, 민첩하다, 빨리, 빠르게
[敏捷(민첩)] 재빠르고 날램. ¶민첩한 동작

지름길을 택하다, 질러서 가다
[捷徑(첩경)] ① 지름길. 가깝게 질러 통한 길. ② 빨리 이루는 방법. ¶성공의 첩경은 노력이다 ③ 어떤 일을 함에 있어서 흔히 그렇게 되기가 쉬움을 이르는 말. ¶말이 길어지면 싸움이 되기 첩경이다

노획품, 전리품

揀 가릴 간:, 手부12 2466

'揀(간)'자는 '손 扌(수)'와 '가릴 柬(간)'으로 이루어졌다. '가려 뽑다'는 뜻을 나타낸다.

가리다, 가려 뽑다
[揀擇(간:택)] ① 분간하여 가림. ② (역) 임금의 아내

나 며느리나 사윗감을 고르는 일. ¶부마를 간택하다
구별하다, 분별하다
[分揀(분간)] ① 사물의 옳고 그름, 좋고 나쁨, 크고 작음 따위를 가려서 앎. ¶너무 어두워 누가 누군지 분간이 되지 않았다 ② 죄지은 형편을 보아서 용서함.

描 그릴 묘:, 手部12   2467

'描(묘)'자는 '손 扌(수)'와 '모 苗(묘)'로 이루어졌다. 물건의 모양을 '손으로 그리다'는 뜻이다.
그리다, 그림을 그리다
[描寫(묘:사)] ① 사물을 있는 그대로 그림. ② 그림을 그리듯 글을 씀. ¶장면을 생생하게 묘사하다
[素描(소:묘)] 형태와 명암을 위주로 하여 그 바탕만을 그린 그림.

揶 빈정거릴 야:, 놀릴 야:, 야유할 야:, 手部12   2468

'揶(야)'자는 '손 扌(수)'와 '그런가 耶(야)'로 이루어졌다.
빈정거리다, 놀리다, 조롱하다, 농지거리하다
[揶揄(야:유)] 남을 빈정거리며 놀림. 또는 그런 언행. ¶야유 섞인 목소리

揄 야유할 유, 끌 유, 手部 12   2469

'揄(유)'자는 '손 扌(수)'와 '그러할 俞(유)'로 이루어졌다.
조롱하다, 빈정거리다
[揶揄(야:유)] ☞ 揶(야)

揖 읍할 읍, 手部12   2470

'揖(읍)'자는 '손 扌(수)'와 '소곤거릴 㠯(집/읍)'으로 이루어졌다. '좌우의 손을 가슴에 모았다가 앞으로 내미는 '禮(례)'의 뜻을 나타낸다.
읍하다, 상대방에게 공경의 뜻을 나타내는 예의 한 가지, 절하다
[揖(읍)/揖禮(읍례)] 인사하는 예의 하나. 두 손을 맞잡아 얼굴 앞으로 들어올리고 허리를 앞으로 공손히 구부렸다가 몸을 펴면서 손을 내밈.
[拱揖(공읍)] 두 손을 마주 잡고 揖(읍)함.
[開門揖盜(개문읍도)] 문을 열어 도둑에게 인사를 하다. 주위 사정을 깨닫지 못하고 感傷(감상)이나 비탄에 젖어 스스로 재앙을 불러들이는 어리석은 행동을 비유하는 말이다. 됨開門納盜(개문납도), 開門納賊(개문납적)『三國志(삼국지)·孫權傳(손권전)』
사양하다, 사퇴하다
[揖讓(읍양)] 예를 다하여 사양함.

搗 찧을 도, 手部13   2471

'搗(도)'자는 쌀 등 곡식을 '찧다'는 뜻이다. '손 扌(수)'와 '섬 島(도)'로 이루어졌다..
찧다, 확에 넣어 찧다
[搗精(도정)] 낟알을 찧거나 쓿음.
두드리다, 다듬이질하다

搏 잡을 박, 두드릴 박, 어깨 박, 手部13   2472

'搏(박)'자는 손으로 '치다'는 뜻을 나타낸다. '손 扌(수)'와 '펼 專(부)'로 이루어졌다.
치다, 때리다, 맨손으로 때리다
[搏殺(박살)] 손으로 쳐서 죽임.
[手搏(수박)] 수벽치기. 주로 손을 써서 상대를 공격하거나 수련을 하는 우리나라 전통 무예.
[龍虎相搏(용호상박)] '용과 범이 서로 싸운다'는 뜻으로, 강자끼리 승부를 겨룸을 비유한 말.
두드리다, 장단에 맞추어 치다
[搏動(박동)] 맥박이 뜀.
[脈搏(맥박)] (생) 심장의 운동에 따라 동맥을 통해 주기적으로 미치는 피의 파동. ¶맥박이 뛰다

搔 긁을 소, 手部13   2473

'搔(소)'자는 벼룩에 물린 곳을 손으로 '긁다'는 뜻이다. '손 扌(수)'와 '벼룩 蚤(조)'로 이루어졌다.
긁다, 손톱 따위로 긁다
[搔癢(소양)/搔痒(소양)] 가려운 데를 긁음.
[搔爬(소파)] (의) 체표면 또는 體腔(체강) 표면의 연조직을 긁어내는 일. 인공 유산 따위에 씀. 참搔爬手術(소파수술)
[隔靴搔癢(격화소양)] '신을 신고 발바닥을 긁는다'는 뜻으로, '성에 차지 아니함 또는 요긴한 데에 직접 미치지 못해 시원치 않음'을 가리키는 말.

搾 짤 착, 手部13   2474

'搾(착)'자는 나무로 만든 기름틀에서 기름을 짜내는 모양을 나타낸다. '손 扌(수)'와 '좁을 窄(착)'으로 이루어졌다.
짜다, 짜내다
[搾油(착유)] 기름을 짬.
[搾乳(착유)] (젖소·염소 따위의) 젖을 짬.
[搾取(착취)] ① 누르거나 비틀어서 즙을 짜냄. ② (경) 자본가나 지주가 노동자나 농민을 임금에 상당한 시간 이상으로 부려서 생기는 잉여가치를 자기의 소유로 하는 일.
[壓搾(압착)] 눌러서 짬.

搭 탈 탑, 手부13　2475

'搭(탑)'자는 수레, 배, 비행기 따위에 '타다'는 뜻이다. '손 (수)'와 '팥 츕(답)'으로 이루어졌다.

싣다, 타다, 수레·배·비행기 따위를 타다, 태우다
[搭乘(탑승)] 항공기·선박·기차·버스 따위에 올라탐.
[搭載(탑재)] 배나 항공기 따위에 물건을 실음.

摸 찾을 모, 본뜰 모, 手부14　2476

'摸(모)'자는 손으로 더듬어 '찾다'는 뜻이다. '손 扌(수)'와 '없을 莫(막)'으로 이루어졌다. '본뜨다'의 뜻으로 쓰일 때는 '模(모)'자와 함께 쓴다.

찾다, 더듬어 찾다
[摸索(모색)] 일이나 사건 따위를 해결할 수 있는 방법이나 실마리를 더듬어 찾음. ¶해결책을 모색하다
[盲人摸象(맹인모상)] 장님이 코끼리 만지듯 문제나 상황을 전체적으로 관찰하지 못하고 일면만 본다는 뜻이다. 『涅槃經(열반경)』
[暗中摸索(암:중모색)] 어두운 곳에서 무엇인가를 찾으려고 더듬거리다. 어림짐작으로 막연히 무엇을 알아내려고 하거나 찾으려고 하는 것을 비유하는 말이다.

베끼다, 본뜨다
[模倣(모방)/摸倣(모방)] 본뜨기. ¶모방은 창조의 어머니
[模寫(모사)/摸寫(모사)] ① 사물의 형태를 그대로 그림. ② (미) 어떤 그림을 그대로 본떠서 그림.
[模擬(모의)/摸擬(모의)] 본떠서 시험적으로 해 봄. ¶모의 전술 훈련
[模造(모조)/摸造(모조)] ① 흉내 내어 만듦. ② '모조품'의 준말. ③ '모조지'의 준말.

摯 잡을 지, 手부15　2477

'摯(지)'자는 '손으로 단단히 잡다'는 뜻이다. '손 手(수)'와 '잡을 執(집)'으로 이루어졌다.

도탑다, 정의(情誼)가 극진하다
[眞摯(진지)] 태도가 참되고 착실함. ¶진지하게 이야기하다

잡다, 손으로 쥐다

撓 휠 요, 어지러울 요, 手부15　2478

'撓(요)'자는 손으로 나긋나긋하게 '구부리다'는 뜻이다. '손 扌(수)'와 '요 임금 堯(요)'로 이루어졌다. '撓(요)'의 본음은 [뇨]이다. 그런데 통상 [요]로 발음한다.

휘다, 구부러지다, 구부러지게 하다
[不撓不屈(불요불굴)] '휘지도 구부러지지도 않는다'는 뜻에서, 의지가 굳어 온갖 어려움에도 한 번 먹은 마음을 굽히지 아니함.
[百折不撓(백절불요)] 백 번 꺾이어도 굽히지 않음. 어떤 난관에도 결코 굽히지 않음. 동百折不屈(백절불굴)

어지럽다, 어지럽히다, 교란하다, 휘저어 뒤섞다

撞 칠 당, 手부15　2479

'撞(당)'자는 손으로 '둥'하는 소리 나게 '치다'는 뜻이다. '손 扌(수)'와 '아이 童(동)'으로 이루어졌다.

치다, 두드리다
[撞球(당구)] 우단을 깐 네모난 대 위에 색이 다른 공을 벌여 놓고 긴 막대기 끝으로 쳐서 굴려 공과 공을 맞추거나 정해진 포켓 속에 넣어 승부를 가리는 실내 운동 또는 놀이.
[撞着(당착)] ① 맞부딪침. ② (말이나 행동이) 앞뒤가 맞지 않음.
[自家撞着(자가당착)] '스스로 맞부딪친다'는 뜻으로, 자기가 한 말이나 행동이 앞뒤가 맞지 않음. ¶자가당착에 빠지다 비自己矛盾(자기모순)

撈 잡을 로, 건질 로, 手부15　2480

'撈(로)'자는 '물 속에 들어가 손으로 잡다'는 뜻이다. '손 扌(수)'와 '수고할 勞(로)'로 이루어졌다.

잡다, 건져내다, 물 속에 들어가 잡다
[漁撈(어로)] 물고기 기타의 해산물을 잡거나 채취하는 일.

撫 어루만질 무, 手부15　2481

'撫(무)'자는 '손으로 덮어 씌워서 쓰다듬다'는 뜻이다. '손 扌(수)'와 '없을 無(무)'로 이루어졌다.

어루만지다, 가볍게 쓰다듬다
[撫摩(무마)] ① 손으로 어루만짐. ② 달래어 위로함. ¶성난 군중을 가까스로 무마하다
[群盲撫象(군맹무상)] 여러 장님들이 코끼리를 어루만져 보고, 자기가 만져본 부분에 의하여 의견을 말하는 일. '사물에 대하여 총체적으로 파악하지 못하거나, 凡人(범인)에게는 큰 인물이 경영하는 큰 사업의 한 부분밖에 알지 못함'을 비유하는 말.

달래다, 위로하다
[撫恤(무휼)] 백성을 어루만져 위로하며 물질로써 은혜를 베풂.
[宣撫(선무)] 흥분된 민심을 어루만져 안정시킴.
[宣撫工作(선무공작)] 지방이나 점령지 주민의 민심을 안정시키고 대중에게 국가의 정책을 이해시키기 위한 활동.
按撫(안무), 慰撫(위무), 鎭撫(진무)

사랑하다
[愛撫(애:무)] 사랑하여 어루만짐.

撥 다스릴 발, 手부15 — 2482

'撥(발)'자는 '어지러워진 상태를 손으로 퉁겨서 제거하다'는 뜻이다. '손 扌(수)'와 '필 發(발)'로 이루어졌다.

휘다, 휜 것이 반대쪽으로 다시 휘다
[反撥(반:발)] ① 물체가 되받아서 퉁김. ② 어떤 행동이나 상태에 대하여 거스르고 반항함.

기타
[擺撥(파발)] ① (역) 조선 때, 공문을 급히 보내기 위하여 마련한 역참. ② 파발꾼. 파발마.
[擺撥馬(파발마)] (역) 조선 때, 서울과 의주 사이에 역참을 두어, 공무로 급히 가는 사람이 타던 말.

擺 열릴 파, 手부18 — 2483

'擺(파)'자는 '손 扌(수)'와 '파할 罷(파)'로 이루어졌다.

열리다, 열려지다
[擺撥(파발)] ☞ 撥(발)
[擺撥馬(파발마)] ☞ 撥(발)

撲 칠 박, 手부15 — 2484

'撲(박)'자는 '손 扌(수)'와 '번거로울 菐(복)'으로 이루어졌다.

치다, 때리다, 두드리다
[撲殺(박살)] 때려 죽임. ¶박살을 내다
[搏殺(박살)] 손으로 쳐서 죽임.
[相撲(상박)] ① 서로 마주 두드림. ② (체) 씨름.
[打撲(타:박)] 때려 침.
[打撲傷(타:박상)] 부딪치거나 맞아서 생긴 상처.

넘어지다, 때려눕히다
[撲滅(박멸)] 모조리 잡아 없앰. ¶기생충 박멸

撒 뿌릴 살, 手부15 — 2485

'散(산)'자는 '흩다', '흩어지다'의 뜻이다. 여기에 '손 扌(수)'를 붙여 그 뜻을 더욱 확실하게 하였다. 음이 [살]로 변하였음을 주의하여야 한다.

뿌리다, 물·가루 따위를 뿌려서 흩다
[撒水(살수)] 물을 뿌림. 國撒水車(살수차)
[撒肥(살비)] (논이나 밭에) 거름(비료)을 뿌림.
[撒布(살포)] 흩어 뿌림. ¶농약을 살포하다

撰 지을 찬:, 手부15 — 2486

'撰(찬)'자는 '손 扌(수)'와 '부드러울 巽(손)'으로 이루어졌다. '巽(손)'자는 '가지런히 정돈하다'는 뜻이다. 여기에 '손 扌'를 붙여, '가리다'는 뜻을 나타냈다. 후에 '시문을 짓다'는 뜻으로 확대되었다.

짓다, 시문을 짓다
[撰錄(찬:록)] 찬술하고 기록함.
[撰文(찬:문)] 글을 지음. 또는 그 글.
[撰述(찬:술)] 저술. 글을 지어 책을 만듦.
[修撰(수찬)] ① 書册(서책)을 편집하여 펴냄. ② (역) 고려와 조선 시대의 벼슬 이름.
[自撰(자찬)] (책 따위를) 손수 편찬함.

가리다, 선택하다

撮 취할 촬, 모을 촬, 사진 찍을 촬, 手부15 — 2487

'撮(촬)'자는 '손 扌(수)'와 '가장 最(최)'로 이루어졌다. '最(최)'자는 '撮(촬)'자의 원자로 '손가락 끝으로 집다'는 뜻이었다. '最(최)'자가 '가장'이란 뜻으로 전용되자 본뜻은 '扌(수)'를 붙여 撮(촬)자를 만들어 구별하였다.

사진을 찍다
[撮影(촬영)] 형상을 사진이나 영화로 찍음.

취하다, 손가락으로 집다, 요점을 취하다
[撮要(촬요)] 요점만 골라 모음.

撐, 撑 버틸 탱, 手부15 — 2489

'撐(탱)'자는 '손 扌(수)'와 '버틸 牚(탱)'으로 이루어졌다. '손으로 버팀목을 버티다'는 뜻이다. '撑(탱)'은 '撐(탱)'자의 속자인데 현재는 이 속자가 정자처럼 쓰이고 있다.

버티다, 버팀나무
[怒氣撐天(노:기탱천)/怒氣衝天(노:기충천)/怒氣沖天(노:기충천)] 노기가 하늘을 찌를 듯함. '노기가 대단함'을 이르는 말.
[憤氣撐天(분:기탱천)/憤氣衝天(분:기충천)] 분한 마음이 하늘을 찌를 듯이 북받쳐 오름.
[上下撐石(상:하탱석)] 윗돌을 빼서 아랫돌을 괴고, 아랫돌을 빼서 윗돌을 굄. '일이 몹시 꼬이는데 임시변통으로 견디어 나감'을 일컫는 말.
[支撐(지탱)] 오래 버티거나 배겨 냄.

擒 칠 금, 사로잡을 금, 手부16 — 2490

'擒(금)'자는 '손 扌(수)'과 '날짐승 禽(금)'으로 이루어졌다. '사로잡다'는 뜻을 나타낸다.

사로잡다, 붙잡다, 생포하다
[七縱七擒(칠종칠금)] '제갈량이 맹획을 일곱 번 사로잡았다 놓아주었다 하였다'는 고사에서 온 말로, 마음대로 잡았다 놓아주었다 함을 이르는 말. 또는 상대를 완전하게 제압하기 위해서 강압적인 수단보다는 마음으로 굴복하게 만드는 것을 말한다.『三國志(삼국지)』

鞭 채찍 편, 革부18　2491

'鞭(편)'자는 '가죽 革(혁)'과 '편할 便(편)'으로 이루어졌다. '마소에 채찍질을 가하여 사람에게 편리하도록 부리다', '가죽 채찍'의 뜻을 나타낸다. 말을 몰 때는 채찍이지만 사람을 가르칠 때는 '회초리'가 된다. 회초리는 지시하는 용도로 쓰이기도 하고, 잘못을 일깨우는 용도로 쓰이기도 한다.

채찍, 사람을 때리는 회초리, 매질하다, 말을 모는 채찍

[鞭撻(편달)] 채찍이나 회초리로 때리다. ¶많은 지도와 편달을 바랍니다
[敎鞭(교:편)] ① 학생을 가르칠 때 교사가 가지는 회초리. ② '교직(敎職)'을 이름.
[走馬加鞭(주마가편)] 달리는 말에 채찍질하기. ① 형편이나 힘이 한창 좋을 때 더욱 힘을 냄의 비유. ② 힘껏 하는데도 자꾸 더하라고 격려함의 비유.

撻 매질할 달, 때릴 달, 手부16　2492

'撻(달)'자는 '손 扌(수)'와 '통할 達(달)'로 이루어졌다. '達(달)'은 매질할 때 나는 소리를 나타내는 의성어이다. '매질하다'는 뜻을 나타낸다.

매질하다, 잘못을 바로잡기 위하여 때리다

[鞭撻(편달)] ☞ 鞭(편)

擄 사로잡을 로, 노략질할 로, 手부16　2493

'擄(로)'자는 '손 扌(수)'와 '사로잡을 虜(로)'로 이루어졌다. '사로잡다'의 뜻을 더욱 확실하게 하기 위하여 '虜'자에 '손 扌'를 덧붙였다. '노략질하다'는 뜻이 추가되었다.

노략질하다, 사로잡다

[擄掠(노략)] 큰 떼를 지어 돌아다니면서 재물을 빼앗아 감. ¶왜구의 노략질에 삼남의 백성들이 얼마나 고통을 받았던가
[侵擄(침노)] ① 불법으로 쳐들어가거나 쳐들어옴. ¶외적의 침노가 잦았다 ② 갉거나 해침. ¶아름다운 꽃송이를 모질게도 침노하니… 〈김형준·봉숭아〉

擅 멋대로 할 천:, 手부16　2494

'擅(천)'자는 '손 扌(수)'와 '오로지 亶(천)'으로 이루어졌다. '손 안에 일괄하여 쥐다', '멋대로 하다'는 뜻을 나타낸다.

멋대로, 마음대로, 멋대로 하다, 하고 싶은 대로 하다

[擅斷(천:단)] 어떤 일을 제 마음대로 결단하여 처리함.

擡 들 대, 手부17　2495

'擡(대)'자는 '손 扌(수)'와 '대 臺(대)'로 이루어졌다. '손으로 들어올리다'는 뜻을 나타낸다.

들다, 들어 올리다, 치켜들다

[擡頭(대두)] 어떤 사물이나 현상이 나타나거나 일어남. ¶환경 문제의 대두/신흥 세력의 대두

擬 헤아릴 의, 手부17　2496

'擬(의)'자는 '손 扌(수)'와 '의심할 疑(의)'로 이루어졌다. '사람이 고개를 들고, 지팡이에 의지한 채 생각에 잠겨 꼼짝 않고 서 있는 모양 또는 '두 개의 물건을 의심스러울 정도로 비슷하게 만들다'는 뜻을 나타낸다.

본뜨다, 흉내내다, 모방하다

[擬似症(의사증)] (의) 어떤 전염병과 흡사하나 그것이라고 단정하기 어려운 증세. ¶의사콜레라
[擬聲語(의성어)] 사물의 소리를 본뜬 말. 소리시늉말. '졸졸', '꼬꼬댁' 따위.
[擬人(의인)] 사람이 아닌 것에 사람의 성능을 부여하여 취급하는 일. 관擬人法(의인법), 擬人化(의인화)
[擬態語(의태어)] 사물의 모양이나 짓을 흉내 내어 만든 말.
[模擬(모의)/摸擬(모의)] 본떠서 시험적으로 해 봄. ¶모의고사/모의국회

擦 비빌 찰, 문지를 찰, 手부17　2497

'擦(찰)'자는 '손 扌(수)'와 '살필 察(찰)'로 이루어졌다. '물건을 비빌 때의 소리의 의성어'이다.

비비다, 문지르다, 마찰하다

[摩擦(마찰)] ① 두 물체가 서로 닿아 문질리거나 비벼짐. 관摩擦係數(마찰계수), 摩擦力(마찰력), 摩擦音(마찰음) ② 둘 사이의 불화나 충돌. 또는 알력. ¶서로 마찰을 피하다
[擦傷(찰상)/擦過傷(찰과상)] 스치거나 문질러서 살갗이 벗어진 상처.
[乾布摩擦(건포마찰)] 살갗을 튼튼하게 하고 혈액 순환이 잘 되도록 마른수건으로 온몸을 문지르는 일. 관冷水摩擦(냉수마찰)
[破擦音(파:찰음)] 파열음과 마찰음이 함께 되어 나는 자음. ㅈ·ㅉ·ㅊ 따위.

擢 뽑을 탁, 手부17　2498

'擢(탁)'자는 '손 扌(수)'와 '꿩 翟(적)'으로 이루어졌다. '높다', '뛰어오르다'의 뜻에서, '뽑다'는 뜻이 생겼다.

뽑다, 뽑아내다, 뽑아버리다

[擢髮難數(탁발난수)] '머리카락을 다 뽑으면 세기가 어렵다'는 뜻에서, 헤아릴 수 없을 만큼 많음. 매우 많음을 비유하여 이르는 말. 관擢髮(탁발)
[拔擢(발탁)] 여러 사람 가운데 특별한 사람을 가려서 뽑음.

擾 시끄러울 요, 어지러울 요, 手부18 2499

'擾(요)'자는 '손 扌(수)'와 '근심 憂(우)'로 이루어졌다. '마음을 상하게 하여 어지럽히다'는 뜻이다.

어지럽다, 어지럽히다
[擾亂(요란)/搖亂(요란)] ① 시끄럽고 어지러움. ② 어수선하리만큼 정도가 지나침.
[騷擾(소요)] ① 사람들이 떠들썩하게 들고일어남. ② (법) 뭇사람들이 들고일어나서 폭행·파괴 따위로 사회의 질서를 문란하게 함. 또는 그러한 행위. ¶소요 사태가 벌어지다
[洋擾(양요)] 서양인들로 인해서 일어난 난리. 참丙寅洋擾(병인양요), 辛未洋擾(신미양요)

攀 더위잡고 오를 반, 手부19 2500

'攀(반)'자는 '손 手(수)'와 '울타리 樊(번)'으로 이루어졌다. '나무를 타거나 산 같은 데를 기어오르다'는 뜻을 나타낸다. 破字(파자)하면 '두 개의 나무 木(목)', 그 사이에 '사귈 爻(효)', '큰 大(대)', '손 手(수)'가 된다.

더위잡다, 무엇을 붙잡고 오르다
[登攀(등반)] 산이나 높은 곳에 오름. 참登攀隊(등반대)

擲 던질 척, 手부18 2501

'擲(척)'자는 '손 扌(수)'와 '나라 이름 鄭(정)'으로 이루어졌다. '내던지다'는 뜻이다.

던지다, 내던지다, 노름을 하다, 도박을 걸다
[擲柶(척사)] 윷. 윷놀이.
[擲殺(척살)] 내던져 죽임.
[擲錢(척전)] 동전 던지기. 동전을 던져서 그 나타난 면을 가지고 길흉을 알아보는 점.
[乾坤一擲(건곤일척)] '하늘과 땅을 걸고 주사위를 던진다'라는 뜻으로, 천하를 걸고 싸우는 승부 또는 승부를 결정짓는 단판걸이의 행동을 뜻한다. 唐(당)의 시인 韓愈(한유)의 過鴻溝(과홍구, 홍구를 지나며)라는 시에서 유래했다.
[投擲(투척)] ① 던짐. ② (체) 던지기.
[快擲(쾌척)] 금품을 마땅히 쓸 자리에 시원스럽게 내어줌. ¶그는 남몰래 고아원에 큰돈을 쾌척했다

攄 펼 터:, 手부18 2502

'攄(터)'자는 '손 扌(수)'와 '생각할 慮(려)'로 이루어졌다. '생각을 이리저리 굴리다'는 뜻을 나타낸다.

펴다, 말을 늘어놓다, 생각을 나타내다
[攄得(터:득)] 이치를 깨달아 알아냄.
[攄破(터:파)] 자기의 속마음을 밝힘으로써 남의 의혹을 풀어줌.
[攄懷(터:회)/攄抱(터:포)] 속마음을 터놓고 이야기함.

攘 물리칠 양, 手부20 2503

'攘(양)'자는 '손 扌(수)'와 '오를 襄(양)'으로 이루어졌다. '물리치다', '남의 물건을 품안에 숨겨 훔치다'는 뜻을 나타낸다.

물리치다, 쫓아 버리다
[攘夷(양:이)] 외국인을 얕보고 배척함.

걷어 올리다, 소매·자락을 걷어 올리다
[攘臂大言(양비대언)] 소매를 걷어 올리며 큰소리를 함.

훔치다, 도둑질하다
[攘善無恥(양선무치)] 다른 사람의 훌륭한 바를 훔치다가 자기의 것인 양하면서도 부끄러워하지 않음. 『經學歷史(경학역사)』
[攘羊(양양)] 양을 훔침. 제집에 들어온 羊(양)을 주인에게 돌려주지 않고 감추어 가짐. 춘추 시대 楚(초)의 直躬(직궁)이란 사람이 그의 아버지가 攘羊(양양)한 것을 고발하여 자기의 정직을 밝혔다는 고사에서, '고지식하게 한 행동이 도리어 도리에 맞지 않음'을 비유하여 이르는 말. 『論語(논어)』

攪 흔들 교, 어지럽힐 교, 手부23 2504

'攪(교)'자는 '손 扌(수)'와 '깨달을 覺(각)'으로 이루어졌다. '손으로 휘저어 어지럽히다'는 뜻을 나타낸다.

어지럽히다, 어지러워지다
[攪亂(교란)] 뒤흔들어서 어지럽게 함. 어지럽히거나 혼란에 빠지게 함. ¶협공으로 적진을 교란하였다

뒤섞다, 휘젓다
[攪拌(교반)] 휘젓기. 골고루 섞이도록 휘휘 젓다.

攸 바 유, 攴부7 한자 2505

'攸(유)'자는 '사람 亻(인)', '뚫을 ㅣ(곤)', '칠 攵(복)'으로 이루어졌다.

바, '所(소)'와 거의 같게 쓰이는 어조사
[攸好德(유호덕)] 도덕을 지키기를 좋아하여 즐겨 덕을 행하는 일. '五福(오복)'의 하나임. ☞福(복)0290

敲 두드릴 고, 攴부14 2506

'敲(고)'자는 '칠 攴(복)'과 '높을 高(고)'로 이루어졌다. '두드리다'는 뜻을 나타낸다.

두드리다, 똑똑 가볍게 두드리다
[推敲(퇴고)/추고] 시문을 지을 때 字句(자구)를 여러 번 생각하여 고치는 일을 뜻한다. 『唐詩紀事(당시기

사)』 ☞ *443

斂 거둘 렴, 攴부17　2507

'斂(렴)'자는 '칠 攴(복)'과 '다 僉(첨)'으로 이루어졌다. '합쳐서 거두다'는 뜻을 나타낸다.
거두다, 흩어져 있는 것을 모으다
[收斂(수렴)] ① 돈이나 물건 따위를 추렴하여 모아 거둠. ② 방탕한 사람이 자기의 마음과 몸을 단속함. ③ (수) 일정한 법칙을 따라 변화하는 수가 그의 극한값에 가까이 이르러서 그 수와의 차가 극히 적어지는 일. ④ (물) 광선이 어떠한 한 점에 모이는 일. ⑤ (생) 계통이 다른 형질의 생물이 점점 비슷한 형질의 것에 가까이 진화하는 일.
[出斂(출렴)] 여러 사람이 돈이나 물건을 얼마씩 거두어 냄. '추렴'의 원말.
긁어모으다, 세금을 부과(賦課)하여 거두어들이다, 거두어들이다
[苛斂(가:렴)] 세금 따위를 가혹하게 거두어들이는 것.
[苛斂誅求(가:렴주구)] 가혹하게 세금을 거두어들이고 백성들의 재물을 빼앗음.
제자리로 돌리다
[後斂(후렴)] 노래 곡조의 끝에 붙여 되풀이 하여 부르는 짧은 몇 마디의 가사.

斑 얼룩 반, 文부12　2508

'얼룩 斑(반)'자는 '글월 文(문)'과 '죄인 서로 송사할 䇂(변)'자로 이루어진 것이었다. 후에 '䇂(변)'자의 '매울 辛(신)' 두 개가 '구슬 玉(옥)'으로 변했고, '玉(옥)'에서 점[ヽ]이 생략되어, '斑(반)'자가 되었다. 여기에서 '文(문)'자는 '문채', '얼룩'의 뜻으로 쓰인 것이다.
얼룩, 얼룩진 무늬
[斑文(반문)/斑紋(반문)] 얼룩얼룩한 무늬.
[斑白(반백)] 얼룩진 흰 머리가 뒤섞여 있는 머리털. ¶반백의 중년 신사
[斑點(반점)] 얼룩점.
[虎斑(호반)] 검은 바탕에 흰 점이 얼룩진 무늬.

斟 술 따를 침, 짐작할 짐, 斗부13　2509

'斟(짐)'자는 '말 斗(두)'와 '심할 甚(심)'으로 이루어졌다. '斗(두)'는 국자의 모양을 본뜬 것으로, 본뜻은 '국자 따위로 국을 뜨다'는 뜻이었다. '짐작하다'의 뜻으로 쓰인다.
헤아리다, 짐작하다, 남의 의중을 알아차리다
[斟酌(짐작)] 어림쳐서 헤아림. ¶짐작이 가다
술을 따르다, 술잔을 서로 주고 받다

斡 관리할 알, 斗부14　2510

'관리할 斡(알)'자는 '빛날 倝(간)'자에 '말 斗(두)'를 붙여 만들었다. '관리하다', '돌봐주다'는 뜻을 나타낸다.
관리하다, 돌봐주다
[斡旋(알선)] 남의 일이 잘 되도록 관리하여 이리저리 힘을 쓰는 일.

斧 도끼 부, 斤부8　2511

'斧(부)'자는 '도끼 斤(근)'과 '父(부)'로 이루어졌다. '斤(근)'은 구부러진 자루의 '도끼'를 나타낸 것이고, '父(부)'는 망치나 도끼 따위를 손에 든 모양이다.
도끼, 베다, 도기로 베다
[斧鉞(부월)] 작은 도끼와 큰 도끼. 옛날 출정하는 대장에게 임금이 생살권의 상징으로 주었음.
[揭斧入淵(게:부입연)]. 도끼를 메고 산으로 가지 않고 못으로 간다. 물건을 사용하는 데 당치도 않은 짓을 하는 것의 비유. 『淮南子(회남자)·說山訓(설산훈)』
[鬼斧(귀부)] '귀신의 도끼'라는 뜻으로, '신기한 연장'을 일컫는 말.
[磨斧作針(마부작침)] 쇠도끼를 갈아서 바늘을 만들다. 한 번 일을 시작하면 不撓不屈(불요불굴)의 정신으로 끝까지 노력해서 성공한다는 뜻. 동鐵杵磨針(철저마침), 磨杵作針(마저작침)
[知斧斫足(지부작족)] '믿는 도끼에 발등 찍힌다'는 속담으로, '믿는 사람에게 배신을 당함'을 비유하여 이르는 말.
[口是傷人斧(구시상인부), 言是割舌刀(언시할설도).] 입은 곧 남을 상처 내는 도끼요, 말은 곧 자기 혀를 베는 칼이다. 『明心寶鑑(명심보감)·言語篇(언어편)』
螳螂之斧(당랑지부), 樵斧(초부), 鬪斧(투부)

昆 벌레 곤, 日부8　2512

'昆(곤)'자는 발이 많은 벌레의 모양을 나타낸 것이다. '곤충'을 뜻한다. '도울 毘(비)'자와 한 획 차이로 글자가 비슷하다. '견줄 比(비)' 위에 '벌레 昆(곤)'에는 '해 日(일)'이, 도울 毘(비)'에는 '밭 田(전)'이 있다.
벌레
[昆蟲(곤충)] (동) 몸에 마디가 많고, 머리·가슴·배의 세 부분으로 나뉘며, 대개 세 쌍의 발과 두 쌍의 날개를 가진 벌레들. 개미·나비·벌·파리 따위.
기타
[昆布(곤포)] 다시마.

昂 오를 앙, 밝을 앙, 日부8　2513

'昂(앙)'자는 '해 日(일)'과 '우러러볼 卬(앙)'으로 이루어졌다. '해가 높이 뜨다'는 뜻을 나타낸다.

오르다, 높이 오르다
[昻騰(앙등)] 물건 값이 뛰어오름. 回騰貴(등귀)
[昻揚(앙양)] 높이 처들어서 드높임. ¶애국심을 앙양하다

기운·감정 등이 높아지다
[激昻(격앙)] (감정이나 기운이) 세차게 일어나 높아짐. ¶격앙된 어조

曠 빌 광:, 밝을 광:, 日부19　2514

'曠(광)'자는 '해 日(일)'과 '넓을 廣(광)'으로 이루어졌다. '너무 넓어 공허하다'는 뜻을 나타낸다.

들판, 황야, 비다, 공허하다
[曠野(광:야)] 텅 비고 아득하게 너른 들.
[廣野(광:야)] 너른 들판.

晦 그믐 회, 어둠 회, 日부11　2515

'晦(회)'자는 '해 日(일)'과 '매양 每(매)'로 이루어졌다. '해가 어둡다'는 뜻이다.

그믐, 음력에서 한 달의 맨 끝날, 어둡다, 캄캄하다
[晦冥(회:명)] 그믐날의 어두움. 어두컴컴함.

暈 무리 훈, 日부13　2516

'暈(훈)'자는 '해 日(일)'과 '군사 軍(군)'로 이루어졌다. 해나 달의 주위에 나타나는 '빛의 고리'를 뜻한다.

햇무리, 달무리, 해나 달의 주위를 두른 둥근 테 모양의 빛
[日暈(일훈)] 햇무리.
[月暈(월훈)] 달무리.

曇 흐릴 담:, 日부16　2517

'曇(담)'자는 해[日]가 구름[雲]위에 있어 '흐리다'는 뜻이다.

흐리다, 구름, 구름이 끼다
[曇天(담:천)] 흐린 하늘. 흐린 날.
[晴曇(청담)] 날씨의 맑음과 흐림.

曖 가릴 애, 희미할 애, 日부17　2518

'曖(애)'자는 '해 日(일)'과 '사랑 愛(애)'로 이루어졌다. '어둡다', '흐리다'는 뜻을 나타낸다.

해가 가리다, 흐리다, 희미하다, 어두운 모양
[曖昧(애:매)] 희미하여 분명하지 않음.
[曖昧模糊(애:매모호)] ① 흐리터분하고 분명하지 못하다. ② 말이나 태도 따위가 흐리터분하고 분명하지 못함.

昧 새벽 매, 어두울 매, 日부9　2519

'昧(매)'자는 '해 日(일)'과 '아닐 未(미)'로 이루어졌다. '똑똑히 보이지 않다', '날이 샐 무렵'을 뜻한다.

어둡다, 어둑어둑하다, 컴컴하다, 새벽, 동이 틀 무렵
[曖昧(애:매)] ☞ 曖(애)
[曖昧模糊(애:매모호)] ☞ 曖(애)

어리석다, 사리에 밝지 아니하다
[蒙昧(몽매)] 어리석고 사리에 어두움.
[無知蒙昧(무지몽매)] 아는 것이 없고 미욱하고 어리석음.
[愚昧(우매)] 어리석고 사리에 어두움.
[測水深昧人心(측수심매인심).] 물속 깊이는 알아도 사람의 마음속은 모름. 사람의 마음은 알기 어렵다는 뜻. 『青莊館全書(청장관전서)』

삼매
[三昧(삼매)] 본래 산스크리트어 삼마디(samadi)의 음역어이다. ① 학문·기예 등의 오묘한 경지. ② 잡념 없이 오직 한 가지 일에만 정신력을 집중하는 一心不亂(일심불란)의 경지. 참三昧境(삼매경)
[三昧境(삼매경)] 오직 한 가지 일에만 마음을 집중시키는 경지. ¶독서 삼매경에 빠지다
[念佛三昧(염불삼매)] ① (불) 염불로 잡념을 없애고, 영묘한 슬기가 열려 부처를 보게 되는 경지. ② 아미타부처만을 생각하고 이를 부르며, 생각이 흩어지지 아니하는 경지.

曝 쬘 폭, 日부19　2520

'曝(폭)'자는 '햇볕에 쬐다'는 뜻으로 原字(원자)는 '暴(폭)'이었다. '暴(폭)'자가 '사납다'는 뜻으로 쓰이는 예가 많아져, '햇볕'을 분명히 하기 위하여 '해 日(일)'을 덧붙여 '曝(폭)'자를 만들었다.

쬐다, 햇볕에 쬐어 말리다
[曝陽(폭양)] 뙤약볕. 또는 뙤약볕에 쬠. ¶폭양에 시든 풀
[曝衣(폭의)] 옷을 햇볕에 말림.

曳 끌 예(:), 日부6　2521

'曳(예)'자는 얽힌 실의 한 끝을 양손으로 끌어 올리는 모양을 본뜬 것이다. '끌다'는 뜻을 나타낸다.

끌다, 끌어당기다, 끌리다
[曳履聲(예:리성)] 신발 끄는 소리.
[曳引船(예:인선)] 다른 배를 끌고 가는 배.

曹 마을 조, 성씨 조, 日부11　2522

'曹(조)'자는 '관아'의 뜻으로 쓰인다. 우리나라에서 姓(성)으로 쓸 때는 '曺(조)'를 쓴다.

관아, 관청, 관리, 벼슬아치, 관청의 소관 직분
[法曹界(법조계)] 司法(사법)에 관한 실무에 종사하는 사람들의 사회.
[六曹(육조)] (역) 고려와 조선 때의 여섯 중앙 관청. 조선 때의 육조는 吏曹(이조)·戶曹(호조)·禮曹(예조)·兵曹(병조)·刑曹(형조)·工曹(공조) 등이다.

기타
[曹溪(조계)] 중국 남방에 曹溪山(조계산)이 있는데 禪宗(선종)의 六祖(육조)인 慧能(혜능)대사가 거기서 제자를 가르쳤음.
[曹溪宗(조계종)] (불) 우리나라 선종을 통틀어 일컫는 말. 신라의 九山門(구산문)이 쇠퇴하였을 때, 고려의 普照國師(보조국사)가 조계산에 수선사를 세워 그 법맥을 이은 것으로, 조선 때 禪(선)·敎(교) 양종이 있었으나, 1941년 조선 불교의 총본산을 만들면서 교종을 포섭하여 지금에 이르렀음.

나라 이름, 성
曹操(조조)

朕 나 짐, 조짐 짐, 月부10   2523

'朕(짐)'자의 왼쪽 '月'은 '배 舟(주)'가 변한 것으로, 배가 상류를 향해 올라갈 때, 지나간 자국이 그려진 모양을 본뜬 것이다. 임금이 스스로를 일컫는 말이다.

천자의 자칭
[朕言不再(짐언부재)] 짐(나 임금)은 두 번 말하지 않는다. 한 번 말하면 그것으로 재론하지 말라는 뜻임.

조짐
[兆朕(조짐)] 좋은 일이나 언짢은 일이 생길 기미가 보이는 어떤 변화 현상.

朽 썩을 후, 木부6   2524

'朽(후)'자는 '나무 木(목)'과 '氣(기)가 뻗어 오르려다 막힐 丂(고)'로 이루어졌다. '썩어 굽은 나무'를 뜻한다.

썩다, 부패하다
[朽木(후목)] 썩은 나무.
[老朽(노:후)] 늙거나 낡아서 쓸모가 없음.
[腐朽(부:후)] 물질이 세균 따위의 작용으로 썩음.
[不朽(불후)] '썩지 아니함'이란 뜻에서, 영원토록 변하거나 없어지지 아니함. ¶불후의 업적/불후의 명작
[朽木不可彫(후목불가조)] '썩은 나무에는 조각할 수 없다'는 뜻으로, 나태하고 정신이 썩은 사람은 가르칠 수가 없음을 비유하여 이르는 말. 『論語(논어)·公冶長(공야장)』

棉 목화 면, 木부12   2525

'棉(면)'자는 '나무 木(목)'과 '비단 帛(백)'으로 이루어졌다. '帛(백)'은 '옷감'을 뜻한다. '棉(면)'은 아직 '실'을 만들기 전의 '목화'를 이르는 것이고, '綿(면)'은 목화를 가공하여 실이나 옷감을 만들었을 때의 '목화'를 이른다.

목화
[棉實油(면실유)] 목화씨에서 짠 기름.
[木棉(목면)] 목화. 무명.
[棉花(면화)] 木棉(목면).

杖 지팡이 장(:), 木부7   2526

'杖(장)'은 '나무 木(목)'과 '길이 丈(장)'으로 이루어졌다. '긴 나무 몽둥이', '지팡이'를 뜻한다.

지팡이, 지팡이를 짚다
[短杖(단:장)] ① 짧은 지팡이. ② 손잡이가 꼬부라진 짧은 지팡이. ¶단장을 짚다
[盲者失杖(맹자실장)] 소경이 지팡이를 잃음. '의지할 곳을 잃음'의 비유. 『陳亮(진량)·文(문)』
[竹杖(죽장)] 대나무 지팡이.
[竹杖芒鞋(죽장망혜)] ① '대지팡이와 짚신'의 뜻으로, '길 떠날 때의 아주 간편한 차림'을 이르는 말. ② 판소리를 부르기 전에 목을 풀기 위해 부르는 단가의 하나.
[鐵杖(철장)] 쇠로 만든 지팡이.
[靑藜杖(청려장)] 명아주대로 만든 지팡이.
[打糞杖(타:분장)] '똥 친 막대기'란 뜻으로, '망신을 당하여 명예나 위신이 여지없이 떨어진 사람'을 비유하여 이르는 말.

몽둥이, 곤장, 때리다, 몽둥이로 때리다, 오형(五刑)의 하나
[杖毒(장:독)] 곤장 따위로 매를 몹시 맞아서 생긴 독.
[杖殺(장:살)] (역) 형벌로 매로 쳐서 죽임.
[杖刑(장:형)] 곤장으로 볼기를 때리던 형벌.
[棍杖(곤장)] 죄인의 볼기를 치던 형구(형구). 버드나무로 넓적하고 길게 만들었음.
[賊反荷杖(적반하장)] '도둑이 도리어 매를 든다'는 뜻으로, 잘못한 놈이 도리어 잘한 사람을 나무랄 경우에 쓰는 말.

棍 몽둥이 곤, 木부13   2527

'棍(곤)'자는 '나무 木(목)'과 '벌레 昆(곤)'으로 이루어졌다. '몽둥이'를 뜻한다.

몽둥이
[棍棒(곤봉)] ① 몽둥이. ② (체) 체조에 쓰는 기구의 하나. 손잡이는 가늘고 몸은 볼록하고 굵음. ¶곤봉체조
[棍杖(곤장)] ☞ 杖(장)
[治盜棍(치도곤)] ① (역) 조선 때, 곤장의 하나. 도둑을 다스리는 데 쓰던 몽둥이. ② 몹시 혼남. 또는 그 곤욕. ¶치도곤을 안기다

棒 몽둥이 봉, 木부12   2528

'棒(봉)'자는 '나무 木(목)'과 '받들 奉(봉)'으로 이루어졌다. '몽둥이'를 뜻한다.

몽둥이, 막대기, 치다, 몽둥이로 때리다
[棒高跳(봉고도)] (체) 장대높이뛰기.
[棍棒(곤봉)] ☞ 棍(곤)
[針小棒大(침소봉대)] 작은 일을 크게 불려 떠벌림.
[鐵棒(철봉)] ① 쇠로 긴 막대기처럼 만든 물건을 일컬음. ② (체) 기계체조 기구의 한 가지. 두 기둥 사이에 일정한 높이로 쇠막대기를 가로질러 놓은 기구로 고정식·이동식이 있음. ③ (체) 철봉에 매달려서 정지함이 없이 진동과 회전의 재주를 중심으로 구성되는 운동.
[平行棒(평행봉)] 수평인 두 개의 막대기를 적당한 높이와 넓이로 벌여 세우고 여기에 매달려 여러 가지 동작의 운동을 하는 기구.

枇 비파나무 비, 木부8　2529

나무 이름인 '枇(비)'자는 '나무 木(목)'과 '견줄 比(비)'로 이루어졌다.

杷 비파나무 파, 木부8　2530

나무 이름인 '杷(파)'자는 '나무 木(목)'과 '땅 이름 巴(파)'로 이루어졌다.
비파나무
[枇杷(비파)] 장미과에 속하는 상록 교목. 꽃은 황백색. 비파 모양의 둥근 漿果(장과)는 식용함.

枉 굽을 왕, 木부8　2531

'枉(왕)'자의 본뜻은 '나무가 휘다', '굽히게 하다' 등의 뜻이나, '상대방이 귀하신 몸을 굽히어 손수 행동함'을 높이기 위해 붙이는 수식어로 쓰인다. '나무 木(목)'과 '임금 王(왕)'으로 이루어졌다.
존귀함을 굽혀 낮게 하다
[枉臨(왕:림)] 남이 '자기가 있는 곳으로 옴'의 높임말.
굽히다, 의지·기개·주장 등을 남에게 복종시키다
[枉己者(왕기자), 未有能直人者也(미유능직인자야).] 자기 지조를 굽힌 사람이 남을 바르게 펴는 경우는 없다. 『孟子(맹자)·滕文公 下(등문공 하)』

柑 귤 감, 木부9　2532

'柑(감)'자는 '귤나무'를 뜻한다. '나무 목 木(목)'과 '달 甘(감)'으로 이루어졌다.
감귤나무
[柑橘(감귤)] 귤.
[蜜柑(밀감)] 귤나무의 열매.

橘 귤나무 귤, 木부16　2533

'橘(귤)'자는 '귤나무'를 뜻한다. '나무 木(목)'과 '뚫을 矞(율)'로 이루어졌다.
귤나무, 귤
[柑橘(감귤)] 귤.
[江南橘化爲枳(강남귤화위지).] 강남의 귤을 강북에 심으면 탱자가 된다는 뜻으로, 사람도 사는 곳의 풍속의 선악에 따라 그 품성이 달라짐을 비유하여 이르는 말. 南橘北枳(남귤북지), 江南種橘江北爲枳(강남종귤강북위지) 『韓詩外傳(한시외전)』
[懷橘墮地(회귤타지)] 효자의 정성을 이르는 말. 後漢(후한)의 陸績(육적)이 여섯 살 때 袁術(원술)을 찾아가서 차려 내온 귤에서 세 개를 옷 속에 품었다가, 하직 인사를 할 때 그만 땅에 떨어뜨렸으므로 원술이 이상히 여겨 물으니, 돌아가 어머니에게 드리려 하였다고 대답한 고사에서 나온 말. 동懷橘(회귤), 陸績懷橘(육적회귤) 『二十四孝(이십사효)』

枳 탱자나무 지, 木부9　2534

'枳(지)'자는 '탱자나무'를 뜻한다. '나무 木(목)'과 '다만 只(지)'로 이루어졌다.
탱자나무
[枳實(지실)] (한의) 덜 익은 탱자를 썰어 말린 약재. 가래·배뇨 작용을 다스린다.
[江南橘化爲枳(강남귤화위지)] ☞ 橘(귤)

枸 구기자 구, 木부9　2535

'枸(구)'자는 '구기자나무'를 뜻한다. '나무 木(목)'과 '문구 句(구)'로 이루어졌다.
구기자나무
[枸杞子(구기자)] (식) 가지과의 갈잎떨기나무. 또는 그 열매. 열매는 약용으로 씀.
구연, 레몬
[枸櫞酸(구연산)] 시트르산. 레몬·귤 따위에 많이 들어있는 유기산. 청량음료·의약·염색 따위에 쓰임.

杞 나무 이름 기, 구기자 기, 木부7　2536

'杞(기)'자는 '구기자나무'를 뜻한다. '나무 木(목)'과 '몸 己(기)'로 이루어졌다.
나무 이름, 구기자나무
[枸杞子(구기자)] ☞ 枸(구)
나라 이름
[杞人憂天(기인우천)] 옛 중국 杞(기)나라 사람이 '하늘이 무너지면 어디로 피하면 좋을까' 하고 침식을 잊고 걱정했다는 데서 온 말. 쓸데없는 걱정이나 지나친 걱

정을 비유하는 말이다. 줄여서 杞憂(기우)라고 한다.
『列子(열자)·天瑞篇(천서편)』

柚 유자 유:, 木부9　　2537

'柚(유)'자는 '유자나무'를 뜻한다. '나무 木(목)'과 '말미암을 由(유)'로 이루어졌다.
유자나무
[柚子(유:자)] 유자나무의 열매.

柵 울짱 책, 울타리 책, 木부9　　2538

'柵(책)'자는 '나무 木(목)'과 '책 冊(책)'으로 이루어졌다. 나무나 대나무로 엮어 만든 '울타리'를 뜻한다.
울짱, 목책
[木柵(목책)] 말뚝을 박아 만든 울짱.
[鐵柵(철책)] 쇠로 만든 울짱. 참 鐵柵線(철책선)
성채, 작은 성

栓 마개 전, 나무 못 전, 木부10　　2539

'栓(전)'자는 '나무 木(목)'과 '온전 全(전)'으로 이루어졌다. 물건이 움직이지 못하도록 해주는 '못'을 뜻한다.
병마개, 나무못
[消火栓(소화전)] 불이 났을 때 불을 끄기 위하여 물을 뿜는 장치.
[血栓(혈전)] (의) 생물체의 혈관 속에서 피가 굳어서 된 조그만 핏덩이. 뇌경색 또는 심근경색의 원인이 된다.

桎 차꼬 질, 木부10　　2540

'桎(질)'자는 '나무 木(목)'과 '이를 至(지)'로 이루어졌다. '至(지)'는 窒(질)과 통하여 '막다'의 뜻이다. 발을 막아 부자연스럽게 하는 나무, 곧 '차꼬'를 뜻한다.
차꼬, 족쇄, 차꼬를 채우다, 자유를 속박하다
[桎梏(질곡)] ① 수갑과 차꼬. ② 몹시 속박하여 자유를 가질 수 없게 하는 일. ¶그 진저리나는 질곡에서 벗어나다

梏 쇠고랑 곡, 수갑 곡, 木부11　　2541

'梏(곡)'자는 손목 또는 발목에 채우는 '쇠고랑'을 뜻한다. '나무 木(목)'과 '고할 告(고)'로 이루어졌다.
쇠고랑, 수갑, 고랑과 차꼬의 총칭, 쇠고랑을 채우다
[桎梏(질곡)] ☞ 桎(질)

梗 줄기 경, 막힐 경, 木부11　　2542

'梗(경)'자는 '나무 木(목)'과 '다시 更(경)'으로 이루어졌다. '막히다' 등의 뜻을 나타낸다.
도라지
[桔梗(길경)] (식) 도라지.
막다, 막히다, 통하지 아니하다
[梗塞(경색)] ① 길이 꽉 막힘. ¶정국의 경색을 타개하다 ② (의) 핏줄이 막힘. ③ 경제적으로 융통이 잘 되지 못하고 막힘.
[腦梗塞(뇌경색)] 뇌의 동맥 내강이 도중에 막혀 그 앞으로 혈액이 흐르지 못하는 병. 그 동맥에서 혈액을 공급받고 있던 뇌의 부분이 산소가 부족하여 괴사되고, 기능이 저하되거나 상실되기도 함.
[心筋梗塞(심근경색)] 관상동맥이나 그 가지에 피톨덩이나 다른 물질이 그 통로를 막음으로써 갑작스럽게 피의 흐름이 감소하고 심근이 괴사하는 병.
근심, 괴로워함
[生梗之弊(생경지폐)] '生梗(생경)'은 두 사람 사이에 화목하지 못한 일이 생김을 말하는 것으로, 두 사람 사이에 생긴 불화로 말미암은 폐단을 뜻한다.

梵 범어 범, 불경 범, 木부11　　2543

'梵(범)'자는 범어 'Brama'의 음역자이다. '수풀 林(림)'과 '무릇 凡(범)'으로 이루어졌다. 불교 또는 인도에 관한 사물에 쓰인다.
범어 'Brama'의 음역자
[梵語(범어)] (언) 산스크리트어. 인도의 고대어.
[梵文(범문)] 범어로 된 글.
천축(天竺)이나 불교에 관한 것임을 나타내는 말
[梵鐘(범종)] 절에서 대중을 모으거나 때를 알리려고 매달아 놓고 치는 종.

梳 빗 소, 얼레 빗 소, 木부11　　2544

'梳(소)'자는 '나무 木(목)'과 '트일 疏(소)의 생략형'으로 이루어졌다.
빗, 얼레빗, 빗다, 머리를 빗다
[梳髮(소발)] 머리를 빗음.
[梳洗(소세)] 머리를 빗고 낯을 씻음.
[梳櫛(소즐)] 빗질함.

櫛 빗 즐, 木부19　　2545

'櫛(즐)'자는 '나무 木(목)'과 '마디 節(절)'로 이루어졌다. 빗살이 절도 있게 줄지어 선 '빗'을 뜻한다.
빗, 머리를 빗는 빗, 빗다, 빗질하다
[櫛比(즐비)] 많은 것이 늘어선 모양이 빗살 같이 정연하고 빽빽함.
[櫛風沐雨(즐풍목우)] '바람으로 머리를 빗고 내리는 빗물로 목욕을 한다'는 뜻으로, '외지에서 온갖 고난을 다 겪음'을 비유하는 말.

[梳櫛(소즐)] ☞ 梳(소)

梯 사다리 제, 木부11　2546

'梯(제)'자는 '나무 木(목)'과 '아우 弟(제)'자로 이루어졌다. '弟(제)'는 '순서'의 뜻이다. 순서를 밟아 오르내리는 '사다리'를 뜻한다.

사다리, 사닥다리, 층계
[階梯(계제)] ① (층계나 사닥다리를 밟아 나가듯이) 일이 차차 되어 나가는 차례나 절차. ¶계제를 밟다 ② 무슨 일이 될 수 있도록 하는 기회나 조건이나 처지. ¶말할 계제가 못 된다/앞뒤를 가릴 계제가 아니다
[雲梯(운제)] 높은 사닥다리. 성을 공격하는 데 쓰는 긴 사다리.
[登樓去梯(등루거제)] 다락에 오르게 하고 사다리를 치운다는 뜻으로, '사람을 꾀어서 난처한 처지에 빠지게 함'을 비유한 말. 闭上樓擔梯(상루담제), 上樹拔梯(상수발제)

梢 나뭇가지 초, 우듬지 초, 木부11　2547

'梢(초)'자는 '나무 木(목)'과 '닮을 肖(초)'로 이루어졌다. 나무의 '우듬지'를 뜻한다.

우듬지 끝, 나뭇가지의 끝
[新梢(신초)] 새로 나온 나뭇가지.
[枝梢(지초)] 잔가지와 우듬지.

끝, 말단
[末梢(말초)] ① 끝으로 갈려 나간 가는 나뭇가지. ② 사물의 끝 부분. 閤末梢神經(말초신경), 末梢的(말초적)
[末梢神經(말초신경)] 끝신경. 골 또는 등골에서 온 몸에 퍼진 신경.

桶 통 통, 木부11　2548

'桶(통)'자는 '나무 木(목)'과 '길 甬(용)'으로 이루어졌다. '속이 빈 木器(목기)'를 뜻한다.

통, 물건을 담는 통
[水桶(수통)] 물통.
[鐵桶(철통)] ① 쇠로 만든 통. ② '준비나 대책이 튼튼하고 치밀하여 허점이 없음'의 비유.

筒 대통 통, 퉁소 통, 竹부12　2549

'筒(통)'자는 '대 竹(죽)'과 '한 가지 同(동)'으로 이루어졌다. 대나무로 만든 '통'을 뜻한다.

대롱, 대롱 같이 생긴 물건
[算筒(산통)] 산가지를 넣어두는 통.
[煙筒(연통)] 양철 따위로 둥글게 만들어서 맞추는 굴뚝.
[圓筒(원통)] ① 둥근 통. ② (수) 원기둥.
[筆筒(필통)] ① 붓을 꽂아두는 통. ② 연필·지우개·붓 따위 필기도구를 넣어가지고 다니는 작은 상자 모양의 물건.
算筒契(산통계), 箭筒(전통), 火筒(화통)

棺 널 관, 입관할 관, 木부12　2550

'棺(관)'자는 '나무 木(목)'과 '벼슬 官(관)'으로 이루어졌다. '시체를 넣는 궤'를 뜻한다.

널, 관, 시체를 넣는 궤, 입관하다, 시체를 널에 넣다
[剖棺斬屍(부:관참시)] (역) 큰 죄를 지고 죽은 사람을 뒤에 다시 극형에 처하던 일. 관을 쪼개고 송장의 목을 벰.
[入棺(입관)] 시체를 관(棺) 속에 넣음.
[下棺(하:관)] 관(棺)을 광(壙) 안에 내림.
[蓋棺事始定(개관사시정)] 관 뚜껑을 닫아야 비로소 일은 정해진다. 사람에 대한 평가란 모든 일이 완전히 끝나기 전에는 아무도 모른다는 말이다. 지금은 蓋棺事定(개관사정)이라고 더 많이 쓴다. 『杜甫(두보)·詩(시)』
蓋棺(개관), 石棺(석관), 甕棺(옹관)

柩 널 구, 木부9　2551

'柩(구)'자는 '사람의 시체를 담아두는 목제의 궤'를 뜻한다. '나무 木(목)'과 '널 匚(구)'로 이루어졌다.

관, 널, 사람의 시체를 넣는 상자
[棺柩(관구)] 관.
[運柩(운:구)] 시체를 넣은 관을 운반함.
[靈柩(영구)] 혼령이 담겨 있는 널. 시신을 담은 관. ¶靈柩車(영구차)

荊 가시나무 형, 艹부10　2552

'荊(형)'자는 '풀 ++(초)'와 '형벌 刑(형)'으로 이루어졌다. 매질하는 '가시나무'를 이른다.

가시나무, 가시가 있는 관목의 총칭
[荊棘(형극)] ① 나무의 온갖 가시. ② 고난. ¶형극의 길
[口中荊棘(구중형극)] 입 속에 있는 가시. '남을 중상하는 말의 음험함'을 비유하여 이르는 말.
[一日不讀書(일일부독서), 口中生荊棘(구중생형극).] 하루라도 책을 읽지 않으면, 입 안에 가시가 돋친다. 安重根(안중근) 義士(의사)의 遺墨(유묵)으로 유명함. 『推句(추구)』
[荊樹復生(형수복생), 兄弟安樂(형제안락).] 삼형제가 아버지의 재산을 均分(균분)하여 각자 독립하려고 財寶(재보)를 나누던 끝에, 집 앞에 남은 한 그루 모형나무까지 세 토막을 내려고 하자, 나무가 곧 枯死(고사)하려고

했다. 삼형제는 나무는 본디 같은 뿌리인데 자른다는 말을 듣고 고사하려는 데, 자기들 삼형제는 離反(이반)할 것을 의논하고 있으니, 이는 모형나무에도 미치지 못한다고 느껴, 나무 벨 것을 그만둠은 물론 분가할 것을 중지하고, 재보를 다시 합하니 사람들이 孝門(효문)이라고 칭찬하였다는 고사에서 온 말이다. 『齊諧記(제해기)』
모형나무, 매, 곤장(옛날 모형나무를 쓴 데서 생긴 말)

棘 멧대추나무 극, 가시나무 극, 木부12 2553

'棘(극)'자는 '가시 朿(자)' 두 개를 겹쳐서 만들었다. 억센 가시가 많이 난 '멧대추나무'를 뜻한다. '가시 朿(자)'자가 상하로 조합된 것은 가시가 많은 '대추 棗(조)1285'이다.
멧대추나무, 가시나무, 가시
[荊棘(형극)] ☞ 荊(형)
[口中荊棘(구중형극)] ☞ 荊(형)
[一日不讀書(일일부독서), 口中生荊棘(구중생형극).] ☞ 荊(형)

棠 팥배나무 당, 아가위 당, 木부12 2554

'棠(당)'자는 '해당화나무'를 뜻하기 위한 글자이다. '나무 木(목)'과 '오히려 尙(상)'으로 이루어졌다.
해당화, 팥배나무, 아가위나무
[海棠花(해당화)] ① 장미과의 낙엽 관목. 4월경 담홍색의 꽃이 핀다. ② 가냘픈 미인의 형용.

杳 어두울 묘, 아득할 묘, 木부8 2555

'杳(묘)'자는 해가 나무 밑으로 져서 '어둡다'는 뜻이다. '나무 木(목)'과 '해 日(일)'로 이루어졌다.
멀다, 아득히 먼 모양, 어둡다
[杳然(묘연)] ① 아득하고 멀어서 눈에 아물아물하게 그러한. ② 오래되어서 기억이 알쏭달쏭하다. ③ 소식이 없어 행방을 알 수 없다.
[桃花流水杳然去(도화유수묘연거).] 복숭아꽃 물 따라 두둥실 떠가는 곳. 『李伯(이백)·山中問答(산중문답)』 ☞ * 119

棚 시렁 붕, 木부12 2556

'棚(붕)'자는 '나무 木(목)'과 '벗 朋(붕)'으로 이루어졌다. 나무를 짜맞춰서 건너질러 인공적으로 넓혀 만들어진 평면이 '시렁'을 뜻한다.
시렁, 선반, 시렁이나 선반과 같은 모양을 한 것
[大陸棚(대:륙붕)] 대륙의 주위 바다 깊이가 200m까지의 얕은 경사면. 대륙의 일부분으로서 일광·태양열·영양물이 적당하여 중요한 어장이 되고 있다.

棲 살 서, 깃들일 서, 木부12 2557

'棲(서)'자는 '새가 나무에서 조용히 쉬고 있다'는 뜻이다. '나무 木(목)'과 '아내 妻(처)'로 이루어졌다. '栖(서)'자는 同字(동자)이다.
살다, 깃들이다, 보금자리에 들어 살다, 거처를 정하여 살다, 보금자리
[棲息(서:식)] 동물들이 어떤 곳에 깃들여 삶. ¶이 숲 속에는 많은 동물들이 서식하고 있다
[水棲(수서)] 물에서 삶. 참水棲動物(수서동물)
[陸棲(육서)] 육상에서 삶. 참陸棲動物(육서동물), 水棲(수서)
[兩棲類(양:서류)] (동) 척추동물의 한 綱(강). 어류와 파충류의 중간에 위치하며, 어려서는 아가미로 호흡하고 자라서는 폐호흡을 함. 개구리·도롱뇽 따위가 있음. 물속과 물 밖에서 살 수 있는 동물의 종류.
[林深鳥棲(임심조서)] '숲이 깊으면 새들이 깃들인다'는 뜻으로, '仁義(인의)'를 쌓으면 만물이 歸依(귀의)함'을 비유하여 이르는 말. 『貞觀政要(정관정요)』
[棲守道德者(서수도덕자), 寂寞一時(적막일시). 依阿權勢者(의아권세자), 凄凉萬古(처량만고).] 도덕을 고수하며 사는 자는 일시적으로 매우 적막하다. 권세에 아부하고 의지하는 자는 만고에 처량하다. 『菜根譚(채근담)·前集 1』
[問余何事棲碧山(문여하사서벽산).] 무슨 일로 푸른 산(산골)에서 사냐고 묻는다. 『李伯(이백)·山中問答(산중문답)』 ☞ * 119

椅 걸상 의, 의자 의, 木부12 2558

'椅(의)'자는 '나무 木(목)'과 '기이할 奇(기)'로 이루어졌다. '의자'를 뜻한다.
걸상, 의자, 등받이가 있는 의자
[椅子(의자)] 걸터앉도록 만든 가구. 걸상. 사무용 의자. 안락의자.

棧 잔도 잔, 사다리 잔, 木부12 2559

'棧(잔)'자는 '잔도'를 뜻한다. '나무 木(목)'과 '해칠 戔(잔)'으로 이루어졌다.
잔도(발을 붙일 수 없는 험한 벼랑에 선반을 매듯 낸 길)
[棧道(잔도)] 산골짜기에 높이 건너질러 놓은 다리.
[棧橋(잔교)] ① 구름다리. 도로나 계곡 따위를 건너질러 공중에 걸쳐 놓은 다리. ② 선창다리.

椎 쇠뭉치 추, 등골 추, 木부12 2560

'椎(추)'자는 '두툼한 나무망치'를 뜻한다. '나무 木(목)'과 '새 隹(추)'로 이루어졌다.

몽치, 망치, 방망이, 치다, 때리다
[鐵椎(철추)] 鐵槌(철퇴). 옛날 병장기로 쓴 길이 1.8m 안팎의 끝이 둥그렇고 울퉁불퉁한 쇠몽둥이.
등뼈, 척추
[頸椎(경추)] 목등뼈.
[脊椎(척추)] 등골뼈.
[脊椎動物(척추동물)] (동) 등뼈동물. 동물계의 한 門(문). 등뼈가 있어서 몸의 중추를 삼아 몸을 지지하는 고등동물을 일컬음.
[腰椎(요추)] 허리등뼈.

椽 서까래 연, 木부13 2561

'椽(연)'자는 '서까래'를 뜻한다. '나무 木(목)'과 '판단할 彖(단)'으로 이루어졌다.
서까래
[椽木(연목)] 서까래.

楕 길고 둥글 타:, 木부13 2562

'楕(타)'자는 '橢(타)'자의 속자였다. 그러나 본자가 거의 쓰이지 않고 속자인 '楕(타)'자가 본자처럼 쓰이고 있다. '타원'의 뜻이다. 破字(파자)하면 '나무 木(목) + 왼 左(좌) + 달 月(월)'이 된다.
길쭉하다, 가늘고 길다, 길쭉하게 하다, 길둥글다
[楕圓(타:원)] ① 좀 길게 둥근 원. ② (수) 평면 위의 두 정점에서의 거리의 합친 길이가 언제나 일정한 점의 궤적. 이 두 정점을 타원의 초점이라 한다.

楷 본보기 해, 나무 이름 해, 木부13 2563

'楷(해)'자는 '나무 이름'이었으나 '본보기'의 뜻으로 쓰인다. '나무 木(목)'과 '모두 皆(개)'로 이루어졌다.
서체의 한 가지
[楷書(해서)] 한자 서체의 하나. 隸書(예서)에서 발달한 것으로 글자 모양이 가장 반듯하고 아름다움.
본, 본보기, 모범, 법식, 본받다, 본뜨다, 배우다, 바르다

槃 쟁반 반, 木부14 2564

'槃(반)'자는 '큰 쟁반'을 뜻한다. '나무 木(목)'과 '일반 般(반)'으로 이루어졌다. '쟁반'의 뜻으로 쓰일 때는 '盤(반)'자와 같이 쓴다.
쟁반
[錚槃(쟁반)/錚盤(쟁반)] 운두가 낮고 둥글납작한 그릇.
기타
[涅槃(열반)] (불) 梵語(범어) nirvana의 음역. ① 모든 번뇌의 속박에서 벗어나고, 진리를 깨달아 불생불멸의 법을 체득한 경지. ② 入寂(입적). 부처의 죽음. 중이 죽음.

榜 방 붙일 방, 木부14 2565

'榜(방)'자는 '문자를 적어 標識(표지)로 하는 木牌(목패)'을 뜻한다. '나무 木(목)'과 '곁 旁(방)'으로 이루어졌다.
방, 방을 써 붙이다
[榜文(방:문)] 여러 사람에게 어떤 것을 알리기 위하여 길거리의 사람이 많이 모이는 곳에 써 붙이는 글.
[落榜(낙방)] ① 과거에 떨어짐. ② 시험이나 선거 따위에서 뽑히지 못함.
[立春榜(입춘방)] 입춘을 맞이하여 벽이나 문짝에 써 붙이는 길운을 비는 글귀. 예를 들면 立春大吉(입춘대길), 建陽多慶(건양다경) 따위.
[紙榜(지방)] 종이 조각에 글을 써서 만든 신주.
[標榜(표방)] ① 주의·주장이나 처지를 어떠한 명목을 붙여 앞에 내세움. ② 남의 선행을 칭찬하여 여러 사람에게 보임.

槍 창 창, 木부14 2566

'槍(창)'자는 무기의 일종인 '창'을 뜻한다. '나무 木(목)'과 '곳집 倉(창)'으로 이루어졌다.
창, 무기로 쓰는 창
[槍劍(창검)] 창과 칼.
[槍術(창술)] 창을 다루어 쓰는 법.
[長槍(장창)] 무기로 쓰던 자루가 긴 창.
[鏢槍(표창)] 무기로서, 던져 적을 공격하는 창의 한 가지.
[竹槍(죽창)] 대나무로 만든 창. '竹杖槍(죽장창)'의 준말.
[投槍(투창)] ① 짐승이나 사람을 살상하기 위하여 던지는 창. ② 창을 던짐. ③ (체) 창던지기.

槌 망치 퇴/추, 木부14 2567

'槌(퇴/추)'자는 나무로 만든 '망치'를 뜻한다. '나무 木(목)'과 '따를 追(추)'로 이루어졌다. [퇴]와 [추]의 두 음을 가지고 있는데 구분 없이 쓸 수 있다.
망치, 짤막한 몽둥이, 치다, 망치 따위로 때리다
[鐵槌(철퇴)] 쇠뭉치. 옛날에 병장기로 쓴 울퉁불퉁한 쇠몽둥이.

樞 지도리 추, 木부15 2568

'樞(추)'자는 문의 '지도리'를 뜻한다. '나무 木(목)'과 '구역 區(구)'로 이루어졌다. '한가운데', '일을 함에 있어서 중요한 점' 등의 뜻으로도 쓰인다.

일을 함에 있어서 가장 중요한 점
[樞機(추기)] ① 중추가 되는 기관. ② 몹시 중요한 사물. 또는 사물의 중요 부분.
[樞機卿(추기경)] (천주) 교회 행정상 교황의 최고 고문. 교황의 자문 기관이나 교황의 협력자로 추기경단을 조직하며 이들은 교황의 선거권과 피선거권이 있음.
[中樞(중추)] ① 사물의 중심이 되는 주요한 부분이나 자리. 참中樞神經系(중추신경계), 中樞的(중추적) ② '신경중추'의 준말.
[中樞神經系(중추신경계)] 동물의 신경계가 집중하여 분명한 중심부를 이루는 부분.
한가운데, 중앙
[樞軸(추축)] ① 운동이나 활동의 중심 부분. ② 권력이나 정치의 중심.
[樞軸國(추축국)] (역) 제2차 세계대전 때 독일·이태리·일본을 중심으로 한 삼국 동맹의 편에 속한 나라.
문지도리

橙 등자나무 등, 木부16 2569

'橙(등)'자는 '등자나무'를 뜻한다. '나무 木(목)'과 '오를 登(등)'으로 이루어졌다.
등자나무, 등자
[橙黃(등황)] 붉은빛을 띤 누런 색.

樸 순박할 박, 木부16 2570

'樸(박)'자는 가공을 하지 않은 자연 그대로의 감·바탕의 뜻을 나타낸다. '나무 木(목)'과 '번거로울 業(복)'으로 이루어졌다.
성실하다, 순박하다, 질박하다, 질소하다
[質朴(질박)/質樸(질박)] 꾸민 데가 없이 수수함.
통나무, 켜거나 짜개지 않은 나무, 가공하지 않은 소재, 생긴 그대로의 것

樽 술통 준, 木부16 2571

'樽(준)'자는 '나무 木(목)'과 '존경할 尊(존)'으로 이루어졌다. '尊(존)'은 원래 '술통'이라는 뜻이었는데, '존중하다'의 뜻으로 쓰이게 되자, 본뜻은 나무 木(목)을 붙여 나타냈다.
술통, 술단지
[金樽(금준)] 금으로 만든 술 단지. 술그릇의 미칭.
[金樽美酒(금준미주)] '금으로 만든 술항아리에 맛좋은 술'이라는 뜻에서 사치스러운 향락을 즐기는 잔치를 비유하는 말. '춘향가' 가운데 '金樽美酒詩(금준미주시)'가 있음.
金樽美酒千人血(금준미주천인혈) 금동이의 맛있는 술은 일천 백성의 피요.『춘향가·金樽美酒詩(금준미주시)』☞ * 063

樵 땔나무 초, 나무할 초, 木부16 2572

'樵(초)'자는 '나무 木(목)'과 '탈 焦(초)'로 이루어졌다. '땔나무'를 뜻한다.
땔나무, 땔나무를 마련하다, 나무꾼
[樵童(초동)] 땔나무 하는 아이. 나무꾼.
[樵夫(초부)] 나무꾼.
[樵斧(초부)] 나무꾼의 도끼.
[樵笛(초적)] 나무꾼이 부는 피리.
[漁樵(어초)] ① 고기잡이와 나무하는 일. ② 어부와 나무꾼

檄 격문 격, 木부17 2573

'檄(격)'자는 '나무 木(목)'과 '노래할 敫(교)'으로 이루어졌다.
격문, 여러 사람에게 선전·선동하기 위하여 쓴 글
[檄文(격문)] 널리 세상 사람들을 선동하거나 의분을 고취시키려고 쓴 글.

檻 난간 함:, 우리 함:, 木부18 2574

'檻(함)'자는 죄수·맹수 따위를 가두어 감시하는 '우리'를 뜻한다. '나무 木(목)'과 '살필 監(감)'으로 이루어졌다.
우리, 짐승을 가두어두는 곳, 감옥, 죄인을 가두는 곳
[檻車(함:거)] (역) 죄인을 호송하던 수레.

櫻 앵두나무 앵, 木부21 2575

'櫻(앵)'자는 '앵두나무'를 뜻한다. '나무 木(목)'과 '갓난아기 嬰(영)'으로 이루어졌다.
앵두나무, 앵두
[櫻桃(앵도)] 앵두나무의 열매. 모양이 작고 둥글며 익으면 빛이 붉고 맛이 있음. '앵두'라고 읽는다. ¶앵두 같이 고운 입술
[櫻脣(앵순)] 앵두 같이 붉고 고운 입술. 미인의 입술을 이름.

欠 하품 흠:, 欠부4 2576

'欠(흠)'자는 사람이 입을 벌리고 있는 모양을 본떠, '입을 벌리다' '하품'의 뜻을 나타낸다. '欠(흠)'을 意符(의부)로 하여, '숨을 들이쉬다', '내쉬다' 등 입을 벌리는 일, 또는 그런 상태를 수반하는 기분의 움직임에 관한 문자를 이룬다. 속자로 '모자랄 缺(결)'자의 약자로 쓴다.
모자라다, 부족하다
[欠缺(흠:결)] 정한 수효에서 생긴 모자람.
'모자랄 缺(결)'의 약자
[欠員(결원)] 定員(정원)에서 사람이 빠져 모자람. ¶결

원을 보충하다

欣 기뻐할 흔, 欠부8　　2577

'欣(흔)'자는 '하품 欠(흠)'과 '도끼 斤(근)'으로 이루어졌다. 기쁨 때문에 종종걸음을 치듯이 호흡을 찔끔거리게 되고, 마음이 들뜨게 되는 뜻을 나타낸다.

기뻐하다, 기쁨
[欣然(흔연)] 기쁘거나 반가워 매우 기분이 좋음.
[欣快(흔쾌)] 마음에 기쁘고도 시원스러움. ¶흔쾌히 승낙하다
[勝固欣然(승고흔연), 敗亦可喜(패역가희).] 이기면 말할 수 없이 기쁘고, 지더라도 또한 즐겁다. 벗과의 바둑 대국의 즐거움을 나타낸 말이다.『蘇東坡(소동파)』

歇 쉴 헐, 欠부13　　2578

'歇(헐)'자는 '일을 중단하고 쉬다'는 뜻이다. '하품 欠(흠)'과 '어찌 曷(갈)'로 이루어졌다.

쉬다, 휴식하다
[間歇(간헐)] 이따금씩 되풀이함. ¶間歇溫泉(간헐온천)

헐하다, 값이 싸다
[歇價(헐가)] 헐값. 그 물건이 가지고 있는 값어치보다 훨씬 싼 값.

歿 죽을 몰, 歹부8　　2579

'歿(몰)'자는 '죽을 歹(사)'와 '가라앉을 沒(몰)'로 이루어진 글자이다. '沒(몰)'자에서 'ㆍ(수)'가 생략되고 그 뜻과 음은 남았다.

죽다, 끝나다
[戰歿(전몰)] 전쟁터에서 싸우다가 죽음. 图戰死(전사)
¶전몰 장병 추모

殞 죽을 운:, 歹부14　　2580

'殞(운)'자는 '죽을 歹(사)'와 '인원 員(원)'으로 이루어졌다.

죽다, 목숨이 끊어지다
[殞命(운:명)] 목숨을 다하여 죽음.

殮 염할 렴:, 歹부17　　2581

'殮(렴)'자는 '시체를 거두어 염습하다'는 뜻이다. '죽을 歹(사)'와 '다 僉(첨)'으로 이루어졌다.

염하다, 염습하다, 주검을 널에 넣어 안치하는 일
[殮布(염:포)] 염습할 때 시체를 묶는 베.
[殮襲(염:습)] 죽은 사람의 몸을 씻긴 다음, 옷을 입히고 홑이불로 싸는 일. 图殮(렴)

殯 빈소 빈, 歹부18　　2582

'殯(빈)'자는 '사람의 사체를 매장하기 전에 죽음의 세계로부터의 손님으로서 관에 넣어 둠'을 뜻한다. '죽을 歹(사)'와 '손 賓(빈)'으로 이루어졌다.

장사 지내기 전에 주검을 관에 넣어 일정한 곳에 안치하는 일
[殯所(빈소)] 상여가 나갈 때까지 관을 안치해 두는 곳.

斃 죽을 폐, 넘어질 폐, 歹부18　　2583

'斃(폐)'자는 '넘어져 죽다'는 뜻이다. '죽을 死(사)'와 '해질 敝(폐)'로 이루어졌다.

넘어지다, 쓰러지다, 넘어져서 죽다, 넘어뜨리다
[斃死(폐사)] 넘어지거나 쓰러져 죽음. ¶물고기 폐사
[自斃(자폐)] 自殺(자살).
[疲斃(피폐)] 기운이 지쳐 죽음.
[疲弊(피폐)] 지치고 쇠약해짐.

殲 다 죽일 섬, 歹부21　　2584

'殲(섬)'자는 수많은 사람을 얼마 남지 않을 때까지 '모조리 죽임'을 뜻한다. '죽을 歹(사)'와 '산부추 韱(섬)'으로 이루어졌다.

다 죽이다, 모조리 다 죽이다, 멸하다
[殲滅(섬멸)] 여지없이 무찔러 멸망시킴. ¶적군을 섬멸하다

殼 껍질 각, 殳부12　　2585

'殼(각)'자는 破字(파자)하면 '선비 士(사) + 덮을 冖(멱) + 한 一(일) + 안석 几(궤) + 창 殳(수)'이다. '껍질'을 뜻한다.

껍질, 과실의 껍질, 곡식의 껍데기, 알의 껍데기, 조개의 껍데기, 뱀이나 매미 등이 벗은 허물, 거북ㆍ게 따위의 등껍데기
[殼果(각과)] 堅果(견과). 단단한 껍질과 깍정이에 싸여 있는 나무 열매.
[卵殼(난:각)] 알의 껍데기.
[甲殼類(갑각류)] 몸이 단단한 껍데기로 덮인 게ㆍ새우ㆍ가재 따위 동물.
[舊殼(구:각)] '낡은 껍질'이라는 뜻으로, 제도나 관습 따위의 '낡은 형태'를 일컫는 말. ¶구각을 탈피하다
[地殼(지각)] 지구의 겉껍데기.
脫殼(탈각), 貝殼(패각)

毆 때릴 구, 殳부15　　2586

'毆(구)'자는 '창 殳(수)'와 '지경 區(구)'로 이루어졌다. '때리다'는 뜻을 나타낸다.

때리다, 치다, 회초리·몽둥이 등으로 때리다
[毆打(구타)] 사람이나 짐승을 함부로 때리고 침.

毅 굳셀 의, 殳부15   2587

'毅(의)'자는 '매울 辛(신)', '돼지 豕(시)', '창 殳(수)'로 이루어졌다. 형태상 일부 중복된 것이 간소화되었다. '멧돼지가 털을 곤두세우며 성내다'의 뜻에서 '굳세다'는 뜻을 나타낸다.

굳세다, 의지가 강하다, 힘차고 튼튼하다
[毅然(의연)] 의지가 굳고 단호하다.
[優毅(우의)] 마음이 부드러우면서도 굳셈.
[剛毅木訥近仁(강의목눌근인).] 의지는 굳세고 용모는 소박하고 말은 서툰 것이 어짊에 가깝다. 孔子(공자)는 말 잘하는 사람을 경계했다. 翻巧言令色鮮矣仁(교언영색선의인). 『論語(논어)·子路(자로)』

과감하다, 딱 잘라서 일을 처리하다

毋 말 무, 毋부4   2588

본디 '母(모)'와 동형으로 '어머니'의 뜻을 나타냈지만, 두 점을 세로의 한 획으로 그어 '없다'의 뜻을 나타냈다.

말라, 금지사(禁止詞)
[毋彝酒(무이주).] 술에 젖어 있으면 안 된다. 늘 술에 젖어 있으면 안 된다. 천자는 천하를 잃고 사람은 몸을 망친다. 『韓非子(한비자)·說林上(설림상)』
[長毋相忘(장무상망)] 오랜 세월이 지나도 서로 잊지 말자. 약 2000년 전 한나라 시대의 와당에서 발견된 글씨라고 함. 秋史(추사) 金正喜(김정희)의 歲寒圖(세한도)에 인장으로 찍힌 글씨로 유명함.
[臨財毋苟得(임재무구득), 臨難毋苟免(임난무구면).] 재물을 구할 때는 구차하게 얻으려고 하지 말아야 하고, 어려움을 당해서는 구차하게 모면하려고 하지 말아야 한다. 『禮記(예기)·曲禮 上(곡례 상)』, 『小學(소학)·內篇(내편)·敬身(경신)』
[毋測未至(무측미지).] 아직 닥치지 않은 일을 예측하지 말라. 아직 일어나지도 않은 문제를 이리저리 지나치게 예측하는 일은 삼가야 한다. 자기의 수고를 더할 뿐만 아니라 상대의 마음을 상하게 하기 때문이다. 『小學(소학)·內篇(내편)·敬身(경신)』

없다
[毋望之福(무망지복)] 뜻밖의 행복.
[毋望之禍(무망지화)] 뜻밖의 화. 뜻밖의 불행.
[毋論(무론)] 勿論(물론). 말할 것도 없이. 말할 것도 없음. ¶물론 그렇고말고/그야 물론이다
[五行毋常勝(오행무상승)] ☞ * 291

毡 모전 전, 毛부17   2589

'毡(전)'자는 '털 毛(모)'와 '오로지 亶(천)'으로 이루어졌다.

모전(毛毡), 털로 짠 모직물, 양탄자
[毛毡(모전)] ① 짐승의 털로 빛깔을 맞추고 무늬를 놓아 두툼하게 짠 부드러운 요. ② 양탄자.

氾 넘칠 범, 水부5   2590

'氾(범)'자는 '물 氵(수)'와 '병부 卩(절)'로 이루어졌다. '물이 넘쳐 멀리 퍼지다는 뜻이다. ☞汎(범)1659

넘치다, 물이 넘치다
[氾濫(범람)/汎濫(범람)] ① 큰물이 넘쳐흐름. ¶강의 범람. ② 바람직하지 못한 것이 마구 쏟아져 나와 돌아다님. ¶외래 사조의 범람 ③ 제 분수에 넘침.

넓다, 널리
[氾論(범론)/汎論(범론)] 널리 개관한 이론.

汁 즙 즙, 水부5   2591

'汁(즙)'자는 '물 氵(수)'와 '열 十(십)'으로 이루어졌다.

즙, 물질에서 짜낸 액체, 여러 물질이 혼합된 액체, 음식용의 액체
[果汁(과:즙)] 과일의 즙액.
[液汁(액즙)] 즙.
[膽汁(담:즙)] (생) 쓸개즙. 척추동물의 간에서 만들어져 쓸개에 저장되었다가 십이지장으로 가는 소화액. 지방의 소화를 도움.
[乳汁(유즙)] 젖. 포유동물이 분만 후에 乳腺(유선)에서 분비하는, 새끼의 먹이가 될 흰 액체.
[肉汁(육즙)] 쇠고기를 다져 삶아 짠 국물.

汨 빠질 골, 골몰할 골, 水부7   2592

'汨(골)'자는 '물 氵(수)'와 '어두울 冥(명)의 생략형인 日(일)'로 이루어졌다. '수평선 너머로 해가 빠져 들어가니 어둡다'는 뜻이다. '물 氵(수) + 가로 曰(왈)'이 아니다. 그것은 '흐를 汨(율)'자이고, 1급 한자 이내에 포함되지 않는 글자이다.

빠지다, 잠기다, 물에 가라앉다
[汨沒(골몰)] (다른 생각을 할 여유가 없이) 오로지 한 가지 일에 파묻힘. ¶연구에 골몰하다

汲 길을 급, 水부7   2593

'汲(급)'자는 '물 氵(수)'와 '미칠 及(급)'으로 이루어졌다. '물을 끌어들이다'가 본뜻이다.

분주하다, 쉬지 않는 모양
[汲汲(급급)] 어떤 한 가지 일에만 정신을 쏟아 여유가 없음. ¶돈벌이에만 급급하다
[遑汲(황급)] 황황하고 마음에 여유가 없음.
[汲汲於名者(급급어명자), 猶汲汲於利也(유급급어리

야.」 명예를 얻으려고 안달하는 것은 이익을 얻으려고 안달하는 것과 같다. 『文章軌範(문장궤범)·司馬光(사마광) 諫院題名記(간원제명기)』

긷다, 물을 긷다
[短綆不可汲深井(단:경불가급심정).] '짧은 두레박줄로 써는 깊은 우물물을 길을 수 없다'는 뜻으로, 학식이 옅은 사람은 깊은 도리를 말할 수 없음, 또는 생각이 얕은 자는 모든 면에서 깊게 생각하고 헤아리지 못함을 비유하여 이르는 말이다. 綆短汲深(경단급심)『荀子(순자)·榮辱篇(영욕편)』

滔 물 넘칠 도, 水부13　　2594

'滔(도)'자는 '물 氵(수)'와 '떠낼 舀(요)'로 이루어졌다. '물이 넘치다'는 뜻이다.

물이 넘치다, 넓다, 크다
[滔滔(도도)] ① 물이 그들먹하게 퍼져 흐르는 모양이 힘차다. ¶도도하게 흘러가는 강물 ② 나오는 말이 물 흐르듯 거침이 없다 ¶도도한 웅변으로 청중을 사로잡다 ③ 벅찬 감정이나 주흥 따위를 막을 길이 없다 ¶주흥이 도도해지기 시작했다

泛 뜰 범:, 水부7　　2595

'泛(범)'자는 '물 氵(수)'와 '모자랄 乏(핍)'으로 이루어졌다. 汎(범)과 통하여 '뜨다', '넓어지다'는 뜻을 나타낸다. ☞汎(범)1659

널리, 두루
[泛稱(범칭)/汎稱(범칭)] 넓은 범위로 부르는 이름. ¶우리나라의 畿湖(기호) 지방이라면 황해도남부·경기도·충청남북도 지방을 일컫는 범칭이다

뜨다, 물이 가득 찬 모양, 물을 붓다

淘 쌀 일 도, 水부11　　2596

'淘(도)'자는 '물 氵(수)'와 '질그릇 匋(도)'로 이루어졌다.

일다, 물에 흔들어 쓸 것과 못 쓸 것을 가려내다, 쌀을 일다
[淘汰(도태)/陶汰(도태)] ① 여럿 가운데 쓸데없거나 적당하지 않은 것이 줄어 없어지거나 줄어서 없어지게 함. 自然淘汰(자연도태) ② 물에 넣고 일어서 쓸데없는 것을 가려서 버림.
[自然淘汰(자연도태)] (생) 자연계에서 생물이 외계의 상태에 맞는 것은 살아남고, 그렇지 못한 것은 멸망하는 현상.

씻다, 깨끗하게 헹구다

汰 일 태, 水부7　　2597

'汰(태)'자는 '물 氵(수)'와 '클 太(태)'로 이루어졌다.

일다, 물에 일어서 가려 나누다
[淘汰(도태)/陶汰(도태)] ☞淘(도)
[自然淘汰(자연도태)] ☞淘(도)

미끄럽다, 미끄러지다
[沙汰(사태)] ① 산비탈이나 언덕 따위가 무너지거나 허물어져 내리는 현상. ② 사람이나 물건이 한꺼번에 많이 몰려들거나 나가는 일을 비유하는 말. ¶감원 사태/오줌사태
[山沙汰(산사태)] 산의 바윗돌이나 흙 따위가 갑자기 무너져 내려오는 일.

泡 거품 포, 水부8　　2598

'泡(포)'자는 '물 氵(수)'와 '쌀 包(포)'로 이루어졌다. '물거품'을 뜻하다.

거품, 물거품
[泡沫(포말)] 물거품.
[氣泡(기포)] 거품.
[水泡(수포)] ① 물거품. 물 위에 떠 있는 포말. ② 허무한 인생을 비유하여 이르는 말. ③ 공들인 일이 헛되이 되는 일을 비유하여 이르는 말. ¶모든 일이 수포로 돌아갔다

기타
[淸泡(청포)] 녹말로 쑨 묵.

沫 물거품 말, 水부8　　2599

'沫(말)'자는 '물 氵(수)'와 '끝 末(말)'로 이루어졌다. '물거품'을 뜻한다.

거품이 일다, 물방울이 튀다, 흩날리는 물보라
[飛沫(비말)] 튀어 오르거나 흩어지는 안개 같은 물방울. ¶비말을 일으키며 부딪치는 파도
[水沫(수말)] 물거품. 물방울.
[泡沫(포말)] ☞泡(포)

沸 끓을 비:, 水부8　　2600

'沸(비)'자는 '물 氵(수)'와 '아닐 弗(불)'로 이루어졌다. '내뿜다'가 본뜻이었는데, '물이 끓다'는 뜻으로 쓰인다.

끓다, 물이 끓다, 물을 끓이다
[沸騰(비:등)] ① (액체가) 끓어오름. 沸騰點(비등점), 沸點(비점) ② 물 끓듯 일어남. ¶반대 여론이 비등하다
[沸點(비:점)/沸騰點(비:등점)] (물) 끓는 온도.
[白沸湯(백비탕)] 맹탕으로 오래 끓인 맹물.

泄 샐 설, 水부8　　2601

'泄(설)'자는 '물 氵(수)'와 '인간 世(세)'로 이루어졌다.

비밀에 속한 사물이 몰래 외부에 알려지다, 새다, 틈이나 구멍으로 흘러나오다
[漏泄(누:설)/漏洩(누:설)] ① 비밀이 새거나, 새어 나가게 함. ¶기밀 누설 ② 물 따위가 새거나, 새어 나가게 함.
[天機漏泄(천기누설)/天機漏洩(천기누설)] 하늘의 비밀이 새어나감. 중대한 비밀이 새어서 알려짐.
싸다, 누다, 설사하다
[泄瀉(설사)] (의) 배탈이 나서 묽은 똥을 눔. 또는 그러한 증세.
[排泄(배설)] ① 안에서 밖으로 새어 나가게 함. ② (생) 생물체가 먹이를 먹어서 양분을 섭취하고 찌꺼기를 몸 밖으로 내보내는 작용.
[排泄物(배설물)] (생) 배설한 대소변 따위.

瀉 쏟을 사, 게울 사, 水부18　　2602

'瀉(사)'자는 '물 氵(수)'와 '베낄 寫(사)'로 이루어졌다.
쏟다, 물을 쏟다
[瀉血(사혈)] 치료를 위해 환자의 몸에서 얼마간 피를 뽑아냄. 흔히 혈압이 몹시 높거나 심장의 기능이 불완전할 때, 혈액의 양이 너무 많을 때, 또는 해독을 목적으로 행함.
설사하다
[泄瀉(설사)] ☞ 泄(설)
[吐瀉(토:사)] '上吐下瀉(상토하사)'의 준말. 위로는 토하고 아래로는 설사함.
[吐瀉癨亂(토:사곽란)] 갑자기 토하고 설사가 나며 심한 고통이 따르는 위장병.
물이 흐르다, 물을 흐르게 하다
[一瀉千里(일사천리)] 강물이 거침없이 흘러서 천리에 다다른다는 뜻으로, '거침없이 기세 좋게 진행됨'을 이르는 말. 원래는 문장을 써 나가는 筆力(필력)이 굳센 것을 비유하는 말이었는데, 오늘날에는 어떤 일이 급속도로 진행되어 순식간에 이루어지는 것을 말한다. 대개는 긍정적인 의미로 쓰이지만 성의 없이 일을 마구 처리한다는 뜻에서 부정적인 뉘앙스를 갖기도 한다.
게우다, 토하다

洩 샐 설, 水부9　　2603

'洩(설)'자는 '물 氵(수)'와 '끌 曳(예)'로 이루어졌다.
새다, 비밀이 흘러나오다
[漏泄(누:설)/漏洩(누:설)] ☞ 泄(설)
[天機漏泄(천기누설)/天機漏洩(천기누설)] ☞ 泄(설)

洑 보 보, 水부9　　2604

'洑(보)'자는 '물 氵(수)'와 '엎드릴 伏(복)'으로 이루어졌다.
보
[洑(보)] 논밭에 물을 대기 위하여 자그마하게 둑을 쌓고 흘러가는 물을 잡아두는 곳.
[洑水稅(보수세)] 봇물을 이용한 값으로 내는 돈이나 곡식.

洶 용솟음칠 흉, 물결 세찰 흉, 水부9　　2605

'洶(흉)'자는 '물 氵(수)'와 '가슴 匈(흉)'으로 이루어졌다.
물결이 세차다, 사물의 형용
[洶洶(흉흉)] ① 물살이 세차고 시끄러움. ② 인심이 술렁술렁하여 어수선함. ¶민심이 흉흉하다

洽 윤택하게 할 흡, 흡족할 흡, 水부9　　2606

'洽(흡)'자는 '물 氵(수)'와 '합할 合(합)'자로 이루어졌다.
윤택하게 하다, 넉넉하게 하다
[洽足(흡족)] 부족함이 없이 아주 넉넉함. ¶마음이 흡족하였다
[未洽(미:흡)] 흡족하지 않음. 넉넉하지 못함. ¶미흡한 설명

涅 개흙 날, 열반 열, 水부10　　2607

'涅(날/열)'자는 '물 氵(수)', '해 日(일)', '흙 土(토)'로 이루어졌다. '갯바닥 또는 갯바닥에 있는 검고 미끈미끈한 진흙'을 뜻하는 글자였는데, 현재는 이 뜻으로 쓰이는 한자어 낱말은 없다. '열반'의 뜻으로 쓰인다.
열반
[涅槃(열반)] (불) 梵語(범어) nirvana의 음역. ① 모든 번뇌의 속박에서 벗어나고, 진리를 깨달아 불생불멸의 법을 체득한 경지. ② 入寂(입적). 부처의 죽음. 중이 죽음.
개흙

涌 용솟을 용:, 水부10　　2608

'涌(용)'자는 '물이 용솟음치다'는 뜻이다. '물 氵(수)'와 '길 甬(용)'으로 이루어졌다.
샘솟다, 물이 솟구쳐 나오다
[涌出(용:출)/湧出(용:출)] 물이 솟아 나옴.

涕 눈물 체, 水부10　　2609

'涕(체)'자는 '눈물'을 뜻한다. '물 氵(수)'와 '아우 弟(제)'로 이루어졌다.
눈물, 울다, 눈물을 흘리며 울다
[涕淚(체루)] 슬피 울어서 흐르는 눈물.
[流涕(유체)] 눈물을 흘림.
[鼻涕(비:체)] 콧물. 鼻液(비액)

고급

淪 빠질 륜, 水부11　2610

'淪(륜)'자는 '물에 빠지다'는 뜻이다. '물 氵(수)'와 '생각할 侖(륜)'으로 이루어졌다.

잠기다, 빠지다, 빠져들다
[淪落(윤락)] ① 영락하여 타향으로 떠돌아다님. ② 여자가 타락하여 몸을 망치게 되는 상태에 빠짐.

淋 물 뿌릴 림:, 임질 임, 水부11　2611

'淋(림)'자는 '물방울이 떨어지는 모양'을 나타낸 것이다. '물 氵(수)'와 '수풀 林(림)'으로 이루어졌다.

임질
[淋疾(임:질)/痳疾(임:질)] 임균이 요도의 끈끈막에 침입하여 염증을 일으키는 병.

기타
[淋巴腺(임:파선)] (생) 림프샘. 림프관의 군데군데에 림프구가 모여 있는 매듭 모양의 작은 조직.

溝 도랑 구, 水부13　2612

'溝(구)'자는 인공적으로 그물처럼 조합한 '水路(수로)'를 뜻한다. '물 氵(수)'와 '재목 어긋매겨 쌓을 冓(구)'로 이루어졌다.

봇도랑, 하수도, 도랑을 파다
[經於溝瀆(경어구독)] '스스로 목매어 도랑에 빠져 죽는다'는 뜻으로, '개죽음'을 비유하여 이르는 말. 『後漢書(후한서)』
[排水口(배수구)] 물을 빼내는 곳.
[排水溝(배수구)] 배수로. 물을 빼내는 도랑.
[地溝帶(지구대)/地溝(지구)] (지) 평행된 두 단층 사이의 땅이 꺼져서 오목하고 길게 된 부분이 띠 모양으로 이루어진 낮은 땅.
[下水溝(하:수구)] 수챗물이나 더러운 물이 흘러가게 만든 도랑.
[海溝(해:구)] 좁고 대단히 깊은 해저.

渠 도랑 거, 水부12　2613

'渠(거)'자는 '도랑', '해자'를 뜻한다. 破字(파자)하면 '물 氵(수) + 클 巨(거) + 나무 木(목)'이 된다.

도랑, 개천, 해자
[明渠(명거)] 겉도랑. 땅 위로 낸 물 빼는 도랑.
[暗渠(암:거)] 수멍. 물을 대거나 빼기 위하여 땅 밑으로 뚫어 놓은 물구멍.

渺 아득할 묘:, 水부12　2614

'渺(묘)'자는 '물이 아득히 멀리 작게 보이는 모양'을 나타낸다. '물 氵(수)'와 '애꾸눈 眇(묘)'로 이루어졌다.

아득하다, 물이 끝없이 넓다
[渺然(묘연)] 그윽하고 멀어서 눈에 아물아물함.
[杳然(묘연)] 알 길이 없이 까마득함. ¶행방이 묘연하다

風花日將老(풍화일장로) 꽃잎은 하염없이 바람에 지고
佳期猶渺渺(가기유묘묘) 만날 날은 아득타 기약이 없네
不結同心人(불결동심인) 무어라 맘과 맘은 맺지 못하고
空結同心草(공결동심초) 한갓되이 풀잎만 맺으려는고
중국 唐(당), 薛濤(설도)의 시 '春望詞(춘망사)'의 한 구절이다. 시인 金岸曙(김안서)가 번역하여 '同心草(동심초)'라는 제목으로 발표하였다. 번역시는 金聖泰(김성태)가 작곡한 가곡의 가사로도 유명하다.

澎 물결 부딪치는 기세 팽, 水부15　2615

'澎(팽)'자는 '물이 맞부딪치는 소리'를 나타낸다. '물 氵(수)'와 '부풀어 띵띵할 彭(팽)'으로 이루어졌다. '彭(팽)'자는 '북소리'를 나타내는 의성어이기도 하다.

물결 부딪는 기세, 물이 흘러내리는 기세가 성한 모양
[澎湃(팽배)] ① 큰 물결이 맞부딪쳐 솟구침. ② 어떤 기운이나 사조 따위가 거세게 일어 넘침.

湃 물결칠 배, 水부12　2616

'湃(배)'자는 '물결이 이는 모양'을 나타낸다. '물 氵(수)'와 '절할 拜(배)'로 이루어졌다.

물결이 이는 모양, 물결이 부딪는 모양
[澎湃(팽배)] ① 큰 물결이 맞부딪쳐 솟구침. ② 어떤 기운이나 사조 따위가 거세게 일어 넘침.

淳 순박할 순, 水부11　2617

'淳(순)'자는 '순박하다'는 뜻이다. '물 氵(수)'와 '누릴 享(향)'으로 이루어졌다. 여기에서 '享(향)'자는 古字(고자)인 '享'자가 간략하게 변형된 것이다. '순수하다', '순박하다'의 뜻으로 쓰일 때는 '醇(순)'자와 같이 쓴다.

순박하다
[淳朴(순박)/淳樸(순박)/醇朴(순박)] 순진하고 수수함. ¶순박한 인심
[淳化(순화)/醇化(순화)/純化(순화)] ① 순수하게 만듦. ② 쓸데없는 것들을 없애고 깨끗하게 바르게 만드는 일.

인정이 두텁다
[淳厚(순후)/醇厚(순후)] 온순하고 인정이 두터움.

渦 소용돌이 와, 水부12　2618

'渦(와)'자는 '물 氵(수)'와 '입 삐뚤어질 咼(와)'로 이루어졌다. '咼(와)'자는 물이 빙 도는 모양을 나타낸다.

소용돌이, 소용돌이를 치다
[渦中(와중)] ① 소용돌이 속. ② 시끄럽고 어지러운 사건의 가운데. ¶사건의 와중에 휩쓸리다
보조개

湮 잠길 인, 묻힐 인, 水부12　　2619

'湮(인)'자는 '수증기나 물 따위에 막혀 그 속에 가라앉다'는 뜻을 나타낸다. '물 氵(수)'와 '막을 垔(인)'으로 이루어졌다.

망하다, 끊기어 없어지다
[湮滅(인멸)] 자취(흔적)도 없이 묻혀 없어지거나 없애 버림. 좀證據湮滅(증거인멸)
잠기다, 빠져 묻히다, 막히다, 통하지 아니하다

渾 흐릴 혼:, 水부12　　2620

'渾(혼)'자는 '물이 어지러이 흐르는 소리'를 나타낸다. '물 氵(수)'와 '군사 軍(군)'으로 이루어졌다. 후에 '모두'라는 뜻으로도 쓰이게 되었다.

흐리다, 흐리게 하다
[渾沌(혼:돈)/混沌(혼:돈)] ① 하늘과 땅이 아직 나뉘지 않은 개벽 전의 상태. ② 사물이 뒤섞여 갈피를 잡을 수 없는 상태.
[渾天儀(혼:천의)] (천) 지난날 천체의 운행과 위치를 관측하던 기계. 공 모양의 겉쪽에 해·달·별 따위의 천체를 표시하여 네 다리가 있는 틀 위에 올려놓고 돌려가며 보게 만들었음. 준渾儀(혼의)
온, 모두, 온전하다
[渾身(혼:신)] 온몸으로 열정을 쏟거나 정신을 집중하는 상태. ¶혼신의 힘을 다하다
[渾然(혼:연)] ① 온갖 것이 차별이 없는 그러한 모양. ② 조금도 딴 것이 섞이지 않고 고른 모양. ③ 성질이 원만한 모양.
[渾然一體(혼:연일체)] 사람들이 행동이나 사상 또는 의지 따위가 조그만 차이도 없이 완전히 한 덩어리로 뭉친 상태를 이른다.

沌 어두울 돈, 水부7　　2621

'沌(돈)'자는 '물 氵(수)'와 '둔 칠 屯(둔)'으로 이루어졌다. '물이 뒤섞이다'는 뜻이다.

어둡다, 만물 생성의 기운이 아직 나누어지지 않은 모양
[渾沌(혼돈)/混沌(혼:돈)] ☞ 渾(혼)

涵 젖을 함, 水부11　　2622

'涵(함)'자는 '물 氵(수)'와 '넣을 函(함)'으로 이루어졌다. 솜에 물이 서서히 젖는 것처럼 '스며들다'는 뜻을 나타낸다.

젖다, 적시다, 담그다
[涵養(함양)] 학문과 식견이 차차 몸에 스며들도록 하여 마음을 닦음.
넣다, 받아들이다

溜 떨어질 류, 흐를 류, 水부13,　　2623

'溜(류)'자는 '물 氵(수)'와 '머무를 留(류)'로 이루어졌다. '물이 떨어져 흐르다'는 뜻을 나타낸다.

방울져 듣다, 물방울이 떨어지다, 물방울, 떨어지는 물방울
[蒸溜(증류)] (물) 액체 속에 섞인 잡된 물건을 분리시키고, 액체를 끓여 증발시키고, 그 증기를 식혀 다시 액체가 되게 함.
[蒸溜水(증류수)] (물) 보통의 물을 증류하여 얻은, 혼합물을 없애버린 깨끗한 물. 청량음료·실험 따위에 쓰임.

滓 찌꺼기 재, 水부13　　2624

'滓(재)'자는 '물 氵(수)'와 '재상 宰(재)'로 이루어졌다. '조리할 때 밑에 가라앉는 찌끼'를 뜻한다.

찌끼, 앙금
[殘滓(잔재)] 찌꺼기. ¶일제 시대의 잔재

灌 물 댈 관:, 손 씻을 관:, 水부21　　2625

'灌(관)'자는 '물 氵(수)'와 '황새 雚(관)'으로 이루어졌다. 농사를 지을 때 논이나 밭에 '물을 대다'는 뜻이다.

물대다
[灌漑(관:개)/灌水(관:수)] 농사를 짓는 데 필요한 물을 논밭에 대는 것. 물대기. ¶관개 용수
씻다, 닦다, 헹구다
[灌腸(관:장)] (의) (대변을 보게 하거나 병의 치료·영양 공급 따위를 위해) 항문을 통해 약물을 곧은창자나 큰창자에 넣는 것.
나무가 더부룩이 나다
[灌木(관:목)] (식) 떨기나무. 키가 작고, 원줄기와 가지의 구별이 분명하지 않으며, 밑둥에서 가지를 많이 치는 나무. 무궁화·진달래·개나리 따위.

漑 물댈 개, 水부14　　2626

'漑(개)'자는 '물 氵(수)'와 '이미 旣(기)'로 이루어졌다. 농사를 지을 때 논이나 밭에 '물을 대다'는 뜻이다.

물대다
[灌漑(관:개)] ☞ 灌(관)

滲 스밀 삼, 적실 삼, 水부14　　2627

'滲(삼)'자는 '물 氵(수)'와 '석 參(삼)'으로 이루어졌다.

'물이 조금씩 배다'는 뜻이다.
스미다, 배다
[滲透(삼투)] ① 액체 따위가 스며들어감. ② (물) 농도가 다른 두 액체가 반투막을 사이에 두고 접할 때 서로 스며들어 농도가 비슷하게 됨. 참滲透壓(삼투압), 滲透現狀(삼투현상)

漕 배로 실어 나를 조, 水部14   2628

'漕(조)'자는 '물 氵(수)'와 '무리 曹(조)'로 이루어졌다. '물건을 배로 실어 나르다'는 뜻이다.
배로 실어 나르다
[漕運(조운)] 배로 물건을 실어 나름.

滌 씻을 척, 水部14   2629

'滌(척)'자는 '물 氵(수)'와 '가지 條(조)'로 이루어졌다.
씻다, 빨다, 헹구다, 청소하다
[洗滌(세:척)] 깨끗이 씻음. ¶식기 세척기

潰 무너질 궤:, 水部15   2630

'潰(궤)'자는 '물 氵(수)'와 '귀할 貴(귀)'로 이루어졌다. '제방이 무너지다'는 뜻이다.
무너지다, 방죽이 터지다
[潰滅(궤:멸)] 허물어 없어지거나 망함. ¶공산주의의 궤멸
[倒潰(도:궤)] 무너짐.
[崩潰(붕궤)/崩壞(붕괴)] 허물어져 무너짐. ¶축대의 붕궤
[江河大潰從蟻穴(강하대궤종의혈).] 큰 강의 방죽도 개미구멍에서부터 무너지기 시작한다는 뜻으로, '큰일은 반드시 작은 일을 삼가지 않는 데서 일어남'을 비유하여 이르는 말. 堤潰蟻穴(제궤의혈)『韓非子(한비자)·喩老(유노)』☞ * 010
문드러지다
[潰瘍(궤:양)] (의) 헐어서 짓무르는 병. 참胃潰瘍(위궤양), 十二指腸潰瘍(십이지장궤양)
[胃潰瘍(위궤양)] (의) 위 점막에 궤양이 생기는 질환.

潑 물 뿌릴 발, 水部15   2631

'潑(발)'자는 '물 氵(수)'와 '쏠 發(발)'로 이루어졌다. '물이 넓게 펼쳐지게 뿌리다'는 뜻이다.
활발하다
[潑剌(발랄)] 생기 있고 활발함.
[活潑(활발)] 활기가 있고 元氣(원기)가 좋은 것.

澁 떫을 삽, 水部15   2632

'澁(삽)'자는 '물 氵(수)'와 '그칠 止(지) + 그칠 止(지) + 그칠 止(지)로 이루어졌다. '止(지)'는 '발'의 상형이다. 발이 얽히는 모양에서 '지체하다', '물이 매끄럽게 흐르지 않다'는 뜻을 나타낸다.
떫다, 껄끄럽다, 미끄럽지 아니하다
[燥澁(조삽)] 말라서 부드럽지 못하고 파슬파슬함.
어렵다, 험난하여 가기 힘들다
[難澁(난삽)] 어렵고 까다로움. ¶난삽한 문장

潟 개펄 석, 水部15   2633

'潟(석)'자는 '물 氵(수)'와 '신 舄(석)'으로 이루어졌다. '까치가 날아오는 개펄'을 뜻한다.
개펄, 염밭
[潟湖(석호)] (지) 바닷가에서 모래톱이나 모래벌판 등에 의하여 일부가 외해와 분리되어 생긴 호수.
[干潟地(간석지)] 개펄. 갯가의 개흙 땅.

漿 미음 장, 즙 장, 水部15   2634

'漿(장)'자는 '물 水(수)'와 '장수 將(장)'으로 이루어졌다. '조리된 마실 것'을 뜻한다.
미음, 마실 것, 음료
[漿果(장과)] 물열매. 살과 물이 많은 과일. 귤·포도 따위.
[血漿(혈장)] (생) 혈액의 백혈구·적혈구·혈소판 따위의 유형 성분을 뺀 액체 성분. 투명한 담황색인 중성의 액체로, 물·단백질·지질·당류·무기염류 따위로 되어 있음. 세포의 삼투압과 수소이온을 일정하게 유지하는 일을 하며 출혈하였을 때 혈소판과 함께 피를 굳히는 일을 함.

澄 맑을 징, 水部15   2635

'澄(징)'자는 '물 氵(수)'와 '오를 登(등)'으로 이루어졌다. '登(등)'은 '止(지)'와 통하여 '멎다'의 뜻이다. 정지하여 오래 있어 부유물이 다 가라앉은 '맑은 물'을 뜻한다.
맑다, 물이 잔잔하고 맑다
[明澄(명징)] 밝고 맑음. 또는 그 모양.

澹 맑을 담:, 水部16   2636

'澹(담)'자는 '물 氵(수)'와 '이를 詹(첨)/넉넉할 詹(담)'으로 이루어졌다. '담박하다'는 뜻으로 '淡(담)'자와 같이 쓴다.
담박하다, 욕심이 없고 마음이 깨끗하다
[澹泊(담:박)/淡泊(담:박)] ① 마음이 깨끗하고 욕심이 적음. ¶담박한 사람 ② 음식이 느끼하지 않고 맑음. ¶육류는 느끼해서 싫고 담박한 채소가 좋다 ③ 싱겁다

¶술맛이 오늘따라 너무 담박하다 ④ 빛깔이 연하고 맑다 ¶담박한 색의 옷을 즐겨 입다
[雅澹(아:담)/雅淡(아:담)] 조촐하고 산뜻함.
기타
[暗澹(암:담)] ① 어두컴컴하고 선명하지 않음. ② 앞날에 대하여 희망이 없고 막막함. ¶전도가 암담하다

澱 앙금 전:, 水部16　　2637

'澱(전)'자는 '물 氵(수)'와 '큰 집 殿(전)'으로 이루어졌다. '찌끼'의 뜻을 나타낸다.
앙금, 찌기
[澱粉(전:분)] 녹말.
[沈澱(침전)] ① 액체 속에 섞여 있는 물질이 가라앉음. ② (화) 용액 속에서 화학변화가 일어날 때 불용성의 반응 생성물이 생기는 일. 또는 농축·냉각 등에 의하여 용질의 일부가 고체로서 용액 속에 나타나는 일. 참沈澱物(침전물)

濤 큰 물결 도, 水部17　　2638

'濤(도)'자는 '물 氵(수)'와 '목숨 壽(수)'로 이루어졌다. '길게 연이어진 물결, 즉 파도'를 뜻한다.
큰 물결, 물결치다
[怒濤(노:도)] 성난 물결. ¶노도처럼 밀려오다
[波濤(파도)] 바다에 이는 작은 물결(波)과 큰 물결(濤).

瀆 도랑 독, 水部18　　2639

'瀆(독)'자는 '물 氵(수)'와 '행상할 賣(육)'으로 이루어졌다. '도랑'을 뜻한다. ☞讀(독)0448
하수도, 더러워지다, 더럽히다
[瀆職(독직)] 직책을 더럽힘. 특히 공무원이 직권을 이용하여 부정한 행위를 저지르는 일. 참瀆職罪(독직죄)
[冒瀆(모:독)] 말이나 행동으로써 더럽혀 욕되게 함. ¶국가 원수 모독
[汚瀆(오:독)] ① 더러운 도랑. ② 더러움. 또는 더럽힘.
도랑, 밭도랑
[經於溝瀆(경어구독)] '스스로 목매어 도랑에 빠져 죽는다'는 뜻으로, '개죽음'을 비유하여 이르는 말. 『後漢書(후한서)』

濾 거를 여, 水部18　　2640

'濾(려)'자는 '물 氵(수)'와 '생각할 慮(려)'로 이루어졌다. 천 따위를 사용해 '액체를 거르다'는 뜻을 나타낸다.
거르다, 맑게 하다
[濾過(여:과)] 액체나 기체 속에 들어 있는 불순물을 걸러 순수물만 나오게 함. ¶여과 장치 참濾過紙(여과지)

瀑 폭포 폭, 水部18　　2641

'瀑(폭)'자는 '물 氵(수)'와 '사나울 暴(폭)'으로 이루어졌다. 사납게 쏟아지는 물 즉, '폭포'를 뜻한다.
폭포
[瀑布(폭포)] 물이 절벽에서 쏟아져 내리는 것. 또는 그 물. 참瀑布水(폭포수)

瀕 물가 빈, 가까울 빈, 水部19　　2642

'瀕(빈)'자는 '건널 涉(섭)'과 '머리 頁(혈)'로 이루어졌다. '涉(섭)'은 '물을 건너다'의 뜻이고, '頁(혈)'은 '머리'를 뜻한다. 내를 건널 때의 물결처럼 '얼굴에 주름이 잡히다'의 뜻을 나타내는 글자였다. '임박하다'는 뜻으로도 쓰인다. 음으로 보면 '물 氵(수)'와 '자주 頻(빈)'으로 이루어진 글자이다.
임박하다, 다가오다
[瀕死(빈사)] 거의 죽을 지경에 이름. ¶빈사 상태에 빠지다
물가, 물녘

瀾 물결 란, 水部20　　2643

'瀾(란)'자는 '물 氵(수)'와 '가로막을 闌(란)'으로 이루어졌다. '큰 물결'을 뜻한다.
물결, 큰 물결, 물결이 일다
[波瀾(파란)] ① 물결이 일어남. ② 심한 변화. 순조롭지 않고 어수선한 곤란이나 사단. ¶파란 많은 역사
[波瀾萬丈(파란만장)] 물결의 기복이 몹시 심한 것처럼 생활이나 일의 진행에도 변화가 심함. ¶파란만장한 삶 回波瀾重疊(파란중첩)
[平地起波瀾(평지기파란)] 평지에 파란을 일으킨다는 뜻으로, '평온한 자리에서 뜻밖에 일어나는 다툼질'을 비유하여 이르는 말. 平地風波(평지풍파).

灑 뿌릴 쇄, 水部22　　2644

'灑(쇄)'자는 '물 氵(수)'와 '고울 麗(려)'자로 이루어졌다. '물을 뿌려 곱게 하다'는 뜻을 나타낸다.
맑고 깨끗하다, 상쾌하다
[瀟灑(소쇄)] 맑고 깨끗함. ¶소쇄한 풍경이 참 아름답다
물을 뿌리다, 물을 끼얹다

灸 뜸 구, 火部7　　2645

'灸(구)'자는 '불 火(화)'와 '오랠 久(구)'자로 이루어졌다. '久(구)'자는 약쑥으로 몸의 한 점을 태워 치료나

형벌로 사용하는 '뜸'의 뜻을 나타낸다. 후에 '불 火(화)'를 붙여 그 뜻을 분명하게 했다.

뜸, 약쑥으로 살을 떠서 병을 고치는 방법, 뜸질하다
[灸師(구사)] 뜸질을 업으로 하는 사람.
[灸術(구술)] 뜸을 뜨는 기술.
[灸穴(구혈)] (한의) 뜸을 뜰 수 있는 일정한 자리.
[鍼灸(침구)] 침질과 뜸질.
기타
[面灸(면:구)] 남을 마주 대하기가 부끄러움. ¶면구스럽다

灼 사를 작, 火부7   2646

'灼(작)'자는 '불 火(화)'와 '잔질할 勺(작)'으로 이루어졌다. '불이 밝게 빛남'을 뜻한다.

사르다, 굽다
[灼熱(작열)] 새빨갛게 닮. 타는 듯한 뜨거움.

炸 터질 작, 튀길 작, 火부9   2647

'炸(작)'자는 '불 火(화)'와 '일어날 乍(작)'으로 이루어졌다. '폭발하여 불이 일어나다'는 뜻을 나타낸다.

터지다, 폭발하다
[炸裂(작렬)] 폭발물이 터져서 쫙 퍼짐.

炒 볶을 초, 火부8   2648

'炒(초)'자는 소란스러운 모양을 나타내는 의태어이다. '불 火(화)'와 '적을 少(소)'로 이루어졌다.

볶다
[炒麵(초면)] 밀국수를 기름에 볶아 만든 음식.
[炒醬(초장)] 쇠고기를 말려서 만든 가루와 생강·파·후춧가루·천초가루·깨 등을 원료로 하고 간장·기름·꿀을 쳐서 주무른 뒤에 물을 약간 붓고 볶은 음식.

炙 고기 구울 자/적, 火부8   2649

'炙(자/적)'자는 '고기 月(육)'과 '불 火(화)'로 이루어졌다. '고기를 굽다'는 뜻을 나타낸다.

굽다, 고기를 굽다, 구운 고기
[炙鐵(적철)] 석쇠.
[人口膾炙(인구회자)/膾炙人口(회자인구)] '회와 구운 고기'라는 뜻으로, 회나 구운 고기는 맛이 있어 누구 입에나 맞듯이, 어떤 일의 명성이나 평판이 뭇사람의 입에 오르내림. ¶인구에 회자되다 图膾炙(회자)
[夏爐炙濕冬扇翣火(하:로자습동선삽화)] 여름 화로는 습기를 말리는 데 쓰이고 겨울 부채는 불을 피우는 데 쓰인다는 뜻으로, '물건은 제각기 때를 따라 그 쓰임을 달리함'을 이르는 말.

갖은 양념을 하고 대꼬챙이에 꿰어서 불에 구운 어육, 통닭·통꿩·족 따위를 양념하여 구워서 제사상에 올리는 음식
[散炙(산적)] ① 쇠고기 따위를 길쭉길쭉하게 썰어 갖은 양념을 하여 대꼬챙이에 꿰어서 구운 적. ② '사슴산적'의 준말.
[魚炙(어적)] 물고기를 구워서 만든 적.

烙 지질 락, 火부10   2650

'烙(락)'자는 '불 火(화)'와 '각각 各(각)'으로 이루어졌다. 불로 쇠를 달구어 몸에 단근질을 하는 뜻을 나타낸다.

지지다, 단 쇠로 몸을 지지다, 또는 그리하는 형벌
[烙印(낙인)] ① 쇠붙이로 만들어 불에 달구어 찍는 도장. ② 씻기 어려운 불명예스러운 이름이나 평판. ¶반역자라는 낙인이 찍히다
[烙畵(낙화)] (미) 인두 그림.
[炮烙刑(포락형)] 달군 쇠로 살을 지지는 형벌.

烽 봉화 봉, 火부11   2651

'烽(봉)'자는 '불 火(화)'와 '거스를 夆(봉)'으로 이루어졌다.

봉화
[烽火(봉화)] 나라에 변란이 있을 때 신호로 올리던 불. 전국의 일정한 산머리에 봉홧둑을 만들어, 낮에는 토끼 똥을 태워 곧게 올라가는 연기로, 밤에는 불로써 하여 서울에까지 알렸음. 图烽燧(봉수)

焚 불사를 분, 火부12   2652

'焚(분)'자는 '불 火(화)'와 '수풀 林(림)'으로 이루어졌다. '숲을 불로 태움'이란 뜻에서 일반적으로 '태우다'를 뜻한다.

불사르다, 타다
[焚書坑儒(분서갱유)] (역) 중국의 진시황이 즉위 34년에 학자들의 정치 비판을 금하려고, 민간에서 가지고 있던 醫藥(의약)·卜筮(복서)·農業(농업)에 관한 책만을 제외하고 모든 서적을 모아서 불살라 버리고, 이듬해 함양에서 수백 명의 儒生(유생)을 구덩이에 묻어 죽인 일.
[焚身(분신)] 자기 몸을 불태움. ¶분신자살
[焚蕩(분탕)] ① 집안의 재산을 죄다 없애버림. ② 몹시 야단스럽고 부산하게 굴거나 소동을 일으킴. ¶분탕질을 치다
[焚香(분향)] 향을 피움. 참焚香再拜(분향재배)
[玉石俱焚(옥석구분)] '옥이나 돌이나 모두 다 탄다'는 뜻으로, '옳은 사람이나 그른 사람이나 구별이 없이 모두 재앙을 받음'의 비유하는 말이다.

[玩火自焚(완화자분)] 불을 가까이 하다가 자신을 태운다. 무모하게 남을 해치려고 하다가 결국 자신이 해를 입게 된다는 것을 비유하는 말이다. 『春秋左氏傳(춘추좌씨전)·隱公(은공)4년』

焰 불꽃 염, 火부12　　2653

'焰(염)'자는 '불 火(화)'와 '함정 臽(함)'으로 이루어졌다.

불이 당기다, 불이 붙기 시작하는 모양, 불꽃

[氣焰(기염)] ① 대단한 기세. 굉장한 호기. ② 타오르는 불꽃.
[火焰(화:염)] ① 불에서 이는 불꽃. ② 타는 불에서 일어나는 붉은 빛의 기운. 참火焰瓶(화염병), 火焰放射器(화염방사기)

煖 따뜻할 난:, 더울 난, 火부13　　2654

'煖(난)'자는 '불 火(화)'와 '이에 爰(원)'으로 이루어졌다. '불을 끌어당기어 쬐다', '따뜻하게 하다'는 뜻을 나타낸다. 비슷한 의미의 글자로 따뜻할 '暖(난)'자가 있다. 해나 햇볕과 관련하여 따뜻해질 때는 '暖(난)'자를 쓴다. 불을 때거나 옷을 입거나 해서 따뜻해지는 경우에는 '暖(난)'자와 '煖(난)'자를 함께 쓴다.

따뜻하다, 따뜻하게 하다

[煖爐(난:로)] 땔감을 때거나 전기 같은 것으로 열을 내어서 방안을 덥게 하는 기구나 장치. ¶난로를 피우다 참壁煖爐(벽난로)
[煖房(난:방)/暖房(난:방)] ① 따뜻한 방. ② 방을 따뜻하게 하는 일. 참煖房施設(난방시설), 煖房裝置(난방장치)
[暖衣飽食(난:의포식)/煖衣飽食(난:의포식)] 따뜻한 옷을 입고 배불리 먹음. ☞ *076
[寒暖(한난)/寒煖(한난)] 추위와 따뜻함.

煤 그을음 매, 火부13　　2655

'煤(매)'자는 '불 火(화)'와 '아무 某(모)'로 이루어졌다.

그을음

[煤煙(매연)] 그을음 섞인 연기.

煞 죽일 살, 火부13　　2656

'煞(살)'자는 '죽일 殺(살)'자와 동자이다. '급할 急(급)'과 '칠 攵(복)'으로 이루어졌다. '急(급)'자의 '心(심)' 부분이 '灬'로 바뀌었다. '급하게 쳐서 죽이다'는 뜻이다. 주로 '흉한 운수'라는 뜻으로 쓰인다.

흉한 운수

[急煞(급살)] (민) 그것이 나타나거나 그것을 보면 운수가 언짢다는 별. ¶급살을 맞다

[桃花煞(도화살)] 占術(점술)이나 四柱學(사주학)에서 가장 중요시되는 煞(살)의 하나. 사주에 이 살이 있으면 남자는 好色(호색)하는 성질이 있어 酒色(주색)으로 집을 망하게 하는 수가 있고, 여자는 음란한 성질 대문에 일신을 망침은 물론 한 집안을 망치게 한다고 함.
[三煞方(삼살방)] 세살(歲煞)·겁살(劫煞)·재살(災煞)에 당한 불길한 방위
[亡身煞(망신살)] 몸을 망치거나 망신을 당할 운수. ¶망신살이 뻗치다
[喪夫煞(상부살)] (민) 남편을 여의고 과부가 될 흉한 살.
[驛馬煞(역마살)] 늘 분주하게 멀리 돌아다녀야 하는 액운. ¶역마살이 끼다

죽이다

煮 삶을 자(:), 火부13　　2657

'煮(자)'자는 '놈 者(자)'와 '불 灬(화)'로 이루어졌다.

삶다, 익히다, 삶아지다, 익다

[煮沸(자:비)] 물 따위가 펄펄 끓음.
[煮豆燃豆萁(자두연두기), 豆在釜中泣(두재부중읍).] 콩을 삶는데 콩대를 베어 때니, 솥 안에 있는 콩이 눈물 흘리네. 『世說新語(세설신어)·七步詩(칠보시)』☞ *436

煎 달일 전(:), 火부13　　2658

'煎(전)'자는 '불 灬(화)'와 '앞 前(전)'으로 이루어졌다. '진국만을 빼내기 위해 잘 끓이다'는 뜻이다.

달이다, 졸이다, 마음을 졸이다, 애태우다

[煎心(전심)] 마음을 졸임.

전, 기름에 지진 음식, 저냐

[煎餅(전:병)] ① 부꾸미. 찹쌀가루·밀가루·수수가루 따위를 반죽하여 둥글고 넓게 하여 번철에 지진 떡. 팥소를 넣기도 함. ② '일이나 물건이 제대로 되지 못하거나 아주 잘못된 상태'를 비유하여 이르는 말.
[煎油魚(전:유어)] 야채나 생선 고기 따위를 얇게 저며 소금과 후춧가루 따위로 간을 한 다음 밀가루와 달걀을 씌워 기름에 부친 음식을 통틀어 이르는 말. 동煎油花(전유화)
[花煎(화전)] 진달래나 국화 따위의 꽃잎을 붙여 만든 지짐이.

煌 빛날 황, 火부13　　2659

'煌(황)'자는 '불 火(화)'와 '임금 皇(황)'으로 이루어졌다. '세찬 불의 빛'을 뜻한다.

빛나다, 빛이 빛나다

[輝煌(휘황)] 광채가 눈이 부시게 빛나다. '輝煌燦爛(휘황찬란)'의 준말.

煽 부칠 선, 火부14 — 2660

'煽(선)'자는 '불 火(화)'와 '부채 扇(선)'으로 이루어졌다. '부채질하여 불을 일으키다'의 뜻을 나타낸다.
부치다, 부채질하다, 부추기다, 꼬드기다
[煽動(선동)] 어떤 행동 대열에 참여하도록 문서나 언동으로 대중의 감정을 부추기어 움직이게 함. 참 煽動政治(선동정치)

熄 불 꺼질 식, 火부14 — 2661

'熄(식)'자는 '불 火(화)'와 '쉴 息(식)'으로 이루어졌다.
꺼지다, 그치다
[終熄(종식)] 어떤 현상이나 일이 끝나거나 없어짐.

燎 횃불 료, 화톳불 료, 火부16 — 2662

'燎(료)'자는 '불 火(화)'와 '화톳불 尞(료)'로 이루어졌다. '화톳불 尞(료)'자는 '燎(료)'자의 原字(원자)로 불 위에 쌓아 놓은 나무와 흩어지는 불티의 모양을 나타낸 것이었다. 여기에 '불 火(화)'를 붙여 '화톳불', '불을 놓다'는 뜻을 나타내었다.
화톳불
[燎火(요화)] 화톳불. 한군데에 장작 따위를 쌓아 놓고 질러 놓은 불.
밝다, 초목에 불을 놓다, 불타다, 들불
[燎原(요원)] 불타고 있는 벌판. ¶요원의 불길
[燎原之火(요원지화)] '번지는 벌판의 불'이란 뜻으로 '난리나 시위 따위가 막을 수 없이 무섭게 번져 나가는 기세'의 비유.

熾 성할 치, 火부16 — 2663

'熾(치)'자는 '불 火(화)'와 '찰진 흙 戠(시)'로 이루어졌다.
성하다, 불길이 세다, 기세가 세다
[熾熱(치열)] 열이 매우 높음.
[熾烈(치열)] (세력이나 기세가) 불길같이 맹렬함.

爪 손톱 조, 爪부4 — 2664

'爪(조)'자는 손을 엎어서 밑에 있는 물건을 집어 드는 모양에서 '손톱'을 뜻한다. '爪(조)'를 意符(의부)로 하여 '손으로 잡다'의 뜻을 포함하는 문자를 이룬다. 部首(부수)로 쓰일 때는 '爫(조)'의 형태로 쓰인다.
손톱, 손가락 끝에 끼우는 물건, 메뚜기(끼워놓은 것이 벗어지지 못하도록 꽂는 물건), 긁다, 할퀴다
[爪毒(조독)] (한의) 손톱으로 긁힌 자리에 균이 들어가서 생긴 염증.
[爪傷(조상)] 손톱이나 발톱에 긁혀서 입은 생채기.
[雪泥鴻爪(설니홍조)] 눈 위의 기러기 발자국, 곧 눈이 녹으면 없어진다는 뜻으로, '인생이 무상하고 아무 흔적이 없음'을 비유하여 이르는 말. 飛鴻踏雪泥(비홍답설니) 『蘇軾(소식)·詩(시)』

爬 긁을 파, 爪부8 — 2665

'爬(파)'자는 '손톱 爪(조)'와 '땅 이름 巴(파)'로 이루어졌다. '손으로 긁다', '손으로 기다'는 뜻을 나타낸다.
긁다, 손톱으로 긁다
[爬痒(파양)] 가려운 데를 긁음.
[搔爬(소파)] (의) 체표면 또는 體腔(체강) 표면의 연조직을 긁어내는 일. 인공 유산 따위에 씀. 참 搔爬手術(소파수술)
기다, 기어 다니다
[爬行(파행)] 벌레나 뱀 따위가 기어다님.
[爬蟲類(파충류)] (동) 척주동물의 한 강. 피부가 각질의 표피성 비늘로 덮인 변온동물의 총칭임. 허파로 숨을 쉬며 대부분이 卵生(난생) 또는 卵胎生(난태생)임. 거북·뱀·악어 등.

爻 사귈 효, 가로 그을 효, 효 효, 爻부4 — 2666

'爻(효)'자는 팔랑개비처럼 물건을 엮어 맞춘 모양을 형상화한 것이다. '엇갈리다', '만나다'는 뜻으로 쓰인다.
효, 육효(六爻), 엇걸리다
[爻(효)] 주역의 卦(괘)를 나타내는 가로 그은 획. '―'을 陽(양)으로, '- -'을 陰(음)으로 한다.
[卦爻(괘효)] 易卦(역괘)를 이루는 여섯 개의 획.
[數爻(수효)] 사물의 낱낱의 수.
[六爻(육효)] (민) 점괘의 여섯 가지 획 수.

爽 시원할 상:, 爻부11 — 2667

'爽(상)'자를 破字(파자)하면, '큰 大(대) + 사귈 爻(효) + 사귈 爻(효)'가 된다. 원래는 '喪(상)'과 통하여, '잃다'는 뜻이었으나 지금은 '시원하다', '밝다'는 뜻으로 쓰인다.
시원하다, 마음이 맑고 즐겁다
[爽凉(상:량)] 기후가 선선하여 시원함.
[爽快(상:쾌)] 느낌이 산뜻하고 마음이 기쁨. ¶계곡에는 상쾌한 바람이 불어왔다
밝다, 명백하다

爾 너 이, 爻부14 — 2668

'爾(이)'자는 아름답게 빛나는 꽃의 모양을 본뜬 것이다. 二人稱(이인칭) '너'를 뜻한다. '너 爾(이)'는 아름답게 빛나는 꽃이다.

너, 상대방을 부르는 말
[出乎爾者反乎爾(출호이자반호이).] 너에게서 나온 것은 너에게로 돌아간다. 네가 한 언행은 네게로 돌아간다. 즉 선에는 선이 돌아오고, 악에는 악이 돌아온다. 스스로 인(因)을 지어 스스로 과(果)를 받음. ☞『孟子(맹자)·梁惠王 下(양혜왕 하)』

牌 패 패, 片부12   2669

'牌(패)'자는 '조각 片(편)'과 '낮을 卑(비)'로 이루어졌다. '간단한 팻말'을 뜻한다.

명패, 공을 새긴 패
[骨牌(골패)] 납작하고 네모진 작은 나뭇조각 32개에 각각 흰 뼈를 붙이고, 여러 가지 수효의 구멍을 판 노름 기구. 또는 그것을 가지고 하는 노름.
[名牌(명패)] 성명을 쓴 패쪽.
[門牌(문패)] 대문에 거는 주소·성명을 적은 패.
[賞牌(상패)] 상으로 주는 패.
[號牌(호:패)] (역) 조선 시대, 열여섯 살 이상의 남자가 신분을 증명하기 위하여 차던 길쭉한 패. 한 면에 이름과 출생년도의 간지를 쓰고 뒷면에 관아의 낙인을 찍은 패.

부신, 부절
[馬牌(마:패)] 지름이 10cm쯤 되게 만든 구리쇠의 둥근 패. 벼슬아치가 공무로 지방에 나갈 때 역말을 징발하는 표로 썼음.

위패
[位牌(위패)] 신주로 모시는 패. 靈位(영위)의 이름을 적은 나무패.

방패
[防牌(방패)] ① 옛날 전쟁에서 적의 창·칼·화살 따위를 막기 위해 몸을 가리던 판. ② '앞장세워 위험을 막아내기 위한 수단이나 그러한 사람'을 비유하는 말.

牒 글씨 판 첩, 편지 첩, 片부13   2670

'牒(첩)'자는 '조각 片(편)'과 '나뭇잎 枼(엽)'으로 이루어졌다. 나뭇잎과 같이 엷은 패 즉, '문서'를 뜻한다.

글씨판(문서를 적는 엷은 널빤지)
[請牒(청첩)] 경사가 있을 때 남을 초청하는 글발. 🔗請牒狀(청첩장)
[通牒(통첩)] 문서로 알리는 일. 또는 그 글월. ¶최후통첩을 하다

공문서, 관청의 문서
[度牒(도:첩)] 고려 말부터 나라에서 중에게 발급하던 신분증명서.
[移牒(이첩)] 받은 통첩을 다른 기관으로 다시 보냄.

牢 리 뢰, 牛부7   2671

'牢(뢰)'자는 우리에 들어간 소를 형상화한 것이다. '집

宀(면)'과 '소 牛(우)'로 이루어졌다.

마소나 돼지 등 가축을 기르는 곳
[亡羊補牢(망양보뢰)] 양을 잃고 우리를 고침. 이미 실패한 뒤에 뉘우쳐도 쓸데없음을 비유하여 이르는 말. 소 잃고 외양간 고치기. 『戰國策(전국책)』

牝 암컷 빈, 牛부6   2672

'牝(빈)'자는 '소 牛(우)'와 '비수 匕(비)'로 이루어졌다. '암소'의 뜻에서 일반적으로 '암컷'의 뜻을 나타낸다.

암컷
[牝鷄之晨(빈계지신)] 암탉이 울어 새벽을 알린다. '암탉이 울면 집안이 망한다'는 뜻이다.
[牝牡(빈모)] 짐승의 암컷과 수컷.

牡 수컷 모, 牛부7   2673

'牡(모)'자는 '소 牛(우)'와 '土흙 (토)'로 이루어졌다. 여기에서 '土(토)'는 수컷의 성기를 나타낸 것이다. '수소'의 뜻에서 일반적으로 '수컷'의 뜻을 나타낸다. 보통 날짐승의 암수는 '雌雄(자웅)'으로, 짐승의 암수는 '牝牡(빈모)'로 나타낸다.

수컷
[牡牛(모우)] 수소.
[牝牡(빈모)] ☞ 牝(빈)
[種牡牛(종모우)] 씨를 받을 황소.

기타
[牡丹(모단→모란)] (식) 미나리아재빗과의 갈잎떨기나무. 잎은 깃꼴겹잎으로 긴 잎자루가 달려 있음. 큰 꽃이 5월쯤에 피는데, 보통은 붉으나 품종에 따라 약간씩 다름. 뿌리의 껍질은 약에 쓰임. 관상용이나 약재용으로 재배함.

犧 희생 희, 牛부20   2674

'犧(희)'자는 '소 牛(우)'와 '복희 羲(희)'로 이루어졌다. '羲(희)'자는 '옳을 義(의) + 어조사 兮(혜)'로 이루어진 글자이다. '義(의)'자는 '羊(양)'을 톱 모양의 기구我(아)로 잡는 모양을 나타낸다. '犧(희)'자는 살아있는 祭物(제물)로 바칠 '소'를 뜻한다.

牲 희생 생, 牛부9   2675

'牲(생)'자는 '소 牛(우)'와 '날 生(생)'으로 이루어졌다. '산채로 신에게 바치는 물건(소)'를 뜻한다. 가축을 기를 때는 '畜(축)'이라 하고, 제사에 쓸 때는 '牲(생)'이라고 하였다. 종묘에 쓰는 가축은 처음에는 소를 쓰다가 나중에 양으로 대신하였다.

희생, 종묘(宗廟)의 제향에 쓰는 희생, 제사에 쓰거나 먹는

가축의 통칭
[犧牲(희생)] ① 천지·종묘에 제물로 쓰는 짐승 곧, 산양이나 소 혹은 돼지. ② 남을 위하여 목숨이나 재물 혹은 권리 등을 버리거나 빼앗기는 일.

狄 오랑캐 적, 犬부7　2676

'狄(적)'자는 '개 犭(견)'과 '또 亦(역)'으로 이루어졌다. '亦(역)'은 겨드랑이를 뜻한다. 漢民族(한민족)의 곁에서 사는 異民族(이민족)을 멸시하여 '개 犬/犭(견)'자를 붙여서, '오랑캐'의 뜻을 나타냈다.

오랑캐, 북방 오랑캐
[南蠻北狄(남만북적)] 남쪽과 북쪽에 사는 오랑캐.
[夷蠻戎狄(이만융적)] 東夷(동이)·南蠻(남만)·西戎(서융)·北狄(북적) 즉, 동서남북의 모든 오랑캐를 통틀어 일컬음.

狙 원숭이 저, 犬부8　2677

'狙(저)'자는 '개 犭(견)'과 '또 且(차)'로 이루어졌다. '사람의 빈틈을 엿보는 동물'을 뜻한다.

노리다, 엿보다, 원숭이, 교활하다, 속이다
[狙擊(저격)] 노리고 겨냥하여 냅다 치거나 총을 쏨.

狐 여우 호, 犬부8　2678

'狐(호)'자는 '개 犭(견)'과 '오이 瓜(과)'로 이루어졌다. '瓜(과)'는 호리병의 뜻이다. 머리 부분이 작고 뒤꼬리가 커다랗게 부푼 호리병 모양을 한 짐승 즉, '여우'를 뜻한다.

여우
[狐假虎威(호가호위)] 여우가 호랑이의 위세를 빌리다. 남의 권세를 빌려 위세를 부림을 비유한 말.
[狐死首丘(호사수구)] '여우가 죽을 때는 제가 살던 굴이 있는 언덕 쪽으로 머리를 돌린다'는 뜻으로, ① 죽을 때에도 자기의 근본을 잊지 아니함. ② 고향을 그리워함을 뜻하는 말이다. 圖首丘初心(수구초심)
[狐鼠輩(호서배)] 아주 간사하고 못된 무리.
[九尾狐(구미호)] ① 오래 묵어서 꼬리가 아홉 개나 달리고, 자유자재로 변신을 잘하여 사람을 호린다는 여우. ② '몹시 약아빠지고 교활한 사람'을 비유하는 말.
狐狼(호랑), 狐狸(호리), 豺狐(시호)

狡 교활할 교:, 犬부9　2679

'狡(교)'자는 '개 犭(견)'과 '사귈 交(교)'으로 이루어졌다. 개 같은 사귐 즉, '교활하다'는 뜻이다.

교활하다, 간교하다
[狡免三窟(교:토삼굴)] '똑똑한 토끼는 만약을 위해 세 개의 굴을 파 놓는다'는 뜻으로, '만약을 위해 이중 삼중의 대비책을 마련하는 준비성'을 말한다. 圖狡免三穴(교토삼혈)
[狡猾(교:활)] 간사하고 능글맞음. ¶교활한 웃음
[狡免死良狗烹(교토사양구팽)/免死狗烹(토사구팽).] '교활한 토끼가 죽으면 달리던 개도 삶아 먹힌다'는 뜻으로, '전쟁이 끝나면 功臣(공신)도 쓸모없는 것으로서 물리침을 당함'을 이르는 말.『史記(사기)·淮陰侯列傳(회음후열전)』☞ * 442

猾 교활할 활, 犬부13　2680

'猾(활)'자는 '개 犭(견)'과 '뼈 骨(골)'로 이루어졌다. '骨(골)'은 滑(활)과 통하여 '잔꾀가 매끄럽게 작용하다'는 뜻을 나타낸다.

교활하다, 교활한 사람
[狡猾(교:활)] ☞ 狡(교)

狩 사냥 수, 犬부9　2681

'狩(수)'자는 '개 犭(견)'과 '지킬 守(수)'로 이루어졌다.

사냥, 몰이꾼·사냥개를 써서 하는 사냥, 불을 놓아 하는 사냥
[狩獵(수렵)] 사냥.

책임을 맡아 부임하는 곳, 임지(任地)
[巡狩(순수)] 임금이 나라 안을 두루 살피며 돌아다님.
웹巡狩碑(순수비) ¶북한산에 진흥왕순수비가 있다

狼 이리 랑, 犬부11　2682

'狼(랑)'자는 '개 犭(견)'과 '좋을 良(량)'으로 이루어졌다. 여기에서 '良(량)'은 '물결 浪(랑)'의 생략형이다. 이리가 파도처럼 떼를 지어 덮쳐오는 것을 뜻한다.

이리, 짐승 이름
[使羊將狼(사:양장랑)] 양으로 하여금 이리의 장수가 되게 한다는 뜻으로, '약자에게 강자를 통솔하게 함'을 비유하여 이르는 말.
[豺狼(시:랑)] 승냥이와 이리. '탐욕스럽고 잔혹한 사람'의 비유. 웹豺狼當路(시랑당로), 豺狼橫道(시랑횡도)
[餓狼(아:랑)] 굶주린 이리. '탐욕스러운 사람'의 비유. 웹餓狼之口(아랑지구)
[鷹視狼步(응시낭보)] 매 같은 날카로운 눈매와 이리 같은 탐욕스런 걸음걸이. '매나 이리처럼 날래고 탐욕스런 모양'을 이름.
[虎狼(호:랑)] ① 범과 이리. ② '욕심이 많고 잔인한 사람'을 비유한 말. 웹虎狼之心(호랑지심)
[前門拒虎後門進狼(전문거호후문진랑).] 범을 피하자 늑대를 만남. 겨우 한 가지 재난을 피하자마자 또 다른 재난에 부딪침. 前虎後狼(전호후랑).『趙雪航(조설항)·評史(평사)』

어지러워지다, 어수선하다
[狼狽(낭패)] 뜻하거나 바라던 일이 실패되거나 어그러져 몹시 딱한 형편을 이른다. 狼(랑)자는 '승냥이·어지럽다'의 뜻이고, 狽(패)자는 '이리·허겁지겁'의 뜻이다.

猜 시기할 시, 犬부11   2683

'猜(시)'자는 '개 犭(견)'과 '푸를 靑(청)'으로 이루어졌다. '검푸른 개'라는 뜻에서. '의심쩍게 시새우다'는 뜻을 나타낸다.
새암하다, 원망하다, 의심하며 원망하다, 새암
[猜忌(시기)] 샘하여 미워함. 圍猜忌心(시기심)
[猜疑(시의)] 시기하고 의심함.
[猜妬(시투)] 시기하고 질투함.

猝 갑자기 졸, 犬부11   2684

'猝(졸)'자는 '개 犭(견)'과 '군사 卒(졸)'로 이루어졌다. 여기에서 '卒(졸)'자는 '갑자기'의 뜻으로 쓰였다. '개가 갑작스럽게 뛰어나가다'는 뜻에서 '갑자기'란 뜻을 나타낸다.
갑자기, 개가 풀숲에서 갑자기 뛰어나오다, 창졸간에
[猝富(졸부)] 벼락부자. 갑자기 된 부자.
[猝地(졸지)] 갑작스러운 처지. 갑자기.
[猝地風波(졸지풍파)] 갑작스레 생기는 풍파.
[倉猝(창:졸)/倉卒(창:졸)] 미처 어찌할 사이 없이 매우 급작스러움. ¶창졸간에 벌어진 일이라 정신을 차릴 수 없었다 圍倉猝間(창졸간)/倉卒間(창졸간)
[猝富貴不祥(졸부귀불상)] 갑자기 얻은 부귀는 도리어 상서롭지 못함.

猫 고양이 묘:, 犬부12   2685

'猫(묘)'자는 '개 犭(견)'과 '모종 苗(묘)'로 이루어졌다. '苗(묘)'자는 '고양이 울음소리'의 의성어이다.
고양이
[猫頭懸鈴(묘:두현령)] 고양이 목에 방울 달기. 실행하기 어려운 空論(공론)을 비유하는 말.
[猫鼠同處(묘:서동처)] '고양이와 쥐가 한 자리에서 지낸다'는 뜻으로, 도둑을 잡아야 할 자가 그 본분을 버리고 도둑과 한 패가 되는 일. 상하가 결탁하여 부정을 행함.
[黑猫白描論(흑묘백묘론)] 검은 고양이든 흰 고양이든 쥐만 잘 잡으면 된다. 중국의 개혁 개방과 관련한 덩샤오핑(鄧小平)의 이론.

猥 외람할 외:, 함부로 외:, 犬부12   2686

'猥(외)'자는 '개 犭(견)'과 '두려워할 畏(외)'로 이루어졌다.
함부로, 뜻을 굽히어
[猥濫(외:람)] 하는 짓이 분수에 지나침. ¶외람된 생각

인지 모르겠습니다만…
더럽다, 추잡하다
[猥褻(외:설)] 남녀 간의 색정에 관하여 행동이 난잡함. ¶그 소설은 외설 시비에 휘말렸다
[猥俗(외:속)] 상스러운 풍속.

褻 속옷 설, 더러울 설, 衣부17   2687

'褻(설)'자는 '옷 衣(의)' 가운데에 '권세 埶(세)'자를 넣어 만든 글자이다. '오랫동안 입어 익숙해진 옷'이 본뜻이었다.
[猥褻(외:설)] ☞ 猥(외)

獅 사자 사, 犬부13   2688

'獅(사)'자는 '개 犭(견)'과 '스승 師(사)'로 이루어졌다.
사자
[獅子舞(사자무)] 사자춤. 사자탈을 쓰고 추는 춤.
[獅子(사자)] 털은 엷은 갈색이고 수컷은 뒷머리와 앞가슴에 긴 갈기가 있는 포유동물. 百獸(백수)의 왕으로 불린다.
[獅子吼(사자후)] ① '사자의 으르렁거림'이란 뜻으로, '크게 부르짖어 열변을 토하는 연설'을 일컫는 말. ② 질투가 많은 사람이 암팡지게 떠드는 일. ③ (불) '부처님의 위엄 있는 설법에 뭇 악마가 굴복하여 귀의함'을 비유하는 말.

猿 원숭이 원, 犬부13   2689

'猿(원)'자는 '개 犭(견)'과 '옷 길 袁(원)'으로 이루어졌다.
원숭이
[類人猿(유인원)] 유인원과에 속한 고릴라, 침팬지, 오랑우탄, 긴팔원숭이 따위를 통틀어 이르는 말. 인류에 가장 가까운 동물로서 사람 이외의 동물 중에서 지능이 가장 높다. 꼬리가 없고, 거의 서서 걸을 수 있으며, 앞다리로 물건을 쥘 수 있다.
[犬猿之間(견원지간)] 개와 원숭이의 사이처럼 두 사람의 관계가 몹시 나쁜 사이.
[心猿意馬(심원의마)] 마음은 원숭이 같고, 생각은 말과 같다. 출랑대는 원숭이처럼 마음이 잠시도 가만히 있지 못하는 것을 心猿(심원)이라 하고, 항상 달리기를 생각하는 말처럼 뜻이 여러 갈래로 오가는 것을 意馬(의마)라고 한다. 사람이 근심 걱정 때문에 가만히 있지 못하는 것을 비유하는 말이다.

玩 장난할 완:, 사랑할 완:, 玉부8   2690

'玩(완)'자는 '구슬 玉(옥)'과 '으뜸 元(원)'으로 이루어졌

다. '구슬을 가지고 놀다'는 뜻이다.
희롱하다, 가지고 놀다, 장난하다
[玩火自焚(완화자분)] 불을 가까이 하다가 자신을 태운다. 무모하게 남을 해치려고 하다가 결국 자신이 해를 입게 된다는 것을 비유하는 말이다.『春秋左氏傳(춘추좌씨전)·隱公(은공)4년』
[玩人喪德(완인상덕), 玩物喪志(완물상지).] 사람을 하찮게 여기면 덕을 잃게 되고, 물건을 가지고 놀기를 좋아하면 뜻을 잃게 된다.『書經(서경)·旅獒(여오)』
즐기다, 사랑하다
[玩賞(완:상)] 구경. 흥미나 관심을 가지고 봄.
[愛玩(애:완)] 사랑하고 귀여워하여 가까이 두고 다루거나 즐기는 것. ¶애완 동물
노리개, 장난감
[玩具(완:구)] 장난감. 놀이 기구.

琥 호박 호, 玉부12　2691
'琥(호)'자는 '구슬 玉(옥)'과 '범 虎(호)'로 이루어졌다.

珀 호박 박:, 玉부9　2692
'珀(박)'자는 '구슬 玉(옥)'과 '흰 白(백)'으로 이루어졌다.
호박
[琥珀(호박)] 지질 시대의 樹脂(수지)가 땅 속에 파묻혀서 탄소·수소·산소 따위와 화합하여 돌처럼 굳어진 광물. 누른빛에 투명 또는 반투명이며, 광택이 많음. 장식 공예품·보석·절연제 따위로 쓰임.

珊 산호 산, 玉부9　2693
'珊(산)'자는 '구슬 玉(옥)'과 '깎을 刪(산)'으로 이루어졌다.

瑚 산호 호, 玉부13　2694
'瑚(호)'자는 '구슬 玉(옥)'과 '오랑캐 胡(호)'로 이루어졌다.
산호
[珊瑚(산호)] 산호충 군체의 중요한 뼈대. 바깥쪽은 무르고 속은 단단한 석회질로 되어 있어 겉은 긁어 버리고 속만을 장식품으로 쓰임.
[珊瑚島(산호도)] (지) 산호초가 물 위에 드러나서 이루어진 섬.
[珊瑚礁(산호초)] (지) 산호 군체의 분비물이나 뼈 따위가 쌓여서 된 석회질의 바위. 열대 지역에 있음.

琉 유리 류, 玉부10　2695
'琉(류)'자는 '구슬 玉(옥)'과 '흐를 流(류)'로 이루어졌다. '流(류)'자에서 '물 氵(수)'가 생략되었다.

璃 유리 리, 玉부15　2696
'璃(리)'자는 '구슬 玉(옥)'과 '흩어질 离(리)'로 이루어졌다.
유리
[琉璃(유리)] 단단하나 깨지기 쉽고 투명한 물질. 석영·탄산나트리움·석회암 등을 녹여 만들며, 창유리·병·그릇 따위를 만드는 데 씀. 관琉璃瓶(유리병), 琉璃窓(유리창)

琴 비파 비, 玉부12　2697
'琵(비)'자는 '거문고 琴(금)'과 '견줄 比(비)'로 이루어졌다. '琴(금)'에서 '今(금)'이 생략되었다.

琶 비파 파, 玉부12　2698
'琶(파)'자는 '거문고 琴(금)'과 '땅 이름 巴(파)'로 이루어졌다. '琴(금)'에서 '今(금)'이 생략되었다.
비파
[琵琶(비파)] (악) 현악기의 한 가지. 몸체는 타원형으로 자루는 곧으며 네 줄과 네 기둥으로 되고, 통기어서 소리를 냄.

瑕 티 하, 허물 하, 玉부13　2699
'瑕(하)'자는 '구슬 玉(옥)'과 '거짓 叚(가)'로 이루어졌다. '흠이 있는 옥'을 뜻한다.
티, 옥의 티, 허물, 잘못
[瑕疵(하자)] 흠. 결점. ¶건물 하자 보수

疵 흠 자, 허물 자, 疒부10　2700
'疵(자)'자는 '병 疒(역)'과 '이 此(차)'로 이루어졌다.
흠, 결점
[瑕疵(하자)] ☞ 瑕(하)
[吹毛求疵(취:모구자)] '흉터를 찾으려고 털을 불어 헤친다'는 뜻으로, '억지로 남의 작은 허물을 들추어냄'을 이르는 말.『韓非子(한비자)』

璧 둥근 옥 벽, 玉부18　2701
'璧(벽)'자는 '구슬 玉(옥)'과 '임금 辟(벽)'으로 이루어졌다. 環狀(환상)의 옥, 아름다운 사물의 비유로 쓰인다. '壁(벽)'자는 다른 자임.
둥근 옥, 아름다운 옥, 아름다운 것의 비유
[璧玉(벽옥)] 벽과 옥을 아울러 이르는 말. 벽은 납작한 구슬이고, 옥은 둥근 구슬이다.
[雙璧(쌍벽)] ① 두 개의 구슬. ② 여럿 가운데 두 가지

가 우열의 차가 없이 특히 뛰어남. ¶두 거장이 쌍벽을 이루었다
[完璧(완벽)] ① 흠이 없는 구슬. ② 결함 없이 완전함. ¶완벽을 기하다/완벽에 가까운 묘기
[和氏之璧(화씨지벽)] 和氏(화씨)의 璧玉(벽옥). 전설상의 보물을 비유하거나 사람을 깨우쳐 주기가 쉽지 않다는 것을 비유하는 말이다.

璽 옥새 새, 도장 새, 玉부19   2702

'璽(새)'자는 '구슬 玉(옥)'과 '너 爾(이)로 이루어졌다. 여기에서 '爾(이)'자는 '아름답고 성하다'는 뜻으로 쓰였다. '왕토를 지배하는 자의 빛나는 도장'을 뜻하는 글자이다.
도장, 천자의 도장, 옥새
[璽寶(새보)] 옥새와 옥보.
[國璽(국새)] 임금의 도장.
[御璽(어:새)] '옥새'의 높임말.
[玉璽(옥새)] ① 옥에 새긴 국새. ② 국새.
제후, 경대부의 도장

瓷 사기 그릇 자:, 瓦부11   2703

'瓷(자)'자는 '기와 瓦(와)'와 '버금 次(차)'로 이루어졌다. '磁(자)'자는 '瓷(자)'자의 속자이다.
오지그릇, 사기그릇
[瓷器(자:기)/磁器(자:기)] 사기그릇.
[陶瓷器(도자기)/陶磁器(도자기)] 질그릇·오지그릇·사기그릇 따위.
[白瓷(백자)/白磁(백자)] 흰 빛의 자기.
[靑瓷(청자)/靑磁(청자)] 푸른 빛깔의 자기.

瓶 병 병, 瓦부13   2704

'瓶(병)'자는 '아우를 幷(병)'과 '기와 瓦(와)'로 이루어졌다.
병, 단지, 항아리
[金瓶(금병)] 금으로 만들거나 또는 금빛 칠을 한 병.
[花瓶(화병)] 꽃을 꽂는 병.
[金瓶梅(금병매)] 명대(明代)의 장편소설. 중국 삼대기서(三大奇書)의 하나. 부정한 수단으로 돈을 벌어 관리가 된 상인 출신의 서문경(西門慶)의 유탕(遊蕩)·호색(好色)의 일대기를 줄거리로 하고, 당대의 부패한 사회상을 묘사하였다.
[守口如瓶(수구여병), 防意如城(방의여성).] 입을 굳게 다물기를 병마개 막듯이 하라. 그리고 꼭 필요할 때만 마개를 열어 그 물을 사용하면 된다. 항상 조심하여 불필요한 말로 오해를 사거나 주변 사람을 불편하게 해서는 안 될 것이다. 성을 지키는 것처럼 마음을 드러내려는 욕심을 삼가라. 『朱子(주자)·敬齋箴(경재잠)』
☞ * 218

甥 생질 생, 生부12   2705

'甥(생)'자는 '사내 男(남)'과 '날 生(생)'으로 이루어졌다. '자매의 자식'을 뜻한다.
생질, 자매의 아들
[甥姪(생질)] 누이의 아들. 참甥姪女(생질녀)

甦 깨어날 소, 生부12   2706

'甦(소)'자는 '날 生(생)'과 '다시 更(경)'으로 이루어졌다. '다시 태어나다'는 뜻이다.
다시 살아나다, 살다
[甦生(소생)/蘇生(소생)] 다시 살아남.

町 밭두둑 정, 田부7   2707

'町(정)'자는 '밭 田(전)'과 '넷째 천간 丁(정)'으로 이루어졌다. '밭두둑'을 뜻한다. 우리나라에서는 주로 땅의 면적의 단위로 쓰인다. 1 町(정)은 3000평이다.
땅의 면적의 단위
[町步(정보)] 땅 삼천 평을 나타내는 단위.

畔 밭두둑 반, 田부10   2708

'畔(반)'자는 '밭 田(전)'과 '반 半(반)'으로 이루어졌다. 논밭을 구분하는 '두둑'을 뜻한다.
물가(泮)
[水畔(수반)] 물가.
[湖畔(호반)] 호숫가. ¶호반의 벤치에 앉아 노을을 보다
두둑, 논밭의 경계

畸 불구 기, 뙈기밭 기, 田부13   2709

'畸(기)'자는 '밭 田(전)'과 '기이할 奇(기)'로 이루어졌다. 경지정리를 하고 남은 귀퉁이의 땅 즉, 자투리땅을 뜻하는 글자였다. 이 자투리땅의 모양이 일정하지 않고 이상하게 생겼다는 데서 '불구'의 뜻으로 쓰인다.
불구, 병신
[畸形(기형)] 사물의 구조·생김새 따위가 비정상적으로 된 모양. 참畸形兒(기형아)
뙈기밭

疊 겹쳐질 첩, 거듭 첩, 田부21   2710

'疊(첩)'자는 '밭 사이 땅 畾(뢰)'와 '마땅 宜(의)'로 이루어졌다. '畾(뢰)'자는 같은 모양의 것을 '포개다'는 뜻이다.
겹쳐지다, 포개다, 여러 겹이 되다
[重疊(중첩)] 거듭 겹쳐지고 포개어짐.

疝 산증 산, 疒부8　2711

'疝(산)'자는 '병 疒(역)'과 '메 山(산)'으로 이루어졌다.
산증, 허리 또는 아랫배가 아픈 병
[疝症(산증)] (한의) 아랫배와 불알에 탈이 생겨 붓고 아픈 병.
[疝痛(산통)] (의) 이따금씩 발작하는 심한 복통. 대개 담석증·신장결석·장폐색 따위의 증후로 생김.

疳 감질 감, 疒부10　2712

'疳(감)'자는 '병 疒(역)'과 '달 甘(감)'으로 이루어졌다.
감질, 감병(어린아이의 영양 장애, 만성 소화불량 등의 병)
[疳疾(감질)] ① 흔히 젖이나 음식을 잘 조절하여 먹이지 못하여 생기는 어린아이의 병. 얼굴이 누렇게 뜨고 몸이 여위며 배가 불러 끓고, 시고 시원한 것을 찾으며, 영양 장애·소화 불량 따위가 나타남. ② 어떤 일을 몹시 하고 싶거나 무엇을 먹고 싶거나 하여 애타는 마음. ¶감질이 나다 ③ 바라는 마음에 아주 못 미쳐 성에 안 참. ¶단비를 기다리는 농민들에게는 감질나게 내리는 비였다
창병, 매독
[疳瘡(감창)] (의) 매독으로 음부가 허는 병.

疸 황달 달, 疒부10　2713

'疸(달)'자는 '병 疒(역)'과 '아침 旦(단)'으로 이루어졌다. '疸(달)'은 본래는 [단]이었으나 후에 음이 [달]로 변하였다. 쓸개즙의 색소가 피부 등으로 이행하여 일어나는 병, '황달'을 뜻한다.
황달
[黃疸(황달)] (한의) 담즙의 색소가 혈액 속으로 옮겨 감으로써 생기는 병. 피부를 비롯하여 눈·소변 따위가 누렇게 되다가 심하면 黑疸(흑달)로 됨.

疼 아플 동:, 疒부10　2714

'疼(동)'자는 '병 疒(역)'과 '겨울 冬(동)'으로 이루어졌다. 동안을 두고 '아프다, 쑤시다'는 뜻을 나타낸다.
아프다, 욱신거리다
[疼痛(동:통)] 신경의 자극으로 몹시 쑤시고 아프게 느껴지는 고통.

疹 마마 진, 疒부10　2715

'疹(진)'자는 '병 疒(역)'과 '검은머리 㐱(진)'으로 이루어졌다.
열병
[發疹(발진)] 열이 몹시 나서 살갗에 좁쌀만 한 작은 종기를 내돋음.
[濕疹(습진)] (의) 살갗에 생기는, 진물이 나는 염증.

痍 상처 이, 疒부11　2716

'痍(이)'자는 '병 疒(역)'과 '오랑캐 夷(이)'로 이루어졌다. '夷(이)'는 사람을 본뜬 '大(대)'와 '弓(궁)'으로 이루어져 있다. 이 경우 '弓(궁)'은 활이 아니라 몸을 붕대로 묶어 놓은 모습이니 '다치다'는 뜻을 가지고 있다. 이 '夷(이)'자에 그 뜻을 더욱 분명히 하기 위해서 '병 疒(역)'을 덧붙였다.
상처, 상처나다
[傷痍(상이)] 상처. 다쳐서 상처를 입음.
[傷痍軍人(상이군인)] 전투나 군사상의 공무 중에 상처를 입은 군인.
[滿身瘡痍(만:신창이)] ① 온 몸이 성한 데가 없이 상처 투성이임. ¶그는 전장에서 만신창이가 되어 돌아왔다. ② '성한 데가 하나도 없을 만큼 결함이 많음'을 비유하는 말.
[瘡痍(창이)] ① 상처. 兵器(병기)에 다친 상처. ② 백성의 疾苦(질고). ③ 전쟁·반란 등에서 입은 손해.

痔 치질 치, 疒부11　2717

'痔(치)'자는 '병 疒(역)'과 '모실 寺(시)'로 이루어졌다.
치질
[痔疾(치질)] 항문 안팎에 나는 병의 총칭.
[痔核(치핵)] 직장의 정맥이 이완하여 항문 둘레에 혹처럼 된 종기의 한 가지.
[痔漏(치루)] 치질의 한 가지.

痕 흉터 흔, 疒부11　2718

'痕(흔)'자는 '병 疒(역)'과 '머무를 艮(간)'으로 이루어졌다. 상처가 나아 그 자리에 어떤 표가 머물러 있는 부분, 즉 '흉터'를 뜻한다.
흉터, 헌데, 자국
[痘痕(두흔)] 마맛자국. 곧 얽은 자국.
[傷痕(상흔)] 다친 자리의 흔적.
흔적, 자취
[痕迹(흔적)] ① 실물이 없어지거나, 실체가 떠난 뒤에 남은 자취나 자국. ¶흔적도 없이 사라졌다 ② 물질의 성분을 화학적으로 분석할 때 그 성분량이 썩 적게 들어 있으나 무시할 수 없는 경우의 양.
[彈痕(탄:흔)] 탄환을 맞은 자국.
[月輪穿沼水無痕(월륜천소수무흔).] 달의 그림자가 연못을 뚫되 물에는 아무런 흔적이 없네.『菜根譚(채근담)·後集 63』☞ *388

痙 경련 경, 疒부12　2719

'痙(경)'자는 '병 疒(역)'과 '지하수 巠(경)'으로 이루어졌다.

심줄이 땅기다, 경련을 일으키다
[痙攣(경련)] (의) 근육이 갑자기 수축하거나 떨게 되는 현상.
[胃痙攣(위경련)] (의) 명치의 부분에서 발작적으로 느껴지는 쓰라린 통증.

痘 천연두 두, 역질 두, 疒부12　2720

'痘(두)'자는 '병 疒(역)'과 '콩 豆(두)'로 이루어졌다.

천연두, 마마
[痘痕(두흔)] 마맛자국. 곧 얽은 자국.
[水痘(수두)] 급성의 발진성 전염병. 작은 마마.
[種痘(종두)] 천연두를 예방하기 위하여 백신을 인체에 접종하는 일.
[天然痘(천연두)] 전염병의 하나. 고열·오한·두통이 나며 온 몸에 발진이 생겨 잘못하면 얼굴이 얽게 된다. 마마.
痘面(두면), 痘神(두신), 牛痘(우두)

痢 설사 리:, 疒부12　2721

'痢(리)'자는 '병 疒(역)'과 '이로울 利(리)'로 이루어졌다.

설사, 이질, 곱똥
[痢疾(이:질)] (의) 똥에 곱과 피가 섞여 나오면서 뒤가 잦은 증상을 보이는 법정 전염병.
[赤痢(적리)] (의) 이질.
[下痢(하:리)] 설사. 이질.

痼 고질 고, 疒부13　2722

'痼(고)'자는 '병 疒(역)'과 '굳을 固(고)'로 이루어졌다. '굳어서 잘 낫지 않는 병'을 뜻한다.

고질
[痼疾(고질)] ① 오래도록 낫지 않아 고치기 어려운 병. 图고질병 ② 오래된 나쁜 버릇이나 폐단. ¶고질이 되어버린 집단이기주의

痰 가래 담, 疒부13　2723

'痰(담)'자는 '병 疒(역)'과 '탈 炎(염)'으로 이루어졌다. '炎(염)'자는 '말씀 談(담)', '묽을 淡(담)'에서도 [담이라는 음의 표음요소로 쓰이고 있다.

가래, 담
[喀痰(객담)] 가래를 뱉음. 또는 그 가래.
[去痰(거:담)] 가래를 없어지게 함.

痳 임질 림, 疒부13　2724

'痳(림)'자는 '병 疒(역)'과 '수풀 林(림)'으로 이루어졌다.

임질
[痳疾(임:질)/淋疾(임:질)] 임균이 요도의 끈끈막에 침입하여 염증을 일으키는 병.

痺 저릴 비, 疒부13　2725

'痺(비)'자는 '병 疒(역)'과 '줄 畀(비)'로 이루어졌다. '병 疒(역)'과 '낮을 卑(비)'로 구성된 '痹(비)'자와는 원래는 다른 글자였다. 지금은 같이 통용한다. '저리다'는 뜻이다.

저리다
[痲痺(마비)] ① 신경이나 근육이 형태의 변화 없이 기능을 잃어버리는 상태. 감각이 없어지고 힘을 제대로 쓰지 못하게 된다. ② 본래의 기능이 둔해 정지되는 일을 비유하여 이르는 말. ¶업무가 마비되었다
[小兒痲痺(소아마비)] 어린이의 수족에 강직(强直)이 일어나는 증상.
[心臟痲痺(심장마비)] 염통이 마비되어 맥박이 그치는 일.

瘍 종기 양, 헐 양, 疒부14　2726

'瘍(양)'자는 '병 疒(역)'과 '볕 昜(양)'으로 이루어졌다. '부스럼, 종기'를 뜻한다.

헐다, 종기
[潰瘍(궤:양)] (의) 헐어서 짓무르는 병. 참胃潰瘍(위궤양), 十二指腸潰瘍(십이지장궤양)
[腫瘍(종:양)] 혹. 병적으로 근육이 굳어지거나 피가 모여 피부의 일부가 기형적으로 불거진 군더더기 살덩이.

瘀 어혈질 어, 疒부13　2727

'瘀(어)'자는 '병 疒(역)'과 '어조사 於(어)'로 이루어졌다. 피가 탁해져 막혀서 일어나는 병을 뜻한다.

어혈지다, 어혈
[瘀血(어혈)] 피가 순하게 돌지 못하고 한 곳에 뭉쳐 생기는 병.

瘤 혹 류, 疒부15　2728

'瘤(류)'자는 '병 疒(역)'과 '머무를 留(류)'로 이루어졌다. 피의 흐름이 막혀서 부어 오른 것, '혹'을 뜻한다.

혹
[根瘤(근류)] 뿌리혹.
[靜脈瘤(정맥류)] 정맥의 일부분이 기계적인 혈행 장애

로 인하여 혹처럼 불룩하게 된 뭉치.

瘦 여윌 수, 파리할 수, 疒부15   2729

'瘦(수)'자는 '병 疒(역)'과 '늙은이 叜(수)'로 이루어졌다.
파리하다, 여위다, 마르다, 메마르다
[瘦瘠(수척)] 야위고 파리함. ¶몹시 수척한 얼굴

瘠 파리할 척, 여윌 척, 疒부15   2730

'瘠(척)'자는 '병 疒(역)'과 '등골뼈 脊(척)'으로 이루어졌다. '병으로 등뼈만 남다', '궁핍하다'는 뜻을 나타낸다.
파리하다, 여위다
[瘦瘠(수척)] ☞ 瘦(수)
메마르다
[瘠薄(척박)] 흙이 몹시 메마르고 기름지지 못함.

瘡 부스럼 창, 疒부15   2731

'瘡(창)'자는 '병 疒(역)'과 '곳집 倉(창)'으로 이루어졌다. 創(창)과 통하여 '상처 자국'의 뜻을 나타낸다.
부스럼, 종기
[瘡病(창병)] 화류병의 일종. 매독.
[瘡痍(창이)] ① 상처. 兵器(병기)에 다친 상처. ② 백성의 疾苦(질고). ③ 전쟁·반란 등에서 입은 손해.
[滿身瘡(만:신창)] 온몸에 퍼진 부스럼.
[滿身瘡痍(만:신창이)] ① 온 몸이 성한 데가 없이 상처투성이임. ¶그는 전장에서 만신창이가 되어 돌아왔다. ② '성한 데가 하나도 없을 만큼 결함이 많음'을 비유하는 말.
[絆瘡膏(반창고)] 상처를 보호하거나 붕대 따위를 고정시키는 데 쓰는 접착성 헝겊이나 테이프.
[連珠瘡(연주창)] (한의) 목에 생긴 여러 개의 멍울이 헐어 터져서 생긴 부스럼. 결핵성 림프샘염.

癲 미칠 전, 疒부24   2732

'癲(전)'자는 '병 疒(역)'과 '넘어질 顚(전)'으로 이루어졌다. '정신이 비정상이 되다'는 뜻이다.
미치다, 지랄병
[癲癎(전간)] 지랄병.

癎 간질 간:, 疒부17   2733

'癎(간)'자는 '병 疒(역)'과 '사이 間(간)'으로 이루어졌다. '지랄병', '발작'을 뜻한다.
간질, 간질병
[癎疾(간:질)] (한의) 지랄병. 갑자기 온 몸에 경련이 일어나며 정신을 잃고 게거품을 흘리면서 버둥거리는 병. 癲癎(전간)

癖 버릇 벽, 疒부18   2734

'癖(벽)'자는 '병 疒(역)'과 '임금 辟(벽)'으로 이루어졌다. 몸의 균형이 깨져서 생기는 병, 즉 '나쁜 버릇'을 뜻한다.
버릇, 습관
[潔癖(결벽)] 유난스럽게 깨끗한 것을 좋아하는 성벽. 참潔癖症(결벽증)
[怪癖(괴:벽)] 괴이한 버릇.
[盜癖(도벽)] 훔치는 버릇. ¶도벽이 있다
[自是之癖(자시지벽)] ① 제 뜻이 항상 옳은 줄만 믿는 버릇. ② 편벽된 소견을 고집하는 버릇.
奇癖(기벽), 性癖(성벽), 酒癖(주벽)

癡, 痴 어리석을 치, 疒부19,13   2735

'癡(치)'자는 '병 疒(역)'과 '의심할 疑(의)'로 이루어졌다. '병 疒(역)'과 '알 知(지)'로 이루어진 '痴(치)'자는 俗字(속자)이다. '癡呆(치매)'는 '병 疒(역) + 의심할 疑(의)', 의심하는 것이 너무 많으면 걸리는 병이다. '痴呆(치매)'는 '병 疒(역) + 알 知(지)', 아는 것이 너무 많으면 걸리는 병이다. 글자를 기억하기 쉽게 하려는 저자의 객소리였다.
어리석다, 미련하다
[癡呆(치매)/痴呆(치매)] ① 언어 동작이 느리고 정신 작용이 완전하지 못함. 어리석음. ② 정신 병리학에서, 사회생활을 영위하는 데 필요한 이미 획득한 정신적인 능력이 지속적·본질적으로 상실된 상태를 일컬음. ¶노인성 치매
[癡者多笑(치자다소)] '어리석고 못난 사람이 잘 웃는다'는 뜻으로, 아무렇지도 않은 일에도 싱겁게 잘 웃는 사람을 비웃는 말.
[癡情(치정)] 남녀 사이의 사랑에 있어서 생기는 온갖 어지러운 정.
[癡漢(치한)] 여자를 희롱하는 추잡한 사내.
[音癡(음치)] 소리를 분별·감상하지 못하는 일. 또는 그런 사람.
[天癡(천치)] 선천적인 바보.
[白癡(백치)] 지능이 몹시 낮은 사람. 바보. 天癡(천치).
[痴人畏婦(치인외부).] 어리석은 사람은 아내를 두려워한다. 『明心寶鑑(명심보감)·治家篇(치가편)』
癡骨(치골), 癡笑(치소)

呆 어리석을 매, 지킬 보, 口부7   2736

'呆(매)'자는 늙은이가 기저귀를 차고 있는 모습을 형상화한 것이라는 설(?)이 있다.

어리석다, 미련하다
[癡呆(치매)] ☞ 癡(치)

癢 가려울 양, 疒부20　2737

'癢(양)'자는 '병 疒(역)'과 '기를 養(양)'으로 이루어졌다. '병 疒(역)'과 '양 羊(양)'으로 이루어진 '痒(양)'자와 同字(동자)이다. '가렵다'는 뜻을 나타낸다.

가렵다, 근지럽다, 근질거리다

[搔癢(소양)/搔痒(소양)] 가려운 데를 긁음.
[隔靴搔癢(격화소양)] '신을 신고 발바닥을 긁는다'는 뜻으로, 성에 차지 아니함 또는 요긴한 데에 직접 미치지 못해 시원치 않음을 가리키는 말.

癩 문둥병 라:, 疒부21　2738

'癩(라)'자는 '병 疒(역)'과 '믿을 賴(뢰)'로 이루어졌다.

문둥병

[癩病(나:병)] 문둥병. 요즈음은 '한센(Hansen)병'이라고 한다.

瘧 학질 학, 疒부15　2739

'瘧(학)'자는 '병 疒(역)'과 '몹시 굴 虐(학)'으로 이루어졌다. '비참한 병'의 뜻이다.

학질, 말라리아

[瘧疾(학질)] (의) 열병의 한 가지. 모기가 전염시키는데, 날마다 또는 하루걸러 일정한 시간을 간격을 두고 오슬오슬하게 추우면서 열이 오름. ¶학질을 떼다

皎 달 밝을 교, 白부11　2740

'皎(교)'자는 '흰 白(백)'과 '사귈 交(교)'로 이루어졌다.

희고 깨끗한 달빛, 달의 밝은 빛

[皎月(교월)] 희고 깨끗하게 비치는 밝은 달.

盆 동이 분, 皿부9　2741

'盆(분)'자는 '그릇 皿(명)'과 '나눌 分(분)'으로 이뤄졌다.

동이, 물동이

[盆地(분지)] (지) 산이나 높은 지형으로 둘러싸여 우묵하고 평평한 땅.
[盆栽(분재)] 화분에 심어서 가꿈.
[戴盆望天(대:분망천)] '동이를 머리에 이고서 하늘을 쳐다본다'는 뜻으로, 동이를 이고는 하늘을 볼 수 없고, 하늘을 보려면 동이를 일 수 없으니 한 번에 두 가지 일을 할 수 없음을 비유한 말.
[覆盆子(복분자)] (식) 복분자딸기. 또는 복분자딸기의 열매.
[花盆(화분)] 화초를 심는 분.

盒 합 합, 皿부11　2742

'盒(합)'자는 '그릇 皿(명)'과 '合(합)'으로 이루어졌다.

합(음식을 담는 그릇의 하나)

[飯盒(반합)] 밥을 지을 수 있게 만든 알루미늄 밥그릇. ¶산에 올라 반합에 끓여 먹는 라면의 맛
[饌盒(찬:합)] 반찬이나 술안주를 담도록 둥글거나 모나게 만들어 여러 개가 포개져서 한 벌이 되는 그릇.
[香盒(향합)] 제사 때 피우는 향을 담는 합. 사기·놋쇠·나무 따위로 만듦.

盞 잔 잔, 皿부13　2743

'盞(잔)'자는 '그릇 皿(명)'과 '해질 戔(잔)'으로 이루어졌다.

잔, 술잔, 등잔

[盞臺(잔대)] 술잔을 받치는 접시 모양의 그릇.
[燈盞(등잔)] 기름을 담아 등불을 켜는 그릇. ¶등잔 밑이 어둡다
[銀盞(은잔)] 은으로 만든 술잔.
金盞(금잔), 玉盞(옥잔)

眄 애꾸눈 면:, 곁눈질할 면:, 目부9　2744

'眄(면)'자는 '눈 目(목)'과 '가릴 丏(면)'으로 이루어졌다. '丏(면)'은 '덮다', '가리다'는 뜻이다. '眄(면)'자는 '탈을 쓴 채 곁눈질하여 보다'는 뜻이다.

애꾸눈, 한쪽 눈을 감고 소상히 보다, 곁눈질하다

[眄視(면:시)] 곁눈질함.
[左顧右眄(좌:고우면)] 이쪽저쪽 돌아다본다는 뜻으로, '앞뒤를 재고 망설임'을 이르는 말.

眩 어지러울 현:, 目부10　2745

'眩(현)'자는 '눈 目(목)'과 '검을 玄(현)'으로 이루어졌다. '玄(현)'자는 '어둡다', '희미하다'는 뜻이다. '眩(현)'자는 '아찔하다', '현혹하게 하다' 등의 뜻을 나타낸다.

아찔하다, 현기증이 나다, 어지러워지다

[眩氣(현:기)] 눈이 아찔아찔하고 어지러운 기운. 참眩氣症(현기증)
[瞑眩(명현)] 어지럽고 눈앞이 캄캄함.
[若藥不瞑眩(약약불명현), 厥疾不瘳(궐질불추).] 만약 약이 독하여 정신이 어지럽지 않으면 그 병이 낫지 않는다. 충성스러운 말도 사람에게 강하게 작용하지 않으면 효과가 없다는 뜻이다. 『孟子(맹자)·滕文公 上(등문공 상)』

미혹하다, 착각하다, 현혹시키다, 미혹시키다, 현혹, 미혹

[眩惑(현:혹)] ① 사리에 어두워 정신이 홀림. ② 무엇

에 홀리어 정신을 못 차림. ¶돈에 현혹되어 일생을 망치다

眷 돌볼 권:, 目부10　2746

'眷(권)'자는 '눈 目(목)과 '말 卷(권)의 생략형'으로 이루어졌다. '말 卷(권)'자의 아랫부분 '병부 㔾(절)'대신 '눈 目(목)'이 쓰인 글자이다.

친족, 일가
[眷屬(권:속)] 자기 집에 딸린 식구. 또는 한 집안의 겨레붙이.
[眷率(권:솔)] 한 집에 거느리고 사는 식구.
[妻子眷屬(처자권속)] 아내와 자식과 자기 집에 딸린 식구.

眺 바라볼 조:, 目부11　2747

'眺(조)'자는 '눈 目(목)'과 '조짐 兆(조)'로 이루어졌다. '兆(조)'자는 '좌우로 나누다'는 뜻으로 쓰인 것이다. '眺(조)'자는 '시선을 좌우로 돌려서 먼 데를 보다'는 뜻이다.

바라보다
[眺望(조:망)] 展望(전망). 먼 곳을 바라봄. 또는 그런 경치. ¶이곳에서 호수 전체를 조망할 수 있다

睛 눈동자 정, 目부13　2748

'睛(정)'자는 '눈 目(목)'과 '푸를 靑(청)'으로 이루어졌다. '靑(청)'은 '파랗다, 맑다'는 뜻으로, '睛(정)'자는 '맑은 눈동자'를 뜻한다.

눈동자, 눈알의 수정체
[點睛(점:정)] (미) 사람이나 짐승 따위를 그리는 데 맨 나중에 눈동자를 찍음.
[畵龍點睛(화룡점정)] (용을 그리는데 마지막에 눈을 그려 넣었더니 실제로 용이 되어 하늘로 날아 올라갔다는 고사에서) 무슨 일을 하는데 가장 요긴한 부분을 마치어서 완결시킴을 이르는 말.

睹 볼 도, 目부14　2749

'睹(도)'자는 '눈 目(목)'과 '놈 者(자)'로 이루어졌다. '覩(도)'와 동자이다.

보다, 자세히 보다
[目睹(목도)] 몸소 눈으로 봄. 回目擊(목격)①
[君子戒愼乎其所不睹(군자계신호기소부도), 恐懼乎其所不聞(공구호기소불문).] 군자는 남이 보지 않는 곳에서도 경계하고 삼가며, 듣지 않는 곳에서도 두려워한다. 『中庸(중용)·1章(1장)』

瞞 속일 만, 目부16　2750

'瞞(만)'자는 '눈 目(목)'과 '평평할 㒼(만)'으로 이루어졌다. '欺(기)'는 이치가 있는 것으로써 즉 그럴 듯하게 속이는 것이고, '瞞(만)'과 '罔(망)'은 이치가 없는 것으로써 즉 터무니없는 것으로써 속이는 것이다.

속이다
[欺瞞(기만)/欺罔(기망)] 남을 속이거나 속여 넘김. ¶기만을 당하다 回詐欺(사기)

瞰 볼 감, 굽어볼 감, 目부17　2751

'瞰(감)'자는 '눈 目(목)'과 '굳셀 敢(감)'으로 이루어졌다. '내려다보다'는 뜻을 나타낸다.

보다, 내려다보다, 멀리 보다
[鳥瞰(조감)] 높은 곳에서 아래를 비스듬히 내려다 봄.
[鳥瞰圖(조감도)] 투시도의 한 가지. 위로부터 수직으로 내려다보이는 물체를 그린 그림이나 지도.

瞳 눈동자 동:, 目부17　2752

'瞳(동)'자는 '눈 目(목)'과 '아이 童(동)'으로 이루어졌다. 눈 속의 어린이, '눈동자'를 뜻한다.

눈동자
[瞳孔(동:공)] 눈동자의 한가운데에 있는 구멍 같은 부분. 빛이 이곳을 통하여 들어간다.
[瞳子(동:자)] 눈알의 虹彩(홍채)의 한가운데에 있어서 빛이 들어가는 문이 되는 동그란 부분.

瞭 밝을 료, 目부17　2753

'瞭(료)'자는 '눈 目(목)'과 '화톳불 尞(료)'로 이루어졌다. '瞭(료)'자는 본뜻이 '맑다'로, 눈동자가 흐릿하지 않고 맑은 상태를 말한다. 눈동자가 맑으면 사물을 보는 눈이 밝은 데서, '밝다'라는 뜻이 파생되었다. 맹자에, 胸中正則眸子瞭焉(흉중정즉모자료언) '마음속에 품고 있는 생각이 맑으면 사물을 보는 눈이 맑다' 라는 말이 있다.

사물이 분명하다, 밝다, 눈동자가 또렷하다
[簡單明瞭(간단명료)] 간단하고 명료함.
[明瞭(명료)] 분명하고 똑똑함.
[一目瞭然(일목요연)] 한 번 척 보아서 대뜸 알 수 있도록 환함. ¶그의 주장은 일목요연하다

矜 자랑할 긍, 불쌍히 여길 긍, 矛부9　2754

'矜(긍)'자는 '창 矛(모)'와 '이제 今(금)'으로 이루어졌다. '불쌍히 여기다', '자랑하다'는 뜻으로 쓰인다.

불쌍히 여기다, 가엾게 여기다
[矜恤(긍:휼)] 불쌍히(가엾게) 여겨 돌보아 줌. ¶긍휼히 여기는 자는 복이 있나니 저희가 긍휼히 여김을 받을 것이요『마태복음 5장 7절』
[可矜(가:긍)] 가련함. 불쌍함.

자랑하다
[矜持(긍:지)] 자신의 능력을 믿음으로써 가지는 자랑. ¶긍지를 가지다
[自矜(자긍)] 스스로 자랑함. 자만함.
[自伐者無功(자벌자무공), 自矜者不長(자긍자불장).] 자신의 공적을 스스로 자랑하는 자는 실제로는 공을 이룬 것이 없고, 잘난척 뽐내는 자는 오래 가지 못한다.『老子(노자)·道德經(도덕경)』

矩 곱자 구, 모날 구, 矢부10　　2755

'矩(구)'자는 '화살 矢(시)'와 '클 巨(거)'로 이루어졌다. '巨(거)'는 손잡이가 있는 '자'를, '矢(시)'는 화살처럼 '곧고 바르다'는 뜻을 나타내어, '矩(구)'자는 '손잡이가 있는 직각으로 꺾어진 곱자'를 뜻한다.

곱자
[矩尺(구척)] 곱자. 곡척.

네모, 사각형, 모, 모서리, 모나다
[矩形(구형)] (수) 직사각형의 전 이름.
[不踰矩(불유구)] 규칙에 벗어나지 아니함. 하늘의 법칙에 어긋나지 아니함. 도덕이 몸에 배어 멋대로 행하여도 도덕에 벗어나지 아니함. 七十而從心所欲(칠십이종심소욕), ___ .『論語(논어)·爲政(위정)』☞ * 289

矮 키 작을 왜, 난쟁이 왜, 矢부13　　2756

'矮(왜)'자는 '화살 矢(시)'와 '맡길 委(위)'로 이루어졌다. '委(위)'자는 '시들 萎(위)'와 통한다. '矮(왜)'자는 시들어 쇠한 사람 즉, '키가 작다'는 뜻이다.

키가 작다, 난장이
[矮人(왜인)] 키가 작은 사람. 난장이. 따라지.
[矮性(왜성)] 생물의 크기가 그 종의 표준 크기에 비해 매우 작은 것. 유전적 또는 병적 요인에 의함.
[矮小(왜소)] 작고 초라하다. 凹巨大(거대)

砒 비상 비:, 石부9　　2757

'砒(비)'자는 '돌 石(석)'과 '견줄 比(비)'로 이루어졌다.

비소, 원소의 하나, 비상
[砒霜(비:상)] (약) 砒石(비석)을 태워 昇華(승화)시켜 만든 서리[霜(상)] 같은 결정체 독약.
[砒素(비:소)] 비금속원소의 하나. 회백색의 금속성 광택이 있는 무른 결정성의 고체인데, 염을 가하면 특유한 냄새를 내며 기화함. 매우 독성이 강함.
[砒酸(비:산)] 비소 화합물의 하나. 비소 산화물을 질산이나 왕수로 산화시켜서 얻는 무색 결정체. 물감을 만들거나 물을 들이는 데 씀. 퀍亞砒酸(아비산)

砧 다듬잇돌 침:, 石부10　　2758

'砧(침)'자는 '돌 石(석)'과 '점칠 占(점)'으로 이루어졌다.

다듬잇돌, 모탕
[砧石(침:석)] 다듬잇돌.
[砧聲(침:성)] 다듬이질하는 소리.

硅 규소 규, 石부11　　2759

'硅(규)'자는 '돌 石(석)'과 '홀 圭(규)'로 이루어졌다.

규소
[硅素(규소)/珪素(규소)] 비금속원소의 하나. 천연적으로는 유리 상태로 존재하지 아니하고, 산화물·규산염과 같은 화합물이 되어 지각에 다량 존재함. 실리콘(silicon).
[硅酸(규산)] 이산화규소 또는 이산화규소와 물의 혼합물인 약한 산성의 물질.
[硅砂(규사)] 차돌 알갱이로 된 모래. 유리의 원료로 씀.
[硅藻類(규조류)] (식) 물에 떠서 사는 藻類(조류)의 한 무리. 민물과 바닷물에 널리 분포하는 플랑크톤. 어패류의 중요한 먹이가 된다.
[硅藻土(규조토)] 바다 밑이나 호수 밑에 죽은 규조류가 쌓여서 된 퇴적물. 흰색이나 회황색으로 가볍고 무르다. 보온재, 여과제, 흡착제, 시멘트, 연마재, 단열재 따위를 만드는 데 쓴다.

硝 초석 초, 화약 초, 石부12　　2760

'硝(초)'자는 '돌 石(석)'과 '닮을 肖(초)'로 이루어졌다.

초석(무색의 결정체, 유리, 화약의 원료로 쓴다)
[硝酸(초산)] 窒酸(질산)의 딴 이름.
[硝石(초석)] 무색 또는 광택이 있는 결정체를 이룬 광물. 폭발성이 있어 화약의 원료로 쓰임.
[硝煙(초연)] 화약의 폭발에 의하여 생기는 연기.
[硝煙彈雨(초연탄우)] '화약 연기가 자욱하고 탄환이 빗발친다'는 뜻으로, '격렬한 전쟁터'의 비유.

硼 붕사 붕, 石부13　　2761

'硼(붕)'자는 '돌 石(석)'과 '벗 朋(붕)'으로 이루어졌다.

붕사, 원소 이름
[硼素(붕소)] (화) 붕사나 붕산의 주성분이 되는 비금속원소의 하나. 갈색의 무정형 고체로, 열에 산화하여 무수붕산이 되고, 황산과 함께 태우면 붕산이 됨.

[硼砂(붕사)] (화) 붕소 화합물의 한 가지. 흰 결정으로 천연으로는 고체로 나오며, 인공으로 붕산에 탄산소다를 넣어 중화시켜 만듦.
[硼酸(붕산)] (화) 붕사에 황산을 넣어 얻는, 빛깔이나 냄새가 없는 비늘꼴의 물질. 물에 녹아 살균작용을 하므로 소독약이나 방부제의 재료로 씀.

碎 부술 쇄:, 石부13　　2762

'碎(쇄)'자는 '돌 石(석)'과 '마칠 卒(졸)'로 이루어졌다. 돌이 돌다운 모양이 끝나버리니, '깨어 부수다'는 뜻을 나타낸다.

부수다, 잘게 부수다, 부서지다, 부스러기

[碎氷(쇄:빙)] 얼음을 깨뜨려 부숨. 참碎氷船(쇄빙선)
[粉骨碎身(분골쇄신)] ① (뼈가 가루가 되고 몸이 깨어지도록) 노력함. '희생적 노력'을 이르는 말. ② 목숨을 내놓고 있는 힘을 다함. ③ 참혹하게 죽음. 또는 그렇게 죽임. 준粉骨(분골)
[粉碎(분쇄)] ① 가루처럼 부스러뜨림. ② 여지없이 쳐부숨. ¶무력 도발을 분쇄하다
[玉碎(옥쇄)] '옥처럼 아름답게 깨어져 부서진다'란 뜻으로, 명예나 충절을 위해 깨끗이 죽음. 반瓦全(와전) 참玉碎作戰(옥쇄작전)

碎氷船(쇄빙선), 磨碎(마쇄), 破碎(파쇄)

깨뜨리다, 무너뜨리다

碇 닻 정, 石부13　　2763

'碇(정)'자는 '돌 石(석)'과 '정할 定(정)'으로 이루어졌다. '닻을 내려 배를 멈추어 서게 함'의 뜻을 나타낸다.

닻, 닻을 내리다, 배를 멈추다

[碇泊(정박)/淳泊(정박)] 배가 닻을 내리고 머무름.

磬 경쇠 경, 石부16　　2764

'磬(경)'자는 '돌 石(석)'과 '경쇠 殸(경)'으로 이루어졌다.

경쇠, 경돌을 치는 소리

[石磬(석경)] 경쇠. 틀에 옥돌을 달아 뿔망치로 쳐서 소리를 내는 국악기.
[風磬(풍경)] 처마 끝에 다는 경쇠. 작은 종처럼 만들고 그 밑에 쇳조각으로 붕어 모양을 만들어 달아서 바람이 부는 대로 흔들려 소리가 나게 되어 있음. ¶성불사 깊은 밤에 그윽한 풍경 소리

礁 암초 초, 石부17　　2765

'礁(초)'자는 '돌 石(석)'과 '그을릴 焦(초)'로 이루어졌다.

물에 잠긴 바위, 암초

[珊瑚礁(산호초)] (지) 산호 군체의 분비물이나 뼈 따위가 쌓여서 된 석회질의 바위. 열대 지역에 있음.
[暗礁(암:초)] ① 바다의 수면 가까이 잠겨 있는 바위. ¶배가 암초에 부딪쳤다 ② 어떤 일을 해나가는 데의 숨은 장애물.
[坐礁(좌:초)] ① 배가 암초 위에 얹힘. ② 어려운 처지에 빠짐. 주저앉음.
[環礁(환초)] (지) 고리 모양을 한 산호초.

礫 조약돌 력, 石부20　　2766

'礫(력)'자는 '돌 石(석)'과 '즐거울 樂(락)'으로 이루어졌다. 여기에서 '樂(락)'은 도토리를 본뜬 것이다. '礫(력)'자는 도토리만한 돌, 즉 '자갈'을 뜻한다.

조약돌

[礫巖(역암)] (지) 자갈이 진흙이나 모래에 섞여 굳어져서 된 퇴적암.
[礫土(역토)] 자갈이 많이 섞인 흙.
[沙礫(사력)] 자갈. 시내나 강 따위의 바닥에서 오래 갈려 반들반들한 잔돌.

礬 명반 반, 石부20　　2767

'礬(반)'자는 '돌 石(석)'과 '울타리 樊(번)'로 이루어졌다.

명반

[明礬(명반)] (화) 황산알루미늄과 황산칼륨과의 複鹽(복염). 무색 투명의 정팔면체의 결정으로, 수용액은 산성반응을 일으킴. 식품 가공·약제·제지 따위에 씀.
[白礬(백반)] 흔히 매염료나 지혈제로 쓰는 명반을 구워서 만든 덩이.

祉 복 지, 示부9　　2768

'祉(지)'자는 '보일 示(시)'와 '머무를 止(지)'로 이루어졌다. '示(시)'는 '神(신)'을 뜻하고, '止(지)'는 '머물다'는 뜻이니, '祉(지)'자는 '신이 머무는 곳'을 뜻한다.

복, 하늘에서 내리는 행복

[福祉(복지)] 좋은 건강·윤택한 생활·안락한 환경 등이 이루어져 행복을 누릴 수 있는 상태. 참福祉國家(복지국가), 福祉社會(복지사회)

祠 사당 사, 示부10　　2769

'祠(사)'자는 '보일 示(시)'와 '맡을 司(사)'로 이루어졌다. '示(시)'자는 '神(신)에 관한 일'을 나타내고, '司(사)'는 '신의 뜻을 말로 헤아려 알다'는 뜻이다. '祠(사)'자는 봄에 지내는 제사를 뜻하는 글자였다. 봄에 지내는 제사에는 犧牲(희생)을 바치지 않고 祝文(축문)으로

대신했다. 농사철이 시작되는데, '소'를 희생으로 바치면 농사짓는 데에 지장이 많다.
제사, (보답하여) 제사지내다
[神祠(신사)] (민) 신령을 모신 사당.
[祠院(사원)] 사당과 서원.
[祠堂(사당)] 신주를 모시기 위하여 집처럼 자그마하게 만든 것. ¶조상의 위패를 사당에 모시다
[忠烈祠(충렬사)] 충신 열사를 기념하려고 세운 사당.
[顯忠祠(현충사)] ① 충절을 기리기 위하여 세운 사당. ② (역) 조선 1704년에 충청도 유생들이 충무공 이순신 장군의 충절을 기려 충남 아산에 세운 사당.

禦 막을 어, 示부15　　2770

'禦(어)'자는 '보일 示(시)'와 '어거할 御(어)'로 이루어졌다. '막다', '방어하다'는 뜻을 나타낸다.
막다, 맞서다, 대적하다, 갖추다, 대비하다, 지키다, 방비, 방어
[防禦(방어)] 남이 쳐들어오는 것을 막음. ¶지역 방어

秕 쭉정이 비:, 禾부9　　2771

'秕(비)'자는 '벼 禾(화)'와 '견줄 比(비)'로 이루어졌다.
쭉정이
[秕粒(비:립)] 쭉정이.
[秕糠(비:강)] ① 쭉정이와 겨. ② 변변하지 못한 음식. ③ 쓰레기나 먼지처럼 소용없는 하찮은 물건.
질이 나쁜 쌀, 질이 나쁘다
[秕政(비:정)] 어지럽고 나쁜 정치.

秧 모 앙, 禾부10　　2772

'秧(앙)'자는 '벼 禾(화)'와 '가운데 央(앙)'으로 이루어졌다.
모, 볏모, 심다, 재배하다
[移秧(이앙)] 모내기. 모를 옮겨 심음. 〖참〗移秧期(이앙기), 移秧機(이앙기)

秤 저울 칭, 禾부10　　2773

'秤(칭)'자는 '벼 禾(화)'와 '평평할 平(평)'으로 이루어졌다. '稱(칭)'자의 俗字(속자)이다.
저울(稱의 속자), 저울, 저울질하다, 달다
[稱量(칭량)/秤量(칭량)] 저울을 이용하여 어떤 물건의 무게를 달음.
[對稱(대:칭)/對秤(대:칭)] 두 점이나 두 선, 또는 두 그림꼴이 한 점이나 한 선, 또는 한 평면을 사이에 두고 같은 거리에 서로 마주 놓여 있는 일.
[天秤(천칭)/天稱(천칭)] 天平秤(천평칭)의 준말. 가운데에 줏대를 세우고, 줏대의 양쪽으로 똑같은 저울판이 달려 있어 한쪽에는 무게를 달 물건을 놓고, 다른 쪽에는 추를 놓아 평평하게 하여 물건의 무게를 잼.

稜 모날 릉, 禾부13　　2774

'稜(릉)'자는 '벼 禾(화)'와 '언덕 夌(릉)'으로 이루어졌다.
모, 모서리
[稜線(능선)] 산의 봉우리에서 봉우리로 이어지는 산등성이의 선.

稟 곳집 름, 여쭐 품:, 禾부13　　2775

'稟(름/품:)'자는 '벼 禾(화)'와 '곳집 모양'으로 이루어졌다. '禾(화)'의 윗부분은 곳집(옛날식 창고) 모양을 본뜬 것으로 [㐭]자이었으나 요즘은 쓰이지 않는다. '여쭈다'는 뜻으로 쓰일 때는 [품:]으로 발음한다. 현재 우리말 한자어에는 '곳집 름'의 뜻으로 쓰인 예는 없고, '타고난 성품', '여쭈다'의 뜻으로 쓰인 낱말만 있다.
천품, 타고난 성품
[稟性(품:성)] 선천적으로 타고난 성품.
[品性(품:성)] 품격과 성질을 아울러 이르는 말.
[氣稟(기품)] 타고난 성품. 천부의 성질.
알리다, 여쭈다
[稟(품:)하다] 웃어른이나 상사에게 어떤 일의 가부나 의견 따위를 글이나 말로 묻다.
[稟申(품:신)] 아룀.
[稟議(품:의)] 글이나 말로 여쭈어 의논함.

稠 빽빽할 조, 禾부13　　2776

'稠(조)'자는 '벼 禾(화)'와 '두루 周(주)'로 이루어졌다.
빽빽하다, 많다
[稠密(조밀)] 촘촘하고 빽빽함. ¶인구 조밀 지역
[奧密稠密(오밀조밀)] ① 공예에 관한 솜씨가 매우 세밀하고 교묘한 모양. ② 사물에 대한 마음씨가 매우 자상스럽고 꼼꼼한 모양.

稗 피 패:, 禾부13　　2777

'稗(패)'자는 '벼 禾(화)'와 '낮을 卑(비)'로 이루어졌다. 피는 논에서 벼를 재배할 때 잡초로서 제거하는 대상이다. 벼가 우리나라에서 재배되기 전, 또는 벼를 재배할 만한 조건이 안 되는 곳에서는 '피'도 식용했던 적이 있다. 우리 속담에 '사흘에 피죽 한 그릇도 못 먹었다'는 말이 있다.
잘다
[稗官(패:관)] ① (역) 임금이 민간의 풍속이나 정사를 알려고 떠도는 이야기들을 모아 기록하게 한 벼슬아치. ② 이야기를 짓는 사람. ③ 稗官小說(패관소설)의 준

말.
[稗官文學(패:관문학)] (문) 민간에서 수집한 街說巷談(가설항담) 따위에 패관의 창의가 보태어져 새로운 형태로 변화 발달한 문학.
[稗說(패:설)] ① 민간의 街說(가설)·巷談(항담)·異聞(이문) 따위의 설화. ② 稗官小說(패관소설)의 준말.
피(화본과에 속하는 일년초)

稼 심을 가, 禾부15 2778

'稼(가)'자는 '벼 禾(화)'와 '집 家(가)'로 이루어졌다. '벼를 옮겨 심다'는 뜻이었다. 지금은 그런 뜻으로 쓰인 예는 없고, '움직여 일을 하게 하다'는 뜻으로 쓰인다.
움직여 일을 하게 하다
[稼動(가동)] ① 기계 따위를 움직여 일하게 함. ¶신형 장비에 대한 시험 가동에 들어가다 ② 조직 따위를 움직여 그 조직이 하게 되어 있는 일을 하게 함. ¶비상대책반 가동을 지시하다
심다

穗 이삭 수, 禾부17 2779

'穗(수)'자는 '벼 禾(화)'와 '은혜 惠(혜)'로 이루어졌다. 곡식의 은혜로운 곳인 '이삭'을 뜻한다.
이삭, 벼이삭, 이삭 모양으로 생긴 것
[穗狀(수상)] 곡식의 이삭과 같은 모양.
[落穗(낙수)] 이삭. 농사지은 것을 거두어 간 뒤에 땅에 흘려 처진 곡식.
[拔穗(발수)] (농) 좋은 씨앗을 받으려고 잘된 이삭을 골라서 뽑음.
[揷穗(삽수)] (식) 꺾꽂이를 하기 위하여 일정한 길이로 잘라낸 식물의 순.

禱 빌도, 示부18 2780

'禱(도)'자는 '볼 示(시)'와 '목숨 壽(수)'로 이루어졌다. '오래 살기를 빈다'는 뜻을 나타낸다.
빌다, 신명에 일을 고하고 그 일이 성취되기를 기원하다
[祈禱(기도)] 절대적인 존재에게 바라는 것을 빎. 또는 그런 의식.
[黙禱(묵도)] 소리 없이 마음속으로 기도함. 또는 그 기도.
[祝禱(축도)] '축복 기도'의 준말.

穹 하늘 궁, 穴부8 2781

'穹(궁)'은 '구멍 穴(혈)'과 '활 弓(궁)'으로 이루어졌다. '활 모양', '아치형을 한 구멍'의 뜻에서 '하늘'을 뜻한다.
하늘
[穹窿(궁륭)] ① 한가운데가 제일 높고 사방 둘레는 차차 낮아지는 하늘 형상. ② 무지개나 활등처럼 높고 길게 굽은 형상. 또는 그런 모양으로 된 천장이나 지붕 따위.
[穹蒼(궁창)] 蒼空(창공). 蒼天(창천). 푸른 하늘.

穽 함정 정, 穴부9 2782

'穽(정)'자는 '구멍 穴(혈)'과 '우물 井(정)'으로 이루어졌다. 우물처럼 움푹 팬 '함정'을 뜻한다.
허방다리, 함정
[落穽下石(낙정하석)/落井下石(낙정하석)] 함정에 빠진 사람에게 돌을 던지다. 남이 어려운 처지에 놓였는데 도와주지는 않고 도리어 해를 입히는 경우를 일컫는 말.
[下穽投石(하:정투석)] '함정에 빠진 사람에게 돌을 던진다'는 말로, 미워하기를 너무 하는 것을 비유하여 일컫는 말.
[陷穽(함:정)] ① 허방다리. 땅바닥에 구덩이를 파고 그 위에 너스레를 치고 흙을 덮어 땅바닥처럼 만든 자리. ② 남을 해치려고 꾸민 모략. 또는 벗어날 수 없는 곤경이나 계략을 비유하는 말. ¶함정을 파놓다/함정에 빠지다

穿 뚫을 천:, 穴부9 2783

'穿(천)'자는 '구멍 穴(혈)'과 '어금니 牙(아)'로 이루어졌다. '어금니로 물체를 꽉 물어 구멍을 뚫는다'는 데서, '뚫다'라는 뜻을 나타낸다.
뚫다, 뚫어서 통하게 하다, 구멍을 뚫다, 파다, 꿰뚫다
[穿孔(천:공)] 구멍이 뚫림. 또는 구멍을 뚫음.
[穿鑿(천:착)] ① 구멍을 뚫음. ② 깊이 파고들어 연구함. ③ 억지로 이치에 닿지 않는 말을 함.
[渴而穿井(갈이천정)/臨渴掘井(임갈굴정)] '목이 말라야 우물을 판다'는 뜻으로, '평소에 준비 없이 있다가 일을 당하고 나서야 허둥지둥 서두름'을 이르는 말.
[水滴石穿(수적석천)] '물방울이 돌을 뚫는다'는 뜻으로, 미미한 작은 힘도 모이면 큰 힘이 될 수 있음을 비유하여 이르는 말.
[學如穿井(학여천정)] 학문은 우물을 파는 것과 같이 '하면 할수록 어려워짐'을 비유하여 이르는 말.
[月輪穿沼水無痕(월륜천소수무흔).] 달의 그림자가 연못을 뚫되 물에는 아무런 흔적이 없네.『菜根譚(채근담)·後集 63』☞ * 388
[孔子穿珠(공:자천주)] ☞ * 022

窈 그윽할 요:, 고요할 요:, 穴부10 2784

'窈(요)'자는 '구멍 穴(혈)'과 '어릴 幼(유)'로 이루어졌다. '구멍이 어둡고 깊다'는 뜻이었다. 그러나 현재 우리말에서는 '아리땁다'는 뜻인 '窈窕(요조)'한 낱말에서만 쓰인다.

窈 아늑할 조, 조용할 조, 穴(혈)부11　2785

'窈(조)'자는 '구멍 穴(혈)'과 '조짐 兆(조)'로 이루어졌다. '兆(조)'자는 '갈라진 틈이 깊고 조용하다'는 뜻을 나타내는 글자였다. 현재 우리말에서는 '아리땁다'는 뜻인 '窈窕(요조)'한 낱말에서만 쓰인다.

고상하다, 고운 마음씨, 아름답다, 아리땁다, 정숙하다
[窈窕(요:조)] 얌전하고 아름다움.
[窈窕淑女(요:조숙녀)] 말과 행동이 얌전하고 품위가 있는 여자.

窄 좁을 착, 穴부10　2786

'窄(착)'자는 '구멍 穴(혈)'과 '일어날 乍(작)'으로 이루어졌다. '구멍을 만들다'라는 뜻에서 '좁다'는 뜻을 나타낸다.

좁다
[狹窄(협착)] 공간이 몹시 좁음.
[徑路窄處(경로착처), 留一步與人行(유일보여인행).] 골목길의 좁은 곳에서는 한 걸음 멈추고 남을 지나가게 해야 한다. 작은 배려가 인생을 즐겁고 편안하게 만든다. 『菜根譚(채근담)·前集 13』

窘 막힐 군:, 군색할 군:, 穴부12　2787

'窘(군)'자는 '구멍 穴(혈)'과 '임금 君(군)'으로 이루어졌다.

막히다, 궁해지다
[窘塞(군:색)] ① 필요한 것이 없거나 모자라서 딱하고 옹색함. ¶좁은 집에서 손님을 모시자니 군색합니다 ② 자연스럽거나 떳떳하지 못하고 거북함. ¶군색한 변명은 하지 않겠다
[窮塞(궁색)] 궁하고 군색함.
[窮色(궁색)] 곤궁한 기색.

窯 기와 가마 요, 穴부15　2788

'窯(요)'자는 '구멍 穴(혈)'과 '양 새끼 羔(고)'로 이루어졌다. '羔(고)'는 '어린 양을 굽다'는 뜻이다. '窯(요)'자는 '오지그릇을 굽는 구멍'을 뜻한다.

기와 굽는 가마, 오지 그릇, 도기
[窯業(요업)] 질그릇·사기·벽돌 등을 만드는 직업.
[陶窯(도요)] 도기를 굽는 가마.

窺 엿볼 규, 穴부16　2789

'窺(규)'자는 '구멍 穴(혈)'과 '법 規(규)'로 이루어졌다. '구멍 속을 들여다보다'는 뜻이다.

엿보다
[窺視(규시)] 엿봄.
[螳螂窺蟬(당랑규선)] 지금의 당장의 이익만을 탐하여 그 뒤의 위험을 알지 못함을 비유적으로 이르는 말. 사마귀가 매미를 잡으려고 그것에만 마음이 팔려 자신이 참새에게 잡아먹힐 위험에 처해 있음을 알지 못하였다는 莊子(장자)의 고사에서 유래하였다.
[不窺密(불규밀). 不道舊故(부도구고).] 비밀을 살피지 않는다. 상대방의 옛 일을 말하지 않는다. 교제를 할 때는 상대가 비밀을 지키려고 생각하는 일에 대해서는 굳이 묻지 않도록 한다. 감추려고 하는 상처에 대해서도 언급해서는 안 된다. 오래된 친구의 과거의 잘못에 대해서는 그 사람에게나 제 삼자에게도 이야기해서는 안 된다. 『禮記(예기)·少儀(소의)』

站 역마을 참, 立부10　2790

'站(참)'자는 '설 立(립)'과 '점칠 占(점)'으로 이루어졌다. 여기에서 '占(점)'은 '특정의 點(점)을 차지하다'는 뜻이다. '站(참)'자는 '특정의 점을 차지하고 서 있다'는 뜻이다.

역, 마을
[兵站(병참)] (군) 군사 작전에 필요한 물자를 관리·보급하는 일. 또는 그 병과.
[驛站(역참)] (역) 역말을 갈아타는 곳.

竣 마칠 준, 立부12　2791

'竣(준)'자는 '설 立(립)'과 '천천히 갈 夋(준)'으로 이루어졌다.

마치다, 끝나다
[竣工(준공)] 공사를 마침. 참竣工式(준공식)

竪 세울 수, 立부13　2792

'竪(수)'자는 '설 立(립)'과 '굳을 臤(견)'으로 이루어졌다. '豎(수)'자의 속자이다. '豎(수)'자는 '굳을 臤(견) + 콩 豆(두)'로 이루어졌다. '臤(견)'자는 '견고함'을 뜻하고, '豆(두)'자는 '(세워 놓을 수 있는) 굽이 달린 그릇' 모양을 본뜬 것이다. 후에 '콩 豆(두)'가 '설 立(립)'으로 변한 것이다. '竪(수)'자는 '안정되게 세우다'는 뜻을 나타낸다.

서다, 세우다
[竪立(수립)] 꼿꼿하게 세움.
[樹立(수립)] 국가나 정부, 제도, 계획 등 추상적인 것을 세움. ¶대책을 수립하다

세로
[橫說竪說(횡설수설)] '가로로 말하고 세로로 말하다'라는 뜻에서, 조리에 맞지 않는 말을 이러쿵저러쿵 지껄임.

竭 다할 갈, 立부14 2793

'竭(갈)'자는 '설 立(립)'과 '어찌 曷(갈)'로 이루어졌다.
다하다, 있는 힘을 다 들이다
[竭力(갈력)] 어떤 일을 함에 힘을 다함.
[盡心竭力(진:심갈력)] 마음과 힘을 있는 대로 다함.
[不盡人之歡(부진인지환), 不竭人之忠(불갈인지충), 以全交也(이전교야).] 남의 환대를 다 받지 않으며, 남의 성의를 다 받지 않아야 사귐을 온전히 유지한다. 약간의 사양과 절제가 있는 것이 교제를 영속시킬 수 있는 방법이다. 『小學(소학)·內篇(내편)·明倫(명륜)』
소모되어 다 없어지다
[竭盡(갈진)] 하나도 남김없이 모두 없어짐. ¶기력이 갈진하다

竿 장대 간, 낚싯대 간, 화살대 간, 竹부9 2794

'竿(간)'자는 '대 竹(죽)'과 '방패 干(간)'으로 이루어졌다. '깃대', '장대' 등의 뜻으로 쓰인다.
장대, 곧은 대나무나 나무
[竿頭過三年(간두과삼년)] '장대 꼭대기에서 삼년을 지낸다'는 뜻에서, 어려운 역경에 처해서 오래도록 참고 견디어 나간다는 의미. 『旬五志(순오지)』
[竿頭(간두)] ① '백척간두'의 준말. ② 장대나 막대 따위의 끝.
[百尺竿頭(백척간두)] 백 자의 장대 끝. '매우 위태롭고 어려운 지경'의 비유. ¶국가의 존망이 백척간두에 있었다.
[魚竿(어간)] 낚싯대. 同釣竿(조간)

笏 홀 홀, 竹부10 2795

'笏(홀)'자는 '대 竹(죽)'과 '말 勿(물)'로 이루어졌다.
홀
[笏(홀)] 신하가 임금을 뵐 때 조복에 갖추어 손에 쥐는 물건
[笏記(홀기)] 의식에 대한 여러 절차나 순서를 적은 글.

笠 삿갓 립, 竹부11 2796

'笠(립)'자는 '대 竹(죽)'과 '설 立(립)'으로 이루어졌다.
삿갓
[簑笠(사립)] 도롱이와 삿갓.
[草笠(초립)] ① 풀로 만든 삿갓이나 갓. ② 冠禮(관례)한 나이 어린 사내가 쓰던, 가는 풀로 결어 만든 누른 빛깔의 갓.

笞 볼기칠 태, 竹부11 2797

'笞(태)'자는 '대 竹(죽)'과 '별 台(태)'로 이루어졌다.
볼기를 치다, 태형
[笞杖(태장)] ① 볼기를 치는 형벌. ② 볼기 치는 刑具(형구).
[笞刑(태형)] 태장으로 볼기를 치는 형벌. 同笞罰(태벌)

筍 죽순 순, 竹부12 2798

'筍(순)'자는 '대 竹(죽)'과 '열흘 旬(순)'으로 이루어졌다.
죽순
[石筍(석순)] 석회 동굴 안의 돌고드름에서 바닥으로 떨어지는 탄산칼슘 용액이 엉기고 쌓여 대나무의 싹 모양이 된 것.
[雨後竹筍(우:후죽순)] '비가 온 뒤에 여기저기 솟는 죽순'이란 뜻으로, 어떠한 일이 일시에 많이 일어남을 비유하는 말.
[竹筍(죽순)] 대순. 대나무의 땅속줄기에서 돋아나는 어리고 연한 싹으로 여러 음식에 재료로 쓰임.

筵 대자리 연, 竹부13 2799

'筵(연)'자는 '대 竹(죽)'과 '늘일 延(연)'으로 이루어졌다. '대나무로 만든 자리'를 뜻한다.
좌석
[筵席(연석)] 임금과 신하가 모여 임금의 물음에 대답하던 자리.
[經筵(경연)] (역) 임금이 학문을 닦기 위하여 명망이 있는 신하에게 경서를 강론하게 하던 일. 또는 그 자리.
[几筵(궤:연)] ① 죽은 사람의 혼백이나 그에 딸린 물건들. 또는 그것들을 차려 놓은 곳. ② 靈座(영좌). 영위를 모셔 놓은 자리.
[酒筵(주연)/酒宴(주연)] 술잔치 자리.
[祝賀筵(축하연)/祝賀宴(축하연)] 축하하는 자리. 同賀筵(하연)/賀宴(하연)
대자리, 대를 걸어 만든 자리, 깔개의 총칭

箇 낱 개, 竹부14 2800

'箇(개)'자는 '대 竹(죽)'과 '굳을 固(고)'로 이루어졌다. 물건을 셀 때의 助辭(조사)로 쓰였다. 지금은 '個(개)'자가 일반적으로 통용된다.
낱(물건을 세는 단위)
[箇數(갯수)], [箇條(개조)]

箔 발 박, 竹부14　2801

'箔(박)'자는 '대 竹(죽)'과 '머물 泊(박)'으로 이루어졌다. 대오리나 갈대 같은 것으로 엮어 만든 물건을 뜻한다. '泊(박)'이 '薄(박)'과 통하는 뜻으로 쓰일 때는 금속의 얇은 조각을 뜻한다.

발, 잠박
[蠶箔(잠박)] 누에 채반.

금속의 얇은 조각
[銀箔(은박)] 은을 종이처럼 얇게 늘이어 만든 것. 물건을 꾸밀 때 글자나 무늬를 만들어 오려 붙임. 函銀箔紙(은박지)
[金箔(금박)] 금을 넓혀서 얇은 종이 모양으로 늘인 조각.

箋 기록할 전:, 竹부14　2802

'箋(전)'자는 '대 竹(죽)'과 '적을 戔(전)'으로 이루어졌다. '戔(전)'자는 '얇고 납작한 물건'을 뜻한다. 종이가 없던 시절에 쓰던 '얇고 납작하고 작은 대나무 조각'을 뜻한다. 오늘날의 쪽지 역할을 했다.

쪽지, 찌지, 부전
[箋注(전:주)] 註解(주해).
[附箋(부:전)/附箋紙(부:전지)] 서류에 무엇을 표시하거나 어떤 의견을 적어 덧붙이는 쪽지.

箴 바늘 잠, 경계 잠, 竹부15　2803

'箴(잠)'자는 '대 竹(죽)'과 '다 咸(함)'으로 이루어졌다. '대나무 바늘'을 뜻하는 글자였다. '경계하여 훈계가 되는 말'을 뜻하는 것으로 쓰인다.

경계, 경계하다
[箴言(잠언)] ① 가르쳐서 훈계가 되는 말. ② (성) 구약성경의 한 권. 솔로몬 왕의 경계와 교훈을 내용으로 하고 있음.

바늘

箸 젓가락 저, 竹부15　2804

'箸(저)'자는 '대 竹(죽)'과 '놈 者(자)'로 이루어졌다.

젓가락
[匙箸(시:저)] 수저.

箭 화살 전:, 竹부15　2805

'箭(전)'자는 '대 竹(죽)'과 '앞 前(전)'으로 이루어졌다.

화살
[箭筒(전:통)] 화살을 넣는 통.
[流箭(유전)] 流矢(유시). 흐른 살. 누가 어디서 쏘았는지 모르는 화살.

篆 전자 전:, 竹부15　2806

'篆(전)'자는 '대 竹(죽)'과 '판단할 彖(단)'으로 이루어졌다.

전자
[篆書(전:서)] 篆字體(전자체)로 쓴 글씨.
[篆字(전:자)] 한자의 글씨체의 한 가지.

篡 빼앗을 찬:, 竹부16　2807

'篡(찬)'자는 '셀 算(산)'과 '사사로울 厶(사)'로 이루어졌다. '못된 일을 꾸며 빼앗다'는 뜻이다.

빼앗다
[篡逆(찬:역)] 임금의 자리를 빼앗으려는 반역.
[篡奪(찬:탈)] 임금의 자리를 빼앗음.

簇 조릿대 족, 竹부17　2808

'簇(족)'자는 '대 竹(죽)'과 '겨레 族(족)'으로 이루어졌다. '대나무가 한 군데 모여 나다'는 뜻이다.

조릿대
[簇子(족자)] 그림이나 글씨 따위를 벽에 걸거나 말아 둘 수 있도록 양 끝에 가름대를 대고 표구한 물건.
[蠶簇(잠족)] 섶. 누에가 올라가 고치를 짓도록 마련해 주는 짚이나 잎나무.

簞 소쿠리 단, 대광주리 단, 竹부18　2809

'簞(단)'자는 '대 竹(죽)'과 '홑 單(단)'으로 이루어졌다. '대나무로 만든 납작하고 작은 상자'를 뜻한다.

대광주리
[簞食瓢飮(단사표음)] '도시락밥과 표주박에 든 물', 또는 '얼마 되지 않는 음식물'이란 뜻으로, 가난한 생활을 일컫는 말. 論語(논어)의 一簞食(일단사) 一瓢飮(일표음)에서 온 말임. 函簞瓢(단표)
[簞瓢陋巷(단표누항)] 공자는 자신의 제자인 顔回(안회)를 가리키며, '한 광주리의 밥과 한 표주박의 물을 마시며 좁고 누추한 거리에 사는 것을 다른 사람들은 시름겨워하거늘, 안회는 그 속에서도 즐거움이 변하지 않는구나'라고 칭찬했다는 데서, 소박한 시골 살림 또는 청빈한 선비의 살림을 비유적으로 이르는 말이다. 『論語(논어)·雍也(옹야)』

瓢 박 표, 瓜부16　2810

'瓢(표)'자는 '오이 瓜(과)'와 '불똥 튈 票(표)'로 이루어졌다. '가벼운 바가지'를 뜻한다.

박, 바가지, 표주박
[簞食瓢飮(단사표음)] ☞ 簞(단)
[簞瓢陋巷(단표누항)] ☞ 簞(단)

簫 퉁소 소, 竹부18　　2811

'簫(소)'자는 '대 竹(죽)'과 '엄숙할 肅(숙)'으로 이루어졌다. '입을 오므리고 부는 관악기'를 뜻한다.
퉁소
[短簫(단소)] (악) 우리나라 관악기의 하나. 오래 묵은 대[竹(죽)]로, 앞에 다섯 개 뒤에 한 개의 구멍을 뚫어 만든 피리로, 음색이 맑고 아름다움. 퉁소보다 짧음.
[洞簫(통소)] 관악기의 하나. 퉁소. 단소.

簪 비녀 잠, 竹부18　　2812

'簪(잠)'자는 '대 竹(죽)'과 '일찍 朁(참)'으로 이루어졌다.
비녀, 꽂다, 찌르다
[金簪(금잠)] 금비녀.
[玉簪(옥잠)] 옥비녀.
[玉簪花(옥잠화)] (식) 백합과의 여러해살이풀. 잎은 뿌리줄기에서 넓고 크게 나오며 가장자리가 물결 모양임. 8~9월에 향기가 있는 자줏빛이나 흰빛의 꽃이 핌. 열매는 삭과이고, 관상용으로 심으며, 어린잎은 먹음.

簾 발 렴, 竹부19　　2813

'簾(렴)'자는 '대 竹(죽)'과 '청렴할 廉(렴)'으로 이루어졌다. '방의 구석에 드리우는 발'을 뜻한다.
발, 주렴
[水簾(수렴)] 폭포.
[垂簾(수렴)] 늘인 발. 또는 발을 늘임.
[垂簾聽政(수렴청정)] (역) 왕대비가 신하를 대할 때에 그 앞에 발을 늘인 데서 생긴 말로, 나이 어린 임금이 즉위하였을 때 왕대비나 대왕대비가 그를 도와서 정사를 돌보는 것을 일컫는 말.
[珠簾(주렴)] 구슬발. 구슬을 꿰어 만든 발.
[竹簾(죽렴)] 대발.

籃 대바구니 람, 竹부20　　2814

'籃(람)'자는 '대 竹(죽)'과 '볼 監(감)'으로 이루어졌다. '무엇을 덮어씌우는 대바구니'를 뜻한다.
바구니, 대광주리, 고운 대오리로 결은 광주리
[搖籃(요람)] ① 젖먹이 어린애를 잘 놀게 하거나 재우기 위하여, 위에 눕히거나 앉히어 놓고 흔들게 만든 물건. 주로 작은 채롱처럼 된 것을 끈으로 매닮. ¶요람에서 무덤까지 ② 포근하고 아늑한 보금자리의 비유. ③ 어떤 일의 발생지나 근원지의 비유. ④ 어떤 일이 발전하는 실마리의 비유.
[搖籃期(요람기)] 사물이 발달하기 시작한 때.

籤 제비 첨, 竹부23　　2815

'籤(첨)'자는 '대 竹(죽)'과 '산부추 韱(섬)'으로 이루어졌다. '가는 대로 신의 뜻을 묻다'는 뜻이다.
제비, 심지
[當籤(당첨)] 제비에 뽑힘. ¶복권에 당첨되다
[抽籤(추첨)] 제비를 뽑음. ¶복권 추첨

籬 울타리 리, 竹부25　　2816

'籬(리)'자는 '대 竹(죽)'과 '헤어질 離(리)'자로 이루어졌다.
울타리
[籬下(이하)] 울타리 밑. 울밑.
[圍籬安置(위리안치)] (역) 죄인을 配所(배소)에서 달아나지 못하도록 가시로 울타리를 만들어 그 안에 가둠.
[竹籬(죽리)] 대울타리.

粒 알 립, 米부11　　2817

'粒(립)'자는 '쌀 米(미)'와 '설 立(립)'으로 이루어졌다. '하나하나가 독립된 꼴을 가진 낟알'을 뜻한다.
알, 쌀알, 낟알, 곡식
[秕粒(비:립)] 쭉정이.
[粒粒皆辛苦(입립개신고)] 쌀알 하나하나가 다 농부의 애써 고생한 결과라는 뜻. 『李紳(이신)·憫農詩(민농시)』 ☞ * 196
알(구슬, 환약 따위와 같이 쌀알처럼 생긴 것)
[粒子(입자)] 물질을 이루는 매우 작은 낱낱의 알갱이.
[微粒子(미립자)] (물) 맨눈으로 볼 수 없는 아주 작은 알갱이.

粕 지게미 박, 米부11　　2818

'粕(박)'자는 '쌀 米(미)'와 '흰 白(백)'으로 이루어졌다.
지게미, 술을 짠 찌꺼기
[大豆粕(대:두박)] 콩깻묵.
[油粕(유박)] 깻묵.

粘 끈끈할 점, 米부11　　2819

'粘(점)'자는 '쌀 米(미)'와 '점 占(점)'로 이루어졌다.
끈끈하다, 끈기가 많다, 차져서 잘 달라붙다
[粘性(점성)] ① 차지고 끈기가 많은 성질. ② (물) 유체가 운동할 때, 각 부분이 서로 저항하여 내부에 마찰이 생기는 성질.

[粘着(점착)] 끈끈하게 착 달라붙음. 집粘着劑(점착제) 粘度(점도), 粘力(점력), 粘膜(점막), 粘液(점액), 粘土(점토)

粗 거칠 조, 米부11   2820

'粗(조)'자는 '쌀 米(미)'와 '또 且(차)'로 이루어졌다.
거칠다, 성기다
[粗鑛(조광)] 캐어낸 그대로의 광석.
[粗惡(조악)] (질이) 거칠고 나쁨. ¶조악한 품질
[粗收入(조수입)] 필요한 경비를 빼지 않은 수입. 이 수입에서 경영비를 뺀 것이 소득임.
[粗雜(조잡)] 거칠고 잡스러움. ¶조잡하게 만들어진 장난감

粱 조 량, 기장 량, 米부13   2821

'粱(량)'자는 '쌀 米(미)'와 '들보 梁(량)'으로 이루어졌다. '梁(량)'자 아랫부분의 '나무 木(목)'을 '쌀 米(미)'로 바꾸어 '조'를 뜻하는 것으로 만들었다. 우리나라에서는 '조'는 '粟(속)'으로, '기장'은 '稷(직)' 또는 '黍(서)'로 나타내고, '粱(량)'자는 '수수'를 나타내는 것으로 쓰인다. 字典(자전)에 훈이 '조'로 되어 있으니 그것을 따랐지만 우리나라에서는 '수수 粱(량)'이라고 하는 것이 맞는다고 생각한다.
수수
[高粱(고량)] 수수.
[高粱酒(고량주)] 수수로 빚은 술.

粹 순수할 수, 米부14   2822

'粹(수)'자는 '쌀 米(미)'와 '군사 卒(졸)'로 이루어졌다. '쌀'의 뜻인 '米(미)'와 다른 색깔이 섞이지 않은 동일한 색의 옷을 입은 '군사'의 뜻인 '卒(졸)'의 합자이다. 쌀에 불순물이 전혀 섞이지 않았다는 뜻에서 '순수하다'란 뜻을 나타낸다.
순수하다, 불순물이 없는 쌀
[純粹(순수)] ① 잡것의 섞임이 없음. ② 사사로운 욕심이나 못된 생각이 없음. ③ 학문에서 경제적 내용이나 응용을 포함하지 않은, 이론적 부문. ¶순수 과학/순수 문학
[國粹主義(국수주의)] 자기 나라의 국민적 특수성만을 가장 우수한 것으로 믿고 행동하여, 남의 나라 것을 배척(排斥)하는 국가주의.

糊 풀 호 米부, 15   2823

'糊(호)'자는 '쌀 米(미)'와 '오랑캐 胡(호)'로 이루어졌다.
끈끈하다, 풀, 붙이는 풀
[糊料(호료)] 가공식품에 粘性(점성)을 주기 위하여 사용하는 식품첨가물.
입에 풀칠하다, 살아가다
[糊口(호구)] ① 입에 풀칠함. ② 간신히 끼니만 이으며 사는 일을 비유하여 이르는 말.
[糊口之策(호구지책)] 간신히 끼니만 이으며 살아가는 방법.
흐리다, 모호하다
[糊塗(호도)] ① 성정이 어둡고 흐리터분함. ② 명확히 결말을 내지 않고 일시적으로 감추거나 우물우물 덮어버림. ¶진실을 호도하여 감추어 버리다
[模糊(모호)] 말이나 태도가 흐리터분하고 알쏭달쏭함.
[曖昧模糊(애:매모호)] ① 흐리터분하고 분명하지 못하다. ② 말이나 태도 따위가 흐리터분하고 분명하지 못함.

糟 지게미 조, 米부17   2824

'糟(조)'자는 '쌀 米(미)'와 '마을 曹(조)'로 이루어졌다.
지게미
[糟糠(조강)] '술지게미와 등겨'라는 뜻으로, 매우 조악한 음식을 말함.
[糟糠之妻(조강지처)] 술지게미나 겨와 같은 조악한 음식을 먹으며 함께 고생하면서 집안을 일으킨 아내를 일컫는 말. 조강지처는 후일 부귀하게 되었어도 마루 아래로 내려가지 않을 만큼 소중하게 여겨야 하며, 또는 이혼하여서는 아니 됨. 糟糠之妻不下堂(조강지처불하당).『後漢書(후한서)·宋弘(송홍)전』
전국, 거르지 아니한 술

糠 겨 강, 米부17   2825

'糠(강)'자는 '쌀 米(미)'와 '평안 康(강)'으로 이루어졌다. 쌀이나 보리 등 곡물을 도정할 때 나오는 '겨'를 뜻한다.
겨, 쌀겨
[麥糠(맥강)] 보리등겨.
[米糠(미강)] 등겨. 쌀겨.
[粃糠(비:강)] ① 쭉정이와 겨. ② 변변하지 못한 음식. ③ 쓰레기나 먼지처럼 소용없는 하찮은 물건.
[糟糠(조강)] ☞ 糟(조)
[糟糠之妻(조강지처)] ☞ 糟(조)
매우 작은 것의 비유

紂 주 임금 주, 껑거리끈 주, 糸부9   2826

'紂(주)'자는 '실 糸(사)'와 '팔꿈치 肘(주)'로 이루어졌다. 소의 등에 안장처럼 얹는 기구를 '길마'라고 한다. 길마를 얹을 때 길마를 안정되게 잡아매는 끈을 '껑거리끈'이라고 한다. 殷(은)나라의 마지막 왕을 지칭한다.

주(紂)임금

[紂王(주왕)] 중국 殷(은)나라의 마지막 왕. 지혜롭고 용맹하였으나 妲己(달기)에 빠진 후 주색을 일삼고 포학한 정치를 하여 주나라 武王(무왕)에게 살해되었다.
[桀紂(걸주)] ① 중국 하나라의 걸왕과 은나라의 주왕. ② 매우 포악한 임금을 비유적으로 이르는 말.

紐 끈 뉴, 맺을 뉴, 糸부10   2827

'紐(뉴)'자는 '실 糸(사)'와 '성 丑(추)'로 이루어졌다. '丑(추)'는 '비틀다'는 뜻으로 쓰인 것이다. '비틀어서 단단해 매다', 또는 그 '끈'을 뜻한다.

매다, 묶다

[紐帶(유대)] 둘 이상의 관계를 연결 또는 결합시킴. 또는 그런 관계를 돈독히 함. ¶우방국과의 관계를 더욱 공고히 하다

紗 비단 사:, 糸부10   2828

'紗(사)'자는 '실 糸(사)'와 '적을 少(소)'로 이루어졌다. 지극히 얇고 고와 가벼운 '비단'을 뜻한다.

깁(얇고 가는 견직물)

[紗帽(사:모)] 검은 紗(사)붙이로 만든 벼슬아치의 예모. 전통혼례식 때 신랑이 쓰기도 함. 참紗帽冠帶(사모관대)
[面紗布(면:사포)] ① 결혼식 때 신부가 머리에 써서 뒤로 길게 늘어뜨리는 흰 紗(사). ② 신부가 처음으로 신랑 집에 갈 때 머리에서부터 발까지 온몸을 덮어 가리는 검은 紗(사).
[靑紗燈籠(청사등롱)] 푸른 깁으로 둘러싼 초롱.
絹紗(견사), 羅紗店(나사점), 網紗(망사)

紋 무늬 문, 糸부10   2829

'紋(문)'자는 '실 糸(사)'와 '글월 文(문)'으로 이루어졌다. '文(문)'은 '문채'를 뜻한다.

무늬, 직물의 문채

[紋樣(문양)/文樣(문양)] 무늬나 모양. 물건의 거죽에 얼룩져 나타난 어떤 모양. 또는 물건의 표면에 장식 목적으로 나타낸 어떤 모양.
[斑紋(반문)/斑文(반문)] 얼룩무늬.
[指紋(지문)] 손가락 끝 마디 안쪽에 이루어진 물결 같은 금. 또는 그것이 어떤 물체에 남긴 흔적.
[波紋(파문)] ① 수면에 이는 물결. 또는 그 물결의 모양. ¶연못에 파문이 일었다 ② 어떤 일이 다른 데에 미치는 영향. ¶파문이 확산되다
[花紋席(화문석)] 꽃무늬 돗자리.
紋章(문장), 蛇紋(사문), 蛇紋石(사문석), 雲紋(운문), 花紋(화문)

주름, 주름살

紺 감색 감, 연보라 감, 糸부11   2830

'紺(감)'자는 '실 糸(사)'와 '달 甘(감)'으로 이루어졌다.

감색, 야청빛(검은 빛을 띤 푸른 빛)

[紺靑(감청)] 고운 남빛. 또는 그 피륙.
[紺色(감색)] 반물. 검은 빛을 띤 남빛.

絆 줄 반, 얽어맬 반, 糸부11   2831

'絆(반)'자는 '실 糸(사)'와 '半(반)'으로 이루어졌다. '비끌어 매다'는 뜻을 나타낸다.

줄, 사물을 얽어매는 줄, 비끌어 매다

[絆瘡膏(반창고)] 상처를 보호하거나 붕대 따위를 고정시키는 데 쓰는 접착성 헝겊이나 테이프.
[脚絆(각반)] 行纏(행전). 한복 바지를 입었을 때 발목에서 무릎 아래 바지 위에 가뜬하게 감거나 둘러싸는 물건.

紬 명주 주, 糸부11   2832

'紬(주)'자는 '실 糸(사)'와 '말미암을 由(유)'로 이루어졌다.

명주, 굵은 명주

[紬緞(주단)] 명주와 비단.
[紬亢羅(주항라)] 명주실로 짠 항라.
[明紬(명주)] 명주실로 무늬 없이 짠 피륙.

絨 융 융, 가는 베 융, 糸부12   2833

'絨(융)'자는 '실 糸(사)'와 '오랑캐 戎(융)'으로 이루어졌다. '이민족이 사용하는 모직물의 뜻'이다.

융(감이 두툼한 모직물)

[絨緞(융단)] 염색한 털로 그림이나 무늬를 놓아 짠 두꺼운 천. 카펫.
[絨毛(융모)] ① 융털. 융단의 거죽에 난 보드라운 털. ② (식) 식물의 꽃잎·잎 등에 있는 작고 가는 털.

絢 무늬 현:, 糸부12   2834

'絢(현)'자는 '실 糸(사)'와 '열흘 旬(순)'으로 이루어졌다. '기하학적인 아름다운 무늬'를 뜻한다.

무늬, 문채, 곱다

[絢爛(현:란)] ① 눈이 부시도록 찬란함. ¶옷차림이 현란하다 ② 시나 글의 수식이 다채롭고 야단스러움. ¶그의 글은 현란한 언어로 꾸미지는 않았어도 진실이 담겨 있다

綺 비단 기, 糸부14 2835

'綺(기)'자는 '실 糸(사)'와 '기이할 奇(기)'로 이루어졌다. '사람의 눈길을 끌 정도의 고운 무늬 비단'을 뜻하는 글자였다. '교묘하게 꾸미다'는 뜻으로 쓰인다.

교묘하게 꾸미다
[綺語(기어)] 교묘하게 꾸민 말. 十惡(십악)의 하나. ☞ *243

비단, 무늬가 놓인 비단

綸 벼리 륜, 낚시 줄 륜, 糸부14 2836

'綸(륜)'자는 '실 糸(사)'와 '생각할 侖(륜)'으로 이루어졌다. '가닥이 잡힌 실'을 뜻한다.

낚시 줄, 현악기의 줄, 실, 굵은 실
[釣綸(조륜)] 낚싯줄.

길, 도(道)
[經綸(경륜)] ① 어떤 포부를 가지고 일을 조직적으로 계획함. ¶뛰어난 경륜을 가진 사람 ② 천하를 다스림.

緋 비단 비:, 糸부14 2837

'緋(비)'자는 '실 糸(사)'와 '아닐 非(비)'로 이루어졌다.

붉은 빛, 붉은 빛의 누인 명주
[緋緞(비:단)] 명주실로 두껍고도 광택이 있고 탄탄하게 잘 짠 피륙.

緞 비단 단, 糸부15 2838

'緞(단)'자는 '실 糸(사)'와 '층계 段(단)'으로 이루어졌다.

비단
[貢緞(공:단)] 조공으로 바치던 비단. 두껍고 무늬는 없지만 윤기가 도는 비단.
[緋緞(비:단)] ☞ 緋(비)
[禮緞(예:단)] 예물로 주는 비단.
[紬緞(주단)] 명주와 비단.
[采緞(채:단)] 혼인 때 신랑 집에서 신부의 집으로 미리 보내는, 청색과 홍색의 두 가지 비단. 치마나 저고릿감으로 쓰임.
繡緞(수단), 羽緞(우단), 原緞(원단), 絨緞(융단), 綵緞(채단)

綽 너그러울 작, 糸부14 2839

'綽(작)'자는 '실 糸(사)'와 '높을 卓(탁)'으로 이루어졌다. 원래는 '素(소)+卓(탁)'이었다.

너그럽다, 여유가 있다
[餘裕綽綽(여유작작)] 말이나 하는 짓이 아주 너그럽고 넉넉함.

綴 꿰맬 철, 엮을 철, 糸부14 2840

'綴(철)'자는 '실 糸(사)'와 '이을 叕(철)'로 이루어졌다. 실[糸]로 물건들을 꿰매 이은[叕] 것을 뜻한다.

꿰매다, 이어 맞추다
[綴字(철자)] 자음과 모음을 맞추어 음절 단위의 글자를 만드는 일. 閸綴字法(철자법)
[補綴(보:철)] ① 헤어진 것을 깁고 꿰맴. ② 글귀를 이것저것 모아 붙여서 시나 글을 지음. ③ (의) 이가 상한 것을 고쳐 바로잡으며 이를 해 박는 일. ④ (의) 의수·의족 등을 해서 끼우거나 덧대어 힘을 쓰게 하는 일.
[編綴(편철)] 신문·서류 따위를 정리하여 꿰맴.

연잇다
[點綴(점철)] 흐트러진 여러 점들이 어름어름 서로 이어짐. 또는 그것들의 이음.

綻 옷 터질 탄:, 糸부14 2841

'綻(탄)'자는 '실 糸(사)'와 '정할 定(정)'으로 이루어졌다. '솔기가 터져 속옷이 보이다'는 뜻이다.

옷이 터지다, 터지다
[綻露(탄:로)] 비밀이 드러남.
[破綻(파:탄)] ① 찢어지고 터짐. ② 일이나 계획이 순조롭게 진행되지 못하고 중도에 잘못됨. ③ (경) 상점·회사 따위가 지급정지로 됨.

緬 가는 실 면(:), 糸부15 2842

'緬(면)'자는 '실 糸(사)'와 '얼굴 面(면)'으로 이루어졌다.

가는 실
[緬羊(면양)] 털이 긴 양. 그 털은 모직물의 원료로 씀. 閸綿羊(면양)

기타
[緬禮(면:례)] 무덤을 옮기어 다시 장사를 지냄.

緻 빽빽할 치, 糸부15 2843

'緻(치)'자는 '실 糸(사)'와 '이를 致(치)'로 이루어졌다. 여기서 '致(치)'자는 '촘촘해서 빈틈이 없다'는 뜻이다.

배다, 촘촘하다
[緻密(치밀)] ① 촘촘하고 빽빽함. ¶이 천은 올이 가늘고 치밀하다 ② 자세하고 꼼꼼함. ¶치밀한 계획을 세우다
[精緻(정치)] 정교하고 치밀함.

緘 봉할 함, 糸부15 2844

'緘(함)'자는 '실 糸(사)'와 '다 咸(함)'으로 이루어졌다. 상자에 다 집어넣고 마지막으로 '봉하는 실'의 뜻이다.

봉하다, 봉한 자리
[緘口(함구)] 입을 다묾. 凹開口(개구)
[封緘(봉함)] 봉한 편지. 또는 편지를 봉투에 넣어 봉하는 일.
[封緘葉書(봉함엽서)] 우편엽서의 한 가지. 편지의 사연을 써서 겹쳐 접으면 크기가 보통엽서와 같아짐.
서류함, 봉투

縛 묶을 박, 줄 부, 얽을 박, 糸부16 2845

'縛(박)'자는 '실 糸(사)'와 '펼 尃(부)'로 이루어졌다.

묶다, 비끌어 매다, 감다, 포승, 줄
[結縛(결박)] 몸이나 손을 자유롭게 움직이지 못하도록 동이어 묶음. ¶범인을 결박하다
[自繩自縛(자승자박)] 제 새끼줄로 제 몸을 옭아 묶는다는 뜻으로 ① 제가 잘못하여 불행을 자초함을 비유하여 이르는 말. ② 제 마음으로 번뇌를 일으켜 괴로워함을 비유하여 이르는 말.
[捕縛(포:박)] 잡아서 묶음.

매다, 매어 자유를 속박하다
[束縛(속박)] (얽어매어) 사람의 행동의 자유를 빼앗음. ¶因襲(인습)에 의한 속박

縊 목맬 액, 糸부16 2846

'縊(액)'자는 '실 糸(사)'와 '더할 益(익)'으로 이루어졌다. '끈으로 목을 졸라매다'는 뜻이다. 원음은 [의], 속음은 [액]이다. 우리말 한자어에서는 [액]으로만 쓰인다.

목매다, 목을 졸라 죽이다
[縊死(액사)] 목을 매어 죽음.
[自縊(자액)] 스스로 목매어 죽음.

繃 묶을 붕, 糸부17 2847

'繃(붕)'자는 '실 糸(사)'와 '무너질 崩(붕)'으로 이루어졌다. '탄력성이 있고 감촉이 부드러운 섬유를 소재로 한 띠'를 뜻한다.

묶다
[繃帶(붕대)] 상처나 헌 곳 따위에 감는 소독한 헝겊 띠. ¶상처 난 손가락에 붕대를 감았다

繡 수 수:, 수놓을 수:, 糸부18 2848

'繡(수)'자는 '실 糸(사)'와 '엄숙할 肅(숙)'으로 이루어졌다.

수, 수놓다
[繡緞(수:단)] 수놓은 것 같이 짠 비단.
[繡屛(수:병)] 수를 놓은 병풍.
[錦繡(금:수)] 비단에 수놓은 것. 수놓은 비단.

[錦繡江山(금:수강산)] '비단에 수를 놓은 것 같은 강산'이라는 뜻으로, 자연이 매우 아름다운 나라. ¶예로부터 우리나라를 삼천리금수강산이라 하였다.
[刺繡(자수)] 천에 바늘을 찔러 넣어 수를 놓음. 또는 그 수.

繭 고치 견, 糸부19 2849

'繭(견)'자는 '실 糸(사)', '벌레 虫(충)', '내기할 巿(면)'자로 이루어졌다. '누에고치'를 뜻한다.

고치, 누에고치
[繭絲(견사)] 누에고치실. 생명주실.
[蠶繭(잠견)] 누에고치.

繹 풀어낼 역, 糸부19 2850

'繹(역)'자는 '실 糸(사)'와 '엿볼 睪(역)'으로 이루어졌다.

풀어내다, 실마리를 뽑아내다, 실마리
[演繹(연:역)] (논) 일반적인 사실이나 원리로부터 개별적인 사실이나 원리를 이끌어냄. 젭演繹法(연역법), 演繹的(연역적), 歸納(귀납)
[演繹法(연:역법)] (논) 이미 알고 있는 일반적인 사실이나 원리를 전제로 하여 개별적인 특수한 사실이나 원리로서의 결론을 이끌어내는 연구 방법. 삼단논법은 그 대표적인 형식임. 젭歸納法(귀납법)

繪 그림 회:, 糸부19 2851

'會(회)'자에 '실 糸(사)'를 붙여 '그림 繪(회)'자를 만들었다. '會(회)'는 '모으다'의 뜻, '糸(사)'는 다섯 가지 색의 '실'을 뜻한다. '繪(회)'자는 다섯 가지 실을 모아 '수를 놓다'는 뜻에서 '그림'의 뜻을 나타낸다.

그림, 그리다, 그림을 그리다
[繪畵(회:화)] 여러 가지 선이나 색채로 평면 위에 형상을 그려내는 조형 미술.
[繪事後素(회사후소)] 그림 그리는 일은 흰 바탕을 마련한 다음에 해야 한다. 그림을 그릴 때는 우선 밑바탕을 잘 만드는 것이 중요하며, 색채를 칠하는 것은 그 다음 일이다. 밑바탕을 만드는 일은 눈에 보이지 않는 작업이다. 그러나 견실한 밑바탕(素) 없이는 훌륭한 그림을 그릴 수가 없다. 몸을 장식하는 것보다는 먼저 수양을 쌓아 마음의 성실함을 근본을 삼도록 해야 한다. 출後素(후소)『論語(논어)·八佾(팔일)』

纂 모을 찬, 糸부20 2852

'纂(찬)'자는 '실 糸(사)'와 '셀 算(산)'으로 이루어졌다. '모아서 정리하여 책 따위를 엮다'는 뜻이다.

모으다
[編纂(편찬)] 여러 가지 자료를 모아 체계적으로 정리하여 책을 만듦.

纏 얽을 전:, 糸부21　2853

'纏(전)'자는 '실 糸(사)'와 '가게 廛(전)'으로 이루어졌다. '띠를 두르다', '끈을 매다'는 뜻이다.
묶다
[纏帶(전:대)] 무명이나 베 헝겊으로 길게 자루를 만들어 양쪽 끝을 터놓고 중간을 막아 양쪽 터진 곳으로 돈이나 물건을 넣고 허리에 차기도 하고 어깨에 메기도 하는 자루.
[纏足(전:족)] 중국의 옛 풍속에서 여자의 발을 작게 하려고 어릴 때부터 피륙으로 싸 감아 자라지 못하게 하던 일. 또는 그렇게 한 발.

缸 항아리 항, 缶부9　2854

'缸(항)'자는 '장군 缶(부)'와 '장인 工(공)'으로 이루어졌다. '항아리'를 뜻한다.
항아리
[酒缸(주항)] 술독.
[魚缸(어항)] 물고기를 기르는 데 사용하는 유리 따위로 모양 있게 만든 항아리.

罕 그물 한, 드물 한, 网부7　2855

'罕(한)'자는 '그물 罒(망)'과 '방패 干(간)'으로 이루어졌다. '긴 자루가 달린 그물'을 뜻하는 글자이다. 우리말 한자어에서는 '드물다'는 뜻으로 쓰인다.
드물다
[稀罕(희한)] 매우 드묾.

屑 가루 설, 尸부10　2856

'屑(설)'자는 '주검 尸(시)'와 '닮을 肖(초)'로 이루어졌다 '몸이 가루가 되도록 힘쓰고 수고함'의 뜻에서 '자잘하다, 잔 부스러기' 등의 뜻을 나타낸다.
가루, 부스러기, 부수다, 가루가 되게 부수다
[屑塵(설진)] 티끌. 먼지.
[屑糖(설탕)/雪糖(설탕)] 본음은 설당. 맛이 달고 물에 잘 녹음. 사탕수수·사탕무 등을 원료로 하여 만듦.

罫 줄 괘:, 网부13　2857

'罫(괘)'자는 '그물 罒(망)'과 '점괘 卦(괘)'로 이루어졌다. '그물에 걸어 자유를 방해하다', '그물코나 점괘처럼 가로세로 교차한 선'의 뜻을 나타낸다.
줄(바둑판처럼 가로세로 엇걸리게 친 줄)
[罫(괘:)] (인) 활판 인쇄에서 가로 세로의 선을 긋는 데 쓰는 쇠로 만든 얇은 판.
[罫線(괘:선)] 괘로 그은 선.

罵 욕할 매:, 꾸짖을 매:, 网부15　2858

'罵(매)'자는 '그물 罒(망)'과 '말 馬(마)'로 이루어졌다. '그물이나 막을 덮어씌우듯이 욕설을 퍼붓다'는 뜻이다.
욕하다, 매도하다, 꾸짖다
[罵倒(매:도)] ① 심하게 나쁜 쪽으로 몰아세움. ¶그의 선행을 거짓 선행으로 매도하지 말라 ② 심하게 욕하여 꾸짖음.

罹 걸릴 리, 网부16　2859

'罹(리)'자는 '그물 罒(망)', '새 隹(추)', '마음 忄(심)'으로 이루어졌다. '그물에 걸린 새의 모양'에서 '마음에 걸리다'는 뜻을 나타낸다.
걸리다, 병·재앙 따위에 걸리다
[罹病(이병)] 병에 걸림. 동罹患(이환)
[罹災(이재)] 재해를 입음. 참罹災民(이재민)
근심, 근심하다

羈 굴레 기, 나그네 기, 网부24　2860

'羈(기)'자는 '그물 罒(망)', '가죽 革(혁)', '말 馬(마)'로 이루어졌다. 말의 머리에 씌우는 가죽 그물 즉, '굴레'를 뜻한다.
굴레, 재갈, 잡아매다
[羈鳥(기조)] 새장 안에 갇힌 새.
[羈鳥戀舊林(기조연구림), 池魚思故淵(지어사고연).] 묶인 새는 옛 숲을 그리워하고 연못의 물고기는 자기가 태어난 옛 연못을 잊지 못한다. '타향에 떠도는 나그네가 고향을 그리워함'을 비유하는 말. 『古文眞寶(고문진보)·陶淵明(도연명) 歸田園居(귀전원거)』

羨 부러워할 선, 羊부13　2861

'羨(선)'자는 '양 羊(양)'과 '침 次(연)'으로 이루어졌다. '맛있는 음식을 보고 군침을 흘리다'는 뜻에서 '부러워하다'는 뜻을 나타낸다.
부러워하다
[羨望(선:망)] 부러워하여 자기도 그렇게 되기를 바람. ¶선망의 눈길을 보내다
탐내다
[臨河而羨魚(임하이선어), 不如歸家織網(불여귀가직망).] 강에 가서 물고기를 탐내는 것은 집에 돌아가 그물을 짜는 것만 못하다. 『淮南子(회남자)·說林訓(설림훈)』

羹 국 갱:, 羊부19   2862

'羹(갱)'자는 '새끼양 羔(고)'와 '아름다울 美(미)'로 이루어졌다. 새끼 양 따위를 국으로 끓인 것을 말한다. 여기에서 '美(미)'는 김이 무럭무럭 나는 세발달린 솥을 뜻하는 '력'자 대신 쓴 것이었다. 있는 그대로 '美(미)'를 '맛있다'라고 보기로 하자. 그러므로 '羹(갱)'은 '맛있는 국'이 되겠다.

국

[羹粥(갱:죽)] ① 국과 죽. ② 곡식과 나물을 한데 넣고 간을 맞추어 끓인 죽.
肉羹(육갱), 菜羹(채갱)

翌 다음날 익, 羽부11   2863

'翌(익)'자는 '깃 羽(우)'와 '설 立(립)'으로 이루어졌다. '도울 翊(익)'자와 동자였으나 나중에 뜻이 나뉘어졌다.

다음날, 이튿날

[翌月(익월)] 다음 달.
[翌日(익일)] 다음 날. 이튿날.
[翌年(익년)] 다음 해.

翔 빙빙 돌아 날 상, 羽부12   2864

'翔(상)'자는 '깃 羽(우)'와 '羊(양)'로 이루어졌다. '羽(우)'는 새의 깃털을 활짝 편 모양을 나타낸 것이다. '높이 날다'는 뜻이다.

빙빙 돌며 날다, 날다, 높이 날다, 날개를 편 채 바람을 타고 날다

[飛翔(비상)] (새 따위가) 공중을 날아다님.

翡 물총새 비:, 羽부14   2865

'翡(비)'자는 '깃 羽(우)'와 '아닐 非(비)'로 이루어졌다.

물총새, 물총새의 수컷

[翡翠(비:취)] ① 비취옥. 반투명체로 된 새파란 빛깔의 구슬. ② 자주호반새와 물총새를 아울러 일컫는 말.

翠 물총새 취:, 푸를 취:, 羽부14   2866

'翠(취)'자는 '깃 羽(우)'와 '군사 卒(졸)'로 이루어졌다.

물총새, 물총새의 암컷

[翡翠(비:취)] ☞ 翡(비)

耗 줄 모, 소모할 모, 耒부10   2867

'耗(모)'의 원자는 '秏(모)'였다. '벼 禾(화)'가 잘못 변하여 '쟁기 耒(뢰)'가 되었다. 誤字(오자)가 俗字(속자)로 사용되다가 이제는 正字(정자) 대우를 받는다. '쟁기 耒(뢰)'와 '털 毛(모)'로 이루어졌다.

쓰다, 소비하다, 다하다, 없애다, 줄다, 줄이다

[消耗(소모)] 써서 사라지거나 줄어듦. 또는 써서 없앰.
[消耗品(소모품)] 쓰는 대로 줄어들어 없어지는 물품. 凹備品(비품)
[磨耗(마모)] 닳아 작아짐.

耘 김맬 운, 耒부10   2868

'耘(운)'자는 '쟁기 耒(뢰)'와 '이를 云(운)'으로 이루어졌다. '쟁기로 흙을 움직여 풀을 없애다'는 뜻이다.

김매다

[耕耘(경운)] 논밭을 갈고 김을 매는 일. 凹耕耘機(경운기)

聊 애오라지 료, 耳부11   2869

'聊(료)'자는 '귀 耳(이)'와 '토끼 卯(묘)'로 이루어졌다.

즐기다

[聊齋志異(요재지이)] 淸初(청초)의 작가 蒲松齡(포송령)이 지은 괴기소설. 단편 400여 편이 실려 있음.
[無聊(무료)] ① 탐탁하게 어울리는 맛이 없음. ② 심심함. ③ 부끄럽고 열없음.

聳 솟을 용:, 耳부17   2870

'聳(용)'자는 '귀 耳(이)'와 '따를 從(종)'으로 이루어졌다.

솟다, 높이 솟다

[聳然(용:연)] 송연하다. 두려워서 옹송그림.
[聳出(용:출)] 우뚝 솟아남.

肆 방자할 사, 聿부13   2871

'肆(사)'자는 '긴 長(장)'과 '미칠 隶(이)'로 이루어졌다. '隶(이)'자의 모양이 '붓 聿(율)'로 변하였다.

방자하다, 멋대로 하다

[肆心(사심)] 방자한 마음. 마음을 제멋대로 가짐.
[肆行非度(사행비도)] 방자하여 법도에 벗어난 행동. 『春秋左氏傳(춘추좌씨전)』
[放肆(방:사)] 제멋대로 하여 거리낌이 없음.

肌 살 기, 몸 기, 살가죽 기, 肉부6   2872

'肌(기)'자는 '살 月(육)'과 '안석 几(궤)'로 이루어졌다.

피부, 살, 근육

[肌骨(기골)] 피부와 뼈.
[氷肌(빙기)] ① 얼음같이 맑고 깨끗한 살결. ② '매화의 깨끗하고 고운 모습'을 형용하는 말.

肋 갈빗대 륵, 肉부6　2873

'肋(륵)'자는 '살 月(육)'과 '힘 力(력)'으로 이루어졌다. '가슴에 줄지어 보이는 갈빗대'를 뜻한다.

갈비, 갈빗대
[肋骨(늑골)] 갈비뼈.
[肋膜(늑막)] (생) 흉곽의 안쪽과 허파의 표면 및 횡격막의 윗면을 덮고 있는 얇은 막. 참肋膜炎(늑막염)
[鷄肋(계륵)] '닭의 갈비'처럼 먹을 만한 살은 붙어 있지 않으나 버리기는 아깝다는 뜻에서, '이익될 것도 없으나 그렇다고 버리기도 아까운 것'을 비유하는 말. 『後漢書(후한서)』
[如嚼鷄肋(여작계륵)] 닭의 갈비뼈를 씹는 듯하다. 맛이 없다. 흥미가 없다. 또는 아무 짝에도 쓸모가 없는 것을 비유하는 말이다.

肛 항문 항, 肉부7　2874

'肛(항)'자는 '살 月(육)'과 '장인 工(공)'으로 이루어졌다. '工(공)'은 '붉을 紅(홍)'과 통하여 '붉은 색을 띠는 구멍'을 뜻한다.

똥구멍
[肛門(항문)] 똥구멍.
[脫肛(탈항)] (의) 항문에 연결되는 곧은창자의 점막이 밖으로 빠져 나오는 증상.

股 넓적다리 고, 肉부8　2875

'股(고)'자는 '살 月(육)'과 '북 鼓(고)'로 이루어진 글자였으나, 후에 '鼓(고)'자가 音(음)만 남기고 글자는 '殳(수)'로 바뀌었다. 많이도 바뀌었다.

넓적다리, 무릎 위 부분, 정강이
[股肱(고굉)] ① 다리와 팔. ② 股肱之臣(고굉지신)의 준말.
[股肱之臣(고굉지신)] 임금이 가장 믿는 중요한 신하.

肱 팔뚝 굉, 肉부8　2876

'肱(굉)'자는 '살 月(육)'과 '팔 厷(굉)'으로 이루어졌다.

팔뚝
[股肱(고굉)] ☞ 股(고)
[股肱之臣(고굉지신)] ☞ 股(고)
[枕肱(침굉)/曲肱枕(곡굉침)] 팔뚝을 베고 잠. 참曲肱而枕之(곡굉이침지)
[曲肱之樂(곡굉지락)] '팔을 베개 삼아 잠을 자는 가운데 있는 즐거움'이라는 뜻으로, 淸貧(청빈)에 만족하여 그 안에서 즐거움을 찾는 검소하고 自足(자족)하는 생활을 비유한 말이다. 『論語(논어)·述而(술이)』 ☞ *125

肪 기름 방, 肉부8　2877

'肪(방)'자는 '고기 月(육)'과 '모 方(방)'으로 이루어졌다. 고기 속에 있는 '기름'을 뜻한다.

기름, 비계
[脂肪(지방)] 삼대 영양소의 하나로, 常溫(상온)에서 굳어 있는 기름. 생물체의 에너지 공급의 중요한 원천임.

肢 사지 지, 팔 다리 지, 肉부8　2878

'肢(지)'자는 '살 月(육)'과 '가지 支(지)'로 이루어졌다. 육체 중에서 가랑이가 갈라진 부분, 즉 '팔다리'를 뜻한다.

사지, 팔다리
[肢體(지체)] 팔다리와 몸.
[四肢(사:지)] 두 팔과 두 다리. 팔다리.
[下肢(하:지)] 두 다리.

胚 아이 밸 배, 肉부9　2879

'胚(배)'자는 '살 月(육)'과 '클 丕(비)'로 이루어졌다.

아이를 배다
[胚芽(배아)] (식) 씨눈. 씨 속에 배고 있는 나무와 풀의 싹. ¶배아줄기세포
[胚胎(배태)] ① 아이나 새끼를 뱀. ② 어떤 일이 일어날 빌미를 속으로 가짐을 비유적으로 이르는 말. ¶자유민주주의의 배태를 가능하게 한 것은 서구의 가치관과 문화체계이다
胚囊(배낭), 胚乳(배유), 胚珠(배주)

膀 오줌통 방, 肉부14　2880

'膀(방)'자는 '살 月(육)'과 '곁 旁(방)'으로 이루어졌다.

胱 오줌통 광, 肉부10　2881

'胱(광)'자는 '살 月(육)'과 '빛 光(광)'으로 이루어졌다.

오줌통
[膀胱(방광)] (생) 몸 안에서 콩팥으로부터 흘러나오는 오줌을 받아 모으는 얇은 막으로 된 주머니. 참膀胱癌(방광암), 膀胱炎(방광염)

胴 큰창자 동, 몸통 동, 肉부10　2883

'胴(동)'자는 '살 月(육)'과 '한 가지 同(동)'으로 이루어졌다. '팔다리와 머리를 제외한 몸통'을 뜻한다.

몸통
[胴體(동체)] 몸통. 몸통에 해당하는 부분. ¶비행기가 동체 착륙을 시도하다

脊 등마루 척, 肉부10　2884

'脊(척)'자는 '살 月(육)'과 나머지 윗부분으로 이루어졌는데 윗부분은 겹쳐 쌓여 있는 등뼈 모양을 나타낸다.

등뼈, 등골뼈
[脊骨(척골)] (생) 등골뼈.
[脊髓(척수)] 등골뼈 속에 있는 흰 잿빛 물질. 여기에는 여러 가지 신경 기능의 중추가 있음. 등골. 참脊髓神經(척수신경), 脊髓炎(척수염)
[脊椎(척추)] 등골뼈.
[脊椎動物(척추동물)] (동) 등뼈동물. 동물계의 한 門(문). 등뼈가 있어서 몸의 중추를 삼아 몸을 지지하는 고등동물을 일컬음.

脆 무를 취, 연할 취, 肉부10　2885

'脆(취)'자는 '고기 月(육)'과 '위험할 危(위)'로 이루어졌다. 조금 약해서 '끊어지기 쉬운 고기'를 뜻한다.

무르다, 약하다
[脆弱(취:약)] 무르고 약함. ¶이 지역은 홍수에 취약하다

脛 정강이 경, 肉부11　2886

'脛(경)'자는 '살 月(육)'과 '물줄기 巠(경)'으로 이루어졌다. 육체 중에서 힘이 세고 쪽 곧은 부분, 곧 '정강이'를 뜻한다.

정강이
[脛骨(경골)] 정강이뼈.
[頸骨(경골)] 목뼈.
[鳧脛雖短續之則憂(부경수단속지즉우), 鶴脛雖長斷之則悲(학경수장단지즉비).] 물오리의 다리는 비록 짧지만 그것을 길게 이어주면 괴로워할 것이다. 학의 다리가 길다 하여 끊어서 짧게 한다면, 학은 필시 슬퍼할 것이다. 만물은 제각기 천부의 특징을 갖추어 있으므로, 쓸데없이 가감할 것이 아님'을 비유하여 이르는 말이다. 인간의 경우에도 마찬가지이다. 사람의 성질은 사람마다 각각 태어날 때부터 지니고 있는 것이므로 다른 사람이 이러쿵저러쿵 지도하는 것은 본인에게 오히려 괴로울 뿐이다.『莊子(장자)·外篇(외편)·駢拇(변무)』

脯 포 포, 肉부11　2887

'脯(포)'자는 '고기 月(육)'과 '클 甫(보)'로 이루어졌다. 고기를 얇게 만든 '포'를 뜻한다.

포(저미어 말린 고기), 포를 뜨다
[脯肉(포육)] 얇게 저며서 양념하여 말린 고기.
[脯醢(포해)] 포육과 식혜.
[魚脯(어포)] 생선을 얇게 저며서 양념을 하여 말린 음식.
[肉脯(육포)] 쇠고기를 얇게 저며 말린 포.
[酒果脯醢(주과포해)] 술과 과실과 乾脯(건포)와 식혜. 곧 간략한 제물.

腔 빈 속 강, 속 빌 강, 肉부12　2888

'腔(강)'자는 '살 月(육)'과 '빌 空(공)'으로 이루어졌다..

속이 비다, 몸 안의 빈 곳
[腔腸(강장)] (생) 해파리·말미잘 따위가 먹은 것을 소화시키는 몸속의 빈 곳. 참腔腸動物(강장동물)
[口腔(구:강)] 입 안의 빈 곳. 입에서 목구멍에 이르는 부분. ¶구강 위생
[鼻腔(비:강)] 콧속. 콧구멍 속. ¶비강이 헐었다

腑 장부 부, 肉부12　2889

'腑(부)'자는 '살 月(육)'과 '곳집 府(부)'로 이루어졌다. '府(부)'는 물건을 간수하는 곳간. '腑(부)'는 '내장을 간수하는 부분'을 뜻한다.

장부, 오장육부
[五臟六腑(오:장육부)] 五臟(오장) 즉 폐장(肺臟)·심장(心臟)·비장(脾臟)·간장(肝臟)·신장(腎臟)의 다섯 가지 장기(臟器)와 六腑(육부) 즉 大腸(대장)·小腸(소장)·胃(위)·膽囊(담낭)·膀胱(방광)·三焦(삼초)를 통틀어 이르는 말.
[肺腑(폐:부)] ① 허파. ② 마음의 깊은 속. ¶그의 말 한마디가 나의 폐부를 찔렀다

脾 지라 비:, 肉부12　2890

'脾(비)'자는 '살 月(육)'과 '낮을 卑(비)'로 이루어졌다. 胃(위)의 뒤쪽에 있는 五臟(오장)의 하나. 암적색의 球形(구형)으로, 백혈구의 생성과 노폐한 적혈구를 파괴하는 기능이 있다.

지라(오장의 하나)
[脾胃(비:위)] ① 지라와 胃(위). ② 음식 맛이나 어떤 사물에 대하여 좋고 언짢음을 느끼는 기분. ¶비위가 좋아 아무 음식이나 잘 먹는다 ③ 아니꼽거나 언짢은 일을 잘 견디어 내는 힘. ¶놀림을 당하고도 비위 좋게 앉아 있다 참補脾胃(보비위)
[脾臟(비:장)] (생) 지라. 胃(위)의 뒤쪽, 위·콩팥·결장·횡격막 사이에 있는, 림프샘과 비슷한 붉은 갈색 달걀꼴의 내장. 피의 유형 성분을 만들고 철분의 신진대사를 도우며, 항체를 만드는 일을 함.

[補脾胃(보:비위)] ① 비장과 위의 기운을 도움. ② 남의 비위를 잘 맞추어 줌. ¶보비위를 잘하다

腕 팔뚝 완:, 肉부12   2891

'腕(완)'자는 '살 月(육)'과 '굽을 宛(완)'으로 이루어졌다.

팔, 팔뚝, 손목
[腕力(완:력)] ① 팔의 힘. ② 육체적으로 억누르는 힘.
[腕章(완:장)] 신분이나 지위 따위를 나타내기 위하여 팔에 두르는 標章(표장).

수완, 솜씨
[敏腕(민완)] 일을 재치 있고 빠르게 처리하는 솜씨. ¶민완 형사
[手腕(수완)] ① 팔. 손목. ② 일을 꾸미거나 치러 나가는 재간.

膨 부풀 팽, 肉부16   2892

'膨(팽)'자는 '고기 月(육)'과 '띵띵할 彭(팽)'자로 이루어졌다.

부풀다
[膨大(팽대)] 부풀어서 커짐.
[膨滿(팽만)] ① 부풀어 올라 터질 듯함. ② 음식을 많이 먹어 배가 몹시 불룩함.
[膨脹(팽창)] ① 부풀어서 띵띵하여짐. ② 범위·세력 따위가 본디 상태에서 벗어나 커져 감. ¶인구 팽창/세력 팽창/도시 팽창 ③ 길이나 부피가 늘어남. 翻膨脹係數(팽창계수), 膨脹率(팽창률)
[膨膨(팽팽)] 한껏 부풀어 띵띵하게 됨.

脹 배부를 창:, 肉부12   2893

'脹(창)'자는 '고기 月(육)'과 '긴 長(장)'으로 이루어졌다. '배가 팽팽해져서 부풀다'는 뜻이다.

배가 부르다
[鼓脹(고창)] (의) ① 창자 안에 가스가 차서 배가 불룩해지는 것. ② 되새김 동물, 특히 소의 제1위에서 이상 발효로 말미암아 많은 가스가 생겨 배가 불룩해지는 병.
[膨脹(팽창)] ☞膨(팽)

腱 힘줄 건, 肉부13   2894

'腱(건)'자는 '살 月(육)'과 '세울 建(건)'으로 이루어졌다.

힘줄, 힘줄 밑동, 큰 힘줄
[膝蓋腱(슬개건)] 무릎인대.
[아킬레스건 Achilles腱(건)] ① 발뒤꿈치에 붙어 있는 힘줄. 장딴지의 근육을 발뒤꿈치에 연결시키는 강한 힘줄로, 신체에서 가장 두껍고 튼튼한 힘줄이다. ② 치명적인 약점을 이르는 말. 그리스 신화 아킬레스의 고사에서 온 말이다.

腺 샘 선, 肉부13   2895

'腺(선)'자는 '살 月(육)'과 '샘 泉(천)'으로 이루어졌다.

샘(생물체 몸 안에 있어 분비작용을 하는 기관)
[甲狀腺(갑상선)] (생) 목밑샘. 목 앞쪽에 있는 내분비샘. 갑상샘 호르몬을 만들어 몸의 기능을 적절하게 유지하는 일을 하는 중요한 기관이다.
[淚腺(누:선)] (생) 눈물샘. 눈구멍 윗벽의 바깥쪽에 있는 눈물을 내보내는 곳. ¶누선을 자극하다
[蜜腺(밀선)] (식) 꿀샘. 꽃이나 잎 따위에서 꿀을 내는 조직이나 기관.
[唾腺(타:선)] 口腔(구강)의 침을 분비하는 腺(선).
內分泌線(내분비선), 性腺(성선), 乳腺(유선), 耳下腺(이하선), 汗腺(한선), 淋巴腺(임파선), 前立腺(전립선), 扁桃腺(편도선)

腫 부스럼 종:, 종기 종:, 肉부13   2896

'腫(종)'자는 '살 月(육)'과 '무거울 重(중)'으로 이루어졌다. 몸의 일부가 부푼 '종기'를 뜻한다.

부스럼, 종기
[腫氣(종기)] 피부가 곪으면서 생기는 큰 부스럼.
[腫瘍(종:양)] 혹. 병적으로 근육이 굳어지거나 피가 모여 피부의 일부가 기형적으로 불거진 군더더기 살덩이.
[癌腫(암:종)] (의) 癌(암). 몸 조직에 바탕이 다른 세포가 무제한으로 자라 만들어지는 악성 종양.
腫脹(종창), 浮腫(부종), 水腫(수종)

膈 가슴 격, 肉부14   2897

'膈(격)'자는 '살 月(육)'과 '막을 鬲(격)'으로 이루어졌다.

흉격, 횡격막(심장과 지라의 사이)
[膈膜(격막)] 가름막. 동물의 체강의 격벽을 이루는 막.
[橫膈膜(횡격막)] 腹腔(복강)과 胸腔(흉강) 사이에 있는 근육성 막. 이 막의 신축운동으로 숨쉬기가 이루어짐.

膏 기름 고, 肉부14   2898

'膏(고)'자는 '살 月(육)'과 '높을 高(고)'로 이루어졌다. '흰 脂肪(지방)'을 뜻한다.

기름, 돼지기름, 녹은 기름
[膏血(고혈)] '기름과 피'라는 뜻으로, '남을 괴롭혀 얻는

이득'이라는 말.
[膏火自煎(고화자전)] '기름 등불이 스스로 저를 태워 없앤다'는 뜻으로, 재주 있는 사람이 그 재주 때문에 화를 입는 것을 비유.
[絆瘡膏(반창고)] 상처를 보호하거나 붕대 따위를 고정시키는 데 쓰는 접착성 헝겊이나 테이프.
[松膏(송고)] 松津(송진).
[玉盤佳肴萬姓膏(옥반가효만성고).] 옥소반의 아름다운 음식은 일만 백성의 기름이라.『춘향가·金樽美酒詩(금준미주시)』☞ * 063

고약
[膏藥(고약)] 헐거나 곪은 데에 붙이는 기름지고 끈끈한 약.
[石膏(석고)] 황산칼슘의 수화물로 된 광석의 한 가지. 안료나 분필을 만드는 데와 모형이나 조각 재료로 쓰임.
[軟膏(연:고)] (약) 무르고 부드러워서 살갗에 잘 발라지는 성질이 있는 약.

腿 넓적다리 퇴, 肉부14   2899

'腿(퇴)'자는 '살 月(육)'과 '물러날 退(퇴)'로 이루어졌다.
넓적다리
[大腿(대퇴)] (생) 넓적다리. 참 大腿骨(대퇴골), 大腿筋(대퇴근), 大腿部(대퇴부)

膝 무릎 슬, 肉부15   2900

'膝(슬)'자는 '살 月(육)'과 '옻 桼(칠)'로 이루어졌다. 정강이 위와 넓적다리 아래 사이의 관절 곧, '무릎'을 뜻한다.
무릎
[膝蓋腱(슬개건)] 무릎인대.
[膝下(슬하)] '무릎 아래'라는 뜻으로, 어버이나 조부 등의 보호 아래. 어버이의 곁. ¶부모의 슬하를 떠나다
[偏母膝下(편모슬하)/偏母侍下(편모시하)] 홀로 남은 어머니를 모시고 있는 처지.
[此膝一屈(차슬일굴), 不可復伸(불가복신).] 이 무릎 한 번 꿇으면 다시 펼 수가 없다. 상대에게 일단 무릎을 꿇어버리면 다시는 펼 수가 없다. 영원한 패배인 것이다.『文章軌範(문장궤범) 胡澹庵(호담암) 上高宗封事(상고종봉사)』☞ * 408
膝蓋骨(슬개골), 膝關節(슬관절)

膳 반찬 선:, 선물 선:, 肉부16   2901

'膳(선)'자는 '고기 月(육)'과 '착할 善(선)'으로 이루어졌다. 착한 고기가 아니라 좋은 고기, 남에게 좋은 고기를 올린다는 데서, '선물'의 뜻이다.
선물
[膳物(선:물)] 남에게 물건을 선사함. 또는 그 선사한 물품.
[膳賜(선:사)] 존경, 친근, 애정의 뜻을 나타내기 위하여 남에게 선물을 줌.
반찬, 드리다, 찬을 차리어 권하다

膵 췌장 췌, 肉부16   2902

'膵(췌)'자는 '살 月(육)'과 '모을 萃(췌)'로 이루어졌다. '膵(췌)'자는 일본자인데 우리나라나 중국에서도 사용한다.
췌장
[膵臟(췌:장)] (생) 이자. 내장의 소화샘의 하나. 胃(위)의 뒤쪽 십이지장 옆에 가로로 길게 붙어 있으며, 소화효소를 소화관으로 내보내는 외분비선 기능과 탄수화물 대사에 중요한 인슐린을 생산하는 기능을 한다. 참 膵臟癌(췌장암)

膿 고름 농, 肉부17   2903

'膿(농)'자는 '살 月(육)'과 '농사 農(농)'으로 이루어졌다. 끈적거리는 피 곧, '고름'을 뜻한다.
고름
[膿血(농혈)] 피고름.
[排膿(배농)] 곪은 곳을 째거나 따서 고름을 빼냄.
[蓄膿症(축농증)] (의) 늑막강·부비강·관절·뇌강 따위의 체강 안에 고름이 괴는 질병.
[化膿(화:농)] 상처 따위가 곪음. 참 化膿菌(화농균)

臀 볼기 둔, 肉부17   2904

'臀(둔)'자는 '살 月(육)'과 '전각 전 殿(전)'으로 이루어졌다. '殿(전)'의 본뜻은 '엉덩이'를 뜻하는 것이었다.
볼기
[臀部(둔부)] 볼기. 엉덩이 부분.

臂 팔 비, 肉부17   2905

'臂(비)'자는 '살 月(육)'과 '비유할 辟(비)'로 이루어졌다. '어깨와 손목 사이의 부분'을 나타낸다.
팔, 어깨부터 손목까지
[臂不外曲(비불외곡)] '팔이 들이 굽지 내 굽지 않는다'는 뜻으로, 자기와 가까운 관계에 있는 사람에게 인정이 더 쏠리거나, 또는 자기에게 이익되게 처리함이 사람의 상정임을 비유하여 이르는 말.
[肩臂(견비)] 어깨와 팔.
[肩臂痛(견비통)] 어깨 부분이나 어깨에서 팔까지의 부

분이 저리고 아파서 팔을 잘 놀리지 못하는 신경통.

臆 가슴 억, 막힐 억, 肉부17　2906

'臆(억)'자는 '살 月(육)'과 '뜻 意(의)'로 이루어졌다. '가슴' 또는 '막히다'는 뜻을 나타낸다. 가슴[月]이 답답하게 막힐 때의 생각[意]이니 정상적으로 생각하지 못하고 '억지를 부려 생각함'을 뜻하기도 한다. '가슴'의 뜻으로 쓰인 한자어 낱말은 없다.

억지를 부리는 생각, 또는 그런 마음
[臆算(억산)] 억측으로 계산함. 또는 그 계산.
[臆說(억설)] 근거도 없이 멋대로 추측하거나 억지를 부려 하는 말.
[臆測(억측)] 이유와 근거 없이 짐작하여 헤아림.

膺 가슴 응, 肉부17　2907

'膺(응)'자는 '살 月(육)'과 '매 雁(응)'으로 이루어졌다. 본뜻은 '가슴'이지만 '치다'는 뜻으로 쓰인다.

치다, 정벌하다
[膺懲(응징)] ① 잘못을 뉘우치도록 징계함. ② 적국을 정복함.

膾 회 회, 肉부18　2908

'膾(회)'자는 '고기 月(육)'과 '모일 會(회)'로 이루어졌다. 잘게 썬 肉類(육류)나 魚肉(어육)을 날로 먹게 만들어 모아 담은 요리 곧, '회'를 뜻한다.

회, 잘게 저민 날고기, 회치다
[人口膾炙(인구회자)/膾炙人口(회자인구)] 회나 구운 고기는 맛이 있어 누구 입에나 맞듯이, 어떤 일의 명성이나 평판이 뭇사람의 입에 오르내림. 준膾炙(회자) 『孟子(맹자)·盡心章句(진심장구)』
[肉膾(육회)] 소의 살코기를 잘게 썰어서 갖은 양념을 한 음식.

臘 납향 랍, 섣달 랍, 肉부19　2909

'臘(랍)'자는 '고기 月(육)'과 '목갈기 鬣(렵)'자로 이루어졌다.

섣달
[臘月(납월)] 음력 섣달.
[臘日(납일)] 동지 지난 뒤 셋째 未日(미일). 이 날에 臘享(납향)을 지냄.
[臘享(납향)] 납일에 한 해 동안 지은 농사 형편과 그 밖의 일을 여러 신에게 고하는 제사.
[舊臘(구:랍)] 지난해의 섣달.

승려의 한 해
[法臘(법납)] (불) 중이 된 뒤로부터 치는 나이. 한 여름 동안의 수행을 마치면 한 살로 침.

舅 시아버지 구, 臼부13　2910

'舅(구)'자는 '사내 男(남)'과 '절구 臼(구)'로 이루어졌다. 오랜 교제가 있는 남성 또는 외숙·장인·시아버지 등의 뜻을 나타낸다.

시아버지
[舅姑(구고)] 시부모. 姑舅(고구)
[先舅(선구)] 돌아간 시아버지.

장인
[國舅(국구)] 임금의 장인. 왕후의 아버지.

舵 키 타, 舟부11　2911

'舵(타)'자는 '배 舟(주)'와 '다를 它(타)'로 이루어졌다. '它(타)'는 뱀의 상형이다. 뱀의 꼬리처럼 마음대로 움직여서 방향을 잡는 '키'의 뜻을 나타낸다.

키
[操舵(조타)] 배의 키를 조종함. 관操舵手(조타수), 操舵室(조타실)
[操舵手(조타수)] 키잡이.
[無舵之舟(무타지주)] '키 없는 배'란 뜻으로, '목표가 없음'을 비유하여 이르는 말. 志不立(지불립), 如(여)____. 뜻을 세우지 않으면 키가 없는 배와 같다. 『王守仁(왕수인)·文(문)』

艙 부두 창, 선창 창, 舟부16　2912

'艙(창)'자는 '배 舟(주)'와 '곳간 倉(창)'으로 이루어졌다.

선창
[船艙(선창)] 물가에 배를 대고 짐을 싣거나 부리게 만든 시설.

艱 어려울 간, 艮부17　2913

'艱(간)'자는 '진흙 堇(근)'과 '머무를 艮(간)'으로 이루어졌다. '나아가지 못하여 일이 제대로 진행되지 않다'는 뜻에서, '괴로워하다'는 뜻을 나타낸다.

어렵다, 어려워하다, 어려움, 괴로움
[艱苦(간고)] ① 가난하고 고생스러움. ¶간고를 이겨내다 ② 어렵고 고됨.
[艱難(간난)] 몹시 힘들고 어려움. 곤란함. ¶간난을 극복하다
[艱難辛苦(간난신고)] 몹시 힘들고 고생스러움. ¶간난신고를 겪다 준艱辛(간신)
[艱難險阻(간난험조)] ① 곤란하고 위험할수록 앞으로 전진함. ② 온갖 위험과 고초.

艷 고울 염:, 色 부24　2914

'艷(염)'자는 '풍년 豊(풍)'과 '색 色(색)'으로 이루어졌다. '윤기가 나며 아름답다'는 뜻이다.
곱다, 요염하다
[艷文(염:문)] 연애편지.
[艷聞(염:문)] 연애에 관한 소문.
[競艷(경:염)] 여자의 아리따움을 겨룸.
[妖艷(요염)] 사람을 홀릴 만큼 아리따움. ¶요염하게 웃고 있는 여인

芒 까끄라기 망, ++부7　2915

'芒(망)'자는 '풀 ++(초)'와 '망할 亡(망)'으로 이루어졌다. '까끄라기'를 뜻한다.
까끄라기, 까락
[芒刺在背(망자재배)] '까끄라기를 등에 지고 있다'는 뜻으로, '두려워하는 일이 있어 마음이 편안치 않음'을 비유하여 이르는 말. 『漢書(한서)』
[芒種(망종)] ① 벼·보리 따위와 같이 까락이 있는 곡식. ② 24절기의 아홉째. 소만과 하지 사이에 드는데, 양력 6월 6일이나 7일이 됨. 보리는 익어 먹게 되고 볏모는 자라서 심을 때임.
[芒鞋(망혜)] 미투리. 흔히 날을 여섯 개로 하여 삼 껍질을 짚신처럼 삼은 신.
[竹杖芒鞋(죽장망혜)] ① '대지팡이와 짚신'의 뜻으로, 길 떠날 때의 아주 간편한 차림을 이르는 말. ② 판소리를 부르기 전에 목을 풀기 위해 부르는 단가의 하나.

芍 함박꽃 작, ++부7　2916

'芍(작)'자는 '풀 ++(초)'와 '구기 勺(작)'으로 이루어졌다.
함박꽃
[芍藥(작약)] (식) 미나리아재빗과의 백작약·산작약·호작약·적작약 따위를 통틀어 일컫는 말.

芥 겨자 개, ++부8　2917

'芥(개)'자는 '풀 ++(초)'와 '끼일 介(개)'로 이루어졌다.
겨자
[芥子(개자)] 겨자. 겨자씨. 겨잣과의 한해살이풀, 또는 두해살이풀. 씨가 맵고 향기로워 양념과 약제로 쓰임.
몹시 작은 것을 이르는 말
[草芥(초개)] '지푸라기 또는 풀과 티끌'이란 뜻으로, 하찮은 사물, 또는 경시함을 이름. ¶돈과 명예를 초개와 같이 버리다

芭 파초 파, ++부8　2918

'芭(파)'자는 '풀 ++(초)'와 '땅이름 巴(파)'로 이루어졌다.

蕉 파초 초, ++부16　2919

'蕉(초)'자는 '풀 ++(초)'와 '탈 焦(초)'로 이루어졌다.
파초
[芭蕉(파초)] 열대산 다년초. 잎은 크고 긴 타원형이며 꽃은 황백색임. 관상용으로 정원에 가꾸고, 약재로도 쓰임.

苛 매울 가:, 가혹할 가:, ++부9　2920

'苛(가)'자는 '풀 ++(초)'와 '옳을 可(가)'로 이루어졌다. 원래 '자잘한 풀'을 뜻했으나, '큰소리로 나무라다', '가혹하게 굴다'는 뜻으로 쓰인다.
맵다, 사납다, 가혹하다, 학대하다, 혹독하다
[苛斂(가:렴)] 세금 따위를 가혹하게 거두어들이는 것.
[苛斂誅求(가:렴주구)] 가혹하게 세금을 거두어들이고 백성들의 재물을 빼앗음.
[苛酷(가:혹)] 몹시 모질게 혹독함. ¶가혹한 벌
[令苛則不聽(영가즉불청), 禁多則不行(금다즉불행).] 법령이 가혹하면 도리어 잘 지켜지지 않고. 금하는 것이 많으면 잘 행하여지지 않는다. 『呂氏春秋(여씨춘추)』
[苛政猛於虎(가:정맹어호).] 가혹한 정치는 호랑이보다 더 무섭다. '정치가 잘못되어 사람을 해치는 것은 호랑이가 사람을 잡아 죽이는 것보다 더욱 견디기 힘들다'는 뜻으로, 그릇된 정치의 폐해를 지적한 성어이다.
圓苛斂誅求(가렴주구)『禮記(예기)·檀弓篇(단궁편)』
苛政(가정), 苛責(가책), 苛虐(가학)
잘다, 자세하다

苔 이끼 태, ++부9　2921

'苔(태)'자는 '풀 ++(초)'와 '별 台(태)'로 이루어졌다.
이끼
[蘚苔(선태)] 이끼. 圍蘚苔類(선태류)
[舌苔(설태)] (한의) 혓바닥에 끼는 흰빛 또는 황갈색의 이끼 같은 물질. 소화기관에 탈이 생겨 열이 심할 때 생기기 쉬움.
[靑苔(청태)] ① 푸른 이끼. ② 갈파래.
[海苔(해:태)] 海藻(해조) 중 紅藻類(홍조류)에 딸린 해초. 김.

茸 무성할 용, 녹용 용, ++부10　2922

'茸(용)'자는 '풀 ++(초)'와 '귀 耳(이)'로 이루어졌다.
녹용
[鹿茸(녹용)] 사슴의 새로 돋은 연한 뿔.

솜털, 가는 털
[毛茸(모용)] (식) 식물의 거죽에 생기는 잔털.

芻 꼴 추, 艸부10　2923

'芻(추)'자는 손으로 풀을 모아 잡아 뜯는 모양을 형상화한 것이다. '풀을 베다'는 뜻이다.
베어 묶은 풀, 꼴, 풀을 베다, 또는 그 사람
[反芻(반:추)] ① (동) 새김질. 참反芻動物(반추동물), 反芻胃(반추위) ② 어떤 일을 되풀이하여 음미하고 생각하는 일.
[反芻動物(반:추동물)] 반추위를 가지고 있어 새김질을 하는 동물. 소, 염소 등.

莖 줄기 경, 艸부11　2924

'莖(경)'자는 '풀 艹(초)'와 '물줄기 巠(경)'으로 이루어졌다. 풀의 똑바르고 강한 부분, 즉 풀의 '줄기'를 뜻한다.
줄기, 풀의 줄기
[塊莖(괴경)] (식) 줄기의 한 종류. 덩이줄기. 덩이 모양을 이룬 양분을 저장하는 땅속줄기. 감자, 토란 따위.
[球莖(구경)] (식) 알줄기. 양분이 모여서 덩이를 이룬 땅속줄기의 한 가지. 양파, 마늘 따위
根莖(근경), 陰莖(음경), 鱗莖(인경), 地下莖(지하경), 包莖(포경), 匍匐莖(포복경)

菱 마름 릉, 艸부12　2925

'菱(릉)'자는 '풀 艹(초)'와 '언덕 夌(릉)'자로 이루어졌다.
모, 모나다
[菱形(능형)] 마름모꼴. 네 변의 길이가 같고 대각선의 길이가 다른 사변형.
마름, 물풀 이름

萌 싹 맹, 艸부12　2926

'萌(맹)'자는 '풀 艹(초)'와 '밝을 明(명)'자로 이루어졌다. 풀이 '싹이 트다'는 뜻이다.
싹, 죽순, 초목이 싹트다, 움트다
[萌芽(맹아)] ① 새싹. 새로 돋은 싹. ② 새로운 일의 시초 또는 그러한 조짐을 비유하여 이르는 말.
[萌芽期(맹아기)] ① 식물이 싹이 틀 무렵. ② 사물이 비롯하는 때. ¶신문학의 맹아기

菩 보살 보, 艸부12　2927

'菩(보)'자는 '풀 艹(초)'와 '환할 音(부)'로 이루어졌다.
보살
[菩薩(보살)] '菩提薩埵(보리살타)'의 준말. 대용맹심으로 보리를 구하고 대자비를 펴서 중생을 제도하는 부처의 다음가는 성인.
[菩提(보리)] 梵語(범어) Bodhi의 음역. 佛道(불도)의 正覺(정각).
[菩提樹(보리수)] ① 피나뭇과의 갈잎큰키나무. 중국 원산으로 여름에 꽃이 피고, 동근 열매가 열리는데, 염주를 만드는 데 씀. ② 보리수나무의 열매.
[觀世音菩薩(관세음보살)] (불) 大慈大悲(대자대비)의 상징이며, 중생이 그 이름을 정성으로 외면 구제해준다는 보살. 참觀音(관음), 觀音菩薩(관음보살) 觀自在菩薩(관자재보살), 彌勒菩薩(미륵보살)

薩 보살 살, 艸부18　2928

'薩(살)'자는 본디는 '쑥 薛(설)' 밑에 '흙 土(토)'를 쓴 글자였다. [살이라는 음은 여기서 유래한다. 이 글자가 후에 '풀 艹(초) + 언덕 阝(부) + 낳을 産(산)'으로 변하였다.
보살
[菩薩(보살)] ☞ 菩(보)
[觀世音菩薩(관세음보살)] ☞ 菩(보)
[觀自在菩薩(관자재보살)] (불) 마음이 밝아서 번뇌가 없고 보는 것이 자유자재하다는 보살. 참觀自在(관자재)
[彌勒菩薩(미륵보살)] (불) 미래세에 성불하여 사바세계에 나타나서 석가모니 다음으로 중생을 제도하리라는 보살. 참彌勒(미륵), 彌勒佛(미륵불)

萎 시들 위, 艸부12　2929

'萎(위)'자는 '풀 艹(초)'와 '맡길 委(위)'로 이루어졌다. '委(위)'자는 '나긋나긋한 여성'을 뜻한다. 풀이 시들어 잎이 나긋나긋하게 된 모양을 나타낸 것이다.
시들어 마르다, 시들다, 이울다
[萎凋(위조)] 쇠약하여 시듦.
[萎縮(위축)] ① 쪼그라듦. ② 움츠러듦. ③ (생) 생물체의 기관·조직 따위의 모양이나 기능이 줄어드는 일. 참萎縮感(위축감)

菖 창포 창, 艸부12　2930

菖(창)'자는 '풀 艹(초)'와 '창성할 昌(창)'으로 이루어졌다.
창포
[菖蒲(창포)] 천남성과의 여러해살이풀. 향기가 있어서 5월 단오에 머리에 꽂고, 또 목욕물에 넣어 씀. 뿌리는 약재로 씀.

蒲 부들 포, 艸부14　2931

'蒲(포)'자는 '풀 艹(초)'와 '개 浦(포)'로 이루어졌다.
창포, 부들, 부들로 짠 자리
[菖蒲(창포)] ☞ 菖(창)

萃 모을 췌, ++부12　2932

'萃(췌)'자는 '풀 ++(초)'와 '군사 卒(졸)'로 이루어졌다.
모이다, 모으다, 모임
[拔萃(발췌)] 필요한 부분만을 가려 뽑아냄. 참 拔萃案(발췌안)

葵 해바라기 규, 아욱 규, ++부 13　2933

'葵(규)'자는 '풀 ++(초)'와 '열째천간 癸(계)'로 이루어졌다.
접시꽃
[蜀葵(촉규)/蜀葵花(촉규화)] 접시꽃.
해바라기
[向日葵(향:일규)] 해바라기.

蒐 꼭두서니 수, 모을 수, ++부14　2934

'蒐(수)'자는 '풀 ++(초)'와 '귀신 鬼(귀)'로 이루어졌다. 귀신의 풀. 망인의 피에서 난 풀이라고 한다. '꼭두서니'이다. '꼭두서니'가 어떻게 '모으다'는 뜻을 가지게 되었는지는 저자가 찾지 못했다.
모으다, 모아들이다, 수집하다
[蒐集(수집)] 어떤 물건이나 자료들을 찾아서 모음. ¶우표 수집/연구 자료 수집 참 蒐集狂(수집광)
[蒐輯(수집)] 여러 가지 재료를 찾아 모아서 편집함.
[收集(수집)] 거두어 모음.
꼭두서니

芙 부용 부, ++부8　2935

'芙(부)'자는 '풀 ++(초)'와 '사내 夫(부)'로 이루어졌다.
부용
[芙蓉(부용)] ① (식) 연꽃. ② (식) 木芙蓉(목부용). 아욱과의 갈잎떨기나무. 높이는 1～2m이고 잎은 둥글면서 어긋남. 초가을에 잎겨드랑이에서 흰빛 또는 연한 홍색 꽃이 핌. 관상용임.
[芙蓉姿(부용자)] 젊은 여자의 아름다운 자태.

蓉 연꽃 용, ++부14　2936

'蓉(용)'자는 '풀 ++(초)'와 '容(용)'으로 이루어졌다.
연꽃, 목련
[芙蓉(부용)] ☞ 芙(부)
[芙蓉姿(부용자)] ☞ 芙(부)

葯 꽃밥 약, ++부13　2937

'葯(약)'자는 '풀 ++(초)'와 '묶을 約(약)'으로 이루어졌다.
꽃술의 꽃가루주머니
[葯(약)] 꽃가루주머니.

蔓 덩굴 만, ++부15　2938

'蔓(만)'자는 '풀 ++(초)'와 '길 曼(만)'으로 이루어졌다.
덩굴, 덩굴풀의 총칭
[蔓蔘(만삼)] (식) 초롱꽃과의 여러해살이 덩굴풀. 깊은 산에 자라는데 여름에 종 모양의 자줏빛 꽃이 핌. 뿌리는 먹거나 약으로 씀.
[蔓生(만생)] 식물의 줄기가 덩굴져 나는 것.
[蔓草(만초)] 덩굴져서 벋는 풀.
퍼지다, 자라다, 뻗어나가다
[蔓延(만연)/蔓衍(만연)] ① 널리 뻗음. ② 번지어 퍼짐.

蔭 그늘 음, ++부15　2939

'蔭(음)'자는 '풀 ++(초)'와 '그늘 陰(음)'자로 이루어졌다. 특히 초목의 그늘, 가려져서 해가 비치지 않는 곳을 뜻한다.
그늘, 풀 그늘, 나무의 그림자
[綠陰(녹음)/綠蔭(녹음)] 푸른 잎이 우거진 수풀.
덕택, 도움, 부조(父祖)의 공덕 또는 조상의 덕택으로 특별히 대우를 받아 벼슬을 얻다
[蔭官(음관)] 고려와 조선 시대, 공신 및 고위 관원의 자제로서 벼슬이 제수된 자.
[蔭德(음덕)] 조상의 덕.
[陰德(음덕)] 숨은 덕행.

蔗 사탕수수 자, ++부15　2940

'蔗(자)'자는 '풀 ++(초)'와 '여러 庶(서)'로 이루어졌다.
사탕수수
[蔗糖(자당)] 고구마·사탕무·사탕수수 따위에 많이 들어 있는 단맛이 있는 흰 결정체.
[甘蔗(감자)] (식) 사탕수수.
[甘藷(감저→감자)] 가짓과의 한해살이풀. 땅속줄기의 일부가 덩이 모양을 이룬 것을 '감자'라고 하는데, 녹말이 많아 식용 및 가공용으로 널리 쓰임. '甘藷(감저)'로 쓰고 '감자'라고 읽음.

蕪 거칠 무, 우거질 무, ++부16　2941

'蕪(무)'자는 '풀 ++(초)'와 '없을 無(무)'로 이루어졌다. 풀이 덮일 만큼 '거칠어지다'는 뜻이다.
거칠어지다, 잡초가 우거지다, 거친 풀, 풀밭
[繁蕪(번무)] 잡초 따위가 많이 자라서 무성함.
[繁茂(번무)] 나무나 풀이 무성함.
[荒蕪(황무)] ① 논밭 따위를 거두지 않아 몹시 거침.

趣荒蕪地(황무지) ② 글 따위를 다듬지 않고 거칠고 조잡함.
[荒蕪地(황무지)] 돌보거나 거두지 않고 버려둔 거친 땅.

蕩 쓸어 없앨 탕:, 넓을 탕:, 방탕할 탕:, ++부16 2942

'蕩(탕)'자는 '풀 ++(초)'와 '끓일 湯(탕)'으로 이루어졌다.

쓸어버리다, 씻어버리다, 없애다
[蕩減(탕:감)] 진 빚을 죄다 면제하여 줌. ¶부채를 탕감해주다
[蕩盡(탕:진)] 재물을 다 써서 없어짐. ¶술과 도박으로 재산을 탕진하다
[掃蕩(소탕)] 휩쓸어서 죄다 없애버림.
[虛蕩(허탕)] 아무 소득이 없는 일. ¶허탕을 치고 돌아왔다

평탄하다, 평이하다
[蕩平(탕:평)] ① 蕩蕩平平(탕탕평평)의 준말. ② 蕩平策(탕평책)의 준말.
[蕩蕩平平(탕:탕평평)] 어느 쪽에도 치우치지 않음.
[蕩平策(탕:평책)] 조선 영조 때 인재를 고르게 등용시킴으로써 당쟁의 폐단을 없애려던 정책.

크다, 넓다, 넓은 모양
[浩蕩(호:탕)] ① 매우 넓어서 끝이 없음. ② 세차게 뻗치는 듯한 힘이 있음. 趣浩浩蕩蕩(호호탕탕)
[豪宕(호탕)] 기품이 호기롭고 성질이 걸걸함.
[君子坦蕩蕩(군자탄탕탕), 小人長戚戚(소인장척척).] 군자는 마음이 평정하여 넓고 너그러우며, 소인은 항상 걱정에 싸여 마음이 초조하다. 『論語(논어)·述而(술이)』

제멋대로 하다, 음란하다, 단정하지 않다, 방탕하다
[蕩子(탕:자)] 방탕한 자식. 방탕한 사나이.
[弄蕩(농:탕)] 남녀가 음탕한 소리와 난잡한 행동으로 막 놀아대는 것.
[放蕩(방:탕)] ① 주색잡기에 빠져서 행실이 좋지 못함. ¶방탕한 생활 ② (마음이) 들떠 걷잡을 수 없음.
[焚蕩(분탕)] ① 집안의 재산을 죄다 없애버림. ② 몹시 야단스럽고 부산하게 굴거나 소동을 일으킴.
[淫蕩(음탕)] 음란하고 방탕함.
[虛浪放蕩(허랑방탕)] 허랑하고 방탕함.
蕩婦(탕부), 蕩兒(탕아), 德蕩乎名(덕탕호명)

기타
[腦震蕩(뇌진탕)] (의) 머리를 심하게 부딪치거나 얻어맞았을 때에 그로 말미암아 뇌의 기능 장애를 일으켜서 지각과 의식이 없어지고 까무러치게 되며 심하면 죽게 되는 증상.

薑 생강 강, ++부17 2943

'薑(강)'자는 '풀 ++(초)'와 '지경 畺(강)'으로 이루어졌다.

생강
[乾薑(건강)] 말린 생강. 소화를 돕는 약재로 쓰임.
[薑板(강판)] 무·사과·생강 따위를 갈아서 즙을 내는 데 쓰는, 바닥이 오톨도톨한 기구. ¶무를 강판에 갈아 즙을 내다
[生薑(생강)] (植) 생강과에 속하는 다년초. 지하경(地下莖)은 향신료(香辛料)·건위제(健胃劑)로 쓰인다.

薔 장미 장, ++부17 2944

'薔(장)'자는 '풀 ++(초)'와 '인색할 嗇(색)'으로 이루어졌다. 원래는 '물여뀌 薔(색)'자였다.

장미
[薔薇(장미)] (식) 장미과의 갈잎떨기나무. 꽃나무의 한 가지로 가지가 무성하며 가시가 있고 잎은 깃꼴겹잎임. 5~6월에 여러 빛깔의 아름다운 꽃이 핌.

[薔花紅蓮傳(장화홍련전)] 평안도 철산 지방에 실제로 있었던 계모의 흉계에 의한 冤死(원사) 사건을 소설화한 작품이다. 가정형 계모 소설의 대표적인 작품으로 많은 異本(이본)이 있으며 지금까지 널리 읽히고 있다.

薇 장미 미, ++부17 2945

'薇(미)'자는 '풀 ++(초)'와 '작을 微(미)'로 이루어졌다.

장미
[薔薇(장미)] ☞ 薔(장)

고비, 고사리
[采薇(채:미)] 고사리를 캠.
[采薇歌(채:미가)] 고사리를 캐면서 부르는 노래. 伯夷(백이)와 叔齊(숙제)가 首陽山(수양산)에 들어가 고사리를 꺾어 먹고 살다가 굶어 죽기 전에 지었다는 노래.

蕭 맑은 대쑥 소, 쓸쓸할 소, ++부17 2946

'蕭(소)'자는 '풀 ++(초)'와 '엄숙할 肅(숙)'으로 이루어졌다.

쓸쓸하다, 고요한 모양
[蕭蕭(소소)] 비바람 소리가 쓸쓸함.
[蕭瑟(소슬)] 으스스하고 쓸쓸함. ¶소슬바람/소슬한 바람 소리

薪 섶나무 신, 艸부17 2947

'薪(신)'자는 '풀 ++(초)'와 '새 新(신)'으로 이루어졌다. '新(신)'자는 '땔나무 薪(신)'자의 原字(원자)였다. '新(신)'자가 '새롭다'는 뜻으로 쓰이게 되자 '땔나무'는 '풀 ++(초)'를 붙여 '薪(신)'자를 만들어 나타냈다.

섶나무, 땔나무, 장작
[救火以薪(구:화이신)/救火投薪(구:화투신)/抱薪救火

(포:신구화)] '불을 끄려고 섶나무를 더한다'는 뜻으로, '해를 막으려다 해를 더 크게 함'을 비유하여 이르는 말. 『鄧析子(등석자)』

[負薪(부:신)] ① 섶을 짊. 힘드는 일을 맡기는 일. ② '천한 사람'을 이르는 말.

[抱火臥薪(포:화와신)] '불을 안고 섶나무 위에 눕는다'는 뜻으로, '점점 더 위험한 짓을 함'을 비유하여 이르는 말. 화약을 안고 불로 들어감.

[松柏摧爲薪(송백최위신).] 천년 장수한다는 소나무와 잣나무도 한 번 패이면 장작이 되고 맒. 인생이 무상함을 뜻한다.

[臥薪嘗膽(와:신상담)/嘗膽(상담)] 거북한 섶[薪(신)]에 몸을 눕히고, 쓸개[膽(담)]를 맛봄. 원수를 갚거나 마음 먹은 일을 이루기 위해 온갖 어려움과 괴로움을 참고 견딤을 비유하여 이름. 『史記(사기)』, 『十八史略(십팔사략)』 ☞ 사자성어

*[林中不賣薪(임중불매신).] 숲 속에서는 장작을 팔지 않는다는 뜻으로, 필요하지 않으면 찾지 않음을 이르는 말. 『淮南子(회남자)』, 『古詩(고시)』 ☞ * 357

菽 콩 숙, ++부12　　2948

'菽(숙)'자는 '풀 ++(초)'와 '아재비 叔(숙)'으로 이루어졌다. 풋콩이나 콩과식물 및 그 열매를 총칭하는 글자였다. 우리나라에서는 '콩'은 '豆(두)' 또는 '荳(두)'로 나타내고, '菽(숙)'은 '菽麥(숙맥)'한 낱말에서 쓰이고 있다.

콩, 콩류의 총칭, 대두, 콩잎, 콩의 어린 잎

[菽麥(숙맥)] ① 콩과 보리. ② '콩과 보리를 구별하지 못 한다'는 뜻으로 '어리석은 사람'을 이르는 말. '菽麥不辨(숙맥불변)/不辨菽麥(불변숙맥)'의 준말.

薯 참마 서, 감자 서, ++부18　　2949

'薯(서)'자는 '풀 ++(초)'와 '관청 署(서)'로 이루어졌다. 마과에 속하는 다년생 蔓草(만초)이다. 감자류를 총칭하는 것으로 쓰인다.

참마, 산약

[薯童(서동)], [薯童謠(서동요)]

감자

[薯類(서류)] 감자류. 감자·고구마 따위.

藉 깔 자:, ++부18　　2950

'藉(자)'자는 '풀 ++(초)'와 '깔개 耤(자)'로 이루어졌다. '쟁기 耒(뢰) + 저녁 昔(석)'으로 이루어진 '耤(자)'자가 原字(원자)였으나, 그 뜻을 분명히 하기 위하여 '풀 ++(초)'를 붙인 '藉(자)'자를 만들었다. 우리나라 한자어 중에는 '깔개'의 뜻으로 쓰인 것은 없고, 후에 파생된 뜻인 '빙자하다', '흐트러지다'의 뜻으로만 쓰인다.

빙자하다, 핑계삼다

[憑藉(빙자)] ① 핑계. 방패막이로 또는 공연히 내세우는 이유나 근거. 구차스런 변명. ② 어떤 힘을 빌어서 의지함.

[慰藉料(위자료)] (법) 불법 행위로 말미암은 정신적 고통과 손해를 배상하여 주는 돈.

낭자하다, 흐트러지다

[藉藉(자:자)] 뭇사람의 입에 오르내려 떠들썩함. ¶소문이 자자하다/칭찬이 자자하다

[狼藉(낭자)] ① 여기저기 흩어져 어지러움. ¶사건 현장은 유혈이 낭자했다 ② 떠들썩함. 파다함. ¶백성의 원망하는 소리가 낭자하고…

깔개, 제사지낼 때의 깔개

蘊 쌓을 온:, ++부20　　2951

'蘊(온)'자는 '풀 ++(초)'와 '솜옷 縕(온)'으로 이루어졌다.

쌓다, 모으다

[五蘊(오:온)] (불) 생멸·변화하는 모든 것을 종류대로 나눈 다섯 가지. 色蘊(색온)·受蘊(수온)·想蘊(상온)·行蘊(행온)·識蘊(식온)을 일컫는 말. 色(색)은 물질·육체, 受(수)는 감각·지각, 想(상)은 개념 구성, 行(행)은 의지·기억, 識(식)은 순수 의식을 말하는데 지상의 모든 중생은 심신의 작용인 이 오온으로 이루어졌다고 함.

[五蘊盛苦(오:온성고)] 五蘊(오온)이 모두 성해져서 생기는 고통을 말한다. 八苦(팔고)의 하나. ☞ * 169

藻 말 조, ++부20　　2952

'藻(조)'자는 '풀 ++(초)'와 '씻을 澡(조)'로 이루어졌다.

말, 바닷말, 무늬 있는 말, 아름다운 수초

[藻類(조류)] 은화식물인 수초의 총칭. 갈조류·녹조류·홍조류가 있음.

[硅藻類(규조류)] (식) 물에 떠서 사는 藻類(조류)의 한 무리. 민물과 바닷물에 널리 분포하는 플랑크톤. 어패류의 중요한 먹이가 된다.

[海藻(해:조)] 바다 藻類(조류)의 총칭. 미역, 김 따위. 褐藻(갈조), 硅藻土(규조토), 紅藻(홍조), 黑藻(흑조)

蘚 이끼 선, ++부21　　2953

'蘚(선)'자는 '풀 ++(초)'와 '고울 鮮(선)'으로 이루어졌다.

이끼, 음지에 나는 이끼

[蘚苔(선태)] 이끼. 回蘚苔類(선태류)

虔 정성 건, 공경할 건, 虍부10　2954

'虔(건)'자는 '범의 문채 虍(호)'와 '글월 文(문)'으로 이루어졌다.

정성, 공경하다, 삼가하다
[敬虔(경:건)] 공경하는 마음으로 깊이 삼가고 조심함. ¶경건한 마음으로 묵념

虜 사로잡을 로, 虍부12　2955

'虜(로)'자는 '범의 문채 虍(호)', '꿰뚫 毌(관)', '힘 力(력)'으로 이루어졌다. '범의 문채 虍(호)(意) + 사내 男(남)'이 아니다. 또 '밭 田(전)'이나 '없을 毋(무)'가 아니라 '꿰뚫 毌(관)'으로 써야 한다. 전쟁에서 사로잡은 포로들을 새끼줄로 죽 꿰어 묶었던 데서 온 글자이다.

포로, 사로잡다
[虜獲(노획)] 전쟁 중에 적을 사로잡음.
[捕虜(포:로)] ① 전투에서 사로잡은 적. ② 무엇에 마음이 팔리거나 매여 꼼짝 못하는 상태. ¶사랑의 포로가 되어 정신을 차리지 못하다
[胡虜(호로)] ① '오랑캐의 포로'라는 뜻에서, 중국 북방의 이민족 흉노를 달리 이르던 말. ② 외국인을 얕잡아 이르던 말. ¶호로 자식 같은 놈

虞 염려할 우, 虍부13　2956

'虞(우)'자는 '범의 문채 虍(호)'와 '나라 이름 吳(오)'로 이루어졌다.

염려하다, 근심 걱정하다, 두려워하다
[虞犯(우범)] 범죄를 저지를 우려가 있음. 圈虞犯者(우범자), 虞犯地帶(우범지대)
[虞犯者(우범자)] 성격·환경 등에 비추어 죄를 범할 우려가 있음.

우제(虞祭)
[虞祭(우제)] 장사지낸 후에 지내는 제사. 초우·재우·삼우로 나누인다.
[三虞(삼우)] 장사 지낸 뒤에 세 번째 지내는 제사. 三虞祭(삼우제). 곧, 초우(初虞)와 재우(再虞)를 지내고 나서 지내는 우제(虞祭)

기타
[虞美人(우미인)] 중국 진나라 말 項羽(항우)의 애첩.

虹 무지개 홍, 虫부9　2957

'虹(홍)'자는 '벌레 虫(충/훼)'과 '장인 工(공)'으로 이루어졌다. '虫(충)'은 '뱀'을 뜻하고, '工(공)'은 '꿰뚫다'는 뜻으로 쓰였다. 알록달록한 뱀이 하늘을 가로질러 꿰뚫고 있는 것 곧, '무지개'이다.

무지개
[虹蜺(홍예)] 무지개.

기타
[虹彩(홍채)] (생) 안구의 각막과 수정체의 사이에 있는, 빛의 양을 조절하는 원반 모양의 얇은 막. 눈조리개.

蚊 모기 문, 虫부10　2958

'蚊(문)'자는 '벌레 虫(충/훼)'과 '글월 文(문)'으로 이루어졌다.

모기
[蚊蠅(문승)] 모기와 파리를 아울러 이르는 말.
[蚊蚋負山(문예부산)] '모기가 산을 짊어진다'는 뜻으로, 힘이나 능력이 부족한 사람이 큰일을 감당할 수 없음을 비유하여 이르는 말.
[蚊睫(문첩)] 모기의 속눈썹. 극히 미세함을 비유하여 이르는 말.
[見蚊拔劍(견:문발검)] '모기를 보고 칼을 뺀다'는 뜻으로, 보잘것없는 작은 일에 어울리지 아니하게 엄청나고 큰 대책을 씀을 비유하여 이르는 말. 모기 보고 칼 빼기.
[使蚊負山(사:문부산)] '모기에게 산을 지게 한다'는 뜻으로, 적은 힘으로 무거운 임무를 감당하지 못함을 비유하여 이르는 말. 『莊子(장자)』

蠅 파리 승, 虫부19　2959

'蠅(승)'자는 '벌레 虫(충/훼)'과 '맹꽁이 黽(맹)'으로 이루어졌다.

파리
[怒蠅拔劍(노:승발검)] '파리에게 골내어 칼을 빼든다'는 뜻으로, 사소한 일에 화를 내는 사람을 비웃는 말. 圈見蚊拔劍(견문발검)
[靑蠅(청승)] ① 금파리. 쉬파리. ② 참언(讒言)하는 사람의 비유.
[靑蠅染白(청승염백)] 금파리가 흰 것을 더럽힘. 소인이 군자를 모함하여 해침을 비유하여 이르는 말. 圈靑蠅點素(청승점소)

蛋 새알 단, 虫부11　2960

'蛋(단)'자는 '벌레 虫(충/훼)'와 '발 疋(소)'로 이루어졌다.

새알, 새의 알
[蛋白(단백)] ① 달걀, 새알 등 날짐승의 알의 흰 자위. ② 단백질로 이루어진 것. ③ 단백질의 준말.
[蛋白質(단백질)] (화) 탄소, 산소, 수소, 질소 및 황을 함유하는 아미노산이 연결되어 구성된 큰 무리의 화합물. 경우에 따라서 다른 원소를 함유하기도 한다. 생물

세포의 원형질을 구성하는 주요 물질이며 생명현상과 밀접한 관련을 가진다.

蛤 대합조개 합, 虫부12 2961

'蛤(합)'자는 '벌레 虫(충/훼)'과 '합할 合(합)'으로 이루어졌다.
대합조개, 무명조개
[大蛤(대:합)] (동) 참조갯과에 속하는 바닷조개. 세모꼴에 가까운 둥근꼴로 껍데기가 두꺼운데, 겉은 매끄럽고 윤이 남. 속살은 맛이 좋으며, 껍데기는 바둑돌·물감 등의 재료로 씀.
[紅蛤(홍합)] 홍합과의 바닷조개. 껍데기 빛깔은 검은 갈색이고, 살은 붉은빛을 띤 등색이며 맛이 좋음.

蛔 회충 회, 虫부12 2962

'回(회)'자는 '벌레 虫(충/훼)'과 '돌 回(회)'로 이루어졌다. 뱃속을 돌아다니는 벌레, 곧 '회충'을 뜻한다.
거위, 회충
[蛔蟲(회충)] (동) 회충과에 속하는 기생충을 통틀어 일컫는 말. 사람뿐 아니라 말·개·고양이 따위에도 기생하며, 두통·구토·배앓이 따위를 일으킴.

蜃 무명조개 신, 대합 신, 큰 조개 신, 虫부13 2963

'蜃(신)'자는 '벌레 虫(충/훼)'와 '때 辰(신)'으로 이루어졌다. 원래 '辰(신)'자는 '대합조개'를 뜻하기 위하여 그 모양을 본뜬 것이었다. 후에 '때', '날' 등의 뜻으로 차용되는 예가 많아지자, 본래 의미는 '대합조개 蜃(신)'자를 만들어 나타냈다. '이무기'의 뜻으로도 쓰인다.
이무기
[蜃氣樓(신:기루)] ① 蛟龍(교룡)의 일종으로 상상의 동물. 기운을 통하여 신기루를 일으킨다는 전설이 있다. ② 빛의 굴절에 이상이 나타나 실제 보이지 않는 대상들이 눈앞에 잠깐 곡두 같이 나타나는 현상.
무명조개, 대합

蜚 바퀴 비, 虫부14 2964

'蜚(비)'자는 '벌레 虫(충/훼)'과 '아닐 非(비)'로 이루어졌다. 세상 사람들 모두가 싫어하는 '바퀴벌레'는 참 묘한 벌레이다. 한자로 쓸 때 '벌레[虫]가 아니다[非]'라고 쓰는가 하면, '향기롭고 젊은 여자'로 풀이되는 '香娘子(향낭자)'라는 이름도 가지고 있으니 웬일인가?
날다
[流言蜚語(유언비어)] 아무 근거 없이 널리 퍼진(떠도는) 소문. ¶유언비어를 퍼뜨리다
바퀴벌레

蝕 좀먹을 식, 虫부15 2965

'蝕(식)'자는 '벌레 虫(충/훼)'과 '食(식)'으로 이루어졌다. '벌레먹다'는 뜻이다
좀먹다, 벌레먹다, 침식하다
[腐蝕(부:식)] 금속이 외부의 화학작용에 의하여 금속이 아닌 상태로 소모되어 가는 일. 또는 그런 현상.
[月蝕(월식)] 지구의 그림자가 달을 가림으로 말미암아 달의 전부 또는 일부가 보이지 않게 되는 현상. 개기식(皆旣蝕)과 부분식(部分蝕)이 있다. 참皆旣月蝕(개기월식), 部分月蝕(부분월식)
[日蝕(일식)] 달이 태양을 가리어 지구의 일부 지역에서 태양의 전부 또는 일부를 볼 수 없게 되는 현상. 참 皆旣日蝕(개기일식), 部分日蝕(부분일식), 金環日蝕(금환일식),
[浸蝕(침:식)] (지) 자연현상인 비·바람·강물·빙하 등에 의해 지표나 바위가 차차 깎여 들어감. 참浸蝕輪廻(침식윤회)
水蝕(수식), 侵蝕(침식), 風蝕(풍식)

蝸 달팽이 와, 虫부15 2966

'蝸(와)'자는 '벌레 虫(충/훼)'과 '입삐뚤어질 咼(와)'로 이루어졌다.
달팽이
[蝸牛角上(와우각상)/蝸角(와각)] '달팽이의 뿔 위'라는 뜻으로, '좁은 세상'을 이르는 말. ☞ * 297
* [蝸牛角上爭何事(와우각상쟁하사), 石火光中寄此身(석화광중기차신).] 달팽이의 뿔 위에서 무엇을 다투는가. 부싯돌 불빛에 이 몸을 맡긴 신세면서. 지극히 사소한 것을 두고 서로 다투는 것 또는 좁은 세상에서 옥신각신 싸우는 짓을 비웃은 시구.『白居易(백거이)·對酒詩(대주시). 참蝸角之爭(와각지쟁), 蝸牛角上之爭(와우각상지쟁)』莊子(장자)·則陽(칙양)편』☞ * 297

蝦 새우 하, 虫부15 2967

'蝦(하)'자는 '벌레 虫(충/훼)'와 '빌릴 叚(가)'로 이루어졌다.
새우
[大蝦(대:하)] (동) 왕새우.
[鯨戰蝦死(경전하사)] '고래 싸움에 새우 등 터진다'는 뜻으로, 강한 자들이 싸우는 바람에 아무 관계도 없는 약한 사람이 피해를 입는 일을 비유적으로 이르는 말.

螟 멸구 명, 마디충 명, 虫부16 2968

'螟(명)'자는 '벌레 虫(충/훼)'와 '어두울 冥(명)'으로 이루어졌다. '冥(명)'은 깊숙한 곳을 뜻한다. '螟(명)'은 벼

등 화본과 작물의 줄기 속 깊숙이 숨어서 줄기 속을 파먹어 피해를 주는 해로운 벌레이다.
마디충, 명충
[螟蟲(명충)] 마디충. 식물의 줄기 속을 파먹는 모든 벌레. 참二化螟蟲(이화명충)
[二化螟蟲(이:화명충)] 한 해에 두 번 번식하면서 벼·조·피 따위의 줄기 속을 파먹어 말라 죽게 하는 해충.

螳 사마귀 당, 虫부17　　2969

'螳(당)'자는 '벌레 虫(충/훼)'과 '집 堂(당)'으로 이루어졌다. '사마귀 蟷(당)'자는 同字(동자)이다.
사마귀, 범아재비
[螳螂(당랑)] 사마귀.
[螳螂窺蟬(당랑규선)] 지금의 당장의 이익만을 탐하여 그 뒤의 위험을 알지 못함을 비유적으로 이르는 말. 사마귀가 매미를 잡으려고 그것에만 마음이 팔려 자신이 참새에게 잡아먹힐 위험에 처해 있음을 알지 못하였다는 莊子(장자)의 고사에서 유래하였다.
[螳螂之斧(당랑지부)] 허약한 사람이 자기의 분수도 모르고 덤벼들거나 저돌적으로 밀어붙이는 것을 비유하는 말이다. 당랑은 사마귀를 말한다. 사마귀는 먹이를 잡을 때 앞의 두 다리를 세우고 공격한다. 이것이 작은 벌레에게는 큰 위협이겠지만 큰 상대에게는 하찮은 무기일 뿐이다. 제 힘을 헤아리지 아니하고 하지도 못할 일을 하려고 덤비는 무모한 짓을 일컫는 말이다.
참螳螂拒轍(당랑거철) 『韓詩外傳(한시외전)』 ☞ 사자성어

螂 사마귀 랑, 虫부12　　2970

'螂(랑)'자는 '벌레 虫(충)'과 '사나이 郎(랑)'으로 이루어졌다. '벌레 虫(충)'과 '좋을 良(량)'으로 이루어진 사마귀 蜋(랑)자도 同字(동자)이다.
사마귀, 버마재비
[螳螂(당랑)] ☞ 螳(당)
[螳螂窺蟬(당랑규선)], [螳螂之斧(당랑지부)], [螳螂拒轍(당랑거철)] ☞ 螳(당)

螺 소라 라, 虫부17　　2971

'螺(라)'자는 '벌레 虫(충/훼)'와 '벌거벗을 累(라)'로 이루어졌다. '포갤 累(루)'자는 '벌거벗을 累(라)'의 뜻과 음을 가지고 있다.
소라, 소라 모양을 한 조개 종류의 총칭, 우렁이(田螺), 다슬기, 소라고둥, 달팽이, 나선(螺線)
[螺角(나각)] 소라고둥의 껍데기로 만든 옛 군악기.
[螺絲(나사)] 소라껍데기에 실을 감은 것처럼 고랑이진 물건.

[螺線(나선)] ① (물·수) 어떤 점의 둘레를 계속 돌면서 멀어지는 평면곡선. ② 소용돌이 모양의 곡선. 소용돌이선. 소라처럼 굽어진 모양의 선.
[螺旋(나선)] 소라의 껍데기처럼 빙빙 비틀린 모양.
[螺鈿漆器(나전칠기)] 여러 모양으로 자개를 박고 옻칠을 한 옷장·궤·밥상·벼룻집 따위.

蟄 숨을 칩, 虫부17　　2972

'蟄(칩)'자는 '벌레 虫(충/훼)'과 '잡을 執(집)'으로 이루어졌다. '벌레가 땅속에 붙잡히다'는 뜻에서 '숨다'의 뜻으로 확대되었다.
숨다, 틀어박혀 나오지 아니하다, 벌레가 겨울잠을 자다
[蟄居(칩거)] 나가서 활동하지 않고 집 안에서만 틀어박혀 있음.
[驚蟄(경칩)] 24절기의 하나. 우수와 춘분 사이로 3월 5일이나 6일에 듦. 겨울잠을 자던 벌레들이 깨어 꿈질거리기 시작하는 시기라는 뜻.

蠟 밀랍 랍, 虫부21　　2973

'蠟(랍)'자는 '벌레 虫(충/훼)'과 '목 갈기 巤(렵)'으로 이루어졌다.
밀(꿀벌의 집을 끓여서 짜낸 기름), 밀로 만든 초, 밀을 발라 광택을 내다
[蠟淚(납루)] 초가 탈 때 녹아 흐르며 엉기는 기름.
[蜜蠟(밀랍)] 벌집에서 채취한 동물성 고체 기름. 꿀 찌기를 끓여서 짜낸 물질. 절연제·광택제·방수제 따위로 쓰임.

蠢 꿈틀거릴 준, 虫부21　　2974

'蠢(준)'자는 '봄 春(춘)'자에 '벌레 虫(충/훼)'자 두 개를 붙인 글자이다. 봄에 벌레가 알에서 깨어나 애벌레가 되어 꿈틀거리는 것을 뜻한다.
꿈틀거리다, 벌레의 움직이는 모양
[蠢動(준동)] '벌레 따위가 꿈적거린다'는 뜻으로, 불순한 세력이나 보잘것없는 무리가 소동을 일으킴을 이르는 말.

蛾 나방 아, 虫부13　　2975

'蛾(아)'자는 '벌레 虫(충)'과 '나 我(아)'로 이루어졌다.
나방, 누에나방
[誘蛾燈(유아등)] (농) 밤에 논밭에 등불을 켜 놓아 그 등불을 보고 해충이 날아들어 등 밑의 물그릇에 빠지게 만든 장치.
[飛蛾赴火(비아부화)] 불을 향해 날아드는 나방. 스스로 자멸의 길로 들어가거나 재앙 속으로 몸을 던지는

것을 말한다.
[如蛾赴火(여아부화)] '부나비가 불에 날아드는 것과 같다'는 뜻으로 탐욕으로 말미암아 몸을 망침을 비유하여 이르는 말이다.
눈썹, 미인
[蛾眉(아미)] '누에나방의 촉수처럼 털이 짧고 초승달 모양으로 길게 굽은 아름다운 눈썹'이라는 뜻으로, 아름다운 미인의 눈썹을 일컬음. ¶아리땁던 그 아미 높게 흔들리우며, 그 석류속 같은 입술 죽음을 입맞추었네. 〈변영로·논개〉
초승달

衙 마을 아, 行부13　2976

'衙(아)'자는 '다닐 行(행)'과 '나 吾(오)'로 이루어졌다.
마을, 관청
[衙前(아전)] ① 관아의 앞. ② 조선 시대에 중앙과 지방의 관아에서 일하는 관리. 이들의 사무실이 正廳(정청)의 앞에 따로 있던 데서 이름이 유래하였다.
[官衙(관아)] (역) 벼슬아치들이 나랏일을 보던 곳.

衒 발 보일 현:, 자랑할 현:, 行부11　2977

'衒(현)'자는 '다닐 行(행)'과 '검을 玄(현)'으로 이루어졌다. '玄(현)'은 '어두워지게 하다'는 뜻이다. '衒(현)'자는 '남의 눈을 속여 상품을 실질 이상으로 선전 자랑하여 팔고 다니다'는 뜻이다.
발보이다, 자기를 선전하다, 스스로를 소개하여 남에게 구하다, 스스로를 자랑하여 남에게 내보이다
[衒學(현:학)] 학문이 있음을 자랑하여 뽐냄. 참衒學的(현학적)

衢 네거리 구, 갈 구, 行부24　2978

'衢(구)'자는 '다닐 行(행)'과 '놀랄 瞿(구)'로 이루어졌다.
네거리, 길, 도로, 갈림길
[康衢煙月(강구연월)] 번화한 큰길거리에서 달빛이 연기에 은은하게 비치는 모습을 나타내는 말로, 태평한 세상의 평화로운 풍경을 이르는 말.

衲 승복 납, 기울 납, 衣부9　2979

'衲(납)'자는 '옷 衤(의)'와 '안 內(내)'로 이루어졌다.
장삼, 중의 옷, 중, 승려, 비구
[衲子(납자)] 중의 별칭.
[衲僧(납승)] 납자.
[衲衣(납의)] 빛깔이 검은 중의 옷.

衾 이불 금, 衣부10　2980

'衾(금)'자는 '옷 衤(의)'와 '이제 今(금)'으로 이루어졌다. '이불'을 뜻한다. '衿(금)'자도 '옷 衤(의)'와 '今(금)'으로 이루어졌는데, '옷깃'을 뜻하는 다른 글자이다.
이불, 침구의 한 가지
[衾枕(금:침)] 이부자리와 베개.
[孤枕單衾(고침단금)] 홀로 쓸쓸히 자는 여자의 이부자리.
[鴛鴦衾枕(원앙금침)] 원앙을 수놓은 이불과 베개.

袈 가사 가, 衣부11　2981

'袈(가)'자는 '옷 衤(의)'와 '더할 加(가)'로 이루어졌다.

裟 가사 사, 衣부13　2982

'裟(사)'자는 '옷 衣(의)'와 '모래 沙(사)'로 이루어졌다.
가사
[袈裟(가사)] (불) 범어 'kasaya'의 음역자이다. 장삼 위에 왼쪽 어깨에서 오른쪽 겨드랑이 밑으로 걸쳐 입는 중의 법복. 원래 시주받은 낡은 옷을 조각내어 꿰매어 만들었음. 탐(貪)·진(瞋)·치(痴)의 三毒(삼독)을 버린 표적으로 입음.

袋 자루 대, 衣부11　2983

'袋(대)'자는 '옷 衤(의)'와 '대신할 代(대)'로 이루어졌다.
자루, 부대, 주머니
[負袋(부:대)] 종이나 천, 가죽 따위로 무엇을 담아 짊어질 수 있게 만든 자루. 비包袋(포대)
[有袋類(유대류)] 원시적인 태상 포유류로, 태반이 없거나 불완전하여 발육이 불완전한 상태로 태어난 새끼를 육아낭에 넣어서 기른다. 붉은캥거루, 코알라 따위가 이에 속한다.
[酒囊飯袋(주낭반대)] '술부대에 밥자루'란 뜻으로, 無智(무지) 無能(무능)하여 다만 놀고먹는 자를 욕하여 이르는 말. 『通俗編(통속편)』
[包袋(포대)] 부대. ¶밀가루 한 포대
麻袋(마대), 慰問袋(위문대), 布袋(포대)

袞 곤룡포 곤, 衣부11　2984

'袞(곤)'자는 '옷 衣(의)'와 '공평할 公(공)'으로 이루어졌다. '공식적으로 입는 옷'으로, 천자 또는 삼공의 예복을 뜻한다. '公(공)'자의 모양이 변하였다.
곤룡포(용을 수놓은 천자의 예복)
[袞龍袍(곤룡포)] (역) 임금이 입던 정복. 누른빛이나 붉은 빛의 비단으로 지었으며, 발톱이 다섯 개 달린 용

을 수놓았음. 🔁龍袍(용포)

袍 도포 포, 衣부10   2985

'袍(포)'자는 '옷 衤(의)'와 '쌀 包(포)'로 이루어졌다. '도포'를 뜻한다.

웃옷, 겉에 입는 옷, 도포 따위
[道袍(도:포)] 예전에 남자들이 통상 예복으로 입던 옷. 소매가 넓고 길며 뒤에는 딴 폭을 댐.
[袞龍袍(곤룡포)] ☞ 袞(곤)
[靑袍(청포)] 푸른 도포. 옥색 도포.

袴 바지 고, 사타구니 과, 衣부11   2986

'袴(고/과)'자는 '옷 衤(의)'와 '큰소리칠 夸(과)'로 이루어졌다. '바지'를 뜻할 때는 [고]로, '사타구니'를 뜻할 때는 [과]로 읽는다.

바지, 가랑이가 있는 아랫도리 옷
[袴衣(고의)] 여름에 바지 대신에 입는 남자의 홑바지.
살, 사타구니, 두 다리 사이
[袴下辱(과하욕)] 사타구니 아래를 기어 나온 치욕. 韓信(한신)의 고사에서 온 말임. 袴下辱(고하욕)이라 하여 바짓가랑이 아래를 기어 나온 치욕이라고 한 책도 있다. 같은 뜻으로 보면 된다.

袖 소매 수, 衣부10   2987

'袖(수)'자는 '옷 衤(의)'와 '말미암을 由(유)'로 이루어졌다. '사람이 팔을 꿰는 옷의 부분'을 뜻한다.

소매, 옷의 소매, 소매에 넣다, 소매 속에 숨기다
[袖手(수수)] ① 팔짱을 낌. ② 어떤 일에 직접 관여하지 않고 내버려둠.
[袖手傍觀(수수방관)] '팔짱을 끼고 보고만 있다'라는 뜻으로, 간섭하지 않고 그대로 버려둠을 이르는 말.
[領袖(영수)] 여러 사람 가운데 우두머리.
[兩袖淸風(양:수청풍)] '두 소매에 맑은 바람'이란 뜻으로 관리의 청렴결백함을 이르는 말.

裔 후손 예:, 衣부13   2988

'裔(예)'자는 '옷 衣(의)'와 '빛날 冏(경)'으로 이루어졌다.

후사, 후손
[後裔(후:예)] ① 핏줄을 이은 후손. ② 代數(대수)가 먼 후손.
기타
[弓裔(궁예)] 후고구려의 시조(?~918). 901년에 스스로 왕이 되어 국호를 후고구려라고 하였다. 뒤에 왕건에게 폐위되었다.

裨 도울 비, 衣부13   2989

'裨(비)'자는 '옷 衤(의)'와 '낮을 卑(비)'로 이루어졌다.

돕다, 보좌하다
[裨將(비장)] (역) 조선 때, 감사·유수·병사·수사·사신들을 따라다니며 일을 돕던 벼슬아치. 🔁裵裨將傳(배비장전)

褐 털옷 갈, 갈색 갈, 굵은 베 갈, 衣부14   2990

'褐(갈)'자는 '옷 衤(의)'와 '어찌 曷(갈)'로 이루어졌다. 거친 털로 짠 천한 사람들이 입는 옷을 뜻한다.

갈색
[褐色(갈색)] 거무스름한 주황빛.
赤褐色(적갈색), 黃褐色(황갈색), 黑褐色(흑갈색)

褪 바랠 퇴:, 衣부15   2991

'褪(퇴)'자는 '옷 衤(의)'와 '물러설 退(퇴)'로 이루어졌다. 옷의 빛깔이 물러나다. '바래다'의 뜻이다.

바래다, 빛이 바래어 엷어지다
[退色(퇴:색)/褪色(퇴:색)] 빛이 바램. ☞ 退(퇴)0889

褒 기릴 포, 衣부17   2992

'褒(포)'자는 '옷 衣(의)'와 '지킬 保(보)'로 이루어졌다. '襃(포)'가 본자이다.

기리다, 칭찬하다
[褒章(포장)/襃章(포장)] 나라와 사회에 공헌한 사람에게 명예를 기리기 위하여 나라에서 주는, 훈장보다 낮은 훈격의 휘장.
[褒賞(포상)/襃賞(포상)] 칭찬하고 장려하여 상을 줌.

襟 옷깃 금, 衣부18   2993

'襟(금)'자는 '옷 衤(의)'와 '금할 禁(금)'으로 이루어졌다. '衿(금)'자와 동자이다. '속마음'을 뜻하는 글자로도 쓰인다.

가슴, 마음, 생각
[心襟(심금)] 속마음. ¶심금을 털어놓다
[心琴(심금)] 감동하여 마음이 울림. ¶심금을 울리다
[胸襟(흉금)] ① 앞가슴의 옷깃. ② 가슴속에 품은 생각. ¶흉금을 털어놓다
옷깃

襪 버선 말, 衣부20   2994

'襪(말)'자는 '옷 衤(의)'와 '업신여길 蔑(멸)'로 이루어졌다.

버선
[洋襪(양말)] 서양식 버선.

覲 뵐 근, 見부18　2995

'覲(근)'자는 '진흙 堇(근)'과 '볼 見(견)'으로 이루어졌다.
뵈다, 알현하다
[覲行(근행)] 시집간 딸이나 객지에 사는 아들이 친정이나 본가에 어버이를 뵈러 감. 비覲親(근친)
[覲親(근친)] (시집간 딸이) 친정에 가서 어버이를 뵘. ¶근친을 가다 비覲行(근행)

觝 닿을 저:, 닥뜨릴 저:, 角부12　2996

'觝(저)'자는 '뿔 角(각)'과 '근본 氐(저)'로 이루어졌다. 뿔이 이르러 '맞닥뜨리다'는 뜻이다.
닥뜨리다
[觝觸(저:촉)/抵觸(저:촉)] ① 서로 부딪치거나 모순됨. ② 법률이나 규칙 등에 위배됨.

訃 부고 부, 言부9　2997

'訃(부)'자는 '말씀 言(언)'과 '점 卜(복)'으로 이루어졌다. '사람이 갑자기 죽은 것을 알림'을 뜻한다.
부고, 죽음을 알리는 통지
[訃告(부:고)] 사람의 죽음을 알리는 말이나 글. ¶부고를 받다
[訃音(부:음)] 사람이 죽었다는 기별. ¶부음을 들었다.
[告訃(고:부)] 사람의 죽음을 알림. 참訃告(부고), 訃音(부음)

訊 물을 신, 言부10　2998

'訊(신)'자는 '말씀 言(언)'과 '빠를 卂(신)'으로 이루어졌다. '잇따라 추궁하다'는 뜻이다.
묻다, 추궁하다
[訊問(신문)] ① 캐어물음. ② 법원이나 기타 국가 기관이 어떤 사건에 관하여 증인, 당사자, 피고인 등에게 말로 물어 조사하는 일.

訌 무너질 홍, 어지러울 홍, 言부10　2999

'訌(홍)'자는 '말씀 言(언)'과 '장인 工(공)'으로 이루어졌다. '工(공)'은 '칠 攻(공)'의 뜻이다. '어지럽게 싸우다'는 뜻이다.
집안싸움, 내분
[內訌(내:홍)] 내부에서 저희들끼리 일으키는 분쟁. 內紛(내분).

무너지다, 내부부터 무너지다, 어지러워지다, 옥신각신하다

訥 말 더듬을 눌, 言부11　3000

'訥(눌)'자는 '말씀 言(언)'과 '안 內(내)'로 이루어졌다. 말을 입 밖으로 내지 못하고 입 안에서 우물쭈물한다는 데서 '말 더듬다'라는 뜻이다. '訥(눌)'과 의미상 상대되는 한자는 '말 잘하다'라는 뜻의 '辯(변)'이 있다.
말을 더듬다, 과묵하여 말을 경솔하게 하지 아니하다
[訥辯(눌변)] 더듬거리는 말솜씨. 땐達辯(달변)
[訥言(눌언)] 더듬거리는 말.
[訥言敏行(눌언민행)] 말은 더듬어도 동작은 민첩함.
[語訥(어:눌)] 말하는 혀의 동작이 부드럽지 못하다. 말을 더듬어 유창하지 못함.
[剛毅木訥近仁(강의목눌근인).] 의지는 굳세고 용모는 소박하고 말은 서툰 것이 어짊에 가깝다. 孔子(공자)는 말 잘하는 사람을 경계했다. 참巧言令色鮮矣仁(교언영색선의인). 『論語(논어)·子路(자로)』

訝 의심할 아, 言부12　3001

'訝(아)'자는 '말씀 言(언)'과 '어금니 牙(아)'로 이루어졌다. '의아해하다'는 뜻이다.
의심하다, 수상히 여기다
[疑訝(의아)] 의심스럽고 이상함.

詛 저주할 저:, 言부12　3002

'詛(저)'자는 '말씀 言(언)'과 '또 且(차)'로 이루어졌다.
저주하다, 남을 못되도록 빌다
[詛呪(저:주)/咀呪(저:주)] ① 미워하는 상대가 불행이나 재앙을 당하도록 빌고 바람. ② 미움을 받아서 당하는 몹시 불행한 일.

詔 조서 조:, 고할 조:, 言부12　3003

'詔(조)'자는 '말씀 言(언)'과 '부를 召(소)'로 이루어졌다.
조서, 조칙, 천자의 명령
[詔書(조:서)] 천자의 명령을 쓴 기록.
[詔勅(조:칙)] 천자의 명령.

註 주 낼 주:, 글 뜻 풀 주:, 言부12　3004

'註(주)'자는 '말씀 言(언)'과 '주인 主(주)'로 이루어졌다. 여기서 '主(주)'는 '물댈 注(주)'자 대신 쓰인 것이다. '注(주)'자도 '주내다'의 뜻을 가지고 있다.
주내다, 뜻을 풀어 밝히다, 주, 주해
[註釋(주:석)] 뜻풀이. ¶사전의 주석

[註解(주:해)] 본문의 뜻을 알기 쉽게 풀이함. 또는 그 글.
[脚註(각주)] 본문 아래쪽에 밝히는 풀이나 참고 글. ¶각주를 달다 凹頭註(두주)
[頭註(두주)] 본문 윗쪽에 밝히는 풀이나 참고 글. ¶두주를 달다 凹脚註(각주)
[旁註(방주)/傍註(방주)] 본문 옆이나 한 단락이 끝난 뒤에 써 넣는 본문에 대한 주석.

詭 속일 궤:, 言부13   3005

'詭(궤)'자는 '말씀 言(언)'과 '위태할 危(위)'로 이루어졌다. 사람을 위태롭게 하는 말은 참말이 아니고 속이는 말이라는 데서, '거짓', '속이다'의 뜻을 나타낸다.

속이다, 기만하다
[詭計(궤:계)] 남을 간사하게 속이는 꾀.
[詭言(궤:언)] 간사하게 속여 꾸며대는 말.

바르지 않다, 정도에서 벗어나다
[詭辯(궤:변)] ① 형식적으로는 그럴 듯하나 본질이나 이치에는 맞지 않는 말. ¶궤변을 늘어놓다 /'倭(왜)가 전쟁을 일으킨 것은 明(명)나라를 치기 위함이니 조선은 잠시 길을 빌려주면 된다' 이것이야 말로 궤변이다. ② (논) 형식적인 논리로써 거짓을 참으로 꾸미는 논법이나 추리.

詣 이를 예:, 言부13   3006

'詣(예)'자는 '말씀 言(언)'과 '뜻 旨(지)'로 이루어졌다. '旨(지)'가 표음요소로 쓰였다고 하는데, 어쨌든 '詣(예)'자를 [지]로 읽어서는 안 된다.

학예가 깊은 경지에 이르다
[造詣(조:예)] 학문·기술·음률 따위의 수양이 깊은 경지에 이른 정도.

관청에 출두하다
[詣闕(예:궐)] 입궐.

誅 벨 주, 言부13   3007

'誅(주)'자는 '말씀 言(언)'과 '붉을 朱(주)'로 이루어졌다.

베다, 죄인을 죽이다
[誅戮(주륙)] 죄인을 죽임. 죄로 몰아 죽임.
[誅殺(주살)] 죄인을 죽임.
[苛斂誅求(가렴주구)] 가혹하게 세금을 거두어들이고 백성들의 재물을 빼앗음.

詰 물을 힐, 꾸짖을 힐, 言부13   3008

'詰(힐)'자는 '말씀 言(언)'과 '길할 吉(길)'로 이루어졌다. '말로 다잡아 죄어치다', '추궁하다'의 뜻이다.

묻다, 힐문하다
[詰問(힐문)] 잘못을 따져 물음.

따지다, 꾸짖다
[詰難(힐난)] 트집을 잡아 거북하리만큼 따지고 듦.
[詰責(힐책)] 잘못을 꼬투리 잡아 꾸짖음.

誣 무고할 무:, 속일 무:, 言부14   3009

'誣(무)'자는 '말씀 言(언)'과 '무당 巫(무)'로 이루어졌다. '말로 진실을 덮어 가리다'는 뜻이다.

무고하다, 사실을 굽혀 말하다, 거짓말하다, 속이다, 헐뜯다, 비방하다, 남의 명예 등을 훼손하다
[誣告(무:고)] 없는 일을 거짓으로 꾸며 남을 고소하거나 고발함. 凹誣告罪(무고죄)
[誣欺(무:기)] 거짓으로 꾸며 속임.
[惑世誣民(혹세무민)] 사람을 속여 迷惑(미혹)시키고 세상을 어지럽힘.

誨 가르칠 회:, 言부14   3010

'誨(회)'자는 '말씀 言(언)'과 '매양 每(매)'로 이루어졌다. '사리에 어두운 사람에게 말로 가르치다'는 뜻이다.

가르치다, 가르쳐 인도하다, 가르침
[誨諭(회:유)] 가르쳐서 깨우침.

誹 헐뜯을 비, 言부15   3011

'誹(비)'자는 '말씀 言(언)'과 '아닐 非(비)'로 이루어졌다. '사람이 서로 등지다', '헐뜯다'는 뜻을 나타낸다.

헐뜯다, 비방하다
[誹謗(비방)] 비웃고 헐뜯어서 말함. ¶까닭 없는 비방을 듣다

謗 헐뜯을 방, 言부17   3012

'謗(방)'자는 '말씀 言(언)'과 '곁 旁(방)'으로 이루어졌다.

헐뜯다, 비방하다, 저주하며 헐뜯다
[誹謗(비방)] ☞ 헐뜯을 誹(비)
[毁謗(훼:방)] ① 남을 헐뜯어 비방함. ② 남의 일을 방해함.

諂 아첨할 첨, 言부15   3013

'諂(첨)'자는 '말씀 言(언)'과 '함정 臽(함)'으로 이루어졌다. '陷(함)'은 언덕[阝(부)]에 설치된 함정에 빠지는 것이고, '諂(첨)'은 말[言(언)]에 설치된 함정에 빠지는 것이다.

아첨하다, 알랑거리다
[諂笑(첨소)] 아첨하여 웃음.
[阿諂(아첨)] 남의 환심을 사거나 잘 보이기 위하여 알랑거림. ¶아첨은 악덕의 시녀이다. ☞ *271
[外諂內疎(외:첨내소)] 겉으로는 아첨하고 속으로는 해침.
[脅肩諂笑(흡견첨소), 病于夏畦(병우하휴).] 어깨를 으쓱거리며 아첨하며 웃어대는 것을 보는 역겨움은 여름날 논밭에서 일하는 것보다도 더 참기 어려운 것이다. 『孟子(맹자)·滕文公(등문공)下(하)』

諫 간할 간:, 言부16 3014

'諫(간)'자는 '말씀 言(언)'과 '가릴 柬(간)'으로 이루어졌다. 윗사람의 언동의 좋고 나쁨을 골라 비평하다.
간하다, 직언하여 바로잡다, 간하는 말, 간언
[諫臣(간:신)] 임금에게 옳은 말로 諫(간)하는 신하.
[諫言(간:언)] 간하는 말.
[忠諫(충간)] 충성스러운 마음으로 간함.
司諫院(사간원), 泣諫(읍간), 直諫(직간), 諷諫(풍간)

諡 시호 시:, 言부16 3015

'諡(시)'자는 字源(자원)에 따르면 '말씀 言(언)'과 '더할 益(익)'으로 이루어진 글자인데, 글자의 형태는 '말씀 言(언)', '어조사 兮(혜)', '그릇 皿(명)'이다. 쓸 때 주의를 요한다.
시호, 시호를 내리다
[諡號(시:호)] 제왕·재상·儒賢(유현) 등의 공덕을 칭송하여, 그들이 죽은 뒤에 追贈(추증)하는 칭호.

諺 상말 언:, 언문 언:, 言부16 3016

'諺(언)'자는 '말씀 言(언)'과 '선비 彦(언)'으로 이루어졌다.
상말, 속된 말, 속어
[諺解(언:해)] 한문을 한글로 풀이함. 또는 한글로 풀이한 책. 참杜詩諺解(두시언해)
[諺文(언:문)] 지난 날, 한문에 대하여 한글로 쓰인 글을 낮추어 이르던 말.

諭 깨우칠 유, 꾈 유, 타이를 유, 言부16 3017

'諭(유)'자는 '말씀 言(언)'과 '그러할 兪(유)'로 이루어졌다.
깨우치다, 타이르다
[諭示(유시)] 관청 등에서 백성에게 타일러 가르침. 또는 그 문서.
[諭旨(유지)] (역) 임금이 신하에게 내리던 글.

說諭(설유), 勸諭(권유), 勅諭(칙유), 誨諭(회유)
견주다, 비유하다, 견주어 하는 말
[諷諭(풍유)/諷喩(풍유)] (문) 어떤 사실을 풍자적이며 암시적으로 나타냄. 흔히 속담과 격언 등에서 볼 수 있음. 참諷諭法(풍유법), 諷諭的(풍유적)

諦 살필 체, 言부16 3018

'諦(체)'자는 '말씀 言(언)'과 '임금 帝(제)'로 이루어졌다.
살피다, 자세히 조사하다, 자세히 알다, 명료하게 알다
[諦念(체념)] 정황을 살피어 희망을 버리고 아주 단념함. ¶아직 체념하기엔 이르다
[要諦(요체)] 중요한 점. 핵심.
이치, 진리
[四聖諦(사:성체)] (불) 네 가지의 거룩한 진리. 이른바 苦聖諦(고성체), 즉 괴로움의 진리. 苦集聖諦(고집성체), 즉 괴로움의 집기 진리. 苦滅聖諦(고멸성체), 즉 괴로움의 멸함의 진리. 苦滅道跡聖諦(고멸도적성체), 즉 괴로움의 멸함에 이르는 길의 진리. 『阿含經(아함경)·四諦品(사체품)』

諷 욀 풍, 풍자할 풍, 言부16 3019

'諷(풍)'자는 '말씀 言(언)'과 '바람 風(풍)'으로 이루어졌다.
풍자하다, 넌지시 말하여 깨우치다, 사물을 비유하여 간하다
[諷諫(풍간)] 넌지시 둘러서 말하여 남을 깨우침.
[諷喩(풍유)/諷諭(풍유)] 어떤 사실을 풍자적이며 암시적으로 나타냄. 흔히 속담과 격언 등에서 볼 수 있음.
[諷刺(풍자)] ① 남의 결점을 빗대어 찌름. ② 문학 작품 따위에서, 현실의 부정적 현상이나 모순 따위를 빗대어 비웃으면서 공격하는 일.

諧 화할 해, 농지거리할 해, 言부16 3020

'諧(해)'자는 '말씀 言(언)'과 '모두 皆(개)'로 이루어졌다. '사람들이 일제히 말하다'는 뜻이다.
농지거리하다
[諧謔(해학)] 익살스럽고 풍자적인 말이나 짓. 참諧謔文學(해학문학), 諧謔小說(해학소설)
화하다, 화합하다, 조화되다, 잘 어울리다

謔 희롱할 학, 言부17 3021

'謔(학)'자는 '말씀 言(언)'과 '학대할 虐(학)'으로 이루어졌다. '말로 농락하다'는 뜻이다.
희롱하다, 농담하다, 익살부리다
[諧謔(해학)] ☞ 諧(해)

謳 노래할 구, 言부18　3022

'謳(구)'자는 '말씀 言(언)'과 '지경 區(구)'로 이루어졌다.
노래하다, 노래를 부르다, 악기의 반주 없이 노래하다
[謳歌(구가)] 기리어 노래함. ¶새 시대를 구가하다

謫 귀양 갈 적, 言부18　3023

'謫(적)'자는 '말씀 言(언)'과 '밑동 啇(적)'으로 이루어졌다.
귀양가다, 유배되다, 먼 곳으로 좌천되다
[謫所(적소)] 귀양 가서 있는 곳.

諱 꺼릴 휘, 숨길 휘, 言부16　3024

'諱(휘)'자는 '말씀 言(언)'과 '다룸가죽 韋(위)'로 이루어졌다.
꺼리다, 싫어하다, 미워하다, 피하다, 기피하다
[忌諱(기휘)] ① 꺼리어 싫어하거나 피함. ② (남의 비밀이나 불상사 따위를) 입에 올려 말하기를 꺼림.
휘(죽은 사람의 이름), 높은 사람의 이름
[諱字(휘자)] 돌아가신 높은 어른의 생전의 이름자. ¶丹齋(단재) 선생의 諱字(휘자)는 '采(채)'자 '浩(호)'자이다

譚 이야기 담, 말씀 담, 言부19　3025

'譚(담)'자는 '말씀 言(언)'과 '넓을 覃(담)'으로 이루어졌다. '깊이 있는 이야기'를 뜻한다.
이야기, 이야기하다
[奇談(기담)/奇譚(기담)] 기이한 이야기. '기담'만 談(담)과 譚(담)두 글자를 다 씀.
[民譚(민담)] 옛날부터 구전(口傳)으로 민간에 전하여 내려오는 이야기.

[菜根譚(채:근담)] 중국 명나라 말기 洪自誠(홍자성)의 어록. 유교를 중심으로 불교, 도교를 가미하여 처세술을 가르친 警句風(경구풍)의 단문 356가지가 실려 있다. 전집과 후집 두 권으로 되어 있다.

讒 참소할 참, 言부24　3026

'讒(참)'자는 '말씀 言(언)'과 '토끼 毚(참)'으로 이루어졌다. '毚(참)'은 '사람의 눈을 속이는 토끼'의 뜻이다. '어떤 인물의 정당한 평가를 혼란시키기 위한 말', '비방', '참소'를 뜻한다. '毚(참)'자를 破字(파자)하면 '사람 人(인)의 변형 + 입 口(구) + 견줄 比(비) + 토끼 兔(토)'가 된다. '兔(토)'자의 윗부분도 '토끼'라는 뜻이다.
참소하다, 거짓을 꾸며 남을 모함하다, 해치다, 중상하다
[讒毀(참훼)] 거짓으로 꾸며서 남을 헐뜯어 말함.
[讒訴(참소)] 간악한 말로 남을 헐뜯어 없는 죄도 있는 것처럼 윗사람에게 고해바침. ¶간신의 참소
[讒言(참언)] 거짓 꾸며서 남을 참소하는 말.

譬 비유할 비, 言부20　3027

'譬(비)'자는 '말 씀 言(언)'과 '비유할 辟(비)'으로 이루어졌다. '직접 말하지 않고 짐짓 비켜서 말하다'는 뜻이다.
비유하다, 다른 사물을 빌어 설명하다
[比喩(비:유)/譬喩(비:유)] 어떤 사물을 효과적으로 표현하기 위하여 그와 비슷한 성질·모양 따위를 가진 다른 사물에 빗대어 표현함.

譴 꾸짖을 견:, 言부21　3028

'譴(견)'자는 '말씀 言(언)'과 '보낼 遣(견)'으로 이루어졌다. '말로 책망하여 먼 곳으로 보내다'는 뜻이다.
꾸짖다, 힐문하다, 책망하다, 혼내다, 질책하다, 견책
[譴責(견:책)] ① 잘못을 꾸짖고 나무람. ② (법) 공무원에 대하여 잘못을 꾸짖고 앞으로 그런 일이 없도록 주의시키는 징계의 한 가지. ¶견책 처분을 받다

讎, 讐 원수 수, 言부23　3029

'讐(수)'자는 '말씀 言(언)'과 '새 한 쌍 雔(수)'로 이루어졌다.
원수, 원수로 삼다, 원수를 갚다
[讎仇(수구)] 怨讐(원수).
[復讐(복수)] 앙갚음. 마음속에 품고 있던 원한을 갚는 일. 참復讐心(복수심)
[殺父之讐(살부지수)] 아버지를 죽인 원수.
[怨讐(원:수)] 자기에게 해를 끼치어 원한이 맺히게 한 개인이나 단체나 또는 사물.
[恩讎(은수)] 恩怨(은원). 은혜와 원수.
[不俱戴天之讎(불구대천지수)/不俱戴天(불구대천).] ① 하늘을 함께 이지 못하는, 즉 한 하늘 아래서는 더불어 살 수 없는 원수. ② 임금이나 부모에 대한 원수. 不共戴天之讎(불공대천지수)

訛 그릇될 와, 言부11　3030

'訛(와)'자는 '말씀 言(언)'과 '화할 化(화)'로 이루어졌다. '말의 본래의 뜻에서 변화하여 잘못되다'는 뜻이다.
그릇되다, 문자나 언어가 그릇 전해져 잘못되다
[訛傳(와:전)] 그릇 전함. ¶와전된 소문
[以訛傳訛(이:와전와)] 헛소문이 꼬리를 물고 번져감.

讖 참서 참, 예언 참, 言부24   3031

'讖(참)'자는 '말씀 言(언)'과 '산부추 韱(섬)'으로 이루어졌다.

참서, 비결(秘訣), 조짐, 미래의 길흉에 대한 징조

[讖書(참서)] 참언을 적은 책.
[讖言(참언)] 앞일에 대하여 그 길하고 흉함을 예언하는 말.
[圖讖(도참)] 미래의 길흉에 관해 예언하는 술법. 또는 그러한 내용이 적힌 책. '정감록'따위.

豺 승냥이 시:, 豸부10   3032

'豺(시)'자는 '발없는 벌레 豸(치)'와 '재주 才(재)'로 이루어졌다.

승냥이

[豺虎(시:호)] 승냥이와 호랑이.
[豺狐(시:호)] 승냥이와 여우.
[豺狼(시:랑)] 승냥이와 이리.
[豺狼橫道(시:랑횡도)/豺狼當路(시:랑당로)] 이리와 승냥이처럼 탐욕스럽고 잔혹한 사람이 중요한 자리에 앉아 권세를 휘두르고 있다는 뜻. 잔인무도한 자들이 세도를 부림.

豹 표범 표, 豸부10   3033

'豹(표)'자는 '발없는 벌레 豸(치)'와 '북두자루 杓(표)'로 이루어졌다. '杓(표)'에서 '나무 木(목)'이 생략되었다.

표범

[豹斑(표반)] 표범의 얼룩무늬.
[豹變(표변)] 갑자기 뚜렷이 달라짐. ¶순간 그의 안색이 표변하며 소리를 질렀다
[豹皮(표피)] 표범 가죽.
[豹死留皮(표사유피), 人死留名(인사유명)] 표범은 죽어서 가죽을 남기고, 사람은 죽어서 이름을 남긴다. '삶이 헛되지 않으면 그 명성이 길이 남음'을 이르는 말. 豹死留皮(표사유피) 대신 虎死留皮(호사유피)를 쓰기도 함. 人在名虎在皮(인재명호재피) 『五代史(오대사)·王彦章(왕언장)전』

貂 담비 초, 豸부12   3034

'貂(초)'자는 '발 없는 벌레 豸(치)'와 '부를 召(소)'로 이루어졌다. 모양은 족제비 비슷하고, 털빛은 황갈색이다. 가죽이 귀하여 옛날에 그 꼬리로 侍中(시중) 등의 冠(관)에 달아 장식으로 하였다.

담비

[貂蟬(초선)] 담비 꼬리와 매미 날개. 모두 고관의 관의 장식으로 썼음. 즉 높은 朝冠(조관).

貼 붙을 첩, 貝부12   3035

'貼(첩)'자는 '조개 貝(패)'와 '점칠 占(점)'으로 이루어졌다.

붙다, 붙이다

[貼付(첩부)] 착 달라붙게 함.
[粉貼(분첩)] 솜 같은 부드러운 것을 뭉치거나 하여 만든, 단장할 때 분가루를 찍어 바르는 제구.

貶 떨어뜨릴 폄:, 낮출 폄:, 貝부12   3036

'貶(폄)'자는 '조개 貝(패)'와 '모자랄 乏(핍)'으로 이루어졌다. '재화가 부족하게 되다', '깎아내리다'는 뜻이다.

폄하다, 헐뜯다, 떨어뜨리다, 관직을 깎아 낮추다, 지위가 낮아지다, 덜다

[貶(폄:)하다] 남을 깎아내리어 나쁘게 말함.
[貶論(폄:론)] 남을 헐뜯어 말함. 또는 그런 말.
[貶職(폄:직)] 벼슬이 낮아짐.
[貶下(폄:하)] 가치를 깎아내림.

賂 뇌물 뢰, 貝부13   3037

'賂(뢰)'자는 '조개 貝(패)'와 '각각 各(각)'으로 이루어졌다. '재물을 가져 오다'는 뜻이다.

뇌물 주다, 재물을 주다, 몰래 금품을 보내어 부탁하다

[賂物(뇌물)] 직권을 이용하여 특별한 편의를 보아달라는 뜻으로 주는 부정한 금품.
[受賂(수뢰)] 뇌물을 받음.
[賄賂(회:뢰)] 뇌물을 주고받음. 또는 그 뇌물.

賄 뇌물 회, 貝부13   3038

'賄(회)'자는 '조개 貝(패)'와 '있을 有(유)'로 이루어졌다. '재화를 남에게 보내다'는 뜻이다.

뇌물, 청탁을 위하여 주는 재화

[賄賂(회:뢰)] ☞ 賂(뢰)
[收賄(수회)] 뇌물을 받음.
[贈賄(증회)] 뇌물을 줌.

賭 걸 도, 내기 도, 貝부16   3039

'賭(도)'자는 '조개 貝(패)'와 '놈 者(자)'로 이루어졌다. '者(자)'는 '집중하다', '금품을 쏟아 넣어 노름을 하다'는 뜻이다.

걸다, 승부에 금품을 대어 놓다, 노름, 도박, 내기

[賭博(도박)] ① 노름. ② 요행수를 바라고 불가능하거나 위험한 일에 손을 대는 일. 참賭博場(도박장)

賻 부의 부, 貝부17 3040

'賻(부)'자는 '조개 貝(패)와 '펼 專(부)'로 이루어졌다. '상주를 돕기 위해 부조하는 의복이나 재화'를 뜻한다.
부의, 부의를 보내다
[賻助(부조)] 부의를 보내어 葬事(장사)를 도움.
[賻儀(부의)] 초상집에 도와주는 의미로 돈이나 물품을 보냄. 참 賻儀金(부의금)

贅 군더더기 췌, 貝부18 3041

'贅(췌)'자는 '조개 貝'와 '거만할 敖(오)'로 이루어졌다
혹, 군더더기, 쓸모없다, 불필요하다
[贅辭(췌:사)] 군말.
[贅言(췌:언)] 군말. 군소리. 하지 않아도 좋을 쓸데없는 말.

贖 속죄할 속, 貝부22 3042

'贖(속)'자는 '조개 貝(패)와 '행상할 賣(육)'으로 이루어졌다. '재물을 팔아 죄를 면제 받다'는 뜻이다. ☞ 0448 讀(독)자 참조
재물을 바치고 죄를 면제받다
[贖良(속량)] 종을 풀어주어서 양민이 되게 함.
[贖錢(속전)] 죄를 면하기 위해 바치는 돈.
[代贖(대:속)] 남의 죄를 대신하여 자기가 당함.
[贖罪(속죄)] ① 저지른 허물을 물질이나 또는 이전의 공으로써 비기어서 없앰. ② (성) 성소에 나아가 희생을 드리고 제사하여 모든 허물을 씻는 일.

跋 밟을 발, 足부12 3043

'跋(발)'자는 '발 足(족)과 '달릴 犮(발)'로 이루어졌다. '犮(발)'자는 '개가 달리는 모양'이다.
거칠다, 난폭하다, 날뛰다
[跋扈(발호)] 자기 마음대로 행동함. 권세나 세력을 휘두르거나 함부로 날뜀. '跋(발)'은 '뛰어넘는다'는 뜻이고, '扈(호)'는 '대나무로 만든 통발'을 말한다. 즉 통발을 물에 넣으면 작은 물고기들은 힘이 없어서 통발 안에 그대로 남지만, 큰 물고기들은 이를 뛰어넘어 달아난다는 데서 유래하였다. 아랫사람 또는 신하가 윗사람 또는 임금을 우습게보고 권한을 침범하는 경우에 쓰인다. 『後漢書(후한서)·梁冀傳(양기전)』
발문
[跋文(발문)] 책 끝에 본문의 내용의 대강이나 또는 그에 관련된 사항을 간략하게 적은 글.

蹉 넘어질 차, 미끄러질 차, 足부17 3044

'蹉(차)'자는 '발 足(족)과 '어긋날 差(차)'로 이루어졌다. '발이 엇갈려 넘어지다'는 뜻이다.
어긋나다, 틀리다
[蹉跌(차질)] ① 발을 헛디디어 넘어짐. ② 일이 틀어짐. ¶일이 차질 없이 잘 되어가다

跌 넘어질 질, 거꾸러질 질, 足부12 3045

'跌(질)'자는 '발 足(족)과 '잃을 失(실)'로 이루어졌다. '발을 헛디디다'는 뜻이다.
틀리다, 그르치다, 실수하다
[跌跌(차질)] ☞ 蹉(차)
[射倖數跌(사행삭질)] '요행을 노려 쏘는 화살은 번번이 차질을 일으킨다'는 뜻으로, 사행심으로 하는 일은 성취하기 어려움을 비유하여 이르는 말.『蜀志(촉지)』
넘어지다, 발끝에 채이거나 발을 헛디디어 중심을 잃다

跆 밟을 태, 足부12 3046

'跆(태)'자는 '발 足(족)과 '별 台(태)'로 이루어졌다.
밟다, 짓밟다, 유린하다
[跆拳道(태권도)] 맨손과 맨발로 상대방을 치고, 차고, 넘어뜨리는 우리나라 고유의 무술.

跛 절뚝발이 파(:), 足부12 3047

'跛(파)'자는 '발 足(족)과 '가죽 皮(피)'로 이루어졌다. '皮(피)'는 '물결 波(파)'의 뜻으로 쓰인 것이다. '발이 자유롭지 못하여 걸을 때 몸이 물결처럼 흔들려 기울어지는 모양'을 나타낸 것이다.
절뚝발이, 절뚝거리며 걷는 사람, 절뚝거리다
[跛者(파자)] 다리가 성하지 못하여 다리를 저는 사람. 절름발이.
[跛行(파행)] ① '어떤 일이 순조롭지 않은 상태로 나아감'을 비유적으로 이르는 말. ② 절뚝거리며 걸음. ③ (의) 병으로 인하여 생기는 보행의 이상.
[偏跛(편파)] 걸을 때에 몸의 균형이 잡히지 않을 정도로 심하게 다리를 저는 사람.

踊 뛸 용:, 足부14 3048

'踊(용)'자는 '발 足(족)과 '길 甬(용)'으로 이루어졌다. '발을 들어 올려 춤을 추다'는 뜻이다.
뛰다, 도약하다
[踊躍(용:약)] 좋아서 뜀.
춤추다, 무용
[舞踊(무:용)] 춤. 음악에 맞추어 몸을 움직여 감정과

의지를 나타내는 예술. 참舞踊家(무용가), 舞踊團(무용단), 舞踊手(무용수)

踪 자취 종, 足부15　3049

'踪(종)'자는 '발 足(족)'과 '마루 宗(종)'으로 이루어졌다. '蹤(종)'과 同字(동자)이다.
자취, 발자취, 형적
[踪迹(종적)/蹤迹(종적)] ① 발자취. ② 행방. ③ 故人(고인)의 행적. 발자취.
[失踪(실종)] 踪迹(종적)을 잃어서 간곳이나 생사를 알 수 없게 됨.

蹂 밟을 유, 足부16　3050

'蹂(유)'자는 '발 足(족)'과 '부드러울 柔(유)'로 이루어졌다. '발을 써서 부드럽게 되도록 밟다'는 뜻이다.

躪 짓밟을 린, 足부27　3051

'躪(린)'자는 '발 足(족)'과 '골풀 藺(린)'으로 이루어졌다. '躙(린)'과 同字(동자)이다.
밟다, 짓밟다, 유린하다
[蹂躪(유린)] 함부로 짓밟음. ¶인권을 유린하다

蹄 굽 제, 밟을 제, 足부16　3052

'蹄(제)'자는 '발 足(족)'과 '임금 帝(제)'로 이루어졌다
굽, 동물의 발굽
[蹄形(제형)] 말굽 모양.
[馬蹄(마:제)] 말굽.
[牛蹄(우제)] 소굽.
[口蹄疫(구제역)] 소, 돼지, 염소, 양 등 발굽이 둘로 갈라진 동물에게 발생하는 가축 전염병. 고열과 함께 거품 섞인 침을 흘리고, 발굽 주변에 물집이 생긴다.

蹈 밟을 도, 足부17　3053

'蹈(도)'자는 '발 足(족)'과 '떠낼 舀(요)'로 이루어졌다. '발을 위로 뽑아 올리다'는 뜻을 나타낸다.
뛰다, 춤추다
[舞蹈(무:도)] 춤. 춤을 춤. 또는 그 춤. 참舞蹈場(무도장), 舞蹈會(무도회)

蹶 넘어질 궐, 足부19　3054

'蹶(궐)'자는 '발 足(족)'과 '그 厥(궐)'로 이루어졌다. '돌부리에 걸려 넘어지다'는 뜻이었다. '뛰쳐 일어나다'는 뜻으로 쓰인다.
일어나다, 뛰쳐 일어나다
[蹶起(궐기)] ① 벌떡 일어남. ② (어떤 목적을 위해) 힘차게 일어남. ¶궐기대회

躊 머뭇거릴 주, 足부21　3055

'躊(주)'자는 '발 足(족)'과 '목숨 壽(수)'로 이루어졌다.

躇 머뭇거릴 저, 足부20　3056

'躇(저)'자는 '발 足(족)'과 '나타날 著(저)'로 이루어졌다. '발이 땅에 붙은 듯이 나아가지 않다'는 뜻이다.
머뭇거리다, 주저하다
[躊躇(주저)] 머뭇거리거나 망설임.

躁 성급할 조, 조급할 조, 足부20　3057

'躁(조)'자는 '발 足(족)'과 '떠들썩할 喿(소)'로 이루어졌다. 발을 연하여 움직여 안정되지 않다.
성급하다, 조급하다
[躁急(조급)] 참을성이 없이 매우 급함.
[躁鬱症(조울증)] (의) 정신 질환의 하나로, 감정 변화의 기복이 심하여 상쾌하고 흥분된 상태와 우울하고 억눌린 상태가 번갈아가며 또는 한쪽이 주기적으로 나타나는 증세. 갱년기 때 많이 발생한다. 양극성 기분 장애.
吉人辭寡(길인사과), 躁人辭多(조인사다). 마음씨가 바르고 편안한 사람은 말이 적고, 성급한 사람은 말수가 많다. 『易經(역경)』

躬 몸 궁, 身부10　3058

'躬(궁)'자는 '몸 身(신)'과 '활 弓(궁)'으로 이루어졌다. '身(신)'은 '아이 밴 배'의 뜻. '구부렸다 폈다 할 수 있는 몸'을 뜻한다.
몸, 자신
[鞠躬(국궁)] 존경하는 뜻으로 몸을 굽힘. 참鞠躬拜禮(국궁배례)
[躬自厚(궁자후), 而薄責於人(이박책어인), 則遠怨矣(즉원원의).] 자책하는 것을 후하게 하고 남을 책하기를 적게 한다면 사람들의 원망이 멀어질 것이다. 『論語(논어)·衛靈公(위령공)』

軀 몸 구, 身부18　3059

'軀(구)'자는 '몸 身(신)'과 '구분할 區(구)'로 이루어졌다. '잘게 구분이 가능한 부분으로 이루어진 신체'를 뜻한다.

몸, 신체
[巨軀(거:구)] 큰 몸뚱이. ¶거구의 사나이
[老軀(노:구)] 늙은 몸. ¶노구를 이끌고 그 먼 길을 가시다니요
[短軀(단:구)] 키가 작은 몸. 同短身(단신)
[體軀(체구)] 몸집. 몸통이나 동체. 몸뚱이. ¶듬직한 체구

軋 삐걱거릴 알, 車부8 　 3060

'軋(알)'자는 '수레 車(거)'와 '새 乙(을)'로 이루어졌다. 수레바퀴가 '갈 之(지)', '새 乙(을)'자 모양으로 구부러져 있어 매끄럽게 움직이지 않고 '삐걱거리다'는 뜻이다.

삐걱거리다, 바퀴가 닿아 삐걱거리다, 수레가 삐걱거려 나아가지 못하다, 두 물건이 서로 닿아 마찰하다, 또 그 소리, 불화하다, 옥신각신하다

[軋轢(알력)] ① 수레가 삐걱거림. ② 의견이 맞지 않아 서로 충돌함. ¶알력이 심하다

轢 삐걱거릴 력, 車부22 　 3061

'轢(력)'자는 '수레 車(거)'와 '즐거울 樂(락)'으로 이루어졌다.

삐걱거리다, 수레바퀴 밑에 갈리게 하다

[轢死(역사)] 기차·자동차 따위에 치어 죽음.
[軋轢(알력)] ☞ 軋(알)

輓 끌 만, 애도할 만, 車부14 　 3062

'輓(만)'자는 '수레 車(거)'와 '면할 免(면)'으로 이루어졌다. '수레를 끌어내다'는 뜻이다.

애도하다, 죽음을 애도하는 시가(詩歌)

[輓歌(만가)] ① 상엿소리. ② 죽은 사람을 애도하는 노래나 가사.
[輓詞(만사)/輓章(만장)] 죽은 이를 슬퍼하여 지은 글.

끌다, 수레를 끌다

輦 가마 련, 車부15 　 3063

'輦(련)'자는 '수레 車(거)'와 '나란히 갈 㚘(반)'으로 이루어졌다. '㚘(반)'은 두 사람을 본뜬 것이다. '두 사람이 끄는 수레'를 뜻한다.

손수레, 사람이 끄는 수레, 임금이나 왕후가 타는 수레

[輦(연)] 임금이 타는 가마의 하나.

輻 바퀴살 복, 車부16 　 3064

'輻(복)'자는 '수레 車(거)'와 '폭 畐(복)'으로 이루어졌다. 바퀴살. 바퀴통에서 테를 향하여 '방사선 모양으로 뻗은 나무'를 뜻한다.

바퀴살, 바퀴살이 바퀴통으로 모여들 듯이 많은 것이 한 곳으로 몰려들다

[輻射(복사)] (물) 어느 물체에서 열이나 전자파가 사방으로 내쏘이는 현상. 同放射(방사) 참복사에너지, 輻射熱(복사열)
[輻射熱(복사열)] (물) 해로부터 지구가 받는 열 따위처럼 전도에 의하지 않고 복사에 의하여 전하는 열.

輾 돌아누울 전:, 구를 전:, 車부17 　 3065

'輾(전)'자는 '수레 車(거)'와 '펼 展(전)'으로 이루어졌다.

구르다, 반전(反轉)하다, 돌아눕다

[輾轉(전:전)] 잠이 오지 않아 누워서 이리 뒤척 저리 뒤척함.
[輾轉反側(전:전반측)] 누워서 이리 뒤척 저리 뒤척 하며 잠을 이루지 못함. 轉(전)은 '구르다'라는 뜻이니 360°, 反(반)은 '뒤집다'의 뜻이니 180°, '側(측)'은 '측면'이라는 뜻이니 90°로 몸을 회전하는 것을 말하는 것이다.

轄 다스릴 할, 車부17 　 3066

'轄(할)'자는 '수레 車(거)'과 '해칠 害(해)'로 이루어졌다.

관장(管掌)하다, 지배하다

[管轄(관할)] 권한으로 거느려 다스림. 또는 그 권한. 참管轄區域(관할구역)
[分轄(분할)] 나누어서 맡음.
[直轄(직할)] 직접 관할함.
[統轄(통:할)] 모두 거느려 다스림.

轎 가마 교, 車부19 　 3067

'轎(교)'자는 '수레 車(거)'와 '높을 喬(교)'로 이루어졌다. 앞뒤 사람에 의해 메어져서 마치 다리[橋(교)]처럼 보이는 '가마'를 뜻한다.

가마, 두 사람이 앞뒤에서 메는 작은 가마

[轎子(교자)] 가마. 子(자)는 助字(조자).
[轎軍(교군)] 가마를 메는 사람들.

사람이 타는 작은 수레

轍 바퀴 자국 철, 車부19 　 3068

'轍(철)'자는 '수레 車(거)'와 '통할 徹(철)'로 이루어졌다. 수레가 지나간 다음에 남는 '수레바퀴 자국'을 뜻한다.

바퀴 자국, 수레바퀴가 지나간 자국, 흔적, 행적

[軌轍(궤:철)] ① (수레의) 바퀴 자국. ② 법칙이나 규

율. ③ 지나간 일의 자취.
[前轍(전철)] 앞에 지나간 수레바퀴의 자국이란 뜻으로, '전인(前人)의 실패나 잘못'을 비유하는 말.
[螳螂拒轍(당랑거철)] '사마귀가 수레바퀴를 칠 듯이 덤벼든다'는 뜻에서 허약한 사람이 자기의 분수도 모르고 덤벼들거나 저돌적으로 밀어붙이는 것을 비유하는 말이다. 참 螳螂之斧(당랑지부) 『韓詩外傳(한시외전)』
☞사자성어

轟 울릴 굉, 수레 소리 굉, 車부21 3069

'轟(굉)'자는 '수레 車(거)' 세 개로 이루어졌다. 수레들의 요란한 소리를 뜻한다.
울리다, 수레들의 요란한 소리
[轟音(굉음)] 굉장히 요란하게 울리는 소리.
[轟飮(굉음)] 술을 많이 마심.

辣 매울 랄, 辛부14 3070

'辣(랄)'자는 '매울 辛(신)'과 '이그러질 剌(랄)'로 이루어졌다. '辛(신)'은 '바늘'을 본뜬 것이다. 剌(랄)자는 '묶을 束(속) + 칼刂(도)'이니, '묶은 것에 칼질하다'는 뜻이다. 여기에서는 '칼刂(도)'가 생략되었다. '辣(랄)'자는 바늘이나 칼로 찌르듯이 맛이 '맵다'는 뜻이다.
맵다, 몹시 매운 맛, 언행이 매우 엄혹하다
[辛辣(신랄)] ① 맛이 대단히 쓰고 매움. ② 수단이나 방법이 몹시 날카롭고 매서움. ¶신랄한 비평.
[惡辣(악랄)] 악하고 잔인함. ¶악랄한 수법

辦 힘쓸 판, 힘들일 판, 辛부16 3071

'辦(판)'자는 '죄인 서로 송사할 辡(변)'과 '힘 力(력)'으로 이루어졌다. '힘써 말다툼을 처리하다'는 뜻이다.
힘쓰다, 힘써 일하다
[辦公(판공)] 공무에 종사함.
[辦公費(판공비)] 공무에 필요한 일로 쓰는 비용. 또는 그런 명목으로 주는 돈.
갖추다, 준비하다, 주관하다
[辦償(판상)] ① 빚이나 끼친 손해를 갚음. ② 재물을 내어 지은 죄과를 갚음.
[買辦(매:판)] 외국인 상점 또는 은행, 회사 등에 고용되어 매매의 중개를 하는 사람. 외국 자본에 붙어 私利(사리)를 취하여 제 나라 利害(이해)를 돌보지 않는 일. 또는 그 사람. 참 買辦資本(매판자본)

迅 빠를 신, 辵부7 3072

'迅(신)'자는 '길 갈 辶(착)'과 '빠를 卂(신)'으로 이루어졌다.

빠르다, 신속하다
[迅速(신속)] 매우 날쌔고 빠름. ¶신속한 행동/신속하고 정확하다

迂 멀 우, 에돌 우, 辵부7 3073

'迂(우)'자는 '길 갈 辶(착)'과 '어조사 于(우)'로 이루어졌다.
멀다, 길이 멀다, 빙 돌아서 멀다, 실지의 사정과 멀다, 물정에 어둡다
[迂餘曲折(우여곡절)] 여러 가지로 뒤얽힌 복잡한 사정이나 변화.
[迂回(우회)/迂廻(우회)] 멀리 돌아서 감. ¶우회도로

迭 번갈아 들 질, 辵부9 3074

'迭(질)'자는 '길 갈 辶(착)'과 '잃을 失(실)'로 이루어졌다.
번갈아, 교대교대로
[更迭(경질)] 어떤 자리에 있는 사람을 그만두게 하고 다른 사람으로 바꿈. ¶장관 경질

邂 만날 해:, 辵부17 3075

'邂(해)'자는 '길갈 辶(착)'과 '풀 解(해)'로 이루어졌다.

逅 만날 후, 辵부10 3076

'逅(후)'자는 '길 갈 辶(착)'과 '임금 后(후)'로 이루어졌다.
만나다, 우연히 만나다, 뜻하지 아니하게 마주치다
[邂逅(해:후)] '邂逅相逢(해후상봉)'의 준말. 우연히 서로 만남. 뜻밖의 만남.

逞 굳셀 령, 辵부1 3077

'逞(령)'자는 '길 갈 辶(착)'과 '드릴 呈(정)'으로 이루어졌다. '기운이 왕성하다'는 뜻이다.
굳세다, 용감하다, 마음대로 하다
[妄逞(망:령)] 함부로 못되게 행동하는 것. ¶나 여호와의 이름을 망령되이 일컫지 말라
[妄靈(망:령)] 늙거나 정신이 흐려 말이나 행동이 이상한 상태. ¶늙어서 망령이나 떨지 말았으면
[亡靈(망령)] ① 죽은 사람의 영혼. ② 혐오스러운 과거의 잔재를 이르는 말. ¶당파싸움의 망령이 되살아났다

逍 거닐 소, 노닐 소, 辵부11 3078

'逍(소)'자는 '쉬엄쉬엄 갈 辶(착)'과 '닮을 肖(초)'로 이루어졌다. '좁은 보폭으로 슬슬 걷다'는 뜻이다.

거닐다, 노닐다
[逍遙(소요)] 이리저리 마음 내키는 대로 거니는 일.
[逍風(소풍)] ① 갑갑한 마음을 풀기 위하여 바람을 쐬며 거니는 일. ② 학교에서 자연 관찰이나 역사 유적 따위의 견학을 겸하여 야외로 갔다 오는 일. ¶금년 가을 소풍은 북한산으로 간다

遁 달아날 둔:, 숨을 둔:, 辵부13　3079

'遁(둔)'자는 '달릴 辶(착)'과 '방패 盾(순)'으로 이루어졌다. '盾(순)'은 몸을 숨기는 방패를 뜻한다.
숨다, 세상을 버리고 숨다
[遁甲(둔:갑)] 술법을 써서 마음대로 제 몸을 감추거나 다른 것으로 바꿈.
[遁世(둔:세)] 속세를 피하여 은둔함.
[隱遁(은둔)] (사회활동을 그만두고) 세상을 피하여 숨음. ¶은둔생활
달아나다, 도망치다

逼 죄어질 핍, 핍박할 핍, 辵부13　3080

'逼(핍)'자는 '달릴 辶(착)'과 '폭 畐(복)'으로 이루어졌다.
죄어다, 다가오다, 핍박하다, 강제하다, 몰다
[逼迫(핍박)] ① 가까이 닥쳐와서 형세가 매우 절박해짐. ¶전쟁이 가져오는 핍박은 시골이 한층 더 심한 듯했다 ② 바싹 죄어서 괴롭게 굶. ¶어떠한 핍박에도 굴복하지 말고 뜻을 밀고 나가라/핍박받는 민족 ③ 경제적으로 여유가 없게 됨.

遝 뒤섞일 답, 辵부14　3081

'遝(답)'자는 '길 갈 辶(착)'과 '눈으로 뒤쫓을 眔(답)'으로 이루어졌다. '眔(답)'자는 '눈 目(목)' + '물 氺(수)'로 이루어진 글자이다.
많은 모양, 모여드는 모양
[遝至(답지)] 한군데로 몰려들거나 몰려옴. ¶수재민들에게 의연금과 위문품이 답지하였다
뒤섞이다

遡 거슬러 올라갈 소, 辵부14　3082

'遡(소)'자는 '길 갈 辶(착)'과 '초하루 朔(삭)'으로 이루어졌다. '물 흐름에 거슬러 올라가다'는 뜻이다.
거슬러 올라가다, 흐름의 반대 방향으로 가다, 과거로 거슬러 올라가다
[遡及(소급)] 지나간 일에까지 거슬러 올라가서 미치게 함. ¶소급 적용

遭 만날 조:, 辵부15　3083

'遭(조)'자는 '길 갈 辶(착)'과 '마을 曹(조)'로 이루어졌다. '길에서 둘이 만나다'는 뜻이다.
만나다, 상봉하다, 일을 당하다(피동의 뜻을 나타내는 어조사)
[遭遇(조:우)] ① 뜻밖에 서로 만남. ② 신하가 뜻에 맞는 임금에게 신임을 받음.
[遭難(조:난)] 재난을 만남. ¶조난을 당한 등산객/해상 조난

邁 갈 매:, 辵부17　3084

'邁(매)'자는 '길 갈 辶(착)'과 '일 만 萬(만)'으로 이루어졌다. '(전갈의 꼬리처럼) 뻗어 가다'는 뜻이다. '萬(만)'자는 전갈의 모양을 본뜬 것이다.
힘쓰다, 노력하다
[邁進(매:진)] 힘차게 나아감. ¶사업에 매진하다
[一路邁進(일로매진)] 한 길로 똑바로 거침없이 나아감.

邀 맞을 요, 辵부17　3085

'邀(요)'자는 '길 갈 辶(착)'과 '칠 敫(격)'으로 이루어졌다. '오기를 기다렸다가 치다'는 뜻이다.
맞다, 오는 것을 기다리다
[邀擊(요격)] 자기 편을 치려고 향하여 오는 군사나 비행기를 맞받아 침. ¶요격 미사일

邏 돌 라, 순라 라, 辵부23　3086

'邏(라)'자는 '길 갈 辶(착)'과 '그물 羅(라)'로 이루어졌다. '羅(라)'자는 '그물', '그물을 치다'는 뜻이다.
돌다, 순찰하다, 순찰하는 사람
[邏卒(나졸)] (역) 조선 시대에 관할 구역을 돌며 죄인을 잡아들이는 일을 맡아 하던 포도청의 병졸.
[巡邏軍(순라군)] (역) 조선 때, 도둑·화재 따위를 경계하기 위하여 人定(인정)에서 罷漏(파루)까지 도성 안을 순찰하던 군사. 준巡邏(순라)

邸 집 저:, 邑부8　3087

'邸(저)'자는 '고을 阝(읍)'과 '근본 氐(저)'로 이루어졌다.
집, 저택, 사람이 거처하는 건물
[邸宅(저:택)] 규모가 아주 큰집.
[官邸(관저)] 높은 관리들이 살도록 나라에서 지은 집. ¶대통령 관저
[私邸(사저)] 개인의 사사로운 집.

왕족, 종친
[邸下(저:하)] 왕세자의 존칭.

鄙 더러울 비, 邑부14　3088

'鄙(비)'자는 '고을 阝(읍)'과 '아낄 啚(비)'로 이루어졌다. 옛날 한문에서는 자주 쓰였으나 현대에는 '卑(비)'자와 통용되어 잘 쓰이지 않는다.

추잡하다
[卑陋(비:루)/鄙陋(비:루)] 마음씨나 하는 짓이 못나고 더러움.
[卑劣(비:열)/鄙劣(비:열)] 사람 됨됨이가 천하고 치사하며 지저분함. ¶비열한 인간

속되다, 상스럽다, 천박하다, 가문이 보잘 것 없다
[鄙近(비:근)] 흔히 보고 들을 수 있으리만큼 알기 쉽고 실생활에 가까움.
[鄙俗(비:속)/卑俗(비:속)] 낮고 속됨.
[卑語(비:어)/鄙語(비:어)] ① 점잖지 못하고 천한 말. ② 사물을 낮추어 부르는 말. '머리'를 '대가리'로, '입'을 '주둥이'라고 하는 따위.
[鄙賤(비:천)] 더럽고 천박함.
[卑賤(비:천)] 지체가 낮고 천함.
[野卑(야:비)/野鄙(야:비)] 성질이나 행동이 야하고 천함. ¶야비한 수단

다랍다, 인색하다, 도량(度量)이 좁다

酩 술 취할 명, 酉부13　3089

'酩(명)'자는 '닭 酉(유)'와 '이름 名(명)'으로 이루어졌다.

술에 취하다
[酩酊(명정)] 大醉(대취). 술이 몹시 취함.

酊 술 취할 정, 酉부9　3090

'酊(정)'자는 '닭 酉(유)'와 '넷째천간 丁(정)'으로 이루어졌다.

술취하다, 술에 몹시 취하다
[酩酊(명정)] ☞酩(명)
[酒酊(주:정)] 술에 취하여 정신없이 하는 말이나 짓.
[乾酒酊(건주정)] 일부러 취한 체하고 하는 주정.

酋 우두머리 추, 두목 추, 酉부9　3091

'酋(추)'자는 '여덟 八(팔)'과 '닭 酉(유)'로 이루어졌다. 술 그릇 속의 술이 향기를 내뿜어 주둥이에서 넘쳐 나오는 모양을 본떠, '오래된 술'의 뜻을 나타낸다. 술 빚는 일을 주관하는 벼슬아치나 그 일의 우두머리를 뜻한다.

두목, 우두머리
[酋長(추장)] 원시 사회의 생활공동체를 통솔하던 우두머리.

묵은 술, 오래된 술

醋 초 초, 酉부15　3092

'醋(초)'자는 '닭 酉(유)'와 '예 昔(석)'으로 이루어졌다.

酢 초 초, 酉부12　3093

'酢(초)'자는 '닭 酉(유)'와 '일어날 乍(작)'으로 이루어졌다. 술을 조작하여 만든 식초. '醋(초)'자와 통용됨.

초, 신 맛이 나는 조미료, 시다, 맛이 시다
[醋酸(초산)/酢酸(초산)] (화) 아세트산. 자극성 냄새가 있고, 신맛이 나는 무색의 액체로 식초의 주성분임. 물이나 알코올에 잘 녹음. 조미료·식품의 갈무리·유기 화합물의 제조·염색 따위에 쓰임.
[食醋(식초)/食酢(식초)] 액체 조미료의 하나. 약간의 초산이 들어 있어 신 맛이 남.

酪 쇠젖 락, 진한 유즙 락, 酉부13　3094

'酪(락)'자는 '닭 酉(유)'와 '각각 各(각)'으로 이루어졌다.

진한 유즙, 소·양·말 따위의 젖을 정련(精煉)한 음료, 또는 치즈, 건락
[酪農業(낙농업)] 젖소나 염소 따위를 기르고 그 젖을 이용하는 농업. 준酪農(낙농)

酬 갚을 수, 酉부13　3095

'酬(수)'자는 '닭 酉(유)'와 '고을 州(주)'로 이루어졌다. 주객이 서로 술잔을 주고받기를 잇달아 하는 데서 '갚다'는 뜻을 나타낸다.

갚다, 보답, 갚음
[酬價(수가)] 보수로 주는 대가.
[報酬(보:수)] ① 일한 대가로 주는 돈이나 물품. 또는 그 금품. ¶보수를 적게 받다 ② 고마운 데 대한 갚음.

서로 말을 주고받다, 응대하다
[酬酌(수작)] ① 술잔을 서로 주고받음. ② 말을 서로 주고받음. 또는 그러한 말. ③ '남의 언행'을 하찮게 일컫는 말. ¶터무니없는 수작을 걸어오다/건방진 수작
[應酬(응:수)] 상대편의 말이나 일에 대해 응함. 응하여 수작함.

다시 술잔을 돌리다, 손에게서 받은 잔을 다시 손에게 돌리어 술을 권하다

醱 술괼 발, 酉부19　3096

'醱(발)'자는 '닭 酉(유)'와 '쏠 發(발)'로 이루어졌다. '발효되다'는 뜻을 나타낸다.

술이 괴다

[醱酵(발효)] 박테리아·효모와 같은 미생물에 의하여 복잡한 화합물이 분해되는 작용. 술이 괴는 것, 거름이 뜨는 것 따위.

酵 술 밑 효:, 삭힐 효:, 酉부14　3097

'酵(효)'자는 '닭 酉(유)'와 '효도 孝(효)'로 이루어졌다. '발효되다'는 뜻을 나타낸다.

술밑, 술이 괴다

[酵母(효:모)] 술밑. 뜸팡이. 누룩곰팡이.
[酵素(효:소)] (화) 생물 체내에서 만들어지며, 소화나 호흡 등 생화학 반응에 관여하여 촉매 역할을 하는 단백질 화합물.
[醱酵(발효)] ☞ 醱(발)

醒 깰 성, 酉부16　3098

'醒(성)'자는 '닭 酉(유)'와 '별 星(성)'으로 이루어졌다. '취기가 깨어서 기분이 맑아지다'는 뜻이다.

깨다, 취한 술기운이 사라지다

[醒酒湯(성주탕)] 해장국.
[昨醉未醒(작취미성)] 어제 마신 술이 아직도 깨지 않음.
[醉中妄言醒後悔(취중망언성후회).] 술에 취해 망령된 말을 하고서 술 깬 뒤에 후회한다. 지나치게 술을 많이 마시면 쓸데없는 말을 하게 되니 항상 조심하라는 말. 『朱子(주자)·朱子十悔訓(주자십회훈)』 ☞ * 387

자던 잠이 저절로 없어지고 정신이 맑아지다, 지혜가 열리다

[覺醒(각성)] ① 깨어 정신을 차림. ② 깨달아 앎. ¶각성을 촉구하다
[覺醒劑(각성제)] (약) 중추신경계를 흥분시켜 잠이 오는 것을 막는 약.

醬 젓갈 장:, 酉부18　3099

'醬(장)'자는 '닭 酉(유)'와 '장수 將(장)'으로 이루어졌다. 고기를 잘게 썰어 소금, 술, 누룩 등에 담근 요리를 이른다.

장조림, 된장

[醬肉(장:육)] 장조림.
[醬太(장:태)] 장을 담그려고 마련한 콩.
[炒醬(초장)] 쇠고기를 말려서 만든 가루와 생강·파·후춧가루·천초가루·깨 등을 원료로 하고 간장·기름·꿀을 쳐서 주무른 뒤에 물을 약간 붓고 볶은 음식.

[言甘家醬不甘(언감가장불감).] '말 많은 집에 장맛이 쓰다'는 뜻으로, 가정에 말이 많으면 살림이 잘 안 됨, 또는 말이 많은 곳에는 실속이 없음을 비유하여 이르는 말.

醵 추렴할 갹/거:, 酉부20　3100

'醵(갹/거)'자는 '닭 酉(유)'와 '큰 멧돼지 豦(거)'로 이루어졌다. '豦(거)'자는 '범의문채 虍(호) + 돼지 豕(시)'로 이루어진 글자이다. 뜻은 같으나 [갹]은 단음으로, [거:]는 장음으로 발음한다.

추렴하다, 금전을 널리 모으다, 술추렴, 돈을 거두어 하는 회식

[醵金(갹금)/거:금 (어떤 일을 위해) 여러 사람이 각기 돈을 냄. 또는 그 낸 돈. 동醵出(갹출)
[醵出(갹출)/거:출] (어떤 일을 위해) 여러 사람이 각기 돈을 냄. 또는 그 낸 돈. 동醵金(갹금), 醵出金(갹출금)

釀 술 빚을 양, 酉부24　3101

'釀(양)'자는 '닭 酉(유)'와 '도울 襄(양)'으로 이루어졌다.

빚다, 술을 빚다

[釀造(양:조)] 술·간장 따위를 담가서 만듦. 참釀造場(양조장)
[釀酒(양:주)] 술을 빚음.
[家釀(가양)] 가정에서 家用(가용)으로 만든 술. 참家釀酒(가양주)

釐 다스릴 리, 里부18　3102

'釐(리)'자를 破字(파자)하면 '아닐 未(미) + 칠 攵(복) + 언덕 厂(한) + 마을 里(리)'가 된다.

수량의 이름

[釐(리)] ① 小數(소수)의 하나. 一(일)의 백분의 일. 分(분)의 십분의 일. ② 척도의 단위. 分(분)의 십분의 일. ③ 무게의 단위. 分(분)의 십분의 일. ④ 돈의 단위. 錢(전)의 십분의 일. 극소한 분량.

釘 못 정, 못 박을 정, 金부10　3103

'釘(정)'자는 '쇠 金(금)'과 '넷째천간 丁(정)'으로 이루어졌다. '丁(정)'은 못의 모양을 본뜬 것이다. 쇠로 만든 못이 만들어지자 후에 '金(금)'을 붙였다.

못, 벽에 박아 물건을 거는 데 쓰는 못, 못을 박다

[釘頭(정두)] 못대가리.
[拔釘(발정)] 박힌 못을 뽑음.
[眼中之釘(안중지정)/眼中釘(안중정)] 눈 속에 박힌 못. 나에게 해를 끼치는 사람이나 몹시 싫거나 미워서 항상 눈에 거슬리는 사람을 비유하는 말. 우리말로 '눈엣가시'와 같다.

[押釘(압정)] 대가리가 크고 촉이 짧아서 손가락으로 눌러 박는 쇠못.
[眼中拔釘(안중발정), 豈不樂哉(기불락재)] 눈에 박힌 못이 빠졌으니 어찌 즐겁지 아니한가. 『十八史略(십팔사략)』

鉤 갈고리 구, 金부13　3104

'鉤(구)'자는 '쇠 金(금)'과 '문구 句(구)'로 이루어졌다. '句(구)'는 갈고리 모양을 본뜬 것이다. 금속제의 '갈고리'를 뜻한다.
갈고리, 끝이 꼬부라진 기구의 총칭, 구부리다, 낚시 바늘
[鉤距(구거)] 미늘. 창이나 살촉 따위의 날이나 밑동 부분에 달려 물체에 박히면 빠지지 않게 하는 갈고리 같은 것.
[釣鉤(조:구)] 낚시 바늘.

鈴 방울 령, 金부13　3105

'鈴(령)'자는 '쇠 金(금)'과 '영 令(령)'으로 이루어졌다.
방울, 흔들어 소리가 나게 하는 작은 쇠붙이로 만든 종 모양의 물건
[搖鈴(요령)] ① 놋쇠로 만든 종 모양의 큰 방울. 솔발. ¶두부 장수의 요령 흔드는 소리가 들려왔다. ② 불가에서 의식을 할 때 흔드는 종 모양의 기구. ¶꽃상여의 앞에서 요령을 흔들며 선소리를 매기는 선소리꾼
[猫頭懸鈴(묘:두현령)] 고양이 목에 방울 달기. 실행하기 어려운 空論(공론)을 비유하는 말.
[啞鈴(아:령)] (체) 쥐기에 알맞은 쇠붙이나 나무 막대기의 두 끝을 공처럼 만든 운동 기구. 두 개가 한 쌍이 되어, 두 손에 하나씩 쥐고 팔을 놀림.
[耳懸鈴鼻懸鈴(이:현령비현령).] 귀에 걸면 귀고리, 코에 걸면 코걸이. 일정함이 없이 둘러댈 탓이라는 뜻. 또는 하나의 사물이 양쪽에 관련되어 해석할 나름으로 이리도 되고 저리도 됨을 비유하여 이르는 말.

銑 끌 선, 무쇠 선, 金부14　3106

'銑(선)'자는 '쇠 金(금)'과 '먼저 先(선)'으로 이루어졌다. '先(선)'은 '씻을 洗(세)'와 통하여 '씻다'의 뜻이다. '씻긴 듯이 윤이 나는 금속'을 뜻한다.
무쇠, 선철
[銑鐵(선철)] 무쇠.

銓 저울질할 전:, 사람 가릴 전:, 金부14　3107

'銓(전)'자는 '쇠 金(금)'과 '온전 全(전)'으로 이루어졌다.
저울질하다, 무게를 달다, 뽑다, 전형하다
[銓衡(전:형)] 사람의 됨됨이나 재능을 여러모로 저울질함. 图銓衡料(전형료)

銜 재갈 함, 金부14　3108

'銜(함)'자는 '쇠 金(금)'과 '다닐 行(행)'으로 이루어졌다. 말을 가게 하기 위하여 말의 입에 물리는 '재갈'을 뜻한다.
직함, 관리의 위계, 사람의 이름
[銜字(함자)] 남의 이름을 높여 이르는 말.
[名銜(명함)] 성명·주소·신분 등을 적은 종이쪽지.
[姓銜(성:함)] '姓名(성명)'의 존칭.
[尊銜(존함)] 상대방의 이름을 높여 일컫는 말.
[職銜(직함)] 벼슬 이름.
재갈, 머금다, 입에 물다

鋒 칼 끝 봉, 金부15　3109

'鋒(봉)'자는 '쇠 金(금)'과 '거스를 夆(봉)'으로 이루어졌다.
칼끝, 병기의 날, 물건의 뾰족한 끝, 날카로운 기세
[銳鋒(예:봉)] ① (창·칼 따위의) 날카로운 끝. ② 정예한 선봉. ③ 날카로운 논조나 표현. ¶언론의 예봉을 피하다
[筆鋒(필봉)] ① 붓 끝. ② 글의 기세. ¶필봉이 날카롭다
군대의 앞장, 선봉
[先鋒(선봉)] 맨 앞장을 섬. 앞장을 서는 군대.

錮 막을 고, 땜질할 고, 金부16　3110

'錮(고)'자는 '쇠 金(금)'과 '굳을 固(고)'로 이루어졌다. '금속을 녹여 구멍을 단단히 막다'는 뜻이다.
가두다, 붙들어 매다
[禁錮(금:고)] (법) 형벌의 한 가지. 죄인을 교도소에 가두기만 하고 강제로 노역은 시키지 않는 형벌.

錚 쇳소리 쟁, 金부16　3111

'錚(쟁)'자는 '쇠 金(금)'과 '다툴 爭(쟁)'으로 이루어졌다. '금속이 서로 부딪치는 소리'를 뜻한다.
쇳소리, 쇠붙이에서 나는 소리
[錚盤(쟁반)] 운두가 얕고 동글납작한 그릇.
[錚錚(쟁쟁)] 쇠붙이 따위의 울리는 소리가 맑고 또렷함.

錘 저울추 추, 金부16　3112

'錘(추)'자는 '쇠 金(금)'과 '드리울 垂(수)'로 이루어졌다. '저울대에 늘어져 있는 추'를 이른다.
저울추, 분동
[紡錘(방추)] 물레로 실을 자을 때, 실을 감는 쇠꼬챙

이. 참紡錘絲(방추사), 紡錘形(방추형)
[紡錘形(방추형)] 물렛가락 비슷한 모양. 원기둥의 양 끝이 뾰족한 모양.

錐 송곳 추, 金부16　3113

'錐(추)'자는 '쇠 金(금)'과 '새 隹(추)'로 이루어졌다. 끝이 날카로워 삐져나오는 '송곳'을 뜻한다.
송곳, 작은 구멍을 뚫는 연장
[囊中之錐(낭중지추)] '주머니 속에 든 송곳'이라는 뜻으로, 감추려 해도 저절로 드러나게 되는 것을 일컫는 말.
[方錐形(방추형)] 밑면이 정사각형인 각뿔.
[試錐(시:추)] 지하자원을 탐사하거나 지층의 구조나 상태를 시험하기 위하여 땅속 깊이 구멍을 뚫는 일. ¶유전을 시추하다
[圓錐(원추)] (수) 원뿔.
[立錐(입추)] 송곳의 끝을 세움. ¶입추의 여지가 없다

鍍 도금할 도:, 金부17　3114

'鍍(도)'자는 '쇠 金(금)'과 '법도 度(도)'로 이루어졌다. '度(도)'자는 '渡(도)'자 대신 쓰인 것으로, '건네다'는 뜻이다. '鍍(도)'자는 금·은 따위를 다른 금속에 씌워 건네다, 곧 '도금하다'는 뜻을 나타낸다.
도금하다, 금을 다른 금속의 거죽에 올려 입히는 일
[鍍金(도:금)] 쇠붙이 따위의 겉에 금·은 따위를 얇게 올림.
[眞金不鍍(진금부도)] 진짜 황금은 도금하지 아니함. '참으로 유능한 사람은 겉치레를 하지 않음'을 비유하여 이르는 말. 『李紳(이신)·答章孝標詩(답장효표시)』

鍮 놋쇠 유, 金부17　3115

'鍮(유)'자는 '쇠 金(금)'과 '그러할 俞(유)'로 이루어졌다.
놋쇠, 구리와 아연의 합금
[鍮器(유기)] 놋그릇. 놋쇠로 만든 그릇. ¶안성 유기 맞춤

鍼 침 침, 金부17　3116

'鍼(침)'자는 '쇠 金(금)'과 '다 咸(함)'으로 이루어졌다. 사람의 몸에 있는 혈을 찔러서 병을 치료하는 바늘 비슷한 물건을 이른다. '針(침)'자는 속자이다.
침, 의료용의 침, 찌르다, 침놓다
[鍼灸(침구)] (한의) 침질과 뜸질.
[鍼術(침술)] 침으로 병을 다스리는 의술.
재봉용의 바늘
[鍼(針)子偸賊大牛(침자투적대우)] 바늘도둑이 소도둑

된다. 가벼운 범죄를 예사로이 아는 사람은 마침내 큰 범죄도 짓게 된다는 비유.
[先鍼(針)而後縷(선침이후루)] 바늘이 먼저 가야 실이 뒤따르게 됨. '일에는 선후가 있음'의 비유.

鐸 방울 탁, 金부21　3117

'鐸(탁)'자는 '쇠 金(금)'과 '엿볼 睪(역)'으로 이루어졌다.
방울, 목탁
[木鐸(목탁)] ① (佛) 불경을 읽을 때 두드려 소리를 내는 불구(佛具). ② 세상 사람을 깨우쳐 지도하는 사람.

鑿 뚫을 착, 金부28　3118

'鑿(착)'자는 '쇠 金(금)'과 '착'으로 이루어졌다. '金(금)'자 윗부분은 古字(고자)로 '착'자인데 '구멍을 뚫는 공구'를 뜻하는 것이라고 한다. 鑿(착)의 본뜻은 '끌'이다. 끌은 나무에 구멍을 뚫을 때 쓰인다는 데서 '뚫다'라는 뜻이 파생되었다.
뚫다, 파다, 구멍을 내다, 구멍
[鑿巖(착암)] 바위에 구멍을 뚫음. 참鑿巖機(착암기)
[鑿井(착정)] 우물을 팜. 참鑿井機(착정기)
[掘鑿(굴착)/鑿掘(착굴)] 땅이나 암석 따위를 파고 뚫음. 참掘鑿機(굴착기)
끝까지 캐다
[穿鑿(천:착)] ① 구멍을 뚫음. ② 깊이 파고들어 연구함. ③ 억지로 이치에 닿지 않는 말을 함.
[所惡於智者(소오어지자), 爲其鑿也(위기착야).] 지혜로움을 미워하는 까닭은 사소한 것을 너무 파고들어 穿鑿(천착)하기 때문이다. 지혜는 인간에게 중요한 덕목이긴 하지만, 주의해야 할 것은 너무나 잔재주를 부리고 사소한 것에 지나치게 파고드는 폐단이 있다. 『孟子(맹자)·離婁 下(이루 하)』

閃 번쩍일 섬, 門부10　3119

'閃(섬)'자는 '문 門(문)'과 '人(인)'으로 이루어졌다. 문 안을 사람이 퍼뜩 통과하는 것을 본뜬 모양이다.
번쩍이다, 깜박거리다
[閃光(섬광)] 순간적으로 번쩍이는 빛.
어른거리다, 문을 나가는 모양

閘 수문 갑, 門부13　3120

'閘(갑)'자는 '문 門(문)'과 '껍데기 甲(갑)'으로 이루어졌다. '물을 덮어 싸서 가두다'는 뜻이다.
수문, 문을 여닫다, 문을 여닫을 때 삐걱거리는 소리
[閘門(갑문)] (운하 따위의) 물문.

闇 닫힌 문 암:, 어두운 모양 암:, 門부17　3121

'闇(암)'자는 '문 門(문)'과 '소리 音(음)'으로 이루어졌다. '문을 닫아 어둡게 하다'는 뜻이다. 暗(암)과 통하여 '어둡다'는 뜻은 暗(암)자로 쓰고 闇(암)자는 잘 쓰이지 않는다. 머리가 둔하여 '어리석다'는 뜻으로는 아직까지 쓰이고 있다.

어리석다
[闇昧(암:매)/暗昧(암매)] 어리석어 생각이 어두움.

闊 넓을 활, 門부17　3122

'闊(활)'자는 '문 門(문)'과 '살 活(활)'로 이루어졌다. '왕래가 자유로운 넓은 문'을 뜻한다.

트이다, 통하다
[闊達(활달)/豁達(활달)] 도량이 너그럽고 큼.
[闊步(활보)] ① 활개를 치고 거드럭거리며 걷는 것. 또는 그러한 걸음. ② 저 외에는 아무도 없는 것처럼 하는 행동.
[廣闊(광:활)] 전망이 확 트이어 매우 넓음. ¶광활한 대지
[天空海闊(천공해활)] '하늘이 끝이 없고 바다가 넓다'는 뜻으로 도량이 크고 넓어서 氣象(기상)이 맑고 거리낌이 없음을 이르는 말.
[空闊(공활)] 매우 넓음. ¶가을 하늘 공활한데 높고 구름 없어(애국가 가사 중)
[快闊(쾌활)] 시원하게 앞이 트이어 넓음.
[快活(쾌활)] 마음씨나 성질 또는 행동이 명랑하고 활발함.

넓다
[闊葉樹(활엽수)] 잎이 너르고 큰 나무들. 단풍나무·밤나무·떡갈나무 따위.

멀다
[隔闊相思(격활상사)] 멀리 떨어져 있으면서 몹시 사모함.

闡 열 천:, 밝힐 천:, 門부20　3123

'闡(천)'자는 '문 門(문)'과 '오랑캐 이름 單(선)'으로 이루어졌다. '시야를 가리고 있던 문을 팅겨 열어 밝게 하다'는 뜻이다.

분명하다, 드러나다, 분명하게 하다, 닫힌 것을 열다, 널리 퍼지게 하다
[闡明(천:명)] 드러내서 밝힘.

闢 열 벽, 門부21　3124

'闢(벽)'자는 '문 門(문)'과 '한쪽으로 치우칠 辟(벽)'으로 이루어졌다. '문짝을 문의 양 옆으로 밀어붙여서 열다'는 뜻이다.

열다, 열리다
[開闢(개벽)] ① 天地(천지)가 처음으로 생겨 열림. 天地開闢(천지개벽) ② '새로운 시대가 열림'을 비유하는 말. ③ 1920년 6월에 천도교를 배경으로 하여 발간된 월간 종합 잡지.

阻 막힐 조, 험할 조, 阜부8　3125

'阻(조)'자는 '언덕 阝(부)'와 '또 且(차)'로 이루어졌다. 겹쳐 쌓인 언덕이 또 겹쳐 쌓이니, '험하다'는 뜻이다.

험하다
[險阻(험:조)] 지세가 가파르고 험하여 막혀 있음.
[艱難險阻(간난험조)] ① 곤란하고 위험할수록 앞으로 전진하다. ② 온갖 위험과 고초.

사이가 멀다, 떨어지다
[隔阻(격조)] ① 멀리 떨어져 있어서 서로 통하지 못함. ② 오랫동안 소식이 막힘. ¶격조했습니다. 별고 없으신지요?

陀 비탈질 타, 阜부8　3126

'陀(타)'자는 '언덕 阝(부)'와 '다를 它(타)'로 이루어졌다. '본뜻'은 '비탈지다'이지만 梵語(범어) 'ta', 'dha'를 음역하는 데 쓰였다.

범어(梵語) 'ta', 'dha'의 음역
[陀羅尼(다라니)] (불) 한 자 한 자에 많은 뜻을 지녀, 이것을 외면 갖가지 어려움을 없애고, 온갖 복덕을 얻고 공덕을 쌓는다는 범어로 된 주문.
[阿彌陀(아미타)] (불) 서방 정토에 있다는 부처의 이름. 모든 중생을 제도하겠다는 큰 원을 품었다고 하며 이 부처를 念(염)하면 죽어서 극락세계에 간다고 함.
[南無阿彌陀佛(나무아미타불)] ① (불) ('아미타불에 돌아가 의지한다'는 뜻으로) 염불할 때 외우는 말. ② '공들여 해 놓은 일이 허사가 됨'을 이르는 말.
[佛陀(불타)] '부처'의 원말.

기타
[華陀(화타)] 중국 후한 말의 의사. 삼국지의 등장인물. 神醫(신의)라고 일컬어지는 전설적인 명의. 참扁鵲(편작)

陋 더러울 루:, 좁을 루:, 阜부9　3127

'陋(루)'자는 '언덕 阝(부)'와 '좁을 㔷(루)'로 이루어졌다. '산 속에 있는 좁은 곳'을 뜻한다.

좁다, 장소가 좁다, 누추하다
[陋屋(누:옥)] ① 누추한 집. ② '자기 집'의 낮춤말.
[陋醜(누:추)] 지저분하고 더러움. ¶누추하지만 방으로 들어오십시오
[陋巷(누:항)] ① 좁고 지저분하며 더러운 거리나 마을.

¶몸은 비록 누항에 있어도 가슴에는 높은 뜻을 품고 있다 ② 자기가 사는 거리나 동네의 낮춤말.
[簞瓢陋巷(단표누항)] 공자는 자신의 제자인 顔回(안회)를 가리키며, '한 광주리의 밥과 한 표주박의 물을 마시며 좁고 누추한 거리에 사는 것을 다른 사람들은 시름겨워하거늘, 안회는 그 속에서도 즐거움이 변하지 않는구나'라고 칭찬했다는 데서, 소박한 시골 살림 또는 청빈한 선비의 살림을 비유적으로 이르는 말이다. 『論語(논어)・雍也(옹야)』

견문이 좁고 적다
[固陋(고루)] (묵은 생각이나 풍습에 젖어) 고집이 세고 변통성이 없음. ¶고루한 생각과 태도

천하다, 미천하다, 품격이 낮다, 명예롭지 못하다, 신분이 낮다
[陋名(누:명)] 사실이 아닌 일로 이름을 더럽히는 억울한 평판.
[卑陋(비:루)/鄙陋(비:루)] 마음씨나 하는 짓이 못나고 더러움.
[以文辭而已者陋矣(이문사이이자누의).] 문장을 쓰고 외우기만 하는 것은 천박하다. 학문의 본래 목적은 성인의 도리, 즉 도덕을 몸소 익히는 것이다. 학문이 단지 문장을 짓거나 또는 문장의 좋고 나쁨을 따지는 등의 것뿐이라면 그러한 배움은 얕고 천박한 것이 되고 만다. 『近思錄(근사록)・爲學類(위학류)』

陪 쌓아 올릴 배, 모실 배:, 阜부11 3128

'陪(배)'자는 '언덕 阝(부)'와 '환할 㕛(부)'로 이루어졌다.

돕다, 거들다, 도움, 보좌
[陪席(배:석)] 높은 사람을 모시고 자리를 함께 함. 참陪席判事(배석판사)
[陪審(배:심)] (법) ① 소송을 심리하는 데 배석함. ② 자리를 함께 하여 형사소송의 심리에 참여함. 참陪審員(배심원), 陪審裁判(배심재판)
[陪審員(배:심원)] (법) 법률 전문가가 아닌 사람 가운데서 뽑혀 형사소송사건의 심리에 참여하는 사람.

陛 대궐 섬돌 폐, 阜부11 3129

'陛(폐)'자는 '언덕 阝(부)'와 '섬돌 坒(비)'로 이루어졌다. '궁전의 층계'를 뜻한다.

섬돌, 계단, 높은 곳에 오르는 계단
[陛下(폐:하)] ① 섬돌 아래. 뜰아래. ② 황제나 황후를 높여 일컫던 말.

隙 틈 극, 阜부13 3130

'隙(극)'자는 '언덕 阝(부)'와 나머지 부분 '벽 틈 극'으로 이루어졌다. '벽의 틈'을 나타낸다.

틈, 벌어져 사이가 난 자리, 벽 틈, 구멍
[空隙(공극)] 빈틈. 사이가 떠서 빈 부분.
[孔隙(공:극)] 구멍. 뚫어냈거나 파낸 자리.
[間隙(간극)] ① 두 물체 사이의 틈. ② 시간이나 때의 틈. ③ 사귀는 사이나 의견들에 생기는 틈.
[小隙沈舟(소:극침주)] '조그마한 틈에서 물이 새어 들어와 배가 가라앉는다'는 뜻으로, 작은 일을 게을리 하면 큰 재앙이 옴을 이르는 말.
[千里之堤(천리지제), 以螻蟻之穴漏(이루의지혈루), 百尋之屋(백심지옥), 以突隙之煙焚(이돌극지연분).] 천리의 제방도 땅강아지나 개미의 구멍 때문에 새게 되며, 백 척의 높은 집도 굴뚝의 갈라진 틈에서 나온 불똥으로 인해 타버린다. 작은 일을 소홀히 하여 큰 사달을 빚어냄을 비유한 말이다. 『淮南子(회남자)・人間訓인간훈』

隘 좁을 애, 막을 액, 阜부13 3131

'隘(애)'자는 '언덕 阝(부)'와 '더할 益(익)'으로 이루어졌다. 언덕에 언덕을 더하니 '땅이 좁다'는 뜻이다.

좁다, 땅이 좁다, 궁지에 빠지다
[隘路(애로)] ① 좁고 험한 길. ② 일의 진행을 방해하는 장애. ¶애로 사항 있습니까?

隕 떨어질 운:, 阜부13 3132

'隕(운)'자는 '언덕 阝(부)'와 '인원 員(원)'으로 이루어졌다. 언덕이 무너져 내리니 그 위에서, '떨어지다'는 뜻이다.

떨어지다, 떨어뜨리다
[隕石(운:석)] 지구상에 떨어진 돌 같은 물체. 流星(유성)이 대기 중에서 타지 않고 지구상에 떨어진 것.

雀 참새 작, 隹부11 3133

'雀(작)'자는 '새 隹(추)'와 '작을 小(소)'로 이루어졌다. 작은 새 곧, '참새'를 뜻한다.

참새
[雀鼠(작서)] ① 다람쥐. ② 참새와 쥐. 둘 다 사람이 미워하는 것.
[雀舌(작설)] 차나무의 어린 싹으로 만든 차. 잎이 참새 혀 크기만 할 때 따서 만든다는 데서 생긴 이름. 上品茶(상품차)의 딴 이름.
[燕雀(연:작)] ① 제비와 참새. ② 도량이 좁은 사람.
[黃雀(황작)] ① 꾀꼬리. ② 참새.
[鼠牙雀角之爭(서아작각지쟁).] 쥐 송곳니와 참새 뿔의 전쟁. 쥐 송곳니와 참새 뿔은 원래 세상에 없는 것이다. 그래서 부조리하고 무리가 있는 소송을 가리키는 말이라고 한다.

[燕雀安知鴻鵠之志(연:작안지홍곡지지)] 제비나 참새가 어찌 기러기나 고니의 뜻을 알겠는가? 소견이 좁은 사람은 뜻이 큰 사람의 야망을 이해하지 못한다는 말이다.『史記(사기)·陳涉世家(진섭세가)』

공작
[孔雀(공:작)] (동) 꿩과의 새. 머리 위에 10cm 정도의 깃털이 삐죽하게 있으며, 수컷이 꽁지를 펴면 큰 부채와 같으며 오색찬란하다. 암컷은 수컷보다 작고 꼬리가 짧으며 무늬가 없다. 참孔雀扇(공작선)
[朱雀(주작)] ① (천) 28수(宿) 가운데 남쪽에 있는 '정·귀·유·성·장·익·진의 일곱 별들. ② (민) 남쪽 방위를 지키는 신령을 상징한 동물. 참靑龍(청룡)·白虎(백호)·朱雀(주작)·玄武(현무)

뛰다, 도약하다
[雀躍(작약)] 날뛰며 기뻐함.
[歡呼雀躍(환호작약)] 기뻐서 소리치며 날뜀.

기타
[麻雀(마작)] 중국에서 들어온 실내 오락의 한 가지. 상아나 뼈에 여러 가지를 새기고 대를 등에 붙인 136개의 패를 가지고 놀이를 한다.

雰 안개 분, 눈 날릴 분, 雨부4   3134

'雰(분)'자는 '비 雨(우)'와 '나눌 分(분)'으로 이루어졌다. '눈비가 날려 흩어지다'는 뜻이다.

안개, 비나 눈이 오는 모양
[雰雰(분분)] 눈이 펄펄 날리는 모양.
[雰圍氣(분위기)] ① 空氣(공기). ② 어떤 자리나 그 둘레에서 느껴지는 느낌. ¶분위기가 무겁다/분위기가 싸늘하다

霑 젖을 점, 雨부16   3135

'霑(점)'자는 '비 雨(우)'와 '젖을 沾(첨)'으로 이루어졌다. '비가 점점이 내려 촉촉이 적시다'는 뜻이다.

젖다, 비에 젖다, 적시다
[均霑(균점)] 이익이나 혜택을 고르게 받음.

霞 노을 하, 雨부17   3136

'霞(하)'자는 '비 雨(우)'와 '빌릴 叚(가)'로 이루어졌다.

노을, 이내
[晚霞(만:하)] 저녁놀.
[雲霞(운하)] ① 구름과 노을. ② 봄의 계절.

靄 아지랑이 애, 雨부24   3137

'靄(애)'자는 '비 雨(우)'와 '열매 많이 달릴 藹(애)'로 이루어졌다. '藹(애)'자에서 '++(초)'가 생략되어 '뵐 謁

(알)'자의 형태로 쓰였다.

아지랑이
[和氣靄靄(화기애애)] 온화하고 화목한 분위기가 넘쳐 흐름.

靖 편안할 정(:), 靑부13   3138

'靖(정)'자는 '설 立(립)'과 '푸를 靑(청)'자로 이루어졌다. '靑(청)'자는 '고요할 靜(정)'자 대신 쓰인 것이다. 조용히 서있으니, '편안하다'는 뜻이다.

다스리다
[靖亂(정란)] 병란을 가라앉혀서 나라를 평안하게 함. 참癸酉靖亂(계유정란)
[安靖(안정)] 편안하게 다스림.

편안하다, 고요하다, 조용하다

靭 질길 인, 革부12   3139

'靭(인)'자는 '가죽 革(혁)'과 '칼 刃(인)'으로 이루어졌다. '刃(인)'은 '참을 忍(인)'과 통한다. '가죽 같이 질기다'는 뜻이다.

질기다, 부드러우면서도 잘 끊어지지 않다
[靭帶(인대)] 척추동물의 뼈와 뼈를 잇는 매우 질긴 끈 모양의 결합 조직. 관절의 운동 및 억제 작용을 한다. ¶인대가 늘어나다/인대가 끊어지다
[强靭(강인)] 억세고 질김. ¶강인한 체력

鞏 묶을 공, 굳을 공, 革부15   3140

'鞏(공)'자는 '가죽 革(혁)'과 '안을 巩(공)'자로 이루어졌다. '巩(공)'자는 양손으로 안는다는 뜻이다. 연장을 조심스럽게 꼭 쥐는 모양을 본떠서, '다룬 가죽으로 꼭 묶다'는 뜻을 나타낸다.

묶다, 가죽으로 단단하게 묶다
[鞏固(공고)] 굳고 튼튼함. ¶우방과의 관계를 더욱 공고히 하고

鞍 안장 안:, 革부15   3141

'鞍(안)'자는 '가죽 革(혁)'과 '편안 安(안)'으로 이루어졌다. 위에 얹어 놓아 몸을 편안하게 하는 가죽제의 마구, 곧 '안장'을 뜻한다.

안장
[鞍馬(안:마)] ① 안장을 지운 말, 또는 말에 안장을 지움. ② (체) 남자 체조 경기의 한 종목. 기구는 안장처럼 생겼는데 길며, 등에는 손잡이가 있고 밑에는 다리가 있음.
[鞍裝(안:장)] ① 말·나귀의 등에 얹어서 사람이 타기에 편리하게 만든 제구. ② 자전거 따위의 사람이 앉게

된 자리.

頒 나눌 반, 頁부13　3142

'頒(반)'자는 '머리 頁(혈)'과 '나눌 分(분)'으로 이루어졌다.

반포하다
[頒布(반포)] 세상에 널리 알려 모두 알게 함. ¶세종대왕의 훈민정음 반포

頑 완고할 완, 頁부13　3143

'頑(완)'자는 '머리 頁(혈)'과 '으뜸 元(원)'으로 이루어졌다. 생각이 오직 한 가지 일에만 구애되어 발전이 없다 곧, '완고하다'는 뜻이다.

완고하다, 고집이 세다
[頑强(완강)] 태도가 모질고 의지가 굳셈.
[頑固(완고)] 모질고 고집이 셈. ¶완고한 집안에서 성장하다

악하다, 흉악하다
[頑惡(완악)] 성질이 억세게 고집스럽고 모짊.

頸 목 경, 頁부16　3144

'頸(경)'자는 '머리 頁(혈)'과 '물줄기 巠(경)'으로 이루어졌다. 머리로 연결되는 곧은 부분 곧, '목'을 뜻한다.

목, 목줄기, 기물의 목 비슷한 부분
[頸部(경부)] 목 부분.
[頸椎(경추)] 목등뼈.
[刎頸(문경)] ① 목을 벰. 참刎頸之交(문경지교) ② 해고시키거나 해직시킴.
[刎頸之交(문경지교)] 죽고 살기를 같이 하는 친한 사이. 또는 그런 벗.
[延頸(연경)] '목을 길게 뺀다'는 뜻으로, '멀리 바라봄' 또는 '苦待(고대)함'을 이르는 말.
[延頸鶴望(연경학망)] 학처럼 목을 길게 하여 기다림. 『蜀志(촉지)』

頹 무너질 퇴, 頁부16　3145

'頹(퇴)'자는 '머리 頁(혈)'과 '대머리 禿(독)'으로 이루어졌다. '머리가 벗어지다'는 뜻이다.

무너지다, 무너뜨리다
[頹雪(퇴설)] 눈사태. 사태를 이루어 굴러 떨어지는 눈더미.
[頹落(퇴락)] ① 낡아서 무너지고 떨어짐. ② 지위나 수준 따위가 떨어짐.
[頹敗(퇴패)] (도덕·풍속·문화 따위가) 쇠하여 어지러워짐. 동頹廢(퇴폐)

쇠하다, 쇠퇴하다
[衰退(쇠퇴)/衰頹(쇠퇴)] 쇠하여 전보다 못하여 감. ¶침체와 쇠퇴

頰 뺨 협, 頁부16　3146

'頰(협)'자는 '머리 頁(혈)'과 '낄 夾(협)'으로 이루어졌다.

뺨, 얼굴의 양 옆
[頰顴(협권/협관)] 광대뼈.
[紅頰(홍협)] 붉은 빛깔을 띤 뺨. 또는 연지를 바른 뺨.

顆 낟알 과:, 頁부17　3147

'顆(과)'자는 '머리 頁(혈)'과 '열매 果(과)'로 이루어졌다. 작고 둥근 물건의 낱개. 또는 그것을 세는 數詞(수사)로 쓰인다.

낟알, 작고 둥근 물건을 세는 단위
[顆粒(과:립)] 알갱이. ¶과립으로 된 약/과립으로 된 커피

顎 턱 악, 頁부17　3148

'顎(악)'자는 '머리 頁(혈)'과 '놀랄 咢(악)'으로 이루어졌다. 口腔(구강)의 상하에 있는 뼈 및 그 위의 부분, 곧 '턱뼈'를 뜻한다.

턱, 위턱과 아래턱의 총칭
[顎骨(악골)] 턱뼈. 참上顎骨(상악골), 下顎骨(하악골)

顚 넘어질 전:, 頁부19　3149

'顚(전)'자는 '머리 頁(혈)'과 '참 眞(진)'으로 이루어졌다. '실족하여 넘어지다'는 뜻이다.

꼭대기, 정수리, 쥐독
[顚末(전:말)] 어떤 일이 진행되어 온 처음부터 끝까지의 경위. ¶사건의 전말이 드러나다

넘어지다, 넘어뜨리다
[顚覆(전:복)] 넘어져서 뒤집힘. ¶자동차 전복 사고
[七顚八起(칠전팔기)] 여러 번의 실패에도 꺾이지 아니하고 다시 일어남.

뒤집다, 거꾸로 하다
[顚倒(전:도)] ① 순서나 위치 또는 이치를 뒤바꾸어 거꾸로 함. ② 엎어져 넘어짐. 또는 넘어뜨림.
[本末顚倒(본말전도)] 일의 순서가 뒤바뀌거나 중요한 것과 사소한 것이 구별되지 못하는 상태를 이르는 말.
[搖頭顚目(요두전목)] '머리를 흔들고 눈알을 굴리면서 몸을 움직인다'는 뜻으로, 행동이 침착하지 못함을 이르는 말.
[主客顚倒(주객전도)] 사물의 경중(輕重)·선후(先後)·완급(緩急)의 순서가 뒤바뀜.

顫 떨 전:, 頁부22　3150

'顫(전)'자는 '머리 頁(혈)'과 '오로지 천 亶(천)'으로 이루어졌다. '떨리다'는 뜻이다.

떨리다, 체머리 흔들다, 춥거나 두려워 수족이 떨리다, 몸이 떨리다

[手顫症(수전증)] 물건을 잡을 때마다 자꾸 손이 떨리는 병.

顴 광대뼈 관, 頁부22　3151

'顴(관)'자는 '머리 頁(혈)'과 '황새 雚(관)'으로 이루어졌다.

광대뼈

[顴骨(관골)] 광대뼈.

飄 회오리바람 표, 나부낄 표, 風부20　3152

'飄(표)'자는 '바람 風(풍)'과 '불똥튈 票(표)'로 이루어졌다. '회오리바람'을 뜻한다.

폭풍, 회오리바람, 광풍

[飄風(표풍)] 회오리바람.
[飄風急雨(표풍급우)] 회오리바람과 소나기.
[飄風不終朝(표풍부종조), 驟雨不終日(취우부종일).] '회오리바람은 아침 동안에 그치고 소나기는 하루 종일 오는 일이 없다'는 뜻으로, 권세를 부리는 자는 이내 멸망함을 비유하여 이르는 말. 『老子(노자)』

바람에 나부끼다

[飄然(표연)] ① 팔랑거리어 나부끼는 모양이 가벼움. ② 훌쩍 떠나는 모양이 거침없음. ¶표연한 뒷모습이 아득하더라
[飄飄(표표)] ① 가볍게 나부낌. ② 나부끼거나 날아오르는 모습이 가벼움.

餌 먹이 이, 미끼 이, 食부15　3153

'餌(이)'자는 '먹을 食(식)'과 '귀 耳(이)'로 이루어졌다. '부드럽게 푹 쪄서 먹기 좋은 것'을 뜻한다.

먹이, 모이, 먹다

[食餌(식이)] 먹을 수 있는 먹이. ¶식이 섬유

餠 떡 병, 食부17　3154

'餠(병)'자는 '먹을 食(식)'과 '아우를 幷(병)'으로 이루어졌다. '餅(병)'자는 속자이다.

떡

[兩手執餠(양:수집병)] 두 손에 떡. ① 두 가지 좋은 일을 놓고 어느 것부터 먼저 해야 할지 모를 경우를 이르는 말. ② 한꺼번에 두 가지 좋은 일이 생김을 이르는 말.
[甕算畵餠(옹:산화병)] 독장수의 궁리와 그림의 떡. 곧 헛배만 부르고 실속이 없음의 비유.
[月餠(월병)] 달 모양으로 둥글게 만든 떡. 소를 박고 둥글게 만든 과자. 추석에 먹는다.
[適口之餠(적구지병)] '입에 맞는 떡'이란 속담으로, 꼭 마음에 드는 사물을 일컫는 말.
[煎餠(전:병)] ① 부꾸미. 찹쌀가루·밀가루·수수가루 따위를 반죽하여 둥글고 넓게 하여 번철에 지진 떡. 팥 소를 넣기도 함. ② 일이나 물건이 제대로 되지 못하거나 아주 잘못된 상태를 비유하여 이르는 말.
[畵中之餠(화:중지병)] 그림의 떡. 아무리 마음에 들어도 차지할 수 없는 것을 이르는 말. 준畵餠(화병)

餞 전별할 전:, 食부17　3155

'餞(전)'자는 '먹을 食(식)'과 '쌓일 戔(전)'으로 이루어졌다. 사람이 여행에 앞서 나그넷길의 신에게 제사 지내고 잔치를 벌여 보낼 때의 '음식'을 뜻한다.

전별하다, 酒食(주식)을 대접하여 가는 사람을 보내다, 송별연, 가는 사람에게 주는 예물

[餞別(전:별)] 잔치를 베풀어 작별함. 참餞別金(전별금)
[餞送(전:송)] 서운하여 餞別(전별)의 잔치를 베풀어 보냄.

饉 주릴 근, 食부20　3156

'饉(근)'자는 '먹을 食(식)'과 '진흙 堇(근)'으로 이루어졌다. 식량이 조금밖에 없어 '굶주리다'는 뜻을 나타낸다.

흉년들다, 굶주리다, 기근

[飢饉(기근)/饑饉(기근)] ① 먹을 양식이 모자라 굶주릴 정도로 흉년이 듦. ② 최소한의 수요도 채우지 못할 만큼 심히 모자라는 상태를 비유하여 이르는 말. ¶생필품 기근 현상

饅 만두 만, 食부20　3157

'饅(만)'자는 '먹을 食(식)'과 '끌 曼(만)'으로 이루어졌다.

만두

[饅頭(만두)] 밀가루를 반죽하여 소를 넣고 빚어 삶거나 찌거나 기름에 튀겨 만든 음식. ¶만두를 빚다.

饒 넉넉할 요, 食부21　3158

'饒(요)'자는 '먹을 食(식)'과 '요임금 堯(요)'로 이루어졌다.

넉넉하다, 많다, 충분히 있다, 여유, 여분, 풍요

[富饒(부:요)] 富裕(부유). 재물이 아주 많고 넉넉함.
[豊饒(풍요)] 매우 많아서 넉넉하고 여유가 있음. ¶풍요를 누리다

饌 반찬 찬:, 食부21　3159

'饌(찬)'자는 '먹을 食(식)'과 '부드러울 巽(손)'으로 이루어졌다. '갖추어 차려진 음식의 모양' 또는 '제물'을 뜻한다.

반찬, 밥에 갖추어 먹는 여러 가지 음식, 또 차려 놓은 음식
[饌欌(찬:장)] 반찬을 넣어 두는 장.
[饌盒(찬:합)] 반찬이나 술안주를 담도록 둥글거나 모가 나게 만들어 여러 개가 포개져서 한 벌이 되는 그릇.
[飯饌(반찬)] ① 밥과 반찬. ② 밥에 곁들여 먹는 음식.
[素饌(소:찬)] 고기나 생선 등이 들어가지 않은 반찬. 또는 그러한 밥상.
[魚饌(어찬)] 생선으로 요리한 반찬. 참肉饌(육찬).
[肉饌(육찬)] 고기반찬.

차리다, 음식을 차려 내다
[饌母(찬:모)] 남의 집에 고용되어 주로 반찬을 만들어 주는 여자.
[盛饌(성:찬)] 풍성하게 차린 음식. ¶성찬을 베풀다
[珍羞盛饌(진수성찬)] 맛이 좋고 많이 잘 차린 음식.

饗 잔치할 향, 흠향할 향, 食부22　3160

'饗(향)'자는 '먹을 食(식)'과 '시골 鄕(향)'으로 이루어졌다. '鄕(향)'자는 '잔치'의 뜻을 나타내기 위하여 밥상을 마주하고 앉아 있는 두 사람의 모습을 본뜬 것이다. 후에 '시골'을 지칭하는 것으로 자주 쓰이자, 본래의 뜻은 '먹을 食(식)'을 보탠 '饗(향)'자를 추가로 만들어 나타냈다.

잔치하다, 연회하다, 주식(酒食)을 차려 대접하다
[饗宴(향:연)] 특별히 잘 베풀어 손님을 대접하는 잔치. ¶풍성한 가을의 향연
[饗應(향:응)] 특별히 우대하는 뜻으로 음식을 차려서 대접하거나 또는 잔치를 베풂. (오늘날에는 이해관계에 얽혀 있는 사람이 어떤 대가를 바라고 상대방을 대접하는 의미로 쓰인다.) ¶후보자가 유권자에게 향응을 제공하는 것은 선거법 위반이다

酒食(주식)을 차려 신에게 제사지내다, 신에게 흠향하라고 고하다
[尙饗(상향)] 제사 때 읽는 축문의 맨 끝에 쓰며, '비록 적지만 차린 제물을 받아옵소서'라는 뜻으로 이르는 말. 敢昭告于(감소고우) 尙饗(상향)으로 쓰인다. 감소고우는 '감히 신주를 차려 놓고 고합니다'의 뜻으로 풀이된다.

馴 길들일 순, 馬부13　3161

'馴(순)'자는 '말 馬(마)'와 '내 川(천)'으로 이루어졌다. 시냇물이 일정한 길을 따라 흐르듯, 말이 사람의 뜻에 따르다, '길들다'의 뜻이다.

길들다, 새나 짐승이 사람이 시키는 대로 하다
[馴化(순화)] (생) 생물체의 기능·성질·상태가 주어진 외부 조건의 지속적인 변화에 따라 변화하는 것.

기타
[馴鹿(순록)] 사슴과의 짐승. 사슴과 비슷하나 더 크고 억세다.

馳 달릴 치, 馬부13　3162

'馳(치)'자는 '말 馬(마)'와 '어조사 也(야)'로 이루어졌다. 말이 등을 넘실거리게 하면서 '빨리 달리다'는 뜻이다.

달리다, 차나 말을 빨리 몰다
[背馳(배:치)] 반대쪽으로 어긋남. ¶서로 배치되는 주장

駁 논박할 박, 얼룩말 박, 馬부14　3163

'駁(박)'자는 '말 馬(마)'와 '사귈 爻(효)'로 이루어졌다. 말의 털빛이 '얼룩덜룩한 모양'을 나타낸다.

치다, 논박하다, 남의 학설·의견·이론 등을 공박하다
[甲論乙駁(갑론을박)] 서로 자기의 주장을 내세우고 상대방의 주장을 반박함. ¶갑론을박으로 시비만 일삼다
[攻駁(공:박)] 남의 잘못을 공격하여 논박함.
[面駁(면:박)] 얼굴을 서로 마주 대하고 꾸짖거나 논박함.
[反駁(반:박)] 남의 의견이나 비난에 대하여 반대하여 공격함.
論駁(논박), 辨駁(변박), 痛駁(통박)

섞이다, 잡것이 섞여 순일(純一)하지 아니하다, 또 그런 것, 얼룩말, 털빛이 얼룩얼룩한 말
[雜駁(잡박)] 마구 얽히거나 뒤섞여 일정한 질서가 없음.

駕 가마 가:, 멍에 가:, 馬부15　3164

'駕(가)'자는 '말 馬(마)'와 '더할 加(가)'로 이루어졌다.

탈것의 위에 오르다, 탈 것, 거마, 임금의 수레
[駕轎(가:교)] (역) 임금이 타던 특별한 가마의 한 종류.
[御駕(어:가)] 임금이 타는 수레.

능가하다, 훨씬 뛰어나다
[凌駕(능가)] 무엇에 비하여 그보다 훨씬 넘어섬.

駑 둔한 말 노, 둔할 노, 馬부15　3165

'駑(노)'자는 '말 馬(마)'와 '종 奴(노)'로 이루어졌다. 질이 떨어지는 '둔한 말'을 뜻한다.

둔하다, 말의 걸음이 무디다
[駑馬(노마)] 느린 말. 맨駿馬(준마).
[駑鈍(노둔)] 둔하고 미련함. ¶노둔한 당나귀

駙 곁마 부:, 馬부15　3166

'駙(부)'자는 '말 馬(마)'와 '부칠 付(부)'로 이루어졌다.
곁마(예비로 함께 끌고 다니는 말)
[駙馬(부:마)/駙馬都尉(부:마도위)] (역) 공주 또는 옹주의 남편. 곧 임금의 사위.

駱 낙타 락, 馬부16　3167

'駱(락)'자는 '말 馬(마)'와 '각각 各(각)'으로 이루어졌다.
낙타, 약대
[駱駝(낙타)] (동) 사막 지대에 사는 포유동물의 하나. 등에는 지방을 저장하는 큰 혹이 하나 또는 둘이 있고, 초식성이며, 사막의 여행이나 짐을 나르는 데 씀. 털로는 천을 짬.

駝 낙타 타, 馬부15　3168

'駝(타)'자는 '말 馬(마)'와 '다를 它(타)'로 이루어졌다
낙타, 약대
[駱駝(낙타)] ☞駱(락)
타조
[駝鳥(타:조)] 낙타처럼 몸집이 크고, 날개는 퇴화하여 날지 못하는 새.

駭 놀랄 해, 馬부16　3169

'駭(해)'자는 '말 馬(마)'와 '돼지 亥(해)'로 이루어졌다. 한 살 먹은 말 따위의 놀라기 쉬운 동물이 딱딱하게 몸이 굳어지며 '놀라다'는 뜻이다.
놀라다, 놀라게 하다
[駭怪(해괴)] 놀랄 만큼 괴상야릇함. ¶해괴한 소문
[駭怪罔測(해괴망측)] 이루 말할 수 없이 괴상야릇함.

騙 속일 편, 말 탈 편, 馬부20　3170

'騙(편)'자는 '말 馬(마)'와 '납작할 扁(편)'으로 이루어졌다.
속이다, 기만하다
[騙取(편취)] 남을 속여서 재물이나 이익 따위를 빼앗음. 回詐取(사취)

驕 교만할 교, 馬부22　3171

'驕(교)'자는 '말 馬(마)'와 '높을 喬(교)'로 이루어졌다. 키가 6척이 넘어 사람을 잘 따르지 않는 큰 말을 이른다.
교만하다, 남을 깔보다, 업신여기다, 스스로 잘난 체하다
[驕慢(교만)] 잘난 체하고 뽐내며 방자함. ¶교만을 부리다
[錢驕(전:교)] 돈이 많은 사람의 교만.
[君子泰而不驕(군자태이불교), 小人驕而不泰(소인교이불태).] 군자는 태연하되 교만하지 않고, 소인은 교만하되 태연하지 못하다. 『論語(논어)·子路(자로)』
[富貴而驕(부귀이교), 自遺其咎(자유기구).] 부귀하면서 교만하면 스스로 허물을 남긴다. 『老子(노자)·道德經 9章(도덕경 9장)』
[在上不驕高而不危(재:상불교고이불위), 制節謹度滿而不溢(제절근도만이불일).] 윗자리에 앉아서 교만하지 아니하면 지위가 아무리 높아도 위태하지 않고, 근면하면서 절제하고 예법을 지키면 가득 차면서도 넘치지 않는다. 높으면서도 위태롭지 않으면 오래도록 존귀함을 유지할 수 있고, 가득 차면서도 넘치지 않으면 오래도록 부유함을 지킬 수 있다. 『孝經(효경)』
무례하다, 버릇없다, 제멋대로 하다, 길들지 않다

驩 기뻐할 환, 馬부28　3172

'驩(환)'자는 '말 馬(마)'와 '황새 雚(관)'으로 이루어졌다.
기뻐하다, 기쁨
[合歡(합환)/合驩(합환)] 기쁨을 같이 함.

骸 뼈 해 骨부, 骨부16　3173

'骸(해)'자는 '뼈 骨(골)'과 '돼지 亥(해)'로 이루어졌다.
뼈, 사람의 뼈, 해골, 뼈만 남은 시신
[骸骨(해골)] ① 죽은 사람의 살이 썩고 남은 앙상한 뼈. ② 죽은 사람의 머리뼈.
[遺骸(유해)] ① 주검을 태우고 남은 뼈. ② 무덤 속에서 나온 뼈. 同遺骨(유골)
[殘骸(잔해)] ① 썩거나 타다가 남은 뼈대. ② 부서지거나 못쓰게 되어 남은 물체.

髓 골수 수, 뼛골 수, 骨부23　3174

'髓(수)'자는 '뼈 骨(골)'과 '따를 遀(수)'로 이루어졌다. '遀(수)'자는 '따를 隨(수)'의 古字(고자)이다.
골수, 뼈 속의 누른 즙액
[腦髓(뇌수)] 머릿골. 머릿뼈 속에 들어 있는 골.
[骨髓(골수)] ① (생) 뼈의 속을 채우고 있는 연한 조직. 적혈구·백혈구·혈소판 등을 만듦. ② 마음 속 깊은 곳. ¶원한이 골수에 사무치다
[脊髓(척수)] 등골뼈 속에 있는 흰 잿빛 물질. 여기에는 여러 가지 신경 기능의 중추가 있음. 등골. 關脊髓神經(척수신경), 脊髓炎(척수염)

[恨入骨髓(한:입골수)] 원한이 뼈에 사무침.
물질의 중심에 있어 굳기름처럼 응고된 것, 사물의 중심
[精髓(정수)] ① 뼛골. ② 사물의 중심이 되는 중요한 부분.
[眞髓(진수)] 고갱이. 사물의 알짜 내용.

魁 으뜸 괴, 鬼부14 3175

'魁(괴)'자는 '귀신 鬼(귀)'와 '말 斗(두)'로 이루어졌다. '斗(두)'는 '北斗星(북두성)'을 뜻하는 것으로 '으뜸'의 뜻이다.
으뜸, 우두머리, 수령
[魁首(괴수)/首魁(수괴)] (못된 짓을 하는 무리의) 우두머리.

鯨 고래 경, 魚부19 3176

'鯨(경)'자는 '고기 魚(어)'와 '서울 京(경)'으로 이루어졌다. '수코래'를 뜻하는 것이었는데 지금은 암수의 구별 없이 쓴다. 암코래는 '예(鯢)'라 한다.
고래
[鯨戰蝦死(경전하사)] '고래 싸움에 새우 등 터진다'는 뜻으로, 강한 자들이 싸우는 바람에 아무 관계도 없는 약한 사람이 피해를 입는 일을 비유적으로 이르는 말.
[捕鯨(포:경)] 고래잡이. 囧捕鯨船(포경선)

鰒 전복 복, 魚부20 3177

'鰒(복)'자는 '고기 魚(어)'와 '다시 复'으로 이루어졌다.
전복, 오분자기
[全鰒(전복)] 전복과(全鰒科)에 딸린 바다조개. 식용으로 귀히 여기며 껍질은 가구 등의 장식에 쓴다.

鰍 미꾸라지 추, 魚부20 3178

'鰍(추)'자는 '고기 魚(어)'와 '가을 秋(추)'로 이루어졌다. '鰌(추)'자는 동자이다. 개고기가 여름철의 보양식이라면 미꾸라지는 벼를 수확한 후 가을철의 보양식이다. '가을 秋(추)'자를 써서 '鰍(추)'자를 만들었으니, '秋(추)'자가 표의요소로 쓰인 것으로 볼 수도 있다.
미꾸라지
[鰍魚(추어)] 미꾸라지.
[鰍湯(추탕)/鰍魚湯(추어탕)] 미꾸라지를 넣고 끓인 국.

鰥 환어 환, 홀아버지 환, 곤이 곤, 魚부21 3179

'鰥(환)'자는 '고기 魚(어)'와 '눈으로 뒤쫓을 眔(답)'으로 이루어졌다.
환어
[鰥魚(환어)] 홀로 있기를 좋아하며, 근심으로 늘 눈을 감지 못한다는 전설상의 큰 민물고기
홀아비, 늙어서 아내가 없는 남자
[鰥寡孤獨(환과고독)] 홀아비, 과부, 고아, 늙어서 자식이 없는 사람. 외롭고 의지할 데 없는 四窮民(사궁민).

鱗 비늘 린, 魚부23 3180

'鱗(린)'자는 '고기 魚(어)'와 '도깨비불 粦(린)'으로 이루어졌다.
비늘
[鱗莖(인경)] (식) 비늘줄기. 식물의 땅속줄기의 하나. 줄기가 짧아져 그 주위에 양분을 갈무리하여 두껍게 된 잎이 많이 겹쳐서 둥근꼴을 이룸. 양파·나리·마늘 따위에서 볼 수 있음.
[魚鱗(어린)] ① 물고기의 비늘. ② 물고기의 비늘처럼 잇대어 줄섬. 또는 그런 모양의 것. 지붕을 인 기와의 모양 따위.
[逆鱗(역린)] (용의 턱 아래에 거슬러서 난 비늘을 건드리면 용이 크게 성을 낸다는 전설에서) '임금의 분노'를 비유하는 말. 『韓非子(한비자)·說難(세난)편』
[片鱗(편린)] 조각 비늘. 곧 사물의 작은 한 부분. ¶숱한 대화의 편린들
물고기, 비늘이 있는 동물

鳩 비둘기 구, 鳥부13 3181

'鳩(구)'자는 '새 鳥(조)'와 '아홉 九(구)'로 이루어졌다.
비둘기
[鳩首(구수)] 서로 머리를 맞대고 의논함.
[鳩首會議(구수회의)] (비둘기들이 머리를 모으듯이) 여럿이 모여 머리를 맞대고 의논하는 회의.
[鵲巢鳩居(작소구거)] '까치둥지에 비둘기 산다'는 뜻으로, 남의 물건이나 업적을 무리하게 빼앗음을 이르는 말. 『詩經(시경)』
[傳書鳩(전서구)] 통신에 쓰기 위해 훈련시킨 비둘기. 비둘기의 歸巢性(귀소성)을 이용하여 교통이 불편한 지역의 통신이나 군사상에 쓰임.
모으다, 모이다

鳶 솔개 연, 鳥부14 3182

'鳶(연)'자는 '새 鳥(조)'와 '주살 弋(익)'으로 이루어졌다.
솔개
[鳶飛魚躍(연비어약).] 솔개는 날아 하늘에 이르고, 물고기는 못에서 뜀. 詩經(시경)의 본뜻은 새나 물고기와 같은 微物(미물)이 스스로 만족하게 여기는 모양, 또는

임금의 德化(덕화)가 골고루 미친 모양을 말한 것이나, 중용에 인용된 뜻은 솔개가 하늘로 나는 것이나 물고기가 못에서 뛰는 것은 다 道(도)의 작용이며, 천지만물은 자연의 성품을 따라 움직여 저절로 그 즐거움을 얻음을 뜻한다. 鳶飛戾天魚躍于淵 (연비여천어약우연).『詩經(시경)』

연
[飛鳶(비연)] 연 날리기.

鴉 갈가마귀 아, 鳥부15　3183

'鴉(아)'자는 '새 鳥(조)'와 '어금니 牙(아)'로 이루어졌다. '牙(아)'는 까악까악 우는 까마귀 울음소리 의성어이다.

갈가마귀, 검다, 검은 빛
[阿片(아편)/鴉片(아편)] 양귀비의 채 익지 않은 열매에 상처를 내어서 뽑아낸 진을 말려서 굳힌 갈색 가루. 모르핀 등을 주성분으로 하는 마약으로써, 진통제나 설사약 등에 씀.

鴛 원앙 원, 鳥부16　3184

'鴛(원)'자는 '새 鳥(조)'와 '누워뒹굴 夗(원)'으로 이루어졌다. '원앙새의 수컷'을 이른다.

鴦 원앙 앙, 鳥부16　3185

'鴦(앙)'자는 '새 鳥(조)'와 '가운데 央(앙)'으로 이루어졌다. '원앙새의 암컷'을 이른다.

원앙
[鴛鴦(원앙)] (동) 오릿과의 물새. 오리만 한 몸집에 부리는 짧고, 뒷머리에는 뿔 같은 털이 있으며, 날개의 안깃이 부채 같이 퍼져 있는데 은행잎꼴임. 등은 올리브색, 가슴은 갈색 또는 자줏빛, 머리와 목은 잿빛 갈색 또는 붉은 갈색으로 매우 아름다움. 암수가 늘 붙어 다니며, 사이가 좋은 것으로 유명함.
[鴛鴦枕(원앙침)] ① 원앙을 수놓은 베개. ② 부부가 함께 베는 베개.
[鴛鴦衾枕(원앙금침)] 원앙을 수놓은 이불과 베개.

鵑 두견이 견, 鳥부18　3186

'鵑(견)'자는 '새 鳥(조)'와 '장구벌레 肙(연)'으로 이루어졌다.

두견새, 접동새
[杜鵑(두견)] ① (동) 두견이. 두견이과의 여름새. 뻐꾸기와 비슷함. ② (식) 진달래.
두견화, 진달래, 참꽃
[杜鵑花(두견화)] 진달래꽃.

鵠 고니 곡, 과녁 곡, 鳥부18　3187

'鵠(곡)'자는 '새 鳥(조)'와 '알릴 告(고)'로 이루어졌다.

과녁
[正鵠(정:곡)] ① 과녁. 과녁의 중심점. ② 사물의 要點(요점)·急所(급소)를 이름. 옛날에는 과녁을 세우면서 가운데 표적으로 고니를 그려 붙였기 때문에 어떤 일을 훌륭하게 성취하거나 문제의 핵심을 정확하게 꿰뚫을 경우에 '정곡을 찔렀다'는 표현을 쓰고 있다.『禮記(예기)·射儀(사의)』
고니, 백조
[燕雀安知鴻鵠之志(연:작안지홍곡지지)] 제비나 참새가 어찌 기러기나 고니의 뜻을 알겠는가? 소견이 좁은 사람은 뜻이 큰 사람의 야망을 이해하지 못한다는 말이다.『史記·陳涉世家(진섭세가)』
[鴻鵠高飛不集汚地(홍곡고비부집오지)] 큰기러기와 고니는 높이 날면서 더러운 땅에는 머무르지 않음.『列子(열자)』

鵲 까치 작, 鳥부19　3188

'鵲(작)'자는 '새 鳥(조)'와 '예 昔(석)'으로 이루어졌다.

까치
[鵲巢(작소)] ① 까치집. ② 남편의 집 또는 지위. ③ 세를 들거나 빌려 사는 집.
[鵲巢鳩居(작소구거)] '까치둥지에 비둘기 산다'는 뜻으로, 남의 물건이나 업적을 무리하게 빼앗음을 이르는 말.『詩經(시경)』
[烏鵲橋(오작교)] (민) 칠석날 저녁에 견우와 직녀의 두 별을 서로 만나게 하기 위하여, 까막까치가 은하수에 모여서 그 몸을 잇대어 놓는다고 하는 다리.
[烏鵲之智(조작지지)] '까치의 지혜'라는 뜻으로, '하찮은 지혜'를 일컫는 말.『淮南子(회남자)』
기타
[扁鵲(편작)] 중국 周代(주대)의 명의.

鶯 꾀꼬리 앵, 鳥부21　3189

'鶯(앵)'자는 '새 鳥(조)'와 '등불 熒(형)'으로 이루어졌다. '熒(형)'에서 아래의 '火(화)'가 생략되었다.

꾀꼬리, 휘파람새
[籠鶯(농앵)] 새장 속에 든 꾀꼬리.
[春鶯(춘앵)] 봄철의 꾀꼬리.
새 깃의 아름다운 모양

鸞 난새 란, 鳥부30　3190

'鸞(란)'자는 '새 鳥(조)'와 '어지러울 䜌(련)'으로 이루어졌다.

난새, 봉황의 일종인 신령스런 새
[鸞(난)] 천하가 태평할 때 나타난다는 신령스러운 새.

鹹 짤 함, 鹵부20　3191

'鹹(함)'자는 '소금밭 鹵(로)'와 '다 咸(함)'으로 이루어졌다. 고함을 지르고 싶게 몹시 '짜다'는 뜻이다.
짜다, 짠 맛, 소금기
[鹹水(함수)] 짠 물. 바닷물.

麓 산기슭 록, 鹿부19　3192

'麓(록)'자는 '사슴 鹿(록)'과 '수풀 林(림)'으로 이루어졌다. 산자락에 길게 이어지는 임야를 뜻한다.
산기슭, 산의 아랫부분
[山麓(산록)] 산기슭.

麝 사향노루 사:, 鹿부21　3193

'麝(사)'자는 '사슴 鹿(록)'과 '쏠 射(사)'로 이루어졌다.
사향노루, 궁노루, 사향
[麝香(사:향)] (한의) 사향노루의 수컷의 하복부에 있는 향낭을 쪼개어 말린 흑갈색의 가루로, 향기가 매우 강함. 강심제·각성제 등 여러 가지 약제나 향료 따위로 씀.

麵 밀가루 면, 麥부15　3194

'麵(면)'자는 '보리 麥(맥)'과 '얼굴 面(면)'으로 이루어졌다. '얼굴 面(면)' 대신 '가릴 丏(면)'이 쓰인 '麪(면)'자는 同字(동자)이다. 여기에서 '麥(맥)'은 麥類(맥류)를 뜻한다. '麵(면)'은 곡물을 가루를 내어 이용하는 음식을 뜻하는 것이지 '밀가루'만을 뜻하는 것은 아니다. 訓(훈)이 '국수'로 바뀌는 것이 낫겠다.
국수
[麵類(면류)] 국수. 밀국수·메밀국수 따위.
[炸醬麵[자장면]/酢醬麵[자장면]] 국수를 중국된장에 비빈 중국 음식의 하나.
[冷麵(냉:면)] 냉국이나 무김치 국물 같은 것에 말아서 먹는 메밀국수. 凹溫麵(온면)
[唐麵(당면)] 녹말가루로 만든 마른 국수.
[素麵(소:면)] 고기붙이를 넣지 않고 말거나 비빈 국수.
[炒麵(초면)] 밀국수를 기름에 볶아 만든 음식.

麾 대장 기 휘, 麻부15　3195

'麾(휘)'자는 '손 手(수)'와 '쏠릴 靡(미)'로 이루어졌다. '손 手(수)'의 형태가 변하여 '털 毛(모)'처럼 보인다. '쏠릴 靡(미)'의 아래 '아닐 非(비)'가 생략되고 그 자리에 표의요소인 '手(수)'가 들어갔다. 손에 들고 휘날리게 하여 장수가 군대를 지휘하는 데 쓰는 '기'를 뜻한다.
대장기, 장수가 군대를 지휘하는 데 쓰는 기, 지휘하다
[麾下(휘하)] 장군의 지휘 아래. 또는 그 지휘 아래 딸린 군사.

黍 기장 서, 黍부12　3196

'黍(서)'자는 '벼 禾(화)'와 '물 水(수)' 또는 '벼 禾(화)'와 '비 雨(우)'로 이루어졌다. ☞梁(량)2821
기장, 오곡의 하나
[黍粟(서:속)] 기장과 조.
[蜀黍(촉서)] 수수.
[玉蜀黍(옥촉서)] 옥수수.

黎 검을 려, 黍부15　3197

'黎(려)'자는 '기장 黍(서)'와 '날카로울 利(리)'로 이루어졌다. 아직 어둑어둑한 '새벽녘'을 뜻한다.
검다, 검은 빛
[黎明(여명)] ① 어둑새벽. 동트는 빛. ② 희망의 빛.
[黎明期(여명기)] 새로운 시대가 바야흐로 시작되는 시기.

黜 물리칠 출, 내칠 출, 黑부17　3198

'黜(출)'자는 '검을 黑(흑)'과 '날 出(출)'로 이루어졌다. 여기에서 '黑(흑)'은 형벌로서 '刺字(자자)'의 뜻이고, '黜(출)'자는 '벌을 주어 쫓아내다', '물리치다'는 뜻이다.
쫓다, 내몰다, 물리치다, 물러나다
[黜敎(출교)] 교인을 교적에서 제명하여 내쫓음.
[黜校(출교)] 학생을 제적하여 내쫓음.
[黜黨(출당)] 당원 명부에서 제명하고 당원의 자격을 박탈하여 내쫓음.
[放黜(방:출)] 물리쳐 쫓아냄. ¶그는 불미스러운 일을 저질러 국가대표 축구 선수단에서 방출되었다
[放出(방:출)] 널리 내놓음. ¶정부미 방출.
[廢黜(폐:출)] 벼슬을 떼고 내침.

鼈 자라 별, 黽부25　3199

'鼈(별)'자는 '맹꽁이 黽(맹)'과 '옷 敝(별)'로 이루어졌다. '해질 敝(폐)'자는 천한 사람이 입는 '옷'을 뜻할 때는 [별]로 읽는다.
자라
[鼈主簿傳(별주부전)] 토끼전 또는 토생원전이라고 한다. 우리나라의 구전 소설. 동물을 의인화한 우화소설로 조선후기에 판소리로 불렸다.

鼠 쥐 서, 鼠부13　3200

'鼠(서)'자는 이빨을 드러내고 있고 꼬리가 긴 '쥐'의 모양을 나타낸 것이다. 部首(부수)로 지정되어 있는데 이 부수에 속하는 글자 중 1급 이내에 속한 한자는 '쥐 鼠(서)' 한 글자뿐이다.

쥐
[猫鼠同處(묘:서동처)] '고양이와 쥐가 한 자리에서 지낸다'는 뜻으로, 도둑을 잡아야 할 자가 그 본분을 버리고 도둑과 한 패가 되는 일. 상하가 결탁하여 부정을 행함.
[殺鼠劑(살서제)] 쥐약.
[雀鼠(작서)] ① 다람쥐. ② 참새와 쥐. 둘 다 사람이 미워하는 것.
[投鼠恐器(투서공기)] '무엇을 던져서 쥐를 때려잡고 싶으나, 그 옆에 있는 그릇을 깰까 두렵다'는 뜻으로, 임금 측근에 알랑거리는 간신을 제거하고 싶으나, 임금을 상하게 할까 걱정됨을 비유하여 이르는 말.
[鼠口不出象牙(서구불출상아).] '쥐의 아가리에서는 상아가 돋지 않는다'는 뜻으로 훌륭한 인재는 소인배의 무리에서는 나오지 않음을 비유한 말.
[首鼠兩端(수서양단)] 의심이 많고 優柔不斷(우유부단)하다. 주저하면서 결단을 내리지 못하는 것을 비유하여 나타낸 말. 여기서 首鼠(수서)란 굴에서 방금 나온 쥐가 겁에 질려 두리번거리는 것을 가리킨다고 해석하는 사람도 있다. 『史記(사기)·武安侯傳(무안후전)』 ❸首鼠兩截(수서양절)
[晝語鳥聽夜語鼠聽(주어조청야어서청).] 낮말은 새가 듣고 밤말은 쥐가 듣는다는 속담. 말을 삼가라는 뜻.
[泰山鳴動鼠一匹(태산명동서일필).] 처음 시작할 때는 마치 큰 일이라도 하려는 듯 태산이 울릴 정도로 요란을 떨더니 막상 마치고 보니 겨우 쥐 한 마리 잡았다는 뜻.

임금의 측근에서 해독을 끼치는 간신의 비유
[鼠輩(서배)] 쥐의 떼 같이 보잘것없는 무리. 소인배.
[狐鼠輩(호서배)] '여우와 쥐새끼'란 뜻에서, 아주 간사하고 못된 무리를 말함.

기타
[鼠賊(서적)] 좀도둑.

齋 재계할 재, 상복 재, 齊부17　3201

'齋(재)'자는 '보일 示(시)'와 '가지런할 齊(제)'로 이루어졌다. '몸과 마음을 깨끗이 하여 신을 섬기다', '부정한 일을 가까이 하지 않다'는 뜻을 나타낸다.

재계하다(마음과 몸을 깨끗이 하고 부정한 일을 멀리하는 일)
[齋戒(재계)] 마음과 몸을 가지런히 하고 몸을 깨끗이 하며, 또 부정한 일을 멀리함. 洗心曰齋(세심왈재), 防患曰戒(방환왈계). 마음을 씻는 것을 '齋(재)'라 하고, 근심을 막는 것을 '戒(계)'라 한다.
[沐浴齋戒(목욕재계)] 종교적 의식에서, 목욕을 하고 음식을 삼가며 몸가짐을 깨끗이 하는 일.

집, 방, 공부하는 곳
[齋室(재실)] ① 무덤이나 사당의 옆에 제사의 소용으로 지은 집. ② 능·종묘에 제사의 소용으로 지은 집. ③ 문묘에 유생들이 공부하던 집.
[書齋(서재)] 책을 갖추어 두고 책을 읽거나 글을 쓰는 방.

齡 나이 령, 齒부20　3202

'齡(령)'자는 '이 齒(치)'와 '영 令(령)'으로 이루어졌다. 치아는 연령과 관계가 깊다. 옛날 동양에서는 남자는 생후 8개월이면 이가 나기 시작하고, 여덟 살이 되면 영구치로 이를 갈기 시작하고, 64(8x8)세가 되면 이가 빠지기 시작한다. 여자는 생후 7개월이면 이가 나기 시작하고, 일곱 살이 되면 영구치로 이를 갈기 시작하고, 49(7x7)세가 되면 이가 빠지기 시작한다고 보았다. 이런 생각을 가지고 '나이 齡(령)'에 '이 齒(치)'를 쓴 것으로 보인다.

나이, 연령
[高齡(고령)] 높은 나이. 많은 나이.
[樹齡(수령)] 나무의 나이. ¶수령 300년
[年齡(연령)] 한 해를 단위로 계산한 나이.
[適齡(적령)] 어떤 표준이나 규정에 알맞은 나이. ❸適齡期(적령기)
老齡(노령), 妙齡(묘령), 適齡期(적령기)

喚 부를 환, 口부12　3203

'喚(환)'자는 '입 口(구)'와 '빛날 奐(환)'으로 이루어졌다.

부르다, 멀리 있는 것을 구하기 위하여 부르다, 큰소리로 부르다
[喚起(환:기)] 관심이나 기억 따위를 불러일으킴. ¶주의를 환기하다
[召喚(소환)] 법원이 소송 관계인에게 어느 시간에 어느 장소로 나오라고 법적으로 부르는 일.
[阿鼻叫喚(아비규환)] 阿鼻地獄(아비지옥)에서 외치는 신음소리. 사고나 재앙을 당해 사람들이 외치는 비명을 비유하는 말. 또는 阿鼻地獄(아비지옥)과 叫喚地獄(규환지옥)을 합친 말이기도 하다.
叫喚(규환), 叫喚地獄(규환지옥), 召喚狀(소환장)

기타
[使喚(사환)] 관청이나 회사, 가게 따위에서 잔심부름을 시키기 위하여 고용한 사람.

裡 속 리:, 衣부13　3204

'裡(리)'자는 '옷 衣(의)'와 '마을 里(리)'로 이루어졌다. 裏(리)1306과 同字(동자)이다

…하는 가운데 ('…에'의 형태로 쓰인다)
[秘密裡(비밀리)] 남모르는 가운데. ¶비밀리에 열린 회의 回極秘裡(극비리)
[盛況裡(성황리)] 성황을 이룬 가운데. ¶공연이 성황리에 끝났다
[暗默裡(암:묵리)] 아무 말이 없는 가운데.
[暗暗裡(암:암리)] 남모르는 사이에. ¶암암리에 처리하다
[絕讚裡(절찬리)] 지극한 칭찬을 받는 가운데. ¶절찬리에 공연이 끝나다

些 적을 사, 어조사 사, 二부7　3205

'些(사)'자는 '이 此(차)'와 '두 二(이)'로 이루어졌다. '둘뿐인', '이것들'이란 뜻에서 '조금', '약간', '사소하다'는 뜻을 나타낸다.
적다, 조금, 약간
[些少(사소)] 작거나 적음. ¶사소한 일
어조사(어세를 강조할 때 문말에 놓인다.)

俚 속될 리, 人부9　3206

'里(리)'는 '시골'의 뜻이다. '사람 人(인)'과 '마을 里(리)'가 합쳐진 '俚(리)'자는 '시골에 사는 사람'이란 뜻에서 '촌스럽다', '속되다'의 뜻으로 쓰였다. 옛날에 교통이나 통신이 발달하지 않았던 때에는 대도시와 멀리 떨어진 시골에 사는 사람은 도시에 사는 사람들과 문화나 의식에 차이가 있었던가 보다. '俚(리)'자는 요즈음 시대에 맞지도 않고, 성어로 쓰이는 예도 많지 않다.
속되다, 촌스럽다, 속된 노래, 시골
[俚俗(이속)] 야비하고 속됨.

俑 목우 용, 人부9　3207

'俑(용)'자는 '사람 亻(인)'과 '길 甬(용)'으로 이루어졌다.
목우 또는 토우
[土俑(토용)] 흙으로 구워 만든 허수아비의 하나. 옛날에 순사자(殉死者) 대신으로 무덤 속에 묻었다.

倚 의지할 의, 人부10　3208

'倚(의)'자는 '사람 亻(인)'과 '기이할 奇(기)'로 이루어졌다. '사람이 몸을 기대다'는 뜻이다.
치우치다, 한 쪽으로 쏠리다
[偏倚(편의)] (수) 수치, 위치, 방향 등이 일정한 기준에서 벗어난 정도나 크기.
의지하다, 기대다
[禍兮福所倚(화혜복소의), 福兮禍所伏(복혜화소복)] 불운 속에 행복이 기대고 있고, 행운 속에 불운이 엎드려 있다. 『老子(노자)·道德經(도덕경)』

倧 신인 종, 人부10　3209

'倧(종)'자는 '사람 人(인)'과 '마루 宗(종)'으로 이루어졌다.
神人(신인)
[大倧教(대종교)] 우리나라 고유의 민속 신앙적 신교(神敎). 환인(桓因)·환웅(桓雄)·환검(桓儉-檀君)을 숭봉한다. 단군교(檀君敎)라고도 한다.

偸 훔칠 투, 人부11　3210

'偸(투)'자는 '사람 亻(인)'과 '그러할 俞(유)'로 이루어졌다. '속의 것을 슬쩍 빼내는 사람'이란 뜻이다.
훔치다, 도둑질하다
[偸盜(투도)] 남의 물건을 몰래 훔침. 또는 그런 사람.
[偸盜戒(투도계)] (불) 도둑질을 하지 말라는 계율.
[偸心(투심)] (불) 도둑질하려는 마음.
[鍼子偸賊大牛(침자투적대우)] 바늘도둑이 소도둑 된다. 가벼운 범죄를 예사로이 아는 사람은 마침내 큰 범죄도 짓게 된다는 비유.

冒 범할 모, 冂부9　3211

'冒(모)'자는 '눈 目(목)'과 '건 冃(모)'로 이루어졌다. '目(목)' 윗부분은 '가로 曰(왈)'이 아니다. '무릅쓰고 길을 뚫고 나가다'는 뜻이다.
무릅쓰다
[冒頭(모:두)] 말이나 글의 첫머리.
[冒險(모:험)] ① 위험을 무릅씀. ② 되고 안 되고를 돌보지 않고 덮어놓고 하고 봄. ¶목숨을 걸고 모험하다 관冒險心(모험심), 冒險談(모험담)
[冒險心(모험심)] 위험을 무릅쓰고 행동하는 마음. ¶모험심을 기르다
범하다, 저지르다, 건드리다
[冒瀆(모:독)] 말이나 행동으로써 더럽혀 욕되게 함. ¶국가 원수 모독

刎 목 벨 문, 刀부6　3212

'刎(문)'자는 '칼 刀(도)'와 '말 勿(물)'로 이루어졌다. '칼로 목을 베다'는 뜻이다.
목을 베다
[刎頸(문경)] ① 목을 벰. 관刎頸之交(문경지교) ② 해고시키거나 해직시킴.
[刎頸之交(문경지교)] 죽고 살기를 같이 하는 친한 사이. 또는 그런 벗.

勘 헤아릴 감, 力부11　3213

'勘(감)'자는 '달 甘(감)', '짝 匹(필)', '힘 力(력)'으로 이루어졌다. '잘 조사하고 생각하다'는 뜻이다.
헤아리다, 생각하다
[勘案(감안)] 헤아려 생각함. 回考慮(고려), 參酌(참작) ¶형편을 감안하여 수업료를 감면해주겠다
조사하다, 이것저것 비교하여 알아보다

吠 짖을 폐, 口부7　3214

'吠(폐)'자는 '입 口(구)'와 '개 犬(견)'으로 이루어졌다. '개가 짖다'는 뜻이다.
짖다, 개가 짖다, 개가 짖는 소리
[犬吠(견폐)] 개가 짖음.
[桀狗吠堯(걸구폐요)/桀犬吠堯(걸견폐요)] 걸왕의 개는 요임금을 보고도 짖는다. 주인이 포악하면 그를 따르는 사람이나 동물도 덩달아 사나워진다는 것을 비유하는 말.
[堂狗三年吠風月(당구삼년폐풍월).] '서당개 삼년이면 풍월을 읊는다'는 우리말 속담을 한역한 것. 아무리 무식한 사람이라도 유식한 사람들과 함께 오래 생활하다 보면 유식해짐. 翻堂狗風月(당구풍월)
[一犬吠形百犬吠聲(일견폐형백견폐성).] 한 마리의 개가 무엇을 보고 짖으면, 다른 많은 개들은 그 짖는 소리에 이끌리어 까닭도 모르며 짖는다는 뜻으로, 한 사람이 그럴 듯하게 말하면 다른 많은 사람이 덩달아 그것을 사실인 양으로 소문내는 군중심리를 비유하여 이르는 말. 『旬五志(순오지)』

咎 허물 구, 口부8　3215

'咎(구)'자는 '사람 人(인)'과 '각 各(각)'으로 이루어졌다. 사람은 누구나 '허물이 있다'는 뜻이다.
허물, 저지른 잘못, 재앙, 근심거리, 책망하다, 비난하다, 벌하다
[富貴而驕(부귀이교), 自遺其咎(자유기구).] 부귀하면서 교만하면 스스로 허물을 남긴다. 『老子(노자)·道德經 9章(도덕경 9장)』
[盈滿之咎(영만지구)] '가득 차면 기운다'는 뜻으로, 사물이 十分(십분) 이루어졌을 때에는 도리어 화를 부르게 됨을 이르는 말. 『後漢書(후한서)』

喀 뱉을 객, 口부12　3216

'喀(객)'자는 '입 口(구)'와 '손님 客(객)'으로 이루어졌다. '客(객)'자는 입에서 내뱉는 소리의 의성어이다. '토할 咯(각)'자는 同字(동자)이다.
뱉다, 토하다, 게우다
[喀痰(객담)] 가래를 뱉음. 또는 그 가래.
[喀血(객혈)] (의) 폐·기관지 점막 등에서 피가 나와 입으로 토함. 또는 그 피.

坎 구덩이 감, 土부7　3217

'坎(감)'자는 '흙 土(토)'와 '하품 欠(흠)'으로 이루어졌다. 땅바닥에 입을 벌리고 있는 함정, 곧 '구덩이'를 뜻한다
팔괘의 하나
[乾坤坎離(건곤감리)] 주역에 나오는 八卦(팔괘) 중 네 개의 이름이다. 특히 우리의 국기인 태극기의 四方(사방)을 감싸고 있는 괘의 이름이기도 하다. ☞ *026
구덩이, 움푹 팬 곳, 무덤으로 판 구덩이

塋 무덤 영, 土부13　3218

'塋(영)'자는 '흙 土(토)'와 '경영할 營(영)'으로 이루어졌다. '營(영)'은 빙 둘러친 '야영'을 뜻한다.
무덤, 묘지
[先塋(선영)] 선조의 묘역.

墟 언덕 허, 터 허, 土부15　3219

'墟(허)'자는 '흙 土(토)'와 '빌 虛(허)'로 이루어졌다. '虛(허)'는 '큰 언덕'을 뜻하는 표의요소로 쓰였다. '공허해진 땅', '황폐해진 옛터' 등의 뜻을 나타낸다.
옛 터, 황폐한 터
[廢墟(폐:허)] 집이나 성 따위의 황폐해진 터. ¶지진으로 폐허가 된 도시

壺 병 호, 土부12　3220

'壺(호)'자는 뚜껑이 달린 병이나 항아리의 모양을 본뜬 것이다.
병, 음료를 넣는 그릇
[夜壺(야:호)] 요강.
[酒壺(주호)] 술병.
투호
[投壺(투호)] 예전에 두 사람이 각기 병 속에 화살 모양의 것을 던져 그 수효로 승부를 겨루던 놀이.

姆 유모 모, 女부8　3221

'姆(모)'자는 '여자 女(녀)'와 '어미 母(모)'로 이루어졌다. 어머니를 대신하여 어린아이를 양육하는 여성을 이른다. 그런데 '유모'는 '乳母'라고 쓴다.
유모
[保姆(보:모)] 일정한 자격을 가지고 유치원, 보육원, 양호 시설 등에서 아이들을 돌보아주며 가르치는 여자.

姐 누이 저, 계집아이 저, 女부8 3222

'姐(저)'자는 '여자 女(여)'와 '또 且(차)'으로 이루어졌다. '여자'의 통칭이다.
누이
[小姐(소:저)] 미혼녀(未婚女)의 총칭.

孑 외로울 혈, 子부3 3223

'孑(혈)'자는 아들의 오른 팔이 없는 것을 본뜬 것이다.
외롭다, 홀로, 혼자
[孑孑單身(혈혈단신)] 의지할 데 없이 외로운 홀몸.

孺 젖먹이 유, 子부17 3224

'孺(유)'자는 '아들 子(자)'와 '구할 需(수)'로 이루어졌다.
대부(大夫)의 아내
[孺人(유인)] 생전에 벼슬하지 못한 사람의 아내의 신주나 명정에 쓰던 존칭.
젖먹이, 어린애

孼 서자 얼, 子부19 3225

'孼(얼)'자는 '아들 子(자)'와 '맑은대쑥 薛(설)'로 이루어졌다. '孽'이 정자이고 '孼'이 속자이었는데, 쓰기의 편의성 때문에 속자인 '孼(얼)'자가 주로 쓰이고 있다. 정처 소생이 아닌 '庶子(서자)'를 뜻한다.
서자, 첩의 소생
[孼子(얼자)] 첩의 몸에서 난 아들.
[孼孫(얼손)] 庶孫(서손).
[庶孼(서:얼)] 서자와 그 자손.
재앙, 폐, 폐를 끼치다
[天作孼猶可違(천작얼유가위), 自作孼不可活(자작얼불가활).] 하늘이 내리는 재앙은 그래도 피할 수 있으나, 자기 스스로 지은 재앙에는 살 길이 없다. 『孟子(맹자)・公孫丑 上(공손추 상)』

嵌 새겨 넣을 감, 山부12 3226

'嵌(감)'자는 '메 山(산)'과 '성에 차지 않을 欿(감)'으로 이루어졌다. '欿(감)'은 '깊이 패다'는 뜻이다. '欿(감)'자에서 '匹(필)'이 생략되었다.
새기다, 새겨 넣다
[象嵌(상감)] 도자기 따위의 겉면에 무늬를 새기고 거기에 금이나 은 등을 박아 넣어 장식하는 기술. 또는 그 작품. 웹象嵌靑瓷(상감청자)

嶽 큰 산 악, 山부17 3227

'嶽(악)'자는 '뫼 山(산)'과 '옥 獄(옥)'으로 이루어졌다. '岳(악)1563'자는 '嶽(악)'자의 古字(고자)이지만 산 이름으로 널리 쓰이고 있다.
큰 산, 높은 산, 오악의 총칭
[山嶽(산악)] 산.
[山嶽會(산악회)] 등산하는 사람들의 단체.
[雪嶽山(설악산)] 강원도 양양군과 인제군 사이에 있는 산. 小金剛(소금강)이라고 일컫는 경승지.

怍 부끄러워할 작, 心부8 3228

'怍(작)'자는 '마음 忄(심)'과 '일어날 乍(작)'으로 이루어졌다.
부끄러워하다, 부끄럽게 여기다
[仰不愧於天(앙불괴어천), 俯不怍於人(부부작어인), 二樂也(이락야).] 위로는 하늘에 부끄럽지 않으며 아래로는 사람에 대해 부끄럽지 않은 것이 두 번째 즐거움이다. 『孟子(맹자)・盡心 上(진심 상)』 ☞ *044

慜 근심할 민, 心부13 3229

'慜(민)'자는 '마음 心(심)'과 '힘쓸 敃(민)'으로 이루어졌다. '憫(민)1596과 같은 의미로 쓰인다.
근심하다, 걱정하다
[憐慜(연민)/憐憫(연민)] 불쌍하고 가련하게 여기는 것. ¶연민의 정을 느끼다

捻 비틀 념, 手부11 3230

'捻(념)'자는 '손 扌(수)'와 '생각할 念(념)'으로 이루어졌다.
비틀다
[捻出(염:출)] ① (어떤 방법 등을) 어렵게 생각해 내는 것. ② (필요한 비용 따위를) 어렵게 짜 내는 것.

控 당길 공, 手부11 3231

'控(공)'자는 '손 扌(수)'와 '빌 空(공)'으로 이루어졌다. 빈 활을 '잡아당기다'는 뜻이다.
당기다, 끌어당기다, 잡아끌다
[控除(공:제)] 일정한 금액이나 물품들에서 얼마를 빼어 냄. ¶기부금 공제/세금 공제
활시위를 당기다, 말고삐를 당기다

攣 오그라질 손 련, 手부23 3232

'攣(련)'자는 '손 手(수)'와 '어지러울 䜌(련)'으로 이루어졌다. 손발이 '오그라지다'는 뜻이다.

오그라지다
[痙攣(경련)] (의) 근육이 갑자기 수축하거나 떨게 되는 현상. 참胃痙攣(위경련)

攫 붙잡을 확, 手부23   3233

'攫(확)'자는 '손 扌(수)'와 '두리번거릴 矍(확)'으로 이루어졌다.
붙잡다, 잡아 쥐다
[一攫千金(일확천금)] 힘들이지 않고 단번에 많은 재물을 얻음.
[逐鹿者不見山(축록자불견산), 攫金者不見人(확금자불견인)] 사슴을 쫓는 사람은 산을 볼 여유가 없다. 명예와 욕심에 눈이 멀어 사람된 도리를 저버린다는 뜻이다. 돈을 움켜쥔 자는 사람을 보지 못한다. 物慾(물욕)에 가리면 의리·염치를 모름을 비유하여 이르는 말이다. 利慾(이욕)에 정신이 팔린 사람은 자신에게 다가올 위험도 돌보지 않는다는 뜻이다. 『淮南子(회남자)』
[窮下必危(궁하필위)] 아랫사람을 궁하게 하면 반드시 자기가 먼저 위태롭게 된다. 鳥窮則啄(조궁즉탁) 새는 궁하면 사람을 쪼고, 獸窮則攫(수궁즉확) 짐승은 궁하면 사람을 할퀴고, 人窮則詐(인궁즉사) 사람은 궁하면 남을 속인다. 『顔淵(연연)』

敝 해질 폐, 힘쓸 폐, 攴부12   3234

'敝(폐)'자는 '베'의 뜻인 수건 巾(건)에 점이 네 개와 칠 攵(복)이 합쳐진 글자이다. 점 네 개는 떨어져 나온 베조각을 가리킨다. 즉 베로 만든 옷이나 이불 같은 것을 막대기로 친 결과 군데군데 찢어져서 너덜거린다는 데서 '해지다', '깨지다'의 뜻이다.
피폐하다, 지쳐 쇠약하다
[疲弊(피폐)/疲敝(피폐)] 지치고 쇠약해짐.
[積弊(적폐)/積敝(적폐)] 오랫동안 쌓여온 폐단.
자기를 낮추는 겸양의 뜻을 나타내는 접두어(弊)
[敝社(폐사)/弊社(폐사)] '자기 회사'를 겸손하게 일컫는 말.
[敝屋(폐옥)/弊屋(폐옥)] '자기 집'을 겸손하게 일컫는 말.
[敝店(폐점)/弊店(폐점)] '자기 상점'을 겸손하게 일컫는 말.
해지다, 옷이 떨어지다
[衣履不敝不更(의리불폐불경)] '의복과 신발이 낡아지지 않는 동안은 새것으로 바꾸지 않는다'는 뜻으로, 儉約(검약)함을 이르는 말. 堯舜(요순)을 기리는 말임. 『故事成語考(고사성어고)』

斫 찍을 작, 斤부9   3235

'斫(작)'자는 '도끼 斤(근)'과 '돌 石(석)'으로 이루어졌다. '도끼로 찍다'는 뜻을 나타낸다.

찍다
[知斧斫足(지부작족)] '믿는 도끼에 발등 찍힌다'는 속담으로, 믿는 사람에게 배신을 당함을 비유하여 이르는 말.
[長斫(장작)] 통나무를 쪼개 만든 길쭉길쭉한 땔나무.

无 없을 무, 无부4   3236

'无(무)'자는 '없을 無(무)'의 奇字(기자)이다. 奇字(기자)란 字體(자체)가 이상한 글자를 이른다.
없다
[无涯(무애)/無涯(무애)] 넓고 멀어서 끝이 없음.
발어사(불경을 욀 때의 발어사)
[南无(나무)/南無[나무] '돌아가 의지함'이란 뜻으로, 부처나 경문의 이름 앞에 써서 '믿고 의지함'을 나타내는 말. ¶나무아미타불

曙 새벽 서, 日부18   3237

'曙(서)'자는 '해 日(일)'과 '관청 署(서)'로 이루어졌다. 햇빛이 붉게 빛나기 시작하다, 곧 '새벽'을 뜻한다.
새벽, 날이 샐 무렵, 날이 밝다, 밤이 새다
[曙光(서:광)] ① 새벽에 동이 틀 무렵의 빛. ② 기대하는 일에 대하여 나타난 희망의 징조를 비유하여 이르는 말. ¶서광이 비치다

栮 목이버섯 이, 木부10   3238

'栮(이)'자는 '나무 木(목)'과 '귀 耳(이)'로 이루어졌다. 나무에 귀처럼 붙은 것, 곧 '버섯'을 뜻한다.
버섯
[松栮(송이)] 추석 무렵 솔밭에 나는 버섯. 향기가 좋고 맛이 있어 고급으로 식용한다.

桔 도라지 길, 木부10   3239

'桔(길)'자는 '나무 木(목)'과 '길할 吉(길)'로 이루어졌다. '도라지'를 뜻한다.
도라지
[桔梗(길경)] (식) 도라지.

梟 올빼미 효, 木부11   3240

'梟(효)'자는 '나무 鳥(조)'와 '木(목)'으로 이루어졌다. 올빼미는 불효의 새이므로 이것을 목을 잘라 매달았다가 5월 5일에 그것을 끓인 국물을 관리들에게 본때를 보이기 위해 먹였다고 한다.
올빼미, 사납고 용맹스럽다, 영웅, 용맹으로써 뛰어난 사람
[梟勇(효용)] 굳세고 사나움.

[梟雄(효웅)] 사납고 날랜 영웅.
목을 베어 매달다
[梟首(효수)] 죄인의 목을 베어 높은 곳에 매달아 놓던 처형의 한 가지.
[梟首警衆(효수경중)] 효수를 행하여 뭇사람을 경계함.

椄 접붙일 접, 木부12 3241

'椄(접)'자는 '나무 木(목)'과 '첩 妾(첩)'으로 이루어졌다. '妾(첩)'은 '다가붙다'는 뜻이다. '접붙이다'는 뜻인데 '사귈 接(접)'과 같이 쓴다.
접붙이다
[椄木(접목)/接木(접목)] 나무를 접붙임. 또는 접붙인 나무.

楔 문설주 설, 木부13 3242

'楔(설)'자는 '나무 木(목)'과 '맺을 契(계)'로 이루어졌다. 틈새에 끼워 박는 '쐐기'를 뜻한다.
쐐기(물건의 틈에 박아서 그 틈을 없애는 물건), 쐐기질하다
[楔形(설형)] 쐐기의 모양.
[楔形文字(설형문자)] 기원전 3000년경부터 약 3000년간 메소포타미아를 중심으로 고대 오리엔트 지역에서 널리 쓰이던 쐐기꼴 문자.
문설주

榴 석류나무 류, 木부14 3243

'榴(류)'자는 '나무 木(목)'과 '머무를 留(류)'로 이루어졌다
석류
[石榴(석류)] ① 석류나무의 열매. 맛이 달고 심. ② (한의) 석류나무 열매의 껍질. 설사·이질·대하증 따위에 수렴제로 쓰고, 여러 가지 촌충의 구제약으로 쓰임.
[手榴彈(수류탄)] 팔매질로 던지는 폭탄.

槽 구유 조, 물통 조, 木부15 3244

'槽(조)'자는 '나무 木(목)'과 '마을 曹(조)'로 이루어졌다.
물통
[水槽(수조)] 물을 담아두는 큰 통.
[浴槽(욕조)] 목욕통.
[油槽船(유조선)] 기름 탱크 시설을 갖추고 석유를 운반하는 배.
[淨化槽(정화조)] 배설물을 하수도로 내보내기 전에 가두어서 썩히고 소독하는 통.

欌 장롱 장:, 木부22 3245

'欌(장)'자는 '나무 木(목)'과 '숨길 藏(장)'으로 이루어졌다.
장롱
[欌籠(장:롱)] 장과 농. 옷을 넣어 두는 장.
[壁欌(벽장)] 바람벽을 뚫어 그 안을 장처럼 꾸며 물건을 넣게 만든 곳.
[饌欌(찬:장)] 반찬을 넣어 두는 장.
[冊欌(책장)] 책을 넣어 두는 장.

欒 모감주나무 란, 둥글 란, 木부23 3246

'欒(란)'자는 '나무 木(목)'과 '어지러울 䜌(련)'으로 이루어졌다.
둥글다
[團欒(단란)] ① 빈 구석이 없이 매우 원만함. ② 집안의 겨레붙이가 화목하게 지냄. ¶단란한 가정

毬 공 구, 毛부11 3247

'毬(구)'자는 '털 毛(모)'과 '구할 求(구)'로 이루어졌다. 털실 같은 것을 둥글게 공처럼 뭉친 '공'을 뜻한다.
공, 둥근 물체, 공의 모양을 한 것
[擊毬(격구)] (역) 말을 타고 달리면서 채로 공을 치던, 무예 24반의 하나.

淆 흐릴 효, 어지러울 효, 水부11 3248

'淆(효)'자는 '물 氵(수)'와 '안주 肴(효)'로 이루어졌다. 물이 혼합물로 '섞이다'는 뜻이다.
섞이다, 뒤섞이다
[玉石混淆(옥석혼효)] '옥과 돌이 한데 섞여 있다'는 뜻으로, 선악이 뒤섞여 있음을 비유하는 말.
[混淆(혼효)] 서로 뒤섞임. 참混淆林(혼효림)

渣 찌끼 사, 氵부12 3249

'渣(사)'자는 '물 氵(수)'와 '조사할 査(사)'로 이루어졌다.
찌꺼기, 침전물
[殘渣(잔사)] 남은 찌꺼기.

游 놀 유, 헤엄칠 유, 水부12 3250

'游(유)'자는 '물 氵(수)'와 '깃발 㫃(유)'로 이루어졌다. '놀 遊(유)'는 속자였다. 그런데 속자인 '遊(유)'자는 4급 한자인데, 본자인 '游(유)'자는 1급 한자에도 포함이

되지 않았으니 서운하겠다.
헤엄치다, 자맥질하다
[游泳(유영)/遊泳(유영)] 물속에서 헤엄치며 놂.
[善游者溺(선:유자익), 善騎者墮(선기자타)] 헤엄 잘 치는 사람이 물에 빠지고, 말을 잘 타는 사람이 말에서 떨어지기 쉽다. '한 가지 재주에 뛰어난 사람이 그 재주만 믿고 자만하다가 도리어 재앙을 당함'을 비유하여 일컫는 말. 善騎者墮(선기자타) 대신 好騎者墜(호기자추)로 쓰는 경우도 있는데, 의미는 같다.『淮南子(회남자)·原道訓(원도훈)』
물결대로 흘러가다, 떠돌다
[浮游(부유)/浮遊(부유)] ① 공중이나 수면에 떠돌아다님. 참 浮遊生物(부유생물) ② 행선지를 정하지 않고 이리저리 돌아다님.

溢 넘칠 일, 水부13　　3251

'溢(일)'자는 '물 氵(수)'와 '더할 益(익)'으로 이루어졌다. '益(익)'자는 '접시[皿]'에 음식을 수북이 담은 모양이다. '溢(일)'자는 그릇에 '물이 넘치다'는 뜻이다.
넘치다, 물이 가득 차 넘치다, 차다, 가득하다
[溢流(일류)] 넘쳐 흐름.
[充溢(충일)] 가득 차서 넘침.
[滿則溢(만즉일)] 가득 차면 넘침. 오래도록 盛(성)하기만 하기가 어렵다는 뜻.
[海溢(해일)] 지진이나 화산의 폭발 또는 폭풍우 등으로 인하여 바다의 물결이 불시에 일어나서 육지로 넘쳐 들어오는 현상.
흘러나오다
[腦溢血(뇌일혈)] (의) 고혈압이나 동맥경화 따위로 말미암아 골 속의 핏줄이 터져 피가 흘러나오고 갑자기 의식을 잃고 졸도하며, 반신불수가 되거나 죽는 병. 동 腦出血(뇌출혈)

漬 담글 지, 水부14　　3252

'漬(지)'자는 '물 氵(수)'와 '쌓을 積(적)'으로 이루어졌다. '積(적)'자에서 '벼 禾(화)'가 생략되고 '責(책)'자만 남았다. 물속에 쌓으니, 곧 '담그다'는 뜻이다.
담그다, 물에 담그다
[浸漬(침:지)] 무엇을 물에 담가 적심.
스미다, 배다

烹 삶을 팽, 火부11　　3253

'烹(팽)'자는 '불 灬(화)'와 '삶을 亨(팽)'으로 이루어졌다.
삶다, 익힌 음식, 삶아 죽이다, 또는 그 형벌
[烹牛而不鹽(팽우이불염), 敗所爲(패소위).] (비싼) 쇠고기를 삶아도 (값이 얼마 되지 않는) 소금을 치지 않으면 맛이 없다. 한 푼 아끼려다 백 배의 손해를 본다.『淮南子(회남자)·說山訓(설산훈)』
[兎死狗烹(토사구팽)] '교활한 토끼가 죽으면 달리던 개도 삶아 먹힌다'는 뜻으로, 전쟁이 끝나면 功臣(공신)도 쓸모없는 것으로서 물리침을 당함을 나타내는 말. '狡兎死良狗烹(교토사양구팽)'이라는 말에서 나왔음.『史記(사기)·淮陰侯列傳(회음후열전)』☞ * 442

燐 도깨비불 린, 火부16　　3254

'燐(린)'자는 '불 火(화)'와 '도깨비불 㷠(린)'으로 이루어졌다.
인(燐)(비금속 원소의 하나)
[燐光(인광)] 黃燐(황린)을 공기 중에 방치할 때 저절로 생기는 푸른 빛.
[燐鑛(인광)] (광) 인산석회를 많이 포함하고 있는 광물의 총칭.
[燐酸(인산)] 燐(인)을 물에 녹여 얻은 산성물질의 총칭. 참 燐酸肥料(인산비료)
[黃燐(황린)] (화) 燐(인)의 同素體(동소체)의 하나로, 누른빛을 띤 투명한 밀랍 모양의 고체. 공기 속에서 발화점이 낮아 물속에 넣어서 보관함.

燔 구울 번, 火부16　　3255

'燔(번)'자는 '불 火(화)'와 '차례 番(번)'으로 이루어졌다.
굽다, 사르다, 말리다
[燔祭(번제)] (성) 구약 시대에 하느님께 짐승을 통째로 구워 바친 제사.
[燔鐵(번철)] 지짐질하는 데 쓰는 무쇠 그릇.

燻 연기낄 훈, 火부18　　3256

'燻(훈)'자는 '불 火(화)'와 '연기낄 熏(훈)'으로 이루어졌다. '熏(훈)'자는 '연기가 끼게 하다'는 뜻인데 그 뜻을 더욱 분명하게 하기 위하여 '불 火(화)'를 덧붙였다.
연기가 끼다, 질식하다
[燻煙(훈연)] ① 불길이 오르지 않게 물건을 태워 연기를 내는 일. 또는 그 연기로 그을리는 일. ② 燻製(훈제)를 만들 때 쐬는 연기.
[薰煙(훈연)] 냄새가 좋은 연기.
[燻製(훈제)] 소금에 절인 고기를 樹脂(수지)가 적은 나무의 燻煙(훈연) 속에 매달아 연기를 흡수시키면서 말린 것.

猪 돼지 저, 犭부12　　3257

'猪(저)'자는 '개 犭(견)'과 '놈 者(자)'로 이루어졌다. 원래는 '돼지 豕(시)'와 '놈 者(자)'로 이루어진 '豬(저)'자가 본자이었는데 '돼지 豕(시)'가 '개 犭(견)'으로 바뀐 것이다. '돼지'는 돼지이지 '개같은 놈'은 아닌데. '돼지고기'를 뜻할 때는 [제로 읽는다.

돼지, 멧돼지
[猪突(저돌)] '멧돼지가 갑자기 뛰어드는 모습'에서, 앞뒤를 헤아리지 않고 내닫거나 덤빔. 참猪突的(저돌적)
[猪肉(저육→제육)] 돼지고기.
[捉山猪失家猪(착산저실가저).] '멧돼지 잡으려다 집돼지 잃는다'는 뜻으로, 분수 밖의 욕심을 내려다 도리어 손해를 봄을 비유하여 이르는 말.

獗 날뛸 궐, 犭부15   3258

'獗(궐)'자는 '개 犭(견)'과 '그 厥(궐)'로 이루어졌다.
날뛰다
[猖獗(창궐)] ① 함부로 날뜀. 좋지 못한 세력이 맹렬히 일어서서 퍼짐. ② 못된 전염병이 자꾸 퍼져서 걷잡을 수 없이 일어남.

獪 교활할 회, 犭부16   3259

'獪(회)'자는 '개 犭(견)'과 '모일 會(회)'로 이루어졌다. '야수적인 마음이 생동하다'는 뜻이다.
교활하다
[老獪(노회)] 노련하고 교활함, 또는 그 사람.

瑤 아름다운 옥 요, 玉부14   3260

'瑤(요)'자는 '구슬 玉(옥)'과 '항아리 䍃(요)'로 이루어졌다.
아름다운 옥, 아름다운 돌
[瑤池鏡(요지경)] ① 확대경을 장치하여 놓고 그 속의 여러 가지 재미있는 그림을 돌리면서 구경하는 장난감. ② 요지경에 등장하는 그림은 대부분 신화 속의 한 장면과 같이 세상에 존재하지 않는 신비로운 그림이라는 데서, 요지경은 알쏭달쏭하고 묘한 세상일을 비유적으로 이르는 말로 쓰인다. ¶요지경 세상
[琪花瑤草(기화요초)] 고운 꽃과 풀. ¶온갖 기화요초가 봄을 찬송하고 이름 모를 나비와 새의 떼가 하늘을 난다

瓣 오이씨 판, 瓜부19   3261

'瓣(판)'자는 '오이 瓜(과)'와 '죄인 서로 송사할 辡(변)'으로 이루어졌다. 오이 속에 있어서 과육으로부터 분리되기 쉬운 씨가 있는 부분을 뜻한다.
외씨, 오이의 열매
[瓣膜(판막)] (생) 날름막. 심장 안에서 피가 거꾸로 흐르는 것을 막는 막.

꽃잎
[花瓣(화판)] (식) 꽃잎.

甛 달 첨, 甘부11   3262

'甛(첨)'자는 '혀 舌(설)'과 '달 甘(감)'으로 이루어졌다.
달다, 맛있다
[甛菜(첨채)] (식) 사탕무.
[甛言如蜜(첨언여밀)] '꿀과 같이 달콤한 말'이란 뜻으로 남을 꾀기 위한 달콤한 말. 참甛言蜜語(첨언밀어)

畦 밭두둑 휴, 田부11   3263

'畦(휴)'자는 '밭 田(전)'과 '홀 圭(규)'로 이루어졌다. '두둑'을 뜻한다.
밭두둑, 밭의 경계를 이룬 두둑
[畦立(휴립)] 이랑, 두둑 세우기.
[夏畦(하휴)] 여름 炎天(염천)에 밭을 갊. 노동의 괴로움, 힘듦을 뜻함.
[脅肩諂笑(흡견첨소), 病于夏畦(병우하휴).] 어깨를 으쓱거리며 아첨하며 웃어대는 것을 보는 역겨움은 여름날 논밭에서 일하는 것보다도 더 참기 어려운 것이다. 『孟子(맹자)·滕文公(등문공)下(하)』

睫 속눈썹 첩, 目부13   3264

'睫(첩)'자는 '눈 目(목)'과 '첩'으로 이루어졌다. 오른쪽 부분은 '이길 捷(첩)'자에서도 표음요소로 쓰인다.
속눈썹
[目睫(목첩)] 눈과 속눈썹. 두 사이가 아주 가까움의 비유.
[蚊睫(문첩)] 모기의 속눈썹. '극히 미세함'을 비유하여 이르는 말.
[眉睫(미첩)] ① 눈썹과 속눈썹. ② 접근하거나 또는 절박함을 비유하여 일컫는 말.
[目見毫末不見其睫(목견호말불견기첩).] 눈은 잔털의 끝도 볼 수 있지만 자기의 속눈썹은 보지 못함. 타인의 선악은 눈에 잘 띄지만 자신의 선악은 알아차리지 못함의 비유. 동目不見睫(목불견첩), 眼不能見其睫(안불능견기첩) 回能見百步之外(능견백보지외), 而不能自見其睫(이불능자견기첩)『史記(사기)』☞ *113

瞑 눈 감을 명, 잘 명, 중독될 명, 目부15   3265

'瞑(명)'자는 '눈 目(목)'과 '어두울 冥(명)'으로 이루어졌다. '눈을 감다'는 뜻이다.
눈을 감다
[冥想(명상)/瞑想(명상)] 고요한 가운데 눈을 감고 깊이 사물을 생각함. 또는 그렇게 하는 생각. ¶명상에 잠기다

아찔하다, 현기증 나다
[瞑眩(명현)] 어지럽고 눈앞이 캄캄함.
[若藥不瞑眩(약약불명현), 厥疾不瘳(궐질불추).] 만약 약이 독하여 정신이 어지럽지 않으면 그 병이 낫지 않는다. 충성스러운 말도 사람에게 강하게 작용하지 않으면 효과가 없다. 『孟子(맹자)·滕文公 上(등문공 상)』

瞥 언뜻 볼 별, 눈 깜짝일 별, 目부17 3266

'瞥(별)'자는 '눈 目(목)'과 '천한 사람이 입는 옷 敝(별)'로 이루어졌다.
언뜻 보다, 잠깐 보다
[瞥眼間(별안간)] 갑자기. 갑작스럽고도 매우 짧은 동안.
[一瞥(일별)] 한 번 흘낏 봄.

磋 갈 차, 石부15 3267

'磋(차)'자는 '돌 石(석)'과 '어긋날 差(차)'로 이루어졌다.
갈다, 연마하다
[切磋琢磨(절차탁마)] '切磋(절차)'는 뼈나 뿔로 작품을 만들 때 칼이나 톱으로 자르고 줄로 다듬는 것이고, '琢磨(탁마)'는 옥이나 돌로 작품을 만들 때 정으로 쪼고 사포로 갈아서 윤을 내는 것을 말한다. 학문과 덕행을 닦는 것도 이와 같이 순서 절차를 밟고 노력해야 함을 비유하는 말. 㑮切磨(절마), 切磋(절차)

磐 너럭바위 반, 石부15 3268

'磐(반)'자는 '돌 石(석)'과 '般(반)'으로 이루어졌다. '크고 편평한 바위'를 뜻한다.
너럭바위, 반석
[磐石(반석)/盤石(반석)] ① 너럭바위. 크고 편평한 바위. ② 아주 굳어서 든든한 사물이나 사상의 기초. ¶그의 사업이 반석 위에 자리를 잡고 있다
[落磐(낙반)/落盤(낙반)] (광) 굴 안의 천장에서 암반 따위가 떨어짐. ¶탄광에서 낙반 사고가 났다

稔 곡식 익을 임, 禾부13 3269

'稔(임)'자는 '벼 禾(화)'와 '생각할 念(념)'으로 이루어졌다. [념]으로 잘못 읽기 쉬우니 주의해야 한다.
곡식이 익다
[稔實(임실)] 곡식 따위의 열매가 익음.

稽 상고할 계, 조아릴 계, 禾부15 3270

'稽(계)'자는 '벼 禾(화)', '더욱 尤(우)', '뜻 旨(지)'로 이루어졌다.
헤아리다, 셈하다
[無稽(무계)] 터무니없음. 근거 없음.
[荒唐無稽(황당무계)] '荒唐(황당)'은 '언행이 거칠고 줏대가 없어서 취할 만한 것이 없다'는 말이고, '無稽(무계)'는 '유례를 찾아볼 수 없다'는 뜻이다. 즉 하는 일이 너무나 어처구니가 없어서 달리 그런 경우를 찾을 수 없다는 말이다.
기타
[會稽之恥(회:계지치)] 중국 춘추 시대에 越王(월왕) 句踐(구천)이 吳王(오왕) 夫差(부차)에게 회계산에서 생포되어 굴욕적인 강화를 맺은 故事(고사)에서 나온 말로, '전쟁에 패한 치욕', 또는 '뼈에 사무쳐 잊을 수 없는 치욕'을 일컫는 말.

粥 죽 죽, 米부12 3271

粥(죽)'자는 '강할 弜(강)' 안에 '쌀 米(미)'자를 넣어 만들었다. 여기에서 '弜(강)'은 수증기·김이 모락모락 올라가는 모양을 나타낸 것이다. 물을 많이 붓고 솥뚜껑을 연 채 쑤는 '죽'의 뜻이다.
죽
[粥飯僧(죽반승)] 아침 죽과 낮 밥만을 매일 차지하는 승려. '무능한 사람'을 비유하여 이르는 말.
[羹粥(갱죽)] ① 국과 죽. ② 곡식과 나물을 한데 넣고 간을 맞추어 끓인 죽.
[朝飯夕粥(조반석죽)] 아침에는 밥을 먹고 (점심은 굶고) 저녁에는 죽을 먹을 정도의 구차한 생활.
[言他事食冷粥(언타사식냉죽).] '남의 말 하기는 식은 죽 먹기'라는 뜻으로, 남의 흉을 보는 것은 매우 쉬움을 이르는 말.

窿 활꼴 륭, 穴부17 3272

'窿(륭)'자는 '구멍 穴(혈)'과 '높을 隆(륭)'으로 이루어졌다.
활꼴
[穹窿(궁륭)] ① 한가운데가 제일 높고 사방 둘레는 차차 낮아지는 하늘 형상. ② 무지개나 활등처럼 높고 길게 굽은 형상. 또는 그런 모양으로 된 천장이나 지붕 따위.

筌 통발 전, 竹부12 3273

'筌(전)'자는 '대 竹(죽)'과 '온전 全(전)'으로 이루어졌다.
통발
[得魚忘筌(득어망전)] 물고기를 잡았으면 통발을 잊는다. 筌(전)은 물고기를 잡을 때 쓰는 통발을 말한다. 바라던 바를 달성하고는 그에 소용되었던 것을 잊어버림. 곧 '은혜를 잊음'을 비유하여 이르는 말. 『莊子(장자)·外物(외물)』, 『故事成語考(고사성어고)』 ☞ *104

綾 비단 릉, 糸부14 3274

'綾(릉)'자는 '실 糸(사)'와 '언덕 夌(릉)'으로 이루어졌다. '도드라진 무늬를 짜 넣은 비단'을 뜻한다.
비단, 무늬가 있는 비단
[綾羅(능라)] 능 비단과 깁 비단.

肴 안주 효, 肉부8 3275

'肴(효)'자는 '고기 月(육)'과 '효 爻(효)'로 이루어졌다.
안주, 술안주(새·짐승·물고기 따위를 뼈째 구어 익힌 고기)
[佳肴(가효)] 맛 좋은 안주. ¶옥반 가효
[有酒無肴(유주무효)] 술은 있어도 안주가 없음.
[玉盤佳肴萬姓膏(옥반가효만성고).] 옥소반의 아름다운 음식은 일만 백성의 기름이라. 『춘향가·金樽美酒詩(금준미주시)』 ☞ * 063

臍 배꼽 제, 肉부18 3276

'臍(제)'자는 '살 月(육)'과 '가지런할 齊(제)'로 이루어졌다.
배꼽, 과실의 꼭지의 반대쪽의 오목한 곳, 또는 볼록한 곳
[臍下(제하)] 배꼽 밑.

荏 들깨 임:, ++부10 3277

'荏(임)'자는 '풀 ++(초)'와 '맡길 任(임)'으로 이루어졌다.
들깨
[荏子(임:자)] (식) 들깨.
[黑荏子(흑임자)] (식) 검은깨.

菲 채소 이름 비, 엷을 비, ++부12 3278

'菲(비)'자는 '풀 ++(초)'와 '아닐 非(비)'로 이루어졌다.
엷다
[菲才(비재)] ① 변변치 못한 재주. ② 자기의 재능을 겸손하게 이르는 말.
[淺學菲才(천:학비재)] ① 학문이 얕고 재주가 보잘것 없음. ② 자기의 학식을 겸손하게 일컫는 말.

萍 부평초 평, ++부12 3279

'萍(평)'자는 '물 氵(수)'와 '개구리밥 苹(평)'으로 이루어졌다.
부평초, 개구리밥
[萍水相逢(평수상봉)] '부평초처럼 떠돌아다니다가 만난다'는 뜻으로, 여행 중에 우연히 사람을 만남을 비유적으로 일컫는 말.
[浮萍(부평)/浮萍草(부평초)] 개구리밥.

藁 볏짚 고, ++부18 3280

'藁(고)'자는 '풀 ++(초)', '높을 高(고)', '나무 木(목)'으로 이루어졌다. 시들은, 마른 '볏짚'의 뜻이다. 볏짚뿐만 아니라 밀짚이나 보리짚 따위를 통틀어 이른다.
짚, 볏짚
[藁工藝(고공예)] 볏짚 따위로 만든 공예품을 만드는 일, 또는 그 공예품.
[麥藁(맥고)] 보릿짚 또는 밀집. ¶맥고모자
[席藁待罪(석고대죄)] 거적을 깔고 엎드려 벌주기를 기다림.

藜 명아주 려, ++부19 3281

'藜(려)'자는 '풀 ++(초)'와 '검을 黎(려)'로 이루어졌다.
명아주
[靑藜杖(청려장)] 명아주대로 만든 지팡이.

虧 이지러질 휴, 虍부17 3282

'虧(휴)'자는 '범의 문채 虍(호)', '새 隹(추)', '어조사 亏(우)'로 이루어졌다.
이지러지다, 한 귀퉁이가 떨어져 나가다
[盈則必虧(영즉필휴)] 꽉 차서 극에 달하면 반드시 이지러짐. 『呂氏春秋(여씨춘추)』
[盈虧(영휴)] 가득 참과 이지러짐.
[積功之塔不虧(적공지탑불휴)] '공든 탑이 무너지랴'의 속담으로, 정성 들여 이룬 일은 헛되지 아니함을 비유하여 이르는 말.
[月滿則虧(월만즉휴)] 달이 차서 둥글게 되면 곧 이지러지기 시작한다는 뜻으로, 사물이 한번 성하면 한번 쇠하여짐을 비유하여 이르는 말. 줄여서 滿則虧(만즉휴)라고도 함. 『史記(사기)』
[天道虧盈而益謙(천도휴영이익겸)/虧盈(휴영).] 하늘의 도는 가득 찬 것을 덜어서 감소한 것에 더함. 正中(정중)에서 기울고, 달은 차면 이지러지는 따위를 이르는 말. '하늘의 도는 오만한 자를 일그러지게 하고, 겸손한 자를 도와준다.'고 해석하기도 함. 즉 결국에는 평형상태를 이루게 됨. 『易經(역경)』

蚤 벼룩 조, 虫부10 3283

'蚤(조)'자는 '벌레 虫(충)'과 '손톱 叉(조)'로 이루어졌다. '叉(조)'는 '손톱 爪(조)'의 古字(고자)이다. '또 又(우)', '깍지 길 叉(차)', '손톱 叉(조)'는 점\ 하나씩의 차이이다.
벼룩
[蚤蝨(조슬)] 벼룩과 이.
[蚤腸出食(조장출식)] 벼룩의 간을 내어 먹기, 극히 보잘 것 없는 이익을 부당하게 갉아 먹는다는 비유의 속담.

蝨, 虱 이 슬, 虫부15　　3284

'蝨(슬)'자는 '벌레 虫(충)'과 '빠를 卂(신)'으로 이루어졌다.
이
[蚤蝨(조슬)] 벼룩과 이.

蛙 개구리 와, 虫부12　　3285

'蛙(와)'자는 '벌레 虫(충)'과 '홀 圭(규)'로 이루어졌다. '圭(규)'는 개구리 울음 소리의 의성어이다.
개구리
[井底之蛙(정저지와)] '우물 속 개구리'란 말인데, 식견이 좁아 세상 물정을 모르는 사람을 일컫는 말이다. 井底蛙(정저와), 井蛙(정와), 井蛙之見(정와지견), 坐井觀天(좌정관천), 井中視星(정중시성) 등도 같은 뜻이다.
[靑蛙(청와)] 청개구리.

蛟 교룡 교, 虫부12　　3286

'蛟(교)'자는 '벌레 虫(충)'과 '사귈 交(교)'로 이루어졌다.
교룡
[蛟龍(교룡)] ① 뱀처럼 생겼고 길이가 한 길이 넘는다는 상상의 동물. ② 때를 잘못 만나 뜻을 펴지 못한 영웅호걸을 이르는 말.

蝎 전갈 갈, 虫부6　　3287

'蝎(갈)'자는 '벌레 虫(충)'과 '어찌 曷(갈)'로 이루어졌다.
전갈
[蛇蝎(사갈)] ① 뱀과 전갈. ② 몹시 해롭거나 심한 혐오감을 주는 사람을 비유하는 사람.
[蛇蝎視(사갈시)] 뱀이나 전갈처럼 여기고 아주 싫어함. ¶왜 그렇게 그 사람을 사갈시합니까?
[全蝎(전갈)] 전갈과의 절지동물. 몸은 가재 비슷하며 꼬리 끝에 독침이 있음. 사막 지대에 많으며, 주로 밤에 나와 활동함. 한방에서 중풍·안면신경마비·소아경풍·풍증 따위에 약으로 씀.

蝟 고슴도치 위, 虫부15　　3288

'蝟(위)'자는 '벌레 虫(충)'과 '밥통 胃(위)'로 이루어졌다.
고슴도치
[如蝟負瓜(여위부과)] '고슴도치 오이 짊어지듯 한다'는 뜻으로, 빚을 많이 진 것을 비유하여 이르는 말.

蟻 개미 의, 虫부16　　3289

'蟻(의)'자는 '벌레 虫(충)'과 '옳을 義(의)'로 이루어졌다. '虫(충)'과 '어찌 豈(기)'로 이루어진 '蟣(의)'자는 同字(동자)이다.
개미
[蟻酸(의산)] 개미산. 산이 아니면서 염기와 만나면 중화를 일으키는 물질. 니트로화합물에 많음.
[堤潰蟻穴(제궤의혈)] 개미굴이 제방을 무너뜨린다. 사소한 실수나 부주의로 큰일을 망치게 되는 것을 비유하는 말이다. 『韓非子(한비자)·喩老(유노)』
[江河大潰從蟻穴(강하대궤종의혈).] 큰 강의 방죽도 개미구멍에서부터 무너지기 시작한다는 뜻으로, '큰일은 반드시 작은 일을 삼가지 않는 데서 일어남'을 비유하여 이르는 말. 堤潰蟻穴(제궤의혈) 『韓非子(한비자)·喩老(유노)』☞ * 010,414

蟬 매미 선, 虫부18　　3290

'蟬(선)'자는 '벌레 虫(충)'과 '오랑캐 이름 單(선)'으로 이루어졌다.
매미
[蟬不知雪(선부지설)] '매미는 여름에만 사는 벌레여서 눈이라는 것을 알지 못한다'는 뜻에서, '견문이 좁음'을 비유하여 이르는 말. 『鹽鐵論(염철론)』
[螳螂窺蟬(당랑규선)] 지금의 당장의 이익만을 탐하여 그 뒤의 위험을 알지 못함을 비유적으로 이르는 말. 사마귀가 매미를 잡으려고 그것에만 마음이 팔려 자신이 참새에게 잡아먹힐 위험에 처해 있음을 알지 못하였다는 莊子(장자)의 고사에서 유래하였다.
[貂蟬(초선)] 담비 꼬리와 매미 날개. 모두 고관의 관의 장식으로 썼음. 즉 높은 朝冠(조관).
[寒蟬(한선)] ① 쓰르라미. ② 울지 않는 매미. ③ 가을 매미.

衫 적삼 삼, 衣부8　　3291

'衫(삼)'자는 '옷 衤(의)'와 '터럭 彡(삼)'으로 이루어졌다.
적삼, 윗도리에 입는 홑옷, 옷, 의복의 통칭
[圓衫(원삼)] 부녀의 예복의 한 가지. 소매가 크고 둥근

모양임. 주로 신부나 궁중에서 내명부들이 입었다.
[長衫(장삼)] 검은 베로 소매를 넓게 지은 중의 긴 웃옷.

襁 포대기 강, 衣부16　　3292

'襁(강)'자는 '옷 衤(의)'와 '강할 強(강)'으로 이루어졌다.
포대기, 어린애를 업을 때 둘러대는 보
[襁褓(강보)] 포대기. ¶강보에 싸인 아기

褓 포대기 보, 衣부14　　3293

'褓(보)'자는 '옷 衤(의)'와 '보전할 保(보)'로 이루어졌다.
포대기, 어린애 업을 때 둘러대는 보, 보자기
[襁褓(강보)] ☞ 襁(강)
[褓負商(보부상)] 봇짐장수와 등짐장수.
[床褓(상보)] 밥상을 덮는 데 쓰는 보자기.
[冊褓(책보)] 책보자기. 책을 싸는 보자기.

褙 배자 배, 배접할 배, 衣부14　　3294

'褙(배)'자는 '옷 衣(의)'와 '등 背(배)'로 이루어졌다.
배접하다
[塗褙(도배)] 종이로 벽이나 반자, 장지 따위를 바르는 일.

褶 주름 습, 衣부16　　3295

'褶(습)'자는 '옷 衤(의)'와 '익힐 習(습)'으로 이루어졌다.
주름
[褶曲(습곡)] (지) 지층의 횡압으로 물결 모양으로 주름진 상태.

訣 이별할 결, 言부11　　3296

'訣(결)'자는 '말씀 言(언)'과 '결단할 決(결)'로 이루어졌다.
이별하다, 작별하다, 송별사
[訣別(결별)] ① 기약 없는 이별. ② 관계나 교제를 영원히 끊음.
죽어 이별하다, 애도사
[永訣(영:결)] 죽은 사람과 산 사람이 영원히 서로 이별함. 참永訣式(영결식)
비결(秘訣), 비방(秘方)
[秘訣(비:결)] ① 세상에 알려지지 않은 뛰어난 방법. ¶건강의 비결/성공의 비결 ② 앞날의 길흉·화복을 얼른 보아서는 그 내용을 알 수 없도록 적어 놓은 것.
[要訣(요결)] 가장 긴요한 방법. 중요한 비결. ¶성공의 요결
[擊蒙要訣(격몽요결)] (책) 조선 선조 10(1577)년에 율곡 李珥(이이)가 아이들에게 읽히기 위하여 한문으로 펴낸 책. 2권 1책.
[土亭秘訣(토정비결)] 토정(土亭) 이지함(李之菡)이 지었다는 책. 그 해의 신수(身數)를 보는 데 쓰인다.

誡 경계할 계:, 言부14　　3297

'誡(계)'자는 '말씀 言(언)'과 '경계할 戒(계)'로 이루어졌다.
경계하다, 훈계하다, 스스로 조심하고 삼가다, 훈계, 경계하는 교훈
[誡命(계:명)] (종) 종교·도덕상 마땅히 지켜야 할 규범. 예수교의 '십계명' 같은 것.
[訓戒(훈:계)/訓誡(훈계)] 타일러서 경계함.
[守誡(수계)] (천주) 계명을 지킴.
[後車誡(후거계)] 앞에 가는 수레가 전복함을 보고, 뒤에 가는 수레가 警戒(경계)로 삼음.

[十誡命(십계명)] 예수교에서 신(神)이 시나이 산에서 모세에게 주었다고 하는 십개조(十箇條)의 계율(戒律). 곧, 다른 신을 섬기지 말 것, 우상을 섬기지 말 것, 여호와의 이름을 망령되게 일컫지 말 것, 안식일을 지킬 것, 효도할 것, 살인하지 말 것, 간음하지 말 것, 도둑질하지 말 것, 거짓말하지 말 것, 탐하지 말 것.

誼 옳을 의, 의논할 의, 言부15　　3298

'誼(의)'자는 '말씀 言(언)'과 '마땅할 宜(의)'로 이루어졌다. '옳을 義(의)' 또는 '의논할 議(의)'와 통한다.
옳다, 의논하다
[友誼(우:의)] 친구 사이의 정. 동友情(우정)
[情誼(정의)] 서로 사귀어 친해진 정.
[好誼(호:의)] 좋은 정의.
[竹馬舊誼(죽마구의)] 어릴 때부터 같이 놀며 자란 벗 사이의 정의.

豌 완두 완, 豆부15　　3299

'豌(완)'자는 '콩 豆(두)'와 '굽을 宛(완)'으로 이루어졌다.
완두콩
[豌豆(완:두)] 콩의 한 종류. 완두콩. ¶멘델이 완두콩을 재배하면서 관찰한 결과 유전법칙을 발견했다

贓 장물 장, 貝부21　3300

'贓(장)'자는 '조개 貝(패)'와 '곳간 臧(장)'으로 이루어졌다.

물품 장물, 부정한 수단으로 취득한 물품, 훔친
[贓物(장물)] 부당하게 취득하여 숨겨놓은 남의 물건.
뇌물을 받다
[贓吏(장리)] 부정한 수단으로 재물을 취득한 관리. 또는 뇌물을 받은 관리.

跏 책상다리할 가, 足부12　3301

'跏(가)'자는 '발 足(족)'과 '더할 加(가)'로 이루어졌다.
책상다리하다, 한쪽 다리를 다른 쪽 다리와 맞걸어서 앉는 부처의 앉음새
[跏趺坐(가부좌)] 책상다리를 하고 앉음. 또는 그 앉음새. 결가부좌와 반가부좌가 있음. 준跏坐(가좌)
[結跏趺坐(결가부좌)] (불) 오른발을 왼편 넓적다리 위에 놓은 뒤, 왼발을 오른편 넓적다리 위에 놓고 앉는 앉음새.
[半跏趺坐(반가부좌)] (불) 오른발을 왼편 넓적다리 위에 얹고 왼발을 오른쪽 무릎 밑에 넣고 앉는 앉음새.

趺 책상다리할 부, 足부10　3302

'趺(부)'자는 '발 足(족)'과 '사내 夫(부)'으로 이루어졌다.
책상다리하다, 한쪽 다리를 다른 쪽 다리와 맞걸어서 앉는 부처의 앉음새
[趺坐(부좌)] 책상다리하고 앉음.
[跏趺坐(가부좌)], [結跏趺坐(결가부좌)], [半跏趺坐(반가부좌)] ☞跏(가)
기타
[龜趺(귀부)] 돌로 만든 거북 모양의 빗돌.

辟 임금 벽, 辛부13　3303

'辟(벽)'자는 '매울 辛(신)', '병부 卩(절)', '입 口(구)'로 이루어졌다. '죄 주다', '형벌권을 가진 사람'의 뜻에서 '왕'을 뜻한다.
치우다, 제거하다
[辟除(벽제)] (역) 지위가 높은 사람이 지나갈 때 구종 별배가 다른 사람들의 통행을 막아 길을 치우던 일.
[辟邪(벽사)] 요사스러운 귀신을 물리침.
기타
[便辟(편벽)] ① 남에게 알랑거려 그 비위를 잘 맞춤. 또는 그 사람. ② 총애(寵愛)를 받는 사람.

逝 갈 서, 辶부11　3304

'逝(서)'자는 '길갈 辶(착)'과 '꺾을 折(절)'로 이루어졌다.
떠나가다, 죽다
[逝去(서:거)] '死去(사거)'의 높임말. 죽어 이 세상을 떠남.
[急逝(급서)] 갑자기 세상을 떠남. '急死(급사)'의 높임말.

遐 멀 하, 辶부13　3305

'遐(하)'자는 '길갈 辶(착)'과 '빌릴 叚(가)'로 이루어졌다.
멀다
[昇遐(승하)] 임금이 죽음. 참崩御(붕어)

邇 가까울 이, 辶부18　3306

'邇(이)'자는 '길갈 辶(착)'과 '너 爾(이)'로 이루어졌다.
가까이 있다
[道在邇(도재이), 而求諸遠(이구저원).] 도가 가까운 곳에 있는데도 먼 곳에서 구한다. 사람의 도는 일상생활 속에 있다. 그것을 잊고 사람들은 자칫하면 일부러 높고 심원한 곳에서 도를 구하려고 한다. 즉 부모를 친애하고 연장자를 존경하는 것, 그것이 바로 사람의 도리인 것이다.
[事在易(사재이), 而求諸難(이구저난).] 일이 쉬운 곳에 있는데도 먼 곳에서 찾는다. 도덕과 관련된 일은 인정에 기초한 매우 쉬운 일인데도 사람들은 특별히 어려운 도리 속에서 이것을 구하려고 한다. 그러나 이것은 잘못된 생각이다. 『孟子(맹자)·離婁 上(이루 상)』
[行遠自邇(행원자이), 登高自卑(등고자비).] 먼 길을 가는 것은 가까운 데로부터 비롯하고, 높은 곳에 이르는 것은 낮은 데로부터 출발한다. '일을 하는 데는 순서가 있음'을 비유하여 이르는 말. 行遠必自邇(행원필자이) 登高必自卑(등고필자비). '登高自卑(등고자비)'는 지위가 높아질수록 스스로를 낮춘다는 뜻으로도 해석된다. 『中庸』

邙 산 이름 망, 阝부6　3307

'邙(망)'자는 '고을 阝(읍)'과 '망할 亡(망)'으로 이루어졌다.
북망산
[北邙山(북망산)] ① 산(山) 이름. 하남성 낙양(洛陽)의 동북쪽에 위치함. 한 대(漢代) 이후 왕후공경(王侯公卿)의 묘지. ② 무덤이 많은 곳, 또는 사람이 죽어서 가는 곳.

醇 진한 술 순, 酉부15　3308

'醇(순)'자는 '닭 酉(유)'와 '享(향)'으로 이루어졌다. '맛이 진한 술'을 뜻한다.
진한 술, 잡것이 섞이지 아니하다, 순수하다
[醇酒(순주)] 딴 것을 섞지 아니한 전국술.
[醇化(순화)] 쓸데없는 것들을 없애고 깨끗하고 바르게 만드는 일. ¶정신 순화/국어의 순화
[清醇(청순)/清純(청순)] 깨끗하고 순수함.
순박하다, 진실하다, 겉치레가 없다
[醇厚(순후)/淳厚(순후)] 온순하고 인정이 두터움.
[醇朴(순박)/淳朴(순박)] 순진하고 수수함. ¶순박한 인심

醮 제사지낼 초, 酉부19　3309

'醮(초)'자는 '닭 酉(유)'와 '그을릴 焦(초)'로 이루어졌다. '술을 차려 놓고 신에게 제사함'을 뜻한다.
제사지내다
[醮禮(초례)] 재래식 혼인을 지내는 예식.
[醮禮廳(초례청)] 초례를 치르는 곳.

醯 초 혜, 酉부19　3310

'醯(혜)'자는 '닭 酉(유)', '깃발 㐬(류)', '그릇 皿(명)'으로 이루어졌다.
초, 초장, 초절임, 죽에 술을 타서 발효시킨 음식
[食醯(식혜)] 쌀로 되직하게 지은 밥에 엿기름가루를 우린 물을 부어 삭힌 음식. 감주. 단술.
[酒果脯醯(주과포혜)] 술과 과실과 乾脯(건포)와 식혜. 곧 간략한 제물.

釉 윤 유, 釆부12　3311

'釉(유)'자는 '분별할 釆(변)'과 '말미암을 由(유)'로 이루어졌다. 여기에서 '由(유)'자는 '기름 油(유)' 대신으로 쓰인 것이다.
윤, 광택, 잿물
[釉藥(유약)] 윤이 나도록 도자기의 겉에 덧씌우는 약. 도자기에 액체나 기체가 스며들지 못하게 하고 겉면에 광택이 나게 한다.

銷 녹을 소, 사라질 소, 金부15　3312

'銷(소)'자는 '쇠 金(금)'과 '닮을 肖(초)'로 이루어졌다.
사그라지다
[銷沈(소침)] 사그라지고 까라짐.
[意氣銷沈(의:기소침)] 뜻과 기세가 쇠하여 사그라짐.

鋏 집게 협, 金부15　3313

'鋏(협)'자는 '쇠 金(금)'과 '낄 夾(협)'으로 이루어졌다.
집게, 가위
[鋏刀(협도)] ① 약재를 써는 연장. ② 가위.

鑠 녹일 삭, 金부23　3314

'鑠(삭)'자는 '쇠 金(금)'과 '즐거울 樂(락)'으로 이루어졌다. '금속을 녹이다'는 뜻이다.
녹이다, 쇠붙이를 녹이다, 녹다, 녹아 없어지다
[鑠金(삭금)] 쇠를 녹임.
[衆口鑠金(중:구삭금)] '뭇 사람의 말은 쇠 같이 굳은 물건도 녹인다'는 뜻으로, '여러 사람의 말은 무섭다'는 말. 『文章軌範·中山靖王 聞樂對』

閾 문지방 역, 門부16　3315

'閾(역)'자는 '문 門(문)'과 '혹 或(혹)'으로 이루어졌다.
문지방
[閾値(역치)] 생물의 감각에 반응을 일으키게 하는 최소한의 자극의 강도.

隍 해자 황, 阜부12　3316

'隍(황)'자는 '언덕 阝(부)'와 '임금 皇(황)'으로 이루어졌다. 성 밖에 둘러 판 '물 없는 못'을 뜻한다. 물 있는 못은 '壕(호)'라 한다.
해자, 기타
[城隍堂(성황당)] 서낭당. 토지와 부락을 지켜준다는 신을 모신 당. '서낭당'의 원말이다

雹 누리 박, 雨부13　3317

'雹(박)'자는 '비 雨(우)'와 '쌀 包(포)'로 이루어졌다.
누리, 우박
[水旱蟲雹霜(수한충박상)] 농사에 가장 두려운 홍수·가뭄·해충·우박·이른 서리의 다섯 가지 재해.
[雨雹(우:박)] 물방울이 공중에서 갑자기 찬 기운을 만나 얼어 떨어지는 얼음 덩어리. 대개 적란운에서, 봄·여름에 주로 내리며, 농작물에 큰 피해를 준다.
[風飛雹散(풍비박산)] '바람이 날리고 우박이 흩어진다'란 뜻에서 '사방으로 날아 흩어짐'을 이르는 말.

霹 벼락 벽, 雨부21　3318

'霹(벽)'자는 '비 雨(우)'와 '임금 辟(벽)'으로 이루어졌다.

靂 천둥 력, 벼락 력, 雨부24 3319

'靂(력)'자는 '비 雨(우)'와 '지낼 歷(력)'으로 이루어졌다.
벼락, 천둥, 뇌신, 벼락이 떨어지다
[霹靂(벽력)] 벼락.
[雷聲霹靂(뇌성벽력)] 천둥소리와 벼락.
[靑天霹靂(청천벽력)] ① '푸르게 갠 하늘에서 치는 날벼락'이란 뜻으로, 뜻밖에 일어난 큰 변고나 사건을 비유하여 이르는 말. 마른하늘에 날벼락. ② 갑작스럽게 생긴 일. 예기치 않던 돌발사(突發事).

靷 가슴걸이 인, 革부13 3320

'靷(인)'자는 '가죽 革(혁)'과 '끌 引(인)'으로 이루어졌다. '말이나 소에게 수레를 끌게 하기 위하여 가슴 부근에 매는 가죽끈'을 뜻한다. 상여를 멜 때의 끈도 이 글자로 나타내었다.
가슴걸이 가죽끈
[發靷(발인)] 상여가 집에서 떠남.

鞋 신 혜, 革부15 3321

'鞋(혜)'자는 '가죽 革(혁)'과 '홀 圭(규)'로 이루어졌다.
신, 짚신, 목이 짧은 신
[芒鞋(망혜)] 미투리. 흔히 날을 여섯 개로 하여 삼 껍질을 짚신처럼 삼은 신.
[草鞋(초혜)] 짚신.
[竹杖芒鞋(죽장망혜)] ① '대지팡이와 짚신'의 뜻으로, 길 떠날 때의 아주 간편한 차림을 이르는 말. ② 판소리를 부르기 전에 목을 풀기 위해 부르는 단가의 하나.

鬚 수염 수, 髟부22 3322

'鬚(수)'자는 '긴 털 드리울 髟(표)'와 '모름지기 須(수)'로 이루어졌다. 턱수염은 '鬚(수)', 콧수염은 '髭(자)', 귀 밑에서 턱까지 잇달아 난 수염 즉 구레나룻은 '髥(염)'이라고 한다.
수염, 턱수염, 동물의 입 가장자리에 난 뻣뻣한 털
[鬚髥(수염)] ① 성숙한 남자의 입가·턱·뺨에 난 털. ¶수염을 깎다 ② 일부 동물의 입가에 난 긴 털. ¶토끼 수염/고래 수염 ③ 낟알 끝에 달린 까그라기나 옥수수 따위의 낟알 틈에 난 털 모양의 것. ¶옥수수 수염
[鬚根(수근)] 수염뿌리.
[龍鬚(용수)] ① 용의 수염. ② 왕의 수염.
[龍鬚鐵(용수철)] 늘어나거나 줄어드는 탄력이 있는 나선형의 쇠줄.

髥 구레나룻 염, 髟부14 3323

'髥(염)'자는 '긴 털 드리울 髟(표)'와 '나아갈 冉(염)'으로 이루어졌다.
구레나룻
[鬚髥(수염)] ☞ 鬚(수)

鳧 오리 부, 鳥부13 3324

'鳧(부)'자는 '새 鳥(조)'와 '안석 几(궤)'로 이루어졌다. '물갈퀴 발이 있는 물오리'를 뜻한다.
오리, 물 이름
[鳧脛(부경)] 오리의 다리.
[鳧脛雖短續之則憂(부경수단속지즉우), 鶴脛雖長斷之則悲(학경수장단지즉비).] 물오리의 다리는 비록 짧지만 그것을 길게 이어주면 괴로워할 것이다. 학의 다리가 길다 하여 끊어서 짧게 한다면, 학은 필시 슬퍼할 것이다. 만물은 제각기 천부의 특징을 갖추어 있으므로, 쓸데없이 가감할 것이 아님'을 비유하여 이르는 말. 『莊子(장자)·外篇(외편)·騈拇(변무)』 ☞ * 139

什 열 사람 십, 세간 집, 人부4 3325

'什(십)'자는 '사람 亻(인)'과 '열 十(십)'으로 이루어졌다. 열 사람, 즉 십인 일조를 뜻하는 글자이다. '세간살이'를 뜻할 때는 [집]으로 읽는다.
열 사람, 또는 열
[什一(십일)] 10분의 일.
세간, 가구, 일용품, 집기
[什器(집기)] 세간에 쓰는 여러 가지 기구. ¶사무용 집기

蕃 우거질 번, 艸부16 3326

'蕃(번)'자는 '풀 ++(초)'와 '차례 番(번)'으로 이루어졌다.
우거지다, 풀이 무성하다
[蕃茂(번무)] 초목이 무성함.
오랑캐
[土蕃(토번)] 미개한 지방에 오랫동안 붙박이로 사는 토착민.

靡 쓰러질 미, 非부19 3327

'靡(미)'자는 '삼 麻(마)'와 '아닐 非(비)'로 이루어졌다. 물에 불린 삼 껍질이 힘없이 쓰러지는 모양에서, '쓰러지다', '문드러지다'는 뜻을 나타낸다.
쓰러지다, 쏠리다, 기울다
[草靡(초미)] '풀이 바람에 나부껴 한쪽으로 쏠린다'는

뜻으로, '완전히 순종하거나 추종함'을 이르는 말.

蓑 도롱이 사, 艸부14 3328

'蓑(사)'자는 '풀 ++(초)'와 '쇠할 衰(쇠)'로 이루어졌다.
도롱이(띠풀을 엮어 만든 우장)
[蓑笠(사립)] 도롱이와 삿갓.

溟 바다 명, 어두울 명, 아득할 명, 水부13 3329

'溟(명)'자는 '물 氵(수)'와 '어두울 冥(명)'으로 이루어졌다. '가랑비가 내려 어둡다', '바다'를 뜻한다.
바다
[南溟(남명)], [北溟(북명)], [四溟(사명)]
어둡다, 가랑비가 와서 하늘이 어둡다, 넓고 깊어서 어둡다

蚩 어리석을 치, 기어갈 치, 虫부10 3330

'蚩(치)'자는 '갈 屮(지)'와 '虫(충/훼)'로 이루어졌다. '屮(지)'는 '갈 之(지)의 古字(고자)이다.
[蚩尤(치우)] 고대 제후의 이름. 병란을 좋아하였기 때문에 黃帝(황제)에게 誅伐(주벌)을 당하였다는 전설이 있음.

逋 달아날 포:, 도망갈 포:, 辵부11 3331

'逋(포)'자는 '길갈 辶(착)'과 '클 甫(보)'로 이루어졌다. 甫(보)는 匍(포)와 통하여 '기다'. '기어서 몰래 달아나다'는 뜻이다.
달아나다, 도망치다
[逋逃(포:도)] 죄를 짓고 달아남.
[捕盜大將(포:도대장)] 조선 때 포도청의 우두머리.

이하는 2급 또는 1급 한자로 지정된 한자들로서 현대 우리 사회에서 이 글자들을 활용한 낱말이 없는 한자들이다.

3332 伎 재주 기, 人부6
3333 儺 푸닥거리 나, 人부21
3334 唄 염불 소리 패, 口부10
3335 啼 울 제, 口부12
3336 喧 지껄일 훤, 떠들썩할 훤, 口부12
3337 嗟 탄식할 차, 口부13
3338 嗤 비웃을 치, 口부13
3339 嵎 산굽이 우, 土부12
3340 奄 가릴 엄:, 문득 엄:, 大부8
3341 媳 며느리 식, 女부13
3342 宸 집 신, 대궐 신, 宀부10
3343 寮 벼슬아치 료, 승방 료, 宀부15
3344 惓 삼갈 권, 싫증 권, 心부10
3345 憮 어루만질 무, 心부15
3346 扼 누를 액, 잡을 액, 手부7
3347 撚 비틀 년, 手부15
3348 擘 엄지손가락 벽, 手부17
3349 昉 마침 방, 밝을 방, 日부8
3350 晏 늦을 안, 日부10
3351 暝 저물 명, 밤 명, 日부14
3352 朞 돌 기, 月부12
3353 机 책상 궤, 木부6
3354 枋 다목 방, 뗏목 방, 木부8
3355 槨 덧널 곽, 木부15
3356 檣 돛대 장, 木부17
3357 櫃 함 궤, 木부18
3358 沛 늪 패, 비 쏟아질 패, 水부7
3359 漲 넘칠 창:, 불을 창:, 水부14
3360 澗 산골 물 간, 水부15
3361 澣 빨래할 한, 水부16
3362 濱 물가 빈, 水부17
3363 爺 아비 야, 父부13
3364 瓏 옥 소리 롱, 玉부20
3365 畝 이랑 무/묘, 田부10
3366 疋 발 소, 짝 필, 疋부5
3367 瘙 종기 소, 피부병 소, 疒부15
3368 皿 그릇 명, 皿부5
3369 碌 푸른 돌 록, 石부13
3370 磊 돌무더기 뢰, 石부15
3371 稍 벼 줄기 끝 초, 禾부12
3372 繰 고치켤 소, 糸부19
3373 肇 비롯할 조:, 聿부14
3374 胥 서로 서, 肉부9
3375 膊 팔뚝 박, 肉부14
3376 膣 새살 돋을 질, 음도 질, 肉부15

3377 臼 절구 구, 臼부6
3378 藩 덮을 번, 울타리 번, 艸부19
3379 藿 콩잎 곽, 미역 곽, 艸부20
3380 蚓 지렁이 인, 虫부10
3381 蟠 서릴 반, 虫부18
3382 諛 아첨할 유, 言부16
3383 謐 고요할 밀, 言부17
3384 譏 나무랄 기, 비웃을 기, 言부19
3385 輳 모일 주, 車부16
3386 辜 허물 고, 辛부12
3388 逵 길 규, 辵부12
3389 鎚 쇠망치 추, 옥 다듬을 퇴, 金부18
3390 阮 성씨 완, 阜부7
3391 体 몸 체, 人부7
3392 酎 진할 술 주, 酉부10

다음은 성(姓), 인명(人名), 지명(地名) 등 고유명사로서 2급 한자로 지정된 한자 중에서 조어력이 약하여 우리말 한자어를 만들지 않고 고유명사로만 쓰이는 글자들이다.

3393 丕 클 비, 一부5
3394 串 꿸 관, 친할 관, 丨부7
3395 乭 이름 돌, 乙부6
3396 亮 밝을 량, 亥부9
3397 价 클 개, 人부6
3398 伊 저 이, 人부6
3399 佾 줄 춤 일, 人부8
3400 俛 힘쓸 면:, 구부릴 부:, 人부10
3401 俞 그러할 유, 人부9
3402 儆 경계할 경:, 人부15
3403 允 맏 윤:, 진실로 윤:, 儿부4
3404 冀 바랄 기, 八부16
3405 劉 묘금도 류, 죽일 류, 刀부15,
3406 卞 성씨 변:, 조급할 변, 卜부4
3407 卨 사람 이름 설, 卜부11
3408 台 나 이, 별 이름 태, 口부5
3409 呂 법칙 려, 음률 려, 口부7
3410 喆 밝을 철, 쌍길 철, 口부12
3411 圭 쌍토 규, 홀 규, 土부6
3412 垠 끝 은, 지경 은, 土부9
3413 埈 높을 준:, 土부10
3414 崙 산 이름 륜, 土부11
3415 崔 성씨 최, 土부11
3416 塏 높은 땅 개:, 土부13
3417 魏 성씨 위, 나라 이름 위, 鬼부18
3418 墺 물가 오:, 土부16
3419 奎 별 이름 규, 大부9

3420 奭 클 석, 성할 석, 大부15
3421 妍 고울 연:, 예쁠 연:, 女부9
3422 姚 예쁠 요, 女부9
3423 嬅 탐스러울 화, 女부15
3424 嬉 아름다울 희, 女부15
3425 岬 산허리 갑, 山부8
3426 岡 언덕 강, 山부8
3427 坡 언덕 파, 土부8
3428 驪 나귀 려, 馬부29
3429 峴 고개 현:, 재 현:, 山부10
3430 崗 언덕 강, 山부11
3431 埰 영지 채, 土부11
3432 壎 질나팔 훈, 土부17
3433 庄 농막 장, 广부6
3434 庠 학교 상, 广부9
3435 廋 곳집 유, 广부12
3436 龐 높은 집 방, 广부19
3437 弁 고깔 변:, 廾부5
3438 彦 선비 언:, 彡부9
3439 彬 빛날 빈, 彡부11
3440 彭 성씨 팽, 곁 팽, 彡부12
3441 怡 기쁠 이, 心부8
3442 惇 도타울 돈, 心부11
3443 悳 큰 덕, 心부12
3444 憙 기뻐할 희, 心부16
3445 揆 헤아릴 규, 手부12
3446 敞 시원할 창, 높을 창, 攴부12
3447 旁 두루 방, 곁 방:, 方부10
3448 旻 하늘 민, 日부8
3449 旼 화할 민, 日부8
3450 昴 별 이름 묘:, 日부9
3451 昞 밝을 병:, 日부9
3452 昱 햇빛 밝을 욱, 日부9
3453 昶 밝을 창:, 日부9
3454 晉 진나라 진:, 日부10
3455 晃 밝을 황, 日부10
3456 晟 밝을 성, 日부11
3457 晙 밝을 준:, 日부11
3458 晧 밝을 호:, 日부11
3459 暎 비칠 영:, 日부13
3460 曺 성씨 조, 日부10
3461 杆 몽둥이 간, 木부7
3462 杓 자루 표, 木부7
3463 杰 뛰어날 걸, 木부8
3464 驥 천리마 기, 馬부27
3465 楡 느릅나무 유, 木부13
3466 楨 광나무 정, 木부13
3467 楸 가래 추, 木부13
3468 槐 느티나무 괴, 木부14
3469 樺 자작나무 화, 木부16
3470 檜 전나무 회:, 木부17
3471 汀 물가 정, 水부5
3472 沂 땅 이름 기, 水부7
3473 汶 물 이름 문, 水부7
3474 沔 물 흐를 면:, 水부7
3475 汪 넓을 왕(:), 水부7
3476 沆 넓을 항(:), 水부7
3477 泗 물 이름 사:, 水부8
3478 泓 물 깊을 홍, 水부8
3479 洙 물가 수, 강 이름 수, 水부9
3480 洵 참으로 순, 水부9
3481 淇 물 이름 기, 水부11
3482 湍 여울 단, 水부12
3483 湜 물 맑을 식, 水부12
3484 滉 깊을 황, 水부13
3485 漣 잔물결 련, 水부14
3486 潘 성씨 반, 水부15
3487 潽 물 이름 보:, 水부15
3488 澈 물 맑을 철, 水부15
3489 澔 넓을 호:, 水부15
3490 濂 물 이름 렴, 水부16
3491 濊 종족 이름 예:, 水부16
3492 濬 깊을 준:, 水부17
3493 瀋 물 이름 심:, 水부18
3494 瀅 물 맑을 형:, 水부21
3495 炅 빛날 경, 火부8
3496 炳 밝을 병:, 火부9
3497 炫 밝을 현:, 빛날 현:, 火부9
3498 炯 빛날 형:, 火부9
3499 烋 아름다울 휴, 火부10
3500 煜 빛날 욱, 火부13
3501 煥 빛날 환:, 불꽃 환:, 火부13
3502 熏 연기 낄 훈, 물길 훈, 火부14
3503 燉 불빛 돈, 火부16
3504 燁 빛날 엽, 火부16
3505 熹 빛날 희, 火부16
3506 燮 불꽃 섭, 화할 섭, 火부17
3507 爀 불빛 혁, 火부18
3508 牟 소 우는 소리 모, 牛부6
3509 玖 옥돌 구, 玉부7
3510 玟 아름다운 돌 민, 玉부8
3511 珏 쌍옥 각, 玉부9
3512 玲 옥소리 령, 玉부9
3513 珉 옥돌 민, 玉부9
3514 珪 홀 규, 玉부10
3515 珣 옥 이름 순, 玉부10
3516 珥 귀고리 이:, 玉부10
3517 班 옥 이름 정, 玉부11
3518 琯 옥피리 관, 玉부12
3519 琦 옥 이름 기, 玉부12

3520 琮 옥홀 종, 玉부12
3521 璇 도리옥 선, 玉부13
3522 瑛 옥빛 영, 玉부13
3523 頊 삼갈 욱, 玉부13
3524 瑗 구슬 원, 玉부13
3525 瑢 패옥 소리 용, 玉부14
3526 琅 옥 이름 랑, 玉부11
3527 瑾 아름다운 옥 근:, 玉부15
3528 璇 옥 선, 玉부15
3529 瑩 옥돌 영/형:, 玉부15
3530 璋 반쪽 홀 장, 玉부15
3531 璟 옥빛 경:, 玉부16
3532 璣 별 이름 기, 玉부16
3533 璨 옥빛 찬:, 玉부17
3534 璿 구슬 선, 玉부18
3535 瓚 옥잔 찬, 玉부23
3536 騏 준마 기, 馬부18
3537 甄 질그릇 견, 살필 견, 瓦부14
3538 甸 경기 전, 田부7
3539 皐 늪 고, 白부11
3540 盧 성씨 로, 밥그릇 로, 皿부16
3541 瞻 볼 첨, 目부18
3542 磻 강 이름 반/번, 石부17
3543 礪 숫돌 려:, 石부20
3544 祐 복 우:, 도울 우:, 示부10
3545 祚 복 조, 示부10
3546 祜 복 호, 示부10
3547 禎 상서로울 정, 示부14
3548 禹 성씨 우:, 하우씨 우:, 内부9
3549 秉 잡을 병:, 자루 병, 禾부8
3550 秦 성씨 진, 나라 이름 진, 禾부10
3551 稙 올벼 직, 禾부13
3552 穆 화목할 목, 禾부16
3553 禧 복 희, 示부17
3554 箕 키 기, 竹부14
3555 翊 도울 익, 羽부11
3556 耀 빛날 요, 羽부20
3557 胤 이을 윤, 자손 윤, 肉부9
3558 舒 펼 서:, 舌부12
3559 艮 괘 이름 간, 艮부6
3560 艾 쑥 애, ++부6
3561 芬 향기로울 분, ++부8
3562 芸 향초 이름 운, 재주 예, ++부8
3563 芮 성씨 예:, ++부8
3564 范 성씨 범:, ++부9
3565 莞 왕골 완, ++부11
3566 萊 명아주 래, ++부12
3567 蔚 고을 이름 울, ++부15
3568 蔣 성씨 장:, ++부15
3569 蔡 성씨 채:, ++부15
3570 薛 성씨 설, ++부17
3571 蘆 갈대 로, ++부20
3572 蟾 두꺼비 섬, 虫부19
3573 袁 성씨 원, 衣부10
3574 裵 성씨 배, 衣부14
3575 覓 찾을 멱, 見부11
3576 貊 예맥 맥, 豸부13
3577 賈 값 가, 성씨 가, 장사 고, 貝부13
3578 趙 조 나라 조:, 走부14
3579 軻 굴대 가, 車부12
3580 軾 수레 가로나무 식, 車부13
3581 邢 성씨 형, 邑부7
3582 邱 언덕 구, 땅 이름 구, 邑부7
3583 邵 땅 이름 소, 邑부8
3584 郁 성할 욱, 邑부9
3585 邕 화할 옹, 막힐 옹, 邑부10
3586 鄒 추나라 추, 邑부13
3587 鄧 나라 이름 등:, 邑부15
3588 醴 단술 례:, 酉부20
3589 釧 팔찌 천, 金부11
3590 鈗 창 윤, 金부12
3591 鉀 갑옷 갑, 金부13
3592 鈺 보배 옥, 金부13
3593 鉉 솥귀 현, 金부13
3594 銖 저울 눈 수, 金부14
3595 錫 주석 석, 땜납 석, 金부16
3596 鎰 무게 이름 일, 金부18
3597 鎬 호경 호:, 金부18
3598 鏞 쇠북 용, 金부19
3599 閔 성씨 민, 위문할 민, 門부12
3600 闇 향기 은, 門부15
3601 閼 막을 알, 門부16
3602 阪 언덕 판, 阜부7
3603 阜 언덕 부:, 阜부8
3604 陝 땅 이름 섬, 阜부10
3605 陜 좁을 협, 땅 이름 합, 阜부10
3606 隋 수나라 수, 阜부12
3607 雍 누그러질 옹, 화목할 옹, 隹부13
3608 馥 향기 복, 香부18
3609 馨 향기 형, 꽃다울 형, 香부20
3610 馮 성씨 풍, 탈 빙, 馬부12
3611 亘 건널 긍, 구할 선, 二부6

한자 자음 색인

가 家0087 可0162 歌0241 加0257 假0346 價0482 街0824 暇1011 佳1144 架1642 伽2029 柯2070 迦2130 呵2235 哥2247 嘉2262 嫁2320 稼2778 奇2920 袈2981 駕3164 跏3301 賈3577 軻3579 **각** 各0320 角0446 刻0933 覺1083 閣1292 脚1373 却1514 恪2383 殼2585 珏3511 **간** 間,間(간/한)0269 幹0382 干0747 看1049 簡1058 肝1076 刊1163 懇1258 姦,奸1552 墾2295 揀2466 癎2733 竿2794 艱2913 諫3014 杆3461 澗3360 艮3559 **갈** 渴1673 葛1972 鞨2144 喝2252 竭2793 褐2990 蝎3287 **감** 感0213 減0258 甘0435 監0810 敢1008 鑑1445 憾1890 邯2101 堪2284 柑2532 疳2712 瞰2751 紺2830 勘3213 坎3217 嵌3226 **갑** 甲0749 匣2219 閘3120 岬3425 鉀3591 **강** 江0062 康0083 强0108 講0877 降1111 綱1148 剛1164 鋼1806 姜2046 彊2057 疆2058 慷2411 糠2825 腔2888 薑2943 襁3292 岡3426 崗3430 **개** 開0457 改0546 個0679 介1136 槪1290 慨1590 皆1696 蓋1754 豈1774 凱2192 愾2407 漑2626 箇2800 芥2917 价3397 塏3416 **객** 客0076 喀3216 **갹** 醵3100 **갱** 更1012 坑1861 羹2862 **거** 去0121 居0140 車0273 擧0624 巨0975 拒1000 據1007 距1419 倨1499 渠2613 醵3100 **건** 健0082 件0101 建0253 乾1131 鍵2137 巾2351 腱2894 虔2954 **걸** 傑0921 乞1835 桀2073 杰3463 **검** 檢0781 儉0925 劍1162 **겁** 劫2206 怯2382 **게** 憩1594 揭1898 偈2175 **격** 擊0541 格0569 激1034 隔2013 覡2349 檄2573 膈2897 **견** 見0215 堅0515 犬0592 肩1372 絹1723 遣1795 牽1930 繭2849 譴3028 鵑3186 甄3537 **결** 決0575 結0609 潔0801 缺0844 訣3296 **겸** 兼1157 謙1406 **경** 輕0110 京0148 經0191 境0314 敬0553 景0556 慶0602 競0607 庚0754 警0879 傾0922 更1012 鏡1108 驚1120 耕1365 硬1426 頃1464 卿1515 徑1577 竟1715 瓊2099 勁2208 憬2414 梗2542 痙2719 磬2764 脛2886 莖2924 頸3144 鯨3176 儆3402 炅3495 璟3531 **계** 計0255 界0315 季0353 階0476 鷄,雞0594 係0654 械0706 癸0757 繼0841 戒0991 系1061 啓1178 契1190 溪1311 桂1645 繫1960 悸2391 稽3270 誡3297 **고** 高0112 古0130 苦0434 告0512 固0516 孤0595 考0621 故0769 庫0980 姑1201 鼓1276 稿1349 枯1643 顧1820 雇2015 叩2226 呱2236 拷2446 敲2506 痼2722 股2875 膏2898 袴2986 錮3110 藁3280 辜3386 賈3577 皐3539 **곡** 曲0251 穀1053 哭1174 谷1312 梏2541 鵠3187 **곤** 困0900 坤1535 袞2984 昆2512 棍2527 **골** 骨0850 汨2592 **공** 工0098 空0245 公0301 共0303 功0313 攻0542 供0610 孔0964 恐1238 恭0552 貢1412 拱2447 鞏3140 控3231 **과** 過0120 果0262 科0421 課0634 寡1207 誇1400 戈1598 瓜1693 菓1971 顆3147 **곽** 郭0846 廓2362 槨3355 藿3379 **관** 慣0432 觀0630 關0653 官0715 管1056 冠1158 寬1208 貫1413 館1470 款1914 棺2550 灌2625 顴3151 串3394 琯3518 **괄** 刮2197 括2448 **광** 光0298 廣0534 鑛0651 狂1931 匡2217 壙2299 曠2514 胱2881 **괘** 掛1609 卦2223 罫2857 **괴** 怪0956 壞1186 愧1245 塊1538 傀1843 乖2160 拐2436 魁3175 槐3468 **굉** 宏2328 肱2876 轟3069 **교** 校0059 敎0060 交0283 橋0571 較0574 巧1217 矯1703 郊1802 僑1847 絞1954 膠1965 咬2243 喬2253 嬌2323 攪2504 狡2679 皎2740 轎3067 驕3171 蛟3286 **구** 九0009 口0209 句0229 舊0231 區0316 久0391 球0399 具0489 救0548 狗0593 求0614 究0816 構1020 懼1241 拘1266 丘1475 俱1491 苟1747 驅1826 鷗1830 龜1834 歐1915 購1993 仇2161 勾2212 嘔2263 垢2279 寇2334 嶇2345 廐2363 柩2551 枸2535 毆2586 溝2612 灸2645 矩2755 舅2910 衢2978 謳3022 軀3059 鉤3104 鳩3181 昝3215 毬3247 臼3377 玖3509 邱3582 **국** 國0086 局0527 菊0830 鞠2145 **군** 軍0102 郡0143 君0182 羣,群1070 窘2787 **굴** 屈0970 掘1896 窟1945 **궁** 宮0717 窮1048 弓1226 穹2781 躬3058 **권** 權0783 券0934 勸0936 卷0944 拳1268 圈1860 倦2171 捲2458 眷2746 惓3344 **궐** 厥1517 闕2012 蹶3054 獗3258 **궤** 軌1998 几2191 潰2630 詭3005 机3353 櫃3357 **귀** 句0229 貴0295 歸1024 鬼1461 龜1834 **규** 規0501 叫1520 閨1810 糾1949 硅2759 窺2789 葵2933 逵3388 圭3411 奎3419 揆3445 珪3514 **균** 均0953 菌1753 龜1834 **귤** 橘2533 **극** 極0778 劇0935 克1154 剋2198 戟2428 棘2553 隙3130 **근** 近0115 根0381 勤0926 筋1055 謹1253 僅1497 斤1619 槿2078 覲2995 饉3156 瑾3527 **글** 契1189 **금** 金0049 今0131 禁0821 禽0908 琴1332 錦1443 擒2490 衾2980 襟2993 **급** 急0371 級0428 給0611 及1170 扱2434 汲2593 **긍** 肯1736 兢2035 矜2754 亘3611 **기** 期0125 氣0246 記0270 技0330 基0379 旗0496 己0531 汽0576 器0704 機0705 起0886 奇0957 寄0966 紀1062 企1138 其1156 畿1335 祈1344 幾1568 忌1579 旣1623 棄1652 欺1655 豈1774 飢/饑1821 騎1824 棋1912 岐2050 琪2097 耆2111 麒2155 嗜2258 妓2308 崎2344 杞2536 畸2709 綺2835 羈2860 肌2872 伎3332 朞3352 譏3384 冀3404 驥3464 沂3472 淇3481 琦3519 璣3532 騏3536 箕3554 **긴** 緊1358 **길** 吉0287 拮2444 桔3239 **김** 金0049 **끽** 喫2254 **나** 奈1548 那1800 懦2424 拿2445 儺3333 **낙** 諾0632 **난** 暖0360 難0901 煖2654 **날** 捏2451 捺2457 涅2607 **남** 男0023 南0027 **납** 納1063 衲2979 **낭** 娘1553 囊2272 **내** 內0050 乃1128 耐1236 奈1548 **녀** 女0024 **년** 年0080 撚3347 **녈** 涅2607 **념** 念0537 捻3230 **녕** 寧0085 **노** 努0203 怒0384 奴1192 弩2369 駑3165 **농** 農0097 濃1307 膿2903 **뇌** 腦0464 惱1588 **뇨** 尿1879 **눌** 訥3000 **뉴** 紐2827 **능** 能0377 **니** 泥1663

尼1877 닉 溺1920 匿2220 다 多0052 茶1377 단 短0055 斷0494 團0517 壇0518 單0702 檀0782 端0826 段1026 丹1126 但1140 旦1277 鍛2008 簞2809 緞2838 蛋2960 湍3482 달 達0892 撻2492 疸2713 담 談0266 擔0472 膽1078 淡1308 潭1681 憺2420 曇2517 澹2636 痰2723 譚3025 답 答0227 畓0806 踏1423 遝3081 당 堂0157 當0161 黨0913 唐1176 糖1720 塘2045 撞2479 棠2554 螳2969 대 大0033 代0284 待0369 對0600 帶0728 隊0897 臺1375 貸1494 垈1862 戴1891 擡2495 袋2983 댁 宅0520 덕 德0280 悳3443 도 都0141 道0151 圖0327 度0340 到0497 島0529 導0725 徒0912 盜1045 逃1096 刀1161 途1433 陶1448 倒1492 挑1606 桃1646 渡1674 稻1710 跳1784 塗1866 悼1888 萄2120 兜2184 堵2285 屠2343 掉2459 搗2471 洮2596 滔2594 濤2638 睹2749 禱2780 賭3039 蹈3053 鍍3114 독 讀0448 獨0596 毒0788 督0811 篤1717 秃2230 瀆2639 돈 豚0590 敦1618 頓2147 沌2621 惇3442 燉3503 돌 突1350 乭3395 동 東0025 冬0032 洞0146 動0206 同0219 童0425 銅0456 凍1507 桐1649 棟1913 董2118 憧2412 疼2714 瞳2752 胴2883 두 頭0463 斗0771 豆0882 杜2069 兜2184 痘2720 둔 鈍1804 屯1881 臀2904 遁3079 득 得0334 등 登0250 等0427 燈0803 藤1973 謄1989 騰2024 橙2569 鄧3587 라 羅0881 裸1980 懶2425 癩2738 螺2971 邏3086 락 樂0386 落0628 絡0891 洛1666 烙2650 酪3094 駱3167 란 亂0917 蘭0829 卵0943 欄1295 爛1690 瀾2643 鸞3190 欒3246 랄 刺2199 辣3070 람 覽1084 濫1682 藍1758 籃2914 랍 拉1893 臘2909 蠟2973 랑 朗0559 廊1222 浪1303 郞1438 狼2682 螂2970 琅3526 래 來0123 萊3566 랭 冷0362 략 略1042 掠1610 량 量0235 梁0572 良0626 兩0681 糧1052 凉/涼1159 諒1770 輛2000 樑2079 倆2172 粱2821 亮3396 려 旅0555 慮0622 麗0911 勵0938 廬2055 礪3543 侶1837 閭2139 戾2631 濾2640 黎3197 藜3281 呂3409 驪3428 력 力0204 歷0306 曆1281 瀝2442 礫2766 轢3061 靂3319 련 戀0372 練0615 鍊0616 聯0652 連0890 憐1595 蓮1755 煉1927 輦3063 攣3232 漣3485 렬 列0682 劣0930 烈1035 裂1766 렴 廉1571 斂2507 殮2581 簾2813 濂3490 렵 獵1932 령 令0225 領0662 嶺1214 靈1458 零1814 伶2167 囹2274 逞3077 鈴3105 齡3202 玲3512 례 禮0276 例0286 隸1195 醴3588 로 路0152 老0170 勞0504 爐1323 露1457 魯2149 鷺2153 撈2480 擄2493 虜2955 蘆3540 蘆3571 록 綠0180 錄0271 祿1707 鹿1832 麓3192 碌3369 론 論0876 롱 弄1224 籠1948 壟2300 聾2250 瓏3364 뢰 賴1415 雷1815 儡1844 牢2671 賂3037 磊3370 료 料0554 了1479 僚1848 療1936 遼2131 寥2338 燎2662 瞭2753 聊2869 寮3343 룡 龍1124 루 樓1291 屢1562 淚1669 漏1677 累1721 壘2287 陋3127 류 流0579 類0606 留0807 柳1014 硫

1938 謬1990 溜2623 琉2695 瘤2728 榴3243 劉3405 륙 六0006 陸0656 戮2430 륜 輪1092 倫1149 淪2610 綸2836 崙3414 률 律0503 栗1286 率1331 慄2408 륭 隆1452 窿3272 륵 勒2211 肋2873 름 凜2190 릉 陵1449 楞2075 凌2188 稜2774 菱2925 綾3274 리 里0147 利0196 離0321 理0401 裏0443 李0668 吏0716 履1211 梨1287 俐2168 璃2696 痢2721 籬2816 罹2859 釐3102 裡3204 俚3206 린 隣,鄰1811 麟2156 吝2228 躪3051 鱗3180 燐3254 림 林0240 臨1374 霖2016 淋2611 痳2724 립 立0254 笠2796 粒2817 마 馬0589 磨1705 麻1833 摩1903 痲1935 魔2027 막 幕0977 漠1314 莫1378 膜1966 寞2339 만 萬0070 晩0450 滿0488 慢1500 漫1678 蠻1765 娩1872 灣1924 卍2221 彎2371 挽2452 瞞2750 蔓2938 輓3062 饅3157 말 末0129 靺2143 抹2437 沫2599 襪2994 망 亡0292 望0561 妄1196 忙1580 忘1581 罔1716 茫1749 網1955 惘2397 芒2915 邙3307 매 妹0019 每0244 買0640 賣0641 梅0828 埋1536 媒1555 枚1911 魅2026 呆2736 昧2519 煤2655 寐2336 罵2858 邁3084 맥 脈0854 麥1718 貊3576 맹 孟1202 猛1325 盟1336 盲1337 萌2926 멱 覓3575 면 面0145 勉0927 眠1339 綿1359 免1503 冕2036 棉2525 眄2744 緬2842 麵/麪3194 俛3400 沔3474 멸 滅1313 蔑1974 명 名0222 命0224 明0299 鳴1121 銘1442 冥1506 螟2968 酩3089 瞑3265 溟3329 暝3351 皿3367 모 母0015 慕0374 貌0720 毛0789 模1017 謀1403 募1511 暮1628 某1644 矛·1699 侮1841 帽1883 茅2116 謨2126 摸2476 牡2673 耗2867 冒3211 姆3221 牟3508 목 木0048 目0208 沐0580 牧0804 睦1340 穆3552 몰 沒1297 歿2579 몽 夢1188 蒙1384 묘 卯0760 墓0955 妙0958 廟1572 苗1748 描2467 杳2555 渺2614 猫2685 昴3450 무 務0093 武0107 無0117 戊0753 舞1081 茂1376 貿1414 霧1816 巫2348 拇2438 撫2481 毋2588 蕪2941 誣3009 无3236 憮3345 畝3365 묵 默1473 墨1540 문 文0106 門0155 聞0216 問0226 紊1950 紋2829 蚊2958 刎3212 汶3473 물 物0100 勿1168 미 未0122 美0347 米0429 尾0466 味0700 微0838 眉1698 迷1790 彌2059 媚2318 薇2945 靡3327 민 民0088 憫1596 敏1615 悶2398 愍3229 旻3448 旼3449 玟3510 珉3513 閔3599 밀 密0723 蜜1761 謐3383 박 朴0669 博0691 薄0946 拍1002 迫1371 泊1664 舶1967 剝2200 搏2472 撲2484 樸2570 珀2692 箔2801 粕2818 縛2845 駁3163 雹3317 膊3375 반 半0478 反0319 班0400 飯1468 叛1519 盤1697 般1744 返1789 伴1836 搬1901 拌2439 攀2500 斑2508 槃2564 畔2708 礬2767 絆2831 頒3142 磐3268 蟠3381 潘3486 磻3542 발 發0412 髮0790 拔1601 魃1625 渤2089 鉢2136 勃2209 撥2482 潑2631 跋3043 醱3096 방 方0153 房0159 放0378 訪0867 防0544 妨0959 倣1493 傍1496 芳1745 邦1801 紡1951 坊2277 尨2342 幇2358 彷2374 榜

2565 肪2877 膀2880 謗3012 昉3349 枋3354 龐3436 旁3447 **배** 北0028 倍0477 拜0742 背0852 配0894 培1183 排1271 輩1428 盃/杯1638 俳1838 賠1992 徘2377 湃2616 胚2879 陪3128 褙3294 裵3574 **백** 百0068 白0178 栢0833 伯1141 魄1460 帛2353 **번** 番0406 繁1361 煩1587 翻1730 燔3255 蕃3326 藩3378 磻3542 **벌** 伐0671 罰0620 閥2010 筏2108 **범** 犯0617 範1018 凡1160 汎1659 帆2352 梵2543 氾2590 泛2595 范3564 **법** 法0500 **벽** 壁0711 碧1342 僻1849 劈2205 璧2701 癖2734 闢3124 辟3303 霹3318 擘3348 **변** 便0195 變0637 邊0893 辯1094 辨1788 卞3406 弁3437 **별** 別0305 鼈3199 瞥3266 **병** 兵0103 病0407 丙0751 屛1561 竝1713 倂1714 柄2071 甁2704 餠3154 昞3451 炳3496 秉3549 **보** 寶0416 報0511 保0675 布0726 步0785 普1010 補1392 譜1773 甫2102 輔2129 堡2286 洑2604 菩2927 褓3296 潽3487 **복** 服0169 福0290 複0703 復0735 腹0853 伏0918 卜1513 覆1981 僕1194 匐2214 輻3064 鰒3177 馥3608 **본** 本0380 **봉** 奉0468 封1209 峰,峯1213 逢1434 蜂1760 鳳1827 俸1839 縫1958 蓬2121 捧2460 棒2528 烽2651 鋒3109 **부** 父0014 夫0020 婦0021 不0091 否0163 富0294 部0453 負0471 副0684 扶0686 複0703 府0732 復0735 膚0792 付1137 浮1304 符1351 簿1354 附1446 腐1739 赴1782 賦1780 敷1907 覆1981 傅2033 釜2134 俯2173 剖2201 咐2232 埠2280 孵2327 斧2511 腑2889 芙2935 訃2997 賻3040 駙3166 趺3302 鳧3324 阜3603 **북** 北0028 **분** 分0304 墳0954 憤0989 奮0990 粉1060 奔1191 紛1356 糞1878 吩2231 噴2265 忿2380 扮2435 焚2652 盆2741 雰3134 芬3561 **불** 不0091 佛0673 弗1574 拂1602 彿2376 **붕** 朋0509 崩1564 鵬2152 棚2556 硼2761 繃2847 **비** 鼻0210 悲0350 備0490 卑0551 比0573 費0642 秘0722 非0776 飛0903 批0994 碑1050 婢1193 妃1197 肥1367 匪1855 毘2082 憊2083 泌2084 匕2215 妣2309 庇2359 憊2419 扉2433 枇2529 沸2600 琵2697 砒2757 秕2771 痺2725 痹2725 緋2837 翡2865 脾2890 臂2905 蜚2964 裨2989 誹3011 譬3027 鄙3088 菲3278 丕3393 **빈** 貧0293 嬪1198 賓1779 頻1819 嚬2269 殯2582 瀕2642 牝2672 濱3362 彬3439 **빙** 氷0364 聘1734 憑2421 **사** 四0004 死0057 事0092 士0096 食0167 社0193 使0297 私0302 史0307 射0413 仕0469 舍0519 寫0526 思0538 査0568 捨0697 寺0724 師0727 巳0762 祀0819 謝0878 斜0923 絲1066 辭1093 司1171 沙/砂1298 詞1397 邪1437 似1486 斯1621 蛇1759 詐1654 賜1781 唆1858 赦1994 飼2021 嗣2259 奢2305 娑2313 徙2379 瀉2602 獅2688 祠2769 紗2828 肆2871 裟2982 麝3193 些3205 渣3249 蓑3328 泗3477 **삭** 數0234 索1357 削1510 朔1537 鑠3314 **산** 山0063 算0256 散0324 産0597 酸1803 傘1845 刪2196 珊2693 疝2711 **살** 殺0786 撒2485 煞2656 薩

2928 **삼** 三0003 參0508 森1289 蔘1975 滲2627 衫3291 **삽** 揷1899 澁2632 **상** 上0036 商0099 狀0368 想0539 相0599 賞0645 常0730 床0731 傷0787 象1089 像1152 喪1179 尙1210 裳1393 霜1456 詳1401 償1502 嘗1533 桑1650 祥1706 箱1947 孀2325 爽2667 翔2864 庠3434 觴3609 **새** 塞1539 璽2702 **색** 色0172 索1357 塞1539 嗇2229 **생** 生0056 省0414 牲2675 甥2705 **서** 西0026 書0329 序0532 恕0721 緖0827 徐1230 署1362 庶1569 敍1616 暑1633 瑞1934 誓1985 嶼2297 墅2301 抒1617 棲2557 薯2949 黍3196 鼠3200 曙3237 逝3304 胥3374 舒3558 **석** 夕0136 席0338 石0418 惜1250 釋1441 昔1626 析1639 碩1939 晳2067 潟2633 奭3420 錫3595 **선** 先0040 善0342 線0430 船0625 選0648 鮮0667 仙0674 旋0707 宣0965 禪1708 繕1959 扇2432 煽2660 羨2861 腺2895 膳2901 蘇2953 銑3106 蟬3290 瑄3521 璇3528 璿3534 亘3611 **설** 舌0212 雪0363 說0633 設0868 泄2601 洩2603 渫2087 楔3242 藝2687 屑2856 卨3407 薛3570 **섬** 纖1961 殲2584 閃3119 蟾3572 陝3604 **섭** 涉1667 攝1906 燮3506 **성** 姓0221 成0312 性0402 省0414 聲0462 星0774 盛0808 城0845 聖0848 誠0872 醒3098 晟3456 **세** 歲0081 世0090 洗0577 說0633 勢0688 稅0824 細0839 貰1991 **소** 小0034 少0053 所0138 消0394 疏,疎0445 掃0744 笑0834 素0836 蔬1381 蘇1388 訴1398 召1521 昭1631 燒1686 騷1825 紹1952 巢2054 沼2085 塑2289 宵2333 搔2473 梳2544 甦2706 簫2811 蕭2946 逍3078 遡3082 銷3312 疋3366 瘙3367 繰3372 邵3583 **속** 速0451 束0563 俗0677 續0842 屬0973 粟1719 贖3042 **손** 孫0389 損0522 遜1407 **솔** 率1331 **송** 松0832 送0887 頌1117 悚1240 訟1399 誦1769 宋2048 **쇄** 刷0693 殺0786 鎖1808 灑2644 碎2762 **쇠** 衰0809 **수** 水0045 壽0223 數0234 手0236 樹0239 殊0398 首0465 宿0525 守0543 需0612 修0680 受0694 授0695 收0768 獸0909 秀0929 帥1219 羞1243 愁1251 睡1338 輸1429 隨1453 囚1534 誰1771 遂1792 雖1813 須1817 垂1863 搜1902 嫂2321 戍2426 狩2681 瘦2729 穗2779 竪2792 粹2822 繡2848 蒐2934 袖2987 讐/讎3029 酬3095 髓3174 鬚3322 洙3479 銖3594 隋3606 **숙** 宿0525 叔0947 肅0952 淑1309 熟1321 孰1556 塾2292 夙2302 菽2948 **순** 順0659 純0837 巡1216 旬1278 瞬1341 循1578 殉1657 盾1700 脣1738 舜2043 荀2117 淳2617 笋2798 馴3161 醇3308 洵3480 珣3515 **술** 術0332 戌0766 述1431 **숭** 崇0971 **슬** 瑟2098 膝2900 蝨3284 **습** 習0431 濕1132 拾1269 襲1395 褶3295 **승** 勝0310 承0741 升0772 昇1110 乘1130 僧1153 繩2109 丞2158 蠅2959 **시** 時0124 始0126 市0142 視0217 示0601 寺0723 施0773 是0775 詩0869 試0870 侍1145 柹1288 矢1701 屍1880 柴2072 匙2216 媤2319 弑2367 猜2683 諡3015 豺3032 **식** 食0167 息0198 植0238 識

0282 式0341 飾1469 殖1917 埴2281 拭2449 熄2661 蝕2965 熄3341 湜3483 軾3580 **신** 身0078 臣0183 新0230 信0278 神0420 辛0755 辰0761 申0764 伸1068 腎1079 愼1254 晨1629 紳1953 呻2237 娠2314 薪2947 蜃2963 訊2998 迅3072 宸3342 **실** 室0158 實0263 失0335 悉2391 **심** 心0077 審0567 深0794 沈1296 甚1333 尋1558 瀋3493 **십** 十0010 拾1269 什3325 **쌍** 雙1455 **씨** 氏1027 **아** 兒0424 牙0915 亞1133 我1262 阿1447 雅1454 芽1746 餓1822 俄2169 啞2249 衙2976 蛾2975 訝3001 鵝3183 **악** 惡0343 樂0386 岳1563 握1900 堊2282 愕2400 顎3148 嶽3227 **안** 安0084 眼0211 案0570 岸1212 顔1467 雁1812 按2450 鞍3141 晏3350 **알** 謁1772 斡2510 軋3060 關3601 **암** 暗0300 巖/岩1215 癌1937 庵2365 闇3121 **압** 壓0712 押1894 鴨2151 **앙** 殃0587 仰1139 央1189 怏2381 昻2513 秧2772 鴦3185 **애** 愛0373 哀0385 涯1670 礙,碍1941 埃2041 崖2346 曖2518 隘3131 靄3137 艾3560 **액** 液0796 額1118 厄1516 掖2461 腋2462 縊2846 扼3346 **앵** 櫻2575 鶯3189 **야** 夜0134 野0454 若0714 也1478 耶1733 惹1889 倻2030 冶2187 揶2468 爺3363 **약** 弱0109 藥0438 約0562 若0714 躍1997 葯2937 **양** 洋0067 陽0460 羊0591 養0666 樣1019 壤1187 揚1273 讓1408 楊1653 孃1874 襄2125 恙2384 攘2503 瘍2726 癢2737 釀3101 **어** 語0265 魚0584 漁0585 御1231 於1622 圄2275 瘀2727 禦2770 **억** 億0071 憶1259 抑1265 臆2906 **언** 言0264 焉1684 堰2288 諺3016 彦3438 **얼** 孼3225 **엄** 嚴0951 儼2182 掩2463 奄3340 **업** 業0095 **여** 如0713 餘0904 與1080 予1480 余1487 汝1660 輿1787 **역** 域0317 役0505 逆0661 易0902 亦1134 譯1409 驛1471 疫1695 繹2850 閾3315 **연** 然0249 緣0404 演0800 煙,烟0802 硏0815 延0982 燃1037 鉛1105 宴1205 沿1299 軟1425 燕1687 硯1704 淵2090 衍2124 捐2453 椽2561 筵2799 鳶3182 姸3421 **열** 熱0366 說0633 悅1246 咽1529 閱2011 涅2607 **염** 染1283 焰2653 炎1683 鹽1831 厭1856 閻2140 艶2914 髥3323 **엽** 葉0629 燁3504 **영** 永0390 英0436 榮0779 映1009 營1038 迎1095 影1227 詠1525 泳1665 盈2105 嬰2324 塋3218 暎3459 瑛3522 瀅3529 **예** 禮0276 藝0331 豫1090 譽1410 銳1805 預2019 睿/叡2106 曳2521 裔2988 詣3006 穢3321 濊3491 芮3563 **오** 五0005 惡0343 午0763 誤0873 悟1247 烏1319 傲1498 吾1523 嗚1531 伍1545 娛1554 梧1648 汚1661 吳2040 奧2307 寤2335 懊2422 墺3418 **옥** 玉0417 屋0521 獄1327 沃1368 鈺3592 **온** 溫0359 穩1943 蘊2951 **옹** 翁1728 擁1905 甕2100 雍2296 邕3585 雍3607 **와** 瓦1694 臥1741 渦2618 蝸2966 訛3030 蛙3285 **완** 完0201 緩0370 婉2315 宛2329 玩2690 腕2891 頑3143 豌3299 阮3390 莞3565 **왈** 曰1635 **왕** 王0181 往0734 旺2065 枉2531 汪3475 **왜** 歪1916 倭2032 矮2756 **외** 外0051 畏1242

巍2347 猥2686 **요** 謠0242 樂0386 曜0557 要0613 搖1612 腰1740 遙1796 妖1869 堯2042 饒2179 凹2193 夭2303 拗2440 撓2478 擾2499 窈2784 窯2788 邀3085 饒3158 瑤3260 姚3422 耀3556 **욕** 浴0581 慾0387 辱1430 **용** 勇0279 用0403 容0719 庸1570 傭1846 熔1929 溶2093 鎔1928 通2417 涌2608 舂2870 茸2922 蓉2936 踊3048 俑3207 瑢3525 鏞3598 **우** 右0042 雨0358 友0510 牛0588 優0928 遇1097 郵1103 偶1150 宇1203 愚1252 憂1255 于1481 又1518 尤1560 羽1363 佑2031 寓2337 虞2956 迂3073 嵎3339 祐3544 禹3548 **욱** 旭2064 昱3452 煜3500 頊3523 郁3584 **운** 運0205 雲0357 韻1462 云1482 殞2580 耘2868 隕3132 芸3562 **울** 鬱2025 蔚3567 **웅** 雄0658 熊2095 **원** 遠0114 園0326 元0484 原0485 源0486 援0549 院0655 願0665 員0701 圓0710 怨0986 苑1970 媛2047 冤/寃2186 猿2689 鴛3184 瑗3524 袁3573 **월** 月0044 越1418 **위** 偉0318 僞0345 爲0441 位0475 衛0863 危0940 圍0950 委0960 威0961 慰0988 胃1074 謂1404 緯1725 違1793 尉1876 渭2091 韋2146 萎2929 蝟3288 魏3417 **유** 有0116 油0393 由0405 儒0672 酉0765 裕0905 乳0916 遊1098 遺1100 柔1165 幼1220 幽1221 悠1248 猶1326 維1360 誘1402 唯1528 惟1584 愈,癒1589 踰2128 喩2255 宥2331 愉2399 揄2469 攸2505 柚2537 諭3017 蹂3050 鍮3115 孺3224 游3250 釉3311 俞3401 庾3435 楡3465 諛3382 **육** 育0061 肉0851 **윤** 潤1316 閏1809 尹2049 允3403 胤3557 鈗3590 **융** 融1977 戎2427 絨2833 **은** 恩0351 銀0455 隱1113 殷2081 垠3412 誾3600 **을** 乙0750 **음** 飮0166 陰0459 音0461 吟1524 淫1671 蔭2939 **읍** 邑0144 泣1175 揖2470 **응** 應0740 凝1851 鷹2154 膺2907 **의** 衣0168 義0275 意0375 醫0437 議0875 依0919 儀0924 疑1043 宜1557 矣1702 擬2496 椅2558 毅2587 倚3208 蟻3289 誼3298 **이** 二0002 耳0207 異0220 以0474 移0822 易0902 已1218 貳1544 夷1547 而1732 姨2312 弛2368 爾2668 痍2716 茸2922 餌3153 枾3238 邇3306 伊3398 台3408 怡3441 珥3516 **익** 益0523 翼1364 翌2863 翊3555 **인** 人0013 仁0274 因0514 印0692 引0733 寅0759 認0874 姻0963 忍1235 刃1508 咽1529 湮2619 靭3139 靷3320 蚓3380 **일** 一0001 日0043 逸1435 壹1543 佚2164 溢3251 佾3399 鎰3596 **임** 任0473 壬0756 賃1778 姙1870 稔3269 荏3277 **입** 入0200 **잉** 剩2203 孕2326 **자** 姉0018 子0022 自0073 字0228 慈0349 者0433 資0564 雌0657 姿0738 刺1509 恣1583 紫1722 玆1750 磁1940 諮1987 滋2092 仔2162 煮2657 炙2649 瓷2703 疵2700 蔗2940 藉2950 **작** 昨0132 作0285 爵1691 酌1440 嚼2239 灼2646 炸2647 綽2839 芍2916 雀3133 鵲3188 怍3228 斫3235 **잔** 殘1025 棧2559 盞2743 **잠** 暫1280 潛1318 蠶1764 箴2803 簪2812 **잡** 雜1114 **장** 長0054 將0104 場0137 壯0171 狀0368 章

0423 障0898 奬0937 帳0976 張0983 臟1073 腸1075 裝1082 丈1125 掌1272 粧1355 莊1379 葬1382 藏1387 墻1542 樟2080 仗2163 匠2218 杖2526 漿2634 薔2944 醬3099 欌3245 贓3300 檣3356 庄3433 璋3530 蔣3568 **재** 在0119 才0376 再0492 財0506 材0565 災0586 栽1182 裁1391 載1427 哉1526 宰1875 滓2624 齋3201 **쟁** 爭0309 錚3111 **저** 低0113 貯0643 底0978 抵0998 著1383 沮1918 咀2238 狙2677 箸2804 蔗2940 紙2996 詛3002 躇3056 邸3087 姐3222 猪3257 **적** 赤0179 的0598 敵0770 賊1046 積1054 籍1059 績1067 適1099 寂1206 摘1275 笛1352 跡1420 蹟1421 迹1422 滴1679 嫡2322 狄2676 炙2649 謫3023 **전** 前0038 全0202 電0272 戰0308 傳0481 典0491 展0528 轉0709 殿0718 田0805 專0968 錢1106 奠2165 剪2202 塡2290 廛2364 悛2393 栓2539 氈2589 澱2637 煎2658 癲2732 箋2802 箭2805 篆2806 纏2853 輾3065 銓3107 顚3149 顫3150 餞3155 箋3273 甸3538 **절** 節0354 切0493 絶0495 折0996 竊1946 截2429 **점** 店0533 占0939 點1123 漸1315 粘2819 霑3135 **접** 接0745 蝶1762 楪3241 **정** 正0160 政0189 情0214 庭0325 定0336 精0419 停0479 整0636 征0670 丁0752 程0825 靜1115 井1030 亭1135 廷1223 淨1310 貞1411 頂1465 訂1767 偵1840 呈1857 艇1968 旌2063 晶2068 鄭2132 鼎2157 幀2356 挺2454 町2707 睛2748 碇2763 穽2782 酊3090 釘3103 靖3138 楨3466 汀3471 珽3517 禎3547 **제** 弟0017 帝0185 濟0192 第0426 題0467 制0683 提0746 祭0818 製0864 除0896 際0899 諸1405 齊1474 堤1537 劑1853 悌2390 梯2546 蹄3052 臍3276 啼3335 **조** 兆0072 朝0135 祖0388 早0449 操0545 調0635 助0687 租0823 造0865 鳥0907 條1016 潮1033 組1064 棗1285 照1320 弔1180 燥1688 彫1886 措1897 釣2006 凋2189 嘲2266 曹2522 漕2628 爪2664 眺2747 稠2776 窕2785 粗2820 糟2824 藻2952 詔3003 躁3057 遭3083 阻3125 蚤3283 槽3244 肇3373 曺3460 祚3545 趙3578 **족** 族0089 足0237 簇2808 **존** 尊0550 存0676 **졸** 卒0105 拙1603 猝2684 **종** 終0128 宗0470 種0605 從0660 鍾/鐘1107 縱1293 綜1956 慫2416 腫2896 踪3049 倧3209 琮3520 **좌** 左0041 座0337 坐1181 佐1488 挫2455 **죄** 罪0618 **주** 主0075 住0139 晝0133 注0392 州0530 週0647 走0885 周0949 朱1013 酒1102 宙1204 柱1284 洲1301 株1651 舟1743 奏1868 珠1933 鑄2009 駐2023 嚋2103 做2176 冑2185 呪2240 嗾2264 廚2361 紂2826 紬2832 註3004 誅3007 躊3055 輈3385 酎3392 **죽** 竹0831 粥3271 **준** 準0799 俊1489 遵1797 准1850 峻2052 浚2086 駿2148 樽2571 竣2791 蠢2974 埈3413 晙3457 濬3492 **중** 中0035 重0111 衆0861 仲1142 **즉** 則0502 卽1169 **즐** 櫛2545 **즙** 汁2591 **증** 增0259 症0411 證1087 憎1257 曾1282 蒸1385 贈1783 **지** 地0012 紙0268 智0277 知0281 止0480 池0583 志0736 指0743 支0748 至0855 持1001 誌1086 之1129 只1505 枝1640 遲1798 旨1909 脂1964 址2044 芝2115 咫2244 摯2477 枳2534 祉2768 肢2878 漬3252 **직** 職0094 直0252 織1065 稷2107 稙3551 **진** 眞0344 辰0761 進0888 珍1040 盡1047 陣1112 振1270 鎭1444 陳1450 塵1867 津1919 診1984 震2017 嗔2260 塡2290 疹2715 晉3454 秦3550 **질** 疾0409 質0646 姪0948 秩1346 室1944 叱2227 嫉2310 帙2354 桎2540 跌3045 迭3074 膣3376 **짐** 斟2509 朕2523 **집** 集0323 執1184 輯2001 什3325 **징** 徵1232 懲1597 澄2635 **차** 車0273 次0784 差0974 此1229 茶1377 且1476 借1495 遮2004 叉2224 蹉3044 磋3267 嗟3337 **착** 着0498 著1383 捉1607 錯1807 搾2474 窄2786 鑿3118 **찬** 讚1088 贊1416 餐2022 燦2096 鑽2138 撰2486 篡2807 纂2852 饌3159 璨3533 瓚3535 **찰** 察0415 刹1852 札1910 擦2497 **참** 參0508 慘1591 慙/慚1592 懺1593 斬1908 僭2181 塹2293 站2790 讒3026 讖3031 **창** 窓0422 唱0243 創0685 倉0979 昌1279 蒼1386 暢1634 滄1676 彰1887 倡2174 娼2316 廠2366 愴2409 槍2566 猖2443 瘡2731 脹2893 艙2912 菖2930 敞3446 昶3453 漲3359 **채** 彩0173 採1003 菜1380 債1501 采2133 寨2340 埰3431 蔡3569 **책** 責0639 冊0931 策1353 柵2538 **처** 處0857 妻1199 悽1585 凄1586 **척** 尺0233 拓1267 戚1263 斥1620 隻2014 陟2141 擲2501 滌2629 瘠2730 脊2884 **천** 天0011 川0065 千0069 賤0296 淺0795 泉1029 踐1424 薦1757 遷1799 喘2256 擅2494 穿2783 闡3123 釧3589 **철** 鐵0650 哲1177 徹1234 撤1904 凸2194 綴2840 轍3068 喆3410 澈3488 **첨** 尖1559 添1672 僉2178 籤2815 諂3013 甛3262 瞻3541 **첩** 妾1200 諜1988 帖2355 捷2465 牒2670 疊2710 貼3035 睫3264 **청** 靑0174 聽0218 淸0395 請0664 廳0981 晴1632 **체** 體0079 替1636 滯1922 締1957 逮2002 遞2003 涕2609 諦3018 体3391 **초** 草0261 初0127 招0663 礎1343 肖1366 超1417 抄1600 哨1859 焦1926 秒1942 楚2076 憔2394 梢2547 樵2572 炒2648 硝2760 礁2765 蕉2919 貂3034 醋3092 酢3093 酷3309 稍3371 **촉** 促1146 觸1396 燭1689 蜀2123 囑2273 **촌** 村0150 寸0232 **총** 銃0813 總0843 聰1735 叢2225 塚2291 寵2341 **촬** 撮2487 **최** 最0558 催1147 崔3415 **추** 秋0030 醜0348 推1004 追1432 抽1604 趨1995 墜2294 椎2560 樞2568 芻2923 酋3091 錘3112 錐3113 鰍3178 鎚3389 楸3467 鄒3586 **축** 祝0603 蓄0644 丑0758 築0835 畜0910 縮1069 逐1791 蹴1996 軸1999 蹙2270 **춘** 春0029 椿2077 **출** 出0199 黜3198 **충** 忠0187 充0487 蟲0859 衝1394 衷1979 沖/冲2037 **췌** 悴2395 膵2902 萃2932 贅3041 **취** 取0696 就0969 趣1091 吹1172 醉1439 臭1742 炊1925 聚2114 娶2317 翠2866 脆2885 **측** 測0797 側1151 惻2401 **층** 層0972 **치** 治0190 値0483 致0623 置0847 齒0914 恥1244 稚

1348 峙2051 雉2142 侈2306 幟2357 熾2663 痔2717 癡,痴2735 緻2843 馳3162 蚩3330 嗤3338 **칙** 則0502 勅2210 **친** 親0444 **칠** 七0007 漆1546 **침** 侵0678 寢 0967 針1104 沈1296 枕1641 浸1668 斟2509 砧2758 鍼3116 **칩** 蟄2972 **칭** 稱1051 秤2773 **쾌** 快0737 **타** 他 0074 打0540 墮1541 妥1551 唾2251 惰2402 楕2562 舵2911 陀3126 駝3168 **탁** 度0340 濁0396 卓0507 濯 0578 拓1267 托1599 擢2498 琢1692 託1983 鐸3117 **탄** 炭0365 彈0984 歎1022 誕1986 灘2094 吞2233 坦 2278 憚2415 綻2841 **탈** 脫1072 奪1550 **탐** 探1005 貪 1776 耽2112 眈2113 **탑** 塔1185 搭2475 **탕** 湯1675 糖 1720 宕2330 蕩2942 **태** 太0333 態0739 殆0942 泰 1300 怠1582 胎1963 颱2020 兌2034 汰2597 笞2797 苔2921 跆3046 台3408 **택** 宅0520 擇0649 澤1317 **탱** 幀2356 撐2489 **터** 擴2502 **토** 土0047 討1085 兔1155 吐1522 **통** 洞0146 痛0410 通0452 統0840 慟2410 桶 2548 筒2549 **퇴** 退0889 推1004 堆2283 槌2567 腿 2899 褪2991 頹3145 鎚3389 **투** 投0997 鬪1122 透 1233 套2304 妬2311 偸3210 **특** 特0397 慝2418 **파** 波 0793 破0812 派1031 播1613 罷1731 頗1818 把1892 婆1729 巴2350 擺2483 杷2530 爬2665 琶2698 芭 2918 跛3047 坡3427 **판** 板0566 判0932 版1324 販 1777 辦3071 瓣3261 阪3602 **팔** 八0008 **패** 敗0311 貝 1775 覇1982 佩2166 悖2396 牌2669 稗2777 唄3334 沛3358 **팽** 澎2615 膨2892 烹3253 **퍅** 愎2403 **편** 便 0195 篇1057 片1322 編1726 遍1794 偏1842 扁2061 鞭2491 騙3170 **폄** 貶3036 **평** 平0164 評0995 坪1864 萍3279 **폐** 閉0458 肺1077 弊1225 幣1567 廢1573 蔽 1756 斃2583 陛3129 吠3214 撇3234 **포** 包0689 布 0726 暴0777 砲0814 胞1071 怖1239 浦1305 抱1605 捕1608 飽1823 抛1895 鋪2007 葡2119 鮑2150 匍 2213 咆2241 哺2248 圃2276 庖2360 泡2598 脯2887 蒲2931 袍2985 褒2992 逋3331 **폭** 暴0777 爆1039 幅 1566 曝2520 瀑2641 **표** 表0442 票0820 標1021 漂 1680 剽2204 慓2414 瓢2810 豹3033 飄3152 杓3462 **푼** 分0304 **품** 品0513 稟2775 **풍** 風0356 豊/豐0883 楓1127 諷3019 馮3610 **피** 皮0791 疲1044 避1101 彼 1228 被1390 披2441 **필** 必0536 筆0608 畢1334 匹 1512 弼2056 疋3590 **핍** 乏2159 逼3080 **하** 夏0031 下 0037 河0064 賀0604 何1143 荷1752 瑕2699 蝦2967 霞3136 遐3305 **학** 學0058 鶴1472 虐1976 壑2298 瘧 2739 謔3021 **한** 韓0186 漢0248 寒0361 限0895 恨 0987 閑閒1109 旱1624 汗1662 翰1962 邯2101 悍 2385 罕2855 澣3361 **할** 割1166 轄3066 **함** 含1173 陷 1451 咸1527 艦1969 函2195 喊2257 檻2574 涵2622 緘2844 銜3108 鹹3191 **합** 合0322 盒2742 蛤2961 陜

3605 **항** 行0440 恒0729 港0798 航0856 抗0999 降 1111 項1466 巷1565 亢2028 缸2854 肛2874 沆3476 **해** 海0066 害0524 亥0767 解0866 奚1549 該1768 偕 2177 咳2245 懈2423 楷2563 諧3020 邂3075 駭3169 骸3173 **핵** 核1015 劾2207 **행** 幸0339 行0440 杏1647 倖2180 **향** 鄕0149 向0154 香0906 響1463 享1485 嚮 2271 饗3160 **허** 許0631 虛0858 噓2267 墟3219 **헌** 憲 0499 獻1329 軒1785 **헐** 歇2578 **험** 驗0871 險0941 **혁** 革1116 赫2127 爀3507 **현** 現0118 見0215 賢0849 顯 1119 懸1260 玄1330 弦1576 絃1724 縣1727 眩2745 絢2834 衒2977 峴3429 炫3497 鉉3593 **혈** 血0860 穴 1712 孑3223 頁 **혐** 嫌1873 **협** 協0690 脅1370 峽1882 俠2170 挾2456 狹0535 頰3146 鋏3313 陝3605 **형** 兄 0016 形0367 刑0619 亨1484 螢1763 型1865 衡1978 荊2552 瀅3494 炯3498 邢3581 馨3609 **혜** 惠0352 慧 1256 兮1504 彗2372 醯3310 鞋3321 **호** 戶0156 號 0439 湖0582 好0627 呼0698 護0880 豪0920 浩1306 胡1369 虎1389 乎1477 互1483 毫1658 濠1923 壕 2053 扈2062 昊2066 皓2104 弧2370 狐2678 琥2691 瑚2694 糊2823 壺3220 晧3458 澔3489 祜3546 鎬 3597 **혹** 或0992 惑0993 酷2005 **혼** 婚0962 混1032 魂 1459 昏1627 渾2620 **홀** 忽1237 惚2387 笏2795 **홉** 合 0322 **홍** 紅0175 洪1302 弘1575 鴻1829 哄2246 虹 2957 訌2999 泓3478 **화** 火0046 和0165 花0260 話 0267 禍0289 畵0328 化0638 華0780 貨0884 禾1709 靴2018 嬅3423 樺3469 **확** 確0817 擴1614 穫1711 攫 3233 **환** 患0408 丸0985 歡1023 環1041 換1274 還 1436 幻1884 桓2074 宦2332 驩3172 鰥3179 喚3203 煥3501 **활** 活0247 滑1921 猾2680 闊3122 **황** 黃0176 皇0184 況1028 荒1751 凰1828 徨2375 怳2386 惶 2404 遑2405 慌2406 煌2659 隍3316 晃3455 滉3484 **회** 會0194 回0708 灰1036 悔1249 懷1261 廻1885 淮 2088 徊2378 恢2464 晦2515 繪2851 膾2908 蛔2962 誨3010 賄3038 獪3259 檜3470 **획** 劃1167 獲1328 **횡** 橫1294 **효** 孝0188 效0547 曉1630 哮2242 嚆2268 爻 2666 酵3097 梟3240 淆3248 肴3275 **후** 後0039 候 0355 厚0945 侯1490 喉1530 后2039 吼2234 嗅2261 朽2524 逅3076 **훈** 訓0447 勳1854 薰2122 暈2516 燻 3256 壎3432 熏3502 **훤** 喧3336 **훼** 毀1656 卉2222 **휘** 揮1006 輝1786 徽2060 彙2373 諱3024 麾3195 **휴** 休 0197 携1611 畦3263 虧3282 恤3499 **휼** 恤2388 **흉** 凶 0288 胸1737 匈2038 兇2183 洶2605 **흑** 黑0177 **흔** 欣 2577 痕2718 **흠** 欽2135 欠2576 **흡** 吸0699 恰2389 洽 2606 **흥** 興0291 **희** 喜0383 希0560 戲1264 稀1347 噫 1532 熙1685 姬1871 羲2110 犧2674 嬉3424 憙3444 熹3505 禧3553 **힐** 詰3008

가족 한자

부수에 대하여 __ 876

한자의 구성 __ 876

가족 한자 __ 877

제1부 부수 해설 __ 878~890

제2부 가족 한자 __ 891~1101

가족 한자 표제자 목록 __ 1102~1103

가족 한자 가나다순 찾아보기 __ 1104~1108

부수에 대하여

1) 부수란 무엇인가?

한자를 字形(자형)에 따라 분류하였을 때 그 분류된 무리들을 각각 '部(부)'라고 하며, 그 부를 대표하는 문자를 '部首(부수)'라고 한다. 이를테면 木(목), 李(리), 材(재), 松(송), 林(림) 등과 같이 '木(목)'을 바탕으로 해서 이루어진 글자들을 모으고 이들을 '木部(목부)'라고 하며, '나무 木(목)'을 部首(부수)로 삼고 있는 것이다.

部首(부수)와 部(부)에 속한 문자들은 일반적으로 뜻과 관련이 있다. 이를테면 '나무 木(목)'부에 속하는 한자들은 '나무'에 관련이 있고, '물 水(수)'부에 속하는 한자들은 '물'에, '불 火(화)'부에 속하는 한자들은 '불'에 관련이 있다. 따라서 부수의 의미를 잘 알아두면 한자를 학습하는 데에 크게 도움이 된다.

한자의 부수는 여러 가지 분류법이 있어 일정하지 않지만, 우리나라에서 나온 字典(자전)들에서 214개의 부수 체계를 따르고 있어 이 책에서도 그에 따랐다.

2) 부수가 놓인 위치와 그 명칭

한 글자에서 부수가 놓인 위치에 따라 이름을 달리 한다.
① 邊(변) : '땅 地(지)'자에서 '흙 土(토)', '매화 梅(매)'자에서 '나무 木(목)' 등처럼 문자의 왼쪽에 붙는 부수.
② 旁(방) : '나라 鄭(정)'자에서 '고을 阝(읍)', '기약할 期(기)'자에서 '달 月(월)' 등처럼 문자의 오른쪽에 붙는 부수.
③ 머리 : '집 家(가)'자의 '갓머리 宀(면)', '붓 筆(필)'자의 '대 竹(죽)' 등처럼 문자의 위 머리 부분에 붙는 부수.
④ 발 : '더울 熱(열)'자의 '불 灬(화)', '더할 益(익)'자의 '그릇 皿(명)' 등처럼 문자의 아래 발의 위치에 붙는 부수.
⑤ 몸 : '위대할 偉(위)'자의 '다룸가죽 韋(위)', '물결 波(파)'자의 '가죽 皮(피)' 등처럼 문자의 몸의 위치에서 쓰이는 부수. 엄밀히 말해서 몸으로 쓰인 부수는 부수가 아니다. '偉(위)'자는 '사람 亻(인)'변에, '波(파)'자는 '물 氵(수)'변에 속하는 글자이다. 부수로 지정된 글자가 몸의 위치에서 쓰일 때도 있다는 것을 보여주는 예이다.
⑥ 밑 : '근원 原(원)'자의 '민엄호밑 厂(한)', '가게 店(점)'자의 '엄호밑 广(엄)' 등처럼 이 부수 아래에 몸에 해당하는 것을 쓰는 경우.
⑦ 받침 : '일어날 起(기)'자의 '달아날 走(주)', '멀 遠(원)'자의 '책받침 辶(착)' 등처럼 문자의 받침 위치에 있는 부수.

위와 같이 부수의 위치에 따라 일곱 가지 형태로 분류할 수 있으나, 절대적인 것은 아니고, 예외도 있다. 부수의 위치에 따라 부수의 의미가 달라지는 것도 아니다.

한자의 구성

한자는 어떻게 해서 만들어졌는가?

초기의 한자는 구체적인 사물의 모습을 그대로 그리다가 그 그림을 간략하게 한 개 또는 몇 개의 획으로 나타내었다. 그림문자에서 발전한 이 방식을 문자학에서 象形(상형)이라고 한다. 한 一(일), 소 牛(우), 말 馬(마) 등의 예가 그것이다.

모든 사물이나 현상을 象形(상형)의 방법으로 문자를 만드는 데는 한계가 있을 수밖에 없고, 때로는 그려서 표현하는 데에도 많은 시간과 노력이 들었을 것이다. 따라서 형상화할 수 없거나 형상화가 비능률적인 경우 그 형상에 추상적인 의미를 가진 부호를 만들고, 그 부호를 이용하여 문자를 만드는 방안을 착안하였다. 이러한 방법을 指事(지사)라고 한다. 예를 들면 '上(상)', '下(하)' 등이 그것이다.

다음 단계로 만들어진 방법은 會意(회의)의 방법이다. 두 개 이상의 한자를 합하여 새로운 하나의 글자를 만들고, 그 뜻도 합성하는 것이다. 象形(상형)의 방식으로 만들어진 '해 日(일)'과 指事(지사)의 방식으로 만들어진 '날 生(생)'을 합쳐서 '별 星(성)'자를 만드는 것 따위이다.

위의 세 방식으로도 만들기가 어려운 것들은 어떻게 문자를 만들었을까?

하나의 글자의 절반인 한쪽은 뜻[形(형)]을 나타내고 다른 절반은 음[聲(성)]을 나타내는 것을 결합하여 새로운 문자를 만든다. 이렇게 문자를 만드는 방식을 形聲(형성)이라고 한다. '그릇할 誤(오)'자의 경우 '言(언)'은 뜻을, '吳(오)'는 음을 나타내는 따위가 그것이다. 또한 절반씩으로 나누어 뜻을 나타내는 요소와 음을 나타내는 요소를 결합하는 것만이 아니라 몇 개의 요소를 모아서 새로운 문자를 만들 수도 있었을 것이다. 예를 들면 '여덟 八(팔)'과 '칼 刀(도)'자를 합쳐 '나눌 分(분)'자를 만들고, 여기에 '조개 貝(패)'를 붙여 '가난할 貧(빈)'자를 만들었다. '재산, 돈'을 자꾸 나누어주고 나니 남은 것이 없다. 가난할 貧(빈). 이런 방식으로 문자를 만드는 것이다.

이렇게 象形(상형), 指事(지사), 會意(회의), 形聲(형성)의 방식으로 만들어진 글자를 달리 활용하는 방법이 있다. 轉注(전주)와 假借(가차)이다.

轉注(전주)는 이미 만들어진 어떤 한자의 뜻을 그 글자와 같은 부류(部類) 안에서 다른 뜻으로 전용(轉用)하는 것을 말한다. 경우에 따라서는 그 음을 바꾸기도 한다. '惡'을 [악]으로 읽어 '악하거나 모질다'는 뜻으로 쓰던 것을 [오]로 읽어 '미워하다'는 뜻으로 통하여 쓰이는 따위이다.

假借(가차)는 적당한 글자가 없을 때, 뜻은 다르나 음이 같은 글자를 빌어서 대신으로 쓰는 방법을 말한다. 이를테면, 전날에 '보리'를 뜻하는 '來'자를 빌어 '오다'를 뜻하는 글자로 쓰는 것이 그 예이다. 외래어의 음역 '독일(獨逸)', '비구니(比丘尼)' 같은 것은 대개 이 가차의 방식을 이용한 예이다.

이상의 여섯 가지 방식을 六書(육서)라고 하고, 한자는 이 여섯 가지의 방식으로 만들어졌다고 보는 것이다. 그러나 모든 한자가 정확하게 이 여섯 가지 방식 중 어느 한 가지 방식으로 만들어졌다고 설명될 수는 없고, 학자 또는 학설에 따라 해석을 달리하기도 한다. 문자의 형성에 관한 이 이상의 전문적인 사항은 이 책의 범위를 넘는 것이니 한자학에 관한 전문서적을 참고하기를 바란다.

가족 한자

한자는 會意(회의)와 形聲(형성)의 방식으로 만들어진 것이 전체 글자의 80%가 넘는다고 한다. 초기의 한자들은 象形(상형)과 指事(지사)의 방식으로 만들어지고, 이것들을 이용하여 會意(회의)와 形聲(형성)의 방식으로 한자를 만들게 되었다. 부수로 쓰이는 한자들은 거의 象形(상형)과 指事(지사)의 방식으로 만들어진 것들이다. 그리고 이 부수에 따라 한자들을 정리하고 분류하게 되었다.

會意(회의)와 形聲(형성)의 방식으로 만들어진 개개의 한자들은 크게 두 부분(요소)으로 나눌 수 있는데, 뜻을 나타내는 부분과 음을 나타내는 부분이다. 학자에 따라 意符(의부)와 音符(음부), 表意要素(표의요소)와 表音要素(표음요소), 發音要素(발음요소)와 意味要素(의미요소) 등으로 이 요소들을 표현하고 있다. 그리고 대체로 부수는 '의미'를, 그리고 나머지 부분 즉 '몸'에 해당하는 부분은 '음'을 나타내거나 '음'과 '의미'를 함께 나타내는 요소로 쓰였다.

'용 龍(룡)'자를 예를 들어보자. 1급 한자 범위 이내에 드는 것으로서 이 '龍(룡)'자가 글자의 요소로 쓰인 한자는 '龍(룡)'자를 포함해서 8개가 있다. 그 중 '龍(룡)'의 부에 지정된 글자는 '용 龍(룡)'자 한 개 뿐이다. 나머지 7개는 다른 부에 지정되어 있다. '대바구니 籠(롱)'자는 '대 竹(죽)' 부에, '귀머거리 聾(롱)'자는 '귀 耳(이)' 부에, '밭두둑 壟(롱)'자는 '흙 土(토)' 부에, '옥소리 瓏(롱)'자는 '구슬 玉(옥)' 부에, '엄습할 襲(습)'자는 '옷 衣(의)' 부에, '사랑할 寵(총)'자는 '갓머리 宀(면)' 부에, '높은 집 龐(방)'자는 '엄호 广(엄)' 부에 지정되어 있다. 여기에서 요소로서의 부수들은 '의미'의 요소로, '龍(룡)'자는 상상의 동물 '龍(룡)'과는 관계가 없는 '음'의 요소로 쓰이고 있다.

사람이 몸과 마음으로 이루어진 것과 마찬가지로 표의문자인 한자들도 몸과 마음으로 이루어졌다. 몸에 해당하는 부분은 어머니로부터 받고, 마음에 해당하는 부분은 아버지로부터 받아 자식이라는 새로운 글자가 탄생한다. 그리고 이렇게 생명을 가지게 된 자식 한자가 또다른 부분 요소를 받아들여 다시 한자를 만든다면 이 한자는 손자라는 새로운 한자가 되는 것이다. 이렇게 그 글자의 가족이 이루어지는 것이다. 이러한 관계를 맺은 한자들의 집단을 적당하게 표현할 어휘를 찾지 못하여 '가족 한자'라 이름을 붙였다.

이제까지는 '부수'를 가족을 구분하는 기준으로 삼아 한자들의 가족관계기록부를 만들었다고 할 수 있다. 이와는 달리 저자는 글자의 몸통에 해당하는 부분을 기준으로 가족 관계를 정리해 보고자 하였다. 물론 이런 방법이 정통 한자학의 입장에서 볼 때 이치에 합당하지 않을 수도 있다. 그러나 한자를 학습할 때, 몸통에 해당하는 '용 龍(룡)'자 한 글자를 알면 거기에 '획 수'도 간단하고, '의미'도 분명한 여러 가지의 '부수'를 바꾸어 붙이면서 여러 글자들을 한꺼번에 쉽게 학습할 수 있다고 판단되어 이 방법을 택하여 본 것이다. '대 竹(죽)'이나 '귀 耳(이)'라는 부수에 획수도 많고 모양도 복잡한 몸통 글자를 바꾸어 붙여 가며 여러 글자를 학습하는 것보다는 이 방법이 훨씬 편리하고 능률적일 것이라 생각해서 시도해본 것이다.

'몸'에 해당하는 요소에 '마음'에 해당하는 '부수'를 바꾸어 붙여 가면서 쉽게 학습하는 방법에 관한 한자 학습서가 이미 시중에 나와 있는 것으로 알고 있다. 그 책들에 비하여 이 책은 '몸'에 해당하는 표제어의 수가 비교되지 않을 정도로 많다. 총 714개의 표제어를 다루었다. 한자능력검정시험 1급 한자 범위 이내에 속하는 한자를 全數(전수) 분석하여 '몸'이 같거나 '몸'이 내려온 내력이 같은 글자들을 모두 모아 가족관계기록부를 완성하고자 하였다. 저자의 淺學(천학) 탓으로 설명이 부족할 수는 있으나, 기록부 작성에 가족이 누락된 것은 없을 것임을 자부한다.

제1부는 214개의 부수에 대한 해설이다.
제2부에서는 714개의 표제어 가족을 소개한다.

제1부 부수 해설

부수로서 또는 글자의 구성요소로서 쓰이는 상대적 빈도가 매우 높은 것은 ***를, 높은 것은 **를, 그 다음은 *를 부수 앞에 표시하였다. 그 빈도가 낮은 것은 * 표시를 하지 않았다. 저자 임의로 구분한 것이므로 절대적인 것은 아니다.

【1획】

*** 一 **한 일**　가로 그은 한 획으로서 '하나'의 뜻을 나타낸다. 다른 부수의 글자와는 달리 이 부수에 딸린 글자의 뜻이나 음에 직접적으로 작용하는 일은 거의 없다.

丨 **뚫을 곤**　위에서 밑으로 그어 물러섬을, 또 밑에서 위로 그어 나아감을 나타내어 上下(상하)로 통함을 뜻하게 만든 글자이다. 독립된 문자로 쓰이는 예는 없다.

丶 **점 주**　어구의 끊어지는 자리에 찍는 표지라는 설, 象形(상형)으로서 등불의 불꽃을 본뜬 글자라는 설 등이 있다. 문자의 구성요소로는 '작은 것'을 나타내는 부호로 쓰인다.

丿 **삐침 별**　上右(상우)에서 左下(좌하)로 굽게 삐친 모양이다. 이와 반대 上左(상좌)에서 右下(우하)로 굽게 삐치는 '乀'을 '삐침 불'이라 한다. 독립된 문자로 쓰이는 예는 없다.

* 乙 **새 을**　陰氣(음기)가 아직도 강한 이른 봄이기에, 초목의 싹이 곧게 돋아나지 못하고 구부려져 있음을 본뜬 글자이다. 또는 '갈 之(지)'자 형을 본떠 사물이 원활히 나아가지 않는 상태를 나타낸다. 그래서 '구부러지다'의 뜻을 나타낸다. 글자에 따라서 'ㄴ' 또는 '乁'의 형태를 취할 때도 있다.

亅 **갈고리 궐**　위 끝은 뾰족하고 아래 끝은 꼬부라진 갈고리의 모양을 본떴다. 부수로 쓰이는 이외에 독자적으로는 거의 쓰이지 않는다.

【2획】

** 二 **두 이**　위의 '一'은 하늘(天), 밑의 '一'은 땅(地)의 뜻으로, 둘 나란히 놓아 '2'라는 수효를 나타낸다.

亠 **돼지해머리 두**　문자 정리의 필요에 따라 부수로 올려진 문자이다. 본래 음도 뜻도 없었으나 이것이 '돼지 亥(해)'자의 '머리' 부분으로 편의적으로 '頭(두)'라 읽게 되었다.

*** 人 **사람 인**　사람이 팔을 뻗치고 서 있는 모양을 옆에서 본 모양이다. 직립한다는 것은 다른 동물에서 찾아볼 수 없는, 사람만이 가지는 특성이다. 변으로 쓰일 때는 그 글자의 모양이 '亻'으로 된다. '人/亻'을 意符(의부)로 하여 사람의 성질이나 상태 따위를 나타내는 글자를 이룬다.

* 儿 **어진 사람 인**　사람의 두 다리를 본뜬 글자이다. 글자의 아래 부위에 쓰이며, 많은 경우 성인을 나타내는 글자를 이룬다. 부수로서 '人'은 변으로 쓰일 때는 '亻'이 되고, 발로 쓰일 때는 '儿'으로 된다고 설명하기도 한다.

* 入 **들 입**　하나의 줄기 밑에 뿌리가 갈라져 땅속으로 뻗어 들어가는 모양을 본뜬 글자로 '들어가다'의 뜻을 나타낸다.

* 八 **여덟 팔**　사물이 둘로 나뉘어져 서로 등지고 있는 모양이다. 그래서 둘로 나누어지는 기본수 중에서 가장 큰 여덟을 뜻한다. 부수로서의 '八(팔)'에는 공통되는 특정한 뜻은 없다.

冂 **멀 경**　'丨丨'와 '一'이 합쳐졌다. 세로 두 줄에 가로 한 줄을 그어 멀리 길이 잇닿아 있는 모양에서 만든 글자이다. '一'은 경계를 나눈 표지이다. 따라서 '경계 밖의 먼 곳'을 나타내고, 이에서 '멀다'의 뜻이 되었다.

** 冖 **민갓머리**　사방으로 천이 늘어뜨려져 있는, 덮어씌우는 물건의 모양이다. 단독의 한자로는 '덮어 가릴 冖(멱)'자인데, 부수의 명칭은 '민갓머리'라 하여 '갓머리 宀(집 면)'과 구별하고 있다. '冖'을 意符(의부)로 하여 '덮다', '덮개' 등의 뜻을 포함하는 글자를 이룬다.

* 冫 **이 수**　단독의 한자로는 '얼 冫(빙)'이다. 부수로는 '이 수 변', 또는 '두 점 변'이라고 부른다. '冫'을 意符(의부)로 하여 '얼다', '춥다' 등의 뜻을 포함하는 글자를 이룬다.

几 **안석 궤**　위는 평평하고 발이 붙어 있는 책상의 모양을 본뜬 글자이다. '几(궤)'를 意符(의부)로 하여 '책상'의 뜻을 포함하는 글자를 이루지만 그 예는 적다.

凵 **위 터진 입 구**　벌리고 있는 입의 가운데가 쑥 들어간 모양이라는 설과, 땅이 우묵하게 파인 모양이라는 두 설이 있다. 단독 한자로는 '입 벌릴 凵(감)'자이고 부수 명칭은 '위 터진 입 구'라 하여 '터진 입 구'인 '匚(상자 방)'과 구별한다.

*** 刀 **칼 도**　칼날이 구부정하게 굽은 칼의 모양을 본뜬 글자이다. 변으로는 쓰이는 일이 없고, 방(旁)으로는 '刀'의 모양으로 드물게 쓰인다. '刀'의 별체 '刂'는 독립적으로 쓰이는 일이 없고, 다른 글자와 어울려 방으로 쓰일 때의 자체이다. 이를 '칼 刀(도)'와 구별하여 '선칼 刂(도)'라 이른다. '刀/刂'를 意符(의부)로 하여 '날붙이', '베다'의 뜻을 포함하는 글자를 이룬다.

** 力 **힘 력**　팔에 힘을 주었을 때 근육이 불거진 모양을 나타낸 것이다. '힘'이란 뜻을 나타낸다. '力(력)

을 意符(의부)로 하여 '힘이 있다', '힘을 들이다'의 뜻을 포함하는 글자를 이룬다.

勹 쌀 포 '쌀 包(포)'자의 본자(本字)이지만 단독으로 쓰이는 예는 없다. 사람이 몸을 앞으로 구부려 보따리를 싸서 안고 있는 모양이다. 그래서 '싸다'의 뜻을 나타낸다. '勹'를 意符(의부)로 하여 '싸다'의 뜻을 포함하는 글자를 이룬다.

匕 비수 비 끝이 뾰족한 숟가락을 본떠, '숟가락'을 나타내는 글자로 삼았다. '숟가락'은 '젓가락'과 나란히 짝을 이룬다. '匕(비)'를 意符(의부)로 하여 '나란하다', '짝을 이루다'의 뜻을 포함하는 글자를 이루는 예가 많다.

匚 상자 방 물건을 넣어두는 네모진 상자를 옆에서 바라본 모양을 본뜬 글자이다. 오른쪽 금이 없는 곳은 상자의 문이 열려 있음을 뜻한다. 흔히 '터진 입 구'라고도 부른다.

匸 감출 혜 '一'은 윗부분을 가리어 덮고 있음을, 'ㄴ'은 물건을 숨겨 감추는 곳을 각 각 나타낸다. 이에서 '감추다'의 뜻이 되었다. 부수의 이름으로 흔히 '터진에운담'이라고 한다.

十 열 십 '丨'은 남북, '一'은 동서, 곧 동서남북과 중앙이 모두 갖추어졌다는 뜻이다. 數(수)에서 갖추어진 것은 '10'이기에 '열'을 뜻한다.

卜 점 복 거북을 구웠을 때 그 등껍데기에 나타난 금을 본뜬 것이다. 옛날에는 거북을 구워 그 등껍데기에 나타난 금으로써 점을 쳤기에 '점', '점치다'의 뜻을 가진다. '卜(복)'을 意符(의부)로 하여 '占(점)'의 뜻을 포함하는 글자를 이룬다.

卩/㔾 병부 절 사람이 무릎을 꿇는 모양을 본뜬 것이다. 두 다리의 관절이 서로 마주보듯이 꼭 들어맞는 표, '符節(부절)'의 뜻으로 쓰인다. 그 모양이 병부(兵符)를 반으로 나눈 것과 같다는 데서, '병부 절'이라는 이름이 붙었다. '卩(절)/㔾'을 意符(의부)로 하여 무릎을 꿇는 일에 관계되는 문자나 信標(신표)의 뜻을 포함하는 문자를 이룬다. 부수로서 발이 될 때는 '㔾(절)'이 된다.

厂 민엄 호 언덕의 윗부분이 툭 튀어나와, 그 밑에서 사람이 살 수 있는 곳을 본뜬 모양이다. 그래서 덮거나 가리어 엄호(掩護)한다는 뜻의 '엄호(广)'에 대하여 'ㆍ'이 없는 엄호라고 하여 민엄호라 부르고, 이 엄호 밑에 글자를 써 넣는다고 하여 '엄호밑'이라는 이름이 붙었다. 단독 한자로는 '언덕 厂(한)'이라 한다. '민엄호'를 意符(의부)로 하여 '벼랑'의 뜻을 포함하는 문자를 이룬다.

厶 사사 사 '厶(사)자는 자신의 소유물을 묶어 싸놓고 있는 모양에서 '나', '사사로움'의 뜻을 나타낸다. 부수의 명칭으로 '마늘모'라 이르는 것은 그 자형이 마늘 쪽과 같이 세모진 모양을 하고 있기 때문이다.

又 또 우 오른손과 그 손가락을 본뜬 글자이다. 다섯 손가락을 약하여 세 손가락을 나타내고 있다. '右(오른쪽 우)'자는 이에 '口'를 더한 것이다. 어떤 사물을 중복해서 가진다는 데서, '또'의 뜻으로 전용되었다. '又(우)'자가 부수로 쓰일 때, '또'라는 뜻으로 쓰인 예는 없고, 모두 '손'의 동작에 관계되는 문자를 이룬다.

【3획】

口 입 구 사람의 입 모양을 본뜬 것이다. '口(구)'를 부수로 하여 '목소리'나 '숨을 밖으로 내는 일', '음식' 따위, '입의 기능'에 관계되는 문자를 이룬다.

囗 큰 입 구 사방을 한 둘레 빙 두른 모양을 본떠 '두르다', '둘리다'의 뜻을 나타낸다. 부수 명칭으로는 '口(입구)'자보다 더 큰 '입 구'자라는 생각에서 '큰 입 구'자라 일컫는다. 글자로는 '에울 위/나라 국'이다. '囗'를 意符(의부)로 하여 '둘러싸다', '둘레'의 뜻을 포함하는 문자를 이룬다.

土 흙 토 '二'의 위의 '一'은 지표를, 아래의 '一' 지중을 본떴고, '丨'은 지중에서 싹이 터서 지표를 뚫고 자라는 식물을 뜻한다. 그래서 식물이 생육하는 '흙'을 뜻한다. '土(토)'를 意符(의부)로 하여 '흙으로 된 것', '흙의 상태', '흙에 손질을 가하는 일' 등에 관계되는 문자를 이룬다.

士 선비 사 '士(사)'자는 일종의 큰 도끼의 모양으로, '큰 도끼를 가질 만한 남자'의 뜻을 나타낸다. 일반적으로 미혼의 남자를 나타내는 것이었다. 부수로서 '남자'의 뜻을 포함하는 문자를 이룬다.

夂 뒤져 올 치 뒤에서 두 정강이를 밀어 천천히 앞으로 나아가게 한다는 데서 '남보다 뒤져서 오다'의 뜻을 나타낸다. 이 부수에 딸린 한자로서 오늘날 쓰이는 글자는 거의 없다.

夊 천천히 걸을 쇠 아래를 향한 발자국의 모양으로, '가파른 언덕을 머뭇머뭇 내려가다'는 뜻을 나타낸다. '천천히 걷다'란 뜻이 되도록 만든 글자이다. 부수로서 대체로 글자의 발 부분에 온다.

夕 저녁 석 '달(月)'에서 한 획을 뺀 자형으로서 달이 반쯤 보이는, 해가 지고 달이 뜨기 시작하는 때, 곧 '황혼', '저녁'이란 뜻을 나타내고 있다. 부수로서 '밤'에 관한 문자를 이룬다.

大 큰 대 정면에서 바라본 사람의 머리, 두 팔, 두 다리를 본뜬 글자이다. 큰 것은 '하늘(天)'이기는 하나 하늘의 형상을 본떠 그릴 수 없기 때문에, 그 다음으로 큰 사람의 모양을 그려 '크다'는 뜻을 나타내고 있다. 동양의 고대 사상은 '老子(노자)'에 '道大(도대), 天大(천대), 地大(지대), 人亦大(인역대)'라는 말이 있는 것과 같이 사람을 큰 것으로 생각하여 왔다. 부수로서 '사람의 모습'이나 '크다'의 뜻을 나타내는 문자를 이룬다.

女 계집 녀 여자가 손과 무릎을 굽히고 유순하고 얌전하게 앉아 있는 모양을 본뜬 자이다. '女(녀)'를 意符(의부)로 하여, 여러 가지 여자의 심리를 나타내는 문자나, 여성적인 성격·행위, 남녀 관계 등에 관한 글자를 이룬다.

子 아들 자 頭部(두부)가 크고 손발이 나긋나긋한 젖먹이를 본뜬 모양이다. 아이·자식·아들의 뜻을 나타낸다. 부수로서 '子(자)'를 意符(의부)로 하여, 여러 가지 아이에 관한 문자나 '낳다', '늘다'의 뜻을 포함하는 글자를 이룬다.

宀 갓머리 지붕이 덮어씌워져 있는 모양에서 방이 있는 깊숙한 집을 뜻한다. 단독 한자로는 '집 宀(면)'이라고 하고, 부수로서는 '갓머리'라 이른다. '宀(면)'을 意符(의부)로 하여, 여러 가지 家屋(가옥)이나 그 부속물, 집안의 상태 등에 관한 문자를 이룬다.

寸 마디 촌 '또 又(우)'와 '한 一(일)'로 이루어진 것이다. '又(우)'는 '手(수)'로 손, '一'은 손목에서 조금 떨어진 맥박이 뛰는 곳을 가리킨다. 이곳은 의사가 맥을 짚는 곳으로서 손목에서 손가락 하나를 끼워 넣을 정도의 거리에 위치하고 있어, 이 거리를 '寸'이라 한다. 우리들이 이 '寸'을 '마디'란 훈으로 나타내는 것은 '손가락의 마디'를 뜻함이 아니고, '손가락 하나의 폭'을 뜻하는 것이며 현대의 1척(尺)의 10분의 1에 해당하는 '치'의 단위와 비슷하다. 부수로서 '마디 寸(촌)'이라 이르며, 손의 동작에 관한 문자를 이룬다.

小 작을 소 여덟 '八(팔)'과 '뚫을 丨(곤)'으로 이루어진 글자이다. 아주 미세한 물건丨을 또다시 나누었으니[八] '작다'란 뜻이 된다. '小(소)'를 기본으로 하여 '작다', '적다'의 뜻을 포함하는 글자가 만들어진다.

尢 절름발이 왕 사람을 정면에서 본, 정상적인 사람을 본뜬 '大(대)'자에 대하여 한쪽 정강이가 굽은 사람의 모양을 본뜬 자이다. 그래서 '절름발이'란 뜻을 나타낸다. '尢(왕)'이 부수로서 쓰일 때에는 '兀, 尣'으로 변형되기도 하며, 발이나 걸음이 정상이 아니라는 뜻의 문자를 이룬다.

尸 주검 시 사람이 배를 깔고 드러누운 모양을 나타낸 것이다. 사람의 머리가 엎어져있고 등이 굽어져 있는 모양 또는 사람이 죽어서 몸이 굳어진 모양이라고 한다. 그래서 '주검'이란 뜻을 나타낸다. 문자로서는 '시체'이지만 부수로 쓰일 때는 '인체'를 나타내고 있는 경우가 많다. 가옥이나 신발에 관한 문자로 '尸(시)'가 붙는 것이 있다.

屮 왼손 좌 왼손의 모양을 본뜬 글자이다. 이 부수에 속하는 한자는 많지 않다.

山 메 산 돌도 있고 높이 솟기도 한 산의 모양을 본뜬 자이다. '山(산)'을 意符(의부)로 하여, 여러 가지 종류의 산이나 산의 모양, 산의 이름 등을 나타내는 글자를 이룬다.

巛 개미허리 도랑을 파서 물을 흐르게 하는 모양이다. 그래서 널리 '내'의 뜻으로 쓰인다. '내 川(천)'의 본자이다. 현대에는 독립자로서는 쓰이는 일이 없고 오로지 부수로만 쓰인다. 개미허리를 닮아 부수 이름은 '개미허리'라고 이른다. '川(천)'과 함께 부수로 쓰여, '내'의 뜻을 포함하는 문자를 이룬다.

工 장인 공 '두 二(이)'와 '뚫을 丨(곤)'으로 이루어졌다. 천지 사이(二)에 사람(丨)이 서서 규칙에 맞는 일을 하고 있음을 나타낸다. 또는 '二(이)'는 수준기(水準器), '丨(곤)'은 먹줄로, 사람이 대목의 연장을 들고 있음을 나타낸다고 한다. 이상의 두 가지 설 중 어느 것을 따르든 '장인(匠人)'을 뜻하게 만든 글자이다. '工(공)'자가 부수로 쓰여, '工作(공작)하다'의 뜻을 포함하는 문자를 이룬다.

己 몸 기 오행설(五行說)을 따르면 무기(戊己)는 오행의 중앙에 해당한다. 그래서 만물이 그 몸을 굽혀서 숨기는 형상을 본떠서 궁중(宮中)을 나타내도록 만든 자다. 이에서 더 발전하여 밖에 있는 남에 대하여 안에 있는 '자기 자신'이란 뜻을 나타내게 되었다. 다른 설로는 '사람이 무릎을 꿇는 모양'이라고 한다. '己(기)'자가 부수로 쓰여, '사람이 몸을 구부리고 있는 모양'과 관련된 뜻을 포함하는 문자를 이룬다.

巾 수건 건 '冂'은 한 폭의 천, '丨'은 끈을 달아 허리에 찔러 넣은 모양이다. 원래의 뜻은 '행주'이고, 발전하여 '수건' 등의 뜻을 나타내게 된 글자이다. '巾(건)'을 意符(의부)로 하여 '천으로 만든 것'을 나타내는 문자를 이룬다.

干 방패 간 '一'과 '丅'로 이루어졌다. '一'은 방어해야 할 목표를, '丅'는 '들 入(입)'자를 거꾸로 해 놓은 글자 모양이다. 그래서 위에서 아래로 들어간다는 뜻을 나타내어, '범하다', '어기다' 등의 뜻으로 발전하였다. 부수로서의 '干(간)'이 나타내는 특별한 의미는 없고, 字形(자형)의 분류를 위해서 부수로 지정된 것이다.

幺 작을 요 갓 태어난 어린 아이를 본뜬 그림이 발전한 자이다. 그래서 '작다' 곧 '小'의 뜻을 나타낸다. '幺(요)'를 意符(의부)로 하여 '작다', '희미하다'의 뜻을 지닌 문자를 이룬다.

广 엄 호 '점 丶(주)'와 언덕 厂(한)으로 이루어진 '집 广(엄)'자이다. '점 丶(주)'는 집의 지붕(丶)을 나타내는 것이라고 한다. 또는 '广(엄)'자가 가옥의 덮개에 해당하는 '지붕'의 모양을 본뜬 것이라고도 한다. 부수의 이름은 '엄호'이며, 부수로 쓰일 때, '건축물'을 뜻하는 문자를 이룬다.

廴 민책받침 조금씩 걷는다는 뜻의 '彳(척)'에서 내리 그은 획을 옆으로 더 늘인 것이다. 글자로는 '길게 걸을 廴(인)'자인데, 이를 부수 명칭으로는 '辶(책받침)'의 위쪽에 점이 없다는 데서, '민책받침'이라 이른다. '廴'을 意符(의부)로 하여 '늘여지다'의 뜻을 지니는 문자를 이룬다.

廾 받들 공 왼손과 오른손을 모아 떠받들고 있는 형상이다. 두 손으로 바친다는 데서, 글자로는 '바칠 廾(공)'자이고, 부수로는 '밑스물 입'이라 부른다. '스물 卄(입)'자와 모양이 같고, 글자의 아래(밑)에 붙여 쓰인다는 데서 '밑스물'이라는 이름이 붙었다.

弋 주살 익 꺾은 나무 가지에 옆으로 뾰족하게 내민 미늘 같은 것이 있고, 거기에 물건이 걸려 있는 모양이다. 이런 그림으로 '주살'을 나타내었다.

弓 활 궁 화살을 메기지 않은 활의 모양을 나타낸

것이다. '弓(궁)'을 意符(의부)로 하여 여러 종류의 활, 활에 딸린 것, 활에 관한 동작이나 상태를 나타내는 문자를 이룬다.

彐 ⺕ ⺕ 돼지머리 계 돼지 머리의 모양을 본뜬 그림이 발전한 글자이다. 멧돼지의 상형인 '彖(단)'자의 머리 부분의 모양이다. 그래서 한자로는 '돼지 머리 계'자인데, 그 자형이 '彐'자의 왼쪽 내리긋는 획이 없는 것과 비슷하기에, 부수 명칭으로는 '터진가로왈'이라 이른다. 쓰인 위치에 따라서 彐, ⺕, ⺕의 세 가지 형태가 있다. 字形(자형)의 분류를 위해서 부수로 지정된 것이다.

彡 터럭 삼 길게 흐르는 숱지고 윤기 나는 머리를 빗질하여 놓은 모양이다. '터럭'이란 뜻을 나타낸다. 부수 명칭으로는 '三(삼)'자의 변형이라 하여 '삐친석 삼'이라 한다. '彡(삼)'을 意符(의부)로 하여 '무늬·빛깔·머리·꾸미다' 등의 뜻을 지니는 문자를 이룬다.

**彳 두인 변 넓적다리, 정강이, 발의 세 부분을 그려서, 처음 걷기 시작함을 나타낸다. 글자로는 '조금 걸을 彳(척)'이다. 글자 모양이 '亻(인변)'에 삐침이 하나 거듭되어 있다는 데서 '중인변(重人邊)' 또는 '두인 변'이라는 부수 이름이 붙었다. '彳(척)'을 意符(의부)로 하여 가는 일에 관한 문자를 이룬다.

【4획】

***心 忄 㣺 마음 심 사람의 심장의 모양을 본뜬 그림이 발전하여 이루어진 자이다. '心'이 변으로 쓰일 때의 자형 '忄'을 부수 명칭으로 '심방변'이라고 이른다. '心'이 발로 쓰일 때의 자형은 '㣺'이다. '恭'을 心부에서 찾아야 하는 것이 그 예이다. '心(심)'을 意符(의부)로 하여 '감정·의지' 등의 마음의 움직임에 관한 문자를 이룬다.

**戈 창 과 '주살 弋(익)'과 '한 一(일)'로 이루어졌다. '弋'은 주살, '一'은 가로로 덧붙인 날을 뜻한다. 날이 옆에 달려 있는 주살, 곧 찌르거나 잡아당기게 되어 있는 병기, 곧 '창'을 뜻한다. '戈(과)'를 意符(의부)로 하여 '창·무기', '무기를 사용하는 일' 등에 관한 문자를 이룬다.

戶 지게 호 마루나 밖에서 방으로 드나드는 돌쩌귀에 달아 여닫게 되어 있는 외짝 문, 곧 지게의 모양을 본뜬 그림에서 발달한 글자이다. '戶(호)'를 意符(의부)로 하여 '문', '집', '집에 딸린 물건'에 관한 문자를 이룬다.

***手, 扌 손 수 다섯 손가락을 펼치고 있는 손의 모양을 그린 그림이 발전한 자이다. '扌'는 '手'의 딴 체이다. 독립자로는 쓰이지 아니하고, 한자의 변으로 쓰일 때의 자형(字形)이다. 부수 명칭은 '손수변'인데, 자형이 '才(재)'자와 닮았기 때문에 특히 '재방변'이라고 이른다. '手/扌(수)'를 意符(의부)로 하여 '손의 각 부분의 명칭이나 손의 동작에 관한 문자를 이룬다.

支 버틸 지 '열 十(십)'에 '또 又(우)'를 붙여 놓은 형태이다 '十'은 '竹(죽)'자의 반쪽을 나타내고, '又(우)'는 '손으로 가진다'는 뜻이다. '支'는 대나무[竹]의 한쪽 가지를 나누어 손으로 쥐고 있다는 데서 '나누다, 가르다' 등의 뜻을 가진다. 몸 또는 傍(방)으로 쓰여 '가지로 갈리다'의 뜻을 나타낸다.

***攴, 攵 등글월 문 '점 卜(복)'에 '또 又(우)'를 붙여 만든 글자이다. '卜(복)'은 음을 나타내고 '又(우)'는 오른손을 뜻한다. 손으로 '똑소리가 나게 두드린다는 뜻으로 '치다'란 뜻을 가진다. 글자로는 '칠 攴/攵(복)'이다. 우리나라에서는 한자 부수의 명칭으로는 '등글월 문'이라고 하는데 이는 글월 문(文)의 자형과의 차이에서 붙여진 이름인 것 같다. 旁(방)이 될 때는 생략된 변형 字體(자체)인 '攵(복)'이 흔히 쓰인다. 단독 문자로는 쓰이지 않고 부수로서 '치다', '강제하다', '특정한 행동을 하게 하다' 등의 뜻을 포함하는 문자를 이룬다.

文 글월 문 무늬가 놓인 모양을 본뜬 그림이 발달한 자이다. 그래서 '무늬'란 뜻을 나타낸다. 부수로서 '무늬', '문채' 뜻을 포함하는 글자를 이룬다.

斗 말 두 용량(容量)을 되는 자루가 달린 국자(또는 말)의 모양을 본뜬 글자이다. 부수로서 '국자', '뜨다', '재다'의 뜻을 포함하는 글자를 이룬다.

斤 도끼 근 날이 선, 자루가 달린 도끼로 그 밑에 놓인 물건을 자르려는 형상이다. 도끼, 자귀 등의 뜻을 나타낸다. 주로 방(旁)으로 쓰이는데 흔히 '날근 방'이라 부른다. 부수로서 意符(의부) 또는 音符(음부)가 되어, '도끼', '베다'의 뜻을 포함하는 글자를 이룬다.

**方 모 방 부수로서의 '方(방)'은 '깃발 나부낄 㫃(언)'자의 왼쪽 절반의 모양을 딴 것이다. '㫃(언)'자는 '旗(기)'가 바람에 펄럭이는 모양을 본뜬 것이다. 부수로서의 '方(방)'은 '旗(기)'의 뜻을 포함하는 글자를 이룬다.

无 없을 무 '한 一(일)'과 '큰 大(대)'로 이루어진 글자이다. 전신(全身)을 그린 사람(人)의 머리 위에 '一'의 부호를 더하여, 머리를 보이지 않게 함을 뜻한다. 그래서 '없다'란 뜻을 나타내고, '無(무)'의 고문기자(古文奇字)라 한다. 일설에는 '원(元)'자의 변형이라고도 한다. 흔히 이 부수를 '이미기 방'이라고 부르고 있으나 이는 이 부수에 딸린 한자로서는 '이미 旣(기)'자 뿐이라 하여도 과언이 아니기에 '이미 기(旣)'자의 방에 해당하는 부수'라는 뜻에서 붙여진 이름에 지나지 않는다.

***日 날 일 태양의 모양을 그린 그림이 발전한 자이다. '日(일)'을 부수로 하여 '태양', '명암', '시간' 등에 관한 글자를 이룬다.

**曰 가로 왈 입(口)에서 입김이 밖으로 나옴(乚)을 가리키는 글자이다. 곧, 마음속에 있는 사람의 생각을 말로써 나타낸다는 생각에서 '가로되', '말하다' 등의 뜻을 나타내는 글자이다. 부수로서는 '날 日(일)' 이외에 '日'의 字形(자형)을 가진 문자를 모으기 위해 편의적으로 부수로 설정한 것이어서, 부수로서의 고유의

의미를 나타내지는 않는다.

月 달 월 달이 이지러진 모양을 본뜬 자이다. 태양은 언제나 가득 차 있기에 '日'자는 둥근 태양을 본떴고, 달은 초승달에서 차츰 충만해져서 만월(滿月)이 되고 이 만월은 다시 이지러져서 그믐달이 되기에 '月'자는 이지러진 달의 모양을 본떴다. 부수로서 '달'에 관계가 있는 문자를 이룬다. '배 舟(주)'의 변형인 '月'도 이 부수에 포함된다. '고기 肉(육)'의 변형인 육달월 月(육)'은 여기에 포함되지 않는 별도의 글자, 별도의 부수이다.

木 나무 목 나무의 줄기와 가지와 뿌리가 있는, 서 있는 나무를 본뜬 글자이다. '木(목)'을 意符(의부)로 하여 여러 가지 나무의 종류, 나무의 부분, 나무로 만들어진 것, 나무의 상태 등을 나타내는 문자를 이룬다.

欠 하품 흠 사람이 입을 벌리고 있는 모양, 사람의 입에서 입김이 나오는 모양을 본뜬 글자로 '입을 벌리다', '하품'의 뜻을 나타낸다. '欠(흠)'을 意符(의부)로 하여 숨을 들이쉬다, 내쉬다 등, 입을 벌리는 일, 또는 그런 상태를 수반하는 기분의 움직임에 관한 문자를 이룬다.

止 그칠 지 초목에서 싹이 돋아날 무렵의 뿌리 부분의 모양이라고도 하고, 발목 밑의 발의 모양, 멈춰서는 발의 모양을 그린 것이라고도 한다. 그래서 '발', '뿌리', '머물다', '그치다' 등의 뜻을 나타낸다. '止(지)'를 意符(의부)로 하여 '걷다', '멈춰서다' 등 발의 움직임이나 시간의 경과에 관한 문자를 이룬다.

歹 죽을 사 소전의 자형은 머리뼈에서 살을 발라낸 글자인 '살 바를 冎(과)'자를 반으로 쪼갠 자라고 한다. 그래서 이 자는 분해되거나 파쇄된 뼈라는 뜻을 나타낸다. 대체로 죽음과 관계되는 글자의 부수로 쓰인다. '歺(알)'자는 동자이다. 글자로는 '부서진 뼈 歹(알)'이고, 변으로 쓰일 때 '죽을 사 변'이라 한다.

殳 갖은등글월 문 '안석 几(궤)'와 '또 又(우)'로 이루어졌다. 오른손(又)에 들고 있는 기다란 막대기인 무기란 뜻이다. 그래서 글자로는 '몽둥이 殳(수) 또는 창 殳(수)'라고 한다. 이 자의 모양이 支, 攵(등글월문)'과 비슷하기에 '갖은등글월 문'이란 부수 명칭을 가지게 되었다. '殳'를 意符(의부)로 하여 '치다', '때리다', '부수다' 등의 뜻을 갖는 문자를 이룬다.

毋 말 무 '毋(무)'는 본디 '어미 母(모)'와 동형으로 '어머니'의 뜻을 나타냈지만, 두 점을 하나의 세로획으로 고쳐 '없다', '말라'의 뜻으로 쓰이게 되었다. '毋(무)'가 意符(의부)가 되는 문자의 예는 없지만, 유사한 모양의 '母(모)' 등을 포함하여 자형 분류상 부수로 세워졌다.

比 견줄 비 '비수 匕(비)'자를 두 개 세워놓은 것이다. '匕(비)'는 '人(인)'자를 반대 방향으로 놓은 모양이다. 이를 둘 나란히 세워 놓았기에, 두 사람을 견주어 본다는 뜻을 나타낸다. '匕(비)'는 음을 나타내기도 한다. 부수로서의 '比(비)'에는 일정한 뜻이 없으며, 자형 분류상 부수로 세워진 것이다.

毛 터럭 모 사람의 머리털, 짐승의 털이 나 있는 모양을 본뜬 글자이다. '毛(모)'를 意符(의부)로 하여 '털', '털로 만들어진 것' 등에 관한 문자를 이룬다.

氏 각시 씨 '백성 民(민)'의 자형과 아주 비슷한 모양이다. 비스듬한 획은 두 눈꺼풀이 감겨져 있는 모양, 세로획은 날카로운 날붙이의 모양이다. 날붙이에 찔려 멀게 된 눈의 형상을 본뜬 것으로, 눈이 찌부러져 볼 수 없게 된 피지배 씨족의 뜻에서, '姓氏(성씨)'의 뜻을 나타낸다고 한다. 자형 분류상 부수로 세워진 것으로, 부수로서의 일정한 의미는 없다.

气 기운 기 구름이 피어오르는 모양이라고도 하고, 김이 곡선을 그으면서 솟는 모양, 또는 입김이 입에서 나오는 모양이라고도 한다. '气(기)'를 意符(의부)로 하여 '기', '기운'에 관한 문자를 이룬다.

水, 氵, 氺 물 수 물이 끊임없이 흘러내리는 모양으로 '물'의 뜻을 나타낸다. '氵'는 '水'가 한자의 구성에서 변으로 쓰일 때의 글자 모양으로, 이를 '삼수변'이라고 한다. 독립자로는 쓰이지 않는다. '氺'는 '水'가 '泰(태)'자에서와 같이 한자의 구성에서 발로 쓰일 때의 글자 모양이다. 독립자로는 쓰이지 않는다. '水(수)'를 意符(의부)로 하여 물 또는 강의 이름, 물의 상태나 물을 수반하는 동작에 관한 문자를 이룬다.

火 불 화 불이 활활 타오르는 모양을 그린 글자이다. 한자의 구성으로, 발이 될 때는 '灬'의 꼴을 취하는데, 이를 '불화 발'이라 한다. '火(화)'를 意符(의부)로 하여 불을 사용하는 도구나 동작, 불의 성질·작용 등에 관한 문자를 이룬다.

爪, 爫 손톱 조 손으로 아래쪽에 있는 물건을 집으려는 형상을 본뜬 글자이다. '爫'는 '爪'가 부수로서 한자의 머리로 쓰일 때의 자형이다. 이를 흔히 '손톱머리'라 부른다. '爪/爫(조)'를 意符(의부)로 하여 '손으로 잡다'의 뜻을 포함하는 문자를 이룬다.

父 아비 부 '또 又(우)'와 '갈고리 亅(궐)'로 이루어졌다. '又'는 손을, '亅'은 채찍을 나타낸다. 채찍을 들고 가족을 거느리어 가르친다는 뜻으로, 이는 가장인 아버지의 하는 일이라는 데서 '아버지'를 뜻한다. '父(부)'를 意符(의부)로 하여 '부친', '노인'에 관한 문자를 이룬다.

爻 점괘 효 팔랑개비처럼 물건을 엮어 맞춘 모양을 형상화한 글자이다. '엇걸림'의 뜻을 나타낸다. 문자 정리상 부수로 세워진 것이다.

爿 장수 장 '나무(木)'자의 한가운데를 세로로 자른 그 왼쪽 반의 모양이다. 부수 명칭은 '장(將)'의 변과 같다는 데서 '장수 장 변'이라 한다.

片 조각 편 '나무(木)'자의 한가운데를 세로로 자른 그 오른쪽 반의 모양이다. 나무를 세로로 쪼개니 '판자'가 된다. '片(편)'을 意符(의부)로 하여 '널빤지로 만들어진 것', '패', '조각' 따위에 관한 문자를 이룬다.

牙 어금니 아 입을 다물었을 때 아래 위의 어금니가 맞닿은 모양을 본뜬 글자이다. '牙(아)'를 意符(의

부)로 하여 '이·치아'에 관한 문자를 이룬다.

**牛, 牛 소 우   머리와 두 뿔이 솟고, 꼬리를 늘어뜨리고 있는 소의 모양을 본뜬 글자이다. '牛'는 '牛'가 한자 구성에서 변으로 쓰일 때의 자형으로, 이를 '소 우 변'이라 부른다. '牛(우)'를 意符(의부)로 하여 여러 종류의 소, 소를 키우는 일, 소를 부리는 일 등에 관한 문자를 이룬다.

***犬, 犭 개 견   개가 옆으로 보고 있는 모양을 본뜬 글자이다. '犬(견)'이 한자의 구성에서 변으로 쓰일 때는 '犭(견)'의 꼴을 취하고 이 자형을 '개사슴 록 변'이라 한다. '犬/犭(견)'을 意符(의부)로 하여 여러 가지 종류의 개나 개 비슷한 동물, 개의 상태, 야수적인 성질·행위, 사냥에 관한 문자들을 이룬다. 예전에는 이민족을 경멸하여 그 민족의 명칭에 '犬/犭(견)'을 붙인 글자를 쓰기도 하였다.

【5획】

玄 검을 현   '돼지해밑 亠(두)'와 '작을 幺(요)'로 이루어졌다. '亠'는 '덮는다', '幺'는 '멀고 깊다'는 뜻으로, '玄(현)'자는 '그윽하고 멂'을 뜻한다. '玄(현)'을 意符(의부)·音符(음부)로 하여 '검다'의 뜻을 나타내는 문자를 이룬다.

***玉(王) 구슬 옥   가로로 그은 세 획은 세 개의 옥돌, 세로로 그은 한 획은 옥돌을 맨 끈을 나타낸다. 패옥(佩玉)을 상형한 것이다. '玉'이 한자의 구성에서 변으로 쓰일 때는 '王'의 자형을 취한다. 흔히 이를 '임금왕 변'이라고 부르기도 하나, '구슬옥 변'이라고 부르는 것이 바른 호칭이다. '玉(옥)'을 意符(의부)로 하여, 여러 종류의 玉(옥)이나 옥으로 만든 것, 옥의 상태, 옥을 細工(세공)하는 일 등에 관한 문자를 이룬다.

瓜 오이 과   '瓜(과)'자의 곁은 오이의 넝쿨을, 안에 있는 것은 넝쿨에 매달려있는 오이의 열매를 본뜬 것이다. '瓜(과)'를 意符(의부)로 하여, 여러 가지 종류의 오이 또는 호박 등의 문자를 이룬다.

*瓦 기와 와   집을 이은 기와가 나란히 놓여 있는 모양을 본떠서 '기와'라는 뜻을 나타내었다. 진흙을 구부려서 구운 질그릇을 뜻한다. '瓦(와)'를 意符(의부)로 하여, '질그릇·오지그릇'에 관한 문자를 이룬다.

甘 달 감   '입 口(구)'와 '한 一(일)'을 합한 것으로, '一'은 입 안에 맛있는 것이 들어 있음을 나타낸다. '甘(감)'을 意符(의부)로 하여, '달다·맛있다'의 뜻을 포함하는 문자를 이룬다.

生 날 생   초목이 나고, 차츰 자라서 땅 위에 나온 모양을 본떴다. 아래의 '一'은 땅을, 위의 '갈 屮(지)'는 자람을 본뜬 것이다. '生(생)'을 意符(의부)로 하여, '출산·생명' 등에 관한 문자를 이룬다.

用 쓸 용   鐘(종)의 일종과 관련해서 만들어진 글자이다. 자형 분류상 부수로 세워진 것이다.

**田 밭 전   '囗'은 사방의 경계선을, '十'은 동서남북으로 통하는 길을 나타낸다. 구획된 경작지나 사냥터 등의 모양을 본뜬 것이다. 田(전)을 意符(의부)로 하여, '논밭', '경작지' 등에 관한 문자를 이룬다.

疋 짝 필   무릎 아래의 발의 모양을 본떠 '발'의 뜻을 나타낸다. 이 글자의 기본은 '발 足(족)'자이다. 글자로는 '발 疋(소)/짝 疋(필)'인데 부수 이름은 '짝 疋(필)'이다. 旁(방)으로 쓰일 때는 '疋' 모양을 취한다.

***疒 병질 엄   앓는 사람이 물건에 기댄 모양을 본떴다. 한자로는 '병들어 기댈 疒(녁)'이고, 부수 명칭은 '집 厂(엄)'자와 비슷하다고 하여 '병질(病疾) 엄'이다. '疒'을 意符(의부)로 하여, 病(병)이나 傷害(상해), 그에 수반하는 감각 등에 관한 문자를 이룬다.

*癶 필발머리   두 다리를 뻗친 모양을 본뜬 글자이다. 한자로는 '걸을 癶(발)'자이나, 부수로는 '發'자의 훈과 음을 따서 '필발머리'라 이른다. '癶(발)'을 意符(의부)로 하여, 발의 동작에 관한 문자를 이룬다.

*白 흰 백   리가 흰 뼈의 상형이라고도 하고, 햇빛의 상형이라고도 하고, 도토리 열매의 상형이라고도 한다. '희다'란 뜻을 나타낸다. '白(백)'을 意符(의부)로 하여, '희다', '밝다'의 뜻을 나타내는 문자를 이룬다.

*皮 가죽 피   又으로 짐승의 가죽을 벗겨내는 모양을 본떠 '가죽'의 뜻을 나타낸다. '皮(피)'를 意符(의부)로 하여, '피부'에 관한 문자를 이룬다.

皿 그릇 명   그릇을 본떴다. 위는 음식을 담는 부분, 가운데는 몸, 아래는 그릇 바닥을 나타내고 있다. '皿(명)'을 意符(의부)로 하여, 여러 가지 종류의 접시나 접시에 담는 일에 관한 문자를 이룬다.

***目 눈 목   사람의 눈의 모양을 본떴다. 처음은 가로로 썼으나 나중에는 세로로 고쳐 썼다. '目(목)'을 意符(의부)로 하여, 눈의 움직임이나 상태, 보는 일 등에 관한 문자를 이룬다.

矛 창 모   병거(兵車)에 세우는, 장식이 달리고 자루가 긴 창의 모양을 본뜬 글자이다. '矛(모)'를 意符(의부)로 하여, '창'에 관한 문자를 이룬다.

*矢 화살 시   화살의 모양을 본뜬 글자이다. '矢(시)'를 意符(의부)로 하여, '화살'에 관한 문자를 이룬다.

***石 돌 석   '厂'은 언덕, '口'는 돌멩이를 본떴다. 합하여 언덕 아래 굴러 있는 돌멩이, 곧 돌을 나타낸다. '石(석)'을 意符(의부)로 하여, 여러 가지 종류의 돌이나 광물, 돌로 만들어진 것, 돌의 상태 등에 관한 문자를 이룬다.

***示, 礻 보일 시   신에게 희생을 바치는 臺(대)의 모양을 본뜬 것이다. '조상신'의 뜻을 나타낸다. '指(지)'와 통하여 '보이다'는 뜻을 나타낸다. '示(시)'자를 변으로 쓸 때 흔히 '礻'의 자체를 쓴다. '示/礻(시)'를 意符(의부)로 하여, 神(신), 제사, 신이 내리는 禍福(화복) 등에 관한 문자를 이룬다.

禸 짐승 발자국 유   사사로울 厶(사)와 아홉 九(구)자로 이루어졌다. '厶'는 땅에 남은 짐승의 발자국을 본뜬 것이고, '九'는 음을 나타낸다. 일설에는 '禸'가 짐승의 발자국을 본뜬 것이라고 한다. 이 부수에 속하는 문자의 대부분은 동물에 관한 문자이다.

***禾 벼 화** '나무 木(목)'에 '삐칠 丿(별)'을 붙인 것이다. '木'은 줄기, '丿'은 이삭이 드리워진 모양을 나타낸다. 좋은 곡식 곧, 벼를 나타낸다. '禾(화)'를 意符(의부)로 하여, '벼', '곡물', 그 '수확이나 조세' 등에 관한 문자를 이룬다.

穴 구멍 혈 '집 宀(면)'과 '여덟 八(팔)'로 이루어졌다. '宀'은 '집', '八'은 '좌우로 가르다'는 뜻이다. 합하여 움을 파서 그 속에서 살 혈거주택(穴居住宅)을 보인 데서, 널리 '구멍'을 뜻한다. '穴(혈)'을 意符(의부)로 하여 '穴'자 머리를 쓴 글자들은 구멍이나 구멍 모양의 器物(기물), 구멍의 상태, 구멍을 뚫는 일 등에 관한 문자를 이룬다. '심원하다', '엿보다' 등의 뜻을 가진 글자도 있다.

*立 설 립** '큰 大(대)'와 '한 一(일)'로 이루어졌다. '大'자는 사람, '一'은 땅을 뜻하여, 사람이 땅 위에 서 있음을 나타낸다. '立'을 부수로 하는 글자는 대체로 '서는 동작', '머무르다', '기다리다' 등의 뜻과 관계된다.

【6획】

***竹 대 죽** 대나무의 모양을 본뜬 글자이다. '竹(죽)'을 意符(의부)로 하여 여러 가지 종류의 대나무나 대나무로 만든 용구에 관한 문자를 이룬다.

米 쌀 미 곡식의 알, 곧 낟알을 뜻한다. 네 개의 점은 낟알을 본뜨고, '十'은 낟알이 따로따로 있음을 나타낸다. '米(미)'를 意符(의부)로 하여 여러 가지 종류의 쌀·곡물의 열매를 나타낸다. 또 그것을 가공한 식품 등에 관한 문자를 이룬다.

***糸 실 사** 실타래의 모양을 본뜬 글자이다. 본뜻은 '가는 실', '꼰 실'이다. 이 부수에 속하는 글자는 뜻이 '실'과 관계가 있다.

缶 장군 부 장군의 모양을 본뜬 글자. 장군은 액체를 담는 그릇으로 달걀을 눕혀 놓은 모양으로 되어 있으며 위에 좁은 아가리가 있다. '缶(부)'를 意符(의부)로 하여 '항아리'에 관한 문자를 이룬다.

***网, 罒, 罓, 罓 그물 망** 그물의 모양을 본뜬 것으로, '그물'을 뜻한다. '罓', '罒', '罓'은 '网'이 부수로 쓰일 때의 자형이다. '目'이 부수로 쓰일 때의 자형과 같으므로 주의해야 하나 현대에는 '目'부로서 '罒'이 쓰이는 글자로는 '罬(엿볼 역)'자 뿐이다. '网(망)'을 意符(의부)로 하여 여러 종류의 '그물'이나 '그물로 잡다' 등의 뜻을 포함하는 글자를 이룬다.

*羊 양 양** 양의 머리 모양을 본떠서 '양'의 뜻을 나타낸다. '⺶'은 '羊'이 한자 구성에서 머리로 쓰일 때의 자형이다. '羊(양)'을 意符(의부)로 하여 여러 종류의 '양'이나 그 상태에 관한 문자를 이룬다.

羽 깃 우 새의 양 날개를 본떴다. '羽(우)'를 意符(의부)로 하여 '새의 날개', '날개에 특징이 있는 새의 이름', '날다', '새의 깃으로 만든 물건' 등의 뜻을 나타내는 문자를 이룬다.

*老, 耂 늙을 로** '털 毛(모)', '사람 人(인)', '비수 匕(비)'를 합쳐서 '늙을 老(로)'자를 만들었다. '匕'는 '人'을 뒤집은 것이다. 늙어서 허리가 굽어 지팡이를 짚고, 머리도 세어 모양이 변한 사람이란 뜻이다. '耂'는 '老'자가 한자의 구성에서 머리로 쓰일 때의 자형이다. '老/耂(로)'를 意符(의부)로 하여 노인에 관한 문자를 이룬다.

而 말이을 이 코 밑의 수염을 본뜬 글자이다. 일설에는 턱수염, 또는 구레나룻을 본떴다고 한다. '턱수염'이 그 원뜻이나 이 뜻으로는 거의 쓰이지 않는다. '而(이)'를 바탕으로 하여 '수염'을 뜻하는 문자를 이루기도 한다. 그 외에 '而(이)'의 꼴을 가지는 문자를 포함하여 字形(자형) 분류상 부수로 설정이 되었다.

耒 쟁기 뢰 '나무 木(목)'과 '풀 어지럽게 날 丯(개)'로 만들어진 글자이다 '丯(개)'자는 풀이 어수선하게 우거진 모양이고, '木'과 합하여 우거진 풀을 나무로 만든 연장으로 갈아 넘긴다는 뜻으로 '쟁기'라는 뜻을 나타낸다. '耒(뢰)'를 意符(의부)로 하여 농기구인 '쟁기'나 '耕作(경작)'에 관한 문자를 이룬다.

耳 귀 이 귀를 본뜬 글자이다. 한자 구성에서는 '귀에 관한 것', '헤아리는 일', '알다', '자손에 관한 것' 등의 뜻을 보인다.

*聿 붓 율** 손으로 필기구를 쥐는 모양에서 '붓 聿(율)'자를 만들었다. 진(秦)때 대나무 대롱을 쓰고부터는 '竹'을 더하여 '붓 筆(필)'자를 만들었다. '聿(율)'을 바탕으로 하여 '붓으로 쓰는 일'에 관한 문자를 이룬다. 그런데 정작 '붓 筆(필)', '글 書(서)', '그림 畵(화)' 등의 글자들은 이 부수에 속하지 않는다.

***肉, 月 고기 육** '肉(육)'자는 잘라낸 고깃덩어리를 본뜬 글자이다. '月(육)'은 '肉'이 한자의 구성에서 변으로 쓰일 때의 자형이다. 이를 '달 月(월)'과 구별하기 위하여 '육달월'이라 부른다. '肉/月(육)'을 意符(의부)로 하여 신체 각 부의 명칭 또는 그 상태에 관한 문자를 이룬다.

臣 신하 신 '신하 臣(신)'자는 '임금 앞에 굴복하고 있는 모양을 본떠서 만들었다는 설과 '크게 뜬 눈'의 모양을 본떠서 '똑똑한 신하'의 뜻으로 만들었다는 설이 있다. 임금을 섬기는 사람, 곧 신하라는 뜻을 나타낸다. 이 '臣(신)'자를 부수로 세워 '보다', '눈' 등의 뜻을 포함하는 문자를 이룬다.

*自 스스로 자** 코를 본뜬 글자로, '코 鼻(비)'의 본자였다. 글자로는 '자기', '스스로', '나' 등의 뜻을 나타내고, 부수로서는 意符(의부)로 하여 '코'나 '냄새'에 관한 문자를 이룬다.

至 이를 지 새가 날아 내려 땅에 닿음 또는 화살이 땅바닥에 꽂힌 모양을 나타낸다고 한다. '至(지)'를 意符(의부)로 하여 '이르다', '당도하다'의 뜻을 나타내는 문자를 이룬다.

*臼 절구 구** 'ㄴ'는 확, 그 안의 점은 확에 든 쌀을 본떴다. '臼(구)'자의 '아래 획—'의 중간이 끊어진 '손거둘 국'자는 '臼'와는 딴 자로, '擧'의 고자이기도 하나, 한자 구성상에서 때로는 이 자형으로 쓰이기도 한

다. '臼(구)'자를 바탕으로 하여 '절구', '절구로 찧다'의 뜻을 포함하는 문자를 이룬다.

舌 혀 설 입으로 내민 혀의 모양을 본뜬 것이다. '혀'를 뜻하는 글자이다. '舌(설)'을 意符(의부)로 하여 '핥다' 등 혀의 기능에 관한 문자를 이룬다. 편의상 '집 숨(사)'의 형태를 지닌 글자도 이 부수로 분류된다.

舛 어그러질 천 양 발이 반대 방향으로 향하는 모양을 본뜬 글자로, '어그러지다'는 뜻을 나타낸다. 또는 사람과 사람이 서로 등지고 반대되는 방향으로 서 있는 모습에서 '반대되다', '배반하다', '어긋나다'의 뜻을 나타낸다. 그런데 이 부수에 속하는 '순임금 舜(순)'자나 '춤출 舞(무)'자 등에서는 그런 뜻을 찾을 수 없다.

*舟 배 주 배의 모양을 본뜬 글자로, '배'를 뜻한다. '舟(주)'를 意符(의부)로 하여, 여러 가지 종류의 배나 배의 부품・용구, 배로 가는 일 등에 관한 문자를 이룬다. 부수로서의 '舟(주)'가 간략화되어 '배주월 月'의 형태가 되는 글자들, 예를 들면 '앞 前(전)' 등은 '月(월)'부로 분류된다.

艮 머무를 간 '눈 目(목)'과 '비수 匕(비)'가 합쳐진 후에 간략화되어 '艮(간)'자가 되었다. '사람의 눈'을 강조한 것으로 본디 '눈'을 뜻했던 것으로 본다. '눈'의 뜻으로 '眼(안)'자가 쓰이게 되자, '艮(간)'자는 '머무르다', '어긋나다'는 뜻으로 쓰이게 되었다. '艮(간)'이 意符(의부)가 되는 문자의 예는 없으며, 자형 분류상 부수로 설정된 것이다.

色 빛 색 '사람 人(인)'과 '병부 卩(절)'로 이루어진 글자이다. '卩'은 '節'의 본자이다. 사람의 심정이 얼굴 빛에 나타남이 부절(符節)을 맞춤과 같이 맞으므로, '人'과 '卩'을 합하여 안색(顏色)이라는 뜻을 나타내고, 나아가서는 널리 빛깔, 모양, 색정(色情) 등의 뜻을 나타낸다. '色(색)'을 意符(의부)로 하여 '색채', '용모'에 관한 문자를 이룬다.

***艸, 艹, 卄 초두머리 '싹날 屮(철)'은 초목이 처음 돋아나오는 모양을 본뜬 글자이다. 이것을 둘 합하여 널리 '풀'이라는 뜻을 나타낸다. '艹'는 한자 구성에서 머리로 쓰이는 자체이고, '卄'는 속자로 필기체에 흔히 쓰이는 자체이다. '艸(초)'를 意符(의부)로 하여 여러 종류의 풀의 이름, 풀의 상태, 풀로 만든 물건 등에 관한 문자를 이룬다.

*虍 범호 엄 호피(虎皮)의 무늬를 본뜬 글자이다. 한자로서는 '호피무늬 호(虍)'이고 부수의 명칭으로는 '범호 엄'이다. '虍(호)'를 意符(의부)로 하여 호랑이에 관한 문자를 이룬다.

***虫 벌레 충 살무사가 몸을 사리고 있는 모양을 본떠서, 살무사 또는 벌레라는 뜻을 나타낸다. 글자로는 '벌레 虫(훼)'이며, '벌레 蟲(충)'의 속자이다. 한자 구성에서 변으로 쓰일 때는 '벌레충 변'이라 하고, 意符(의부)로서 곤충 등 작은 동물의 이름 외에 파충류 등의 이름에 쓰이기도 한다.

血 피 혈 '一'과 '그릇 皿(명)'으로 이루어진 글자이다. '一'은 그릇에 피가 담긴 모양을 나타내고, '皿'은 제기(그릇)를 나타낸다. 제기에 담아서 신에게 바치는 희생의 피를 나타낸 것이었는데, 나중에는 널리 '피'라는 뜻을 나타냈다. '血(혈)'을 意符(의부)로 하여 '혈액'에 관한 문자를 이룬다.

*行 갈 행 '行(행)'자를 세로로 둘로 나누어, 왼쪽 것은 왼발이 걷는 모양, 오른쪽 것은 오른발이 걷는 모양, 합하여 좌우의 발을 번갈아 옮겨 '가다'는 뜻을 나타낸다. 다른 설로는 잘 정리된 '네거리'의 모양에서 '길', '가다'의 뜻을 나타낸다고 한다. '行(행)'을 意符(의부)로 하여 '다니다', '도로', '거리' 등에 관한 문자를 이룬다.

***衣, 衤 옷 의 '돼지해밑 亠(두)'와 '사람 人(인)'이 둘 붙은 '따를 从(종)'자로 이루어진 글자이다. '亠'는 '덮어 가리는 모양'이고, '从'은 '모든 사람'을 뜻한다. 합하여 모든 사람들의 윗도리를 가리는 옷이라는 뜻을 나타낸다. '衤'는 '衣'가 한자의 구성에서 변으로 쓰일 때의 자형으로, '옷의변'이라 이른다. '衣(의)'를 意符(의부)로 하여 의류나 그 상태, 그에 관한 동작을 나타내는 문자를 이룬다.

襾 덮을 아 會意. '덮을 襾(아)'자는, 'ㄴ(감)'은 밑에서 덮고, '冂(경)'은 위에서 덮고, '一'은 그것을 또 덮어 가린다는 뜻을 나타내어, '덮다', '엄폐하다'의 뜻을 나타낸다. '襾(아)'를 意符(의부)로 하여 '덮다'의 뜻을 나타내는 문자를 이루는데 그 예는 적다.

【7획】

*見 볼 견 '눈 目(목)'과 '어진 사람 儿(인)'으로 이루어졌다. '사람이 눈으로 보다'의 뜻을 나타낸다. '見(견)'을 意符(의부)로 하여 보는 행위에 관한 뜻을 나타내는 문자를 이룬다.

*角 뿔 각 짐승의 뿔의 모양을 본뜬 글자이다. 본뜻은 '뿔'이며, 이에서 '돌출한 것', '모난 것', 뿔을 잡는 데서 '제어하다', '겨루다' 등의 뜻을 나타낸다. '角(각)'을 意符(의부)로 하여 '뿔', '뿔로 만들어진 물건' 등에 관한 뜻을 나타내는 문자를 이룬다.

***言 말씀 언 원래는 '매울 辛(신)'과 '입 口(구)'로 이루어진 것이었다. '辛(신)'은 줼손이 있는 날카로운 '날붙이'의 모양을 본뜬 것이고, '口(구)'는 맹세의 문서를 뜻한다. 不信(불신)이 있을 때에는 그 죄로 벌을 받을 것을 전제로 한 맹세, '삼가 말하다'의 뜻을 나타내는 것이었다. '言(언)'을 意符(의부)로 하여 '말'이나 말에 따르는 갖가지 행위에 관한 문자를 이룬다.

谷 골 곡 '口'는 샘물이 솟아나오는 구멍, 윗부분은 샘물이 절반쯤 솟아난다는 뜻이다. 샘물이 솟아나 산과 산 사이를 지나 바다에 흘러 들어가기까지의 사이, 곧 '골짜기', '계곡'을 뜻한다. '谷(곡)'을 意符(의부)로 하여 '골짜기'나 그 상태를 나타내는 문자를 이룬다.

豆 콩 두 굽이 높은 제기(祭器)의 모양을 본떴다. 위의 '一'은 뚜껑, '口'는 물건을 담는 부분, 그 아래의 부분은 그릇의 굽을 가리킨다. 후에 '콩'의 뜻으로 쓰게 되었다. '豆(두)'를 意符(의부)로 하여 원래의 뜻인

'제기'를 나타내는 문자와 '콩'이나 그 가공품에 관한 문자를 이룬다.

豕 돼지 시 주둥이가 튀어나오고 꼬리를 들고 있는 돼지의 모양을 본뜬 글자이다. 집돼지나 멧돼지 등 돼지류의 총칭이다.

豸 갖은돼지 시 짐승이 먹이를 노려, 몸을 낮추어 이제 곧 덮치려 하고 있는 모양을 본뜬 글자이다. 한자로는 '먹이를 노릴 豸(치)/발 없는 벌레 豸(치)'자이나 부수로는 '돼지 豕(시)'자와 비슷하되 보다 복잡한 자형이므로 '갖은돼지 시 변'이라고 속칭한다. '豸'를 意符(의부)로 하여, 여러 가지 종류의 짐승 이름을 나타내는 문자를 이룬다.

***貝 조개 패** 조개의 모양을 본뜬 글자이다. 옛날에는 조개가 화폐로서 통용되었으므로, 금은(金銀)·재보(財寶)에 관한 글자에 이 '조개 貝(패)'가 많이 쓰인다.

赤 붉을 적 '큰 大(대)'와 '불 火(화)'가 합쳐져서 만들어진 글자이다. '크게 불탄다'는 데서 '붉은 빛깔'을, '불타 밝다'는 데서 '밝게 드러낸다'는 뜻을 나타낸다. '赤(적)'을 意符(의부)로 하여, '붉은 빛이나 물건', '붉어지는 일' 등의 뜻을 나타내는 문자를 이룬다.

走 달릴 주 '走(주)'자는 '夭(요)'와 '止(지)'로 이루어진 글자이다. '夭'는 사람의 모습, '止(지)'는 발(足)의 모습을 나타낸 것이다. 합하여, '사람이 두 팔을 벌리고 달린다'는 뜻을 나타낸다. 또는 '夭(요)'는 '굽히다', '止(지)'는 '다리'라고 하여, 달리려면 다리를 굽혔다 폈다 해야 하므로 '夭'와 '止'를 합하여 '달린다'는 뜻을 나타내는 것이라고 설명하기도 한다. '走(주)'를 意符(의부)로 하여, '걷다', '달리다', '가다' 등의 동작에 관한 문자를 이룬다.

***足, 𧾷 발 족** 무릎을 본뜬 '口'와 정강이에서부터 발목까지를 본뜬 '止'를 합하여 '발 足(족)'자를 만들었다. 足(족)을 의부(意符)로 하여, '발의 각 부위의 이름' '무릎부터 아래 곧, 발 또는 발의 움직임'에 관한 것을 나타내는 문자를 이룬다. 부수로 쓰일 때는 '𧾷'의 형태를 취한다.

身 몸 신 사람이 애를 밴 모양을 본떠 만든 글자이다. '身(신)'을 의부(意符)로 하여, '신체'를 뜻하는 문자를 이룬다.

***車 수레 거** 수레의 모양을 본뜬 글자이다. '車(거)'를 의부(意符)로 하여, 여러 종류의 '수레', '수레의 각 부위의 이름', '수레를 움직이는 일' 등에 관한 문자를 이룬다.

辛 매울 신 '辛(신)'자는 문신을 하기 위한 날카로운 바늘의 모양을 본뜬 글자이다. '괴롭다'는 뜻을 나타낸다. '辛(신)'을 의부(意符)로 하여, '罪(죄)'를 나타내는 문자 또는 '맛이 매움'을 나타내는 문자를 이룬다.

辰 별 진 조개가 조가비를 벌리고 발(살)을 내놓은 모양을 본뜬 글자이다. 가차하여 십이지(十二支) 중 다섯째 지지로 쓰인다. 지지로 쓰일 때는 '다섯째지지 辰(진)'이지만, '별' 또는 '때'를 뜻할 때는 [신]으로 발음한다. '辰(진)'을 바탕으로 하여 농사에 관한 문자를 이룬다.

***辵, 辶 책받침** '쉬엄쉬엄갈 辵(착)'자는 '조금 걸을 彳(척)'자와 '그칠 止(지)'자로 이루어졌다. '彳'은 '가다', '止'는 '서다(멎다)'의 뜻이니, '辵(착)'자는 '가다 가는 서고, 서다가는 가다'는 뜻을 나타내는 글자이다. '辶'은 '辵'이 한자 구성에서 부수로 쓰일 때의 자체이다. 일상적인 필기체로는 '辶'으로 쓰는데, 이는 '辶'의 변형이다. 부수명은 '책받침' 또는 '갖은책받침'이다. '辶(착)'을 의부(意符)로 하여, '가는 일'이나 遠近(원근) 등에 관한 문자를 이룬다.

***邑, 阝 고을 읍** '邑(읍)'자는 '口(구)'와 '병부 卩(절)'로 이루어졌다. '口'은 경계가 뚜렷한 일정한 장소, '卩(절)'은 편안히 앉아 쉬는 사람의 모양을 본뜬 것이다. '邑(읍)'은 사람이 무리지어 편안히 사는 곳 즉, '마을', '고을'을 뜻한다. 부수 이름은 '고을 읍'이다. '阝'은 '邑'이 한자의 구성에서 방으로 쓰일 때의 자형으로, 글자의 오른쪽에 쓴다고 하여 이를 '우부방'이라 이른다. '邑/阝(읍)'을 의부(意符)로 하여, 사람이 사는 지역, 땅 이름을 나타내는 문자를 이룬다.

***酉 닭 유** 술그릇을 본떠서 만든 글자이다. '술 酒(주)'자의 原字(원자)이다. 십이지지의 열 번째 지지로 쓰인다. 띠로는 닭에 해당되어 '닭 유'라는 훈이 붙었다. 문자로 쓰이든 부수로 쓰이든 '닭'과는 관계가 없다. '酉(유)'를 의부(意符)로 하여, 술 종류나 그 밖의 발효를 시켜서 만든 식품, 술을 빚는 일, 술을 마시는 일 등에 관한 문자를 이룬다.

釆 분별할 변 '釆(변)'자는 짐승의 발톱이 갈라져 있는 모양을 본뜬 글자로, '나누다, 나누이다', '분별하다'의 뜻을 나타내는 글자이다. '釆(변)'을 의부(意符)로 하여, '나누다'의 뜻을 포함하는 문자를 이룬다.

里 마을 리 '밭 田(전)'과 '흙 土(토)'로 이루어진 글자이다. 밭도 있고 흙도 있어서 사람이 살 만한 곳. 곧, '마을', '촌락'이라는 뜻을 나타낸다. '里(리)'를 의부(意符)로 하여, '郊外(교외)'의 뜻을 포함하는 문자를 이룬다.

【8획】

***金 쇠 금** '金(금)'자는 '이제 今(금)', '흙 土(토)', '점[丶] 두 개'로 이루어졌다. '今(금)'자는 '포함하다'의 뜻인 '含(함)'자와 통하고, '점 두 개'는 반짝이는 것을 나타낸다. 땅 속에 묻혔으면서 빛을 가진 것, 그 가운데서도 가장 귀한 것은 황금이므로 황금을 뜻한다. '金(금)'를 의부(意符)로 하여, 여러 가지 종류의 금속, 금속제의 용구, 그 상태, 그것을 만드는 일 등에 관한 문자를 이룬다.

長, 镸 길 장 사람의 긴 머리를 본떠 '길다'의 뜻을 나타낸다. 부수 이름은 '길 장'이고, '镸'은 '長'의 고자(古字)로 한자의 구성에서는 이 자형으로 쓰이고 있다. '長(장)'을 의부(意符)로 하여 '길다'의 뜻을 포함하는 문자를 이루지만 그 예는 많지 않다.

***門 문 문** 두 개의 문짝을 닫아놓은 모양을 본떠서 '문'이라는 뜻을 나타내도록 만든 글자이다. '門(문)'을 의부(意符)로 하여, 여러 가지 문, 문에 부속된 것에 관한 문자를 이룬다. '門(문)'자가 '음부(音符)'로 쓰인 글자들, 예를 들면 問(문), 聞(문), 悶(민) 따위의 글자들은 그 의부(意符)에 따라 부수가 분류되고 있다. 각각 '입 口(구)'부, '귀 耳(이) 부', '마음 心(심)'부에 속한다.

***阜, 阝 언덕 부** 돌이 없는 층이 진 토산(土山)을 본떴다. 언덕 또는 높고 큰 토지, 대륙 등을 뜻하며, 나아가서는 '크다', '번성하다' 등의 뜻으로 쓰인다. '阝'는 '阜'가 한자의 구성에서 변으로 쓰일 때의 자형으로, '좌부방'이라 한다. '阜/阝'를 의부(意符)로 하여, 언덕이나 언덕 모양으로 봉긋한 것, 언덕에 관련된 지형·상태를 나타내는 문자를 이룬다.

隶 미칠 이 모양은 다르지만 '또 又(우)'와 '꼬리 尾(미)'자의 합자로 본다. 꼬리를 잡으려는 손이 뒤에서 미치는 모양에서, '미치다'는 뜻을 나타내는 글자이다. '隶(이)'를 의부(意符)로 하여, 붙잡아서 복종시키는 노예의 '隷(예)'자 따위의 글자를 이룬다.

佳 새 추 꽁지가 짧고 통통한 새의 모양을 본떠 '꽁지 짧은 새'의 뜻으로 쓰는 글자이다. 꽁지가 긴 새의 총칭으로는 '鳥'자가 쓰인다. '佳(추)'를 의부(意符)로 하여, '새'에 관한 문자를 이룬다.

***雨 비 우** 하늘[一]을 덮은 구름[冂] 사이로 빗방울이 떨어지는 모양을 나타낸 글자로 '비', '비가 오다'를 뜻한다. '雨(우)'를 의부(意符)로 하여, '비'를 비롯하여 '구름[雲(운)]', '눈[雪(설)]', '서리[霜(상)]', '번개[電(전)]' 등 기상 현상에 관한 문자를 이룬다.

靑 푸를 청 '날 生'과 '붉을 丹(단)'으로 이루어진 글자이다. '生(생)'은 '싹이 돋아나다'의 뜻이고, '丹(단)'은 우물의 맑은 물을 나타내는 '우물 井(정)'을 대신한 글자이다. 싹도 우물물도 맑은 푸른빛인 데서 '푸름'을 뜻한다. '靑(청)'을 의부(意符)로 하는 문자의 예는 적으나 자형 분류상 부수로 설정이 되어 있다.

非 아닐 비 새가 날아 내릴 때 날개를 좌우로 드리운 모양인데, 양쪽 두 날개가 좌우에서 서로 등지고 있기 때문에 '어긋나다'의 뜻을 나타내고, 이에서 부정의 뜻인 '아니다'의 뜻으로 발전한 글자이다. '非(비)'를 의부(意符)로 하여, '어긋나다', '헤어지다'의 뜻을 포함하는 문자를 이룬다.

【9획】

面 낯 면 '囗'은 얼굴의 윤곽을 그리어 '낯'을 나타내고, 그 안의 것은 원래는 '일백 百(백)'의 古字(고자)로 얼굴에 있는 여러 기관들을 나타낸 것이었다. '面(면)'을 의부(意符)로 하여, '얼굴에 관한 문자를 이룬다.

*革 가죽 혁** 고문의 자형은 머리부터 꼬리까지 벗긴 짐승 가죽의 모양을 본뜬 것이었다. '革(혁)'을 의부(意符)로 하여, 여러 가지 종류의 가죽 제품을 나타내는 문자를 이룬다.

韋 다룸가죽 위 韋(위)자는 '어그러질 舛(천)'과 '입 口(구)'로 이루어진 글자이다. '舛'은 좌우의 발이 서로 어긋나는 모양이다. 좌우 구조가 상하 구조로 바뀌고 이것을 '口'로 묶어 '韋(위)'자를 만들었다. 假借(가차)하여 '다룸가죽'이란 뜻을 나타낸다. '韋(위)'를 의부(意符)로 하여, 여러 가지 종류의 가죽 제품을 나타내는 문자를 이룬다. '가죽 皮(피)', '가죽 革(혁)'과 구별하여 '다룸가죽 韋(위)'라 이름한다.

韭 부추 구 '부추 韭(구)'자는 '한 一(일)'과 '아닐 非(비)'자로 이루어졌다. '一'은 땅을 본떴고, '非'는 부추의 모양을 본떠서, 땅 위에 무리지어 나 있는 '부추'를 나타낸다. '韭(구)'를 의부(意符)로 하여, 부추 등의 야채나 그것을 써서 만든 요리에 관한 문자를 이룬다.

音 소리 음 '音(음)'자의 원래 형태는 '言'의 '口' 속에 '一'이 들어있는 것이었다. '一'은 말이 입 밖에 나올 때 성대를 울려 가락이 있는 소리를 내는 것을 나타낸다. 본뜻은 금(金), 석(石), 사(絲), 죽(竹), 포(匏), 토(土), 혁(革), 목(木)에서 나는 소리를 나타낸다. '音(음)'를 의부(意符)로 하여, 음향에 관한 문자를 이룬다.

頁 머리 혈 '頁(혈)'자의 윗부분은 사람 목 위의 부분을, '目'은 '몸'의 부분을, '점 두 개'는 다리를 나타내어 사람의 몸을 본뜬 것이다. 여기에서 특히 '머리' 부분을 강조하여 '머리 頁(혈)'자를 만든 것이라고 한다. '頁(혈)'을 의부(意符)로 하여, 머리나 머리에 관한 명칭, 상태 등을 나타내는 문자를 이룬다.

風 바람 풍 '돛 凡(범)'과 '벌레 虫(충/훼)'으로 이루어졌다. '虫'은 동물을 뜻하며, '凡'은 '넓을 氾(범)'으로 멀리 퍼짐을 뜻한다. 공기가 널리 퍼져 움직임에 따라 동물이(생물이) 깨어나 움직인다는 뜻을 나타낸다. '風(풍)'을 의부(意符)로 하여, 여러 가지 바람의 명칭이나 바람을 형용하는 문자를 이룬다.

飛 날 비 새가 하늘을 날 때 양쪽 날개를 쭉 펴고 있는 모양을 본뜬 글자이다. '飛(비)'를 의부(意符)로 하여, 나는 것을 나타내는 문자를 이룬다.

食, 𩙿, 𩚁 밥 식 식기에 음식을 담고[白], 뚜껑[스]을 덮은 모양을 본떠 '음식', '먹다'는 뜻을 나타내는 글자이다. '食(식)'을 의부(意符)로 하여, 여러 가지 종류의 음식물이나 먹는 행위에 관한 문자를 이룬다. 활자에서 변으로 쓰일 때는 '𩙿', 필기체에서는 '𩚁'의 자형이 된다.

首 머리 수 '首(수)'자는 '눈[目(목)]'과 '머리털[위에 점 두 개]'을 강조한 사람의 머리의 모양으로, '머리'의 뜻을 나타낸다. '首(수)'를 의부(意符)로 하여, 머리 부분에 관한 문자를 이룬다.

香 향기 향 '香(향)'자는 '기장 黍(서)'와 '달 甘(감)'으로 이루어진 글자이다. 기장을 맛있게 익혔을 때 나는 냄새 또는 기장술에서 나는 냄새 곧, '향기'를 뜻하도록 만든 글자이다. '香(향)'을 의부(意符)로 하여, 향기에 관한 문자를 이룬다.

【10획】

***馬 말 마** 말의 모양을 본뜬 글자이다. '馬(마)'를 의부(意符)로 하여, 여러 가지 종류의 말이나 말과 비슷한 동물의 명칭, 말의 상태, 말 다루기 등에 관한 문자를 이룬다.

*骨 뼈 골** '骨(골)'자는 '살 바를 冎(과)'와 '고기 月(육)'이 합쳐진 글자이다. '冎(과)'는 '살을 발라낸다'는 뜻이고, 고기(肉)에서 살을 발라내면 남는 것은 뼈이기 때문에 '뼈'란 뜻을 나타낸다. '骨(골)'을 의부(意符)로 하여, 몸의 각 부위의 뼈의 명칭, 뼈로 만든 물건 등의 뜻을 나타내는 문자를 이룬다.

高 높을 고 '高(고)'자는 높이 솟은 누대(樓臺)의 모습을 나타낸 것이다. 아래에 있는 '口'는 그 누대에 들어가는 출입구의 문이다. 출입문보다 누대는 월등 높다는 데서 '높다'는 뜻을 나타낸다. '高(고)'를 의부(意符)로 하여, '높다' 등의 뜻을 나타내는 문자를 이룬다. 그러나 이 부수에 속하는 글자의 수는 많지 않다.

髟 터럭발밑 '镸'과 '터럭 彡(삼)'으로 이루어졌다. '镸'은 '길 長'의 고자(古字)이고, '彡'은 털(毛)의 뜻이다. 이렇게 만들어진 '긴 털 드리울 髟(표)'자는 '머리털이 길다'는 뜻을 나타낸다. '터럭 髮(발)'자의 부수이기에 '터럭 발'이라고 속칭한다. '髟(표)'를 의부(意符)로 하여, 머리털이나 수염, 그 상태를 나타내는 문자를 이룬다.

鬥 싸울 투 두 사람이 마주 대하여 서로 겨루고 있는 모양을 본뜬 것이다. '鬥(투)'를 의부(意符)로 하여, '싸우다', '다투다'의 뜻을 포함하는 문자를 이룬다.

鬯 울창주 창 '입벌릴 凵(감)', '쌀 米(미)', '비수 匕(비)'가 합쳐져서 '울창주 鬯(창)'자를 만들었다. '凵'은 물건을 담는 그릇, '米(미)'는 곡식의 낟알, '匕'는 숟가락이다. 곡식의 낟알이 그릇에 담겨 괴어 액체가 된 것을 숟가락으로 뜬다는 뜻이 되어 '술'을 나타낸다. 쓰기에 골치 아픈 '답답할 鬱(울)'자 한 글자만 알면 된다.

鬲 솥 력 굽은 다리 셋이 붙은 솥(鼎)과 비슷한 솥의 모양을 본뜬 것이다. '鬲(력)'을 의부(意符)로 하여, '솥'이나 '솥으로 찌는 일' 등에 관한 문자를 이룬다.

*鬼 귀신 귀** 무시무시한 머리를 한 사람의 모양을 본뜬 것으로 '죽은 사람의 혼', '귀신'의 뜻을 나타낸다. '鬼(귀)'를 의부(意符)로 하여, '영혼'이나 '초자연적인 것' 그 작용에 관한 문자를 이룬다.

【11획】

***魚 물고기 어** 물고기의 모양을 본떴다. 아래 붙은 '灬'는 '불 火(화)'의 변형이 아니고, 갈라진 꼬리의 모양이다. '魚(어)'를 의부(意符)로 하여, 물고기의 명칭이나 물고기를 가공한 것 등을 나타내는 문자를 이룬다.

***鳥 새 조** 새의 모양을 본뜬 글자이다. '새 隹(추)'가 꽁지가 짧은 새의 총칭인 데 대하여 '鳥'는 꽁지가 긴 새의 총칭이다. '鳥(조)'를 의부(意符)로 하여, 여러 가지 새의 명칭 등을 나타내는 문자를 이룬다.

鹵 소금밭 로 '鹵'는 '西(서)'자의 의미를 가진 자, '점'은 소금의 모양을 그린 것으로, 서쪽에 있는 '소금밭'을 가리키는 글자를 만들었다. 또는 주머니에 싼 巖鹽(암염)을 본떠 '소금' 또는 '소금을 머금은 서방의 황무지'를 뜻한다고 한다. '鹵(로)'를 의부(意符)로 하여, '소금', '소금기'에 관한 문자를 이룬다.

*鹿 사슴 록** 뿔이 있는 수사슴의 모양을 본뜬 것이다. '사슴'을 뜻한다. '鹿(록)'을 의부(意符)로 하여, 사슴의 종류나 사슴과 비슷한 동물의 명칭 등을 나타내는 문자를 이룬다.

麥 보리 맥 '보리 麥(맥)'자는 '올 來(래)'와 '뒤져올 夊(치)'로 이루어졌다. '來'는 까끄라기가 있는 곡식의 이삭을, '夊'은 '늦다'는 뜻이다. 보리는 다른 곡식과 달리 가을에 파종하여 초여름에 거두어들인다는 데서, 이 두 자를 합하여 '보리'라는 뜻을 나타낸다. '麥(맥)'을 의부(意符)로 하여, 보리의 종류나 보리로 만든 것에 관한 문자를 이룬다.

*麻 삼 마** '집 广(엄)'과 '朮朮'로 '삼 麻(마)'자를 만들었다. '차조 朮(출)'은 삼의 껍질을 벗긴 것이고, 이것을 둘로 쪼갠 것은 삼의 껍질을 가늘게 삼은 것이다. 그런 작업을 집(广)에서 하기 때문에 합하여 '삼', '삼실'을 뜻한다. '朮(출)'의 어깨에 붙은 '점'은 자형 관계상 생략되었다. '麻(마)'를 의부(意符)로 하여, '삼'에 관한 문자를 이룬다.

【12획】

*黃 누를 황** '밭 田(전)'과 '빛 光(광)의 古字(고자)'로 이루어진 것이다. 밭의 빛은 황토색이기 때문에 '누르다'는 뜻을 나타내었다. '黃(황)'을 의부(意符)로 하여, 황색을 나타내는 문자를 이룬다.

黍 기장 서 '黍(서)'자는 '벼 禾(화)'와 '비 雨(우)자의 약체(略體)'로 이루어진 글자이다. 곡식 중에서도 가장 찰기가 많은 것이 기장이기 때문에 '禾'에 물을 뜻하는 '雨'의 약체(略體)를 더하여 '기장'이라는 뜻을 나타내었다. '黍(서)'를 의부(意符)로 하여, '차지다', '차진 것'을 나타내는 문자를 이룬다. 이 부수에 속하는 것으로 1급 한자 이내의 것은 '검을 黎(려)'자 한 글자이다.

*黑 검을 흑** 위쪽의 굴뚝에 검댕이 차고, 아래쪽에 불길이 오르는 모양을 본떠 '검을 黑(흑)'자를 만들었다. '黑(흑)'을 의부(意符)로 하여, 검은 빛이나 검은 것을 나타내는 문자를 이룬다.

【13획】

黽 맹꽁이 맹 개구리의 일종인 맹꽁이의 모양을 본뜬 글자이다. 1급 한자 이내에서 이 부수에 속하는 것은 '자라 鼈(별)'자 하나이고, 이 부수에 속하지는 않지만 '黽'이 글자의 요소로 쓰인 글자는 '노끈 繩(승)'과 '파리 蠅(승)'자가 있다.

鼎 솥 정 발이 셋, 귀가 둘 달린 솥의 모양을 본뜬

글자이다. '鼎(정)'을 의부(意符)로 하여, 여러 가지 솥이나 솥의 일부분을 가리키는 문자를 이룬다. 이 부수에 속하면서 1급 한자 이내에 속하는 것은 '鼎(정)'자 하나뿐이다.

鼓 북 고   '북 鼓(고)'자는 '세울 효(주)'와 '지탱할 支(지)'로 이루어졌다. '북' 또는 '북을 치다'가 본뜻이다. '支(지)'는 '칠 攴(복)'의 변형으로 손에 북채를 들고 있는 모습이고, 왼편의 '세울 효(주)'는 북 모양을 본뜬 것이다. '鼓(고)'를 의부(意符)로 하여, 여러 가지 종류의 북이나 그 소리를 나타내는 문자를 이룬지만, 이 부수에 속하면서 1급 한자 이내에 속하는 것은 '북 鼓(고)'자 하나뿐이다.

鼠 쥐 서   윗부분은 이, 아랫부분은 배, 발톱, 꼬리의 모양을 그린 쥐의 모양을 본떠 만든 글자이다. 이 부수에 속하면서 1급 한자 이내에 속하는 것은 '쥐 鼠(서)'자 하나뿐이다.

【14획】
鼻 코 비   '鼻(비)'자는 '스스로 自(자)'와 '줄 畀(비)'자로 이루어졌다. '自'는 코의 모양을 그린 것이고, '畀(비)'자는 음을 나타낸다. '鼻(비)'를 의부(意符)로 하여, '코'의 상태나 '숨소리' 등에 관한 문자를 이룬다. 이 부수에 속하면서 1급 한자 이내에 속하는 것은 '코 鼻(비)'자 하나뿐이다.

齊 가지런할 제   벼나 보리 따위 곡식의 이삭이 패어 그 이삭 끝이 가지런한 모양을 본뜬 글자이다. '가지런하다'라는 뜻을 나타낸다. 이 부수에 속하면서 1급 한자 이내에 속하는 것은 '가지런할 齊(제)'와 '재계 齋(재)'이고, '물 氵(수)'변의 '건널 濟(제)'자에 구성요소로 쓰였다.

【15획】
齒 이 치   원래는 이가 나란히 서 있는 모양을 그린 것이다. 여기에 '止'를 더했는데, '止(지)'는 음을 나타내는 역할을 한다. '齒(치)'를 의부(意符)로 하여, 이의 종류나 상태, 무는 일 등에 관한 문자를 이룬다. 이 부수에 속하면서 1급 한자 이내에 속하는 것은 '이 齒(치)'와 '나이 齡(령)' 두 개이다.

【16획】
龍 용 룡   머리에는 끝이 뾰족한 뿔이 있고, 입을 벌린 기다란 몸뚱이를 가진 용의 모양을 본뜬 자이다. '龍(룡)'을 의부(意符)로 하여, '용'에 관한 문자를 이룬다.

龜 거북 귀   거북의 모양을 본뜬 글자이다. '龜(귀)'를 의부(意符)로 하여, '거북'에 관한 문자를 이룬다.

【17획】
龠 피리 약   '龠(약)'자는 '물건 品(품)'과 '생각할 侖(륜)'자로 이루어졌다. '品'은 '여럿'이란 뜻, '侖'은 '다스리다'의 뜻을 가져, 여러 소리를 다스려 조화 있게 한다는 생각에서 구멍이 여럿 있는 '피리'를 뜻한다. 이 부수에서 1급 한자 이내에 속하는 것은 없다.

부수의 위치에 따른 형태의 변화

몇 개의 부수들은 그 부수가 쓰이는 위치 즉, 변, 방, 머리, 발 등의 위치에 따라 그 형태가 달라진다. 그 예를 들면 다음과 같다.

人/亻(사람 인)   邊(변)으로 쓰일 때는 그 글자의 모양이 '亻'으로 된다. 이제 今(금), 쉴 休(휴)

刀/刂(칼 도)   '刀'의 모양으로 드물게 旁(방)으로 쓰인다. '刀'의 별체 '刂'는 독립적으로 쓰이는 일이 없고, 다른 글자와 어울려 방으로 쓰일 때의 자체이다. 이를 '칼 刀(도)'와 구별하여 '선칼 刂(도)'라 이른다. 벨 切(절), 날카로울 利(리)

卩/㔾(병부 절)   방으로 쓰일 때는 '卩', 발이 될 때는 '㔾'의 형태로 쓰인다. 찍을 印(인), 위태할 危(위)

彐/彑/彐(돼지머리 계). 彐, 彑, 彐의 세 가지 형태가 있다. 맏이 尹(윤), 초록 綠(록)

心/忄/㣺(마음 심)   '心'이 변으로 쓰일 때는 '忄'의 자형을 취하고 이를 '심방변'이라고 이른다. '心'이 발로 쓰일 때의 자형은 '㣺'이다. '恭'을 心부에서 찾아야 하는 것이 그 예이다. 은혜 恩(은), 뜻 情(정), 공손할 恭(공)

手/扌(손 수)   '扌'는 '手'가 변으로 쓰일 때의 자형이다. 독립자로는 쓰이지 아니하고, 부수 명칭은 '손수변'인데, 자형이 '才(재)'자와 닮았기 때문에 특히 '재방변'이라고도 이른다. 주먹 拳(권), 던질 投(투)

攴/攵(등글월 문/칠 복)   '칠 攴(복)'이 방으로 쓰일 때는 생략된 변형 字體(자체)인 '攵(복)'이 흔히 쓰인다. 고칠 改(개), 차례 敍(서)

水/氵/氺(물 수)   '氵'는 '水'가 한자의 구성에서 변으로 쓰일 때의 글자 모양으로, 이를 '삼수변'이라고 한다. '氺'는 '水'가 발로 쓰일 때의 글자 모양이다. 샘 泉(천), 강 江(강), 클 泰(태)

火/灬(불 화)   '火(화)'가 한자의 구성에서, 발이 될 때는 '灬'의 꼴을 취하는데, 이를 '불화 발'이라 한다. 등잔 燈(등), 더울 熱(열)

爪/爫(손톱 조)   '爫'는 '爪'가 부수로서 한자의 머리로 쓰일 때의 자형이다. 이를 흔히 '손톱머리'라 부른다. 다툴 爭(쟁), 긁을 爬(파)

牛/牜(소 우)   '牜'는 '牛'가 한자 구성에서 변으로 쓰일 때의 자형으로, 이를 '소우 변'이라 부른다. 끌 牽(견), 목장 牧(목)

犬/犭(개 견)   '犬(견)'이 한자의 구성에서 변으로 쓰일 때는 犭(견)의 꼴을 취하고, 이 자형을 '개사슴 록 변'이라 한다. 짐승 獸(수), 개 狗(구)

玉/王(구슬 옥)   '玉'이 한자의 구성에서 변으로 쓰일 때는 '王'의 자형을 취한다. 흔히 이를 '임금왕 변'이라고 부르기도 하나, '구슬옥 변'이라고 부르는 것이 바

른 호칭이다. 구슬 珠(주), 옥 璧(벽)

疋/疋 (짝 필)　'疋'이 방으로 쓰일 때는 '疋' 모양을 취한다. 트일 疏(소), 의심할 疑(의)

目/罒 (눈 목)　'눈 目(목)'은 처음은 가로[罒]로 썼으나 나중에는 세로[目]로 고쳐 썼다. 장님 盲(맹), 눈으로 뒤쫓을 眾(답)

示/礻 (보일 시)　'示(시)'자를 변으로 쓸 때 흔히 '礻'의 자체를 함께 쓰는데 속자로 본다. '示(시)'자를 발로 쓸 때는 '礻'는 쓰지 않고, '示(시)'만 쓴다. 제사지낼 祭(제), 귀신 神(신)

网/罒/罒/㓁 (그물 망)　'罒, 罒, 㓁'은 '网'이 부수로 쓰일 때의 자형이다. 그물 罔(망), 그물 罕(한), 허물 罪(죄)

羊/⺶ (양 양)　'⺶'은 '羊'이 한자 구성에서 머리로 쓰일 때의 자형이다. 무리 群(군), 아름다울 美(미)

老/耂 (늙을 로)　'耂'는 '老'자가 한자의 구성에서 머리로 쓰일 때의 자형이다. 늙을 老(로), 놈 者(자)

肉/⺼ (고기 육)　'⺼(육)'은 '肉'이 한자의 구성에서 변으로 쓰일 때의 자형이다. 이를 '달 月(월)'과 구별하기 위하여 '육달월'이라 부른다. 肝(간), 胃(위), 썩을 腐(부)

艸/艹/卄 (초두머리)　'艹'는 한자 구성에서 머리로 쓰이는 자체이고, '卄'는 속자로 필기체에 흔히 쓰이는 자체이다. 풀 草(초), 꽃 花(화)

衣/衤 (옷 의)　'衤'는 '衣'가 한자의 구성에서 변으로 쓰일 때의 자형으로, '옷의변'이라 이른다. 차릴 裝(장), 속 裏(리), 겉 被(피)

足/⻊ (발 족)　'足'이 변으로 쓰일 때는 '⻊'의 형태를 취한다. 길 路(로), 찡그릴 蹙(축)

辵/辶/辶 (책받침)　'辶'은 '辵'이 한자 구성에서 부수(받침)로 쓰일 때의 자체이다. '辵'자는 부수로는 쓰지 않는다. 일상적인 필기체로는 '辶'으로 쓰는데, 이는 '辶'의 변형이다. 멀 遠(원), 물러날 退(퇴)

邑/阝 (고을 읍)　'阝'은 '邑'이 한자의 구성에서 방으로 쓰일 때의 자형으로, 몸의 오른쪽에 쓴다고 하여 이를 '우부방'이라 이른다. 고을 郡(군), 뒤따를 扈(호)

阜/阝 (언덕 부)　'阝'는 '阜'가 한자의 구성에서 변으로 쓰일 때의 자형으로. 몸의 좌측에 변으로 쓴다고 하여 이를 '좌부방'이라 한다. 막을 防(방), 뭍 陸(륙)

食/飠/𩙿 (밥 식)　'食'자가 변으로 쓰일 때는 '飠', 필기체에서는 '𩙿'의 자형이 된다. 밥 飯(반), 기를 養(양)

제2부 가족 한자

일러두기

제2부 가족 한자의 내용은 표제자의 일련번호, 표제자, 가족 한자, 가족의 내용 등으로 구성되었다. '可(가)'자를 예로 하여 설명한다.

001은 표제자의 일련번호이다.

'可(가)'는 표제자로서 가족관계기록부의 가장 또는 세대주에 해당하는 글자이다. 呵, 柯, 등은 가족들이다. 세대주뿐만 아니라 가족 모두가 위의 번호로 관리된다.

다음은 가족 소개이다. 글자의 형태와 구성, 글자의 뜻, 글자의 쓰임 등을 소개하고 있다.

가족이었지만 지금은 분가한 글자들을 참고하도록 하였다. 예를 들면 '113 기이할 奇(기)'자 참조 등으로 표시하였다.

마지막으로 可0162, 呵2235 등은 한자의 숲에서 더 자세한 것을 쉽게 찾아볼 수 있도록 그 글자의 번호를 표시한 것이다.

可(가) 可呵柯苛哥歌阿河何荷軻 001

'옳을 可(가)'자는 '입[口(구)]'과 '입천장[丁(정)]'으로 이루어져 '입의 안'을 나타내는 글자이다. 본뜻은 '큰 소리를 내다'였는데, '옳다', '찬성하다', '가히(결정, 상상, 권고, 가능의 뜻을 나타낸다)', '가능(동작을 나타내는 한자 앞에 쓰여)의 뜻을 나타낸다. 可決(가결), 可否(가부), 不可(불가), 曰可曰否(왈가왈부), 可能(가능), 燈火可親(등화가친), 認可(인가), 許可(허가)

'可(가)'자에 '입 口(구)'를 붙여 '큰소리로 꾸짖을 呵(가)'자를 만들었다. '큰 목소리로 꾸짖다', '큰 소리로 웃다'는 뜻을 나타낸다. 呵責(가책)

'可(가)'자에 '나무 木(목)'을 붙여 '나무 이름 柯(가)'자를 만들었다. 南柯一夢(남가일몽)

'可(가)'자에 '풀 ++(초)'를 붙여 '가혹할 苛(가)'자를 만들었는데, 원래는 '자잘한 풀'의 뜻이었다가, 후에 '苛酷(가혹)하다'는 뜻으로 쓰이는 글자가 되었다. '맵다', '사납다', '가혹하다', '학대하다', '혹독하다', '잘다' 등의 뜻을 나타낸다. 苛斂誅求(가렴주구), 苛酷(가혹)

'可(가)'자에 '可(가)'자를 하나 더 붙여 金哥(김가) 李哥(이가) 하는 '姓(성)' 밑에 붙이는 호칭의 접미사로 쓰이는 '성씨 哥(가)'자를 만들었다.

'哥(가)'자에 '하품 欠(흠)'을 붙여 '노래 歌(가)'자를 만들었다. '欠(흠)'은 하품할 때처럼 입을 크게 벌린다는 뜻이다. 입을 크게 벌리고 노래하는 모습에서 '노래하다'는 뜻을 나타내는 글자이다. 歌詞(가사), 歌手(가수), 歌謠(가요), 高聲放歌(고성방가), 愛國歌(애국가), 四面楚歌(사면초가), 唱歌(창가)

'可(가)'자에 '언덕 阝(부)'를 붙여 '언덕 阿(아)'자를 만들었는데, '언덕'이라는 뜻보다는 주로 '阿諂(아첨)하다'는 뜻으로 쓰인다. 阿附(아부), 阿諂(아첨), 曲學阿世(곡학아세), 阿修羅場(아수라장), 南無阿彌陀佛(나무아미타불), 阿片(아편)

'可(가)'자에 '물 氵(수)'를 붙여 '강 이름 河(하)'자를 만들었는데, 원래는 중국의 '黃河(황하)'를 뜻하는 글자였다. '큰 河川(하천)'의 뜻으로 폭넓게 쓰인다. 百年河淸(백년하청), 黃河(황하), 河川(하천), 河海(하해), 氷河(빙하), 山河(산하), 運河(운하), 銀河水(은하수), 河伯(하백)

'可(가)'자에 '사람 亻(인)'을 붙여 '어찌 何(하)'자를 만들었다. '何(하)'자는 '메다'의 뜻을 나타내기 위하여 어깨에 기다란 창을 메고 있는 사람의 모습을 그린 것이었다. 이것이 '어찌', '무엇'을 이르는 것으로 차용되어 쓰이자, 본뜻은 '荷(하)'자로 나타냈다. 何等(하등), 何時(하시), 何必(하필), 幾何(기하), 誰何(수하), 抑何心情(억하심정), 如何間(여하간)/何如間(하여간)

'어찌 何(하)'자에 '풀 ++(초)'를 붙여 '멜 荷(하)'자를 만들었다. 원래는 '何(하)'자였는데, 이 '何(하)'자가 '어찌', '무엇'의 뜻으로 차용되어 쓰이게 되자, 다년생 水草(수초)인 '연'의 이름이었던 '荷(하)'자에게 본뜻을 넘겨주어, '멜 荷(하)'자가 대신하게 되었다. '짊어지다', '떠맡다', '짐', 등의 뜻을 나타낸다. 荷役(하역), 荷重(하중), 負荷(부하), 手荷物(수하물), 賊反荷杖(적반하장), 出荷(출하)

'可(가)'자에 '수레 車(거)'를 붙여 '굴대 軻(가)'자를 만들었다. 한자어 낱말을 만든 예는 없고, 중국에서 '姓(성)'으로 쓰이는 글자이다.

'113 기이할 奇(기)'자 참조.

可0162, 呵2235, 柯2070, 苛2920, 哥2247, 歌0241, 阿1447, 河0064, 何1143, 荷1752, 軻3579

加(가) 加架駕袈伽迦嘉跏賀 002

'더할 加(가)'자는 '힘 力(력)'과 '입 口(구)'로 이루어졌다. 본뜻은 '힘주어 말하다'였다. 후에 '더하다', '수량이나 분량을 더하거나 합하는 일', '덧붙이다', '더 심하여지다', '성원이 되어 더 보태다' 등의 뜻으로 쓰이게 되었다. 加減(가감), 加工(가공), 雪上加霜(설상가상), 追加(추가), 加重(가중), 加擔(가담), 加入(가입), 參加(참가), 加療(가료), 加護(가호)

家(가) 003 家 嫁 稼

'집 家(가)'자는 '집 宀(면)'과 '돼지 豕(시)'로 이루어졌다. 본뜻은 '돼지[豕]의 집[宀]'이었다. 돼지는 새끼를 많이 낳는다는 데서 사람이 많이 모여 있는 '집'을 나타내게 되었다. '집', '가정', '가족', '살림살이', '집안의 혈통', '자기 집', '자기 도성 또는 조정', '학파 또는 학자', '기예에 일가견을 가진 사람', '목적으로 계속하여 행하는 경제적인 일', '일반 사람에게 붙이는 칭호', '야생이 아닌 사람이 기르는 것' 등의 뜻으로 쓰인다. 家屋(가옥), 人家(인가), 草家(초가), 家庭(가정), 家族(가족), 歸家(귀가), 修身齊家(수신제가), 家門(가문), 家風(가풍), 外家(외가), 一家(일가), 親家(친가), 妻家(처가), 家親(가친), 自家撞着(자가당착), 國家(국가), 道家(도가), 儒家(유가), 百家爭鳴(백가쟁명), 作家(작가), 藝術家(예술가), 畵家(화가), 事業家(사업가), 資本家(자본가), 恐妻家(공처가), 愛酒家(애주가), 家禽(가금), 家畜(가축)

'집 家(가)'자에 '여자 女(녀)'자를 붙여 '시집갈 嫁(가)'자를 만들었다. '여자가 生家(생가)를 떠나 남편의 집으로 가다'는 뜻이다. '허물·죄·책임 등을 남에게 떠넘기다'는 뜻도 있다. 出嫁(출가), 轉嫁(전가)

'집 家(가)'자에 '벼 禾(화)'를 붙여 '벼를 옮겨 심다'는 뜻인 '심을 稼(가)'자를 만들었다. '심다'는 뜻으로 쓰인 한자어는 없고, '움직여 일을 하게 하다'는 뜻으로 쓰이고 있다. 稼動(가동)

家0087, 嫁2320, 稼2778

叚(가) 004 假 暇 瑕 蝦 霞 遐

'빌릴 叚(가)'자는 '남에게 임시로 무엇을 빌려 쓰다'는 뜻을 가진 글자이다. 우리말 한자어는 없다.

'叚(가)'자에 '사람 亻(인)'을 붙여 '거짓 假(가)'자를 만들었다. '거짓', '정식이 아닌 임시의'의 뜻을 나타낸다. 假髮(가발), 假裝(가장), 狐假虎威(호가호위), 假建物(가건물), 假拂(가불), 假說(가설), 假定(가정), 假稱(가칭)

'叚(가)'자에 '날 日(일)'을 붙여 '겨를' 같은 시간적 의미를 나타내는 '겨를 暇(가)'자를 만들었다. '겨를', '틈', '느긋하게 지내다', '여유 있게 지내다' 등의 뜻을 나타낸다. 餘暇(여가), 休暇(휴가), 閑暇(한가)

'叚(가)'자에 '구슬 玉(옥)'을 붙여 '허물 瑕(하)'자를 만들었다. '구슬에 흠이 있다'는 뜻이다. 瑕疵(하자)

'叚(가)'자에 '벌레 虫(충/훼)'를 붙여 '새우 蝦(하)'자를 만들었다. 大蝦(대하)

'비 雨(우)' 아래에 '叚(가)'자를 써서 '노을 霞(하)'자를 만들었다. '雨(우)'자는 날씨 등 기상의 뜻을 나타내는 글자의 부수로 쓰이는 예가 많다. 예를 들면 '서리 霜(상)' 등이 있다. 晩霞(만하)

'길 갈 辶(착)'에 '叚(가)'자를 써서 '멀 遐(하)'자를 만들었다. 昇遐(승하)

假0346, 暇1011, 瑕2699, 蝦2967, 霞3136, 遐3305

賈(가/고) 005 賈 價

'성씨 賈(가)/장사 賈(고)'자는 '덮을 襾(아)'와 '조개 貝(패)'로 이루어졌다. 사고팔고 하는 장사 또는 장수를 뜻한다. 우리나라에서는 사고팔고 하는 것은 賣買(매매)에 맡기고, '賈(고/가)'자는 姓氏(성씨)로만 쓰이고 있다. '고'씨가 아니라 '가'씨이다.

'價(가)'자는 '사람 亻(인)'과 '장사 賈(고/가)'로 이루어진 글자이다. '賈(고/가)'자가 표의요소와 표음요소를 겸하여 쓰였다. 장사를 하려면 팔고 사는 사람들 사이에 價格(가격)이 정해져야 한다. '값', '가격', '대금', '값어치', '역할' 등의 뜻으로 쓰인다. 價格(가격), 物價(물가), 價值(가치), 營養價(영양가), 評價(평가), 原子價(원자가)

賈3577, 價0482

各(각) 006 各 閣 客 喀 恪 額 格 峇 絡 酪 駱 洛 落 烙 略 賂 路 露 鷺

'각각 各(각)'자는 '뒤쳐올 夂(치)'와 '입 口(구)'로 이루어진 글자이다. 신령이 내려오기를 비는 모양이라고 한다. 假借(가차)하여 '각각'이라는 뜻으로 쓰이게 되었다. '각각', '따로따로의', '여러' 등의 뜻을 나타낸다. 各各(각각), 各自(각자), 各界各層(각계각층), 各種(각종)

'各(각)'자를 '門(문)'안에 써서 '대궐' 또는 '큰 집'을 뜻하는 '집 閣(각)'자를 만들었다. 鐘閣(종각), 內閣(내각), 沙上樓閣(사상누각)

'各(각)'자를 '집 宀(면)' 아래에 써서 '손 客(객)'자를 만들었다. 나의 집에 찾아온 '손님' 또는 '나그네'를 가리키는 글자이다. '손', '찾아가거나 찾아오거나 하는 사람', '나그네', '객지', '단골 손님', '일반 사람', '의탁하다', '의식이나 행동의 상대', '객체', '지나간 때', '객쩍은' 등의 뜻을 나타낸다. 客室(객실), 不請客(불청객), 賀客(하객), 客死(객사), 客地(객지), 食客(식객), 顧客(고객), 客席(객석), 觀客(관객), 旅客(여객), 政客(정객), 客食口(객식구), 客觀(객관), 客體(객체), 主客(주객), 客年(객년), 客氣(객기), 客談(객담)

'客(객)'자에 '입 口(구)'를 붙여 '뱉을 喀(객)'자를 만들었다. 토할 喀(각)'자는 同字(동자)이다. '뱉다', '토하다', '게우다'는 뜻을 나타낸다. 喀痰(객담), 喀血(객혈)

'삼갈 恪(각)'자는 형태는 '마음 忄(심)'과 '각각 各(각)'자로 이루어진 것으로 보인다. 여기에서 '各(각)'자는 '손 客(객)'에서 '집 宀(면)'이 생략된 것이다. 손님은 恪別(각별)한 마음, 삼가는 마음으로 맞이해야 한다는 뜻으로 그렇게 만들게 되었다.

'客(객)'자에 '머리 頁(혈)'을 붙여 '이마 額(액)'자를 만들었다. '이마', '일정한 액수', '편액', '현판' 등의 뜻을 나타낸다. 額數(액수), 金額(금액), 殘額(잔액), 額面(액면), 額子(액자), 扁額(편액)

'各(각)'자를 '나무 木(목)'과 함께 써서 '바로잡을 格(격)'자를 만들었다. 나무의 본성은 자연의 법에 따라 땅에 뿌리를 박고 하늘을 향하여 '똑바르게' 자라는 것이다. '바로잡다', '바르다', '겨루다', '대적하다', '치다', '때리다', '궁구(窮究)하다', '표준', '격식', '품등', '모양' 등 여러 가지 뜻을 나타낸다. 格納(격납), 格鬪(격투), 格物致知(격물치지), 格言(격언), 格式(격식), 規格(규격), 本格的(본격적), 破格(파격), 格上(격상), 格差(격차), 價格(가격), 失格(실격), 資格(자격), 合格(합격), 格調(격조), 骨格(골격), 性格(성격), 人格(인격), 體格(체격), 品格(품격), 同格(동격), 主格(주격), 目的格(목적격)

'各(각)'자에 '사람 人(인)'을 붙여 '허물 咎(구)'자를 만들었다. 사람은 누구나 '허물이 있다'는 뜻이다. '허물을 꾸짖다', '재앙', '근심거리' 등의 뜻을 나타낸다. 현재 쓰이고 있는 한자어 낱말은 없다.

'各(각)'자는 [락], [략], [뢰], [뇌] 따위의 글자의 표음요소로 쓰이고 있다.

'各(각)'자에 '실 糸(사)'를 붙여 '이을 絡(락)'자를 만들었다. '실'은 물건들을 연결하는 데 쓰이는 물건이다. 連絡(연락), 脈絡(맥락)

'各(각)'자에 '닭 酉(유)'를 붙여 '쇠젖 酪(락)'자를 만들었다. '酉(유)'자는 훈이 '닭'이지만 '닭'이라는 뜻으로 쓰이는 예는 없고, '술' 또는 '발효'의 뜻을 나타낸다. 酪農業(낙농업)

'各(각)'자에 '말 馬(마)'를 붙여 '낙타 駱(락)'자를 만들었다. 駱駝(낙타)

'各(각)'자에 '물 氵(수)'를 붙여 강의 이름을 뜻하는 '낙수 洛(락)'자를 만들었다. '洛陽(낙양)'은 옛날 중국의 '周(주)'나라 수도의 이름이다.

이 '洛(락)'자를 音符(음부)로 하고 '풀 艹(초)'를 붙여 '떨어질 落(락)'자를 만들었다. 나뭇잎이 시들어 떨어진다. '떨어지다', '낙엽', '위에서 아래로 내려지다', '해・달이 지다', '값・정도・수준・상태 따위가 낮아지거나 못해지다', '진지나 성 따위가 적의 손에 넘어가다', '숨이나 마음・감각 같은 것이 끊어지거나 없어지다', '빗방울이 줄기져 떨어지다', '뒤에 처지거나 남아있다', '거리가 멀리 떨어져 있다', '없어지다', '몰락하다', '어려운 상태에 빠지다', '탈락하다', '일정한 기준에 들지 못하다', '사람의 사는 곳', '공사가 완공되다', '손 안에 들거나 자기 차지로 되다' 등의 뜻을 나타낸다. 落葉(낙엽), 落下(낙하), 落花流水(낙화유수), 烏飛梨落(오비이락), 墜落(추락), 落照(낙조), 日落西山(일락서산), 騰落(등락), 暴落(폭락), 下落(하락), 難攻不落(난공불락), 陷落(함락), 落膽(낙담), 落心(낙심), 落水(낙수), 落伍者(낙오자), 落後(낙후), 落島(낙도), 落鄕(낙향), 落胎(낙태), 漏落(누락), 奈落(나락), 沒落(몰락), 轉落(전락), 墮落(타락), 落選(낙선), 落第(낙제), 脫落(탈락), 群落(군락), 村落(촌락), 落成(낙성), 落着(낙착), 段落(단락), 落札(낙찰), 落落長松(낙락장송), 落書(낙서)

'各(각)'자에 '불 火(화)'를 붙여서 '지질 烙(락)'자를 만들었다. 烙印(낙인)

'各(각)'자에 '밭 田(전)'을 붙여 '간략할 略(략)'자를 만들었다. 본뜻은 '토지를 경영하다'였다. '다스리다', '빼앗다', '정벌하다', '계략', '꾀', '줄이다', '간략하게 하다', '대략' 등의 뜻을 나타낸다. 經略(경략), 攻略(공략), 侵略(침략), 計略(계략), 戰略(전략), 策略(책략), 略圖(약도), 略歷(약력), 略式(약식), 簡略(간략), 大略(대략), 省略(생략)

'各(각)'자에 '돈' 또는 '재물'을 뜻하는 '조개 貝(패)'를 붙여 '뇌물 賂(뢰)'자를 만들었다. 賂物(뇌물), 受賂(수뢰)

'各(각)'자에 '발 足(족)'을 붙여 발로 밟고 가는 바닥, 즉 '길'을 뜻하는 '길 路(로)'자를 만들었다. '길', '도로', '사람이 마땅히 행해야 할 도리', '줄', '겪는 일', '나그네 길(客)', '방법', '행정 구획이나 도로의 이름' 등의 뜻으로 쓰인다. 路線(노선), 路上放歌(노상방가), 街路樹(가로수), 道路(도로), 一路邁進(일로매진), 販路(판로), 邪路(사로), 要路(요로), 路程(노정), 經路(경로), 末路(말로), 進路(진로), 血路(혈로), 路毒(노독), 路資(노자), 活路(활로), 子路負米(자로부미), 鐘路(종로)

'路(로)'자를 표음요소로 하고 '비 雨(우)'를 더하면 '이슬 露(로)'자가 된다. 이슬은 방 안에는 내리지 않는다. 하늘이 드러난 곳에 내린다. 그래서 '드러내다'는 뜻도 가지게 되었다. '이슬', '하늘이 드러나 이슬을 맞는 곳', '드러나다', '허무함의 비유', '보잘 것 없음의 비유' 등의 뜻을 나타낸다. 白露(백로), 寒露(한로), 露天(노천), 露宿者(노숙자), 露店(노점), 露骨的(노골적), 露出(노출), 發露(발로), 綻露(탄로), 暴露(폭로), 草露(초로), 甘露水(감로수), 披露宴(피로연)

'路(로)'자를 표음요소로 하고 '새 鳥(조)'와 함께 써서 '해오라기 鷺(로)'자를 만들었다. 白鷺(백로)

各0320, 閣1292, 客0076, 喀3216, 恪2383, 額1118, 格0569, 峇3215, 絡0891, 酪3094, 駱3167, 洛1666, 落0628, 烙2650, 略1042, 賂3037, 路0152, 露1457, 鷺2153

珏(각) 珏 班 斑 007

'쌍옥 珏(각)'자는 한 쌍의 옥을 나타내기 위하여 구슬 玉(옥) 두 개를 붙여 만들었다.

'나눌 班(반)'자는 '쌍옥 珏(각)' 안에 '칼 刀(도)'가 들어 있으니, 칼로 옥을 둘로 '가르다'가 본뜻이었다. '줄', '행렬', '양반', '품계나 신분', '등급' 등의 뜻으로 쓰인다. 班(반), 班長(반장), 越班(월반), 班常(반상), 班列(반열), 兩班(양반), 册床兩班(책상양반), 出班奏(출반주)

'얼룩 斑(반)'자는 '글월 文(문)'과 '죄인 서로 송사할 辡(변)'자로 이루어진 것이었다. 후에 '辡(변)'자의 '매울 辛(신)' 두 개가 '구슬 玉(옥)'으로 변했고, '玉(옥)'에서 점(丶)이 생략되어, '斑(반)'자가 되었다. 여기에서 '文(문)'자는 '문채', '얼룩'의 뜻으로 쓰인 것이다. '나눌 班(반)'자와 음도 같고, 모양도 매우 비슷하여 형제간처럼 보이지만 실제 혈통으로는 관계가 없는 글자이다. 斑文(반문)/斑紋(반문), 斑白(반백), 斑點(반점), 虎斑(호반)

珏3511, 班0400, 斑2508

干(간) 干 刊 肝 奸 杆 竿 岸 旱 悍 汗 罕 軒 008

'방패 干(간)'자는 공격과 방어를 겸하는 무기인 방패 모양을 본뜬 것이다. '방패', '막다', '법·규칙 등을 위반하다', '간여하다', '참여하다', '수사(數詞)에 붙이는 어조사', '물가', '천간(天干)' 등의 뜻으로 쓰인다. '干城(간성), 欄干(난간), 干證(간증), 干涉(간섭), 若干(약간), 如干(여간), 干滿(간만), 干拓(간척), 天干(천간)

'干(간)'자는 部首(부수)로도 지정되어 있다. 여기에서는 부수로서가 아닌 '몸'으로 쓰인 문자들을 모은 것이다. [간], [한], [안], [헌]의 음을 나타낸다.

'干(간)'자에 '칼 刂(도)'를 붙여 '책 펴낼 刊(간)'자를 만들었다. 종이가 없던 옛날에 책을 만들려면 나무토막을 깎아 다듬어 글을 쓰고 줄로 엮었다. '刊(간)'자는 바로 그렇게 하기 위하여 칼로 나무를 '깎다'는 뜻을 나타내기 위하여 만든 것이었다. '책을 펴내다', '출판하다'는 뜻을 나타낸다. 刊行(간행), 發刊(발간), 月刊(월간), 創刊(창간)

'干(간)'자에 '고기 月(육)'을 붙여 '간 肝(간)'자를 만들었다. '고기 肉(육)'이 部首(부수)로 쓰일 때, 사람 신체의 부분을 나타낸다. '간'을 뜻한다. '마음'을 상징적으로 나타내기도 한다. 肝膽(간담), 肝膽相照(간담상조), 九曲肝腸(구곡간장), 肝炎(간염), 肝癌(간암)

'干(간)'자에 '여자 女(녀)'를 붙여 '간사할 奸(간)'자를 만들었다. '奸(간)'자는 '姦(간)'자와 同字(동자)로 통용(通用)되지만, '간음, 간통하다'는 뜻에는 '姦(간)'자를, '간사하다'는 뜻에는 '奸(간)'자를 쓰는 경향이 있다. 奸詐(간사), 奸臣(간신), 姦通(간통), 强姦(강간), 弄奸(농간)

'干(간)'자에 '나무 木(목)'을 붙여 '몽둥이 杆(간)'자를 만들었다.

'대 竹(죽)'밑에 '干(간)'자를 써서 '장대 竿(간)'자를 만들었다. 魚竿(어간), 百尺竿頭(백척간두)

'干(간)'자에 '뫼 山(산)'과 '언덕 厂(한)'을 붙여 '언덕 岸(안)'자를 만들었다. 沿岸(연안), 海岸(해안), 彼岸(피안)

'干(간)'자에 '해 日(일)'을 붙여 햇볕만 쨍쨍하고 비가 오지 않아 '가물다'는 뜻의 '가물 旱(한)'자를 만들었다. 旱魃(한발), 大旱(대한)

'가물 旱(한)'자에 '마음 忄(심)'을 붙여 '사나울 悍(한)'자를 만들었다. 마음에 가뭄이 들었다. 悍婦(한부), 慓悍(표한)/剽悍(표한)

'干(간)'자에 '물 氵(수)'를 붙여 '땀 汗(한)'자를 만들었다. 汗蒸(한증), 鳥鼻之汗(조비지한)

'干(간)'자에 '그물 罒(망)'을 붙여 '그물 罕(한)'자를 만들었다. '드물다'는 뜻도 나타낸다. 稀罕(희한)

'干(간)'자에 '수레 車(거)'를 붙여 '수레'를 뜻하는 '軒(헌)'자를 만들었는데 후에 '집'의 뜻으로 바꿔 쓰이게 되자 '집 軒(헌)'자가 되었다. 東軒(동헌), 烏竹軒(오죽헌)

'干(간)'자가 두 개인 '평탄할 幵(견)'자와 이 '幵(견)'자를 이용하여 이루어진 한자는 '幵(견)033'자 참조.

'줄기 幹(간)'자는 '倝(간)009'자 참조.

干0747, 刊1163, 肝1076, 奸1552, 杆3461, 竿2794, 岸1212, 旱1624, 悍2385, 汗1662, 罕2855, 軒1785

倝(간) 幹 澣 乾 斡 翰 韓 009

'빛날 倝(간)'자는 장식을 단 깃대의 모양을 본뜬 것이다. '해가 돋아나 빛남'을 뜻한다.

'倝(간)'자에 '방패 干(간)'자를 붙여 '줄기 幹(간)'자를 만들었다. '幹(간)'자는 '다 자란 나무의 줄기'를 뜻하는 글자이다. '줄기', '줄기 같은 구실을 하는 것', '뼈대'

'주된', '중요한', '근본' 등의 뜻을 나타낸다. 根幹(근간), 幹部(간부), 幹事(간사), 幹線道路(간선도로), 基幹産業(기간산업), 白頭大幹(백두대간), 才幹(재간)

'줄기 幹(간)'자에 '물 氵(수)'를 붙여 '빨래할 澣(한)'자를 만들었는데, 우리말 한자어는 없다.

'倝(간)'자에 '새 乙(을)'을 붙여 '하늘 乾(건)/마를 乾(건)'자를 만들었다. '하늘', '우주의 넓은 공간', '괘 이름', '마르다', '시들다', '건성으로', '속뜻 없이 겉으로만', '그저 터무니없이' 등의 뜻을 나타낸다. 乾坤(건곤), 滿乾坤(만건곤), 乾坤一擲(건곤일척), 乾杯(건배), 乾坤坎離(건곤감리), 乾果(건과), 乾濕(건습), 乾燥(건조), 無味乾燥(무미건조), 唾面自乾(타면자건), 乾酒酊(건주정), 乾達(건달)

'倝(간)'자에 '말 斗(두)'를 붙여 '관리할 斡(알)'자를 만들었다. '관리하다', '돌봐주다'는 뜻을 나타낸다. 斡旋(알선)

'倝(간)'자에 '깃 羽(우)'를 붙여 '붓 翰(한)/편지 翰(한)'자를 만들었다. '倝(간)'자는 표음요소로 쓴 것이고, 새의 '깃'을 붓의 대용으로 글을 쓰는 예가 많아 '깃 羽(우)'는 표의요소로 쓰였다. '붓', '글', '학자', '편지' 등의 뜻을 나타낸다. 翰林(한림), 公翰(공한), 書翰(서한)

'나라 이름 韓(한)'자는 '붓 翰(한)'의 앞 부분과 '가죽 韋(위)'로 이루어진 글자이다. '翰(한)'자는 '붓'이라는 뜻이니 우리나라에서 명필이나 학자가 많이 배출되는 것도 우연이 아니겠다. 韓國(한국), 韓流(한류), 韓服(한복), 大韓民國(대한민국)

'546 아침 朝(조)'자 참조.

幹0382, 澣3361, 乾1131, 斡2510, 翰1962, 韓0186

艮(간) 艮懇墾艱根銀垠眼恨限痕退腿褪良 010

'괘 이름 艮(간)'자는 8괘 또는 64괘의 하나로 '靜止(정지)'하는 象(상)을 나타낸다. 글자의 뜻으로는 '정지하다', '머무르다', '막다', '어렵다'는 뜻을 가지고 있지만 한자어 낱말을 이루는 예는 없다.

'艮(간)'자는 부수로 지정된 것인데 여기에서는 '艮(간)'자가 '몸'으로 쓰인 것들을 모았다. '艮(간)'자가 표의요소로 쓰일 때는 '간접적으로' 또는 '넌지시'라는 의미를 나타낸다. 표음요소로 쓰일 때는 [간], [근], [은], [안], [퇴], [한], [흔] 등 여러 가지의 음을 나타낸다.

'艮(간)'자에 '벌레 豸(치)'를 붙여 '간절할 豤(간)'자를 만들었다. 이 '豤(간)'자는 우리말 한자어에서는 쓰인 예가 없다. 간절함에 마음이 부족해서 일까?

'豤(간)'자에 '마음 心(심)'을 붙여, '간절할 懇(간)'자를 만들었다. 懇談會(간담회), 懇切(간절), 懇請(간청)

'豤(간)'자에 '땅'을 뜻하는 '흙 土(토)'를 붙여 '개간할 墾(간)'자를 만들었다. 開墾(개간)

'艮(간)'자에 '진흙 堇(근)'자를 붙여 '어려울 艱(간)'자를 만들었다. '진흙길을 나아가지 못하여 일이 제대로 진행되지 않다'는 뜻에서, '괴로워하다'는 뜻을 나타낸다. 艱苦(간고), 艱難辛苦(간난신고)

'艮(간)'자에 '나무 木(목)'을 붙여 '뿌리 根(근)'자를 만들었다. '뿌리', '이나 머리카락 등이 박혀 있는 밑 부분', '사물이나 현상이 발생 발전하는 근본 바탕 또는 원천', '근거하다', '생식기', '어떤 변수에 대한 방정식에서 그 방정식을 성립시키는 변수의 값', '사물의 밑 부분' 등 여러 가지의 뜻을 나타낸다. 根幹(근간), 根菜(근채), 主根(주근), 草根木皮(초근목피), 毛根(모근), 齒根(치근), 根據(근거), 根本(근본), 根源(근원), 根治(근치), 禍根(화근), 根絶(근절), 男根(남근), 平方根(평방근), 虛根(허근)

'艮(간)'자에 '쇠 金(금)'을 붙여 '은 銀(은)'자를 만들었다. '은', '돈', '은처럼 희고 반짝이는 물건'을 뜻한다. 金銀寶貨(금은보화), 銀行(은행), 銀幕(은막) 銀河水(은하수), 銀杏(은행)

'艮(간)'자에 '흙 土(토)'를 붙여 '땅의 경계의 끝'을 뜻하는 '지경 垠(은)'자를 만들었다.

'艮(간)'자에 '눈 目(목)'을 붙여 '눈 眼(안)'자를 만들었다. '눈', '보다' 또는 '바늘구멍' 등의 뜻을 나타낸다. 眼鏡(안경), 眼下無人(안하무인), 肉眼(육안), 血眼(혈안), 眼目(안목), 方眼紙(방안지)

'艮(간)'자에 '마음 忄(심)'을 붙여 '원망할 恨(한)'자를 만들었다. '마음속에 품은 원한'을 뜻하기 위한 것이다. '한', '억울하거나 원통하거나 원망스럽게 생각하여 뉘우치거나 맺힌 마음', '뉘우치다', '후회하다' 등의 뜻을 나타낸다. 餘恨(여한), 怨恨(원한), 恨歎(한탄), 怨恨(원한), 悔恨(회한)

'艮(간)'자에 '언덕 阝(부)'를 붙여 '한계 限(한)'자를 만들었다. '언덕 위에서 한정된 일정한 부분'을 가리키는 글자이다. '한계', '한정하다', '제한', '끝', '기한' 등의 뜻으로 쓰인다. 限界(한계), 權限(권한), 無限(무한), 制限(제한), 期限(기한)

'艮(간)'자를 '병 疒(역)' 안에 써서 '흉터 痕(흔)'자를 만들었다. 상처나 병을 앓고 난 후에 머물러 있는 흔적이 흉터이다. 痕迹(흔적), 傷痕(상흔), 彈痕(탄흔)

'艮(간)'자에 '갈 辶(착)'을 붙여 '물러날 退(퇴)'자를 만들었다. '나아감'을 그치니 곧 '물러섬'이다. '뒤로 물러나다', '자리·직장·단체·사회 따위에서 물러나다', '뒤떨어지다', '약해지다', '물리치다', '줄이다', '옮기다' 등의 뜻을 나타낸다. 退路(퇴로), 退化(퇴화), 進退維谷(진퇴유곡), 後退(후퇴), 退勤(퇴근), 退院(퇴원), 退場(퇴장), 退職(퇴직), 辭退(사퇴), 隱退(은퇴), 退學(퇴학), 退步(퇴보), 衰退(쇠퇴), 退治(퇴치), 擊退(격퇴), 減退(감퇴), 退潮(퇴조), 退去(퇴거), 退室(퇴실), 退色(퇴색)

'退(퇴)'자에 '옷 衣(의)'를 붙여 '바랠 褪(퇴)'자를 만들었다. 옷에서 색깔이 물러났다. 褪色(퇴색)했다.

'退(퇴)'자에 '살 月(육)'을 붙여 '넓적다리 腿(퇴)'자를 만들었다. 大腿(대퇴), 大腿部(대퇴부)

'어질 良(량)'자의 형태는 '艮(간)'자 위에 점 'ㆍ'을 찍은 것이다. 형태상 '艮(간)'부에 속해 있지만 족보가 다르니 音(음)도 뜻도 관계가 없다. '168 良(량)'자 참조.

艮3559, 懇1258, 墾2295, 艱2913, 根0381, 銀0455, 垠3412, 眼0211, 恨0987, 限0895, 痕2718, 退0889, 腿2899, 褪2991, 良0626

間(간) 閒/間 簡 癇 澗   011

'사이 間(간)'자는 원래 '閒(한/간)'자의 속자이었다. '閒(한)'자는 밤에 대문짝 틈으로 비치는 달(月)빛을 본뜬 것이니, '틈'이 본뜻인데 '사이'를 뜻하는 것으로 많이 쓰였다. 후에 '閒(한)'자는 주로 '틈', '짬'을 가리키는 쪽으로, '間(간)'자는 '사이'를 뜻하는 것으로 각각 달리 쓰이게 되었다. '틈', '사이', '중간', '…하는 동안', '요즈음', '이따금', '분별하다', '비난하다', '엿보다', '간첩', '섞다', '방의 넓이의 단위' 등의 뜻을 나타낸다. 間隔(간격), 間食(간식), 間接(간접), 犬猿之間(견원지간), 空間(공간), 期間(기간), 時間(시간), 夜間(야간), 間或(간혹), 離間(이간), 間諜(간첩), 空間(공간), 山間(산간), 世間(세간), 巷間(항간), 草家三間(초가삼간), 人間(인간)

'間(간)'자에 '대 竹(죽)'을 붙여 '대쪽 簡(간)'자를 만들었다. 종이가 발명되기 전 옛날에는 길고 납작하게 다듬은 대나무쪽에다 글을 썼다. 그러한 대쪽을 일러 '簡(간)'이라 했다. 후에 '간략하다', '간단하다'의 뜻으로 쓰이게 되었다. 書簡(서간), 簡單(간단), 簡易(간이)

'間(간)'자에 '병 疒(역)'을 붙여 '간질 癇(간)'자를 만들었다. 癇疾(간질)

'間(간)'자에 '물 氵(수)'를 붙여 '산골 물 澗(간)'자를 만들었다. '산과 산 사이[間]에서 흐르는 물'이란 뜻이다.

閒/間0269, 簡1058, 癇2733, 澗3360

柬(간) 揀 諫 練 鍊 煉 蘭 欄 爛 瀾   012

'가릴 柬(간)'자는 '묶을 束(속)'과 '여덟 八(팔)'자가 합쳐진 글자이다. '八(팔)'자는 '묶음' 속에 들어 있는 '물건'을 나타낸다. '柬(간)'자는 '묶음' 속에 들어 있는 '물건' 중에서 어떤 것을 '가려내다'는 뜻을 나타낸다. '柬(간)'자가 쓰인 한자어는 없다.

'柬(간)'자에 '손 扌(수)'를 붙여 '(손으로) 가려 뽑다'는 뜻을 나타내는 '가릴 揀(간)'자를 만들었다. 揀擇(간택), 分揀(분간)

'柬(간)'자에 '말씀 言(언)'을 붙여 '간할 諫(간)'자를 만들었는데, '윗사람의 언동의 좋고 나쁨을 골라 비평하다'는 뜻을 나타낸다. 諫言(간언), 忠諫(충간)

'柬(간)'자에 '실 糸(사)'를 붙여 '익힐 練(련)'자를 만들었고, '쇠 金(금)'을 붙여 '단련할 鍊(련)'자를 만들었다. '練(련)'자와 '鍊(련)'자는 글자의 형태는 4촌간이지만 그 쓰임은 친형제간이다. '練(련)'자는 '단련하여 익숙하게 하다'가 본뜻이고, '鍊(련)'자는 '쇠를 불려 단련하다'는 뜻이 본뜻이다. 본뜻에 차이가 있지만 낱말에서 같이 쓰이는 예도 있고, 본뜻에 따라 구분하여 쓰이는 예가 있다. '몸·정신 등을 단련하다, 훈련하다'의 뜻으로 쓰일 때는 '練習(연습)/鍊習(연습)' '訓練(훈련)/訓鍊(훈련)'처럼 '練(련)'과 '鍊(련)'을 함께 쓴다. '洗練(세련)'되거나 '熟練(숙련)'되는 것처럼 '익숙하다'는 뜻으로 쓰일 때는, '練(련)'자를 쓴다. 쇠를 불려 精鍊(정련)할 때는 '鍊(련)'자를 쓴다. 練兵場(연병장)/鍊兵場(연병장), 老練(노련), 鍊金術(연금술), 製鍊(제련)

'柬(간)'자에 '불 火(화)'를 붙여 '쇠를 불로 달구다'의 뜻인 '달굴 煉(련)'자를 만들었다. '단련할 鍊(련)'자와 같이 쓰기도 한다.

'柬(간)'자를 '문 門(문)' 안에 넣어서 '가로막을 闌(란)'자가 만들어졌고, 이 '闌(란)'자를 음符(음부)로 하여 蘭(란), 欄(란), 爛(란), 瀾(란)자 등이 만들어졌다.

'闌(란)'자에 '풀 艹(초)'를 붙여 '난초 蘭(란)'자를 만들었다. 蘭草(난초), 芝蘭之交(지란지교), 洋蘭(양란), 春蘭(춘란)

'闌(란)'자에 '나무 木(목)'을 붙여 '난간 欄(란)'자를 만들었다. 欄干(난간), 空欄(공란), 求人欄(구인란)

'闌(란)'자 '불 火(화)'를 붙여 '찬란할 爛(란)'자를 만들었다. '화려하게 빛나다', '많다'는 뜻을 나타낸다. 能爛(능란), 燦爛(찬란), 天眞爛漫(천진난만), 爛商討議(난상토의)

'闌(란)'자에 '물 氵(수)'를 붙여 '물결 瀾(란)'자를 만들었다. 波瀾(파란), 波瀾萬丈(파란만장)

揀2466, 諫3014, 練0615, 鍊0616, 煉1927, 蘭0829, 欄1295, 爛1690, 瀾2643

曷(갈) 渴 葛 喝 竭 褐 鞨 蝎 揭 偈 謁 靄 歇   013

'어찌 曷(갈)'자는 '어찌'라는 뜻으로 문장 내에서는 '어찌 何(하)'자와 의미와 쓰임이 같다. '가로 曰(왈)'과 '빌 匃(개)'자로 이루어졌다. '曷(갈)'자는 다른 한자의 요소로 쓰일 때, 대부분 표음요소로 쓰였다. 단독으로 한자어 낱말을 만든 예는 없다.

'曷(갈)'자에 '물 氵(수)'를 붙여 '목마를 渴(갈)'자를 만들었다. 물이 '마르다'는 뜻을 나타내기 위한 것이다. 渴症(갈증), 臨渴掘井(임갈굴정), 解渴(해갈), 渴望(갈망)

'曷(갈)'자에 '풀 艹(초)'를 붙여 '칡 葛(갈)'자를 만들었다. 葛根(갈근), 葛布(갈포), 葛藤(갈등)

'曷(갈)'자에 '입 口(구)'를 붙여 목이 쉬도록 큰 소리로 '꾸짖을 喝(갈)'자를 만들었다. 喝采(갈채), 恐喝(공갈), 大喝(대갈)

'曷(갈)'자에 '설 立(립)'자를 붙여 정성을 '다할 竭

(갈)'자를 만들었다. 盡心竭力(진심갈력), 竭盡(갈진)

'曷(갈)'자에 '옷 衤(의)'를 붙여 '갈색 褐(갈)/털옷 褐(갈)'자를 만들었다. 거친 털로 짠 천한 사람들이 입는 옷을 뜻하는 글자였다. 褐色(갈색)을 나타낸다. 褐色(갈색), 黃褐色(황갈색)

'曷(갈)'자에 '가죽 革(혁)'을 붙여 역사 속에 있다가 사라져간 고대 북방의 '靺鞨(말갈)'족을 뜻하는 '鞨(갈)'자를 만들었다.

'曷(갈)'자에 '벌레 虫(충)'을 붙여 '전갈 蝎(갈)'자를 만들었다. 蛇蝎(사갈), 蛇蝎視(사갈시), 全蝎(전갈)

'曷(갈)'자에 '손 扌(수)'를 붙여 '들 揭(게)'자를 만들었다. 揭示板(게시판), 揭揚(게양), 揭載(게재)

'曷(갈)'자에 사람 亻(인)'을 붙여 '쉴 偈(게)'자를 만들었다. 偈頌(게송)

'曷(갈)'자에 '말씀 言(언)'을 붙여 '뵐 謁(알)'자를 만들었다. '웃어른을 뵙고 말씀드리다'는 뜻이다. 謁見(알현), 拜謁(배알)

'謁(알)'자에 '비 雨(우)'를 붙여 '아지랑이 靄(애)'자를 만들었다. 和氣靄靄(화기애애)

'曷(갈)'자에 '하품 欠(흠)'을 붙여 '쉴 歇(헐)'자를 만들었다. '일을 중단하고 잠시 일손을 놓고 있다'는 뜻이다. '값이 싸다'는 뜻으로도 쓰인다. 間歇(간헐), 歇價(헐가)

渴1673, 葛1972, 喝2252, 竭2793, 褐2990, 鞨2144, 蝎3287, 揭1898, 偈2175, 謁1772, 靄3137, 歇2578

監(감) 監鑑覽濫藍籃艦檻鹽 014

'볼 監(감)'자는 '신하 臣(신)', '사람 人(인)', '한 一(일)', '그릇 皿(명)'의 네 부분으로 이루어졌다. '臣(신)'은 '눈'의 모양을 본뜬 것이라고 한다. 사람이 물이 들어 있는 물동이[皿]를 본다. 거기에 내 얼굴이 비추어 보이는 것이 아닌가. '監(감)'자는 '거울에 비추어 보다'의 뜻이다. 나아가 '살피다'는 뜻도 가지게 되었다. 監督(감독), 校監(교감), 監獄(감옥), 大監(대감), 縣監(현감)

'監(감)'자에 '쇠 金(금)'을 붙여 '거울 鑑(감)'자를 만들었다. 옛날 거울은 구리로 만들었으니 '쇠 金(금)'을 쓴 것이다. '거울' 자체는 '거울 鏡(경)'을 쓰고, '鑑(감)'자는 '거울에 비춰 보다', '거울삼아 보다'는 뜻으로 쓴다. 東醫寶鑑(동의보감), 印鑑(인감), 鑑賞(감상), 圖鑑(도감), 鑑定(감정)

'監(감)'자에 '볼 見(견)'을 붙여 '볼 覽(람)'자를 만들었다. 보고[監] 또 보고[見] 하니 '생각하며 자세히 살펴보다'는 뜻이다. 觀覽(관람), 博覽會(박람회), 遊覽(유람), 一覽表(일람표), 展覽會(전람회)

'監(감)'자에 '물 氵(수)'를 붙여 '물 넘칠 濫(람)'자를 만들었다. 강물이 '넘치다'는 뜻이다. 汎濫(범람)/氾濫(범람), 濫發(남발), 濫用(남용),

'풀 ++(초)' 아래에 '監(감)'자를 써서 '쪽풀 藍(람)'자를 만들었다. 靑出於藍(청출어람)

'대 竹(죽)'아래에 '監(감)'자를 쓰면 '대바구니 籃(람)'자가 된다. 搖籃(요람)

'監(감)'자에 '배 舟(주)'를 붙이면 '싸움배 艦(함)'자가 되는데, '큰 싸움배'라는 뜻이다. '작은 배'는 '거룻배 艇(정)'이다. 艦隊(함대), 艦艇(함정), 軍艦(군함), 潛水艦(잠수함), 航空母艦(항공모함)

'監(감)'자에 '나무 木(목)'을 붙이면 '우리 檻(함)'자가 된다. 죄수·맹수 따위를 가두어 감시하는 '우리'를 뜻한다. 檻車(함거)

'鹽(염)'자는 '소금'을 뜻하기 위하여 만든 것이다. '소금밭 鹵(로)'가 표의요소이다. '鹽(염)'자에서 '鹵(로)'자를 빼면 '監(감)'자가 된다. ('監'에서 '一'이 숨었다.) '鹽(염)'자는 쓰기가 아주 복잡하지만 글자를 분해하여 보면 어렵지 않게 쓸 수 있다. '볼 監(감)' + '소금밭 鹵(로)'. '볼 監(감)'을 분해해 보자. '소금밭 鹵(로)'를 분해해 보자. 의외로 간단한 요소들로 이루어졌음을 알 수 있다. 鹽分(염분), 鹽田(염전), 食鹽(식염), 天日鹽(천일염)

監0810, 鑑1445, 覽1084, 濫1682, 藍1758, 籃2814, 艦1969, 檻2574, 鹽1831

敢(감) 敢瞰嚴巖儼 015

'敢(감)'자는 '창을 가지고서 무릅쓰고 나아간다'는 뜻이었다. '감히'라는 뜻으로 쓰인다. 敢鬪精神(감투정신), 敢行(감행), 果敢(과감), 勇敢(용감), 焉敢生心(언감생심)

'敢(감)'자에 '눈 目(목)'을 붙여 '굽어볼 瞰(감)'자를 만들었다. 새가 높은 곳에서 '멀리 내려다보다'는 뜻이다. 鳥瞰圖(조감도)

'敢(감)'자에 두 개의 '입 口(구)'와 '언덕 厂(한)'을 붙여 '엄할 嚴(엄)'자를 만들었다. 원래 이 '嚴(엄)'자는 산 언저리[厂]에 있는 바위를 힘들게 옮기고 있는 모습으로, '바위'를 나타내는 글자였다. 여기에서 '口'는 '바윗덩어리'의 모양을 그린 것이었다. '엄하다', '혹독하다'는 뜻으로 쓰인다. 嚴格(엄격), 冷嚴(냉엄), 嚴肅(엄숙), 謹嚴(근엄), 威嚴(위엄), 嚴冬雪寒(엄동설한), 戒嚴(계엄)

'嚴(엄)'자가 '엄하다', '혹독하다'는 뜻으로 쓰이는 사례가 많아지자, 본래의 의미인 '바위'는 따로 '메 山(산)'을 붙여 '바위 巖(암)'자를 만들어 나타냈다. '岩(암)'자는 '巖(암)'자의 속자이다. 巖壁(암벽), 巖石(암석), 鎔巖(용암)

'嚴(엄)'자에 '사람 亻(인)'을 붙인 '의젓할 儼(엄)'자는 '사람됨이 엄격하다', '정중하고 근엄하다'의 뜻을 나타낸다. 儼然(엄연), 儼存(엄존)

敢1008, 瞰2751, 嚴0951, 巖1215, 儼2182

甘(감) 甘柑疳紺甛邯嵌　016

'달 甘(감)'자는 '입 口(구)'안에 선을 하나 그어 음식을 입에 물어 끼운 모양을 나타낸다고 한다. '달다', '맛이 있다'는 뜻을 나타낸다. 甘味(감미), 甘受(감수), 甘呑苦吐(감탄고토), 苦盡甘來(고진감래), 甘言利說(감언이설).

'甘(감)'자에 '나무 木(목)'을 붙이면 '柑橘(감귤)'을 뜻하는 '귤 柑(감)'자가 된다.

'병 疒(역)' 아래에 '甘(감)'자를 쓰면 '감질 疳(감)'자가 된다. 疳疾(감질).

'甘(감)'자에 '실 糸(사)'를 붙이면 검은 빛이 나는 청색을 뜻하는 '감색 紺(감)'자가 된다. 紺靑色(감청색).

'甘(감)'자에 '혀 舌(설)'을 붙여 '달 甛(첨)'자를 만들었다. 甛言如蜜(첨언여밀).

'甘(감)'자에 '고을 阝(읍)'을 붙여 '땅 이름 邯(한)'자를 만들었다. 邯鄲(한단)은 진시황의 고향이다. 邯鄲之夢(한단지몽).

'새겨 넣을 嵌(감)'자는 '메 山(산)'과 '성에 차지 않을 欿(감)'으로 이루어졌다. '欿(감)'자의 앞부분 '甚(심)'자에서 '匹(필)'자가 떨어져나가고 '甘(감)'으로 간략화되어 '嵌(감)'자가 되었다. '메 山(산)', '달 甘(감)', '하품 欠(흠)'으로 이루어졌다고 보면 쉽겠다. 象嵌(상감), 象嵌靑瓷(상감청자).

'374 심할 甚(심)'자 참조.

甘0435, 柑2532, 疳2712, 紺2830, 甛3262, 邯2101, 嵌3226

甲(갑) 甲匣岬閘鉀押鴨　017

'첫째 천간 甲(갑)'자는 '갑옷'이 본뜻인데 '껍질'을 이르는 것으로 확대 사용되었다. 그리고 十干(십간) 가운데 맨 첫 번째의 것이기에 '첫째'의 뜻으로 쓰인다. 甲子(갑자), 同甲(동갑), 回甲(회갑), 甲板(갑판), 裝甲車(장갑차), 鐵甲船(철갑선), 甲富(갑부), 甲男乙女(갑남을녀), 三水甲山(삼수갑산).

'甲(갑)'자를 '상자 匚(방)' 안에 넣어 물건을 가리거나 감추는 작은 상자의 뜻을 나타내는 '갑 匣(갑)'자를 만들었다. 膠匣(교갑), 紙匣(지갑), 掌匣(장갑).

'甲(갑)'자에 '메 山(산)'을 붙여 '산허리 岬(갑)'자를 만들었다. 바다나 들 쪽으로 좁고 길게 내민 땅이나 지형 즉, '곶'을 말한다.

'甲(갑)'자를 '문 門(문)' 안에 넣어 운하 따위에 물의 흐름을 조절하는 閘門(갑문)을 뜻하는 '수문 閘(갑)'자를 만들었다. '물을 덮어 싸서 가두다'는 뜻이다. 閘門(갑문).

'甲(갑)'자에 '쇠 金(금)'을 붙여 '갑옷 鉀(갑)'자를 만들었다.

'甲(갑)'자에 '손 扌(수)'를 붙여 '손으로 눌러 도장 따위를 찍다'는 뜻을 나타내는 '누를 押(압)'자를 만들었다. 押留(압류), 押收(압수), 押釘(압정), 押送(압송).

'甲(갑)'자에 '새 鳥(조)를 붙여 '오리 鴨(압)'자를 만들었다. 鴨鷗亭洞(압구정동)이나 鴨綠江(압록강)처럼 지명으로는 쓰이고, 한자어 낱말은 없다.

甲0749, 匣2219, 岬3425, 閘3120, 鉀3591, 押1894, 鴨2151

岡(강) 岡崗綱剛鋼　018

'언덕 岡(강)'자는 '메 山(산)'과 '그물 网(망)'으로 이루어졌다. '山(산)'자가 표의요소이고 '网(망)'자가 음은 좀 변하였지만 표음요소로 쓰였다. '산등성이'를 뜻한다. 산꼭대기에 올라가서 아래를 보면 산의 능선이 그물처럼 얽혀 있다. '岡(강)'자가 쓰인 한자어는 없다.

'岡(강)'자에 '메 山(산)'이 붙은 '崗(강)'자는 '岡(강)'자의 俗字(속자)이다.

'岡(강)'자에 '실 糸(사)'를 붙여 '벼리 綱(강)'자를 만들었다. '벼리'란 '그물을 버티는 줄'을 뜻한다. '사물의 가장 주가 되는 것'이란 뜻으로 쓰이게 되었고, 사물을 총괄하여 규제할 수 있는 '규율', '줄거리'의 뜻으로 확대되었다. 綱領(강령), 政綱(정강), 三綱五倫(삼강오륜), 要綱(요강).

'岡(강)'자를 표음요소로 하고 '칼 刂(도)'를 붙여 '굳셀 剛(강)'자를 만들었다. 剛健(강건), 剛直(강직), 外柔內剛(외유내강), 剛度(강도), 금강석(金剛石).

'岡(강)'자에 '쇠 金(금)'을 붙여 '강철 鋼(강)'자를 만들었다. '굳고 질기게 만든 쇠'라는 뜻이다. 鋼鐵(강철), 製鋼(제강), 鐵鋼(철강).

岡3426, 崗3430, 綱1148, 剛1164, 鋼1806

强(강) 强襁　019

'굳셀 强(강)'자는 '넓을 弘(홍)'과 '벌레 虫(충)'으로 이루어진 글자이다. '弘(홍)'자의 우측 '사사로울 厶(사)'자가 '입 口(구)'로 바뀌어 '虫(충)' 위에 붙은 글자이다. 껍질이 단단한 딱정벌레의 일종인 '바구미'를 나타내는 것이었다. '단단하다', '굳세다', '억지로'의 뜻을 나타낸다. '굳세다', '힘 있다'의 뜻으로 쓰일 때는 단음으로, '억지로 시키다'의 뜻으로 쓰일 때는 장음으로 읽는다. '彊(강)'자와 '强(강)'자는 同字(동자)이다. 强弱(강약), 富强(부강), 强盜(강도), 强要(강요), 牽强附會(견강부회).

'强(강)'자를 표음요소로 하고, '옷 衣(의)'를 붙여, '포대기 襁(강)'자를 만들었다. '포대기 褓(보)'자와 함께 아기를 업는 데 쓰는 '襁褓(강보)'라는 한자어를 만든다.

强0108, 襁3292

畺(강) 疆彊畺　020

'지경 畺(강)'자는 밭[田]과 밭[田] 사이에 '三'을 그려서 밭, 즉 땅의 경계를 나타낸다. '疆(강)'자와 同字(동자)이다.

'지경 畺(강)'자는 '땅'을 강조하기 위하여 '畺(강)자에 '활 弓(궁)'과 '흙 土(토)'가 덧붙여졌다. 아득한 옛날에는 활을 땅의 길이를 재는 도구로 썼다고 한다. 疆土(강토), 萬壽無疆(만수무강)

'畺(강)'자에 '활 弓(궁)'을 붙여 '굳셀 彊(강)'자를 만들었다. '탄탄한 활'을 나타내기 위한 글자였다. '강할 强(강)'자 대신 쓰는 예가 있다. 自强不息(자강불식)/自彊不息(자강불식)

'생강 薑(강)'자는 표음요소로 쓰인 '지경 畺(강)'과 '풀 艹(초)'가 합쳐진 글자이다. 生薑(생강), 薑板(강판)

疆2058, 彊2057, 薑2943

康(강) 康慷糠 021

'편안할 康(강)'자는 '쌀 米(미)'와 '별 庚(경)'으로 이루어졌다. 두 글자가 조금씩 변하였다. '농사[米]가 잘 되어 마음이 편안하다'는 뜻이라고 한다. 요즈음 뜻으로는 '직장이 안정되어, 사업이 잘 되어 마음이 편하다'의 뜻으로 보면 될 것이다. 康寧(강녕), 健康(건강), 壽福康寧(수복강녕)

'康(강)'자에 '마음 忄(심)'을 붙여 '마음이 상기되어 오르다'는 뜻을 나타내는 '강개할/슬플 慷(강)'자를 만들었다. 悲憤慷慨(비분강개)

'康(강)'자에 '쌀 米(미)'를 붙여 '겨 糠(강)'자를 만들었다. 쌀이나 보리 등 곡물을 도정할 때 나오는 '겨'를 뜻한다. '지게미 糟(조)'자와 짝을 이루니 糟糠之妻(조강지처)가 된다.

'044 일곱째 천간 庚(경)'자 참조.

康0083, 慷2411, 糠2825

弜(강) 粥弼 022

'강할 弜(강)'자는 '활 弓(궁)'을 두 개 합쳐 만든 글자이다. '활이 세다'는 뜻을 나타낸다.

'죽 粥(죽)'자는 '강할 弜(강)' 안에 '쌀 米(미)'자를 넣어 만들었다. 여기에서 '弜(강)'은 수증기·김이 모락모락 올라가는 모양을 나타낸 것이다. 물을 많이 붓고 솥 뚜껑을 연 채 쓰는 '죽'의 뜻이다. 朝飯夕粥(조반석죽)

'도울 弼(필)'자는 '활 弓(궁)' 두 개의 사이에 '일백 百(백)'이 들어간 글자이다. '弓(궁)'은 활이 아니라 '사람'을 뜻하고, '百(백)'은 숫자 100이 아니라 바닥에 깐 '자리'를 나타낸다. 弼(필)자는 깔개를 같이 깔고 서로 돕는 두 사람의 모습이라고 한다. '돕다'는 뜻을 가진다. 輔弼(보필)

粥3271, 弼2056

介(개) 介价芥界 023

'끼일 介(개)'자는 비늘 모양의 간단한 갑옷을 입고 있는 모양을 본뜬 것으로 '갑옷'이 본래 의미이다. 후에 '사이에 끼다'는 뜻도 이 글자로 나타냈다. 介意(개의), 介入(개입), 媒介(매개), 紹介(소개), 仲介(중개), 節介(절개)

'介(개)'자에 '사람 亻(인)'을 붙여 '클 价(개)'자를 만들었는데, 한자어 낱말은 없다.

'介(개)'자에 '풀 艹(초)'를 붙여 '겨자 芥(개)'자를 만들었다. '아주 작고 하찮은 것'을 뜻한다. 芥子(개자), 草芥(초개)

'介(개)'자 위에 '밭 田(전)'을 붙이면 '지경 界(계)'자가 된다. 밭과 밭 사이의 境界(경계) 즉 地境(지경)을 뜻한다. 境界(경계), 限界(한계), 各界各層(각계각층), 世界(세계), 他界(타계), 學界(학계)

介1136, 价3397, 芥2917, 界0315

皆(개) 皆階偕楷諧陛 024

'모두 皆(개)'자는 '견줄 比(비)'와 '흰 白(백)'으로 이루어졌는데, 이 두 자와 뜻이나 음에 관계는 없다. 처음의 원형에서 변하는 과정에서 그렇게 된 것 뿐이다. '모두'의 뜻을 나타낸다. 皆勤(개근), 皆旣日蝕(개기일식), 國民皆兵制(국민개병제), 擧皆(거개)

'皆(개)'자에 '언덕 阝(부)'를 붙여 '섬돌 階(계)'자를 만들었다. 언덕[阜/阝(부)]의 비탈진 곳을 미끄러지지 않고 잘 내려올 수 있도록 설치한 층층대, 즉 '섬돌'을 뜻하기 위한 것이다. 階段(계단), 段階(단계), 層階(층계), 階層(계층), 階梯(계제), 階級(계급)

'皆(개)'자에 '사람 亻(인)'을 붙여 '사람아 함께 하다'의 뜻을 나타내는 '함께 偕(해)'자를 만들었다. 偕老(해로), 百年偕老(백년해로)

'皆(개)'자에 '나무 木(목)'을 붙여 '본보기 楷(해)'자를 만들었다. '楷(해)'자는 본래는 '나무 이름'을 뜻하는 것이었으나 '본보기'의 뜻으로 쓰인다. 楷書體(해서체)

'皆(개)'자에 '말씀 言(언)'을 붙여 '농지거리할 諧(해)'자를 만들었다. 諧謔(해학), 諧謔小說(해학소설)

'대궐 섬돌 陛(폐)'자는 '皆(개)'자 가족은 아니었는데, 入養(입양)하여 가족처럼 된 글자이다. '섬돌 階(계)'자의 '흰 白(백)'이 '흙 土(토)'로 바뀌었다. 陛下(폐하)

'294 견줄 比(비)'자 참조.

皆1696, 階0476, 偕2177, 楷2563, 諧3020, 陛3129

去(거) 去怯蓋劫法却脚 025

'갈 去(거)'자는 형태는 '흙 土(토)'와 '개인 厶(사)'로 이루어진 것처럼 보이지만, '큰 大(대)'와 움집을 가리키는 '凵(감)'으로 이루어진 것이 변한 것이라고 한다. 글자 모양이 많이 변하였다. 집을 나서는 어른의 모습에서 만들어진 글자이다. 시간적 공간적으로 '가다', '지나가다'는 뜻을 나타낸다. 去來(거래), 去就(거취), 過

去(과거), 逝去(서거), 去勢(거세), 登樓去梯(등루거제), 除去(제거)

'去(거)'자에 '마음 忄(심)'을 붙여 '겁낼 怯(겁)'자를 만들었다. 여기에서 '去(거)'자는 '뒷걸음질 치다'는 뜻이다. '떳떳치 못한 마음에 뒷걸음질 치다'는 뜻을 나타낸다. 怯弱(겁약), 卑怯(비겁)

'덮을 蓋(개)'자는 '풀 艹(초)'와 '덮을 盍(합)'자로 이루어졌다. '盍(합)'자는 '갈 去(거)'와 '그릇 皿(명)'으로 만든 것으로, 그릇 뚜껑을 덮어 놓은 모양을 나타낸 것이다. '蓋(개)'자는 '지붕이나 그릇의 뚜껑을 덮다'는 뜻을 나타낸다. 蓋棺事定(개관사정), 頭蓋骨(두개골), 覆蓋(복개), 蓋然性(개연성), 大蓋(대개)

'劫(겁)'자는 '갈 去(거)'와 '힘 力(력)'으로 이루어진 글자이다. 여기에서 '去(거)'자는 '덮을 盍(합)'자의 생략형이다. '盍(합)'자는 '뚜껑을 덮다'의 뜻을 가지고 있다. '劫(겁)'자는 '힘으로 뚜껑을 닫다'는 뜻에서, '위협하다' '힘으로 억지로 빼앗다'는 뜻을 나타낸다. 불교에서 '오랜 세월'의 뜻으로 쓰인다. 劫奪(겁탈), 永劫(영겁)

'法(법)'자는 '물 水(수)'와 '갈 去(거)'가 들어 있는 복잡한 구조였다. 후에 쓰기 편하게 하기 위하여, '물 水(수) + 갈 去(거)'로 나타냈다. 죄악을 除去(제거)하기 위해서는 물[水]이 흘러가는[去] 것과 같이 公平(공평) 無私(무사) 無邪(무사)해야 한다. 국회에서 만든 法(법)만이 법이 아니다. 사람이 지켜야 할 '禮法(예법)'이 있고, 글씨를 쓰는 데는 '筆法(필법)'이 있고, 문장을 쓰는 데는 文法(문법)이 있고, 물건을 사용하는 데는 用法(용법)이 있다. 어떤 법이든 법을 지키고 따르는 것이 쉽고, 편하고, 바르고, 아름답다. 法律(법률), 法則(법칙), 民法(민법), 遵法(준법), 憲法(헌법), 方法(방법), 用法(용법), 無法(무법), 兵法(병법), 禮法(예법), 筆法(필법), 文法(문법), 法堂(법당), 說法(설법)

'물리칠 却(각)'자는 '갈 去(거)'와 '병부 卩(절)'로 이루어졌다. 본래는 '절제하다'는 뜻을 가진 '御(각)'자의 속자였다고 한다. 형태가 '却(각)'자로 바뀌면서 뜻도 '물러나다', '물리치다', '돌리다' 등으로 쓰이게 되었다. 減價償却(감가상각), 忘却(망각), 賣却(매각), 燒却(소각), 棄却(기각), 冷却(냉각), 退却(퇴각)

'다리 脚(각)'자는 '살 月(육)'과 '물리칠 却(각)'으로 이루어졌다. '却(각)'자는 음부(음부)로 쓰인 것이니 뜻과는 상관이 없다. '다리'라는 뜻이다. 脚氣(각기), 脚光(각광), 脚本(각본), 健脚(건각), 馬脚(마각), 脚注(각주), 橋脚(교각), 失脚(실각), 立脚(입각)

去0121, 怯2382, 蓋1754, 劫2206, 法0500, 却1514, 脚1373

巨(거) 巨拒距渠矩　026

'클 巨(거)'자는 손잡이가 달린 곱자를 본뜬 모양이다. 본뜻은 '곱자'였다. '巨(거)'자가 '크다'는 뜻으로 쓰이는 예가 많아지자 본뜻은 '화살 矢(시)'를 붙여 '곱자 矩(구)'자를 만들어 나타냈다. 巨大(거대), 巨人(거인), 巨創(거창), 巨金(거금), 巨物(거물), 巨匠(거장)

'巨(거)'자에 '손 扌(수)'를 붙여 '손으로 막다', '거절하다'는 뜻의 '막을 拒(거)'자를 만들었다. 拒否(거부), 拒絶(거절), 抗拒(항거)

'巨(거)'자에 '발 足(족)'을 붙여 '거리 距(거)'자를 만들었다. '발이 크다'는 뜻이 아니다. '巨(거)'자는 음부(음부)로 쓰였으니 뜻과는 무관하다. 원래 새나 닭의 발꿈치 뒤에 돋아난 '며느리발톱'을 가리키기 위하여 만든 것이었다. 제 역할을 하는 세 개의 발가락과는 좀 距離(거리)가 떨어진 곳에 붙어 있는, 퇴화된 작은 발톱이 며느리발톱이다. 距離(거리), 距今(거금), 鉤距(구거)

'도랑 渠(거)'자는 '클 巨(거)'에 '물 氵(수)'와 '나무 木(목)'이 더하여졌다. '巨(거)'자는 음부(음부)로 쓰였으니 뜻과는 무관하다. 나무나 돌을 쌓아 물길을 내어 도랑을 만들었으니 '물 氵(수)'와 '나무 木(목)'은 意符(의부)로 쓰인 것이다. 明渠(명거), 暗渠(암거)

'巨(거)'자에 '화살 矢(시)'를 붙여 '곱자 矩(구)/모날 矩(구)'자를 만들었다. 곱자는 원래 '巨(거)'로 나타내었는데, '巨(거)'자가 '크다'는 뜻으로 쓰이는 예가 많아지자 본뜻은 '화살 矢(시)'를 붙여 '곱자 矩(구)'자를 만들어 나타냈다. 矩尺(구척), 矩形(구형), 不踰矩(불유구)

巨0975, 拒1000, 距1419, 渠2613, 矩2755

居(거) 居倨　027

'살 居(거)'자는 '주검 尸(시)'와 '예 古(고)'로 이루어졌다. '尸(시)'자가 부수로 쓰인 글자들은 '의자에 걸터앉은 자세'나 '엉덩이'에 관련된 의미를 가진다. '居(거)'자도 일정한 곳에 엉덩이를 붙이고 앉아 지내는 의미를 나타낸다고 볼 수 있다. '古(고)'자는 표음요소로 쓰였다. '살다', '생활하다'는 뜻을 나타낸다. 居室(거실), 居住(거주), 居處(거처), 寄居(기거), 同居(동거), 別居(별거), 居間(거간), 居士(거사),

'거만할 倨(거)'자는 '居(거)'자를 음부(음부)로 하고 '사람 亻(인)'을 붙인 것이다. '거만하다'는 뜻이다. 倨慢(거만)

居0140, 倨1499

豦(거) 劇據醵　028

'큰 돼지 豦(거)'자는 '범 虍(호)'와 '돼지 豕(시)'로 이루어진 글자이다. 두 요소 모두 음과는 관계가 없다. 호랑이와 멧돼지라. 좀 으스스하다. 다른 책에는 '큰원숭이 豦(거)'라고 나와 있다. 둘 다 맞을 것이다. 한자어 낱말은 없다.

'豦(거)'자를 음부(음부)로 하고 '손 扌(수)'를 붙여 '의거할 據(거)'자를 만들었다. '(손으로 잡는) 지팡이'를 뜻하기 위하여 고안된 것이다. '근거하다', '의거하다'는 뜻을 나타낸다. 根據(근거), 依據(의거), 證據(증거), 占據(점거)

'豦(거)'자에 '칼 刂(도)'를 붙여 '심할 劇(극)'자를 만들었다. 크고 사나운 멧돼지를 칼로 잡고 있으니 그 모습이 참으로 극적이다. 劇藥(극약), 劇場(극장), 劇的(극적), 悲劇(비극), 演劇(연극)

'豦(거)'자를 音符(음부)로 하고 '닭 酉(유)'를 붙여 추렴할 醵(갹/거)'자를 만들었다. '닭 酉(유)'는 '닭'의 뜻으로 쓰인 예는 없고, '술'이라든가 '발효식품'을 뜻한다. 醵(갹/거)'자는 마신 술값을 나누어 내기 위하여 돈을 거둔다는 뜻이다. 醵出(갹출/거출)

劇0935, 據1007, 醵3100

建(건) 建健鍵腱　029

'세울 建(건)'자는 '길게 걸을 廴(인)'과 '붓 聿(율)'로 이루어진 글자이다. '聿(율)'은 손에 붓을 잡고 있는 모양을 본뜬 것이다. '(도로를) 설계하다'가 본뜻이다. 설계한 것을 '세우다'는 뜻으로 쓰이게 되었다. '세우다', '건축하거나 건설하다'는 뜻을 나타낸다. 建設(건설), 建築(건축), 建國(건국), 再建(재건), 建議(건의)

'建(건)'자에 '사람 亻(인)'을 붙여 '튼튼할 健(건)'자를 만들었다. 꿋꿋하게 선 사람, 즉 건강한 사람을 뜻하니 '建(건)'자는 뜻과 음 양쪽으로 쓰였다. 健康(건강)한 육체에서 健全(건전)한 정신이 생긴다. '몹시', '잘'이라는 뜻으로 쓰이는 예도 있다. 健康(건강), 健全(건전), 保健(보건), 健忘症(건망증)

'建(건)'자를 표음요소로 하고 '쇠 金(금)'을 붙여 '열쇠 鍵(건)'자를 만들었다. 關鍵(관건)이란 문빗장과 열쇠를 이른다. 피아노, key board 같은 것의 건반을 뜻하기도 한다. 關鍵(관건), 鍵盤(건반)

'建(건)'자에 '살 月(육)'을 붙여 '힘줄 腱(건)'자를 만들었다. 근육 중에서 특별히 튼튼하고 질기고 탄력이 있어 몸을 지탱하고 운동을 하게 하는 힘줄 근육을 뜻하니, '建(건)'자가 음과 뜻 양쪽으로 쓰였다. 膝蓋腱(슬개건), 아킬레스건 Achilles腱(건)

'475 붓 聿(율)'자 참조.

建0253, 健0082, 鍵2137, 腱2894

桀(걸) 桀傑　030

'왕 이름 桀(걸)'자는 '어그러질 舛(천)'과 '나무 木(목)'으로 이루어졌다. 暴君(폭군)의 대명사 桀王(걸왕)을 뜻한다. 중국 夏(하)나라 말의 폭군으로 殷(은)의 湯王(탕왕)에게 망한 왕이다. 桀紂(걸주), 助桀爲虐(조걸위학)

'傑(걸)'자는 재주와 슬기가 뛰어난 사람'을 뜻하는 '호걸 傑(걸)'자이다. '사람 亻(인)'과 '왕 이름 桀(걸)'자로 이루어졌다. 역사에 지워지지 않을 폭군이 '豪傑(호걸)'이라는 것은 말이 안 된다. '桀(걸)'자는 다만 표음요소로 쓰였을 뿐이다. 傑作(걸작), 傑出(걸출), 英雄豪傑(영웅호걸)

桀2073, 傑0921

毄(격) 擊繫　031

'부딪칠 毄(격)'자는 현재에는 쓰이지 않는 글자이다. 다른 글자의 요소로 쓰이고 있다. '毄(격)'자는 '수레 車(거) + 입 口(구) + 창 殳(수)'로 이루어졌다. 아래의 '擊(격)' 또는 '繫(계)'자의 요소로 쓰일 때는 '口(구)' 부분의 형태가 약간 변하였다.

'칠 擊(격)'자는 '(손으로) 치다'는 뜻을 나타내기 위하여, '부딪치다'는 뜻이 담긴 '毄(격)'에 '손 手(수)'를 보탠 것이다. '毄(격)'자가 표의와 표음요소를 겸하고 있다. '손 手(수)'는 표의요소로 쓰였다. 擊墜(격추), 擊破(격파), 攻擊(공격), 射擊(사격), 反擊(반격), 打擊(타격), 衝擊(충격), 目擊(목격)

'맬 繫(계)'자의 본래 글자는 '系(계)'이었다. '系(계)'자는 '매달다'는 뜻을 나타내기 위하여 실을 엮어 매달아 놓은 모습을 본뜬 것이다. 후에 '줄' 등 다른 뜻으로 사용되는 예가 많아지자 본래의 의미를 위하여 만든 것이 繫(계)이다. '부딪칠 毄(격) + 실 糸(사)'로 이루어졌다. '毄(격)'자는 표음요소로 쓰인 것이다. 줄로 '매다', 붙잡아 매어 '머무르게 하다'는 뜻의 글자이다. 連繫(연계), 不繫之舟(불계지주), 繫留(계류)

擊0541, 繫1960

鬲(격/력) 隔膈融獻　032

'鬲(격/력)'자는 부수 이름이 '솥 鬲(력)'이다. 이 글자는 발이 굽은 '솥'이라는 뜻의 '솥 鬲(력)'과 '막을 鬲(격)'이라는 두 가지 뜻과 음을 가지고 있다. 형태는 굽은 발이 셋 달린 솥의 형태를 본뜬 것이다. 이 글자가 쓰인 한자어 낱말은 없다.

'隔(격)'자는 본래 길이 언덕으로 '막히다'는 뜻을 위하여 만든 것이었다. '막을 鬲(격)'자에 '언덕 阝(부)'자를 붙여 만들었다. '언덕 阝(부)'는 표의요소이고, '막을 鬲(격)'은 표의와 표음요소를 겸한다. '사이 뜨다', '칸막이' 등의 뜻으로 쓰인다. 隔日(격일), 隔離(격리), 隔世之感(격세지감), 間隔(간격), 遠隔(원격)

'막을 鬲(격)'자에 '고기 月(육)'을 붙여 '가슴 膈(격)'자를 만들었다. 橫膈膜(횡격막)

'融(융)'자는 '솥 鬲(력)'과 '벌레 虫(충/훼)'로 이루어졌다. 솥에서 김이 벌레처럼 꼬물꼬물 나오는 모양 뜻하는 글자라고 한다. 상상력이 아주 좋아야 '녹다', '통하다', '화합하다'는 뜻을 끌어낼 수 있을 것 같다. 融和(융화), 融合(융합), 融資(융자), 融通性(융통성), 金融

(금융)

 '獻(헌)'자는 본래 '솥 鬲(력)'과 '개 犬(견)'이 합쳐져 있었던 것이다. 당시 종묘에서 큰 제사를 지낼 때 살찐 개를 삶아 탕을 끓여 제사상에 바쳤다고 한다. 그러한 풍습을 통하여 '바치다', '드리다'는 뜻을 나타내었다. 후에 첨가된 '虍(호)'는 그 솥의 겉면에 새겨진 호랑이 머리 모양의 무늬를 가리키는 것이라고 한다. 獻金(헌금), 獻身(헌신), 獻血(헌혈), 貢獻(공헌), 文獻(문헌), 獻上(헌상)

 隔2013, 膈2897, 融1977, 獻1329

幵(견) 硏姸形刑型荊邢開 033

 '평탄할 幵(견)'자는 '방패 干(간)'자 두 개로 이루어진 글자이다. 한자어 낱말을 만든 예는 없다.
 '幵(견)'자에 '돌 石(석)'을 붙여 '갈 硏(연)'자를 만들었다. '硏(연)'과 '磨(마)'는 돌을 문지르거나 마찰시켜 '갈다'라는 뜻을 나타낸다. '硏(연)'자는 돌이나 쇠붙이를 갈고 닦아 표면을 반들반들하게 한다는 말로, 학문이나 정신, 기술 따위를 배워 익히는 것을 말한다. 硏磨(연마), 硏究(연구), 硏修(연수)
 '幵(견)'자에 '여자 女(녀)'자를 붙여 '고울 姸(연)'자를 만들었다. 한자어 낱말은 없고, 여성의 이름자로 쓰인다.
 '幵(견)'자에 '터럭 彡(삼)'자를 붙여 '모양 形(형)'자를 만들었다. '彡(삼)'은 '무늬'를 뜻하는 것으로, '모양'의 뜻을 나타내는 표의요소로 쓰였고, '幵(견)'자는 표음요소로 쓰였다. '形(형)'자는 '모양', '상태'의 뜻으로 쓰인다. 形狀(형상), 形態(형태), 原形(원형), 圓形(원형), 正方形(정방형), 形勢(형세), 形便(형편), 形式(형식), 形言(형언)
 '幵(견)'자에 '칼 刂(도)'자를 붙여 '형벌 刑(형)'자를 만들었다. '幵(견)'자는 표음요소이고, '칼 刀(도)'가 표의요소로 쓰였다. '刑(형)'자는 '무거운 죄에 대한 벌'을 뜻하고, '罰(벌)'자는 '가벼운 죄에 대한 벌을 가리킨다. 刑罰(형벌), 刑事(형사), 求刑(구형), 重刑(중형), 死刑(사형), 處刑(처형)
 '형벌 刑(형)'자에 '흙 土(토)'를 붙여 '모형 型(형)'자를 만들었다. 쇠그릇을 만들기 위하여 먼저 흙土]으로 빚어 만든 틀, 즉 '거푸집'을 뜻하기 위하여 만든 것이다. '거푸집 型(형)'이라고도 한다. 模型(모형), 鑄型(주형), 血液型(혈액형), 類型(유형), 典型的(전형적)
 '형벌 刑(형)'자에 '풀 ++(초)'를 붙여 '가시나무 荊(형)'자를 만들었다. 이 나무로 벌로 매를 댈 때 쓰는 '매를 만들었다. '고난'을 뜻하기도 한다. 荊棘(형극), 口中荊棘(구중형극)
 '평탄할 幵(견)'자에 '고을 阝(읍)'을 붙여 '성씨 邢(형)'자를 만들었다. 한자어 낱말은 없다.
 '열 開(개)'자는 '대문(門)'에 걸려 있는 '빗장ㅡ]'을 '두 손으로廾(공)]'여는 모습이다. '門(문)'안에 들어 있는 것이 '평탄할 幵(견)'이 아니다. 그러니 '幵(견)'자의 가족은 아니고 가족이 없는 하숙생 정도 된다. '막힌 또는 닫힌 것을 열다', '시작하다', '꽃이 피다', '개척하다', '개진하다', '헤어지다' 등의 뜻을 나타낸다. 開館(개관), 開放(개방), 開封(개봉), 開閉(개폐), 公開(공개), 展開(전개), 開發(개발), 打開(타개), 開校(개교), 開始(개시), 開業(개업), 開通(개통), 開會(개회), 開花(개화), 開拓(개척), 開陳(개진), 疏開(소개), 開平(개평)

 硏0815, 姸3421, 形0367, 刑0619, 型1865, 荊2552, 邢3581, 開0457

臤(견) 堅緊賢腎豎 034

 '굳을 臤(견)'자는 [견], [간], [갇], [경], [현] 등 여러 음을 가지고 있다. 음이 달라져도 의미는 '굳다'이다. '신하 臣(신)'자와 '또 又(우)'자로 이루어졌다. '또 又(우)'자는 글자의 요소로 쓰일 때 '손'과 관련이 있는 것을 나타낸다. '臤(견)'자는 '손으로 잡는 것이 굳음'이란 뜻을 나타낸다.
 '굳을 臤(견)'자에 '흙 土(토)'를 붙여 '굳을 堅(견)'자를 만들었다. '땅이 굳다'는 뜻을 나타낸다. 후에 '굳세다' '튼튼하다' 등의 뜻으로도 쓰였다. 堅固(견고), 堅實(견실), 中堅(중견)
 '굳을 臤(긴)'자에 '실 糸(사)'를 붙여 '요긴할 緊(긴)'자를 만들었다. 실을 팽팽하게 당겨 단단히 '졸라매다'는 뜻을 나타내기 위하여 만든 것이다. '긴급하다', '긴요하다', '팽팽하다' 등의 뜻으로 쓰인다. 緊張(긴장), 緊急(긴급), 緊密(긴밀), 緊縮(긴축), 要緊(요긴)
 '굳을 臤(현)'자에 '조개 貝(패)'를 붙여 '어질 賢(현)'자를 만들었다. '조개 貝(패)'는 部首(부수)로 쓰일 때 '재물', '돈'의 의미를 나타낸다. 이 '賢(현)'자의 본뜻은 '돈이 많다'라는 뜻이었는데, 후에 '어질다'는 뜻으로 쓰이게 되었다. 옛날 사람들은 貧窮(빈궁)하면 여유가 없고 마음이 모질게 된다고 보았고, 재산이 많으면 너그럽고 인자하다고 보았다. 다 그런 것은 아니겠지만. 賢明(현명), 賢母良妻(현모양처), 賢淑(현숙), 聖賢(성현)
 '굳을 臤(긴)'자에 '고기 月(육)'을 붙여 '콩팥 腎(신)'자를 만들었다. '月(육)'은 우리 몸의 '살'을 뜻하는 것으로 쓰였다. '臤(긴)'자는 표음요소로 쓰인 것이다. 腎臟(신장), 補腎(보신), 副腎(부신)
 '굳을 臤(긴)'자에 '설 立(립)'을 붙여 '세울 豎(수)'자를 만들었다. '세울 豎(수)'의 속자이다. '豎(수)'자는 '굳을 臤(긴)'과 콩 豆(두)'로 이루어졌다. '臤(견)'자는 '견고함'을 뜻하고, '豆(두)'자는 '(세워 놓을 수 있는) 굽이 달린 그릇' 모양을 본뜬 것이다. 후에 '콩 豆(두)'가 '설 立(립)'으로 변한 것이다. '豎(수)'자는 '안정되게 세우다'는 뜻을 나타낸다. 豎立(수립), 橫說豎說(횡설수설)

 堅0515, 緊1358, 賢0849, 腎1079, 豎2792

遣(견) 遣譴　035

'보낼 遣(견)'자는 군대를 '보내다'가 본뜻이었다. '길을 가다'의 뜻인 '辶(착)'과 그 나머지가 표의요소이다. 후에 군인뿐만 아니라 일반적인 의미로 '보내다'는 뜻으로 쓰이게 되었다. 派遣(파견)

'遣(견)'자에 '말씀 言(언)'을 붙여 '꾸짖을 譴(견)'자를 만들었다. '말로 책망하여 먼 곳으로 보내다'라는 뜻이다. 譴責(견책)

遣1795, 譴3028

兼(겸) 兼謙嫌廉簾濂　036

'겸할 兼(겸)'자는 '손'을 뜻하는 '또 又(우)'와 '벼 禾(화)'자를 두 개 붙여 만든 '알맞게 늘어설 秝(력)'자를 합쳐서 만든 것이다. '겸하다', '아우르다'는 뜻을 나타낸다. 兼備(겸비), 兼事(겸사), 兼職(겸직)

'兼(겸)'자에 '말씀 言(언)'을 붙여 '겸손할 謙(겸)'자를 만들었다. 말을 할 때 '(남을) 올리다'는 뜻을 나타낸다. 謙遜(겸손), 謙讓(겸양), 謙虛(겸허), 過謙(과겸)

'兼(겸)'자에 '여자 女(녀)'를 붙여 '싫어할 嫌(혐)'자를 만들었다. 원래는 '여자를 원망하다'는 뜻을 나타내기 위하여 만든 것이었다. 후에 여자와 상관없이 일반적 의미인 '의심하다', '싫어하다' 등의 뜻으로 쓰인다. 嫌惡(혐오), 嫌疑(혐의)

'兼(겸)'자에 '집 广(엄)'을 붙여 '청렴할 廉(렴)'자를 만들었다. '겸할 兼(겸)'이 표음요소로 쓰였다. '(집이) 좁다'가 본뜻이다. 뜻이 곧고 청렴하면 좁은 집에서 살게 마련인가보다. '청렴하다', '값싸다', '살피다', '검소하다' 등으로 쓰이게 되었다. 廉恥(염치), 禮義廉恥(예의염치), 淸廉(청렴), 破廉恥(파렴치), 廉價(염가), 低廉(저렴)

'청렴할 廉(렴)'자에 '대 竹(죽)'을 붙여 '발 簾(렴)'자를 만들었다. 방의 구석에 드리우는 '발'을 뜻한다. 水簾(수렴), 垂簾(수렴), 垂簾聽政(수렴청정), 珠簾(주렴)

'廉(렴)'자에 '물 氵(수)'를 붙여 '물 이름 濂(렴)'자를 만들었다. '사람 이름자 또는 지명으로 쓰인다.

'176 다스릴 秝(력)'자 참조.

兼1157, 謙1406, 嫌1873, 廉1571, 簾2813, 濂3490

京(경) 京鯨掠凉諒景憬璟影　037

'서울 京(경)'자는 높은 언덕 위에 서 있는 집을 본떠 만든 글자이다. '서울'은 왕이 있는 도시를 뜻하고, 왕은 높은 언덕 위에 집을 짓고 살았다. 한문에서는 '크다'는 뜻으로 쓰이기도 한다. 京畿(경기), 京鄕(경향), 上京(상경), 在京(재경)

'京(경)'자에 '고기 魚(어)'를 붙여 '고래 鯨(경)'자를 만들었다. '고기 魚(어)'가 표의요소로 쓰였고, '京(경)'자는 단지 표의요소로 쓰인 것이다. 원래는 '수코래'를 뜻하는 것이었는데 지금은 암수의 구별 없이 쓴다. 암코래는 '예(鯢)'라 하였다. 鯨戰蝦死(경전하사), 捕鯨(포경)

'京(경)'자에 '손 扌(수)'를 붙여 '노략질할 掠(략)'자를 만들었다. '京(경)'자가 표음요소로 쓰였다고 하지만 차이가 크다. 손으로 남의 것을 '빼앗다'는 뜻을 나타낸다. 掠奪(약탈), 擄掠(노략), 侵掠(침략)

'京(경)'자에 '얼음 冫(빙)'을 붙여 '서늘할 凉(량)'자를 만들었다. '凉(량)'자의 본래 글자는 표의요소인 '물 氵(수)'와 '서울 京(경)'이 합쳐진 '涼(량)'자였다. '묽은 술'이 본뜻이었는데, 이 '涼(량)'자가 '서늘하다', '쓸쓸하다'는 뜻으로 사용되면서, 물보다 시원한 '얼음 冫(빙)'이 붙은 '서늘할 凉(량)'으로 변하게 되었다. '서늘하다', '쓸쓸하다'는 뜻으로 쓰인다. 納凉(납량), 淸凉(청량), 凄凉(처량), 荒凉(황량)

'京(경)'자에 '말씀 言(언)'을 붙여 '살필 諒(량)'자를 만들었다. 상대방의 말이나 사정을 '믿어주다'는 뜻을 나타내기 위하여 만든 것이다. '京(경)'자는 단지 표음요소로 쓰인 것이므로 뜻과는 상관이 없다. 諒知(양지), 諒解(양해), 惠諒(혜량)

'京(경)'자에 '해 日(일)'을 붙여 '볕 景(경)'자를 만들었다. '햇볕'이 본뜻이지만, 이 뜻의 한자어는 없고, '모양', '형상', '경치' 등의 뜻으로 쓰인다. 景氣(경기), 光景(광경), 背景(배경), 景致(경치), 風景(풍경), 景品(경품)

'볕 景(경)'자에 '마음 忄(심)'을 붙여 '그리워할 憬(경)'자를 만들었다. '景(경)'자가 '햇빛이 밝다'는 뜻이니, 憬(경)자는 '마음속이 밝아지다'는 뜻이다. 憧憬(동경)

'볕 景(경)'자에 '구슬 玉(옥)'을 붙여 '옥빛 璟(경)'자를 만들었다. 한자어 낱말은 없고, 사람(주로 여성)의 이름자로 쓰인다.

'볕 景(경)'자에 '그림자'의 모양을 나타낸 '터럭 彡(삼)'을 붙여 '그림자 影(영)'자를 만들었다. '그림자', '거울 따위에 비친 모습', '사람의 초상' 등의 뜻을 나타낸다. 影響(영향), 投影(투영), 影幀(영정), 撮影(촬영)

'630 나아갈 就(취)/이룰 就(취)'자 참조.

京0148, 鯨3176, 掠1610, 凉1159, 諒1770, 景0556, 憬2413, 璟3531, 影1227

更(경/갱) 更硬梗便鞭甦　038

'다시 更(갱)/고칠 更(경)'자는 '칠 攵(복)'과 '남녘 丙(병)'으로 이루어진 글자라고 하는데, 字典(자전)의 해설이 복잡해서 여기에서는 생략한다. '고치다', '바꾸다', '바로잡다'의 뜻으로 쓰일 때는 [경]으로 읽고, '다시'라는 뜻으로 쓰일 때는 [갱:]으로 읽는다. '시각'을 가리키기도 한다. 更生(갱생), 更新(갱신), 更年期(갱년기),

更張(경장), 更迭(경질), 變更(변경), 三更(삼경)

'更(경/갱)'자에 '돌 石(석)'을 붙여 '굳을 硬(경)'자를 만들었다. 돌처럼 '단단하다'는 뜻이다. '굳세다' '억지로'라는 뜻으로도 쓰인다. 硬性(경성), 硬化(경화), 動脈硬化(동맥경화), 强硬(강경), 生硬(생경)

'更(경/갱)'자에 '나무 木(목)'을 붙여 '줄기 梗(경)'자를 만들었다. 우리말 한자어로는 '줄기'라는 뜻보다는 '도라지' 또는 '막히다'는 뜻으로 더 자주 쓰인다. 桔梗(길경), 梗塞(경색), 腦梗塞(뇌경색), 心筋梗塞(심근경색), 生梗之弊(생경지폐)

'更(경/갱)'자에 '사람 亻(인)'을 붙여 '편할 便(편)/오줌 便(변)/곧 便(변)'자를 만들었다. 사람은 불편한 점이 있으면 이를 고쳐서[更] 편리하게 만든다는 뜻이다. '편하다'가 본뜻이다. 어느어느 '쪽'의 뜻으로도 쓰인다. '익히다', '똥오줌'을 뜻할 때와 '곧', '문득'의 뜻으로 쓰일 때는 [변]으로 읽는다. 똥과 오줌을 잘 눈다면 이 또한 참으로 편안한 일이다. 便安(편안), 不便(불편), 便利(편리), 便宜店(편의점), 形便(형편), 簡便(간편), 便紙(편지), 人便(인편), 車便(차편), 便辟(편벽), 東便(동편), 相對便(상대편), 男便(남편), 便所(변소), 小便(소변)

'편할 便(편)'자에 '가죽 革(혁)'을 붙여 '채찍 鞭(편)'자를 만들었다. '마소에 채찍질을 가하여 사람에게 편리하도록 부리다', '가죽 채찍'의 뜻을 나타낸다. 말을 몰 때는 채찍이지만 사람을 가르칠 때는 '회초리'가 된다. 회초리는 지시하는 용도로 쓰이기도 하고, 잘못을 일깨우는 용도로 쓰이기도 한다. 鞭撻(편달), 敎鞭(교편), 走馬加鞭(주마가편)

'깨어날 甦(소)'자는 '날 生(생)'자와 '다시 更(갱)'자로 이루어졌다. '다시 태어나다'는 뜻이니 둘 다 표의요소로 쓰였다. 甦生(소생)

更1012, 硬1426, 梗2542, 便0195, 鞭2491, 甦2706

竟(경) 竟 境 鏡　039

'마침내 竟(경)'자는 '소리 音(음)'과 '사람 儿(인)'이 합쳐진 것이다. 음악의 연주가 마침내 끝났다. '끝나다', '마치다'의 뜻으로 쓰인다. 究竟(구경), 畢竟(필경)

'竟(경)'자에 '흙 土(토)'를 붙여 '지경 境(경)'자를 만들었다. 어떤 지역의 끝과 다른 지역의 끝이 서로 맞닿은 곳이라는 데서 '境界(경계)'를 뜻한다. 두 지역의 경계는 상태나 형편에 따라 결정된다는 데서, '상태' 또는 '형편'의 뜻으로 확대되었다. 境界(경계), 國境(국경), 境遇(경우), 逆境(역경), 環境(환경), 秘境(비경), 漸入佳境(점입가경)

'竟(경)'자에 '쇠 金(금)'을 붙여 '거울 鏡(경)'자를 만들었다. '구리로 만든 거울'을 뜻하니 '金(금)'이 표의요소로 쓰였고, '竟(경)'은 표음요소이다. 시력을 조절하는 기구를 뜻하기도 한다. 鏡臺(경대), 破鏡(파경), 眼鏡(안경), 顯微鏡(현미경)

竟1715, 境0314, 鏡1108

頃(경) 頃 傾　040

'밭 넓이 단위 頃(경)'자는 본래 머리가 비스듬하게 '기울어지다'는 뜻을 나타내기 위한 것이었으니, '머리 頁(혈)'이 표의요소이고, '匕(비)'는 표음요소라고 하는데 거리가 멀다. 후에 '잠깐' 등으로 차용되는 예가 많아지자 본래의 뜻은 '기울 傾(경)'자를 만들어 나타냈다. 頃刻(경각), 萬頃蒼(滄)波(만경창파)

'기울 傾(경)'자는 '사람 亻(인)'과 '잠깐 頃(경)'으로 이루어진 글자이다. 원래는 '頃(경)'자가 '기울다'의 뜻이었는데, 이 글자가 '잠깐', '즈음'의 뜻으로 쓰이게 되자 '亻(인)'자를 붙인 '傾(경)'자를 만들어 '기울다'는 뜻을 나타냈다. 傾斜(경사), 傾向(경향), 傾國之色(경국지색), 傾聽(경청), 右傾(우경), 左傾(좌경)

頃1464, 傾0922

巠(경) 經 輕 徑 莖 勁 頸 脛 痙　041

'물줄기 巠(경)'자는 베를 짤 때 '날실'을 본뜬 것이다. 날실은 위로부터 아래로 곧게 뻗는다. 날실처럼 '곧게 뻗은 물결'이란 뜻을 위하여 만들어진 것이다. 이 글자로 만들어진 한자어 낱말은 없다.

'巠(경)'자에 '실 糸(사)'를 붙여 '날 經(경)/글 經(경)/지날 經(경)'자를 만들었다. '다스리다', '경영하다'는 뜻도 나타낸다. 經緯(경위), 東經(동경), 經絡(경락), 神經(신경), 經濟(경제), 經費(경비), 經營(경영), 經過(경과), 經歷(경력), 經驗(경험), 經典(경전), 佛經(불경), 聖經(성경), 三經(삼경), 牛耳讀經(우이독경)

'巠(경)'자에 '수레 車(거)'를 붙여 '가벼울 輕(경)'자를 만들었다. '가벼운 수레'가 본뜻이다. 輕減(경감), 輕重(경중), 輕快(경쾌), 輕擧妄動(경거망동), 輕率(경솔), 輕微(경미), 輕蔑(경멸), 輕敵必敗(경적필패)

'巠(경)'자에 '길 彳(척)'을 붙여 '지름길 徑(경)'자를 만들었다. 수레가 다닐 수 없는 '좁고 작은 길'을 뜻하기 위하여 만든 것이었다. '지름길', '곧다'는 뜻으로 쓰인다. 捷徑(첩경), 口徑(구경), 半徑(반경), 直徑(직경)

'巠(경)'자에 '풀 艹(초)'를 붙여 '줄기 莖(경)'자를 만들었다. 풀의 똑바르고 강한 부분, 즉 풀의 '줄기'를 뜻한다. 塊莖(괴경), 球莖(구경), 陰莖(음경)

'巠(경)'자에 '힘 力(력)'을 붙여 '굳셀 勁(경)'자를 만들었다. '굳세다', '의지가 강하다'는 뜻을 나타낸다. 勁直(경직)

'巠(경)'자에 '머리 頁(혈)'자를 붙여 '목 頸(경)'자를 만들었다. 머리로 연결되는 곧은 부분, 곧 '목'을 뜻한다. 頸部(경부), 頸椎(경추), 刎頸之交(문경지교), 延頸鶴望(연경학망)

'巠(경)'자에 '고기(살) 月(육)'을 붙여 '정강이 脛(경)'

자를 만들었다. 육체 중에서 힘이 세고 쭉 곧은 부분, 곧 '정강이'를 뜻한다. 脛骨(경골)
　'병 疒(역)'자 안에 '물줄기 巠(경)'자를 넣어 '경련 痙(경)'자를 만들었다. 심줄이 땅기고 경련이 나는 상태를 말한다. 痙攣(경련), 胃痙攣(위경련)
　經0191, 輕0110, 徑1577, 莖2924, 勁2208, 頸3144, 脛2886, 痙2719

冏(경) 商裔橘　042

　'빛날 冏(경)'자는 '창문에 빛이 비쳐 밝은 모양'을 본뜬 글자로 '빛나다', '밝다'는 뜻을 나타낸다. 한자어 낱말은 없다.
　'장사 商(상)'자의 語源(어원)은 '빛날 冏(경)'과는 관계가 없다. 字典(자전)에 의하면 '商(상)'자는 '안 內(내)'와 '글 章(장)'으로 이루어진 것인데, 후에 현재의 '商(상)'자 모양으로 변한 것이라고 한다. 저자 임의로 '冏(경)'자 가족에 포함시킨 것이다. 형태로만 보면 '여섯 六(륙)'자와 '빛날 冏(경)'이 합쳐진 모양이다. '장사하다', '헤아리다'의 뜻을 나타낸다. 商業(상업), 商人(상인), 商品(상품), 雜貨商(잡화상), 商量(상량), 協商(협상)
　'후손 裔(예)'자는 '옷 衣(의)'와 '빛날 冏(경)'으로 이루어졌다. 여기에서 '冏(경)'자는 대좌에 옷을 벗어 놓고 조상을 비는 모양이라고 한다. '먼 후손'의 뜻이다. 後裔(후예)
　'橘(귤)'자는 '귤나무'를 뜻한다. '나무 木(목)'과 '뚫을 矞(율)'로 이루어졌다. '矞(율)'자는 '창 矛(모)'와 '빛날 冏(경)'으로 이루어졌다. '矞(율)'자는 표음요소로 쓰인 것이다. 柑橘(감귤), 南橘北枳(남귤북지), 懷橘墮地(회귤타지)
　商0099, 裔2988, 橘2533

殸(경/성) 聲磬馨　043

　'경쇠 殸(경)/소리 殸(성)'자는 '경쇠 磬(경)'자의 古字(고자), '소리 聲(성)'자의 古字(고자)이다. 현재에는 쓰이지 않는 글자이다. 다른 글자의 구성 요소로 쓰이고 있다.
　'경쇠 磬(경)'자는 '경쇠 殸(경)'과 '돌 石(석)'으로 이루어졌다. 국악기의 하나인 '石磬(석경)', 작은 종처럼 만들고 그 밑에 쇳조각으로 붕어 모양을 만들어 달아서 바람이 부는 대로 흔들려 소리가 나게 되어 있는 '風磬(풍경)'을 뜻하는 글자이다.
　'소리 聲(성)'자는 '귀 耳(이)'와 '소리 殸(성)'으로 이루어진 글자이다. '소리 殸(성)'자는 '聲(성)'자의 古字(고자)이다. '소리', '음악', '말' 등의 뜻을 나타낸다. 聲帶(성대), 音聲(음성), 言聲(언성), 歡呼聲(환호성), 聲樂(성악), 和聲(화성), 聲援(성원), 異口同聲(이구동성), 名聲(명성)
　'경쇠 殸(경)'자에 '향기 香(향)'자를 붙여 '향기 馨(형)'자를 만들었다. 한자어 낱말은 없고, 사람의 이름자로 쓰인다.
　聲0462, 磬2764, 馨3609

庚(경) 庚庸傭鏞　044

　'일곱째 천간 庚(경)'자는 '절굿공이를 두 손으로 들어 올리는 모양'이라고 한다. 여러 가지 뜻이 있으나 우리나라에서는 '일곱째 천간의 하나로 쓰이고 다른 뜻으로는 한자어가 없다. 庚戌(경술), 庚戌國恥(경술국치), 庚時(경시), 庚申(경신), 庚午(경오), 庚寅(경인), 庚子(경자), 庚辰(경진)
　'庚(경)'자에 '쓸 用(용)'을 붙여 '쓸 庸(용)'자를 만들었다. '사람을 쓰다'는 뜻을 위하여 만든 것이다. '庚(경)'과 '用(용)'을 합쳐서 쓰다 보니 편의상 '庚(경)'의 마지막 획이 생략되었다. '집 广(엄)'이 부수로 지정되어 있지만 뜻과는 무관하다. 후에 '어리석다', '보통이다' 등으로 쓰이게 되고, 본래의 뜻은 '사람 亻(인)'을 붙여서 '품팔 傭(용)'자를 만들어 그 뜻을 나타냈다. 中庸(중용), 庸劣(용렬)
　'庸(용)'자에 '사람 亻(인)'을 붙여 '품팔 傭(용)'자를 만들었다. '傭(용)'자는 본래 '庸(용)'이었다. '사람을 쓰다'는 뜻을 위하여 만든 것인데, 후에 '어리석다', '보통이다' 등으로 사용되는 예가 많아지자 '사람 亻(인)'을 덧붙여 그 뜻을 분명히 하였다. 품을 파는 사람, 즉 '품팔이'의 뜻으로 쓰인다. 傭兵(용병), 傭人(용인), 雇傭(고용), 雇傭人(고용인), 雇用主(고용주)
　'庸(용)'자에 '쇠 金(금)'을 붙여 '쇠북 鏞(용)'자를 만들었다. 사람 이름자로 쓰인다.
　'021 편안할 康(강)'자 참조.
　'142 당나라 唐(당)'자 참조.
　庚0754, 庸1570, 傭1846, 鏞3598

睘(경) 環還　045

　'볼 睘(경)'자는 '눈 目(목)'과 '성씨 袁(원)'자가 합쳐진 '볼 瞏(경)'자의 속자이다. 여기에서 '袁(원)'자는 '멀다'는 뜻으로 쓰인 것이다. '놀라서 눈을 휘둥그렇게 뜨고 보다'는 뜻을 나타낸다. 한자어 낱말은 없다.
　'睘(경)'자에 '구슬 玉(옥)'을 붙여 '고리 環(환)'자를 만들었다. '睘(경)'자가 어떻게 '環(환)'자 등의 표음요소가 되었는지는 분명하지 않다. '고리 모양의 옥', '고리', '두루 미치다', '둘러싸다', '사방', '주위', '돌다' 등의 뜻으로 쓰인다. 環狀(환상), 金指環(금지환), 花環(화환), 環境(환경), 循環(순환), 循環系(순환계), 循環小數(순환소수)
　'睘(경)'자에 '길 갈 辶(착)'을 붙여 '돌아올 還(환)'자를 만들었다. '睘(경)'자는 표음요소이다. '돌아오다', '옛 집에 돌아오다', '돌려보내다', '가져온 것을 도로 보내다', '갚다' 등의 뜻을 나타낸다. 還甲(환갑), 還生(환생), 歸還(귀환), 錦衣還鄕(금의환향), 生還(생환), 奪還(탈환), 還拂(환불), 返還(반환), 償還(상환)

環1041, 還1436

季(계) 季悸 046

'계절 季(계)'자는 가을걷이의 마지막 과정에서 '아이들[子(자)]'을 동원하여 떨어진 '벼 禾(화)'의 이삭을 줍게 한 옛날 관행과 관련이 있다고 한다. 그래서 '어리다', '막내', '끝', '철' 등의 뜻을 나타내는 데 쓰인다. 季節(계절), 四季(사계), 冬季(동계), 秋季(추계), 春季(춘계), 夏季(하계), 季嫂(계수), 季氏(계씨)

'季(계)'자에 '마음 忄(심)'을 붙여 '두근거릴 悸(계)'자를 만들었다. '걱정하고 두려워하여 마음이 움직이다', '가슴이 설레다'는 뜻이다. 悸心痛(계심통), 心悸(심계)

季0353, 悸2391

㓞(계) 契喫楔潔 047

'맺을 㓞(계)'자는 '契(계)'자와 同字(동자)이다. 우리말 한자어로 쓰이지는 않는다. 다른 글자의 구성 요소로 쓰인다.

'맺을 㓞(계)'자에 '큰 大(대)'를 붙여 '맺을 契(계)'자를 만들었다. '契(계)'자는 '새기다'가 본래 의미이고, '약속하다', (관계나 계약을) '맺다'의 뜻으로 쓰인다. 종족 이름 '契丹'은 음이 [거란]이다. 契機(계기), 契約(계약), 默契(묵계), 親睦契(친목계)

'契(계)'자에 '입 口(구)'를 붙여 '마실 喫(끽)'자를 만들었다. 본뜻은 '입 안에서 잘게 쪼개다'였다. 후에 '음료수를 마시거나 담배를 피우다'는 뜻으로 쓰였다. 喫茶(끽다), 喫煙(끽연), 滿喫(만끽)

'契(계)'자에 '나무 木(목)'을 붙여 '쐐기 楔(설)'자를 만들었다. 틈새에 끼워 박는 '쐐기'를 뜻한다. 楔形(설형), 楔形文字(설형문자)

'맺을 㓞(계)'자에 '실 糸(사)'를 붙여 '헤아릴 絜(혈)'자를 만들고 '絜(혈)'자에 '물 氵(수)'를 붙여 '깨끗할 潔(결)'자를 만들었다. '깨끗하다', '더러움이 없다', '몸을 닦다', '품행이 바르다', '청렴하다'는 뜻을 나타낸다. 潔白(결백), 潔癖(결벽), 簡潔(간결), 不潔(불결), 純潔(순결), 淸潔(청결), 高潔(고결)

契1190, 喫2254, 楔3242, 潔0801

戒(계) 戒械誡 048

'경계할 戒(계)'자는 '방비하다'는 뜻을 나타내기 위한 것이다. 군사가 창[戈]을 '두 손 又又→받들 廾(공)'으로 꼭 잡고 있는 모습을 그려 나타냈다. '주의하다', '경계하다' 또는 이와 의미상 연관이 있는 뜻으로 쓰인다. 戒嚴(계엄), 警戒(경계), 戒律(계율), 懲戒(징계), 訓戒(훈계), 五戒(오계), 沐浴齋戒(목욕재계)

'戒(계)'자에 '나무 木(목)'을 붙여 '기계 械(계)'자를 만들었다. 나무로 만든 차꼬·수갑·칼 따위의 '형틀'을 뜻하기 위하여 만든 것이었다. '기계', '도구', '기구를 움직이게 하는 장치' 따위의 뜻으로 쓰인다. 器械(기계), 機械(기계), 器械體操(기계체조)

'戒(계)'자에 '말씀 言(언)'을 붙여 '경계할 誡(계)'자를 만들었다. '훈계하다', '스스로 조심하고 삼가다'는 뜻을 나타낸다. '戒(계)'자와 같이 쓰이기도 한다. 불교에서는 '戒(계)'자를 써서 '五戒(오계)', '十戒(십계)' 따위로 쓰고, 기독교에서는 '誡(계)'를 써서 '十誡命(십계명)' 따위로 쓴다.

戒0991, 械0706, 誡3297

癸(계) 癸葵揆 049

'열째 천간 癸(계)'자는 十干(십간)의 마지막 것이다. 字源(자원)은 그렇지 않지만 형태로는 '필 癶(발)'과 '하늘 天(천)'이 합쳐진 것이다. '癶(발)'과 '天(천)'은 의미나 음에서 '癸(계)'자와 무관하다. 癸卯(계묘), 癸未(계미), 癸巳(계사), 癸酉(계유), 癸丑(계축), 癸亥(계해)

'癸(계)'자에 '풀 艹(초)'를 붙여 '해바라기 葵(규)'자를 만들었다. '해바라기', '접시꽃', '아욱'의 뜻을 나타낸다. 蜀葵花(촉규화), 向日葵(향일규)

'癸(계)'자에 '손 扌(수)'를 붙여 '헤아릴 揆(규)'자를 만들었다. 한자어 낱말은 없고, 사람의 이름자로 쓰인다.

癸0757, 葵2933, 揆3445

㡭(계) 繼斷 050

'이을 㡭(계)'자는 어떤 물건을 실로 엮어 이어 놓은 모양을 본뜬 것이다. '이을 繼(계)'자의 原字(원자)였다.

'이을 繼(계)'자는 본래 '糸(사)'가 없는 형태였다. '잇다'는 뜻을 나타내기 위하여 실을 이어 놓은 모습을 본뜬 것이었다. 후에 그 의미를 더욱 보강하기 위하여 '실 糸(사)'가 첨가되었다. '잇다', '계통을 잇다' 등의 뜻을 나타낸다. 繼母(계모), 繼續(계속), 繼承(계승), 引繼(인계), 中繼(중계), 後繼(후계)

'㡭(계)'자에 '도끼 斤(근)'을 붙여 '끊을 斷(단)'자를 만들었다. '㡭(계)'자는 어떤 물건을 실로 엮어 이어 놓은 모양을 본뜬 것인데, 이것을 도끼나 낫으로 '끊다'는 뜻을 나타낸다. '끊다', '절단하다', '그만두다' '없애다', '단편', '결단하다' 등의 뜻을 나타낸다. 斷食(단식), 斷絶(단절), 分斷(분단), 言語道斷(언어도단), 裁斷(재단), 遮斷(차단), 中斷(중단), 禁斷(금단), 斷念(단념), 斷片(단편), 斷言(단언), 斷行(단행), 決斷(결단), 判斷

(판단), 斷然(단연)
繼0841, 斷0494

系(계) 系 係   051

'이을 系(계)'자는 실[糸]을 손으로 거는 모양을 본뜬 것이다. '걸다', '잇다', '매다'의 뜻을 나타낸다. '핏줄', '혈통', '계보', '이어지다', '매다', '걸리다' 등의 뜻을 나타낸다. 系譜(계보), 家系(가계), 傍系(방계), 直系(직계), 母系(모계), 父系(부계), 系列(계열), 系統(계통), 循環系(순환계), 體系(체계), 神經系(신경계), 銀河系(은하계), 太陽系(태양계)

'맬 係(계)'자는 '사람 亻(인)'과 '맬 系(계)'로 이루어진 글자이다. 줄을 들고 서 있는 사람 또는 사람이 어떤 일에 이어져 있다는 데서 '맺다', '묶다', '잇다', '관계되다', '계', '사무나 작업의 분담의 작은 갈래' 등의 뜻으로 쓰인다. 係數(계수), 關係(관계), 三角關係(삼각관계), 相關關係(상관관계), 因果關係(인과관계), 血緣關係(혈연관계), 係員(계원), 係長(계장), 人事係(인사계), 庶務係(서무계) 등

系1061 係0654

告(고) 告梏鵠造浩酷晧皓滈   052

'알릴 告(고)'자는 '입 口(구)'와 '소 牛(우)'로 이루어졌다. 신에게 제사를 지낼 때 희생 소를 바치고 입으로 축문을 읽는다는 데서 '고하다'의 뜻이다. '알리다', '하소연하다'는 뜻으로 그 뜻이 넓어졌다. 告白(고백), 告知書(고지서), 廣告(광고), 申告(신고), 公告(공고), 宣告(선고), 告解(고해), 報告(보고), 告訴(고소), 原告(원고), 被告(피고), 勸告(권고), 忠告(충고)

'告(고)'자에 '나무 木(목)'을 붙여 '쇠고랑 梏(곡)'자를 만들었다. 손목 또는 발목에 채우는 '쇠고랑'을 뜻한다. '告(고)'자는 표음요소로 뜻과는 관계가 없다. 桎梏(질곡)

'告(고)'자에 '새 鳥(조)'를 붙여 '고니 鵠(곡)'자를 만들었다. '고니'라는 새를 뜻한다. 옛날에는 과녁을 세우면서 가운데 표적으로 고니를 그려 붙였기 때문에 '과녁 鵠(곡)'이라는 훈도 생겼다. 正鵠(정곡), 鴻鵠(홍곡)

'告(고)'자에 '길 갈 辶(착)'을 붙여 '만들 造(조)'자를 만들었다. 원래는 '찾아가 알리다'는 뜻을 나타내기 위하여 만들어진 것이다. '告(고)'자와 '辶(착)'자가 표의요소로 쓰인 것이었다. 지금은 '짓다', '만들다', '이루어지다', '조작하다' 등의 뜻으로 쓰인다. 造船(조선), 造成(조성), 建造(건조), 人造(인조), 製造(제조), 創造(창조), 造作(조작), 僞造(위조), 造詣(조예)

'告(고)'자에 '물 氵(수)'를 붙여 '넓을 浩(호)'자를 만들었다. 강물이 넓고 세찬 모양을 뜻하기 위하여 만든 것이었다. 후에 '넓다', '광대하다', '넉넉하다'는 뜻으로 쓰이게 되었다. 浩氣(호기), 浩然之氣(호연지기), 浩蕩(호탕)

'告(고)'자에 '닭 酉(유)'를 붙여 '독할 酷(혹)'자를 만들었다. 술맛이 지나치게 '진하다'는 뜻을 나타내기 위하여 만든 것이었다. '닭 酉(유)'는 '술'의 뜻으로 쓰인 것이다. 후에 '독하다', '심하다'는 뜻으로 쓰이게 되었다. 酷毒(혹독), 酷使(혹사), 酷評(혹평), 苛酷(가혹), 慘酷(참혹)

'告(고)'자에 '해 日(일)'을 붙여 '밝을 晧(호)'자를 만들었다. 한자어는 없고, 이름자로 쓰인다.

'흴 皓(호)'자는 '밝을 晧(호)'와 동자이다. '밝다'는 뜻을 나타낸다. 표의요소 '해 日(일)'이 '흰 白(백)'으로 바뀐 것이다. 丹脣皓齒(단순호치), 明眸皓齒(명모호치), 商山四皓(상산사호)

'皓(호)'자에 '물 氵(수)'를 붙여 '넓을 滈(호)'자를 만들었다. '넓을 浩(호)'자와 同字(동자)이지만, 한자어 낱말에서는 '浩(호)'자가 쓰이고, '滈(호)'자는 쓰이지 않는다. '사람의 이름자로 쓰인다.

告0512, 梏2541, 鵠3187, 造0865, 浩1306, 酷2005, 晧3458, 皓2104, 滈3489

古(고) 古姑故做枯苦辜固錮痼個箇祜   053

'예 古(고)'자는 '열 十(십)'과 '입 口(구)'로 이루어졌으니, 여러 사람의 입으로 전해 내려오는 '옛날'의 일을 뜻한다. '오래 된 것', '오래되어 낡은 것' 등의 뜻도 나타낸다. 古今(고금), 古典(고전), 古木(고목), 古參(고참), 古物(고물)

'古(고)'자에 '여자 女(녀)'자를 붙여 '시어미 姑(고)' 자를 만들었다. 며느리보다는 시어머니가 '오래된[古] 여자[女]'일 것이다. 字源(자원)에 따르면 '古(고)'자는 표음요소라고 하니 그런 뜻으로 쓰인 것은 아닌 것 같다. 아버지의 자매 즉 '고모'를 뜻하기도 한다. 姑婦(고부), 先姑(선고), 姑母(고모), 姑從(고종), 姑息的(고식적)

'古(고)'자에 '칠 攵(복)'을 붙여 '예 故(고)/연고 故(고)'자를 만들었다. '어떤 일이 있게 된 근원', '까닭', '연고', '사고' 등의 뜻을 가진다. '故(고)'자는 장음으로 발음하지만 '故鄕(고향)'은 단음으로 발음한다. 故國(고국), 故鄕(고향), 故人(고인), 作故(작고), 竹馬故友(죽마고우), 緣故(연고), 故障(고장), 事故(사고), 故意(고의)

'연고 故(고)'자에 '사람 亻(인)'을 붙여 '지을 做(주)' 자를 만들었다. '사람이 고의로 하다'의 뜻을 나타낸다. '故(고)'자가 표의요소로 쓰였다. '音(음)'에 주의하여야 한다. 看做(간주)

'古(고)'자에 '나무 木(목)'자를 붙여 '마를 枯(고)'자

를 만들었다. 나뭇잎이 '마르다'는 뜻을 나타낸다. 나아가 '물이 마르다', '야위다'의 뜻도 나타낸다. 枯木(고목), 枯死(고사), 枯渴(고갈), 榮枯盛衰(영고성쇠)

'古(고)'자에 '풀 艹(초)'를 붙여 '쓸 苦(고)'자를 만들었다. 본뜻은 맛이 쓴 '씀바귀'였다. '맛이 쓰다', '고통을 받다', '애쓰다'는 뜻으로 쓰인다. 苦味(고미), 苦杯(고배), 苦盡甘來(고진감래), 甘呑苦吐(감탄고토), 苦難(고난), 苦悶(고민), 苦生(고생), 苦痛(고통), 千辛萬苦(천신만고), 苦役(고역), 苦戰(고전), 勞苦(노고), 惡戰苦鬪(악전고투), 苦待(고대)

'古(고)'자에 '매울 辛(신)'을 붙여 '허물 辜(고)'자를 만들었다. 현대 우리말 사전에는 수록된 낱말이 없다. 1급 한자에 지정되어 여기에 소개한다.

'에워쌀 囗(위)'자 안에 '古(고)'자를 넣어 '굳을 固(고)'자를 만들었다. 사방이 험준한 산으로 둘러싸인 '요새[囗]'에 표음요소로 '옛 古(고)'를 썼다. '방어가 튼튼하다'는 뜻을 나타낸다. 물질이 단단하거나, 마음이 굳다는 뜻으로도 쓰인다. 固體(고체), 堅固(견고), 凝固(응고), 固執(고집), 頑固(완고), 固有(고유), 確固(확고), 固定(고정)

'굳을 固(고)'자에 '쇠 金(금)'을 붙여 '막을 錮(고)'자를 만들었다. '금속을 녹여 구멍을 단단히 막다'는 뜻이다. '가두다'는 뜻으로도 쓰인다. 禁錮(금고)

'固(고)'자에 '병 疒(역)'을 붙여 '고질 痼(고)'자를 만들었다. '굳어서 잘 낫지 않는 병'을 뜻한다. 痼疾(고질)

'固(고)'자에 '사람 亻(인)'을 붙여 '낱 個(개)'자를 만들었다. 본래 '箇(개)'자로 썼으며 '대나무 줄기'가 본뜻이었다. 그 후 '個(개)'로 바뀌었고, '낱', '셀 수 있게 된 물건 하나하나'의 뜻을 나타낸다. 個性(개성), 個人(개인), 個體(개체), 別個(별개)

'固(고)'자에 '대 竹(죽)'을 붙여 '낱 箇(개)'자를 만들었다. 물건을 셀 때의 助辭(조사)로 쓰였다. 지금은 '個(개)'자가 일반적으로 통용된다.

'古(고)'자에 '보일 示(시)'를 붙여 '복 祜(호)'자를 만들었다. '행복'을 뜻한다. 이름자로 쓰이는 글자이다.

'688 오랑캐 胡(호)'자 참조.

古0130, 姑1201, 故0769, 做2176, 枯1643, 苦0434, 辜3386, 固0516, 錮3110, 痼2722, 個0679, 箇2800, 祜3546

高(고) 高稿膏敲鎬嚆藁亮毫 054

'높을 高(고)'자는 높이 솟아 있는 樓臺(누대)의 모양을 나타낸다. 두 개의 '입 口(구)'는 창문을 나타낸 것이다. '(공간적으로) 높다', '인품·신분 따위가 높다' '정도·수준이 높다' 등 '높다'는 뜻을 나타낸다. 高度(고도), 高原(고원), 高官(고관), 高貴(고귀), 高級(고급), 高氣壓(고기압), 高齡(고령), 高價(고가), 高聲(고성), 高潔(고결), 高尙(고상), 崇高(숭고), 高麗(고려)

'高(고)'자에 '벼 禾(화)'를 붙여 '원고 稿(고)'자를 만들었다. 원래는 벼의 낟알을 떨어낸 줄기, 즉 '볏짚'을 뜻하기 위하여 만든 것이다. 후에 '원고', '초안'을 뜻하는 것으로 쓰이게 되었고, 본뜻은 '볏짚 藁(고)'자를 만들어 나타냈다. 原稿(원고), 草稿(초고), 脫稿(탈고), 投稿(투고)

'高(고)'자에 '고기 月(육)'을 붙여 '기름 膏(고)'자를 만들었다. '흰 脂肪(지방)'을 뜻한다. 膏血(고혈), 絆瘡膏(반창고), 膏藥(고약), 石膏(석고), 軟膏(연고)

'高(고)'자에 '칠 攴(복)'을 붙여 '두드릴 敲(고)'자를 만들었다. '高(고)'는 표음요소, '칠 攴(복)'은 표의요소이다. '두드리다'는 뜻을 나타낸다. 推敲(퇴고/추고)

'高(고)'자에 '쇠 金(금)'을 붙여 '호경 鎬(호)'자를 만들었다. 사람의 이름자로 쓰인다.

'高(고)'자에 '풀 艹(초)'를 붙여 '쑥 蒿(호)'자를 만들었다. '蒿(호)'자는 '수증기가 올라가는 모양'을 뜻하기도 한다. 이 '蒿(호)'자에 '입 口(구)'를 붙여 '울릴 嚆(효)'자를 만들었다. '소리가 울려 높이 올라가다'는 뜻이다. 嚆矢(효시)

'高(고)'자 위에 '풀 艹(초)', 아래에 '나무 木(목)'을 붙여 '볏짚 藁(고)'자를 만들었다. 시들은, 마른 '볏집'의 뜻이다. 볏짚뿐만 아니라 밀짚이나 보릿짚 따위를 통틀어 이른다. 麥藁(맥고), 席藁待罪(석고대죄)

'高(고)'자 아래의 '입 口(구)' 대신 '어진 사람 儿(인)'을 넣어서 '밝을 亮(량)'자를 만들었다. 諸葛亮(제갈량)

'터럭 毫(호)'자는 표음요소인 '높을 高(고)'의 아래 '입 口(구)'를 생략하고 대신 '털 毛(모)'를 넣은 것이다. '毛(모)'는 표의요소이다. 짐승의 터럭, 즉 '잔털'을 뜻하기 위한 것이었다. 후에 털로 만든 '붓'의 뜻으로도 쓰였다. 秋毫(추호), 毫末(호말), 揮毫(휘호)

'532 정자 亭(정)'자 참조.
'687 호걸 豪(호)'자 참조.

高0112, 稿1349, 膏2898, 敲2506, 鎬3597, 嚆2268, 藁3280, 亮3396, 毫1658

考(고) 考拷 055

'생각할 考(고)'자는 '늙을 老(노)'의 부분인 '耂(노)'와 '考(고)'의 古字(고자)인 '攷(고)'의 왼쪽 부분을 합친 것이다. '오래 살다'가 본뜻인데, '(곰곰이) 생각하다'는 뜻으로 쓰인다. '시험', '돌아가신 아버지'의 뜻도 가지고 있다. 考慮(고려), 考案(고안), 思考(사고), 深思熟考(심사숙고), 考察(고찰), 備考(비고), 參考(참고), 先考(선고), 顯考(현고), 考試(고시), 考終命(고종명)

'생각할 考(고)'자에 '손 扌(수)'를 붙여 '칠 拷(고)'자를 만들었다. '손에 몽둥이를 들고 두드리다', '죄상을 자백하게 하기 위하여 매질하다'는 뜻을 나타낸다. 拷問(고문)

'183 늙을 老(로)'자 참조.

考0621, 拷2446

雇(고) 雇顧　056

'품살 雇(고)'자는 '새'의 일종의 이름이었다. '새 隹(추)'와 '지게 戶(호)'로 이루어졌다. 후에 '품을 팔다'는 뜻으로 쓰이게 되었다. 雇用(고용), 雇傭人(고용인), 解雇(해고)

'雇(고)'자에 '머리 頁(혈)'을 붙여 '돌아볼 顧(고)'자를 만들었다. 길을 가다가 머리를 돌리다, 즉 '돌아보다'는 뜻을 위하여 만든 것이다. '雇(호)'는 농사철에 날아오는 철새의 일종으로, 농부들은 새가 날아오는 것을 보고 농사지을 준비를 했다. 그래서 '顧(고)'는 단순히 돌아보는 것이 아니라, 어떤 사안에 대하여 관심을 두고 돌아보는 것을 말한다. 顧慮(고려), 左顧右眄(좌고우면), 回顧(회고), 顧問(고문), 顧客(고객), 三顧草廬(삼고초려)

雇2015, 顧1820

羔(고) 窯羹　057

'새끼양 羔(고)'자는 '양 羊(양)'과 '불 灬(화)'로 이루어진 글자이다. 양을 불 위에 올려놓은 모양을 나타낸다. 통구이에는 새끼양이 좋다는 데서 '어린 양'을 뜻한다.

'羔(고)'자에 '구멍 穴(혈)'을 붙여 '기와 가마 窯(요)'자를 만들었다. '오지그릇을 굽는 구멍'을 뜻한다. 窯業(요업), 陶窯(도요)

'羔(고)'자에 '아름다울 美(미)'를 붙여 '국 羹(갱)'자를 만들었다. 새끼 양 따위를 국으로 끓인 것을 말한다. 여기에서 '美(미)'는 김이 무럭무럭 나는 세발달린 솥을 뜻하는 '鬲(력)'자 대신 쓴 것이었다. 있는 그대로 '美(미)'를 '맛있다'라고 보기로 하자. 그러므로 '羹(갱)'은 '맛있는 국'이 되겠다. 羹粥(갱죽), 肉羹(육갱), 菜羹(채갱)

'394 양 羊(양)'자 참조.

窯2788, 羹2862

丂(고) 巧朽　058

'기 뻗어 오르려다 막힐 丂(고)'자는 기가 뻗어 오르려다 장애물에 막히어 고부라지는 모양을 나타내는 글자이다.

'丂(고)'자에 '장인 工(공)'을 붙여 '공교할 巧(교)'자를 만들었다. 여기에서 '丂(고)'는 구부러진 彫刻刀(조각도)를 뜻한다. 조각도를 가지고 장인이 솜씨 좋게 작품을 다듬고 있다. '솜씨가 있다', '기교', '재주', '날렵하다', '꾸며서 하는 말솜씨가 있다', '겉을 꾸미다', '교묘하게 꾸미다', '거짓', '꾸밈', '겉치레' 등의 뜻을 나타낸다. 巧妙(교묘), 工巧(공교), 技巧(기교), 精巧(정교), 巧言令色(교언영색), 奸巧(간교)

'丂(고)'자에 '나무 木(목)'을 붙여 '썩을 朽(후)'자를 만들었다. '썩어 굽은 나무'에서 '썩다', '부패하다'는 뜻을 나타낸다. 朽木(후목), 老朽(노후), 腐朽(부후), 不朽(불후)

巧1217, 朽2524

谷(곡) 谷俗浴欲/慾裕　059

'골 谷(곡)'자는 '산골짜기'를 뜻하기 위하여 산등성이를 네 줄의 빗금으로 나타낸 다음 골짜기의 입구를 가리키는 '입 口(구)'를 첨가한 것이다. 溪谷(계곡), 深山幽谷(심산유곡), 峽谷(협곡), 進退維谷(진퇴유곡)

'谷(곡)'자에 '사람 亻(인)'을 붙여 '풍속 俗(속)'자를 만들었다. '谷(곡)'은 '마을'을 뜻한다. 사람들이 사는 마을의 모습에서 '풍속'을 뜻한다. 보통 사람들이 사는 '세상', '속되다'를 뜻한다. 美風良俗(미풍양속), 民俗(민속), 風俗(풍속), 俗語(속어), 低俗(저속), 俗談(속담), 俗世(속세), 世俗(세속), 通俗(통속), 俗家(속가)

'谷(곡)'자에 '물 氵(수)'를 붙여 '목욕할 浴(욕)'자를 만들었다. 몸을 씻는 것을 뜻한다. 목욕탕이 없던 시절에는 계곡의 물에 몸을 씻었다. 浴室(욕실), 沐浴(목욕), 日光浴(일광욕), 海水浴(해수욕)

'谷(곡)'자에 '하품 欠(흠)'을 붙여 '욕심 欲(욕)'자를 만들었다. 또는 '얼굴 容(용)의 생략형'과 하품 欠(흠)'으로 이루어진 글자라고도 한다. '欠(흠)'은 입을 크게 벌린 모양이고, '容(용)'은 '넣다', '담다'의 뜻이니, 무엇을 입에 넣으려고 하는 뜻에서 '하고자하다', '원하다'의 뜻을 나타낸다. '욕심 慾(욕)'자는 '하고자할 欲(욕)'자에 '마음 心(심)'을 붙여서 만들었다. 무엇을 하고 싶어 하는 마음, 즉 '욕심'을 뜻하기 위하여 만든 글자이다. '慾'자는 '欲'자의 俗字(속자)이었다. 우리나라에서는 주로 명사인 '욕심'의 뜻으로 쓰인다. 古文(고문)에서는 아직 '慾(욕)'자가 만들어지기 전이어서인지 '慾(욕)'자는 안 보이고, '欲(욕)'자만 보인다. 요즈음은 이 둘을 통용하지만, '하고자 하다'는 뜻에는 '欲(욕)'자를, '욕심'의 뜻에는 '慾(욕)'자를 쓰는 경향이 있다. 欲求(욕구)/慾求(욕구), 慾望(욕망)/欲望(욕망), 慾心(욕심)/欲心(욕심), 過慾(과욕)/過欲(과욕), 禁慾(금욕), 食慾(식욕), 貪慾(탐욕), 虛慾(허욕)

'谷(곡)'자에 '옷 衤(의)'를 붙여 '넉넉할 裕(유)'자를 만들었다. 옷이 '크고 넉넉함'을 뜻하기 위하여 만든 글자이다. '谷(곡)'자는 '얼굴 容(용)'자의 생략형이라고 한다. '너그럽다'는 뜻으로도 쓰인다. 裕福(유복), 富裕(부유), 餘裕(여유)

'441 얼굴 容(용)'자 참조.

谷1312, 俗0677, 浴0581, 欲/慾0387, 裕0905

哭(곡) 哭器　060

'울 哭(곡)'자는 '입으로 크게 소리 내어 울다'가 본뜻이다. '口'자 두 개는 입의 숫자가 많다, 즉 여러 사람의 입을 뜻한다. '개 犬(견)'은 사람이 죽었을 때 '犧牲(희생)'으로 바치는 동물을 뜻한다. 소리 내지 않고 눈물만 흘리며 우는 것은 '泣(읍)'이다. '울다', '큰 소리를 내며 울다', '곡하다', '사람의 죽음을 슬퍼하여 울다', '사람이 죽었을 때나 제사 때에 일정한 소리를 내면서 우는 울음' 등을 뜻한다. 哭聲(곡성), 鬼哭(귀곡), 欲哭逢打(욕곡봉타), 痛哭(통곡)/慟哭(통곡), 大聲痛哭(대성통곡), 哭婢(곡비), 弔哭(조곡), 卒哭(졸곡)

'그릇 器(기)'자는 그릇을 진열해 놓고 개 [犬(견)]에게 지키라고 한 모양을 본뜬 것이라고 한다. '울 哭(곡)'자 아래 '입 口(구)' 두 개가 붙은 것처럼 보이지만 두 글자 사이에 촌수는 아주 먼 일가붙이일 뿐이다. '그릇', '물건을 담는 용기', '어떤 일을 해낼 만한 도량이나 능력', '도구', '연장', '생물체의 기관' 등의 뜻을 나타낸다. 器物(기물), 大器晚成(대기만성), 陶瓷器(도자기)/陶磁器(도자기), 食器(식기), 才器(재기), 器械(기계), 器具(기구), 農器具(농기구), 武器(무기), 樂器(악기), 器(흉기), 器官(기관), 消化器(소화기), 臟器(장기), 呼吸器(호흡기)

哭1174, 器0704

昆(곤) 昆棍混　061

'벌레 昆(곤)'자는 발이 많은 벌레의 모양을 나타낸 것이다. '곤충'을 뜻한다. '도울 毘(비)'자와 한 획 차이로 글자가 비슷하다. '견줄 比(비)' 위에 '벌레 昆(곤)'에는 '해 日(일)'이, '도울 毘(비)'에는 '밭 田(전)'이 있다. '昆(곤)'자는 '미역'의 뜻도 있다. 昆蟲(곤충), 昆布(곤포)

'昆(곤)'자에 '나무 木(목)'을 붙여 '몽둥이 棍(곤)'자를 만들었다. 棍棒(곤봉), 棍杖(곤장), 治盜棍(치도곤)

'昆(곤)'자에 '물 氵(수)'를 붙여 '섞을 混(혼)'자를 만들었다. 본뜻은 '물살이 거세다'였다. '섞다', '흐리다', '혼탁하다', '뒤섞여 어지럽다', '맞추다' 등의 뜻으로 쓰인다. 混同(혼동), 混亂(혼란), 混線(혼선), 混雜(혼잡), 混合(혼합), 混沌(혼돈), 混濁(혼탁), 混戰(혼전), 混聲(혼성)

'도울 毘(비)'자는 '294 견줄 比(비)'자 참조.

昆2512, 棍2527, 混1032

骨(골) 骨滑猾　062

'뼈 骨(골)'자는 '뼈'를 뜻하는 '살 바를 冎(과)'자와 '고기 月(육)'자로 이루어졌다. '月(육)'자는 '몸'을 뜻한다. '骨(골)'자는 몸의 핵을 이루는 '뼈'의 뜻을 나타낸다. '몸', '중심이 되는 것' 등의 뜻도 가지고 있다. '骨(골)'을 표의 요소로 써서 몸의 각 부위의 뼈의 명칭, 뼈로 만든 물건 등을 나타내는 문자를 이룬다. 骨格(골격), 骨髓(골수), 骨折(골절), 露骨的(노골적), 言中有骨(언중유골), 鐵骨(철골), 骨肉(골육), 骨子(골자), 沒骨(몰골), 弱骨(약골), 骨品(골품), 骨董品(골동품)

'骨(골)'자는 부수로 지정된 글자이다. 여기에서는 부수로서가 아니라 '몸'으로 쓰인 글자들을 모은 것이다.

'骨(골)'자에 '물 氵(수)'를 붙여 '미끄러울 滑(활)'자를 만들었다. 滑降(활강), 滑空(활공), 滑走路(활주로), 圓滑(원활), 潤滑油(윤활유)

'骨(골)'자에 '개 犭(견)'자를 붙여 '교활할 猾(활)'자를 만들었다. '잔꾀가 매끄럽게 작용하다'는 뜻을 나타낸다. 狡猾(교활)

骨0850, 滑1921, 猾2680

公(공) 公松訟頌翁　063

'공평할 公(공)'자는 '나누다'의 뜻인 '八(팔)'과 '사사로움'의 뜻인 '厶(사)'의 합자이다. 즉 '사사로운 것을 공평하게 나누다'의 뜻이다. '여러 사람', '숨김없이 드러내다', '공무', '높은 벼슬' 등의 뜻을 나타낸다. 公明(공명), 公正(공정), 公平(공평), 公開(공개), 公布(공포), 公約(공약), 公害(공해), 公務員(공무원), 公卿大夫(공경대부), 主人公(주인공)

'公(공)'자에 '나무 木(목)'을 붙여 '소나무 松(송)'자를 만들었다. 소나무는 수명이 길고, 그 잎의 빛이 늘 푸르기에 節操(절조), 長壽(장수), 繁茂(번무) 등의 비유적 표현에 흔히 쓰인다. 松林(송림), 落落長松(낙락장송), 白松(백송), 赤松(적송), 海松(해송)

'公(공)'자에 '말씀 言(언)'을 붙여 '송사할 訟(송)'자를 만들었다. '말다툼'이라는 뜻을 나타내기 위하여 만든 것이다. 訟事(송사), 訴訟(소송), 民事訴訟(민사소송)

'公(공)'자에 '머리 頁(혈)'을 붙여 '기릴 頌(송)'자를 만들었다. 본뜻은 '얼굴 모양'을 가리키는 것이었는데, '기리다', '칭송하다'는 뜻으로 쓰인다. 頌德(송덕), 頌辭(송사), 讚頌(찬송), 稱頌(칭송)

'公(공)'자에 '깃털 羽(우)'를 붙여 '늙은이 翁(옹)'자를 만들었다. 본래 뜻은 새의 '목에 난 털'을 뜻하는 것이었다. 후에 '늙은이', '노인'에 대한 경칭, '시아버지' 등의 뜻으로 쓰이게 되었다. 老翁(노옹), 不倒翁(부도옹), 塞翁之馬(새옹지마), 翁主(옹주)

公0301, 松0832, 訟1399, 頌1117, 翁1728

共(공) 共供恭洪拱哄　064

'함께 共(공)'자는 '입 口(구)'와 '받들 廾(공)'으로 이루어진 글자이다. '입으로만 받들다'라는 뜻은 전혀 아니다. '口'는 '무거운 물건'의 모양에서 온 것이다. 두 요소의 형태가 약간 바뀌었다. 두 손으로 물건을 들고 있는 모습에서 만들어진 글자이다. '한 가지', '함께', '함께하다'는 뜻을 나타낸다. 共同(공동), 共生(공생), 公共(공공), 平和共存(평화공존), 共産主義(공산주의), 反

共(반공)

'共(공)'자에 '사람 亻(인)'을 붙여 '이바지할 供(공)'자를 만들었다. 다른 사람에게 '주다', '이바지하다'의 뜻으로 쓰인다. 供給(공급), 提供(제공), 供養(공양), 佛供(불공)

'共(공)'자에 '마음 忄(심)'을 붙여 '공손할 恭(공)'자를 만들었다. '공손하다', '예의바르다', '정중하다'는 뜻을 나타낸다. 恭敬(공경), 恭遜(공손), 過恭非禮(과공비례)

'共(공)'자에 '손 扌(수)'를 붙여 '팔짱낄 拱(공)'자를 만들었다. '공경하는 뜻을 나타내기 위하여 두 손을 마주 잡다'는 뜻을 나타낸다. 禮(예)의 한 가지로, 두 손을 들어 가슴 앞에서 마주 잡는 것을 말한다. 拱手(공수), 拱揖(공읍)

'共(공)'자에 '물 氵(수)'를 붙여 '넓을 洪(홍)'자를 만들었다. 큰 물, 즉 '홍수'를 뜻하기 위하여 만든 것이다. '크다', '넓다'는 뜻으로도 쓰인다. 洪水(홍수), 洪魚(홍어), 洪荒(홍황)

'共(공)'자에 '입 口(구)'를 붙여 '크게 웃을 哄(홍)'자를 만들었다. '크게 웃다'의 뜻이다. 哄笑(홍소), 哄然大笑(홍연대소)

'488 다를 異(이)'자 참조.
'667 거리 巷(항)'자 참조.
共0303, 供0610, 恭0552, 洪1302, 拱2447, 哄2246

工(공) 工功攻貢項肛缸紅虹訌江鴻 065

'장인 工(공)'자는 天地(천지) 사이[二]에 사람 | 이 서서 규칙에 맞는 일을 하고 있음을 나타낸다. 또는 '二'는 水準器(수준기)를, '|'은 먹줄을 나타낸다. 사람이 연장을 들고 있는 모습에서 '工(공)'자를 만들었다고도 한다. '물건을 만드는 일', '물건 만드는 일을 업으로 하는 사람', '교묘하게 만들다' 등의 뜻을 나타낸다. 工事(공사), 工業(공업), 工場(공장), 加工(가공), 工巧(공교)

'工(공)'자에 '힘 力(력)'을 붙여 '공 功(공)'자를 만들었다. 공구[工]를 들고 힘들여[力] 일하는 모습에서 만들어졌다고 한다. '일의 보람'을 뜻한다. 功勞(공로), 成功(성공), 功致辭(공치사)

'工(공)'자는 부수로 지정되어 있는 문자이다. 여기에서는 '工(공)'자가 부수로서가 아니라 '몸'으로 쓰인 글자들을 모은 것이다.

'工(공)'자에 '칠 攵(복)'을 붙여 '칠 攻(공)'자를 만들었다. '공격하다', '닦다' 등의 뜻을 나타낸다. 攻擊(공격), 攻防(공방), 侵攻(침공), 專攻(전공)

'工(공)'자에 '조개 貝(패)'를 붙여 돈이나 귀한 물품을 천자에게 '바치다'는 뜻을 나타내기 위하여 '바칠 貢(공)'자를 만들었다. 돈이나 재물을 뜻하는 '조개 貝(패)'가 표의요소, '장인 工(공)'은 표음요소로 쓰였다. 貢物(공물), 貢獻(공헌), 朝貢(조공)

'工(공)'자에 '머리 頁(혈)'을 붙여 '항목 項(항)'자를 만들었다. 본래 머리의 아래쪽, 즉 '목'을 뜻하기 위하여 만든 것이다. '목'을 뜻하는 한자어 낱말은 없고, 지금은 '항목'의 뜻으로 쓰인다. 項目(항목), 問項(문항), 事項(사항), 條項(조항), 多項式(다항식)

'工(공)'자에 '고기 月(육)'을 붙여 '항문 肛(항)'자를 만들었다. '月(육)'은 신체 부위를 뜻한다. '工(공)'은 '붉을 紅(홍)'자를 대신 한 것이다. '붉은 색을 띠는 구멍'을 뜻한다. 肛門(항문)

'工(공)'자에 '장군 缶(부)'자를 붙여 '항아리 缸(항)'자를 만들었다. 魚缸(어항)

'工(공)'자에 '실 糸(사)'를 붙여 '붉을 紅(홍)'자를 만들었다. 본뜻은 '붉은 비단'이었다. 紅顔(홍안), 紅一點(홍일점), 綠衣紅裳(녹의홍상)

'工(공)'자에 '벌레 虫(충/훼)'을 붙여 '무지개 虹(홍)'자를 만들었다. '虫(충)'은 '뱀'을 뜻하고, '工(공)'은 '꿰뚫다'는 뜻으로 쓰였다. 알록달록한 뱀이 하늘을 가로질러 꿰뚫고 있는 것, 곧 '무지개'이다. 虹蜺(홍예), 虹彩(홍채)

'工(공)'자에 '말씀 言(언)'을 붙여 '무너질 訌(홍)'자를 만들었다. 여기에서 '工(공)'은 '칠 攻(공)'의 뜻으로 쓰인 것이다. '옥신각신하다', '어지럽게 싸우다'는 뜻이다. 內訌(내홍)

'工(공)'자에 '물 氵(수)'를 붙여 '강 江(강)'자를 만들었다. 江山(강산), 錦繡江山(금수강산), 漢江投石(한강투석)

'江(강)'자에 '새 鳥(조)'를 붙여 '큰기러기 鴻(홍)'자를 만들었다. 작은 기러기는 '雁(안)'이다. '큰기러기', '크다', '성하다', '번성하다' 등의 뜻을 나타낸다. 泰山鴻毛(태산홍모), 鴻德(홍덕)

'066 빌 空(공)'자 참조.
工0098, 功0313, 攻0542, 貢1412, 項1466, 肛2874, 缸2854, 紅0175, 虹2957, 訌2999, 江0062, 鴻1829

空(공) 空控腔 066

'빌 空(공)'자는 표의요소인 '구멍 穴(혈)'과 표음요소인 '장인 工(공)'으로 이루어진 글자이다. 원래 '구멍'을 뜻하는 것이었다. 구멍 안은 텅 비어 있으므로 '비다'는 뜻도 이것으로 나타냈다. '하늘'을 이르기도 한다. 佛家(불가)에서는 일체 사물의 현상은 인연에 따라 생겼다가 없어지기에 모든 것이 '空(공)'이라 했고, 道家(도가)에서는 현실에 집착하지 않는 것을 '空(공)'이라 했다. 空間(공간), 空氣(공기), 虛空(허공), 空腹(공복), 獨守空房(독수공방), 眞空(진공), 空想(공상), 空軍(공군), 空中(공중), 蒼空(창공), 空虛(공허), 空日(공일), 空車(공차)

'空(공)'자에 '손 扌(수)'를 붙여 '당길 控(공)'자를 만들었다. 빈 활을 '잡아당기다'는 뜻이다. 控除(공제)

'空(공)'자에 '고기 月(육)'을 붙여 '빈 속 腔(강)'자를 만들었다. '속이 비다'는 뜻에서 '몸 속의 빈 곳'을 뜻한

다. 腔腸動物(강장동물), 口腔(구강)
空0245, 控3231, 腔2888

孔(공) 孔吼　　067

'구멍 孔(공)'자는 '외로울 子(혈)'과 '숨을 乚(은)'으로 이루어진 글자이다. '子(혈)'자는 '어린애'를 뜻하고, '乚(은)'자는 젖이 나오는 '구멍'을 뜻한다. '깊은 구멍'을 뜻하는 글자이다. '孔子(공자)'의 약칭으로 쓰인다. 孔隙(공극), 瞳孔(동공), 鼻孔(비공), 穿孔(천공), 孔雀(공작), 孔子(공자)

'孔(공)'자에 '입 口(구)'를 붙여 '울부짖을 吼(후)'자를 만들었다. '짐승이 성내어 큰 소리로 으르렁거리다'의 뜻을 나타낸다. '孔(공)'자는 '정도가 심하다'의 뜻으로 쓰인 것이라고 한다. 獅子吼(사자후)

孔0964, 吼2234

巩(공) 恐鞏築　　068

'안을 巩(공)'자는 양손으로 안는다는 뜻을 나타내는 글자이다.

'巩(공)'자에 '마음 心(심)'을 붙여 '두려울 恐(공)'자를 만들었다. '마음 心(심)'이 표의요소, '안을 巩(공)'자가 표음요소이다. '두렵다', '두려워하다', '으르다', '협박하다' 등의 뜻으로 쓰인다. 恐龍(공룡), 恐怖(공포), 恐慌(공황), 可恐(가공), 惶恐(황공), 恐妻(공처), 恐喝(공갈)

'巩(공)'자에 '가죽 革(혁)'을 붙여 '묶을 鞏(공)'자를 만들었다. 연장을 조심스럽게 꼭 쥐는 모양을 본떠서, '다룬 가죽으로 꼭 묶다'는 뜻을 나타낸다. 鞏固(공고)

'巩(공)'자에 '대 竹(죽)'을 붙여 '악기 이름 筑(축)'자를 만들었고 이 '筑(축)'자를 표음요소로 하고 표의요소로 '나무 木(목)'을 붙여 '쌓을 築(축)/지을 築(축)'자를 만들었다. '쌓다', '성을 쌓다', '집을 짓다' 등의 뜻을 나타낸다. 築臺(축대), 構築(구축), 築城(축성), 石築(석축), 建築(건축), 新築(신축)

恐1238, 鞏3140, 築0835

果(과) 果課菓顆裸巢彙　　069

'열매 果(과)'자는 '밭 田(전)'과 '나무 木(목)'이 합쳐진 글자이다. 여기에서 '田(전)'은 '밭'이 아니라 나무에 달린 열매의 모양을 나타낸 것이다. '실과 또는 과일', '어떤 일의 결과', '과감하다' 등의 뜻을 나타낸다. 果樹園(과수원), 果實(과실), 靑果物(청과물), 結果(결과), 成果(성과), 效果(효과), 果敢(과감), 果然(과연), 因果應報(인과응보)

'果(과)'자에 '말씀 言(언)'을 붙여 '매길 課(과)'자를 만들었다. 일이나 세금 등을 '매기다', '부과하다'는 뜻이다. '사무 분담의 한 단위'를 나타내는 뜻으로도 쓰인다. 課稅(과세), 課業(과업), 課外(과외), 課題(과제), 放課後(방과후), 賦課(부과), 日課(일과), 庶務課(서무과), 總務課(총무과), 課長(과장)

'果(과)'자에 '풀 ++(초)'를 붙여 '과일 菓(과)'자를 만들었다. '菓(과)'자의 본래 글자는 '果(과)'이었다. '果(과)'자는 '열매'를 뜻하기 위한 것이었는데 다른 뜻으로 쓰이는 예가 많아지자, 본뜻을 분명하게 나타내기 위하여 '풀 ++(초)'라는 표의요소를 덧붙였다. '과일'을 뜻하기 위하여 만들어졌으나, 우리나라에서는 '과일'의 뜻보다는 쓰이지 않고, '과자'라는 뜻으로 쓰인다. 菓子(과자), 茶菓會(다과회), 氷菓(빙과), 製菓(제과), 漢菓(한과)

'果(과)'자에 '머리 頁(혈)'을 붙여 '낱알 顆(과)'자를 만들었다. 작고 둥근 물건의 낱개. 또는 그것을 세는 數詞(수사)로 쓰인다. 顆粒(과립)

'果(과)'자에 '옷 衣(의)'를 붙여 '벌거숭이 裸(라)'자를 만들었다. 옷을 벌거벗은 '알몸'을 뜻하기 위하여 만든 것이다. '숨김없다'는 뜻으로도 쓰인다. 裸體(나체), 半裸(반라), 全裸(전라), 赤裸裸(적나나)

'집 巢(소)'자의 형태는 '열매 果(과)'자 위에 '내 巛(천)'자가 붙은 모양이다. '果(과)'자와 '巛(천)'자로는 도무지 '집 巢(소)'자를 설명할 수가 없다. '巢(소)'자는 나무 위에 지어진 새집 모양에서 '새집'을 뜻한다. 겉만 '果(과)'자 가족이지 속은 다른 집안이다. 歸巢本能(귀소본능), 卵巢(난소), 燕巢(연소), 巢窟(소굴), 賊巢(적소)

'무리 彙(휘)'자는 원래는 털이 밀생한 '고슴도치'를 나타내는 것이었다. 본뜻은 '고슴도치 蝟(위)'자에게 물려주고, 같은 종류의 것이 한데 모인 것을 뜻하여 '무리'의 뜻으로 쓰인다. 破字(파자)하면 '돼지머리 彑(계) + 덮을 冖(멱) + 실과 果(과)'가 된다. '彙(휘)'자는 '果(과)'자와 한 무리는 아니었으나, 글자의 형태에 많은 변화를 거쳐 '果(과)'자가 글자의 한 부분이 되었다. 語彙(어휘)

果0262, 課0634, 菓1971, 顆3147, 裸1980, 巢2054, 彙2373

瓜(과) 瓜孤呱弧狐瓣瓢　　070

'오이 瓜(과)'자는 '오이'를 나타내기 위하여 넝쿨에 달려 있는 오이 모양을 본뜬 것이다. 조어력이 약하여 상용 한자어 용례는 거의 없다. '손톱 爪(조)'자와 형태가 비슷한데, 잘 보면 '손톱 爪(조)'에는 '손톱'이 없고, '오이 瓜(과)'에는 '손톱'이 있다. 우스갯소리이지만 이렇게 알고 있으면 혼동할 염려가 없다. 如蝟負瓜(여위부과), 瓜田不納履(과전불납리)

'瓜(과)'자는 部首(부수)로 지정되어 있다. 이 부수에 속해 있는 한자들 중 1급 한자 이내에 지정된 한자는 '오이씨 瓣(판)'자 하나뿐이다. 여기에 소개하는 한자들은 다른 부수에 속해 있는 한자들로서 '오이 瓜(과)'가 '몸'으로 쓰인 것들이다.

'瓜(과)'자에 '외로울 子(혈)'을 붙여 '외로울 孤(고)'

자를 만들었다. '부모가 죽고 없는 아이'를 뜻하기 위한 것이다. '외롭다', '의지할 데가 없다', '홀로', '고아', '부모가 죽어 없는 아이' 등을 뜻한다. 孤獨(고독), 孤立(고립), 孤兒(고아), 孤掌難鳴(고장난명), 絶海孤島(절해고도)

'瓜(과)'자에 '입 口(구)'를 붙여 '울 呱(고)'자를 만들었다. 갓난아기의 울음소리를 나타내는 의성어이다. 呱呱之聲(고고지성)

'瓜(과)'자에 '활 弓(궁)'을 붙여 '활 弧(호)'자를 만들었다. 여기에서 '瓜(과)'는 '휘다'의 뜻이다. '활처럼 휘다'의 뜻을 나타낸다. 弧(호), 弧度(호도), 括弧(괄호)

'瓜(과)'자에 '개 犭(견)'을 붙여 '여우 狐(호)'자를 만들었다. '瓜(과)'는 호리병의 뜻이다. 머리 부분이 작고 뒤꼬리가 커다랗게 부푼 호리병 모양을 한 짐승 즉, '여우'를 뜻한다. 狐假虎威(호가호위), 九尾狐(구미호)

'瓜(과)'자를 '죄인 서로 송사할 辡(변/편)'자의 가운데 넣어 '오이씨 瓣(판)'자를 만들었다. 오이 속에 있어서 과육으로부터 분리되기 쉬운 씨가 있는 부분을 뜻한다. 瓣膜(판막), 花瓣(화판)

'瓜(과)'자와 '불똥 튈 票(표)'자를 붙여 '박 瓢(표)'자를 만들었다. '가벼운 바가지'를 뜻한다. 簞食瓢飮(단사표음)

瓜1693, 孤0595, 呱2236, 弧2370, 狐2678, 瓣3261, 瓢2810

夸(과) 誇袴 071

'풍칠 夸(과)'자는 '큰 大(대)'와 '亏(우)'자로 이루어졌다. '亏(우)'자는 '어조사 于(우)'자의 본자이다. '夸(과)'자는 트집 간 활을 바로잡는 도지개를 본뜬 모양이다. 사람의 활 같이 굽은 부분, 가랑이를 크게 벌리는 뜻을 나타낸다.

'자랑할 誇(과)'자는 원래 '夸(과)'로 썼는데, 후에 '말씀 言(언)'이 덧붙여진 것은 그 뜻을 더욱 분명하게 하기 위한 것이다. '誇(과)'자는 크게[大] 부풀리어 말하다 즉, '자랑하다', '분수에 넘치다', '과장하다', '자만하다'는 뜻이다. 誇功(과공), 誇大(과대), 誇大妄想(과대망상), 誇張(과장), 誇示(과시)

'夸(과)'자에 '옷 衣(의)'를 붙여 '바지 袴(고)'자를 만들었다. '夸(과)'자에는 원래 '가랑이'라는 뜻이 들어 있다. '바지', '가랑이가 있는 아랫도리 옷'을 뜻할 때는 [고]로 읽고, '사타구니', '두 다리 사이'를 뜻할 때는 [과]로 읽는다. 袴衣(고의), 袴下辱(과하욕)

誇1400 袴2986

郭(곽) 郭廓槨 072

'성곽 郭(곽)'자는 '누릴 享(향)'과 '고을 阝(읍)'으로 이루어진 형태를 취하고 있다. 여기에서 '享(향)'자는 '정자 亭(정)'자가 변한 것이고, 亭(정)'자는 '성곽을 뜻하는 古字(고자)의 변형이라고 한다. '郭(곽)'자는 고을의 內城(내성) 밖에 다시 쌓은 성을 뜻한다. 즉 두 겹의 성벽 가운데 안쪽 부분의 담을 '城(성)'이라 하고, 바깥 부분의 담을 '郭(곽)'이라 하였다. 후에 '둘레', '테두리'의 의미로 쓰이게 되었다. 城郭(성곽), 外郭(외곽)/外廓(외곽), 輪郭(윤곽)/輪廓(윤곽)

'郭(곽)'자에 '집 广(엄)'을 붙여 '둘레 廓(곽)'자를 만들었다. '둘레'의 뜻으로 쓰일 때는 '郭(곽)'자와 같이 쓴다. '廓'자는 '넓다'는 뜻으로도 쓰이는데, 이때는 [확]으로 읽는다. '집 广(엄)'이 없는 '郭(곽)'자는 '넓다'는 뜻은 없다. 外郭(외곽)/外廓(외곽), 輪郭(윤곽)/輪廓(윤곽), 廓大(확대), 廓然(확연)

'郭(곽)'자에 '나무 木(목)'을 붙여 '덧널 槨(곽)'자를 만들었다. 棺(관)을 담으려고 짜 맞춘 큰 궤를 말한다. 한자어 낱말은 없다.

'673 누릴 享(향)'자 참조.

郭0846, 廓2362 槨3355

官(관) 官管館棺琯 073

'벼슬 官(관)'자는 '집 宀(면)'과 '언덕 阜(부)의 생략형'으로 이루어졌다. '언덕 위에 마련된 객사'가 본뜻이다. 관청은 대개 언덕 위에 세워졌던 데서 '官(관)'자가 만들어진 것이다. '관청', '벼슬아치' 등의 뜻을 나타낸다. 官吏(관리), 官職(관직), 任官(임관), 貪官汚吏(탐관오리), 官廳(관청), 器官(기관)

'官(관)'자에 '대 竹(죽)'을 붙여 '대롱 管(관)'자를 만들었다. 쪼개지 아니한 가늘고 긴 대[竹]의 토막, 즉 '대롱'을 뜻하기 위한 것이다. 피리 같은 '관악기' 또는 '맡아 다스리다'는 뜻으로 쓰인다. 管樂器(관악기), 管絃樂(관현악), 氣管支(기관지), 毛細管(모세관), 試驗管(시험관), 血管(혈관), 管理(관리), 保管(보관), 主管(주관), 管鮑之交(관포지교)

'官(관)'자에 '밥 食(식)'을 붙여 '집 館(관)'자를 만들었다. 손님 접대를 위한 '집'이 본뜻이다. 관서 이름으로도 쓰이는데, 圖書館(도서관), 博物館(박물관) 등이 그 예이다. '집 舍(사)'와 '벼슬 官(관)'으로 이루어진 '집 舘(관)'자는 俗字(속자)이다. 旅館(여관), 大使館(대사관), 圖書館(도서관), 博物館(박물관), 休館(휴관)

'官(관)'자에 '나무 木(목)'을 붙여 '널 棺(관)'자를 만들었다. '시체를 넣는 궤'를 뜻한다. 剖棺斬屍(부관참시), 入棺(입관), 下棺(하관)

'官(관)'자에 '구슬 玉(옥)'을 붙여 '옥피리 琯(관)'자를 만들었다. 사람 이름자로 쓰인다.

官0715, 管1056, 館1470, 棺2550, 琯3518

貫(관) 貫慣實 074

'꿸 貫(관)'자는 화폐 수단으로 활용할 조개를 실로 '꿰다'는 뜻을 나타내기 위하여 만든 것이다. '돈 꾸러미'

인 셈이다. '조개 貝(패)'가 표의요소로 쓰였다. '뚫을 毌(관)'은 표음과 표의요소를 겸한다. '꿰다', '변하지 아니하다' '무게의 단위'의 뜻을 나타낸다. 貫徹(관철), 貫通(관통), 始終一貫(시종일관), 初志一貫(초지일관), 尺貫法(척관법), 貫祿(관록), 本貫(본관)/貫鄕(관향)

'貫(관)'자에 '마음 忄(심)'을 붙여 '버릇 慣(관)'자를 만들었다. 마음 씀씀이의 변하지 않는 '버릇'을 뜻하기 위하여 만든 것이다. '익숙하다'는 뜻으로도 쓰인다. 慣例(관례), 慣習(관습), 習慣(습관), 慣行(관행)

'열매 實(실)'자는 '집 宀(면)'과 '돈 꾸러미 貫(관)'으로 이루어진 글자이다. '재물'이 본뜻이다. '實(실)'은 집에 돈 꾸러미가 가득하다는 데서 '재물' 또는 '넉넉하다'는 뜻을 나타낸다. 재물은 사람이 노력한 대가로 얻은 값진 결과물이듯, 나무에 달린 탐스러운 열매도 나무가 비바람을 무릅쓰고 이루어낸 결과물이다. 여기에서 '열매'의 뜻을 나타나게 되었다. '초목의 열매', '씨/종자', '속/내용', '속을 채우다', '실제로 행하다', '참되다' 등 여러 가지 뜻으로 쓰인다. 實果(실과), 種實(종실), 結實(결실), 內實(내실), 不實(부실), 充實(충실), 行實(행실), 眞實(진실), 實際(실제), 事實(사실), 現實(현실), 確實(확실)

貫1413, 慣0432, 實0263

藋(관) 觀灌顴權勸歡驩 075

'황새 藋(관)'자는 두 개의 도가머리와 두 눈이 강조된 물새의 모양을 나타낸다. '새'의 뜻을 나타내기 위하여 '새 隹(추)'자를 붙였다. '황새'를 뜻한다. 1급 한자 이내에 들지 못했지만 이 글자가 들어간 한자가 여러 개여서 여기에 소개한다. 또 이 글자는 풀의 한 종류의 이름을 나타내어 '박주가리 藋(환)'자로 쓰이기도 한다. 그래서 '藋'자가 들어간 한자들은 [관], [권], [환] 따위의 음을 가진다.

'藋(관)'자에 '볼 見(견)'을 붙여 '볼 觀(관)'자를 만들었다. 황새가 물고기를 잡으려고 물속을 유심히 본다는 데서 '자세히 보다'라는 뜻을 나타낸다. 즉, '觀(관)'은 어떤 목적을 가지고 목표물을 응시하듯 뚫어지게 바라보는 것이다. 觀光(관광), 觀衆(관중), 觀察(관찰), 觀望(관망), 觀相(관상), 傍觀(방관), 達觀(달관), 外觀(외관), 景觀(경관), 壯觀(장관), 觀點(관점), 價値觀(가치관), 樂觀(낙관), 悲觀(비관), 主觀(주관)

'藋(관)'자에 '물 氵(수)'를 붙여 '물댈 灌(관)'자를 만들었다. 농사를 지을 때 논이나 밭에 '물을 대다'는 뜻이다. '물로 씻어내다'는 뜻으로도 쓰인다. 灌漑(관개), 灌腸(관장), 灌木(관목)

'藋(관)'자에 '머리 頁(혈)'을 붙여 '광대뼈 顴(관)'자를 만들었다. 顴骨(관골)

'藋(관)'자에 '나무 木(목)'을 붙여 '권세 權(권)'자를 만들었다. 원래는 '저울추', '저울질하다'는 뜻을 위해 만들어진 글자이다. '저울질을 할 수 있는 권한을 가진 사람'이라는 뜻에서, 후에 '권세', '권력'과 같은 뜻으로 쓰이게 되었다. 權力(권력), 權利(권리), 權勢(권세), 棄權(기권), 有權者(유권자), 人權(인권), 制空權(제공권), 制海權(제해권), 權謀術數(권모술수)

'藋(관)'자에 '힘 力(력)'을 붙여 '권할 勸(권)'자를 만들었다. '힘쓰다'는 뜻을 나타내기 위한 것이었다. '힘쓰다'의 뜻보다는 주로 '권하다'의 뜻으로 쓰인다. 勸告(권고), 勸誘(권유), 勸奬(권장)

'藋(환)'자에 '하품 欠(흠)'을 붙여 '기뻐할 歡(환)'자를 만들었다. '欠(흠)'자는 하품을 할 때처럼 '입을 크게 벌리다'는 뜻이다. '기뻐하다'는 뜻을 위해 고안된 것이다. 기뻐서 입을 크게 벌려 소리를 지르는 모양이다. 歡迎(환영), 歡呼聲(환호성), 歡喜(환희), 哀歡(애환)

'藋(환)'자에 '말 馬(마)'를 붙여 '기뻐할 驩(환)'자를 만들었다. 기뻐서 날뛰는 말의 모습이다. 合驩(합환)

觀0630, 灌2625, 顴3151, 權0783, 勸0936, 歡1023, 驩3172

光(광) 光胱恍晃滉輝 076

'빛 光(광)'자는 '불 火(화)'와 '사람 儿(인)'으로 이루어졌다. '사람의 머리 위에서 빛나는 불'의 뜻이다. '빛', '경치', '기운' 등의 뜻을 나타낸다. 光明(광명), 光線(광선), 光澤(광택), 日光(일광), 月光(월광), 光景(광경), 觀光(관광), 光復(광복)

'光(광)'자에 '고기 月(육)'을 붙여 '오줌통 胱(광)'자를 만들었다. 膀胱(방광)

'光(광)'자에 '마음 忄(심)'을 붙여 '황홀할 恍(황)'자를 만들었다. '황홀하다', '마음을 빼앗겨 멍한 모양'의 뜻을 나타낸다. 恍惚(황홀)

'光(광)'자에 '해 日(일)'을 붙여 '밝을 晃(황)'자를 만들었다. 사람 이름자로 쓰인다.

'밝을 晃(황)'자에 '물 氵(수)'를 붙여 '깊을 滉(황)'자를 만들었다. 사람 이름자로 쓰인다. 李滉(이황)

'光(광)'자에 '군사 軍(군)'자를 붙여 '빛날 輝(휘)'자를 만들었다. '군사 軍(군)'은 표음요소이다. '빛나다', '아침 햇빛', '광채' 등의 뜻을 나타낸다. 輝煌燦爛(휘황찬란), 光輝(광휘)

光0298, 胱2881, 恍2386, 晃3455, 滉3484, 輝1786

乖(괴) 乖乘剩 077

'어그러질 乖(괴)'자는 '羊(양)'의 뿔과 등[背]이 서로 등져 어그러지거나 떨어진 모양을 본뜬 것이라고 한다. 어그러지고, 빗나가서 틀어지고, 생각과 달라 맞지 아니한 상태를 나타낸다. 분리되어 떨어져 나가 구별되는 것을 나타내는 글자이다. 다르다보니 이상하고 괴이한 생각까지 들게 된다. 乖離(괴리), 乖僻(괴벽), 乖愎(괴팍)

'탈 乘(승)'자는 양 손발을 벌린 사람의 형상인 '큰 大(대)', 두 발을 벌린 모양을 본뜬 '어그러질 舛(천)', '나무 木(목)'이 합쳐진 글자이다. '수레 따위를 타다'는 뜻을 나타낸다. '어그러질 乖(괴)'와 '사람 人(인)'이 합쳐진 것으로 보이지만 그러면 '타다'의 뜻을 끌어낼 수가 없다. '타다', '곱하다' 등의 뜻을 나타낸다. 乘客(승객), 乘馬(승마), 搭乘(탑승), 合乘(합승), 乘勝長驅(승승장구), 便乘(편승), 加減乘除(가감승제), 自乘(자승), 大乘佛敎(대승불교)

'남을 剩(잉)'자는 '탈 乘(승)'자에 '칼 刂(도)'를 붙인 글자이다. '乘(승)'자는 '올리다'의 뜻이고, '刂(도)'자는 '이익 利(리)'자 대신 쓴 것이다. 이익이 올라가서 '남은 것이 있다'는 뜻을 나타낸다. 剩餘(잉여), 過剩(과잉)

乖2160, 乘1130, 剩2203

玄(괭) 宏肱雄 078

'팔 玄(괭)'자는 '또 又(우)'와 '마늘 厶(모)'로 이루어진 글자이다. '又(우)'자는 '손'을 뜻한다. '厶(모)'자는 활의 '곡선'을 뜻한다. 곡선을 닮은 '팔'을 뜻하는 글자이다. '玄(괭)'자를 이용한 한자어 낱말은 없다.

'玄(괭)'자에 '집 宀(면)'을 붙여 '굉장할 宏(굉)'자를 만들었다. 규모나 정도가 크다는 뜻이다. 宏壯(굉장)

'玄(괭)'자에 '고기 月(육)'을 붙여 '팔뚝 肱(굉)'자를 만들었다. 曲肱枕(곡굉침), 曲肱之樂(곡굉지락), 股肱之臣(고굉지신)

'玄(괭)'자에 '새 隹(추)'를 붙여 '수컷 雄(웅)'자를 만들었다. 새의 '수컷'을 나타내는 글자이다. '짐승류의 수컷'으로 폭넓게 쓰이고, '우수하다', '뛰어나다', '용감하다' 등의 뜻으로도 쓰인다. 雌雄(자웅), 雄大(웅대), 大雄殿(대웅전), 英雄(영웅), 雄辯(웅변)

宏2328, 肱2876, 雄0658

喬(교) 喬橋矯僑嬌轎驕 079

'높을 喬(교)'자는 높은 누각 위에 깃발을 세운 모양을 본떠, '높이 솟다'의 뜻을 나타낸다. '높을 高(고)'자와 윗부분만 다를 뿐 형태도 비슷하고, 만들어진 과정도 비슷하다. 의미도 비슷하다. 喬木(교목)

'喬(교)'자에 '나무 木(목)'을 붙여 '다리 橋(교)'자를 만들었다. 옛날에는 다리를 나무로 높게 놓았을 것이므로, '喬(교)'는 의미와 무관하지 않다. 橋脚(교각), 橋梁(교량), 陸橋(육교), 鐵橋(철교)

'喬(교)'자에 '화살 矢(시)'를 붙여 '바로잡을 矯(교)'자를 만들었다. 옛날에 화살을 바르게 펴지도록 끼워 놓는 틀을 지칭하는 것이었다. '바로잡다'는 뜻으로 쓰인다. 矯角殺牛(교각살우), 矯導所(교도소), 矯正(교정)

'喬(교)'자에 '사람 亻(인)'을 붙여 '더부살이 僑(교)'자를 만들었다. '더부살이하는 사람'을 뜻하기 위한 것이었다. 요즈음은 주로 '타향살이', '외국 살이'의 뜻으로 쓰인다. 僑民(교민), 僑胞(교포), 韓僑(한교), 華僑(화교)

'喬(교)'자에 '여자 女(녀)'를 붙여 '아리따울 嬌(교)'자를 만들었다. '여자가 날씬하고 요염함'을 나타낸다. 嬌態(교태), 愛嬌(애교)

'喬(교)'자에 '수레 車(거)'를 붙여 '가마 轎(교)'자를 만들었다. 앞뒤 사람에 의해 메어져서 마치 다리처럼 보이는 '가마'를 뜻한다. 轎子(교자), 轎軍(교군)

'喬(교)'자에 '말 馬(마)'를 붙여 '교만할 驕(교)'자를 만들었다. 키가 6척이 넘어 사람을 잘 따르지 않는 큰 말을 이른다. '교만하다', '남을 깔보다', '무례하다',' 길들지 않다'는 뜻을 나타낸다. 驕慢(교만), 錢驕(전교)

喬2253, 橋0571, 矯1703, 僑1847, 嬌2323, 轎3067, 驕3171

交(교) 交校較郊絞咬狡皎蛟效 080

'사귈 交(교)'자는 사람이 다리를 꼬아 엇갈리게 하고 서 있는 모습을 본뜬 글자이다. 평행한 두 다리가 엇갈려야만 서로 닿을 수 있다는 데서, '사귀다'라는 뜻을 나타낸다. '바꾸다', '오고가다', '교대로', '교미하다' 등의 뜻이 모두 다리를 꼬아 엇갈리게 하고 서 있는 모습과 구체적으로 또는 추상적으로 관련이 있음을 알 수 있다. 交際(교제), 水魚之交(수어지교), 外交(외교), 絶交(절교), 交叉路(교차로), 交互作用(교호작용), 交錯(교착), 交易(교역), 交換(교환), 交感(교감), 交流(교류), 交通(교통), 交尾(교미), 交代(교대), 交響曲(교향곡)

'交(교)'자에 '나무 木(목)'을 붙여 '학교 校(교)'자를 만들었다. 원래는 '가르치다'는 뜻이었는데 '가르칠 敎(교)'자를 만들어 그 자리를 내주고 '校(교)'자는 주로 '학교'라는 뜻으로 쓰이게 되었다. 校歌(교가), 校長(교장), 登校(등교), 學校(학교), 校正(교정)/校訂(교정), 將校(장교)

'交(교)'자에 '수레 車(거)'를 붙여 '견줄 較(교)'자를 만들었다. 원래 수레의 '車體(차체)'를 뜻하기 위하여 만든 것이다. '수레 車(거)'가 표의요소, '사귈 交(교)'는 표음요소로 쓰였다. 본래의 의미보다는 '견주다'는 뜻으로 많이 쓰인다. 比較(비교), 日較差(일교차)

'交(교)'자에 '고을 阝(읍)'을 붙여 '성 밖 郊(교)'자를 만들었다. 都城(도성)의 성문으로부터 100리까지의 땅을 지칭하기 위한 것이었다. 예전에는 성문에서 50리까지는 近郊(근교), 50리에서 100리까지는 '遠郊(원교)'로 구분했다. 郊外(교외)

'交(교)'자에 '실 糸(사)'를 붙여 '목맬 絞(교)'자를 만들었다. 끈으로 목을 매어 죽이는 '형벌'을 뜻하기 위하여 만든 것이다. 絞首刑(교수형)

'交(교)'자에 '입 口(구)'를 붙여 '새 소리 咬(교)'자를 만들었다. 본뜻은 '새의 울음소리'였다. 후에 '물다', '씹다'는 뜻으로 확대되었다. 여기에서 '交(교)'는 새의 울음소리의 의성어이다. 咬咬(교교), 咬傷(교상), 賊被狗咬(적피구교)

'交(교)'자에 '개 犭(견)'을 붙여 '교활할 狡(교)'자를 만들었다. 개 같은 사귐 즉, '교활하다'는 뜻이다. 사실 '개'의 사귐은 교활하지 않다. '교활한 사귐'은 오로지 인간의 사귐일 것이다. 狡免三窟(교토삼굴), 狡猾(교활)

'交(교)'자에 '흰 白(백)'을 붙이면 '달 밝을 皎(교)'자가 된다. '희고 깨끗한 달빛'을 뜻한다. 皎月(교월)

'交(교)'자에 '벌레 虫(충)'을 붙여 '교룡 蛟(교)'자를 만들었다. 蛟龍(교룡)

'交(교)'자에 '칠 攵(복)'을 붙여 '본받을 效(효)'자를 만들었다. '보람', '효과', '힘쓰다' 등의 뜻을 나타낸다. '交(교)'자에 '힘 力(력)'을 붙여 만든 '効(효)'자는 俗字(속자)이다. 效果(효과), 效力(효력), 效率(효율), 無效(무효), 時效(시효), 藥效(약효)

交0283, 校0059, 較0574, 郊1802, 絞1954, 咬2243, 狡2679, 皎2740, 蛟3286, 效0547

求(구) 求救球毬　081

'구할 求(구)'자는 '물 水(수)'자 모양이 들어가 있고, 部首(부수)도 '물 水(수)'이다. 字源(자원)은 다르게 설명하고 있다. 복잡해서 생략한다. '필요한 것을 찾다', '분산되어 있던 것이 한 점에 모이다'는 뜻이다. 求職(구직), 刻舟求劍(각주구검), 緣木求魚(연목구어), 追求(추구), 求婚(구혼), 要求(요구), 欲求(욕구)/慾求(욕구), 求心點(구심점)

'求(구)'자에 '칠 攵(복)'을 붙여 '건질 救(구)'자를 만들었다. '求(구)'자는 '분산되어 있던 것이 한 점에 모이다'의 뜻이다. '救(구)'자는 '무질서하게 흩어지려는 것에 제동을 걸어서 다스려 막아 수습하다'의 뜻을 나타내는 것이었다. '구하다', '구원하다'의 뜻으로 쓰인다. 救急(구급), 救命(구명), 救援(구원), 救助(구조) 救病(구병)

'求(구)'자에 '구슬 玉(옥)'을 붙여 '공 球(구)'자를 만들었다. '공' 또는 '공 모양의 것'을 나타낸다. 球技(구기), 眼球(안구), 電球(전구), 地球(지구), 蹴球(축구)

'求(구)'자에 '털 毛(모)'를 붙여 '공 毬(구)'자를 만들었다. 털실 같은 것을 둥글게 공처럼 뭉친 '공'을 뜻한다. 擊毬(격구)

求0614, 救0548, 球0399, 毬3247

九(구) 九究仇鳩軌　082

'아홉 九(구)'자는 數(수) 중에서 마지막이며 가장 큰 수로서, 수가 다하여 끝나는 '아홉'을 나타낸다. 수효가 많다는 뜻으로 쓰인다. 九九法(구구법), 九死一生(구사일생), 九折羊腸(구절양장)

'九(구)'자를 '구멍 穴(혈)' 아래에 써서 '연구할 究(구)'자를 만들었다. '구멍의 맨 끝'을 이르는 것이었다. 막다른 골목에 이르면 생각이 골똘해지는 때문인지 '골똘히 생각하다'는 뜻으로 확대 사용되었다. 究明(구명), 講究(강구), 硏究(연구), 探究(탐구), 究竟(구경)

'九(구)'자에 '사람 亻(인)'을 붙여 '원수 仇(구)'자를 만들었다. '상대방·짝'을 나타내는 글자로, 주로 미워하거나 원망하거나 적으로 여기는 짝을 뜻한다. 仇敵(구적)/仇讐(구수)/仇怨(구원)

'九(구)'자에 '새 鳥(조)'를 붙여 '비둘기 鳩(구)'자를 만들었다. 鳩首會議(구수회의), 鵲巢鳩居(작소구거), 傳書鳩(전서구)

'九(구)'자에 '수레 車(거)'를 붙여 '법 軌(궤)'자를 만들었다. 수레의 '바퀴자국'을 뜻하는 것이다. 앞서 지나간 수레의 바퀴자국을 따라가면 실수가 없다. 軌道(궤도), 軌跡(궤적)/軌迹(궤적), 軌範(궤범), 儀軌(의궤)

九0009, 究0816, 仇2161, 鳩3181, 軌1998

冓(구) 構購溝講　083

'재목 어긋나게 쌓을 冓(구)'자는 '화톳불을 피울 때 쌓은 나무가 쓰러지지 않고, 나무 사이사이로 공기가 적당히 들어가 불이 잘 타도록 쌓은 나무의 모습이다. 한자어 낱말은 없다.

'冓(구)'자에 '나무 木(목)'을 붙여 '얽을 構(구)'자를 만들었다. 본래 '(나무) 서까래'를 뜻하기 위한 것이었다. '얽다', '재목을 짜 맞추다', '글을 짓다', '생각을 짜내다' 등의 뜻으로 쓰인다. 構想(구상), 構成(구성), 構造(구조), 機構(기구), 虛構(허구), 構內(구내)

'冓(구)'자에 '조개 貝(패)'를 붙여 '살 購(구)'자를 만들었다. 돈을 들여 '사들이다'는 뜻을 나타내기 위하여 만든 것이다. 購讀(구독), 購買(구매), 購入(구입)

'冓(구)'자에 '물 氵(수)'를 붙여 '도랑 溝(구)'자를 만들었다. 인공적으로 그물처럼 조합한 '水路(수로)'를 뜻한다. 排水溝(배수구), 地溝帶(지구대), 下水溝(하수구), 海溝(해구)

'冓(구)'자에 '말씀 言(언)'을 붙여 '강론할 講(강)'자를 만들었다. 원래는 '화해하다'는 뜻을 위하여 만든 글자이다. 후에 '강의하다', '익히다' 등의 뜻으로 넓혀졌다. 講堂(강당), 講士(강사), 講義(강의), 受講(수강), 講習(강습), 講究(강구), 講和(강화)

構1020, 購1993, 溝2612, 講0877

區(구) 區驅鷗歐嘔嶇毆謳軀樞　084

'구역 區(구)'자는 '물건 品(품)'자와 '덮어 가릴 匚(혜)'자로 이루어진 글자이다. '品(품)'은 여러 가지 물건을, 'ㄷ(혜)'는 구획을 지어 갈라놓는 것을 가리킨다. 그래서 '많은 물건을 구분하다'의 뜻을 나타낸다. 區內(구내), 區域(구역), 區劃(구획), 選擧區(선거구), 區別(구별), 區分(구분), 區區私情(구구사정), 區廳(구청)

'區(구)'자에 '말 馬(마)'를 붙여 '몰 驅(구)'자를 만들었다. 말을 타고 '달리다'는 뜻을 위하여 만든 것이다. 후에 '말을 몰다', '몰아내다'의 뜻으로 확대되었다. 驅步(구보), 先驅者(선구자), 乘勝長驅(승승장구), 驅除(구제), 驅逐艦(구축함), 驅蟲藥(구충약), 驅迫(구박)

'區(구)'자에 '새 鳥(조)'를 붙여 '갈매기 鷗(구)'자를 만들었다. 바다에 사는 대표적인 새, 즉 '갈매기'를 뜻하기 위하여 만든 것이다. 白鷗(백구), 海鷗(해구)

'區(구)'자에 '하품 欠(흠)'을 붙여 '노래할 歐(구)'자를 만들었다. 입을 크게 벌린 사람의 입 모양을 뜻하는 '하품 欠(흠)'이 표의요소로 쓰였다. 근대 이후 유럽을 歐羅巴(구라파)로 한역한 데서 '유럽'을 뜻하게 되었다. 차라리 '구라파 歐(구)'라고 하는 편이 낫겠다. 歐羅巴(구라파), 歐美(구미)

'區(구)'자에 '입 口(구)'를 붙여 '게울 嘔(구)'자를 만들었다. '해로운 것을 몸이 분별하여 게우다'는 뜻을 나타낸다. 嘔逆(구역), 嘔吐(구토)

'區(구)'자에 '메 山(산)'을 붙여 '험할 嶇(구)'자를 만들었다. 산길이 험하여 평탄하지 아니한 모양을 나타낸다. 崎嶇(기구)

'區(구)'자에 '창 殳(수)'를 붙여 '때릴 毆(구)'자를 만들었다. '때리다'는 뜻을 나타낸다. 毆打(구타)

'區(구)'자에 '말씀 言(언)'을 붙여 '노래할 謳(구)'자를 만들었다. '악기의 반주 없이 노래하다'는 뜻을 나타낸다. 謳歌(구가)

'區(구)'자에 '몸 身(신)'을 붙여 '몸 軀(구)'자를 만들었다. '잘게 구분이 가능한 부분으로 이루어진 신체'를 뜻한다. 巨軀(거구), 老軀(노구), 短軀(단구), 體軀(체구)

'區(구)'자에 '나무 木(목)'을 붙여 '지도리 樞(추)'자를 만들었다. 문의 '지도리'를 뜻한다. '한가운데', '일을 함에 있어서 중요한 점' 등의 뜻으로도 쓰인다. 樞機卿(추기경), 中樞(중추), 中樞神經系(중추신경계), 樞軸(추축)

區0316, 驅1826, 鷗1830, 歐1915, 嘔2263, 嶇2345, 毆2586, 謳3022, 軀3059, 樞2568

具(구) 具俱算簒纂　085

'갖출 具(구)'자는 '솥 鼎(정)'과 '받들 廾(공)'자의 합자이다. 鼎(정)에서 아랫부분은 생략되고 윗부분 '目(목)'만 남았다. '具(구)'자를 쓸 때 '具(구)'자가 만들어진 과정을 생각해서, '눈 目(목)'을 쓰고 나서 아래 받침을 써야 제대로 쓴 것이 된다. '갖추다', '도구' '온전하다' 등의 뜻을 나타낸다. 具備(구비), 具體的(구체적), 具現(구현), 工具(공구), 道具(도구), 文房具(문방구), 家具(가구), 不具(불구)

'具(구)'자에 '사람 亻(인)'를 붙여 '함께 俱(구)'자를 만들었다. 다른 사람과 '함께'라는 뜻을 위해 만든 것이다. 俱樂部(구락부), 俱存(구존), 父母俱存(부모구존), 俱沒(구몰), 玉石俱焚(옥석구분), 不俱戴天(불구대천)

'具(구)'자에 '대 竹(죽)'을 붙여 '셀 算(산)'자를 만들었다. '具(구)'자의 아랫부분이 약간 달라졌다. '具(구)'자는 '눈 目(목)'과 두 손을 뜻하는 '받들 廾(공)'으로 이루어졌다. 정리를 해 보면 '算(산)'자는 '대[竹]로 만든 산가지를 눈[目]과 두 손[廾]으로 센다'는 뜻이 되겠다. '세다', '세는 법', '산술', '산가지', '꾀하다', '계략' 등의 뜻을 나타낸다. 算數(산수), 決算(결산), 計算(계산), 豫算(예산), 算筒(산통), 心算(심산), 神算(신산)

'算(산)'자에 '사사로울 厶(사)'를 붙여 '빼앗을 簒(찬)'자를 만들었다. '못된 일을 꾸며 빼앗다'는 뜻이다. 簒逆(찬역), 簒奪(찬탈)

'算(산)'자에 '실 糸(사)'를 붙여 '모을 纂(찬)'자를 만들었다. '모아서 정리하여 책 따위를 엮다'는 뜻이다. 編纂(편찬)

具0489, 俱1491, 算0256, 簒2807, 纂2852

久(구) 久灸玖　086

'오랠 久(구)'자는 원래 '뜸'을 뜻하기 위하여 뜸뜰 때 쓰는 인두 모양의 도구를 본뜬 것이었다. 후에 이 글자가 '오래다'는 뜻을 나타내는 예가 많아지자 본래의 의미는 '불 火(화)'를 첨가한 '灸(구)'자를 만들었다. 耐久(내구), 永久(영구), 日久月深(일구월심), 長久(장구), 持久力(지구력)

'久(구)'자에 '불 火(화)'를 붙여 '뜸 灸(구)'자를 만들었다. '久(구)'자는 원래 약쑥으로 몸의 한 점을 태워 치료나 형벌로 사용하는 '뜸'의 뜻을 나타내는 것이었다. '久(구)'자가 '오래다'는 뜻을 나타내는 예가 많아지자 본래의 의미는 후에 '불 火(화)'를 붙여 '灸(구)'자를 만들어 그 뜻을 분명하게 했다. 灸術(구술), 鍼灸(침구), 面灸(면구)

'久(구)'자에 '구슬 玉(옥)'을 붙여 '옥돌 玖(구)'자를 만들었다. 사람의 이름자로 쓰인다.

久0391, 灸2645, 玖3509

丘(구) 丘邱岳　087

'언덕 丘(구)'자는 흙으로만 이루어진 '작은 산'이 본래 의미인데, '언덕'의 뜻으로 많이 쓰인다. 丘陵(구릉), 首丘初心(수구초심), 比丘(비구), 比丘尼(비구니)

'丘(구)'자에 '고을 阝(읍)'을 붙여 '땅이름 邱(구)'자를 만들었다. 大邱(대구)

'丘(구)'자에 '메 山(산)'을 붙여 '큰 산 岳(악)'자를 만들었다. '山(산)' 위에 '언덕 丘(구)'를 덧붙여 놓은 것으로, '큰 산'이란 뜻이다. '큰 산 嶽(악)'의 古字(고자)이다. 山岳會(산악회)/山嶽會(산악회), 雪嶽山(설악산)

丘1475, 邱3582, 岳1563

句(구) 句狗拘枸鉤苟敬警驚儆　088

'글귀 句(구)'자는 '입 口(구)'와 '굽을 勹(구)'자로 이루어진 글자이다. '굽다'는 뜻을 위하여 만들어진 것이다. 후에 '글귀'라는 뜻도 겸하게 되었다. 지금도 '굽다'는 뜻은 '句(구)'자와 '勾(구)'자가 함께 쓰이고 있다. '勾(구)'자는 '句(구)자의 俗字(속자)라고 설명된 책도 있다. 句節(구절), 美辭麗句(미사여구), 詩句(시구), 一言半句(일언반구), 字句(자구), 句讀點(구두점), 句配/勾配(구배), 高句麗(고구려)

'句(구)'자에 '개 犭(견)'을 붙여 '개 狗(구)'자를 만들었다. 작은 개, 즉 강아지는 '狗(구)', 다 큰 개는 '犬(견)'으로 나타냈다. '개고기'는 '狗肉(구육)'이라고 하지 '犬肉(견육)'이라고 하지 않는다. 개고기는 어린 개의 고기가 맛있나보다. 狗肉(구육), 羊頭狗肉(양두구육), 兎死狗烹(토사구팽)

'句(구)'자에 '손 扌(수)'를 붙여 '거리낄 拘(구)'자를 만들었다. 손으로 '잡아끌다'는 뜻을 나타내기 위하여 만든 것이다. 拘禁(구금), 拘束(구속), 拘礙(구애)/拘碍(구애), 不拘(불구)

'句(구)'자에 '나무 木(목)'을 붙여 '구기자 枸(구)'자를 만들었다. 枸杞子(구기자), 枸櫞酸(구연산)

'句(구)'자에 '쇠 金(금)'을 붙여 '갈고리 鉤(구)'자를 만들었다. 금속제의 '갈고리'를 뜻한다. 釣鉤(조구)

'句(구)'자에 '풀 艹(초)'를 붙여 '진실로 苟(구)'자를 만들었다. 원래 한 채소의 이름을 뜻하기 위하여 만든 것이었는데, '진실로', '구차하다'는 뜻으로 쓰인다. 苟命徒生(구명도생), 苟且(구차)

'진실로 苟(구)'자에 '칠 攵(복)'을 붙여 '공경할 敬(경)'자를 만들었다. 여기서 '苟(구)'자는 '진실로'의 뜻이다. '敬(경)'자는 '진실로 마음을 다스려 삼가다'는 뜻을 나타낸다. 敬禮(경례), 敬語(경어), 尊敬(존경), 敬虔(경건)

'敬(경)'자에 '말씀 言(언)'을 붙여 '경계할 警(경)'자를 만들었다. '말로 타이르다'는 뜻을 나타내기 위한 것이었다. '타이르다', '조심하게 하다', '방비하다'는 뜻으로 쓰인다. 警覺心(경각심), 警戒(경계), 警告(경고), 警察(경찰)

'敬(경)'자에 '말 馬(마)'자를 붙여 '놀랄 驚(경)'자를 만들었다. '놀라다'는 뜻을 나타내기 위한 것인데, 말이 잘 놀라는 특성이 있나보다. 驚愕(경악), 驚異(경이), 驚蟄(경칩), 大驚失色(대경실색), 勿驚(물경), 打草驚蛇(타초경사)

'敬(경)'자에 '사람 亻(인)'을 붙여 '경계할 儆(경)'자를 만들었다. '사람을 경계하다'는 뜻으로 쓰인다. 사람의 이름자로 쓴다.

句0229, 狗0593, 拘1266, 枸2535, 鉤3104, 苟1747, 敬0553, 警0879, 驚1120, 儆3402

瞿(구) 懼衢攫　089

'놀랄 瞿(구)'자는 '눈 目(목)'자가 두 개 붙은 '좌우로 볼 䀠(구)'와 '새 隹(추)'로 이루어진 글자이다. '䀠(구)'자는 '놀란 두 눈'의 모양을 본뜬 것이다. '瞿(구)'자는 '새가 놀라서 두려워하는 눈으로 보다'는 뜻의 글자이다. 복잡한 글자 같지만 잘 뜯어보고 생각하면 그리 어려운 글자도 아님을 알 수 있다.

'瞿(구)'자에 '마음 忄(심)'을 붙이면 '두려워할 懼(구)'자가 된다. 마음을 떨며 '두려워하다'는 뜻을 나타내기 위하여 만든 것이다. 悚懼(송구), 疑懼心(의구심)

'瞿(구)'자에 '다닐 行(행)'을 붙여 '네거리 衢(구)'자를 만들었다. '네거리', '갈림길'을 뜻한다. 康衢煙月(강구연월)

'붙잡을 攫(확)'자는 '손 扌(수)'와 '두리번거릴 矍(확)'자로 이루어졌다. '矍(확)'자는 '놀랄 瞿(구)'자와 '또 又(우)'자로 이루어졌다. '또 又(우)'는 '손'을 뜻한다. '손에 잡힌 새가 놀라서 두려운 듯이 두리번거리다'는 뜻이다. 여기에서 '攫(확)'자는 '붙잡다'는 뜻이다. 一攫千金(일확천금)

懼1241, 衢2978, 攫3233

匊(국) 菊鞠　090

'뜰 匊(국)'자는 '쌀 勹(포)'와 '쌀 米(미)'로 이루어졌다. '쌀을 싸다'는 뜻이다. 여기에서 자루에 들어 있는 쌀을 '뜨다'는 뜻도 가지게 되었다.

'匊(국)'자에 '풀 艹(초)'를 붙여 '국화 菊(국)'자를 만들었다. 菊花(국화), 大菊(대국), 小菊(소국)

'匊(국)'자에 '가죽 革(혁)'을 붙여 '공 鞠(국)'자를 만들었다. 가죽으로 만든 '공'을 뜻하는 것이었다. 후에 '국문하다', '굽히다'는 뜻으로 쓰이게 되었다. 鞠問(국문), 鞠廳(국청), 鞠躬拜禮(국궁배례)

菊0830, 鞠2145

君(군) 君郡群窘　091

'임금 君(군)'자는 '맏 尹(윤)'과 '입 口(구)'로 이루어졌다. '尹(윤)'은 '神(신)의 일을 주관하는 우두머리'라는 뜻이고, '口(구)'는 '祝文(축문)을 읽다'는 뜻이다. 곧 '임금'을 뜻한다. '임금', '부모', '남편' 자네(동배 상호간 또는 손위 사람이 손아래 사람을 부르는 호칭)' '어진이' 등의 뜻으로 쓰인다. 君臣(군신), 君主(군주), 聖君(성군), 暴君(폭군), 父君(부군), 府君(부군), 郎君(낭군), 諸君(제군), 君子(군자), 四君子(사군자), 梁上君子(양상군자)

'君(군)'자에 '고을 阝(읍)'을 붙여 '고을 郡(군)'자를 만들었다. 周(주)나라 때의 행정 구획의 하나로 縣(현) 단위 바로 아래의 '고을'을 뜻하기 위한 것이다. 요즘도 행정구역의 한 단위로 쓰인다. 郡民(군민), 郡守(군수),

郡廳(군청)

'君(군)'자에 무리를 짓고 사는 '양 羊(양)'자를 붙여 '무리 群(군)'자를 만들었다. '羣(군)'이 본래 글자이고 '群(군)'은 속자이었는데, 주객이 뒤바뀐 것은 '群(군)'의 짜임새가 더 좋기 때문인 듯하다. 群鷄一鶴(군계일학), 群落(군락), 群衆(군중), 拔群(발군)

'구멍 穴(혈)' 아래 '君(군)'자를 써서 '막힐 窘(군)'자를 만들었다. '막히다', '궁해지다'는 뜻이다. 窘塞(군색)

'473 성씨 尹(윤)/다스릴 尹(윤)'자 참조.

君0182, 郡0143, 群1070, 窘2787

軍(군) 軍運揮輝渾暈 092

'군사 軍(군)'자는 '쌀 勹(포)'와 '수레 車(거)'로 이루어진 글자이다. 전차로 포위하는 모양에서 '군사의 집단'이나 '전쟁'의 뜻을 나타낸다. 후에 글자의 모양을 고려해서 '쌀 勹(포)'가 '덮을 冖(멱)'으로 바뀌었다. 軍隊(군대), 軍人(군인), 孤軍奮鬪(고군분투), 將軍(장군), 役軍(역군)

'軍(군)'자를 '길 갈 辶(착)' 위에 써서 '운전할 運(운)'자를 만들었다. '옮기다'가 본뜻이다. '운전하다', '움직이다'는 뜻으로 확대됐고, '운수', '운명'의 뜻도 나타낸다. 運動(운동), 運營(운영), 運轉(운전), 運搬(운반), 運輸業(운수업), 運賃(운임), 運河(운하), 運航(운항), 海運(해운), 運命(운명), 運數(운수), 不運(불운), 幸運(행운)

'軍(군)'자에 '손 扌(수)'를 붙여 '휘두를 揮(휘)'자를 만들었다. '(손을) 휘두르다'는 뜻을 나타내기 위한 것이다. '휘두르다', '나타내다', '지시하다', '날아오르다' 등의 뜻을 나타낸다. 一筆揮之(일필휘지), 發揮(발휘), 指揮(지휘), 揮發油(휘발유)

'軍(군)'자에 '빛 光(광)'을 붙여 '빛날 輝(휘)'자를 만들었다. 본래 '빛날 煇(휘)'로 쓰이다가, 후에 '불 火(화)'가 '빛 光(광)'으로 바뀌었다. '군사 軍(군)'은 표음요소이다. '빛나다', '광채를 발하다', '아침 햇빛' 등의 뜻을 나타낸다. 輝煌燦爛(휘황찬란), 光輝(광휘)

'軍(군)'자에 '물 氵(수)'를 붙여 '흐릴 渾(혼)'자를 만들었다. '물이 어지러이 흐르는 소리'를 나타낸다. 후에 '모두'라는 뜻으로도 쓰이게 되었다. 渾沌(혼돈), 渾身(혼신), 渾然一體(혼연일체)

'軍(군)'자에 '해 日(일)'을 붙여 '무리 暈(훈)'자를 만들었다. 해나 달의 주위에 나타나는 '빛의 고리'를 뜻한다. 日暈(일훈), 月暈(월훈)

軍0102, 運0205, 揮1006, 輝1786, 渾2620, 暈2516

屈(굴) 屈掘窟 093

'굽을 屈(굴)/굽힐 屈(굴)'자는 몸을 굽힌 모양을 본뜬 '尸(시)'와 '날 出(출)'로 이루어졌다. '出(출)'자는 표음요소로 쓰인 것이다. '굽다', '한쪽으로 휘다', '접다', '굽히다', '기개·의지·지조 따위를 굽히다' 등의 뜻을 나타낸다. 屈曲(굴곡), 屈指(굴지), 屈伸(굴신), 屈折(굴절), 屈伏(굴복), 屈服(굴복), 屈辱(굴욕), 百折不屈(백절불굴), 卑屈(비굴)

'屈(굴)'자에 '손 扌(수)'를 붙여 '팔 掘(굴)'자를 만들었다. '파다', '우묵하게 파내다'는 뜻을 나타낸다. 掘鑿(굴착), 盜掘(도굴), 發掘(발굴), 臨渴掘井(임갈굴정), 採掘(채굴)

'屈(굴)'자에 '구멍 穴(혈)'을 붙여 '굴 窟(굴)'자를 만들었다. 깊고 넓은 구멍, 즉 '동굴'을 나타내기 위하여 만든 것이었다. '사람이 많이 모여드는 곳'을 이르기도 하는데, 주로 나쁜 의미로 쓰인다. 洞窟(동굴), 土窟(토굴), 魔窟(마굴), 巢窟(소굴)

'625 날 出(출)'자 참조.

屈0970, 掘1896, 窟1945

弓(궁) 弓穹 094

'활 弓(궁)'자는 활의 모양을 본뜬 것이다. '활' 또는 '활을 쏘는 법이나 기술'을 뜻한다. 弓道(궁도), 名弓(명궁), 傷弓之鳥(상궁지조), 洋弓(양궁)

'하늘 穹(궁)'자는 '구멍 穴(혈)'과 '활 弓(궁)'으로 이루어졌다. '활 모양', '아치형을 한 구멍'의 뜻에서 '하늘'을 뜻한다. 穹窿(궁륭), 穹蒼(궁창)

'095 몸 躬(궁)'자 참조.

弓1226, 穹2781

躬(궁) 躬窮 095

'몸 躬(궁)'자는 '몸 身(신)'과 '활 弓(궁)'으로 이루어졌다. '구부렸다 폈다 할 수 있는 몸'을 뜻한다. 鞠躬(국궁)

'窮(궁)'자는 '다하다'는 뜻을 위하여 고안된 것이다. '구멍 穴(혈)'과 '몸 躬(궁)'으로 이루어졌다. '궁하다'의 뜻으로도 쓰인다. 사람이 궁지에 몰렸을 때, 힘을 다해 몸소 굴을 파고 들어가 살 길을 도모한다는 데서 '궁하다', '다하다'라는 뜻이다. 그리고 굴을 파는 것처럼 어떤 일에 대해 깊이 파고들어 연구한다는 데서 '궁구하다'라는 뜻이 파생되었다. 窮極(궁극), 無窮(무궁), 無窮無盡(무궁무진), 無窮花(무궁화), 追窮(추궁), 窮狀(궁상), 窮餘之策(궁여지책), 窮乏(궁핍), 困窮(곤궁), 窮究(궁구), 窮理(궁리)

躬3058, 窮1048

卷(권) 卷圈倦捲惓券拳眷 096

'책 卷(권)'자의 윗부분은 '분변할 釆(변)'과 '받들 廾(공)'으로 이루어진 '주먹밥 권'자인데 형태가 많이 변하였다. 동글납작한 나무패를 가리키는 '병부 卩(절)'이 표의요소이다. 본뜻은 '말다'이다. '두루마리', '책' 등으로 사용되는 예가 많아지자 본래의 뜻은 '손 扌(수)'를 붙여 '말 捲(권)'자를 만들어 나타냈다. 卷頭言(권두언), 上卷(상권), 壓卷(압권), 卷尺(권척)

'책 卷(권)'자를 '에워쌀 위(囗)' 안에 넣어 '우리 圈(권)'자를 만들었다. 가축을 기르는 '우리'를 나타내기 위하여 만든 것이다. 후에 '테두리', '범위' 등의 뜻으로 쓰이게 되었다. 圈內(권내), 圈域(권역), 當選圈(당선권), 大氣圈(대기권), 商圈(상권)

'책 卷(권)'자에 '사람 亻(인)'을 붙여 '게으를 倦(권)'자를 만들었다. 사람이 무릎을 오그리는 모양㔾(절)을 본뜬 것이다. 그 모양에서 '일이 하기 싫고, 게으르고 태만해진다'는 뜻을 나타낸 것이다. 하기 싫은 일을 하면 피곤하고 고달프다. 倦怠(권태)

'책 卷(권)'자에 '손 扌(수)'를 붙여 '말 捲(권)'자를 만들었다. '손으로 말다'는 뜻이다. 席卷(석권)/席捲(석권), 捲土重來(권토중래)

'책 卷(권)'자에 '마음 忄(심)'을 붙여 '싫증 惓(권)'자를 만들었다. '싫증나도록 피로하다'는 뜻이다.

'문서 券(권)'자는 '책 卷(권)'자의 '병부 㔾(절)'이 '칼 刀(도)'로 바뀐 것이다. '계약'을 뜻하기 위한 것이었다. 옛날에는 계약 내용을 나무쪽에다 써서 칼刀(도)로 반을 나누어 각각 한 쪽씩 가졌기 때문에 '칼 刀(도)'가 들어있다. '문서'를 뜻하는 것으로도 쓰인다. 福券(복권), 食券(식권), 旅券(여권), 入場券(입장권), 證券(증권)

'주먹 拳(권)'자는 '책 卷(권)'자의 '병부 㔾(절)'이 '손 手(수)'로 바뀐 것이다. '주먹'을 뜻한다. 拳銃(권총), 拳鬪(권투), 赤手空拳(적수공권), 跆拳道(태권도)

'돌볼 眷(권)'자는 '책 卷(권)'자의 '병부 㔾(절)'이 '눈 目(목)'으로 바뀐 것이다. 돌봐야 하는 '친족'을 뜻한다. 眷屬(권속), 妻子眷屬(처자권속)

卷0944, 圈1860, 倦2171, 捲2458, 惓3344, 券0934, 拳1268, 眷2746

欮(궐) 厥闕蹶獗 097

'숨찰 欮(궐)'자는 '거스를 屰(역)'과 '하품 欠(흠)'으로 이루어진 글자이다. '쿨룩거려 숨이 차며 괴로워함'을 뜻하는 글자이다. 한자어 낱말은 없다.

'欮(궐)'자에 '언덕 厂(한)'을 붙여 '그 厥(궐)/굽을 厥(궐)'자를 만들었다. 한문에서 '그 其(기)'와 통용된다. 다른 글자와 더불어 낱말을 구성하는 예도 극히 적다. '흉노의 한 종족'을 뜻하는 글자로 쓰인다. 突厥(돌궐)

'欮(궐)'자를 '문 門(문)'자 안에 넣어 '대궐 闕(궐)'자를 만들었다. 큰 대문이 달린 집 즉, '대궐'을 뜻하기 위하여 만든 것이다. 후에 '빠지다', '모자라다' 등의 뜻으로도 쓰이게 되었다. 宮闕(궁궐), 大闕(대궐), 九重宮闕(구중궁궐), 闕本(궐본), 闕席(궐석), 闕位(궐위), 補闕(보궐), 補闕選擧(보궐선거)

'그 厥(궐)'자에 '발 足(족)'을 붙여 '넘어질 蹶(궐)'자를 만들었다. '돌부리에 걸려 넘어지다'는 뜻이었다. '뛰쳐 일어나다'는 뜻으로 쓰인다. 蹶起(궐기)

'그 厥(궐)'자에 '개 犭(견)'을 붙여 '날뛸 獗(궐)'자를 만들었다. '함부로 날뛰다'는 뜻이다. 猖獗(창궐)

'거스를 屰(역)'과 '달 月(월)'로 이루어진 '초하루 朔(삭)'자와 혼동하지 말자.

'312 초하루 朔(삭)'과 '411 거스를 屰(역)'자 참조.

厥1517, 闕2012, 蹶3054, 獗3258

几(궤) 几飢肌机 098

'안석 几(궤)'자는 다리가 달려 있는 책상의 모습을 본뜬 것이다. 앉을 때 몸을 기대는 방석인 案席(안석)을 뜻하기도 한다. 훈으로 쓰인 안석은 여기서 왔다. '제향에 쓰이는 기구'의 한 가지를 뜻하기도 한다. 几筵(궤연)

'几(궤)'자에 '밥 食(식)'을 붙여 '주릴 飢(기)'자를 만들었다. 밥을 충분히 못 먹어 '굶주리다'는 뜻을 위하여 만든 것이다. '饑(기)'자는 同字(동자)이다. '굶주리다', '기아', '기근', '흉작', '모자라다' 등의 뜻을 나타낸다. 飢渴(기갈), 飢餓(기아), 療飢(요기), 虛飢(허기), 飢饉(기근)

'几(궤)'자에 '고기 月(육)'을 붙여 '몸 肌(기)'자를 만들었다. '피부', '살', '근육'을 뜻한다. 肌骨(기골), 氷肌(빙기)

'几(궤)'자에 '나무 木(목)'을 붙여 '책상 机(궤)'자를 만들었다.

'개선할 凱(개)'자는 '118 어찌 豈(기)'자 참조.

几2191, 飢1821, 肌2872, 机3353

貴(귀) 貴潰櫃遺 099

'귀할 貴(귀)'자는 '조개 貝(패)'가 표의요소로 쓰였고, 윗부분은 '잠깐 臾(유)'의 변형으로 표음요소라고 한다. 값이 '비싸다'는 뜻을 나타내기 위한 것이었다. '신분이 높다', '소중하다'는 뜻으로도 쓰인다. '존칭을 나타내는 접두어'로 쓰인다. 貴賓(귀빈), 貴重(귀중), 貴賤(귀천), 高貴(고귀), 富貴(부귀), 稀貴(희귀), 貴社(귀사), 貴下(귀하)

'貴(귀)'자에 '물 氵(수)'를 붙여 '무너질 潰(궤)'자를 만들었다. '제방이 무너지다'는 뜻이다. 潰滅(궤멸), 崩潰(붕궤), 潰瘍(궤양), 胃潰瘍(위궤양)

'貴(귀)'자에 '나무 木(목)'을 붙여 '함 櫃(궤)'자를 만들었다. 나무로 만든 귀한 것을 넣어두는 '상자'를 뜻한다.

'貴(귀)'자에 '길 갈 辶(착)'을 붙여 '남길 遺(유)'자를 만들었다. 길을 가다가 貴(귀)한 물건을 '잃어버리다'가 본뜻이었다. 후에 '끼치다', '버리다', '남기다' 등으로 그 뜻이 넓어졌다. 遺家族(유가족), 遺産(유산), 遺傳(유전), 遺失(유실), 職務遺棄(직무유기)

貴0295, 潰2630, 櫃3357, 遺1100

鬼(귀) 鬼愧塊傀魁槐魔魅魂魄魃醜蒐魏巍

'귀신 鬼(귀)'자는 '귀신'을 나타내기 위하여, 얼굴에 큰 가면을 쓰고 있는 모습을 본뜬 것이었다. '귀신', '형체는 보이지 않으나 화난(禍難)을 가져다준다고 믿는 인격'을 뜻한다. 鬼神(귀신), 魔鬼(마귀), 神出鬼沒(신출귀몰), 鬼才(귀재), 餓鬼(아귀)

'鬼(귀)'자는 部首(부수)로 지정되어 있다. 한자는 대부분 의미 본위로 부수가 지정되기 때문에 '鬼(귀)'자가 표음요소로 쓰인 한자들은 '鬼(귀)'부에 속해 있지 않는다. 예를 들면 '허수아비 傀(괴)'자는 '人(인)'부에, '추할 醜(추)'자는 '酉(유)'부에 속해 있다. 여기에서는 '鬼(귀)'부에 속해 있는지에 관계없이 '鬼(귀)'자가 글자의 한 요소로 쓰인 글자들을 모아서 소개한다. 한자를 읽고 쓰는 데에 도움이 될 것으로 생각해서이다.

'鬼(귀)'자에 '마음 忄(심)'을 붙여 '부끄러워할 愧(괴)'자를 만들었다. 마음으로 '부끄러워하다'는 뜻이다. 愧羞(괴수), 面愧(면괴), 自愧(자괴)

'鬼(귀)'자에 '흙 土(토)'를 붙여 '흙덩이 塊(괴)'자를 만들었다. '흙덩이'를 뜻하기 위한 것이다. 조어력이 매우 낮아 한자어 용례가 많지 않다. 塊根(괴근), 金塊(금괴), 銀塊(은괴)

'鬼(귀)'자에 '사람 亻(인)'을 붙여 '허수아비 傀(괴)'자를 만들었다. 귀신 같이 이상한 모양으로 꾸민 인형 즉, '꼭두각시'를 뜻한다. 傀儡(괴뢰)

'鬼(귀)'자에 '말 斗(두)'를 붙여 '으뜸 魁(괴)'자를 만들었다. '斗(두)'는 '北斗星(북두성)'을 뜻하는 것으로 '으뜸'의 뜻이다. 魁首(괴수)/首魁(수괴)

'鬼(귀)'자에 '나무 木(목)'을 붙여 '느티나무 槐(괴)'자를 만들었다.

'마귀 魔(마)'자는 수행을 방해하는 나쁜 귀신을 일컫는 범어 'mara'를 음역하기 위하여 만든 글자이다. '귀신 鬼(귀)'는 표의요소, '삼 麻(마)'는 표음요소이다. 魔鬼(마귀), 魔手(마수), 病魔(병마), 殺人魔(살인마), 惡魔(악마), 好事多魔(호사다마), 魔術(마술)

'鬼(귀)'자에 '아닐 未(미)'를 붙여 '매혹 魅(매)'자를 만들었다. 원래는 '도깨비'를 뜻하였다. 아직 귀신[鬼]이 되지 않은[未] 것이 도깨비인가보다. 魅力(매력), 魅惑(매혹), 妖魅(요매)

'鬼(귀)'자에 '이를 云(운)'을 붙여 '넋 魂(혼)'자를 만들었다. '정신', '넋', '마음'을 뜻하는 글자로 쓰인다. 魂魄(혼백), 魂飛魄散(혼비백산), 靈魂(영혼), 鬪魂(투혼)

'鬼(귀)'자에 '흰 白(백)'을 붙여 '넋 魄(백)'자를 만들었다. 육체에 깃들어 있다가 죽으면 그 육체를 떠나서 땅으로 돌아가는 '넋'의 뜻이다. '鬼(귀)'는 '영혼', '白(백)'은 '생기를 잃다'는 뜻이어서 둘 다 표의요소로 쓰였다. '白(백)'은 표음요소를 겸한다. 落魄(낙백), 氣魄(기백), 魂飛魄散(혼비백산)

'鬼(귀)'자에 '달릴 犮(발)'자를 붙여 '가뭄 魃(발)'자를 만들었다. '가물귀신'이란 뜻이다. 旱魃(한발)

'鬼(귀)'자에 '닭 酉(유)'를 붙여 '추할 醜(추)'자를 만들었다. '酉(유)'자는 '술'을 뜻한다. 귀신같은 몰골에 곤드레만드레한 모습이 '추할 醜(추)'이다. '추하다(더럽다), 볼썽사납다' 등의 뜻으로 쓰인다. 醜聞(추문), 醜態(추태), 醜行(추행), 陋醜(누추), 美醜(미추)

'鬼(귀)'자에 '풀 艹(초)'를 붙여 '꼭두서니 蒐(수)'자를 만들었다. '모으다'는 뜻으로 쓰인다. 蒐集(수집), 蒐集狂(수집광)

'鬼(귀)'자에 '맡길 委(위)'자를 붙여 '나라 이름 魏(위)'자를 만들었다. 姓(성)으로 쓰인다.

'巍(외)'자는 '높을 嵬(외)'와 '맡길 委(위)'로 이루어졌다. '嵬(외)'는 '산이 높다'의 뜻이다. '나라 이름 魏(위)'자에 '山(산)'을 붙인 모양의 글자이니 '巍(외)'자를 [위]로 잘못 읽을 수가 있다. '巍(외)'자는 '메 山(산) + 나라 이름 魏(위)'가 아니라, '높을 嵬(외) + 맡길 委(위)'이다. 巍然(외연)

鬼1461, 愧1245, 塊1538, 傀1843, 魁3175, 槐3468, 魔2027, 魅2026, 魂1459, 魄1460, 魃1625, 醜0348, 蒐2934, 魏3417, 巍2347

圭(규) 圭奎珪硅閨佳街桂畦鞋蛙卦掛罫封幇涯崖

'쌍토 圭(규)'자는 '흙 土(토)'가 두 개 붙어서 '쌍토 圭(규)'이다. 사람의 이름자로 쓰인다.

'圭(규)'자에 '큰 大(대)'를 붙여서 '별 이름 奎(규)'자를 만들었다. 사람의 이름자로 쓰인다.

'圭(규)'자에 '구슬 玉(옥)'을 붙여 '홀 珪(규)'자를 만들었다. '옥으로 만든 홀'을 뜻하는 글자인데, 사람의 이름자로 쓰인다.

'圭(규)'자에 '돌 石(석)'을 붙여 '규소 硅(규)'자를 만들었다. 硅素(규소), 硅酸(규산), 硅藻土(규조토)

'문 門(문)'자 안에 '쌍토 圭(규)'를 넣어 '안방 閨(규)'자를 만들었다. '閨(규)'자는 본래 '방 문'을 뜻하는 것이었다. '안방', '부녀자'와 관련된 의미로 쓰인다. 閨房(규방), 閨秀(규수)

'圭(규)'자에 '사람 亻(인)'을 붙여 '아름다울 佳(가)'자를 만들었다. '아름다운' 사람을 뜻하기 위하여 만든 것이다. 佳人薄命(가인박명), 佳作(가작), 百年佳約(백년가약), 漸入佳境(점입가경)

'圭(규)'자에 '다닐 行(행)'을 붙여 '거리 街(가)'자를 만들었다. '사통팔달의 큰 길거리'를 뜻한다. 街路燈(가로등), 街路樹(가로수), 商街(상가), 市街(시가), 暗黑街(암흑가)

'圭(규)'자에 '나무 木(목)'을 붙여 '계수나무 桂(계)'자를 만들었다. 桂林(계림), 桂皮(계피), 月桂冠(월계관), 月桂樹(월계수)

'圭(규)'자에 '밭 田(전)'을 붙여 '밭두둑 畦(휴)'자를 만들었다. 畦立(휴립), 夏畦(하휴)

'圭(규)'자에 '가죽 革(혁)'을 붙여 '신 鞋(혜)'자를 만들었다. '목이 짧은 신'을 뜻한다. 草鞋(초혜), 竹杖芒鞋(죽장망혜)

'圭(규)'자에 '벌레 虫(충)'을 붙여 '개구리 蛙(와)'자를 만들었다. 여기에서 '圭(규)'는 의성어이다. '개구리'를 뜻한다. 井底之蛙(정저지와), 靑蛙(청와)

'圭(규)'자에 '점 卜(복)'을 붙여 '점괘 卦(괘)'자를 만들었다. 점칠 때 나타나는 여러 가지 '점괘'를 나타낸다. 占卦(점괘), 八卦(팔괘)

'점괘 卦(괘)'자에 '손 扌(수)'를 붙여 '걸 掛(괘)'자를 만들었다. 손으로 들어서 높은 곳에 '걸다'는 뜻을 나타내기 위한 것이다. 掛圖(괘도), 掛鐘時計(괘종시계), 掛念(괘념)

'점괘 卦(괘)'자에 '그물 罒(망)'을 붙여 '줄 罫(괘)'자를 만들었다. '그물에 걸어 자유를 방해하다', '그물코나 점괘처럼 가로세로 교차한 선'의 뜻을 나타낸다. 罫線(괘선)

'圭(규)'자에 '마디 寸(촌)'을 붙여 '봉할 封(봉)'자를 만들었다. '국경에 경계로 삼는 나무를 심다'는 뜻인 '圭(규)'와 '팔꿈치'를 뜻하는 寸(촌)의 합자이다. 국경에다 경계로 나무를 심고 영토를 주어 제후로 삼음을 나타내기 위하여 만든 글자이다. 후에 '제후에게 땅을 나누어 주다', '봉하다'의 뜻을 나타내었다. 후에 '봉지', '종이 따위로 큰 봉투 비슷한 것을 만든 주머니'를 뜻하는 글자로 쓰였다. 封建(봉건), 封鎖(봉쇄), 封套(봉투), 開封(개봉), 完封(완봉), 金一封(금일봉), 封墳(봉분)

'봉할 封(봉)'자에 '비단 帛(백)'을 붙여 '도울 幫(방)'자를 만들었다. 후에 '흰 白(백)'이 생략되었다. '패거리', '동업조합', '동향(同鄕) 상인들의 단체'를 뜻한다. 幫助(방조), 四人幫(사인방)

'圭(규)'자에 '언덕 厂(한)'을 붙여 '언덕 厓(애)'자를 만들었다. 여기서 '圭(규)'자는 '기울다'는 뜻이라고 한다.

'언덕 厓(애)'자에 '물 氵(수)'를 붙여 '물가 涯(애)'자를 만들었다. 강의 '물가'를 뜻하기 위하여 만든 것이었다. 후에 '끝'을 이르는 것으로 쓰였다. 生涯(생애), 天涯(천애)

'언덕 厓(애)'자에 '메 山(산)'을 붙여 '벼랑 崖(애)'자를 만들었다. '厓(애)'는 '벼랑'의 뜻을 나타낸다. '메 山(산)'을 덧붙여 뜻을 분명히 하였다. 斷崖(단애), 磨崖佛(마애불), 千仞斷崖(천인단애)

圭3411, 奎3419, 珪3514, 硅2759, 閨1810, 佳1144, 街0862, 桂1645, 畦3263, 鞋3321, 蛙3285, 卦2223, 掛1609, 罫2857, 封1209, 幫2358, 涯1670, 崖2346

丩(규) 叫糾 102

'부르짖을 叫(규)'자는 '얽힐 丩(규)'와 '입 口(구)'자로 이루어졌다. 입을 크게 벌려 '고함을 지르다'는 뜻을 나타내기 위하여 만든 것이다. 叫喚(규환), 阿鼻叫喚(아비규환), 絶叫(절규)

'얽힐 糾(규)'자는 '얽힐 丩(규)'와 '실 糸(사)'로 이루어졌다. 세 겹으로 꼰 '줄'을 뜻하기 위하여 만든 것이었다. '꼬다', '얽히다', '따지다' 등의 뜻을 나타낸다. 糾合(규합), 紛糾(분규), 糾明(규명), 糾彈(규탄)

叫1520, 糾1949

規(규) 規窺 103

'법 規(규)'자는 '사내 夫(부)/지아비 夫(부)'자와 '볼 見(견)'을 붙여 만들었다. '夫(부)'자는 '成人(성인)'을 뜻한다. 성인의 행동의 규범으로 보는 것 즉, '법규'를 나타낸다. '법', '규정', 모범, '본뜨다', '표준', '범위를 한정하다' 등의 뜻으로 쓰인다. 規程(규정), 規則(규칙), 內規(내규), 法規(법규), 不規則(불규칙), 規格(규격), 新規(신규), 正規(정규), 規模(규모)

'법 規(규)'자에 '구멍 穴(혈)'을 붙여 '엿볼 窺(규)'자를 만들었다. '구멍 속을 들여다보다'는 뜻에서, '엿보다'는 뜻을 나타낸다. 窺視(규시), 螳螂窺蟬(당랑규선)

'282 사내 夫(부)/지아비 夫(부)'자 참조

規0501, 窺2789

克(극) 克剋兢競 104

'이길 克(극)'자는 사람이 머리 위에 무거운 짐을 이고 일어나는 모습을 본뜬 것이라고 한다. '이기다', '능히' 등의 뜻으로 쓰인다. 克己(극기), 克服(극복), 克明(극명)

'克(극)'자에 '칼 刀(도)'를 붙여 '이길 剋(극)'자를 만들었다. '칼로 이기다'의 뜻에서 '강제로 억누르다'의 뜻을 나타낸다. 相剋(상극), 下剋上(하극상)

'이길 克(극)'자를 두 개 붙여 써서 '삼갈 兢(긍)'자를 만들었다. '조심하다'는 뜻이므로 신중한 사람이 되기를 바라는 뜻에서 사람 이름으로 쓰인다. 戰戰兢兢(전전긍긍)

'겨룰 競(경)'자는 '克(극)'자의 가족은 아니다. '삼갈 兢(긍)'자의 친구가 집에 놀러 온 것이다. '競(경)'자는 두 사람이 열심히 달리고 있는 모습이라고 한다. '겨루다', '다투다'는 뜻을 나타낸다. 競技(경기), 競爭(경쟁), 競合(경합), 生存競爭(생존경쟁)

克1154, 剋2198, 兢2035, 競0607

斤(근) 斤近祈沂 105

'도끼 斤(근)'자는 '도끼'를 뜻하기 위하여 도끼의 모양을 본뜬 것이다. 무게 단위의 '근', '무게' 등의 뜻으로도 쓰인다. 본뜻인 도끼는 '斧(부)'자를 만들어 나타냈다. '무게의 단위', '근(무게의 단위로 16냥에 해당한다)' 등의 뜻으로 쓰인다. 斤量(근량), 千斤(천근), 萬斤(만근)

'가까울 近(근)'자는 '길 갈 辶(착)'과 '도끼 斤(근)'으로 이루어진 글자이다. '遠(원)'에 상대되는 글자로, '길갈 辶

(착)'이 표의요소로 쓰였고, '도끼 斤(근)'은 표음요소로 쓰였다. '가깝다', '거리가 멀지 아니하다', '가까운 것', '가까이 지내는 사람', '친하게 지내다', '가까운 때', '요즘', '닮다' 등의 뜻을 나타낸다. 近處(근처), 附近(부근), 遠近(원근), 接近(접근), 近朱者赤(근주자적), 近墨者黑(근묵자흑), 近視(근시), 側近(측근), 親近(친근), 近似(근사), 近來(근래), 近況(근황), 最近(최근)

'도끼 斤(근)'자에 '보일 示(시)'를 붙여 '빌 祈(기)'자를 만들었다. '(복을) 빌다'가 본뜻이다. '示(시)'자는 '神主(신주)'를 본뜬 것으로, 이것이 표의요소로 쓰인 글자들은 모두 '제사'와 관련이 있다. '도끼 斤(근)'은 표음요소이다. 祈禱(기도), 祈雨祭(기우제), 祈願(기원)

'도끼 斤(근)'자에 '물 氵(수)'를 붙여 '땅 이름 沂(기)'자를 만들었다.

斤1619, 近0115, 祈1344, 沂3472

菫(근) 勤謹僅槿覲饉瑾艱歎漢難儺灘 106

'진흙 菫(근)'자는 '누를 黃(황)'자 밑에 '흙 土(토)'를 붙여 쓴 글자이다. 형태가 많이 변했다. '누런 흙', 즉 '진흙' 또는 '진흙을 바르다'는 뜻을 나타낸다.

'菫(근)'자에 '힘 力(력)'을 붙여 '부지런할 勤(근)'자를 만들었다. '일하다'는 뜻을 나타내기 위한 글자이다. '부지런하다', '부지런히 일하다'의 뜻으로 확대되었다. 勤儉(근검), 勤勉(근면), 勤勞(근로), 勤務(근무), 缺勤(결근), 夜勤(야근), 出勤(출근)

'菫(근)'자에 '말씀 言(언)'을 붙여 '삼갈 謹(근)'자를 만들었다. '삼가다'의 뜻을 나타내기 위하여 만든 것이다. 謹啓(근계), 謹身(근신), 謹愼(근신), 謹賀新年(근하신년), 謹嚴(근엄)

'菫(근)'자에 '사람 亻(인)'을 붙여 '겨우 僅(근)'자를 만들었다. 본래 사람의 '재능'을 나타내기 위한 것이었다. 재능이 출중한 사람도 있지만, 겨우 쓸 만한 정도도 많았던지 '겨우', '거의', '적다'는 뜻으로도 사용되었다. 僅僅(근근), 僅僅得生(근근득생), 僅少(근소)

'菫(근)'자에 '나무 木(목)'을 붙여 '무궁화나무 槿(근)'자를 만들었다. '무궁화나무'를 뜻한다. 槿花(근화), 槿域(근역)

'菫(근)'자에 '볼 見(견)'을 붙여 '뵐 覲(근)'자를 만들었다. '뵈다', '알현하다'는 뜻이다. 覲行(근행), 覲親(근친)

'菫(근)'자에 '밥 食(식)'을 붙여 '주릴 饉(근)'자를 만들었다. 식량이 조금밖에 없어 '굶주리다'는 뜻을 나타낸다. 飢饉(기근)/饑饉(기근)

'菫(근)'자에 '구슬 玉(옥)'을 붙여 '아름다운 옥 瑾(근)'자를 만들었다. 사람 이름자로 쓰인다.

'菫(근)'자에 '머무를 艮(간)'자를 붙여 '어려울 艱(간)'자를 만들었다. '진흙 菫(근)'자의 형태가 조금 바뀌었다. '나아가지 못하여 일이 제대로 진행되지 않다'는 뜻에서, '괴로워하다'는 뜻을 나타낸다. 艱苦(간고), 艱難(간난), 艱難辛苦(간난신고)

'菫(근)'자에 '하품 欠(흠)'을 붙여 탄식할 歎(탄)'자를 만들었다. '한숨짓다'는 뜻을 나타내기 위한 것이다. '진흙 菫(근)'자의 형태가 조금 바뀌었다. '歎(탄)'자가 '탄식하다', '노래하다'는 뜻으로 쓰일 때는 표의요소를 '입 口(구)'로 바꾼 '탄식할 嘆(탄)'자가 같은 뜻으로 쓰이기도 한다. '칭찬하다'의 뜻으로 쓰일 때는 '歎(탄)'자만 쓰고, '嘆(탄)'자는 쓰지 않는다. 咏嘆法(영탄법), 歎聲(탄성), 感歎(감탄), 歎息(탄식), 歎願(탄원), 晩時之歎(만시지탄), 恨歎(한탄), 亡羊之歎(망양지탄)

'菫(근)'자에 '물 氵(수)'를 붙여 '한 수 漢(한)'자를 만들었다. 강의 이름 또는 나라의 이름으로 쓰였다. '사나이'란 뜻으로도 쓰인다. 漢江(한강), 漢文(한문), 漢字(한자), 漢族(한족), 漢陽(한양), 銀漢(은한), 怪漢(괴한), 門外漢(문외한), 癡漢(치한), 不漢黨(불한당)

'菫(근)'자에 '새 隹(추)'를 붙여 '어려울 難(난)'자를 만들었다. '새의 일종'이 본뜻이다. '어렵다', '꾸짖다'는 뜻으로 더 자주 쓰인다. 難關(난관), 難局(난국), 苦難(고난), 困難(곤난), 無難(무난), 衆口難防(중구난방), 進退兩難(진퇴양난), 難破(난파), 盜難(도난), 受難(수난), 論難(논난), 非難(비난)

'어려울 難(난)'자에 '사람 亻(인)'을 붙여 '푸닥거리 儺(나)'자를 만들었다. '難(난)'은 '새를 불에 태우다'라는 뜻에서, '재앙'의 뜻이 있는데, '儺(나)'는 '사람의 손으로 재앙을 몰아내다', '역귀를 쫓는 의식'의 뜻을 나타낸다.

'難(난)'자에 '물 氵(수)'를 붙여 '여울 灘(탄)'자를 만들었다. '여울', '물가'를 뜻한다. 玄海灘(현해탄), 新灘津(신탄진)

勤0926, 謹1253, 僅1497, 槿2078, 覲2995, 饉3156, 瑾3527, 艱2913, 歎1022, 漢0248, 難0901, 儺3333, 灘2094

今(금) 今衾矜吟含貪陰蔭念捻稔 107

'이제 今(금)'자는 '이제', '오늘', '현재' 등의 뜻을 나타낸다. 今明間(금명간), 古今(고금), 今方(금방), 只今(지금)

'今(금)'자 아래에 '옷 衣(의)'를 붙여 '이불 衾(금)'자를 만들었다. '今(금)'자에 '옷 衣(의)'를 좌측에 붙이면 '옷깃 衿(금)'자가 된다. 衾枕(금침), 鴛鴦衾枕(원앙금침)

'今(금)'자에 '창 矛(모)'를 붙이면 '자랑할 矜(긍)'자가 된다. '불쌍히 여기다', '자랑하다'는 뜻으로 쓰인다. 矜持(긍지), 自矜(자긍), 矜恤(긍휼), 可矜(가긍)

'今(금)'자의 좌측에 '입 口(구)'를 붙여 '읊을 吟(음)'자를 만들었다. 입으로 소리 내어 '끙끙거리다'는 뜻을 나타내기 위한 것이었다. 후에 '소리 내어 읊다'는 뜻으로도 쓰이게 되었다. 吟味(음미), 呻吟(신음)

'今(금)'자의 아래에 '입 口(구)'를 붙여 '머금을 含(함)'자를 만들었다. 입 속에 넣어 씹거나 삼키지 않고 있다. 즉 '머금다'를 뜻하기 위하여 만든 것이다. '넣다', '품다'의 뜻으로도 쓰인다. 含蓄(함축), 含量(함량), 含有(함유), 包含(포함), 含垢(함구)

'今(금)'자에 '조개 貝(패)'를 붙여 '탐낼 貪(탐)'자를 만들었다. (재물을) '탐내다'는 뜻을 나타내기 위한 것이다. 貪官汚吏(탐관오리), 貪慾(탐욕), 小貪大失(소탐대실)

'今(금)'자에 '언덕 阝(부)'와 '이를 云(운)'을 붙여 '그늘 陰(음)'자를 만들었다. 산기슭의 비탈진 그늘진 곳을 뜻한다. '그늘', '양(陽)'에 대하여 상대적 개념, '날씨가 흐리다', '밖으로 드러나지 않음' 등 여러 가지 뜻을 나타낸다. 陰地(음지), 陰曆(음력), 陰陽(음양), 陰沈(음침), 陰性(음성), 陰謀(음모), 陰凶(음흉)

'그늘 陰(음)'자에 '풀 艹(초)'를 붙여 '그늘 蔭(음)'자를 만들었다. 특히 초목의 그늘, 가려져서 해가 비치지 않는 곳을 뜻한다. '부조(父祖)'의 공덕 또는 조상의 덕택으로 특별히 대우를 받아 벼슬을 얻다'는 뜻으로도 쓰인다. 綠陰(녹음)/綠蔭(녹음), 蔭德(음덕), 蔭職(음직)

'今(금)'자에 '마음 心(심)'을 붙여 '생각할 念(념)'자를 만들었다. 마음속에 품고 있는 뜻, 즉 '생각'을 나타낸다. '今(금)'자도 표의요소로 보면 '念(념)'자는 '지금의 마음'이란 뜻이 되겠다. 念頭(염두), 念慮(염려), 槪念(개념), 記念(기념)/紀念(기념), 信念(신념), 雜念(잡념), 諦念(체념), 念佛(염불)

'생각할 念(념)'자에 '손 扌(수)'를 붙여 '비틀 捻(념)'자를 만들었다. 捻出(염출)

'생각할 念(념)'자에 '벼 禾(화)'를 붙여 '곡식 익을 稔(임)'자를 만들었다. 稔實(임실)

'108 거문고 琴(금)' 참조.
'109 새 禽(금)'자 참조.

今0131, 衾2980, 矜2754, 吟1524, 含1173, 貪1776, 陰0459, 蔭2939, 念0537, 捻3230, 稔3269

琴(금) 琴瑟琵琶 108

'거문고 琴(금)'자는 '구슬 玉(옥)'자 두 개와 '이제 今(금)'자로 이루어졌다. '거문고'를 뜻하기 위한 것이다. '今(금)'자의 윗부분은 '구슬이 두 개'라는 뜻이 아니라, 거문고에 줄이 매어져 있는 모양을 본뜬 것이다. 琴瑟(금슬), 伽倻琴(가야금), 心琴(심금), 風琴(풍금)

'琴(금)'자에 '반드시 必(필)'을 붙여 '큰 거문고 瑟(슬)'자를 만들었다. 琴(금)자의 표음요소 '今(금)'자가 생략되고 표음요소로 '必(필)'자를 붙였다. '큰 거문고', '비파', '쓸쓸하다'는 뜻을 나타낸다. 琴瑟(금슬), 蕭瑟(소슬)

'琴(금)'자에 '견줄 比(비)'를 붙여 '비파 琵(비)'자를 만들었다. 琴(금)자의 표음요소 '今(금)'자가 생략되고 표음요소로 '比(비)'자를 붙였다. 琵琶(비파)

'琴(금)'자에 '땅 이름 巴(파)'를 붙여 '비파 琶(파)'자를 만들었다. 琴(금)자의 표음요소 '今(금)'자가 생략되고 표음요소로 '巴(파)'자를 붙였다. 琵琶(비파)

琴1332, 瑟2098, 琵2697, 琶2698

禽(금) 禽擒 109

'禽(금)'자는 '이제 今(금)'자와 '마칠 畢(필)'자로 이루어진 글자인데, 모양이 많이 바뀌었다. '畢(필)'자는 새 또는 토끼를 사냥할 때 쓰는 긴 자루가 달린 그물 모양을 본뜬 것이다. '禽(금)'자는 '(새를) 사로잡다'가 본래 의미인데, 날아다니는 '날짐승'을 총칭하는 것으로 확대 사용되었다. '날짐승'을 뜻하는 것으로 많이 쓰이자, 본뜻은 따로 '손 扌(수)'를 붙여 '사로잡을 擒(금)'자를 만들어 나타냈다. 禽獸(금수), 家禽(가금), 猛禽類(맹금류), 良禽擇木(양금택목)

'새 禽(금)'자에 '손 扌(수)'를 붙여 '사로잡을 擒(금)'자를 만들었다. 七縱七擒(칠종칠금)

'107 이제 今(금)'자 참조.

禽0908, 擒2490

及(급) 及級扱汲吸 110

'미칠 及(급)'자는 '따라잡다'는 뜻을 나타내기 위하여 앞에서 달아나는 사람의 옷을 붙잡는 손짓을 그린 것이다. '미치다', '이르다', '더불어', '급제하다' 등의 뜻으로 쓰인다. 普及(보급), 遡及(소급), 波及(파급), 過猶不及(과유불급), 及第(급제)

'及(급)'자에 '실 糸(사)'를 붙여 '등급 級(급)'자를 만들었다. 실[糸]의 품질에 따른 등급[及]을 나타내기 위한 것이었다. 級數(급수), 階級(계급), 進級(진급), 體級(체급), 首級(수급)

'及(급)'자에 '손 扌(수)'를 붙여 '취급할 扱(급)'자를 만들었다. 우리나라에서 만든 글자이다. '취급하다'의 뜻으로 쓰인다. 取扱(취급)

'及(급)'자에 '물 氵(수)'를 붙여 '물길 汲(급)'자를 만들었다. '물을 끌어들이다'가 본뜻이다. 汲汲(급급), 遑汲(황급)

'及(급)'자에 '입 口(구)'를 붙여 '숨 들어마실 吸(흡)'자를 만들었다. '들어가는 숨'이 본뜻이다. '내쉬는 숨'은 呼(호)이다. '빨아들이다'는 뜻으로도 쓰인다. 呼吸(호흡), 吸煙(흡연), 吸收(흡수), 吸水(흡수), 吸着(흡착)

及1170, 級0428, 扱2434, 汲2593, 吸0699

急(급) 急煞 111

'급할 急(급)'자의 원래의 형태는 '미칠 及(급)'자와 '마음 心(심)'으로 이루어진 것이었다. 쫓길 때의 절박한 마음의 뜻을 나타낸다. 급할 때는 마음이 움직이나 보다. '급하다', '서두르다', '참을성이 없다', '빠르다', '갑자기', '병세가 위태롭다' 등의 뜻을 가진다. 急報(급보), 急性(급성), 緊急(긴급), 危急(위급), 應急(응급), 救急(구급), 急變(급변), 急死(급사), 躁急(조급), 急速(급속), 急行(급행), 緩急(완급)

'急(급)'자에 '칠 攵(복)'을 붙여 '죽일 煞(살)'자를 만들었다. '急(급)'자의 '心(심)' 부분이 '灬'로 바뀌었다. '급하게 쳐서 죽이다'는 뜻이다. 주로 '흉한 운수'라는 뜻으로 쓰인다. 急煞(급살), 桃花煞(도화살), 三煞方(삼살방), 亡身煞(망신살), 驛馬煞(역마살)

急0371, 煞2656

己(기) 己記起紀忌杞配妃 112

'몸 己(기)'자는 (자기) '몸'을 뜻한다. 무릎을 꿇고 앉은 사람의 모습을 본뜬 것이다. '자기 자신'을 뜻한다. '여섯째 천간'이다. 克己(극기), 自己(자기), 知己(지기), 利己主義(이기주의), 己未獨立宣言(기미독립선언)

'己(기)'자는 部首(부수)로 쓰인다. 여기 소개되는 한자들은 '己(기)'자를 요소로 가지고 있지만 부수 '己(기)'에 속해 있지 않은 것들이다.

'己(기)'자에 '말씀 言(언)'을 붙여 '기록할 記(기)'자를 만들었다. '기록하다', '기억하다'의 뜻을 나타낸다. 記錄(기록), 記者(기자), 登記(등기), 日記(일기), 記念(기념), 記憶(기억), 暗記(암기)

'己(기)'자에 '달릴 走(주)'를 붙여 '일어날 起(기)'자를 만들었다. '몸을 일으키다', '생각 따위를 불러일으키다', '잠에서 깨어 일어나다' '일을 시작하다' 등의 뜻을 나타낸다. 起動(기동), 起立(기립), 起伏(기복), 再起(재기), 七顚八起(칠전팔기), 想起(상기), 喚起(환기), 起床(기상), 起工(기공), 起因(기인), 發起(발기), 突起(돌기), 起案(기안), 起死回生(기사회생)

'己(기)'자에 '실 糸(사)'를 붙여 '벼리 紀(기)'자를 만들었다. 실타래의 '실마리', 그물의 '벼리'를 뜻하기 위한 것이다. 후에 '시초', '연대' 등으로 사용되었다. '인륜 도덕', '근본', '적다' 등의 뜻을 가진다. 紀綱(기강), 軍紀(군기), 風紀(풍기), 紀元(기원), 檀紀(단기), 西紀(서기), 紀念(기념), 紀行(기행)

'己(기)'자에 '마음 心(심)'을 붙여 '꺼릴 忌(기)'자를 만들었다. '(마음속 깊이) 미워하다'는 뜻이다. '부모나 조상이 죽은 날'을 뜻하기도 한다. 忌憚(기탄), 忌避(기피), 忌故(기고), 忌日(기일), 猜忌(시기), 妬忌(투기)

'己(기)'자에 '나무 木(목)'을 붙여 '나무 이름 杞(기)'자를 만들었다. '구기자나무'를 뜻한다. 枸杞子(구기자), 杞憂(기우), 杞人憂天(기인우천)

'己(기)'자에 '닭 酉(유)'를 붙여 '짝 配(배)'자를 만들었다. '酉(유)'자는 '술병'을 뜻한다. 전통혼례에서 신랑과 신부가 술을 나누어 마시던 데서 '짝' 또는 '나누다'라는 뜻을 나타낸다. 配偶者(배우자), 配匹(배필), 配給(배급), 配慮(배려), 配置(배치), 分配(분배), 支配(지배), 流配(유배)

'己(기)'자에 '여자 女(녀)'를 붙여 '왕비 妃(비)'자를 만들었다. 본래 '짝', '아내'란 뜻이었는데 왕의 아내 즉 '왕비'를 지칭하는 것으로 쓰이게 되었다. 妃嬪(비빈), 貴妃(귀비), 大妃(대비), 王妃(왕비), 廢妃(폐비), 太子妃(태자비)

己0531, 記0270, 起0886, 紀1062, 忌1579, 杞2536, 配0894, 妃1197

奇(기) 奇寄騎崎畸綺琦椅倚 113

'기이할 奇(기)'자는 '큰 大(대)'와 '옳을 可(가)'로 만들어진 것이다. '발을 절뚝거리다'는 뜻을 나타내기 위한 것이었다. 후에 '기이하다'는 뜻으로 많이 쓰이게 되자, 본뜻은 따로 '절뚝발이 踦(기)'자를 만들었다. '갑자기', '홀수'의 뜻으로도 쓰인다. 奇妙(기묘), 奇想天外(기상천외), 奇異(기이), 奇蹟(기적), 神奇(신기), 好奇心(호기심), 奇特(기특), 奇襲(기습), 奇薄(기박), 奇數(기수)

'奇(기)'자에 '집 宀(면)'을 붙여 '부칠 寄(기)'자를 만들었다. '맡기다'가 본뜻이다. '부치다'의 뜻으로도 쓰인다. 寄稿(기고), 寄附(기부), 寄贈(기증), 寄居(기거), 寄生(기생), 寄宿舍(기숙사)

'奇(기)'자에 '말 馬(마)'를 붙여 '말탈 騎(기)'자를 만들었다. '말을 타다'는 뜻을 위하여 만든 것이다. 騎馬(기마), 騎士(기사), 一騎當千(일기당천), 騎虎之勢(기호지세)

'奇(기)'자에 '메 山(산)'를 붙여 '험할 崎(기)'자를 만들었다. 여기에서 '奇(기)'는 '굽다'의 뜻이다. 산길이 구불구불 '험하다'는 뜻을 나타낸다. 崎嶇(기구)

'奇(기)'자에 '밭 田(전)'을 붙여 '불구 畸(기)'자를 만들었다. 경지정리를 하고 남은 귀퉁이의 땅 즉, 자투리땅을 뜻하는 글자였다. 이 자투리땅의 모양이 일정하지 않고 이상하게 생겼다는 데서 '불구'의 뜻으로 쓰인다. 畸形(기형), 畸形兒(기형아)

'奇(기)'자에 '실 糸(사)'를 붙여 '비단 綺(기)'자를 만들었다. 사람의 눈길을 끌 정도의 '고운 무늬 비단'을 뜻한다. '교묘하게 꾸미다'는 뜻으로도 쓰인다. 綺語(기어)

'奇(기)'자에 '구슬 玉(옥)'을 붙여 '옥 이름 琦(기)'자를 만들었다. 사람의 이름자로 쓰인다.

'奇(기)'자에 '나무 木(목)'을 붙여 '의자 椅(의)'자를 만들었다. '의자'를 뜻한다. 椅子(의자)

'奇(기)'자에 '사람 亻(인)'을 붙여 '의지할 倚(의)'자를 만들었다. '사람이 몸을 기대다', '치우치다, 한 쪽으로 쏠리다'는 뜻이다. 偏倚(편의)

奇0957, 寄0966, 騎1824, 崎2344, 畸2709, 綺2835, 琦3519, 椅2558, 倚3208

其(기) 其期基旗欺棋琪麒朞淇箕騏斯 114

'그 其(기)'자는 본래 곡식을 까부는 데 쓰는 농기구인 '키'를 뜻하기 위하여 그 모양을 그대로 그린 것이었다. 후에 '그것'이라는 대명사 또는 추정이나 미래 어조를 나타내는 어조사로 차용되는 예가 많아지자 본래 뜻은 '키 箕(기)'자를 만들었다. 其他(기타), 各其(각기), 不知其數(부지기수)

'其(기)'자에 '달 月(월)'을 붙여 '기약할 期(기)'자를 만들었다. '때', '기회', '기약하다' '기대하다' 등의 뜻을 나타낸다. 期間(기간), 期日(기일), 同期(동기), 無期(무기), 期約(기약), 期待(기대), 所期(소기)

'其(기)'자에 '흙 土(토)'를 붙여 '터 基(기)'자를 만들었다. '흙의 밑 부분', 집을 지었거나 지을 자리인 '터'가 본뜻이다. 基盤(기반), 基本(기본), 基礎(기초), 鹽基(염기), 基督敎(기독교)

'其(기)'자에 '깃발 나부낄 㫃(언)'을 붙여 '깃발 旗(기)'자를 만들었다. 㫃(언)자는 '方(방)'과 사람 人(인)으로 구성된 글자로, '깃발 나부끼다'의 뜻이다. 여기에 표음요소 '其(기)'가 합쳐진 글자이다. 旗手(기수), 旗幟(기치), 軍旗(군기), 太極旗(태극기)

'其(기)'자에 '하품 欠(흠)'을 붙여 '속일 欺(기)'자를 만들었다. '欠(흠)'은 입을 크게 벌린 모양이다. '其(기)'는 '기대하다'의 뜻이다. 欺(기)자는 '큰 기대를 갖게 하면서 속임'을 뜻한다. 詐(사)는 말로 꾸며 거짓말을 하는 것이니, '詐欺(사기)'는 말을 잘하는 사람이 말로 꾸며서 상대방에게 큰 기대를 가지게 하여 속이는 것이다. 欺瞞(기만), 欺罔(기망), 欺世盜名(기세도명), 詐欺(사기)

'其(기)'자에 '나무 木(목)'을 붙여 '바둑 棋(기)'자를 만들었다. 나무판에 두는 '바둑'을 뜻하기 위하여 만든 것이었다. 바둑돌을 강조한 '碁(기)'자는 同字(동자)이다. 棋士(기사), 復棋(복기), 圍棋(위기), 將棋(장기)

'其(기)'자에 '구슬 玉(옥)'을 붙여 '아름다운 옥 琪(기)'자를 만들었다. 옥 같이 '아름답다'는 뜻이다. 琪花瑤草(기화요초)

'其(기)'자에 '사슴 鹿(록)'을 붙여 '기린 麒(기)'자를 만들었다. '기린'을 뜻한다. 상상상의 신령스러운 동물로 수컷을 '麒(기)'라 하고 암컷을 '麟(린)'이라 한다. 麒麟(기린), 麒麟兒(기린아)

'其(기)'자에 '달 月(월)'을 붙여 '돌 朞(기)'자를 만들었다. '期(기)'자의 '달 月(월)'을 아래에 붙인 것이다. '1주년'을 뜻한다. 한자어 낱말은 없다.

'其(기)'자에 '물 氵(수)'를 붙여 '물 이름 淇(기)'자를 만들었다. 중국의 淇水(기수)라는 강의 이름이다. 지명으로 쓰인다.

'其(기)'자에 '대 竹(죽)'을 붙여 '키 箕(기)'자를 만들었다. 곡식을 까부는 데 쓰는 농기구인 '키'를 뜻한다. 사람의 姓(성)으로 쓰인다. 箕子(기자)

'其(기)'자에 '말 馬(마)'를 붙여 '준마 騏(기)'자를 만들었다.

'其(기)'자에 '도끼 斤(근)'을 붙여 '이 斯(사)'자를 만들었다. 본래 뜻은 도끼로 나무를 '찍다'는 것이었다. 후에 사물을 가리키는 대명사 즉, '이것', '그것'이란 뜻으로 차용되었다. 斯界(사계)

其1156, 期0125, 基0379, 旗0496, 欺1655, 棋1912, 琪2097, 麒2155, 朞3352, 淇3481, 箕3554, 騏3536, 斯1621

旣(기) 旣槪慨漑廐　115

'이미 旣(기)'자는 세 부분으로 이루어졌다. '흰 白(백)'은 밥그릇에 담긴 '밥'의 모양, '비수 匕(비)'는 '밥그릇' 모양, '이미 旡(기)'는 '이미 다 먹었다'는 뜻이다. 밥을 '다 먹다'가 본래 의미이다. '이미', '다 마치다', '다 없어지다'의 뜻으로 쓰인다. 旣得權(기득권), 旣成服(기성복), 旣成世代(기성세대), 旣往(기왕), 旣定(기정), 皆旣日蝕(개기일식)

'旣(기)'자에 '나무 木(목)'을 붙여 '대개 槪(개)'자를 만들었다. 되 위에 수북한 곡식을 밀어낼 때 쓰는 '평미레'가 본뜻이었다. 그것을 밀지 않고 대강대강 가늠했던 예도 많았는지 '대강', '대개'라는 뜻이 생겼고, 후에 '절개', '기개'의 뜻으로도 쓰이게 되었다. 氣槪(기개), 節槪(절개), 槪觀(개관), 槪念(개념), 槪況(개황), 大槪(대개)

'旣(기)'자에 '마음 忄(심)'을 붙여 '분개할 慨(개)'자를 만들었다. '슬퍼하다'는 뜻을 나타내는 것이다. 특히 힘 센 장사, 氣槪(기개)가 있는 장사가 뜻을 얻지 못하여 슬퍼하는 것을 이른다는 설이 있다. 慨歎(개탄), 憤慨(분개), 悲憤慷慨(비분강개), 感慨(감개)

'旣(기)'자에 '물 氵(수)'를 붙여 '물댈 漑(개)'자를 만들었다. 농사를 지을 때 논이나 밭에 '물을 대다'는 뜻이다. 灌漑(관개)

'旣(기)'자에 '집 广(엄)'을 붙여 '마구간 廐(구)'자를 만들었다. 馬廐間(마구간), 廐肥(구비)

旣1623, 槪1290, 慨1590, 漑2626, 廐2363

幾(기) 幾機饑譏璣畿　116

'몇 幾(기)'자는 '틀 機(기)'의 본래 글자였다. 베틀에 앉아 베를 짜는 사람의 모습으로 '베틀'이 본뜻이었는데, 후에 이것이 '기미', '얼마' 등의 의미로 쓰이는 예가 잦아지자, 본뜻을 위하여 '機(기)'자를 만들었다. '幾(기)'자를 破字(파자)하면 '작을 幺(요)' 두 개와 '지킬 戍(수)'가 된다. 幾何(기하), 幾何級數(기하급수)

'幾(기)'자에 '나무 木(목)'을 붙여 '틀 機(기)'자를 만들었다. 나무로 짜여진 '베틀'을 뜻하는 글자였다. 후에 동력 장치가 딸린 모든 '틀'을 나타내는 것으로 사용되었고, '때', '실마리', '작용' '비밀' 등의 뜻을 나타내기도 한다. 機械(기계), 機關(기관), 飛行機(비행기), 洗濯機(세탁기), 機敏(기민), 機會(기회), 契機(계기), 動機(동기), 危機(위기), 機微(기미), 有機物(유기물), 機構(기구), 機能(기능), 心機(심기), 機密(기밀), 天機漏洩(천기누설)

'幾(기)'자에 '밥 食(식)'을 붙여 '주릴 饑(기)'자를 만들었다. 밥을 충분히 못 먹어 '굶주리다'는 뜻을 위하여 만든 것이다. 飢(기)'자는 同字(동자)이다. 饑餓/飢餓(기아), 饑饉/飢饉(기근), 虛饑/虛飢(허기)

'幾(기)'자에 '말씀 言(언)'을 붙여 '나무랄 譏(기)'자를 만들었다.

'幾(기)'자에 '구슬 玉(옥)'을 붙여 '별 이름 璣(기)'자를 만들었다.

'幾(기)'자의 아랫부분 '지킬 戍(수)'의 점 丶을 '밭 田(전)'으로 바꾼 글자가 '경기 畿(기)'자이다. 王都(왕도) 근처에 있는 '천자 직할의 땅'을 이르기 위한 것이었으니, '밭 田(전)'이 표의요소이고, 표음요소는 '기미 幾(기)'이다 畿內(기내), 畿湖(기호), 京畿(경기)

幾1568, 機0705, 饑1821, 譏3384, 璣3532, 畿1335

气(기) 氣汽愾 117

'기운 气(기)'자는 뭉게구름 피어오르는 구름, 상승기류를 본뜬 모양으로, '수증기', '숨', '입김'을 뜻한다. 部首(부수)로 쓰이고, 한자어 낱말은 없다.

'气(기)'자에 '쌀 米(미)'를 붙여 '기운 氣(기)'를 만들었다. 본뜻은 '음식을 제공하다'이다. 음식을 먹어야 기운을 차릴 수 있다. '기운', '느낌', '기세', '기질', '공기', '기체', '기상', '냄새' 등 여러 가지 뜻을 나타낸다. 溫氣(온기), 濕氣(습기), 電氣(전기), 陽氣(양기), 陰氣(음기), 寒氣(한기), 氣力(기력), 氣運(기운), 生氣(생기), 活氣(활기), 氣勢(기세), 景氣(경기), 覇氣(패기), 氣分(기분), 雰圍氣(분위기), 勇氣(용기), 狂氣(광기), 氣質(기질), 聰氣(총기), 豪氣(호기), 氣絕(기절), 氣合(기합), 氣溫(기온), 氣體(기체), 空氣(공기), 氣象(기상), 氣候(기후), 日氣(일기), 節氣(절기), 香氣(향기), 感氣(감기), 腫氣(종기)

'气(기)'자에 '물 氵(수)'를 붙여 '수증기 汽(기)'자를 만들었다. '수증기'를 뜻하는 글자이지만 정작 수증기는 '水蒸氣'로 쓴다. 汽船(기선), 汽笛(기적), 汽車(기차)

'기운 氣(기)'자에 '마음 忄(심)'을 붙여 '성낼 愾(개)'자를 만들었다. '한탄과 노여움의 심정에서 나오는 한숨'을 뜻한다. 敵愾心(적개심)

氣0246, 汽0576, 愾2407

豈(기/개) 豈凱塏 118

'어찌 豈(기/개)'자는 '콩 豆(두)'와 '메 山(산)'으로 이루어졌다. 그러나 '콩' 또는 '산'과는 관계가 없다. '豆'는 '북'의 모양을 본뜬 것이고, '山'은 북 위에 붙은 '장식'을 나타낸다고 한다. '戰勝(전승)의 기쁨'을 나타내는 글자라고 한다. '어찌'라는 부사적 용법으로 한문에서는 많이 쓰이나 조어력이 약하여 한자어 용례는 없다.

'豈(기/개)'자에 '안석 几(궤)'를 붙여 '개선할 凱(개)' 자를 만들었다. '豈(개/기)'자는 '전쟁에 이겨서 부르는 노래'를 뜻하고, '几(궤)'자는 '제사에 쓰이는 책상'을 뜻한다. '凱(개)'는 '전쟁에 이겨서 제사를 지내며 기뻐하다'는 뜻을 나타낸다. 凱歌(개가), 凱旋(개선)

'豈(기/개)'자에 '흙 土(토)'를 붙여 '높은 땅 塏(개)'자를 만들었다. 사람의 이름자로 쓰인다.

'159 콩 豆(두)'자 참조.

豈1774, 凱2192, 塏3416

吉(길) 吉拮桔結喆詰 119

'길할 吉(길)'자는 선비 '士(사)'와 '입 口(구)'의 모양을 가진다. 그러나 '선비의 입' 또는 '선비가 하는 말'과는 관련이 없다. '士'는 '도끼'의 모양이고, '口'는 도끼를 세워 놓는 '받침 그릇'의 모양을 본뜬 것이라고 한다. 흉할 '凶(흉)'과 상대되는 글자이다. '길하다', '운이 좋다', '아름답거나 착하거나 훌륭하다'는 뜻을 나타낸다. 吉夢(길몽), 吉日(길일), 吉凶禍福(길흉화복), 不吉(불길)

'吉(길)'자에 '손 扌(수)'를 붙여 '일할 拮(길)'자를 만들었다. '손발을 놀려 일하다'는 뜻을 나타낸다. 拮抗作用(길항작용)

'吉(길)'자에 '나무 木(목)'을 붙여 '도라지 桔(길)'자를 만들었다. '도라지'를 뜻한다. 桔梗(길경)

'吉(길)'자에 '실 糸(사)'를 붙여 '맺을 結(결)'자를 만들었다. 실로 매듭을 짓듯이 '맺다', '끝을 맺다'는 뜻을 나타내기 위하여 만든 글자이다. '잇다', '연결하다', '열매를 맺다', '끝내다', '완성하다', '단단해지다' 등의 뜻을 나타낸다. 結緣(결연), 結者解之(결자해지), 結草報恩(결초보은), 結婚(결혼), 連結(연결), 結實(결실), 結局(결국), 結論(결론), 完結(완결), 結氷(결빙), 凍結(동결), 結託(결탁), 集結(집결), 結核(결핵)

'喆(철)'자는 '길할 吉(길)'자가 쌍으로 있어서 '쌍길 喆(철)'이다. 의미는 '밝을 哲(철)'과 同字(동자)이다. 사람의 이름자로 쓰인다.

'吉(길)'자에 '말씀 言(언)'을 붙여 '꾸짖을 詰(힐)'자를 만들었다. '말로 다잡아 죄어치다', '추궁하다'는 뜻이다. 詰問(힐문), 詰難(힐난), 詰責(힐책)

吉0287, 拮2444, 桔3239, 結0609, 喆3410, 詰3008

捏(날) 捏涅 120

'이길 捏(날)'자는 '손 扌(수)(意)', '절구 臼(구)'와 '흙 土(토)'로 이루어진 글자이다. 후에 '臼(구)'가 '날 日(일)'로 변하였다. '질그릇을 만들기 위하여 흙을 절구에 넣고 이기다', '흙 같은 것을 반죽하다'가 본뜻이었다. 후에 '있지도 아니한 일을 있는 것처럼 만들어내다', '꾸미다'는 뜻으로 확대되었다. 捏造(날조)

'개흙 涅(날)/열반 涅(열)'자는 '물 氵(수)', '절구 臼

(구)'와 '흙 土(토)'로 이루어진 글자이다. 후에 '臼(구)'가 '날 日(일)'로 변하였다. '갯바닥' 또는 갯바닥에 있는 검고 미끈미끈한 '진흙'을 뜻하는 글자였는데, 현재는 이 뜻으로 쓰이는 한자어 낱말은 없다. '열반'의 뜻으로 쓰인다. 涅槃(열반)

捏2451, 涅2607

男(남) 男舅甥　　　121

'사내 男(남)'자는 '밭 田(전)'과 '힘 力(력)'으로 이루어졌다. 남자는 들에 나가서 농사일에 힘써야 했으므로, '밭 田(전)'과 '힘 力(력)'을 합하여 남자란 뜻을 나타내었다. '아들', '사내 자식'이란 뜻으로도 쓰인다. 男女(남녀), 男子(남자), 男便(남편), 男妹(남매), 長男(장남), 男丁(남정), 男爵(남작)

'사내 男(남)'자에 '절구 臼(구)'를 붙여 '시아버지 舅(구)'자를 만들었다. 오랜 교제가 있는 남성 또는 시아버지·장인·외숙 등의 뜻을 나타낸다. 舅姑(구고), 國舅(국구)

'사내 男(남)'자에 '여자 女(녀)'를 붙여 '생질 甥(생)'자를 만들었다. '자매의 자식'을 뜻한다. 甥姪(생질), 甥姪女(생질녀)

'날랠 勇(용)'자는 '442 甬(용)'자 참조.
'185 사로잡을 虜(로)'자 참조.

男0023, 舅2910, 甥2705

內(내) 內納衲訥芮　　　122

'안 內(내)'자는 '집 宀(면)'의 변형인 '멀 冂(경)'과 '들 入(입)'으로 이루어졌다. '집 안으로 들어가다'는 뜻이었는데 폭넓게 '안'의 뜻을 나타낸다. '아내', '부녀자'의 뜻을 나타내기도 한다. 內外(내외), 內容(내용), 校內(교내), 市內(시내), 內助(내조), 內簡(내간), 內亂(내란), 內憂外患(내우외환), 內閣(내각), 內科(내과), 內臟(내장), 內幕(내막), 內定(내정), 外柔內剛(외유내강), 內外從(내외종)

'바칠 納(납)'자는 '內(내)'로부터, '內(내)'는 '入(입)'으로부터 내려온 것이라고 한다. 들어온다, 안으로. 무엇이? 주로 실이나 비단이 들어왔으니 '실 糸(사)'가 쓰였을 것이다. 비단은 귀한 것이다. 주로 아랫사람이 윗사람에게 바치는 것을 뜻한다. '넣어두다', '들이다', '받아들이다' 등의 뜻으로 쓰인다. 納付(납부), 納稅(납세), 納品(납품), 未納(미납), 返納(반납), 出納(출납), 受納(수납), 納得(납득), 容納(용납)

'內(내)'자에 '옷 衣(의)'를 붙여 '승복 衲(납)'자를 만들었다. '떨어진 곳을 깁다'는 뜻이다. 衲子(납자), 衲衣(납의)

'內(내)'자에 '말씀 言(언)'을 붙여 '말 더듬을 訥(눌)'자를 만들었다. 말을 입 밖으로 내지 못하고 입 안에서 우물쭈물한다는 데서 '말 더듬다'라는 뜻이다. 訥辯(눌변), 訥言敏行(눌언민행), 語訥(어눌)

'內(내)'자에 '풀 艹(초)'를 붙여 '성씨 芮(예)'자를 만들었다.

內0050, 納1063, 衲2979, 訥3000, 芮3563

乃(내) 乃孕盈　　　123

'이에 乃(내)'자는 모태 내에서 아직 손발의 모양도 불분명한 채 몸을 동그랗게 구부린 태아를 본뜬 모양이다. '아이 밸 孕(잉)'자의 原字(원자)이다. '너'나 '이에'의 뜻으로 쓰인다. 조어력이 약하여 한자어 낱말은 많지 않다. 乃至(내지), 終乃(종내)

'乃(내)'자에 '아들 子(자)'를 붙여 '아이 밸 孕(잉)'자를 만들었다. '乃(내)'는 胎兒(태아)의 모양을 나타낸 것으로 '孕(잉)'자의 原字(원자)이다. '乃(내)'자가 '곧' 등의 조사로 쓰이게 되자, 구별하기 위하여 '子(자)'를 덧붙였다고 한다. 孕胎(잉태)

'乃(내)'자에 '또 又(우)'와 '그릇 皿(명)'자를 붙여 '찰 盈(영)'자를 만들었다. '乃(내)'는 퍼진 활의 모양, '又(우)'는 '손'을 뜻한다. 덜 퍼진 활을 손으로 잔뜩 당기듯이, '접시에 음식을 담아 올리다', '그릇에 가득 차다'는 뜻이다. 盈則必虧(영즉필휴), 戒盈杯(계영배)

乃1128, 孕2326, 盈2105

奈(내) 奈捺　　　124

'어찌 奈(내)/나락 奈(나)'자의 형태는 '큰 大(대)'와 '보일 示(시)'가 합쳐진 것이다. 字源(자원)이 확실하지 않은 글자이다. 다만 '어찌'라는 뜻으로 쓰인다는 것만 확실하다. 다른 글자와 더불어 낱말을 만드는 조어력도 매우 낮다. '나락'이라는 뜻으로 쓰일 때도 있다. 莫無可奈(막무가내), 奈落(나락)

'奈(나)'자에 '손 扌(수)'를 붙여 '누를 捺(날)'자를 만들었다. 손으로 '누르다'는 뜻이다. 捺染(날염), 捺印(날인)

奈1548, 捺2457

奴(노) 奴努怒弩駑　　　125

'종 奴(노)'자는 '여자 女(여)'와 '손으로 붙잡다'는 뜻을 가진 '又(우)'가 합쳐진 것이다. 옛날 중국에서는 연약한 아녀자들을 납치하여 종으로 팔아먹는 폐습이 있었다고 한다. '종'의 뜻을 나타낸다. 남을 홀하게 부를 때 접미사처럼 붙이는 말로 쓰이기도 한다. 奴婢(노비), 奴僕(노복), 奴隷(노예), 賣國奴(매국노), 守錢奴(수전노)

'奴(노)'자에 '힘 力(력)'을 붙여 '힘쓸 努(노)'자를 만들었다. '노력하다'는 뜻을 나타낸다. 奴(노)'자는 단지 '음'을 위하여 쓰인 것이니 너무 '종, 노예'에 신경 쓰지 말자. 좋은 말이니 좋게만 쓰면 된다. 努力(노력)

'奴(노)'자에 '마음 心(심)'을 붙여 '성낼 怒(노)'자를 만들었다. '성내다'는 뜻이다. '奴(노)'자는 단지 '음'을 위하여 쓰인 것이기는 하지만, '성낼 怒(노)'는 '종의 마음'이라. 怒氣(노기), 怒濤(노도), 忿怒(분노)/憤怒(분노), 喜怒哀樂(희노애락)

'奴(노)'자에 '활 弓(궁)'을 붙여 '쇠뇌 弩(노)'자를 만들었다. 여러 개의 화살이나 돌을 잇달아 쏠 수 있게 된 큰 활을 이른다. 弩臺(노대), 弓弩手(궁노수)

'奴(노)'자에 '말 馬(마)'를 붙여 '둔할 駑(노)'자를 만들었다. 질이 떨어지는 '둔한 말'을 뜻한다. 駑馬(노마), 駑鈍(노둔)

奴1192, 努0203, 怒0384, 弩2369, 駑3165

農(농) 農濃膿   126

'농사 農(농)'자는 '굽을 曲(곡)'자와 '때 辰(신)'으로 이루어진 글자이다. '曲(곡)'은 여러 과정을 거쳐 변화한 것이어서 농사와는 관계가 없고, '辰(신)'은 농업이 처음 시작될 때 호미의 대용으로 썼던 '대합조개 껍질'을 뜻한다. 農民(농민), 農事(농사), 農業(농업), 農村(농촌), 富農(부농), 營農(영농)

'農(농)'자에 '물 氵(수)'를 붙여 '짙을 濃(농)'자를 만들었다. '이슬에 젖다'는 뜻을 나타내기 위하여 만든 것이었다. '짙다', '진하다'라는 뜻으로 쓰인다. 濃淡(농담), 濃度(농도), 濃縮(농축), 濃厚(농후),

'農(농)'자에 '고기 月(육)'을 붙여 '고름 膿(농)'자를 만들었다. 끈적거리는 피 곧, '고름'을 뜻한다. 膿血(농혈), 排膿(배농), 蓄膿症(축농증), 化膿(화농)

'577 별 辰(진)/지지 辰(진)/때 辰(신)'자 참조.

農0097, 濃1307, 膿2903

腦(뇌) 腦惱   127

'뇌 腦(뇌)'자의 '고기 月(육)'은 뇌가 신체의 일부임을 나타내는 것이고, '巛(천)'은 머리카락의 모습을 그린 것이라고 한다. '囟(신)'은 머리의 문, 즉 '정수리'를 뜻한다. '뇌', '중심'의 뜻을 나타낸다. 腦炎(뇌염), 腦溢血(뇌일혈)/腦出血(뇌출혈), 頭腦(두뇌), 洗腦(세뇌), 首腦(수뇌)

'괴로워할 惱(뇌)'자는 '뇌 腦(뇌)'자의 오른쪽 부분 '고기 月(육)' 대신 '마음 心(심)'을 붙여 이루어진 글자이다. '괴롭다', '번뇌하다'의 뜻으로 쓰인다. 惱殺(뇌쇄), 苦惱(고뇌), 百八煩惱(백팔번뇌), 煩惱(번뇌)

腦0464, 惱1588

尿(뇨) 尿屎糞   128

'오줌 尿(뇨)'자는 '꼬리 尾(미)'와 '물 水(수)'의 합자이다. 꽁무니에서 나오는 물이란 뜻이다. 尿素(요소), 糖尿(당뇨), 凍足放尿(동족방뇨), 糞尿(분뇨), 泌尿器(비뇨기)

'똥 屎(시)'자는 '주검 尸(시)'와 '쌀 米(미)'로 이루어진 글자이다. '물 水(수)'가 몸 속에 들어갔다가 죽어서 나오는 시체가 '오줌 尿(뇨)'이고, '쌀(음식) 米(미)'가 몸 속에 들어갔다가 죽어서 나오는 시체가 '똥 屎(시)'가 된다. '죽음 尸(시)'는 부수로 쓰일 때 '엉덩이'를 뜻하기도 하니, 쌀米(미)이 엉덩이 아래에서 나온 것이 '똥 屎(시)'이다.

'똥 糞(분)'자는 사전에 의하면 '米(미)'는 '釆(변)'이 변한 것이라고 한다. 그러니 쌀米(미)이 달라진[異(이)] 것이 '糞(분)'이라고 보는 것은 맞지 않는다. 그러나 '쌀을 먹고 달라져서 나온 것이 똥[糞]이다'라고 생각하면 '糞(분)'자를 쉽게 기억할 수 있겠다. 糞尿(분뇨), 轉糞世樂(전분세락), 馬糞(마분), 人糞(인분), 打糞杖(타분장)

'尿(뇨)', '屎(시)', '糞(분)'자는 한자 입장에서 볼 때 가족은 아니다. 여기에 가족으로 묶어 소개하는 것은 여러분의 지루함을 달래주기 위함이다.

尿1879, 屎(시), 糞1878

能(능) 能態熊罷擺   129

'능할 能(능)'자는 원래 곰의 모양에서 '곰'을 나타내는 글자였다. '능하다'의 뜻으로 쓰이는 예가 많아지자 '곰'은 '灬'를 붙여 '곰 熊(웅)'자를 만들어 나타냈다. 能力(능력), 能率(능률), 可能(가능), 無能(무능), 知能(지능), 技能(기능), 藝能(예능), 有能(유능), 才能(재능)

'能(능)'자에 '불 灬(화)'를 붙여 '곰 熊(웅)'자를 나타냈다. 곰은 원래 '能(능)'자로 나타냈었다. 그런데 '能(능)'자가 '능하다'의 뜻으로 쓰이는 예가 많아지자 '곰'은 '灬'를 붙여 '熊(웅)'자를 만들어 나타냈다. '熊(웅)'에서 '灬'는 '불 灬(화)'가 아니라 '발가락' 모양이다. 熊膽(웅담), 熊掌(웅장)

'能(능)'자에 '마음 心(심)'을 붙여 '모양 態(태)'자를 만들었다. '곰'의 모양을 본뜬 글자로 '모양'을 뜻한다. '상태', '형편'의 뜻을 나타내기도 한다. 態度(태도), 變態(변태), 醜態(추태), 形態(형태), 事態(사태), 狀態(상태), 實態(실태), 重態(중태)

'能(능)'자에 '그물 罒(망)'을 붙여 '그만둘 罷(파)'자를 만들었다. 무슨 일을 '그만두다'는 뜻을 나타내기 위하여 만든 것이다. 罷業(파업), 罷場(파장), 罷免(파면), 罷職(파직)

'罷(파)'자에 '손 扌(수)'를 붙여 '열릴 擺(파)'자를 만들었다. '열리다'는 뜻을 나타낸다. 擺撥馬(파발마)

能0377, 態0739, 熊2095, 罷1731, 擺2483

尼(니) 尼泥   130

'여승 尼(니)'자는 불교에서 여자 수행자를 뜻하는 범어 'Bhiksuni'의 약칭으로, '여승 尼(니)'라는 훈이 생겼다. 조어력이 약하여 한자어 용례는 거의 없다. '女僧(여승'을 뜻하는 글자에 '주검 尸(시)'와 '비수 匕(비)'라는 무시무시한 글자 요소를 합쳐 놓았는지? 比丘尼(비구니)

'尼(니)'자에 '물 氵(수)'를 붙여 '진흙 泥(니)'자를 만들었다. 중국 감숙성에 있는 어떤 '강'의 이름을 위하여 만든 것이다. 후에 '물기가 많은 땅' 즉 '진흙'의 뜻으로 쓰이게 되었다. 泥田鬪狗(이전투구), 泥金(이금), 汚泥(오니)

尼1877, 泥1663

多(다) 多移侈　131

'많을 多(다)'자는 '저녁 夕(석)'자 두 개를 붙여 쓴 모양이다. 여기에서는 '저녁 夕(석)'이 아니다. '多(다)'는 본래 '고기'를 뜻하는 '月(육)'이 두 점 있다는 데서 '많다'라는 뜻이다. 多多益善(다다익선), 多少(다소), 博學多識(박학다식), 好事多魔(호사다마)

'多(다)'자에 '벼 禾(화)'를 붙여 '옮길 移(이)'자를 만들었다. 벼가 자라서 바람에 나부낀다는 데서 '옮다'라는 뜻이 왔다고 한다. '옮기다', '딴 데로 가다', '모내기하다' 등의 뜻을 나타낸다. 移動(이동), 移徙(이사), 轉移(전이), 移植(이식), 移秧(이앙), 推移(추이), 遷移(천이)

'多(다)'자에 '사람 亻(인)'을 붙여 '사치할 侈(치)'자를 만들었다. '財貨(재화)가 많은 사람'에서 '사치를 부리다'의 뜻을 나타낸다. '음란하고 거만하고 분수에 넘치는' 등의 뜻으로 확대 사용되었다. 奢侈(사치)

多0052, 移0822, 侈2306

單(단/선) 單簞彈憚戰禪蟬闡　132

'홑 單(단)'자는 무기의 일종을 나타내는 것이라고 한다. 위의 '口'두 개는 돌멩이를 나타내고, 그 아래 부분은 그 돌멩이를 멀리 보내는 활 같은 도구라고 한다. 돌멩이가 둘이든 몇이든 '單(단)'자는 '홑', '단지 하나', '홀로' 등의 뜻을 나타낸다. '물목이나 사실을 죽 벌여 적은 종이', '구성이 한 가지로 되어 있어 복잡하지 않다' 등의 뜻을 나타낸다. '오랑캐 이름 單(선)'이라는 글자도 겸한다. 單價(단가), 單複(단복), 單數(단수), 單獨(단독), 孑孑單身(혈혈단신), 食單(식단), 名單(명단), 單純(단순), 單語(단어), 單調(단조), 簡單(간단)

'單(단)'자에 '대 竹(죽)'을 붙여 '소쿠리 簞(단)'자를 만들었다. '대나무로 만든 납작하고 작은 상자'를 뜻한다. 簞食瓢飮(단사표음)

'單(단)'자에 '활 弓(궁)'을 붙여 '탄알 彈(탄)'자를 만들었다. 화살 시위에 얹어 쏘는 돌 즉 '탄알'이 본뜻이다. '튀기다', '힐책하다', '반발하다' '악기를 타다' 등의 뜻으로도 쓰인다. 彈丸(탄환), 防彈(방탄), 爆彈(폭탄), 彈力(탄력), 彈性(탄성), 彈劾(탄핵), 糾彈(규탄), 指彈(지탄), 彈壓(탄압), 彈琴(탄금)

'單(단)'자에 '마음 忄(심)'을 붙여 '꺼릴 憚(탄)'자를 만들었다. 곤란에 반발하여 '꺼리어 싫어하다'는 뜻을 나타낸다. 忌憚(기탄)

'單(선)'자에 '창 戈(과)'를 붙여 '싸움 戰(전)'자를 만들었다. '單(선)'은 표음요소로 '戰(전)'자의 의미와는 관계가 없다. '두려워서 떨다'는 뜻으로도 쓰인다. 戰爭(전쟁), 戰鬪(전투), 苦戰(고전), 作戰(작전), 戰慄(전율), 戰戰兢兢(전전긍긍)

'單(선)'자에 '제사 示(시)'를 붙여 '참선 禪(선)'자를 만들었다. 하늘에 대한 '제사'를 뜻하기 위한 것이었다. 불교가 전래되어 범어 'dhyana'를 '禪那'로 음역하게 되었고, 이로부터 '坐禪(좌선)'이나 '參禪(참선)' 같은 불교 용어가 만들어졌다. '왕위를 물려주다'는 뜻으로도 쓰인다. 禪定(선정), 禪宗(선종), 口頭禪(구두선), 坐禪(좌선), 參禪(참선), 禪位(선위)

'單(선)'자에 '벌레 虫(충)'을 붙여 '매미 蟬(선)'자를 만들었다. '매미'를 뜻한다. 蟬不知雪(선부지설), 螳螂窺蟬(당랑규선), 寒蟬(한선)

'單(선)'자에 '문 門(문)'을 붙여 '열 闡(천)'자를 만들었다. '시야를 가리고 있던 문을 튕겨 열어 밝게 하다'는 뜻이다. '분명하게 드러내어 밝히다'는 뜻으로 쓰인다. 闡明(천명)

單0702, 簞2809, 彈0984, 憚2415, 戰0308, 禪1708, 蟬3290, 闡3123

旦(단) 旦但坦疸　133

'아침 旦(단)'자는 지평선이나 '수면[一]' 위로 '해[日]'가 솟아오르는 모습으로 '이른 아침'이라는 뜻을 나타낸다. '一旦(일단)'이라는 뜻도 있다. 元旦(원단), 一旦(일단)

'旦(단)'자에 '사람 亻(인)'을 붙여 '다만 但(단)'자를 만들었다. 본래 '윗도리를 벗다'는 뜻을 나타내기 위하여 만들어진 것이다. 후에 이것이 '다만', '한갓' 등의 의미로 차용되는 예가 많아지자 그 본래의 의미는 따로 '위통 벗을 袒(단)'을 만들었다. 但只(단지), 非但(비단), 但書(단서)

'旦(단)'자에 '흙 土(토)'을 붙여 '평탄할 坦(탄)'자를 만들었다. '旦(단)'은 지평선 위의 아침 해를 본뜬 것이다. 아침에 지평선 위에 해가 떠오르니 '坦(탄)'자는 그 땅이 널리 '평평하다'는 뜻을 나타낸다. '편하여 마음의 평정을 얻다'는 뜻으로도 쓰인다. 坦坦大路(탄탄대로), 平坦(평탄), 順坦(순탄), 虛心坦懷(허심탄회)

'旦(단)'자에 '병 疒(역)'을 붙여 '황달 疸(달)'자를 만들었다. '疸(달)'은 본래는 음이 [단]이었으나 후에 [달]로 변하였다. 쓸개즙의 색소가 피부 등으로 이행하여 일어나는 병, '황달'을 뜻한다. 黃疸(황달)

'332 亘(선/긍)'자 참조.
'136 亶(단/천)'자 참조.

旦1277, 但1140, 坦2278, 疸2713

段(단) 段鍛緞　　　134

'층계 段(단)'자는 벼랑 따위에 손을 대어 오르내리기 편리하게 한 '층층대'를 뜻하는 글자였다. '층계', '문장의 단락', '어떤 일을 이루기 위한 구체적인 방법', '사물을 세는 단위', '땅의 넓이를 나타내는 단위' 등의 뜻으로 쓰인다. 段階(단계), 階段(계단), 上段(상단), 文段(문단), 手段(수단), 段數(단수), 有段者(유단자), 段步(단보)

'段(단)'자에 '쇠 金(금)'을 붙여 '쇠 두드릴 鍛(단)'자를 만들었다. 쇠를 불리어 '두드리다'는 뜻을 나타낸다. '익히다', '닦다'는 뜻을 비유적으로 나타내기도 한다. 鍛金(단금), 鍛鍊(단련)/鍊鍛(연단)

'段(단)'자에 '실 糸(사)'를 붙여 '비단 緞(단)'자를 만들었다. '비단'이라는 뜻이다. 緋緞(비단), 禮緞(예단)

段1026, 鍛2008, 緞2838

耑(단) 端湍瑞喘　　　135

'끝 耑(단)'자는 '물 水(수)', '그칠 止(지)', '아닐 不(불)'로 이루어진 글자라고 한다. 세월 따라 변하다 보니 '메 山(산)'과 '말 이을 而(이)'자가 합쳐져서 이루어진 글자처럼 보인다. 수분을 얻어 식물이 뿌리를 얻고 싹이 튼 모양을 형상화한 것으로 본다. '사물의 시초', '끝'이란 뜻을 나타낸다. '오로지 耑(전)'자로 쓰이기도 한다. 조어력이 약하여 한자어 낱말은 없다.

'耑(단)'자에 '설 立(립)'을 붙여 '끝 端(단)'자를 만들었다. '바를 端(단)'이라는 훈으로 불리기도 한다. '끝', '가장자리', '바르다', '근본', '실마리' 등의 뜻으로 쓰인다. 端雅(단아), 端正(단정), 端末機(단말기), 極端的(극단적), 末端(말단), 異端(이단), 端緒(단서), 發端(발단), 弊端(폐단), 端午(단오)

'耑(단)'자에 '물 氵(수)'를 붙여 '여울 湍(단)'자를 만들었다. '지명으로 쓰인다.

'耑(단)'자에 '구슬 玉(옥)'을 붙여 '상서 瑞(서)'자를 만들었다. 제후를 봉할 때 信標(신표)로 주는 옥으로 만든 홀[圭(규)]을 뜻하기 위하여 만든 것이었으니, '구슬 玉(옥)'이 표의요소, '실마리'의 뜻인 '耑(단)'도 표의요소이다. 후에 '상서로운 조짐'을 뜻하는 것으로 쓰이게 되었다. 瑞光(서광), 瑞氣(서기), 瑞雪(서설), 祥瑞(상서)

'오로지 耑(전)'자에 '입 口(구)'를 붙여 '숨찰 喘(천)'자를 만들었다. '숨이 차다', '헐떡이다'는 뜻이다. 喘息(천식)

端0826, 湍3482, 瑞1934, 喘2256

亶(단/천) 壇檀氈顫擅　　　136

'진실로 亶(단)'자는 '미쁠 亶(단)', '오로지 亶(천)' 또는 '날아오를 亶(선)'자이기도 하다. 이 亶(단)'자는 '돼지 해 亠(두)'와 '돌 回(회)'와 '아침 旦(단)'의 세 요소로 이루어졌다. 이 세 가지 요소와 '亶(단)'자의 의미와는 관계가 없다. '亠' 밑에 '回'를 한 모양은 '쌀창고'의 모양을 본뜬 것이고, '旦'은 '아침'이 아니라 '곡물이 많다', '풍족하다'는 뜻이라고 한다. 한자어 낱말은 없다.

'亶(단)'자에 '흙 土(토)'를 붙여 '단상 壇(단)'자를 만들었다. '흙으로 쌓아 올린 높은 단'을 뜻하는 글자였다. '단', '높직한 자리', '특수 사회의 구성원', '안뜰' 등의 뜻을 나타낸다. 壇上(단상), 講壇(강단), 野壇法席(야단법석), 祭壇(제단), 登壇(등단), 文壇(문단), 花壇(화단)

'亶(단)'자에 '나무 木(목)'을 붙여 '박달나무 檀(단)'자를 만들었다. '박달나무'를 뜻한다. 檀君(단군), 檀紀(단기)

'亶(천)'자에 '털 毛(모)'를 붙여 '모전 氈(전)'자를 만들었다. 털로 짠 모직물인 '양탄자'를 뜻한다. 毛氈(모전)

'亶(천)'자에 '머리 頁(혈)'을 붙여 '떨 顫(전)'자를 만들었다. '떨리다'는 뜻이다. 手顫症(수전증)

'亶(천)'자에 '손 扌(수)'를 붙여 '멋대로 할 擅(천)'자를 만들었다. '손 안에 일괄하여 쥐다', '멋대로 하다'는 뜻을 나타낸다. 擅斷(천단)

'133 아침 旦(단)'자 참조.

壇0518, 檀0782, 氈2589, 顫3150, 擅2494

彖(단) 緣椽篆　　　137

'판단할 彖(단)'자는 '터진 가로왈 彑(계)'와 '돼지 豕(시)'를 합쳐 놓은 글자이다. '彑(계)'는 엄니를 강조한 '멧돼지의 머리'를 나타내는 것이고, '豕(시)'는 주둥이가 튀어나온 멧돼지를 본뜬 것이다. '彖(단)'자는 머리가 큰 멧돼지를 나타내는 글자이다. 그런데 이 글자가 어떻게 '판단할'이라는 훈을 가지게 되었을까? 周易(주역)의 卦(괘)에서 그 뜻을 설명하여 판단을 내린다고 하니 주역을 참고하시라. 한자어 낱말은 없다.

'彖(단)'자에 '실 糸(사)'를 붙여 '인연 緣(연)'자를 만들었다. '가장자리 선(옷 가장자리를 딴 헝겊으로 가늘게 싸서 돌린 선)'이 본뜻이니 '실 糸(사)'가 표의요소이다. '단 彖(단)'이 표음요소인데 음이 크게 변했다. '연유하다', '인연', '연분'의 뜻으로 많이 쓰인다. 外緣(외연), 周緣(주연), 緣故(연고), 緣分(연분), 緣由(연유), 事緣(사연), 惡緣(악연), 因緣(인연), 學緣(학연), 血緣(혈연), 緣木求魚(연목구어)

'彖(단)'자에 '나무 木(목)'을 붙여 '서까래 椽(연)'자를 만들었다. 椽木(연목)

'彖(단)'자에 '대 竹(죽)'을 붙여 '전자 篆(전)'자를 만들었다. 글씨체의 한가지이다. 篆書(전서)

緣0404, 椽2561, 篆2806

達(달) 達撻　　　138

'통달할 達(달)'자는 '길갈 辶(착)'과 '어린 양 羍(달)'로 이루어진 것이다. '羍(달)'자는 '큰 大(대)'와 '양 羊

(양)'으로 이루어진 글자이다. '大(대)'가 후에 '흙 土(토)'로 바뀌어 현재의 '達(달)'자가 되었다. '통하다', '다 다르다', '막힘이 없다', '갖추어지다', '입신출세하여 뜻을 이루다', '자라다' 등의 뜻으로 쓰인다. 四通八達(사통팔달), 達成(달성), 到達(도달), 未達(미달), 配達(배달), 傳達(전달), 達觀(달관), 熟達(숙달), 調達(조달), 榮達(영달), 發達(발달), 達磨(달마), 乾達(건달), 倍達民族(배달민족)

'達(달)'자에 '손 扌(수)'를 붙여 '매질할 撻(달)'자를 만들었다. 여기서 '達(달)'은 매질할 때 나는 소리를 나타내는 의성어이다. '매질하다'는 뜻을 나타낸다. 鞭撻(편달)

達0892, 撻2492

覃(담) 潭 譚   139

'벋을 覃(담)'자는 '덮을 襾(아)'와 '이를 早(조)'가 합쳐진 모양이다. '벋어 널리 퍼짐'을 뜻하는 글자이다. 복잡한 변화과정을 거쳐 간략한 형태인 '覃(담)'자가 되었기 때문에 이 글자의 뜻과 형태 요소와의 관계를 이해하기 어렵다.

'覃(담)'자에 '물 氵(수)'를 붙여 '못 潭(담)'자를 만들었다. 원래는 중국의 '강' 이름을 위한 것이었는데, 지금은 '못'의 뜻을 나타낸다. 淸潭(청담), 潭水(담수)

'覃(담)'자에 '말씀 言(언)'을 붙여 '이야기 譚(담)'자를 만들었다. '깊이 있는 이야기'를 뜻한다. 奇談(기담)/奇譚(기담), 民譚(민담)

'544 새벽 早(조)/이를 早(조)'자 참조.

潭1681, 譚3025

眔(답) 遝 鰥   140

'눈으로 뒤쫓을 眔(답)'자는 90° 회전한 '눈 目(목)'과 '물 水(수)'로 이루어진 글자이다.

'眔(답)'자에 '길 갈 辶(착)'을 붙여 '뒤섞일 遝(답)'자를 만들었다. '뒤섞이다', '많이 모이는 모양'을 뜻한다. 遝至(답지)

'眔(답)'자에 '고기 魚(어)'를 붙여 '환어 鰥(환)'자를 만들었다. 鰥魚(환어)는 홀로 있기를 좋아하며, 근심으로 늘 눈을 감지 못한다는 전설상의 큰 민물고기를 이른다. '홀아비'를 뜻한다. 鰥魚(환어), 鰥寡孤獨(환고과독)

'704 품을 裹(회)'자 참조.

遝3081, 鰥3179

畓(답) 畓 踏   141

'논 畓(답)'자는 우리나라 삼국시대 때 '논'을 나타내기 위하여 만들어진 한자이다. '물 水(수)' 아래 '밭 田(전)'을 썼다. 중국에서는 '논'을 '水田(수전)'이라 한다. 門前沃畓(문전옥답), 田畓(전답), 天水畓(천수답)

'踏(답)'자는 발로 땅을 '디디다'는 뜻을 위하여 만든 글자이다. '발 足(족)'과 '유창할 畓(답)'으로 이루어졌다. '유창할 畓(답)'자는 '물 水(수)'와 '가로 曰(왈)'로 이루어진 글자이다. '논 畓(답)'자와는 가족도 친척도 아니다. 다만 혼동할까봐 여기 붙여 놓은 것이다. '밟다', '걷다'는 뜻으로 쓰인다. 踏步(답보), 踏査(답사), 踏襲(답습), 前人未踏(전인미답)

畓0806, 踏1423

唐(당) 唐 糖 塘   142

'당나라 唐(당)'자는 '일곱째 천간 庚(경)'과 '입 口(구)'로 이루어진 글자이다. '크다', '큰소리', '황당하다'는 뜻으로 쓰인다. 나라 이름 '唐(당)나라'의 뜻으로 쓰인다. 唐麵(당면), 荒唐(황당), 唐突(당돌)

'唐(당)'자에 '쌀 米(미)'를 붙여 '사탕 糖(당)'자를 만들었다. 쌀 따위로 만든 '엿'을 뜻하기 위하여 만든 것이다. 원래는 [당]으로 읽는데, '사탕'을 가리킬 때는 [탕]으로 읽는다. 糖尿(당뇨), 糖分(당분), 砂糖(사탕)/沙糖(사탕), 雪糖(설탕), 製糖(제당)

'唐(당)'자에 '흙 土(토)'를 붙여 '못 塘(당)'자를 만들었다. '연못의 둑'을 뜻한다. 蓮塘(연당), 池塘(지당)

'044 일곱째 천간 庚(경)'자 참조.

唐1176, 糖1720, 塘2045

代(대) 代 貸 垈 袋   143

'대신할 代(대)'자는 '사람 亻(인)'과 '주살 弋(익)'으로 이루진 글자이다. '사람이 번갈아 바꾸다'의 뜻을 나타내는 글자였다. '대신하다', '교체하다', '번갈아', '시대', '계승의 차례', '대금' 등의 뜻을 나타낸다. 代辯(대변), 代身(대신), 代表(대표), 交代(교대), 新陳代謝(신진대사), 時代(시대), 現代(현대), 歷代(역대), 初代(초대), 代價(대가), 代金(대금), 食代(식대)

'代(대)'자에 '조개 貝(패)'를 붙여 '빌릴 貸(대)'자를 만들었다. 본래 돈 따위를 공짜로 주다, 즉 '베풀다'는 뜻을 나타내기 위하여 만든 것이다. 후에 '빌려주다'는 뜻으로 변했다. 貸借(대차), 賃貸(임대), 貸付(대부), 貸出(대출)

'代(대)'자에 '흙 土(토)'를 붙여 '집터 垈(대)'자를 만들었다. '집터'를 뜻하기 위하여 만든 것이다. 垈地(대지)

'代(대)'자에 '옷 衣(의)'를 붙여 '자루 袋(대)'자를 만들었다. '자루', '부대', '주머니' 등을 뜻한다. 負袋(부대), 有袋類(유대류), 酒囊飯袋(주낭반대), 包袋(포대), 麻袋(마대), 慰問袋(위문대)

代0284, 貸1494, 垈1862, 袋2983

隊(대) 隊墜　144

'대 隊(대)'자는 '언덕(阝)'에서 굴러 떨어지는 사람의 모습을 본뜬 것으로 '떨어지다'가 본뜻이었다. 언덕에서 굴러 떨어지는 사람의 모습이 '돼지[豕(시)]'의 모양과 비슷했나보다. 후에 '무리'를 뜻하는 것으로 쓰이는 예가 많아지자, 본래의 의미는 '隊(대)'자 밑에 '흙 土(토)'를 붙여서 '떨어질 墜(추)'자를 만들었다. '隊(대)'자는 '동아리를 이룬 무리', '군대의 편제' 등의 뜻을 나타낸다. 隊員(대원), 探險隊(탐험대), 隊列(대열), 縱隊(종대), 軍隊(군대), 部隊(부대), 入隊(입대), 除隊(제대), 大隊(대대), 艦隊(함대), 海兵隊(해병대)

'隊(대)'자에 '흙 土(토)'를 붙여 '떨어질 墜(추)'자를 만들었다. '墜(추)'자의 原字(원자)는 '隊(대)'였다. 언덕에서 사람이 거꾸로 떨어지는 모양을 본뜬 것이었다. '隊(대)'자가 군대 조직의 단위로 쓰이는 예가 많아지자 '흙 土(토)'를 붙여 '땅으로 떨어짐'을 나타냈다. '잃다', '무너지다' 등의 뜻을 나타내기도 한다. 墜落(추락), 擊墜(격추), 失墜(실추)

隊0897, 墜2294

帶(대) 帶滯　145

'띠 帶(대)'자는 허리띠를 졸라매어 옷에 주름이 진 모양을 본뜬 것이라고 한다. '허리띠'를 나타낸다. '몸에 지니다', '허리에 차다', '데리고 다니다', '지구 표면을 구분한 이름' 등의 뜻으로 쓰인다. 帶狀(대상), 革帶(혁대), 携帶(휴대), 帶劍(대검), 帶同(대동), 世帶(세대), 連帶(연대), 溫帶(온대), 一帶(일대), 地帶(지대)

'帶(대)'자에 '물 氵(수)'를 붙여 '막힐 滯(체)'자를 만들었다. 물이 흐르지 못하고 '막히다'를 뜻하기 위하여 만든 것이다. '오래 쌓이다', '꾸물거리다', '머무르다' 등의 뜻으로도 쓰인다. 滯症(체증), 停滯(정체), 積滯(적체), 滯納(체납), 延滯(연체), 遲滯(지체), 滯留(체류), 沈滯(침체)

帶0728, 滯1922

臺(대) 臺, 擡　146

'돈대 臺(대)'자는 墩臺(돈대) 즉 '둘레의 지형보다 높으면서 평평한 땅'을 가리키는 것이었다. '높을 高(고)'와 '이를 至(지)'로 이루어진 글자인데, '高(고)'자의 형태가 많이 변했다. 높은 곳에 이르러 먼 곳까지 볼 수 있게 만든 터가 '臺(대)'의 본뜻이다. '물건을 얹는 대', '관청 또는 큰 건물', '근거 또는 바탕이 되는 것' 등의 뜻으로 쓰인다. 樓臺(누대), 燈臺(등대), 望臺(망대), 化粧臺(화장대), 舞臺(무대), 築臺(축대), 寢臺(침대), 土臺(토대), 氣象臺(기상대), 靑瓦臺(청와대), 臺狀(대장)

'臺(대)'자에 '손 扌(수)'를 붙여 '들 擡(대)'자를 만들었다. '손으로 들어 올리다'는 뜻을 나타낸다. 擡頭(대두) '569 이를 至(지)'자 참조.

臺1375, 擡2495

悳(덕) 悳德聽廳　147

'直(직)'자에 '마음 心(심)'을 붙여 '덕 悳(덕)/큰 悳(덕)'자를 만들었다. '덕 德(덕)'자의 옛글자이다. 지금도 사람의 이름자로 쓰인다.

'큰 德(덕)/덕 德(덕)/베풀 德(덕)'자는 몇 단계 진화를 거쳐 현재의 형태가 되었다. 처음에는 '直(직)'자에 '잠시 걸을 彳(척)'을 붙여 '徝(덕)'자를 만들었다. '한 눈 팔지 않고 길을 똑바로 잘 가다'는 뜻이었다. 후에 '마음 心(심)'이 덧붙여진 것은 '도덕심'을 강조하였기 때문일 것이다. '直(직)'자의 가운데에 있는 '눈 目(목)'자가 90° 회전하여 'ㅁㅁ'의 모양으로 바뀌었다. 글자의 균형 잡힌 모양을 위해서일 것이다. 그 결과 현재의 '德(덕)'자가 되었다. 또 하나의 다른 견해는, '德(덕)'의 본래 글자는 곧을 '直(직)'과 마음 '心(심)'이 합쳐진 '悳(덕)'이었다. '直(직)'은 곧게 똑바로[十] 보래[目]는 말이고 그 아래에 '한 一(일)'과 '마음 心(심)'이 있어, '마음을 하나로 모으다'란 뜻이다. 즉 눈으로 곧게 보고, 마음을 하나로 모아 올바른 마음가짐을 갖는 것이 '德(덕)/悳(덕)'이라 하였다. 어느 편을 따르든 '德(덕)'을 이해하는 데 도움이 될 것이다. 문장이 아니라 낱말에서는 '(은혜를) 베풀다'는 뜻으로 많이 쓰인다. '큰 덕'이라는 훈이 널리 알려져 있지만, 낱말 차원에서는 '크다'는 뜻으로 쓰인 예는 없다. '덕', '공정하고 포용성 있는 마음·품성·기질', '높은 수준의 인품·품격·사상·생활을 통일하는 것', '덕택', '혜택', '어떤 유리한 결과를 가져오게 한 원인', '은혜를 베풀다', '고맙게 생각하다', '공덕', '복' 등의 뜻을 나타낸다. 德(덕), 德行(덕행), 道德(도덕), 德分(덕분), 德澤(덕택), 美德(미덕), 背恩忘德(배은망덕), 恩德(은덕), 功德(공덕), 頌德碑(송덕비), 德談(덕담), 福德房(복덕방)

'자세히 들을 聽(청)'자는 '귀 耳(이)', '壬(정)', '큰 悳(덕)'으로 이루어졌다. '耳(이)'와 '悳(덕)'이 표의요소로, '壬(정)'은 표음요소로 쓰였다. 그냥 듣기만 하는 것이 아니라 '바르게 알아듣는 것'이 중요함을 悳(덕)을 통하여 알 수 있다. '듣다', '자세히 듣다', '받아들이다', '허락하다' 등의 뜻을 나타낸다. 聽覺(청각), 聽聞(청문), 聽衆(청중), 傾聽(경청), 視聽(시청), 不聽(불청)

'자세히 들을 聽(청)'자에 '집 广(엄)'을 붙여 '관청 廳(청)'자를 만들었다. '관리의 사무실로 쓰이는 집'을 나타내기 위한 것이다. 이 글자를 보면 '관청'이란 백성의 말을 '잘 듣는 집'이지 백성에게 이래라저래라 '말하는 곳'이 아님을 알 수 있다. '관청', '관아', '대청', '마루', '건물' 등의 뜻으로 쓰인다. 廳舍(청사), 官廳(관청), 市廳(시청), 大廳(대청)

'574 곧을 直(직)'자 참조.

惠3443, 德0280, 聽0218, 廳0981

道(도) 道導　148

'길 道(도)'자는 길을 의미하는 '辶(착)'과 사람을 상징하는 '머리 首(수)'로 이루어진 글자이다. 사람이 다니거나 지키고 실천해야 할 바른 길을 뜻하는 글자이다. '방법', '기예(技藝)', '종교상 깊이 깨달은 경지나 이치', '널리 알리다', '행정 구역' 등의 뜻을 나타내기도 한다. 道路(도로), 水道(수도), 人道(인도), 道德(도덕), 道理(도리), 孝道(효도), 道具(도구), 方道(방도), 道場(도장), 跆拳道(태권도), 道敎(도교), 報道(보도), 傳道(전도), 道民(도민), 道廳(도청)

'道(도)'자에 '마디 寸(촌)'을 붙여 '이끌 導(도)'자를 만들었다. '寸(촌)'은 '손'을 뜻한다. '導(도)'자는 '나아가야 할 길을 (손으로 잡고) 이끌다'는 뜻을 나타낸다. '통하다'는 뜻으로도 쓰인다. 導入(도입), 導火線(도화선), 誘導(유도), 指導(지도), 導體(도체), 半導體(반도체), 傳導(전도)

道0151, 導0725

島(도) 島搗　149

'섬 島(도)'자는 '섬'을 나타내기 위하여 '새 鳥(조)'와 '메 山(산)'을 합쳐 놓은 것이다. '鳥(조)'의 네 점(灬)은 편의상 생략됐다. 바다를 날던 새가 지친 날개를 접어 쉴 수 있는 산 그것이 바로 '섬'이다. 島嶼(도서), 孤島(고도), 群島(군도), 落島(낙도), 半島(반도)

'島(도)'자에 '손 扌(수)'를 붙여 '찧을 搗(도)'자를 만들었다. 쌀 등 곡식을 '찧다'는 뜻이다. 搗精(도정)

島0529, 搗2471

稻(도) 稻滔蹈　150

'벼 稻(도)'자는 '벼 禾(화)'와 '떠낼 舀(요)'로 이루어졌다. '舀(요)'자는 '손톱 爫(조)'와 '절구 臼(구)'로 이루어졌다. '舀(요)'자는 절구에서 찧은 곡식을 '손으로 떠내다'는 뜻이다. 후에 '벼'라는 뜻을 더욱 분명하게 나타내기 위하여 '벼 禾(화)'가 첨가되었다. 稻熱病(도열병), 稻作(도작), 水稻(수도)

'물 넘칠 滔(도)'자는 표의요소 '물 氵(수)'와 표음요소 '떠낼 舀(요)'으로 이루어졌다. '물이 넘치다'는 뜻이다. 滔滔(도도)

'밟을 蹈(도)'자는 표의요소 '발 足(족)'과 표음요소 '떠낼 舀(요)'자로로 이루어졌다. '발을 위로 뽑아 올리다'는 뜻에서, '춤추다', '뛰다'는 뜻을 나타낸다. 舞蹈(무도)

稻1710, 滔2594, 蹈3053

度(도) 度渡鍍　151

'법도 度(도)/헤아릴 度(탁)'자는 '여러 庶(서)'와 '또 又(우)'로 이루어졌다. '庶(서)'자에서 '灬'가 생략되었다. '又(우)'는 '손'을 뜻하고, '庶(서)'는 '재尺(척)'을 대신한 것이라고 한다. '자를 건너질러서 재다'가 본뜻이다. '度(도)'자는 '정도', '법도', '풍채'를 가리킬 때는 [도:]로 읽고, '헤아리다'의 뜻일 때는 [탁]으로 읽는다. 法度(법도), 制度(제도), 度量衡(도량형), 尺度(척도), 度量(도량), 過度(과도), 程度(정도), 限度(한도), 態度(태도), 度數(도수), 角度(각도), 速度(속도), 溫度(온도), 年度(연도), 度支部(탁지부)

'度(도)'자에 '물 氵(수)'를 붙여 '건널 渡(도)'자를 만들었다. 물을 '건너다'는 뜻을 나타내기 위한 것이다. '지나가다', '넘겨주다' 등의 뜻도 나타낸다. 渡美(도미), 渡船場(도선장), 過渡期(과도기), 賣渡(매도), 不渡(부도), 讓渡(양도), 言渡(언도)

'度(도)'자에 '쇠 金(금)'을 붙여 '도금할 鍍(도)'자를 만들었다. 여기에서 '度(도)'자는 '건널 渡(도)'자 대신 쓰인 것으로, '건네다'는 뜻이다. 금·은 따위를 다른 금속에 씌워 건네다, 곧 '도금하다'는 뜻을 나타낸다. 鍍金(도금), 眞金不鍍(진금부도)

'323 여러 庶(서)' 참조.

度0340, 渡1674, 鍍3114

匋(도) 陶萄淘　152

'질그릇 匋(도)'자는 '쌀 勹(포)'와 '장군 缶(부)'로 이루어졌다. 잘 쓰이지 않는 글자이다. '언덕 阝(부)'를 붙여 '질그릇 陶(도)'자를 만들어 쓰고 있다.

'匋(도)'자에 '언덕 阝(부)'를 붙여 '질그릇 陶(도)'자를 만들었다. 옹기 가마는 대개 비탈진 곳에 설치하기 때문에 '언덕 阝(부)'를 표의요소로 썼다. '질그릇 匋(도)'는 표의요소와 표음요소를 겸한다. '기뻐하다'는 뜻으로도 쓰인다. 陶工(도공), 陶藝(도예), 陶瓷器(도자기)/陶磁器(도자기), 陶冶(도야), 陶醉(도취)

'匋(도)'자에 '풀 艹(초)'를 붙여 '포도 萄(도)'자를 만들었다. '포도'를 뜻하기 위한 것이다. 葡萄(포도), 葡萄糖(포도당), 葡萄酒(포도주)

'匋(도)'자에 '물 氵(수)'를 붙여 '쌀 일 淘(도)'자를 만들었다. '물에 흔들어 쓸 것과 못 쓸 것을 가려내다', '쌀을 일다'는 뜻이다. 淘汰(도태)

陶1448, 萄2120, 淘2596

禿(독) 禿頹　153

'대머리 禿(독)'자는 '벼 禾(화)'와 '사람 儿(인)'으로 이루어졌다. 두발이 없어져 '대머리'가 됨을 뜻한다. '민둥산'을 뜻하기도 한다. 禿頭(독두), 禿翁(독옹), 禿山

(독산)

'禿(독)'자에 '머리 頁(혈)'을 붙여 '무너질 頹(퇴)'자를 만들었다. '머리가 벗어지다'는 뜻에서 '무너지다'는 뜻을 나타낸다. 頹落(퇴락), 頹雪(퇴설)

禿2230, 頹3145

篤(독) 篤 罵　154

'도타울 篤(독)'자의 본래 뜻은 말이 넘어졌다 일어나 '천천히 걷다'는 것이었다. '말 馬(마)'가 표의요소로 쓰였다. '대 竹(죽)'은 표음요소라고 한다. 후에 '도탑다', '인정이 많다', '열성스럽다', '심하다' '괴로워하다', '병이 위중하다' 등의 뜻으로 쓰인다. 篤志家(독지가), 敦篤(돈독), 篤信(독신), 篤學(독학), 篤實(독실), 危篤(위독)

'욕할 罵(매)'자는 '그물 罒(망)'과 '말 馬(마)'로 이루어졌다. '그물이나 막을 덮어씌우듯이 욕설을 퍼붓다'는 뜻이다. '篤(독)'자와 가족은 아니나, 함께 공부하면 좋을까 싶어 못된 친구를 하나 데리고 왔다. 罵倒(매도)

篤1717, 罵2858

東(동) 東 凍 棟 陳　155

'동녘 東(동)'자는 '나무 木(목)'과 '해 日(일)'로 이루어졌다는 설이 있다. 아침에 나무 사이로 해가 떠오르는 모양을 그린 것이다. 아침에 해가 뜨는 쪽이 동쪽이다. 東西南北(동서남북), 東西古今(동서고금), 東海(동해), 馬耳東風(마이동풍), 嶺東(영동)

'東(동)'자에 '얼음 冫(빙)'을 붙여 '얼 凍(동)'자를 만들었다. '(얼음이) 얼다'는 뜻을 나타내기 위하여 만든 것이다. 凍結(동결), 凍太(동태), 凍破(동파), 冷凍(냉동), 解凍(해동), 凍傷(동상), 凍足放尿(동족방뇨)

'東(동)'자에 '나무 木(목)'을 붙여 '용마루 棟(동)'자를 만들었다. 굵고 긴 나무로 만든 '마룻대'를 뜻하기 위하여 만든 것이다. 棟梁(동량), 病棟(병동), 아파트 101棟(동)

'東(동)'자에 '언덕 阝(부)'를 붙여 '베풀 陳(진)'자를 만들었다. 원래는 '언덕'을 나타내기 위한 것이었다. '언덕 阝(부)'가 표의요소로 쓰였다. '동녘 東(동)'은 표음요소로 쓰였는데, 음이 많이 달라졌다. 후에 '늘어놓다', '아뢰다', '오래되다' 등으로 뜻이 바뀌어 쓰이게 되었다. 陳列(진열), 陳述(진술), 陳情(진정), 開陳(개진), 陳腐(진부), 新陳代謝(신진대사), 陳外家(진외가)

東0025, 凍1507, 棟1913, 陳1450

同(동) 同 洞 銅 桐 胴 筒　156

'한 가지 同(동)'자는 '모두 凡(범)'과 '입 口(구)'로 이루어졌다. '여럿이 회합하다'가 본뜻이다. 대개는 같은 사람들끼리 모였었나보다. 그래서 '같다', '한 가지'의 뜻을 나타낸다. '모이다', '화합하다'는 뜻도 가진다. 同病相憐(동병상련), 同一(동일), 同窓(동창), 異口同聲(이구동성), 混同(혼동), 同床異夢(동상이몽), 同行(동행), 共同(공동), 協同(협동), 會同(회동)

'同(동)'자에 '물 氵(수)'를 붙여 '골 洞(동)/밝을 洞(통)'자를 만들었다. '洞(동)'자는 '골짜기', '비다', '깊숙하다', '동네' 등의 뜻을 나타내고, '洞(통)'자는 '통하다', '막힘없이 트이다' 등의 뜻을 나타낸다. 洞窟(동굴), 空洞(공동), 華燭洞房(화촉동방), 洞口(동구), 洞里(동리), 洞達(통달), 洞察(통찰), 洞簫(통소)

'同(동)'자에 '쇠 金(금)'을 붙여 '구리 銅(동)'자를 만들었다. '구리', '돈'을 뜻한다. 銅像(동상), 銅錢(동전), 靑銅(청동), 銅臭(동취)

'同(동)'자에 '나무 木(목)'을 붙여 '오동나무 桐(동)'자를 만들었다. 梧桐(오동), 梧桐一葉(오동일엽)

'同(동)'자에 '고기 月(육)'을 붙여 '몸통 胴(동)'자를 만들었다. '팔다리와 머리를 제외한 몸통'을 뜻한다. 胴體(동체)

'同(동)'자에 '대 竹(죽)'을 붙여 '대통 筒(통)'자를 만들었다. 대나무로 만든 '통'을 뜻한다. 算筒(산통), 煙筒(연통), 圓筒(원통), 筆筒(필통)

同0219, 洞0146, 銅0456, 桐1649, 胴2883, 筒2549

冬(동) 冬 疼 終　157

'겨울 冬(동)'자는 '뒤져올 夂(치)'와 '얼음 冫(빙)'으로 이루어졌다. 가장 뒤에 오는 계절이고, 얼음을 얼게 하는 계절이니 '겨울'이다. '冬(동)'자의 본뜻도 '끝'이었다. 冬眠(동면), 冬至(동지), 嚴冬雪寒(엄동설한), 立冬(입동), 春夏秋冬(춘하추동), 冬柏(동백)

'冬(동)'자에 '병 疒(역)'을 붙여 '아플 疼(동)'자를 만들었다. 동안을 두고 '아프다', '쑤시다'는 뜻을 나타낸다. 疼痛(동통)

'冬(동)'자에 '실 糸(사)'를 붙여 '마칠 終(종)'자를 만들었다. '冬(동)'자는 '끝'이 본뜻인데, '겨울'이란 뜻으로 쓰이게 되자, 본뜻은 '실 糸(사)'를 붙인 '終(종)'자를 만들어 나타냈다. '끝나다', '완료되다', '마지막', '죽다' 등의 뜻을 나타낸다. 終了(종료), 終點(종점), 始終(시종), 自初至終(자초지종), 考終命(고종명), 臨終(임종)

冬0032, 疼2714, 終0128

童(동) 童 憧 董 瞳 撞 鐘　158

'아이 童(동)'자는 '설 立(립)'과 '마을 里(리)'자로 이루어진 글자이다. 두 요소는 의미와 형태에 관련이 없다. '下人(하인)'이 본뜻이었는데, '아이'란 뜻으로 널리 활용되자 본래 의미는 '하인 僮(동)'자를 추가로 만들었다. '열대여섯 살 이하의 아이', '아직 뿔이 나지 아니한 양이나 소' 등의 뜻을 나타낸다. 童心(동심), 童話(동

화), 牧童(목동), 三尺童子(삼척동자), 童牛角馬(동우각마), 兒童(아동)

'童(동)'자에 '마음 忄(심)'을 붙여 '그리워할 憧(동)'자를 만들었다. 字源(자원)을 따지면 童(동)자는 '움직일 動(동)'의 뜻으로 쓰여 '마음이 움직여 정해지지 않다'는 뜻이라고 한다. '아이들[童]의 마음[忄]'이라고 해석한다면, 한자 공부가 훨씬 쉬웠을 것이다. 憧憬(동경)

'童(동)'자에 '풀 艹(초)'를 붙여 '바를 董(동)'자를 만들었다. 원래 '바로잡다'라는 뜻을 나타내는 것이었으나, 우리나라에서는 '골동품'이라는 뜻으로만 쓰인다. 骨董品(골동품)

'童(동)'자에 '눈 目(목)'을 붙여 '눈동자 瞳(동)'자를 만들었다. 눈 속의 어린이. '눈동자'를 뜻한다. 瞳孔(동공), 瞳子(동자)

'童(동)'자에 '손 扌(수)'를 붙여 '칠 撞(당)'자를 만들었다. 손으로 '둥' 하는 소리 나게 '치다'는 뜻이다. 撞球(당구), 自家撞着(자가당착)

'童(동)'자에 '쇠 金(금)'을 붙여 '쇠북 鐘(종)'자를 만들었다. 쇠로 만든 북, 즉 '쇠북'을 뜻하기 위한 것이다. '鍾(종)'자는 본래 놋쇠로 만든 '술그릇'을 뜻하는 글자였는데, 우리나라에서는 '鐘(종)'자를 대신하는 것으로 많이 쓰인다. 즉 '鐘(종)'과 '鍾(종)'은 통용자이다. 鐘閣(종각), 警鐘(경종), 招人鐘(초인종), 自鳴鐘(자명종)

'201 마을 里(리)'자 참조.

童0425, 憧2412, 董2118, 瞳2752, 撞2479, 鐘1107

豆(두) 豆頭痘豐/豊壹短 159

'콩 豆(두)'자는 둥근 발이 있는, 제사 때 음식을 담는 그릇 모양을 본뜬 것으로, 그러한 '그릇'을 가리키는 것이었다. 콩을 뜻하는 낱말의 독음이 이것과 같아서 '콩'을 가리키는 것으로 쓰이게 되었다. 후에 '풀 艹(초)'를 붙여 '콩'을 뜻하는 荳(두)자를 만들었는데도 '豆(두)'를 애용하고 荳(두)는 잘 쓰지 않는다. 豆腐(두부), 大豆(대두), 綠豆(녹두), 小豆(소두)

'豆(두)'자에 '머리 頁(혈)'을 붙여 '머리 頭(두)'자를 만들었다. '인체의 목 윗부분', '머리털', '꼭대기', '제일 앞부분', '우두머리', '사람이나 동물을 세는 말' 등의 뜻으로 쓰인다. 頭腦(두뇌), 頭痛(두통), 羊頭狗肉(양두구육), 龍頭蛇尾(용두사미), 頭髮(두발), 蓬頭亂髮(봉두난발), 百尺竿頭(백척간두), 頭緖(두서), 陣頭(진두), 徹頭徹尾(철두철미), 頭目(두목), 巨頭(거두), 橋頭堡(교두보), 埠頭(부두), 園頭幕(원두막)

'豆(두)'자에 '병 疒(역)'을 붙여 '천연두 痘(두)'자를 만들었다. 痘痕(두흔), 水痘(수두), 牛痘(우두), 種痘(종두), 天然痘(천연두)

'豊(풍)'자는 곡물의 이삭을 그릇[豆]에다 풍성하게 담아 놓은 모양을 본뜬 것이다. 속자인 '豊(풍)'으로 쓰기도 한다. '넉넉하다', '풍년'의 뜻으로 쓰인다. 豊年(풍년), 豊作(풍작), 豊漁(풍어), 豊富(풍부), 豊盛(풍성), 豊足(풍족), 豊滿(풍만)

'한 壹(일)'자는 원래는 '길할 吉(길)'자와 '그릇 壺(호)'자를 합친 것인데 형태가 많이 변하였다. 그 과정에서 아랫부분이 '豆'자가 된 것이어서 '豆(두)'와는 족보가 다른 글자이다. '한 一(일)'의 갖은 자이다. 금액 따위의 중요한 숫자를 적을 때 변조하기 쉬운 '一(일)' 대신에 쓰기 위하여 만들었다.

'짧을 短(단)'자는 '화살 矢(시)'와 '제기 豆(두)'자로 이루어진 글자이다. 화살 한 개의 길이 또는 祭器(제기)의 높이만큼 짧다는 뜻이다. '길이가 짧다', '키가 작다', '시간이 짧다', '적다', '부족하다', '모자라다', '결점', '허물', '어리석다', '천박하다' 등의 뜻을 나타낸다. 短期(단기), 短身(단신), 短縮(단축), 短軸(단축), 長短(장단), 短命(단명), 短髮(단발), 短小(단소), 短篇小說(단편소설), 高低長短(고저장단), 志大才短(지대재단), 短點(단점), 捨短取長(사단취장), 短見(단견)

'118 어찌 豈(기/개)'자 참조.
'163 오를 登(등)'자 참조.
'559 세울 豎(주)'자 참조.

豆0882, 頭0463, 痘2720, 豐/豊0883, 壹1543, 短0055

斗(두) 斗科料 160

'말 斗(두)'자는 물건의 양을 되기 위하여 만든 자루 달린 국자의 모양을 본뜬 것이다. '열 되', '말', '별 이름' 등의 뜻을 나타낸다. 斗落(두락), 斗升(두승), 斗酒不辭(두주불사), 北斗七星(북두칠성), 泰斗(태두)

'과목 科(과)'자는 '벼 禾(화)'와 '말 斗(두)'의 합자이다. '곡식의 분량', '곡식의 분량을 재다'가 본뜻이었다. '과정', '조목', '과학', '학문의 분야', '세금이나 벌을 매기다', '과거' 등의 뜻을 나타낸다. 科目(과목), 敎科(교과), 敎科書(교과서), 分科(분과), 學科(학과), 兵科(병과), 科學(과학), 工科(공과), 農科(농과), 醫科(의과), 內科(내과), 外科(외과), 理科(이과), 罪科(죄과), 前科者(전과자), 科擧(과거), 武科(무과), 文科(문과)

'되질할 料(료)/헤아릴 料(료)'자는 '쌀 米(미)'와 '말 斗(두)'로 이루어졌는데, 두 요소가 다 표의요소로 쓰인 글자이다. '쌀을 말로 되다'의 뜻을 나타내기 위하여 만들어진 것이다. '되질하다', '말로 용량을 헤아리다', '헤아리다', '생각하다', '수효를 세다', '다스리다', '꾀하다', '급여', '거리', '삯', '값' 등 여러 가지 뜻을 나타낸다. 料量(요량), 思料(사료), 料理(요리), 給料(급료), 料亭(요정), 食料品(식료품), 原料(원료), 資料(자료), 材料(재료), 飮料水(음료수), 調味料(조미료), 料金(요금), 無料(무료), 手數料(수수료), 有料(유료), 入場料(입장료)

'기울 斜(사)'자는 '403 나 余(여)'자 참조.
'관리할 斡(알)'자는 '009 빛날 倝(간)'자 참조.
'술 따를 斟(짐)/짐작할 斟(짐)'자는 '374 심할 甚(심)'자 참조.

斗0771, 科0421, 料0554

屯(둔) 屯 鈍 頓 沌 純　161

'진칠 屯(둔)'자는 초목의 씨앗이 땅 속에서 어렵게 싹을 터서 땅 밖으로 나오는 모습을 본뜬 것으로, '어렵다'는 뜻을 나타낸 것이었다. 이 경우에는 음이 [준]이다. 우리말 한자어에는 [준]으로 읽는 예는 없다. 후에 군대가 '진치다'는 뜻을 나타냈고, 음은 [둔]이다. 그래서 '진칠 둔'이란 훈이 생겨나게 되었다. 屯營(둔영), 駐屯(주둔), 屯田(둔전)

'屯(둔)'자에 '쇠 金(금)'을 붙여 '둔할 鈍(둔)'자를 만들었다. 쇠로 만든 칼의 끝이 '무디다'는 뜻을 나타내기 위하여 만든 것이다. '둔하다', '굼뜨다'의 뜻도 나타낸다. 鈍感(둔감), 鈍器(둔기), 鈍濁(둔탁), 鈍才(둔재), 愚鈍(우둔), 老鈍(노둔)

'屯(둔)'자에 '머리 頁(혈)'을 붙여 '조아릴 頓(돈)'자를 만들었다. '머리를 조아리다', '머리를 숙여 이마가 땅에 닿도록 절을 하다'는 뜻이다. '정비하다', '갑자기', '문득'의 뜻으로도 쓰인다. 頓首(돈수), 整頓(정돈), 頓悟(돈오), 頓絶(돈절), 查頓(사돈)

'屯(둔)'자에 '물 氵(수)'를 붙여 '어두울 沌(돈)'자를 만들었다. '물이 뒤섞이다'는 뜻에서. '어둡다', '만물 생성의 기운이 아직 나누어지지 않은 모양'의 뜻을 나타낸다. 渾沌(혼돈)/混沌(혼돈)

'屯(둔/준)'자에 '실 糸(사)'를 붙여 '순수할 純(순)'자를 만들었다. '屯(준)'자는 '땅을 막 뚫고 나온 새싹의 모습'이다 '純(순)'자는 땅을 뚫고 나온 새싹처럼 '누에고치에서 갓 뽑아내어 삶거나 염색하기 전의 실'이라는 뜻이다. '순수하다', '꾸밈이 없다' 등의 뜻으로 쓰인다. 純潔(순결), 純粹(순수), 純眞(순진), 淸純(청순), 單純(단순), 溫純(온순)

'624 봄 春(춘)'자 참조.

屯1881, 鈍1804, 頓2147, 沌2621, 純0837

㝵(득) 得 碍　162

'얻을 得(득)'자는 '조금 걸을 彳(척)'과 '취할 㝵(득)'으로 이루어진 글자이다. '걸어가서 손에 넣다'의 뜻이다. '얻다', '손에 넣다', '차지하다' '이득', '누르다' 등의 뜻을 나타낸다. 得失(득실), 所得(소득), 得病(득병), 得男(득남), 得道(득도), 納得(납득), 得意(득의), 萬不得已(만부득이)

'거리낄 碍(애)'자는 '돌 石(석)'과 '취할 㝵(득)'으로 이루어진 글자이다. '거리끼다'는 뜻을 위하여 만든 것이다. '碍(애)'자는 '礙(애)'자의 속자이지만 본자보다 더 자주 쓰인다. 礙子(애자)/碍子(애자), 拘礙(구애)/拘碍(구애), 障碍(장애)/障礙(장애)

得0334, 碍1941

登(등) 登 燈 橙 鄧 證 澄　163

'오를 登(등)'자는 '걸을 癶(발)'과 '콩 豆(두)'로 이루어진 글자이다. '걸어 올라가다'가 본뜻이다. '豆(두)'는 단순히 음에 관여하는 것이다. '오르다', '장부에 싣다', '들어가다' '이루어지다' 등 여러 가지 뜻으로 쓰인다. 登壇(등단), 登龍門(등룡문), 登山(등산), 登記(등기), 登錄(등록), 登庸(등용)/登用(등용), 登校(등교), 登場(등장), 登仙(등선), 登熟(등숙)

'登(등)'자에 '불 火(화)'를 붙여 '등 燈(등)'자를 만들었다. 燈臺(등대), 燈下不明(등하불명), 燈火可親(등화가친), 街路燈(가로등), 信號燈(신호등), 風前燈火(풍전등화)

'登(등)'자에 '나무 木(목)'을 붙여 '등자나무 橙(등)'자를 만들었다. '등자나무'를 뜻한다. 橙黃(등황)

'登(등)'자에 '고을 阝(읍)'을 붙여 '나라 이름 鄧(등)'자를 만들었다. 사람의 姓(성)으로 쓰인다.

'登(등)'자에 '말씀 言(언)'을 붙여 '증거 證(증)'자를 만들었다. '고발하다'는 뜻을 나타내기 위한 것이었다. 고발할 때는 증거가 필요했기에 '증거', '증명하다'는 뜻으로 확대 사용되었다. 證據(증거), 證明(증명), 證人(증인), 檢證(검증), 保證(보증), 立證(입증), 干證(간증)

'登(등)'자에 '물 氵(수)'를 붙여 '맑을 澄(징)'자를 만들었다. 정지하여 오래 있어 부유물이 다 가라앉은 '맑은 물'을 뜻한다. 明澄(명징)

'159 콩 豆(두)'자 참조.

登0250, 燈0803, 橙2569, 鄧3587, 證1087, 澄2635

羅(라) 羅 邏 維 罹　164

'비단 羅(라)/새 그물 羅(라)/벌일 羅(라)'자는 '그물 罒(망)'과 '새 隹(추)'가 합쳐진 것으로 '그물을 쳐서 새를 잡다'를 뜻하는 것이었다. '그물', '벌리다', '망을 치다' 등으로 사용됐고, '얇은 비단'을 지칭하기도 하였다. '실 糸(사)'는 비단과 관련하여 후에 첨가된 표의요소이다. 網羅(망라), 羅列(나열), 羅紗店(나사점), 綾羅(능라), 羅針盤(나침반), 新羅(신라), 阿修羅(아수라), 閻羅大王(염라대왕)

'羅(라)'자에 '길 갈 辶(착)'을 붙여 '돌 邏(라)'자를 만들었다. '돌다', '순찰하다', '순찰하는 사람'을 뜻한다. 邏卒(나졸), 巡邏軍(순라군)

'밧줄 維(유)'자는 '실 糸(사)'와 '새 隹(추)'로 이루어진 글자이다. '(굵은) 밧줄'을 뜻하기 위하여 만든 것이다. '維(유)'자가 여기에 소개된 이유는 그물[羅(라)]에 걸렸기 때문이다. '羅(라)'자가 '밧줄 維(유)'와 '그물 罒(망)'이 합쳐진 글자로 보이지만, 만들어진 과정이 그렇지 않다. '羅(라)'자는 '그물 罒(망)'과 '새 隹(추)'가 붙어 '그물'이란 뜻을 나타내는 글자가 만들어진 후에, 나중에 '실 糸(사)'가 붙은 것이다. '維(유)'자는 처음부터 '실 糸(사)'와

'새 隹(추)'가 붙어 만들어진 글자이다. '줄', '줄을 매어 유지하다' '출입을 막다' 등의 뜻으로 쓰인다. 纖維(섬유), 維持(유지), 進退維谷(진퇴유곡), 維新(유신)

'걸릴 罹(리)'자는 '새그물 羅(라)'자의 '실 糸(사)'가 '마음 心(심)'으로 바뀐 모양이다. '羅(라)'자가 실로 짠 그물에 새가 걸리는 것이라면 '罹(리)'자는 '마음의 그물에 걸림'을 나타낸다. '병·재앙 따위에 걸리다', '근심하다'는 뜻을 나타낸다. 罹病(이병), 罹災(이재), 罹災民(이재민)

'617 새 隹(추)'자 참조.

羅0881, 邏3086, 維1360, 罹2859

樂(락/악/요) 樂藥礫轢鑠 165

'풍류 樂(악)/즐거울 樂(락)/좋아할 樂(요)'자는 '흰 白(백)' 좌우에 '작을 幺(요)' 두 개와 '나무 木(목)'으로 이루어졌다. 가운데 '白(백)'은 '큰북'을, '幺(요)'는 '작은 북'을, 그리고 '木(목)'은 그것을 받치는 '받침대'라고 한다. '음악'의 뜻을 나타낸다. 재미있게 만들어진 글자이다. '樂(락)'자는 그 뜻에 따라 음을 달리한다. '풍류' 즉 음악과 관련된 뜻으로 쓰일 때는 [악]으로, '즐겁다'의 뜻으로 쓰일 때는 [락/낙]으로, '좋아하다'의 뜻으로 쓰일 때는 [요]로 읽는다. 樂器(악기), 器樂(기악), 聲樂(성악), 音樂(음악), 樂園(낙원), 苦樂(고락), 娛樂(오락), 喜怒哀樂(희노애락), 樂觀(낙관), 樂天(낙천), 樂山樂水(요산요수), 樂此不疲(요차불피)

'樂(락)'자에 '풀 艹(초)'를 붙여 '약 藥(약)'자를 만들었다. 풀을 먹으면 병이 나아 즐겁다. '약', '질병을 고치는 데 효과가 있는 것'을 뜻하는 글자이다. 병을 치료하는 데 쓰이는 것은 아니나 '藥(약)'이라는 이름이 붙은 것들도 있다. 藥局(약국), 藥師(약사), 藥水(약수), 藥品(약품), 醫藥(의약), 藥果(약과), 藥酒(약주), 農藥(농약), 試藥(시약), 齒藥(치약), 爆藥(폭약), 劇藥(극약), 毒藥(독약), 火藥(화약)

'樂(락)'자에 '돌 石(석)'을 붙여 '조약돌 礫(력)'자를 만들었다. 여기에서 '樂(락)'은 도토리를 본뜬 것이다. '礫(력)'자는 도토리만한 돌, 즉 '자갈'을 뜻한다. 礫巖(역암), 礫土(역토), 沙礫(사력)

'樂(락)'자에 '수레 車(거)'를 붙여 '삐걱거릴 轢(력)'자를 만들었다. '삐걱거리다', '수레바퀴 밑에 갈리게 하다'는 뜻을 나타낸다. 轢死(역사), 軋轢(알력)

'樂(락)'자에 '쇠 金(금)'을 붙여 '녹일 鑠(삭)'자를 만들었다. '금속을 녹이다'는 뜻이다. 鑠金(삭금), 衆口鑠金(중구삭금)

樂0386, 藥0438, 礫2766, 轢3061, 鑠3314

亂(란) 亂辭 166

'어지러울 亂(란)'자의 앞부분은 어지럽게 엉킨 실을 두 손으로 푸는 모습을 본뜬 것이고, 뒷부분은 '새 乙(을)'자로 헝클어진 실의 끝을 본뜬 것이라고 한다. '어지럽다', '질서 없이 뒤얽히다', '여럿이 널려 있다', '품행이 단정하지 못하다', '반역', '함부로', '난리', '전쟁' 등의 뜻을 나타낸다. 亂局(난국), 亂舞(난무), 亂視(난시), 紊亂(문란), 心亂(심란), 一絲不亂(일사불란), 快刀亂麻(쾌도난마), 混亂(혼란), 亂立(난립), 淫亂(음란), 叛亂(반란/反亂(반란), 亂動(난동), 亂入(난입), 亂暴(난폭), 亂離(난리), 內亂(내란), 動亂(동란), 丙子胡亂(병자호란), 壬辰倭亂(임진왜란), 自中之亂(자중지란), 避亂(피란), 患亂(환란)

'말 辭(사)'의 앞부분은 어지럽게 엉킨 실을 두 손으로 푸는 모습을 본뜬 것이고, '辛(신)'은 '죄'를 뜻한다. 본뜻은 '죄인을 나무라다'는 뜻이었다. '말씀 詞(사)'와 통하여 '말'의 뜻으로도 쓰이는 글자이다. '언어', '글', '말하다', '어구', '떠나다', '사퇴하다', '거절하다', '사양하다' 등의 뜻으로 쓰인다. 辭典(사전), 美辭麗句(미사여구), 式辭(식사), 言辭(언사), 讚辭(찬사), 祝辭(축사), 辭意(사의), 辭任(사임), 辭職(사직), 辭退(사퇴), 辭表(사표), 辭讓(사양), 固辭(고사), 斗酒不辭(두주불사), 不辭(불사)

亂0917, 辭1093

來(래) 來萊麥麵 167

'올 來(래)'자는 보리가 서 있는 모양을 본뜬 자이다. 그런데 이 글자가 '오다'는 의미로 쓰이는 예가 많아지자 본래의 뜻은 '來(래)'자에 '뒤쳐올 夊(치)'를 붙여 '보리 麥(맥)'자를 만들어 나타냈다. '장래', '미래'의 뜻도 나타낸다. 來賓(내빈), 去來(거래), 苦盡甘來(고진감래), 往來(왕래), 傳來(전래), 招來(초래), 原來(원래), 近來(근래), 來年(내년), 未來(미래), 將來(장래)

'來(래)'자에 '풀 艹(초)'를 붙여 '명아주 萊(래)'자를 만들었다. 地名(지명)으로 쓰인다.

'來(래)'자에 '뒤져올 夊(치)'를 붙여 '보리 麥(맥)'자를 만들었다. 원래 보리는 '來(래)'자로 나타냈는데 '오다'라는 뜻으로 차용되는 예가 많아지자 '來(래)'자 밑에 보리 뿌리의 모양을 닮은 '止(지)'를 붙였다. 이 '止(지)'가 '뒤져올 夊(치)'로 변하여 현재의 '麥(맥)'자가 되었다. 麥酒(맥주), 米麥(미맥), 菽麥(숙맥), 大麥(대맥), 小麥(소맥)

'밀가루 麵(면)'자는 '보리 麥(맥)'과 '얼굴 面(면)'으로 이루어졌다. '얼굴 面(면)'대신 '가릴 丏(면)'이 쓰인 '麪(면)'자는 同字(동자)이다. 여기에서 '麥(맥)'은 麥類(맥류)를 뜻한다. '麵(면)'은 곡물을 가루를 내어 이용하는 음식을 뜻하는 것이지 '밀가루'만을 뜻하는 것은 아니다. 訓(훈)이 '국수'로 바뀌는 것이 낫겠다. 麵類(면류), 炸醬麵[자장면/酢醬麵[자장면, 冷麵(냉면), 素麵(소면)

'320 아낄 嗇(색)'자 참조.

來0123, 萊3566, 麥1718, 麵3194

良(량) 良朗浪郞廊娘狼螂琅   168

'어질 良(량)'자는 곡식 중에서 좋은 것만 골라내는 기구의 모양을 본뜬 것이라고 한다. 우리나라의 '키' 모양을 상상해보라. 형태는 '괘 이름 艮(간)'자의 머리에 점〔丶〕을 찍은 것과 같다. 그러나 字源(자원)은 다른 글자들이다. '어질다', '좋다', '뛰어나다' 등의 뜻을 나타낸다. 良書(양서), 良好(양호), 改良(개량), 美風良俗(미풍양속), 優良(우량), 良民(양민), 良心(양심), 賢母良妻(현모양처), 善良(선량), 選良(선량)

'良(량)'자에 '달 月(월)'을 붙여 '밝을 朗(랑/낭)'자를 만들었다. '밝아서 좋다'가 본뜻이다. '밝다', '유쾌하고 활달하다', '반갑다', '소리가 또랑또랑하게' 등의 뜻을 나타낸다. 朗月(낭월), 明朗(명랑), 朗報(낭보), 朗讀(낭독), 朗誦(낭송)

'良(량)'자에 '물 氵(수)'를 붙여 '물결 浪(랑)'자를 만들었다. '물결'을 뜻하기 위하여 만든 것이다. '물결', '떠돌아다니다', '함부로', '마구', '허망한 모양' 등의 뜻을 나타낸다. 激浪(격랑), 風浪(풍랑), 浪人(낭인), 浪說(낭설), 放浪(방랑), 流浪(유랑), 浪漫(낭만), 浪費(낭비), 虛無孟浪(허무맹랑)

'良(량)'자에 '고을 阝(읍)'을 붙여 '사나이 郞(랑)'자를 만들었다. 본래는 고을 이름이었으나 假借(가차)되어 '벼슬 이름', '사내', '남편' 등의 뜻으로 쓰이게 되었다. 花郞(화랑), 郞子(낭자), 令郞(영랑), 郞君(낭군), 新郞(신랑)

'사나이 郞(랑)'자에 '집 广(엄)'을 붙여 '사랑채 廊(랑)'자를 만들었다. 원래 본채 양쪽 옆의 '담'을 뜻하기 위하여 만든 것이다. 후에 '곁채', '복도' 등의 뜻으로 쓰이게 되었다. 舍廊(사랑), 行廊(행랑), 畵廊(화랑)

'사나이 郞(랑)'자에 '벌레 虫(충)'을 붙여 '사마귀 螂(랑)'자를 만들었다. '좋을 良(량)'에 '벌레 虫(충)'을 붙인 '사마귀 蜋(랑)'자도 同字(동자)이다. 螳螂(당랑), 螳螂窺蟬(당랑규선), 螳螂之斧(당랑지부), 螳螂拒轍(당랑거철)

'良(량)'자에 '여자 女(녀)'를 붙여 '아가씨 娘(낭)'자를 만들었다. '소녀'를 뜻하기 위하여 만든 것이다. '사나이 郞(랑)'에 상대되는 글자이다. 똑같이 '좋을 良(량)'이 쓰인 것을 보면 처녀 총각이 좋긴 좋은가보다. 약간의 차이는 '사나이 郞(랑)'은 [랑]으로, '아가씨 娘(낭)'은 [낭]으로 발음한다. '娘子'와 '郞子'는 똑같이 [낭자]로 발음된다. 사나이 郞子(낭자)는 두음법칙에 의하여 [낭자]가 되었다. 문장 중에 '낭자'라는 말이 나오면 그 내용을 헤아려 구분해야 할 것이다. 娘子(낭자), 娘子軍(낭자군)

'良(량)'자에 '개 犭(견)'을 붙여 '이리 狼(랑)'자를 만들었다. 여기에서 '良(량)'은 '어질다'는 뜻이 아니라 '물결 浪(랑)'의 생략형이다. 이리가 파도처럼 떼를 지어 덮쳐오는 것을 뜻한다. 使羊將狼(사양장랑), 餓狼(아랑), 虎狼(호랑), 狼狽(낭패)

'良(량)'자에 '구슬 玉(옥)'을 붙여 '옥 이름 琅(랑)'자를 만들었다. 사람의 이름자로 쓰인다.

'110 괘 이름 艮(간)'자 참조.

良0626, 朗0559, 浪1303, 郞1438, 廊1222, 娘1553, 狼2682, 螂2970, 琅3526

兩(량) 兩輛倆   169

'두 兩(량)'자는 저울의 두 개의 '추'의 상형이다. '둘', '둘이 어울려 한 쌍이 되거나 한 벌이 되는 것'의 뜻을 나타낸다. '무게 또는 금전의 단위로 쓰인다. 兩面(양면), 兩分(양분), 兩親(양친), 一擧兩得(일거양득), 一口兩匙(일구양시), 進退兩難(진퇴양난)

'兩(량)'자에 '수레 車(거)'를 붙여 '수레 輛(량)'자를 만들었다. 車輛(차량)

'兩(량)'자에 '사람 亻(인)'을 붙여 '재주 倆(량)'자를 만들었다. 兩(량)'자는 天秤(천칭)으로 무게를 다는 뜻, 자잘한 것을 計量(계량)하는 솜씨・수완의 뜻을 나타내고, 人(인)을 붙여 그런 재능 또는 재능을 가진 사람을 뜻한다. 技倆(기량)

兩0681, 輛2000, 倆2172

梁(량) 梁樑梁   170

'들보 梁(량)'자는 '물 氵(수)', '칼 刃(인)', '나무 木(목)'으로 이루어진 글자이다. 후에 '刃(인)'의 우측에 'ヽ'을 하나 덧붙였는데, 글자의 균형을 위해서일 것이다. 도랑이나 하천의 '나무다리'를 뜻하기 위하여 만든 것이다. 후에 나무로 만든 '들보'도 이것으로 나타냈다. '樑(량)'자는 '梁(량)'과 同字(동자)이나 俗字(속자)로 보기도 한다. 棟梁(동량)/棟樑(동량), 上梁(상량)/上樑(상량), 梁上君子(양상군자), 橋梁(교량)

'梁(량)'자에 나무 木(목)'을 붙여 '들보 樑(량)'자를 만들었다. '梁'자와 동자(속자)이다. '들보'의 뜻으로 쓰일 때는 '梁(량)'자와 같이 쓰나, '다리'의 뜻에는 '梁(량)'을 쓰고 '樑(량)'은 쓰지 않는다. '梁上君子(양상군자)'도 '梁(양)'자로만 쓰는데 出典(출전)에 따라 관행으로 그렇게 쓰는 것 같다.

'조 粱(량)'자는 표음요소인 '梁(량)'자와 표의요소인 '쌀 米(미)'가 합쳐진 것이다. '梁(량)'자에서 '나무 木(목)'이 생략되었다. '조', '기장'을 뜻하는 글자이다. 우리나라에서는 '조'는 '粟(속)'으로, '기장'은 '稷(직)' 또는 '黍(서)'로 나타내고, '粱(량)'자는 '수수'를 나타내는 것으로 쓰인다. 字典(자전)에 훈이 '조'로 되어 있으니 그것을 따랐지만 우리나라에서는 '수수 粱(량)'이라고 하는 것이 맞는다고 생각한다. 高粱(고량), 高粱酒(고량주)

梁0572, 樑2079, 粱2821

量(량) 量糧　171

'헤아릴 量(량)'자는 '아침 旦(단)'과 '마을 里(리)'가 합쳐진 구조로 보기 쉬운데 그렇게 해서는 바른 뜻을 구할 수 없다. '재다'라는 뜻을 나타내기 위하여 자루에 담아 분량을 재는 모습을 본뜬 것이다. '재다', '헤아리다', '분량' 등의 의미를 가진다. 量入計出(양입계출), 感慨無量(감개무량), 測量(측량), 量産(양산), 數量(수량), 重量(중량), 度量(도량), 雅量(아량), 力量(역량)

'量(량)'자에 '쌀 米(미)'를 붙여 '양식 糧(량)'자를 만들었다. 곡물, 즉 '먹을거리'를 뜻하는 것이다. 糧穀(양곡), 糧食(양식), 食糧(식량)

'201 마을 里(리)'자 참조.

量0235, 糧1052

呂(려) 呂侶閭宮營　172

'법칙 呂(려)'자는 사람의 등뼈가 이어져 있는 모양을 나타낸 것이다. '이어지다'의 뜻을 나타낸다. 사람의 '姓(성)'으로 쓰인다. 呂氏春秋(여씨춘추)

'呂(려)'자에 '사람 亻(인)'을 붙여 '짝 侶(려)'자를 만들었다. '呂(려)'자는 '이어지다'의 뜻이니, '侶(려)'자는 사람이 죽 이어져 있는 것, 즉 '반려', '동무'의 뜻을 나타낸다. 伴侶者(반려자), 僧侶(승려)

'呂(려)'자를 '문 門(문)' 안에 써서 '마을 閭(려)'자를 만들었다. '집들이 모인 마을의 문'을 뜻한다. 旌閭(정려), 閭閻(여염), 閭巷(여항)

'呂(려)'자를 '집 宀(면)' 아래 써서 '집 宮(궁)'자를 만들었다. '집[宀(면)]'과 방이 서로 연이어 많이 있음을 가리키는 '呂(려)'로 구성된 것이다. 방이 많은 집, 즉 대궐이 본래 뜻인데 일반적 의미의 '집'을 가리키는 것으로 확대 사용된다. 宮闕(궁궐), 宮女(궁녀), 宮殿(궁전), 迷宮(미궁), 王宮(왕궁), 龍宮(용궁), 後宮(후궁), 宮刑(궁형), 宮合(궁합), 子宮(자궁)

'宮(궁)'자와 '등불 熒(형)'자를 합쳐서 '경영할 營(영)'자를 만들었다. 밤이면 경비를 위하여 등불[熒(형)]을 환하게 밝혀 놓은 집, 즉 '군인들이 집단 거주하는 집'을 가리킨다. 軍營(군영), 兵營(병영)의 '營(영)'이 본래의 뜻으로 쓰인 예이다. '경영하다', '짓다', '(이익을) 꾀하다' 등의 뜻으로 쓰인다. 營農(영농), 營業(영업), 經營(경영), 國營(국영), 民營(민영), 運營(운영), 自營(자영), 營養(영양), 營內(영내), 兵營(병영), 野營(야영), 入營(입영), 陣營(진영)

呂3409, 侶1837, 閭2139, 宮0717, 營1038

戾(려) 戾淚　173

'어그러질 戾(려)'자는 '지게 戶(호)'와 '개 犬(견)'자로 이루어졌다. '문간에 있는 집 지키는 개'라는 뜻에서, '사납다', '어그러지다'는 뜻을 나타낸다. 返戾(반려)

'戾(려)'자에 '물 氵(수)'를 붙여 '눈물 淚(루)'자를 만들었다. 淚腺(누선), 落淚(낙루), 丈夫淚(장부루), 催淚彈(최루탄)

戾2431, 淚1669

慮(려) 慮濾攄　174

'생각할 慮(려)'자는 '생각할 思(사)'와 '호피무늬 虍(호)'자로 이루어진 글자이다. 무엇을 도모하고자 하는 '생각'을 뜻하기 위하여 만들어졌다. 후에 '걱정하다'의 뜻도 나타내게 되었다. 考慮(고려), 配慮(배려), 思慮(사려), 千慮一失(천려일실), 念慮(염려), 憂慮(우려)

'慮(려)'자에 '물 氵(수)'를 붙여 '거를 濾(려)'자를 만들었다. 천 따위를 사용해 '액체를 거르다'는 뜻을 나타낸다. 濾過(여과)

'慮(려)'자에 '손 扌(수)'를 붙여 '펼 攄(터)'자를 만들었다. '생각을 이리저리 굴리다'는 뜻을 나타낸다. 攄得(터득)

'304 생각 思(사)'자 참조.

慮0622, 濾2640, 攄2502

麗(려) 麗驪灑　175

'고울 麗(려)'자는 양쪽 뿔이 매우 특이하고 아름다운 사슴을 본뜬 것이다. '사슴 鹿(록)'자 위의 것이 '뿔'의 모양이다. '곱다', '아름답다', '화려하다', '나라 이름' 등의 뜻으로 쓰인다. 美麗(미려), 美辭麗句(미사여구), 秀麗(수려), 流麗(유려), 華麗(화려), 高麗(고려), 高句麗(고구려)

'麗(려)'자에 '말 馬(마)'를 붙여 '나귀 驪(려)'자를 만들었다.

'麗(려)'자에 '물 氵(수)'를 붙여 '물 뿌릴 灑(쇄)'자를 만들었다. '물을 뿌려 곱게 하다'는 뜻에서 '맑고 깨끗하다', '상쾌하다'로 그 뜻이 넓어졌다. 瀟灑(소쇄)

麗0911 驪3428 灑2644

厤(력) 歷曆瀝靂　176

'厤(력)'자는 '벼 禾(화)'자를 두 개 붙여 만든 것으로, '알맞게 늘어설 秝(력)'자이다. '벼를 심은 간격이 알맞고 균일하다', '차례대로 가지런히 늘어놓다'는 뜻이다. 이 '秝(력)'자에 '언덕 厂(한)'을 붙여 '다스릴 厤(력)'자를 만들었다. '언덕 밑의 논에 벼를 가지런히 늘어놓다'는 뜻을 나타낸다. '秝(력)'자나 '厤(력)'자를 이용하여 만들어진 한자어 낱말은 없다. 여러 한자의 구성 요소로 쓰인다.

'지날 歷(력)'자는 '차례대로 가지런히 늘어놓다'의 뜻인 '厤(력)'자와 '발'의 뜻인 '止(지)'로 이루어진 글자이다. '사람이 걸어온 발자취를 차례대로 가지런히 늘어놓은 것'이라는 뜻이다. '지내다', '공간을 거쳐 가다', '시간을 치러 넘기다', '지내온 일' 등의 뜻을 나타낸다. '분명하다'는 뜻도 있다. 歷代(역대), 歷史(역사), 經歷(경력), 來歷(내력), 履歷(이력), 歷歷(역력)

'歷(력)'자에 '날 日(일)'을 붙여 '책력 曆(력)'자를 만들었다. 해의 변동을 정하는 법, 즉 '책력'을 뜻하기 위하여 만든 것이다. 시간의 경과를 차례대로 가지런히 늘어놓은 것이 책력이다. '歷(력)'이 사람이 지나온 과거의 행적을 의미한다면, '曆(력)'은 인간이 지내왔거나 또는 앞으로 겪어야 할 '시간[日(일)]'의 행적을 의미한다. 曆法(역법), 西曆(서력), 陽曆(양력), 陰曆(음력), 冊曆(책력)

'歷(력)'자에 '물 氵(수)'를 붙여 '거를 瀝(력)'자를 만들었다. '거르다', '밭치다', '쏟다' 등의 뜻을 나타낸다. 瀝靑(역청), 披瀝(피력)

'歷(력)'자에 '비 雨(우)'를 붙여 '천둥 靂(력)'자를 만들었다. '천둥', '벼락'을 뜻한다. 霹靂(벽력), 靑天霹靂(청천벽력)

'036 겸할 兼(겸)'자 참조.

歷0306, 曆1281, 瀝2442, 靂3319

連(련) 連 蓮 漣　177

'이을 連(련)'자는 '길을 가다'의 뜻인 '辶(착)'과 '수레 車(거)'가 합쳐진 것으로 '人力車(인력거)'가 본뜻이라고 한다. 후에 '이어지다'는 뜻으로 확대 사용되자, 본래의 의미는 '인력거 輦(련)'자를 따로 만들어 나타냈다. 다른 학설로는 '連(련)'자는 '수레 車(거)'와 '쉬엄쉬엄 갈 辶(착)'의 합자로, 수레 여러 대가 줄지어 가는 모습에서 '이어지다'라는 뜻을 나타낸다고 풀이하고 있다. 連結(연결), 連帶(연대), 連絡(연락), 連續(연속), 一連(일련), 連行(연행)

'連(련)'자에 '풀 艹(초)'를 붙여 '연꽃 蓮(련)'자를 만들었다. 불교에서 연꽃은 번뇌에서 벗어난 아주 깨끗한 세상을 뜻하는 것으로, '蓮(련)'자를 많이 쓴다. 蓮根(연근), 蓮花(연화), 木蓮(목련)

'連(련)'자에 '물 氵(수)'를 붙여 '잔물결 漣(련)'자를 만들었다. '지명으로 쓰인다.

連0890, 蓮1755, 漣3485

䜌(련/란) 戀 攣 鸞 欒 蠻 彎 灣 變　178

'어지러울 䜌(련/란)'자는 두 개의 '실 糸(사)'자 사이에 '말씀 言(언)'자를 끼워 넣은 것이다. 뒤엉킨 실 사이에 또 말을 끼워 넣으니 참 어지럽겠다. [련]과 [란] 두 음이 같이 쓰인다. 한자어 낱말은 없다.

'䜌(련)'자에 '마음 心(심)'을 붙여 '사모할 戀(련)'자를 만들었다. 젊은이들이여! '戀愛(연애)'라는 것이 뒤엉킨 실 사이에 또 말을 끼워 넣는 것처럼 어지러운 것이라네. 농담이었네. '䜌(련)'자는 표음요소로 쓰인 것이라서 뜻과는 상관이 없는 것이다. 戀愛(연애), 戀人(연인), 失戀(실연)

'䜌(련)'자에 '손 手(수)'를 붙여 '오그라질 攣(련)'자를 만들었다. 손발이 '오그라지다'는 뜻이다. 痙攣(경련), 胃痙攣(위경련)

'䜌(란)'자에 '새 鳥(조)'를 붙여 '난새 鸞(란)'자를 만들었다. 봉황의 일종인 신령스런 '난새'를 뜻한다.

'䜌(란)'자에 '나무 木(목)'을 붙여 '둥글 欒(란)'자를 만들었다. '모감주나무 欒(란)'이라고도 한다. 團欒(단란)

'䜌(란)'자에 '벌레 虫(충)'을 붙여 '오랑캐 蠻(만)'자를 만들었다. 고대 중국의 남방 지역에 살던 소수민족을 지칭하기 위하여 만든 것이었다. '벌레 虫(충)'이 표의요소로 쓰인 것은 그들을 깔보았던 때문인 듯하다. '어지러울 䜌(란)'은 표음요소이다. '미개인', '야만', '권력·힘을 제멋대로 행하다'의 뜻을 나타낸다. 蠻行(만행), 南蠻北狄(남만북적), 野蠻(야만), 夷蠻戎狄(이만융적), 蠻勇(만용)

'䜌(란)'자에 '활 弓(궁)'을 붙여 '굽을 彎(만)'자를 만들었다. '활이 휘다', '활을 당기다'의 뜻을 나타낸다. 彎曲(만곡)

'굽을 彎(만)'자에 '물 氵(수)'를 붙여 '물굽이 灣(만)'자를 만들었다. 바닷가의 '물굽이'를 뜻한다. '彎(만)'자는 표의요소와 표음요소를 겸하는 글자이다. 港灣(항만)

'바뀔 變(변)'자는 '어지러울 䜌(련)'과 '칠 攵(복)'으로 이루어졌다. '바꾸다', '변하다', '고치다', '보통과 다르다', '갑자기 일어난 사건' 등 여러 가지 뜻을 나타낸다. '사모할 戀(련)'에서 사모하는 마음[心]이 없어지면, 즉 變心(변심)하면 가슴을 치게칠 攵(복)] 된다. 變更(변경), 變德(변덕), 變態(변태), 變化(변화), 變動(변동), 異變(이변), 變故(변고), 事變(사변), 慘變(참변), 天災地變(천재지변), 變則(변칙), 臨機應變(임기응변)

戀0372, 攣3232, 鸞3190, 欒3246, 蠻1765, 彎2371, 灣1924, 變0637

列(렬) 列 烈 裂 例　179

'벌릴 列(렬)'자는 '앙상한 뼈 歹(알)'과 '칼 刂(도)'로 이루어졌다. '列(렬)'자는 '찢을 裂(렬)'의 原字(원자)이다. 본뜻은 '찢다'였는데, '줄지어 늘어놓다'는 뜻으로 쓰이게 되자, 본뜻은 '옷 衣(의)'를 붙여 '裂(렬)'자를 만들어냈다. '벌이다', '늘어놓다', '여러', '줄', '차례' 등 여러 가지 뜻을 나타낸다. 列擧(열거), 羅列(나열), 陳列(진열), 列强(열강), 列外(열외), 列車(열차), 隊列(대열), 整列(정렬), 序列(서열)

'列(렬)'자에 '불 灬(화)'를 붙여 '매울 烈(렬)'자를 만들었다. 맹렬히 타오르는 '불길'이 본뜻이다. '세차다', '굳세다' 등의 뜻으로 쓰인다. 烈火(열화), 强烈(강렬),

激烈(격렬), 猛烈(맹렬), 熾烈(치열), 殉國先烈(순국선열), 壯烈(장렬), 痛烈(통렬),

'列(렬)'자에 '옷 衣(의)'를 붙여 '찢을 裂(렬)'자를 만들었다. 옷이 '찢어지다'는 뜻을 나타내기 위하여 만든 것이다. 裂傷(열상), 決裂(결렬), 分裂(분열), 四分五裂(사분오열), 支離滅裂(지리멸렬),

'列(렬)'자에 '사람 亻(인)'을 붙여 '본보기 例(례)'자를 만들었다. '나란히 하다'가 본뜻이었는데, '같은 類(류)', '先例(선례)' 등의 뜻으로 확대 사용되었다. 例規(예규), 條例(조례), 例年(예년), 例事(예사), 比例(비례), 實例(실례), 異例(이례)

列0682, 烈1035, 裂1766, 例0286

鬣(렵) 獵臘蠟　180

'목 갈기 鬣(렵)'자는 '말' 따위의 짐승의 목에 난 '갈기'를 뜻하는 글자이다. 가운데 부분 '囟(신)'은 머리의 문, 즉 '정수리'를 뜻한다. 머리 위에는 짧은 털, 그 아래 목에는 긴 털의 모양을 나타낸다. '뇌 腦(뇌)'의 오른쪽, '쥐 鼠(서)'의 아랫부분이 합쳐진 것과 같다. 한자어 낱말은 없다.

'鬣(렵)'자에 '개 犭(견)'을 붙여 '사냥 獵(렵)'자를 만들었다. 개를 데리고 가서 '사냥하다'는 뜻을 나타내기 위하여 만든 것이다. '사냥하다', '찾다', '거치다' 등의 뜻으로 쓰인다. 獵銃(엽총), 狩獵(수렵), 川獵(천렵), 獵奇(엽기), 涉獵(섭렵)

'鬣(렵)'자에 '고기 月(육)'을 붙여 '섣달 臘(랍)'자를 만들었다. '섣달', '승려의 한 해' 등의 뜻을 나타낸다. 臘月(납월), 臘日(납일), 舊臘(구랍), 法臘(법랍)

'鬣(렵)'자에 '벌레 虫(충)'을 붙여 '밀랍 蠟(랍)'자를 만들었다. 꿀벌의 집을 끓여서 짜낸 기름인 '밀랍'을 뜻한다. 蠟淚(납루), 蜜蠟(밀랍)

獵1932, 臘2909, 蠟2973

令(령) 令領嶺零伶囹鈴齡玲 冷命　181

'영 令(령)'자의 아랫부분은 '병부절 卩(절)'이다. '卩(절)'은 사람이 무릎을 꿇고 있는 모습을 나타낸 것이다. 윗부분은 머리에 쓰는 '冠(관)'을 나타낸 것이라고 한다. 관을 쓴 높은 사람이 내린 명령을 무릎을 꿇고 듣는다. 이것이 '令(령)'자가 만들어진 내력이란다. '명령', '우두머리', '남에 대한 높임말', '가령' 등의 뜻으로 쓰인다. 命令(명령), 發令(발령), 法令(법령), 令監(영감), 令夫人(영부인), 假令(가령)

'令(령)'자에 '머리 頁(혈)'을 붙여 '거느릴 領(령)'자를 만들었다. '고개[頁]를 숙이고 신의 명령[令]을 듣다'가 본뜻이라고 한다. '거느리다', '수령하다', '차지하다', '요점', '우두머리' 등 여러 가지 뜻을 가지고 있다. 領導(영도), 領域(영역), 領土(영토), 領收證(영수증), 領有(영유), 占領(점령), 橫領(횡령), 綱領(강령), 要領(요령), 領袖(영수), 領議政(영의정), 少領(소령), 大統領(대통령)

'거느릴 領(령)'자에 '메 山(산)'을 붙여 '고개 嶺(령)'자를 만들었다. '산길'을 뜻한다. 嶺南(영남), 嶺東(영동), 大關嶺(대관령), 分水嶺(분수령)

'令(령)'자에 '비 雨(우)'를 붙여 '조용히 오는 비 零(령)'자를 만들었다. 본래 비가 그칠 무렵에 서서히 내리는 나머지 비, 즉 '가랑비'를 뜻하는 것이었다. '떨어지다', '없어지다', '없음', '영' 등의 뜻으로 쓰인다. 零落(영락), 零細(영세), 零點(영점), 零下(영하),

'令(령)'자에 '사람 亻(인)'을 붙여 '영리할 伶(령)'자를 만들었다. '영리하다'는 뜻을 나타낸다. 伶俐(영리)/怜悧(영리)

'令(령)'자를 '에워쌀 囗(위)'자 안에 넣어 '옥 囹(령)'자를 만들었다. '감옥'을 뜻한다. 囹圄(영어)

'令(령)'자에 '쇠 金(금)'을 붙여 '방울 鈴(령)'자를 만들었다. 흔들어 소리가 나게 하는 작은 쇠붙이로 만든 종 모양의 물건을 뜻한다. 搖鈴(요령), 猫頭懸鈴(묘두현령), 啞鈴(아령)

'令(령)'자에 '구슬 玉(옥)'을 붙여 '옥소리 玲(령)'자를 만들었다. 사람 이름자로 쓰인다.

'令(령)'자에 '이 齒(치)'를 붙여 '나이 齡(령)'자를 만들었다. 高齡(고령), 樹齡(수령), 年齡(연령), 適齡(적령)

'令(령)'자에 '얼음 冫(빙)'을 붙여 '찰 冷(랭)'자를 만들었다. '차다', '식히다', '인정이 없다', '깔보다' 등의 뜻을 나타낸다. 冷麪(냉면), 冷房(냉방), 冷藏庫(냉장고), 寒冷(한랭), 冷情(냉정), 冷待(냉대), 冷笑(냉소), 冷却(냉각), 冷凍(냉동), 冷水(냉수)

'令(령)'자에 '입 口(구)'를 붙여 '목숨 命(명)'자를 만들었다. '令(령)'은 임금이 내리는 명령, 이 명령을 입[口]을 통해 내리는 것이 '命(명)'이란 뜻이다. 임금은 옛날에는 백성들의 생명을 좌우하는 권위를 가졌기 때문에 '목숨', '운명'의 뜻으로도 쓰이게 되었다. '목숨', '수명', '명령을 내리다' '이름을 붙이다' '표적', '하늘의 뜻' '운수' 등의 뜻을 나타낸다. 命脈(명맥), 生命(생명), 壽命(수명), 薄命(박명), 命令(명령), 任命(임명), 抗命(항명), 命名(명명), 命題(명제), 命中(명중), 宿命(숙명), 運命(운명), 革命(혁명)

令0225, 領0662, 嶺1214, 零1814, 伶2167, 囹2274, 鈴3105, 齡3202, 玲3512, 冷0362, 命0224

豊(례/풍) 豊禮醴體艶　182

'굽 높은 그릇 豊(례)/풍년 豊(풍)'자는 제사나 예식 때 음식물을 담는 데 쓰인 굽이 높은 그릇을 뜻하는 글자였다. '풍년 豊(풍)'자의 속자이기도 하다. 정자인 '豐(풍)'자는 1급 한자에도 끼지 못하고, 속자였던 '豊(풍)'자가 4-II급 중학교용 한자로 지정될 정도로 정자의 지위로 쓰이고 있다. 원래는 '豊(례)'자였는데 '豊(례)'자로 쓰인 한자어 낱말은 없다. '豊(풍)'자는 '풍년', '넉넉하다', '가득 차다', '많다', '족하다', '살찌다' 등의 뜻을 나타낸다. 豊年(풍년), 豊作(풍작), 豊漁(풍어), 豊凶(풍흉), 時和年豊(시화연풍), 豊富(풍부), 豊盛(풍성), 豊饒(풍요), 豊足(풍족), 豊滿(풍만)

'굽 높은 그릇 豊(례)'자에 '제사 示(시)'를 붙여 '예도 禮(례)'자를 만들었다. '禮(예)'자의 원래 글자인 '豊(례)'자는 제사에 쓸 음식을 담아 놓은 그릇을 나타낸 것이었다. 후에 '제사 示(시)'가 보태졌다. 제사에는 여러 가지 예법과 예의를 지켜야 했다. '예도', '예절', '예를 적은 책', '경의를 표하다', '폐백' 등의 뜻을 나타낸다. 禮(례), 禮儀(예의), 敬禮(경례), 無禮(무례), 虛禮虛飾(허례허식), 過恭非禮(과공비례), 禮記(예기), 禮拜(예배), 禮佛(예불), 禮讚(예찬), 巡禮(순례), 禮單(예단), 禮緞(예단), 禮物(예물), 冠禮(관례), 婚禮(혼례), 喪禮(상례), 祭禮(제례)

'豊(례)'자에 '닭 酉(유)'를 붙여 '단술 醴(례)'자를 만들었다. 지명으로 쓰인다.

'豊(례)'자에 '뼈 骨(골)'을 붙여 '몸 體(체)'자를 만들었다. 여기서 '豊(례)'자는 '많이 모이다'의 뜻이다. 뼈가 많이 모여 있으니 '몸'을 나타낸다. '骨(골)'과 '豊(례)'가 둘 다 그 뜻을 분담하고 있다. 略字(약자)는 '体(체)'이다. '사람의 몸'을 뜻할 때는 약자인 '体(체)'자를 쓰지 않는다. (부모로부터 받은 몸은 소중한 것인데 획수가 좀 많아 쓰기가 번거롭다고 정자를 버리면 안 되지.) '몸', '물건이나 기계 기구의 몸체', '집단의 몸체', '모양', '격식', '법', '도리', '근본', '차례', '몸소' 등의 여러 가지 뜻을 나타낸다. 體力(체력), 體育(체육), 體重(체중), 身體(신체), 肉體(육체), 體積(체적), 車體(차체), 機體(기체), 解體(해체), 共同體(공동체), 企業體(기업체), 團體(단체), 體面(체면), 體統(체통), 字體(자체), 筆體(필체), 體制(체제), 固體(고체), 氣體(기체), 液體(액체), 物體(물체), 半導體(반도체), 病原體(병원체), 結晶體(결정체), 體系(체계), 體得(체득), 體驗(체험)

'풍년 豊(풍)'자에 '색 色(색)'을 붙여 '고울 艶(염)'자를 만들었다. '윤기가 나며 아름답다', '곱다', '요염하다'는 뜻이다. 艶聞(염문), 競艶(경염), 妖艶(요염)

豊0883, 禮0276, 醴3588, 體0079, 艶2914

老(로) 老耆嗜 183

'늙을 老(로)자는 '늙다'는 뜻을 나타내기 위하여 지팡이를 짚고 서 있는 늙은이의 모습을 본뜬 것이라고 한다. '늙다', '나이를 많이 먹다', '노련하다' 등의 뜻으로 쓰인다. 老少(노소), 老人(노인), 老婆心(노파심), 敬老(경로), 生老病死(생로병사), 老馬之智(노마지지), 老朽(노후), 老鍊(노련), 老熟(노숙), 百戰老將(백전노장), 元老(원로), 老子(노자)

'늙을 老(로)'자에 '맛있을 旨(지)'를 붙여 '늙을 耆(기)'자를 만들었다. '예순 살 또는 일흔 살 이상의 늙은 이'를 뜻한다. 비수 匕(비) 하나가 생략되었다. 耆年(기년), 耆老所(기로소)

'늙을 耆(기)'자에 '입 口(구)'를 붙여 '즐길 嗜(기)'자를 만들었다. '맛있어 하며 즐기다'는 뜻을 나타낸다. 嗜好品(기호품)

'055 생각할 考(고)'자 참조.
'501 놈 者(자)'자 참조.
老0170, 耆2111, 嗜2258

盧(로) 盧爐蘆廬 184

'성씨 盧(로)'자는 '범의 문채 虍(호)', '밭 田(전)', '그릇 皿(명)'으로 이루어졌다. '姓(성)'으로 쓰인다.

'盧(로)'자에 '불 火(화)'를 붙여 '화로 爐(로)'자를 만들었다. '화로'를 뜻하기 위한 글자이다. 煖爐(난로), 火爐(화로), 夏爐冬扇(하로동선), 香爐(향로)

'盧(로)'자에 '풀 ++(초)'를 붙여 '갈대 蘆(로)'자를 만들었다.

'盧(로)'자에 '집 广(엄)'을 붙여 '오두막집 廬(려)'자를 만들었다. 草廬(초려), 三顧草廬(삼고초려), 廬幕(여막)

盧3540, 爐1323, 蘆3571, 廬2055

虜(로) 虜擄 185

'사로잡을 虜(로)'자는 '범의 문채 虍(호)', '꿰뚫 毌(관)', '힘 力(력)'으로 이루어진 글자이다. '범의 문채 虍(호)'와 사내 男(남)으로 이루어진 것이 아니다. 또 '밭 田(전)'이나 '없을 毋(무)'가 아니라 '꿰뚫 毌(관)'으로 써야 한다. 전쟁에서 사로잡은 포로들을 새끼줄로 죽 꿰어 묶었던 데서 온 글자이다. 虜獲(노획), 捕虜(포로), 胡虜(호로)

'虜(로)'자에 '손 扌(수)'를 붙여 '노략질할 擄(로)'자를 만들었다. 擄掠(노략), 侵擄(침노)

虜2955, 擄2493

彔(록) 綠錄祿碌剝 186

'나무 새길 彔(록)'자는 '돼지머리 彑(계)'와 '물 氺(수)'로 이루어진 글자이다. '나무를 깎아 새기다'는 뜻이다. 한자어 낱말은 없다.

'彔(록)'자에 '실 糸(사)'를 붙여 '초록빛 綠(록)'자를 만들었다. '초록색 비단'을 뜻하는 것이었다. 綠陰(녹음), 常綠樹(상록수), 草綠(초록)

'彔(록)'자에 '쇠 金(금)'을 붙여 '기록할 錄(록)'자를 만들었다. '금색'이 본뜻이니 '쇠 金(금)'이 표의요소로 쓰였다. '나무 깎을 彔(록)'은 표음요소이다. 귀중한 내용은 영원히 변하지 않는 금으로 기록하였나보다. '기록하다', '적다', '문서' 등의 뜻을 나타낸다. 錄音(녹음),

錄畵(녹화), 記錄(기록), 登錄(등록), 目錄(목록)

'彔(록)'자에 '제사 示(시)'를 붙여 '복 祿(록)'자를 만들었다. 조상신에 대한 제사를 통하여 받을 수 있는 '복'을 뜻한다. 후에 옛날 관리들이 황실로부터 받는 '봉급'을 뜻하는 것으로 쓰이게 되었다. 祿俸(녹봉), 國祿(국록), 貫祿(관록)

'彔(록)'자에 '돌 石(석)'을 붙여 '푸른 돌 碌(록)'자를 만들었다. 地名(지명)으로 쓰인다.

'彔(록)'자에 '칼 刂(도)'를 붙여 '벗길 剝(박)'자를 만들었다. '칼로 째다', '벗기다', '지위나 자격 따위를 빼앗다'의 뜻을 나타낸다. 剝製(박제), 剝脫(박탈), 剝奪(박탈), 剝職(박직)

綠0180, 錄0271, 祿1707, 碌3369, 剝2200

賴(뢰) 賴懶癩　187

'힘입을 賴(뢰)'자는 돈으로 쓸 '조개[貝(패)]'를 '칼刀(도)]'로 잘 다듬어 '다발[束(속)]'로 엮어 안전한 곳에 두거나 믿을 만한 사람에게 '맡기다'는 뜻이다. 후에 '부탁하다', '믿다'는 뜻으로 그 뜻이 넓어졌다. 依賴(의뢰), 無賴漢(무뢰한), 信賴(신뢰)

'賴(뢰)'자에 '마음 忄(심)'을 붙여 '게으를 懶(라)'자를 만들었다. '賴(뢰)'자는 표음요소로 쓰인 것이다. '마음이 지치다', '게으르다'는 뜻을 나타낸다. 懶怠(나태)

'賴(뢰)'자에 '병 疒(역)'을 붙여 '문둥병 癩(라)'자를 만들었다. 癩病(나병)

'341 묶을 束(속)'자 참조.

賴1415, 懶2425, 癩2738

畾(뢰) 儡壘疊　188

'밭 사이 땅 畾(뢰)'자는 '밭 田(전)'자를 세 개 포개어 만든 글자로, '논밭 사이의 땅'을 나타낸다.

'畾(뢰)'자에 '사람 亻(인)'을 붙여 '꼭두각시 儡(뢰)'자를 만들었다. '꼭두각시', '인형'의 뜻을 나타낸다. '망치다' 또는 '피로하다'는 뜻도 가지나 성어로 쓰이는 예는 적다. 傀儡(괴뢰)

'畾(뢰)'자에 '흙 土(토)'를 붙여 '진 壘(루)'자를 만들었다. '흙을 포개서 쌓은 진'을 뜻한다. 야구의 '베이스'를 뜻하기도 한다. 堡壘(보루), 一壘(일루), 滿壘(만루), 進壘(진루)

'畾(뢰)'자에 '마땅할 宜(의)'를 붙여 '겹쳐질 疊(첩)/거듭 疊(첩)'자를 만들었다. '畾(뢰)'자는 같은 모양의 것을 '포개다'는 뜻이다. 어쩌다가 '宜(의)'자를 만났을까? 차라리 '또 且(차)'를 만날 것이지. '宜(의)'자의 '집 宀(면)'에서 [점丶]이 생략되었다. '겹쳐지다', '포개다', '여러 겹이 되다'는 뜻을 나타낸다. 重疊(중첩)

'193 포갤 累(루)'자 참조.

儡1844, 壘2287, 疊2710

尞(료) 僚療遼燎瞭寮　189

'화톳불 尞(료)'자의 윗부분은 '나무 木(목)'과 '불 火(화)'가 결합된 형태이고, '日(일)'은 불을 지피는 장소, 아래의 '小(소)'는 '솥鼎(정)'을 나타낸다. 솥 같은 화로에서 장작불처럼 밝다. 바로 '화톳불'의 모양이다. 이 '尞(료)'자로 만들어진 한자어는 없다.

'尞(료)'자에 '사람 亻(인)'을 붙여 '동료 僚(료)'자를 만들었다. 본래는 '예쁜 사람'을 뜻하기 위한 것이었는데, '동료', '벼슬아치' 등의 뜻으로 쓰인다. 同僚(동료), 官僚(관료), 官僚主義(관료주의)

'尞(료)'자에 '병 疒(역)'을 붙여 '병 고칠 療(료)'자를 만들었다. '(병을) 치료하다'는 뜻을 나타내기 위하여 만든 것이다. 療飢(요기), 療養(요양), 醫療(의료), 診療(진료), 治療(치료)

'尞(료)'자에 '길 갈 辶(착)'을 붙여 '멀 遼(료)'자를 만들었다. '먼 길'의 뜻을 나타낸다. 遼遠(요원), 遼東(요동)

'尞(료)'자에 '불 火(화)'를 붙여 '횃불 燎(료)'자를 만들었다. '화톳불 尞(료)'자는 '燎(료)'자의 原字(원자)로 불위에 쌓아 놓은 나무와 흩어지는 불티의 모양을 나타낸 것이었다. 여기에 '불 火(화)'를 붙여 '횃불', '불을 놓다'는 뜻을 나타내었다. 燎原(요원), 燎原之火(요원지화)

'尞(료)'자에 '눈 目(목)'을 붙여 '밝을 瞭(료)'자를 만들었다. 눈동자가 흐릿하지 않고 맑은 상태를 말한다. 눈동자가 맑으면 사물을 보는 눈이 밝은 데서, '밝다'라는 뜻이 파생되었다. 明瞭(명료), 一目瞭然(일목요연)

'尞(료)'자에 '집 宀(면)'을 붙여 '벼슬아치 寮(료)'자를 만들었다. '벼슬아치'를 나타낼 때 '僚(료)'와 같은 뜻이어서 '僚(료)'자가 쓰이고, 이 글자는 잘 쓰이지 않는다.

僚1848, 療1936, 遼2131, 燎2662, 瞭2753, 寮3343

翏(료) 寥謬膠戮　190

'높이 날 翏(료)'자는 양 날개[羽(우)]와 꽁지깃을 연이은 모양을 본뜬 것이다. '높이 나는 모양', '바람 소리'의 뜻을 나타낸다. 한자어 낱말은 없다.

'翏(료)'자에 '집 宀(면)'을 붙여 '쓸쓸할 寥(료)'자를 만들었다. '집이 텅 비어 공허하다'는 뜻이다. 寂寥(적요)

'翏(료)'자에 '말씀 言(언)'을 붙여 '그릇될 謬(류)'자를 만들었다. 말을 '그르치다'는 뜻을 나타내기 위하여 만든 것이다. 誤謬(오류), 訛謬(와류)

'翏(료)'자에 '고기 月(육)'을 붙여 '아교 膠(교)'자를 만들었다. 쇠가죽을 진하게 고아 굳힌 '갖풀'을 뜻하기 위하여 만든 것이다. '아교', '아교로 붙이다', '끈끈하다'는 뜻을 나타낸다. 膠匣(교갑), 膠質(교질), 膠着(교착), 阿膠(아교)

'翏(료)'자에 '창 戈(과)'를 붙여 '죽일 戮(륙)'자를 만들었다. '창으로 죽이다'는 뜻을 나타낸다. 屠戮(도륙), 殺戮(살륙), 戮屍(육시)

寥2338, 謬1990, 膠1965, 戮2430

龍(룡) 龍籠聾壟瓏襲寵龐 191

'용 龍(룡)'자는 용의 모양을 본뜬 것이다. 용을 본 사람이 없을 터이니 상상의 그림에서나 볼 수 있을 것이다. 그림 속의 용의 모습을 보자. 첫째 '辛(신)'자를 닮은 '머리'를 가지고 있다. '辛(신)'자는 무시무시한 글자이다. 머리 아래에는 살[月(육)로 이루어진 몸이 있다. 몸은 뱀처럼 구불구불하다. 그리고 등에는 각질의 뼈가 무섭게 돋아나 있다. 이제 우리는 '龍(용)'자를 쉽게 쓸 수 있게 되었다. '龍(룡)'자는 '용'뿐만 아니라 '임금·제왕의 비유', '뛰어난 인물'을 비유하기도 한다. 龍宮(용궁), 龍頭蛇尾(용두사미), 恐龍(공룡), 登龍門(등용문), 龍顔(용안), 龍虎相搏(용호상박)

'龍(룡)'자는 部首(부수)로 쓰인다. 여기 소개되는 한자들은 부수 '龍(룡)'에 속해 있지 않은 것들을 포함해서 '龍(룡)'자를 글자의 구성요소로 쓰인 한자들을 모은 것이다.

'龍(룡)'자에 '대 竹(죽)'을 붙여 '대그릇 籠(롱)'자를 만들었다. 대나무로 만든 '바구니'를 뜻한다. 籠城(농성), 籠球(농구), 籠絡(농락), 籠鳥戀雲(농조연운)

'龍(룡)'자에 '귀 耳(이)'를 붙여 '귀머거리 聾(롱)'자를 만들었다. '귀머거리'를 뜻한다. 聾兒(농아), 聾啞(농아)

'龍(룡)'자에 '흙 土(토)'를 붙여 '밭두둑 壟(롱)'자를 만들었다. 용의 모양처럼 구불구불 너울거리는 '밭두둑'을 뜻한다. 壟斷(농단)

'龍(룡)'자에 '구슬 玉(옥)'을 붙여 '옥소리 瓏(롱)'자를 만들었다. 사람의 이름자로 쓰인다.

'龍(룡)'자에 '옷 衣(의)'를 붙여 '엄습할 襲(습)'자를 만들었다. 죽은 사람에게 입히는 '수의'를 뜻하기 위하여 만든 글자이니 '옷 衣(의)'가 표의요소이다. '물려받다', '갑자기', '습격하다', '죽은 사람에게 옷을 입히다'는 뜻으로 쓰인다. 襲擊(습격), 奇襲(기습), 逆襲(역습), 踏襲(답습), 世襲(세습), 殮襲(염습)

'龍(룡)'자에 '집 宀(면)'을 붙여 '사랑할 寵(총)'자를 만들었다. 용은 상상의 동물, 신성하고 존귀한 동물이다. 그런 동물을 모신 집을 '숭상하다', '공경하다'는 뜻을 나타낸다. 寵兒(총아), 寵愛(총애), 恩寵(은총)

'龍(룡)'자에 '집 广(엄)'을 붙여 '높은 집 龐(방)'자를 만들었다. '姓(성)'으로 쓰인다.

龍1124, 籠1948, 聾2250, 壟2300, 瓏3364, 襲1395, 寵2341, 龐3436

婁(루) 樓屢數 192

'끌 婁(루)'자는 긴 머리를 틀어 올리고 그 위에 다시 장식을 꽂은 여성의 모양을 본뜬 것이라고 한다. '자주', '박아 넣다', '아로새기다'는 뜻을 위하여 만들어졌다. '옷자락을 바닥에 대고 끌다', '별 이름'을 뜻하는 것으로도 쓰인다. 한자어 낱말은 없다.

'婁(루)'자에 '나무 木(목)'을 붙여 '다락 樓(루)'자를 만들었다. 나무로 2층 이상의 높이로 지은 '다락집'을 뜻하는 것이다. '망루', '기생집'의 뜻으로도 쓰인다. 樓閣(누각), 沙上樓閣(사상누각), 樓臺(누대), 戍樓(수루), 妓樓(기루), 酒樓(주루)

'婁(루)'자에 '주검 尸(시)'를 붙여 '여러 屢(루)'자를 만들었다. '자주', '여러'의 뜻으로 쓰인다. '포갤 累(루)'자와 의미와 쓰임새가 거의 같아 함께 쓰인다. 屢年(누년)/累年(누년), 屢代(누대)/累代(누대), 屢次(누차)/累次(누차)

'婁(루)'자에 '칠 攵(복)'을 붙여 '셀 數(수)/자주 數(삭)'자를 만들었다. 여기서 '婁(루)'자는 '끊이지 않고 계속하다'의 뜻이다. '계속해서 치다'의 뜻에서 '헤아리다', '셈하다'의 뜻으로 쓰인다. '셈하다'의 뜻으로 쓰일 때는 [쉬로, '자주'라는 뜻으로 쓰일 때는 [삭]으로 읽는다. '수', '셈하다', '약간의', '운수', '꾀', '수단', '자주' 등의 뜻을 나타낸다. 數字(수자), 數學(수학), 未知數(미지수), 分數(분수), 指數(지수), 數量(수량), 多數決(다수결), 額數(액수), 點數(점수), 數次(수차), 口舌數(구설수), 運數(운수), 財數(재수), 權謀術數(권모술수), 數尿症(삭뇨증), 手數料(수수료)

樓1291, 屢1562, 數0234

累(루) 累螺 193

'포갤 累(루)'자는 '실 糸(사)'와 밭 사이 땅 畾(뢰)'로 이루어진 글자이다. '畾(뢰)'자는 '포개다'의 뜻이다. 후에 '田(전)'으로 간략하게 되었다. '포개다', '묶다', '여러' 등의 뜻으로 쓰인다. '여러'라는 뜻으로 쓰일 때는 '屢(루)'자와 함께 쓴다. 累加(누가), 累卵(누란), 累積(누적), 累進稅(누진세), 累次(누차)/屢次(누차), 連累(연루)

'累(루)'자에 '벌레 虫(충)'을 붙여 '소라 螺(라)'자를 만들었다. '소라', '소라 모양을 한 조개 종류의 총칭' 등으로 쓰인다. 螺絲(나사), 螺線(나선), 螺鈿漆器(나전칠기)

累1721, 螺2971

㐬(류) 流硫琉疏/疎 蔬梳醯 194

'흐를 流(류)'자는 '물 氵(수)'와 '깃발 㐬(류)'자가 합쳐진 글자이다. '물이 흐르다'의 뜻을 나타내기 위하여 만들어진 글자이다. '물이 흐르다', '세월이 흐르다', '떠내려가다', '떠돌아다니다', '출처를 알지 못하다', '제멋대로 행동하다', '같은 종류', '귀양 보내다', ' 태아가 죽어서 모태 밖으로 나오다' 등 여러 가지 뜻을 나타낸다. 流動(유동), 流體(유체), 氣流(기류), 電流(전류), 潮流(조류), 流暢(유창), 靑山流水(청산유수), 流失(유실), 漂流(표류), 流轉(유전), 流血(유혈), 流彈(유탄), 流星(유성), 流浪

(유량), 流通(유통), 流行(유행), 物流(물류), 時流(시류), 流配(유배), 流言蜚語(유언비어), 流用(유용), 合流(합류), 女流(여류), 主流(주류), 一流(일류), 三流(삼류), 上流(상류), 風流(풍류), 流産(유산)

'깃발 㐬(류)'자에 '돌 石(석)'을 붙여 '유황 硫(류)'자를 만들었다. 암석의 일종인 '硫黃(유황)'을 뜻하기 위하여 만든 것이다. 硫酸(유산), 硫黃(유황)

'깃발 㐬(류)'자에 '구슬 玉(옥)'을 붙여 '유리 琉(류)'자를 만들었다. 琉璃(유리), 琉璃窓(유리창)

'깃발 㐬(류)'자에 '발 疋(소)'를 붙여 '트일 疏(소)'자를 만들었다. '멀어지다', '멀리하다', '거칠다', '적다' 등의 뜻을 나타낸다. '발 疋(소)'에 '묶을 束(속)'자를 붙인 疎(소)자는 俗字(속자)이다. 疏通(소통), 意思疏通(의사소통), 疏外(소외), 疏遠(소원), 生疏(생소), 親疏(친소), 疏開(소개), 疏脫(소탈), 疏忽(소홀), 疏請(소청), 上疏(상소)

'트일 疏(소)'자에 '풀 艹(초)'를 붙여 '푸성귀 蔬(소)'자를 만들었다. 먹을 수 있는 풀, 즉 '나물'을 뜻한다. 菜蔬(채소)/蔬菜(소채)

'깃발 㐬(류)'자에 '나무 木(목)'을 붙여 '얼레빗 梳(소)'자를 만들었다. 梳髮(소발), 梳洗(소세)

'초 醯(혜)'자는 '닭 酉(유)', '깃발 㐬(류)', '그릇 皿(명)'으로 이루어졌다. '죽에 술을 타서 발효시킨 음식'을 뜻한다. 食醯(식혜), 酒果脯醯(주과포혜)

流0579, 硫1938, 琉2695, 疏/疎0445, 蔬1381, 梳2544, 醯3310

坴(륙) 陸 睦 逵 195

'흙덩이 클 坴(륙)'자는 아래 위에 '흙 土(토)'를 연결하여 만든 글자이다. '언덕'을 뜻한다. 한자어는 없다.

'坴(륙)'자에 '언덕 阝(부)'를 붙여 '뭍 陸(륙)'자를 만들었다. 수면에 비하여 높은 언덕, 즉 '땅'을 뜻한다. 陸橋(육교), 陸軍(육군), 陸地(육지), 內陸(내륙), 上陸(상륙)

'坴(륙)'자에 '눈 目(목)'을 붙여 '화목할 睦(목)'자를 만들었다. '화목하다'는 뜻을 나타내기 위한 것이다. '눈 目(목)'이 표의요소로 쓰인 것으로 보아 화목함의 첫 번째는 말의 부드러움보다 눈빛의 부드러움인가 보다. '언덕 坴(륙)'은 표음요소인데 음이 크게 변하였다. 親睦(친목), 和睦(화목)

'坴(륙)'자에 '길 갈 辶(착)'을 붙여 '길 逵(규)'자를 만들었다. '姓(성)'으로 쓰인다.

'424 심을 埶(예)/권세 勢(세)'자 참조.

陸0656, 睦1340, 逵3388

侖(륜) 輪 倫 淪 綸 崙 論 196

'생각할 侖(륜)'자는 '책 册(책)'자와 나머지 부분으로 이루어졌다. '册(책)'은 문자를 쓰는 '대쪽'을 뜻하고, 윗부분은 세 직선이 만나는 모양으로, '모으다'의 뜻이다. '侖(륜)'자는 '기록을 적은 대쪽을 차례대로 모으다'의 뜻에서 '조리 있게 생각을 정리하다'는 뜻을 나타낸다. 한자어 낱말은 없다.

'侖(륜)'자에 '수레 車(거)'를 붙여 '바퀴 輪(륜)'자를 만들었다. '살이 달린 수레바퀴'를 뜻하기 위하여 고안한 글자이다. 후에 '둘레', '돌다' 등으로 그 뜻이 넓어졌다. 五輪(오륜), 車輪(차륜), 輪轉機(윤전기), 輪廻(윤회), 輪廓(윤곽), 輪舞(윤무), 年輪(연륜), 輪番(윤번), 輪作(윤작)

'侖(륜)'자에 '사람 亻(인)'을 붙여 '인륜 倫(륜)'자를 만들었다. 원래는 '사람의 무리'를 뜻하기 위하여 만든 것이었다. 사람의 무리가 되자면 무리 내에서 지켜야 할 '도리'가 필요하고, '倫(륜)'자가 이 도리를 뜻하는 글자가 되었다. 倫理(윤리), 不倫(불륜), 三綱五倫(삼강오륜), 人倫(인륜), 天倫(천륜), 悖倫(패륜)

'侖(륜)'자에 '물 氵(수)'를 붙여 '빠질 淪(륜)'자를 만들었다. '물에 빠지다'는 뜻이다. 淪落(윤락)

'侖(륜)'자에 '실 糹(사)'를 붙여 '벼리 綸(륜)'자를 만들었다. '가닥이 잡힌 실'을 뜻한다. 釣綸(조륜), 經綸(경륜)

'侖(륜)'자에 '메 山(산)'을 붙여 '산 이름 崙(륜)'자를 만들었다. 崑崙山(곤륜산)

'侖(륜)'자에 '말씀 言(언)'을 붙여 '의론할 論(론)'자를 만들었다. '이치를 논하다'는 뜻을 위한 것이었다. '말하다', '이치에 맞는 말', '의논하다', '사리를 밝히다', '이론', '논어' 등 여러 뜻을 나타낸다. 論理(논리), 論述(논술), 論爭(논쟁), 擧論(거론), 言論(언론), 輿論(여론), 討論(토론), 原論(원론), 理論(이론), 總論(총론), 論文(논문), 評論(평론), 結論(결론), 論語(논어)

'595 책 册(책)'자 참조.

輪1092, 倫1149, 淪2610, 綸2836, 崙3414, 論0876

栗(률) 栗 慄 粟 197

'밤나무 栗(률)'자는 '덮을 襾(아)'와 '나무 木(목)'으로 이루어진 글자이다. 밤나무[木]에 밤송이[襾]가 달려 있는 모양을 본뜬 것이다. 生栗(생률), 棗東栗西(조동율서), 棗栗梨柿(조율이시)

'栗(률)'자에 '마음 忄(심)'을 붙여 '두려워할 慄(률)'자를 만들었다. '밤의 가시를 보고 느끼는 마음'을 나타낸다. 戰慄(전율)심

'조 粟(속)'자는 '덮을 襾(아)'와 '쌀 米(미)'자가 합쳐진 것이다. 위의 '襾(아)'는 곡식의 '낟알'을 가리키고, 米(미)는 '쌀' 또는 '곡식'을 통칭하는 것이다. '조', '좁쌀'을 나타낸다. '栗(률)'자와 한 가족은 아니지만 글자 형태가 비슷해서 여기에 소개한다. '밤 栗(률)'은 아래 부분이 '나무 木(목)'이다. 글자 모양이 흡사하니 주의해야 한다. 粟飯(속반), 黍粟(서속), 滄海一粟(창해일속)

栗1286, 慄2408, 粟1719

隆(륭) 隆窿   198

'클 隆(륭)'자는 '언덕 阝(부)'가 부수로 지정되어 있지만 언덕과 관계는 없다. '내릴 降(강)'과 '날 生(생)'으로 이루어진 글자이다. '降(강)'자는 '봉긋 돋아 오른 모양'을 뜻한다고 한다. 생김새가 '풍만하고 크다'는 뜻을 나타내기 위하여 만든 것이었다. '높다', '두텁다'는 뜻으로도 쓰인다. 隆盛(융성), 隆崇(융숭), 隆起(융기)

'隆(륭)'자에 '구멍 穴(혈)'을 붙여 '활꼴 窿(륭)'자를 만들었다. 穹窿(궁륭)

隆1452, 窿3272

肋(륵) 肋筋   199

'갈빗대 肋(륵)'자는 '고기 月(육)'과 '힘 力(력)'으로 이루어졌다. 가슴에 줄지어 보이는 '갈빗대'를 뜻한다. 肋骨(늑골), 肋膜(늑막), 鷄肋(계륵)

'힘줄 筋(근)'자는 형태는 '대 竹(죽)'과 '갈빗대 肋(륵)'자로 이루어진 것처럼 보인다. 그러나 그렇게 만들어졌다면 '힘줄'이란 것을 생각해내기가 쉽지 않을 것이다. 대나무처럼 쭉쭉 뻗친 '힘줄'을 나타내기 위하여 '힘 力(력)', '살 月(육)', 그리고 '대 竹(죽)'을 합쳐 놓은 것이다. 筋力(근력), 筋肉(근육), 心筋梗塞症(심근경색증)

肋2873, 筋1055

夌(릉) 陵凌稜菱綾   200

'언덕 夌(릉)'자는 '언덕', '넘다'의 뜻을 나타낸다. 한자어 낱말은 없다.

'夌(릉)'자에 '언덕 阝(부)'를 붙여 '큰 언덕 陵(릉)'자를 만들었다. '큰 언덕'을 뜻하여 만든 것이다. '언덕 阝(부)'가 표의요소로, '언덕 夌(릉)'은 표의와 표음요소로 쓰였다. '큰 언덕', '임금의 묘', '능가하다', '깔보다' 등의 뜻을 나타낸다. '능가하다', '깔보다'는 뜻에는 '凌(릉)'자와 같이 쓴다. 丘陵(구릉), 王陵(왕릉), 陵駕(능가)/凌駕(능가), 陵蔑(능멸)/凌蔑(능멸), 陵辱(능욕)/凌辱(능욕), 武陵桃源(무릉도원), 陵遲處斬(능지처참)

'夌(릉)'자에 '얼음 冫(빙)'을 붙여 '능가할 凌(릉)'자를 만들었다. '얼음' 또는 '얼음을 저장하는 곳간'을 뜻하는 것이었다. 얼음 창고 속은 분명 추웠을 것이므로, '부들부들 떨다'는 뜻을 나타내게 되었고, 후에 '능가하다', '넘다', '깔보다', '업신여기다'는 뜻으로 확대 사용되었다. '陵(릉)'자와 같이 쓴다. 凌駕(능가)/陵駕(능가), 凌蔑(능멸)/陵蔑(능멸), 凌辱(능욕)/陵辱(능욕)

'夌(릉)'자에 '벼 禾(화)'를 붙여 '모날 稜(릉)'자를 만들었다. '모', '모서리'를 뜻한다. 稜線(능선)

'夌(릉)'자에 '풀 ++(초)'를 붙여 '마름 菱(릉)'자를 만들었다. 물풀의 한 종류인 '마름'을 뜻한다. '마름모꼴'을 뜻한다. 菱形(능형)

'夌(릉)'자에 '실 糸(사)'를 붙여 '비단 綾(릉)'자를 만들었다. '도드라진 무늬를 짜 넣은 비단'을 뜻한다. 綾羅(능라)

陵1449, 凌2188, 稜2774, 菱2925, 綾3274

里(리) 里理裏裡俚釐埋野   201

'마을 里(리)'자는 '밭 田(전)'과 '흙 土(토)'로 이루어졌는데, '마을'을 뜻한다. 밭과 땅이 있어야 사람이 모여 사는 마을이 생기게 된다. '마을', '시골', '사람이 사는 곳', '행정구역의 명칭', '길이의 단위' 등의 뜻을 나타낸다. 洞里(동리), 鄕里(향리), 里長(이장), 里程標(이정표), 五里霧中(오리무중), 一瀉千里(일사천리)

'里(리)'자에 '구슬 玉(옥)'을 붙여 '다스릴 理(리)'자를 만들었다. '다스리다', '처리하다', '손질하다', '이치', '자연을 연구 대상으로 하는 학문 분야' 등의 뜻을 나타낸다. 監理(감리), 總理(총리), 理事(이사), 管理(관리), 料理(요리), 處理(처리), 修理(수리), 理髮(이발), 理容(이용), 理性(이성), 理致(이치), 理解(이해), 事理(사리), 順理(순리), 合理(합리), 理學(이학), 物理(물리), 生理(생리)

'里(리)'자를 '옷 衣(의)' 사이에 끼워 '속 裏(리)'자를 만들었다. '속옷'이 본뜻이다. '속', '내부', '속마음' 등의 뜻으로 쓰인다. 좌우 구조의 '裡(리)'자는 '裏(리)'와 同字(동자)이나 쓰임새가 다르다. 裏面(이면), 裏書(이서), 腦裏(뇌리), 表裏(표리), 笑裏藏刀(소리장도), 胸裏(흉리)

'里(리)'자의 좌측에 '옷 衣(의)'를 붙여 '속 裡(리)'자를 만들었다. '裏(리)'와 同字(동자)이나 쓰임새가 다르다. '…하는 가운데'의 뜻으로 쓰인다. 秘密裡(비밀리), 盛況裡(성황리), 暗暗裡(암암리), 絶讚裡(절찬리)

'里(리)'자에 '사람 亻(인)'을 붙여 '속될 俚(리)'자를 만들었다. '시골'의 뜻이다. '시골에 사는 사람'이란 뜻에서 '촌스럽다', '속되다'의 뜻으로 쓰인다. 俚俗(이속)

'다스릴 釐(리)'자는 破字(파자)하면 '아닐 未(미) + 칠 攵(복) + 언덕 厂(한) + 마을 里(리)'가 된다. 부수가 '里(리)에 지정되어 있다. 小數(소수)의 하나로 '分(분) 또는 錢(전)의 십분의 일'에 해당한다. '극소한 분량'을 뜻한다.

'里(리)'자에 '흙 土(토)'를 붙여 '묻을 埋(매)'자를 만들었다. 땅 속에 '묻다'는 뜻을 나타내기 위한 것이다. '흙 土(토)'가 표의요소. 여기에서 '마을 里(리)'는 '너구리 貍(매)'의 생략형이다. '땅에 파묻다', '드러나지 않게 감추어지다' 등의 뜻을 나타낸다. 埋立(매립), 埋沒(매몰), 埋藏(매장), 埋伏(매복)

'里(리)'자에 '나 予(여)'를 붙여 '들 野(야)'자를 만들었다. '아직 농경지로 개간되지 않은 거친 땅'이란 뜻을 나타낸다. 나아가 '길들이지 않다'는 뜻으로 넓혀졌다. '들판', '벼슬이 없는 민간', '분야', '야외', '교외' 등의 뜻도 나타낸다. 野生(야생), 野營(야영), 廣野(광야), 草野(초야), 平野(평야), 野黨(야당), 下野(하야), 分野(분야), 視野(시야), 野蠻(야만), 野獸(야수), 野望(야망), 野薄(야박), 野卑(야비), 野俗(야속), 野球(야구), 野外(야외), 野壇法席(야단법석)

'158 아이 童(동)'자 참조.
'171 헤아릴 量(량)'자 참조.
'527 가게 廛(전)'자 참조.

里0147, 理0401, 裏0443, 裡3204, 俚3206, 釐3102, 埋1536, 野0454

吏(리) 吏使　202

'벼슬아치 吏(리)'자는 '벼슬아치'를 뜻하기 위하여 손에 붓을 잡고 있는 모습을 본뜬 것이다. 주로 하급 관리(아전)를 지칭한다. 吏曹(이조), 官吏(관리), 稅吏(세리), 淸白吏(청백리), 貪官汚吏(탐관오리), 吏房(이방), 吏讀(이두)/吏頭(이두)

'吏(리)'자에 '사람 亻(인)'을 붙여 '부릴 使(사)'자를 만들었다. 古文(고문)에서 '吏(리)'는 '부릴 使(사)'의 뜻이었다. 옛날의 '吏(리)'는 왕이 부리는 사람이지만 현대의 '吏(리)'는 국민이 부리는 사람이다. '…하게 하다', '명령을 전하는 사람', '심부름꾼' 등의 뜻을 나타낸다. 使役(사역), 使用(사용), 勞使(노사), 行使(행사), 酷使(혹사), 使徒(사도), 使命(사명), 使臣(사신), 大使(대사), 天使(천사), 使喚(사환), 設使(설사)

吏0716, 使0297

利(리) 利梨俐痢　203

'이로울 利(리)'자는 '벼 禾(화)'와 '칼 刂(도)'자로 이루어졌다. '벼[禾]를 벨 수 있을 만큼 칼[刀]이 날카롭다'가 본뜻이다. '날카롭다', '편리하다', '이롭다', '이익', '이자', '이기다' 등의 뜻을 나타낸다. 銳利(예리), 利器(이기), 便利(편리), 利用(이용), 利敵(이적), 甘言利說(감언이설), 有利(유리), 不利(불리), 利己主義(이기주의), 利益(이익), 利害(이해), 漁父之利(어부지리), 利子(이자), 金利(금리), 勝利(승리), 舍利(사리)

'利(리)'자에 '나무 木(목)'을 붙여 '배나무 梨(리)'자를 만들었다. 梨花(이화), 烏飛梨落(오비이락), 棗栗梨柿(조율이시)

'利(리)'자에 '사람 亻(인)'을 붙여 '똑똑할 俐(리)'자를 만들었다. '머리가 예민한 사람'을 나타낸다. 伶俐(영리)/怜悧(영리)

'利(리)'자에 '병 疒(역)'을 붙여 '설사 痢(리)'자를 만들었다. '설사', '이질'을 뜻한다. 痢疾(이질), 赤痢(적리)

利0196, 梨1287, 俐2168, 痢2721

离(리) 離籬璃　204

'도깨비 离(리)'자는 '메 山(산)', '흉할 凶(흉)', '짐승 발자국 內(유)'로 이루어진 글자이다. '도깨비', '떠나다', '흩어지다'의 뜻을 나타낸다.

'떼 놓을 離(리)'자는 '도깨비 离(리)'와 '새 隹(추)'자로 이루어졌다. '새를 잡다'가 본뜻이었는데 후에 '벗어나다', '떠나다', '떨어지다' 등의 뜻을 나타내게 되었다. 離間(이간), 離合集散(이합집산), 距離(거리), 隔離(격리), 支離滅裂(지리멸렬), 離別(이별), 離婚(이혼), 會者定離(회자정리), 離任(이임), 離着陸(이착륙), 乖離(괴리), 乾坤坎離(건곤감리)

'離(리)'자에 '대 竹(죽)'을 붙여 '울타리 籬(리)'자를 만들었다. 圍籬安置(위리안치), 竹籬(죽리)

'도깨비 离(리)'자에 '구슬 玉(옥)'을 붙여 '유리 璃(리)'자를 만들었다. 琉璃(유리), 琉璃瓶(유리병), 琉璃窓(유리창)

離0321, 籬2816, 璃2696

粦(린) 隣/鄰 麟 鱗 燐 憐　205

'도깨비불 粦(린)'자는 '불꽃 炎(염)'자 아래 '어그러질 舛(천)'자가 붙은 것이었다. 후에 '炎(염)'자가 '쌀 米(미)'자로 변하였다. '도깨비불'이란 뜻으로 한자어 낱말은 없다.

'粦(린)'자에 '언덕 阝(부)'를 붙여 '이웃 隣(린)'자를 만들었다. '隣(린)'자는 '鄰(린)'자의 속자였다. '鄰(린)'자는 본래 고을의 다섯 집을 단위로 한 행정 구획을 뜻하는 것이었다. '고을 阝(읍)'이 표의요소이고, '도깨비불 粦(린)'은 표음요소로 쓰였다. 속자인 '隣(린)'의 '阝(부)'는 '언덕 阜(부)'의 변형이니 의미 연관성이 '고을 邑/阝(읍)'보다 덜하다. 그러나 속자인 '隣(린)'자가 본자보다 더 흔히 쓰이고 있다. '이웃'의 뜻을 나타낸다. 隣近(인근), 隣接(인접), 近隣(근린), 善隣(선린)

'粦(린)'자에 '사슴 鹿(록)'을 붙여 '기린 麟(린)'자를 만들었다. '기린'을 뜻한다. 상상상의 신령스러운 동물로 수컷을 '麒(기)'라 하고 암컷을 '麟(린)'이라 한다. 麒麟(기린), 麒麟兒(기린아)

'粦(린)'자에 '고기 魚(어)'를 붙여 '비늘 鱗(린)'자를 만들었다. 鱗莖(인경), 魚鱗(어린), 逆鱗(역린), 片鱗(편린)

'粦(린)'자에 '불 火(화)'를 붙여 '도깨비불 燐(린)'자를 만들었다. 비금속원소의 하나이다. 燐光(인광), 燐酸(인산), 黃燐(황린)

'粦(린)'자에 '마음 忄(심)'을 붙여 '불쌍히 여길 憐(련)'자를 만들었다. '가엾게 여기다', '부러워하다'는 뜻을 나타낸다. 憐憫(연민)/憐愍(연민), 可憐(가련), 同病相憐(동병상련), 哀憐(애련)

隣/鄰1811, 麟2156, 鱗3180, 燐3254, 憐1595

林(림) 林霖淋痲森焚梵麓彬禁襟

'수풀 林(림)'자는 두 그루의 나무가 서 있는 형상. 그래서 나무가 한 곳에 많이 모여 있는 '수풀'이란 뜻을 나타낸다. '동아리', '수효가 썩 많음'을 뜻하기도 한다. 林産物(임산물), 林野(임야), 林業(임업), 密林(밀림), 森林(삼림), 儒林(유림), 翰林(한림), 酒池肉林(주지육림)

'林(림)'자에 '비 雨(우)'를 붙여 '장마 霖(림)'자를 만들었다. '비가 사흘 이상 장기간에 걸쳐서 눌러앉아 내리다'는 뜻이니, '장마'를 나타낸다. 霖雨(임우), 梅霖(매림), 秋霖(추림)

'林(림)'자에 '물 氵(수)'를 붙여 '물 뿌릴 淋(림)'자를 만들었다. '물방울이 떨어지는 모양'을 나타낸 것이다. 淋巴腺(임파선)

'林(림)'자에 '병 疒(역)'을 붙여 '임질 痲(림)'자를 만들었다. 痲疾(임질)

'林(림)'자에 '나무 木(목)'을 하나 더 붙여 '나무 빽빽할 森(삼)'자를 만들었다. 중국에서 '3'은 '많다'는 뜻을 지닌다. '나무 木(목)'이 세 개이니 '나무가 많다'는 뜻이다. 깊은 산 속에 들어갔을 때의 느낌처럼 '오싹하다'는 뜻도 가지고 있다. 森林(삼림), 森羅萬象(삼라만상), 森嚴(삼엄)

'林(림)'자에 '불 火(화)'를 붙여 '불사를 焚(분)'자를 만들었다. '숲을 불로 태움'이란 뜻에서 일반적으로 '태우다'를 뜻한다. 焚書坑儒(분서갱유), 焚身(분신), 焚香(분향), 玉石俱焚(옥석구분)

'林(림)'자에 '무릇 凡(범)'를 붙여 '범어 梵(범)'자를 만들었다. '梵(범)'자는 범어 'Brama'의 음역자이다. 불교 또는 인도에 관한 사물에 쓰인다. 梵語(범어), 梵鐘(범종)

'林(림)'자에 '사슴 鹿(록)'을 붙여 '산기슭 麓(록)'자를 만들었다. 산자락에 길게 이어지는 임야를 뜻한다. 山麓(산록)

'林(림)'자에 '터럭 彡(삼)'을 붙여 '빛날 彬(빈)'자를 만들었다. 사람의 이름자로 쓰인다.

'林(림)'자에 '보일 示(시)'를 붙여 '금할 禁(금)'자를 만들었다. '울창한 숲속의 귀신을 모시는 곳'을 나타낸다. 일반인들이 그곳에 접근하는 것을 '금지'하거나, 접근을 '꺼린다'. '금하다', '꺼리다', '감옥' 등의 뜻을 나타낸다. 禁斷(금단), 禁煙(금연), 禁慾(금욕), 禁止(금지), 禁錮(금고), 監禁(감금), 拘禁(구금)

'禁(금)'자에 '옷 衣(의)'를 붙여 '옷깃 襟(금)'자를 만들었다. '衿(금)'자와 동자이다. '옷깃', '속마음'을 뜻하는 글자로 쓰인다. 心襟(심금), 胸襟(흉금)

'609 초나라 楚(초)'자 참조.

林0240, 霖2016, 淋2611, 痲2724, 森1289, 焚2652, 梵2543, 麓3192, 彬3439, 禁0821, 襟2993

立(립) 立笠粒位泣拉翌翊竝昱煜

'설 立(립)'자는 '서다'의 뜻을 나타내기 위하여 땅바닥(一)위에 어른(大)이 떡 버티고 서 있는 모습을 그린 것이다. '立(립)'을 표의요소로 하여 서는 동작에 관한 문자를 이룬다. '서다', '세우다', '성립하다', '정하다', '나타나다', '시작하다', '존재하다', '즉위하다' 등 여러 가지의 뜻을 나타낸다. 立國(입국), 立身(입신), 國立(국립), 設立(설립), 立件(입건), 立證(입증), 成立(성립), 立脚(입각), 立法(입법), 立會(입회), 立候補(입후보), 立春(입춘), 孤立(고립), 獨立(독립), 擁立(옹립), 立體(입체), 立方(입방)

'立(립)'자는 부수로 쓰여 서는 동작의 뜻을 나타내는 표의요소로 쓰인다. 여기에서는 부수 '立(립)'에 속하지 않는 '立(립)'자가 '몸'으로 쓰인 글자들을 모아 가족으로 삼은 것이다.

'立(립)'자에 '대 竹(죽)'을 붙여 '삿갓 笠(립)'자를 만들었다. 簑笠(사립), 草笠(초립)

'立(립)'자에 '쌀 米(미)'를 붙여 '낟알 粒(립)'자를 만들었다. '하나하나가 독립된 꼴을 가진 낟알'을 뜻한다. 粒子(입자)

'立(립)'자에 '사람 亻(인)'을 붙여 '자리 位(위)'자를 만들었다. '사람이 서 있는 자리'가 본뜻이다. '지위', '신분', '위치', '방향', '차례', '기준', '품위', '신주' 등 여러 가지 뜻을 나타낸다. 位階(위계), 地位(지위), 職位(직위), 學位(학위), 位置(위치), 方位(방위), 部位(부위), 王位(왕위), 卽位(즉위), 等位(등위), 順位(순위), 單位(단위), 本位(본위), 品位(품위), 位牌(위패), 神位(신위)

'立(립)'자에 '물 氵(수)'를 붙여 '울 泣(읍)'자를 만들었다. 소리를 내지 않고 '눈물을 흘리며 울다'는 뜻을 나타내기 위하여 만든 것이다. '크게 소리를 내며 울다'는 '哭(곡)'이다. 泣訴(읍소), 泣斬馬謖(읍참마속), 感泣(감읍)

'立(립)'자에 '손 扌(수)'를 붙여 '끌 拉(납)'자를 만들었다. '拉(랍)'자는 손으로 '꺾다'는 뜻을 나타내기 위하여 만든 것이다. 후에 '끌다', '끌어가다'는 뜻으로 쓰이게 되었다. 拉致(납치), 被拉(피랍)

'立(립)'자 위에 '깃 羽(우)'를 붙여 '다음날 翌(익)'자를 만들었다. '도울 翊(익)'자와 동자였으나 나중에 뜻이 나뉘어졌다. 翌月(익월), 翌日(익일)

'立(립)'자 오른쪽에 '깃 羽(우)'를 붙여 '도울 翊(익)'자를 만들었다. 사람의 이름자로 쓰인다.

'立(립)'자를 두 개 붙여 써서 '나란히 竝(병)'자를 만들었다. '나란히 하다'는 뜻을 나타내기 위하여 두 사람이 나란히 서 있는 모습을 본뜬 것이다. 줄여 쓴 형태는 '並(병)'이다. '幷(병)' 또는 '倂(병)'자와는 다른 글자이나 의미도 비슷하고 함께 쓰이는 예가 많다. 굳이 구분한다면, 둘의 관계가 독립적이면 '竝(병)'자를, 둘의 관계가 의존적이면 '倂(병)'자를 쓰는 경향이 있다. 竝列(병렬), 竝立(병립), 竝存(병존), 竝行(병행), 竝發(병발)/倂發(병발), 竝用(병용)/倂用(병용), 合倂症(합병증)

'立(립)'자 위에 '해 日(일)'을 붙여 '햇빛 밝을 昱(욱)'자를 만들었다.

'昱(욱)'자에 '불 火(화)'를 붙여 '빛날 煜(욱)'자를 만들었다.

'竟(경)', '童(동)', '端(단)'자 등은 부수가 '立(립)'이다. 각각 해당자에서 소개하였으므로 여기에서는 생략한다.

立0254, 笠2796, 粒2817, 位0475, 泣1175, 拉1893, 翌2863, 翊3555, 竝1713, 昱3452, 煜3500

麻(마) 麻磨摩痲魔靡麾 208

'삼 麻(마)'자는 껍질을 벗겨 베를 짜는 데 쓰는 '삼'을 뜻하기 위하여 만든 것이었다. '집 广(엄)' 안에 '수풀 林(림)'이 아니라 점이 없는 '차조 朮(출)'이 두 개 붙어 있는 것이다. '麻(마)'자 그 자체로 하나의 부수이다. '삼', '삼베', '참깨' 등을 뜻한다. 麻袋(마대), 大麻草(대마초), 菜麻(채마), 快刀亂麻(쾌도난마), 胡麻(호마), 麻雀(마작)

'麻(마)'자에 '돌 石(석)'을 붙여 '갈 磨(마)'자를 만들었다. 돌연장을 '갈다'는 뜻을 나타내기 위한 것이었다. '숫돌에 갈다', '닳다' 등의 뜻을 나타낸다. 磨杵作針(마저작침), 硏磨(연마), 切磋琢磨(절차탁마), 磨耗(마모), 達磨(달마)

'麻(마)'자에 '손 手(수)'를 붙여 '문지를 摩(마)'자를 만들었다. 손으로 '문지르다'는 뜻을 나타내기 위하여 만든 것이다. '쓰다듬다', '어루만지다', '문지르다', '가까이 하다' 등의 뜻을 나타낸다. 撫摩(무마), 按摩(안마), 摩擦(마찰), 摩天樓(마천루)

'麻(마)'자에 '병 疒(역)'을 붙여 '저릴 痲(마)'자를 만들었다. '麻(마)'자에서 형태상 '집 广(엄)'이 생략되었다. 질병 증세의 하나인 '저리다'는 뜻을 나타내기 위하여 만든 것이다. 痲痺(마비), 痲藥(마약), 痲醉(마취)

'麻(마)'자에 '귀신 鬼(귀)'를 붙여 '마귀 魔(마)'자를 만들었다. 수행을 방해하는 나쁜 귀신을 일컫는 범어 'mara'를 음역하기 위하여 만든 글자이다. 魔鬼(마귀), 魔手(마수), 病魔(병마), 伏魔殿(복마전), 惡魔(악마), 好事多魔(호사다마), 魔力(마력), 魔術(마술)

'麻(마)'자에 '아닐 非(비)'를 붙여 '쓰러질 靡(미)'자를 만들었다. 물에 불린 삼 껍질이 힘없이 쓰러지는 모양에서, '쓰러지다', '문드러지다'는 뜻을 나타낸다. 草靡(초미)

'대장기 麾(휘)'자는 '삼 麻(마)'와 '털 毛(모)'가 합쳐진 것으로 보인다. 字源(자원)에 따르면, '손 手(수)'의 형태가 변하여 '털 毛(모)'처럼 되었다고 한다. '쓰러질 靡(미)'의 아래 '아닐 非(비)'가 생략되고 그 자리에 표의요소인 '手(수)'가 들어간 것이라고 설명하고 있다. 손에 들고 휘날리게 하여 장수가 군대를 지휘하는 데 쓰는 '기'를 뜻한다. 麾下(휘하)

麻1833, 磨1705, 摩1903, 痲1935, 魔2027, 靡3327, 麾3195

莫(막) 莫幕漠膜寞慕模募暮 謨摸墓 209

'없을 莫(막)'자는 평원의 풀밭에 해가 지는 모습을 본뜬 것이었다. 즉 '해 日(일)'과 '잡초우거질 茻(망)'자를 조합하여 '해가 저물다'는 뜻을 나타내었다. 후에 '莫(막)'자가 '이것보다 더한 ~것이 없다'는 부정사로 차용되는 예가 잦아지자, 본뜻은 '해 日(일)'을 더 추가한 '저물 暮(모)'자를 따로 만들어 나타냈다. '莫(막)'자를 破字(파자)하면 '풀 艹(초)', '해 日(일)', '큰 大(대)'가 된다. 莫論(막론), 莫無可奈(막무가내), 莫上莫下(막상막하), 後悔莫及(후회막급), 莫强(막강), 莫大(막대), 莫甚(막심), 莫重(막중)

'莫(막)'자에 '수건 巾(건)'을 붙여 '장막 幕(막)'자를 만들었다. '휘장', '장막', '천막', '임시로 간단하게 지은 집', '연극에서 연기의 큰 단락을 세는 단위' 등을 뜻한다. 幕間(막간), 幕後(막후), 內幕(내막), 帳幕(장막), 天幕(천막), 懸垂幕(현수막), 黑幕(흑막), 幕舍(막사), 園頭幕(원두막), 酒幕(주막), 開幕(개막), 單幕劇(단막극), 序幕(서막), 閉幕(폐막), 幕府(막부)

'莫(막)'자에 '물 氵(수)'를 붙여 '사막 漠(막)'자를 만들었다. 물이 없어 생긴 '모래벌판', '사막'을 나타내기 위하여 만든 것이다. 사막은 매우 넓은 땅이니 '넓다', '아득하다', '조용하고 쓸쓸하다' 등의 뜻으로 확대되었다. 沙漠(사막)/砂漠(사막), 索漠(삭막), 廣漠(광막), 荒漠(황막), 漠然(막연)

'莫(막)'자에 '고기 月(육)'을 붙여 '막 膜(막)'자를 만들었다. 동식물체 내부의 근육 및 모든 기관을 싸고 있는 '(얇은) 꺼풀'을 뜻하기 위하여 만든 것이다. 膜質(막질), 角膜(각막), 鼓膜(고막), 網膜(망막), 細胞膜(세포막), 粘膜(점막)

'莫(막)'자에 '집 宀(면)'을 붙여 '고요할 寞(막)'자를 만들었다. 여기서 '莫(막)'은 '해가 지다'는 뜻이다. '寞(막)'은 '해가 질 때처럼 조용하고 쓸쓸함'을 뜻한다. 寞寞(막막), 寂寞(적막)

'莫(막)'자에 '마음 忄(심)'을 붙여 '그리워할 慕(모)'자를 만들었다. 마음속으로 깊이 '그리워하다'는 뜻을 나타낸다. 慕情(모정), 思慕(사모), 哀慕(애모), 追慕(추모)

'莫(막)'자에 '나무 木(목)'을 붙여 '법 模(모)'자를 만들었다. 원래 '模(모)'자는 잎의 색깔이 철따라 변하는 '나무'를 지칭하는 것이어서 '나무 木(목)'이 표의요소로 쓰였다. '본뜨다', '본보기' 등의 뜻으로 쓰인다. 模範(모범), 模倣(모방), 模造(모조), 模型(모형), 模樣(모양), 規模(규모)

'莫(막)'자에 '힘 力(력)'을 붙여 '모을 募(모)'자를 만들었다. '널리 구하다'는 뜻을 위하여 고안된 글자이다. 그렇게 하자면 힘이 들었던지 '힘 力(력)'이 표의요소로 쓰였다. '없을 莫(막)'은 표음요소이다. 후에 '모으다', '뽑다'는 뜻으로 쓰이게 되었다. 募金(모금), 募集(모집), 應募(응모), 公募(공모)

'莫(막)'자에 '해 日(일)'을 붙여 '저물 暮(모)'자를 만들었다. 본뜻이 '해가 저물다'이다. '해질 무렵', '저녁', '밤', '늙다', '노쇠하다', '한 해가 다 지나다' 등의 뜻으로 쓰인다. 朝令暮改(조령모개), 朝三暮四(조삼모사), 日暮途遠(일모도원), 歲暮(세모), 暮年(모년)

'莫(막)'자에 '말씀 言(언)'을 붙여 '꾀 謨(모)'자를 만들었다. 주로 天子(천자) 또는 政事上(정사상)의 大計(대계)를 뜻하는 글자이다.

'莫(막)'자에 '손 扌(수)'를 붙여 '찾을 摸(모)'자를 만들었다. 손으로 더듬어 '찾다'는 뜻이다. '본뜨다'의 뜻으로 쓰일 때는 '模(모)'자와 함께 쓴다. 摸索(모색), 盲人摸象(맹인모상), 暗中摸索(암중모색), 模倣(모방)/摸倣(모방), 模擬(모의)/摸擬(모의)

'莫(막)'자에 '흙 土(토)'를 붙여 '무덤 墓(묘)'자를 만들었다. '무덤이 있는 땅'을 나타내기 위한 것이다. 墓碑(묘비), 墓地(묘지), 省墓(성묘)

莫1378, 幕0977, 漠1314, 膜1966, 寞2339, 慕0374, 模1017, 募1511, 暮1628, 謨2126, 摸2476, 墓0955

萬(만) 萬邁勵礪   210

'일만 萬(만)'자는 전갈의 모양을 본뜬 것이다. 전갈이 떼를 지어 군집생활을 한다는 데서 '많다'라는 뜻과 큰 숫자인 '일만'의 뜻으로 쓰인다. 萬若(만약), 萬一(만일), 萬物相(만물상), 萬壽無疆(만수무강), 千辛萬苦(천신만고)

'萬(만)'자에 '길 갈 辶(착)'을 붙여 '갈 邁(매)'자를 만들었다. '(전갈의 꼬리처럼) 뻗어 가다'는 뜻을 위하여 만들어진 글자이다. '힘쓰다', '노력하다'는 뜻으로 넓혀졌다. 邁進(매진), 一路邁進(일로매진)

'萬(만)'자에 '언덕 厂(한)'을 붙여 '숫돌 厲(려)'자를 만들었다.

'厲(려)'자에 '힘 力(력)'을 붙여 '힘쓸 勵(려)'자를 만들었다. '힘쓰다', '권장하다'는 뜻으로 쓰인다. 勉勵(면려), 激勵(격려), 督勵(독려), 獎勵(장려)

'厲(려)'자에 '돌 石(석)'을 붙여 '숫돌 礪(려)'자를 만들었다.

萬0070, 邁3084, 勵0938, 礪3543

曼(만) 慢漫蔓饅   211

'길 曼(만)'자는 '날 日(일)'과 '눈 目(목)'과 '또 又(우)'로 이루어졌다. 여기에서 '日'은 '모자'의 모양을 나타낸 것이고, '눈 目(목)'은 글자의 형태를 고려해서 90° 회전한 것이고, '又(우)'는 '손'을 가리킨다. 모자를 쓰고 눈의 아래 위에 손을 대어 화장하는 모양을 본뜬 것이라고 한다. 화장하는 시간이 길었던지 '길다'는 뜻, 화장한 모습이 아름다웠던지 '아름답다'는 뜻을 나타낸다.

'曼(만)'자에 '마음 忄(심)'을 붙여 '게으를 慢(만)'자를 만들었다. '게으르다'가 본뜻이다. 게으른 것은 원초적으로 마음에 따르는 것이므로, '마음 忄(심)'이 표의요소, '길 曼(만)'이 표음요소로 쓰였다. 후에 '건방지다'는 뜻으로도 쓰이게 되었다. 怠慢(태만), 慢性(만성), 緩慢(완만), 倨慢(거만), 驕慢(교만), 傲慢(오만), 自慢(자만)

'曼(만)'자에 '물 氵(수)'를 붙여 '흩어질 漫(만)'자를 만들었다. '물이 질펀하다'는 뜻을 나타내기 위하여 만든 것이다. '물이 질펀하다', '흩어지다', '멋대로' 등의 뜻을 나타낸다. 爛漫(난만), 散漫(산만), 漫談(만담), 漫評(만평), 漫畵(만화), 浪漫(낭만)

'曼(만)'자에 '풀 艹(초)'를 붙여 '덩굴 蔓(만)'자를 만들었다. '덩굴'이나 '덩굴풀', '퍼지다', '뻗어나가다'는 뜻을 나타낸다. 蔓生(만생), 蔓延(만연)

'曼(만)'자에 '먹을 食(식)'을 붙여 '만두 饅(만)'자를 만들었다. 饅頭(만두)

慢1500, 漫1678, 蔓2938, 饅3157

㒼(만) 滿瞞   212

'평평할 만(㒼)'자는 천칭 저울이 수평을 유지하는 대칭형 모습으로 두 곳 모두 가득 찬 상태이니 물건을 더 올리면 기운다는 의미가 있다.

'㒼(만)'자에 '물 氵(수)'를 붙여 '찰 滿(만)'자를 만들었다. 물이 평평하게 '가득 차서 넘치다'의 뜻을 나타낸다. '넉넉하다', '풍족하다'는 뜻도 나타낸다. 滿期(만기), 滿喫(만끽), 滿員(만원), 未滿(미만), 充滿(충만), 滿足(만족), 不滿(불만), 肥滿(비만), 豊滿(풍만), 圓滿(원만), 滿月(만월), 小滿(소만), 滿洲(만주)

'㒼(만)'자에 '눈 目(목)'을 붙여 '속일 瞞(만)'자를 만들었다. '欺(기)'는 이치가 있는 것으로써 즉 그럴 듯하게 속이는 것이고, '瞞(만)'과 '罔(망)'은 이치가 없는 것으로써 즉 터무니없는 것으로써 속이는 것이다. 欺瞞(기만)/欺罔(기망)

滿0488, 瞞2750

末(말) 末抹沫靺   213

'끝 末(말)'자는 '한 一(일)'과 '나무 木(목)'으로 이루어진 글자이다. 여기서 '一(일)'은 '하나'의 뜻이 아니라 '끝부분'을 가리키는 부호이다. '나무 끝', '긴 물건의 마지막 부분', '차례의 마지막', '시간의 끝', '인생의 끝', '시운이 기운 어지러운 세상', '가루' 등의 뜻을 나타낸다. 末端(말단), 端末機(단말기), 末期(말기), 末伏(말복), 結末(결말), 始末(시말), 末年(말년), 斷末魔(단말마), 末職(말직), 本末(본말), 末世(말세), 粉末(분말), 綠末(녹말)

'末(말)'자에 '손 扌(수)'를 붙여 '지울 抹(말)'자를 만들었다. '손으로 비비어 가루처럼 만들어 똑똑히 보이지 않게 하다'는 뜻이다. '바르다', '칠하다', '지워 없애다'는 뜻을 나타낸다. 塗抹(도말), 抹殺(말살), 抹消(말소)

'末(말)'자에 '물 氵(수)'를 붙여 '물거품 沫(말)'자를 만들었다. '물거품'을 뜻한다. 飛沫(비말), 泡沫(포말)

'末(말)'자에 '가죽 革(혁)'을 붙여 '말갈 靺(말)'자를 만들었다. '나라 이름', '종족의 이름'을 뜻한다. 靺鞨(말갈)

末0129, 抹2437, 沫2599, 靺2143

亡(망) 亡妄忙忘芒邙望茫盲 214

'망할 亡(망)'자는 죽은 사람의 시체에 무엇인가를 더하는 모양에서 '사람이 죽다'가 원뜻이다. '망하다', '도망치다', '죽다', '잃다', '없애다', '업신여기다', '망신을 당하다' 등 여러 가지 뜻을 나타낸다. 亡國(망국), 滅亡(멸망), 興亡盛衰(흥망성쇠), 亡命(망명), 逃亡(도망), 亡人(망인), 亡子計齒(망자계치), 未亡人(미망인), 死亡(사망), 亡失(망실), 亡羊補牢(망양보뢰), 脣亡齒寒(순망치한), 亡身(망신), 敗家亡身(패가망신)

'亡(망)'자에 '여자 女(녀)'자를 붙여 '망령될 妄(망)'자를 만들었다. '미친 듯이 날뛰다'는 뜻을 위하여 만든 글자다. '망령되다', '말이나 행동이 도리나 예의에 어그러지다', '허망하다', '속이다'는 뜻으로 쓰인다. 妄靈(망령), 妄迷(망령), 妄言(망언), 輕擧妄動(경거망동), 老妄(노망), 妄想(망상), 虛妄(허망), 妄語(망어)

'亡(망)'자 좌측에 '마음 忄(심)'을 붙여 '바쁠 忙(망)'자를 만들었다. '정신없이 바쁘다'는 뜻을 위하여 만들어진 것이다. '마음 心(심)'과 '없을 亡(망)'이 함께 표의요소이다. '亡(망)'은 표음요소도 겸한다. '바쁘다', '겨를이 없다'는 뜻이다. 忙中閑(망중한), 多事多忙(다사다망), 奔忙(분망), 慌忙(황망)

'亡(망)'자 아래에 '마음 心(심)'을 붙여 '잊을 忘(망)'자를 만들었다. 마음에 남아 있지 아니함 즉 '잊다'는 뜻을 나타내기 위하여 만든 것이다. 忘却(망각), 忘年會(망년회), 刻骨難忘(각골난망), 備忘錄(비망록), 寤寐不忘(오매불망), 健忘症(건망증), 勿忘草(물망초)

'亡(망)'자에 '풀 艹(초)'를 붙여 '까끄라기 芒(망)'자를 만들었다. '까끄라기'를 뜻한다. 芒刺在背(망자재배), 芒種(망종), 竹杖芒鞋(죽장망혜)

'亡(망)'자에 '고을 阝(읍)'을 붙여 '산 이름 邙(망)'자를 만들었다. '北邙山(북망산)'

'바랄 望(망)'자는 '보름달'을 뜻하는 글자이다. 여기에 쓰인 '亡(망)'자는 단순히 표음요소로 쓰인 것이다. 사람들이 보름달을 바라보며 소원을 빈다는 데서 '바라다'의 뜻으로 확대되었다. '字源(자원)'을 소개하기는 어렵고 복잡해서 생략한다. '바라다', '멀리 내다보다', '마주 대하다', '기다리다', '우러러보다', '그리워하다', '나무라다', '보름' 등 여러 가지 뜻을 가지고 있다. 所望(소망), 失望(실망), 慾望(욕망), 怨望(원망), 希望(희망), 望洋之嘆(망양지탄), 望遠鏡(망원경), 觀望(관망), 展望(전망), 望拜(망배), 望夫石(망부석), 德望(덕망), 名望(명망), 望鄕(망향), 責望(책망), 朔望(삭망)

'아득할 茫(망)'자는 '풀 艹(초)'와 '망연할 汒(망)'으로 이루어졌다. '汒(망)'자는 '아득하다'는 뜻이다. '茫(망)'자는 초원 따위가 넓고 끝없이 아득한 모양을 나타낸다. 茫茫大海(망망대해), 茫洋(망양), 茫然(망연), 茫然自失(망연자실)

'亡(망)'자에 '눈 目(목)'을 붙여 '소경 盲(맹)'자를 만들었다. '눈이 멀다'는 뜻을 나타내기 위하여 '망할 亡(망)'과 '눈 目(목)'을 합쳐 놓은 것이다. '亡(망)'은 표음요소도 겸한다. '장님', '못 알아보다'는 뜻을 나타낸다. 盲啞(맹아), 盲人(맹인), 盲者失杖(맹자실장), 群盲撫象(군맹무상), 問道於盲(문도어맹), 色盲(색맹), 盲目(맹목), 盲信(맹신), 盲從(맹종), 盲點(맹점), 文盲(문맹), 盲腸炎(맹장염)

'215 罔(망)'자 참조.
'700 망할 巟(황)'자 참조.

亡0292, 妄1196, 忙1580, 忘1581, 芒2915, 邙3307, 望0561, 茫1749, 盲1337

罔(망) 罔網惘 215

'없을 罔(망)'자는 '그물 网(망)/㓁(망)'과 '망할 亡(망)'자를 합쳐서 만든 글자이다. '그물로 덮어 가리다'는 뜻을 위하여 만든 것이니, '덮어씌워 속이다', '없다'는 뜻으로 쓰인다. '欺(기)'는 이치가 있는 것으로써 즉 그럴 듯하게 속이는 것이고, '罔(망)'은 이치가 없는 것으로써 즉 터무니없는 것으로써 속이는 것이다. 罔極(망극), 罔測(망측), 駭怪罔測(해괴망측), 欺君罔上(기군망상), 欺罔(기망)

'罔(망)'자에 '실 糸(사)'를 붙여 '그물 網(망)'자를 만들었다. 본래 글자는 '罔(망)'이었다. '罔(망)'이 본래의 의미와는 달리 '없다'는 뜻으로 많이 쓰이자 본래의 의미인 '그물'이란 뜻을 분명하게 나타내기 위하여 '실 糸(사)'라는 표의요소를 덧붙여 '그물 網(망)'자를 만들었다. 網羅(망라), 防蟲網(방충망), 一網打盡(일망타진), 鐵條網(철조망), 交通網(교통망), 放送網(방송망), 聯絡網(연락망), 法網(법망)

'罔(망)'자에 '마음 忄(심)'을 붙여 '멍할 惘(망)'자를 만들었다. '마음이 그물에 붙잡힌 것처럼 자신을 잊고 멍해지다'는 뜻이다. 惘惘(민망)

罔1716, 網1955, 惘2397

買(매) 買賣   216

'살 買(매)'자는 '그물 网(망)'과 '조개 貝(패)'가 합쳐진 글자이다. '그물로 조개를 주워 모으듯이 물건을 사들이다'는 뜻이다. 買收(매수), 買入(매입), 買占(매점), 競買(경매), 都買(도매), 賣買(매매), 豫買(예매).

'팔 賣(매)'자는 '날 出(출)'과 '팔 買(매)'로 이루어진 글자이다. 사들인 것을 내보내니 '팔다'의 뜻이다. '날 出(출)'이 '선비 士(사)' 모양으로 바뀌었다. 글자의 형태나 쓰기의 편리함 때문일 것이다. 賣國奴(매국노), 賣買(매매), 賣惜(매석), 買占賣惜(매점매석), 競賣(경매), 都賣(도매), 專賣(전매), 販賣(판매).

買0640, 賣0641

孟(맹) 孟猛   217

'맏 孟(맹)'자는 형제자매 가운데 '맏이'를 뜻하기 위하여 만든 것이니 '아이 子(자)'가 표의요소, '그릇 皿(명)'은 표음요소이다. 각 계절의 첫 달을 '맏이'의 뜻인 '孟(맹)'자를 써서 나타내는데, 孟春(맹춘), 孟夏(맹하) 따위가 그 예이다. '맹자', '앞뒤의 조리가 맞지 않다'의 뜻으로 쓰이기도 한다. 孟仲叔季(맹중숙계), 孟冬(맹동), 孟春(맹춘), 孟夏(맹하), 孟秋(맹추), 孟子(맹자), 孟母三遷(맹모삼천), 孔孟(공맹), 孟浪(맹랑), 虛無孟浪(허무맹랑).

'孟(맹)'자에 '개 犭(견)'을 붙여 '사나울 猛(맹)'자를 만들었다. '사나운 개'를 뜻하기 위하여 만든 것이다. '맹자님 댁의 개가 사납다'는 뜻이 아니다. '孟(맹)'자는 표음요소일 뿐이다. 猛犬(맹견), 猛攻(맹공), 猛烈(맹렬), 猛獸(맹수), 猛將(맹장), 勇猛(용맹).

孟1202, 猛1325

黽(맹) 繩蠅鼈   218

'맹꽁이 黽(맹)'자는 개구리 비슷한 동물 '맹꽁이'의 모양을 본뜬 글자이다. 部首(부수)로 쓰여 개구리나 거북 등 물가에서 사는 동물을 나타내는 글자를 이룬다.

'黽(맹)'자에 '실 糸(사)'를 붙여 '노끈 繩(승)'자를 만들었다. 여기에서 '黽(맹)'자는 '파리 蠅(승)'자의 생략형'이라고 한다. '배가 뽈록한 파리'의 뜻에서, 끈 부분이 오목볼록한 실을 뜻한다. '줄', '새끼', '묶다', '결박하다'의 뜻을 나타낸다. 自繩自縛(자승자박), 捕繩(포승).

'黽(맹)'자에 '벌레 虫(충)'을 붙여 '파리 蠅(승)'자를 만들었다. 怒蠅拔劍(노승발검), 靑蠅染白(청승염백).

'黽(맹)'자에 '옷 敝(별)'을 붙여 '자라 鼈(별)'자를 만들었다. '해질 敝(폐)'자는 천한 사람이 입는 '옷'을 뜻할 때는 [별로 읽는다. 여기서는 표음요소로 쓰였다. '자라'를 뜻한다. 鼈主簿傳(별주부전).

繩2109, 蠅2959, 鼈3199

免(면) 免勉冕俛晚娩挽輓   219

'면할 免(면)'자는 원래 머리에 쓴 '관'이 본뜻이었다. 큰 모자를 쓰고 서 있는 사람의 모습을 본뜬 글자이다. 후에 '놓아주다', '면하다'는 뜻으로 쓰이게 되었다. 본뜻은 '면류관 冕(면)'자를 만들어 나타냈다. '면하다', '책임·의무를 지지 아니하게 되다', '어떤 자격을 주다', '물러나다', '용서하다', '풀어주다' 등 여러 가지 뜻을 나타낸다. 免稅(면세), 免疫(면역), 免除(면제), 免罪(면죄), 減免(감면), 免許(면허), 運轉免許(운전면허), 免職(면직), 任免(임면), 罷免(파면), 放免(방면), 赦免(사면).

'免(면)'자에 '힘 力(력)'을 붙여 '힘쓸 勉(면)'자를 만들었다. 勉學(면학), 勤勉(근면).

'免(면)'자 위에 '건 冃(모)'를 붙여 '면류관 冕(면)'자를 만들었다. 예전에 大夫(대부) 이상의 벼슬아치가 머리에 쓰던 禮帽(예모)를 일컫기 위한 것이었다. 윗부분은 모자 모양을 본뜬 것이고, '면할 免(면)'은 표음요소이다. 冕旒冠(면류관).

'免(면)'자에 '사람 亻(인)'을 붙여 '힘쓸 俛(면)'자를 만들었다. '힘쓰다'는 뜻일 때는 [면:]으로, '머리를 숙이다'는 뜻일 때는 [부:]로 읽는다.

'免(면)'자에 '해 日(일)'을 붙여 '늦을 晚(만)'자를 만들었다. '해가 지고 난 저녁', '늦다'의 뜻이다. '새벽 早(조)'에 상대되는 글자이다. 晚餐(만찬), 晚期(만기), 晚時之歎(만시지탄), 晚學(만학), 大器晚成(대기만성), 早晚間(조만간), 晚秋(만추), 晚年(만년).

'免(면)'자에 '여자 女(녀)'를 붙여 '낳을 娩(만)'자를 만들었다. 여자가 '아이를 낳다'는 뜻을 나타내기 위하여 만든 것이다. 分娩(분만).

'免(면)'자에 '손 扌(수)'를 붙여 '당길 挽(만)'자를 만들었다. '손으로 당겨 꺼내다', '끌어당기다', '잡아당겨 못하게 하다'는 뜻을 나타낸다. 挽回(만회), 挽留(만류).

'免(면)'자에 '수레 車(거)'를 붙여 '끌 輓(만)'자를 만들었다. '수레를 끌어내다'는 뜻이다. '애도하다', '죽음을 애도하는 시가(詩歌)'를 뜻하는 글자이기도 하다. 輓歌(만가), 輓詞(만사), 輓章(만장).

免1503, 勉0927, 冕2036, 俛3400, 晚0450, 娩1872, 挽2452, 輓3062

面(면) 面緬麵/麪   220

'낯 面(면)'자의 원형은 눈(目) 모양을 그린 것에 둘레를 두른 것이었다. '…쪽'을 뜻하기도 하고, 행정구역의 하나인 '面(면)'을 가리키기도 한다. '面(면)'자를 意符(의부)로 하여 얼굴에 관한 문자를 이룬다. '얼굴', '다면체의 한계를 이루는 평면', '방향', '대하다', '모양', '상황', '행정구역의 하나' 등 여러 뜻을 나타낸다. 面接(면접), 面從腹背(면종복배), 鐵面皮(철면피), 唾面自乾(타면자건), 面積(면적), 平面(평면), 表面(표면), 畵面(화면), 物心兩面(물심양면), 方面(방면), 正面(정면), 假面(가면), 當面(당면), 外面(외면), 局面(국면), 場面(장면), 面貌(면모), 面長(면장)

여기에서는 '面(면)'자가 부수가 아닌 '몸으로 쓰인 예를 모은 것이다.

'面(면)'자에 '실 糸(사)'를 붙여 '가는 실 緬(면)'자를 만들었다. 緬羊(면양), 緬禮(면례)

'面(면)'자에 '보리 麥(맥)'을 붙여 '밀가루 麵(면)'자를 만들었다. '얼굴 面(면)' 대신 '가릴 丏(면)'이 쓰인 '麪(면)'자는 同字(동자)이다. 여기에서 '麥(맥)'은 麥類(맥류)를 뜻한다. '麵(면)'은 곡물을 가루를 내어 이용하는 음식을 뜻하는 것이지 '밀가루'만을 뜻하는 것은 아니다. 麵類(면류), 炸醬麵/酢醬麵(자장면), 冷麵(냉면), 唐麵(당면), 素麪(소면)

面0145, 緬2842, 麵/麪3194

丏(면) 眄 麪/麵 沔 221

'가릴 丏(면)'자는 사람이 가면을 쓴 모양을 본떠서 '덮어 가리다', '보이지 않다'의 뜻을 나타낸다.

'丏(면)'자에 '눈 目(목)'을 붙여 '애꾸는 眄(면)/곁눈질할 眄(면)'자를 만들었다. '丏(면)'자는 '덮어 가리다'는 뜻이니, '眄(면)'자는 '애꾸눈', '탈을 쓴 채 곁눈질하여 보다'는 뜻을 나타낸다. 眄視(면시), 左顧右眄(좌고우면)

'丏(면)'자에 '보리 麥(맥)'을 붙여 '밀가루 麪(면)'자를 만들었다. '얼굴 面(면)'이 쓰인 麵(면)'자와 同字(동자)이다. 여기에서 '麥(맥)'은 麥類(맥류)를 뜻한다. (전항 '面'에서 설명.)

'丏(면)'자에 '물 氵(수)'를 붙여 '물 흐를 沔(면)'자를 만들었다. '강'의 이름으로 쓰였다.

眄2744, 麪/麵3194, 沔3474

蔑(멸) 蔑 襪 222

'업신여길 蔑(멸)'자는 '풀 ++(초)', '눈 目(목)', '지킬 戍(수)'가 합쳐진 것이다. 무기를 들고 눈썹이 치켜 올라가도록 눈을 부릅뜬 모습으로 '업신여기다', '깔보다', '얕보다', '가볍게 보다'는 뜻을 나타낸다. 蔑視(멸시), 輕蔑(경멸), 凌蔑(능멸)/陵蔑(능멸), 侮蔑(모멸)

'蔑(멸)'자에 '옷 衤(의)'를 붙여 '버선 襪(말)'자를 만들었다. 洋襪(양말)

蔑1974, 襪2994

冥(명) 冥 螟 瞑 溟 暝 223

'어두울 冥(명)'자는 '덮을 冖(멱)', '해 日(일)', '여섯 六(륙)'으로 이루어졌다. 字源(자원)을 따지자면 복잡하다. 해를 여섯 겹으로 덮으니 어두울 수밖에. 이렇게 쉽게 생각하기로 하자. '깊숙하다', '그윽하다', '저승'이라는 뜻도 있다. 晦冥(회명), 冥想(명상)/瞑想(명상), 冥王星(명왕성), 冥福(명복), 冥府(명부)

'冥(명)'자에 '벌레 虫(충)'을 붙여 '마디충 螟(명)'자를 만들었다. '冥(명)'은 깊숙한 곳을 뜻한다. '螟(명)'은 벼 등 화본과 작물의 줄기 속 깊숙이 숨어서 줄기 속을 파먹어 피해를 주는 해로운 벌레이다. 螟蟲(명충), 二化螟蟲(이화명충)

'冥(명)'자에 '눈 目(목)'을 붙여 '눈 감을 瞑(명)'자를 만들었다. '눈을 감다', '현기증 나다'는 뜻을 나타낸다. 冥想(명상)/瞑想(명상), 瞑眩(명현)

'冥(명)'자에 '물 氵(수)'를 붙여 '바다 溟(명)'자를 만들었다. '바다'를 뜻한다. 南溟(남명), 北溟(북명), 四溟(사명)

'冥(명)'자에 '해 日(일)'을 붙여 '저물 暝(명)'자를 만들었다.

冥1506, 螟2968, 瞑3265, 溟3329, 暝3351

名(명) 名 銘 酩 224

'이름 名(명)'자는 '저녁 夕(석)'과 '입 口(구)'로 이루어졌다. 저녁[夕]이 되면 어두워 서로 상대방을 볼 수 없으므로 입[口]으로 자기가 누구인가를 밝혀야 한다. 누군가를 밝히는 데는 이름을 대는 것이 상책이므로 '이름'의 뜻이 된다. '사람 또는 사물의 이름', '신분상의 명분', '이름나다', '사람의 수효를 세는 말' 등의 뜻으로 쓰인다. 名實相符(명실상부), 名稱(명칭), 別名(별명), 署名(서명), 姓名(성명), 名分(명분), 大義名分(대의명분), 名山(명산), 名聲(명성), 名譽(명예), 名作(명작)

'名(명)'자에 '쇠 金(금)'을 붙여 '새길 銘(명)'자를 만들었다. 솥이나 종 등 청동 기물에 중요한 내용을 '새기다'는 뜻을 나타내기 위하여 만든 것이었다. 이렇게 새긴 글에는 후세에 전할 교훈적인 내용이 많다는 데서 '교훈의 말'이라는 뜻이 생겨났다. '새기다', '금석(金石)에 새긴 글자 또는 글, 그런 글의 문체', '마음에 새기다', '죽은 사람의 성명·관위를 쓴 기', '교훈의 말' 등의 뜻을 나타낸다. 碑銘(비명), 銘心(명심), 刻骨銘心(각골명심), 感銘(감명), 銘旌(명정), 座右銘(좌우명)

'名(명)'자에 '닭 酉(유)'를 붙여 '술취할 酩(명)'자를 만들었다. '술에 취하다'는 뜻을 나타낸다. 酩酊(명정)

名0222, 銘1442, 酩3089

明(명) 明盟萌　225

'밝을 明(명)'자는 '해 日(일)'과 '달 月(월)'을 모아 놓은 것이니 '밝다'가 본뜻이다. '빛이 밝다', '사리에 밝다', '총명하다', '확실하다', '명백하다', '밝히다', '깨닫게 하다', '나타나다', '깨끗하다', '날이 밝다', '다음의', '이승', '왕조 이름', '신령', '결백하다' 등 여러 가지 뜻을 나타낸다. 明暗(명암), 明月(명월), 光明(광명), 燈下不明(등하불명), 照明(조명), 淸明(청명), 明晳(명석), 聰明(총명), 賢明(현명), 明白(명백), 分明(분명), 明細(명세), 辨明(변명), 說明(설명), 證明(증명), 著明(저명), 發明(발명), 明鏡(명경), 山紫水明(산자수명), 未明(미명), 黎明(여명), 明日(명일), 明年(명년), 幽明(유명), 失明(실명), 明朗(명랑), 明朝體(명조체), 天地神明(천지신명), 明太(명태)

'明(명)'자에 '그릇 皿(명)'을 붙여 '맹세할 盟(맹)'자를 만들었다. 원래 그릇에 피를 담아 놓은 모습이었다. 옛날에는 서로 동맹을 맺거나 굳게 약속할 때 피를 나누어 마시는 풍속이 있었다. '굳게 다짐하다', '맹세하다'는 뜻을 나타내었다. 후에 피를 상징하는 요소가 빠지고, 대신 피를 담았던 그릇[皿]이 남았다. 음을 나타내기 위하여 '明(명)'을 덧붙였다. '맹세하다', '취미·기호를 같이하는 사람끼리의 모임' 등의 뜻을 나타낸다. 盟誓(맹서), 同盟(동맹), 加盟(가맹), 聯盟(연맹)

'明(명)'자에 '풀 艹(초)'를 붙여 '싹 萌(맹)'자를 만들었다. 풀이 '싹이 트다'는 뜻이다. '싹', '초목이 싹트다', '움트다' 등의 뜻으로 쓰인다. 萌芽(맹아), 萌芽期(맹아기)

明0299, 盟1336, 萌2926

母(모) 母姆毋拇毒每梅侮海悔晦誨敏繁　226

'어머니 母(모)'자는 '여자 女(녀)'자에 점[丶] 두 개를 찍은 모양이다. 두 팔로 아기를 안은 모양 또는 아기에게 젖을 먹이는 모양을 나타낸다고 한다. 아이를 낳아 기르는 사람, 어머니의 뜻을 나타낸다. 생명은 어머니로부터 비롯되므로, 근원, 근본 따위의 뜻도 가진다. 母女(모녀), 老母(노모), 父母(부모), 賢母良妻(현모양처), 孟母三遷(맹모삼천), 繼母(계모), 庶母(서모), 伯母(백모), 叔母(숙모), 姨母(이모), 丈母(장모), 乳母(유모), 食母(식모), 酒母(주모), 母校(모교), 母國(모국), 分母(분모), 母音(모음), 航空母艦(항공모함)

'母(모)'자에 '여자 女(녀)'를 붙여 '유모 姆(모)'자를 만들었다. 어머니를 대신하여 어린아이를 양육하는 여성을 이른다. 정작 '유모'는 '乳母'라고 쓴다. '보모'한 낱말에서 '保姆'라고 쓴다.

'말 毋(무)'자는 본디 '母(모)'와 동형으로 '어머니'의 뜻을 나타냈지만, 두 점을 세로의 한 획으로 그어 '없다'의 뜻을 나타냈다. 毋彝酒(무이주), 毋望之福(무망지복), 毋論(무론)

'母(모)'자에 '손 扌(수)'를 붙여 '엄지손가락 拇(무)'자를 만들었다. 손가락 가운데 어머니 격인 '엄지손가락'을 뜻한다. 拇印(무인), 拇指(무지)

'독 毒(독)'자는 '싹날 屮(철)'과 '음란할 毒(애)'가 합쳐진 것이었다. '독풀'이 본뜻이다. 형태는 '주인 主(주)'와 '어미 母(모)'가 합쳐진 모양으로 변하였다. '독', '독하다', '해롭다', '심하다' 등의 뜻을 나타낸다. 毒蛇(독사), 毒藥(독약), 防毒面(방독면), 消毒(소독), 中毒(중독), 解毒(해독), 毒舌(독설), 惡毒(악독), 毒感(독감), 毒酒(독주), 至毒(지독), 酷毒(혹독), 旅毒(여독)

'매양 每(매)'자는 한 개의 비녀[싹날 屮(철)]를 꽂은 어머니의 모습을, '毒(애)'자는 두 개의, '毒(독)'자는 세 개의 비녀를 꽂은 어머니의 모습을 나타낸 것이다. '每(매)'자는 한 개의 비녀를 꽂은 모습으로 모성애로 무장한 한결같은 존재라는 데서 '매양'의 뜻을 나타낸다. 비녀를 두 개 세 개 꽂은 어머니는 본연의 임무를 저버리고 머리를 화려하게 꾸며서 남자를 유혹하고 사회 규범을 해친다는 데서, '毒(애)'는 '음란하다'를, '毒(독)'은 '독과 '해치다'의 뜻을 나타낸다. 每年(매년), 每事(매사), 每日(매일)

'每(매)'자에 '나무 木(목)'을 붙여 '매화 梅(매)'자를 만들었다. '매화나무'를 뜻하기 위하여 만든 것이다. 본래는 '某(모)'자를 써서 '楳(매)'자를 만들었다가 변형되었다. 매화(梅)·난초(蘭)·국화(菊)·대나무(竹)의 네 가지를 四君子(사군자)라 하여 사랑을 받아 왔으며, 묵화(墨畫)의 주요 소재가 된다. 梅實(매실), 梅花(매화), 雪中梅(설중매), 梅毒(매독)

'每(매)'자에 '사람 亻(인)'을 붙여 '업신여길 侮(모)'자를 만들었다. 侮蔑(모멸), 侮辱(모욕), 受侮(수모)

'每(매)'자에 '물 氵(수)'를 붙여 '바다 海(해)'자를 만들었다. '每(매)'자가 표음요소인데 음이 약간 달라졌다. 海軍(해군), 海水(해수), 海洋(해양), 東海(동해), 桑田碧海(상전벽해), 航海(항해), 人山人海(인산인해), 苦海(고해), 雲海(운해)

'每(매)'자에 '마음 忄(심)'을 붙여 '뉘우칠 悔(회)'자를 만들었다. '(진심으로) 뉘우치다'는 뜻을 위해 만든 것이다. 悔改(회개), 感悔(감회), 懺悔錄(참회록), 後悔(후회)

'每(매)'자에 '해 日(일)'을 붙여 '그믐 晦(회)'자를 만들었다. '그믐', '어둡다'는 뜻을 나타낸다. 晦冥(회명)

'每(매)'자에 '말씀 言(언)'을 붙여 '가르칠 誨(회)'자를 만들었다. '사리에 어두운 사람에게 말로 가르치다'는 뜻이다. 誨諭(회유)

'每(매)'자에 '칠 攵(복)'을 붙여 '민첩할 敏(민)'자를 만들었다. '생각이 어둡거나 동작이 굼뜬 것을 쳐서 민첩하게 하는 것'을 뜻한다. 敏感(민감), 敏捷(민첩), 過敏(과민), 訥言敏行(눌언민행), 銳敏(예민), 英敏(영민)

'민첩할 敏(민)'자에 '실 糸(사)'를 붙여 '번성할 繁

(번)'자를 만들었다. '많다', '성하다', '번거롭다', '자주', '바쁘다' 등의 뜻을 나타낸다. 繁盛(번성), 繁殖(번식), 繁榮(번영), 繁華(번화), 頻繁(빈번), 農繁期(농번기)

母0015, 姆3221, 毋2588, 拇2438, 毒0788, 每0244, 梅0828, 侮1841, 海0066, 悔1249, 晦2515, 誨3010, 敏1615, 繁1361

某(모) 某謀媒煤 227

'아무 某(모)'자는 원래 '매화나무'를 뜻하는 것이었다. 후에 '아무'를 뜻하고 [모]로 읽는 예가 많아지자, '매화'는 '槑(매)'자를 거쳐 '梅(매)'자를 따로 만들어 나타냈다. 某校(모교), 某氏(모씨), 某種(모종) 某處(모처), 金某(김모)

'某(모)'자에 '말씀 言(언)'자를 붙여 '꾀할 謀(모)'자를 만들었다. 서로 말을 주고받으며 '상의하다'는 뜻을 나타내기 위하여 만든 글자이다. 후에 '꾀', '꾀하다'는 뜻도 가지게 되었다. 謀利輩(모리배), 謀免(모면), 謀事(모사), 謀議(모의), 圖謀(도모), 無謀(무모), 主謀者(주모자), 參謀(참모), 謀略(모략), 謀陷(모함), 陰謀(음모)

'某(모)'자에 '여자 女(녀)'자를 붙여 '중매 媒(매)'자를 만들었다. '(여자) 중매인'을 뜻하기 위하여 만든 것이었다. 媒婆(매파), 仲媒(중매), 媒介(매개), 冷媒(냉매), 溶媒(용매), 觸媒(촉매), 蟲媒(충매)

'某(모)'자에 '불 火(화)'자를 붙여 '그을음 煤(매)'자를 만들었다. 煤煙(매연)

某1644, 謀1403, 媒1555, 煤2655

冒(모) 冒帽 228

'범할 冒(모)'자는 '건 冃(모)'와 '눈 目(목)'으로 이루어졌다. '目(목)' 윗부분은 '가로 曰(왈)'이 아니다. '무릅쓰고 길을 뚫고 나가다'는 뜻이다. 冒頭(모두), 冒險(모험), 冒瀆(모독)

'冒(모)'자에 '수건 巾(건)'을 붙여 '모자 帽(모)'자를 만들었다. 여기에서 '冒(모)'자는 '가리다'의 뜻으로 쓰였다. 수건으로 머리를 가리니 '모자'이다. 帽子(모자), 帽標(모표), 軍帽(군모), 紗帽冠帶(사모관대), 鐵帽(철모)

冒3211, 帽1883

矛(모) 矛茅 229

'창 矛(모)'자는 적을 찌를 때 쓰는 '창'의 모양을 그린 것이었다. '자루가 긴 창'을 뜻한다. 矛盾(모순)

'矛(모)'자에 '풀 ++(초)'를 붙여 '띠 茅(모)'자를 만들었다. '띠', '띠를 베다', '띠로 지붕을 이은 집'을 뜻한다. 茅屋(모옥), 茅亭(모정)

'234 務(무)'자 참조.
'465 柔(유)'자 참조.
矛1699, 茅2116

沒(몰) 沒歿 230

'가라앉을 沒(몰)'자는 '물에 빠지다'는 뜻을 나타내기 위하여 만들어진 글자이다. 후에 '가라앉다', '숨다', '없어지다', '죽다'의 뜻으로 확대되었다. 埋沒(매몰), 水沒(수몰), 日沒(일몰), 沈沒(침몰), 陷沒(함몰), 出沒(출몰), 沒却(몰각), 沒落(몰락), 沒殺(몰살), 沒我(몰아), 沒年(몰년), 生沒(생몰), 沒知覺(몰지각), 沒廉恥(몰염치), 沒頭(몰두), 沒入(몰입), 沒收(몰수)

'沒(몰)'자에 '앙상한 뼈 歹(알)'을 붙여 '죽을 歿(몰)'자를 만들었다. '沒(몰)'자에서 'シ(수)'가 생략되고 그 뜻과 음은 남았다. '죽다', '끝나다'는 뜻을 나타낸다. 戰歿(전몰)

沒1297, 歿2579

卯(묘) 卯昴貿柳留溜瘤榴聊劉 231

'토끼 卯(묘)'자는 12지지 가운데 네 번째의 것으로 쓰였고, 띠로는 토끼에 해당되므로 속칭 '토끼 묘'라는 훈이 생겼다. '넷째지지 卯(묘)'라고도 한다. 卯時(묘시), 癸卯(계묘), 己卯(기묘), 辛卯(신묘), 乙卯(을묘), 丁卯(정묘)

'卯(묘)'자에 '해 日(일)'을 붙여 '별 이름 昴(묘)'자를 만들었다.

'卯(묘)'자에 '조개 貝(패)'를 붙여 '무역할 貿(무)'자를 만들었다. 돈과 물건을 '바꾸다'는 뜻을 나타내기 위하여 만든 것이었으니, '조개 貝(패)'가 표의요소, '넷째지지 卯(묘)'는 표음요소로 쓰였다. 후에 '장사하다'는 뜻으로도 쓰이게 되었다. 貿易(무역), 貿易商(무역상), 貿易風(무역풍)

'卯(묘)'자에 '나무 木(목)'을 붙여 '버들 柳(류)'자를 만들었다. '버드나무'를 나타내기 위한 것이었다. 路柳墻花(노류장화), 細柳(세류), 花柳(화류),

'卯(묘)'자에 '밭 田(전)'을 붙여 '머무를 留(류)'자를 만들었다. '머무르다', '만류로 인하여 머뭇거리다', '남아있다' 등의 뜻을 나타낸다. 留念(유념), 留學(유학), 保留(보류), 挽留(만류), 滯留(체류), 殘留(잔류)

'留(류)'자에 '물 シ(수)'를 붙여 '떨어질 溜(류)'자를 만들었다. '물이 떨어져 흐르다'는 뜻을 나타낸다. 蒸溜(증류), 蒸溜水(증류수)

'留(류)'자에 '병 疒(역)'을 붙여 '혹 瘤(류)'자를 만들었다. 피의 흐름이 막혀서 부어 오른 것, '혹'을 뜻한다. 根瘤(근류), 靜脈瘤(정맥류)

'留(류)'자에 '나무 木(목)'을 붙여 '석류나무 榴(류)'자를 만들었다. 石榴(석류), 手榴彈(수류탄)

'卯(묘)'자에 '귀 耳(이)'을 붙여 '애오라지 聊(료)'를 만들었다. 여기에서 '卯(묘)'자는 '머무를 留(류)'자의 뜻을 나타내는 것이다. '귀에 머물러 붙다'의 뜻에서 '귀울음' 또는 가차하여 '애오라지'의 뜻을 나타낸다. 無聊(무료), 聊齋志異(요재지이)

'묘금도 劉(류)'자는 '토끼 卯(묘)'와 '쇠 金(금)'과 '칼 刂(도)'가 합쳐서 만들어진 글자라고 해서 '묘금도 劉(류)'라고 한다. 달리 '죽일 劉(류)'라는 훈도 가지고 있는데 한자어 낱말은 없다. '姓(성)'으로 쓰인다. 劉邦(유방), 劉備(유비)

卯0760, 昴3450, 貿1414, 柳1014, 留0807, 溜2623, 瘤2728, 榴3243, 聊2869, 劉3405

苗(묘) 苗描猫 232

'모종 苗(묘)'자는 옮겨심기 위하여 밭에 심어 놓은 어린 식물, 즉 '모종'을 뜻하기 위하여 만든 것이다. '풀 艹(초)'와 '밭 田(전)'이 둘 다 표의요소이다. 풀이나 나무가 '어리다'는 뜻으로도 쓰인다. 苗木(묘목), 苗床(묘상), 育苗(육묘), 種苗(종묘)

'苗(묘)'자에 '손 扌(수)'를 붙여 '그릴 描(묘)'자를 만들었다. 물건의 모양을 '손으로 그리다'는 뜻이다. 描寫(묘사), 素描(소묘)

'苗(묘)'자에 '개 犭(견)'을 붙여 '고양이 猫(묘)'자를 만들었다. 猫頭懸鈴(묘두현령), 猫鼠同處(묘서동처)

苗1748, 描2467, 猫2685

無(무) 無撫蕪憮舞 233

'없을 無(무)'자는 원래 사람이 춤추는 모습을 형상화하여 '춤'의 뜻을 나타내었으나 가차하여 '없다'는 뜻으로 쓰게 되었다. '춤추다'는 뜻은 '어그러질 舛(천)'을 붙여 '춤출 舞(무)'자를 만들어 나타냈다. 無禮(무례), 無理(무리), 無事(무사), 無視(무시), 萬壽無疆(만수무강), 仁者無敵(인자무적), 厚顔無恥(후안무치)

'無(무)'자에 '손 扌(수)'를 붙여 '어루만질 撫(무)'자를 만들었다. '손으로 덮어 씌워서 쓰다듬다'는 뜻이다. '어루만지다', '가볍게 쓰다듬다', '달래다', '위로하다', '사랑하다'는 뜻으로 쓰인다. 撫摩(무마), 群盲撫象(군맹무상), 宣撫(선무), 愛撫(애무)

'無(무)'자에 '풀 艹(초)'를 붙여 '거칠 蕪(무)'자를 만들었다. 풀이 덮일 만큼 '거칠어지다'는 뜻이다. 繁蕪(번무), 荒蕪地(황무지)

'無(무)'자에 '마음 忄(심)'을 붙여 '멍할 憮(무)'자를 만들었다. '마음이 없어지다', '실의하다' 등의 뜻을 나타낸다.

'춤출 舞(무)'자의 原字(원자)는 '無(무)'였다. '無(무)'자는 '춤추다'는 뜻을 나타내기 위하여, 양손에 쇠고리 모양의 물건을 들고 춤을 추는 무당의 모습을 그린 것이었다. 이것이 '없다'는 뜻으로 차용되는 예가 많아지자 '춤추다'는 뜻을 분명하게 하기 위하여, 두 발자국 모양을 본뜬 '舛(천)'을 붙여 '舞(무)'자를 만들었다. '격려하다'는 뜻도 있다. 舞臺(무대), 舞踊(무용), 歌舞(가무), 獨舞臺(독무대), 亂舞(난무), 鼓舞(고무)

無0117, 撫2481, 蕪2941, 憮3345, 舞1081

務(무) 務霧 234

'일 務(무)/힘쓸 務(무)'자는 '창 矛(모)'와 '칠 攵(복)'과 '힘 力(력)'으로 이루어졌다. '일을 하는 데 온 힘을 다 쏟는 것'을 뜻한다. '맡은 일', '해결해야 할 과업', '정사', '직분', '힘쓰다', '권장하다' 등의 뜻을 나타낸다. 勤務(근무), 事務(사무), 業務(업무), 義務(의무), 職務(직무), 國務(국무), 外務(외무), 內務(내무), 法務(법무), 專務(전무), 總務(총무), 務農(무농), 務本(무본)

'務(무)'자에 '비 雨(우)'를 붙여 '안개 霧(무)'자를 만들었다. '안개', '흩어지다' 등의 뜻을 나타낸다. 霧笛(무적), 濃霧(농무), 噴霧(분무), 五里霧中(오리무중), 霧散(무산)

'229 矛(모)'자 참조.

務0093, 霧1816

武(무) 武賦 235

'굳셀 武(무)/호반 武(무)'자는 '창 戈(과)'와 '그칠 止(지)'로 이루어진 글자이다. 창[戈]을 메고 전쟁터에 나가는 발자국[止] 모습을 본뜬 것이라고 한다. '군인', '군대의 위세', '병법', '싸움에 능하다', '힘차고 튼튼하다' 등의 뜻을 나타낸다. 武器(무기), 武力(무력), 武裝(무장), 文武(문무), 尙武(상무), 步武(보무), 武陵桃源(무릉도원)

'武(무)'자에 '조개 貝(패)'를 붙여 '부세 賦(부)'자를 만들었다. '세금을 부과하다', '조세를 바치다', '부역', '나누어주다', '천생으로 타고나다', '문체의 하나' 등의 뜻을 나타낸다. 賦課(부과), 賦金(부금), 月賦(월부), 割賦(할부), 賦役(부역), 賦與(부여), 天賦(천부)

'568 그칠 止(지)'자 참조.

武0107, 賦1780

巫(무) 巫覡誣靈 236

'무당 巫(무)'자는 신을 제사지내는 장막 속에서 사람이 양손으로 祭具(제구)를 받드는 모양을 형상화한 것이다. 신을 부르는 자 곧, '무당'을 뜻한다. 여자 무당을 '巫(무)', 박수인 남자 무당을 '覡(격)'이라고 한다. 巫覡

(무격), 巫女(무녀), 巫堂(무당), 巫俗(무속), 生巫殺人(생무살인)

'巫(무)'자에 '볼 見(견)'을 붙여 '박수 覡(격)'자를 만들었다. '박수' 즉, '남자 무당'을 이른다. 巫覡(무격)

'巫(무)'자에 '말씀 言(언)'을 붙여 '무고할 誣(무)'자를 만들었다. '말로 진실을 덮어 가리다'는 뜻이다. 誣告(무고), 惑世誣民(혹세무민)

'신령 靈(령)'자는 '신령'을 뜻하는 글자이다. '霝(령)'자는 '기도하는 말[口]을 늘어놓아 비[雨]가 내리기를 빌다'는 뜻으로 표음과 표의요소를 겸한다. 여기에 '무당 巫(무)'자를 덧붙여 '기우제를 올리는 사람'의 뜻을 나타냈다. '靈(령)'자가 획수는 많지만 글자의 구성요소를 따져보면 쉽게 '靈(령)'자를 익힐 수 있다. '신령', '신묘하다', '영혼', '정기(精氣)', '죽은 사람의 혼백' 등의 뜻을 나타낸다. 山神靈(산신령), 靈感(영감), 靈藥(영약), 靈柩(영구), 靈魂(영혼), 亡靈(망령), 聖靈(성령), 慰靈(위령), 幽靈(유령)

巫2348, 覡2349, 誣3009, 靈1458

戊(무) 戊戌戍戎戉茂越威 237

戊(무), 戌(술), 戍(수), 戎(융), 戉(월) 이 다섯 개의 글자들은 한 가족의 글자들은 아니다. 형태가 비슷하여 혼동하기 쉬운 글자들이라 한군데로 집합을 시켜 그 차이를 비교해 본 것이다.

'다섯째 천간 戊(무)'자는 도끼 같은 날[丿]이 달린 창[戈(과)]의 모양을 본뜬 것이다. 글자 안에 아무것도 없는[無] 것이 '戊(무)'자이다. 戊戌(무술), 戊申(무신), 戊午(무오), 戊寅(무인), 戊子(무자), 戊辰(무진)

'열한째 지지 戌(술)'자는 '戊(무)'자에 '한 一(일)'을 더한 것이다. '한 一(일)'은 '창으로 찌르다'의 뜻이다. 戌年(술년), 戌日(술일), 戌月(술월), 甲戌(갑술), 甲戌獄事(갑술옥사), 庚戌(경술), 庚戌國恥(경술국치), 戊戌(무술), 丙戌(병술), 壬戌(임술)

'지킬 戍(수)'자는 '변방을 지키는 군사'를 뜻한다. '戊(무)'자 안에 점[丶]이 있는 것처럼 보인다. 그렇게 만들어진 것이 아니라 '사람 人(인)'과 '창 戈(과)'가 합쳐져서 만들어졌다. '창을 들고 서 있는 사람'을 나타낸다. '사람 人(인)'의 오른쪽으로 삐쳐진 부분이 점[丶]으로 변한 것이다. '지키다', '무기를 가지고 국경·국가 등을 지키다', '수자리', '경비병이 주둔하고 있는 병영' 등의 뜻을 나타낸다. 戍樓(수루), 衛戍(위수)

'오랑캐 戎(융)'자는 '창 戈(과)'와 '열 十(십)'으로 이루어졌다. 여기에서 '十'은 숫자 '열'이라는 뜻으로 쓰인 것이 아니라, 거북의 등딱지의 상형으로, '갑옷'의 뜻이다. 즉 갑옷을 입고 창을 들고 서 있는 사람을 뜻한다. 큰 활을 가진 '동쪽의 오랑캐 夷(이)'에 대하여, 갑옷 입고 창을 든 '서쪽 오랑캐 戎(융)'을 뜻한다.

'큰 도끼 戉(월)'자는 '도끼'의 상형이다. 나무를 찍어내는 도끼는 '斧(부)'로, 싸움할 때 쓰는 도끼는 '戉(월)'로 쓴다. '戉(월)'자는 1급 한자까지의 범위에 들지 않는다. 전문가들이나 신경 쓰시라. 다만 '넘을 越(월)'자의 표음요소 구실을 한다는 정도 알아두시라.

'戊(무)'자에 '풀 艹(초)'를 붙여 '우거질 茂(무)'자를 만들었다. 풀이나 나무가 '우거지다'는 뜻을 나타내기 위하여 만든 것이다. 茂盛(무성), 繁茂(번무), 松茂栢悅(송무백열)

'도끼 戉(월)'에 '달릴 走(주)'를 붙쳐 '넘을 越(월)'자를 만들었다. '넘다', '건너가다', '거치다', '앞지르다', '초과하다', '분수에 넘치다', '나라 이름', '남방에 살던 종족 이름' 등의 뜻을 나타낸다. 越境(월경), 越南(월남), 越冬(월동), 移越(이월), 越等(월등), 越尺(월척), 超越(초월), 追越(추월), 越權(월권), 優越(우월), 卓越(탁월), 越南(월남), 吳越同舟(오월동주)

'위엄 威(위)'자는 '여자 女(여)'와 '무기 戌(술)'로 이루어진 것으로, '시어머니'가 본래의 의미였다고 한다. 후에 '위엄', '두려워하다', '으르다'의 뜻으로 확대되었다. 威力(위력), 威信(위신), 威嚴(위엄), 威風堂堂(위풍당당), 權威(권위), 示威(시위), 狐假虎威(호가호위), 威脅(위협)

戊0753, 戌0766, 戍2426, 戎2427, 戉, 茂1376, 越1418, 威0961

文(문) 文紊紋蚊汶旻昒玟閔憫吝虔斑 238

'글월 文(문)'자는 '무늬'의 뜻으로 만들어진 글자였는데, '글자', '글월'의 뜻으로 쓰이는 예가 많아지자 '실 糸(사)'를 붙여 '무늬 紋(문)'자를 만들어 그 뜻을 분명히 했다. '무늬'의 뜻을 나타낼 때 '文(문)'과 '紋(문)'이 같이 쓰이기도 한다. 部首(부수)로 쓰일 때는 '무늬·문채'의 뜻을 가지는 글자를 이룬다. '글자', '글월', '문장', '학문이나 예술', '문화', '무늬', '꾸미다', '신발 칫수의 단위' 등의 뜻을 나타낸다. 文盲(문맹), 文字(문자), 國文(국문), 文庫(문고), 文獻(문헌), 文書(문서), 文章(문장), 作文(작문), 散文(산문), 文武(문무), 文藝(문예), 文學(문학), 文明(문명), 文化(문화), 文身(문신)

'文(문)'자 아래에 '실 糸(사)'를 붙여 '어지러울 紊(문)'자를 만들었다. 실이 흐트러져 '어지럽다'는 뜻을 위하여 만든 것이다. '실 糸(사)'와 '무늬 文(문)'으로 이루어졌다. 상하 구조를 좌우 구조로 바꾸면 '무늬 紋(문)'자가 된다. 紊亂(문란)

'文(문)'자 왼쪽에 '실 糸(사)'를 붙여 '무늬 紋(문)'자를 만들었다. '무늬', '직물의 문채', '주름' 등의 뜻을 나타낸다. 紋樣(문양)/文樣(문양), 指紋(지문), 波紋(파문), 花紋席(화문석)

'文(문)'자에 '벌레 虫(충)'을 붙여 '모기 蚊(문)'자를 만들었다. 蚊蠅(문승), 見蚊拔劍(견문발검), 使蚊負山(사문부산)

'文(문)'자에 '물 氵(수)'를 붙여 '물 이름 汶(문)'자를 만들었다.

'文(문)'자에 '해 日(일)'을 붙여 '하늘 旻(민)'자를 만들었다.

'文(문)'자에 '해 日(일)'을 붙여 '화할 旼(민)'자를 만들었다.

'文(문)'자에 '구슬 玉(옥)'을 붙여 '아름다운 돌 玟(민)'자를 만들었다.

'文(문)'자를 '문 門(문)'자 안에 넣어 '성씨 閔(민)'자를 만들었다.

'성씨 閔(민)'자에 '마음 忄(심)'을 붙여 '근심할 憫(민)'자를 만들었다. 마음으로 '걱정하다'는 뜻을 나타내기 위하여 만든 것이다. 후에 '불쌍하다', '민망하다'는 뜻으로도 쓰이게 되었다. 憫惘(민망), 憐憫(연민)/憐愍(연민)

'文(문)'자 밑에 '입 口(구)'를 붙여 '아낄 吝(린)'자를 만들었다. '아끼다'는 뜻을 나타낸다. 吝嗇(인색)

'文(문)'자 위에 '범의 문채 虍(호)'를 붙여 '공경할 虔(건)'자를 만들었다. 敬虔(경건)

'얼룩 斑(반)'자는 '007 쌍옥 珏(각)'자 참조.

文0106, 紊1950, 紋2829, 蚊2958, 汶3473, 旻3448, 旼3449, 玟3510, 閔3599, 憫1596, 吝2228, 虔2954, 斑2508

勿(물) 勿物忽惚笏刎 239

'말 勿(물)'자는 '하지 말라', '없음' 등 부정이나 금지를 나타내는 뜻으로 쓰인다. 勿驚(물경), 勿失好機(물실호기), 勿論(물론)

'勿(물)'자에 '소 牛(우)'를 붙여 '물건 物(물)/만물 物(물)'자를 만들었다. '모양이나 색깔이 여러 가지인 소'가 본뜻이었는데 '만물'의 뜻으로 확대되었다. '물건', '재물', '인물' 등 여러 가지 뜻으로 쓰인다. 物價(물가), 物件(물건), 見物生心(견물생심), 生物(생물), 魚物(어물), 財物(재물), 物心兩面(물심양면), 物慾(물욕), 物望(물망), 巨物(거물), 名物(명물), 俗物(속물), 人物(인물)

'勿(물)'자에 '마음 心(심)'을 붙여 '문득 忽(홀)/갑자기 忽(홀)/소홀히할 忽(홀)'자를 만들었다. '마음에 두지 않다'는 뜻을 나타내기 위하여 만든 글자이다. 忽待(홀대), 疏忽(소홀)/疎忽(소홀), 忽然(홀연)

'문득 忽(홀)'자에 '마음 忄(심)'을 붙여 '황홀할 惚(홀)'자를 만들었다. '의식이 희미해지다', '아찔해지다'는 뜻이다. 恍惚(황홀)/慌惚(황홀)

'勿(물)'자에 '대 竹(죽)'을 붙여 '홀 笏(홀)'자를 만들었다. '신하가 임금을 뵐 때 조복에 갖추어 손에 쥐는 물건'을 뜻한다. 笏(홀), 笏記(홀기)

'勿(물)'자에 '칼 刂(도)'를 붙여 '목 벨 刎(문)'자를 만들었다. '칼로 목을 베다'는 뜻이다. 刎頸之交(문경지교)

勿1168, 物0100, 忽1237, 惚2387, 笏2795, 刎3212

未(미) 未味妹魅昧寐 240

'아닐 未(미)'자는 나뭇가지에 잎이 붙은 모양을 본뜬 것으로, '나뭇잎'이 본뜻이었는데, '아직 ~아니다' 같은 부정사로 쓰인다. '미래', '장래', '여덟째 지지(地支)' 등의 뜻으로도 쓰인다. 未開(미개), 未成年(미성년), 前人未踏(전인미답), 未來(미래), 己未獨立宣言(기미독립선언), 乙未事變(을미사변)

'未(미)'자에 '입 口(구)'를 붙여 '맛 味(미)'자를 만들었다. 입에 쏙 드는 '맛'이 본뜻이다. '음식의 맛', '느낌', '분위기', '재미', '뜻' 등의 뜻을 나타낸다. 味覺(미각), 甘味(감미), 別味(별미), 調味料(조미료), 性味(성미), 趣味(취미), 興味(흥미), 吟味(음미), 意味(의미)

'未(미)'자에 '여자 女(녀)'를 붙여 '누이 妹(매)'자를 만들었다. '손윗누이 姉(자)'와 짝을 이루어 '손아래 누이'를 나타내기 위한 것이다. '妹(매)'자는 손아래 손위 구별 없이 일반적으로 누이를 뜻하기도 한다. 姉妹(자매), 妹兄(매형), 男妹(남매)

'未(미)'자에 '귀신 鬼(귀)'를 붙여 '매혹 魅(매)/도깨비 魅(매)'자를 만들었다. '魅(매)'자는 원래 '彲(매)'자로, '도깨비'를 뜻하였다. 후에 '터럭 彡(삼)'이 '아닐 未(미)'로 바뀌고 표음요소 역할을 하게 되었다. 魅力(매력), 魅惑(매혹), 妖魅(요매)

'未(미)'자에 '해 日(일)'을 붙여 '새벽 昧(매)/어두울 昧(매)'자를 만들었다. '똑똑히 보이지 않다', '날이 샐 무렵', '사리에 밝지 아니하다', '삼매' 등을 뜻한다. 曖昧(애매), 無知蒙昧(무지몽매), 愚昧(우매), 三昧(삼매), 三昧境(삼매경)

'잘 寐(매)'자는 '집 宀(면)', '장수 爿(장)'과 '아닐 未(미)'로 이루어졌다. '宀(면)'은 집, '爿(장)'은 침상의 형상, '未(미)'는 '눈을 감다'의 뜻이다. '寐(매)'자는 집에 있는 침대에서 '잠자다'의 뜻을 나타낸다. 夢寐(몽매), 寤寐不忘(오매불망)

'543 절제할 制(제)'자 참조.

未0122, 味0700, 妹0019, 魅2026, 昧2519, 寐2336

眉(미) 眉媚 241

'눈썹 眉(미)'자는 눈(目)두덩 위에 난 털, 즉 '눈썹' 모양을 그린 것이다. 眉目(미목), 眉月(미월), 白眉(백미), 蛾眉(아미), 燒眉之急(소미지급)/焦眉之急(초미지급)

'眉(미)'자에 '여자 女(녀)'를 붙여 '아첨할 媚(미)'자를 만들었다. '여성이 눈썹을 움직여 교태를 짓다'의 뜻에서, '아양부리다', '요염한 느낌을 주다'는 뜻을 나타낸다. 媚笑(미소), 媚態(미태)

眉1698, 媚2318

微(미) 微薇　242

'작을 微(미)'자는 '몰래 행하다', '다른 사람의 눈에 띄지 않게 가다'는 뜻을 나타내는 글자였다. '작다', '자질구레하다', '몰래', '어렴풋하다', '천하다', '쇠하다'는 뜻을 나타낸다. 微量(미량), 微生物(미생물), 微笑(미소), 微風(미풍), 顯微鏡(현미경), 微行(미행), 微妙(미묘), 稀微(희미), 微官末職(미관말직), 微賤(미천), 寒微(한미), 衰微(쇠미)

'微(미)'자에 '풀 ++(초)'를 붙여 '장미 薇(미)'자를 만들었다. '장미', '고비'를 뜻한다. 薔薇(장미), 采薇歌채미가)

微0838, 薇2945

民(민) 民珉愍眠　243

'백성 民(민)'자는 한쪽 눈이 바늘에 찔린 모습을 그린 것이라고 한다. 전쟁 포로는 노예가 되었는데, 이 노예들의 반항을 두려워하여 노예들의 한쪽 눈을 찔러 눈을 멀게 했다고 한다. '백성', '벼슬 없는 서민', '국가의 통치를 받는 국민' 등의 뜻을 나타낸다. 民俗(민속), 民心(민심), 民謠(민요), 民主主義(민주주의), 民族(민족), 國民(국민), 市民(시민), 庶民(서민), 住民(주민)

'民(민)'자에 '구슬 玉(옥)'을 붙여 '옥돌 珉(민)'자를 만들었다.

'근심할 愍(민)'자는 '마음 心(심)'과 '힘쓸 敃(민)'으로 이루어졌다. '憫(민)'자와 같은 의미로 쓰인다. 憐愍(연민)/憐憫(연민)

'民(민)'자에 '눈 目(목)'을 붙여 '잠잘 眠(면)'자를 만들었다. 눈을 감고 '잠자다'는 뜻을 나타내기 위하여 만든 것이다. '동물이나 식물이 잠을 자는 것처럼 활동을 중지하다', '누에가 잠자다'는 뜻도 이 '眠(면)'자로 나타낸다. 不眠(불면), 睡眠(수면), 熟眠(숙면), 安眠(안면), 永眠(영면), 催眠(최면), 冬眠(동면), 休眠(휴면)

民0088, 珉3513, 愍3229, 眠1339

宓(밀/복) 密蜜　244

'편안할 宓(밀)/성 宓(복)'자는 '집 宀(면)'과 '반드시 必(필)'자로 이루어졌다. '집 안에 틀어박혀 쥐죽은 듯 고요함'의 뜻을 나타낸다. 잘 쓰이지 않는 글자이다.

'宓(밀)'자에 '메 山(산)'을 붙여 '빽빽할 密(밀)'자를 만들었다. '산에는 나무가 빽빽하다'는 뜻이다. '빽빽하다', '자세하다', '꼼꼼하다', '빈틈없다', '몰래', '가까이하다' 등의 뜻을 나타낸다. 密林(밀림), 密集(밀집), 稠密(조밀), 細密(세밀), 精密(정밀), 緻密(치밀), 密封(밀봉), 密接(밀접), 密閉(밀폐), 緊密(긴밀), 密談(밀담), 密輸(밀수), 秘密(비밀), 隱密(은밀), 親密(친밀)

'宓(밀)'자에 '벌레 虫(충)'을 붙여 '꿀 蜜(밀)'자를 만들었다. 벌이 만든 '꿀'을 뜻하기 위한 것이다. 蜜柑(밀감), 蜜月(밀월), 口蜜腹劍(구밀복검), 蜂蜜(봉밀), 食蜜啞(식밀아)

密0723, 蜜1761

半(반) 半叛伴拌畔絆判　245

'반 半(반)'자는 '여덟 八(팔)'과 '소 牛(우)'자로 이루어진 것이다. '八(팔)'은 '나누다'의 뜻이고, '牛(우)'는 '큰 것'의 뜻을 나타낸다. 즉 '半(반)'자는 '큰 것을 둘로 나누다'의 뜻을 나타낸다. '중간'의 뜻을 나타내기도 한다. 半島(반도), 半月(반월), 過半(과반), 上半(상반), 前半(전반), 半熟(반숙)

'半(반)'자에 '되돌릴 反(반)'자를 붙여 '배반할 叛(반)'자를 만들었다. '叛(반)'자는 원래 같은 편이었다가 따로 떨어져 나간 '반쪽'이란 뜻을 나타내기 위하여 만든 것이었다. '반 半(반)'이 표의요소로 쓰였고, '되돌릴 反(반)'은 표음요소이다. 후에 '(믿음을)저버리다', '배반하다', '상도(常道)를 어지럽히다'는 뜻을 나타냈다. 叛亂(반란)/反亂(반란), 叛逆(반역)/反逆(반역), 背反(배반)/背叛(배반)

'半(반)'자에 '사람 亻(인)'을 붙여 '짝 伴(반)'자를 만들었다. 늘 함께 하는 사람, 즉 '짝'을 가리키기 위한 것이다. '짝', '동아리', '따라가다' 등의 뜻을 나타낸다. 伴侶(반려), 同伴(동반), 伴奏(반주), 隨伴(수반)

'半(반)'자에 '손 扌(수)'를 붙여 '섞을 拌(반)'자를 만들었다. 손으로 반으로 '쪼개다'는 뜻이다. 현재 우리말 한자어에는 '쪼개다'의 뜻으로 쓰인 예는 없고, '양 손에 숟가락을 들고 뒤섞다'는 뜻으로만 쓰인다. 攪拌(교반)

'半(반)'자에 '밭 田(전)'을 붙여 '밭두둑 畔(반)'자를 만들었다. 논밭을 구분하는 '두둑'을 뜻한다. 湖畔(호반)

'半(반)'자에 '실 糸(사)'를 붙여 '줄 絆(반)/얽어맬 絆(반)'자를 만들었다. '비끌어 매다'는 뜻을 나타낸다. 絆瘡膏(반창고), 脚絆(각반)

'판단할 判(판)'자는 어떤 물건을 '칼 刀(도)'로 '半(반)'씩 두 토막으로 자르는 것을 통하여 '가르다'는 뜻을 나타낸 것이다. '판단하다', '판가름하다', '구별하다'는 뜻으로 쓰인다. 判決(판결), 判斷(판단), 判事(판사), 批判(비판), 審判(심판), 裁判(재판), 判讀(판독), 判別(판별)

半0478, 叛1519, 伴1836, 拌2439, 畔2708, 絆2831, 判0932

反(반) 反飯叛返板版販阪　246

'돌이킬 反(반)/반대로 反(반)'자는 '언덕 厂(한)'과 '손 又(우)'의 합자로 '손을 뒤집어엎다'가 본뜻이다. '돌이키다', '되돌리다', '되풀이하다', '반대하다', '거꾸로', '어긋나다', '어기다', '등지다' 등의 뜻으로 쓰인다. 反射(반사), 反省(반성), 反作用(반작용), 反擊(반격), 反動(반동), 反撥(반발), 反應(반응), 反復(반복), 反對(반대), 反抗(반항), 相反(상반), 賊反荷杖(적반하장), 如反掌(여반장), 反則(반칙), 背反(배반), 違反(위반)

'反(반)'자에 '먹을 食(식)'을 붙여 '밥 飯(반)'자를 만들었다. '밥'을 뜻하기 위하여 만든 글자이다. 飯酒(반주), 飯饌(반찬), 白飯(백반), 朝飯夕粥(조반석죽),

'反(반)'자에 '반 半(반)'자를 붙여 '배반할 叛(반)'자를 만들었다. 전 항 '半(반)'자 참조

'反(반)'자에 '길 갈 辶(착)'을 붙여 '돌이킬 返(반)'자를 만들었다. 길을 갔다가 '돌아오다'는 뜻을 나타내기 위하여 만든 것이다. '돌아오다', '되돌리다', '돌려주다' 등의 뜻을 나타낸다. 返納(반납), 返品(반품), 返還(반환)

'反(반)'자에 '나무 木(목)'을 붙여 '널빤지 板(판)'자를 만들었다. '얇고 넓은 물건'을 총칭한다. 板橋(판교), 板子(판자), 合板(합판), 看板(간판), 揭示板(게시판), 登板(등판), 松板(송판), 字板(자판), 鐵板(철판),

'反(반)'자에 '(나무) 조각 片(편)'을 붙여 '널 版(판)/조각 版(판)'자를 만들었다. '널빤지'를 뜻하기 위하여 만든 것이니 '(나무)조각 片(편)'이 표의요소, '되돌릴 反(반)'이 표음요소로 쓰였다. 후에 '책'과 관련하여 쓰이는 예가 많아지자, '널빤지'를 위하여 '板(판)'자를 따로 만들었다. '널빤지', '판본(版木)' 등의 뜻으로 쓰인다. 版畵(판화), 壯版(장판), 版權(판권), 組版(조판), 初版(초판), 出版(출판), 版圖(판도)

'反(반)'자에 '조개 貝(패)'를 붙여 '팔 販(판)'자를 만들었다. 돈을 벌기 위해 싼 것을 비싸게 '팔다'는 뜻을 나타내기 위하여 만든 것이다. 販路(판로), 販賣(판매), 市販(시판), 外販(외판), 總販(총판)

'反(반)'자에 '언덕 阝(부)'를 붙여 '언덕 阪(판)'자를 만들었다. 지명으로 쓰인다.

反0319, 飯1468, 叛1519, 返1789, 板0566, 版1324, 販1777, 阪3602

般(반) 般盤搬槃磐 247

'일반 般(반)'자는 배에 실어 '옮기다'는 뜻을 나타내기 위한 글자였다. 조그마한 쪽배 모양을 본뜬 '배 舟(주)'가 표의요소로 쓰였다. 이 경우 '창 殳(수)'는 손에 노를 들고 있는 모양에서 변한 것으로 볼 수 있으니, 이것도 표의요소로 볼 수 있다. 후에 '모두'의 뜻으로 많이 쓰이자, 본뜻은 따로 '搬(반)'자를 만들어 나타냈다. '일반' 또는 이와 의미상 연관이 있는 낱말을 만든다. 萬般(만반), 一般(일반), 全般(전반), 彼此一般(피차일반), 般若心經(반야심경)

'般(반)'자에 '그릇 皿(명)'을 붙여 '소반 盤(반)'자를 만들었다. 그릇의 일종인 '대야'를 뜻하기 위한 것이다. '대', '밑받침', '어떤 사물의 진행되는 단계'의 뜻으로도 쓰인다. 鍵盤(건반), 小盤(소반), 圓盤(원반), 音盤(음반), 盤石(반석), 骨盤(골반), 基盤(기반), 地盤(지반), 初盤(초반), 中盤(중반), 終盤(종반)

'般(반)'자에 '손 扌(수)'를 붙여 '옮길 搬(반)'자를 만들었다. 원래는 '般(반)'으로 썼다. 물건을 '옮기다'가 본래의 뜻이다. '般(반)'이 다른 뜻으로 쓰이는 예가 많아지자 '옮기다'의 뜻을 확실하게 하기 위하여 '손 扌(수)'를 덧붙였다. '나르다', '운반하다', '옮기다', '이사를 하다'는 뜻으로 쓰인다. 搬入(반입), 搬出(반출), 運搬(운반)

'般(반)'자에 '나무 木(목)'을 붙여 '쟁반 槃(반)'자를 만들었다. 나무로 만든 '큰 쟁반'을 뜻한다. '쟁반'의 뜻으로 쓰일 때는 '盤(반)'자와 같이 쓴다. 錚槃(쟁반)/錚盤(쟁반), 涅槃(열반)

'般(반)'자에 '돌 石(석)'을 붙여 '너럭바위 磐(반)'자를 만들었다. '크고 편평한 바위'를 뜻한다. 磐石(반석)/盤石(반석), 落磐(낙반)/落盤(낙반)

般1744, 盤1697, 搬1901, 槃2564, 磐3268

夫夫(반) 輦替 248

'나란히 갈 夫夫(반)'자는 '사내 夫(부)'자 두 개를 붙여 만들었다. '夫(부)'자는 남자 중에서도 어른이 된 남자를 뜻하는 글자이다. '夫夫(반)'자는 성인 남자 둘이 짝을 이루어 '나란히 가다'는 뜻이다. 한자어 낱말은 없다.

'輦(련)'자는 '수레 車(거)'와 '나란히 갈 夫夫(반)'으로 이루어졌다. '두 사람이 끄는 수레', '임금이나 왕후가 타는 수레'를 뜻한다.

'바꿀 替(체)'자는 '사나이[夫]' 둘이 '큰소리[曰]'로 임무 교대 신고를 하는 모습에서 온 글자라고 한다. '갈다', '바꾸다', '번갈다' 등의 뜻을 나타낸다. 交替(교체), 代替(대체), 世代交替(세대교체), 對替(대체), 移替(이체), 替番(체번)

'282 사내 夫(부)'자 참조.

輦3063, 替1636

犮(발) 拔魃跋 249

'달릴 犮(발)'자는 '개가 달리는 모양'을 본뜬 것이다.

'犮(발)'자에 '손 扌(수)'를 붙여 '뽑을 拔(발)'자를 만들었다. 손으로 '뽑아내다'는 뜻을 나타내기 위한 것이다. 후에 '빼어나다'는 뜻으로도 쓰이게 되었다. 拔本塞源(발본색원), 拔萃(발췌), 拔齒(발치), 見蚊拔劍(견문발검), 選拔(선발), 拔群(발군), 奇拔(기발)

'犮(발)'자에 '귀신 鬼(귀)'를 붙여 '가뭄귀신 魃(발)'자를 만들었다. '가뭄'을 뜻한다. 旱魃(한발)

'犮(발)'자에 '발 足(족)'을 붙여 '밟을 跋(발)'자를 만들었다. '거칠다', '난폭하다', '날뛰다', '발문'의 뜻을 나

타낸다. 跋扈(발호), 跋文(발문)

'터럭 髮(발)'자는 '653 머리털 늘어질 髟(표)'자 참조.

拔1601, 魃1625, 跋3043

發(발) 發撥潑醱廢   250

'필 發(발)/쏠 發(발)'자는 '걸을 癶(발)'과 '활 弓(궁)'과 '몽둥이 殳(수)'의 합자이다. 본뜻은 '활을 쏘다'이다. '쏘다', '떠나가다', '보내다', '일어나다', '일으키다', '생기다', '싹이 트다', '이삭이 패다', '시작하다', '나타나다', '밝히다', '들추다', '드러내다', '행하다', '흩어지다' 등 여러 가지 뜻으로 쓰인다. 發射(발사), 百發百中(백발백중), 誤發(오발), 一觸卽發(일촉즉발), 發着(발착), 出發(출발), 發送(발송), 發信(발신), 發病(발병), 發生(발생), 發電(발전), 誘發(유발), 再發(재발), 發刊(발간), 發給(발급), 發行(발행), 開發(개발), 奮發(분발), 發根(발근), 發毛(발모), 發芽(발아), 發育(발육), 發端(발단), 發源(발원), 發效(발효), 摘發(적발), 滿發(만발), 發見(발견), 發明(발명), 發覺(발각), 發掘(발굴), 發表(발표), 告發(고발), 發達(발달), 發展(발전), 發散(발산)

'發(발)'자에 '손 扌(수)'를 붙여 '다스릴 撥(발)'자를 만들었다. '어지러워진 상태를 손으로 퉁겨서 제거하다'는 뜻이다. 反撥(반발), 擺撥(파발)

'發(발)'자에 '물 氵(수)'를 붙여 '물 뿌릴 潑(발)'자를 만들었다. '물이 넓게 펼쳐지게 뿌리다'는 뜻이다. 潑剌(발랄), 活潑(활발)

'發(발)'자에 '닭 酉(유)'를 붙여 '술괼 醱(발)'자를 만들었다. 醱酵(발효)

'發(발)'자에 '집 广(엄)'을 붙여 '버릴 廢(폐)'자를 만들었다. 본래 한 쪽 모퉁이가 무너져서 '사람이 살지 않고 내버려둔 집'을 뜻하기 위하여 만든 것이다. '집 广(엄)'과 '떠날 發(발)' 둘 다 표의요소로 본다. '폐하다', '있어온 제도·기관·풍습 등을 버리거나 없애다', '어떤 신분의 사람을 그 자리에서 몰아내다', '그만두다', '부서지다', '못쓰게 되다', '해이해지다' 등의 여러 가지 뜻으로 쓰인다. 廢校(폐교), 廢棄(폐기), 廢止(폐지), 改廢(개폐), 存廢(존폐), 廢位(폐위), 廢刊(폐간), 廢業(폐업), 撤廢(철폐), 廢水(폐수), 廢人(폐인), 廢車(폐차), 廢墟(폐허), 老廢(노폐), 荒廢(황폐), 頹廢(퇴폐)

發0412, 撥2482, 潑2631, 醱3096, 廢1573

孛(발) 勃渤悖   251

'안색 변할 孛(발)/어두울 孛(패)'자는 열매꼭지 밑의 씨방이 크게 부푼 모양을 본뜬 것이다. 破字(파자)하면 '열 十(십)', '덮을 冖(멱)', '아들 子(자)'가 된다.

'孛(발)'자에 '힘 力(력)'을 붙여 '우쩍 일어날 勃(발)/

노할 勃(발)'자를 만들었다. '갑자기', '발끈 화내는 모양' 등의 뜻을 나타낸다. 勃起(발기), 勃發(발발), 勃興(발흥), 勃然(발연), 勃然變色(발연변색)

'勃(발)'자에 '물 氵(수)'를 붙여 '바다 이름 渤(발)'자를 만들었다. 渤海(발해)

'孛(패)'자에 '마음 忄(심)'을 붙여 '어그러질 悖(패)/거스를 悖(패)'자를 만들었다. '어그러지다', '도리·사리·기준에서 벗어나다'는 뜻을 나타낸다. 悖倫(패륜), 悖逆無道(패역무도), 淫談悖說(음담패설), 行悖(행패)

勃2209, 渤2089, 悖2396

方(방) 方房訪防妨芳紡坊彷 肪昉枋   252

'모 方(방)'자는 사물의 모양이 비뚤지 아니하고 네모반듯한 것을 나타내는 뜻으로 만들어진 것이다. '모', '네모반듯한 모양', '사방', '방향', '바르다', '곧다', '나라', '지방', '곳', '방법', '수단', '술책', '약을 조합하는 일', '바야흐로', '이제', '막' 등 여러 가지 뜻을 나타낸다. 方席(방석), 方眼紙(방안지), 立方(입방), 平方(평방), 方位(방위), 方向(방향), 四方(사방), 雙方(쌍방), 八方美人(팔방미인), 向方(향방), 方正(방정), 邊方(변방), 地方(지방), 近方(근방), 前方(전방), 行方不明(행방불명), 後方(후방), 方法(방법), 方案(방안), 方便(방편), 思考方式(사고방식), 秘方(비방), 藥方文(약방문), 處方(처방), 韓方(한방), 萬化方暢(만화방창), 今方(금방), 時方(시방), 方丈(방장), 方程式(방정식)

부수로서의 '方(방)'은 '旗(기)'의 뜻을 포함하는 문자를 이룬다. 여기에 소개되는 글자들은 '方(방)'자가 부수로서가 아니라 '몸'으로 쓰인 것들이다.

'方(방)'자에 '지게 戶(호)'를 붙여 '방 房(방)'자를 만들었다. 방문은 대개 외짝의 미닫이문이므로 '지게 戶(호)'를 '房(방)'자의 표의요소로 썼다. '사람이 거처하는 방', '집', '가옥', '관아', '새·짐승·벌레 따위의 집' 등의 뜻으로 쓰인다. 房貰(방세), 煖房(난방)/暖房(난방), 冷房(냉방), 獨守空房(독수공방)/獨宿空房(독숙공방), 房子(방자), 茶房(다방), 文房四友(문방사우), 福德房(복덕방), 吏房(이방), 藥房甘草(약방감초), 蜂房(봉방), 書房(서방)

'方(방)'자에 '말씀 言(언)'을 붙여 '찾을 訪(방)'자를 만들었다. '널리 의견을 묻다'가 본뜻인데, 주로 '찾아가다', '방문하다'는 뜻으로 쓰인다. 訪問(방문), 巡訪(순방), 禮訪(예방), 探訪(탐방), 來訪(내방), 尋訪(심방)

'方(방)'자에 '언덕 阝(부)'를 붙여 '둑 防(방)/막을 防(방)'자를 만들었다. 공격을 막기 위하여 쌓아 놓은 '둑'을 뜻하는 글자이다. '둑', '제방', '막다', '방어', '방비하다', '방지하다' 등의 뜻으로 쓰인다. 堤防(제방), 防犯(방범), 防腐(방부), 防水(방수), 防禦(방어), 防疫(방역), 防止(방지), 國防(국방), 消防(소방), 豫防(예방), 衆口難防(중구난방)

'方(방)'자에 '여자 女(녀)'를 붙여 '방해할 妨(방)'자를 만들었다. '방해하다', '거리끼다', '헤살을 놓다', '일·행동·운동 등의 진행이 순조롭지 못하게 방해되다' 등의 뜻을 나타낸다. 妨害(방해), 無妨(무방)

'方(방)'자에 '풀 艹(초)'를 붙여 '꽃다울 芳(방)'자를 만들었다. 풀의 '향기'를 뜻하기 위하여 만든 것이다. '풀이 향기를 내다', '향기', '꽃답다', '아름다움의 비유' 등의 뜻으로 쓰인다. 芳年(방년), 芳名(방명), 芳香(방향), 綠陰芳草(녹음방초)

'方(방)'자에 '실 糸(사)'를 붙여 '길쌈 紡(방)'자를 만들었다. '실을 뽑다'는 뜻하기 위하여 만든 것이다. 紡績(방적), 紡織(방직), 紡錘(방추), 紡錘形(방추형), 混紡(혼방)

'方(방)'자에 '흙 土(토)'를 붙여 '동네 坊(방)'자를 만들었다. 坊坊曲曲(방방곡곡), 僧坊(승방)

'方(방)'자에 '조금 걸을 彳(척)'을 붙여 '헤맬 彷(방)/비슷할 彷(방)'자를 만들었다. '거닐다', '헤매다', '배회하다', '비슷하다' 등의 뜻으로 쓰인다. 彷徨(방황), 彷彿(방불)

'方(방)'자에 '고기 月(육)'을 붙여 '기름 肪(방)'자를 만들었다. 脂肪(지방)

'方(방)'자에 '해 日(일)'을 붙여 '밝을 昉(방)'자를 만들었다.

'方(방)'자에 '나무 木(목)'을 붙여 '뗏목 枋(방)'자를 만들었다.

'253 놓을 放(방)'자 참조.

'254 곁 旁(방)'자 참조.

'401 깃발 나부낄 㫃(언)'자 참조.

方0153, 房0159, 訪0867, 防0544, 妨0959, 芳1745, 紡1951, 坊2277, 彷2374, 肪2877, 昉3349, 枋3354

放(방) 放倣激檄邀傲贅 253

'놓을 放(방)/내칠 放(방)'자는 '모 方(방)'과 '칠 攵(복)'자로 이루어졌다. '내놓다', '구속하고 있던 상태를 풀다', '불을 지르다', '내버리다', '멀리하다', '추방하다', '내쏘다', '빛을 발하다', '멋대로 하다', '거리낌 없이 하다', '그만두다' 등 여러 뜻으로 쓰인다. 放流(방류), 放心(방심), 釋放(석방), 解放(해방), 虎尾難放(호미난방), 放火(방화), 放電(방전), 放出(방출), 凍足放尿(동족방뇨), 追放(추방), 放射能(방사능), 放送(방송), 放縱(방종), 放蕩(방탕), 自由奔放(자유분방), 放學(방학), 放課後(방과후)

'放(방)'자에 '사람 亻(인)'을 붙여 '본뜰 倣(방)'자를 만들었다. 다른 사람을 따라 '배우다'는 뜻을 나타내기 위한 것이다. 模倣(모방)

'放(방)'자에 '흰 白(백)'을 붙여 '해그림자옮아갈 敫(약)/해그림자옮아갈 敫(교)/삼갈 敫(격)'자를 만들었다.

'敫(격)'자에 '물 氵(수)'를 붙여 '격할 激(격)'자를 만들었다. 물이 장애에 부딪쳐 '튀어 오르다'는 뜻을 나 내기 위한 것이다. '흐름이 세차다', '세차게 부딪치다', '바람이나 물살이 빠르다', '몹시', '성격이 격렬하다', '떨치다', '힘쓰다' 등의 뜻을 나타낸다. 激浪(격랑), 激流(격류), 激突(격돌), 激論(격론), 激戰(격전), 衝激(충격), 激動(격동), 激烈(격렬), 激務(격무), 激讚(격찬), 感激(감격), 過激(과격), 激勵(격려), 自激之心(자격지심)

'敫(격)'자에 '나무 木(목)'을 붙여 '격문 檄(격)'자를 만들었다. '격문', '여러 사람에게 선전·선동하기 위하여 쓴 글'의 뜻을 나타낸다. 檄文(격문)

'敫(격)'자에 '길 갈 辶(착)'을 붙여 '맞을 邀(요)'자를 만들었다. '오기를 기다렸다가 치다'는 뜻이다. 邀擊(요격)

'놓을 放(방)'자의 '方(방)'자 위에 '흙 土(토)'를 붙여 '거만할 敖(오)'자를 만들었다. 여기에서 '土(토)'자는 '날 出(출)'이 변한 것이다. 放(방)은 '풀어놓다'의 뜻이다. 敖(오)자는 '자유로이 나가 놀다'는 뜻에서 '제멋대로 하다', '거만하다'는 뜻이 나왔다. '敖(오)'자에 '사람 亻(인)'을 붙인 '거만할 傲(오)'자와 同字(동자)이다.

'傲(오)'자는 본래 '敖(오)'였다. 古文(고문)에는 '敖(오)'자로 쓰였고, '傲(오)'는 보이지 않는다. 본뜻은 '방랑하다', '자유로이 나가서 놀고 즐기다'는 뜻이었는데, '업신여기다', '오만하다'는 뜻으로 쓰이게 되자, 그 뜻을 분명하게 하기 위하여 '사람 亻(인)' 또는 '마음 忄(심)'이 첨가됐다. '傲(오)'자는 '慠(오)'자와 의미가 같아 함께 쓰기도 한다. 傲氣(오기), 傲慢(오만), 傲霜孤節(오상고절), 傲然(오연), 倨傲(거오)

'敖(오)'자에 '조개 貝(패)'를 붙여 '군더더기 贅(췌)'자를 만들었다. '혹', '군더더기', '쓸모없다', '불필요하다' 등의 뜻을 나타낸다. 贅辭(췌사), 贅言(췌언)

'252 모 方(방)'자 참조.

放0378, 倣1493, 激1034, 檄2573, 邀3085, 傲1498, 贅3041

旁(방) 旁傍榜膀謗 254

'두루 旁(방)/곁 旁(방)'자는 원래는 '무릇 凡(범)'과 '모 方(방)'으로 이루어진 것이었다. 형태가 변하여 '여섯 六(륙)', '덮을 冖(멱)', '모 方(방)'이 되었다.

'旁(방)'자에 '사람 亻(인)'을 붙여 '곁 傍(방)/기댈 傍(방)'자를 만들었다. 다른 사람과 '가까이하다'는 뜻을 위한 것이었으니, '사람 人(인)'이 표의요소, '곁 旁(방)'은 표음요소와 표의요소를 겸한다. '곁', '옆', '가까이'의 뜻을 나타낸다. '旁(방)'자와 동자로, 한자 구성에서 '오른쪽에 붙어 있는 부수'를 뜻하기도 한다. 傍觀(방관), 傍若無人(방약무인), 傍助(방조), 傍聽(방청), 近傍(근방), 袖手傍觀(수수방관), 右阜傍(우부방), 左阜傍(좌부방)

'旁(방)'자에 '나무 木(목)'을 붙여 '방붙일 榜(방)'자를 만들었다. '문자를 적어 標識(표지)로 하는 木牌(목패)'을 뜻한다. '방', '방을 써 붙이다'는 뜻을 나타낸다. 榜文(방문), 落榜(낙방), 立春榜(입춘방), 紙榜(지방), 標榜(표방)

'旁(방)'자에 '고기 月(육)'을 붙여 '오줌통 膀(방)'자를 만들었다. 膀胱(방광)

'旁(방)'자에 '말씀 言(언)'을 붙여 '헐뜯을 謗(방)'자를 만들었다. '헐뜯다', '떠들어 비방하다', '저주하며 헐뜯다'는 뜻을 나타낸다. 誹謗(비방), 毁謗(훼방)

'252 모 方(방)'자 참조.

旁3447, 傍1496, 榜2565, 膀2880, 謗3012

拜(배) 拜湃 255

'절 拜(배)'자는 화초를 손에 들고 예를 갖추고 경배하는 모습을 본뜬 글자로, '무릎을 꿇고 손을 바닥에 대어서 하는 절'을 뜻한다. '절', '절하다', '경의를 표하는 동작 위에 붙이는 말', '찾다', '방문하다' 등의 뜻으로 쓰인다. 拜禮(배례), 敬拜(경배), 歲拜(세배), 崇拜(숭배), 禮拜(예배), 拜金主義(배금주의), 參拜(참배)

'拜(배)'자에 '물 氵(수)'를 붙여 '물결칠 湃(배)'자를 만들었다. '물결이 이는 모양'을 나타낸다. 澎湃(팽배)

拜0742, 湃2616

白(백) 白伯百柏/栢迫舶珀粕 泊箔貊 256

'흰 白(백)'자는 엄지손가락을 본떴다고 한다. 엄지손가락은 손가락 중에서 '맏이'이다. 그래서 '白(백)'자의 본뜻은 '맏이'이었다. '白(백)'자가 '희다'는 뜻으로 쓰이는 예가 많아지자 본뜻은 '사람 人(인)'을 붙여 '맏이 伯(백)'자를 만들었다. '흰 빛', '채색하지 아니하다', '꾸미지 않다', '깨끗하다', '한 낮', '밝히다', '죄가 없다', '솔직히 말하다', '비어있다', '공백', '관록(官祿)이 없는 일' 등의 뜻을 나타낸다. 白髮(백발), 白雪(백설), 衣民族(백의민족), 蒼白(창백), 漂白(표백), 白眉(백미), 白熟(백숙), 淡白(담백), 淸白吏(청백리), 白晝(백주), 靑天白日(청천백일), 白日場(백일장), 白書(백서), 潔白(결백), 明白(명백), 告白(고백), 獨白(독백), 白手(백수), 白紙(백지), 空白(공백), 餘白(여백), 白衣從軍(백의종군), 白丁(백정)

'白(백)'자는 부수로 지정되어 있다. 여기에 소개되는 것은 '白(백)'자가 부수로서가 아니라 '몸'으로 쓰인 글자들을 모은 것이다.

원래 '白(백)'자는 엄지손가락을 본뜬 것으로 '맏이'의 뜻이었는데 '희다'는 뜻으로 쓰이는 예가 많아지자 본뜻은 '사람 人(인)'을 붙여 '맏이 伯(백)'자를 만들었다. '맏이', '맏아들', '우두머리', '지방의 장관', '신처럼 높은 분', '문예 방면에서 일가를 이룬 사람' 등의 뜻을 나타낸다. 伯母(백모), 伯父(백부), 伯氏(백씨), 伯仲(백중), 道伯(도백), 方伯(방백), 風伯(풍백), 河伯(하백), 畫伯(화백), 伯爵(백작), 伯牙絕絃(백아절현), 伯夷叔齊(백이숙제)

'白(백)'자에 '한 一(일)'을 붙여 '일백 百(백)'자를 만들었다. 큰 수로서 '일백' 또는 '모든', '다수', '여러'의 뜻을 나타낸다. 百發百中(백발백중), 百分率(백분율), 百尺竿頭(백척간두), 百八煩惱(백팔번뇌), 百年河淸(백년하청), 百姓(백성), 百忍(백인), 百貨店(백화점), 一當百(일당백), 百濟(백제)

'白(백)'자에 '나무 木(목)'을 붙여 '측백 柏(백)'자를 만들었다. '측백나무'를 뜻하기 위하여 만든 것이다. '일백 百(백)'으로 쓴 '栢(백)'자는 속자이나 함께 쓴다. 우리나라에서는 '잣나무'도 '柏(백)/栢(백)'이라 한다. 側柏(측백), 扁柏(편백), 柏子(백자), 雪中松柏(설중송백), 歲寒松柏(세한송백), 冬柏(동백)

'白(백)'자에 '손 扌(수)'를 붙여 '칠 拍(박)'자를 만들었다. '손뼉치다', '손으로 두드리다'는 뜻을 위한 것이다. 拍手(박수), 拍掌(박장), 拍車(박차), 拍手喝采(박수갈채), 拍掌大笑(박장대소), 拍子(박자)

'白(백)'자에 '길갈 辶(착)'을 붙여 '닥칠 迫(박)/핍박할 迫(박)'자를 만들었다. 원래는 길이 '가깝다'는 뜻을 나타내기 위하여 만든 글자이다. '가까이 다다르다', '닥치다', '좁히다', '다급하다', '다그치다', '핍박하다', '바짝 죄어 괴롭히다' 등의 뜻으로 쓰인다. 迫頭(박두), 迫力(박력), 迫眞(박진), 臨迫(임박), 切迫(절박), 促迫(촉박), 迫擊砲(박격포), 迫害(박해), 强迫(강박), 壓迫(압박), 逼迫(핍박), 脅迫(협박)

'白(백)'자에 '배 舟(주)'를 붙여 '큰 배 舶(박)'자를 만들었다. '큰 배', '장삿배', '상선'을 뜻한다. 大舶(대박), 船舶(선박)

'白(백)'자에 '구슬 玉(옥)'을 붙여 '호박 珀(박)'자를 만들었다. 琥珀(호박)

'白(백)'자에 '쌀 米(미)'를 붙여 '지게미 粕(박)'자를 만들었다. 大豆粕(대두박), 油粕(유박)

'白(백)'자에 '물 氵(수)'를 붙여 '배댈 泊(박)/머무를 泊(박)'자를 만들었다. 물가에 '배를 대다'는 뜻을 나타내기 위하여 만든 것이다. 후에 '머무르다'는 뜻도 가지게 되었다. 淳泊(정박)/碇泊(정박), 宿泊(숙박), 民泊(민박), 一泊(일박), 外泊(외박)

'배댈 泊(박)'자에 '대 竹(죽)'을 붙여 '발 箔(박)'자를 만들었다. 대오리나 갈대 같은 것으로 엮어 만든 물건을 뜻한다. '泊(박)'이 '薄(박)'과 통하는 뜻으로 쓰일 때는 금속의 얇은 조각을 뜻한다. 蠶箔(잠박), 金箔(금박), 銀箔(은박)

'일백 百(백)'자에 '벌레 豸(치)'를 붙여 '예맥 貊(맥)'자를 만들었다. 濊貊(예맥)

'넋 魄(백)'자는 '100 귀신 鬼(귀)' 참조.

'257 비단 帛(백)'자 참조.

白0178, 伯1141, 百0068, 柏/栢0833, 迫1371, 舶1967, 珀2692, 粕2818, 泊1664, 箔2801, 貊3576

帛(백) 帛綿棉錦 257

'비단 帛(백)'자는 '수건 巾(건)'과 '흰 白(백)'으로 이루어졌다. '흰 천'이란 뜻에서 '흰 비단'을 나타낸다. 幣帛(폐백), 魂帛(혼백)

'帛(백)'자에 '실 糸(사)'를 붙여 '솜 綿(면)'자를 만들었다. 실이나 무명의 원료인 '햇솜'이 본래 의미이고, '이어지다', '빈틈없다'는 뜻으로도 쓰인다. 솜을 만드는데 쓰는 면화는 '목화 棉(면)'자를 쓰고, 가공한 실이나 직물에는 '솜 綿(면)'자를 쓴다. 綿綿(면면), 綿絲(면사), 綿織物(면직물), 石綿(석면), 海綿(해면), 綿密(면밀)

'帛(백)'자에 '나무 木(목)'을 붙여 '목화 棉(면)'자를 만들었다. '棉(면)'은 아직 '실'을 만들기 전의 '목화'를 이르는 것이고, '綿(면)'은 목화를 가공하여 실이나 옷감을 만들었을 때의 '솜'을 이른다. 木棉(목면), 棉花(면화)

'帛(백)'자에 '쇠 金(금)'을 붙여 '비단 錦(금)'자를 만들었다. 형형색색의 무늬를 넣어 짠 '비단'을 뜻하기 위하여 만든 것이다. 錦上添花(금상첨화), 錦繡江山(금수강산), 錦衣還鄉(금의환향), 錦江(금강)

帛2353, 綿1359, 棉2525, 錦1443

番(번) 番燔蕃翻潘藩蟠磻播審瀋 258

'차례 番(번)'자는 '분변할 釆(변)'자와 '밭 田(전)'자로 이루어졌다. '논밭에 씨를 뿌리다'가 본뜻이었다. 假借(가차)하여 '번갈아 일을 맡다'의 뜻으로 쓰이는 예가 많아지자 본뜻은 '손 扌(수)'를 더하여 '씨 뿌릴 播(파)'자를 만들어 나타냈다. 當番(당번), 不寢番(불침번), 順番(순번), 週番(주번), 番號(번호), 軍番(군번), 學番(학번)

'番(번)'자에 '불 火(화)'를 붙여 '구울 燔(번)'자를 만들었다. '굽다', '사르다', '말리다'는 뜻을 나타낸다. 燔祭(번제), 燔鐵(번철)

'番(번)'자에 '풀 艹(초)'를 붙여 '우거질 蕃(번)'자를 만들었다. '우거지다', '풀이 무성하다', '오랑캐'의 뜻으로 쓰인다. 蕃茂(번무), 土蕃(토번)

'番(번)'자에 '깃 羽(우)'를 붙여 '날 翻(번)/번역할 翻(번)'자를 만들었다. 새가 날갯짓하다, 즉 '높이 날다'는 뜻을 위하여 만든 것이었다. '뒤집히다', '뒤집다', '변하다', '다른 말로 옮기다'는 뜻으로 쓰인다. 翻覆(번복)/飜覆(번복), 翻案(번안)/飜案(번안), 翻意(번의)/飜意(번의), 翻譯(번역)/飜譯(번역)

'番(번)'자에 '날 飛(비)'를 붙여 '날 飜(번)/번역할 飜(번)'자를 만들었다. '飜(번)'자는 '翻(번)'자와 同字(동자)이다.

'番(번)'자에 '물 氵(수)'를 붙여 '성씨 潘(반)'자를 만들었다.

'성씨 潘(반)'자에 '풀 艹(초)'를 붙여 '덮을 藩(번)/울타리 藩(번)'자를 만들었다.

'番(번)'자에 '벌레 虫(충)'을 붙여 '서릴 蟠(반)'자를 만들었다. '몸을 휘감고 엎드린다'는 뜻이다.

'番(번)'자에 '돌 石(석)'을 붙여 '강 이름 磻(반/번)'자를 만들었다.

'番(번)'자에 '손 扌(수)'를 붙여 '뿌릴 播(파)'자를 만들었다. 손으로 차례대로 씨를 '뿌리다'는 뜻을 나타내기 위한 것이다. '씨를 뿌리다', '퍼뜨리다', '널리 미치게 하다', '옮기다' 등의 뜻을 나타낸다. 播種(파종), 晩播(만파), 秋播(추파), 傳播(전파), 播遷(파천)

'番(번)'자에 '집 宀(면)'을 붙여 '살필 審(심)'자를 만들었다. 원래는 '집 宀(면)'과 '분변할 釆(변)'의 합자로 '宷(심)'이었다. '깊이 사물의 본질에까지 미치어 要素的(요소적)인 것으로 낱낱이 구별하다'의 뜻을 나타낸다. 후에 '釆'의 부분이 잘못되어 '番(번)'으로 바뀌었다. '살피다', '주의하여 보다', '잘 따지어 관찰하다'는 뜻을 나타낸다. 審問(심문), 審美眼(심미안), 審査(심사), 審判(심판), 未審(미심)

'審(심)'자에 '물 氵(수)'를 붙여 '강 이름 瀋(심)'자를 만들었다.

'429 속 奧(오)'자 참조.

番406, 燔3255, 蕃3326, 翻1730, 潘3486, 藩3378, 蟠3381, 磻3542, 播1613, 審0567, 瀋3493

樊(번) 攀礬 259

'울타리 樊(번)'자는 울타리 모양을 본뜬 '울타리 棥(번)'자에 '받들 廾(공)'을 붙여 '두 손으로 울타리 안에 가두는 모양'을 나타내는 글자이다. '새장'의 뜻을 나타낸다.

'樊(번)'자에 '손 手(수)'를 붙여 '더위잡고 오를 攀(반)'자를 만들었다. '나무를 타거나 산 같은 데를 기어 오르다'는 뜻을 나타낸다. 登攀(등반)

'樊(번)'자에 '돌 石(석)'을 붙여 '명반 礬(반)'자를 만들었다. 明礬(명반), 白礬(백반)

攀2500, 礬2767

伐(벌) 伐閥筏 260

'칠 伐(벌)'자는 '사람 亻(인)'과 '창 戈(과)'로 이루어졌다. '사람을 창으로 베다'가 본뜻이었다. '치다', '적을 공격하다', '자르다', '베다', '죽이다', '뽐내다', '자랑하다' 등의 뜻을 나타낸다. 黨同伐異(당동벌이), 征伐(정벌), 討伐(토벌), 伐採(벌채), 伐草(벌초), 濫伐(남벌), 殺伐(살벌), 十伐之木(십벌지목), 伐善(벌선)

'伐(벌)'자를 '문 門(문)' 안에 넣어 '문벌 閥(벌)/공훈 閥(벌)'자를 만들었다. '伐(벌)'은 '공로'의 뜻이다. '閥(벌)'은 전쟁에서 공적을 세운 것을 기념하기 위해서 문의 왼쪽에 걸어둔 '榜(방)'을 말하는 것이었다. 문의 오른 쪽에는 경력을 써서 걸었는데 이것은 '閱(열)'이라고 하였다. 문에 내걸었던 공적이 그 집안의 위상을 나타내고, 따라서 '지체 높은 집안'을 뜻하게 되었다. '가문', '공로', '무리' 등으로 확대 사용되었다. 門閥(문벌), 財閥(재벌), 學閥(학벌), 軍閥(군벌), 派閥(파벌)

'伐(벌)'자에 '대 竹(죽)'을 붙여 '뗏목 筏(벌)'자를 만들었다. 대나무로 만든 '뗏목'을 뜻하는 것이었다. 筏夫(벌부)

伐0671, 閥2010, 筏2108

犯(범) 犯汎范範 261

'범할 犯(범)/어길 犯(범)'자는 '개 犭(견)'과 '병부 㔾(절)'로 이루어졌다. '(함부로) 들어가다'는 뜻을 나타내기 위한 것이었다. '개 犭(견)'이 표의요소로 쓰인 것은, 개가 어느 집에나 함부로 들락거리기 때문인 듯하다. '㔾(절)'이 표음요소라고 하는데 크게 변하였다. '넘칠 汎(범)'자도 '㔾(절)'이 표음요소로 쓰이고 있다. '범하다', '거스르다', '법을 어기다', '죄', '공격하다', '여자를 욕보이다' 등의 뜻으로 쓰인다. 犯人(범인), 犯罪(범죄), 犯行(범행) 眞犯(진범), 初犯(초범), 侵犯(침범), 犯姦(범간)

'㔾(절)'자에 '물 氵(수)'를 붙여 '넘칠 汎(범)'자를 만들었다. '물이 넘쳐 멀리 퍼지다는 뜻이다. 汎濫(범람)/氾濫(범람), 汎論(범론)/氾論(범론)

'넘칠 汎(범)'자에 '풀 艹(초)'를 붙여 '성씨 范(범)'자를 만들었다.

'법 範(범)/모범 範(범)'자는 '수레 車(거)'와 '법 笵(범)'으로 이루어졌다. '笵(범)'은 '본보기'라는 뜻이다. '법 笵(범)'자의 '물 氵(수)'를 '수레 車(거)'로 바꾸어 놓은 것이 範(범)자이다. '수레를 만들기 위한 모형'이란 뜻이다. 이렇게 자원을 따지면 더 어렵게 되기만 하므로, '範(범)자는 '대 竹(죽)', '수레 車(거)', '병부 㔾(절)'로 이루어졌다고 하자. '본', '꼴', '법', '한계', '구획' 등의 뜻을 나타낸다. 模範(모범), 師範(사범), 垂範(수범), 示範(시범), 敎範(교범), 規範(규범), 範圍(범위), 範疇(범주), 廣範(광범)

犯0617, 汎2590, 范3564, 範1018

凡(범) 凡帆汎梵 262

'무릇 凡(범)'자는 쪽배에 달아 놓은 돛 모양을 본뜬 것으로 '돛'이 본뜻이다. 후에 이것이 '무릇', '평범한' 같은 의미로 활용되는 사례가 많아지자, 본뜻은 따로 '돛 帆(범)'을 만들어 나타냈다. '무릇', '대체로 보아', '보통의' '모두', '대강' 등의 뜻을 나타낸다. 凡夫(범부), 凡事(범사), 非凡(비범), 平凡(평범), 凡例(범례), 禮儀凡節(예의범절)

'凡(범)'자에 '수건 巾(건)'을 붙여 '돛 帆(범)'자를 만들었다. 원래 '凡(범)'이 '돛'을 뜻하는 것이었는데, '모든'의 뜻으로 쓰이게 되자, '수건 巾(건)'을 붙여 '帆(범)'자를 만들어 '돛', '돛을 달아서 배를 나아가게 하다'는 뜻을 나타내었다. 帆船(범선), 出帆(출범)

'凡(범)'자에 '물 氵(수)'를 붙여 '넓을 汎(범)/뜰 汎(범)'자를 만들었다. 물 위에 '뜨다'는 뜻을 나타내기 위하여 만든 것이었으니 '물 水(수)'가 표의요소, '무릇 凡(범)'은 표음요소이다. 후에 '넓다'는 뜻으로도 쓰이게 되었다. 汎濫(범람)/氾濫(범람), 汎論(범론)/氾論(범론)

'156 한 가지 同(동)'자 참조.
'범어 梵(범)'자는 '206 수풀 林(림)'자 참조.
'655 바람 風(풍)'자 참조.

凡1160, 帆2352, 汎1659, 梵2543

辟(벽/피/비) 辟壁僻劈璧癖闢霹擘臂譬避 263

'辟(벽)'자는 '매울 辛(신)'과 '병부 㔾(절)'과 '입 口(구)'로 이루어진 글자이다. '㔾(절)'은 '웅크린 사람'의 모양이다. '口(구)'는 '바늘로 낸 상처'의 모양이다. 합쳐서 '辟(벽)'자는 사람에게 형벌을 내리는 모양에서, '죄 주다'의 뜻을 나타낸다. 형벌권을 가진 '임금의 뜻도 나타낸다. 그래서 대표로 쓰이는 훈과 음이 '임금 辟(벽)'이다. 그러나 '임금'의 뜻으로 쓰인 한자어 낱말은 없다. 여러 가지 뜻이 있는데 그 중 '치우다', '제거하다', '마음이 한쪽으로 치우쳐 공정하지 아니하다'의 뜻으로 쓰이는 낱말만 있다. '辟'자는 '피할 辟(피)', '비유할 辟(비)'라는 음과 훈도 가지고 있는데 이런 뜻으로 쓰인 한자어 낱말은 없다. 辟除(벽제), 辟邪(벽사), 便辟(편벽)

'辟(벽)'자에 '흙 土(토)'를 붙여 '벽 壁(벽)'자를 만들었다. '흙으로 쌓은 담'을 뜻한다. '벽', '벼랑' 등의 뜻을 나타낸다. 壁報(벽보), 壁畵(벽화), 城壁(성벽), 障壁(장벽), 鐵壁(철벽), 巖壁(암벽), 絶壁(절벽)

'辟(벽)'자에 '사람 亻(인)'을 붙여 '후미질 僻(벽)'자를 만들었다. 사람들을 '피하다'는 뜻을 위한 것이었다. '후미지다', '멀리하다', '치우치다', '편벽되다', '바르지 못하다' 등의 뜻을 나타낸다. 僻地(벽지), 僻村(벽촌), 窮僻(궁벽), 偏僻(편벽), 乖僻(괴벽)

'辟(벽)'자에 '칼 刀(도)'를 붙여 '쪼갤 劈(벽)'자를 만들었다. '사람을 찢어 죽이는 형벌'을 뜻하는 것이었다. '쪼개다', '가르다', '깨뜨리다'는 뜻을 나타낸다. 劈頭(벽두), 劈破(벽파)

'辟(벽)'자에 '구슬 玉(옥)'을 붙여 '둥근 옥 璧(벽)'자를 만들었다. '環狀(환상)의 옥', '아름다운 사물'의 비유로 쓰인다. 璧玉(벽옥), 雙璧(쌍벽), 完璧(완벽), 和氏之璧(화씨지벽)

'辟(벽)'자에 '병 疒(역)'을 붙여 '버릇 癖(벽)'자를 만들었다. 몸의 균형이 깨져서 생기는 병, 즉 '나쁜 버릇'을 뜻한다. 潔癖(결벽), 盜癖(도벽), 自是之癖(자시지벽)

'辟(벽)'자를 '문 門(문)' 안에 넣어 '열 闢(벽)'자를 만

들었다. '문짝을 문의 양 옆으로 밀어붙여서 열다'는 뜻이다. 開闢(개벽), 天地開闢(천지개벽)

'辟(벽)'자에 '비 雨(우)'를 붙여 '벼락 霹(벽)'자를 만들었다. '벼락', '천둥'의 뜻을 나타낸다. 霹靂(벽력), 靑天霹靂(청천벽력)

'辟(벽)'자에 '손 手(수)'를 붙여 '엄지손가락 擘(벽)'자를 만들었다.

'비유할 辟(비)'자에 '고기 月(육)'을 붙여 '팔 臂(비)'자를 만들었다. '어깨와 손목 사이의 부분'을 나타낸다. 臂不外曲(비불외곡), 肩臂痛(견비통)

'비유할 辟(비)'자에 '말씀 言(언)'을 붙여 '비유할 譬(비)'자를 만들었다. '직접 말하지 않고 짐짓 비켜서 말하다', '비유하다'는 뜻이다. 比喩(비유)/譬喩(비유)

'피할 辟(피)'자에 '길갈 辶(착)'을 붙여 '피할 避(피)'자를 만들었다. 마주치지 않으려고 길을 돌아가다, 즉 '피하다'는 뜻을 위하여 만든 글자이다. '피하다', '회피하다', '숨다', '자취를 감추다'는 뜻을 나타낸다. 避難(피난), 避亂(피란), 避雷針(피뢰침), 避暑(피서), 避姙(피임)/避妊(피임), 忌避(기피), 待避(대피), 回避(회피), 避身(피신), 逃避(도피)

辟3303, 壁0711, 僻1849, 劈2205, 璧2701, 癖2734, 闢3124, 霹3318, 擘3348, 臂2905, 譬3027, 避1101

辡(변/편) 辯 辨 辦 瓣 264

'죄인 서로 송사할 辡(변/편)'자는 '매울 辛(신)'자를 두 개 붙여 만들었다. '나누다'는 뜻을 나타낼 때도 있다.

'辡(변/편)'자의 가운데에 '말씀 言(언)'을 붙여 '말씀 辯(변)/말 잘할 辯(변)'자를 만들었다. '말로 일의 도리를 가려 밝히다'가 본뜻이다. '말하다', '말 잘하다', '말을 교묘히 하다'는 뜻을 나타낸다. 辯護(변호), 口辯(구변), 詭辯(궤변), 訥辯(눌변), 達辯(달변), 代辯(대변), 雄辯(웅변)

'辡(변/편)'자의 가운데에 '칼 刂(도)'를 붙여 '분변할 辨(변)'자를 만들었다. 칼로 '나누다'는 뜻을 나타내기 위하여 만든 것이었다. '가리다', '분별하다', '분명히 하다', '의혹 없이 하다', '다스리다', '따지다' 등의 뜻을 나타낸다. 辨別(변별), 辨證法(변증법), 不辨菽麥(불변숙맥), 辨明(변명), 辨理(변리), 辨償(변상)

'辡(변/편)'자의 가운데에 '힘 力(력)'을 붙여 '힘쓸 辦(판)/힘들일 辦(판)'자를 만들었다. '힘써 말다툼을 처리하다'가 본뜻이다. '힘쓰다', '힘써 일하다', '갖추다', '준비하다' 등의 뜻으로 쓰인다. 辦公(판공), 辦公費(판공비), 買辦(매판), 買辦資本(매판자본)

'辡(변/편)'자의 가운데에 '오이 瓜(과)'를 붙여 '오이씨 瓣(판)'자를 만들었다. 오이 속에 있어서 과육으로부터 분리되기 쉬운 씨가 있는 부분을 뜻한다. 瓣膜(판막), 花瓣(화판)

'얼룩 斑(반)'자는 '238 글월 文(문)'자 참조.

辯1094, 辨1788, 辦3071, 瓣3261

丙(병) 丙 病 柄 晒/昺 炳 陋 265

'셋째 천간 丙(병)/남녘 丙(병)'자는 다리를 내뻗친 '床(상)'의 모양을 본뜬 것이라고 한다. 십간의 세 번째 것이다. '세 번째'의 뜻으로 쓰인다. 丙寅洋擾(병인양요), 丙子胡亂(병자호란)丙戌(병술), 丙申(병신), 丙午(병오), 丙寅(병인), 丙子(병자), 丙辰(병진), 丙種(병종)

'丙(병)'자에 '병 疒(역)'자를 붙여 '병 病(병)'자를 만들었다. '병 疒(역)'은 환자가 침대에 누워있는 모습을 본뜬 것이다. 생물체의 전체나 일부분에 이상이 생겨서 정상적 활동이 이루어지지 않고 괴로움을 일으키는 현상을 뜻한다. 옛날에는 가벼운 증세를 '疾(질)'이라 했고 심한 것을 '病(병)'이라고 했는데, 요즘은 그런 구분이 없어져 '疾病(질병)'이라 통칭한다. 病(병)자는 고장이나 흠·결점·하자 따위의 뜻과 깊이 뿌리박혀 있는 결함이나 굳어진 좋지 않은 버릇의 뜻도 가진다. 病院(병원), 病患(병환), 同病相憐(동병상련), 疾病(질병), 鬪病(투병), 病身(병신), 病弊(병폐)

'丙(병)'자에 '나무 木(목)'을 붙여 '손잡이 자루 柄(병)'자를 만들었다. 葉柄(엽병), 花柄(화병)

'丙(병)'자에 '해 日(일)'을 붙여 '밝을 晒(병)/昺(병)'자를 만들었다. '晒(병)'자와 '昺(병)'자는 동자이다. 사람의 이름자로 쓰인다.

'丙(병)'자에 '불 火(화)'를 붙여 '밝을 炳(병)'자를 만들었다. 사람의 이름자로 쓰인다.

'더러울 陋(루)/좁을 陋(루)'자는 '언덕 阝(부)'와 '좁을 㔷(루)'자로 이루어졌다. '좁을 㔷(루)'자는 '감출 匚(혜)'와 '셋째 천간 丙(병)'으로 이루어졌다. 이 '㔷(루)'자가 표의요소와 표음요소를 겸한다. '산 속에 있는 좁은 곳'을 뜻하기 위하여 만들어진 글자였다. '장소가 좁다', '견문이 좁다', '천하다', '품격이 낮다', '명예롭지 못하다', '신분이 낮다' 등의 뜻으로 쓰인다. 陋屋(누옥), 陋醜(누추), 簞瓢陋巷(단표누항), 固陋(고루), 陋名(누명), 卑陋(비루)/鄙陋(비루)

丙0751, 病0407, 柄2071, 晒/昺3451, 炳3496, 陋3127

幷(병) 倂 屛 甁 餠 266

'어우를 幷(병)'자는 두 사람이 다리를 함께 묶고 서 있는 모습을 본뜬 것이다. '어우르다', '아울러 가지다'의 뜻을 나타낸다.

'幷(병)'자에 '사람 亻(인)'을 붙여 '아우를 倂(병)/함께 할 倂(병)'자를 만들었다. '倂(병)'자의 본래 형태는 '幷(병)'이다. '어우르다'는 뜻을 나타내기 위하여 두 사람이 다리를 함께 묶고 서 있는 모습을 본뜬 것이다. 후에 '함께 하다', '다른 사람과 어깨를 나란히 하다'는 뜻을 더욱 분명히 하려고 '사람 亻(인)'을 덧붙였다. '207 나란히 할 竝(병)'자를 참고하기 바란다. 倂發(병

발)/竝發(병발), 倂設(병설)/竝設(병설), 倂呑(병탄)/竝吞(병탄), 合倂(합병), 合倂症(합병증)

 '幷(병)'자에 '주검 尸(시)'를 붙여 '병풍 屛(병)'자를 만들었다. '주검 尸(시)'는 원래는 '집 广(엄)'이었는데 변한 것이다. 幷(병)은 '가리개'의 모습이다. 병풍은 집에 있는 가리개이다. 屛風(병풍), 畵屛(화병)

 '幷(병)'자에 '기와 瓦(와)'를 붙여 '병 甁(병)'자를 만들었다. '병', '단지', '항아리'를 뜻한다. 金甁(금병), 花甁(화병)

 '幷(병)'자에 '먹을 食(식)'을 붙여 '떡 餠(병)'자를 만들었다. '餠(병)'자는 속자이다. 兩手執餠(양수집병), 月餠(월병), 適口之餠(적구지병), 煎餠(전병), 畵中之餠(화중지병)

 倂1714, 屛1561, 甁2704, 餠3154

保(보) 呆保堡褓褒 267

 '지킬 呆(보)'자는 포대기에 싸인 아기의 모양을 나타내는 글자로, '지킬 保(보)'자의 古字(고자)이다.

 '어리석을 呆(매)'자는 늙은이가 기저귀를 차고 있는 모습을 형상화한 것이라는 설?이 있다. 癡呆(치매)

 '보전할 保(보)/지킬 保(보)'자는 '사람 亻(인)'과 '지킬 呆(보)'자로 이루어졌다. 어른이 어린 아이를 포대기에 싸서 업고 있는 모습을 본뜬 글자이다. 어른이 아이를 지키고 보살핀다는 데서 '보전하다'라는 뜻이다. '지키다', '보살피다', '그대로 계속 유지하다', '맡다', '책임지다', '지니다', '양육하다' 등의 뜻을 나타낸다. 保健(보건), 保存(보존), 保障(보장), 保護(보호), 確保(확보), 保管(보관), 保證(보증), 保險(보험), 擔保(담보), 保菌(보균), 保有(보유), 保姆(보모), 保育(보육)

 '保(보)'자에 '흙 土(토)'를 붙여 '작은 성 堡(보)'자를 만들었다. 외적으로부터 나라를 지키는 '작은 성'을 뜻한다. 堡壘(보루)

 '保(보)'자에 '옷 衤(의)'를 붙여 '포대기 褓(보)'자를 만들었다. '포대기', '보자기'를 뜻한다. 襁褓(강보), 褓負商(보부상), 床褓(상보), 冊褓(책보)

 '保(보)'자를 '옷 衣(의)' 안에 넣어 '기릴 褒(포)'자를 만들었다. '襃(포)'가 본자이다. '기리다', '칭찬하다'는 뜻을 나타낸다. 襃章(포장)/褒章(포장), 襃賞(포상)/褒賞(포상)

 呆2736, 保0675, 堡2286, 褓3293, 褒2992

步(보) 步涉歲陟頻嚬瀕 268

 '걸을 步(보)'자는 두 개의 발자국(止) 모양을 본뜬 것이었다. 위의 '止'는 그대로이고, 아래의 '止'는 거꾸로 된 것이다. 아랫부분을 '적을 少(소)'로 쓰면 틀리는 것이니 주의해야 한다. '걷다', '천천히 걷다', '걸음걸이', '보병', '일정한 방향으로 나아가다', '면적의 단위' 등의 뜻으로 쓰인다. 步武(보무), 步調(보조), 步行(보행), 獨步(독보), 讓步(양보), 初步(초보), 進步(진보), 退步(퇴보), 步兵(보병), 段步(단보), 町步(정보)

 '步(보)'자에 '물 氵(수)'를 붙여 '건널 涉(섭)'자를 만들었다. 물(水)을 맨발로 걸어서(步) '건너다'의 뜻이다. 후에 남의 영역에 '관계하다'는 뜻을 가지게 되었다. '겪다', '경과하다', '관계하다' 등의 뜻을 나타낸다. 涉獵(섭렵), 涉外(섭외), 干涉(간섭), 交涉(교섭)

 '步(보)'자에 '도끼 戌(월)'을 붙여 '해 歲(세)'자를 만들었다. '歲(세)'자의 원래의 뜻은 '도끼'였는데 周(주)나라 때 이후 '1년'을 뜻하는 것으로 쓰이기 시작했다고 한다. 도끼가 1년으로 변한 이유는 분명하지 않다. 다만 '步(보)'와 '戌(월)'을 알고 있으면 '歲(세)'자를 쓰기는 쉽겠다. '해', '해마다' '새해', '세월', '연령', '곡식이 잘 여무는 해' 등의 뜻을 나타낸다. 歲暮(세모), 歲入(세입), 歲出(세출), 歲拜(세배), 過歲(과세), 歲月(세월), 萬歲(만세), 虛送歲月(허송세월), 年歲(연세), 時和歲豊(시화세풍)

 '步(보)'자에 '언덕 阝(부)'를 붙여 '오를 陟(척)'자를 만들었다. '언덕을 오르다'는 뜻을 위하여 만들어진 것이다. '나아가다'는 뜻을 나타낸다. 進陟(진척)

 '步(보)'자에 '머리 頁(혈)'을 붙여 '자주 頻(빈)'자를 만들었다. 여기에서 '步(보)'자는 '건널 涉(섭)'자에서 '물 氵(수)'가 생략된 것이라고 한다. 강을 건널 때의 물결처럼 '얼굴에 주름을 짓다, 찡그리다'가 본뜻이었다. 너무 자주 얼굴을 찡그렸나 보다. '자주'라는 뜻으로 쓰이게 되자 본뜻은 '찡그릴 嚬(빈)'자를 만들어 나타냈다. '걸음 步(보)'와 '머리 頁(혈)'로 이루어진 글자로 해석하기도 한다. 이렇게 해석하면 얼굴 찡그릴 필요가 없겠다. 頻度(빈도), 頻發(빈발), 頻繁(빈번), 頻數(빈삭)

 '자주 頻(빈)'자에 '입 口(구)'를 붙여 '찡그릴 嚬(빈)'자를 만들었다. 여기에서 '頻(빈)'은 '얼굴을 찡그리다'의 뜻이다. 嚬蹙(빈축)

 '물가 瀕(빈)'자는 음으로 보면 '물 氵(수)'와 '자주 頻(빈)'으로 이루어진 글자로 보인다. 그런데 字典(자전)의 字源(자원)에 따르면, '건널 涉(섭)'과 '머리 頁(혈)'자로 이루어진 것이라고 한다. '涉(섭)'은 '물을 건너다'의 뜻이고, '頁(혈)'은 '머리'를 뜻한다. 내를 건널 때의 물결처럼 '얼굴에 주름이 잡히다'의 뜻을 나타내는 글자였다. '임박하다', '다가오다' '물가'의 뜻으로 쓰인다. 瀕死(빈사), 瀕死狀態(빈사상태)

 '568 그칠 止(지)'자 참조.

 步0785, 涉1667, 歲0081, 陟2141, 頻1819, 嚬2269, 瀕2642

甫(보) 甫補輔捕脯鋪哺圃逋浦蒲匍葡 269

 '클 甫(보)'자는 '싹 날 屮(철) + 밭 田(전)'으로 만들어져서 '아버지 父(부)' + '쓸 用(용)'의 형태를 거쳐 현재의 '甫(보)'자의 형태를 취하게 되었다. '남자가 사회의 일원으로 쓰이게 됨' 즉 '아버지의 자격을 얻다'는 뜻으로 '남자의 미칭으로 쓰였다. 濁甫(탁보), 杜甫(두보)

'甫(보)'자에 '옷 衤(의)'를 붙여 '기울 補(보)'자를 만들었다. '(떨어진 옷을) 깁다'는 뜻을 나타내기 위하여 만든 것이었다. '옷 따위의 해진 데를 깁다', '고치다', '보수하다', '채우다, 보충하다', '더하다', '돕다', '임명하다' 등의 뜻을 나타낸다. 補修(보수), 補強(보강), 補償(보상), 補完(보완), 補充(보충), 補身(보신), 補藥(보약), 補佐(보좌), 補職(보직), 轉補(전보), 候補(후보)

'甫(보)'자에 '수레 車(거)'를 붙여 '도울 輔(보)'자를 만들었다. 수레의 양쪽 가장자리에 덧대어 받치는 힘을 도울 수 있게 하는 역할을 하는 '덧방나무'를 뜻하는 것이었다. '돕다', '도와서 바로잡다', '보조역'을 뜻한다. 輔國(보국), 輔佐(보좌)/補佐(보좌), 輔弼(보필)

'甫(보)'자에 '손 扌(수)'를 붙여 '사로잡을 捕(포)'자를 만들었다. 손으로 '잡다'는 뜻을 나타내기 위한 것이다. '사로잡다', '붙잡다'는 뜻을 나타낸다. 捕盜(포도), 捕虜(포로), 捕手(포수), 捕捉(포착), 生捕(생포), 逮捕(체포)

'甫(보)'자에 '고기 月(육)'을 붙여 '포 脯(포)'자를 만들었다. 고기를 얇게 썰어 만든 '포'를 뜻한다. 脯醢(포혜), 魚脯(어포), 肉脯(육포), 酒果脯醢(주과포혜)

'甫(보)'자에 '쇠 金(금)'을 붙여 '가게 鋪(포)'자를 만들었다. 본래 쇠붙이로 만든 '문고리'를 뜻하는 것이었다. 후에 '(문을 열고) 펴놓다', '가게' 등의 뜻으로 쓰이게 되었다. 鋪裝(포장), 典當鋪(전당포), 店鋪(점포), 紙物鋪(지물포)

'甫(보)'자에 '입 口(구)'를 붙여 '먹을 哺(포)'자를 만들었다. '음식을 입 속에 넣다', '먹다'는 뜻을 나타낸다. 哺乳類(포유류), 反哺之孝(반포지효)

'甫(보)'자를 '에워쌀 囗(위)' 안에 넣어 '채마밭 圃(포)'자를 만들었다. 작물을 심는 '밭'을 뜻한다. 주로 채소나 과일을 심은 밭을 말한다. 벼, 보리, 콩 같은 것은 밭에서 따서 바로 먹을 수가 없다. 그러나 고추, 오이, 수박, 사과 같은 것들은 밭에서 따서 바로 먹을 수 있다. 이런 채소나 과일류를 심으면 좀도둑이나 동물의 피해를 막기 위하여 밭 주위를 에워싸는 울타리가 필요했다. 지금도 그렇다. '圃(포)'자에 '에워쌀 囗(위)'가 쓰인 것은 그런 이유에서이다. '클 甫(보)'는 표음요소이다. 圃場(포장), 苗圃(묘포), 蔘圃(삼포)

'甫(보)'자에 '길 갈 辶(착)'을 붙여 '달아날 逋(포)'자를 만들었다. '기어서 몰래 달아나다'는 뜻이다. 逋逃(포도)

'甫(보)'자에 '물 氵(수)'를 붙여 '개 浦(포)/물 가 浦(포)'자를 만들었다. 浦口(포구), 浦項(포항), 麻浦(마포), 釜山浦(부산포), 永登浦(영등포), 榮山浦(영산포), 濟物浦(제물포)

'개 浦(포)'자에 '풀 艹(초)'를 붙여 부들 蒲(포)'자를 만들었다. 菖蒲(창포)

'甫(보)'자에 '쌀 勹(포)'를 붙여 '길 匍(포)'자를 만들었다. '손을 땅에 대고 엎드리다', '엉금엉금 기어가다'는 뜻을 나타낸다. 匍匐(포복)

'길 匍(포)'자에 '풀 艹(초)'를 붙여 '포도 葡(포)'자를 만들었다. '포도'를 뜻한다. 葡萄(포도), 葡萄糖(포도당), 葡萄酒(포도주)

'甫(보)'자에 '마디 寸(촌)'을 붙여 '펼 專(부)'자를 만들었다. '專(부)'자를 글자의 구성요소로 하는 한자들은 '284 專(부)' 항에서 소개한다.

甫2102, 補1392, 輔2129, 捕1608, 脯2887, 鋪2007, 哺2248, 圃2276, 逋3331, 浦1305, 蒲2931, 匍2213, 葡2119

普(보) 普 譜 潽　270

'넓을 普(보)'자는 '아우를 竝(병)의 축약형 並(병)'과 '해 日(일)'이 합쳐진 것이다. 햇살은 누구에게나 두루두루 그리고 널리 비친다. '두루', '널리', '넓다' 같은 의미로 쓰인다. 普及(보급), 普遍(보편)

'普(보)'자에 '말씀 言(언)'을 붙여 '족보 譜(보)'자를 만들었다. 원래는 말을 '적어놓다'는 뜻을 나타내기 위하여 만든 것이다. '족보', '계보', '악보', '계통을 좇아 기록하다' 등의 뜻을 나타낸다. 系譜(계보), 族譜(족보), 樂譜(악보), 殉愛譜(순애보)

'普(보)'자에 '물 氵(수)'를 붙여 '물 이름 潽(보)'자를 만들었다. 강 이름, 사람 이름자로 쓰인다.

普1010, 譜1773, 潽3487

畐(복) 福 匐 輻 富 副 幅 逼　271

'찰 畐(복)/나비 畐(복)'자는 봉긋한 '술통' 또는 '항아리'의 모양을 본뜬 것이다. 술통에 술이 봉긋하게 '차다'는 뜻을 나타낸다. 피륙의 '너비, 폭'을 뜻하기도 한다.

'畐(복)'자에 '보일 示(시)'를 붙여 '복 福(복)'자를 만들었다. '示(시)'자는 신에게 제물을 올리는 '제단'의 뜻을 나타내고, '畐(복)'은 술항아리를 뜻하는 글자이다. '福(복)'자는 '신에게 술을 바쳐 술통처럼 풍족하게 그득 차서 행복해지기를 빌다'는 뜻이 된다. '복', '행복', '복을 빌다', '제사에 쓴 고기와 술' 등의 뜻을 나타낸다. 福券(복권), 福祉(복지), 吉凶禍福(길흉화복), 轉禍爲福(전화위복), 祝福(축복), 幸福(행복), 五福(오복), 飮福(음복)

'畐(복)'자에 '쌀 勹(포)'를 붙여 '기어갈 匐(복)'자를 만들었다. '기다', '엎드려서 기어가다'는 뜻을 나타낸다. 匍匐(포복)

'畐(복)'자에 '수레 車(거)'를 붙여 '바퀴살 輻(복)'자를 만들었다. 바퀴살. 바퀴통에서 테를 향하여 '방사선 모양으로 뻗은 나무'를 뜻한다. 輻射(복사), 輻射熱(복사열)

'畐(복)'자에 '집 宀(면)'를 붙여 '부자 富(부)/넉넉할 富(부)'자를 만들었다. 집에 필요한 설비 따위를 가득 차도록 '갖추다'가 본뜻이다. '재산이 많다', '넉넉하다'의 뜻을 나타낸다. '福(복)'과 '富(부)에 다 같이 '畐(복)'자가 쓰였다. 富貴(부귀), 富者(부자), 甲富(갑부), 貧富(빈부), 豊富(풍부), 年富力強(연부력강)

'畐(복)'자에 '칼 刂(도)'를 붙여 '버금 副(부)'자를 만들었다. '버금', '다음', '보좌하다', '곁따르다', '옆에서 시중들다', '원본을 베낀 것' 등의 뜻을 나타낸다. 副産物(부산물), 副業(부업), 副作用(부작용), 正副(정부), 副官(부관), 副詞(부사), 副應(부응), 副本(부본)

'畐(복)'자에 '수건 巾(건)'을 붙여 '폭 幅(폭)'자를 만들었다. 옷감의 넓이, 즉 '너비'를 뜻하기 위한 것이었다. 옷감의 뜻을 나타내는 '수건 巾(건)'이 표의요소, 오른쪽의 '畐(복)'은 표음요소이다. 廣幅(광폭), 大幅(대폭), 步幅(보폭), 全幅的(전폭적), 增幅(증폭), 振幅(진폭), 畫幅(화폭)

'畐(복)'자에 '길 辶(착)'을 붙여 '죄어질 逼(핍)'자를 만들었다. '죄어지다', '다가오다', '핍박하다', '강제하다', '몰다' 등의 뜻을 나타낸다. 逼迫(핍박)

福0290, 匐2214, 輻3064, 富0294, 副0684, 幅1566, 逼3080

复(복) 復複腹鰒馥愎覆履 272

'다시 复(복)'자는 '술항아리'를 뜻하는 '찰 畐(복)'이 변형된 것이라고 한다. '뒤집힌 술항아리가 본디대로 바로 놓이다'는 뜻을 나타낸다. '돌아올 復(복)/다시 復(부)', '겹옷 複(복)', '뒤집힐 覆(복)'자의 簡字體(간자체)로 사용된다.

'复(복)'자에 '걸을 彳(척)'을 붙여서 '돌아올 復(복)/다시 復(부)'자를 만들었다. '돌아오다'의 뜻으로 쓰일 때는 [복]으로, '다시'의 뜻으로 쓰일 때는 [부:]로 읽는다. '돌아오다', '원상태로 돌아오다', '은혜나 원한을 갚다', '되풀이하다', '다시', '거듭' 등의 뜻으로 쓰인다. 復歸(복귀), 復職(복직), 復學(복학), 往復(왕복), 復舊(복구), 復元(복원), 光復(광복), 回復(회복), 恢復(회복), 復讐(복수), 報復(보복), 復習(복습), 復唱(복창), 反復(반복), 復活(부활), 復興(부흥), 文藝復興(문예부흥), 死灰復燃(사회부연), 重言復言(중언부언)

'复(복)'자에 '옷 衤(의)'를 붙여서 '겹옷 複(복)'자를 만들었다. '겹옷'이란 뜻을 위해 고안된 글자이다. 후에 '겹치다'는 의미도 이것으로 나타냈다. 複數(복수), 複式(복식), 複雜(복잡), 重複(중복), 複寫(복사), 複製(복제)

'复(복)'자에 '고기 月(육)'을 붙여서 '배 腹(복)'자를 만들었다. '배'를 나타내기 위하여 만든 글자이다. '배', '마음', '충심', '아이 배다' 등의 뜻을 나타낸다. 腹部(복부), 腹痛(복통), 空腹(공복), 口蜜腹劍(구밀복검), 抱腹絕倒(포복절도), 腹心(복심), 腹案(복안), 心腹(심복), 同腹(동복), 遺腹子(유복자), 異腹(이복)

'复(복)'자에 '고기 魚(어)'를 붙여서 '전복 鰒(복)'자를 만들었다. 全鰒(전복)

'复(복)'자에 '향기 香(향)'을 붙여서 '향기 馥(복)'자를 만들었다. 사람의 이름자로 쓰인다.

'复(복)'자에 '마음 忄(심)'을 붙여서 '괴팍할 愎(팍)'자를 만들었다. '남의 말에 따르지 않고 되돌아가다', '엇나가다', '고집을 부리다'는 뜻이다. 乖愎(괴팍), 剛愎(강팍)

'復(부/복)'자에 '덮을 襾(아)'를 붙여 '뒤집힐 覆(복)/덮을 覆(부)'자를 만들었다. '뒤집히다', '엎어지다'의 뜻으로 쓰였을 때는 [복]으로 읽는다. '덮다/덮개'를 뜻할 때는 [부]로 읽는 것이 원칙인데 [복]으로 읽기도 한다. 覆盆子(복분자), 覆船(복선), 飜覆(번복)/翻覆(번복), 顚覆(전복), 反覆(반복), 覆蓋(복개), 被覆(피복), 覆面(복면)

'復(부/복)'자에 '주검 尸(시)'를 붙여 '밟을 履(리)/신 履(리)'자를 만들었다. '신', '발에 신는 것의 총칭', '밟으며 가다', '순서나 절차 등을 거치어 행하다', '겪다', '경험하다' 등의 뜻을 나타낸다. 曳履聲(예리성), 如履薄氷(여리박빙), 履行(이행), 履歷(이력), 履歷書(이력서)

復0735, 複0703, 腹0853, 鰒3177, 馥3608, 愎2403, 覆1981, 履1211

卜(복) 卜赴訃朴 273

'점 卜(복)'자는 거북이의 뼈에 불을 지져 균열이 생긴 모양을 본뜬 것이었다. '점치다', '점', '길흉을 알아내다'의 뜻을 나타낸다. 卜術(복술), 卜債(복채), 占卜(점복)

'卜(복)'자에 '달릴 走(주)'를 붙여 '나아갈 赴(부)/다다를 赴(부)'자를 만들었다. '나아가다', '향하여 가다', '들어가다', '도달하다' 등의 뜻을 나타낸다. 赴任(부임), 飛蛾赴火(비아부화)

'卜(복)'자에 '말씀 言(언)'을 붙여 '부고 訃(부)'자를 만들었다. '사람이 갑자기 죽은 것을 알림'을 뜻한다. 訃告(부고), 訃音(부음), 告訃(고부)

'卜(복)'자에 '나무 木(목)'을 붙여 '성씨 朴(박)/소박할 朴(박)/후박나무 朴(박)'자를 만들었다. 素朴(소박), 淳朴(순박)/醇朴(순박), 質朴(질박), 厚朴(후박), 朴赫居世(박혁거세)

卜1513, 赴1782, 訃2997, 朴0669

業(복) 僕撲樸 274

'번거로울 業(복)'자는 '매울 辛(신)', '그 其(기)', 그리고 '사람 人(인)'으로 이루어진 글자라고 한다. 또는 물건을 칠 때 나는 '퍽' 소리의 의성어라고도 한다.

'業(복)'자에 '사람 亻(인)'을 붙여 '종 僕(복)'자를 만들었다. 종이나 하인, 잡일이나 천한 일에 종사하는 사람을 나타낸다. 노예나 전쟁 포로나 하층민을 뜻하는 글자이다. 家僕(가복), 公僕(공복), 奴僕(노복), 婢僕(비복), 忠僕(충복)

'僕(복)'자에 '손 扌(수)'를 붙여 '칠 撲(박)'자를 만들었다. '치다', '때리다', '때려눕히다'는 뜻을 나타낸다. 撲殺(박살), 打撲傷(타박상), 撲滅(박멸)

'僕(복)'자에 '나무 木(목)'을 붙여 '순박할 樸(박)'자를 만들었다. 가공을 하지 않은 자연 그대로의 '감·바탕'의 뜻을 나타낸다. 質朴(질박)/質樸(질박)

僕1194, 撲2484, 樸2570

伏(복) 伏洑 275

'엎드릴 伏(복)'자는 '엎드리다'는 뜻을 나타내기 위하여, 사람[人]의 발아래 엎드려 있는 개[犬]의 모습을 본뜬 것이다. '엎드리다', '숨다', '감추다', '음력 6월의 절기' 등의 뜻을 나타낸다. 伏望(복망), 起伏(기복), 猛虎伏草(맹호복초), 哀乞伏乞(애걸복걸), 伏魔殿(복마전), 伏兵(복병), 伏線(복선), 埋伏(매복), 潛伏(잠복), 伏中(복중), 三伏(삼복), 末伏(말복),

'伏(복)'자에 '물 氵(수)'를 붙여 '보 洑(보)'자를 만들었다. 논밭에 물을 대기 위하여 자그마하게 둑을 쌓고 흘러가는 물을 잡아두는 곳을 말한다. 洑(보), 洑水稅(보수세)

伏0918, 洑2604

本(본) 本鉢体 276

'밑 本(본)/근본 本(본)'자는 '나무 木(목)'과 '한 一(일)'의 합자이다. 여기에서 '一(일)'은 나무뿌리의 위치를 나타내는 부호이다. '밑', '나무의 줄기', '기초', '근본', '근원', '본가', '고향', '조상', '부모', '본전', '밑천', '본디', '본보기', '이(지시대명사)', '책', '문서', '초목을 셀 때의 단위' 등 여러 가지 뜻으로 쓰인다. 本論(본론), 本部(본부), 本末(본말), 根本(근본), 基本(기본), 拔本塞源(발본색원), 本家(본가), 本貫(본관), 本籍(본적), 本錢(본전), 資本(자본), 本能(본능), 本性(본성), 本然(본연), 本來(본래), 見本(견본), 標本(표본), 本官(본관), 本人(본인), 脚本(각본), 單行本(단행본), 原本(원본), 謄本(등본), 抄本(초본), 日本(일본), 木本(목본), 草本(초본)

'本(본)'자에 '쇠 金(금)'을 붙여 '바리때 鉢(발)'자를 만들었다. '스님의 밥그릇'을 뜻한다. 沙鉢(사발), 沙鉢農事(사발농사), 沙鉢通文(사발통문), 周鉢(주발), 托鉢(탁발)

'本(본)'자에 '사람 亻(인)'을 붙여 '몸 体(체)'자를 만들었다. '182 몸 體(체)'의 속자이다. '體(체)'자 참조.

本0380, 鉢2136, 体3391

奉(봉) 奉俸捧棒 277

'받들 奉(봉)'자는 '풀 艹(초)', '예쁠 丰(봉)'과 '손 手(수)'가 합쳐진 글자로 '양손을 모아 물건을 바치다'를 뜻하는 글자라고 한다. '받들다', '높이어 모시다', '섬기다', '힘쓰다' 등의 뜻을 나타낸다. 奉祀(봉사), 奉送(봉송), 信奉(신봉), 奉仕(봉사), 奉養(봉양), 奉職(봉직), 奉事(봉사)

'奉(봉)'자에 '사람 亻(인)'을 붙여 '봉급 俸(봉)'자를 만들었다. 관청의 일을 받드는[奉(봉)] 사람[人(인)]에게 주는 돈, 즉 '봉급'을 뜻하는 글자이다. 俸給(봉급), 薄俸(박봉), 本俸(본봉), 年俸(연봉)

'奉(봉)'자에 '손 扌(수)'를 붙여 '받들 捧(봉)'자를 만들었다. '두 손으로 받듦', '바치다', '들어 올리다' 등의 뜻을 나타낸다. 捧納(봉납), 奉讀(봉독)/捧讀(봉독)

'奉(봉)'자에 '나무 木(목)'을 붙여 '몽둥이 棒(봉)'자를 만들었다. '몽둥이', '몽둥이로 때리다'는 뜻을 나타낸다. 棒高跳(봉고도), 棍棒(곤봉), 針小棒大(침소봉대), 鐵棒(철봉), 平行棒(평행봉)

奉0468, 俸1839, 捧2460, 棒2528

夆(봉) 峰/峯逢蜂烽鋒縫蓬 278

'거스를 夆(봉)/만날 夆(봉)'자는 '뒤져올 夂(치)'와 '어여쁠 丰(봉)'자로 이루어진 글자이다. '夂(치)'는 아래로 향한 발자국의 모양을 본뜬 것이고, '丰(봉)'은 '만나다'의 뜻으로 쓰인 것이라고 한다. '夆(봉)'자는 사람이 '걸어가서 만나다'는 뜻을 나타낸다고 한다.

'夆(봉)'자에 '메 山(산)'을 붙여 '봉우리 峰(봉)/峯(봉)'자를 만들었다. '산봉우리'를 뜻하기 위하여 만든 것이다. 靈峰(영봉), 主峰(주봉), 最高峰(최고봉)

'夆(봉)'자에 '길 갈 辶(착)'을 붙여 '만날 逢(봉)'자를 만들었다. 길을 가다가 우연히 '만나다'는 뜻을 나타내기 위하여 만든 글자이다. 逢變(봉변), 逢着(봉착), 相逢(상봉), 欲哭逢打(욕곡봉타)

'夆(봉)'자에 '벌레 虫(충)'을 붙여 '벌 蜂(봉)'자를 만들었다. '벌'을 뜻하기 위한 것이다. 蜂起(봉기), 蜂針(봉침), 養蜂(양봉), 女王蜂(여왕봉)

'夆(봉)'자에 '불 火(화)'를 붙여 '봉화 烽(봉)'자를 만들었다. 烽火(봉화), 烽燧(봉수)

'夆(봉)'자에 '쇠 金(금)'을 붙여 '칼 끝 鋒(봉)'자를 만들었다. '칼끝', '물건의 뾰족한 끝', '날카로운 기세', '군대의 앞장' 등의 뜻을 나타낸다. 銳鋒(예봉), 筆鋒(필봉), 先鋒(선봉)

'만날 逢(봉)'자에 '실 糸(사)'를 붙여 '꿰맬 縫(봉)'자를 만들었다. 실로 '꿰매다'는 뜻을 위하여 만든 것이다. 縫製(봉제), 假縫(가봉), 彌縫策(미봉책), 裁縫(재봉), 天衣無縫(천의무봉)

'만날 逢(봉)'자에 '풀 艹(초)'를 붙여 '쑥 蓬(봉)'자를 만들었다. '쑥'을 뜻하기 위하여 만든 글자이다. '쑥', '흐트러지다', '머리카락이 흐트러지다'는 뜻을 나타낸다. 蓬頭(봉두), 蓬頭垢面(봉두구면), 蓬頭亂髮(봉두난발)

峰/峯1213, 逢1434, 蜂1760, 烽2651, 鋒3109, 縫1958, 蓬2121

音(부) 部 剖 菩 倍 培 賠 陪   279

'환할 音(부)'자는 꽃잎 속에 부드럽게 부풀어 있는 씨방의 모양을 본뜬 것이라고 한다. 한자어 낱말은 없고, 다른 글자의 구성요소로 많이 쓰이고 있다.

'音(부)'자에 '고을 阝(읍)'을 붙여 '거느릴 部(부)'자를 만들었다. '거느리다', '통솔하다', '나누다', '부분', '분류', '물건의 구분', '구역', '장소', '행정청', '관공서', '떼', '집단', '촌락' 등 여러 가지 뜻을 나타낸다. 部下(부하), 幹部(간부), 部分(부분), 部品(부품), 一部(일부), 全部(전부), 上部(상부), 外部(외부), 部類(부류), 部長(부장), 本部(본부), 編輯部(편집부), 營業部(영업부), 蹴球部(축구부), 文藝部(문예부), 部族(부족), 東部(동부), 中部(중부), 部署(부서), 部處(부처), 敎育部(교육부), 國防部(국방부), 部隊(부대), 部落(부락), 部首(부수)

'音(부)'자에 '칼 刂(도)'를 붙여 '쪼갤 剖(부)'자를 만들었다. '쪼개다', '여러 조각으로 나누다', '가르다' 등의 뜻을 나타낸다. 剖棺斬屍(부관참시), 剖腹藏珠(부복장주), 解剖(해부)

'音(부)'자에 '풀 ++(초)'를 붙여 '보살 菩(보)'자를 만들었다. 菩薩(보살), 菩提(보리), 菩提樹(보리수), 觀世音菩薩(관세음보살)

'音(부)'자에 '사람 亻(인)'을 붙여 '갑절 倍(배)'자를 만들었다. 倍加(배가), 倍數(배수), 倍率(배율), 倍達(배달)

'音(부)'자에 '흙 土(토)'를 붙여 '북돋울 培(배)'자를 만들었다. 초목의 뿌리를 흙으로 싸서 가꾸다 즉, '북돋우다'는 뜻을 나타내기 위하여 만든 것이었다. '북돋우다', '식물을 북을 주어 가꾸다', '가꾸다', '길러 키우다'는 뜻을 나타낸다. 培養(배양), 培土(배토), 栽培(재배)

'音(부)'자에 '조개 貝(패)'를 붙여 '물어줄 賠(배)'자를 만들었다. 돈으로 '물어주다'는 뜻을 나타내기 위하여 만든 것이다. '물어주다', '보상하다'는 뜻을 나타낸다. 賠償(배상), 損害賠償(손해배상)

'音(부)'자에 '언덕 阝(부)'를 붙여 '쌓아 올릴 陪(배)/모실 陪(배)'자를 만들었다. '모시다', '돕다', '거들다'는 뜻을 나타낸다. 陪席(배석), 陪審(배심), 陪審員(배심원)

部0453, 剖2201, 菩2927, 倍0477, 培1183, 賠1992, 陪3128

孚(부) 浮 孵 乳   280

'미쁠 孚(부)'자는 '손톱 爪(조)'와 '아들 子(자)'로 이루어진 글자이다. '爪(조)'는 '손'을 본뜬 모양이고, '子(자)'는 갓난아이의 형상이다. '孚(부)'자는 '젖먹이를 끌어안다'는 뜻을 나타내는 글자이다.

'孚(부)'자에 '물 氵(수)'를 붙여 '뜰 浮(부)'자를 만들었다. '뜨다', '사람을 물 위에 뜨게 하는 기구', '하늘에 떠 있다', '안착되지 아니하고 들썽하게 되다', '덧없다', '몸이 부어오르다', '낚시 찌' 등의 뜻을 나타낸다. 浮力(부력), 浮上(부상), 浮揚(부양), 浮沈(부침), 浮囊(부낭), 浮雲(부운), 浮動(부동), 浮浪兒(부랑아), 浮生(부생), 浮世(부세), 浮氣(부기), 浮黃(부황), 浮標(부표)

'孚(부)'자에 '알 卵(란)'을 붙여 '알깔 孵(부)'자를 만들었다. '알을 까다'는 뜻을 나타낸다. 孵卵(부란), 孵化(부화), 孵化場(부화장)

'젖 乳(유)'자는 '젖먹이다', 또는 '젖'의 뜻을 나타내기 위하여 어머니가 아이를 안고 젖을 먹이는 모습을 그린 것이라고 한다. '孚(부)'자는 '젖먹이를 끌어안다'는 뜻을 나타내는 글자이고, 'ㄴ(을)'은 '유방'의 모양을 나타낸 것이다. 乳母(유모), 乳房(유방), 口尙乳臭(구상유취), 粉乳(분유), 牛乳(우유), 乳劑(유제), 鐘乳石(종유석)

浮1304, 孵2327, 乳0916

父(부) 父 釜 斧 爺   281

'아버지 父(부)'자는 돌도끼를 들고 있는 사람의 모습을 형상화한 것이다. '돌도끼'가 본뜻인데 '아버지'란 뜻으로 빌려 쓰는 예가 많아지자 원래의 뜻은 '도끼 斧(부)'자를 추가로 만들어 나타냈다. '父(부)'자가 부수로 쓰일 때는 '부친', '노인'의 뜻을 나타낸다. '아버지와 어머니의 직계 존속', '아버지의 방계 존속', '아버지처럼 여기는 사람', '연로한 사람의 경칭', '(신분이 낮은) 남자를 이르는 말' 등의 뜻으로 쓰인다. 父母(부모), 父傳子傳(부전자전), 父親(부친), 伯父(백부), 叔父(숙부), 祖父(조부), 外祖父(외조부), 師父(사부), 神父(신부), 代父(대부), 漁父(어부), 漁父之利(어부지리)

'父(부)'자 밑에 '쇠 金(금)'을 붙여 '가마 釜(부)'자를 만들었다. '가마솥'을 나타내는 것이다. 글자의 모양을 위해서 일부 중복된 것이 생략되었다. 魚遊釜中(어유부중), 釜山(부산)

'父(부)'자 밑에 '도끼 斤(근)'을 붙여 '도끼 斧(부)'자를 만들었다. '斤(근)'은 구부러진 자루의 '도끼'를 나타낸 것이고, '父(부)'는 망치나 도끼 따위를 손에 든 모양이다. 揭斧入淵(게부입연), 磨斧作針(마부작침), 知斧斫足(지부작족)

'父(부)'자 밑에 '어조사 耶(야)'를 붙여 '아비 爺(야)'자를 만들었다. '아버지'의 속어이다.

父0014, 釜2134, 斧2511, 爺3363

夫(부) 夫扶芙趺　282

'사내 夫(부)/지아비 夫(부)'자는 '한 一(일)'과 '큰 大(대)'로 이루어졌다. '一'은 冠(관)이 벗어지지 않도록 갓끈에 매어 머리에 꽂던 비녀를 뜻하고, '大'는 '사람'을 뜻한다. 옛날에는 남자 나이 스물에 冠禮(관례)를 지냈는데, 사람이 관례를 올리고 머리에 관을 썼음을 나타낸다. 남자 중에서도 어른이 된 남자를 뜻하는 글자이다. '남편', '사내', '장정', '일꾼', '노동일을 하는 사람' 등의 뜻을 나타낸다. 夫婦(부부), 夫人(부인), 姑母夫(고모부), 姨母夫(이모부), 大丈夫(대장부), 拙丈夫(졸장부), 農夫(농부), 人夫(인부), 工夫(공부)

'夫(부)'자에 '손 扌(수)'를 붙여 '도울 扶(부)/붙들 扶(부)'자를 만들었다. 비틀거리는 사람을 손으로 껴안고 있는 모습을 나타낸 것이다. '夫(부)'는 표의와 표음요소를 겸한다. '부축하다'가 본래 의미이다. '돕다', '떠받치다', '붙들다'는 뜻을 나타낸다. 扶養(부양), 扶助(부조), 相扶相助(상부상조), 抑强扶弱(억강부약), 扶腋(부액)/扶掖(부액), 扶持(부지), 僅僅扶持(근근부지)

'夫(부)'자에 '풀 艹(초)'를 붙여 '부용 芙(부)'자를 만들었다. 芙蓉(부용), 芙蓉姿(부용자)

'夫(부)'자에 '발 足(족)'을 붙여 '책상다리할 趺(부)'자를 만들었다. '한쪽 다리를 다른 쪽 다리와 맞걸어서 앉는 부처의 앉음새를 말한다. 趺坐(부좌), 跏趺坐(가부좌), 結跏趺坐(결가부좌), 半跏趺坐(반가부좌), 龜趺(귀부)

'103 법 規(규)'자 참조.
'248 란히 갈 犮(반)'자 참조.
夫0020, 扶0686, 芙2935, 趺3302

付(부) 付符附咐駙府腐俯腑　283

'부칠 付(부)/줄 付(부)'자는 '사람 人(인)'과 '마디 寸(촌)'이 조합된 것이다. '마디 寸(촌)'은 '손 又(우)'의 변형이기 때문에 '마디'보다 '손과 관련된 의미로 쓰이는 예가 많다. 따라서 '손에 쥐고 있는 물건을 다른 사람에게 주다'가 '줄 付(부)'자의 본래 의미이다. '주다', '건네다', '청하다', '부탁하다', '붙이다' 등의 뜻으로 쓰인다. 交付(교부), 給付(급부), 納付(납부), 貸付(대부), 配付(배부), 分付(분부), 付託(부탁), 當付(당부), 結付(결부)

'付(부)'자에 '대 竹(죽)'을 붙여 '부호 符(부)/부신 符(부)'자를 만들었다. '符(부)'자는 옛날에 대나무쪽으로 만든 '符信(부신)'을 뜻하기 위하여 만든 글자이니 '대 竹(죽)'이 표의요소, '줄 付(부)'는 표음요소로 쓰였다. '맞다'는 뜻으로도 쓰인다. 符信(부신), 符籍(부적), 符號(부호), 免罪符(면죄부), 終止符(종지부), 符合(부합), 名實相符(명실상부)

'付(부)'자에 '언덕 阝(부)'를 붙여 '붙을 附(부)'자를 만들었다. '나지막한 흙산'이 본뜻이었다. '붙다', '달라붙다', '덧붙이다', '따르게 하다', '가깝다', '매이다', '관련되다', '부치다', '보내다' 등의 뜻을 나타낸다. 附加(부가), 附加價値稅(부가가치세), 附錄(부록), 附着(부착), 附則(부칙), 添附(첨부), 阿附(아부), 附和雷同(부화뇌동), 附近(부근), 附設(부설), 附屬(부속), 附屬品(부속품), 附逆(부역), 牽强附會(견강부회), 附與(부여), 寄附(기부), 回附(회부)

'付(부)'자에 '입 口(구)'를 붙여 '분부할 咐(부)'자를 만들었다. '아랫사람에게 내리는 명령'을 뜻한다. 吩咐(분부)/分付(분부)

'付(부)'자에 '말 馬(마)'를 붙여 '곁마 駙(부)'자를 만들었다. '예비로 함께 끌고 다니는 말'을 뜻한다. 駙馬(부마)

'付(부)'자에 '집 广(엄)'을 붙여 '관청 府(부)/곳집 府(부)'자를 만들었다. '관청', '공무를 집행하는 곳', '문서나 재물을 갈무리해 두는 곳', '귀하의 집'이라는 높임말, '죽은 아버지' 등의 뜻으로 쓰인다. 政府(정부), 冥府(명부), 椿府丈(춘부장), 府院君(부원군), 府君(부군)

'곳집 府(부)'자에 '고기 肉(육)'을 붙여 '썩을 腐(부)'자를 만들었다. 옛날에는 냉장고가 없어서 고기를 오래 보관할 수가 없었다. 그래서 고기는 필요할 때만 잡아 썼다. 곳간에 고기를 쌓아 두면 쉽게 썩기 마련이라는 데서, '썩다'라는 뜻을 나타낸다. '곳집 府(부)'자가 아니라 '관청 府(부)'자가 쓰였다면 어떤 뜻이 되었을까? '썩다', '고기·나무·물 등이 썩다', '마음을 상하다' 등의 뜻을 나타낸다. 腐蝕(부식), 腐敗(부패), 腐朽(부후), 豆腐(두부), 防腐劑(방부제), 流水不腐(유수불부), 陳腐(진부), 腐心(부심), 切齒腐心(절치부심)

'곳집 府(부)'자에 '사람 亻(인)'을 붙여 '구부릴 俯(부)'자를 만들었다. '수그리다', '구부리다'의 뜻을 나타낸다. 俯伏(부복), 俯仰(부앙), 仰天俯地(앙천부지)

'곳집 府(부)'자에 '고기 月(육)'을 붙여 '장부 腑(부)'자를 만들었다. 五臟六腑(오장육부), 肺腑(폐부)

付1137, 符1351, 附1446, 咐2232, 駙3166, 府0732, 腐1739, 俯2173, 腑2889

専(부) 傅賻博搏縛膊簿薄敷　284

'펼 専(부)'자는 '클 甫(보)'와 '마디 寸(촌)'으로 이루어졌다. 여기에서 '甫(보)'자는 논의 '볏모'의 뜻을 나타낸 것이다. '寸(촌)'은 '손'을 뜻한다. '専(부)'자는 '볏모를 손으로 나란히 깔 듯 심어 놓다'라는 뜻에서 '널리 펴다', '깔다'의 뜻을 나타낸다.

'専(부)'자에 '사람 亻(인)'을 붙여 '스승 傅(부)'자를 만들었다. 공부를 도와주는 사람, 즉 '스승'을 뜻한다. 師傅(사부)

'専(부)'자에 '조개 貝(패)'를 붙여 '부의 賻(부)'자를 만들었다. '喪主(상주)'를 돕기 위해 부조하는 의복이나 재화'를 뜻한다. 賻助(부조), 賻儀(부의), 賻儀金(부의금)

'尃(부)'자에 '열 十(십)'을 붙여 '넓을 博(박)'자를 만들었다. '전부'의 뜻인 '열 十(십)'과 '널리 펴다'의 뜻인 '尃(부)'를 합쳐 놓은 것이다. '넓다', '아는 것이 많다', '널리 미치다', '노름하다' 등의 뜻을 나타낸다. 博覽會(박람회), 博物館(박물관), 博士(박사), 博識(박식), 博學多識(박학다식), 該博(해박), 博施(박시), 博愛(박애), 賭博(도박)

'尃(부)'자에 '손 扌(수)'를 붙여 '잡을 搏(박)'자를 만들었다. '손으로 때리다', '두드리다', '장단에 맞추어 치다' 등의 뜻을 나타낸다. 搏殺(박살), 手搏(수박), 龍虎相搏(용호상박), 搏動(박동), 脈搏(맥박)

'尃(부)'자에 '실 糸(사)'를 붙여 '묶을 縛(박)'자를 만들었다. '묶다', '감다', '포승' 등의 뜻을 나타낸다. 結縛(결박), 自繩自縛(자승자박), 捕縛(포박), 束縛(속박)

'尃(부)'자에 '고기 月(육)'을 붙여 '팔뚝 膊(박)'자를 만들었다. 二頭膊筋(이두박근)

'尃(부)'자에 '물 氵(수)'를 붙여 '넓을 溥(부)'자를 만들었다. '물이 두루 퍼지다'의 뜻을 나타낸다.

'넓을 溥(부)'자에 '대 竹(죽)'을 붙여 '장부 簿(부)/문서 簿(부)'자를 만들었다. 종이가 널리 보급되기 전인 옛날에 대나무쪽으로 만든 '장부'를 뜻하기 위하여 만든 것이다. 簿記(부기), 家計簿(가계부), 登記簿(등기부), 名簿(명부), 帳簿(장부), 置簿(치부), 學籍簿(학적부)

'넓을 溥(부)'자에 '풀 艹(초)'를 붙여 '얇을 薄(박)'자를 만들었다. 풀이 자라기 어려울 정도로 땅이 '메마르다'는 뜻을 나타내기 위한 것이었다. '얇다', '적다', '가볍다', '천하다', '땅이 박하다', '정이 박하다', '등한히 하다' 등 여러 가지 뜻을 나타낸다. 薄氷(박빙), 如履薄氷(여리박빙), 肉薄(육박), 厚薄(후박), 薄利多賣(박리다매), 薄命(박명), 薄福(박복), 薄俸(박봉), 薄弱(박약), 奇薄(기박), 輕薄(경박), 淺薄(천박), 薄土(박토), 瘠薄(척박), 薄情(박정), 刻薄(각박), 野薄(야박), 薄待(박대), 門前薄待(문전박대)

'펼 敷(부)'자는 '펼 尃'와 '칠 攵(복)'으로 이루어진 글자였다. 후에 '尃(부)'의 '마디 寸(촌)'이 '모 方(방)'으로 바뀌었다. '尃(부)'자는 표음과 표의요소를 겸한다. '볏모를 벌여 깔다'가 본뜻이었다. 후에 '널리 펴다', '널리 베풀다', '널리 공포하다', '진술하다' 등의 뜻으로 쓰이게 되었다. 敷設(부설), 敷地(부지), 敷草(부초), 敷衍(부연)

'269 클 甫(보)'자 참조.

傅2033, 賻3040, 博0691, 搏2472, 縛2845, 膊3375, 簿1354, 薄0946, 敷1907

阜(부) 阜 埠 285

'언덕 阜(부)'자는 층이 진 흙산의 모양을 본떠 '언덕'의 뜻을 나타냈다. 部首(부수) '阜/阝(부)'를 표음요소로 하여 '언덕'이나 언덕 모양으로 '봉긋한 것' 등, 언덕에 관련된 지형·상태를 나타내는 문자를 이룬다. 曲阜(곡부)

'阜(부)'자에 '흙 土(토)'를 붙여 '부두 埠(부)'자를 만들었다. '阜(부)'자는 표의와 표음요소를 겸한다. '부두', '선창'을 뜻한다. 埠頭(부두)

阜3603, 埠2280

北(북/배) 北 背 褙 286

'북녘 北(북)/달아날 北(배)'자는 두 사람이 서로 등을 맞대고 있는 모양에서 만들어진 글자이다. 본래 '등지다', '배반하다'의 뜻이었는데, '북쪽'이란 뜻으로 쓰이는 예가 많아지자 본뜻은 背(배)자를 만들어 나타냈다. '달아나다'라는 뜻으로 쓰일 때는 [배]로 읽는다. 北斗七星(북두칠성), 南橘北枳(남귤북지), 南北統一(남북통일), 敗北(패배)

'北(북)'자에 '고기 月(육)'을 붙여 '등 背(배)/배반할 背(배)'자를 만들었다. '背(배)'자는 '등'을 뜻하기 위한 글자이다. 원래 이 뜻은 두 사람이 등을 돌리고 있는 모양을 본뜬 '北(북)'자로 나타냈다. '北(북)'자가 방향을 나타내는 뜻으로 쓰이는 예가 많아지자, '北'자에 '고기 月(육)'을 덧붙여 '등 背(배)'자를 만들었다. 신체 부위 중 얼굴과 가슴이 있는 곳이 앞이라면 등이 있는 곳은 뒤가 된다. 뒤는 드러나지 않는 부분이다. '등'의 뜻인 '背(배)'가 '뒤'의 뜻으로 많이 쓰이는 이유이다. 사람 사이에 이견이 있을 때 등을 돌린다는 데서 '등지다', '배반하다'라는 뜻이 생겨났다. 背景(배경), 背囊(배낭), 背水陣(배수진), 腹背(복배), 向背(향배), 背反(배반)/背叛(배반), 背信(배신), 背恩忘德(배은망덕), 面從腹背(면종복배), 違背(위배), 二律背反(이율배반)

'등 背(배)'자에 '옷 衤(의)'를 붙여 '배자 褙(배)/배접할 褙(배)'자를 만들었다. '배접하다'는 뜻을 나타낸다. 褙子(배자), 褙接(배접), 塗褙(도배)

'바랄 冀(기)'자, '천리마 驥(기)'자는 '488 다를 異(이)'자 참조.

北0028, 背0852, 褙3294

分(분) 分 粉 紛 吩 忿 扮 盆 雰 芬 頒 貧 287

'나눌 分(분)'자는 '나누다'의 뜻인 '八(팔)'과 '칼 刀(도)'의 합자이다. 八(팔)은 두 동강으로 나누어진 물체를 가리킨다. '칼로 동강을 내어 나누다'의 뜻이다. '나누다', '구별하다', '절기' '시간의 단위', '각도의 단위', '분수', '신분', '마땅히 해야 할 본분', '몫' 등의 뜻을 나타낸다. 分離(분리), 分業(분업), 分裂(분열), 分割(분할), 四分五裂(사분오열), 分揀(분간), 分類(분류), 分

別(분별), 秋分(추분), 春分(춘분), 分秒(분초), 分數(분수), 分母(분모), 分子(분자), 過分(과분), 名分(명분), 本分(본분), 身分(신분), 緣分(연분), 親分(친분), 分量(분량), 成分(성분), 水分(수분), 養分(양분), 充分(충분), 分泌(분비)

'分(분)'자에 '쌀 米(미)'를 붙여 '가루 粉(분)'자를 만들었다. 쌀 등 곡물의 '가루'를 뜻하기 위한 것이었다. '잘게 부수다', '빻다', '분(화장품의 한 가지)', '분을 바르다', '단장하다' 등의 뜻으로 쓰인다. 粉骨碎身(분골쇄신), 粉碎(분쇄), 粉食(분식), 粉乳(분유), 小麥粉(소맥분), 澱粉(전분), 花粉(화분), 粉飾(분식), 油頭粉面(유두분면), 脂粉(지분)

'分(분)'자에 '실 糸(사)'를 붙여 '어지러울 紛(분)'자를 만들었다. 여러 개로 나누어 놓은 '실이 엉클어져 어지럽다'는 뜻을 위하여 만든 글자이다. '나눌 分(분)'은 표음요소이다. '어지러워지다', '말썽이 나다', '옥신각신 하다', '정신이 흐리다' 등의 뜻을 나타낸다. 紛糾(분규), 紛亂(분란), 紛紛(분분), 紛爭(분쟁), 內紛(내분), 紛失(분실)

'分(분)'자에 '입 口(구)'를 붙여 '분부할 吩(분)'자를 만들었다. '아랫사람에게 명령을 내림'을 뜻한다. 吩咐(분부)/分付(분부)

'分(분)'자에 '마음 心(심)'을 붙여 '성낼 忿(분)'자를 만들었다. '성내다', '화내다', '분한 마음' 등을 뜻한다. '분할 憤(분)'자와 같이 쓴다. 忿氣(분기)/憤氣(분기), 忿怒(분노)/憤怒(분노), 忿然(분연)/憤然(분연), 痛忿(통분)/痛憤(통분)

'分(분)'자에 '손 扌(수)'를 붙여 '꾸밀 扮(분)'자를 만들었다. 손으로 '꾸미다'는 뜻을 위하여 만든 글자이다. '꾸미다', '매만져 차리다', '배우가 맡은 역의 인물로 가장하다' 등의 뜻을 나타낸다. 扮飾(분식), 扮裝(분장)

'分(분)'자에 '그릇 皿(명)'을 붙여 '동이 盆(분)'자를 만들었다. 盆地(분지), 盆栽(분재), 戴盆望天(대분망천), 覆盆子(복분자), 花盆(화분)

'分(분)'자에 '비 雨(우)'를 붙여 '안개 雰(분)/눈날릴 雰(분)'자를 만들었다. '눈비가 날려 흩어지다'는 뜻이다. 雰圍氣(분위기)

'分(분)'자에 '풀 艹(초)'를 붙여 '향기로울 芬(분)'자를 만들었다.

'分(분)'자에 '머리 頁(혈)'을 붙여 '나눌 頒(반)'자를 만들었다. '나누어주다', '널리 퍼뜨리다'는 뜻을 나타낸다. 頒布(반포)

'分(분)'자에 '조개 貝(패)'를 붙여 '가난할 貧(빈)'자를 만들었다. 재물[貝]을 다 나누어[分] 주고 나니 남은 것이 없다. 즉 '가난하다'는 뜻이다. 두 표의요소가 '가난하다'는 뜻을 암시한다. '모자라다'는 뜻으로도 쓰인다. 貧困(빈곤), 貧富(빈부), 貧者一燈(빈자일등), 淸貧(청빈), 貧弱(빈약), 貧血(빈혈)

分0304, 粉1060, 紛1356, 吩2231, 忿2380, 扮2435, 盆2741, 雰3134, 芬3561, 頒3142, 貧0293

賁(분) 墳 憤 噴 288

'클 賁(분)/꾸밀 賁(비)'자는 '조개 貝(패)'자와 '열 十(십)'이 세 개인 '달릴 분'자로 이루어졌다.

'賁(분)'자에 '흙 土(토)'를 붙여 '무덤 墳(분)'자를 만들었다. 흙으로 덮어서 쌓은 '무덤'을 뜻한다. '墓(묘)'는 무덤의 땅 전체를 말하며, '墳(분)'은 동그랗고 볼록하게 쌓은 부분을 말한다. 墳墓(분묘), 古墳(고분), 封墳(봉분), 封墳祭(봉분제)

'賁(분)'자에 '마음 忄(심)'을 붙여 '분할 憤(분)/성낼 憤(분)'자를 만들었다. '마음에 응어리가 맺히다'가 본뜻이었다. '힘쓰다, 분발하다'의 뜻으로 쓰일 때는 '떨칠 奮(분)'자와 뜻이 통하여 같이 쓰는 경우가 많다. '성내다', '분하다'의 뜻으로 쓰일 때는 '성낼 忿(분)'자와 뜻이 통하여 같이 쓴다. '성을 내다', '분한 마음', '힘쓰다', '분발하다' 등의 뜻으로 쓰인다. 憤慨(분개), 憤怒(분노)/忿怒(분노), 憤敗(분패), 激憤(격분), 鬱憤(울분), 憤發(분발)/奮發(분발), 發憤忘食(발분망식)

'賁(분)'자에 '입 口(구)'를 붙여 '뿜을 噴(분)'자를 만들었다. '입으로부터 막 뿜어내다'의 뜻을 나타낸다. 噴霧(분무), 噴射(분사), 噴水(분수), 噴出(분출), 噴火(분화)

'709 풀 卉(훼)'자 참조.
墳0954, 憤0989, 噴2265

奮(분) 奮 奪 289

'떨칠 奮(분)'자와 '빼앗을 奪(탈)'자는 가족관계는 아니다. 글자의 모양이 닮아서 여기에 한데 묶은 것이다.

'떨칠 奮(분)'자는 '큰 大(대)', '새 隹(추)', '밭 田(전)'으로 이루어졌다. 큰 새가 밭에서 두 날개를 활짝 펴고 날아오른다는 데서, '떨치다'의 뜻을 나타내는 글자이다. '떨치다', '힘을 내다', '위세·용맹·명성 등을 높이 또는 널리 들날리다'는 뜻을 나타낸다. 奮激(분격), 奮發(분발), 孤軍奮鬪(고군분투), 興奮(흥분)

'빼앗을 奪(탈)'자는 '큰 大(대)', '새 隹(추)', '마디 寸(촌)'으로 이루어졌다. 여기에서 '寸(촌)'은 '손'을 뜻한다. 새를 '놓치다'는 뜻을 나타내기 위하여 만든 글자이다. '빼앗다', '남의 것을 강제로나 억지로 제 것으로 만들다', '없어지다', '빠지다'는 뜻을 나타낸다. 奪取(탈취), 奪還(탈환), 强奪(강탈), 劫奪(겁탈), 剝奪(박탈), 掠奪(약탈), 爭奪(쟁탈), 換骨奪胎(환골탈태)

奮0990, 奪1550

不(불) 不 否 杯/盃 조 胚 歪 290

'아닐 不(불)'자는 꽃받침 모양을 형상화한 글자이다. 가차되어 '부정'의 뜻으로 쓰인다. '不' 다음 'ㄷ,ㅈ'을 첫소리로 하는 한자가 오면 [부]로 발음한다. '不實(부실)'은 예외이다. '아니다', '없다', '말라'의 뜻을 쓰인다. 不可(불가), 不正(부정), 不恥下問(불치하문), 不幸(불행), 不惑(불혹), 權不十年(권불십년), 流水不腐(유수불부)

'不(불)'자에 '입 口(구)'를 붙여 '아닐 否(부)'자를 만들었다. 입으로 아니라고 말하는 데서, '그것이 아니다'가 본뜻이다. '否'는 의견의 반대를, '不'는 동사나 형용사의 부정을 나타낸다. '否定(부정)'은 '肯定(긍정)'의 반대로 '의견이 그러하지 아니함'이라는 뜻이고, '不定(부정)'은 '정해 놓지 아니함'을 뜻한다. '不正(부정)'은 '바르지 않다'는 뜻이다. 否認(부인), 否定(부정), 可否(가부), 拒否(거부), 安否(안부), 與否(여부), 良否(양부)

'不(불)'자에 '나무 木(목)'을 붙여 '잔 杯(배)'자를, '그릇 皿(명)'을 붙여 '잔 盃(배)'자를 만들었다. 나무로 만든 '술잔'을 뜻하기 위하여 '杯(배)'자를 만들고, 금속이나 도자기로 잔을 만들기도 했기에 표의요소를 바꾼 '盃(배)'자를 만들었다. 乾杯(건배), 苦杯(고배), 祝杯(축배), 後來三杯(후래삼배)

'不(불)'자에 '한 一(일)'을 붙여 '클 丕(비)'자를 만들었다. 사람의 이름자로 쓴다.

'클 丕(비)'자에 '고기 月(육)'을 붙여 '아이밸 胚(배)'자를 만들었다. 胚(배), 胚芽(배아), 胚囊(배낭), 胚胎(배태)

'不(불)'자에 '바를 正(정)'을 붙여 '비뚤 歪(왜)'자를 만들었다. 독음은 [왜], [외], [의] 세 가지가 있지만 뜻이 달라지는 것은 아니다. 우리말 한자어에서는 [왜]로만 쓰인다. '비뚤다', '기울다', '바르지 않다'는 뜻으로 쓰인다. 歪曲(왜곡), 歪形(왜형)

不0091, 否0163, 杯/盃1638, 丕3393, 胚2879, 歪1916

弗(불) 弗佛拂彿費沸 291

'아닐 弗(불)'자는 '(그것이) 아니다'는 부정사로 쓰였다. 주로 문장에 쓰일 따름이며, 낱말의 한 요소로 쓰인 예는 없다. 달러를 표시하는 '$'을 편의상 [불]로 읽고 '弗'로 적기도 한다. 조어력이 매우 약하다. 미국 화폐의 단위, 화학 원소의 한 가지로 쓰인다. 弗貨(불화), 弗素(불소)

'弗(불)'자에 '사람 亻(인)'을 붙여 '부처 佛(불)'자를 만들었다. '깨달은 자'를 뜻하는 梵語(범어)인 'Buddha'의 약칭으로 쓰인다. 佛經(불경), 佛敎(불교), 佛子(불자), 蛇心佛口(사심불구), 成佛(성불), 念佛(염불), 佛蘭西(불란서)

'弗(불)'자에 '손 扌(수)'를 붙여 '떨쳐낼 拂(불)'자를 만들었다. 손으로 '털어내다'는 뜻을 나타내기 위한 것이다. '떨다', '떨어 없애다', '값을 치르다'는 뜻을 나타낸다. 拂拭(불식), 拂入(불입), 拂下(불하), 假拂(가불), 先拂(선불), 支拂(지불), 還拂(환불)

'弗(불)'자에 '걸을 彳(척)'을 붙여 '비슷할 彿(불)'자를 만들었다. '비슷하다', '확연히 구별하기가 어렵다'는 뜻이다. 彷彿(방불)

'弗(불)'자에 '조개 貝(패)'를 붙여 '쓸 費(비)'자를 만들었다. 여기에서 '弗(불)'자는 '뿌리다'는 뜻을 나타낸다. '조개 貝(패)'는 '재화'를 뜻하니, '재화를 뿌리다'가 본뜻이다. '쓰다', '금품을 소비하다', '비용' 등을 뜻한다. 費用(비용), 經費(경비), 浪費(낭비), 消費(소비), 雜費(잡비), 學費(학비)

'弗(불)'자에 '물 氵(수)'를 붙여 '끓을 沸(비)'자를 만들었다. '물을 내뿜다'가 본뜻이었는데, '물이 끓다'는 뜻으로 쓰인다. 沸騰(비등), 沸騰點(비등점), 沸點(비점)

弗1574, 佛0673, 拂1602, 彿2376, 費0642, 沸2600

市(불) 肺沛 292

'슬갑 市(불)'자는 天子(천자)나 諸侯(제후)들이 앞에 늘어뜨려 무릎을 덮는 헝겊인 '슬갑' 모양을 본떠 만든 글자이다. '저자 市(시)'와 형태가 비슷하여 혼동할 염려가 있다. '저자 市(시)'자는 '점 丶(주)'와 '한 一(일)'과 '수건 巾(건)'으로 이루어졌고, '슬갑 市(불)'은 '한 一(일)'과 '수건 巾(건)'으로 이루어진 글자이다. '저자 市(시)'는 5획이고, '슬갑 市(불)'은 4획이다. '市(시)'자와 비교하여 '市(불)'자를 이렇게 설명하는 까닭은 이 두 글자가 다른 글자의 구성요소로 쓰이고 있어 구별을 분명히 할 필요가 있기 때문이다. '市(시)'자는 '손윗누이 姉(자)', '감나무 柿(시)' 등의 요소가 되고, '市(불)'은 '허파 肺(폐)'와 '늪 沛(패)'의 요소가 된다.

'허파 肺(폐)'자는 '고기 肉(육)'과 '슬갑 市(불)'로 이루어졌다. '허파'를 뜻하기 위하여 만든 것이다. '허파', '마음', '충심' 등의 뜻을 나타낸다. 肺結核(폐결핵), 肺病(폐병), 肺腑(폐부), 肺癌(폐암), 肺活量(폐활량)

'늪 沛(패)/비쏟아질 沛(패)'자는 '물 氵(수)'와 '슬갑 市(불)'로 이루어졌다.

'365 저자 市(시)'자 참조.
肺1077, 沛3358

朋(붕) 朋崩鵬棚硼繃 293

'벗 朋(붕)'자는 '달 月(월)'부에 속해 있지만 '달 月(월)'을 두 개 붙여 만든 글자는 아니다. 몇 개의 조개를 실로 꿰어서 두 줄로 늘어놓은 모양을 본뜬 것이다. '벗'의 뜻이지만 '패거리', '무리'의 의미를 띠는 벗을 말한다. 朋友(붕우), 朋友有信(붕우유신), 朋黨(붕당)

'朋(붕)'자에 '메 山(산)'을 붙여 '무너질 崩(붕)'자를 만들었다. 산이 '무너지다'는 뜻을 나타내기 위하여 만든 것이다. 후에 천자의 죽음을 산이 무너지는 것에 비유하였기에 '(천자가) 죽다'는 뜻으로도 쓰이게 되었다.

崩壞(붕괴), 崩落(붕락), 雪崩(설붕), 崩御(붕어)
 '朋(붕)'자에 '새 鳥(조)'를 붙여 '대붕새 鵬(붕)'자를 만들었다. '대붕새'를 뜻한다. '봉황새 鳳(봉)'의 古字(고자)이기도 하다. 大鵬(대붕), 鵬程萬里(붕정만리)
 '朋(붕)'자에 '나무 木(목)'을 붙여 '시렁 棚(붕)'자를 만들었다. 나무를 짜맞춰서 건너질러 인공적으로 넓혀 만들어진 평면인 '시렁', '선반'을 뜻한다. 大陸棚(대륙붕)
 '朋(붕)'자에 '돌 石(석)'을 붙여 '붕사 硼(붕)'자를 만들었다. 元素(원소)의 한 종류이다. 硼素(붕소), 硼酸(붕산), 硼砂(붕사)
 '무너질 崩(붕)'자에 '실 糸(사)'를 붙여 '묶을 繃(붕)'자를 만들었다. '탄력성이 있고 감촉이 부드러운 섬유를 소재로 한 띠'를 뜻한다. 繃帶(붕대)
 朋0509, 崩1564, 鵬2152, 棚2556, 硼2761, 繃2847

比(비) 比批毘毖妣庇枇琵砒秕 294

 '견줄 比(비)'자는 두 사람이 바싹 늘어선 모양을 본뜬 것이다. '견주다', '질과 양의 차이를 알기 위하여 서로 대어 보다', '비기다', '나란히 하다', '비슷하다', '가지런하다', '비율', '비례' 등의 뜻을 나타낸다. 比較(비교), 比較的(비교적), 對比(대비), 比等(비등), 比喩(비유), 櫛比(즐비), 比例(비례), 比率(비율), 比重(비중), 比丘(비구), 比丘尼(비구니)
 '比(비)'자에 '손 扌(수)'를 붙여 '비평할 批(비)'자를 만들었다. 손을 꼽으며 '따지다'는 뜻을 위한 것이었다. 과거에 임금이 신하가 올린 글을 보고 그 끝에다 기록한 답을 일러 '批(비)'라 했다. 그래서 '의견을 밝히다', '평하다'는 뜻으로 많이 쓰이게 되었다. 批准(비준), 批判(비판), 批評(비평)
 '比(비)'자에 '밭 田(전)'을 붙여 '도울 毘(비)'자를 만들었다. 원래는 '田(전)'이 아니라 머리 모양을 나타내는 '囟(신)'이었다고 한다. 불교에서의 용어로 쓰인다. 毘盧遮那佛(비로자나불), 茶毘(다비)
 '比(비)'자에 '반드시 必(필)'을 붙여 '삼갈 毖(비)'자를 만들었다. 마음을 냉정히 하여 한 가지 일에 정신을 집중시키는 모양이다. '삼가다', '근신하다'는 뜻을 나타낸다. 懲毖(징비), 懲前毖後(징전비후)
 '比(비)'자에 '여자 女(녀)'를 붙여 '죽은 어미 妣(비)'자를 만들었다. 늙은 여성을 본떠 '돌아간 어머니'의 뜻을 나타낸다. 考妣(고비), 先妣(선비), 祖妣(조비)
 '比(비)'자에 '집 广(엄)'을 붙여 '덮을 庇(비)'자를 만들었다. '广(엄)'은 지붕의 상형. '감싸다'의 뜻을 나타낸다. '허물 疵(자)'자와 형태가 비슷하니 주의해야 한다. '덮다', '덮어씌워 가리다', '감싸다', '덮어 숨겨주다' 등의 뜻을 나타낸다. 庇護(비호)
 '比(비)'자에 '나무 木(목)'을 붙여 '비파나무 枇(비)'자를 만들었다. '비파 또는 비파나무 열매'를 뜻한다. 枇杷(비파)
 '比(비)'자에 '돌 石(석)'을 붙여 '비상 砒(비)'자를 만들었다. 元素(원소)의 하나이다. 砒霜(비상), 砒素(비소), 砒酸(비산)
 '比(비)'자에 '벼 禾(화)'를 붙여 '쭉정이 秕(비)'자를 만들었다. '쭉정이', '질이 나쁜 쌀', '질이 나쁘다'는 뜻을 나타낸다. 秕粒(비립), 秕糠(비강), 秕政(비정)
 '024 모두 皆(개)'자 참조.
 '061 벌레 昆(곤)'자 참조.
 '비파 琵(비)'자는 '108 거문고 琴(금)' 참조.
 比0573, 批0994, 毘2082, 毖2083, 妣2309, 庇2359, 枇2529, 琵2697, 砒2757, 秕2771

非(비) 非悲匪扉緋翡蜚誹菲排輩俳徘裵靡罪 295

 '아닐 非(비)'자는 두 날개가 서로 딴 방향을 향하고 있는 것을 본뜬 것으로 '서로 어긋나다'가 본뜻이다. '아니다'는 뜻으로 많이 쓰인다. '거짓', '진실이 아니다', '나쁘다', '옳지 않다', '없다' '허물', '꾸짖다' 등의 뜻도 나타낸다. 非命(비명), 非常(비상), 似而非(사이비), 非理(비리), 非違(비위), 是非(시비), 非情(비정), 非行(비행), 非難(비난)
 '非(비)'자에 '마음 心(심)'을 붙여 '슬플 悲(비)'자를 만들었다. 여기서 '非(비)'자는 '아니다'의 뜻이 아니라, '좌우로 갈라지다'의 뜻이라고 한다. '마음이 잡아 찢기어 아파 슬퍼하다'가 '悲(비)'자의 본뜻이라고 한다. '슬프다', '마음 아파하다', '동정', '가엽게 여기는 마음' 등의 뜻을 나타낸다. 悲觀(비관), 悲劇(비극), 悲慘(비참), 興盡悲來(흥진비래), 慈悲(자비), 無慈悲(무자비)
 '非(비)'자에 '상자 匚(방)'을 붙여 '비적 匪(비)'자를 만들었다. 본래 뜻은 대나무로 만든 '광주리'를 가리키는 것이었다. 후에 표음요소인 非(비)의 의미인 '나쁘다', '도둑 같은 나쁜 무리'를 뜻하는 것으로 쓰였다. 匪徒(비도), 匪賊(비적), 共匪(공비), 土匪(토비)
 '非(비)'자에 '지게 戶(호)'를 붙여 '문짝 扉(비)'자를 만들었다. '사립문'을 뜻한다. 竹扉(죽비), 柴扉(시비)
 '非(비)'자에 '실 糸(사)'를 붙여 '비단 緋(비)'자를 만들었다. 緋緞(비단)
 '非(비)'자에 '깃 羽(우)'를 붙여 '물총새 翡(비)'자를 만들었다. '물총새의 수컷'을 뜻하는 글자이다. 翡翠(비취)
 '非(비)'자에 '벌레 虫(충)'을 붙여 '바퀴 蜚(비)'자를 만들었다. '바퀴벌레'를 뜻하는 글자이다. '(바퀴벌레가) 날다'라는 뜻도 나타낸다. 流言蜚語(유언비어)
 '非(비)'자에 '말씀 言(언)'을 붙여 '헐뜯을 誹(비)'자를 만들었다. '사람이 서로 등지다', '헐뜯다'는 뜻을 나타낸다. 誹謗(비방)
 '非(비)'자에 '풀 艹(초)'를 붙여 '채소 이름 菲(비)/엷을 菲(비)'자를 만들었다. 菲才(비재), 淺學菲才(천학

비재)

'非(비)'자에 '손 扌(수)'를 붙여 '밀칠 排(배)/물리칠 排(배)'자를 만들었다. 손으로 '밀치다'는 뜻을 나타내기 위하여 만든 것이다. '밀치다', '물리치다', '내보내다', '소통하다', '늘어서다', '형제의 차례' 등의 뜻을 나타낸다. 排球(배구), 排擊(배격), 排除(배제), 排斥(배척), 排他(배타), 排氣(배기), 排泄(배설), 排水(배수), 排出(배출), 排行(배항)

'非(비)'자에 '수레 車(거)'를 붙여 '무리 輩(배)'자를 만들었다. 원래 '백 대의 수레'를 나타내기 위하여 만든 것이었다. 본뜻보다는 '무리', '또래'라는 뜻으로 쓰인다. 奸商輩(간상배), 同年輩(동년배), 謀利輩(모리배), 小人輩(소인배), 輩出(배출)

'非(비)'자에 '사람 亻(인)'을 붙여 '배우/광대 俳(배)'자를 만들었다. 俳優(배우)

'非(비)'자에 '걸을 彳(척)'을 붙여 '어정거릴 徘(배)'자를 만들었다. 徘徊(배회)

'非(비)'자를 '옷 衣(의)' 사이에 넣어 '성씨 裵(배)'자를 만들었다. 姓(성)으로 쓰인다.

'非(비)'자에 '삼 麻(마)'를 붙여 '쓰러질 靡(미)'자를 만들었다. 물에 불린 삼 껍질이 힘없이 쓰러지는 모양에서, '쓰러지다', '문드러지다'는 뜻을 나타낸다. 草靡(초미)

'非(비)'자에 '그물 罒(망)'을 붙여 '허물 罪(죄)'자를 만들었다. 여기에서 '非(비)'자는 새의 날개 모양을 본뜬 것이다. '罪(죄)'자는 (새가 날아가다가 잘못하여 그물에) '걸리다'는 뜻을 위한 것이었다. '허물', '법을 어긴 죄', '형벌하다'는 뜻을 나타낸다. 罪悚(죄송), 罪惡(죄악), 罪責感(죄책감), 謝罪(사죄), 原罪(원죄), 罪囚(죄수), 無罪(무죄), 犯罪(범죄), 有罪(유죄), 重罪(중죄)

非0776, 悲0350, 匪1855, 扉2433, 緋2837, 翡2865, 蜚2964, 誹3011, 菲3278, 排1271, 輩1428, 俳1838, 徘2377, 裵3574, 靡3327, 罪0618

卑(비) 卑碑婢痺脾裨牌稗 296

'낮을 卑(비)'자는 손잡이가 있는 술통에 손을 댄 모양을 본뜬 것이라고 한다. 우여곡절을 거쳐 (신분 따위가) '낮다'는 뜻으로 쓰이게 되었다. '신분·인격·지위 등이 높지 아니하다', '낮추다', '겸손하게 대하다', '천하다', '저속하다', '비루하다', '정정당당하지 못하다', '생활 주변의 손쉬운 데 있다' 등의 뜻으로 쓰인다. 卑屬(비속), 卑賤(비천), 卑俗(비속), 卑下(비하), 野卑(야비), 卑怯(비겁), 卑屈(비굴), 卑陋(비루), 卑劣(비열), 卑近(비근)

'卑(비)'자에 '돌 石(석)'을 붙여 '비석 碑(비)'자를 만들었다. 돌을 다듬어 글을 새겨서 세워 놓은 '비석'을 뜻하기 위한 것이었다. 碑文(비문), 碑石(비석), 紀念碑(기념비)/記念碑(기념비), 頌德碑(송덕비), 口碑文學(구비문학)

'卑(비)'자에 '여자 女(녀)'를 붙여 '여자 종 婢(비)'자를 만들었다. 낮은 신분의 여자, 즉 '여자 종'을 뜻한다. 婢僕(비복), 哭婢(곡비), 奴婢(노비)

'卑(비)'자에 '병 疒(역)'을 붙여 '저릴 痺(비)'자를 만들었다. '병 疒(역)'에 '줄 畀(비)'로 이루어진 '저릴 痹(비)'자와는 원래는 다른 글자는데 지금은 같이 통용한다. '저리다'는 뜻이다. 痲痺(마비), 小兒痲痺(소아마비), 心臟痲痺(심장마비)

'卑(비)'자에 '고기 月(육)'을 붙여 '지라 脾(비)'자를 만들었다. 胃(위)의 뒤쪽에 있는 五臟(오장)의 하나이다. 암적색의 球形(구형)으로, 면역 기능과 노폐한 적혈구를 파괴하는 기능이 있다. 脾胃(비위), 脾臟(비장), 補脾胃(보비위)

'卑(비)'자에 '옷 衣(의)'를 붙여 '도울 裨(비)'자를 만들었다. 裨將(비장), 裵裨將傳(배비장전)

'卑(비)'자에 '조각 片(편)'을 붙여 '패 牌(패)'자를 만들었다. '간단한 팻말'을 뜻하기 위하여 만든 글자이다. '명패', '마패', '위패', '방패' 등의 뜻으로 쓰인다. 骨牌(골패), 名牌(명패), 門牌(문패), 賞牌(상패), 馬牌(마패), 位牌(위패), 防牌(방패)

'卑(비)'자에 '벼 禾(화)'를 붙여 '피 稗(패)'자를 만들었다. 피는 논에서 벼를 재배할 때 잡초로서 제거하는 대상이다. 벼가 우리나라에서 재배되기 전, 또는 벼를 재배할 만한 조건이 안 되는 곳에서는 '피'도 식용했던 적이 있다. '잘다'는 뜻으로도 쓰인다. 稗官(패관), 稗說(패설)

卑0551, 碑1050, 婢1193, 痺2725, 脾2890, 裨2989, 牌2669, 稗2777

備(비) 備憊 297

'갖출 備(비)'자는 '사람 亻(인)'과 '갖출 𤰇(비)/포도 葡(포)'자로 이루어진 것이다. '𤰇(비)'자의 '쌀 勹(포)'의 모양이 '언덕 厂(한)' 모양으로 변하였다. '갖추다', '준비하다', '구비하다' 등의 뜻을 가지고 있다. 備考(비고), 備品(비품), 具備(구비), 未備(미비), 豫備(예비), 準備(준비), 有備無患(유비무환)

'備(비)'자에 '마음 心(심)'을 붙여 '고달플 憊(비)'자를 만들었다. 사람은 마음[心]의 준비[備]가 부족하여 늘 '고달픔'이 달라붙어 따라다닌다. '고달프다', '고단하다', '피곤하다', '병으로 고생하다'는 뜻을 나타낸다. 憊色(비색), 困憊(곤비)

備0490, 憊2419

啚(비) 鄙 圖 298

'아낄 啚(비)'자는 쌀 창고의 모양을 본뜬 것이다. '곳간에서 인심난다'라는 속담이 무색하게, 곳간에 쌀을 쌓아두고 인색하게 굴었나보다. 다음에 소개하는 '천할

鄙(비)'의 原字(원자)이기도 하다.

'啚(비)'자에 '고을 邑(읍)'을 붙여 '마을 鄙(비)/천할 鄙(비)/더러울 鄙(비)'자를 만들었다. 옛날에는 행정구역의 하나를 나타내는 글자였다. 'ß(읍)'이 표의요소로 쓰인 것이다. 시골 마을을 나타내는 것이어서 '시골', '속되다', '천박하다', '가문이 보잘 것 없다', '더럽다', '비열하다', '인색하다' 등의 뜻을 나타냈다. '마을', '시골', '인색하다'는 뜻 외의 뜻으로 쓰일 때는 '낮을 卑(비)'과 같은 뜻으로 쓰인다. '卑(비)'자는 3-II급 한자, '鄙(비)'자는 1급 한자이다. '卑(비)'자가 쉽기도 하고 더 일반적으로 쓰인다. 卑陋(비루)/鄙陋(비루), 卑劣(비열)/鄙劣(비열), 鄙近(비근) 卑語(비어)/鄙語(비어), 卑賤(비천)/鄙賤(비천), 野卑(야비)/野鄙(야비)

'啚(비)'자에 '에워쌀 口(위)'를 붙여 '그림 圖(도)'자를 만들었다. '口'는 국토의 경계를 나타내고, 그 안에 있는 '啚(비)'는 '행정구획'을 의미하는 '鄙(비)'자의 본래 글자이다. '나라의 地圖(지도)'가 본뜻인데, '그림', '꾀하다'의 뜻으로도 쓰인다. 圖案(도안), 圖畵(도화), 設計圖(설계도), 地圖(지도), 圖謀(도모), 試圖(시도), 意圖(의도), 圖書(도서), 圖書館(도서관), 圖章(도장)

鄙3088, 圖0327

賓(빈) 賓嬪殯濱   299

'손 賓(빈)'자는 '손님'이란 뜻을 나타낸다. '집[宀(면)]에 걸어온[止(지)] 사람[人(인)]에게 귀한 물건이나 돈[貝(패)]을 주다'는 뜻에서 '손님', '손으로 대우하다'는 뜻을 나타낸다. 賓客(빈객), 國賓(국빈), 貴賓(귀빈), 來賓(내빈), 主賓(주빈)

'賓(빈)'자에 여자 '女(녀)'를 붙여 '아내 嬪(빈)/궁녀 이름 嬪(빈)'자를 만들었다. '임금의 소실', '女官(여관)'을 뜻한다. 妃嬪(비빈), 張禧嬪(장희빈)

'賓(빈)'자에 '죽을 歹(사)'를 붙여 '빈소 殯(빈)'자를 만들었다. 殯所(빈소)

'賓(빈)'자에 '물 氵(수)'를 붙여 '물가 濱(빈)'자를 만들었다.

賓1779, 嬪1198, 殯2582, 濱3362

四(사) 四泗   300

'넉 四(사)'자는 '넷', '넷째', '네 번', '네 개' 등의 뜻을 가진다. 三(삼)과 어울려 '몇 개', '몇몇의 뜻을 나타낸다. '三(삼)'이 '안정'의 의미를 갖는다면 '四(사)'는 '넉넉하고, 완전함'의 뜻을 가진다. 四季(사계), 四分五裂(사분오열), 文房四友(문방사우), 朝三暮四(조삼모사), 四方(사방), 四海(사해), 四通八達(사통팔달)

'四(사)'자에 '물 氵(수)'를 붙여 '물 이름 泗(사)'자를 만들었다. 地名(지명)으로 쓰인다. 泗川(사천), 泗沘城(사비성)

四0004, 泗3477

師(사) 師獅帥   301

'스승 師(사)'자의 앞부분은 '작은 산 퇴'자이다. 뒷부분은 '한 一(일)' 밑에 '수건 巾(건)'을 붙였다. '작은 산 퇴'자는 '쫓을 追(추)', '돌아갈 歸(귀)' 등에서 표음요소로 쓰이고 있다. '師(사)'자의 본뜻은 '兵力(병력)'이었다. 후에 병력을 이끄는 사람, 지도자의 뜻에서 '스승'의 뜻도 가지게 되었다. '스승', '선생', '사람을 깨우쳐 이끄는 사람', '남의 모범이 될 사람', '전문적인 기예를 닦은 사람', '군사', '군대' 등의 뜻을 나타낸다. 師範(사범), 師弟(사제), 師表(사표), 敎師(교사), 大師(대사), 牧師(목사), 恩師(은사), 醫師(의사), 藥師(약사), 技師(기사), 師團(사단), 出師表(출사표)

'師(사)'자에 '개 犭(견)'을 붙여 '사자 獅(사)'자를 만들었다. 獅子(사자), 獅子吼(사자후)

'帥(수)'자의 앞부분은 '스승 師(사)'의 앞부분이나 '따를 追(추)'의 책받침 위에서 볼 수 있다. '수건 巾(건)'은 장수가 지휘할 때 쓰는 '깃발'을 나타낸다. '군대의 장군', '거느리다', '통솔자', '인솔자', '우두머리' 등의 뜻을 나타낸다. 元帥(원수), 將帥(장수), 統帥(통수), 統帥權(통수권)

師0727, 獅2688, 帥1219

查(사) 查渣   302

'조사할 査(사)'자는 '나무 木(목)'과 '또 且(차)'로 이루어졌다. '뗏목'을 나타내는 글자이었다. 후에 '살피다'의 뜻을 가지는 '察(찰)'자와 통하는 뜻으로 쓰이게 되었다. 본래의 뜻인 '뗏목'은 '나무 木(목)'을 붙여 '뗏목 楂(사)'자를 만들어 나타냈다. '조사하다', '사돈'의 뜻을 나타낸다. 査閱(사열), 査正(사정), 査察(사찰), 檢査(검사), 審査(심사), 調査(조사), 査頓(사돈)

'査(사)'자에 '물 氵(수)'를 붙여 '찌꺼기 渣(사)'자를 만들었다. 殘渣(잔사)

査0568, 渣3249

寺(사) 寺時詩侍持等峙痔特待   303

'절 寺(사)/내시 寺(시)'자는 '발 止(지)' 밑에 '손 又(우)'를 붙인 것이었다. '止(지)'는 '흙 土(토)'로, '又(우)'는 '寸(촌)'으로 바뀌는 변화를 거쳐 '寺(사)'가 되었다. '내시'란 뜻으로도 쓰였고, '마을', '관청'을 지칭하기도 하였다. 後漢(후한) 때 불교가 전래된 이후 '절'을 뜻하는 예가 많아지자 본뜻은 亻(인)을 첨가한 '모실 侍(시)'자를 따로 만들었다. '절', '중이 부처를 모신 곳' 등의

뜻을 나타낸다. 寺院(사원), 寺刹(사찰), 本寺(본사), 寺黨(사당)

'寺(사)'자에 '해 日(일)'을 붙여 '때 時(시)'자를 만들었다. '寺(사)'는 '寺(시)'로 읽을 때도 있으니, 표음요소로 쓰인 것이고, 해가 뜨고 지는 데서 시간이나 계절이 생겼으니, '해 日(일)'은 표의요소이다. '계절' 즉 '四時(사시)'가 본뜻이다. '때', '시간', '세월', '사계절의 구분', '하루의 구분', '시대', '기회', '세상 되어가는 형편', '때때로' 등의 뜻으로 쓰인다. 時期(시기), 時日(시일), 當時(당시), 晚時之歎(만시지탄), 時節(시절), 時享(시향), 時間(시간), 時計(시계), 日時(일시), 時機尙早(시기상조), 天時(천시), 時局(시국), 時事(시사), 時急(시급), 不時(불시), 時調(시조)

'寺(사)'자에 '말씀 言(언)'을 붙여 '시 詩(시)'자를 만들었다. '詩(시)'자는 '뜻'을 나타내기 위한 것이었으니, '말씀 言(언)'이 표의요소로 쓰였다. 뜻을 담은 말 또는 글 중에서 가장 함축적인 것이 詩(시)일 것이다. 詩經(시경), 詩人(시인), 詩集(시집), 童詩(동시), 敍事詩(서사시), 敍情詩(서정시), 漢詩(한시)

'寺(사)'자에 '사람 亻(인)'을 붙여 '모실 侍(시)'자를 만들었다. '모시다', '받들다', '귀인을 곁에서 모시고 있는 사람'을 뜻한다. 侍女(시녀), 侍立(시립), 侍下(시하), 內侍(내시), 嚴侍下(엄시하)

'寺(사)'자에 '손 扌(수)'를 붙여 '가질 持(지)'자를 만들었다. '손으로 잡다'는 뜻을 위한 것이었다. '가지다', '손에 쥐다', '몸에 지니다', '지키다', '유지하다', '보전하다', '버티다', '견디어내다', '의지하다', '돕다' 등의 뜻을 나타낸다. 持病(지병), 持分(지분), 持參(지참), 所持(소지), 持論(지론), 持續(지속), 矜持(긍지), 維持(유지), 持久力(지구력), 僅僅扶持(근근부지), 支持(지지)

'寺(사)'자에 '대 竹(죽)'을 붙여 '등급 等(등)'자를 만들었다. '竹(죽)'자는 원래 관청에서 쓰는 '竹簡(죽간)'을 뜻하는 것이었고, '절 寺(사)'는 '관청'의 뜻으로 쓰인 것이다. '竹(죽)'과 '寺(사)'자가 둘 다 표의요소로 쓰인 것이다. 죽간을 가지런히 정리해 놓은 모양에서 '가지런하다'의 뜻을 나타냈고, 후에 '등급', '차례'의 뜻을 가지게 되었다. 均等(균등), 等分(등분), 等式(등식), 同等(동등), 平等(평등), 等級(등급), 等數(등수), 降等(강등), 劣等(열등), 優等(우등), 越等(월등)

'寺(사)'자에 '메 山(산)'을 붙여 '언덕 峙(치)'자를 만들었다. 산처럼 '우뚝 솟다', '언덕'의 뜻을 나타낸다. 對峙(대치)

'寺(사)'자에 '병 疒(역)'을 붙여 '치질 痔(치)'자를 만들었다. 痔疾(치질)

'寺(사)'자에 '소 牛(우)'를 붙여 '특별할 特(특)/수컷 特(특)'자를 만들었다. 절에 있는 수컷 소는 佛心(불심)이 깊어서 특별한가보다. '뛰어나다', '달리하다', '특별히', '동물의 수컷 특히 수소나 수말'의 뜻을 나타낸다. 特選(특선), 特效(특효), 奇特(기특), 英特(영특), 特技(특기), 特別(특별), 特徵(특징), 獨特(독특)

'寺(사)'자에 '걸을 彳(척)'을 붙여 '기다릴 待(대)'자를 만들었다. 여기에서 '寺(사)'는 '마을'의 뜻으로 쓰였다. 동구 밖 길거리까지 걸어 나와서 '기다리다'가 본래 의미이다. '(때, 사람 등이 오기를)기다리다', '기대를 걸다', '대접하다', '대우하다', '모시다' 등의 뜻을 나타낸다. 待機(대기), 待合室(대합실), 坐而待死(좌이대사), 鶴首苦待(학수고대), 期待(기대)/企待(기대), 席藁待罪(석고대죄), 待遇(대우), 待接(대접), 尊待(존대), 賤待(천대), 門前薄待(문전박대), 虐待(학대), 歡待(환대), 招待(초대)

寺0724, 時0124, 詩0869, 侍1145, 持1001, 等0427, 峙2051, 痔2717, 特0397, 待0369

思(사) 思 媤   304

'생각할 思(사)'자는 머리의 문, 즉 '정수리'를 뜻하는 '囟(신)'과 심장 즉 '마음'을 뜻하는 '心(심)'이 합쳐진 것으로, '생각하다'는 뜻을 나타낸다. '마음[心(심)]이 콩밭[田(전)]에 가 있다'로 보아서는 안 된다. 대개는 단음으로 발음하지만 '思想(사상)'은 장음으로 [사ː상]이라고 읽는다. '생각하다', '사유·판단·추리 등을 하다', '사모하다', '사랑하다' 등의 뜻을 나타낸다. 思考(사고), 思想(사상), 思索(사색), 思春期(사춘기), 心思(심사), 深思熟考(심사숙고), 易地思之(역지사지), 思慕(사모), 相思病(상사병)

'思(사)'자에 '여자 女(녀)'를 붙여 '시집 媤(시)'자를 만들었다. '시부모가 사는 집'을 뜻한다. 여자가 생각을 많이 해야 하는 집인가 보다. 媤家(시가), 媤宅(시댁), 媤父母(시부모), 媤同生(시동생)

'174 생각할 慮(려)'자 참조.
思0538, 媤2319, 慮0622, 濾2640, 攄2502

士(사) 士 仕   305

'선비 士(사)'자는 큰 도끼의 모양을 본뜬 것이었다. 큰 도끼를 쓸 만한 남자, 즉 성인 남자를 뜻하는 것이었다. '선비', '학덕이 있는 훌륭한 사람', '전문적인 기예를 익힌 사람 또는 학문을 닦아야 가질 수 있는 직업명으로 쓰이는 말', '무사', '군인', '군대 계급의 하나', '벼슬아치', '상류 사회 또는 지식 계급에 속하는 사람을 지칭하는 말' 등의 뜻으로 쓰인다. 士大夫(사대부), 居士(거사), 博士(박사), 講士(강사), 騎士(기사), 辯護士(변호사), 操縱士(조종사), 愛國志士(애국지사), 勇士(용사), 壯士(장사), 士官(사관), 士氣(사기), 士兵(사병), 武士(무사), 上士(상사), 進士(진사), 名士(명사), 紳士(신사), 人士(인사)

'士(사)'자에 '사람 亻(인)'을 붙여 '섬길 仕(사)/벼슬할 仕(사)'자를 만들었다. '벼슬하다'가 본뜻이다. 벼슬이라는 것은 섬기면서 일하는 자리이므로, '일하다', '섬

기다'는 뜻도 나타낸다. 出仕(출사), 給仕(급사), 奉仕(봉사)

'352 목숨 壽(수)'자 참조.
'512 장할 壯(장)/씩씩할 壯(장)'자 참조.
士0096, 仕0469

司(사) 司詞飼嗣祠   306

'맡을 司(사)'자는 '임금 后(후)'자를 반대로 돌려놓은 것으로 '(신하가 임금을 위하여) 봉사하다'가 본뜻이다. '맡다', '관직' 등을 뜻하는 것으로 쓰인다. 司令部(사령부), 司法(사법), 司祭(사제), 司會(사회), 監司(감사), 上司(상사), 司憲府(사헌부)

'司(사)'자에 '말씀 言(언)'을 붙여 '말씀 詞(사)'자를 만들었다. '말'을 뜻하기 위하여 만든 것이다. '글', '낱말'의 뜻으로도 쓰인다. 歌詞(가사), 臺詞(대사), 作詞(작사), 動詞(동사), 名詞(명사), 品詞(품사)

'司(사)'자에 '먹을 食(식)'을 붙여 '먹일 飼(사)/기를 飼(사)'자를 만들었다. 가축에게 '먹이를 주다', '기르다'는 뜻을 위하여 만든 것이다. 飼料(사료), 飼育(사육), 放飼(방사)

'司(사)'자에 '입 口(구)'와 '책 册(책)'을 붙여 '이을 嗣(사)'자를 만들었다. '册(책)'은 後嗣(후사)를 세울 때의 詔勅(조칙)을 뜻한다. '嗣(사)'자는 廟堂(묘당)에서 後嗣(후사)를 세우는 문서를 읽는 의식을 나타낸다. 嗣子(사자), 後嗣(후사)

'司(사)'자에 '보일 示(시)'를 붙여 '사당 祠(사)'자를 만들었다. '示(시)'자는 '神(신)에 관한 일'을 나타내고, '司(사)'는 '신의 뜻을 말로 헤아려 알다'는 뜻이다. '祠(사)'자는 '봄에 지내는 제사'를 뜻하는 글자였다. 봄에 지내는 제사에는 犧牲(희생)을 바치지 않고 祝文(축문)으로 대신했다. 농사철이 시작되는데, '소'를 희생으로 바치면 농사짓는 데에 지장이 많다. 祠院(사원), 祠堂(사당) 忠烈祠(충렬사), 顯忠祠(현충사)

司1171, 詞1397, 飼2021, 嗣2259, 祠2769

舍(사) 舍捨舒   307

'집 舍(사)'자의 '입 口(구)'는 움집 모양인 'ㄴ(감)'의 변형이고, 윗부분은 그 위에 텐트를 친 것 같은 집 모양으로 '집'을 나타냈다. '집', '머무는 곳', '거처' 등을 뜻한다. '버리다'는 뜻도 있는데 '손 扌(수)'를 붙인 '버릴 捨(사)'자와 함께 쓰기도 한다. 舍宅(사택), 舍兄(사형), 官舍(관사), 寄宿舍(기숙사), 幕舍(막사), 舍短取長(사단취장)/捨短取長(사단취장), 舍利(사리)

'집 舍(사)'자에 '손 扌(수)'를 붙여 '버릴 捨(사)'자를 만들었다. 손에 들고 있는 것을 '놓다'는 뜻을 나타내기 위한 것이었다. 후에 '버리다', '베풀다' 등의 뜻으로 확대되었다. 捨小取大(사소취대), 四捨五入(사사오입), 取捨選擇(취사선택), 喜捨(희사)

'집 舍(사)'자에 '나 予(여)'를 붙여 '펼 舒(서)'자를 만들었다.

舍0519, 捨0697, 舒3558

死(사) 死葬屍斃   308

'죽을 死(사)'자는 '부서진 뼈 歹(알)'과 '비수 匕(비)'자로 이루어졌다. '歹(알)'은 '죽은 사람'을, '匕(비)'는 그 앞에서 절을 하고 있는 사람의 모습인데 크게 변화했다. '죽다', '사형에 처하다', '바둑의 알이나 장기의 말이 상대방에게 잡히다', '등불이나 타던 불이 꺼지다', '효력이 없어지거나 실제로 행하여지지 아니하다', '필사적이다', '목숨을 내걸다', '위급하다' 등의 뜻을 나타낸다. 死亡(사망), 死活(사활), 不死鳥(불사조), 大馬不死(대마불사), 死灰復燃(사회부연), 死角(사각), 死文化(사문화), 死藏(사장), 死力(사력), 死守(사수), 死鬪(사투), 必死的(필사적), 死境(사경), 死色(사색), 死地(사지)

'死(사)'자에 '잡초 우거질 茻(망)'자를 붙여 '장사지낼 葬(장)'자를 만들었다. '장사지내다', '매장하다'는 뜻이다. 葬禮(장례), 葬事(장사), 葬儀(장의), 國葬(국장), 埋葬(매장), 移葬(이장)

'死(사)'자에 '주검 尸(시)'를 붙여 '주검 屍(시)'자를 만들었다. '屍(시)'자의 본래 글자는 '주검 尸(시)'였다. 후에 그 뜻을 더욱 명확히 하려고 '죽을 死(사)'를 덧붙였다. '주검', '송장', '죽은 사람의 몸뚱이'의 뜻을 나타낸다. 屍身(시신), 屍體(시체), 檢屍(검시), 剖棺斬屍(부관참시)

'死(사)'자에 '해질 敝(폐)'를 붙여 '죽을 斃(폐)/넘어질 斃(폐)'자를 만들었다. '넘어져 죽다'는 뜻이다. 斃死(폐사), 自斃(자폐), 疲斃(피폐)

死0057, 葬1382, 屍1880, 斃2583

射(사) 射謝麝   309

'쏠 射(사)' '몸 身(신)'과 '마디 寸(촌)'으로 이루어졌다. 활에 화살을 메기는 모양을 본뜬 것으로 '쏘다', '쏘는 화살처럼 나가다', '맞히다' 등의 뜻을 나타낸다. 射擊(사격), 射殺(사살), 發射(발사), 射精(사정), 反射(반사), 注射(주사), 射倖(사행)

'射(사)'자에 '말씀 言(언)'을 붙여 '사례할 謝(사)'자를 만들었다. '謝(사)'자는 '(관직에서) 물러나다'는 뜻을 위하여 고안된 것이다. 물러날 때는 퇴임의 말이 빠질 수 없으니 '말씀 言(언)'이 표의요소로 쓰였고, '쏠 射(사)'는 표음요소이다. 후에 '거절하다', '용서를 빌다', '고마워하다', '바꾸다' 등의 뜻으로 쓰이게 되었다. 謝禮(사례), 謝恩(사은), 感謝(감사), 謝過(사과), 謝罪(사죄), 謝絶(사절), 新陳代謝(신진대사)

巳(사) 巳 祀　310

'뱀 巳(사)/여섯째지지 巳(사)'자의 원형은 뱃속의 태아 모양을 본뜬 것으로 '子(자)'와 비슷한 형태의 것이었다. 그러나 이것이 '태아'를 뜻하는 것으로 쓰인 적은 없고, 12지지의 여섯째 것으로 활용되는 예가 많았다. 따로는 뱀에 해당되기 때문에 '뱀 巳(사)'라 부르게 되었다. 巳時(사시), 乙巳勒約(을사늑약), 癸巳(계사), 辛巳(신사), 己巳(기사), 乙巳(을사), 丁巳(정사)

'제사 祀(사)'자는 '제사지내다'는 뜻을 나타내기 위하여 제단(示) 앞에 꿇어앉은 사람의 모습을 본뜬 것이었다. 告祀(고사), 忌祭祀(기제사), 奉祭祀(봉제사), 祭祀(제사), 時祀(시사), 享祀(향사)

巳0762, 祀0819

絲(사) 絲 關 聯　311

'실 絲(사)'자는 누에고치에서 뽑은 '명주실'을 뜻하기 위하여 두 타래의 실 모양을 본뜬 것이다. '실', '명주실', '실을 잣다', '가늘고 길다'는 뜻을 나타낸다. 絹絲(견사), 螺絲(나사), 綿絲(면사), 一絲不亂(일사불란), 製絲(제사), 繭絲(견사), 寸絲不掛(촌사불괘), 菌絲(균사), 鐵絲(철사)

'문 門(문)' 안에 '실 絲(사)'를 넣어 '관계할 關(관)/빗장 關(관)'자를 만들었다. '絲(사)'자의 모양이 변하였다. '關(관)'자는 대문의 문을 가로질러 잠그는 나무인 '문빗장'이란 뜻을 나타내기 위한 것이었다. 문빗장은 안과 밖을 연결시키는 중요한 도구라는 데서 '관계하다'란 뜻이 파생되었다. '문빗장', '문을 닫다', '관문', '역참', '기관', '자동장치', '관계하다', '참여하다' 등의 뜻을 나타낸다. 關鍵(관건), 機關(기관), 關門(관문), 關稅(관세), 難關(난관), 稅關(세관), 玄關(현관), 關係(관계), 關聯(관련), 關心(관심), 關節(관절), 相關(상관), 無關心(무관심), 三角關係(삼각관계), 相關關係(상관관계)

'연이을 聯(련)'자는 '귀 耳(이)'와 '실 絲(사)'로 이루어진 것이다. 옛날 전쟁에서 戰勝者(전승자)가 적의 왼쪽 귀를 首級(수급) 대신 잘라서 늘어놓다는 뜻을 나타내는 데 썼다고 한다. '絲(사)'는 줄이 이어진 실을 뜻한다. '聯(련)'자는 '잇달다', '잇닿다', '잇다', '연결하다' 등의 뜻을 나타낸다. 聯關(연관), 聯立(연립), 聯合(연합), 關聯(관련), 聯隊(연대), 聯絡(연락)/連絡(연락), 聯立住宅(연립주택), 聯立方程式(연립방정식), 聯盟(연맹), 聯想(연상)

絲1066, 關0653, 聯0652

朔(삭) 朔 塑 遡　312

'초하루 朔(삭)'자는 '거스를 屰(역)'과 '달 月(월)'로 이루어졌다. '屰(역)'자는 '본디로 되돌아가다'는 뜻이다. 완전히 이지러진 달이 다시 되돌아가는 '초하루'의 뜻을 나타낸다. '일 개월', '북쪽'이라는 뜻도 있다. 朔望(삭망), 朔月貰(삭월세), 滿朔(만삭), 八朔(팔삭), 朔風(삭풍)

'朔(삭)'자에 '흙 土(토)'를 붙여 '흙 빚을 塑(소)/토우 塑(소)'자를 만들었다. 진흙덩이를 깎아 점차 사람의 모습에 다다르는 工程(공정)을 거치는 土偶(토우)'의 뜻을 나타낸다. '토우(土偶)', '흙으로 만든 사람이나 신불(神佛)의 형체', '흙을 이겨서 물건의 형체를 만들다' 등의 뜻을 나타낸다. 塑像(소상), 塑性(소성), 可塑性(가소성), 彫塑(조소)

'朔(삭)'자에 '길 갈 辶(착)'을 붙여 '거슬러 올라갈 遡(소)'자를 만들었다. '물 흐름에 거슬러 올라가다', '과거로 거슬러 올라가다' 는 뜻이다. 遡及(소급)

'朔(삭)'자를 '거스를 屰(역)'과 '하품 欠(흠)'으로 이루어진 '숨찰 欮(궐)'자와 혼동하지 말자.

'097 숨찰 欮(궐)'과 '411 거스를 屰(역)'자 참조.

朔1637, 塑2289, 遡3082

産(산) 産 薩　313

'낳을 産(산)/기를 産(산)'자는 '날 生(생)'과 '선비 彦(언)의 생략형'으로 이루어졌다. 여기에서 '선비 彦(언)'은 '얼굴 顔(안)'의 생략형이라고 한다. 갓 태어난 아기에게 顔料(안료)를 바른다는 데서 유래한 글자라고 한다. '낳다', '태어나다', '만들어내다', '생산하다', '생업', '재산' 등의 뜻으로 쓰인다. 産卵(산란), 産母(산모), 順産(순산), 出産(출산), 産業(산업), 産地(산지), 國産(국산), 生産(생산), 增産(증산), 倒産(도산), 動産(동산), 不動産(부동산), 財産(재산), 破産(파산)

'보살 薩(살)'자는 본디는 '쑥 薛(설)' 밑에 '흙 土(토)'를 쓴 글자였다. [살]이라는 음은 여기서 유래한다. 이 글자가 후에 '풀 艹(초) + 언덕 阝(부) + 낳을 産(산)'으로 변하였다. 그러니 '薩(살)'자는 '産(산)'자가 데려다 기른 수양딸쯤 되는 글자이다. 보살님의 족보를 들먹여 죄송합니다. 菩薩(보살), 觀世音菩薩(관세음보살), 彌勒菩薩(미륵보살)

'322 날 生(생)'자 참조.
'400 선비 彦(언)'자 참조.

産0597, 薩2928

散(산) 散 撒　314

'흩을 散(산)'자는 '대 竹(죽)', '고기 月(육)', 칠 攵(복)'으로 이루어진 글자이다. 대나무의 속[月]을 껍질로부터 벗겨내는 모양에서, '뿔뿔이 흩어지게 하다'는 뜻을 나타낸다. '竹'의 모양이 크게 변하였다. '흩뜨리다', '헤어지다', '여가', '한가롭다', '쓸쓸하다', '가루약', '문체의 이름', '거문고 곡조 이름' 등의 뜻을 나타낸다. 散漫(산만), 散在(산재), 分散(분산), 魂飛魄散(혼비백산), 擴散(확산), 散步(산보), 散策(산책), 陰散(음산), 閑散(한산), 散藥(산약), 散文(산문), 散調(산조), 散炙(산적)

'散(산)'자에 '손 扌(수)'를 붙여 '뿌릴 撒(살)'자를 만들었다. '散(산)'자는 '흩다', '흩어지다'의 뜻이다. 여기에 '손 扌(수)'를 붙여 그 뜻을 더욱 확실하게 하였다. 음이 [살]로 변하였음을 주의하여야 한다. '뿌리다', '물·가루 따위를 뿌려서 흩다'는 뜻을 나타낸다. 撒水(살수), 撒布(살포)

散0324, 撒2485

杀(살) 殺刹 315

'죽일 杀(살)'자는 '멧돼지'의 모양을 나타낸 것이라고 한다. '죽일 殺(살)'자와 同字(동자) 또는 簡體字(간체자)로 쓰이는 글자이다. '杀(살)'자를 '죽일 殺(살)/덜 殺(쇄)'자의 부분 요소로 쓸 때는 'ㆍ'을 붙이고, '절 刹(찰)'자의 부분 요소로 쓸 때는 'ㆍ'을 붙이지 않는다.

'죽일 殺(살)/덜 殺(쇄)'자는 '죽일 杀(살)'과 '몽둥이 殳(수)'로 이루어진 글자이다. '杀(살)'자는 멧돼지의 모양을 본뜬 것이라는 설이 있다. 그러니 '殺(살)'자는 멧돼지를 몽둥이로 '때려잡다'는 뜻이 된다. '殺'자가 '죽이다'는 뜻으로 쓰일 때는 [살]로 읽고, '덜다' 또는 '심히'의 뜻으로 쓰일 때는 [쇄]로 읽는다. '죽이다', '살해하다', '죄인을 죽이다', '없애다', '무시무시하다', '혹독하다', '어조사', '매우', '세차게', '빨리', '덜다', '저미다', '줄이다' 등의 뜻으로 쓰인다. 殺傷(살상), 殺人(살인), 暗殺(암살), 自殺(자살), 抹殺(말살), 黙殺(묵살), 殺氣(살기), 殺伐(살벌), 殺風景(살풍경), 愁殺(수살), 殺到(쇄도), 惱殺(뇌쇄), 減殺(감쇄) 相殺(상쇄)

'杀(살)'자에 '칼 刂(도)'를 붙여 '절 刹(찰)'자를 만들었다. 본뜻은 '깃발을 세우는 기둥'이었다. '殺(살)'자는 범어 'Ksana'의 한자 음역어이었는데, '죽이다'의 뜻을 피하여 '몽둥이 殳(수)'가 빠지고 대신 '칼 刂(도)'가 들어가 '刹(찰)'자를 만들었다. 몽둥이로 때려 죽이든 칼로 베어 죽이든 무시무시한 글자들을 가지고 '절'을 뜻하는 글자를 만들었다. '절', '불탑' 등 불교 용어로 쓰인다. '극히 짧은 시간'을 뜻하기도 한다. 古刹(고찰), 名山大刹(명산대찰), 寺刹(사찰), 羅刹(나찰), 刹那(찰나)

'윗사람 죽일 弑(시)'자는 '368 법 式(식)'자 참조.

殺0786, 刹1852

参(삼/참) 參蔘滲慘 316

'석 參(삼)/참여할 參(참)'자는 밤하늘의 '參星(삼성)'을 나타낸 것이었다. 위의 마늘모 세 개는 별 모양이고, 아래는 별 빛이다. '삼성'에서 숫자 3을 나타낸다. '三(삼)'의 갖은자로 쓰인다. '참여하다'의 뜻으로 쓰일 때는 [참]으로 읽는다. '관계하다', '참여하다', '헤아리다', '비교하다', '뵙다', '삼, 셋' 등의 뜻을 나타낸다. 參加(참가), 參與(참여), 參政權(참정권), 同參(동참), 持參(지참), 參考(참고), 參酌(참작), 參照(참조), 參拜(참배), 參判(참판), 參(삼)

'參(삼)'자에 '풀 艹(초)'를 붙여 '인삼 蔘(삼)'자를 만들었다. '인삼'을 뜻하기 위하여 우리나라 사람들이 만든 글자이다. 우리나라에서 만든 한자를 國字(국자)라 한다. 蔘鷄湯(삼계탕), 乾蔘(건삼), 山蔘(산삼), 人蔘(인삼), 紅蔘(홍삼), 海蔘(해삼)

'參(삼)'자에 '물 氵(수)'를 붙여 '스밀 滲(삼)/적실 滲(삼)'자를 만들었다. '물이 조금씩 스미다'는 뜻이다. 滲透(삼투), 滲透壓(삼투압)

'참여할 參(참)'자에 '마음 忄(심)'을 붙여 '참혹할 慘(참)/슬플 慘(참)'자를 만들었다. 마음에 느끼기에 '끔찍하다'는 뜻을 나타내기 위하여 만든 것이다. '참혹하다', '무자비하다', '비참하다', '애처롭다' 등의 뜻을 나타낸다. 慘劇(참극), 慘變(참변), 慘事(참사), 慘敗(참패), 慘酷(참혹), 無慘(무참), 悲慘(비참), 悽慘(처참)

參0508, 蔘1975, 滲2627, 慘1591

尙(상) 尙賞常裳償嘗堂當黨棠螳掌敞廠撐 317

'오히려 尙(상)'자는 '여덟 八(팔)'과 '향할 向(향)'의 합자이다. '八(팔)'은 '神氣(신기)가 내리는 모양', '向(향)'은 '집 안에서 비는 모양'을 본뜬 것이라고 한다. '오히려', '아직', '바라다', '높이다', '벼슬 이름' 등의 뜻을 나타낸다. 口尙乳臭(구상유취), 時機尙早(시기상조), 尙饗(상향), 尙武(상무), 高尙(고상), 崇尙(숭상), 尙書(상서), 尙宮(상궁), 和尙(화상)

'尙(상)'자에 '조개 貝(패)'를 붙여 '상줄 賞(상)'자를 만들었다. '공을 세운 사람에게 돈(재물)을 주다'의 뜻이다. '상을 주다', '기리다', '찬양하다', '칭찬하다', '즐기다', '감상하다' 등의 뜻을 나타낸다. 賞(상), 賞金(상금), 賞狀(상장), 金賞(금상), 施賞(시상), 信賞必罰(신상필벌), 賞春(상춘), 鑑賞(감상), 觀賞(관상)

'尙(상)'자에 '수건 巾(건)'을 붙여 '항상 常(상)'자를 만들었다. '치마'가 본뜻이었다. 치마는 늘 입고 있어야 하므로 '늘'이라는 뜻으로 쓰이게 되자, '치마 裳(상)'자를 별도로 만들었다. '항상', '늘', '보통 때', '보통의 정도', '일반적인', '따라야 할 관례' 등의 뜻을 나타낸다. 常綠樹(상록수), 常備(상비), 常數(상수), 常任(상임), 無常(무상), 恒常(항상), 常識(상식), 非常(비상), 異常(이상), 人之常情(인지상정), 日常(일상), 常道(상도), 正常(정상)

'치마 裳(상)'자의 본래 글자는 '常(상)'이었다. '치마가 본뜻이었는데, '늘'을 뜻하는 부사로 쓰이는 예가 많아지자 '常(상)'자의 '수건 巾(건)'을 '옷 衣(의)'로 바꾼 '裳(상)'자를 만들어 '치마'란 뜻을 나타냈다. '裳(상)'이 원래는 '常(상)'의 속자이었는데 독립 분가하였다. '치마', '아랫도리에 입는 옷'을 뜻한다. 綠衣紅裳(녹의홍상), 同價紅裳(동가홍상), 衣裳(의상)

'상줄 賞(상)'에 '사람 亻(인)'을 붙여 '갚을 償(상)'자를 만들었다. '원래 주인에게 돌려주다'는 뜻을 위하여 만든 것이었다. '갚다', '진 빚을 돌려주다', '보답', '속죄' 등의 뜻을 나타낸다. 償還(상환), 減價償却(감가상각), 無償(무상), 賠償(배상), 報償(보상), 補償(보상)

'尙(상)'자에 '맛있을 旨(지)'를 붙여 '맛볼 嘗(상)'자를 만들었다. 음식을 '맛보다'는 뜻을 위한 것이다. '일찍이'의 뜻도 나타낸다. 嘗味(상미), 嘗糞之徒(상분지도), 臥薪嘗膽(와신상담), 未嘗不(미상불)

'尙(상)'자에 '흙 土(토)'를 붙여 '집 堂(당)'자를 만들었다. 흙을 높이 쌓아 돋운 곳 위에 세운 높고 큰 집의 뜻을 나타낸다. '집', '임금의 조회를 받는 궁전', '조상신이나 종교적 신앙 대상을 모신 집', '부계(父系) 또는 모계(母系)의 동조(同祖)의 친척', '좋은 묏자리나 집터', '당당하다', '떳떳하다' 등의 뜻을 나타낸다. 講堂(강당), 食堂(식당), 天堂(천당), 堂上(당상), 廟堂(묘당), 堂上(당상), 法堂(법당), 聖堂(성당), 堂內間(당내간), 堂叔(당숙), 堂姪(당질), 明堂(명당), 堂堂(당당), 正正堂堂(정정당당), 巫堂(무당), 慈堂(자당)

'尙(상)'자에 '밭 田(전)'을 붙여 '마땅할 當(당)/당할 當(당)'자를 만들었다. 밭이 서로 '맞닿아 있다'가 본뜻이었다. '당하다', '당면하다', '필적하다', '책임을 맡다', '보수', '마땅히', '맞다', '바르다', '저당하다', '이, 그(물건을 가리키는 말)' 등의 뜻으로 쓰인다. 當面(당면), 當選(당선), 一當百(일당백), 充當(충당), 當局(당국), 當番(당번), 擔當(담당), 手當(수당), 日當(일당), 當然(당연), 不當(부당), 正當(정당), 適當(적당), 抵當(저당), 典當鋪(전당포), 當時(당시), 當場(당장), 該當(해당)

'무리 黨(당)'자는 '집 堂(당)'과 '검을 黑(흑)'으로 이루어진 글자이다. 한 지붕 아래 모인 '무리'를 뜻한다. '堂(당)'자에서 '흙 土(토)'가 생략된 것이다. '오히려 尙(상)'과 '검을 黑(흑)'의 합자로 보는 견해도 있다. '黑(흑)'자에는 '나쁜 마음'이라는 뜻이, '尙(상)'자에는 '높이다'는 뜻이 있다. 그렇다고 해서 '黨(당)'을 '나쁜 마음을 숭상하는 무리'라고 해석해서는 안 된다. '尙(상)'자는 단지 표음요소일 뿐이다. '무리', '한 동아리', '의가 상통하여 귀추를 같이 하는 사람들' '치우치다', '편파' 등의 뜻을 나타낸다. 黨員(당원), 黨爭(당쟁), 黨派(당파), 同黨伐異(동당벌이), 朋黨(붕당), 政黨(정당), 不偏不黨(불편부당), 偏黨(편당)

'尙(상)'자에 '나무 木(목)'을 붙여 '팥배나무 棠(당)'자를 만들었다. '해당화나무'를 뜻하기 위한 글자이다. 海棠花(해당화)

'집 堂(당)'자에 '벌레 虫(충)'을 붙여 '사마귀 螳(당)'자를 만들었다. '사마귀 蟷(당)'자는 同字(동자)이다. 螳螂(당랑), 螳螂窺蟬(당랑규선), 螳螂之斧(당랑지부)

'尙(상)'자에 '손 手(수)'를 붙여 '손바닥 掌(장)'자를 만들었다. '손바닥', '발바닥', '맡다', '주관하다'는 뜻을 나타낸다. 掌匣(장갑), 掌握(장악), 孤掌難鳴(고장난명), 仙人掌(선인장), 如反掌(여반장), 合掌(합장), 管掌(관장), 車掌(차장)

'尙(상)'자에 '칠 攵(복)'을 붙여 '시원할 敞(창)'자를 만들었다.

'시원할 敞(창)'자에 '집 厂(엄)'을 붙여 '공장 廠(창)'자를 만들었다. '공장', '물건을 만드는 곳'을 뜻한다. 工作廠(공작창), 兵器廠(병기창), 製造廠(제조창)

'尙(상)'자에 '어금니 牙(아)'를 붙여 '버틸 牚(탱)'자를 만들었다.

'牚(탱)'자에 '손 扌(수)'를 붙여 '버틸 撐(탱)'자를 만들었다. '손으로 버팀목을 버티다'는 뜻이다. '撐(탱)'은 '牚(탱)'자의 속자인데 현재는 이 속자가 정자처럼 쓰이고 있다. 憤氣撐天(분기탱천), 上下撐石(상하탱석), 支撐(지탱)

尙1210, 賞0645, 常0730, 裳1393, 償1502, 嘗1533, 堂0157, 當0161, 黨0913, 棠2554, 螳2969, 掌1272, 敞3446, 廠2366, 撐2489

相(상) 相想箱霜孀　318

'서로 相(상)'자는 '나무 木(목)'과 '눈 目(목)'으로 이루어졌다. '나무가 자라는 것을 눈으로 살피다'가 본뜻이었다. '서로', '이어 받다', '상을 보다', '형상', '사람의 용모', '정승' 등의 뜻으로 쓰인다. 相關(상관), 相對(상대), 相扶相助(상부상조), 相互(상호), 同病相憐(동병상련), 相續(상속), 觀相(관상), 手相(수상), 窮相(궁상), 色相(색상), 樣相(양상), 人相(인상), 眞相(진상), 首相(수상), 宰相(재상)

'相(상)'자에 '마음 心(심)'을 붙여 '생각 想(상)'자를 만들었다. '생각하다', '잊고 있던 것을 다시 생각하다', '생각에 잠기다'는 뜻을 나타낸다. 想像(상상), 空想(공상), 奇想天外(기상천외), 思想(사상), 豫想(예상), 回想(회상)

'相(상)'자에 '대 竹(죽)'을 붙여 '상자 箱(상)'자를 만들었다. 대나무로 만든 '통' 즉, '상자'를 뜻한다. 箱子(상자)

'相(상)'자에 '비 雨(우)'를 붙여 '서리 霜(상)'자를 만들었다. '서리', '세월', '날카로움의 비유', '법의 엄함의 비유', '차가움의 비유', '힘듦의 비유' 등으로 쓰인다. 霜降(상강), 霜害(상해), 雪上加霜(설상가상), 六月飛霜(유월비상), 星霜(성상), 秋霜(추상), 風霜(풍상)

'서리 霜(상)'자에 '여자 女(녀)'를 붙여 '과부 孀(상)'자를 만들었다. 여기에서 '霜(상)'은 '잃을 喪(상)/죽을 喪(상)'과 통하여, '남편을 잃은 아내'를 뜻한다. 靑孀(청상), 靑孀寡婦(청상과부)

相0599, 想0539, 箱1947, 霜1456, 孀2325

象(상) 象像豫　319

'코끼리 象(상)'자는 코끼리의 모양을 보고 '코끼리'를 간단하게 그린 것이다. 후에 그 뜻이 '본래 모양', '본뜨다' 등으로 확대되었다. 象牙(상아), 群盲撫象(군맹무상), 象徵(상징), 氣象(기상), 對象(대상), 印象(인상), 抽象(추상), 現象(현상), 形象(형상)

'象(상)'자에 '사람 亻(인)'을 붙여 '형상 像(상)'자를 만들었다. '실제와 닮은 모양'을 뜻하는 글자이다. 마음 속에 그려진 어떤 형상, 거울 속에 비친 형상, 사람이 어떤 형태로 빚은 모양 등을 뜻하니 사람[亻]이 어떤 형상[象]을 만든 것이다. 氣像(기상), 想像(상상), 映像(영상), 虛像(허상), 銅像(동상), 佛像(불상), 受像(수상), 偶像(우상), 肖像畵(초상화)

'象(상)'자에 '나 予(여)'를 붙여 '미리 豫(예)'자를 만들었다. 본뜻은 '큰 코끼리'였다. 몸집이 크고 마음이 너그러우니 '심신이 모두 편안하게 즐기다'라는 뜻에서 '여유를 가지고 대비하다', '미리'의 뜻을 나타내게 되었다고 한다. 미리미리 준비하면 마음은 여유 있고 편안해질 것이다. 상상력을 좀 발휘해야 하겠다. 豫防(예방), 豫報(예보), 豫備(예비), 豫算(예산), 豫想(예상), 豫定(예정), 猶豫(유예)

象1089, 像1152, 豫1090

嗇(색) 嗇墻薔檣　320

'아낄 嗇(색)'자는 '보리'를 뜻하는 '來(래)'의 변형과 '창고'를 뜻하는 '곳집 㐭(름)'의 생략형 '回'가 합쳐진 글자이다. '수확'의 뜻을 나타내는 것이었다. '아끼다', '재물을 아끼다'는 뜻을 나타낸다. 吝嗇(인색)

'담 墻(장)'자는 본래 '牆(장)'으로 썼다. 嗇(색)'은 보리를 수확하여 들에 쌓아둔 모습으로 '쌓다'는 뜻으로 쓰인 표의요소이고, '나무 조각 爿(장)'은 표음요소이다. 후에 흙으로 쌓은 '담'이란 뜻을 더욱 분명하게 나타내기 위하여 '흙 土(토)'를 넣어 만든 것이 '墻(장)'자이다. 墻壁(장벽), 路柳墻花(노류장화)

'嗇(색)'자에 '풀 ++(초)'를 붙여 '장미 薔(장)'자를 만들었다. 薔薇(장미)

'嗇(색)'자에 '나무 木(목)'을 붙여 '돛대 檣(장)'자를 만들었다.

'167 올 來(래)'자 참조.

嗇2229, 墻1542, 薔2944, 檣3356

色(색) 色絶　321

'빛 色(색)'자는 '사람 人(인)'과 '병부절 㔾(절)'로 이루어진 글자라고 한다. '㔾/㔾(절)'은 사람이 '무릎을 꿇고 있는 모양'이라고 한다. 그래서 '色(색)'자는 '무릎을 꿇고 있는 사람 위에 사람이 있음'을 나타낸다고 한다. 異性(이성)을 구슬리거나 남녀의 관계를 뜻하는 글자이었던 셈이다. 그럴 때는 낯빛의 색깔이 다양하게 변했음에서인지 '색깔'의 뜻도 가지게 되었다. '㔾(절)'안에 'ヽ'이 있어 '巴(파)'자로 보이는 것은 글자의 균형미를 위해서인 것이다. '빛', '빛깔', '색채', '얼굴빛', '형상', '종류', '여색', '정욕', '꾸미다', '윤색하다' 등 여러 가지 뜻으로 쓰인다. 色盲(색맹), 色彩(색채), 變色(변색), 染色(염색), 天然色(천연색), 巧言令色(교언영색), 難色(난색), 顔色(안색), 喜色(희색), 本色(본색), 特色(특색), 色卽是空(색즉시공), 傾國之色(경국지색), 薄色(박색), 才色(재색), 絶色(절색), 具色(구색), 四色黨派(사색당파), 形形色色(형형색색), 色魔(색마), 女色(여색), 酒色(주색), 脚色(각색), 潤色(윤색)

'끊을 絶(절)'자는 '실 糸(사)', '칼 刀(도)', '꿇어 앉은 사람 㔾/㔾(절)' 등 세 가지 요소로 이루어진 것이다. 즉 무릎을 꿇고 앉아 바느질하는 아내가 칼을 들고 실을 끊는 모습을 통하여 '끊다'의 뜻을 나타냈다. '刀(도) + 㔾(절)'이 '色(색)'자처럼 변하였기 때문에 본래의 구조를 알기 힘들게 됐다. 絶(절)'자를 '실 糸(사) + 色(색)'의 구조로 보면 도저히 '끊다'는 뜻을 유추할 수 없다. 그래도 '絶(절)'자를 쓰려면 '실 糸(사)'와 '색 色(색)'을 '사색'해 보자. '끊다', '막다', '차단하다', '금하다', '그만두다', '교제 또는 관계를 끊다', '대가 끈기다', '양식이 떨어지다', '멀리 떨어지다', '죽이다', '뛰어나다', '매우', '절대로', '힘을 다하다' 등 여러 가지 뜻으로 쓰인다. 連絡不絶(연락부절), 韋編三絶(위편삼절), 絶壁(절벽), 絶緣(절연), 杜絶(두절), 絶望(절망), 根絶(근절), 絶交(절교), 拒絶(거절), 謝絶(사절), 絶孫(절손), 絶糧(절량), 絶海孤島(절해고도), 絶命(절명), 氣絶(기절), 絶境(절경), 絶妙(절묘), 絶色(절색), 絶頂(절정), 悽絶(처절), 絶對(절대), 絶對値(절대치), 絶叫(절규), 絶句(절구)

色0172, 絶0495

生(생) 生牲甥姓性星醒旌甦　322

'날 生(생)'자는 풀이 땅거죽을 뚫고 돋아난 새싹 모양을 그린 것이다. '태어나다', '자식을 낳다', '생기다', '살아있다', '삶', '생물', '나면서부터', '날 것', '가공하지 아니한 것', '새롭다', '낯설다', '자라다', '기르다', '생업', '생활', '한 평생', '학문이 있는 사람' 등 여러 가지 뜻을 나타낸다. 生日(생일), 出生(출생), 後生可畏(후생가외), 見物生心(견물생심), 發生(발생), 生物(생물), 生命(생명), 生死(생사), 生存競爭(생존경쟁), 苦生(고생), 天生緣分(천생연분), 生鮮(생선), 生麥酒(생맥주), 生巫殺人(생무살인), 生疎(생소), 生肉(생육), 生長(생장), 生計(생계), 生活(생활), 厚生(후생), 生涯(생애), 餘生(여생), 平生(평생), 生産(생산), 生成(생성), 生徒(생도), 先生(선생), 學生(학생)

'生(생)'을 部首(부수)로 하여 출산·생명 등에 관한 문자를 이룬다. 여기에서는 '生(생)'이 '몸'으로 쓰인 글자들을 모은 것이다.

'生(생)'자에 '소 牛(우)'를 붙여 '희생 牲(생)'자를 만들었다. '산채로 신에게 바치는 물건'을 뜻한다. 가축을 기를 때는 '畜(축)'이라 하고, 제사에 쓸 때는 '牲(생)'이라고 하였다. 종묘에 쓰는 가축은 처음에는 소를 쓰다가 나중에 양으로 대신하였다. 犧牲(희생)

'生(생)'자에 '사내 男(남)'을 붙여 '생질 甥(생)'자를 만들었다. '자매의 자식'을 뜻한다. 甥姪(생질), 甥姪女(생질녀)

'生(생)'자에 '여자 女(녀)'를 붙여 '성 姓(성)'자를 만들었다. 한 조상으로부터 태어난 사람을 다른 사람과 구별하기 위하여 만들어진 글자이다. '겨레', '씨족'을 뜻하기도 한다. 姓名(성명), 同姓同本(동성동본), 他姓(타성), 百姓(백성)

'生(생)'자에 '마음 忄(심)'을 붙여 '성품 性(성)'자를 만들었다. '타고난 성질'이 본뜻이다. '성품', '타고난 사람의 천성', '성질', '사물의 본질', '만유(萬有)의 원인', '남녀 자웅의 구별' 등의 뜻을 나타낸다. 性格(성격), 性品(성품), 個性(개성), 本性(본성), 食性(식성), 理性(이성), 知性(지성), 性能(성능), 急性(급성), 惡性(악성), 陽性(양성), 陰性(음성), 中性(중성), 特性(특성), 性理學(성리학), 性別(성별), 男性(남성), 女性(여성), 異性(이성)

'生(생)'자에 '해 日(일)'을 붙여 '별 星(성)'자를 만들었다. 원래는 '밝을 晶(정)'과 '날 生(생)'의 합자였다고 한다. '밝을 晶(정)'은 하늘의 별 모양을 본뜬 것이었다. '별', '세월'을 뜻한다. 星座(성좌), 金星(금성), 北斗七星(북두칠성), 人工衛星(인공위성), 日月星辰(일월성신), 將星(장성), 占星術(점성술), 星霜(성상)

'별 星(성)'자에 '닭 酉(유)'를 붙여 '깰 醒(성)'자를 만들었다. '취기가 깨어서 기분이 맑아지다'는 뜻이다. '자던 잠이 저절로 없어지고 정신이 맑아지다', '지혜가 열리다' 등의 뜻도 나타낸다. 醒酒湯(성주탕), 昨醉未醒(작취미성), 覺醒(각성), 覺醒劑(각성제)

'生(생)'자에 '깃발 나부낄 㫃(언)'을 붙여 '기 旌(정)'자를 만들었다. '천자가 사기(士氣)를 고무시킬 때 쓰던 기', '나타내다', '표창하다'는 뜻으로 쓰인다. 旌旗(정기), 銘旌(명정), 旌閭(정려), 旌門(정문)

'生(생)'자에 '다시 更(경)'을 붙여 '깨어날 甦(소)'자를 만들었다. '다시 태어나다'는 뜻이다. 甦生(소생)/蘇生(소생)

'313 낳을 産(산)' 참조.

生0056, 牲2675, 甥2705, 姓0221, 性0402, 星0774, 醒3098, 旌2063, 甦2706

庶(서) 庶蔗遮席 323

'여러 庶(서)' 자는 본뜻이 음식물을 '익히다'였으나, 본뜻보다는 '여러', '많은', '첩' 등의 뜻으로 쓰인다. 庶務(서무), 庶政(서정), 庶母(서모), 庶子(서자), 嫡庶(적서), 庶民(서민),

'庶(서)'자에 '풀 艹(초)'를 붙여 '사탕수수 蔗(자)'자를 만들었다. 蔗糖(자당), 甘蔗(감자)

'庶(서)'자에 '길 갈 辶(착)'을 붙여 '가릴 遮(차)/막을 遮(차)'자를 만들었다. 길을 '가로막다', '못하게 하다', '가리다', '덮다'는 뜻을 나타낸다. 遮斷(차단), 遮斷器(차단기), 遮蔽(차폐), 遮光(차광), 遮陽(차양), 遮日(차일)

'庶(서)'자에서 '灬'를 떼고 대신 '수건 巾(건)'을 붙여 '자리 席(석)'자를 만들었다. '풀을 엮은 깔개'가 본뜻이다. '바닥에 까는 자리', '자리를 깔다', '일정한 일이 벌어진 자리', '차지하고 있는 곳', '직위', '지위' 등의 뜻을 나타낸다. 席卷(석권), 方席(방석), 坐不安席(좌불안석), 野壇法席(야단법석), 席次(석차), 缺席(결석), 上席(상석), 座席(좌석), 參席(참석),

'151 법도 度(도)/헤아릴 度(탁)' 참조.

庶1569, 蔗2940, 遮2004, 席0338

黍(서) 黍黎藜 324

'기장 黍(서)'자는 '벼 禾(화)'와 '물 水(수)' 또는 '비 雨(우)'로 이루어진 글자이다. 옛날 오곡의 하나인 '기장'을 뜻한다. '나무 木(목)'자에 점을 여섯 개 붙인 '옻나무 㯃(칠)'자와 모양이 흡사하다. 다른 글자이니 유의하여야 한다. 黍粟(서속)

'기장 黍(서)'자에 '날카로울 利(리)'자의 생략형이 붙어 '검을 黎(려)'자를 만들었다. 아직 어둑어둑한 '새벽녘'을 뜻한다. 黎明(여명)

'검을 黎(려)'자에 '풀 艹(초)'를 붙여 '명아주 藜(려)'자를 만들었다. 靑藜杖(청려장)

黍3196, 黎3197 藜3281

胥(서) 胥壻 325

'서로 胥(서)'자는 '발 疋(소)'과 '고기 月(육)'으로 이루어진 글자이다. '서로 胥(서)', '모두 胥(서)', '기다릴 胥(서)', '도울 胥(서)', '아전 胥(서)', '게장 胥(서)' 등 훈이 여러 개인 글자이다.

'胥(서)'자에 '선비 士(사)'를 붙여 '사위 壻(서)'자를 만들었다. '士(사)'는 '남자'를 뜻하고, '胥(서)'는 '동거하다'는 뜻이다. '자기의 딸과 동거하는 남자', 즉 '사위'를 뜻한다. '동서'를 뜻하기도 한다. '사위 婿(서)'자는 동자이지만 동서에는 이 글자를 쓰지 않는다. 壻郞(서랑), 姪壻(질서), 同壻(동서)

胥3374, 壻2301

昔(석) 昔惜借錯措鵲醋籍藉 326

'옛날 昔(석)'자는 햇볕[日]에 말린 고깃점 즉 '육포'를 뜻하는 글자였는데, 가차되어 '어제 昨(작)'과 비슷한 뜻의 '옛날'이란 뜻이 되었다. 今昔(금석), 今昔之感(금석지감)

'昔(석)'자에 '마음 忄(심)'을 붙여 '아낄 惜(석)'자를 만들었다. '(마음이) 아프다'는 뜻을 위하여 만든 것이다. '아끼다', '애틋해하다'는 뜻을 나타낸다. 惜別(석별), 惜敗(석패), 買占賣惜(매점매석), 哀惜(애석)

'昔(석)'자에 '사람 亻(인)'을 붙여 '빌릴 借(차)'자를 만들었다. 다른 사람에게 '빌리다'는 뜻을 나타내기 위하여 만든 것이다. 음 차이가 크지만 '예 昔(석)'이 표음요소로 쓰였다. '빌려줄 貸(대)'자의 상대가 되는 글자이다. '빌리다', '남의 것을 도로 주기로 하고 임시로 쓰다'는 뜻을 나타낸다. 借款(차관), 借刀殺人(차도살인), 借名(차명), 借用(차용), 貸借(대차), 賃借(임차)

'昔(석)'자에 '쇠 金(금)'을 붙여 '어긋날 錯(착)/섞일 錯(착)'자를 만들었다. 본래 쇠를 '도금하다'는 뜻을 나타내기 위하여 만든 것이었다. 후에 '섞다', '어긋나다', '틀리다'는 뜻으로 바뀌어 쓰이게 되었고, 본뜻인 '도금하다'는 '도금할 鍍(도)'자를 만들어 나타냈다. 錯亂(착란), 錯雜(착잡), 交錯(교착), 倒錯(도착), 錯覺(착각), 錯誤(착오)

'昔(석)'자에 '손 扌(수)'를 붙여 '둘 措(조)'자를 만들었다. 손으로 들어 잘 세워 '놓다'는 뜻을 나타내기 위하여 만든 것이다. '처리하다', '조처하다'는 뜻을 나타낸다. 措處(조처), 措置(조치)

'昔(석)'자에 '새 鳥(조)'를 붙여 '까치 鵲(작)'자를 만들었다. 鵲巢鳩居(작소구거), 烏鵲橋(오작교)

'昔(석)'자에 '닭 酉(유)'를 붙여 '식초 醋(초)'자를 만들었다. 술을 조작하여 만든 '식초'를 뜻한다. 醋酸(초산)/酢酸(초산), 食醋(식초)/食酢(식초)

'빌릴 耤(적)/깔개 耤(자)'자는 '쟁기 耒(뢰)'자와 '옛날 昔(석)'자로 이루어졌다. '빌리다', '밭을 갈다'의 뜻에는 [적]으로, '깔개'라는 뜻에는 [자]로 읽는다.

'빌릴 耤(적)'에 '대 竹(죽)'을 붙여 '문서 籍(적)'자를 만들었다. 관청의 戶口(호구)·地籍(지적)·公納(공납) 등을 기록해두는 '장부'를 뜻하기 위하여 만들어진 것이다. 옛날에는 그것을 대쪽에다 기록했으므로 '대 竹(죽)'이 표의요소로 쓰였다. '빌릴 耤(적)'은 표음요소이다. '서적', '문서', '장부', '명부' 등의 뜻으로 쓰인다. 書籍(서적), 國籍(국적), 本籍(본적), 除籍(제적), 學籍(학적), 戶籍(호적), 符籍(부적)

'깔개 耤(자)'자에 '풀 艹(초)'를 붙여 '깔개 藉(자)'자를 만들었다. '耤(자)'자가 原字(원자)였으나, 그 뜻을 분명히 하기 위하여 '풀 艹(초)'를 붙인 '藉(자)'자를 만들었다. 우리나라 한자어 중에는 '깔개'의 뜻으로 쓰인 것은 없고, 후에 파생된 뜻인 '빙자하다', '흐트러지다'의 뜻으로만 쓰인다. 憑藉(빙자), 慰藉料(위자료), 藉藉(자자), 狼藉(낭자)

昔1626, 惜1250, 借1495, 錯1807, 措1897, 鵲3188, 醋3092, 籍1059, 藉2950

析(석) 析晳　327

'가를 析(석)'자는 '나무 木(목)'과 '도끼 斤(근)' 둘 다 표의요소로 쓰였다. 나무를 도끼로 '쪼개다'는 뜻이다. '해부하다', '나누어 밝히다', '해석하다'는 뜻으로 쓰인다. 分析(분석), 解析(해석)

'析(석)'자에 '해 日(일)'을 붙여 '밝을 晳(석)'자를 만들었다. 明晳(명석)

析1639, 晳2067

舄(석/작) 寫瀉潟　328

'신 舄(석)/까치 舄(작)'자의 원자는 '절구 臼(구)'와 '새 鳥(조)'를 붙여 만든 '寫'이었다. 후에 간략화되어 '舄'이 되었다. 신발 바닥을 이중으로 겹쳐 간 '신발'의 뜻으로 쓰일 때는 [석]으로, '까치'의 뜻으로 쓰일 때는 [작]으로 읽는다. 우리말 한자어는 없다. 다른 글자의 구성요소로 쓰이고 있다.

'베낄 寫(사)'자는 실물을 밑에 깔고 그 위에 종이 따위를 덧씌워 '베끼다'의 뜻을 나타낸다. 글자의 형태는 '집 宀(면)'과 '신 舄(석)'이 합쳐진 모양이다. '베끼다', '그대로 옮겨 쓰다', '그리다', '본떠 그리다', '모방하다' 등의 뜻을 나타낸다. 寫本(사본), 謄寫(등사), 複寫(복사), 寫眞(사진), 描寫(묘사), 映寫(영사), 靑寫眞(청사진), 模寫(모사)

'베낄 寫(사)'에 물 '氵(수)'를 붙여 쏟을 '瀉(사)/게울 瀉(사)'자를 만들었다. '물을 쏟다', '물이 흐르다', '설사하다' 등의 뜻을 나타낸다. 瀉血(사혈), 泄瀉(설사), 吐瀉(토사), 一瀉千里(일사천리)

'신 舄(석)'에 '물 氵(수)'를 붙여 '개펄 潟(석)'자를 만들었다. '개펄', '염밭'을 뜻한다. 潟湖(석호), 干潟地(간석지)

寫0526, 瀉2602, 潟2633

先(선) 先銑洗　329

'먼저 先(선)'자는 '갈 之(지)'와 '사람 儿(인)'으로 이루어진 글자이다. '之(지)'는 '발자국'의 모양이다. 사람의 머리 부분보다 먼저 내디딘 발자국의 모양에서, '남보다 앞서다'라는 뜻을 나타내게 되었다. '(시간적으로나 순서적으로) 먼저', '앞서다', '옛날', '이전', '죽은 아버지', '죽은 손윗사람', '높이다' 등의 뜻을 나타낸다. 先輩(선배), 先後(선후), 率先(솔선), 先史(선사), 先祖(선조), 先親(선친), 先妣(선비), 先烈(선열), 先生(선생)

'先(선)'자에 '쇠 金(금)'을 붙여 '무쇠 銑(선)'자를 만들었다. '先(선)'은 '씻을 洗(세)'와 통하여 '씻다'의 뜻이다. '씻긴 듯이 윤이 나는 금속'을 뜻한다. 銑鐵(선철)

'先(선)'자에 '물 氵(수)'를 붙여 '씻을 洗(세)'자를 만들었다. '洗(세)'자의 원래 음은 [센]이었다. 옛날 방언에서 유래된 [세]라는 음이 득세하다보니 [센]이란 음은 없어지고 말았다. '씻다', '물로 깨끗하게 씻다', '생각이나 마음을 깨끗이 씻다', '깨끗하다', '결백하다', '신선하다', '예수교에서 행하는 의식의 하나' 등의 뜻을 나타낸다. 洗手(세수), 洗濯(세탁), 洗腦(세뇌), 洗心(세심), 洗練(세련), 洗禮(세례), 領洗(영세)

先0040, 銑3106, 洗0577

鮮(선) 鮮 蘚   330

'고울 鮮(선)'자는 '고기 魚(어)'와 '양 羊(양)'으로 이루어졌다. '생선'을 뜻하기 위한 것이었으니, '물고기 魚(어)'가 표의요소로 쓰였다. 나머지 '羊(양)'자는 '양 노린내 羴(전)'자가 변한 것이라고 한다. '생선 비린내'를 나타낸 것이니 '羊(양)'자도 표의요소라고 볼 수 있다. '뚜렷하다', '선명하다', '새롭다', '신선하다', '날생선', '적다', '드물다', '우리나라의 옛 이름'을 뜻한다. 鮮明(선명), 鮮度(선도), 鮮血(선혈), 新鮮(신선), 生鮮(생선), 朝鮮(조선)

'鮮(선)'자에 '풀 ⺿(초)'를 붙여 '이끼 蘚(선)'자를 만들었다. 蘚苔類(선태류)

鮮0667, 蘚2953

善(선) 善 繕 膳   331

'착할 善(선)'자는 '양 羊(양)'과 말씀 言(언)이 두 개인 '다투어 말할 誩(경)'으로 이루어진 글자였다. 당시 사람들은 양고기를 가장 즐겨 먹었고, 그 맛이 제일이라고 입을 모아 찬탄했다. 후에 '誩(경)'자의 형태가 간략화되었다. '착하다', '언행이 바르고 어질다', '마음씨가 곱고 어질다', '착하고 정당하여 도덕적 기준에 맞는 것', '양심의 이상으로 삼는 완전한 덕', '후하다', '잘하다', '훌륭하다', '친하다' 등의 뜻으로 쓰인다. 善(선), 善意(선의), 善行(선행), 改過遷善(개과천선), 僞善(위선), 慈善(자선), 善惡(선악), 眞善美(진선미), 上善若水(상선약수), 善用(선용), 善戰(선전), 善處(선처), 改善(개선), 最善(최선), 善隣(선린), 親善(친선)

'善(선)'자에 '실 糸(사)'를 붙여 '기울 繕(선)'자를 만들었다. 실로 떨어진 곳을 '깁다'를 뜻하기 위하여 만든 것이다. '손보아 고치다'는 뜻으로도 쓰인다. 修繕(수선), 營繕(영선)

'善(선)'자에 '고기 月(육)'를 붙여 '반찬 膳(선)/선물 膳(선)'자를 만들었다. 착한 고기가 아니라 좋은 고기, 남에게 좋은 고기를 올린다는 데서, '선물'의 뜻으로 쓰인다. 膳物(선물), 膳賜(선사)

'394 양 羊(양)'자 참조.

善0342, 繕1959, 膳2901

亘(선/긍) 亘 宣 瑄 喧 恒 桓   332

'구할 亘(선)/건널 亘(긍)' 자는 '한 一(일)'과 '아침 旦(단)'으로 이루어진 글자이다.

'구할 亘(선)'자에 '집 宀(면)'을 붙여 '베풀 宣(선)'자를 만들었다. '亘(선)'은 '고루 펴다'의 뜻이다. '宀(면)'은 임금이 사는 '집'을 뜻한다. 왕이 신하에게 자신의 意思(의사)를 말해 널리 알리는 榜(방)의 뜻을 나타낸다. '베풀다', '은혜 따위를 끼치어 주다', '펴다', '생각을 말하다', '널리 알리다', '떨치다' 등의 뜻을 나타낸다. 宣撫(선무), 宣告(선고), 宣誓(선서), 宣敎(선교), 宣言(선언), 宣傳(선전), 宣布(선포), 宣揚(선양)

'베풀 宣(선)'자에 '구슬 玉(옥)'을 붙여 '도리옥 瑄(선)'자를 만들었다. 사람의 이름자로 쓰인다.

'베풀 宣(선)'자에 '입 口(구)'를 붙여 '지껄일 喧(훤)'자를 만들었다. '떠들썩하다, 시끄럽다'는 뜻이다.

'건널 亘(긍)'자에 '마음 忄(심)'을 붙여 '항상 恒(항)'자를 만들었다. '변함이 없다'는 뜻을 나타낸다. '늘', '언제나', '영구히', '언제나 변하지 아니하다' 등의 뜻으로 쓰인다. 恒久(항구), 恒常(항상), 恒星(항성)

'건널 亘(긍)'자에 '나무 木(목)'을 붙여 '굳셀 桓(환)'자를 만들었다. 우리말 한자어의 예는 없다. 단군 신화에 나오는 '桓雄(환웅)', '桓因(환인)'에서 '桓(환)'자가 쓰인다. 사람의 이름자로 쓰인다.

'133 아침 旦(단)'자 참조.

亘3611, 宣0965, 瑄3521, 喧3336, 恒0729, 桓2074

扇(선) 扇 煽   333

'문짝 扇(선)/부채 扇(선)'자는 '지게문 戶(호)'와 '깃 羽(우)'로 이루어졌다. 새의 깃처럼 펴졌다 닫혔다 하는 문짝의 뜻에서 펼친 것처럼 생긴 '부채'를 뜻한다. 扇形(선형), 扇風機(선풍기), 太極扇(태극선), 夏爐冬扇(하로동선), 合竹扇(합죽선), 虛風扇(허풍선)

'부채 扇(선)'에 '불 火(화)'를 붙여 '부칠 煽(선)'자를 만들었다. '부채질하여 불을 일으키다'의 뜻을 나타낸다. '부채질하다', '부추기다', '꼬드기다' 등의 뜻을 나타낸다. 煽動(선동), 煽動政治(선동정치)

扇2432, 煽2660

韱(섬) 纖 殲 籤 懺 讖   334

'산부추 韱(섬)'자는 가냘픈 '산부추'를 뜻하는 글자이다. '부추 韭(구)'자가 표의요소로 쓰였다.

'韱(섬)'자에 '실 糸(사)'를 붙여 '가늘 纖(섬)'자를 만들었다. 실이 '가늘다'는 뜻을 나타내기 위하여 만든 것이다. 纖毛(섬모), 纖維(섬유), 纖細(섬세), 纖纖玉手(섬섬옥수)

'韱(섬)'자에 '죽을 歹(사)'를 붙여 '다 죽일 殲(섬)'자를 만들었다. 수많은 사람을 얼마 남지 않을 때까지 '모조리 죽임'을 뜻한다. 殲滅(섬멸).

'韱(섬)'자에 '대 竹(죽)'을 붙여 '제비 籤(첨)'자를 만들었다. '가는 대로 신의 뜻을 묻다'는 뜻이다. 當籤(당첨), 抽籤(추첨).

'韱(섬)'자에 '마음 忄(심)'을 붙여 '뉘우칠 懺(참)'자를 만들었다. '뉘우치다', '저지른 잘못을 뉘우치고 고백하다'는 뜻을 나타낸다. 懺悔(참회), 懺悔錄(참회록).

'韱(섬)'자에 '말씀 言(언)'을 붙여 '참서 讖(참)/예언 讖(참)'자를 만들었다. '참서', '비결(秘訣)', '미래의 길흉에 대한 징조'의 뜻을 나타낸다. 讖書(참서), 讖言(참언), 圖讖(도참).

纖1961, 殲2584, 籤2815, 懺1593, 讖3031

成(성) 成城盛誠晟 335

'이룰 成(성)'자는 '다섯째 천간 戊(무)'와 '넷째 천간 丁(정)'으로 이루어진 글자이다. '뜻한 바를 이루다', '어떤 상태나 결과로 되게 하다', '완성되다', '익다', '성숙하다', '자라다', '어른이 되다' 등의 뜻을 나타낸다. 成功(성공), 成績(성적), 大器晩成(대기만성), 殺身成仁(살신성인), 完成(완성), 成熟(성숙), 成長(성장), 成人(성인), 成年(성년), 未成年(미성년), 成蟲(성충).

'成(성)'자에 '흙 土(토)'를 붙여 '성곽 城(성)'자를 만들었다. '흙으로 쌓은 토성'의 뜻이라기보다는 '흙[土] 위에 쌓은 성'으로 보는 것이 맞다. 옛날에는 도읍 특히 임금이 지내는 도읍은 성곽으로 둘러 적의 방어를 쉽게 하고, 임금의 위세를 떨치는 데 이용하였다. 옛날에는 흔히 이중으로 되어 있었는데, 안쪽의 것을 城(성), 바깥쪽의 것을 郭(곽)이라 했다. 城郭(성곽), 城壁(성벽), 宮城(궁성), 籠城(농성), 牙城(아성), 都城(도성), 不夜城(불야성).

'成(성)'자에 '그릇 皿(명)'을 붙여 '성할 盛(성)'자를 만들었다. '그릇에 가득 담다'는 뜻을 위한 것이다. '성하다', '넘치다', '무성하다', '한창 때', '번성하다' 등의 뜻을 나타낸다. 盛大(성대), 盛衰(성쇠), 盛行(성행), 繁盛(번성), 全盛期(전성기), 珍羞盛饌(진수성찬), 興亡盛衰(흥망성쇠).

'成(성)'자에 '말씀 言(언)'을 붙여 '정성 誠(성)'자를 만들었다. '誠(성)'자는 언젠가는 믿음을 얻을 수 있는 '진심'을 뜻하기 위한 것으로 '말씀 言(언)'이 표의요소이다. 말은 진심에서 우러나오는 것이라야 믿음이 있다는 뜻이 담긴 셈이다. '정성', '참 마음', '참되게 하다', '마음을 정성스럽게 가지다' 등의 뜻을 나타낸다. 誠金(성금), 誠實(성실), 誠意(성의), 精誠(정성), 至誠(지성), 忠誠(충성), 孝誠(효성).

'成(성)'자 위에 '해 日(일)'을 붙여 '밝을 晟(성)'자를 만들었다. 사람의 이름자로 쓰인다.

成0312, 城0845, 盛0808, 誠0872, 晟3456

世(세) 世貰泄 336

'인간 世(세)/대 世(세)'자는 '열 十(십)'을 세 개 합쳐 놓은 것이다. '30'이 본래의 의미이다. 흔히 1世代(세대)를 30년으로 하는데 '世(세)'자의 본래의 의미를 나타낸 것이다. '대(代)', '세상', '속세', '과거, 현재, 미래의 각각의 세계', '시대', '한평생', '맏이' 등의 뜻을 나타낸다. 世代(세대), 世代交替(세대교체), 二世(이세), 世界(세계), 世上(세상), 處世(처세), 惑世誣民(혹세무민), 來世(내세), 現世(현세), 世紀(세기), 末世(말세), 後世(후세), 世子(세자), 世帶(세대), 世尊(세존).

'世(세)'자에 '조개 貝(패)'를 붙여 '세낼 貰(세)'자를 만들었다. 돈을 받고 '빌려주다'는 뜻을 나타내기 위하여 만든 것이다. 貰房(세방), 房貰(방세), 朔月貰(삭월세), 傳貰(전세).

'世(세)'자에 '물 氵(수)'를 붙여 '샐 泄(설)'자를 만들었다. '싸다', '누다', '설사하다', '새다', '틈이나 구멍으로 흘러나오다', '비밀에 속한 사물이 몰래 외부에 알려지다' 등의 뜻을 나타낸다. 漏泄(누설)/漏洩(누설), 天機漏泄(천기누설)/天機漏洩(천기누설), 泄瀉(설사), 排泄(배설).

'410 나뭇잎 葉(엽)' 참조.

世0090, 貰1991, 泄2601

歲(세) 歲濊 337

'해 歲(세)'자는 '걸을 步(보)'와 '도끼 戌(월)'이 합쳐진 것이다. 원래의 뜻은 '도끼'였는데 周(주)나라 때 이후 '1년'을 뜻하는 것으로 쓰이기 시작했다고 한다. 도끼가 1년으로 변한 이유는 분명하지 않다. '해', '일 년', '새해', '시일', '세월', '나이' 등의 뜻을 나타낸다. 歲暮(세모), 歲入(세입), 歲拜(세배), 過歲(과세), 歲月(세월), 萬歲(만세), 虛送歲月(허송세월), 年歲(연세).

'歲(세)'자에 '물 氵(수)'를 붙여 '종족 이름 濊(예)'자를 만들었다.

'568 그칠 止(지)'자 참조.
'268 걸을 步(보)'자 참조.

歲0081, 濊3491

少(소) 少妙渺劣沙/砂娑裟紗抄秒炒雀省 338

'적을 少(소)/젊을 少(소)'자는 '적다'는 뜻을 나타내기 위하여 모래알이 네 개 흩어져 있는 모양을 그린 것이다. 책상 위에서 모래알 네 개를 흩어 놓고 '少(소)'자를 만들어 보자. '小(소)'자에 '삐침 丿(별)'을 붙여 '작을 小(소)'와 구분하고자 하였을 것이다. '적다', '젊다', '어린이', '장(長)'에 버금가는 벼슬 등의 뜻을 나타낸다.

少額(소액), 減少(감소), 多少(다소), 略少(약소), 稀少(희소), 少年(소년), 老少(노소), 年少(연소), 少尉(소위), 少領(소령), 少將(소장)

'묘할 妙(묘)'자는 '젊은 여자'를 뜻하기 위하여 만들어진 것이다. '여자 女(녀)'와 '젊다'는 뜻인 '少(소)'로 만들어졌다. '20살 안팎의 젊은 여자'를 뜻한다. '젊다', '예쁘다', '묘하다'의 뜻으로 쓰인다. 妙技(묘기), 妙策(묘책), 巧妙(교묘), 微妙(미묘), 絶妙(절묘), 妙齡(묘령)

'적을 少(소)'자에 '눈 目(목)'자를 붙여 '애꾸눈 眇(묘)'자를 만들었다. 한 눈이 작아서 보이지 않는다. '애꾸눈'을 뜻한다.

'애꾸눈 眇(묘)'자에 '물 氵(수)'를 붙여 '아득할 渺(묘)'자를 만들었다. '물이 아득히 멀리 작게 보이는 모양'을 나타낸다. 渺然(묘연)

'적을 少(소)'자에 '힘 力(력)'을 붙여 '못할 劣(렬)/용렬할 劣(렬)'자를 만들었다. '힘이 약하다'는 뜻을 나타내기 위하여 만들어진 글자이다. 후에 '못하다', '못나다' 등의 뜻으로도 쓰이게 되었다. 劣等(열등), 劣等感(열등감), 劣惡(열악), 卑劣(비열), 劣勢(열세), 拙劣(졸렬)

'少(소)'자에 '물 氵(수)'를 붙여 '모래 沙(사)', '돌 石(석)'을 붙여 '모래 砂(사)'자를 만들었다. '沙(사)'자는 하천에 물이 적어지면 보이는 것이 '모래'였기에 '沙(사)'자로 썼는데, 작아도 돌은 돌이니 '물 水(수)' 대신 '돌 石(석)'을 쓰자는 주장이 있어 '砂(사)'자를 만들었다. '砂'자를 속자로서 쓰기도 한다. 沙工(사공), 沙鉢(사발), 沙門(사문), 沙彌(사미), 沙蔘(사삼) 따위에서는 '砂'를 함께 쓰지 않는다. 砂囊(사낭)은 沙囊(사낭)이라고 쓰지는 않는다. '모래', '사막', '모래벌판' '달고도 맛있는 것에 붙이는 말' 등의 뜻으로 쓰인다. 沙工(사공), 沙漠(사막)/砂漠(사막), 沙上樓閣(사상누각)/砂上樓閣(사상누각), 白沙場(백사장)/白砂場(백사장), 黃砂(황사)/黃沙(황사), 砂糖(사탕)/沙糖(사탕), 沙果(사과)/砂果(사과), 沙門(사문), 沙蔘(사삼)

'모래 沙(사)'자에 '여자 女(녀)'를 붙여 '춤출 娑(사)/사바세상 娑(사)'자를 만들었다. 본뜻은 고운 모래가 슬슬 굴러 가듯이 여자가 옷소매를 펄럭이며 너울너울 춤추는 모양을 나타낸다. 본뜻으로 쓰인 한자어의 예는 없고 '사바 세상'을 뜻하는 글자로만 쓰인다. 娑婆(사바)

'모래 沙(사)'자에 '옷 衣(의)'를 붙여 '가사 裟(사)'자를 만들었다. '가사 袈(가)'자와 더불어 범어 'kasaya'의 음역자이다. 袈裟(가사)

'적을 少(소)'자에 '실 糸(사)'를 붙여 '비단 紗(사)'자를 만들었다. 지극히 얇고 고와 가벼운 '비단'을 뜻한다. 紗帽冠帶(사모관대), 面紗布(면사포)

'적을 少(소)'자에 '손 扌(수)'를 붙여 '뽑을 抄(초)/베낄 抄(초)'자를 만들었다. 인쇄술이 발달하기 전에 손으로 책의 중요한 것을 '베껴 쓰다'는 뜻을 나타내기 위한 것이었다. 후에 '간추리다', '뽑다'는 뜻이 추가되었다. 抄錄(초록), 抄本(초본)

'적을 少(소)'자에 '벼 禾(화)'를 붙여 '시간 단위 秒(초)'자를 만들었다. 본뜻은 벼의 '까끄라기'였으나 '시간의 단위'로 쓰이고 있다. 秒速(초속), 秒針(초침), 分秒(분초)

'적을 少(소)'자에 '불 火(화)'를 붙여 '볶을 炒(초)'자를 만들었다. 炒麵(초면), 炒醬(초장)

'적을 少(소)'자에 '새 隹(추)'를 붙여 '참새 雀(작)'자를 만들었다. 작은 새, 곧 '참새'를 뜻하는 글자였다. 雀鼠(작서), 雀舌(작설), 燕雀(연작), 黃雀(황작), 孔雀(공작), 朱雀(주작), 雀躍(작약), 歡呼雀躍(환호작약), 麻雀(마작)

'살필 省(성)'자는 '적을 少(소)'와 '눈 目(목)'의 형태로 보이나 원래는 '싹날 屮(철)'과 '눈 目(목)'으로 이루어진 것이다. 새봄에 싹이 트는지 살피는 모습에서 '省(성)'자가 만들어진 것이다. '살피다'의 뜻으로 쓰일 때는 [싱]으로, '줄이다', '덜다'의 뜻으로 쓰일 때는 [생]으로 읽는다. '살피다', '분명하다', '자세하다', '안부를 묻다', '깨닫다', '덜다', '없애다' 등의 뜻을 나타낸다. 省墓(성묘), 省察(성찰), 歸省(귀성), 內省(내성), 反省(반성), 昏定晨省(혼정신성), 人事不省(인사불성), 省略(생략)

少0053, 妙0958, 渺2614, 劣0930, 沙/砂1298, 娑2313, 裟2982, 紗2828, 抄1600, 秒1942, 炒2648, 雀3133, 省0414

召(소) 召昭紹沼邵照詔招超貂

'부를 召(소)'자는 '입 口(구)'와 '칼 刀(도)'로 이루어진 글자이다. '口'는 술을 담은 그릇의 모양이다. 그 위에 칼을 손에 들고 축문을 외면서 신을 부르는 의식을 나타내는 것이라고 한다. '부르다'의 뜻을 나타낸다. 召命(소명), 召集(소집), 召喚(소환), 應召(응소)

'부를 召(소)'자에 '해 日(일)'을 붙여 '밝을 昭(소)'자를 만들었다. 햇빛이 '밝게 빛나다'는 뜻을 나타내기 위한 것이다. '밝다', '환히 빛나다', '밝히다'는 뜻을 나타낸다. 昭詳(소상)

'부를 召(소)'자에 '실 糸(사)'를 붙여 '이을 紹(소)'자를 만들었다. 떨어진 실을 '잇다'를 뜻하기 위하여 만든 것이다. 후에 '소개하다', '알선하다' 등의 뜻으로 쓰이게 되었다. 紹介(소개)

'부를 召(소)'자에 '물 氵(수)'를 붙여 '못 沼(소)'자를 만들었다. '늪' 또는 '못'을 뜻한다. 沼澤地(소택지), 龍沼(용소), 湖沼(호소)

'부를 召(소)'자에 '고을 阝(읍)'을 붙여 '땅 이름 邵(소)'자를 만들었다.

'부를 召(소)'자에 "해 日(일)'과 '불 灬(화)'를 붙여 '비출 照(조)'자를 만들었다. 해(日)나 불(灬) 같이 '밝다'가 본래 의미이다. '해 日(일)'과 '불 火(화)'가 모두 표의요소이다. '부를 召(소)'가 표음요소이다. '비추다', '밝게 하다', '대조하여 보다', '비추어서 보다', '문서로써 알리다', '깨우치다' 등의 뜻으로 쓰인다. 照明(조명), 照射(조사), 照準(조준), 肝膽相照(간담상조), 落照(낙조), 日照(일조), 照査(조사), 照會(조회), 對照(대조), 參照(참조), 觀照(관조)

'召(소)'자에 '말씀 言(언)'을 붙여 '조서 詔(조)'자를 만들었다. '조서', '조칙', '천자의 명령'의 뜻을 나타낸다. 詔書(조서), 詔勅(조칙)

'召(소)'자에 '손 扌(수)'를 붙여 '부를 招(초)'자를 만들었다. '손짓하여 부르다'는 뜻을 나타낸다. '부를 召(소)'는 말이나 문서 따위로 사람을 부르는 것. '부를 招(초)'는 직접 손짓하여 사람을 부르는 것. 그러나 요즈음은 그렇게 구분하여 쓰이지는 않는다. '오라고 부르다', '불러일으키다', '가져오게 하다', '밝히다', '명백히 하다' 등의 뜻을 나타낸다. 招待(초대), 招人鐘(초인종), 招請(초청), 招來(초래), 自招(자초), 問招(문초)

'召(소)'자에 '달릴 走(주)'를 붙여 '넘을 超(초)'자를 만들었다. '뛰어넘다'는 뜻을 나타내기 위하여 만든 것이다. '넘다', '뛰어넘다' '낫다', '뛰어나다' 등의 뜻을 나타낸다. 超過(초과), 超然(초연), 超越(초월), 超音波(초음파), 超人(초인)

'召(소)'자에 '발 없는 벌레 豸(치)'를 붙여 '담비 貂(초)'자를 만들었다. 모양은 족제비 비슷하고, 털빛은 황갈색임. 가죽이 귀하여 옛날에 그 꼬리로 侍中(시중) 등의 冠(관)에 달아 장식으로 하였다. 貂蟬(초선)

召1521, 昭1631, 紹1952, 沼2085, 邵3583, 照1320, 詔3003, 招0663, 超1417, 貂3034

喿(소) 操燥藻躁繰   340

'떠들 喿(소)'자는 '물건 品(품)'과 '나무 木(목)'으로 이루어졌다. '品(품)'은 '많은 것'을 나타낸다. 많은 새가 나무 위에서 울어서 '시끄럽다'는 뜻을 나타낸다.

'喿(소)'자에 '손 扌(수)'를 붙여 '잡을 操(조)/절개 操(조)'자를 만들었다. '喿(소)'는 '새집 巢(소)'와 통하여, 새가 둥지를 틀 듯 '손으로 교묘하게 놀리다' 즉, '조종하다'의 뜻을 나타낸다. '잡다', '쥐다', '부리다', '조종하다', '군사 훈련', '운동', '절개' 등의 뜻을 나타낸다. 操身(조신), 操心(조심), 操業(조업), 操作(조작), 操縱(조종), 操舵(조타), 操練(조련), 體操(체조), 志操(지조), 貞操(정조)

'喿(소)'자에 '불 火(화)'를 붙여 '마를 燥(조)'자를 만들었다. 불을 지펴 열을 가하여 물기를 '말리다'는 뜻을 나타내기 위하여 만든 것이다. '마르다', '마른 것' 등의 뜻을 나타낸다. 燥渴(조갈), 乾燥(건조), 焦燥(초조)

'喿(소)'자에 '물 氵(수)'와 '풀 艹(초)'를 붙여 '말 藻(조)'자를 만들었다. '말', '바닷말'을 뜻한다. 藻類(조류), 綠藻(녹조), 海藻(해조)

'喿(소)'자에 '발 足(족)'을 붙여 '성급할 躁(조)'자를 만들었다. '발을 연이어 움직여 안정되지 않다'는 뜻에서 '성급하다', '조급하다'는 뜻을 나타낸다. 躁急(조급), 躁鬱症(조울증)

'喿(소)'자에 '실 糸(사)'를 붙여 '고치켤 繰(소)'자를 만들었다. '누에고치에서 실을 켜다'는 뜻이다.

操0545, 燥1688, 藻2952, 躁3057, 繰3372

束(속) 束速疎悚剌辣勅整 341

'묶을 束(속)'자는 '나무[木]'를 '다발[口]'로 묶어 놓은 것이다. '묶다', '다발을 짓다', '여럿을 하나로 모으거나 하나로 합치다', '손이나 몸을 결박하다', '삼가다', '잡도리하다', '약속하다' 등의 뜻을 나타낸다. 結束(결속), 束手無策(속수무책), 束縛(속박), 拘束(구속), 束帶(속대), 團束(단속), 約束(약속)

'束(속)'자에 '길 갈 辶(착)'을 붙여 '빠를 速(속)'자를 만들었다. '빠르다', '신속하다', '속도' 등의 뜻을 나타낸다. 速攻(속공), 速斷(속단), 速度(속도), 加速(가속), 時速(시속)

'束(속)'자에 '발 疋(소)'를 붙여 '멀 疎(소)'자를 만들었다. '疎(소)'자는 '疏(소)'자와 同一語(동일어) 異體字(이체자)이다. 또는 '疏(소)'자의 俗字(속자)라고 한다. '멀리하다', '드물다', '거칠다', '치우다' 등의 뜻으로는 '疎(소)'와 疏(소)를 同字(동자)로 보아 같이 쓰지만 '트이다', '채소', '상소하다'는 관습상 '疏(소)'자를 쓰되 '疎(소)'자는 쓰지 않는다. 疏外(소외)/疎外(소외), 疏遠(소원)/疎遠(소원), 生疎(생소)/生疏(생소), 親疎(친소)/親疏(친소)

'束(속)'자에 '마음 忄(심)'을 붙여 '두려워할 悚(송)'자를 만들었다. '束(속)'은 다발로 묶은 땔나무의 상형으로, '죄어들어 오므라듦'의 뜻을 나타낸다. '悚(송)'자는 '마음이 죄어들어 오므라들다', '두려워하다'의 뜻을 나타낸다. 悚懼(송구), 罪悚(죄송), 惶悚(황송)

'束(속)'자에 '칼 刂(도)'를 붙여 '어그러질 剌(랄)/발랄할 剌(랄)/수라 剌(라)'자를 만들었다. '束(속)'자는 '섶나무를 묶은 단'의 뜻이다. 낫[刂(도)]으로 섶나무를 베려는데 '나뭇가지가 튀다'의 뜻에서 '剌(랄)'자는 본뜻이 '어그러지다'이다. 그러나 이 뜻으로 쓰인 한자어의 예는 거의 없다. '발랄하다'는 뜻으로 쓰인다. 임금님에게 올리는 음식을 뜻하는 '수라'에서는 [라]로 읽는다. '가시 朿(자) + 칼 刂(도)'로 이루어진 '찌를 刺(자)'자와 혼동하지 말자. 潑剌(발랄), 水剌(수라)

'매울 辣(랄)'자는 '매울 辛(신)'과 '이그러질 剌(랄)'자로 이루어진 글자이다. '辛(신)'은 '바늘'을 본뜬 것이다. '剌(랄)'자는 '묶을 束(속) + 칼 刂(도)'이니, '묶은 것에 칼질하다'는 뜻이다. 여기에서는 '칼 刂(도)'가 생략되었다. '辣(랄)'자는 바늘이나 칼로 찌르듯이 맛이 '맵다'는 뜻이다. 辛辣(신랄), 惡辣(악랄)

'조서 勅(칙)'자는 원래는 '가릴 柬(간) + 칠 攵(복)'으로 이루어진 글자였다. 후에 '柬(간)'이 '묶을 束(속)'

자로 바뀌고, '攵(복)'은 '力(력)'으로 바뀌어 오늘날의 '勅(칙)'자가 되었다. '타이르다, 조심하다'의 뜻이었는데, 오늘날에는 보통 '詔書(조서)', '임금의 명령을 적은 문서'의 뜻으로 쓰인다. 勅令(칙령), 勅命(칙명), 勅使(칙사), 勅書(칙서)

'가지런할 整(정)'자는 '가지런하게 하다'는 뜻을 나타내기 위하여 나무 다발[束(속)]을 잘 다독거려서[칠 攵(복)] 똑바르게[바를 正(정)] 하는 뜻을 모아 놓은 것이다. '가지런하다', '정돈하다'를 뜻하는 글자로, '증서에서 금액을 쓴 끝에 그 이하의 단수(端數)가 없다는 뜻을 나타내기 위하여 쓰는 글자이다. 整頓(정돈), 整理(정리), 整形外科(정형외과), 調整(조정), 秩序整然(질서정연), 一金一萬圓整(일금일만원정), 整數(정수)

'187 힘 입을 賴(뢰)'자 참조.

束0563, 速0451, 疎0445, 悚1240, 刺2199, 辣3070, 勅2210, 整0636

孫(손) 孫遜 342

'손자 孫(손)'자는 아들의 아들, 즉 孫子(손자)를 뜻하기 위하여 '아들 子(자)'와 '이을 系(계)'를 합쳐 놓은 것이다. '손자', '자식의 자식', '자손', '후손'을 뜻한다. '姓(성)'으로 쓰인다. 孫女(손녀), 孫子(손자), 外孫(외손), 祖孫(조손), 代代孫孫(대대손손), 子孫(자손), 後孫(후손), 孫子兵法(손자병법)

'孫(손)'자에 '길 갈 辶(착)'을 붙여 '겸손할 遜(손)'자를 만들었다. 원래 '달아나다'의 뜻이었는데, 후에 '겸손하다'는 뜻으로 쓰이게 되었다. '못하다', '뒤떨어지다'는 뜻으로도 쓰인다. 謙遜(겸손), 恭遜(공손), 不遜(불손), 遜色(손색)

孫0389, 遜1407

巽(손) 選撰饌 343

'부드러울 巽(손)'자는 두 개의 병부 㔾(절) '㔾㔾' 아래 '상 丌(기)'를 붙여 만든 글자이다. '丌(기)'자는 물건을 괴는 '받침'을 뜻한다. 물건을 가지런히 괴어 '넘겨주다'는 뜻으로 쓰이는 글자이다. 후에 '丌(기)'가 '共(공)'으로 바뀌었다.

'巽(손)'자에 '길 갈 辶(착)'을 붙여 '가릴 選(선)/뽑을 選(선)'자를 만들었다. '가리다', '가려 뽑다', '인재를 뽑아서 벼슬자리에 앉히다'는 뜻을 나타낸다. 選拔(선발), 選手(선수), 選擇(선택), 豫選(예선), 取捨選擇(취사선택), 選擧(선거), 選出(선출), 落選(낙선), 當選(당선)

'巽(손)'자에 '손 扌(수)'를 붙여 '지을 撰(찬)'자를 만들었다. '巽(손)'자는 '가지런히 정돈하다'는 뜻이다. 여기에 '손 扌'를 붙여, '가리다'는 뜻을 나타냈다. 후에 '시문을 짓다'는 뜻으로 쓰이게 되었다. 撰述(찬술), 修撰(수찬)

'巽(손)'자에 '먹을 食(식)'을 붙여 '반찬 饌(찬)'자를 만들었다. '갖추어 차려진 음식의 모양' 또는 '제물', '반찬'을 뜻하는 글자이다. 饌欌(찬장), 飯饌(반찬), 素饌(소찬), 珍羞盛饌(진수성찬)

選0648, 撰2486, 饌3159

衰(쇠) 衰蓑 344

'쇠할 衰(쇠)'자는 풀로 엮어 만든 비옷, 즉 '도롱이'를 나타내기 위한 것이었으니, '옷 衣(의)'가 표의요소, 가운데 부분은 그것의 너덜너덜한 모양을 나타낸 것이다. 후에 '기운이 없어지다', '쇠하다'는 뜻으로 쓰이는 예가 많아지자, 본래의 뜻은 '풀 艹(초)'를 붙여 '도롱이 蓑(사)'자를 만들어 나타냈다. '쇠하다', '약해지다', '기운이 없어지다', '여위다'는 뜻을 나타낸다. 衰弱(쇠약), 衰退(쇠퇴), 老衰(노쇠), 興亡盛衰(흥망성쇠)

'衰(쇠)'자에 '풀 艹(초)'를 붙여 '도롱이 蓑(사)'자를 만들었다. 원래 '도롱이'는 '衰'로 나타냈는데 이 '衰(쇠)'자가 '쇠하다'는 뜻으로 쓰이게 되자 '풀 艹(초)'를 붙여 '도롱이 蓑(사)'자를 만들게 된 것이다. 蓑笠(사립)

衰0809, 蓑3328

垂(수) 垂睡郵錘唾 345

'드리울 垂(수)'자는 꽃이나 잎이 축 늘어진 모양을 본뜬 것이다. '축 늘어지다', '드리우다'는 뜻을 나타내는 글자이다. 후에 '교훈을 주다', '명예·공적 등을 후세에 전하다'는 뜻도 나타내게 되었다. 垂簾(수렴), 垂線(수선), 垂直(수직), 懸垂幕(현수막), 垂範(수범), 山上垂訓(산상수훈), 率先垂範(솔선수범)

'垂(수)'자에 '눈 目(목)'을 붙여 '졸음 睡(수)'자를 만들었다. 앉아서 자다 즉, '졸다'는 뜻을 나타내기 위하여 '눈 目(목)'과 '숙일 垂(수)'를 합쳐 놓았다. '자다', '앉아서 졸다', '잠', '꽃봉오리 지는 모양', '오므라들다' 등의 뜻을 나타낸다. 睡魔(수마), 睡眠(수면), 午睡(오수), 昏睡狀態(혼수상태), 睡蓮(수련)

'垂(수)'자에 '고을 阝(읍)'을 붙여 '우편 郵(우)/역참 郵(우)'자를 만들었다. '郵(우)'자는 문서나 편지를 전달하는 人馬(인마)를 번갈아 내보내기 위하여 적당한 거리를 두고 설치한 집, 즉 '驛站(역참)'을 뜻한다. 대개 '고을[邑/ 阝(읍)]'의 모서리나 '끝[垂]'에 역참이 있었나보다. '역참', '우편'을 뜻한다. 郵遞局(우체국), 郵便(우편), 郵票(우표)

'垂(수)'자에 '쇠 金(금)'을 붙여 '저울추 錘(추)'자를 만들었다. '저울대에 늘어져 있는 추'를 이른다. 紡錘(방추), 紡錘形(방추형)

'垂(수)'자에 '입 口(구)'를 붙여 '침 唾(타)'자를 만들었다. 입에서 흘러 떨어지는 액체, 즉 '침'을 가리킨다. 唾腺(타선), 唾液(타액), 唾面自乾(타면자건)

垂1863, 睡1338, 郵1103, 錘3112, 唾2251

叟(수) 搜嫂瘦　346

'늙은이 叟(수)'자는 '叜(수)'자의 속자였다. '叜(수)'자는 '집 宀(면)', '불 火(화)', '또 又(우)'로 이루어진 글자로, '집에서 손에 불을 들고 물건을 찾다'는 뜻을 나타낸다. 거기에서 '늙은이'의 모습을 그렸나보다. 저자 나름으로 글자의 형태를 분석해보면 '叟(수)'자는 절구 공이[ㅣ]를 손[又]에 들고서 절구[臼]질을 하는 것을 그린 글자라고 할 수 있겠다. 글자의 형태를 익히게 하기 위하여 꾸며낸 이야기이다.

'叟(수)'자에 '손 扌(수)'를 붙여 '찾을 搜(수)'자를 만들었다. 손으로 더듬어 '찾다'는 뜻을 나타내기 위하여 만든 것이다. '찾다', '얻어내려고 뒤지거나 살피다', '모르는 것을 알아내거나 밝혀내다'는 뜻을 나타낸다. 搜查(수사), 搜索(수색), 搜所聞(수소문)

'叟(수)'자에 '여자 女(녀)'를 붙여 '형수 嫂(수)'자를 만들었다. '형수'를 뜻하는 것으로 만들어졌지만, '동생의 아내'도 이 글자를 쓴다. 季嫂(계수), 弟嫂(제수), 兄嫂(형수)

'叟(수)'자에 '병 疒(역)'을 붙여 '여윌 瘦(수)'자를 만들었다. '여위다', '파리하다', '메마르다' 등의 뜻으로 쓰인다. 瘦瘠(수척)

搜1902, 嫂2321, 瘦2729

受(수) 受授　347

'받을 受(수)'자는 '손'을 나타내는 '爫(조)', 받는 손을 나타내는 '又(우)', 祭需(제수)를 담는 그릇을 나타내는 '冖(멱)'으로 이루어진 글자이다. '제수를 담은 그릇을 손으로 주고받다'는 뜻을 가진 글자였다. '받다', '사무 처리를 위해서 서류나 물건 등을 받다', '어떤 행동 영향 등을 당하거나 입거나 하다', '그릇 따위에 담다', '얻다', '이익을 누리다', '받아들이다' 등의 뜻을 나타낸다. 受領(수령), 受業(수업), 授受(수수), 引受(인수), 接受(접수), 受動(수동), 受侮(수모), 受難(수난), 感受性(감수성), 受胎(수태), 受益(수익), 受諾(수락), 受理(수리), 受容(수용)

'受(수)'자에 '손 扌(수)'를 붙여 '줄 授(수)'자를 만들었다. '손으로 집어 건네주다'는 뜻을 나타낸다. '受(수)'자는 원래 '주고 받다'는 뜻이었는데, '주다'는 뜻의 '授(수)'자를 만들고서 '받다'는 뜻으로만 쓰이게 되었다. '주다', '넘겨주다', '전하여 주다'는 뜻을 나타낸다. 授受(수수), 授與(수여), 授業(수업), 敎授(교수), 傳授(전수)

受0694, 授0695

守(수) 守狩　348

'지킬 守(수)'자는 '집 宀(면)'과 '마디 寸(촌)'으로 이루어졌다. '寸(촌)'은 '손 手(수)'가 변한 것이다. 궁전[宀] 따위를 손으로 지킨다는 뜻이다. '지키다', '보살펴 보호하다', '막다', '규정·약속 등을 어기지 아니하고 그대로 실행하다', '정조 등을 굽히지 아니하다', '어떤 상태를 그대로 계속 유지하다', '직무 또는 벼슬 이름' 등의 뜻으로 쓰인다. 守門將(수문장), 守錢奴(수전노), 守護神(수호신), 獨守空房(독수공방), 守備(수비), 攻守(공수), 死守(사수), 把守(파수), 守誡(수계), 嚴守(엄수), 遵守(준수), 守節(수절), 守舊(수구), 保守(보수), 看守(간수), 郡守(군수)

'守(수)'자에 '개 犭(견)'을 붙여 '사냥 狩(수)'자를 만들었다. 사냥개를 써서 하는 사냥을 뜻하는 글자였다. '사냥', '책임을 맡아 부임하는 곳' 등의 뜻을 나타낸다. 狩獵(수렵), 巡狩(순수)

守0543, 狩2681

須(수) 須鬚　349

'모름지기 須(수)'자는 '머리 頁(혈)'과 '터럭 彡(삼)'으로 이루어졌다. 얼굴의 턱에 난 털, 즉 '턱수염'을 나타내기 위하여 만든 것이다. 둘 다 표의요소이다. '모름지기', '잠간', '필요하다' 등으로 차용되자, 본래의 뜻은 '턱수염 鬚(수)'를 만들어 나타냈다. 必須(필수), 終須一別(종수일별), 須彌山(수미산)

'須(수)'자에 '머리털 늘어질 髟(표)'를 붙여 '수염 鬚(수)'자를 만들었다. 턱수염은 '鬚(수)', 콧수염은 '髭(자)', 귀 밑에서 턱까지 잇달아 난 수염 즉 구레나룻은 '髥(염)'이라고 한다. '수염', '동물의 입 가장자리에 난 뻣뻣한 털'을 뜻한다. 鬚髥(수염), 鬚根(수근), 龍鬚(용수), 龍鬚鐵(용수철)

'鬚(수)'자는 '653 머리털 늘어질 髟(표)'자 참조.

須1817, 鬚3322

需(수) 需儒孺懦　350

'구할 需(수)/쓰일 需(수)'자는 본래 '기다리다'는 뜻을 나타내기 위하여 만든 글자이다. 비[雨](우)를 줄줄 맞고 서 있는 사람[大]이 비가 멎기만 기다리고 있는 모습을 그린 것이었는데, 예서 서체에서 '大(대)'가 '而(이)'로 변화되었다. '而(이)'는 머리를 풀어헤친 사람을 상징한다고도 한다. 가뭄이 들어 사람이 머리를 풀어헤치고 비가 오기를 기원한다는 데서 '구하다', '바라다'라는 뜻을 나타낸다. 한자어 낱말에서는 본뜻보다는 주로 '쓰다', '쓰이다'라는 뜻으로 쓰인다. 需給(수급), 需要(수요), 內需(내수), 祭需(제수), 必需品(필수품), 婚需(혼수)

'需(수)'자에 '사람 亻(인)'을 붙여 '선비 儒(유)'자를 만들었다. '선비', '공자의 사상과 학문을 닦는 사람', '유학', '유교', '유약(柔弱)하다'는 뜻을 나타낸다. 儒敎(유교), 儒林(유림), 儒學(유학), 焚書坑儒(분서갱유)

'需(수)'자에 '아들 子(자)'를 붙여 '젖먹이 孺(유)'자를 만들었다. '젖먹이', '어린애'의 뜻으로 만들어진 글자인데, 우리말 한자어로는 '大夫(대부)의 아내'라는 뜻으로만 쓰인다. 孺人(유인)

'需(수)'자에 '마음 忄(심)'을 붙여 '나약할 懦(나)'자를 만들었다. '마음이 부드럽고 약하다'는 뜻을 나타낸다. 懦夫(나부), 懦弱(나약)

需0612, 儒0672, 孺3224, 懦2424

秀(수) 秀 誘 透   351

'빼어날 秀(수)'자는 '벼 禾(화)'자와 퍼져 뻗은 활의 모양을 나타내는 '乃(내)'자로 이루어졌다. '벼의 이삭이 패다'는 뜻을 나타낸다. 본뜻보다는 '빼어나다'는 뜻으로 많이 쓰인다. '빼어나다', '높이 솟아나다', '뛰어나다', '훌륭하다', '자라다', '이삭이 패다' 등의 뜻을 나타낸다. 秀麗(수려), 秀才(수재), 優秀(우수), 俊秀(준수), 麥秀之嘆(맥수지탄)

'秀(수)'자에 '말씀 言(언)'을 붙여 '꾈 誘(유)/달랠 誘(유)'자를 만들었다. '誘(유)'자는 '말을 빼어나게 잘하다'는 뜻을 나타내기 위한 것이었다. '말씀 言(언)'과 '빼어날 秀(수)'둘 다 표의요소로 쓰였다. 말을 빼어나게 잘해야 남을 유혹하거나 유인할 수 있다. '꾀다', '유혹하다', '유인하다', '권유하다', '인도하다', '마음을 움직이게 하다' 등의 뜻을 나타낸다. 誘拐(유괴), 誘引(유인), 誘惑(유혹), 勸誘(권유), 誘導(유도), 誘導彈(유도탄), 誘致(유치), 誘發(유발)

'秀(수)'자에 '길 갈 辶(착)'을 붙여 '통할 透(투)/꿰뚫 透(투)/비칠 透(투)'자를 만들었다. 길을 가며 '뛰다'는 뜻을 나타내기 위하여 만든 것이었다. 후에 '통하다', '어떤 것을 통해서 안쪽이 들여다보이다', '뚫다', '환히 비치다', '새다' 등의 뜻으로 쓰이게 되었다. 透過(투과), 透光(투광), 透徹(투철), 浸透(침투), 透明(투명), 透視(투시), 透水(투수), 滲透(삼투)

秀0929, 誘1402, 透1233

壽(수) 壽 鑄 疇 躊 濤 禱   352

'목숨 壽(수)'자는 '41019촌'으로 외우면 쓰기가 쉽다. 즉 士(사), 一(일), 工(공), 一(일), 口(구), 寸(촌)을 합치면 '목숨 壽(수)'자가 된다. 물론 이것은 한자의 字源(자원)과는 관계없이 틀리지 않게 쓰려고 재미있게 꾸며낸 것이다. '목숨', '수명', '長壽(장수)', '늙은이' 등의 뜻을 나타낸다. 壽命(수명), 減壽(감수), 長壽(장수), 壽宴(수연), 萬壽無疆(만수무강), 壽福康寧(수복강녕), 祝壽(축수), 壽衣(수의), 壽石(수석)

'壽(수)'자에 '쇠 金(금)'을 붙여 '쇠 부어 만들 鑄(주)'자를 만들었다. 鑄物(주물), 鑄型(주형), 鑄貨(주화)

'壽(수)'자에 '밭 田(전)'을 붙여 '이랑 疇(주)'자를 만들었다. '밭두둑', '이랑'의 뜻에서 '밭의 경계', '범위'의 뜻으로 확대되었다. 範疇(범주)

'壽(수)'자에 '발 足(족)'을 붙여 '머뭇거릴 躊(주)'자를 만들었다. 躊躇(주저)

'壽(수)'자에 '물 氵(수)'를 붙여 '큰 물결 濤(도)'자를 만들었다. 길게 연이어진 물결, 즉 '파도'를 뜻한다. 怒濤(노도), 波濤(파도)

'壽(수)'자에 '보일 示(시)'를 붙여 '빌 禱(도)'자를 만들었다. '오래 살기를 빌다'는 뜻을 나타내는 글자였다. '빌다', '신명에 일을 고하고 그 일이 성취되기를 기원하다'는 뜻을 나타낸다. 祈禱(기도), 黙禱(묵도), 祝禱(축도)

壽0223, 鑄2009, 疇2103, 躊3055, 濤2638, 禱2780

隋(수/타) 隨 髓 墮 惰 楕   353

'수나라 隋(수)/떨어질 隋(타)/둥글길쭉할 隋(타)/게으를 隋(타)'자는 '무너져 내린 성벽'이 본뜻이었다. 字源(자원)을 따지면 복잡하다. 破字(파자)하면 '언덕 阝(부) + 왼 左(좌) + 달 月(월)'이 된다.

'수나라 隋(수)'자의 사이에 '길 갈 辶(착)'을 붙여 '따를 隨(수)'자를 만들었다. 길을 '따라가다'는 뜻을 나타내기 위하여 만든 자이다. '따르다', '따라가다', '거느리다', '동반하다', '몸에 지니다', '때마다' 등의 뜻을 나타낸다. 隨伴(수반), 隨行(수행), 附隨的(부수적), 不隨(불수), 隨想(수상), 隨時(수시), 隨意(수의), 隨筆(수필)

'골수 髓(수)'자는 '뼈 骨(골)'과 '따를 遀(수)'로 이루어졌다. '遀(수)'자는 '따를 隨(수)'의 古字(고자)이다. '골수', '뼈 속의 누른 즙액', '사물의 중심' 등의 뜻을 나타낸다. 腦髓(뇌수), 骨髓(골수), 脊髓(척수), 恨入骨髓(한입골수), 精髓(정수), 眞髓(진수)

'떨어질 隋(타)'자에 '흙 土(토)'를 붙여 '떨어질 墮(타)'자를 만들었다. 땅바닥에 '떨어지다'는 뜻을 나타내기 위한 것이다. '떨어지다', '낙하하다', '떨어뜨리다', '잃다'는 뜻을 나타낸다. 墮落(타락), 懷橘墮地(회귤타지), 齒墮舌存(치타설존)

'게으를 隋(타)'자에 '마음 忄(심)'을 붙여 '게으를 惰(타)'자를 만들었다. '언덕 阝(부)'가 생략되었다. '마음에 긴장이 풀어져서 조심성이 없다'는 뜻이다. 惰性(타성), 懶惰(나타)

'길고 둥글 楕(타)'자는 '둥글길쭉할 隋(타)'자에 '나무 木(목)'을 붙인 '橢(타)'자의 속자였다. 그러나 본자가 거의 쓰이지 않고 속자인 '楕(타)'자가 본자처럼 쓰이고 있다. '타원'의 뜻이다. 破字(파자)하면 '나무 木(목) + 왼 左(좌) + 달 月(월)'이 된다. 橢圓(타원)/楕圓(타원)

隨1453, 髓3174, 墮1541, 惰2402, 楕2562

叔(숙) 叔 淑 菽 寂 督 戚   354

'아재비 叔(숙)'자는 손으로 콩꼬투리를 줍는 모습을 본뜬 것으로 '콩'을 뜻하는 것이었다. 후에 '아버지의 아우', '형제 가운데 셋째', '아저씨' 등으로 차용되는 예가 많아지자, '콩'은 '풀'을 뜻하는 '艹(초)'를 붙여 '콩 菽(숙)'자를 따로 만들었다. 叔母(숙모), 叔父(숙부), 叔姪(숙질), 堂叔(당숙), 媤叔(시숙), 外叔(외숙), 叔氏(숙씨)

'叔(숙)'자에 '물 氵(수)'를 붙여 '맑을 淑(숙)'자를 만들었다. 물이 '맑다'는 뜻을 나타내기 위하여 만든 것이다. '착하다', '정숙하다', '맑다', '아름답다', '사모하다' 등의 뜻으로 쓰인다. 淑女(숙녀), 貞淑(정숙), 賢淑(현숙), 私淑(사숙)

'叔(숙)'자에 '풀 艹(초)'를 붙여 '콩 菽(숙)'자를 만들었다. 풋콩이나 콩과식물 및 그 열매를 총칭하는 글자였다. 우리나라에서는 '콩'은 '豆(두)' 또는 '荳(두)'로 나타내고, '菽(숙)'은 '菽麥(숙맥)'이라는 한 낱말에서 쓰이고 있다. 菽麥(숙맥), 菽麥不辨(숙맥불변)/不辨菽麥(불변숙맥)

'叔(숙)'자에 '집 宀(면)'을 붙여 '고요할 寂(적)'자를 만들었다. 집이 '고요하다'는 뜻을 위하여 만든 것이다. '고요하다', '쓸쓸하다', '열반'의 뜻을 나타낸다. 寂寞(적막), 寂寂(적적), 鬱寂(울적), 靜寂(정적), 破寂(파적), 閑寂(한적), 寂滅(적멸), 入寂(입적)

'叔(숙)'자 밑에 '눈 目(목)'을 붙여 '살펴볼 督(독)/감독할 督(독)'자를 만들었다. '삼촌[叔]이 조카의 행실을 살펴보는 눈[目]'이 '督(독)'자라고 생각하면 '督(독)'자를 쓰기에 쉬울 것이다. '살펴보다', '권하다', '재촉하다', '우두머리' 등을 뜻한다. 監督(감독), 督勵(독려), 督促(독촉), 都督(도독), 提督(제독), 總督(총독), 基督敎(기독교)

'친척 戚(척)'자는 '도끼 戉(월)'과 '아재비 叔(숙)'의 생략형'으로 이루어졌다. '戉(월)'과 '叔(숙)'으로 '친척 戚(척)'을 설명하려면 좀 복잡하다. 친척이면 의당 친하게 지내야 한다. 그러나 친척 때문에 근심하고, 슬퍼하고, 괴로울 때도 있다. '戚(척)'자는 이런 뜻을 가지고 있다. '겨레', '친족', '근심하다', '염려하다'는 뜻을 나타낸다. 外戚(외척), 姻戚(인척), 親戚(친척), 長戚戚(장척척)

'겨레 戚(척)'에 '발 足(족)'을 붙여 만든 '찡그릴 蹙(축)'자는 '549 足(족)'자 참조.

叔0947, 淑1309, 菽2948, 寂1206, 督0811, 戚1263

宿(숙) 宿縮   355

'잠잘 宿(숙)/묵을 宿(숙)/별자리 宿(수)'자는 집[宀] 안에 깔아 놓은 '돗자리[百]'에 누워서 자고 있는 '사람 [亻]'의 모습을 본뜬 것이다. '百(백)'은 숫자 '100'과는 관련이 없다. '묵다', '숙박하다', '여관', '잠자다', '한 곳에 머물러 있다', '번들다', '오래되다' 등의 뜻을 나타낸다. 宿泊(숙박), 旅人宿(여인숙), 合宿(합숙), 宿醉(숙취), 宿虎衝鼻(숙호충비), 露宿(노숙), 宿營(숙영), 寄宿舍(기숙사), 下宿(하숙), 宿直(숙직), 宿命(숙명), 宿願(숙원), 宿題(숙제), 宿患(숙환), 快宿(앙숙)

'宿(숙)'자에 '실 糸(사)'를 붙여 '오그라들 縮(축)'자를 만들었다. 줄을 '동여매다'는 뜻을 나타내기 위한 것이었다. '다리가 움츠러들다', '오그라들다', '짧다', '좁히다', '쭈그러지다', '주름잡히다', '줄다' 등의 뜻을 나타낸다. 縮小(축소), 短縮(단축), 收縮(수축), 伸縮(신축), 壓縮(압축), 萎縮(위축)

宿0525, 縮1069

孰(숙) 孰熟塾   356

'누구 孰(숙)'자는 제사 음식을 익혀서 두 손을 받쳐 들고 사당(享)에 올리는 모습이다. 후에 '누구'를 뜻하는 것으로 차용되는 예가 많아지자, 음식물을 '익히다'는 본래 뜻을 더욱 명확하게 하기 위하여 '불 火(화)'를 첨가하여 만든 글자가 '熟(숙)'자이다. 조어력이 약하여 한자어 용례를 찾기 어렵다.

'익을 熟(숙)'자의 본래 글자는 '孰(숙)'이다. '孰(숙)'자는 제사 음식을 익혀서 두 손을 받쳐 들고 사당(享)에 올리는 모습이다. 후에 '누구'를 뜻하는 것으로 차용되는 예가 많아지자, 음식물을 '익히다'는 본래 뜻을 더욱 명확하게 하기 위하여 '불 火(화)'를 첨가하여 만든 글자가 '熟(숙)'자이다. '곡식·과일 등이 익다', 익숙하다, '삶아서 익히다', '물러지다', '이루다', '완전한 경지에 이르다', '상세히 생각하다', '자세히' 등의 뜻을 나타낸다. 熟成(숙성), 未熟(미숙), 成熟(성숙), 完熟(완숙), 早熟(조숙), 熟達(숙달), 熟練(숙련), 熟手(숙수), 熟語(숙어), 老熟(노숙), 能熟(능숙), 親熟(친숙), 半熟(반숙), 白熟(백숙), 熟柿主義(숙시주의), 熟眠(숙면), 圓熟(원숙), 熟考(숙고), 熟讀(숙독), 熟知(숙지), 深思熟考(심사숙고)

'孰(숙)'자에 '흙 土(토)'를 붙여 '글방 塾(숙)'자를 만들었다. 어린이에게 사물의 이치를 익히 알도록 하기 위하여, 문의 양 옆의 방 등에 베푼 '私設(사설) 글방'의 뜻을 나타낸다. 여기에서 '孰(숙)'은 '熟(숙)'자의 생략형으로 '익다'의 뜻으로 쓰인 것이다. 私塾(사숙), 義塾(의숙)

'673 누릴 享(향)'자 참조.
孰1556, 熟1321, 塾2292

肅(숙) 肅繡簫蕭   357

'엄숙할 肅(숙)'자는 '붓 聿(율)'과 '연못 淵(연)'의 오른쪽 부분으로 이루어졌다. '수놓다'는 뜻을 나타내기 위하여 자수를 놓으려고 붓을 잡고 밑그림을 그리고 있는 모습을 본뜬 것이다. 자수를 놓을 때 바늘에 찔리지 않으려면 조심하고 엄숙해야 하므로 '엄숙하다'는 의미로 사용되는 예가 많아지자 본래 뜻은 '실 糸(사)'를 붙여 '수놓은 繡(수)'자를 만들어냈다. '엄숙하다', '엄하다',

'가지런히 하다', '정숙하다', '맑다', '깨끗하게 하다' 등의 뜻을 나타낸다. 肅然(숙연), 官紀肅正(관기숙정), 嚴肅(엄숙), 靜肅(정숙), 自肅(자숙), 肅淸(숙청)

'肅(숙)'자에 '실 糸(사)'를 붙여 '수놓을 繡(수)'자를 만들었다. 원래는 '肅(숙)'자가 '수놓다'는 뜻이었는데, '엄숙하다'는 의미로 사용되는 예가 많아지자 '실 糸(사)'를 붙여 '수놓을 繡(수)'자를 만들어냈다. 繡緞(수단), 錦繡江山(금수강산), 刺繡(자수)

'肅(숙)'자에 '대 竹(죽)'을 붙여 '통소 簫(소)'자를 만들었다. '입을 오므리고 부는 관악기'를 뜻한다. 短簫(단소), 洞簫(통소)

'肅(숙)'자에 '풀 ++(초)'를 붙여 '맑은 대쑥 蕭(소)/쓸쓸할 蕭(소)'자를 만들었다. '쓸쓸하다', '고요한 모양'을 뜻한다. 蕭蕭(소소), 蕭瑟(소슬)

肅0952, 繡2848, 簫2811, 蕭2946

盾(순) 盾循遁 358

'방패 盾(순)'자는 '방패'의 모양을 본뜬 것이다. 조어력이 낮아 '矛盾(모순)'이란 단어 밖에 없다.

'盾(순)'자에 '걸을 彳(척)'을 붙여 '돌아다닐 循(순)'자를 만들었다. '길을 따라가다'는 뜻을 위해 만든 것이다. '좇다', '뒤따르다', '돌다', '빙빙 돌다' 등의 뜻을 나타낸다. 循俗(순속), 入鄕循俗(입향순속), 循環(순환), 循環系(순환계), 循環小數(순환소수)

'盾(순)'자에 '길 갈 辶(착)'을 붙여 '달아날 遁(둔)/숨을 遁(둔)'자를 만들었다. 여기에서 '盾(순)'은 몸을 숨기는 방패를 뜻한다. '숨다', '세상을 버리고 숨다', '달아나다', '도망치다' 등의 뜻을 나타낸다. 遁甲(둔갑), 遁世(둔세), 隱遁(은둔)

盾1700, 循1578, 遁3079

旬(순) 旬殉荀筍洵珣絢 359

'열흘 旬(순)'자는 표음요소인 '고를 勻(균)'과 표의요소인 '날 日(일)'이 합쳐지면서 '勻(균)'자의 '二(이)'가 생략된 것이다. '열흘', '십년'을 뜻한다. 旬報(순보), 上旬(상순), 初旬(초순), 中旬(중순), 下旬(하순), 七旬(칠순), 八旬(팔순)

'殉(순)'자는 '따라 죽다'는 뜻을 나타내기 위하여 만든 것이다. '죽을 歹(사)'가 표의요소, '열흘 旬(순)'은 표음요소이다. '죽은 이를 따라 죽다', '목숨을 바치다'는 뜻을 나타낸다. 殉葬(순장), 殉敎(순교), 殉國(순국), 殉愛譜(순애보), 殉職(순직)

'旬(순)'자에 '풀 ++(초)'를 붙여 '풀 이름 荀(순)'자를 만들었다. 풀의 이름을 나타내는 글자였다. 荀子(순자)

'旬(순)'자에 '대 竹(죽)'을 붙여 '죽순 筍(순)'자를 만들었다. 竹筍(죽순), 石筍(석순), 雨後竹筍(우후죽순)

'旬(순)'자에 '물 氵(수)'를 붙여 '참으로 洵(순)'자를 만들었다.

'旬(순)'자에 '구슬 玉(옥)'을 붙여 '옥 이름 珣(순)'자를 만들었다.

'旬(순)'자에 '실 糸(사)'를 붙여 '무늬 絢(현)'자를 만들었다. '기하학적인 아름다운 무늬', '곱다'는 뜻을 나타낸다. 絢爛(현란)

旬1278, 殉1657, 荀2117, 筍2798, 洵3480, 珣3515, 絢2834

舜(순) 舜瞬 360

'순임금 舜(순)'자는 중국 고대의 '舜(순)'임금을 뜻한다. 字源(자원)을 따지면 복잡하다. 破字(파자)하면 '손톱 爫(조) + 덮을 冖(멱) + 어그러질 舛(천)'이 된다. 堯舜(요순)

'舜(순)'자에 '눈 目(목)'을 붙여 '순간 瞬(순)/눈깜짝일 瞬(순)'자를 만들었다. '눈을 깜작이다', '잠깐 사이', '눈 깜짝할 사이'를 뜻한다. 瞬間(순간), 瞬息間(순식간)

舜2043, 瞬1341

習(습) 習褶 361

'익힐 習(습)'자는 원래 '깃 羽(우)'와 '날 日(일)'로 이루어진 것이었다. 어린 새가 날마다 날갯짓을 익히는 것으로 '익히다'의 뜻을 나타냈다. 후에 '日(일)'이 '흰 白(백)'으로 잘못 변했다. '익히다', '새끼가 나는 법을 익히다', '손에 익다', '연습하다', '길들이다', '습관', '배우다' 등의 뜻을 나타낸다. 習得(습득), 習字(습자), 復習(복습), 練習(연습), 豫習(예습), 習慣(습관), 慣習(관습), 常習的(상습적), 風習(풍습), 講習(강습), 見習(견습)

'習(습)'자에 '옷 衤(의)'를 붙여 '주름 褶(습)'자를 만들었다. 褶曲(습곡)

習0431, 褶3295

丞(승) 丞蒸 362

'도울 丞(승)'자는 가운데를 구부린 사람을 뜻하는 '병부 卩(절)'의 변형, 가운데의 좌우가 '풀 ++(초)'의 변형, 아래의 '一(일)'은 '함정'의 뜻을 나타내는 '입 벌릴 凵(감)'의 변형이라고 한다. 세월 따라 많이도 변하여 현재의 '丞(승)'자가 되었다. 함정에 빠져 구부리고 있는 사람을 두 손으로 건져 올리는 모양에서 '돕다'는 뜻을 나타내게 되었다. '벼슬 이름' 등으로 쓰인다. 丞相(승상), 政丞(정승), 長丞(장승)

'丞(승)'자에 '불 灬(화)'를 붙여 '김 오를 蒸(증)'자를 만들었다. '열기가 올라서 찌다'는 뜻이다.

'김 오를 烝(증)'자에 '풀 ㅗㅗ(초)'를 붙여 '찔 蒸(증)'자를 만들었다. 원래는 껍질을 벗겨낸 '삼 줄기'를 뜻하기 위한 것이었다. 후에 '찌다'는 뜻으로 쓰이면서 '烝(증)'이 표의요소를 겸하게 되었다. '찌다', '수증기 따위의 김이 올라가다', '김을 올려 익히다', '무덥다' 등의 뜻을 나타낸다. 蒸氣(증기), 蒸溜(증류), 蒸發(증발), 蒸散(증산), 水蒸氣(수증기), 汗蒸(한증), 蒸暑(증서)

烝2158, 蒸1385

升(승) 升 昇　363

'되 升(승)'자는 용량의 단위로 열 홉에 해당하는 '되'를 뜻하기 위하여 그 그릇 모양을 본뜬 것이었다. 후에 '(퍼) 올리다', '오르다' 등으로 확대 사용됐는데, 이때 '오를 昇(승)'과 통용된다. 조어력이 약하여 한자어 용례가 거의 없다.

'升(승)'자에 '해 日(일)'을 붙여 '오를 昇(승)'자를 만들었다. '해가 떠오르다'는 뜻을 위하여 만든 것이다. '오르다', '해가 떠오르다', '높은 곳에 오르다', '벼슬·지위 등이 오르다', '죽다(임금이나 귀인 또는 기독교 등에서 쓴다)' 등의 뜻으로 쓰인다. 昇降機(승강기), 上昇(상승), 昇格(승격), 昇進(승진), 昇天(승천), 昇遐(승하)

升0772, 昇1110

是(시) 是 匙 湜 題 提 堤　364

'옳을 是(시)/이 是(시)'자는 '해 日(일)'과 '바를 正(정)'으로 이루어진 글자이다. 해를 향하여 똑바로 걸어가는 모습을 통하여 '똑바로'의 뜻을 나타내었다. '옳다', '바르다', '바로잡다', '다스리다', '이', '이것', '여기', '무릇' 등의 뜻을 나타낸다. 是非(시비), 是認(시인), 自是之癖(자시지벽), 或是(혹시), 是正(시정), 國是(국시), 亦是(역시), 色卽是空(색즉시공), 終是(종시)

'是(시)'자에 숟가락 모양의 '비수 匕(비)'를 붙여 '숟가락 匙(시)'자를 만들었다. 匙箸(시저), 揷匙(삽시), 十匙一飯(십시일반), 一口兩匙(일구양시)

'是(시)'자에 '물 氵(수)'를 붙여 '물 맑을 湜(식)'자를 만들었다. 사람의 이름자로 쓰인다.

'是(시)'자에 '머리 頁(혈)'을 붙여 '글제 題(제)'자를 만들었다. 글의 머리 부분에 있는 제목을 나타낸다. '표제', '시문이나 서책의 제목', '문제' 등의 뜻을 나타낸다. 題目(제목), 主題(주제), 話題(화제), 題言(제언), 題字(제자), 課題(과제), 問題(문제), 宿題(숙제), 出題(출제)

'是(시)'자에 '손 扌(수)'를 붙여 '들 提(제)/끌 提(제)'자를 만들었다. '(손으로 집어) 들다'가 본뜻이다. '끌다', '같이 가다', '손에 들다', '들어 올리다', '책임 맡아 관리하다' 등의 뜻을 나타낸다. 提携(제휴), 提燈(제등), 提起(제기), 提示(제시), 提出(제출), 前提(전제), 提供(제공), 提督(제독), 菩提樹(보리수)

'是(시)'자에 '흙 土(토)'를 붙여 '방죽 堤(제)'자를 만들었다. '堤(제)'자는 하천의 양쪽에 범람을 막기 위하여 흙으로 쌓아 올린 '둑'을 뜻하기 위한 것이다. 언덕처럼 높이 쌓은 것이라 해서 '둑 隄(제)'로 쓰기도 한다. 堤潰蟻穴(제궤의혈), 堤防(제방), 防波堤(방파제), 堰堤(언제)

是0775, 匙2216, 湜3483, 題0467, 提0746, 堤1537

市(시) 市 姉 柿　365

'저자 市(시)'자의 字源(자원)을 따지면 좀 헷갈린다. '물품을 매매하기 위해 사람들이 가는 장소'를 뜻한다. '저자', '상품을 팔고 사는 장소', '시가', '인가가 많은 번화한 곳', '행정구역의 단위' 등의 뜻으로 쓰인다. 市場(시장), 門前成市(문전성시), 市內(시내), 市民(시민), 都市(도시), 市長(시장), 市廳(시청)

'市(시)'자에 '여자 女(녀)'를 붙여 '손윗누이 姉(자)'자를 만들었다. 본래는 '姊(자)'로 썼는데 후에 '姉(자)'자의 형태를 취하게 되었다. 두 글자가 함께 쓰이나 흔히 '姉(자)'자를 쓴다. '손윗누이'를 뜻한다. 姉妹(자매), 姉妹結緣(자매결연), 姉兄(자형)

'市(시)'자에 '나무 木(목)'을 붙여 '감나무 柿(시)'자를 만들었다. '柿(시)'자는 원래 '감나무 柹(시)'의 속자이었는데, 지금은 '柿(시)'자가 본자의 위치에서 쓰이고 있다. 표음요소인 '市(시)'자 때문인 것 같다. '감나무', '감'을 뜻한다. 乾柿(건시), 熟柿(숙시), 熟柿主義(숙시주의), 棗栗梨柿(조율이시), 紅柿(홍시)

'292 슬갑 市(불)' 참조.

市0142, 姉0018, 柿1288

戠(시) 識 職 織 幟 熾　366

'찰진 흙 戠(시)'자에 대하여 訓(훈)과 音(음) 이외에 참고할 자료를 찾지 못했다. 글자의 형태는 '소리 音(음)'과 '창 戈(과)'로 이루어진 것으로 보이는데, 이 요소로는 '戠(시)'자를 설명하기 힘들다.

'戠(시)'자에 '말씀 言(언)'을 붙여 '알 識(식)/적을 識(지)'자를 만들었다. 다른 견해로는 '말씀 言(언)', '소리 音(음)', '창 戈(과)'로 이루어진 것으로 보기도 한다. 글자의 형태를 아는 데는 이 후자가 더 낫겠다. '알다'의 뜻으로 쓰일 때는 [식]으로, '기록하다', '표시'의 뜻으로 쓰일 때는 [지]로 읽는다. '알다', '지식', '분별하다', '인식하다', '지각', '사귀다', '나타내다', '표지' 등의 뜻을 나타낸다. 識字憂患(식자우환), 無識(무식), 常識(상식), 博學多識(박학다식), 知識(지식), 識見(식견), 識別(식별), 鑑識(감식), 意識(의식), 認識(인식), 一面識(일면식), 良識(양식), 標識(표지), 標識板(표지판)

'戠(시)'자에 '귀 耳(이)'를 붙여 '직분 職(직)/벼슬 職(직)'자를 만들었다. 여기에서 '戠(시)'자는 '알 識(식)'자의 생략형이다. '귀가 밝아 잘 알아듣다'가 본뜻이다. 일을 맡아 잘 처리하려면 잘 알아듣는 것이 우선이다. '벼슬', '직위', '직책', '직무', '직분', '일', '직업' 등의 뜻을 나타낸다. 職位(직위), 職責(직책), 官職(관직), 解職(해직), 職業(직업), 職場(직장), 無職(무직), 就職(취직)

'戠(시)'자에 '실 糸(사)'를 붙여 '짤 織(직)'자를 만들었다. 베를 '짜다'는 뜻을 위한 글자이다. '베를 짜다', '직물', '조직하다' 등의 뜻을 나타낸다. 織女(직녀), 織造(직조), 紡織(방직), 毛織(모직), 綿織(면직), 組織(조직), 組織的(조직적)

'戠(시)'자에 '수건 巾(건)'을 붙여 '기 幟(치)'자를 만들었다. '旗(기)', '구별하는 표시', '標識(표지)'를 뜻한다. 旗幟(기치)

'戠(시)'자에 '불 火(화)'을 붙여 '성할 熾(치)'자를 만들었다. '성하다', '불길이 세다', '기세가 세다' 등의 뜻을 나타낸다. 熾熱(치열), 熾烈(치열)

識0282, 職0094, 織1065, 幟2357, 熾2663

息(식) 息熄媳 367

'쉴 息(식)/숨쉴 息(식)'자는 '코'를 뜻하는 '自(자)'와 '심장'을 가리키는 '心(심)' 두 글자를 합쳐 놓은 것이다. '숨쉬다'가 본뜻이다. '숨쉬다', '한 번 쉬는 동안', '쉬다', '아이', '자식', '살다', '생활하다', '이자', '불어나다' 등의 뜻을 나타낸다. 瞬息間(순식간), 窒息(질식), 歎息(탄식), 安息(안식), 自强不息(자강불식), 休息(휴식), 棲息(서식), 女息(여식), 令息(영식), 子息(자식), 利息(이식), 消息(소식)

'息(식)'자에 '불 火(화)'를 붙여 '불꺼질 熄(식)'자를 만들었다. '꺼지다', '그치다'는 뜻을 나타낸다. 終熄(종식)

'息(식)'자에 '여자 女(녀)'를 붙여 '며느리 媳(식)'자를 만들었다. '息(식)'은 아들을 뜻하고, '媳(식)'은 아들의 아내를 뜻한다.

息0198, 熄2661, 媳3341

式(식) 式拭軾試弑 368

'법 式(식)'자는 '장인 工(공)'과 '주살 弋(익)'으로 이루어진 글자이다. '본보기로 삼아야 하는 것', '표준', '법식' '계산의 순서를 숫자나 기호로 나타낸 것', '방식' 등의 뜻을 나타낸다. 格式(격식), 正式(정식), 式場(식장), 儀式(의식), 記念式(기념식)/紀念式(기념식), 禮式(예식), 公式(공식), 數式(수식), 方程式(방정식), 舊式(구식), 單式(단식), 思考方式(사고방식), 韓式(한식), 形式(형식), 株式(주식)

'式(식)'자에 '손 扌(수)'를 붙여 '닦을 拭(식)'자를 만들었다. '손으로 닦다', '닦아서 깨끗하게 하다'는 뜻을 나타낸다. 拂拭(불식)

'式(식)'자에 '수레 車(거)'를 붙여 '수레 가로나무 軾(식)'자를 만들었다. 사람 이름자로 쓰인다.

'式(식)'자에 '말씀 言(언)'을 붙여 '시험할 試(시)'자를 만들었다. '말로 따지다'는 뜻을 나타내기 위한 것이었다. '시험' 또는 이와 의미상 연관이 있는 낱말에 쓰인다. 試金石(시금석), 試驗(시험), 考試(고시), 入試(입시), 試食(시식), 試飮(시음), 試圖(시도), 試合(시합)

'윗사람 죽일 弑(시)'자는 '죽일 殺(살)'의 앞부분과 '법 式(식)'자로 이루어졌다. '殺'과 같은 뜻이나, 대체로 신하가 임금을, 자식이 어버이를, 아랫사람이 윗사람을 죽이는 데 쓴다. 弑逆(시역), 弑害(시해)

式0341, 拭2449, 軾3580, 試0870, 弑2367

申(신) 申神伸紳呻坤暢 369

'아홉째지지 申(신)'자는 십이 地支(지지) 중 아홉째이다. 띠로는 '원숭이'를 나타낸다. 번개가 치는 모양을 본떠 '퍼지다', '뻗다'는 뜻을 나타냈다. '말씀드리다', '글을 올리다', '거듭하다', '되풀이하다' 등의 뜻도 나타낸다. 姓(성)으로 쓰이는데 이때는 훈이 '납 申(신)'이라 속칭한다. 甲申(갑신), 丙申(병신), 申告(신고), 申請(신청), 內申(내신), 申申當付(신신당부)

번갯불이 번쩍이는 모양을 본뜬 '申(신)'자에 '제사 示(시)'를 붙여 '귀신 神(신)'자를 만들었다. 번개를 주관하는 것은 神(신)의 일이었나 보다. 일반적으로 '神(신)'의 뜻을 나타낸다. '하늘의 신', '귀신', '불가사의한 것', '현묘하여 헤아릴 수 없는 것', '정신', '혼', '마음', '사람의 본바탕', '덕이 극히 높은 사람', '지식이 두루 넓은 사람', '기량이 매우 뛰어난 사람' 등의 뜻을 나타낸다. 神(신), 神出鬼沒(신출귀몰), 神話(신화), 鬼神(귀신), 山神(산신), 天地神明(천지신명), 神奇(신기), 神童(신동), 神秘(신비), 神經(신경), 精神(정신), 神技(신기), 神仙(신선), 入神(입신)

'申(신)'자에 '사람 亻(인)'을 붙여 '펼 伸(신)'자를 만들었다. 다른 사람들이 볼 수 있도록 '넓게 펴다'는 뜻을 위한 것이었다. 후에 '길게 늘이다', '마음에 맺힌 것을 없애다'는 뜻으로 쓰이게 되었다. 屈伸(굴신), 伸張(신장), 伸長(신장), 伸縮(신축), 伸寃(신원)

'申(신)'자에 '실 糸(사)'를 붙여 '큰 띠 紳(신)'자를 만들었다. 실로 엮은, 예복에 맞추어 매는 '큰 띠'를 뜻하기 위하여 만든 것이다. 紳士(신사)

'申(신)'자에 '입 口(구)'를 붙여 '끙끙거릴 呻(신)'자를 만들었다. '신음하다'의 뜻을 나타낸다. 呻吟(신음)

'申(신)'자에 '흙 土(토)'를 붙여 '땅 坤(곤)/괘 이름 坤(곤)'자를 만들었다. '坤(곤)'자는 팔괘 가운데 '땅'을 상징하는 것이었기에 '흙 土(토)'가 표의요소, '申(신)'은 '귀신 神(신)'의 본래 글자로 '정신'이나 '혼'을 가리키는 표의요소이다. 易學的(역학적)으로 '陰(음)' 또는 '여자'

를 상징하는 것으로도 쓰인다. 坤殿(곤전), 乾坤(건곤), 滿乾坤(만건곤), 乾坤坎離(건곤감리), 乾坤一擲(건곤일척)

'申(신)'자에 '햇볕 昜(양)'을 붙여 '펼 暢(창)'자를 만들었다. 날씨나 마음이 '화창하다'는 뜻을 나타내기 위한 것이다. '펴다', '말을 늘어놓다' '통하다' 등의 뜻으로도 쓰인다. 流暢(유창), 暢達(창달), 和暢(화창), 萬化方暢(만화방창)

'402 가릴 奄(엄)'자 참조.

申0764, 神0420, 伸1068, 紳1953, 呻2237, 坤1535, 暢1634

新(신) 新薪 370

'새 新(신)'자는 '매울 辛(신)', '나무 木(목)', '도끼 斤(근)'이 모여 이루어진 글자이다. '장작'이 본뜻이었다. '새로운'이라는 뜻으로 쓰이는 예가 많아지자 본뜻은 '풀 ++(초)'를 붙여 '땔나무 薪(신)'을 따로 만들었다. '새해'의 뜻으로도 쓰인다. 新舊(신구), 新聞(신문), 新婚(신혼), 更新(갱신), 新年(신년), 新春(신춘), 送舊迎新(송구영신), 謹賀新年(근하신년), 新羅(신라)

'新(신)'자에 '풀 ++(초)'를 붙여 '섶나무 薪(신)'자를 만들었다. '新(신)'자는 '땔나무 薪(신)'자의 原字(원자)였다. '新(신)'자가 '새롭다'는 뜻으로 쓰이게 되자 '땔나무'는 '풀 ++(초)'를 붙여 '薪(신)'자를 만들어 나타냈다. '섶나무', '땔감', '장작' 등의 뜻을 나타낸다. 救火以薪(구화이신), 負薪(부신), 臥薪嘗膽(와신상담)

新0230, 薪2947

臣(신) 臣臥臨宦 371

'신하 臣(신)'자는 '단단히 벌려 크게 뜬 눈'의 모습을 그린 것이란다. '똑똑한 신하'의 뜻을 그렇게 나타냈다. '신하의 자칭', '자기의 겸칭'으로 쓰이기도 한다. 臣下(신하), 奸臣(간신)/姦臣(간신), 亂臣賊子(난신적자), 忠臣(충신), 君臣有義(군신유의), 君爲臣綱(군위신강), 臣妾(신첩)

'신하 臣(신)'자에 '사람 人(인)'을 붙여 '누울 臥(와)'자를 만들었다. '臣(신)'자는 아래쪽을 향하는 눈의 모양을 본뜬 것이다. '엎드리다'의 뜻이다. 후에 '자리에 눕다', '잠자다', '숨어 살다'의 뜻도 나타내게 되었다. 臥病(와병), 臥薪嘗膽(와신상담), 臥龍(와룡)

'누울 臥(와)'자에 '물건 品(품)'을 붙여 '엎드려 눈으로 내려봄'을 뜻하는 '임할 臨(림)'자를 만들었다. '임하다', '내려다보다', '낮은 데로 향하여 대하다', '남이 내게로 옴'을 높이는 말, '그 때에 미치다' 등의 뜻을 나타낸다. 臨渴掘井(임갈굴정), 臨迫(임박), 臨床(임상), 臨戰無退(임전무퇴), 臨終(임종), 君臨(군림), 降臨(강림), 枉臨(왕림), 再臨(재림), 臨機應變(임기응변), 臨時(임시), 臨時政府(임시정부)

'신하 臣(신)'자에 '집 宀(면)'을 붙여 '벼슬 宦(환)'자를 만들었다. 몸을 굽혀 섬기는 '신하'를 뜻하는 것이었다. '벼슬', '관직', '내시', '환관' 등의 뜻을 나타낸다. 宦路(환로), 宦官(환관), 宦女(환녀)

'034 굳을 臤(견)'자 참조.
'515 감출 臧(장)'자 참조.

臣0183, 臥1741, 臨1374, 宦2332

卂(신) 訊迅 372

'빠를 卂(신)'자는 '빠르게 날다'는 뜻을 나타낸다. '새'를 뜻하는 '乙(을)'과 '열 十(십)'자를 합쳐 만든 글자이다.

'卂(신)'자에 '말씀 言(언)'을 붙여 '물을 訊(신)'자를 만들었다. '잇따라 추궁하다', '캐묻다'는 뜻이다. 訊問(신문)

'卂(신)'자에 '달릴 辶(착)'을 붙여 '빠를 迅(신)'자를 만들었다. 迅速(신속)

訊2998, 迅3072

失(실) 失秩帙跌迭佚 373

'잃을 失(실)'자는 '손 手(수)와 '새 乙(을)'로 이루어진 글자라고 한다. 부수가 '大(대)'인 것에 주의하여야 한다. 잘 보면 '大(대)'자가 보인다. '잃다', '빼앗기다', '손에서 물건을 떨어뜨리거나 놓치거나 하다', '없어지거나 사라지거나 하다', '죽어서 이별하다', '잘못하다', '그르치다', '잘못', '허물' 등의 뜻을 나타낸다. 失望(실망), 失業(실업), 得失(득실), 勿失好機(물실호기), 紛失(분실), 喪失(상실), 損失(손실), 失權(실권), 失足(실족), 失墜(실추), 消失(소실), 燒失(소실), 流失(유실), 早失父母(조실부모), 失禮(실례), 失手(실수), 失政(실정), 失敗(실패), 過失(과실), 千慮一失(천려일실)

'失(실)'자에 '벼 禾(화)'를 붙여 '차례 秩(질)'자를 만들었다. 벼 따위의 곡식을 '쌓아두다'는 뜻을 위하여 만든 것이었다. 옛날에는 급여를 쌀로 주었기 때문인지 '급여'의 뜻으로도 쓰였으며, 그것을 줄 때는 일정한 차례나 절차에 따라 주었기 때문에 '차례'의 뜻도 이것으로 나타냈다. 秩序(질서), 秩序整然(질서정연), 上秩(상질), 下秩(하질), 位階秩序(위계질서)

'失(실)'자에 '수건 巾(건)'을 붙여 '책권 帙(질)'자를 만들었다. '失(실)'은 '秩(질)'과 통하여 '질서를 잡아 채워 넣다'의 뜻이다. '帙(질)'은 책을 질서 있게 채워 넣는 '덮개'의 뜻을 나타낸다. 卷帙(권질)

'失(실)'자에 '발 足(족)'을 붙여 '넘어질 跌(질)'자를 만들었다. '넘어지다', '거꾸러지다', '그르치다', '실수하다'는 뜻을 나타낸다. 蹉跌(차질), 射倖數跌(사행삭질)

'失(실)'자에 '길 갈 辶(착)'을 붙여 '번갈아 들 迭(질)'

자를 만들었다. 更迭(경질)

'失(실)'자에 '사람 亻(인)'을 붙여 '편안할 佚(일)/방탕할 佚(일)'자를 만들었다. '일상생활이나 진실된 생활에서 벗어난 사람 또는 그러한 생활'이란 뜻을 위하여 만들어진 글자이다. 정상적인 것을 잃고(떠나고) 일상생활에서 벗어나면 편안하고 때로는 즐겁기도 하지만, 지나치면 들뜨고 방탕하여 잘못을 저지를 수도 있다. '逸(일)'자와 뜻이 같아 현대에는 '佚(일)'자를 '逸(일)'자가 대신하는 예가 많다. '편안하다', '편히 즐기다', '방탕하다', '들뜨다', '숨다', '달아나다' 등의 뜻을 나타낸다. 無事安逸(무사안일)/無事安佚(무사안일), 淫佚(음일), 佚老(일로)

失0335, 秩1346, 帙2354, 跌3045, 迭3074, 佚2164

甚(심) 甚 堪 勘 斟 374

'심할 甚(심)'자는 '달 甘(감)'과 '짝 匹(필)' 두 표의요소가 조합된 것이다. '단짝'이 본래 의미인데, 단짝을 만나 매우 '안락하다'는 뜻이 되었다. 우리말 한자어에서는 '몹시', '심하다'는 뜻으로 쓰인다. 甚至於(심지어), 極甚(극심)/劇甚(극심), 莫甚(막심), 激甚(격심)

'甚(심)'자에 '흙 土(토)'를 붙여 '견딜 堪(감)'자를 만들었다. 원래는 흙으로 만든 아궁이의 굴뚝을 뜻하는 글자였으나 假借(가차)하여 '약한 마음이나 욕망, 또는 자기에게 가해진 압력에 이겨내다, 견디다'의 뜻을 나타낸다. 堪當(감당), 堪耐(감내), 難堪(난감), 不堪當(불감당)

'甚(심)'자에 '힘 力(력)'을 붙여 '헤아릴 勘(감)'자를 만들었다. '헤아리다', '생각하다'는 뜻을 나타낸다. 勘案(감안)

'甚(심)'자에 '말 斗(두)'를 붙여 '술 따를 斟(짐)/짐작할 斟(짐)'자를 만들었다. '斗(두)'는 국자의 모양을 본뜬 것으로, 본뜻은 '국자로 국 따위를 뜨다'는 뜻이었다. '짐작하다', '남의 의중을 알아차리다'의 뜻으로 쓰인다. 斟酌(짐작)

'016 달 甘(감)'자 참조.

甚1333, 堪2284, 勘3213, 斟2509

深(심) 深 探 375

'깊을 深(심)'자는 '물 氵(수)'와 '깊을 담'자로 이루어진 글자이다. 여기에서 '담'자는 '구멍 穴(혈)', 불 火(화), '구할 求(구)의 생략형'으로 이루어진 글자인데 현재에는 쓰이지 않는다. 직접 관련은 없는 글자이지만 형태만 보면 '深(심)'자의 오른쪽 부분은 '그물 罒(망)'과 '나무 木(목)'으로 이루어진 '깊이 들어갈 罙(미)'자와 똑같다. '깊다', '얕지 아니하다', '생각이 깊다', '매우', '심하다', '무겁다', '후하다' 등의 뜻을 나타낸다. 深山幽谷(심산유곡), 深夜(심야), 深淵(심연), 深海(심해), 深思熟考(심사숙고), 深奧(심오), 深刻(심각), 深醉(심취)

'찾을 探(탐)/더듬을 探(탐)'자는 '깊을 深(심)'의 '물 氵(수)' 대신 '손 扌(수)'가 붙은 것이다. 손으로 더듬어 찾는 예가 많았던지 '손 手(수)'가 표의요소로 쓰였다. '찾다', '어디 있는지 모르는 것을 얻어 내려고 뒤지거나', '보거나 만나기 위하여 오거나 가거나 하다', '엿보다', '살피다' 등의 뜻을 나타낸다. 探究(탐구), 探査(탐사), 探索(탐색), 探險(탐험), 探訪(탐방), 探偵(탐정), 廉探(염탐)

深0794, 探1005

十(십) 十 什 計 針 汁 376

'十(십)'자는 열이라는 수를 나타낸다. 양이나 정도를 나타낼 때 '十(십)'은 완전하거나 부족이 없다는 뜻으로 쓰인다. 十年減壽(십년감수), 十代(십대), 權不十年(권불십년), 赤十字社(적십자사), 十戒(십계), 十誡命(십계명), 十字架(십자가), 十中八九(십중팔구), 十分(십분)

'十(십)'자에 '사람 亻(인)'을 붙여 '열 사람 什(십)/세간 什(집)'자를 만들었다. 열 사람, 즉 십인 일조를 뜻하는 글자이다. '세간살이'를 뜻할 때는 [집]으로 읽는다. 什一(십일), 什器(집기)

'十(십)'자에 '말씀 言(언)'을 붙여 '꾀 計(계)/셈할 計(계)'자를 만들었다. '꾀', '계략', '계획', '헤아리다', '산법', '다 합한 수', '회계', '출납의 결산', '계수의 장부', '금전 등을 출납하는 장부' 등을 뜻한다. 計巧(계교), 計略(계략), 計策(계책), 美人計(미인계), 凶計(흉계), 計劃(계획), 百年大計(백년대계), 設計(설계), 計量(계량), 計算(계산), 亡子計齒(망자계치), 合計(합계), 計數(계수), 統計(통계), 計定(계정), 計座(계좌), 家計簿(가계부), 生計(생계), 會計(회계)

'十(십)'자에 '쇠 金(금)'을 붙여 '바늘 針(침)'자를 만들었다. '針(침)'자는 원래 '鍼(침)'자로 쓰다가 속자인 '針(침)'자가 만들어져 쓰이게 되었다. '바늘', '바느질하다', '침', '의료용으로 쓰는 바늘(鍼)', '침놓다', '바늘 같이 생긴 물건', '방침', '방향' 등의 뜻으로 쓰인다. 針母(침모), 針小棒大(침소봉대), 磨斧作針(마부작침), 如坐針席(여좌침석), 鍼灸(침구), 鍼術(침술), 毒針(독침), 針葉樹(침엽수), 檢針(검침), 羅針盤(나침반), 時針(시침), 避雷針(피뢰침), 方針(방침), 指針(지침),

'汁(즙)'자는 표의요소 '물 氵(수)'와 표음요소 '열 十(십)'으로 이루어졌다. '즙', '물질에서 짜낸 액체', '여러 물질이 혼합된 액체', '음식용의 액체' 등의 뜻으로 쓰인다. 果汁(과즙), 液汁(액즙), 膽汁(담즙), 乳汁(유즙), 肉汁(육즙)

十0010, 什3325, 計0255, 針1104, 汁2591

雔(수) 雦/雥 雙 377

'새 한 쌍 雔(수)'자는 '새 隹(추)'자 두 개를 붙여 만들었다. '두 마리의 새'를 뜻하는 글자이다.

'雔(수)'자에 '말씀 言(언)'을 붙여 '원수 讎/讐(수)'자를 만들었다. '원수', '원수를 갚다'는 뜻을 나타낸다. 讎仇(수구), 復讐(복수), 怨讐(원수), 殺父之讐(살부지수)

'雔(수)'자에 '또 又(우)'을 붙여 '쌍 雙(쌍)/견줄 雙(쌍)'자를 만들었다. 한 '손[又]'에 두 마리의 '새[隹(추)]'를 잡고 있는 모습을 본뜬 것이다. 후에 '쌍', '둘', '두 짝으로 이루어진 것' 등의 뜻으로 쓰이게 되었다. 雙曲線(쌍곡선), 雙方(쌍방), 雙璧(쌍벽), 雙手(쌍수), 無雙(무쌍), 變化無雙(변화무쌍)

讎/讐3029, 雙1455

氏(씨) 氏紙 378

'성 氏(씨)'자는 하나의 부족이 하나의 '姓(성)'을 가지고 있던 모계사회에서 아버지가 누군가를 구분하기 위하여 생겨난 것이다. 후에 부계사회로 변모되자 姓(성)과 氏(씨)가 합쳐져 그 차이가 없어졌다고 한다. 옛날에는 귀족들만 姓氏(성씨)를 가질 수 있었다. '김씨'가 '김가'에 비하여 높임말인 것은 그러한 사실에 뿌리를 두고 있다. '성(姓)', '사람의 호칭', '사람의 성이나 이름 밑에 붙여서 존칭의 뜻을 나타낸다. 氏族(씨족), 姓氏(성씨), 宗氏(종씨), 創氏改名(창씨개명), 妹氏(매씨), 某氏(모씨), 伯氏(백씨), 仲氏(중씨), 金氏(김씨), 李氏(이씨), 攝氏(섭씨), 華氏(화씨)

'氏(씨)'자에 '실 糸(사)'를 붙여 '종이 紙(지)'자를 만들었다. 종이는 섬유 즉 실과 같은 것으로 만든다. 紙幣(지폐), 紙筆硯墨(지필연묵), 白紙(백지), 便紙(편지)

'520 근본 氐(저)'자 참조.

氏1027, 紙0268

我(아) 我餓俄蛾義議儀蟻羲犧 379

'나 我(아)'자는 창의 날 부위가 톱날 모양을 하고 있는 창을 본뜬 것으로 '무기'가 본뜻이다. '창 戈(과)'가 표의요소로 쓰였다. 후에 제1인칭 '나'를 가리키는 것으로 차용되어 쓰이게 됐다. '나', '나 자신', '자기에게 속해 있는 것임을 나타내는 말' 등의 뜻으로 쓰이는다. 我軍(아군), 我田引水(아전인수), 我執(아집), 唯我獨尊(유아독존), 彼我(피아)

'我(아)'자에 '밥 食(식)'을 붙여 '주릴 餓(아)'자를 만들었다. 밥을 '굶주리다'는 뜻을 위하여 만든 것이다. 餓鬼(아귀), 餓死(아사), 飢餓(기아)

'我(아)'자에 '사람 亻(인)'을 붙여 '갑자기 俄(아)'자를 만들었다. '잠깐 동안', '잠시', '갑자기'의 뜻으로 만들어진 글자이지만 한자 성어로 쓰이는 예는 많지 않고, 러시아(Russia)를 한자로 표기할 때 쓰인다. 俄羅斯(아라사), 俄館播遷(아관파천)

'我(아)'자에 '벌레 虫(충)'을 붙여 '나방이 蛾(아)'자를 만들었다. 飛蛾赴火(비아부화), 誘蛾燈(유아등), 蛾眉(아미)

'我(아)'자에 "양 羊(양)"을 붙여 '옳을 義(의)'자를 만들었다. '羊(양) 뿔' 모양의 장식이 달려 있는 것으로 '위엄'의 뜻을 나타낸 것이다. 후에 '옳다', '사람이 행하여야 할 법도나 도리', '뜻', '인공으로 해 넣은' 등의 뜻으로 확대 사용되었다. 義理(의리), 禮義(예의), 仁義禮智信(인의예지신), 正義(정의), 義務(의무), 道義(도의), 義士(의사), 義俠(의협), 講義(강의), 意義(의의), 異義(이의), 定義(정의), 義手(의수), 義兄弟(의형제)

'義(의)'자에 '말씀 言(언)'을 붙여 '의논할 議(의)'자를 만들었다. '(말을 주고받고) 따지다'는 뜻을 나타내기 위한 것이었다. '의론하다', '상의하다', '계획을 세우다', '여러모로 생각하다' 등의 뜻을 나타낸다. 議決(의결), 議論(의논), 議會(의회), 建議(건의), 相議(상의), 提議(제의), 謀議(모의), 不可思議(불가사의)

'義(의)'자에 '사람 亻(인)'을 붙여 '거동 儀(의)'자를 만들었다. 생활상의 예법과 제도, 즉 '법도'를 나타내기 위한 것이었다. '거동', '예의', '의식' 등의 뜻으로 쓰인다. 威儀(위의), 地球儀(지구의), 儀式(의식), 儀仗隊(의장대), 儀典(의전), 賻儀(부의), 禮儀(예의), 葬儀(장의), 祝儀(축의)

'義(의)'자에 '벌레 虫(충)'을 붙여 '개미 蟻(의)'자를 만들었다. '虫(충)'과 '어찌 豈(기)'로 이루어진 '개미 螘(의)'자는 同字(동자)이다. 蟻酸(의산), 堤潰蟻穴(제궤의혈)

'義(의)'자에 '어조사 兮(혜)'를 붙여 '복희 羲(희)'자를 만들었다. 잘 살펴보면 '我(아)'자에서 한 획이 생략된 것을 찾을 수 있을 것이다. 글자 모양을 위해서 그렇게 되었다. 伏羲氏(복희씨)

'羲(희)'자에 '소 牛(우)'를 붙여 '희생 犧(희)'자를 만들었다. '犧(희)'자는 살아있는 祭物(제물)로 바칠 '소'를 뜻한다. '희생', '종묘(宗廟)의 제향에 쓰는 희생', '제사에 쓰거나 먹는 가축의 통칭'으로 쓰인다. 犧牲(희생)

我1262, 餓1822, 俄2169, 蛾2975, 義0275, 議0875, 儀0924, 蟻3289, 羲2110, 犧2674

牙(아) 牙雅芽訝鴉邪穿 380

'어금니 牙(아)'자는 '어금니'를 뜻하기 위하여 위와 아래의 두 어금니가 맞물려 있는 모양을 본뜬 것이다. '앞니'는 '齒(치)'로 나타냈다. 지금은 '齒(치)'자가 '이'를 총칭하는 것으로 쓰인다. 齒牙(치아), 牙城(아성), 象牙(상아), 象牙塔(상아탑), 伯牙絕絃(백아절현)

'牙(아)'자에 '새 隹(추)'를 붙여 '맑을 雅(아)/올바를 雅(아)'자를 만들었다. 원래 '까마귀'의 일종을 뜻하는 글자이었으니 '새 隹(추)'가 표의요소, '어금니 牙(아)'는 표음요소이다. '곱다', '너그럽다'는 뜻으로 쓰인다. 본뜻은 '까마귀 鴉(아)'자를 새로 만들었다. '바르다', '곱다', '우아하다', '아리땁다', '좋아하다' 등의 뜻으로 쓰인다.

雅量(아량), 雅樂(아악), 雅淡(아담), 端雅(단아), 優雅(우아), 雅號(아호)

'牙(아)'자에 '풀 ++(초)'를 붙여 '싹 芽(아)'자를 만들었다. 초목의 '싹'을 뜻하기 위하여 만든 것이다. 麥芽(맥아), 萌芽(맹아), 發芽(발아), 胚芽(배아)

'牙(아)'자에 '말씀 言(언)'을 붙여 '의심할 訝(아)'자를 만들었다. '의아해하다'는 뜻이다. 疑訝(의아)

'牙(아)'자에 '새 鳥(조)'를 붙여 '갈가마귀 鴉(아)'자를 만들었다. '牙(아)'는 까악까악 우는 까마귀 울음소리 의성어이다. '갈가마귀', '검은 빛' 등의 뜻을 나타낸다.

'牙(아)'자에 '고을 阝(읍)'을 붙여 '간사할 邪(사)'자를 만들었다. 본래는 고을 이름이었는데, 음이 같은 '사특할 衺(사)'자 대신 쓰이게 되었다. '간사하다', '옳지 아니하다', '성질이 나쁘다', '사악하다' 등의 뜻으로 쓰인다. 邪敎(사교), 邪道(사도), 邪心(사심), 邪惡(사악), 奸邪(간사), 酒邪(주사), 破邪顯正(파사현정)

'牙(아)'자에 '구멍 穴(혈)'을 붙여 '뚫을 穿(천)'자를 만들었다. '어금니로 물체를 꽉 물어 구멍을 뚫는다'는 데서, '뚫다'라는 뜻을 나타낸다. 穿孔(천공), 穿鑿(천착), 水滴石穿(수적석천), 學如穿井(학여천정)

'317 오히려 尙(상)'자의 '撑(탱)'자 참조.

牙0915, 雅1454, 芽1746, 訝3001, 鴉3183, 邪1437, 穿2783

亞(아) 亞啞惡堊壺 381

'버금 亞(아)'자는 고대의 墓室(묘실)을 위에서 본 모양을 본뜬 것이라고 한다. '버금', '다음', '아시아'를 나타내는 글자로 쓰인다. 亞流(아류), 亞熱帶(아열대), 亞獻(아헌), 亞麻(아마), 亞鉛(아연), 亞細亞(아세아), 東亞(동아)

'亞(아)'자에 '입 口(구)'를 붙여 '벙어리 啞(아)'자를 만들었다. '말이 되지 않는 목소리'의 의성어이다. '벙어리', '말이 막히다'는 뜻을 나타낸다. 啞鈴(아령), 啞然失色(아연실색), 聾啞(농아), 盲啞(맹아), 食蜜啞(식밀아)

'亞(아)'자에 '마음 心(심)'을 붙여 '악할 惡(악)/미워할 惡(오)'자를 만들었다. '잘못', '악하다', '나쁘다' 등의 뜻으로 쓰였을 때는 [악]으로 읽고, '미워하다'의 뜻으로 쓰일 때는 [오]로 읽는다. '착할 善(선)'의 상대가 되는 글자는 '惡(악)'이고, '좋을 好(호)'의 상대가 되는 글자는 '미워할 惡(오)'이다. '성질이나 행동이 도덕적으로 보아 못되고 나쁘다', '모질고 사납다', '품질·능력·정도가 기준에 미치지 못하여 나쁘다', '지저분하고 더럽다', '불길하다', '미워하다', '싫어하다' 등의 뜻을 나타낸다. 惡性(악성), 惡戰苦鬪(악전고투), 險惡(험악), 惡談(악담), 惡魔(악마), 惡行(악행), 善惡(선악), 罪惡(죄악), 劣惡(열악), 惡臭(악취), 醜惡(추악), 惡夢(악몽), 惡運(악운), 惡寒(오한), 憎惡(증오), 嫌惡(혐오)

'亞(아)'자에 '흙 土(토)'를 붙여 '흰 흙 堊(악)'자를 만들었다. 고대 묘실의 벽에 바르는 '백토'를 뜻한다. '亞(아)'는 고대 묘실의 모양을 나타낸다. 白堊(백악), 白堊館(백악관)

'병 壺(호)'자는 뚜껑이 달린 병이나 항아리의 모양을 본뜬 것이다. '亞(아)'자와 한 가족은 아니지만 외모가 비슷해서 여기에 불러왔다. 夜壺(야호), 酒壺(주호), 投壺(투호)

亞1133, 啞2249, 惡0343, 堊2282, 壺3220

咢(악) 愕顎 382

'놀랄 咢(악)'자는 원래 '입 口(구)'가 두 개인 '놀라 부르짖을 吅(훤/선)'자였다. 두 개의 입으로 시끄럽게 하여 놀라게 한다는 뜻이다. 후에 표음요소로 '거스를 屰(역)'자를 붙인 것이 '咢(악)'자이다.

'咢(악)'자에 '마음 忄(심)'을 붙여 '놀랄 愕(악)'자를 만들었다. '咢(악)'자는 예상이 어긋나서 '놀라다'는 뜻을 가지고 있다. '마음 忄(심)'을 붙여 그 뜻을 더욱 분명히 하였다. 驚愕(경악)

'咢(악)'자에 '머리 頁(혈)'을 붙여 '턱 顎(악)'자를 만들었다. 口腔(구강)의 상하에 있는 뼈 및 그 위의 부분, 곧 '턱뼈'를 뜻한다. 顎骨(악골), 上顎骨(상악골), 下顎骨(하악골)

'411 거스를 屰(역)'자 참조.

愕2400, 顎3148

安(안) 安案按鞍晏 383

'편안 安(안)'자는 '집 宀(면)'과 '여자 女(녀)'자로 만들어졌다. 집 宀면 안에 여자女예가 있으니, 집안일을 제대로 돌볼 터이고, 집안일을 제대로 돌보니 온 집안이 편안함을 얻을 수 있다는 데서 '편안하다'란 뜻을 나타낸다고 한다. '편안하다', '몸이나 마음이 편하다', '걱정이 없어 좋다', '즐기다', '좋아하다' 등의 뜻을 나타낸다. 安寧(안녕), 安心(안심), 不安(불안), 便安(편안), 安逸(안일)/安佚(안일)

'安(안)'자에 '나무 木(목)'을 붙여 '책상 案(안)'자를 만들었다. '책상'이 본뜻인데, '생각하다', '계획', '자세히 알려주다' 등 여러 뜻으로 확대 사용하게 되었다. 案頭(안두), 書案(서안), 酒案(주안), 案席(안석), 案件(안건), 考案(고안), 方案(방안), 提案(제안), 勘案(감안), 案內(안내)

'安(안)'자에 '손 扌(수)'를 붙여 '누를 按(안)/어루만질 按(안)'자를 만들었다. '손으로 눌러 가라앉히다'는 뜻을 나타낸다. '편안하게 하다', '안심시키다', '주무르다', '문지르다', '차례를 따라 나란히 하다', '어루만지다', '쓰다듬다' 등의 뜻을 나타낸다. 按撫(안무), 按酒(안주), 按摩(안마), 按舞(안무), 按配(안배), 按手(안수)

'安(안)'자에 '가죽 革(혁)'을 붙여 '안장 鞍(안)'자를 만들었다. 위에 얹어 놓아 몸을 편안하게 하는 가죽제의 마구 곧, '안장'을 뜻한다. 鞍馬(안마), 鞍裝(안장)

'安(안)'자에 '날 日(일)'을 붙여 '늦을 晏(안)'자를 만들었다. 晏子春秋(안자춘추)

安0084, 案0570, 按2450, 鞍3141, 晏3350

晏(안/연) 宴堰 384

'편안할 晏(안)/산뜻한 햇돋이 晏(연)'자는 '해 日(일)'과 '여자 女(녀)'로 이루어진 글자이다.

'晏(연)'자에 '집 宀(면)'을 붙여 '잔치 宴(연)'자를 만들었다. 본뜻은 '집 안에서 편하고 즐겁게 쉬다'는 뜻이다. '잔치하다', '술자리를 베풀다' 또는 그런 '자리'의 뜻을 나타낸다. 宴會(연회), 送別宴(송별연), 壽宴(수연)/壽筵(수연), 酒宴(주연)/酒筵(주연), 披露宴(피로연), 饗宴(향연)

'晏(연)'자를 '상자 匚(방)' 안에 넣어 '도랑 匽(언)'자를 만들고, '도랑 匽(언)'자에 '흙 土(토)'를 붙여 '방죽 堰(언)'자를 만들었다. 堰堤(언제)/堤堰(제언)

宴1205, 堰2288

央(앙) 央殃怏秧鴦映英暎瑛 385

'가운데 央(앙)'자는 사람[大]의 목에 '칼'을 씌운 모양이라고 한다. 여기서 '칼'이란 옛날에 죄인에게 씌우던 刑具(형구)의 한 가지를 말한다. '한가운데', '어느 쪽으로든지 치우치지 않은 곳'을 뜻한다. 中央(중앙), 震央(진앙)

'央(앙)'자에 '죽은 사람의 뼈'를 가리키는 '歹(알)'자를 붙여 '재앙 殃(앙)'자를 만들었다. '재앙', '신이 내리는 벌'을 뜻한다. 殃禍(앙화), 災殃(재앙), 池魚之殃(지어지앙)

'央(앙)'자에 '마음 忄(심)'을 붙여 '원망할 怏(앙)'자를 만들었다. '원망하다', '납득하지 아니하다'는 뜻을 나타낸다. 怏心(앙심), 怏宿(앙숙)

'央(앙)'자에 '벼 禾(화)'를 붙여 '모 秧(앙)/벼 무성한 모양 秧(앙)'자를 만들었다. '볏모', '볏모를 심다'는 뜻을 나타낸다. 移秧(이앙)

'央(앙)'자에 '새 鳥(조)'를 붙여 '원앙 鴦(앙)'자를 만들었다. '원앙새의 암컷'을 이른다. '원앙새의 수컷'은 '鴛(원)'이다. 鴛鴦(원앙), 鴛鴦衾枕(원앙금침)

'央(앙)'자에 '해 日(일)'을 붙여 '비출 映(영)'자를 만들었다. '(햇빛이) 비치다'는 뜻을 나타내기 위한 것이다. 映像(영상), 映畵(영화), 反映(반영), 放映(방영), 上映(상영), 映山紅(영산홍)

'央(앙)'자에 '풀 艹(초)'를 붙여 '꽃부리 英(영)'자를 만들었다. 꽃잎 전체를 뜻한다. '아름답다', '뛰어나다', '뛰어난 사람', '나라 이름' 등의 뜻을 나타낸다. 英雄(영웅), 英才(영재), 育英(육영), 英國(영국), 英語(영어)

'英(영)'자에 '해 日(일)'을 붙여 '비칠 暎(영)'자를 만들었다.

'英(영)'자에 '구슬 玉(옥)'을 붙여 '옥빛 瑛(영)'자를 만들었다.

央1189, 殃0587, 怏2381, 秧2772, 鴦3185, 映1009, 英0436, 暎3459, 瑛3522

印(앙) 仰昂迎抑 386

'나 卬(앙)/우러러볼 卬(앙)'자는 '비수 匕(비)'와 '병부 卩(절)'로 이루어진 글자이다. 匕(비)'자는 서 있는 사람, '卩(절)'은 무릎을 꿇고 있는 사람을 뜻한다. 두 글자가 합쳐져서 무릎을 꿇고서 서 있는 사람을 '우러러보다'는 뜻을 나타낸다고 한다.

'卬(앙)'자에 '사람 亻(인)'을 붙여 '우러를 仰(앙)/믿을 仰(앙)/높을 仰(앙)'자를 만들었다. '우러러보다', '존경하는 마음을 가지다', '믿다', '의지하다' 등의 뜻을 나타낸다. 仰望(앙망), 俯仰(부앙), 信仰(신앙)

'卬(앙)'자에 '해 日(일)'을 붙여 '오를 昂(앙)/밝을 昂(앙)'자를 만들었다. '해가 높이 뜨다'는 뜻을 나타낸다. 昂騰(앙등), 昂揚(앙양), 激昂(격앙)

'卬(앙)'자에 '길 갈 辶(착)'을 붙여 '맞이할 迎(영)'자를 만들었다. '맞이하다', '오는 것을 맞아들이다', '마음으로 따르다'는 뜻을 나타낸다. 迎賓(영빈), 迎接(영접), 送舊迎新(송구영신), 歡迎(환영), 迎合(영합)

'누를 抑(억)'자는 '나 卬(앙)'자에 '손 扌(수)'가 붙은 것처럼 보이지만, 그런 것이 아니라, '도장 印(인)'에 '손 扌(수)'를 붙인 글자라고 한다. '印(인)'에서 한 획이 생략된 것이다. 그러니 입양한 가족인 셈이다. 도장은 손으로 '눌러' 찍으니 '抑(억)'자는 '누르다'는 뜻을 나타낸다. 抑留(억류), 抑壓(억압), 抑揚(억양), 抑鬱(억울), 抑制(억제), 抑止(억지), 抑強扶弱(억강부약), 抑何心情(억하심정)

仰1139, 昂2513, 迎1095, 抑1265

愛(애) 愛曖 387

'사랑 愛(애)'자는 '받을 受(수)'자의 가운데에 '마음 心(심)'이 들어간 것처럼 보이고, 뜻도 그럴 듯하다. '사랑 愛(애)'의 아랫부분은 '受(수)'자의 '손'을 뜻하는 '또 又(우)'가 아니라 '천천히 걸을 夊(쇠)'자이다. '사랑 愛(애)'는 마음을 받으려고 안달하는 것이 아니라 천천히 걸으며 마음을 주는 것인가 보다. 위는 잠깐 쉬어 가는 객쩍은 소리이고, '愛(애)'자의 형태를 제대로 분석하면 '머리를 돌리어 사람을 돌아다보는 마음'이라고 한다. '사랑하다', '즐기다', '좋아하다'는 뜻을 나타낸다. 愛嬌(애교), 友愛(우애), 親愛(친애), 愛人(애인), 愛情(애

정), 愛憎(애증), 戀愛(연애), 愛玩(애완), 愛用(애용), 愛好(애호), 愛執(애집)

'愛(애)'자에 '해 日(일)'을 붙여 '희미할 曖(애)'자를 만들었다. '어둡다', '흐리다'는 뜻을 나타낸다. 曖昧(애매), 曖昧模糊(애매모호)

愛0373, 曖2518

厄(액) 厄扼　388

'재앙 厄(액)'자는 '언덕 厂(한)'과 '병부 卩(절)'이 합쳐진 글자이다. '厂(한)'자는 '언덕' 또는 '벼랑'을 뜻하고, '卩(절)'은 '무릎을 꿇고 있는 사람'을 나타낸다. 비좁은 벼랑 가에서 무릎을 꿇고 있는 사람, 즉 '위태롭다', '재앙', '불행한 변고', '사나운 운수' 등의 뜻을 나타낸다. 災厄(재액), 厄年(액년), 厄運(액운), 橫厄(횡액)

'厄(액)'자에 '손 扌(수)'를 붙여 '누를 扼(액)'자를 만들었다. '손으로 내리 눌러 꼼짝 못하게 하다'는 뜻이다.

厄1516, 扼3346

也(야) 也他地池弛馳　389

'어조사 也(야)'자는 한문의 문장 끝에 쓰여 斷定(단정)이나 肯定(긍정) 어조를 나타내는 어조사로 많이 쓰였지만, 조어력이 약하여 어떤 낱말의 구성요소로 쓰인 예는 거의 없다. 及其也(급기야)

'也(야)'자에 '사람 亻(인)'을 붙여 '다를 他(타)'자를 만들었다. 표의요소인 '人(인)'은 '자기 자신이 아닌 자'를 뜻하고, '也(야)'는 표음요소로 뱀의 상형인 '它(타)'의 변형이다. '다른', '그 밖의', '관계가 없는', '그', '저', '남' 등의 뜻을 나타낸다. 他鄕(타향), 其他(기타), 他意(타의), 他人(타인), 排他(배타), 自他(자타), 他動詞(타동사)

'也(야)'자에 '흙 土(토)'를 붙여 '땅 地(지)'자를 만들었다. '也(야)'는 표음요소로 뱀의 상형인 '它(타)'의 변형이다. '土(토)'는 평평한 땅, '也(야)/它(타)'는 뱀 같이 꾸불꾸불 이어진 모양이다. 그래서 '地(지)'는 평평하거나 꾸불꾸불 이어지는 땅을 뜻한다. 하늘 아래 땅 곧, 지구의 표면을 말한다. '땅', '지구의 표면', '토양', '농토', '장소', '지방', '지점', '국토', '처지', '신분', '자리', '바탕' 등 여러 가지 뜻을 나타낸다. 地球(지구), 地獄(지옥), 地下(지하), 大地(대지), 平地風波(평지풍파), 耕地(경지), 農地(농지), 土地(토지), 地方(지방), 地域(지역), 産地(산지), 失地(실지), 地位(지위), 窮地(궁지), 立地(입지), 處地(처지), 易地思之(역지사지), 地文(지문), 素地(소지)

'못 池(지)'자는 '물 氵(수)'와 '땅 地(지)'로 이루어진 글자인데, '地(지)'에서 '흙 土(토)'가 생략되었다. '물이 있는 땅' 즉, '못'을 뜻한다. 池魚籠鳥(지어롱조), 硯池(연지), 貯水池(저수지), 電池(전지), 酒池肉林(주지육림), 天池(천지)

'也(야)'자에 '활 弓(궁)'을 붙여 '늦출 弛(이)'자를 만들었다. '늦추다', '켕겼던 것을 느슨하게 하다', '풀리다' 등의 뜻을 나타낸다. 弛緩(이완), 解弛(해이)

'也(야)'자에 '말 馬(마)'를 붙여 '달릴 馳(치)'자를 만들었다. 말이 등을 넘실거리게 하면서 '빨리 달리다'는 뜻이다. 背馳(배치)

'베풀 施(시)'자는 '401 깃발 나부낄 㫃(언)'자 참조. '638 다를 它(타)/뱀 它(사)'자 참조.

也1478, 他0074, 地0012, 池0583, 弛2368, 馳3162

耶(야) 耶倻揶爺　390

'어조사 耶(야)'자는 '귀 耳(이)'와 '고을 阝(읍)'으로 이루어졌다. 원래는 地名(지명)을 나타내는 글자였다. 고전 문장에서 주로 어조사로 쓰였다. 굳이 우리말로 하자면 '그런가?'에 해당되는 셈이다. 어조사로만 쓰이기 때문에 조어력은 극히 약하다. 有耶無耶(유야무야), 摩耶夫人(마야부인)

'耶(야)'자에 '사람 亻(인)'을 붙여 '가야 倻(야)'자를 만들었다. 우리나라 악기인 가야금을 적는 데 활용된 한자이다. 산 이름, 나라 이름에도 쓰였다. 伽倻(가야), 伽倻琴(가야금)

'耶(야)'자에 '손 扌(수)'를 붙여 '빈정거릴 揶(야)'자를 만들었다. '빈정거리다', '놀리다', '조롱하다', '농지거리하다'는 뜻을 나타낸다. 揶揄(야유)

'耶(야)'자에 '아비 父(부)'를 붙여 '아비 爺(야)'자를 만들었다. '아버지'의 속어이다.

耶1733, 倻2030, 揶2468, 爺3363

夜(야) 夜液掖腋　391

'밤 夜(야)'자는 '저녁 夕(석)'과 '또 亦(역)'으로 이루어진 글자이다. '저녁 夕(석)'이 부수이며 표의요소이고, 형태는 변하였지만 '또 亦(역)'이 표음요소이다. '밤', '저녁 어두운 때부터 새벽 밝기까지의 동안'을 뜻한다. 夜間(야간), 夜勤(야근), 不撤晝夜(불철주야), 深夜(심야), 晝耕夜讀(주경야독)

'夜(야)'자에 '물 氵(수)'를 붙여 '진 液(액)'자를 만들었다. '진', '진액', '유동체의 총칭' 등의 뜻으로 쓰인다. 液晶(액정), 液體(액체), 溶液(용액), 血液(혈액)

'夜(야)'자에 '손 扌(수)'를 붙여 '겨드랑이 掖(액)'자를 만들었다. '겨드랑이', '겨드랑이에 끼다', '부축하다'는 뜻으로 쓰인다. 겨드랑이에 손을 껴 '부축하다'는 뜻으로 쓰일 때는 '겨드랑이 腋(액)'자와 같이 쓴다. 扶掖(부액)/扶腋(부액)

'夜(야)'자에 '고기 月(육)'을 붙여 '겨드랑이 腋(액)'자를 만들었다. '겨드랑이'를 뜻한다. 腋毛(액모), 腋芽(액아), 腋臭(액취), 扶掖(부액)/扶腋(부액)

夜0134, 液0796, 掖2461, 腋2462

若(약/야) 若諾惹匿慝 392

'같을 若(약)/반야 若(야)'자는 '풀 艹(초)'와 '오른쪽 右(우)'의 합자로 보인다. 머리를 흐트러뜨리고 神(신)을 받아들이는 巫女(무녀)의 모습을 본뜬 것이라고 한다. '같다', '만약', '반야'의 뜻을 나타낸다. 明若觀火(명약관화), 傍若無人(방약무인), 泰然自若(태연자약), 若干(약간), 萬若(만약), 般若(반야)

'若(약)'자에 '말씀 言(언)'을 붙여 '허락할 諾(낙/락)'자를 만들었다. '예' 하고 말로 '대답하다'는 뜻을 나타내기 위하여 만든 것이었다. '허락하다', '승낙하다'의 뜻을 나타낸다. 본음은 [낙]이나, 받침이 없는 글자 다음에 올 때는 [락]으로 발음한다. 受諾(수락), 承諾(승낙), 應諾(응낙), 許諾(허락)

'若(약)'자에 '마음 心(심)'을 붙여 '이끌 惹(야)'자를 만들었다. 사람의 마음을 '이끌다'는 뜻을 나타내기 위하여 만든 것이다. '이끌다', '끌어당기다', '엉겨 붙다', '어지럽다' 등의 뜻을 나타낸다. 惹起(야기), 惹端(야단), 惹鬧(야료)

'若(약)'자를 '상자 匚(방)' 안에 넣어 '숨을 匿(닉)'자를 만들었다. 여기에서 '若(약)'은 '순진하고 얌전하다'는 뜻이다. '匿'(닉)은 순진하고 얌전하게 상자 안에 들어가 있으니, '개성을 드러내지 않고 감추다'의 뜻을 나타낸다. 若(약)은 표음요소 역할도 한다. '숨다', '도피하다', '숨어서 나타나지 아니하다' 등의 뜻을 나타낸다. 匿年(익년), 匿名(익명), 隱匿(은닉)

'숨길 匿(닉)'자에 '마음 心(심)'을 붙여 '사특할 慝(특)/숨길 慝(특)'자를 만들었다. '숨어서 하는 몹쓸 일'을 뜻한다. 姦慝(간특), 邪慝(사특)

'443 오른쪽 右(우)'자 참조.

若0714, 諾0632, 惹1889, 匿2220, 慝2418

弱(약) 弱溺 393

'약할 弱(약)'자는 '활 弓(궁)'과 '터럭 彡(삼)'이 겹쳐서 이루어진 글자이다. 터럭 같이 약하고 활처럼 굽은 나무는 힘을 받지 못해 약하다. '터럭 彡(삼)'은 후에 두 줄로 변하였다. 아마도 쓰기 편리함과 글자의 모양을 고려한 듯하다. '약하다', '(기력, 체력, 능력, 세력 등의) 힘이 세지 못하다', '(각오, 의지 등이) 굳세지 못하다', '쇠약해지다', '남에게 감잡힐 만한 틈이 많다', '나이가 어리다(주로 20세 미만일 때 쓴다)' 등의 뜻으로 쓰인다. 弱小(약소), 弱肉强食(약육강식), 弱者(약자), 强弱(강약), 軟弱(연약), 衰弱(쇠약), 虛弱(허약), 弱點(약점), 弱冠(약관), 老弱(노약)

'弱(약)'자에 '물 氵(수)'를 붙여 '빠질 溺(닉)'자를 만들었다. 원래는 중국의 한 강 이름 짓기 위하여 만든 것이었다. '(물에) 빠지다', '잠기다', '마음이 빠지다' 등의 뜻으로 쓰인다. 溺死(익사), 耽溺(탐닉)

弱0109, 溺1920

羊(양) 羊洋養癢恙詳祥翔庠鮮姜美着羞 394

'양 羊(양)'자는 '양'을 뜻하기 위하여 양의 머리와 그 뿔 모양을 본뜬 것이다. '羊(양)'이 部首(부수)로 쓰일 때는 여러 가지 종류의 양이나 그 상태에 관한 문자를 이룬다. 羊(양), 羊毛(양모), 羊齒類(양치류), 羊頭狗肉(양두구육), 九折羊腸(구절양장), 多岐亡羊(다기망양), 亡羊補牢(망양보뢰), 亡羊之歎(망양지탄)

'羊(양)'자에 '물 氵(수)'를 붙여 '큰 바다 洋(양)'자를 만들었다. '洋(양)'은 육지에서 멀리 떨어져 있는, 크고 넓은 바다를 뜻한다. '洋(양)'은 西洋(서양)의 줄임말로 많이 쓰인다. 大洋(대양), 望洋之嘆(망양지탄), 遠洋(원양), 海洋(해양), 洋洋(양양), 洋服(양복), 洋食(양식), 東洋(동양), 西洋(서양)

'羊(양)'자에 '먹을 食(식)'을 붙여 '기를 養(양)'자를 만들었다. 羊(양)을 '식기에 담다', '올리다'가 본뜻이다. '기르다', '자라게 하다', '양성하다', '튼튼하게 하다', '건전하게 하다', '젖을 먹이다', '양자 가다', '가르치다', '부모나 높은 사람을 받들어 모시다' 등의 뜻을 나타낸다. 養鷄(양계), 養育(양육), 養護(양호), 扶養(부양), 營養(영양), 養成(양성), 養齒(양치), 養女(양녀), 收養(수양), 療養(요양), 休養(휴양), 養家(양가), 養子(양자), 入養(입양), 敎養(교양), 素養(소양), 修養(수양), 涵養(함양), 養老院(양로원), 供養(공양), 奉養(봉양), 扶養(부양)

'기를 養(양)'자에 '병 疒(역)'을 붙여 '가려울 癢(양)'자를 만들었다. '병 疒(역)'과 '양 羊(양)'으로 이루어진 '痒(양)'자와 同字(동자)이다. '가렵다', '근질근질하다'는 뜻을 나타낸다. 搔癢(소양)/搔痒(소양), 隔靴搔癢(격화소양)

'羊(양)'자에 '마음 心(심)'을 붙여 '근심 恙(양)'자를 만들었다. 여기에서 '羊(양)'자는 '앓다'는 뜻인 '痒(양)'자 대신 쓰인 것이다. '마음이 아프다', '걱정하다'는 뜻을 나타낸다. 無恙(무양)

'羊(양)'자에 '말씀 言(언)'을 붙여 '상세할 詳(상)'자를 만들었다. 말이 '자세하다'는 뜻을 나타내기 위한 것이다. 詳細(상세), 詳述(상술), 未詳(미상), 仔詳(자상)

'羊(양)'자에 '제사 示(시)'을 붙여 '상서로울 祥(상)'자를 만들었다. '상서롭다', '제사 이름'의 뜻으로 쓰인다. 祥瑞(상서), 吉祥(길상), 發祥(발상), 不祥事(불상사), 大祥(대상), 小祥(소상)

'羊(양)'자에 '깃 羽(우)'를 붙여 '빙빙 돌아 날 翔(상)'자를 만들었다. '羽(우)'는 새의 깃털을 활짝 편 모양을 나타낸 것이다. '높이 날다'는 뜻이다. 飛翔(비상)

'羊(양)'자에 '집 厂(엄)'을 붙여 '학교 庠(상)'자를 만들었다. 여기에서 '羊(양)'자는 '상서로울 祥(상)'자의 생략형이다. '學校(학교)'라는 말이 만들어지기 이전에 '학교'의 뜻으로 쓰인 글자이다.

'羊(양)'자에 '여자 女(녀)'를 붙여 '성 姜(강)'자를 만들었다. 姜太公(강태공)

'美(미)'자는 '羊(양)'과 '大(대)'로 이루어진 글자이다. 양이 크고 살찐 것이 맛이 좋다는 데서, '맛이 좋음'의 뜻을 나타내고, 나아가서 '좋음', '아름다움'의 뜻을 나낸다. 장음 또는 단음으로 발음한다. 주의를 요한다. 美貌(미모), 美辭麗句(미사여구), 美術(미술), 美醜(미추), 眞善美(진선미), 美食家(미식가), 美談(미담), 美德(미덕), 美風良俗(미풍양속), 不美(불미), 美國(미국), 歐美(구미), 在美同胞(재미동포)

'着(착)'자는 '양 羊(양)'과 '눈 目(목)'으로 구성되었다. '着(착)'자는 '著(저)'자에서 유래한 글자이다. '著(저)'자가 '뚜렷하다'는 뜻일 때는 [저]로 읽고, '입다', '붙다'일 때에는 [착]으로 읽는다. 이 '著(착)'자를 '著(저)'자와 구별하기 위하여 '着(착)'자를 만들어 쓰게 된 것이다. '붙다', '달라붙다', '잡다', '붙잡다', '옷을 입다', '신을 신다', '머리에 쓰다', '도착하다', '자리잡고 살다', '열매가 달리다', '침착하다', '하도록 하다', '바둑을 두다' 등 여러 가지 뜻을 나타낸다. 着火(착화), 密着(밀착), 附着(부착), 愛着(애착), 接着(접착), 執着(집착), 着服(착복), 着用(착용), 着陸(착륙), 着席(착석), 到着(도착), 定着(정착), 終着(종착), 着果(착과), 着實(착실), 沈着(침착), 着工(착공), 着想(착상), 着手(착수), 落着(낙착), 自家撞着(자가당착), 着眼(착안), 失着(실착)

'羞(수)'자는 희생의 양을 뜻하는 표의요소 '양 羊(양)'과 표음요소 '소 丑(축)'으로 이루어졌다. '희생의 양을 신에게 바치다'가 본뜻이었는데, 가차되어 '부끄러워하다', '맛있는 음식'의 뜻으로 쓰인다. 羞辱(수욕), 羞恥(수치), 珍羞盛饌(진수성찬)

'무리 群(군)'자는 '091 君(군)' 참조.
'옳을 義(의)'자는 '379 我(아)' 참조.
'부러워할 羨(선)'자는 '414 次(연)' 참조.
'585 어긋날 差(차)'자 참조.
'057 새끼 양 羔(고)'자 참조.
'330 고울 鮮(선)'자 참조.
'331 착할 善(선)'자 참조.

羊0591, 洋0067, 養0666, 癢2737, 恙2384, 詳1401, 祥1706, 翔2864, 庠3434, 鮮0667, 姜2046, 美0347, 着0498, 羞1243

昜(양) 陽 揚 楊 瘍 場 腸 暢 湯 蕩 傷   395

'오를 昜(양)'자는 해[日]가 지상에 떠오르는 모양을 본뜬 글자이다. '볕 陽(양)'자의 古字(고자)이다.

'昜(양)'자에 '언덕 阝(부)'를 붙여 '볕 陽(양)'자를 만들었다. 햇볕이 쬐는 모습인 '昜(양)'과 산비탈을 뜻하는 '阝(부)'가 합쳐진 글자이다. '양달'을 뜻한다. '陰(음)'의 상대되는 글자이다. '볕', '양지', '산의 남면의 땅', '양', '태극이 나뉜 두 기운 중 하나(음에 대하여 적극적 능동적인 면을 상징하는 데 쓰이는 말)', '홀수', '고을 이름' 등의 뜻으로 쓰인다. 陽傘(양산), 陽地(양지), 夕陽(석양), 遮陽(차양), 陽氣(양기), 陽曆(양력), 陽性(양성), 陽數(양수), 陰陽(음양), 太陽(태양), 洛陽(낙양), 漢陽(한양)

'昜(양)'자에 '손 扌(수)'를 붙여 '오를 揚(양)/날릴 揚(양)'자를 만들었다. '솟아오르다'는 뜻을 나타낸다. '해돋이 昜(양)'과 '손 手(수)' 두 자가 다 표의요소이다. '昜(양)'자는 표음요소도 겸한다. '오르다', '솟아오르다', '드날리다', '알려지다', '나타나다', '드러나다' 등의 뜻으로 쓰인다. 揚力(양력), 揚水(양수), 揭揚(게양), 得意揚揚(득의양양), 浮揚(부양), 抑揚(억양), 引揚(인양), 止揚(지양), 揚名(양명), 立身揚名(입신양명), 宣揚(선양), 讚揚(찬양)

'昜(양)'자에 '나무 木(목)'을 붙여 '버들 楊(양)'자를 만들었다. '버드나무'를 뜻하기 위하여 만든 것이다. 白楊(백양), 水楊(수양), 垂楊(수양), 楊貴妃(양귀비)

'昜(양)'자에 '병 疒(역)'을 붙여 '종기 瘍(양)'자를 만들었다. '부스럼', '종기', '헐다' 등을 뜻한다. 潰瘍(궤양), 腫瘍(종양)

'昜(양)'자에 '흙 土(토)'를 붙여 '마당 場(장)'자를 만들었다. 원래 제사를 지내기 위하여 평평하게 골라 놓은 '땅'을 나타내기 위한 것이었다. '昜(양)'자는 '볕 陽(양)'의 古字(고자)이니, 제사를 지내려면 햇볕이 드는 너른 땅이 필요했나보다. '마당', '장소', '일이 벌어진 자리', '막(幕)'보다 작은 연극의 한 토막', '시장', '장터', '경우', '논밭' 등 여러 가지 뜻을 나타낸다. 運動場(운동장), 場所(장소), 工場(공장), 農場(농장), 滿場一致(만장일치), 職場(직장), 當場(당장), 場面(장면), 市場(시장), 初場(초장), 罷場(파장), 立場(입장), 圍場(포장)

'昜(양)'자에 '고기 月(육)'을 붙여 '창자 腸(장)'자를 만들었다. '창자', '마음', '충심' 등을 뜻한다. 肝腸(간장), 九折羊腸(구절양장), 九曲肝腸(구곡간장), 斷腸(단장), 大腸(대장), 小腸(소장), 胃腸(위장), 心腸(심장), 換腸(환장)

'昜(양)'자에 '펼 申(신)'을 붙여 '펼 暢(창)'자를 만들었다. 날씨나 마음이 '화창하다'는 뜻을 나타내기 위한 것이다. '날씨가 맑다', '펴다', '말을 늘어놓다', '통하다', '통달하다' 등의 뜻을 나타낸다. 和暢(화창), 萬化方暢(만화방창), 流暢(유창), 暢達(창달)

'昜(양)'자에 '물 氵(수)'를 붙여 '끓일 湯(탕)'자를 만들었다. '물이 끓다'는 뜻을 나타내기 위하여 만든 것이었다. 후에 '끓인 물', '국', '욕탕' 등을 뜻하게 되었다. 重湯(중탕), 沐浴湯(목욕탕), 汗蒸湯(한증탕), 湯藥(탕약), 再湯(재탕), 雙和湯(쌍화탕), 湯器(탕기), 補身湯(보신탕), 蔘鷄湯(삼계탕), 素湯(소탕), 魚湯(어탕), 肉

湯(육탕)

'끓일 湯(탕)'자에 '풀 艹(초)'를 붙여 '쓸어 없앨 蕩(탕)/넓을 蕩(탕)/방탕할 蕩(탕)'자를 만들었다. '쓸어버리다', '없애다', '크다', '넓다', '제멋대로 하다', '단정하지 않다', '방탕하다' 등의 뜻을 나타낸다. 蕩減(탕감), 蕩盡(탕진), 虛蕩(허탕), 蕩平(탕평), 浩蕩(호탕), 蕩子(탕자), 放蕩(방탕), 焚蕩(분탕), 淫蕩(음탕), 虛浪放蕩(허랑방탕), 腦震蕩(뇌진탕)

'다칠 傷(상)'자는 '다친 사람'을 뜻한다. '사람 亻(인)'과 '볕 昜(양)의 변형'으로 이루어졌다. '볕 昜(양)'이 표음요소로 쓰였다. 昜(양)자 위에 '사람 人(인)'의 변형은 '觴(상)', '殤(상)' 등의 글자로 보아 [상]의 음과 관련이 있는 듯하나 확실하지는 않다. '상하다', '다치다', '물건이 해지거나 헐어지다', '마음이 괴롭고 언짢다', '몸이 축나다', '남을 헐어 말하다' 등의 뜻을 나타낸다. 傷痍(상이), 傷處(상처), 輕傷(경상), 負傷(부상), 致命傷(치명상), 損傷(손상), 傷心(상심), 感傷(감상), 食傷(식상), 傷寒(상한), 中傷(중상)

陽0460, 揚1273, 楊1653, 瘍2726, 場0137, 腸1075, 暢1634, 湯1675, 蕩2942, 傷0787

襄(양) 襄壤讓孃攘釀囊 396

'도울 襄(양)'자는 '옷을 걷어 올리다'가 본뜻이다. '옷 衣(의)'와 가운데의 나머지로 이루어졌다. 그 나머지가 표음요소라고 한다. 襄(양)자가 쓰인 한자어는 우리말 사전에 '宋襄之仁(송양지인)'정도가 올라 있다.

'襄(양)'자에 '흙 土(토)'를 붙여 '흙 壤(양)'자를 만들었다. 원래 뜻은 '비옥한 땅'을 가리키는 것이었다. 일반적인 의미는 '흙덩이' 또는 '땅'이다. 壤土(양토), 擊壤歌(격양가), 土壤(토양), 天壤之差(천양지차)

'襄(양)'자에 '말씀 言(언)'을 붙여 '사양할 讓(양)'자를 만들었다. 원래 '말로 꾸짖다'는 뜻을 나타내기 위한 것이었다. '사양하다', '남에게 양보하다', '자기를 낮추다', '겸손해하다', '넘겨주다' 등의 뜻을 나타낸다. 讓步(양보), 辭讓(사양), 謙讓(겸양), 讓渡(양도), 分讓(분양), 移讓(이양)

'襄(양)'자에 '여자 女(녀)'를 붙여 '아가씨 孃(양)'자를 만들었다. '아가씨'라는 뜻을 나타내기 위하여 만든 것이다. 조어력이 약하여 한자어 용례는 거의 없고 아가씨에 대한 호칭으로 쓰인다. 令孃(영양), 某孃(모양)

'襄(양)'자에 '손 扌(수)'를 붙여 '물리칠 攘(양)'자를 만들었다. '물리치다', '남의 물건을 품안에 숨겨 훔치다'는 뜻을 나타낸다. 攘夷(양이)

'襄(양)'자에 '닭 酉(유)'를 붙여 '술빚을 釀(양)'자를 만들었다. 釀造(양조), 釀酒(양주), 家釀(가양)

'주머니 囊(낭)'자는 '도울 襄(양)'이 표음요소로 쓰였고, 그 윗부분이 주머니의 모양을 본뜬 것으로, 표의요소로 쓰였다. '물건을 채워 넣는 주머니', '물건을 넣어 감추어두는 것'의 범칭으로 쓰인다. 囊中之錐(낭중지추), 膽囊(담낭), 背囊(배낭), 寢囊(침낭), 行囊(행낭), 陰囊(음낭)

襄2125, 壤1187, 讓1408, 孃1874, 攘2503, 釀3101, 囊2272

於(어) 於瘀閼 397

'어조사 於(어)'자는 '깃발 나부낄 㫃(언)'자에 점[丶] 두 개를 찍은 모양이다. 본래는 '까마귀 烏(오)'의 古字(고자)였다. 그리고 감탄사로도 활용되었다. 이 두 경우에는 [오]로 읽는다. 후에 장소를 나타내는 전치사, 즉 '~에서'라는 뜻의 '于(우)'를 대신하여 쓰이는 예가 많았다. 이 경우에는 [에]로 읽는다. 조어력은 매우 약하여 한자어 용례가 많지 않다. 於焉間(어언간), 於中間(어중간), 於此彼(어차피), 甚至於(심지어)

'於(어)'자에 '병 疒(역)'을 붙여 '어혈질 瘀(어)'자를 만들었다. 피가 탁해져 막혀서 일어나는 병을 뜻한다. 瘀血(어혈)

'於(어)'자를 '문 門(문)'안에 넣어 '막을 閼(알)'자를 만들었다. 金閼智(김알지)

'401 깃발 나부낄 㫃(언)'자 참조.

於1622, 瘀2727, 閼3601

魚(어) 魚漁魯 398

'고기 魚(어)'자는 '물고기'의 형상을 본뜬 것이다. 아래의 네 점은 '불 火(화)'의 변형이 아니고 꽁지지느러미의 모양이 변한 것이다. '물고기', '물 속에 사는 동물의 범칭'으로 쓰인다. 魚東肉西(어동육서), 魚雷(어뢰), 魚遊釜中(어유부중), 魚貝類(어패류), 乾魚(건어), 水魚之交(수어지교), 養魚(양어), 緣木求魚(연목구어), 一魚濁水(일어탁수), 得魚忘筌(득어망전)

'魚(어)'자에 '물 氵(수)'를 붙여 '고기 잡을 漁(어)'자를 만들었다. '물에 있는 물고기를 잡다'는 뜻이다. 漁撈(어로), 漁夫(어부)/漁父(어부), 漁船(어선), 漁業(어업), 漁村(어촌), 豊漁(풍어), 漁父之利(어부지리)

'魚(어)'자에 '날 日(일)'을 붙여 '노나라 魯(로)'자를 만들었다. 접시 위에 올려놓은 생선 모양을 본뜬 것이라고 한다. '맛있음', '훌륭함'을 뜻하지만 주로 '나라 이름'으로 쓰인다. 魚魯不辨(어로불변)

'330 고울 鮮(선)'자 참조.
'고래 鯨(경)'자는 '037 京(경)'자 참조.

魚0584, 漁0585, 魯2149

御(어) 御禦 399

'거느릴 御(어)'자는 '길 갈 彳(척)', '낮 午(오)'와 '병부 卩(절)'로 이루어진 글자이다. '彳(척)'자의 '彡'과

'止'가 헤어져서 모양이 약간 변했다. '막다', '억제하다', '천자·제후에 관한 사물이나 행위에 붙이는 말' 등의 뜻으로 쓰인다. 制御(제어), 御命(어명), 御使(어사), 御用(어용)

'御(어)'자에 '보일 示(시)'를 붙여 '막을 禦(어)'자를 만들었다. '막다', '맞서다', '대비하다', '지키다', '방어' 등의 뜻을 나타낸다. 防禦(방어)

御1231, 禦2770

彦(언) 彦諺顔　400

'선비 彦(언)'자는 '글월 文(문)', '언덕 厂(한)', '터럭 彡(삼)'으로 이루어졌다.

'彦(언)'자에 '말씀 言(언)'을 붙여 '상말 諺(언)'자를 만들었다. '상말', '속된 말'을 뜻한다. 諺解(언해), 諺文(언문)

'彦(언)'자에 '머리 頁(혈)'을 붙여 '얼굴 顔(안)'자를 만들었다. 양쪽 눈썹 사이, 즉 '印堂(인당)'을 뜻하기 위한 것이다. '얼굴', '안색', '면목', '체면', '염치' 등의 뜻을 나타낸다. 顔面(안면), 童顔(동안), 破顔大笑(파안대소), 顔色(안색), 無顔(무안), 厚顔(후안), 厚顔無恥(후안무치)

'313 낳을 産(산)'자 참조.

彦3438, 諺3016, 顔1467

㫃(언) 族簇嗾旅旗施旌旋璇　401

'깃발 나부낄 㫃(언)'자는 '모 方(방)'과 '사람 人(인)'으로 구성된 글자로, '깃발 나부끼다'의 뜻이다.

'㫃(언)'자에 '화살 矢(시)'를 붙여 '겨레 族(족)'자를 만들었다. 화살矢(시)과 같은 무기를 들고, 부족을 상징하는 깃발 아래 모여 있는 한 피붙이라는 데서 겨레를 뜻한다. 동일 혈통의 군사들의 집합체를 '族(족)'이라 하였고, 후에 혈연관계가 있는 모든 사람들, 즉 '겨레'를 지칭하는 것으로 쓰이게 되었다. '겨레', '같은 동포', '자손', '같은 혈통의 친족', '가계', '인척', '무리' 등을 뜻한다. 同族(동족), 民族(민족), 族譜(족보), 家族(가족), 貴族(귀족), 族戚(족척), 三族(삼족), 水族館(수족관)

'族(족)'자에 '대 竹(죽)'을 붙여 '조릿대 簇(족)'자를 만들었다. '대나무가 한군데 모여 나다'를 뜻한다. 簇子(족자), 蠶簇(잠족)

'族(족)'자에 '입 口(구)'를 붙여 '부추길 嗾(주)'자를 만들었다. '입으로 선동하다'의 뜻을 나타낸다. 여기서 '族(족)'은 '재촉할 促(촉)'과 통하여, '촉구하다'는 뜻이다. '부추기다', '선동하다'는 뜻을 나타낸다. 使嗾(사주)

'㫃(언)'자에 '따를 从(종)'을 붙여 '군사 旅(려)/나그네 旅(려)'자를 만들었다. '㫃(언)'자는 '깃발 나부끼다'의 뜻이다. '从(종)'은 '사람 人(인)'이 두 개 붙은 것으로, '여러 사람'을 나타낸다. '旅(려)'자는 '500명의 군사'를 나타내기 위하여 하나의 깃발 아래 모인 여러 병사들을 나타낸 것이다. 그들 중에는 먼 길을 떠나온 사람들이 많았기에 '나그네'란 뜻으로도 쓰인다. '군사', '많은', '길', '여행하다', '나그네' 등의 뜻으로 쓰인다. 旅團(여단), 旅幕(여막), 旅客(여객) 旅館(여관), 旅券(여권), 旅行(여행)

'㫃(언)'자에 표음요소 '그 其(기)'를 붙여 '기 旗(기)'자를 만들었다. '기', '표', '표지' 등의 뜻을 나타낸다. 旗手(기수), 旗章(기장), 旗幟(기치), 校旗(교기), 軍旗(군기), 優勝旗(우승기), 弔旗(조기), 太極旗(태극기)

'㫃(언)'자에 표음요소 '어조사 也(야)'를 붙여 '베풀 施(시)'자를 만들었다. '(깃발이) 펄럭이다'가 본뜻이었다. '베풀다', '어떤 일을 차려서 벌이다', '은혜를 베풀다', '행하다', '시행하다' 등의 뜻으로 쓰인다. 施賞(시상), 施設(시설), 施惠(시혜), 布施(보시), 施工(시공), 施策(시책), 施行(시행), 實施(실시)

'㫃(언)'자에 '날 生(생)'을 붙여 '기 旌(정)'자를 만들었다. 천자가 백성 또는 군사의 사기(士氣)를 고무시킬 때 쓰던 '기'가 본뜻이었다. '기', '명정', '나타내다', '표창하다' 등의 뜻으로 쓰인다. 銘旌(명정), 旌閭(정려), 旌門(정문), 旌表(정표)

'㫃(언)'자에 '발'을 뜻하는 '疋(소)'자를 붙여 '돌 旋(선)'자를 만들었다. '돌다', '회전하다', '둥글다', '돌아오다', '물이 돌며 흐르다', '두루 미치다' 등의 뜻을 나타낸다. 旋風(선풍), 旋回(선회), 螺旋(나선), 凱旋(개선), 旋律(선율), 斡旋(알선), 周旋(주선)

'돌 旋(선)'자에 '구슬 玉(옥)'을 붙여 '옥 璇(선)'자를 만들었다.

'397 어조사 於(어)'자 참조.
'464 깃발 斿(유)'자 참조.
'252 모 方(방)'자 참조.

族0089, 簇2808, 嗾2264, 旅0555, 旗0496, 施0773, 旌2063, 旋0707, 璇3528

奄(엄) 奄掩庵電　402

'가릴 奄(엄)/문득 奄(엄)'자는 '큰 大(대)'와 '펼 申(신)'자로 이루어졌다. '申(신)'은 번개의 형상을 본뜬 글자이다. '雷雲(뇌운)이 사람의 머리 위를 덮다'의 뜻에서 '가리다', '갑자기'의 뜻을 나타낸다.

'奄(엄)'자에 '손 扌(수)'를 붙여 '가릴 掩(엄)'자를 만들었다. '손으로 가리다'는 뜻을 나타낸다. '보이지 아니하게 가리다', '숨기다', '감싸다', '비호하다', '갑자기 공격하다' 등의 뜻으로 쓰인다. 掩蔽(엄폐), 掩護(엄호), 掩襲(엄습)

'奄(엄)'자에 '집 广(엄)'을 붙여 '암자 庵(암)'자를 만들었다. '奄(엄)'은 '덮다'의 뜻이다. 풀잎 지붕에 덮인 '암자'의 뜻을 나타낸다. 庵子(암자), 石窟庵(석굴암)

'電(전)'자는 '비 雨(우)'와 '펼 申(신)'으로 이루어진 글자이다. 날벼락도 있다지만, 번개는 비가 올 때에 치므로 '雨(우)'가 표의요소로 쓰였다. '申(신)'은 번개 모양을 본뜬 것인데 글자의 모양을 고려하여 끝을 구부렸다. '奄(엄)'자 가족의 입장에서 보면 '奄(엄)'자의 '큰 大(대)'자가 '비 雨(우)'자로 바뀐 모양의 글자이다. '번개', '번쩍이다', '빠름의 비유', '전기' 등의 뜻으로 쓰인다. 電擊(전격), 電光石火(전광석화), 電氣(전기), 電算(전산), 電子(전자), 電話(전화), 發電(발전), 停電(정전)

'아홉째지지 申(신)'자 참조.

奄3340, 掩2463, 庵2365, 電0272

余(여) 余餘斜徐敍除途塗 403

'나 余(여)'자는 원래 '끝이 뾰족한 풀 베는 기구'를 본뜬 글자였으나, '나'를 일컫는 것으로 활용되었고, '음력 사월'의 뜻으로도 쓰인다. 조어력이 매우 약하여 용례가 별로 없다.

'余(여)'자에 '먹을 食(식)'을 붙여 '남을 餘(여)'자를 만들었다. '배불리 먹고도 남음이 있다'는 뜻을 위해 만들어진 것이다. '남다', '넉넉하다', '여유가 있다', '그 이외의 것', '나머지', '결말', '결국', '여가', '나라 또는 종족이름' 등을 나타낸다. 餘白(여백), 餘裕(여유), 餘談(여담), 餘生(여생), 餘韻(여운), 餘地(여지), 窮餘之策(궁여지책), 剩餘(잉여), 餘波(여파), 迂餘曲折(우여곡절), 餘暇(여가), 夫餘(부여)

'余(여)'자에 '말 斗(두)'를 붙여 '기울 斜(사)/비낄 斜(사)'자를 만들었다. 본뜻은 말로 곡식을 '푸다'는 뜻이었다. 후에 '기울다', '경사지다', '비끼다'는 뜻으로 바뀌어 쓰이게 되었다. 斜面(사면), 斜線(사선), 斜視(사시), 斜塔(사탑), 傾斜(경사), 斜陽(사양)

'余(여)'자에 '걸을 彳(척)'을 붙여 '천천할 徐(서)'자를 만들었다. '급하지 아니하고 느리다', '천천히 하다', '늦추다', '천천히' 등의 뜻을 나타낸다. 徐徐(서서)히, 徐行(서행)

'余(여)'자에 '칠 攵(복)'을 붙여 '펼 敍(서)/베풀 敍(서)/차례 敍(서)'자를 만들었다. '등급', '품계', '품계나 관직을 주다', '말하다', '서술하다' 등의 뜻을 나타낸다. 敍品(서품), 敍勳(서훈), 追敍(추서), 敍事(서사), 敍事詩(서사시), 敍述(서술), 自敍傳(자서전)

'余(여)'자에 '언덕 阝(부)'를 붙여 '덜 除(제)/섬돌 除(제)'자를 만들었다. 원래 언덕진 곳을 잘 오르도록 쌓아 놓은 '(궁전의) 섬돌'을 가리키던 것이었으니, '언덕 阝(부)'가 표의요소로 쓰였다. '나 余(여)'는 표음요소라고 한다. 참고로 '음력 12월'을 가리키는 '除月'은 [제월]로 읽고, '음력 사월'을 가리키는 '除月'은 [여월]로 읽는다. '덜다', '나누다', '쓸어서 깨끗이 하다', '열다', '섣달', '섣달 그믐날 밤', '음력 사월' 등의 뜻으로 쓰인다. 除去(제거), 除名(제명), 除外(제외), 免除(면제), 削除(삭제), 掃除(소제), 辟除(벽제), 解除(해제), 除算(제산), 除數(제수), 加減乘除(가감승제), 除夜(제야)

'余(여)'자에 '길갈 辶(착)'을 붙여 '길 途(도)'자를 만들었다. '길', '일을 처리하는 길, 또는 방법' 등의 뜻을 나타낸다. 途中(도중), 壯途(장도), 途上(도상), 半途而廢(반도이폐), 方途(방도), 別途(별도), 用途(용도), 前途洋洋(전도양양)

'余(여)'자에 '물 氵(수)'를 붙여 '도랑 涂(도)'자를 만들었다.

'도랑 涂(도)'자에 '흙 土(토)'를 붙여 '칠할 塗(도)/진흙 塗(도)'자를 만들었다. 본래 '진흙'을 뜻하기 위하여 만든 것이다. 후에 '칠하다'는 뜻으로 확대되었다. 塗炭(도탄), 塗炭之苦(도탄지고), 塗抹(도말), 塗料(도료), 塗褙(도배), 塗裝(도장), 塗布(도포), 一敗塗地(일패도지), 糊塗(호도)

余1487, 餘0904, 斜0923, 徐1230, 敍1616, 除0896, 途1433, 塗1866

如(여) 如恕 404

'같을 如(여)'자는 '여자 女(녀)'와 '입 口(구)'자로 이루어졌다. (말을 잘) '따르다'가 본뜻이다. '여자의 입'이란 뜻이 아니다. '같다', '한 모양으로 되어 있다', '어찌하랴', '어떠하냐' 등의 뜻으로 쓰인다. 如反掌(여반장), 如實(여실), 如前(여전), 缺如(결여), 始終如一(시종여일), 生不如死(생불여사), 如干(여간), 如何(여하), 如何間(여하간)/何如間(하여간), 如來(여래), 眞如(진여)

'如(여)'자에 '마음 心(심)'을 붙여 '용서할 恕(서)'자를 만들었다. '(남과 더불어) 마음을 같이 하다' 즉, '어질다'가 본뜻이다. '동정하다', '용서하다'는 뜻으로 쓰인다. '용서한다'는 것은 '마음을 같이 한다'는 것임을 이 글자를 통하여 알 수 있다. 容恕(용서)

如0713, 恕0721

予(여) 予預序 405

'나 予(여)/줄 予(여)'자는 '주다'가 본래 의미이다. 일찍이 제1인칭인 '나'를 가리키는 것으로 차용되는 예가 많아지자, '주다'는 뜻은 '與(여)'자를 새로 만들어 나타냈다. 고전 한문에서는 단음절 어휘로 많이 쓰였으나 조어력이 약하여 한자어에서는 거의 쓰이지 않는다.

'미리 預(예)/맡길 預(예)'자는 머리가 '편하다'는 뜻을 나타내기 위하여 만든 것이었다. '머리 頁(혈)'과 '줄 予(여)'로 이루어졌다. '미리'라는 뜻은 '豫(예)'와 통용되었는데, 중국과 달리 우리나라에서는 '맡기다'는 뜻으로 쓰이는 때가 많다. 預言(예언)/豫言(예언), 預金(예금), 預置(예치)

'차례 序(서)'자는 '집 广(엄)'과 '나 予(여)'로 이루어진 글자이다. '차례', '장유(長幼)의 순서', '등급의 차례', '서문', '머리말' 등의 뜻을 나타낸다. 序列(서열), 順序

(순서), 長幼有序(장유유서), 秩序(질서), 位階秩序(위계질서), 秩序整然(질서정연), 序曲(서곡), 序論(서론), 序幕(서막), 序文(서문)

'풀 舒(서)'자는 '307 집 舍(사)'자 참조.
'미리 豫(예)'자는 '319 코끼리 象(상)'자 참조.
'들 野(야)'자는 '201 마을 里(리)'자 참조.
予1480, 預2019, 序0532

與(여) 與譽擧嶼輿興   406

'줄 與(여)'자는 '줄 与(여)'자와 '마주 들 舁(여)'가 합쳐진 것이다. 두 요소 모두 표의와 표음을 겸하는 드문 예이다. '동아리'가 본뜻이다. '与(여)'자는 '與(여)'자의 속자이다. 略字(약자)로 쓰이기도 한다. '舁(여)'자는 '절구 臼(구)'와 '받들 廾(공)'으로 이루어진 글자인데, '두 사람이 한 물건을 마주 들다'는 뜻이다. '與(여)'자는 '주다', '함께하다', '참여하다', '돕다', '편을 들다', '한 동아리가 되다', '…와/과', '함께', '더불어' 등의 뜻을 나타낸다. 與件(여건), 與信(여신), 給與(급여), 寄與(기여), 賞與(상여), 授與(수여), 與黨(여당), 與野(여야), 關與(관여), 參與(참여), 與否(여부)

'與(여)'자에 '말씀 言(언)'을 붙여 '명예 譽(예)/기릴 譽(예)'자를 만들었다. '좋은 평판'의 말을 뜻하기 위하여 만든 것이다. 후에 '기리다', '칭송하다'는 뜻으로 쓰이게 되었다. 名譽(명예), 榮譽(영예), 毁譽(훼예)

'與(여)'자에 '손 手(수)'를 붙여 '들 擧(거)'자를 만들었다. 손 따위를 '들다'가 본뜻이다. '들다', '손에 들다', '들어 올리다', '높이 올리다', '받들다', '움직이다', '일으키다', '일어서다', '사실을 들어서 말하다', '모두', '시험', '과거', '가려 뽑다' 등 여러 가지 뜻으로 쓰인다. 擧手(거수), 例擧(예거), 薦擧(천거), 擧事(거사), 義擧(의거), 擧動(거동), 擧行(거행), 輕擧妄動(경거망동), 選擧(선거), 一擧兩得(일거양득), 行動擧止(행동거지), 擧論(거론), 列擧(열거), 擧國的(거국적), 擧族的(거족적), 科擧(과거)

'與(여)'자에 '메 山(산)'을 붙여 '섬 嶼(서)'자를 만들었다. 바다 가운데에 두세 개의 섬이 모여 있는 것을 이른다. 島嶼(도서)

'마주들 舁(여)'자의 '절구 臼(구)'안에 '수레 車(거)'를 넣어 '수레 輿(여)'자를 만들었다. '수레의 차체'가 본뜻이다. 여러 하인이 들거나 끌었기 때문에 '하인', '여러 사람' 등으로 확대 사용되었다. 輿論(여론), 輿望(여망), 肩輿(견여), 喪輿(상여), 大東輿地圖(대동여지도)

'마주들 舁(여)'자의 '절구 臼(구)' 안에 '한 가지 同(동)'을 넣어 '일 興(흥)/흥성할 興(흥)'자를 만들었다? 이렇게 착착 맞아들어가면 얼마나 좋을까! '興(흥)'자는 네 사람의 손[又(우)]이 농기구의 일종[同(동):같다는 뜻이 아님]을 들고 함께 일을 하고 있는 모습을 그린 것이라고 한다. 이 경우 '절구 臼(구)'는 '절구'를 가리키는 것이 아니고 두 개의 손[又]이 변한 것이다. 아래 부분

은 '두 손으로 받들 廾(공)'의 변형이다. '힘을 합치다'가 본뜻이었다. '일다', '일어나다', '왕성하게 하다', '좋아하다', '흥', '흥취' 등의 뜻을 나타낸다. 興奮(흥분), 興亡(흥망), 復興(부흥), 振興(진흥), 興味(흥미), 興盡悲來(흥진비래), 感興(감흥), 詩興(시흥), 破興(파흥), 興夫(흥부), 興信所(흥신소), 咸興差使(함흥차사)

與1080, 譽1410, 擧0624, 嶼2297, 輿1787, 興0291

亦(역) 亦跡迹   407

'또 亦(역)'자는 본래 '겨드랑이'를 뜻하기 위하여 서 있는 사람인 '大(대)'와 겨드랑이 부분을 가리키는 두 점으로 구성되었다. 후에 '또'의 뜻으로 차용되는 예가 많아지자 본뜻은 '겨드랑이 腋(액)'자를 만들어 나타냈다. 亦是(역시)

'亦(역)'자에 '발 足(족)'을 붙여 '자취 跡(적)'자를 만들었다.

'亦(역)'자에 '길 갈 辶(착)'을 붙여 '자취 迹(적)'자를 만들었다. '발을 디딘 자국', '흔적', '무슨 일이 있었던 것을 추리할 수 있는 단서', '지나간 일을 더듬어 찾다', 등의 뜻으로 쓰일 때에는 '迹(적)'과 '跡(적)'을 함께 쓴다. 軌跡(궤적)/軌迹(궤적), 人跡(인적)/人迹(인적), 足跡(족적)/足迹(족적), 潛跡(잠적)/潛迹(잠적), 踪跡(종적)/蹤迹(종적), 追跡(추적), 筆跡(필적), 痕迹(흔적)

'옛날 사람들의 발자취', '유적' 등의 뜻으로 쓰일 때는 '跡'과 '蹟'을 함께 쓴다. 古跡(고적)/古蹟(고적), 史蹟(사적)/史跡(사적), 遺蹟(유적)/遺跡(유적), 戰蹟(전적)/戰跡(전적)

'일정한 동안의 행위의 자취'를 뜻할 때는 '跡','蹟', '迹'을 함께 쓰나, '奇蹟'은 예외로 '蹟'을 쓴다. 奇蹟(기적), 事蹟(사적)/事跡(사적)/事迹(사적), 行跡(행적)/行蹟(행적)/(行蹟(행적)

위의 한자 '跡', '蹟', '迹'의 낱말 예는 저자가 참고한 한글사전과 인터넷 검색의 결과를 정리한 것임을 밝혀둔다.
亦1134, 跡1420, 迹1422

睪(역) 譯驛繹釋擇澤鐸   408

'엿볼 睪(역)'자는 '눈 目(목)'과 '다행 幸(행)'자로 이루어졌다. '幸(행)'자는 '쇠고랑'의 모양을 본뜬 것으로 '죄인'을 뜻한다고 한다. '睪(역)'자는 '용의자를 차례로 엿보아 죄인을 가려내다'는 뜻을 나타낸다.

'睪(역)'자에 '말씀 言(언)'을 붙여 '번역할 譯(역)'자를 만들었다. '다른 말로 옮기다'는 뜻을 나타내기 위하여 만든 것이다. '통역하다', '풀어 밝히다'는 뜻을 나타낸다. 譯官(역관), 譯者(역자), 飜譯(번역)/翻譯(번역), 內譯(내역)

'睪(역)'자에 '말 馬(마)'를 붙여 '역 驛(역)'자를 만들

易(역/이) 409

었다. 옛날 공문서를 전달하거나 관리들이 출장 갈 때 驛站(역참)에 배치하여 이용하던 '말'을 뜻하기 위한 것이었다. 요즈음은 '(열차) 정거장'을 뜻하는 것으로 많이 쓰인다. 驛馬煞(역마살), 驛長(역장), 簡易驛(간이역), 終着驛(종착역)

'睪(역)'자에 '실 糸(사)'를 붙여 '풀어낼 繹(역)'자를 만들었다. '풀어내다', '실마리를 뽑아내다', '실마리' 등의 뜻을 나타낸다. 演繹法(연역법)

'睪(역)'자에 '분별할 釆(변)'을 붙여 '풀 釋(석)'자를 만들었다. 분별하여 '풀다'는 뜻을 나타내기 위하여 만든 것이다. '풀다', '해석', '흩뜨리다', '놓아주다', '석방하다', '놓다', '석가(釋迦)', '불교' 등의 뜻을 나타낸다. 釋然(석연), 解釋(해석), 稀釋(희석), 釋放(석방), 保釋(보석), 釋迦(석가), 釋尊(석존)

'睪(역)'자에 '손 扌(수)'를 붙여 '가릴 擇(택)'자를 만들었다. '(손으로) 고르다'는 뜻을 위하여 만들어진 글자이다. '가리다', '가려서 구분하다', '차별을 두다', '좋은 것을 가려 뽑다' 등의 뜻을 나타낸다. 擇一(택일), 擇日(택일), 選擇(선택), 採擇(채택), 取捨選擇(취사선택), 良禽擇木(양금택목)

'睪(역)'자에 '물 氵(수)'를 붙여 '못 澤(택)'자를 만들었다. 물이 고여 있는 '못'을 뜻하기 위하여 만들어진 것이다. '윤이 나다', '은덕'의 뜻으로 쓰인다. 光澤(광택), 色澤(색택), 潤澤(윤택), 恩澤(은택), 德澤(덕택), 惠澤(혜택)

'睪(역)'자에 '쇠 金(금)'을 붙여 '방울 鐸(탁)'자를 만들었다. '방울', '목탁'을 뜻한다. 木鐸(목탁)

譯1409, 驛1471, 繹2850, 釋1441, 擇0649, 澤1317, 鐸3117

易(역/이) 易賜錫 409

'바꿀 易(역)/쉬울 易(이)'자는 도마뱀의 모양을 본뜬 것이라고 한다. 광선의 형편에 따라 그 빛깔이 변화해서 보이므로, '바뀌다'의 뜻을 나타낸다. '바꾸다', '고치다', '새롭게 하다', '장사하다', '교환하다', '易學(역학)', '주역' 등의 뜻을 나타낸다. 假借(가차)하여 '쉽다', '편안하다', '간략하게 하다'의 뜻으로도 쓰이는데, 이 경우에는 [이]로 읽는다. 易地思之(역지사지), 改易(개역), 交易(교역), 貿易(무역), 易書(역서), 易學(역학), 周易(주역), 難易(난이), 容易(용이), 平易(평이), 安易(안이), 簡易(간이)

'쉬울 易(이)'자에 '조개 貝(패)'를 붙여 '줄 賜(사)'자를 만들었다. 윗사람이 아랫사람에게 '주다'는 뜻을 나타내기 위한 것이었다. '주다', '하사하다', '은혜를 베풀다'는 뜻을 나타낸다. 膳賜(선사), 御賜花(어사화), 下賜(하사), 恩賜(은사), 特賜(특사)

'바꿀 易(역)'자에 '쇠 金(금)'을 붙여 '주석 錫(석)'자를 만들었다. 朱錫(주석)

易0902, 賜1781, 錫3595

役(역) 役疫 410

'부릴 役(역)'자는 '걸을 彳(척)'과 '몽둥이 殳(수)'자로 이루어졌다. 무기를 들고 변경을 지키러 가는 뜻을 나타내는 글자이다. 백성을 동원하여 강제로 시키던 당시의 賦役(부역)제도가 반영된 글자이다. '백성에게 구실로 시키던 강제 노동 또는 의무', '부리다', '일을 시키다', '육체적 노동', '일하다', '힘쓰다', '경영하다', '남의 부림을 받는 사람', '직무' 등의 뜻을 나타낸다. 役割(역할), 苦役(고역), 使役(사역), 用役(용역), 兵役(병역), 懲役(징역), 現役(현역), 役軍(역군), 配役(배역), 惡役(악역), 重役(중역)

'전염병 疫(역)'자는 '병 疒(역)'과 '부릴 役(역)'으로 이루어진 글자이다. '役(역)'자에서 '彳(척)'이 생략된 것이다. 유행성 급성 돌림병의 통칭, 즉 '전염병'을 뜻하기 위하여 만든 것이었다. 疫病(역병)

役0505, 疫1695

屰(역) 逆 411

'거스를 屰(역)'자는 사람이 거꾸로 선 모양을 본뜬 것이다.

'屰(역)'자에 '길 갈 辶(착)'을 붙여 '거스를 逆(역)'자를 만들었다. 형세나 흐름에 따르지 않는 것을 뜻하는 글자이다. '배반하다', '반역하다', '불운', '불행', '거꾸로', '차례를 바꾸어', '거스르다', '어기다', '상리(常理)에서 벗어나다', '공순하지 아니하다' 등의 뜻을 나타낸다. 逆賊(역적), 反逆(반역), 附逆(부역), 逆境(역경), 逆流(역류), 逆算(역산), 逆襲(역습), 逆行(역행), 可逆(가역), 逆理(역리), 逆情(역정), 拒逆(거역), 莫逆(막역)

'097 숨찰 欮(궐)'자 참조.
'312 초하루 朔(삭)'자 참조.
'382 놀랄 咢(악)'자 참조.
逆0661

㕣(연) 鉛沿船 412

'수령 㕣(연)'자는 '여덟 八(팔)'과 '입 口(구)'자로 이루어졌다. '八(팔)'은 산골짜기의 '벼랑'을 본뜬 것이고, '口(구)'는 골짜기의 '입구'를 뜻한다. '㕣(연)'자는 산골짜기의 진구렁 즉, '수령'을 뜻한다.

'㕣(연)'자에 '쇠 金(금)'을 붙여 '납 鉛(연)'자를 만들었다. 부드럽고 연한 쇠붙이인 '납'을 뜻한다. 鉛毒(연독), 鉛筆(연필), 亞鉛(아연), 黑鉛(흑연)

'㕣(연)'자에 '물 氵(수)'를 붙여 '물가 沿(연)'자를 만들었다. 물길을 '따라 내려가다'는 뜻을 나타내기 위하여 만든 글자이다. '선례를 따르다', '물을 따라 내려가다', '길을 따르다', '가장자리', '언저리' 등의 뜻을 나타

낸다. 沿革(연혁), 沿道(연도), 沿邊(연변), 沿岸(연안), 沿海(연해)

'㕣(연)'자에 '배 舟(주)'를 붙여 '배 船(선)'자를 만들었다. '배'를 총칭한다. 船舶(선박), 船員(선원), 船長(선장), 旅客船(여객선), 滿船(만선), 漁船(어선), 戰船(전선), 風船(풍선)

鉛1105, 沿1299, 船0625

肙(연) 捐絹鵑　413

'장구벌레 肙(연)'자는 '입 口(구)'와 '고기 月(육)'으로 이루어졌다. '작은 벌레'를 뜻하는 古字(고자)이다.

'肙(연)'자에 '손 扌(수)'를 붙여 '버릴 捐(연)'자를 만들었다. '손으로 버려서 덜다'는 뜻을 위하여 만들어진 글자이다. '소유하던 것을 버리다', '주다', '바치다', '내놓다', '기부하다' 등의 뜻을 나타낸다. 捐補(연보), 義捐金(의연금), 出捐(출연)

'肙(연)'자에 '실 糸(사)'를 붙여 '명주 絹(견)'자를 만들었다. 명주실로 짠 '비단'을 뜻하기 위하여 만든 것이다. 絹紗(견사), 絹織物(견직물), 本絹(본견), 人絹(인견)

'肙(연)'자에 '새 鳥(조)'를 붙여 '두견이 鵑(견)'자를 만들었다. '두견새', '진달래'를 뜻한다. 杜鵑(두견), 杜鵑花(두견화)

捐2453, 絹1723, 鵑3186

次(연) 盜羨　414

'침 次(연)'자는 '물 氵(수)'와 '하품 欠(흠)'으로 이루어졌다. 입을 크게 벌리면 나오는 물 즉, '침'을 뜻한다. 지금은 '늘어질 延(연)'자에 '물 氵(수)'를 붙여 '침 涎(연)'자를 만들어 쓰고 있다.

'次(연)'자에 '그릇 皿(명)'을 붙여 '훔칠 盜(도)'자를 만들었다. '밥그릇[皿]을 보고 침을 흘리다次]'라는 뜻에서 '훔치다', '도둑'이라는 뜻으로 확대되었다. 배가 너무 고파서 먹을 것을 훔쳤나보다. '침 次(연)'자 대신 '버금 次(차)'를 쓴 '盜(도)'자는 속자이다. '훔치다', '도둑질', '도둑', '몰래 부당한 짓을 하여 자기의 이익을 취하다(재물 이외의 것에 대하여도 이른다)' 등의 뜻을 나타낸다. 盜難(도난), 盜用(도용), 盜賊(도적), 强盜(강도), 竊盜(절도), 盜名(도명), 盜聽(도청)

'次(연)'자에 '양 羊(양)'을 붙여 '부러워할 羨(선)'자를 만들었다. '맛있는 음식을 보고 군침을 흘리다'는 뜻에서 '부러워하다'는 뜻을 나타낸다. 羨望(선망)

盜1045, 羨2861

延(연) 延筵誕　415

'늘일 延(연)'자는 '길갈 廴(착)'과 의미에 큰 차이가 없는 '길게 걸을 廴(인)'과 목적지를 행해 감을 뜻하는 '正(정)'의 변이형이 합쳐 있다. '오래 가다'는 뜻을 나타내기 위하여 만들어진 것이다. '끌다', '길게 뻗도록 늘이다', '일이나 시간을 미루거나 지연시키다', '넓어지다', '퍼지다', '숫자적인 것을 종합하면' 등의 뜻을 나타낸다. 延頸鶴望(연경학망), 延年益壽(연년익수), 延命(연명), 延長(연장), 延期(연기), 延着(연착), 延滯(연체), 遲延(지연), 蔓延(만연), 延人員(연인원)

'延(연)'자에 '대 竹(죽)'을 붙여 '대자리 筵(연)'자를 만들었다. '대나무로 만든 자리'를 뜻하는 글자이다. '좌석', '대자리', '깔개의 총칭' 등의 뜻으로 쓰인다. 經筵(경연), 几筵(궤연), 酒筵(주연), 賀筵(하연)

'延(연)'자에 '말씀 言(언)'을 붙여 '태어날 誕(탄)'자를 만들었다. 본래 뜻은 '큰소리치다', '속이다'는 뜻을 나타내기 위하여 만든 것이었다. 우리나라에서는 본뜻으로는 쓰이지 않고, '태어나다'의 뜻으로만 쓰인다. 誕生(탄생), 誕辰(탄신), 佛誕日(불탄일), 聖誕節(성탄절)

延0982, 筵2799, 誕1986

然(연) 然燃撚　416

'그러할 然(연)'자는 '고기 月(육)' '개 犬(견)', '불 灬(화)'로 이루어진 것이다. 개를 잡을 때 털을 제거하기 위하여 불에 태우던 풍습에서 유래된 것이다. '그러하다', '맞다(이치에 맞고 내 마음에 맞는다는 뜻)', '그러한 모양', '그러한 상태', '그리하여', '그러나', '자연' 등의 뜻을 나타낸다. 舊態依然(구태의연), 當然(당연), 一目瞭然(일목요연), 必然(필연), 浩然之氣(호연지기), 然後(연후), 自然(자연), 不自然(부자연), 天然(천연)

'然(연)'자에 '불 火(화)'를 붙여 '태울 燃(연)'자를 만들었다. 원래는 '然(연)'자가 '타다'의 뜻이었다. '그렇다'의 뜻으로 쓰이는 예가 많아지자, '불 火(화)'를 붙여 '탈 燃(연)'자를 만든 것이다. 燃料(연료), 燃燒(연소), 可燃性(가연성), 再燃(재연)

'然(연)'자에 '손 扌(수)'를 붙여 '비틀 撚(년)'자를 만들었다. '비틀다', '실·노·종이 따위를 비비어 꼬다'는 뜻을 나타낸다.

然0249, 燃1037, 撚3347

猒(염) 厭壓　417

'물릴 猒(염)/막을 猒(엽)'자는 '입 口(구)', '고기 月(육)'과 '개 犬(견)'으로 이루어졌는데, '口(구)'가 '가로 曰(왈)'로 바뀐 것이다. '물리다', '가로막다'는 뜻으로 쓰인다.

'猒(염)'자에 '언덕 厂(한)'을 붙여 '싫을 厭(염)'자를 만들었다. 개가 맛있는 고기를 실컷 먹어 더 이상 먹을 수 없는, 즉 '물리다'는 뜻을 나타낸 것이다. 후에 '싫다', '싫어하다'의 뜻으로 확대되었다. 厭世(염세), 厭症(염증), 山不厭高(산불염고)

'막을 厭(엽)'자에 '흙 土(토)'를 붙여 '누를 壓(압)'자를 만들었다. '누르다', '내리누르다', '물리적 힘을 가하다', '제제하다', '심리작용이 일어나지 못하게 하다', '자유로운 행동을 제한하다' 등의 뜻을 나타낸다. 壓力(압력), 壓迫(압박), 壓縮(압축), 氣壓(기압), 電壓(전압), 血壓(혈압), 指壓(지압), 壓制(압제), 抑壓(억압), 鎭壓(진압), 彈壓(탄압)

厭1856, 壓0712

炎(염) 炎談淡痰 418

'불꽃 炎(염)'자는 '불꽃'을 나타내기 위하여 활활 타오르는 불꽃 모양을 '불 火(화)' 두 개를 붙여 나타낸 것이다. '덥다', '염증'의 뜻도 가지고 있다. 炎凉(염량), 炎天(염천), 炎帝(염제), 炎症(염증), 消炎劑(소염제), 肺炎(폐렴)

'불꽃 炎(염)'자에 '말씀 言(언)'을 붙여 '말씀 談(담)'자를 만들었다. 서로 주고받는 말, 즉 이야기를 뜻한다. 談笑(담소), 談話(담화), 相談(상담), 俗談(속담), 眞談(진담), 弄談(농담)

'불꽃 炎(염)'자에 '물 氵(수)'를 붙여 '맑을 淡(담)/맑을 淡(담)'자를 만들었다. 물이 너무 많아 맛이 '싱겁다'는 뜻을 나타내기 위하여 만든 것이었다. '맑다', '담박하다', '담담하다', '연하다', '빛이 연하다', '엷다' 등의 뜻을 나타낸다. 淡泊(담박), 淡白(담백), 淡水(담수), 雅淡(아담), 淸談(청담), 濃淡(농담), 淡淡(담담), 冷淡(냉담), 頓淡無心(돈담무심)

'불꽃 炎(염)'자에 '병 疒(역)'을 붙여 '가래 痰(담)'자를 만들었다. 喀痰(객담), 去痰(거담)

炎1683, 談0266, 淡1308, 痰2723

葉(엽) 葉蝶諜牒渫 419

'나뭇잎 葉(엽)'자는 '인간 世(세)'와 '나무 木(목)'자로 이루어졌다. 여기에서 '世(세)'는 나무 가지에 매달린 잎의 모양을 본뜬 것이다.

'葉(엽)'자에 '풀 艹(초)'를 붙여 '잎 葉(엽)'자를 만들었다. '잎', '초목의 잎', '끝', '갈래', '세대', '시대', '평평하고 엷은 것' 등의 뜻을 나타낸다. 葉茶(엽차), 葉菜(엽채), 落葉(낙엽), 枝葉的(지엽적), 末葉(말엽), 中葉(중엽), 葉書(엽서), 葉錢(엽전), 胎葉(태엽)

'葉(엽)'자에 '벌레 虫(충)'을 붙여 '나비 蝶(접)'자를 만들었다. 蝶泳(접영), 蜂蝶隨香(봉접수향), 胡蝶夢(호접몽), 花蝶(화접)

'葉(엽)'자에 '말씀 言(언)'을 붙여 '염탐할 諜(첩)'자를 만들었다. 적군에 잠입하여 그네들이 하는 말을 몰래 엿듣는 '염탐꾼'을 가리키기 위하여 만든 것이었다. 諜報(첩보), 諜者(첩자), 間諜(간첩), 防諜(방첩)

'葉(엽)'자에 '조각 片(편)'을 붙여 '글씨판 牒(첩)/편지 牒(첩)'자를 만들었다. 나뭇잎과 같이 엷은 패 즉, '문서'를 뜻한다. 請牒(청첩), 通牒(통첩), 移牒(이첩)

'葉(엽)'자에 '물 氵(수)'를 붙여 '칠 渫(설)/파낼 渫(설)'자를 만들었다. '배설할 泄(설)'자에 '나무 木(목)'을 붙인 것으로 볼 수도 있다. '치다', '물밑을 쳐내다'는 뜻을 나타낸다. 浚渫(준설)

'336 인간 世(세)'자 참조.

葉0629, 蝶1762, 諜1988, 牒2670, 渫2087

永(영) 永泳詠昶樣派脈 420

'길 永(영)'자는 '물 水(수)'와 '점 丶(주)'의 합자로, '물에서 헤엄치는 사람'을 본뜬 것이다. '헤엄치다'가 본뜻인데, '오래', '멀리' 같은 의미로 쓰이는 예가 많아지자 본뜻은 '물 氵(수)'를 붙여 '헤엄칠 泳(영)'자를 만들어 나타냈다. '길다', '길이가 길다', '시간이 길다', '오래다', '오래도록' 등의 뜻을 나타낸다. 永久(영구), 永眠(영면), 永遠(영원), 永住(영주)

'永(영)'자에 '물 氵(수)'를 붙여 '헤엄칠 泳(영)'자를 만들었다. 본래 '永(영)'으로 썼는데, '永(영)'자가 '오래', '멀리' 같은 의미로 쓰이는 예가 많아지자 본뜻은 '물 氵(수)'를 붙여 '헤엄칠 泳(영)'자를 만들어 나타냈다. 水泳(수영), 繼泳(계영), 背泳(배영), 蝶泳(접영), 平泳(평영)

'永(영)'자에 '말 씀 言(언)'을 붙여 '읊을 詠(영)'자를 만들었다. 시가, 시조 따위를 소리 내어 '읊다'는 뜻을 나타내기 위하여 만든 것이다. 詠誦(영송), 詠歎(영탄)

'永(영)'자에 '해 日(일)'을 붙여 '밝을 昶(창)'자를 만들었다. 사람의 이름자로 쓰인다.

'永(영)'자에 '양 羊(양)'과 '나무 木(목)'을 붙여 '모양 樣(양)'자를 만들었다. '모양·양상·상태'의 뜻을 나타낸다. 樣相(양상), 樣態(양태), 多樣(다양), 模樣(모양), 樣式(양식), 紋樣(문양)/文樣(문양)

'물갈래 派(파)'자의 오른 쪽은 '길 永(영)'자가 변화된 것이다. 강물이 길게 흐르는 중에는 갈래가 있게 마련이기 때문에, '물갈래'를 그렇게 나타냈다. 후에 일반적인 '갈래', '보내다'의 뜻으로 쓰였다. 派閥(파벌), 派生(파생), 黨派(당파), 派遣(파견), 派出所(파출소), 特派員(특파원)

'맥 脈(맥)'자는 '고기 月(육)'과 '물갈래 派(파)'의 생략형으로 이루어진 글자이다. '脈(맥)'자는 사람의 몸[月]에서 피가 물갈래처럼 퍼져 흐른다는 데서 '血脈(혈맥)'이라는 뜻이다. 사람의 몸 속에는 수많은 혈맥이 서로 긴밀하게 연결되어 있어서 생명에 필요한 영양소를 실어 나른다. 혈맥이 서로 연결되어 있지 않으면 한시도 생명을 온전하게 유지할 수 가 없다. 사람은 사회적 동물이다. 사람 간에도 혈맥이 흐른다. 바로 人脈(인맥)이다. 인맥은 같은 계통이나 계열로 엮어진 사람들의 유대관계를 말한다. 脈搏(맥박), 動脈(동맥), 亂脈(난맥), 命脈(명맥), 靜脈(정맥), 脈絡(맥락), 鑛脈(광

맥), 山脈(산맥), 人脈(인맥), 一脈相通(일맥상통)
永0390, 泳1665, 詠1525, 昶3453, 樣1019, 派1031, 脈0854

嬰(영) 嬰櫻　421

'갓난아이 嬰(영)'자는 '목 치장 賏(영)'과 '여자 女(녀)'자로 이루어졌다. '賏(영)'자는 '조개를 이어 만든 목 치장(목걸이)'을 뜻한다. 嬰兒(영아)

'嬰(영)'자에 '나무 木(목)'을 붙여 '앵두나무 櫻(앵)'자를 만들었다. 櫻桃(앵도), 櫻脣(앵순)

嬰2324, 櫻2575

睿(예) 叡/睿濬璿壑　422

'슬기 叡(예)'자의 字源(자원)을 따지면 복잡하다. 현재의 형태에서 저자 임의로 破字(파자)하면, '점 卜(복) + 덮을 冖(멱) + 한 一(일) + 골 谷(곡)에서 입 口(구)가 생략된 모양 + 눈 目(목) + 또 又(우)'로 이루어졌다. 자원에 따르면 '골 谷(곡)'의 윗부분은 '도려내다'의 뜻이라고 한다. 아랫부분과 연관시키면, '골짜기를 도려내듯이 깊이 사물을 보는 눈의 모양이 叡(예)'자라고 한다. '슬기'란 이런 깊은 통찰에서 오는 것이라는 뜻이다. 睿(예)'자는 古字(고자)이다. '총명하다', '슬기롭다', '깊고 밝다'는 뜻을 나타낸다. 叡智(예지)/睿智(예지)

'睿(예)'자에 '물 氵(수)'를 붙여 '깊을 濬(준)'자를 만들었다. 사람의 이름자로 쓰인다.

'睿(예)'자에 '구슬 玉(옥)'을 붙여 '구슬 璿(선)'자를 만들었다. 사람의 이름자로 쓰인다. '옥 璇(선)'과 같은 뜻의 글자이다.

'골짜기 壑(학)'자는 '점 卜(복) + 덮을 冖(멱) + 한 一(일) + 골 谷(곡) + 또 又(우) + 흙 土(토)'로 이루어졌다. 위의 '叡(예)'자에서는 '谷(곡)'의 '입 口(구)'가 '눈 目(목)'으로 바뀌었는데, 이 골짜기 '壑(학)'자에서는 '谷(곡)'자가 그대로 쓰였다. '두 산 사이의 오목한 곳'을 이른다. 原字(원자)는 '흙 土(토)'가 없는 것이었다가 후에 붙었다. 萬壑千峰(만학천봉)

叡/睿2106, 濬3492, 璿3534, 壑2298

曳(예) 曳洩　423

'끌 曳(예)'자는 얽힌 실의 한 끝을 양손으로 끌어 올리는 모양을 본뜬 것이다. '끌다'는 뜻을 나타낸다. 曳履聲(예리성), 曳引(예인), 曳引船(예인선)

'샐 洩(설)'자는 '물 氵(수)'와 '끌 曳(예)'자로 이루어졌다. '새다', '비밀이 흘러나오다'는 뜻을 나타낸다. 漏洩(누설)/漏泄(누설), 天機漏洩(천기누설)/天機漏泄(천기누설)

曳2521, 洩2603

埶(예/세) 藝熱勢褻　424

'심을 埶(예)/권세 埶(세)'자는 '흙덩이 클 坴(륙)'과 '알 丸(환)'으로 이루어졌다. 사람이 어린 나무를 들고 있는 모양을 본떠 '심다'는 뜻을 나타낸다. '藝(예)'자의 原字(원자)이다.

'재주藝(예)/심을 藝(예)'자는 '운향 芸(운)과 '심을 埶(예)'자로 이루어졌다. '芸(운)'자는 '김매다'의 뜻이 있다. '埶(예)'자는 '藝(예)'자의 原字(원자)이다. '藝(예)'자는 원예 기술을 뜻한다. 나아가 '원예작물을 잘 길러내는 기술'이라는 뜻에서 '재주'의 뜻도 나타낸다. '심다', '씨를 뿌리다', '기예', '기술', '재능', '학문' 등의 뜻을 나타낸다. 園藝(원예), 藝能(예능), 藝術(예술), 曲藝(곡예), 工藝(공예), 學藝會(학예회)

'埶(예)'자에 불 灬(화)'를 붙여 '더울 熱(열)'자를 만들었다. '덥다', '더위', '체온', '몸 달다', '흥분하다', '힘을 쓰다', '정신을 쏟다' 등의 뜻을 나타낸다. 熱氣(열기), 熱帶(열대), 過熱(과열), 以熱治熱(이열치열), 熱病(열병), 高熱(고열), 微熱(미열), 解熱劑(해열제), 熱狂(열광), 熱情(열정), 情熱(정열), 熱心(열심), 熱戰(열전), 熱中(열중), 向學熱(향학열)

'권세 埶(세)'자에 '힘 力(력)'을 붙여 '형세 勢(세)'자를 만들었다. 힘이 있어야 세력을 심어놓을 수 있다. '기세', '세력', '힘', '기운', '활동력', '형세', '형편', '세도', '권세', '권위' 등의 뜻을 나타낸다. 勢力(세력), 氣勢(기세), 伯仲之勢(백중지세), 破竹之勢(파죽지세), 家勢(가세), 病勢(병세), 姿勢(자세), 情勢(정세), 形勢(형세), 勢道(세도), 權勢(권세), 有勢(유세), 去勢(거세)

'속옷 褻(설)/더러울 褻(설)'자는 '옷 衣(의)' 가운데에 '권세 埶(세)'자를 넣어 만든 글자이다. '오랫동안 입어 익숙해진 옷'이 본뜻이었다. 猥褻(외설)

'심을 埶(예)/권세 埶(세)'는 '잡을 執(집)'자와 형태가 비슷해서 주의해야 한다.

'195 흙덩이 클 坴(륙)'자 참조.
藝0331, 熱0366, 勢0688, 褻2687

午(오) 午許　425

'낮 午(오)'자는 십이지의 일곱 번째이다. '午時(오시)'가 낮 11시부터 1시 사이를 나타내므로 '午(오)'자는 '한낮'이라는 뜻으로 쓰인다. 띠로는 '말'을 나타낸다. 달로는 '5월(음력)'을 뜻한다. 甲午(갑오), 戊午(무오), 丙午(병오), 庚午(경오), 壬午(임오), 午前(오전), 午後(오후), 午餐(오찬), 正午(정오), 端午(단오)

'허락할 許(허)'자는 '말씀 言(언)'과 '낮 午(오)'자로 이루어졌다. '허락하다', '받아들이다', '말을 들어주다', '매우' 등의 뜻을 나타낸다. 許可(허가), 許諾(허락), 許

容(허용), 免許(면허), 特許(특허), 許多(허다), 許久(허구)

午0763, 許0631

吳(오) 吳誤娛虞　426

'성씨 吳(오)/나라 이름 吳(오)'자는 머리에 커다란 쓰개口를 쓰고 신나게 춤을 추는 모습을 본뜬 것이라고 한다. '큰소리로 말하다'가 본뜻이다. 본뜻이야 어떻든 '나라 이름', '姓(성)'으로 쓰인다. 吳越同舟(오월동주)

'吳(오)'자에 '말씀 言(언)'을 붙여 '그릇할 誤(오)'자를 만들었다. '吳(오)'는 '큰소리치다'의 뜻이라고 한다. 올바르지 않은 의견이 남에게 받아들여지지 않아 큰소리친다는 데서, '그르치다'의 뜻을 나타낸다. '그릇하다', '도리에 어긋나다', '실수하다', '잘못하다', '그르치게 하다', '과오', '헷갈리게 하다', '현혹되게 하다', '방황하는 일' 등의 뜻을 나타낸다. 誤答(오답), 誤算(오산), 誤差(오차), 誤解(오해), 過誤(과오), 錯誤(착오)

'吳(오)'자에 '여자 女(녀)'를 붙여 '즐길 娛(오)'자를 만들었다. 여자와 더불어 '즐기다'는 뜻을 나타내기 위하여 만든 것이다. 娛樂(오락), 娛樂室(오락실)

'吳(오)'자에 '범의 문채 虍(호)'를 붙여 '염려할 虞(우)'자를 만들었다. '염려하다', '근심 걱정하다', '두려워하다', '우제(虞祭)' 등의 뜻을 나타낸다. 虞犯(우범), 虞祭(우제), 三虞(삼우)

吳2040, 誤0873, 娛1554, 虞2956

五(오) 五伍吾悟梧寤衙語 圄　427

'다섯 五(오)'자는 수의 '다섯'을 뜻한다. 처음의 원형은 'X'였는데 위와 아래에 한 획을 그어 '五(오)'로 변형되었다. '다섯', '몇몇'의 뜻을 나타낸다. 五感(오감), 五福(오복), 五色(오색), 三綱五倫(삼강오륜), 三三五五(삼삼오오)

'五(오)'자에 '사람 亻(인)'을 붙여 '대오 伍(오)/다섯 사람 伍(오)'자를 만들었다. 다섯 사람을 한 조로 한 군대의 편제상의 단위를 나타내기 위한 것이었다. 그 후에 隊伍(대오)나 隊列(대열)의 뜻으로 확대 사용되었다. 금액 따위의 중요한 숫자를 적을 때 변조하기 쉬운 '다섯 五(오)'자의 갖은자로 쓰이기도 한다. 落伍(낙오), 落伍者(낙오자), 隊伍(대오)

'五(오)'자에 '입 口(구)'를 붙여 '나 吾(오)'자를 만들었다. 제1인칭 '나'를 뜻하기 위한 것이었다. '다섯 五(오)'는 표음요소. '입 口(구)'가 왜 표의요소로 쓰였는지는 정설이 없다. 吾不關焉(오불관언), 吾鼻三尺(오비삼척)

'나 吾(오)'자에 '마음 忄(심)'을 붙여 '깨달을 悟(오)'자를 만들었다. '깨닫다', '도리를 알다', '진리를 체득하다' 등의 뜻을 나타낸다. 悟道(오도), 覺悟(각오), 大悟(대오), 頓悟(돈오)

'나 吾(오)'자에 '나무 木(목)'을 붙여 '오동나무 梧(오)'자를 만들었다. 梧桐(오동), 碧梧桐(벽오동)

'나 吾(오)'자에 '집 宀(면)'과 '장수 爿(장)'을 붙여 '깰 寤(오)'자를 만들었다. '爿(장)'은 '침대'를 나타낸다. '잠에서 깨다', '깨닫다', '사리를 깨달을 수 있게 열리다'는 뜻을 나타낸다. 寤寐(오매), 寤寐不忘(오매불망), 覺寤(각오)

'나 吾(오)'자에 '다닐 行(행)'을 붙여 '마을 衙(아)'자를 만들었다. '마을', '관청' 등의 뜻을 나타낸다. 衙前(아전), 官衙(관아)

'나 吾(오)'자에 '말씀 言(언)'을 붙여 '말씀 語(어)'자를 만들었다. '말', '말씨', '이야기', '의사를 발표하다', '시비를 따져 말하다' 등의 뜻을 나타낸다. 語文(어문), 敬語(경어), 國語(국어), 流言蜚語(유언비어), 言語(언어), 故事成語(고사성어)

'나 吾(오)'자를 '에워쌀 囗(위)' 안에 넣어 '옥 圄(어)'자를 만들었다. 圄(어)'자는 죄인을 가두는 '감옥'을 뜻한다. 囹圄(영어)

五0005, 伍1545, 吾1523, 悟1247, 梧1648, 寤2335, 衙2976, 語0265, 圄2275

烏(오) 烏鳴　428

'까마귀 烏(오)'자는 '까마귀'를 나타내기 위하여 '새 鳥(조)'에서 눈을 가리키는 점(丶)을 뺀 것이다. 까마귀는 온 몸이 새까맣기 때문에 까만 눈동자가 구분이 잘 안 되어 없는 것처럼 보였나보다. 아래의 네 점은 발가락을 가리킨다. '까마귀', '검다'는 뜻을 나타낸다. 烏飛梨落(오비이락), 烏鵲橋(오작교), 烏合之卒(오합지졸), 金烏(금오), 烏骨鷄(오골계), 烏竹(오죽)

'까마귀 烏(오)'자에 '입 口(구)'를 붙여 '슬플 鳴(오)/탄식소리 鳴(오)'자를 만들었다. 입으로 내는 '한숨소리'를 뜻하기 위한 것이었다. 한숨은 주로 슬플 때 짓기 때문인지 '슬프다', '흐느껴 울다'는 뜻으로도 쓰인다. 嗚呼哀哉(오호애재)/嗚呼痛哉(오호통재), 嗚咽(오열)

烏1319, 嗚1531

奧(오) 奧懊墺　429

'속 奧(오)'자는 '살필 審(심)의 원래 글자인 宷(심)'과 '받들 廾(공)'으로 이루어진 것이다. '宷(심)'자는 '집 宀(면)'과 '분변할 釆(변)'으로 이루어진 것이다. '廾(공)'자는 '큰 大(대)'로 변하였다. '집 宀(면)'도 양쪽 끝이 길게 늘어졌다. 그 결과 현재의 형태인 '奧(오)'자가 되었다. '깊숙하다', '그윽하다', '속', '깊숙한 안쪽' 등의 뜻을 나타낸다. 奧妙(오묘), 奧密稠密(오밀조밀), 深奧

(심오), 奧地(오지)

'奧(오)'자에 '마음 忄(심)'을 붙여 '한할 懊(오)'자를 만들었다. '마음속 깊이 괴로워하다', '뉘우치며 한탄하다'는 뜻을 나타낸다. 懊恨(오한), 懊惱(오뇌)

'奧(오)'자에 '흙 土(토)'를 붙여 '물가 墺(오)'자를 만들었다. 지명으로 쓰인다. 墺地利(오지리)

'살필 審(심)'자는 '258 차례 番(번)'자 참조.

奧2307, 懊2422, 墺3418

屋(옥) 屋握　　430

'집 屋(옥)'자는 '주검 尸(시)'와 '이를 至(지)'의 합자이다. 그러면 '집'이란 '시체가 이르는 곳'일까? '주검 尸(시)'가 문자의 요소로 쓰일 경우에는 '人體(인체)', '몸'을 나타내는 의미로 쓰일 때가 많다. '꼬리 尾(미)', '엉덩이 尻(고)', '살 居(거)' 등이 그 예이다. '屋(옥)'이란 '일하고 돌아와 몸이 이르러 쉬는 곳'이란 뜻이 된다. '집이란 무엇인가? 그 뜻을 잘 나타내고 있다. 屋外(옥외), 家屋(가옥), 社屋(사옥), 韓屋(한옥), 屋上(옥상)

'屋(옥)'자에 '손 扌(수)'를 붙여 '쥘 握(악)'자를 만들었다. 손으로 '쥐다'는 뜻을 나타내기 위하여 만든 것이다. '屋(옥)'자는 표음요소로 쓰인 것이고 의미와 관계는 없다. '쥐다', '손가락을 굽혀 물건을 쥐다', '주먹을 쥐다', '잡다', '마음대로 휘두르게 손에 쥐다', '손아귀', '악수' 등의 뜻을 나타낸다. 握力(악력), 把握(파악), 掌握(장악), 握手(악수)

'569 이를 至(지)' 참조.

屋0521, 握1900

獄(옥) 獄嶽　　431

'옥 獄(옥)'자는 두 마리의 개[犭(견)]와 개[犬(견)]가 서로 으르렁거리는[言(언)] 모습에서 만들어진 글자이다. '가두다', '감옥' 등의 뜻을 나타낸다. 獄苦(옥고), 獄中(옥중), 監獄(감옥), 地獄(지옥), 生地獄(생지옥), 脫獄(탈옥), 獄事(옥사)

'獄(옥)'자에 '메 山(산)'을 붙여 '큰 산 嶽(악)'자를 만들었다. 獄(옥)'자는 단지 표음요소로 쓰인 것이다. '岳(악)'자는 '嶽(악)'자의 古字(고자)이지만 산 이름으로 널리 쓰이고 있다. 山嶽(산악), 山嶽會(산악회), 雪嶽山(설악산)

獄1327, 嶽3227

昷(온) 溫蘊　　432

'어질 昷(온)'자는 '가둘 囚(수)'와 '그릇 皿(명)'으로 이루어진 글자이다. 죄인에게 음식을 준다는 데서 '동정심이 많다', '어질다'는 뜻을 나타낸다. 후에 '溫(온)' 자가 만들어지면서 '昷(온)'자는 쓰이지 않게 되었다.

'昷(온)'자에 '물 氵(수)'를 붙여 '따뜻할 溫(온)'자를 만들었다. 어진 물이니 너무 뜨겁거나 차갑지 않은 물을 뜻한다. '따뜻하다', '온도', '온천', '(상태, 얼굴빛이) 온화하다', '마음이 따뜻하다', '익히다', '복습하다' 등의 뜻을 나타낸다. 溫度(온도), 溫室(온실), 溫泉(온천), 氣溫(기온), 保溫(보온), 體溫(체온), 溫順(온순), 溫情(온정), 溫和(온화), 溫故知新(온고지신)

'昷(온)'자에 '실 糸(사)'를 붙여 '삼 부스러기 縕(온)' 자를 만들었다. '뒤얽힌 삼 지스러기', '엉클어진 대마', '헌 솜' 등의 뜻을 나타낸다.

'뒤얽힌 삼 부스러기 縕(온)'자에 '풀 艹(초)'를 붙여 '쌓을 蘊(온)'자를 만들었다. 엉클어진 삼 실 부스러기를 '쌓다', '모으다'는 뜻을 나타낸다. 五蘊(오온), 五蘊盛苦(오온성고)

溫0359, 蘊2951

雍(옹) 雍擁甕壅　　433

'누그러질 雍(옹)'자는 '새 隹(추)'와 '화락할 邕(옹)' 자로 이루어졌다고 하는데, '邕(옹)'자가 변해도 너무 변했다. '뜻'과 '음'을 보면 '邕(옹)'자가 변한 것이 맞기는 맞나보다.

'雍(옹)'자에 '손 扌(수)'를 붙여 '껴안을 擁(옹)'자를 만들었다. 팔로 '껴안다'는 뜻을 나타내기 위하여 만든 것이다. '안다', '끌어안다', '지키다', '호위하다', '싸다', '막다', '묻다' 등의 뜻을 나타낸다. 抱擁(포옹), 擁立(옹립), 擁護(옹호), 擁壁(옹벽)

'雍(옹)'자에 '질그릇 瓦(와)'를 붙여 '독 甕(옹)'자를 만들었다. 질그릇으로 만든 '독', '단지'를 뜻한다. 甕器(옹기), 甕算畵餅(옹산화병), 鐵甕城(철옹성)

'雍(옹)'자에 '흙 土(토)'를 붙여 '막을 壅(옹)'자를 만들었다. 외부로부터의 침입에 대비하여 '흙으로 막다'는 뜻이다. '막다', '막아 통하지 못하게 하다', '막히다', '메이다' 등의 뜻을 나타낸다. 壅固執(옹고집), 壅塞(옹색), 壅拙(옹졸)

雍3607, 擁1905, 甕2100, 壅2296

咼(와) 渦蝸過禍咼窩　　434

'입 삐뚤어질 咼(와)'자는 사람의 살을 발라내고 머리부분부터 갖춘 뼈를 본떠 만든 '살 바를 冎(과)'에 '입 口(구)'를 붙여 만든 글자이다. 입이 칼로 깎인 것처럼 비뚤어진 모양을 나타낸다. 끔찍한 뜻을 가진 글자이다. 다행히 이 한자로 이루어진 낱말은 없다.

'咼(와)'자에 '물 氵(수)'를 붙여 '소용돌이 渦(와)'자를 만들었다. '咼(와)'자는 물이 빙 도는 모양을 나타낸다. 渦中(와중)

'咼(와)'자에 '벌레 虫(충)'을 붙여 '달팽이 蝸(와)'자

를 만들었다. 蝸牛角上(와우각상)/蝸角(와각)

'咼(와)'자에 '길 갈 辶(착)'을 붙여 '지날 過(과)'자를 만들었다. '지나다', '지나가다', '넘다', '건너다', '거치다', '많다', '심하다', '지나치다', '실수하다', '잘못하다', '과실', '고의가 없는 범죄' 등의 뜻을 나타낸다. 過去(과거), 過渡期(과도기), 經過(경과), 通過(통과), 過分(과분), 過大(과대), 過食(과식) 過猶不及(과유불급), 超過(초과), 過失(과실), 過誤(과오), 改過遷善(개과천선), 謝過(사과)

'咼(와)'자에 '보일 示(시)'를 붙여 '재앙 禍(화)'자를 만들었다. '示(시)'자는 '神(신)' 또는 '神的(신적)인 것'의 뜻을 나타낸다. '災禍(재화)'의 뜻을 나타낸 것이다. '福(복)'의 상대적인 의미를 가진다. '재화(災禍)', '불행', '재난(災難)', '근심' 등의 뜻을 나타낸다. 禍根(화근), 吉凶禍福(길흉화복), 轉禍爲福(전화위복), 舌禍(설화), 戰禍(전화), 筆禍(필화)

'사람 이름 卨(설)'자는 '离(설)'자의 속자이다. '离'자는 은나라 湯王(탕왕)의 조상 이름을 적는 데 쓰인 글자이다. '입 삐뚤어질 咼(와)'자와는 전혀 가족 관계가 아니다. 피가 섞이지 않았으니 서자도 아니다. 다만 글자 형태의 일부가 같을 뿐이다. '咼(와)' 위에 '점 卜(복)'을 붙인 형태를 취하고 있다.

'사람 이름 离(설)'자에 '구멍 穴(혈)'과 '분별할 釆(변)'을 붙여 '훔칠 竊(절)'자를 만들었다. '훔치다'는 뜻을 나타내기 위하여 만든 것이다. 좀도둑은 개구멍[穴(혈)]을 통해서 들어가기가 일쑤이다. 훔칠 물건이 어디에 있는지?, 어떻게 훔쳐야 하는지 잘 분별[釆(변)]해야 한다. 요즘 도둑들 중에는 개구멍이 없어도 잘 들어가 잘 훔치는 도둑이 있단다. 차제에 '훔칠 竊(절)'자의 모양이 쓰기 쉽게 간단하게 바뀌었으면! 竊盜(절도), 剽竊(표절), 竊名(절명)

渦2618, 蝸2966, 過0120, 禍0289, 卨3407, 竊1946

王(왕) 王旺枉汪狂匡往 435

'임금 王(왕)'자는 가로로 세 획은 천(天)·지(地)·인(人)을 본뜨고, 세로로 한 획은 이 셋을 꿰뚫음을 뜻하여 천·지·인을 꿰뚫어 가진 사람, 곧 천자를 뜻한다. '임금', '나라의 원수', '우두머리', '부처의 존호', '혈통 상 한 항렬 높은 사람의 존칭' 등의 뜻으로 쓰인다. 王侯將相(왕후장상), 女王(여왕), 龍王(용왕), 魔王(마왕), 法王(법왕), 王姑母(왕고모), 王大人(왕대인), 王水(왕수), 天王星(천왕성)

'王(왕)'자에 '해 日(일)'을 붙여 '성할 旺(왕)'자를 만들었다. 세상에서 크고 빛나는 것 두 개를 모아 놓았다. '盛(성)하다'의 뜻이다. 旺盛(왕성), 旺運(왕운)

'王(왕)'자에 '나무 木(목)'을 붙여 '굽을 枉(왕)'자를 만들었다. 본뜻은 '나무가 휘다', '굽히게 하다' 등의 뜻이나, '상대방이 귀하신 몸을 굽히어 손수 행동함'을 높이기 위해 붙이는 수식어로 쓰인다. 枉臨(왕림)

'王(왕)'자에 '물 氵(수)'를 붙여 '넓을 汪(왕)'자를 만들었다.

'王(왕)'자에 '개 犭(견)'을 붙여 '미칠 狂(광)'자를 만들었다. '미친개'를 뜻하기 위하여 만든 것이다. '굽을 枉(왕)'과 통하여, 정신이 굽은 상태 즉 '미치다'의 뜻이다. '미치다', '마음이 미혹하여 사리를 분별하지 못하다', '상규(常規)를 벗어나다', '기세가 세다', '오로지 한 가지 일에 골똘한 사람' 등의 뜻을 나타낸다. 狂犬病(광견병), 狂人(광인), 發狂(발광), 狂信(광신), 狂言(광언), 色狂(색광), 偏執狂(편집광), 狂奔(광분), 狂風(광풍), 熱狂的(열광적)

'王(왕)'자를 '상자 匚(방)' 안에 넣어 '바를 匡(광)'자를 만들었다. '속이 넓은 상자를 만들기 위하여 구부리거나 곧게 펴서 모양을 바로잡다'는 뜻이다. 匡正(광정), 匡輔(광보)

'갈 往(왕)'자는 '걸을 彳(척)'과 '주인 主(주)'자로 이루어졌다. 어떻게 '王(왕)'자가 쓰이지 않고 '主(주)'자가 쓰였을까? 원래는 '그칠 止(지)'와 '임금 王(왕)'의 합자이었는데 언젠가부터 이렇게 변하였다. '주인 主(주)'라고 생각하지 말고, 상투를 튼 왕[主]이라고 생각하자. '일정한 곳을 향하여 가다', '일정한 곳에 이르다', '시간이 지나다', '옛', '이미 지나간 일', '사람이 죽다', '달아나다', '떠나가다', '이따금' 등의 뜻으로 쓰인다. 往來(왕래), 往復(왕복), 右往左往(우왕좌왕), 往年(왕년), 旣往(기왕), 往生極樂(왕생극락), 往者不追(왕자불추), 往往(왕왕)

王0181, 旺2065, 枉2531, 汪3475, 狂1931, 匡2217, 往0734

畏(외) 畏猥 436

'두려워할 畏(외)'자는 머리에 무서운 가면[田]을 쓴 귀신이 손에 무기를 쥐고 있는 모습을 상상한 것이라고 한다. 생각만 해도 '두렵지' 아니한가. '두려워하다', '겁을 내다', '경외하다', '조심하다' 등의 뜻을 나타낸다. 畏懼(외구), 敬畏(경외), 後生可畏(후생가외)

'畏(외)'자에 '개 犭(견)'을 붙여 '외람할 猥(외)/함부로 猥(외)'자를 만들었다. '함부로', '뜻을 굽히어', '더럽다', '추잡하다' 등의 뜻을 나타낸다. 猥濫(외람), 猥褻(외설), 猥俗(외속)

畏1242, 猥2686

要(요) 要腰 437

'구할 要(요)/요긴할 要(요)'자는 '덮을 襾(아)'와 '여자 女(녀)'자가 합쳐진 것처럼 보인다. 그런데 '덮다'는 뜻과는 관계가 없고, 여자가 인체의 가운데 부분인 허리에 양손을 댄 모습을 그린 것이라고 한다. '허리'를 뜻하였다. '要(요)'자가 '구하다', '요긴하다'의 뜻으로 쓰이게 되자, '허리'는 '月(육)'을 붙여 '허리 腰(요)'자를 만들어 나타냈다. '구하다', '요구하다', '원하다', '필요하다', '중요하다', '간추리다', '요컨대', '요약하여 말하면' 등의 뜻을 나타낸다. 要求(요구), 要請(요청), 强要(강요), 所要(소요), 要件(요건), 要員(요원), 需要(수요), 必要(필요), 要領(요령), 要素(요소), 要職(요직), 槪要(개요), 重要(중요), 要覽(요람), 要約(요약), 要點(요점), 摘要(적요), 要綱(요강)

'要(요)'자에 '고기 月(육)'을 붙여 '허리 腰(요)'자를 만들었다. '腰(요)'자는 본래 '要(요)'로 썼다. '허리'가 본뜻이다. 후에 '要(요)'자가 '중요하다', '요구하다' 등으로 쓰이는 예가 많아지자, 본래의 뜻은 '고기 月(육)'을 추가하여 '腰(요)'자를 만들었다. '허리', '허리에 띠다'는 뜻을 나타낸다. 腰帶(요대), 腰折(요절), 腰折腹痛(요절복통)

要0613, 腰1740

堯(요) 堯僥撓饒燒曉 438

'요 임금 堯(요)'자는 '우뚝할 兀(올)'과 '흙 土(토)' 세 개로 이루어졌다. '흙을 높이 쌓다'가 본뜻인데 중국 고대의 '堯(요)임금'을 뜻하는 것으로 쓰인다. 堯舜(요순), 桀狗吠堯(걸구폐요)

'堯(요)'자에 '사람 亻(인)'을 붙여 '바랄 僥(요)/요행 僥(요)'자를 만들었다. '분 외로 얻은 행복', '우연의 복'을 뜻한다. 僥倖(요행)

'堯(요)'자에 '손 扌(수)'를 붙여 '휠 撓(요)/어지러울 撓(요)'자를 만들었다. 손으로 나긋나긋하게 '구부리다'는 뜻이다. '撓(요)'의 본음은 [뇨]이다. 그런데 통상 [요]로 발음한다. '휘다', '구부러지다', '어지럽히다' 등의 뜻으로 쓰인다. 不撓不屈(불요불굴), 百折不撓(백절불요)

'堯(요)'자에 '먹을 食(식)'을 붙여 '넉넉할 饒(요)'자를 만들었다. '넉넉하다', '많다', '충분히 있다', '풍요' 등의 뜻을 나타낸다. 富饒(부요), 豊饒(풍요)

'堯(요)'자에 '불 火(화)'를 붙여 '불사를 燒(소)'자를 만들었다. '불사르다', '불태우다', '타다', '술의 한 종류'를 뜻한다. 燒却(소각), 燒滅(소멸), 燒失(소실), 燒眉之急(소미지급), 燃燒(연소), 全燒(전소), 赤舌燒城(적설소성), 燒酒(소주)

'堯(요)'자에 '해 日(일)'을 붙여 '새벽 曉(효)'자를 만들었다. 날이 '환해지다'는 뜻을 위한 것이었다. '새벽'의 뜻으로 쓰인다. 曉鐘(효종), 曉鷄(효계), 曉星(효성)

堯2042, 僥2179, 撓2478, 饒3158, 燒1686, 曉1630

䍃(요) 謠搖遙瑤 439

'달항아리 䍃(요)'자는 '달 月(월)'과 '장군 缶(부)'자로 이루어졌다.

'䍃(요)'자에 '말씀 言(언)'을 붙여 '노래 謠(요)'자를 만들었다. 악기 반주가 없이 입으로 하는 '노래'라는 뜻을 나타내기 위한 것이었으니 '말씀 言(언)'이 표의요소, 오른쪽의 '달 항아리 䍃(요)'는 표음요소이다. 악기에 맞추어 노래하는 것을 '歌(가)', 악기 없이 노래하는 것을 '謠(요)'라고 했다. 歌謠(가요), 童謠(동요), 民謠(민요)

'䍃(요)'자에 '손 扌(수)'를 붙여 '흔들릴 搖(요)'자를 만들었다. 손으로 '흔들다'는 뜻을 나타내기 위한 것이다. '움직이다', '흔들다', '흔들리다', '마음이 흔들리다' 등의 뜻을 나타낸다. 搖動(요동), 搖籃(요람), 搖鈴(요령), 搖之不動(요지부동), 動搖(동요)

'䍃(요)'자에 '길 갈 辶(착)'을 붙여 '멀 遙(요)'자를 만들었다. 길을 천천히 '거닐다'는 뜻을 나타내기 위하여 만든 것이다. '멀다', '아득하다', '거닐다' 등의 뜻을 나타낸다. 遙遠(요원)/遼遠(요원), 逍遙(소요)

'䍃(요)'자에 '구슬 玉(옥)'을 붙여 '아름다운 옥 瑤(요)'자를 만들었다. 瑤池鏡(요지경), 琪花瑤草(기화요초)

謠0242, 搖1612, 遙1796, 瑤3260

夭(요) 夭妖笑沃吞 440

'어릴 夭(요)/일찍 죽을 夭(요)'자는 젊은 巫女(무녀)가 나긋나긋 몸을 움직이며 神(신)을 부르는 춤을 추는 모양이라고 한다. '일찍 죽다', '나이 젊어서 죽다', '어리다', '젊고 아름다운 모양' 등의 뜻을 나타낸다. 夭折(요절), 夭桃(요도)

'夭(요)'자에 '여자 女(녀)'를 붙여 '요사할 妖(요)/아리따울 妖(요)'자를 만들었다. 여자가 고개를 약간 옆으로 삐딱하게 한 채 서 있는 모양으로 '아리땁다', '요사스럽다'는 뜻을 나타낸 것이다. 妖艶(요염), 妖物(요물), 妖精(요정)

'夭(요)'자에 '대 竹(죽)'을 붙여 '웃을 笑(소)'자를 만들었다. 이 요소들을 어떻게 조합해야 '웃을 笑(소)'가 되는지 알기가 어렵다. 한 번 웃기가 참 어려운가보다. '웃다', '기뻐서 웃다', '미소하다', '빙그레 웃다', '비웃다', '업신여기다' 등의 뜻을 나타낸다. 笑裏藏刀(소리장도), 談笑(담소), 拍掌大笑(박장대소), 微笑(미소), 失笑(실소), 爆笑(폭소), 冷笑(냉소), 嘲笑(조소)

'夭(요)'자에 '물 氵(수)'를 붙여 '물댈 沃(옥)/기름질 沃(옥)'자를 만들었다. 논에 '물을 대다'는 뜻을 나타내기 위하여 만든 글자이다. '기름지다', '논에 물을 대다', 화학원소 중의 하나인 '옥소' 등의 뜻을 나타낸다. 沃土(옥토), 門前沃畓(문전옥답), 肥沃(비옥), 沃素(옥소), 沃度(옥도)

'夭(요)'자에 '입 口(구)'를 붙여 '삼킬 呑(탄)'자를 만들었다. 이로 씹지 않고 단숨에 '삼키다'의 뜻을 나타낸다. '하늘 天(천)'과 '입 口(구)'로 이루어진 呑(탄)자가 正字(정자)이고, '젊을 夭(요)'와 '입 口(구)'로 이루어진 '呑(탄)'자는 俗字(속자)였다. 그런데 지금은 정자는 없

容(용) 容溶鎔熔蓉瑢　441

'谷(곡)'자에 '집 宀(면)'을 붙여 '얼굴 容(용)'자를 만들었다. 골짜기는 산에서 생기는 모든 것을 받아들여 모든 것을 담고 있다. 그래서 '담다', '감싸다', '받아들이다'는 뜻을 나타낸다. '모양', '얼굴' 또는 '얼굴을 다듬다'는 뜻으로도 쓰인다. 容貌(용모), 美容(미용), 陣容(진용), 形容(형용), 容器(용기), 容量(용량), 內容(내용), 收容(수용), 受容(수용), 許容(허용), 包容(포용), 容納(용납), 容恕(용서), 容易(용이)

'容(용)'자에 '물 氵(수)'를 붙여 '녹을 溶(용)'자를 만들었다. 고체가 녹아서 액체가 되는 것을 뜻한다. 溶液(용액), 溶解(용해), 不溶性(불용성), 水溶性(수용성), 脂溶性(지용성)

'容(용)'자에 '쇠 金(금)'을 붙여 '녹일 鎔(용)', '불 火(화)'를 붙여 '녹일 熔(용)'자를 만들었다. 熔(용)'자는 '鎔(용)'자의 俗字(속자)였다. 쇠붙이 따위의 고체가 높은 온도의 불에 '녹다'는 뜻을 나타내기 위하여 만든 것이다. 鎔鑛爐(용광로), 鎔巖(용암), 鎔接(용접)

'容(용)'자에 '풀 艹(초)'를 붙여 '연꽃 蓉(용)'자를 만들었다. '芙蓉(부용)'을 뜻한다.

'容(용)'자에 '구슬 玉(옥)'을 붙여 '패옥 소리 瑢(용)'자를 만들었다. 사람의 이름자로 쓰인다.

'059 골 谷(곡)'자 참조.
容0719, 溶2093, 鎔1928, 熔1929, 蓉2936, 瑢3525

甬(용) 勇涌慂踊俑通痛桶誦　442

'길 甬(용)/쇠북 꼭지 甬(용)'자는 대롱 모양의 꼭지가 달린 甬鐘(용종)이라는 종의 '꼭지'를 뜻하는 글자였다. 양쪽에 담을 쌓은 '길'을 뜻하기도 한다.

'甬(용)'자에 '힘 力(력)'을 붙여 '날랠 勇(용)'자를 만들었다. 아래 부분이 '사내 男(남)'자가 아니다. '날쌔다', '씩씩하다', '어려움이나 두려움을 무릅쓰다', '한꺼번에 모아서 내는 센 힘' 등의 뜻을 나타낸다. 勇敢(용감), 勇氣(용기), 蠻勇(만용), 智仁勇(지인용)

'甬(용)'자에 '물 氵(수)'를 붙여 '물 용솟을 涌(용)'자를 만들었다. '물이 용솟음치다'는 뜻이다. 涌出(용출)/湧出(용출)

'물 용솟을 涌(용)'자에 '마음 心(심)'을 붙여 '종용할 慂(용)'자를 만들었다. '남에게 이렇게 함이 좋다고 권하다'는 뜻이다. 慫慂(종용)

'甬(용)'자에 '발 足(족)'을 붙여 '뛸 踊(용)'자를 만들었다. '발을 들어 올려 춤을 추다', '뛰다'는 뜻이다. 踊躍(용약), 舞踊(무용)

'甬(용)'자에 '사람 亻(인)'을 붙여 '목우 俑(용)'자를 만들었다. '목우 또는 토우'를 뜻한다. 土俑(토용)

'甬(용)'자에 '길 갈 辶(착)'을 붙여 '통할 通(통)'자를 만들었다. '통하다', '꿰뚫다', '걷다', '거치다', '지나가다', '왕래하다', '전하다', '알려주다', '몰래 정을 통하다', '말하다', '두루', '모두' 등의 뜻을 나타낸다. 通路(통로), 通信(통신), 開通(개통), 交通(교통), 流通(유통), 通過(통과), 通商(통상), 通行(통행), 通報(통보), 通譯(통역), 通知(통지), 通情(통정), 通話(통화), 通念(통념), 通算(통산), 通用(통용), 普通(보통), 融通(융통)

'甬(용)'자에 '병 疒(역)'을 붙여 '아플 痛(통)'자를 만들었다. '아프다', '앓다', '마음 아파하다', '슬퍼하다', '몹시', '할 수 있는 한' 등의 뜻을 나타낸다. 痛症(통증), 頭痛(두통), 腹痛(복통), 陣痛(진통), 鎭痛劑(진통제), 痛感(통감), 痛歎(통탄), 苦痛(고통), 憤痛(분통), 痛哭(통곡), 痛烈(통렬), 痛快(통쾌)

'甬(용)'자에 '나무 木(목)'을 붙여 '통 桶(통)'자를 만들었다. '속이 빈 木器(목기)'를 뜻한다. 水桶(수통), 鐵桶(철통)

'甬(용)'자에 '말씀 言(언)'을 붙여 '욀 誦(송)'자를 만들었다. '소리 내어 읽다'는 뜻을 나타내기 위하여 만든 것이다. 후에 '외다', '암송하다', '읊다'는 뜻으로 쓰이게 되었다. 誦經(송경), 朗誦(낭송), 暗誦(암송), 愛誦(애송)

勇0279, 涌2608, 慂2417, 踊3048, 俑3207, 通0452, 痛0410, 桶2548, 誦1769

右(우) 右佑祐　443

'오른쪽 右(우)'자는 원래 '오른손 又(우)'로 썼다. '又(우)'자가 '또'라는 의미로 쓰이는 예가 많아지자 '오른손·오른쪽'은 '右(우)'자를 만들어 나타냈다. '보수적인 민주 사상'의 뜻으로도 쓰인다. 右往左往(우왕좌왕), 右側(우측), 左衝右突(좌충우돌), 座右銘(좌우명), 右翼(우익), 右派(우파)

'右(우)'자에 '사람 亻(인)'을 붙여 '도울 佑(우)'자를 만들었다. '돕다'는 뜻이다. 保佑(보우), 天佑神助(천우신조)

'右(우)'자에 '제사 示(시)'를 붙여 '복 祐(우)'자를 만들었다. '신의 도움'을 뜻한다. 사람의 이름자로 쓰인다.

'392 같을 若(약)'자 참조.
右0042, 佑2031, 祐3544

禺(우) 遇偶愚寓嵎　444

'긴꼬리원숭이 禺(우)/처음 禺(우)/허수아비 禺(우)'자는 큰 머리와 긴 꼬리를 가진 원숭이의 일종을 뜻하는 글자이다.

'禺(우)'자에 '길 갈 辶(착)'을 붙여 '만날 遇(우)'자를 만들었다. 길을 가다가 '우연히 만나다'는 뜻을 나타내기 위한 것이다. '길에서 우연히 만나다', '대접하다', '예우하다', '때', '기회', '어느 기회에 알맞게' 등의 뜻을 나타낸다. 不遇(불우), 遭遇(조우), 千載一遇(천재일우), 待遇(대우), 禮遇(예우), 處遇(처우), 境遇(경우)

'허수아비 禺(우)'자에 '사람 亻(인)'을 붙여 '짝 偶(우)'자를 만들었다. '허수아비'를 뜻하기 위하여 만든 것이다. '짝', '부부', '짝수', '인형', '허수아비', '뜻하지 아니하게', '때때로' 등의 뜻을 나타낸다. 配偶者(배우자), 偶數(우수), 偶像(우상), 木偶(목우), 土偶(토우), 偶發(우발), 偶然(우연)

'허수아비 禺(우)'자에 '마음 心(심)'을 붙여 '어리석을 愚(우)'자를 만들었다. '어리석다', '슬기롭지 아니하다', '옳고 그름을 분별하지 못하다', '정직하여 변통성이 없다' '자기 또는 자기에 관계되는 사물에 붙이는 겸칭' 등의 뜻으로 쓰인다. 愚鈍(우둔), 愚弄(우롱), 愚昧(우매), 愚問賢答(우문현답), 萬愚節(만우절), 愚直(우직), 愚惡(우악), 愚見(우견), 愚公移山(우공이산)

'긴꼬리원숭이 禺(우)'자에 '집 宀(면)'을 붙여 '머무를 寓(우)'자를 만들었다. '禺(우)'는 나뭇가지에 매달려 잠을 자는 '나무늘보'를 뜻한다. '寓(우)'는 집이 아닌 곳에서 '임시로 거처하다'는 뜻이다. '핑계 삼다', '구실 삼다'의 뜻으로도 쓰인다. 寓居(우거), 寓話(우화)

'긴꼬리원숭이 禺(우)'자에 '메 山(산)'을 붙여 '산굽이 嵎(우)'자를 만들었다. 산지의 깊숙하고 한가한 곳, 곧 '모롱이'를 뜻한다.

遇1097, 偶1150, 愚1252, 寓2337, 嵎3339

又(우) 又叉 445

'또 又(우)'자는 원래 '(오른)손'을 뜻하는 것이었는데 '또'라는 의미로 차용되어 쓰이는 예가 많아지자 그 본래의 의미는 '右(우)'자를 만들어 나타냈다. '又(우)'자가 어떤 글자의 표의요소로 쓰인 경우는 한결같이 손으로 하는 행위나 동작과 관련된 뜻을 나타내고, '또'의 뜻과는 아무런 상관이 없다. 조어력이 매우 약하여 상용 한자어의 용례는 거의 없다.

'갈래 叉(차)'자는 손가락 사이에 물건을 끼운 꼴을 본떠 '끼우다', '작살'의 뜻을 나타낸다. '엇갈리다'는 뜻으로 확대 사용되었다. 交叉(교차), 交叉路(교차로), 夜叉(야차)

又1518, 叉2224

憂(우) 憂優擾寡 446

'근심 憂(우)'자는 '머리 頁(혈)', '마음 心(심)'과 '천천히 걸을 夂(쇠)'로 이루어진 글자이다. '夂(쇠)'자는 '가파른 언덕을 머뭇머뭇 내려가다'는 뜻을 나타낸다. 넘어져 사고나 나지 않을까 걱정되고 마음도 불안하다. '근심하다', '걱정하다', '애태우다', '고생하다', '괴로워하다', '병을 앓다' 등의 뜻을 나타낸다. 憂慮(우려), 憂愁(우수), 憂鬱(우울), 忘憂(망우), 識字憂患(식자우환), 內憂外患(내우외환), 憂患(우환)

'憂(우)'자에 '사람 亻(인)'을 붙여 '뛰어날 優(우)/넉넉할 優(우)'자를 만들었다. 여기서 '憂(우)'자는 '근심 걱정'이 아니라 '큰 머리를 얹고 발을 구르다' 즉, '광대'의 뜻을 나타낸다고 한다. '亻(인)'과 '憂(우)'가 둘 다 표의요소인 셈이고, '憂(우)'는 표음요소까지 겸하는 글자인 것이다. '넉넉하다', '후하다', '우아하다', '뛰어나다', '머뭇거리다', '결단성이 없다', '부드럽다', '너그럽다', '광대' 등의 뜻을 나타낸다. 優待(우대), 優雅(우아), 優等(우등), 優良(우량), 優秀(우수), 優勝(우승), 優劣(우열), 俳優(배우), 聲優(성우), 優柔不斷(우유부단)

'憂(우)'자에 '손 扌(수)'를 붙여 '시끄러울 擾(요)/어지러울 擾(요)'자를 만들었다. '마음을 상하게 하여 어지럽히다'는 뜻이다. 擾亂(요란), 搖亂(요란), 騷擾(소요), 洋擾(양요), 丙寅洋擾(병인양요)

'적을 寡(과)'자는 '근심 憂(우)'자에 '집 宀(면)'을 붙인 것이었다. 집 안에서 혼자 근심하는 사람의 모양에서 '과부'의 뜻을 나타낸다. 후에 '憂(우)'자는 크게 변하였는데, 아직도 흔적은 남아 있다. '적다', '수량이 적다', '임금이 자기 자신을 일컫는 겸칭 (덕이 적다는 뜻으로 일컫는다)', '과부' 등의 뜻을 나타낸다. 寡黙(과묵), 寡占(과점), 衆寡不敵(중과부적), 淸心寡慾(청심과욕), 寡人(과인), 寡婦(과부), 靑孀寡婦(청상과부), 鰥寡孤獨(환과고독)

憂1255, 優0928, 擾2499, 寡1207

于(우) 于宇迂汚聟 447

'어조사 于(우)'자는 고대부터 '~로' '~에' 같은 의미의 전치사로 쓰였다. 다른 글자와 낱말을 구성하는 조어력이 매우 낮다. 于先(우선)

'于(우)'자에 '집 宀(면)'을 붙여 '집 宇(우)'자를 만들었다. '집', '처마', '하늘', '천지 사방' 등을 뜻한다. 宇宙(우주)

'于(우)'자에 '쉬엄쉬엄 갈 辶(착)'을 붙여 '멀 迂(우)/에돌 迂(우)'자를 만들었다. '길이 멀다', '빙 돌아서 멀다', '실지의 사정과 멀다', '물정에 어둡다' 등의 뜻을 나타낸다. 迂餘曲折(우여곡절), 迂回(우회)/迂廻(우회)

'亏(우)'자는 '어조사 于(우)'자의 본자이다.

'더러울 汚(오)'자는 흐르지 않고 '고여 있는 물'을 뜻하기 위하여 만든 것이었으니 '물 水(수)'가 표의요소, 오른쪽의 것은 '어조사 于(우)'의 本字(본자)인 亏(우)의 변형으로 표음요소 역할을 한다. '더럽다', '깨끗하지 아니하다', '더러워지다', '때·찌끼' 등의 뜻을 나타낸다. 汚

名(오명), 汚物(오물), 汚染(오염), 汚辱(오욕), 汚點(오점), 貪官汚吏(탐관오리), 環境汚染(환경오염)

'이지러질 虧(휴)'자는 '범의 문채 虍(호)', '새 隹(추)', '어조사 亐(우)'로 이루어졌다. '이지러지다', '한 귀퉁이가 떨어져 나가다'는 뜻을 나타낸다. 盈則必虧(영즉필휴), 月滿則虧(월만즉휴)

'071 풍칠 夸(과)'자 참조.

于1481, 宇1203, 迂3073, 汚1661, 虧3282

云(운) 云雲曇耘芸藝　448

'이를 云(운)'자는 원래 하늘에 구름이 매달려 있는 모양을 본뜬 것으로, '구름'이 본뜻이었는데, 후에 '말하다'는 뜻으로 차용되어 쓰이는 예가 많아지자 본래 의미를 위하여 추가로 '구름 雲(운)'자를 만들었다. '이르다(曰)', '말하다', '가로되(남의 말을 인용해서 말한다)' 등의 뜻을 나타낸다. 云謂(운위), 云云(운운)

'云(운)'자에 '비 雨(우)'를 붙여 '구름 雲(운)'자를 만들었다. 원래 '云(운)'자가 구름을 뜻하는 글자였는데, '말하다'는 뜻으로 쓰는 예가 많아지자 '비 雨(우)'를 붙여 '구름 雲(운)'자를 만들게 된 것이다. '구름', '높음·많음·형세가 성함의 비유' 등의 뜻으로 쓰인다. 雲霧(운무), 雲雨(운우), 浮雲(부운), 靑雲(청운), 雲梯(운제), 雲集(운집), 戰雲(전운)

'흐릴 曇(담)'자는 해[日]가 구름[雲]위에 있어 '흐리다'는 뜻이다. 曇天(담천), 晴曇(청담)

'云(운)'자에 '쟁기 耒(뢰)'를 붙여 '김맬 耘(운)'자를 만들었다. '쟁기로 흙을 움직여 풀을 없애다'는 뜻이다. 耕耘(경운), 耕耘機(경운기)

'云(운)'자에 '풀 艹(초)'를 붙여 '향초 이름 芸(운)'자를 만들었다. '재주 藝(예)'자의 약자로 이용된다.

'재주 藝(예)/심을 藝(예)'자는 '424 심을 埶(예)' 참조.

云1482, 雲0357, 曇2517, 耘2868, 芸3562, 藝0331

原(원) 原源願　449

'근원 原(원)/언덕 原(원)'자는 '언덕 厂(한)'과 '샘 泉(천)'으로 이루어진 것인데, '泉(천)'자가 변화되었다. 산언덕 밑 계곡 같은 곳에서 물이 솟아 흐르는 모습을 본뜬 것으로 '水源(수원)'이 본래 의미이다. 후에 '본디', '언덕', '들판' 등으로 사용되는 예가 많아지자, 본래의 의미는 '물 氵(수)'를 첨가한 '源(원)'자를 만들어 나타냈다. '일의 발단이나 시초', '본디', '근본', '시초적인 것이나 기본이 되는 것', '의거하다', '기초를 두다', '들', '벌판' 등의 뜻을 나타낸다. 原産地(원산지), 原始(원시), 原點(원점), 原稿(원고), 原料(원료), 原理(원리), 原因(원인), 原則(원칙), 病原菌(병원균), 高原(고원), 草原(초원)

'原(원)'자에 '물 氵(수)'를 붙여 '근원 源(원)'자를 만들었다. '源(원)'자의 본래 글자인 '原(원)'은 산 언덕 밑의 계곡에서 물이 솟아 흐르는 모습을 나타낸 것이다. 물이 처음 흘러나온 곳, 즉 '水源(수원)'이 본래 의미인데, '본래', '들' 같은 의미로 많이 쓰이자, 본래 의미를 분명히 나타내기 위하여 '氵(수)'를 첨가한 글자가 '源(원)'자이다. '근원', '물줄기가 나오기 시작하는 곳', '샘이 흐르는 근원', '사물의 근원' 등의 뜻을 나타낸다. 源泉(원천), 拔本塞源(발본색원), 資源(자원), 電源(전원)

'原(원)'자에 '머리 頁(혈)'을 붙여 '원할 願(원)'자를 만들었다. 본뜻은 '고지식하다'의 뜻이라고 한다. '융통성 없는 머리'에서 '외곬으로 한 가지 일을 바라다'의 뜻이라고 한다. '원하다', '바라다', '마음에 품다', '원컨대', '빌다', '기원하다', '소원', '청하다', '부탁하다' 등의 뜻을 나타낸다. 祈願(기원), 所願(소원), 宿願(숙원), 念願(염원), 願書(원서), 民願(민원), 哀願(애원), 志願(지원), 請願(청원), 歎願(탄원)

原0485, 源0486, 願0665

袁(원) 袁遠園猿　450

'옷 길 袁(원)'자는 '그칠 止(지)', '입 口(구)'와 '옷 衣(의)'로 이루어진 글자이다. '止(지)'자는 '흙 土(토)'로 바뀌었고, '衣(의)'자의 부분이 생략되었다. 긴 옷을 입고 먼 길을 가는 모양이라고 하는 데, '姓(성)'으로 쓰인다.

'袁(원)'자에 '길 갈 辶(착)'을 붙여 '멀 遠(원)'자를 만들었다. '辶(착)'은 '길이 멀다'는 뜻으로 표의요소이고, '袁(원)'은 표음요소이다. '멀다', '길이 멀다', '세월이 오래다', '친하지 아니하다', '꺼리어 멀리 하다', '거리를 두다', '깊다', '심오하다', '크다' 등의 뜻을 나타낸다. 遠近(원근), 遠視(원시), 望遠鏡(망원경), 日暮途遠(일모도원), 遼遠(요원), 永遠(영원), 敬遠(경원), 疏遠(소원), 遠大(원대), 深遠(심원)

'袁(원)'자를 '에워쌀 囗(위)' 안에 넣어 '동산 園(원)'자를 만들었다. '囗'는 사방으로 둘러쳐진 담이나 울타리를 뜻하는 표의요소이고 '袁'은 표음요소이다. 울타리가 본뜻인데 동산을 뜻하기도 한다. '동산', '뜰', '밭', '주로 채소나 과실나무를 심은 밭', '울', '담', '무덤' 등의 뜻을 나타낸다. 公園(공원), 樂園(낙원), 動物園(동물원), 植物園(식물원), 庭園(정원), 園藝(원예), 果樹園(과수원), 學園(학원)

'袁(원)'자에 '개 犭(견)'을 붙여 '원숭이 猿(원)'자를 만들었다. 犬猿之間(견원지간), 心猿意馬(심원의마)

袁3573, 遠0114, 園0326, 猿2689

爰(원) 援媛瑗綬暖煖　451

'이에 爰(원)'자는 字源(자원)을 설명하기가 어렵다. 저자 임의로 破字(파자)하면 '손톱 爫(조)', '한 一(일)'

과 '벗 友(우)'가 된다.

'爰(원)'자에 '손 扌(수)'를 붙여 '도울 援(원)'자를 만들었다. 본래의 뜻은 '(손으로) 잡아당기다'이다. '천하가 물에 빠졌을 때는 道(도)로써 구해야 하지만, 형수님이 물에 빠졌을 때에는 손으로 잡아당길 수밖에 없다'는 말이 孟子(맹자)에 보인다. '물에 빠진 사람을 손으로 잡아 당겨 살리다'에서 '잡아당기다', '돕다', '구원하다'의 뜻으로 확대 사용되었다. 援軍(원군), 援助(원조), 孤立無援(고립무원), 救援(구원), 應援(응원), 支援(지원), 後援(후원)

'爰(원)'자에 '여자 女(녀)'를 붙여 '미인 媛(원)'자를 만들었다. '미인', '우아한 여자'를 뜻한다. 여자들의 이름에 많이 쓰이는 글자이다. 才媛(재원)

'爰(원)'자에 '구슬 玉(옥)'을 붙여 '구슬 瑗(원)'자를 만들었다.

'爰(원)'자에 '실 糸(사)'을 붙여 '느릴 緩(완)'자를 만들었다. 줄(糸)이 '느슨하다'는 뜻을 나타내기 위하여 만든 글자이다. '느리다', '느슨하다', '늦추다', '늦어지다', '누그러지다', '엄하지 아니하다' 등의 뜻으로 쓰인다. 緩急(완급), 緩慢(완만), 緩行(완행), 弛緩(이완), 緩衝(완충), 緩和(완화)

'爰(원)'자에 '해 日(일)'을 붙여 '따뜻할 暖(난)'자를 만들었다.

'爰(원)'자에 '불 火(화)'를 붙여 '따뜻할 煖(난)'자를 만들었다. 해나 햇볕과 관련하여 따뜻해질 때는 '暖(난)'자를 쓴다. 불을 때거나 옷을 입거나 해서 따뜻해지는 경우에는 '暖(난)'자와 '煖(난)'자를 함께 쓴다. 煖爐(난로), 煖房(난방)/暖房(난방), 溫暖(온난), 寒暖(한란)

援0549, 媛2047, 瑗3524, 緩0370, 暖0360, 煖2654

員(원) 員圓韻殞隕損 452

'인원 員(원)'자는 '입 口(구)'와 '조개 貝(패)'로 이루어졌다. '물건의 수효'를 뜻하는 글자이었는데 '사람의 수효'라는 뜻으로 쓰인다. '조직이나 단체를 이루고 있거나 수효 상으로 헤아릴 때의 사람', '어떤 직무를 맡고 있는 사람', '벼슬아치' 등의 뜻을 나타낸다. 減員(감원), 人員(인원), 定員(정원), 總員(총원), 會員(회원), 社員(사원), 任員(임원), 職員(직원), 生員(생원)

'員(원)'자를 '에워쌀 囗(위)' 안에 넣어 '둥글 圓(원)'자를 만들었다. '囗(위)'는 '둥글다'는 뜻을 나타내기 위하여 둥근 테두리 모양이 변한 것이고, '인원 員(원)'은 표음요소로 쓰인 것이다. '둥글다', '원', '모나지 아니하다', '사교에 능하다' 등의 뜻으로 쓰인다. 圓周(원주), 圓周率(원주율), 圓卓(원탁), 半圓(반원), 圓滿(원만), 圓熟(원숙), 圓滑(원활), 團圓(단원)

'員(원)'자에 '소리 音(음)'을 붙여 '운 韻(운)'자를 만들었다. '서로 잘 어울리는 소리'를 뜻하기 위하여 만든 것이었으니 '소리 音(음)'이 표의요소, '수효 員(원)'이 표음요소이다. '음운(한자를 그 소리 성질에 따라 분류한 것)', '음성의 동화(음성의 맨 끝울림이 같은 성질의 것끼리 조화되는 일)', '운치' 등의 뜻으로 쓰인다. 韻律(운율), 音韻(음운), 韻致(운치), 餘韻(여운)

'員(원)'자에 '죽을 歹(사)'를 붙여 '죽을 殞(운)'자를 만들었다. '죽다', '목숨이 끊어지다'는 뜻을 나타낸다. 殞命(운명)

'員(원)'자에 '언덕 阝(부)'를 붙여 '떨어질 隕(운)'자를 만들었다. 언덕이 무너져 내리니 그 위에서, '떨어지다'는 뜻이다. 隕石(운석)

'員(원)'자에 '손 扌(수)'를 붙여 '덜 損(손)'자를 만들었다. '수가 줄다'가 본뜻이다. '덜다', '줄이다', '줄다', '잃다', '손해를 보다', '해치다', '상하게 하다' 등의 뜻을 나타낸다. 減損(감손), 損失(손실), 損益(손익), 損害(손해), 缺損(결손), 損傷(손상), 破損(파손), 毀損(훼손)

員0701, 圓0710, 韻1462, 殞2580, 隕3132, 損0522

元(원) 元玩頑阮完院莞 453

'으뜸 元(원)'자는 머리를 나타내는 '한 一(일)'과 '우뚝 서 있는 사람 兀(올)'이 합쳐진 것이다. '으뜸'의 뜻을 나타낸다. '으뜸', '처음', '시초', '첫째', '첫째가 되는 해나 날', '우두머리', '임금', '근본', '만물을 육성하는 덕', '나라 이름' 등의 뜻으로 쓰인다. 元年(원년), 元來(원래)/原來(원래), 元老(원로), 元祖(원조), 紀元(기원), 壯元(장원), 元首(원수), 元帥(원수), 元兇(원흉), 元金(원금), 元素(원소), 身元(신원), 次元(차원), 元氣(원기)

'元(원)'자에 '구슬 玉(옥)'을 붙여 '장난할 玩(완)/사랑할 玩(완)'자를 만들었다. '구슬을 가지고 놀다'는 뜻이었다. '희롱하다', '가지고 놀다', '장난하다', '즐기다', '사랑하다', '노리개', '장난감' 등의 뜻을 나타낸다. 玩賞(완상), 愛玩(애완), 玩具(완구)

'元(원)'자에 '머리 頁(혈)'을 붙여 '완고할 頑(완)'자를 만들었다. 생각이 오직 한 가지 일에만 구애되어 발전이 없다, 곧 '완고하다', '고집이 세다' 는 뜻이다. 頑強(완강), 頑固(완고), 頑惡(완악)

'元(원)'자에 '언덕 阝(부)'를 붙여 '성씨 阮(완)'자를 만들었다.

'元(원)'자에 '집 宀(면)'을 붙여 '완전할 完(완)'자를 만들었다. '(집을) 다 짓다'는 뜻이었다. '완전하다', '온전하다', '결함이나 부족이 없다', '지켜서 보전하다', '끝내다', '완결지우다' 등의 뜻을 나타낸다. 完備(완비), 完成(완성), 完全(완전), 補完(보완), 完結(완결), 完工(완공), 完了(완료), 完遂(완수), 未完成(미완성)

'완전할 完(완)'자에 '언덕 阝(부)'를 붙여 '집 院(원)/담 院(원)'자를 만들었다. 높직한 언덕 위에 담을 두른 큰 집을 뜻하는 글자였다. 院生(원생), 孤兒院(고아원), 病院(병원), 入院(입원), 院長(원장), 監査院(감사원), 法院(법원), 大學院(대학원), 書院(서원), 學院(학원), 寺院(사원), 府院君(부원군)

夗(원) 怨苑鴛宛婉腕豌　454

'누워 뒹굴 夗(원)'자는 '저녁 夕(석)'과 '병부 㔾(절)'로 이루어졌다. 낮 동안 열심히 일하고 밤이 되어 편안히 누워 뒹구는 모습이다.

'夗(원)'자에 '마음 心(심)'을 붙여 '원망할 怨(원)'자를 만들었다. '夗(원)'자는 표음요소로 쓰인 것이니 뜻과는 무관하다. '원망하다', '마음에 못마땅하게 여겨 미워하다', '원한', '원수' 등의 뜻을 나타낸다. 怨望(원망), 怨恨(원한), 誰怨誰咎(수원수구), 怨讐(원수)

'夗(원)'자에 '풀 ⺿(초)'를 붙여 '동산 苑(원)'자를 만들었다. '동산', '울타리를 치고 꽃, 채소, 과일 따위를 가꾸는 곳' 등의 뜻을 나타낸다. 筆苑(필원), 花苑(화원)/花園(화원), 後苑(후원)

'夗(원)'자에 '새 鳥(조)'를 붙여 '원앙 鴛(원)'자를 만들었다. '원앙새의 수컷'을 이른다. 암컷은 '鴦(앙)'이다. 鴛鴦(원앙)

'夗(원)'자에 '집 宀(면)'을 붙여 '완연할 宛(완)/굽을 宛(완)'자를 만들었다. 집에서 편안히 누워 쉬는 모양을 나타낸 것이다. '굽다', '구부정하게 하다', '완연히', '마치' 등의 뜻을 나타낸다. 宛延(완연), 宛然(완연)

'굽을 宛(완)'자에 '여자 女(녀)'를 붙여 '순할 婉(완)'자를 만들었다. 본뜻이 '나긋나긋하고 예쁜 여자'였다. '宛(완)'자는 '몸을 나긋나긋하게 구부림'의 뜻이다. 우리말 한자어에서는 본뜻보다는 '은근하다', '에둘러 말하다'의 뜻으로 쓰인다. 婉曲(완곡)

'굽을 宛(완)'자에 '고기 月(육)'을 붙여 '팔뚝 腕(완)'자를 만들었다. '팔', '팔뚝', '손목', '수완', '솜씨' 등의 뜻을 나타낸다. 腕力(완력), 腕章(완장), 敏腕(민완), 手腕(수완)

'굽을 宛(완)'자에 '콩 豆(두)'를 붙여 '완두콩 豌(완)'자를 만들었다. 豌豆(완두)

怨0986, 苑1970, 鴛3184, 宛2329, 婉2315, 腕2891, 豌3299

委(위) 委萎魏巍倭矮　455

'맡길 委(위)'자는 '여자 女(여)'와 머리를 숙인 익은 벼의 모습을 그린 '벼 禾(화)'가 합쳐진 것이다. 둘 다 다소곳한 모습이니 '순종하다'가 본뜻이었다. 본뜻과는 달리 '맡기다'의 뜻으로 쓰인다. 委員會(위원회), 委任(위임), 委囑(위촉), 委託(위탁)

'맡길 委(위)'자에 '풀 ⺿(초)'를 붙여 '시들 萎(위)'자를 만들었다. '委(위)'자는 '나긋나긋한 여성'을 뜻한다. 풀이 시들어 잎이 나긋나긋하게 된 모양을 나타낸 것이다. '시들어 마르다', '시들다' 등의 뜻을 나타낸다. 萎凋(위조), 萎縮(위축)

'맡길 委(위)'자에 '귀신 鬼(귀)'를 붙여 '성씨 魏(위)'자를 만들었다. '姓(성)', '나라 이름'으로 쓰인다.

'맡길 委(위)'자에 '높을 嵬(외)'를 붙여 '높고 클 巍(외)'자를 만들었다. '성씨 魏(위)'에 '메 山(산)'이 붙은 것이 아니다. '높을 嵬(외)'자는 '귀신 鬼(귀)'와 '메 山(산)'으로 이루어진 것이다. 巍然(외연)

'맡길 委(위)'자에 '사람 亻(인)'을 붙여 '왜국 倭(왜)'자를 만들었다. 우리나라나 중국에서 '일본'을 일컫던 명칭이다. 倭館(왜관), 倭寇(왜구), 倭賊(왜적), 倭政(왜정), 壬辰倭亂(임진왜란)

'맡길 委(위)'자에 '화살 矢(시)'를 붙여 '키 작을 矮(왜)/난장이 矮(왜)'자를 만들었다. '委(위)'자는 '시들 萎(위)'와 통한다. '矮(왜)'자는 시들어 쇠한 사람 즉, '키가 작다'는 뜻이다. 矮性(왜성), 矮小(왜소)

委0960, 萎2929, 魏3417, 巍2347, 倭2032, 矮2756

爲(위) 爲僞　456

'할 爲(위)/위할 爲(위)'자에서, 손으로 코끼리를 길들이는 모습을 상상해보라. '손톱 爫(조)'는 '손'을 뜻하고, 그 아래는 코끼리 모양을 본뜬 것이다. 아래 '灬'는 네 다리를 나타낸다. 아래 좌측에 상아도 있다. '하다', '행하다', '되다', '성취하다', '이루다', '위하다', '돕다', '지키다', '간주하다', '…라고 하다' 등의 뜻을 나타낸다. 爲政者(위정자), 無所不爲(무소불위), 無爲(무위), 無爲自然(무위자연), 行爲(행위), 爲主(위주), 婦老爲姑(부노위고), 轉禍爲福(전화위복), 爲人設官(위인설관), 爲親(위친), 以財爲草(이재위초), 指鹿爲馬(지록위마)

'爲(위)'자에 '사람 亻(인)'을 붙여 '거짓 僞(위)'자를 만들었다. '남을 속이다'는 뜻을 나타내기 위하여 만든 것이었으니, 원래 사람이 하는 행위는 거짓이 많았나보다. '거짓', '참이 아닌 것', '속이다', '의식적으로 꾸며서 하는 행위' 등의 뜻을 나타낸다. 僞裝(위장), 僞造(위조), 眞僞(진위), 虛僞(허위), 僞善(위선), 僞善者(위선자)

爲0441, 僞0345

韋(위) 韋偉衛圍緯違諱韓　457

'다룸가죽 韋(위)'자는 '무두질하여 부드러워진 가죽'을 뜻한다. '어그러질 舛(천)'과 '에워쌀 囗(위)'로 이루어진 글자이다. '舛(천)'자의 두 부분이 세로로 배열되고 '囗(위)'가 가운데로 들어갔다. '囗(위)'는 '장소'를 뜻하고, '舛(천)'은 내딛던 발의 방향이 '어긋나다'는 뜻이다. '韋(위)'자의 본뜻은 '어기다'였다. '어기다'가 어떻게 해서 '부드러운 가죽'이 되었는지 책마다 해설이 어긋난다. 아무튼 너무 신경 쓰지 말고 '韋編三絕(위편삼절)' 한 단어만 알면 된다.

'韋(위)'자에 '사람 亻(인)'을 붙여 '위대할 偉(위)'자를 만들었다. '위대하다', '훌륭하다', '뛰어나다', '크다', '크고 아름답다' 등의 뜻을 나타낸다. 偉大(위대), 偉業(위업), 偉人傳(위인전), 偉容(위용)

'韋(위)'자에 '다닐 行(행)'을 붙여 '지킬 衛(위)'자를 만들었다. '지키다', '막다', '방비하다', '주변에서 모시어 호위하다' 등의 뜻을 나타낸다. 衛生(위생), 防衛(방위), 守衛(수위), 前衛(전위), 後衛(후위), 衛星(위성), 人工衛星(인공위성)

'韋(위)'자를 '에워쌀 囗(위)'자 안에 넣어 '에워쌀 圍(위)'자를 만들었다. '둘레', '테두리', '언저리', '두르다', '둘러싸다' 등의 뜻을 나타낸다. 範圍(범위), 周圍(주위), 胸圍(흉위), 圍籬安置(위리안치), 雰圍氣(분위기), 包圍(포위)

'韋(위)'자에 '실 糸(사)'를 붙여 '씨 緯(위)/묶을 緯(위)'자를 만들었다. 베나 돗자리를 짤 때 가로로 놓는 실, 즉 '씨실'을 뜻하기 위하여 만든 것이다. '횡선', '동서', '좌우', '과정을 비유하는 것' 등의 뜻으로 쓰인다. 緯度(위도), 經緯(경위), 北緯(북위)

'韋(위)'자에 '길 갈 辶(착)'을 붙여 '어길 違(위)'자를 만들었다. 길을 가면서 서로 '떨어지다'는 뜻을 나타내기 위하여 만든 것이었다. 후에 길 따위가 '어긋나다', '규칙을 어기다', '멀리하다' 등의 뜻을 나타낸다. 違反(위반), 違法(위법), 違約(위약), 非違(비위), 相違(상위), 違和感(위화감)

'韋(위)'자에 '말씀 言(언)'을 붙여 '꺼릴 諱(휘)/숨길 諱(휘)'자를 만들었다. '꺼리다', '싫어하다', '미워하다', '기피하다', '휘(죽은 사람의 이름)' 등의 뜻으로 쓰인다. 忌諱(기휘), 諱字(휘자)

'나라 이름 韓(한)'자는 '붓 翰(한)'의 앞 부분과 '다룸가죽 韋(위)'로 이루어진 글자이다. '翰(한)'는 '붓'이라는 뜻이니 우리나라에서 명필이나 학자가 많이 배출되는 것도 우연이 아니겠다. 韓國(한국), 韓服(한복), 大韓民國(대한민국)

韋2146, 偉0318, 衛0863, 圍0950, 緯1725, 違1793, 諱3024, 韓0186

危(위) 危詭脆　458

'위태할 危(위)'자는 '위태해서 두려워하다'는 뜻을 나타내기 위하여 '벼랑 厂(엄)' 위에 서 있는 '사람 人(인)'과 겁이 나서 쪼그리고 앉아 있는 사람인 '병부 㔾(절)'의 모습을 그린 것이다. '위험하다', '위태하다', '병이 무겁다'는 뜻으로 쓰인다. 危急(위급), 危機(위기), 危殆(위태), 危險(위험), 累卵之危(누란지위), 安危(안위), 危篤(위독)

'危(위)'자에 '말씀 言(언)'을 붙여 '속일 詭(궤)'자를 만들었다. 사람을 위태롭게 하는 말은 참말이 아니고 속이는 말이라는 데서, '거짓', '속이다', '바르지 않다', '정도에서 벗어나다' 등의 뜻을 나타낸다. 詭言(궤언), 詭辯(궤변)

'危(위)'자에 '고기 月(육)'을 붙여 '무를 脆(취)/연할 脆(취)'자를 만들었다. 조금 약해서 '끊어지기 쉬운 고기'를 뜻한다. 脆弱(취약)

危0940, 詭3005, 脆2885

胃(위) 胃謂渭蝟膚　459

'밥통 胃(위)'자는 소화기관의 하나인 '밥통'을 뜻하기 위하여 만든 것이다. 사람의 몸을 가리키는 '고기 月(육)'이 표의요소이고, 또 하나의 요소인 '田(전)'은 밥통의 모습을 본뜬 것이다. 밭과는 관계가 없다. 胃癌(위암), 胃腸(위장), 胃臟(위장), 健胃(건위), 脾胃(비위)

'胃(위)'자에 '말씀 言(언)'을 붙여 '이를 謂(위)'자를 만들었다. '이르다', '말하다', '이르는 바'의 뜻을 나타낸다. 可謂(가위), 所謂(소위)

'胃(위)'자에 '물 氵(수)'를 붙여 '강 이름 渭(위)'자를 만들었다. 涇渭(경위)

'胃(위)'자에 '벌레 虫(충)'을 붙여 '고슴도치 蝟(위)'자를 만들었다. 如蝟負瓜(여위부과)

'膚(부)'자는 '밥그릇 盧(로)'자와 '고기 月(육)'이 합쳐진 글자라고 한다. '盧(로)'자의 '그릇 皿(명)'이 '고기 月(육)'을 대신한 것이다. 하여튼 이렇게 만들어져서 신체의 일부인 '살갗'을 뜻하는 글자가 되었다. 이것이 字典(자전)의 설명이다. 다른 각도에서 보면 '밥통 胃(위)'자에 '범의 문채 虍(호)'를 붙여 '膚(부)'자를 만든 것 같이 보인다. 족보를 따지면 '胃(위)'자의 가족은 아니지만 형태로 보아 여기 '胃(위)'자의 가족에 넣어 설명한 것이다. 皮膚(피부)

胃1074, 謂1404, 渭2091, 蝟3288, 膚0792

尉(위) 尉慰蔚　460

'벼슬 尉(위)'자는 字源(자원)의 설명이 어려워 破字(파자)를 해 보겠다. '주검 尸(시)', '볼 示(시)', '마디 寸(촌)'으로 나누어진다. 군대의 '벼슬'이나 '계급'을 나타내는 글자이다. 少尉(소위), 中尉(중위), 大尉(대위), 准尉(준위)

'尉(위)'자에 '마음 心(심)'을 붙여 '위로할 慰(위)'자를 만들었다. '따뜻한 마음으로 달래다'는 뜻을 나타낸다. 慰勞(위로), 慰問(위문), 慰安(위안), 弔慰(조위)

'尉(위)'자에 '풀 艹(초)'를 붙여 '고을 이름 蔚(울)'자를 만들었다. 蔚山(울산)

尉1876, 慰0988, 蔚3567

俞(유) 俞 癒/愈 瘉 踰 喩 愉 揄 諭 鍮 楡 輸 偸 461

'그러할 俞(유)'자는 '사람 人(인)', '달 月(월)', '칼刂(도)'로 이루어졌다. 여기에서 '月(월)'은 '배 舟(주)'가 변한 것이다. 성씨로 쓰일 때에는 '人(인) 月(월) 刀(도) 俞(유)'라고 한다. 한글사전에는 이 '俞(유)'자가 쓰인 낱말이 없다. 우리나라에서는 '姓(성)'으로만 쓰인다.

'병 나을 癒/愈(유)/瘉(유)'자는 모두 '병이 낫다'는 의미로 쓰인다. 원래는 '瘉(유)'자로 썼는데, 후에 '愈(유)' 또는 '癒(유)'로 썼다. 그 후 '癒(유)'자로 쓰는 경향이다. '점점, 더욱 더'의 뜻으로 쓰일 때는 '愈(유)'자를 쓴다. 瘉(유)자는 1급 한자 범위 밖이다. 癒着(유착), 癒合(유합), 治癒(치유), 快癒(쾌유)

'俞(유)'자에 '발 足(족)'을 붙여 '넘을 踰(유)'자를 만들었다. '한정에서 벗어나 넘다'의 뜻을 나타낸다. 禮不踰節(예불유절)

'俞(유)'자에 '입 口(구)'를 붙여 '깨우칠 喩(유)'자를 만들었다. '가르치고 타일러 이해시키다'는 뜻이다. '비유하다'의 뜻으로 확대되었다. 比喩(비유), 隱喩(은유), 直喩(직유)

'俞(유)'자에 '마음 忄(심)'을 붙여 '즐거울 愉(유)'자를 만들었다. 불쾌한 마음을 빼내어 '즐겁다'는 뜻이다. 愉快(유쾌)

'俞(유)'자에 '손 扌(수)'를 붙여 '야유할 揄(유)'자를 만들었다. '야유하다', '조롱하다', '빈정거리다'는 뜻을 나타낸다. 揶揄(야유)

'俞(유)'자에 '말씀 言(언)'을 붙여 '깨우칠 諭(유)'자를 만들었다. '불분명한 점을 빼내다'는 뜻을 위하여 만들어진 글자이다. '깨우치다', '타이르다', '견주다', '비유하다' 등의 뜻으로 쓰인다. 諭示(유시), 諷諭(풍유)/諷喩(풍유)

'俞(유)'자에 '쇠 金(금)'을 붙여 '놋쇠 鍮(유)'자를 만들었다. 鍮器(유기)

'俞(유)'자에 '나무 木(목)'을 붙여 '느릅나무 楡(유)'자를 만들었다.

'俞(유)'자에 '수레 車(거)'를 붙여 '보낼 輸(수)/나를 輸(수)'자를 만들었다. '나르다', '수레로 물건을 나르다', '이쪽 물건을 저쪽으로 옮기다' 등의 뜻을 나타낸다. 輸送(수송), 輸入(수입), 輸出(수출), 密輸(밀수), 運輸(운수), 輸血(수혈)

'俞(유)'자에 '사람 亻(인)'을 붙여 '훔칠 偸(투)'자를 만들었다. 偸盜(투도), 偸盜戒(투도계), 偸心(투심)

俞3401, 癒/愈1589, 踰2128, 喩2255, 愉2399, 揄2469, 諭3017, 鍮3115, 楡3465, 輸1429, 偸3210

由(유) 由 油 柚 釉 袖 宙 胄 紬 抽 軸 笛 462

'말미암을 由(유)'자는 바닥이 깊은 '술 단지'의 모양에서 '술 단지'의 뜻이었는데, 假借(가차)하여 '말미암다'의 뜻으로 쓰이게 되었다. '말미암다', '인연하다', '곡절', '사유', '까닭', '기점(…에서, …로부터 등)', '따르다', '본으로 하다' 등의 뜻을 나타낸다. 由來(유래), 由緖(유서), 事由(사유), 緣由(연유), 理由(이유), 經由(경유), 自由(자유)

'由(유)'자에 '물 氵(수)'를 붙여 '기름 油(유)'자를 만들었다. '기름', '가연성 액체', '동식물에서 얻어낸 액체' 등의 뜻을 나타낸다. 油性(유성), 石油(석유), 食用油(식용유), 注油(주유), 揮發油(휘발유), 火上加油(화상가유)

'由(유)'자에 '나무 木(목)'을 붙여 '유자나무 柚(유)'자를 만들었다. 柚子(유자)

'由(유)'자에 '분변할 釆(변)'을 붙여 '윤 釉(유)'자를 만들었다. 여기에서 '由(유)'자는 '기름 油(유)' 대신으로 쓰인 것이다. '윤', '광택', '잿물'을 뜻한다. 釉藥(유약)

'由(유)'자에 '옷 衤(의)'를 붙여 '소매 袖(수)'자를 만들었다. '사람이 팔을 꿰는 옷의 부분'을 뜻한다. 袖手(수수), 袖手傍觀(수수방관), 領袖(영수)

'由(유)'자에 '집 宀(면)'을 붙여 '집 宙(주)/하늘 宙(주)'자를 만들었다. 宇宙(우주)

'由(유)'자에 '고기 月(육)'을 붙여 '맏아들 胄(주)/투구 胄(주)'자를 만들었다. 본뜻은 '투구'를 나타내는 것이었는데 '맏아들', '자손' 등 後嗣(후사)의 뜻으로도 쓰인다. 甲胄(갑주)

'由(유)'자에 '실 糸(사)'를 붙여 '명주 紬(주)'자를 만들었다. 紬緞(주단), 明紬(명주)

'由(유)'자에 '손 扌(수)'를 붙여 '뽑을 抽(추)'자를 만들었다. 본뜻은 '(손으로) 끌어당기다'는 뜻을 나타내기 위한 것이다. '빼다', '뽑다', '뽑아내다', '싹이 나오다' 등의 뜻으로 쓰인다. 抽象(추상), 抽象化(추상화), 抽籤(추첨), 抽出(추출)

'由(유)'자에 '수레 車(거)'를 붙여 '굴대 軸(축)'자를 만들었다. 수레의 '굴대'를 뜻하기 위하여 만든 것이다. '굴대(양 바퀴를 꿰뚫는 가로나무)', '중요한 지위', '사물의 요점' 등의 뜻을 나타낸다. 短軸(단축)key, 主軸(주축), 地軸(지축), 車軸(차축), 天方地軸(천방지축), 樞軸(추축)

'由(유)'자에 '대 竹(죽)'을 붙여 '피리 笛(적)'자를 만들었다. 대나무로 만든 '피리'를 뜻하기 위하여 만든 것이다. 警笛(경적), 鼓笛隊(고적대), 汽笛(기적), 草笛(초적)

由0405, 油0393, 柚2537, 釉3311, 袖2987, 宙1204, 胄2185, 紬2832, 抽1604, 軸1999, 笛1352

臾(유) 諛 庾 463

'잠깐 臾(유)'자는 '펼 申(신)'과 '새 乙(을)'로 이루어진 글자라고 한다. 형태는 '절구 臼(구)'와 '사람 人(인)'으로 보인다. 部首(부수)도 '절구 臼(구)'이다.

'臾(유)'자에 '말씀 言(언)'을 붙여 '아첨할 諛(유)'자를 만들었다. 교묘한 말로 사람의 마음을 끌어 기뻐 어쩔 줄 모르게 만들다, 곧 '아첨하다'는 뜻이다.
'臾(유)'자에 '집 广(엄)'을 붙여 '곳집 庾(유)'자를 만들었다. 金庾信(김유신)

諛3382, 庾3435

斿(유) 遊 游 464

'깃발 斿(유)'자는 '깃발 나부낄 㫃(언)'과 '아들 子(자)'로 이루어졌다. 子(자)는 '흐를 流(류)'의 생략체라고 한다. 바람에 날려 흐르듯 나부끼는 '깃발'의 뜻을 나타낸다.

'斿(유)'자에 '길 갈 辶(착)'을 붙여 '놀 遊(유)'자를 만들었다. 즐겁게 놀려면 어디론가 가야 하나보다. 원래 '遊(유)'자는 '游(유)'자의 속자였는데 본자를 제치고 본자처럼 쓰이고 있다. '놀다', '즐겁게 지내다', '놀이', '돌아다니다', '여행하다', '유세(遊說)하다', '물 위에 뜨다', '사귀다', '교제하다' 등 여러 가지 뜻을 나타낸다. 遊戱(유희), 野遊會(야유회), 魚遊釜中(어유부중), 遊擊隊(유격대), 遊覽(유람), 遊牧(유목), 夢遊病(몽유병), 周遊天下(주유천하), 遊說(유세), 浮游(부유)/浮遊(부유), 游泳(유영)/遊泳(유영), 交遊(교유)

'斿(유)'자에 '물 氵(수)'를 붙여 '놀 游(유)/헤엄칠 游(유)'자를 만들었다. '놀 遊(유)'자는 속자였다. 그런데 속자인 '遊(유)'자는 4급 한자인데, 본자인 '游(유)'자는 1급 한자에도 포함이 되지 않았다. '헤엄치다', '물결대로 흘러가다', '떠돌다' 등의 뜻을 나타낸다. 游泳(유영)/遊泳(유영), 浮游(부유)/浮遊(부유)

'401 깃발 나부낄 㫃(언)'자 참조.

遊1098, 游3250

柔(유) 柔 蹂 465

'부드러울 柔(유)'자는 '창 矛(모)'와 '나무 木(목)'으로 이루어졌다. '창 矛(모)'가 표음요소라고 하는데 너무 많이 변했다. 재질이 부드러워 굽힐 수 있는 '나무를 뜻하기 위하여 만든 것이다. '부드럽다', '성질·태도 등이 화평하고 순하다', '약하다', '여리다', '무르다' 등의 뜻을 나타낸다. 柔道(유도), 柔軟(유연), 外柔內剛(외유내강), 溫柔(온유), 懷柔(회유), 柔弱(유약), 優柔不斷(우유부단)

'柔(유)'자에 '발 足(족)'을 붙여 '밟을 蹂(유)'자를 만들었다. '발을 써서 부드럽게 되도록 밟다'는 뜻이다. 짓밟히지 않으려면 약(柔)하지 않아야 한다. 蹂躪(유린)

柔1165, 蹂3050

攸(유) 攸 悠 修 條 滌 466

'바 攸(유)'자는 '사람 亻(인)', '뚫을 丨(곤)', '칠 攵(복)'으로 이루어졌다. '바 所(소)'와 거의 같게 쓰이는 어조사이다. '…하는 바로 쓰인다. 攸好德(유호덕)

'攸(유)'자에 '마음 心(심)'을 붙여 '멀 悠(유)'자를 만들었다. 본래 마음 속 깊이 자리한 '걱정거리'를 나타내기 위하여 만든 것이었다. '멀다', '거리가 멀다', '아득히', '시간상 멀리', '한가로이' 등의 뜻으로 쓰인다. 悠久(유구), 悠長(유장), 悠悠自適(유유자적)

'攸(유)'자에 '터럭 彡(삼)'을 붙여 '닦을 修(수)'자를 만들었다. '닦다', '배우고 연구하여 잘 알도록 하다', '도덕·품행 등을 다스려 기르다', '고치다', '손질하다', '꾸미다', '글을 써서 책을 만들다', '겉모양이나 언어 형식을 꾸미다', '거행하다', '갖추다', '베풀다' 등 여러 가지 뜻을 나타낸다. 修了(수료), 修學(수학), 再修(재수), 修女(수녀), 修身齊家(수신제가), 修養(수양), 修行(수행), 修理(수리), 修繕(수선), 補修(보수), 編修(편수), 監修(감수), 修辭(수사), 修飾(수식), 修交(수교), 修好(수호), 修人事(수인사), 阿修羅(아수라)

'攸(유)'자에 '나무 木(목)'을 붙여 '가지 條(조)'자를 만들었다. '나무의 가늘고 긴 가지'를 뜻하기 위한 것이다. '가지 枝(지)'는 좀 더 굵은 가지를 뜻한다. '가지', '나뭇가지', '조리', '맥락', '조목', '줄', '가늘고 긴 물건을 세는 단위' 등의 뜻으로 쓰인다. 枝條(지조), 條件(조건), 條件反射(조건반사), 條理(조리), 無條件(무조건), 條例(조례), 條文(조문), 條約(조약), 信條(신조), 金科玉條(금과옥조), 星條旗(성조기), 鐵條網(철조망)

'가지 條(조)'자에 '물 氵(수)'를 붙여 '씻을 滌(척)'자를 만들었다. '씻다', '빨다', '헹구다' 등의 뜻으로 쓰인다. 洗滌(세척)

攸2505, 悠1248, 修0680, 條1016, 滌2629

有(유) 有 宥 郁 賄 467

'있을 有(유)'자는 '고기 月(육)'과 '또 又(우)'자로 이루어진 글자이다. 又(우)는 '오른손'을 뜻한다. '고기를 가지다', '손으로 고기를 권하다'는 뜻을 나타내는 글자였다. '있다', '존재하다', '가지고 있다', '많다', '넉넉하다' 등의 뜻을 나타낸다. 有利(유리), 有無(유무), 萬有引力(만유인력), 有權者(유권자), 所有(소유), 有能(유능), 有力(유력)

'有(유)'자에 '집 宀(면)'을 붙여 '용서할 宥(유)/너그러울 宥(유)'자를 만들었다. 여기에서 '有(유)'자는 '동산 囿(유)'의 생략형이다. '정원처럼 넓은 여유로운 집'을 뜻한다. 환경이 여유로우니 마음 또한 너그럽다. '용서하다', '벌하지 아니하다', '너그럽고 어질다'는 뜻을 나타낸다. 宥和(유화), 宥和政策(유화정책)

'有(유)'자에 '고을 阝(읍)'을 붙여 '성할 郁(욱)'자를 만들었다. 이름자로 쓰인다.

'有(유)'자에 '조개 貝(패)'를 붙여 '뇌물 賄(회)'자를 만들었다. '재화를 남에게 보내다'는 뜻에서, '뇌물', '청탁을 위하여 주는 재화'를 뜻한다. 賄賂(회뢰), 收賄(수

회), 贈賄(증회)

有0116, 宥2331, 郁3584, 賄3038

幼(유) 幼拗窈幻　468

'어릴 幼(유)'자는 '작을 幺(요)'와 '힘 力(력)'이 합쳐진 것이다. '작다'가 본래 의미이다. '어리다', '어린이', '경험이 적거나 수준이 낮다'의 뜻을 나타낸다. 幼年(유년), 幼兒(유아), 幼稚園(유치원), 長幼有序(장유유서)

'幼(유)'자에 '손 扌(수)'를 붙여 '꺾을 拗(요)'자를 만들었다. '손으로 비틀어 꺾다'가 본뜻이다. '비꼬이다', '마음이 비뚤어지다', '부러뜨리다', '비틀다' 등의 뜻으로 쓰인다. 執拗(집요)

'幼(유)'자에 '구멍 穴(혈)'을 붙여 '그윽할 窈(요)/고요할 窈(요)'자를 만들었다. '구멍이 어둡고 깊다'는 뜻이었다. 그러나 현재 우리말에서는 '아리땁다'는 뜻인 '窈窕(요조)'한 낱말에서만 쓰인다. 窈窕淑女(요조숙녀)

'헛보일 幻(환)'자는 염색한 실을 나뭇가지에 걸어 놓은 형상이라고 한다. 염색에 의해서 색깔이 변한다는 데서 '변하다'는 뜻을 나타내게 되었다. 글자의 字源(자원)으로 보나, 의미로 보나 '어릴 幼(유)'자 가족은 아니다. 형태가 비슷해서 혼동하지 말라고 하숙생으로 하나 데리고 온 셈이다. '미혹하다', '홀리게 하다', '정신을 어지럽게 하다', '허깨비', '가상(假像)'이 언뜻 나타났다가는 사라져버리는 것' 등의 뜻을 나타낸다. 幻覺(환각), 幻覺劑(환각제), 幻想(환상), 幻滅(환멸), 幻燈機(환등기), 幻影(환영)

幼1220, 拗2440, 窈2784, 幻1884

冘(유/침) 沈枕耽眈　469

'머뭇거릴 冘(유)'자는 '멀 冂(경)'과 '어진 사람 儿(인)'자로 이루어진 글자이다. 사람이 먼 곳(변경의 전쟁터)으로 가자니 머뭇거리고 주저하게 된다. 또는 '베개 枕(침)'자의 원형이라고 하기도 한다.

'冘(침)'자에 '물 氵(수)'를 붙여 '잠길 沈(침)/가라앉을 沈(침)/성 沈(심)'자를 만들었다. 沈(침)'자의 본뜻은 '물에 가라앉다'였다. 사람의 성씨로 쓰일 때는 [심:]으로 읽는다. '가라앉다', '빠지다', '액체 속에 섞여 있는 물질이 아래쪽으로 내려앉다', '마음이 가라앉다', '무엇에 지나치게 마음이 쏠리어 헤어나지 못하다', '막히다', '침체하다', '어느 범위 안에 그치다', '마음이 무겁다', '구름이 두껍게 끼다', '姓(성)' 등의 뜻으로 쓰인다. 沈沒(침몰), 擊沈(격침), 浮沈(부침), 小隙沈舟(소극침주), 意氣銷沈(의기소침), 沈澱(침전), 沈着(침착), 沈默(침묵), 沈於酒色(침어주색), 沈滯(침체), 沈鬱(침울), 沈痛(침통), 陰沈(음침), 沈淸傳(심청전)

'冘(침)'자에 '나무 木(목)'을 붙여 '베개 枕(침)/말뚝 枕(침)'자를 만들었다. '冘'자는 '베개 枕(침)'자의 원형이라고 한다. 나무토막으로 만든 '베개'를 뜻하기 위하여 만든 것이다. '베개', '잠자다', '긴 물건 밑에 베개처럼 가로 괴는 물건'을 뜻한다. 高枕短眠(고침단면), 孤枕單衾(고침단금), 木枕(목침), 鴛鴦衾枕(원앙금침), 起枕(기침), 枕木(침목)

'冘(침)'자에 '귀 耳(이)'를 붙여 '즐길 耽(탐)'자를 만들었다. 본뜻은 귀가 커서 축 늘어진 모양을 뜻하는 것이었다. 다음 '노려볼 眈(탐)'자와 혼동하지 말아야 한다. '즐기고 좋아하다', '기쁨을 누리다', '탐닉하다', '열중하여 빠지다' 등의 뜻으로 쓰인다. 耽美主義(탐미주의), 耽溺(탐닉), 耽讀(탐독)

'冘(침)'자에 '눈 目(목)'을 붙여 '노려볼 眈(탐)'자를 만들었다. 虎視眈眈(호시탐탐)

沈1296, 枕1641, 耽2112, 眈2113

唯(유) 唯雖　470

'오직 唯(유)'자는 '새 隹(추)'와 '입 口(구)'로 이루어졌다. 본래는 '예' 하고 대답하는 소리를 뜻하기 위한 것이었다. '오직', '다만' 등 한정하는 말로 쓰인다. 唯獨(유독), 唯物論(유물론), 唯心論(유심론), 唯我獨尊(유아독존), 唯一(유일)

'비록 雖(수)'자는 '오직 唯(유)'자의 '입 口(구)' 밑에 '벌레 虫(충)'을 붙여 만들어진 것이다. '비록'과 같은 접속사로 많이 쓰인다. 한문 문장에서는 많이 쓰이지만 조어력이 약하여 한자어 용례는 거의 없다.

'617 새 隹(추)'자 참조.

唯1528, 雖1813

賣(육) 讀, 瀆續贖　471

'행상할 賣(육)'자의 원래 형태는 '곧을 直(직)' 아래에 '조개 貝(패)'를 붙인 것이었다. 그 후 변화를 거치다 보니 '팔 賣(매)'자와 형태가 비슷하게 되었다. '팔 賣(매)'자의 가운데 부분은 '그물 罒(망)'이고, '행상할 賣(육)'자의 가운데 부분은 '넉 四(사)'이다. 字典(자전)에는 글자 모양이 다르게 나와 있는데, PC에서는 구분이 안 된다. 그러나 이 '賣(육)'자가 다른 글자의 구성 요소로 쓰였을 때는 본래 모양을 가지고 있다.

'賣(육)'자에 '말씀 言(언)'을 붙여 '읽을 讀(독)/구두 讀(두)'자를 만들었다. '읽다'의 뜻으로 쓰일 때는 [독]으로, 문장을 읽을 때 점을 '찍다'는 뜻일 때는 [두]로 읽는다. '글을 읽다', '문장 구절의 뜻을 해독하다', '설명하다', '구두', '이두' 등의 뜻을 나타낸다. 讀書(독서), 讀者(독자), 牛耳讀經(우이독경), 精讀(정독), 晝耕夜讀(주경야독), 判讀(판독), 解讀(해독), 句讀點(구두점), 吏讀(이두)

'賣(육)'자에 '물 氵(수)'를 붙여 '도랑 瀆(독)'자를 만들었다. '도랑', '밭도랑', '하수도', '더러워지다', '더럽히

다'는 뜻을 나타낸다. 經於溝瀆(경어구독), 瀆職(독직), 冒瀆(모독), 汚瀆(오독)

'賣(육)'자에 '실 糸(사)'를 붙여 '이을 續(속)'자를 만들었다. '잇다', '이어지다', '뒤를 잇다', '계속'의 뜻을 나타낸다. 續出(속출), 繼續(계속), 相續(상속), 連續(연속), 接續(접속)

'賣(육)'자에 '조개 貝(패)'를 붙여 '속죄할 贖(속)'자를 만들었다. '재물을 바치고 죄를 면제 받다'는 뜻이다. 贖良(속량), 贖錢(속전), 贖罪(속죄), 代贖(대속)

讀0448, 瀆2639, 續0842, 贖3042

閏(윤) 閏潤 472

'윤달 閏(윤)'자는 '문 門(문)' 안에 '임금 王(왕)'을 붙인 것이다. '문 門(문)'과 '임금 王(왕)' 모두 표의요소로 쓰였다. 옛날에 윤달에 해당되는 한 달 동안은 왕이 바깥출입을 삼가고 종묘의 대문 안에만 거처하였다. 이 풍속을 형상화하여 '윤달'을 나타내었다. 閏年(윤년), 閏月(윤월), 閏日(윤일), 閏集(윤집)

'閏(윤)'자에 '물 氵(수)'를 붙여 '윤택할 潤(윤)/젖을 潤(윤)/불릴 潤(윤)'자를 만들었다. '젖다', '물에 젖다', '물기', '윤', '광택', '불리다', '꾸미다', '훌륭하게 하다' 등의 뜻을 나타낸다. 濕潤(습윤), 潤氣(윤기), 潤澤(윤택), 潤滑(윤활), 潤滑油(윤활유), 利潤(이윤), 潤色(윤색)

閏1809, 潤1316

尹(윤) 尹伊 473

'성씨 尹(윤)/다스릴 尹(윤)'자는 '주검 尸(시)'자에 한 획 '一'을 더 그어 넣은 글자이다. '벼슬아치', '다스리다'의 뜻을 가지지만 요즈음의 벼슬 이름에는 쓰이지 않고, 주로 '姓(성)'으로 쓰이는 글자이다. 府尹(부윤), 判尹(판윤)

'尹(윤)'자에 '사람 亻(인)'을 붙여 '저 伊(이)'자를 만들었다. 한자어 낱말을 만든 예는 없다. 伊太利(이태리), 伊藤博文(이등박문)

'091 임금 君(군)' 참조.

尹2049, 伊3398

允(윤) 允鈗 474

'맏 允(윤)/진실로 允(윤)/미쁠 允(윤)'자는 머리가 빼어난 사람의 상형으로, '지적이며, 성실하고, 걸출한 사람'을 뜻한다.

'允(윤)'자에 '쇠 金(금)'을 붙여 '창 鈗(윤)'자를 만들었다. '槍(창)'의 일종을 나타낸다.

允3403, 鈗3590

聿(율) 律筆書畵劃畫肇盡津肆 475

'붓 聿(율)/마침내 聿(율)/좇을 聿(율)/스스로 聿(율)'자는 손으로 필기구를 쥐는 모양을 본뜬 글자이다. '聿(율)'을 바탕으로 해서 붓으로 쓰는 일에 관한 문자를 이룬다.

'聿(율)'자에 '걸을 彳(척)'을 붙여 '법 律(률)'자를 만들었다. '사람이 가야 할 길로서 새겨져 있는 말'을 뜻하는 글자이다. '법', '법령', '법에 맞게 행동하다', '기준으로 삼고 따르다', '가락', '음악적 가락', '율시(律詩)' 등의 뜻을 나타낸다. 律法(율법), 法律(법률), 不文律(불문률), 戒律(계율), 規律(규율), 自律(자율), 律動(율동), 音律(음률), 調律(조율), 千篇一律(천편일률), 律詩(율시)

'聿(율)'자에 '대 竹(죽)'을 붙여 '붓 筆(필)'자를 만들었다. '聿(율)'자는 손으로 붓을 쥐는 모양을 본뜬 글자이다. 붓을 손에 잡는 부분을 대나무로 하는 예가 많아 후에 '대 竹(죽)'을 덧붙였다. '붓', '필적', '글씨', '산문', '시가 아닌 보통 글' 등의 뜻을 나타낸다. 筆筒(필통), 萬年筆(만년필), 鉛筆(연필), 執筆(집필), 筆記(필기), 筆答(필답), 筆跡(필적), 亂筆(난필), 達筆(달필), 筆禍(필화), 漫筆(만필), 隨筆(수필), 主筆(주필)

'聿(율)'자에 '날 日(일)'을 붙여 '쓸 書(서)/글 書(서)'자를 만들었다. 여기에서 '日(일)'은 '해'가 아니라 '벼루'의 모양을 본뜬 것이다. 붓으로 벼루에 담긴 먹을 찍고 있는 모습을 본뜬 글자이다. '글씨', '서법', '필적', '글', '글의 기록', '책', '書經(서경)' 등의 뜻을 나타낸다. 書道(서도), 書藝(서예), 書體(서체), 書類(서류), 書信(서신), 契約書(계약서), 履歷書(이력서), 書店(서점), 書籍(서적), 圖書(도서), 讀書(독서), 書經(서경), 四書三經(사서삼경), 書房(서방)

'聿(율)'자에 '밭 田(전)'과 '입벌릴 凵(감)'을 합쳐 '그림 畵(화)'자를 만들었다. '畫(화)'자는 속자이다. '그리다'의 뜻으로 쓰일 때에는 [화:]로 읽고, '긋다' 또는 '획'을 뜻하는 경우에는 [획]으로 읽는다. 특히 [획]으로 읽는 경우를 위하여 '劃(획)'자가 따로 만들어졌지만, 서로 통용되기도 한다. '그림', '그림을 그리다', '영화'를 뜻한다. 畵家(화가), 畵中之餠(화중지병), 畵蛇添足(화사첨족), 東洋畵(동양화), 西洋畵(서양화), 漫畵(만화), 畵面(화면), 名畵(명화), 映畵(영화)

'그림 畵(화)'자의 속자인 '畫(화)'자에 '칼 刂(도)'를 붙여 '그을 劃(획)'자를 만들었다. '劃(획)'자는 원래 '畵(화/획)'자로 그 뜻을 나타내었다. 畵(화/획)'자가 '그림'이라는 뜻으로 쓰이는 예가 많아지자, '칼끝으로 긋다'는 뜻을 확실하게 하기 위하여 '칼 刀(도)'를 더하여 '劃(획)'자를 만들었다. '긋다', '구분하다', '한계를 짓다', '구별하다', '계획', '꾀하다', '계략', '글자의 획', '한자를 구성하는 선' 등의 뜻을 나타낸다. 劃期的(획기적), 劃一(획일), 區劃(구획), 劃策(획책), 計劃(계획), 企劃(기획), 劃數(획수), 劃順(획순)

'聿(율)'자에 '해 日(일)'과 '한 一(일)'을 합쳐 '낮 晝(주)'자를 만들었다. 옛날에는 밤에 불을 밝히기가 어려워 해가 있는 낮에만 글씨를 쓸 수 있었다. 晝耕夜讀(주경야독), 晝夜(주야), 白晝(백주), 不撤晝夜(불철주야)

'聿(율)'자에 '지게 戶(호)'와 '칠 攵(복)'을 합쳐 '비롯할 肇(조)'자를 만들었다.

'붓 聿(율)'에 '불 灬(화)'와 '그릇 皿(명)'을 붙여 '다할 盡(진)/진력할 盡(진)'자를 만들었다. 솔[聿]로 그릇[皿] 속에 있는 먼지[灬]를 깨끗이 다 털어내는 모습에서 만든 글자이다. '다하다', '끝까지 가다', '한도에 이르다', '다 없어지다', '정성을 다하다', '죽다' 등의 뜻을 나타낸다. 苦盡甘來(고진감래), 氣盡脈盡(기진맥진), 賣盡(매진), 無窮無盡(무궁무진), 蕩盡(탕진), 盡力(진력), 盡心(진심), 盡忠報國(진충보국), 極盡(극진), 自盡(자진)

'나루 津(진)'자는 '물 氵(수)'와 '붓 聿(율)'이 합쳐진 것처럼 보인다. 원래는 '붓 聿(율)'과는 다른 것이었는데 후에 '붓 聿(율)'로 변한 것이다. 입양한 가족인 셈이다. '나루터', '도선장', '진', '인체에서 분비되는 액체', '풀·나무 등에서 분비되는 끈끈한 물질', '넉넉해지다', '윤택해지다' 등의 뜻으로 쓰인다. 渡津(도진), 津氣(진기), 津液(진액), 松津(송진), 興味津津(흥미진진)

'방자할 肆(사)'자는 '긴 長(장)'과 '미칠 隶(이)'로 이루어진 것이었다. '隶(이)'자의 모양이 '붓 聿(율)'로 변한 것이다. 이 '肆(사)'자도 혈통이 다른 입양한 가족이다. '방자하다', '멋대로 하다'는 뜻을 나타낸다. 放肆(방사)

'029 세울 建(건)'자 참조.
律0503, 筆0608, 書0329, 畵0328, 劃1167, 晝0133, 肇3373, 盡1047, 津1919, 肆2871

戎(융) 戎 絨 賊 476

'오랑캐 戎(융)'자는 '창 戈(과)'와 '열 十(십)'으로 이루어졌다. '창과 갑옷의 병장기'를 뜻하는 글자였는데, 오랑캐 특히 '서쪽의 오랑캐'를 뜻하는 것으로 쓰인다. 西戎(서융), 夷蠻戎狄(이만융적)

'戎(융)'자에 '실 糸(사)'를 붙여 '융 絨(융)'자를 만들었다. '이민족이 사용하는 모직물의 뜻'이다. 絨緞(융단), 絨毛(융모)

'도둑 賊(적)'자는 '오랑캐 戎(융)'자가 들어간 것처럼 보인다. 그러나 자원의 설명은 다르다. '법칙 則(칙)'과 '창 戈(과)'가 합쳐진 것이라는 설이 있다. 다른 설은 '조개 貝(패)', '칼 刀(도)', '창 戈(과)'가 합쳐진 것이라는 설이 있다. '도둑'의 뜻은 후자로 설명하는 것이 더 편하다. '창이나 칼을 들고서 남의 재물을 훔치거나 강탈하는 자'라는 뜻이다. '도둑'이라는 뜻 외에 '역적', '반역자', '불충불효한 자'로 쓰일 때도 있다. 어쨌든 '오랑캐 戎(융)'자가 쓰인 것은 아니나, 글자 형태 때문에 여기에서 다루는 것이다. 賊窟(적굴), 賊反荷杖(적반하장), 開門納賊(개문납적), 盜賊(도적), 山賊(산적), 倭賊(왜적), 海賊(해적), 亂臣賊子(난신적자), 逆賊(역적), 五賊(오적)

戎2427, 絨2833, 賊1046

隱(은) 隱 穩 477

'숨을 隱(은)'자는 '언덕 阝(부)', '손톱 爫(조)', '장인 工(공)', '돼지 머리 彑(계)', '마음 心(심)'으로 이루어졌다. '언덕 뒤에 숨어, 손으로 돼지머리고기를 잘 다듬어 먹으니 마음이 흡족하다'라는 뜻이었다고 한다. '숨다', '가리다', '드러나지 아니하다', '숨어서 드러나지 않는 사람', '수수께끼', '은어', '비밀로 하다', '불쌍히 여기다', '가엾게 여기다' 등의 뜻을 나타낸다. 隱匿(은닉), 隱遁(은둔), 隱忍自重(은인자중), 隱退(은퇴), 隱語(은어), 隱喩(은유), 隱密(은밀), 惻隱(측은)

'평온할 穩(온)'자는 '숨을 隱(은)'자의 '언덕 阝(부)'가 '벼 禾(화)'로 바뀐 모양이다. 음이 '따뜻할 溫(온)'과 같고 뜻도 비슷해졌다. '평온하다', '안온하다'는 뜻을 나타낸다. 穩健(온건), 穩當(온당), 穩全(온전), 穩和(온화), 不穩(불온), 安穩(안온), 平穩(평온)

隱1113, 穩1943

音(음) 音 暗 闇 478

'소리 音(음)'자에 '설 立(립)'과 '날 日(일)'이 왜 쓰였을까? '말씀 言(언)'자의 윗부분이 '立(립)'으로, 아래의 '口(구)'에 점이 하나 붙어 '日(일)'이 된 것이라고 한다. '音(음)'자는 사람의 발음기관에서 나는 소리, 목소리를 뜻하는 글자였고, '聲(성)'자는 그 외의 소리, 즉 악기나 새의 울음소리, 대포 소리 따위를 뜻하는 글자였다고 한다. 그러나 지금은 그 구별은 확실하지 않다. '소리', '물체가 진동하여 나는 소리', '귀로 들어 인식할 수 있는 자극', '음악', '말', '소식' 등의 뜻을 나타낸다. 音聲(음성), 音響(음향), 錄音(녹음), 發音(발음), 騷音(소음), 音盤(음반), 音樂(음악), 音程(음정), 和音(화음), 知音(지음), 音韻(음운), 福音(복음), 訃音(부음), 觀音(관음)

'音(음)'자에 '해 日(일)'을 붙여 '어두울 暗(암)'자를 만들었다. 여기에서 '音(음)'은 음이 같은 '그늘 陰(음)'자 대신 쓰인 것이다. 태양이 흐린 하늘 때문에 빛이 없으니 어둡다. '어둡다', '주위가 보이지 아니하는 상태에 있다', '사리에 어둡다', '어리석다', '눈이 어둡다', '밤', '어둠', '몰래', '남이 알지 못하게', '숨어 있다', '외다' 등의 뜻으로 쓰인다. 暗澹(암담), 暗中摸索(암중모색), 暗黑(암흑), 明暗(명암), 暗殺(암살), 暗示(암시), 暗礁(암초), 暗行御史(암행어사), 暗號(암호), 暗記(암기), 暗誦(암송)

'音(음)'자를 '문 門(문)' 안에 넣어 '닫힌 문 闇(암)'자를 만들었다. '문을 닫아 어둡게 하다'는 뜻이다. '暗(암)'과 통하여 '어둡다'는 뜻은 '暗(암)'자로 쓰고 '闇(암)'자는 잘 쓰이지 않는다. 머리가 둔하여 '어리석다'는 뜻으로는 아직까지 쓰이고 있다. 闇昧(암매)/暗昧(암매)

'509 글월 章(장)'자 참조.
'483 뜻 意(의)'자 참조.
音0461, 暗0300, 闇3121

邑(읍) 邑扈邕　479

'고을 邑(읍)'자는 '입 口(구)'와 '병부 㔾(절)'로 이루어진 글자이다. '㔾(절)'안에 점[丶]을 하나 찍어 '땅 이름 巴(파)'자의 모양과 같아졌다. '㔾(절)'은 사람이 편안히 앉아 쉬고 있는 모양이고, '口(구)'는 장소를 나타낸다. 사람이 무리지어 편안히 사는 고을이 '邑(읍)'이다. 큰 고을은 '都(도)'라 했고, 작은 고을을 '邑(읍)'이라고 했다. 우리나라에서 현재 행정구역의 하나로 쓰인다. '고을 邑/ 阝(읍)'을 意符(의부)로 하여 사람이 사는 지역, 땅 이름을 나타내는 문자를 이룬다. 旁(방)으로 쓰일 때는 자형이 '阝'이 되고 부수 이름은 '고을읍'이라 한다. 글자의 오른편에 쓰이기 때문에 속칭 '右阜傍(우부방)'이라 한다. 여기에서는 '邑(읍)'자의 형태가 그대로 있는 몇 글자만을 골랐다.

'邑(읍)'자에 '문 戶(호)'를 붙여 '뒤따를 扈(호)'자를 만들었다. '시중들기 위하여 뒤따르다', '만연하다', '창궐하다', '퍼지다' 등의 뜻을 나타낸다. 扈衛(호위), 跋扈(발호)

'邑(읍)'자에 '내 巛(천)'을 붙여 '화할 邕(옹)'자를 만들었다.

邑0144, 扈2062, 邕3585

咠(집/읍) 輯揖　480

'소곤거릴 咠(집/읍)'자는 '입 口(구)'와 '귀 耳(이)'자로 만들어졌다. 입을 귀에 대고 말하니 '소곤거리다', '남을 헐뜯다'는 뜻이다.

'咠(집)'자에 '수레 車(거)'를 붙여 '모을 輯(집)'자를 만들었다. 원래는 수레의 '車體(차체)'를 뜻하기 위한 글자였다. 수레는 여러 가지 부품을 모아서 만든다는 데서 '모으다', '여러 가지를 합쳐서 하나가 되게 하다'는 뜻을 나타낸다. 輯要(집요), 蒐輯(수집), 編輯(편집), 特輯(특집)

'咠(읍)'자에 '손 扌(수)'를 붙여 '읍할 揖(읍)'자를 만들었다. '咠(읍)'자는 표음요소로 쓰인 것이다. 좌우의 손을 가슴에 모았다가 앞으로 내미는 예의 뜻을 나타낸다. 揖(읍), 揖禮(읍례), 拱揖(공읍)

輯2001, 揖2470

雁(응) 應鷹膺雁　481

'매 雁(응)'자는 '집 广(엄)', '사람 亻(인)'과 '새 隹(추)'자로 이루어졌다. 후에 '새 鳥(조)'를 붙여 만든 '매 鷹(응)'자와 同字(동자)이다. '집 广(엄)'이 아니라 '언덕 厂(한)'에 '사람 亻(인)'과 '새 隹(추)'로 만들어진 '기러기 雁(안)'자와는 다른 글자이다.

'雁(응)'자에 '마음 心(심)'을 붙여 '응할 應(응)/대답할 應(응)'자를 만들었다. '雁(응)'자는 표음요소이고, '마음 心(심)'이 표의요소로 쓰였다. 다른 사람을 대하거나 다른 사람의 말에 대답할 때는 진심을 가지고 하라는 뜻이다. '대답하다', '응하다', '승낙하다', '따라 움직이다', '적절히 맞추다', '응당 …하여야 하다' 등의 뜻을 나타낸다. 應急(응급), 應答(응답), 應接室(응접실), 反應(반응), 因果應報(인과응보), 應諾(응낙), 應用(응용), 應援(응원), 順應(순응), 適應(적응), 應當(응당)

'雁(응)'자에 '새 鳥(조)'를 붙여 '매 鷹(응)'자를 만들었다. 원래는 '雁(응)'이었는데, '새'를 강조하기 위하여 '새 鳥(조)'를 붙였다. 鷹犬之任(응견지임), 鷹視(응시)

'雁(응)'자에 '고기 月(육)'을 붙여 '가슴 膺(응)'자를 만들었다. 본뜻은 '가슴'인데, '치다', '정벌하다'는 뜻으로 쓰인다. 膺懲(응징)

'기러기 雁(안)'자는 '매 雁(응)'자와 점[丶] 하나 차이이다. '기러기 雁(안)'자는 '언덕 厂(한)'을 쓰고, '매 雁(응)'자는 '집 广(엄)'자를 썼다. 雁書(안서), 雁行(안항/안행), 奠雁(전안)

應0740, 鷹2154, 膺2907, 雁1812

矣(의) 矣埃　482

'어조사 矣(의)'자는 '사사로울 厶(사)'와 '화살 矢(시)'가 합쳐진 모양이다. 자원을 보면 사람이 입을 벌리고 있는 모양을 본뜬 것이라고 한다. 고전 문장에서 애용되는 '어조사' 가운데 하나이다. 다른 글자와 더불어 낱말을 만드는 조어력은 없다. 萬事休矣(만사휴의), 於分足矣(어분족의)

'矣(의)'자에 '흙 土(토)'를 붙여 '티끌 埃(애)'자를 만들었다. '티끌', '먼지'를 뜻한다. '이집트'라는 나라 이름으로 쓰인다. 塵埃(진애), 埃及(애급), 出埃及記(출애급기)

矣1702, 埃2041

意(의) 意億憶臆噫　483

'뜻 意(의)'자는 '마음 心(심)'과 '소리 音(음)'자로 이루어졌다. 옛날 사람들은 의지가 곧 '마음의 소리'라고 생각했나보다. 주로 '생각'이나 '마음'과 관련된 '뜻'을 나타내는 것으로 쓰인다. '뜻', '마음속으로 먹은 마음',

'의미(말, 글, 행동 등으로 나타나는 내용)', '의의(意義)', '어떤 일이나 행동 등이 가지는 까닭이나 중요성)', '사사로운 마음' 등의 뜻을 나타낸다. 意慾(의욕), 意志(의지), 誠意(성의), 合意(합의), 意味(의미), 表意文字(표의문자), 意義(의의), 意識(의식), 無意識(무의식), 故意(고의)

'意(의)'자에 '사람 亻(인)'을 붙여 '억 億(억)'자를 만들었다. '憶(억)'자와 비슷한 뜻으로 '사람이 마음속에 생각하다'가 본뜻이었는데, 사람亻의 생각은 끝이 없고, 또한 한 번에 수많은 생각을 할 수 있다는 데서 假借(가차)하여 數詞(수사)로 쓰였다. 億(억), 億劫(억겁), 億兆蒼生(억조창생)

'意(의)'자에 '마음 忄(심)'을 붙여 '생각할 憶(억)'자를 만들었다. '늘 생각하다', '잊지 아니하다', '기억을 살리다', '기억', '추억' 등의 뜻을 나타낸다. 記憶(기억), 記憶裝置(기억장치), 追憶(추억)

'意(의)'자에 '고기 月(육)'을 붙여 '가슴 臆(억)/막힐 臆(억)'자를 만들었다. '가슴' 또는 '막히다'는 뜻을 나타낸다. 가슴月이 답답하게 막힐 때의 생각意이니 정상적으로 생각하지 못하고 '억지를 부려 생각함'을 뜻하기도 한다. '가슴'의 뜻으로 쓰인 한자어 낱말은 없다. 臆說(억설), 臆測(억측)

'意(의)'자에 '입 口(구)'를 붙여 '슬플 噫(희)/탄식할 噫(희)'자를 만들었다. 입으로 '한숨짓다'는 뜻을 위한 것이었으니, '입 口(구)'가 표의요소로 쓰였다. 다른 글자와 더불어 낱말을 구성하는 조어력이 매우 낮아 한자어 용례가 거의 없다.

'478 소리 音(음)'자 참조.

意0375, 億0071, 憶1259, 臆2906, 噫1532

宜(의) 宜誼　484

'마땅할 宜(의)'자는 고기 덩어리를 도마 위에 올려놓은 모습이다. '집 宀(면)'에 '또 且(차)'를 붙인 것처럼 보이지만 '또 且(차)'와는 관계가 없는 글자이다. '도마'가 본래 의미이다. 후에 '옳다', '마땅하다', '좋다' 등의 뜻으로 쓰이게 되었다. 宜當(의당), 時宜適切(시의적절), 便宜(편의), 便宜店(편의점)

'宜(의)'자에 '말씀 言(언)'을 붙여 '옳을 誼(의)/의논할 誼(의)'자를 만들었다. '옳을 義(의)' 또는 '의논할 議(의)'자와 통한다. 友誼(우의), 情誼(정의), 竹馬舊誼(죽마구의)

'겹쳐질 疊(첩)'자는 '188 밭 사이 땅 畾(뢰)'자 참조.
'586 또 且(차)'자 참조.

宜1557, 誼3298, 疊2710

疑(의) 疑擬礙凝癡　485

'의심할 疑(의)'자는 '비수 匕(비)', '화살 矢(시)', '아들 子(자)', '발 止(지)'로 이루어진 글자이다. 사람이 고개를 쳐들고 생각하며 서 있는 모양, 사람이 갈림길을 만나 지팡이를 세워놓고 생각을 굴리면서 서 있는 모양을 나타낸 것이라고 한다. 그야말로 알듯말듯하다. '알듯말듯하다'가 본뜻이다. '의심하다', '괴이하게 여기다' 등의 뜻으로 쓰인다. 疑問(의문), 疑心(의심), 疑惑(의혹), 容疑者(용의자), 質疑(질의), 懷疑(회의), 疑訝(의아), 疑懼(의구)

'疑(의)'자에 '손 扌(수)'를 붙여 '헤아릴 擬(의)'자를 만들었다. 사람이 고개를 들고, 지팡이에 의지한 채 생각에 잠겨 꼼짝 않고 서 있는 모양 또는 두 개의 물건을 의심스러울 정도로 비슷하게 만들다는 뜻을 나타내기 위한 글자이다. '본뜨다', '흉내내다', '모방하다'는 뜻을 나타낸다. 擬似症(의사증), 擬聲語(의성어), 擬人法(의인법), 擬態語(의태어), 模擬(모의)/摸擬(모의)

'疑(의)'자에 '돌 石(석)'을 붙여 '거리낄 礙(애)'자를 만들었다. '碍(애)'자는 속자이지만 정자처럼 쓰인다. '거리끼다', '방해하다', '가로막다', '저지하다' 등의 뜻으로 쓰인다. 礙子(애자)/碍子(애자), 拘礙(구애)/拘碍(구애), 障碍(장애)/障礙(장애)

'疑(의)'자에 '얼음 冫(빙)'을 붙여 '엉길 凝(응)'자를 만들었다. '얼음이 얼다'는 뜻을 나타내기 위하여 만든 것이다. '엉기다', '한데 뭉치어 붙다', '모으다', '집중하다', '굳다' 등의 뜻으로 쓰인다. 凝結(응결), 凝固(응고), 凝集力(응집력), 凝縮(응축), 凝視(응시)

'疑(의)'자에 '병 疒(역)'을 붙여 '어리석을 癡(치)'자를 만들었다. '병 疒(역)'과 '알 知(지)'로 이루어진 '痴(치)'자는 俗字(속자)이다. '癡呆(치매)'는 의심하는 것이 너무 많으면 걸리는 병이고, '痴呆(치매)'는 아는 것이 너무 많으면 걸리는 병이다. 글자를 기억하기 쉽게 하려는 저자의 객소리였다. 절대로 그런 것이 아니다. '어리석다', '미련하다'는 뜻을 나타낸다. 癡呆(치매)/痴呆(치매), 癡者多笑(치자다소), 癡情(치정), 癡漢(치한), 音癡(음치), 天癡(천치), 白癡(백치)

疑1043, 擬2496, 礙1941, 凝1851, 癡2735

以(이) 以似　486

'써 以(이)'자는 농기구의 일종인 '쟁기'의 모양을 본뜬 것이라고 한다. '쟁기로써 밭을 갈다'라는 데서 '써', '…로써', '…을 가지고', '…에서' 등의 뜻을 나타내는 助辭(조사)이다. 以卵投石(이란투석), 以心傳心(이심전심), 以熱治熱(이열치열), 以夷制夷(이이제이), 以內(이내), 以上(이상), 以外(이외), 以前(이전), 以下(이하), 以後(이후), 自古以來(자고이래), 所以(소이)

'以(이)'자에 '사람 亻(인)'을 붙여 '닮을 似(사)/같을 似(사)'자를 만들었다. '사람 人(인)'이 표의요소로, 음의 차이가 크지만 '써 以(이)'가 표음요소로 쓰였다. '같다', '닮다', '비슷하다', '흉내내다'는 뜻으로 쓰인다. 非夢似夢(비몽사몽), 似而非(사이비), 近似(근사), 相似

(상사), 類似(유사), 擬似症(의사증), 恰似(흡사)
以0474, 似1486

而(이) 而耐需　487

'말 이을 而(이)'자는 본래 턱 아래 난 '수염'을 뜻하기 위하여 수염 모양을 본뜬 것이다. 그런데 고전 문장에서는 접속사로 쓰이는 예가 많다보니 '말 이을 而(이)'라는 훈을 달게 됐다. 조어력이 매우 약하여 한자어 용례는 극히 적다. 而立(이립), 似而非(사이비), 坐而待死(좌이대사), 形而上(형이상), 形而下(형이하)

'而(이)'자에 '마디 寸(촌)'을 붙여 '견딜 耐(내)'자를 만들었다. '수염'의 모양인 '而(이)'와 '손'의 뜻인 '寸(촌)'의 합자이다. 고대 중국에서는 수염을 자르는 형벌이 있었는데, 다른 사람의 손에 수염이 잘리는 모욕을 견뎌낸다는 데서 '견디다'라는 뜻이다. 耐久(내구), 耐性(내성), 耐熱(내열), 耐乏(내핍), 堪耐(감내), 忍耐(인내)

'구할 需(수)/쓰일 需(수)'자는 본래 '기다리다'는 뜻을 나타내기 위하여 만든 글자이다. 비[雨(우)]를 줄줄 맞고 서 있는 사람[大]이 비가 멎기만 기다리고 있는 모습을 그린 것이었는데, 예서 서체에서 '大(대)'가 '而(이)'로 변화되었다. '而(이)'는 머리를 풀어헤친 사람을 상징한다고도 한다. 가뭄이 들어 사람이 머리를 풀어헤치고 비가 오기를 기원한다는 데서 '구하다', '바라다'라는 뜻을 나타낸다. 한자어 낱말에서는 본뜻보다는 주로 '쓰다', '쓰이다'라는 뜻으로 쓰인다. 需給(수급), 需要(수요), 內需(내수), 必需(필수), 必需品(필수품), 婚需(혼수)

而1732, 耐1236, 需0612

異(이) 異翼冀驥糞　488

'다를 異(이)'자는 '밭 田(전)'자와 '함께 共(공)'자로 이루어진 것처럼 보이지만, 가면을 쓰고 두 손을 흔들며 춤을 추는 기이한 귀신의 모습을 그린 것이라고 한다. '다르다', '이상하다', '재앙'의 뜻을 나타낸다. 異口同聲(이구동성), 異性(이성), 同床異夢(동상이몽), 差異(차이), 異變(이변), 異常(이상), 驚異(경이), 奇異(기이), 天變地異(천변지이)

'異(이)'자에 '날개 羽(우)'를 붙여 '날개 翼(익)'자를 만들었다. '날개'를 뜻하기 위하여 만든 것이다. 새가 날개의 도움이 없으면 날지 못하니, '돕다'는 뜻으로도 쓰인다. 右翼(우익), 左翼(좌익), 一翼(일익), 右翼手(우익수), 左翼手(좌익수)

'異(이)'자에 '북녘 北(북)'을 붙여 '바랄 冀(기)'자를 만들었다.

'바랄 冀(기)'자에 '말 馬(마)'를 붙여 '천리마 驥(기)'자를 만들었다.

'異(이)'자 위에 '분변할 釆(변)'자를 붙여 '똥 糞(분)'자를 만들었다. '釆(변)'자가 '쌀 米(미)'로 변하였다. 변하고 보니 뜻이 그럴듯해졌다. '쌀밥을 먹고 달라져서 나온 것이 똥[糞]이다' 이건 저자가 꾸며낸 말이다. 고기를 먹고 달라져 나온 것, 라면을 먹고 달라져 나온 것은 어찌하나? 糞尿(분뇨), 糞土(분토), 轉糞世樂(전분세락), 嘗糞(상분), 人糞(인분), 打糞杖(타분장)

'일 戴(대)'자는 '518 심을 栽(재)'자 참조.
'064 함께 共(공)'자 참조.
異0220, 翼1364, 冀3404, 驥3464, 糞1878

夷(이) 夷姨痍　489

'큰 활 夷(이)/오랑캐 夷(이)'자는 중국의 동부지역에 거주하였던 소수 민족(오랑캐)을 통칭하기 위한 것이었다. 우리 민족의 조상인 고조선의 민족은 체격이 커서 한족보다 큰 활을 사냥이나 전쟁에 사용하였다고 한다. 그래서 동쪽에 사는 큰[大] 활[弓] 쓰는 민족이라는 데서 '東夷族(동이족)'이라는 이름을 붙였다는 설이 있다. 한편, '夷(이)'는 사람을 본뜬 '大(대)'와 '弓(궁)'으로 이루어져 있다고 보는 것이다. 이 경우 '弓(궁)'은 활이 아니라 몸을 꽁꽁 묶어 놓은 밧줄을 가리킨다고 하는 설도 있다. '오랑캐', '東夷族(동이족)', '죽여 없애다' 등의 뜻을 나타낸다. 夷蠻戎狄(이만융적), 東夷(동이), 以夷制夷(이이제이), 燒夷彈(소이탄)

'夷(이)'자에 '여자 女(녀)'를 붙여 '이모 姨(이)'자를 만들었다. 여자 오랑캐가 아니다. 어머니의 자매, '이모'를 뜻한다. 姨母(이모), 姨從(이종), 姨姪(이질)

'夷(이)'자에 '병 疒(역)'을 붙여 '상처 痍(이)'자를 만들었다. '夷(이)'는 사람을 본뜬 '大(대)'와 '弓(궁)'으로 이루어져 있다. 이 경우 '弓(궁)'은 활이 아니라 몸을 붕대로 묶어 놓은 모습이니 '다치다'는 뜻을 가지고 있다. 이 '夷(이)'자에 그 뜻을 더욱 분명히 하기 위해서 '병 疒(역)'을 덧붙였다. '상처', '상처나다'는 뜻을 나타낸다. 傷痍(상이), 傷痍軍人(상이군인), 滿身瘡痍(만신창이)

夷1547, 姨2312, 痍2716

爾(이) 爾邇彌璽　490

'너 爾(이)'자는 아름답게 빛나는 꽃의 모양을 본뜬 것이다. 二人稱(이인칭) '너'는 아름답게 빛나는 꽃이다. '爾(이)'자는 어떻게 쓰나? '한 一(일)', '여덟 八(팔)', '수건 巾(건)', '사귈 爻(효)' 두 개. 한 번씩 써 보시라. 우리말 한자어 낱말은 없다.

'너 爾(이)'자에 '길 갈 辶(착)'을 붙여 '가까울 邇(이)'자를 만들었다. '가까이 있다'는 뜻이다. 아름답게 빛나는 꽃인 너에게로 가는 길은 멀어도 가까운 모양이다. 우리말 한자어 낱말은 없다.

'너 爾(이)'자에 '활 弓(궁)'을 붙여 '미륵 彌(미)'자를 만들었다. '오래다', '깁다', '꿰매다', '메우다' '미륵' 등의 뜻을 나타낸다. 彌久(미구), 彌縫策(미봉책), 彌勒(미륵), 南無阿彌陀佛(나무아미타불), 沙彌(사미)

'너 爾(이)'자에 '구슬 玉(옥)'을 붙여 '옥새 璽(새)'자를 만들었다. 여기에서 '爾(이)'자는 '아름답고 성하다'는 뜻으로 쓰였다. '왕토를 지배하는 자의 빛나는 도장'을 뜻하는 글자이다. 璽寶(새보), 國璽(국새), 玉璽(옥새)

爾2668, 邇3306, 彌2059, 璽2702

隶(이) 逮隷 491

'미칠 隶(이/대)'자는 '또 又(우)와 '꼬리 尾(미)'를 합쳐서 만든 글자이다. 꼬리[尾]를 잡으려는 손[又]이 뒤에서 미치는 모양을 나타낸다고 한다. 어찌어찌 변하여 '돼지머리 彐(계)'와 '물 氺(수)'가 합쳐져서 만들어진 것처럼 보인다. '隶(이)'자는 돼지머리나 물과 아무 관계가 없다. 글자를 쓸 때나 참고하시라. '隶(이)'자를 표의요소로 하여 '붙잡아서 복종시키다'는 뜻의 글자를 이룬다.

'隶(이)'자에 '길 갈 辶(착)'을 붙여 '잡을 逮(체)'자를 만들었다. 길을 앞서가는 사람을 '따라잡다', '뒤따라가 붙잡다'는 뜻을 나타낸다. 逮捕(체포), 被逮(피체)

'隶(이)'자에 '선비 士(사)'와 '보일 示(시)'를 붙여 '종 隷(례)'자를 만들었다. '죄인이나 異民族(이민족)을 붙잡아서 종으로 삼다'는 뜻이다. 식민지 백성은 '奴隷(노예)'라고 하지, '奴僕(노복)'이나 '奴婢(노비)'라고 하지는 않는다. '부리다', '사역하다', '종', '서체의 이름' 등으로 쓰인다. 隷屬(예속), 奴隷(노예), 隷書(예서)

逮2002, 隷1195

耳(이) 耳茸餌栮珥 492

'귀 耳(이)'자는 사람의 귀 모양을 본뜬 것이다. 오관(五官)의 하나인 청각기관 '귀'를 뜻한다. 耳目口鼻(이목구비), 耳鼻咽喉科(이비인후과), 馬耳東風(마이동풍), 牛耳讀經(우이독경), 木耳(목이)

'耳(이)'자는 부수로 지정된 글자이다. 여기에 소개된 것은 '耳(이)'가 부수가 아닌 '몸'으로 쓰여진 글자들을 모은 것이다.

'耳(이)'자에 '풀 艹(초)'를 붙여 '무성할 茸(용)/녹용 茸(용)'자를 만들었다. '녹용', '솜털'을 뜻한다. 鹿茸(녹용), 毛茸(모용)

'耳(이)'자에 '밥 食(식)'을 붙여 '먹이 餌(이)/미끼 餌(이)'자를 만들었다. '부드럽게 푹 쪄서 먹기 좋은 것'을 뜻하는 글자였다. '먹이', '모이', '먹다'는 뜻으로 쓰인다. 食餌(식이)

'耳(이)'자에 '나무 木(목)'을 붙여 '목이버섯 栮(이)'자를 만들었다. 나무에 귀처럼 붙은 것, 곧 '버섯'을 뜻한다. 松栮(송이)

'耳(이)'자에 '구슬 玉(옥)'을 붙여 '귀고리 珥(이)'자를 만들었다. 李珥(이이)

耳0207, 茸2922, 餌3153, 栮3238, 珥3516

翌(익) 翌翊 493

'다음날 翌(익)'자는 '깃 羽(우)'와 '설 立(립)'자가 상하 구조로 이루어졌다. '도울 翊(익)'자와 동자였으나 나중에 뜻이 나뉘어졌다. '다음날', '이튿날'을 뜻한다. 翌月(익월), 翌日(익일), 翌年(익년)

'도울 翊(익)'자는 '깃 羽(우)'와 '설 立(립)'자가 좌우 구조로 이루어졌다. '돕다'는 뜻인데, 사람의 이름자로 쓰인다.

翌2863, 翊3555

益(익) 益溢鎰隘縊 494

'더할 益(익)'자는 '그릇 皿(명)'에 '물[水(수)]'이 철철 흘러넘치는 모양으로 '넘치다'가 본래 의미였다. 후에 '더하다'는 뜻으로 쓰이면서, 본래의 뜻은 '넘칠 溢(일)'자를 따로 만들어 나타냈다. '더하다', '불리다', '증가', '느는 일', '이득', '이롭다' 등의 뜻을 나타낸다. 老益壯(노익장), 富益富(부익부), 貧益貧(빈익빈), 公益(공익), 百害無益(백해무익), 損益(손익), 有益(유익), 利益(이익), 弘益人間(홍익인간)

'益(익)'자에 '물 氵(수)'를 붙여 '넘칠 溢(일)'자를 만들었다. '益(익)'자가 그릇에 '물이 넘치다'는 뜻이었는데, '더하다'는 뜻으로 쓰이면서, '넘칠 溢(일)'자를 따로 만든 것이다. '넘치다', '물이 가득 차 넘치다', '흘러나오다' 등의 뜻을 나타낸다. 溢流(일류), 充溢(충일), 滿則溢(만즉일), 海溢(해일), 腦溢血(뇌일혈)

'益(익)'자에 '쇠 金(금)'을 붙여 '무게 단위 鎰(일)'자를 만들었다. 24兩(량)에 해당한다. 사람 이름으로 쓰인다.

'益(익)'자에 '언덕 阝(부)'를 붙여 '좁을 隘(애)/막을 隘(애)'자를 만들었다. 언덕에 언덕을 더하니 '땅이 좁다'는 뜻이다. '좁다', '땅이 좁다', '궁지에 빠지다' 등의 뜻을 나타낸다. 隘路(애로)

'益(익)'자에 '실 糸(사)'를 붙여 '목맬 縊(액)'자를 만들었다. '끈으로 목을 졸라매다'는 뜻이다. 원음은 [의], 속음은 [액]이다. 우리말 한자어에서는 [액]으로만 쓰인다. 縊死(액사), 自縊(자액)

益0523, 溢3251, 鎰3596, 隘3131, 縊2846

刃(인) 刃忍認靭 495

'칼날 刃(인)'자는 '칼날'을 뜻하기 위하여 '칼 刀(도)'에 날의 위치를 가리키는 부호인 '점(丶)'이 첨가된 글

자이다. 白刃(백인), 銳刃(예인)

'刃(인)'자에 '마음 心(심)'을 붙여 '참을 忍(인)'자를 만들었다. 칼날에 베였지만 마음속으로 아픔을 참는다는 데서 '참다'라는 뜻을 나타낸다. '참다', '견디어내다', '마음을 억누르다', '차마 못하다', '잔인하다', '동정심이 없다' 등의 뜻을 나타낸다. 忍耐(인내), 忍苦(인고), 隱忍自重(은인자중), 百忍(백인), 目不忍見(목불인견), 殘忍(잔인)

'참을 忍(인)'자에 '말씀 言(언)'을 붙여 '알 認(인)'자를 만들었다. '말을 듣고 분간하다'는 뜻을 나타내기 위한 것이었다. '알다', '인식하다', '알아서 정하다', '인정하다', '승인하다', '허락하다' 등의 뜻을 나타낸다. 認識(인식), 認知(인지), 誤認(오인), 認定(인정), 認證(인증), 公認(공인), 否認(부인), 承認(승인), 確認(확인)

'刃(인)'자에 '가죽 革(혁)'을 붙여 '질길 靭(인)'자를 만들었다. '가죽 같이 질기다'는 뜻이다. 靭帶(인대), 强靭(강인)

刃1508, 忍1235, 認0874, 靭3139

因(인) 因 姻 咽 烟 恩 496

'인할 因(인)'자는 '돗자리[口] 위에 팔다리를 쭉 뻗고 드러누운 사람'을 본뜬 것이라고 한다. 후에 '까닭', '인하다'의 뜻으로 변하였으니 어떻게 이렇게 변했을까? '인하다', '원인이나 계기로 되다', '까닭', '원인을 이루는 근본', '…의 이유로', '…에 의하여', '연고', '이어받다', '의거하다', '기초를 두다' 등의 뜻을 나타낸다. 因果(인과), 因果關係(인과관계), 起因(기인), 原因(원인), 因緣(인연), 因襲(인습), 因數分解(인수분해), 素因數(소인수)

'因(인)'자에 '여자 女(녀)'를 붙여 '혼인 姻(인)'자를 만들었다. 딸[女]이 인연[因]을 맺어 가는 곳, 즉 '사위의 집'이 본뜻인데, '시집가다'는 뜻으로 쓰인다. 婚姻(혼인), 姻戚(인척), 親姻戚(친인척)

'因(인)'자에 '입 口(구)'를 붙여 '목구멍 咽(인)/목멜 咽(열)'자를 만들었다. '목구멍'을 뜻할 때는 [인]으로, 물건이 목구멍에 걸려 '목이 메다', '막히다'의 뜻으로 쓰일 때는 [열]로 읽는다. 咽頭(인두), 咽喉(인후), 耳鼻咽喉科(이비인후과), 嗚咽(오열)

'因(인)'자에 '불 火(화)'를 붙여 '연기 烟(연)'자를 만들었다. '불 火(화)'와 '막을 垔(인)'으로 이루어진 '煙(연)'자는 同字(동자)이다. 다음 '煙(연)'자에서 소개한다.

'因(인)'자에 '마음 心(심)'을 붙여 '은혜 恩(은)'자를 만들었다. '은혜', '고맙게 베풀어 주는 혜택', '고맙게 여기다' 등의 뜻을 나타낸다. 恩師(은사), 恩人(은인), 恩惠(은혜), 結草報恩(결초보은), 背恩忘德(배은망덕), 謝恩(사은)

因0514, 姻0963, 咽1529, 烟0802, 恩0351

垔(인) 煙/烟 湮 甄 497

'막을 垔(인)'자는 '덮을 襾(아)'와 '흙 土(토)'로 이루어진 글자이다. '흙으로 덮어 막다'는 뜻이다. 글자의 형태상 '襾(아)'가 '서녘 西(서)'로 바뀌었다.

'垔(인)'자에 '불 火(화)'를 붙여 '연기 煙(연)'자를 만들었다. '불 火(화)'와 '인할 因(인)'자로 이루어진 '烟(연)'자와 同字(동자)이다. 우리나라에서는 '煙(연)'자를 주로 쓰고, 중국에서는 '烟(연)'자를 주로 쓴다. '그을음'을 뜻하기 위하여 만들어진 글자이다. '연기', '연기가 끼이다', '산수에 끼는 놀·운무 따위의 기운', '그을음', '담배' 등을 뜻한다. 煙氣(연기), 煙幕(연막), 無煙炭(무연탄), 砲煙(포연), 煙霧(연무), 煤煙(매연), 煙草(연초), 禁煙(금연), 愛煙(애연), 吸煙(흡연)

'垔(인)'자에 '물 氵(수)'를 붙여 '잠길 湮(인)'자를 만들었다. '수중이나 물 따위에 막혀 그 속에 가라앉다'는 뜻을 나타내는 글자이다. '잠기다', '빠져 묻히다', '끊기어 없어지다' 등의 뜻을 나타낸다. 湮滅(인멸), 證據湮滅(증거인멸)

'垔(인)'자에 '기와 瓦(와)'를 붙여 '질그릇 甄(견)'자를 만들었다. 甄萱(견훤)

煙/烟0802, 湮2619, 甄3537

寅(인) 寅 演 498

'셋째지지 寅(인)'자는 화살을 두 손으로 잡아당기는 모양을 본뜬 것이라고 하는데……. 12지지 중에서 세 번째의 것으로 쓰였고, 띠로는 범에 해당한다. 甲寅(갑인), 庚寅(경인), 戊寅(무인), 丙寅(병인), 壬寅(임인), 丙寅洋擾(병인양요)

'寅(인)'자에 '물 氵(수)'를 붙여 '펼 演(연)'자를 만들었다. '길게 흐르는 물'을 나타낸다. '부연하다', '뜻을 넓혀 풀이하다', '널리 펴다', '가무·연극을 하다', '악기를 연주하다', '익히다', '학습하다' 등의 뜻을 나타낸다. 演繹(연역), 演繹法(연역법), 演說(연설), 講演(강연), 演習(연습), 演劇(연극), 演技(연기), 演奏(연주), 公演(공연), 主演(주연), 出演(출연)

寅0759, 演0800

引(인) 引 靷 蚓 499

'끌 引(인)'자는 '활줄을 당기다'는 뜻을 나타내기 위하여 '활 弓(궁)'이 표의요소로 쓰였고, '위아래로 통할 丨(곤)'은 당기는 방향을 나타내는 부호이다. '끌다'는 뜻을 위한 글자이다. '끌다', '끌어당기다', '그물·물체·수레 따위를 잡아당기다', '인용하다', '넘겨주다', '넘겨받다', '책임을 지다' 등의 뜻을 나타낸다. 引力(인력), 引揚(인양), 牽引(견인), 我田引水(아전인수), 誘引(유인), 引導(인도), 引率(인솔), 引用(인용), 索引(색인), 引繼(인계), 引受(인수), 拘引(구인), 引責(인책)

'引(인)'자에 '가죽 革(혁)'을 붙여 '가슴걸이 靷(인)'자를 만들었다. '말이나 소에게 수레를 끌게 하기 위하여 가슴 부근에 매는 가죽끈'을 뜻한다. 상여를 멜 때의 끈도 이 글자로 나타내었다. 發靷(발인)

'引(인)'자에 '벌레 虫(충)'을 붙여 '지렁이 蚓(인)'자를 만들었다.

引0733, 靷3320, 蚓3380

壬(임) 壬任賃姙荏淫 500

'아홉 번째 천간 壬(임)'자는 베틀의 '북' 모양을 본뜬 것이었는데, 十干(십간)의 아홉 번째 것으로 차용되었다. 壬戌(임술), 壬申(임신), 壬午(임오), 壬寅(임인), 壬辰(임진), 壬辰倭亂(임진왜란)

'壬(임)'자에 '사람 亻(인)'을 붙여 '맡길 任(임)'자를 만들었다. '맡은 일', '책무', '직무', '맡기다', '책임을 맡다', '마음대로', '멋대로' 등의 뜻을 나타낸다. 任期(임기), 任務(임무), 任用(임용), 擔任(담임), 信任(신임), 新任(신임), 責任(책임), 任意(임의), 放任(방임)

'맡길 任(임)'자에 '조개 貝(패)'를 붙여 '품팔이 賃(임)/품삯 賃(임)'자를 만들었다. 돈을 주고 사람을 '고용하다'는 뜻을 나타내기 위하여 만든 것이다. '품팔이', '품팔이하다', '품삯', '세를 주고 물건을 임시로 빌려 쓰다' 등의 뜻을 나타낸다. 賃金(임금), 勞賃(노임), 運賃(운임), 賃貸(임대), 賃貸借(임대차)

'맡길 任(임)'자에 '여자 女(녀)'를 붙여 '아이밸 姙(임)'자를 만들었다. '姙(임)'자는 본래 '妊(임)'으로 썼다. '아이를 배다'는 뜻이니 '여자 女(여)'가 표의요소, '壬(임)'은 표음요소이다. 壬(임)의 음을 '壬(정)'으로 혼동할까 싶어 '맡길 任(임)'으로 바꾸어 쓴 것이 '姙(임)'자이다. 姙産婦(임산부), 姙娠(임신), 不姙(불임), 避姙(피임)

'맡길 任(임)'자에 '풀 ⺾(초)'를 붙여 '들깨 荏(임)'자를 만들었다. 들깨를 '荏子(임자)'라고 하고, 검은 참깨(검은깨)를 '黑荏子(흑임자)'라고 하니, 訓(훈)이 '들깨'가 아니라 '깨'로 바꾸어 '깨 荏(임)'이라고 하는 것이 좋겠다.

'아홉 번째 천간 壬(임)'자에 '손톱 爫(조)'를 붙여 '다가가 바랄 壬(음)'자를 만들었다. '요행을 바라다', '욕심을 내다'는 뜻을 나타낸다.

'다가가 바랄 壬(음)'자에 '물 氵(수)'를 붙여 '음란할 淫(음)'자를 만들었다. 본래는 '물들다'는 뜻을 나타내기 위하여 만든 것이었는데, '음란하다', '빠지다', '도를 넘다' 등의 뜻을 나타내는 글자로 쓰인다. 淫談悖說(음담패설), 淫亂(음란), 淫慾(음욕), 淫蕩(음탕), 姦淫(간음)

'537 조정 廷(정)'자 참조.

'538 드릴 呈(정)'자 참조.

壬0756, 任0473, 賃1778, 姙1870, 荏3277, 淫1671

者(자) 者煮著躇箸猪諸奢緒暑 署薯曙都堵屠睹賭 501

'놈 者(자)/사람 者(자)'자는 받침대 위에 나무를 쌓아 놓고 불을 때는 모양을 본뜬 글자이다. '익히다'는 뜻을 나타내는 '煮(자)'자의 原字(원자)였다는데, 假借(가차)하여 '놈'의 뜻으로 쓰이게 되었다. '놈', '사람', '것', '일 또는 물건'을 가리켜 이른다. 結者解之(결자해지), 經營者(경영자), 勞動者(노동자), 配偶者(배우자), 仁者無敵(인자무적), 會者定離(회자정리), 適者生存(적자생존), 前者(전자), 後者(후자)

'者(자)'자에 '불 灬(화)'를 붙여 '삶을 煮(자)'자를 만들었다. 원래는 '者(자)'자가 '삶다', '익히다'는 뜻이었는데 '놈', '사람'이란 뜻으로 쓰이게 되자 '者(자)'자에 '불 灬(화)'를 붙여 본뜻을 분명히 나타냈다. 煮沸(자비)

'者(자)'자에 '풀 ⺾(초)'를 붙여 '나타날 著(저)/드러날 著(저)/입을 著(착)'자를 만들었다. '著(저)'자는 '나타나다', '드러나다', '(글을) 짓다' 등의 뜻으로 쓰일 때는 [저로, '(옷을) 입다', '(신을) 신다', '붙이다', '다다르다'는 뜻으로도 쓰일 때는 [착으로 읽는다. 혼동을 피하기 위하여 著(착)의 속자인 '着(착)'자를 만들어 이러한 뜻을 나타냈다. 여기에서는 [제로 읽는 때의 예만 소개한다. 著明(저명), 顯著(현저), 著書(저서), 著者(저자), 名著(명저), 拙著(졸저)

'나타날 著(저)'자에 발 足(족)을 붙여 '머뭇거릴 躇(저)'자를 만들었다. '머뭇거리다', '주저하다'는 뜻을 나타낸다. 躊躇(주저)

'者(자)'자에 '대 竹(죽)'을 붙여 '젓가락 箸(저)'자를 만들었다. 匙箸(시저)

'者(자)'자에 '개 犭(견)'을 붙여 '돼지 猪(저)'자를 만들었다. 원래는 '돼지 豕(시)'와 '놈 者(자)'로 이루어진 '豬(저)'자가 본자였는데 '돼지 豕(시)'가 '개 犭(견)'으로 바뀐 것이다. 猪突的(저돌적), 猪肉(저육→제육)

'者(자)'자에 '말씀 言(언)'을 붙여 '모두 諸(제)'자를 만들었다. '諸(제)'자가 어떤 낱말의 첫음절에 쓰일 경우 대부분 '모든', '여러' 같은 의미를 지닌다. 문장 안에서 어조사로 쓰일 때 '저'로 읽는 예가 있다. 諸君(제군), 諸般(제반), 諸島(제도), 諸行無常(제행무상)

'사치할 奢(사)'자는 '크다'의 뜻인 '大(대)'와 '삶다'의 뜻인 '煮(자)'의 합자이다. 먹을 것을 필요 이상으로 큰 솥에 삶는다는 데서 '사치하다'란 뜻을 나타낸다. 奢侈(사치), 奢侈品(사치품), 豪奢(호사), 華奢(화사)

'者(자)'자에 '실 糸(사)'를 붙여 '실마리 緒(서)'자를 만들었다. 헝클어진 실의 첫머리, 즉 '실마리'를 뜻하기 위한 것이다. '실마리', '비롯함', '시초', '첫머리' '순서', '차례를 세워 선 줄', '마음' 등의 뜻을 나타낸다. 端緒(단서), 緒論(서론), 緒戰(서전), 頭緒(두서), 由緒(유서), 情緒(정서)

'者(자)'자에 '해 日(일)'을 붙여 '더울 暑(서)'자를 만들었다. 햇볕이 '뜨겁다', '무덥다'는 뜻을 나타내기 위한

것이다. '절기 이름'으로도 쓰인다. 避暑(피서), 酷暑(혹서), 大暑(대서), 小暑(소서)

'者(자)'자에 '그물 罒(망)'을 붙여 '관청 署(서)'자를 만들었다. 관청의 조직 단위인 '부서'가 본뜻이다. '관청', '이름을 쓰다' 등의 뜻으로 쓰인다. 署理(서리), 署長(서장), 官公署(관공서), 警察署(경찰서), 稅務署(세무서), 署名(서명)

'관청 署(서)'자에 '풀 艹(초)'를 붙여 '참마 薯(서)/감자 薯(서)'자를 만들었다. 마과에 속하는 다년생 蔓草(만초)이다. 감자류를 총칭하는 것으로 쓰인다. 薯童(서동), 薯類(서류)

'관청 署(서)'자에 '해 日(일)'을 붙여 '새벽 曙(서)'자를 만들었다. 햇빛이 붉게 빛나기 시작하다, 곧 '새벽'을 뜻한다. 曙光(서광)

'者(자)'자에 '고을 阝(읍)'을 붙여 '도읍 都(도)'자를 만들었다. '阝(읍)'자가 표의요소, '者(자)'자가 표음요소로 쓰였다. 음이 크게 달라졌지만 '볼 睹(도)', '걸 賭(도)' 등 '者(자)'자가 다른 글자의 표음요소로 쓰였을 때, [되]의 음을 나타내는 예가 많다. '도읍', '서울', '모이다', '모두', '우두머리' 등의 뜻을 나타낸다. 都市(도시), 都心(도심), 首都(수도), 都家(도가), 都給(도급), 都買(도매), 都賣(도매), 都合(도합), 都督(도독), 都承旨(도승지)

'者(자)'자에 '흙 土(토)'를 붙여 '담 堵(도)'자를 만들었다. 양쪽 판자 사이에 진흙을 넣고 다져서 굳히는 방법으로 만든 흙벽을 뜻한다. 다른 사람의 침입을 막기 위한 '토담'의 뜻에서 '편안한 느낌'이란 뜻도 생겨났다. 堵列(도열), 安堵(안도), 安堵感(안도감)

'者(자)'자에 '주검 尸(시)'를 붙여 '잡을 屠(도)/죽일 屠(도)'자를 만들었다. 여기에서 '者(자)'는 '많이 모이다'의 뜻이다. 시체가 많이 모이는 곳이니 가축을 잡는 곳이나 그 곳에서 일하는 사람을 뜻한다. 屠家(도가), 屠殺(도살), 屠殺場(도살장), 屠所之羊(도소지양), 屠戮(도륙)

'者(자)'자에 '눈 目(목)'을 붙여 '볼 睹(도)'자를 만들었다. '자세히 보다'는 뜻을 나타낸다. 目睹(목도)

'者(자)'자에 '조개 貝(패)'를 붙여 '걸 賭(도)/내기 賭(도)'자를 만들었다. '집중하다', '쏟아 넣다', '금품을 쏟아 넣어 노름을 하다'는 뜻이다. 賭博(도박), 賭博場(도박장)

'183 늙을 老(로)'자 참조.

者0433, 煮2657, 著1383, 躇3056, 箸2804, 猪3257, 諸1405, 奢2305, 緖0827, 屠1633, 署1362, 薯2949, 曙3237, 都0141, 堵2285, 屠2343, 睹2749, 賭3039

子(자) 子字仔存 502

'子(자)'자는 머리가 크고 손발이 나긋나긋한 젖먹이의 모양을 본뜬 글자이다. '아들', '부모 사이에서 태어난 아들과 딸', '자식', '새끼', '학덕이 높은 스승', '씨', '열매', '사물의 이름 밑에 붙이는 접미사', '십이지의 첫째' 등 여러 가지 뜻으로 쓰인다. 子女(자녀), 孫子(손자), 王子(왕자), 父傳子傳(부전자전), 妻子(처자), 孝子(효자), 子宮(자궁), 女子(여자), 男子(남자), 弟子(제자), 君子(군자), 孔子(공자), 老子(노자), 孟子(맹자), 子葉(자엽), 種子(종자), 五味子(오미자), 骨子(골자), 利子(이자), 電子(전자), 分子(분자), 原子(원자), 椅子(의자), 子正(자정), 甲子(갑자)

부수로서 '子(자)'자를 意符(의부)로 하여 '아이'에 관한 문자나 '낳다', '늘다'의 뜻을 포함하는 글자를 이룬다. 여기에 소개되는 글자들은 '子(자)'자가 부수로 쓰인 것이 아니고 '몸'으로 쓰인 것들이다.

'글자 字(자)'자는 '집 宀(면)'과 '아들 子(자)'로 이루어졌다. 자식이 집 안에 있는 형상이다. 그래서 본뜻은 집 안에서 자식을 낳아 젖을 먹여 기른다는 뜻이었다. 본뜻과는 다르게 '글자', '다른 사람의 이름을 높여 그 이름자 다음에 붙이는 말'로 쓰인다. 옛날 이름을 중히 여겨 함부로 부르지 않는 관습에서, 결혼한 후에 부르기 위해 짓는 이름에 준한 것으로 쓰이기도 했다. 字句(자구), 字幕(자막), 文字(문자), 識字憂患(식자우환), 十字架(십자가), 略字(약자), 英字(영자), 誤字(오자), 赤十字(적십자), 赤字(적자), 漢字(한자), 銜字(함자), 諱字(휘자)

'子(자)'자에 '사람 亻(인)'을 붙여 '자세할 仔(자)'자를 만들었다. '자세하거나 잘다'는 뜻을 나타낸다. 사람의 성격이나 태도를 나타낼 때 주로 쓰인다. 仔詳(자상), 仔細(자세)

'存(존)'자는 '재주 才(재)'와 '아들 子(자)'의 구조가 바뀐 것이다. '아이를 불쌍히 여기다'는 뜻을 나타내기 위하여 만들어진 것이었다. '있다', '객관적 현실적으로 존재하다', '머무른 상태로 계속해 있다', '살아 있다' 등의 뜻으로 쓰인다. 存在(존재), 存廢(존폐), 保存(보존), 齒墮舌存(치타설존), 現存(현존), 依存(의존), 存亡(존망), 生存(생존), 生存競爭(생존경쟁)

子0022, 字0228, 仔2162, 存0676

茲(자) 茲慈磁滋 503

'불을 茲(자)/더욱 茲(자)/이 茲(자)'자는 '풀 艹(초)'와 '실 絲(사)'로 이루어진 것이다. '초목이 우거지다', '붇다'는 뜻을 나타내기 위한 글자였다. '絲(사)'자의 아래 부분 '작을 小(소)'가 생략되었다. '검을 玄(현)'자가 두 개 붙은 '검을 茲(자)'자와 '불을 茲(자)'는 별개의 다른 글자이다. 다행히? '불을 茲(자)'이든, '검을 茲(자)'이든 우리말 한자어를 만든 예는 없다.

'검을 茲(자)'밑에 '마음 心(심)'을 붙여 '사랑 慈(자)'자를 만들었다. 원래 '사랑 慈(자)'자의 '마음 心(심)'의 윗부분은 '검을 玄(현)'자가 두 개인 '검을 茲(자)'이다. '초두[艹]' 아래에 '작을 幺(요)'를 두 개 쓴 '불을 茲(자)'자가 아니다. 그런데 글자 모양이 하도 비슷하다보니 그냥 '불을 茲(자)'밑에 '마음 心(심)'을 써서 '사랑 慈

(자)'자를 나타내고 있다. '사랑', '인정', '동정', '측은한 마음', '중생에게 낙을 주는 일', '아버지를 엄(嚴)이라고 할 때의 상대적 개념으로의 어머니' 등의 뜻으로 쓰인다. 慈愛(자애), 仁慈(인자), 慈善(자선), 慈悲(자비), 無慈悲(무자비), 慈堂(자당), 嚴父慈母(엄부자모)

'이 茲(자)'자에 '돌 石(석)'을 붙여 '자석 磁(자)'자를 만들었다. '磁石(자석)'의 뜻으로 쓰이고, '질그릇 甆(자)'자의 속자로도 쓰인다. 磁氣(자기), 磁力(자력), 磁石(자석), 電磁(전자), 陶磁器(도자기), 白磁(백자), 靑磁(청자)

'불을 茲(자)'자에 '물 氵(수)'를 붙여 '불을 滋(자)'자를 만들었다. '자라다', '더욱' 등의 뜻을 나타낸다. 滋養(자양), 滋養分(자양분)

茲1750, 慈0349, 磁1940, 滋2092

束(자/극) 刺策棗棘　504

'가시 束(자)/가시나무 束(극)'자는 '가시'를 본뜬 모양이다. '가시나무 棘(극)'자와 동자이다.

'가시 束(자)'자에 '칼 刂(도)'를 붙여 '찌를 刺(자)'자를 만들었다. 칼이나 가시 같은 뾰족한 물건으로 '찌르다'는 뜻을 위하여 만든 것이다. '칼 刂(도)'와 '가시 束(자)'라는 두 표의요소를 조합하였다. 원래 발음은 [척]이었는데 후에 [자]로 읽게 되었다. '찌르다', '찔러 죽이다', '끝이 날카로운 연장으로 찌르다', '가시 · 침 · 창끝 따위', '자극하다', '감각기관이나 마음을 흥분시키다', '나무라다', '헐뜯다' 등의 뜻으로 쓰인다. 刺繡(자수), 刺客(자객), 刺殺(자살), 刺傷(자상), 刺戟(자극), 刺戟劑(자극제), 諷刺(풍자), 芒刺在背(망자재배)

'가시 束(자)'자에 '대 竹(죽)'을 붙여 '채찍 策(책)/꾀 策(책)'자를 만들었다. 본래 대나무로 만든 '(말) 채찍'을 뜻하기 위한 것이었다. 후에 '계략', '꾀' 등을 뜻하는 것으로 쓰이게 되었다. 策略(책략), 窮餘之策(궁여지책), 對策(대책), 束手無策(속수무책), 失策(실책), 政策(정책), 糊口之策(호구지책), 彌縫策(미봉책), 散策(산책)

'가시 束(자)'자를 상하로 두 개 붙여 '대추나무 棗(조)'자를 만들었다. 대추나무 가시가 참 뾰족하고 날카롭다. 棗栗梨柿(조율이시), 棗東栗西(조동율서)

'가시 束(극)'자를 좌우로 두 개 붙여 '멧대추나무 棘(극)/가시나무 棘(극)'자를 만들었다. 억센 가시가 많이 난 '멧대추나무'를 뜻한다. 荊棘(형극), 口中荊棘(구중형극)

刺1509, 策1353, 棗1285, 棘2553

乍(작/사) 作昨炸怍祚酢窄搾詐　505

'일어날 乍(작)/언뜻 乍(사)'자는 '사' 또는 '작' 등의 음을 가지는 한자의 구성요소로 쓰인다. 한자어 낱말은 없다.

'일어날 乍(작)'자에 '사람 亻(인)'을 붙여 '지을 作(작)'자를 만들었다. 사람의 作爲(작위)에 의하여 일어나는 것을 말한다. '짓다', '만들다', '이루다', '작품', '(문장을)쓰다', '농사를 짓다', '일하다', '행하다', '일으키다' 등의 뜻을 나타낸다. 作心三日(작심삼일), 作戰(작전), 製作(제작), 造作(조작), 操作(조작), 作黨(작당), 作別(작별), 作家(작가), 作曲(작곡), 作品(작품), 傑作(걸작), 創作(창작), 作物(작물), 耕作(경작), 打作(타작), 豊作(풍작), 作業(작업), 作用(작용), 副作用(부작용), 相互作用(상호작용), 始作(시작), 作亂(작란), 作弊(작폐), 發作(발작)

'일어날 乍(작)'자에 '날 日(일)'을 붙여 '어제 昨(작)'자를 만들었다. '어제', '가버리다', '가버린 날' 등의 뜻을 나타낸다. 昨今(작금), 昨日(작일), 昨醉未醒(작취미성), 昨年(작년), 昨非(작비)

'乍(작)'자에 '불 火(화)'를 붙여 '터질 炸(작)'자를 만들었다. '폭발하여 불이 일어나다'는 뜻을 나타낸다. 炸裂(작렬)

'乍(작)'자에 '마음 忄(심)'을 붙여 '부끄러워할 怍(작)'자를 만들었다.

'乍(작)'자에 '제사 示(시)'를 붙여 '복 祚(조)'자를 만들었다. 사람 이름자로 쓰인다.

'乍(작)'자에 '닭 酉(유)'를 붙여 '초 酢(초)'자를 만들었다. 술을 조작하여 만든 '식초'를 뜻한다. '醋(초)'자와 통용된다. 醋酸(초산)/酢酸(초산), 食醋(식초)/食酢(식초)

'乍(작)'자에 '구멍 穴(혈)'을 붙여 '좁을 窄(착)'자를 만들었다. '구멍을 만들다'라는 뜻에서 '좁다'는 뜻을 나타낸다. 狹窄(협착)

'좁을 窄(착)'자에 '손 扌(수)'를 붙여 '짤 搾(착)'자를 만들었다. 나무로 만든 기름틀에서 기름을 짜내는 모양을 나타낸다. 搾油(착유), 搾乳(착유), 搾取(착취), 壓搾(압착)

'언뜻 乍(사)'자에 '말씀 言(언)'을 붙여 '속일 詐(사)'자를 만들었다. '속이다'는 뜻을 나타내기 위하여 만든 것이다. 속이는 것의 첫 번째는 말로 속이는 것이다. 말 잘하는 사람을 조심하라. 詐欺(사기), 詐取(사취), 詐稱(사칭), 奸詐(간사)

作0285, 昨0132, 炸2647, 怍3228, 祚3545, 酢3093, 窄2786, 搾2474, 詐1654

勺(작) 酌灼芍的釣杓豹約葯　506

'잔질할 勺(작)/구기 勺(작)'자는 물건을 떠내는 구기의 모양을 본뜬 것이다. '술 부을 酌(작)'자와 同字(동자)로 쓰여, '잔질할 勺(작)'이란 훈이 붙여졌다. '勺(작)'자의 모양은 '쌀 勹(포)'와 '한 一(일)'이루어진 것으로 보인다. '쌀 勹(포)'와 '점 丶(주)'로 이루어진 것은 '勻

(작)'자의 속자이다.

'勺(작)'자에 '닭 酉(유)'를 붙여 '술 부을 酌(작)/대작할 酌(작)'자를 만들었다. '술을 따르다'는 뜻을 나타내기 위하여 술독을 뜻하는 '닭 酉(유)'와 술 따위를 뜰 때 쓰는 국자, 즉 '구기 勺(작)'을 합쳐놓은 것이다. '勺(작)'은 표음과 표의요소를 겸한다. 술을 마실 때는 주량을 잘 참작해야 했기 때문인지 '헤아리다'의 뜻도 가진다. '잔에 술을 따르다', '술잔을 서로 주고받다', '헤아리다', '참작하다', '이것저것 대보아 취사(取捨)하다' 등의 뜻을 나타낸다. 酌婦(작부), 對酌(대작), 獨酌(독작), 酬酌(수작), 獻酌(헌작)/獻爵(헌작), 酌定(작정), 無酌定(무작정), 斟酌(짐작), 參酌(참작)

'勺(작)'자에 '불 火(화)'를 붙여 '사를 灼(작)'자를 만들었다. '불이 밝게 빛남'을 뜻하는 글자였다. 灼熱(작열)

'勺(작)'자에 '풀 ++(초)'를 붙여 '함박꽃 芍(작)'자를 만들었다. 芍藥(작약)

'勺(작)'자에 '흰 白(백)'을 붙여 '과녁 的(적)'자를 만들었다. 활을 쏠 때 과녁은 희게 눈에 잘 띄어야 하는 것이었다. '희다'가 본뜻이었는데, '과녁', '활을 쏘는 표적', '요점', '가장 요긴한 부분', '참되다', '바르다', '확실하게', '조사(명사, 동사, 형용사, 부사에 붙여 쓴다. 주로 '…의'에 해당한다)' 등의 뜻으로 쓰이게 되었다. 的中(적중), 目的(목적), 標的(표적), 的否(적부), 的確(적확), 客觀的(객관적), 經濟的(경제적), 具體的(구체적), 物質的(물질적), 歷史的(역사적), 理想的(이상적), 形式的(형식적)

'勺(작)'자에 '쇠 金(금)'을 붙여 '낚시 釣(조)'자를 만들었다. 가느다란 쇠로 만든 '낚시 바늘'을 뜻하기 위하여 만든 것이다. '쇠 金(금)'으로 만들어진, 술을 뜰 때 쓰는 '국자 勺(작)'의 모양을 본뜬 것이라고 한다. '고기를 낚다', '낚시'를 뜻한다. 釣竿(조간), 釣魚(조어)

'勺(작)'자에 '나무 木(목)'을 붙여 '북두 자루 杓(표)'자를 만들었다. 사람의 이름자로 쓰인다.

'杓(표)'자에 '발 없는 벌레 豸(치)'를 붙여 '표범 豹(표)'자를 만들었다. '杓(표)'에서 '나무 木(목)'이 생략되었다. 豹皮(표피), 豹變(표변)

'勺(작)'자에 '실 糸(사)'를 붙여 '묶을 約(약)/아낄 約(약)'자를 만들었다. 여기에서 '勺(작)'은 '조이다'의 뜻을 가지고 있다. '約(약)'자는 '실로 묶어 조이다'의 뜻을 나타낸다. 허리띠를 졸라매니 '아끼다'의 뜻으로도 쓰이게 되었다. 括約(괄약), 約束(약속), 契約(계약), 誓約(서약), 豫約(예약), 條約(조약), 儉約(검약), 節約(절약), 要約(요약), 集約(집약), 約分(약분), 公約數(공약수), 制約(제약)

'묶을 約(약)'자에 '풀 ++(초)'를 붙여 '꽃밥 葯(약)'자를 만들었다. 꽃술의 '꽃가루주머니'를 뜻한다.

酌1440, 灼2646, 芍2916, 的0598, 釣2006, 杓3462, 豹3033, 約0562, 葯2937

爵(작) 爵 嚼 507

'벼슬 爵(작)/잔 爵(작)'자는 원래 참새의 모양을 본뜬 것으로, '참새' 또는 참새 모양으로 빚은 '술잔'을 뜻하는 것이었다. '벼슬'을 뜻하는 글자로 사용되는 예가 많아지자, '참새 雀(작)'을 따로 만들었다. 천자가 제후에게 벼슬을 내릴 때 금이나 은 또는 옥 따위로 만든 잔을 내린 데서 '벼슬', '벼슬을 내리다'의 뜻으로 쓰이게 되었다. 爵位(작위), 高官大爵(고관대작), 獻爵(헌작)

'爵(작)'자에 '입 口(구)'를 붙여 '씹을 嚼(작)'자를 만들었다. '음식을 입에 넣고 잘게 씹다'는 뜻을 나타낸다. '爵(작)'은 '참새 雀(작)'과 통하여 '잘다'의 뜻을 나타낸다. 咀嚼(저작), 如嚼鷄肋(여작계륵)

爵1691, 嚼2239

戔(잔/전) 殘棧盞錢箋餞賤淺踐 508

'해칠 戔(잔)/적을 戔(전)'자는 '창 戈(과)'자가 두 개 상하로 겹쳐진 글자이다. 창으로 거듭 찍어 갈가리 찢는 모양에서 '해치다'의 뜻을 나타낸다.

'해칠 戔(잔)'자에 '부서진 뼈 歹(알)'을 붙여 '해칠 殘(잔)/남을 殘(잔)'자를 만들었다. '戔(잔)'은 '토막으로 자르다'의 뜻으로 '殘(잔)'자는 토막으로 자르고 '남은 것'을 뜻한다. '해치다', '죽이다', '잔인하다', '인정이 없다', '흉악한 사람', '쇠하여 약하다', '피폐하다', '남다', '나머지' 등의 뜻을 나타낸다. 相殘(상잔), 殘忍(잔인), 殘酷(잔혹), 衰殘(쇠잔), 殘金(잔금), 殘黨(잔당), 殘飯(잔반), 殘餘(잔여), 殘滓(잔재), 敗殘兵(패잔병), 殘留(잔류), 殘骸(잔해)

'戔(잔)'자에 '나무 木(목)'을 붙여 '잔도 棧(잔)/사다리 棧(잔)'자를 만들었다. 잔도 즉, '발을 붙일 수 없는 험한 벼랑에 선반을 매듯 낸 길'을 뜻한다. 棧道(잔도), 棧橋(잔교)

'戔(잔)'자에 '그릇 皿(명)'을 붙여 '잔 盞(잔)'자를 만들었다. 盞臺(잔대), 燈盞(등잔), 銀盞(은잔)

'戔(전)'자에 '쇠 金(금)'을 붙여 '돈 錢(전)'자를 만들었다. 구리돈 즉, '동전'을 뜻하는 것이었다. 金錢(금전), 無錢(무전), 本錢(본전), 守錢奴(수전노), 換錢(환전)

'戔(전)'자에 '대 竹(죽)'을 붙여 '기록할 箋(전)'자를 만들었다. '戔(전)'자는 '얇고 납작한 물건'을 뜻한다. 종이가 없던 시절에 쓰던 '얇고 납작하고 작은 대나무 조각'을 뜻한다. 오늘날의 쪽지 역할을 했다. 箋注(전주), 附箋(부전), 附箋紙(부전지)

'戔(전)'자에 '먹을 食(식)'을 붙여 '전별할 餞(전)'자를 만들었다. 사람이 여행에 앞서 나그넷길의 신에게 제사 지내고 잔치를 벌여 보낼 때의 '음식'을 뜻하는 글자였다. '전별하다', '酒食(주식)을 대접하여 가는 사람을 보내다', '송별연', '가는 사람에게 주는 예물' 등을 뜻한다. 餞別(전별), 餞別金(전별금), 餞送(전송)

'戔(전)'자에 '조개 貝(패)'를 붙여 '천할 賤(천)'자를 만들었다. '조개 貝(패)'는 '돈' 또는 '재물'을 뜻한다. 동양의 전통 가치관으로는 '돈'을 천하게 여긴 것 같다. '천하다', '신분이 낮다', '신분이 낮은 사람', '업신여기다', '경멸하다' 등의 뜻을 나타낸다. 賤民(천민), 賤視(천시), 貴賤(귀천), 貧賤(빈천), 至賤(지천), 賤待(천대)

'戔(전)'자에 '물 氵(수)'를 붙여 '얕을 淺(천)'자를 만들었다. 물이 '얕다'는 뜻을 나타내기 위한 글자였다. '얕다', '물이 깊지 아니하다', '소견·지식·학문 등이 깊지 아니하다', '가볍다', '경망스럽다', '오래지 아니하다' 등의 뜻을 나타낸다. 淺海(천해), 深淺(심천), 淺薄(천박), 淺學(천학), 寡聞淺識(과문천식), 日淺(일천)

'戔(전)'자에 '발 足(족)'을 붙여 '밟을 踐(천)'자를 만들었다. 발로 '밟다'는 뜻을 나타내기 위하여 만든 것이다. '실천하다', '이행하다'는 뜻을 나타낸다. 實踐(실천)

殘1025, 棧2559, 盞2743, 錢1106, 箋2802, 餞3155, 賤0296, 淺0795, 踐1424

章(장) 章障樟璋彰 509

'글월 章(장)/문채 章(장)'자는 '소리 音(음)'과 '열 十(십)'의 합자이다. 음악의 '樂章(악장)'이 본래 의미였다. 후에 '글'을 뜻하는 것으로 쓰이게 되었다. '章(장)'자는 '설 立(립)'과 '이를 早(조)'의 합자로 잘못 볼 수가 있다. '악곡이나 시문의 절 또는 단락', '글', '문장', '조목(條目)', '기', '표지', '인장', '도장' 등의 뜻을 나타낸다. 樂章(악장), 初章(초장), 中章(중장), 終章(종장), 文章(문장), 文章三易(문장삼이), 憲章(헌장), 肩章(견장), 腕章(완장), 勳章(훈장), 圖章(도장), 印章(인장), 指章(지장)

'章(장)'자에 '언덕 阝(부)'를 붙여 '막힐 障(장)/가로막을 障(장)'자를 만들었다. '가로막다'가 본뜻이다. '가로막다', '구멍으로 통하지 못하게 하다', '방어하다', '뒷받침해주다', '지장', '장애', '나쁜 일' 등의 뜻을 나타낸다. 障壁(장벽), 障害(장해), 支障(지장), 保障(보장), 障碍(장애)/障礙(장애), 故障(고장), 魔障(마장), 業障(업장)

'章(장)'자에 '나무 木(목)'을 붙여 '녹나무 樟(장)'자를 만들었다. '녹나무'를 뜻한다. 樟腦(장뇌)

'章(장)'자에 '구슬 玉(옥)'을 붙여 '반쪽 홀 璋(장)'자를 만들었다.

'章(장)'자에 '터럭 彡(삼)'을 붙여 '드러낼 彰(창)/밝을 彰(창)'자를 만들었다. 본래 얽히고설킨 '무늬'나 '채색'의 뜻을 나타내기 위한 것이었다. 무늬를 가리키는 '터럭 彡(삼)'이 표의요소, '글 章(장)'은 표음요소이다. '밝다', '뚜렷하다', '밝히다', '드러내다' 등의 뜻을 나타낸다. 表彰(표창), 顯彰(현창)

'478 소리 音(음)'자 참조.

章0423, 障0898, 樟2080, 璋3530, 彰1887

丈(장) 丈仗杖 510

'어른 丈(장)'자는 어른이 손으로 긴 지팡이를 들고 있는 모양을 본뜬 것이었다. '길이의 한 단위', '성인 남자' 또는 '어른'의 뜻을 나타낸다. 氣高萬丈(기고만장), 波瀾萬丈(파란만장), 丈人(장인), 丈母(장모), 丈夫(장부), 老人丈(노인장), 拙丈夫(졸장부), 椿府丈(춘부장)/春府丈(춘부장)

'丈(장)'자에 '사람 亻(인)'을 붙여 '무기 仗(장)/의장 仗(장)'자를 만들었다. '지팡이나 지팡이 같은 무기를 가진 사람'이란 뜻을 나타내기 위하여 만든 글자이다. '병장기 또는 병장기를 들고 임금이나 궁궐을 호위하는 사람'이란 뜻으로 쓰인다. 儀仗(의장), 儀仗隊(의장대)

'丈(장)'자에 '나무 木(목)'을 붙여 '지팡이 杖(장)'자를 만들었다. '긴 나무 몽둥이', '지팡이'를 뜻한다. 短杖(단장), 盲者失杖(맹자실장), 竹杖芒鞋(죽장망혜), 打糞杖(타분장), 棍杖(곤장), 賊反荷杖(적반하장)

丈1125, 仗2163, 杖2526

長(장) 長帳張漲脹套 511

'길 長(장)/어른 長(장)'자는 머리를 길게 풀어헤치고 허리는 구부정한 사람이 지팡이를 짚고 있는 모습이다. 예전에는 평생 머리카락을 자르지 않는 풍습이 있어, 늙은 사람의 머리카락은 길다는 데서, '길다'라는 뜻을 가진다. 늙은 사람은 경험과 지혜가 많아 사회 구성원들에게 어른 대접을 받고 우두머리 노릇을 한다는 데서 '어른', '우두머리', '뛰어나다' 등의 뜻이 파생되었다. '어른', '우두머리'의 뜻으로 쓰일 경우에는 장음인 [장:]으로 읽고, '자라다', '길다'의 뜻으로 쓰일 때는 단음인 [장]으로 읽는다. '(길이가) 길다', '(시간적으로) 길다', '오래도록', '늘', '크다', '많다', '성하다', '멀다', '낫다', '우수하다', '나이가 위인 사람', '어른', '성인', '모든 기관의 책임자', '우두머리', '맏아들', '한 집안의 계승자', '기르다', '자라다' 등 여러 가지 뜻을 나타낸다. 長短(장단), 長身(장신), 延長(연장), 萬里長城(만리장성), 伸長(신장), 長期(장기), 長壽(장수), 高低長短(고저장단), 不老長生(불로장생), 長大(장대), 落落長松(낙락장송), 長途(장도), 長程(장정), 意味深長(의미심장), 長技(장기), 長點(장점), 捨短取長(사단취장)/舍短取長(사단취장), 長老(장로), 長幼有序(장유유서), 年長者(연장자), 百萬長者(백만장자), 長官(장관), 校長(교장), 社長(사장), 會長(회장), 中隊長(중대장), 長男(장남), 長女(장녀), 長孫(장손), 長成(장성), 成長(성장), 生長(생장)

'長(장)'자에 '수건 巾(건)'을 붙여 '장막 帳(장)'자를 만들었다. '장막'을 뜻하기 위한 것이다. 옛날에는 장막 안에서 장부 정리를 했나보다. '장부', '공책'의 뜻으로도 쓰인다. 帳幕(장막), 布帳(포장), 揮帳(휘장), 帳簿(장부), 日記帳(일기장), 通帳(통장)

'長(장)'자에 '활 弓(궁)'을 붙여 '베풀 張(장)/뽐낼 張(장)'자를 만들었다. '활줄을 당기다'란 뜻을 나타내기 위한 것이었다. 반대로 '활줄을 풀다'는 '늦출 弛(이)'이다. '베풀다', '어떤 일을 차리어 벌이다', '활시위를 매다', '넓히다', '크게 하다', '성하게 하다', '크게 떠벌이다', '姓(성)', '얇은 물건이나 활 거문고·비파·휘장 따위를 세는 단위' 등의 뜻으로 쓰인다. 張本人(장본인), 出張(출장), 張力(장력), 更張(경장), 緊張(긴장), 表面張力(표면장력), 誇張(과장), 伸張(신장), 擴張(확장), 張皇(장황), 主張(주장), 虛張聲勢(허장성세), 張三李四(장삼이사), 張飛軍令(장비군령), 落張不入(낙장불입), 冊張(책장)

'베풀 張(장)'에 '물 氵(수)'를 붙여 '넘칠 漲(창)'자를 만들었다. '물이 부풀어서 가득 차다'는 뜻이다.

'長(장)'자에 '고기 月(육)'을 붙여 '배부를 脹(창)'자를 만들었다. '배가 팽팽해져서 부풀다'는 뜻이다. 鼓脹(고창), 膨脹(팽창)

'덮개 套(투)'자는 '큰 大(대)'와 '긴 長(장)'으로 이루어져, '크고 길다'는 뜻을 나타내는 것이었다. 현재에 쓰이는 뜻은 크게 변하여 '덮개', '씌우개', '정한 대로의, 버릇이 되어 이루어진 일'의 뜻을 나타낸다. 封套(봉투), 外套(외투), 常套(상투), 常套手段(상투수단), 常套的(상투적), 語套(어투)

'653 머리털 늘어질 髟(표)'자 참조.
長0054, 帳0976, 張0983, 漲3359, 脹2893, 套2304

壯(장) 壯裝莊　512

'장할 壯(장)/씩씩할 壯(장)'자는 '나무 조각 뉘(장)'과 '선비 士(사)'로 이루어졌다. '신체가 큰 사람'을 뜻하기 위한 것이었다. 漢字字典(한자자전)에는 '壯(장)'자가 장음(:) 또는 단음으로 읽는다고 나와 있는데, 우리 한글사전에서는 '壯(장)'자가 단음으로 읽는 예는 없고, 장음으로만 읽는다. 한문 문장 내에서 단음으로 읽는 예가 있나보다. '씩씩하다', '행동이 굳세다', '기세가 좋다', '훌륭하다', '크다', '젊다', '한창 나이' 등의 뜻을 나타낸다. 壯大(장대), 壯士(장사), 健壯(건장), 老益壯(노익장), 壯觀(장관), 壯談(장담), 壯烈(장렬), 雄壯(웅장), 壯年(장년), 壯丁(장정), 老壯(노장), 少壯(소장)

'壯(장)'자에 '옷 衣(의)'를 붙여 '꾸밀 裝(장)/행장 裝(장)'자를 만들었다. 옷을 차려 '입다'는 뜻을 나타내기 위한 글자이다. '꾸미다', '화장을 하다', '길 떠날 차비를 하다', '옷차림', '장치', '싣다', '싸다', '의복이나 신변의 도구' 등의 뜻을 나타낸다. 裝飾(장식), 裝身具(장신구), 扮裝(분장), 僞裝(위장), 鋪裝(포장), 假裝(가장), 軍裝(군장), 男裝(남장), 女裝(여장), 變裝(변장), 服裝(복장), 洋裝(양장), 正裝(정장), 裝備(장비), 裝置(장치), 武裝(무장), 裝塡(장전), 旅裝(여장), 行裝(행장), 裝甲車(장갑차), 包裝(포장), 裝具(장구)

'壯(장)'자에 '풀 ⺿(초)'를 붙여 '장엄할 莊(장)'자를 만들었다. 풀이 '무성하다'는 뜻을 나타내기 위하여 만든 글자이다. '엄숙하다', '장엄하다', '시골 마을', '촌락이나 산촌의 원포(園圃)', '姓(성)' 등의 뜻으로 쓰인다. 莊嚴(장엄), 莊重(장중), 莊園(장원), 別莊(별장), 山莊(산장), 莊子(장자), 老莊(노장), 莊周夢(장주몽)

'305 선비 士(사)'자 참조.
'513 농막 庄(장)'자 참조.
壯0171, 裝1082, 莊1379

庄(장) 庄粧　513

'농막 庄(장)'자는 '집 广(엄)'과 '장할 壯(장)'의 생략형으로 이루어진 글자이다.

'庄(장)'자에 '쌀 米(미)'를 붙여 '단장할 粧(장)'자를 만들었다. 여기에서 '米(미)'는 얼굴에 바르는 '粉(분)'을 나타낸다. '裝(장)'은 옷이나 건물 따위의 治裝(치장)을, '粧(장)'은 얼굴 단장, 즉 化粧(화장)을 가리키는 차이가 있다. 丹粧(단장), 美粧(미장), 治粧(치장), 化粧(화장), 化粧品(화장품)

'512 장할 壯(장)'자 참조.
庄3433, 粧1355

將(장) 將獎漿醬蔣　514

'장수 將(장)/장차 將(장)'자는 '장수 뉘(장)', '고기 月(육)', '마디 寸(촌)'으로 구성되있는데, 어찌해서 '장수 將(장)'이 되었는지는 분명치 않다. '장수'의 뜻으로 쓰일 때는 장음 [장:]으로, '장차'의 의미로 쓰일 때는 단음 [장]으로 발음한다. '장수', '거느리다', '장차', '나아가다', '발전하다', '막 …하려 하다' 등의 뜻으로 쓰인다. 將校(장교), 將軍(장군), 名將(명장), 主將(주장), 將來(장래), 將次(장차), 日就月將(일취월장)

'將(장)'자에 '개 犬(견)'을 붙여 '장려할 獎(장)/권면할 獎(장)'자를 만들었다. 본뜻은 개를 싸우도록 '부추기다'는 뜻을 나타내기 위한 것이었다. 편의상 '개 犬(견)'을 '큰 大(대)'로 바꿔 쓰기도 하는데 그것은 정자가 아니라 俗字(속자)이다. '장려하다', '권면하다'는 뜻으로 쓰인다. 獎勵(장려), 獎學(장학), 獎學金(장학금), 勸獎(권장)

'將(장)'자에 '물 水(수)'를 붙여 '미음 漿(장)/즙 漿(장)'자를 만들었다. '조리된 마실 것'을 뜻한다. 漿果(장과), 血漿(혈장)

'將(장)'자에 '닭 酉(유)'를 붙여 '젓갈 醬(장)'자를 만

들었다. '된장' 또는 '장조림'을 뜻한다. 醬肉(장육), 醬太(장태), 炒醬(초장)

'將(장)'자에 '풀 ⺾(초)'를 붙여 '성씨 蔣(장)'자를 만들었다. 蔣介石(장개석)

將0104, 獎0937, 漿2634, 醬3099, 蔣3568

臧(장) 藏臟欌贓 515

'착할 臧(장)/감출 臧(장)/곳간 臧(장)'자는 '장수 爿(장)', '신하 臣(신)', '창 戈(과)'로 이루어진 글자이다.

'감출 藏(장)'자는 표음요소인 '감출 臧(장)'과 표의요소인 '풀 ⺾(초)'로 이루어졌다. '감추다'는 뜻을 나타내기 위한 것이다. 우거진 풀 속에다 감추면 눈에 잘 뜨이지 않았을 것이다. '감추다', '품다', '속에 안고 있다', '간직하다', '저장하다' 등의 뜻을 나타낸다. 笑裏藏刀(소리장도), 藏書(장서), 內藏(내장), 無盡藏(무진장), 秘藏(비장), 所藏(소장), 大藏經(대장경), 冷藏庫(냉장고), 貯藏(저장)

'감출 藏(장)'자에 '고기 ⺼(육)'을 붙여 '오장 臟(장)'자를 만들었다. 인체 내부에 감추어져 있는 '내장'이 본 뜻이다. 臟器(장기), 內臟(내장), 五臟六腑(오장육부), 폐장(肺臟), 심장(心臟), 비장(脾臟), 간장(肝臟), 신장(腎臟), 胃臟(위장), 膵臟(췌장)

'감출 藏(장)'자에 '나무 木(목)'을 붙여 '장롱 欌(장)'자를 만들었다. 欌籠(장롱), 壁欌(벽장), 饌欌(찬장), 册欌(책장)

'감출 臧(장)/곳간 臧(장)'자에 '조개 貝(패)'를 붙여 '장물 贓(장)'자를 만들었다. '풀 ⺾(초)'가 없는 '감출 臧(장)'자가 쓰인 것에 주의하여야 한다. '장물', '부정한 수단으로 취득한 물품', '훔친 물품'을 뜻한다. 贓物(장물), 贓吏(장리)

藏1387, 臟1073, 欌3245, 贓3300

才(재) 才財材閉豺 516

'재주 才(재)'자는 강이 넘치는 것을 막기 위한 봇둑으로 세워진 질 좋은 나무를 본뜬 것이라고 한다. '본디 갖춰져 있는 좋은 바탕'의 뜻을 나타낸다. 才能(재능), 才媛(재원), 鈍才(둔재), 秀才(수재), 天才(천재), 才談(재담), 才致(재치)

'才(재)'자에 '조개 貝(패)'를 붙여 '재물 財(재)'자를 만들었다. '조개 貝(패)'는 '재물'이나 '돈'을 뜻한다. '才(재)'자는 표음요소로 쓰였다. 財團法人(재단법인), 財物(재물), 財産(재산), 文化財(문화재), 橫財(횡재)

'才(재)'에 '나무 木(목)'을 붙여 '재목 材(재)'자를 만들었다. '재목', '건축·가구 등의 재료로 쓰이는 나무', '원료', '물건을 만드는 재료', '재능', '재능 있는 사람' 등의 뜻을 나타낸다. 材木(재목), 製材(제재), 材料(재료), 木材(목재), 鐵材(철재), 取材(취재), 棟梁之材(동량지재), 人材(인재), 適材適所(적재적소)

'才(재)'자를 '문 門(문)'안에 넣어 '닫을 閉(폐)'자를 만들었다. 여기에서 '才(재)'자는 문을 닫아 걸을 때 쓰는 빗장의 모양을 나타낸 것으로 '재주'와는 관계가 없다. '열 開(개)'자에 대응하는 글자이다. '닫다', '문을 잠그다', '끝', '끝맺다', '끊다', '막다', '가두다', '감추다' 등의 뜻을 나타낸다. 閉鎖(폐쇄), 開閉(개폐), 密閉(밀폐), 閉幕(폐막), 閉會(폐회), 閉塞(폐색), 幽閉(유폐)

'才(재)'자에 '발 없는 벌레 豸(치)'를 붙여 '승냥이 豺(시)'자를 만들었다. 豺虎(시호), 豺狐(시호), 豺狼(시랑), 豺狼橫道(시랑횡도)/豺狼當路(시랑당로)

才0376, 財0506, 材0565, 閉0458, 豺3032

宰(재) 宰滓 517

'재상 宰(재)'자는 관청의 집을 가리키는 '집 宀(면)'과 형벌에 사용하는 칼을 뜻하는 '辛(신)' 두 표의요소를 합친 것이다. 관청에서 형벌을 담당하던 '벼슬아치'가 본래 의미인데, '맡다', '재상' 등의 뜻으로 쓰인다. 宰相(재상), 主宰(주재)

'宰(재)'자에 '물 氵(수)'를 붙여 '찌꺼기 滓(재)'자를 만들었다. '조리할 때 밑에 가라앉는 찌꺼기'를 뜻한다. 殘滓(잔재)

宰1875, 滓2624

栽(재) 栽裁載哉戴截 518

'심을 栽(재)'자는 '나무 木(목)'과 그 나머지 부분으로 이루어졌다. 그 나머지 부분은 '재주 才(재)'와 '창 戈(과)'로 이루어진 것인데, '才(재)'와 '戈(과)' 둘 다 강물의 범람을 막기 위한 기구의 모양을 나타내는 것이라고 한다. '강 속에 세운 나무'라는 뜻에서 '초목을 심다'는 뜻이 나왔다고 한다. 음은 [재]이다. '栽(재)'자는 나무나 풀 따위를 '심다'는 뜻을 나타낸다. 栽培(재배), 盆栽(분재)

'심을 栽(재)'자의 '나무 木(목)'을 '옷 衣(의)'로 바꾸어 '마름질할 裁(재)'자를 만들었다. 옷감을 치수에 맞도록 재거나 자르는 일을 말한다. '마르다', '옷을 짓다', '헤아리다', '재량하다', '분별하다', '억제하다' 등의 뜻을 나타낸다. 裁斷(재단), 裁縫(재봉), 洋裁(양재), 裁可(재가), 裁量(재량), 裁判(재판), 決裁(결재), 獨裁(독재), 總裁(총재), 制裁(제재), 仲裁(중재)

'심을 栽(재)'자의 '나무 木(목)'을 '수레 車(거)'로 바꾸어 '실을 載(재)'자를 만들었다. '싣다', '수레에 실어서 운반하다', '적다', '기재하다', '일 년' 등을 뜻한다. 積載(적재), 搭載(탑재), 艦載(함재), 揭載(게재), 記載(기재), 登載(등재), 連載(연재), 千載一遇(천재일우)

'심을 栽(재)'자의 '나무 木(목)'을 '입 口(구)'로 바꾸어 '어조사 哉(재)'자를 만들었다. 감탄 따위의 어조를 나타내는 어조사로 쓰이기 때문에 문장에서는 많이 쓰이지만 낱말을 구성하는 조어력은 매우 약하여 한자어 용례가 거의 없다. 哀哉(애재), 嗚呼哀哉(오호애재)/嗚呼痛哉(오호통재), 快哉(쾌재)

'심을 栽(재)'자의 '나무 木(목)'을 '다를 異(이)'로 바꾸어 '일 戴(대)'자를 만들었다. 여기에서 '異(이)'는 '다르다'는 뜻이 아니라, '얼굴에 가면을 쓴 모습'을 나타낸 것이니, 戴(대)자는 '머리에 이다'는 뜻을 나타낸다. '받들다', '공경하여 모시다'는 뜻도 있다. 戴冠式(대관식), 戴盆望天(대분망천), 戴天(대천), 不俱戴天之讎(불구대천지수), 推戴(추대)

'끊을 截(절)'자는 '창 戈(과)', '작을 小(소)', '새 隹(추)'로 이루어졌다. 새를 창으로 조각조각 작게 베는 모양에서, '베다', '째다'는 뜻을 나타낸다. 위에 소개한 '재'자들과는 혈통을 달리하는 글자인데, 글자 모양만으로 여기 가족에 포함시켰다. '끊다', '동강을 내다', '절단하다'는 뜻을 나타낸다. 截斷(절단)/切斷(절단), 截頭(절두), 去頭截尾(거두절미)

栽1182, 裁1391, 載1427, 哉1526, 戴1891, 截2429

爭(쟁) 爭錚淨靜　519

'다툴 爭(쟁)'자는 '손'을 뜻하는 '손톱 爫(조)', '손'을 뜻하는 '또 又(우)' 그리고 '힘 力(력)'이 합쳐진 것으로, '위아래로부터 손으로 마주 당기다'는 뜻을 나타내는 것이었다고 한다. 그런가보다 하고 넘어가자. '다투다', '겨루다', '결판을 내다', '소송하다', '따지어 말하다', '하소연', '말다툼' 등의 뜻을 나타낸다. 爭點(쟁점), 競爭(경쟁), 戰爭(전쟁), 爭訟(쟁송), 爭議(쟁의), 論爭(논쟁), 言爭(언쟁)

'爭(쟁)'자에 '쇠 金(금)'을 붙여 '쇳소리 錚(쟁)'자를 만들었다. 여기에서 '爭(쟁)'자는 의성어로 쓰인 것으로 '다투다'는 뜻이 아니다. '금속이 서로 부딪치는 소리'를 뜻한다. 錚盤(쟁반), 錚錚(쟁쟁)

'爭(쟁)'자에 '물 氵(수)'를 붙여 '깨끗할 淨(정)'자를 만들었다. 물이 '깨끗하다'는 뜻을 나타내기 위하여 만든 것이다. '깨끗하다', '때 묻지 아니하다', '해탈하여 미망(迷妄)을 떨어버린 생각과 해탈하는 방법' 등의 뜻을 나타낸다. 淨潔(정결), 淨水器(정수기), 淨化(정화), 不淨(부정), 淸淨(청정), 淨土(정토), 淨慧(정혜)

'爭(쟁)'자에 '푸를 靑(청)'을 붙여 '고요할 靜(정)'자를 만들었다. 丹靑(단청)의 채색이 잘 되었는지를 '살피다'는 뜻을 위하여 고안된 글자이니 '푸를 靑(청)'이 표의요소. '다툴 爭(쟁)'은 표음요소로 쓰였다. 본래의 의미로 쓰이는 예는 거의 없고, '고요하다', '움직이지 아니하다', '소리가 없다' 등의 뜻으로 쓰인다. 靜脈(정맥), 靜中動(정중동), 冷靜(냉정), 動靜(동정), 安靜(안정), 鎭靜(진정), 平靜(평정), 靜肅(정숙), 靜寂(정적)

爭0309, 錚3111, 淨1310, 靜1115

氐(저) 低底抵羝邸　520

'근본 氐(저)/낮을 氐(저)'자는 '성씨 氏(씨)'자와 '한 一(일)'로 이루어진 글자이다. '氏(씨)'자는 '예리한 날붙이'를, '一(일)'은 날붙이를 가는 편평한 '숫돌'을 나타낸다. '氐(저)'자는 '칼날'을 '숫돌'이나 '바닥'에 대는 모양에서 '낮추다', '이르다', '근본', '바닥' 등의 뜻을 나타낸다.

'낮을 氐(저)'자에 '사람 亻(인)'을 붙여 '낮을 低(저)'자를 만들었다. 사람이 '키가 작다'는 뜻을 위하여 만든 글자이다. '낮다', '높이가 낮다', '수준·정도·지위 등이 낮다', '온도·습도 등이 낮다', '소리·강도·압력 등이 약하다', '값, 삯 등이 낮다', '품위가 낮다', '숙이다' 등의 뜻을 나타낸다. 低空(저공), 高低(고저), 低氣壓(저기압), 低溫(저온), 低音(저음), 低調(저조), 低價(저가), 低廉(저렴), 低利(저리), 低俗(저속), 低劣(저열), 低姿勢(저자세), 擧手低頭(거수저두)

'근본 氐(저)'자에 '집 广(엄)'을 붙여 '밑 底(저)'자를 만들었다. '집의 밑바닥'을 나타내기 위한 글자이다. '밑', '사물의 바닥을 이루는 부분', '기초', '근본이 되는 것', '속', '안' 등의 뜻을 나타낸다. 底面(저면), 底邊(저변), 底意(저의), 井底之蛙(정저지와), 海底(해저), 底力(저력), 根底(근저), 基底(기저), 徹底(철저)

'근본 氐(저)'자에 '손 扌(수)'를 붙여 '막을 抵(저)/거스를 抵(저)'자를 만들었다. '(손으로) 밀어젖히다'가 본뜻이다. '거스르다', '거절하다', '막다', '맞서다', '대항하다', '해당하다', '근본' 등의 뜻을 나타낸다. 抵觸(저촉), 抵抗(저항), 抵抗力(저항력), 無抵抗(무저항), 抵當(저당), 大抵(대저)

'근본 氐(저)'자에 '뿔 角(각)'을 붙여 '닿을 羝(저)/닥뜨릴 羝(저)'자를 만들었다. 뿔이 이르러 '맞닥뜨리다'는 뜻이다. 羝觸(저촉)/抵觸(저촉)

'근본 氐(저)'자에 '고을 阝(읍)'을 붙여 '집 邸(저)'자를 만들었다. '집', '저택', '사람이 거처하는 건물'을 뜻한다. '왕족'을 뜻하기도 한다. 邸宅(저택), 官邸(관저), 私邸(사저), 邸下(저하)

低0113, 底0978, 抵0998, 羝2996, 邸3087

啇(적) 適敵摘滴嫡謫　521

'밑동 啇(적)/꼭지 啇(적)/물방울 啇(적)'자는 '임금 帝(제)'와 '입 口(구)'로 이루어진 글자이다. 여기에서 '帝(제)'자는 求心的(구심적)으로 '모이다'의 뜻이다. 많은 뿌리가 모이는 나무의 '밑동'을 뜻한다.

'啇(적)'자에 '길 갈 辶(착)'을 붙여 '마칠 適(적)/갈 適(적)'자를 만들었다. 구심적으로 '따라 가다'는 뜻을 위하여 고안된 것이다. '좋다', '알맞다', '적당하다', '균형이 잡히다', '사리에 맞다', '조절하다', '절후에 알맞다', '기분이 좋다', '마음이 내키는 대로' 등의 뜻을 나타낸다. 適當(적당), 適性(적성), 適應(적응), 適者生存(적자생존), 適材適所(적재적소), 快適(쾌적), 悠悠自適(유유자적)

'啇(적)'자에 '칠 攵(복)'을 붙여 '원수 敵(적)/대적할 敵(적)'자를 만들었다. '원수'가 본뜻이다. '원수', '서로 싸우거나 해치려 하거나 하는 상대방', '맞서다', '경기 시합 등에서 서로 겨루는 상대방' 등의 뜻을 나타낸다. 敵軍(적군), 敵陣(적진), 輕敵必敗(경적필패), 宿敵(숙적), 衆寡不敵(중과부적), 天敵(천적), 敵手(적수), 匹敵(필적), 好敵手(호적수)

'啇(적)'자에 '손 扌(수)'를 붙여 '딸 摘(적)'자를 만들었다. '(손으로) 따다'는 뜻을 나타내기 위한 것이다. '따다', '과일 따위를 손으로 집어 따다', '솎다', '요점만 가려서 쓰다', '남의 글을 따다 쓰다', '들추어내다', '손가락으로 가리키다' 등의 뜻을 나타낸다. 摘果(적과), 摘要(적요), 摘發(적발), 摘出(적출), 摘示(적시), 指摘(지적)

'啇(적)'자에 '물 氵(수)'를 붙여 '물방울 滴(적)'자를 만들었다. '물방울', '방울져 떨어지다', '극히 적은 분량의 비유' 등의 뜻으로 쓰인다. 滴定(적정), 水滴石穿(수적석천), 餘滴(여적), 大海一滴(대해일적)

'啇(적)'자에 '여자 女(녀)'를 붙여 '정실 嫡(적)'자를 만들었다. '정실', '본처', '본처가 낳은 아들', '정실이 낳은 맏아들로서 대를 이을 사람' 등의 뜻을 나타낸다. 嫡母(적모), 嫡庶(적서), 嫡孫(적손), 嫡子(적자)

'啇(적)'자에 '말씀 言(언)'을 붙여 '귀양갈 謫(적)'자를 만들었다. '귀양가다', '유배되다', '먼 곳으로 좌천되다' 등의 뜻을 나타낸다. 謫所(적소)

'542 임금 帝(제)'자 참조.
適1099, 敵0770, 摘1275, 滴1679, 嫡2322, 謫3023

赤(적) 赤赫爀赦 522

'붉을 赤(적)'자는 '큰 大(대)'와 '불 火(화)'가 합쳐진 것의 변형이라고 한다. 형태는 '亦(역)'자이지만 '火(화)'를 써야 붉은 색을 나타낼 수 있었을 것이다. '붉다', '붉은 빛', '발가숭이', '비다', '손에 가진 것이 없다' 등의 뜻을 나타낸다. 赤信號(적신호), 赤十字(적십자), 赤字(적자), 近朱者赤(근주자적), 赤裸裸(적나나), 赤子(적자), 赤貧(적빈), 赤手(적수), 赤道(적도)

'붉을 赤(적)'자를 두 개 붙여 '빛날 赫(혁)'자를 만들었다. '붉은 빛', '빛나는 모양', '덕이 밝은 모양' 등의 뜻으로 쓰인다. 赫赫(혁혁), 朴赫居世(박혁거세)

'빛날 赫(혁)'자에 '불 火(화)'를 붙여 '불빛 爀(혁)'자를 만들었다. 사람의 이름자로 쓰인다.

'용서할 赦(사)'자는 원래 '또 亦(역)'자와 '칠 攵(복)'자가 합쳐진 것이었는데, '亦(역)'자가 '붉을 赤(적)'자로 바뀌었다. '놓아주다', '용서하다'의 뜻이다. 赦免(사면), 赦罪(사죄), 特別赦免(특별사면), 特赦(특사)

赤0179, 赫2127, 爀3507, 赦1994

翟(적) 濯擢曜耀躍 523

'꿩 翟(적)'자는 '깃 羽(우)'와 '새 隹(추)'자로 이루어졌다. 깃털의 볏을 가진 새 즉, '꿩'의 뜻을 나타낸다.

'翟(적)'자에 '물 氵(수)'를 붙여 '씻을 濯(탁)'자를 만들었다. 여기에서 '翟(적)'은 '뛰어 일어나다'는 뜻이다. 옷가지가 뛰어 오르도록 '빨다'는 뜻을 위하여 만든 글자이다. '씻다', '때를 씻다'는 뜻을 나타낸다. 濯足(탁족), 洗濯(세탁), 洗濯機(세탁기)

'翟(적)'자에 '손 扌(수)'를 붙여 '뽑을 擢(탁)'자를 만들었다. '높다', '뛰어오르다'의 뜻에서, '뽑다', '뽑아내다'는 뜻이 생겼다. 拔擢(발탁)

'翟(적)'자에 '해 日(일)'을 붙여 '빛날 曜(요)'자를 만들었다. '빛나다'가 본뜻이지만 '빛나다'의 뜻으로는 쓰인 낱말이 없고, '요일'에만 쓰고 있다. 曜日(요일)

'翟(적)'자에 '빛 光(광)'을 붙여 '빛날 耀(요)'자를 만들었다. 사람 이름자로 쓰인다.

'翟(적)'자에 '발 足(족)'을 붙여 '뛸 躍(약)'자를 만들었다. 발 빠르게 '뛰다'는 뜻을 나타내기 위하여 만든 것이었다. '뛰다', '뛰어오르다', '뛰며 좋아하다', '빠른 모양', '가슴이 뛰다', '흥분하다', '물가가 뛰다' 등의 뜻을 나타낸다. 躍動(약동), 跳躍(도약), 飛躍(비약), 暗躍(암약), 鳶飛魚躍(연비어약), 活躍(활약), 雀躍(작약), 歡呼雀躍(환호작약), 躍進(약진)

濯0578, 擢2498, 曜0557, 耀3556, 躍1997

全(전) 全栓銓筌 524

'온전할 全(전)'자는 '들 入(입)'과 '임금 王(왕)'이 아니라, '들 入(입)'과 '구슬 玉(옥)'으로 이루어진 글자이다. '玉(옥)'자의 점[丶]이 생략되었다. 광산에서 캐어낸 옥을 잘 다듬어 집안에 고이 들여다 놓은 순수하고 온전한 옥을 뜻한다. '온전하다', '완전하다', '모두', '다', '온통' 등의 뜻을 나타낸다. 健全(건전), 安全(안전), 完全(완전), 全校(전교), 全國(전국), 全力(전력), 全體(전체), 全鰒(전복)

'全(전)'자에 '나무 木(목)'을 붙여 '마개 栓(전)/나무못 栓(전)'자를 만들었다. 물건이 움직이지 못하도록 해주는 '못'을 뜻하는 글자이다. '병마개'라는 뜻으로도 쓰인다. 消火栓(소화전), 血栓(혈전)

'全(전)'자에 '쇠 金(금)'을 붙여 '저울질할 銓(전)/사람가릴 銓(전)'자를 만들었다. '저울질하다', '뽑다', '전형하다' 등의 뜻을 나타낸다. 銓衡(전형), 銓衡料(전형료)

'全(전)'자에 '대 竹(죽)'을 붙여 '통발 筌(전)'자를 만들었다. 得魚忘筌(득어망전)

全0202, 栓2539, 銓3107, 筌3273

展(전) 展輾殿澱臀 525

'펼 展(전)'자 字源(자원)은 한자 전문가를 꿈꾸는 사람들끼리 공부하기로 하자. '펴다', '넓게 벌리다', '뜻을 펴다', '널리 공포하다', '의사를 발표하다', '발달하다', '진열하다', '늘어놓다', '살피다' 등의 뜻을 나타낸다. 展開(전개), 展望(전망), 伸展(신전), 發展(발전), 進展(진전), 展示(전시), 展覽(전람), 展示(전시), 個人展(개인전), 親展(친전)

'展(전)'자에 '수레 車(거)'를 붙여 '돌아누울 輾(전)/구를 輾(전)'자를 만들었다. '구르다', '돌아눕다'는 뜻을 나타낸다. 輾轉(전전), 輾轉反側(전전반측)

'展(전)'자에 '창 殳(수)'를 붙여 '전각 殿(전)/큰집 殿(전)'자를 만들었다. 창을 들고 지키는 '커다란 대궐'을 뜻하는 글자이다. '큰 집', '커다란 건물', '궁궐', '천자(天子)의 거처', '절', '존칭' 등의 뜻으로 쓰인다. 殿閣(전각), 殿堂(전당), 伏魔殿(복마전), 神殿(신전), 宮殿(궁전), 大雄殿(대웅전), 聖殿(성전), 殿下(전하), 中殿(중전)

'전각 殿(전)'자에 '물 氵(수)'를 붙여 '앙금 澱(전)'자를 만들었다. '앙금', '찌끼'의 뜻을 나타낸다. 澱粉(전분), 沈澱(침전)

'전각 殿(전)'자에 '고기 月(육)'을 붙여 '볼기 臀(둔)'자를 만들었다. '殿(전)'의 본뜻은 '엉덩이'를 뜻하는 것이었다고 한다. 臀部(둔부)

展0528, 輾3065, 殿0718, 澱2637, 臀2904

專(전) 專傳轉團惠穗 526

'專(전)'자는 손에 실감개를 쥐고 있는 모양을 본뜬 글자이다. '寸(촌)'은 '손'을 뜻하고, 나머지가 '실감개'의 모양이다. 본뜻은 '구르다'이다. 이후 '오로지'의 뜻으로 쓰이는 예가 많아지자 '구르다'라는 본뜻을 확실하게 하기 위하여 바퀴 모양을 본뜬 '車(차)'를 더하여 '구를 轉(전)'자를 만들었다. '오로지', '오직 한 곳으로', '마음대로 하다', '단독으로', '독차지하다' 등의 뜻을 나타낸다. 專攻(전공), 專念(전념), 專務(전무), 專門(전문), 專制(전제), 專權(전권), 專用(전용), 專賣(전매), 專賣特許(전매특허)

'專(전)'자에 '사람 亻(인)'을 붙여 '전할 傳(전)'자를 만들었다. 전한다는 것은 오로지 사람과 사람 사이에 있는 일이다. '전하다', '상대자에게 옮겨 주다', '알릴 것을 남에게 알리다', '남겨 주다', '전해 내려오다' '사람의 일대기' 등의 뜻을 나타낸다. 傳達(전달), 父傳子傳(부전자전), 以心傳心(이심전심), 傳導(전도), 傳道(전도), 宣傳(선전), 傳染(전염), 傳播(전파), 傳來(전래), 傳說(전설), 傳統(전통), 遺傳(유전), 傳記(전기), 自敍傳(자서전)

'專(전)'자에 '수레 車(거)'를 붙여 '구를 轉(전)'자를 만들었다. '專(전)'자의 본뜻은 '구르다'였다. '專(전)'자가 '오로지'의 뜻으로 쓰이는 예가 많아지자 '구르다'라는 본뜻을 확실하게 하기 위하여 바퀴 모양을 본뜬 '車(차)'를 더하여 '구를 轉(전)'자를 만들었다. '구르다', '옮겨가다', '상태가 바뀌다', '생각을 돌리다', '빠지다', '굴러 넘어지다', '관직을 옮기다' 등의 뜻을 나타낸다. 公轉(공전), 回轉(회전), 自轉車(자전거), 轉移(전이), 轉學(전학), 轉禍爲福(전화위복), 運轉(운전), 好轉(호전), 轉向(전향), 心機一轉(심기일전), 空轉(공전), 轉落(전락), 轉勤(전근), 轉入(전입), 榮轉(영전)

'專(전)'자를 '에워쌀 囗(위)' 안에 넣어 '둥글 團(단)'자를 만들었다. 둥근 모양으로 결속된 상태를 나타낸다. 군집생활을 하는 동물들은 둥근 모양의 큰 덩어리를 만들어 자신들의 힘을 과시하며 외부의 침입을 경계한다. 이런 모양을 '團(단)'으로 나타냈다. '둥글다' '모여 이룬 조직체', '모이다', '군대 편성의 하나', '통솔하다', '다잡다' 등의 뜻을 나타낸다. 團拜(단배), 團員(단원), 團地(단지), 團體(단체), 財團(재단), 集團(집단), 團結(단결), 團合(단합), 瓊團(경단), 軍團(군단), 師團(사단), 旅團(여단), 團束(단속)

'專(전)'자에 '마음 心(심)'을 붙여 '은혜 惠(혜)'자를 만들었다. '專(전)'자는 손에 실감개를 쥐고 있는 모양을 본뜬 글자이다. '專(전)'자에서 '손'을 뜻하는 '寸(촌)'이 생략되고 그 자리에 '心(심)'이 붙은 글자이다. 실감개에 실을 감을 때는 '외곬'으로 감는다. '惠(혜)'자는 남에게 '한결같은 마음을 기울이다'는 뜻을 나타기 위한 글자였다. '은혜'의 뜻을 나타낸다. 상대방이 보낸 물건의 이름 앞에 고마움을 표하기 위해 붙이는 수식어로 쓰이기도 한다. 惠澤(혜택), 恩惠(은혜), 特惠(특혜), 天惠(천혜), 惠念(혜념), 惠存(혜존)

'은혜 惠(혜)'자에 '벼 禾(화)'를 붙여 '이삭 穗(수)'자를 만들었다. 곡식의 은혜로운 곳인 '이삭'을 뜻한다. 穗狀(수상), 落穗(낙수), 拔穗(발수), 揷穗(삽수)

專0968, 傳0481, 轉0709, 團0517, 惠0352, 穗2779

廛(전) 廛, 纏 527

'가게 廛(전)'자는 '집 广(엄)', '마을 里(리)', '여덟 八(팔)', '흙 土(토)'로 이루어졌다. '八(팔)'은 '나누다', '土(토)'는 '땅'을 뜻한다. '마을[里]에서 한 가구[广]에 나누어[八] 준 땅[土]'을 뜻하는 글자이다. '가게', '상점', '전방'을 뜻한다. 廛房(전방), 亂廛(난전), 魚物廛(어물전)

'廛(전)'자에 '실 糸(사)'를 붙여 '얽을 纏(전)'자를 만들었다. '띠를 두르다', '끈을 매다', '묶다'는 뜻이다. 纏帶(전대), 纏足(전족)

'201 마을 里(리)'자 참조.

廛2364, 纏2853

前(전) 前剪煎箭 528

'앞 前(전)'자는 字源(자원)을 설명하는 데에 여러 가지 학설이 있다. 공통적인 것은 '다닐 行(행)', '그칠 止

(지)', '배 舟(주)' 이 세 가지 요소로 이루어졌다는 것이다. 수로를 배로 나아가는 모양에서 '나아가다', '앞'의 뜻을 나타낸다고 한다. '前(전)'자에 쓰인 '月(월)'은 '배 舟(주)'가 변한 것이라고 한다. '위치상으로 본 앞', '시간상으로 본 앞', '남보다 먼저' 등의 뜻을 나타내며, (편지, 공문, 초대장 등에서 받는 사람이나 기관의 이름 밑에 써서) '…에게'의 뜻을 나타낸다. 前景(전경), 前進(전진), 門前(문전), 驛前(역전), 前例(전례), 前無後無(전무후무), 事前(사전), 食前(식전), 洪吉童前(홍길동전)

'前(전)'자 밑에 '칼 刀(도)'를 붙여 '벨 剪(전)'자를 만들었다. '베다', '가지런하게 베다', '깎다', '자르다', '끊다' 등의 뜻으로 쓰인다. 剪枝(전지), 剪定(전정), 剪草除根(전초제근)

'前(전)'자 밑에 '불 灬(화)'를 붙여 '달일 煎(전)'자를 만들었다. '진국만을 빼내기 위해 잘 끓이다'는 뜻을 나타내기 위하여 만든 글자이다. '달이다', '졸이다', '마음을 졸이다', '애태우다', '전', '기름에 지진 음식' 등의 뜻을 나타낸다. 煎心(전심), 煎餠(전병), 煎油魚(전유어), 花煎(화전)

'前(전)'자에 '대 竹(죽)'을 붙여 '화살 箭(전)'자를 만들었다. '화살'을 뜻한다. 箭筒(전통)

前0038, 剪2202, 煎2658, 箭2805

折(절) 折哲誓逝 529

'꺾을 折(절)'자는 '손 扌(수)'와 '도끼 斤(근)'으로 이루어졌다. 도끼로 나무를 부러뜨린다는 뜻이다. '꺾다', '휘어서 부러뜨리다', '부러지다', '구부리다', '굽다', '(어려서) 죽다', '값을 깎다', '할인하다' 등의 뜻을 나타낸다. 折半(절반), 折衷(절충), 曲折(곡절), 骨折(골절), 百折不屈(백절불굴), 腰折腹痛(요절복통), 挫折(좌절), 夭折(요절), 折價(절가), 九折羊腸(구절양장)

'折(절)'자에 '입 口(구)'를 붙여 '밝을 哲(철)'자를 만들었다. 본래는 '折(절)'자가 아니었는데, 복잡한 모양의 古字(고자)가 변하여 '折(절)'자의 모양이 되었다. '밝다', '총명하다', '지혜롭다', '도리나 사리에 밝은 사람' 등의 뜻을 나타낸다. 哲學(철학), 明哲保身(명철보신), 哲人(철인), 聖哲(성철), 賢哲(현철)

'折(절)'자에 '말씀 言(언)'를 붙여 '맹세할 誓(서)'자를 만들었다. 말을 꺾어버린 것이 아니다. 여기에서 '折(절)'은 '밝을 哲(철)'의 생략형으로 '분명함'의 뜻을 나타낸다. 神(신)이나 사람에게 분명히 한 말, 즉 '언약'의 뜻을 나타낸다. 誓約(서약), 盟誓(맹서), 宣誓(선서)

'折(절)'자에 '길 갈 辶(착)'를 붙여 '갈 逝(서)'자를 만들었다. 여기에서 '折(절)'은 '죽다'의 뜻으로 쓰인 것이다. '죽다', '(죽어서) 떠나가다'는 뜻을 나타낸다. 逝去(서거), 急逝(급서)

折0996, 哲1177, 誓1985, 逝3304

占(점) 占店點粘霑站帖貼砧 530

'차지할 占(점)/점칠 占(점)'자는 '점 卜(복)'과 '입 口(구)'로 이루어졌다. '점치다'는 뜻을 나타낸다. 후에 '차지하다'는 뜻으로도 쓰이게 되었다. '占有(점:유)'만 '占'자를 장음 [점:]으로 읽고, 그 이외의 한자어에서는 단음 [점]으로 읽는다. 占領(점령), 占有(점유), 獨占(독점), 買占(매점), 占卦(점괘), 占星術(점성술)

'占(점)'자에 '집 广(엄)'을 붙여 '가게 店(점)'자를 만들었다. '가게', '물건을 파는 곳'을 뜻한다. 店員(점원), 店鋪(점포), 賣店(매점), 百貨店(백화점), 商店(상점)

'占(점)'자에 '검을 黑(흑)'을 붙여 '점 點(점)'자를 만들었다. '작고 까만 점'을 나타내기 위한 것이다. '검을 黑(흑)'이 표의요소, '점칠 占(점)'은 표음요소이다. '占(점)'자에 '불 灬(화)'를 붙인 '点(점)'자는 속자이다. '점', '점찍다', '두 선이 맞닿은 자리', '문장의 구두점', '점을 찍은 것과 같은 작은 물건', '세다', '점검하다', '수로서 나타낸 평가의 숫자', '물건의 개수(個數)를 나타내는 말', '장소를 나타내는 말', '상태, 조건을 나타내는 말', '한도를 나타내는 말', '등불을 켜다' 등 여러 가지 뜻을 나타낸다. 點(점), 點字(점자), 汚點(오점), 焦點(초점), 紅一點(홍일점), 畵龍點睛(화룡점정), 句讀點(구두점), 點心(점심), 點檢(점검), 點呼(점호), 點數(점수), 得點(득점), 滿點(만점), 失點(실점), 採點(채점), 一點血肉(일점혈육), 據點(거점), 終點(종점), 地點(지점), 缺點(결점), 觀點(관점), 要點(요점), 重點(중점), 虛點(허점), 沸點(비점), 氷點(빙점), 融點(융점), 點燈(점등), 點滅燈(점멸등), 點火(점화), 點指(점지)

'占(점)'자에 '쌀 米(미)'를 붙여 '끈끈할 粘(점)'자를 만들었다. '끈끈하다', '끈기가 많다', '차져서 잘 달라붙다'는 뜻을 나타낸다. 粘性(점성), 粘着劑(점착제), 粘土(점토)

'젖을 霑(점)'자는 '비 雨(우)'와 '젖을 沾(점)'자로 이루어졌다. '비가 점점이 내려 촉촉이 적시다'는 뜻이다. 均霑(균점)

'占(점)'자에 '설 立(립)'을 붙여 '역마을 站(참)'자를 만들었다. 여기에서 '占(점)'은 '특정의 點(점)을 차지하다'는 뜻이다. '站(참)'자는 '특정의 점을 차지하고 서 있다'는 뜻에서, '역', '마을'을 뜻한다. 兵站(병참), 驛站(역참)

'占(점)'자에 '수건 巾(건)'을 붙여 '표제 帖(첩)/문서 帖(첩)'자를 만들었다. '占(점)'은 '얇고 납작함'을 나타낸다. 글씨를 쓰기 위한 '얇은 천'을 뜻하는 글자이다. '수첩', '법첩', '사진이나 그림 같은 것을 붙이기 위하여 맨 책' 등을 뜻한다. 手帖(수첩), 寫眞帖(사진첩), 法帖(법첩), 畵帖(화첩)

'占(점)'자에 '조개 貝(패)'를 붙여 '붙을 貼(첩)'자를 만들었다. '붙다', '붙이다'는 뜻을 나타낸다. 粉貼(분첩)

'占(점)'자에 '돌 石(석)'을 붙여 '다듬잇돌 砧(침)'자

를 만들었다. '다듬잇돌', '모탕'을 뜻한다. 砧石(침석), 砧聲(침성)

占0939, 店0533, 點1123, 粘2819, 霑3135, 站2790, 帖2355, 貼3035, 砧2758

丁(정) 丁頂訂町酊釘汀打 531

'장정 丁(정)/넷째 천간 丁(정)'자는 원래 '못'을 뜻하기 위하여 못 모양을 본뜬 것이었다. 그런데 이것이 '넷째 천간', '사나이'란 뜻으로 사용되는 예가 많아지자 본뜻은 '쇠 金(금)'을 보탠 '못 釘(정)'자를 만들었다. 속칭 '고무래 정'은 丁(정)자가 고무래와 비슷한 모양에서 유래된 것이지 '고무래'를 뜻하는 것으로 쓰인 예는 없다. '천간의 넷째', '등급·순서 등을 매길 때의 넷째', '젊은 남자', '젊은 일꾼', '간곡히', '姓(성)' 등의 뜻으로 쓰인다. 丁卯(정묘), 丁未(정미), 丁巳(정사), 丁酉(정유), 丁丑(정축), 丁亥(정해), 白丁(백정), 兵丁(병정), 壯丁(장정), 丁寧(정녕), 目不識丁(목불식정)

'丁(정)'자에 '머리 頁(혈)'을 붙여서 '정수리 頂(정)'자를 만들었다. '(머리) 정수리'를 뜻하기 위한 것이었다. '정수리', '꼭대기', '정상' 등을 뜻한다. 頂門(정문), 丹頂(단정), 頂上(정상), 頂點(정점), 登頂(등정), 絕頂(절정)

'丁(정)'자에 '말씀 言(언)'을 붙여서 '바로잡을 訂(정)'자를 만들었다. '의논하다'가 본뜻이다. 후에 '바로잡다', '문자·문장의 잘못된 것을 바로잡아 고치다'는 뜻으로 쓰이게 되었다. 訂正(정정), 訂定(정정), 更訂(경정), 校訂(교정), 修訂(수정)

'丁(정)'자에 '밭 田(전)'을 붙여서 '밭두둑 町(정)'자를 만들었다. '밭두둑'을 뜻한다. 우리나라에서는 주로 땅의 면적의 단위로 쓰인다. 1 町(정)은 3000평(10000m2)이다. 町步(정보)

'丁(정)'자에 '닭 酉(유)'를 붙여서 '술취할 酊(정)'자를 만들었다. '술에 몹시 취하다'는 뜻을 나타낸다. 酩酊(명정), 酒酊(주정), 乾酒酊(건주정)

'丁(정)'자에 '쇠 金(금)'을 붙여서 '못 釘(정)/못 박을 釘(정)'자를 만들었다. '丁(정)'은 못의 모양을 본뜬 것이다. 쇠로 만든 못으로 '金(금)'을 붙였다. '못', '벽에 박아 물건을 거는 데 쓰는 못', '못을 박다' 등의 뜻을 나타낸다. 釘頭(정두), 拔釘(발정), 眼中之釘(안중지정)/眼中釘(안중정)

'丁(정)'자에 '물 氵(수)'를 붙여서 '물가 汀(정)'자를 만들었다. 사람 이름자로 쓰인다.

'丁(정)'자에 '손 扌(수)'를 붙여서 '칠 打(타)'자를 만들었다. 손으로 때리니 '손 扌(수)'가 표의요소임은 확실한데, '丁(정)'이 표음요소?라고 한다. 너무 크게 변했다. '치다', '목적물을 때리다', '공격하다', '소리 나게 두드리다', '공을 때리다', '전신을 보내다', '어떤 동작을 함을 뜻하는 접두어' 등의 뜻으로 쓰인다. 打擊(타격), 打倒(타도), 打字(타자), 毆打(구타), 一網打盡(일망타진), 打鐘(타종), 打樂器(타악기), 打球(타구), 打者(타자), 安打(안타), 打電(타전), 打開(타개), 打算(타산), 打診(타진), 打令(타령)

'532 정자 亭(정)'자 참조.

丁0752, 頂1465, 訂1767, 町2707, 酊3090, 釘3103, 汀3471, 打0540

亭(정) 亭停 532

'정자 亭(정)'자는 표의요소인 '높을 高(고)'에서 '口(구)'를 빼고, 표음요소인 '못 丁(정)'을 집어넣은 것이다. '정자'를 나타내기 위한 글자이다. 정자에 앉아 주변의 풍광을 즐기기 위해서는 좀 높은 곳에 정자를 지어야겠다. 이런 뜻으로 만들어진 글자이다. 亭子(정자), 料亭(요정), 八角亭(팔각정), 一松亭(일송정)

'亭(정)'자에 '사람 亻(인)'을 붙여 '머무를 停(정)'자를 만들었다. '(길을 가던) 사람이 정자를 만나 머무르다'의 뜻으로 만들어진 글자이다. '머무르다', '그치다', '그만두다', '막히다' 등의 뜻을 나타낸다. 停車場(정거장), 停電(정전), 停止(정지), 停戰(정전), 調停(조정), 停滯(정체)

'531 장정 丁(정)'자 참조.
'054 높을 高(고)'자 참조.
亭1135, 停0479

正(정) 正政整征症歪焉 533

'바를 正(정)'자는 '한 一(일)'과 '그칠 止(지)'로 이루어진 글자이다. '하나[一]'를 지켜서 '멈춘다[止]'는 뜻을 가진다. 곧, 正道(정도)를 지킨다는 뜻이며, 그래서 '바르다'란 뜻을 나타낸다. '바르다' 등의 뜻으로 쓰일 때는 장음 [정:]으로 발음하고, '새해'의 뜻으로 쓰일 때는 단음 [정]으로 발음한다. '바르다', '도리나 진리에 맞아 그릇됨이 없다', '정당하다', '바로잡다', '시비를 가려 따지다', '공평하다', '갖추어지다', '품위가 있다', '과녁의 한 가운데', '섞인 것이 없다', '적자(嫡子)', '본처(本妻)', '부차적인 것이 아닌 주되는 것', '참으로', '틀림없이', '영(零)보다 큰 수', '정월(正月)', '새해', '우두머리' 등 여러 가지 뜻으로 쓰인다. 正答(정답), 正直(정직), 公正(공정), 不正(부정), 事必歸正(사필귀정), 改正(개정), 修正(수정), 訂正(정정), 正方形(정방형), 公明正大(공명정대), 嚴正(엄정), 正服(정복), 正裝(정장), 正餐(정찬), 正鵠(정곡), 正金(정금), 正室(정실), 正一品(정일품), 正門(정문), 正副(정부), 正刻(정각), 正午(정오), 子正(자정), 正南(정남), 正數(정수), 正負(정부), 正比例(정비례), 正月(정월), 正初(정초), 宗正(종정), 水正果(수정과)

'正(정)'자에 '칠 攵(복)'을 붙여 '정사 政(정)'자를 만들었다. 그대로 풀이하면 '政(정)'자는 '매질하여 바로잡다'의 뜻이 된다. '정사', '나라를 다스리는 일', '정사를 행하는 사람'을 뜻한다. 政府(정부), 政治(정치), 善政(선정), 失政(실정), 政丞(정승)

'가지런할 整(정)'자는 나무 다발[束(속)]을 잘 다독거려서[칠 攵(복)] 똑바르게[바를 正(정)] 하는 뜻을 모아놓은 것이다. '가지런하다', '정돈하다', '증서에서 금액을 쓴 끝에 그 이하의 단수(端數)가 없다는 뜻을 나타내기 위하여 쓰는 글자' 등의 뜻으로 쓰인다. 整頓(정돈), 整理(정리), 整形外科(정형외과), 調整(조정), 秩序整然(질서정연), 整數(정수), 一金一萬圓整(일금일만원정)

'正(정)'자에 '길 걸을 彳(척)'을 붙여 '칠 征(정)'자를 만들었다. '征(정)'자의 본래 글자는 '正(정)'으로 '치다'는 뜻으로 쓰였다. '바르다'는 뜻으로 쓰이는 예가 많아지자, 그 뜻을 보강하기 위하여 '길 걸을 彳(척)'을 추가하여 '征(정)'자를 만든 것이다. '치다', '윗사람이 아랫사람의 무도(無道)함을 공격하여 바로잡다'는 뜻을 나타낸다. 征伐(정벌), 征服(정복), 遠征(원정)

'正(정)'자에 '병들어 누울 疒(역)'을 붙여 '증세 症(증)'자를 만들었다. '병의 증세'를 뜻한다. 症狀(증상), 症勢(증세), 渴症(갈증), 不眠症(불면증), 炎症(염증), 痛症(통증)

'正(정)'자 위에 '아니 不(불)'을 붙여 '비뚤 歪(왜)'자를 만들었다. 똑바르지[正(정)] 않으니[不(불)] 비뚤어진 것이다. 독음은 [왜], [외], [의] 세 가지가 있지만 뜻이 달라지는 것은 아니다. 우리말 한자어에서는 [왜]로만 쓰인다. 歪曲(왜곡), 歪形(왜형)

'어찌 焉(언)'자는 '正(정)'자 가족은 아니다. '正(정)'자에 '새 鳥(조)'의 아랫부분을 붙여 만든 것처럼 보여 여기에 포함하였다. '正(정)'자와 아무 관계없이 애초에 '새'의 모양을 본떴고, 뜻도 '새'를 뜻하는 것이었다. 假借(가차)하여 '어찌'라는 의문의 어조사나 '이에'라는 부사적으로 쓰인다. 낱말을 구성하는 조어력은 매우 낮다. 焉敢生心(언감생심), 吾不關焉(오불관언), 於焉間(어언간), 終焉(종언)

'364 옳을 是(시)/이 是(시)'자 참조.
'415 늘일 延(연)'자 참조.
'534 정할 定(정)'자 참조.
'568 그칠 止(지)'자 참조.

正0160, 政0189, 整0636, 征0670, 症0411, 歪1916, 焉1684

定(정) 定碇綻 534

'정할 定(정)'자는 '집 宀(면)'과 '바를 正(정)'으로 이루어진 것인데, '바를 正(정)'자의 모양이 약간 달라졌다. '집이 똑바로 서다'가 본뜻이다. '정하다', '어느 것이라고 판단하여 정하다', '마음이나 뜻을 헤아려 정하다', '정리하여 바로잡다', '안정시키다', '다스리다', '보살펴 관리하다' 등의 뜻을 나타낸다. 定價(정가), 定員(정원), 決定(결정), 指定(지정), 確定(확정), 正定(정정), 安定(안정), 鎭定(진정), 昏定晨省(혼정신성)

'定(정)'자에 '돌 石(석)'을 붙여 '닻 碇(정)'자를 만들었다. '닻을 내려 배를 멈추어 서게 함'의 뜻을 나타낸다. 碇泊(정박)/渟泊(정박)

'定(정)'자에 '실 糸(사)'를 붙여 '옷 터질 綻(탄)'자를 만들었다. '솔기가 터져 속옷이 보이다'는 뜻을 위하여 만들어진 글자이다. 綻露(탄로), 破綻(파탄)

'533 바를 正(정)'자 참조.
定0336, 碇2763, 綻2841

井(정) 井穽耕 535

'우물 井(정)'자는 우물 난간의 네 모서리를 나무로 걸쳐 쌓아올린 모양을 그린 것이다. '우물', '정(井)자형 천장', '마을', '동네' 등의 뜻을 나타낸다. 井底之蛙(정저지와), 落井下石(낙정하석), 石井(석정), 臨渴掘井(임갈굴정), 坐井觀天(좌정관천)/井中觀天(정중관천), 天井(천정), 天井不知(천정부지), 市井(시정), 市井雜輩(시정잡배)

'井(정)'자에 '구멍 穴(혈)'을 붙여 '함정 穽(정)'자를 만들었다. 우물처럼 움푹 팬 '함정'을 뜻한다. 下穽投石(하정투석), 陷穽(함정)

'井(정)'자에 '쟁기 耒(뢰)'를 붙여 '밭갈 耕(경)'자를 만들었다. '우물 井(정)'은 음의 유사성으로 표음요소로 보기도 하고, 고대 井田制(정전제)와 연관시켜 표의요소로 보기도 한다. '논밭을 갈다', '농사짓다', '(농사 이외의 일을 하여) 생계를 꾸리다' 등의 뜻을 나타낸다. 耕耘(경운), 耕作(경작), 耕地(경지), 農耕(농경), 晝耕夜讀(주경야독), 舌耕(설경), 筆耕(필경)

井1030, 穽2782, 耕1365

貞(정) 貞偵幀楨禎 536

'곧을 貞(정)'자는 '(마음이) 곧다', '(몸가짐이) 깔끔하다'는 뜻을 나타낸다. '조개 貝(패)'와 '점 卜(복)'으로 이루어졌다. 여기에서 '貝(패)'는 '솥 鼎(정)'자가 간략하게 변한 것이지 '재물'을 뜻하는 '조개 貝(패)'가 아니다. '솥 鼎(정)'자는 '바를 正(정)'자와 통한다. 곧 '곧을 貞(정)'자는 '바를 正(정)'자와 통하는 것이다. '곧다(正)', '정조', '여자의 절개', '절개를 지키다' 등의 뜻을 나타낸다. 貞潔(정결), 貞淑(정숙), 貞節(정절), 貞操(정조), 童貞(동정), 不貞(부정)

'貞(정)'자에 '사람 亻(인)'을 붙여 '염탐할 偵(정)'자를 만들었다. 원래는 '점쳐 묻는 사람'을 뜻하는 글자였다. 후에 '정탐하다', '염탐하다', '엿보다', '염탐꾼', '간첩'을 뜻하는 글자가 되었다. 偵探(정탐), 探偵(탐정), 偵察(정찰), 密偵(밀정)

'貞(정)'자에 '수건 巾(건)'을 붙여 '그림 족자 幀(정/

탱'자를 만들었다. '幀畵'의 경우에는 [탱]으로 읽는다. '그림 족자', '비단에 그린 그림', '책의 겉장이나 싸개' 등의 뜻으로 쓰인다. 幀畵(탱화), 影幀(영정), 裝幀(장정)

'貞(정)'자에 '나무 木(목)'을 붙여 '광나무 楨(정)'자를 만들었다.

'貞(정)'자에 '제사 示(시)'를 붙여 '상서로울 禎(정)'자를 만들었다.

貞1411, 偵1840, 幀2356, 楨3466, 禎3547

廷(정) 廷庭艇挺珽　537

'조정 廷(정)'자는 '튀어나올 壬(정)'에 '길게 걸을 廴(인)'을 붙여 만든 글자이다. '튀어나올 壬(정)'자는 현재에는 쓰이지 않는 古字(고자)이다. 지금은 '廷(정)'자나 '드릴 呈(정)'자 등에서 요소 역할을 하고 있을 뿐이다. '廷(정)'자의 본뜻은 '뜰'이었다. '관청'이라는 뜻으로 쓰이는 예가 많아지자, 본뜻은 '뜰 庭(정)'자를 따로 만들었다. '조정', '관청', '관아' 등의 뜻으로 쓰인다. 宮廷(궁정), 法廷(법정), 朝廷(조정)

'廷(정)'자에 '집 广(엄)'을 붙여 '뜰 庭(정)'자를 만들었다. 집 안의 '뜰'을 뜻한다. 庭球(정구), 庭園(정원), 家庭(가정), 校庭(교정), 親庭(친정)

'廷(정)'자에 '배 舟(주)'를 붙여 '거룻배 艇(정)'자를 만들었다. 좁고 긴 '거룻배'를 뜻한다. 救命艇(구명정), 潛水艇(잠수정), 快速艇(쾌속정), 艦艇(함정)

'廷(정)'자에 '손 扌(수)'를 붙여 '뺄 挺(정)'자를 만들었다. '내놓다', '내밀다', '빼다', '뽑다', '앞서다', '앞장을 서다' 등의 뜻을 나타낸다. 挺身(정신), 挺身隊(정신대), 空挺部隊(공정부대)

'廷(정)'자에 '구슬 玉(옥)'를 붙여 '옥 이름 珽(정)'자를 만들었다.

'538 드릴 呈(정)'자 참조.

廷1223, 庭0325, 艇1968, 挺2454, 珽3517

呈(정) 呈程逞　538

'드릴 呈(정)'자는 '입 口(구)'와 '壬(정)'자로 이루어졌다. 입으로 말하여 '드러내다'가 본래 의미이다. '튀어나올 壬(정)'자는 현재에는 쓰이지 않는 古字(고자)이다. 지금은 '廷(정)'자나 '드릴 呈(정)'자 등에서 요소 역할을 하고 있을 뿐이다. '드리다', '윗사람에게 바치다', '나타나다', '드러내 보이다' 등의 뜻으로 쓰인다. 謹呈(근정), 奉呈(봉정), 贈呈(증정), 露呈(노정)

'呈(정)'자에 '벼 禾(화)'를 붙여 '길 程(정)/법 程(정)'자를 만들었다. 여기에서 '呈(정)'자는 '발돋움하다'는 뜻으로 쓰였다. '벼의 성장 상태'의 뜻에서 '정도'의 뜻을 나타낸다. '법', '법도', '한도', '정도', '길', '도중', '음정' 등의 뜻으로 쓰인다. 規程(규정), 程度(정도), 工程(공정), 課程(과정), 旅程(여정), 日程(일정), 音程(음정)

'呈(정)'자에 '길 갈 辶(착)'을 붙여 '굳셀 逞(령)'자를 만들었다. '기운이 왕성하다', '굳세다', '용감하다', '마음대로 하다'는 뜻으로 쓰인다. 妄逞(망령)

'537 廷(정)'자 참조.

呈538, 程538, 逞538

弟(제) 弟第悌梯涕　539

'아우 弟(제)'자는 '창 戈(과)'에 가죽을 차례차례 나선형으로 감은 모양을 본떠 '차례', '순서'의 뜻을 나타내는 것이었다. 여기에서 출생의 순서가 늦은 쪽 즉, '아우'라는 뜻이 생기게 되었다. '아우', '나이가 어린 사람', '제자', '자기의 겸칭 또는 남을 높이어 공손하게 표현함', '친척의 관계를 맺거나 우의를 다진 사이', '둘을 비교할 때 그 중 모자란 쪽' 등의 뜻을 나타낸다. '兄(형)'자의 짝을 이루는 글자이다. 兄弟(형제), 弟嫂(제수), 妹弟(매제), 弟子(제자), 師弟(사제), 徒弟(도제), 子弟(자제), 義兄弟(의형제), 兄弟之國(형제지국), 難兄難弟(난형난제)

'弟(제)'자에 '대 竹(죽)'을 붙여 '차례 第(제)'자를 만들었다. 글자의 모양을 고려하여 弟(제)'자 윗부분의 점 두 개는 생략되었다. '차례'라는 뜻을 위하여 만들어진 '弟(제)'자가 '아우'라는 뜻으로 쓰이게 되자, '대 竹(죽)'을 붙여 차례 第(제)'자를 만든 것이다. '차례', '차례를 정하다', '과거', '과거에 급제하다' 등의 뜻을 나타낸다. 第三者(제삼자), 第一(제일), 及第(급제), 落第(낙제), 壯元及第(장원급제)

'弟(제)'자에 '마음 忄(심)'을 붙여 '공경할 悌(제)'자를 만들었다. '형에 대한 아우[弟]의 마음[忄]'을 나타내는 글자이다. '공경하다', '어린 사람이 어른을 잘 공경하다', '화락하다', '화평하고 즐겁다' 등의 뜻을 나타낸다. 孝悌(효제), 不孝不悌(불효부제), 悌友(제우)

'弟(제)'자에 '나무 木(목)'을 붙여 '사다리 梯(제)'자를 만들었다. '弟(제)'는 '순서'의 뜻이다. 순서를 밟아 오르내리는 '사다리'를 뜻한다. 階梯(계제), 雲梯(운제), 上樹拔梯(상수발제)

'弟(제)'자에 '물 氵(수)'를 붙여 '눈물 涕(체)'자를 만들었다. '눈물', '울다', '눈물을 흘리며 울다'는 뜻을 나타낸다. 涕淚(체루), 流涕(유체), 鼻涕(비체)

弟0017, 第0426, 悌2390, 梯2546, 涕2609

齊(제) 齊濟劑臍齋　540

'가지런할 齊(제)/조화할 齊(제)'자는 '가지런하다'는 뜻을 나타내기 위하여 벼나 보리의 이삭이 평평하고 가지런하게 자란 모양을 본뜬 것이었다. '가지런하다', '같다', '똑같이', '모두' 등의 뜻을 나타낸다. '齊(제)'자는

部首(부수)이지만 이 부수에 속하는 한자로서 1급 한자 이내에 속하는 글자는 '재계할 齋(재)'자 하나뿐이다. 齊家(제가), 修身齊家(수신제가), 齊唱(제창), 一齊(일제)

'齊(제)'자에 '물 氵(수)'를 붙여 '건널 濟(제)'자를 만들었다. '물에 빠진 사람을 건지다'가 원래의 뜻이다. '건지다', '빈곤이나 위험에서 구제하다', '끝나다', '해결되다' 등의 뜻을 나타낸다. 濟度(제도), 經世濟民(경세제민), 經濟(경제), 經濟的(경제적), 救濟(구제), 決濟(결제), 未濟(미제), 百濟(백제)

'齊(제)'자에 '칼 刂(도)'를 붙여 '약 지을 劑(제)'자를 만들었다. 본뜻은 '가지런하게 자르다'였다. '약 짓다', '조제한 약'을 뜻한다. 防腐劑(방부제), 洗劑(세제), 睡眠劑(수면제), 藥劑(약제), 調劑(조제), 鎭痛劑(진통제), 抗生劑(항생제)

'齊(제)'자에 '고기 月(육)'을 붙여 '배꼽 臍(제)'자를 만들었다. '배꼽', '과실의 꼭지의 반대쪽의 오목한 곳, 또는 볼록한 곳'을 뜻한다. 臍下(제하)

'齊(제)'자에 '보일 示(시)'를 붙여 '재계할 齋(재)/상복 齋(재)'자를 만들었다. '몸과 마음을 깨끗이 하여 신을 섬기다', '부정한 일을 가까이 하지 않다'는 뜻을 위하여 만든 글자이다. '재계하다', '집', '방', '공부하는 곳' 등의 뜻으로 쓰인다. 齋戒(재계), 沐浴齋戒(목욕재계), 齋室(재실), 書齋(서재)

齊1474, 濟0192, 劑1853, 臍3276, 齋3201

祭(제) 祭際蔡察擦 541

'제사 祭(제)'자는 삶은 고기 덩어리[月(육)]를 손[又(우)]으로 집어 제사상[示(시)] 위에 바치는 모습을 나타낸 것이다. 제사상을 차릴 때는 酒(주)·果(과)·脯(포)·醯(혜)만 있으면 되는 것이 아니다. 고기[月]가 있어야 한다. '제사', '제사지내다'는 뜻을 나타낸다. 祭禮(제례), 祭物(제물), 祭祀(제사), 冠婚喪祭(관혼상제), 忌祭祀(기제사)/忌祭(기제), 司祭(사제), 祝祭(축제)

'祭(제)'자에 '언덕 阝(부)'를 붙여 '사이 際(제)/즈음 際(제)'자를 만들었다. 언덕진 곳에 쌓아 놓은 두 담이 서로 '맞닿은 곳'을 뜻하는 글자이다. '교제', '사귀다', '때', '기회', '시기' 등의 뜻을 나타낸다. 交際(교제), 國際(국제), 國際社會(국제사회), 實際(실제), 此際(차제)

'祭(제)'자에 '풀 艹(초)'를 붙여 '성씨 蔡(채)'자를 만들었다. '姓(성)'으로 쓰인다.

'祭(제)'자에 '집 宀(면)'을 붙여 '살필 察(찰)'자를 만들었다. 제사를 지낼 때는 심신으로 살필 일이 많았다. '살피다', '주의하여 보다', '어떤 현상을 잘 따지어 관찰하다', '조사하다', '알다', '살펴서 알다' 등의 뜻을 나타낸다. 警察(경찰), 觀察(관찰), 省察(성찰), 診察(진찰), 監察(감찰), 檢察(검찰), 査察(사찰), 洞察(통찰)

'살필 察(찰)'자에 '손 扌(수)'를 붙여 '비빌 擦(찰)/문지를 擦(찰)'자를 만들었다. 물건을 비빌 때의 소리의 의성어이다. '비비다', '문지르다', '마찰하다'는 뜻을 나타낸다. 摩擦(마찰), 擦過傷(찰과상), 乾布摩擦(건포마찰), 破擦音(파찰음)

祭0818, 際0899, 蔡3569, 察0415, 擦2497

帝(제) 帝蹄啼締諦 542

'임금 帝(제)'자는 '커다란 씨방이 있는 꽃 모양을 본뜬 것이라고 한다. '왕'을 뜻하는 글자이다. '임금', '천자', '하느님', '조화의 신', '오제(五帝)의 약칭' 등의 뜻으로 쓰인다. 帝國(제국), 帝王(제왕), 皇帝(황제), 上帝(상제), 玉皇上帝(옥황상제), 天帝(천제), 三皇五帝(삼황오제)

'帝(제)'자에 '발 足(족)'을 붙여 '굽 蹄(제)/밟을 蹄(제)'자를 만들었다. '동물의 발굽'을 뜻하는 글자이다. 蹄形(제형), 馬蹄(마제), 口蹄疫(구제역)

'帝(제)'자에 '입 口(구)'를 붙여 '울 啼(제)'자를 만들었다. '눈물을 흘리며 소리내어 울다'는 뜻이다.

'帝(제)'자에 '실 糸(사)'를 붙여 '맺을 締(체)'자를 만들었다. 실을 얽어서 '단단히 맺다'는 뜻을 위하여 만든 것이다. '맺다', '연결하다', '끈으로 묶다' 등의 뜻을 나타낸다. 締結(체결), 締約(체약)

'帝(제)'자에 '말씀 言(언)'을 붙여 '살필 諦(체)'자를 만들었다. '살피다', '자세히 조사하다', '자세히 알다', '이치', '진리' 등의 뜻을 나타낸다. 諦念(체념), 要諦(요체), 四聖諦(사성체)

'521 밑동 啇(적)'자 참조.

帝0185, 蹄3052, 啼3335, 締1957, 諦3018

制(제) 制製 543

'절제할 制(제)'자는 나뭇가지가 겹쳐진 모양인 '未(미)'와 '칼 刂(도)'로 이루어졌다. '制(제)'자는 나뭇가지를 칼로 잘라서 함부로 자라지 못하게 한다는 데서 '억제하다'라는 뜻을 나타낸다. '未(미)'자의 형태가 약간 변하였다. '자료를 필요한 규격대로 베끼나 자르다', '만들다', '누르다', '억제하다', '규정', '다스리다', '삼가다' 등의 뜻을 나타낸다. 制定(제정), 制憲(제헌), 制動(제동), 制裁(제재), 强制(강제), 抑制(억제), 統制(통제), 制度(제도), 制服(제복), 體制(체제), 制空權(제공권), 制海權(제해권), 制覇(제패), 自制(자제), 節制(절제)

'制(제)'자 아래에 '옷 衣(의)'를 붙여 '지을 製(제)'자를 만들었다. '옷을 만들다'는 뜻을 위해 '옷 衣(의)'가 첨가된 것이다. 둘 다 '만들다'는 뜻으로 쓰이지만, 制(제)는 '(제도를) 정하다'는 의미가, 製(제)는 '(물품을) 만들다'는 의미가 강하다. '짓다', '옷을 짓다', '글을 짓다', '물품을 만들다', '약을 짓다' 등의 뜻을 나타낸다. 縫製(봉제), 創製(창제), 製作(제작), 製造(제조), 製品

(제품), 木製(목제), 複製(복제), 手製(수제), 完製(완제)

制0683, 製0864

早(조) 早草卓悼掉綽   544

'새벽 早(조)/이를 早(조)'자는 '해 日(일)'과 '으뜸 甲(갑)'으로 이루어진 글자라고 한다. '甲(갑)'자가 간략하게 변했다. 아침 중에서도 첫 번째 아침 즉 '이른 아침'을 뜻하는 글자였다. '새벽', '이른 아침', '이르다', '때가 아직 오지 아니하다', '일찍', '미리', '앞서', '서두르다', '급히' 등의 뜻을 나타낸다. 早起(조기), 早期(조기), 早晩間(조만간), 早速(조속), 早失父母(조실부모), 早退(조퇴), 時機尙早(시기상조)

'풀 草(초)'자는 처음에는 풀의 모양을 본떠 '艸(초)'로 쓰다가 그 음을 나타내기 위해 '이를 早(조)'를 덧붙였다. '풀', '풀 베다', '초원', '풀이 무성한 곳', '천하다', '시초', '시작하다', '원고', '초안', '서체의 하나' 등의 뜻으로 쓰인다. 草家(초가), 結草報恩(결초보은), 三顧草廬(삼고초려), 雜草(잡초), 花草(화초), 海草(해초), 草野(초야), 草原(초원), 草芥(초개), 草創期(초창기), 草稿(초고), 草案(초안), 起草(기초), 草書(초서)

'높을 卓(탁)'자는 '비수 匕(비)'와 '이를 早(조)'자로 이루어진 글자이다. '匕(비)'자의 모양이 약간 변하였다. '높다'는 뜻을 위하여 만든 글자이다. '높다', '뛰어나다', '훌륭하다', '책상', '탁자' 등의 뜻을 나타낸다. 卓見(탁견), 卓越(탁월), 卓上空論(탁상공론), 卓球(탁구), 敎卓(교탁), 食卓(식탁)

'높을 卓(탁)'자에 '마음 忄(심)'을 붙여 '슬퍼할 悼(도)'자를 만들었다. 마음으로 깊이 '슬퍼하다'는 뜻을 나타내기 위하여 만든 것이다. 특히 사람의 죽음을 슬퍼할 때 쓰인다. 哀悼(애도), 追悼(추도)

'卓(탁)'자에 '손 扌(수)'를 붙여 '흔들 掉(도)'자를 만들었다. '흔들다', '움직이게 하다', '흔들리다', '요동하다'는 뜻을 나타낸다. 尾大難掉(미대난도)

'卓(탁)'자에 '실 糸(사)'를 붙여 '너그러울 綽(작)'자를 만들었다. 원래는 '素(소)'와 '卓(탁)'의 합자였는데, '素(소)'가 '糸(사)'로 간략하게 된 것이다. '너그럽다', '여유가 있다'는 뜻이다. 餘裕綽綽(여유작작)

'139 벋을 覃(담)'자 참조.

早0449, 草0261, 卓0507, 悼1888, 掉2459, 綽2839

兆(조) 兆眺窕逃挑桃跳姚   545

'억조 兆(조)/조짐 兆(조)'자는 거북의 등딱지에 불을 지펴 갈라진 금의 모양에서 유래된 글자이다. 그것을 보고 점을 쳤으니 '조짐'의 뜻을 나타낸 것은 당연하다. 후에 '億(억)'의 만 곱절을 이르는 수의 단위로 차용되었다. '수의 단위 조', '많은 수효', '조짐', '빌미', '점괘',

'점치다' 등의 뜻을 나타낸다. 兆(조), 億兆蒼生(억조창생), 兆朕(조짐), 吉兆(길조), 亡兆(망조), 徵兆(징조), 兆占(조점)

'兆(조)'자에 '눈 目(목)'을 붙여 '바라볼 眺(조)'자를 만들었다. 여기에서 '兆(조)'자는 '좌우로 나누다'는 뜻으로 쓰인 것이다. '眺(조)'자는 '시선을 좌우로 돌려서 먼 데를 보다'는 뜻이다. 眺望(조망)

'兆(조)'자에 '구멍 穴(혈)'을 붙여 '아늑할 窕(조)/조용할 窕(조)'자를 만들었다. '갈라진 틈이 깊고 조용하다'는 뜻을 나타내는 글자였다. 현재 우리말에서는 '아리땁다'는 뜻인 '窈窕(요조)'한 낱말에서만 쓰인다. 窈窕淑女(요조숙녀)

'兆(조)'자에 '길 갈 辶(착)'을 붙여 '달아날 逃(도)'자를 만들었다. '달아나다'는 뜻을 나타내기 위한 것이다. '달아나다', '도망치다', '피하다', '숨다' 등의 뜻을 나타낸다. 逃亡(도망), 逃走(도주), 逃避(도피), 現實逃避(현실도피)

'兆(조)'자에 '손 扌(수)'를 붙여 '돋울 挑(도)'자를 만들었다. 손으로 등잔 심지 따위를 잡고서 '돋우다'는 뜻을 나타내기 위한 것이었다. '화나게 하다', '싸움을 걸다', '성이 나게 충동하다' 등의 뜻을 나타낸다. 挑發(도발), 挑戰(도전)

'兆(조)'자에 '나무 木(목)'을 붙여 '복숭아 桃(도)'자를 만들었다. 桃李(도리), 桃色(도색), 桃園結義(도원결의), 桃花煞(도화살), 武陵桃源(무릉도원), 櫻桃(앵도), 扁桃腺(편도선), 胡桃(호도)

'兆(조)'자에 '발 足(족)'을 붙여 '뛸 跳(도)'자를 만들었다. 跳躍(도약), 棒高跳(봉고도)

'兆(조)'자에 '여자 女(녀)'를 붙여 '예쁠 姚(요)'자를 만들었다.

兆0072, 眺2747, 窕2785, 逃1096, 挑1606, 桃1646, 跳1784, 姚3422

朝(조) 朝潮嘲廟   546

'아침 朝(조)'자는 '열 十(십)', '해 日(일)', '열 十(십)', '달 月(월)'로 이루어졌다. '해 日(일)'도 있고, '달 月(월)'도 있는 것을 보면 '달이 아직 지기 전에 막 해가 뜨는 때'라는 것을 알 수 있다. '해 日(일)' 위아래로 '十(십)'자 모양의 것은 풀이 무성히 자란 모습이다. 그 사이로 해가 막 떠오르려고 하니 때는 아침이다. '아침', '신하가 임금을 뵙다', '자식이 부모를 뵙다', '은혜를 베푼 사람을 찾아뵙다', '조정', '정사를 행하는 곳', '왕조' 등의 뜻을 나타낸다. 朝三暮四(조삼모사), 朝夕(조석), 一朝一夕(일조일석), 朝貢(조공), 朝野(조야), 朝廷(조정), 入朝(입조), 明朝(명조), 王朝(왕조), 李朝(이조), 朝鮮(조선)

'朝(조)'자에 '물 氵(수)'를 붙여 '조수 潮(조)'자를 만들었다. 강물이 바다를 향해 '흐르다'는 뜻을 위한 것이었다. '조수', '밀려들어왔다가 나가는 바닷물', '흐름',

曹(조) 曹漕糟遭槽曺　547

'마을 曹(조)/성씨 曹(조)'자의 字源(자원)을 따지면 복잡하니 생략하고, 저자 임의로 破字(파자)하면, '한 一(일)', '굽을 曲(곡)', '가로 曰(왈)'이 된다. 삼국지에 나오는 曹操(조조)는 한마디[一]로 말해서[曰] 성격이 곧지 않고 꼬부라졌다[曲]. 농담이다. 우리나라에서 姓(성)으로 쓸 때는 曺(조)를 쓴다. '관아', '벼슬아치', '관청의 소관 직분' 등의 뜻으로 쓰인다. 法曹界(법조계), 吏曹(이조), 戶曹(호조), 曹溪宗(조계종)

'曹(조)'자에 '물 氵(수)'를 붙여 '배로 실어 나를 漕(조)'자를 만들었다. 漕運(조운)

'曹(조)'자에 '쌀 米(미)'를 붙여 '지게미 糟(조)'자를 만들었다. 糟糠(조강), 糟糠之妻(조강지처)

'曹(조)'자에 '길 갈 辶(착)'을 붙여 '만날 遭(조)'자를 만들었다. '길에서 둘이 만나다'는 뜻을 위한 글자이다. '만나다', '상봉하다', '일을 당하다(피동의 뜻을 나타내는 어조사)' 등의 뜻을 나타낸다. 遭遇(조우), 遭難(조난)

'曹(조)'자에 '나무 木(목)'을 붙여 '구유 槽(조)'자를 만들었다. '물통'을 뜻한다. 水槽(수조), 浴槽(욕조), 油槽船(유조선), 淨化槽(정화조)

曹2522, 漕2628, 糟2824, 遭3083, 槽3244, 曺3460

蚤(조) 蚤騷搔瘙　548

'벼룩 蚤(조)'자는 '손톱 叉(조)'와 '벌레 虫(충)'으로 이루어졌다. '叉(조)'자는 '또 又(우)'자에 점[丶]을 두 개 찍은 것인데, '손톱 爪(조)'의 古字(고자)이다. '벼룩'을 뜻한다. 蚤蝨(조슬), 蚤腸出食(조장출식)

'蚤(조)'자에 '말 馬(마)'를 붙여 '떠들 騷(소)/시끄러울 騷(소)'자를 만들었다. 놀란 말들이 '이리저리 뛰다'는 뜻을 위하여 만든 것이다. '떠들다', '떠들썩하다'는 뜻을 나타낸다. 騷動(소동), 騷亂(소란), 騷擾(소요), 騷音(소음), 騷音公害(소음공해)

'蚤(조)'자에 '손 扌(수)'를 붙여 '긁을 搔(소)'자를 만들었다. 벼룩에 물린 곳을 손으로 '긁다'는 뜻이다. 搔癢(소양)/搔痒(소양), 搔爬(소파), 隔靴搔癢(격화소양)

'蚤(조)'자에 '병 疒(역)'을 붙여 '종기 瘙(소)/피부병 瘙(소)'자를 만들었다. 여기에서 '蚤(조)'는 '긁을 搔(소)'와 통한다. 우리 속담에 '긁어 부스럼'이란 말이 있다. 몸을 긁어서 생긴 '피부병'을 뜻한다.

蚤3283, 騷1825, 搔2473, 瘙3367

足(족) 足促捉蹙　549

'발 足(족)'자의 위에 있는 '口(구)'는 '입'이 아니라 '장딴지' 부분을 나타낸 것이고, 아랫부분은 발가락의 형상을 본뜬 것이다. '발'이 본뜻이다. '발', '사람이나 동물의 하지(下肢)', '가다', '달리다', '족하다', '가득 차다', '분수를 지키다', '만족하게 여기다', '스스로 넉넉하게 여기다' 등의 뜻을 나타낸다. 足跡(족적), 足脫不及(족탈불급), 凍足放尿(동족방뇨), 蛇足(사족), 手足(수족), 失足(실족), 禁足令(금족령), 發足(발족), 遠足(원족), 駿足(준족), 滿足(만족), 不足(부족), 自給自足(자급자족), 豊足(풍족), 知足(지족), 安分知足(안분지족)

'足(족)'자는 部首(부수)로 쓰이면서 발의 각 부위의 이름, 발에 관한 동작·상태 등을 나타내는 문자를 이룬다. 여기에서는 '足(족)'자가 부수로 쓰인 것이 아닌, 주로 표음요소로 쓰인 글자들을 모아 소개한다.

'足(족)'자에 '사람 亻(인)'을 붙여 '재촉할 促(촉)'자를 만들었다. '足(족)'은 '速(속)'의 뜻을 나타내어 '빠르다', '사람을 재촉하여 빨리 시키다'의 뜻을 나타내기 위하여 만들어진 글자이다. '재촉하다', '독촉하다', '다가오다', '시간적으로 몹시 급하다' 등의 뜻을 나타낸다. 促求(촉구), 促進(촉진), 督促(독촉), 促迫(촉박)

'足(족)'자에 '손 扌(수)'를 붙여 '잡을 捉(착)'자를 만들었다. 손바닥으로 '꽉 잡다'는 뜻을 나타내기 위한 것이었다. '잡다', '손에 쥐다', '붙잡다', '사로잡다' 등의 뜻을 나타낸다. 把捉(파착), 捕捉(포착)

'足(족)'자에 '겨레 戚(척)'을 붙여 '찡그릴 蹙(축)'자를 만들었다. '얼굴을 찡그리다', '눈살을 찌푸리다'는 뜻을 나타낸다. 嚬蹙(빈축)

足0237, 促1146, 捉1607, 蹙2270

卒(졸) 卒猝粹碎醉翠悴萃瘁　550

'군사 卒(졸)'자는 '옷 衣(의)'와 '한 一(일)'로 이루어진 글자이다. 대부의 죽음이나 천수를 다한 사람이 죽었을 때 입는 의복의 모양을 본뜬 것이라고 한다. 이런 표시가 있는 의복은 하인이나 병사도 입었으므로 '하인·병사'를 뜻하기도 하였다. '군사', '병졸', '하인', '심부름꾼', '갑자기', '돌연히', '마치다', '일을 마지막으로 끝내다', '늙어서 죽다' 등의 뜻을 나타낸다. 卒兵(졸병), 烏合之卒(오합지졸), 驛卒(역졸), 卒倒(졸도), 腦卒中(뇌졸중), 倉卒間(창졸간), 卒哭(졸곡), 卒業(졸업), 卒年(졸년)

'卒(졸)'자에 '개 犭(견)'을 붙여 '갑자기 猝(졸)'자를 만들었다. '개가 갑작스럽게 뛰어나가다'는 뜻에서 '갑자기'란 뜻을 나타낸다. 猝富(졸부), 猝地(졸지)

'卒(졸)'자에 '쌀 米(미)'를 붙여 '순수할 粹(수)'자를 만들었다. '쌀'의 뜻인 '米(미)'와 다른 색깔이 섞이지 않은 동일한 색의 옷을 입은 '군사'의 뜻인 '卒(졸)'의 합자이다. 쌀에 불순물이 전혀 섞이지 않았다는 뜻에서 '순수하다'란 뜻을 나타낸다. 純粹(순수)

'卒(졸)'자에 '돌 石(석)'을 붙여 '부술 碎(쇄)'자를 만들었다. 여기에서 '卒(졸)'자는 '마치다'는 뜻이다. 돌이 돌다운 모양이 끝나버리니, '깨어 부수다'는 뜻을 나타낸다. 碎氷(쇄빙), 粉骨碎身(분골쇄신), 粉碎(분쇄), 玉碎(옥쇄)

'卒(졸)'자에 '닭 酉(유)'를 붙여 '취할 醉(취)'자를 만들었다. 여기에서 '酉(유)'자는 '술독'을 뜻하고, '卒(졸)'자는 '죽다'를 뜻한다. '醉(취)'자는 원래 '죽다'는 뜻을 나타내기 위하여 만든 글자이다. 너무 취하면 죽을[卒] 수도 있음을 경고하는 것이다. '취하다', '곤드레만드레가 되다', '갈피를 못 찾다', '정신을 못 차리다', '마음을 빼앗기다', '빠지다' 등의 뜻을 나타낸다. 醉客(취객), 醉氣(취기), 醉生夢死(취생몽사), 滿醉(만취), 昨醉未醒(작취미성), 痲醉(마취), 心醉(심취), 陶醉(도취), 自己陶醉(자기도취)

'卒(졸)'자에 '깃 羽(우)'를 붙여 '물총새 翠(취)/푸를 翠(취)'자를 만들었다. 물총새 암컷을 뜻하는 글자였다. 翡翠(비취)

'卒(졸)'자에 '마음 忄(심)'을 붙여 '파리할 悴(췌)'자를 만들었다. 마음이 다할 때까지 근심하여 '수척해지다'는 뜻을 나타낸다. 憔悴(초췌)

'卒(졸)'자에 '풀 艹(초)'를 붙여 '모을 萃(췌)'자를 만들었다. 拔萃(발췌)

'모을 萃(췌)'자에 '고기 月(육)'을 붙여 '췌장 膵(췌)'자를 만들었다. 膵臟(췌장)

卒0105, 猝2684, 粹2822, 碎2762, 醉1439, 翠2866, 悴2395, 萃2932, 膵2902

宗(종) 宗綜踪倧琮崇 551

'마루 宗(종)'자는 '집 宀(면)'과 '보일 示(시)'자로 이루어졌다. '示(시)'는 '귀신' 또는 '제사'를 뜻하고, '宀(면)'은 '집'을 뜻하니, '宗(종)'은 신주를 모셔놓은 집, 선조의 사당이 본뜻이다. '마루', '일의 근원', '근본', '사당', '종묘', '우두머리', '가장 뛰어난 것', '일족', '同姓(동성)', '갈래', '유파', '시조의 적장자' 등을 뜻한다. 宗敎(종교), 改宗(개종), 宗廟(종묘), 宗廟社稷(종묘사직), 宗師(종사), 宗正(종정), 宗主國(종주국), 宗氏(종씨), 宗中(종중), 宗親(종친) 宗派(종파), 宗家(종가), 宗婦(종부), 宗孫(종손)

'宗(종)'자에 '실 糸(사)'를 붙여 '모을 綜(종)'자를 만들었다. 실로 피륙을 짤 때, 제구의 하나인 '바디'을 뜻하기 위하여 만든 것이었다. 바디가 왔다갔다하면서 천이 짜이므로 '모으다'는 뜻으로도 쓰인다. 綜合(종합)

'宗(종)'자에 '발 足(족)'을 붙여 '자취 踪(종)'자를 만들었다. '자취', '발자취', '형적' 등을 뜻한다. 踪迹(종적), 失踪(실종)

'宗(종)'자에 '사람 亻(인)'을 붙여 '신인 倧(종)'자를 만들었다. '神(신)과 같은 人間(인간)'을 뜻한다. 大倧敎(대종교)

'宗(종)'자에 '구슬 玉(옥)'을 붙여 '옥홀 琮(종)'자를 만들었다.

'宗(종)'자에 '메 山(산)'을 붙여 '높을 崇(숭)'자를 만들었다. '높고 큰 산'을 뜻하기 위한 것이었다. '높다', '존중하다', '우러러 공경하다', '소중하게 여기다' 등의 뜻을 나타낸다. 崇高(숭고), 崇拜(숭배), 崇尙(숭상), 偶像崇拜(우상숭배), 崇禮門(숭례문), 隆崇(융숭)

宗0470, 綜1956, 踪3049, 倧3209, 琮3520, 崇0971

從(종) 從縱慫聳 552

'좇을 從(종)'자는 '조금 걸을 彳(척)', '따를 从(종)', '발자국 止(지)'로 이루어졌다. '앞 사람을 졸졸 좇아가는 모습'을 뜻한다. '좇다', '뒤쫓다', '남의 뜻을 따라 그대로 하다', '어떤 일에 종사 하다', '~부터(自)', '시중들다', '심부름꾼', '부계나 모계에서 4촌의 관계' 등의 뜻을 나타낸다. 從軍(종군), 從量制(종량제), 從屬(종속), 服從(복종), 順從(순종), 從事(종사), 從業(종업), 從業員(종업원), 從來(종래), 從前(종전), 相從(상종), 類類相從(유유상종), 侍從(시종), 從孫(종손), 從祖(종조), 從兄弟(종형제), 內外從(내외종), 從二品(종이품)

'從(종)'자에 '실 糸(사)'를 붙여 '늘어질 縱(종)/세로 縱(종)'자를 만들었다. 줄이 '느슨해지다'는 뜻을 나타내기 위하여 만든 것이다. '놓다', '방종', '규칙에서 어긋나다', '조종(操縱)', '세로', '남북' 등의 뜻을 나타낸다. 七縱七擒(칠종칠금), 放縱(방종), 操縱(조종), 操縱士(조종사), 縱斷(종단), 縱橫(종횡), 合縱連橫(합종연횡)/合縱連衡(합종연횡)

'從(종)'자 밑에 '마음 心(심)'을 붙여 '권할 慫(종)'자를 만들었다. 慫慂(종용)

'從(종)'자 밑에 '귀 耳(이)'를 붙여 '솟을 聳(용)'자를 만들었다. 여기에서 '耳(이)'자는 '사슴뿔 茸(용)'를 대신하여 쓴 글자이다. '솟다', '높이 솟다'는 뜻을 나타낸다. 聳然(용연), 聳出(용출)

從0660, 縱1293, 慫2416, 聳2870

坐(좌) 坐座挫 553

'앉을 坐(좌)'자는 '앉다'는 뜻을 나타내기 위하여 한 자리[土]에 두 사람[人]이 서로 마주보고 앉아 있는 모습을 본뜬 것이다. '앉다', '앉아서', '아무 일도 하지 않고서' 등의 뜻을 나타낸다. 坐不安席(좌불안석), 坐席(좌석)/座席(좌석), 坐礁(좌초), 跏趺坐(가부좌), 連坐(연좌), 正坐(정좌), 坐視(좌시)

'坐(좌)'자에 '집 广(엄)'을 붙여 '앉을 座(좌)'자를 만들었다. '집 안에 앉아 있다'가 본뜻이다. '자리', '사람이 앉도록 만들어 놓은 설비', '지위', '집, 부처, 거울 등 일정한 물체를 세는 단위', '별자리' 등의 뜻을 나타낸다. 座席(좌석)/坐席(좌석), 座右銘(좌우명), 上座(상좌), 權座(권좌), 王座(왕좌), 座談(좌담), 座中(좌중), 講座(강좌), 座標(좌표), 計座(계좌), 當座(당좌), 星座(성좌)

'坐(좌)'자에 '손 扌(수)'를 붙여 '꺾을 挫(좌)'자를 만들었다. 일어서려는 사람을 손으로 제지하여 앉게 한다는 데서, '꺾다', '부러지다', '기세를 꺾다', '꼼짝 못하게 누르다', '창피를 주다'는 뜻을 나타낸다. 挫折(좌절), 挫折感(좌절감)

坐1181, 座0337, 挫2455

左(좌) 左佐　554

'왼 左(좌)'자는 '왼 屮(좌)'와 '장인 工(공)'으로 이루어졌다. 왼손에 공구를 들고 있는 모습이다. '왼쪽', '왼손', '혁신적인 민주 사상', '내리다', '아래에 두다', '어긋나다', '증거를 대다' 등의 뜻을 나타낸다. 左右(좌우), 左之右之(좌지우지), 左衝右突(좌충우돌), 右往左往(우왕좌왕), 左傾(좌경), 左翼(좌익), 左派(좌파), 左遷(좌천), 左言(좌언), 證左(증좌)

'左(좌)'자에 '사람 亻(인)'을 붙여 '도울 佐(좌)'자를 만들었다. 다른 사람을 '돕다'는 뜻을 위한 것이다. '돕다', '거들어주다', '도움을 주는 사람' 등의 뜻을 나타낸다. 補佐(보좌)/輔佐(보좌), 上佐(상좌)

左0041, 佐1488

主(주) 主住柱注駐註　555

'주인 主(주)'자는 등잔의 심지에 불이 붙어 있는 모양이라고 한다. 등불은 일정 기간 머물러 책임을 진다. '주인'이란 그런 뜻이다. '주인', '물건을 차지하고 있는 임자', '주체', '주가 되는', '한 가정 또는 사업을 도맡아 꾸려 나가는 사람', '손님을 맞는 사람', '자기를 고용한 사람', '임금', '우두머리', '예수 그리스도', '높이다', '존중하다' 등의 뜻을 나타낸다. 主權(주권), 主人(주인), 民主主義(민주주의), 株主(주주), 地主(지주), 戶主(호주), 主導(주도), 主演(주연), 爲主(위주), 自主(자주), 店主(점주), 主上(주상), 主教(주교), 主審(주심), 主將(주장), 教主(교주), 主日(주일), 救世主(구세주), 公主(공주), 施主(시주)

'主(주)'자에 '사람 亻(인)'을 붙여 '살 住(주)'자를 만들었다. '사람이 머무르다'의 뜻을 나타내는 글자이다. '살다', '거처를 정해놓고 있다', '생활', '살아가는 일' 등의 뜻을 나타낸다. 住民(주민), 住宅(주택), 居住(거주), 衣食住(의식주), 住持(주지), 安住(안주)

'主(주)'자에 '나무 木(목)'을 붙여 '기둥 柱(주)'자를 만들었다. '기둥', '어떠한 물건 밑에서 위로 곧게 받치거나 버티는 것의 범칭', '기둥과 같이 곧게 서 있는 것', '사주' 등의 뜻을 나타낸다. 柱礎(주초), 圓柱(원주), 支柱(지주), 電信柱(전신주), 花柱(화주), 四柱(사주), 四柱八字(사주팔자)

'主(주)'자에 '물 氵(수)'를 붙여 '물댈 注(주)/부을 注(주)'자를 만들었다. '물을 붓다', '논이나 밭에 물대다'가 본뜻이다. 물이 필요한 곳에 물을 대는 것처럼 정신 집중을 필요로 하는 일에 '정신을 쏟다'라는 뜻이 파생되었다. 注射(주사), 注油(주유), 注入(주입), 暴注(폭주), 注力(주력), 注目(주목), 注視(주시), 注意(주의), 傾注(경주), 注文(주문)

'主(주)'자에 '말 馬(마)'를 붙여 '머무를 駐(주)'자를 만들었다. 달리던 말이 '정지하다'는 뜻을 나타내기 위하여 만든 것이다. '머무르다', '말이 머물러서다', '한 곳에 체류하다' 등의 뜻으로 쓰인다. 駐車(주차), 駐屯(주둔), 駐在(주재), 駐韓(주한), 駐在(주재)

'主(주)'자에 '말씀 言(언)'을 붙여 '주낼 註(주)/글 뜻풀 註(주)'자를 만들었다. 여기서 '主(주)'는 '물댈 注(주)'자 대신 쓰인 것이다. '注(주)'자도 '주내다'의 뜻을 가지고 있다. '주내다', '뜻을 풀어 밝히다'는 뜻을 나타낸다. 註釋(주석), 註解(주해), 脚註(각주)

'갈 往(왕)'자는 '435 王(왕)'자 참조.

主0075, 住0139, 柱1284, 注0392, 駐2023, 註3004

周(주) 周週調彫凋稠　556

'두루 周(주)'자는 '옥을 다듬다'는 뜻을 나타내기 위한 것이었다. 이것이 '周密(주밀)하다'는 뜻으로 쓰이고 '두루' '둘레' 등으로 사용되는 예가 많아지자, 본래의 의미는 '옥 다듬을 彫(조)'자를 추가로 만들었다. '두루', '골고루', '널리', '둘레', '둥글게 에워싸다', '언저리', '나라 이름' 등의 뜻으로 쓰인다. 周旋(주선), 周遊天下(주유천하), 周知(주지), 周到綿密(주도면밀), 用意周到(용의주도), 周圍(주위), 周波數(주파수), 圓周(원주), 一周(일주), 周邊(주변), 周公(주공), 周易(주역)

'周(주)'자에 '길 갈 辶(착)'을 붙여 '주일 週(주)/돌 週(주)'자를 만들었다. '(둘레 길을 한 바퀴) 돌다'는 뜻을 위한 글자이다. '돌다', '회전하다', '일주일', '칠요' 등의 뜻을 나타낸다. 週間(주간), 週期(주기), 週年(주년), 週末(주말), 週番(주번), 週日(주일), 每週(매주)

'周(주)'자에 '말씀 言(언)'을 붙여 '고를 調(조)'자를 만들었다. '고르다', '적당하도록 조절하다', '어울리다', '균형이 잡히다', '헤아리다', '가락', '말투', '운치', '길들이다', '갖추다', 등의 뜻을 나타낸다. 調律(조율), 調節(조절), 調和(조화), 强調(강조), 步調(보조), 調査(조사), 調書(조서), 調印(조인), 取調(취조), 曲調(곡조), 單調(단조), 短調(단조), 是非調(시비조), 語調(어조), 低調(저조), 格調(격조), 調練(조련), 調達(조달), 時調(시조)

'周(주)'자에 '터럭 彡(삼)'을 붙여 '새길 彫(조)'자를 만들었다. 옥 따위에 무늬를 '새기다'는 뜻을 나타내기 위하여 만든 것이었다. '터럭 彡(삼)'은 그 무늬를 가리키는 표의요소이다. '두루 周(주)'자는 본래 '옥을 다듬다'는 뜻이었으니 표의와 표음 두 요소를 겸하는 것이라고 볼 수 있다. '새기다', '칼 따위로 파다'는 뜻을 나타낸다. 彫刻(조각), 彫塑(조소), 浮彫(부조)

'周(주)'자에 '얼음 冫(빙)'을 붙여 '시들 凋(조)'자를 만들었다. 여기에서 '周(주)'는 弔(조)와 통하여 '애처롭다'는 뜻이다. 凋(조)는 추위[冫(빙)] 때문에 초목이 애처로운 꼴이 된 모양, 즉 '시들다'의 뜻을 나타낸다. 凋落(조락), 萎凋(위조)

'周(주)'자에 '벼 禾(화)'를 붙여 '빽빽할 稠(조)'자를 만들었다. 稠密(조밀), 奧密稠密(오밀조밀)

周0949, 週0647, 調0635, 彫1886, 凋2189, 稠2776

朱(주) 朱株珠誅殊洙銖 557

'붉을 朱(주)'자는 '나무 木(목)'의 중심에 한 획을 덧붙여 나무의 벤 단면의 심이 붉음을 나타낸다. '朱木(주목)'이라는 뜻이다. '붉다', '붉은 빛깔을 띤 물건', '나무 이름', '姓(성)' 등의 뜻을 나타낸다. 朱紅(주홍), 朱黃(주황), 印朱(인주), 紫朱(자주), 近朱者赤(근주자적), 朱木(주목), 朱子(주자)

'朱(주)'자에 '나무 木(목)'을 붙여 '그루 株(주)'자를 만들었다. '나무의 그루터기'를 뜻하기 위하여 만든 것이다. '그루', '그루터기', '나무·곡식 따위의 줄기의 밑동', '주식(株式)' 등의 뜻을 나타낸다. 分株(분주), 守株待兎(수주대토), 株式(주식), 株價(주가), 株主(주주)

'朱(주)'자에 '구슬 玉(옥)'을 붙여 '구슬 珠(주)'자를 만들었다. '진주'를 나타내기 위하여 만든 글자이다. '구슬', '진주', '둥근 알', '아름다운 것의 비유' 등의 뜻으로 쓰인다. 珠簾(주렴), 如意珠(여의주), 眞珠(진주)/珍珠(진주), 珠算(주산), 黙珠(묵주), 念珠(염주), 珠玉(주옥)

'朱(주)'자에 '말씀 言(언)'을 붙여 '벨 誅(주)'자를 만들었다. '베다', '죄인을 죽이다'는 뜻을 나타낸다. 誅戮(주륙), 誅殺(주살), 苛斂誅求(가렴주구)

'朱(주)'자에 '죽을 歹(사)'를 붙여 '다를 殊(수)/죽일 殊(수)'자를 만들었다. '(목을 베어) 죽이다'는 뜻을 위하여 만든 글자이다. 후에 '다르다', '뛰어나다', '특별히' 등의 뜻으로 쓰이게 되었다. 殊常(수상), 殊勳(수훈), 特殊(특수)

'朱(주)'자에 '물 氵(수)'을 붙여 '물가 洙(수)'자를 만들었다. 사람의 이름자로 쓰인다.

'朱(주)'자에 '쇠 金(금)'을 붙여 '저울 눈 銖(수)'자를 만들었다.

朱1013, 株1651, 珠1933, 誅3007, 殊0398, 洙3479, 銖3594

州(주) 州洲酬 558

'고을 州(주)'자는 큰 하천[川] 한가운데 생겨난 삼각주를 뜻하기 위하여 그 모양을 본뜬 것이다. 후에 '고을', '마을'을 뜻하는 것으로 사용되었다. 지역의 이름으로는 많이 쓰이지만, 일반 낱말을 구성하는 예는 극히 드물다.

'州(주)'자에 '물 氵(수)'를 붙여 '섬 洲(주)'자를 만들었다. '洲(주)'자의 본래 글자는 '州(주)'이다. '州(주)'자가 '고을', '마을'을 뜻하는 것으로 사용되는 예가 많아지자 본래 의미는 '물 水(수)'를 덧붙인 '모래섬 洲(주)'자를 만들어냈다. '대륙'이란 뜻으로 쓰인다. 沙洲(사주), 五大洲(오대주), 滿洲(만주), 濠洲(호주)

'州(주)'자에 '닭 酉(유)'를 붙여 '갚을 酬(수)'자를 만들었다. 酒客(주객)이 서로 술잔을 주고받기를 잇달아 하는 데서 '갚다'는 뜻을 나타내는 글자이다. '갚다', '보답', '서로 말을 주고받다', '응대하다' 등의 뜻을 나타낸다. 酬價(수가), 報酬(보수), 酬酌(수작), 應酬(응수)

州0530, 洲1301, 酬3095

壴(주) 樹廚鬪鼓 559

'늘어놓은 악기 머리 보일 壴(주)/세울 壴(주)'자는 '윈 屮(좌)'와 '콩 豆(두)'로 이루어진 글자이다. '윈 屮(좌)'가 '선비 士(사)'자 모양으로 변하였다.

'설 尌(수)'자는 '세울 壴(주)'와 '마디 寸(촌)'으로 이루어졌다. '나무 樹(수)'의 原字(원자)라고도 하고, '설 豎(수)'와 同字(동자)라고도 한다.

'설 尌(수)'자에 '나무 木(목)'을 붙여 '나무 樹(수)/심을 樹(수)'자를 만들었다. '나무를 세우다'가 본뜻이다. '자라고 있는 나무', '심다', '식물을 심다', '세우다' 등의 뜻을 나타낸다. 樹木(수목), 街路樹(가로수), 果樹園(과수원), 常綠樹(상록수), 樹立(수립)

'尌(수)'자에 '집 广(엄)'을 붙여 '부엌 廚(주)'자를 만들었다. '부엌', '취사장', '음식 만드는 일이 전문인 사람' 등을 뜻한다. 廚房(주방), 庖廚(포주→푸주)

'尌(수)'자를 '싸울 鬥(투)' 안에 넣어 '싸움 鬪(투)'자를 만들었다. 두 사람이 주먹싸움을 벌이고 있는 모습을 본뜬 것이다. '싸우다', '겨루다', '경쟁하다' 등의 뜻을 나타낸다. 鬪病(투병), 鬪牛(투우), 鬪爭(투쟁), 鬪志(투지), 敢鬪精神(감투정신), 孤軍奮鬪(고군분투), 拳鬪(권투), 泥田鬪狗(이전투구), 戰鬪(전투), 血鬪(혈투), 花鬪(화투)

'세울 壴(주)'자에 '버틸 支(지)'를 붙여 '북 鼓(고)/두드릴 鼓(고)'자를 만들었다. '북' 또는 '북을 치다'가 본뜻이다. '支(지)'는 '칠 攴(복)'의 변형으로 손에 북채를 들고 있는 모습이고, 왼편의 '세울 壴(주)'는 북 모양을 본뜬 것이다. '북', '북을 치다', '심장의 고동', '부추기다', '격려하여 분발하게 하다' 등의 뜻을 나타낸다. 鼓膜(고막), 鼓笛隊(고적대), 法鼓(법고), 長鼓(장고), 鼓動(고동), 鼓舞(고무), 鼓吹(고취)

'645 성씨 彭(팽)'자 참조.
'714 기쁠 喜(희)'자 참조.
'159 콩 豆(두)'자 참조.
樹0239, 廚2361, 鬪1122, 鼓1276

夋(준) 俊峻浚駿竣埈晙悛酸唆 560

'천천히 갈 夋(준)'자는 표음요소인 '맏 允(윤)'과 표의요소인 '천천히 걸을 夊(쇠)'로 이루어진 글자이다.

'夋(준)'자에 '사람 亻(인)'을 붙여 '준걸 俊(준)'자를 만들었다. '뛰어난 사람'을 뜻하기 위한 것이었다. '夋(준)'자의 윗부분 '允(윤)'자에 '뛰어난 사람'이라는 뜻이 있다. 그 뜻이 전달된 것이다. '준걸(俊傑)', '재주와 지혜가 뛰어난 사람', '뛰어나다' 등의 뜻으로 쓰인다. 俊傑(준걸), 俊秀(준수), 俊才(준재)

'夋(준)'자에 '메 山(산)'을 붙여 '높을 峻(준)'자를 만들었다. '산이 높고 험하다', '높고 크다', '엄하다' 등의 뜻을 나타낸다. 峻峰(준봉), 高峰峻嶺(고봉준령), 險峻(험준), 峻節(준절), 峻嚴(준엄), 峻烈(준열)

'夋(준)'자에 '물 氵(수)'를 붙여 '깊게 할 浚(준)'자를 만들었다. '치다', '우물을 치다', '도랑 등의 물 밑바닥을 파서 깊게 하다' 등의 뜻을 나타낸다. 浚渫(준설)

'夋(준)'자에 '말 馬(마)'를 붙여 '준마 駿(준)'자를 만들었다. 잘 달리는 '좋은 말'을 뜻하는 글자이다. '준마', '잘 달리는 말', '빠르다', '뛰어난 사람' 등을 뜻한다. 駿馬(준마), 駿足(준족)

'夋(준)'자에 '설 立(립)'을 붙여 '마칠 竣(준)'자를 만들었다. '마치다', '끝나다'는 뜻을 나타낸다. 竣工(준공)

'夋(준)'자에 '흙 土(토)'를 붙여 '높을 埈(준)'자를 만들었다.

'夋(준)'자에 '해 日(일)'을 붙여 '밝을 晙(준)'자를 만들었다.

'夋(준)'자에 '마음 忄(심)'을 붙여 '고칠 悛(전)'자를 만들었다. 지난 잘못을 '고치다'는 뜻이다. 음이 [전]임을 주의해야 한다. '잘못을 깨달아 착한 방향으로 마음을 돌리다'는 뜻을 나타낸다. 改悛(개전)

'夋(준)'자에 '닭 酉(유)'를 붙여 '초 酸(산)/실 酸(산)'자를 만들었다. 술독 같은 데에 넣고 발효시킨 것에서 나는 '신맛'을 뜻하기 위하여 만들어진 글자이다. 술독을 뜻하는 '닭 酉(유)'가 표의요소, 오른쪽의 것은 표음요소이다. '酸素(산소)' 또는 산소와 관계가 있는 낱말의 한 구성요소로 쓰인다. '괴롭다', '고통스럽다'는 뜻으로도 쓰인다. 酸味(산미), 辛酸(신산), 酸素(산소), 酸性(산성), 酸化(산화), 胃酸(위산), 乳酸菌(유산균), 醋酸(초산), 炭酸水(탄산수)

'夋(준)'자에 '입 口(구)'를 붙여 '부추길 唆(사)'자를 만들었다. 말로 '부추기다', '꾀다'를 뜻하는 것이다. 음이 [준]이 아니라 [사]임을 주의해야 한다. 敎唆(교사), 敎唆犯(교사범), 示唆(시사)

俊1489, 峻2052, 浚2086, 駿2148, 竣2791, 埈3413, 晙3457, 悛2393, 酸1803, 唆1858

准(준) 准準淮 561

'승인할 准(준)'자는 '얼음 冫(빙)'과 '새 隹(추)'로 이루어진 것처럼 보인다. 그러나 다음의 '준할 準(준)'자가 간략하게 된 속자이다. '승인하다'는 의미의 공문서 용어로 쓰이고, '견주다', '비기다'는 뜻을 포함하는 군대의 '계급'을 나타내는 것으로도 쓰인다. 批准(비준), 認准(인준), 准尉(준위), 准將(준장)

'준할 準(준)'자는 '평평하다'는 뜻을 위해 고안된 글자이다. '물'보다 더 평평한 것은 없다. '물 水(수)'와 '새매 隼(준)'으로 이루어졌다. '수준기(水準器)', '평평하다', '고르게 하다', '법', '법도', '본받다', '모범으로 삼다', '표준', '헤아리다', '허가하다', '허락하다' 등의 뜻을 나타낸다. 水準(수준), 水準器(수준기), 平準(평준), 準則(준칙), 基準(기준), 標準(표준), 標準語(표준어), 準備(준비), 照準(조준), 準決勝戰(준결승전)

'물 이름 淮(회)'자는 '准(준)'자와 가족은 아니고 먼 친척인데, [준]자로 잘못 알까봐 여기에 소개한다. '물 氵(수)'와 '새 隹(추)'로 이루어졌다. 우리말 한자어로 쓰인 예는 없다. 淮水(회수), 淮南子(회남자)

准1850, 準0799, 淮2088

中(중) 中仲忠沖/冲衷串患 562

'가운데 中(중)'자는 사방을 두른 담 안에 물건을 넣는 모양, 또는 어떤 물건의 한 가운데를 뚫는 모양을 나타낸다. '가운데'가 본뜻이다. '가운데', '안', '속', '치우치지 아니하다', '일이 진행되는 동안', '중심 인물', '중심이 되는 일', '맞다', '나라 이름' 등의 뜻을 나타낸다. 中間(중간), 中心(중심), 中央(중앙), 手中(수중), 言中有骨(언중유골), 中斷(중단), 中止(중지), 途中(도중), 中堅(중견), 中樞(중추), 熱中(열중), 執中(집중), 中風(중풍), 命中(명중), 的中(적중), 百發百中(백발백중), 中國(중국)

'中(중)'자에 '사람 亻(인)'을 붙여 '버금 仲(중)'자를 만들었다. 형제자매 가운데 '둘째'를 뜻하기 위하여 만든 것이다. '버금', '둘째', '가운데', '거간', '중개' 등의 뜻을 나타낸다. 仲氏(중씨), 伯仲(백중), 仲秋節(중추절), 仲媒(중매), 仲介(중개), 仲裁(중재)

'中(중)'자에 '마음 心(심)'을 붙여 '충성 忠(충)'자를 만들었다. 어느 한 쪽으로 치우치지 않은 바른 마음으로, 처음 먹은 마음을 변치 않고 일관되게 유지한다는 뜻에서 '충성'이라는 뜻을 가진다. 忠告(충고), 忠誠(충

성), 忠臣(충신), 忠孝(충효), 顯忠(현충)

'中(중)'자에 '물 氵(수)'를 붙여 '화할 沖(충)'자를 만들었다. '얼음 冫(빙)'자를 붙인 '冲(충)'자는 속자이다. '물의 속'이란 뜻에서 '깊다'는 뜻을 나타내고, 여러 가지 뜻으로 쓰이지만, 우리말에서는 '흘려보내다', '찌르다'는 뜻으로 쓰인 한자어밖에 없다. 沖積(충적), 沖積土(충적토), 怒氣沖天(노기충천)/怒氣衝天(노기충천)/怒氣撐天(노기탱천), 杜沖(두충)

'中(중)'자를 '옷 衣(의)' 속에 넣어 '속마음 衷(충)'자를 만들었다. 속에 입은 옷, 즉 '속옷'이 본뜻이다. '속마음', '정성스러운 마음', '가운데', '중앙'의 뜻을 나타낸다. 衷心(충심), 衷情(충정), 苦衷(고충), 折衷(절충)

'꿸 串(관)'자는 두 물건을 상하로 꿰뚫어 연결시킨 모습이다. 串(관)자는 흔히 음식점 거리에서 볼 수 있는데 '꼬치'란 음식을 뜻한다.

'근심 患(환)'자는 '마음 心(심)'과 '꿸 串(관)'으로 구성된 글자이다. 꼬챙이로 심장心)을 찌르니 아프지 않을 수가 없다. '한꺼번에 두 가지 일에 신경을 쓰느라 마음에 조심이 된다'라고 풀이하기도 한다. '一中則忠(일중즉충)이요, 二中則患(이중즉환)이라'고 하는 말이 있다. '근심', '걱정', '고통', '고난', '재난', '앓다', '병에 걸리다' 등의 뜻을 나타낸다. 患難(환난), 內憂外患(내우외환)/外憂內患(외우내환), 識字憂患(식자우환), 有備無患(유비무환), 後患(후환), 患者(환자), 病患(병환)

中0035, 仲1142, 忠0187, 沖/冲2037, 衷1979, 串3394, 患0408

重(중) 重種鍾腫衝動慟   563

'무거울 重(중)'자는 '튀어나올 壬(정)'자와 '동녘 東(동)'자를 합쳐서 만들었다고 한다. '壬(정)'은 '사람이 서 있는 모양이고, '東(동)'은 주머니에 넣은 '짐'의 모양이라고 한다. 사람이 짐을 짊어진 모양에서 '무겁다'는 뜻을 나타낸다고 한다. '마을 里(리)'가 부수이지만 의미와는 아무런 관련이 없다. '무겁다'의 뜻일 때는 장음인 [중:]으로 읽고, '겹치다'의 뜻일 때는 단음인 [중]으로 읽는다. '무겁다', '무게', '크다', '깊다', '많다', '두텁다', '소중하다', '존중하다', '엄숙하다', '신중하다', '정중하다', '거듭하다', '두 번', '또다시', '보태다', '곁들이다' 등의 뜻을 나타낸다. 重量(중량), 重力(중력), 輕重(경중), 體重(체중), 重勞動(중노동), 重傷(중상), 重要(중요), 置重(치중), 貴重(귀중), 所重(소중), 愛之重之(애지중지), 尊重(존중), 愼重(신중), 鄭重(정중), 重複(중복), 捲土重來(권토중래), 二重(이중), 重唱(중창)

'重(중)'자에 '벼 禾(화)'를 붙여 '씨 種(종)/종류 種(종)'자를 만들었다. 벼 등 곡식의 씨를 '뿌리다'가 본뜻이다. '씨' 또는 '씨를 심다' 등의 뜻으로 쓰일 때는 단음 [종]으로 발음하고, '갈래·종류'의 뜻으로 쓰일 때는 장음 [종:]으로 발음한다. 種豆得豆(종두득두), 種苗(종묘), 種子(종자), 接種(접종), 播種(파종), 種類(종류), 種目(종목), 多種多樣(다종다양), 業種(업종), 人種(인종), 在來種(재래종), 種族(종족)

'重(중)'자에 '쇠 金(금)'을 붙여 '쇠북 鍾(종)'자를 만들었다. '鍾(종)'자는 본래 놋쇠로 만든 '술그릇'을 뜻하였는데, 우리나라에서는 '쇠북 鐘(종)'자를 대신하는 것으로 많이 쓰인다. 즉 '鐘(종)'과 '鍾(종)'은 통용자이어서 '鐘(종)'자와 '鍾(종)'자로 바꿔 써도 무방하다. '鐘(종)'자와 '鍾(종)'자는 사람의 이름자로 자주 쓰이는데, 이때는 바꿔 써서는 안 된다. 鍾閣/鐘閣(종각), 警鍾/警鐘(경종), 招人鍾/招人鐘(초인종), 自鳴鍾/自鳴鐘(자명종)

'重(중)'자에 '고기 月(육)'을 붙여 '부스럼 腫(종)/종기 腫(종)'자를 만들었다. 몸의 일부가 부푼 '종기'를 뜻한다. 腫氣(종기), 腫瘍(종양), 浮腫(부종), 癌腫(암종)

'重(중)'자에 '다닐 行(행)'을 붙여 '찌를 衝(충)'자를 만들었다. 본래 '큰 길'을 나타내기 위한 것이었다. '네거리'를 뜻하는 '行(행)'이 표의요소, '무거울 重(중)'이 표음요소이다. 본래 의미보다 '맞부딪치다', '찌르다'의 뜻으로 많이 쓰인다. 衝擊(충격), 衝天(충천), 怒氣衝天(노기충천), 宿虎衝鼻(숙호충비), 衝突(충돌), 相衝(상충), 緩衝(완충), 左衝右突(좌충우돌), 衝動(충동), 要衝(요충)

'重(중)'자에 '힘 力(력)'을 붙여 '움직일 動(동)'자를 만들었다. '무거운 물건에 힘을 가하여 움직이다'는 뜻을 나타낸다. '움직이다', '고정되어 있지 아니하고 흔들리거나 자리를 옮기다', '동요가 생기다', '행하다', '활동을 하다', '태어나다', '살아나다', '변하다', '싸움' 등의 뜻을 나타낸다. 動力(동력), 動物(동물), 動産(동산), 不動産(부동산), 運動(운동), 自動車(자동차), 動作(동작), 輕擧妄動(경거망동), 勞動(노동), 行動(행동), 活動(활동), 動搖(동요), 感動(감동), 不動心(부동심), 衝動(충동), 胎動(태동), 變動(변동), 動向(동향), 異動(이동), 亂動(난동), 暴動(폭동), 動詞(동사)

'움직일 動(동)'자에 '마음 忄(심)'을 붙여 '서러워할 慟(통)'자를 만들었다. '몸을 움직여 떨며 슬퍼하다', '큰 소리로 울면서 슬퍼하다'는 뜻이다. 慟哭(통곡)

重0111, 種0605, 鍾1107, 腫2896, 衝1394, 動0206, 慟2410

卽(즉) 卽節櫛卿   564

'곧 卽(즉)'자는 '흰 白(백)', '비수 匕(비)'와 '병부 卩(절)'로 이루어진 글자이다. '白(백)'은 밥그릇에 밥이 담긴 모양이고, '匕(비)'는 '숟가락'을 나타내고, '卩(절)'은 사람이 꿇어앉은 모양이다. '卽(즉)'자의 본뜻은 사람이 '밥을 먹는 자리에 나아가다'이다. 일반적으로 '나아가다'는 뜻으로 쓰이고, '곧', '때를 넘기지 아니하고 그 자리에서 바로', '다시 말해서', '바꾸어 말하면' 등의 뜻으로 쓰인다. 卽位(즉위), 卽刻(즉각), 卽決(즉결), 卽死(즉사), 卽時(즉시), 卽興(즉흥), 色卽是空(색즉시공)

'卽(즉)'자에 '대 竹(죽)'을 붙여 '마디 節(절)'자를 만들었다. 대나무의 마디처럼 '마디'란 뜻을 나타낸다. 대나무는 곧아서 휘는 법이 없으니 '지조·절개'의 뜻으로 사용된다. '竹(죽)'의 아래 부분은 '卽(즉)'자의 속자이다. '마디', '대 또는 초목의 마디', '뼈의 마디', '사물의 한 단락', '음악의 가락', '절개', '규칙', '법도', '예절', '줄이다', '없애다', '검소하다', '때', '시절', '시절 구분의 이름', '국경일', '알맞게 하다' 등의 여러 뜻을 나타낸다. 關節(관절), 使節(사절), 句節(구절), 音節(음절), 節槪(절개), 變節(변절), 守節(수절), 節度(절도), 節次(절차), 禮儀凡節(예의범절), 節約(절약), 節電(절전), 節氣(절기), 季節(계절), 時節(시절), 換節期(환절기), 光復節(광복절), 名節(명절), 仲秋節(중추절), 節制(절제), 調節(조절)

'마디 節(절)'자에 '나무 木(목)'을 붙여 '빗 櫛(즐)'자를 만들었다. 빗살이 절도 있게 줄지어 선 '빗'을 뜻한다. 櫛比(즐비), 櫛風沐雨(즐풍목우)

'벼슬 卿(경)'자는 '토끼 卯(묘)' 가운데에 '밥 食(식)'의 변형이 들어간 글자이다. 두 사람이 음식을 가운데에 두고 마주보고 있는 모양을 본뜬 것이라고 한다. 왕실에서의 접대 담당자를 뜻하는 데서, 고급 관리에 대한 '경칭'을 나타낸다. '곧 卽(즉)'자와는 가족관계는 아니다. 나그네가 하룻밤 쉬어가는 관계이다. 글자 모양이 닮아서 여기에 실었다. 公卿(공경), 樞機卿(추기경)

卽1169, 節0354, 櫛2545, 卿1515

曾(증) 曾增憎贈僧層 565

'일찍 曾(증)'자는 '여덟 八(팔)', '밭 田(전)', '가로 曰(왈)'로 이루어진 글자이다. '밭 田(전)'자의 모양이 변하였다. 원래는 '시루'를 본뜬 것이었다. '곧', '일찍이' 등과 같은 부사로 쓰인 것은 假借(가차)한 것이다. '일찍', '일찍이', '이전에', '거듭하다' 등의 뜻을 나타낸다. 未曾有(미증유), 曾孫(증손), 曾祖(증조)

'曾(증)'자에 '흙 土(토)'를 붙여 '더할 增(증)/불을 增(증)'자를 만들었다. 본뜻이 '흙을 돋우다'였다. '붇다', '늘다', '더하다' 등의 뜻을 나타낸다. 增加(증가), 增減(증감), 增進(증진), 急增(급증), 漸增(점증)

'曾(증)'자에 '마음 忄(심)'을 붙여 '미워할 憎(증)'자를 만들었다. 마음으로 깊이 '미워하다'는 뜻이다. 憎惡(증오), 可憎(가증), 愛憎(애증)

'曾(증)'자에 '조개 貝(패)'를 붙여 '보낼 贈(증)'자를 만들었다. 돈이나 귀중한 물품을 '선물하다'는 뜻을 나타내기 위하여 만들었다. '보내다', '선물하다', '선물', '관위(官位)를 추사(追賜)하다' 등의 뜻을 나타낸다. 贈與(증여), 贈呈(증정), 寄贈(기증), 贈職(증직), 追贈(추증)

'曾(증)'자에 '사람 亻(인)'을 붙여 '중 僧(승)'자를 만들었다. '스님'의 뜻을 나타내기 위하여 만든 것이다. 僧侶(승려), 僧房(승방), 托鉢僧(탁발승), 破戒僧(파계승)

'曾(증)'자에 '주검 尸(시)'를 붙여 '층 層(층)'자를 만들었다. '尸(시)'자는 죽음과는 관계가 없고, '집' 또는 '건물'의 모양을 본뜬 것이다. '曾(증)'은 '겹쳐 쌓임'을 뜻하고, 표음요소 역할도 한다. 지붕이 포개져 쌓인 높은 '다락집'을 뜻하는 글자였다. '같은 높이로 서 있는 건물의 한 부분', '계단', '같지 않아서 차이가 나는 등급', '켜', '고체, 액체, 기체 등의 포개어져 이루어진 켜' 등의 뜻을 나타낸다. 層(층), 層階(층계), 層層臺(층층대), 加一層(가일층), 高層(고층), 各界各層(각계각층), 階層(계층), 富裕層(부유층), 貧民層(빈민층), 深層(심층), 斷層(단층), 地層(지층)

曾1282, 增0259, 憎1257, 贈1783, 僧1153, 層0972

之(지) 之芝乏貶泛 566

'갈 之(지)'자는 '발자국'을 뜻하는 '止(지)'자의 변형으로 '가다'가 본래의 의미이다. '그것'을 가리키는 대명사적 용법과 '~의' 같은 소유 관계를 나타내는 어조사로 많이 쓰였다. 易地思之(역지사지), 左之右之(좌지우지), 老馬之智(노마지지), 無用之物(무용지물), 塞翁之馬(새옹지마), 漁父之利(어부지리), 自是之癖(자시지벽), 鳥足之血(조족지혈), 浩然之氣(호연지기), 畵中之餠(화중지병)

'之(지)'자에 '풀 艹(초)'를 붙여 '지초 芝(지)'자를 만들었다. '상서로운 징조로 보는 지초(芝草)와 지란(芝蘭)', '버섯의 일종'을 뜻한다. 芝蘭之交(지란지교), 靈芝(영지)

'가난할 乏(핍)'자는 '바를 正(정)'자를 180°회전해서 반대로 쓴 글자라고 한다. 형태는 '삐칠 丿(별)'과 '갈 之(지)'자를 합친 것과 같으니 그렇게 알아두자. '물자가 다 없어져 떨어지다', '모자라다' 등의 뜻으로 쓰인다. 없는 것이 많으면 가난하고, 고달프니, '가난하다', '고달프다'는 뜻으로도 쓰인다. 缺乏(결핍), 窮乏(궁핍), 耐乏(내핍)

'가난할 乏(핍)'자에 '조개 貝(패)'를 붙여 '떨어뜨릴 貶(폄)/낮출 貶(폄)'자를 만들었다. '재화가 부족하게 되다', '깎아내리다', '헐뜯다', '관직을 깎아 낮추다', '지위가 낮아지다'는 뜻을 나타낸다. 貶職(폄직), 貶下(폄하)

'乏(핍)'자에 '물 氵(수)'를 붙여 '뜰 泛(범)'자를 만들었다. '뜨다', '넓어지다', '널리', '두루' 등의 뜻을 나타낸다. 泛稱(범칭)/汎稱(범칭)

之1129, 芝2115, 乏2159, 貶3036, 泛2595

支(지) 支枝肢技岐妓伎 567

'지탱할 支(지)/가를 支(지)'자는 '열 十(십)'과 '또 又(우)'로 이루어졌다. 여기에서 '十(십)'은 '대나무 가지'를 본뜬 것이고, '又(우)'는 '오른손'을 뜻한다. 즉 '손에 대나무 가지를 들고 있는 모습'을 나타낸 것이다. '가지', '줄기'가 본뜻이다. 후에 '가르다', '버티다'의 뜻으로 쓰이는 예가 많아지자 본뜻은 '가지 枝(지)'자를 만들어 나타냈다. '가르다', '쪼개지거나 나뉘어져 나가다', '근원에서 갈라진 것', '초목의 가지', '갈라져 나간 혈통', '버티다', '쓰러지지 않게 받치다', '치르다', '값을 주다' '12지지' 등의 뜻을 나타낸다. 支流(지류), 支離滅裂(지리멸렬), 支配(지배), 支部(지부), 氣管支(기관지), 支援(지원), 支障(지장), 支持(지지), 依支(의지), 支給(지급), 支佛(지불), 支出(지출), 收支(수지), 干支(간지)

'支(지)'자는 部首(부수)로 쓰이는데, '支(지)' 부에 속하는 글자 중에서 1급 한자 이내에 드는 한자는 '支(지)'자 하나이다. 여기에 소개되는 한자들은 모두 부수 '支(지)'에 속하지 않는 것들이다.

'支(지)'자에 '나무 木(목)'을 붙여 '가지 枝(지)'자를 만들었다. 본래 글자는 '支(지)'이다. 支(지)는 '가지'의 뜻을 나타냈는데, 후에 다른 뜻으로 쓰이는 예가 많아지자 본뜻인 '나무 가지'를 더욱 분명하게 나타내기 위하여 '나무 木(목)'을 추가한 것이다. 枝葉(지엽), 枝葉的(지엽적), 金枝玉葉(금지옥엽), 整枝(정지)

'支(지)'자에 '고기 月(육)'을 붙여 '사지 肢(지)/팔다리 肢(지)'자를 만들었다. 육체 중에서 가랑이가 갈라진 부분, 즉 '팔다리'를 뜻한다. 肢體(지체), 四肢(사지), 下肢(하지)

'支(지)'자에 '손 扌(수)'를 붙여 '재주 技(기)'자를 만들었다. 나뭇가지를 받쳐 들고 재주 있게 행동하는 '재주'를 뜻하는 글자이다. '재주', '슬기롭게 잘하는 기술이나 솜씨'의 뜻을 나타낸다. 技能(기능), 技術(기술), 競技(경기), 妙技(묘기), 特技(특기)

'支(지)'자에 '메 山(산)'을 붙여 '갈림길 岐(기)'자를 만들었다. '산의 갈림길'을 뜻하는 글자이다. 岐路(기로), 多技(다기), 多岐亡羊(다기망양), 分岐點(분기점)

'支(지)'자에 '여자 女(녀)'를 붙여 '기생 妓(기)'자를 만들었다. '광대'를 뜻하는 것이었다. 妓女(기녀), 妓生(기생), 名技(명기), 義妓(의기), 退妓(퇴기)

'支(지)'자에 '사람 亻(인)'을 붙여 '재주 伎(기)'자를 만들었다. '나뭇가지(支)를 들고 연기하는 광대'를 뜻하는 글자이었다. '광대', '배우'의 뜻과 주로 광대들이 보이는 재능이나 기술을 뜻하는 것으로 쓰였는데 요즈음 쓰이는 낱말은 거의 없다.

支0748, 枝1640, 肢2878, 技0330, 岐2050, 妓2308, 伎3332

止(지) 止址祉企肯　568

'그칠 止(지)'자는 원래 '발' 또는 '발자국'을 가리키는 것이었는데, 후에 '그치다'는 뜻으로 자주 쓰이게 되자 '발자국'은 '발 足(족)'을 붙여 趾(지)자를 만들어 그 본뜻을 나타냈다. '멎다', '멈추다', '움직이던 행동을 그만두다', '진행되던 일을 멎게 하다', '앞으로 나아가지 아니하다', '움직이지 않다', '그치다', '끝나다', '그만두다', '금(禁)하다', '붙들다', '만류하다' 등의 뜻을 나타낸다. 止血(지혈), 停止(정지), 中止(중지), 行動擧止(행동거지), 明鏡止水(명경지수), 靜止(정지), 止揚(지양), 終止符(종지부), 廢止(폐지), 禁止(금지), 防止(방지), 制止(제지)

'止(지)'자에 '흙 土(토)'를 붙여 '터 址(지)'자를 만들었다. '땅', '터'를 뜻하지만 뜻이 좋고 쓰기 쉬워 이름자로 쓰인다. 城址(성지)

'止(지)'자에 '보일 示(시)'를 붙여 '복 祉(지)'자를 만들었다. '示(시)'는 '神(신)'을 뜻하고, '止(지)'는 '머물다'는 뜻이니, 祉(지)자는 '신이 머무는 곳'이다. '하늘에서 내리는 행복'을 뜻한다. 福祉(복지)

'止(지)'자에 '사람 人(인)'을 붙여 '바랄 企(기)/꾀할 企(기)'자를 만들었다. 발[止]뒤꿈치를 들고 쫑긋이 서 있는 사람[人]의 모습을 그린 것이다. '止(지)'자는 원래 '발', '발자국'을 가리키는 것이었다. '꾀하다', '계획하다', '바라다', '원하다', '발뒤꿈치를 들어 올리다' 등의 뜻을 나타낸다. 企圖(기도), 企業(기업), 企劃(기획), 企待(기대)/期待(기대)

'止(지)'자에 '고기 月(육)'을 붙여 '옳이 여길 肯(긍)'자를 만들었다. 여기에서 '止(지)'는 '뼈'의 상형이라고 한다. 그러니 '肯(긍)'자의 본뜻은 '뼈에 붙은 살이 되겠다. 실제 우리말 한자어에서는 '긍정하다', '수긍하다'의 뜻으로 쓰이고 있다. 肯定(긍정), 肯定的(긍정적), 首肯(수긍)

'584 이 此(차)'자 참조.
'268 걸을 步(보)'자 참조.
'235 굳셀 武(무)'자 참조.
'337 해 歲(세)'자 참조.
'533 바를 正(정)'자 참조.
止0480, 址2044, 祉2768, 企1138, 肯1736

至(지) 至到倒致緻室姪桎窒膣　569

'이를 至(지)'자는 화살이 땅바닥[土(토)]에 꽂힌 모양이라고 한다. '이르다', '당도하다'의 뜻을 나타내기 위한 글자이다. 이 뜻은 '칼 刂(도)'를 붙인 '이를 到(도)'자에게 넘겨주고, '지극히', '매우', '지극하다', '극에 이르다', '동지', '하지' 등의 뜻으로 쓰이고 있다. 至高至純(지고지순), 至極(지극), 至當(지당), 至誠感天(지성감천), 愛多憎至(애다증지), 乃至(내지), 遝至(답지), 自初至終(자초지종), 冬至(동지), 夏至(하지)

'至(지)'자는 部首(부수)로 쓰인다. 여기 소개되는 한자들은 부수 '至(지)'에 속해 있지 않은 것들을 포함해서 '至(지)'자를 글자의 구성요소로 쓰인 한자들을 모은 것이다.

'至(지)'자에 '칼 刂(도)'를 붙여 '이를 到(도)'자를 만들었다. '칼 刂(도)'는 표음요소인데, 部首(부수)로 지정된 드문 예이다. '이르다', '닿다', '다다라 미치다', '빈틈없이 찬찬하다', '주밀하다' 등의 뜻을 나타낸다. 到達(도달), 到着(도착), 當到(당도), 用意周到(용의주도), 周到綿密(주도면밀)

'이를 到(도)'자에 '사람 人(인)'을 붙여 '넘어질 倒

(도)'자를 만들었다. 사람이 걸어가다 '넘어지다'는 뜻을 나타내기 위하여 만든 것이다. '이를 到(도)'는 표음요소이니 뜻과는 무관하다. '넘어지다', '자빠지다', '죽다', '거꾸로' 등의 뜻을 나타낸다. 倒産(도산), 傾倒(경도), 抱腹絶倒(포복절도), 罵倒(매도), 不倒翁(부도옹), 壓倒(압도), 打倒(타도), 卒倒(졸도), 倒立(도립), 倒錯(도착), 倒置(도치), 本末顚倒(본말전도), 主客顚倒(주객전도)

'이를 至(지)'자에 '뒤져올 夂(치)'를 붙여 '이를 致(치)'자를 만들었다. 후에 '夂(치)'가 '칠 夂(복)'으로 잘못 변화했다. '이루다', '주다', '전하다', '끝까지 다하다', '지극히 하다', '정성스레 하다', '이르다', '도달하다', '운치', '극치' 등의 뜻을 나타낸다. 致富(치부), 所致(소치), 致辭(치사), 致賀(치하), 功致辭(공치사), 空致辭(공치사), 拉致(납치), 送致(송치), 誘致(유치), 致誠(치성), 致命(치명), 致死(치사), 格物致知(격물치지), 理致(이치), 一致(일치), 合致(합치), 景致(경치), 才致(재치), 風致(풍치)

'이를 致(치)'자에 '실 糸(사)'를 붙여 '빽빽할 緻(치)'자를 만들었다. 여기서 '致(치)'자는 '촘촘해서 빈틈이 없다'는 뜻이다. '실 糸(사)'를 붙였으니 실처럼 가느다란 것들이 '빽빽하다'는 뜻을 나타내는 글자이다. 緻密(치밀), 精緻(정치)

'至(지)'자에 '집 宀(면)'을 붙여 '방 室(실)/집 室(실)'자를 만들었다. 바깥에 있다가 집에 이르면 반드시 들어가게 마련인 곳이 '방'이다. '집'을 뜻하기도 한다. '집', '건물', '방', '거처', '아내', '가족', '일가' 등의 뜻을 나타낸다. 高臺廣室(고대광실), 溫室(온실), 室內(실내), 居室(거실), 敎室(교실), 室人(실인), 小室(소실), 正室(정실), 王室(왕실), 宗室(종실)

'至(지)'자에 '여자 女(녀)'를 붙여 '조카 姪(질)'자를 만들었다. 본래 '형의 딸'을 지칭하기 위한 것이었으나, 형제자매의 아들과 딸을 통칭한 '조카'를 이르는 것으로 쓰이고 있다. 姪女(질녀), 姪婦(질부), 堂姪(당질), 甥姪(생질), 叔姪(숙질), 姨姪(이질)

'至(지)'자에 '나무 木(목)'을 붙여 '차꼬 桎(질)'자를 만들었다. 여기에서 '至(지)'는 '막힐 窒(질)'과 통하여 '막다'의 뜻이다. 발을 막아 부자연스럽게 하는 나무, 곧 '차꼬'를 뜻한다. '차꼬', '족쇄', '차꼬를 채우다', '자유를 속박하다'는 뜻을 나타낸다. 桎梏(질곡)

'至(지)'자에 '구멍 穴(혈)'을 붙여 '막을 窒(질)'자를 만들었다. '(구멍이) 막히다'는 뜻을 나타내기 위하여 만든 것이다. 구멍의 끝에 이르니 더 갈 곳이 없이 막혔다. 후에 일반적인 의미의 '막히다'로 사용되고 있다. 기체 원소의 하나인 '질소'를 뜻하기도 한다. 窒塞(질색), 窒息(질식), 窒素(질소)

'막을 窒(질)'자에 '고기 月(육)'을 붙여 '새살 돋을 膣(질)/음도 膣(질)'자를 만들었다.

'146 돈대 臺(대)'자 참조.

'430 집 屋(옥)'자 참조.

至0855, 到0497, 倒1492, 致0623, 緻2843, 室0158, 姪0948, 桎2540, 窒1944, 膣3376

只(지) 只咫枳 570

'다만 只(지)'자는 '입 口(구)'에 '여덟 八(팔)'을 더하여, 어조에 여운을 나타내며, 句末(구말)의 조사로 쓰인다. '다만'이라는 한정의 뜻을 나타내는 부사로 쓰인다. 只今(지금), 但只(단지)

'只(지)'자에 '자 尺(척)'을 붙여 '길이 咫(지)/여덟치 咫(지)'자를 만들었다. '只(지)'는 '8치'를 나타내고, '尺(척)'은 '길이'를 뜻한다. 咫(지)'자는 '길이 8치' 즉 '짧은 거리'를 비유하는 말로 쓰인다. 咫尺(지척)

'只(지)'자에 '나무 木(목)'을 붙여 '탱자나무 枳(지/기)'자를 만들었다. 枳實(지실), 南橘北枳(남귤북지)

只1505, 咫2244, 枳2534

旨(지) 旨指脂詣 571

'맛있을 旨(지)/뜻 旨(지)'자는 '비수 匕(비)'와 '날 日(일)'로 이루어졌다. 여기에서 '匕(비)'자는 '숟가락 匙(시)'자의 본래 글자이고, 日(일)은 '입 口(구)' 또는 '달 甘(감)'이 잘못 변화된 것이다. 숟가락으로 음식물을 입에다 넣으며 달게 먹음을 통하여, '맛있다'는 뜻을 나타냈다. 우리말에서는 '맛있다'는 뜻보다는 '뜻', '속에 먹은 마음', '내용', '의의', '상관의 명령' 등의 뜻으로 쓰인다. 論旨(논지), 要旨(요지), 趣旨(취지), 承旨(승지), 諭旨(유지), 密旨(밀지)

'뜻 旨(지)'자에 '손 扌(수)'를 붙여 '가리킬 指(지)/손가락 指(지)'자를 만들었다. '손가락'을 뜻하는 글자이다. 어떤 방향을 가리킬 때 손가락을 사용한다는 데서 '가리키다'는 뜻이 파생되었다. '손가락', '발가락', '가리키다', '손가락질하다', '지시하다', '어떻게 하라고 가리켜 보이다' 등의 뜻을 나타낸다. 指紋(지문), 指壓(지압), 指章(지장), 屈指(굴지), 拇指(무지), 食指(식지), 金指環(금지환), 指摘(지적), 指定(지정), 指數(지수), 指鹿爲馬(지록위마), 指導(지도), 指示(지시), 指揮(지휘)

'맛있을 旨(지)'자에 '고기 月(육)'을 붙여 '기름 脂(지)'자를 만들었다. 뿔 있는 동물의 기름진 '살코기'를 뜻하기 위하여 만든 것이었다. 뿔이 없는 동물의 살코기는 '膏(고)'라 했다. '기름', '기름진' 등의 뜻으로 쓰인다. 脂肪(지방), 樹脂(수지), 臙脂(연지), 油脂(유지), 脫脂(탈지)

'뜻 旨(지)'자에 '말씀 言(언)'을 붙여 '이를 詣(예)'자를 만들었다. '旨(지)'가 표음요소로 쓰였다고 하는데, 어쨌든 '詣(예)'자를 [지]로 읽어서는 안 된다. '학예가 깊은 경지에 이르다', '관청에 출두하다'는 뜻을 나타낸다. 造詣(조예), 詣闕(예궐)

旨1909, 指0743, 脂1964, 詣3006

志(지) 志誌 572

'뜻 志(지)'자는 '발 止(지)'와 '마음 心(심)'으로 이루어진 글자이다. 후에 '발 止(지)'가 '선비 士(사)'로 바뀌었다. '(무엇을 하고자 하는) 마음'을 뜻한다. '志(지)'자에 '의로움을 지키다', '절개가 있다'는 뜻도 있으니, 가짜 선비가 아니라 '참다운 선비[士]의 마음[心]'을 나타내는 글자라고 볼 수도 있겠다. '뜻', '의향', '뜻을 두다', '희망', '원하는 바', '의로움을 지키다', '절개가 있다', '적다', '기록' 등의 뜻을 나타낸다. 志學(지학), 同志(동지), 意志(의지), 初志一貫(초지일관), 鬪志(투지), 志望(지망), 志願(지원), 靑雲之志(청운지지), 愛國志士(애국지사), 志操(지조), 三國志(삼국지)

'志(지)'자에 '말씀 言(언)'을 붙여 '기록할 誌(지)'자를 만들었다. '기록하다'는 뜻인 '誌(지)'자는 원래 '志(지)'자로 나타내었는데 '志(지)'자가 '뜻'의 뜻으로 쓰이는 예가 많아지자 '말씀 言(언)'을 추가하여 '기록할 誌(지)'자를 만들었다. '三國志(삼국지)'는 원래의 '기록하다'의 뜻인 '志(지)'자를 쓰고 있다. 誌面(지면), 校誌(교지), 日誌(일지), 雜誌(잡지), 會誌(회지)

志0736, 誌1086

知(지) 知智痴 573

'알 知(지)'자는 '화살 矢(시)'와 '입 口(구)'로 이루어졌는데, 어떻게 '知(지)'자가 이렇게 만들어졌을까? '안다[知]'는 것은 이렇게 어려운가보다. '알다', '깨닫다', '분별하다', '지식', '사귀다', '아는 사이', '친구', '알리다', '통지하다', '벼슬 이름' 등으로 쓰인다. 知能(지능), 知性(지성), 知識(지식), 無知(무지), 未知數(미지수), 溫故知新(온고지신), 知己(지기), 知面(지면), 親知(친지), 告知書(고지서), 通知(통지), 知事(지사), 僉知(첨지)

'슬기 智(지)'자는 남이 말하는 것[曰]을 '잘 아는[知] 것'을 뜻하였다. '알 知(지)'는 표의요소에 표음요소를 겸한다. 지혜는 일정 기간 숙성의 과정이 필요하다. 그래서 후에 '曰(왈)'이 '日(일)'로 바뀌었다. 알고 있는 것[知]이 세월[日]의 경과를 통해 체득되는 '슬기'임을 나타낸다. 그래서 부수가 '曰(왈)'이 아니라 '日(일)'에 지정되었다. 경험이 쌓이지 않으면 지혜를 얻기는 어렵다. 智略(지략), 智慧(지혜), 機智(기지), 老馬之智(노마지지), 衆智(중지)

'知(지)'자에 '병 疒(역)'을 붙여 '어리석을 痴(치)/癡(치)'자를 만들었다. '痴(치)'자는 '癡(치)'자의 속자이다. '485 어리석을 癡(치)'자 참조.

知0281, 智0277, 痴2735

直(직) 直稙植殖埴値置 574

'곧을 直(직)'자는 '열 十(십)', '눈 目(목)', '한 一(일)'로 이루어진 글자이다. '한 一(일)'의 형태가 변한 것은 글자의 모양을 위해 그렇게 되었을 것이다. '눈[目]으로 볼 때는 똑바로 보라'는 뜻을 가지고 있다. 똑바로 보지 않으면 앞에 있는 굴곡에 걸려 자신이 넘어진다. '곧다', '굴곡이나 요철이 없다', '기울지 아니하다', '굽히지 아니하다', '똑바로', '다른 것을 거치지 않고 직접', '바르다', '옳다', '사(私)가 없다', '꾸미지 아니하다', '숙직', '곧', '즉시' 등의 뜻을 나타낸다. 直角(직각), 直線(직선), 不問曲直(불문곡직), 垂直(수직), 直接(직접), 直行(직행), 單刀直入(단도직입), 直言(직언), 正直(정직), 率直(솔직), 當直(당직), 宿直(숙직), 直前(직전), 下直(하직), 直星(직성)

'直(직)'자에 '벼 禾(화)'를 붙여 '올벼 稙(직)'자를 만들었다.

'直(직)'자에 '나무 木(목)'을 붙여 '심을 植(식)'자를 만들었다. '나무 木(목)'은 표의요소, '곧을 直(직)'은 표의요소와 표음요소를 겸한다. 나무를 심을 때는 줄기를 곧게 심는다. '심다', '뿌리를 땅에 묻다', '초목의 총칭', '일정한 곳에 근거를 두게 하다', '꽂다', '꽂아 세우다' 등의 뜻을 나타낸다. 植木(식목), 植樹(식수), 移植(이식), 植物(식물), 植民地(식민지), 植字(식자), 誤植(오식)

'直(직)'자에 '부서진 뼈 歹(알)'을 붙여 '번식할 殖(식)'자를 만들었다. '곧게 뻗은 死體(사체)'가 본뜻이었으나 우리말 한자어 중에는 이런 뜻으로 쓰인 예는 없다. 전혀 다른 '번식하다', '자손이 번성하다', '붙다', '불리다' 등의 뜻으로 쓰인다. 繁殖(번식), 生殖(생식), 養殖(양식), 增殖(증식), 殖産(식산), 利殖(이식)

'直(직)'자에 '흙 土(토)'를 붙여 '찰흙 埴(식/치)'자를 만들었다. '찰흙', '점토'를 뜻한다. 埴土(식토/치토)

'直(직)'자에 '사람 亻(인)'을 붙여 '값 値(치)'자를 만들었다. 원래 사람을 '만나다'는 뜻을 나타내기 위하여 만든 것이었다. '값'을 뜻하는 것으로 假借(가차)되었다. '값', '가치', '가격', '값어치가 있다', '수학에서 글자 또는 식이 대표하는 수' 등의 뜻으로 쓰인다. 價値(가치), 價値觀(가치관), 近似値(근사치), 數値(수치), 絶對値(절대치)

'直(직)'자에 '그물 罒(망)'을 붙여 '둘 置(치)'자를 만들었다. '그물에 걸린 것을 놓아주다'가 본뜻이라고 한다. '두다'라는 뜻으로 많이 쓰인다. '두다', '남기다', '세우다', '베풀다' 등의 뜻을 나타낸다. 置簿(치부), 置重(치중), 配置(배치), 備置(비치), 位置(위치), 裝置(장치), 設置(설치), 措置(조치), 處置(처치)

'147 덕 悳(덕)'자 참조.

直0252, 稙3551, 植0238, 殖1917, 埴2281, 値0483, 置0847

眞(진) 眞鎭嗔愼塡顚癲 575

'참 眞(진)'자의 字源(자원)에는 여러 가지 설이 있는데, 그 중 하나는 '비수 匕(비)'와 '솥 鼎(정)'으로 이루어진 글자라고 한다. 'ヒ'는 '수저'를 뜻한다. '眞(진)'자는 숟갈로 물건을 솥에다 채워 넣는 모양에서 '채우다'는 뜻을 나타내는 것이라고 한다. 나아가 속이 꽉 차 있는 '진짜', '진실'을 뜻하게 되었다고 한다. '참', '거짓이 아니다', '진짜', '순수하다', '초상', '사진' 등을 뜻한다. 眞談(진담), 眞理(진리), 眞善美(진선미), 眞實(진실), 眞僞(진위), 眞空(진공), 純眞(순진), 天眞(천진), 眞影(진영), 寫眞(사진), 靑寫眞(청사진)

'眞(진)'자에 '쇠 金(금)'을 붙여 '진압할 鎭(진)'자를 만들었다. 쇠 따위의 무거운 물건을 위에 놓아 '누르다'는 뜻을 나타내기 위하여 만든 것이다. '진압하다', '누르다', '눌러두는 물건', '진정하다', '진영', '요해지' 등의 뜻을 나타낸다. 鎭壓(진압), 鎭火(진화), 鎭撫(진무), 文鎭(문진), 書鎭(서진), 重鎭(중진), 鎭靜(진정), 鎭痛劑(진통제), 鎭重(진중)

'眞(진)'자에 '입 口(구)'를 붙여 '성낼 嗔(진)'자를 만들었다. 여기서 '眞(진)'자의 의미는 '가득 차다'이다. '嗔(진)'자는 '입이 가득 차서 터져 나오는 성난 소리'를 나타낸다. 嗔心(진심), 弄過成嗔(농과성진)

'眞(진)'자에 '마음 忄(심)'을 붙여 '삼갈 愼(신)'자를 만들었다. 마음을 진심으로 가다듬어 '삼가다', '태도나 언행을 조심스럽게 가지다'는 뜻을 나타내기 위하여 만든 글자이다. 愼重(신중), 謹愼(근신), 愼獨(신독)

'眞(진)'자에 '흙 土(토)'를 붙여 '메울 塡(전)/누를 塡(진)'자를 만들었다. 여기서 '眞(진)'은 '채우다', '메우다'의 뜻으로 쓰였다. '메우다'의 뜻으로 쓰일 때는 [전]으로, '누르다'의 뜻으로 쓰일 때는 [진]으로 읽는다. 오늘날 [진]으로 읽는 한자어 낱말은 없고, [전]으로 읽는 것만 남았다. 裝塡(장전), 充塡(충전), 擔雪塡井(담설전정)

'眞(진)'자에 '머리 頁(혈)'을 붙여 '넘어질 顚(전)'자를 만들었다. 원래의 뜻은 '머리 꼭대기', '정수리'였는데, 실족하여 넘어지다', '뒤집다', '거꾸로 하다' 등의 뜻으로 넓혀 쓰인다. 顚末(전말), 顚覆(전복), 七顚八起(칠전팔기), 顚倒(전도), 本末顚倒(본말전도)

'넘어질 顚(전)'자를 '병 疒(역)' 안에 넣어 '미칠 癲(전)'자를 만들었다. '미치다', '지랄병'을 뜻한다. 癲癎(전간)

眞0344, 鎭1444, 嗔2260, 愼1254, 塡2290, 顚3149, 癲2732

㐱(진) 珍 診 疹

'보배 珍(진)'자는 '구슬 玉(옥)'과 '검은머리 㐱(진)'으로 이루어졌다. 옥 종류의 '보배'를 뜻하기 위한 것이었으니, '구슬 玉(옥)'이 표의요소, '검은머리 㐱(진)'은 표음요소이다. '보배', '진귀하다', '맛좋은 음식', '귀하게 여기다', '높이다' 등의 뜻을 나타낸다. 珍貴(진귀), 珍品(진품), 珍珠(진주), 珍味(진미), 珍羞盛饌(진수성찬), 珍技(진기)

'㐱(진)'자에 '말씀 言(언)'을 붙여 '진찰할 診(진)/볼 診(진)'자를 만들었다. 환자의 말을 듣고 증세를 '살펴보다'는 뜻을 나타내기 위하여 만든 것이다. 診斷(진단), 診療(진료), 診察(진찰), 檢診(검진), 誤診(오진), 聽診器(청진기), 打診(타진)

'㐱(진)'자에 '병 疒(역)'을 붙여 '마마 疹(진)'자를 만들었다. '열병'을 뜻한다. 發疹(발진), 濕疹(습진)

珍1040, 診1984, 疹2715

辰(진/신) 辰 振 震 晨 娠 蜃 宸 脣

'별 辰(진)/지지 辰(진)/때 辰(신)'자는 '대합조개'를 뜻하기 위하여 그 모양을 본뜬 것이다. 후에 '때', '날' 같은 뜻으로 차용되는 예가 많아지자, 본래 의미는 '벌레 虫(충)'을 붙여 '대합조개 蜃(신)'자를 만들어 나타냈다. '辰'자가 '때'의 뜻으로 쓰일 때는 [신]으로 읽고, '별' 또는 '별의 운행' 등의 뜻으로 쓰일 때도 [신]으로 읽는다. '辰'이 '다섯째 지지'로 쓰이는 데, 이 경우에는 [진]으로 읽는다. 용띠에 해당된다. 戊辰(무진), 庚辰(경진), 甲辰(갑진), 丙辰(병진), 壬辰(임진), 壬辰倭亂(임진왜란), 日月星辰(일월성신), 生辰(생신), 誕辰(탄신)

'辰(진)'자에 '손 扌(수)'를 붙여 '떨칠 振(진)/진동할 振(진)'자를 만들었다. '振(진)'자는 물에 빠진 사람을 손으로 잡아 올려 '구해주다'는 뜻을 나타내기 위하여 만든 것이었다. 뜻이 많이 바뀌어 '떨치다', '위세·명성 등을 들날리다', '떨쳐 일어나다', '떨다', '흔들려 움직이다' 등의 뜻을 나타낸다. 振作(진작), 振興(진흥), 不振(부진), 食慾不振(식욕부진), 振動(진동), 振子(진자), 振幅(진폭), 三振(삼진)

'辰(진)'자에 '비 雨(우)'를 붙여 '우뢰 震(진)/벼락 震(진)'자를 만들었다. 비가 오면서 '벼락 치다'는 뜻을 나타내기 위하여 만든 글자이다. '벼락', '천둥', '떨다', '흔들리다', '크게 성내다', '지진' 등의 뜻을 나타낸다. 震天雷(진천뢰), 腦震蕩(뇌진탕), 震怒(진노), 震度(진도), 震源(진원), 強震(강진), 地震(지진)

'때 辰(신)'자에 '해 日(일)'을 붙여 '새벽 晨(신)'자를 만들었다. 해가 뜰 무렵, 즉 '새벽'을 뜻하기 위하여 만든 글자이다. 昏定晨省(혼정신성), 牝鷄之晨(빈계지신)

'辰(신)'자에 '여자 女(녀)'를 붙여 '애밸 娠(신)'자를 만들었다. 姙娠(임신)

'辰(신)'자에 '벌레 虫(충)'을 붙여 '무명조개 蜃(신)/대합 蜃(신)/큰 조개 蜃(신)'자를 만들었다. 원래 '辰(신)'자는 '대합조개'를 뜻하기 위하여 그 모양을 본뜬 것이다. 후에 '때', '날' 등의 뜻으로 차용되는 예가 많아지자, 본래 의미는 '대합조개 蜃(신)'자를 만들어 나타냈다. '이무기'의 뜻으로도 쓰인다. 蜃氣樓(신기루)

'辰(신)'자에 '집 宀(면)'을 붙여 '집 宸(신)/대궐 宸(신)'자를 만들었다. '제왕이 있는 곳', '임금에 관한 일에 쓰는 冠詞(관사)'로 쓰인다.

'辰(신)'자에 '고기 月(육)'을 붙여 '입술 脣(순)'자를

만들었다. '입술'을 뜻하기 위하여 만든 것이다. 脣齒(순치), 丹脣皓齒(단순호치), 脣亡齒寒(순망치한)

'辰(신)'자에 '마디 寸(촌)'을 붙여 '욕되게 할 辱(욕)'자를 만들었다. '辰(신)'자는 '대합조개'를, '寸(촌)'자는 '손'을 뜻한다. 둘 다 표의요소로 쓰였다. 원래 '김매다'는 뜻을 나타내기 위하여 만든 글자이다. 옛날에 호미 대용으로 대합 껍데기를 손에 들고 김을 매었나보다. 여름에 밭에서 김을 매는 일은 참으로 수고롭고 힘든 일이어서 후에 '수고하다', '욕되다' 등의 뜻으로 쓰이게 되었다. 辱說(욕설), 困辱(곤욕), 屈辱(굴욕), 侮辱(모욕), 雪辱(설욕), 榮辱(영욕), 汚辱(오욕), 恥辱(치욕)

'126 농사 農(농)' 자 참조.

辰0761, 振1270, 震2017, 晨1629, 娠2314, 蜃2963, 宸3342, 脣1738, 辱1430

疾(질) 疾嫉 578

'병 疾(질)'자는 '병들어 누울 疒(녁)'과 '화살 矢(시)'로 이루어진 글자이다. 화살을 맞아 찔린 모습에서, '상처를 입다'는 뜻을 나타내는 글자이다. '고통', '병', '나쁜 버릇', '원망하다', '빠르다' 등의 뜻을 나타낸다. 疾病(질병), 疾患(질환), 痼疾(고질), 眼疾(안질), 疾視(질시), 疾走(질주), 疾風(질풍)

'疾(질)'자에 '여자 女(녀)'를 붙여 '시기할 嫉(질)/미워할 嫉(질)'자를 만들었다. '여자의 마음이 병들다', '시새우다'는 뜻을 나타낸다. 嫉妬(질투), 嫉視(질시), 反目嫉視(반목질시)

疾0409, 嫉2310

朕(짐) 朕勝藤謄騰 579

'나 朕(짐)/조짐 朕(짐)'자의 왼쪽 '月'은 '배 舟(주)'가 변한 것으로, 배가 상류를 향해 올라갈 때, 지나간 자국이 그려진 모양을 본뜬 것이다. 글자의 모양으로는 '달 月(월)', '여덟 八(팔)', '하늘 天(천)' 또는 '지아비 夫(부)'자가 합쳐진 것과 같다. 임금이 스스로를 일컫는 말이다. '조짐'의 뜻도 있다. 朕言不再(짐언부재), 兆朕(조짐)

'朕(짐)'자에 '힘 力(력)'을 붙여 '이길 勝(승)/견딜 勝(승)'자를 만들었다. 내가 힘이 있으면 이기기 마련이다. '이기다', '낫다', '뛰어나다', '훌륭하다', '능가하다' 등의 뜻을 나타낸다. 勝利(승리), 勝負(승부), 優勝(우승), 名勝地(명승지), 才勝德薄(재승덕박), 健勝(건승)

'朕(짐)'자에 '물 氵(수)'를 붙이고, 위에 '풀 ++(초)'를 붙여 '등나무 藤(등)'자를 만들었다. 葛藤(갈등)

'朕(짐)'자에 '말씀 言(언)'을 붙여 '베낄 謄(등)'자를 만들었다. 말을 글로 '옮겨 쓰다'는 뜻을 나타내기 위하여 만든 것이다. '말씀 言(언)'이 표의요소, '나 朕(짐)'이 표음요소로 쓰였다. 謄本(등본), 謄寫(등사)

'朕(짐)'자에 '말 馬(마)'를 붙여 '오를 騰(등)'자를 만들었다. 말을 '타다'를 뜻하는 글자였는데, '오르다'라는 뜻으로 더 많이 쓰인다. 騰落(등락), 沸騰(비등), 騰貴(등귀), 急騰(급등), 昂騰(앙등), 暴騰(폭등), 氣勢騰騰(기세등등), 怒氣騰騰(노기등등)

朕2523, 勝0310, 藤1973, 謄1989, 騰2024

執(집) 執蟄摯 580

'執(집)'자의 字源(자원)을 따지면 복잡하다. 破字(파자)하면 '다행 幸(행)', '둥글 丸(환)'이 된다. 다행히[幸] 유리구슬 알[丸]을 깨뜨리지 않고 잡았다[執]. '잡다', '손으로 잡아 쥐다', '권리·세력 등을 차지하여 가지다', '마음을 일정하게 가지다', '꼭 가지고 놓지 아니하다', '처리하다' 등의 뜻을 나타낸다. 執刀(집도), 執杯(집배), 執筆(집필), 兩手執餠(양수집병), 執權(집권), 執念(집념), 執拗(집요), 執着(집착), 固執(고집), 我執(아집), 執務(집무), 執事(집사), 執行(집행)

'執(집)'자 밑에 '벌레 虫(충)'을 붙여 '숨을 蟄(칩)'자를 만들었다. '숨다', '틀어박혀 나오지 아니하다', '벌레가 겨울잠을 자다' 등의 뜻을 나타낸다. 蟄居(칩거), 驚蟄(경칩)

'執(집)'자에 '손 手(수)'를 붙여 '잡을 摯(지)'자를 만들었다. '손으로 단단히 잡다'는 뜻에서, '도탑다', '정의(情意)가 극진하다'는 뜻을 나타내게 되었다. 眞摯(진지)

執1184, 蟄2972, 摯2477

集(집) 集雜 581

'모일 集(집)'자는 '모이다'는 뜻을 나타내기 위하여 새[隹]가 떼를 지어 나뭇가지[木] 위에 모여 있는 모양을 그린 것이었다. 원래는 '나무 木(목)' 위에 '새 隹(추)'자 세 개를 썼는데, 하나로 줄었다. '모이다', '새가 떼지어 나무 위에 모이다', '모임', '회합', '군중', '시문을 편록한 서책' 등의 뜻을 나타낸다. 集團(집단), 集合(집합), 募集(모집), 收集(수집), 蒐集(수집), 文集(문집), 詩集(시집)

'섞일 雜(잡)'자의 본자는 '襍(잡)'으로 옷 衣(의)'와 '모을 集(집)'의 합자이었다. '새 隹(추)' 밑에 있던 '나무 木(목)'이 '옷 衣(의)'의 아래로 갔다. '集(집)'자는 새가 많이 모여 있는 것을 나타낸 글자이다. 따라서 雜(잡)은 새가 많이 섞여 있는 것처럼 옷에 여러 색이 뒤섞여 있다는 데서 '섞이다', '여러 빛깔의 천을 모아서 짠 옷'을 나타내는 글자이다. '뒤섞이다', '색이 섞이다', '순수하지 않다', '장황하고 번거롭다', '어수선하다', '많다', '여러 가지', '정(正)이 아닌 여러 가지 것들', '천하다', '수준이 낮다', '거칠다' 등의 뜻을 나타낸다. 雜多(잡다), 雜木(잡목), 雜種(잡종), 交雜(교잡), 雜念(잡념), 亂雜(난잡), 煩雜(번잡), 複雜(복잡), 錯雜(착잡), 混雜(혼잡), 雜記帳(잡기장), 雜誌(잡지), 雜菜(잡채), 雜貨商(잡화상), 雜穀(잡곡), 雜談(잡담), 雜務(잡무), 雜費(잡비), 雜草(잡초), 粗雜(조잡), 醜雜(추잡)

集0323, 雜1114

徵(징) 徵懲　582

'부를 徵(징)'자는 길을 가며 앞서 가는 사람을 '부르다'는 뜻을 나타내기 위하여 만든 것이다. '길 彳(척)'이 표의요소, 나머지는 표음요소이다. 후에 '거두다', '조짐' 등의 뜻으로 쓰이게 되었다. 破字(파자)하면 '길 彳(척)', '메 山(산)', '한 一(일)', '임금 王(왕)', '칠 攵(복)'이 된다. '부르다', '사람을 불러들이다', '거두어들이다', '증거를 세우다', '밝히다', '명백히 하다', '조짐' 등의 뜻을 나타낸다. 徵兵(징병), 徵用(징용), 徵集(징집), 徵稅(징세), 徵收(징수), 追徵(추징), 象徵(상징), 特徵(특징), 徵兆(징조), 徵候(징후)

'徵(징)'자에 '마음 心(심)'을 붙여 '징계할 懲(징)/혼날 懲(징)'자를 만들었다. '혼나다', '혼이 나서 잘못을 뉘우치거나 고치다', '벌주다', '응징하다', '징계' 등의 뜻을 나타낸다. 懲戒(징계), 懲役(징역), 勸善懲惡(권선징악), 膺懲(응징), 懲毖(징비)

徵1232, 懲1597

次(차) 次資姿恣瓷諮　583

'버금 次(차)'자는 사람이 한숨을 쉬는 모양을 본뜬 것이라고 한다. '버금', '다음', '둘째', '주되는 것이 아닌 부차적인 것', '뒤를 잇다', '다음에', '이어서', '차례', '때', '기회', '번', '횟수' 등의 뜻을 나타낸다. 次官(차관), 次善(차선), 次期(차기), 次男(차남), 次例(차례), 目次(목차), 席次(석차), 節次(절차), 將次(장차), 次元(차원), 屢次(누차)/累次(누차), 數次(수차), 一次(일차)

'次(차)'자에 '조개 貝(패)'를 붙여 '재물 資(자)'자를 만들었다. '돈이나 재물'을 총칭하는 것이다. '재물', '재화', '밑천', '자본', '비용', '바탕', '재질', '타고난 품성' 등의 뜻으로 쓰인다. 資産(자산), 資源(자원), 資材(자재), 物資(물자), 資金(자금), 資本(자본), 融資(융자), 投資(투자), 路資(노자), 資格(자격), 資料(자료), 資質(자질)

'次(차)'자에 '여자 女(녀)'를 붙여 '모양 姿(자)/맵시 姿(자)'자를 만들었다. '여자의 맵시'를 뜻하기 위한 것이었다. '맵시', '모양', '자태를 꾸미다' 등의 뜻을 나타낸다. 姿勢(자세), 姿態(자태), 高姿勢(고자세), 雄姿(웅자)

'次(차)'자에 '마음 心(심)'을 붙여 '마음대로 恣(자)/방자할 恣(자)'자를 만들었다. '방자하다', '제멋대로이다', '마음 내키는 대로 하다' 등의 뜻을 나타낸다. 恣意(자의), 恣意的(자의적), 恣行(자행), 放恣(방자)

'次(차)'자에 '기와 瓦(와)'를 붙여 '사기그릇 瓷(자)'자를 만들었다. '磁(자)'자는 속자이다. 瓷器(자기)/磁器(자기), 陶瓷器(도자기)/陶磁器(도자기), 白瓷(백자)/白磁(백자), 靑瓷(청자)/靑磁(청자)

'물을 諮(자)'의 본래 글자는 '㗲(자)'이다. '㗲(자)'는 말을 주고받으며 '상의하다'는 뜻을 위하여 만든 것이었으니 '입 口(구)'가 표의요소로 쓰였다. '버금 次(차)'가 표음요소이다. '말씀 言(언)'을 덧붙여서 그 의미를 더욱 보강하였다. 諮問(자문)

'414 침 次(연)'자 참조.

次0784, 資0564, 姿0738, 恣1583, 瓷2703, 諮1987

此(차) 此雌紫疵柴些　584

'이 此(차)'자는 '발 止(지)'와 '비수 匕(비)'자로 이루어졌다. '匕(비)'자는 '조금 벌리다'는 뜻으로 쓰였으니, '此(차)'자는 '보폭을 조금 벌리다'에서 '발 밑'으로, 바로 '여기'라는 뜻이 되었다. 가장 가까운 곳을 가리키는 대명사 '이것', '이곳' 등의 뜻을 나타낸다. 此際(차제), 此日彼日(차일피일), 如此(여차), 彼此(피차)

'此(차)'자에 '새 隹(추)'를 붙여 '암컷 雌(자)'자를 만들었다. 새의 '암컷'을 나타내기 위하여 만든 것이었는데, 일반적으로 '암컷'을 나타낸다. 雌性(자성), 雌雄(자웅)

'此(차)'자에 '실 糸(사)'를 붙여 '자주빛 紫(자)'자를 만들었다. 실이나 비단의 '자줏빛 색깔'을 뜻하기 위하여 만든 것이다. 紫色(자색), 紫雲(자운), 紫朱(자주), 山紫水明(산자수명)

'此(차)'자에 '병 疒(역)'을 붙여 '흠 疵(자)/허물 疵(자)'자를 만들었다. 瑕疵(하자), 吹毛求疵(취모구자)

'此(차)'자에 '나무 木(목)'을 붙여 '섶 柴(시)'자를 만들었다. '땔나무'를 뜻한다. '울타리'를 뜻하기도 한다. 柴糧(시량), 柴扉(시비)

'此(차)'자에 '두 二(이)'를 붙여 '적을 些(사)/어조사 些(사)'자를 만들었다. '둘뿐인', '이것들'이란 뜻에서 '조금', '약간', '사소하다'는 뜻을 나타낸다. 些少(사소)

'568 '그칠 止(지)'자 참조.

此1229, 雌0657, 紫1722, 疵2700, 柴2072, 些3205

差(차) 差蹉磋嗟　585

'어긋날 差(차)/다를 差(차)'자는 '벼 禾(화)의 변형'과 '왼 左(좌)'로 이루어졌다. 벼의 이삭이 고르지 않게 팬 모양에서 만들어진 글자이다. 고르지 않으며 제각각의 뜻, 사물이 다르다는 뜻을 나타낸다. '左(좌)'는 표음요소로 쓰인 것이다. 글자의 모양으로만 보면 '差(차)'자는 '양 羊(양) + 장인 工(공)'으로 보인다. 그렇다면 '다르다'는 뜻과 관계를 맺을 수가 없다. '어긋나다', '일치하지 아니하다', '다름', '어느 수에서 다른 수를 뺀 나머지', '사신으로 보내다', '심부름꾼', '병이 낫다' 등의 뜻을 나타낸다. 差(차), 差別(차별), 差異(차이), 隔差(격차), 誤差(오차), 日較差(일교차), 差使(차사), 差人(차인), 差出(차출), 差度(차도), 快差(쾌차), 差押(차압)

'差(차)'자에 '발 足(족)'을 붙여 '넘어질 蹉(차)/미끄러질 蹉(차)'자를 만들었다. '발이 엇갈려 넘어지다', '어

굿나다'는 뜻을 나타낸다. 蹉跌(차질)
 '差(차)'자에 '돌 石(석)'을 붙여 '갈 磋(차)'자를 만들었다. '갈다', '연마하다'는 뜻을 나타낸다. 切磋琢磨(절차탁마)
 '差(차)'자에 '입 口(구)'를 붙여 '탄식할 嗟(차)'자를 만들었다.
 '394 양 羊(양)'자 참조.
 差0974, 蹉3044, 磋3267, 嗟3337

且(차) 且祖助租組粗阻沮咀詛狙姐查   586

 '또 且(차)'자는 '조상'을 뜻하기 위하여 조상의 위패 모양을 본뜬 것이다. 후에 '또', '잠깐'의 의미로 차용되는 예가 많아지자, 본뜻은 '제사 示(시)'를 덧붙인 '祖(조)'자를 만들어냈다. '또', '또한', '잠깐', '얼마간', '임시적이다' 등의 뜻을 나타낸다. 重且大(중차대), 且置(차치), 苟且(구차)
 '且(차)'자에 '보일 示(시)'를 붙여 '조상 祖(조)'자를 만들었다. '示(시)'는 제사를 뜻하고, '且(차)'는 제사를 지낼 때 차려 놓은 '제물의 모양'이다. 따라서 '祖(조)'는 제물을 바쳐 제사 지내는 '조상'을 뜻한다. '且(차)'는 조상께 제사 지낼 때 제단 앞에 세워 놓는 '位牌(위패)' 모양을 본뜬 것이라는 설도 있다. '조상', '집이나 나라를 처음으로 세워 공이 있는 사람', '할아버지와 할머니' 등의 뜻을 나타낸다. 祖國(조국), 祖上(조상), 先祖(선조), 祖師(조사), 國祖(국조), 始祖(시조), 元祖(원조), 祖母(조모), 祖父(조부), 祖孫(조손), 外祖(외조), 曾祖(증조), 高祖(고조)
 '且(차)'자에 '힘 力(력)'을 붙여 '도울 助(조)'자를 만들었다. '힘을 포개어 합쳐서 사람을 돕다'는 뜻을 나타낸다. 助敎(조교), 助手(조수), 助言(조언), 補助(보조), 扶助(부조), 協助(협조)
 '且(차)'자에 '벼 禾(화)'를 붙여 '조세 租(조)/구실 租(조)'자를 만들었다. 토지 사용료에 해당하는 '세금', '구실'을 나타내기 위하여 만든 것인데, '벼 禾(화)'가 표의 요소로 쓰였다. 옛날에는 세금을 벼나 쌀로 냈기 때문일 것이다. '또 且(차)'는 표음요소이다. 후에 '빌리다', '세 들다'의 뜻으로 확대 되었다. 租稅(조세), 租界(조계), 租借(조차)
 '且(차)'자에 '실 糸(사)'를 붙여 '짤 組(조)/끈 組(조)'자를 만들었다. 실로 만든 '끈'을 뜻하기 위한 것이었다. '짜다', '베를 짜다', '짝이 되다', '조직하다' 등의 뜻을 나타낸다. 組立(조립), 組版(조판), 骨組(골조), 組織(조직), 組織的(조직적), 組合(조합), 勞組(노조), 協同組合(협동조합)
 '且(차)'자에 '쌀 米(미)'를 붙여 '거칠 粗(조)'자를 만들었다. '거칠다', '성기다'는 뜻을 나타낸다. 粗惡(조악), 粗收入(조수입), 粗雜(조잡)
 '且(차)'자에 '언덕 阝(부)'를 붙여 '막힐 阻(조)/험할

阻(조)'자를 만들었다. 겹쳐 쌓인 언덕이 또 겹쳐 쌓이니, '험하다'는 뜻이다. '험하다', '사이가 멀다', '떨어지다' 등의 뜻을 나타낸다. 險阻(험조), 艱難險阻(간난험조), 隔阻(격조)
 '且(차)'자에 '물 氵(수)'를 붙여 '막을 沮(저)'자를 만들었다. 원래 중국의 한 강의 이름이었는데, '막다' '방해하다' 등의 뜻으로 쓰인다. 沮止(저지), 沮害(저해)
 '且(차)'자에 '입 口(구)'를 붙여 '씹을 咀(저)'자를 만들었다. 본뜻은 '혀에 음식을 올려놓고 맛보다'였다. 여기에서 '且(차)'는 '혀'를 본뜬 것이고, '口(구)'는 혀에 올려놓은 '음식물'의 모양이다. '음식물을 씹다', '씹어서 맛을 보다', '저주하다'는 뜻을 나타낸다. 咀嚼(저작), 咀呪(저주)/詛呪(저주)
 '且(차)'자에 '말씀 言(언)'을 붙여 '저주할 詛(저)'자를 만들었다. '저주하다', '남을 못되도록 빌다'는 뜻을 나타낸다. 詛呪(저주)/咀呪(저주)
 '且(차)'자에 '개 犭(견)'을 붙여 '원숭이 狙(저)'자를 만들었다. '사람의 빈틈을 엿보는 동물'을 뜻하는 글자였다. '노리다', '엿보다', '원숭이', '교활하다', '속이다' 등의 뜻으로 쓰인다. 狙擊(저격)
 '且(차)'자에 '여자 女(녀)'를 붙여 '누이 姐(저)/계집아이 姐(저)'자를 만들었다. '여자'의 통칭이다. 小姐(소저)
 '且(차)'자 위에 '나무 木(목)'을 붙여 '조사할 査(사)'자를 만들었다. 본래는 '뗏목'을 나타내는 글자였다. 후에 '살피다'의 뜻을 가지는 '察(찰)'자와 통하는 뜻으로 쓰이게 되었다. 본래의 뜻인 '뗏목'은 '나무 木(목)'을 붙여 '뗏목 楂(사)'자를 만들어 나타냈다. '사실하다', '조사하다', '사돈' 등의 뜻으로 쓰인다. 査閱(사열), 査正(사정), 査察(사찰), 檢査(검사), 審査(심사), 調査(조사), 探査(탐사), 査家(사가), 査頓(사돈)
 '484 마땅할 宜(의)'자 참조.
 且1476, 祖0388, 助0687, 租0823, 組1064, 粗2820, 阻3125, 沮1918, 咀2238, 詛3002, 狙2677, 姐3222, 査0568

贊(찬) 贊讚鑽瓚   587

 '도울 贊(찬)'자는 '돕다'는 뜻을 나타내기 위하여 만든 것이다. '조개 貝(패)'가 표의요소로 쓰였다. '나아갈 兟(신)'자는 지금은 잘 쓰이지 않는 글자이지만, '드리다'는 뜻의 표의요소이다. 돈을 드려서 돕는 것이 돕는 방법 중 가장 우선인가보다. '先(선)'자를 '夫(부)'자로 바꿔 쓴 '賛'자는 속자이다. '돕다', '조력하다', '찬성하다', '찬의를 표하다' 등의 뜻으로 쓰인다. 協贊(협찬), 贊同(찬동), 贊否(찬부), 贊成(찬성), 贊助(찬조), 贊歎(찬탄)/讚歎(찬탄)
 '贊(찬)'자에 '말씀 言(언)'을 붙여 '기릴 讚(찬)'자를 만들었다. '기리다', '칭찬하다'는 뜻을 나타낸다. 讚辭(찬사), 讚頌(찬송), 讚揚(찬양), 禮讚(예찬), 自畵自讚(자화자찬), 絶讚(절찬), 稱讚(칭찬)
 '贊(찬)'자에 '쇠 金(금)'을 붙여 '뚫을 鑽(찬)'자를 만

粲(찬) 燦璨餐 588

'정미 粲(찬)'자는 '쌀 米(미)'와 그 윗부분으로 이루어졌다. 윗부분은 지금은 쓰이지 않지만 '부서진 뼈 歺(알)'과 '또 又(우)'로 이루어진 '잔'자였다. 손으로 뼈를 추리는 모양이다. '粲(찬)'자는 손으로 뼈를 추리듯, 잡물을 제거한 쌀을 뜻하는 글자이다.

'粲(찬)'자에 '불 火(화)'를 붙여 '빛날 燦(찬)'자를 만들었다. '빛나다', '번쩍번쩍하다'는 뜻을 나타낸다. 燦爛(찬란), 燦然(찬연)

'粲(찬)'자에 '구슬 玉(옥)'을 붙여 '옥빛 璨(찬)'자를 만들었다.

'粲(찬)'자의 '쌀 米(미)'를 '밥 食(식)'으로 바꾸어 '밥 餐(찬)/먹을 餐(찬)'자를 만들었다. 음식물을 '삼키다'는 뜻을 나타내기 위하여 만든 것이었다. '먹다', '마시다'는 뜻을 나타낸다. 晩餐(만찬), 素餐(소찬), 午餐(오찬), 風餐露宿(풍찬노숙)

燦2096, 璨3533, 餐2022

斬(참) 斬慙/慚塹暫漸 589

'벨 斬(참)'자는 '수레 車(거)'와 '도끼 斤(근)'으로 이루어진 글자이다. 형벌을 뜻하기 위하여 만든 것이었으니, 도끼로 죽이는 형벌 또는 팔다리를 수레에 묶어 찢어 죽이는 車裂刑(거열형)을 나타내는 것이었다. '베다', '날카로운 연장으로 자르거나 베다', '베어서 죽이다', '형벌의 한 가지(목을 쳐서 죽이는 극형)', '매우', '가장', '심히' 등의 뜻을 나타낸다. 斬首(참수), 斬刑(참형), 陵遲處斬(능지처참), 剖棺斬屍(부관참시), 泣斬馬謖(읍참마속), 斬新(참신)

'斬(참)'자에 '마음 心/忄(심)'을 붙여 '부끄러워할 慙/慚(참)'자를 만들었다. 慙(참)자와 慚(참)자는 동자이다. 마음으로 '부끄러워하다'는 뜻을 나타내기 위하여 만든 것이다. 慙愧(참괴), 慙悔(참회)

'斬(참)'자에 '흙 土(토)'를 붙여 '구덩이 塹(참)'자를 만들었다. 흙을 파낸 구덩이인 '해자'를 뜻한다. 塹壕(참호)

'斬(참)'자에 '날 日(일)'을 붙여 '잠시 暫(잠)'자를 만들었다. '날 日(일)'이 표의요소, '벨 斬(참)'은 표음요소이다. 짧은 시간, 즉 '잠깐'이라는 뜻을 위한 것이다. '잠시', '잠깐', '얼마 되지 아니한 동안', '임시로' 등의 뜻을 나타낸다. 暫間(잠간), 暫時(잠시), 暫定(잠정), 暫定的(잠정적)

'斬(참)'자에 '물 氵(수)'를 붙여 '점점 漸(점)'자를 만들었다. '물들다'는 뜻을 나타내기 위한 것이었는데, '점점', '차차', '차츰 나아가다', '천천히 움직이다' 등의 뜻으로 쓰인다. 漸減(점감), 漸入佳境(점입가경), 漸進的(점진적), 漸次(점차)

斬1908, 慙/慚1592, 塹2293, 暫1280, 漸1315

朁(참) 僭潛蠶簪 590

'일찍 朁(참)/숨을 朁(참)'자는 '목멜 旡(기)'자 두 개 아래 '가로 曰(왈)'을 붙여 만들었다. '일찍이', '이에', '숨다'의 뜻을 나타내는 것인데, 우리말 한자어 낱말은 없다.

'朁(참)'자에 '사람 亻(인)'을 붙여 '주제넘을 僭(참)'자를 만들었다. '朁(참)'은 '숨다'의 뜻이다. '사람 亻(인)'을 붙여서, 사람이 숨어서 불성실한 짓을 한다는 뜻에서, '불신', '어그러지다'의 뜻을 나타낸다. 특히 아랫사람이 윗사람에게 숨어서 불성실한 짓을 할 때 쓰인다. '분수에 지나치게 행동하다', '어긋나다', '어그러지다', '거짓을 꾸미다' 등의 뜻을 나타낸다. 僭濫(참람), 僭稱(참칭)

'朁(참)'자에 '물 氵(수)'를 붙여 '잠길 潛(잠)/자맥질할 潛(잠)'자를 만들었다. 물에 '잠기다'는 뜻을 나타내기 위하여 만든 것이다. '자맥질하다', '잠기다', '숨다', '숨기다', '몰래' 등의 뜻을 나타낸다. 潛望鏡(잠망경), 潛水(잠수), 潛水艦(잠수함), 沈潛(침잠), 潛龍(잠룡), 潛伏(잠복), 潛入(잠입), 潛在(잠재), 潛跡(잠적), 潛行(잠행)

'朁(참)'자에 '벌레 虫(충)'자 두 개를 붙여 '누에 蠶(잠)'자를 만들었다. '벌레 虫(충)'자를 두 개 붙여 벌레가 꼬물꼬물하는 모양을 그린 후, 표음요소로 '朁(참)'을 첨가하여 '누에'를 나타냈다. 획수가 많아 약자로 '蚕(잠)'자를 만들었다. '누에', '누에를 치다', '양잠'의 뜻을 나타낸다. 蠶繭(잠견), 蠶絲(잠사), 蠶食(잠식), 蠶室(잠실), 蠶業(잠업), 養蠶(양잠)

'朁(참)'자에 '대 竹(죽)'을 붙여 '비녀 簪(잠)'자를 만들었다. '비녀', '비녀를 꽂다'는 뜻을 나타낸다. 金簪(금잠), 玉簪(옥잠), 玉簪花(옥잠화)

僭2181, 潛1318, 蠶1764, 簪2812

昌(창) 昌唱倡娼猖菖 591

'창성할 昌(창)'자는 '해 日(일)'과 '말할 曰(왈)'이 조합된 글자이다. '(아름다운) 말'이나 '햇빛'이 본래 의미였다. 후에 '햇빛처럼 쫙 퍼지다', '창성하다', '기운·세력 등이 성한 모양', '기쁨', '경사' 등의 뜻으로 쓰이게 되었다. 昌大(창대), 昌盛(창성), 繁昌(번창), 碧昌牛(벽창우)

'昌(창)'자에 '입 口(구)'를 붙여 '부를 唱(창)/노래 唱(창)'자를 만들었다. '노래하다'의 뜻을 나타기 위하여 만들어진 글자이다. 입을 벌려 노래를 하니 '입 口(구)'가 표의요소로 쓰였다. '노래', '가곡', '노래를 부르다', '부르다', '소리 내어 외치다', '앞장서서 주장하다' 등의 뜻을 나타낸다. 唱歌(창가), 獨唱(독창), 名唱(명창),

愛唱曲(애창곡), 唱導(창도), 萬歲三唱(만세삼창), 提唱(제창), 婦唱夫隨(부창부수)

'昌(창)'자에 '사람 亻(인)'을 붙여 '광대 倡(창)/창도할 倡(창)'자를 만들었다. 여기에서 '昌(창)'은 '唱(창)'과 통하여 '노래하다'의 뜻이다. '사람 亻(인)'을 붙여 '노래하는 사람', '광대', '배우'를 뜻한다. '창도하다', '외치다'는 뜻으로도 쓰인다. 倡夫(창부), 倡夫打令(창부타령), 倡義(창의)

'昌(창)'자에 '여자 女(녀)'를 붙여 '몸 파는 여자 娼(창)'자를 만들었다. 여기서 '昌(창)'은 '唱(창)'과 통하여, '노래하다'의 뜻으로 쓰인 것이다. 娼(창)은 '노는 계집'의 뜻을 나타낸다. 娼妓(창기), 娼女(창녀), 娼婦(창부), 私娼(사창)

'昌(창)'자에 '개 犭(견)'을 붙여 '미쳐 날뛸 猖(창)'자를 만들었다. '기세가 세찬 개'라는 뜻에서 '미쳐 날뛰다', '어지럽다', '흐트러지다'는 뜻을 나타낸다. 猖獗(창궐), 猖披(창피)

'昌(창)'자에 '풀 艹(초)'를 붙여 '창포 菖(창)'자를 만들었다. 菖蒲(창포)

昌1279, 唱0243, 倡2174, 娼2316, 猖2443, 菖2930

倉(창) 倉創蒼滄愴槍瘡艙 592

'창고 倉(창)/곳집 倉(창)'자는 곡물을 넣어 두는 '곳집'을 뜻하기 위하여 만든 글자이다. 맨 위쪽은 창고의 지붕, 가운데 출입문, 아래의 口(구)는 습기를 방지하기 위한 창고 건물의 받침돌을 나타낸다. 후에 '감옥'의 뜻으로도 쓰였다. 倉庫(창고), 穀倉(곡창), 社倉(사창), 彈倉(탄창), 營倉(영창)

'倉(창)'자에 '칼 刂(도)'를 붙여 '비롯할 創(창)/상처 입을 創(창)'자를 만들었다. 본뜻은 '다치다'였는데, 후에 '비롯하다', '처음으로 이룩하다'의 뜻으로 쓰이게 되었다. 創作(창작), 創造(창조), 獨創(독창), 初創(초창)

'倉(창)'자에 '풀 艹(초)'를 붙여 '푸를 蒼(창)'자를 만들었다. 풀 빛, 즉 '짙은 푸른색'을 뜻하기 위하여 만든 것이다. '푸르다', '푸른 빛깔', '우거지다', '무성해지다' 등의 뜻을 나타낸다. 蒼空(창공), 蒼白(창백), 蒼海/滄海(창해), 古色蒼然(고색창연), 萬頃蒼(滄)波(만경창파), 蒼生(창생), 鬱蒼(울창)

'倉(창)'자에 '물 氵(수)'를 붙여 '바다 滄(창)'자를 만들었다. 본래 물이 '차갑다'는 뜻을 나타내기 위하여 만든 것이었다. 후에 바닷물의 녹색 빛을 나타내는 '푸를 蒼(창)'과 통용되는 예가 많다 보니, '큰 바다'를 지칭하게도 되었다. 滄浪(창랑), 滄海一粟(창해일속), 萬頃蒼(滄)波(만경창파)

'倉(창)'자에 '마음 忄(심)'을 붙여 '슬플 愴(창)'자를 만들었다. '슬퍼하다', '마음 아파하다', '뜻과 의욕을 잃다'는 뜻을 나타낸다. 悲愴(비창)

'倉(창)'자에 '나무 木(목)'을 붙여 '창 槍(창)'자를 만들었다. 무기의 일종인 '창'을 뜻한다. 槍劍(창검), 竹槍(죽창), 投槍(투창)

'倉(창)'자에 '병 疒(역)'을 붙여 '부스럼 瘡(창)'자를 만들었다. '創(창)'과 통하여 '상처 자국', '부스럼', '종기'의 뜻을 나타낸다. 瘡病(창병), 滿身瘡痍(만신창이), 絆瘡膏(반창고)

'倉(창)'자에 '배 舟(주)'를 붙여 '부두 艙(창)/선창 艙(창)'자를 만들었다. 船艙(선창)

倉0979, 創0685, 蒼1386, 滄1676, 愴2409, 槍2566, 瘡2731, 艙2912

采(채) 采彩採菜埰 593

'풍채 采(채)/캘 采(채)'자는 '손톱 爫(조)'와 '나무 木(목)'으로 이루어졌다. '나무 木(목)'은 '과일 果(과)'의 생략형이다. '손[爫(조)]으로 열매[果(과)]를 따다'의 뜻을 나타낸다. '분별할 釆(변)'자와는 다른 글자이다. '손톱 爫(조)'와 '나무 木(목)' 둘 다 부수로 지정되어 있고, 표의요소로 쓰였는데도 굳이 '采(채)'자를 다른 글자인 '釆(변)'부에 넣은 것은 의외이다. '캐다', '따다', '폐백', '용모', '풍채' 등의 뜻을 나타낸다. 采薇歌(채미가), 采緞(채단), 納采(납채), 風采(풍채), 喝采(갈채)

'采(채)'자에 '터럭 彡(삼)'을 붙여 '무늬 彩(채)/채색 彩(채)'자를 만들었다. 짐승 터럭의 색깔이 아주 다양한 모양에서 '무늬', '고운 빛깔'을 뜻하는 것이다. 彩色(채색), 色彩(색채), 水彩畵(수채화), 異彩(이채), 光彩(광채)

'采(채)'자에 '손 扌(수)'를 붙여 '캘 採(채)'자를 만들었다. '採(채)'자의 본래 글자는 '采(채)'이다. 이것은 나무의 과일을 따는 모습을 본뜬 것으로 '따다'가 본래 의미이다. 후에 의미를 더욱 분명히 하기 위하여 '손 扌(수)'가 첨가된 '採(채)'가 만들어졌다. '캐다', '따다', '묻힌 것을 파내다', '가려내다', '매기다', '맞추다' 등의 뜻을 나타낸다. 採集(채집), 採取(채취), 伐採(벌채), 採用(채용), 採擇(채택), 特採(특채), 採算(채산), 採點(채점)

'采(채)'자에 '풀 艹(초)'를 붙여 '나물 菜(채)'자를 만들었다. 먹을 수 있는 풀, 즉 '나물'을 뜻하기 위하여 만든 것이다. 菜蔬(채소), 果菜類(과채류), 山菜(산채), 生菜(생채), 野菜(야채), 雜菜(잡채)

'采(채)'자에 '흙 土(토)'를 붙여 '영지 埰(채)'자를 만들었다.

采2133, 彩0173, 採1003, 菜1380, 埰3431

責(책) 責債積績蹟漬 594

'꾸짖을 責(책)'자는 '조개 貝(패)'와 '가시나무 朿(자)'로 이루어진 글자이다. '朿(자)'자의 형태가 바뀌었다. '조개 貝(패)'는 '재물'을, '가시 朿(자)'는 '고통'을 뜻하니, '재물로 인한 고통' 즉, '빚'을 뜻하는 글자이다. '責(책)'자가 '꾸짖다', '책임'의 뜻으로 사용되는 예가 많아지자 본뜻은 '亻(인)'을 붙여 '빚 債(채)'자를 만들었다. '꾸짖다', '책망', '권장하다', '책임', '해야 할 임무' 등의 뜻을 나타낸다. 責望(책망), 呵責(가책), 問責(문책), 自責(자책), 叱責(질책), 責任(책임), 免責(면책), 引責(인책), 職責(직책)

'責(책)'자에 '사람 亻(인)'을 붙여 '빚 債(채)'자를 만들었다. 본래 '빚'을 뜻하는 글자는 '責(책)'이었다. '責(책)'자가 다른 뜻으로 사용되는 예가 많아지자 '빚'은 다른 사람에게 진 것임을 더욱 확실하게 나타내기 위하여 표의요소로 '사람 亻(인)'을 추가시킨 것이 바로 債(채)'자이다. '빚', '갚아야 할 돈이나 일', '갚기로 하고 임시로 쓰다', '빌려준 금품' 등의 뜻을 나타낸다. 債券(채권), 債權(채권), 債務(채무), 負債(부채), 私債(사채), 外債(외채)

'責(책)'자에 '벼 禾(화)'를 붙여 '쌓을 積(적)'자를 만들었다. 벼 같은 곡물을 '쌓다'는 뜻을 나타내기 위한 것이었다. '모으다', '저축하다', '쌓다', '포개다', '정체하다', '막히다', '적(수학 용어, 곱하여 얻은 결과)', '분량' 등의 뜻을 나타낸다. 積金(적금), 積立(적립), 積善(적선), 積雪量(적설량), 積土成山(적토성산), 累積(누적), 山積(산적), 集積回路(집적회로), 堆積(퇴적), 積滯(적체), 積分(적분), 見積(견적), 面積(면적), 容積(용적), 體積(체적)

'責(책)'자에 '실 糸(사)'를 붙여 '길쌈 績(적)'자를 만들었다. 삼(麻) 등에서 실을 '뽑아내다'는 뜻을 나타내기 위한 것이었다. 후에 '이루어 놓은 일', '업적', '실적' 등의 뜻으로도 쓰이게 되었다. 紡績(방적), 功績(공적), 成績(성적), 實績(실적), 業績(업적), 戰績(전적), 治績(치적)

'責(책)'자에 '발 足(족)'을 붙여 '자취 蹟(적)'자를 만들었다. '발자취'를 뜻하기 위하여 만든 것이다. '옛날 사람들의 발자취', '유적', '일정한 동안의 행위의 자취' 등의 뜻으로 쓰인다. 古蹟(고적), 史蹟(사적), 遺蹟(유적), 奇蹟(기적)

'쌓을 積(적)'자에 '물 氵(수)'를 붙여 '담글 漬(지)'자를 만들었다. '積(적)'자에서 '벼 禾(화)'가 생략되고 '責(책)'자만 남았다. 물속에 쌓으니, 곧 '담그다'는 뜻이다. 浸漬(침지)

責0639, 債1501, 積1054, 績1067, 蹟1421, 漬3252

冊(책) 冊柵刪珊嗣 595

'책 冊(책)'자는 竹簡(죽간)을 실로 엮어 놓은 모양에서 유래하였다. 종이가 널리 쓰이기 전까지의 책의 형태로서, 대나무 쪽을 얇게 다듬은 것을 '簡(간)'이라 하고, 거기에다 글을 쓴 다음에 실로 엮어 놓은 것을 '冊(책)'이라 하였다. '책', '책을 세는 말', '후비(后妃)·제후(諸侯)를 책봉할 때나 작위(爵位)·봉록(俸祿)을 내릴 때의 칙서' 등을 뜻한다. 冊(책), 冊曆(책력), 冊房(책방), 冊床(책상), 空冊(공책), 冊封(책봉)

'冊(책)'자에 '나무 木(목)'을 붙여 '울타리 柵(책)'자를 만들었다. 나무나 대나무로 엮어 만든 '울타리'를 뜻한다. 木柵(목책), 鐵柵(철책), 鐵柵線(철책선)

'冊(책)'자에 '칼 刂(도)'를 붙여 '깎을 刪(산)'자를 만들었다. '글자가 쓰인 대쪽을 엮은 모양을 본뜬 冊(책)에서 부적당한 것을 칼刀/刂(도)로 깎다'는 뜻이다. 刪補(산보), 刪削(산삭)

'冊(책)'자에 '구슬 玉(옥)'을 붙여 '산호 珊(산)'자를 만들었다. 珊瑚(산호), 珊瑚礁(산호초)

'이을 嗣(사)'자는 '후계자를 책봉하다'는 뜻인 '冊(책)', '문서를 입으로 읽는다'는 뜻인 '입 口(구)' 그리고 그런 '의식을 맡아 거행한다'는 뜻이며 표음요소로 쓰인 '맡을 司(사)'자가 합쳐져서 이루어진 글자이다. '잇다', '뒤를 잇다', '계승하다', '상속자', '후임자' 등의 뜻을 나타낸다. 嗣子(사자), 後嗣(후사)

'196 생각할 侖(륜)'자 참조.
'646 넓적할 扁(편)'자 참조.

冊0931, 柵2538, 刪2196, 珊2693, 嗣2259

妻(처) 妻悽凄棲 596

'아내 妻(처)'자는 '싹날 屮(철)', '또 又(우)', '여자 女(여)'로 이루어졌다. '屮(철)'은 '비녀'를 본뜬 모습이다. '又(우)'는 '비녀를 손으로 매만져 머리를 다듬다'는 뜻이다. 이런 모습에서 '아내'를 뜻한다. 妻家(처가), 妻男(처남), 夫妻(부처), 糟糠之妻(조강지처), 賢母良妻(현모양처)

'妻(처)'자에 '마음 忄(심)'을 붙여 '슬퍼할 悽(처)'자를 만들었다. 마음으로 '슬퍼하다'는 뜻을 '아내[妻]의 마음[忄]'으로 나타냈다. 悽絶(처절), 悽慘(처참)

'妻(처)'자에 '얼음 冫(빙)'을 붙여 '쓸쓸할 凄(처)'자를 만들었다. 날씨가 차거나 싸늘한 모양, 또는 처량한 모양을 나타내는 글자였다. '쓸쓸하다', '으스스하고 음산하다', '구슬프다'는 뜻을 나타낸다. 凄凉(처량), 凄然(처연)

'妻(처)'자에 '나무 木(목)'을 붙여 '살 棲(서)/깃들일 棲(서)'자를 만들었다. '새가 나무에서 조용히 쉬고 있다'는 뜻이다. '栖(서)'자는 同字(동자)이다. '살다', '깃들이다', '보금자리에 들어 살다', '거처를 정하여 살다' 등의 뜻을 나타낸다. 棲息(서식), 水棲(수서), 兩棲類(양서류)

妻1199, 悽1585, 凄1586, 棲2557

斥(척) 斥訴 597

'물리칠 斥(척)'자는 도끼를 뜻하는 '斤(근)'과 그것의 손잡이 부분을 가리키는 '점(丶)'으로 구성된 것이다. 도끼의 자루를 잡고 '휘두르다'가 본뜻인데, '내치다', '내몰다', '물리치다', '엿보다', '망보다', '몰래 살피다' 등의 뜻으로 쓰인다. 斥和(척화), 排斥(배척), 斥候(척후)

'斥(척)'자에 '말씀 言(언)'을 붙여 '하소연할 訴(소)/호소할 訴(소)'자를 만들었다. '부당함을 물리치기 위한 말'이란 뜻이다. '하소연하다', '원통함을 호소하다', '헐뜯어 말하다', '송사하다', '관청에 고하여 판결을 청하다' 등의 뜻을 나타낸다. 哀訴(애소), 呼訴(호소), 讒訴(참소)/譖訴(참소), 訴訟(소송), 告訴(고소), 上訴(상소),

勝訴(승소), 抗訴(항소)
斥1620, 訴1398

脊(척) 脊瘠　598

'등마루 脊(척)'자는 '고기 月(육)'과 등뼈 모양을 나타내는 윗부분으로 이루어진 글자이다. '등뼈'를 뜻한다. 脊髓(척수), 脊椎(척추)

'脊(척)'자에 '병 疒(역)'을 붙여 '파리할 瘠(척)/여윌 瘠(척)'자를 만들었다. '병으로 등뼈만 남다', '파리하다', '여위다', '메마르다'는 뜻을 나타낸다. 瘦瘠(수척), 瘠薄(척박)

脊2884, 瘠2730

拓(척/탁) 拓妬　599

'개척할 척 拓(척)/박을 拓(탁)'자는 손으로 '꺽다'는 뜻을 나타내기 위하여 만든 것이었다. '손 扌(수)'가 표의요소, '돌 石(석)'은 표음요소인데 음이 약간 변했다. '넓히다', '금석문을 종이에 박다'는 뜻을 나타낸다. 拓植(척식)/拓殖(척식), 拓地(척지), 干拓(간척), 開拓(개척), 拓本(탁본)

'샘낼 妬(투)'자는 아내의 남편에 대한 감정 즉, '질투'의 뜻을 나타낸다. '여자 女(녀)'와 '돌 石(석)'으로 이루어졌다. '질투하다', '시새우다', '투기하다', '시기하다'는 뜻을 나타낸다. 妬忌(투기), 妬氣(투기), 嫉妬(질투)

拓1267, 妬2311

川(천) 川順馴訓釧　600

'내 川(천)'자는 도랑을 파서 물을 흐르게 하는 것의 모양을 본뜬 것이다. 그래서 널리 '내'의 뜻으로 쓰인다. '川(천)'자의 원형은 '巛'이었다. 晝夜長川(주야장천), 山川(산천), 名山大川(명산대천), 河川(하천)

'川(천)'자는 部首(부수)로 쓰인다. 부수로 쓰일 때는 '巛(천)'의 형태를 취한다. 여기 소개되는 한자들은 '川(천)'자를 요소로 가지고 있지만 부수 '川(천)'에 속해 있지 않은 것들이다.

'순할 順(순)'자는 흐르는 냇물의 모습인 '내 川(천)'과 큰 머리를 강조한 모습인 '머리 頁(혈)'이 합쳐진 것으로 '머리를 숙이고 흐르는 물과도 같은 성인의 도리를 따르다'가 본뜻이라고 한다. '순하다', '온순하다', '순조롭다', '일이 잘 풀리다', '따르다', '도리를 따르다', '거스르지 아니하다', '차례로 이어지다', '이어받다' 등의 뜻을 나타낸다. 順調(순조), 順風(순풍), 不順(불순), 溫順(온순), 耳順(이순), 順理(순리), 順從(순종), 歸順(귀순), 順番(순번), 順序(순서), 式順(식순), 逆順(역순), 筆順(필순)

'내 川(천)'에 '말 馬(마)'를 붙여 '길들일 馴(순)'자를 만들었다. 시냇물이 일정한 길을 따라 흐르듯, '말이 사람의 뜻에 따르다', '길들다'의 뜻이다. 馴化(순화), 馴鹿(순록)

'내 川(천)'에 '말씀 言(언)'을 붙여 '가르칠 訓(훈)'자를 만들었다. '川(천)'은 '따르다'의 뜻으로 쓰였으니, '訓(훈)'자는 '말로 이끌어 따르게 하다'의 뜻이 된다. '가르치다', '훈계하다', '인도하다', '풀다', '자구의 뜻을 해석하다' 등의 뜻을 나타낸다. 訓戒(훈계), 訓練(훈련), 敎訓(교훈), 校訓(교훈), 訓讀(훈독)

'내 川(천)'에 '쇠 金(금)'을 붙여 '팔찌 釧(천)'자를 만들었다.

川0065, 順0659, 馴3161, 訓0447, 釧3589

泉(천) 泉線腺　601

'샘 泉(천)'자는 '흰 白(백)'과 '물 水(수)'자로 이루어졌다. 여기에서 '白(백)'자는 '옹달샘'의 모양을 나타낸 것이다. 즉 산골짜기 옹달샘에서 '물 [水(수)]'이 졸졸 흘러나오는 모양을 본뜬 것으로 '샘'을 나타낸 것이다. 鑛泉(광천), 溫泉(온천), 源泉(원천), 黃泉(황천)

'泉(천)'자에 '실 糸(사)'를 붙여 '줄 線(선)'자를 만들었다. '실', '줄'을 뜻한다. 線路(선로), 線形(선형), 曲線(곡선), 光線(광선), 導火線(도화선), 水平線(수평선), 休戰線(휴전선)

'泉(천)'자에 '고기 月(육)'을 붙여 '샘 腺(선)'자를 만들었다. 여기에서 '샘'이란 생물체 몸 안에 있어 분비작용을 하는 기관을 말한다. 甲狀腺(갑상선), 淚腺(누선), 蜜腺(밀선), 唾腺(타선), 扁桃腺(편도선)

泉1029, 線0430, 腺2895

徹(철) 徹撤轍澈　602

'통할 徹(철)'자는 '길 갈 彳(척)', '기를 育(육)', '칠 攵(복)'으로 이루어진 글자이다. '育(육)'은 '솥 鬲(력/격)'이 변한 것이고, '攵(복)'은 '손'을 뜻하는 '又(우)'가 변한 것이다. '음식을 먹은 뒤 뒤치다꺼리를 하다', '상을 치우다'가 본래 의미였다고 한다. 후에 길 따위가 '통하다'는 뜻으로 쓰이게 되었고, '치우다'는 뜻은 撤(철)'자를 만들어 나타냈다. '통하다', '막힘없이 트이다', '막히거나 가려진 것을 헤치고 통하다'는 뜻을 나타낸다. 徹頭徹尾(철두철미), 徹夜(철야), 徹底(철저), 貫徹(관철), 冷徹(냉철), 透徹(투철)

'거둘 撤(철)'자는 손으로 집어 '거두어들이다'는 뜻을 나타내기 위하여 만든 것이다. 원래는 '徹(철)'자로, '음식을 먹은 뒤 뒤치다꺼리를 하다', '상을 치우다'가 본래 의미였다고 한다. 후에 '徹(철)'자는 길 따위가 '통하다'는 뜻으로 쓰이게 되었고, '치우다', '거두다', '그만두다'는 뜻은 '撤(철)'자를 만들어 나타냈다. 撤去(철거), 撤軍(철군), 撤床(철상), 撤收(철수), 撤回(철회), 不撤晝夜(불철주야)

'통할 徹(철)'자에 '수레 車(거)'를 붙여 '바퀴자국 轍(철)'자를 만들었다. '徹(철)'자에서 '걸을 彳(척)' 부분이 생략되었다. 수레가 지나간 다음에 남는 '수레바퀴 자국'을 뜻한다. 軌轍(궤철), 前轍(전철), 螳螂拒轍(당랑거철)

'통할 徹(철)'자에서 '걸을 彳(척)'을 빼고 '물 氵(수)'를 붙여 '물 맑을 澈(철)'자를 만들었다. 글자의 뜻이 좋아 사람의 이름자로 많이 쓰인다.

徹1234, 撤1904, 轍3068, 澈3488

僉(첨) 僉檢儉劍斂殮驗險 603

'다 僉(첨)'자는 '모두', '여러'의 뜻을 나타낸다. 윗부분인 '사람 人(인)'과 '한 一(일)'은 '합할 合(합)'의 생략형이다. 아랫부분의 '兄(형)'자 두 개는 '형'의 뜻이 아니라 '입 口(구)'와 '사람 儿(인)'이다. '여러 사람이 입을 맞춰 말하다'는 뜻이 된다. 조어력이 약하여 한자어 낱말은 많지 않다. 僉知(첨지)

'僉(첨)'자에 '나무 木(목)'을 붙여 '검사할 檢(검)/봉할 檢(검)'자를 만들었다. 문서를 나무 상자 안에 넣고 표시하는 일 즉, '검사하다'는 뜻을 나타내는 글자이다. '단속하다', '조사하다'는 뜻을 나타낸다. 檢擧(검거), 檢事(검사), 巡檢(순검), 檢査(검사), 檢索(검색), 檢察(검찰), 檢討(검토), 點檢(점검)

'僉(첨)'자에 '사람 亻(인)'을 붙여 '검소할 儉(검)'자를 만들었다. '수수하다', '검소하다', '낭비하지 않는다'는 뜻을 나타낸다. 儉素(검소), 儉約(검약), 勤儉(근검)

'僉(첨)'자에 '칼 刀(도)'를 붙여 '칼 劍(검)'자를 만들었다. 무사나 병사들이 허리에 차는 무기로 쓰는 긴 '칼'을 나타내기 위하여 만든 것이었다. 劍客(검객), 劍道(검도), 刻舟求劍(각주구검), 見蚊拔劍(견문발검), 口蜜腹劍(구밀복검), 銃劍術(총검술)

'僉(첨)'자에 '칠 攵(복)'을 붙여 '거둘 斂(렴)'자를 만들었다. '다 합쳐서 거두다'는 뜻을 나타내기 위하여 만든 글자이다. '거두다', '흩어져 있는 것을 모으다', '긁어모으다', '세금을 부과(賦課)하여 거두어들이다', '제자리로 돌리다' 등의 뜻을 나타낸다. 收斂(수렴), 出斂(출렴), 苛斂(가렴), 苛斂誅求(가렴주구), 後斂(후렴)

'僉(첨)'자에 '죽을 歹(사)'를 붙여 '염할 殮(염)'자를 만들었다. '시체를 거두어 염습하다'는 뜻이다. 殮襲(염습)

'僉(첨)'자에 '말 馬(마)'를 붙여 '시험할 驗(험)'자를 만들었다. 원래 말의 일종을 나타내기 위한 것이었다. '시험하다', '고사', '실지로 겪어봄', '효능' 등의 뜻을 나타낸다. 受驗(수험), 試驗(시험), 經驗(경험), 實驗(실험), 體驗(체험), 靈驗(영험), 效驗(효험)

'僉(첨)'자에 '언덕 阝(부)'를 붙여 '험할 險(험)'자를 만들었다. '산비탈이 험하다'는 뜻을 나타내기 위하여 만들어진 것이다. '험하다', '다니기에 위태롭다', '위태롭다', '낭떠러지', '비뚤다', '부정(不正)하다', '거짓', '수비에 좋다' 등의 뜻을 나타낸다. 險難(험난), 險惡(험악), 冒險(모험), 保險(보험), 危險(위험), 探險(탐험), 險口(험구), 險談(험담), 陰險(음험), 天險(천험)

僉2178, 檢0781, 儉0925, 劍1162, 斂2507, 殮2581, 驗0871, 險0941

詹(첨/담) 瞻蟾擔膽憺澹 604

'이를 詹(첨)/넉넉할 詹(담)'자는 지붕의 용마루에서 처마로 내리뻗은 線(선)의 모양을 본뜬 것에 '여덟 八(팔)'과 '말씀 言(언)'을 넣어 만든 글자이다.

'詹(첨)'자에 '눈 目(목)'을 붙여 '볼 瞻(첨)'자를 만들었다. 여기에서 '詹(첨)'자는 '점을 쳐 보다'는 뜻으로 쓰인 것이다. 瞻星臺(첨성대)

'詹(첨)'자에 '벌레 虫(충)'을 붙여 '두꺼비 蟾(섬)'자를 만들었다.

'넉넉할 詹(담)'자에 '손 扌(수)'를 붙여 '멜 擔(담)/짐 擔(담)'자를 만들었다. '어깨에 메다', '짊어지다', '짐', '맡다', '떠맡다', '책임지다', '맡은 일' 등의 뜻을 나타낸다. 擔架(담가), 擔當(담당), 擔保(담보), 擔任(담임), 加擔(가담), 負擔(부담), 分擔(분담), 全擔(전담)

'詹(담)'자에 '고기 月(육)'을 붙여 '쓸개 膽(담)'자를 만들었다. '쓸개'를 뜻하기 위하여 만든 것이다. 예부터 용감한 마음이나 생각이 쓸개에서 나온다고 생각했으므로, '담력'이라는 뜻으로 쓰인 예가 많다. 膽(담), 膽囊(담낭), 膽石(담석), 肝膽(간담), 肝膽相照(간담상조), 落膽(낙담), 熊膽(웅담), 臥薪嘗膽(와신상담), 膽力(담력), 大膽(대담)

'詹(담)'자에 '마음 忄(심)'을 붙여 '편안할 憺(담)/움직일 憺(담)'자를 만들었다. '淡(담)'자와 같은 의미이다. 마음이 무슨 일에나 담담하고 욕심이 없어 '편안하다'는 뜻을 나타낸다. '마음이 움직이다', '두려워하다'는 뜻으로 쓰일 때도 있다. 憺憺(담담)/淡淡(담담), 慘憺(참담)

'詹(담)'자에 '물 氵(수)'를 붙여 '맑을 澹(담)'자를 만들었다. '담박하다'는 뜻으로 '淡(담)'자와 같이 쓴다. '담박하다', '욕심이 없고 마음이 깨끗하다'는 뜻으로 쓰인다. 淡泊(담박)/澹泊(담박), 雅淡(아담)/雅澹(아담), 暗澹(암담)

瞻3541, 蟾3572, 擔0472, 膽1078, 憺2420, 澹2636

妾(첩) 妾接楱 605

'첩 妾(첩)'자는 '매울 辛(신)'과 '여자 女(녀)'로 이루어진 것이었다. 후에 '辛(신)'자의 아래 부분이 생략되고 '立(립)'자 모양만 남았다. '辛(신)'은 형벌에 쓰는 둥근 칼을 가리킨다. 형벌에 처하거나 대신 노예로 삼을 여자를 가리킨다. 즉 '여자종'이 본뜻이었는데 그들 가운데 일부를 첩으로 삼는 예가 많았기 때문인지 '첩'을 뜻하는 것이 되었다. '첩', '본처 외에 데리고 사는 여자', '여자가 남자에 대하여 자신을 낮추어 이르는 말'로 쓰인다. 妾室(첩실), 愛妾(애첩), 妻妾(처첩), 小妾(소첩), 臣妾(신첩)

'妾(첩)'자에 '손 扌(수)'를 붙여 '사귈 接(접)'자를 만들었다. '(손으로 가까이) 끌어당기다'가 본뜻이었다. '대접하다', '잇다', '이어서 맞추다', '접하다', '계속되다', '가까이 하다', '접촉하다', '받아들이다', '흘레하다' '접붙이다' 등의 뜻을 나타낸다. 接客(접객), 接待(접대), 待接(대접), 迎接(영접), 應接室(응접실), 接骨(접골), 接境(접경), 接續(접속), 接着(접착), 間接(간접), 隣接(인접), 直接(직접), 皮骨相接(피골상접), 接近(접근), 密接(밀접), 接觸(접촉), 面接(면접), 接受(접수), 接木/椄木(접목)

'妾(첩)'자에 '나무 木(목)'을 붙여 '접붙일 椄(접)'자를 만들었다. '접붙이다'는 뜻으로, '사귈 接(접)'과 같이 쓴다. 椄木(접목)/接木(접목)

妾1200, 接0745, 椄3241

靑(청) 靑淸請晴情精睛靖猜 606

'푸를 靑(청)'자는 '날 生(생)'과 '붉을 丹(단)'으로 이루어진 모양이다. 모양이 약간 바뀐 '生'은 '푸른 풀이 나는 모양'이다. '丹'은 '우물 난간 속의 물감'이라는 뜻이다. '靑(청)'자는 '우물 속에 푸른 풀'을 뜻하는 글자였다. '靑(청)'자의 아랫부분을 '月'로 쓴 '靑(청)'자는 속자이다. '푸르다', '푸른 빛', '젊음'을 뜻한다. 靑果(청과), 靑雲(청운), 靑天(청천), 靑出於藍(청출어람), 丹靑(단청), 獨也靑靑(독야청청), 靑年(청년), 靑春(청춘), 靑孀(청상)

'靑(청)'자는 部首(부수)로 쓰인다. 여기 소개되는 한자들은 '靑(청)'자와 '靜(정)'자 이외에는 부수 '靑(청)'에 속하지 않는 것들이다.

'靑(청)'자에 '물 氵(수)'를 붙여 '맑을 淸(청)'자를 만들었다. 푸른 물이 곧 맑은 물이다. '맑다', '깨끗이 하다', '구름이나 안개가 끼지 아니하여 깨끗하다', '더럽고 잡스러운 것이 섞이지 아니하여 신선하다', '누추한 티 없이 순진하고 조촐하다' '환히 트이어 속되거나 탁한 맛이 없다', '사념(邪念)이 없다', '탐욕이 없다', '시원하다', '맑은 술', '왕조 이름' 등의 뜻으로 쓰인다. 淸潔(청결), 淸濁(청탁), 百年河淸(백년하청), 淸明(청명), 淸純(청순), 淸雅(청아), 淸楚(청초), 淸風(청풍), 淸風明月(청풍명월), 淸廉(청렴), 淸白吏(청백리), 淸貧(청빈), 淸算(청산), 淸凉(청량), 淸凉飮料(청량음료), 淸酒(청주), 淸日戰爭(청일전쟁), 淸朝(청조)

'靑(청)'자에 '말씀 言(언)'을 붙여 '청할 請(청)'자를 만들었다. '(말로) 부탁하다'는 뜻을 위한 글자이다. '청하다', '주기를 원하다', '청탁', '부탁하다', '부르다', '초청하다' 등의 뜻을 나타낸다. 請求(청구), 請願(청원), 請託(청탁), 懇請(간청), 申請(신청), 要請(요청), 請牒狀(청첩장), 招請(초청), 不請客(불청객)

'靑(청)'자에 '해 日(일)'을 붙여 '갤 晴(청)'자를 만들었다. 구름에 가렸던 해가 나타나다, 즉 '개다'는 뜻을 나타내기 위한 것이다. '해 日(일)'이 표의요소, '푸를 靑(청)'은 표음요소이면서 푸른 하늘을 연상하게 하는 표의요소를 겸한다. '개다', '비가 그치다', '하늘에 구름이 없다', '마음이 개운하게 되다' 등의 뜻을 나타낸다. 晴曇(청담), 晴天(청천), 快晴(쾌청)

'靑(청)'자에 '마음 忄(심)'을 붙여 '뜻 情(정)'자를 만들었다. 타고난 그대로의 '본성', '따뜻한 마음'이 본뜻이다. '뜻', '무엇을 하리라고 먹은 마음', '정', '느끼어 일어나는 마음', '인정', '동정의 따뜻한 마음', '이성 간에 나누는 정', '사랑을 느끼는 마음', '본성', '타고난 성질', '마음의 작용', '사정', '형편', '상태', '멋', '정취' 등 여러 가지 뜻을 나타낸다. 衷情(충정), 情緖(정서), 情熱(정열), 感情(감정), 心情(심정), 表情(표정), 情感(정감), 冷情(냉정), 友情(우정), 人情(인정), 人之常情(인지상정), 情婦(정부), 情慾(정욕), 戀情(연정), 愛情(애정), 情報(정보), 情況(정황), 物情(물정), 事情(사정), 實情(실정), 情景(정경), 情趣(정취)

'靑(청)'자에 '쌀 米(미)'를 붙여 '정할 精(정)/쓿은 쌀 精(정)'자를 만들었다. '곱게 잘 쓿은 쌀'을 나타내기 위하여 만들어진 것이다. '쓿은 쌀', '찧다', '자세하다', '면밀하다', '아름답다', '근본', '생명의 근원', '만물을 생성하는 음양의 기', '혼', '혼백', '정신', '참됨', '정성', '굳세다' 등 여러 가지 뜻을 나타낸다. 精米(정미), 精肉(정육), 精製(정제), 搗精(도정), 精巧(정교), 精讀(정독), 精密(정밀), 精通(정통), 精書(정서), 精氣(정기), 精力(정력), 受精(수정), 精神(정신), 精誠(정성), 精進(정진), 精兵(정병), 精銳(정예)

'靑(청)'자에 '눈 目(목)'을 붙여 '눈동자 睛(정)'자를 만들었다. '靑(청)'은 '파랗다', '맑다'는 뜻으로, '睛(정)'자는 '맑은 눈동자'를 뜻한다. 點睛(점정), 畵龍點睛(화룡점정)

'靑(청)'자에 '설 立(립)'을 붙여 '편안할 靖(정)'자를 만들었다. '靑(청)'자는 '고요할 靜(정)'자 대신 쓰인 것이다. 조용히 서 있으니, '편안하다'는 뜻이다. '소란함을 편안하게 다스리다', '편안하다', '고요하다', '조용하다' 등의 뜻을 나타낸다. 靖亂(정란), 安靖(안정)

'靑(청)'자에 '개 犭(견)'을 붙여 '시기할 猜(시)'자를 만들었다. '검푸른 개'라는 뜻에서. '의심쩍게 시새우다'는 뜻을 나타낸다. 猜忌(시기), 猜忌心(시기심), 猜疑(시의), 猜妬(시투)

'고요할 靜(정)'자는 '519 다툴 爭(쟁)'자 참조

靑0174, 淸0395, 請0664, 晴1632, 情0214, 精0419, 睛2748, 靖3138, 猜2683

肖(초) 肖哨梢硝稍消逍銷趙削屑宵 607

'닮을 肖(초)'자는 '작을 小(소)'와 '고기 月(육)'으로 이루어졌다. '골육의 용모가 닮은 작은 것'이란 뜻이라고 한다. '닮다', '골상(骨相)·육체·용모가 닮다'는 뜻을 나타낸다. 肖像(초상), 肖像畵(초상화), 不肖(불초)

'肖(초)'자에 '입 口(구)'를 붙여 '망볼 哨(초)'자를 만

들었다. 본뜻은 '(입이) 비뚤어지다'이고 원래 음은 [쇼]였다. '입 口(구)'가 표의요소, '닮을 肖(초)'가 표음요소이다. 후에 '망보다'는 뜻으로 쓰였는데, 음도 [초]로 변하였다. '망보다', '파수보다'는 뜻을 나타낸다. 哨戒艇(초계정), 哨所(초소), 步哨(보초), 前哨(전초)

'肖(초)'자에 '나무 木(목)'을 붙여 '나뭇가지 梢(초)/우듬지 梢(초)'자를 만들었다. '우듬지 끝', '나뭇가지의 끝', '끝', '말단' 등을 뜻한다. 新梢(신초), 枝梢(지초), 末梢(말초), 末梢神經(말초신경)

'肖(초)'자에 '돌 石(석)'을 붙여 '초석 硝(초)/화약 硝(초)'자를 만들었다. 유리, 화약의 원료로 쓰는 '초석'을 뜻한다. 硝酸(초산), 硝石(초석), 硝煙(초연), 硝煙彈雨(초연탄우)

'肖(초)'자에 '벼 禾(화)'를 붙여 '벼 줄기 끝 稍(초)'자를 만들었다.

'肖(초)'자에 '물 氵(수)'를 붙여 '사라질 消(소)'자를 만들었다. 표음요소로 쓰인 '肖(초)'는 '적다'의 뜻을 가지고 있어 표의요소도 겸한다. '消(소)'는 '물이 점차 적어져서 없어지다'는 뜻을 나타내는 글자였다. '사라지다', '물체가 없어지다', '어떤 심리·생각 등을 없어지게 하다', '줄다', '닳거나 깎이어서 줄어들다', '삭다', '쓰다', '사용하다', '불을 끄다' 등의 뜻을 나타낸다. 消毒(소독), 消息(소식), 消失(소실), 取消(취소), 解消(해소), 消極的(소극적), 消化(소화), 消耗(소모), 消費(소비), 消日(소일), 消燈(소등), 消防(소방), 消火(소화)

'肖(초)'자에 '쉬엄쉬엄 갈 辶(착)'을 붙여 '거닐 逍(소)'자를 만들었다. '좁은 보폭으로 슬슬 걷다'는 뜻이다. 逍遙(소요), 逍風(소풍)

'肖(초)'자에 '쇠 金(금)'을 붙여 '녹을 銷(소)/사라질 銷(소)'자를 만들었다. '사그라지다'는 뜻으로 쓰인다. 銷沈(소침), 意氣銷沈(의기소침)

'肖(초)'자에 '달릴 走(주)'를 붙여 '조 나라 趙(조)'자를 만들었다. '나라 이름', '姓(성)'으로 쓰인다.

'肖(초)'자에 '칼 刂(도)'를 붙여 '깎을 削(삭)'자를 만들었다. '削(삭)'자의 원래 발음은 [쵸]이고, '칼집'을 뜻하기 위한 것이었다. '칼 刂(도)'가 표의요소로 쓰였다. '닮을 肖(초)'는 표음요소이다. 후에 이 글자가 다른 뜻과 다른 음으로 쓰이는 예가 많아지자 '칼집 鞘(초)'자를 따로 만들어 그 의미를 나타냈다. '깎다', '잘라내다', '덜어버리다', '빼앗다', '떼어내다' 등의 뜻으로 쓰인다. 削髮(삭발), 削減(삭감), 削除(삭제), 削奪官職(삭탈관직)/削奪官爵(삭탈관작), 添削(첨삭)

'肖(초)'자에 '주검 尸(시)'를 붙여 '가루 屑(설)'자를 만들었다. '몸이 가루가 되도록 힘쓰고 수고함'의 뜻에서 '자잘하다, 잔 부스러기' 등의 뜻을 나타낸다. 屑塵(설진), 屑糖(설탕)/雪糖(설탕)

'밤 宵(소)'자는 '닮을 肖(초)'와 겉모양만 가족이지 혈통은 가족이 아니다. 이 글자는 '집 宀(면)', '작을 小(소)', '달 月(월)'로 이루어진 것이다. '겨우 조금 달빛이 창문에 들이비치다'의 뜻에서 '밤'을 나타낸다. '(소견이) 작다'는 뜻도 있다. 春宵(춘소), 宵小輩(소소배)

肖1366, 哨1859, 梢2547, 硝2760, 稍3371, 消0394, 逍3078, 銷3312, 趙3578, 削1510, 屑2856, 宵2333

焦(초) 焦 憔 樵 礁 蕉 醮 — 608

'탈 焦(초)/그을릴 焦(초)'자는 새[隹(추)]를 불[火(화)]에 '굽다'는 뜻을 나타내기 위하여 그 모습을 본뜬 것이다. '태우다', '그슬리다'는 뜻이다. 사람이 어떤 일에 골몰하여 신경을 쓰면 속이 새까맣게 타거나 피가 바짝바짝 마른다는 데서 '焦(초)'와 '燥(조)'에 각각 '애태우다'라는 뜻이 파생되었다. '태우다', '그을리다', '애태우다', '삼초' 등의 뜻을 나타낸다. 焦眉之急(초미지급), 焦點(초점), 焦土(초토), 焦土作戰(초토작전), 焦燥(초조), 勞心焦思(노심초사), 三焦(삼초), 下焦(하초)

'焦(초)'자에 '마음 忄(심)'을 붙여 '수척할 憔(초)'자를 만들었다. '속이 타서 여위다' '고생이나 병으로 야위어 수척하다'는 뜻을 나타낸다. '焦(초)'는 '누른빛이 나도록 타다'는 뜻이다. 憔悴(초췌)

'焦(초)'자에 '나무 木(목)'을 붙여 '땔나무할 樵(초)'자를 만들었다. '땔나무', '땔나무를 마련하다', '나무꾼'을 뜻한다. 樵童(초동), 樵夫(초부), 樵笛(초적)

'焦(초)'자에 '돌 石(석)'을 붙여 '암초 礁(초)'자를 만들었다. '물에 잠긴 바위', '암초'를 뜻한다. 珊瑚礁(산호초), 暗礁(암초), 坐礁(좌초)

'焦(초)'자에 '풀 艹(초)'를 붙여 '파초 蕉(초)'자를 만들었다. 芭蕉(파초)

'焦(초)'자에 '닭 酉(유)'를 붙여 '제사지낼 醮(초)'자를 만들었다. '술을 차려 놓고 신에게 제사함'을 뜻한다. 醮禮(초례), 醮禮廳(초례청)

'617 새 隹(추)'자 참조.

焦1926, 憔2394, 樵2572, 礁2765, 蕉2919, 醮3309

楚(초) 楚 礎 — 609

'초나라 楚(초)'자는 '수풀 林(림)'과 '발 疋(소)'자로 이루어졌다. '疋(소)'는 표음요소로 쓰인 것이다. '나라 이름', '매', '매질하다', '고통을 느끼다', '곱고 선명하다' 등의 뜻으로 쓰인다. 淸楚(청초), 苦楚(고초), 四面楚歌(사면초가)

'楚(초)'자에 '돌 石(석)'을 붙여 '주춧돌 礎(초)'자를 만들었다. 기둥의 받침돌, 즉 '주춧돌'을 뜻하기 위하여 만든 것이다. 礎石(초석), 基礎(기초), 定礎(정초), 柱礎(주초)

'206 수풀 林(림)'자 참조.

楚2076, 礎1343

蜀(촉) 蜀 觸 燭 獨 濁 屬 囑 — 610

'나라 이름 蜀(촉)'자는 원래는 큰 눈을 가진 징그러운 벌레를 나타내는 것이었다. '罒'은 '그물 罒(망)'이 아니라

'눈 目(목)'이 자세를 바꾼 것이고, 'ᄀ(포)'는 벌레의 몸집을 나타낸다. '벌레'임을 나타내기 위해서 '벌레 虫(충)'을 썼다. 실제로는 나라 이름 또는 지역 이름으로만 쓰인다. 蜀葵花(촉규화), 蜀道(촉도), 歸蜀道(귀촉도)

'蜀(촉)'자에 '뿔 角(각)'을 붙여 '닿을 觸(촉)'자를 만들었다. '뿔로 떠받다'는 뜻을 나타내기 위하여 만든 것이다. '닿다', '감각하다', '감동하다', '범하다', '저촉하다' 등의 뜻을 나타낸다. 觸角(촉각), 觸覺(촉각), 觸感(촉감), 觸媒(촉매), 觸手(촉수), 一觸卽發(일촉즉발), 接觸(접촉), 抵觸(저촉)

'蜀(촉)'자에 '불 火(화)'를 붙여 '촛불 燭(촉)'자를 만들었다. '촛불'을 뜻하기 위하여 만든 것이다. '촛불', '초', '촉광', '비추다', '밝히다' 등의 뜻을 나타낸다. 燭臺(촉대), 燈燭(등촉), 洋燭(양촉), 華燭(화촉), 燭光(촉광), 洞燭(통촉)

'蜀(촉)'자에 '개 犭(견)'을 붙여 '홀로 獨(독)'자를 만들었다. 개가 서로 '싸우다'는 뜻이다. 羊(양)은 무리를 짓고, 개는 그렇지 않기 때문에 '홀로'라는 뜻으로 쓰이게 되었다. '홀로', '혼자', '남과 다르다', '홀몸', '늙어서 자식이 없는 사람' '나라 이름' 등으로 쓰인다. 獨立(독립), 獨善(독선), 獨裁(독재), 獨唱(독창), 孤獨(고독), 孤掌難鳴(고장난명), 獨創(독창), 獨特(독특), 鰥寡孤獨(환과고독), 獨逸(독일)

'蜀(촉)'자에 '물 氵(수)'를 붙여 '흐릴 濁(탁)'자를 만들었다. 물이 '흐리다'는 뜻을 나타내기 위하여 만든 것이다. 물이 '맑음'의 뜻인 '淸(청)'에 상대되는 글자이다. '흐리다', '물이 맑지 아니하다', '소리가 맑지 아니하다', '더러워지다', '어지럽다' 등의 뜻을 나타낸다. 濁流(탁류), 濁酒(탁주), 一魚濁水(일어탁수), 濁音(탁음), 鈍濁(둔탁), 濁甫(탁보), 汚濁(오탁), 混濁(혼탁), 濁世(탁세)

'蜀(촉)'자에 '꼬리 尾(미)'를 붙여 '무리 屬(속)/엮을 屬(속)/붙일 屬(속)'자를 만들었다. '尾(미)'자의 모양이 약간 변하였다. 본래 '꼬리를 잇다'는 뜻이었다. '붙다', '딸리다', '무리', '동아리', '혈족', '좇다', '복종하다' 등의 뜻으로 쓰인다. 屬國(속국), 屬性(속성), 附屬(부속), 所屬(소속), 從屬(종속), 金屬(금속), 族屬(족속), 眷屬(권속), 卑屬(비속), 尊屬(존속), 服屬(복속)

'무리 屬(속)'자에 '입 口(구)'를 붙여 '부탁할 囑(촉)'자를 만들었다. '말로 사람을 복종시키다'는 뜻이었는데 지금은 주로 '부탁하다', '맡기다'는 뜻으로 쓰인다. 囑望(촉망), 囑託(촉탁), 委囑(위촉)

蜀2123, 觸1396, 燭1689, 獨0596, 濁0396, 屬0973, 囑2273

寸(촌) 寸村討紂酎對 611

'마디 寸(촌)'자는 손가락의 모양을 본뜬 것이라는데 모양이 많이 변했다. '마디', '손가락 하나의 폭', '조금', '약간', '길이의 단위(치)', '친족 간의 원근 관계를 나타내는 촌수' 등의 뜻을 나타낸다. 寸劇(촌극), 寸陰(촌음), 寸志(촌지), 寸評(촌평), 寸鐵殺人(촌철살인), 寸數(촌수), 四寸(사촌), 三寸(삼촌), 外三寸(외삼촌)

'寸(촌)'이 부수로 쓰일 때는 '마디'나 '짧다'의 뜻으로 쓰이는 예가 없고, 거의 '손' 또는 '손'과 관련이 있는 글자의 요소로 쓰이고 있다.

'寸(촌)'자에 '나무 木(목)'을 붙여 '마을 村(촌)'자를 만들었다. 나무숲에 둘러싸인 작은 '마을'을 뜻한다. '寸(촌)'자는 표음요소로 쓰인 것이니 뜻과는 상관이 없다. '마을', '시골', '농촌', '촌스럽다' 등의 뜻을 나타낸다. 村鷄官廳(촌계관청), 村落(촌락), 村老(촌로), 農村(농촌), 山村(산촌), 漁村(어촌), 僻村(벽촌), 貧民村(빈민촌), 村氣(촌기)

'칠 討(토)'자는 '말씀 言(언)'과 '팔꿈치 肘(주)의 생략형'으로 이루어졌다. 말과 손으로 죄인을 문초하거나 추궁하는 뜻을 위한 글자이다. '치다', '정벌하다', '토벌하다', '꾸짖다', '찾다', '논의하다' 등의 뜻을 나타낸다. 討伐(토벌), 聲討(성토), 討論(토론), 討議(토의), 檢討(검토), 爛商討議(난상토의)

'주 임금 紂(주)'자는 殷(은)나라의 마지막 왕을 지칭한다. 매우 포악한 임금을 비유적으로 이르는 말로 쓰인다. 紂王(주왕), 桀紂(걸주)

'진한 술 酎(주)'자는 '닭 酉(유)'와 '팔꿈치 肘(주)'로 이루어졌다. 세 번 거듭 가공한 '좋은 술'을 뜻한다. 燒酎(소주)

'대할 對(대)'자에 쓰인 '寸(촌)'자는 본래 '손'을 뜻하는 '又(우)'였으나 같이 '손'을 뜻하는 '寸(촌)'으로 바뀐 것이다. 그 앞의 것은 위가 톱니 모양의 '끌'을 본뜬 것이다. '끌을 손에 쥐고 널빤지에 문자를 새기든가 하여 천자의 명령인 말에 대답하다'라는 뜻으로 만들어진 글자라고 하니 어렵도다! 嗚呼(오호) 難哉(난재)라! '대할 對(대)'자의 '語源(어원)'에 대하여 아는 바를 쓰시오. 뭐 이런 문제를 시험에 내는 사람이 있다면 그 사람은 인간성이 매우 나쁜 사람일 것이다. '대답하다', '앞에 두고 마주 대하다', '행위의 대상으로 하다', '상대', '사물과 사물의 대비나 대립을 나타낼 때 쓰는 말', '서로 대립되게 짝을 만드는 수사적 표현', '같다' 등의 뜻으로 쓰인다. 對價(대가), 對答(대답), 對立(대립), 對比(대비), 對備(대비), 對象(대상), 對應(대응), 對人(대인), 對策(대책), 對處(대처), 對話(대화), 反對(반대), 相對(상대), 絶對(절대), 對句(대구), 對等(대등), 對數(대수)

'283 부칠 付(부)'자 참조.
'526 오로지 專(전)'자 참조.
'303 절 寺(사)'자 참조.
'높을 尊(존)'자는 '619 우두머리 酋(추)'자 참조.
'인도할 導(도)'자는 '148 길 道(도)'자 참조.
寸0232, 村0150, 討1085, 紂2826, 酎3392, 對0600

悤(총) 總聰 612

'바쁠 悤(총)'자는 '굴뚝 囪(총)'과 '마음 心(심)'자로 이루어졌다. '굴뚝 囪(총)'은 표음요소로 쓰인 것이다. '바쁘다', '허둥대다'는 뜻을 나타낸다.

'悤(총)'자에 '실 糸(사)'를 붙여 '모두 總(총)/거느릴 總(총)'자를 만들었다. 본뜻은 '실을 한 다발로 묶다'는 뜻을 나타내기 위한 것이었다. '모두', '다', '합치다', '통괄하다', '거느리다', '대강', '뭉뚱그림', '머리카락을 묶다' 등의 뜻을 나타낸다. 總計(총계), 總量(총량), 總力(총력), 總和(총화), 總會(총회), 總理(총리), 總務(총무), 總長(총장), 總論(총론), 總評(총평), 總角(총각).

'悤(총)'자에 '귀 耳(이)'를 붙여 '귀밝을 聰(총)'자를 만들었다. '귀가 밝다'는 뜻을 나타내기 위한 것이다. 귀가 밝은 것을 '聰(총)'이라 하고, 눈이 밝은 것을 '明(명)'이라고 한다. '귀가 밝다', '총명하다'는 뜻을 나타낸다. 聰氣(총기), 聰明(총명), 聰耳酒(총이주).

總0843, 聰1735

最(최) 最撮　613

'가장 最(최)'자는 '무릅쓸 冒(모)'와 '취할 取(취)'자로 이루어진 글자이다. '冒(모)'자의 아래 '눈 目(목)'이 생략되었다. '수단과 방법을 가리지 않고, 무릅쓰고 취하다', '공을 세우다'가 본뜻이었다. 공을 세우기 위해서는 최선을 다해야 가능했기 때문에 '가장'이라는 뜻으로 쓰이게 되었다. '가장', '제일', '첫째의', '최상', '가장 중요한 것' 등의 뜻을 나타낸다. 最高(최고), 最大(최대), 最上(최상), 最善(최선), 最新(최신), 最初(최초), 最後(최후).

'最(최)'자에 '손 扌(수)'를 붙여 '취할 撮(촬)/모을 撮(촬)/사진찍을 撮(촬)'자를 만들었다. '最(최)'자는 '撮(촬)'자의 원자로 '손가락 끝으로 집다'는 뜻이었다. '最(최)'자가 '가장'이란 뜻으로 전용되자 본뜻은 '扌(수)'를 붙여 '撮'자를 만들어 구별하였다. '사진을 찍다', '취하다', '손가락으로 집다', '요점을 취하다' 등의 뜻을 나타낸다. 撮影(촬영), 撮要(촬요).

最0558, 撮2487

崔(최) 崔催　614

'성씨 崔(최)'자는 '메 山(산)'과 '새 隹(추)'자로 이루어졌다. '姓(성)'으로 쓰인다.

'崔(최)'자에 '사람 亻(인)'을 붙여 '재촉할 催(최)'자를 만들었다. '재촉하다', '빨리 하도록 요구하다', '행사 따위를 열다', '베풀다' 등의 뜻을 나타낸다. 催告(최고), 催淚彈(최루탄), 催眠(최면), 開催(개최), 主催(주최).

'617 새 隹(추)'자 참조.

崔3415, 催1147

帚(추) 婦掃歸　615

'비 帚(추)'자는 세워 놓은 '빗자루'의 모양에서 만들어진 글자이다. 다른 설로는 '손'을 나타내는 '또 又(우)', '경계 안'을 나타내는 '멀 冂(경)', 먼지 따위를 털어내는 '수건 巾(건)'의 합자로 보기도 한다. 청소할 때 쓰는 '비'를 뜻한다.

'帚(추)'자에 '여자 女(녀)'를 붙여 '부인 婦(부)/며느리 婦(부)'자를 만들었다. 빗자루를 들고 있는 여자의 모습을 본뜬 것이라고 한다. '결혼한 성인 여자', '아내', '며느리' 등의 뜻을 나타낸다. 婦人(부인), 夫婦(부부), 有婦男(유부남), 婦女(부녀), 寡婦(과부), 産婦人科(산부인과), 新婦(신부).

'帚(추)'자에 '손 扌(수)'를 붙여 '쓸 掃(소)'자를 만들었다. '쓸다', '비로 쓸다', '제거하다', '멸망시키다' 등의 뜻을 나타낸다. 掃除(소제), 淸掃(청소), 掃蕩(소탕), 掃海(소해), 一掃(일소).

'돌아갈 歸(귀)'자는 '퇴(追)'자에서 辶(착) 위에 실린 것, '발 止(지)', '비 帚(추)'로 이루어졌다. '본디 있던 곳으로 돌아오다'는 뜻이다. 돌아올 때는 흙먼지 더러운 것 다 떨어버리고 정결한 몸과 마음으로 돌아와야 한다는 의미로 '비 帚(추)'를 썼다고 한다. '돌아가다', '본디 있던 곳에 돌아오다', '죽다', '몸을 의탁하다' 등의 뜻을 나타낸다. 歸嫁(귀가), 歸國(귀국), 歸省(귀성), 歸鄕(귀향), 歸化(귀화), 復歸(복귀), 事必歸正(사필귀정), 回歸(회귀), 歸天(귀천), 歸土(귀토), 歸依(귀의).

'636 침노할 侵(침)'자 참조.

婦0021, 掃0744, 歸1024

秋(추) 秋鰍楸愁　616

'가을 秋(추)'자는 '벼 禾(화)'와 '불 火(화)'자로 만들어졌다. 가을이 되면 오곡이 무르익게 마련이다. '가을', '세월', '때', '시기', '연세' 등의 뜻을 나타낸다. 秋分(추분), 秋夕(추석), 立秋(입추), 一日三秋(일일삼추), 春秋(춘추), 千秋(천추).

'秋(추)'자에 '고기 魚(어)'를 붙여 '미꾸라지 鰍(추)'자를 만들었다. '鰌(추)'자는 같은 자이다. 개고기가 여름철의 보양식이라면 미꾸라지는 벼를 수확한 후 가을철의 보양식이다. '가을 秋(추)'자를 써서 '鰍(추)'자를 만들었으니, '秋(추)'자가 표음요소뿐만 아니라 표의요소로 쓰인 것으로 볼 수도 있다. 鰍魚(추어), 鰍湯(추탕)/鰍魚湯(추어탕).

'秋(추)'자에 '나무 木(목)'을 붙여 '가래나무 楸(추)'자를 만들었다.

'秋(추)'자에 '마음 心(심)'을 붙여 '근심 愁(수)'자를 만들었다. 마음으로 깊이 '걱정하다'는 뜻을 나타내기 위하여 만든 것이다. 가을에는 누구나 걱정이 많기 때문이라고 하는 설도 있다. '시름', '근심', '근심하다'는 뜻을 나타낸다. 愁心(수심), 哀愁(애수), 旅愁(여수), 憂愁(우수), 鄕愁(향수).

秋0030, 鰍3178, 楸3467, 愁1251

隹(추) 推椎錐維惟誰進稚雉堆

'새 隹(추)'자는 '꽁지가 짧은 새'를 총칭한다. '隹(추)'자는 部首(부수)로 쓰이는데, '隹(추)'자를 意符(의부)로 하여 '새'에 관한 문자를 이룬다. 여기에서는 '隹(추)'자가 표음요소로 쓰인 것들 중 다른 곳에서 소개되지 않은 것들을 소개한다.

'새 隹(추)'자에 '손 扌(수)'를 붙여 '밀 推(추/퇴)/옮을 推(추)'자를 만들었다. '(손으로) 밀다'는 뜻을 나타내기 위하여 만들어진 것이다. '옮다', '변천하다', '받들다', '헤아리다', '추측하다', '밀다', '밝히다', '추궁하다' 등의 뜻을 나타낸다. 推移(추이), 推薦(추천), 推戴(추대), 推仰(추앙), 推理(추리), 推定(추정), 推測(추측), 類推(유추), 推進(추진), 推尋(추심), 推敲(퇴고)/(추고)

'隹(추)'자에 '나무 木(목)'을 붙여 '쇠몽치 椎(추)/등골 椎(추)'자를 만들었다. '두툼한 나무망치', '방망이', '방망이로 치다', '등뼈' 등을 뜻한다. 鐵椎(철추), 脊椎(척추), 頸椎(경추), 腰椎(요추)

'隹(추)'자에 '쇠 金(금)'을 붙여 '송곳 錐(추)'자를 만들었다. 끝이 날카로워 삐져나오는 '송곳'을 뜻한다. 囊中之錐(낭중지추), 試錐(시추), 圓錐(원추), 立錐(입추)

'隹(추)'자에 '실 糸(사)'를 붙여 '밧줄 維(유)/얽을 維(유)'자를 만들었다. '(굵은) 밧줄'을 뜻하기 위하여 만든 것이다. '실', '밧줄', '받치다', '유지하다', '(출입을) 막다', '(발어사로) 다만' 등의 뜻을 나타낸다. 纖維(섬유), 纖維素(섬유소), 維持(유지), 進退維谷(진퇴유곡), 維歲次(유세차), 維新(유신)

'隹(추)'자에 '마음 忄(심)'을 붙여 '생각 惟(유)'자를 만들었다. '생각하다'는 뜻을 나타내기 위한 것이었다. '생각하다', '오직', '홀로', '유독' 등의 뜻으로 쓰인다. 思惟(사유), 惟獨(유독)

'隹(추)'자에 '말씀 言(언)'을 붙여 '누구 誰(수)'자를 만들었다. 의문대명사 '누구'의 뜻을 나타내기 위하여 만든 것이다. 고전 문장에서 단음절 어휘로 많이 쓰이기는 하지만 조어력은 약하여 낱말을 구성하는 예는 거의 없다. '누구', '어떤 사람'의 뜻을 나타낸다. 誰何(수하), 誰怨誰咎(수원수구)

'隹(추)'자에 '길갈 辶(착)'을 붙여 '나아갈 進(진)'자를 만들었다. 날짐승은 오로지 앞으로만 날거나 걷는다. '나아가다', '전진하다', '일이 진행되다', '오르다', '벼슬하다', '힘쓰다', '힘써 나아가다', '바치다' 등의 뜻을 나타낸다. 進擊(진격), 進入(진입), 進退兩難(진퇴양난), 突進(돌진), 躍進(약진), 前進(전진), 直進(직진), 行進(행진), 進度(진도), 進步(진보), 進行(진행), 進化(진화), 不進(부진), 漸進(점진), 後進(후진), 日進月步(일진월보), 促進(촉진), 推進(추진), 進級(진급), 進學(진학), 昇進(승진), 累進(누진), 進路(진로), 進出(진출), 進士(진사), 新進(신진), 競進(경진), 邁進(매진), 精進(정진), 進上(진상)

'隹(추)'자에 '벼 禾(화)'를 붙여 '어릴 稚(치)'자를 만들었다. '어린 벼'를 뜻하기 위하여 만든 것이었으니, '벼 禾(화)'가 표의요소로 쓰였다. 원래는 '穉(치)'자로 썼는데 획수가 적은 '稚(치)'자로 바뀌었다. '어리다', '어린 벼'를 뜻한다. 稚氣(치기), 稚魚(치어), 稚拙(치졸), 幼稚(유치), 幼稚園(유치원)

'隹(추)'자에 '화살 矢(시)'를 붙여 '꿩 雉(치)'자를 만들었다. 家鷄野雉(가계야치), 雉岳山(치악산)

'隹(추)'자에 '흙 土(토)'를 붙여 '언덕 堆(퇴)/쌓을 堆(퇴)'자를 만들었다. '언덕', '흙무더기', '높게 쌓이다', '산더미처럼 쌓이다' 등의 뜻을 나타낸다. 堆肥(퇴비), 堆積(퇴적), 堆積作用(퇴적작용)

'470 오직 唯(유)'자 참조.
'164 비단 羅(라)/새 그물 羅(라)/벌일 羅(라)'자 참조.
'164 밧줄 維(유)'자 참조.
'614 성 崔(최)'자 참조.
'608 탈 焦(초)'자 참조.

推1004, 椎2560, 錐3113, 維1360, 惟1584, 誰1771, 進0888, 稚1348, 雉2142, 堆2283

芻(추) 芻趨鄒

'꼴 芻(추)'자는 손으로 풀을 모아 잡아 뜯는 모양을 형상화한 것이다. '베어 묶은 풀', '꼴', '풀을 베다', '또는 그 사람' 등의 뜻을 나타낸다. 反芻(반추), 反芻動物(반추동물)

'芻(추)'자에 '달릴 走(주)'를 붙여 '달릴 趨(추)/달아날 趨(추)'자를 만들었다. '달아나다'는 뜻을 나타내기 위하여 만든 것이다. '달리다', '빨리 가다', '향하여 가다' 등의 뜻을 나타낸다. 趨勢(추세), 歸趨(귀추)

'芻(추)'자에 '고을 阝(읍)'을 붙여 '추나라 鄒(추)'자를 만들었다.

芻2923, 趨1995, 鄒3586

酋(추) 酋猶奠鄭擲尊遵樽

'우두머리 酋(추)/두목 酋(추)'자는 '여덟 八(팔)'과 '닭 酉(유)'로 이루어졌다. 술 그릇[酉] 속의 술이 향기를 내뿜어 주둥이에서 넘쳐 나오는 모양[八]을 본떠, '오래된 술'의 뜻을 나타낸다. 술 빚는 일을 주관하는 벼슬아치나 그 일의 우두머리를 뜻한다. 酋長(추장)

'酋(추)'자에 '개 犭(견)'을 붙여 '오히려 猶(유)'자를 만들었다. 원숭이의 일종을 나타내기 위하여 만든 글자이다. '두목 酋(추)'가 표음요소이다. 후에 '오히려', '망설이다', '마치 …와 같다'라는 뜻으로 쓰이게 되었다. 한문 문장에는 많이 쓰이지만 한자어 용례는 많지 않다. 過猶不及(과유불급), 猶豫(유예), 執行猶豫(집행유예), 困獸猶鬪(곤수유투), 猶太人(유태인)

'酋(추)'자에 '큰 大(대)'를 붙여 '제사지낼 奠(전)'자를 만들었다. '신에게 술을 올려 제사하다'는 뜻을 위한 글자이다. '제수', '신불에 드리는 물건', '제사지내다', '장례 전에 영좌 앞에 술·과실 등을 차려 놓는 일' 등의 뜻을 나타낸다. 奠雁(전안), 香奠(향전), 朔望奠(삭망전)

'제사지낼 奠(전)'자에 '고을 阝(읍)'을 붙여 '나라 이름 鄭(정)'자를 만들었다. '정중하다', '나라 이름', '姓(성)'으로 쓰인다. 鄭重(정중), 鄭鑑錄(정감록)

'나라 이름 鄭(정)'자에 '손 扌(수)'를 붙여 '던질 擲(척)'자를 만들었다. '던지다', '내던지다', '노름을 하다', '도박을 걸다' 등의 뜻을 나타낸다. 擲柶(척사), 擲殺(척살), 乾坤一擲(건곤일척), 投擲(투척), 快擲(쾌척)

'酋(추)'자에 '마디 寸(촌)'을 붙여 '높을 尊(존)'자를 만들었다. '尊(존)'자의 윗부분에 추장 酋(추)'자가 들어있다고 추장이나 두목을 뜻하는 것은 아니다. 酋(추)는 '묵은 술'을 뜻하는 '술병 酉(유)'가 변화된 것이다. 아랫부분은 원래 '받들다'는 뜻인 '廾(공)'이 '잡다'는 뜻인 '寸(촌)'으로 바뀐 것이다. 제사지낼 때 좋은 술을 따라 올리는 모습을 통하여 '높이 받들다'는 뜻을 나타냈다. '높이 또는 지위가 높다', '높은 사람', '상대자를 높이다', '존경하다', '우러러보다', '중히 여기다', 등의 뜻으로 쓰인다. 尊貴(존귀), 官尊民卑(관존민비), 世尊(세존), 至尊(지존), 尊敬(존경), 尊待(존대), 尊稱(존칭), 尊重(존중), 唯我獨尊(유아독존), 自尊心(자존심)

'높을 尊(존)'자에 '길 갈 辶(착)'을 붙여 '따를 遵(준)/좇을 遵(준)'자를 만들었다. 법이나 규칙 또는 관례 따위를 '따르다'는 뜻을 나타내기 위하여 만든 것이다. 遵法(준법), 遵守(준수)

'높을 尊(존)'자에 '나무 木(목)'을 붙여 '술통 樽(준)'자를 만들었다. '尊(존)'은 원래 '술통'이라는 뜻이었는데, '존중하다'의 뜻으로 쓰이게 되자, 본뜻은 나무 木(목)을 붙여 '樽(준)'으로 나타냈다. '술통', '술단지'를 뜻한다. 金樽美酒(금준미주)

酋3091, 猶1326, 奠2165, 鄭2132, 擲2501, 尊0550, 遵1797, 樽2571

追(추) 追鎚槌 620

'좇을 追(추)'자는 '길갈 辶(착)'과 그 나머지인 '신에게 바치는 고기'라는 뜻을 가진 '퇴'자로 이루어졌다. '조상의 영혼을 사모하여 잘 따르고 섬기다'는 뜻을 가진 글자이다. '좇다', '뒤좇아 가다', '내쫓다', '따르다' 옛날로 거슬러 올라가다', '지나가다', '지나간 다음에' 등의 뜻을 나타낸다. 追擊(추격), 追窮(추궁), 追越(추월), 窮寇莫追(궁구막추), 追放(추방), 追從(추종), 追求(추구), 追加(추가), 追慕(추모), 追憶(추억), 追後(추후)

'追(추)'자에 '쇠 金(금)'을 붙여 '쇠망치 鎚(추)'자를 만들었다.

'追(추)'자에 '나무 木(목)'을 붙여 '망치 槌(퇴/추)'자를 만들었다. 나무로 만든 '망치'를 뜻한다. [퇴]와 [추]의 두 음을 가지고 있는데 구분 없이 쓸 수 있다. 鐵槌(철퇴)

追1432, 鎚3389, 槌2567

畜(축) 畜蓄 621

'가축 畜(축)'자는 '모아두다'가 본뜻이었다. '검을 玄(현)'과 '밭 田(전)'이 합쳐진 모양이다. '玄(현)'자는 짐승의 머리에 끈을 달아 놓은 모양을 나타낸다고 한다. 그러니 '짐승의 머리에 끈을 매어 밭에 모아두다'는 뜻이 되겠다. '짐승', '짐승을 기르다'는 뜻으로 사용되는 예가 많아지자, 본래 의미는 '艹(초)'를 붙여 '모을 蓄(축)'자로 나타냈다. 畜舍(축사), 畜産(축산), 家畜(가축), 牧畜(목축)

'畜(축)'자에 '풀 艹(초)'를 붙여 '쌓을 蓄(축)/모을 蓄(축)'자를 만들었다. 원래는 '畜(축)'자로 '모아두다'는 뜻을 나타내었는데, '畜(축)'자가 '가축'의 뜻으로 쓰이게 되자 '풀 艹(초)'를 붙여서 본뜻을 나타냈다. '모으다', '쌓아두다', '쌓다', '저축하다', '감추다', '간직하다', '저장하다' 등의 뜻을 나타낸다. 蓄財(축재), 備蓄(비축), 貯蓄(저축), 含蓄(함축)

畜0910, 蓄0644

丑(축) 丑紐羞 622

'소 丑(축)'자는 손가락에 잔뜩 힘을 주어 비트는 모양을 나타낸다. 假借(가차)하여 '십이지의 둘째' 글자로 쓰인다. '소'를 상징하고, 띠로 '소'에 해당하여 '소 丑(축)'이라는 훈이 생긴 것이다. '丑(축)'자가 訓(훈)이 '소'일 뿐 문장이나 낱말을 만들 때 '소'의 뜻으로 쓰인 예는 없다. 丑日(축일), 丑時(축시), 癸丑(계축), 己丑(기축), 辛丑(신축), 乙丑(을축), 丁丑(정축)

'丑(축)'자에 '실 糸(사)'를 붙여 '끈 紐(뉴)/맺을 紐(뉴)'자를 만들었다. '丑(축)'자가 옛날에는 '비틀다'는 뜻이었다. '紐(뉴)'자는 '비틀어서 단단해 매다' 또는 그 '끈', '매다', '묶다' 등을 뜻한다. 紐帶(유대)

'丑(축)'자에 '양 羊(양)'를 붙여 '부끄러워할 羞(수)'자를 만들었다. 희생의 양을 뜻하는 표의요소 '양 羊(양)'과 표음요소 '소 丑(축)'으로 이루어졌다. '양과 '소'가 아니라, 양을 붙잡아 매 놓은 모양이다. 여기에서 '丑(축)'은 '비틀어 매다'의 뜻이다. '희생의 양을 신에게 바치다'가 본뜻이었는데, 가차되어 '부끄러워하다'는 뜻으로 쓰이는 글자가 되었다. '부끄러움', '수치', '부끄러워하다', '맛있는 음식' 등의 뜻을 나타낸다. 羞辱(수욕), 羞恥(수치), 羞恥心(수치심), 羞惡之心(수오지심), 珍羞盛饌(진수성찬)

丑0758, 紐2827, 羞1243

逐(축) 逐遂 623

'쫓을 逐(축)'자는 '길 갈 辶(착)'과 '돼지 豕(시)'자로 이루어진 것이다. 본래 산돼지를 '쫓다'는 뜻을 나타내기 위하여 만든 것이었다. '쫓다', '뒤쫓아 가다', '쫓아내다', '추방하다', '다투다', '경쟁하다' 등의 뜻을 나타낸다. 追逐(추축), 逐客(축객), 逐出(축출), 驅逐艦(구축함), 角逐(각축), 角逐戰(각축전)

'이룰 遂(수)/드디어 遂(수)'자는 '좇을 逐(축)'자와 직접적인 관계는 없다. '여덟 八(팔)'과 '돼지 豕(시)'로 이루어진 글자는 요즈음 쓰이지 않는 '따를 수'자이다. 遂(수)'자는 이 '따를 수'자에 '길 갈 辶(착)'을 붙인 것이다. 어쨌든 '遂(수)'자는 '좇을 逐(축)'자에 '여덟 八(팔)'을 붙인 형태를 취한다. '이루다', '성취하다', '마치다', '끝내다' 등의 뜻을 나타낸다. 遂行(수행), 未遂(미수), 完遂(완수), 毛遂自薦(모수자천)

逐1791, 遂1792

春(춘) 春 椿 蠢　624

'봄 春(춘)'자는 '해 日(일)', '풀 艸(초)', '진칠 屯(둔)'으로 이루어졌다. 屯(둔)'자는 '떼 지어 모이다'는 뜻이다. 햇빛을 받아 풀들이 떼를 지어 나는 때 즉, '봄철'을 뜻한다. '봄', '사철의 첫째', '젊은 때', '남녀의 정' 등의 뜻을 나타낸다. 春分(춘분), 春秋(춘추), 春夏秋冬(춘하추동), 立春(입춘), 靑春(청춘), 回春(회춘), 春情(춘정), 思春期(사춘기), 春香傳(춘향전)

'春(춘)'자에 '나무 木(목)'을 붙여 '참죽나무 椿(춘)'자를 만들었다. 항상 봄 같이 생명력을 가진 나무, 즉 長壽(장수)를 상징한다. 大椿(대춘)이라는 나무는 8000년을 봄으로 삼고, 8000년을 가을로 삼는다. '참죽나무', '아버지'를 뜻한다. 椿葉菜(춘엽채), 椿堂(춘당)/春堂(춘당), 椿府丈(춘부장)/春府丈(춘부장)

'春(춘)'자 아래에 '벌레 虫(충)'자를 두 개 붙여 '꿈틀거릴 蠢(준)'자를 만들었다. 봄에 벌레가 알에서 깨어나 애벌레가 되어 꿈틀거리는 것을 뜻한다. 蠢動(준동)

'161 진칠 屯(둔)'자 참조.

春0029, 椿2077, 蠢2974

出(출) 出 黜 拙　625

'날 出(출)'자는 '山(산)'자가 두 개 겹쳐진 모양이지만 산 위에 또 산이 있는 일이 어떻게 있겠는가? 그것이 아니라, 초목이 차츰 가지를 위로 뻗으며 자라나는 모양을 본뜬 것이다. 그래서 '성장하다', '출생하다' 등의 뜻을 나타낸다. 여기에서 '나가다', '나오다'의 뜻으로 확대되었다. '나가다', '나타나다', '발생하다', '태어나다', '뛰어나다', '샘솟다', '일정한 곳을 떠나가다', '달아나다', '일을 하러 가거나 다니다', '자기 수중에 있던 것을 남에게 주거나 바치다', '출판물을 세상에 내놓다', '지출', '시집가다', '양자가다' 등 여러 가지 뜻을 나타낸다. 出席(출석), 出入(출입), 流出(유출), 出沒(출몰), 出現(출현), 神出鬼沒(신출귀몰), 出力(출력), 出産(출산), 出生(출생), 出身(출신), 出衆(출중), 傑出(걸출), 特出(특출), 噴出(분출), 進出(진출), 出國(출국), 出發(출발), 轉出(전출), 脫出(탈출), 出勤(출근), 出動(출동), 出張(출장), 派出所(파출소), 出世(출세), 出捐(출연), 出資(출자), 貸出(대출), 輸出(수출), 出版(출판), 出刊(출간), 出金(출금), 出納(출납), 歲出(세출), 支出(지출), 出嫁(출가)

'出(출)'자에 '검을 黑(흑)'을 붙여 '물리칠 黜(출)/내칠 黜(출)'자를 만들었다. 여기에서 '黑(흑)'은 형벌로서 '刺字(자자)'의 뜻이고, '黜(출)'자는 '벌을 주어 쫓아내다', '물리치다'는 뜻이다. 出校(출교), 黜敎(출교), 黜黨(출당), 廢黜(폐출)

'出(출)'자에 '손 扌(수)'를 붙여 '못날 拙(졸)'자를 만들었다. 치밀한 계획 없이 무작정 손부터 대고 본다는 뜻에서, '졸하다', '솜씨가 서투르다', '재주가 없다', '어리석다', '주변 없고 고리삭다', '자신의 것을 낮추어 이르는 말' 등의 뜻으로 쓰인다. 拙稿(졸고), 拙速(졸속), 拙作(졸작), 拙劣(졸렬), 稚拙(치졸), 拙丈夫(졸장부), 壅拙(옹졸)

'093 굽을 屈(굴)'자 참조.

出0199, 黜3198, 拙1603

朮(출) 術 述　626

'차조 朮(출)'자는 '차조'의 모양을 본뜬 것이다.

'朮(출)'자에 '다닐 行(행)'을 붙여 '꾀 術(술)/재주 術(술)'자를 만들었다. '朮(출)'자는 '계속하다'의 뜻을 가지고 있다. '術(술)'자는 어떤 행위를 계속하여 나가기 위한 길, 방법을 나타낸다. 그 길을 찾다 보면 '꾀'도 생기고, '재주'도 늘겠다. '꾀', '계략', '수단', '방법', '솜씨', '재주', '학문', '기예', '술수' 등의 뜻을 나타낸다. 術數(술수), 術策(술책), 權謀術數(권모술수), 武術(무술), 商術(상술), 手術(수술), 戰術(전술), 處世術(처세술), 技術(기술), 美術(미술), 藝術(예술), 呪術(주술), 占術(점술), 心術(심술)

'朮(출)'자에 '길 갈 辶(착)'을 붙여 '지을 述(술)/베풀 述(술)'자를 만들었다. 길을 '따르다'는 뜻을 나타내기 위한 것이었다. '말하다', '설명하다', '거듭 말하다', '짓다', '글로 표현하다' 등의 뜻을 나타낸다. 述語(술어), 述懷(술회), 口述(구술), 論述(논술), 敍述(서술), 著述(저술), 陳述(진술)

'208 삼 麻(마)'자 참조.

術0332, 述1431

充(충) 充 銃 統　627

'찰 充(충)/가득할 充(충)'자는 '기를 育(육)'자의 생략형과 '어진 사람 儿(인)'자로 이루어진 글자이다. '키워져서 어른이 된다'는 뜻에서 '완전하다', '갖추다', '차다'는 뜻을 나타낸다. 充滿(충만), 充分(충분), 充足(충족), 充當(충당), 充員(충원), 充電(충전), 補充(보충), 擴充(확충)

'充(충)'자에 '쇠 金(금)'을 붙여 '총 銃(총)'자를 만들었다. 쇠로 만든 '총'을 뜻하기 위하여 만들 글자이다. 銃劍(총검), 銃聲(총성), 銃彈(총탄), 拳銃(권총), 小銃(소총)

'充(충)'자에 '실 糸(사)'를 붙여 '거느릴 統(통)'자를 만들었다. '큰 줄기', '본 가닥의 실', '혈통', '거느리다', '통괄하다', '통솔하다', '다스리다', '한데 묶다' 등의 뜻을 나타낸다. 系統(계통), 傳統(전통), 正統(정통), 血統(혈통), 統率(통솔), 統制(통제), 統治(통치), 大統領(대통령), 統計(통계), 統一(통일), 統合(통합), 南北統一(남북통일)

充0487, 銃0813, 統0840

取(취) 取趣聚娶叢 628

'취할 取(취)/가질 取(취)'자는 '귀 耳(이)'와 '또 又(우)'로 이루어졌다. 옛날에 전쟁에서 죽인 적의 왼쪽 귀를 베어내어 목 대신 모았던 데서 '붙잡다', '취하다'의 뜻을 가지게 되었다고 한다. '취하다', '가지다', '버리지 아니하고 가지다', '대책을 세우거나 태도를 가지게 되다' 등의 뜻을 나타낸다. 取得(취득), 取捨選擇(취사선택), 攝取(섭취), 採取(채취), 聽取(청취), 取扱(취급), 取消(취소), 進取(진취)

'取(취)'자에 '달릴 走(주)'를 붙여 '뜻 趣(취)'자를 만들었다. '빨리 가다'는 뜻을 나타내기 위하여 만들어진 것이다. 후에 '목적지를 향하여 감' 또는 그러한 '뜻'으로 확대되었다. 그러한 모습이 멋있게 보였는지 '멋', '풍치' 등을 뜻하는 것으로도 쓰였다. 趣味(취미), 趣向(취향), 情趣(정취), 興趣(흥취), 趣旨(취지)

'取(취)'자에 '사람 人(인)'을 세 개 붙여 '모일 聚(취)'자를 만들었다. '모이다', '모여들다', '마을', '촌락'의 뜻을 나타낸다. 聚斂(취렴), 聚散(취산), 類聚(유취), 聚落(취락)

'取(취)'자에 '여자 女(녀)'를 붙여 '장가들 娶(취)'자를 만들었다. 여자를 취하다 즉, '장가들다'를 뜻한다. 娶妻(취처), 繼娶(계취)

'모일 叢(총)/떨기 叢(총)'자의 윗부분은 톱날이 붙은 '工具(공구)'의 모양이고, 아랫부분은 '모을 聚(취)'와 통하는 '取(취)'이다. '떼지어 모이다', '떨기', '풀·나무 등의 무더기', '많다', '번잡하다' 등의 뜻을 나타낸다. 叢論(총론), 叢書(총서), 叢生(총생), 人叢(인총)

'613 가장 最(최)'자 참조.

取0696, 趣1091, 聚2114, 娶2317, 叢2225

臭(취) 臭嗅 629

'냄새 臭(취)'자는 '스스로 自(자)'와 '개 犬(견)'자로 이루어졌다. '自(자)'는 원래 '코'를 뜻하기 위하여 그 모양을 본뜬 것이다. '개의 코'라는 뜻에서 '냄새'의 뜻을 위한 글자이다. '냄새', '후각을 통한 감각', '냄새나다', '냄새 맡다'는 뜻을 나타낸다. 口尙乳臭(구상유취), 口臭(구취), 銅臭(동취), 惡臭(악취), 體臭(체취), 臭素(취소)

'臭(취)'자에 '입 口(구)'를 붙여 '맡을 嗅(후)'자를 만들었다. '냄새를 맡다'는 뜻이다. 嗅覺(후각)

臭1742, 嗅2261

就(취) 就蹴 630

'나아갈 就(취)/이룰 就(취)'자는 '높이 올라가다'는 뜻을 나타내기 위하여 '높다'의 뜻인 '京(경)'과 '더욱'의 뜻이 있는 '尤(우)'를 합쳐 놓은 것이다. '이루다', '어떤 상태나 결과로 되게 하다', '뜻 한 바를 그대로 되게 하다', '일자리나 벼슬자리에 나가다' 등의 뜻을 나타낸다. 就寢(취침), 就學(취학), 就航(취항), 成就(성취), 日就月將(일취월장), 就業(취업), 就任(취임), 就職(취직), 去就(거취)

'就(취)'자에 '발 足(족)'을 붙여 '찰 蹴(축)'자를 만들었다. 발로 '밟다'는 뜻을 나타내기 위하여 만든 것이다. 우리말 한자어로는 발로 '차다'라는 뜻으로 쓰이지 '밟다'의 뜻으로 쓰인 예는 없다. 蹴球(축구), 怒蹴巖(노축암), 一蹴(일축)

'035 서울 京(경)'자 참조.

就0969, 蹴1996

吹(취) 吹炊 631

'불 吹(취)'자는 '(입으로) 불다'는 뜻을 나타낸다. '입 크게 벌릴 欠(흠)'과 '입 口(구)'로 이루어졌다. '불다', '숨을 밖으로 내보내다', '피리 등 관악기를 불다', '취주악기', '부추기다', '충동하다' 등의 뜻을 나타낸다. 吹毛求疵(취모구자), 吹笛(취적), 吹奏(취주), 鼓吹(고취)

'불땔 炊(취)'자는 불[火(화)]을 지핀 다음 하품欠(흠)]을 할 때처럼 입을 크게 벌려 입김을 불어 넣어 '불 때다'는 뜻을 나타내기 위하여 만든 것이다. '하품 欠(흠)'은 '불 吹(취)'의 생략형으로 볼 수도 있다. '불때다', '밥을 짓다'는 뜻을 나타낸다. 炊事(취사), 炊沙成飯(취사성반), 自炊(자취), 一炊之夢(일취지몽)

吹1172, 炊1925

蚩(치) 蚩嗤 632

'어리석을 蚩(치)'자는 '갈 㞢(지)'와 '虫(충/훼)'자로 이루어졌다. '㞢(지)'는 '갈 之(지)'의 古字(고자)이다.

'蚩(치)'자에 '입 口(구)'를 붙여 '비웃을 嗤(치)'자를 만들었다.

蚩3330, 嗤3338

齒(치) 齒齡 633

'齒(치)'는 앞니, '牙(아)'는 어금니를 나타내는 것이었다. 지금은 '齒(치)'자가 '이'를 통칭한다. '이(음식물을 씹는 기관', '이 같이 생긴 것, 또는 그와 같은 작용을 하는 것', '나이' 등의 뜻을 나타낸다. 齒科(치과), 齒牙(치아), 齒藥(치약), 齒墮舌存(치타설존), 養齒(양치), 如拔齒痛(여발치통), 切齒腐心(절치부심), 蟲齒(충치), 齒輪(치륜), 齒車(치차), 羊齒類(양치류), 亡子計齒(망자계치), 年齒(연치)

'나이 齡(령)'자는 '이 齒(치)'와 '영 令(령)'으로 이루어졌다. '나이', '연령'을 뜻한다. 高齡(고령), 妙齡(묘령), 樹齡(수령), 年齡(연령), 適齡(적령)

齒0914 齡3202

則(칙) 則測側惻　　634

'법 則(칙)/곧 則(즉)'자는 '조개 貝(패)'와 '칼 刀(도)'로 이루어졌다. 원래는 조개 '貝(패)'가 아니고 '솥 鼎(정)'이었는데, 쓰기의 편리함으로 조개 貝(패)로 변하게 되었다고 한다. '원칙', '규칙', '법칙' 같은 낱말의 구성요소로 쓰일 때는 [칙]으로 읽는다. 고전 문장에서는 '곧'이란 뜻으로 쓰이는데 이 경우에는 [즉]이라고 읽는다. 문장에서만 쓰이기 때문에 한자어에는 [즉]으로 읽는 예는 없다. '곧', '즉', '규칙', '법률', '제도', '표준', '자연의 이법', '원칙' 등의 뜻으로 쓰인다. 規則(규칙), 反則(반칙), 法則(법칙), 變則(변칙), 原則(원칙), 會則(회칙)

'則(즉/칙)'자에 '물 氵(수)'를 붙여 '잴 測(측)'자를 만들었다. 물의 깊이만 재는 것이 아니라, 길이나 넓이나 무게 등 여러 가지를 잰다는 뜻을 나타낸다. '재다', '깊이를 재다', '광협·장단·원근·고저·경중 등의 정도를 재다', '이모저모 따져 헤아리다' 등의 뜻을 나타낸다. 測量(측량), 測定(측정), 計測(계측), 觀測(관측), 罔測(망측), 臆測(억측), 豫測(예측), 推測(추측)

'則(즉/칙)'자에 '사람 亻(인)'을 붙여 '곁 側(측)'자를 만들었다. '옆 사람'을 뜻하기 위하여 만든 것이다. '곁', '한쪽으로 기울어지다', '어느 한쪽 면', '엎드리다', '뒤척이다' 등의 뜻을 나타낸다. 側近(측근), 側面(측면), 兩側(양측), 右側(우측), 輾轉反側(전전반측)

'則(즉/칙)'자에 '마음 忄(심)'을 붙여 '슬퍼할 惻(측)'자를 만들었다. '사람의 마음을 헤아려 동정하다', '슬퍼하다'는 뜻이다. 惻隱(측은)

則0502, 測0797, 側1151, 惻2401

桼(칠) 漆膝　　635

'옻나무 桼(칠)'자는 '나무 木(목)'자에 여섯 개의 點(점)을 붙여 樹液(수액)을 채취하는 모양에서 '옻'의 뜻을 나타낸다. '벼 禾(화)'와 '비 雨(우)'로 이루어진 '기장 黍(서)'자와 모양이 흡사하다. 다른 글자이니 유의하여야 한다.

'桼(칠)'자에 '물 氵(수)'를 붙여 '옻 漆(칠)'자를 만들었다. '옻나무'를 나타내기 위한 것으로, 원래는 '桼(칠)'이라 썼다. 이것은 나무에서 진이 흘러나오는 모습을 본뜬 것이다. 후에 나무에서 흘러나오는 진물, 즉 '옻'을 분명하게 나타내기 위하여 '물 水(수)'를 첨가한 것이 '漆(칠)'이다. 속자로 '柒(칠)'을 쓰고, '七(칠)'의 갖은자로 쓸 때는 대개 이 속자 '柒(칠)'을 쓴다. '옻', '옻나무', '옻나무 진', '옻칠하다', '검은 칠', '검다', '칠하다'는 뜻으로 쓰인다. 漆器(칠기), 螺鈿漆器(나전칠기), 漆夜(칠야), 漆板(칠판), 漆黑(칠흑), 漆甲(칠갑), 改漆(개칠), 色漆(색칠)

'桼(칠)'자에 '고기 月(육)'을 붙여 '무릎 膝(슬)'자를 만들었다. 정강이 위와 넓적다리 아래 사이의 관절 곧, '무릎'을 뜻한다. 膝蓋腱(슬개건), 膝關節(슬관절), 膝下(슬하), 偏母膝下(편모슬하)

漆1546, 膝2900

侵(침) 侵浸寢　　636

'침노할 侵(침)'자는 '사람 人(인)', '비 帚(추)', '또 又(우)'로 이루어졌다. '사람이 빗자루[帚(추)]를 손[又(우)]에 들고 쓸면서 점점 앞으로 나아가다'의 뜻에서 '침범하다'의 뜻으로 발전하였다. '침노하다', '쳐들어가다', '남의 나라나 영토를 불법적으로 빼앗다', '먹어들다', '차츰 범하다' 등의 뜻을 나타낸다. 侵略(침략), 侵犯(침범), 侵害(침해), 南侵(남침), 侵蝕(침식)

'잠길 浸(침)/담글 浸(침)/젖을 浸(침)'자는 물에 '잠기다'의 뜻을 나타낸다. '침노할 侵(침)'자의 '亻(인)'이 '물 氵(수)'로 바뀐 것이다. '물에 담그다', '잠기다', '스며들다', '배어들다' 등의 뜻을 나타낸다. 浸禮(침례), 浸水(침수), 浸漬(침지), 浸透(침투), 浸蝕(침식)

'잠잘 寢(침)'자는 '집 宀(면)', '조각 爿(장)', '侵(침)의 생략형'으로 이루어졌다. '爿(장)'은 '잠자리'의 뜻이고, '侵(침)'은 '깊숙이 들어감'을 뜻한다. 깊숙한 곳에 있는 '방'이나 '방에서 자다'의 뜻을 나타낸다. 寢具(침구), 寢臺(침대), 寢食(침식), 寢室(침실), 同寢(동침), 不寢番(불침번), 就寢(취침)

侵0678, 浸1668, 寢0967

夬(쾌/결) 快決缺訣　　637

'터놓을 夬(쾌)/깍지 快(결)'자는 상아 따위로 만들어 속을 후벼낸, 활시위를 당기기 위한 깍지를 손가락에 낀 모양을 본뜬 글자이다.

'터놓을 夬(쾌)'자에 '마음 忄(심)'을 붙여 '쾌할 快(쾌)'자를 만들었다. 쾌활해지기 위해서는 먼저 마음을 터놓아야 한다. '쾌하다', '마음이 상쾌하고 기분이 좋다', '병이 나아 몸이 가뿐하다', '재빠르다', '날카롭다', '예리하다' 등의 뜻을 나타낸다. 快感(쾌감), 快活(쾌활), 爽快(상쾌), 愉快(유쾌), 明快(명쾌), 不快(불쾌), 快癒(쾌유), 完快(완쾌), 快速(쾌속), 輕快(경쾌), 快刀亂麻(쾌도난마)

'깍지 夬(결)'자에 '물 氵(수)'를 붙여 '결단할 決(결)/터질 決(결)'자를 만들었다. '決(결)'자는 가두어 놓은 물이 흐르도록 물꼬를 터놓는 데서 '터지다'라는 뜻을 나타내는데, 갈피를 잡지 못하는 생각을 물꼬를 터놓듯이 한 곳으로 결정한다는 데서 '정하다'라는 뜻이 파생되었다. '터지다', '제방이 무너져서 물이 넘쳐흐르다', '결정하다', '처분', '시비나 선악을 판단하다', '결연히', '결심', '갈라진 틈', '사람을 죽이다' 등의 뜻을 나타낸다. 決河之勢(결하지세), 決斷(결단), 決勝(결승), 決定(결정), 多數決(다수결), 未決(미결), 解決(해결), 決死的(결사적), 決然(결연), 決心(결심), 決意(결의), 決行(결행), 決裂(결렬), 自決(자결)

'깍지 夬(결)'자에 '장군 缶(부)'를 붙여 '이지러질 缺(결)'자를 만들었다. 원래는 '그릇이 깨지다'는 뜻이었는데, 후에 '모자라다', '흠', '결점', '빈 틈', '떠나다', '관직의 빈자리' 등의 뜻으로 쓰이게 되었다. 缺禮(결례), 缺損(결손), 缺點(결점), 補缺(보결), 完全無缺(완전무결), 缺勤(결근), 缺席(결석), 出缺(출결)

'이별할 訣(결)'자는 '말씀 言(언)'과 '결단할 決(결)'자로 이루어진 글자이다. '決(결)'자의 '물 氵(수)'가 생략되었다. '이별하다', '작별하다', '송별사', '죽어 이별하다', '애도사', '비결(秘訣)' 등의 뜻을 나타낸다. 訣別(결별), 永訣(영결) 秘訣(비결), 土亭秘訣(토정비결)

快0737, 決0575, 缺0844, 訣3296

它(타) 蛇舵陀駝　638

'다를 它(타)/뱀 它(사)'자는 몸을 꿈틀거리며 꼬리를 늘어뜨리는 뱀의 모양을 본뜬 것이다. '집 宀(면)'에 '비수 匕(비)'자로 이루어진 모양인데, 이 두 요소와 뜻이나 음에 관계가 없다.

'다를 它(타)/뱀 它(사)'자에 "벌레 虫(충)'을 붙여 '뱀 蛇(사)'자를 만들었다. '蛇(사)'자의 古字(고자)는 뱀의 모양을 본뜬 '它(사/타)'였는데, 후에 '뱀'의 뜻을 확실하게 하기 위하여 '벌레 虫(충)'을 붙여 蛇(사)'자를 만들었다. 蛇心佛口(사심불구), 蛇足(사족), 毒蛇(독사), 龍頭蛇尾(용두사미), 長蛇陣(장사진), 打草驚蛇(타초경사), 畵蛇添足(화사첨족), 蛇行川(사행천), 蛇蝎視(사갈시)

'다를 它(타)/뱀 它(사)'자에 '배 舟(주)'를 붙여 '키 舵(타)'자를 만들었다. '它(타)'는 뱀의 상형이다. 뱀의 꼬리처럼 마음대로 움직여서 방향을 잡는 '키'의 뜻을 나타낸다. 操舵(조타), 操舵手(조타수)

'다를 它(타)'자에 '언덕 阝(부)'를 붙여 '비탈질 陀(타)'자를 만들었다. '본뜻'은 '비탈지다'이지만 梵語(범어) 'ta', 'dha'를 음역하는 데 쓰였다. 陀羅尼(다라니), 阿彌陀(아미타), 南無阿彌陀佛(나무아미타불), 華陀(화타)

'다를 它(타)'자에 '말 馬(마)'를 붙여 '낙타 駝(타)'자를 만들었다. 駱駝(낙타), 駝鳥(타조)

'389 어조사 也(야)'자 참조.

蛇1759, 舵2911, 陀3126, 駝3168

乇(탁) 托託宅　639

'풀잎 乇(탁)/부탁할 乇(탁)'자의 가운데 'ㅡ'은 '땅', 그 밑의 구부러져 있는 것은 '뿌리', 위로 나와 늘어져 있는 것은 '잎'의 모양을 나타낸다. '풀', '화초'를 뜻한다고 한다.

'乇(탁)'자에 '손 扌(수)'를 붙여 '의탁할 托(탁)/맡길 托(탁)/밀 托(탁)'자를 만들었다. 손으로 '밀다'는 뜻을 나타내기 위한 글자였다. '받침', '대', '맡기다', '의지하다' 등의 뜻을 나타낸다. 茶托(차탁), 托葉(탁엽), 花托(화탁), 托鉢(탁발), 依托(의탁)/依託(의탁)

'乇(탁)'자에 '말씀 言(언)'을 붙여 '부탁할 託(탁)'자를 만들었다. '맡기다'는 뜻을 나타내기 위하여 만든 것이다. 맡길 때는 당부의 말이 빠질 수 없을 테니 '말씀 言(언)'이 표의요소로 쓰인 것이다. '부탁하다', '청탁하다', '맡기다', '위탁하다', '기탁하다', '붙다', '붙이다' 등의 뜻으로 쓰인다. 託兒所(탁아소), 託送(탁송), 付託(부탁), 信託(신탁), 信託統治(신탁통치), 委託(위탁), 請託(청탁), 依託(의탁)

'乇(탁)'자에 '집 宀(면)'을 붙여 '집 宅(택)/댁 宅(댁)'자를 만들었다. 사람이 사는 주거로서의 '집'을 뜻할 때는 [택]으로, '남의 집이나 부인을 이르는 말로 쓰일 때는 [댁]으로 발음한다. '집', '사람이 사는 주거', '대지(垈地)', '무덤', '상대방의 집이나 가정을 이르는 말', '남의 아내를 이르는 말' 등의 뜻으로 쓰인다. 宅配(택배), 家宅(가택), 舍宅(사택), 住宅(주택), 宅地(택지), 幽宅(유택), 宅內(댁내), 宅號(택호), 媤宅(시댁), 査頓宅(사돈댁)

托1599, 託1983, 宅0520

太(태) 汰　640

'클 太(태)'자는 '큰 위에 더 크다'는 뜻을 나타내기 위한 것이었다. 太(태)자의 점 'ヽ'은 大(대)자나 犬(견)자와 구분하기 위한 것이다. '太(태)'자와 '大(대)'자는 종종 통용된다. '부피·규모·정도가 크다', '존칭', '심히', '매우', 처음, '최초', '콩' 등의 뜻을 나타낸다. 太陽(태양), 太子(태자), 姜太公(강태공), 太剛則折(태강즉절), 太極(태극), 太極旗(태극기), 太祖(태조), 太初(태초), 豆太(두태), 明太(명태)

'太(태)'자에 '물 氵(수)'를 붙여 '일 汰(태)'자를 만들었다. '일다', '물에 일어서 가려 나누다', '미끄럽다', '미끄러지다' 등의 뜻을 나타낸다. 淘汰(도태), 自然淘汰(자연도태), 沙汰(사태), 山沙汰(산사태)

太0333, 汰2597

兌(태) 兌說悅閱銳稅脫　641

'바꿀 兌(태)/기뻐할 兌(태)'자는 '기뻐하다'는 뜻을 나타내기 위하여 입[口]가에 주름이 생길 정도로 웃음을 지으며 서 있는 사람의 모습을 그린 글자였다. 후에

'바꾸다'는 뜻으로 쓰이게 되었다. 兌換(태환), 兌換紙幣(태환지폐)

'말씀 說(설)/기쁠 說(열)/ 달랠 說(세)'자는 '말씀 언(言)'이 표의요소, '바꿀 兌(태)'는 음의 차이는 크지만 표음요소로 쓰였다. '兌(태)'자가 표음요소로 쓰인 글자들을 보면, '兌(태)'자가 옛날에 아마도 [열]이라는 음으로 쓰이지 않았을까? 생각된다. '말하다'의 뜻으로 쓰일 때는 [설]로 읽는다. '달래다'의 뜻으로 쓰일 때는 [세]로 읽는다. '기쁘다'의 뜻으로 쓰일 때는 [열]로 읽는데, 후에 이 의미는 '悅(열)'로 바꾸어 나타냈다. '說(열)'은 스스로 배우고 익히는 과정에서 오는 내면의 즐거움이고, '樂(락)'은 벗들과의 교유를 통한 외면의 즐거움이다. '말씀', '말하다', '서술하다', '학설', '가르치다', '설명', '변명', '문체의 하나', '달래다', '유세하다', '기쁘다' '즐거워하다', '좋아하다' 등의 여러 가지 뜻을 나타낸다. 說教(설교), 說得(설득), 甘言利說(감언이설), 演說(연설), 辱說(욕설), 橫說竪說(횡설수설), 假說(가설), 定說(정설), 學說(학설), 說明(설명), 解說(해설), 論說(논설), 社說(사설), 小說(소설), 說客(세객), 遊說(유세)

'기쁠 悅(열)'자의 본래 글자는 '兌(태)'이다. '기뻐하다'는 뜻이다. 그 뜻을 한 때는 '說'자로 쓰기도 했다. '말씀 言(언)'이 후에 '마음 忄(심)'으로 바뀌어 '悅(열)'자가 만들어졌다. 悅樂(열락), 法悅(법열), 喜悅(희열)

'兌(태)'자를 '문 門(문)' 안에 넣어 '검열할 閱(열)/훑어볼 閱(열)'자를 만들었다. 대문을 열고 들어가 '훑어보다'는 뜻을 위하여 만든 것이다. '검열하다', '조사하다', '하나하나 수효를 세어 확인하다', '문서를 견주며 보다', '돌보다' 등의 뜻을 나타낸다. 閱兵(열병), 檢閱(검열), 查閱(사열), 閱覽(열람)

'兌(태)'자에 '쇠 金(금)'을 붙여 '날카로울 銳(예)'자를 만들었다. 쇠칼의 끝이 '날카롭다'는 뜻을 나타내기 위하여 만든 것이다. '날카롭다', '쇠붙이 등이 예리하다', '예민하다', '재빠르다' '군대가 날래고 용맹하다' 등의 뜻으로 쓰인다. 銳角(예각), 銳利(예리), 銳鋒(예봉), 尖銳(첨예), 銳敏(예민), 新銳(신예), 精銳(정예)

'兌(태)'자에 '벼 禾(화)'를 붙여 '세금 稅(세)'자를 만들었다. '세금'의 뜻인데 '벼 禾(화)'가 표의요소로 쓰였다. 벼나 쌀로 세금을 냈기 때문일 것이다. 稅關(세관), 稅金(세금), 稅務(세무), 課稅(과세), 納稅(납세), 租稅(조세), 脫稅(탈세)

'兌(태)'자에 '고기 月(육)'을 붙여 '벗을 脫(탈)'자를 만들었다. '살이 바짝 마르다'가 본뜻이다. '벗기다', '껍질을 벗기다', '옷을 벗다', '면하다', '빠져나가다', '빠뜨리다', '떨어져 나오다', '없애다', '거칠다' 등의 뜻을 나타낸다. 脫殼(탈각), 脫皮(탈피), 脫喪(탈상), 脫衣(탈의), 解脫(해탈), 足脫不及(족탈불급), 脫落(탈락), 脫毛(탈모), 脫線(탈선), 脫出(탈출), 離脫(이탈), 脫稿(탈고), 脫穀(탈곡), 脫水(탈수), 脫盡(탈진), 虛脫(허탈), 疏脫(소탈)/疎脫(소탈)

兌2034, 說0633, 悅1246, 閱2011, 銳1805, 稅0824, 脫1072

台(태) 台 殆 怠 胎 颱 笞 苔 跆 始 治 冶 怡

'별 台(태)/나 台(이)/기쁠 台(이)'자는 '말하다', '기쁘다', '자신'을 뜻할 때는 [이]로, '별', '높은 지위를 뜻할 때는 [태]로 읽는다. '집 臺(대)/돈대 臺(대)'의 속자로 쓰인다.

'台(태)'자에 '부서진 뼈 歹(알)'을 붙여 '위태할 殆(태)'자를 만들었다. '위태하다', '위험하다', '거의 ~에 가깝다'는 뜻으로 쓰인다. 危殆(위태), 殆無(태무), 殆半(태반)

'台(태)'자에 '마음 心(심)'을 붙여 '게으를 怠(태)'자를 만들었다. '게으르다', '느리다'는 뜻을 나타낸다. 怠慢(태만), 怠業(태업), 過怠料(과태료), 倦怠(권태), 懶怠(나태)

'台(태)'자에 '고기 月(육)'을 붙여 '아이 밸 胎(태)'자를 만들었다. '아이 배다', '태아', '사물의 기원', '태아처럼 싸여 있는 물건' 등을 뜻한다. 胎教(태교), 胎夢(태몽), 胎兒(태아), 落胎(낙태), 母胎(모태), 孕胎(잉태), 換骨奪胎(환골탈태), 胎動(태동), 胎葉(태엽)

'台(태)'자에 '바람 風(풍)'을 붙여 '태풍 颱(태)'자를 만들었다. 颱風(태풍)

'台(태)'자에 '대 竹(죽)'을 붙여 '볼기칠 笞(태)'자를 만들었다. '볼기를 치다', '태형'을 뜻한다. 笞刑(태형)

'台(태)'자에 '풀 艹(초)'를 붙여 '이끼 苔(태)'자를 만들었다. 蘚苔類(선태류), 靑苔(청태), 海苔(해태)

'台(태)'자에 '발 足(족)'을 붙여 '밟을 跆(태)'자를 만들었다. '밟다', '짓밟다', '유린하다'는 뜻을 나타낸다. 跆拳道(태권도)

'台(태)'자에 '여자 女(녀)'를 붙여 '비로소 始(시)/처음 始(시)'자를 만들었다. 여기에서 '台(태)'자는 '아이 밸 胎(태)'자의 생략형이다. 누구나 여자[女(녀)]의 뱃속[胎(태)]에서 비로소 첫 삶을 시작했기 때문이라고 설명한다. '처음', '시간적으로나 순서적으로 맨 앞', '비로소', '최초에', '비롯하다', '시작하다' 등의 뜻을 나타낸다. 始末(시말), 始作(시작), 始初(시초), 開始(개시)

'나 台(이)'자에 '물 氵(수)'를 붙여 '다스릴 治(치)'자를 만들었다. '台(이)'는 '다스리다'는 뜻이니, '治(치)'는 '물을 다스리다'의 뜻이 된다. 나아가 일반적으로 '다스리다'의 뜻으로 쓰이게 되었다. '다스리다', '국가·사회·가정 등을 보살펴 통제하거나 관리하다', '우주 만물의 질서가 바로잡히다', '병이나 상처를 보살펴 낫게 하다', '어지러운 사태를 수습하여 바로잡다', '진압하여 편안하게 하다', '죄를 다스리다' 등의 뜻을 나타낸다. 治安(치안), 自治(자치), 政治(정치), 統治(통치), 治療(치료), 難治(난치), 萬病通治(만병통치), 完治(완치), 退治(퇴치), 治産(치산), 治山治水(치산치수), 禁治産(금치산), 以熱治熱(이열치열), 治罪(치죄), 治盜棍(치도곤)

'나 台(이)'자에 '얼음 冫(빙)'을 붙여 '불릴 冶(야)'자를 만들었다. '冶(야)'자는 '쇠를 불리다'는 뜻이다. 쇠를 불려 기물을 만드는 것이라면 金(금)이 쓰였어야 할 텐데 어찌하여 얼음 冫(빙)이 쓰였을까? 쇠를 녹은 쇳물이 얼은 것이라고 본 모양이다. 쇠붙이를 녹여서 鑄造(주조)하거나 대장간에서 쇠붙이를 녹여 기물을 만드는 것을 뜻하는 글자이다. '불리다', '쇠붙이를 불에 달구어서 성질을 변화시키다', '대장장이', '단련하다', '몸·정신 등을 굳세게 단련하다' 등의 뜻을 나타낸다. 冶金(야금), 陶冶(도야)

'기쁠 台(이)'자에 '마음 忄(심)'을 붙여 '기쁠 怡(이)'자를 만들었다.

台3408, 殆0942, 怠1582, 胎1963, 颱2020, 笞2797, 苔2921, 跆3046, 始0126, 治0190, 冶2187, 怡3441

泰(태) 泰奏輳秦 643

'클 泰(태)', '아뢸 奏(주)', '성씨 秦(진)', '받들 奉(봉)' '봄 春(춘)'자 등은 공통적으로 글자 윗부분이 '석 三(삼)'에 '사람 人(인)'을 겹쳐 쓴 것의 모양을 가지고 있다. 그러나 그 字源(자원)은 각각 다르고 관계도 없다. 따라서 가족이 아니다. 저자 임의로 한자 공부하는 데에 도움을 주려고 모은 것일 뿐이다.

'클 泰(태)'자는 '석 三(삼)'에 '사람 人(인)'을 겹쳐 쓴 것에 '물 氺(수)'를 붙여 만들었다. 본뜻은 '미끄러지다'였다. 지금은 본뜻으로는 쓰이지 않고, '크다', '편안하다', '편안하고 자유롭다', '침착하다' 등의 뜻으로 쓰이고 있다. 泰山(태산), 塵合泰山(진합태산), 泰然(태연), 泰平(태평), 天下泰平(천하태평)

'아뢸 奏(주)'자는 '석 三(삼)'에 '사람 人(인)'을 겹쳐 쓴 것에 '어릴 夭(요)'자를 붙여 만들었다. 원래 '(상소문 따위를 두 손으로 받들고) 아뢰다'였다. 후에 '나타나다', '곡조', '연주하다'는 뜻으로 쓰이게 되었다. 上奏(상주), 出班奏(출반주), 奏效(주효), 奏樂(주악), 獨奏(독주), 伴奏(반주), 演奏(연주), 協奏(협주)

'奏(주)'자에 '수레 車(거)'를 붙여 '모일 輳(주)'자를 만들었다. 수레 바퀴살이 바퀴통에 '모이다'는 뜻이다.

'성씨 秦(진)/나라 이름 秦(진)'자는 '석 三(삼)'에 '사람 人(인)'을 겹쳐 쓴 것에 '벼 禾(화)'를 붙여 만들었다. 秦始皇(진시황)

'277 받들 奉(봉)'자 참조.
'624 봄 春(춘)'자 참조.

泰1300, 奏1868, 輳3385, 秦3550

巴(파) 巴把杷爬琶芭肥 644

'땅 이름 巴(파)'자는 뱀이 땅바닥에 바짝 엎드린 모양을 형상화하여 '뱀', '소용돌이'의 뜻을 나타낸다. '巴(파)'자가 '蜀(촉)'나라가 근거하던 사천성의 지명으로 쓰이는 예가 많아지자, 후에 '爬(파)'자를 만들어 '뱀'을 나타냈다. 巴蜀(파촉), 淋巴腺(임파선)

'巴(파)'자에 '손 扌(수)'를 붙여 '잡을 把(파)'자를 만들었다. 꽉 '움켜쥐다' '잡다', '가지다'는 뜻을 나타내기 위하여 만든 것이다. 把守(파수), 把握(파악)

'巴(파)'자에 '나무 木(목)'을 붙여 '비파나무 杷(파)'자를 만들었다. 枇杷(비파)

'巴(파)'자에 '손톱 爪(조)'를 붙여 '긁을 爬(파)'자를 만들었다. '손으로 긁다', '손으로 기다'는 뜻을 나타내는 글자이다. '긁다', '손톱으로 긁다', '기다', '기어 다니다'는 뜻을 나타낸다. 爬痒(파양), 搔爬(소파), 爬行(파행), 爬蟲類(파충류)

'巴(파)'자에 '거문고 琴(금)'을 붙여 '비파 琶(파)'자를 만들었다. '琴(금)'에서 '今(금)'이 생략되었다. 琵琶(비파)

'巴(파)'자에 '풀 艹(초)'를 붙여 '파초 芭(파)'자를 만들었다. 芭蕉(파초)

'巴(파)'자에 '고기 月(육)'을 붙여 '살찔 肥(비)'자를 만들었다. '살찌다'는 뜻을 나타내기 위하여 만든 것이니 '고기 月(육)'이 표의요소이다. 여기에서 '땅 이름 巴(파)'는 '병부 卩(절)'이 잘못 변화된 것이다. 그러니 엄밀히 말해서 '巴(파)'자와 혈연관계의 가족은 아니다. 양자로 들어온 자식이랄까? '살찌다', '살찐 말', '살찐 고기', '땅을 기름지게 하다', '거름' 등의 뜻을 나타낸다. 肥大(비대), 肥滿(비만), 肥育(비육), 天高馬肥(천고마비), 肥料(비료), 肥沃(비옥), 施肥(시비), 堆肥(퇴비)

巴2350, 把1892, 杷2530, 爬2665, 琶2698, 芭2918, 肥1367

彭(팽) 彭澎膨 645

'성씨 彭(팽)'자는 '세울 壴(주)'자와 '터럭 彡(삼)'자로 이루어졌다. '부풀어 띵띵하다'는 뜻을 나타낸다. '북소리'를 나타내는 의성어이기도 하다.

'彭(팽)'자에 '물 氵(수)'를 붙여 '물결 부딪치는 기세 澎(팽)'자를 만들었다. '물결 부딪는 기세', '물이 흘러내리는 기세'가 성한 모양을 뜻한다. 澎湃(팽배)

'彭(팽)'자에 '고기 月(육)'을 붙여 '부풀 膨(팽)'자를 만들었다. '부풀다'는 뜻을 나타낸다. 膨大(팽대), 膨滿(팽만), 膨脹(팽창), 膨膨(팽팽)

'559 늘어놓은 악기 머리 보일 壴(주)/세울 壴(주)'자 참조.

彭3440, 澎2615, 膨2892

扁(편) 扁篇編遍偏騙 646

'넓적할 扁(편)'자는 '문 戶(호)'와 '책 冊(책)'으로 이루어졌다. 글씨를 적은 나무쪽을 끈으로 엮은 모양이다. 문 위에 걸어놓은 패의 뜻에서 '납작하다'는 뜻을 나타낸다. 扁桃(편도), 扁桃腺(편도선), 扁柏(편백), 扁平(편평), 扁形(편형), 扁額(편액), 扁鵲(편작)

'扁(편)'자에 '대 竹(죽)'을 붙여 '책 篇(편)'자를 만들었다. 종이가 발명되기 전에는 넓적한 대나무쪽에 글을 쓰고 엮어서 책을 만들었다. '완결된 시문(詩文)이나 책', '시문을 세는 단위' 등의 뜻으로 쓰인다. 短篇小說(단편소설), 上篇(상편), 詩篇(시편), 玉篇(옥편), 千篇一律(천편일률)

'扁(편)'자에 '실 糸(사)'를 붙여 '엮을 編(편)/땋을 編(편)'자를 만들었다. 종이가 나오기 전에 글을 써 놓은 竹簡(죽간)이나 木簡(목간)을 엮을 때 쓰는 '실'을 뜻하기 위하여 만든 것이었다. '실 糸(사)'가 표음요소, '넙적할 扁(편)'은 죽간을 엮어 놓은 모양을 나타낸 것이었으니 표음과 표의를 겸한다. '엮다', '대쪽을 엮다', '편성하다', '문서를 모아 엮다', '맺다', '얽다', '책', '책을 맨 끈' 등의 뜻을 나타낸다. 編成(편성), 編入(편입), 改編(개편), 編輯(편집), 編纂(편찬), 編物(편물), 韋編三絶(위편삼절), 編曲(편곡)

'扁(편)'자에 '길 갈 辶(착)'을 붙여 '두루 遍(편)'자를 만들었다. 길이 '널리 미치다'는 뜻을 나타내기 위하여 만든 것이다. '두루', '고루 미치다', '횟수를 세는 말', '처음부터 끝까지 한 차례 하는 일' 등을 뜻한다. 遍歷(편력), 普遍(보편)

'扁(편)'자에 '사람 亻(인)'을 붙여 '치우칠 偏(편)'자를 만들었다. '치우치다', '기울다', '반', '한 쪽', '시골', '궁벽한 곳', '오로지', '한곬으로' 등의 뜻을 나타낸다. 偏見(편견), 偏僻(편벽), 偏食(편식), 偏愛(편애), 偏頗的(편파적), 不偏不黨(불편부당), 偏頭痛(편두통), 偏母膝下(편모슬하), 偏執狂(편집광), 偏西風(편서풍), 偏狹(편협)

'扁(편)'자에 '말 馬(마)'를 붙여 '속일 騙(편)/말 탈 騙(편)'자를 만들었다. '속이다', '기만하다'는 뜻을 나타낸다. 騙取(편취)

'595 책 冊(책)'자 참조.

扁2061, 篇1057, 編1726, 遍1794, 偏1842, 騙3170

平(평) 平評坪萍秤   647

'평평할 平(평)'자는 저울대가 균형을 이루고 있는 모습에서 유래하였다. '평평하다', '고르다', '다스리다', '국가·사회·가정 등을 보살펴 통제하거나 관리하다', '정벌하다', '편안하다', '무사하다', '화목하다', '손쉽다', '보통의 수준', '평상시', '사사로움이 없다', '표준', '가지런하게 되다', '평방', '같은 수를 곱하는 일' 등 여러 가지 뜻으로 쓰인다. 平面(평면), 平野(평야), 水平(수평), 平均(평균), 平等(평등), 平衡(평형), 平定(평정), 平安(평안), 平和(평화), 泰平(태평)/太平(태평), 平凡(평범), 平民(평민), 平年(평년), 平常(평상), 平素(평소), 平日(평일), 平交(평교), 公平(공평), 平價(평가), 平行(평행), 平行線(평행선), 平方(평방), 開平(개평), 平生(평생)

'平(평)'자에 '말씀 言(언)'을 붙여 '평할 評(평)'자를 만들었다. 사실의 옳고 그름이나 사물의 우열 등에 대하여 말로 '평하다'는 뜻을 나타내기 위한 것이다. 평가는 공평해야 하므로 '平(평)'은 표음요소와 표의요소를 겸한다. '잘잘못을 살피어 정하다', '됨됨을 평하다', '품평' 등의 뜻을 나타낸다. 評價(평가), 評論(평론), 評判(평판), 論評(논평), 批評(비평), 定評(정평), 寸評(촌평), 評議(평의)

'平(평)'자에 '흙 土(토)'를 붙여 '들 坪(평)/평평할 坪(평)'자를 만들었다. 평평한 땅, 즉 '평지'를 뜻하기 위하여 만든 것이다. 요즈음은 본래의 뜻보다는 토지 면적의 단위로 많이 쓰인다. 坪當(평당), 坪數(평수), 建坪(건평)

'平(평)'자에 '풀 艹(초)'를 붙여 '개구리밥 苹(평)'자를 만들었고, 이 '개구리밥 苹(평)'자에 '물 氵(수)'를 붙여 '부평초 萍(평)'자를 만들었다. '부평초'가 곧, '개구리밥'이니, 그게 그건데. 浮萍草(부평초), 萍水相逢(평수상봉)

'平(평)'자에 '벼 禾(화)'를 붙여 '저울 秤(칭)'자를 만들었다. '저울 稱(칭)'자의 俗字(속자)이다. '저울', '저울질하다', '달다'는 뜻을 나타낸다. 稱量(칭량)/秤量(칭량), 對稱(대칭)/對秤(대칭), 天秤(천칭)/天稱(천칭)

平0164, 評0995, 坪1864, 萍3279, 秤2773

敝(폐) 敝弊幣蔽斃鼈瞥   648

'해질 敝(폐)'자는 '베'의 뜻인 수건 巾(건)에 점이 네 개와 칠 攵(복)이 합쳐진 글자이다. 점 네 개는 떨어져 나온 베 조각을 가리킨다. 즉 베로 만든 옷이나 이불 같은 것을 막대기로 친 결과 군데군데 찢어져서 너덜거린다는 데서 '해지다', '깨지다'의 뜻이다. '피폐하다', '지쳐 쇠약하다', '자기를 낮추는 겸양의 뜻을 나타내는 접두어', '해지다', '옷이 떨어지다' 등의 뜻을 나타낸다. 疲敝(피폐)/疲弊(피폐), 積敝(적폐)/積弊(적폐), 敝社(폐사)/弊社(폐사), 敝店(폐점)/弊店(폐점)

'해질 弊(폐)'자는 '해진 옷'을 뜻하는 '敝(폐)'자와 그 옷이 아까워 두 손으로 움켜쥐고 있는 '받들 廾(공)'으로 이루어진 글자이다. '나쁘다', '좋지 아니하다', '폐', '귀찮은 신세나 괴로움', '폐단', '자기 사물에 붙이는 겸칭', '해지다', '옷이 다 낡다', '넘어지다' 등의 뜻을 나타낸다. 弊習(폐습), 弊端(폐단), 弊風(폐풍), 弊害(폐해), 民弊(민폐), 病弊(병폐), 語弊(어폐), 疲弊(피폐), 敝社(폐사)/弊社(폐사), 敝店(폐점)/弊店(폐점)

'敝(폐)'자에 '수건 巾(건)'을 붙여 '비단 幣(폐)/화폐 幣(폐)'자를 만들었다. 옛날에는 귀한 손님에게 비단을 예물로 주는 예가 많았다. '예물'의 뜻으로도 쓰인다. 천을 화폐의 수단으로 삼았으므로 '돈, 화폐'를 뜻하기도 한다. 幣帛(폐백), 納幣(납폐), 紙幣(지폐), 貨幣(화폐)

'敝(폐)'자에 '풀 艹(초)'를 붙여 '덮을 蔽(폐)/가릴 蔽(폐)'자를 만들었다. 본래 작은 '잡초'를 뜻하기 위하여 만든 것이다. 땅이 잡초에 덮여지고 가리어져 있는 모양을 나타낸다. '덮다', '가리어 덮다', '가려 막는 것', '숨기다', '비밀로 하다', '막다', '가로막다' 등의 뜻을 나타낸다. 掩蔽(엄폐), 隱蔽(은폐), 遮蔽(차폐)

'敝(폐)'자에 '죽을 死(사)'를 붙여 '죽을 斃(폐)/넘어질 斃(폐)'자를 만들었다. '넘어져 죽다'는 뜻이다. 斃死(폐사), 自斃(자폐), 疲斃(피폐)

'敝(별)'자에 '맹꽁이 黽(맹)'을 붙여 '자라 鼈(별)'자를 만들었다. '해질 敝(별)'자는 천한 사람이 입는 '옷'을

뜻할 때는 [별]로 읽는다. 鼈主簿傳(별주부전)

'敝(별)'자에 '눈 目(목)'을 붙여 '언뜻 볼 瞥(별)/눈깜짝일 瞥(별)'자를 만들었다. '언뜻 보다', '잠깐 보다'는 뜻을 나타낸다. 瞥眼間(별안간), 一瞥(일별)

敝3234, 弊1225, 幣1567, 蔽1756, 鷩2583, 鼈3199, 瞥3266

包(포) 包砲胞抱飽鮑咆庖泡袍雹 649

'쌀 包(포)'자는 '쌀 勹(포)'와 '뱀 巳(사)'로 이루어졌다. '巳(사)'는 '태아'의 모습을 본뜬 것이라고 한다. 일반적으로 '싸다'의 뜻을 나타낸다. '싸다', '속에 넣고 둘러싸거나 씌워 가리거나 하다', '꾸러미', '함께 들어 있다', '감싸다', '너그럽게 받아들이다', '꾸러미의 수를 세는 단위' 등의 뜻을 나타낸다. 包圍(포위), 包裝(포장), 小包(소포), 包括(포괄), 包攝(포섭), 包含(포함), 內包(내포), 包容(포용)

'包(포)'자에 '돌 石(석)'을 붙여 '대포 砲(포)'자를 만들었다. 화약과 철이 이용되기 전에는 포탄을 돌로 만들었다. 砲擊(포격), 砲彈(포탄), 空砲(공포), 大砲(대포), 祝砲(축포)

'包(포)'자에 '고기 月(육)'을 붙여 '태 胞(포)'자를 만들었다. '月(육)'은 '몸'을 뜻하고, '包(포)'는 아이를 배는 모양을 본뜬 것이다. '태아를 싸는 막'을 뜻하는 글자이다. '세포', '형제' 등의 뜻을 나타낸다. 細胞(세포), 胞子(포자), 僑胞(교포), 同胞(동포)

'包(포)'자에 '손 扌(수)'를 붙여 '안을 抱(포)'자를 만들었다. '(손으로) 안다'는 뜻을 나타내기 위한 것이었는데, '(마음속 등에) 품다'는 뜻으로도 쓰이게 되었다. 抱擁(포옹), 抱炭希涼(포탄희량), 抱腹絶倒(포복절도), 抱負(포부), 抱恨(포한), 懷抱(회포)

'包(포)'자에 '먹을 食(식)'을 붙여 '배부를 飽(포)'자를 만들었다. 밥을 '배불리 먹다'는 뜻을 위하여 만든 것이다. '음식을 배불리 먹다', '실컷', '가득 차다', '만족하다', '물리다' 등의 뜻을 나타낸다. 飽滿(포만), 飽食(포식), 飽和(포화), 不飽和(불포화)

'包(포)'자에 '고기 魚(어)'를 붙여 '절인 물고기 鮑(포)'자를 만들었다. 管鮑之交(관포지교)

'包(포)'자에 '입 口(구)'를 붙여 '으르렁거릴 咆(포)'자를 만들었다. 여기에서 '包(포)'는 '으르렁거리는 소리'를 나타내는 의성어이다. 咆哮(포효)

'包(포)'자에 '집 广(엄)'을 붙여 '부엌 庖(포)'자를 만들었다. '부엌', '취사장', '요리사', '요리한 음식' 등을 뜻한다. 庖廚(포주→푸주)

'包(포)'자에 '물 氵(수)'를 붙여 '거품 泡(포)'자를 만들었다. '거품', '물거품'을 뜻한다. 泡沫(포말), 氣泡(기포), 水泡(수포), 淸泡(청포)

'包(포)'자에 '옷 衤(의)'를 붙여 '도포 袍(포)'자를 만들었다. '웃옷', '겉에 입는 옷', '도포' 등을 뜻한다. 道袍(도포), 袞龍袍(곤룡포)

'包(포)'자에 '비 雨(우)'를 붙여 '누리 雹(박)'자를 만들었다. '누리', '우박'을 뜻한다. 雨雹(우박), 風飛雹散(풍비박산)

包0689, 砲0814, 胞1071, 抱1605, 飽1823, 鮑2150, 咆2241, 庖2360, 泡2598, 袍2985, 雹3317

布(포) 布怖希稀 650

'베 布(포)/펼 布(포)/보시 布(보)'자는 '수건 巾(건)'과 '아비 父(부)'자로 이루어진 글자이다. 여기에서 '父(부)'자는 나무망치를 손에 든 모양을 나타낸 것이다. '布(포)'자는 다듬이질로 윤을 낸 천의 뜻을 나타낸다. '식물의 섬유로 짠 베'의 뜻으로 쓰일 때는 단음인 [포]로, '널리 알리다', '펴다', '진을 치다', '흩어지다' 등의 뜻으로 쓰일 때는 [포:]로 발음한다. '베풀다', '나누어주다', '보시' 등의 뜻으로 쓰일 때는 [보:]로 발음한다. 布帳馬車(포장마차), 面紗布(면사포), 毛布(모포), 布告(포고), 公布(공포), 配布(배포), 宣布(선포), 流布(유포), 布石(포석), 布陣(포진), 分布(분포), 散布(산포), 撒布(살포), 瀑布(폭포), 布施(보시)

'布(포)'자에 '마음 忄(심)'을 붙여 '두려워할 怖(포)'자를 만들었다. 마음이 떨리다, 즉 '두려워하다'는 뜻을 나타내기 위하여 만든 것이다. 恐怖(공포), 恐怖心(공포심)

'바랄 希(희)'자는 '수건 巾(건)'과 '실 爻(효)'로 이루어진 글자이다. '布(포)'자에 '벨 乂(예)'를 붙여서 만든 글자가 아니다. 그러므로 '布(포)'자의 가족은 아니다. 글자의 형태가 꼭 '布(포)'자가 들어간 것 같이 보여 여기에 포함시킨 것이다. '希(희)'자는 원래 '드물다'의 뜻으로 쓰이다가 '바라다'의 뜻으로 변하고, '드물다'는 '벼 禾(화)'를 붙여 '稀(희)'자를 만들어 썼다. 希求(희구), 希望(희망), 抱炭希涼(포탄희량)

'바랄 希(희)'자에 '벼 禾(화)'를 붙여 '드물 稀(희)'자를 만들었다. '稀(희)'자는 벼의 싹이 '드문드문하다'는 뜻을 나타내기 위하여 만든 것이었다. '벼 禾(화)'가 표의요소로 쓰였고, '성기다'의 뜻인 希(희)'자는 표의요소와 표음요소를 겸한다. '드물다', '성기다', '벼가 성기다', '적다', '묽다' 등의 뜻으로 쓰인다. 稀貴(희귀), 稀代(희대), 稀少(희소), 稀罕(희한), 古稀(고희), 稀薄(희박), 稀微(희미), 稀釋(희석)

布0726, 怖1239, 希0560, 稀1347

暴(폭/포) 暴爆曝瀑 651

'사나울 暴(폭)/모질 暴(포)'자는 '해 日(일) + 나갈 出 + 받들 廾(공) + 쌀 米(미)'로 이루어졌다. 햇볕에 벼를 내다 말리는 모습을 통하여 '말리다', '쬐다'의 뜻을 나타내었다. 글자의 구조가 복잡하다 보니, '날 日(일)' 이외의 요소들은 그 형태가 많이 바뀌었다. 후에

'사납다'는 뜻으로 활용되는 예가 많아지자 본래의 뜻은 따로 '쬘 曝(폭)'자를 만들어냈다. '모질다'의 뜻으로 쓰일 때는 [포:]로 읽는다. '사납다', '맨손으로 치거나 때리다', '행동이 거칠어 도리에 어긋나다', '세차다', '해치다', '갑자기', '명백히 드러내 보이다', '모질다', '학대하다' 등의 뜻을 나타낸다. 暴動(폭동), 暴力(폭력), 暴行(폭행), 亂暴(난폭), 暴利(폭리), 暴雪(폭설), 暴雨(폭우), 暴飮(폭음), 暴風(폭풍), 暴騰(폭등), 暴落(폭락), 暴露(폭로), 暴惡(포악), 橫暴(횡포)

'暴(폭)'자에 '불 火(화)'를 붙여 '불 터질 爆(폭)'자를 만들었다. '터지다', '폭발하다'는 뜻을 나타낸다. 爆擊(폭격), 爆發(폭발), 爆笑(폭소), 爆彈(폭탄), 起爆劑(기폭제), 自爆(자폭)

'暴(폭)'자에 '해 日(일)'을 붙여 '쬘 曝(폭)'자를 만들었다. '햇볕에 쬐다', '햇볕에 쬐어 말리다'는 뜻으로 原字(원자)는 '暴(폭)'이었다. '暴(폭)'자가 '사납다'는 뜻으로 쓰이는 예가 많아지고, '햇볕'을 분명히 하기 위하여 '해 日(일)'을 덧붙여 '曝(폭)'자를 만들었다. 曝陽(폭양)

'暴(폭)'자에 '물 氵(수)'를 붙여 '폭포 瀑(폭)'자를 만들었다. 사납게 쏟아지는 물, 즉 '폭포'를 뜻한다. 瀑布(폭포)

暴0777, 爆1039, 曝2520, 瀑2641

票(표) 票標漂剽慓瓢飄 652

'불똥 튈 票(표)/쪽지 票(표)'자는 본래 '불똥'을 뜻하기 위한 것이었으니 '불 火(화)'가 표의요소로 쓰였는데, 특별한 이유 없이 '제사 示(시)'로 바뀌었다. 윗부분은 쪽지를 들고 불에 태우는 모습이 변한 것이다. 후에 '쪽지'를 뜻하는 것으로 많이 쓰이게 되자, '불똥'은 '불 火(화)'를 붙여 '慓(표)'자를 따로 만들어 나타냈다. '쪽지', '어음', '수표' 따위를 뜻한다. 票(표), 手票(수표), 郵票(우표), 車票(차표), 投票(투표)

'票(표)'자에 '나무 木(목)'을 붙여 '표할 標(표)/우듬지 標(표)'자를 만들었다. 나무의 꼭대기 줄기 즉 '우듬지'를 뜻하기 위한 것이다. '우듬지', '높은 나뭇가지', '기둥', '푯말', '표시', '상표', '과녁', '목표', '드러내어 칭찬하다' 등의 뜻을 나타낸다. 標高(표고), 標示(표시), 標語(표어), 標識(표지), 商標(상표), 里程標(이정표), 座標(좌표), 標的(표적), 標準(표준), 目標(목표), 指標(지표), 標榜(표방)

'票(표)'자에 '물 氵(수)'를 붙여 '떠돌 漂(표)/빨래할 漂(표)'자를 만들었다. 물 위에 '떠다니다'는 뜻을 나타내기 위하여 만든 것이었다. '떠돌다', '물결에 떠서 흐르다', '유랑하다', '빨래하다', '헹구다', '바래다' 등의 뜻을 나타낸다. 漂浪(표랑), 漂流(표류), 浮漂(부표), 漂白(표백)

'票(표)'자에 '칼 刂(도)'를 붙여 '빠를 剽(표)/겁박할 剽(표)'자를 만들었다. '협박하다', '사납고 독살스럽다'의 뜻과 '빠르다', '민첩하다'의 뜻을 가진 글자였는데, 후에 '훔치다', '벗기다'의 뜻도 가지게 되었다. 剽竊(표절)

'票(표)'자에 '마음 忄(심)'을 붙여 '날랠 慓(표)/급할 慓(표)'자를 만들었다. 불똥이 튀는 것처럼 '날래고 사납다'는 뜻을 나타낸다. 慓毒(표독)

'票(표)'자에 '오이 瓜(과)'를 붙여 '박 瓢(표)'자를 만들었다. '가벼운 바가지', '표주박'을 뜻한다. 簞食瓢飮(단사표음)

'票(표)'자에 '바람 風(풍)'을 붙여 '회오리바람 飄(표)/나부낄 飄(표)'자를 만들었다. '회오리바람', '바람에 나부끼다' 등을 뜻한다. 飄風(표풍), 飄然(표연), 飄飄(표표)

票0820, 標1021, 漂1680, 剽2204, 慓2414, 瓢2810, 飄3152

髟(표) 髮髯鬚 653

'머리털 늘어질 髟(표)'자는 '긴 長(장)'과 '터럭 彡(삼)'으로 이루어진 글자이다. '髟(표)'자는 部首(부수)로 지정되어 있고, 이 글자를 意符(의부)로 하여 머리털이나 수염, 그 상태를 나타내는 문자를 이룬다.

'髟(표)'자에 '달릴 犮(발)'자를 붙여 '터럭 髮(발)'자를 만들었다. 金髮(금발), 毛髮(모발), 白髮(백발), 蓬頭亂髮(봉두난발), 危機一髮(위기일발), 理髮(이발)

'髟(표)'자에 '나아갈 冄(염)'자를 붙여 '구레나룻 髯(염)'자를 만들었다. '구레나룻', '귀 밑에서 턱까지 난 수염'을 뜻한다. 鬚髯(수염)

'髟(표)'자에 '모름지기 須(수)'자를 붙여 '수염 鬚(수)'자를 만들었다. 턱수염은 '鬚(수)', 콧수염은 '頾(자)', 귀 밑에서 턱까지 잇달아 난 수염 즉 구레나룻은 '髯(염)'이라고 한다. '수염', '동물의 입 가장자리에 난 뻣뻣한 털'을 뜻한다. 鬚髯(수염), 鬚根(수근), 龍鬚(용수), 龍鬚鐵(용수철)

'511 길 長(장)' 참조.
髮0790, 髯3323, 鬚3322

稟(품/름) 稟凜 654

'곳집 稟(름)/여쭐 稟(품)'자는 '벼 禾(화)'와 '곳집 모양'으로 이루어졌다. '禾(화)'의 윗부분은 곳집(옛날식 창고) 모양을 본뜬 것으로 [름]자였으나 요즘은 쓰이지 않는다. '여쭈다'는 뜻으로 쓰일 때는 [품:]으로 발음한다. 현재 우리말 한자어에는 '곳집 稟(름)'의 뜻으로 쓰인 예는 없고, '타고난 성품', '여쭈다', '알리다'의 뜻으로 쓰인 낱말만 있다. 稟性(품성), 氣稟(기품), 稟申(품신), 稟議(품의)

'곳집 稟(름)'자에 '얼음 冫(빙)'을 붙여 '찰 凜(름)'자를 만들었다. '몸이 오므라드는 듯한 추위'를 나타내는 것이었는데, '사람이 늠름하고 위풍이 있다', '사람의 생김생김이나 태도가 꿋꿋하고 의젓하다'를 뜻하는 것으로 바뀌어 쓰인다. 凜凜(늠름)

稟2775, 凜2190

風(풍) 風楓諷 655

'바람 風(풍)'자는 '무릇 凡(범)'과 '벌레 虫(충/훼)'로 이루어진 글자이다. 보통의 벌레들로부터 '바람 風(풍)'이라는 글자를 어떻게 이끌어 낼까? '바람', '바람이 불다', '바람을 쐬다', '기후', '환경', '관습', '시대에 따라 변하는 세태 또는 유행', '풍악', '노래', '민요', '풍채', '용모', '경치', '병명' 등의 뜻으로 쓰인다. 風力(풍력), 風浪(풍랑), 風前燈火(풍전등화), 馬耳東風(마이동풍), 微風(미풍), 逍風(소풍), 颱風(태풍), 風水(풍수), 風土(풍토), 風化(풍화), 風俗(풍속), 風潮(풍조), 氣風(기풍), 美風良俗(미풍양속), 風樂(풍악), 風采(풍채), 威風(위풍), 風景(풍경), 風流(풍류), 風月(풍월), 風氣(풍기), 風齒(풍치), 中風(중풍), 破傷風(파상풍)

'風(풍)'자를 意符(의부)로 하여, 여러 가지 바람의 명칭이나 바람을 형용하는 문자를 이룬다. 여기에서는 '風(풍)'자가 표음요소로 쓰인, 부수 '風(풍)'에 속하지 않는 몇 글자를 소개한다.

'風(풍)'자에 '나무 木(목)'을 붙여 '단풍나무 楓(풍)'자를 만들었다. 丹楓(단풍)

'風(풍)'자에 '말씀 言(언)'을 붙여 '풍자할 諷(풍)'자를 만들었다. '풍자하다', '넌지시 말하여 깨우치다', '사물을 비유하여 간하다'는 뜻을 나타낸다. 諷喩(풍유)/諷諭(풍유), 諷刺(풍자)

風0356, 楓1127, 諷3019

馮(풍) 馮憑 656

'성씨 馮(풍)/기댈 馮(빙)'자는 '얼음 冫(빙)'과 '말 馬(마)'로 이루어졌다.

'기댈 馮(빙)'자에 '마음 心(심)'을 붙여 '기댈 憑(빙)'자를 만들었다. '기대다', '몸이나 물건을 무엇에 의지하다', '남의 힘에 의지하다', '의거하다', '증거', '귀신이 들리다' 등의 뜻을 나타낸다. 憑藉(빙자), 信憑(신빙), 證憑(증빙), 憑依(빙의)

馮3610, 憑2421

皮(피) 皮疲彼被披波婆破頗跛坡 657

'가죽 皮(피)'자는 짐승을 죽여 나무에 매달아놓고 손(又)에 칼을 들고 가죽을 벗기는 모양이 변화된 것이다. '(털 짐승의) 껍질을 벗기다'가 본래 의미이다. '가죽(털이 붙은 채 벗긴 가죽)', '털옷', '모피 옷', '껍질', '사물의 표면', '벗기다', '껍질을 벗기다' 등의 뜻을 나타낸다. 皮革(피혁), 毛皮(모피), 虎皮(호피), 皮骨相接(피골상접), 皮膚(피부), 皮相的(피상적), 鐵面皮(철면피), 脫皮(탈피), 表皮(표피)

'皮(피)'자에 '병들어 누울 疒(역)'을 붙여 '지칠 疲(피)/피곤할 疲(피)'자를 만들었다. '지치다', '지치게 하다', '피로', '노쇠하다', '여위다' 등의 뜻을 나타낸다. 疲困(피곤), 疲勞(피로), 樂此不疲(요차불피), 疲弊(피폐)

'皮(피)'자에 '길 걸을 彳(척)'을 붙여 '저 彼(피)'자를 만들었다. '저것'이라는 대명사적 용법으로 쓰인 것인데, 원래 '가죽 皮(피)'자를 빌어 그러한 의미를 나타내다가, 후에 '彳(척)'을 덧붙였다. 彼我(피아), 彼岸(피안), 彼此(피차), 於此彼(어차피), 此日彼日(차일피일)

'皮(피)'자에 '옷 衤(의)'를 붙여 '입을 被(피)/두를 被(피)'자를 만들었다. 원래는 잠을 잘 때 덮는 옷, 즉 '이불'을 나타내기 위한 것이었다. '덮다', '덮어 가리다', '이불', '옷을 입다', '입는 것', '당하다(수동적임을 나타내는 말)', '피해나 부상 등을 당하다' 등의 뜻을 나타낸다. 被覆(피복), 被服(피복), 被告(피고), 被敎育者(피교육자), 被動(피동), 被殺(피살), 被害(피해), 賊被狗咬(적피구교)

'皮(피)'자에 '손 扌(수)'를 붙여 '나눌 披(피)/찢을 披(피)'자를 만들었다. 본뜻은 '짐승의 가죽을 벗겨내다'였다. '펴다', '열다', '풀다', '끈을 풀다', '나누다', '쪼개다', '찢다' 등의 뜻을 나타낸다. 披露宴(피로연), 披瀝(피력), 猖披(창피)

'皮(피)'자에 '물 氵(수)'를 붙여 '물결 波(파)'자를 만들었다. 물의 겉, 표면에서 일렁이는 모양을 뜻하는 글자이다. '물결', '수면에 생기는 파동', '물결이 일다', '파도가 일어나다', '주름', '물결과 같은 모양을 이루는 것', '평온하지 아니한 일', '영향이 다른 데에 미치다', '눈길', '눈짓' 등의 뜻을 나타낸다. 波濤(파도), 波瀾(파란), 波紋(파문), 防波堤(방파제), 人波(인파), 一波萬波(일파만파), 風波(풍파), 波動(파동), 波狀(파상), 波長(파장), 音波(음파), 電波(전파), 波瀾萬丈(파란만장), 世波(세파), 平地風波(평지풍파), 寒波(한파), 波及(파급), 餘波(여파), 秋波(추파), 波羅密多(바라밀다)

'물결 波(파)'자 밑에 '여자 女(녀)'자를 붙여 '할미 婆(파)/범어 婆(바)'자를 만들었다. '할미'의 뜻을 나타내는 글자였다. 梵語(범어) 'bha'의 음역자로도 쓰인다. '늙은 여자'의 뜻으로 쓰인 때는 [파], 梵語(범어) 'bha'의 음역자로 쓰인 때는 [바]로 읽는다. 婆婆(파파), 老婆(노파), 老婆心(노파심), 媒婆(매파), 産婆(산파), 婆羅門(바라문), 裟婆(사바)

'皮(피)'자에 '돌 石(석)'을 붙여 '깨뜨릴 破(파)'자를 만들었다. '돌을 깨뜨리다'라는 뜻이라는데, '돌로 무엇을 깨뜨리다'로 생각하면 더 좋을 것 같다. 장난으로 던진 돌이 장독을 깨뜨린다. '깨다', '돌을 부수다', '일을 망치다', '째다', '가르다', '지우다', '패배시키다', '다하다', '남김이 없다' 등의 뜻으로 쓰인다. 破格(파격), 破壞(파괴), 破廉恥(파렴치), 破損(파손), 擊破(격파), 難破(난파), 爆破(폭파), 破鏡(파경), 破局(파국), 破滅(파멸), 破産(파산), 破竹之勢(파죽지세), 破門(파문), 大破(대파), 打破(타파), 看破(간파), 踏破(답파), 讀破(독파), 走破(주파)

'皮(피)'자에 '머리 頁(혈)'을 붙여 '치우칠 頗(파)/자못 頗(파)'자를 만들었다. 머리가 한쪽으로 '기울다'는 뜻을 위하여 만든 것이었다. '치우치다', '기울다', '굽다',

'공평하지 못하다', '자못', '조금', '꽤', '몹시' 등의 뜻을 나타낸다. 偏頗(편파), 偏頗的(편파적), 頗多(파다)

'皮(피)'자에 '발 足(족)'을 붙여 '절뚝발이 跛(파)'자를 만들었다. 여기에서 '皮(피)'자는 '물결 波(파)'의 뜻으로 쓰인 것이다. '발이 자유롭지 못하여 걸을 때 몸이 물결처럼 흔들려 기울어지는 모양을 나타낸 것이다. 跛者(파자), 跛行(파행)

'皮(피)'자에 '흙 土(토)'를 붙여 '언덕 坡(파)'자를 만들었다.

皮0791, 疲1044, 彼1228, 被1390, 披2441, 波0793, 婆1729, 破0812, 頗1818, 跛3047, 坡3427

必(필) 必 祕/秘 泌　　658

'반드시 必(필)'자는 '마음 心(심)'에 '삐칠 丿(별)'을 더한 글자가 아니라 '창 戈(과)'가 변한 것이라고 한다. 그래도 우리는 '마음 心(심)'에 '삐칠 丿(별)'을 더한 것으로 알면 어떠랴. '반드시', '틀림없이', '꼭', '기필코 이루어내다' 등의 뜻을 나타낸다. 必修(필수), 必須(필수), 必需(필수), 必需品(필수품), 必要(필요), 輕敵必敗(경적필패), 事必歸正(사필귀정), 生者必滅(생자필멸), 期必(기필), 必死的(필사적)

'必(필)'자에 '제사 示(시)'를 붙여 '숨길 祕(비)'자를 만들었다. 제사를 지내는 대상인 '귀신'을 뜻하기 위하여 만들어진 것이다. '示(시)' 대신 '벼 禾(화)'를 붙인 '秘(비)'자는 속자이다. '示(시)'가 모양이 비슷한 '벼 禾(화)'로 바뀌어버린 것이다. 속자인 '秘(비)'자는 4급 한자로, 고등학교 용 한자로 지정되어 있고, 정자인 '祕(비)'자는 1급 한자에도 끼지 못하였으니, 지금은 속자인 '秘(비)'자가 정자처럼 쓰이고 있다. 여기서 '秘(비)'자에 있는 '必(필)'자는 '문 닫다'의 뜻인 '閟(비)'의 생략형이다. 숨길 일은 문을 닫고 해야 한다. '신묘하여 헤아리기 어렵다', '심오하여 알기 어렵다', '숨기다', '알리지 아니하다' 등의 뜻으로 쓰인다. 秘訣(비결), 秘境(비경), 神秘(신비), 秘密(비밀), 秘書(비서), 極秘(극비), 黙秘權(묵비권), 便秘(변비)

'必(필)'자에 '물 氵(수)'를 붙여 '스밀 泌(비)/샘물 흐르는 모양 泌(비)'자를 만들었다. 닫힌 곳에서 가만히 흘러나오는 물을 뜻한다. 여기에서 '必(필)'자는 '문 닫을 閟(비)'의 생략형이다. '세포에서 일정한 물질을 만들어 내보내는 일'을 뜻하는 글자로 쓰인다. 泌尿器(비뇨기), 内分泌(내분비), 分泌(분비)

'244 편안할 宓(밀)/성 宓(복)'자 참조.
'큰 거문고 瑟(슬)'자는 '108 거문고 琴(금)자 참조.
'삼갈 毖(비)'자는 '294 견줄 比(비)'자 참조.

必0536, 祕/秘0722, 泌2084

學(학) 學 覺 攪　　659

'배울 學(학)'자는 '절구 臼(구)', '사귈 爻(효)', '멀 冂(경)', '아이 子(자)'로 이루어졌다. '臼(구)'는 '양손으로 끌어올리는 모양, '爻(효)'는 '어우러져 사귄다'는 뜻, '冂(경)'은 '건물 모양', '子(자)'는 '아이들'의 뜻으로 쓰였다. '學(학)'자는 '가르치는 자가 배우는 자를 향상시키는 사귐의 터'를 뜻하는 글자가 된다. '배우다', '가르침을 받다', '배우는 사람', '학자', '학문', '가르치다', '학설', '학파', '학명' 등의 뜻으로 쓰인다. 學校(학교), 學問(학문), 學生(학생), 科學(과학), 文學(문학), 學說(학설), 學派(학파), 學名(학명)

'깨달을 覺(각)'자는 '배울 學(학)'과 '볼 見(견)'자가 합쳐진 글자이다. '배워서 확실히 보다'는 뜻을 나타내기 위한 글자였다. '깨닫다', '터득하다', '깨우치다', '기억하다', '감각기관을 통해서 느껴지는 감각', '드러나다', '밝히다', '꿈을 깨다' 등 여러 가지 뜻을 나타낸다. 覺悟(각오), 覺寤(각오), 沒知覺(몰지각), 先覺者(선각자), 自覺(자각), 知覺(지각), 錯覺(착각), 覺書(각서), 感覺(감각), 味覺(미각), 視聽覺(시청각), 觸覺(촉각), 嗅覺(후각), 發覺(발각), 覺醒(각성), 幻覺(환각)

'깨달을 覺(각)'자에 '손 扌(수)'를 붙여 '흔들 攪(교)/어지럽힐 攪(교)'자를 만들었다. '손으로 휘저어 어지럽히다', '어지러워지다', '뒤섞다', '휘젓다'는 뜻을 나타낸다. 攪亂(교란), 攪拌(교반)

學0058, 覺1083, 攪2504

虐(학) 虐 瘧 謔　　660

'사나울 虐(학)/모질 虐(학)'자는 호랑이가 사람을 짓밟고 물어뜯는 형상을 그린 것이다. '범 虎(호)의 생략형인 虍(호)와 '사람 人(인)'의 변형이 합쳐진 것이다. '해치다', '모질다', '사납다' 등의 뜻으로 쓰인다. 虐待(학대), 虐殺(학살), 虐政(학정), 自虐(자학), 殘虐(잔학)

'虐(학)'자에 '병 疒(역)'을 붙여 '학질 瘧(학)'자를 만들었다. '비참한 병'의 뜻에서, '학질', '말라리아'라는 병을 뜻한다. 瘧疾(학질)

'虐(학)'자에 '말씀 言(언)'을 붙여 '희롱할 謔(학)'자를 만들었다. '말로 농락하다', '희롱하다', '농담하다', '익살부리다'는 뜻이다. 諧謔(해학)

虐1976, 瘧2739, 謔3021

寒(한) 寒 塞 寨　　661

'찰 寒(한)'자는 엄동설한에 풀잎을 깔고, 불을 못 때서 추위에 얼어 몸을 잔뜩 웅크리고 있는 사람의 모습을 생각해보자. 아래 점 두 개는 '얼음 冫(빙)'이다. '차다', '춥다', '온도가 낮다', '식히다', '몸이 식는 증세', '가난하다', '쓸쓸하다', '천하다', '지체가 낮다', '절기 이름' 등의 뜻으로 쓰인다. 寒暖(한란), 寒波(한파), 嚴冬雪寒(엄동설한), 脣亡齒寒(순망치한), 惡寒(오한), 寒縮(한축), 寒村(한촌), 貧寒(빈한), 寒微(한미), 寒露(한

로), 小寒(소한), 大寒(대한)

아래 글자들은 족보로 볼 때 '찰 寒(한)'자와 아무 관계가 없는 글자들이다. 우연히 글자의 윗부분의 모양이 같아 여기에 모아서 소개하는 것이다. 字典(자전)에서 설명하는 字源(자원)도 모두 다 다르다. 글자를 좀 더 쉽게 익힐 수 있도록 하기 위해서 저자 임의로 모은 것이다.

'변방 塞(새)/막을 塞(색)'자는 '찰 寒(한)'자에서 '얼음 冫(빙)'이 빠져나가고 그 자리에 '흙 土(토)'가 들어간 글자이다. '변방'의 뜻으로 쓰일 때는 [새]로, '막히다'의 뜻으로 쓰일 때는 [색]으로 읽는다. '변방', '성채', '보루', '막다', '통하지 못하게 하다' 등의 뜻으로 쓰인다. 塞翁之馬(새옹지마), 要塞(요새), 梗塞(경색), 腦梗塞(뇌경색), 心筋梗塞(심근경색), 窘塞(군색), 拔本塞源(발본색원), 語塞(어색), 甕塞(옹색), 窒塞(질색)

'목책 寨(채)'자는 '변방 塞(새)'의 아래 '흙 土(토)'가 '나무 木(목)'으로 바뀐 글자이다. '나무울타리', '목책으로 둘러싼 방위 시설'을 뜻한다. 木寨(목채), 山寨(산채)

寒0361, 塞1539, 寨2340

咸(함) 咸喊緘鹹感憾減鍼箴 662

'다 咸(함)'자는 사람을 상징하는 '입 口(구)'와 긴 도끼를 가리키는 '戌(술)'이 합쳐진 것으로, '(반란군이나 적군을) 모조리 죽이다'가 본래 의미이다. 후에는 '모조리', '모두', '두루 미치다'의 뜻으로 쓰이게 되었으나 조어력이 약하여 우리말로 쓰인 예는 없다. 咸興差使(함흥차사)

'咸(함)'자에 '입 口(구)'를 붙여 '소리칠 喊(함)'자를 만들었다. '소리(화를 내거나 외치는 소리)', '고함지르다', '크게 외치다'는 뜻을 나타낸다. 喊聲(함성), 高喊(고함)

'咸(함)'자에 '실 糸(사)'를 붙여 '봉할 緘(함)'자를 만들었다. 상자에 다 집어넣고 마지막으로 '봉하는 실'을 뜻하는 글자이다. '봉하다', '봉한 자리', '서류함', '봉투'를 뜻한다. 緘口(함구), 封緘(봉함)

'咸(함)'자에 '소금밭 鹵(로)'를 붙여 '짤 鹹(함)'자를 만들었다. '짜다', '소금기'를 뜻한다. 鹹水(함수)

'咸(함)'자에 '마음 心(심)'을 붙여 '느낄 感(감)'자를 만들었다. '사람의 마음을 움직이다'가 본뜻이다. '마음이 움직이다', '마음에 느끼다', '사물을 대했을 때 어떤 정이 일어나다', '닿다', '부딪치다', '감응하다' 등의 뜻을 나타낸다. 感激(감격), 感動(감동), 實感(실감), 至誠感天(지성감천), 感覺(감각), 感情(감정), 所感(소감), 感光(감광), 感電(감전), 感應(감응), 感染(감염), 感氣(감기)

'느낄 感(감)'자에 '마음 忄(심)'을 붙여 '섭섭할 憾(감)'자를 만들었다. '섭섭한 마음'을 나타내는 것이다. '한하다', '원한을 품다' 등의 뜻을 나타낸다. 憾情的(감정적), 私憾(사감), 遺憾(유감)

'咸(함)'자에 '물 氵(수)'를 붙여 '덜 減(감)'자를 만들었다. '물이 줄어들다'는 뜻을 위해 만들어진 것이었다. '덜다', '수량을 적게 하다', '가볍게 하다', '줄다', '빼다', '빼기', '싫증이 나서 기력이 없어지다' 등의 뜻을 나타낸다. 減量(감량), 減少(감소), 減員(감원), 增減(증감), 減算(감산), 加減乘除(가감승제), 減退(감퇴)

'咸(함)'자에 '쇠 金(금)'을 붙여 '침 鍼(침)'자를 만들었다. 사람의 몸에 있는 혈을 찔러서 병을 치료하는 바늘 비슷한 물건을 이른다. '침', '의료용의 침', '찌르다', '침놓다' 등의 뜻을 나타낸다. '針(침)'자는 속자이다.

'咸(함)'자에 '대 竹(죽)'을 붙여 '바늘 箴(잠)/경계 箴(잠)'자를 만들었다. '대나무 바늘'을 뜻하는 글자였다. '경계하여 훈계가 되는 말'을 뜻하는 것으로 쓰인다. 箴言(잠언)

咸1527, 喊2257, 緘2844, 鹹3191, 感0213, 憾1890, 減0258, 鍼3116, 箴2803

函(함) 函, 涵 663

'함 函(함)'자는 화살을 넣는 동개에 화살이 들어 있는 모양을 본떠 만든 글자이다. '휩싸다, 포함하다, 상자', '함', 혼인 때 신랑 측에서 채단과 혼서지를 넣어서 신부 측에게 보내는 '나무 그릇' 등의 뜻을 나타낸다. 函(함), 私書函(사서함), 投票函(투표함), 函數(함수)

'函(함)'자에 '물 氵(수)'를 붙여 젖을 '涵(함)'자를 만들었다. '솜에 물이 서서히 젖는 것처럼 스며들다'는 뜻을 나타낸다. 涵養(함양)

函2195, 涵2622

臽(함) 陷諂閻焰 664

'함정 臽(함)'자는 사람이 허방다리에 빠진 모양을 나타낸 것이다. 윗부분은 '사람 人(인)'의 변형이고, 아랫부분은 '절구 臼(구)'자이다. '함정', '구렁텅이', '빠지다'는 뜻을 나타낸다.

'臽(함)'자에 '언덕 阝(부)'를 붙여 '빠질 陷(함)'자를 만들었다. 사람이 언덕[阝(부)]에 파놓은 함정[臽]에 '빠짐'을 뜻하는 글자이다. '陷(함)'은 언덕에 설치된 함정에 빠지는 것이고, '諂(첨)'은 말에 설치된 함정에 빠지는 것이다. '빠지다', '가라앉다', '빠뜨리다', '함정', '땅이 움푹 패다', '실수하다', '모자라다', '속여 넘기다', '궁지에 몰아넣다', '해치다', '함락하다', '무너지다', '헐다' 등의 뜻을 나타낸다. 陷入(함입), 陷沒(함몰), 陷穽(함정), 缺陷(결함), 謀陷(모함), 陷落(함락)

'臽(함)'자에 '말씀 言(언)'을 붙여 '아첨할 諂(첨)'자를 만들었다. '아첨하다', '알랑거리다'는 뜻을 나타낸다. 諂笑(첨소), 阿諂(아첨)

'臽(함)'자를 '문 門(문)' 안에 넣어 '마을 閻(염)'자를 만들었다. '마을의 문'을 뜻하는 글자였다. '마을의 문', '한길', '번화한 거리'를 뜻한다. 閻閻(여염), 閻羅大王(염라대왕)

'臽(함)'자에 '불 火(화)'를 붙여 '불꽃 焰(염)'자를 만들었다. '불이 당기다', '불이 붙기 시작하는 모양', '불꽃' 등의 뜻을 나타낸다. 氣焰(기염), 火焰(화염)

陷1451, 諂3013, 閻2140, 焰2653

合(합) 合盒蛤恰洽拾給答拿塔搭 665

'합할 합(합)/홉 합(홉)'자는 뚜껑이 덮여진 그릇의 모양을 본뜬 것으로, '그릇'이 본뜻이었다. '합하다', '모으다' 등의 뜻으로 쓰이는 예가 많아지자 본뜻은 '그릇 皿(명)'을 붙여서 '盒(합)'자를 추가로 만들었다. 우리나라에서 '合'자를 용량의 단위로 쓰일 때는 [홉으로 읽는다. '합하다', '여럿이 모여 하나가 되다', '맞다', '틀리거나 어긋남이 없다', '모이다', '짝을 짓다', '부부가 되다', '싸우다', '겨루다' 등 여러 가지 뜻을 나타낸다. 合計(합계), 合意(합의), 結合(결합), 組合(조합), 和合(화합), 化合(화합), 合格(합격), 合理(합리), 合法(합법), 合資(합자), 合掌(합장), 待合室(대합실), 烏合之卒(오합지졸), 集合(집합), 合歡(합환), 合宮(합궁), 競合(경합), 保合(보합), 試合(시합)

'合(합)'자에 '그릇 皿(명)'을 붙여 '합 盒(합)'자를 만들었다. 원래는 '合(합)'이었는데, 이 '合(합)'자가 '합하다', '모으다' 등의 뜻으로 쓰이는 예가 많아지자 '그릇 皿(명)'을 붙여 '합 盒(합)'자를 추가로 만들었다. 飯盒(반합), 饌盒(찬합), 香盒(향합)

'合(합)'자에 '벌레 虫(충)'을 붙여 '대합조개 蛤(합)'자를 만들었다. 大蛤(대합), 紅蛤(홍합)

'合(합)'자에 '마음 忄(심)'을 붙여 '흡사할 恰(흡)/마치 恰(흡)'자를 만들었다. '마음이 생각했던 바와 들어맞다'는 뜻이다. '마치', '꼭', '흡사'의 뜻을 나타낸다. 恰似(흡사)

'合(합)'자에 '물 氵(수)'를 붙여 '흡족할 洽(흡)'자를 만들었다. '윤택하게 하다', '넉넉하게 하다'는 뜻을 나타낸다. 洽足(흡족), 未洽(미흡)

'合(합)'자에 '손 扌(수)'를 붙여 '주을 拾(습)/열 拾(십)'자를 만들었다. 손으로 땅에 떨어진 물건을 '줍다'는 뜻을 나타내기 위하여 만든 것이다. '열 十(십)'의 갖은자로 쓰일 때는 [십으로 읽는다. 拾得(습득), 收拾(수습), 民心收拾(민심수습), 一拾萬(일십만)

'合(합)'자에 '실 糸(사)'를 붙여 '넉넉할 給(급)/줄 給(급)'자를 만들었다. '대다', '공급하다', '제때에 대다', '주다', '급여' 등의 뜻을 나타낸다. 給食(급식), 給油(급유), 供給(공급), 配給(배급), 給料(급료), 給與(급여), 無給(무급), 俸給(봉급), 給仕(급사)

'合(합)'자에 '대 竹(죽)'을 붙여 '대답할 答(답)'자를 만들었다. 대쪽이 꼭 맞는 데서 '대답하다'의 뜻을 나타낸다. 시험을 볼 때, '문제의 대쪽'과 '답의 대쪽'이 꼭 일치해야 만족할 만한 점수를 얻을 것이다. '대답하다', '따르다', '응하다', '물음이나 부름에 답하다', '갚다' 등의 뜻을 나타낸다. 答狀(답장), 對答(대답), 問答(문답), 東問西答(동문서답), 應答(응답), 解答(해답), 答禮(답례), 答盃(답배), 報答(보답)

'合(합)'자 아래에 '손 手(수)'를 붙여 '붙잡을 拿(나)'자를 만들었다. '손을 물건에 가까이 갖다 대어 모아서 잡다'는 뜻을 위한 글자이다. '붙잡다', '사로잡다', '손에 넣다' 등의 뜻을 나타낸다. 拿捕(나포)

'合(합)'자에 '풀 艹(초)'를 붙여 '팥 荅(답)/좀콩 荅(답)'자를 만들었다.

'팥 荅(답)'자에 '흙 土(토)'를 붙여 '탑 塔(탑)'자를 만들었다. '荅(답)'자는 표음요소로 쓰인 것이다. '탑(어떤 일을 기념하거나 선전하기 위하여 세운 여러 층으로 된 좁고 높은 건축물)'을 뜻한다. 廣告塔(광고탑), 金字塔(금자탑), 多寶塔(다보탑), 象牙塔(상아탑), 慰靈塔(위령탑)

'팥 荅(답)'자에 '손 扌(수)'를 붙여 '탈 搭(탑)'자를 만들었다. '荅(답)'자는 표음요소로 쓰인 것이다. '타다', '수레・배・비행기 따위를 타다', '싣다' 등의 뜻을 나타낸다. 搭乘(탑승), 搭載(탑재)

合0322, 盒2742, 蛤2961, 恰2389, 洽2606, 拾1269, 給0611, 答0227, 拿2445, 塔1185, 搭2475

亢(항) 亢抗航沆坑 666

'목 亢(항)/높을 亢(항)'자는 '목'을 나타내기 위하여 목을 쭉 빼 들고 서 있는 사람의 모습을 그린 것이다. '목'의 뜻으로 쓰인 한자어 낱말은 없고, '높다', '더할 수 없는 정도에 이르다'는 뜻으로 쓰인다. 亢龍(항룡), 亢羅(항라)

'亢(항)'자에 '손 扌(수)'를 붙여 '겨룰 抗(항)/항거할 抗(항)/막을 抗(항)'자를 만들었다. '겨루다', '대항하다', '대적하다', '맞서다', '(손으로) 막다', '저지하다' 등의 뜻으로 쓰인다. 抗拒(항거), 抗生劑(항생제), 抗癌(항암), 抗議(항의), 對抗(대항), 反抗(반항), 抵抗(저항)

'亢(항)'자에 '배 舟(주)'를 붙여 '건널 航(항)/배 航(항)'자를 만들었다. '배로 가다', '건너다'의 뜻을 나타낸다. 航空(항공), 航路(항로), 航海(항해), 歸航(귀항), 難航(난항), 運航(운항)

'亢(항)'자에 '물 氵(수)'를 붙여 '넓을 沆(항)'자를 만들었다.

'亢(항)'자에 '흙 土(토)'를 붙여 '구덩이 坑(갱)'자를 만들었다. '(흙)구덩이' '움푹하게 팬 곳', '구덩이에 묻다' 등을 뜻한다. 坑夫(갱부), 炭坑(탄갱), 焚書坑儒(분서갱유)

亢2028, 抗0999, 航0856, 沆3476, 坑1861

巷(항) 巷港 667

'거리 巷(항)'자는 '함께 共(공)'과 '고을 邑(읍)'이 합쳐져서 만들어진 글자이다. 마을[邑(읍)] 사람들이 함께[共(공)]하는 '마을 가운데의 길'을 뜻하는 글자였다. 사람들이 북적대는 좁고 꼬불꼬불한 '골목'을 가리키는 것이다. 넓고 곧은 거리는 街(가)로 나타냈다. 기와집이 즐비한 양반촌이 아닌 서민들이 살고 있는 거리나 골목을 말한다. 巷間(항간), 街談巷說(가담항설), 陋巷(누항), 簞瓢陋巷(단표누항)

'巷(항)'자에 '물 氵(수)'를 붙여 '항구 港(항)'자를 만들었다. 물가에 있는 거리이니 '항구'의 뜻이다. 港口(항구), 港灣(항만), 空港(공항), 漁港(어항)

'064 함께 共(공)'자 참조.

巷1565, 港0798

害(해) 害 割 轄   668

'해칠 害(해)'자는 '집 宀(면)', '풀 어지럽게 날 丰(개)', '입 口(구)'로 이루어졌다. '宀(면)'은 '덮어 가리다'의 뜻, '丰(개)'는 '새기다'의 뜻, '口(구)'는 '기도의 말'을 뜻한다. '기도의 말을 새기어 재앙이나 방해를 덮어 막는다'는 뜻을 나타내는 글자였다. '해치다', '해롭게 하다', '죽이다', '방해하다', '훼방하다', '험한 곳' 등의 뜻을 나타낸다. 害蟲(해충), 加害(가해), 公害(공해), 傷害(상해), 損害(손해), 利害得失(이해득실), 被害(피해), 寒害(한해), 殺害(살해), 弑害(시해), 妨害(방해), 障害(장해), 要害(요해)

'害(해)'자에 '칼 刂(도)'를 붙여 '벨 割(할)/나눌 割(할)'자를 만들었다. '칼로 베어 나누다'는 뜻을 나타내기 위하여 만든 것이다. '나누다', '쪼개다', '가르다', '갈라서 찢다', '자르다', '끊다', '할(1/10)' 등의 뜻을 나타낸다. 割據(할거), 割賦(할부), 割愛(할애), 割引(할인), 分割(분할), 役割(역할), 割禮(할례), 割腹(할복), 牛刀割鷄(우도할계), 三割(삼할)

'害(해)'자에 '수레 車(거)'를 붙여 '다스릴 轄(할)'자를 만들었다. 수레의 굴대 끝에 붙여져서 바퀴의 기능을 다조지는 부분을 나타내는 글자였다. '관장하다', '지배하다'는 뜻을 나타낸다. 管轄(관할), 分轄(분할), 直轄(직할), 統轄(통할)

害0524, 割1166, 轄3066

亥(해) 亥 該 咳 駭 骸 核 劾 刻   669

'돼지 亥(해)'자는 '멧돼지'를 모양을 본뜬 것이다. 12지지의 마지막 것이다. 띠로는 '돼지'에 해당하여 '돼지 亥(해)'로 훈이 붙었지만 '돼지'라는 뜻으로 쓰인 한자어는 없다. 亥時(해시), 癸亥(계해), 辛亥(신해), 己亥(기해), 乙亥(을해), 丁亥(정해)

'亥(해)'자에 '말씀 言(언)'을 붙여 '해당할 該(해)/그 該(해)'자를 만들었다. '(말이) 맞다', '특정의 그것', '갖추다', '갖추어지다' 등의 뜻을 나타낸다. 該當(해당), 該博(해박)

'亥(해)'자에 '입 口(구)'를 붙여 '기침 咳(해)'자를 만들었다. 咳嗽(해수→해소), 百日咳(백일해)

'亥(해)'자에 '말 馬(마)'를 붙여 '놀랄 駭(해)'자를 만들었다. 한 살 먹은 말 따위의 놀라기 쉬운 동물이 딱딱하게 몸이 굳어지며 '놀라다'는 뜻을 위한 글자였다. 駭怪(해괴), 駭怪罔測(해괴망측)

'亥(해)'자에 '뼈 骨(골)'을 붙여 '뼈 骸(해)'자를 만들었다. '뼈', '사람의 뼈', '해골', '뼈만 남은 시신' 등을 뜻한다. 骸骨(해골), 遺骸(유해), 殘骸(잔해)

'亥(해)'자에 '나무 木(목)'을 붙여 '씨 核(핵)'자를 만들었다. 나무의 일종의 이름이었는데, '씨', '알맹이', '중심' 등으로 사용된다. 核果(핵과), 核家族(핵가족), 核心(핵심), 核膜(핵막), 核武器(핵무기), 核分裂(핵분열), 細胞核(세포핵), 原子核(원자핵), 結核(결핵), 肺結核(폐결핵)

'亥(해)'자에 '힘 力(력)'을 붙여 '꾸짖을 劾(핵)/캐물을 劾(핵)'자를 만들었다. '죄상을 조사하고 캐묻다', '관리의 죄상을 고발하다'는 뜻을 나타낸다. 彈劾(탄핵)

'亥(해)'자에 '칼 刂(도)'를 붙여 '새길 刻(각)'자를 만들었다. '칼로 새기다'는 뜻을 나타내기 위한 것이다. '亥(해)'는 표음요소인데 음이 크게 달라졌다. '새기다', '파다', '잊지 않도록 깊이 기억하다', '모질다', '심하다', '엄하다', '급하다', '시각', '있는 힘을 다 들이다' 등 여러 가지 뜻을 나타낸다. 刻苦(각고), 刻印(각인), 刻舟求劍(각주구검), 浮刻(부각), 彫刻(조각), 刻骨難忘(각골난망), 刻骨痛恨(각골통한), 刻薄(각박), 深刻(심각), 頃刻(경각), 時刻(시각), 正刻(정각), 遲刻(지각), 寸刻(촌각)

亥0767, 該1768, 咳2245, 駭3169, 骸3173, 核1015, 劾2207, 刻0933

奚(해) 奚 鷄 溪   670

'어찌 奚(해)'자는 '손톱 爫(조)', '실 糸(사)', '큰 大(대)'로 이루어졌다는 설이 있다. 본래의 뜻은 '종', '노예'라고 한다. '어찌', '어찌 …하느냐?', '어떻게', '어느', '무엇', '어떤' 등의 뜻을 나타내는 의문사로 쓰인다. 奚琴(해금)

'奚(해)'자에 '새 鳥(조)'를 붙여 '닭 鷄(계)'자를 만들었다. '奚(해)'자는 표음요소이다. '새 鳥(조)' 대신 '새 隹(추)'를 붙인 '닭 雞(계)'자는 同字(동자)이나 잘 쓰이지 않는다. 鷄卵(계란), 鷄肋(계륵), 群鷄一鶴(군계일학), 蔘鷄湯(삼계탕), 養鷄(양계), 牛刀割鷄(우도할계)

'奚(해)'자에 '물 氵(수)'를 붙여 '시내 溪(계)'자를 만들었다. '奚(해)'자는 표음요소이다. '奚(해)'자에 '골짜기 谷(곡)'을 붙인 '시내 谿(계)'자는 同字(동자)이다. '시내', '산골짜기에 흐르는 시내', '산골짜기' 등의 뜻을 나타낸다. 溪谷(계곡), 碧溪水(벽계수), 淸溪(청계), 曹溪宗(조계종)

奚1549, 鷄0594, 溪1311

解(해) 解 懈 邂   671

'풀 解(해)'자는 '뿔 角(각)', '칼 刀(도)', '소 牛(우)'로 이루어진 글자이다. 쇠牛(우)를 도축할 때, 칼刀(도)로 뿔角(각)을 제거하는 것으로부터 시작한다는 데서 '풀다라는 뜻을 나타내는 글자였다. '풀다', '해결하다', '어려운 일을 처리하다', '맨 것이나 얽힌 것을 풀다', '면제하다', '이해되다', '가르다', '해부하다', '흩뜨리다', '변명하다', '직위를 풀다', '서로 좋게 하다', '긴장이 풀리다', '(뿔 등이)떨어지다', '번뇌에서 벗어나다', '몸의 열을 내리다' 등 여러 가지 뜻을 나타낸다. 解答(해답), 解析(해석), 解釋(해석), 解說(해설), 圖解(도해), 精解(정해), 解凍(해동), 解放(해방), 解産(해산), 溶解(용해), 解決(해결), 解渴(해갈), 解消(해소), 解除(해제), 結者解之(결자해지), 諒解(양해), 誤解(오해), 理解(이해), 解剖(해부), 分解(분해), 因數分解(인수분해), 電解(전해), 解散(해산), 解體(해체), 瓦解(와해), 解明(해명), 告解(고해), 解雇(해고), 解任(해임), 解職(해직), 和解(화해), 解弛(해이), 解角(해각), 解脫(해탈), 解熱劑(해열제)

'解(해)'자에 '마음 忄(심)'을 붙여 '게으를 懈(해)'자를 만들었다. '마음의 긴장이 풀리다', '게을리 하다', '느슨해지다', '헐렁하다'는 뜻을 나타낸다. 懈怠(해태)

'解(해)'자에 '길 갈 辶(착)'을 붙여 '만날 邂(해)'자를 만들었다. '만나다', '우연히 만나다', '뜻하지 아니하게 마주치다'는 뜻을 나타낸다. 邂逅(해후)

解0866, 懈2423, 邂3075

幸(행) 幸倖報 672

'다행 幸(행)'자는 '쇠고랑'의 모양을 본뜬 것이라고 한다. '쇠고랑'을 면하는 것은 참 '다행'이라는 뜻이란다. 쇠붙이도 많지 않았을 옛날에 쇠고랑은 많았었나보다. 그것 면하는 게 다행이라니. '다행', '행복', '좋은 운', '뜻하지 않은 좋은 운' 등의 뜻을 나타낸다. 幸福(행복), 多幸(다행), 不幸(불행), 幸運(행운), 天幸(천행)

'幸(행)'자에 '사람 亻(인)'을 붙여 '요행 倖(행)'자를 만들었다. '분 외로 얻은 행복', '우연의 복', '僥倖(요행)'을 뜻한다. 射倖(사행), 射倖心(사행심), 射倖數跌(사행삭질), 僥倖(요행)

'갚을 報(보)'자는 '幸(행)'자 가족이 아니다. 복잡한 과정을 거쳐 '幸(행)'자에 '다스릴 服(복)'의 생략형이 붙은 것처럼 보이게 변하였다. '갚다', '은혜·도움·원한 등의 상대편에게 알맞은 행동을 하여 주다', '알리다', '여쭈다', '통지', '신문' 등의 뜻을 나타낸다. 報答(보답), 報償(보상), 結草報恩(결초보은), 因果應報(인과응보), 報告(보고), 報道(보도), 警報(경보), 豫報(예보), 弘報(홍보), 日報(일보), 週報(주보)

幸0339, 倖2180, 報0511

享(향) 享亨烹淳醇敦惇燉 673

'누릴 享(향)'자는 원래는 '亨(형)'자이었다. 글자의 아랫부분에 'ㅡ'이 더하여져 '아들 子(자)'처럼 변하였다. 이 경우의 '子(자)'는 건축물의 하단 모양이 잘못 변화된 것이므로, '아이'나 '아들'이란 의미와는 관계가 없다. '享(향)'자는 '조상신에게 제물을 바치다'는 뜻으로 쓰이고, '亨(형)'자는 '사람이 제물을 바치는 뜻을 신이 받아들여 일이 잘 이루어짐'을 뜻하는 것으로 쓰여 역할을 분담하게 되었다. '누리다', '받다', '응하다', '제사지내다' 등의 뜻을 나타낸다. 享年(향년), 享樂(향락), 享有(향유), 享祀(향사), 配享(배향)

'형통할 亨(형)'자는 조상신을 모신 사당 건물의 모양을 본뜬 것이었다. '사람이 제물을 바치는 뜻을 신이 받아들여 일이 잘 이루어짐'을 뜻하는 글자이다. '일이 잘 풀리다', '형통하다', '지장 없이 이루어지다'는 뜻을 나타낸다. 亨通(형통), 萬事亨通(만사형통)

'형통할 亨(형)'자 밑에 '불 灬(화)'를 붙여 '삶을 烹(팽)'자를 만들었다. 여기에서 '亨(형)'자는 물건을 삶기 위한 냄비의 모양을 본뜬 것이다. '삶다', '익힌 음식', '삶아 죽이다', '또는 그 형벌'을 뜻한다. 兎死狗烹(토사구팽)

'순박할 淳(순)'자는 '물 氵(수)'와 '享(향)'자로 이루어졌다. 여기에서 '享(향)'자는 古字(고자)인 '두꺼울 순?'자가 간략하게 변형된 것이다. 혈통으로 볼 때 '享(향)'자 가족은 아니지만 한 가족처럼 보이니 가족이라고 해두자. '순수하다', '순박하다'의 뜻으로 쓰일 때는 '醇(순)'자과 같이 쓴다. '순박하다', '인정이 두텁다'는 뜻으로 쓰인다. 淳朴(순박)/淳樸(순박)/醇朴(순박), 淳化순화)/醇化(순화)/純化(순화), 淳厚(순후)/醇厚(순후)

'진한 술 醇(순)'자는 '닭 酉(유)'와 '享(향)'자로 이루어졌다. '맛이 진한 술'의 뜻을 위한 글자였다. '진한 술', '잡것이 섞이지 아니하다', '순수하다', '순박하다', '진실하다', '걸치레가 없다' 등의 뜻을 나타낸다. 淳朴(순박)/淳樸(순박)/醇朴(순박), 淳化순화)/醇化(순화)/純化(순화), 淳厚(순후)/醇厚(순후), 淸醇(청순)/淸純(청순)

'도타울 敦(돈)'자의 형태는 '누릴 享(향)'과 '칠 攵(복)'이 합쳐진 것처럼 보인다. 여기에서 '享(향)'자는 양고기를 오래 삶기 위하여 만든 두툼한 질그릇의 모양을 나타낸 것이라고 한다. 그러니 '享(향)'자와 가족관계는 아니다. 일 가구 다세대라고 보면 된다. 본래 '성내다'는 뜻이었는데 이 뜻은 없어지고 '도탑다'는 뜻으로 쓰인다. 敦篤(돈독), 敦睦(돈목)

'도타울 惇(돈)'자는 '敦(돈)'자의 '칠 攵(복)' 대신 '마음 忄(심)'이 붙은 것이다. '敦(돈)'자와 비슷한 뜻을 가지고 있다.

'敦(돈)'자에 '불 火(화)'를 붙여 '불빛 燉(돈)'자를 만들었다.

'072 성곽 郭(곽)'자 참조.
'356 누구 孰(숙)'자 참조.

享1485, 亨1484, 烹3253, 淳2617, 醇3308, 孰1556, 熟1321, 塾2292, 敦1618, 惇3442, 燉3503

鄕(향) 鄕響嚮饗 674

'시골 鄕(향)'자는 '잔치'의 뜻을 나타내기 위하여 밥상을 마주하고 앉아 있는 두 사람의 모습을 본뜬 것이다. 가운데의 '흰 白(백)'은 그릇에 밥이 담긴 모양이고, '비수 匕(비)'는 숟가락의 모양이다. 후에 '시골'을 지칭하는 것으로 자주 쓰이자, 본래의 뜻은 '먹을 食(식)'을 보탠 '잔치 饗(향)'자를 추가로 만들어 나타냈다. '시골', '마을', '촌락', '동네', '고향' 등의 뜻을 나타낸다. 京鄕(경향), 鄕校(향교), 鄕約(향약), 落鄕(낙향), 鄕愁(향수), 故鄕(고향), 錦衣還鄕(금의환향), 他鄕(타향), 鄕歌(향가), 鄕樂(향악), 鄕札(향찰)

'鄕(향)'자에 '소리 音(음)'을 붙여 '울림 響(향)'자를 만들었다. 소리가 '울리다'는 뜻을 나타내기 위하여 만든 것이다. '鄕(향)'은 표음요소이다. 후에 울림의 '여파'를 뜻하는 것으로 그 쓰임이 넓어졌다. 交響曲(교향곡), 反響(반향), 影響(영향), 音響(음향)

'鄕(향)'자에 '향할 向(향)'을 붙여 '향할 嚮(향)'자를 만들었다. '향하다', '바라보다'는 뜻이다. '고향을 향하다'는 뜻이 아니니, '鄕(향)'자는 표음요소로 쓰인 것이다. 嚮導(향도)

'鄕(향)'자에 '먹을 食(식)'을 붙여 '잔치할 饗(향)/흠향할 饗(향)'자를 만들었다. 원래는 '鄕(향)'자가 '잔치'의 뜻으로 쓰인 것이었는데, 후에 '시골'을 지칭하는 것으로 자주 쓰이자, 본래의 뜻은 '먹을 食(식)'을 보탠 '饗(향)'자를 추가로 만들어 나타낸 것이다. '잔치하다', '연회하다', '주식(酒食)을 차려 대접하다', '주식을 차려 신에게 제사지내다', '신에게 흠향하라고 고하다' 등의 뜻을 나타낸다. 饗宴(향연), 饗應(향응), 尙饗(상향)

鄕0149, 響1463, 嚮2271, 饗3160

虛(허) 虛噓墟戲 675

'빌 虛(허)'자는 '북녘 北(북)'과 '호랑이 虎(호)'의 생략형 '虍(호)'자로 이루어졌다. 여기에서 '北(북)'자는 '언덕 丘(구)'와 같은 뜻이다. '虛(허)'자는 '큰 언덕'이 본뜻이다. 큰 언덕은 인적이 드물고 늘 텅 비어 있기 때문에 '텅 비다', '헛되다'는 뜻도 이것으로 나타냈다. '비다', '없다', '존재하지 아니하다', '공허하다', '헛되다', '욕심이 없다', '마음을 비우다', '약하다', '믿음성이 없다', '하늘' 등의 뜻을 나타낸다. 虛空(허공), 虛像(허상), 虛數(허수), 直節虛心(직절허심), 虛點(허점), 虛無(허무), 虛費(허비), 虛事(허사), 虛送歲月(허송세월), 虛榮(허영), 名不虛傳(명불허전), 虛心坦懷(허심탄회), 謙虛(겸허), 虛弱(허약), 氣虛(기허), 腎虛(신허), 虛無孟浪(허무맹랑), 虛禮虛飾(허례허식), 虛僞(허위), 虛風(허풍), 太虛(태허)

'虛(허)'자에 '입 口(구)'를 붙여 '불 噓(허)'자를 만들었다. '입김을 천천히 내불음'의 뜻이다. 여기에서 '虛(허)'자는 숨을 내뱉을 때의 소리를 나타내는 의성어이다. 虛風扇(허풍선)/噓風扇(허풍선)

'虛(허)'자에 '흙 土(토)'를 붙여 '언덕 墟(허)/터 墟(허)'자를 만들었다. '虛(허)'는 '큰 언덕'을 뜻하는 표의 요소로 쓰였다. '공허해진 땅', '황폐해진 옛터' 등의 뜻을 나타낸다. 廢墟(폐허)

'虛(허)'자에 '창 戈(과)'를 붙여 '놀 戲(희)/희롱할 戲(희)'자를 만들었다. 이 '戲(희)'자는 '범 虍(호)', '콩 豆(두)의 변형', '창 戈(과)'로 이루어진 '戲(희)'자의 속자이다. 그러니 '虛(허)'의 가족은 아니다. 정자인 '戲(희)'자가 요즈음은 쓰이지 않고 '戲(희)'자만 쓰이니, 입양한 가족이라고 해 두자. '희롱하다', '말이나 행동으로 실없이 놀리다', '놀이', '장난', '재미있게 시간을 보내다', '연기', '연극' 등을 뜻한다. 戲弄(희롱), 遊戲(유희), 戲曲(희곡), 戲劇(희극)

虛0858, 噓2267, 墟3219, 戲1264

玄(현) 玄弦絃眩衒炫鉉牽 676

'검을 玄(현)'자는 검은 실을 묶은 모양을 본뜬 것이라고 한다. 또는 '亠(두)'자 밑에 '작을 幺(요)'자를 붙여 만든 것이라고도 한다. '亠(두)'는 '덮다'는 뜻을 나타낸다. 작은 미세한 실을 덮어 가려 '깊숙하고 멀다'는 뜻을 나타내는 글자라고 한다. '검다', '검은 빛', '멀다', '그윽하다', '통하다', '불가사의하다', '신묘하다', '현손', '북쪽', '북향' 등의 뜻을 나타낸다. 玄武(현무), 玄米(현미), 天地玄黃(천지현황), 玄關(현관), 玄妙(현묘), 玄孫(현손), 玄武巖(현무암)

'玄(현)'자는 部首(부수)로 쓰인다. 여기 소개되는 한자들은 '玄(현)'자를 요소로 가지고 있지만 부수 '玄(현)'에 속하지 않는 것들이다.

'玄(현)'자에 '활 弓(궁)'을 붙여 '활시위 弦(현)'자를 만들었다. '시위', '활시위', '활을 쏘았을 때 울려나는 시위의 소리', '반원형의 달' 등의 뜻으로 쓰인다. 弓弦(궁현), 玄月(현월), 上弦(상현), 下弦(하현)

'玄(현)'자에 '실 糸(사)'를 붙여 '악기 絃(현)/줄 絃(현)'자를 만들었다. 현악기의 '줄'을 뜻하기 위하여 만든 것이다. 絃樂(현악), 管絃樂(관현악), 伯牙絶絃(백아절현)

'玄(현)'자에 '눈 目(목)'을 붙여 '어지러울 眩(현)'자를 만들었다. '玄(현)'자는 '어둡다', '희미하다'는 뜻이니 여기에 '눈 目(목)'을 붙여 '눈이 아찔하다', '현기증이 나다', '어지러워지다', '미혹하다', '착각하다', '현혹시키다'는 뜻을 나타낸다. 眩氣症(현기증), 瞑眩(명현), 眩惑(현혹)

'玄(현)'자에 '다닐 行(행)'을 붙여 '발보일 衒(현)/자랑할 衒(현)'자를 만들었다. '玄(현)'은 '어두워지게 하다'는 뜻이다. '衒(현)'자는 '남의 눈을 속여 상품을 실질 이상으로 선전 자랑하여 팔고 다니다'는 뜻을 위하여 만들어진 글자이다. '발보이다', '자기를 선전하다', '스스로를 소개하여 남에게 구하다', '스스로를 자랑하여 남에게 내보이다'는 뜻을 나타낸다. 衒學(현학), 衒學的(현학적)

'玄(현)'자에 '불 火(화)'를 붙여 '밝을 炫(현)/빛날 炫(현)'자를 만들었다.

'玄(현)'자에 '쇠 金(금)'을 붙여 '솥귀 鉉(현)'자를 만들었다.

縣(현) 縣懸 677

'玄(현)'자에 '덮을 冖(멱)'과 '소 牛(우)'를 붙여 '끌 牽(견)'자를 만들었다. 여기에서 '玄(현)'자는 '활시위 弦(현)'자와 통하여 팽팽하게 켕긴 밧줄을 뜻하고 표음요소도 겸한다. '소를 끄는 밧줄'을 뜻하는 글자이다. '끌다', '끌고 가다', '강요하다', '별 이름' 등의 뜻으로 쓰인다. 牽强(견강), 牽强附會(견강부회), 牽引(견인), 牽引車(견인차), 牽制(견제), 牽制球(견제구), 牽牛星(견우성)

'503 검을 玆(자)'자 참조.
玄1330, 弦1576, 絃1724, 眩2745, 衒2977, 炫3497, 鉉3593, 牽1930

縣(현) 縣懸 677

'고을 縣(현)'자는 '눈 目(목)', '나무 木(목)', '실 糸(사)'로 이루어진 글자라고 한다. 나무에서 머리 또는 목을 거꾸로 해서 끈으로 묶은 모양에서, '매달다'가 본뜻이었다. '고을'을 뜻하는 예가 많아지자, 본래의 뜻은 '繫(계)' 또는 '懸(현)'자를 만들어 나타냈다. 縣監(현감), 郡縣(군현)

'縣(현)'자에 '마음 心(심)'을 붙여 '매달 懸(현)'자를 만들었다. 어떻게 '마음 心(심)'을 붙여 '매달다'의 뜻을 나타내게 되었는지는 분명하지 않다. '매달다', '매달리다', '늘어지다', '걸다', '상을 걸다', '멀리 떨어지다', '동떨어지다' 등의 뜻을 나타낸다. 懸垂幕(현수막), 懸垂橋(현수교), 懸案(현안), 懸板(현판), 猫頭懸鈴(묘두현령), 耳懸鈴鼻懸鈴(이현령비현령), 懸賞(현상), 懸賞金(현상금), 懸隔(현격)

縣1727, 懸1260

㬎(현) 顯濕 678

'밝을 㬎(현)'자는 '해 日(일)'과 '실 絲(사)'로 이루어진 글자이다. 우리말 한자어는 없다.

'㬎(현)'자에 '머리 頁(혈)'을 붙여 '나타날 顯(현)'자를 만들었다. 원래는 '머리 頁(혈)'이 아니라 '볼 見(견)'이 붙었었다. 후에 바뀐 것이다. 밝은 태양[日(일)] 아래서 실[絲(사)]을 보니 명백히 잘 보인다[見(견)]. '나타나다', '드러나다', '현저하다', '저명하다', '죽은 아버지·할아버지에 대한 경칭' 등의 뜻을 나타낸다. 顯微鏡(현미경), 顯忠(현충), 發顯(발현), 破邪顯正(파사현정), 顯著(현저), 顯考(현고), 顯妣(현비), 懸祖考(현조고)

'축축할 濕(습)'자는 '물 氵(수)'에 '밝을 㬎(현)'을 붙여 만들어진 글자처럼 보인다. 실을 물에 담근 모양에서 '축이다'는 뜻을 나타내는 글자인데, 많은 변화를 거쳐 현재의 모양을 가지게 되었다. 원래는 '㬎(현)'자 가족이 아니다. 의형제쯤으로 보아주자. '축축하다', '습기가 있다', '젖다', '물기'의 뜻을 나타낸다. 濕氣(습기), 濕度(습도), 濕地(습지), 乾濕(건습), 防濕(방습), 吸濕(흡습)

顯1119, 濕1132

血(혈) 血恤 679

'피 血(혈)'자는 하늘에 제사를 지낼 때 짐승의 피를 그릇에 담아 바치는 모습을 그린 것이어서 '그릇 皿(명)'자를 썼다. '피', '몸 안의 피', '피를 내다', '죽음을 무릅쓰다', '혈기', '골육의 관계', '혈통' 등의 뜻을 나타낸다. 血管(혈관), 血壓(혈압), 血液(혈액), 貧血(빈혈), 鳥足之血(조족지혈), 出血(출혈), 獻血(헌혈), 血稅(혈세), 血書(혈서), 血眼(혈안), 血鬪(혈투), 血氣(혈기), 心血(심혈), 血緣(혈연), 血肉(혈육), 血統(혈통), 混血(혼혈)

'血(혈)'자에 '마음 忄(심)'을 붙여 '불쌍할 恤(휼)/구휼할 恤(휼)'자를 만들었다. '마음으로부터 피가 흐르다', '불쌍히 여기다'는 뜻을 나타내는 글자이다. '구휼하다', '어려운 처지에 놓인 사람에게 금품을 주다', '가엾게 여기다', '돌보다', '마음을 쓰다', '근심하다' 등의 뜻을 나타낸다.

救恤(구휼), 矜恤(긍휼)
血0860, 恤2388

劦(협) 協脅 680

'합할 劦(협)'자는 '힘 力(력)'을 세 개 써서 '협력'의 뜻을 나타낸다. 또는 세 개의 쟁기로 땅을 파는 모습이라고 한다.

'劦(협)'자에 '열 十(십)'을 붙여 '화합할 協(협)/맞을 協(협)'자를 만들었다. 힘을 합치자고 '힘 力(력)'자가 세 개나 들어 있고, 그것도 모자라서 '많다'는 뜻으로 '열 十(십)'자까지 합쳐져 있다. 열 사람이 힘을 합한다는 뜻을 위한 글자이다. '(힘을) 합하다', '(힘을) 한 데 모으다', '화합하다', '맞다', '적합하다' 등의 뜻을 나타낸다. 協同(협동), 協同組合(협동조합), 協力(협력), 協議(협의), 協助(협조), 不協和音(불협화음), 妥協(타협)

'劦(협)'자에 '고기 月(육)'을 붙여 '위협할 脅(협)/으쓱거릴 脅(흡)'자를 만들었다. '옆구리'가 본뜻이다. 협박할 때는 옆구리를 쿡쿡 찌르는 경우가 많았는지 '으르다', '협박하다'는 뜻으로 확대되었다. 脅迫(협박), 威脅(위협)

協0690, 脅1370

夾(협) 峽俠挾狹頰鋏陝陜 681

'낄 夾(협)'자는 팔을 벌리고 선 사람[大]의 양쪽 겨드랑이를 좌우에서 손[人]으로 끼고 있는 모양을 본뜬 글자이다. '끼다', '부축하다', '가깝다' 등의 뜻을 나타낸다.

'夾(협)'자에 '메 山(산)'을 붙여 '골짜기 峽(협)'자를 만들었다. 두 산 사이에 끼어 흐르는 '물길'을 뜻하기 위하여 만든 것이었다. '낄 夾(협)'은 표의 및 표음요소이다. 두 산 사이에 흐르는 물길이니 바로 '골짜기'이다. '골짜기', '산골짜기', '산골짜기처럼 육지를 양쪽에 둔 띠 모양의 바다' 등의 뜻을 나타낸다. 峽谷(협곡), 海峽(해협)

'夾(협)'자에 '사람 亻(인)'을 붙여 '의로울 俠(협)'자를 만들었다. '약자를 감싸고 포용력 있는 사람'을 뜻한다. '夾(협)'자는 '겨드랑이에 끼다'의 뜻이니 의로운 사람은 어려운 처지에 놓인 사람을 겨드랑이에 끼고 어려움을 벗어나게 해주는 사람이라고 할 수 있을 것이다. '의기롭다', '협기'의 뜻을 나타낸다. 俠客(협객), 俠氣(협기), 義俠心(의협심)

'夾(협)'자에 '손 扌(수)'를 붙여 '낄 挾(협)'자를 만들었다. 원래는 '낄 夾(협)'자였는데, '손으로 끼다'는 뜻을 강조하기 위하여 '손 扌(수)'를 붙인 것이다. '끼다', '겨드랑·손가락 사이에 끼다', '끼워 넣다'는 뜻을 나타낸다. 挾攻(협공), 挾雜(협잡), 挾雜物(협잡물)

'夾(협)'자에 '개 犭(견)'을 붙여 '좁을 狹(협)'자를 만들었다. '좁다'는 뜻으로 '廣(광)'의 상대되는 글자이다. 狹量(협량), 狹小(협소), 狹義(협의), 狹窄(협착), 偏狹(편협)

'夾(협)'자에 '머리 頁(혈)'을 붙여 '뺨 頰(협)'자를 만들었다.

'夾(협)'자에 '쇠 金(금)'을 붙여 '집게 鋏(협)'자를 만들었다. '집게', '가위'를 뜻한다. 鋏刀(협도)

'夾(협)'자에 '언덕 阝(부)'를 붙여 '좁을 陜(협)/땅 이름 陜(합)'자를 만들었다.

'땅 이름 陝(섬)'자는 '숨길 㚒(섬)'에 '언덕 阝(부)'를 붙인 것이다. '땅 이름'으로 쓰인다. '㚒(섬)'자는 [大]자의 양쪽 겨드랑이에 '들 入(입)'자가 붙은 것이고, '夾(협)'자는 '사람 人(인)'자가 붙은 것이다. '夾(협)'자의 가족은 아니지만 고아로 돌아다녀 집으로 데려온 글자이다.

峽1882, 俠2170, 挾2456, 狹0535, 頰3146, 鋏3313, 陜3605, 陝3604

兄(형) 兄 況/况 呪 祝 682

'형 兄(형)/맏 兄(형)'자는 '입 口(구)'와 '어진 사람 儿(인)'으로 이루어진 글자라고 한다. 위에 서서 동생들을 지도하고 돌보는 사람 즉, '형'을 뜻한다. 또는 '머리[口]가 큰 사람[儿]'이라는 설도 있다. '형', '맏이', '친척의 관계를 맺거나 우의를 다진 사이', '벗을 높여 부르는 말', '둘을 비교할 때 그 중 뛰어난 쪽' 등의 뜻을 나타낸다. 兄弟(형제), 妹兄(매형), 親兄(친형), 學兄(학형), 呼兄呼弟(호형호제), 義兄弟(의형제), 從兄(종형), 難兄難弟(난형난제)

'兄(형)'자에 '물 氵(수)'를 붙여 '상황 況(황)'자를 만들었다. '얼음 冫(빙)'을 붙인 '况(황)'자는 俗字(속자)이다. '모양', '형편', '사정' 등의 뜻을 나타낸다. 近況(근황), 不況(불황), 狀況(상황), 盛況(성황), 實況(실황), 現況(현황)

'빌 呪(주)'자는 '입 口(구)', '입 口(구)', '사람 儿(인)'으로 이루어진 것이다. '口(구)'와 '兄(형)'으로 이루어진 것이 아니지만, 조상은 같다. '口(구)'는 '입으로 빌다'의 뜻이고, '儿(인)'은 사람이 무릎을 꿇은 모양을 나타낸다. '빌다', '바라는 대로 되어 달라고 빌다', '주술', '저주' 등의 뜻을 나타낸다. 呪文(주문), 呪術(주술), 咀呪(저주)

'빌 祝(축)'자는 '보일 示(시)', '입 口(구)', '사람 儿(인)'으로 이루어졌다. '示(시)'자는 '神(신), 鬼神(귀신)'을 뜻하고, '呪(주)'자와 마찬가지로 '口(구)'는 '(입으로)빌다'의 뜻이고, '儿(인)'은 사람이 무릎을 꿇은 모양을 나타낸다. 신주 앞에 사람이 무릎을 꿇고 앉아 기도를 드리는 모습이다. '(행복을 구하여) 빌다', '축문', '신을 섬기는 일을 업으로 하는 사람', '축하하다', '축배를 드리다', '축복하다', '경사', '기쁨' 등의 뜻을 나타낸다. 祝福(축복), 祝手(축수), 祝願(축원), 祝禱(축도), 祝官(축관), 祝文(축문), 讀祝(독축), 祝杯(축배), 祝辭(축사), 祝祭(축제), 祝賀(축하), 慶祝(경축), 自祝(자축)

兄0016, 況/况1028, 呪2240, 祝0602

熒(형) 榮 營 塋 螢 瑩 瀅 鶯 勞 撈 683

'등불 熒(형)'자는 '불 火(화)'자 세 개의 가운데에 '멀 冂(경)'자를 붙인 것이다. 여기에서 '冂(경)'은 테두리를 '두르다'는 뜻이다. 조그마한 등불 여러 개가 '빛나다'는 뜻을 나타내는 글자이다.

'熒(형)'자의 아래 '불 火(화)' 대신 '나무 木(목)'을 넣어 '영화 榮(영)'자를 만들었다. 나무 가지에 꽃이 무성하게 핀 모양을 형상화한 것이다. '꽃이 피다', '싱싱하게 우거지다', '기세 좋게 한창 일어나다', '융성하다', '이름이 드러나다', '영화', '영달' 등의 뜻을 나타낸다. 榮枯盛衰(영고성쇠), 榮落(영락), 繁榮(번영), 榮光(영광), 榮華(영화), 榮轉(영전), 虛榮(허영)

'熒(형)'자의 아래 '불 火(화)'대신 '집 宮(궁)'자를 붙여 '경영할 營(영)'자를 만들었다. '172 법칙 呂(려)'자 참조.

'熒(형)'자의 아래 '불 火(화)' 대신 '흙 土(토)'를 붙여 '무덤 塋(영)'자를 만들었다. 先塋(선영)

'熒(형)'자의 아래 '불 火(화)' 대신 '벌레 虫(충)'을 붙여 '반딧불 螢(형)'자를 만들었다. 螢光(형광), 螢光燈(형광등), 螢雪之功(형설지공)/螢雪(형설)

'熒(형)'자의 아래 '불 火(화)' 대신 '구슬 玉(옥)'을 붙여 '옥돌 瑩(영/형)'자를 만들었다.

'옥돌 瑩(형)'자에 '물 氵(수)'를 붙여 '물 맑을 瀅(형)'자를 만들었다.

'熒(형)'자의 아래 '불 火(화)' 대신 '새 鳥(조)'를 붙여 '꾀꼬리 鶯(앵)'자를 만들었다. 籠鶯(농앵), 春鶯(춘앵)

'熒(형)'자의 아래에 '힘 力(력)'을 붙여 '일할 勞(로)/위로할 勞(로)'자를 만들었다. '熒(형)'자는 횃불이나 화톳불을 뜻한다. 횃불이 힘을 다해 타다가 점점 사그러드는 것처럼 열심히 일하다가 피로해지는 모양을 뜻하는 글자라고 한다. 다시 힘을 회복해서 일을 하기 위해서는 휴식도 필요하지만 힘들여 일한 것에 대한 위로도 필요하다. 그래서 '위로하다'는 뜻도 가진다. '일하다', '힘써 일하다', '수고하다', '힘들이다', '애쓰다', '위로하다', '수고한 것을 치하하다', '노곤하다', '고달프다', '근심하다', '괴로워하다', '시달리다' 등의 뜻을 나타낸다. 勞動(노동), 勞使(노사), 過勞(과로), 勤勞(근로), 勞苦(노고), 勞作(노작), 犬馬之勞(견마지로), 慰勞(위로), 勞困(노곤), 疲勞(피로), 勞心(노심), 勞心焦思(노심초사)

'수고할 勞(로)'자에 '손 扌(수)'를 붙여 '잡을 撈(로)'자를 만들었다. '잡다', '건져내다', '물 속에 들어가 잡다'는 뜻을 나타낸다. 漁撈(어로)

榮0779, 營1038, 塋3218, 螢1763, 瑩3529, 瀅3494, 鶯3189, 勞0504, 撈2480

彗(혜) 彗慧　684

'비 彗(혜)/살별 彗(혜)'자는 끝이 가지런한 비를 손에 잡은 모양을 나타낸 것이다. '살별', '꼬리별', '빗자루', '쓸다' 등의 뜻을 나타낸다. 彗星(혜성)

'彗(혜)'자에 '마음 心(심)'을 붙여 '슬기로울 慧(혜)'자를 만들었다. '彗(혜)'자는 표음요소로 쓰였다. '슬기롭다', '총명하다', '사리에 밝다', '슬기', '능력' 등의 뜻을 나타낸다. 慧眼(혜안), 淨慧(정혜), 智慧(지혜)

彗2372, 慧1256

乎(호) 乎呼　685

'어조사 乎(호)'자는 '호루라기' 모양을 생각해보자. 원래는 '부르다'는 뜻이었는데, 고대 한문 문장에서 疑問(의문)이나 反問(반문) 따위의 어조를 나타내는 어조사로 많이 쓰였으며, 낱말의 한 구성요소로 쓰이지는 않았다. 고문을 해석하기 위해서는 반드시 알아두어야 할 글자이다. 본뜻은 '입 口(구)'를 붙여 '부를 呼(호)'자를 만들어 나타냈다. 斷乎(단호)

'乎(호)'자에 '입 口(구)'를 붙여 '부를 呼(호)'자를 만들었다. 원래는 '乎(호)'자였는데 '乎(호)'자가 어조사로 쓰이게 되자 본뜻을 살려 '입 口(구)'를 붙인 것이다. 입 밖으로 내쉬는 '숨'을 뜻하기도 한다. 입 안으로 들이마시는 숨은 '吸(흡)'이다. '부르다', '오라고 부르다', '소리 내어 외치다', '일컫다', '무엇이라고 말하다', '값·액수 등을 얼마라고 말하다', '숨을 내쉬다', '아! 하는 탄식의 소리' 등의 뜻을 나타낸다. 呼名(호명), 呼出(호출), 點呼(점호), 呼訴(호소), 歡呼(환호), 歡呼聲(환호성), 呼稱(호칭), 呼兄呼弟(호형호제), 呼價(호가), 呼吸(호흡), 深呼吸(심호흡), 嗚呼(오호), 嗚呼哀哉(오호애재)

乎1477, 呼0698

虎(호) 虎號琥遞　686

'범 虎(호)'자는 '호랑이'를 뜻하기 위하여 호랑이 모양을 그려 놓은 것이다. 虎口(호구), 虎尾難放(호미난방), 虎視眈眈(호시탐탐), 養虎遺患(양호유환), 虎皮(호피), 猛虎(맹호), 白虎(백호), 狐假虎威(호가호위)

'虎(호)'자에 '号(호)'자를 붙여 '이름 號(호)/부르짖을 號(호)'자를 만들었다. '号(호)'자는 '신음 소리'를 뜻하는 글자이다. 획수가 적어서 '號(호)'자의 속자로 써왔다. '号(호)'에다 큰 소리를 내는 대표적인 동물인 '호랑이 虎(호)'를 덧붙인 것이 '號(호)'자이다. '부르짖다', '부르다', '이름', '통칭 이외의 이름', '호령하다', '표지', '신호', '암호의 말', '차례' 등의 뜻으로 쓰인다. 號角(호각), 口號(구호), 怒號(노호), 國號(국호), 商號(상호), 雅號(아호), 稱號(칭호), 暗號(암호), 信號(신호), 信號燈(신호등), 赤信號(적신호), 記號(기호), 符號(부호), 號令(호령), 號外(호외), 番號(번호)

'虎(호)'자에 '구슬 玉(옥)'을 붙여 '호박 琥(호)'자를 만들었다. 琥珀(호박)

'갈릴 遞(체)'자는 '길 갈 辶(착)'과 '짐승 虒(치)'자로 이루어졌다. '虒(치)'자는 '뿔이 달린 짐승(호랑이?)'을 뜻한다고 한다. 표음요소로 쓰인 것이다. 서로 번갈아 '길을 가다'는 뜻을 나타내기 위하여 만든 것이다. '번갈아 들다', '번갈아', '교대로', '역참', '전하다', '보내다', '차례차례로 전하여 보내다' 등의 뜻을 나타낸다. 遞減(체감), 遞增(체증), 遞信(체신), 郵遞局(우체국)

虎1389, 號0439, 琥2691, 遞2003

豪(호) 豪濠壕　687

'호걸 豪(호)'자는 '높을 高(고)'자 아래의 '입 口(구)' 대신 '돼지 豕(시)'를 넣어서 만들었다. 돼지 비슷한 '호저'라는 짐승을 나타내기 위하여 만든 것이었으나, '호걸', '호쾌하다'의 뜻으로 쓰인다. '高(고)'자가 표음요소로 쓰였다. 豪傑(호걸), 豪氣(호기), 强豪(강호), 文豪(문호), 富豪(부호), 豪商(호상), 豪雨(호우), 豪華(호화)

'豪(호)'자에 '물 氵(수)'를 붙여 '해자 濠(호)'자를 만들었다. '해자'가 본뜻이었으나 '오스트렐리아'를 이르는 것으로 쓰인다. 濠洲(호주)

'豪(호)'자에 '흙 土(토)'를 붙여 '해자 壕(호)'자를 만들었다. 성에 함부로 침입하지 못하도록 그 둘레에 파 놓은 못을 뜻한다. '물 氵(수)'가 붙은 '濠(호)'자가 원자이었으나 '濠(호)'자가 지명으로 쓰이게 되자 '흙 土(토)'를 붙여 '해자 壕(호)'자를 만든 것이다. 塹壕(참호)

'054 높을 高(고)'자 참조.

豪0920, 濠1923, 壕2053

胡(호) 胡湖瑚糊　688

'오랑캐 胡(호)'자는 '예 古(고)'자에 '고기 月(육)'을 붙여 만들었다. 원래는 짐승의 '턱 밑 살'을 뜻하기 위하여 만든 것이었다. 뜻이 바뀌어 고대 중국의 북쪽과 서쪽에 살던 미개한 종족 또는 그 지역을 일러 '胡(호)'

라 통칭하였다. 그래서 '오랑캐'의 뜻을 갖게 되었다. 호도나 호초(후추)처럼 농작물 명칭에 이 글자가 쓰인 것은 원산지가 그 지역이었기 때문이다. 胡桃(호도), 胡亂(호란), 胡虜(호로), 胡蝶(호접), 胡椒(호초),

'胡(호)'자에 '물 氵(수)'를 붙여 '호수 湖(호)'자를 만들었다. '호수'를 뜻한다. 湖南(호남), 湖水(호수), 江湖(강호)

'胡(호)'자에 '구슬 玉(옥)'을 붙여 '산호 瑚(호)'자를 만들었다. '珊瑚(산호)'를 뜻한다. 珊瑚(산호), 珊瑚礁(산호초)

'胡(호)'자에 '쌀 米(미)'를 붙여 '풀 糊(호)'자를 만들었다. '끈끈하다', '풀칠하다', '흐리다'는 뜻으로 쓰인다. 糊料(호료), 糊口之策(호구지책), 糊塗(호도), 曖昧模糊(애매모호)

'053 예 古(고)'자 참조.
胡1369, 湖0582, 瑚2694, 糊2823

或(혹) 或惑國域閾 689

'혹 或(혹)'자는 '창 戈(과)', '입 口(구)', '한 一(일)'로 이루어진 글자이다. '입 口(구)'는 '국경'을, '一(일)'은 '땅'을 나타내는 것이다. '경계가 둘러쳐진 마을 창(무기)을 들고 지킨다'는 뜻을 나타내는 글자로, '나라 國(국)'과 '지경 域(역)'의 본래 글자였다. 이것을 假借(가차)하여 '혹시'의 뜻으로 쓰게 되었다. 그 후 '혹은', '어쩌다가', '더러', '어떤 사람' 등의 뜻으로 넓혀 쓰이게 되었다. 或是(혹시), 間或(간혹), 設或(설혹), 或者(혹자)

'或(혹)'자에 '마음 心(심)'을 붙여 '미혹할 惑(혹)'자를 만들었다. '(마음이) 홀리다'는 뜻을 나타내기 위하여 만든 것이었다. '미혹하다', '현혹되다', '무엇에 홀려서 제 정신을 못 차리다', '정신이 헷갈려서 갈팡질팡하다', '의심하다', '수상해 하다', '의아스럽게 여기다', '의혹' 등의 뜻을 나타낸다. 惑星(혹성), 惑世誣民(혹세무민), 困惑(곤혹), 魅惑(매혹), 迷惑(미혹), 不惑(불혹), 誘惑(유혹), 疑惑(의혹)

'나라 國(국)'자는 원래 '或'으로 나타내었다. '입 口(구)'는 둘레 또는 국경을, '창 戈(과)'는 방위 수단을, '한 一(일)'은 땅을 가리켜 '나라'라는 뜻을 나타낸 것이다. 이 글자가 '혹, 또는'이라는 뜻으로 쓰이는 예가 많아지자, '에워쌀 囗(위)'로 둘러싸서 '國(국)'자를 만들었다. 약자로 '国(국)'자를 쓰기도 한다. '나라', '국가', '우리나라 지칭' 등의 뜻으로 쓰인다. 國家(국가), 國民(국민), 大韓民國(대한민국), 母國(모국), 國文學(국문학), 國語(국어), 國史(국사)

'지경 域(역)'자도 원래 '或'으로 나타내었다. 나라의 영역을 가리키는 '口', 땅을 상징하는 '一', 그리고 국방 수단을 나타내는 '창 戈(과)'를 통하여 '나라의 경계'를 뜻하였다. 후에 이것이 '혹시'라는 뜻으로 차용되는 예가 많아지자, '나라'는 따로 둘레[囗]를 쳐서 '國(국)'자를 만들어 나타내고, '땅의 경계'는 '土(토)'를 넣어 '域(역)'으로 나타냈다. '한정된 일정한 곳이나 땅', '땅의 경계', '나라', '국토' 등의 뜻을 나타낸다. 域內(역내), 廣域(광역), 區域(구역), 流域(유역), 地域(지역), 西域(서역), 領域(영역), 異域(이역)

'문지방 閾(역)'자는 '或(혹)'자를 '문 門(문)'안에 넣어 만들었다. '문지방'을 뜻한다. 閾値(역치)

或0992, 惑0993, 國0086, 域0317, 閾3315

昏(혼) 昏婚 690

'어두울 昏(혼)'자는 '해가 진 때'를 가리키기 위한 것이다. '해 日(일)'이 표의요소이다. '저녁때', '해질 무렵', '어둡다', '사리에 어둡다', '어리석다', '현혹되다', '깨닫지 못하고 헤매다' 등의 뜻을 나타낸다. 昏定晨省(혼정신성), 黃昏(황혼), 昏迷(혼미), 昏睡狀態(혼수상태)

'昏(혼)'자에 '여자 女(녀)'자를 붙여 '혼인할 婚(혼)'자를 만들었다. 옛날에는 '황혼[昏]' 무렵에 '신부[女]'의 집에 가서 신부를 맞아 혼례를 올렸다. '婚(혼)'자는 아내의 본집, 즉 '丈人(장인)의 집'이 본뜻이다. '저녁때 여자의 집에서 식을 올리다', 즉 '장가가다'는 의미로 쓰이게 되었다. 婚事(혼사), 婚需(혼수), 婚姻(혼인), 結婚(결혼), 未婚(미혼), 新婚(신혼)

昏1627, 婚0962

弘(홍) 弘, 泓 691

'넓을 弘(홍)/클 弘(홍)'자는 '활 弓(궁)'과 '사사 厶(사)'로 이루어졌다. '厶(사)'는 처음에는 활줄이 단단히 매여 있는 부분을 가리키는 부호인 'ノ(별)'이었는데 그 모양이 변했다. '활 소리'가 본래 의미이었는데, '크다', '널리'의 뜻으로 쓰인다. 弘文館(홍문관), 弘報(홍보), 弘益(홍익), 弘益人間(홍익인간)

'弘(홍)'자에 '물 氵(수)'를 붙여 '물 깊을 泓(홍)'자를 만들었다.

弘1575, 泓3478

化(화) 化花貨靴訛 692

'화할 化(화)'자는 원래는 '요술부리다'는 뜻을 나타내기 위하여 만들어졌다. 바로 서 있는 사람[亻]과 거꾸로 서 있는 사람[匕]이 합쳐졌다. '사람이 몸의 자세를 바꾸다'라는 데서 '바꾸다', '~이 되다'의 뜻을 나타내게 되었다. '어떤 현상이나 상태로 변하여 되다', '어근이 뜻하는 일정한 상태로 됨(접미사로 쓰일 때)', '가르치다', '도덕적으로 잘못을 고치도록 하다' 등의 뜻을 나타낸다. 化石(화석), 化學(화학), 化合(화합), 文化(문화), 變化(변화), 消化(소화), 風化作用(풍화작용), 敎化(교화), 訓化(훈화)

'化(화)'자에 '풀 ⺾(초)'를 붙여 '꽃 花(화)'자를 만들었다. 초목이 씨를 맺기 위해 한 차례 변화하는 과정이 꽃을 피우는 것이라는 데서 '꽃'을 뜻한다. '花(화)'자는 원래는 '華(화)'자의 속자였다. 후에 '華(화)'자는 '화려하다'는 뜻으로, '花(화)'자는 '꽃'이라는 뜻으로 독립하게 됐다. '꽃', '꽃이 피는 초목', '꽃이 피다', '꽃 형상을 한 물건', '꽃답다', '아름다운 것의 비유' 등의 뜻으로 쓰인다. 花草(화초), 花環(화환), 錦上添花(금상첨화), 無窮花(무궁화), 花菜(화채), 花郞(화랑), 花柳(화류), 雪花(설화)

'化(화)'자에 '조개 貝(패)'를 붙여 '재물 貨(화)'자를 만들었다. '조개 貝(패)'는 '재물', '돈'을 뜻하니, '貨(화)'는 '재물', '돈', '물품'의 뜻으로 쓰인다. 貨幣(화폐), 金銀寶貨(금은보화), 財貨(재화), 通貨(통화), 貨物(화물), 貨車(화차), 百貨店(백화점), 雜貨商(잡화상)

'化(화)'자에 '가죽 革(혁)'을 붙여 '신 靴(화)'자를 만들었다. 가죽으로 만든 '구두'를 뜻하기 위하여 만든 것이다. '신발'을 총칭하는 뜻으로 쓰인다. 靴工(화공), 隔靴搔癢(격화소양), 軍靴(군화), 運動靴(운동화), 長靴(장화)

'化(화)'자에 '말씀 言(언)'을 붙여 '그릇될 訛(와)'자를 만들었다. '말의 본래의 뜻에서 변화하여 잘못되다'는 뜻이다. 訛傳(와전), 以訛傳訛(이와전와)

化0638, 花0260, 貨0884, 靴2018, 訛3030

華(화) 華 嬅 樺 爗 693

'꽃 華(화)/빛날 華(화)'자는 '꽃'을 나타내기 위하여 가지마다 꽃이 만발한 나무 모양을 본뜬 것이다. '빛나다'는 뜻으로 많이 쓰인다. '꽃(花)', '꽃이 피다', '화려하다', '아름답다', '요염하다', '겉으로 화려한 것', '허식', '번영하다', '한창', '중국인이 자기 나라를 가리켜 이르는 말' 등의 뜻을 나타낸다. 枯樹生華(고수생화), 散華(산화), 華麗(화려), 華燭(화촉), 豪華(호화), 外華內貧(외화내빈), 繁華(번화), 榮華(영화), 富貴榮華(부귀영화), 華僑(화교), 華商(화상), 中華(중화), 華甲(화갑), 華陀(화타), 華嚴(화엄), 華氏(화씨)

'華(화)'자에 '여자 女(녀)'를 붙여 '탐스러울 嬅(화)'자를 만들었다.

'華(화)'자에 '나무 木(목)'을 붙여 '자작나무 樺(화)'자를 만들었다.

'華(화)'자에 '불 火(화)'를 붙여 '빛날 爗(엽)'자를 만들었다.

華0780, 嬅3423, 樺3469, 爗3504

崔(학/확) 鶴 確 694

'학 崔(학)/새 높이 날 崔(확)'자는 '멀 冂(경)'과 '새 隹(추)'자로 이루어진 글자이다. '새가 경계를 나와 높이 날아오르다'는 뜻을 나타내는 글자이다. '학 鶴(학)'자의 속자이다.

'崔(학)'자에 '새 鳥(조)'를 붙여 '학 鶴(학)'자를 만들었다. 새의 일종인 '두루미'를 뜻하기 위하여 만든 것이다. '흰 색'을 비유하는 것으로도 쓰인다. 鶴首苦待(학수고대), 群鷄一鶴(군계일학), 白鶴(백학), 紅鶴(홍학), 鶴髮(학발)

'새 높이 날 崔(확)'자에 '돌 石(석)'을 붙여 '굳을 確(확)'자를 만들었다. '돌처럼 굳게 확실히'라는 뜻을 나타낸다. 確固(확고), 確固不動(확고부동), 確率(확률), 確實(확실), 確認(확인), 明確(명확), 正確(정확)

鶴1472, 確0817

蒦(확) 穫 獲 護 695

'받들 蒦(확)'자는 잘 쓰이지 않는 글자이다. 형태는 '새 한 마리 隻(척)'자에 '풀 ⺾(초)'를 붙인 모양이다.

'받들 蒦(확)'자에 '벼 禾(화)'를 붙여 '거둘 穫(확)'자를 만들었다. '蒦(확)'자는 표음요소이다. 익은 벼 따위의 곡식을 '거두다'는 뜻을 나타낸다. 收穫(수확)

'蒦(확)'자에 '개 犭(견)'을 붙여 '얻을 獲(획)'자를 만들었다. 본뜻은 '(사냥이나 전쟁을 통하여) 얻다'였다. 그 후 일반적 의미의 '얻다', '잡다'의 뜻으로 쓰인다. 獲得(획득), 濫獲(남획), 虜獲(노획), 捕獲(포획), 漁獲(어획)

'蒦(확)'자에 '말씀 言(언)'을 붙여 '보호할 護(호)/지킬 護(호)'자를 만들었다. '보호하다', '감싸다', '비호하다', '지키다', '감시하다', '돕다', '구제하다' 등의 뜻을 나타낸다. 護身術(호신술), 看護(간호), 辯護(변호), 保護(보호), 守護(수호), 救護(구호), 援護(원호)

穫1711, 獲1328, 護0880

奐(환) 換 喚 煥 696

'빛날 奐(환)'자는 産母(산모) 가랑이에 두 손을 갖다 댄 형상을 본뜬 글자라고 한다. 어느 때는 남자 아기를, 어느 때는 여자 아기를, 이런 식으로 아기를 끄집어내는 모양에서 '바꾸다', '변화 많은 꾸밈의 아름다움' 따위의 뜻을 나타낸다. 희한한 字源(자원)도 다 있다. 다행히? 한자어 낱말은 없다.

'奐(환)'자에 '손 扌(수)'를 붙여 '바꿀 換(환)'자를 만들었다. 각자 손에 들고 있는 물건을 맞바꾸다, 즉 '물물교환하다'는 뜻이었다. '바꾸다', '주고받고 하다', '바뀌다', '교체되다' 등의 뜻을 나타낸다. 換骨奪胎(환골탈태), 換金(환금), 換氣(환기), 換言(환언), 換節期(환절기), 交換(교환), 轉換(전환)

'奐(환)'자에 '입 口(구)'를 붙여 '부를 喚(환)'자를 만들었다. '부르다', '멀리 있는 것을 구하기 위하여 부르다', '큰소리로 부르다'는 뜻을 나타낸다. 喚起(환기), 召喚(소환), 阿鼻叫喚(아비규환), 使喚(사환)

'奐(환)'자에 '불 火(화)'를 붙여 '빛날 煥(환)'자를 만들었다. 사람 이름자로 쓰인다.

換1274, 喚3203, 煥3501

活(활) 活闊　697

'살 活(활)/물 콸콸 흐를 活(괄)'자는 '물 氵(수)'와 '혀 舌(설)'로 이루진 글자이다. '물 흐르는 소리'를 뜻하는 글자였다. 물이 콸콸 소리를 내며 흐르는 모습은 활기차다. '舌(설)'은 음에 좀 차이가 있지만 표음요소이다. '살다', '생존하다', '목숨을 보전하다', '죽음을 면하다', '살리다', '죽음에서 구하다', '생기가 있다', '활기가 있다', '생계', '물이 콸콸 흐르는 소리' 등의 뜻을 나타낸다. 活路(활로), 活人(활인), 復活(부활), 死活(사활), 活氣(활기), 活動(활동), 再活(재활), 快活(쾌활), 生活(생활), 社會生活(사회생활), 自活(자활), 活活(괄괄)

'活(활)'자를 '문 門(문)' 안에 넣어 '넓을 闊(활)'자를 만들었다. '왕래가 자유로운 넓은 문'을 뜻하는 글자였다. '트이다', '통하다', '넓다', '멀다' 등의 뜻을 나타낸다. 闊達(활달)/豁達(활달), 闊步(활보), 廣闊(광활), 空闊(공활), 快闊(쾌활), 闊葉樹(활엽수), 隔闊相思(격활상사)

活0247, 闊3122

黃(황) 黃橫廣鑛壙曠擴　698

'누를 黃(황)'자는 '밭 田(전)'자와 '빛 光(광)'자의 古字(고자)로 이루어진 글자라고 한다. 땅의 빛깔 즉, '노랗다'는 뜻을 나타내는 글자이다. '누르다', '오색의 하나', '황색으로 변하다', '황금', '웅황(雄黃)' 등의 뜻으로 쓰인다. 黃沙(황사)/黃砂(황사), 黃昏(황혼), 卵黃(난황), 黃金(황금), 牛黃(우황), 地黃(지황)

'黃(황)'자에 '나무 木(목)'을 붙여 '가로 橫(횡)/방자할 橫(횡)'자를 만들었다. '나무 木(목)'이 표의요소, '누를 黃(황)'이 표음요소로 쓰였다. '橫(횡)'자는 대문짝에 문이 열리는 것을 막기 위해 가로질러 놓은 '빗장'이 본뜻이다. 신분제가 엄격했던 사회에서 질서를 위해 수평적인 횡적 관계보다는 수직적인 종적 관계를 중요시했다. 그래서 '橫(횡)'은 기존의 질서를 부정하고 체제를 어지럽히는 의미를 가지게 되어 '멋대로', '거스르다' 등의 뜻이 나왔다. '가로', '가로 놓다', '남북을 종(縱)으로 하는 데에 대하여 동과 서', '옆', '좌우', '전국시대에 여섯 나라가 연합하여 진나라에 대항하려던 정책', '뜻밖에', '방자하다', '제멋대로', '도리에 벗어나다', '거스르다' 등의 뜻으로 쓰인다. 橫斷(횡단), 橫斷步道(횡단보도), 橫隊(횡대), 橫說竪說(횡설수설), 縱橫(종횡) 橫步(횡보), 橫死(횡사), 橫財(횡재), 合縱連橫(합종연횡)/合縱連衡(합종연횡), 橫領(횡령), 橫暴(횡포), 橫行(횡행), 專橫(전횡)

'黃(황)'자를 "집 广(엄)" 아래에 넣어 '넓을 廣(광)'자를 만들었다. '广(엄)'은 넓은 지붕의 뜻이고, '黃(황)'은 '王(왕)'과 통하여 '크다'의 뜻이다. 단지 폭만 넓은 것이 아니라 '면적이 넓고 크다'는 뜻이다. '넓다', '면적이 크다', '너르다', '마음 쓰는 도량이 크다', '포괄하고 있는 내용이 걸치는 데가 많다', '넓이', '일정하게 차지하는 평면의 크기', '너비', '동서의 길이', '직경', '폭의 길이가 길다' 등의 뜻을 나타낸다. 廣告(광고), 廣範(광범), 廣場(광장), 高臺廣室(고대광실), 長廣舌(장광설), 廣義(광의), 廣軌(광궤), 廣幅(광폭), 廣木(광목)

'넓을 廣(광)'자에 '쇠 金(금)'을 붙여 '쇳돌 鑛(광)'자를 만들었다. 각종 쇠 물질을 함유하고 있는 돌, 즉 '광석'을 뜻하기 위하여 만든 글자이다. 鑛夫(광부), 鑛山(광산), 金鑛(금광), 鐵鑛(철광), 炭鑛(탄광)

'廣(광)'자에 '흙 土(토)'를 붙여 '광 壙(광)/뫼구덩이 壙(광)'자를 만들었다. '땅 속의 넓은 구멍'이란 뜻에서 '묘의 구덩이'를 뜻한다. 壙中(광중)

'廣(광)'자에 '해 日(일)'을 붙여 '빌 曠(광)/밝을 曠(광)'자를 만들었다. '너무 넓어 공허하다'는 뜻을 나타낸다. 曠野(광야)

'廣(광)'자에 '손 扌(수)'를 붙여 '넓힐 擴(확)'자를 만들었다. 손으로 잡아끌어 '넓히다'는 뜻을 나타내기 위한 것이다. '넓히다', '규모·세력 등을 넓히다'는 뜻으로 쓰인다. 擴大(확대), 擴散(확산), 擴聲器(확성기), 擴張(확장), 擴充(확충)

黃0176, 橫1294, 廣0534, 鑛0651, 壙2299, 曠2514, 擴1614

皇(황) 皇鳳徨惶遑煌隍　699

'임금 皇(황)'자는 '흰 白(백)'과 '임금 王(왕)'자로 이루어졌다. '白(백)'자는 빛을 내쏘는 '해'를 나타낸다. '임금', '황제', '천자 또는 상제에 관한 사물 위에 붙이는 말', '천제(天帝)', '만물의 주재자', '하늘', '죽은 부모 또는 남편에 붙이는 경칭' 등의 뜻으로 쓰인다. 皇帝(황제), 皇后(황후), 敎皇(교황), 玉皇上帝(옥황상제), 皇祖考(황조고), 皇祖妣(황조비), 張皇(장황)

'皇(황)'자를 '돛 凡(범)'자 안에 넣어 '봉황새 鳳(황)'자를 만들었다. 성인이 세상에 나오면 나타난다고 하는 상상 속의 새, 즉 '봉황새'를 나타내기 위하여 만든 것이다. 수컷을 '鳳(봉)'이라고 하고 암컷을 '凰(황)'이라고 한다. 鳳凰(봉황)

'皇(황)'자에 '걸을 彳(척)'을 붙여 '헤맬 徨(황)/노닐 徨(황)'자를 만들었다. '노닐다', '어정거리다', '방황하다', '왔다갔다하다'는 뜻을 나타낸다. 彷徨(방황)

'皇(황)'자에 '마음 忄(심)'을 붙여 '두려워할 惶(황)'자를 만들었다. 여기에서 '皇(황)'은 '徨(황)'과 통하여 '침착하지 못하게 걷다'는 뜻이다. '두려워하다', 황공해하다, '마음이 동요하다', '당황하다', '갑작스러워 어찌할 바를 모르다' 등의 뜻을 나타낸다. 惶恐(황공), 惶悚(황송), 驚惶(경황), 恐惶(공황), 唐惶(당황)

'皇(황)'자에 '길 갈 辶(착)'을 붙여 '급할 遑(황)/허둥거릴 遑(황)'자를 만들었다. '갈 길이 급하여 황급히 서두르다, 허둥거리다'는 뜻이다. 遑汲(황급), 遑急(황급), 遑忙(황망), 遑遑(황황)

'皇(황)'자에 '불 火(화)'를 붙여 '빛날 煌(황)'자를 만들었다. '세찬 불의 빛'을 뜻한다. 輝煌燦爛(휘황찬란)

'皇(황)'자에 '언덕 阝(부)'를 붙여 '해자 隍(황)'자를 만들었다. 성 밖에 둘러 판 '물 없는 못'을 뜻한다. 물 있는 못은 '壕(호)'라 한다. 城隍堂(성황당)

皇0184, 凰1828, 徨2375, 惶2404, 遑2405, 煌2659, 隍3316

巟(황) 荒慌　700

'망할 巟(황)'자는 '망할 亡(망)'과 '내 川(천)'으로 이루어진 글자인데 지금은 쓰이지 않는다.

'망할 巟(황)'자에 '풀 艹(초)'를 붙여 '거칠 荒(황)'자를 만들었다. '(풀을 베지 않은) 거친 땅'을 뜻하기 위하여 만든 것이다. '거칠다', '망치다', '황폐하다', '황무지', '기근', '흉년', '함부로 행하다', '빠지다', '어이없다', '사리에 어둡다' 등의 뜻을 나타낸다. 荒凉(황량), 荒漠(황막), 荒蕪地(황무지), 荒野(황야), 荒廢(황폐), 荒民(황민), 救荒(구황), 荒淫(황음), 荒唐(황당), 荒唐無稽(황당무계), 虛荒(허황)

'거칠 荒(황)'자에 '마음 忄(심)'을 붙여 '어렴풋할 慌(황)/어리둥절할 慌(황)'자를 만들었다. '荒(황)'자 속에 있는 '亡(망)'자는 '없다'의 뜻이다. '慌(황)'자는 마음 속에 아무것도 없어[亡]서 '어리둥절하다'는 뜻이다. '다급하다', '절박하다', '잃다', '잃어버리다' 등의 뜻을 나타낸다. 慌忙(황망), 恐慌(공황)

'214 망할 亡(망)'자 참조.

荒1751, 慌2406

會(회) 會繪膾獪檜　701

'모일 會(회)'자는 '시루에 뚜껑을 덮은 모양을 본떠, 물을 끓이는 부분과 김을 통하게 하는 부분과 뚜껑이 잘 맞다'의 뜻을 나타낸다. 다른 설이 있는데, '會(회)'자는 물건을 저장하는 창고의 모양을 본뜬 글자이고, 창고는 여러 물건을 모아두는 곳이라는 데서, '모으다', '모이다'라는 뜻을 나타낸다고 한다. '모이다', '모으다', '모임', '사물이 모여드는 곳', '만나다', '적당한 시기', '마음에 들다', '일 년의 마무리', '셈', '물건 값을 치러 주는 일', '합치다', '하나로 되다', '일치하다' 등 여러 가지 뜻으로 쓰인다. 會社(회사), 會員(회원), 會議(회의), 會長(회장), 國會(국회), 社會(사회), 會見(회견), 面會(면회), 密會(밀회), 會者定離(회자정리), 會心(회심), 機會(기회), 會計(회계), 牽強附會(견강부회)

'會(회)'자에 '실 糸(사)'를 붙여 '그림 繪(회)'자를 만들었다. '會(회)'는 '모으다'의 뜻, '糸(사)'는 다섯 가지 색의 '실'을 뜻한다. '繪(회)'자는 다섯 가지 실을 모아 '수를 놓다'는 뜻에서 '그림'의 뜻을 나타낸다. 繪畫(회화)

'會(회)'자에 '고기 月(육)'을 붙여 '회 膾(회)'자를 만들었다. 잘게 썬 肉類(육류)나 魚肉(어육)을 날로 먹게 만들어 모아 담은 요리, 곧 '회'를 뜻한다. 膾炙(회자), 肉膾(육회)

'會(회)'자에 '개 犭(견)'을 붙여 '교활할 獪(회)'자를 만들었다. '야수적인 마음이 생동하다'는 뜻이다. 老獪(노회)

'會(회)'자에 '나무 木(목)'을 붙여 '전나무 檜(회)'자를 만들었다.

會0194, 繪2851, 膾2908, 獪3259, 檜3470

回(회) 回廻徊蛔　702

'돌 回(회)'자는 '돌다'는 뜻을 나타내기 위하여 물이 소용돌이쳐 도는 모습을 본뜬 것이다. '돌다', '돌리다', '멀리 에돌다', '구부러져 돌다', '돌아오다', '돌아다니다', '돌이키다', '방향을 반대쪽으로 돌리다', '번', '횟수', '종교의 이름' 등의 뜻으로 쓰인다. 回轉(회전), 旋回(선회), 回避(회피), 迂回(우회)/迂廻(우회), 回甲(회갑), 回歸(회귀), 回復(회복), 起死回生(기사회생), 産卵回遊(산란회유), 撤回(철회), 回覽(회람), 回診(회진), 電氣回路(전기회로), 回顧(회고), 回想(회상), 回心(회심), 回數(회수), 回敎(회교)

'回(회)'자에 '걸을 廴(인)'을 붙여 '돌 廻(회)'자를 만들었다. '廻(회)'자는 원래 '길 갈 辶(착)'을 붙인 '迴(회)'자로 썼다. '辶(착)'과 '廴(인)'은 본래 같은 자형에서 나온 것으로 의미상 차이가 없다. '돌다', '빙빙 돌다', '돌리다' 등의 뜻으로 쓰일 때 '돌 回(회)'자와 같이 쓴다. 廻轉(회전)/回轉(회전), 上廻(상회), 巡廻(순회), 迂回(우회)/迂廻(우회), 輪廻(윤회)/輪回(윤회), 下回(하회)

'回(회)'자에 '걸을 彳(척)'을 붙여 '노닐 徊(회)/머뭇거릴 徊(회)'자를 만들었다. '노닐다', '어정거리다', '왔다갔다하다'는 뜻을 나타낸다. 徘徊(배회)

'回(회)'자에 '벌레 虫(충)'을 붙여 '회충 蛔(회)'자를 만들었다. 蛔蟲(회충)

回0708, 廻1885, 徊2378, 蛔2962

灰(회) 灰恢　703

'재 灰(회)'자는 불타고 남은 '재'를 뜻한다. 손[又(우)]에 막대기를 잡고, 타고 남은 불씨[火(화)]를 토닥거리는 모습을 본뜬 것이었는데 '又(우)'자의 모양이 약간 달라졌다. '재', '죄다 태워버리다', '재가 되다', '망하다', '석회(石灰)의 약칭' 등의 뜻으로 쓰인다. 灰色(회색), 枯木死灰(고목사회), 死灰復燃(사회부연), 灰分(회분), 石灰(석회), 洋灰(양회)

'넓을 恢(회)'자는 원래 '마음 忄(심)'과 '클 宏(굉)'으로 이루어진 것이었다. 본뜻은 '넓다', '마음이 크고 넓다'였다. 후에 '宏(굉)'자가 '灰(회)'자로 바뀌고, '전의 상태로 되돌아가다'는 뜻이 추가되었다. '恢(회)'자가 현대의 우리말 한자어에서 '크다'는 뜻으로 쓰인 예는 없고, '돌이키다'는 뜻으로 쓰이는데 그 예도 '恢復(회복)'

한 낱말뿐이다.
灰1036, 恢2464

褱(회) 懷壞　704

'품을 褱(회)/따를 褱(회)/생각할 褱(회)'자는 '옷 衣(의)' 가운데에 '눈으로 뒤쫓을 眔(답)'자를 넣어 만든 글자이다. 여기에서 '眔(답)'자는 '눈 目(목)'과 '물 氺(수)' 즉, '쏟아져 흐르는 눈물'을 뜻한다. 눈물에 젖은 얼굴을 윗衣(의)으로 가리며 '그리워하다'는 뜻을 나타낸다. 이렇게 설명해도 이 '褱(회)'자를 모른다면 그는 참 감정이 무딘 사람이다.

'褱(회)'자에 '마음 忄(심)'을 붙여 '품을 懷(회)'자를 만들었다. '(가슴, 마음에) 품다'는 뜻이다. '마음 忄(심)'이 표의요소, '품을 褱(회)'는 표음과 표음요소를 겸한다. '褱(회)'자는 '懷(회)'자의 古字(고자)이다. '품다', '품에 넣어 안거나 가지다', '품안', '가슴', '어떤 생각을 마음속에 가지다', '마음', '생각', '몸에 지니다', '따르게 하다' 등의 뜻을 나타낸다. 懷中時計(회중시계), 懷橘墮地(회귤타지), 懷古(회고), 懷疑(회의), 懷抱(회포), 感懷(감회), 虛心坦懷(허심탄회), 懷妊(회임), 懷柔(회유)

'褱(회)'자에 '흙 土(토)'를 붙여 '무너질 壞(괴)'자를 만들었다. '품을 褱(회)'자는 표음요소이다. 흙더미가 '무너지다'는 뜻을 위하여 만든 것이다. '무너지다', '허물어져 내려앉다', '파괴하다', '제도·사상·질서 등이 유지될 수 없게 파괴되다' 등의 뜻을 나타낸다. 壞滅(괴멸), 壞血病(괴혈병), 崩壞(붕괴), 破壞(파괴)

'140 눈으로 뒤쫓을 眔(답)'자 참조.

懷1261, 壞1186

爻(효) 爻肴淆駁孝哮酵敎　705

'사귈 爻(효)/효 爻(효)'자는 팔랑개비처럼 물건을 엮어 맞춘 모양을 형상화한 것이다. 爻(효), 數爻(수효)

'爻(효)'자에 '고기 月(육)'을 붙여 '안주 肴(효)'자를 만들었다. '안주', '술안주(새·짐승·물고기 따위를 뼈째 구어 익힌 고기)'를 뜻한다. 佳肴(가효), 有酒無肴(유주무효), 玉盤佳肴(옥반가효)

'안주 肴(효)'자에 '물 氵(수)'를 붙여 '흐릴 淆(효)/어지러울 淆(효)'자를 만들었다. 물이 혼합물로 '섞이다'는 뜻을 위하여 만들어진 글자이다. '섞이다', '뒤섞이다', '어지럽다'는 뜻을 나타낸다. 玉石混淆(옥석혼효), 混淆(혼효), 混淆林(혼효림)

'爻(효)'자에 '말 馬(마)'를 붙여 '논박할 駁(박)/얼룩말 駁(박)'자를 만들었다. 말의 털빛이 '얼룩덜룩한 모양'을 나타내는 글자였다. '치다', '논박하다', '남의 학설·의견·이론 등을 공박하다', '섞이다', '잡것이 섞여 순일(純一)하지 아니하다', '얼룩말' 등을 뜻한다. 甲論乙駁(갑론을박), 攻駁(공박), 面駁(면박), 反駁(반박), 雜駁(잡박)

'효도 孝(효)'자의 字源(자원)은 두 가지 설이 있다. 하나는 '老(노)'의 생략체인 '耂'와 '아들 子(자)'의 합자로, 자식이 늙은이를 받드는 뜻이다. '효도'란 뜻을 나타낸다. 또 하나는 '孝(효)'자는 '사귈 爻(효)'와 '아들 子(자)'의 합자로 보기도 한다. 이렇게 본다면 '孝(효)'자는 '가르치는 이와 배우는 이의 사귐, 즉 가르침'이라고 할 수 있다. '효도', '부모를 잘 섬기는 일', '선조의 뜻을 올바르게 계승하는 일', '부모의 상(喪)을 입다' 등의 뜻을 나타낸다. 孝道(효도), 孝誠(효성), 不孝(불효), 孝孫(효손), 孝子(효자)

'孝(효)'자에 '입 口(구)'를 붙여 '으르렁거릴 哮(효)'자를 만들었다. 여기에서 '孝(효)'는 '효도'의 뜻이 아니라, '으르렁거리는 소리'를 나타내는 의성어이다. 咆哮(포효)

'孝(효)'자에 '닭 酉(유)'를 붙여 '술밑 酵(효)/삭힐 酵(효)'자를 만들었다. '발효되다'는 뜻을 나타낸다. 酵母(효모), 酵素(효소), 醱酵(발효)

'孝(효)'자에 '채찍질할 攵(복)'을 붙여 '가르칠 敎(교)'자를 만들었다. 가르치는 이와 배우는 이의 사귐, 그리고 그러함에 게으르면 사랑의 매라도 드는 것이 '가르칠 敎(교)'이다. '가르치다', '지식·기술·이치·도리 등을 알려주어 깨닫게 하다', '가르치는 사람', '올바른 길로 일깨우다', '종교', '교리' 등의 뜻을 나타낸다. 敎師(교사), 敎育(교육), 敎學相長(교학상장), 敎化(교화), 敎人(교인), 敎會(교회), 宗敎(종교), 敎唆(교사)

爻2666, 肴3275, 淆3248, 駁3163, 孝0188, 哮2242, 酵3097, 敎0060

侯(후) 侯候喉　706

'제후 侯(후)'자는 원래 '사람 人(인)'이 없는 형태의 것이었다. 그것은 활矢(시)을 쏘아 맞추는 '과녁'을 뜻하는 것이다. 옛날에는 활을 잘 쏘는 사람에게 작위를 부여하는 일이 있었다. 그래서 '제후'라는 뜻을 이것으로 나타내자 표의요소로 '사람 人(인)'을 추가시킨 것이다. 한 획이 더 많지만 자형이 너무 비슷한 '물을 候(후)'와 혼동하기 쉽다. '제후', '봉토를 받음'의 뜻을 나타낸다. 王侯將相(왕후장상), 諸侯(제후), 侯爵(후작)

'제후 侯(후)'자에 '사람 亻(인)'을 붙여 '기후 候(후)/철 候(후)'자를 만들었다. '候(후)'는 '안부를 묻다'가 본뜻이었다. 노인들 건강은 계절과 날씨에 따라 달라지니 여기에서 '계절', '기후', '날씨' 등의 뜻이 파생되었다. '철', '계절', '기후', '날씨', '염탐', '척후', '조짐', '징조', '맞다', '기다리다', '안부를 묻다', '찾아 문안하다' 등의 뜻을 나타낸다. 候鳥(후조), 節候(절후), 氣候(기후), 測候(측후), 天候(천후), 斥候(척후), 徵候(징후), 症候(증후), 症候群(증후군), 候補(후보), 候補生(후보생), 立候補(입후보), 氣體候(기체후), 問候(문후), 患候(환후)

'제후 侯(후)'자에 '입 口(구)'를 붙여 '목구멍 喉(후)'자를 만들었다. 입안의 '목구멍'을 뜻하기 위하여 만든 것이다. 喉頭(후두), 喉頭結節(후두결절), 耳鼻咽喉科(이비인후과), 咽喉(인후)

侯1490, 候0355, 喉1530

后(후) 后逅垢 707

'임금 后(후)/왕후 后(후)'자는 '사람 人(인)'과 '입 口(구)'로 이루어진 글자이다. 명령을 내리는 사람, 즉 '임금' 또는 '왕비'를 뜻한다. 略字(약자)는 아니지만 '後(후)'와 음이 같아 '뒤'의 뜻으로 같이 쓰기도 한다. 王后(왕후), 皇后(황후), 皇太后(황태후)

'后(후)'자에 '길 갈 辶(착)'을 붙여 '만날 逅(후)'자를 만들었다. '만나다', '우연히 만나다', '뜻하지 아니하게 마주치다'는 뜻을 나타낸다. 邂逅(해후)

'后(후)'자에 '흙 土(토)'를 붙여 '때 垢(구)'자를 만들었다. '두껍게 낀 흙먼지'를 뜻하는 글자이다. '后(후)'자는 표음요소로 쓰인 것이다. '때', '티끌', '더러운 물질', '때묻다', '더럽혀지다', '수치', '부끄러움' 등의 뜻을 나타낸다. 垢面(구면), 蓬頭垢面(봉두구면), 無垢(무구), 天眞無垢(천진무구)

后2039, 逅3076, 垢2279

熏(훈) 熏勳薰燻壎 708

'연기 낄 熏(훈)'자는 '검을 黑(흑)'과 '싹날 屮(철)'자로 이루어진 글자이다. 불을 때서 '연기가 나게 하는 것', 또는 '연기의 향'을 뜻한다.

'熏(훈)'자에 '힘 力(력)'을 붙여 '공 勳(훈)'자를 만들었다. 힘들여 세운 '큰 공로'를 뜻하기 위하여 만든 것이다. '熏(훈)'자는 표음요소로 쓰인 것이다. '공', '국가나 임금을 위해 세운 업적'의 뜻을 나타낸다. 勳章(훈장), 功勳(공훈), 武勳(무훈), 賞勳(상훈), 敍勳(서훈), 殊勳(수훈), 元勳(원훈)

'熏(훈)'자에 '풀 艹(초)'를 붙여 '향풀 薰(훈)'자를 만들었다. '향기로운 풀을 뜻하는 것이다. '熏(훈)'자는 불을 때서 '연기가 나게 하는 것', 또는 '연기의 향'을 뜻하니 표의요소로 볼 수도 있다. '향풀', '향내 나다', '좋은 향기', '연기가 나다', '훈자(薰炙)하다', '훈훈하다', '평온하다' 등의 뜻을 나타낸다. 香薰(향훈), 蘭薰(난훈), 薰蒸(훈증), 薰氣(훈기), 薰風(훈풍)

'熏(훈)'자에 '불 火(화)'를 붙여 '연기 낄 燻(훈)'자를 만들었다. '熏(훈)'자는 '연기가 끼게 하다'는 뜻인데 그 뜻을 더욱 분명하게 하기 위하여 '불 火(화)'를 덧붙였다. 燻煙(훈연), 燻製(훈제)

'熏(훈)'자에 '흙 土(토)'를 붙여 '질나팔 壎(훈)'자를 만들었다. 흙으로 만든 오카리나 같은 관악기를 뜻한다.

熏3502, 勳1854, 薰2122, 燻3256, 壎3432

卉(훼) 卉奔 709

'풀 卉(훼)'자의 세 개의 '十(십)'은 '풀 屮(철)'이 변한 것이다. '풀', '초목의 총칭', '풀이 많은 모양'을 뜻한다. 花卉(화훼)

'奔(분)'자는 '큰 大(대)'와 '그칠 止(지)'세 개로 이루어진 글자였다. '大'는 '사람'을 뜻하고, '止(지)'는 '발'을 뜻한다. 발이 세 개나 되니 얼마나 빨리 달아나면 발이 세 개로 보였을까. 후에 [止]는 '十(십)'으로 바뀌었다. 쓰기가 편해졌다. '大'자 아래에 있는 '열 十(십)' 세 개가 모여 있는 것은 '풀 卉(훼)'자와 형태가 같다. '卉(훼)'자의 세 개의 '十(십)'은 '풀 屮(철)'이 변한 것이다. 글자 형태는 같아도 조상이 다르다. 그러니 '奔(분)'자를 '큰 大(대) + 풀 卉(훼)'로 보아서는 안 된다. '달리다', '빨리 가거나 오거나 하다', '급히 향해 가다', '바쁘다' 등의 뜻을 나타낸다. 奔忙(분망), 奔放(분방), 奔走(분주), 狂奔(광분), 東奔西走(동분서주), 自由奔放(자유분방)

'288 클 賁(분)'자 참조.

卉2222, 奔1191

休(휴) 休烋杰 710

'쉴 休(휴)'자는 '사람 人(인)'과 '나무 木(목)'으로 이루어졌다. '나무 그늘 밑에서 쉬었다' 하여, '쉬다'의 뜻을 나타내는 글자가 되었다. '쉬다', '하던 일을 그치거나 멈추다'는 뜻을 나타낸다. 休暇(휴가), 休息(휴식), 休養(휴양), 休學(휴학), 萬事休矣(만사휴의), 休紙(휴지)

'休(휴)'자에 '불 灬(화)'를 붙여 '아름다울 烋(휴)'자를 만들었다. 사람의 이름자로 쓰인다.

'뛰어날 杰(걸)'자는 '나무 木(목)'과 '불 灬(화)'로 이루어졌다. '傑(걸)'의 속자이다. 사람의 이름자로 쓰인다. '休(휴)'자의 가족은 아니지만 '아름다울 烋(휴)'자와 비슷하여 혼동할 염려가 있어 여기에 소개하는 것이다.

休0197, 烋3499, 杰3463

凶(흉) 凶兇匈胸洶 711

'흉할 凶(흉)'자는 '입 벌릴 凵(감)'안에 '죽은 사람에 표시된 불길한 표'를 넣어 만들었다. '뜻밖에 함정에 빠진 것'을 상징적으로 나타낸다. '흉하다', '운수가 나쁘다', '불길하다', '흉년', '해치다', '사람을 죽이다', '부정하다', '사악하다', '흉하고 고약하다' 등의 뜻을 나타낸다. 凶夢(흉몽), 吉凶禍福(길흉화복), 凶年(흉년), 凶作(흉작), 豊凶(풍흉), 凶器(흉기), 凶彈(흉탄), 凶計(흉계), 凶惡(흉악), 凶測(흉측), 陰凶(음흉)

'凶(흉)'자에 '사람 儿(인)'을 붙여 '흉할 兇(흉)'자를 만들었다. '흉악한 사람' 또는 '나쁜 사람을 두려워하다'는 뜻을 나타낸다. '凶(흉)'자는 '흉하다', '운수가 나쁘다', '불길하다'의 뜻을 나타내고, '兇(흉)'자는 나쁜 일과 사람이 관련되었을 때 쓰인다. 兇盜(흉도), 元兇(원흉)

'凶(흉)'자에 '쌀 勹(포)'를 붙여 '오랑캐 匈(흉)'자를 만들었다. 원래 '가슴'을 뜻하기 위하여 만든 글자이다. 후에 '오랑캐'를 지칭하는 것으로 쓰이게 되자 본뜻인 '가슴'은 신체의 부분을 뜻하는 '月(육)'을 붙여 '가슴 胸(흉)'자를 만들었다. 匈奴(흉노).

'오랑캐 匈(흉)'자에 '고기 月(육)'을 붙여 '가슴 胸(흉)'자를 만들었다. 원래는 '匈(흉)'자가 '가슴'을 뜻하는 글자였다. 이 '匈(흉)'자가 '오랑캐'를 지칭하는 것으로 쓰이게 되자 본뜻인 '가슴'은 신체의 부분을 뜻하는 '月(육)'을 붙여 '가슴 胸(흉)'자를 만들었다. '가슴', '가슴속', '마음'을 뜻한다. 胸廓(흉곽), 胸部(흉부), 胸像(흉상), 胸襟(흉금), 胸中(흉중).

'오랑캐 匈(흉)'자에 '물 氵(수)'를 붙여 '용솟음 칠 洶(흉)/물결 세찰 洶(흉)'자를 만들었다. 洶洶(흉흉).

凶0288, 兇2183, 匈2038, 胸1737, 洶2605

黑(흑) 黑 默/嘿 墨 點 黨 712

위쪽의 굴뚝에 검댕이 차고, 아래쪽에 불길[灬]이 오르는 모양을 본떠 '검을 黑(흑)'자를 만들었다. '검은 빛', '흑색', '검은 빛으로 변하다', '밤', '어둠', '날이 저물다', '나쁜 마음' 등의 뜻을 나타낸다. 黑白(흑백), 黑字(흑자), 近墨者黑(근묵자흑), 黑雲(흑운), 暗黑(암흑), 漆黑(칠흑), 黑色宣傳(흑색선전), 黑心(흑심), 黑幕(흑막).

'黑(흑)'자에 '개 犬(견)'을 붙여 '묵묵할 默/嘿(묵)'자를 만들었다. '개가 짖지 않고 사람을 졸졸 따라가다'가 본뜻이다. '검을 黑(흑)'과 '개 犬(견)'이 둘 다 표의요소로 쓰였다. '묵묵하다', '말하지 않다', '말이 적다'는 뜻을 나타낸다. 默過(묵과), 默念(묵념), 默秘權(묵비권), 默殺(묵살), 默認(묵인), 寡默(과묵), 沈默(침묵).

'黑(흑)'자에 '흙 土(토)'를 붙여 '먹 墨(묵)'자를 만들었다. 붓글씨를 쓸 때 사용하는 검은 '먹'을 뜻하기 위하여 만든 것이다. '흙 土(토)'와 '검을 黑(흑)' 모두가 표의요소로 쓰였다. '먹', '필적', '오형(五刑)'의 하나로 자자(刺字)하는 형벌 이름', '묵자(墨子)'의 학파 또는 묵가(墨家)의 줄인 말', '검다' 등의 뜻을 나타낸다. 墨客(묵객), 墨畫(묵화), 紙筆硯墨(지필연묵), 近墨者黑(근묵자흑), 水墨畫(수묵화), 白墨(백묵), 墨迹(묵적), 墨刑(묵형), 墨家(묵가), 墨子(묵자).

'점 點(점)'자는 '530 占(점)'자 참조.
'무리 黨(당)'자는 '317 오히려 尙(상)'자 참조.

黑0177, 默/嘿1473, 墨1540, 點504, 黨0913

熙(희) 熙 姬 713

'빛날 熙(희)'자는 불빛이 '빛나다'는 뜻을 나타내기 위하여 만든 것이었으니, '불 火(화)'가 표의요소로 쓰였다. 조어력이 약하여 한자어 용례는 없다. 이름자로 쓰인다. 이 '熙(희)'자는 정확하게 쓰기가 어려우니 주의해야 한다. '불 灬(화)' 위의 좌측에 있는 것은 '신하 臣(신)'처럼 쓰기 쉬우나 '臣(신)'이 아니라 '아래턱 이'자이다. PC가 이 글자를 지원해주지 않으니 꼭 한번 字典(자전)에서 확인해 보기 바란다. 우측에 있는 것은 '몸 己(기)'나 '뱀 巳(사)'가 아니고 '이미 已(이)'자이다. '熙(희)'자가 이름자로 쓰인 사람의 성명을 쓸 때 잘못된 글자를 쓰면 실례가 된다.

'아래턱 이'자에 '여자 女(녀)'를 붙여 '아가씨 姬(희)'자를 만들었다. '女(여)'자의 오른쪽에 있는 것은 '신하 臣(신)'이 아니고, '아래턱 이'임에 주의하여야 한다. 여성의 이름자로 애용된다. 歌姬(가희), 佳姬(가희), 舞姬(무희), 美姬(미희), 寵姬(총희).

熙1685, 姬1871

喜(희) 喜 嬉 憙 熹 禧 囍 714

'기쁠 喜(희)'자는 '늘어놓은 악기 보일 효(주)'와 '입 口(구)'로 이루어진 글자이다. 악기를 쳐서 신을 기쁘게 하니 인간 또한 기쁘다. '기쁘다', '기쁨', '즐거움', '행복' 등의 뜻을 나타낸다. 喜怒哀樂(희노애락), 喜悲(희비), 喜捨(희사), 歡喜(환희), 喜劇(희극).

'喜(희)'자에 '여자 女(녀)'를 붙여 '아름다울 嬉(희)'자를 만들었다.

'喜(희)'자에 '마음 心(심)'를 붙여 '기뻐할 憙(희)'자를 만들었다.

'喜(희)'자에 '불 灬(화)'를 붙여 '빛날 熹(희)'자를 만들었다.

'喜(희)'자에 '보일 示(시)'를 붙여 '복 禧(희)'자를 만들었다.

'喜(희)'자를 두 개 붙여 '쌍 囍(희)'자를 만들었다. '기쁨'이 '두 배'라는 뜻이다. 실제로 낱말이나 문장에서 쓰인 일은 없다. 소목 공예, 그릇, 천, 베갯머리 등에 무늬의 일종으로 쓰인다. 마지막 글자를 '기쁨 두 배 囍(희)'자로 마치니 기쁘다. 이 책의 마지막 글자를 보신 분께 '囍(희)'자를 드린다.

'599 세울 효(주)'자 참조.

喜0383, 嬉3424, 憙3444, 熹3505, 禧3553, 囍

가족 한자 표제자 목록(가나다 순)

가 001可(가) 002加(가) 003家(가) 004叚(가) 005賈(가/고) 006各(각) 007표(각) 008干(간) 009倝(간) 010艮(간) 011間(간) 012柬(간) 013曷(갈) 014監(감) 015敢(감) 016甘(감) 017甲(갑) 018岡(강) 019强(강) 020畺(강) 021康(강) 022羗(강) 023介(개) 024皆(개) 025去(거) 026巨(거) 027居(거) 028豦(거) 029建(건) 030桀(걸) 031殸(격) 032鬲(격/력) 033开(견) 034臤(견) 035遣(견) 036兼(겸) 037京(경) 038更(경/갱) 039竟(경) 040頃(경) 041巠(경) 042冏(경) 043殸(경/성) 044庚(경) 045罌(경) 046季(계) 047刜(계) 048戒(계) 049癸(계) 050鷄(계) 051系(계) 052告(고) 053古(고) 054高(고) 055考(고) 056雇(고) 057羔(고) 058丂(고) 059谷(곡) 060哭(곡) 061昆(곤) 062骨(골) 063公(공) 064共(공) 065工(공) 066空(공) 067孔(공) 068巩(공) 069果(과) 070瓜(과) 071夸(과) 072郭(곽) 073官(관) 074貫(관) 075萑(관) 076光(광) 077乖(괴) 078玄(굉) 079喬(교) 080交(교) 081求(구) 082九(구) 083冓(구) 084區(구) 085具(구) 086久(구) 087丘(구) 088句(구) 089瞿(구) 090匊(국) 091君(군) 092軍(군) 093屈(굴) 094弓(궁) 095躬(궁) 096卷(권) 097欮(궐) 098几(궤) 099貴(귀) 100鬼(귀) 101圭(규) 102니(규) 103規(규) 104克(극) 105斤(근) 106堇(근) 107今(금) 108琴(금) 109禽(금) 110及(급) 111急(급) 112己(기) 113奇(기) 114其(기) 115旣(기) 116幾(기) 117气(기) 118豈(기/개) 119吉(길) **나** 120捏(날) 121男(남) 122內(내) 123乃(내) 124奈(내) 125奴(노) 126農(농) 127腦(뇌) 128尿(뇨) 129能(능) 130尼(니) **다** 131多(다) 132單(단/선) 133旦(단) 134段(단) 135耑(단) 136亶(단/천) 137彖(단) 138達(달) 139覃(담) 140眔(답) 141畓(답) 142唐(당) 143代(대) 144隊(대) 145帶(대) 146臺(대) 147悳(덕) 148道(도) 149島(도) 150稻(도) 151度(도) 152匋(도) 153禿(독) 154篤(독) 155東(동) 156同(동) 157冬(동) 158童(동) 159豆(두) 160斗(두) 161屯(둔) 162导(득) 163登(등) **라** 164羅(라) 165樂(락/악/요) 166亂(란) 167來(래) 168良(량) 169兩(량) 170梁(량) 171量(량) 172呂(려) 173戾(려) 174慮(려) 175麗(려) 176厤(력) 177連(련) 178縣(련/란) 179列(렬) 180巤(렵) 181令(령) 182豊(례/풍) 183老(로) 184盧(로) 185虜(로) 186彔(록) 187賴(뢰) 188畾(뢰) 189尞(료) 190翏(료) 191龍(룡) 192婁(루) 193累(루) 194充(류) 195坴(륙) 196侖(륜) 197栗(률) 198隆(륭) 199肋(륵) 200陵(릉) 201里(리) 202吏(리) 203利(리) 204离(리) 205粦(린) 206林(림) 207立(립) **마** 208麻(마) 209莫(막) 210萬(만) 211曼(만) 212萬(만) 213末(말) 214亡(망) 215罔(망) 216買(매) 217孟(맹) 218甿(맹) 219免(면) 220面(면) 221丏(면) 222蔑(멸) 223冥(명) 224名(명) 225明(명) 226母(모) 227某(모) 228冒(모) 229矛(모) 230沒(몰) 231卯(묘) 232苗(묘) 233無(무) 234務(무) 235武(무) 236巫(무) 237戊(무) 238文(문) 239勿(물) 240未(미) 241眉(미) 242微(미) 243民(민) 244宓(밀/복) **바** 245半(반) 246反(반) 247般(반) 248犮(반) 249癶(발) 250發(발) 251孛(발) 252方(방) 253放(방) 254旁(방) 255拜(배) 256白(백) 257帛(백) 258番(번) 259樊(번) 260伐(벌) 261犯(범) 262凡(범) 263辟(벽/피/비) 264釆(변/편) 265丙(병) 266幷(병) 267保(보) 268步(보) 269甫(보) 270普(보) 271畐(복) 272复(복) 273卜(복) 274覆(복) 275伏(복) 276本(본) 277奉(봉) 278夆(봉) 279音(부) 280孚(부) 281父(부) 282夫(부) 283付(부) 284尃(부) 285阜(부) 286北(북/배) 287分(분) 288賁(분) 289奮(분) 290不(불) 291弗(불) 292市(불) 293朋(붕) 294比(비) 295非(비) 296卑(비) 297備(비) 298畐(비) 299賓(빈) **사** 300四(사) 301師(사) 302查(사) 303寺(사) 304思(사) 305士(사) 306司(사) 307舍(사) 308死(사) 309射(사) 310巳(사) 311絲(사) 312朔(삭) 313産(산) 314散(산) 315殺(살) 316參(삼/참) 317尙(상) 318相(상) 319象(상) 320啬(색) 321色(색) 322生(생) 323庶(서) 324黍(서) 325胥(서) 326昔(석) 327析(석) 328舄(석/작) 329先(선) 330鮮(선) 331善(선) 332亘(선/긍) 333扇(선) 334纖(섬) 335成(성) 336世(세) 337歲(세) 338少(소) 339召(소) 340叒(소) 341束(속) 342孫(손) 343巽(손) 344衰(쇠) 345垂(수) 346叟(수) 347受(수) 348守(수) 349須(수) 350需(수) 351秀(수) 352壽(수) 353隋(수/타) 354叔(숙) 355宿(숙) 356孰(숙) 357肅(숙) 358盾(순) 359旬(순) 360舜(순) 361習(습) 362丞(승) 363升(승) 364是(시) 365市(시) 366戠(시) 367息(식) 368式(식) 369申(신) 370新(신) 371臣(신) 372卂(신) 373失(실) 374甚(심) 375深(심) 376十(십) 377隹(수) 378氏(씨) **아** 379我(아) 380牙(아) 381亞(아) 382咢(악) 383安(안) 384妟(안/연) 385央(앙) 386卬(앙) 387愛(애) 388厄(액) 389也(야) 390耶(야) 391夜(야) 392若(약/야) 393弱(약) 394羊(양) 395易(양) 396襄(양) 397於(어) 398魚(어) 399御(어) 400彦(언) 401㫃(언) 402奄(엄) 403余(여) 404如(여) 405予(여) 406與(여) 407亦(역) 408睪(역) 409易(역/이) 410役(역) 411屰(역) 412合(연) 413肙(연) 414次(연) 415延(연) 416然(연) 417肰(염) 418炎(염) 419(엽) 420永(영) 421嬰(영) 422睿(예)/叡(예) 423曳(예) 424埶(예/세) 425午(오) 426吳(오) 427五(오) 428烏(오) 429奧(오) 430屋(옥) 431獄(옥) 432品(온) 433雍(옹) 434咼(와) 435王(왕) 436畏(외) 437要(요) 438堯(요) 439岳(요) 440夭(요) 441容(용) 442甬(용) 443右(우) 444禹(우) 445又(우) 446憂(우) 447于(우) 448云(운) 449原(원) 450袁(원) 451爰(원) 452員(원) 453元(원) 454夗(원) 455委(위) 456爲(위) 457韋(위) 458危(위) 459胃(위) 460尉(위) 461兪(유) 462由(유) 463臾(유) 464斿(유) 465柔(유) 466攸

(유) 467有(유) 468幼(유) 469尤(유/침) 470唯(유) 471鬻(육) 472閏(윤) 473尹(윤) 474允(윤) 475聿(율) 476戎(융) 477隱(은) 478音(음) 479邑(읍) 480崽(집/읍) 481雁(응) 482矣(의) 483意(의) 484宜(의) 485疑(의) 486以(이) 487而(이) 488異(이) 489夷(이) 490爾(이) 491隷(이) 492耳(이) 493翌(익) 494益(익) 495刃(인) 496因(인) 497堲(인) 498寅(인) 499引(인) 500壬(임) **자** 501者(자) 502子(자) 503茲(자) 504束(자/극) 505乍(작/사) 506勺(작) 507爵(작) 508戔(잔/전) 509章(장) 510丈(장) 511長(장) 512壯(장) 513庄(장) 514將(장) 515臧(장) 516才(재) 517宰(재) 518栽(재) 519爭(쟁) 520氐(저) 521商(적) 522赤(적) 523翟(적) 524全(전) 525展(전) 526專(전) 527廛(전) 528前(전) 529折(절) 530占(점) 531丁(정) 532亭(정) 533正(정) 534定(정) 535井(정) 536貞(정) 537廷(정) 538呈(정) 539弟(제) 540齊(제) 541祭(제) 542帝(제) 543制(제) 544早(조) 545兆(조) 546朝(조) 547曹(조) 548蚤(조) 549足(족) 550卒(졸) 551宗(종) 552從(종) 553坐(좌) 554左(좌) 555主(주) 556周(주) 557朱(주) 558州(주) 559豆(주) 560夋(준) 561准(준) 562中(중) 563重(중) 564卽(즉) 565曾(증) 566之(지) 567支(지) 568止(지) 569至(지) 570只(지) 571旨(지) 572志(지) 573知(지) 574直(직) 575眞(진) 576参(진) 577辰(진/신) 578疾(질) 579朕(짐) 580執(집) 581集(집) 582徵(징) **차** 583次(차) 584此(차) 585差(차) 586且(차) 587贊(찬) 588粲(찬) 589斬(참) 590晉(참) 591昌(창) 592倉(창)

593采(채) 594責(책) 595册(책) 596妻(처) 597斥(척) 598脊(척) 599拓(척/탁) 600川(천) 601泉(천) 602徹(철) 603僉(첨) 604詹(첨/담) 605妾(첩) 606靑(청) 607肖(초) 608焦(초) 609楚(초) 610蜀(촉) 611寸(촌) 612恖(총) 613最(최) 614崔(최) 615帚(추) 616秋(추) 617隹(추) 618芻(추) 619酋(추) 620追(추) 621畜(축) 622丑(축) 623逐(축) 624春(춘) 625出(출) 626朮(출) 627充(충) 628取(취) 629臭(취) 630就(취) 631吹(취) 632蚩(치) 633齒(치) 634則(칙) 635桼(칠) 636侵(침) 637夬(쾌/결) **타** 638它(타) 639毛(탁) 640太(태) 641兌(태) 642台(태) 643泰(태) **파** 644巴(파) 645彭(팽) 646扁(편) 647平(평) 648敝(폐) 649包(포) 650布(포) 651暴(폭/포) 652票(표) 653髟(표) 654稟(품/름) 655風(풍) 656馮(풍) 657皮(피) 658必(필) **하** 659學(학) 660虐(학) 661寒(한) 662咸(함) 663函(함) 664台(함) 665合(합) 666亢(항) 667巷(항) 668害(해) 669亥(해) 670奚(해) 671解(해) 672幸(행) 673享(향) 674鄕(향) 675虛(허) 676玄(현) 677縣(현) 678鬲(현) 679血(혈) 680劦(협) 681夾(협) 682兄(형) 683熒(형) 684彗(혜) 685乎(호) 686虎(호) 687豪(호) 688胡(호) 689或(혹) 690昏(혼) 691弘(홍) 692化(화) 693華(화) 694隺(학/확) 695隻(확) 696奐(환) 697活(활) 698黃(황) 699皇(황) 700巟(황) 701會(회) 702回(회) 703灰(회) 704裏(회) 705爻(효) 706侯(후) 707后(후) 708熏(훈) 709卉(훼) 710休(휴) 711凶(흉) 712黑(흑) 713熙(희) 714喜(희)

가족 한자 가나다순 찾아보기

가 可001 呵001 柯001 苛001 哥001 歌001 軻001 加002 架002 駕002 袈002 伽002 迦002 嘉002 跏002 家003 嫁003 稼003 叚004 假004 暇004 賈005 價005 佳101 街101 **각** 各006 閣006 恪006 珏007 却025 脚025 覺659 刻669 **간** 干008 刊008 肝008 奸008 杆008 竿008 靬009 幹009 艮010 懇010 墾010 艱010/106 閒/間011 簡011 癇011 澗011 柬012 揀012 諫012 **갈** 曷013 渴013 葛013 喝013 竭013 褐013 鞨013 蝎013 **감** 監014 鑑014 敢015 瞰015 甘016 柑016 疳016 紺016 蚶016 邯016 嵌016 堪374 勘374 感662 憾662 減662 **갑** 甲017 匣017 岬017 閘017 鉀017 **강** 岡018 崗018 綱018 剛018 鋼018 強019 襁019 畺020 疆020 彊020 薑020 康021 慷021 糠021 弜022 江065 腔066 講083 姜394 **개** 介023 价023 芥023 皆024 蓋025 開033 個053 箇053 概115 慨115 溉115 愾117 豈118 凱118 塏118 **객** 客006 喀006 **갹** 醵028 **갱** 更038 羹057 坑666 **거** 去025 巨026 拒026 距026 渠026 居027 倨027 豦028 據028 醵028 舉406 **건** 乾009 建029 健029 鍵029 腱029 疧238 **걸** 桀030 傑030 杰710 **검** 檢603 儉603 劍603 **겁** 怯025 劫025 **게** 揭013 偈013 **격** 格006 殼031 擊031 鬲032 隔032 膈032 覡236 激253 檄253 **견** 幵 033 圳034 堅034 遣035 譴035 絹413 鵑413 甄497 牽676 **결** 潔047 結119 夬637 決637 缺637 訣637 **겸** 兼036 謙036 **경** 京037 鯨037 景037 憬037 璟037 更038 硬038 梗038 竟039 境039 鏡039 頃040 傾040 巠041 經041 輕041 徑041 莖041 勁041 頸041 脛041 痙041 殸043 磬043 庚044 敬088 警088 驚088 儆088 競104 耕535 卿564 **계** 界023 階024 繫031 季046 悸046 刬047 契047 戒048 械048 誡048 癸049 匯050 繼050 系051 係051 桂101 計376 鷄670 溪670 **고** 告052 古053 姑053 故053 枯053 苦053 辜053 固053 錮053 痼053 祜053 高054 稿054 膏054 敲054 藁054 考055 拷055 雇056 顧056 羔057 丂058 孤070 呱070 袴071 鼓559 **곡** 梏052 鵠052 谷059 哭060 **곤** 昆061 棍061 坤369 **골** 骨062 **공** 公063 共064 供064 恭064 拱064 工065 功065 攻065 貢065 空066 控066 孔067 巩068 恐068 鞏068 **과** 果069 課069 菓069 顆069 瓜070 夸071 誇071 科160 過434 寡446 **곽** 郭072 廓072 椁072 **관** 官073 管073 館073 棺073 琯073 貫074 慣074 盥075 觀075 灌075 顴075 關311 串562 **광** 光076 胱076 狂435 匡435 廣698 鑛698 壙698 曠698 **괘** 卦101 掛101 罫101 **괴** 乖077 愧100 塊100 傀100 魁100 槐100 壞704 **굉** 玄078 宏078 肱078 **교** 巧058 喬079 橋079 矯079 僑079 嬌079 轎079 驕079 交080 校080 較080 郊080 絞080 咬080 狡080 皎080 蛟080 膠190 攪659 敎705 **구** 臼006 矩026 求081 救081 球081 毬081 九082 究082 仇082 鳩082 菁083 構083 購083 溝083 區084 驅084 鷗084 歐084 嘔084 嶇084 毆084 謳084 軀084 具085 俱085 久086 灸086 玖086 丘087 邱087 句088 狗088 拘088 枸088 鉤088 苟088 瞿089 懼089 衢089 廐115 舅121 垢707 **국** 匊090 菊090 鞠090 國689 **군** 君091 郡091 群091 窘091 軍092 **굴** 屈093 掘093 窟093 **궁** 弓094 穹094 躬095 窮095 宮172 **권** 權075 勸075 卷096 圈096 券096 拳096 倦096 捲096 惓096 睠096 **궐** 欮097 厥097 闕097 蹶097 獗097 **궤** 軌082 几098 机098 潰099 櫃099 詭458 **귀** 貴099 鬼100 歸615 **규** 葵049 揆049 圭101 奎101 珪101 硅101 閨101 凵102 叫102 糾102 規103 窺103 逵195 **귤** 橘042 **극** 劇028 克104 剋104 束504 刺504 策504 棘504 棘504 **근** 根010 斤105 近105 菫106 勤106 謹106 僅106 槿106 覲106 饉106 瑾106 筋199 **글** 契047 **금** 今107 芩107 琴108 禽109 擒109 禁206 襟206 錦257 **급** 及110 級110 扱110 汲110 急111 給665 **긍** 兢104 矜107 亘332 肯568 **기** 器060 飢098 肌098 祈105 沂105 己112 記112 起112 紀112 忌112 杞112 奇113 寄113 騎113 崎113 畸113 綺113 琦113 其114 期114 基114 旗114/401 欺114 棋114 琪114 麒114 碁114 淇114 箕114 騏114 旣115 幾116 機116 饑116 譏116 璣116 畿116 气117 氣117 汽117 豈118 耆183 嗜183 冀286/488 驥286/488 旗401 技567 岐567 妓567 伎567 企568 **긴** 緊034 **길** 吉119 拮119 桔119 **끽** 喫047 **나** 儺106 奈124 懦350 拿665 **낙** 諾392 **난** 難106 暖451 煖451 **날** 捏120 涅120 捺124 **남** 男121 **납** 納122 衲122 **낭** 娘168 囊396 **내** 內122 乃123 奈124 耐487 **년** 撚416 **녈** 涅120 **념** 念107 捻107 **노** 奴125 努125 怒125 弩125 駑125 **농** 農126 濃126 膿126 **뇌** 腦127 惱127 **뇨** 尿128 **눌** 訥122 **뉴** 紐622 **능** 能129 **니** 尼130 泥130 **닉** 匿392 溺393 **다** 多131 **단** 斷050 單132 簞132 旦133 段134 鍛134 緞134 端135 湍135 亶136 壇136 檀136 彖137 短159 團526 **달** 疸133 達138 撻138 **담** 覃139 潭139 譚139 談418 淡418 痰418 曇448 詹604 擔604 膽604 憺604 澹604 **답** 畓140 遝140 畓141 踏141 答665 **당** 唐142 糖142 塘142 堂317 當317 黨317/712 棠317 螳317 **대** 代143 貸143 垈143 袋143 隊144 帶145 臺146 擡146 待303 戴488/518 對611 台642 **댁** 宅639 **덕** 惠147 德147 **도** 道148 導148 島149 搗149 稻150 滔150 蹈150 度151 渡151 鍍151 匋152 陶152 萄152 淘152 圖298 濤352 禱352 途403 塗403 盜414 都501 堵501 屠501 睹501 賭501 悼544 掉544 逃545 挑545 桃545 跳545 到569 倒569 **독** 禿153 篤154 毒226 督354 讀471 瀆471 獨610 **돈** 頓161 沌161 敦673 惇673 燉673 **동** 東155 凍155 棟155 同156, 洞156 銅156 桐156 胴

156 冬157 疼157 童158 憧158 董158 瞳158 動563 **두** 豆159 頭159,痘159 斗160 **둔** 屯161 鈍161 遁358 臀525 **득** 导162 得162 **등** 登163 燈163 橙163 鄧163 等303 藤579 謄579 騰579 **라** 裸069 羅164 邏164 懶187 癩187 螺193 **락** 絡006 酪006 駱006 洛006 落006 烙006 樂165 **란** 蘭012 欄012 爛012 瀾012 亂166 緣178 鸞178 欒178 **랄** 剌341 辣341 **람** 覽014 濫014 藍014 籃014 **랍** 臘180 蠟180 拉207 **랑** 朗168 浪168 郎168 廊168 娘168 狼168 螂168 琅168 **래** 來167 萊167 **랭** 冷181 **략** 略006 掠037 **량** 良010/168 凉037 諒037 亮054 兩169 輛169 倆169 梁170 樑170 粱170 量171 糧171 **려** 呂172 侶172 閭172 戾173 廬174 濾174 麗175 驪175 蘆184 勵210 礪210 黎324 藜324 旅401 **력** 礫165 轢165 厤176 歷176 曆176 瀝176 靂176 **련** 練012 鍊012 煉012 連177 蓮177 漣177 緜178 戀178 攣178 憐205 輦248 聯311 **렬** 列179 烈179 裂179 劣338 **렴** 廉036 簾036 濂036 斂603 殮603 **렵** 鼠180 獵180 **령** 令181 領181 嶺181 零181 伶181 囹181 鈴181 齡181/633 玲181 靈236 逞538 **례** 例179 禮182 醴182 隸491 **로** 路006 露006 鷺006 老183 盧184 爐184 蘆184 虜185 擄185 魯398 勞683 撈683 **록** 彔186 綠186 錄186 祿186 碌186 麓206 **론** 論196 **롱** 籠191 聾191 壟191 瓏191 **뢰** 賂006 賴187 儡188 **료** 了1479 料160 寮189 僚189 療189 遼189 燎189 瞭189 寮189 廖190 寥190 聊231 **룡** 龍191 **루** 淚173 壘188 娄192 樓192 屢192 累193 陋265 **류** 謬190 氼194 流194 硫194 琉194 柳231 留231 溜231 瘤231 榴231 劉231 **륙** 戮190 坴195 陸195 **륜** 侖196 輪196 倫196 淪196 綸196 崙196 **률** 栗197 慄197 聿475 律475 **륭** 隆198 隆198 **륵** 肋199 **름** 稟654 凜654 **릉** 夌200 陵200 凌200 稜200 菱200 綾200 **리** 羅164 里201 理201 裏201 裡201 俚201 鱉201 吏202 利203 梨203 俐203 痢203 离204 離204 籬204 璃204 履272 **린** 奔205 隣/鄰205 麟205 鱗205 燐205 各238 **림** 林206 霖206 淋206 痲206 臨371 **립** 立207 笠207 粒207 **마** 魔100/208 麻208 磨208 摩208 痲208 **막** 莫209 幕209 漠209 膜209 寞209 **만** 蠻178 彎178 灣178 萬210 曼211 慢211 漫211 蔓211 饅211 蕅212 滿212 瞞212 晚219 娩219 挽219 輓219 **말** 末213 抹213 沫213 鞭213 襪222 **망** 亡214 妄214 忙214 忘214 芒214 邙214 望214 茫214 岡215 網215 惘215 **매** 魅100/240 罵154 埋201 邁210 買216 賣216 每226 梅226 媒227 煤227 妹240 昧240 寐240 呆267 **맥** 麥167 貊256 脈420 **맹** 盲214 孟217 猛217 甿218 盟225 萌225 **면** 免219 勉219 冕219 俛219 面220 緬220 麵/麪220 丏221 眄221 麵/麪221 沔221 眠243 綿257 棉257 **멸** 蔑222 **명** 命181 冥223 螟223 瞑223 溟223 暝223 名224 銘224 酪224 明225 **모** 慕209 模209 募209 暮209 謨209 摸209 母226 姆226 侮227 某227 謀227 冒228 帽228 矛229 茅229 **목** 睦195 **몰** 沒230 歿230 **묘** 墓209 卯231 昴231 苗232 描232 猫232 妙338 渺338 廟546 **무** 毋226 拇226 貿231 無233 撫233 蕪233 憮233 舞233 務234 霧234 武235 巫236 誣236 戊237 茂237 **묵** 默/黙712 墨712 **문** 文238 紊238 紋238 蚊238 汶238 刎239 **물** 勿239 物239 **미** 靡208/295 未240 味240 眉241 媚241 微242 薇242 美394 彌490 **민** 敏226 旻238 旼238 玟238 閔238 憫238 民243 珉243 愍243 **밀** 密244 蜜244 **박** 剝186 迫256 舶256 珀256 粕256 泊256 箔256 朴273 撲274 樸274 博284 搏284 縛284 膊284 薄284 雹649 駁705 **반** 班007 斑007/238 半245 叛245 伴245 拌245 畔245 絆245 反246 飯246 叛246 返246 般247 盤247 搬247 槃247 磐247 欼248 潘258 藩258 蟠258 磻258 攀259 礬259 頒287 **발** 魃100/249 犮249 拔249 跋249 發250 撥250 潑250 醱250 孛251 勃251 渤251 鉢276 髮653 **방** 幇101 龐191 方252 房252 訪252 防252 妨252 芳252 紡252 坊252 彷252 肪252 昉252 枋252 放253 倣253 旁254 傍254 榜254 膀254 謗254 **배** 配112 拜255 湃255 倍279 培279 賠279 陪279 北286 背286 褙286 杯/盃290 胚290 排295 輩295 俳295 徘295 裵295 **백** 魄100 白256 伯256 百256 柏/栢256 帛257 **번** 繁226 番258 燔258 蕃258 翻258 藩258 磻258 樊259 攀259 礬259 **벌** 伐260 閥260 筏260 **범** 犯261 氾261 范261 範261 凡262 帆262 汎262 梵262 泛566 **법** 法025 **벽** 辟263 壁263 僻263 劈263 璧263 癖263 闢263 霹263 擘263 **변** 便038 變178 弁264 辯264 辨264 **별** 鼈218/648 瞥648 **병** 竝207 丙265 病265 柄265 昞/昺265 炳265 并266 倂266 屏266 瓶266 餠266 **보** 呆267 保267 堡267 褓267 步268 甫269 補269 輔269 普270 譜270 潽270 洑275 菩279 布650 報672 **복** 福271 匐271 輻271 复272 復272 複272 腹272 鰒272 馥272 覆272 卜273 美274 僕274 伏275 本276 **봉** 封101 奉277 俸277 捧277 棒277 夆278 峰/峯278 逢278 蜂278 烽278 鋒278 縫278 蓬278 **부** 賦235 富271 副271 赴273 訃273 部279 剖279 孚280 浮280 孵280 父281 釜281 斧281 夫282 扶282 芙282 跌282 付283 符283 附283 咐283 駙283 府283 腐283 俯283 腑283 尃284 傅284 賻284 簿284 敷284 阜285 埠285 不290 否290 膚459 婦615 **북** 北286 **분** 焚206 分287 粉287 紛287 吩287 忿287 扮287 盆287 雰287 芬287 賁288 墳288 憤288 噴288 奮289 糞488 奔709 **불** 不290 弗291 佛291 拂291 彿291 市292 **붕** 朋293 崩293 鵬293 棚293 硼293 繃293 **비** 琵108/294 妃112 辟263 臂263 譬263 丕290 費291 沸291 比294 批294 毘294 狴294 妣294 庇294 枇294 砒294 秕294 非295 悲295 匪295 扉295 緋295 翡295 蜚295 誹295 菲295 卑296 碑296 婢296 痺296 脾296 裨296 備297 憊297 鄙298 肥644 祕/秘658 泌658 **빈** 彬206 頻268 嚬268 瀕268 貧287 賓299 嬪299 殯299 濱299 **빙** 憑656 **사** 斯114 辭166 使202

四300 泗300 師301 獅301 查302/586 渣302 寺303 思304 士305 仕305 司306 詞306 飼306 嗣306/595 祠306 舍307 捨307 死308 射309 謝309 麝309 巳310 祀310 絲311 寫328 瀉328 沙/砂338 姿338 裟338 紗338 蓑344 邪380 斜403 賜409 肆475 似486 奢501 乍505 詐505 赦522 唆560 些584 查586 嗣595 蛇638
삭 鑠165 數192 朔312 削607 **산** 算085 産313 散314 酸560 删595 珊595 **살** 煞111 薩313 撒314 杀315 殺315 **삼** 森206 參316 蔘316 渗316 **상** 商042 尙317 賞317 常317 裳317 償317 嘗317 相318 想318 箱318 霜318 孀318 象319 像319 詳394 祥394 翔394 庠394 傷395 **새** 璽490 塞661 **색** 嗇320 色321 塞661 **생** 甥121/322 生322 牲322 省338 **서** 瑞135 舒307 庶323 黍324 胥325 壻325 徐403 敍403 恕404 予405 嶼406 書475 緖501 暑501 署501 薯501 曙501 誓529 逝529 **석** 席323 昔326 惜326 析327 晳327 潟328 釋408 錫409 棲596 **선** 禪132 蟬132 先329 銑329 鮮330/鮮394 蘚330 善331 繕331 膳331 亘332 宣332 瑄332 扇333 煽333 選343 旋401 璇401 船412 羨414 璿422 線601 腺601 楔047 泄336 渫419 洩423 褻424 尟434 屑607 說641 **섬** 纖334 纖334 殲334 蟾604 陝681 **섭** 涉268 **성** 殸043 聲043 姓322 性322 星322 醒322 成335 城335 盛335 誠335 晟335 省338 **세** 歲337/268 洗329 世336 貰336 埶424 勢424 稅641 **소** 甦038/322 巢069 疏194 蔬194 梳194 塑312 遡312 少338 召339 昭339 紹339 沼339 邵339 繰340 疎341 燒438 笑440 騷548 瘙548 訴597 消607 逍607 銷607 宵607 掃615 **속** 俗059 粟197 束341 速341 簌357 蕭357 續471 贖471 屬610 **손** 孫342 遜342 巽343 損452 **송** 松063 訟063 頌063 悚341 誦442 **쇄** 灑175 殺315 碎550 **쇠** 衰344 **수** 竪034 蒐100 數192 戍237 帥301 垂345 睡345 搜346 嫂346 瘦346 受347 授347 守348 狩348 須349 鬚349/653 需350/487 秀351 壽352 隋353 隨353 髓353 繡357 雖377 讎/讐377 羞394/622 輸461 袖462 修466 雖470 需487 穗526 粹550 殊557 洙557 銖557 酬558 樹559 愁616 誰617 遂623 鬚653 **숙** 叔354 淑354 菽354 宿355 孰356/673 熟356/673 塾356/673 肅357 **순** 純161 盾358 循358 旬359 殉359 荀359 筍359 洵359 珣359 舜360 瞬360 唇577 順600 馴600 淳673 醇673 **술** 戌237 術626 述626 **숭** 崇551 **슬** 瑟108 膝635 **습** 襲191 習361 褶361 拾665 濕678 **승** 乘077 繩218 蠅218 丞362 升363 昇363 僧565 勝579 **시** 屎128 時303 詩303 侍303 媤304 屍308 是364 匙364 市365 柿365 戠366 試368 弑368 施401 豺516 柴584 猜606 始642 **식** 湜364 識366 息367 熄367 媳367 式368 拭368 軾368 植574 殖574 埴574 **신** 腎034 申369 神369 伸369 紳369 呻369 新370 薪370 臣371 卂372 訊372 迅372 辰577 愼575 晨577 娠577 蜃577 宸577 **실** 實074 失373 室569 **심** 審258 瀋258 甚374 深375 沈469 **십** 十376, 什376 拾

쌍 雙377 **씨** 氏378 **아** 阿001 我379 餓379 俄379 蛾379 牙380 雅380 芽380 訝380 鴉380 亞381 啞381 衙427 **악** 岳087 樂165 惡381 堊381 咢382 愕382 顎382 握430 嶽431 **안** 岸008 眼010 安383 案383 按383 鞍383 晏383 顔400 雁481 **알** 斡009 謁013 閼397 **암** 巖015 庵402 暗478 闇478 017 鴨017 壓417 **앙** 央385 殃385 快385 秧385 鴦385 卬386 仰386 昂386 **애** 靄013 涯101 崖101 碍162 愛387 曖387 埃482 礙485 隘494 **액** 額006 厄388 扼388 液391 掖391 腋391 縊494 **앵** 櫻421 鶯683 **야** 野201 爺281/390 也389 耶390 倻390 揶390 夜391 若392 惹392 冶642 **약** 藥165 若392 弱393 約506 葯506 躍523 **양** 羊394 洋394 養394 瘍394 恙394 易395 陽395 揚395 楊395 瘍395 襄396 壤396 讓396 孃396 攘396 釀396 樣420 **어** 於397 瘀397 魚398 漁398 御399 禦399 語427 圄427 **억** 抑386 億483 憶483 臆483 **언** 堰384 彦400 諺400 孜401 焉533 **엄** 嚴015 儼015 儆015 奄402 掩402 **여** 余403 餘403 如404 予405 與406 輿406 **역** 亦407 睪408 譯408 驛408 繹408 易409 役410 疫410 亣411 逆411 域689 閾689 **연** 硏033 妍033 緣137 椽137 宴384 宴384 鉛412 沿412 捐413 次414 延415 筵415 然416 燃416 烟0496 煙497 演498 **열** 涅120 熱424 咽496 說641 悅641 閱641 **염** 鹽014 艶182 猒417 厭417 炎418 髥653 閻664 焰664 **엽** 曄419 葉419 燁693 **영** 影037 盈123 營172 映385 英385 暎385 瑛385 迎386 永420 泳420 詠420 嬰421 榮683 瑩683 塋683 **예** 裔042 芮122 豫319 濊337 預405 譽406 叡/睿422 曳423 埶424 藝424 詣571 銳641 **오** 傲253 惡381 午425 吳426 誤426 娛426 五427 伍427 吾427 悟427 梧427 寤427 烏428 嗚428 奧429 懊429 墺429 汚447 **옥** 屋430 獄431 沃440 **온** 昷432 溫432 蘊432 穩477 **옹** 翁063 雍433 擁433 甕433 壅433 邕479 **와** 蛙101 臥371 吙434 渦434 蝸434 訛692 **완** 緩451 玩453 頑453 阮453 完453 莞453 宛454 婉454 腕454 豌454 **왕** 王435 旺435 枉435 汪435 往435 **왜** 歪290/533 倭455 矮455 **외** 巍100/455 畏436 猥436 **요** 窯057 樂165 邀253 要437 腰437 堯438 僥438 撓438 饒438 岳439 謠439 搖439 遙439 瑤439 夭440 妖440 擾446 拗468 窈468 曜523 耀523 姚545 **욕** 浴059 欲/慾059 辱577 **용** 庸044 傭044 鏞044 容441 溶441 鎔441 熔441 蓉441 瑢441 甬442 勇442 涌442 湧442 踊442 俑442 **우** 郵345 虞426 右443 佑443 祐443 禹444 遇444 偶444 愚444 寓444 嵎444 又445 憂446 優446 于447 宇447 迂447 **욱** 昱207 煜207 郁467 **운** 運092 云448 雲448 耘448 芸448 韻452 殞452 隕452 **울** 蔚460 **웅** 雄078 熊129 **원** 原449 源449 願449 袁450 遠450 園450 猿450 援451 媛451 瑗451 員452 圓452 元453 院453 夗454 怨454 苑454 鴛454 **월** 戉237 越237 **위** 魏100/455 位207 威237 委455 萎455 爲456 僞456 韋

457 偉457 衛457 圍457 緯457 違457 危458 胃459 謂459 渭459 蝟459 尉460 慰460 유 裕059 遺099 維164/617 乳280 儒350 孺350 誘351 俞461 癒/愈461 踰461 喩461 愉461 揄461 諭461 鍮461 榆461 由462 油462 柚462 釉462 臾463 諛463 庾463 斿464 遊464 游464 柔465 蹂465 攸466 悠466 有467 宥467 幼468 唯470 惟617 猶619 육 鬻471 윤 閏472 潤472 尹473 允474 鈗474 융 融032 戎237/戎476 絨476 은 銀010 垠010 隱477 恩496 음 吟107 陰107 蔭107 音478 읍 泣207 邑479 耳480 揖480 응 雁481 應481 鷹481 膺481 凝485 의 椅113 倚113 義379 議379 儀379 蟻379 矣482 意483 宜484 誼484 疑485 擬485 이 移131 弛389 易409 伊473 以486 而487 異488 夷489 姨489 痍489 爾490 邇490 隶491 耳492 茸492 餌492 栮492 珥492 台642 怡642 익 翌207/493 翊207/493 翼488 益494 인 刃495 忍495 認495 靭495 因496 姻496 咽496 堙497 湮497 寅498 引499 靷499 蚓499 일 壹159 佚373 溢494 鎰494 임 稔107 壬500 任500 賃500 姙500 荏500 잉 剩077 孕123 자 蔗323 藉326 姉365 者501 煮501 子502 字502 仔502 兹503 慈503 磁503 滋503 束504 刺504 資583 姿583 恣583 瓷583 諮583 雌584 紫584 疵584 작 鵲326 雀338 乍505 作505 昨505 炸505 怍505 勺506 酌506 灼506 芍506 爵507 嚼507 綽544 잔 戔508 殘508 棧508 盞508 잠 暫589 潛590 蠶590 簪590 箴662 잡 雜581 장 葬308 掌317 墻320 薔320 檣320 場395 腸395 章509 障509 樟509 璋509 丈510 仗510 杖510 長511 帳511 張0511 壯512 裝512 莊512 庄513 粧513 將514 獎514 漿514 醬514 蔣514 藏515 臟515 欌515 贓515 재 才516 財516 材516 宰517 滓517 栽518 裁518 載518 哉518 齋540 쟁 爭519 錚519 저 蔗323 著501 躇501 箸501 猪501 低520 底520 抵520 紙520 邸520 沮586 咀586 詛586 狙586 姐586 적 籍326 寂354 跡407 迹407 笛462 賊476 的506 商521 適521 敵521 摘521 滴521 嫡521 謫521 赤522 翟523 積594 績594 蹟594 전 戰132 甎136 顚136 篆137 電402 戔508 錢508 箋508 餞508 全524 栓524 銓524 筌524 展525 輾525 殿525 澱525 專526 傳526 轉526 廛527 纏527 前528 剪528 煎528 箭528 悛560 塡575 顚575 癲575 奠619 절 絶321 竊434 截518 折529 節564 점 占530 店530 點530/712 粘530 霑530 漸589 접 蝶419 接605 椄605 정 旌322/401 整341/533 淨519 靜519 丁531 頂531 訂531 町531 酊531 釘531 汀531 亭532 停532 正533 政533 整533 征533 定534 碇534 井535 穽535 貞536 偵536 楨536 禎536 廷537 庭537 艇537 挺537 斑537 呈538 程538 晴606 情606 精606 睛606 靖606 鄭619 제 題364 提364 堤364 除403 諸501 弟539 第539 悌539 梯539 齊540 濟540 劑540 臍540 祭541 際541 帝542 蹄542 啼542 制543 製543 조 造052 措326 照339 詔339 操340 燥340 藻340 躁340 條466 肇475

棗504 祚505 釣506 早544 兆545 眺545 窕545 朝546 潮546 嘲546 曹547 漕547 糟547 遭547 槽547 曺547 蚤548 調556 彫556 凋556 稠556 祖586 助586 租586 組586 粗586 阻586 趙607 족 族401 簇401 足549 존 存502 尊619 졸 卒550 猝550 拙625 종 終157 鐘158 宗551 綜551 踪551 倧551 琮551 從552 縱552 慫552 聳552 種563 鍾563 腫563 좌 坐553 座553 挫553 左554 佐554 죄 罪295 주 做053 鑄352 疇352 躊352 喉401 宙462 胄462 紬462 晝475 主555 住555 柱555 注555 駐555 註555 周556 週556 朱557 株557 珠557 誅557 州558 洲558 壴559 廚559 紂611 酎611 奏643 輳643 呪682 죽 粥022 준 浚422 璿422 夋(준)560 俊560 峻560 浚560 駿560 竣560 埈560 睃560 准561 準561 淮561 遵619 樽619 蠢624 중 中562 仲562 重563 즉 卽564 則634 즐 櫛564 즙 汁376 증 證163 蒸362 症533 曾565 增565 憎565 贈565 지 持303 紙378 地389 池389 之566 芝566 支567 枝567 肢567 止568 址568 祉568 至569 只570 咫570 枳570 旨571 指571 脂571 志572 誌572 知573 智573 摯580 漬594 직 職366 織366 直574 稙574 진 陳155 盡475 津475 眞575 鎭575 嗔575 塡575 珍576 診576 疹576 辰577 振577 震577 進617 秦643 질 秩373 帙373 跌373 迭373 姪569 桎569 室569 膣569 疾578 嫉578 짐 斟374 朕579 집 什376 耳480 輯480 執580 集581 징 澄163 徵582 懲582 차 遮323 借326 叉445 次583 此584 差585 蹉585 磋585 嗟585 且586 착 錯326 着394 窄505 搾505 捉549 찬 篡085 簒085 撰343 饌343 贊587 讚587 鑽587 瓚587 燦588 璨588 餐588 찰 刹315 察541 擦541 참 參316 慘316 懺334 讖334 站530 斬589 慙/慚589 塹589 晉590 僭590 창 敞317 廠317 暢369/395 昶420 彰509 漲511 脹511 昌591 唱591 倡591 娼591 猖591 菖591 倉592 創592 蒼592 滄592 愴592 槍592 瘡592 艙592 채 蔡541 采593 彩593 採593 菜593 埰593 債594 寨661 책 策504 責594 冊595 柵595 처 妻596 悽596 凄596 척 陟268 戚354 滌466 斥597 脊598 瘠598 拓599 擲619 천 闡132 喘135 擅136 擅136 穿380 賤508 淺508 踐508 川600 釧600 泉601 철 喆119 哲529 徹602 撤602 轍602 澈602 첨 籤334 僉603 詹604 瞻604 諂664 첩 諜419 牒419 疊484 帖530 貼530 砧530 妾605 청 聽147 廳147 靑606 淸606 請606 晴606 체 滯145 體182 替248 体276 逮491 涕539 締542 諦542 遞686 초 醋326, 抄338, 秒338, 炒338, 招339, 超339, 貂339 酢505 草544 肖607 哨607 梢607 硝607 稍607 焦608 憔608 樵608 礁608 蕉608 醮608 楚609 礎609 촉 促549 蜀610 觸610 燭610 囑610 촌 寸611 村611 총 寵191 恖612 總612 聰612 銃627 叢628 촬 撮613 최 最613 崔614 催614 추 樞084 醜100 墜144 錘345 抽462 帚615 秋616 鰍616 楸616 隹617 推617 椎617 錐617 芻618 趨618 鄒618 酉619 追620 鎚620 축 築068

縮355 軸462 蹙549 畜621 蓄621 丑622 逐623 蹴630
祝682 **춘** 春624 椿624 **출** 出625 黜625 朮626 **충**
忠562 沖/冲562 衷562 衝563 充627 **췌** 悴550
550 膵550 **취** 脆458 醉550 翠550 取628 趣628 聚
628 娶628 臭629 就630 吹631 炊631 **측** 測634 側
634 惻634 **층** 層565 **치** 侈131 峙303 痔303 幟366
熾366 馳389 癡485 致569 緻569 痴573 値574 置574
稚617 雉617 蚩632 嗤632 齒633 治642 **칙** 勅341
則634 **칠** 柒635 漆635 **침** 斟374 針376 尤469 沈
469 枕469 砧530 侵636 浸636 寢636 鍼662 **칩** 蟄
580 **칭** 秤647 **쾌** 夬637 快637 **타** 唾345 隋353 墮
353 惰353 楕353 他389 打531 它638 舵638 陀638
駝638 **탁** 鐸408 濯523 擢523 卓544 拓599 濁610
乇639 托639 託639 **탄** 歎106 灘106 彈132 憚132
坦133 誕415 呑440 綻534 **탈** 奪289 脫641 **탐** 貪
107 探375 耽469 眈469 **탑** 塔665 搭665 **탕** 糖142
湯395 蕩395 **태** 態129 太640 汰640 兌641 台642
殆642 怠642 胎642 颱642 笞642 苔642 跆642 泰643
택 擇408 澤408 宅639 **탱** 撑317 幀536 **터** 攄174
토 討611 **통** 洞156 筒156 通442 痛442 桶442 慟563
統627 **퇴** 退010, 腿010, 褪010, 頹153 推617 堆617
槌620 **투** 透351 偷461 套511 鬪559 妬599 **특** 特
303 慝392 **파** 琶108/644 罷129 擺129 播258 派420
巴644 把644 杷644 爬644 琶644 芭644 波657 婆657
破657 頗657 跛657 坡657 **판** 瓣070/264 判245 板
246 版246 販246 阪246 **패** 悖251 沛292 牌296 稗
296 **팽** 彭645 澎645 膨645 烹673 **퍅** 愎272 **편** 便
038 鞭038 扁646 篇646 編646 遍646 偏646 騙646
폄 貶566 **평** 平647 評647 坪647 萍647 **폐** 陛024
廢250 肺292 斃308/648 閉516 敝648 弊648 幣648
蔽648 斃648 **포** 褒267 捕269 脯269 鋪269 哺269
圃269 逋269 浦269 蒲269 匍269 葡269 包649 砲649
胞649 抱649 飽649 鮑649 咆649 庖649 泡649 袍649
布650 怖650 暴651 **폭** 幅271 暴651 爆651 曝651
瀑651 **표** 瓢070/652 杓506 豹506 票652 標652 漂
652 剽652 慓652 瓢652 飄652 髟653 **품** 品稟654 **풍**
豊/豊159 風655 楓655 諷655 馮656 **피** 辟263 避
263 皮657 疲657 彼657 被657 披657 **필** 弼022 筆
475 必658 **핍** 逼271 乏566 **하** 河001 何001 荷001
賀002 瑕004 蝦004 霞004 遐004 **학** 壑422 學659
虐660 瘧660 謔660 隹694 鶴694 **한** 旱008 悍008

汗008 罕008 澣009 翰009 韓009/457 恨010 限010
漢106 寒661 **할** 割668 轄668 **함** 艦014 檻014 含
107 咸662 喊662 緘662 鹹662 函663 涵663 숨664
陷664 **합** 合665 盒665 蛤665 陜681 **항** 項065 肛
065 缸065 恒332 亢666 抗666 航666 沆666 巷667
港667 **해** 偕024 楷024 諧024 海226 害668 亥669
該669 咳669 駭669 骸669 奚670 解671 懈671 邂671
핵 核669 劾669 **행** 幸672 倖672 **향** 享673 鄕674
響674 嚮674 饗674 **허** 許425 虛675 噓675 墟675
헌 軒008 獻032 **헐** 歇013 **험** 驗603 險603 **혁** 赫
522 嚇522 **현** 賢034 絢359 玄676 弦676 絃676 眩
676 衒676 炫676 鉉676 縣677 懸677 泫678 顯678
혈 血679 **혐** 嫌036 **협** 劦680 協680 脅680 夾681
峽681 俠681 挾681 狹681 頰681 鋏681 陜681 **형**
形033 刑033 型033 荊033 邢033 馨043 亨673 兄682
熒683 螢683 瀅683 **혜** 鞋101 醯194 惠526 彗684
慧684 **호** 浩052 晧052 皓052 澔052 祜053 鎬054
毫054 弧070 狐070 壺381 扈479 乎685 呼685 虎686
號686 琥686 豪687 濠687 壕687 胡688 湖688 瑚688
糊688 護695 **혹** 酷052 或689 惑689 **혼** 混061 渾
092 魂100 昏690 婚690 **홀** 忽239 惚239 笏239 **홍**
洪064 哄064 紅065 虹065 訌065 鴻065 弘691 泓691
화 禍434 畵475 劃475 化692 花692 貨692 靴692 華
693 嬅693 樺693 **확** 攫089 穫694 確694 隻695 穫
695 擴698 **환** 環045 還045 歡075 驩075 鰥140 桓
332 宦371 幻468 患562 奐696 換696 喚696 煥696
활 滑062 猾062 活697 闊697 **황** 恍076 晃076 滉076
況/况682 黃698 皇699 凰699 徨699 惶699 遑699 煌
699 隍699 宛700 荒700 慌700 **회** 悔226 晦226 海
226 賄467 淮561 會701 繪701 膾701 獪701 檜701
回702 廻702 徊702 蛔702 灰703 恢703 裵704 懷704
획 劃475 獲695 **횡** 橫698 **효** 嚆054 效080 曉438
爻705 肴705 淆705 孝705 哮705 酵705 **후** 朽058
吼067 嗅629 侯706 候706 喉706 后707 逅707 **훈**
暈092 訓600 熏708 勳708 薰708 燻708 壎708 **훤**
喧332 **휘** 彙069 輝076/092 揮092 麾208 諱457 **훼**
卉709 **휴** 畦101 虧447 休710 休710 **흉** 恤679 **흉**
凶711 兇711 匈711 胸711 洶711 **흑** 黑712 **흔** 痕
010 **흡** 吸110 恰665 洽665 **흥** 興406 **희** 義379 犧
379 噫483 希650 稀650 戲675 熙713 姬713 喜714
嬉714 憙714 熹714 禧714 囍714 **힐** 詰119

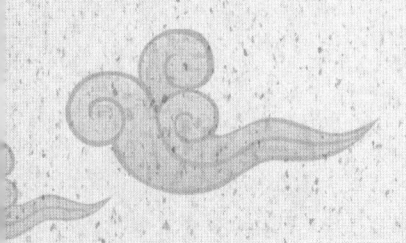

부록

고전 명언 명구 __ 1110~1143

四字(사자) 成語(성어) __ 1144~1178

일자 다음 __ 1179~1192

한자의 장음 단음 __ 1193~1226

한자 간체자, 약자, 속자 __ 1227~1245

중학교용 한자 __ 1246~1248

고등학교용 한자 __ 1249~1251

한자능력검정시험 급수별 지정 한자 __ 1252~1261

고전 명언 명구

　여기에 소개된 고전 명언 문장들은 이 책의 본문에 인용된 것들을 모아놓은 것이다. 이 문장들은 한자의 뜻을 설명하기 위하여 그 예로 소개한 것이지 그 문장들을 해석하고 이해하는 것이 주목적이 아니다. 그런 일은 이 책의 범위에 포함되지 않고 또 저자의 능력 밖의 일이다. 문장들도 일정한 체제나 목적을 위하여 체계적으로 뽑은 것이 아니고 저자의 임의로 뽑은 것임을 밝혀 둔다.

　이 책의 본문에서는 고전의 내용을 충분히 소개하기에는 지면의 공간이 부족하여 그 일부만을 소개하였다. 그 내용을 좀 더 자세히 알고 싶어 하는 독자들을 위하여 出典(출전)과 함께 전후의 내용을 보충하여 여기에 소개한다. 본문에 ☞ *000으로 표시된 것들을 여기에서 그 번호로 찾아보면 참고가 될 것이다.

*001 [家貧則思良妻(가빈즉사량처), 國亂則思良相(국난즉사량상).] 집이 가난해지면 비로소 어진 아내를 생각하게 되고, 나라가 어지러우면 비로소 어진 신하를 생각하게 된다. 『史記(사기)』

*002 [家貧孝子出(가빈효자출).] 가난한 집에서 효자가 난다는 뜻으로, 역경에 처했을 때 비로소 성실한 사람이 표면에 나타남을 이르는 말. 『寶鑑(보감)』

*003 [苛政猛於虎(가정맹어호).] 가혹한 정치는 호랑이보다 더 무섭다. '정치가 잘못되어 사람을 해치는 것은 호랑이가 사람을 잡아 죽이는 것보다 더욱 견디기 힘들다'는 뜻으로, 그릇된 정치의 폐해를 지적하는 성어이다. 町苛斂誅求(가렴주구) 『禮記(예기)·檀弓篇(단궁편)』

*004 [家醜不外揚(가추불외양).] 집 안의 수치를 바깥에 드러내지 않음.

*005 [家和萬事成(가화만사성).] 가정이 화목하면 모든 일이 제대로 이루어진다.

*006 [各人自掃門前雪(각인자소문전설), 莫管他家瓦上霜(막관타가와상상).] 각각 자기 집 앞 눈이나 쓸 일이요, 남의 집 기와 위의 서리는 간섭 말라. 자기가 할 일은 자기가 하고, 남의 일에 간여하지 말라, 자신을 다스리고 경계하여 조심할지언정 남의 일에 지나치게 신경을 쓰거나 간섭하지 말라는 뜻임. 『事林廣記(사림광기)』

*007 [江南橘化爲枳(강남귤화위지).] 강남의 귤을 강북에 심으면 탱자가 된다는 뜻으로, '사람도 사는 곳의 풍속의 선악에 따라 그 품성이 달라짐'을 비유하여 이르는 말. 南橘北枳(남귤북지), 江南種橘江北爲枳(강남종귤강북위지). 『韓詩外傳(한시외전)』

*008 [剛毅木訥近仁(강의목눌근인).] 의지는 굳세고 용모는 소박하고 말은 서툰 것이 어짊에 가깝다. 孔子(공자)는 말 잘하는 사람을 경계했다. 町巧言令色鮮矣仁(교언영색선의인). 『論語(논어)·子路(자로)』

*009 [彊自取柱(강자취주), 柔自取束(유자취속).] 강한 나무는 저절로 기둥이 되고, 약한 나무는 저절로 땔감이 된다. 단단한 나무는 원하지 않아도 저절로 기둥으로 사용된다. 또한 약한 나무는 아무리 좋은 장소에 쓰이길 바라더라도 언제나 장작으로만 사용된다. 사람도 재능에 따라 운명이 저절로 결정된다. 『荀子(순자)·勸學篇(권학편)』

*010 [江河大潰從蟻穴(강하대궤종의혈).] 큰 강의 방죽도 개미구멍에서부터 무너지기 시작한다는 뜻으로, '큰일은 반드시 작은 일을 삼가지 않는 데서 일어남'을 비유하여 이르는 말. 堤潰蟻穴(제궤의혈) 『韓非子(한비자)·喩老(유노)』

*011 [蓋棺事始定(개관사시정).] 관 뚜껑을 닫아야 비로소 일은 정해진다. 사람에 대한 평가란 모든 일이 완전히 끝나기 전에는 아무도 모른다는 말이다. 지금은 蓋棺事定(개관사정)이라고 더 많이 쓴다. 『杜甫(두보)·詩(시)』

*012 [居安思危(거안사위), 思則有備(사즉유비), 有備無患(유비무환).] 편안한 처지에 있을 때에도 위험한 때의 일을 미리 생각하고, 생각하면 곧 준비를 갖추어야 하고, 미리 준비함이 있으면 어떤 환란을 당해서도 걱정할 것이 없을 것이다. 『春秋左氏傳(춘추좌씨전)』

*013 [去者日疎(거자일소).] ① 죽어 저승에 간 사람은 날이 갈수록 疎遠(소원)해져서 차츰 잊혀지게 됨. 去者日以疎(거자일이소), 生者日以親(생자일이친) 『文選(문선)』 ② 멀리 떨어져 있는 사람과는 나날이 정도 멀어져 감. 去者日以疎(거자일이소), 來者日以親(내자일이친) 『古詩(고시)』

*014 [儉則金賤(검즉금천), 侈則金貴(치즉금귀).] 검소하면 돈이 천해 보이고, 사치하면 돈이 귀해 보인다. 『管子(관자)·乘馬(승마)』

*015 [見利思義(견리사의), 見危授命(견위수명), 久要不忘平生之言(구요불망평생지언).] 이익될 일을 보고는 그것이 의리에 합당한가 어떤가를 생각하고, 국가의 위급에 즈음하여서는 목숨을 바친다. 오래된 약속에도 평생시에 하던 말을 잊어버리지 않는다. 사람은 이익에 현혹되기 쉽다. 이익에 당면했을 경우 참고 견디면서 그 이익이 의

리에 맞는 것인지, 도리에 맞는 것인지 아닌지를 신중히 생각해보아야 한다. 사람은 자기에게 위험이 느껴지면 목숨이 아까워서 해야 할 일도 하지 않고 달아나는 경우가 많다. 그러나 인격이 완성된 사람이라면 그때 당당하게 목숨을 내놓고 일을 해야 한다. 인격이 완성된 사람은 일단 유사시에 처했을 경우 전부터 약속해온 평소의 말을 잊지 않고 실행하는 사람이다. 『論語(논어)·憲問(헌문)』

*016 [結交莫羞貧(결교막수빈), 羞貧友不成(수빈우불성).] 친교를 맺는데 가난을 부끄러워하지 말라. 가난을 부끄러워하면 우정이 생기지 않는다. 『古詩源(고시원) 漢古詩(한고시)』

*017 [徑路窄處(경로착처), 留一步與人行(유일보여인행).] 골목길의 좁은 곳에서는 한 걸음 멈추고 남을 지나가게 해야 한다. 작은 배려가 인생을 즐겁고 편안하게 만든다. 『菜根譚(채근담)·前集(전집)13』

*018 [曲江(곡강)]
朝回日日典春衣(조회일일전춘의),
조회가 끝나면 날마다 봄옷을 잡혀
每日江頭盡醉歸(매일강두진취귀).
하릴없이 강가에서 만취해 돌아오네.
酒債尋常行處有(주채심상행처유),
술빚이야 가는 곳마다 늘 있는 것이니
人生七十古來稀(인생칠십고래희).
사람살이 70세는 예부터 드물었네.
穿花蛺蝶深深見(천화협접심심견),
꽃 사이로 벌 나비는 분분히 날아들고
點水蜻蜓款款飛(점수청연관관비).
물가의 잠자리 떼 하염없이 나는구나.
傳語風光共流轉(전어풍광공류전),
들으니 좋은 경치는 함께 다닌다 했으니
暫時相賞莫相違(잠시상상막상위).
잠시라도 서로 즐겨 어긋남이 없자꾸나.
길지도 않은 인생이라 일흔을 맞기도 드물다. 그러니 술빛일랑 걱정을 말고, 즐거움을 한껏 누리자는 비관인 듯 달관인 듯한 두보의 마음을 듣는 듯하다. 『杜甫(두보)의 시 曲江(곡강) 二首(이수) 중 두 번째 작품』

*019 [恭寬信敏惠(공관신민혜).] 仁道(인도)를 행하는 윗사람이 지녀야 할 마음가짐 다섯 가지는 공손함, 너그러움, 믿음직스러움, 민첩함, 은혜로움이다.
恭則不侮(공즉불모), 공손하면 모욕을 당하지 않고,
寬則得衆(관즉득중), 너그러우면 여러 사람의 마음을 얻을 수 있고,
信則人任焉(신즉인임언), 신의가 있으면 남들이 책임을 맡기려 하고,
敏則有功(민즉유공), 민첩하면 공적을 올릴 수 있고,
惠則足以使人(혜즉족이사인). 은혜를 베풀면 능히 사람을 부릴 수 있다. 『論語(논어)·陽貨(양화)』

*020 [功遂身退天之道(공수신퇴천지도).] 공적을 이루면 물러나는 것이 하늘의 도리이다. 봄은 봄이 해야 할 일을 끝내면 그 지위를 여름에게 물려준다. 여름이나 가을도 각각 잎을 무성하게 하고 열매를 맺게 했으면 겨울에게 그 지위를 물려준다. 인간도 일단 일을 수행하여 공적이나 명성을 이루면 그 위치에서 물러나는 것이 하늘의 도리를 따르는 방법이다. 【원】功成身退(공성신퇴)『老子(노자)·道德經 9章(도덕경 9장)』

*021 [恭而無禮則勞(공이무례즉로).] 공손하면서 예법이 없으면 고달프다. 몸가짐이 공손한 것은 중요하다. 그러나 거기에도 적당한 절도가 없다면 너무 거북하여 심신을 고달프게 만들고,
[愼而無禮則葸(신이무례즉사),] 신중하면서 예가 없으면 두려워지고,
[勇而無禮則亂(용:이무례즉난),] 용감하면서 예가 없으면 난폭해지고,
[直而無禮則絞(직이무례즉교).] 정직하면서 예가 없으면 각박해진다. 『論語(논어)·泰伯(태백)』

*022 [孔子穿珠(공자천주).] 공자가 아는 사람에게서 진기한 구슬을 얻었다. 구슬의 구멍이 무려 아홉 구비나 되었다. 이것을 실로 꿰려고 갖은 방법을 다 써 보았지만 성공하지 못했다. 그러다가 바느질하는 아낙이라면 어렵지 않게 꿸 수 있지 않을까 여겨 뽕밭에서 뽕잎을 따고 있던 아낙네에게 그 방법을 물었다. 공자의 이야기를 듣더니, 아낙이 말했다. "찬찬히 꿀을 가지고 생각해 보세요" 아낙의 말을 골똘히 생각하던 공자는 잠시 후 그녀의 말뜻을 깨닫고 무릎을 치며 외쳤다. "그렇구나." 그리고는 나무 그늘 밑을 오가는 개미를 붙잡아 허리에 실을 묶고 구슬 한 쪽 구멍으로 넣었다. 그런 뒤 반대 편 구멍에는 꿀을 발라 놓았다. 개미는 꿀 냄새를 맡고는 구멍 속으로 기어 들어가더니 저쪽 구멍으로 나왔다. 이렇게 해서 구슬에 실을 꿸 수 있었다. 공자는 배우는 일에는 나이나 신분, 귀천과 부귀를 따지지 않았다. 모르는 것이 있으면 배우는 것이지 다른 조건이 중요한 것은 아니라고 생각했기 때문이다. '三人行(삼인행) 必有我師(필유아사). 곧 세 사람이 길을 가면 반드시 나의 스승이 될 사람이 있다.'고 한 것도 그런 생각을 보여준 말이다. 『祖庭事苑(조정사원)』

*023 [色卽是空(색즉시공). 空卽是色(공즉시색).] (佛) 우주만물은 다 실체가 없는 공허한 것이기는 하나, 인연의 상관관계에 의하여 그대로 별개의 존재로서 존재하는 것이다. 무릇 형상을 갖춘 만물은 인연으로 말미암아 생긴 것이며 원래 實在(실재)하는 것이 아니므로 그대로 空無(공무)한 것이다. 般若心經(반야심경)의 구절. 【원】色不異空(색불이공) 空不異色(공불이색) 色卽是空(색즉시공) 空卽是色(공즉시색)『般若心經(반야심경)』

*024 [瓜田李下(과전이하).] 혐의를 받지 않도록 미리 방지한다. 『古詩(고시)·君子行(군자행)』이라는 시에서 유래한 말이다. 그 시의 첫머리에는 다음과 같은 구절이 나온다.
君子防未然(군자방미연), 군자는 무엇이든지 미연에 방지하여,
不處嫌疑間(불처혐의간). 혐의가 없도록 해야 하는 것이다.
瓜田不納履(과전불납리), 참외밭을 지날 때는 허리를 굽혀 신을 고쳐 신지 말며,
李下不整冠(이하부정관). 오얏나무 밑을 지날 때는 갓을 고쳐 쓰지 말아야 한다.

*025 [過則勿憚改(과즉물탄개).] 허물이 있다면 고치기를 꺼리지 말라. 즉 잘못을 저질렀다고 후회만 하지 말고, 그것을 빨리 바로잡아야만 다시는 같은 잘못을 저지르지 않는다는 뜻이다. 남의 이목을 두려워해서 이것을 얼버무린다든지 감추려고 한다면 다시 과오를 저지르는 잘못을 범한다는 말이다. 진정한 군자는 허물이 없는 사람이 아니라 허물이 있으면 이를 즉시 고치는 용기를 가진 사람임을 천명하였다. 또 소인은 잘못을 저지르면 반드시 이를 변명하려고 한다. 小人之過也必文(소인지과야필문). 『論語(논어)·學而(학이)』

*026 [卦(괘)], [八卦(팔괘)] 주역에는 모두 64괘가 나온다. 원래 괘를 만든 사람은 伏羲(복희)라고 하는데, 그는 乾(건)·兌(태)·離(리)·震(진)·巽(손)·坎(감)·艮(간)·坤(곤) 등 여덟 개의 괘를 그렸다고 한다. 이것을 후에 사람들이 중복시켜 64괘를 만들었다. 이 8괘는 64괘에도 동일한 괘가 중복되어 그대로 사용되고 있다. 8괘의 의미를 정리하면 다음과 같다.

乾(天)	父	首	馬	健	西北
兌(澤)	小女	口	羊	悅	西
離(火)	中女	目	雉	麗	南
震(雷)	長男	足	龍	動	東
巽(風)	長女	股	鷄	人	東南
坎(水)	中男	耳	豚	險	北
艮(山)	小男	手	狗	止	北東
坤(地)	母	腹	牛	順	南西

이렇게 보면 건곤감리는 하늘·땅·물·불의 의미를 담고 있다고 할 수 있다.

*027 [交淡如水(교담여수).] 사귀어서 담박하기가 물과 같다는 뜻으로, '담박한 君子(군자)의 교제를 이르는 말. 君子之交淡若水(군자지교담약수), 小人之交甘若醴(소인지교감약례). 군자의 교제는 맑기가 물과 같고, 소인의 사귐은 달콤하기가 단술과 같으니라.
君子淡以親(군자담이친), 小人甘以絶(소인감이절). 군자는 담담하므로 친해지고, 소인은 달콤하므로 사이가 끊어진다.
君子之接如水(군자지접여수) 小人之接如醴(소인지접여례). 군자가 접대하는 것은 물과 같고, 소인이 접대하는 것은 감주와 같다.
君子淡以成(군자담이성), 小人甘以壞(소인감이괴). 군자는 담담해서 교제가 성취되고, 소인은 달아서 교제가 파괴된다. 『禮記(예기)』

*028 [巧言令色(교언령색) 鮮矣仁(선의인).] 말을 교묘하게 꾸미고 얼굴빛을 좋게 하는 자는 어진 이가 드물다. 말을 교묘하게 꾸미는 것과 얼굴빛을 좋게 하는 것 자체는 반드시 비난할 만한 것은 아니다. 그러나 입에 발린 말만 늘어놓고, 용모나 태도를 유연하고 아름답게 꾸미는 일에만 전념한다면 그런 사람에게는 자칫하면 근본의 도리인 인(仁)의 마음이 희박해지기 쉽다. 『論語(논어)·學而(학이)』

*029 [交友不信則離散鬱怨(교우불신즉이산울원).] 친구를 사귐에 있어 信義(신의)를 다하지 않으면, 서로 떨어져 원망하게 됨. 『呂氏春秋(여씨춘추)』

*030 [交絶不出惡聲(교절불출악성).] 교제를 끊은 다음에도 그 사람의 험담은 입 밖에 내지 않는다는 뜻으로, '군자의 깨끗한 마음씨'를 이르는 말. 『史記(사기)』

*031 [口無擇言(구무택언), 身無擇行(신무택행).] 입에는 가려서 하지 말아야 할 말이 없고, 몸에는 가려서 하지 말아야 할 행동이 없다. 쓸모없는 말은 하지 않고, 쓸모없는 짓은 하지 않는다. (擇言 : 골라서 버려야 할 말) 『孝敬(효경)·卿大夫(경대부)』

*032 口是禍之門(구시화지문), 입은 화를 불러들이는 문이요
舌是斬身刀(설시참신도). 혀는 제 몸을 자르는 칼이다.
閉口深藏舌(폐구심장설), 입을 닫고 혀를 깊이 감춘다면
安身處處牢(안신처처뢰). 가는 곳마다 몸을 편히 할 수 있겠네. 『馮道(풍도)·舌詩(설시)』

*033 [口是傷人斧(구시상인부), 言是割舌刀(언시할설도).] 입은 곧 남을 상처 내는 도끼요, 말은 곧 자기 혀를 베는 칼이다. 『明心寶鑑(명심보감)·言語篇(언어편)』

*034 [口舌者禍患之門(구설자화환지문), 滅身之斧也(멸신지부야).] 입과 혀는 재앙과 근심의 문이요, 몸을 망치는 도끼이다. 『明心寶鑑(명심보감)·言語篇(언어편)』

*035 [九容(구용)] 심신 수양에 필요한 아홉 가지 태도와 몸가짐을 일컫는 말이다. 그 아홉 가지 조목은 다음과

같다.
足容重(족용중) 걸을 때는 발걸음을 무겁게 해 가볍게 보이지 않도록 하고,
手容恭(수용공) 손은 공손하게 두어 태만하고 게으른 느낌을 주지 않으며,
目容端(목용단) 눈의 움직임은 단정하게 해 곁눈질을 하지 않고,
口容止(구용지) 입은 굳게 다물어 신중하게 하며,
聲容靜(성용정) 목소리는 재채기나 기침을 삼가 고요하게 하고,
頭容直(두용직) 머리는 곧게 하여 한 쪽으로 기울지 않도록 하며,
氣容肅(기용숙) 기운(숨소리)은 엄숙하고 맑게 가지고,
立容德(입용덕) 서 있을 때의 자세는 중심을 잡고 의젓하게 하여 덕이 있게 하며,
色容莊(색용장) 얼굴빛은 씩씩하게 해 긍지를 갖게 하는 것이다. 『李珥(이이)・擊蒙要訣(격몽요결)』

*036 [久而敬之(구이경지)] 오래 사귀어도 공경한다. 친구를 사귀는 도리는 자칫하면 친숙해짐에 따라서 아무렇게나 대하는 경향이 있다. 그러나 친구와는 오래 사귈수록 더욱 상호간에 존중하도록 힘쓰는 것이 바람직하다. 图 久敬(구경) 『論語(논어)・公冶長(공야장)』

*037 [菊花之隱逸者也(국화지은일자야).] 국화는 꽃 중의 은자이고,
牡丹花之富貴者也(모란화지부귀자야). 모란은 꽃 중의 부귀한 자이며,
蓮花之君子者也(연화지군자자야). 연꽃은 꽃 중의 군자이다. 국화는 마치 신선과 같은 풍모를 지니고 있고, 모란은 부귀한 사람의 풍모를 갖추었다. 연꽃은 진흙탕 속에서 피어나도 더러움에 물들지 않기 때문에 군자의 품격을 갖추었다고 할 수 있다. 『(古文眞實고문진보) 說類(설류) 周茂叔(주무숙) 愛蓮說(애련설)』

*038 [君君臣臣(군군신신), 父父子子(부부자자).] 임금은 임금으로서의 도리를 다하고, 신하는 신하로서의 도리를 다함. 부모는 부모로서의 도리를 다하고, 자식은 자식으로서의 도리를 다함. 『論語(논어)』

*039 [君子戒愼乎其所不睹(군자계신호기소부도), 恐懼乎其所不聞(공구호기소불문).] 군자는 남이 보지 않는 곳에서도 경계하고 삼가며, 듣지 않는 곳에서도 두려워한다. 『中庸(중용)・1章(1장)』

*040 [君子求諸己(군자구저기), 小人求諸人(소인구저인).] 군자는 자신에게서 찾고 소인은 남에게서 찾는다. 군자는 무슨 일이건 원인을 자기 자신에게 구하고 자기에게 책임을 부과한다. 스스로 반성하여 잘못된 원인을 자신에게서 찾으려고 한다. 그러나 이와는 반대로 소인은 무슨 일이건 남에게 시키고 그 책임을 남에게 떠넘긴다. 『論語(논어)・衛靈公(위령공)』

*041 [君子三畏(군자삼외)] 少之時(소지시), 血氣未定(혈기미정), 戒之在色(계지재색), 戒之在鬪(계지재투), 戒之在得(계지재득). 젊었을 때는 혈기가 아직 안정되지 않았으므로 경계할 점이 여색에 있고, 싸움하는 데에 있고, 욕심을 부리는 데에 있다.
畏天命(외천명), 畏大人(외대인), 畏聖人之言(외성인지언). 천명을 두려워하고, 대인을 두려워하고, 성인의 말씀을 두려워해야 한다.
小人不知天命而不畏也(소인부지천명이불외야). 그러나 소인배는 천명을 알지 못하여 두려워할 줄 모른다.
狎大人(압대인) 侮聖人之言(모성인지언). 때문에 대인에게 함부로 대하며, 성인의 말씀도 업신여기느니라. 『論語(논어)・季氏(계씨)』

*042 [君子尙義(군자상의), 小人尙利(소인상리).] 군자는 의리를 높이 사고, 소인은 이익을 높이 산다. 『宋・邵雍(소옹)』

*043 [君子有九思(군자유구사).] 군자는 아홉 가지 생각하는 일이 있다.
視思明(시사명) 볼 때는 명백히 보기를 생각하고,
聽思聰(청사총) 들을 때는 총명히 듣기를 생각하고,
色思溫(색사온) 표정은 부드럽게 할 것을 생각하고,
貌思恭(모사공) 태도는 공손하게 할 것을 생각하고,
言思忠(언사충) 말은 성실하게 할 것을 생각하고,
事思敬(사사경) 일에는 신중할 것을 생각하고,
疑思問(의사문) 의심나는 것에는 물어보기를 생각하고,
忿思難(분사난) 분이 날 때는 환난당할 것을 생각하고,
見得思義(견득사의). 이득을 보고는 의로운 것인가를 생각한다. 『論語(논어)・季氏(계씨)』

*044 [君子有三樂(군자유삼락), 而王天下不與存焉(이왕천하불여존언).] 군자에게는 세 가지 즐거움이 있는데, 천하에서 왕 노릇 하는 것은 여기에 있지 않다.
父母具存(부모구존), 兄弟無故(형제무고), 一樂也(일락야). 부모가 모두 살아 계시고 형제들이 사고가 없는 것이 첫째 즐거움이다.
仰不愧於天(앙불괴어천), 俯不怍於人(부부작어인), 二樂也(이락야). 위로는 하늘에 부끄럽지 않으며 아래로는 사람에 대해 부끄럽지 않은 것이 두 번째 즐거움이다.
得天下英才而敎育之(득천하영재이교육지), 三樂也(삼락야). 천하의 영재를 얻어서 교육하는 것이 세 번째 즐거움이다. 『孟子(맹자)・盡心 上(진심 상)』

*045 [君子有惡(군자유오).] 군자도 미워하는 자가 있다.
惡稱人之惡者(오칭인지악자), 남의 악함을 떠들어대는 자,
惡居下流而訕上者(오거하류이산상자), 아랫자리에 있으면서 윗사람을 비방하는 자,
惡勇而無禮者(오용이무례자), 용맹하나 무례한 자,

惡果敢而窒者(오과감이질자), 과감하기만 하고 융통성이 없는 자,
惡徼以爲知者(오요이위지자), 남의 눈치만 살피며 지혜로운 체하는 자(살펴서 요행히 맞춘 것으로 슬기로운 척하는 자),
惡不孫以爲勇者(오불손이위용자), 겸손하지 않으면서 용맹이 있다고 여기는 자(용기만 가지고 윗사람에게 불손을 저지르는 자),
惡訐以爲直者(오허이위직자). 고자질하면서 정직하다고 여기는 자이다(남의 비밀을 폭로하면서 정직한 체하는 자). 『論語(논어)·陽貨(양화)』

*046 [君子以文會友(군자이문회우), 以友輔仁(이우보인).] 군자는 학문으로써 벗을 모으고, 벗으로써 인의 실천을 돕는다. 詩書禮樂(시서예악)의 학문을 토대로 해서 벗을 모은다. 그것이 수양을 기본으로 하는 군자의 사교이다. 이렇게 모인 벗을 자신이 인의 도리를 실천하는데 필요한 보조 역할로 삼는다. 이것이 벗을 구하는 군자의 마음이다. 술이나 오락을 통해서 친구를 모으는 것은 참다운 교우 관계의 도리가 아니다. 『論語(논어)·顏淵(안연)』

*047 [君子周而不比(군자주이불비), 小人比而不周(소인비이불주).] 군자는 두루 사귀어 偏黨(편당)하지 않고, 소인은 편당하여 두루 사귀지 못한다. 『論語(논어)·爲政(위정)』

*048 [(君子必) 愼己獨也(신기독야)/愼獨(신독)] (군자는) 자신이 홀로 있을 때 삼간다. 혼자 있을 경우, 즉 타인이 보거나 듣지도 않을 경우라도 언행을 조심하고 스스로를 속이지 않도록 한다. 이것이 군자가 지향하는 것이다. 『大學(대학)·傳6章(전6장)』

*049 [君子坦蕩蕩(군자탄탕탕), 小人長戚戚(소인장척척).] 군자는 마음이 평정하여 넓고 너그러우며, 소인은 항상 걱정에 싸여 마음이 초조하다. 『論語(논어)·述而(술이)』

*050 [君子泰而不驕(군자태이불교), 小人驕而不泰(소인교이불태).] 군자는 태연하되 교만하지 않고, 소인은 교만하되 태연하지 못하다. 『論語(논어)·子路(자로)』

*051 [君子避三端(군자피삼단)] 군자는 세 가지 끝을 피한다. 즉 군자는 일생동안 남과 다툼을 벌이지 않고 자신의 몸을 지킨다는 말이다. 새들은 깃털이 곱고 갈고리 같은 부리를 가진 새를 두려워하고, 물고기들은 큰 입과 아랫배가 축 처진 것들을 두려워하며, 사람들은 구변이 날카롭고 말을 요란하게 하는 이를 두려워한다. 이렇기 때문에 군자는 세 가지 끝을 피한다. 文士之筆端(문사지필단), 武士之鋒端(무사지봉단), 辯士之舌端(변사지설단). 즉, 글쟁이의 붓끝과, 칼잡이의 칼끝, 말쟁이의 혀끝이 그것이다. 이 말은 자기에게 危害(위해)를 가할 소지가 많은 사람들에게는 미리 조심해서 약점을 보이지 않는다는 말이다. 『韓詩外傳(한시외전)』

*052 [君子和而不同(군자화이부동), 小人同而不和(소인동이불화).] 군자는 다른 사람과 화합하지만 아첨을 하면서 그를 따르지는 않고, 소인은 남을 따르면서 아첨하지만 화합하지는 못한다. 참附和雷同(부화뇌동) 『論語(논어)·子路(자로)』

*053 [躬自厚(궁자후), 而薄責於人(이박책어인), 則遠怨矣(즉원원의).] 자책하는 것을 후하게 하고 남을 책하기를 적게 한다면 사람들의 원망이 멀어질 것이다. 『論語(논어)·衛靈公(위령공)』

*054 [窮下必危(궁하필위).] 아랫사람을 궁하게 하면 반드시 자기가 먼저 위태롭게 된다. 鳥窮則啄(조궁즉탁) 새는 궁하면 사람을 쪼고, 獸窮則攫(수궁즉확) 짐승은 궁하면 사람을 할퀴고, 人窮則詐(인궁즉사) 사람은 궁하면 남을 속인다. 『顏淵(안연)』

*055 [勸賣買鬪則解(권매매투즉해).] '흥정은 붙이고 싸움은 말리라'는 뜻으로, '좋은 일은 권하고 나쁜 일은 화해시키라'는 뜻의 속담.

*056 [勸學文(권학문)] 朱熹(주희)에게 勸學文(권학문) 두 편이 있다. 한 편은 詩(시)이고 한편은 散文(산문)이다. 詩(시)를 소개한다.
少年易老學難成(소년이로학난성), 젊음은 쉬 가고 늙기는 쉬우나 배움은 이루기 어렵나니,
一寸光陰不可輕(일촌광음불가경). 한 치 시간인들 어찌 가볍게 여기리오.
未覺池塘春草夢(미각지당춘초몽), 지당(연못가)에 돋은 봄풀이 꿈을 깨기도 전에
階前梧葉已秋聲(계전오엽이추성). 섬돌 앞 오동잎은 벌써 가을 소리로구나. (젊은이는 쉽게 늙어버리는데 학문은 이루기가 어렵다. 세월은 거침없이 빠르게 흘러가고, 그 가운데서 일을 이루기가 힘들다 그러니 짧은 시간이라도 가벼이 하지 말라.)

*057 [權然後知輕重(권연후지경중), 度然後知長短(탁연후지장단).] 저울에 단 연후에 그 가볍고 무거움을 알 수 있고, 길이를 자로 재 본 후에야 그 길고 짧음을 알 수 있다. 이 문장은 두 가지로 해석할 수 있다. 하나는 '사람의 됨됨이를 어찌 저울이나 자로 잴 수 있겠는가만, 그 사람의 지나온 행적을 통해 얼마든지 예측 가능하고 하나를 보면 열을 알 수 있다'고 하는 것이다. 또 하나의 해석은 '모든 물건이 다 이와 같이 저울이나 자로 재어 본 후라야 길고 짧은 것을 알게 되는 것인데, 모든 물건이 그렇지만 마음이란 그 경중을 헤아리기가 무척이나 어려운 것이다'로 해석하는 것이다. 『孟子(맹자)·梁惠王上(양혜왕상)』

*058 [近朱者赤(근주자적)/近墨者黑(근묵자흑)] 붉은색을 가까이하면 자신도 붉어진다. 먹을 가까이하는 사람은 검

은 물이 든다. 사람의 성격이나 능력은 주변의 환경이나 친구에 의해 많이 좌우된다는 것을 비유한 말이다.

晉(진)나라 때의 傅玄(부현)의 '太子少傅箴(태자소부잠)'이라는 책에, 聲和則響淸(성화즉향청) 소리가 조화로우면 음향도 청아하며, 形正則影直(형정즉영직) 외모가 단정하면 그림자 역시 곧다'는 말이 있다. 이 말의 뜻은 사람은 환경의 지배를 받는다는 것을 강조한 말로 좋은 환경에서 생활하면 좋은 영향을 받고, 나쁜 환경에서 생활하면 나쁜 영향을 받는다는 뜻이다. 近朱者赤(근주자적)과 近墨者黑(근묵자흑)을 간단하게 줄여서 近朱近墨(근주근묵)이라고도 하고, 近朱者赤(근주자적)이나 近墨者黑(근묵자흑)을 따로 쓰기도 한다.

*059 [貴冠履忘頭足(귀관이망두족).] '관과 신을 소중히 여기는 나머지 그 근본인 머리와 발을 잊어버린다는 뜻으로, '근본은 망각하고 枝葉(지엽)에만 정신을 씀'을 비유하여 이르는 말.『淮南子(회남자)』

*060 [克己復禮(극기복례).] 나를 이기고 예의를 회복하다. 개인적인 이익을 좇는 욕심을 버리고 공공의 이익을 위해 세워진 질서인 禮(예)를 회복한다는 뜻이다.
줄 克復(극복) 참 克己復禮爲仁(극기복례위인) 『論語(논어)』

*061 [克伐怨欲(극벌원욕), 不行焉(불행언), 可以爲仁矣(가이위인의).] '克(극)'은 이김을 즐겨함이요, '伐(벌)'은 스스로를 자랑함이요, '怨(원)'은 원망함이요. '慾(욕)'은 재물에 대한 욕심이 많음이다. 이 네 가지를 四惡德(사악덕)이라 한다. 이 사악덕을 행하지 않으면 가히 仁(인)을 행한다고 할 수 있다.『論語(논어)』

*062 [槿花一日自爲榮(근화일일자위영).] 무궁화꽃이 하루에 피었다가 지는 것이 꼭 인간 세상의 영화와 같다. 무궁화꽃은 아침에 피었다가 저녁이면 지기 때문에 이런 성어가 나왔다고 한다.
泰山不要欺毫末(태산불요기호말), 태산은 터럭 끝을 속일 필요가 없으며,
顔子無心羨老彭(안자무심선노팽). 안자는 노팽을 부러워하는 마음이 없었다.
松樹千年終是朽(송수천년종시후), 소나무도 천년이 지나면 썩고 마는데,
槿花一日自爲榮(근화일일자위영). 무궁화꽃 하루만에 져도 절로 영광이다.
何須戀世憂死(하수연세상우사). 어찌 세상을 그리워하며 근심 속에 죽으려는가
亦莫嫌身漫厭生(역막혐신만염생). 몸을 싫어 말고 삶도 싫어 말게나.
生去死來都是幻(생거사래도시환). 살다 가고 죽는 것 모두 헛된 것이니,『白樂天(백낙천)·放言(방언)』
顔子(안자) 공자의 제자. 32세의 젊은 나이에 죽음.
老彭(노팽) 300년을 살았다는 彭祖(팽조).

*063 [金樽美酒詩(금준미주시)]
金樽美酒千人血(금준미주천인혈), 금동이의 맛있는 술은 일천 백성의 피요,
玉盤佳肴萬姓膏(옥반가효만성고). 옥소반의 아름다운 음식은 일만 백성의 기름이라.
燭淚落時民淚落(촉루낙시민루락), 촛불농이 떨어질 때 백성의 눈물 떨어지고,
歌聲高處怨聲高(가성고처원성고). 노랫소리 높은 곳에 원망 소리 높았더라.『춘향가』

*064 [汲汲於名者(급급어명자), 猶汲汲於利也(유급급어리야).] 명예를 얻으려고 안달하는 것은 이익을 얻으려고 안달하는 것과 같다.『文章軌範(문장궤범)·司馬光(사마광) 諫院題名記(간원제명기)』

*065 [己所不欲勿施於人(기소불욕물시어인).] 내가 하고 싶지 않은 일을 남에게도 시키지 말라. 어느 날 子貢(자공)이 공자에게 물었다. '한마디 말로 제가 평생 동안 실천할 말이 있습니까?' 공자가 대답했다. '있다. 그것은 恕(서)다. 자기가 원하는 것이 아니면 남에게도 베풀지 말아야 할 것이다.' '恕(서)'란 오늘날의 容恕(용서)와 같은 뜻이다. 恕(서)를 뜯어보면 그것은 如心(여심), 즉 '마음을 같이 한다'가 된다. 상대방의 마음과 같이 할 때 비로소 용서하는 마음이 일어나는 법이다.『論語(논어)·衛靈公(위령공)』

*066 [饑者甘食(기자감식), 渴者甘飮(갈자감음).] 굶주린 사람은 달게 먹고, 목마른 사람은 달게 마신다. 굶주림과 목마름은 인간 미각의 본성을 그르친다. 그리고 빈곤함은 때때로 인간 본성의 선을 해친다.『孟子(맹자)·盡心上(진심 상)』

*067 [企者不立(기자불립), 跨者不行(과자불행).] (키가 커보이게 하려고) 발뒤꿈치를 들어 올리는 사람은 똑바로 설 수가 없고, 가랑이를 너무 넓게 벌리고 걷는 사람은 걸을 수가 없다. 자신의 능력에 맞는 속도로 변화 발전하면서 성장하는 것이 행복한 삶이며 멋진 인생이라는 이르는 말.
自見者不明(자현자불명), 自是者不彰(자시자불창). 스스로 자기를 내세우려(자랑하려는) 자는 결코 현명하지 못하고, 자기 의견 자기 주장만 옳다고 하는 사람은 뚜렷이 드러날 수 없다.
自伐者無功(자벌자무공), 自矜者不長(자긍자불장). 자신의 공적을 스스로 자랑하는 자는 실제로는 공을 이룬 것이 없고, 잘난척 뽐내는 자는 오래 가지 못한다.『老子(노자)·道德經(도덕경)』

*068 [羈鳥戀舊林(기조연구림), 池魚思故淵(지어사고연).] 묶인 새는 옛 숲을 그리워하고 연못의 물고기는 자기가 태어난 옛 연못을 잊지 못한다. '타향에 떠도는 나그네가 고향을 그리워함'을 비유하는 말.『古文眞寶(고문진보)·

陶淵明(도연명) 歸田園居(귀전원거)』

*069 [饑寒起盜心(기한기도심).] 춥고 배고프면 도둑질할 생각이 절로 남.『漢書(한서)』

*070 [吉人辭寡(길인사과), 躁人辭多(조인사다).] 마음씨가 바르고 편안한 사람은 말이 적고, 성급한 사람은 말수가 많다.『易經(역경)』

*071 [落葉歸根(낙엽귀근)/葉落歸根(엽락귀근).] 잎사귀는 뿌리에서 생긴 것이니 다시금 본디의 자리로 돌아간다. 의연히 제자리에서 몫을 다하고 홀연히 흙으로 돌아간다. 사물이 그 근본으로 돌아감을 비유하여 이르는 말. 葉落喜歸根(엽락희귀근)『陸遊(육유)・詩(시)』

*072 [樂而不淫(낙이불음), 哀而不傷(애이불상).] 즐기되 그 정도를 넘지 아니하고, 슬퍼하되 도를 넘지 아니한다. 좋은 일이 있으면 기뻐하고 즐거워하되 너무 도가 지나치지 않도록 자제하고, 슬픈 일을 당했더라도 너무 감정을 상하게 하거나 몸을 해치지 않도록 조심해야 한다는 뜻임.『論語(논어)・八佾(팔일)』

*073 [落花難上枝(낙화난상지), 破鏡不再照(파경부재조).] 떨어진 꽃은 다시 가지에 붙을 수 없고, 깨어진 거울은 다시 비출 수 없다. '부부 관계 따위의 일단 깨어진 것은 다시 원상태로 되돌아가지 않음'을 비유하여 이르는 말.『傳燈錄(전등록)』

*074 [落花流水(낙화유수).] ① 흐르는 물 위에 꽃잎이 떨어지다. 늦봄의 처량한 정취를 묘사한 詩(시)에서 나왔다. '가는 봄의 경치' 또는 '살림이나 세력이 약해져 아주 보잘것없이 됨'을 비유하는 말. ② (떨어지는 꽃에 정이 있으면 물에도 또한 정이 있어 그것을 띄워 흐를 것이라는 뜻으로) '남녀가 서로 사모하는 마음이 있음'을 비유하는 말. ③ 落花(낙화)와 流水(유수)를 갈라 낙화는 有情(유정)에 流水(유수)는 無情(무정)에 비유하기도 한다. 예컨대 떨어지는 꽃잎은 정을 담았고, 흐르는 물은 무심하게 흐른다, 우리네 삶이란 참 덧없는 것일세.

*075 [難上之木勿仰(난상지목물앙).] '오르지 못할 나무는 쳐다보지 말라'는 뜻으로, 가망이 없는 일은 처음부터 생각도 내지 말라는 말.『旬五志(순오지)』

*076 [暖衣飽食(난의포식)/煖衣飽食(난의포식)] 옷을 따뜻하게 입고 음식을 배부르게 먹는다는 뜻으로, 아무 부족함이 없이 생활함을 이름. 맹자가 이 말을 인용한 의도는 육체적인 안일과 편안함만으로는 사람다운 사람이 될 수 없다는 점을 지적하기 위해서였다. 그러나 오늘날에는 단지 배불리 먹고 따뜻한 옷을 입고서 근심 걱정 없이 사는 넉넉한 생활을 비유하는 말로 주로 쓰인다. 囹飽食暖衣(포:식난의) 囹暖飽(난포)『孟子(맹자)』

*077 [來者勿拒(내자물거), 去者勿追(거자물추).] 오는 사람을 물리치지 말고, 가는 사람을 억지로 붙지 말라.『春秋公羊傳(춘추공양전)』
往者不追(왕자불추), 來者不拒(내자불거). 가는 사람 뒤쫓지 말고, 찾아오는 사람은 거절하지 말라.『孟子(맹자)』
來者勿禁(내자물금), 往者勿止(왕자물지). 오는 것은 금하지 말고, 가는 것은 그 자연에 맡겨 가게 할 것이요, 부질없이 잡아두려고 하지 말라.『莊子(장자)』

*078 [濃綠萬枝紅一點(농록만지홍일점).] 만 가지 푸르름의 떨기 가운데 한 점 붉은 석류꽃이여. '紅一點(홍일점)'이란 말이 생겨나게 된 원문.『王安石(왕안석)・詠石榴詩(영석류시)』

*079 [農(者)天下之大本(농천하지대본).] 농사는 세상 사람들이 생활해 나가는 데에 으뜸이 되는 근본이다.

*080 [能書不擇筆(능서불택필).] 서예에 능한 사람은 붓을 가리지 않는다. 재주나 능력이 경지에 오른 사람은 도구의 성능에 구애받지 않고 일을 잘 처리한다는 뜻이다. '서툰 목수가 연장 탓한다'는 속담과 비슷한 뜻을 담고 있다.『周顯宗(주현종)・論書(논서)』

*081 [能言之者未必能行(능언지자미필능행), 能行之者未必能言(능행지자미필능언).] 말에 능한 자가 반드시 훌륭한 행동을 하는 것은 아니고, 실천을 잘 하는 사람 중에는 말을 더듬는 사람이 있다. '말을 잘 한다고 반드시 일을 잘 하는 것은 아니고, 실천하는 사람은 말이 적음'을 이르는 말.『史記(사기)』

*082 [多男子則多懼(다남자즉다구), 富則多事(부즉다사), 壽則多辱(수즉다욕).] 아들이 많으면 걱정이 많아지고, 부유해지면 일거리가 많아지고, 장수하면 욕된 일이 많아진다. 지금은 '多子則多懼(다자즉다구) 자식이 많으면 걱정이 많아진다'로 바뀌어야 할 것이다.『莊子(장자)・外篇(외편)・天地(천지)』,『十八史略(십팔사략)・帝堯陶唐(제요도당)』

*083 [短綆不可汲深井(단경불가급심정).] '짧은 두레박줄로 써는 깊은 우물물을 길을 수 없다'는 뜻으로, 학식이 옅은 사람은 깊은 도리를 말할 수 없음, 또는 생각이 얕은 자는 모든 면에서 깊게 생각하고 헤아리지 못함을 비유하여 이르는 말이다. 囹綆短汲深(경단급심)『荀子(순자)・榮辱篇(영욕편)』

*084 [簞瓢陋巷(단표누항).] 공자는 자신의 제자인 顔回(안회)를 가리키며, '한 광주리의 밥과 한 표주박의 물을 마시며 좁고 누추한 거리에 사는 것을 다른 사람들은 시름겨워하거늘, 안회는 그 속에서도 즐거움이 변하지 않는구나'라고 칭찬했다는 데서, 소박한 시골 살림 또는 청

빈한 선비의 살림을 비유적으로 이르는 말이다. 『論語(논어)·雍也(옹야)』

*085 [膽欲大而心欲小(담욕대이심욕소).] 담은 크기를 바라고 마음은 작기를 바란다. 대담함과 동시에 소심하기를 바란다. 만일 담이 크지 않으면 어려움에 직면하거나 뜻밖의 재난을 만났을 경우에 곧 좌절하고 만다. 그러나 세심하지 않으면 무슨 일에나 주의가 고루 미치지 못하기 때문에 실패하는 경우가 많다. 心欲小而志欲大(심욕소이지욕대)도 같은 뜻의 말이다.
智欲圓而行欲方(지욕원이행욕방). 智圓行方(지원행방) 지혜는 원만하기를 바라고 행동은 방정하기를 바란다. 인간의 지혜는 넓고 원만하여 한쪽에 치우치지 않기를 바라며, 또한 행동은 절도 있고 예의 바르기를 바란다. 한편은 圓(원)이고 한편은 四角(사각)이어서 별개의 것 같아도 두 가지 모두 인간에게는 필요하다. 『近思錄(근사록)·爲學類(위학류)』, 『小學(소학)·內篇(내편)·嘉言(가언)』, 『淮南子(회남자)·主術訓(주술훈)』

*086 [當官之法唯有三事(당관지법유유삼사), 曰淸(왈청), 曰愼(왈신), 曰勤(왈근).] 관직을 맡아서 수행하는 법에는 오직 세 가지가 있는데, 청렴함과 신중함과 근면함이다. 『小學(소학)·外篇(외편)·嘉言(가언)』

*087 [堂狗三年吠風月(당구삼년폐풍월).] '서당개 삼년이면 풍월을 읊는다'는 우리말 속담을 한역한 것. 아무리 무식한 사람이라도 유식한 사람들과 함께 오래 생활하다보면 유식해짐. ㊜堂狗風月(당구풍월)

*088 [大富由命(대부유명), 小富由勤(소부유근)] 큰 부자는 천명에 의한 것으로 사람의 뜻이나 힘으로는 어찌할 수 없으나, 작은 부자는 천명과는 상관이 없으며, 노력 여하에 달려 있음을 일컫는 말. 『女論語(여논어)·榮家(영가)』

*089 [對笑顔唾亦難(대소안타역난).] '웃는 낯에 침 못 뱉는다'는 뜻으로, '좋게 대하는 사람에게는 미워도 괄시하기 어려움'을 일컫는 말.

*090 [大樹之下無美草(대수지하무미초).] '큰 나무 밑에는 항상 그늘이 지므로 아름다운 풀이 나지 않는다'는 뜻으로, '현로(賢路)가 막히면 인재가 나오지 않음'을 비유한 말. 『說苑(설원)』

*091 [大人不責小人過(대인불책소인과).] 큰 덕을 갖춘 사람은 하찮은 사람의 실수를 책망하지 아니함. 『陔餘叢考(해여총고)』

*092 [待人春風(대인춘풍), 持己秋霜(지기추상).] 남을 대할 때는 봄바람마냥 따뜻하게 하고, 나를 지킬 때는 가을 서릿발처럼 엄히 하라. 『菜根譚(채근담)』

*093 [德薄而位尊(덕박이위존), 知小而謀大(지소이모대), 力小而任重(역소이임중), 鮮不及矣(선불급의).] 덕은 박한데 지위가 높고, 아는 것이 적으면서 꾀하는 것은 크며, 힘이 부족한데 직임이 무거우면, 재앙이 미치지 않는 경우는 드물다. 『論語(논어)·繫辭(계사)』

*094 [德不孤必有隣(덕불고필유인).] 덕은 외롭지 않으니 반드시 이웃이 있는 법이다. 훌륭한 일을 하는 사람은 한때 고립되고 질시를 받을 수는 있지만 결국 정성이 통해 이에 동참하는 사람이 나온다는 뜻이다. ㊜德必有隣(덕필유인) 『論語(논어)·里仁篇(이인편)』

*095 [圖難于其易(도난우기이), 爲大于其細(위대우기세).] 어려운 일을 하려고 함에는 그 일의 쉬운 곳부터 해 나가야 하고, 큰일을 하려고 할 때는 그 일의 작은 것부터 해 나가야 한다. 『老子(노자)』

*096 [盜名不如盜貨(도명불여도화).] 명예를 훔치는 것은 재물을 훔치는 것보다 나쁘다. 『荀子(순자)·不苟篇(불구편)』

*097 [盜亦有道乎(도역유도호).] 도둑들이 두목인 盜跖(도척)에게 물었다. 도둑질에도 도가 있습니까? 도척이 그 도당들의 물음에 답하기를, 도둑에게도 또한 도둑으로서의 지켜야 할 도리가 있다, 盜亦有道乎(도역유도호). 애초에 최상의 지식이건 최고 성인의 도이건 모두 도적을 위해 준비된 것이다. 노렸던 곳간 속에 재물이 있는지 없는지를 간파하는 것은 도둑의 성스러움(聖)이요, 곳간 속으로 가장 먼저 들어가는 것은 도둑의 용기(勇)이다. 그리고 물러갈 때 후미를 맡아보면서 제일 뒤에 남는 것은, 일행을 먼저 달아나게 하기 위한 행동이므로 의리(義)이다. 훔친 물건의 좋고 나쁨을 판별하는 것은 지식(知)이요, 그 물건을 서로 골고루 나누어 갖는 것은 인(仁)이다. 이러한 다섯 가지 덕이 없이는 큰 도둑의 역할을 감당해낼 수 없다. 『莊子(장자)·外篇(외편)·胠篋(거협)』

*098 [道在邇(도재이), 而求諸遠(이구저원).] 도가 가까운 곳에 있는데도 먼 곳에서 구한다. 사람의 도는 일상생활 속에 있다. 그것을 잊고 사람들은 자칫하면 일부러 높고 심원한 곳에서 도를 구하려고 한다. 즉 부모를 친애하고 연장자를 존경하는 것, 그것이 바로 사람의 도리인 것이다.
事在易(사재이), 而求諸難(이구저난). 일이 쉬운 곳에 있는데도 먼 곳에서 찾는다. 도덕과 관련된 일은 인정에 기초한 매우 쉬운 일인데도 사람들은 특별히 어려운 도리 속에서 이것을 구하려고 한다. 그러나 이것은 잘못된 생각이다. 『孟子(맹자)·離婁 上(이루 상)』

*099 [道聽塗說(도청도설).] 아무런 근거도 없는 허황한 소문을 이르는 말이다. 공자가 말하기를, '길가에서 얻어

들은 헛소문을 그대로 길가에서 퍼뜨리는 것은 자신의 덕을 버리는 것이다.' 子曰(자왈), 道聽而塗說(도청이도설) 德之棄也(덕지기야).『論語(논어)·陽貨(양화)』

*100 [讀書百遍義自見(독서백편의자현).] 백 번 반복하여 읽으면, 뜻이 통하지 않던 곳도 저절로 알게 됨.『魏志(위지)』

*101 [頓悟漸修(돈:오점수)] 갑자기 깨우치고 점진적으로 수양한다. 특히 우리나라 禪家(선가)에서 기본적인 수행 원리로 제창하는 수행인데, 중국 화엄종 제5조인 宗密(종밀)에 의해 이론적으로 정립된 것을 고려 시대 知訥(지눌)이 계승한 것이다. 頓悟(돈오)는 漸悟(점오)의 상대말로 진리를 한꺼번에 깨친다는 뜻이다.
사람은 누구나 다 원래부터 부처가 될 수 있는 가능성을 가지고 있으므로, 坐禪(좌선)이나 誦經(송경)을 하면서 긴 시간 동안 수행하거나 많은 재물을 보시할 필요가 없으며, 곧바로 자신의 본래 모습이 부처와 같다는 사실을 깨닫기만 한다면 見性(견성) 成佛(성불)할 수 있다는 것이다. 이렇게 頓悟(돈오)하기 위한 방편으로 선가에서는 話頭(화두) 또는 公案(공안)이라는 독특한 수양 방편을 마련해 이를 參究(참구)함으로써 頓悟(돈오)에 이르도록 유도한다. 그러나 이러한 돈오의 체험 뒤에는 반드시 점차로 마음의 번뇌를 닦아 나가는 漸修(점수)가 뒤따라야 한다. 그것은 자신의 마음이 곧 부처임을 깨달았다고 부처가 되는 것이 아니고 여러 劫(겁)을 통해 익혀온 習氣(습기)가 완전히 제거될 때 비로소 부처가 될 수 있기 때문이다. 깨달음이란 수행을 위한 전제를 이론적으로 파악할 따름이므로 이 이해가 지속인인 실천을 통해 적용되지 않으면 그 깨달음은 진정한 깨달음으로 인정될 수 없는 것이다. 때문에 知訥(지눌)에 따르면 돈오에 입각한 점수는 필연적으로 定(정)과 慧(혜)를 함께 견지해야 하는 것이다. 定慧雙修(정혜쌍수).

*102 [突不煙不生煙(돌불연불생연).] 아니 땐 굴뚝에 연기 날까?

*103 [東家食西家宿(동가식서가숙).] 떠돌아다니며 얻어먹고 지내는 일. 또는 그러한 사람.

*104 [得魚忘筌(득어망전)] 물고기를 잡았으면 통발을 잊는다. 筌(전)은 물고기를 잡을 때 쓰는 통발을 말한다. 바라던 바를 달성하고는 그에 소용되었던 것을 잊어버림. 곧 '은혜를 잊음'을 비유하여 이르는 말. 다음과 같은 이야기가 있다.
筌者所以在魚(전자소이재어), 통발은 물고기를 잡는데 필요한 기구인데,
得魚而忘筌(득어이망전). 물고기를 잡으면 통발은 곧 잊어버린다.
蹄者所以在兎(제자소이재토), 덫은 토끼를 잡는 데 쓰이는데,
得兎而忘蹄(득토이망제). 일단 토끼를 잡으면 덫은 잊어버린다.
言者所以在意(언자소이재의), 말이란 뜻을 담는 데 필요한데,
得意而忘言(득의이망언). 일단 뜻을 얻으면 말은 잊어버린다.
吾安得夫忘言之人(오안득부망언지인), 내 어찌 저 말을 잊는 사람들과 더불어
而與之言哉(이여지언재). 말을 할 수 있겠는가?『莊子(장자)·外物(외물)』,『故事成語考(고사성어고)』

*105 [燈臺不自照(등대부자조).] '등대의 불이 먼 곳을 비추나 등대 자신을 비추지 못한다'는 뜻으로, 사람도 '남의 일은 잘 보나 자신의 일은 도리어 보지 못함'을 이르는 말.『元曲(원곡)』

*106 [登泰山而小天下(등태산이소천하).] 태산에 올라 천하가 작은 것을 안다. 큰 진리를 깨우친 사람은 그만큼 사고나 행동의 폭이 넓어져 세상을 인식하는 방식도 거침이 없어진다는 말이다.『孟子(맹자)·盡心章句上篇(진심장구상편)』에
孔子登東山而小魯(공자등동산이소노), 공자께서 동산에 올라가서는 노나라가 작다고 여기셨고,
登泰山而小天下(등태산이소천하). 태산에 올라가서는 천하를 작다고 여기셨다.
故觀於海者難爲水(고관어해자난위수), 그러므로 바다를 이미 본 사람에게는 시냇물 따위는 물로 인정받기 어렵고,
遊於聖人之門者難爲言(유어성인지문자난위언). 성인의 문하에서 노닌 사람에게는 잡다한 말들이 모두 올바른 말이라고 인정받기 어렵다.
觀水有術(관수유술). 물을 보는 데는 방법이 있다.
必觀其瀾(필관기란). 반드시 그 큰 물결을 보아야 한다.
日月有明(일월유명) 해와 달이 밝은 빛을 지니고 있는 것은
容光必照焉(용광필조언). 작은 틈새까지도 그 빛이 고루 비추는 사실에서 알 수 있다.
流水之爲物也(유수지위물야) 흐르는 물의 본질은
不盈科不行(불영과불행). 웅덩이를 채우지 않으면 나아가지 않는 법이다.
君子之志於道也(군자지지어도야), 군자가 도에 뜻을 두는 것도 마찬가지여서
不成章不達(불성장부달). 빛나는 문장을 이루지 않으면 통달할 수 없다.

*107 [莫見乎隱(막현호은), 莫顯乎微(막현호미).] 숨은 것보다 더 잘 드러나는 것은 없으며, 작은 것보다 더 잘 나타나는 것이 없다. 남이 보지 않는 곳에서 한 일은 매우 잘 드러난다는 뜻이다.『中庸(중용)·1章(1장)』

*108 [滿則覆(만즉복)] 가득 차면 뒤집혀진다. 사물은 차

면 이지러지므로 가득 찬다는 것은 오히려 손실을 초래한다. 인간도 득의에 차서 거드름을 피우는 자는 반드시 망한다.『荀子(순자)·宥坐篇(유좌편)』

*109 [孟母斷機之敎(맹모단기지교).] 학문을 중도에 포기하면 헛일임을 훈계하는 말. 맹자의 어머니가 짜던 베를 칼로 잘라서 학업을 중단하고 돌아온 아들의 잘못을 훈계했다고 함. 동孟母斷機(맹모단기) 斷機之敎(단기지교), 斷機之戒(단기지계)『烈女傳(열녀전)』

*110 [孟母三遷之敎(맹모삼천지교).] 맹자의 어머니가 아들의 교육에 나쁜 영향을 주는 환경을 피하여 세 번 집을 옮긴 고사에서, '어머니의 자녀 교육에 대한 태도가 용의주도함'을 이르는 말. 처음 묘지 옆에서 살다가, 저자 거리로 옮기고, 다시 학교 옆으로 옮겼다. 동孟母三遷(맹모삼천), 三遷之敎(삼천지교)『烈女傳(열녀전)』

*111 [明哲保身(명철보신)] 어지러운 세상을 살 때, 세태와 사리에 아주 밝아서 몸을 위험한 자리에나 욕된 곳에 빠뜨리지 않고 잘 보전함. 朱子(주자)에 따르면, '明(명)은 이치에 밝은 것이고, 哲(철)은 일을 살피는 것이라고 하였다. 保身(보신)은 이치에 순종해서 몸을 지키는 것이지, 이익을 좇고 재앙을 피해서 구차하게 몸을 온전히 하는 것은 아니다'라고 하였다.『詩經(시경)·大雅(대아)』

*112 [謀事在人成事在天(모사재인성사재천).] 일을 도모하는 것은 사람의 일이지만 일이 이루어지는 것은 하늘에 달려있는 것이다.『姜甑山(강증산)』

*113 [目見毫末不見其睫(목견호말불견기첩).] 눈은 잔털의 끝도 볼 수 있지만 자기의 속눈썹은 보지 못함. '타인의 선악은 눈에 잘 띄지만 자신의 선악은 알아차리지 못함'의 비유. 동目不見睫(목불견첩), 眼不能見其睫(안불능견기첩).『史記(사기)』
能見百步之外(능견백보지외), 而不能自見其睫(이불능자견기첩). 능히 백보 밖은 볼 수 있으면서, 자기의 속눈썹은 보지 못한다. '자기 자신에 대한 일은 알기 어려움'을 이르는 말.『韓非子(한비자)』
眼不能見其睫(안불능견기첩). '눈은 자기의 눈썹을 볼 수 없다'는 뜻으로, '자기 자신을 잘 알지 못함'을 비유하여 이르는 말.『顔氏家訓(안씨가훈)』

*114 [睦於父母之黨(목어부모지당), 可謂孝也(가위효야).] 부모의 친족들에게 화목하게 대하는 것을 효도라고 할 수 있다.『禮記(예기)·坊記(방기)』

*115 [無伐善(무벌선), 無施勞(무시로).] 자신이 잘하는 것을 자랑하지 않고, 힘든 일을 남에게 시키지 않는다. 아무리 훌륭한 일을 했어도 그것을 자랑하지 않으며, 힘든 일은 남에게 미루지 않는 그런 인간이 되고 싶다.『論語(논어)·公冶長(공야장)』

*116 [務本(무본), 本立而道生(본립이도생).] 근본에 힘써야 하니 근본이 확립되면 방법이 생겨난다. 사람은 모두 무슨 일을 하든지 말단적인 것이나 형식적인 것에는 매달리지 말고 근본을 파악하도록 노력해야 하며, 근본적인 것을 행하면 자연히 방법은 뒤따르게 되는 것이다.『論語(논어)·學而(학이)』
無欲速(무욕속) 일을 함에 있어, 그 성공을 서두르지 말라는 뜻. 子曰(자왈), _____, 無見小利(무견소리), 欲速則不達(욕속즉부달), 見小利則大事不成(견소리즉대사불성)『論語(논어)』

*117 [毋測未至(무측미지).] 아직 닥치지 않은 일을 예측하지 말라. 아직 일어나지도 않은 문제를 이리저리 지나치게 예측하는 일은 삼가야 한다. 자기의 수고를 더할 뿐만 아니라 상대의 마음을 상하게 하기 때문이다.『小學(소학)·內篇(내편)·敬身(경신)』

*118 [無舵之舟(무타지주).] '키 없는 배'란 뜻으로, '목표가 없음'을 비유하여 이르는 말. 志不立(지불립), 如(여)_____. 뜻을 세우지 않으면 키가 없는 배와 같다.『王守仁(왕수인)·文(문)』

*119 問余何事栖碧山(문여하사서벽산), 무슨 일로 푸른 산에서 사냐고 묻는다면,
笑而不答心自閑(소이부답심자한). 웃을 뿐 대답은 안 해도 마음은 절로 한가롭네.
桃花流水杳然去(도화유수묘연거), 복숭아꽃 물 따라 두둥실 떠가는 곳,
別有天地非人間(별유천지비인간). 따로 세상이 있지만 인간 세상은 아닐세.
자연에 묻혀 사는 즐거움에 대해 노래한 소박한 自然詩(자연시)이다. 有言(유언)의 물음에 대해 無言(무언)의 대답을 함으로써 깃들어 있는 운치를 다 토로하는 것이다.『李伯(이백)·山中問答(산중문답)』

*120 [聞則疾不聞藥(문즉질불문약).] '들으면 병, 못 들으면 약'이란 뜻으로, 마음에 걸리는 말은 처음부터 듣지 않는 편이 낫다는 속담.

*121 [物不得其平則鳴(물부득기평즉명).] 대개 만물은 평정을 얻지 못하면 소리를 내게[鳴(명)] 된다. 풀과 나무가 소리를 내는 것은 바람으로 인해 평정을 잃기 때문이며, 물이 소리를 내는 것은 바위 같은 것과 부딪쳐서 평정을 잃기 때문이다. 사람도 마찬가지여서 너무 기쁘거나 슬프면 마음의 평정이 깨져 소리 내어 웃거나 울게 되고, 곤란한 상황에 부딪치면 투덜거리게 된다.『文章軌範 漢文公 送孟東野序』

*122 [物順來而勿拒(물순래이물거), 物旣去而勿追(물기거이물추).] 물건이 순리로 오거든 물리치지 말고, 물건이 이미 갔거든 쫓아가지 말라.『明心寶鑑(명심보감)·正己

篇(정기편)』

*123 [未能事人(미능사인), 焉能事鬼(언능사귀). 未知生(미지생), 焉知死(언지사).] 아직 사람도 능히 섬기지 못하는데 어찌 귀신을 섬길 수 있으며, 삶도 모르는데 어떻게 죽음에 대해서 알 수 있겠는가. 죽음을 알려고 하기 전에 우선 삶에 대해서 먼저 알아야 한다.『論語(논어)·先進(선진)』

*124 [美女者醜婦之仇(미녀자추부지구).] 아름다운 여자는 못생긴 여자의 원수라는 뜻으로, 賢臣(현신)은 姦臣(간신)의 원수임을 비유하여 이르는 말.『說苑(설원)』

*125 [飯疏食飲水(반소사음수), 曲肱而枕之(곡굉이침지), 樂亦在其中矣(낙역재기중의).] 나물 반찬에 물을 마시고, 팔 베개를 하고 누웠어도 즐거움이 또한 그 가운데 있다. 행복은 빈부에 의해 정해지는 것이 아니다. 비록 술 대신 물을 마시는 생활일지라도, 자기가 믿는 길에 따라 살아가는 자에게는 그런 가운데서도 자연의 즐거움이 있는 것이다.
不義而富且貴(불의이부차귀), 於我如浮雲(어아여부운). 의롭지 못하고서 富(부)와 貴(귀)를 누림은 내게 있어 뜬구름과 같다. 나쁜 짓을 해서 부자가 되고 높은 지위에 앉게 된들 그러한 것은 내게는 모두 정처없이 흘러가는 뜬구름처럼, 마음을 움직이기에는 부족한 것이다.『論語(논어)·述而(술이)』
曲肱之樂(곡굉지락) '팔을 베개 삼아 잠을 잘 자는 가운데 있는 즐거움'이라는 뜻으로, 淸貧(청빈)에 만족하여 그 안에서 즐거움을 찾는 검소하고 自足(자족)하는 생활을 비유한 말이다. '曲肱之樂(곡굉지락)'은 위의 글에서 나온 것이다.
 부와 명예를 얻기 위하여 세상과 타협하고, 曲學阿世(곡학아세)하며, 惑世誣民(혹세무민)을 서슴없이 자행하는 무리도 있다. 부귀는 잠깐이고 치욕은 영원하다는 것을 모르는 소인 잡배들의 妄動(망동)이다. 입으로는 의리와 정의를 뇌까리면서 파렴치한 인간에게 경종을 울리는 공자의 말이다. 공자는 '부자가 될 수 있다면 馬夫(마부) 노릇도 마다하지 않겠다'고 하면서 자신도 부귀에 대해 무심할 수 없음을 토로했지만, 불의한 방법으로 얻는 것이라면 당연히 거절하겠다는 의지도 보여주었다. 요컨대 부귀는 정당한 방법으로 추구해야 할 것임을 강조한 말이다.

*126 [發憤忘食(발분망식), 樂以忘憂(낙이망우), 不知老之將至(부지노지장지).] 분발하여 먹는 것도 잊고, 도를 즐거워하여 근심을 잊으며, 늙음이 다가옴을 느끼지 못한다. 공자의 생활을 표현한 말이다.『論語(논어)·述而(술이)』

*127 [跋扈(발호)] 자기 마음대로 행동함. 권세나 세력을 휘두르거나 함부로 날뜀. '跋(발)'은 '뛰어넘는다'는 뜻이고, '扈(호)'는 '대나무로 만든 통발'을 말한다. 즉 통발을 물에 넣으면 작은 물고기들은 힘이 없어서 통발 안에 그대로 남지만, 큰 물고기들은 이를 뛰어넘어 달아난다는 데서 유래하였다. 아랫사람 또는 신하가 윗사람 또는 임금을 우습게 보고 권한을 침범하는 경우에 쓰인다.『後漢書(후한서)·梁冀傳(양기전)』

*128 [防民之口(방민지구) 甚於防川(심어방천).] 백성들의 입을 막는 것이 강물을 막는 것보다 어렵다.『國語(국어)』

*129 [百聞不如一見(백문불여일견).] 백 번 듣는 것이 한 번 보는 것만 못하다는 말.

*130 [百禮之會非酒不行(백례지회비주불행).] 온갖 예식에 술이 없으면 잘 진행되지 않는다는 말.(중국 속담)

*131 [白日莫空過(백일막공과), 青春不再來(청춘부재래).] 밝은 날을 헛되이 보내지 말라. 청춘은 다시 돌아오지 않으니, '청춘을 아껴야 할 것임'을 이르는 말.『林寬(임관)·少年行(소년행)』

*132 [伯夷叔齊(백이숙제)] 준夷齊(이제) 周代(주대) 孤竹君(고죽군)의 두 아들. 伯夷(백이)는 아버지가 동생 叔齊(숙제)에게 禪位(선위)할 뜻이 있음을 알고 아버지가 돌아가신 후 나라를 사양하고 달아나니, 숙제 또한 형인 백이에게 나라를 사양하고 달아났다. 후에 주 무왕이 商(상)을 칠 때 형제가 말고삐를 잡고 신하의 道(도)가 아님을 諫(간)하였으나 듣지 않으므로 周(주)의 祿(록)을 먹기를 부끄럽게 여겨 首陽山(수양산)에 들어가 고사리를 캐어먹으며 숨어 살다가 굶어 죽었다.

*133 [病從口入(병종구입), 患自口出(환자구출).] 병은 입을 통해 들어가고, 재앙은 입을 통해 나온다. (중국 격언)

*134 [報怨以德(보원이덕)/以德報怨(이덕보원).] 덕을 베풀어 원한을 갚다. 원한을 원한으로 갚으면 다시 또 원한을 사게 된다. 때문에 진정한 복수는 덕으로 원한을 갚는 데 있다는 것이다.『老子(노자)·63章(장)』

*135 [福莫福於少事(복막복어소사), 禍莫禍於多心(화막화어다심).] 복에는 일 적음보다 더 큰 복이 없고, 재앙에는 마음 많음보다 더 큰 재앙이 없다.『菜根譚(채근담)·前集 49』

*136 [福生於微(복생어미), 禍生於忽(화생어홀).] 복은 작은 일에서부터 생기고, 화는 소홀이 여기는 데서 일어난다.『老子(노자)』

*137 [福生於淸儉(복생어청검), 德生於卑退(덕생어비퇴).] 복은 맑고 검소한 데서 생기고, 덕은 몸을 낮추고 물러나는 데서 생기며,

道生於安靜(도생어안정), 命生於和暢(명생어화창), 도는 편안하고 고요한 데서 생기고, 생명은 화창한 데서 생긴다.
憂生於多慾(우생어다욕), 禍生於多貪(화생어다탐), 근심은 욕심 많은 데서 생기고, 재앙은 많이 탐내는 데서 생기며,
過生於輕慢(과생어경만), 罪生於不仁(죄생어불인). 과실은 경솔하고 거만한 데서 생기고, 죄는 어질지 못한 데서 생긴다. 『明心寶鑑(명심보감)·正己篇(정기편)』

*138 [覆水不可收(복수불가수), 行雲難重尋(행운난중심).] 엎지른 물은 거두어 담을 수 없고, 흘러간 구름은 다시 찾을 수 없다. 한번 한 말은 다시 거두어들일 수가 없으니 신중해야 한다는 말. 『李白(이백)·代別情人(대별정인)』

*139 [鳧脛雖短續之則憂(부경수단속지즉우), 鶴脛雖長斷之則悲(학경수장단지즉비).] 물오리의 다리는 비록 짧지만 그것을 길게 이어주면, 괴로워할 것이다. 학의 다리가 길다 하여 끊어서 짧게 한다면, 학은 필시 슬퍼할 것이다. 만물은 제각기 천부의 특징을 갖추어 있으므로, 쓸데없이 가감할 것이 아님'을 비유하여 이르는 말이다. 인간의 경우에도 마찬가지이다. 사람의 성질은 사람마다 각각 태어날 때부터 지니고 있는 것이므로 다른 사람이 이러쿵저러쿵 지도하는 것은 본인에게 오히려 괴로울 뿐이다. 『莊子(장자)·外篇(외편)·駢拇(변무)』

*140 [富貴而驕(부귀이교), 自遺其咎(자유기구).] 부귀하면서 교만하면 스스로 허물을 남긴다. 『老子(노자)·道德經 9章(도덕경 9장)』

*141 [生前(생전), 富貴草頭露(부귀초두로).] 부귀는 풀잎에 맺힌 이슬같이 덧없는 것. 『蘇軾(소식)·詩(시)』
富貴何如草頭露(부귀하여초두로). 부귀는 풀잎에 맺힌 이슬처럼 덧없는 것. 『蘇軾(소식)·詩(시)』. 富貴何如草頭露(부귀하여초두로). 부귀란 무엇인가? 풀잎 끝에 맺힌 이슬방울에 지나지 않는다.『唐詩選 七言古詩 杜甫 送孔巢父謝病歸遊江東兼贈李白(공소부가 병으로 강동으로 돌아감을 송별하고 겸하여 이백에게 주다)』
人生如朝露(인생여조로). 인생이란 아침 이슬과 같다. 아침에 잠깐 맺혔다가 볕이 들면 사라지는 이슬처럼 인생은 덧없이 왔다가 간다는 것을 비유하는 말이다. 『漢書(한서)·蘇武傳(소무전)』

*142 [富不如貧之無慮(부불여빈지무려), 貴不如賤之常安(귀불여천지상안).] 부자는 가난한 사람의 걱정 없음만 못하고, 귀한 사람은 천한 사람의 편안함만 못하다. 『菜根譚(채근담)·後集 53』

*143 [父爲子隱(부위자은), 子爲父隱(자위부은).] 아버지는 자식을 위해 숨겨주고 자식은 아버지를 위해 숨겨준다. 아버지의 죄를 폭로하는 행위는 정직하다고는 말할 수 있어도 칭찬할 만한 것은 아니다. 아버지는 자식의 죄를 숨겨주고, 자식은 아버지의 죄를 숨겨준다. 이것이 인간의 순수한 정이며, 이 인정 속에서야말로 진정 자기를 속이지 않는 정직한 마음이 있는 것이다. 『論語(논어)·子路(자로)』

*144 [富在知足(부재지족), 貴在求退(귀재구퇴).] '富(부)는 족한 것을 아는 데 있고, 貴(귀)는 물러남을 구하는 데 있다'는 뜻으로, '자기 분수를 알아 이에 만족하여야 함'을 이르는 말. 『說苑(설원)』

*145 [不知其子視其友(부지기자시기우), 不知其君視其左右(부지기군시기좌우).] 자기 아들의 사람됨을 모르거든 그가 사귀는 친구를 보라. 사람의 선악은 그 친구를 보면 알게 된다. 임금이 나라를 다스림이 어떤가를 모르거든 임금의 좌우에 있는 신하들을 보라. 임금의 선악은 그 옆에 있는 신하를 보면 알게 된다. 『荀子(순자)』

*146 [不盡人之歡(부진인지환), 不竭人之忠(불갈인지충), 以全交也(이전교야).] 남의 환대를 다 받지 않으며, 남의 성의를 다 받지 않아야 사귐을 온전히 유지한다. 약간의 사양과 절제가 있는 것이 교제를 영속시킬 수 있는 방법이다. 『小學(소학)·內篇(내편)·明倫(명륜)』

*147 [不結子花休要種(불결자화휴요종), 無義之朋不可交(무의지붕불가교).] 열매를 맺지 않는 꽃은 심지 말고, 의리가 없는 친구는 사귀지 말아라. 『明心寶鑑(명심보감)』

*148 [不俱戴天之讎(불구대천지수)/不俱戴天(불구대천)] ① 하늘을 함께 이지 못하는, 즉 한 하늘 아래서는 더불어 살 수 없는 원수. ② 임금이나 부모에 대한 원수. 不共戴天之讎(불공대천지수)

*149 [不窺密(불규밀). 不道舊故(부도구고).] 비밀을 살피지 않는다. 상대방의 옛 일을 말하지 않는다. 교제를 할 때는 상대가 비밀을 지키려고 생각하는 일에 대해서는 굳이 묻지 않도록 한다. 감추려고 하는 상처에 대해서도 언급해서는 안 된다. 오래된 친구의 과거의 잘못에 대해서는 그 사람에게나 제 삼자에게도 이야기해서는 안 된다. 『禮記(예기)·少儀(소의)』

*150 [不寐夜長(불매야장), 疲倦道長(피권도장).] 잠 못 이루는 사람에게 밤은 길고, 지쳐 있는 나그네에게 지척도 천리. 『法句經(법구경) 60』

*151 [不憤不啓(불분불계).] 분발하는 바가 없으면 계도(啓導)하지 아니한다는 뜻으로, '스스로 터득하려고 무한 애쓰는 사람이라야 스승의 가르침으로 미묘한 이치에 통달할 수 있음'을 이르는 말. 『論語(논어)·述而(술이)』

*152 [不說人短(불설인단), 不伐己長(불벌기장).] 남의 단점을 말하지 말고, 자기의 장점을 자랑하지 않음. 듣는 사람의 마음을 불편하게 하는 것으로, 군자가 취할 태도가 아님. ('伐'은 자랑의 뜻)『北齊書(북제서)』

*153 [不素餐兮(불소찬혜).] 공밥을 먹지 않는다. 공적도 없이 봉급을 받는 짓은 하지 않는다.『孟子(맹자)·盡心上(진심 상)』

*154 [不食木多着實(불식목다착실).] 못 먹는 나무에 열매가 많다는 속담. 바라는 일은 잘 안되고 바라지 않는 일만 흔하기 마련인 인간사를 비유하여 이르는 말.『靑莊館全書(청장관전서)』

*155 [不惡而嚴(불오이엄).] 군자는 소인을 멀리 할 뿐이지, 미워하여 꾸짖거나 하지 아니하고, 다만 자신의 행동을 바르게 하여 엄함을 보여 소인이 스스로 따르도록 하는 것이다. 소인(小人)을 대하는 방법을 이른다.『孟子(맹자)·公孫丑(공손추)』

*156 [不入虎穴不得虎子(불입호혈부득호자).] 호랑이 굴에 들어가지 않고는 호랑이 새끼를 잡을 수 없음. 즉 모험을 하지 않으면 이익을 얻지 못함의 비유.『後漢書(후한서)』

*157 [不遷怒(불천노), 不二過(불이과).] 노여움은 옮기지 말고, 잘못은 거듭하지 말라.『論語(논어)·雍也(옹야)편』

*158 [不學(불학), 便老而衰(변노이쇠).] 배우지 않으면 곧 늙고 쇠약해진다. 학문에는 끝이 없기 때문에 배움에 충실한 사람에게는 노쇠가 없다.『近思錄(근사록)·爲學類(위학류)』

*159 [不挾長(불협장), 不挾貴(불협귀), 不挾兄弟而友(불협형제이우).] 나이의 많고 적음에 관계치 않고, 귀천에 관계치 않고, 형제의 상황에 관계치 않고 벗한다.
友也者友其德也(우야자우기덕야). 벗한다는 것은 그 사람의 덕을 벗하는 것이다.
不可以有挾也(불가이유협야). 믿고 기대는 것이 있어서는 안 된다. 친구를 사귀는 도리는 부귀나 권세, 재능 등을 믿고, 그것을 친구 관계에 끼워 넣는 일이 있어서는 결코 성립될 수 없는 것이다.『孟子(맹자)·萬章(만장)下(하)』

*160 [不患人知不己知(불환인지불기지), 患其不能也(환기불능야).] 나의 재덕(才德)을 남이 알아주지 않더라도 그것을 걱정하지 말고, 나의 능력이 없음을 걱정한다.『論語(논어)』

*161 [朋友數斯疏矣(붕우삭사소의).] 친구 사이에 지나치게 자주 충고하면 사이가 멀어진다.『論語(논어)·里仁(이인)』

*162 [飛鴻踏雪泥(비홍답설니)./雪泥鴻爪(설니홍조)] 눈 위의 기러기 발자국, 곧 눈이 녹으면 없어진다는 뜻으로, '인생이 무상하고 아무 흔적이 없음'을 비유하여 이르는 말.『蘇軾(소식)·詩(시)』

*163 [貧而樂(빈이락), 富而好禮(부이호례).] 가난하면서도 즐거워하고, 부유하면서도 예의를 좋아한다. 가난할지라도 성급해 할 필요는 없다. 확고한 목적을 가지고 소신껏 살아갈 것이며, 취미를 즐기고, 수양을 쌓는 일에 힘을 쓴다면 거기에서 자연히 적극적인 인생의 즐거움이 생기는 것이다. 또한 가난한 사람은 자칫 비굴해지기 쉽고, 부유한 자는 흔히 교만해지기가 쉽다. 비록 가난할지라도 그 나름의 인생을 즐기며, 돈이 있더라도 禮(예), 즉 사람이 마땅히 밟아야 할 올바른 도리를 귀중히 여기고 좋아한다.『論語(논어)·學而(학이)』

*164 [貧而無怨難(빈이무원난).] 가난하면서 원망이 없기는 어렵다. 가난한 상황에 빠지면 자칫 세상을 원망하고 남을 탓하는 것이 인지상정이다. 그러므로 가난한 경우에 놓였을 때 그래도 아직 원망을 품지 않는 것은 매우 어렵다.『論語(논어)·憲問(헌문)』

*165 [貧者士之宜(빈자사지의).] 가난은 선비에게 어울리는 일임.『晉書(진서)』

*166 [貧賤之交不可忘(빈천지교불가망).] 빈천했던 시절에 사귀었던 친구는 부귀하게 된 뒤에도 잊어서는 안 됨. ____, 糟糠之妻不下堂(조강지처불하당).『後漢書(후한서)』

*167 [貧賤親戚離(빈천친척리).] 빈천하게 되면 친척마저도 떨어져 나간다는 뜻으로, '인정의 야박함'을 비유하여 이르는 말. 高貴他人合(고귀타인합), ____.『曹攄(조터)·感舊詩(감구시)』

*168 [氷炭不相容(빙탄불상용).] 얼음과 숯불은 성질이 정반대여서 서로 용납되기 어려워 조화 일치할 수 없음을 이르는 말. 團氷炭不同器(빙탄부동기), 氷炭相愛(빙탄상애), 氷炭之間(빙탄지간), 水火不相容(수화불상용)

*169 [四苦(사고)] (佛) 사람이 한 세상을 살면서 겪는 네 가지 고통. 곧, 생(生)·노(老)·병(病)·사(死)를 이르는 말.
八苦(팔고) (佛) 인생의 여덟 가지 괴로움. 곧, 생고(生苦)·노고(老苦)·병고(病苦)·사고(死苦)·애별리고(愛別離苦)·원증회고(怨憎會苦)·구부득고(求不得苦)·오온성고(五蘊盛苦).
愛別離苦(애별리고) 사랑하는 사람과 이별하는 괴로움.

怨憎會苦(원증회고) 미운 사람과 자꾸 만나는 괴로움.
五蘊盛苦(오온성고) 五蘊(오온)이 모두 성해져서 생기는 고통을 말한다.
求不得苦(구부득고) 구하려 하나 구하지 못하는 괴로움.
五蘊(오온) (불) 생멸·변화하는 모든 것을 종류대로 나눈 다섯 가지. 色蘊(색온)·受蘊(수온)·想蘊(상온)·行蘊(행온)·識蘊(식온)을 일컫는 말. 色(색)은 물질·육체, 受(수)는 감각·지각, 想(상)은 개념 구성, 行(행)은 의지·기억, 識(식)은 순수 의식을 말하는데 지상의 모든 중생은 심신의 작용인 이 오온으로 이루어졌다고 함.

五蘊盛苦(오온성고) (불) 八苦(팔고)의 하나. 五蘊(오온)이 모두 성해져서 생기는 고통을 말한다. 눈은 좋은 것, 아름다운 것만 보려고 한다. 귀는 좋은 소리 자신에게 유익한 소리만 들으려고 한다. 코는 좋은 냄새만 맡으려고 한다. 입은 맛있는 음식 값비싼 음식만 먹으려고 한다. 몸은 편리하려고만 한다. 떠오르는 생각이나 기억도 좋은 생각이면 행복해 하고 나쁜 생각이면 괴로워한다. 감각이나 지각도 마찬가지이다. 날씨가 좋으면 좋아하고, 춥거나 더우면 고통스러워한다. 결국 오온은 욕심으로 가득 채워진 것이다. 이런 즐거움만 얻으려고 한다면 결국 괴로움 속에 빠지게 되는 것이다.

*170 [四窮(사궁)/四窮民(사궁민)] 늙고 아내가 없는 자 鰥(환), 젊어서 남편을 잃은 여인 寡(과), 어리고 부모가 없는 아이 孤(고), 봉양해 줄 자식이 없는 사람 獨(독), 즉 鰥寡孤獨(환과고독)을 말함.

*171 [四端說(사단설)] 四端(사단)이란 동양철학에서, 인간의 마음속에 선천적으로 타고난 네 가지 단서, 실마리 곧, 인(仁)·의(義)·예(禮)·지(智)의 도덕적 단서인 측은히 여기는 마음, 부끄러워하는 마음, 사양하는 마음, 시비를 따지려는 마음이 있다고 하는 맹자의 학설.
惻隱之心仁之端也(측은지심인지단야), 측은히 여기는 마음을 일러 어짊의 실마리라 하고,
羞惡之心義之端也(수오지심의지단야), 부끄러워하고 미워하는 마음을 일러 의로움의 실마리라 하고,
辭讓之心禮之端也(사양지심예지단야), 감사하고 양보하는 마음을 일러 예의 실마리라 하고,
是非之心智之端也(시비지심지지단야). 옳고 그름을 가리는 마음을 일러 지혜의 실마리라 한다.『孟子(맹자)·公孫丑 上(공손추 상)』

*172 [四端七情(사단칠정)] 四端(사단)과 七情(칠정)을 합친 말. 사단은 仁(인)·義(의)·禮(예)·智(지)를 말하고 칠정은 喜(희)·怒(노)·哀(애)·樂(락)·愛(애)·惡(오)·欲(욕)을 말한다. '樂(락)' 대신 '두려워할 懼(구)'를 넣기도 한다. 즉 기뻐하고, 노여워하고, 슬퍼하고, 두려워하고, 사랑하고, 미워하고, 하고자 하는 것을 말한다. 이 일곱 가지는 사람이 배우지 않아도 능히 할 수 있다. 儒家(유가)에서는 四端(사단)은 사람의 四肢(사지)와 마찬가지로 태어나면서 先驗的(선험적)으로 가지고 있는 것이라고 보며, 七情(칠정)은 감정이나 심리적 작용의 일환으로 파악한다. 대개 사단은 天理(천리)의 발현이기 때문에 선한 본성을 그대로 드러내지만, 칠정은 氣(기)에 의하여 제어되어 混濁(혼탁)이 가미되기 때문에 선악의 구별이 생긴다는 것이다. 따라서 실제 인간의 감정으로 발현되는 정서는 악할 수도 있기 때문에 이를 교육을 통하여 억제할 필요가 있다고 보는 것이다.『禮記(예기)·禮運(예운)』

*173 [思無邪(사무사)/思毋邪(사무사).] 생각에 속임이 없음. 간사하게 꾸미는 일이 없음.『論語(논어)』

*174 [四勿(사물)] 공자가 안회(顔回)에게 가르친 네 가지 삼갈 일. 非禮勿視(비례물시), 非禮勿言(비례물언), 非禮勿聽(비례물청), 非禮勿動(비례물동). 예가 아니면 보지 말고, 예가 아니면 듣지 말고, 예가 아니면 말하지 말고, 예가 아니면 행동하지 말라. 예의에 벗어난 것은 되도록 피하는 것이 좋다. 보는 것, 듣는 것, 말하는 것, 행하는 것, 모두가 예가 아닌 것과 친숙하게 되면 자신도 모르게 마음도 그 올바름을 잃게 된다. 예가 아닌 것을 피하고 삼가는 것이 곧 仁(인)의 도리에 이르는 방법이다.『論語(논어)·顔淵(안연)』

*175 [四書三經(사서삼경)] 四書(사서)와 三經(삼경). 四書(사서)는 論語(논어)·孟子(맹자)·大學(대학)·中庸(중용).
[三經(삼경)] ① 군주(君主)가 나라를 유지하는 데 필요한 세 가지 대강(大綱). 즉, 마음을 바르게 하고, 공평무사하게 베풀며, 원근고하(遠近高下)로 하여금 각각 업(業)을 계승하게 하여 생활을 보장함. ② 시경(詩經), 서경(書經), 역경(易經)을 말함. ③ 또는 역경(易經), 시경(詩經), 춘추(春秋)의 세 경, 또는 서경(書經), 주례(周禮), 시경(詩經)을 삼경이라고도 함.
[五經(오:경)] ① 역경(易經)·서경(書經)·시경(詩經)·예기(禮記)·춘추(春秋)의 다섯 가지 경서(經書). ② 모세가 기록한 구약의 다섯 가지 경전. 곧, 창세기(創世記)·출애굽기(出埃及記)·레위기·민수기(民數記)·신명기(申命記).

*176 [奢者富而不足(사자부이부족), 何如儉者貧而有餘(하여검자빈이유여).] 사치하는 사람에겐 아무리 부유해도 모자라거늘, 어찌 검소한 사람의 가난하면서도 여유 있음만 할 수 있으랴!
[能者勞而府怨(능자노이부원), 何如拙者逸而全眞(하여졸자일이전진).] 능란한 사람은 애써 일하고서도 원망을 불러들이거늘, 어찌 서툰 사람의 한가로우면서도 천성을 지킴만 할 수 있으랴!『菜根譚(채근담)·前集 55』

*177 [奢者心常貧(사자심상빈), 儉者心常富(검자심상부).] 사치스러운 이는 마음이 언제나 가난하고, 검소한 이는 마

음이 언제나 부유하다.『化書(화서)』

*178 [徙宅而忘其妻(사택이망기처)/徙宅忘妻(사택망처)] '이사할 때 아내를 두고 간다'는 뜻으로, '심한 건망증이 있는 사람', 또는 '의리를 분변하지 못하는 어리석은 사람', '정말 중요한 것을 놓쳐 버리는 얼빠진 사람'을 비유하여 이르는 말이다.『孔子家語(공자가어)·賢君(현군)』

*179 [三綱五倫(삼강오륜)]
三綱(삼강) 유교 도덕의 기본이 되는 세 가지의 대강(大綱). 임금과 신하(君臣), 부모와 자식(父子), 남편과 아내(夫婦) 사이에 지켜야 할 떳떳한 도리, 곧, 君爲臣綱, 父爲子綱, 夫爲婦綱을 말한다.
君爲臣綱(군위신강) 임금은 신하들의 벼리와 같은 모범이 되어야 함. 또는 그렇게 하여야 할 도리.
夫爲婦綱(부위부강) 남편은 부인의 벼리가 되어야 함.
父爲子綱(부위자강) 아버지(부모)는 자식의 벼리가 되어야 함.
五倫(오륜) 사람으로서 마땅히 지켜야 할 다섯 가지의 윤리(倫理), 곧, 父子有親, 君臣有義, 夫婦有別, 長幼有序, 朋友有信을 말한다.
父子有親(부자유친) 부모와 자식 사이에는 친애함이 있어야 한다.
君臣有義(군신유의) 임금과 신하 사이에는 의로움이 있어야 한다.
夫婦有別(부부유별) 부부 사이에는 분별이 있어야 한다.
長幼有序(장유유서) 나이가 많고 적은 관계 사이에서는 차례가 있어야 한다.
朋友有信(붕우유신) 친구 사이에는 믿음이 있어야 한다.
오륜을 五品(오품), 五典(오전), 五常(오상), 五敎(오교)라고도 하며 삼강(三綱)과 함께 삼강오륜(三綱五倫)이라고 한다.『孟子(맹자)·滕文公 上(등문공 상)』

*180 [三懼(삼구)] 임금이 조심해야 할 세 가지 일. 곧 아랫사람의 말을 참고하지 않는 일, 연로하여 교만해지는 일, 듣기만 하고 행하지는 않는 일을 이른다.

*181 [三不幸(삼불행)] 세 가지의 불행한 일.
人有三不幸(인유삼불행), 사람에게는 세 가지 불행이 있다.
少年登高科(소년등고과), 一不幸(일불행). 어린 나이에 과거에 급제하는 것이 첫째 불행이요.
席父兄弟之勢(석부형제지세), 爲美官(위미관), 二不幸(이불행). 부모나 형제의 권세를 빌어 좋은 벼슬을 하는 것이 둘째 불행이요.
有高才能文章(유고재능문장), 三不幸也(삼불행야). 높은 재주가 있어 문장을 잘하는 것이 셋째 불행이다.
이런 것은 일반 사람들이 좋아하는 것이지만 사실은 학문의 미숙함, 다른 사람들의 비난, 덕의 부족에 의해서 몸을 망치는 원인이 되는 경우가 많다.『小學(소학)·外篇(외편)·嘉言(가언)』

*182 [君子有三思(군자유삼사), 少思其長則務學(소사기장즉무학), 老思其死則務敎(노사기사즉무교), 有思其窮則務施(유사기궁즉무시).] 장(長)·사(死)·궁(窮)의 세 가지 생각. 어릴 때는 자란 뒤를 생각하여 힘써 배우고, 늙어서는 죽은 뒤의 일을 생각하여 자손들의 가르치고, 넉넉할 때는 가난한 때를 생각하여 남을 도와줌.『孔子家語(공자가어)』

*183 [三人行必有我師(삼인행필유아사).] 세 사람이 함께 어떤 일을 행할 때, 다른 사람이 선(善)을 보면 이를 따르고, 다른 사람이 불선(不善)을 보면 반성하므로, 선·불선이 모두 나의 스승이 될 수 있다는 뜻.

*184 [三孝(삼효).] 孝有三(효유삼), 大孝尊親(대효존친), 其次弗辱(기차불욕), 其下能養(기하능양). 세 가지의 효행. 큰 효도는 어버이를 공경하는 일이고, 그 다음가는 효도는 어버이를 욕되게 하지 않는 일이며, 세 번째의 효도는 어버이를 잘 봉양하는 일이다.『禮記(예기)·祭義(제의)』

*185 [常持四字(상지사자), 勤謹和緩(근근화완).] 항상 네 글자를 지키는데, 근면함·조심함·조화함·침착함이다.『小學(소학)·外篇(외편)·善行(선행)』

*186 [上濁下不淨(상탁하부정).] 윗물이 흐리면 아랫물도 맑지 않음. 윗사람이 바르지 못하면 아랫사람도 본받아서 행실이 바르지 못하다는 뜻. 參源淸流淸(원청류청) ☞淸(청)0396

*187 [上善若水(상선약수)] 최상의 선은 물과 같다. 최상의 선은 물과 같은 것이다. 물이 최상의 선이 되는 이유는 세 가지이다. 첫째, 물은 만물에게 이로운 혜택을 주고 있다. 천지 사이에 물이 없이도 존재할 수 있는 것은 없다. 그 정도로 중대한 존재이면서도 물은 다른 것과 공적이나 명성을 다투는 일이 없다. 둘째, 인간은 한 걸음이라도 높은 위치를 원하지만, 물은 반대로 낮은 곳으로 낮은 곳으로 흘러간다. 셋째 낮은 곳에 있기 때문에 위대해 진다. 계곡이나 하천은 흘러서 큰 강이 되고, 더욱더 흘러서 바다가 되어 위대한 존재가 된다.『老子(노자)·道德經 8章(도덕경 8장)』

*188 [尙有十二隻(상유십이척), 微臣不死(미신불사).] 배가 아직 열두 척이나 남아 있고, 신이 아직 죽지 않았습니다.『忠武公(충무공)』

*189 [色難(색난)] 자식이 안색을 항상 부드럽게 하여 부모를 섬기기는 어렵다는 뜻. 일설에는 부모의 얼굴빛을 살펴 그 마음에 맞도록 봉양하기란 어려운 일이라는 뜻.『論語(논어)·爲政(위정)』

*190 [生寄死歸(생기사귀).] 사람이 이 세상에 사는 것은 잠

시 몸을 맡겨 머무는 것이고, 죽는 것은 원래의 집인 고향으로 돌아가는 것이다. 生寄也(생기야), 死歸也(사귀야) 『十八史略(십팔사략)·卷一(권일) 夏后氏(하후씨)』
[視死如歸(시사여귀).] 죽는 일을 집으로 돌아가는 것 같이 여기어 조금도 두려워하지 아니함. 君子(군자) _____. 『大戴禮(대대례)』

*191 [生年不滿百(생년불만백), 常懷千年憂(상회천년우).] 백살도 못 사는 짧은 인생이 천년 후의 일까지 생각하며 늘 많은 근심을 품고 있음. 『古詩源 西門行』

*192 [鼠口不出象牙(서구불출상아).] '쥐의 아가리에서는 상아가 돋지 않는다'는 뜻으로 훌륭한 인재는 소인배의 무리에서는 나오지 않음을 비유한 말. 『通俗篇(통속편)』

*193 [鼠牙雀角之爭(서아작각지쟁).] 쥐 송곳니와 참새 뿔의 전쟁. 쥐 송곳니와 참새 뿔은 원래 세상에 없는 것이다. 그래서 부조리하고 무리가 있는 소송을 가리키는 말이라고 한다.

*194 [棲守道德者(서수도덕자), 寂寞一時(적막일시), 依阿權勢者(의아권세자), 凄凉萬古(처량만고).] 도덕을 고수하며 사는 자는 일시적으로 매우 적막하다. 권세에 아부하고 의지하는 자는 만고에 처량하다. 『菜根譚(채근담)·前集(전집) 1』

*195 [西施(서시)] 춘추 시대 월(越)의 미인. 월왕 구천(句踐)이 회계(會稽)에서 패하자 월의 범여(范蠡)는 미인계(美人計)로 서시(西施)를 오왕(吳王) 부차(夫差)에게 바쳤던 바, 과연 부차는 그녀의 미모에 혹하여 정사를 돌보지 아니하여 도리어 구천의 침공을 받아 망하였다.

*196 鋤禾日當午(서화일당오), 논에 김을 매다보니 한낮에 이르렀네.
汗滴禾下土(한적화하토), 땀방울이 벼 아래 흙으로 떨어지네.
誰知盤中飱(수지반중손), 누가 알랴, 그릇 속의 음식이
粒粒皆辛苦(입립개신고). 알알이 전부 다 농부의 고생의 열매인 것을. 『李紳(이신)·憫農詩(민농시)』

*197 [善者不辯(선자불변), 辯者不善(변자불선).] ① 진실로 착한 사람은 자기의 선함을 남에게 말하지 않고. 자기의 착함을 남에게 말하는 사람은 선하지 않다. ② 착한 사람은 말재주가 적고, 말재주만 많은 사람은 착하지 못하다. ③ 선한 사람은 변명하지 않고, 변명하는 사람은 선하지 않다. 『老子(노자)·道德經 81章(도덕경 81장)』

*198 [善游者溺(선유자익), 善騎者墮(선기자타).] 헤엄 잘 치는 사람이 물에 빠지고, 말을 잘 타는 사람이 말에서 떨어지기 쉽다. '한 가지 재주에 뛰어난 사람이 그 재주만 믿고 자만하다가 도리어 재앙을 당함'을 비유하여 일컫는 말. 善騎者墮(선기자타) 대신 好騎者墜(호기자추)로 쓰는 경우도 있는데, 의미는 같다. 『淮南子(회남자)·原道訓(원도훈)』

*199 [先針而後縷(선침이후루).] 바늘이 먼저 가야 실이 뒤따르게 됨. 사물에는 순서가 있음을 비유하는 말. 『淮南子(회남자)·說山訓(설산훈)』

*200 [雪中松柏(설중송백)] 소나무와 잣나무는 눈 속에서도 그 빛을 변하지 않는다는 뜻으로, '절조가 굳어 변하지 않음'을 비유하여 이르는 말. _____, 愈青青(유청청) 『謝枋得(사방득)·詩(시)』

*201 盛年不重來(성년부중래), 젊고 왕성한 때는 두 번 다시 오지 않고,
一日難再晨(일일난재신). 하루에 아침이 두 번 오지 않는다.
及時當勉勵(급시당면려), 때를 만났을 때 공부를 게을리 하지 말라.
歲月不待人(세월부대인). 세월은 사람을 기다려주지 않는다. (젊은 시절은 다시 오지 않으며, 시간은 한 번 지나면 다시 돌이킬 수 없다. 때를 놓치지 말고 부지런히 일해라. 세월은 사람을 기다려주지 않는다. '청춘을 헛되이 보내지 말라'는 말.) 『古文眞寶(고문진보)·五言古風短篇(오언고풍단편) 陶淵明(도연명) 雜詩(잡시)』

*202 [聲聞過情(성문과정), 君子恥之(군자치지).] 명성이 실제보다 지나친 것을 군자는 부끄러워한다. 『孟子(맹자)·離婁 下(이루 하)』

*203 [性善說(성선설)] 인간의 본성은 착한데 물욕이 가려서 악하게 된다는 학설. 중국의 맹자가 주장한 도덕설. 〚참〛性惡說(성악설)
[性惡說(성악설)] (윤) 인간의 본성은 이기적이고 악한 까닭으로, 좋은 행위는 교육·학문·수양 등 후천적 습득에 의해서만 가능하다고 보는 학설. 중국의 荀子(순자)가 주장한 도덕설. 〚반〛性善說(성선설)

*204 [洗耳(세이)] ① 귀를 씻음. ② 더러운 말을 들은 귀를 씻고 깨끗이 함. 옛날 堯(요)가 天子(천자)의 位(위)를 許由(허유)에게 물려주겠다고 말하자, 許由(허유)가 隱者(은자)인 자기는 자기의 본분에 따르고 싶다고 거절한 후, 더러운 말을 들었다고 해서 귀를 씻었다는 고사에서 나온 말이다. 소를 몰고 가던 巢父(소부)가 허유에게 왜 귀를 씻느냐고 물었다. 귀를 씻는 연유를 말하자 소부는 더러운 귀를 씻은 구정물을 나의 소에게 먹일 수 없다고 강물을 거슬러 올라갔다. 『皇甫謐(황보밀)·高士傳(고사전)』

*205 [世人結交須黃金(세인결교수황금), 黃金不多交不深(황금부다교불심).] 세상 사람들은 모름지기 금전으로써 교제

를 맺음. 돈이 많지 않으면 그 사귐도 깊지 않음. 돈으로 친구를 사귀는 세태를 개탄하며 읊은 시. 『張謂(장위)·詩(시)』

*206 [歲寒松柏(세한송백)] 겨울에도 푸름을 변하지 않는 소나무와 잣나무. '군자가 곤궁과 환난에 처해서도 지조를 바꾸지 않음'을 비유하는 말. 『論語(논어)』

*207 [所惡於智者(소오어지자), 爲其鑿也(위기착야).] 지혜로움을 미워하는 까닭은 사소한 것을 너무 파고들어 穿鑿(천착)하기 때문이다. 지혜는 인간에게 중요한 덕목이긴 하지만, 주의해야 할 것은 너무나 잔재주를 부리고 사소한 것에 지나치게 파고드는 폐단이 있다. 『孟子(맹자)·離婁 下(이루 하)』

*208 [小人窮斯濫矣(소인궁사람의).] 소인은 곤궁해지면 상도(常道)를 벗어나 나쁜 일을 하게 됨. ('濫'은 예의와 법도에서 벗어나는 일.) 『論語(논어)·衛靈公(위령공)』

*209 [小人之過必文(소인지과필문).] 소인들은 허물이 있으면 반드시 꾸며대는 법이다. 자신이 저지른 과오를 고칠 생각은 않고 반드시 변명만 늘어놓는다. 그 결과로 제2, 제3의 과오를 저지르게 된다. '文'은 꾸밈, 修飾(수식)의 뜻. 『論語(논어)·子張(자장)』

*210 [小人溺於水(소인익어수), 君子溺於口(군자익어구), 大人溺於民(대인익어민).] 소인은 물에 빠지고, 군자는 입에 의한 재난에 빠지고, 대인은 백성들에 의한 재난에 빠진다. 백성은 종종 물에 빠지고, 사람을 다스리는 관리는 자칫하면 말을 잘못해서 오는 재앙에 빠지며, 천하 국가를 다스리는 사람은 백성을 잘못 다스려서 백성들에 의한 재난에 빠지는 경우가 있다. 『禮記(예기)·緇衣(치의)』

*211 [小人閒居爲不善(소인한거위불선).] 소인은 한가로이 혼자 있으면 사람이 보고 있지 않음을 기화로 나쁜 일을 함. 『大學(대학)』

*212 [少壯幾時兮奈老何(소장기시혜나노하), 歡樂極兮哀情多(환락극혜애정다).] 젊음은 얼마 동안도 아니되고, 이내 곧 늙어짐을 어찌할 수 없구나. 환락이 극에 달하면 도리어 슬픈 마음이 많아진다. 『漢武帝(한무제), 秋風詩(추풍시)』

*213 [松柏(송백)] 소나무와 잣나무. 둘 다 사철을 통하여 빛깔이 변하지 않는 데서, '사람의 절개'를 비유하여 이르는 말.

*215 [松柏之下其草不殖(송백지하기초불식).] '소나무와 잣나무 밑에는 풀이 번식하지 못한다'는 뜻으로, '약한 자는 강대한 사람에게 세력을 빼앗김'을 비유하여 이르는 말. 松柏之下無美草(송백지하무미초). 『春秋左氏傳(춘추좌씨전)』

*216 [松柏摧爲薪(송백최위신).] 천년 장수한다는 소나무와 잣나무도 한 번 패이면 장작이 되고 만다. 『劉廷芝(류정지)·詩(시)』

*217 [殺頭而便冠(쇄두이편관), 削足而適履(삭족이적리).] '머리를 깎아내어 관을 쓰기에 편리하고, 발을 깎아서 신발에 맞춘다'는 뜻으로, 일의 본말이 전도됨을 이르는 말. 『淮南子(회남자)·說林訓(설림훈)』

*218 [守口如甁(수구여병), 防意如城(방의여성).] 입을 굳게 다물기를 병마개 막듯이 하라. 그리고 꼭 필요할 때만 마개를 열어 그 물을 사용하면 된다. 항상 조심하여 불필요한 말로 오해를 사거나 주변 사람을 불편하게 해서는 안 될 것이다. 성을 지키는 것처럼 마음을 드러내려는 욕심을 삼가라. 사람은 자기 마음속에 있는 생각을 남에게 보이고 싶어 하는 속성이 있다. 그렇게 함으로써 남의 이목을 끌려고 한다. 그러나 생각을 함부로 내보였다가는 크게 손해를 보거나 오해를 불러일으킴으로써 일생을 망치는 수도 있다. 어느 때고 세상에 떠돌아다니는 말은 세배 열배로 늘어 큰 낭패를 보게 되는 것이다. 그래서 朱熹(주희)는 마음속의 생각을 함부로 내보이지 말라고 한 것이다. 『朱子(주자)·敬齋箴(경재잠)』

*219 [水可載舟(수가재주), 亦可覆舟(역가복주).] 물은 배를 띄울 수도 있지만, 동시에 배를 뒤집을 수도 있다. 어떤 일에 도움을 주는 것이 때로는 해를 끼칠 수 있다는 말이다. 원래의 뜻은 임금을 배에, 백성을 물에 비유한 것이다. '임금은 백성에 의하여 일어서기도 하며, 또한 백성에 의해 망하기도 함'을 비유하여 이르는 말이다. 동載舟覆舟(재주복주) 『後漢書(후한서)·皇甫規傳(황보규전)』
水能載舟又覆舟(수능재주우복주). 물은 능히 배를 띄우기도 하고 또한 전복시키기도 한다는 뜻으로, '임금은 백성에 의하여 일어서기도 하며, 또한 백성에 의해 망하기도 함'을 비유하여 이르는 말. 『荀子(순자)』

*220 [嫂溺不援是豺狼也(수닉불원시시랑야).] 형수가 물에 빠져 위급한 경우, 남녀 사이에 물건을 직접 手交(수교)하지 않는 것이 常禮(상례)라 하여 시동생이 이를 구하지 않는 것은 승냥이나 이리와 다를 것이 없다. '위급할 때 스스로 임기응변의 權道(권도)를 쓰지 않으면, 상례도 도리어 人道(인도)에 어긋남'을 이르는 말. 『孟子(맹자)』

*221 [守身守之本也(수신수지본야).] 나라를 지키는 것이나 벼슬을 지키는 것이나 다 지키는 것이지만, 내 몸을 바르게 지키는 것이 지킴의 근본임. 『孟子(맹자)』

*222 [修身齊家治國平天下(수신제가치국평천하).] 몸을 닦고 집안을 정돈하며 나라를 다스리고 세상을 평안하게

함. 『大學(대학)』

*223 [水深而魚聚(수심이어취).] 물이 깊으면 고기가 모여든다는 뜻으로 '덕이 높은 군자에게는 사람들이 스스로 모여듦'을 비유하여 이르는 말. 『如不及齋文鈔(여불급재문초)』

*224 [樹欲靜而風不止(수욕정이풍부지), 子欲養而親不待(자욕양이친부대).] 나무는 고요하게 있고 싶어 하나 바람이 그치지 않고, 자식이 어버이를 봉양하고자 하나 어버이는 이미 돌아가셔서 이 세상에 (기다리고) 계시지 않음. 효도를 다하지 못한 채 어버이를 여읜 자식의 슬픔을 이르는 말. 風樹之嘆(풍수지탄)이라고도 함. 『後漢書(후한서)』

*225 [誰謂鼠無牙(수위서무아), 誰謂雀無角(수위작무각).] 누가 쥐에는 상아가 없다고 하며, 누가 참새에게 뿔이 없다고 할 것인가. '사물이 흡사하면서도 같지 아니함'을 이르는 말이다. 『詩經(시경)』

*226 [誰知明鏡裏(수지명경리), 形影自相憐(형영자상련).] 누가 거울의 속을 알 수 있으리오. 거울 속에 비친 그림자와 현실의 내가 서로 불쌍하게 여기게 될 줄이야. 『唐詩選(당시선)·張九齡(장구령)·照鏡見白髮(조경견백발)』

*227 [水至淸則無魚(수지청즉무어), 人至察則無徒(인지찰즉무도).] 물이 너무 맑으면 고기가 없고, 사람이 너무 세세하게 살피면 따르는 무리가 없다. 지나치게 세밀한 부분까지 따지는 사람 밑에는 인재가 모여들지 않는다. 참水淸無大魚(수청무대어) 『古詩源(고시원)·漢書(한서)』

*228 [順天者存(순천자존), 逆天者亡(역천자망).] 하늘의 도리에 순종하는 자는 살아남고, 하늘이 도리에 거역하는 자는 망한다. 『孟子(맹자)·離婁 上(이루 상)』

*229 [述而不作(술이부작)] 기술하기만 할 뿐 지어내지 않는다. 공자가 자신의 저술이 옛 성인의 말을 따라 기록했을 뿐 스스로 창작한 것은 아니라는 겸손을 보인 표현임. 『論語(논어)』

*230 [習而不察(습이불찰), 察而不覺(찰이불각).] 이미 습관이 되어 발견하지 못하고, 발견을 해도 변화를 느끼지 못한다. 현실 속에서 변화의 흐름에 무감각해지고, 그 변화를 알아차린다고 하더라도 그 실상을 제대로 느끼지 못한다. 습관이나 버릇에 젖어 현실을 제대로 보지 못하는 나의 어리석음을 이르는 말이다.

*231 [勝固欣然(승고흔연), 敗亦可喜(패역가희).] 이기면 말할 수 없이 기쁘고, 지더라도 또한 즐겁다. 벗과의 바둑 대국의 즐거움을 나타낸 말이다. 『蘇東坡(소동파)』

*232 [勝敗兵家之常事(승패병가지상사).] 이기고 지는 것은 兵家(병가)에서 일상적인 일이다. 전쟁이든 경쟁이든 승패가 갈려야 할 상황에 놓여 있다면 지고 이기는 것에 크게 개의치 말고 최선을 다하는 것이 더욱 중요하다는 말이다. 『唐書(당서)·裴度傳(배도전)』
知彼知己者(지피지기자) 百戰不殆(백전불태). 적을 알고 나를 아는 자는 백 번 싸워도 위태롭지 않으며,
不知彼而知己者(부지피이지기자) 一勝一負(일승일부). 적을 모르고 나를 아는 사람은 승부도 비슷하며,
不知彼而不知己者(부지피이부지기자) 每戰必敗(매전필패). 적도 모르고 나도 모르는 자는 싸울 때마다 번번이 지고 만다.

*233 時然後言(시연후언), 人不厭其言(인불염기언). 말할 만한 때가 된 후에야 말을 하니 사람들이 그의 말을 싫어하지 않는다.
樂然後笑(낙연후소), 人不厭其笑(인불염기소). 즐거운 뒤에야 웃으니 사람들이 그의 웃음을 싫어하지 않는다.
義然後取(의연후취), 人不厭其取(인불염기취). 의리에 맞은 뒤에야 취하니 사람들이 그가 취하는 것을 싫어하지 않는다. 『論語(논어)·憲問(헌문)』

*234 [市虎成於三人(시호성어삼인).] 시장에 범이 있을 리 만무하지만, 이를 말하는 사람이 셋에 이르면 마침내 믿게 된다는 뜻으로, '터무니없는 말도 말하는 사람이 여럿이면, 마침내 사람을 현혹하게 함'을 비유하여 이르는 말. 『淮南子(회남자)』

*235 [信言不美(신언불미), 美言不信(미언불신).] 진실한 말은 아름답지 않고, 아름다운 말은 진실하지 못하다. 꾸민 말에는 진실한 멋이 없다. 『老子(노자)·道德經 81章(도덕경 81장)』

*236 [身體髮膚受之父母(신체발부수지부모), 不敢毁傷(불감훼상), 孝之始也(효지시야).] 신체와 모발, 피부는 부모에게 받았으니, 감히 손상하지 않는 것이 효도의 처음이다.
[立身行道(입신행도), 揚名於後世(양명어후세), 以顯父母(이현부모), 孝之終也(효지종야).] 입신하여 도리를 행하고, 후세에 이름을 날려 부모를 드러내는 것이 효도의 끝이다. 『孝敬(효경)·開宗明義(개종명의)』

*237 [實事求是(실사구시)] 사실에 의거해서 진리를 탐구하다. 학문이나 사업을 벌일 때, 헛된 공상이나 막연한 가능성에 의지하지 않고, 직접 확인하고 경험하면서 사실을 이끌어내는 태도를 말한다. 곧 空理(공리)나 空論(공론)을 떠나서 정확한 고증에 따라 과학적으로 밝히려던 청나라 고증학의 학문 태도로서, 조선 때 실학파의 학문에 큰 영향을 주었음. 『漢書(한서)』

*238 [室於怒市於色(실어노시어색).] 집에서 성난 사람 저자에서 분풀이 한다는 뜻으로, '마구잡이로 화풀이를 하거

나 노여움을 딴 사람에게 옮김'을 비유하여 이르는 말. 怒於室色於市(노어실색어시)『春秋左氏傳(춘추좌씨전)』

*239 [失言(실언)] 말을 잃다. 경우 없이 말을 해서 남에게 실례를 범하는 것을 말한다. 그러나 원래 失言(실언)의 뜻은 失人(실인)과 더불어 단순한 실수만을 의미한 것은 아니었다.
可與言而不與之言(가여언이불여지언), 失人(실인). 더불어 말할 수 있는 사람인데도 대화를 나누지 않으면 사람을 잃고,
不可與言而與之言(불가여언이여지언), 失言(실언). 더불어 말할 필요도 없는 사람인데 대화를 나누었다면 말을 잃은 것이다.
智者不失人亦不失言(지자불실인역불실언). 지혜로운 사람은 사람을 잃지도 않고 말을 잃지도 않는다.『論語(논어)·衛靈公(위령공)』

*240 [深根者難拔(심근자난발)]. 뿌리가 깊은 것은 뽑기가 어려움.『蜀志(촉지)』

*241 [心不在焉(심부재언) 視而不見(시이불견), 聽而不聞(청이불문), 食而不知其味(식이부지기미).] 마음에 있지 않으면 보아도 보이지 않고, 들어도 들리지 않고, 먹어도 그 맛을 모른다. 즉 하고자 하는 의식이 없으면 아무리 권하고 이끌어도 선뜻 따르지 않는다는 말이다.『大學(대학)·正心章(정심장)』

*242 [十戒(십계)] 불가(佛家)에서의 열 가지 경계. 사미십계(沙彌十戒)는
불살생(不殺生) 중생을 죽이지 말라.
불투도(不偸盜) 도둑질하지 말라.
불사음(不邪淫) 淫行(음행)하지 말라.
불망어(不妄語) 거짓말하지 말라.
불음주(不飮酒) 술을 마시지 말라.
부도식향만(不塗飾香鬘) 꽃다발을 쓰거나 향을 바르지 말라.
불가무관청(不歌舞觀聽) 노래하고 춤추는 짓을 하지 말라.
부좌고광대상(不坐高廣大牀) 높고 넓은 平床(평상)에 앉지 말라.
불비시식(不非時食) 때가 아니면 먹지 말라.
불축금은보(不蓄金銀寶) 금·은 등의 보물로 몸을 두르지 말라.
이상 열 개의 계이다.

*243 [十惡(십악)] 몸·입·뜻의 三業(삼업)으로 짓는 열 가지 죄악. 殺生(살생), 偸盜(투도), 邪淫(사음)과 같은 身業(신업), 妄語(망어), 綺語(기어), 兩舌(양설), 惡口(악구)와 같은 口業(구업), 貪慾(탐욕), 瞋恚(진에), 愚癡(우치)와 같은 意業(의업)을 이른다. 十不善業(십불선업)

*244 [眼光徹紙背(안광철지배).] '눈빛이 종이 뒷면까지 비친다(뚫는다)'는 뜻으로, '독서의 이해력이 예민함'을 이르는 말.

*245 [安分身無辱(안분신무욕), 知機心自閑(지기심자한).] 분수를 알고 지키면 일신에 욕됨이 없고, 세상 돌아가는 것을 알면 마음이 절로 한가해진다. 여기에서의 '安(안)'은 단지 안다는 뜻이 아니라, 알고서 마음이 편안해진다는 뜻이다. 4를 가지고 3을 쓰는 3/4는 眞分數(진분수)요, 4를 가지고 5를 쓰는 5/4는 假分數(가분수)이다. '참 眞(진)' 분수와 '거짓 假(가)' 분수의 의미를 잘 생각해 볼 일이다.『明心寶鑑(명심보감)·安分吟(안분음)』

*246 [眼不見心不煩(안불견심불번).] 눈으로 보지 않으면 마음에 번뇌가 생기지 않는다.『紅樓夢(홍루몽)』

*247 [眼中拔釘(안중발정), 豈不樂哉(기불락재).] 눈에 박힌 못이 빠졌으니 어찌 즐겁지 아니한가.『十八史略(십팔사략)』

*248 [愛而不敬(애이불경), 獸畜之也(수축지야).] 사랑하기만 하고 공경하지 않으면 짐승을 기르는 것이다.『孟子(맹자)·盡心 上(진심 상)』

*249 [愛人不親反其仁(애인불친반기인), 治人不治反其智(치인불치반기지), 禮人不答反其敬(예인부답반기경).] 남을 사랑하여도 친해지지 않으면 자기의 어진 마음을 반성해보고, 남을 다스려도 다스려지지 않으면 자기의 지혜를 돌이켜 반성해보고, 예의를 차렸는데도 답례하지 않으면 남을 공경하는 마음을 돌이켜 반성해보아야 한다. 잘못을 남에게서 구하지 말고 늘 자기 안에서 찾으라는 말이다.『孟子(맹자)·離婁 上(이루 상)』

*250 [愛人以德(애인이덕).] 남을 사랑함에는 덕으로써 함. 일시적이며 假飾的(가식적)인 사랑은 사랑이 아님을 이른다.『禮記(예기)』

*251 [冶家無食刀(야가무식도).] '대장간에 식칼이 논다'는 뜻으로, 생활에 쫓기다보니 남의 뒷바라지만 하고 정작 제 일에는 등한히 되어 버림. 또는 마땅히 흔해야 할 곳에 도리어 그 물건이 의외로 부족하거나 없는 경우를 이르는 속담이다.

*252 [野壇法席(야단법석)] ① 야외에 단을 차려 크게 베푼 설법장. ② 많은 사람들이 모여들어 떠들거나 부산하게 구는 일. ¶야단법석 떨지 말고 좀 조용히 해라 '野壇(야단)'이란 '야외에 세운 단'이란 뜻이고, '法席(법석)'은 '불법을 펴는 자리'라는 뜻이다. 즉 '야외에 자리를 마련하여 불법을 펴는 자리'라는 뜻이다. 법당이 비좁아 많은 신도들이 다 들어올 수 없었기 때문에, 야외에 단을 펴고 설법을 듣고자 하는 것이다. 그만큼 말씀을 듣

고자 하는 사람이 많았던 것이다. 사람이 많이 모이면 아무래도 질서가 흐트러지고 시끌벅적하며 어수선해질 수밖에 없다. 경황이나 질서가 없고 시끌벅적한 상태를 가리켜 비유적으로 '야단법석'이라고 하는데, 지금은 원래의 뜻은 완전히 사라지고 파생된 뜻만 남아 일반화되었다.
[惹端法席(야단법석)] 많은 사람들이 모여들어 떠들거나 부산하게 구는 일.

*253 [弱冠(약관)] 남자 스무 살에 冠禮(관례)를 한다는 데서 남자 나이 스무 살 된 때를 일컫는 말. '弱(약)'은 '부드럽다'는 뜻인데 기골이 완전히 성숙하지는 않았지만 사람 구실은 할 수 있게 되었다는 의미이다. '冠(관)'은 성년이 되면서 쓰는 갓을 말한다. 옛날에는 나이 스물이 되면 冠禮(관례)를 올려 한 사람의 성인으로 대우하는 의식을 갖추었다. 이 두 말이 합쳐 성어가 된 것이다. 人生十年曰幼學(인생십년왈유학), 二十曰弱冠(이십왈약관). 『禮記(예기)·曲禮(곡례)』

*254 [若藥不瞑眩(약약불명현), 厥疾不瘳(궐질불추).] 만약 약이 독하여 정신이 어지럽지 않으면 그 병이 낫지 않는다. 충성스러운 말도 사람에게 강하게 작용하지 않으면 효과가 없다. 『孟子(맹자)·滕文公 上(등문공 상)』

*255 [羊頭狗肉(양두구육)] '양의 머리를 내걸어 놓고 실제로는 개고기를 판다'는 뜻으로, 겉으로는 훌륭하게 보이고 속은 변변하지 않은 것을 비유하는 말. 懸羊頭賣狗肉(현양두매구육).

*256 [良藥苦於口(양약고어구), 忠言逆於耳(충언역어이).] 좋은 약은 입에 쓰고, 충성스런 말은 귀에 거슬린다. 몸이나 행동에 이로운 것은 대개 사람의 생각과 어긋나기 쉽다는 말이다. 图良藥苦口(양약고구), 良藥苦於口利病(양약고어구리병) 『後漢書(후한서)』, 『孔子家語(공자가어)』

*257 [攘羊(양양)] 양을 훔침. 제집에 들어온 羊(양)을 주인에게 돌려주지 않고 감추어 가짐. 춘추 시대 楚(초)의 直躬(직궁)이란 사람이 그의 아버지가 攘羊(양양)한 것을 고발하여 자기의 정직을 밝혔다는 고사에서, '고지식하게 한 행동이 도리어 도리에 맞지 않음'을 비유하여 이르는 말. 『論語(논어)』

*258 [揚言者寡信(양언자과신).] 큰소리치는 사람은 그것을 실행하는 일이 적음. 『逸周書(일주서)』

*259 [兩雄不俱立(양웅불구립).] 두 영웅이 함께 천하를 가질 수 없으며 반드시 싸워서 어느 한 쪽이 패배하거나 둘 다 무너진다는 뜻이다. 『史記(사기)·酈生列傳(역생열전)』

*260 兩人對酌山花開(양인대작산화개), 두 사람이 대작하니 산의 꽃도 활짝 피었다.
一盃一盃復一盃(일배일배부일배). 한 잔 한 잔 다시 한 잔 마음껏 잔을 기울이세.
我醉欲眠君且去(아취욕면군차거), 나는 이미 취하여 잠이 오니, 자네도 그만 돌아가게.
明朝有意抱琴來(명조유의포금래). 내일 아침 생각이 있으면 거문고 들고서 다시 오게나. 『古文眞寶(고문진보)·七言古風短篇(칠언고시편) 李泰伯(이태백) 山中對酌(산중대작)』

*261 [養子方知父母恩(양자방지부모은).] 제 자식을 길러 보고서야 비로소 부모의 은혜를 알 수 있다. 『明心寶鑑(명심보감)』
[養子息知親力(양자식지친력)] 자식을 길러 보아야 어버이의 수고를 앎.

*262 [養子不敎父之過(양자불교부지과), 訓導不嚴師之惰(훈도불엄사지타).] 자식을 양육하는 데 가르치지 않는 것은 부모의 잘못이다. 가르쳐 이끄는 데 엄하지 않는 것은 스승의 태만이다. 『古文眞寶(고문진보)·勸學文(권학문)』

*263 [於禽獸又何難焉(어금수우하난언).] 금수에게 또 무엇을 꾸짖을 것이 있겠는가. 금수와 같은 사람에게 진지하게 비난할 필요는 없다. 상대를 하지 말아야 한다. 『孟子(맹자)·離婁 下(이루 하)』

*264 [於安思危(어안사위), 於達思窮(어달사궁), 於得思喪(어득사상).] 편안할 때에 위험하게 될 때를 생각하고, 잘 통할 때에 막힐 때를 생각하고, 사물을 소유하게 될 때에, 그것을 상실할 때의 일을 생각한다. 『呂氏春秋(여씨춘추)』

*265 [言甘家醬不甘(언감가장불감).] 말 많은 집에 장맛이 쓰다는 뜻으로, 가정에 말이 많으면 살림이 잘 안 됨, 또는 말이 많은 곳에는 실속이 없음을 비유하여 이르는 말.

*266 [言寡尤行寡悔(언과우행과회).] 말을 신중하게 하면 과실이 적어지고, 행동을 조심하면 후회를 적게 한다. 곧, 말과 행동을 조심하라는 뜻이다. 『論語(논어)·爲政(위정)』

*267 [言他事食冷粥(언타사식냉죽).] '남의 말 하기는 식은 죽 먹기'라는 뜻으로, 남의 흉을 보는 것은 매우 쉬움을 이르는 말.

*268 [言悖而出者亦悖而入(언패이출자역패이입).] 도리에 벗어난 말을 남에게 하면, 그 사람도 또한 그러한 말로 내게 갚음. '가는 말이 고와야 오는 말이 곱다'와 같은 뜻.

[貨悖而入者亦悖而出(화패이입자역패이출).] 부정한 수단으로 번 재물은 본인에게 좋지 못한 일, 곧 불의의 재난 등으로 잃어버림. 悖入悖出(패입패출). 『大學(대학)·傳10章(전10장)』

*269 [嚴冬不肅殺(엄동불숙살), 何以見陽春(하이견양춘).] 한겨울 추위가 혹독하지 않고서야 어찌 봄날의 화창함이 있으랴. 『唐(당) 呂溫(여온)』

*270 [如狗食藥果(여구식약과).] 개 약과 먹듯 한다. 곧 '입에 넣고 먹기는 하나 맛을 모른다'는 뜻으로, '남의 말을 들으면서도 뜻을 알지 못함'을 비유하여 이르는 말. 또는 뜻을 모르면서도 글을 보는 것을 비유하여 이르는 말.

*271 여덟 가지 잘못
做錯(주착) 자기가 할 일이 아닌데 덤비는 것.
妄靈(망령) 상대방이 청하지 않았는데 의견을 말하는 것.
阿諂(아첨) 남의 비위를 맞추려고 말하는 것.
分數(분수) 시비를 가리지 않고 마구 말하는 것.
讒訴(참소) 남의 단점을 말하기를 좋아하는 것.
離間(이간)질 남의 관계를 갈라놓아 버리는 것.
姦慝(간특) 나쁜 짓을 칭찬하여 사람을 타락시키는 것.
陰凶(음흉) 옳고 그름을 가리지 않고 비위를 맞춰 상대방의 속셈을 뽑아보는 것.
　이 여덟 가지 잘못은 밖으로는 남을 어지럽히고, 안으로는 자기의 몸을 해치기 때문에 이런 사람을 친구로 신하로 삼지 않는다. 『莊子(장자)』

*272 [力拔山氣蓋世(역발산기개세).] 힘은 산을 뽑을 만하고, 의기는 세상을 뒤덮을 만하다는 뜻으로, 기력(氣力)이 뛰어난 모양을 일컫는 말. 『史記(사기)』

*273 [鳶飛魚躍(연비어약).] 솔개는 날아 하늘에 이르고, 물고기는 못에서 뜀. 詩經(시경)의 본뜻은 새나 물고기와 같은 微物(미물)이 스스로 만족하게 여기는 모양, 또는 임금의 德化(덕화)가 골고루 미친 모양을 말한 것이나, 중용에 인용된 뜻은 솔개가 하늘로 나는 것이나 물고기가 못에서 뛰는 것은 다 道(도)의 작용이며, 천지만물은 자연의 성품을 따라 움직여 저절로 그 즐거움을 얻음을 뜻한다. 鳶飛戾天魚躍于淵 (연비려천어약우연). 『詩經(시경)』

*274 [蓮之出淤泥而不染(연지출어니이불염).] '연꽃은 진흙 가운데서 났으나, 진흙에 더럽히지 않는다'는 뜻으로, '청렴 결백함'을 비유적으로 이르는 말. 凷淤泥蓮(어니련) 『周茂叔(주무숙)·愛蓮說(애련설)』

*275 [燕雀安知鴻鵠之志(연작안지홍곡지지).] 제비나 참새가 어찌 기러기나 고니의 뜻을 알겠는가? 소견이 좁은 사람은 뜻이 큰 사람의 야망을 이해하지 못한다는 말이다. 『史記·陳涉世家(진섭세가)』

*276 [令苛則不聽(영가즉불청), 禁多則不行(금다즉불행).] 법령이 가혹하면 도리어 잘 지켜지지 않고, 금하는 것이 많으면 잘 행하여지지 않는다. 『呂氏春秋(여씨춘추)』

*277 [禮無不答(예무부답).] 답례를 하지 않으면 예가 없는 것임. 예에 있어서는 반드시 답례가 있어야 한다.

*278 [禮門義路(예문의로).] 예는 군자의 출입하는 문이며, 義(의)는 군자의 걸어가는 길임. 『孟子(맹자)』

*279 [禮煩則亂(예번즉란).] 예의가 너무 까다로우면 도리어 문란해짐. 『書經(서경)』

*280 [禮不踰節(예불유절).] 예의는 절도를 넘지 않는다. 예의는 절도를 넘어서는 안 된다. 정중한 것이 좋다 하더라도 도를 넘어선 정중함은 오히려 아부에 가까워져서, 때로는 실례가 되기까지 한다. 『禮記(예기)·曲禮上(곡례 상)』, 『小學(소학)·內篇(내편)·敬身(경신)』

*281 [禮尙往來(예상왕래).] 예절은 서로 왕래하고 교제함을 귀히 여김. 『禮記(예기)』

*282 [禮順人情(예순인정).] 예는 인정에 순종함. 예의는 사회 인사 행위의 준칙이므로 인정에 따라야 함을 필요로 함. 법치주의에 상대하여 이르는 말.

*283 [禮勝則離(예승즉리).] 예의가 지나치면 도리어 백성들의 사이가 멀어짐. 『禮記(예기)』

*284 [五戒(오계)] 불교의 다섯 가지 계율. 곧, 살생(殺生)·투도(偸盜)·사음(邪淫)·망어(妄語)·음주(飮酒)를 금하는 계율(戒律). 이 계율을 지키지 않음을 오악(五惡)이라 한다.
世俗五戒(세속오계) 신라 때, 원광이 지은 화랑의 다섯 가지 계율. 곧
事君以忠(사군이충) 충성으로써 임금을 섬김.
事親以孝(사친이효) 효도로써 부모를 섬김.
交友以信(교우이신) 믿음으로써 친구를 사귐.
臨戰無退(임전무퇴) 전쟁에 임하여 물러서지 않음.
殺生有擇(살생유택) 산 것을 죽임에는 가림이 있음.

*285 [五福(오복)] 정치를 행하기 위해서는 백성의 행복과 관련된 다섯 가지 사항을 생각한다. 다섯 가지 복이란,
一曰壽(일왈수), 첫째, 수명이 길어야 한다.
二曰富(이왈부), 둘째, 생활이 넉넉해야 한다.
三曰康寧(삼왈강녕), 셋째, 건강하고 마음이 편안해야 한다.
四曰攸好德(사왈유호덕), 넷째, 도덕을 좋아하고 즐겨야

한다.
五曰考終命(오왈고종명). 다섯째, 천수를 다하는 것이다.『書經(서경)·洪範(홍범)』

　　세간에서는 攸好德(유호덕)·考終命(고종명) 대신 貴(귀)와 子孫衆多(자손중다)를 넣기도 한다.

*286 [五不孝(오불효)] 다섯 가지 불효. 게을러서 부모를 돌보지 아니함, 도박과 술을 좋아하여 부모를 돌보지 아니함, 돈과 처자(妻子)만을 좋아하여 부모를 돌보지 아니함, 유흥을 좋아하여 부모를 욕되게 함, 성질이 사납고 싸움을 잘 하여 부모를 불안하게 함.

*287 [敖不可長(오불가장), 欲不可從(욕불가종).] 오만함을 자라게 해서는 안 되며 욕심을 마음껏 채우게 해서는 안 된다. 어느 쪽이든 적당하게 억제하지 않으면 무한히 커져서 몸을 망치게 된다.
志不可滿(지불가만). 뜻을 가득 차게 해서는 안 된다. 모든 것에 대해서 완전히 만족할 때까지 추구한다는 생각은 버려야 한다. 욕망은 한없이 나아가기 때문에 한도가 필요하다.
樂不可極(낙불가극). 즐거움을 마음껏 누려서는 안 된다. 쾌락을 추구하는 마음은 한이 없는 것이며, 그 끝에는 권태와 절망이 기다리고 있다.『禮記(예기)·曲禮上(곡례 상)』

*288 [五十步笑百步(오십보소백보).] 싸움에서 오십 보 달아난 사람이 백 보 달아난 사람을 비겁하다고 비웃다. 정도의 차이가 조금은 있으나 본질은 같다. 五十步百步(오십보백보)라고 줄여서 쓰기도 한다.『孟子(맹자)·梁惠王章句(양혜왕장구)』

*289　子曰(자왈), 吾十有五而志于學(오십유오이지우학). 나는 열다섯 살에 학문에 뜻을 두었다.
三十而立(삼십이립). 서른 살에 자립했다.
四十而不惑(사십이불혹). 마흔 살에 망설임이 없었다. 마흔 살은 한창 활동하는 때로서 일반적으로는 망설임이 많은 때이지만, 나는 자신의 인생 문제에 망설임이 없어졌다.
五十而知天命(오십이지천명). 쉰 살에 천명을 깨달았다. 사람이 살아가면서 겪게 되는 길흉화복은 피하기 어려운 것임을 나는 깨달았다. 동시에 나는 이 세상을 구제할 사명을 하늘로부터 부여받은 것을 자각했다.
六十而耳順(육십이이순). 예순 살에 모든 것을 듣는 대로 이해하게 되었다. 예순 살이 되어 경험도 많이 얻은 내 귀는 무슨 말을 듣더라도 이상하다고 느끼지 않았으며, 저항감이나 놀라움도 없게 되었다. 세상일을 비로소 터득하게 되었던 것이다.
七十而從心所欲(칠십이종심소욕), 不踰矩(불유구). 일흔 살에 마음이 하고 싶은 대로 해도 법도에서 벗어나지 않았다. 일흔 살이 된 후부터는 내가 하고 싶은 대로 말하고 행동해도 법도에서 벗어나지 않았다. 이것이야말로 수양의 극치이다.『論語(논어)·爲政(위정)』

*290 [五種遺規(오종유규)]
貧賤生勤儉(빈천생근검), 빈천은 근검을 낳고,
勤儉生富貴(근검생부귀), 근검은 부귀를 낳고,
富貴生驕奢(부귀생교사), 부귀는 교만과 사치를 낳고,
驕奢生淫佚(교사생음일), 교만과 사치는 음란함을 낳으며,
淫佚生貧賤(음일생빈천). 음란함은 빈천을 낳는다.
　　이렇게 다섯 가지 길이 쳇바퀴처럼 돈다.『陳弘謀(진홍모)』

*291 [五行(오행)] 중국 고래의 哲理(철리)로, 만물을 생성하는 우주간의 다섯 가지 원소. 곧 금(金)·목(木)·수(水)·화(火)·토(土). 오행에는 서로 도와 생성해주는 이치와 서로 배척하고 부정하는 이치 즉, 오행상생(五行相生)과 오행상극(五行相剋)의 이치로 우주 만물을 지배한다.
五行相生(오행상생) 오행의 다섯 원소가 서로 가까이 하여 생성해 주는 이치. 금은 수를, 수는 목을, 목은 화를, 화는 토를, 토는 금을 생성해 감. 곧, 목생화(木生火)·화생토(火生土)·토생금(土生金)·금생수(金生水)·수생목(水生木)의 이치.
五行相剋(오행상극) 五行(오행)의 다섯 원소가 서로 배척하고 부정하는 이치. 토는 수를, 수는 화를, 화는 금을, 금은 목을, 목은 토를 부정한다는 이치. 토극수(土克水)·수극화(水克火)·화극금(火克金)·금극목(金克木)·목극토(木克土).
五行毋常勝(오행무상승). 오행에는 항상 이기는 것이 없다. 五行(오행), 즉 火·水·土·木·金 사이에는 항상 이긴다는 것은 없다. 물은 불에는 이겨도 흙에게는 진다. 흙은 물에는 이겨도 나무에게는 진다. 나무는 흙에게는 이겨도 쇠에게는 진다. 쇠는 나무에게는 이겨도 불에게는 진다. 불은 쇠에게는 이겨도 물에게는 진다. 이것은 또한 천하의 정해진 이치이기도 하다.『墨子(묵자)·經(경)下(하)』,『書經(서경)·洪範(홍범)』
　　오행인 火·水·土·木·金에 日과 月을 더하여 칠요일의 이름을 붙였고, 태양계 혹성의 이름도 오행 火·水·土·木·金과 天(천)·海(해)를 더하여 그 이름을 붙였다.

*292 [陰陽五行(음양오행)] '陰陽(음양)'은 천지간에 있어서 만물을 지어내는 두 가지 기운, '五行(오행)'은 천지간에 循環(순환) 流行(유행)하여 만물을 만들어내는 다섯 가지 물질로, 水(수)·火(화)·金(금)·木(목)·土(토).

*293 [五刑五樂(오형오락)] 다섯 가지 형벌과 다섯 가지 즐거움. 사람이 늙어가면 어쩔 수 없이 다섯 가지 형벌을 받게 된다. 보이는 것이 뚜렷하지 않으니 目刑(목형)이요, 단단한 것을 씹을 힘이 없으니 齒刑(치형)이요, 다리에 걸어갈 힘이 없으니 脚刑(각형)이요, 들어도 정확

하지 않으니 耳刑(이형)이요, 그리고 宮刑(궁형)이다. 눈이 흐려져 책을 못 읽고, 이는 빠져서 잇몸으로 오물오물한다. 걸을 힘이 없어 집에만 박혀 있고, 보청기 도움 없이는 자꾸 딴소리만 한다. 여색을 보고도 아무 일렁임이 없다. 다섯 가지 즐거움은, 보이는 것이 또렷하지 않으니 눈을 감고 정신 수양을 할 수 있고, 단단한 것을 씹을 힘이 없으니 연한 것을 오래 씹어 위를 편안하게 할 수 있고, 다리에 걸어갈 힘이 없으니 편안히 앉아 힘을 아낄 수 있고, 귀가 어두워 잘 들리지 않으니 나쁜 소식을 듣지 않아 마음이 절로 고요하고, 반드시 죽임을 당할 행동에서 저절로 멀어지니 목숨을 오래 이어갈 수 있다.

*294 [玉不琢不成器(옥불탁불성기), 人不學不知道(인불학부지도).] 옥은 본시 그 바탕은 아름답지마는 다듬지 않으면 완전한 것이 되지 못하고, 사람은 본바탕은 선하지만 배우지 않으면 인간의 올바른 도리를 알지 못한다.『禮記(예기)』,『明心寶鑑(명심보감)·勤學篇(근학편)』

*295 [溫良恭儉讓(온량공검양)] '溫(온)'은 온화하고 중후함, '良(양)'은 양순하고 정직함, '恭(공)'은 공손하고 엄숙함, '儉(검)'은 마음에 절제가 있어 방종하지 아니함, '讓(양)'은 겸양. 이 다섯 가지 덕은 子貢(자공)이 공자의 언어, 용모, 동작을 평한 말이다.

*296 [溫故知新(온고지신)./溫故而知新(온고이지신).] 옛 것을 익히고 그것을 미루어서 새것을 앎.『論語(논어)·爲政(위정)』

*297 [蝸牛角上(와우각상)/蝸角(와각)] '달팽이의 뿔 위'라는 뜻으로, '좁은 세상'을 이르는 말.
蝸牛角上爭何事(와우각상쟁하사), 石火光中寄此身(석화광중기차신). 달팽이의 뿔 위에서 무엇을 다투는가. 부싯돌 불빛에 이 몸을 맡긴 신세면서. 지극히 사소한 것을 두고 서로 다투는 것 또는 좁은 세상에서 옥신각신 싸우는 짓을 비웃은 시구.『白居易(백거이)·對酒詩(대주시)』 참蝸角之爭(와각지쟁), 蝸牛角上之爭(와우각상지쟁)『莊子(장자)』
蠻觸(만촉) 달팽이의 왼쪽 뿔 위에 세운 나라가 觸(촉)이고, 오른쪽 뿔 위에 세운 나라는 蠻(만)인데, 두 나라가 가끔 지역을 다투어서 전쟁을 하면 송장이 수만이 되고, 쫓고 쫓기고 해서 달을 넘길 때도 있다고 함. 곧 '작은 것이 서로 다툰다'는 뜻. 또는 하찮은 일로 승강이를 하는 것을 비유하여 이르는 말. 참蝸牛角上之爭(와우각상지쟁)『莊子(장자)·則陽(칙양)』

*298 [玩人喪德(완인상덕), 玩物喪志(완물상지).] 사람을 하찮게 여기면 덕을 잃게 되고, 물건을 가지고 놀기를 좋아하면 뜻을 잃게 된다.『書經(서경)·旅獒(여오)』

*299 [王侯將相寧有種乎(왕후장상영유종호).] 왕후장상이라 하여 어찌 따로 씨가 있겠느냐. '어떤 사람이라도 마음먹기에 따라 입신 출세할 수 있음'을 이름.『史記(사기)』

*300 [枉己者(왕기자), 未有能直人者也(미유능직인자야).] 자기 지조를 굽힌 사람이 남을 바르게 펴는 경우는 없다.『孟子(맹자)·滕文公 下(등문공 하)』

*301 [欲富乎(욕부호), 忍恥矣(인치의).] 부유해지고자 하면 부끄러움을 참아라. 오직 돈만이 목적이라면 창피를 당하더라도 꾹 참아야 한다. 친구도 버리고 의리도 팽개쳐라.『荀子(순자)·大略篇(대략편)』

*302 [欲勝人者必先自勝(욕승인자필선자승).] 남에게 이기기를 바란다면, 먼저 자기 자신에게 이기지 않으면 아니 됨.『呂氏春秋(여씨춘추)』

*303 [欲速不達(욕속부달).] 급히 서두르면 달성하지 못한다. 너무 조급하게 서두르면 오히려 일을 그르친다는 뜻이다.『論語(논어)·子路(자로)』

*304 [勇將下無弱卒(용장하무약졸).] 용감한 장수 밑에는 허약한 병사가 없음. 참强將下無弱卒(강장하무약졸)『蘇軾(소식)』

*305 [友也者友其德也(우야자우기덕야). 不可以有挾也(불가이유협야).] 벗한다는 것은 그 사람의 덕을 벗하는 것이다. 믿고 기대는 것이 있어서는 안 된다. 친구를 사귀는 도리는 부귀나 권세, 재능 등을 믿고, 그것을 친구 관계에 끼워 넣는 일이 있어서는 결코 성립될 수 없는 것이다.『孟子(맹자)·萬章(만장) 下(만장 하)』

*306 [遠水不救近火(원수불구근화).] 먼 데 있는 물은 가까운 곳의 불을 끄는 데 소용이 되지 못함. '먼 데 것은 위급할 때의 소용이 되지 못함'의 비유. 줄여서 遠水近火(원수근화)라고도 한다. 동遠水難救近火(원수난구근화) [遠親不如近隣(원친불여근린).] 먼 데 있는 친척보다는 가까운 데 있는 이웃이 낫다는 뜻임.『明心寶鑑(명심보감)』

*307 [源淸流淸(원청류청).] '윗물이 맑으면 아랫물이 맑다'는 뜻으로, 윗사람이 청렴하면 아랫사람도 청렴해짐을 비유하여 이르는 말.『荀子(순자)』

*308 [月滿則虧(월만즉휴).] 달이 차서 둥글게 되면 곧 이지러지기 시작한다는 뜻으로, '사물이 한번 성하면 한번 쇠하여짐'을 비유하여 이르는 말. 줄여서 滿則虧(만즉휴)라고도 함. 日中則移(일중즉이), ____, 物盛則衰(물성즉쇠).『史記(사기)』

*309 [圍棋十訣(위기십결)/棋之十訣(기지십결)]
不得貪勝(부득탐승) 이기기만을 탐내지 마라. 이기고자

욕심을 부리지 말고 바둑을 순리대로 두어라.
入界宜緩(입계의완) 경계에 들어갈 때는 완만하게 들어가야 한다. 적의 세력권에 들어갈 때는 깊이 들어가지 마라.
攻彼顧我(공피고아) 적을 공격하려면 자신을 돌아보아라. 적을 공격하려면 나의 능력 여부와 돌의 결점 등을 살펴야 한다.
棄子爭先(기자쟁선) 긴요치 않은 돌을 버리고 선수를 잡아라. 중요하지 않은 돌은 버리는 한이 있더라도 요소를 먼저 차지해라.
捨小取大(사소취대) 조그마한 것은 버리고 큰 것을 취하라. 눈앞의 이익에 구애받지 말고 대세가 큰 곳을 취하라.
逢危須棄(봉위수기) 위험을 만나면 모름지기 버려라. 위험을 만나면 속히 손을 떼던가 시기가 올 때까지 기다려라.
慎勿輕速(신물경속) 경솔하게 빨리 두지 말고 신중하라. 경솔하게 빨리 두는 따위는 하나도 이롭지 못하다.
動須相應(동수상응) 움직이면 마땅히 서로 호응하라. 상대가 움직이면 같이 행동하고 멈추면 같이 멈추어라.
彼强自保 (피강자보) 적이 강하면 나를 먼저 보호하라. 주위의 상대가 강할 때는 우선 내 말의 안전을 꾀하라.
勢孤取和(세고취화) 형세가 외롭거든 화평을 취하라. 접전의 경우 내 형세가 외롭거든 싸우지 말고 평화를 취하라.
圍棋十訣(위기십결)의 내용은 바둑을 둘 때뿐만 아니라 전쟁에서 전술 전략을 세우는데 반드시 고려해야할 내용을 담고 있다. 인생을 살아가는 데에도 교훈이 될 만하다.

*310 [位尊身危(위존신위), 財多命殆(재다명태)] 지위가 높아지면 몸이 위험해지고, 재물이 많아지면 목숨이 위태로워진다. 『後漢書(후한서)·通俗編(통속편)』

*311 [由儉入奢易(유검입사이), 由奢入儉難(유사입검난).] 검소함으로부터 사치함에 들어가기는 쉽고, 사치함으로부터 검소함에 들어가기는 어렵다. 『小學(소학)·外篇(외편)·善行(선행)』

*312 [流水不爭先(유수부쟁선).] 흐르는 물은 앞을 다투지 않는다. 여유와 느긋함 그리고 순리대로 사는 것을 비유한다.

*313 [柔能制剛(유능제강).] 부드럽고 약한 것이 능히 단단하고 강한 것을 이길 수 있음. 『三略(삼략)』
柔弱勝剛强(유약승강강). 부드럽고 약한 것은 굳세고 강한 것을 이긴다. 『老子(노자)·道德經 36章(도덕경 36장)』
舌柔順終以不弊(설유순종이불폐). '혀는 부드러우므로 이보다 오래 견딘다'는 뜻으로, '부드러운 것이 강한 것보다 오래 보전됨'을 비유하여 이르는 말. 『孔叢子(공총자)』 ㉘齒墮舌存(치타설존)/齒敝舌存(치폐설존)

*314 [有言者不必有德(유언자불필유덕).] 훌륭한 말을 한 사람이 반드시 덕이 있는 사람이라고는 할 수 없음. 『論語(논어)·憲問(헌문)』

*315 [有錢可使鬼(유전가사귀).] 돈이 있으면 귀신도 부릴 수 있음. '돈의 위력이 큼'을 이름. ㉙錢可通神(전가통신)

*316 [有田不耕倉廩虛(유전불경창름허), 有書不敎子孫愚(유서불교자손우).] 논밭이 있어도 경작하지 않으면 곳간은 빈다. 책이 있어도 가르치지 않으면 자손은 어리석게 된다. 『古文眞寶(고문진보)·勸學文(권학문)』

*317 [有恒産者有恒心(유항산자유항심), 無恒産者無恒心(무항산자무항심).] 떳떳한 재산이 있는 사람은 떳떳한 마음을 갖는다. 일정한 재산이 없는 사람은 떳떳한 마음이 없다. 그러므로 백성에게 일정한 재산을 갖게 하는 것이 백성의 마음을 안정시키는 방법이다. 『孟子(맹자)·滕文公 上(등문공 상)』

*318 [六耳不同謀(육이부동모).] 세 사람으로서는 비밀을 지켜 계략을 수행하기 어려움을 이르는 말. 육이(六耳)는 세 사람의 뜻임.

*319 [六言六蔽(육언육폐)] 여섯 가지 말과 여섯 가지 가려짐. 여섯 가지 德目(덕목)과 여섯 가지 弊端(폐단)이 나란히 한다는 말. 여섯 가지 덕목을 좋아하면서도 행하지 않으면 그 덕목에 반하는 여섯 가지 폐단이 생긴다는 뜻으로, 살아가는 동안에 조심해야 할 것들에 대한 공자의 가르침이다. 德目(덕목)은 仁(인)·知(지)·信(신)·直(직)·勇(용)·剛(강)이고, 弊端(폐단)은 愚(우)·蕩(탕)·賊(적)·絞(교)·亂(란)·狂(광)이다.
好仁不好學(호인불호학) 其蔽也愚(기폐야우). 어진 것을 좋아하면서 배우려하지 않는 것을 우매함이라 하고,
好知不好學(호지불호학) 其蔽也蕩(기폐야탕). 앎을 좋아하면서도 배우려하지 않는 것을 방탕함이라 하고,
好信不好學(호신불호학) 其蔽也賊(기폐야적). 믿음을 좋아하면서 배우려하지 않는다면 남을 해치게 되고,
好直不好學(호직불호학) 其蔽也絞(기폐야교). 정직함을 좋아하면서 배우려하지 않으면 일이 꼬이게 되고,
好勇不好學(호용불호학) 其蔽也亂(기폐야난). 용기 있는 것을 좋아하면서 진정한 용기를 배우려하지 않으면 방자함이 되고,
好剛不好學(호강불호학) 其蔽也狂(기폐야광). 강인함을 좋아하면서 배우고 다듬지 않는다면 과격함이 된다.
이렇듯 仁(인)·知(지)·信(신)·直(직)·勇(용)·剛(강)은 훌륭한 덕목이지만 배우고 이해하고 행하지 않으면 여섯 가지 폐단인 愚(우)·蕩(탕)·賊(적)·絞(교)·亂(란)·狂(광)으로 변해 해악을 끼치게 되니 동전의 양

면과 같은 六言(육언)과 六蔽(육폐) 중에 무엇을 선택하느냐에 따라 삶은 전혀 다른 모습을 보여주게 된다. 살아가는 데 필요한 모든 것들을 먼저 머리로 배우고 가슴으로 그 뜻을 이해한 후에 몸으로 행한다면 나쁜 길로 빠지지 않게 되는 것이니, 좋은 것이 있으면 그냥 좋아만 할 것이 아니라 성심을 다해 배워 마음속에 담아 두고 실천하며 살아간다면 그것이야말로 사람답게 살아가는 것이다. 『論語(논어)·陽貨(양화)』

*320 [衣履不敝不更(의리불폐불경).] 의복과 신발이 낡아지지 않는 동안은 새것으로 바꾸지 않는다는 뜻으로, '儉約(검약)'함을 이르는 말. 堯舜(요순)을 기리는 말임. 『故事成語考(고사성어고)』

*321 [衣莫若新(의막약신), 人莫若故(인막약고).] 의복은 새 것일수록 좋고, 친구는 오래 될수록 좋음. 『晏子(안자)』

*322 [疑心生暗鬼(의심생암귀).] 의심은 귀신을 낳는다. 마음에 의심이 생기면 온갖 무서운 망상이 생긴다. 『列子(열자)·說符(설부)』

*323 [疑人勿使使人勿疑(의인물사사인물의).] 의심하는 사람이면 쓰지 말 것이며, 일단 쓴 바에는 의심하지 말라. 回疑則勿用用則勿疑(의즉물용용즉물의)』 『金史(금사)·熙宗記(희종기)』

*324 [以敬孝易(이경효이), 以愛孝難(이애효난).] 공경으로 효도하기는 쉽지만 사랑으로 효도하기는 어렵다. 『莊子(장자)·外篇(외편)·天運(천운)』

*325 [以利交者利窮則散(이리교자이궁즉산), 以勢交者勢傾則絶(이세교자세경즉절).] 이익을 위하여 교제하는 자는 그 이익이 다하면 흩어지고, 세력을 가지고 교제하는 자는 세력이 기울면 교제가 끊어진다. '소인들의 야박한 처세'를 비유하여 이르는 말. 『文中子(문중자)』

*326 [以文辭而已者陋矣(이문사이이자누의).] 문장을 쓰고 외우기만 하는 것은 천박하다. 학문의 본래 목적은 성인의 도리, 즉 도덕을 몸소 익히는 것이다. 학문이 단지 문장을 짓거나 또는 문장의 좋고 나쁨을 따지는 등의 것뿐이라면 그러한 배움은 얕고 천박한 것이 되고 만다. 『近思錄(근사록)·爲學類(위학류)』

*327 [耳不聞人之非(이불문인지비), 目不視人之短(목불시인지단), 口不言人之過(구불언인지과). 庶幾君子(서기군자).] 귀로는 다른 사람의 비행을 듣지 말고, 눈으로는 다른 사람의 단점을 보지 말고, 입으로는 다른 사람의 허물을 말하지 말라. 그러면 군자라 할 수 있다. 『明心寶鑑(명심보감)·正己篇(정기편)』

*328 [耳不聽心不煩(이불청심불번).] 귀로 듣지 않으면 마음에 번뇌가 없다. 들으면 병, 듣지 않는 것이 약이란 말.

*329 [耳順(이순)] 나이 예순 살의 다른 이름. 공자가 나이 60이 되어서 천지 만물의 이치에 통달하고, 듣는 대로 모두 이해할 수 있게 되었다는 데서 온 말. 六十而耳順(육십이이순). 『論語(논어)·爲政(위정)』

*330 [二人同心其利斷金(이인동심기리단금), 同心之言其臭如蘭(동심지언기취여란).] 두 사람의 마음이 같으면 그 날카로움은 단단한 쇠도 자를 수 있고, 마음과 뜻을 같이하는 말은 그 향기가 난초와 같다. '두 사람이 한 마음 한 뜻이면 이루지 못 할 일이 없다'는 뜻. 『周易(주역)』

*331 [以僞亂眞(이위난진)] 가짜가 진짜를 어지럽혀 분별하기 어려움의 비유. 『顏氏家訓(안씨가훈)』

*332 [以夷制夷(이이제이)] 적을 이용하여 적을 침. 다른 사람의 힘에 의하여 자기의 이익을 취함. 『王安石(왕안석)』

*333 [以責人之心(이책인지심), 責己(책기).] 남을 책망하는 마음으로 자신을 책망해야 한다. 남을 책망하기에 앞서 자기를 책망해야 한다. 『小學(소학)·外篇(외편)·嘉言(가언)』

*334 [耳懸鈴鼻懸鈴(이현령비현령).] 귀에 걸면 귀고리, 코에 걸면 코걸이. 일정함이 없이 둘러댈 탓이라는 뜻. 또는 하나의 사물이 양쪽에 관련되어 해석할 나름으로 이리도 되고 저리도 됨을 비유하여 이르는 말.

*335 [溺於淵尙可游也(익어연상가유야), 溺於人不可救也(익어인불가구야).] 연못에 빠지면 헤엄쳐 나올 수라도 있지만, 여색에 빠진 사람은 구출하기 어렵다. 『大戴禮(대대례)』

*336 [匿怨而友其人(익원이우기인).] 원한을 감추고 그 사람과 벗한다. 내심으로는 원망하고 미워하면서도 겉으로는 매우 다정한 듯 꾸미고 교제하는 것은 매우 부끄러운 일이다. 『論語(논어)·公冶長(공야장)』

*337 [益者三樂(익자삼요), 損者三樂(손자삼요).] 사람이 바라고 좋아하는 세 가지 있고, 몸에 해로운 것을 좋아하는 세 가지 있다.
樂節禮樂(요절례악), 樂道人之善(요도인지선), 樂多賢友(요다현우), 益矣(익의). 예악을 알맞게 지키기를 좋아하고, 남의 좋은 점 말하기를 좋아하고, 훌륭한 벗 많기를 좋아하면 유익하다.
樂驕樂(요교락), 樂佚遊(요일유), 樂宴樂(요연락), 損矣(손의). 교만한 쾌락을 좋아하고, 안일하게 노니는 것을 좋아하며, 주색의 향락을 좋아하면 해롭다. 『論語(논어)・李氏(계씨)』

*338 [益者三友(익자삼우), 友直(우직), 友諒(우량), 友多聞(우다문), 益矣(익의).] 유익한 벗이 셋인데, 곧은 사람을 벗하며, 성실한 사람을 벗하며, 견문이 넓은 사람을 벗하면 유익하다.
損者三友(손자삼우), 友便辟(우편벽), 友善柔(우선유), 友便佞(우편녕), 損矣(손의). 해로운 벗이 셋인데, 편벽한 사람을 벗하며, 아첨하고 성실하지 못한 사람을 벗하며, 말재주만 있는 사람을 벗하면 해롭다. 『論語(논어)・李氏(계씨)』

*339 [人無遠慮必有近憂(인무원려필유근우).] 사람은 멀리 생각하지 않으면 반드시 가까운 근심이 있느니라. 참無遠慮者必有近憂(무원려자필유근우) 『論語(논어)・衛靈公(위령공)』

*340 [人生坐輿樂(인생좌여락), 不知肩輿苦(부지견여고).] 사람들이 아는 것은 가마 타는 즐거움뿐, 가마 메는 괴로움은 모르고 있네. 『茶山(다산)』

*341 [人生何處不相逢(인생하처불상봉).] 사람은 어디서 다시 만나지 않겠는가? 어디선가 반드시 또 만남을 강조한 말. 『蘇軾(소식)・詩(시)』

*342 [人雖欲自絶(인수욕자절), 其何傷於日月乎(기하상어일월호).] 사람들이 비록 자기 스스로 해와 달의 관계를 끊으려고 한들 그것이 해와 달에 무슨 상관이 있겠는가. 『論語(논어)・子張(자장)』

*343 [人雖至愚責人則明(인수지우책인즉명), 雖有聰明恕己則昏(수유총명서기즉혼).] 어리석은 사람도 남을 꾸짖는 데는 밝고, 총명이 있는 사람도 자기를 용서하는 데는 어둡다. 『明心寶鑑(명심보감)・存心篇(존심편)』

*344 [仁義禮智信(인의예지신)] 유교에서 五常(오상)을 이루는 다섯 가지 요소. 즉 어질고(仁)・의롭고(義)・예의 바르고(禮)・지혜롭고(智)・신의가 있는 것(信).

*345 [仁者不憂(인자불우), 知者不惑(지자불혹), 勇者不懼(용자불구).] 어진 사람은 근심하지 않고, 지혜로운 사람은 의혹하지 않고, 용기 있는 사람은 두려워하지 않는다. 군자가 실천해야 할 도리는 仁(인)・知(지)・勇(용) 세 가지이다. 어진 사람은 자신의 행동을 뒤돌아보아도 잘못된 것이 없고, 지혜로운 사람은 도리를 지키며, 용기 있는 사람은 소신껏 돌진한다. 그러므로 각기 그 행동거지에 있어서 걱정하지도 망설이지도 않으며 또한 두려워하지도 않는다. 『論語(논어)・憲問(헌문)』

*346 [仁者以財發身(인자이재발신), 不仁者以身發財(불인자이신발재).] 어진 사람은 재물로써 몸을 일으키고, 어질지 못한 사람은 몸으로써 재물을 일으킨다. 어진 사람은 재물이 있으면 그것을 세상에 베풀어 민심을 얻고 자신의 몸을 향상시킨다. 그러나 어질지 못한 사람은 사람의 도리를 무시하고 자신의 몸을 망쳐서라도 재물을 얻으려고 한다. 『大學(대학)・傳10章(전10장)』

*347 [人之患(인지환), 在好爲人師(재호위인사).] 사람의 병통은 남의 스승이 되기를 좋아하는 데 있다. 사람의 병 중의 하나는 자진해서 남의 스승이 되고 싶어 하는 것이다. 그러나 그것은 스스로의 진보를 방해하는 행위이다. 『孟子(맹자)・離婁 上(이루 상)』

*348 [一刻如三秋(일각여삼추).] 짧은 시간이 삼년(일설에는 가을의 석 달) 같이 생각된다는 뜻으로, '기다리는 마음이 매우 간절함'을 이르는 말.

*349 [一擧手一投足(일거수일투족)] '손 한 번 들고 발 한 번 내놓는다'는 뜻에서, 조그만 것에 이르기까지의 하나하나의 동작.

*350 [一犬吠形百犬吠聲(일견폐형백견폐성).] 한 마리의 개가 무엇을 보고 짖으면, 다른 많은 개들은 그 짖는 소리에 이끌리어 까닭도 모르며 짖는다는 뜻으로, '한 사람이 그럴 듯하게 말하면 다른 많은 사람이 덩달아 그것을 사실인 양으로 소문내는 군중심리'를 비유하여 이르는 말. 『旬五志(순오지)』

*351 一年之計莫如樹穀(일년지계막여수곡), 일 년에 대한 계책에는 곡식을 심는 것 만한 일이 없고,
十年之計莫如樹木(십년지계막여수목), 십 년을 대비한 계책에는 나무를 심는 것 만한 일이 없고,
終身之計莫如樹人(종신지계막여수인). 평생을 위한 계책에는 사람을 심는 것 만한 일이 없다.
一樹一獲者穀也(일수일획자곡야), 한 번 심어 한 번 거두는 것이 곡식이고,
一樹十獲者木也(일수십획자목야), 한 번 심어 열 번 거두는 것이 나무이고,
一樹百獲者人也(일수일획자인야). 한 번 심어 백 번 거둘 수 있는 것이 사람이기 때문이다. 『管子(관자)・勸修(권수)』

*352 [一目之羅(일목지라), 不可以得鳥(불가이득조).] 그물코가 하나뿐인 그물로는 새를 잡을 수 없다. 어떤 일을 성취하려면 알게 모르게 많은 사람의 협력이 필요하다. 참網之一目(망지일목) 『淮南子(회남자)・說林訓(설림훈)』

*353 [佚我以老(일아이로), 息我以死(식아이사).] 우리에게 늙음을 주어 편하게 하며, 우리에게 죽음을 주어 쉬게 한다. 하늘의 신은 우리를 편하게 하기 위해서, 즉 즐거움을 주기 위해서 늙음이라는 상황을 주었고, 우리를 쉬

게 하기 위해서 죽음을 주었다. 『莊子(장자)·內篇(내편)·德充符(덕충부)』

*354 [日月無私照(일월무사조)] 해와 달은 사사로이 비추지 않는다는 뜻으로 '은혜를 공평하게 베풂'을 이르는 말. 『禮記(예기)』

*355 [一日不讀書(일일부독서), 口中生荊棘(구중생형극).] 하루라도 책을 읽지 않으면, 입 안에 가시가 돋친다. 安重根(안중근) 義士(의사)의 遺墨(유묵)으로 유명함. 『推句(추구)』

*356 [一日不作一日不食(일일부작일일불식).] 하루 일하지 않으면 그 날은 먹지 않음.

*357 [林中不賣薪(임중불매신), 湖上不鬻魚(호상불육어).] 숲 속에서는 장작을 팔지 않고, 호수에서는 물고기를 팔지 않는다. '필요하지 않으면 찾지 않음'을 이르는 말. 『淮南子(회남자)』, 『古詩(고시)』

*358 [一將功成萬骨枯(일장공성만골고).] 한 장수의 성공을 위해 만 명의 뼈가 마른다. 위대한 성공의 이면에는 그를 위해 희생한 무수히 많은 사람이 있다는 뜻이다.

*359 [林深鳥棲(임심조서)] '숲이 깊으면 새들이 깃들인다'는 뜻으로, '仁義(인의)를 쌓으면 만물이 歸依(귀의)함'을 비유하여 이르는 말. 『貞觀政要(정관정요)』

*360 [臨財毋苟得(임재무구득).] 재물을 구할 때는 구차하게 얻으려고 하지 말아야 한다.
臨難毋苟免(임난무구면). 어려움을 당해서는 구차하게 모면하려고 하지 말아야 한다.
禮不踰節(예불유절). 예의는 절도를 넘지 않는다. 예의는 절도를 넘어서는 안 된다. 정중한 것이 좋다 하더라도 도를 넘어선 정중함은 오히려 아부에 가까워져서, 때로는 실례가 되기까지 한다. 『禮記(예기)·曲禮 上(곡례 상)』, 『小學(소학)·內篇(내편)·敬身(경신)』

*361 [臨河而羨魚(임하이선어), 不如歸家織網(불여귀가직망).] 강에 가서 물고기를 탐내는 것은 집에 돌아가 그물을 짜는 것만 못하다. 『淮南子(회남자)·說林訓(설림훈)』

*362 [入鄕循俗(입향순속).] 다른 고장에 갔으면 그 고장의 풍습을 따른다. '로마에 가면 로마의 법을 따르라'는 말과 같다. 『淮南子(회남자)』

*363 [入乎耳出乎口(입호이출호구).] 귀로 듣고, 이내 입으로 말할 뿐, 실천하지 않는 일. 『荀子(순자)』

*364 [慈母有敗子(자모유패자).] 자애가 지나친 어머니의 슬하에는 방자하고 버릇없는 자식이 있음. 『史記(사기)』

*365 [自伐者無功(자벌자무공), 自矜者不長(자긍자불장).] 자신의 공적을 스스로 자랑하는 자는 실제로는 공을 이룬 것이 없고, 잘난척 뽐내는 자는 오래 가지 못한다. 『老子(노자)·道德經(도덕경)』

*366 [爵高者憂深(작고자우심), 祿厚者責重(녹후자책중).] 작위가 높은 사람은 임무가 무겁기 때문에 걱정이 많고, 봉급이 많은 사람은 책임이 무거워 임무를 수행하기가 그만큼 힘들다. 『蜀志(촉지)』

*367 [爵高者人妬之(작고자인투지).] 작위가 높은 사람은 남에게 시샘을 받음. 『列子(열자)·說符篇(설부편)』

*368 [作舍道傍三年不成(작사도방삼년불성).] 길가에 집을 짓는데, 오가는 사람들의 참견을 듣다보니, 삼년이 되어도 완성하지 못했다는 뜻으로, '異論(이론)이 많으면 일을 이루기 어려움'을 비유하여 이르는 말. 『後漢書(후한서)』

*370 [在上不驕高而不危(재상불교고이불위), 制節謹度滿而不溢(제절근도만이불일).] 윗자리에 앉아서 교만하지 아니하면 지위가 아무리 높아도 위태하지 않고, 근면하면서 절제하고 예법을 지키면 가득 차면서도 넘치지 않는다. 높으면서도 위태롭지 않으면 오래도록 존귀함을 유지할 수 있고, 가득 차면서도 넘치지 않으면 오래도록 부유함을 지킬 수 있다. 『孝經(효경)』

*371 [財聚則民散(재취즉민산).] 윗자리에 있는 자가 자기의 재물만을 모으려고 하면 민심을 잃어 백성은 흩어짐. 『大學(대학)』

*372 [積功之塔不虧(적공지탑불휴).] '공든 탑이 무너지랴'는 속담으로, '정성 들여 이룬 일은 헛되지 아니함'을 비유하여 이르는 말.

*373 [積善之家必有餘慶(적선지가필유여경).] 착한 일을 쌓고 쌓은 사람은 慶福(경복)이 자신에게 뿐만 아니라 자손에게까지 미치게 됨. 積善餘慶(적선여경). 『易經(역경)』

*374 [前門拒虎後門進狼(전문거호후문진랑).] 앞문에서 호랑이를 막으니 뒷문으로 이리가 들어온다. 범을 피하자 늑대를 만남. 겨우 한 가지 재난을 피하자마자 또 다른 재난에 부딪침. 前虎後狼(전호후랑). 『趙雪航(조설항)·評史(평사)』

*375 [前事之不忘後事之師(전사지불망후사지사)] 앞서 행한 일을 잊지 않는 것은 뒤에 일을 행하는 데 좋은 참고가 됨. 『史記(사기)』

*376 [戰勝易(전승이), 守勝難(수승난).] 싸움에서 이기기는

쉬우나, 이긴 성취를 지켜내기는 어렵다. 『吳子(오자)』

*377 [錢是人之膽(전시인지담).] '돈이 있으면 담이 커짐'을 이르는 말. 『元曲(원곡)』

*378 [正鵠(정곡)] ① 과녁. 과녁의 중심점. ② 사물의 要點(요점)·急所(급소)를 이름. 옛날에는 과녁을 세우면서 가운데 표적으로 고니를 그려 붙였기 때문에 어떤 일을 훌륭하게 성취하거나 문제의 핵심을 정확하게 꿰뚫을 경우에 '정곡을 찔렀다'는 표현을 쓰고 있다. 『禮記(예기)·射儀(사의)』

*379 [精神一到何事不成(정신일도하사불성).] 정신을 집중하여 한결같이 노력하면 어떠한 어려운 일이라도 성취할 수 있음. 『朱子語類(주자어류)』

*380 [靜以修身(정이수신), 儉以養德(검이양덕).] 고요함으로 몸을 닦고, 검소함으로 덕을 기른다. 『小學(소학)·外篇(외편)·嘉言(가언)』

*381 [鄭人買履(정인매리)] 정나라의 且置履(차치리)라는 사람이 신을 사러 장에 갔다. 그는 먼저 발 칫수를 쟀다. 막상 장에 갈 때는 칫수를 적어둔 종이를 깜빡 잊고 집에 둔 채 나왔다. 그가 신발 장수에게 말했다. "여보게, 내가 발 칫수를 적어둔 종이를 깜빡 집에 두고 왔네. 내 얼른 가서 가져 옴세." 그가 바삐 집으로 돌아가 종이를 가지고 시장으로 돌아왔지만 신발 장수는 이미 가게 문을 닫은 뒤였다. 곁에서 보던 이가 물었다. "어째서 직접 신어보질 않았소?" "자로 잰 칫수는 믿을 수 있지만 내 발은 믿을 수가 있어야지." 곧이곧대로 열심히 일하는 것이 중요하지 않다. 제대로 똑바로 하는 것이 중요하다. 직접 신어볼 생각은 없고 맨날 칫수 적은 종이만 찾다 보면 백날 가도 신은 못 산다. 백성을 위한다는 선량들이 하는 꼴이 맨날 이 모양이다. 맨발로 겨울 나게 생겼다. 『韓非子(한비자)·外儲說左上(외저설좌상)』

*382 [鳥之將死其鳴也悲(조지장사기명야비), 人之將死其言也善(인지장사기언야선).] 새는 죽을 때가 가까워지면 죽음을 두려워하여 슬픈 소리로 울고, 사람도 임종에 다다르면 악하던 사람도 착한 말을 한다. 『論語(논어)·泰伯(태백)』

*383 [存亡之秋(존망지추)] '사느냐 죽느냐 하는 위급한 시기'라는 뜻으로, 나라의 존망이 걸린 극히 위태로운 때. 園危急存亡之秋(위급존망지추) 『諸葛亮(제갈량)·出師表(출사표)』

*384 [猝富貴不祥(졸부귀불상).] 갑자기 얻은 부귀는 도리어 상서롭지 못함.

*385 [酒百藥之長(주백약지장).] '술은 모든 약에서 으뜸간다'는 뜻으로 술을 기리어 이르는 말. 『漢書(한서)』

*386 [晝語鳥聽夜語鼠聽(주어조청야어서청).] 낮말은 새가 듣고 밤말은 쥐가 듣는다는 속담. 말을 삼가라는 뜻.

*387 [朱子十悔訓(주자십회훈)] 송나라 朱子(주자)가 후대 사람들을 경계하기 위하여 사람이 평생을 살아가면서 하기 쉬운 후회 가운데 열 가지를 뽑아 제시한 것이다. '朱子十訓(주자십훈)', '朱子十悔(주자십회)'라고도 한다
不孝父母死後悔(불효부모사후회). 부모에게 효도하지 않으면 돌아가신 뒤에 후회한다. 風樹之嘆(풍수지탄).
不親家族疏後悔(불친가족소후회). 가족에게 친하게 대하지 않으면 멀어진 뒤에 후회한다. 가까이 있을 때 가족에게 잘해라.
少不勤學老後悔(소불근학노후회). 젊어서 부지런히 배우지 않으면 늙어서 후회한다.
安不思難敗後悔(안불사난패후회). 편안할 때 어려움을 생각하지 않으면 실패한 후에 후회한다.
富不儉用貧後悔(부불검용빈후회). 재산이 풍족할 때 아껴 쓰지 않으면 가난해진 후에 후회한다.
春不耕種秋後悔(춘불경종추후회). 봄에 씨를 뿌리지 않으면 가을에 후회한다.
不治垣墻盜後悔(불치원장도후회). 담장을 제대로 고치지 않으면 도둑을 맞고 난 후에 후회한다.
色不謹愼病後悔(색불근신병후회). 색을 삼가지 않으면 병든 뒤에 후회한다.
醉中妄言醒後悔(취중망언성후회). 술에 취해 망령된 말을 하고 술깬 뒤에 후회한다.
不接賓客去後悔(부접빈객거후회). 손님을 제대로 대접하지 않으면 떠난 뒤에 후회한다. 『朱子(주자)·朱子十悔訓(주자십회훈)』

*388 竹影掃階塵不動(죽영소계진부동), 대나무 그림자가 뜰을 쓸되 티끌은 조금도 움직이지 않고,
月輪穿沼水無痕(월륜천소수무흔), 달의 그림자가 연못을 뚫되 물에는 아무런 흔적이 없네.
水流任急境常靜(수류임급경상정), 물의 흐름이 아무리 빨라도 주위는 늘 고요하고,
花落雖頻意自閒(화락수빈의자한). 꽃의 떨어짐이 비록 잦지만 마음은 스스로 한가하네. (사람이 항상 이런 뜻을 가지고 일에 임하고, 사물에 적응하면, 몸과 마음이 얼마나 자유자재로우랴.) 『菜根譚(채근담)·後集 63』

*389 [枝大於本必披(지대어본필피).] 가지가 줄기보다 커지면 반드시 찢어짐. 『史記(사기)』

*390 [知遠(지원), 而不知近(이부지근).] 먼 곳은 알아도 가까운 곳은 모른다. 남의 잘못은 보기 쉬워도 자신의 잘못은 보기 어렵다. 『淮南子(회남자)·說山訓(설산훈)』

*391 [知音(지음)] ① 음악의 곡조를 잘 앎. ② 거문고 소

리를 듣고 그 의취를 분간하여 안다는 뜻으로, '자기의 마음을 잘 알아주는 친한 벗'을 이르는 말. 중국의 거문고의 명인 伯牙(백아)가 타는 거문고 소리를 듣고 그 樂想(악상)을 일일이 알아맞혔다는 鍾子期(종자기)와의 고사에서 온 말. 자기의 거문고 소리를 알아준 鍾子期(종자기)가 죽자 그 소리를 알아주는 사람이 없다 하여 伯牙(백아)가 거문고의 줄을 끊어버렸다는 故事(고사)에서, 伯牙絕絃(백아절현)이라는 성어가 나왔다. '마음이 서로 통하는 친한 벗'을 일컫는 말이다. 『列子(열자)·湯問篇(탕문편)』

*392 [知者動(지자동), 仁者靜(인자정).] 지혜로운 사람은 동적이고, 어진 사람은 정적이다. 지혜로운 사람은 기회를 노리는 데 민첩하다. 그러므로 자연히 세상 상황의 움직임에 따라 변화한다. 어진 사람은 정적이며 변화하는 세상에 처해서도 변치 않는 태도를 지닌다.
[知者樂(지자락) 仁者壽(인자수).] 지혜로운 사람은 낙천적이다. 어진 사람은 장수한다. 지혜로운 사람은 변화하는 세상 상황에 착오 없이 처신하고 시대의 흐름에 편승해서 즐겁게 살아간다. 어진 사람은 외부의 사정에 의해서 자기 마음을 동요시키지 않는다. 그러므로 자연히 마음을 편안하게 가지고 운명을 따르게 되므로 저절로 장수를 누리게 된다. 『論語(논어)·雍也(옹야)』

*393 [知者不言(지자불언), 言者不知(언자부지).] 참으로 사물의 이치를 아는 사람은 마음속 깊이 간직할 뿐, 함부로 말하지 아니한다. 안다고 자처하고 함부로 지껄이는 사람은 사실상 알지 못하는 사람이다. 참되게 아는 사람은 말이 적고, 말이 많은 사람은 대체로 지혜가 없는 자이다. 『老子(노자)·道德經 56章(도덕경 56장)』

*394 [知足 可樂(지족가락), 務貪則憂(무탐즉우).] 자기 분수를 지킬 줄 알면 가히 즐겁다. 탐욕에 힘쓰면 근심이 생긴다. 『明心寶鑑(명심보감)·正己篇(정기편)』

*395 [知足不辱(지족불욕).] 만족할 줄을 알면 모욕을 당하지 않는다. 만족이라는 것을 알면 결코 잘못을 범하는 일이 없기 때문에 자연히 세상 사람들에게 치욕을 받을 일도 없어진다. 『老子(노자)·道德經 44章(도덕경 44장)』

*396 [知者樂水(지자요수), 仁者樂山(인자요산).] 지혜로운 자는 사리에 밝아서, 물과 같이 周流(주류)하여 막힘이 없기 때문에 물을 좋아하고, 어진 사람은 의리에 만족하여 몸가짐이 진중하고 심덕이 두터워 그 心境(심경)이 산과 비슷하므로 자연히 산을 좋아한다. 여기에서 '樂山樂水(요산요수)'란 말이 나왔다. 『論語(논어)·雍也(옹야)』

*397 [知足者富(지족자부).] 만족할 줄 아는 사람은 부유하다. 아무리 재산을 많이 모으더라도 만족할 줄 모르고 더욱더 욕심을 부리는 자는 항상 가난하다. 가난하더라도 자기 분수를 알아 만족하게 생각하는 사람은 항상 부유한 사람이다. 『老子(노자)·道德經 33章(도덕경 33장)』

*398 [知止不殆(지지불태), 知足不辱(지족불욕), 可以長久(가이장구).] 멈출 때를 알면 위태로워지지 않고, 만족할 줄을 알면 모욕을 당하지 않는다. 그러면 오래도록 자신을 지켜 보존할 수 있다. 멈출 때를 알면 크게 실패하는 법이 없고, 만족이라는 것을 알면 결코 잘못을 범하는 일이 없기 때문에 자연히 세상 사람들에게 치욕을 받을 일도 없어진다. 『老子(노자)·道德經 44章(도덕경 44장)』

*399 [知知者(지지자), 不如好知者(불여호지자).] 도를 아는 자는 도를 좋아하는 자보다 못하다. 무슨 일이건 그것을 알고 있는 것뿐이라면 그것을 좋아하는 사람의 힘에는 미치지 못한다.
[好知者(호지자), 不如樂知者(불여락지자).] 도를 좋아하는 자는 도를 즐기는 자보다 못하다. 무슨 일에서나 좋아하는 것보다는 그것을 즐기는 자가 위이다. 꽃을 감상하고 좋아하기만 할 뿐인 사람보다는 꽃을 기르는 것을 즐기는 사람 쪽이 한 수 위이다. 『論語(논어)·雍也(옹야)』

*400 [直星(직성)] ① 사람의 나이에 따라 그 운명을 맡아본다고 하는 아홉 가지 별. 제웅직성, 토직성, 수직성, 금직성, 일직성, 화직성, 계도직성, 월직성, 목직성으로 남자는 열 살에 제웅직성에 들기 시작하고, 여자는 열한 살에 목직성이 들기 시작하여 차례로 돌아간다. ② 타고난 성질이나 성미. ¶나는 하고 싶은 일을 해야 직성이 풀린다.

*401 [直而溫(직이온), 寬而栗(관이율).] 곧으면서도 온화해야 하고, 너그러우면서 엄격해야 한다. 늘 자신을 채찍으로 다스리고 나를 용서함과 같이 남에게도 관대하라는 말이다. 『書經(서경)』

*402 [直指人心(직지인심), 見性成佛(견성성불).] (불) 자기의 본성을 투철하게 깨달을 수 있으면, 그 사람은 이미 부처와 같은 깨달음을 얻은 사람이라고 할 수 있음. 『悟性論(오성론)』

*403 [眞金不鍍(진금부도)] 진짜 황금은 도금하지 아니함. '참으로 유능한 사람은 겉치레를 하지 않음'을 비유하여 이르는 말. 『李紳(이신)·答章孝標詩(답장효표시)』

*404 [進銳者(진예자), 其退速(기퇴속).] 나아가기를 빨리하는 자는 그 물러남이 빠르다. 나아가는 속도가 지나치게 빠른 자는 그 후퇴 또한 빠르다. 한꺼번에 힘을 너무 많이 내면 그 세력은 빨리 쇠퇴한다. 『孟子(맹자)·盡心 上(진심 상)』

*405 [盡人事待天命(진인사대천명).] 사람으로서 해야 할 일을 다 하고 하늘의 뜻을 기다린다. 자신에게 주어진 일을 성실하게 수행하지 않고 요행만 바라는 사람에게 충고할 때 쓰는 말이다.『胡寅(호인)·致堂讀書管見(치당독서관견)』

*406 [執之失道(집지실도) 必入邪路(필입사로).] 붙잡고 있으면 도를 잃어 반드시 잘못된 길로 빠져 들어가고 만다.『心信銘(심신명)』

*407 [懲湯吹冷水(징탕취냉수).] '끓는 물에 입을 데고 나서 냉수도 불면서 마신다'는 뜻으로, 한번 크게 혼난 사람이 그와 비슷한 경우를 당하면 공연히 무서워함을 비유하여 이르는 말.

*408 [此膝一屈(차슬일굴), 不可復伸(불가복신).] 이 무릎 한 번 꿇으면 다시 펼 수가 없다. 상대에게 일단 무릎 꿇어버리면 다시는 펼 수가 없다. 영원한 패배인 것이다. 南宋(남송)의 高宗(고종)이 그 부모형제를 금나라의 포로로 빼앗기자 금나라와 강화해야 한다는 주장이 거론되었다. 이때 胡澹庵(호담암)이 그 화친에 반대하며 이와 같은 말을 적어 고종에게 올렸다고 한다.『文章軌範(문장궤범) 胡澹庵(호담암) 上高宗封事(상고종봉사)』

*409 [捉山猪失家猪(착산저실가저)] '멧돼지 잡으려다 집돼지 잃는다'는 뜻으로, 분수 밖의 욕심을 내려다 도리어 손해를 봄을 비유하여 이르는 말.

*410 [責善(책선), 朋友之道也(붕우지도야). 父子責善(부자책선), 賊恩之大者(적은지대자).] 착한 일을 권하는 것은 친구 사이의 도리이며, 부모 자식 사이에 선을 억지로 권하는 것은 은혜를 크게 해치는 것이다. 부모 자식 사이는 하늘로부터 타고난 은혜와 사랑을 위주로 하는 것이기 때문에 연마를 위한다고 해서 억지로 권하는 것은 오히려 은혜와 사랑의 인정에서 벗어나 해를 끼치게 된다. 참父子之間不責善(부자지간불책선)『孟子(맹자)·離婁 下(이루 하)』

*411 [處疾則貴醫(처질즉귀의), 有禍則畏鬼(유화즉외귀).] 병에 걸리면 의사를 중히 여기고, 화가 있으면 귀신을 두려워한다. 괴로울 때 신을 찾는다.『韓非子(한비자)·解老(해로)』

*412 [天道虧盈而益謙(천도휴영이익겸)./虧盈(휴영)] 하늘의 도는 가득 찬 것을 덜어서 감소한 것에 더함. 正中(정중)에서 기울고, 달은 차면 이지러지는 따위를 이르는 말. '하늘의 도는 오만한 자를 일그러지게 하고, 겸손한 자를 도와준다.'고 해석하기도 함. 즉 결국에는 평형상태를 이루게 됨.『易經(역경)』

*413 [千里之行始於足下(천리지행시어족하).] 천리의 먼 길도 발 아래에서 첫걸음부터 시작한다는 뜻으로, 쉬지 않고 힘쓰면 큰 일을 이룸을 비유한 말.『老子(노자)』

*414 [千里之堤(천리지제), 以螻蟻之穴漏(이루의지혈루), 百尋之屋(백심지옥), 以突隙之煙焚(이돌극지연분).] 천 리의 제방도 땅강아지나 개미의 구멍 때문에 새게 되며, 백 척의 높은 집도 굴뚝의 갈라진 틈에서 나온 불똥으로 인해 타버린다. 작은 일을 홀시하면 큰 사달을 빚어냄을 비유한 말이다. 千里之堤(천리지제), 潰于蟻穴(궤우의혈).『淮南子(회남자)·人閒訓(인간훈)』
江河大潰從蟻穴(강하대궤종의혈). 큰 강의 방죽도 개미 구멍에서부터 무너지기 시작한다는 뜻으로, '큰일은 반드시 작은 일을 삼가지 않는 데서 일어남'을 비유하여 이르는 말. 堤潰蟻穴(제궤의혈)『韓非子(한비자)·喩老(유노)』

*415 [川上之嘆(천상지탄)] 공자가 물가에 서서 물을 바라보며, 한번 지나가면 다시 돌아오지 아니하는 만물의 변화를 탄식한 고사.『論語(논어)·子罕(자한)』

*416 [天上天下唯我獨尊(천상천하유아독존).] 獨尊(독존)은 덕망이 높아 사람들의 '존경을 독차지하다'는 뜻인데, '자기만 잘난 체하다'는 뜻으로 잘못 쓰이는 사례가 많다. 唯我獨尊(유아독존)은 불교에서 天上天下唯我獨尊(천상천하유아독존)에서 온 것이다. 이 말은 '천지 사이에 내가 가장 존귀함'을 뜻한다. 釋迦(석가)가 태어났을 때 처음 스스로 한 말이라고 한다. 유아독존의 '我(아)'는 개인의 '나'를 뜻하는 것이 아니라 '우리' 즉 '모든 인간'을 지칭하는 것이라고 한다. 고대 인도의 카스트 제도라는 계급주의를 타파하려는 깊은 의도가 깔려 있다. 따라서 석가의 이 말은 모든 인간의 존귀함을 뜻하는 것이므로 더 이상 '자기 자신만의 존귀함'으로 오해하지 말아야겠다. 석가가 그럴 분이시겠는가.

*417 [天時地利人和(천시지리인화).] 하늘이 주는 운은 지리상의 이로움만 못하고, 지리상의 이로움도 사람들 사이의 화합과 일치단결만 못하다는 뜻이다. 우연이나 요행보다는 서로 협심하여 단결하는 것이 일을 이루는 데에 유리하다는 말이다. 天時不如地利(천시불여지리), 地利不如人和(지리불여인화).『孟子(맹자)·公孫丑 下(공손추 하)』

*418 [天作孼猶可違(천작얼유가위), 自作孼不可活(자작얼불가활).] 하늘이 내리는 재앙은 그래도 피할 수 있으나, 자기 스스로 지은 재앙에는 살 길이 없다.『孟子(맹자)·公孫丑 上(공손추 상)』

*419 [天地不可一日無和氣(천지불가일일무화기), 人心不可一日無喜神(인심불가일일무희신).] 천지에는 하루도 온화한 기운이 없어서는 안 되고, 사람의 마음에는 하루도 기쁜 정신이 없어서는 안 된다. 세상은 마음가짐을 따라 고생

도 되고 즐겁게도 되는 것이므로, 사람은 언제나 명랑하고 유쾌한 정신을 잃어서는 안 됨.『菜根譚(채근담)·前集(전집)6』

*420 [天知神知我知子知(천지신지아지자지), 何謂無知(하위무지).] 하늘이 알고, 신이 알고, 내가 알고, 그대가 아는데, 어찌 아는 사람이 없다고 말하는가. '부정한 일은 결국 탄로됨'을 비유하여 이르는 말이다. 楊震(양진)이 뇌물을 물리치면서 한 말이다. '비밀은 숨겨 두어도 언젠가는 반드시 드러남'을 비유적으로 이르는 말이다. '楊震(양진)의 四知(사지)'라고 한다.『小學(소학)·外篇(외편)·善行(선행)』

*421 [天下有三危(천하유삼위).] 세상에는 세 가지 위태로움이 있다.
少德而多寵(소덕이다총), 一危也(일위야). 덕이 모자라는 터에 남보다 많은 사랑을 받는 것이 첫째 위태로움이요,
才下而位高(재하이위고), 二危也(이위야). 재능이 낮은데 직위가 높은 것이 둘째 위태로움이요,
身無大功而受厚祿(신무대공이수후록), 三危也(삼위야). 스스로 큰 공이 없으면서 후한 국록을 받는 것이 셋째 위태로움이다.『淮南子(회남자)·人間訓(인간훈)』

*422 [淸官不愛財(청관불애재).] 청렴한 관리는 재물을 탐내지 아니함.

*423 [靑出於藍靑於藍(청출어람청어람)./靑出於藍(청출어람).] 푸른 물감은 쪽에서 났지만 쪽보다 더 푸름. '제자가 스승보다 더 훌륭한 경우'의 비유. 图靑藍(청람), 出藍(출람)『荀子(순자)·勸學(권학)편』

*424 [聰明不如鈍筆(총명불여둔필).] 아무리 기억력이 좋다고 하여도 그때그때 적어두는 것만 못하다는 말.

*425 [聰明睿智(총명예지)] 聖君(성군)이 갖추어야 할 필수 요건 네 가지. '聰(총)', 귀가 밝다는 것이다. 경청을 잘 한다는 것이 아니라 아랫사람의 말을 듣는 순간 그 말 속에 섞여 있는 참과 거짓, 즉 眞僞(진위)를 정확히 가려낼 줄 안다는 뜻이다. '明(명)', 눈이 밝다는 뜻이다. 오랜 경험으로 인해 눈앞에 벌어지는 일의 잘잘못을 명확하게 가려낼 줄 안다는 뜻이다. '睿(예)', 일에 밝다는 뜻이다. 그래서 어떤 일을 추진하기에 앞서 밑그림을 빈틈없이 그려낼 줄 안다는 뜻이다. '智(지)', 사람에 밝다는 것이다. 사람을 깊이 꿰뚫어 보기 때문에 그 사람의 마음가짐이나 숨은 능력을 들여다볼 줄 안다는 뜻이다. 이렇게 풀이해야 왜 聰明睿智(총명예지)가 聖君(성군)의 덕목이라 했는지 알게 된다.『中庸(중용)』

*426 [逐鹿者不見山(축록자불견산), 攫金者不見人(확금자불견인).] 사슴을 쫓는 사람은 산을 볼 여유가 없다. 명예와 욕심에 눈이 멀어 사람된 도리를 저버린다는 뜻이다. 돈을 움켜쥔 자는 사람을 보지 못한다. 物慾(물욕)에 가리면 의리·염치를 모름을 비유하여 이르는 말이다. 利慾(이욕)에 정신이 팔린 사람은 자신에게 다가올 위험도 돌보지 않는다는 뜻이다.『淮南子(회남자)』

*427 [春來不似春(춘래불사춘).] 봄은 왔지만 봄 같지가 않다. 계절이나 절기는 제때 왔지만 거기에 어울리는 상황이 아니라는 말이다. 오늘날에는 상당히 광범위하게 쓰인다.

*428 [春望詞(춘망사)]
風花日將老(풍화일장로), 꽃잎은 하염없이 바람에 지고
佳期猶渺渺(가기유묘묘), 만날 날은 아득타 기약이 없네
不結同心人(불결동심인), 무어라 맘과 맘은 맺지 못하고
空結同心草(공결동심초). 한갓되이 풀잎만 맺으려는고
중국 唐(당), 薛濤(설도)의 시 '春望詞(춘망사)'의 한 구절이다. 시인 金岸曙(김안서)가 번역하여 '同心草(동심초)'라는 제목으로 발표하였다. 번역시는 金聖泰(김성태)가 작곡한 가곡의 가사로도 유명하다.

*429 [春山雉以鳴死(춘산치이명사).] 봄철의 꿩은 울기 때문에 죽는다는 뜻으로, 남이 모르는 일을 자기 자신이 발설하여 해를 당함을 비유하여 이르는 말.『靑莊館全書(청장관전서)』

*430 [出乎爾者反乎爾(출호이자반호이).] 너에게서 나온 것은 너에게로 돌아간다. 네가 한 언행은 네게로 돌아간다. 즉 선에는 선이 돌아오고, 악에는 악이 돌아온다. 스스로 인(因)을 지어 스스로 과(果)를 받음.『孟子(맹자)·梁惠王 下(양혜왕 하)』

*431 [忠臣不事二君(충신불사이군), 貞女不更二夫(정녀불경이부) 또는 烈女不更二夫(열녀불경이부).] 충신은 두 임금을 섬기지 않고, 정조가 굳은 여자는 두 남편을 바꾸지 않는다.『史記(사기)』

*432 [忠言逆耳(충언역이), 甘詞易入(감사이입).] 충직한 말은 귀에 거슬리고, 달콤한 말은 귀에 쏙 들어온다. 图良藥苦於口(양약고어구), 忠言逆於耳(충언역어이)『史記(사기)』

*433 [醉中無言眞君子(취중무언진군자).] 술에 취했으면서도 말을 하지 않으면(말을 절제할 수 있으면) 가히 군자라 할 수 있다. 图酒中不言眞君子(주중불언진군자).『明心寶鑑(명심보감)·正己篇(정기편)』
[醉中妄言醒後悔(취중망언성후회).] 술에 취해 망령된 말을 하면 술 깬 뒤에 후회한다.『朱子十悔訓(주자십회훈)』

*434 [測水深昧人心(측수심매인심).] 물속 깊이는 알아도

사람의 마음속은 모름. 사람의 마음은 알기 어렵다는 뜻. 『靑莊館全書(청장관전서)』

*435 [痴人畏婦(치인외부).] 어리석은 사람은 아내를 두려워한다. 『明心寶鑑(명심보감)·治家篇(치가편)』

*436 [七步詩(칠보시)] 魏(위)의 曹操(조조)의 아들 曹植(조식)이 형인 文帝(문제)의 미움을 받아, 일곱 걸음 걷는 동안에 시 한 수를 짓지 못하면 벌을 받으리라는 명령에 몰려서 그 시간 내에 지었다는 시.
煮豆燃豆萁(자두연두기), 콩을 삶는데 콩대를 베어 때니,
豆在釜中泣(두재부중읍), 솥 안에 있는 콩이 눈물 흘리네.
本是同根生(본시동근생), 본디 같은 뿌리에서 태어났는데,
相煎何太急(상전하태급). 어찌 그리도 세차게 삶아대는가. 『世說新語(세설신어)』

*437 [鍼子偸賊大牛(침자투적대우).] 바늘도둑이 소도둑 된다. 가벼운 범죄를 예사로이 아는 사람은 마침내 큰 범죄도 짓게 된다는 비유.

*438 [他弓莫挽(타궁막만).] 남의 활을 당겨 쏘지 말라는 뜻으로, '무익한 일은 하지 말라' 또는 '자기가 닦은 바를 지켜 마음을 딴 데 쓰지 말라'는 말. ＿＿＿, 他馬莫騎(타마막기). 『無門關(무문관)』

*439 [貪者怨之本(탐자원지본).] 탐한다는 것은 남의 원한을 살 근본임.

*440 [貪欲生憂(탐욕생우), 貪欲生畏(탐욕생외). 無所貪欲(무소탐욕), 何憂何畏(하우하외).] 헛된 집착에서 근심이 생기고, 헛된 집착에서 두려움이 생긴다. 헛된 집착에서 벗어난 이는 근심이 없는데, 어찌 두려움이 있겠는가. (법구경의 이 구절에서는 '탐욕'을 '헛된 집착'이라고 풀이하고 있다. 왜 '탐욕'이라고 그대로 해석하지 않고 '헛된 집착'이라고 했는지 생각해 볼 일이다. 탐욕이든 헛된 집착이든 그것이 없으면 '두려움'도 없어지나 보다.) 『法句經(법구경) 216』

*441 [泰山鳴動鼠一匹(태산명동서일필).] 처음 시작할 때는 마치 큰 일이라도 하려는 듯 태산이 울릴 정도로 요란을 떨더니 막상 마치고 보니 겨우 쥐 한 마리 잡았다는 뜻.

*442 [兎死狗烹(토사구팽).] 한의 명장 韓信(한신)은 劉邦(유방)을 도와 중국을 통일한 일등공신이었다. 하지만 유방은 권력이 안정되자 한신을 두려워해 제거하려 했다. 한신은 자신의 운명을 예견한 듯, '狡兎死良狗烹(교토사양구팽). 교활한 토끼가 죽으면 달리던 개도 삶아 먹힌다'고 하며 자신의 처지도 走狗(주구)와 같이 비극적으로 끝날 것이라고 하였다. 이 고사에서 전쟁이 끝나면 功臣(공신)도 쓸모없는 것으로서 물리침을 당함을 나타내는 '走狗烹(주구팽)', '狡兎死良狗烹(교토사양구팽)',

'兎死狗烹(토사구팽)'이라는 고사성어가 나왔다. 『史記(사기)·淮陰侯列傳(회음후열전)』

*443 [推敲(퇴고)/추고] 시문을 지을 때 字句(자구)를 여러 번 생각하여 고치는 일을 뜻한다. 당나라의 시인 賈島(가도)가 당나귀를 타고 가다가 시 한 수가 떠올랐다. '鳥宿池邊樹(조숙지변수), 僧推月下門(승퇴월하문). 새는 연못 가 나무에 자고, 중은 달 아래 문을 민다'라는 것이었다. 그런데 '달 아래 문을 민다推(추)/(퇴)'보다는 '두드린다敲(고)'고 하는 것이 어떨까 하고 골똘히 생각하는데 그만 京兆尹(경조윤) 韓愈(한유)의 행차 길을 침범하고 말았다. 한유 앞으로 끌려간 그가 자신이 시를 생각하다가 그랬다는 사실을 이야기하자 한유는 노여운 기색도 없이 한참 생각하더니 "역시 민다는 '推(퇴)'보다는 두드린다는 '敲(고)'가 좋겠군"하며 가도와 행차를 나란히 하였다. 이 일화는 『唐詩紀事(당시기사)』에 실린 고사(고사)에서 생겨난 말로, 이때부터 시나 글을 고치는 것을 '推敲(퇴고/추고)'라고 하였다고 한다.

*444 [破鏡(파경)] 陳(진)나라의 관리 徐德言(서덕언)과 그의 아내 樂昌公主(낙창공주)가 뜻밖의 이별의 순간이 닥치자, 가지고 있던 銅鏡(동경)을 깨뜨려 나누어 가져 훗날 다시 만날 것을 언약하는 징표로 삼았다. 오늘날에는 본래의 뜻과 다르게 부부의 사이가 좋지 않아서 헤어지게 되는 일, 즉 이혼을 뜻하는 말로 사용되고 있으니 아이러니하다. 破鏡(파경)은 破鏡重圓(파경중원)의 준말이다.
[破鏡不再照(파경부재조), 落花難上枝(낙화난상지).] 깨어진 거울은 다시 비출 수 없고, 떨어진 꽃은 다시 가지로 돌아갈 수 없다. 부부 관계 따위의 일단 깨어진 것은 다시 원상태로 되돌아가지 않음을 비유하여 이르는 말. 『傳燈錄(전등록)』
落花難上枝(낙화난상지)는 '大悟(대오)한 사람은 다시 미혹되지 않음'을 비유하는 말로도 쓰인다. 破鏡不再照(파경부재조) 대신 破鏡不重圓(파경부중원)이라고 쓰인 것도 있는데, 그 뜻은 '깨어진 거울은 다시 둥글어지지 않는다'이다.

*445 [烹牛而不鹽(팽우이불염), 敗所爲(패소위).] (비싼) 쇠고기를 삶아도 (값이 얼마 되지 않는) 소금을 치지 않으면 맛이 없다. 한 푼 아끼려다 백 배의 손해를 본다. 『淮南子(회남자)·說山訓(설산훈)』

*446 [平地起波瀾(평지기파란).] 평지에 파란을 일으킨다는 뜻으로, '평온한 자리에서 뜻밖에 일어나는 다툼질'을 비유하여 이르는 말. 平地風波(평지풍파).

*447 [豹死留皮(표사유피), 人死留名(인사유명).] 표범은 죽어서 가죽을 남기고, 사람은 죽어서 이름을 남긴다. '삶이 헛되지 않으면 그 명성이 길이 남음'을 이르는 말. 豹死留皮(표사유피) 대신 虎死留皮(호사유피)를 쓰기도 함. 『五代史(오대사)·王彦章(왕언장)전』

[人在名虎在皮(인재명호재피).] 사람은 죽어서 이름을 남기고, 범은 죽어서 가죽을 남긴다는 말.

*448 [飄風不終朝(표풍부종조), 驟雨不終日(취우부종일).] '회오리바람은 아침 동안에 그치고 소나기는 하루 종일 오는 일이 없다'는 뜻으로, 권세를 부리는 자는 이내 멸망함을 비유하여 이르는 말. 『老子(노자)』

*449 [風憐心(풍련심)] 바람은 마음을 부러워한다. 옛날에 발이 하나 달린 夔(기)라는 동물이 있었다. 아주 귀하고 길한 동물이라 모두가 夔(기)를 부러워하였다. 그러나 기는 발이 많이 달린 지네를 부러워하였다. 지네는 발이 없이도 다닐 수 있는 뱀을 부러워하였다. 뱀은 발도 없으면서 어디든지 갈 수 있는 바람을 부러워하였다. 바람은 아무 수고도 하지 않고 가만히 있으면서도 어디든지 갈 수 있는 눈을 부러워하였다. 눈은 보이지 않는 곳은 볼 수가 없었기 때문에 마음처럼 가서 보지 않아도 갈수도 있고 볼 수도 있는 마음을 부러워하였다. 마음은 모두가 부러워하는 夔(기)를 부러워하였다. 『莊子(장자)』

*450 [夏爐炙濕冬扇爇火(하로자습동선설화).] 여름 화로는 습기를 말리는 데 쓰이고 겨울 부채는 불을 피우는 데 쓰인다는 뜻으로, '물건은 제각기 때를 따라 그 쓰임을 달리함'을 이르는 말.

*451 [何人更得死前休(하인갱득사전휴).] 어느 누가 죽기 전에 쉴 수 있으랴. 『韓愈(한유)·詩(시)』

*452 [學而時習之(학이시습지), 不亦說乎(불역열호).] 배워서 그것을 제때에 익히니 또한 기쁘지 않겠는가. 한 번 배우면 그것으로 다 아는 것처럼 기가 산다. 그러나 실제로는 잘 모르는 것이다. 하지만 배운 것을 시간 있을 때마다 복습하고 연습해 보면 차츰 진정한 뜻을 이해하게 된다. 즉 몸소 깨달아 실천하게 되는 것이다. 그러한 체득의 기쁨이야말로 학문의 참다운 기쁨이다.
有朋自遠方來(유붕자원방래), 不亦樂乎(불역락호). 친구가 먼 곳에서 찾아오니 또한 즐겁지 않겠는가. 멀리 떨어진 곳에 사는 마음의 벗이 뜻밖에 나를 찾아왔다. 이처럼 기쁘고 즐거운 일이 또 어디 있겠는가. 자신이 올바른 뜻이 있으면 어디서든 그 뜻에 동조하는 사람이 있어 함께하고자 찾아온다는 뜻이다.
人不知而不慍(인부지이불온) 不亦君子乎(불역군자호). 남이 알아주지 않더라도 화내지 않으니 또한 군자답지 않겠는가. 남들이 나를 이해해 주지 않거나 실력을 인정해 주지 않는 경우는 인생을 살아가는 데 흔히 있는 일이다. 그런 경우에도 마음에 분노를 품지 않고 편안한 심정으로 소신껏 살아갈 수 있는 사람이야말로 훌륭한 인물이 아니겠는가. 『論語(논어)·學而(학이)』

*453 [閑人有忙事(한인유망사).] 한가로운 사람에게도 바쁜 일이 있음. 『韓偓(한악)·詩(시)』

*454 [合者離之始(합자리지시).] 만남은 헤어짐의 시초이다. 참會者定離(회자정리)

*455 [懈意一生(해의일생), 便是自棄自暴(변시자기자포).] 게으른 뜻이 일단 생기면 곧 자포자기에 빠지게 된다. 『近思錄(근사록)·爲學類(위학류)』

*456 [行不中道(행불중도), 立不門中(입불문중).] 길을 갈 때 한가운데로 다니지 않으며, 대문에 설 때 문 한가운데 서지 않는다. 남을 위한 배려가 중요함을 의미한다. 『禮記(예기)·曲禮 上(곡례 상)』

*457 [行遠自邇(행원자이), 登高自卑(등고자비).] 먼 길을 가는 것은 가까운 데로부터 비롯하고, 높은 곳에 오르는 것은 낮은 데로부터 출발한다. '일을 하는 데는 순서가 있음'을 비유하여 이르는 말. 行遠必自邇(행원필자이) 登高必自卑(등고필자비). '登高自卑(등고자비)'는 지위가 높아질수록 스스로를 낮춘다는 뜻으로도 해석된다. 『中庸』

*458 [行有不得者(행유부득자), 皆反求諸己(개반구저기).] 행하고도 결과가 나타나지 않으면 모두 자기에게 돌이켜 반성해야 한다. 『孟子(맹자)·離婁 上(이루 상)』

*459 [(君子以) 虛受人(허수인).] 군자는 마음을 비우고서 다른 사람을 받아들인다. 자기 마음에 我執(아집)이 있으면 남의 가르침이나 훈계를 받아들일 여지가 없다. 『近思錄(근사록)·爲學類(위학류)』

*460 [荊樹復生(형수복생), 兄弟安樂(형제안락).] 삼형제가 아버지의 재산을 均分(균분)하여 각자 독립하려고 財寶(재보)를 나누던 끝에, 집 앞에 남은 한 그루 모형나무까지 세 토막을 내려고 하자, 나무가 곧 枯死(고사)하려고 했다. 삼형제는 나무는 본디 같은 뿌리인데 자른다는 말을 듣고 고사하려는 데, 자기들 삼형제는 離反(이반)할 것을 의논하고 있으니, 이는 모형나무에도 미치지 못한다고 느껴, 나무 벨 것을 그만둠은 물론 분가할 것을 중지하고, 재보를 다시 합하니 사람들이 孝門(효문)이라고 칭찬하였다는 고사에서 온 말이다. 『齊諧記(제해기)』

*461 [狐死歸首丘(호사귀수구), 故鄕安可忘(고향안가망).] 여우도 죽을 때는 태어난 언덕 쪽으로 머리를 돌리거늘, 사람이 어찌 고향을 잊을 손가! 『曹操(조조)』

*462 [好事不出門(호사불출문), 惡事走千里(악사주천리).] 좋은 일은 문 밖으로 퍼지기 어렵고, 나쁜 일은 단숨에 천 리를 간다. 『水滸志(수호지)』

*463 [婚取而論財(혼취이론재), 夷虜之道也(이로지도야), 議婚姻(의혼인), 勿苟慕其富貴(물구모기부귀).] 혼인에 재물을 논하는 것은 오랑캐의 도이다. 혼인을 의논할 때는 그

부귀함만을 흠모하지 말아야 한다. 『小學(소학)·外篇(외편)·嘉言(가언)』

*464 [鴻鵠高飛不集汚地(홍곡고비부집오지).] 큰기러기와 고니는 높이 날면서 더러운 땅에는 머무르지 않음. 『列子(열자)』

*465 [鴻門之會(홍문지회)] 중국 秦(진)나라 말기에 항우와 유방이 咸陽(함양) 쟁탈을 둘러싸고 鴻門(홍문)에서 회동한 일. 표면적으로는 즐겁지만 殺氣(살기)를 감추고 있는 모임.

*466 [花看半開(화간반개), 酒飮未醉(주음미취), 此中大有佳趣(차중대유가취).] 꽃은 반만 피었을 때 보고, 술은 조금만 취하도록 마시면, 그 가운데 크게 아름다운 맛이 있느니라. 즐거움이 극에 달하면 더 큰 즐거움을 바라게 되고 결국에는 파탄에 이르게 된다. 즐거움이 극에 달하지 않게 즐기면 항상 그렇게 즐길 수 있어 늘 아름다운 맛이 있다. 즐거움 속에 빠져 결국 파탄하게 됨을 경계한 말이다. 『菜根譚(채근담)·後集(후집) 122』

*467 [花無十日紅(화무십일홍), 人不百日好(인불백일호).] 꽃이 피어야 열흘을 넘기기 어렵고, 사람의 좋은 날은 100일을 넘기지 못한다. '청춘은 짧은 동안 금방 지나가버린다' 또는 '한 번 성하면 반드시 쇠하여짐'을 비유하여 이르는 말이다. 人不百日好(인불백일호) 대신 人無千日好(인무천일호) 또는 勢不十年長(세불십년장)이 쓰이기도 한다. 『通俗編(통속편)』

*468 [花發多風雨(화발풍다우).] 꽃이 피어 있을 무렵에는 꽃샘으로 비바람이 많아 모처럼 핀 꽃도 헛되이 떨어지고 만다는 뜻으로, '인간 세상의 만사가 마음대로 되지 않음'을 비유하여 이르는 말.

*469 [禍福同門(화복동문), 利害爲隣(이해위린).] 禍(화)나 福(복)은 다 사람이 스스로 불러들이는 것으로 하나의 같은 문으로 들어오는 것이고, 이익을 얻는 것과 손해를 입는 것은 이웃과 같은 것이라 동전의 양면처럼 언제나 함께 있는 것이다. 禍與福同門(화여복동문), 利與害爲隣(이여해위린). 『淮南子(회남자)·人閒訓 인간훈』

*470 [禍兮福所倚(화혜복소의), 福兮禍所伏(복혜화소복).] 불운 속에 행복이 기대고 있고, 행운 속에 불운이 엎드려 있다. 『老子(노자)·道德經(도덕경)』

*471 [荒年無六親(황년무육친).] 흉년에는 六親(육친)도 서로 화합하지 못함.

*472 [孝百行之本(효백행지본).] 孝行(효행)은 모든 德行(덕행)의 근본임. 『小學(소학)·內篇(내편)』

*473 [孝有三(효유삼). 大孝尊親(대효존친), 其次弗辱(기차불욕), 其下能養(기하능양).] 효에는 세 가지가 있다. 큰 효는 부모를 존경하는 것이고, 그 다음은 부모를 욕되게 하지 않는 것이며, 마지막은 부모를 잘 봉양하는 것이다. 『禮記(예기)·祭義(제의)』

*474 [朽木不可彫(후목불가조).] '썩은 나무에는 조각할 수 없다'는 뜻으로, '나태하고 정신이 썩은 사람은 가르칠 수가 없음'을 비유하여 이르는 말. 『論語(논어)·公冶長(공야장)』

*475 [脅肩諂笑(흡견첨소), 病于夏畦(병우하휴).] 어깨를 으쓱거리며 아첨하며 웃어대는 것을 보는 역겨움은 여름날 논밭에서 일하는 것보다도 더 참기 어려운 것이다. 『孟子(맹자)·滕文公(등문공)下(하)』

四字(사자) 成語(성어)

다음의 사자 성어 앞에 **표를 붙인 것은 한자능력검정시험 8급부터 4급까지, *표를 붙인 것은 3급 한자능력검정시험에 출제 대상으로 지정된 것들이다.

【가】

[呵呵大笑(가가대소)] 껄껄 크게 소리 내어 웃음.
[家鷄野雉(가계야치)] 집의 닭을 싫어하고 들의 꿩을 좋아한다는 뜻으로, 집안에 있는 좋은 것을 버리고 밖에 있는 나쁜 것을 탐냄, 또는 좋은 필적을 버리고 나쁜 필적을 좋아함, 또는 正妻(정처)를 버리고 妾(첩)을 사랑함 등을 비유하여 이르는 말.
*[街談巷說(가담항설)] 거리에 떠도는 말과 골목에 떠도는 이야기. 길거리에 떠도는 소문이나 이야기. 세상의 풍문.
[苛斂誅求(가렴주구)] 가혹하게 세금을 거두어들이고 백성들의 재물을 빼앗음.
*[佳人薄命(가인박명)] 아름다운 사람은 기박한 운명을 타고남. 미인은 대개 불행하다는 말. 图美人薄命(미인박명)
*[刻骨難忘(각골난망)] 뼈 속 깊이 새겨 놓아 잊기 어려움. 은혜에 대한 고마움이 뼈 속 깊이 사무쳐 잊히지 아니함. 잽刻骨痛恨(각골통한)
*[刻骨銘心(각골명심)] 뼈에 새기고 마음에 새겨 둠. 마음 깊이 새겨서 영원히 잊지 않도록 함.
**[刻骨痛恨(각골통한)] 뼈에 새겨지도록 깊고 아픈 원한. 图刻骨之痛(각골지통)
**[角者無齒(각자무치)] ① 뿔이 강한 짐승은 이빨이 약함. ② 한 사람이 모든 재주나 복을 다 가질 수는 없음. ③ 누구나 장점과 단점이 있게 마련임.
*[刻舟求劍(각주구검)] 강물에 칼을 빠뜨린 곳을 배에다 표시해 두었다가 나중에 그 표시를 보고 칼을 찾으려고 함. '어리석고 미련함'을 비유하여 이르는 말. 图契舟求劍(계주구검)『呂氏春秋(여씨춘추)』
[艱難辛苦(간난신고)] 몹시 힘들고 고생스러움. 蛩艱辛(간신)
[艱難險阻(간난험조)] ① 곤란하고 위험할수록 앞으로 전진하다. ② 온갖 위험과 고초.
[肝腦塗地(간뇌도지)] '참혹한 죽음을 당하여 간과 뇌가 땅바닥에 으깨어진다'는 뜻으로, '나라 일을 위하여 당하는 참혹한 죽음'을 비유하는 말.
*[肝膽相照(간담상조)] '간과 쓸개가 서로 비쳐 보임'이란 뜻에서, '속마음을 터놓고 가까이 사귐'을 비유하여 이르는 말.
[渴而穿井(갈이천정)/臨渴掘井(임갈굴정)] '목이 말라야 우물을 판다'는 뜻으로, '평소에 준비 없이 있다가 일을 당하고 나서야 허둥지둥 서두름'을 이르는 말.

*[感慨無量(감개무량)] 마음에 사무치는 느낌이 헤아릴 수 없음.
**[敢不生心(감불생심)] 감히 마음을 내지 못함. 감히 엄두도 내지 못함. 旧焉敢生心(언감생심)
**[甘言利說(감언이설)] '달콤한 말과 이로운 말'이라는 뜻에서, 남의 비위를 맞추는 달콤한 말과 이로운 조건만 들어 그럴 듯하게 꾸미는 말.
*[感之德之(감지덕지)] ① 감사하고 은덕으로 여김. ② 분에 넘치는 것 같아서 매우 고맙게 여김.
[甘呑苦吐(감탄고토)] '달면 삼키고 쓰면 뱉는다'는 뜻으로, 자기에게 이로우면 가까이하고 불리하면 배척하는 이기적인 태도를 이르는 말.
[敢鬪精神(감투정신)] 용감히 싸우고자 하는 마음가짐.
*[甲男乙女(갑남을녀)] '갑이라는 남자와 을이라는 여자'라는 뜻에서 '평범한 보통 사람들을 말함.
[甲論乙駁(갑론을박)] 서로 자기의 주장을 내세우고 상대방의 주장을 반박함. ¶갑론을박으로 시비만 일삼다
[康衢煙月(강구연월)] 번화한 큰길거리에서 달빛이 연기에 은은하게 비치는 모습을 나타내는 말로, 태평한 세상의 평화로운 풍경을 이르는 말.
[綱紀肅正(강기숙정)] 나라의 법과 풍기를 엄숙히 바로잡음.
**[江湖煙波(강호연파)] '강이나 호수 위에 연기처럼 뽀얗게 이는 잔물결'이란 뜻에서, '대자연의 아름다운 풍경'을 이름.
*[改過遷善(개과천선)] 잘못을 고치어 착한 마음으로 바꿈. 허물을 고치고 옳은 길로 들어섬.
[蓋棺事定(개관사정)] 관 뚜껑을 닫아야 비로소 일은 정해진다. 사람에 대한 평가란 모든 일이 완전히 끝나기 전에는 아무도 모른다는 말이다. 蓋棺事始定(개관사시정).『杜甫(두보)·詩(시)』
[開門揖盜(개문읍도)] 문을 열어 도둑에게 인사를 하다. 주위 사정을 깨닫지 못하고 感傷(감상)이나 비탄에 젖어 스스로 재앙을 불러들이는 어리석은 행동을 비유하는 말. 중국 三國志(삼국지) 孫權傳(손권전)에, 孫策(손책)의 가신인 張召(장소)가 손권에게 충고하였다. '이렇게 상황이 위급한데 하릴없이 슬픔에 잠겨 있으면 안 됩니다. 이러시면 스스로 문을 열어놓고 도적을 맞이하는 開門揖盜 꼴입니다. 난세에는 탐욕스런 늑대들이 득실거리는 법이니, 정신을 바짝 차려야 합니다.' 图開門納盜(개문납도), 開門納賊(개문납적)『三國志(삼국지)·孫權傳(손권전)』
[去頭截尾(거두절미)] ① 머리와 꼬리를 잘라버림. ② 사실의 줄거리만 말하고 부차적인 것은 빼어버림.
[擧手低頭(거수저두)] (불) 손을 들어 합장하고 머리를 숙임. 가벼운 경례를 이름.
**[居安思危(거안사위)] 편안하게 살 때 앞으로 닥칠 위험을 미리 생각함.
*[擧案齊眉(거안제미)] '밥상을 들어 눈썹과 가지런하도록 하여 남편 앞에 가지고 감'이란 뜻에서, '남편을 깍듯이 공경함'을 이르는 말.

[車魚之歎(거어지탄)] '욕심에는 한이 없음'을 이르는 말. 孟嘗君(맹상군)의 식객 馮驩(풍환)이 칼을 어루만지며 '밥상에 생선이 없다'고 투덜대었고 생선이 나온 다음에는 '출입할 때 수레가 없다'고 탄식하였다는 고사에서 온 말.

[去者日疎(거자일소).] ① 죽어 저승에 간 사람은 날이 갈수록 疎遠(소원)해져서 차츰 잊혀지게 됨. 去者日以疎(거자일이소), 生者日以親(생자일이친) 『文選(문선)』 ② 멀리 떨어져 있는 사람과는 나날이 정도 멀어져 감. 去者日以疎(거자일이소), 來者日以親(내자일이친) 『古詩(고시)』

[去者必返(거자필반)] 떠나간 사람은 반드시 돌아온다(헤어지면 언젠가는 다시 만나게 된다는 말). 웹會者定離(회자정리)

[乾坤坎離(건곤감리)] 주역에 나오는 八卦(팔괘) 중 네 개의 이름이다. 특히 우리의 국기인 태극기의 四方(사방)을 감싸고 있는 괘의 이름이기도 하다.

[乾坤一擲(건곤일척)] '하늘과 땅을 걸고 주사위를 던진다'라는 뜻으로, 천하를 걸고 싸우는 승부 또는 승부를 결정짓는 단판걸이의 행동을 뜻한다. 唐(당)의 시인 韓愈(한유)의 過鴻溝(과홍구, 홍구를 지나며)라는 시에서 유래했다.

[桀狗吠堯(걸구폐요)/桀犬吠堯(걸견폐요)] 걸왕의 개는 요임금을 보고도 짖는다. 주인이 포악하면 그를 따르는 사람이나 동물도 덩달아 사나워진다는 것을 비유하는 말.

*[乞人憐天(걸인연천)] '거지가 하늘을 불쌍히 여긴다'는 뜻으로, 불행한 처지에 있는 사람이 행복한 사람을 걱정함 비유하여 이르는 말. 자기 분수에 넘치는 일을 하는 부질없는 사람. 또는 그런 일을 이른다.

[揭斧入淵(게부입연)]. 도끼를 메고 산으로 가지 않고 연못으로 간다. 물건을 사용하는 데 당치도 않은 짓을 하는 것을 비유하는 말이다. 『淮南子(회남자)·說山訓(설산훈)』

**[格物致知(격물치지)] ① 사물의 이치를 바로잡아 높은 지식에 이름. ② 주자학에서 '사물의 본질을 끝까지 연구하여 후천적인 지식을 닦음'을 이르고, 양명학에서 '자기 생각의 잘못을 바로잡고 선천적인 양지를 닦음'을 이름.

*[隔世之感(격세지감)] ① 世代(세대)가 크게 차이가 나는 느낌. ② 많은 진보와 변화를 겪어서 딴 세상처럼 여겨지는 느낌. ③ 딴 세상 같은 느낌.

[隔靴搔癢(격화소양)] '신을 신고 발바닥을 긁는다'는 뜻으로, '성에 차지 아니함 또는 요긴한 데에 직접 미치지 못해 시원치 않음'을 가리키는 말.

[隔闊相思(격활상사)] 멀리 떨어져 있으면서 몹시 사모함.

*[牽强附會(견강부회)] ① 억지로 끌어다 대어 조리에 닿도록 함. ② 가당치도 않은 말을 함부로 함. 또는 그런 일.

[見利忘義(견리망의)] 눈앞의 이익만 보고 의리를 망각함.

**[見利思義(견리사의)] ① 눈앞의 이익을 보면 의리를 먼저 생각함. ② 의리를 중요하게 여김. 웹見危授命(견위수명) 맵見利忘義(견리망의) 『論語(논어)·憲問(헌문)』

*[犬馬之勞(견마지로)] '犬馬(견마)'는 '자기'의 겸칭이며, 윗사람에게 바치는 자기의 수고를 겸손하게 이르는 말.

[犬馬之誠(견마지성)] 남에게 '자기가 바치는 정성'을 아주 겸손하게 일컫는 말.

[犬馬之齒(견마지치)] 남에게 '자기의 나이'를 아주 겸손하게 일컫는 말.

[見蚊拔劍(견문발검)] '모기를 보고 칼을 뺀다'는 뜻으로, '보잘것없는 작은 일에 어울리지 아니하게 엄청나고 큰 대책을 씀'을 비유하여 이르는 말. 모기 보고 칼 빼기.

**[見物生心(견물생심)] 어떠한 물건을 보면 그것을 가지고 싶은 욕심이 생김.

[見性成佛(견성성불)] (불) 자기의 본성을 투철하게 깨달을 수 있으면, 그 사람은 이미 부처와 같은 깨달음을 얻은 사람이라고 할 수 있음. 直指人心(직지인심), ____. 『悟性論(오성론)』

[犬猿之間(견원지간)] 개와 원숭이의 사이처럼 두 사람의 관계가 몹시 나쁜 사이.

*[堅忍不拔(견인불발)] 마음이 굳고 참을성이 있어서 마음이 흔들리지 아니함.

[犬兔之爭(견토지쟁)] 개와 토끼의 싸움. 만만한 두 사람이 싸우다 지치는 바람에 제3자가 이득을 보는 것을 말한다. 또는 '쓸데없는 다툼'을 비유하기도 한다. 맵漁父之利(어부지리)

*[結者解之(결자해지)] '맺은 사람이 그것을 풀어야 함'이란 뜻에서, '일을 저지른 사람이 그 일을 해결해야 함'을 이르는 말.

**[結草報恩(결초보은)] 은혜를 입은 사람의 혼령이 풀포기를 묶어놓아 은인이 적을 잡고 공을 세우게 하였다는 중국의 고사에서, 죽은 뒤에도 잊지 않고 은혜를 갚는다는 뜻.

[決河之勢(결하지세)] '둑이 무너져 가득찬 물이 쏟아져 흐르는 대단한 힘'이란 뜻으로, '누르려야 누를 수 없는 거센 힘'을 이르는 말. 『淮南子(회남자)』 맵破竹之勢(파죽지세)

*[兼人之勇(겸인지용)] 다른 사람 몫까지 겸하여 감당할 수 있는 용기. 혼자서 능히 몇 사람을 당해낼 만한 용기.

*[輕擧妄動(경거망동)] 경솔하고 조심성 없이 함부로 행동함. 줄輕妄(경망)

*[傾國之色(경국지색)] '임금이 혹하여 나라가 기울어져도 모를 만한 미인이라는 뜻으로', 매우 뛰어난 미인을 이름. 동傾城之色(경성지색)

[輕慮淺謨(경려천모)] 가볍고 얕은 생각.

**[經世濟民(경세제민)] ① 세상을 다스리고 백성을 구제함. ② 백성의 살림을 보살펴 줌. 줄經濟(경제)

[經於溝瀆(경어구독)] '스스로 목매어 도랑에 빠져 죽는

다'는 뜻으로, '개죽음'을 비유하여 이르는 말. 『後漢書(후한서)』

[輕敵必敗(경적필패)] 적을 업신여기면 반드시 패함.

[鯨戰蝦死(경전하사)] '고래 싸움에 새우 등 터진다'는 뜻으로, 강한 자들이 싸우는 바람에 아무 관계도 없는 약한 사람이 피해를 입는 일을 비유적으로 이르는 말.

[慶弔相問(경조상문)] 경사에 서로 축하하고 불행한 일에 서로 위문함.

**[敬天勤民(경천근민)] 하늘을 공경하고 백성을 위한 일을 부지런히 힘씀.

**[驚天動地(경천동지)] 하늘이 놀라고 땅이 움직임. 세상에 몹시 놀라거나 기적 같은 일이 발생함을 이르는 말.

**[敬天愛人(경천애인)] 하늘을 공경하고 사람을 사랑함. 하늘이 내린 운명을 달게 받고 남들을 사랑하여 사이좋게 지냄.

**[鷄卵有骨(계란유골)] '계란에 뼈가 있음'이란 뜻에서, '운수가 나쁜 사람은 모처럼 좋은 기회를 만나도 역시 일이 잘 안 됨'을 비유하여 이르는 말.

*[鷄鳴狗盜(계명구도)] 닭 울음소리나 내고 개구멍으로 물건을 훔치는 것과 같은 변변치 못한 재주를 말하거나, 혹은 고상한 학문은 없고 천박한 꾀를 써서 남을 속이는 사람을 비유하여 이르는 말. 『史記(사기)』

[係風捕影(계풍포영)] '바람을 잡아매며 그림자를 붙잡는다'는 뜻으로, '도저히 불가능한 일'을 비유하여 이르는 말. 『漢書(한서)』

[呱呱之聲(고고지성)] 아이가 세상에 나오면서 처음 우는 소리.

[股肱之臣(고굉지신)] '股肱(고굉)'은 '다리와 팔' 이라는 뜻에서, 임금이 가장 믿는 중요한 신하를 일컫는 말.

*[孤軍奮鬪(고군분투)] ① 도움이 없는 외로운 군대가 힘에 벅찬 적군과 맞서 온 힘을 다하여 싸우는 것. ② 적은 인원이나 약한 힘으로, 남의 도움을 받지 못하고 힘겨운 일을 끈지게 하는 것.

[高談峻論(고담준론)] ① 고상하고 준엄한 말. ② 아무 거리낌없이 젠체하면서 과장하여 하는 말.

*[高臺廣室(고대광실)] 높은 돈대 위에 넓게 지은 집. 규모가 굉장히 크고 높고 잘 지은 집.

**[孤立無援(고립무원)] 고립되어 도움을 받을 데가 없음. 홀로 외톨이가 됨.

[枯木死灰(고목사회)] ① 마른 나무와 불기 없는 재. ② '외형은 말라 죽은 나무와 같고 마음은 죽은 재와 같아 생기가 없음'을 비유하는 말. ③ 의욕이 없는 사람.

[枯木生花(고목생화)] '말라 죽은 나무에서 꽃이 핀다'는 뜻에서, ① '곤궁한 사람이 행운을 만나서 잘 되는 것'을 비유하는 말. ② '늘그막에 아기를 낳거나 대가 끊길 지경에 아들을 낳는 것'을 비유하는 말.

[高峰峻嶺(고봉준령)] 높이 솟은 산봉우리와 험준한 산마루.

[古色蒼然(고색창연)] 오랜 세월을 겪어 옛 정취가 역력히 나는 모양

[枯樹生華(고수생화)] 마른 나무에 꽃이 핀다는 뜻으로, '노쇠한 사람이 다시 생기를 되찾음'을 이르는 말.

*[姑息之計(고식지계)] '잠시 쉴 틈을 얻기 위한 계책'이란 뜻에서, 근본적인 해결책이 아니라 임시변통을 위한 대책을 말함.

[枯楊生華(고양생화)] 마른 버드나무에 꽃이 핀다는 뜻으로, '늙은 여자가 자기보다 젊은 남편을 얻음'을 이르는 말.

[孤雲野鶴(고운야학)] '외따로 떠 있는 조각구름과 들에 깃들이는 두루미'라는 뜻으로, '벼슬을 하지 않고 한가로이 숨어 사는 선비'를 비유하는 말.

*[苦肉之策(고육지책)] 적을 속이기 위해 제 몸을 괴롭히는 일까지도 무릅쓰면서 꾸미는 계책. 同苦肉策(고육책) 비苦肉之計(고육지계)

*[孤掌難鳴(고장난명)] '한 손바닥으로는 소리가 나게 하기 어려움'이란 뜻에서, '혼자서는 일을 하기가 어려움'을 비유하여 이르는 말. 비獨掌不鳴(독장불명)

**[苦盡甘來(고진감래)] '쓴 것이 다하면 단 것이 옴'이란 뜻에서, '고생 끝에 즐거운 일이 생김'을 비유하여 이르는 말임.

[固執不通(고집불통)] 고집이 세어 조금도 변통성이 없음. 또는 그런 사람.

[孤枕單衾(고침단금)] 홀로 쓸쓸히 자는 여자의 이부자리.

[高枕短眠(고침단면)] 베개를 높이 베면 오래 자지 못한다는 말.

[高枕短命(고침단명)] 베개를 높이 베면 오래 살지 못한다는 말.

*[高枕安眠(고침안면)] '베개를 높게 하여 편안하게 잠'이란 뜻에서, 근심 걱정 없이 편안함을 비유적으로 이르는 말.

[孤枕寒燈(고침한등)] 홀로 외로이 자는 방의 쓸쓸하게 보이는 등불.

[膏火自煎(고화자전)] '기름 등불이 스스로 저를 태워 없앤다'는 뜻으로, 재주 있는 사람이 그 재주 때문에 화를 입는 것을 비유.

[曲肱之樂(곡굉지락)] '팔을 베개 삼아 잠을 잘 자는 가운데 있는 즐거움'이라는 뜻으로, 淸貧(청빈)에 만족하여 그 안에서 즐거움을 찾는 검소하고 自足(자족)하는 생활을 비유한 말이다. 『論語(논어)・述而(술이)』

*[曲學阿世(곡학아세)] '곧지 않은 학문으로 세상에 아부함'이란 뜻에서, 바른 길에서 벗어난 학문으로 권력자에게 아첨하여 출세를 하려고 함. 轅固生(원고생)이 公孫弘(공손홍)을 불러놓고 간절하게 말했다. '지금 학문의 도는 문란해지고 거짓된 학설이 판을 치고 있소. 만약 이를 이대로 방치하다가는 유서 깊은 학문의 전통이 끊길까 두렵습니다. 그대는 나이도 젊거니와 학문을 매우 아끼고 사랑한다고 알고 있습니다. 그러니 부디 바른 학문을 익혀서 세상에 널리 옳은 풍토를 심어 주시오. 결코 자기가 믿는 학문을 굽힌다거나 속물들에게 아부하는 일[曲學阿世(곡학아세)]이 있어서는 안 됩니다.' 이 말을 들은 공손홍은 원고생의 고결한 인격과 풍

부한 학식에 감복하여 크게 뉘우치고 그의 제자가 되었다. 『史記(사기)·儒林傳(유림전)』

[困獸猶鬪(곤수유투)] '곤경에 빠진 짐승일수록 더욱 발악한다'는 뜻으로, 어려움에 처한 사람일수록 최후의 발악을 하는 것을 비유하는 말이다.

**[骨肉相殘(골육상잔)/骨肉相爭(골육상쟁)] 부자나 형제 등 가까운 혈연관계에 있는 사람끼리 서로 해치며 싸우는 일. 같은 민족끼리 해치며 싸우는 일. ¶골육상쟁의 6·25 남침을 잊어서는 안 된다

[空山明月(공산명월)] ① 적적한 산에 외로이 비치는 밝은 달. ② ㉠ 산과 달이 그려진 화투짝의 한 가지. ㉡ '대머리'를 농으로 일컫는 말.

[功成身退(공성신퇴)] 공을 세우고 물러남. 사람이 일단 일을 수행하여 공적이나 명성을 이루면 그 위치를 물러나는 것이 하늘의 도리를 따르는 방법이다. 功遂身退天之道(공수신퇴천지도). 『老子(노자)·道德經 9章(도덕경 9장)』

**[空前絶後(공전절후)] 이전에도 없었고 이후에도 없을 것임. 지금까지 없었고 앞으로도 있을 수 없음. 间前無後無(전무후무)

[空中樓閣(공중누각)] 하늘 위에 지은 누각. 헛된 망상이나 진실성이 없고 비현실적인 이야기나 문장 따위를 비웃는 말이다. 间沙上樓閣(사상누각) 『夢溪筆談(몽계필담)』

[過恭非禮(과공비례)] 지나친 공손은 도리어 예가 되지 못함.

[寡聞淺識(과문천식)] 듣고 보고 한 것이 적고 지식이 얕음. 다른 사람에게 자신을 낮출 때 쓰는 말임. ¶과문천식한 제가 이 막중한 일을 감당할 수 있을지 걱정됩니다

*[過猶不及(과유불급)] 지나친 것은 미치지 못하는 것과 같다. 일을 처리하거나 수행할 때 지나친 것은 미치지 못한 것과 같다는 말이다. 물론 이 말은 물질적 성과만 가지고 성패를 따지는 것은 아니다. 지나치지도 않고 모자람도 없는 中庸(중용)의 문제를 거론한 것이다. 혹시 過猶不及(과유불급)을 '지나친 것은 모자라는 것만 못하다'라는 뜻으로 쓴다면 이것은 본뜻과는 달라진 것이다.

[官紀肅正(관기숙정)] 문란해진 관청의 규율을 바로잡음.
[官尊民卑(관존민비)] 관리는 높고 백성은 낮다고 보는 생각.

[管鮑之交(관포지교)] 춘추 시대, 齊(제)의 管仲(관중)과 鮑叔牙(포숙아)가 가난하던 시절부터 부귀하게 된 후까지, 그 우정이 변하지 않았던 일. 管鮑貧時交(관포빈시교). 『杜甫(두보)·貧交行(빈교행)』

[刮目相對(괄목상대)] (주로 남의 학식이나 재주가 부쩍 느는 것에 놀라) 눈을 비비고 사람을 다시 보다. 준刮目(괄목) 『三國志(삼국지)·呂蒙傳(여몽전)』

[刮腸洗胃(괄장세위)] 칼을 삼키어 창자를 도려내고, 잿물을 마시어 위를 씻음. 곧, '마음을 고쳐 스스로 새사람이 됨'을 이르는 말. 『南史(남사)』

[狂言妄說(광언망설)] 이치에 맞지 않고 도의에 어긋난 말.

[光陰如矢(광음여시)] 세월 가는 것이 화살과 같이 매우 빠름. 또는 세월은 날아가는 화살과 같아 '한번 지나가면 되돌아오지 않음'을 비유한 말. 间光陰如流(광음여류)

*[矯角殺牛(교각살우)] 소의 뿔을 바로잡으려다 소를 죽임. 잘못된 점을 고치려다 방법이나 정도가 지나쳐 오히려 일을 그르치게 됨.

[交淡如水(교담여수)] 사귀어서 담박하기가 물과 같다는 뜻으로, '담박한 君子(군자)의 교제를 이르는 말. 『禮記(예기)』

[喬木世家(교목세가)] 여러 대를 중요한 지위에 있어서 나라와 운명을 같이 하는 집안.

[咬牙切齒(교아절치)] 어금니를 악물고 이를 갈면서 몹시 분해함.

[巧言亂德(교언난덕)] 교묘하게 꾸며대는 말은 是非(시비)를 어지럽게 하므로 덕을 잃게 함. 『論語(논어)』

*[巧言令色(교언영색)] '듣기 좋게 꾸며낸 말과 보기 좋게 가꾼 안색'이라는 뜻에서, 아첨하는 말과 알랑거리는 태도를 말함. 『論語(논어)·學而(학이)』

[狡兔三窟(교토삼굴)] '똑똑한 토끼는 만약을 위해 세 개의 굴을 파 놓는다'는 뜻으로, 만약을 위해 이중 삼중의 대비책을 마련하는 준비성을 말한다.

**[敎學相長(교학상장)] ① 가르치고 배우는 일이 서로 자라게 함. ② 가르치고 배움이 서로 도움이 됨. ③ 가르치면서 배우고, 배우면서 가르침.

*[九曲肝腸(구곡간장)] '아홉 굽이의 간과 창자'라는 뜻에서, 깊은 마음속 또는 시름이 쌓인 마음속을 비유하여 이르는 말.

[狗頭生角(구두생각)] 개대가리에 뿔이 남. 있을 수 없는 일을 비유하여 일컫는 말.

[丘里之言(구리지언)] ① 촌스런 말. ② 터무니없는 말.
[狗馬之心(구마지심)/犬馬之心(견마지심)] 개나 말이 그 주인에게 충성을 다하는 만큼의 성의. '자기 진심'의 겸손한 표현.

[苟命徒生(구명도생)] 구차스럽게 겨우 목숨을 보전하여 살아감.

[口無二言(구무이언)] 입으로 두말을 하지 않는다. 참一口二言(일구이언)

*[口蜜腹劍(구밀복검)] '입에는 꿀이 있고, 뱃속에는 칼이 있음'이라는 뜻에서, 말은 달콤하게 하지만 속으로는 해칠 생각을 하고 있음을 비유적으로 이르는 말.

[求不得苦(구부득고)] 八苦(팔고)의 하나. 구하려 하나 구하지 못하는 괴로움.

[求不厭寡(구불염과)] 욕구는 적을수록 좋음.
[求善不厭(구선불염)] 선을 구하여 싫어하지 아니함. 한결같이 선을 행함.

**[九死一生(구사일생)] '아홉 번 죽을 고비를 넘기고 다시 한 번 살아남'이란 뜻에서, 죽을 고비를 여러 차례 넘기고 겨우 살아남을 이름.

*[口尙乳臭(구상유취)] 입에서 아직 젖 냄새도 가시지 않았다. 상대방을 얕잡아 볼 때 쓰는 말이다. 즉 나이가 어리고 경험이 없어 언행이 유치한 경우를 비웃으며 하는 말임. 『史記(사기)·高祖記(고조기)』

**[九牛一毛(구우일모)] 아홉 마리 소 중에서 뽑은 한 오라기 털. 많은 것 가운데 지극히 작은 것을 일컫는 말. 司馬遷(사마천)이 任少卿(임소경)에게 보낸 편지 중에서 유래한 성어.

[口耳之學(구이지학)] 귀로 들은 즉시 입으로 내뱉어버리는 배움. 들은 것을 깊이 새겨보지도 않고 그대로 남에게 전하기만 하여 조금도 자기 것으로 만들지 못하는 학문을 말한다. 『荀子(순자)·勸學篇(권학편)』에 '口耳之學(구이지학)은 소인배들의 학문이다. 귀로 들은 것이 입으로 나오는데, 입과 귀 사이의 거리는 고작 네 치일 뿐이다'라고 하였다. 순자가 말하려는 취지는 이런 것이다. 옛사람들이 배운 까닭은 자신의 몸을 갈고 닦아 덕을 쌓기 위해서였다. 그런데 요즈음은 남을 가르쳐 먹고 살기 위한 수단으로 학문을 한다. 즉 군자의 학문은 자신의 학문과 덕행을 높이기 위한 것인데, 소인배이 학문은 생활의 방편이다. 때문에 배움은 이루어지지 않고, 듣는 사람의 귀나 즐겁게 하고 호기심만 채우는 공부에만 힘쓴다는 것이다.

**[九折羊腸(구절양장)] '아홉 번 꼬부라진 양의 창자'라는 뜻으로, 꼬불꼬불한 험한 산길을 비유하여 이르는 말. ¶풍파에 놀란 사공 배 팔아 말을 사니 구절양장이 물도곤 어려왜라. 『옛 시조』

[口中荊棘(구중형극)] 입 속에 있는 가시. '남을 중상하는 말의 음험함'을 비유하여 이르는 말.

[舊態依然(구태의연)] ① 옛 모습 그대로임. ② (변화나 발전이 없이) 그대로 여전함. ¶구태의연한 방식을 고집하다

[救火以薪(구화이신)] '불을 끄려고 섶나무를 더한다'는 뜻으로, '해를 막으려다 해를 더 크게 함'을 비유하여 이르는 말. 동救火投薪(구화투신), 抱薪救火(포신구화) 『鄧析子(등석자)』

[國恥民辱(국치민욕)] 나라의 수치와 국민의 욕됨.

*[國泰民安(국태민안)] 나라가 태평하고 백성이 편안함.

*[群鷄一鶴(군계일학)] '무리를 이룬 닭 가운데 우뚝 서 있는 한 마리의 학'이란 뜻으로, '많은 사람 가운데서 뛰어난 인물'을 비유하여 이르는 말.

[群盲撫象(군맹무상)] 여러 장님들이 코끼리를 어루만져 보고, 자기가 만져본 부분에 의하여 의견을 말하는 일. ① 사물에 대하여 총체적으로 파악하지 못함을 비유하는 말. ② 凡人(범인)에게는 큰 인물이 경영하는 큰 사업의 한 부분 밖에 알지 못함을 비유하는 말.

**[君臣有義(군신유의)] 임금과 신하 간에는 의리가 있어야 함. 임금과 신하 사이의 도리는 의리에 있음. 五倫(오륜)의 하나.

*[群雄割據(군웅할거)] 많은 영웅들이 각각 일정한 토지를 나누어 차지함.

*[君爲臣綱(군위신강)] 임금은 신하들의 벼리와 같은 모범이 되어야 함. 또는 그렇게 하여야 할 도리. 三綱(삼강)의 하나.

[屈巾祭服(굴건제복)] 굴건과 祭服(제복). 喪禮(상례) 또는 祭禮(제례)에서 복식을 예절에 맞게 갖춤.

[窮寇莫追(궁구막추)] 달아나는 도적을 뒤쫓지 말라는 뜻. 사람이 위급해지면 모진 마음으로 대항할 수도 있으니, 자칫 작은 이익 때문에 큰 피해를 당할 수 있다는 말이다.

*[窮餘之策(궁여지책)] 궁한 나머지 생각다 못해 짜낸 계책. 막다른 골목에서 그 국면을 타개하려고 생각다 못해 짜낸 대책. 동窮餘一策(궁여일책)

**[權謀術數(권모술수)] ① 권세를 꾀하기 위한 수단이나 방법. ② 목적 달성을 위하여 수단과 방법을 가리지 아니하는 온갖 모략이나 술책.

**[權不十年(권불십년)] '권세는 십년을 가지 못함'이란 뜻에서, 아무리 높은 권세라도 오래 가지 못함. 비花無十日紅(화무십일홍)

*[勸善懲惡(권선징악)] 착한 일을 권장하고 악한 일을 징계함.

[捲土重來(권토중래)] '땅을 마는 것 같은 세력으로 다시 온다'는 뜻으로, 실패한 뒤 힘을 길러 다시 일어나다. 벼슬을 그만두었다가 다시 벼슬길에 나서다. 어떠한 일을 하다가 실패한 후에도 굽히지 않고 거듭 노력하여 재기하는 경우에 쓰인다. 『杜牧(두목)·詩(시)·烏江亭(오강정)』

[歸馬放牛(귀마방우)] 말을 돌려보내고 소를 방목하다. 전쟁이 끝나고 태평한 시대를 여는 것을 비유하는 말이다. 『尙書(상서)·武成篇(무성편)』

*[克己復禮(극기복례)] 나를 이기고 예의를 회복하다. 개인적인 이익을 좇는 욕심을 버리고 공공의 이익을 위해 세워진 질서인 禮(예)를 회복한다는 뜻이다. 동克復(극복) 참克己復禮爲仁(극기복례위인) 『論語(논어)』

**[極惡無道(극악무도)] 더없이 악하고 인간의 도리를 지키는 일이 없음.

[僅僅得生(근근득생)] 겨우겨우 살아감.

[僅僅扶持(근근부지)] 겨우겨우 배겨감.

*[近墨者黑(근묵자흑)] 먹을 가까이 하는 사람은 검어지기 쉬움. '나쁜 사람을 가까이 하면 물들기 쉬움'을 비유하여 이르는 말. 비近朱者赤(근주자적)

**[近朱者赤(근주자적)] 붉은 것을 가까이 하는 사람은 붉게 된다. 사람은 그가 늘 가까이하는 사람에 따라 영향을 받아 변하는 것이니 조심하라는 말. 비近墨者黑(근묵자흑)『傅玄(부현)·太子少傅箴(태자소부잠)』

**[金科玉條(금과옥조)] 금이나 옥 같은 법률의 조목과 조항. 소중히 여기고 꼭 지켜야 할 법률이나 규정. 또는 절대적인 것으로 여기어 지키는 규칙이나 교훈.

[金口閉舌(금구폐설)] '입을 다물고 혀를 놀리지 아니한다'는 뜻으로, '침묵함'을 이르는 말.

[琴棋書畵(금기서화)] 거문고를 타고, 바둑을 두며, 글씨를 쓰며, 그림을 그림. 곧, 雅人(아인)의 風流(풍류)를 이름.

*[金蘭之契(금란지계)] 금 같이 단단하고 난초 같이 향기롭게 맺은 사이. 图金蘭之交(금란지교), 金蘭之友(금란지우)

*[錦上添花(금상첨화)] '비단 위에 꽃을 더함'이라는 뜻에서, '좋은 일 위에 좋은 일이 더하여짐'을 비유하여 이르는 말. 펜雪上加霜(설상가상)

[今昔之感(금석지감)] 지금과 전과 비교하여 변화가 너무 심한 것을 보고 일어나는 느낌. ¶금석지감을 금할 수 없다

*[金石之交(금석지교)] 쇠나 돌 같이 굳고 변함없는 사귐. 또는 그런 약속.

[金城鐵壁(금성철벽)] 방비가 매우 견고한 성.

*[金城湯池(금성탕지)] 쇠로 된 성 주위에 펄펄 끓는 물로 못을 만들어 놓음. '방어 시설이 아주 튼튼한 성'을 형용하는 말.

[錦繡江山(금수강산)] '비단에 수를 놓은 것 같은 강산'이라는 뜻으로, 자연이 매우 아름다운 나라. ¶예로부터 우리나라를 '삼천리금수강산'이라 하였다.

**[今時初聞(금시초문)] 바로 지금 비로소 처음 들음. 지금까지는 들은 바가 없음.

[琴瑟之樂(금실지락)] 부부 사이의 다정하고 화목한 즐거움.

[琴瑟不調(금실부조)] 부부 사이의 정이 조화롭지 못함.

*[錦衣夜行(금의야행)] 비단옷을 입고 밤길을 다님. '아무 보람 없는 행동을 자랑스레 함'을 비꼬아 이르는 말.

*[錦衣玉食(금의옥식)] 비단옷을 입고 옥 같이 귀한 음식을 먹음. '사치스러운 생활'을 비유하여 이르는 말.

*[錦衣還鄕(금의환향)] '비단옷을 입고 고향으로 돌아가거나 돌아온다'는 뜻으로, 성공하여 고향으로 돌아옴을 비유적으로 이르는 말. 图衣錦還鄕(의금환향)

[金樽美酒(금준미주)] '금으로 만든 술항아리에 맛좋은 술'이라는 뜻으로, 사치스러운 향락을 즐기는 잔치를 비유하는 말. '춘향가' 가운데 金樽美酒詩(금준미주시)가 있음.

*[金枝玉葉(금지옥엽)] '금으로 된 가지와 옥으로 된 잎'이라는 뜻에서, '임금의 자손' 또는 귀한 자손'을 높여 비유하는 말.

*[氣高萬丈(기고만장)] 기세가 높기가 만 길이나 됨. '일이 뜻대로 잘 되어 뽐내는 기세가 대단함'을 비유하는 말.

[欺君罔上(기군망상)] 임금을 속임.

**[起死回生(기사회생)] 원래 뜻은 죽은 사람을 살린다는 말로 '의술이 뛰어남'을 일컫는 말이었다. 오늘날에는 힘든 역경을 이겨내고 재기한다는 뜻으로 쓰인다. 『史記(사기)·扁鵲傳(편작전)』

**[奇想天外(기상천외)] '기이한 생각이 하늘 밖에 이름'이란 뜻에서, 상상할 수 없을 만큼 생각이 기발하고 엉뚱함.

[氣塞昏絕(기색혼절)] 숨이 막혀 까무러짐.

[欺世盜名(기세도명)] 세상 사람을 속이고 헛된 명예를 탐냄.

[杞人憂天(기인우천)] 옛 중국 杞(기)나라 사람이 '하늘이 무너지면 어디로 피하면 좋을까' 하고 침식을 잊고 걱정했다는 데서 온 말. 쓸데없는 걱정이나 지나친 걱정을 비유하는 말이다. 줄여서 杞憂(기우)라고 한다. 『列子(열자)·天瑞篇(천서편)』

[氣盡脈盡(기진맥진)] 기력이 죄다 없어짐. 图氣盡力盡(기진력진)

[騎虎難下(기호난하)] '범의 등에 타기는 탔는데 내리면 잡아먹힐까봐 내리기가 어렵다'는 뜻에서, '이러지도 못하고 저러지도 못하는 딱한 형편'을 이르는 말.

[騎虎之勢(기호지세)] '범을 타고 달리는 형세'라는 뜻으로, '이미 시작한 일을 중도에서 그만 둘 수 없는 내친 형세'를 이르는 말.

[琪花瑤草(기화요초)] 고운 꽃과 풀. ¶온갖 기화요초가 봄을 찬송하고 이름 모를 나비와 새의 떼가 하늘을 난다

*[吉凶禍福(길흉화복)] 운이 좋고 나쁨과 재앙과 복. '운수를 풀어서 달리 이르는 말이기도 함.

【나】

[落膽喪魂(낙담상혼)] 몹시 놀라서 肝膽(간담)이 떨어져 나가고 넋을 잃을 것 같음.

**[落落長松(낙락장송)] 가지가 축축 늘어질 정도로 키가 큰 소나무. 매우 크고 우뚝하게 잘 자란 소나무.

**[落木寒天(낙목한천)] ① 나무의 잎이 다 떨어진 뒤의 추운 날씨. ② 나뭇잎이 다 떨어지고 난 겨울의 춥고 쓸쓸한 풍경. 또는 그런 계절.

[落張不入(낙장불입)] 화투·투전·트럼프 따위를 할 때 한번 바닥에 내놓은 패는 물리려고 집어들이지 못한다는 규칙.

[落井下石(낙정하석)] 우물에 빠진 사람에게 돌을 던지다. 남이 어려운 처지에 놓였는데 도와주지는 않고 도리어 해를 입히는 경우를 일컫는 말. 图落穽下石(낙정하석), 投井下石(투정하석)

**[落花流水(낙화유수)] 흐르는 물 위에 꽃잎이 떨어지다. 늦봄의 처량한 정취를 묘사한 詩(시)에서 나왔다. '가는 봄의 경치' 또는 '살림이나 세력이 약해져 아주 보잘것 없이 됨'을 비유하는 말.

**[難攻不落(난공불락)] 공격하기가 어려워 좀처럼 함락되지 아니함.

**[亂臣賊子(난신적자)] 나라를 어지럽히는 신하와 어버이를 해치는 자식. 즉 못난 신하나 자식.

*[暖衣飽食(난의포식)/煖衣飽食(난의포식)] 옷을 따뜻하게 입고 음식을 배부르게 먹는다는 뜻으로, 아무 부족함이 없이 생활함을 이름. 맹자가 이 말을 인용한 의도는 육체적인 안일과 편안함만으로는 사람다운 사람이 될 수 없다는 점을 지적하기 위해서였다. 그러나 오늘날에는 단지 배불리 먹고 따뜻한 옷을 입고서 근심 걱정 없이 사는 넉넉한 생활을 비유하는 말로 주로 쓰인다. 图飽食暖衣(포식난의), 준暖飽(난포) 『孟子(맹자)』

**[難兄難弟(난형난제)] '누구를 형이라 하고 누구를 아우

라 하기 어렵다'는 뜻으로, 서로 비슷비슷하여 어느 것이 낫고 못하고를 분간하기 어려움을 비유하는 말. 비 莫上莫下(막상막하)

*[南柯一夢(남가일몽)] 한 때의 헛된 부귀를 이르는 말. 당(唐)의 순우분(淳于棼)이 느티나무의 남쪽 가지 밑에서 잠이 들었다가 꿈에 괴안국(槐安國)에 이르러 임금의 딸을 맞아 아내로 삼고 남가군(南柯郡)의 태수가 되어 영화를 누렸다는 고사에서 온 말. 南柯夢(남가몽)

[南橘北枳(남귤북지)] '강남의 귤을 강북에 심으면 탱자가 된다'는 뜻으로, 사람도 사는 곳의 풍속의 선악에 따라 그 품성이 달라짐을 비유하여 이르는 말. 江南橘化爲枳(강남귤화위지). 江南種橘江北爲枳(강남종귤강북위지). 『韓詩外傳(한시외전)』

[南蠻北狄(남만북적)] 남쪽과 북쪽에 사는 오랑캐.

*[男負女戴(남부여대)] 남자는 등에 짐을 지고 여자는 머리에 물건을 임. 가난한 사람들이 집을 떠나 떠돌아다님. 또는 전쟁이 나서 피난길에 나선 모양.

[囊中之錐(낭중지추)] '주머니 속에 든 송곳'이라는 뜻으로, 감추려 해도 저절로 드러나게 되는 것을 일컫는 말.

[囊中取物(낭중취물)] '주머니 속의 물건을 취한다'는 뜻으로, 아주 손쉽게 얻을 수 있음을 이르는 말.

[囊乏一錢(낭핍일전)] 주머니 속이 텅 비어 한 푼도 없음.

*[內憂外患(내우외환)] 국내에서 생긴 걱정거리와 국외로부터 들어온 근심거리. 나라 안팎에서 일어난 어려움.

*[內柔外剛(내유외강)] 속은 부드러우나 겉으로는 굳세게 보임. 마음은 부드러운데도 겉으로는 강하게 보임. 참 外柔內剛(외유내강)

*[怒甲移乙(노갑이을)] '갑에게 성내야 하는 것을 을에게 옮김'이란 뜻에서, 당사자가 아닌 엉뚱한 사람에게 화를 내거나 분풀이를 함.

[怒氣騰騰(노기등등)] 성난 빛이 얼굴에 가득함.

*[怒氣衝天(노기충천)] 성난 기세가 하늘을 찌를 것 같음. 동 怒氣沖天(노기충천), 怒氣撐天(노기탱천)

[老當益壯(노당익장)/老益壯(노익장)] 늙어서는 더욱더 意氣(의기)를 굳건히 해야 함.

[路柳墻(牆)花(노류장화)] (누구나 꺾을 수 있는) 길가의 버들과 담 밑의 꽃. 곧, 娼婦(창부)를 이름.

[老馬之智(노마지지)] 齊(제)의 管仲(관중)이 산중에서 길을 잃었을 때, 늙은 말을 풀어주어 그 뒤를 따라가 마침내 길을 찾았다는 고사에서, 경험을 쌓아 練達(연달)된 지혜를 일컫는 말.

[露尾藏頭(노미장두)] 꼬리가 드러난 채 머리만 숨긴다. '잘못을 숨기려고 애써도 결국 탄로됨'을 비유하여 일컫는 말.

**[怒發大發(노발대발)] 성을 크게 냄.

[怒髮衝冠(노발충관)] '격노하여 곤두선 머리카락이 관을 밀어 올린다'는 뜻으로, 몹시 성난 모양을 비유하여 이르는 말.

[爐邊情談(노변정담)/爐邊情話(노변정화)] 난롯가에 둘러앉아 허물없이 주고받는 정다운 이야기.

[路上放歌(노상방가)] 길거리에서 남을 의식하지 않고 큰 소리로 노래를 부름.

[路上放尿(노상방뇨)] 길거리에서 오줌을 눔.

[老少同樂(노소동락)] 노소가 함께 즐김.

[怒蠅拔劍(노승발검)] '파리에게 골내어 칼을 빼 든다'는 뜻으로, 사소한 일에 화를 내는 사람을 비웃는 말. 참 見蚊拔劍(견문발검)

*[勞心焦思(노심초사)] 애를 쓰고 속을 태우며 골똘히 생각함.

[勞而無功(노이무공)] 애를 썼으나 아무 보람이 없음.

*[綠楊芳草(녹양방초)] 푸른 버드나무와 향기로운 풀. 아름다운 여름철의 자연경관.

[綠衣紅裳(녹의홍상)] 연두저고리에 다홍치마. 곧 젊은 여자의 곱게 치장한 복색.

[弄假成眞(농가성진)] 장난으로 한 것이 참으로 한 것처럼 됨.

**[論功行賞(논공행상)] 공을 잘 따져 보아 알맞은 상을 내림.

[弄過成嗔(농과성진)] 장난도 지나치면 노여움을 이룸.

[籠鳥戀雲(농조연운)] '갇힌 새가 구름을 그리워한다'는 뜻으로, 속박을 당한 몸이 자유를 그리워하는 마음을 비유한 말.

*[累卵之危(누란지위)] '쌓아 놓은 알처럼 위태롭다'란 뜻으로 '몹시 위태로운 지경에 처해 있음'을 비유하는 말. 동 累卵之勢(누란지세), 危如累卵(위여누란) 준 累卵(누란)

[訥言敏行(눌언민행)] 말은 더듬어도 동작은 민첩함.

**[能小能大(능소능대)] ① 작은 일에도 능하고 큰 일에도 능함. ② 모든 일에 두루 능함.

[能者多勞(능자다로)] 재능이 있는 사람은 남보다 더 수고함. 능력이 있는 사람일수록 가외 수고를 하게 됨. 『莊子(장자)』

[陵遲處斬(능지처참)] 대역죄를 범한 자에게 과하던, 산 채로 머리·팔·다리·몸뚱이를 토막쳐서 천천히 죽여 각지에 돌려 보이던 극형.

【다】

[多岐亡羊(다기망양)] (달아난 양을 찾다가 갈림길이 많아 결국 양을 찾지 못했다는 고사에서) ① 학문의 길이 여러 갈래이므로 진리를 찾기 어려움. 동 亡羊之歎(망양지탄) ② 방침이 너무 많아 도리어 갈 바를 모름.

**[多多益善(다다익선)] 많으면 많을수록 더욱 좋음.

[多事多忙(다사다망)] 일이 많아서 몹시 바쁨.

[多言數窮(다언삭궁)] 말이 많으면 자주 막힌다. 사람이 말이 너무 많으면 여러 가지 막다른 상황이 생겨서 곤란해진다. 말 많음을 경계한 말. _____, 不如守中(불여수중). 『老子(노자)·道德經 5章(도덕경 5장)』

**[多才多能(다재다능)] 재주와 능력이 많음.

[多才多病(다재다병)] 재주가 많은 사람은 흔히 몸이 약해서 잔병이 많다는 말.

[多情多感(다정다감)] 정도 많고 느낌도 많아 감동하기 쉬움.

[多情多恨(다정다한)] 애틋한 정도 많고 한스러운 일도 많음.

[多種多樣(다종다양)] 가짓수와 모양이 여러 가지임.

*[斷機之戒(단기지계)] 짜던 베틀의 날을 끊어 훈계함. '중도에 포기하면 헛일임'을 비유하여 이르는 말. 맹자가 서당에서 공부를 하다가 도중에 집에 돌아오자, 어머니가 짜던 베를 끊어 아들을 훈계한 데서 유래한다. 동孟母斷機(맹모단기)

*[單刀直入(단도직입)] ① 한 칼로 적을 거침없이 쳐서 들어감. ② 문장이나 말에서 머리말이나 다른 이야기를 빼고 곧바로 그 요점으로 들어감. ¶단도직입으로 말씀드리겠습니다 ③ (불) 생각과 분별과 말에 거리끼지 않고 眞境界(진경계)로 바로 들어가는 일.

[簞食瓢飮(단사표음)] '도시락밥과 표주박에 든 물', 또는 '얼마 되지 않는 음식물'이란 뜻으로, 가난한 생활을 일컫는 말. 論語(논어)의 一簞食(일단사) 一瓢飮(일표음)에서 온 말임. 준簞瓢(단표)

*[丹脣皓齒(단순호치)] 붉은 입술과 하얀 이. '매우 아름다운 여자의 얼굴'을 일컫는 말.

[簞瓢陋巷(단표누항)] 공자는 자신의 제자인 顔回(안회)를 가리키며, '한 광주리의 밥과 한 표주박의 물을 마시며 좁고 누추한 거리에 사는 것을 다른 사람들은 시름겨워하거늘, 안회는 그 속에서도 즐거움이 변하지 않는구나'라고 칭찬했다는 데서, 소박한 시골 살림 또는 청빈한 선비의 살림을 비유적으로 이르는 말이다. 『論語(논어)·雍也(옹야)』

[膽大於身(담대어신)] '쓸개가 몸보다 크다'는 뜻으로, 담력이 큼을 형용하여 이르는 말.

[擔雪塡井(담설전정)] '눈을 져다가 우물을 메운다'는 뜻으로, 수고만 할 뿐 효과가 없음을 비유하여 이르는 말.

*[堂狗風月(당구풍월)] '서당개 삼년이면 풍월을 읊는다'는 우리말 속담을 한역한 것. 아무리 무식한 사람이라도 유식한 사람들과 함께 오래 생활하다보면 유식해짐. 堂狗三年吠風月(당구삼년폐풍월).

[黨同伐異(당동벌이)/同黨伐異(동당벌이)] '같음에 무리하고 다름을 친다'는 뜻으로, 일의 옳고 그름을 가리지 아니하고 같은 동아리끼리는 한데 뭉쳐 서로 돕고, 다른 동아리는 배격함을 이르는 말.

[螳螂拒轍(당랑거철)] '사마귀가 수레바퀴를 칠 듯이 덤벼든다'는 뜻에서 허약한 사람이 자기의 분수도 모르고 덤벼들거나 저돌적으로 밀어붙이는 것을 비유하는 말이다. 참螳螂之斧(당랑지부)『韓詩外傳(한시외전)』

[螳螂窺蟬(당랑규선)] 지금의 당장의 이익만을 탐하여 그 뒤의 위험을 알지 못함을 비유적으로 이르는 말. 사마귀가 매미를 잡으려고 그것에만 마음이 팔려 자신이 참새에게 잡아먹힐 위험에 처해 있음을 알지 못하였다는 莊子(장자)의 고사에서 유래하였다.

[螳螂之斧(당랑지부)] 허약한 사람이 자기의 분수도 모르고 덤벼들거나 저돌적으로 밀어붙이는 것을 비유하는 말이다. 당랑은 사마귀를 말한다. 사마귀는 먹이를 잡을 때 앞의 두 다리를 세우고 공격한다. 이것이 작은 벌레에게는 큰 위협이겠지만 큰 상대에게는 하찮은 무기일 뿐이다. 齊(제)의 莊公(장공)이 어느 날 수레를 타고 사냥터를 향해 가고 있었다. 그런데 도중에 웬 벌레 한 마리가 앞발을 도끼처럼 휘두르며 수레바퀴를 칠 듯이 덤벼드는 것이었다. "어허, 기세가 대단한 놈이로군. 저건 무슨 벌레인가?" 마부가 대답하였다. "저놈은 사마귀란 벌레입니다. 놈은 앞으로 나갈 줄만 알았지 후퇴라는 것을 모릅니다. 그래서 자기 힘은 생각하지도 않고 저렇게 덤벼드는 것이죠." 이 말에 장공은 고개를 끄덕이며 말했다. "비록 작은 벌레이긴 하지만 인간으로 태어났다면 천하의 용사가 되었을 것이다. 미물이긴 하지만 용기가 가상하니 수레를 돌려 가도록 하라." 제 힘을 헤아리지 아니하고 하지도 못할 일을 하려고 덤비는 무모한 짓을 일컫는 말이다. 참螳螂拒轍(당랑거철)『韓詩外傳(한시외전)』

**[大驚失色(대경실색)] 크게 놀라 얼굴빛이 제 모습을 잃음.

*[大器晚成(대기만성)] 큰 그릇을 만들려면 시간이 오래 걸려 늦게 이루어짐. '크게 될 사람은 성공이 늦음'을 비유하여 이르는 말.

**[大同小異(대동소이)] 대체로 같고 조금만 달라, 서로 큰 차이가 없이 비슷비슷함.

[大馬不死(대마불사)] 바둑에서 대마는 쉽게 죽지 않는다는 말.

[戴盆望天(대분망천)] '동이를 이고는 하늘을 볼 수 없고, 하늘을 보려면 동이를 일 수 없다'는 뜻으로, 한 번에 두 가지 일을 할 수 없음을 비유한 말.

*[大聲痛哭(대성통곡)] 큰 소리로 목이 아프도록 슬피 욺. 비放聲大哭(방성대곡), 放聲痛哭(방성통곡)

[對牛彈琴(대우탄금)] '소를 위하여 거문고를 탄다'는 뜻으로, 어리석은 사람에게 도를 깨치게 해도 되지 않음을 비유하여 이르는 말. 비牛耳讀經(우이독경)

[大海一滴(대해일적)] '크고 넓은 바다 가운데 있는 물 한 방울'이라는 뜻으로, 매우 큰 것 중의 보잘것없는 아주 작은 것을 비유하여 이르는 말. 비滄海一粟(창해일속)

[道傍苦李(도방고리)] 길가에 있는 쓴 오얏 열매라는 뜻으로 '남에게 버림받음'을 비유하여 이르는 말.

[徒費脣舌(도비순설)] 공연히 말만 많이 하고 아무 보람이 없음.

[徒費心力(도비심력)] 부질없이 아무 보람 없는 일에 애를 씀.

[屠所之羊(도소지양)] '도수장으로 끌려가는 양이란 뜻으로, 죽음이 목전에 닥친 사람 또는 덧없는 인생을 비유하여 일컫는 말. 『摩訶摩耶經(마하마야경)』

[桃園結義(도원결의)] 복숭아밭에서 맺은 의로운 약속. 중국 삼국시대 蜀(촉)나라를 세운 劉備(유비)와 關羽(관우), 張飛(장비) 세 사람이 의형제를 맺은 일에서 온 말이다. 意氣投合(의기투합)해서 함께 사업이나 일을 추진할 때도 비유적으로 쓴다.

[道聽塗說(도청도설)] 아무런 근거도 없는 허황한 소문을 이르는 말이다. 공자가 말하기를, 길가에서 얻어들은

헛소문을 그대로 길가에서 퍼뜨리는 것은 자신의 덕을 버리는 것이다. 子曰(자왈), 道聽而塗說(도청이도설) 德之棄也(덕지기야).

*[塗炭之苦(도탄지고)] 진흙탕에 빠지고, 숯불에 타는 듯한 고통. '몹시 곤궁하여 고통스러운 지경'을 비유하는 말.

[獨木不林(독목불림)] 한 그루의 나무만으로는 숲이 되지 못함. '단 한 사람의 힘만으로는 일이 성취되지 못함'의 비유. 『崔駰(최인)·達旨(달지)』

**[獨不將軍(독불장군)] '혼자서는 장군이 되지 못함'이란 뜻에서, ① 남과 의논하고 협조해야 함을 뜻하거나, ② 무슨 일이든지 자기 혼자서 처리하는 사람을 비유하여 이르는 말로 쓰인다.

[讀書三餘(독서삼여)] 독서하기 좋은 세 여가. 겨울·밤·비올 때를 이름.

[獨守空房(독수공방)/獨宿空房(독숙공방)] '혼자서 빈 방을 지킨다'는 뜻으로, 결혼한 여자가 남편 없이 혼자 외롭게 밤을 지내는 일을 말한다.

*[獨也靑靑(독야청청)] 홀로 푸르디푸름. 홀로 절개를 굳세게 지키고 있음.

[獨掌不鳴(독장불명)] 한쪽 손만으로는 소리가 나지 않는다는 뜻으로, 상대가 없이 싸움이 나지 않음을 비유하여 이르는 말. 참孤掌難鳴(고장난명)

[頓淡無心(돈담무심)] 사물에 대하여 도무지 탐탁하게 여기는 마음이 없음.

[頓悟漸修(돈오점수)] 갑자기 깨우치고 점진적으로 수양한다. 頓悟(돈오)는 漸悟(점오)의 상대말로 진리를 한꺼번에 깨친다는 뜻이다. 이러한 돈오의 체험 뒤에는 반드시 점차로 마음의 번뇌를 닦아 나가는 漸修(점수)가 뒤따라야 한다. 頓悟漸修(돈오점수)는 우리나라 禪家(선가)에서 기본적인 수행 원리로 제창하는 수행을 말한다.

*[同價紅裳(동가홍상)] '같은 값이면 다홍치마'라는 뜻으로 이왕이면 좀 낫고 마음에 드는 것으로 골라잡음을 이르는 말.

**[同苦同樂(동고동락)] 괴로움을 함께 하고 즐거움도 함께 함.

[東塗西抹(동도서말)] '이리저리 칠한다'는 뜻으로 문필에 종사하는 사람이 자기를 낮추어 일컫는 말.

[棟梁之材(동량지재)/棟樑之材(동량지재)] 한 집안이나 한 나라를 맡아 다스릴 만한 큰 인재. 준棟梁(동량).

**[東問西答(동문서답)] 동쪽이 어디냐고 묻는데 서쪽을 가리키며 대답함. 묻는 말에 대하여 엉뚱하게 대답함.

[洞房華燭(동방화촉)/華燭洞房(화촉동방)] 부녀자의 방에 불빛이 밝다는 뜻으로 '결혼식의 밤' 또는 '혼인'을 이르는 말.

*[同病相憐(동병상련)] 같은 병에 걸린 환자끼리 서로 가엽게 여김. 똑같이 어려운 처지에 있는 사람끼리 서로 동정하고 도움. 참同憂相求(동우상구)

*[東奔西走(동분서주)] '동쪽으로 달려갔다가 서쪽으로 달려갔다 함'이라는 뜻에서, '여기저기 분주하게 다님'을 이르는 말.

*[同床異夢(동상이몽)] '같은 잠자리에서 다른 꿈을 꿈'이란 뜻에서, 몸은 함께 있으면서도 마음은 서로 떠나 있음. 곧, 일을 공동으로 하거나 혹은 처지를 같이 하면서 의견을 달리하는 일. 겉으로는 같은 행동을 하면서 속으로는 각각 딴 생각을 함을 비유하여 이르는 말.

[童牛角馬(동우각마)] 뿔 없는 송아지와 뿔 있는 말. '도리에 어긋남'의 비유.

[同憂相求(동우상구)] ☞同病相憐(동병상련)

[凍足放尿(동족방뇨)] 언 발에 오줌 누기. 잠시의 효력은 있으나 그 효력이 오래 가지 않을뿐더러 상황이 더 나빠지는 경우를 비유적으로 이르는 말.

[同族相殘(동족상잔)] 같은 겨레 또는 같은 혈족끼리 싸우고 죽임. ¶동족상잔의 비극의 역사를 되풀이해서는 안 된다

*[杜門不出(두문불출)] 문을 닫아걸고 밖을 나가지 않음. 외부와 소식을 끊고 홀로 지냄.

[斗酒不辭(두주불사)] 말술도 사양하지 않을 만큼 주량이 매우 큼.

[得魚忘筌(득어망전)] 물고기를 잡았으면 통발을 잊는다. 筌(전)은 물고기를 잡을 때 쓰는 통발을 말한다. 바라던 바를 달성하고는 그에 소용되었던 것을 잊어버림. 곧 '은혜를 잊음'을 비유하여 이르는 말. 『莊子(장자)·外物(외물)』,『故事成語考(고사성어고)』

[得意揚揚(득의양양)] 바라던 일이 이루어져 뽐내는 마음이 얼굴에 가득함. 비意氣揚揚(의기양양)

*[登高自卑(등고자비)] 높은 자리에 오르려면 자기부터 낮춰야 함. '지위가 높을수록 자신을 낮춤'을 이르는 말.

[登樓去梯(등루거제)] 다락에 오르게 하고 사다리를 치운다는 뜻으로, '사람을 꾀어서 난처한 처지에 빠지게 함'을 비유한 말. 비上樓擔梯(상루담제), 上樹拔梯(상수발제)

**[燈下不明(등하불명)] '등잔 밑은 밝지 아니함'이라는 뜻에서, 가까이 있는 것이 도리어 알기 어려움을 이르는 말.

**[燈火可親(등화가친)] (가을이 들어 서늘하므로) 밤에 등불을 가까이 하여 글 읽기에 좋음.

【마】

[馬角烏白(마각오백)] 燕(연)의 태자 丹(단)이 秦(진)의 볼모가 되어 있을 때, 진왕이 까마귀의 머리가 희게 되고 말의 머리에 뿔이 나면 본국으로 돌려보내 주겠다고 한 말을 듣고, 하늘을 우러러 탄식하자 까마귀의 머리가 희게 되고, 엎드려 울자 말의 머리에 뿔이 났다는 고사. 『曹植(조식)·精微篇(정미편)』

[馬良白眉(마량백미)/白眉(백미)] 여러 사람 가운데서 가장 뛰어난 사람. 또는 많은 것 가운데서 가장 뛰어난 것. 중국 三國(삼국) 시대 蜀(촉)의 馬良(마량)은 눈썹에 흰 털이 있었으며, 다섯 형제가 모두 빼어난 인물이었는데 그 중에서 마량이 가장 뛰어났던 고사에서 온 말.

[磨斧作針(마부작침)] 쇠도끼를 갈아서 바늘을 만들다.

한 번 일을 시작하면 不撓不屈(불요불굴)의 정신으로 끝까지 노력해서 성공한다는 뜻. 동鐵杵磨針(철저마침), 磨杵作針(마저작침)

**[馬耳東風(마이동풍)] '말의 귀에 동풍이 불어도 아랑곳하지 아니함'의 뜻에서 남의 말을 귀담아 듣지 아니하고 지나쳐 흘려버림.

[磨杵作針(마저작침)] 쇠공이를 갈아서 바늘을 만들다. 한 번 일을 시작하면 不撓不屈(불요불굴)의 정신으로 끝까지 노력해서 성공한다는 뜻이다. 동鐵杵磨針(철저마침), 磨斧作針(마부작침)

[莫無可奈(막무가내)] 도무지 어찌할 수 없음. ¶아무리 달래 봐도 막무가내였다

*[莫上莫下(막상막하)] 더 낫고 더 못함의 차이가 거의 없음. 서로 비슷하여 우열을 가리기 어려움.

*[莫逆之友(막역지우)] 마음에 거슬림이 없는 친구. 허물없이 서로 친한 친구.

*[萬頃蒼波(만경창파)] 한없이 넓은 바다나 호수의 푸른 물결. ('頃'은 면적의 단위로 약 5천 평에 해당한다)

[萬古江山(만고강산)] ① 오랜 세월을 통하여 변함이 없는 산천. ② 경치를 읊은 사설을 부른 단가(短歌)의 하나. 판소리를 부르기 전에 목을 풀기 위하여 부르는 단가.

**[萬古不變(만고불변)] 오랜 세월이 지나도 변하지 않음. 즉 영원히 변하지 아니함.

[萬古風霜(만고풍상)] 오랜 동안 겪어온 많은 쓰라림.

[萬機親覽(만기친람)] 임금이 온갖 정사를 직접 돌봄. 임금이 쓸 만한 인재가 없거나 아랫사람을 믿지 못하는 방증이다.

[萬夫不當(만부부당)] 만인이 대들어도 당해내지 못함.

[萬分多幸(만분다행)] 일이 뜻밖에 잘 되어 매우 다행함.

[萬事亨通(만사형통)] 온갖 일이 다 잘 됨.

[萬事休矣(만사휴의)] 모든 일이 끝장임. 이미 어떻게도 할 수 없게 됨. '모든 일이 헛수고로 돌아감'을 일컫는 말.

[萬壽無疆(만수무강)] 한이 없이 오래오래 삶. 다른 사람이 오래 살기를 비는 말.

**[晩時之歎(만시지탄)] 시기가 뒤늦었음을 원통해하는 탄식. 적절한 때를 놓친 것에 대한 한탄.

[滿身瘡痍(만신창이)] ① 온 몸이 성한 데가 없이 상처투성이임. ¶그는 전장에서 만신창이가 되어 돌아왔다. ② '성한 데가 하나도 없을 만큼 결함이 많음'을 비유하는 말.

[萬霸不聽(만패불청)] ① 바둑에서, 큰 패가 생겼을 때 상대자가 어떤 패를 써도 응하지 않고 패 자리를 해소하는 일. ② 아무리 싸움을 걸려고 집적거려도 못들은 체하고 응하지 않음.

[萬化方暢(만화방창)] 봄이 되어 만물이 바야흐로 창성(暢盛)함.

[忘年之友(망년지우)] 나이 차이를 잊고 허물없이 서로 사귀는 벗. 참忘年之交(망년지교), 忘年交(망년교)

[茫茫大海(망망대해)] 넓고 먼 큰 바다.

[茫無頭緖(망무두서)] 정신이 아득하여 하는 일이 두서가 없음.

[亡羊得牛(망양득우)] 양을 잃고 소를 얻음. 곧 작은 것을 잃고 큰 것을 얻음. 적은 손해로 많은 이익을 얻음을 비유하여 이르는 말. 『淮南子(회남자)』

[亡羊補牢(망양보뢰)] 양을 잃고 우리를 고침. 이미 실패한 뒤에 뉘우쳐도 쓸데없음을 비유하여 이르는 말. 소 잃고 외양간 고치기. 『戰國策(전국책)』

*[亡羊之歎(망양지탄)] '넓은 들판에서 양을 잃었는데 길이 많고 복잡하여 어디로 갔는지 모름'을 한탄함. 어떤 일을 해결할 방법을 찾지 못하여 한탄함을 비유하여 이르는 말. 준亡羊歎(망양탄) 비多岐亡羊(다기망양) 『列子(열자)』

*[望洋之嘆(망양지탄)] '넓은 바다를 바라보고 감탄한다'라는 뜻에서, 위대한 인물이나 深遠(심원)한 학문 등에 접하여, 자신의 미흡함을 부끄러워하며 하는 탄식. 『莊子(장자)·秋水(추수)편』

*[茫然自失(망연자실)] 자신의 넋을 잃어버린 듯이 멍함. 넋을 잃고 어리둥절함.

[亡子計齒(망자계치)] '죽은 자식 나이 세기'란 뜻으로, 이미 그릇된 일을 생각하고 애석히 여김을 비유하여 이르는 말.

[芒刺在背(망자재배)] '까끄라기를 등에 지고 있다'는 뜻으로, 두려워하는 일이 있어 마음이 편안치 않음을 비유하여 이르는 말. 『漢書(한서)』

[網之一目(망지일목)] 그물코가 하나뿐인 그물로는 새를 잡을 수 없다. 어떤 일을 성취하려면 알게 모르게 많은 사람의 협력이 필요하다. 一目之羅(일목지라), 不可以得鳥(불가이득조). 『淮南子(회남자)·說林訓(설림훈)』

[每飯不忘(매반불망)] '밥 먹을 때마다 잊지 못한다'는 뜻으로, '늘 은혜를 갚고자 함'을 이르는 말.

[麥秀之嘆(맥수지탄)] 箕子(기자)가 殷(은)나라가 망한 뒤에 그 궁궐터를 지나다가 보리가 무성한 것을 보고 읊었다는 '麥秀歌(맥수가)'에서 나온 말로, '조국이 망한 것을 한탄한다'라는 말.

[孟母斷機(맹모단기)] 학문을 중도에 포기하면 헛일임을 훈계하는 말. 맹자의 어머니가 짜던 베를 칼로 잘라서 학업을 중단하고 돌아온 아들의 잘못을 훈계했다고 함. 동斷機之教(단기지교), 斷機之戒(단기지계) 참孟母斷機之教(맹모단기지교). 『烈女傳(열녀전)』

[孟母三遷(맹모삼천)/三遷之教(삼천지교)] 맹자의 어머니가 아들의 교육에 나쁜 영향을 주는 환경을 피하여 세 번 집을 옮긴 고사에서, '어머니의 자녀 교육에 대한 태도가 용의주도함'을 이르는 말. 처음 묘지 옆에서 살다가, 저자 거리로 옮기고, 다시 학교 옆으로 옮겼다. 孟母三遷之教(맹모삼천지교). 『烈女傳(열녀전)』

[盲人摸象(맹인모상)] 장님이 코끼리 만지듯 문제나 상황을 전체적으로 관찰하지 못하고 일면만 본다는 뜻이다. 『涅槃經(열반경)』

[盲人直門(맹인직문)/盲者正門(맹자정문)] '소경이 정문을 바로 찾아 들어간다'는 뜻으로, 어리석은 사람이 어쩌다

이치에 들어맞는 일을 함을 비유하는 말.
[盲者得鏡(맹자득경)] 소경이 거울을 얻음. '그 처지가 되지 못하는 사람이 물건을 소유함'을 비유하는 말. 『韓非子(한비자)』
[盲者丹靑(맹자단청)] '소경 단청 구경' 즉, 보아도 알지 못할 일을 비유하는 말.
[盲者失杖(맹자실장)] 소경이 지팡이를 잃음. '의지할 곳을 잃음'의 비유. 『陳亮(진량)·文(문)』
[盲者孝道(맹자효도)] '눈먼 자식이 효도한다'는 속담으로, 무능하다고 여긴 사람에게 도리어 도움을 입음을 비유하는 말.
[猛虎伏草(맹호복초)] '풀밭에 엎드려 있는 사나운 범'이란 뜻으로, 영웅은 일시적으로는 숨어 있지만 때가 되면 반드시 세상에 드러난다는 말.
[免冠頓首(면관돈수)] 관을 벗고 이마가 땅에 닿도록 절을 함.
*[面從腹背(면종복배)]** 겉으로는 따르는 체하면서 속으로는 배반함. 回陽奉陰違(양봉음위)
[滅門之禍(멸문지화)] 한 집안을 다 죽여 없애는 재앙.
*[滅私奉公(멸사봉공)]** 私心(사심)을 버리고 公共(공공)의 일을 받듦.
[明鏡止水(명경지수)] '밝은 거울이 될 만큼 고요하게 멈추어 있는 물'이란 뜻에서, 맑고 고요한 心境(심경)을 나타낸 말.
[明眸皓齒(명모호치)] '맑은 눈동자와 흰 이'라는 뜻으로, 미인의 아름다움을 형용하는 말.
[名不虛傳(명불허전)] 이름이 공연히 전하여진 것이 아니라는 뜻으로, '퍼질 만한 실제 조건이 있음'을 이르는 말.
*[名實相符(명실상부)]** 이름과 실제가 서로 잘 부합함.
*[明若觀火(명약관화)]** 분명하기가 불을 보는 것과 같음. 매우 명백함. 뻔함.
*[命在頃刻(명재경각)]** 목숨이 짧은 시간, 頃刻(경각)에 달려 있음. 거의 죽게 되어 곧 숨이 끊어질 지경에 이름.
[毛髮之功(모발지공)] 보잘것없는 공로. 『曹植(조식)·求自試表(구자시표)』
[毛遂自薦(모수자천)] 毛遂(모수)는 중국 전국시대 趙(조)나라의 平原君(평원군)의 食客(식객)이었다. 秦(진)이 趙(조)를 쳤을 때, 모수가 스스로 자기를 천거하여 평원군을 따라 楚(초)에 가서 합종의 협약을 맺게 하였다는 고사에서 나온 말. 자기 스스로 자기를 추천하는 때에 씀.
[目不見睫(목불견첩)] 눈은 잔털의 끝도 볼 수 있지만 자기의 속눈썹은 보지 못함. 타인의 선악은 눈에 잘 띄지만 자신의 선악은 알아차리지 못함의 비유. 目見毫末不見其睫(목견호말불견기첩). 『史記(사기)』
[目不識丁(목불식정)] 아주 쉬운 '고무래 丁(정)자도 눈으로 알아보지 못할 정도로 한자(글자)를 모름. 또는 그런 무식한 사람.
*[目不忍見(목불인견)]** 눈으로 차마 볼 수 없음. 줄不忍見(불인견)
[沐浴齋戒(목욕재계)] 종교적 의식에서, 목욕을 하고 음식을 삼가며 몸가짐을 깨끗이 하는 일.
[沒頭沒尾(몰두몰미)] 밑도 끝도 없음. 圖無頭無尾(무두무미)
[夢外之事(몽외지사)] 꿈에도 생각하지 못했던 일. 천만 뜻밖의 일.
[猫頭懸鈴(묘두현령)] 고양이 목에 방울 달기. 실행하기 어려운 空論(공론)을 비유하는 말.
[猫鼠同處(묘서동처)] '고양이와 쥐가 한 자리에서 지낸다'는 뜻으로, 도둑을 잡아야 할 자가 그 본분을 버리고 도둑과 한 패가 되는 일. 상가가 결탁하여 부정을 행함.
[無窮無盡(무궁무진)] 끝이 없음. 다함이 없음.
*[武陵桃源(무릉도원)]** 무릉에서 복숭아꽃잎이 흘러내려 오는 근원지. '세상과 따로 떨어진 별천지'를 이르는 말. 『陶淵明(도연명)·桃花源記(도화원기)』
[無不干涉(무불간섭)] 두루 간섭하지 않는 것이 없음.
[無不通知(무불통지)] 무엇이든지 다 통하여 알지 못하는 것이 없음.
[巫山之夢(무산지몽)] 남녀의 情交(정교)를 이름.
[無所不爲(무소불위)] 못 할 것이 아무 것도 없음. 하지 못하는 일이 없음.
[無所不知(무소부지)] 모르는 것이 없어 다 앎.
[無厭之慾(무염지욕)] 한없는 욕심.
[無用之物(무용지물)] 아무 데도 쓸모가 없는 물건이나 사람.
[無爲徒食(무위도식)] 하는 일이 없이 헛되이 먹기만 함. 일은 하지 않고 공밥만 먹음.
[無人之境(무인지경)] 사람이라고는 전혀 없는 외진 곳.
[無日忘之(무일망지)] 하루도 잊은 일이 없음.
[無腸公子(무장공자)] 기력이 없는 사람의 딴 이름.
[無主孤魂(무주고혼)] 의지할 곳 없이 떠돌아다니는 외로운 영혼.
[無知莫知(무지막지)] 몹시 무지함. 무지하여 함부로 무례한 짓을 함.
[無知蒙昧(무지몽매)] 아는 것이 없고 미욱하고 어리석음.
[無恥者富(무치자부)] 부끄러움이 없는 사람이 부자가 됨.
[無舵之舟(무타지주)] '키 없는 배'란 뜻으로, 목표가 없음을 비유하여 이르는 말. 志不立(지불립), 如(여)＿＿＿. 뜻을 세우지 않으면 키가 없는 배와 같다. 『王守仁(왕수인)·文(문)』
[刎頸之交(문경지교)] 죽고 살기를 같이 하는 친한 사이. 또는 그런 벗.
[問道於盲(문도어맹)] 맹인에게 길을 묻다. 알지도 못하는 사람에게 물건의 행방이나 사태의 추이에 대해 묻는 어리석은 태도를 비유하는 말이다. 『韓愈(한유)·答陳生書(답진생서)』
[文房四友(문방사우)] 종이·붓·벼루·먹을 이름. 圖文房四寶(문방사보)

[蚊蚋負山(문예부산)] '모기가 산을 짊어진다'는 뜻으로, 힘이나 능력이 부족한 사람이 큰일을 감당할 수 없음을 비유하여 이르는 말.
**[聞一知十(문일지십)] 한 가지를 들으면 열 가지를 앎. 사고력과 추리력이 매우 뛰어남. 매우 총명한 사람.
*[門前乞食(문전걸식)] 문 앞에서 빌어먹음. 이집 저집 돌아다니며 빌어먹음.
[門前薄待(문전박대)] 푸대접. 인정 없이 심하게 굶.
**[門前成市(문전성시)] 문 앞에 시장을 이룸. 집으로 찾아오는 사람이 많음.
[門前沃畓(문전옥답)] 집 가까이에 있는 기름진 논.
[物腐蟲生(물부충생)] 물건이 썩고 벌레가 생김. '사람은 먼저 의심하고 다음에 헐뜯음'을 비유하는 말.
*[勿失好機(물실호기)] 좋은 기회를 놓치지 말라.
[物心兩面(물심양면)] 물질(재물)과 마음 씀의 양쪽 다.
[微官末職(미관말직)] 자리가 아주 낮고 변변찮은 벼슬.
[尾大難掉(미대난도)] '꼬리가 커서 흔들기가 어렵다'는 뜻으로, 어떤 일이 끝에 이르러 크게 벌어져 처리하기가 어려움을 이르는 말. 동尾大不掉(미대부도)
**[美辭麗句(미사여구)] 아름답게 꾸민 말과 아름다운 문구. 내용은 없으면서 형식만 좋은 말. 또는 그런 표현.
[尾生之信(미생지신)] 尾生(미생)이란 사람이 다리 밑에서 여자와 만날 약속을 지키려고 기다리던 중 홍수에도 피하지 않고 기다리다가 물에 빠져 죽었다는 일에서 나온 말로, '융통성 없이 약속만을 굳게 지킴'을 이르는 말. 『史記(사기)·蘇秦列傳(소진열전)』
[美人薄命(미인박명)] 미인은 흔히 불행하거나 병약하여 요절하는 일이 많다는 뜻으로 이르는 말.
[美風良俗(미풍양속)] 아름답고 좋은 풍속이나 기풍.
[蜜月旅行(밀월여행)] '蜜月(밀월)'은 영문 'honey moon'의 한자 의역어이다. 결혼하고 난 바로 다음의 즐거운 한두 달을 이른다. 이 기간 동안에 하는 '신혼여행'을 달리 일컫는 말.

【바】

[薄利多賣(박리다매)] 이익을 적게 보고 많이 파는 일.
[博施濟衆(박시제중)] 사랑과 은혜를 베풀어서 뭇사람을 구제함.
*[拍掌大笑(박장대소)] 손뼉을 치며 크게 웃음.
**[博學多識(박학다식)] 널리 배우고 많이 앎. 학문이 넓고 아는 것이 많음.
[半途而廢(반도이폐)] 일을 하다가 중도에서 그만둠. 동中道而廢(중도이폐)
[反面敎師(반면교사)] 본이 되지 않는 남의 말이나 행동이 도리어 자신의 인격을 수양하는 데 도움을 주는 경우.
[半身不遂(반신불수)] 몸의 좌우 어느 한쪽을 마음대로 움직이지 못함. 또는 그런 사람. 동半身不隨(반신불수)
[反哺之孝(반포지효)] 까마귀 새끼가 자란 뒤에 늙은 어미에게 먹을 것을 물어다 준다는 데서 자식이 부모의 은혜를 갚음을 비유해서 일컫는 말. 까마귀를 反哺鳥(반포조)라고도 함.
*[拔本塞源(발본색원)] '뿌리를 뽑고 근원을 막아버림'이란 뜻에서, 폐단이나 문제의 근원을 아주 뽑아서 없애버림을 뜻하는 말이다.
[勃然大怒(발연대로)] 별안간 성을 대단히 냄.
[勃然變色(발연변색)] 왈칵 성을 내어 얼굴빛이 변함. 비勃然作色(발연작색)
[坊坊曲曲(방방곡곡)] 한 군데도 빼놓지 않은 모든 곳.
*[傍若無人(방약무인)] 곁에 아무 사람도 없는 것 같이 행동함. 거리낌 없이 함부로 행동함. ¶방약무인으로 설쳐대다
[方春和時(방춘화시)] 바야흐로 봄이 한창 화창할 때.
*[背恩忘德(배은망덕)] 은혜를 저버리고 은덕을 잊음. 은혜를 잊고 배신함.
[杯酒解怨(배주해원)] 서로 술잔을 나누는 사이에 묵은 원한을 잊어버림.
[杯中蛇影(배중사영)] 공연한 의혹으로 고민하는 일. 晉(진)나라 樂廣(악광)의 친구 한 사람이 벽에 걸린 활 그림자가 술잔에 비친 것을 잘못 알고 뱀을 삼켰다고 생각하여 병이 되었는데, 악광이 그렇지 않음을 소상히 설명해 주었더니, 곧 개운하게 병이 나았다는 고사에서 유래한 말. 『晉書(진서)』
**[百家爭鳴(백가쟁명)] 많은 학자나 논객들이 자기의 학설이나 주장을 활발한 논쟁 토론하는 일.
*[百計無策(백계무책)] 백 가지 꾀를 부려 보아도 뽀족한 대책이 없음.
*[白骨難忘(백골난망)] 죽어 백골이 되어도 잊기 어려움. 남에게 큰 은덕을 입어 고마움을 표할 때 쓰는 말.
[白駒過隙(백구과극)] 흰 말이 문틈으로 지나가다. 흰 말이 지나가는 것을 문틈으로 보듯이 세월이 빨리 지나가는 것을 비유하는 말이다. 人生一世間(인생일세간), 如白駒過隙(여백구과극). 『史記(사기)』
[百年佳約(백년가약)] 결혼하여 평생을 같이 지낼 언약.
**[百年大計(백년대계)] 백년을 내다보는 큰 계획. 먼 장래에 대한 장기 계획.
**[百年河淸(백년하청)] '백년을 기다려도 黃河(황하)의 물이 맑아질까'라는 뜻에서 아무리 바라고 기다려도 실현될 가망이 없음을 비유하여 이르는 말.
[百年偕老(백년해로)] 부부가 화락하게 함께 늙음.
[百里負米(백리부미)] ☞子路負米(자로부미)
**[白面書生(백면서생)] '밖에 나가지 않아서) 하얀 얼굴로 글만 읽는 사람'이란 뜻에서, 세상일에 경험이 없는 사람을 일컫는 말.
[百發百中(백발백중)] ① 백 번 쏘아 백 번 맞춤. 射術(사술)의 교묘함의 비유. ② 모든 일이 계획대로 들어맞음.
[白首空歸(백수공귀)] '흰 머리로 헛되이 돌아간다'는 뜻으로, 늙음에 이르러도 학문을 이루지 못함을 이르는 말.
[伯牙絶絃(백아절현)/絶絃(절현)] ① 거문고의 줄을 끊음. 중국 춘추시대 거문고의 명수인 伯牙(백아)는 친구 鍾

子期(종자기)가 죽자 자기의 거문고 소리를 이해하는 사람을 잃었다고 슬퍼한 나머지 현을 끊고 다시는 거문고를 타지 않았다는 고사에서 유래한다. ② 진정으로 자기를 알아주는 사람과 이별함.
[白衣從軍(백의종군)] 벼슬이 없는 사람으로 군대를 따라 전장에 나감.
**[百戰老將(백전노장)] ① 수없이 많은 싸움을 치른 노련한 장수. ② 세상일을 많이 겪어서 여러 가지로 능란한 사람.
**[百戰百勝(백전백승)] 백 번 싸워 백 번 모두 이김. 싸울 때마다 번번이 다 이김.
**[百折不屈(백절불굴)/百折不撓(백절불요)] 수없이 꺾여도 굽히지 않음. 萬難(만난)을 무릅쓰고 이겨 나감. 어떠한 어려움에도 굽히지 않음.
**[伯仲之勢(백중지세)] '첫째와 둘째를 가리기 어려운 형세'라는 뜻에서, 서로 실력이 비슷하여 우열을 가리기 힘든 형세. 图伯仲勢(백중세).
[百尺竿頭(백척간두)] 백자의 장대 끝. '매우 위태롭고 어려운 지경'의 비유.
*[百八煩惱(백팔번뇌)] 과거·현재·미래의 108 가지의 번뇌. 인간 세상의 모든 번뇌.
[百害無益(백해무익)] 해롭기만 할 뿐 조금도 이로울 것이 없음.
[犯顔逆耳(범안역이)] 임금의 불쾌한 낯빛에 상관없이 바른 말로 간함.
[繁文縟禮(번문욕례)] 번거롭고 까다로운 규칙과 예절.
[劈破門閥(벽파문벌)] 문벌을 쪼개고 깨뜨림. 인재를 등용함에 있어서 문벌을 가리지 아니함.
[辯舌如流(변설여류)] 말솜씨가 물 흐르듯이 거침없이 유창함.
[兵家常事(병가상사)] 이기고 지는 것은 兵家(병가)에서 일상적인 일이다. 전쟁이든 경쟁이든 승패가 갈려야 할 상황에 놓여 있다면 지고 이기는 것에 크게 개의치 말고 최선을 다하는 것이 더욱 중요하다는 말이다. 勝敗兵家之常事(승패병가지상사). 『唐書(당서)·裴度傳(배도전)』
[病不離身(병불리신)] 몸에서 병이 떠날 날이 없음.
[報怨以德(보원이덕)/以德報怨(이덕보원).] 덕을 베풀어 원한을 갚다. 원한을 원한으로 갚으면 다시 또 원한을 사게 된다. 때문에 진정한 복수는 덕으로 원한을 갚는 데 있다는 것이다. 『老子(노자)·63章(장)』
[腹高如山(복고여산)] '배가 남산만 하다'는 뜻으로, 아기 밴 여자의 배부른 모양을 형용하는 말.
[覆水難收(복수난수).] '쏟아진 물은 다시 수습할 수 없다'는 뜻으로, 상황이 더 이상 만회할 수없는 지경에 이르렀음을 비유하는 말. 图覆水不收(복수불수), 反水不收(반수불수), 覆水不返盆(복수불반분), 覆水不可收(복수불가수) 圓已發之矢(이발지시)
[本末顚倒(본말전도)] 일의 순서가 뒤바뀌거나 중요한 것과 사소한 것이 구별되지 못하는 상태를 이르는 말.
[蓬頭垢面(봉두구면)] '흐트러진 머리와 때 묻은 얼굴'이라는 뜻으로, 성질이 털털하여 겉모습에 별 관심을 두지 않음을 이르는 말.
[蓬頭亂髮(봉두난발)] 쑥대강이 같이 마구 흐트러진 머리털. 图蓬髮(봉발)
[捧腹絶倒(봉복절도)] 몹시 우스워서 배를 안고 몸을 가누지 못할 만큼 웃음. 圓抱腹絶倒(포복절도)
[蜂蝶隨香(봉접수향)] '벌과 나비가 향기를 따른다'는 뜻으로, 남자가 여자의 아름다움을 따르는 것을 비유한 말.
[剖棺斬屍(부관참시)] (역) 큰 죄를 지고 죽은 사람을 뒤에 다시 극형에 처하던 일. 관을 쪼개고 송장의 목을 벰.
[富貴功名(부귀공명)] 재물이 많고 지위가 높으며 공을 세워 이름을 떨침.
**[富貴在天(부귀재천)] 부유함과 귀함은 하늘의 뜻에 달려 있어 사람의 힘으로는 어찌할 수가 없음.
[婦老爲姑(부노위고)] '며느리가 늙어서 시어머니가 된다'는 뜻으로, 나이가 어리다고 업신여기지 말라는 뜻.
[不得貪勝(부득탐승)] 이기기만을 탐내지 마라. 이기고자 욕심을 부리지 말고 바둑을 순리대로 두어라. 『圍棋十訣(위기십결)』
[剖腹藏珠(부복장주)] 배를 가르고 보물을 감추다. 재물에 눈이 어두워 자신에게 해가 되는 일도 서슴지 않고 자행한다는 말이다. 이익을 챙기려 자신의 몸을 해치는 일은 하지 말라는 말임. 图割腹藏珠(할복장주)
**[夫婦有別(부부유별)] 남편과 아내는 맡은 일의 구별이 있음.
[負薪之憂(부신지우)] '병이 들어서 땔나무를 할 수 없다'는 뜻으로, 자기 병을 겸손하게 이르는 말. 图採薪之憂(채신지우)
[負薪之資(부신지자)] '땔나무를 질 팔자'라는 뜻으로, 천하고 보잘것없는 출신.
[俯仰無愧(부앙무괴)] 하늘을 우러러보나 땅을 굽어보나 양심에 부끄러움이 없음.
*[夫爲婦綱(부위부강)] 남편은 부인의 벼리가 되어야 함. 三綱(삼강)의 하나.
*[父爲子綱(부위자강)] 아버지(부모)는 자식의 벼리가 되어야 함. 三綱(삼강)의 하나.
[附耳細語(부이세어)] 궤에 대고 소곤거리며 말하다. 즉 '남의 단점을 함부로 말하지 않는다'는 뜻이다. 『芝峯類說(지봉유설)』 조선 초기 명재상 黃喜(황희)가 벼슬길에 오르기 전 젊은 시절에 겪었던 일이다. 어느 날 길을 가다 잠시 쉬고 있자니 논에서 한 농부가 소 두 마리로 쟁기질을 하고 있었다. 그가 농부에게 무심코 물었다. '두 마리 소 가운데 어느 놈의 힘이 더 낫습니까?' 그러자 농부는 쟁기질을 멈추고 다가오더니 귀에 바짝 대고 말했다. '이쪽 놈이 더 셉니다.' 황희가 이상해서 물었다. '아니, 거기서 직접 말하지 않고 이렇게 와서 귀에다 대고 조용히 말을 하시는 겁니까?' 그러자 농부가 대답했다 '소가 짐승이긴 해도 마음은 사람과 같습니다. 이놈은 힘이 좋다고 하고, 저놈은 힘이 약하다고

하면 저쪽 소가 섭섭하지 않겠습니까? 황희는 부리는 짐승에게까지도 세심한 배려를 다하는 농부를 보고 깊은 감명을 받았다. 그 후 정승이 된 후에도 그는 남의 장단점을 함부로 입에 담지 않았다고 한다.

*[父子有親(부자유친)] 오륜(五倫)의 하나. 아버지와 자식의 도리는 친애(親愛)함에 있음. 부모는 자식을 사랑하고, 자식은 부모를 공경하여 그 사이에 진정한 친애의 정이 이루어짐.

[富在知足(부재지족)] '富(부)는 족한 것을 아는 데 있다'는 뜻으로, '자기 분수를 알아 이에 만족하여야 함'을 이르는 말. ___, 貴在求退(귀재구퇴) 『說苑(설원)』

[父傳子傳(부전자전)] 대대로 아버지가 아들에게 전함.

[負重涉遠(부중섭원)] 무거운 짐을 지고 먼 길을 감.

*[不知其數(부지기수)] 그 수를 알지 못함. 헤아릴 수 없을 정도로 매우 많음.

[夫唱婦隨(부창부수)/夫倡婦隨(부창부수)] 남편이 부르면 아내가 따름. 남편이 주장하고 아내가 이를 따름. 옛날부터 가정에 있어서 부부 화합의 도리이다.

*[附和雷同(부화뇌동)] '남에게 빌붙어 화합하며 우레와 같이 큰 소리로 동조함'이란 뜻에서, '줏대 없이 남의 의견에 따라 움직임'을 나타낸 말.

**[北窓三友(북창삼우)] 서재의 북쪽 창에 있는 세 벗. 즉 거문고, 술, 시를 일컬음. 『白居易(백거이)·北窓三友詩(북창삼우시)』

[粉骨碎身(분골쇄신)] ① 뼈가 가루가 되고 몸이 깨어지도록 노력함. '희생적 노력'을 이르는 말. ② 목숨을 내놓고 있는 힘을 다함. ③ 참혹하게 죽음. 또는 그렇게 죽임. 图粉骨(분골) 图粉身碎骨(분신쇄골), 碎骨粉身(쇄골분신), 碎身粉骨(쇄신분골)

[憤氣撑天(분기탱천)] 분한 마음이 하늘을 찌를 듯이 북받쳐 오름. 图憤氣衝天(분기충천)

[焚書坑儒(분서갱유)] (역) 중국의 진시황이 즉위 34년에 학자들의 정치 비판을 금하려고, 민간에서 가지고 있던 醫藥(의약)·卜筮(복서)·農業(농업)에 관한 책만을 제외하고 모든 서적을 모아서 불살라 버리고, 이듬해 함양에서 수백 명의 儒生(유생)을 구덩이에 묻어 죽인 일.

[不繫之舟(불계지주)] 잡아매지 않은 배라는 뜻으로 ① 허심평기(虛心平氣)·무념무상(無念無想)의 마음. ② 정처 없이 방랑하는 사람.

*[不俱戴天(불구대천)] 하늘을 함께 이지 못함. 이 세상에서 같이 살 수 없을 만큼 큰 원한을 가짐. 图不俱戴天之讎(불구대천지수)/不共戴天之讎(불공대천지수)

[不及馬腹(불급마복)] 채찍은 길어도 말의 배에는 닿지 않는다는 뜻으로 '인생에는 인력으로 미치지 못하는 곳이 있음'을 비유하여 이르는 말.

[佛頭着糞(불두착분)] '부처의 머리에 똥을 묻힌다'는 뜻으로, '훌륭한 著書(저서)에 졸렬한 序文(서문)임', 또는 '썩 깨끗한 것을 더럽힘'을 비유하여 이르는 말.

[不立文字(불립문자)] (佛) 글이나 말로써의 설명이나 해석에 의하지 않고 마음으로 불도를 깨달음.

**[不問可知(불문가지)] 묻지 않아도 가히 잘 알 수 있음. 图不言可知(불언가지)

**[不問曲直(불문곡직)] 옳고 그름을 묻지 않고 함부로 함. 덮어놓고 마구 함. 다짜고짜로.

[不辨菽麥(불변숙맥)/菽麥不辨(숙맥불변)] '콩과 보리를 구별하지 못한다'는 뜻으로 어리석은 사람을 이르는 말. 图菽麥(숙맥)

[不撓不屈(불요불굴)] '휘지도 구부러지지도 않는다'는 뜻에서, 의지가 굳어 온갖 어려움에도 한 번 먹은 마음을 굽히지 아니함.

**[不遠千里(불원천리)] 천리 길도 멀다고 여기지 아니함. 먼 길을 기꺼이 달려감.

*[不撤晝夜(불철주야)] 밤과 낮을 가리지 아니함. 밤낮없이 노력함.

*[不恥下問(불치하문)] 자기보다 아래인 사람에게 묻는 일을 부끄러워하지 아니함. 학문하는 자세는 겸손해야 한다는 뜻임.

*[不偏不黨(불편부당)] 어느 한쪽으로 치우치지 아니하고, 어느 한 편과 무리를 짓지 아니함. 어느 편으로 치우치지 않고 매우 공평함.

[不孝不悌(불효부제)] 어버이에게 효성스럽지 못하고 어른에게 공손하지 못함.

*[朋友有信(붕우유신)] 벗 사이에는 믿음이 있어야 함. 친구 사이에 지켜야 할 도리. 五倫(오륜)의 하나.

*[鵬程萬里(붕정만리)] '鵬(붕)새가 날아가는 거리만큼 머나먼 거리'라는 뜻에서 ① 앞길이 아득히 멂. ② 장래가 밝지만 멀고 멂.

[飛龍乘雲(비룡승운)] '용이 구름을 타고 하늘에 오른다'는 뜻으로, '영웅이 때를 만나 세력을 얻음'을 비유하여 이르는 말.

[非命橫死(비명횡사)] 제 명대로 다 살지 못하고 뜻밖의 사고로 죽음.

[非夢似夢(비몽사몽)] 꿈을 꾸는지 잠이 깨어 있는지 어렴풋한 상태. ¶이때 춘향이 비몽사몽간에 서방님이 오셨는데 머리에는 금관이요 몸에는 홍삼이라 『춘향전』

[悲憤慷慨(비분강개)] 슬프고 분하여 마음이 북받침.

[臂不外曲(비불외곡)] '팔이 들이 굽지 내 굽지 않는다'는 뜻으로, 자기와 가까운 관계에 있는 사람에게 인정이 더 쏠리거나, 또는 자기에게 이익되게 처리함이 사람의 상정임을 비유하여 이르는 말.

[非僧非俗(비승비속)] 중도 아니요 속인도 아니라는 뜻에서, 이것도 저것도 아니고 어중간함을 이르는 말.

[飛蛾赴火(비아부화)] 불을 향해 날아드는 나방. 탐욕으로 말미암아 몸을 망치거나 스스로 자멸의 길로 들어가거나 재앙 속으로 몸을 던지는 것을 말한다.

**[非一非再(비일비재)] 같은 현상이나 일이 한 두 번이나 한둘이 아니고 매우 많거나 흔함.

[牝鷄之晨(빈계지신)] 암탉이 울어 새벽을 알린다. '암탉이 울면 집안이 망한다'는 뜻이다.

**[貧者一燈(빈자일등)] ① 가난한 사람이 부처에게 바치는 등 하나. 부자의 등 만 개보다도 더 功德(공덕)이

있음. ② 참마음'의 소중함을 비유하여 이르는 말.
[氷炭相愛(빙탄상애)] 얼음과 숯불이 서로 사랑한다는 뜻으로, 세상에 그 예가 도저히 있을 수 없는 일, 또는 얼음과 숯불이 서로 그 본질을 보전한다는 뜻으로, 친구끼리 서로 훈계해 나감을 비유하여 이르는 말. 『淮南子(회남자)』
*[氷炭之間(빙탄지간)] 얼음과 숯 같은 사이. 서로 함께 있을 수 없는 사이를 비유하여 이르는 말.

【사】

*[四顧無親(사고무친)] 사방을 둘러보아도 친척이라곤 아무도 없음. 의지할 만한 사람이 전혀 없음.
[事君以忠(사군이충)] 충성으로써 임금을 섬기는 일. 세속오계의 하나.
[捨短取長(사단취장)/舍短取長(사단취장)] 나쁜 점을 버리고 좋은 점을 취함.
[四大六身(사대육신)] 사람의 몸의 큰 것 네 가지(四大)로 이루어진 두 팔, 두 다리, 머리, 몸통이라는 뜻으로, '온 몸'이라는 뜻.
[四面楚歌(사면초가)] 초(楚)의 항우(項羽)가 해하(垓下)에서 한(漢)의 고조(高祖) 유방(劉邦)의 군사에게 포위되었을 때, 밤중에 그를 포위한 한나라 진영 가운데서 초나라 노래를 부르는 소리를 듣고, 초나라 백성이 이미 한나라에 투항한 것으로 생각하고 탄식했다는 고사에서, ① 적에게 포위되어 고립무원(孤立無援)한 상태, ② 내어놓은 의견에 주위의 사람들이 다 반대하여 고립된 상태 등을 비유하여 이르는 말.
[紗帽冠帶(사모관대)] 사모와 관대. 벼슬아치의 차림 또는 전통혼례식 때 신랑의 옷차림.
[思慕不忘(사모불망)] 사모하여 잊지 않음.
[死無餘恨(사무여한)] 죽어도 남은 한이 없음.
[使蚊負山(사문부산)] 모기에게 산을 지게 한다는 뜻으로 '적은 힘으로 무거운 임무를 감당하지 못함'을 비유하여 이르는 말. 『莊子(장자)』
[沙鉢農事(사발농사)] '사발로 짓는 농사'라는 뜻으로, 사발을 들고 다니면서 걸식하는 짓 곧, 빌어먹을 삶을 일컫는 말.
[沙鉢通文(사발통문)] 주모자를 숨기기 위해 관계자들의 성명을 사발 둘레 모양으로 둥글게 빙 돌려 적은 통지문.
*[四分五裂(사분오열)] '넷으로 나누어지고 다섯으로 찢어짐'이란 뜻으로, 여러 갈래로 갈기갈기 찢어지어 분열됨.
[四捨五入(사사오입)] (수) 우수리를 처리할 때 4 이하면 잘라버리고, 5 이상이면 잘라 올리는 셈법.
*[沙上樓閣(사상누각)/砂上樓閣(사상누각)] '모래 위에 세운 높은 건물'이란 뜻에서, 겉모양은 번듯하나 기초가 약하여 오래 가지 못하는 것 또는 실현 불가능한 일 따위를 비유하여 이르는 말.
**[死生決斷(사생결단)] '죽느냐 사느냐를 결단내려고 함'이란 뜻에서 죽음을 무릅쓰고 끝장을 내려고 함을 이르는 말.
[死生有命(사생유명)] 죽고 사는 것이 天命(천명)에 달려 있어 사람의 힘으로는 어찌할 수 없음.
[捨小取大(사소취대)] 작은 것을 버리고 큰 것을 가짐.
[捨身供養(사신공양)] (불) 불보살의 자비하심을 좇거나 은혜에 보답하기 위하여 팔을 끊으며 몸을 태우고 살을 지지며 몸을 버려 공양함.
[蛇心佛口(사심불구)] '뱀의 마음에 부처의 입'이라는 뜻으로, 속에는 간악한 마음을 품고 있으면서 입으로는 착한 말을 함. 또는 그런 사람을 비유하는 말.
[使羊將狼(사양장랑)] 양으로 하여금 이리의 장수가 되게 한다는 뜻으로, 약자에게 강자를 통솔하게 함을 비유하여 이르는 말.
[死而不亡(사이불망)] 형체는 죽어도 道(도)는 망하지 않음. 『老子(노자)』
[師弟同行(사제동행)] 스승과 제자가 한마음으로 배워 나감.
[四柱八字(사주팔자)] ① 사주의 간지(干支)로 되는 여덟 글자. ② 타고난 운수.
[事親以孝(사친이효)] 효도로서 어버이를 섬김. 세속오계의 하나.
[徙宅忘妻(사택망처)] '이사할 때 아내를 두고 간다'는 뜻으로, 심한 건망증이 있는 사람, 또는 의리를 분변하지 못하는 어리석은 사람, 정말 중요한 것을 놓쳐 버리는 얼빠진 사람을 비유하여 이르는 말이다. 『孔子家語(공자가어)・賢君(현군)』
**[事必歸正(사필귀정)] ① 모든 일은 반드시 바른 길로 돌아감. ② 일의 잘잘못이 언젠가는 밝혀져서 올바른 데로 돌아감.
[射倖數跌(사행삭질)] 요행을 노려 쏘는 화살은 번번이 차질을 일으킨다는 뜻으로, '사행심으로 하는 일은 성취하기 어려움'을 비유하여 이르는 말. 『蜀志(촉지)』
[使穴可入(사혈가입)] 부끄러워서 숨을 구멍이 있으면 숨어버리고 싶다는 뜻. 『新書(신서)』
[死灰復燃(사회부연)] '사그라진 재에서 다시 불이 살아난다'는 뜻으로, 세력을 잃었던 사람이 다시 득세함을 비유하여 이르는 말.
[削髮爲僧(삭발위승)] 머리를 깎고 중이 됨.
[山高水長(산고수장)] 인품(人品)과 절조(節操)의 고결(高潔)함을 산의 높음과 강의 깊에 견주어 기린 말.
[山不厭高(산불염고)] 산은 높음을 싫어하지 않음. '덕은 쌓을수록 좋음'을 비유하여 이르는 말.
*[山紫水明(산자수명)] 산은 자줏빛으로 물들고 물은 매우 맑음. 경치가 아름다움. 동山明水麗(산명수려), 山明水紫(산명수자), 山明水淸(산명수청)
[散之四方(산지사방)] ① 사방으로 흩어짐. ② 여기저기 사방으로.
[山海珍味(산해진미)] 산과 바다의 산물을 다 갖추어 썩 잘 차린 진귀한 음식.
[殺父之讐(살부지수)] 아버지를 죽인 원수.
[殺生有擇(살생유택)] 함부로 살생하지 말아야 함. 화랑

의 세속오계 중 하나.

[殺身成仁(살신성인)] 자신의 몸을 죽여서 어짊을 이룩한다. 위급한 상황에 처했을 때 자신의 몸을 죽여 정의를 이룩하는 것이 사람의 올바른 자세라는 뜻이다. 『論語(논어)·衛靈公(위령공)』

[三顧草廬(삼고초려)] 초막에서 사는 귀인을 세 번이나 찾아감. 인재를 맞아들이려고 끈질기게 노력함. 蜀(촉)의 劉備(유비)가 諸葛亮(제갈량)의 오두막집을 세 번이나 방문하여 出廬(출려)할 것을 간청한 고사. 신분고하를 막론하고 인재를 구하러 몸소 누추한 곳까지 찾아다님을 이르는 말. 同草廬三顧(초려삼고).

[森羅萬象(삼라만상)] 수풀 같이 빽빽하게 늘어서 있는 여러 가지 사물의 모습. 우주 속에 빽빽하게 존재하는 온갖 사물과 현상.

[三三五五(삼삼오오)] ① 서너 사람이나 네댓 사람. ② 여기저기 몇몇씩이 떼를 지어 다니거나 무엇을 하고 있는 모양.

[三旬九食(삼순구식)] 30일 동안 아홉 끼만 먹음. 집이 몹시 가난하여 식사를 제대로 못하고 굶음.

[三十六計(삼십육계)] '三十六計(삼십육계) 走爲上策(주위상책)'의 준말. 온갖 계책을 다 써 보았어도 되지 않을 때에는 달아나는 것이 제일이라는 뜻이며, 되지도 않을 일에 공연히 힘만 들이지 말고 일찌감치 물러서거나, 상황이 불리할 때는 도망가는 것이 상책이라는 뜻이다.

[三從之道(삼종지도)] 여자가 지켜야 하는 세 가지 도리. 어려서는 아버지를 따라야 하고, 시집가서는 남편을 따라야 하고, 남편이 죽은 뒤에는 자식을 따라야 하는 것을 말한다.

[三尺童子(삼척동자)] 키가 석 자 쯤 되는 철모르는 어린 아이. ¶삼척동자도 다 아는 이야기

[喪家之狗(상가지구)] 초라하고 풀이 죽은 모습. 상갓집의 개는 주인이 죽어 누구도 돌봐주는 사람이 없기 때문에 슬슬 사람들의 눈치나 살피면서 지낸다는 뜻이다. 『孔子家語(공자가어)·入官(입관)』

[傷弓之鳥(상궁지조)] '한 번 화살에 맞아 다친 적이 있는 새는 구부러진 나무만 보아도 놀람'을 뜻하는 말로, 한 번 놀란 일로 늘 의심과 두려운 마음을 품는 것을 이르는 말. '자라 보고 놀란 가슴 솥뚜껑 보고 놀란다'는 속담과 같은 뜻.

[上樓擔梯(상루담제)] 다락에 올라가게 하고는 사다리를 치워 버림. '속여서 남을 궁지에 몰아넣음'을 이름.

[桑麻蠶績(상마잠적)] 뽕을 따다 누에를 치고 삼을 심어 베를 짬. 양잠과 방적.

[相扶相助(상부상조)] 서로서로 도움.

[嘗糞之徒(상분지도)] '똥맛을 보는 자들'이란 뜻으로, 부끄러움을 돌아보지 않고 아첨하는 사람을 낮잡아 일컫는 말.

[上善若水(상선약수).] 최상의 선은 물과 같다. 물이 최상의 선이 되는 이유는 세 가지이다. 첫째, 물은 만물에게 이로운 혜택을 주고 있다. 천지 사이에 물이 없이도 존재할 수 있는 것은 없다. 그 정도로 중대한 존재이면서도 물은 다른 것과 공적이나 명성을 다투는 일이 없다. 둘째, 인간은 한 걸음이라도 높은 위치를 원하지만, 물은 반대로 낮은 곳으로 낮은 곳으로 흘러간다. 셋째, 낮은 곳에 있기 때문에 위대해 진다. 계곡이나 하천은 흘러서 큰 강이 되고, 더욱이 흘러서 바다가 되어 위대한 존재가 된다. 『老子(노자)·道德經 8章(도덕경 8장)』

[上樹拔梯(상수발제)] 나무에 올라가게 하고는 사다리를 치워버린다는 뜻으로, '사람을 유인하여 궁지에 몰아넣음'을 이르는 말.

[桑田碧海(상전벽해)] '뽕나무밭이 변하여 푸른 바다가 됨'이란 뜻에서, 세상일이 크게 변함을 비유하여 이르는 말.

[桑中之喜(상중지희)] 남녀 간의 불의의 쾌락.

[上下撐石(상하탱석)] 윗돌을 빼서 아랫돌을 괴고, 아랫돌을 빼서 윗돌을 굄. '일이 몹시 꼬이는데 임시변통으로 견디어 나감'을 일컫는 말.

[喪魂落膽(상혼낙담)] 몹시 놀라서 肝膽(간담)이 떨어져 나가고 넋을 잃을 것 같음.

[塞翁之馬(새옹지마)] 북쪽 변방의 한 늙은이가 기르던 말이 달아났다가 한 필의 준마를 데리고 왔는데, 아들이 그 준마를 타다가 떨어져 절름발이가 되었으나, 그로 말미암아 전쟁터에 나가지 않게 되어 목숨을 보전했다는 고사에서, 사람의 길흉화복은 늘 바뀌어 예측할 수 없음을 이르는 말. 同塞翁得失(새옹득실) 塞翁禍福(새옹화복), 人間萬事塞翁之馬(인간만사새옹지마) 『淮南子(회남자)』

[生梗之弊(생경지폐)] '生梗(생경)'은 두 사람 사이에 화목하지 못한 일이 생김을 말하는 것으로, 두 사람 사이에 생긴 불화로 말미암은 폐단.

[生寄死歸(생기사귀)] 사람이 이 세상에 사는 것은 잠시 몸을 맡겨 머무는 것이고, 죽는 것은 원래의 집인 고향으로 돌아가는 것이다. 生寄也(생기야), 死歸也(사귀야) 『十八史略(십팔사략)·卷一(권일) 夏后氏(하후씨)』

[生離死別(생리사별)] 살아서 이별함과 죽어서 이별함.

[生面不知(생면부지)] 한 번도 만나본 일이 없음. 전혀 면식이 없는 사람.

[生巫殺人(생무살인)] 선무당이 사람 잡음. 기술과 경험이 적은 사람이 젠 체하다가 도리어 화를 초래한다는 말.

[生不如死(생불여사)] 삶이 죽음만 같지 못함. 몹시 곤란한 지경에 빠짐.

[生者必滅(생자필멸)] (불) 이 세상은 무상하므로 살아있는 모든 것은 반드시 사멸함.

[西施捧心(서시봉심)] 가슴앓이를 견디기 어려워 가슴에 손을 대고 찌푸린 서시의 얼굴이 몹시 아름다웠으므로, 못난 여자가 자기도 예쁘게 보이기 위해 일부러 가슴에 손을 대고 얼굴을 찌푸렸던 바, 사람들이 그의 추악한 얼굴에 놀라 도망쳤다는 고사에서, 같은 행위라도 그것

을 행하는 사람의 됨됨이, 또는 행하는 경우에 따라 가치의 차이가 생김을 비유하여 이르는 말.
[席藁待罪(석고대죄)] 거적을 깔고 엎드려 벌주기를 기다림.
*[先見之明(선견지명)] 앞일을 먼저 내다보는 밝은 지혜. 닥쳐올 일을 미리 아는 슬기로움.
[仙風道骨(선골도풍)] '신선의 풍채와 도인의 골격'이란 뜻으로, 남달리 뛰어나고 청초하게 생긴 풍채를 일컫는 말. 돈仙骨(선골), 玉骨仙風(옥골선풍)
**[先公後私(선공후사)] 공적인 일을 먼저 하고 사사로운 일은 뒤로 미룸.
[蟬不知雪(선부지설)] '매미는 여름에만 사는 벌레여서 눈이라는 것을 알지 못한다'는 뜻에서, 견문이 좁음을 비유하여 이르는 말. 『鹽鐵論(염철론)』
[雪泥鴻爪(설니홍조)] 눈 위의 기러기 발자국, 곧 눈이 녹으면 없어진다는 뜻으로, '인생이 무상하고 아무 흔적이 없음'을 비유하여 이르는 말. 飛鴻踏雪泥(비홍답설니) 『蘇軾(소식)・詩(시)』
*[雪膚花容(설부화용)] 눈처럼 흰 피부와 꽃처럼 아름다운 얼굴. 미인의 아름다운 용모.
*[雪上加霜(설상가상)] '눈 위에 서리가 더해짐'이란 뜻으로, 난처한 일이나 불행한 일이 잇따라 겹쳐서 일어남. 엎친 데 덮치기. 삔錦上添花(금상첨화)
**[說往說來(설왕설래)] ① 말을 주거니 받거니 함. ② 옳고 그름을 따지느라 옥신각신함.
*[纖纖玉手(섬섬옥수)] 가냘프고 고운 손. 곱고 예쁜 여자의 손. ¶거문고를 안고 나와 섬섬옥수로 붉은 줄을 골라 『壬辰錄(임진록)』
[聲東擊西(성동격서)] 동쪽을 친다고 소문을 퍼뜨리고 실제로는 서쪽을 친다는 뜻으로, 기묘한 용병으로 승리를 거둠을 비유하여 이르는 말. 바둑이나 전투에서 상대를 기만하는 전술.
[勢窮力盡(세궁력진)] 기세가 꺾이고 힘이 빠져 꼼짝할 수 없게 됨.
[世短意多(세단의다)] 인생은 짧은데, 근심 걱정은 몹시 많음.
[勢利之交(세리지교)] 권세와 이익을 목적으로 하여 맺는 교제.
[歲月如流(세월여류)] 세월이 흐르는 물과 같이 빨리 흘러감.
[歲寒三友(세한삼우)] '겨울철의 세 벗'이란 뜻으로, 소나무(松)・대나무(竹)・매화나무(梅), 또는 山水(산수)・松竹(송죽)・琴酒(금주)를 일컫는 말.
[歲寒松柏(세한송백)] 겨울에도 푸름을 변하지 않는 소나무와 잣나무. '군자가 곤궁과 환난에 처해서도 지조를 바꾸지 않음'을 비유하는 말. 『論語(논어)』
[小隙沈舟(소극침주)] '조그마한 틈에서 물이 새어 들어와 배가 가라앉는다'는 뜻으로, 작은 일을 게을리 하면 큰 재앙이 옴을 이르는 말.
[笑裏藏刀(소리장도)] '웃음 속에 칼을 감춘다'는 뜻으로, 말로는 좋게 하나 속으로는 해칠 뜻을 가짐을 비유하는 말.

*[小貪大失(소탐대실)] 작은 것을 탐내다가 큰 것을 잃음.
*[束手無策(속수무책)] '손이 묶여 있어 어찌할 방책이 없음'이라는 뜻에서, 아무런 방법이 없어 꼼짝 못함을 이름.
[率先垂範(솔선수범)] 남보다 앞장서서 몸소 착한 일을 하여 모범을 보임.
**[送舊迎新(송구영신)] 묵은해를 보내고 새해를 맞이함. 새로운 마음으로 새해를 맞이함.
[松茂栢悅(송무백열)] '소나무가 무성하면 잣나무가 기뻐한다'는 뜻으로, 벗이 잘 되는 일을 기뻐함을 비유하여 이르는 말.
[宋襄之仁(송양지인)] 송양공의 어짊. 적들에게도 仁義(인의)를 베풀어야 한다고 말하는 어리석은 행동을 비유하는 말이다. 『十八史略(십팔사략)』
[守口如瓶(수구여병)] 입을 굳게 다물기를 병마개 막듯이 하라. 그리고 꼭 필요할 때만 마개를 열어 그 물을 사용하면 된다. 항상 조심하여 불필요한 말로 오해를 사거나 주변 사람을 불편하게 해서는 안 될 것이다. 『朱子(주자)・敬齋箴(경재잠)』
*[首丘初心(수구초심)] '여우가 죽을 때는 제가 살던 굴이 있는 언덕 쪽으로 머리를 돌린다'는 뜻으로, 죽을 때에도 자기의 근본을 잊지 아니함 또는 고향을 그리워함을 이르는 말. 돈狐死首丘(호사수구)
[垂簾聽政(수렴청정)] (역) 왕대비가 신하를 대할 때에 그 앞에 발을 늘인 데서 생긴 말로, 나이 어린 임금이 즉위하였을 때 왕대비나 대왕대비가 그를 도와서 정사를 돌보는 것을 일컫는 말.
[首尾相應(수미상응)] 양쪽 끝이 서로 응함.
*[壽福康寧(수복강녕)] 오래 살고, 복을 누리며, 건강하고, 평안함.
*[手不釋卷(수불석권)] 손에서 책을 놓지 않음. 늘 책을 들고 지내며 독서를 매우 좋아함.
[首鼠兩端(수서양단)] 의심이 많고 優柔不斷(우유부단)하다. 주저하면서 결단을 내리지 못하는 것을 비유하여 나타낸 말. 여기서 首鼠(수서)란 굴에서 방금 나온 쥐가 겁에 질려 두리번거리는 것을 가리킨다고 해석하는 사람도 있다. 돈首鼠兩截(수서양절) 『史記(사기)・武安侯傳(무안후전)』
[袖手傍觀(수수방관)] '팔짱을 끼고 보고만 있다'라는 뜻으로, '간섭하지 않고 그대로 버려둠'을 이르는 말.
[囚首喪面(수수상면)] 죄수의 머리와 상주의 얼굴. 囚首(수수)는 빗지 않은 머리, 喪面(상면)은 세수하지 않은 얼굴, 즉 용모를 꾸미지 않음을 뜻한다. 『蘇洵(소순)』
*[修身齊家(수신제가)] 몸을 닦고, 그런 후에 집을 다스림. 자기 수양을 하고 집안을 잘 돌봄.
*[水魚之交(수어지교)] 물과 물고기는 떨어질 수 없듯이 '매우 친한 사귐'을 비유하여 이르는 말. 군신(君臣) 사이가 아주 친밀함 또는 부부의 화목함을 이름. 돈水魚親(수어친)
[羞惡之心(수오지심)] 四端(사단)의 하나. 옳지 못함을

부끄러워하고 착하지 못함을 미워하는 마음. 羞惡之心 義之端也(수오지심의지단야). 『孟子(맹자)·公孫丑上(공손추 상)』

[誰怨誰咎(수원수구)] 누구를 원망하고 탓하랴. 남을 원망하거나 탓할 것이 없음.

[水滴石穿(수적석천)] '물방울이 돌을 뚫는다'는 뜻으로, 미미한 작은 힘도 모이면 큰 힘이 될 수 있음을 비유하여 이르는 말.

*[守株待兎(수주대토)] '나뭇등걸에 걸려 죽은 토끼를 보고 나무 그루터기를 지키고 앉아 다시 토끼가 오기를 기다린다'는 데서, 달리 변통할 줄은 모르고 어리석게 한 가지만을 내내 고집함 또는 우연을 필연으로 믿는 어리석음을 비유하여 이르는 말. 㽽守株(수주)『韓非子(한비자)』

[熟柿主義(숙시주의)] 잘 익은 감이 저절로 떨어지기를 기다리듯이, 노력은 하지 않고 일이 잘 되어 이익이 돌아올 때만 기다리는 주의.

*[宿虎衝鼻(숙호충비)] 잠자고 있는 호랑이의 코를 찌름. 禍(화)를 스스로 불러들이는 일을 비유하여 이르는 말. 가만히 있는 사람을 덧들여서 화를 자초한다는 말.

[夙興夜寐(숙흥야매)] 아침 일찍 일어나고 밤에 늦게 자며 부지런히 일함.

*[脣亡齒寒(순망치한)] 입술이 없어지면 이가 시리게 됨. '이해관계가 서로 밀접한 둘 중 어느 한편이 망하면 다른 한편도 그 영향을 받아 온전하기가 어려움'을 비유하여 이르는 말. 『春秋左氏傳(춘추좌씨전)』

[順天應人(순천응인)] 위로 천명에 순종하고, 아래로는 인심에 응함. 『易經(역경)』

[順風而呼(순풍이호)] '바람이 부는 방향으로 부르면 잘 들린다'는 뜻으로, 時勢(시세)에 편승하면 일을 하기 쉬움을 비유하여 이르는 말. 『荀子(순자)』

[勝己者厭(승기자염)] 자기보다 재주가 나은 사람을 싫어함.

*[乘勝長驅(승승장구)] 싸움에 이긴 여세를 타고 계속 몰아침. 승리의 여세로 계속 이김.

[時機尙早(시기상조)] 아직 시기가 이름. '아직 때가 덜 되었음'을 이르는 말.

[豺狼橫道(시랑횡도)] 이리와 승냥이처럼 탐욕스럽고 잔혹한 사람이 중요한 자리에 앉아 권세를 휘두르고 있다는 뜻. 잔인무도한 자들이 세도를 부림. 㽽豺狼當路(시랑당로)

[是父是子(시부시자)] 그 아비에 그 아들. 그 아비를 닮은 그 아들. 부자가 모두 훌륭함을 이르는 말. 『書言故事(서언고사)』

[視富如貧(시부여빈)] 부를 가난과 같이 본다. 빈부를 초월하는 것. 『列子(열자)·仲尼(중니)』

[時不再來(시불재래)] 한 번 간 때는 다시 오지 않음.

[是非曲直(시비곡직)] '옳고 그르고 굽고 곧음'의 뜻으로, '잘잘못'을 일컫는 말.

[視死如歸(시사여귀)] 죽는 일을 집으로 돌아가는 것 같이 여기어 조금도 두려워하지 아니함. 君子(군자)_____.『大戴禮(대대례)』

[視死如生(시사여생)] 죽음을 삶과 같이 보아 두려워하지 아니함. 죽음을 조금도 두려워하지 아니함. 생사를 초월하는 일. 㽽視生如死(시생여사)『列子(열자)』

[視生如死(시생여사)] 삶을 죽음과 같이 본다. 생사를 초월하는 것. 『列子(열자)·仲尼(중니)』

**[是是非非(시시비비)] ① 옳은 것은 옳다고 하고, 그른 것은 그르다고 하는 일. ② 옳고 그름을 따지며 다툼. ③ 서로의 잘잘못.

[視若不見(시약불견)] 보고도 보지 못한 척하는 일.

*[始終一貫(시종일관)] 처음부터 끝까지 일관되게 함.

**[始終如一(시종여일)] 처음부터 끝까지 한결같아 변함이 없음.

[時和年豊(시화연풍)] 기후가 순조로워 곡식이 잘 여물고 수확이 많음. 㽽時和歲豊(시화세풍)

*[食少事煩(식소사번)] 먹을 것은 적고 할 일은 많음. 소득 없이 할 일만 많음.

*[識字憂患(식자우환)] 글자를 아는 것이 도리어 근심거리가 됨. 차라리 몰랐으면 좋았을 것임.

**[信賞必罰(신상필벌)] ① 공이 있는 자에게는 믿을만하게 상을 주고, 죄가 있는 사람에게는 반드시 벌을 줌. ② 상과 벌을 공정하고 엄중하게 하는 일을 이르는 말.

**[身言書判(신언서판)] ① 중국 당나라 때 관리를 등용하는 시험에서 인물 평가의 기준으로 삼았던 몸가짐(身)·말씨(言)·문필(書)·판단력(判)의 네 가지. ② 인물을 선택하는 데 적용하는 네 가지 조건, 즉 몸가짐(身)·말씨(言)·문필(書)·판단력(判)의 네 가지.

[身外無物(신외무물)] 몸이 다른 무엇보다도 가장 중요하다는 말.

[伸寃雪恥(신원설치)] 원통한 일을 풀고 부끄러운 일을 씻어버림.

*[身體髮膚(신체발부)] 몸과 머리털과 살갗. 몸의 모든 부분.

*[神出鬼沒(신출귀몰)] '귀신처럼 나타났다 사라졌다 함'이란 뜻에서, 자유자재로 출몰하여 변화를 짐작할 수 없음.

**[實事求是(실사구시)] '실제의 일에서 올바름을 찾아냄'이란 뜻에서, ① 사실에 토대를 두어 진리를 탐구하는 일, 또는 ② 정확한 고증을 바탕으로 하는 과학적·객관적인 학문 태도를 말함. 『漢書(한서)』

[心機一轉(심기일전)] 어떤 계기에 의해 이제까지 먹었던 마음을 바꿈.

*[深思熟考(심사숙고)] 깊이 생각하고 푹 익을 정도로 충분히 생각함. 신중을 기하여 곰곰이 생각함.

*[深山幽谷(심산유곡)] 깊은 산의 고요한 골짜기. 산 속의 아름다움.

[心猿意馬(심원의마)] 마음은 원숭이 같고, 생각은 말과 같다. 촐랑대는 원숭이처럼 마음이 잠시도 가만히 있지 못하는 것을 心猿(심원)이라 하고, 항상 달리기를 생각하는 말처럼 뜻이 여러 갈래로 오가는 것을 意馬(의마)라고 한다. 사람이 근심 걱정 때문에 가만히 있지 못하

는 것을 비유하는 말이다.
[十年減壽(십년감수)] '수명에서 열 해가 줄어든다'는 뜻으로, 몹시 위험하거나 놀랐을 때 쓰는 말.
[十伐之木(십벌지목)] 열 번 찍어 안 넘어가는 나무 없다는 속담. 아무리 心志(심지)가 굳은 사람이라도 여러 번 유인하면 결국 그 말을 믿고 따르게 된다는 말.
[十匙一飯(십시일반)] 열 사람의 한 술 밥이 한 사람 분의 끼니가 된다는 뜻으로, 여러 사람이 힘을 합치면 한 사람을 구제하기 쉽다는 속담.
**[十中八九(십중팔구)] 열 가운데 여덟이나 아홉 정도. 거의 대부분 틀림없음. 回十常八九(십상팔구)

【아】

[餓狼之口(아랑지구)] '굶주린 이리의 아가리'란 뜻으로, 탐욕스럽고 잔인한 사람의 비유.
[阿鼻叫喚(아비규환)] 阿鼻地獄(아비지옥)에서 외치는 신음소리. 사고나 재앙을 당해 사람들이 외치는 비명을 비유하는 말. 또는 阿鼻地獄(아비지옥)과 叫喚地獄(규환지옥)을 합친 말이기도 하다.
[啞然失色(아연실색)] 뜻밖의 일에 너무 놀라서 얼굴빛이 달라짐.
*[我田引水(아전인수)] '자기 밭에 물을 끌어댐'이란 뜻에서 자기에게만 이롭게 생각하거나 행동함을 이르는 말.
[惡衣惡食(악의악식)] 거친 옷을 입고 맛없는 음식을 먹음. 또는 그런 옷과 음식.
**[惡戰苦鬪(악전고투)] ① 매우 열악한 조건에서 고생스럽게 싸움. ② 어려운 여건에서도 힘써 노력함.
[眼淚洗面(안루세면)] '눈물로 얼굴을 씻는다'는 뜻으로 '눈물을 많이 흘림'을 이르는 말.
**[安分知足(안분지족)] 자기 분수를 편안하게 여기며 만족할 줄 앎. 자기 분수에 맞게 살며 만족스럽게 잘 삶.
[眼鼻莫開(안비막개)] 일이 바빠 눈코 뜰 사이가 없음.
**[安貧樂道(안빈낙도)] ① 가난함 속에서도 편안하게 여기며, 사람의 도리를 즐겨 지킴. ② 가난함에도 불구하고 사람의 도리를 잘 함.
**[安心立命(안심입명)] 마음을 편안하게 하고 하늘의 뜻에 대한 믿음을 바로 세움. (불) 자신의 불성을 깨닫고 삶과 죽음을 초월함으로써 마음의 편안함을 얻음.
**[眼下無人(안하무인)] '눈 아래 다른 사람이 없는 것으로 여긴다'는 뜻에서, 다른 사람을 업신여김을 말함. 동 眼中無人(안중무인)
[暗中摸索(암중모색)] 어두운 곳에서 무엇인가를 찾으려고 더듬거리다. 어림짐작으로 막연히 무엇을 알아내려고 하거나 찾으려고 하는 것을 비유하는 말이다.
[仰天俯地(앙천부지)] 하늘을 올려다보고 땅을 굽어봄.
*[哀乞伏乞(애걸복걸)] 애처롭게 빌고 엎드려 빎. 소원이나 요구 따위를 간절히 빎.
[愛多憎至(애다증지)] 사랑이 크면 미움도 극에 이른다.
[曖昧模糊(애매모호)] ① 흐리터분하고 분명하지 못하다. ② 말이나 태도 따위가 흐리터분하고 분명하지 못함.
[愛之重之(애지중지)] ① 사랑하며 소중하게 여김. ② 귀

하고 소중하게 여김.
[惹起鬧端(야기요단)] 시비의 실마리를 끌어 일으킴. 준 惹鬧(야료)
[野壇法席(야단법석)] ① 야외에 단을 차려 크게 베푼 설법장. ② 많은 사람들이 모여들어 떠들거나 부산하게 구는 일.
[惹端法席(야단법석)] 많은 사람들이 모여들어 떠들거나 부산하게 구는 일.
[夜長夢多(야장몽다)] 밤이 길면 꿈꾸는 일이 많음. 오랜 세월 동안에는 변화도 많음을 비유하여 이르는 말.
**[藥房甘草(약방감초)] '한약방에서 어떤 처방이나 다 들어가는 감초'라는 뜻에서, 모임마다 불쑥불쑥 잘 나타나는 사람 또는 흔하게 보이는 물건을 비유하여 이르는 말.
**[弱肉强食(약육강식)] '약한 자의 살은 강한 자의 먹이가 됨'이란 뜻에서, 강한 자가 약한 자를 희생시켜서 번영하거나, 약한 자가 강한 자에 의해 멸망되는 것을 말함.
[良禽擇木(양금택목)] '좋은 새는 좋은 나무를 가려서 앉는다'는 뜻으로, 현량한 사람은 섬겨야 할 사람을 가려서 섬김을 비유하여 이르는 말. 『春秋左氏傳(춘추좌씨전)』
*[羊頭狗肉(양두구육)] '양의 머리를 내걸어 놓고 실제로는 개고기를 판다'는 뜻으로, 겉으로는 훌륭하게 보이고 속은 변변하지 않은 것을 비유하는 말. 懸羊頭賣狗肉(현양두매구육).
[攘臂大言(양비대언)] 소매를 걷어 올리며 큰소리를 함.
*[梁上君子(양상군자)] '대들보 위에 있는 군자'라는 뜻으로, 도둑을 완곡하게 이르는 말. 『後漢書(후한서)』
[攘善無恥(양선무치)] 다른 사람의 훌륭한 바를 훔쳐다가 자기의 것인 양하면서도 부끄러워하지 않음. 『經學歷史(경학역사)』
[兩手据地(양수거지)] 절한 뒤에 두 손으로 땅을 짚고 꿇어 엎드림.
[兩手兼將(양수겸장)] 장기에서 두 개의 장기짝이 한꺼번에 말밭에 놓이게 된 관계.
[兩手執餠(양수집병)] 두 손에 떡. ① 두 가지 좋은 일을 놓고 어느 것부터 먼저 해야 할지 모를 경우를 이르는 말. ② 한꺼번에 두 가지 좋은 일이 생김을 이르는 말.
[兩袖淸風(양수청풍)] '두 소매에 맑은 바람'이란 뜻으로 관리의 청렴결백함을 이르는 말.
**[良藥苦口(양약고구)] 좋은 약은 입에 씀. 먹기는 힘들지만 몸에는 좋음.
[量入計出(양입계출)] 수입을 헤아려 지출을 계획함.
[兩者擇一(양자택일)] 둘 중에서 하나를 고름.
[陽春佳節(양춘가절)] 따뜻하고 좋은 봄철.
[養虎遺患(양호유환)] '범을 길러 화근을 남긴다'는 뜻으로, 화근을 길러서 걱정거리를 산다는 말.
**[魚東肉西(어동육서)] 생선 반찬은 동쪽에 놓고 고기 반찬은 서쪽에 놓음. 제사상을 차릴 때, 반찬을 진설하는 위치를 말함.

*[魚頭肉尾(어두육미)] '물고기의 대가리와 짐승의 꼬리'라는 뜻에서, 생선은 대가리 부분이, 고기는 꼬리 부분이 맛있다고 꼬드기는 말.
[魚魯不辨(어로불변)] '고기 魚(어)'자와 '노나라 魯(로)'자를 분간하지 못할 만큼 무식함.
*[漁父之利(어부지리)] '어부가 이득을 챙김'이란 뜻으로, 두 사람이 이해관계로 서로 싸우는 사이에 엉뚱하게 제3자가 이익을 가로채는 것을 이르는 말. 도요새와 조가비가 서로 싸운다. 도요새는 조개의 살을 물고, 조개는 도요새의 부리를 물고 있다. 어부가 와서 도요새와 조개를 다 잡아갔다. 鷸蚌相爭(휼방상쟁). 싸우는 쌍방에는 아무런 이익도 없고, 제3자가 이득을 본다는 뜻이다. 凾蚌鷸之爭(방휼지쟁)『戰國策(전국책)』
[於分足矣(어분족의)] 자기의 분수에 만족함.
**[語不成說(어불성설)] 말이 되지 못하는 말. 말이 조금도 사리에 맞지 않음.
[魚遊釜中(어유부중)] 물고기가 솥 안에서 놀고 있다는 뜻으로, '위험이 목전에 닥쳐 있음을 모름'을 비유하여 이르는 말. 凾釜中魚(부중어)『後漢書(후한서)』
*[抑强扶弱(억강부약)] 강한 자를 억누르고 약한 자를 도와줌. 세상 사람들에게 공평하게 함. 凾抑弱扶强(억약부강)
[億兆蒼生(억조창생)] 수많은 백성.
[抑何心情(억하심정)] 대체 무슨 생각으로 그런 짓을 하는지 마음을 알 수 없음을 이르는 말. ¶무슨 억하심정으로 그런 짓을 하오?
[焉敢生心(언감생심)] '어찌 감히 그런 마음을 가질 수 있으랴'의 뜻.
[言飛千里(언비천리)] 말은 날개가 없지만 천리를 난다는 뜻으로, '말이란 삽시간에 멀리까지 퍼짐'을 이르는 말. 발 없는 말이 천리 간다.
**[言語道斷(언어도단)] 언어도단은 글자 그대로 표현하면 '언어의 길이 끊어지다'라는 뜻이다. 이는 본래 불교에서 以心傳心(이심전심)이나 不立文字(불립문자)와 같은 의미로 쓰이는 말로, '말로는 도저히 표현할 수 없는 심오한 진리'를 일컫는다. 즉, 말로 표현할 수 있는 것은 이미 진리가 아니므로, 언어나 문자와 같은 소통 방식에 의지하지 않는다는 것이다. 하지만 요즈음은 언어도단의 의미가 변하여 '어이가 없어서 말하려 해도 말할 수 없음'을 이르는 의미로 쓰이고 있다.
**[言中有骨(언중유골)] '말 가운데에도 뼈가 있음'이란 뜻에서, 예사로운 말 속에 별도의 뜻이 들어 있음.
[言行一致(언행일치)] 하는 말과 행동이 같음.
[嚴冬雪寒(엄동설한)] 눈 내리는 깊은 겨울의 심한 추위.
[嚴父慈母(엄부자모)] 엄한 아버지와 자애로운 어머니.
*[嚴妻侍下(엄처시하)] 엄한 아내를 모시고 지냄. 아내에게 쥐여 사는 사람을 비웃는 말. 恐妻家(공처가)를 농으로 이르는 말.
[如見心肺(여견심폐)] 남의 마음속을 꿰뚫어 보는 듯이 속속들이 환히 앎.
[如斷手足(여단수족)] '수족이 잘린 것과 같다'는 뜻으로,

요긴한 사람이나 물건이 없어서 아쉬움을 이르는 말.
*[如履薄氷(여리박빙)] '마치 살얼음판 위를 밟고 지나가듯하다'는 뜻에서, 아슬아슬하고 위험한 일을 비유하여 이르는 말. 세상이 어수선할 때는 살얼음판 위를 걷는 것처럼 조심조심 살아가라는 뜻이다.
[與民同樂(여민동락)] 백성과 더불어 즐거움을 함께 한다.『孟子(맹자)·梁惠王章句(양혜왕장구)』
[如拔齒痛(여발치통)] '앓던 이가 빠진 것 같다'는 뜻으로, 괴로운 일을 벗어나서 시원함을 이르는 말.
[如水投水(여수투수)] '물에 물 탄 듯 술에 술 탄 듯'과 같은 뜻으로, 무슨 일을 하는 데 철저하지 못하여 흐리멍덩함의 비유.
[如是我聞(여시아문)] (불) '부처에게서 들은 교법을 그대로 믿고 따르며 적는다'는 뜻으로, 경전 첫머리에 쓰는 말. 석존의 제자인 아난이 경전의 첫머리에 쓴 데서 비롯되었음.
[如蛾赴火(여아부화)] '부나비가 불에 날아드는 것과 같다'는 뜻으로 탐욕으로 말미암아 몸을 망침을 비유하여 이르는 말이다.
[如魚得水(여어득수)] '물고기가 물을 얻음과 같다'는 뜻으로, 곤궁하던 사람이 활로를 얻음을 비유하여 이르는 말.
[如魚失水(여어실수)] '물고기가 물을 잃음과 같다'는 뜻으로, 곤궁한 사람이 의지할 곳 없이 괴로워함을 비유하여 이르는 말.
[如蝟負瓜(여위부과)] '고슴도치 오이 짊어지듯 한다'는 뜻으로, 빚을 많이 진 것을 비유하여 이르는 말.
[餘裕綽綽(여유작작)] 말이나 하는 짓이 아주 너그럽고 넉넉함. ¶여유작작한 사람들의 모습
[如嚼鷄肋(여작계륵)] '鷄肋(계륵)'이란 '닭의 갈비'처럼 먹을 만한 살은 붙어 있지 않으나 버리기는 아깝다는 뜻에서, 이익될 것도 없으나 그렇다고 버리기도 아까운 것을 비유하는 말이다. '如嚼鷄肋(여작계륵)'이란 '鷄肋(계륵)'을 씹는 듯하다. 맛이 없다. 흥미가 없다. 또는 아무 짝에도 쓸모가 없는 것을 비유하는 말이다.
[如坐針席(여좌침석)] 바늘방석에 앉은 것과 같이 마음이 편안하지 못함.
**[女必從夫(여필종부)] 아내는 반드시 남편을 따라야 함.
[力不從心(역불종심)] 힘이 모자라 생각한 대로 할 수 없음. 力不足(역부족).
*[易地思之(역지사지)] 처지를 바꾸어 그것을 생각함. 상대편의 처지에서 생각해 봄. 어떤 사안을 자신의 처지에서만 생각하지 말고 상대편의 입장이 되어 생각해 보는 것이다. 하지만 역지사지가 쉬운 일이 아니다. 사람은 무릇 자신이 경험하지 않은 일에 대해서는 생각이 미치지 못한다. 오죽하면 '상전 배부르면 종 배고픈 줄 모른다'는 속담이 생겨났겠는가. 편하게 사는 사람은 고생하는 사람의 궁핍한 처지를 절대 알지 못한다. 어두운 곳에 있는 사람은 밝은 곳을 잘 볼 수 있지만, 밝은 곳에 있는 사람은 어두운 곳을 잘 볼 수가 없다.
[延頸鶴望(연경학망)] 학처럼 목을 길게 하여 기다림.

『蜀志(촉지)』
[延年益壽(연년익수)] 더욱 더 수명을 늘여 나감.
[連絡不絕(연락부절)] 자주 오고 가서 끊이지 아니함.
**[緣木求魚(연목구어)] '나무에 올라가서 물고기를 얻으려 한다'는 뜻으로, 허무맹랑한 욕심이나 대처 방식으로 도저히 불가능한 일을 하려 하는 것을 비유하는 말이다. 『孟子(맹자)・梁惠王章句(양혜왕장구)』
[年富力强(연부력강)] 나이가 젊고 힘이 셈.
**[連戰連勝(연전연승)] 연이은 싸움에서 연이어 이김.
[念佛三昧(염불삼매)] ① (불) 염불로 잡념을 없애고, 영묘한 슬기가 열려 부처를 보게 되는 경지. ② 아미타부처만을 생각하고 이를 부르며, 생각이 흩어지지 아니하는 경지.
[葉落知秋(엽락지추)] 잎이 떨어지는 것을 보고 가을이 왔음을 앎. ─ 一葉落知天下秋(일엽낙지천하추). 『文錄(문록)』
*[榮枯盛衰(영고성쇠)] 꽃이 핌과 나무가 말라 죽음 그리고 번성함과 쇠망함. 개인이나 사회의 흥망성쇠. 回興亡盛衰(흥망성쇠)
[盈滿之咎(영만지구)] '가득 차면 기운다'는 뜻으로, 사물이 十分(십분) 이루어졌을 때에는 도리어 화를 부르게 됨을 이르는 말. 『後漢書(후한서)』
[盈不可久(영불가구)] 차서 넘치게 되면 오래 유지하지 못함. 『易經(역경)』
[盈則必虧(영즉필휴)] 꽉 차서 극에 달하면 반드시 이지러짐. 『呂氏春秋(여씨춘추)』
[影不離身(영불리신)] 그림자는 몸에서 떨어지지 않는다. 사람이 아무리 빨리 뛰어도 그림자는 그대로 따라오는 것처럼, 허물이 있으면 그것을 고쳐야지 이를 비난만 해서는 결코 사라지지 않는다는 의미이다. 『莊子(장자)・漁父(어부)편』
[迎風待月(영풍대월)] 남녀가 비밀히 만나는 일.
[禮門義路(예문의로)] 예는 군자의 출입하는 문이며 義(의)는 군자의 걸어가는 길임. 『孟子(맹자)』
[禮順人情(예순인정)] 예는 인정에 순종함. 예의는 사회 인사 행위의 준칙이므로 인정에 따라야 함을 필요로 함. 법치주의에 상대하여 이르는 말.
[禮義廉恥(예의염치)] '禮(예)'는 貴賤(귀천) 尊卑(존비)의 分限(분한)에 따르는 일정한 예의 범절, '義(의)'는 人道(인도)에서 벗어나지 않는 일, '廉(렴)'은 正邪善惡(정사선악)의 구분을 명백히 하는 일, '恥(치)'는 치욕을 아는 일. 또는 그런 것을 아는 태도. 『管子(관자)』
**[五穀百果(오곡백과)] '다섯 가지 곡식과 백 가지 과일'이란 뜻에서 여러 종류의 곡식과 과일에 대한 총칭.
*[五里霧中(오리무중)] 오리 안이 짙은 안개 속에 있다. 어떤 일의 상황을 파악하기 어렵거나 일의 갈피를 잡기 어려운 것을 비유하는 말이다. 『後漢書(후한서)・張霸(장패)전』
[寤寐不忘(오매불망)] 자나 깨나 잊지 못한다. 근심이나 생각 때문에 잠 못 드는 것을 일컫는 말이다. 주로 사랑하는 연인이 그리워서 잠 못 드는 경우에 많이 쓴다.

¶오매불망 우리 사랑
[奧密稠密(오밀조밀)] ① 공예에 관한 솜씨가 매우 세밀하고 교묘한 모양. ② 사물에 대한 마음씨가 매우 자상스럽고 꼼꼼한 모양.
[吾不關焉(오불관언)] 나는 그 일에 상관하지 아니함.
*[吾鼻三尺(오비삼척)] 내 코가 석 자. 내 문제의 해결에 여념이 없어 남의 일은 거들떠볼 시간이 없음.
*[烏飛梨落(오비이락)] 까마귀 날자 배 떨어진다. 어떤 행동을 한 것이 공교롭게도 뒤미처 일어난 다른 일의 결과를 낳게 한 것처럼 되어 의심을 받게 되는 경우를 이르는 말.
*[傲霜孤節(오상고절)] 오만할 정도로 서리에도 굴하지 아니하고 외로이 절개를 지킴. '국화'를 달리 이르는 말. ¶국화야, ……아마도 오상고절은 너뿐인가 하노라〈이정보〉
[吳越同舟(오월동주)] 중국 춘추전국시대의 吳王(오왕) 夫差(부차)와 越王(월왕) 句踐(구천)은 서로 적대관계였는데, 같은 배를 탔다가 풍랑을 만나서 서로 단합해야 했던 고사에서, 서로 적의를 품은 사람들이 같은 처지나 한자리에 있게 됨을 비유하는 말. 또는 서로 반목하면서도 공통의 곤란이나 이해에 대하여 협력함을 비유하는 말.
*[烏合之卒(오합지졸)] '까마귀가 모인 것처럼 질서가 없는 병졸'. 임시로 모아 훈련이 부족하고 규율이 없는 군대. 즉 어중이떠중이를 비유하는 말이다. 참烏合之衆(오합지중) 『後漢書(후한서)・耿弇(경엄)전』
**[玉骨仙風(옥골선풍)] 옥 같이 귀한 골격과 신선 같은 풍채. 귀티가 나고 신선 같이 깔끔한 풍채.
[屋上架屋(옥상가옥)] ① 지붕 위에 거듭 집을 세움. ② 물건이나 일을 부질없이 거듭하는 것의 비유.
[屋下架屋(옥하가옥)] 지붕 밑에 또 지붕을 만든다는 뜻으로, '흉내만 내고 발전이 없음'을 비유하여 이르는 말.
[玉石俱焚(옥석구분)] '옥이나 돌이나 모두 다 탄다'는 뜻으로, '옳은 사람이나 그른 사람이나 구별이 없이 모두 재앙을 받음'의 비유. '玉石區分(옥석구분)'이라고 하여 '옥석을 구분하다'라고 쓰는 예가 있는데 원래 그런 말은 없는 것이었다.
[玉石混淆(옥석혼효)] '옥과 돌이 한데 섞여 있다'는 뜻으로, 선악이 뒤섞여 있음을 비유하는 말.
**[溫故知新(온고지신)] 옛 것을 익히고 그것을 미루어서 새 것을 앎. 溫故而知新(온고이지신) 『論語(논어)・爲政(위정)편』
[溫恭自虛(온공자허)] 안색을 부드러이 하고, 행실을 삼가고, 겸허하게 스승의 가르침을 받으며, 자기의 의견을 고집하지 않는 일. 선생이 가르침을 베풀 때 제자가 취해야할 태도를 말한다. 『管子(관자)』
[甕算畵餠(옹산화병)] 독장수의 궁리와 그림의 떡. 곧 헛배만 부르고 실속이 없음의 비유.
[蝸角之爭(와각지쟁)] '달팽이 더듬이 위에서의 싸움'이라는 뜻에서, 사소한 일로 벌이는 싸움 또는 좁은 세상에서 옥신각신 싸우는 짓의 비유. 蝸牛角上之爭(와우각

상지쟁).『莊子(장자)·則陽(칙양)편』

[臥薪嘗膽(와신상담)] 거북한 섶[薪(신)]에 몸을 눕히고, 쓸개[膽(담)]를 맛봄. 원수를 갚거나 마음먹은 일을 이루기 위해 온갖 어려움과 괴로움을 참고 견딤을 비유하여 이름. 중국 춘추시대, 오나라의 왕 夫差(부차)가 아버지의 원수를 갚기 위해 장작더미 위에서 잠을 자며 월나라의 왕 구천에게 복수할 것을 맹세하였고, 그에게 패배한 월나라의 왕 句踐(구천)이 쓸개를 핥으면서 복수를 다짐했다는 고사에서 유래했다.『史記(사기)』,『十八史略(십팔사략)』

[玩火自焚(완화자분)] 불을 가까이 하다가 자신을 태운다. 무모하게 남을 해치려고 하다가 결국 자신이 해를 입게 된다는 것을 비유하는 말이다.『春秋左氏傳(춘추좌씨전)·隱公(은공)4년』

*[曰可曰否(왈가왈부)] 어떤 이는 옳다고 말하고 어떤 이는 아니라고 말함. 어떤 일에 대하여 옳거니 옳지 않거니 옥신각신함.

[曰是曰非(왈시왈비)] 어떤 일에 대하여 잘했느니 못했느니 말함.

[王侯將相(왕후장상)] 제왕과 제후와 장수와 재상을 통틀어 일컫는 말. 图王侯將相寧有種乎(왕후장상영유종호)

[外感內傷(외감내상)] 감기에 배탈이 겸한 병증.

[外剛內柔(외강내유)] 겉으로는 강하게 보이나 속은 부드러움.

[外富內貧(외부내빈)] 겉으로 보기에는 부자 같으나 실상은 가난함.

[外貧內富(외빈내부)] 겉으로 보기에는 구차한 것 같으나 실상은 부유함.

[外柔內剛(외유내강)] 성질이 겉으로 보기에는 순하고 부드러운 것 같으나 속은 꿋꿋하고 굳음.

[外諂內疎(외첨내소)] 겉으로는 아첨하고 속으로는 해침.

[外華內貧(외화내빈)] 겉으로 보기에는 화려하나 속으로는 가난함.

[搖頭顚目(요두전목)] '머리를 흔들고 눈알을 굴리면서 몸을 움직인다'는 뜻으로, 행동이 침착하지 못함을 이르는 말.

[搖尾乞憐(요미걸련)] 개가 꼬리를 흔들어서 사람에게 알찐거리듯, 마음이 간사하여 남에게 아첨하기를 잘함.

**[樂山樂水(요산요수)] 산을 좋아하고 물을 좋아함. 산이나 강 같은 자연을 즐기고 좋아함. 知者樂水(지자요수), 仁者樂山(인자요산). 지혜로운 자는 사리에 밝아서, 물과 같이 周流(주류)하여 막힘이 없기 때문에 물을 좋아하고, 어진 사람은 의리에 만족하여 몸가짐이 진중하고 심덕이 두터워 그 心境(심경)이 산과 비슷하므로 자연히 산을 좋아한다. 여기에서 '樂山樂水(요산요수)'란 말이 나왔다.『論語(논어)·雍也(옹야)』

[堯舜時節(요순시절)] '거룩한 堯(요)와 舜(순)의 두 임금이 다스리던 시절'이란 뜻으로, 나라가 태평한 시절을 일컫는 말. 图堯舜時代(요순시대)

[燎原之火(요원지화)] '번지는 벌판의 불'이란 뜻으로 난리나 시위 따위가 막을 수 없이 무섭게 번져 나가는 기세의 비유.

[腰折腹痛(요절복통)/腰絶腹痛(요절복통)] 몹시 우스워서 배가 아파 허리가 부러질 듯함.

[窈窕淑女(요조숙녀)] 말과 행동이 얌전하고 품위가 있는 여자.

*[搖之不動(요지부동)] 흔들어도 움직이지 아니함.

[樂此不疲(요차불피)] 좋아서 하는 일은 아무리 하여도 지치지 않음.

[欲哭逢打(욕곡봉타)] '울려고 하는 아이를 때려서 마침내 울게 한다'는 뜻으로 불평을 품고 있는 사람을 선동함을 비유한 말.

[欲速不達(욕속부달)] 급히 서두르면 달성하지 못한다. 너무 조급하게 서두르면 오히려 일을 그르친다는 뜻이다.『論語(논어)·子路(자로)』

*[龍頭蛇尾(용두사미)] '머리는 용인데 뱀의 꼬리를 함'이라는 뜻에서 시작은 대단하였으나 끝이 흐지부지함을 비유하여 이르는 말.

[龍飛鳳舞(용비봉무)] '용이 날고 봉이 춤춘다'는 뜻으로, 산천이 빼어나 생동하는 신령한 기세를 비유하는 말.

[龍虎相搏(용호상박)] '용과 범이 서로 싸운다'는 뜻으로, 강자끼리 승부를 겨룸을 비유한 말.

[愚公移山(우공이산)] 옛날 愚公(우공)이 자기 집 앞의 산을 불편하게 생각하여, 오랜 세월을 두고 다른 곳에 옮기려고 노력하여 마침내 이루었다는 고사에서, 어떤 일이든지 끊임없이 노력하면, 마침내 성공함을 비유하여 이르는 말.『列子(열자)』

[牛刀割鷄(우도할계)] 소 잡는 칼로 닭을 잡음. 작은 일을 하는 데 어울리지 않게 거창하게 벌이거나 큰 도구를 씀을 이르는 말.『論語(논어)』

[愚問賢答(우문현답)] 어리석은 물음에 현명한 대답.

[牛步虎視(우보호시)] 호랑이 같이 예리하고 무섭게 사물을 보고 소 같이 신중하게 행동한다. 모든 일에 신중을 기한다는 뜻이다. 图虎視牛步(호시우보)

**[雨順風調(우순풍조)] 비와 바람이 순조로움. 농사에 알맞게 기후가 순조로움.

[迂餘曲折(우여곡절)] 여러 가지로 뒤얽힌 복잡한 사정이나 변화.

**[右往左往(우:왕좌왕)] '오른쪽으로 갔다가 다시 왼쪽으로 갔다가 함'이란 뜻에서 이리저리 왔다갔다 하며 나아갈 바를 종잡지 못하는 모양.

*[優柔不斷(우유부단)] ① 마음이 넉넉하고 부드럽기는 하지만 무언가 결단을 내리지는 못함. ② 어물어물 망설이기만 하지 딱 잘라 결단을 내리지 못함.

**[牛耳讀經(우이독경)] 쇠귀에 경 읽기. 아무리 가르치고 일러주어도 알아듣지 못함을 비유하여 이르는 말. 图牛耳誦經(우이송경)

[愚者多悔(우자다회)] 어리석은 자는 후회하는 일이 많음.『晏子(안자)』

[羽化登仙(우화등선)] 사람이 날개가 돋아서 하늘로 올라가 신선이 된다는 말.

[雨後竹筍(우후죽순)] '비가 온 뒤에 여기저기 솟는 죽순'이란 뜻으로, 어떠한 일이 일시에 많이 일어남을 비유하는 말.
[旭日昇天(욱일승천)] 떠오르는 아침 해처럼 왕성한 기세나 세력을 비유하여 이르는 말.
[雲散鳥沒(운산조몰)] 구름처럼 흩어지고 새처럼 형적을 감춤. 형적이 없음을 이름.
[雲消霧散(운소무산)] 구름처럼 사라지고 안개처럼 흩어진다는 뜻으로, 자취 없이 사라짐의 형용하는 말.
[運數不吉(운수불길)] 운수가 좋지 못함.
[圓孔方木(원공방목)] 둥근 구멍에 네모난 나무를 꽂아 맞춤. 일이 잘 맞지 않음을 비유하여 이르는 말. 『傳燈錄(전등록)』
[遠交近攻(원교근공)] 먼 나라와 가까이하여 가까운 나라를 침. 가까운 나라가 이미 자기 소유로 돌아오면 점차 먼 나라로 미치는 전국시대 秦(진)의 책략.
[遠謀深慮(원모심려)] 먼 앞날을 깊이 생각함.
[遠水近火(원수근화)] 먼 데 있는 물은 가까운 곳의 불을 끄는 데 소용이 되지 못함. 먼 데 것은 위급할 때의 소용이 되지 못함의 비유. 『明心寶鑑(명심보감)』
[鴛鴦衾枕(원앙금침)] 원앙을 수놓은 이불과 베개.
[遠族近隣(원족근린)] 멀리 사는 친족보다 가까이 있는 이웃이 더 낫다는 말. 이웃사촌.
[怨憎會苦(원증회고)] 미운 사람과 자꾸 만나는 괴로움. 八苦(팔고)의 하나.
[源淸流淸(원청류청)] '윗물이 맑으면 아랫물이 맑다'는 뜻으로, 윗사람이 청렴하면 아랫사람도 청렴해짐을 비유하여 이르는 말. 『荀子(순자)』
*[遠禍召福(원화소복)] 화를 멀리하고 복을 불러들임.
[月滿則虧(월만즉휴)] 달이 차서 둥글게 되면 곧 이지러지기 시작한다는 뜻으로, '사물이 한번 성하면 한번 쇠하여짐'을 비유하여 이르는 말. 줄여서 滿則虧(만즉휴)라고도 함. 『史記(사기)』
[月下老人(월하노인)] 부부의 인연을 맺어주는 신 즉, '중매인(中媒人)'을 이르는 말.
**[危機一髮(위기일발)] '머리털 하나에 매달려 있어 곧 떨어질 것 같은 위기'라는 뜻에서, 당장이라도 끊어질 듯한 위태로운 순간을 형용하는 말.
[圍籬安置(위리안치)] (역) 죄인을 配所(배소)에서 달아나지 못하도록 가시로 울타리를 만들어 그 안에 가둠.
[爲富不仁(위부불인)] 재물을 모으자면 남에게 어진 덕을 베풀지 못함. ＿＿, 爲仁不富矣(위인불부의)『孟子(맹자)』
[韋編三絶(위편삼절)] 공자가 주역을 너무 애독하여 그 책에 매었던 가죽 끈이 세 번이나 끊어졌다는 데서, '독서를 많이 함'을 비유한 말. 『史記(사기)·孔子世家(공자세가)』
**[有口無言(유구무언)] '입은 있으나 할 말이 없음'이란 뜻에서 변명이나 항변할 말이 없음을 이름. 有口不言(유구불언)
[柔能制剛(유능제강)] 부드럽고 약한 것이 능히 단단하고 강한 것을 이길 수 있음. 柔弱勝剛强(유약승강강). 『三略(삼략)』
[油頭粉面(유두분면)] 여자의 기름 바른 머리와 분 바른 얼굴. 여자의 화장.
[流離乞食(유리걸식)] 이리저리 떠돌아다니면서 빌어먹음.
**[有名無實(유명무실)] 이름만 있고 실속이 없음. 겉은 그럴 듯하지만 실속은 없음.
*[流芳百世(유방백세)] 향기가 백대에 걸쳐 흐름. 꽃다운 이름이 후세에 길이 전함.
**[有備無患(유비무환)] 미리 준비함이 있으면 어떤 환란을 당해서도 걱정할 것이 없음.
[流水不腐(유수불부)] '흐르는 물은 썩지 않는다'는 뜻에서 늘 움직이는 것은 썩지 아니함을 이르는 말. 『呂氏春秋(여씨춘추)』
[有始無終(유시무종)] '일을 시작은 하나 성취하지 못한다'는 뜻으로, '사람이 절조가 없음'을 비유하여 이르는 말.
*[唯我獨尊(유아독존)] ① 오직 자기만이 홀로 존경을 독차지함. ② 불교에서 쓰는 天上天下唯我獨尊(천상천하유아독존)에서 온 말이다. 唯我獨尊(유아독존)의 '我(아)'는 '개인의 나'가 아니라 '우리' 즉 '모든 인간'을 지칭한다고 한다.
[有耶無耶(유야무야)] 어물어물함. 흐지부지함. 흐리멍덩함. 어느 쪽도 아님.
[流言蜚語(유언비어)] 아무 근거 없이 널리 퍼진(떠도는) 소문. ¶유언비어를 퍼뜨리다
[六月飛霜(유월비상)] 유월에 서리가 내린다는 뜻으로 여인의 원한이 심히 큼을 이르는 말
**[類類相從(유유상종)] 비슷한 종류끼리 서로 친하게 따르고 어울림.
*[悠悠自適(유유자적)] 멀리 떠나 한가로이 자기 마음대로 다님. 속세를 벗어나 한가로이 지냄.
[有意莫遂(유의막수)] 마음에는 있어도 뜻대로 되지 않음.
[有酒無肴(유주무효)] 술을 있어도 안주가 없음.
[肉頭文字(육두문자)] 肉談(육담)으로 된 숙어.
[恩甚怨生(은심원생)] 은혜를 과도하게 베풀면 도리어 원망을 받게 됨. 恩甚則怨至(은심즉원지), 愛多則憎至(애다즉증지). 『亢倉子(항창자)·用道(용도)』
*[隱忍自重(은인자중)] 숨기고 참으며 스스로 신중히 처신함.
[淫談悖說(음담패설)] 음탕하고 덕의에 어그러진 상스러운 이야기.
[飮水思源(음수사원)]. 물을 마실 때 그 근본을 생각하라. '근본을 잊지 않음'을 비유한 말임. 『庾子山集(유자산집)·徵周曲(징주곡)』
*[吟風弄月(음풍농월)] '바람을 읊고 달을 가지고 놂'이란 뜻에서, 자연에 대해 시를 짓고 흥취를 자아내며 즐김을 뜻하는 말임. 동吟風哦月(음풍영월)
[泣斬馬謖(읍참마속)] 중국 三國(삼국) 시대 蜀(촉)의 諸

葛亮(제갈량)이 馬謖(마속)을 사랑하였으나, 명령을 어기어 패전한 책임을 물어 울면서 이를 사형에 처한 고사에서, '큰 목적을 위하여는 사랑하는 사람도 버림'을 비유하여 이르는 말.
[鷹犬之任(응견지임)] 매나 사냥개처럼 남에게 부림을 당하는 소임.
[鷹視狼步(응시낭보)] 매 같은 날카로운 눈매와 이리 같은 탐욕스런 걸음걸이. '매나 이리처럼 날래고 탐욕스런 모양을 이름.
[意氣銷沈(의기소침)] 뜻과 기세가 쇠하여 사그라짐.
[意氣揚揚(의기양양)] 바라던 일이 이루어져 뽐내는 마음이 얼굴에 가득함. 됭得意揚揚(득의양양)
[意氣投合(의기투합)] 마음이 서로 맞음. 됭志氣相合(지기상합), 志氣投合(지기투합)
[疑者闕之(의자궐지)] 의심스러운 일은 억지로 캘 필요가 없음.
[以空補空(이공보공)] 제 살로 제 때우기. 곧 세상에는 공것이 없다는 뜻.
****[異口同聲(이구동성)]** 여러 다른 사람들의 입에서 나오는 말이 한결 같음. 됭如出一口(여출일구) 참異口同音(이구동음)
[以短攻短(이단공단)] 자기의 결점을 돌아보지 않고 남의 잘못을 비난함. 똥 묻은 개가 겨 묻은 개 나무란다. 『菜根譚(채근담)』
[以德報怨(이덕보원)] 덕으로써 원한을 갚음. 됭報怨以德(보원이덕)『論語(논어)』
[以毒制毒(이독제독)] 독을 해소하기 위하여 다른 독을 씀. '악인을 제거하기 위하여 다른 악인을 씀'의 비유.
****[以卵投石(이란투석)]** 계란으로 돌을 침. '아무리 하여도 소용이 없는 일'을 비유하여 이르는 말. 됭以卵擊石(이란격석)
[異路同歸(이로동귀)] 방법은 다르나 결과는 한 가지임.
[以鹿爲馬(이록위마)] 사슴을 말이라고 우겨댐. 윗사람을 속이고 권세를 거리낌 없이 휘두름을 이르는 말. 됭指鹿爲馬(지록위마)『陸賈新語(육가신어)』
[夷蠻戎狄(이만융적)] 東夷(동이)・南蠻(남만)・西戎(서융)・北狄(북적) 즉, 동서남북의 모든 오랑캐를 통틀어 일컬음.
[耳目口鼻(이목구비)] 귀・눈・입・코. ¶이목구비가 뚜렷한 얼굴
[移木之信(이목지신)] '나무를 옮기는 간단한 것으로 백성들을 믿게 함'의 뜻으로, 남을 속이지 아니함을 밝힘. 또는 약속을 실행하여 믿음을 얻음.
[已發之矢(이발지시)] '이미 시위를 떠나간 화살'이란 뜻으로, 중도에 그만두기 어려운 형편을 이르는 말.
[以實直告(이실직고)] 사실 그대로 바른대로 고함.
****[以心傳心(이심전심)]** 마음으로부터 마음을 전함. 서로 마음이 잘 통함.
[以弱勝强(이약승강)] 약함으로써 강함을 이김.
****[以熱治熱(이열치열)]** 열로써 열을 다스림. 힘에는 힘으로, 강함에는 강함으로 상대함을 비유하는 말.

[以訛傳訛(이와전와)] 헛소문이 꼬리를 물고 번져감.
[已往之事(이왕지사)] 이미 지나간 일.
****[利用厚生(이용후생)]** 기구를 편리하게 잘 쓰고, 먹을 것과 입을 것을 넉넉하게 하여 삶의 질을 개선함.
[以僞亂眞(이위난진)] '가짜가 진짜를 어지럽혀 분별하기 어려움'의 비유. 『顔氏家訓(안씨가훈)』
[以夷制夷(이이제이)] 적을 이용하여 적을 침. 다른 사람의 힘에 의하여 자기의 이익을 취함. 『王安石(왕안석)』
[以掌蔽天(이장폐천)] '손바닥으로 하늘을 가린다'는 뜻으로, 얕은 수로 잘못을 숨기려고 해도 숨길 수 없음을 이르는 말.
[以財爲草(이재위초)] 재물을 초개같이 봄.
*[泥田鬪狗(이전투구)]** '진흙탕에서 싸우는 개'라는 뜻으로, 원래는 함경도 사람의 강인한 성격을 평한 말이었다. 두 가지 뜻이 있으니, 하나는 강인한 성격을 평하여 이르는 말이고, 또 하나는 명분이 서지 않는 일로 싸우거나 체면을 돌보지 않고 이익을 다투는 것을 비유하는 말로 사용된다. 볼썽사납게 서로 헐뜯거나 다투는 것을 비유하여 이르는 말이다.
[理判事判(이판사판)] 理判僧(이판승)과 事判僧(사판승). 원래 이판과 사판은 불교 교단을 크게 양분해서 부르던 명칭이었다. 즉 이판은 주로 교리를 연구하고 수행에 주력하면서 득도의 길을 걸었던 學僧(학승)을 말했다. 반면에 사판은 수행에도 힘쓰지만 아울러 사찰의 행정업무나 살림살이의 일체를 돌보던 중을 일컫는 말이었다. 유래와 관계없이 사태가 막다른 곳에 다다라 더 이상 어쩔 수가 없게 되었을 때 자포자기하는 심정으로 결정을 내리는 것을 말한다.
****[離合集散(이합집산)]** 헤어졌다 합치고, 모였다 흩어졌다 함.
[利害得失(이해득실)] 이로움과 해로움과 얻음과 잃음.
[以火救火(이화구화)] 불로 불을 끄려 한다는 뜻으로 '조장할 뿐 아무 소용이 없음'을 비유하여 이르는 말. 『莊子(장자)』
****[因果應報(인과응보)]** (불) '원인에 대한 결과가 마땅히 갚아짐'이란 뜻에서, 과거 또는 전생에 지은 일에 대한 결과로, 뒷날의 길흉화복이 주어짐.
[人口膾炙(인구회자)/膾炙人口(회자인구)] '회와 구운 고기'라는 뜻으로, 회나 구운 고기는 맛이 있어 누구 입에나 맞듯이, 어떤 일의 명성이나 평판이 뭇사람의 입에 오르내림. ¶인구에 회자되다 图膾炙(회자)
[人非木石(인비목석)] 사람은 목석과 달라서 이성과 감정이 있음을 이르는 말.
*[人面獸心(인면수심)]** 사람의 얼굴에 짐승의 마음. 사람으로서 지켜야 할 도리를 하지 못하는 짐승 같은 사람. 배은망덕하게 행동하는 사람.
****[人命在天(인명재천)]** 사람의 목숨은 하늘에 달려 있음. 사람이 오래 살거나 일찍 죽는 것은 다 하늘의 뜻이라는 말.
[人事不省(인사불성)] ① 큰 병이나 중상(重傷) 등으로

의식을 잃어버린 상태. ② 사람으로서 예절을 차릴 줄 모름.
**[人死留名(인사유명)] '사람은 죽어도 이름을 남김'이란 뜻으로, 삶이 헛되지 않으면 그 명성이 길이 남음을 이르는 말. 참豹死留皮(표사유피) 虎死留皮(호사유피)
[人山人海(인산인해)] 사람이 헤아릴 수 없이 많이 모인 상태. ¶광장에 모인 사람이 인산인해를 이루다
[仁者無敵(인자무적)] 어진 사람은 모든 사람을 사랑하므로 천하에 적대하는 사람이 없음.
[人之常情(인지상정)] 사람이면 누구나 가지는 보통의 인정. ¶어려운 처지에 있는 사람을 보면 돌보는 게 인지상정 아닌가
**[一刻千金(일각천금)] 짧은 시간도 천금 같이 귀중한 것이어서 귀하게 여겨 헛되이 보내지 않아야 함.
**[一擧兩得(일거양득)] '한 번 움직여서 두 가지를 얻음'이란 뜻으로, 한 번의 노력으로 두 가지 효과를 얻음을 이르는 말. 비一石二鳥(일석이조)
[一口兩匙(일구양시)] '한 입에 두 숟가락이 들어갈 수 없다'는 뜻으로, 단번에 두 가지 일을 할 수 없음을 비유하여 이르는 말.
*[日久月深(일구월심)] 날이 오래 되고 달이 깊어간다는 뜻으로, 세월이 흘러 오래 될수록 자꾸 더하여 짐을 이르는 말.
[一口二言(일구이언)] 한 입으로 두 가지 말을 한다는 뜻으로, 말을 이랬다저랬다 번복함을 이르는 말.
[一騎當千(일기당천)] 한 사람의 기마 병사가 천 사람의 적을 당해낸다는 뜻으로 '용맹이 아주 뛰어남'을 이르는 말.
*[一刀兩斷(일도양단)] 한 칼에 둘로 자름. 머뭇거리지 않고 과감히 처리함.
[日落西山(일락서산)/日薄西山(일박서산)] 해가 서산에 지다. 나이가 들어 목숨이 얼마 남지 않은 것을 비유하는 말이다.
[一路邁進(일로매진)] 한 길로 똑바로 거침없이 나아감.
[一網打盡(일망타진)] '한 번 그물을 쳐서 물고기를 다 잡는다'는 뜻에서, 한꺼번에 모조리 다 잡음이라는 말. ¶도둑들을 일망타진하였다
**[一脈相通(일맥상통)] 어떤 상태나 성질 따위가 한 가지로 서로 통함.
[日暮途遠(일모도원)] '날은 저물고 갈 길은 멀다'는 뜻으로, 늙고 쇠약한데 할 일은 아직 많음을 비유하여 이르는 말. 『史記(사기)·伍子胥列傳(오자서열전)』
[一目瞭然(일목요연)] 한 번 척 보아서 대뜸 알 수 있도록 환함.
**[一罰百戒(일벌백계)] 첫 번째 죄인을 엄하게 벌함으로써 후에 백 사람이 그런 죄를 경계하여 짓지 않도록 함. 다른 사람들에게 경각심을 불러일으키기 위하여 본보기로 첫 번째 죄인을 엄하게 처벌함.
**[一絲不亂(일사불란)] '한 줄의 실 같이 흐트러지지 않음'이란 뜻으로, 질서나 체계 따위가 조금도 흐트러진 데가 없음을 비유하여 이르는 말.

[一瀉千里(일사천리)] 한 번 쏟아진 물이 천리를 흐른다. 원래는 문장을 써 나가는 筆力(필력)이 굳센 것을 비유하는 말이었는데, 오늘날에는 어떤 일이 급속도로 진행되어 순식간에 이루어지는 것을 말한다. 대개는 긍정적인 의미로 쓰이지만 성의 없이 일을 마구 처리한다는 뜻에서 부정적인 뉴앙스를 갖기도 한다.
**[一石二鳥(일석이조)] '한 개의 돌로 두 마리 새를 잡음'이란 뜻에서, '한 번의 노력으로 두 가지 효과를 얻음'을 이르는 말. 비一擧兩得(일거양득)
[一身千金(일신천금)] '몸 하나가 천금과 같다'는 뜻으로, 사람의 몸이 매우 중하고 귀함을 비유하여 이르는 말.
[一心同體(일심동체)] 여러 사람이 굳게 뭉쳐 한 마음 한 몸 같음. ¶부부는 일심동체
*[一魚濁水(일어탁수)] '한 마리의 물고기가 물을 흐린다'는 뜻으로, 한 사람의 잘못으로 여러 사람이 그 해를 받게 되는 일의 비유.
[一言居士(일언거사)] 무슨 일이던지 한 마디씩 참견하지 않으면 마음이 놓이지 않는 사람. 말참견을 썩 좋아하는 사람을 비꼬아 일컫는 말.
**[一言半句(일언반구)] '한 마디의 말과 반 구절의 글'이란 뜻으로, 아주 짧은 글이나 말을 말함.
[一言之下(일언지하)] 말 한 마디로 끊음. 한 마디로 딱 잘라 말함. 다시 말할 나위가 없음.
[一葉片舟(일엽편주)] (하나의 작은 잎새 같은) 한 척의 작은 배.
[一日三省(일일삼성)] 하루에 세 번 스스로의 허물의 유무를 돌이켜 봄. 몇 번이고 돌아보아 살핌. 吾日三省吾身(오일삼성오신). 『論語』
**[一日三秋(일일삼추)] '하루가 세 번 가을을 맞이하는 것 같음 즉, 3년 같음'이란 뜻에서. '매우 지루하거나 몹시 애태우며 기다림'을 이르는 말. 참一刻如三秋(일각여삼추)
[一字無識(일자무식)] 아무것도 알지 못하는 무식.
*[一場春夢(일장춘몽)] 한바탕의 봄 꿈. 헛된 영화나 덧없는 일을 비유하는 말.
[一點血肉(일점혈육)] 자기가 낳은 단 하나의 자녀. ¶일점혈육도 없다
[一朝一夕(일조일석)] 하루 아침이나 하루 저녁. 곧, 짧은 시간을 이름.
[一陣狂風(일진광풍)] 한바탕 부는 사납고 거센 바람.
[日進月步(일진월보)] 날로 달로 진보함.
*[一觸卽發(일촉즉발)] 한 번 닿기만 해도 곧 폭발함. 금방이라도 일이 크게 터질 듯함.
**[日就月將(일취월장)] '날마다 뜻을 이루고 달마다 나아감'이란 뜻으로, 발전이 빠르고 성취가 많음을 이르는 말. 비日進月步(일진월보)
[一炊之夢(일취지몽)/邯鄲之夢(한단지몽)] 이 세상의 부귀영화가 덧없음을 비유하여 이르는 말. 唐代(당대)에 노생(盧生)이 한단(邯鄲) 땅의 주막집에서 여옹(呂翁)이란 선인(仙人)의 베개를 얻어 베고 한잠 자는 동안에 50년 동안의 영화를 꿈꾸었으나 깨고 보니 짓고 있던

밥이 아직 익지 않은 짧은 시간이었으므로 인생의 허무를 깨달았다는 고사에서 온 말.
**[一波萬波(일파만파)] 한 물결이 가냘프게 움직여도 천만 물결이 이에 따라 일어난다는 뜻으로, 사소한 원인일지라도 그 미치는 바 영향이 큼을 비유하여 이르는 말. 一波纔動萬波隨(일파재동만파수).
[一敗塗地(일패도지)] 여지없이 패배를 당하다. 코가 납작해지다. 철저하게 실패해서 도저히 수습할 방법이 없다는 뜻이다. 塗地(도지)는 肝腦塗地(간뇌도지) 즉, '간과 뇌를 땅바닥에 바르다'는 뜻임.
*[一片丹心(일편단심)] 한 조각의 붉은 마음. 곧, 진정에서 우러나는 충성된 마음. 변치 않는 참된 마음. ¶임 향한 일편단심이야 가실 줄이 있으랴
*[一筆揮之(일필휘지)] 한 번 붓을 들어 휘두름. 글씨를 단숨에 힘차고 시원하게 쭉 쓰는 모양.
[一攫千金(일확천금)] 힘들이지 않고 단번에 많은 재물을 얻음.
**[一喜一悲(일희일비)] '한 번은 기쁜 일이, 한 번은 슬픈 일이 생김'이란 뜻에서 기쁨과 슬픔이 번갈아 나타나거나 한편으로는 기쁘고 한 편으로는 슬픈 일이 생겼을 때 쓰는 말임.
[臨渴掘井(임갈굴정)/渴而穿井(갈이천정)] '목이 말라야 우물을 판다'는 뜻으로, 평소에 준비 없이 있다가 일을 당하고 나서야 허둥지둥 서두름을 이르는 말.
*[臨機應變(임기응변)] 어떤 시기가 닥치면 그에 부응하여 변화함. 그때그때의 형편에 따라 알맞게 일을 처리함.
[臨事而懼(임사이구)] '일에 임함에 매사 두려워하라' 어떤 일도 만만하게 보지 말라는 뜻. 『論語(논어)』
[林深鳥棲(임심조서)] '숲이 깊으면 새들이 깃들인다'는 뜻으로, 仁義(인의)를 쌓으면 만물이 歸依(귀의)함을 비유하여 이르는 말. 『貞觀政要(정관정요)』
[立稻先賣(입도선매)] 돈이 급한 농민이 벼를 수확하기 전에 헐값으로 팔아넘기는 일.
*[立身揚名(입신양명)] 출세하여 이름을 세상에 떨침.
[入耳出口(입이출구)] 들은 바를 곧 남에게 말함. 남이 하는 말을 제 주견인 양 그대로 옮김.
[入鄕循俗(입향순속).] 다른 고장에 갔으면 그 고장의 풍습을 따른다. '로마에 가면 로마의 법을 따르라'는 서양 속담과 같은 말이다. 『淮南子(회남자)』

【자】

[自家撞着(자가당착)] '스스로 맞부딪친다'는 뜻으로, 자기가 한 말이나 행동이 앞뒤가 맞지 않음. ¶자가당착에 빠지다 ⑪自己矛盾(자기모순)
**[自强不息(자강불식)/自彊不息(자강불식)] 스스로 굳세게 되기 위하여 쉬지 않고 노력함. 게으름을 피지 않고 스스로 열심히 노력함.
*[自激之心(자격지심)] 스스로를 격하게 다그치는 마음. 스스로 부족함을 느껴 분발하려는 마음.
[自過不知(자과부지)] 가지의 허물은 스스로 알지 못함.

[自愧之心(자괴지심)] 스스로 부끄럽게 여기는 마음.
[子路負米(자로부미)/百里負米(백리부미)] 공자의 제자인 子路(자로)는 가난하여 매일 쌀을 백리 밖까지 져다 주고 그 품삯으로 양친을 봉양하였다는 故事(고사)에서 가난한 가운데 孝養(효양)함을 비유하여 이르는 말. 『孔子家語(공자가어)』
[自手成家(자수성가)] 유산이 없는 사람이 자기의 힘으로 한 살림을 이룩함.
[自繩自縛(자승자박)] '제 새끼줄로 제 몸을 옭아 묶는다'는 뜻으로, ① 제가 잘못하여 불행을 자초함을 비유하여 이르는 말. ② 제 마음으로 번뇌를 일으켜 괴로워함을 비유하여 이르는 말.
[自是之癖(자시지벽)] ① 제 뜻이 항상 옳은 줄만 믿는 버릇. ② 편벽된 소견을 고집하는 버릇.
**[自業自得(자업자득)] ① 자기가 저지른 일의 업을 자신이 받음. ② 자기의 잘못에 대한 벌을 자신이 받음.
[自重自愛(자중자애)] 행실을 삼가고 품위를 지켜 자기를 소중히 함.
*[自中之亂(자중지란)] 자기 편 중에서 일어나는 분란. 자기 편 내부에서 일어난 싸움질.
**[自初至終(자초지종)] 처음부터 끝까지 이름. 처음부터 끝까지의 모든 과정.
*[自暴自棄(자포자기)] 스스로를 해치고 스스로를 버림. 절망 상태에 빠져서 모든 것을 포기함.
**[自畵自讚(자화자찬)] '자기가 그린 그림을 스스로 칭찬함'이란 뜻에서, 자기가 한 일을 스스로 자랑함을 비유하여 이르는 말.
[鵲巢鳩居(작소구거)] '까치둥지에 비둘기 산다'는 뜻으로, 남의 물건이나 업적을 무리하게 빼앗음을 이르는 말. 『詩經(시경)』
**[作心三日(작심삼일)] 마음으로 작정한 것이 삼일밖에 못 감. 결심이 오래가지 못함.
[昨醉未醒(작취미성)] 어제 마신 술이 아직도 깨지 않음.
[將計就計(장계취계)] 상대편의 계교를 미리 알아채고, 그것을 역이용하는 계교.
[長毋相忘(장무상망)] 오랜 세월이 지나도 서로 잊지 말자. 약 2000년 전 한나라 시대의 와당에서 발견된 글씨라고 함. 秋史(추사) 金正喜(김정희)의 歲寒圖(세한도)에 인장으로 찍힌 글씨로 유명함.
[張飛軍令(장비군령)] 성미 급한 張飛(장비)의 군령처럼 '별안간 당하는 일' 또는 '졸지에 몹시 서두르는 일'을 이르는 말.
[長蛇封豕(장사봉시)] 長蛇(장사)는 큰 뱀, 封豕(봉시)는 큰 돼지로, 탐욕 많은 사람을 비유한 말.
**[張三李四(장삼이사)] '장 씨의 셋째 아들과 이 씨의 넷째 아들'이란 뜻으로, 이름이나 신분이 평범한 사람을 비유적으로 이르는 말.
*[長幼有序(장유유서)] 연장자와 연소자의 사이에는 지켜야 할 순서가 있음. 五倫(오륜)의 하나.
[掌中寶玉(장중보옥)] '손 안에 있는 보배로운 구슬'이란 뜻으로, 귀하고 보배롭게 여기는 존재를 비유하는 말.

[財多命殆(재다명태)] 재물을 많이 가지고 있으면, 늘 도적의 겨냥을 받으므로 목숨이 위태함. 『通俗編(통속편)』
[才勝德薄(재승덕박)] 재주는 있으나 덕이 적음. 图才勝薄德(재승박덕)
[才子佳人(재자가인)] 재주 있는 젊은 남자와 아름다운 여자.
[低頭不答(저두부답)] 머리를 푹 숙이고 대답하지 아니함.
[低頭平身(저두평신)] 용서를 비느라고 머리를 숙이고 몸을 낮춤.
[適口之餠(적구지병)] '입에 맞는 떡'이란 속담으로, 꼭 마음에 드는 사물을 일컫는 말.
[賊反荷杖(적반하장)] '도둑이 도리어 매를 든다'는 뜻으로, 잘못한 놈이 도리어 잘한 사람을 나무랄 경우에 쓰는 말.
[赤貧無依(적빈무의)] 몹시 가난한 데다가 의지할 곳도 없음.
[赤舌燒城(적설소성)] 小人(소인)들이 君子(군자)를 讒害(참해)하는 혓바닥은 불같아서 성곽이라도 태워버릴 만하다는 뜻으로, 讒言(참언)의 무서움을 비유한 말. 『陳本禮(진본례)·闈祕(천비)』
[赤手空拳(적수공권)] 맨손과 맨주먹. 곧 가진 것이라고는 아무것도 없음.
[赤手成家(적수성가)] 몹시 가난한 사람이 맨손으로 노력하여 가산(한 살림)을 이룸.
[適者生存(적자생존)] (생) 생물이 외계의 상태나 변화에 적응하는 것은 살아가고, 그렇지 못한 것은 사라져 가는 자연 도태의 현상.
**[適材適所(적재적소)] '알맞은 재목을 알맞은 곳에 씀'이란 뜻에서 '사람이나 사물을 제 격에 맞게 잘 쓰는 것'을 말함.
[積土成山(적토성산)] 흙덩이도 쌓이면 높은 산을 이룬다는 뜻으로 작은 것도 쌓이고 쌓이면 크게 됨을 이르는 말. 티끌 모아 태산. 图土積成山(토적성산), 積小成大(적소성대)
[賊被狗咬(적피구교)] 도둑이 개한테 물림. '남에게 말할 수 없음'의 비유. 『通俗編(통속편)』
[傳家之寶(전가지보)] 조상 때부터 집안에 전해 내려오는 보물.
[錢可通神(전가통신)] 돈이 있으면 귀신도 부릴 수 있음. '돈의 위력이 큼'을 이름. 回有錢可使鬼(유전가사귀).
**[電光石火(전광석화)] 번갯불이나 부싯돌의 불이 반짝이는 것처럼 몹시 짧은 시간. '매우 빠른 동작'을 비유하여 이르는 말.
[前代未聞(전대미문)] 지금까지 들어본 일이 없음.
**[前無後無(전무후무)] 이전에도 없었고 이후에도 없음.
[錢本糞土(전본분토)] 돈은 원래 糞土(분토)처럼 더러운 것임. 『晉書(진서)』
[轉糞世樂(전분세락)] 개똥밭에 뒹굴어도 이 세상에 사는 것이 낫다는 말.

[前事勿論(전사물론)] 지난날의 일에 시비를 논란하지 아니함.
[前人未踏(전인미답)] 이전 사람이 아직 가보지 못했거나 해보지 못함.
[戰戰兢兢(전전긍긍)] 몹시 두려워하며 조심함.
[輾轉反側(전전반측)] 누워서 이리 뒤척 저리 뒤척 하며 잠을 이루지 못함.
[剪草除根(전초제근)] 풀을 베고 뿌리를 캐다. 미리 폐단의 근본을 없애버림. 回拔本塞源(발본색원), 削株掘根(삭주굴근)
[前虎後狼(전호후랑)] 범을 피하자 늑대를 만남. 겨우 한 가지 재난을 피하자마자 또 다른 재난에 부딪침. 前門拒虎後門進狼(전문거호후문진랑). 『趙雪航(조설항)·評史(평사)』
*[轉禍爲福(전화위복)] 禍(화)가 바뀌어 도리어 福(복)이 됨. 위기를 극복하여 좋은 기회가 됨.
[截長補短(절장보단)/絶長補短(절장보단)] '긴 것을 끊어 짧은 것에 보태어서 알맞게 한다'는 뜻으로, 장점이나 넉넉한 것으로 단점이나 부족한 것을 메움.
[切磋琢磨(절차탁마)] '切磋(절차)'는 뼈나 뿔로 작품을 만들 때 칼이나 톱으로 자르고 줄로 다듬는 것이고, '琢磨(탁마)'는 옥이나 돌로 작품을 만들 때 정으로 쪼고 사포로 갈아서 윤을 내는 것을 말한다. '학문과 덕행을 닦는 것도 이와 같이 순서와 절차를 밟고 노력해야 함'을 비유하는 말. 图切磨(절마), 切磋(절차)
*[切齒腐心(절치부심)] '이를 갈며 속을 썩임'이란 뜻에서, '몹시 분하여 갖은 노력을 다함'을 이르는 말.
[絶學無憂(절학무우)] 배우는 일을 그만두면 근심이 없어질 것이다. 여기에서 '절학'은 속된 학문을 그만둔다는 뜻이다. 『老子(노자)·道德經 20章(도덕경 20장)』
*[漸入佳境(점입가경)] '점점 들어갈수록 아름다운 경지에 이름'이란 뜻으로, 갈수록 경치가 좋아짐 또는 일이 점점 재미있어짐을 뜻함.
[井底之蛙(정저지와)] '우물 속 개구리'란 말인데, 식견이 좁아 세상 물정을 모르는 사람을 일컫는 말이다. 井底蛙(정저와), 井蛙(정와), 井蛙之見(정와지견), 坐井觀天(좌정관천), 井中視星(정중시성) 등도 같은 뜻이다.
[堤潰蟻穴(제궤의혈)] 큰 강의 방죽도 개미구멍에서부터 무너지기 시작한다는 뜻으로, '큰일은 반드시 작은 일을 삼가지 않는 데서 일어남'을 비유하여 이르는 말. 江河大潰從蟻穴(강하대궤종의혈). 『韓非子(한비자)·喻老(유노)』
[糟糠之妻(조강지처)] 술지게미나 겨와 같은 조악한 음식을 먹으며 함께 고생하면서 집안을 일으킨 아내를 일컫는 말. 조강지처는 후일 부귀하게 되었어도 마루 아래로 내려가지 않을 만큼 소중하게 여겨야 하며, 또는 이혼하여서는 아니 됨. 糟糠之妻不下堂(조강지처불하당). 『後漢書(후한서)·宋弘(송홍)전』
[助桀爲虐(조걸위학)] 못된 사람을 부추겨 악한 짓을 하게 함. 图助桀爲惡(조걸위악)
*[朝令暮改(조령모개)] 아침에 내린 법령을 저녁에 고치

다. 정책이 일관성이 없어서 제대로 정착되기도 전에 뜯어고치는 한심한 작태를 말한다.『漢書(한서)』

[朝飯夕粥(조반석죽)] 아침에는 밥을 먹고, (점심은 굶고) 저녁에는 죽을 먹을 정도의 구차한 생활.

**[朝變夕改(조변석개)] '아침에 바꾼 것을 저녁에 다시 고침'이란 뜻에서 계획이나 결정 따위를 일관성 없이 자주 고침. 同朝改暮變(조개모변), 朝夕變改(조석변개)

[鳥鼻之汗(조비지한)] '새 코의 땀'이라는 뜻으로, '얼마 되지 않는 아주 적은 양'을 이르는 말.

*[朝三暮四(조삼모사)] (아침에 네 개 저녁에 세 개 주던 것을) 아침에 세 개 저녁에 네 개를 주겠다고 하면서 더 주는 것처럼 하여, 간사한 꾀로 남을 속여 희롱함. 똑같은 것을 가지고 간사한 말주변으로 남을 속임을 뜻하는 말.『列子(열자)』

[朝生暮死(조생모사)] 아침에 태어나서 저녁에 죽는다는 말로, 인생의 짧고 덧없음을 비유한 말.

[爪牙之士(조아지사)] '발톱이나 어금니 같은 선비'라는 뜻으로, 짐승에게 있어 발톱과 어금니가 적으로부터 제 몸을 보호할 때에 아주 긴요하듯이, 국가를 다스리는 데 꼭 필요하고 중요한 신하를 이르는 말.

[鳥爲食死(조위식사)] '높이 나는 새도 좋은 먹이를 찾다가 목숨을 잃는다'는 뜻으로, 욕심 때문에 몸을 망침을 비유한 말.『通俗編(통속편)』

[躁人辭多(조인사다)] 성급한 사람은 말수가 많다. 吉人辭寡(길인사과), _____.『易經(역경)』

[鳥鵲之智(조작지지)] '까치의 지혜'라는 뜻으로, '하찮은 지혜'를 일컫는 말.『淮南子(회남자)』

[蚤腸出食(조장출식)] 벼룩의 간을 내어 먹기, 극히 보잘 것 없는 이익을 부당하게 갉아 먹는다는 비유의 속담.

**[鳥足之血(조족지혈)] 새 발의 피. 매우 적은 분량을 비유하여 이르는 말.

[早出暮歸(조출모귀)] ① 아침에 일찍 나가고 저녁에 늦게 돌아와서, 집에 있는 시간이 얼마 되지 못함. ② 사물이 항상 바뀌어서 떳떳함이 없음을 가리키는 말.

*[足脫不及(족탈불급)] 발을 벗고 뛰어도 따라잡지 못함. 능력이나 역량, 재질 따위가 도저히 따라가지 못할 정도임을 비유하여 이르는 말.

*[存亡之秋(존망지추)] 살아남느냐 망하느냐 하는 아주 절박한 때.

[猝地風波(졸지풍파)] 갑작스레 생기는 풍파.

**[種豆得豆(종두득두)] 콩 심은 데 콩 난다. 원인에 따라 결과가 생김을 이르는 말. 참種瓜得瓜(종과득과), 種麥得麥(종맥득맥)

[終須一別(종수일별)] '끝내는 이별해야 한다'는 뜻으로, 그 자리에서 작별하나 좀 더 가서 작별하나 섭섭하기는 마찬가지라는 말.

*[縱橫無盡(종횡무진)] '남북으로 동서로 다니며 다함이 없음'이란 뜻에서, 자유자재로 행동하여 거침이 없는 상태.

[坐見千里(좌견천리)] '앉아서 천리를 본다'는 뜻으로, 다른 데서 일어난 일을 보지 않아도 알거나 앞일을 환히 내다봄을 이르는 말.

[左顧右眄(좌고우면)] 이쪽저쪽 돌아다본다는 뜻으로, 앞뒤를 재고 망설임을 이르는 말.

*[坐不安席(좌불안석)] '앉아도 편안하지 않은 자리'라는 뜻에서, 가만히 앉아 있지 못하고 안절부절 걱정함을 나타내는 말.

[坐而待死(좌이대사)] '앉아서 죽음을 기다린다'는 뜻으로, 아무런 대책도 강구할 길이 없음을 이르는 말.

*[坐井觀天(좌정관천)] '우물 속에 앉아 하늘을 쳐다봄'이란 뜻에서, 견문과 안목이 좁아 마음이 옹졸함을 비유하는 말.

*[左之右之(좌지우지)] '왼쪽으로 했다가 다시 오른쪽으로 했다가 함'이란 뜻에서, 제 마음대로 다루거나 휘두름이란 뜻을 나타냄.

*[左衝右突(좌충우돌)] 왼쪽에 부딪쳤다가 다시 오른쪽에 부딪침. 닥치는 대로 마구 치고받고 함.

*[晝耕夜讀(주경야독)] '낮에는 농사를 짓고 밤에는 글을 읽는다'는 뜻으로, 바쁘고 어려운 중에도 꿋꿋이 공부함을 이르는 말. 참晴耕雨讀(청경우독)

[座脫立亡(좌탈입망)] 단정히 앉아서 해탈하고, 꼿꼿이 서서 열반함. 端坐(단좌), 또는 直立(직립)하여 죽음.

**[主客一體(주객일체)] 주인과 손님이 서로 한 덩어리가 됨. 서로 손발이 잘 맞음.

[主客顚倒(주객전도)] 사물의 경중(輕重)·선후(先後)·완급(緩急)의 순서가 뒤바뀜.

[酒囊飯袋(주낭반대)] '술부대에 밥자루'란 뜻으로, 無智(무지) 無能(무능)하여 다만 놀고먹는 자를 욕하여 이르는 말. 同酒甕飯囊(주옹반낭)『通俗編(통속편)』

[走馬加鞭(주마가편)] 달리는 말에 채찍질하기. ① 형편이나 힘이 한창 좋을 때 더욱 힘을 냄의 비유. ② 힘껏 하는데도 자꾸 더하라고 격려함의 비유.

**[走馬看山(주마간산)] '달리는 말 위에서 산천을 구경함'이란 뜻에서, 이것저것을 천천히 제대로 살펴볼 틈이 없이 바삐 서둘러 대강대강 보고 지나침. 또는 사물의 외면만을 슬쩍 지나쳐 볼 뿐, 그 깊은 내용을 음미하지 못함을 비유한 말. 비走馬看花(주마간화)

[晝夜不息(주야불식)] 밤낮으로 쉬지 않음.

[晝夜長川(주야장천)] 밤낮으로 쉬지 않고 잇달아서.

[酒有別腸(주유별장)] '술 들어가는 창자는 따로 있다'는 뜻으로 주량의 대소는 몸집의 크기에 상관이 없음을 뜻하는 말.

[周遊天下(주유천하)] 천하 각지를 두루 돌아다니며 구경함.

[酒入舌出(주입설출)] 술이 들어가면 혀가 나옴. 술을 마시면 수다스러워진다는 뜻.

*[酒池肉林(주지육림)] '술이 연못을 이루고 안주로 쓸 고기는 숲을 이루었다'는 뜻으로, 탐욕스런 지배층의 富華(부화) 放蕩(방탕)한 생활을 비유하는 말.

**[竹馬故友(죽마고우)] '대나무로 만든 말을 타고 함께 놀던 오랜 친구'라는 뜻에서, 어릴 때부터 함께 놀며 자란

벗. 图竹馬舊友(죽마구우), 竹馬之友(죽마지우) 참竹馬舊誼(죽마구의)

[竹杖芒鞋(죽장망혜)] ① '대지팡이와 짚신'의 뜻으로, 길 떠날 때의 아주 간편한 차림을 이르는 말. ② 판소리를 부르기 전에 목을 풀기 위해 부르는 단가의 하나.

*[衆寡不敵(중과부적)] 적은 숫자로 많은 숫자를 대적할 수 없다. 처음부터 역량의 차이가 커서 싸움의 상대가 되지 못한다는 말이다. 『孟子(맹자)·梁惠王章句(양혜왕장구)』

[衆口難防(중구난방)] '여러 사람의 입은 막기가 어렵다'는 뜻으로, 뭇 사람이 이러쿵저러쿵하는 말을 이루 다 막아내기 어려움을 이르는 말. 또는 비밀스런 일이라면 너무 많은 사람이 알지 않도록 하는 것이 좋다는 말이다. 『十八史略(십팔사략)』

[衆口鑠金(중구삭금)]. '뭇 사람의 말은 쇠 같이 굳은 물건도 녹인다'는 뜻으로, 여러 사람의 말은 무섭다는 말. 『文章軌範(문장궤범)·中山靖王 聞樂對(중산정왕 문락대)』

[中道而廢(중도이폐)] 일을 하다가 중도에서 그만둠. 图半途而廢(반도이폐)

[重言復言(중언부언)] 한 말을 자꾸 되풀이함.

[卽心是佛(즉심시불)] (불) '마음이 곧 부처'라는 뜻으로, 부처를 밖으로 찾다가 하루아침에 대오하면, 내 마음이 곧 부처의 마음이나 마찬가지라는 뜻.

[櫛風沐雨(즐풍목우)] '바람으로 머리를 빗고 내리는 빗물로 목욕을 한다'는 뜻으로, 외지에서 온갖 고난을 다 겪음을 비유하는 말.

[志氣相合(지기상합)] 서로 뜻이 맞음. 图志氣投合(지기투합)

[志大才短(지대재단)] 뜻은 크나 재주가 모자라다.

[芝蘭之交(지란지교)] '지초와 난초의 사귐'이라는 뜻으로, 벗 사이에 맑고도 고귀한 교제를 비유하는 말.

*[指鹿爲馬(지록위마).] 중국 秦(진)나라 때 趙高(조고)라는 간신이 임금에게 사슴을 말이라고 속여 바쳤다는 일에서 나온 말로, ① 윗사람을 농락하여 권세를 마음대로 함. ② 모순된 것을 끝까지 우겨서 남을 속이려는 짓을 비유하여 이르는 말. 回以鹿爲馬(이록위마) 『史記(사기)』

*[支離滅裂(지리멸렬)]] 갈라지고 흩어지고 없어지고 찢김. 이리저리 흩어져 없어짐. 이리저리 흩어져 갈피를 잡지 못하게 됨.

[知斧斫足(지부작족)] '믿는 도끼에 발등 찍힌다'는 속담으로, 믿는 사람에게 배신을 당함을 비유하여 이르는 말.

[至誠感天(지성감천)] '정성이 지극하면 하늘도 감동하게 된다'는 뜻으로, 어떤 일에나 정성을 다하면 아주 어려운 일도 풀리고 이루어진다는 말.

[池魚籠鳥(지어롱조)] '못의 고기와 새장의 새'라는 뜻으로, 자유가 없는 신세를 비유하여 이르는 말.

[池魚之殃(지어지앙)] '못 속의 물을 길어서 불을 끄면 물이 말라서 못의 고기에게 재앙이 미친다'는 뜻에서, 다른 데에 생긴 재앙으로 말미암아 상관없는 데까지 그 재앙이 미치는 것을 이르는 말.

[遲遲不進(지지부진)] 매우 더디어서 일 따위가 잘 진척되지 않음.

[指呼之間(지호지간)] 손짓하여 부를 만한 가까운 거리.

[直節虛心(직절허심)] 곧은 마디와 빈 속. '대[竹]'의 형용.

[眞金不鍍(진금부도)] 진짜 황금은 도금하지 아니함. '참으로 유능한 사람은 겉치레를 하지 않음'을 비유하여 이르는 말. 『李紳(이신)·答章孝標詩(답장효표시)』

[珍羞盛饌(진수성찬)] 맛이 좋고 많이 잘 차린 음식.

[盡心竭力(진심갈력)] 마음과 힘을 있는 대로 다함.

[進如激矢(진여격시)] 쏜살같이 빠름. '나아감이 빠름'을 비유한 말. 『淮南子(회남자)』

[震天動地(진천동지)] ① 소리가 하늘과 땅을 흔들어 움직임. ② 위엄이 천하에 떨침.

[進寸退尺(진촌퇴척)] 한 치 나아가서 한 자 물러섬. '얻는 것은 적고, 잃는 것이 많음'을 비유한 말. 『老子(노자)』

[盡忠報國(진충보국)] 충성을 다하여서 나라의 은혜를 갚음.

[進退兩難(진퇴양난)] 앞으로 나아가기와 뒤로 물러나기 둘 다 모두 어려움. 어찌할 수 없는 곤란한 처지에 놓임. 回進退維谷(진퇴유곡)

*[進退維谷(진퇴유곡)] '앞으로 나아가도 뒤로 물러서도 오직 깊은 골짜기뿐임'이라는 뜻에서, 어떻게 할 수 없는 매우 난처한 경우에 처함의 뜻을 나타냄. 回進退兩難(진퇴양난)

[塵合泰山(진합태산)] 티끌 모아 태산.

[疾風怒濤(질풍노도)] 몹시 빠르게 부는 바람과 무섭게 소용돌이치는 큰 물결

[懲前毖後(징전비후)] 지난날을 징계하고 뒷날을 삼간다. 이전에 저지른 오류에서 교훈을 얻어 이후에는 일을 신중하게 처리한다는 뜻이다. 柳成龍(유성룡)이 임진왜란을 회고하면서 저술한 책의 제목 '懲毖錄(징비록)'은 이 성어에서 유래한 것이다. 준懲毖(징비)

【차】

[借刀殺人(차도살인)] ① 남의 칼을 빌어 사람을 죽임. ② 음험한 수단.

*[此日彼日(차일피일)] 이 날 저 날. '약속이나 기한 따위를 미적미적 미루는 태도'를 비유한 말.

[借廳入室(차청입실)] '대청을 빌려 쓰다가 점차 안방으로 들어온다'는 뜻으로, 남에게 의지하고 있다가 점차 남의 권리를 침범하는 것을 비유하는 말. 图借廳借閨(차청차규)

[滄浪自取(창랑자취)] '물이 맑고 흐린 데 맞추어 처신한다'는 뜻으로, 칭찬이나 비난, 상이나 벌을 받는 것이 모두 자기가 하기 나름이라는 것을 이르는 말.

[滄桑之變(창상지변)] '푸른 바다가 변하여 뽕나무밭이 된다'는 뜻으로, 자연이나 사회에 심한 변화가 생기는 일. 回滄海桑田(창해상전), 桑田碧海(상전벽해)

*[滄海一粟(창해일속)] '넓고 큰 바다 가운데 한 알의 좁쌀'이란 뜻으로, 매우 많거나 넓은 가운데 섞여 있는 보잘것없는 작은 물건의 비유. 비大海一滴(대해일적)
[冊床兩班(책상양반)] 상사람으로서 학문과 덕행이 있어 양반이 된 사람.
[冊床退物(책상퇴물)] 책상물림. 글만 읽다가 처음 세상에 나와서 물정에 어두운 사람.
[妻城子獄(처성자옥)] 아내와 자식이 있는 사람은 집안일에 얽매여서 자유롭게 활동할 수 없음을 비유하는 말.
[妻子眷屬(처자권속)] 아내와 자식과 자기 집에 딸린 식구.
*[天高馬肥(천고마비)] 하늘이 높고 말이 살찐다는 뜻으로, '하늘이 맑고 초목이 결실하는 가을의 계절'을 이르는 말.
[天空海闊(천공해활)] '하늘이 끝이 없고 바다가 넓다'는 뜻으로 도량이 크고 넓어서 氣象(기상)이 맑고 거리낌이 없음을 이르는 말.
[千軍萬馬(천군만마)] 많은 군사와 말.
[天機漏泄(천기누설)/天機漏洩(천기누설)] 하늘의 비밀이 새어나감. 중대한 비밀이 새어서 알려짐.
**[千慮一得(천려일득)] ① 천 번을 생각하다 보면 하나 정도는 얻을 수도 있음. ② 아무리 어리석은 사람이라도 많은 생각을 하다 보면 한 가지쯤은 좋은 방법을 찾을 수 있음. 참千慮一失(천려일실) 愚者千慮必有一得(우자천려필유일득). 『史記(사기)』
**[千慮一失(천려일실)] ① 천 번을 생각하더라도 하나 정도는 잃을 수도 있음. ② 아무리 슬기로운 사람일지라도 많은 생각을 하다 보면 한 가지쯤은 실책이 있을 수도 있음. 참千慮一得(천려일득) 智者千慮必有一失(지자천려필유일실). 『史記(사기)』
[天無二日(천무이일)] 하늘에 두 태양이 없다. 참____, 土無二王(토무이왕). 『禮記(예기)』
[天方地軸(천방지축)] ① 못난 사람이 주책없이 덤벙거림. ② 매우 급하여 방향을 분간하지 못하고 함부로 날뜀.
[川上之嘆(천상지탄)] 공자가 물가에 서서 물을 바라보며, 한번 지나가면 다시 돌아오지 아니하는 만물의 변화를 탄식한 고사. 『論語(논어)·子罕(자한)』
**[天生緣分(천생연분)] '하늘에서 생겨난 연분'이란 뜻에서, 하늘이 맺어준 인연을 말함.
*[千辛萬苦(천신만고)] 천 가지 고생과 만 가지 괴로움. 온갖 고생을 다 함.
*[天壤之差(천양지차)] 하늘과 땅 사이와 같이 엄청난 차이. 동天壤之判(천양지판)
[天佑神助(천우신조)] 하늘과 신령의 도움.
[天衣無縫(천의무봉)] '하늘나라 사람의 옷은 솔기가 없다'는 뜻으로, 詩歌(시가)나 문장 등이 기교의 흔적이 없이 자연스럽게 잘 되어 있음을 이르는 말.
**[天人共怒(천인공노)] '하늘과 사람이 함께 성을 냄'이라는 뜻에서, '누구나 분노를 참을 수 없을 만큼 증오스러움'을 이르는 말.

[千仞斷崖(천인단애)] 천 길이나 되는 높은 낭떠러지.
[千紫萬紅(천자만홍)] 여러 가지 빛깔의 꽃이 만발함을 이르는 말.
**[千載一遇(천재일우)] '천 년만에 한 번 맞이함'이란 뜻에서, 좀처럼 만나기 어려운 기회를 이름.
[天井不知(천정부지)] '천정을 모른다'는 뜻으로, 물건 값이 자꾸 오름을 이르는 말.
[天眞無垢(천진무구)] 조금도 때 묻음이 없이 아주 천진함.
**[千差萬別(천차만별)] '천 가지 차이와 만 가지 구별'이란 뜻에서, 서로 크고 많은 차이점이 있음을 이르는 말.
[千秋萬代(천추만대)] 몇 천 년이고, 또는 후손 만대에 이르기까지의 오랜 기간.
[千秋遺恨(천추유한)] 오랜 세월을 두고 잊지 못할 원한.
**[千篇一律(천편일률)] '천 편의 시가 하나의 음률로 되어 있음'이란 뜻에서, 개별적인 특성이 없이 모두 엇비슷함을 이르는 말.
[天下泰平(천하태평)] 세상이 잘 다스려져 평화로움. 동天下太平(천하태평
[淺學菲才(천학비재)] ① 학문이 얕고 재주가 보잘것없음. ② 자기의 학식을 겸손하게 일컫는 말. 동淺學短才(천학단재)
*[徹頭徹尾(철두철미)] ① 처음부터 끝까지 투철함. ② 처음부터 끝까지 철저하게.
[鐵石肝腸(철석간장)] '썩 굳고 단단한 의지'의 비유. 비鐵石心腸(철석심장)
[鐵樹開花(철수개화)] 쇠로 된 나무에 꽃 피기. '아무리 기다려도 소용없음'의 비유.
[徹天之冤(철천지원)] 하늘 끝까지 사무치는 크나큰 원한. ¶철천지원을 풀지 못하고 한 많은 세상을 등졌다 동徹天之恨(철천지한)
[甛言如蜜(첨언여밀)] '꿀과 같이 달콤한 말'이란 뜻으로 남을 꾀기 위한 달콤한 말. 참甛言蜜語(첨언밀어)
[晴耕雨讀(청경우독)] '날이 개면 논밭을 갈고, 비가 오면 글을 읽는다'는 뜻으로, 부지런히 일하며 공부함을 이르는 말.
[靑山流水(청산유수)] '말을 막힘없이 잘 함'을 비유하여 이르는 말.
[靑蠅染白(청승염백)] 금파리가 흰 것을 더럽힘. 소인이 군자를 모함하여 해침을 비유하여 이르는 말. 동靑蠅點素(청승점소)
[淸心寡慾(청심과욕)] 마음을 깨끗이 가지고 욕심을 적게 함.
[靑雲之志(청운지지)] ① 덕을 닦아 성현의 자리에 이르려는 뜻. 입신출세하려는 뜻. 공명을 세우고자하는 마음. ② 고결하고 세상 밖에 초연한 지조. 은자(隱者)가 되려는 뜻.
[靑天白日(청천백일)] ① 맑게 갠 대낮. 쾌청한 하늘. ② '심사(心事)가 명백함'을 비유하여 이르는 말. ③ 억울한 누명을 쓴 용의자가 무죄 방면이 되는 일.

[靑天霹靂(청천벽력)] ① '푸르게 갠 하늘에서 치는 날벼락'이란 뜻으로, 뜻밖에 일어난 큰 변고나 사건을 비유하여 이르는 말. 마른하늘에 날벼락. ② 갑작스럽게 생긴 일. 예기치 않던 돌발사(突發事).

*[靑出於藍(청출어람)] '푸른색은 쪽에서 나왔음'이란 뜻에서, 제자나 후배가 스승이나 선배보다 나음을 비유하여 이르는 말. (푸른 물감을 쪽에서 채취했는데 그것이 쪽풀보다 더 푸르다.) 준靑藍(청람), 出藍(출람) 靑出於藍靑於藍(청출어람청어람). 『荀子(순자)·勸學(권학)편』

[淸風明月(청풍명월)] 부드럽게 맑게 부는 바람과 밝은 달.

[草根木皮(초근목피)] ① 풀 뿌리와 나무 껍질. ② 한방약의 원료.

[草網着虎(초망착호)] '썩은 새끼로 범을 잡기'란 뜻으로, 엉터리없는 짓을 꾀함을 이르는 말.

[觸目傷心(촉목상심)] 눈길이 닿는 것마다 슬픔을 자아내어 마음이 아픔.

[焦眉之急(초미지급)] 눈썹에 불이 붙은 것과 같이 '일이 매우 위급하거나 절박함'을 비유하여 이르는 말. 준焦眉(초미), 燒眉之急(소미지급), 燃眉(연미), 燃眉之急(연미지급), 火燒眉毛(화소미모)

[硝煙彈雨(초연탄우)] '화약 연기가 자욱하고 탄환이 빗발친다'는 뜻으로, '격렬한 전쟁터'의 비유.

[初志一貫(초지일관)] 처음에 먹은 마음을 끝까지 관철함.

[焦土戰術(초토전술)/焦土作戰(초토작전)] (군) 적군이 이용하지 못하도록 모든 시설이나 물자를 불태워 버리는 전술. 주로 패전하여 철수하거나 후퇴할 때 쓰는 전술이다.

[村鷄官廳(촌계관청)] '촌 닭 관청에 잡아다 놓은 것 같다'는 뜻으로, 경험이 없는 일을 당하여 어리둥절함을 비유하여 이르는 말.

[寸絲不掛(촌사불괘)] 짧은 한 오리 실 토막도 걸리지 아니한다는 뜻에서, 조금도 마음에 걸림이 없음을 이르는 말.

[寸善尺魔(촌선척마)] '착한 일은 아주 적고 언짢은 일이 많음'을 이르는 말.

**[寸鐵殺人(촌철살인)] 한 치밖에 안 되는 쇠붙이로 사람을 죽이다. 짤막한 警句(경구)로 사람의 의표를 찔러 핵심을 꿰뚫는 것을 말한다.

**[秋風落葉(추풍낙엽)] '가을바람에 떨어지는 잎'이란 뜻에서, '세력이나 형세가 갑자기 기울거나 시듦'을 비유하여 이르는 말.

[春耕秋穫(춘경추확)] 봄에 밭을 갈고 가을에 거둠.

[春寒老健(춘한노건)] 봄철의 추위와 늙은이의 건강. 곧 오래 가지 못함을 일컫는 말.

[出嫁外人(출가외인)] 시집간 딸은 자기 집 사람이 아니고 남이나 다름없다는 말.

[出口入耳(출구입이)] 갑의 입에서 나와 을의 귀로 들어감. 당사자 이외에는 아무도 모름.

**[出將入相(출장입상)] 전쟁에 나가서는 장수가 되고, 조정에 들어와서는 재상이 됨. 문무를 겸비하여 將相(장상)의 벼슬을 모두 지냄.

**[忠言逆耳(충언역이)] 충직한 말은 귀에 거슬리고, 달콤한 말은 귀에 쏙 들어온다. 甘詞易入(감사이입). 『史記(사기)』

[吹毛求疵(취모구자)] '흉터를 찾으려고 털을 불어 헤친다'는 뜻으로, 억지로 남의 작은 허물을 들추어냄을 이르는 말. 『韓非子(한비자)』

*[取捨選擇(취사선택)] 가질 것과 버릴 것을 가리고 고름. 버릴 것은 버리고 취할 것은 취함.

[炊沙成飯(취사성반)] '모래를 때어 밥을 짓는다'는 뜻으로 '헛수고'를 비유하여 이르는 말.

*[醉生夢死(취생몽사)] '술에 취해 살다가 꿈을 꾸다 죽음'이란 뜻에서, 멍청하게 살다가 허망하게 죽음을 비유적으로 나타낸 말. 『程子語錄(정자어록)』

[治山治水(치산치수)] 산과 강이나 하천 등을 잘 다스려 재해를 막고 국리민복에 이바지하는 일.

[痴人畏婦(치인외부)] 어리석은 사람은 아내를 두려워한다. 『明心寶鑑(명심보감)·治家篇(치가편)』

[癡者多笑(치자다소)] '어리석고 못난 사람이 잘 웃는다'는 뜻으로, 아무렇지도 않은 일에도 싱겁게 잘 웃는 사람을 비웃는 말.

*[置之度外(치지도외)] 이 성어에는 두 가지 뜻이 있다. 하나는 '加外(가외)의 것으로 본다'는 것이고, 또 하나는 '眼中(안중)에 두지 않고 무시한다'는 뜻이다. 어떤 일을 문제 삼지 않거나 불문에 붙인다는 뜻이다. 준度外視(도외시) 『後漢書(후한서)·光武帝記(광무제기)』

[齒墮舌存(치타설존)/齒敝舌存(치폐설존)] '이는 빠져도 혀는 아직 남아 있다'는 뜻으로, 剛(강)한 것보다 도리어 柔(유)한 것이 오래 감을 비유하여 이르는 말.

*[七去之惡(칠거지악)] 내쫓을 수 있는 이유가 되는 일곱 가지 나쁜 행실. 예전에 아내를 내쫓을 수 있는 일곱 가지 나쁜 행실.

[七顚八起(칠전팔기)] 여러 번의 실패에도 꺾이지 아니하고 다시 일어남.

[七縱七擒(칠종칠금)] '제갈량이 맹획을 일곱 번 사로잡았다 놓아주었다 하였다'는 옛일에서 온 말로, 마음대로 잡았다 놓아주었다 함을 이르는 말. 또는 상대를 완전하게 제압하기 위해서 강압적인 수단보다는 마음으로 굴복하게 만드는 것을 말한다. 『三國志(삼국지)』

[針小棒大(침소봉대)] 작은 일을 크게 불려 떠벌림.

[沈於酒色(침어주색)] 주색에 빠져 헤어나지를 못함.

[稱病不朝(칭병부조)] 병을 핑계 삼아 임금을 뵈러가지 아니함.

【카】

[快刀亂麻(쾌도난마)] 날랜 칼로 어지러운 마를 베다. 복잡하게 얽힌 일이나 정황을 명쾌하게 정리하고 분석하는 것을 비유하는 말이다. '快刀斬亂麻(쾌도참난마)'의 준말이다.

【타】

[唾面自乾(타면자건)] '남이 나의 얼굴에 침을 뱉었을 때, 이 침을 닦으면 그 사람의 뜻을 거스르는 것이므로, 저절로 마를 때까지 기다린다'는 뜻으로, 처세와 아부에 그만큼 인내가 필요함을 이르는 말이다. 반드시 나쁜 뜻으로만 쓰이는 것은 아니다. 『十八史略(십팔사략)』

*[他山之石(타산지석)] '다른 산의 하찮은 돌이라도 자기의 옥돌을 가는 데 도움이 된다(他山之石 可以攻玉)'는 詩經(시경)의 한 구절로 다른 사람의 하찮은 말이나 행동도 자기의 수양에 도움이 된다는 말.

[唾手可取(타수가취)] 손바닥에 침을 뱉는 것처럼 쉽게 얻을 수 있다. 또는 아주 쉽게 얻을 수 있음을 비유하는 말이다.

[打草驚蛇(타초경사)] 풀을 쳐서 뱀을 놀라게 하다. 원래는 한쪽을 징벌해서 다른 한쪽을 경계하도록 하는 것을 비유한 말인데, 병법에서는 뱀을 찾기 위해 풀밭을 두드린다, 즉 적정을 미리 살피는 것을 말한다.

[擢髮難數(탁발난수)] '머리카락을 다 뽑으면 세기가 어렵다'는 뜻에서, 헤아릴 수 없을 만큼 많음. '매우 많음'을 비유하여 이르는 말. 준擢髮(탁발)

**[卓上空論(탁상공론)] ① 탁자 위에서만 펼치는 헛된 이론. ② 실현 가능성이 없는 이론이나 주장.

[坦坦大路(탄탄대로)] ① 평탄하고 넓은 큰 길. ② 장래가 아무 어려움이나 괴로움이 없이 수월함을 이르는 말.

[脫兎之勢(탈토지세)] 달아나는 토끼의 기세. 곧 재빠른 동작.

*[貪官汚吏(탐관오리)] 탐욕이 많고 행실이 더러운 벼슬아치.

[太剛則折(태강즉절)] 너무 강하면 꺾어지기 쉬움.

*[泰山北斗(태산북두)] ① 태산과 북두성. ② '뭇 사람이 우러러 받드는 사람'을 비유한 말. ③ 어떤 전문 분야에서 아주 권위가 있는 사람을 일컫는 말. 준泰斗(태두)

[泰山鴻毛(태산홍모)] 태산처럼 무겁기도 하고 기러기 털처럼 가볍기도 하다. 죽음의 무게를 따지면서 쓰는 말로, 사람에게는 어떻게 사느냐보다 어떻게 죽느냐가 더욱 중요할 때도 있다는 뜻이다.

[泰然自若(태연자약)] 마음에 어떤 충동을 받아도 움직임이 없이 천연스러움.

[兎角龜毛(토각귀모)] '토끼 뿔과 거북의 털'이란 뜻으로, 세상에 없는 것을 비유하는 말.

[兎死狗烹(토사구팽)] 한의 명장 韓信(한신)은 劉邦(유방)을 도와 중국을 통일한 일등공신이었다. 하지만 유방은 권력이 안정되자 한신을 두려워해 제거하려 했다. 한신은 자신의 운명을 예견한 듯, '狡兎死良狗烹(교토사양구팽) 교활한 토끼가 죽으면 달리던 개도 삶아 먹힌다'고 하며 자신의 처지도 走狗(주구)와 같이 비극적으로 끝날 것이라고 하였다. 이 고사에서 '전쟁이 끝나면 功臣(공신)도 쓸모없는 것으로서 물리침을 당함'을 나타내는 '走狗烹(주구팽)', '狡兎死良狗烹(교토사양구팽)', '兎死狗烹(토사구팽)'이라는 고사성어가 나왔다. 『史記(사기)·淮陰侯列傳(회음후열전)』

[吐哺握髮(토포악발)] '입 속에 있는 밥을 뱉고 머리카락을 움켜쥔다'라는 뜻으로, 사람이 집에 찾아오면 먹던 음식을 뱉고, 감던 머리를 움켜쥐고 나와 극진히 맞이한다는 말임.

[投鼠恐器(투서공기)] '무엇을 던져서 쥐를 때려잡고 싶으나, 그 옆에 있는 그릇을 깰까 두렵다'는 뜻으로, 임금 측근에 알랑거리는 간신을 제거하고 싶으나, 임금을 상하게 할까 걱정됨을 비유하여 이르는 말.

【파】

[波瀾萬丈(파란만장)] 물결의 기복이 몹시 심한 것처럼 생활이나 일의 진행에도 변화가 심함. ¶파란만장한 삶 비波瀾重疊(파란중첩)

*[破邪顯正(파사현정)] ① 그릇된 생각을 깨뜨리고 바른 도리를 드러냄. ② (불) 부처의 가르침에 어그러지는 사악한 생각을 깨뜨리고 올바른 도리를 뚜렷이 드러냄. 邪見(사견)과 邪道(사도)를 깨고 正法(정법)을 드러내는 일.

*[破顏大笑(파안대소)] 얼굴이 일그러질 듯 크게 웃음. 또는 그런 모습. 얼굴 매무새를 깨뜨리어 한바탕 활짝 웃음.

*[破竹之勢(파죽지세)] 대나무가 단번에 쭉 쪼개지는 형세와 같은 맹렬하고 거침없는 기세. 세력이 워낙 강하게 확산되어 누구도 막을 수 없는 경우를 비유하는 말. 참決河之勢(결하지세) 『秦書(진서)·杜預(두예)』

**[八方美人(팔방미인)] ① 여러 방면에 능통한 사람. ② 누구에게나 잘 보이도록 처세를 잘하는 사람. ③ 깊이 없이 여러 방면에 조금씩 손대는 사람을 조롱하여 이르는 말.

[敗家亡身(패가망신)] 가산을 탕진하고 몸을 망침.

[敗柳殘花(패류잔화)] 마른 버드나무와 시든 꽃. 미인의 용색이 시든 모양. 『西遊記(서유기)』

[平氣虛心(평기허심)] 마음이 평온하고 걸리는 일이 없음.

[萍水相逢(평수상봉)] '부평초처럼 떠돌아다니다가 만난다'는 뜻으로, 여행 중에 우연히 사람을 만남을 비유적으로 일컫는 말.

[平地風波(평지풍파)] 평지에 파란을 일으킨다는 뜻으로, '평온한 자리에서 뜻밖에 일어나는 다툼질'을 비유하여 이르는 말. 平地起波瀾(평지기파란).

*[抱腹絶倒(포복절도)] 배를 그러안고 넘어질 정도로 몹시 웃음. 기절할 정도로 크게 웃음. 비捧腹絶倒(봉복절도)

[抱薪救火(포신구화)] 섶을 지고 불을 끈다. 재난을 구하려다가 오히려 더 확대시키거나 자멸하는 것을 비유하는 말이다. 『史記(사기)·魏世家(위세가)』

[砲煙彈雨(포연탄우)] ① 총포의 연기와 빗발치는 탄알. 동硝煙彈雨(초연탄우) ② 격렬한 전투.

[布衣之交(포의지교)] 가난한 선비 시절의 사귐. 또는 그

러한 벗.
[抱炭希涼(포탄희량)] '숯불을 안고 시원하기를 바란다'는 뜻으로, 행하는 바와 바라는 바가 상반됨을 비유하여 이르는 말.
[抱火臥薪(포화와신)] '불을 안고 섶나무 위에 눕는다'는 뜻으로, 점점 더 위험한 짓을 함을 비유하여 이르는 말. 화약을 안고 불로 들어감.
*[表裏不同(표리부동)] 겉과 속이 같지 아니함. 마음이 음흉하고 불량함.
[表裏相應(표리상응)] 안팎에서 서로 손이 맞음.
[風伯雨師(풍백우사)] 바람의 신과 비의 신.
[風飛雹散(풍비박산)] '바람이 날리고 우박이 흩어진다'란 뜻에서 사방으로 날아 흩어짐을 이르는 말.
**[風前燈火(풍전등화)] ① 바람 앞의 등불. ② '매우 위험한 처지에 놓여 있음'을 비유하여 이르는 말. ③ '사물의 덧없음'을 비유하여 이르는 말.
[風餐露宿(풍찬노숙)] 바람과 이슬을 맞으며 한데서 먹고 잠. 즉 모진 고생.
*[皮骨相接(피골상접)] 살갗과 뼈가 서로 맞닿아 있음. 몸이 몹시 여윔.
*[彼此一般(피차일반)] '저것이나 이것이나 하나로 돌아감'이라는 뜻에서, 두 편이 서로 같음을 이르는 말.
[匹馬單騎(필마단기)] 혼자 한 필의 말을 탐. 또는 그저 대수롭지 않은 사람. ¶필마단기로 귀향길에 오르다 ▣ 匹馬單槍(필마단창)
*[匹夫匹婦(필부필부)] 평범한 남자와 평범한 여자. 평범한 사람들.
[必有曲折(필유곡절)] 반드시 무슨 까닭이 있음.

【하】

[夏桀殷紂(하걸은주)] 하나라의 걸왕과 은나라의 주왕. 폭군의 대명사처럼 쓰인다.
[夏爐冬扇(하로동선)/冬扇夏爐(동선하로).] 여름의 화로와 겨울의 부채라는 뜻으로, 시기에 맞지 아니하여 쓸모없이 된 사물 또는 아무 소용이 없는 말이나 재주를 비유하여 이르는 말.
*[下石上臺(하석상대)] 아랫돌로 윗대를 굄. 임시변통으로 이리저리 둘러맞춤.
[下穽投石(하정투석)] '함정에 빠진 사람에게 돌을 던진다'는 말로, 미워하기를 너무 하는 것을 비유하여 일컫는 말. ▣下井投石(하정투석)
[下厚上薄(하후상박)] 보수 인상 책정에 있어서 그 비율을 상부층보다 하부 층에게 후하게 책정하는 일.
*[鶴首苦待(학수고대)] 학처럼 머리를 쭉 빼고 애태우며 기다림. 간절한 마음으로 애타게 기다림.
[學如穿井(학여천정)] 학문은 우물을 파는 것과 같이 '하면 할수록 어려워짐'을 비유하여 이르는 말.
[漢江投石(한강투석)] '한강에 돌 던지기'란 뜻으로 몹시 미미하여 전혀 효과가 없음을 비유하여 이르는 말.
[閑茶悶酒(한다민주)] 한가할 때는 茶(차), 고민 풀이에는 술.

[邯鄲學步(한단학보)] 한단 사람의 걷는 모습을 배우다. 시골의 한 젊은이가 서울인 한단에 가서 한단의 걸음걸이를 제대로 배우기도 전에 본래의 걸음걸이마저 잊어버려 엎드려 기어서 돌아갈 수 밖에 없었다는 고사에서 온 말. 남의 흉내를 내다가는 나 자신도 잃는다는 뜻을 비유한 말. 『莊子(장자)』
[恨入骨髓(한입골수)] 원한이 뼈에 사무침.
[割肉充腹(할육충복)/割股充腹(할고충복)] '제 살을 베어서 배를 채운다'는 뜻으로, '혈족의 재물을 빼앗아 먹음'을 비유하는 말.
[含憤蓄怨(함분축원)] 분을 품고 원한을 쌓음.
[含笑入地(함소입지)] '웃음을 머금고 땅속에 들어간다'는 뜻에서, 안심하고 죽음을 비유적으로 이르는 말.『後漢書(후한서)』
*[咸興差使(함흥차사)] (이조 태조 이성계가 임금 자리를 물려주고 함흥에 가 있을 때 아들 태종이 보낸 사신을 돌려보내지 아니한 일에서 나온 말로) 심부름을 가서 소식이 없거나 돌아오지 않는 사람을 비유하는 말.
[合縱連橫(합종연횡)/合縱連衡(합종연횡)] 중국 전국시대의 蘇秦(소진)이 주장했던 외교 정책 이론. 즉 서쪽의 강국 秦(진)나라에 대항하기 위하여 남북의 韓(한)·魏(위)·趙(조)·燕(연)·齊(제)·楚(초)의 여섯 나라가 동맹하여야 한다는 주장. 중국 전국시대에 여섯 나라가 횡으로 연합하여 진나라를 섬기자는 주장.
*[恒茶飯事(항다반사)] 차를 마시는 일이나 밥을 먹는 것처럼 항상 있는 일. 흔하게 있는 일. 图茶飯事(다반사)
[駭怪罔測(해괴망측)] 이루 말할 수 없이 괴상야릇함.
[偕老同穴(해로동혈)] '살아서는 같이 늙고, 죽어서는 한 무덤에 묻힌다'는 뜻으로, 생사를 같이 하자는 부부의 사랑의 맹세를 가리키는 말.
[行方不明(행방불명)] 간 곳을 모름.
[行雲流水(행운유수)] ① 떠나가는 구름과 흐르는 물. ② 글을 짓거나 말을 하는 데 막힘이 없이 술술 풀림. ③ 일을 하는 데 막힘이 없이 잘 나감. ④ 마음씨가 시원시원함을 비유함. ⑤ 머물거나 고정되지 않고 늘 변하는 것의 비유.
[幸災樂禍(행재요화)] 남의 災禍(재화)를 보고 기뻐함.
[虛禮虛飾(허례허식)] 예절·법식들을 형편에 맞지 않게 겉으로만 번드르르하게 꾸밈.
[虛無孟浪(허무맹랑)] 터무니없이 거짓되고 실속이 없음.
[虛心坦懷(허심탄회)] 마음에 거리낌이 없이 솔직함.
**[虛張聲勢(허장성세)] 헛된 말을 펼치며 큰소리만 치는 기세. 실력은 없으면서 허세만 떨침.
*[軒軒丈夫(헌헌장부)] 기골이 추녀에 닿을 것 같이 장대한 대장부. 외모가 준수하고 풍채가 당당한 남자.
*[賢母良妻(현모양처)] 어진 어머니이면서 착한 아내. 남편과 자식 모두에게 잘하는 훌륭한 여자.
*[螢雪之功(형설지공)] 중국의 晉(진)나라 車胤(차윤)이 반딧불로 글을 읽고, 孫康(손강)이 눈빛으로 글을 읽었다는 고사에서, 어려운 여건을 이겨내면서 부지런하고 꾸준하게 열심히 학업에 정진하여 立身揚名(입신양명)

한 것을 비유하는 말. 圖孫康映雪(손강영설), 螢雪(형설)

[兄友弟恭(형우제공)] 형제간에 서로 우애(友愛)를 다함.

[狐假虎威(호가호위)] 여우가 호랑이의 위세를 빌리다. 남의 권세를 빌려 위세를 부림을 비유한 말.

[糊口之策(호구지책)] '입에 풀칠을 하는 계책'이라는 뜻에서, 간신히 끼니만 이으며 살아가는 방법.

[虎狼之心(호랑지심)] 사납고 모질어서 자비롭지 못한 마음.

[虎尾難放(호미난방)] '쥐었던 호랑이 꼬리를 놓기가 어렵다'는 뜻으로 위험한 일을 시작하여 놓고 그냥 계속할 수도 없고, 중단할 수도 없는 난처한 사정을 일컫는 말.

[虎父犬子(호부견자)] '아비는 범인데 자식은 개'라는 뜻으로, 훌륭한 아버지에 비해 못난 자식을 일컫는 말.

[好事多魔(호사다마)] 좋은 일에는 흔히 방해되는 일이 많다는 말.

[狐死首丘(호사수구)] '여우가 죽을 때는 제가 살던 굴이 있는 언덕 쪽으로 머리를 돌린다'는 뜻으로, ① 죽을 때에도 자기의 근본을 잊지 아니함. ② 고향을 그리워함을 뜻하는 말이다. 圖首丘初心(수구초심)

[虎視眈眈(호시탐탐)] '범이 눈을 부릅뜨고 먹이를 노려본다'는 뜻으로, '기회를 노리고 가만히 정세를 관망함'을 비유하는 말.

*[浩然之氣(호연지기)] ① 하늘과 땅 사이에 넘치게 가득 찬, 넓고도 큰 원기. 한량없이 넓고 거침없이 큰 기개. ② 도의에 뿌리를 박고 공명정대하여 조금도 부끄러울 바 없는 도덕적 용기. ③ 사물에서 해방되어 자유스럽고 유쾌한 마음.

**[好衣好食(호의호식)] 좋은 옷을 입고 좋은 음식을 먹음. 잘 입고 잘 먹는 그런 생활.

[胡蝶之夢(호접지몽)] 莊子(장자)가 꿈에 나비가 되었다가 깬 뒤에, 원래 인간인 자기가 꿈에 나비가 되었는지, 나비인 자기가 꿈에 인간으로 됐는지, 분간하지 못했다는 고사에서, '物我一體(물아일체), 즉 나와 외물은 본디 하나로 현실은 그 分化(분화)임'을 비유하여 이르는 말. 장자 사상의 근간이 된다. 胡蝶夢(호접몽), 莊周夢(장주몽), 莊周之夢(장주지몽)

[昊天罔極(호천망극)] 어버이의 은혜가 넓고 큰 하늘과 같이 다함이 없다는 뜻.

[呼兄呼弟(호형호제)] 썩 가까운 벗 사이에 형이니 아우니 하고 서로 부름.

[惑世誣民(혹세무민)] 사람을 속여 迷惑(미혹)시키고 세상을 어지럽힘.

[魂飛魄散(혼비백산)] '혼백이 흩어진다'는 뜻으로, 몹시 놀라 어쩔 줄 모르는 상황을 이르는 말.

[渾然一體(혼연일체)] 사람들이 행동이나 사상 또는 의지 따위가 조그만 차이도 없이 완전히 한 덩어리로 뭉친 상태를 이른다.

*[昏定晨省(혼정신성)] 날이 어두워진 저녁에는 잠자리를 정해 드리고, 아침에는 밤새 안부를 살핌. 자식이 아침 저녁으로 부모의 안부를 물으며 보살펴 드림. 圖定省(정성)

*[紅爐點雪(홍로점설)] ① 벌겋게 단 화로에 떨어지는 한 점의 눈. 풀리지 않던 이치 따위가 눈 녹듯이 단번에 깨쳐짐. ② 큰 것 앞에서 맥을 못 추는 매우 작은 것.

[鴻門之會(홍문지회)] 중국 秦(진)나라 말기에 항우와 유방이 咸陽(함양) 쟁탈을 둘러싸고 鴻門(홍문)에서 회동한 일. 표면적으로는 즐겁지만 殺氣(살기)를 감추고 있는 모임.

*[弘益人間(홍익인간)] '널리 인간을 이롭게 함'이라는 뜻. 국조 단군의 조선 건국이념으로, 이후 우리나라 정치·교육·문화의 최고 이념으로 삼고 있음.

[和光同塵(화광동진)] ① 자기의 智德(지덕)과 才氣(재기)를 감추고, 세속을 따름. ② (불) 부처가 衆生(중생)을 구제하기 위하여 그 본색을 숨기고 人間界(인간계)에 나타남.

[火光衝天(화광충천)] 화염이 하늘을 찌름. 불길이 맹렬함을 이른다.

[和氣靄靄(화기애애)] 온화하고 화목한 분위기가 넘쳐흐름.

[畵龍點睛(화룡점정)] 용을 그리는데 마지막에 눈을 그려 넣었더니 실제로 용이 되어 하늘로 날아 올라갔다는 고사에서, 무슨 일을 하는데 가장 요긴한 부분을 마쳐서 완결시킴을 이르는 말.

[禍福同門(화복동문)] 禍(화)나 福(복)은 다 사람이 스스로 불러들이는 것으로 하나의 같은 문으로 들어오는 것임. ＿＿＿, 利害同隣(이해동린). 『淮南子(회남자)·人閒訓 인간훈』

[禍福由己(화복유기)] 화나 복이 다 자기 스스로 부르는 것임.

*[畵蛇添足(화사첨족)] 뱀을 그리는데 실물에는 있지도 않은 발을 그려 넣어서 원 모양과 다르게 되었다는 고사에서, '쓸데없는 일을 하여 일을 그르침'을 이르는 말. 圖蛇足(사족)

[火上添油(화상첨유)] '불난 데 기름을 끼얹다'는 뜻으로, '화란(禍亂)을 조장함'을 비유하여 이르는 말. 圖火上加油(화상가유)

[禍生於忽(화생어홀)] 화는 소홀히 여기는 데서 일어남. 福生於微(복생어미), ＿＿＿.『老子(노자)』

[和氏之璧(화씨지벽)] 和氏(화씨)의 璧玉(벽옥). 전설상의 보물을 비유하거나 사람을 깨우쳐 주기가 쉽지 않다는 것을 비유하는 말이다.

**[花朝月夕(화조월석)] '꽃이 핀 아침과 달이 뜨는 저녁'이란 뜻에서, 경치가 좋은 시절을 이르는 말.

[花鳥風月(화조풍월)] ① 꽃과 새와 바람과 달. 천지 자연의 아름다운 경치를 이름. ② 풍류.

[畵中之餠(화중지병)] 그림의 떡. 아무리 마음에 들어도 차지할 수 없는 것을 이르는 말. 圖畵餠(화병)

[華燭洞房(화촉동방)/洞房華燭(동방화촉)] 부녀자의 방에 불빛이 밝다는 뜻으로 '결혼식의 밤' 또는 '혼인'을 이르는 말.

[畵虎類狗(화호유구)] '범을 그리려다 강아지를 그린다'는

뜻으로, 서투른 솜씨로 어려운 특수한 일을 하려다가 도리어 잘못됨을 이르는 말.

[確固不動(확고부동)] 확고하여 흔들리거나 움직이지 않음.

[換骨奪胎(환골탈태)] '뼈를 바꾸고 태를 없애버린다'는 뜻으로, ① 얼굴이 전보다 훨씬 아름다워지고 환하게 트여서 딴사람처럼 됨. ② 남이 지은 글의 취지는 취하되 형식을 바꾸어 지었으나, 더욱 아름답고 새로운 글이 됨.

[患難相恤(환난상휼)] 鄕約(향약)의 네 가지 덕목 가운데 하나. 어려운 일이 생겼을 때 서로 도와줌. 동患難相救(환난상구)

[荒唐無稽(황당무계)] 말이나 행동이 허황하고 터무니없음. '荒唐(황당)'은 언행이 거칠고 줏대가 없어서 취할 만한 것이 없다는 말이고, '無稽(무계)'는 유례를 찾아볼 수 없다는 뜻이다. 즉 하는 일이 너무나 어처구니가 없어서 달리 그런 경우를 찾을 수 없다는 말이다.

[會稽之恥(회계지치)] 중국 춘추 시대에 越王(월왕) 句踐(구천)이 吳王(오왕) 夫差(부차)에게 회계산에서 생포되어 굴욕적인 강화를 맺은 故事(고사)에서 나온 말로, '전쟁에 패한 치욕', 또는 '뼈에 사무쳐 잊을 수 없는 치욕'을 일컫는 말.

[回光反照(회광반조)] 등불이나 사람의 목숨이 다하려고 하는 마지막 한 때에 잠시 기운을 되차리는 일.

[懷橘墮地(회귤타지)] 효자의 정성을 이르는 말. 後漢(후한)의 陸績(육적)이 여섯 살 때 袁術(원술)을 찾아가서 차려 내온 귤에서 세 개를 옷 속에 품었다가, 하직 인사를 할 때 그만 땅에 떨어뜨렸으므로 원술이 이상히 여겨 물으니, 돌아가 어머니에게 드리려 하였다고 대답한 고사에서 나온 말. 동懷橘(회귤), 陸績懷橘(육적회귤)『二十四孝(이십사효)』

[繪事後素(회사후소).] 그림 그리는 일은 흰 바탕을 마련한 다음에 해야 한다. 그림을 그릴 때는 우선 밑바탕을 잘 만드는 것이 중요하며, 색채를 칠하는 것은 그 다음 일이다. 밑바탕을 만드는 일은 눈에 보이지 않는 작업이다. 그러나 견실한 밑바탕[素]이 없이는 훌륭한 그림을 그릴 수가 없다. 몸을 장식하는 것보다는 먼저 수양을 쌓아 마음의 성실함을 근본을 삼도록 해야 한다.『論語(논어)·八佾(팔일)』

[懷玉其罪(회옥기죄)/懷璧其罪(회벽기죄)] 신분에 어울리지 않는 보물을 가지고 있으면 죄다. 匹夫無罪(필부무죄), ____. 소인은 죄가 없더라도, 신분에 어울리지 않는 보물을 가지고 있으면 죄다. 춘추 시대 魯(노)나라의 虞公(우공)은 아우 虞叔(우숙)이 가지고 있는 아주 귀한 名玉(명옥)을 탐냈다고 한다. 우숙은 처음엔 그 귀한 옥이 너무나 아까워서 건네지 않았으나, 우공이 집요하게 탐내므로 '匹夫無罪(필부무죄), 懷玉其罪(회옥기죄)'라는 말이 있는데 '내가 이런 걸 가지고 있으면 오히려 화를 부를 따름이다'라는 생각을 하게 되어 형인 우공에게 그 명옥을 바쳤다.『左傳(좌전)』

[會者定離(회자정리)] 만난 사람은 언젠가는 헤어지도록 운명이 정해져 있음. '인생의 무상함'을 비유하여 이르는 말.『法華經(법화경)』참去者必返(거자필반)

[橫目縱鼻(횡목종비)] '가로의 눈과 세로의 코'라는 뜻으로, 사람의 面相(면상)을 의미하는 말. 비耳目口鼻(이목구비)

[橫說竪說(횡설수설)] '가로로 말하고 세로로 말하다'라는 뜻에서, 조리에 맞지 않는 말을 이러쿵저러쿵 지껄임.

[後來三杯(후래삼배)] 술자리에서 늦게 온 사람에게 권하는 석 잔의 술.

[後生可畏(후생가외)] 후생이 두렵다는 뜻으로, '후배는 나이가 젊고 의기가 장하므로 학문을 계속 쌓고 덕을 닦아 가면 그 진보는 선배를 능가하는 경지에 이를 것'이라는 말.

[厚顔無恥(후안무치)] 낯가죽이 두껍고 뻔뻔스러워 부끄러움을 모름.

[後者處上(후자처상)] 남에게 앞을 양보하는 사람은 도리어 남의 위에 처하게 됨.

[後悔莫及(후회막급)] 잘못된 뒤에 아무리 후회하여도 어찌할 수가 없음.

***[興亡盛衰(흥망성쇠)]** 흥하고 망하고 성하고 쇠함.

****[興盡悲來(흥진비래)]** '즐거운 일이 다하면 슬픈 일이 닥쳐온다'는 뜻으로, 세상의 일이 순환됨을 가리키는 말.

***[喜怒哀樂(희노애락)]** 기쁨과 노여움과 슬픔과 즐거움. 사람의 온갖 감정.

[噫嗚流涕(희오류체)] 슬피 탄식하며 눈물을 흘림.

일자 다음

하나의 한자가 두 가지 음 또는 그 이상의 음으로 읽히는 것을 일자다음이라고 한다. 물론 음이 달라지면 훈이 달라진다. 한 글자를 뜻을 같이 하면서 음을 달리할 필요는 없었을 것이다. 수레 車(거)와 수레 車(차)라든가 차 茶(다)와 차 茶(차) 등처럼 글자와 뜻은 같으면서 음을 달리하는 예가 있기는 하지만 극히 그 예는 적다. 음이 달라지면 훈 또한 달라지니 일자다음을 공부할 때는 음과 훈(뜻)을 함께 공부해야 할 것이다.

字典(자전)을 살펴보면 너무도 많은 한자들이 일자다음으로 쓰이고 있음을 볼 수 있다. 일자다음을 철저히 익히려면 자전을 놓고 통째로 공부를 하여야 할 것이다. 그러나 한자를 전공하는 사람이 아니라면 그렇게 할 수도 없고, 그렇게 할 필요도 없을 것이다. 이 책에서는 한자능력검정용 1급 한자 범위 이내의 일자다음 한자로서, 우리말 한자어를 만들면서 현대 우리 생활에 쓰이고 있는 것들만 모아 설명하고자 하였다.

賈 성씨 가, 장사 고

'賈'자는 성씨를 나타낼 때는 [가]로, '장사'의 뜻을 나타낼 때는 [고]로 읽는다. 우리말 한자어는 없다.

醵 추렴내어 마실 갹/거:

'醵'자는 '추렴하다', '금전을 널리 모으다', '술추렴', '돈을 거두어 하는 회식' 등의 뜻을 나타낸다. 음이 달라져도 뜻은 같다.
[醵金(갹금/거금)] (어떤 일을 위해) 여러 사람이 각기 돈을 냄. 또는 그 낸 돈.
[醵出(갹출/거출)] (어떤 일을 위해) 여러 사람이 각기 돈을 냄. 또는 그 낸 돈.

更 다시 갱:, 고칠 경

'更'자는 '다시', '재차', '그 위에'라는 뜻으로 쓰일 때는 [갱:]으로 읽는다. '고치다', '바꾸다', '바로잡다'의 뜻으로 쓰일 때는 [경]으로 읽는다. '시각'의 뜻으로 쓰일 때는 [경]으로 읽는다.
[更年期(갱:년기)] 성숙기에서 노년기로 접어드는 40~50대의 시기.
[更生(갱:생)] ① 거의 죽을 지경에서 다시 살아남. ② 마음을 잡아 다시 옳은 생활에 들어섬. ¶교도소를 나와 갱생의 길을 걷다 ㉝自力更生(자력갱생) ③ 못쓰게 된 물건이나 쓰지 않는 물건에 손을 대어 다시 쓸 수 있도록 만듦. ¶갱생고무

[更新(갱:신)] ① 다시 새롭게 함. ② 법률관계의 존속 기간이 끝났을 때 그 기간을 연장하는 일. ¶여권을 갱신하다
[更新(경신)] ① 고쳐 새롭게 함. ② 종전의 기록을 깨뜨려 새로운 기록을 세움.
[更張(경장)] ① 해이한 것을 고쳐 긴장하게 함. ② 사회적·정치적으로 묵은 제도를 고쳐 새롭게 함. ㉝甲午更張(갑오경장)
[更正(경정)] 改正(개정). 고쳐 바로잡음. ¶추가경정예산
[更迭(경질)] 어떤 자리에 있는 사람을 그만두게 하고 다른 사람으로 바꿈. ¶장관 경질
[變更(변경)] 다르게 바꿈. 바꾸어 고침. ¶날짜를 변경하다
[三更(삼경)] 하룻밤을 오경(五更)으로 나눈 셋째 시각. 오후 11시부터 다음날 오전 1시 사이

車 수레 거/차

'車'자는 수레를 뜻하는 글자로서 [거]와 [차] 두 가지 독음이 있는데 의미상 차이는 없고 관행에 따라 읽는다.
[車道(차도)] 차가 다니는 길.
[車票(차표)] 차를 탈 수 있음을 증명한 쪽지.
[馬車(마차)] 말이 끄는 수레.
[自動車(자동차)] 인력이 아닌 동력기관의 힘으로 움직이는 차.
[駐車(주차)] 자동차를 세워 둠.
[風車(풍차)] 바람의 힘을 이용하여 동력을 얻는 수레바퀴 모양의 기계 장치.
[車馬費(거마비)] 교통비.
[自轉車(자전거)] 사람이 타고 앉아 두 다리의 힘으로 바퀴를 돌려서 가게 된 탈 것.
[停車場(정거장)] 버스나 열차가 승객이 타고 내리거나 화물을 싣거나 내리기 위하여 멈추게 되어 있는 곳.
[人力車(인력거)] 사람을 태워 사람이 끄는 두 바퀴의 수레.
[後車誡(후거계)] 앞에 가는 수레가 전복함을 보고, 뒤에 가는 수레가 警戒(경계)로 삼음.

見 볼 견:, 나타날 현:

'見'자는 '(눈으로) 보다', '생각해보다', '마음에 터득하다' 등의 뜻으로 쓰일 때는 [견:]으로 읽는다. '보다'의 올림말인 '뵙다'의 뜻으로 쓰인 경우에는 [현:]으로 읽는다. '나타나다'의 뜻으로 쓰일 때는 [견:] 또는 [현:]으로 읽는다.
[見聞(견:문)] ① 보고 들음. ② 보고 들어서 생기는 지식. ¶견문이 좁다
[見物生心(견:물생심)] 어떠한 물건을 보면 그것을 가지고 싶은 욕심이 생김.
[目不忍見(목불인견)] 눈으로 차마 볼 수 없음.

[百聞不如一見(백문불여일견).] 백 번 듣는 것이 한 번 보는 것만 못하다는 말.
[見解(견:해)] 어떤 사물이나 현상에 대한 의견이나 생각.
[意見(의:견)] 어떤 일에 대한 뜻과 견해.
[偏見(편견)] 공정하지 못하고 한쪽으로 치우친 생각이나 견해. ¶편견을 버리다
[先見之明(선견지명)] 앞일을 먼저 내다보는 밝은 지혜. 닥쳐올 일을 미리 아는 슬기로움.
[識見(식견)] ① 학식과 견문. ② 사물을 올바르게 판단할 수 있는 능력.
[謁見(알현)] 높고 귀한 이에게 뵘.
[讀書百遍義自見(독서백편의자현).] 백 번 반복하여 읽으면, 뜻이 통하지 않던 곳도 저절로 알게 됨. 『魏志(위지)』
[自見者不明(자현자불명), 自是者不彰(자시자불창).] 스스로 자기를 내세우려는(자랑하려는) 자는 결코 현명하지 못하고, 자기 의견 자기주장만 옳다고 하는 사람은 뚜렷이 드러날 수 없다. 『老子(노자)·道德經(도덕경)』
[莫見乎隱(막현호은), 莫顯乎微(막현호미).] 숨은 것보다 더 잘 드러나는 것은 없으며, 작은 것보다 더 잘 나타나는 것이 없다. 남이 보지 않는 곳에서 한 일은 매우 잘 드러난다는 뜻이다. 『中庸(중용)·1章(1장)』

契 맺을 계:, 계약 계:, 종족 이름 글

'契'자는 '약속하다', (관계나 계약을) '맺다'의 뜻으로 쓰일 때는 [계:]로 읽는다. 종족 이름에 쓰일 때는 [글]로 읽는다. '契丹'은 [거란]으로 읽는다.
[契機(계:기)] 어떤 결과를 맺게 된 실마리.
[契約(계:약)] ① 사람과 사람 사이의 약속. ② (법) 일정한 법률적 효과의 발생을 목적으로 하는, 두 개 이상의 의사표시의 합치에 의해서 성립하는 법률 행위. ¶매매 계약을 맺다 ㉠契約書(계약서)
[默契(묵계)] 말을 하지 않고도 약속이나 한 듯이 뜻이 맞음. 또는 그렇게 하여 이루어진 약속이나 계약.
[破契(파:계)] 계약을 깨뜨림.
[親睦契(친목계)] 친목을 꾀하기 위한 모임.
[契丹(글안/거란)] 거란은 10세기 초 몽골과 만주에 걸쳐 요나라를 세웠던 유목민족이다. 발해를 무너뜨리고 고려에 세 차례 쳐들어 왔다. '契丹'은 [글안을 거쳐 [거란으로 읽게 되었다.

袴 바지 고, 사타구니 과

'袴'자는 '바지', '가랑이가 있는 아랫도리 옷'을 뜻할 때는 [고]로 읽고, '사타구니', '두 다리 사이'를 뜻할 때는 [과]로 읽는다.
[袴衣(고의)] 여름에 바지 대신에 입는 남자의 홑바지.
[袴下辱(과하욕)] 사타구니 아래를 기어 나온 치욕. 韓信(한신)의 고사에서 온 말임. 袴下辱(고하욕)이라 하여 바짓가랑이 아래를 기어 나온 치욕이라고 한 책도 있다. 같은 뜻으로 보면 된다.

廓 둘레 곽, 넓을 확

'廓'자는 넓은 구역의 주위를 둘러싼 '외곽', '바깥쪽 성'이란 뜻으로 쓰일 때는 [곽]으로 읽는다. 이때는 '郭(곽)'자와 함께 쓴다. '넓다'는 뜻으로도 쓰일 때는 [확]으로 읽는다. 이 때는 '郭(곽)'자와 함께 쓰지 않는다. '郭(곽)'자는 '둘레'의 뜻은 있지만 '넓다'는 뜻은 없다.
[外郭(외:곽)/外廓(외:곽)] ① 성 밖에 다시 둘러쌓은 성. ② 바깥 언저리. ¶외곽도로
[輪郭(윤곽)/輪廓(윤곽)] 사물의 테두리나 대강의 모습. ¶사건의 윤곽이 선명하게 드러나다
[城郭(성곽)/城廓(성곽)] 內城(내성)과 外城(외성)을 아울러 이르는 말. 두 겹의 성벽 가운데 안쪽 부분의 담을 '城(성)'이라 하고 바깥 부분의 담을 '郭(곽)/廓(곽)'이라 한다.
[廓大(확대)] 넓혀서 크게 함.
[廓然(확연)] 넓어서 휑하게 빔.

龜 거북 귀, 나라 이름 구, 틀 균

'龜'자는 나라 이름이나 지역 이름으로 쓰일 때는 [구]로 읽고, 거북이와 관련된 의미일 경우에는 [귀]로 읽는다. '트다', '갈라지다'의 의미로도 쓰이는데 이때는 [균]으로 읽는다. '龜旨歌'는 거북이와 관련된 시가이지만 [구지개라고 읽는다.
[龜尾(구미)] 경상북도 구미
[龜浦(구포)] 부산광역시 구포
[龜頭(귀두)] ① 龜趺(귀부). 돌로 만든 거북 모양의 빗돌. ② 남자 생식기의 끝부분.
[龜甲(귀갑)] ① 거북의 등딱지. 한약재로 씀. ② 거북이 등딱지 모양의 육각형이나 그와 같은 무늬를 나냄. ¶귀갑 창문
[龜鑑(귀감)] '점치는 데 쓰는 거북과 얼굴을 비춰보는 데 쓰는 거울'이란 뜻에서, '본보기가 될 만한 언행이나 거울삼아 본받을 만한 모범'이란 뜻을 나타냄.
[龜裂(균열)] ① 거북등의 무늬처럼 이리저리 갈라짐. ¶벽에 균열이 생겼다 ② (손발이) 터서 갈라짐. ③ 사귀어 지내는 사이가 틈이 남.

金 쇠 금, 성 김

'金'자는 '쇠붙이', '황금', '돈' 따위의 뜻을 나타낼 때에는 [금]으로, 사람의 성씨로 쓰일 때는 [김]으로, 지명으로 쓰일 때는 [김] 또는 [금]으로 읽는다.
[金冠(금관)] 금으로 만든 관. 왕관.
[金髮(금발)] 황금색의 머리털.
[金錢(금전)] ① 돈. ② 금으로 만든 돈. 금화.

[賃金(임:금)] 일을 한 품삯으로 받는 돈.
[現金(현:금)] ① 현재 가지고 있는 돈. ② 어음·수표·채권 따위가 아닌 실제로 늘 쓰는 돈.
[金氏(김씨)] 김씨.
경기도 金浦(김포), 경상북도 金泉(김천), 경상남도 金海(김해)는 [김]으로, 경상북도 金陵(금릉)과 강원도 金華(금화)는 [금]으로 읽는다.

涅 개흙 날, 열반 열

'涅'자는 '갯바닥 또는 갯바닥에 있는 검고 미끈미끈한 진흙'을 뜻하는 글자였는데, 현재는 이 뜻으로 쓰이는 한자어 낱말은 없다. '열반'의 뜻으로 쓰인다.
[涅槃(열반)] (불) 梵語(범어) nirvana의 음역. ① 모든 번뇌의 속박에서 벗어나고, 진리를 깨달아 불생불멸의 법을 체득한 경지. ② 入寂(입적). 부처의 죽음. 중이 죽음.

內 안 내:, 나인 나:

'內'자가 '안', '아내', '부녀자', '마음 속' 등의 뜻으로 쓰일 때는 [내:]로, 대궐에서 일하는 內人(나인)을 뜻할 때는 [나:]로 읽는다.
[內外(내:외)] ① 안과 밖. 안팎. ② 부부. ③ 남의 남녀 사이에 서로 얼굴을 대하지 아니하는 일.
[內容(내:용)] ① 사물의 속내, 또는 실속. ② 형식에 의하여 일체(一體)에 결합되는 온갖 성질. 凹形式(형식).
[市內(시:내)] ① 도시의 안. 쥡시내버스 凹市外(시외) ② 도시의 중심가.
[內助(내:조)] ① 아내가 남편을 도우는 일. ② 아내. 처.
[內憂外患(내:우외환)] 나라 안의 걱정과 나라 밖에서 오는 환란. 내란과 외적의 침입.
[內科(내:과)] 신체의 내부를 고치는 의학의 한 분야.
[內臟(내:장)] 고등 척추동물의 흉강(胸腔)과 복강(腹腔) 속에 있는 여러 가지 기관의 총칭.
[內幕(내:막)] 일의 속내. 내부의 실정.
[內心(내:심)] ① 속마음. ② 은근히. 마음속으로.
[內外從(내:외종)] 내종(內從)과 외종(外從). 고종사촌과 외사촌.
[內閣(내:각)] 국가 행정권을 담당하고 있는 최고 기관으로, 수장인 국무총리와 국무위원으로 조직되는 합의체.
[內侍(내:시)] 궁중에서 시봉(侍奉)하는 일, 또는 그 관직.
[內人(나:인)] 궁궐 안에서 대전(大殿)·내전(內殿)을 가까이 모시는 내명부(內命婦)의 총칭. 宮人(궁인).

奈 어찌 내, 나락 나

'奈'자는 '어찌'라는 뜻으로 쓰일 때는 [내]로, '지옥'의 뜻으로 쓰일 때는 [나]로 읽는다.
[奈何(내하)] 어찌함. 주로 한문 투의 문장에서 의문을 나타내는 종결어미. '-오'가 붙어 '내하오'로만 쓰인다. ¶종무소식이니 내하오
[莫無可奈(막무가내)/無可奈(무가내)/無可奈何(무가내하)] 도무지 어찌할 수 없음. ¶아무리 달래 봐도 막무가내였다
[奈落(나락)/那落(나락)] ① 지옥. ② '헤어날 수 없는 어려운 상태'를 비유하는 말. ¶절망의 나락에 빠지다

溺 빠질 닉, 오줌 뇨

'溺'자는 '물에 빠지다', '물에 가라앉아 죽다', '마음이 빠지다'는 뜻으로 쓰일 때는 [닉]으로, '오줌'의 뜻으로 쓰일 때는 [뇨로 읽는다.
[溺死(익사)] 물에 빠져 죽음.
[耽溺(탐닉)] 어떤 일을 지나치게 즐겨서 거기에 빠짐.
[溺器(뇨기)] 요강. 요즈음은 溺器(뇨기)를 尿器(요기)라고 쓰고 溺器(뇨기)는 쓰지 않는다.

丹 붉을 단, 종족 이름 란

'丹'자는 '붉다', '깊은 속'의 뜻으로 쓰일 때는 [단]으로 읽는다. 牡丹은 [모란]으로, 契丹은 [거란]으로 읽는다.
[丹粧(단장)] ① 얼굴·머리·몸·옷차림 따위를 잘 매만져 곱게 꾸밈. ¶단장을 곱게 하고 어디를 가니? ② 집 따위를 손질하여 새롭게 꾸밈. ¶집 단장을 하다
[丹靑(단청)] ① 붉은 색과 푸른 색. ② 궁궐, 사찰, 정자 등 옛날식 집의 기둥 천장 따위에 여러 가지 빛깔로 그림이나 무늬를 그림. 또는 그 그림이나 무늬.
[丹楓(단풍)] ① (식) '단풍나무'의 준말. ② 늦가을에 나뭇잎이 붉거나 누르게 변하는 현상. 또는 그렇게 된 나뭇잎.
[盲者丹靑(맹자단청)] '소경 단청 구경' 즉, 보아도 알지 못할 일을 비유하는 말.
[一片丹心(일편단심)] 한 조각의 붉은 마음. 곧, 진정에서 우러나는 충성된 마음. ¶임 향한 일편단심이야 가실 줄이 있으랴
[丹田(단전)] 배꼽 아래 한 치 다섯 푼(약 4.5cm) 되는 곳. 道家(도가)에서는 이곳을 힘의 원천이라고 여겼다. 쥡上丹田(상단전), 絳宮田(강궁전), 下丹田(하단전)
[契丹(거란)] 퉁구스와 몽고의 혼혈족으로 東胡(동호)계의 한 종족 명
[牡丹(모란)] (식) 미나리아재빗과의 갈잎떨기나무. 잎은 깃꼴겹잎으로 긴 잎자루가 달려 있음. 큰 꽃이 5월쯤에 피는데, 보통은 붉으나 품종에 따라 약간씩 다름. 뿌리의 껍질은 약에 쓰임. 관상용이나 약재용으로 재배함.

糖 사탕/엿 당, 사탕 탕

'糖'자의 원래의 음은 [당]인데, '사탕'을 가리킬 때는 [탕]으로 읽는다.
[糖尿(당뇨)] (의) 당분이 많이 섞여 나오는 오줌. 쥡糖

尿病(당뇨병)
[糖分(당분)] 단 맛이 나는 성분.
[砂糖(사탕)/沙糖(사탕)] ① 맛이 달고 물에 잘 녹는 식료품. 사탕수수나 사탕무에 많이 들어있고 순수한 것은 검붉은 결정성임. ② 알사탕.
[雪糖(설탕)] 본음은 설당. 맛이 달고 물에 잘 녹음. 사탕수수·사탕무 등을 원료로 하여 만듦. 사탕가루.

台 집/돈대 대, 나 이, 별 이름 태

'台'자는 '말하다', '기쁘다', '자신'을 뜻할 때는 [이]로, '별', '높은 지위'를 뜻할 때는 [태]로 읽는다. 현대의 우리말에 이런 뜻과 음으로 쓰이는 낱말은 없다. 현대에는 '집/돈대 臺(대)'자의 약자로 쓰인다.

度 법도 도:, 헤아릴 탁

'度'자는 '정도, 법도, 풍채'를 가리킬 때는 [도:]로 읽고, '헤아리다'의 뜻일 때는 [탁]으로 읽는다.
[法度(법도)] ① 생활상의 예법과 제도. ② 법률과 제도.
[制度(제:도)] 관습·도덕·법률 따위의 사회적 종합적 규범.
[度量衡(도:량형)] 길이·부피·무게 따위의 단위를 재는 법 및 그 재는 기구.
[過度(과:도)] 정도가 지나침. ¶과도한 흡연은 건강에 해롭습니다
[程度(정도)] 얼마의 분량. 또는 알맞은 어떠한 태도. ¶장난도 정도껏 해라/한 숟가락 정도
[限度(한:도)] 일정한 정도. 또는 한계가 되는 정도. ¶참는 데도 한도가 있다
[態度(태도)] ① 몸과 마음을 가지는 모양. ¶태도가 점잖다 ② 취하는 입장이나 생각.
[度數(도:수)] ① 각도, 온도, 습도 따위의 정도를 나타내는 수. ② 거듭되는 횟수. ¶도수 분포도
[角度(각도)] ① 한 점에서 갈려나간 두 직선의 벌어진 정도. ② 생각의 방향이나 관점. ¶새로운 각도에서 검토해 보라
[速度(속도)] ① 빠른 정도. ② 물체가 나아가거나 일이 진행되는 빠르기.
[溫度(온도)] 덥고 찬 정도. 또는 온도계가 나타내는 도수. 참온도계
[年度(연도)] 사무, 회계 결산의 편의상 구분한 일 년 동안의 기간.
[度支部(탁지부)] 대한제국 때, 재정을 맡았던 중앙 관청. 참탁지부대신

讀 읽을 독, 구두 두

'讀'자는 '읽다'의 뜻으로 쓰일 때는 [독]으로, 문장을 읽거나 쓸 때 점을 '찍다'는 뜻일 때는 [두]로 읽는다.
[讀書(독서)] 책을 읽음. ¶가을은 독서의 계절

[讀者(독자)] 책, 신문, 잡지 따위의 글을 읽는 사람.
[牛耳讀經(우이독경)] 쇠귀에 경 읽기. 아무리 가르치고 일러주어도 알아듣지 못함을 가리키는 말. 동牛耳誦經(우이송경)
[精讀(정독)] 여러모로 살피며 정밀하게 읽음. 반濫讀(남독) 참熟讀(숙독)
[晝耕夜讀(주경야독)] '낮에는 농사를 짓고 밤에는 글을 읽는다'는 뜻으로, '바쁘고 어려운 중에도 꿋꿋이 공부함'을 이르는 말. 참晴耕雨讀(청경우독)
[句讀點(구두점)] 글을 읽는 데 도움을 주기 위하여 찍는 쉼표와 마침표.
[吏讀(이:두)/吏頭(이:두)] 신라 때 우리말을 적던 방식의 한 가지. 한자의 음이나 새김을 따다가 우리말을 적었음.

洞 골 동:, 밝을 통:

'洞'자는 '마을', '비다', '깊숙하다' 등의 뜻으로 쓰일 때는 [동:]으로, '밝다', '꿰뚫다'는 뜻으로 쓰일 때는 [통:]으로 읽는다.
[洞窟(동:굴)] 깊고 넓은 큰 굴.
[空洞(공동)] ① 텅 빈 굴. ② 염증 또는 조직이 파괴되어 내장의 어떤 부분에 생기는 구멍.
[洞房華燭(동방화촉)/華燭洞房(화촉동방)] 부녀자의 방에 불빛이 밝다는 뜻으로 '결혼식의 밤' 또는 '혼인'을 이르는 말.
[洞里(동:리)] ① 지방 행정구역인 洞(동) 과 里(리). ② 마을.
[洞達(통:달)] ① 환히 통함. ② 확실히 깨달음.
[洞察(통:찰)] 온통 밝혀서 살핌. 전체를 환하게 내다봄.
[洞燭(통:촉)] 아랫사람의 형편 등을 헤아려 살핌.

兜 투구 두, 도솔천 도

'兜'는 '사람의 머리를 덮는다'는 뜻에서 '투구' 또는 '두건'의 뜻을 나타내는 글자이다. 이 때는 [두]로 읽는다. 그런데 현대에 이 뜻으로 쓰이는 한자어 낱말은 없다. 불교에서 '兜率天(도솔천)'의 뜻으로 쓰일 때에는 [도]로 읽는다.
[兜率天(도솔천)] 欲界(욕계) 六天(육천)의 第四天(제사천)으로서 욕계의 淨土(정토). 지상에서 32만 由旬(유순) 위에 있으며, 미륵보살이 사는 곳이라고 함. 준兜率(도솔)

樂 즐거울 락, 풍류 악, 좋아할 요

'樂'자는 '풍류' 즉, 음악과 관련된 뜻으로 쓰일 때는 [악]으로, '즐겁다'의 뜻으로 쓰일 때는 [락(낙)]으로, '좋아하다'의 뜻으로 쓰일 때는 [요]로 읽는다.
[樂器(악기)] 음악을 연주하는 데 쓰는 기구를 통틀어 이르는 말. 관악기·현악기·타악기 따위.

[樂譜(악보)] 음악의 곡조를 일정한 기호로 써서 적어놓은 것.
[聲樂(성악)] 사람의 음성으로 이루어진 음악. 창가·민요·가요 따위의 종류가 있고, 독창·중창·합창·제창으로 노래함. 참聲樂家(성악가) 반器樂(기악)
[音樂(음악)] 소리의 높이·길이·세기를 조화시켜서 어떤 느낌이나 감정을 목소리나 악기로 나타내는 예술의 한 형태.
[樂園(낙원)] 늘 편안하고 즐겁게 살기 좋은 곳. ¶지상 낙원
[苦樂(고락)] 괴로움과 즐거움. ¶고락을 함께 하다
[娛樂(오:락)] 쉬는 시간에 여러 가지 방법으로 기분을 즐겁게 하는 일. 참娛樂室(오락실)
[快樂(쾌락)] 기쁘고 즐거움.
[樂觀(낙관)] ① 인생을 즐겁게 여기거나 세상을 밝고 좋게 생각함. ② 일이 잘되어 갈 것으로 봄. ¶정세는 낙관을 불허하고 있다
[樂此不疲(요차불피)] 좋아서 하는 일은 아무리 하여도 지치지 않음.
[知者樂水(지자요수), 仁者樂山(인자요산).] 지혜로운 자는 사리에 밝아서, 물과 같이 周流(주류)하여 막힘이 없기 때문에 물을 좋아하고, 어진 사람은 의리에 만족하여 몸가짐이 진중하고 심덕이 두터워 그 心境(심경)이 산과 비슷하므로 자연히 산을 좋아한다. 여기에서 '樂山樂水(요산요수)'란 말이 나왔다. 『論語(논어)·雍也(옹야)』

剌 어그러질 랄, 발랄할 랄, 수라 라

'剌'자는 '어그러지다', '발랄하다'는 뜻으로 쓰일 때는 [랄]로, 임금님에게 올리는 음식을 뜻하는 '수라'에서는 [라]로 읽는다.
[潑剌(발랄)] 생기 있고 활발함.
[水剌(수라)] 임금에게 올리는 밥을 궁중에서 이르던 말.

畝 이랑 무, 두둑 묘

'畝'자는 땅의 면적의 단위로 쓰일 때는 [무]로, '밭두둑'의 뜻으로 쓰일 때는 [묘]로 읽는다. 4자 사방을 1步(보)라 하고, 100보를 1畝(무)라고 한다. 현재 넓이의 단위로는 약 144m²에 해당한다.

復 돌아올 복, 다시 부:

'復'자는 '돌아오다', 갚다, '되풀이하다'의 뜻으로 쓰일 때는 [복]으로, '다시', '거듭하다'의 뜻으로 쓰일 때는 [부:]로 읽는다.
[復歸(복귀)] 본디의 상태나 자리로 돌아감. ¶원대 복귀
[復學(복학)] 정학이나 휴학을 하고 있던 학생이 다시 학교로 돌아감.
[往復(왕:복)] 갔다가 돌아옴.
[復舊(복구)] 그 전의 모양으로 되게 함. ¶수해 복구
[光復(광복)] 잃었던 나라와 주권을 다시 찾음. 참光復節(광복절)
[回復(회복)] 이전의 상태로 다시 돌아옴.
[復讎(복수)] 앙갚음. 마음속에 품고 있던 원한을 갚는 일. 참復讎心(복수심)
[報復(보:복)] 앙갚음. 남이 저에게 해를 준 대로 저도 그에게 해를 줌. ¶보복을 당하다
[復習(복습)] 배운 것을 되풀이하여 익힘. 반豫習(예습)
[反復(반:복)] 같은 말이나 일 또는 행동을 거듭함. 되풀이.
[復活(부:활)] ① 죽었다가 다시 살아남. 참復活節(부활절) ② 없어졌던 것이 다시 생김.
[復興(부:흥)] 쇠퇴하였던 것이 전의 번영 상태로 다시 일어나거나 일어나게 함. 참復興會(부흥회)
[死灰復燃(사:회부연)] 사그라진 재에서 다시 불이 살아난다는 뜻으로, '세력을 잃었던 사람이 다시 득세함'을 비유하여 이르는 말.
[重言復言(중언부언)] 한 말을 자꾸 되풀이함.

北 북녘 북, 달아날 배

'北'자는 '북녘'의 뜻으로 쓰일 때는 [북]으로, '달아나다'라는 뜻으로 쓰일 때는 [배]로 읽는다.
[北斗七星(북두칠성)] 별자리 작은곰자리의 뚜렷한 일곱 개의 별. 국자 모양으로 보이며 북극의 둘레를 원형으로 돈다. 동北斗(북두), 北斗星(북두성)
[北上(북상)] 북쪽으로 올라감. ¶태풍이 북상하고 있다
[南北統一(남북통일)] 남한과 북한이 통일하여 하나가 됨.
[敗北(패:배)] ① 전쟁에서 져서 달아남. ② 싸움에서 짐.

不 아닐 불, 아닐 부

'不'자는 'ㄷ,ㅈ'을 첫소리로 하는 한자가 오면 [부]로 발음하고, 그 외는 [불]로 발음한다. '不實(부실)'은 예외이다.
[不可(불가)] ① 옳지 않음. ② 안 됨. 못함.
[不當(부당)] 이치에 맞지 않거나 마땅하지 않음.
[不實(부실)] ① 몸이 튼튼하지 못하거나 기운이 없음. ② 내용이나 실속이 없음. ③ 넉넉하지 못하거나 충분하지 못함. ④ 일에 성실하지 못하거나 믿음성이 적음.
[不正(부정)] 바르지 아니함.
[不幸(불행)] ① 행복하지 못함. ② 운수가 언짢음.

否 아닐 부:, 막힐 비

'否'자는 '아니다'의 뜻으로 쓰일 때, [부:]로 읽는다. '막히다'는 뜻으로 쓰일 때에는 [비:]로 읽는다.
[否認(부:인)] 인정하지 않음. ¶사실을 부정하다 반是認(시인)
[否定(부:정)] ① 그렇지 않거나 옳지 않다고 단정함.

② (논) 主槪念(주개념)과 賓槪念(빈개념)이 일치하지 않음. 凹肯定(긍정)
[可否(가:부)] ① 옳음과 그름. ② 찬성과 반대.
[拒否(거:부)] 승낙하지 않고 물리침. ¶요구를 거부하다/협상을 거부하다/단호히 거부하다 웹拒否權(거부권), 拒否反應(거부반응)
[良否(양부)] 좋음과 좋지 못함. ¶그 일은 양부를 가릴 수 없으니 네 생각대로 해라
[否塞(비:색)] 운수가 좋지 못하여 꽉 막힘.

索 동아줄 삭, 찾을 색

'索'자는 '꼬다', '동아줄', '(헤어져) 쓸쓸하다' '공허하다'는 뜻으로 사용될 때는 [삭]으로, '찾다'는 뜻으로도 쓰일 때는 [색]으로 읽는다.
[索漠(삭막)/索寞(삭막)/索莫(삭막)] 쓸쓸하고 막막함.
[索道(삭도)/架空索道(가:공삭도)] 공중에 기구를 달아 짐이나 사람을 실어 나르는 시설. 로프웨이.
[索引(색인)] 찾아보기. 책 따위의 내용 가운데 글자나 낱말이나 사항을 빨리 찾아서 볼 수 있도록 만들어 놓은 목록.
[索出(색출)] 샅샅이 뒤져서 찾아 냄.
[檢索(검:색)] ① 검사하여 찾아봄. ¶검문검색/몸을 검색하다 ② 자료 따위를 찾아내는 일. ¶자료 검색
[思索(사색)] 깊이 생각하고 이치를 찾는 것. ¶사색에 잠기다
[搜索(수색)] ① 수사하여 탐색함. ¶적의 위치를 수색하다 웹搜索隊(수색대) ② (법) 형사소송에 있어서 검사 및 사법 경찰관이 증거물 또는 범죄인을 찾아내려고 강제로 집·몸·물건을 탐사함. 웹家宅搜索(가택수색)
[探索(탐색)] ① 살피어 찾음. ② (법) 범죄와 관계된 사람이나 물건의 죄상이나 자취를 샅샅이 찾음.

殺 죽일 살, 덜 쇄:

'殺'자는 '죽이다', '없애다', '무시무시하다'는 뜻으로 쓰일 때는 [살]로 읽고, '덜다' 또는 '심히'의 뜻으로 쓰일 때는 [쇄]로 읽는다.
[殺身成仁(살신성인)] 자신의 몸을 죽여서 어짊을 이룩한다. 위급한 상황에 처했을 때 자신의 몸을 죽여 정의를 이룩하는 것이 사람의 올바른 자세라는 뜻이다. 『論語(논어)·衛靈公(위령공)』
[殺人(살인)] 사람을 죽임. 웹殺人魔(살인마), 殺人犯(살인범)
[生巫殺人(생무살인)] 선무당이 사람 잡음. 기술과 경험이 적은 사람이 젠 체하다가 도리어 화를 초래한다는 말.
[暗殺(암:살)] 몰래 사람을 죽임.
[自殺(자살)] 스스로 자기 목숨을 끊음.
[抹殺(말살)] (어떤 현상이나 대상을) 세상에 전혀 남아 있지 않게 없앰. ¶일제의 국어 말살 정책
[黙殺(묵살)] 보고도 못 본 체, 듣고도 못 들은 체 내버려두고 문제 삼지 않음. 또는 무시해 버림. ¶의견을 묵살하다
[殺伐(살벌)] ① 병력으로 죽이고 들이침. ② 위력을 가지고 무시무시한 짓을 함. ③ 행동이나 분위기가 무시무시함. ¶분위기가 살벌하다
[殺風景(살풍경)] ① (풍경이나 분위기가) 볼품없이 스산한 광경. ② (광경이) 살기를 띠어 무시무시함.
[殺到(쇄:도)] 빨리 또는 세차게 몰려듦. ¶문의 전화가 쇄도하다
[惱殺(뇌쇄)] 애가 타도록 몹시 괴로워하거나 괴롭힘.
[減殺(감:쇄)] 덜리어 적어지거나 덜어서 적게 함.
[相殺(상쇄)] 엇셈. 서로 주고받을 것을 비겨 없애는 셈.

狀 모양 상, 형상 상, 문서 장:

'狀'자는 '모양', '상태'의 뜻일 때는 단음 [상]으로 읽고, '문서'의 뜻일 때는 장음 [장:]으로 읽는다.
[窮狀(궁상)] 꾀죄죄하고 초라함. ¶궁상스런 몰골
[性狀(성:상)] 성질과 상태.
[異狀(이:상)] 평소 또는 보통과 다른 형태.
[狀態(상태)] 사물이나 현상이 처해 있는 모양이나 형편. ¶정신 상태 불량/건강 상태
[狀況(상황)] 형편. 일이 되어가는 모양이나 경로.
[情狀(정상)] 사정과 형편. 실상과 형태. ¶정상을 參酌(참작)하다
[症狀(증상)] 증세. 병으로 앓는 상태.
[現狀(현:상)] 현재의 상태. 또는 지금의 형편.
[答狀(답장)] 회답하는 편지.
[賞狀(상장)] 상의 뜻으로 주는 증서.
[年賀狀(연하장)] 새해를 축하하기 위하여 주고받는 인사장.
[招請狀(초청장)] 청하여 부르는 뜻을 적은 편지.

塞 변방 새, 막을 색

'塞'자는 '변방'의 뜻으로 쓰일 때는 [새로, '막히다'의 뜻으로 쓰일 때는 [색]으로 읽는다.
[塞翁之馬(새옹지마)] 북쪽 변방의 한 늙은이가 기르던 말이 달아났다가 한 필의 준마를 데리고 왔는데, 아들이 그 준마를 타다가 떨어져 절름발이가 되었으나, 그로 말미암아 전쟁터에 나가지 않게 되어 목숨을 보전했다는 고사에서, 사람의 길흉화복은 늘 바뀌어 예측할 수 없음을 이르는 말. 웹塞翁得失(새옹득실), 塞翁禍福(새옹화복), 人間萬事塞翁之馬(인간만사새옹지마) 『淮南子(회남자)』
[要塞(요새)] 국방상 중요한 곳에 구축해 놓은 견고한 방어 시설. ¶해안 요새
[梗塞(경색)] ① 길이 꽉 막힘. ¶정국의 경색을 타개하다 ② (의) 핏줄이 막힘. 웹腦梗塞(뇌경색), 心筋梗塞(심근경색) ③ 경제적으로 융통이 잘 되지 못하고 막힘.
[窘塞(군:색)] ① 필요한 것이 없거나 모자라서 딱하고

옹색함. ¶좁은 집에서 손님을 모시자니 군색합니다 ② 자연스럽거나 떳떳하지 못하고 거북함. ¶군색한 변명은 하지 않겠다
[拔本塞源(발본색원)] '뿌리를 뽑고 근원을 막아버림'이란 뜻에서, '폐단이나 문제의 근원을 아주 뽑아서 없애버림'을 뜻하는 말.
[語塞(어:색)] ① 말이 궁하여 답변할 말이 없음. ② 서먹서먹하여 멋쩍고 쑥스러움. ③ 보기에 서투름.
[壅塞(옹:색)] 막혀서 통하지 않음. 생활에 필요한 것이 없거나 모자라서 딱함.
[窒塞(질색)] 몹시 놀라거나 싫어서 기가 막힘. 몹시 싫어서 꺼림.

說 말씀 설, 기쁠 열, 달랠 세

'說'자는 '말하다', '학설', '해설' 등의 뜻으로 쓰일 때는 [설]로 읽는다. '달래다'의 뜻으로 쓰일 때는 [세]로 읽는다. '기쁘다'의 뜻으로 쓰일 때는 [열]로 읽는데, 후에 이 의미는 '悅(열)'로 바꾸어 나타냈다.
[說得(설득)] 잘 설명하거나 알아듣도록 타일러 말함.
[演說(연:설)] 여러 사람 앞에서 자기의 주장 또는 의견을 펴서 말함.
[辱說(욕설)] 남의 인격을 무시하는 모욕적인 말. 또는 남을 저주하는 말. ¶욕설을 퍼붓다
[橫說竪說(횡설수설)] '가로로 말하고 세로로 말하다'라는 뜻에서, 조리에 맞지 않는 말을 이러쿵저러쿵 지껄임.
[學說(학설)] 학문상의 주장 및 논설.
[說明(설명)] 어떤 일의 내용 따위를 알기 쉽게 밝혀 말함.
[解說(해:설)] 알기 쉽게 풀어서 설명함. 또는 그 설명.
[論說(논설)] ① 자기의 의견이나 주장을 조리 있게 설명함. 또는 그러한 글. ② 신문이나 잡지 따위의 사설.
[小說(소:설)] 허구(虛構)에 의해 줄거리를 사실처럼 구성하고 세태(世態)와 인정(人情)을 묘사, 또는 사실(史實)을 부연(敷衍)하는 산문체(散文體)의 문장.
[說客(세객)] 능숙한 말솜씨로 유세하러 다니는 사람.
[遊說(유세)] 여러 곳을 돌아다니며 자기나 소속 정당의 의견·주장 등을 설명하고 선전하는 일. ¶선거 유세
[學而時習之(학이시습지), 不亦說乎(불역열호).] 배워서 그것을 제때에 익히니 또한 기쁘지 않겠는가. 『論語(논어)·學而(학이)』

省 살필 성, 덜 생

'省'자는 '살피다'의 뜻으로 쓰일 때는 [성]으로, '줄이다, 덜다'의 뜻으로 쓰일 때는 [생]으로 읽는다.
[省墓(성묘)] 조상의 산소를 살펴봄. ¶추석에 할아버지 산소에 성묘를 했다
[省察(성찰)] 자신이 한 일을 돌이켜 보고 반성하여 살핌.
[歸省(귀:성)] 객지에서 부모님을 뵈러 고향집으로 돌아가거나 돌아옴. 웹歸省客(귀성객)
[反省(반:성)] 자기의 과거 언행에 대해 잘못이나 모자람이 없는가를 돌이켜 살핌. ¶반성과 후회
[人事不省(인사불성)] ① 큰 병이나 중상(重傷) 등으로 의식을 잃어버린 상태. ② 사람으로서 예절을 차릴 줄 모름.
[省略(생략)] 전체에서 일부를 덜거나 줄임. ¶이하 생략

率 거느릴 솔, 비율 률

'率'자는 '거느리다', '소탈하다', '거칠다' 등의 뜻으로 쓰일 때는 [솔]로, '비율', '값'의 뜻으로 쓰일 때는 [률]로 읽는다.
[率家(솔가)] 온 집안 식구를 데리고 가거나 옴.
[引率(인솔)] 이끌어 거느림. ¶선생님의 인솔 아래 학생들이 재래시장 견학을 했다
[統率(통:솔)] 어떤 무리를 온통 몰아서 거느림. ¶지휘 통솔
[率先垂範(솔선수범)] 남보다 앞장서서 몸소 착한 일을 하여 모범을 보임. ¶그 학생은 매사에 솔선수범하는 모범생이었다
[輕率(경솔)] 말이나 행동이 진중하지 아니하고 가벼움. ¶경솔한 판단
[率直(솔직)] 거짓이나 숨김이 없이 소탈하고 올곧음.
[能率(능률)] 일정한 동안에 할 수 있는 일의 비율. 일의 성과. ¶능률을 높이다
[比率(비율)] 어떤 수나 양에 대한 다른 수나 양의 비. ¶비율이 낮다/비율이 높다
[確率(확률)] 어떤 일이 일어날 확실성의 정도. 또는 그것을 나타내는 수치.
[換率(환:율)] (경) 자기 나라 돈과 다른 나라 돈을 교환하는 비율.
[效率(효:율)] ① 들인 힘에 대하여 실제로 나타난 효과의 비율. ¶학습 효율을 높이다 ② 기계가 한 일의 양과 소요된 에너지의 비율. ¶에너지 효율/연료 효율

數 셀 수:, 자주 삭

'數'자는 '헤아리다', '셈하다'의 뜻으로 쓰일 때는 [수:]로 '자주'라는 뜻으로 쓰일 때는 [삭]으로 읽는다.
[數學(수:학)] 수와 양 및 공간에 관하여 연구하는 학문. 代數(대수)·幾何(기하)·解析(해석) 및 이들의 응용을 포함함.
[分數(분수/분:수)] ① 어떤 수를 다른 수로 나누는 것을 분자와 분모로 나타낸 것. ② 사물을 분별하는 슬기. ¶분수가 없는 사람. ③ 자기 신분에 맞는 한도. ¶분수를 모른다
[指數(지수)] ① 멱지수와 근지수를 통틀어 이르는 말. ② 물가·임금 따위의 변동 상황을 나타내려고 일정한 때를 100으로 하여 나타낸 수. ¶物價指數(물가지수)
[數量(수:량)] 수효와 분량.
[額數(액수)] 금액의 수. 돈의 머릿수.
[點數(점수)] 성적을 나타내는 숫자.

[運數(운:수)] 이미 정해져 있어 인간의 힘으로는 어쩔 수 없는 천운과 기수. 운. 운명.
[財數(재수)] ① 재물에 관한 운수. ② 좋은 일이 생길 운수. ¶오늘은 재수가 좋았다
[權謀術數(권모술수)] 그때그때의 형편에 따라 꾀하는 모략이나 수단.
[數尿症(삭뇨증)] 오줌이 자주 마려운 병. 동頻尿症(빈뇨증)
[多言數窮(다언삭궁).] 말이 많으면 자주 막힌다. 사람이 말이 너무 많으면 여러 가지 막다른 상황이 생겨서 곤란해진다. 말 많음을 경계한 말. 『老子(노자)·道德經 5章(도덕경 5장)』

拾 주을 습, 열 십

'拾'자는 손으로 땅에 떨어진 물건을 '줍다'는 뜻을 나타내기 위하여 만든 것이다. [습]으로 읽는다. '十(십)'의 갖은자로 쓰일 때는 [십]으로 읽는다.
[拾得(습득)] (남이 잃어버린 물건을) 주워서 얻음.
[收拾(수습)] ① 어수선하게 흐트러진 물건을 주워 정돈함. ② 산란한 정신이나 상태를 가라앉혀 바로잡음. ¶사건을 수습하다/민심을 수습하다
[一拾萬(일십만)원整(정)]

食 밥 식, 먹을 식, 밥 사 食부

'食'자는 한문 문장 또는 고전에서 온 성어에서 '食'을 [사]로 읽을 때가 있다. 그러나 현대 우리말의 한자어에서는 [사]로 읽는 예는 없다.
[食口(식구)] 한집에서 함께 사는 사람.
[食堂(식당)] ① 식사하기에 편리하도록 설비하여 놓은 방. ② 음식을 만들어 파는 가게.
[食糧(식량)] 먹을 양식. 사람의 먹거리.
[食事(식사)] 사람이 끼니로 음식을 먹는 일. 또는 그 음식.
[食品(식품)] 음식의 재료가 되는 물품. '식료품'의 준말.
[飮食(음:식)] 사람이 먹을 수 있도록 만든 밥이나 국 따위의 물건.
[無爲徒食(무위도식)] 아무 하는 일 없이 한갓 먹고 놀기만 함.
[簞食瓢飮(단사표음)] '도시락밥과 표주박에 든 물', 또는 '얼마 되지 않는 음식물'이란 뜻으로, '가난한 생활'을 일컫는 말. 論語(논어)의 一簞食(일단사) 一瓢飮(일표음)에서 온 말임.
[飯疏食飮水(반소사음수), 曲肱而枕之(곡굉이침지), 樂亦在其中矣(낙역재기중의).] 나물 반찬에 물을 마시고, 팔베개를 하고 누웠어도 즐거움이 또한 그 가운데 있다. 행복은 빈부에 의해 정해지는 것이 아니다. 비록 술 대신 물을 마시는 생활일지라도, 자기가 믿는 길에 따라 살아가는 자에게는 그런 가운데서도 자연의 즐거움이 있는 것이다. 『論語(논어)·述而(술이)』

識 알 식, 적을 지

'識'자는 '알다', '모르는 것을 깨닫다', '분별하다' 등의 뜻으로 쓰일 때는 [식]으로, '기록하다', '적다'의 뜻으로 쓰일 때는 [지]로 읽는다.
[識字憂患(식자우환)] 글자를 아는 것이 도리어 근심거리가 됨. 차라리 몰랐으면 좋았을 것임.
[無識(무식)] ① 배우지 못해서 아는 것이 없음. ¶무식이 드러나다 반有識(유식) ② 어리석고 우악스러움. ¶무식한 소리를 하다/무식하게 행동하다
[常識(상식)] 일반 사람이 다 아는 보통의 지식이나 판단력. ¶상식에 어긋나다 참沒常識(몰상식)
[識別(식별)] 분별하여 알아냄. 사물의 성질이나 종류 따위를 구별함.
[良識(양식)] 양심적인 지식과 판단력.
[標識(표지)] 어떤 사물을 다른 것과 구별하여 알아보기 쉽도록 기호로 標示(표시)하거나 문자로 기록함. 참標識板(표지판)

惡 악할 악, 미워할 오

'惡'자는 '잘못', '악하다', '나쁘다' 등의 뜻으로 쓰일 때는 [악]으로 읽고, '미워하다'의 뜻으로 쓰일 때는 [오]로 읽는다.
[惡性(악성)] ① 모질고 악한 성질. ② 어떤 병이 고치기가 어렵거나, 전염성이 강하거나, 목숨을 앗아가리만큼 무서움. ¶악성 종양
[惡戰苦鬪(악전고투)] 몹시 어려운 조건에서 죽을힘을 다하여 고생스럽게 싸움. ¶악전고투 끝에 간신히 적을 물리치다 ② 어려운 여건에서도 힘써 노력함.
[發惡(발악)] 모질게 기를 씀. 온갖 나쁜 짓을 함. ¶최후의 발악.
[險惡(험악)] ① 길·地勢(지세)·天氣(천기)·形勢(형세) 따위가 거칠고 사나움. ② 마음씨나 인심이 험하고 악함. ¶순조롭게 진행되던 회의가 갑자기 험악한 분위기로 변하다
[惡談(악담)] ① 남의 일을 나쁘게 말하는 짓. ② 남이 잘 되지 못하도록 저주하는 나쁜 말. ¶악담하지 마라 반德談(덕담)
[惡魔(악마)] ① 악독한 마귀. 나쁜 짓을 하는 마귀. ② 매우 악독한 짓을 하는 사람. ¶그 사람은 악마야 ③ (불) 사람의 마음을 홀려 제정신을 차리지 못하게 하고 불도 수행을 방해하여 악한 길로 유혹하는 것.
[善惡(선악)] 착함과 악함. 참善惡果(선악과)
[罪惡(죄:악)] 죄가 될 만한 나쁜 짓.
[劣惡(열악)] 품질·능력 따위가 몹시 뒤떨어지고 나쁨.
[惡臭(악취)] 나쁜 냄새. ¶악취를 풍기다
[醜惡(추악)] 마음씨나 용모, 행실 따위가 더럽고 나쁨.
[惡夢(악몽)] 나쁜 꿈. 불길하고 무서운 꿈.
[惡寒(오한)] (추위를 미워함) (한의) 병적으로 몸이 오슬오슬 춥고 떨리는 기운. 급성 열성병이 발생할 때 피

부의 혈관이 갑자기 오그라져서 일어나는 증세로, 이 기운이 지나가면 열기가 생김. ¶나는 오싹 오한을 느꼈다
[憎惡(증오)] 몹시 미워함. 참憎惡心(증오심)
[嫌惡(혐오)] 싫어하고 미워함. 참嫌惡感(혐오감)

若 같을 약, 반야 야

'若'자는 '같다', '만약'의 뜻으로 쓰일 때는 [약]으로, 불교 용어 '반야'의 뜻을 나타낼 때는 [야]로 읽는다.
[明若觀火(명약관화)] 분명하기가 불을 보는 것과 같음. 매우 명백함. 뻔함.
[傍若無人(방약무인)] 곁에 아무 사람도 없는 것 같이 여겨, 거리낌 없이 함부로 행동함. ¶방약무인으로 설치다
[泰然自若(태연자약)] 마음에 어떤 충동을 받아도 움직임이 없이 천연스러움.
[若干(약간)] 얼마 되지 아니함. 조금. 얼마쯤. ¶약간의 돈/약간의 차이
[萬若(만약)] 만일. 그와 같다면.
[般若(반야)] 산스크리트어 'Prajna'의 한자 음역어. 모든 사물의 본질을 이해하고 불법의 참다운 이치를 깨닫는 지혜.

易 바꿀 역, 쉬울 이:

'易'자가 '바꾸다', '장사하다', '주역' 등의 뜻으로 쓰일 때는 [역]으로, '쉽다', '편안하다', '간략하게 하다' 등의 뜻으로 쓰일 때는 [이:]로 읽는다.
[易地思之(역지사지)] 처지를 바꾸어 그것을 생각함. 상대편의 처지에서 생각해 봄. 어떤 사안을 자신의 처지에서만 생각하지 말고 상대편의 입장이 되어 생각해 보는 것이다.
[交易(교역)] 나라 사이에서 물건을 팔고사고 하여 바꾸는 일.
[貿易(무역)] ① 지방과 지방 사이에 물건을 사고 팔거나 교환하는 일. 참貿易商(무역상), 貿易業(무역업) ② 국제무역.
[易經(역경)] (책) 周易(주역)을 삼경의 하나로 일컫는 말.
[周易(주역)] (책) 중국 상고 시대의 伏羲氏(복희씨)가 그린 팔괘에 대하여 주나라 文王(문왕)과 周公(주공)이 발전시키고, 뒤에 공자가 깊은 원리를 붙여 이룩한 유교 경전. 陰(음)과 陽(양)의 二元(이원)으로써 천지 만물의 원리를 설명하였음.
[難易(난이)] 어려움과 쉬움. 또는 어려운 것과 쉬운 것. 참難易度(난이도)
[容易(용이)] 아주 쉽다. 어렵지 않다. ¶용이한 일
[平易(평이)] ① 까다롭지 않고 쉬움. ② 평평하게 함. 평탄하게 함.
[安易(안이)] ① 쉬움. 어렵지 않음. ② 근심이 없고 편안함.
[簡易(간:이)] ① (일부 명사 앞에 쓰여) '간단하고 편리함'을 뜻함. ¶간이식당/간이역 ② 간단하고 쉬움.

芸 향초 이름 운, 재주 예

'芸'자는 향초 이름을 위하여 만들어진 글자이다. 이 때는 [운]으로 읽는다. '芸'자가 '재주 藝(예)'자의 약자로 쓰인다. 이 때는 [예]로 읽는다.

咽 목구멍 인, 목멜 열

'咽'자는 '목구멍'을 뜻할 때는 [인]으로, 물건이 목구멍에 걸려 '목이 메다', '막히다'의 뜻으로 쓰일 때는 [열]로 읽는다.
[咽喉(인후)] ① (생) 목구멍. ② 길목. 길의 중요한 통로가 되는 곳.
[耳鼻咽喉科(이:비인후과)] (의) 귀·코·목구멍·氣管(기관)·식도의 질환을 치료하는 의술의 한 분과.
[嗚咽(오열)] 슬피 흐느껴 울어 목이 멤. ¶모두 오열을 금치 못하였다.

炙 고기 구울 자/적

'炙'자는 '고기를 굽다' 또는 '구운 고기'를 뜻하는 글자인데 관례에 따라 [자] 또는 [적]으로 읽는다.
[人口膾炙(인구회자)/膾炙人口(회자인구)] '회와 구운 고기'라는 뜻으로, 회나 구운 고기는 맛이 있어 누구 입에나 맞듯이, 어떤 일의 명성이나 평판이 뭇사람의 입에 오르내림. ¶인구에 회자되다 참膾炙(회자)
[炙鐵(적철)] 석쇠.
[散炙(산적)] ① 쇠고기 따위를 길쭉길쭉하게 썰어 갖은 양념을 하여 대꼬챙이에 꿰어서 구운 적. ② '사슬산적'의 준말.
[魚炙(어적)] 물고기를 구워서 만든 적.

著 나타날 저:, 입을 착

'著'자는 '나타나다', '뚜렷하다', '드러나다', '(글을) 짓다' 등의 뜻으로 쓰일 때는 [저:]로 읽는다. '(옷을) 입다', '(신을) 신다', '붙이다', '다다르다'는 뜻으로 쓰일 때는 [착]으로 읽는다. 혼동을 피하기 위하여 '著(착)'의 속자인 '着(착)'자를 만들어 이러한 뜻을 나타냈다.
[著明(저:명)] 세상에 이름이 높이 드러남. 참著名人士(저명인사)
[顯著(현:저)] 두드러지게 드러남. ¶현저한 차이
[著書(저:서)] 책을 지음 또는 그 책.
[著者(저:자)] 책이나 글 따위를 지은 사람. 지은이.

切 끊을 절, 모두 체

'切'자는 '칼로 베다', '자르다', '절실하다'의 뜻으로 쓰일 때는 [절]로, '온통', '모두'란 뜻으로 쓰일 때는 [체]로 읽는다.
[切斷(절단)] 자르거나 베어 끊어냄. ¶다리를 절단하다
[切磋琢磨(절차탁마)] '切磋(절차)'는 뼈나 뿔로 작품을

만들 때 칼이나 톱으로 자르고 줄로 다듬는 것이고, '琢磨(탁마)'는 옥이나 돌로 작품을 만들 때 정으로 쪼고 사포로 갈아서 윤을 내는 것을 말한다. '학문과 덕행을 닦는 것도 이와 같이 순서와 절차를 밟고 노력해야 함'을 비유하는 말. 참切磨(절마), 切磋(절차)
[切齒腐心(절치부심)] '이를 갈며 속을 썩임'이란 뜻에서, '몹시 분하여 갖은 노력을 다함'을 이르는 말.
[親切(친절)] 남을 대하는 태도가 매우 정답고 성의가 있음.
[切實(절실)] ① 적절하여 실제에 꼭 들어맞음. ¶매우 절실한 표현 ② 매우 긴요하고 다급함. ¶난민에게 의약품이 절실히 필요하다
[懇切(간절)] 지성스럽고 절실함. ¶간절한 부탁
[適切(적절)] 꼭 알맞음. 참時宜適切(시의적절)
[切品(절품)/品切(품절)] 어떠한 종류의 물품이 다 팔려서 떨어져 없음.
[一切(일절)] 한 번 끊거나 자름.
[一切(일체)] 모든. 온갖. 전혀. 도무지.
[一切衆生(일체중생)] (불) 地(지)·水(수)·火(화)·風(풍) 네 가지로 합성된 몸을 가진 모든 물건.

幀 그림 족자 정/탱

'幀'자는 '그림 족자' 또는 '책의 겉장이나 싸개'의 뜻으로 쓰일 때는 [정]으로, '幀畫(탱화)'의 경우에는 [탱]으로 읽는다.
[幀畫(탱화)] (불) 부처·보살·성현 등을 그려서 벽에 거는 그림.
[影幀(영:정)] 화상을 그린 족자.
[裝幀(장정)] 책을 꾸밈. 또는 그 꾸밈새. ¶호화 장정한 책

除 덜 제, 섬돌 제, 사월 여

'除'자는 '덜다', '제거하다', '나누다', '쓸어서 깨끗이 하다' 등의 뜻으로 쓰일 때는 [제]로 읽는다. '음력 12월'을 가리키는 '除月'은 [제월]로 읽고, '음력 사월'을 가리키는 '除月'은 [여월]로 읽는다.
[除去(제거)] 덜어 없앰. ¶불순물 제거/친일파 제거
[除名(제명)] 구성원 명단에서 이름을 뺌. 구성원 자격을 박탈함.
[除外(제외)] 어느 범위 밖에 둠. ¶세금을 제외하고
[免除(면:제)] 책임이나 의무를 면하거나 덜어줌. ¶병역 면제
[削除(삭제)] 깎아서 없앰. 지워버림. ¶내용의 일부를 삭제하다 반添加(첨가)
[掃除(소:제)] 청소
[解除(해:제)] 강제나 금지 따위를 풀어서 자유롭게 함. ¶통행금지 해제
[除數(제수)] 나눗셈에서 어떤 수를 나누는 수.
[加減乘除(가감승제)] 더하기와 빼기와 곱하기와 나누기.
[除夜(제야)/除夕(제석)/] 섣달 그믐날 밤. ¶밤 12시가 되자 제야의 종소리가 울려 퍼졌다
[除月(제월)] 음력 12월.
[除月(여월)] 음력 4월.

則 곧 즉, 법 칙

'則'자는 '원칙', '규칙', '법칙' 같은 낱말의 구성요소로 쓰일 때는 [칙]으로 읽는다. 고전 문장에서는 '곧'이란 뜻으로 쓰이는데 이 경우에는 [즉]이라고 읽는다. 문장에서만 쓰이기 때문에 한자어에는 [즉]으로 읽는 예는 없다.
[聞則疾不聞藥(문:즉질불문약).] 들으면 병, 못 들으면 약이란 뜻으로, 마음에 걸리는 말은 처음부터 듣지 않는 편이 낫다는 속담.
[規則(규칙)] 정해 놓은 규범이나 원칙. ¶규칙을 어기다 반不規則(불규칙) 참規則的(규칙적), 不規則(불규칙)
[反則(반:칙)] 주로 운동 경기 따위에서 규칙을 어김. 또는 규칙에 어긋남.
[法則(법칙)] ① 법식과 규칙. ② 일정한 조건 아래서 반드시 성립되는 사물 상호간의 필연적·보편적·본질적인 관계. ¶만유인력의 법칙/자연의 법칙 ③ (수) 演算(연산)의 규칙.
[變則(변:칙)] ① 보통의 원칙이나 규칙을 바꾼 형태나 형식. ② 규칙·규정에서 벗어남. 참變則的(변칙적)
[原則(원칙)] 기본이나 기초가 되는 법칙.
[會則(회:칙)] 모임의 규칙.

辰 별 진, 지지 진, 때 신

'辰'자는 '때', '날' 같은 뜻으로 쓰일 때는 [신]으로, '다섯째 지지'로 쓰일 때는 [진]으로 읽는다.
[生辰(생신)] 윗사람이나 남을 높이어 그의 생일(生日)을 이르는 말.
[誕辰(탄:신)] 임금이나 성인이 태어난 날. ¶세종대왕 탄신 기념행사/석가 탄신
[辰時(진시)] 십이시의 다섯째 시. 오전 일곱 시부터 아홉 시까지.
[日辰(일진)] ① 그날의 干支(간지). ② 그날의 운세.
[壬辰倭亂(임:진왜란)] (역) 조선 선조 25(1592)년 임진년에 일본이 침범하여 7년 동안 싸운 전쟁.

茶 차 차, 차 다

'茶'자는 단음절 어휘일 때에는 [차]로만 쓰인다. 예를 들면, '차를 마시다'라고 하지 '다를 마시다'라고는 하지 않는다. '茶'자가 낱말의 머리에 오면 [다]로, 뒤에 오면 [차]로 읽는 것이 관행이다. '茶禮(차례)' 등 예외도 있다.
[茶菓(다과)] 차와 과자. 참茶菓會(다과회)
[茶禮(차례)] ① 茶(차)를 올리는 예. ② 음력 매달 초하룻날 또는 보름, 명절, 조상 생신날 등에 간단히 지내는 제사. ¶설날 아침에 차례를 지냈다

[茶飯(다반)/茶飯事(다반사)/恒茶飯(항다반)/恒茶飯事(항다반사)] ① 밥을 먹고 차를 마시듯 늘 있어 예사롭고 흔함. 예사롭고 흔한 일. ② 예사로.
[茶房(다방)] ① 실내에 탁자와 의자를 갖추어 놓고 커피·차·우유·청량음료 따위를 파는 곳. ② (역) 조선 때, 궁중에서 약을 지어 바치던 부서.
[綠茶(녹차)] ① 푸른빛이 그대로 나도록 말린 부드러운 찻잎. ② 녹차를 넣어 달인 찻물.
[紅茶(홍차)] 차나무의 잎을 발효시켜 말린 찻감. 그 달인 물이 붉은 빛깔을 띰.
[茶毘(다비)] (불) 주검을 불에 태워 장사하는 일. 짭茶毘式(다비식)

參 참여할 참, 석 삼

'參'자는 '三(삼)'의 갖은자로 쓰인다. '참여하다'의 뜻으로 쓰일 때는 [참]으로 읽는다.
[一金參千圓整(일금삼천원정)]
[參加(참가)] 어떤 모임이나 단체의 일에 참여하여 가입함.
[參政權(참정권)] 국민이 나라의 정치에 참여할 수 있는 권리. 선거권·피선거권 및 공무원이 될 수 있는 권리 따위.
[同參(동참)] 같이 참여함.
[持參(지참)] 물건을 가지고서 모임 따위에 참여함.
[參考(참고)] 살펴서 도움이 될 만한 재료로 삼음. 또는 그것.
[參拜(참배)] ① 신이나 부처에게 절함. ② 무덤이나 죽은 사람을 기리는 기념비 등의 앞에서 경의나 추모의 뜻을 나타내는 일.

拓 개척할 척, 박을 탁

'拓'자는 '넓히다'의 뜻으로 쓰일 때는 [척]으로, '금석문을 종이에 박다', '뜨다'는 뜻을 나타낼 때는 [탁]으로 읽는다.
[拓地(척지)] ① 땅을 개척함. ② 땅의 경계를 넓힘.
[干拓(간척)] (지) 바다나 호수를 둘러막고 그 안의 물을 빼어 육지로 만드는 일. ¶서해안 간척 사업
[開拓(개척)] ① 거친 땅을 일구어 농사지을 땅을 넓힘. ② 새로운 부문의 일을 시작하여 처음으로 길을 닦음. ¶새로운 시장을 개척하다 ③ 어려움을 이기고 나아갈 길을 헤쳐 엶. ¶자신의 삶을 개척하다
[拓本(탁본)] 金石(금석)에 새긴 글씨나 그림을 종이에 그대로 박아냄. 또는 그 박아낸 종이.

推 밀 추, 밀 퇴, 옮을 추

'推'자는 '옮다', '추천하다', '공경하여 높이 받들다', '헤아리다', '밝히다' 등의 뜻으로 쓰일 때는 [추로, 읽는다. '밀다', '앞으로 밀다'는 뜻으로 쓰일 때는 [추] 또는 [퇴]로 읽는다.

[推移(추이)] 일이나 형편이 변하여 나아감.
[推薦(추천)] 사람을 내세워서 그 자리에 쓰도록 소개하거나 추천함. 짭推薦狀(추천장)
[推戴(추대)] 윗사람으로 떠받듦.
[推仰(추앙)] 높이 받들어 우러러봄.
[推理(추리)] ① 사리를 미루어 생각함. ② (논) 이미 아는 사실을 전제로 하여 미루어서 다른 사실을 알아냄. 짭推理小說(추리소설)
[推定(추정)] ① 미루어 생각하여 판정함. ② (법) 무슨 사실에 대하여 반대되는 증거가 없는 때에는 그것이 올바르다고 가정하여 법적 효과를 발생시키는 일.
[推尋(추심)] ① 찾아서 가지거나 받아냄. ② (경) 은행이 소지인의 의뢰를 받아 수표 또는 어음을 지급인에게 제시하여 지급하게 하는 일.
[推進(추진)] 밀어 나아가게 함. ¶계획을 추진하다
[推敲(퇴고)/(추고)] 시문을 지을 때 字句(자구)를 여러 번 생각하여 고치는 일을 뜻한다.

沈 잠길 침, 가라앉을 침, 성 심:

'沈'자가 '물에 가라앉다' '마음을 가라앉히다', '잠기다' 등의 뜻으로 쓰일 때는 [침]으로, 사람의 '성씨'로 쓰일 때는 [심:]으로 읽는다.
[沈沒(침몰)] 물에 가라앉거나 빠짐. ¶유람선이 침몰하여 여러 사람이 죽었다
[擊沈(격침)] (배를) 공격하여 가라앉힘.
[浮沈(부침)] ① 물 위에 떠올랐다 잠겼다 함. ② 시세나 세력 따위의 현상이 성하였다 쇠하였다 함. ③ 편지가 받아볼 사람에게 이르지 못하고 도중에서 없어짐.
[意氣銷沈(의:기소침)] 뜻과 기세가 쇠하여 사그라짐.
[沈澱(침전)] ① 액체 속에 섞여 있는 물질이 가라앉음. 짭沈澱物(침전물) ② (화) 용액 속에서 화학변화가 일어날 때 불용성의 반응 생성물이 생기는 일. 또는 농축·냉각 등에 의하여 용질의 일부가 고체로서 용액 속에 나타나는 일.
[沈着(침착)] 행동이 들뜨지 아니하고 착실함. ¶침착한 성격
[沈默(침묵)] 아무 말도 하지 않고 잠잠히 있음.
[沈滯(침체)] ① 일이 잘 진전되지 못함. ② 오래도록 벼슬의 지위가 오르지 못함.
[沈鬱(침울)] ① 걱정과 근심에 잠겨서 마음이나 기분이 답답함. ② 어둡고 시원하지 못함.
[陰沈(음침)] ① 날씨가 흐리고 컴컴함. ¶음침한 겨울 날씨 ② 명랑하지 못하고 흉하다. ¶음침한 분위기
[沈淸傳(심:청전)]

宅 집 택, 댁 댁

'宅'자가 사람이 사는 주거로서의 '집'을 뜻할 때는 [택]으로, 상대방의 집이나 가정 또는 남의 부인을 높여 이르는 말로 쓰일 때는 [댁]으로 읽는다.

[宅配(택배)] 짐 따위를 각자 집으로 나누어 보내주는 일.
[家宅(가택)] 살림하는 집. 줄家宅搜査(가택수사)
[住宅(주:택)] 사람이 사는 집.
[宅(댁)] ① '상대방 집'의 높임말. ¶댁까지 모셔다 드리겠습니다 ② '상대자의 아내'의 높임말. ¶댁께서는 어디 가셨습니까? ③ 평교간이나 그 아래의 사람에게 이인칭으로 쓰는 말. ¶댁이 뉘신가? ④ (접미사처럼 성이나 직명에 붙여) '그 아내' 또는 '그 집'이란 뜻을 나타냄. 김 참봉 댁, 사장 댁 등. ⑤ (접미사처럼 친정 동네 이름 등에 붙여) '시집간 여자'를 일컫는 말. 안성댁, 경주댁 따위.
[宅內(댁내)] '남의 집안'의 높임말. ¶댁내가 다 무고하신지요?
[寡婦宅(과:부댁)/寡宅(과:댁)] 寡嫂(과수). 寡婦(과부)를 점잖게 일컫는 말.
[媤宅(시댁)] '시집'의 높임말.
[査頓宅(사돈댁)] ① 사돈의 아내. ② '사돈집'의 높임말.

婆 할미 파, 범어 바

'婆'자가 '할미', '늙은 여자' 등의 뜻으로 쓰일 때는 [파]로 읽는다. 梵語(범어) 'bha'의 음역자로 쓰일 때는 [바]로 읽는다.
[婆婆(파파)] 머리가 하얗게 센 노인. 동婆婆老人(파파노인)
[老婆(노:파)] ① 늙은 여자. 할미. ② 남편이 아내를 일컫는 말.
[老婆心(노:파심)] ① 친절하여 남의 일을 지나치게 걱정하는 마음. 필요 이상의 친절한 마음. ② 의견·충고 따위를 말할 때 자기 마음을 겸손하여 이르는 말.
[産婆(산:파)] 조산원. 아기가 태어나는 것을 도와주는 여자.
[婆羅門(바라문)] 梵語(범어) Brahmana의 음역. ① 인도 四姓(사성) 가운데서 가장 높은 지위의 승족. 婆羅門敎(바라문교)의 敎法(교법)·祭典(제전)·學問(학문)의 일을 맡았으며, 王侯(왕후) 이상의 권력이 있음. ② 婆羅門敎(바라문교). 또는 그 승려.
[裟婆(사바)] 梵語(범어) sabha의 음역. 忍土(인토)·能忍(능인) 등으로 번역함. '안에 여러 번뇌가 있고, 밖에 寒暑風雨(한서풍우)의 고통이 있어 이러한 여러 고통을 견디어 내야 하는 국토'라는 뜻. 곧 이 세상, 현세를 말함.

便 편할 편, 오줌 변, 곧 변

'便'자는 '편안하다', '편리하다', '소식', '편지', '전하여 보내는 데 이용하는 계제' 등의 뜻으로 쓰일 때는 [편]으로, '오줌', '대변', '곧', '문득' 등의 뜻으로 쓰일 때는 [변]으로 읽는다.
[便安(편안)] ① 무사함. ② 편하고 한결같이 좋음.
[不便(불편)] ① 편리하지 못함. ② 편하지 못함. 거북스러움.
[便利(편리)] 편하고 쉬움.
[便宜(편의)] ① 편리하고 마땅함. 줄便宜店(편의점) ② 형편이 좋음.
[簡便(간:편)] 간단하고 편리하다.
[便紙(편:지)] 편하게 잘 있는지 따위의 안부나 소식을 적어 보내는 종이.
[郵便(우편)] ① 편지 따위를 우송함. ② 우편물의 준말. 줄郵便葉書(우편엽서), 登記郵便(등기우편)
[船便(선편)] 배편. 배가 사람이나 물건을 실어 오고 가고 하는 편. ¶그 물건을 선편으로 부쳐주십시오
[車便(차편)] 차가 오가는 편.
[航空便(항:공편)] 항공기의 운항 편.
[人便(인편)] 오가는 사람의 편.
[東便(동편)] 동쪽. 동쪽 방향. 반西便(서편)
[相對便(상대편)] 상대가 되는 편.
[男便(남편)] 부부 관계에서, 남자 편을 그의 아내의 편에서 이르는 말. 지아비.
[兩便(양:편)] 상대되는 두 편. ¶길의 양편에 늘어선 가로수
[便器(변기)] 똥·오줌을 받아내는 그릇.
[便所(변소)] 뒷간.
[小便(소:변)] 오줌.
[大便(대:변)] 똥.
[不學(불학), 便老而衰(변노이쇠).] 배우지 않으면 곧 늙고 쇠약해진다. 학문에는 끝이 없기 때문에 배움에 충실한 사람에게는 노쇠가 없다. 『近思錄(근사록)·爲學類(위학류)』

布 베 포, 펼 포:, 보시 보:

'布'자는 '식물의 섬유로 짠 베'의 뜻으로 쓰일 때는 단음인 [포]로, '펴다', '널리 알리다', '흩다' 등의 뜻으로 쓰일 때는 장음인 [포:]로 읽는다. '베풀다', '나누어주다'는 뜻으로 쓰일 때는 [보:]로 읽는다.
[布袋(포대)] ① 베자루. ② 분량의 단위. ¶한 포대
[布帳馬車(포장마차)] ① 비바람이나 햇볕을 막으려고 포장을 둘러친 마차. ② 길가에서 손수레 따위에 포장을 치고 간단한 음식과 술을 파는 간이음식점.
[面紗布(면:사포)] ① 결혼식 때 신부가 머리에 써서 뒤로 길게 늘어뜨리는 흰 紗(사). ② 신부가 처음으로 신랑 집에 갈 때 머리에서부터 발까지 온몸을 덮어 가리는 검은 紗(사).
[布告(포:고)] ① 일반에게 널리 알림. ② 국가의 결정 의사를 공식으로 국민에게 발표하는 일. 줄布告令(포고령), 宣戰布告(선전포고)
[公布(공포)] ① 공개적으로 퍼트려 널리 알게 함. ② 새로 제정된 법령이나 조약 등을 국민에게 두루 알림. 또는 그 절차.
[配布(배:포)] 널리 나누어줌. ¶학생들에게 학교생활 안내 책자를 배포하였다.
[布石(포:석)] ① 바둑을 둘 때에 앞으로의 싸움에 대비하여, 처음 바둑돌을 벌여 놓음. ② 앞날에 대비하여

미리 손을 씀.
[布陣(포:진)] 전쟁 등을 위해 진을 침.
[分布(분포)] ① 흩어져 여러 곳에 널리 퍼져 있음. ¶동식물의 분포
[瀑布(폭포)] 물이 절벽에서 쏟아져 내리는 것. 또는 그 물. 참瀑布水(폭포수)
[布施(보:시)] (불) 자비심으로 남에게 재물이나 불법을 베풂. 또는 그 베푸는 재물 따위.

暴 사나울 폭, 모질 포:

'暴'자는 '사납다', '세차다', '갑자기' 등의 뜻으로 쓰일 때는 [폭]으로, '모질다', '학대하다', '해치다'는 뜻으로 쓰일 때는 [포]로 읽는다.
[暴動(폭동)] 어떤 집단이 폭력으로 소동을 일으켜서 사회의 안녕을 어지럽히는 일. ¶폭동이 일어나다
[暴力(폭력)] 남을 거칠고 사납게 제압할 때 쓰는 주먹이나 발 또는 몽둥이 따위의 수단이나 힘.
[暴行(폭행)] ① (사람을) 주먹이나 발이나 몽둥이 따위로 때리는 것. ② '强姦(강간)'을 완곡하게 이르는 말. 참性暴行(성폭행)
[亂暴(난폭)] 행동이 몹시 거칠고 사나움.
[暴利(폭리)] 지나치게 많이 남기는 부당한 이익. 반薄利(박리) ¶폭리를 취하다
[暴雪(폭설)] 갑자기 한꺼번에 많이 내린 눈. ¶어젯밤 폭설로 교통이 두절되었다 참暴雨(폭우), 暴風(폭풍)
[暴騰(폭등)] 값이 갑자기 크게 뛰어 오름. 반暴落(폭락)
[暴落(폭락)] ① 갑자기 크게 떨어짐. ¶시세가 폭락하다 ② 인격이나 위신이 갑자기 여지없이 떨어짐.
[暴露(폭로)] ① 알려지지 않은 일을 드러냄. ② 묻히거나 싸인 물건이 비바람에 노출되어 바램.
[暴惡(포악)] 행동이 사납고 성질이 악함. ¶포악한 행동
[橫暴(횡포)] 성질이나 행동이 몹시 사납고 제멋대로임.
[自暴自棄(자포자기)] 스스로에게 난폭하고 스스로를 버린다. 마음에 불만이 있어 아무런 기대도 걸지 않고 짐짓 몸가짐이나 행동을 마구 되는 대로 함. 될 대로 되라는 행동을 이른다.

合 합할 합, 홉 홉

'合'자가 '합하다', '틀리거나 어긋남이 없다', '모이다', '짝을 짓다', '겨루다' 등의 뜻으로 쓰일 때는 [합]으로 읽는다. 우리나라에서 '合'자를 용량의 단위로 쓰일 때는 [홉]으로 읽는다.
[合計(합계)] 합하여 셈. 또는 그 수나 양.
[合意(합의)] ① 서로 의견이 일치함. 또는 그 의견. ② (법) 당사자 서로의 의사가 합치하는 일. 계약의 성립 요건이 됨.
[結合(결합)] ① 둘 이상의 사물이 서로 관계를 맺어 하나로 합함. ② 부품들을 하나의 구조물로 짜맞춤. 반分解(분해) ¶소총의 분해 결합

[組合(조합)] ① 여럿을 모아 합하여 한 덩어리가 되게 함. ② (법) 행정에서 인격을 가진 지방 단체, 또는 특정한 자격이 있는 사람끼리 조직된 단체. 공공조합 따위. ③ 두 사람 이상이 출자하여 공공사업을 경영하는 단체. 협동조합 등. 참組合員(조합원), 組合長(조합장) ④ (수) 몇 개 중에서 정한 수를 한 쌍으로 뽑아서 모음. 또는 그 짝.
[合格(합격)] ① 자격에 맞음. ② 채용이나 자격시험에 붙음. ¶합격을 축하합니다
[合理(합리)] 이치에 맞음. 참合理的(합리적), 合理化(합리화) 반不合理(불합리)
[合法(합법)] 법령·규칙 또는 법식에 맞음. 참合法的(합법적)
[適合(적합)] 꼴 알맞음. ¶이곳은 벼농사에 적합하다.
[合資(합자)] 두 사람 이상이 자본을 한데 모음. 참合資會社(합자회사)
[合掌(합장)] (불) 불가에서 인사할 때나 절할 때 두 손 바닥을 가슴께에서 마주 합침. 참合掌拜禮(합장배례)
[待合室(대:합실)] 역·병원 등에 손님이 쉬며 기다릴 수 있도록 마련해 놓은 방.
[烏合之卒(오합지졸)] '까마귀가 모인 것처럼 질서가 없는 병졸'. 임시로 모아 훈련이 부족하고 규율이 없는 군대. 즉 어중이떠중이를 비유하는 말이다. 참烏合之衆(오합지중) 『後漢書(후한서)·耿弇(경엄)전』
[集合(집합)] ① 한군데로 모이거나 모음. 참集合名詞(집합명사) ② (수) 범위가 확정된 요소의 모임. 集合論(집합론).
[競合(경:합)] 겨룸.
[試合(시합)] ① 우열을 따지기 위하여 경합을 벌임. ② 운동이나 그 밖의 경기 따위에서 승부를 겨루는 일.
[三(삼) 合(홉)]

降 항복할 항, 내릴 강:

'降'자가 '항복하다'의 뜻으로 쓰일 때는 [항]으로 읽는다. '내리다', '높은 곳에서 낮은 곳으로 옮다', '임하다', '비 따위가 내리다' 등의 뜻으로 쓰일 때는 [강:]으로 읽는다.
[降伏(항복)/降服(항복)] ① 전쟁 등에서 자신이 진 것을 인정하고 상대방에게 굴복함. ② 잘못했다고 굽힘.
[投降(투항)] 적에게 항복함.
[降等(강:등)] 등급을 낮춤. ¶일 계급 강등
[降下(강:하)] ① 공중에서 아래쪽으로 내림. ¶낙하산 강하 훈련 ② 기온 따위가 내림.
[昇降(승강)] 오르고 내림.
[昇降機(승강기)] 사람을 태우거나 물건을 싣고 오르내리는, 고층 건물에 장치한 기계. 엘리베이터.
[乘降(승강)] 기차·자동차 따위를 타고 내리고 함. 참乘降場(승강장)
[降臨(강:림)] 신이 인간 세상에 내려오심.
[降雨(강:우)] 비가 내리는 것. 또는 내린 비. ¶강우 전

선 [참]降雨量(강우량)
[霜降(상강)] 24절기의 열여덟째. 한로와 입동 사이로 양력 10월 23일이나 24일에 듦.

行 갈 행, 다닐 행, 행실 행, 항렬 항

'行'자가 '가다', '다니다', '행하다', '행위' 등의 뜻으로 쓰일 때는 [행]으로 읽는다. '항렬', '서열'의 뜻으로 쓰일 때는 [항]으로 읽는다. '줄', '대열'의 뜻으로 쓰일 때는 [행] 또는 [항]으로 읽는다.
[行軍(행군)] ① 여러 사람이 군대식으로 열 지어 먼 길을 걸어감. ② 군대가 열을 지어 먼 거리를 이동 또는 행진함.
[行方(행방)] 간 방향. 간 곳. [참]行方不明(행방불명)
[行進(행진)] 여러 사람이 발맞춰 줄을 지어 다니며 걸어 나감.
[紀行(기행)] 여행하는 동안에 보고 듣고 느낀 것을 적은 글. 일기・편지・수필・보고 형식 등으로 씀. [참]紀行文(기행문)
[同行(동행)] ① 길을 같이 감. ② 부역에 함께 나감. ③ 신앙이나 수행을 같이 하는 사람.
[旅行(여행)] 자기가 사는 곳을 떠나 먼 길을 감. [참]旅行社(여행사)
[通行(통행)] ① 어떤 곳을 지나서 다님. [참]通行禁止(통행금지) ② 돈이나 물건이 두루 돎.
[流行(유행)] 어떠한 양식이나 현상 등이 새로운 경향으로 한동안 사회에 널리 퍼지는 현상. ¶이 옷은 유행이 지났다
[行動(행동)] 길을 가거나 몸을 움직임. 어떤 동작을 함.
[行爲(행위)] ① 사람이 의지를 가지고 하는 짓. ¶부정행위 ② (법) 권리의 득실・이전 등의 원인이 되는 의사 표시. ③ (철) 분명한 목적이나 동기를 가지고 의식적으로 행하는 인간의 의지적인 언행.
[行政(행정)] ① 정치나 사무를 행함. ¶행정 계통 ② 법률을 집행하여 나랏일을 실현하는 통치 작용. 입법・사법과 함께 국가 통치 작용의 한 갈래임. [참]行政權(행정권), 行政府(행정부)
[犯行(범:행)] 범죄 행위를 함. 또는 그 행위.
[所行(소:행)] 행한 일. 행한 바.
[言行(언행)] 말과 행동. ¶언행일치
[行書(행서)] 한자 글씨체의 하나. 楷書(해서)와 草書(초서)의 중간에 해당되는 것으로, 획을 조금 흘려서 씀.
[行間(행간)] ① 글의 줄과 줄 사이. 또는 行(행)과 행 사이. ② 글에 직접 나타나 있지 않아도 그 글에 숨어 있는 뜻을 비유하는 말.
[行列(항렬)] 겨레붙이(혈족) 사이의 代數(대수) 관계를 나타내는 서열. ¶항렬이 높다
[叔行(숙항)] 아저씨뻘이 되는 항렬.
[雁行(안:항/안:행)] 남의 형제를 높여 부르는 말.

衡 저울대 형, 가로 횡

'衡'자는 '저울대', '평평하다', '고르다'는 뜻으로 쓰일 때는 [형]으로, '가로'의 뜻으로 쓰일 때는 [횡]으로 읽는다.
[度量衡(도:량형)] 길이・부피・무게 따위의 단위를 재는 법 및 그 재는 기구.
[銓衡(전:형)] 사람의 됨됨이나 재능을 여러모로 저울질함.
[衡平(형평)] 한쪽으로 치우치지 않고 균형이 맞음.
[均衡(균형)] 치우치거나 기울어지지 않고 고름. ¶균형을 잡다/균형을 잃다
[平衡(평형)] ① 사물이 한쪽으로 치우치거나 기울지 않고 똑바로 있는 상태. ② 둘 이상의 힘이나 작용이 균형을 이루어 안정된 상태.
[合縱連衡(합종연횡)/合縱連橫(합종연횡)] 중국 전국시대의 蘇秦(소진)이 주장했던 외교 정책 이론. 즉 서쪽의 강국 秦(진)나라에 대항하기 위하여 남북의 韓(한)・魏(위)・趙(조)・燕(연)・齊(제)・楚(초)의 여섯 나라가 동맹하여야 한다는 주장. 중국 전국시대에 여섯 나라가 횡으로 연합하여 진나라를 섬기자는 주장.

畵 그림 화, 그을 획

'畵'자는 '그리다'의 뜻으로 쓰일 때에는 [화:]로 읽고, '긋다' 또는 '획'을 뜻하는 경우에는 [획]으로 읽는다. 특히 [획]으로 읽는 경우를 위하여 '劃(획)'자가 따로 만들어졌지만, 서로 통용되기도 한다.
[畵家(화:가)] 그림 그리는 일을 전문으로 하는 사람.
[畵中之餠(화:중지병)] 그림의 떡. 아무리 마음에 들어도 차지할 수 없는 것을 이르는 말. [준]畵餠(화병)
[畵蛇添足(화:사첨족)] 뱀을 그리는데 실물에는 있지도 않은 발을 그려 넣어서 원 모양과 다르게 되었다는 고사에서, '쓸데없는 일을 하여 일을 그르침'을 이르는 말. [준]蛇足(사족)
[東洋畵(동양화)] 동양에서 발달한 먹이나 안료를 써서 비단이나 종이에 붓으로 그리는 그림. [참]西洋畵(서양화)
[漫畵(만:화)] 사물의 특징을 과장하여 간단하고 익살스럽게 그려 인생이나 사회를 풍자하는 그림. ('멋대로 그린 그림'이라는 뜻인 독일어 'Karikatur'를 일본 사람들이 '漫畵'라고 옮겼다고 함.)
[畵面(화:면)] ① 그림의 표면. ② 영사막, 브라운관 따위에 비치는 사진의 겉면.
[名畵(명화)] ① 썩 잘 그린 그림. 또는 그림을 잘 그리는 사람. ② 유명한 그림. ③ 잘된 영화. 유명한 영화.
[映畵(영화)] 연속 촬영한 필름을 연속으로 영사막에 비추어 물건의 모습이나 움직임을 실제와 같이 재현하여 보이는 것. [참]映畵館(영화관)
[劃期的(획기적)/畵期的(획기적)] 어떤 분야에서 새로운 기원이나 시기를 열어 놓을 만큼 두드러진. 또는 그러한 것.
[劃數(획수)/畵數(획수)] 한자에 쓰인 획의 수.
[劃順(획순)/畵順(획순)] 글씨를 쓸 때 획을 긋는 순서.

한자의 장음 단음

순우리말과 漢字語(한자어)로 이루어진 우리 국어의 高低長短(고저장단)은 平上去入(평상거입)의 四聲(사성)으로 구분한다. 平聲(평성)은 평탄하고 짧으며, 上聲(상성)은 길고 높으며, 去聲(거성)은 莊重(장중)하며, 入聲(입성)은 促急(촉급)하여 짧은 것이다. 그러나 글자의 四聲(사성)은 필자도 제대로 알고 있지 못할뿐더러 한자능력검정시험 응시를 희망하는 모두에게 四聲(사성)을 익히기를 권하는 것은 무리일 것이다. 그래서 여기에서는 사단법인 韓國語文會(한국어문회)와 사단법인 傳統文化硏究會(전통문화연구회)가 공동 주관으로 '교육한자대표훈음선정위원회'에서 선정해서 2000년 6월 10일에 발표한 「敎育漢字(교육한자) 代表訓音(대표훈음) 選定(선정)」 책자를 근거로 하고, 국어사전을 참고해서 한자의 장음과 단음을 익히도록 하였다.

標準語(표준어) 규정에는 '표준어는 교양 있는 사람들이 두루 쓰는 현대 서울말로 정함을 원칙으로 한다'고 되어 있다. 단어를 이어가는 語法(어법)에 맞도록 엮어진 말이나 글을 옳게 소리내는 發音法(발음법)이 정해진 규칙에 맞게 어울린 것이 표준어다. 우리가 교양 있는 사람으로서 언어생활을 하기 위해서는 순우리말과 한자어로 이루어진 우리 국어의 장단음 표현을 바르게 익혀 바르게 사용해야 할 것이다.

한자 讀音(독음)의 장단음 문제는 한자능력검정시험 4급부터 출제된다. 점수 배점의 비중은 5% 내외이다. 높은 점수를 기대하는 응시자들은 관심을 가져야 할 것이다.

글자의 장단음은 오랜 기간의 전통과 관습에 의하여 형성된 것으로 일정한 법칙이 없다. 한 글자 또는 한 낱말 단위로 익숙해져야 알 수 있는 것이기도 해서 공부하는 데에 많은 어려움이 있다. 시험 때에는 길게 또는 짧게 읽어 본 후에 자연스러운 발음을 택하기를 권하기도 하지만 언어생활의 오랜 경험이 없으면 이것도 그리 쉬운 일은 아니다. 장단음은 하루아침에 익힐 수 없는 것이다. 시험공부라고 생각하지 말고 평소에 꾸준히 관심을 가지고 공부하길 바란다. 본서에서는 표제자의 音(음)과 내용의 낱말에 장음 ':' 또는 '(:)' 표시를 하여 공부하면서 장단음을 익힐 수 있도록 하였다. 이 부록에서는 본서의 3611자에 대한 장단음을 분류 정리하여 필요한 정보를 찾아볼 수 있게 하였다.

우리말로 한자음을 적었을 때, 'ㄱ', 'ㄹ', 'ㅂ' 받침이 들어가는 한자는 四聲(사성) 중 入聲(입성)으로서 모두 짧게 발음한다. 예를 들면 學(학), 各(각), 乙(을), 吉(길), 入(입), 納(납), 甲(갑) 등은 짧은 소리로 발음한다. 入聲(입성)의 'ㄱ·ㄹ·ㅂ' 법칙은 漢字語(한자어)에만 적용된다. 순우리말에서는 이 법칙이 적용되지 않는다. 장단음 공부에 참고할 만한 법칙이다.

長音(장음)은 語頭(어두)에서만 나타나고 어두가 아닌 곳에서 쓰일 때는 나타나지 않는다. 다만 複合語(복합어)의 어두에는 나타난다.

한자 장음 단음

장음으로 발음되는 한자는 字音(자음)에 ':'로 표시하였다. 장음 또는 단음으로 발음되는 한자는 字音(자음)에 '(:)'로 표시하였다. 字音(자음)에 표시가 없는 것은 단음으로 발음하는 글자이다. 이렇게 각 글자에 표시를 한 후 단음의 글자들을 모아 단으로 묶었고, 장음의 글자들을 모아 장으로 묶어 분류하였다. 장음 또는 단음으로 발음되는 글자들은 단장으로 묶고 각 글자마다 장음 또는 단음으로 발음하는 법칙과 낱말의 예를 찾아 익힐 수 있도록 하여, 장단음을 공부하는데 도움을 주고자 하였다.

【가】

단 집 家(가), 노래 歌(가), 더할 加(가), 값 價(가), 절 伽(가), 가지 柯(가), 부처 이름 迦(가), 성씨 哥(가), 아름다울 嘉(가), 시집갈 嫁(가), 심을 稼(가), 가사 袈(가), 책상다리할 跏(가), 값 賈(가)/성씨 賈(가)/장사 賈(고), 굴대 軻(가)

장 옳을 可(가):, 거짓 假(가):, 겨를 暇(가):, 아름다울 佳(가):, 시렁 架(가):, 꾸짖을 呵(가):, 가혹할 苛(가):

단장 거리 街(가)(:), 멍에 軻(가)(:)

'거리 街(가)'자는 '교육한자대표훈음선정위원회'에서 선정 발표한 '敎育漢字(교육한자) 代表訓音(대표훈음) 選定(선정) 책자'에 장단음으로 분류되어 있다. (이하에서는 '교육한자대표훈음선정위원회에서 선정 발표한 교육한자 대표훈음선정 책자에 장단음으로 분류되어 있다'를 '장단음으로 분류되어 있다'로 줄여서 표현하였음.) 저자가 국어사전에서 확인한 바로는 街道(가도), 街路(가로) 街路燈(가로등), 街路樹(가로수), 街巷(가항) 등의 낱말에서는 단음으로, 街頭(가:두), 街頭示威(가:두시위), 街販(가:판)/街頭販賣(가:두판매), 街談巷說(가:담항설) 등의 낱말에서는 장음으로 발음한다.

'멍에 軻(가)'자는 소개할 낱말이 없다.

【각】

단 각 各(각), 뿔 角(각), 새길 刻(각), 깨달을 覺(각), 집 閣(각), 다리 脚(각), 물리칠 却(각), 삼갈 恪(각), 껍질 殼(각), 쌍옥 玨(각)

【간】

단 줄기 幹(간), 방패 干(간), 볼 看(간), 책 펴낼 刊(간), 개간할 墾(간), 장대/낚싯대 竿(간), 어려울 艱(간), 몽둥이 杆(간)

장 간절할 懇(간):, 간음할 姦(간):/奸(간):, 산골물 澗(간):, 간할 諫(간):, 가릴 揀(간):

단장 사이 間(간)(:), 대쪽/간략할 簡(간)(:), 간 肝

(간)(ː), 간질 癎(간)(ː)

'사이 間(간)'자는 장단음으로 분류되어 있다. 間隔(간격), 間隙(간극) 등의 낱말에서는 단음으로, 間間(간ː간), 間斷(간ː단), 間伐(간ː벌), 間選(간ː선), 間食(간ː식), 間接(간ː접), 間奏(간ː주), 間或(간ː혹) 間歇(간ː헐), 間一髮(간ː일발), 間言(간ː언), 間諜(간ː첩), 間色(간ː색) 등의 낱말에서는 장음으로 발음한다.

'대쪽/간략할 簡(간)'자는 장단음으로 분류되어 있다. 簡素(간소), 簡便(간편), 簡單(간단), 簡略(간략), 簡明(간명) 등의 낱말에서는 단음으로, 簡潔(간ː결), 簡易(간ː이), 簡札(간ː찰) 등의 낱말에서는 장음으로 발음한다.

'간 肝(간)'자는 장단음으로 분류되었지만 실제 현재 쓰이고 있는 한자어 낱말 중에는 단음으로 쓰인 예는 없다. 肝腦塗地(간ː뇌도지), 肝膽(간ː담), 肝膽相照(간ː담상조), 肝臟(간ː장), 肝腸(간ː장), 肝癌(간ː암), 肝炎(간ː염), 肝油(간ː유), 肝肺(간ː폐)

'간질 癎(간)'자는 장단음으로 분류되었지만 실제 현재 국어사전에 실린 낱말은 癎疾(간ː질) 한 개뿐이고 장음으로 읽는다.

【갈】

短 목마를 渴(갈), 칡 葛(갈), 오랑캐 鞨(갈), 꾸짖을 喝(갈), 다할 竭(갈), 갈색 褐(갈), 전갈 蝎(갈)

【감】

短 달 甘(감), 볼/살필 監(감), 거울 鑑(감), 견딜 堪(감), 귤 柑(감), 감질 疳(감), 볼/굽어볼 瞰(감), 감색 紺(감), 헤아릴 勘(감), 구덩이 坎(감), 새겨 넣을 嵌(감)

長 느낄 感(감)ː, 덜 減(감)ː, 감히 敢(감)ː, 섭섭할 憾(감)ː

【갑】

短 첫째 천간 甲(갑), 갑 匣(갑), 수문 閘(갑), 산허리 岬(갑), 갑옷 鉀(갑)

【강】

短 강 江(강), 편안할 康(강), 벼리 綱(강), 굳셀 剛(강), 강철 鋼(강), 성 姜(강), 굳셀 彊(강), 지경 疆(강), 겨 糠(강), 빈속 腔(강), 생강 薑(강), 보 襁(강), 언덕 岡(강), 언덕 崗(강)

長 욀/강론할 講(강)ː, 슬플 慷(강)ː

短長 굳셀 强(강)(ː), 내릴 降(강)ː/항복할 降(항)

'굳셀 强(강)'자는 장단음으로 분류되어 있다. '강하다', '굳세다' 등의 뜻으로 쓰일 때는 단음으로 발음한다. 强力(강력), 强弱(강약), 强健(강건), 强硬(강경), 强骨(강골), 强國(강국), 强軍(강군), 强弓(강궁), 强大(강대), 强度(강도), 强烈(강렬), 强兵(강병), 强盛(강성), 强勢(강세), 强襲(강습), 强心劑(강심제), 强靭(강인), 强壯劑(강장제), 强敵(강적), 强點(강점), 强調(강조), 强震(강진), 强打(강타), 强暴(강포), 强風(강풍), 强豪(강호), 强化(강화) 등의 예와 같다. '억지로', '억지로 시키다' 등의 뜻으로 쓰일 때는 장음으로 발음한다. 强盜(강ː도), 强要(강ː요), 强行(강ː행), 强姦(강ː간), 强勸(강ː권), 强賣(강ː매), 强迫(강ː박), 强辯(강ː변), 强壓(강ː압), 强占(강ː점), 强制(강ː제), 强奪(강ː탈), 强行軍(강ː행군) 등의 예와 같다.

'내릴 降(강)ː/항복할 降(항)'자는 장단음으로 분류되어 있다. 降等(강ː등), 降下(강ː하), 降靈(강ː령), 降臨(강ː림), 降神(강ː신), 降水量(강ː수량), 降雨(강ː우), 降雪量(강ː설량) 등에서와 같이 '降(강/항)'자가 '(높은 곳에서 아래로) 내리다', '임하다' 등의 뜻으로 쓰일 때는 장음으로 발음한다. 降伏(항복)/降服(항복), 降旗(항기), 降書(항서), 降將(항장) 등의 예에서와 같이 降(강/항)자가 '항복하다'는 뜻으로 쓰일 때는 단음으로 발음한다.

【개】

短 열 開(개), 모두 皆(개), 겨자 芥(개)

長 고칠 改(개)ː, 낄 介(개)ː, 대개 概(개)ː, 슬퍼할 慨(개)ː, 개선할 凱(개)ː, 성낼 愾(개)ː, 물댈 漑(개)ː, 클 价(개)ː, 높은 땅 塏(개)

短長 낱 個(개)(ː), 낱 箇(개)(ː), 덮을 蓋(개)(ː)

'낱 個(개)'와 '낱 箇(개)'자는 장단음으로 분류되어 있다. 個個(개ː개)/箇箇(개ː개), 個別(개ː별), 個性(개ː성), 個數(개ː수), 個人(개ː인) 個人主義(개ː인주의), 個中(개ː중)/箇中(개ː중), 個體(개ː체), 個體群(개ː체군) 등의 낱말에서 장음으로 발음하고, 個條(개조)는 단음으로 발음한다.

'덮을 蓋(개)'자는 장단음으로 분류되어 있지만, 국어사전에서 확인한 蓋棺事定(개ː관사정), 蓋世(개ː세), 蓋瓦(개ː와), 蓋然(개ː연), 蓋然性(개ː연성), 蓋草(개ː초) 등 蓋(개)자로 시작되는 낱말들이 모두 장음으로 발음되고, 단음으로 발음되는 한자어는 없었다.

【객】

短 손 客(객), 뱉을 喀(객),

【갹】

短 추렴할 醵(갹) 長 추렴할 醵(거)ː

【갱】

短 구덩이 坑(갱)

長 국 羹(갱)ː

短長 다시 更(갱)ː/고칠 更(경)

'更(경/갱)'자는 장단음으로 분류되어 있다. 更張(경장), 更正(경정), 更定(경정), 更訂(경정), 更迭(경질) 등과 같이 '고치다', '바꾸다', '바로잡다', '시각'의 뜻으로 쓰일 때는 [경]으로 읽고, 단음이다. 更生(갱ː생), 更年期(갱ː년기) 등과 같이 '다시'라는 뜻으로 쓰일 때는 [갱ː]으로 읽고 장음이다.

[更新(갱:신)] ① 다시 새롭게 함. ② 법률관계의 존속 기간이 끝났을 때 그 기간을 연장하는 일. ¶여권을 갱신하다
[更新(경신)] ① 고쳐 새롭게 함. ② 종전의 기록을 깨뜨려 새로운 기록을 세움.

【거】
단 살 居(거), 수레 車(거/차)
장 갈 去(거):, 들 擧(거):, 클 巨(거):, 막을 拒(거):, 근거 據(거):, 거리 距(거):, 거만할 倨(거):, 도랑 渠(거):
단장 추렴할 醵(거/갹)(:)
　'추렴할 醵(거/갹)'자는 (어떤 일을 위해) 여러 사람이 각기 돈을 냄. 또는 그 낸 돈을 뜻한다. 醵出(갹출)에서 '갹'은 단음으로, 醵出(거:출)에서 '거'는 장음으로 발음한다.

【건】
단 물건 件(건), 마를 乾(건), 수건 巾(건), 힘줄 腱(건)
장 굳셀 健(건):, 세울 建(건):, 자물쇠 鍵(건):, 공경할 虔(건):

【걸】
단 호걸 傑(걸), 빌 乞(걸), 왕 이름 桀(걸), 뛰어날 杰(걸)

【검】
장 검사할 檢(검):, 검소할 儉(검):, 칼 劍(검):

【겁】
단 위협할 劫(겁), 겁낼 怯(겁)

【게】
장 쉴 게 憩(게):, 높이 들/길 揭(게):, 불시 偈(게):

【격】
단 칠 擊(격), 바로잡을 格(격), 격할 激(격), 사이 뜰 隔(격), 박수 覡(격), 격문 檄(격), 가슴 膈(격)

【견】
단 굳을 堅(견), 개 犬(견), 어깨 肩(견), 비단 絹(견), 끌 牽(견), 두견이 鵑(견), 질그릇 甄(견)
장 볼 見(견):/뵈올 見(현):, 보낼 遣(견):, 고치 繭(견):, 꾸짖을 譴(견):

【결】
단 결단할 決(결), 맺을 結(결), 깨끗할 潔(결), 이지러질 缺(결), 이별할 訣(결)

【겸】
단 겸할 兼(겸), 겸손할 謙(겸)

【경】
단 가벼울 輕(경), 서울 京(경), 날/글/지날 經(경), 지경/처지 境(경), 별 庚(경), 기울 傾(경), 놀랄 驚(경), 갈 耕(경), 굳을 硬(경), 잠깐 頃(경), 벼슬 卿(경), 지름길 徑(경), 구슬 瓊(경), 굳셀 勁(경), 경련 痙(경), 정강이 脛(경), 줄기 莖(경), 목 頸(경), 고래 鯨(경), 빛날 炅(경)
장 공경 敬(경):, 경사 慶(경):, 다툴 競(경):, 깨우칠 警(경):, 거울 鏡(경):, 마침내 竟(경):, 동경할 憬(경):, 줄기/막힐 梗(경):, 경쇠 磬(경):, 경계할 儆(경):, 옥빛 璟(경):
단장 별 景(경)(:), 고칠 更(경)/다시 更(갱)
　'景(경)'자는 '景福宮(경:복궁)'이라 쓸 때만 장음으로 발음한다. 景氣(경기), 景況(경황), 景觀(경관), 景致(경치), 景勝(경승), 景品(경품) 등에서는 단음으로 발음한다.
　고칠 更(경)/다시 更(갱)(:)자는 '更(갱)'자 참조.

【계】
단 섬돌 階(계), 닭 鷄,雞(계), 시내 溪(계)
장 셀 計(계):, 지경 界(계):, 계절 季(계),: 맬 係(계):, 기계 械(계):, 북방/천간 癸(계):, 이을 繼(계):, 경계할 戒(계):, 이어맬 系(계):, 열 啓(계):, 계수나무 桂(계):, 맬 繫(계):, 두근거릴 悸(계):, 조아릴 稽(계):, 경계할 誡(계):
단장 맺을 契(계)(:)/종족 이름 契(글)
　'契'자는 장단음으로 분류되어 있다. 契機(계:기), 契約(계:약), 契舟求劍(계:주구검) 등의 낱말에서 '맺다', '약속하다', '새기다' 등으로 쓰일 때는 음은 [계:]이고, 장음으로 발음한다. 契丹(글안/거란)에서 '契'자가 '종족 이름'으로 쓰일 때는 음은 [글]이고 단음이다.

【고】
단 높을 高(고), 쓸 苦(고), 외로울 孤(고), 곳집 庫(고), 시어머니 姑(고), 북 鼓(고), 원고 稿(고), 마를 枯(고), 돌아볼 顧(고), 품살 雇(고), 두드릴 叩(고), 울 呱(고), 칠 拷(고), 두드릴 敲(고), 고질 痼(고), 넓적다리 股(고), 기름 膏(고), 막을 錮(고), 볏짚 藁(고), 허물 辜(고), 장사 賈(고), 늪 皐(고)
장 예 古(고):, 알릴 告(고):, 바지 袴(고):
단장 굳을 固(고)(:), 생각할 考(고)(:), 연고/예 故(고)(:)
　'굳을 固(고)'자는 장단음으로 분류되어 있지만 固體(고체), 固形(고형), 固陋(고루), 固執(고집), 固所願(고소원), 固有(고유), 固有名詞(고유명사), 固辭(고사), 固守(고수) 등의 낱말에서는 단음으로 발음한다. 장음으로 읽는 낱말은 찾을 수 없다.
　'생각할 考(고)'자는 쓰인 낱말에 따라 장 단음이 달라진다. 생각해 봐야 뾰족한 수단이 없다. 考慮(고려), 考案(고안), 考證(고증), 考察(고찰), 考課(고과), 考查(고사), 考終命(고종명) 등의 낱말은 단음으로 읽

고, 考古(고:고), 考古學(고:고학), 考妣(고:비), 考試(고:시) 등의 낱말은 장음으로 읽는다.
 '연고/예 故(고)'자는 故國(고:국), 故事(고:사), 故人(고:인), 故友(고:우), 故障(고:장), 故意(고:의) 등의 낱말에서 장음으로 발음하지만 '故鄕(고향)' 한 낱말에서만 단음으로 발음한다.

【곡】
단 굽을 曲(곡), 곡식 穀(곡), 울 哭(곡), 골 谷(곡), 쇠고랑 梏(곡), 고니/과녁 鵠(곡)

【곤】
단 땅/괘이름 坤(곤), 벌레 昆(곤), 몽둥이 棍(곤)
장 곤할 困(곤):, 곤룡포 袞(곤):

【골】
단 뼈 骨(골), 빠질/골몰할 汨(골)

【공】
단 장인 工(공), 빌 空(공), 공평할 公(공), 공 功(공), 공손할 恭(공), 묶을/굳을 鞏(공)
장 한 가지 共(공):, 칠 攻(공):, 이바지할 供(공):, 구멍 孔(공):, 바칠 貢(공):, 팔짱낄 拱(공):, 당길 控(공):,
단장 두려울 恐(공)(:)
 '두려울 恐(공)'자는 장단음으로 분류되어 있지만, 恐龍(공:룡), 恐怖(공:포), 恐慌(공:황), 恐懼(공:구), 恐水病(공:수병), 恐妻家(공:처가), 恐怖心(공:포심), 恐惶(공:황), 恐喝(공:갈) 등의 낱말에서는 모두 장음으로 발음한다.

【과】
단 과목 科(과), 창 戈(과), 오이 瓜(과), 낟알 顆(과)
장 지날 過(과):, 실과 果(과):, 적을 寡(과):, 자랑할 誇(과):
단장 과정/매길 課(과)(:), 과자/실과 菓(과)(:)
 '과정/매길 課(과)'자는 장단음으로 분류되어 있지만, 課稅(과세), 課業(과업), 課外(과외), 課題(과제), 課程(과정), 課長(과장) 등의 낱말에서는 모두 단음으로 발음하는 것으로 표시되어 있다.
 '과자/실과 菓(과)'자는 장단음으로 분류되어 있지만, '菓子(과자)' 한 낱말에서 단음으로 발음한다.

【곽】
단 성곽 郭(곽), 둘레廓(곽)/넓을 廓(확), 덧널 槨(곽), 콩잎/미역 藿(곽)

【관】
단 버릇/익숙할 慣(관), 볼 觀(관), 관계할/빗장 關(관), 벼슬 官(관), 대롱 管(관), 갓 冠(관), 너그러울 寬(관), 집/객사 館(관), 널/입관할 棺(관), 물댈 灌(관), 광대뼈 顴(관), 꿸 串(관), 옥피리 琯(관)
장 항목 款(관):
단장 꿸 貫(관)(:)
 '꿸 貫(관)'자는 장단음으로 분류되어 있다. 貫徹(관:철), 貫通(관:통), 貫祿(관:록) 등의 낱말에서는 모두 장음으로 발음하는 것으로 표시되어 있다.

【괄】
단 깎을 刮(괄), 묶을 括(괄)

【광】
단 빛 光(광), 미칠 狂(광), 바를 匡(광), 오줌통 胱(광)
장 넓을 廣(광):, 쇳돌 鑛(광):, 뫼구덩이 壙(광):, 빌 曠(광):

【괘】
단 걸 掛(괘), 괘/점괘 卦(괘), 줄 罫(괘)

【괴】
단 흙덩이 塊(괴), 어그러질 乖(괴), 속일 拐(괴), 으뜸 魁(괴), 느티나무 槐(괴)
장 무너질 壞(괴):, 부끄러워할 愧(괴):, 허수아비/꼭두각시 傀(괴):
단장 괴이할 怪(괴)(:)
 '괴이할 怪(괴)'자는 장단음으로 분류되어 있다. 怪奇(괴:기), 怪談(괴:담), 怪物(괴:물), 怪漢(괴:한), 怪童(괴:동), 怪力(괴:력), 怪癖(괴:벽), 怪變(괴:변), 怪狀(괴:상), 怪聲(괴:성), 怪獸(괴:수), 怪疾(괴:질) 등 모두 장음으로 발음하고 '怪常(괴상)'과 怪異(괴이)는 단음으로 발음한다.
[怪狀(괴:상)] 보통과는 다르게 이상한 모양.
[怪常(괴상)] 보통과는 다르게 이상함.

【굉】
단 클 宏(굉), 팔뚝 肱(굉), 수레 소리 轟(굉)

【교】
단 사귈 交(교), 다리 橋(교), 견줄 較(교), 공교할 巧(교), 성박 郊(교), 더부살이 僑(교), 목맬 絞(교), 아교 膠(교), 새소리 咬(교), 높을 喬(교), 아리따울 嬌(교), 흔들 攪(교), 교활할 狡(교), 달 밝을 皎(교), 가마 轎(교), 교만할 驕(교), 교룡 蛟(교)
장 학교 校(교):, 가르칠 敎(교):, 바로잡을 矯(교):

【구】
단 아홉 九(구), 글귀 句(구), 구역 區(구), 공 球(구), 개 狗(구), 구할 求(구), 연구할 究(구), 얽을 構(구), 두려워할 懼(구), 거리낄/잡을 拘(구), 언덕 丘(구), 함께 俱(구), 진실로/구차할 苟(구), 몰 驅(구), 갈매기 鷗(구), 거북 龜(구), 노래할 謳(구), 살 購(구), 원수 仇(구), 굽을 勾(구), 때 垢(구), 도둑 寇(구), 험할 嶇

(구), 마굿간 廐(구), 널 柩(구), 구기자 枸(구), 때릴 毆(구), 도랑 溝(구), 곱자/모날 矩(구), 시아버지 舅(구), 네거리 衢(구), 노래할 謳(구), 몸 軀(구), 갈고리 鉤(구), 비둘기 鳩(구), 허물 咎(구), 공 毬(구), 절구 臼(구), 옥돌 玖(구), 언덕/땅 이름 邱(구)
장 예 舊(구):, 오랠 久(구):, 구원할 救(구):, 뜸 灸(구):
단장 입 口(구)(:), 갖출 具(구)(:), 게울 嘔(구)(:)

  '입 口(구)'자는 장단음으로 분류되어 있지만, 口味(구:미), 口尙乳臭(구:상유취), 口腔(구:강), 口蓋(구:개), 口蓋音化(구:개음화), 口頭禪(구:두선), 口頭試驗(구:두시험), 口令(구:령), 口無二言(구:무이언), 口文(구:문), 口蜜腹劍(구:밀복검), 口碑(구:비), 口舌數(구:설수), 口耳之學(구:이지학), 口錢(구:전), 口臭(구:취), 口號(구:호), 口座(구:좌), 口徑(구:경), 口辯(구:변), 口語(구:어), 口演(구:연), 口述(구:술), 口實(구:실), 口傳(구:전) 등의 낱말에서는 모두 장음으로 발음하는 것으로 표시되어 있다. 단음으로 발음하는 예는 찾지 못했다.
  '갖출 具(구)'자는 장단음으로 분류되어 있지만, 具備(구비), 具色(구색), 具體(구체), 具體的(구체적), 具現(구현), 具象(구상), 具足戒(구족계) 등의 낱말에서 모두 단음으로 발음한다.
  '게울 嘔(구)'자는 장단음으로 분류되어 있지만, 嘔逆(구역), 嘔吐(구토) 등의 낱말에서 단음으로 발음하는 것으로 표시되어 있다. 장음으로 발음하는 예는 찾지 못했다.

【국】
단 나라 國(국), 판 局(국), 국화 菊(국), 성씨/공 鞠(국)

【군】
단 군사 軍(군), 임금 君(군), 무리 羣,群(군)
장 고을 郡(군):, 군색할 窘(군):

【굴】
단 굽을 屈(굴), 팔 掘(굴), 굴 窟(굴)

【궁】
단 집 宮(궁), 궁할 窮(궁), 활 弓(궁), 하늘 穹(궁), 몸 躬(궁)

【권】
단 권세 權(권), 문서 券(권), 우리 圈(권), 거둘/말 捲(권)
장 권할 勸(권):, 주먹 拳(권):, 게으를 倦(권):, 돌볼 眷(권):
단장 책 卷(권)(:)
  '책 卷(권)'자는 卷頭(권두), 卷末(권말), 卷尾(권미), 卷首(권수), 卷帙(권질), 卷數(권수) 등 '책'을 뜻할 때는 단음으로 발음한다. 卷煙(권:연→궐:연), 卷尺(권:척)처럼 '말다'는 뜻을 나타낼 때는 장음으로 발음한다.

【궐】
단 그/궐을 厥(궐), 대궐 闕(궐), 넘어질 蹶(궐), 날뛸 獗(궐)

【궤】
장 바퀴자국 軌(궤):, 안석 几(궤):, 무너질 潰(궤):, 속일 詭:(궤), 책상 机(궤):, 궤짝 櫃(궤):, 꿇어앉을 跪(궤):

【귀】
단 글귀 句(귀), 거북 龜(귀)
장 귀할 貴(귀):, 돌아갈 歸(귀):, 귀신 鬼(귀):

【규】
단 법 規(규), 부르짖을 叫(규), 안방 閨(규), 얽힐 糾(규), 규소 硅(규), 엿볼 窺(규), 해바라기 葵(규), 길 逵(규), 쌍토/홀 圭(규), 별 이름 奎(규), 헤아릴 揆(규), 홀 珪(규)

【균】
단 고를 均(균), 버섯 菌(균), 틀 龜(균)

【귤】
단 귤 橘(귤)

【극】
단 다할 極(극), 심할 劇(극), 이길 克(극), 이길 剋(극), 창 戟(극), 가시나무 棘(극), 틈 隙(극)

【근】
단 뿌리 根(근), 힘줄 筋(근), 도끼 斤(근), 뵐 覲(근)
장 가까울 近(근):, 삼갈 謹(근):, 겨우 僅(근):, 무궁화 槿(근):, 주릴 饉(근):, 아름다운 옥 瑾(근):
단장 부지런할 勤(근)(:)
  '부지런할 勤(근)'자는 장단음으로 분류되어 있다. 勤儉(근:검), 勤勉(근:면), 勤實(근:실), 勤學(근:학), 勤勞(근:로), 勤務(근:무), 勤勞所得(근:로소득), 勤勞者(근:로자), 勤續(근:속) 등의 낱말에서는 모두 장음으로 발음하는 것으로 표시되어 있다. 단음으로 발음하는 예는 찾지 못했다.

【금】
단 쇠 金(금), 이제 今(금), 새 禽(금), 거문고 琴(금), 사로잡을 擒(금)
장 금할 禁(금):, 비단 錦(금):, 이불 衾(금):, 옷깃 襟(금):

【급】
단 급할 急(급), 등급 級(급), 넉넉할/줄 給(급), 미칠

及(급), 취급할 扱(급), 길을 汲(급)

【긍】
장 즐길 肯(긍):, 떨릴 兢(긍):, 자랑할 矜(긍):
단장 뻗칠 亘(긍)(:)/베풀 선亘(선)
'亘(긍)/(선)'자가 머리에 오는 우리말 한자어는 없다.

【기】
단 기약할 期(기), 기운 氣(기), 기록할 記(기), 재주 技(기), 터 基(기), 깃발 旗(기), 몸 己(기), 물 끓는 김 汽(기), 그릇 器(기), 틀 機(기), 일어날 起(기), 기이할 奇(기), 부칠 寄(기), 벼리 紀(기), 바랄/꾀할 企(기), 그 其(기), 경기 畿(기), 빌 祈(기), 몇/기미 幾(기), 꺼릴 忌(기), 이미 旣(기), 버릴 棄(기), 속일 欺(기), 어찌 豈(기), 주릴 飢/饑(기), 말탈 騎(기), 바둑 棋(기), 갈림길 岐(기), 아름다운 옥 琪(기), 늙을 耆(기), 기린 麒(기), 즐길 嗜(기), 험할 崎(기), 구기자 杞(기), 불구 畸(기), 비단 綺(기), 굴레 羈(기), 살/몸 肌(기), 재주 伎(기), 돌 碁(기), 나무랄/비웃을 譏(기), 바랄 冀(기), 천리마 驥(기), 땅 이름 沂(기), 물 이름 淇(기), 옥 이름 琦(기), 별 이름 璣(기), 준마 騏(기), 키 箕(기)
장 기생 妓(기): 1급 한자 범위 이내의 '기'자 중에서 장음 한자는 '기생 妓(기)'자 하나뿐이다.

【긴, 길, 김, 끽】
단 요긴할/굳게 얽을 緊(긴)
단 길할 吉(길), 일할 拮(길), 도라지 桔(길)
단 쇠 金(금)/성 金(김)
단 마실 喫(끽)

【나】
단 나락奈(나)/어찌 奈(내)
장 어찌 那(나):, 나약할 懦(나):, 잡을 拿(나):
단장 푸닥거리 儺(나)(:) '儺(나)'자가 머리에 오는 한자어 낱말이 없다.

【낙】
단 허락할 諾(낙/락)

【난】
장 따뜻할 暖(난):, 더울 煖(난):
단장 어려울 難(:)
'어려울 難(난)'자가 머리에 오는 한자어 낱말 중 장음으로 발음되는 낱말은 '難堪(난:감)' 하나뿐이고 그 외에 難關(난관), 難局(난국), 難處(난처), 難攻(난공), 難攻不落(난공불락), 難忘(난망), 難望(난망), 難問(난문), 難民(난민), 難産(난산), 難澁(난삽), 難色(난색), 難易(난이), 難易度(난이도), 難點(난점), 難題(난제), 難治(난치), 難治病(난치병), 難破(난파), 難航(난항), 難解(난해), 難行(난행), 難兄難弟(난형난제) 등은 단음으로 발음되는 낱말들이다.

【날, 남, 납, 낭】
단 이길/꾸밀 捏(날), 누를 捺(날), 개흙 涅(날)/열반 涅(녈)
단 사내 男(남), 남녘 南(남)
단 바칠/드릴 納(납), 승복/기울 衲(납)
단 아가씨 娘(낭), 주머니 囊(낭)

【내】
단 어찌 奈(내)/나락奈(나)
장 안 內(내):, 이에 乃(내):, 견딜 耐(내):

【녀, 년, 녈】
단 여자 女(녀)
단 해 年(년), 비틀 撚(년)
단 열반 涅(녈)/개흙 涅(날)

【념】
장 생각 念(념):, 비틀 捻(념):

【녕】
단 편안할 寧(녕)

【노】
단 힘쓸 努(노), 종 奴(노), 쇠뇌 弩(노), 둔할 駑(노)
장 성낼 怒(노):

【농】
단 농사 農(농), 고름 膿(농)
장 짙을 濃(농):

【뇌, 뇨, 눌, 뉴, 능, 니, 닉】
단 뇌 腦(뇌), 괴로워할 惱(뇌)
단 오줌 尿(뇨)
단 말 더듬을 訥(눌)
단 끈/맺을 紐(뉴)
단 능할 能(능)
단 진흙 泥(니), 여승 尼(니)
단 빠질 溺(닉), 숨을 匿(닉)

【다】
단 많을 多(다), 차 茶(다)

【단】
단 둥글 團(단), 단상 壇(단), 홑 單(단), 박달나무 檀(단), 끝/바를 端(단), 층계/구분 段(단), 붉을 丹(단), 아침 旦(단), 쇠두드릴 鍛(단), 대광주리 簞(단), 비단 緞(단), 여울 湍(단)
장 끊을 斷(단):, 다만 但(단):, 새알 蛋(단):
단장 짧을 短(:)
'짧을 短(단)'자는 장단음으로 분류되어 있지만 短歌(단:가), 短距離(단:거리), 短劍(단:검), 短見(단:견), 短軀(단:구), 短期(단:기), 短刀(단:도), 短命(단:명),

短髮(단:발), 短小(단:소), 短簫(단:소), 短信(단:신), 短身(단:신), 短音(단:음), 短杖(단:장), 短折(단:절), 短點(단:점), 短調(단:조), 短縮(단:축), 短軸(단:축), 短波(단:파), 短篇小說(단:편소설), 短靴(단:화) 등의 낱말에서는 모두 장음으로 발음하는 것으로 표시되어 있다. 단음으로 발음하는 예는 찾지 못했다.

【달】
단 통할 達(달), 매질할 撻(달), 황달 疸(달)

【담】
단 말씀 談(담), 멜 擔(담), 맑을 淡(담), 못 潭(담), 편안할 憺(담), 흐릴 曇(담), 맑을 澹(담), 이야기 譚(담)
장 쓸개 膽(담):, 가래 痰(담):

【답】
단 대답할 答(답), 논 畓(답), 밟을 踏(답), 뒤섞일 遝(답)

【당】
단 집 堂(당), 마땅할 當(당), 무리 黨(당), 엿 糖(당), 못 塘(당), 칠 撞(당), 해당화 棠(당), 사마귀 螳(당)
단장 당나라/당황할 唐(당)(:)
　'당나라/당황할 唐(당)'자는 장단음으로 분류되어 있지만 唐麵(당면), 唐絲(당사), 唐詩(당시), 唐突(당돌), 唐惶(당황) 등의 낱말에서 모두 단음으로 발음하는 것으로 표시되어 있다. 장음으로 발음하는 예는 찾지 못했다.

【대】
단 대/떼 隊(대), 집/돈대 臺(대), 집터 垈(대), 들 擡(대), 자루 袋(대)
장 대신할 代(대):, 기다릴 待(대):, 대할 對(대):, 빌릴 貸(대):, 일 戴(대):
단장 큰 大(대)(:), 띠 帶(대)(:)
　'큰 大(대)'자는 장단음으로 분류되어 있지만 저자가 국어사전에서 확인 바에 의하면 명태와 비슷한 바닷물고기의 한 종류인 '大口(대구)' 한 낱말만 단음으로 발음하고 그 외에는 모두 장음으로 발음하는 것으로 나타나 있다.
　'띠 帶대(:)'자는 장단음으로 분류되어 있다. 帶狀(대:상), 帶劍(대:검), 帶同(대:동) 등의 낱말에서 모두 장음으로 발음하는 것으로 표시되어 있다. 단음으로 발음하는 예는 찾지 못했다.

【댁, 덕】
단 宅(댁)/집 宅(택)
단 큰 德(덕), 큰 悳(덕)

【도】
단 도읍 都(도), 그림 圖(도), 섬 島(도), 무리 徒(도), 달아날 逃(도), 칼 刀(도), 질그릇 陶(도), 돋울 挑(도), 복숭아 桃(도), 건널 渡(도), 벼 稻(도), 뛸 跳(도), 칠할/진흙 塗(도), 슬퍼할 悼(도), 포도 萄(도), 도솔천 兜(도), 담 堵(도), 잡을 屠(도), 흔들 掉(도), 찧을 搗(도), 쌀 일 淘(도), 물 넘칠 滔(도), 큰물결 濤(도), 볼 睹(도), 빌 禱(도), 걸/내기 賭(도), 밟을 蹈(도)
장 길 道(도):, 이를 到(도):, 인도할 導(도):, 길 途(도):, 넘어질 倒(도):, 도금할 鍍(도):
단장 법도 度(도):/헤아릴 度(탁), 도둑 盜(도)(:)
　'법도 度(도)/헤아릴 度(탁)'자는 '정도', '법도', '풍채'를 가리킬 때는 장음 [도:]로 읽고, '헤아리다'의 뜻일 때는 단음 [탁]으로 읽는다. 예를 들면 度量衡(도:량형), 度量(도:량), 度外視(도:외시), 度數(도:수), 度牒(도:첩), 度支部(탁지부) 등이다.
　'도둑 盜(도)'자는 장단음으로 분류되어 있지만 盜掘(도굴), 盜難(도난), 盜名(도명), 盜伐(도벌), 盜犯(도범), 盜癖(도벽), 盜殺(도살), 盜心(도심), 盜用(도용), 盜賊(도적), 盜聽(도청) 등의 낱말에서는 모두 단음으로 발음하는 것으로 표시되어 있다. 장음으로 발음하는 예는 찾지 못했다.

【독】
단 읽을 讀(독), 홀로 獨(독), 독 毒(독), 살펴볼/감독할 督(독), 도타울 篤(독), 대머리 禿(독), 도랑 瀆(독)

【돈】
단 돼지 豚(돈), 도타울 敦(돈), 어두울 沌(돈), 도타울 惇(돈), 불빛 燉(돈)
장 조아릴 頓(돈):

【돌】
단 갑자기 突(돌), 이름 乭(돌)

【동】
단 동녘 東(동), 한 가지 同(동), 구리 銅(동), 오동나무 桐(동), 용마루 棟(동), 몸통 胴(동)
장 골 洞(동):/밝을 洞(통):, 움직일 動(동):, 얼 凍(동):, 바를 董(동):, 동경할 憧(동):, 아플 疼(동):, 눈동자 瞳(동):, 아이종 僮(동):
단장 겨울 冬(동)(:), 아이 童(동)(:)
　'겨울 冬(동)'자는 冬至(동지), 冬季(동계), 冬季放學(동계방학), 冬期(동기), 冬節(동절), 冬至豆粥(동지두죽), 冬柏(동백) 등의 낱말에서는 단음으로, 冬服(동:복), 冬眠(동:면) 등의 낱말에서는 장음으로 발음한다.
　'아이 童(동)'자는 童心(동:심), 童話(동:화), 童妓(동:기), 童男童女(동:남동녀), 童詩(동:시), 童顔(동:안), 童謠(동:요), 童子(동:자), 童貞(동:정), 童牛角馬(동:우각마) 등의 낱말에서는 장음으로, 童蒙(동몽), 童蒙先習(동몽선습) 등의 낱말에서는 단음으로 발음한다.

【두】
단 머리 頭(두), 말 斗(두), 콩 豆(두), 막을/팥배나무

杜(두), 투구 兜(두)/도솔천 兜(도), 천연두 痘(두)

【둔】
단 둔칠 屯(둔), 볼기 臀(둔)
장 둔할 鈍(둔):, 숨을 遁(둔):

【득】
단 얻을 得(득)

【등】
단 오를 登(등), 등 燈(등), 등나무 藤(등), 베낄 謄(등), 오를 騰(등), 등자나무 橙(등)
장 무리 等(등):, 나라 이름 鄧(등):

【라】
단 새그물/벌일 羅(라), 소라 螺(라), 돌/순라 邏(라)
장 벗을 裸(라):, 게으를 懶(라):, 문둥이 癩(라):

【락】
단 즐거울 樂(락)/음악 樂(악)/좋아할 樂(요), 떨어질 落(락), 이을 絡(락), 낙수 洛(락), 지질 烙(락), 쇠젖 酪(락), 낙타 駱(락)

【란】
단 난초 蘭(란), 난간 欄(란), 물결 瀾(란), 난새 鸞(란), 둥글/모감주나무 欒(란)
장 어지러울 亂(란):, 알 卵(란):, 찬란할/빛날 爛(란):

【랄】
단 어그러질 剌(랄)/수라 剌(라), 매울 辣(랄)

【람】
단 볼 覽(람), 쪽풀 藍(람), 대바구니 籃(람)
장 넘칠/퍼질 濫(람):

【랍】
단 끌 拉(랍), 납향/섣달 臘(랍), 밀랍 蠟(랍)

【랑】
단 사랑채/복도/행랑 廊(랑), 사나이 郎(랑), 사마귀 螂(랑), 옥 이름 琅(랑)
장 밝을 朗(랑):, 이리 狼(랑):
단장 물결 浪(:)
　'물결 浪(랑)'자는 浪人(낭:인), 浪說(낭:설), 浪費(낭:비) 등의 한자어에서는 장음으로, 浪漫(낭만)은 단음으로 발음한다.

【래】
단 명아주 萊(래)
단장 올 來(래)(:)
　'올 來(래)'자는 장단음 한자이다. 來賓(내:빈), 來訪(내:방) 등처럼 '오다', '이르다', '오게 하다'는 뜻으로 쓰일 때는 장음으로 발음한다. 來日(내일), 來年(내년) 등처럼 '장래', '미래'의 뜻으로 쓰일 때는 단음으로 발음한다.

【랭】
장 찰 冷(랭):

【략】
단 간략할 略(략), 노략질할/빼앗을 掠(략)

【량】
단 수량/헤아릴 量(량), 들보 梁(량), 좋을 良(량), 양식 糧(량), 서늘할 凉/涼(량), 살필/헤아릴 諒(량), 들보 樑(량), 재주 倆(량), 조/기장 粱(량), 밝을 亮(량)
장 두 兩(량):, 수레 輛(량):

【려】
단 나그네/군사 旅(려), 고울 麗(려), 오두막집 廬(려), 마을 閭(려), 어그러질 戾(려), 검을 黎(려), 명아주 藜(려), 나귀 驢(려)
장 생각할 慮(려):, 힘쓸 勵(려):, 숫돌 礪(려):, 짝 侶(려):, 거를 濾(려):, 성 呂(려):

【력】
단 힘 力(력), 지날 歷(력), 책력 曆(력), 거를 瀝(력), 조약돌 礫(력), 삐걱거릴 轢(력), 천둥/벼락 靂(력)

【련】
단 연이을 聯(련), 이을 連(련), 불쌍히 여길 憐(련), 연꽃 蓮(련), 달굴 煉(련), 가마 輦(련), 오그라질 손 攣(련), 잔물결 漣(련)
장 사모할 戀(련):, 익힐 練(련):, 단련할 鍊(련):

【렬】
단 벌릴 列(렬), 못할/용렬할 劣(렬), 매울/세찰 烈(렬), 찢을 裂(렬)

【렴】
단 청렴할 廉(렴), 발 簾(렴), 물 이름 濂(렴)
장 거둘 斂(렴):, 염할 殮(렴):

【렵】
단 사냥 獵1932

【령】
단 거느릴/옷깃 領(령), 고개 嶺(령), 신령 靈(령), 조용히 비오는/떨어질 零(령), 영리할 伶(령), 옥 囹(령), 굳셀 몣(령), 방울 鈴(령), 나이 齡(령), 옥소리 玲(령)
단장 영 슈(령)(:)
　'영 슈(령)'자는 장단음으로 분류되어 있지만, '슈監(영:감)'만 장음으로 발음하고, 슈堂(영당), 슈郎(영랑), 令妹(영매), 令夫人(영부인), 令息(영식), 令室(영실), 令愛(영애), 令孃(영양), 令姉(영자), 令狀(영장) 등은 단음으로 발음한다.

【례】
장 예도 禮(례):, 본보기 例(례):, 종 隷(례):, 단술 醴(례):

【로】
단 일할/위로할 勞(로), 화로 爐(로), 노나라 魯(로), 해오라기 鷺(로), 잡을/건질 撈(로), 사로잡을/노략질할 擄(로), 사로잡을 虜(로), 성씨/밥그릇 盧(로), 갈대 蘆(로)
장 길 路(로):, 늙을 老(로):, 이슬 露(로):

【록, 론】
단 초록빛 綠(록), 기록할 錄(록), 복 祿(록), 사슴 鹿(록), 산기슭 麓(록), 푸른돌 碌(록)
단 의론할 論(론)

【롱】
단 귀머거리 聾(롱), 옥소리 瓏(롱)
장 희롱할 弄(롱):, 밭두둑 壟(롱):
단장 대그릇 籠(롱)(:)
 '대그릇 籠(롱)'자는 장단음으로 분류되어 있지만 籠城(농성), 籠球(농구), 籠絡(농락), 籠鳥(농조) 등의 낱말에서 모두 단음으로 발음하는 것으로 표시되어 있다. 장음으로 발음하는 예는 찾지 못했다.

【뢰】
단 우레 雷(뢰), 우리 牢(뢰), 뇌물 賂(뢰), 돌무더기 磊(뢰)
장 힘 입을/의뢰할 賴(뢰):, 꼭두각시 儡(뢰):

【료】
단 동료 僚(료), 병 고칠 療(료), 멀 遼(료), 쓸쓸할 寥(료), 횃불 燎(료), 밝을 瞭(료), 애오라지 聊(료), 벼슬아치/승방 寮(료)
장 마칠 了(료):
단장 헤아릴/되질할 料(료)(:)
 '헤아릴/되질할 料(료)'자는 장단음으로 분류되어 있다. 料量(요량), 料理(요리), 料亭(요정) 등처럼 '헤아리다', '다스리다'는 뜻으로 쓰일 때는 단음으로, 料金(요:금)처럼 '삯', '값'의 뜻으로 쓰일 때는 장음으로 읽는다.

【롱】
단 용 龍(룡)

【루】
단 다락 樓(루), 눈물 淚(루), 진 壘(루)
장 여러 屢(루):, 포갤/묶을 累(루):, 샐 漏(루):, 더러

울/좁을 陋(루):

【류】
단 흐를 流(류), 머물 留(류), 유황 硫(류), 그릇될 謬(류), 떨어질/흐를 溜(류), 유리 琉(류), 석류나무 榴(류), 묘금도/죽일 劉(류)
장 혹 瘤(류)
단장 무리 類(류)(:), 버들 柳(류)(:)
 '무리 類(류)'자는 장단음으로 분류되어 있지만 類例(유:례), 類別(유:별), 類似(유:사), 類緣(유:연), 類類相從(유:유상종), 類推(유:추), 類聚(유:취), 類型(유:형) 등의 낱말에서 모두 장음으로 발음하는 것으로 표시되어 있다. 단음으로 발음하는 예는 찾지 못했다.
 '버들 柳(류)'자는 柳綠花紅(유:록화홍)과 柳眉(유:미)는 장음으로, 柳腰(유요)는 단음으로 발음한다.

【륙, 륜, 률, 륭, 륵, 름, 릉】
단 여섯 六(륙), 뭍 陸(륙), 죽일 戮(륙)
단 바퀴 輪(륜), 인륜 倫(륜), 빠질 淪(륜), 벼리/낚시줄 綸(륜), 산 이름 崙(륜)
단 법 律(률), 밤나무 栗(률), 비율 率(률)/거느릴 率(솔), 두려워할 慄(률)
단 클/높을 隆(륭), 활꼴 窿(륭)
단 굴레 勒(륵), 갈빗대 肋(륵)
단 찰 凜(름)
단 큰 언덕 陵(릉), 네모질 楞(릉), 능가할/업신여길 凌(릉), 모날 稜(릉), 마름 菱(릉), 비단 綾(릉)

【리】
단 떠날 離(리), 배 梨(리), 똑똑할 俐(리), 유리 璃(리), 울타리 籬(리), 걸릴 罹(리)
장 마을 里(리):, 이로울/날카로울 利(리):, 다스릴 理(리):, 속 裏(리):, 오얏나무 李(리):, 벼슬아치 吏(리):, 밟을/신履(리):, 설사 痢(리):, 다스릴 釐(리):, 속 裡(리):, 속될 俚(리):

【린, 림, 립】
단 이웃 隣/鄰(린), 기린 麟(린), 아낄 吝(린), 짓밟을 躙(린), 비늘 鱗(린), 도깨비불 燐(린)
단 수풀 林(림), 임할 臨(림), 장마 霖(림), 물뿌릴 淋(림), 임질 痳(림)
단 설 立(립), 삿갓 笠(립), 낟알 粒(립)

【마】
단 갈 磨(마), 문지를 摩(마), 저릴 痲(마), 마귀 魔(마)
장 말 馬(마):
단장 삼 麻(마)(:)
 '삼 麻(마)'자는 장단음으로 분류되어 있다. 麻袋(마대), 麻衣(마의), 麻仁(마인), 麻布(마포), 麻雀(마작) 등의 낱말에서 모두 단음으로 발음한다. 장음으로 발음하는 예는 찾지 못했다.

【막】
短 장막 幕(막), 사막 漠(막), 없을 莫(막), 막 膜(막), 고요할 寞(막)

【만】
短 오랑캐 蠻(만), 물굽이 灣(만), 굽을 彎(만), 속일 瞞(만), 덩굴 蔓(만), 만두 饅(만)
長 일만 萬(만):, 늦을 晩(만):, 거만할/게으를 慢(만):, 흩어질/멋대로 漫(만):, 낳을 娩(만):, 만자 卍(만):, 당길 挽(만):, 끌/애도할 輓(만):
短長 찰 滿(만)(:)
　'찰 滿(만)'자는 장단음 글자이다. 滿期(만기), 滿喫(만끽), 滿了(만료), 滿朔(만삭), 滿點(만점), 滿潮(만조), 滿足(만족) 등의 낱말은 단음으로 읽는다. 滿開(만:개), 滿乾坤(만:건곤), 滿堂(만:당), 滿壘(만:루), 滿面(만:면), 滿發(만:발), 滿腹(만:복), 滿船(만:선), 滿身瘡痍(만:신창이), 滿員(만:원), 滿月(만:월), 滿場(만:장), 滿場一致(만:장일치), 滿載(만:재), 滿洲(만:주), 滿紙長書(만:지장서), 滿醉(만:취) 등의 낱말은 장음으로 읽는다. 낱말마다 익히는 수밖에 없다.

【말】
短 끝 末(말), 말갈 靺(말), 지울 抹(말), 물거품 沫(말), 버선 襪(말)

【망】
短 망할 亡(망), 바쁠 忙(망), 잊을 忘(망), 없을 罔(망), 아득할 茫(망), 그물 網(망), 멍할 惘(망), 까끄라기 芒(망), 산 이름 邙(망)
長 바랄 望(망):, 망령될 妄(망):

【매】
短 누이 妹(매), 매화나무 梅(매), 묻을 埋(매), 중매 媒(매), 낱 枚(매), 매혹/도깨비 魅(매), 어리석을 呆(매), 새벽/어두울 昧(매), 그을음 煤(매), 갈 邁(매)
長 매양 每(매):, 살 買(매):, 잘 寐(매):, 욕할/꾸짖을 罵(매):
短長 팔 賣(매)(:)
　'팔 賣(매)'자는 장단음으로 분류되어 있다. 賣買(매매) 한 낱말에서만 단음으로 발음하고, 그 외의 낱말들 예를 들면 賣價(매:가), 賣却(매:각), 賣官(매:관), 賣官賣職(매:관매직), 賣國(매:국), 賣國奴(매:국노), 賣渡(매:도), 賣名(매:명), 賣物(매:물), 賣上(매:상), 賣惜(매:석), 賣身(매:신), 賣淫(매:음), 賣場(매:장), 賣店(매:점), 賣盡(매:진), 賣春(매:춘), 賣出(매:출), 賣票(매:표) 등에서는 장음으로 발음한다.

【맥】
短 맥/줄기 脈(맥), 보리 麥(맥), 예맥 貊(맥)

【맹】
短 맹세할 盟(맹), 소경/눈멀 盲(맹), 싹 萌(맹)

長 사나울 猛(맹):
短長 맏이 孟(맹)(:)
　'맏이 孟(맹)'자는 장단음으로 분류되어 있지만 孟仲叔季(맹:중숙계), 孟冬(맹:동), 孟秋(맹:추), 孟春(맹:춘), 孟月(맹:월), 孟朔(맹:삭), 孟夏(맹:하), 孟子(맹:자), 孟浪(맹:랑) 등의 낱말에서 모두 장음으로 발음한다. 단음으로 발음하는 예는 찾지 못했다.

【멱】
短 찾을 覓(멱)

【면】
短 잠잘 眠(면), 솜 綿(면), 목화 棉(면), 밀가루 麵/麪(면)
長 낯 面(면):, 힘쓸 勉(면):, 면할 免(면):, 면류관 冕(면):, 애꾸눈/곁눈질할 眄(면):, 힘쓸 俛(면):, 물 흐를 沔(면):
短長 가는 실 緬(면)(:)
　'가는 실 緬(면)'자는 장단음으로 분류되어 있다. 緬羊(면양)은 단음으로, 緬禮(면:례)는 장음으로 발음한다.

【멸】
短 멸망할 滅(멸), 업신여길 蔑(멸)

【명】
短 이름 名(명), 밝을 明(명), 울 鳴(명), 새길 銘(명), 어두울 冥(명), 마디충 螟(명), 눈감을 瞑(명), 바다/아득할 溟(명), 저물/밤 暝(명)
長 목숨 命(명):, 새길 酩(명):, 그릇 皿(명):

【모】
短 얼굴/모양 貌(모), 털 毛(모), 법/모범 模(모), 꾀할 謀(모), 뽑을/모을 募(모), 창 矛(모), 모자 帽(모), 띠 茅(모), 꾀 謨(모), 찾을/본뜰 摸(모), 수컷 牡(모), 줄어들/소모할 耗(모), 범할 冒(모), 유모 姆(모), 소 우는 소리 牟(모)
長 어머니 母(모):, 사모할 慕(모):, 저물 暮(모):, 아무 某(모):
短長 업신여길 侮(모)(:)
　'업신여길 侮(모)'자는 장단음으로 분류되어 있다. 侮蔑(모:멸), 侮辱(모:욕) 등의 낱말에서는 모두 장음으로 발음한다.

【목, 몰, 몽】
短 나무 木(목), 눈 目(목), 목욕할 沐(목), 칠 牧(목), 화목할 睦(목), 화목할 穆(목)
短 가라앉을/빠질 沒(몰), 죽을 歿(몰)
短 꿈 夢(몽), 어릴/어두울 蒙(몽)

【묘】
短 어두울/아득할 杳(묘)

장 토끼 卯(묘):, 무덤 墓(묘):, 묘할 妙(묘):, 사당 廟(묘):, 모종 苗(묘):, 그릴 描(묘):, 아득할 渺(묘):, 고양이 猫(묘):, 별 이름 昴(묘):

【무】

단 없을 無(무), 엄지손가락 拇(무), 말 毋(무), 거칠/우거질 蕪(무), 없을 无(무), 어루만질 憮(무)

장 힘쓸/일 務(무):, 굳셀/호반 武(무):, 다섯째 천간 戊(무):, 춤출 舞(무):, 우거질/무성할 茂(무):, 무역할 貿(무):, 안개 霧(무):, 무당 巫(무):, 무고할/속일 誣(무):, 이랑/묘 畝(무):

단장 어루만질 撫(무)(:)

  '어루만질 撫'자는 장단음으로 분류되어 있지만, 국어사전에 '撫(무)'자가 한자어의 머리에 오는 낱말이 없다.

【목】

단 묵묵할/잠잠할 默(묵), 먹 墨(묵)

【문】

단 글월 文(문), 문 門(문), 무늬 紋(문), 모기 蚊(문), 목벨 刎(문), 물 이름 汶(문)

장 물을 問(문):

단장 들을 聞(문)(:), 어지러울 紊(문)(:)

  '들을 聞(문)'자는 장단음으로 분류되어 있다. 국어사전에 '聞(문)'자가 한자어의 머리에 오는 낱말이 없다.

  '어지러울 紊(문)'자는 장단음으로 분류되어 있다. '紊亂(문:란)' 한 낱말이 있는데, 장음으로 발음한다.

【물】

단 물건 物(물), 말 勿(물)

【미】

단 쌀 米(미), 작을 微(미), 눈썹 眉(미), 미륵/두루 彌(미), 아첨할 媚(미), 장미 薇(미), 쓰러질 靡(미)

장 꼬리 尾(미):, 맛 味(미):

단장 아닐 未(미)(:), 아름다울 美(미)(:), 미혹할 迷(미)(:)

  '아닐 未(미)'자는 장단음으로 분류되어 있다. 저자가 확인한 바로는 '未安(미안)' 한 낱말만 단음으로 발음하고, 그 외에 未開(미:개), 未成年(미:성년), 未決(미:결), 未決囚(미:결수), 未納(미:납), 未達(미:달), 未踏(미:답), 未來(미:래), 未練(미:련), 未滿(미:만), 未亡人(미:망인), 未明(미:명), 未備(미:비), 未詳(미:상), 未嘗不(미:상불), 未生馬(미:생마), 未遂(미:수), 未收(미:수), 未收金(미:수금), 未熟(미:숙), 未時(미:시), 未審(미:심), 未然(미:연), 未完(미:완), 未完成(미:완성), 未定(미:정), 未濟(미:제), 未曾有(미:증유), 未知(미:지), 未知數(미:지수), 未盡(미:진), 未畢(미:필), 未婚(미:혼), 未洽(미:흡) 등의 모든 낱말에서 장음으로 발음한다.

  '아름다울 美(미)'자는 장단음으로 분류되어 있다. 나라 이름 美國(미국) 한 낱말만 단음으로 발음하고, 美官(미:관), 美觀(미:관), 美觀上(미:관상), 美男(미:남), 美女(미:녀), 美談(미:담), 美大(미:대), 美德(미:덕), 美麗(미:려), 美貌(미:모), 美名(미:명), 美文(미:문), 美辭麗句(미:사여구), 美俗(미:속), 美術(미:술), 美術館(미:술관), 美食(미:식), 美食家(미:식가), 美容(미:용), 美人(미:인), 美人計(미:인계), 美人薄命(미:인박명), 美粧(미:장), 美醜(미:추), 美風(미:풍), 美化(미:화) 등 '아름답다', '좋다', '맛있다' 등의 뜻으로 쓰일 때는 장음으로 발음한다.

  '미혹할 迷(미)'자는 장단음으로 분류되어 있다. 迷宮(미:궁), 迷路(미:로), 迷兒(미:아), 迷妄(미:망), 迷夢(미:몽), 迷信(미:신) 등의 낱말은 장음으로 발음한다. 迷惑(미혹) 한 낱말은 단음으로 발음한다.

【민】

단 백성 民(민), 근심할 憫(민), 민첩할 敏(민), 번민할 悶(민), 근심할 愍(민), 하늘 旻(민), 화할 旼(민), 이름다운 돌 玟(민), 옥돌 珉(민), 성씨 閔(민)

【밀】

단 빽빽할 密(밀), 꿀 蜜(밀), 고요할 謐(밀)

【박】

단 성씨 朴(박), 넓을 博(박), 얇을 薄(박), 칠 拍(박), 닥칠 迫(박), 머무를 泊(박), 배 舶(박), 벗길 剝(박), 잡을 搏(박), 칠 撲(박), 순박할 樸(박), 호박 珀(박), 발 箔(박), 지게미 粕(박), 묶을 縛(박), 논박할 駁(박), 누리 雹(박), 팔뚝 膊(박)

【반】

단 나눌 班(반), 밥 飯(반), 소반 盤(반), 일반 般(반), 옮길 搬(반), 섞을 拌(반), 더위잡고 오를 攀(반), 얼룩 斑(반), 쟁반 槃(반), 밭두둑 畔(반), 명반 礬(반), 얽어맬 絆(반), 나눌 頒(반), 너럭바위 磐(반), 서릴 蟠(반), 성씨 潘(반), 강 이름 磻(반/번)

장 반 半(반):, 돌이킬 反(반):, 배반할 叛(반):, 돌이킬 返(반):, 짝 伴(반):

【발】

단 필/쏠 發(발), 터럭 髮(발), 뽑을 拔(발), 가뭄 魃(발), 바다 이름 渤(발), 바리때 鉢(발), 노할 勃(발), 다스릴 撥(발), 물뿌릴 潑(발), 밟을 跋(발), 술괼 醱(발)

【방】

단 모 方(방), 방 房(방), 둑/막을 防(방), 방해할 妨(방), 본뜰 倣(방), 꽃다울 芳(방), 나라 邦(방), 길쌈 紡(방), 동네 坊(방), 삽살개 尨(방), 도울 幇(방), 기

름 肪(방), 오줌통 膀(방), 밝을 昉(방), 뗏목 枋(방), 높은 집 龐(방)
장 찾을 訪(방ː), 곁 傍(방ː), 방 붙일 榜(방ː), 헐뜯을 謗(방ː), 곁/두루 旁(방ː)
단장 놓을/내칠 放(방)(ː), 헤맬/비슷할 彷(방)(ː)

'놓을/내칠 放(방)'자는 장단음으로 분류되어 있다. 放歌(방ː가), 放課後(방ː과후), 放棄(방ː기), 放氣(방ː기), 放尿(방ː뇨), 放談(방ː담), 放浪(방ː랑), 放流(방ː류), 放免(방ː면), 放牧(방ː목), 放糞(방ː분), 放飼(방ː사), 放射(방ː사), 放射能(방ː사능), 放生(방ː생), 放聲痛哭(방ː성통곡)/放聲大哭(방ː성대곡), 放送(방ː송), 放心(방ː심), 放言(방ː언), 放熱(방ː열), 放映(방ː영), 放任(방ː임), 放恣(방ː자), 放電(방ː전), 放縱(방ː종), 放債(방ː채), 放出(방ː출), 放黜(방ː출), 放置(방ː치), 放蕩(방ː탕), 放學(방ː학), 放火(방ː화) 등 모든 낱말에서 장음으로 쓰인다. 단음으로 발음되는 낱말은 찾지 못하였다.

'헤맬/비슷할 彷(방)'자는 장단음으로 분류되어 있다. 彷徨(방황)은 단음으로, 彷彿(방ː불)은 장음으로 발음한다.

【배】
단 달아날 北(배)/북녘 北(북), 밀칠 排(배), 잔 盃/杯(배), 배우/광대 俳(배), 어정거릴 徘(배), 물결칠 湃(배), 아이밸 胚(배), 배자 褙(배), 성씨 裵(배)
장 절 拜(배ː), 갑절 倍(배ː), 등/배반할 背(배ː), 짝/아내 配(배ː), 북돋을 培(배ː), 무리 輩(배ː), 물어줄 賠(배ː), 쌓아올릴/모실 陪(배ː)

【백, 번, 벌】
단 일백 百(백), 흰 白(백), 측백/잣나무 栢(백), 맏 伯(백), 넋 魄(백), 비단 帛(백)
장 차례/번갈아 들 番(번), 번성할/많을 繁(번), 번거로울/괴로워할 煩(번), 번역할 翻(번), 구울 燔(번), 우거질 蕃(번), 덮을/울타리 藩(번)
단 칠 伐(벌), 벌 罰(벌), 문벌 閥(벌), 뗏목 筏(벌)

【범】
장 범할 犯(범ː), 법/모범 範(범ː), 넓을/뜰 汎(범ː), 돛 帆(범ː), 범어/불경 梵(범ː), 넘칠 氾(범ː), 뜰 泛(범ː), 성씨 范(범ː)
단장 무릇 凡(범)(ː)

'무릇 凡(범)'자는 장단음으로 분류되어 있다. 凡例(범ː례) 한 낱말만 장음으로 발음하고, 나머지 凡夫(범부), 凡事(범사), 凡常(범상), 凡庸(범용), 凡人(범인), 凡才(범재), 凡節(범절) 등의 낱말은 단음으로 발음한다.

【법】
단 법 法(법)

【벽】
단 벽 壁(벽), 푸를 碧(벽), 후미질 僻(벽), 쪼갤 劈(벽), 둥근 옥 璧(벽), 버릇 癖(벽), 열 闢(벽), 임금 辟(벽), 벼락 霹(벽), 엄지손가락 擘(벽)

【변】
단 가 邊(변)
장 바뀔 變(변ː), 말씀 辯(변ː), 분별할 辨(변ː), 성씨 卞(변ː), 고깔 弁(변ː)

【별】
단 다를/나눌 別(별), 자라 鼈(별), 언뜻 볼 瞥(별)

【병】
단 병사 兵(병), 병 甁(병)
장 병 病(병ː), 셋째 천간 丙(병ː), 나란히 竝(병ː), 아우를/함께할 倂(병ː), 손잡이 자루 柄(병ː), 떡 餠(병ː), 밝을 昞(병ː), 밝을 炳(병ː), 잡을 秉(병ː)
단장 병풍 屛(병)(ː)

'병풍 屛(병)'자는 장단음으로 분류되어 있다. 국어사전에 屛風(병풍) 한 낱말이 있는데, 단음으로 발음한다.

【보】
단 보 洑(보), 보살 菩(보), 포대기 褓(보)
장 보배 寶(보ː), 갚을/알릴 報(보ː), 보시 布(보ː), 걸을 步(보ː), 넓을 普(보ː), 기울 補(보ː), 족보 譜(보ː), 클 甫(보ː), 도울 輔(보ː), 작은 성 堡(보ː), 물 이름 潽(보ː)
단장 보전할/지킬 保(보)(ː)

'보전할/지킬 保(보)'자는 장단음으로 분류되어 있다. 保證(보증) 한 낱말은 단음으로 발음한다. 그 외에 保健(보ː건), 保管(보ː관), 保菌(보ː균), 保留(보ː류), 保姆(보ː모), 保釋(보ː석), 保稅(보ː세), 保守(보ː수), 保守的(보ː수적), 保身(보ː신), 保安(보ː안), 保眼(보ː안), 保溫(보ː온), 保佑(보ː우), 保有(보ː유), 保育(보ː육), 保障(보ː장), 保全(보ː전), 保存(보ː존), 保持(보ː지), 保合(보ː합), 保合勢(보ː합세), 保險(보ː험), 保護(보ː호) 등은 모두 장음으로 발음한다.

【복】
단 옷 服(복), 복 福(복), 겹옷 複(복), 배 腹(복), 엎드릴 伏(복), 점 卜(복), 뒤집힐 覆(복), 종 僕(복), 길 匐(복), 바퀴살 輻(복), 전복 鰒(복), 향기 馥(복)
단장 돌아올 復(복)/다시 復(부)(ː)

'돌아올 復(복)/다시 復(부)'자는 '돌아오다'의 뜻으로 쓰일 때는 단음 [복]으로, '다시'의 뜻으로 쓰일 때는 장음 [부ː]로 읽는다. 예를 들면 復歸(복귀), 復職(복직), 復學(복학), 復舊(복구), 復元(복원)/復原(복원), 復權(복권), 復讐(복수), 復棋(복기), 復習(복습), 復唱(복창) 등은 단음 [복]으로, 復活(부ː활), 復興(부ː흥) 등은 장음 [부ː]로 읽는다.

【본】
단 근본 本(본)

【봉】

短 봉할 封(봉), 봉우리 峰/峯(봉), 만날 逢(봉), 벌 蜂(봉), 꿰맬 縫(봉), 쑥 蓬(봉), 받들 捧(봉), 몽둥이 棒(봉), 봉화 烽(봉), 칼끝 鋒(봉)

長 받들 奉(봉):, 새 鳳(봉):, 봉급 俸(봉):

【부】

短 아버지 父(부), 사내/지아비 夫(부), 부인/며느리 婦(부), 아닐 不(불/부), 거느릴/떼 部(부), 도울 扶(부), 살갗 膚(부), 뜰 浮(부), 가마솥 釜(부), 분부할 咐(부), 알깔 孵(부), 도끼 斧(부), 장부 腑(부), 부용 芙(부), 책상다리할 趺(부), 오리 鳧(부)

長 아닐 否(부):, 부자/넉넉할 富(부):, 질 負(부):, 버금 副(부):, 부칠/줄 付(부):, 썩을 腐(부):, 나아갈 赴(부):, 부세 賦(부):, 스승 傅(부):, 구부릴 俯(부):, 조갤 剖(부):, 부두 埠(부):, 부고 訃(부):, 부의 賻(부):, 곁마 駙(부):, 언덕 阜(부):

短長 관청/곳집 府(부)(:), 부호 符(부)(:), 장부 簿(부)(:), 붙을 附(부)(:), 펼 敷(부)(:)

 '관청/곳집 府(부)'자는 장단음으로 분류되어 있다. 죽은 아버지를 뜻하는 府君(부:군)은 장음으로 읽고, 조선 때 공신에게 주던 작위로 府院君(부원군)은 단음으로 읽는다.

 '부호 符(부)'자는 장단음으로 분류되어 있다. 符信(부:신), 符籍(부:적), 符合(부:합), 符號(부:호) 등의 낱말은 장음으로, 符節(부절)은 단음으로 읽는다.

 '장부 簿(부)'자는 장단음으로 분류되어 있다. '簿(부)'자가 머리에 오는 한자어 낱말은 簿記(부기)라는 낱말 하나뿐이다. 단음으로 발음한다.

 '붙을 附(부)'자는 장단음으로 분류되어 있다. 附加(부:가), 附近(부:근), 附錄(부:록), 附設(부:설), 附屬(부:속), 附隨(부:수), 附言(부:언), 附與(부:여), 附逆(부:역), 附着(부:착), 附則(부:칙), 附箋紙(부:전지), 附合(부:합), 附和雷同(부:화뇌동) 등의 낱말 모두 장음으로 발음한다.

 '펼 敷(부)'자는 장단음으로 분류되어 있다. 敷設(부:설), 敷衍(부:연), 敷地(부:지), 敷草(부:초) 등의 낱말들이 모두 장음으로 발음된다.

 '돌아올 復(복)/다시 復(부)'자는 '復(복)'자 참조.

【북】

短 북녘 北(북)/달아날 北(배)

【분】

短 무덤 墳(분), 달아날 奔(분), 어지러울 紛(분), 똥 糞(분), 뿜을 噴(분), 꾸밀 扮(분), 불사를 焚(분), 동이 盆(분), 안개/날릴 雰(분), 향기로울 芬(분)

長 분할/성낼 憤(분):, 떨칠 奮(분):, 분부할 吩(분):, 성낼 忿(분):

短長 나눌 分(분)(:), 가루 粉(분)(:)

 '나눌 分(분)'자는 장단음으로 분류되어 있다. '나누다' 또는 나누는 것과 관련이 있는 의미로 쓰일 때는 단음으로 발음한다. 分家(분가), 分揀(분간), 分科(분과), 分館(분관), 分光(분광), 分校(분교), 分權(분권), 分期(분기), 分岐(분기), 分納(분납), 分團(분단), 分斷(분단), 分擔(분담), 分隊(분대), 分度器(분도기), 分銅(분동), 分等(분등), 分類(분류), 分離(분리), 分立(분립), 分娩(분만), 分明(분명), 分母(분모), 分配(분배), 分別(분별), 分蜂(분봉), 分付(분부), 分泌(분비), 分散(분산), 分析(분석), 分水嶺(분수령), 分乘(분승), 分身(분신), 分野(분야), 分讓(분양), 分業(분업), 分裂(분열), 分列(분열), 分院(분원), 分子(분자), 分財(분재), 分店(분점), 分株(분주), 分秒(분초), 分針(분침), 分派(분파), 分布(분포), 分割(분할), 分轄(분할), 分解(분해), 分化(분화) 등이다. '몫'의 뜻으로 쓰일 때는 分量(분:량), 分限(분:한) 등에서와 같이 장음으로 발음한다. 分數(분수)는 장음 또는 단음으로 발음하는데, 그 뜻이 다르다.

[分數(분수)] 한 수 a를 다른 수 b로 나눈 몫을 a/b와 같이 나타낸 것.

[分數(분:수)] ① 사물을 분별하는 슬기. ¶분수가 없는 사람 ② 자기에게 알맞은 한도. ¶분수를 알아야지/분수에 맞는 생활 ③ 푼수. 얼마에 상당한 정도.

 '가루 粉(분)'자는 장단음으로 분류되어 있다. 粉紅(분:홍) 한 낱말은 장음으로, 그 외의 粉骨碎身(분골쇄신), 粉末(분말), 粉面(분면), 粉碎(분쇄), 粉食(분식), 粉飾(분식), 粉乳(분유), 粉劑(분제), 粉塵(분진), 粉貼(분첩), 粉炭(분탄), 粉筆(분필) 등은 단음으로 발음한다.

【불, 붕】

短 아닐 不(불/부), 부처 佛(불), 아닐 弗(불), 떨칠/떨어낼 拂(불), 비슷할 彿(불)

短 벗 朋(붕), 무너질 崩(붕), 대붕새 鵬(붕), 시렁 棚(붕), 붕사 硼(붕), 묶을 繃(붕)

【비】

短 날 飛(비), 비석 碑(비), 왕비 妃(비), 도울 毘(비), 삼갈 毖(비), 죽은 어미 妣(비), 사립문 扉(비), 비파나무 枇(비), 비파 琵(비), 저릴 痹(비)/痺(비), 바퀴 蜚(비), 도울 裨(비), 헐뜯을 誹(비), 채소 이름 菲(비), 클 丕(비)

長 코 鼻(비):, 슬플 悲(비):, 갖출 備(비):, 낮을 卑(비):, 견줄 比(비):, 쓸 費(비):, 숨길 秘(비):, 비평할 批(비):, 여자종 婢(비):, 살찔 肥(비):, 비적 匪(비):, 비수 匕(비):, 덮을 庇(비):, 고달플 憊(비):, 끓을 沸(비):, 비상 砒(비):, 쭉정이 秕(비):, 비단 緋(비):, 물총새 翡(비):, 팔 臂(비):, 비유할 譬(비):, 더러울 鄙(비):

短長 아닐/비방할 非(비)(:), 스밀 泌(비)(:), 지라 脾(비)(:)

 '아닐/비방할 非(비)'자는 장단음으로 분류되어 있

다. '오로지'의 뜻인 非但(비단) 한 낱말만 단음으로 발음하고, 그 외의 '아니다'의 뜻인 非可逆(비:가역), 非公開(비:공개), 非公式(비:공식), 非課稅(비:과세), 非難(비:난), 非道(비:도), 非禮(비:례), 非理(비:리), 非命(비:명), 非夢似夢(비:몽사몽), 非凡(비:범), 非常(비:상), 非常口(비:상구), 非常金(비:상금), 非僧非俗(비:승비:속), 非違(비:위), 非一非再(비:일비:재), 非情(비:정), 非行(비:행) 등의 낱말은 장음으로 발음한다.
　'스밀 泌(비)'자는 장단음으로 분류되어 있다. 泌尿器(비:뇨기) 한 낱말에서 장음으로 발음한다.
　'지라 脾(비)'자는 장단음으로 분류되어 있다. 脾胃(비:위), 脾臟(비:장) 등 두 낱말에서 장음으로 발음한다.

【빈, 빙】
단 가난할 貧(빈), 아내/궁녀 벼슬 이름 嬪(빈), 손 賓(빈), 자주 頻(빈), 찡그릴 嚬(빈), 빈소 殯(빈), 물가 瀕(빈), 암컷 牝(빈), 물가 濱(빈), 빛날 彬(빈)
단 얼음 氷(빙), 부를 聘(빙), 기댈 憑(빙)

【사】
단 모일/토지의 신 社(사), 사사 私(사), 집 舍(사), 베낄 寫(사), 조사할 査(사), 스승 師(사), 제사 祀(사), 기울 斜(사), 실 絲(사), 말 辭(사), 맡을 司(사), 모래 沙/砂(사), 말씀 詞(사), 간사할 邪(사), 이 斯(사), 뱀 蛇(사), 속일 詐(사), 부추길 唆(사), 먹일/기를 飼(사), 사치할 奢(사), 사바세상 娑(사), 사당 祠(사), 비단 紗(사), 가사 裟(사), 적을 些(사), 찌끼 渣(사), 도롱이 蓑(사)
장 넉 四(사:), 죽을 死(사:), 일 事(사:), 선비 士(사:), 부릴/하여금 使(사:), 역사 史(사:), 버릴 捨(사:), 뱀/여섯째지지 巳(사:), 사례할 謝(사:), 닮을 似(사:), 줄 賜(사:), 용서할 赦(사:), 이을 嗣(사:), 옮길 徙(사:), 사자 獅(사:), 사향노루 麝(사:), 물 이름 泗(사:)
단장 쏠 射(사)(:), 섬길/벼슬할 仕(사)(:), 생각할 思(사)(:), 절 寺(사)(:), 쏟을 瀉(사)(:)
　'쏠 射(사)'자는 장단음으로 분류되어 있지만 射擊(사격), 射殺(사살), 射線(사선), 射手(사수), 射精(사정), 射倖(사행) 등의 낱말에서 모두 단음으로 발음한다.
　'섬길/벼슬할 仕(사)'자는 장단음으로 분류되어 있다. '仕(사)'자가 머리에 오는 낱말이 없다.
　'생각할 思(사)'자는 장단음으로 분류되어 있다. 思想(사:상) 한 낱말만 장음으로, 그 외의 思考(사고), 思念(사념), 思慕(사모), 思慮(사려), 思料(사료), 思索(사색), 思惟(사유), 思潮(사조), 思春期(사춘기), 思親(사친) 등은 단음으로 발음한다.
　'절 寺(사)'자는 장단음으로 분류되어 있다. '절'을 뜻하는 寺院(사원), 寺刹(사찰)은 단음으로 발음하고, '寺(사)'자를 取音(취음)한 寺黨(사:당)만 장음으로 발음한다.
　'쏟을 瀉(사)'자는 장단음으로 분류되어 있다. '瀉(사)'자가 머리에 오는 낱말은 瀉血(사혈) 한 낱말밖에 없다. 단음으로 발음한다.

【삭】
단 동아줄 索(삭)/찾을 索(색), 깎을 削(삭), 초하루 朔(삭), 녹일 鑠(삭)

【산】
단 메 山(산), 초/실 酸(산), 우산 傘(산), 깎을 刪(산), 산호 珊(산), 산증 疝(산)
장 셀 算(산:), 흩을 散(산:), 낳을 産(산:)

【살】
단 뿌릴 撒(살), 죽일 煞(살), 보살 薩(살)
단장 죽일 殺(살)/덜 殺(쇄:)
　'죽일 殺(살)/덜 殺(쇄)'자는 '죽이다'는 뜻으로 쓰일 때는 단음인 [살]로 읽고, '덜다' 또는 '심히'의 뜻으로 쓰일 때는 장음 [쇄:]로 읽는다. 殺傷(살상), 殺身成仁(살신성인), 殺人(살인), 殺菌(살균), 殺生(살생), 殺生戒(살생계), 殺戮(살육), 殺蟲(살충), 殺害(살해), 殺氣(살기), 殺伐(살벌), 殺風景(살풍경), 殺到(쇄:도)

【삼, 삽】
단 석 三(삼), 석 參(삼)/참여할 參(참), 나무 빽빽할 森(삼), 인삼 蔘(삼), 스밀/적실 滲(삼), 적삼 衫(삼)
단 꽂을 揷(삽), 떫을 澁(삽)

【상】
단 장사/헤아릴 商(상), 서로 相(상), 상줄 賞(상), 항상 常(상), 상 床(상), 다칠/상할 傷(상), 코끼리 象(상), 형상 像(상), 치마 裳(상), 서리 霜(상), 상세할 詳(상), 갚을 償(상), 맛볼 嘗(상), 뽕나무 桑(상), 상서로울 祥(상), 상자 箱(상), 과부 孀(상), 빙빙 돌아날 翔(상), 학교 庠(상)
장 윗 上(상:), 생각 想(상:), 시원할 爽(상:)
단장 모양 狀(상)/문서 狀(장:), 죽을/잃을 喪(상)(:), 오히려 尙(상)(:)
　'모양 狀(상)/문서 狀(장)'자는 장단음으로 분류되어 있다. '모양'의 뜻일 때는 단음 [상]으로 읽고, '문서'의 뜻일 때는 장음 [장:]으로 읽는다. 국어사전에 '문서 狀(장)'자가 머리에 오는 낱말이 없다.
　'죽을/잃을 喪(상)'자는 장단음으로 분류되어 있다. 남편이 죽었을 때 喪夫(상:부)와 아내가 죽었을 때 喪妻(상:처)는 장음으로 발음하고, 그 외에 喪家(상가), 喪制(상제), 喪故(상고), 喪禮(상례), 喪配(상배), 喪服(상복), 喪事(상사), 喪失(상실), 喪心(상심), 喪輿(상여), 喪章(상장), 喪主(상주), 喪中(상중), 喪布(상포) 등의 낱말에서는 단음으로 발음한다.
　'오히려 尙(상)'자는 장단음으로 분류되어 있다. '尙(상)'자가 尙存(상존), 尙饗(상향), 尙書(상서), 尙宮(상궁) 등 '오히려', '벼슬 이름'으로 쓰일 때는 단음으로 발음한다. 尙武(상:무), 尙文(상:문) 등처럼 '높이다', '받들다'의 뜻으로 쓰일 때는 장음으로 발음한다.

【새, 색, 생】
단 변방 塞(새)/막을 塞(색), 옥새 璽(새)
단 빛 色(색), 찾을 索(색), 막을 塞(색)/변방 塞(새), 아낄 嗇(색)
단 날 生(생), 덜 省(생)/살필 省(성), 희생 牲(생), 생질 甥(생)

【서】
단 서녘 西(서), 쓸/글 書(서), 서로 胥(서)
장 차례 序(서):, 용서할 恕(서):, 실마리 緖(서):, 여러/무리 庶(서):, 펼/베풀 敍(서):, 상서 瑞(서):, 맹세할 誓(서):, 사위 壻(서):, 펴낼 抒(서):, 살/깃들일 棲(서):, 참마/감자 薯(서):, 기장 黍(서):, 쥐 鼠(서):, 새벽 曙(서):, 갈 逝(서):, 펼 舒(서):
단장 천천할 徐(서)(:), 관청 署(서)(:), 더울 暑(서)(:), 섬 嶼(서)(:)

'천천할 徐(서)'자는 장단음으로 분류되어 있다. 徐徐히(서:서히), 徐行(서:행) 등 '천천히'의 뜻을 나타낼 때는 장음으로 발음한다. 고을이나 나라 이름 또는 姓(성)으로 쓰일 때는 단음으로 발음한다. 徐氏(서씨), 徐羅伐(서라벌)

'관청 署(서)'자는 장단음으로 분류되어 있다. 署理(서:리), 署長(서:장), 署名(서:명) 등 장음으로 발음한다. 국어사전에서 단음으로 발음되는 낱말의 예는 찾을 수 없다.

'더울 暑(서)'자는 장단음으로 분류되어 있다. 국어사전에서 '더울 暑(서)'자가 머리에 들어간 낱말이 暑濕(서:습)/暑濕之氣(서:습지기) 두 낱말인데 장음으로 발음한다.

'섬 嶼(서)'자는 장단음으로 분류되어 있다. 국어사전에 '섬 嶼(서)'자가 머리에 들어간 낱말이 없다.

【석】
단 저녁 夕(석), 자리 席(석), 돌 石(석), 아낄 惜(석), 풀 釋(석), 옛날 昔(석), 가를/쪼갤 析(석), 클 碩(석), 밝을 晳(석), 개펄 潟(석), 클 奭(석), 주석 錫(석)

【선】
단 먼저 先(선), 줄 線(선), 배 船(선), 고울 鮮(선), 신선 仙(선), 돌 旋(선), 베풀 宣(선), 참선/고요할 禪(선), 부채 扇(선), 부칠 煽(선), 샘 腺(선), 이끼 蘚(선), 무쇠 銑(선), 매미 蟬(선), 도리옥 瑄(선), 옥 璇(선), 구슬 璿(선), 구할 亘(선)/건널 亘(긍)
장 착할 善(선):, 가릴/뽑을 選(선):, 기울 繕(선):, 부러워할 羨(선):, 반찬/선물 膳(선):

【설】
단 혀 舌(설), 눈 雪(설), 베풀 設(설), 샐 泄(설), 샐 洩(설), 칠/파낼 渫(설), 문설주 楔(설), 속옷/더러울 褻(설), 가루 屑(설), 사람 이름 卨(설), 성씨 薛(설)
단장 말씀 說(설)/기쁠 說(열)/달랠 說(세:)

'말씀 說(설)/기쁠 說(열)/달랠 說(세)'자는 장단음으로 분류되어 있다. '말씀 說(설)'과 '기쁠 說(열)'은 단음으로, '달랠 說(세)'는 說客(세:객) 한 낱말에서 장음으로 발음한다.

【섬, 섭】
단 가늘 纖(섬), 다 죽일 殲(섬), 번쩍일 閃(섬), 두꺼비 蟾(섬), 땅 이름 陝(섬)
단 건널 涉(섭), 당길/잡을 攝(섭), 불꽃/화할 燮(섭)

【성】
단 이룰 成(성), 살필 省(성)/덜 省(생), 소리 聲(성), 별 星(성), 성곽 城(성), 정성 誠(성), 깰 醒(성), 밝을 晟(성)
장 성 姓(성):, 성품 性(성):, 성할 盛(성):, 성인 聖(성):

【세】
장 해 歲(세):, 인간/대 世(세):, 씻을 洗(세):, 달랠 說(세):, 형세/기세 勢(세):, 세금 稅(세):, 가늘 細(세):, 세낼 貰(세):

【소】
단 사라질 消(소), 트일/거칠 疏/疎(소), 푸성귀/나물 蔬(소), 되살아날/차조기 蘇(소), 호소할 訴(소), 부를 召(소), 밝을 昭(소), 떠들/시끄러울 騷(소), 이을 紹(소), 집 巢(소), 못 沼(소), 토우/흙빛을 塑(소), 밤 宵(소), 긁을 搔(소), 빗/얼레빗 梳(소), 깨어날 甦(소), 퉁소 簫(소), 맑은 대쑥/쓸쓸할 蕭(소), 거닐 逍(소), 거슬러 올라갈 遡(소), 녹을 銷(소), 발 疋(소)/짝 疋(필), 종기/피부병 瘙(소), 고치켤 繅(소), 땅 이름 邵(소)
장 적을 小(소):, 적을/젊을 少(소):, 바/곳 所(소):, 웃을 笑(소):
단장 쓸 掃(소)(:), 흴 素(소)(:), 불사를 燒(소)(:)

'쓸 掃(소)'자는 장단음으로 분류되어 있다. 掃除(소:제) 등 '비로 쓸다'의 뜻으로 쓰일 때는 장음으로 발음한다. 掃蕩(소탕), 掃海(소해) 등 '제거하다', '멸망시키다'는 뜻으로 쓰일 때는 단음으로 발음한다.

'흴 素(소)'자는 장단음으로 분류되어 있다. 素麵(소:면), 素朴(소:박), 素飯(소:반), 素服(소:복), 素食(소:식), 素饌(소:찬) 素湯(소:탕) 등 '희다', '흰 빛', '꾸밈이 없다'는 뜻으로 쓰일 때는 장음으로 발음한다. 素描(소묘), 素因數(소인수), 素數(소수), 素養(소양), 素因(소인), 素材(소재), 素地(소지) 등 '근본', '처음', '원료', '본바탕' 등의 뜻으로 쓰일 때는 단음으로 발음한다. '평소'의 뜻으로 쓰이는 素懷(소:회)는 장음으로 발음한다.

'불사를 燒(소)'자는 장단음으로 분류되어 있다. 燒却(소각), 燒滅(소멸), 燒失(소실), 燒死(소사), 燒散

(소산), 燒夷(소이), 燒酒(소주), 燒盡(소진), 燒火(소화) 등의 낱말은 단음으로 발음하고, 신령 앞에서 비는 뜻으로 얇은 흰 종이를 불살라서 공중으로 올리는 일을 뜻하는 燒紙(소:지)는 장음으로 발음한다.

【속】
단 빠를 速(속), 묶을 束(속), 풍속 俗(속), 이을 續(속), 무리/붙일 屬(속), 조粟(속), 속죄할 贖(속)

【손】
장 덜 損(손):, 겸손할 遜(손):
단장 손자 孫(손)(:)
'손자 孫(손)'자는 장단음으로 분류되어 있다. '孫(손)'자가 머리에 오는 낱말로서 국어사전에 장음으로 발음하는 예는 없다. 孫女(손녀), 孫婦(손부), 孫子(손자) 등 모두 단음으로 발음한다.

【솔】
단 거느릴 率(솔)/비율 率(률)

【송】
단 소나무 松(송)
장 보낼 送(송):, 기릴/칭송할 頌(송):, 두려워할 悚(송):, 송사할 訟(송):, 욀 誦(송):, 성씨/송나라 宋(송):

【쇄】
장 인쇄할 刷(쇄):, 덜 殺(쇄):/죽일 殺(살), 쇠사슬 鎖(쇄):, 뿌릴 灑(쇄):, 부술 碎(쇄):

【쇠】
단장 쇠할 衰(쇠)(:)
'쇠할 衰(쇠)'자는 장단음으로 분류되어 있다. 衰落(쇠락), 衰微(쇠미), 衰弱(쇠약), 衰殘(쇠잔), 衰退(쇠퇴)/衰頹(쇠퇴) 등의 낱말은 단음으로, 衰亡(쇠:망) 한 낱말만 장음으로 발음한다.

【수】
단 물 水(수), 목숨 壽(수), 나무/심을 樹(수), 다를/죽일 殊(수), 머리 首(수), 지킬 守(수), 구할/쓰일 需(수), 닦을 修(수), 줄 授(수), 거둘 收(수), 짐승 獸(수), 빼어날 秀(수), 장수 帥(수), 부끄러워할 羞(수), 근심 愁(수), 졸음 睡(수), 보낼/나를 輸(수), 따를 隨(수), 가둘 囚(수), 누구 誰(수), 이룰/드디어 遂(수), 비록 雖(수), 모름지기 須(수), 드리울 垂(수), 찾을 搜(수), 형수 嫂(수), 지킬 戍(수), 사냥 狩(수), 여윌 瘦(수), 이삭 穗(수), 세울 竪(수), 순수할 粹(수), 모을/꼭두서니 蒐(수), 소매 袖(수), 원수 讎/讐(수), 갚을 酬(수), 골수 髓(수), 수염 鬚(수), 강 이름 洙(수), 저울눈 銖(수), 수나라 隋(수)
장 잠잘 宿(숙)/별자리 宿(수):, 수 놓을 繡(수):
단장 셀 數(수):/자주 數(삭), 손 手(수)(:), 받을 受(수)(:)

'셀 數(수)/자주 數(삭)'자는 장단음으로 분류되어 있다. 數量(수:량), 數値(수:치), 數學(수:학) 등 '수', '세다' 등의 뜻으로 쓰일 때는 장음으로 발음하고, 數尿症(삭뇨증) 등 '자주'의 뜻으로 쓰일 때는 단음 [삭]으로 발음한다.

'손 手(수)'자는 장단음으로 분류되어 있다. 국어사전에 手匣(수갑), 手巾(수건), 手工(수공), 手工業(수공업), 手記(수기), 手段(수단), 手當(수당), 手動(수동), 手榴彈(수류탄), 手配(수배), 手法(수법), 手相(수상), 手續(수속), 手數料(수수료), 手術(수술), 手藝(수예), 手腕(수완), 手顫症(수전증), 手製(수제), 手足(수족), 手中(수중), 手帖(수첩), 手票(수표), 手下(수하), 手荷物(수하물), 手話(수화) 등 단음의 낱말만 있고, 장음의 낱말은 찾지 못했다.

'받을 受(수)'자는 장단음으로 분류되어 있다. 국어사전에 受講(수강), 受檢(수검), 受戒(수계), 受難(수난), 受納(수납), 受動(수동), 受諾(수락), 受領(수령), 受賂(수뢰), 受理(수리), 受侮(수모), 受賞(수상), 受像(수상), 受像機(수상기), 受信(수신), 受信人(수신인), 受信者(수신자), 受業(수업), 受容(수용), 受益(수익), 受精(수정), 受精卵(수정란), 受取(수취), 受託(수탁), 受胎(수태), 受驗(수험), 受驗料(수험료), 受驗票(수험표), 受刑(수형), 受惠(수혜), 受話(수화), 受話器(수화기) 등 단음의 낱말만 있고, 장음의 낱말은 찾지 못했다.

【숙】
단 잠잘 宿(숙), 아저씨 叔(숙), 엄숙할 肅(숙), 맑을 淑(숙), 익을 熟(숙), 누구 孰(숙), 글방 塾(숙), 일찍 夙(숙), 콩 菽(숙)

【순】
단 순수할 純(순), 돌 巡(순), 열흘 旬(순), 눈깜짝일 瞬(순), 돌아다닐 循(순), 따라 죽을 殉(순), 방패 盾(순), 입술 脣(순), 순임금 舜(순), 풀이름 荀(순), 순박할 淳(순), 죽순 筍(순), 길들일 馴(순), 진한 술 醇(순), 참으로 洵(순), 옥이름 珣(순)
장 순할 順(순):

【술, 숭, 슬, 습, 승】
단 꾀/재주 術(술), 개 戌(술), 지을/베풀 述(술)
단 높을 崇(숭)
단 거문고 瑟(슬), 무릎 膝(슬), 이 蝨(슬)/虱(슬)
단 익힐 習(습), 축축할 濕(습), 주을 拾(습)/열 拾(십), 엄습할 襲(습), 주름 褶(습)
단 이길 勝(승), 이을 承(승), 되 升(승), 오를 昇(승), 탈 乘(승), 중 僧(승), 노끈/밧줄 繩(승), 도울 丞(승), 파리 蠅(승)

【시】
단 때 時(시), 모실 寺(시), 시 詩(시), 시집 媤(시),

윗사람 죽일 弑(시), 시기할 猜(시)
[장] 비로소/처음 始(시):, 저자 市(시):, 볼 視(시):, 보일 示(시):, 베풀 施(시):, 이 是(시):, 모실 侍(시):, 감 柿(시):, 화살 矢(시):, 주검 屍(시):, 섶 柴(시):, 수저 匙(시):, 시호 諡(시):, 승냥이 豺(시):
[단][장] 시험할 試(시)(:)

'시험할 試(시)'자는 장단음으로 분류되어 있다. 試掘(시:굴), 試金石(시:금석), 試喫(시:끽), 試圖(시:도), 試鍊(시:련), 試食(시:식), 試藥(시:약), 試案(시:안), 試演(시:연), 試飮(시:음), 試作(시:작), 試錐(시:추) 등의 낱말은 장음으로 발음한다. 試合(시합)과 試驗(시험)은 단음으로 발음한다.

[식]

[단] 밥/먹을 食(식), 쉴/숨쉴 息(식), 심을 植(식), 알識(식), 법 式(식), 꾸밀 飾(식), 번식할 殖(식), 찰흙埴(식), 닦을/씻을 拭(식), 불꺼질 熄(식), 좀먹을 蝕(식), 며느리 媳(식), 물 맑을 湜(식), 수레가로나무 軾(식)

[신]

[단] 몸 身(신), 신하 臣(신), 새 新(신), 귀신 神(신), 매울 辛(신), 때 辰(신)/별 辰(진), 펼/아홉째지지 申(신), 펼 伸(신), 새벽 晨(신), 끙끙거릴 呻(신), 애 밸 娠(신), 섶나무 薪(신), 대합 蜃(신), 빠를 迅(신), 집 宸(신)
[장] 믿을 信(신):, 콩팥 腎(신):, 삼갈 愼(신):, 큰 띠 紳(신):, 물을 訊(신):

[실]

[단] 방/집 室(실), 열매 實(실), 잃을 失(실), 다 悉(실)

[심]

[단] 마음 心(심), 깊을 深(심), 찾을 尋(심)
[장] 잠길 沈(침)/성 沈(심):, 심할 甚(심):, 물 이름 瀋(심):,
[단][장] 살필 審(심)(:)

'살필 審(심)'자는 장단음으로 분류되어 있다. 審問(심:문), 審美眼(심:미안), 審査(심:사), 審議(심:의), 審判(심:판) 등의 낱말은 장음으로 발음한다. 審理(심리)는 단음으로 발음한다.

[십]

[단] 열 十(십), 열 拾(십)/주을 拾(습), 열 사람 什(십)/세간 什(집)

[쌍, 씨]

[단] 쌍 雙(쌍)
[단] 성 氏(씨)

[아]

[단] 아이 兒(아), 어금니 牙(아), 언덕 阿(아), 싹 芽(아), 갑자기 俄(아), 마을 衙(아), 나방이 蛾(아), 의심할 訝(아), 갈가마귀 鴉(아)
[장] 나 我(아):, 주릴 餓(아):
[단][장] 버금 亞(아)(:), 맑을/올바를 雅(아)(:), 벙어리啞(아)(:)

'버금 亞(아)'자는 장단음으로 분류되어 있다. 亞流(아:류), 亞熱帶(아:열대), 亞寒帶(아:한대), 亞獻(아:헌) 등의 낱말은 장음으로 발음하고, 亞麻(아마), 亞鉛(아연), 亞細亞(아세아) 등의 낱말은 단음으로 발음한다.

'맑을/올바를 雅(아)'자는 장단음으로 분류되어 있다. 雅量(아:량), 雅樂(아:악), 雅淡(아:담), 雅趣(아:취), 雅號(아:호) 등의 낱말에서 모두 장음으로 발음한다.

'벙어리 啞(아)'자는 장단음으로 분류되어 있다. 운동 기구인 啞鈴(아:령)은 장음으로 발음한다. 너무 놀라운 啞然(아연)은 단음으로 발음한다.

[악]

[단] 악할 惡(악)/미워할 惡(오), 풍류 樂(악)/즐거울 樂(락)/좋아할 樂(요), 큰 산 岳(악), 쥘 握(악), 백토 堊(악), 놀랄 愕(악), 턱 顎(악), 큰 산 嶽(악)

[안]

[단] 편안할 安(안)
[장] 눈 眼(안):, 책상 案(안):, 언덕 岸(안):, 기러기 雁(안):, 안장 鞍(안):, 늦을 晏(안):
[단][장] 얼굴 顔(안)(:), 누를/어루만질 按(안)(:)

'얼굴 顔(안)'자는 장단음으로 분류되어 있다. '顔(안)'자가 머리에 온 顔面(안면), 顔色(안색)에서 단음으로 발음한다. 장음으로 발음하는 낱말은 찾지 못하였다.

'누를/어루만질 按(안)'자는 장단음으로 분류되어 있다. 술 按酒(안주) 한 낱말만 단음으로 발음하고, 그 외의 按據(안:거), 按撫(안:무), 按摩(안:마), 按舞(안:무), 按配(안:배)/按排(안:배), 按手(안:수) 등 모든 낱말에서 장음으로 발음한다.

[알]

[단] 뵐/아뢸 謁(알), 관리할 斡(알), 삐걱거릴 알 軋(알), 막을 閼(알)

[암]

[단] 바위 巖/岩(암), 암자 庵(암)
[장] 어두울 暗(암):, 암 癌(암):, 닫힌 문/어두운 모양 闇(암):

[압]

[단] 누를 壓(압), 누를 押(압), 오리 鴨(압)

[앙]

[단] 재앙 殃(앙), 가운데 央(앙), 원망할 怏(앙), 오를

【애】

단 슬플 哀(애), 물가 涯(애), 티끌 埃(애), 벼랑/언덕 崖(애), 가릴/희미할 曖(애), 좁을/막을 隘(애), 쑥 艾(애)
장 거리낄 礙/碍(애):, 아지랑이 靄(애):
단장 사랑 愛(애)(:)

　'사랑 愛(애)'자는 장단음으로 분류되어 있다. 愛犬(애:견), 愛嬌(애:교), 愛校(애:교), 愛國(애:국), 愛國歌(애:국가), 愛國心(애:국심), 愛國者(애:국자), 愛妓(애:기), 愛讀(애:독), 愛馬(애:마), 愛慕(애:모), 愛撫(애:무), 愛玩(애:완), 愛用(애:용), 愛民(애:민), 愛誦(애:송), 愛煙(애:연), 愛人(애:인), 愛情(애:정), 愛族(애:족), 愛酒(애:주), 愛憎(애:증), 愛之重之(애:지중지), 愛執(애:집), 愛着(애:착), 愛唱曲(애:창곡), 愛妻家(애:처가), 愛妾(애:첩), 愛稱(애:칭), 愛他心(애:타심), 愛鄕(애:향), 愛護(애:호), 愛好(애:호) 등 '愛(애)'자가 머리로 오는 낱말들은 모두 장음으로 발음한다. 국어사전에 단음의 예는 없다.

【액, 앵】

단 진 液(액), 이마 額(액), 재앙 厄(액), 겨드랑이 掖(액), 겨드랑이 腋(액), 목맬 縊(액), 누를 扼(액)
단 앵두나무 櫻(앵), 꾀꼬리 鶯(앵)

【야】

단 어조사 耶(야), 가야 伽(야), 아비 爺(야)
장 밤 夜(야):, 들 野(야):, 어조사 也(야):, 이끌 惹(야):, 불릴 冶(야):, 놀릴/야유할 揶(야):

【약】

단 약할 弱(약), 약 藥(약), 묶을/아낄 約(약), 같을 若(약)/반야 若(야), 뛸 躍(약), 꽃밥 葯(약)

【양】

단 큰 바다 洋(양), 볕 陽(양), 양 羊(양), 모양 樣(양), 오를 揚(양), 버들 楊(양), 아가씨 孃(양), 가려울 癢(양), 술빚을 釀(양)
장 기를 養(양):, 흙 壤(양):, 사양할 讓(양):, 근심 恙(양):, 물리칠 攘(양):, 종기 瘍(양):
단장 도울 襄(양)(:)

　'도울 襄(양)'자는 장단음으로 분류되어 있다. '襄(양)'자가 머리에 오는 낱말이 없다.

【어】

단 물고기 魚(어), 고기 잡을 漁(어), 어조사 於(어), 옥 圄(어)
장 말씀 語(어):, 거느릴 御(어):, 어혈질 瘀(어):, 막을 禦(어):

【억】

단 억 億(억), 생각할 憶(억), 누를 抑(억), 가슴 臆(억)

【언】

단 말씀 言(언), 어찌/어조사 焉(언), 방죽 堰(언), 상말/언문 諺(언)
장 선비 彦(언):

【얼】

단 서자 孼(얼)

【엄】

단 엄할 嚴(엄), 의젓할 儼(엄)
장 가릴 掩(엄):, 가릴/문득 奄(엄):

【업】

단 업 業(업)

【여】

단 같을 如(여), 남을 餘(여), 나 予(여), 나 余(여)
장 줄/참여할 與(여):, 너 汝(여):, 수레 輿(여):

【역】

단 지경 域(역), 부릴 役(역), 거스를 逆(역), 바꿀 易(역)/쉬울 易(이):, 또 亦(역), 번역할 譯(역), 역 驛(역), 전염병 疫(역), 풀어낼 繹(역), 문지방 閾(역)

【연】

단 그러할 然(연), 연줄 緣(연), 연기 煙(연)/烟(연), 늘일 延(연), 태울 燃(연), 납 鉛(연), 못 淵(연), 서까래 椽(연), 대자리 筵(연), 솔개 鳶(연)
장 펼 演(연):, 갈 硏(연):, 잔치 宴(연):, 연할 軟(연):, 벼루 硯(연):, 넘칠 衍(연):, 버릴 捐(연):, 고울 姸(연):
단장 물가 沿(연)(:), 제비 燕(연)(:)

　'물가 沿(연)'자는 장단음으로 분류되어 있다. '물길을 따라 내려가다'는 뜻으로 쓰인 沿革(연:혁)은 장음으로, 그 외에 '가장자리', '언저리'의 뜻으로 쓰인 沿道(연도), 沿邊(연변), 沿岸(연안), 沿海(연해) 등의 낱말은 단음으로 발음한다.

　'제비 燕(연)'자는 장단음으로 분류되어 있다. 燕尾服(연:미복), 燕巢(연:소), 燕雀(연:작), 燕京(연:경), 燕麥(연:맥), 燕行(연:행), 燕山君(연:산군) 등 모두 장음으로 발음한다.

【열】

단 더울 熱(열), 기쁠 悅(열), 목멜 咽(열)/목구멍 咽(인), 검열할 閱(열), 열반 涅(열)

【염】

단 불꽃 焰(염), 불탈/불꽃 炎(염), 소금 鹽(염), 마을 閻(염), 구렛나룻 髥(염)

【엽】
장 물들일 染(염):, 싫을 厭(염):, 고울 艶(염):

【엽】
단 잎 葉(엽), 빛날 燁(엽)

【영】
단 꽃부리 英(영), 영화 榮(영), 경영할 營(영), 맞이할 迎(영), 찰 盈(영), 갓난 아이 嬰(영), 무덤 塋(영), 옥빛 瑛(영), 옥돌 瑩(영/형)
장 길 永(영):, 그림자 影(영):, 읊을 詠(영):, 헤엄칠 泳(영):, 비칠 暎(영):
단장 비출 映(영)(:)
　'비출 映(영)'자는 장단음으로 분류되어 있다. 映像(영상), 映寫(영사), 映窓(영창), 映畵(영화) 등의 낱말은 단음으로, 진달랫과 관상식물인 映山紅(영:산홍)은 장음으로 발음한다.

【예】
장 재주/심을 藝(예):, 미리 豫(예):, 명예 譽(예):, 날카로울 銳(예):, 미리/맡길 預(예):, 슬기 睿:/叡(예):, 후손 裔(예):, 이를 詣(예):, 종족 이름 濊(예):, 성씨 芮(예):
단장 끌 曳(예)(:)
　'끌 曳(예)'자는 장단음으로 분류되어 있다. 曳履聲(예리성), 曳船(예선) 등은 단음으로, 曳引船(예:인선)은 장음으로 발음한다.

【오】
단 미워할/싫어할 惡(오), 까마귀 烏(오), 나 吾(오), 슬플/탄식소리 嗚(오), 성씨/나라 이름 吳(오), 깰 寤(오)
장 다섯 五(오):, 낮/일곱째 지지 午(오):, 그릇할 誤(오):, 깨달을 悟(오):, 거만할 傲(오):, 대오 伍(오):, 즐길 娛(오):, 더러울 汚(오):, 한할 懊(오):, 물가 塢(오):,
단장 오동나무 梧(오)(:), 속/깊을 奧(오)(:)
　'오동나무 梧(오)'자는 장단음으로 분류되어 있다. 梧桐(오동)은 단음으로 발음한다.
　'속/깊을 奧(오)'자는 장단음으로 분류되어 있다. 奧妙(오:묘), 奧地(오:지) 등의 낱말은 장음으로 발음하고, 奧密稠密(오밀조밀)은 단음으로 발음한다.

【옥】
단 구슬 玉(옥), 집 屋(옥), 옥 獄(옥), 기름질 沃(옥), 보배 鈺(옥)

【온】
단 따뜻할 溫(온),
장 평온할 穩(온):, 쌓을 蘊(온):

【옹】
단 늙은이 翁(옹), 막을 壅(옹), 화할 邕(옹), 누그러질/화목할 雍(옹)
장 껴안을 擁(옹):, 독 甕(옹):

【와】
단 소용돌이 渦(와), 달팽이 蝸(와), 개구리 蛙(와)
장 누울 臥(와):, 그릇될 訛(와):
단장 기와 瓦(와)(:)
　'기와 瓦(와)'자는 장단음으로 분류되어 있다. 瓦家(와가)는 단음으로, 瓦當(와:당), 瓦屋(와:옥), 瓦解(와:해)는 장음으로 발음한다.

【완】
단 완전할 完(완), 완연할/굽을 宛(완), 완고할 頑(완), 완두콩 豌(완), 왕골 莞(완)
장 느릴 緩(완):, 순할 婉(완):, 장난할/사랑할 玩(완):
단장 팔뚝 腕(완)(:), 성씨 阮(완)(:)
　'팔뚝 腕(완)'자는 장단음으로 분류되어 있다. 腕力(완:력), 腕章(완:장) 등 낱말에서 장음으로 발음한다.
　'성씨 阮(완)'자는 장단음으로 분류되어 있다. '阮(완)'자가 머리에 오는 한자어 낱말이 없다.

【왈】
단 가로/말할 曰(왈)

【왕】
단 임금 王(왕)
장 갈 往(왕):, 성할 旺(왕):, 굽을 枉(왕):
단장 넓을 汪(왕)(:)
　'넓을 汪(왕)'자는 장단음으로 분류되어 있다. 汪(왕)자가 머리에 오는 한자어 낱말이 없다.

【왜】
단 비뚤 歪(왜), 왜국 倭(왜), 키 작을/난쟁이 矮(왜)

【외】
장 바깥 外(외):, 두려워할 畏(외):, 높고 클 巍(외):, 외람할/함부로 猥(외):

【요】
단 노래 謠(요), 좋아할 樂(요), 흔들릴 搖(요), 허리 腰(요), 멀 遙(요), 요사스러울/아리따울 妖(요), 요임금 堯(요), 바랄/요행 僥(요), 오목할 凹(요), 꺾을 拗(요), 시끄러울/어지러울 擾(요), 기와가마 窯(요), 맞을 邀(요), 넉넉할 饒(요), 아름다운 옥 瑤(요), 예쁠 姚(요), 빛날 耀(요)
장 빛날 曜(요):, 어릴/일찍 죽을 夭(요):, 휠/어지러울 橈(요):, 그윽할/고요할 窈(요):
단장 구할/요긴할 要(요)(:)
　'구할/요긴할 要(요)'자는 장단음으로 분류되어 있다. 要綱(요강), 要件(요건), 要訣(요결), 要求(요구), 要緊(요긴), 要談(요담), 要覽(요람), 要領(요령), 要

路(요로), 要望(요망), 要目(요목), 要塞(요새), 要所(요소), 要素(요소), 要式行爲(요식행위), 要員(요원), 要職(요직), 要約(요약), 要人(요인), 要因(요인), 要點(요점), 要地(요지), 要旨(요지), 要處(요처), 要請(요청), 要諦(요체), 要衝(요충), 要項(요항), 要害(요해) 등의 낱말에서 단음으로 발음한다. 국어사전에서 장음으로 발음되는 예는 찾지 못했다.

【욕】
단 목욕할 浴(욕), 욕심 慾(욕)/欲(욕), 욕되게 할 辱(욕)

【용】
단 얼굴 容(용), 쓸 庸(용), 품팔 傭(용), 녹일 熔(용), 녹을 溶(용), 녹일 鎔(용), 종용할 慫(용), 연꽃 蓉(용), 목우 俑(용), 패옥 소리 瑢(용), 쇠북 鏞(용)
장 날랠 勇(용):, 쓸 用(용):, 용솟을 涌(용):, 솟을 聳(용):, 무성할/녹용 茸(용):, 뛸 踊(용):

【우】
단 소 牛(우), 뛰어날 優(우), 우편 郵(우), 어리석을 愚(우), 근심할 憂(우), 어조사 于(우), 더욱 尤(우), 염려할 虞(우), 멀/에돌 迂(우), 산굽이 嵎(우)
장 오른쪽 右(우):, 비 雨(우):, 벗 友(우):, 만날/맞을 遇(우):, 짝 偶(우):, 집 宇(우):, 또 又(우):, 깃 羽(우):, 도울 佑(우):, 머무를 寓(우):, 복/도울 祐(우):, 성씨 禹(우):

【욱】
단 아침 해 旭(욱), 햇빛 밝을 昱(욱), 빛날 煜(욱), 삼갈 項(욱), 성할 郁(욱)

【운】
단 구름 雲(운), 이를 云(운), 김맬 耘(운), 향초 이름 芸(운)
장 운전할 運(운):, 운 韻(운):, 죽을 殞(운):, 떨어질 隕(운):

【울, 웅】
단 막힐/답답할 鬱(울), 고을 이름 蔚(울)
단 수컷 雄(웅), 곰 熊(웅)

【원】
단 동산 園(원), 으뜸 元(원), 근원/언덕 原(원), 근원 源(원), 집/담 院(원), 인원 員(원), 둥글 圓(원), 동산 苑(원), 원망할 怨(원), 미인 媛(원), 원숭이 猿(원), 원앙새 鴛(원), 구슬 瑗(원), 성씨 袁(원)
장 멀 遠(원):, 도울 援(원):, 원할 願(원):, 원통할 冤/寃(원):

【월】
단 달 月(월), 넘을 越(월)

【위】
단 위대할 偉(위), 거짓 僞(위), 자리 位(위), 지킬 衛(위), 위태할 危(위), 에워쌀 圍(위), 맡길 委(위), 위엄 威(위), 위로할 慰(위), 밥통 胃(위), 이를 謂(위), 씨/묶을 緯(위), 어길 違(위), 벼슬 尉(위), 물 이름 渭(위), 다룸가죽 韋(위), 시들 萎(위), 고슴도치 蝟(위), 성씨/나라 이름 魏(위)
장 할/위할 爲(위):

【유】
단 기름 油(유), 말미암을 由(유), 선비 儒(유), 닭 酉(유), 젖 乳(유), 놀 遊(유), 남길 遺(유), 부드러울 柔(유), 어릴 幼(유), 그윽할 幽(유), 멀 悠(유), 오히려 猶(유), 밧줄 維(유), 꾈/달랠 誘(유), 오직 唯(유), 생각 惟(유), 병 나을 愈/癒(유), 넘을 踰(유), 깨우칠 喻(유), 용서할/너그러울 宥(유), 즐거울 愉(유), 야유할 揄(유), 바 攸(유), 유자 柚(유), 깨우칠/타이를 諭(유), 밟을 蹂(유), 놋쇠 鍮(유), 젖먹이 孺(유), 놀 游(유), 윤 釉(유), 인월도 俞(유), 곳집 庾(유), 느릅나무 楡(유), 아첨할 諛(유)
장 있을 有(유):,
단장 넉넉할 裕(유):

'넉넉할 裕(유)'자는 장단음으로 분류되어 있다. '裕(유)'자가 머리에 오는 낱말은 裕福(유복) 하나뿐인데 단음으로 읽는다.

【육】
단 기를 育(육), 고기 肉(육)

【윤】
단 이을/자손 胤(윤), 창 鈗(윤)
장 윤택할/젖을 潤(윤):, 윤달 閏(윤):, 성씨/다스릴 尹(윤):, 맏/진실로 允(윤):

【융, 은, 을】
단 화할/녹을 融(융), 되/오랑캐 戎(융), 융 絨(융)
단 은혜 恩(은), 은 銀(은), 숨을 隱(은), 은나라 殷(은), 끝/지경 垠(은), 향기 誾(은)
단 새 乙(을)

【음】
단 그늘 陰(음), 소리 音(음), 읊을 吟(음), 음란할 淫(음), 그늘 蔭(음), 음란할 婬(음)
단장 마실 飮(음)(:)

'마실 飮(음)'자는 장단음으로 분류되어 있다. 陰毒(음:독), 飮料(음:료), 飮料水(음:료수), 飮福(음:복), 飮水(음:수), 飮食(음:식), 飮酒(음:주) 등 모두 장음으로 발음한다.

【읍】
단 고을 邑(읍), 울 泣(읍), 읍할 揖(읍)

【응】
㉲ 응할 應(응):, 엉길 凝(응):, 가슴 膺(응):
㊰㉲ 매 鷹(응)(:)
　'매 鷹(응)'자는 장단음으로 분류되어 있다. 鷹犬(응견), 鷹視狼步(응시낭보), 鷹坊(응방) 등 단음으로 발음한다.

【의】
㊰ 옷 衣(의), 의원 醫(의), 의지할 依(의), 거동 儀(의), 의심할 疑(의), 마땅할 宜(의), 어조사 矣(의), 의자 椅(의), 굳셀 毅(의), 의지할 倚(의), 개미 蟻(의), 옳을 誼(의)
㉲ 옳을 義(의):, 뜻 意(의):, 헤아릴 擬(의):
㊰㉲ 의논할 議(의)(:)
　'의논할 議(의)'자는 장단음으로 분류되어 있다. 議決(의결), 議論(의논), 議事堂(의사당), 議案(의안), 議院(의원), 議員(의원), 議題(의제), 議長(의장), 議會(의회) 등 모든 낱말에서 단음으로 발음한다.

【이】
㊰ 옮길 移(이), 오랑캐/큰 활 夷(이), 말 이을 而(이), 이모 姨(이), 상처 痍(이), 목이버섯 栮(이), 저 伊(이), 나 台(이), 기쁠 怡(이)
㉲ 두 二(이):, 귀 耳(이):, 다를 異(이):, 써/부터 以(이):, 쉬울 易(이):, 이미 已(이):, 두 貳(이):, 늦출 弛(이):, 너 爾(이):, 먹이 餌(이):, 가까울 邇(이):, 귀고리 珥(이):

【익】
㊰ 더할 益(익), 날개 翼(익), 다음 날 翌(익), 도울 翊(익)

【인】
㊰ 사람 人(인), 어질 仁(인), 인할 因(인), 도장 印(인), 끌 引(인), 셋째지지 寅(인), 알 認(인), 혼인 姻(인), 참을 忍(인), 목구멍 咽(인), 잠길 湮(인), 질길 靭(인), 가슴걸이 鞇(인), 지렁이 蚓(인)
㉲ 칼날 刃(인):

【일】
㊰ 한 一(일), 날 日(일), 편안할/달아날 逸(일), 한 壹(일), 편안할/방탕할 佚(일), 넘칠 溢(일), 춤출 佾(일), 무게 이름 鎰(일)

【임】
㊰ 곡식 익을 稔(임), 들깨 荏(임)
㉲ 아홉 번째 천간 壬(임):, 품팔이/품삯 賃(임):, 아이밸 姙(임):
㊰㉲ 맡길 任(임)(:)
　'맡길 任(임)'자는 장단음으로 분류되어 있다. '任(임)'자가 머리에 온 任官(임:관), 任期(임:기), 任免(임:면), 任命(임:명), 任務(임:무), 任用(임:용), 任員(임:원), 任意(임:의), 任地(임:지) 등의 낱말에서 모두 장음으로 발음한다.

【입】
㊰ 들 入(입)

【잉】
㉲ 남을 剩(잉):, 아이밸 孕(잉):

【자】
㊰ 손윗누이 姉(자), 아들 子(자), 스스로 自(자), 글자 字(자), 사랑 慈(자), 놈/사람 者(자), 재물 資(자), 암컷 雌(자), 이/무성할 玆(자), 불을 滋(자), 자세할 仔(자), 고기 구울 炙(자/적), 흠/허물 疵(자), 사탕수수 蔗(자)
㉲ 모양/맵시 姿(자):, 찌를 刺(자):, 자줏빛 紫(자):, 자석 磁(자):, 물을 諮(자):, 사기그릇 瓷(자):, 깔 藉(자):
㊰㉲ 마음대로/방자할 恣(자)(:), 삶을 煮(자)(:)
　'마음대로/방자할 恣(자)'자는 장단음으로 분류되어 있다. 恣意(자의), 恣意的(자의적), 恣行(자행) 등의 낱말에서 단음으로 발음한다.
　'삶을 煮(자)'자는 장단음으로 분류되어 있다. 煮沸(자:비) 한 낱말에서 장음으로 발음한다.

【작, 잔】
㊰ 어제 昨(작), 지을 作(작), 벼슬/잔 爵(작), 술 부을/대작할 酌(작), 씹을 嚼(작), 사를 灼(작), 터질 炸(작), 너그러울 綽(작), 함박꽃 芍(작), 참새 雀(작), 까치 鵲(작), 부끄러워할 怍(작), 찍을 斫(작)
㊰ 남을/해칠 殘(잔), 잔도/사다리 棧(잔), 잔 盞(잔)

【잠】
㊰ 잠길/자맥질할 潛(잠), 누에 蠶(잠), 바늘/경계 箴(잠), 비녀 簪(잠)
㊰㉲ 잠시 暫(잠)(:)
　'잠시 暫(잠)'자는 장단음으로 분류되어 있다. 暫時(잠:시)는 장음으로, 暫間(잠간), 暫定(잠정), 暫定的(잠정적) 등은 단음으로 발음한다.

【잡】
㊰ 섞일 雜(잡)

【장】
㊰ 마당 場(장), 글월 章(장), 막힐 障(장), 장막/휘장 帳(장), 베풀/뽐낼 張(장), 오장 臟(장), 창자 腸(장), 꾸밀/행장 裝(장), 단장할 粧(장), 장엄할 莊(장), 담 墻(장), 녹나무 樟(장), 무기/의장 仗(장), 장인 匠(장), 미음/즙 漿(장), 장미 薔(장), 장물 贓(장), 돛대 檣(장), 농막 庄(장), 반쪽홀 璋(장), 성씨 蔣(장)

短 장려할/권장할 奬(장):, 어른 丈(장):, 손바닥 掌(장):, 장사지낼 葬(장):, 젓갈 醬(장):, 장롱 欌(장):
短長 긴/어른 長(장)(:), 장수/장차 將(장)(:), 장할/씩씩할 壯(장):, 문서 狀(장):/모양 狀(상), 감출 藏(장)(:), 지팡이 杖(장)(:)

'긴/어른 長(장)'자는 장단음으로 분류되어 있다. '길이가 길다', '시간이 길다', '크다', '많다', '멀다', '낫다' 등의 뜻으로 쓰일 때는 단음으로 읽는다. 長江(장강), 長劍(장검), 長鼓(장고), 長考(장고), 長久(장구), 長期(장기), 長技(장기), 長短(장단), 長大(장대), 長途(장도), 長命(장명), 長鳴(장명), 長髮(장발), 長方形(장방형), 長病(장병), 長蛇陣(장사진), 長衫(장삼), 長生(장생), 長城(장성), 長壽(장수), 長身(장신), 長魚(장어), 長音(장음), 長點(장점), 長程(장정), 長征(장정), 長調(장조), 長足(장족), 長竹(장죽), 長指(장지), 長天(장천), 長銃(장총), 長波(장파), 長篇(장편), 長篇小說(장편소설), 長恨(장한), 長靴(장화) 등은 단음으로 읽는다. '연장자', '나이가 위인 사람', '어른', '성인', '모든 기관의 책임자', '우두머리', '수령', '맏아들', '한 집안의 계승자', '기르다', '자라다' 등의 뜻으로 쓰일 때는 장음으로 발음한다. 長官(장:관), 長男(장:남), 長女(장:녀), 長老(장:로), 長成(장:성), 長孫(장:손), 長幼有序(장:유유서), 長者(장:자), 長姪(장:질), 長兄(장:형) 등의 낱말은 장음으로 읽는다. 그 외에 長腦(장뇌), 長丞(장승), 長斫(장작) 등의 낱말은 단음으로 읽는다.

'장수/장차 將(장)'자는 장단음으로 분류되어 있다. '장수, 인솔자, 거느리다, 인솔하다' 등의 뜻으로 쓰인 將校(장:교), 將軍(장:군), 將棋(장:기), 將兵(장:병), 將星(장:성), 將帥(장:수) 등의 낱말은 장음으로 읽는다. '장차'의 뜻으로 쓰인 將來(장래), 將次(장차) 등의 낱말은 단음으로 발음한다. 어쩐 일인지 '장차'의 뜻으로 쓰인 將計就計(장:계취계)는 장음으로 발음한다.

'장할/씩씩할 壯(장)'자는 장단음으로 분류되어 있다. 壯版(장판), 壯版紙(장판지)만 단음으로 읽고, 壯觀(장:관), 壯年(장:년), 壯談(장:담), 壯大(장:대), 壯烈(장:렬), 壯途(장:도), 壯士(장:사), 壯元(장:원)/狀元(장:원), 壯元及第(장:원급제), 壯月(장:월), 壯丁(장:정), 壯快(장:쾌) 등 '씩씩하다', '훌륭하다', '나이가 젊다' 등의 뜻으로 쓰일 때는 장음으로 발음한다.

'문서 狀(장)/모양 狀(상)'자는 장단음으로 분류되어 있다. '狀'자가 [장]으로 쓰일 때는 장음으로, [상]으로 쓰일 때는 단음으로 발음한다. 그런데 국어사전에 '狀(장)'자가 머리에 오는 낱말은 없다.

'감출 藏(장)'자는 장단음으로 분류되어 있다. '藏(장)'자가 머리에 오는 藏書(장서), 藏族(장족) 등의 낱말에서 단음으로 발음한다.

'지팡이 杖(장)'자는 장단음으로 분류되어 있다. '杖(장)'자가 머리에 오는 杖毒(장:독), 杖殺(장:살), 杖刑(장:형) 등의 낱말에서 장음으로 발음한다.

【재】
短 재주 才(재), 재물 財(재), 재목 材(재), 재앙 災(재), 마를 裁(재), 어조사 哉(재), 찌꺼기 滓(재), 재개할 齋(재)
長 있을 在(재):, 두/다시 再(재):, 심을 栽(재):, 실을 載(재):, 재상 宰(재):

【쟁】
短 다툴 爭(쟁), 쇳소리 錚(쟁)

【저】
短 젓가락 箸(저), 닿을/닥뜨릴 觝(저), 머뭇거릴 躇(저), 누이/계집아이 姐(저), 돼지 猪(저)
長 낮을 低(저):, 쌓을 貯(저):, 밑 底(저):, 막을/거스를 抵(저):, 막을 沮(저):, 씹을 咀(저):, 원숭이 狙(저):, 저주할 詛(저):, 집 邸(저):
短長 나타날 著(저):/입을 著(착)

'나타날 著(저):/입을 著(착)'자는 장단음으로 분류되어 있다. 著明(저:명), 著書(저:서), 著述(저:술), 著者(저:자), 著作(저:작) 등 '드러나다', '책 따위를 짓다'는 뜻으로 쓰일 때는 장음 [저:]로 읽고, '옷을 입다', '붙다'는 뜻으로 쓰일 때는 단음 [착]으로 읽는다.

【적】
短 붉을 赤(적), 과녁 的(적), 원수/대적할 敵(적), 도둑 賊(적), 쌓을 積(적), 서적/문서 籍(적), 길쌈 績(적), 마칠/갈 適(적), 고요할 寂(적), 딸 摘(적), 피리 笛(적), 자취 跡(적), 자취 蹟(적), 자취 迹(적), 물방울 滴(적), 정실 嫡(적), 오랑캐 狄(적), 고기 구울 炙(적/자), 귀양갈 謫(적)

【전】
短 앞 前(전), 온전할 全(전), 전할 傳(전), 밭 田(전), 오로지 專(전), 메울 塡(전), 마개/나무못 栓(전), 모전 氈(전), 미칠 癲(전), 통발 筌(전), 경기 甸(전)
長 번개 電(전):, 싸움 戰(전):, 법 典(전):, 펼 展(전):, 구를 轉(전):, 돈 錢(전):, 전각/큰집 殿(전):, 제사지낼 奠(전):, 벨/자를 剪(전):, 가게 廛(전):, 고칠 悛(전):, 앙금 澱(전):, 기록할 箋(전):, 화살 箭(전):, 전자 篆(전):, 얽을 纏(전):, 돌아누울/구를 輾(전):, 넘어질 顚(전):, 떨 顫(전):, 저울질할/사람 고를 銓(전):, 전별할 餞(전):
短長 달일 煎(전)(:)

'달일 煎(전)'자는 장단음으로 분류되어 있다. 마음을 졸이는 煎心(전심)은 단음으로, 기름에 지진 음식인 煎餅(전:병), 煎油魚(전:유어), 煎油花(전:유화) 등은 장음으로 발음한다.

【절】
短 마디 節(절), 끊을 切(절)/모두 切(체), 끊을 絶(절), 꺾을 折(절), 훔칠 竊(절), 끊을 截(절)

【점】

短 끈끈할 粘(점), 젖을 霑(점)
長 가게 店(점):, 점점 漸(점):
短長 차지할/점칠 占(점)(:), 점 點(점)(:)

'차지할/점칠 占(점)'자는 장단음으로 분류되어 있다. '차지하다'는 뜻으로 쓰일 때, 占領(점령)은 단음으로 읽고, 그 외에 占居(점:거), 占據(점:거), 占用(점:용), 占有(점:유) 등의 낱말은 장음으로 읽는다. '점치다'는 뜻으로 쓰일 때는 占(점), 占卦(점괘), 占星術(점성술), 占術(점술) 등 모두 단음으로 읽는다.

'점 點(점)'자는 장단음으로 분류되어 있다. 點檢(점검), 點線(점선), 點數(점수), 點燈(점등), 點眼(점안), 點滅(점멸), 點字(점자), 點滴(점적), 點綴(점철), 點呼(점호), 點火(점화) 등의 낱말은 단음으로, 點心(점:심), 點睛(점:정), 點指(점:지), 點播(점:파) 등의 낱말은 장음으로 발음한다.

【접】

短 사귈 接(접), 나비 蝶(접), 접붙일 椄(접)

【정】

短 정사 政(정), 뜻 情(정), 뜰 庭(정), 정할/쓿은 쌀 精(정), 머무를 停(정), 칠 征(정), 장정/넷째 천간 丁(정), 길/법 程(정), 정자 亭(정), 조정 廷(정), 깨끗할 淨(정), 곧을 貞(정), 정수리 頂(정), 염탐할/정탐할 偵(정), 드릴 呈(정), 거룻배 艇(정), 기旌(정), 밝을 晶(정), 솥 鼎(정), 그림 족자 幀(정/탱), 뺄 挺(정), 밭두둑 町(정), 눈동자 睛(정), 닻 碇(정), 함정 穽(정), 술 취할 酊(정), 못/못 박을 釘(정), 광나무 楨(정), 물가 汀(정), 옥 이름 珽(정), 상서로울 禎(정)
長 정할 定(정):, 가지런할 整(정):, 나라 이름 鄭(정):
短長 바를/정월 正(정)(:), 우물 井(정)(:), 고요할 靜(정)(:), 편안할 靖(정)(:), 바로잡을/고칠 訂(정)(:)

'바를/정월 正(정)'자는 장단음으로 분류되어 있다. 正答(정:답), 正服(정:복), 正門(정:문) 등 '바르다'는 뜻으로 쓰일 때는 장음 [정:]으로 발음하고, 正月(정월), 正初(정초) 등 '새해'의 뜻으로 쓰일 때는 단음 [정]으로 발음한다.

'우물 井(정)'자는 장단음으로 분류되어 있다. '井(정)'자가 머리에 오는 낱말이 井底蛙(정저와) 하나뿐인데 단음으로 발음한다.

'고요할 靜(정)'자는 장단음으로 분류되어 있다. 靜脈(정맥), 靜物(정물), 靜物畵(정물화), 靜的(정적) 등의 낱말은 단음으로, 靜肅(정:숙), 靜養(정:양), 靜寂(정:적), 靜電氣(정:전기), 靜坐(정:좌), 靜中動(정:중동), 靜止(정:지) 등의 낱말은 장음으로 발음한다.

'편안할 靖(정)'자는 장단음으로 분류되어 있다. 靖亂(정란) 한 낱말이 있는데 단음으로 발음한다.

'바로잡을/고칠 訂(정)'자는 장단음으로 분류되어 있다. 訂定(정:정), 訂正(정:정) 등 두 낱말이 장음으로 발음된다. 단음으로 발음되는 낱말은 없다.

【제】

短 글제 題(제), 들/끌 提(제), 덜/섬돌 除(제), 모두 諸(제), 가지런할 齊(제), 둑/방죽 堤(제), 약 지을 劑(제), 사다리 梯(제), 굽/밟을 蹄(제), 배꼽 臍(제), 울 啼(제)
長 아우 弟(제):, 임금 帝(제):, 건널 濟(제):, 차례 第(제):, 절제할/마를 制(제):, 제사 祭(제):, 지을 製(제):, 사이/즈음 際(제):, 공경할 悌(제):

【조】

短 억조/조짐 兆(조), 아침 朝(조), 조상 祖(조), 고를 調(조), 조세 租(조), 새 鳥(조), 가지 條(조), 조수 潮(조), 짤/끈 組(조), 대추 棗(조), 마를 燥(조), 새길 彫(조), 둘 措(조), 시들 凋(조), 비웃을 嘲(조), 마을/성씨 曹(조), 배로 실어 나를 漕(조), 손톱 爪(조), 빽빽할 稠(조), 아늑할 窕(조), 거칠 粗(조), 지게미 糟(조), 성급할/조급할 躁(조), 만날 遭(조), 막힐/험할 阻(조), 벼룩 蚤(조), 구유/물통 槽(조), 성씨 曺(조), 복 祚(조)
長 새벽/이를 早(조):, 도울 助(조):, 만들 造(조):, 비칠 照(조):, 조상할 弔(조):, 낚시 釣(조):, 바라볼 眺(조):, 말 藻(조):, 조서 詔(조):, 만날 遭(조):, 비롯할 肇(조):, 조나라 趙(조):
短長 잡을/절개 操(조)(:)

'잡을/절개 操(조)'자는 장단음으로 분류되어 있다. 操身(조신), 操作(조작), 操縱(조종), 操舵(조타) 등의 낱말은 단음으로 발음하고, 操練(조:련), 操心(조:심), 操業(조:업) 등의 낱말은 장음으로 발음한다.

【족, 존, 졸】

短 겨레 族(족), 발 足(족), 조릿대 簇(족)
短 높을 尊(존), 있을 存(존)
短 군사 卒(졸), 못날 拙(졸), 갑자기 猝(졸)

【종】

短 마칠 終(종), 마루 宗(종), 쇠북 鍾/鐘(종), 세로 縱(종), 모을/잉아 綜(종), 권할 慫(종), 자취 踪(종), 신인 倧(종), 옥홀 琮(종)
長 부스럼/종기 腫(종):
短長 씨/종류 種(종)(:), 좇을/시중들 從(종)(:)

'씨/종류 種(종)'자는 장단음으로 분류되어 있다. 種豚(종돈), 種痘(종두), 種豆得豆(종두득두), 種馬(종마), 種牡牛(종모우), 種苗(종묘), 種實(종실), 種族(종족), 種畜(종축) 등처럼 '씨' 또는 '씨를 심다' 등의 뜻으로 쓰일 때는 단음으로 발음하고, 種類(종:류), 種目(종:목), 種別(종:별) 등처럼 '갈래·종류'의 뜻으로 쓰일 때는 장음으로 발음한다.

'좇을/시중들 從(종)'자는 장단음으로 분류되어 있다. 從軍(종군), 從當(종당), 從來(종래), 從量制(종량제), 從犯(종범), 從事(종사), 從屬(종속), 從俗(종속), 從業(종업), 從當(종당), 從來(종래), 從前(종전), 從者(종자) 등의 낱말처럼 '좇다', '따르다'는 뜻으로 쓰일 때는 단음으로 발음하고, 從孫(종:손), 從弟(종:제), 從祖(종:조), 從祖父(종:조부), 從祖母(종:조모), 從兄(종:형), 從兄弟(종:형제) 등 부계나 모계에서 4촌의 친척 관계를 나타내는 뜻으로 쓰일 때는 장음으로 발음한다.

【좌, 죄】
장 왼 左(좌):, 자리 座(좌):, 앉을 坐(좌):, 도울 佐(좌):, 꺾을 挫(좌):
장 허물 罪(죄):

【주】
단 주인 主(주), 낮 晝(주), 고을 州(주), 주일/돌 週(주), 달릴 走(주), 두루 周(주), 붉을 朱(주), 기둥 柱(주), 섬/물가 洲(주), 그루 株(주), 배 舟(주), 구슬 珠(주), 이랑 疇(주), 지을 做(주), 맏아들 胄(주), 부추 길 喉(주), 부엌 廚(주), 주임금 紂(주), 명주 紬(주), 벨 誅(주), 모일 輳(주), 진한 술 酎(주)
장 살 住(주):, 물댈/부을 注(주):, 집 宙(주):, 쇠 부어 만들 鑄(주):, 머무를 駐(주):, 빌 呪(주):, 주낼/글 뜻풀 註(주):, 머뭇거릴 躊(주):
단장 술 酒(주)(:), 아뢸 奏(주)(:)

'술 酒(주)'자는 장단음으로 분류되어 있다. 酒酊(주:정) 한 낱말에서만 장음으로 발음하고, 酒家(주가), 酒客(주객), 酒果脯醯(주과포혜), 酒氣(주기), 酒囊飯袋(주낭반대), 酒黨(주당), 酒毒(주독), 酒量(주량), 酒樓(주루), 酒類(주류), 酒幕(주막), 酒母(주모), 酒癖(주벽), 酒保(주보), 酒邪(주사), 酒色雜技(주색잡기), 酒席(주석), 酒仙(주선), 酒稅(주세), 酒案(주안)/酒案床(주안상), 酒宴(주연)/酒筵(주연), 酒甕飯囊(주옹반낭), 酒有別腸(주유별장), 酒入舌出(주입설출), 酒店(주점), 酒精(주정), 酒造(주조), 酒池肉林(주지육림), 酒滯(주체), 酒香(주향), 酒豪(주호), 酒壺(주호), 酒興(주흥) 등 모든 낱말에서 단음으로 발음한다. 술주정을 할 때에는 말이 길어지나 보다.

'아뢸 奏(주)'자는 장단음으로 분류되어 있다. 奏請(주:청), 奏效(주:효), 奏樂(주:악) 등의 낱말이 장음으로 발음된다. 단음으로 발음되는 낱말은 찾지 못하였다.

【죽】
단 대 竹(죽), 죽 粥(죽)

【준】
단 술통 樽(준)
장 준할 準(준):, 준걸 俊(준):, 따를/좇을 遵(준):, 승인할 准(준):, 높을 峻(준):, 깊게 할 浚(준):, 준마 駿(준):, 마칠 竣(준):, 꿈들거릴 蠢(준):, 높을 埈(준):, 밝을 晙(준):, 깊을 濬(준):

【중】
단 가운데 中(중)

장 무리 衆(중):
단장 무거울 重(중)(:), 버금 仲(중)(:)

'무거울 重(중)'자는 장단음으로 분류되어 있다. '무겁다', '크다', '소중하다' 등의 뜻으로 쓰인 重工業(중:공업), 重金屬(중:금속), 重勞動(중:노동), 重大(중:대), 重量(중:량), 重力(중:력), 重罰(중:벌), 重犯(중:범), 重病(중:병), 重傷(중:상) 重稅(중:세), 重視(중:시), 重臣(중:신), 重心(중:심), 重壓(중:압), 重役(중:역), 重要(중:요), 重用(중:용), 重油(중:유), 重任(중:임), 重點(중:점), 重罪(중:죄), 重症(중:증), 重職(중:직), 重鎭(중:진), 重且大(중:차대), 重責(중:책), 重態(중:태), 重刑(중:형), 重患(중:환), 重厚(중:후) 등의 낱말은 장음으로 읽는다. '거듭', '또다시' 등의 뜻으로 쓰인 重建(중건), 重九(중구), 重複(중복) 重三(중삼), 重修(중수), 重陽(중양), 重言(중언), 重言復言(중언부언), 重五(중오), 重奏(중주), 重唱(중창), 重創(중창), 重疊(중첩), 重湯(중탕), 重合(중합) 등의 낱말은 단음으로 읽는다. '重任'을 단음 [중임]으로 읽으면 '거듭 임명됨'의 뜻이고, 장음 [중:임]으로 읽으면 '중대한 임무'라는 뜻이다.

'버금 仲(중)'자는 장단음으로 분류되어 있다. '버금', '둘째'의 뜻으로 쓰인 仲氏(중:씨), 仲兄(중:형) 등의 낱말은 장음으로 읽고, '가운데', 또는 '거간/중개'의 뜻으로 쓰인 仲秋節(중추절), 仲媒(중매), 仲介(중개), 仲裁(중재) 등의 낱말은 단음으로 읽는다.

【즉, 즐, 즙, 증】
단 곧 則(즉)/법 則(칙), 곧 卽(즉)
단 빗 櫛(즐)
단 즙 汁(즙)
단 더할/불을 增(증), 증세 症(증), 증거 證(증), 미워할 憎(증), 일찍 曾(증), 찔 蒸(증), 보낼/줄 贈(증)

【지, 직】
단 땅 地(지), 종이 紙(지), 슬기 智(지), 알 知(지), 그칠 止(지), 못 池(지), 뜻 志(지), 가리킬/손가락 指(지), 지탱할/가를 支(지), 이를 至(지), 가질 持(지), 기록할 誌(지), 갈 之(지), 다만 只(지), 가지 枝(지), 늦을 遲(지), 맛있을 旨(지), 기름 脂(지), 터 址(지), 지초 芝(지), 길이 咫(지), 잡을 摯(지), 탱자 枳(지), 복 祉(지), 팔 다리 肢(지), 담글 漬(지)
단 직분/벼슬 職(직), 곧을 直(직), 짤 織(직), 기장 稷(직), 올벼 稙(직)

【진】
단 참 眞(진), 별 辰(진)/때 辰(신), 보배 珍(진), 진칠/줄 陣(진), 티끌 塵(진), 성낼 嗔(진), 마마 疹(진), 성씨/나라 이름 秦(진)
장 나아갈 進(진):, 다할 盡(진):, 떨칠/진동할 振(진):, 진압할 鎭(진):, 베풀/늘어놓을 陳(진):, 진찰할 診(진):, 우레 震(진):, 진나라 晉(진):

【진】

단장 나루 津(진)(:)

'나루 津(진)'자는 장단음으로 분류되어 있다. '津(진)'자가 머리로 오는 낱말 津氣(진:기), 津船(진:선), 津液(진:액) 등에서 장음으로 발음된다. 단음으로 발음되는 낱말은 찾을 수 없다.

【질】

단 병 疾(질), 바탕 質(질), 조카 姪(질), 차례 秩(질), 막을 窒(질), 꾸짖을 叱(질), 시기할/미워할 嫉(질), 책갑 帙(질), 차꼬 桎(질), 넘어질 跌(질), 번갈아 들 迭(질), 음도 膣(질)

【짐】

단 짐작할/술따를 斟(짐)
장 나/조짐 朕(짐):

【집, 징】

단 모일 集(집), 잡을 執(집), 모을 輯(집), 세간 什(집)/열 사람 什(십)
단 부를 徵(징), 징계할/혼날 懲(징), 맑을 澄(징)

【차】

단 수레 車(차/거), 버금 次(차), 어긋날/다를 差(차), 이 此(차), 차 茶(차/다), 갈래/깍지 낄 叉(차), 넘어질/거꾸러질 蹉(차), 갈 磋(차)
장 또 且(차):, 빌릴 借(차):, 탄식할 嗟(차):
단장 가릴/막을 遮(차)(:)

'가릴/막을 遮(차)'자는 장단음으로 분류되어 있다. 遮光(차:광), 遮斷(차:단), 遮蔽(차:폐)는 장음으로 읽고, 遮陽(차양), 遮日(차일)은 단음으로 읽는다.

【착】

단 붙을/입을 着(착), 잡을 捉(착), 어긋날/섞일 錯(착), 짤 搾(착), 좁을 窄(착), 뚫을 鑿(착)

【찬】

단 밥/먹을 餐(찬), 뚫을 鑽(찬), 옥잔 瓚(찬)
장 기릴 讚(찬):, 도울 贊(찬):, 빛날 燦(찬):, 지을 撰(찬):, 빼앗을 簒(찬):, 모을 纂(찬):, 반찬 饌(찬):, 옥빛 璨(찬):

【찰】

단 살필 察(찰), 절 刹(찰), 패/편지 札(찰), 비빌/문지를 擦(찰)

【참】

단 참여할 參(참)/석 參(삼), 참혹할/슬플 慘(참), 부끄러워할 慙/慚(참), 뉘우칠 懺(참), 구덩이 塹(참), 참소할 讒(참), 참서/예언 讖(참)
장 벨 斬(참):, 주제넘을 僭(참):
단장 역마을 站(참)(:)

'역마을 站(참)'자는 장단음으로 분류되어 있다. '站(참)'자가 머리에 오는 낱말이 국어사전에 없다.

【창】

단 창 窓(창), 푸를 蒼(창), 바다 滄(창), 드러낼/밝을 彰(창), 창녀 娼(창), 공장/헛간 廠(창), 창 槍(창), 미쳐 날뛸 猖(창), 부스럼 瘡(창), 부두/선창 艙(창), 창포 菖(창), 시원할/높을 敞(창)
장 부를/노래 唱(창):, 비롯할/상처 입을 創(창):, 펼 暢(창):, 광대/창도할 倡(창):, 슬플 愴(창):, 배부를 脹(창):, 밝을 昶(창):, 넘칠/불을 漲(창):
단장 창고/곳집 倉(창)(:), 창성할 昌(창)(:)

'창고/곳집 倉(창)'자는 장단음으로 분류되어 있다. '창고'의 뜻으로 쓰일 때는 단음으로 발음하고, 倉猝(창:졸)/倉卒(창:졸) 같이 '갑자기', '당황하다'는 뜻으로 쓰일 때는 장음으로 발음한다.

'창성할 昌(창)'자는 장단음으로 분류되어 있다. 昌大(창대), 昌盛(창성) 등의 낱말은 단음으로 발음한다.

【채】

단 목책 寨(채)
장 무늬/채색 彩(채):, 캘 採(채):, 나물 菜(채):, 빚 債(채):, 풍채/캘 采(채):, 영지 埰(채):, 성씨 蔡(채):

【책】

단 꾸짖을 責(책), 책 册(책), 꾀/채찍 策(책), 울타리 柵(책)

【처】

단 아내 妻(처), 쓸쓸할 凄(처)
장 살/곳 處(처):
단장 슬퍼할 悽(처)(:)

'슬퍼할 悽(처)'자는 장단음으로 분류되어 있다. 悽絶(처절), 悽慘(처참) 등의 낱말에서 단음으로 읽는다.

【척】

단 자 尺(척), 개척할 拓(척)/박을 拓(탁), 친척/겨레 戚(척), 물리칠 斥(척), 새 한 마리 隻(척), 오를 陟(척), 던질 擲(척), 씻을 滌(척), 여윌/파리할 瘠(척), 등마루 脊(척)

【천】

단 하늘 天(천), 내 川(천), 일천 千(천), 샘 泉(천), 팔찌 釧(천)
장 천할 賤(천):, 얕을 淺(천):, 밟을 踐(천):, 천거할 薦(천):, 옮길 遷(천):, 숨찰 喘(천):, 멋대로 할 擅(천):, 뚫을 穿(천):, 열/밝힐 闡(천):

【철】

단 쇠 鐵(철), 밝을 哲(철), 통할 徹(철), 거둘 撤(철),

볼록할 凸(철), 꿰맬 綴(철), 바퀴 자국 轍(철), 밝을/쌍길 喆(철), 물 맑을 澈(철)

【첨】
단 뾰족할 尖(첨), 더할 添(첨), 다 僉(첨), 제비 籤(첨), 달 甛(첨), 볼 瞻(첨)
장 아첨할 諂(첨):

【첩, 청, 체, 초, 축】
단 첩 妾(첩), 염탐할 諜(첩), 표제/문서 帖(첩), 이길 捷(첩), 글씨판/편지 牒(첩), 겹쳐질 疊(첩), 붙을 貼(첩), 속눈썹 睫(첩)
단 푸를 靑(청), 들을 聽(청), 맑을 淸(청), 청할 請(청), 관청 廳(청), 맑을 晴(청)
단 몸 體(체), 바꿀 替(체), 막힐 滯(체), 맺을 締(체), 잡을 逮(체), 갈릴/번갈아 遞(체), 눈물 涕(체), 살필 諦(체), 몸 体(체)
단 풀 草(초), 처음 初(초), 부를 招(초), 주춧돌 礎(초), 닮을 肖(초), 넘을 超(초), 뽑을/베낄 抄(초), 망볼 哨(초), 탈/그을릴 焦(초), 시간 단위 秒(초), 초나라 楚(초), 수척할 憔(초), 나뭇가지/우듬지 梢(초), 땔나무/나무할 樵(초), 볶을 炒(초), 초석/화약 硝(초), 암초 礁(초), 파초 蕉(초), 담비 貂(초), 초 醋(초), 초酢(초), 제사지낼 醮(초), 벼줄기 끝 稍(초)
단 재촉할 促(촉), 닿을 觸(촉), 촛불 燭(촉), 나라 이름 蜀(촉), 부탁할 囑(촉)

【촌】
장 마을 村(촌):, 마디 寸(촌):

【총】
단 총 銃(총), 귀밝을 聰(총), 모일/떨기 叢(총), 무덤 塚(총)
장 모두/거느릴 總(총):, 괼/사랑할 寵(총):

【촬】
단 취할/모을/사진찍을 撮(촬)

【최】
단 성씨 崔(최)
장 가장 最(최):, 재촉할 催(최):

【추, 축, 춘, 출, 충】
단 가을 秋(추), 추할/더러울 醜(추), 밀 推(추/퇴), 쫓을 追(추), 뽑을/뺄 抽(추), 달릴/달아날 趨(추), 떨어질 墜(추), 쇠몽치/등골 椎(추), 지도리 樞(추), 꼴 芻(추), 우두머리/두목 酋(추), 저울추 錘(추), 송곳 錐(추), 미꾸라지 鰍(추), 쇠망치 鎚(추), 가래 楸(추), 추나라 鄒(추)
단 빌 祝(축), 쌓을/모을 蓄(축), 소 丑(축), 쌓을/지을 築(축), 가축/기를 畜(축), 오그라들/줄일 縮(축), 쫓을

逐(축), 찰 蹴(축), 굴대 軸(축), 줄일/찡그릴 蹙(축)
단 봄 春(춘), 참죽나무 椿(춘)
단 날 出(출), 물리칠/내칠 黜(출)
단 충성 忠(충), 찰/가득할 充(충), 벌레 蟲(충), 찌를 衝(충), 속마음 衷(충), 화할 沖/冲(충)

【췌, 취】
장 파리할 悴(췌):, 췌장 膵(췌):, 모을 萃(췌):, 군더더기 贅(췌):
장 취할/가질 取(취):, 나아갈/이룰 就(취):, 뜻 趣(취):, 불 吹(취):, 취할 醉(취):, 냄새 臭(취):, 불땔 炊(취):, 모일 聚(취):, 장가들 娶(취):, 물총새/푸를 翠(취):, 무를/연할 脆(취):

【측, 층】
단 잴 測(측), 곁 側(측), 슬퍼할 惻(측)
단 층 層(층)

【치】
단 다스릴 治(치), 값 値(치), 이 齒(치), 부끄러워할 恥(치), 어릴 稚(치), 언덕 峙(치), 꿩 雉(치), 사치할 侈(치), 기 幟(치), 성할 熾(치), 치질 痔(치), 어리석을 癡/痴(치), 빽빽할 緻(치), 달릴 馳(치), 어리석을 蚩(치), 비웃을 嗤(치)
장 이를 致(치):, 둘 置(치):

【칙, 친, 칠】
단 법 則(칙)/곧 則(즉), 조서/칙서 勅(칙)
단 친할 親(친)
단 일곱 七(칠), 옻 漆(칠)

【침】
단 침노할 侵(침), 술 따를/짐작할 斟(침), 침 鍼(침)
장 잠잘 寢(침):, 베개/말뚝 枕(침):, 잠길/담글 浸(침):, 다듬잇돌 砧(침):
단장 바늘 針(침)(:), 가라앉을/잠길 沈(침)/성 沈(심)(:)

'바늘 針(침)'자는 침 鍼(침)자의 속자였다. '침 鍼(침)'자가 본자로서 단음으로 발음하는데 그의 속자인 '針(침)'자가 장단음으로 분류된 것은 어떤 일일까? '針母(침:모)' 한 낱말에서만 장음으로 발음하고, 針葉樹(침엽수) 등 그 외의 낱말들은 '鍼(침)'자처럼 단음으로 발음한다.
'가라앉을/잠길 沈(침)/성 沈(심)' 자는 장단음으로 분류되어 있다. '가라앉을/잠길 沈(침)'자로 쓰일 때는 단음으로, '성 沈(심)'자로 쓰일 때는 장음으로 발음한다. 沈淸傳(심:청전)

【칩, 칭】
단 숨을 蟄(칩)
단 일컬을/저울 稱(칭), 저울 秤(칭)

【쾌】
단 쾌할 快(쾌)

【타】
단 다를 他(타), 키 舵(타), 비탈질 陀(타), 낙타 駝(타)
장 칠 打(타):, 떨어질 墮(타):, 타당할/평온할 妥(타):, 침 唾(타):, 게으를 惰(타):, 길고 둥글 楕(타):

【탁】
단 헤아릴 度(탁)/법도 度(도), 흐릴 濁(탁), 높을 卓(탁), 씻을 濯(탁), 박을 拓(탁)/개척할 拓(척), 의탁할/맡길 托(탁), 뽑을 擢(탁), 다듬을/쪼을 琢(탁), 부탁할 託(탁), 방울 鐸(탁)

【탄】
단 여울 灘(탄), 삼킬 呑(탄), 꺼릴 憚(탄)
장 숯 炭(탄):, 탄알/튀길 彈(탄):, 노래할/탄식할 歎(탄):, 태어날 誕(탄):, 평탄할 坦(탄):, 옷 터질 綻(탄):

【탈, 탐, 탑】
단 벗을 脫(탈), 빼앗을 奪(탈)
단 찾을/더듬을 探(탐), 탐낼 貪(탐), 즐길 耽(탐), 노려볼 眈(탐)
단 탑 塔(탑), 탈 搭(탑)

【탕】
단 설탕 糖(탕)/엿 糖(당)
장 끓일 湯(탕):, 방탕할/호탕할 宕(탕):, 넓을/방탕할/쓸어없앨 蕩(탕):

【태】
단 클 太(태), 위태할 殆(태), 클 泰(태), 게으를 怠(태), 아이밸 胎(태), 태풍 颱(태), 바꿀 兌(태), 일 汰(태), 볼기칠 笞(태), 이끼 苔(태), 밟을 跆(태)
장 모양 態(태):

【택, 탱】
단 집 宅(택)/댁 宅(댁), 가릴 擇(택), 못 澤(택)
단 그림 족자 幀(탱/정), 버틸 撑(탱)

【터】
장 펼 攄(터):

【토】
단 흙 土(토), 토끼 兎(토)
단장 칠 討(토)(:) 토할 吐(토)(:)
  "칠 討(토)'자는 장단음으로 분류되어 있다. 討伐(토벌), 討議(토의)는 단음으로, 討論(토:론)은 장음으로 발음한다.
  '토할 吐(토)'자는 장단음으로 분류되어 있다. 吐瀉(토:사), 吐血(토:혈), 吐露(토:로), 吐說(토:설), 吐破(토:파) 등의 낱말을 장음으로 읽는다. '吐(토)'자가 머리에 오는 낱말 중 단음으로 읽는 예는 없다.

【통】
단 통할 通(통), 통 桶(통), 대통 筒(통)
장 아플 痛(통):, 거느릴 統(통):, 서러워할 慟(통): 밝을 洞(통):/골 洞(동):,

【퇴】
단 밀 推(퇴/추), 망치 槌(퇴/추), 무너질 頹(퇴), 옥 다듬을 鎚(퇴)
장 물러날/바랠 退(퇴):, 언덕/쌓을 堆(퇴):, 넓적다리 腿(퇴):, 바랠 褪(퇴):,

【투, 특】
단 던질 投(투), 싸움 鬪(투), 통할/꿰뚫 透(투), 덮개 套(투), 샘낼 妬(투), 훔칠 偸(투)
단 특별할/수컷 特(특), 사특할/숨길 慝(특)

【파】
단 물결 波(파), 물갈래/갈래 派(파), 치우칠/자못 頗(파), 할미 婆(파)/범어 婆(바), 땅 이름 巴(파), 열릴 擺(파), 비파나무 杷(파), 긁을 爬(파), 비파 琶(파), 파초 芭(파), 언덕 坡(파)
장 깨뜨릴 破(파):, 마칠/그만둘 罷(파):,
단장 뿌릴 播(파)(:), 잡을 把(파)(:), 절뚝발이 跛(파)(:)
  '뿌릴 播(파)'자는 장단음으로 분류되어 있다. 播種(파종), 播多(파다), 播遷(파천) 등 '播(파)'자가 머리에 오는 낱말들이 단음으로 발음되고, 장음으로 발음되는 낱말은 없다.
  '잡을 把(파)'자는 장단음으로 분류되어 있다. 把守(파수), 把握(파악), 把捉(파착) 등 '把(파)'자가 머리에 오는 낱말들이 단음으로 발음되고, 장음으로 발음되는 낱말은 없다.
  '절뚝발이 跛(파)'자는 장단음으로 분류되어 있다. 跛者(파자), 跛行(파행) 등 '跛(파)'자가 머리에 오는 낱말들이 단음으로 발음되고, 장음으로 발음되는 낱말은 없다.

【판, 팔】
단 널빤지 板(판), 판단할 判(판), 널/조각 版(판), 팔 販(판), 힘쓸 辦(판), 오이씨 瓣(판), 언덕 阪(판)
단 여덟 八(팔)

【패】
단 패 牌(패)
장 패할/깨뜨릴 敗(패):, 조개 貝(패):, 으뜸 覇(패):, 찰 佩(패):, 어그러질 悖(패):, 피 稗(패):, 염불소리 唄(패):, 늪 沛(패):

【팽, 팍】
단 물결 부딪치는 기세 澎(팽), 부풀 膨(팽), 삶을 烹(팽)
단 괴팍할 愎(팍)

【편】
단 책 篇(편), 엮을/땋을 編(편), 두루 遍(편), 치우칠 偏(편), 넓적할 扁(편), 채찍 鞭(편), 속일 騙(편)
단장 편할 便(편)/오줌 便(변)(:), 조각 片(편)(:)
 '편할 便(편)/오줌 便(변)'자는 장단음으로 분류되어 있다. '便(편)'자가 머리에 오는 낱말 중 便紙(편:지) 한 낱말만 장음으로 발음하고 그 외에 便覽(편람), 便利(편리), 便法(편법), 便辟(편벽), 便服(편복), 便乘(편승), 便安(편안), 便宜(편의), 便易(편이), 便益(편익) 등은 단음으로 발음한다. 便秘(변비), 便器(변기), 便所(변소) 등 '便(변)'자가 머리에 오는 낱말들은 단음으로 발음한다.
 '조각 片(편)'자는 장단음으로 분류되어 있다. 片鱗(편린), 片月(편월), 片舟(편주), 片道(편도), 片側(편측) 등 단음으로 발음하고, 장음으로 발음하는 낱말의 예는 없다.

【폄】
장 떨어뜨릴/낮출 貶(폄):

【평】
단 평평할 平(평), 들/평평할 坪(평), 부평초 萍(평)
장 평할 評(평):

【폐】
장 닫을 閉(폐):, 허파 肺(폐):, 해질 弊(폐):, 비단/화폐 幣(폐):, 버릴/폐할 廢(폐):, 덮을/가릴 蔽(폐):, 죽을/넘어질 斃(폐):, 대궐 섬돌 陛(폐):, 짖을 吠(폐):, 해질/힘쓸 敝(폐):

【포】
단 태 胞(포), 두려워할 怖(포), 개/물가 浦(포), 가게 鋪(포), 포도 葡(포), 길 匍(포), 으르렁거릴 咆(포), 채마밭 圃(포), 부엌 庖(포), 거품 泡(포), 포 脯(포), 부들 蒲(포), 도포 袍(포), 기릴 襃(포)
장 안을 抱(포):, 사로잡을 捕(포):, 배부를 飽(포):, 던질 抛(포):, 절인 물고기 鮑(포):, 먹을 哺(포):, 달아날 逋(포):
단장 쌀 包(포)(:), 베/펼 布(포)(:), 모질 暴(포):/사나울 暴(폭), 대포 砲(포)(:)
 '쌀 包(포)'자는 장단음으로 분류되어 있다. 包袋(포대), 包裝(포장), 包藏(포장), 包含(포함) 등은 단음으로 읽고, 包括(포:괄), 包攝(포:섭), 包容(포:용), 包圍(포:위) 등은 장음으로 읽는다.
 '베 布(포)/보시 布(보)'자는 장단음으로 분류되어 있다. 布袋(포대), 布木(포목), 布衣(포의), 布帳馬車(포장마차) 등 '식물로 짠 베'를 뜻할 때는 단음으로 발음한다. 布告(포:고), 布敎(포:교), 布德(포:덕), 布石(포:석), 布陣(포:진) 등 '널리 알리다' '펴다'는 뜻으로 쓰일 때는 장음으로 발음한다. '베풀다'는 뜻의 布施(보:시)는 장음으로 발음한다.
 '모질 暴(포):/사나울 暴(폭)'자는 暴惡(포:악)처럼 [포:]로 읽을 때는 장음으로, 暴君(폭군), 暴徒(폭도), 暴動(폭동), 暴騰(폭등), 暴落(폭락), 暴力(폭력), 暴露(폭로), 暴利(폭리), 暴發(폭발), 暴暑(폭서), 暴雪(폭설), 暴食(폭식), 暴言(폭언), 暴雨(폭우), 暴飮(폭음), 暴政(폭정), 暴注(폭주), 暴走(폭주), 暴風(폭풍), 暴風雨(폭풍우), 暴行(폭행) 등 [폭]으로 읽을 때는 단음으로 발음한다.
 '대포 砲(포)'자는 장단음으로 분류되어 있다. 砲手(포:수) 한 낱말은 장음으로 발음하고, 그 외의 砲擊(포격), 砲臺(포대), 砲門(포문), 砲兵(포병), 砲聲(포성), 砲身(포신), 砲煙(포연), 砲彈(포탄), 砲艦(포함), 砲火(포화), 砲丸(포환) 등은 단음으로 발음한다.

【폭】
단 불터질 爆(폭), 폭 幅(폭), 쬘 曝(폭), 폭포 瀑(폭)
단장 사나울 暴(폭)/모질 暴(포):
 '사나울 暴(폭)/모질 暴(포)'자는 [폭]으로 읽을 때는 단음으로, [포:]로 읽을 때는 장음으로 발음한다. '暴(포)'자 참조.

【표】
단 겉 表(표), 쪽지/불똥튈 票(표), 표할/우듬지 標(표), 떠돌/빨래할 漂(표), 빠를/겁박할 剽(표), 날랠/급할 慓(표), 박 瓢(표), 표범 豹(표), 회오리바람/나부낄 飄(표), 자루 杓(표)

【품】
장 물건/성품 品(품):, 여쭐 稟(품):/곳집 稟(름):

【풍】
단 바람 風(풍), 풍년 豊/豐(풍), 단풍 楓(풍), 풍자할/욀 諷(풍), 성씨 馮(풍)

【피】
단 가죽 皮(피), 지칠/피곤할 疲(피), 나눌/찢을 披(피)
장 피할 避(피):, 저 彼(피):, 이불/입을 被(피):

【필, 핍】
단 반드시 必(필), 붓 筆(필), 마칠 畢(필), 짝 匹(필), 도울 弼(필)
단 가난할 乏(핍), 죄어질/핍박할 逼(핍)

【하】
단 강 이름 河(하), 어찌 何(하), 티/허물 瑕(하), 새우 蝦(하), 노을 霞(하), 멀/어찌 遐(하)
장 여름 夏(하):, 아래 下(하):, 하례 賀(하):
단장 멜/짊어질 荷(하)(:)
 '멜/짊어질 荷(하)'자는 장단음으로 분류되어 있다.

荷物(하물), 荷役(하역), 荷電(하전), 荷重(하중) 등 '荷(하)'자가 머리에 오는 낱말들 모두 단음으로 발음된다. 장음으로 발음되는 예는 찾지 못했다.

【학】
[단] 배울 學(학), 학 鶴(학), 사나울/모질 虐(학), 골짜기 壑(학), 학질 瘧(학), 희롱할 謔(학)

【한】
[단] 찰 寒(한), 한가할 閑/閒(한), 땅 이름 邯(한), 빨래할 澣(한)
[장] 한국 韓(한):, 한나라/한수 漢(한):, 한계/끝 限(한):, 원망할/한할 恨(한):, 가물 旱(한):, 땀 汗(한):, 붓/편지 翰(한):, 사나울 悍(한):, 그물/드물 罕(한):

【할】
[단] 벨/나눌 割(할), 다스릴 轄(할)

【함】
[단] 머금을 含(함), 모두 咸(함), 젖을 涵(함), 봉할 緘(함), 재갈 銜(함), 짤 鹹(함)
[장] 빠질 陷(함):, 싸움배 艦(함):, 함 函(함):, 소리칠 喊(함):, 난간/우리 檻(함):

【합】
[단] 합할 合(합), 합 盒(합), 대합조개 蛤(합), 땅 이름 陝(합)/좁을 陜(협)

【항】
[단] 항렬 行(항)/다닐 行(행), 항상 恒(항), 목/높을 亢(항), 항아리 缸(항), 똥구멍 肛(항)
[장] 항구 港(항):, 건널/배 航(항):, 겨룰/항거할 抗(항):, 목/목덜미 項(항):, 거리 巷(항):, 넓을 沆(항):
[단][장] 항복할 降(항)/내릴 降(강):
  '항복할 降(항)/내릴 降(강)'자는 장단음으로 분류되어 있다. '항복할 降(항)'자로 쓰일 때는 단음 [항]으로, '내릴 降(강)'자로 쓰일 때는 장음 [강:]으로 발음한다. 내릴 降(강)/항복할 降(항)자 참조.

【해】
[단] 돼지 亥(해), 어찌 奚(해), 해당할 該(해), 함께 偕(해), 기침 咳(해), 본보기 楷(해), 농지거리할 諧(해), 놀랄 駭(해), 뼈 骸(해)
[장] 바다 海(해):, 해칠 害(해):, 풀 解(해):, 게으를 懈(해):, 만날 邂(해):

【핵】
[단] 씨 核(핵), 꾸짖을/캐물을 劾(핵)

【행】
[단] 갈/다닐/행실 行(행)/항렬 行(항)
[장] 다행 幸(행):, 은행나무 杏(행):, 요행 倖(행):

【향】
[단] 시골 鄕(향), 향기 香(향)
[장] 향할 向(향):, 울림 響(향):, 누릴 享(향):, 향할 嚮(향):, 잔치할/흠향할 饗(향):

【허】
[단] 허락할 許(허), 빌 虛(허), 불 噓(허), 언덕 墟(허)

【헌】
[단] 추녀/집 軒(헌)
[장] 법 憲(헌):, 바칠 獻(헌):

【헐】
[단] 쉴 歇(헐)

【험】
[장] 시험할 驗(험):, 험할 險(험):

【혁】
[단] 가죽 革(혁), 빛날 赫(혁), 불빛 爀(혁)

【현】
[단] 어질 賢(현), 검을 玄(현), 활시위 弦(현), 악기/줄 絃(현), 솥귀 鉉(현)
[장] 나타날 現(현):, 나타날 顯(현):, 매달 懸(현):, 고을 縣(현):, 어지러울 眩(현):, 무늬 絢(현):, 자랑할 衒(현):, 고개/재 峴(현):, 밝을 炫(현):, 나타날 見(현):/볼 見(견):

【혈, 혐, 협】
[단] 피 血(혈), 구멍 穴(혈), 외로울 孑(혈), 머리 頁(혈)
[단] 싫어할 嫌(혐)
[단] 화합할 協(협), 위협할 脅(협), 골짜기 峽(협), 의기로울 俠(협), 낄 挾(협), 좁을 狹(협), 뺨 頰(협), 가위 鋏(협), 좁을 陜(협)

【형】
[단] 형 兄(형), 모양 形(형), 형벌 刑(형), 형통할 亨(형), 반딧불 螢(형), 모형/거푸집 型(형), 저울대/가로 衡(형), 가시나무 荊(형), 빛날 炯(형), 성씨 邢(형), 향기 馨(형)
[장] 물맑을 瀅(형):

【혜】
[단] 어조사 兮(혜), 초 醯(혜), 신 鞋(혜)
[장] 은혜 惠(혜):, 지혜 慧(혜):, 비/살별 彗(혜):

【호】
[단] 호수 湖(호), 부를 呼(호), 호걸 豪(호), 오랑캐 胡

(호), 어조사 乎(호), 터럭 毫(호), 해자 濠(호), 해자 壕(호), 흴/머리 세어 빠질 皓(호), 활 弧(호), 여우 狐(호), 산호 瑚(호), 풀 糊(호), 병 壺(호), 복 祜(호)
[장] 집/지게 戶(호):, 좋을 好(호):, 보호할/지킬 護(호):, 넓을/클 浩(호):, 서로 互(호):, 뒤따를 扈(호):, 하늘 昊(호):, 호박 琥(호):, 밝을 晧(호):, 넓을 澔(호):, 호경 鎬(호):
[단][장] 이름/부를 號(호)(:), 범 虎(호)(:)

'이름/부를 號(호)'자는 장단음으로 분류되어 있다. 號角(호:각), 號牌(호:패), 號令(호:령), 號外(호:외) 등 '號(호)'자가 머리에 오는 낱말들은 장음으로 발음한다. 단음으로 발음하는 낱말은 찾지 못하였다.

'범 虎(호)'자는 장단음으로 분류되어 있다. 虎口(호:구), 虎狼(호:랑), 虎尾難放(호:미난방), 虎視眈眈(호:시탐탐), 虎父犬子(호:부견자), 虎皮(호:피), 虎穴(호:혈), 虎患(호:환) 등 '虎(호)'자가 머리에 오는 낱말들은 장음으로 발음한다. 콜레라를 뜻하는 虎列刺(호열자) 한 낱말만 단음으로 발음한다.

【혹】
[단] 혹 或(혹), 미혹할 惑(혹), 독할/심할 酷(혹)

【혼】
[단] 혼인할 婚(혼), 넋 魂(혼), 어두울 昏(혼)
[장] 섞을 混(혼):, 흐릴 渾(혼):

【홀, 홍】
[단] 문득/갑자기 忽(홀), 황홀할 惚(홀), 홀 笏(홀)
[단] 붉을 紅(홍), 넓을/큰 물 洪(홍), 넓을/클 弘(홍), 큰기러기 鴻(홍), 크게 웃을 哄(홍), 무지개 虹(홍), 무너질/어지러울 訌(홍), 물 깊을 泓(홍)

【화】
[단] 화합할 和(화), 꽃 花(화), 말씀 話(화), 꽃/빛날 華(화), 벼 禾(화), 신 靴(화), 탐스러울 嬅(화), 자작나무 樺(화)
[장] 재앙 禍(화):, 재물 貨(화):
[단][장] 불 火(화)(:), 그림 畵(화)(:)/그을 畵(획), 화할 化(화)(:)

'불 火(화)'자는 장단음으로 분류되어 있다. 火攻(화:공), 火光衝天(화:광충천), 火口(화:구), 火口湖(화:구호), 火急(화:급), 火氣(화:기), 火器(화:기), 火力(화:력), 火爐(화:로), 火木(화:목), 火病(화:병), 火夫(화:부), 火山(화:산), 火傷(화:상), 火上添油(화:상첨유), 火星(화:성), 火藥(화:약), 火焰(화:염), 火曜日(화:요일), 火葬(화:장), 火災(화:재), 火賊(화:적), 火田(화:전), 火酒(화:주), 火筒(화:통), 火刑(화:형) 등 장음으로 발음되고, 단음으로 발음되는 예는 찾을 수 없다.

'그림 畵(화)/그을 畵(획)'자는 장단음으로 분류되어 있다. 畵家(화:가), 畵具(화:구), 畵壇(화:단), 畵廊(화:랑), 畵龍點睛(화:룡점정), 畵面(화:면), 畵伯(화:

백), 畵屛(화:병), 畵瓶(화:병), 畵餠(화:병), 畵報(화:보), 畵蛇添足(화:사첨족), 畵室(화:실), 畵中之餠(화:중지병), 畵集(화:집), 畵帖(화:첩), 畵板(화:판), 畵幅(화:폭), 畵風(화:풍), 畵虎類狗(화:호유구) 등 장음으로 발음되고, 단음으로 발음되는 예는 찾을 수 없다. 그을 畵(획)자는 단음으로 발음한다.

'화할 化(화)'자는 장단음으로 분류되어 있다. 化工(화:공), 化膿(화:농), 化石(화:석), 化身(화:신), 化學(화:학), 化合(화:합) 등의 낱말은 장음으로 발음하고, 化粧(화장), 化粧臺(화장대), 化粧品(화장품), 化粧室(화장실) 등의 낱말은 단음으로 발음한다.

【확】
[단] 굳을 確(확), 넓힐 擴(확), 거둘/벼 벨 穫(확), 붙잡을 攫(확)

【환】
[단] 둥글/알 丸(환), 기뻐할 歡(환), 굳셀 桓(환), 기뻐할 驩(환), 환어/홀아버지 鰥(환), 부를 喚(환)
[장] 근심 患(환):, 바꿀 換(환):, 헛보일 幻(환):, 벼슬 宦(환):, 빛날 煥(환):
[단][장] 고리 環(환)(:), 돌아올 還(환)(:)

'고리 環(환)'자는 장단음으로 분류되어 있다. 環境(환경), 環狀(환상), 環礁(환초) 등의 낱말에서 단음으로 발음한다.

'돌아올 還(환)'자는 장단음으로 분류되어 있다. 還甲(환:갑) 한 낱말은 장음으로 읽고, 그 외의 還國(환국), 還宮(환궁), 還都(환도), 還拂(환불), 還生(환생), 還俗(환속), 還送(환송), 還收(환수), 還元(환원), 還鄕(환향) 등의 낱말은 단음으로 읽는다.

【활】
[단] 살 活(활), 미끄러울 滑(활), 교활할 猾(활), 넓을 闊(활)

【황】
[단] 누를 黃(황), 임금 皇(황), 거칠 荒(황), 봉황새 凰(황), 헤맬/노닐 徨(황), 황홀할 恍(황), 두려워할 惶(황), 급할/허둥거릴 遑(황), 어렴풋할/어리둥절할 慌(황), 빛날 煌(황), 해자 隍(황), 밝을 晃(황), 깊을 滉(황)
[장] 상황 況(황):

【회】
[단] 돌 回(회), 재 灰(회), 품을 懷(회), 돌 廻(회), 물 이름 淮(회), 노닐/머뭇거릴 徊(회), 넓을 恢(회), 그믐/어둠 晦(회), 회충 蛔(회)
[장] 모일 會(회):, 뉘우칠 悔(회):, 그림 繪(회):, 회 膾(회):, 가르칠 誨(회):, 뇌물 賄(회):, 교활할 獪(회):, 전나무 檜(회):

【획, 횡】
[단] 그을 劃(획), 얻을 獲(획)

단 가로/방자할 橫(횡)

【효】
단 으르렁거릴/성낼 哮(효), 울릴 嚆(효), 사귈/가로그을 爻(효), 올빼미 梟(효), 흐릴/어지러울 淆(효), 안주 肴(효)
장 효도 孝(효):, 본받을 效(효):, 새벽 曉(효):, 술밑/삭힐 酵(효):

【후】
단 제후/임금 侯(후), 목구멍 喉(후)
장 뒤 後(후):, 두터울 厚(후):, 임금/왕후 后(후):, 울/울부짖을 吼(후):, 맡을 嗅(후):, 썩을 朽(후):, 만날 逅(후):
단장 기후/철 候(후)(:)
　'기후/철 候(후)'자는 장단음으로 분류되어 있다. 候補(후보), 候鳥(후조) 등 단음으로 발음한다.

【훈】
단 공 勳(훈), 향풀 薰(훈), 무리 暈(훈), 연기낄 燻(훈), 질나팔 壎(훈), 연기낄 熏(훈)
장 가르칠 訓(훈):

【훤】
단 지껄일 喧(훤)

【훼】
단 풀 卉(훼)
장 헐 毀(훼):

【휘, 휴, 휼, 흉】
단 휘두를 揮(휘), 빛날 輝(휘), 아름다울 徽(휘), 무리 彙(휘), 꺼릴/숨길 諱(휘), 대장기 麾(휘)
단 쉴 休(휴), 끌 携(휴), 밭두둑 畦(휴), 이지러질 虧(휴), 아름다울 烋(휴)

단 불쌍할/구휼할 恤(휼)
단 흉할 凶(흉), 가슴 胸(흉), 오랑캐 匈(흉), 흉할 兇(흉), 용솟음칠/물결세찰 洶(흉)

【흑, 흔】
단 검을 黑(흑)
단 기뻐할 欣(흔), 흉터 痕(흔)

【흠】
단 공경할 欽(흠)
장 하품 欠(흠):

【흡】
단 숨 들이쉴/마실 吸(흡), 흡사할 恰(흡), 흡족할 洽(흡)

【흥】
단장 일/흥성할 興(흥)(:)
　'일/흥성할 興(흥)'자는 장단음으로 분류되어 있다. '일다', '일으키다'는 뜻으로 쓰인 興國(흥국), 興亡(흥망), 興奮(흥분), 興業(흥업), 興行(흥행) 등의 낱말은 단음으로 읽는다. '좋아하다', '흥취'의 뜻으로 쓰인 興味(흥:미), 興盡悲來(흥:진비래), 興趣(흥:취) 등의 낱말은 장음으로 읽는다. 그 외에 興夫(흥부), 興信所(흥신소) 등은 단음으로 읽는다.

【희】
단 기쁠 喜(희), 바랄 希(희), 놀 戲(희), 드물 稀(희), 슬플/탄식할 噫(희), 빛날 熙(희), 아가씨 姬(희), 복희 羲(희), 희생 犧(희), 아름다울 嬉(희), 기뻐할 憙(희), 빛날 熹(희), 복 禧(희)

【힐】
단 물을/꾸짖을 詰(힐)

한자 장음 단음 찾아보기

가 家 可: 歌 加 假: 價: 街(:) 暇: 佳: 架: 伽 柯 迦 呵: 哥 嘉 嫁: 稼 苛 袈 駕(:) 跏 賈 軻 **각** 各 角 刻 覺 閣 脚 却 恪 殼 珏 **간** 間 間(:) 幹 干 看 簡(:) 肝(:) 刊 懇: 姦 奸: 墾 揀 癎(:) 竿 艱 諫: 杆 澗: 艮 **갈** 渴 葛 鞨 喝 竭 褐 蠍 **감** 感: 減: 甘 監 敢: 鑑 憾: 邯 堪 柑 疳 瞰: 紺 勘 坎 嵌 **갑** 甲 匣 閘 岬 鉀 **강** 江 康 強: 講: 降(:) 綱 剛 鋼 姜 彊 疆 慷: 糠 腔 薑 襁 岡 崗 **개** 開 改: 個(:) 介: 概: 慨: 皆 蓋(:) 豈 凱: 愾: 溉: 箇(:) 芥: 价: 塏 **객** 客 喀 **각** 醵 **갱** 更 坑 羹 **거** 去 居 車 擧: 巨: 拒: 據: 倨: 渠 醵 **건** 健: 件 建: 乾 鍵: 巾 腱 虔 **걸** 乞 傑 桀 杰 **검** 檢: 儉: 劍: **겁** 劫 怯 **게** 憩: 揭: 偈: **격** 擊 格 激 隔 覡 檄 膈 **견** 見: 堅 犬 肩 絹 遣: 牽 繭: 譴: 鵑 甄 **결** 決 結 潔 缺 訣 **겸** 兼 謙 **경** 輕 京 經 境 敬: 景(:) 慶: 競: 庚 警: 傾 更 鏡: 驚 耕 硬 頃: 卿: 徑: 竟: 瓊: 勁: 憬: 梗: 痙: 磬: 脛: 莖: 頸: 鯨: 儆: 炅: 璟: **계** 計: 界: 季: 階: 鷄: 雞: 係: 械: 癸: 繼: 戒: 系: 啓: 契(:) 溪: 桂: 繫: 悸: 稽: 誠: **고** 高 古 苦 告 固 孤 考(:) 故: 庫: 姑 鼓 稿 枯 顧: 雇: 叩 呱 拷 敲 痼 股 膏 袴 錮 藁 皐 賈 皐 **곡** 曲 穀 哭 谷 梏 鵠 **곤** 困: 坤 袞 昆 棍 **골** 骨 汨 **공** 工 空 公 共: 功 攻: 供: 孔: 恐(:) 恭: 貢: 拱: 鞏: 控: **과** 過: 果: 科 課(:) 寡: 誇: 戈 瓜 菓(:) 顆 **곽** 郭 廓 槨 藿 **관** 慣 觀 關 官 管 冠 寬 貫(:) 館: 款: 棺 灌 顴 串 琯 刮: 括 **광** 光: 廣: 鑛: 狂 匡 壙: 曠: 胱 **괘** 掛 卦 **괴** 怪: 壞: 愧: 塊: 傀: 乖 拐 魁 槐 **굉** 宏 肱 轟 **교** 校: 敎: 交 橋 較: 巧: 矯: 郊 僑 絞 膠 咬 喬 嬌 攪 狡 皎 轎 驕 蛟 **구** 九 口(:) 句 舊: 區 久: 球 具(:) 救: 狗 求 究 構 懼: 拘 丘 俱 苟 驅 鷗 龜 歐 購 仇 勾 嘔(:) 垢 寇: 嶇 廐 樞 枸 毆: 溝 灸 矩 舅 衢 謳 軀 鉤 鳩 咎 毬 臼 玖 邱 **국** 國 局 菊 鞠 **군** 軍 郡: 君 羣,群 窘: **굴** 掘 屈 窟 **궁** 宮 窮 弓 穹 躬 **권** 權 券: 勸: 卷(:) 拳: 圈 倦: 捲: 眷: 顴 惓: **궐** 厥 闕 蹶 獗 **궤** 軌: 几: 潰: 詭: 机: 櫃: **귀** 貴: 歸: 鬼: 龜 **규** 規 叫: 圭 糾 硅 窺 葵 逵 奎 揆 珪 均: 菌 龜 **귤** 橘 **극** 極 劇 克 剋 戟 棘 隙 **근** 近: 根 勤 0 筋 謹: 僅: 斤 槿 **관** 瑾: 觀: **글** 契 **금** 金 今 禁: 禽 琴 錦: 擒 衾 襟 **급** 急 級 給 及 扱 汲 **긍** 肯 兢: 矜 亘 **기** 期 氣 記 技 基 旗 己 汽 器 機 起 奇 寄: 紀 企 其 幾 祈 崎 杞 畸 綺 羈 肌 伎 妻 畿 冀 驥 沂 淇 琦 璣 騏 **긴** 緊 **길** 吉 拮 桔 **김** 金 **끽** 喫 **나** 奈 那: 懦 拿 儺: **낙** 諾 **난** 暖: 難(:) 煖: **날** 捏 捺 涅 **남** 男 南 **납** 納 衲 **낭** 娘 囊 **내** 內: 乃: 耐: 奈: **녀** 女 **년** 年 撚 **녈** 涅 **념** 念: 拈 **녕** 寧 **노** 努 怒 奴 弩 駑 農 濃 膿 **뇨** 尿 嫩 訥 **뉴** 紐 **능** 能 **니** 泥 尼 **닉** 溺 匿 **다** 多 茶 **단** 短(:) 斷: 團 壇 單 檀 端 段 丹 但: 旦 鍛 簞 緞 **달** 達 撻 疸 **담** 談 擔 膽: 淡 潭 憺 曇 澹 痰: 譚 **답** 答 畓 踏 遝 **당** 堂 當 黨 唐(:) 糖 塘 撞 棠 螳 **대** 大(:) 代: 待: 對: 帶(:) 隊: 臺 貸: 垈 戴: 擡 袋: 台 **댁** 宅 **덕** 德 悳 **도** 都 道: 圖 度(:) 到: 島 導: 徒 盜(:) 逃 刀 途: 陶 倒: 挑 桃 渡 稻 跳 塗 悼: 萄 兜 堵 屠 掉 搗 淘 滔 睹 禱 賭 蹈 鍍 **독** 讀 獨 毒 督 篤 禿 瀆 **돈** 豚 敦 頓: 沌 惇 燉 **돌** 突 乭 **동** 東 冬(:) 洞: 動: 同 童(:) 銅 凍: 桐 棟 董: 憧: 疼: 瞳 胴 **두** 頭 斗 豆 杜 兜 痘: 屯 鈍: 屯 臀 遁 **득** 得 **등** 等: 登 燈 藤 謄 騰 橙 鄧 **라** 羅 裸: 懶: 癩: 螺 邏 **락** 樂 落 絡 洛 烙 酪 駱 **란** 亂: 蘭 卵: 欄 爛: 瀾 鸞 欒 **랄** 剌 辣 **람** 覽: 濫: 藍 籃 **랍** 拉 臘 蠟 **랑** 朗: 廊: 浪(:) 郞 狼: 郵 琅 **래** 來(:) 萊: **랭** 冷: **략** 略 掠 **량** 量 梁 良 兩: 糧 凉/涼 諒 輛 樑 倆 梁 亮: **려** 旅 慮: 麗 勵: 廬: 礪: 侶: 閭 戾 濾: 黎 藜 呂: 驪 **력** 力 歷 曆 瀝 礫 轢 靂 **련** 戀: 練: 鍊: 聯 連 憐 蓮 煉 輦 攣 漣 **렬** 列 劣 烈 裂 **렴** 廉 斂: 殮: 簾 濂 **렵** 獵 **령** 令(:) 領 嶺 靈 零 伶 囹 逞 鈴 齡 玲 **례** 禮: 例: 隸: 醴: **로** 路: 老: 勞 爐 露: 魯: 鷺: 撈 擄 虜 盧 蘆 **록** 綠 錄 祿 鹿 麓 碌 **론** 論 **롱** 弄: 籠(:) 壟: 聾 瓏: **뢰** 賴: 雷 儡: 牢 賂: 磊: **료** 料(:) 了: 僚 療: 遼 寥 燎 瞭 聊 寮 **룡** 龍 **루** 樓 屢: 淚: 漏: 累: 壘: 陋: **류** 流 類(:) 留 柳(:) 硫 謬(:) 溜 琉 瘤 榴 劉 **륙** 六 陸 戮 **륜** 輪 倫 淪 綸 崙 **률** 律 栗 率 慄 **륭** 隆 癃 **륵** 勒 肋 **름** 凜 **릉** 陵 楞 凌 稜 菱 綾 **리** 里: 利: 離: 理: 裏: 李: 吏: 履: 梨 俐 璃 痢 籬 羅 裡 俚 **린** 隣,鄰 麟 吝 躪 鱗 燐 **림** 林 臨 霖 淋 痳 **립** 立 笠 粒 **마** 馬: 磨 麻 摩 痲 魔 **막** 幕 漠 莫 膜 寞 **만** 萬: 晩: 滿(:) 慢: 漫: 蠻 娩: 灣 卍 彎 挽: 瞞 蔓 輓: 饅 **말** 末 鞍 抹 沫 襪 **망** 亡 望: 妄: 忙 忘 罔 茫 網 惘: 芒 邙 **매** 妹: 每: 買: 賣(:) 梅 埋 媒 枚 魅 呆: 昧: 煤 寐: 罵: 邁: **맥** 脈 麥 貊 **맹** 孟(:) 猛: 盟 盲 萌 **멱** 覓 **면** 面: 勉: 眠 綿 免: 冕: 棉 眄: 緬 麵/麪 俛: 沔: **멸** 滅 蔑 **명** 名 命: 明 鳴 銘 冥 螟 酩 瞑 溟 瞑 皿: **모** 母: 慕: 貌: 毛 模 謀 募: 暮: 某: 矛 侮(:) 帽 茅 謨 摸 牡 耗: 冒 姆 牟 **목** 木(:) 目 沐 牧 睦 穆 **몰** 沒 歿 **몽** 夢 蒙 **묘** 卯: 墓: 妙: 廟: 苗: 描 杳 渺 猫: 昴: **무** 務: 武: 無 戊: 舞: 茂: 貿: 霧: 巫 拇 撫: 毋 蕪 誣 无 憮 畝 **묵** 墨 默 **문** 文 門 聞(:) 問: 紊 紋 蚊 刎 **물** 物 勿 **미** 未(:) 美: 米 尾: 味: 微 眉 迷(:) 彌 媚 薇 靡 **민** 民 憫: 敏: 悶 愍 旻 旼 玟 珉 閔 **밀** 密 蜜 謐 **박** 朴 博 薄 拍 迫 泊 舶 剝 搏 撲 樸 珀 箔 粕 縛 駁 雹 膊 **반** 半: 反: 班 飯 叛: 盤 般 返: 伴: 搬 拌 攀 斑 槃 畔 礬 絆 頒 磐 蟠 潘 磻 **발** 發 髮 拔 魃 渤 鉢 勃 撥 潑 跋 醱 **방** 方 房 放(:) 訪: 防 妨 倣: 傍: 芳 邦 紡 坊 尨 幇 彷 榜 肪 膀 謗 昉 枋 龐 旁 **배** 北 倍(:) 拜: 背: 配: 培: 排 輩: 盃/杯 俳 賠 徘 湃 胚 陪 **백** 百 白 栢 伯 魄 帛 **번** 番 繁 煩 翻 飜 蕃 藩 磻 **벌** 伐 罰 閥 筏 **범** 犯: 範: 凡(:) 汎: 帆 梵: 氾: 泛: 范: **벽** 壁 碧 僻 劈 壁 癖 闢 **벽** 霹 擘 **변** 便(:) 變: 邊 辯: 辨: 卞: 弁: **별** 別 瞥 鼈 **병** 病: 丙: 屛(:) 竝: 倂: 柄: 瓶: 餠: 昞: 炳: 秉: **보** 保(:) 寶: 步: 普: 補: 譜: 甫: 輔: 堡: 洑 菩 褓 潽 **복** 服 福 複 復(:) 腹 伏 卜 覆 僕 匐 輻 鰒 馥 **본** 本

봉	奉: 封 峰,峯 逢 蜂 鳳	俸: 縫 蓬 捧 棒 烽 鋒 **부**
父	夫 婦 不 否: 富: 部 負: 副:	扶 複 府(:) 復 膚 伏
付:	浮 符(:) 簿: 附(:) 腐: 赴:	賦: 敷: 覆 傅: 釜 俯:
剖:	咐 埠 孵 斧 腑 芙 訃:	賻: 駙 趺 鳧 阜: **북** 北
분	分(:) 墳 憤: 奮 粉(:) 奔 紛 糞: 吩	噴: 忿: 扮 焚
盆 雰 芬	**불** 不 佛 弗 拂 彿 **붕** 朋 崩 鵬 棚 硼 繃
비	鼻: 悲: 備: 卑: 比: 費: 秘:	非: 飛: 批: 碑: 婢: 妃:
肥	匪: 毖 毖 泌(:) 匕: 妣: 庇: 憊: 扉 枇 沸: 琵 砒
빈	貧 嬪 賓 頻 嚬: 殯: 瀕 牝: 濱 彬	**빙** 氷 聘 憑 **사** 四
死:	事: 士: 食 社: 使: 私	史: 射: 仕(:) 舍 寫 思(:)
査	捨: 寺: 師 巳: 祀: 謝: 斜 絲 辭 司 沙/砂 詞 邪
似:	斯 蛇 詐 賜: 唆 赦: 飼 嗣: 奢 娑 徙: 瀉: 獅
祠	紗 肆: 裟 麝: 些: 渣 蓑 泗:	**삭** 數 索 削 朔 鑠 **산**
山	算: 散: 産: 酸 傘 删 珊 疝:	**살** 殺(:) 撒 煞 薩 **삼**
三	參 森 蔘 滲: 衫 **삽** 挿 澁	**상** 上 商 狀(:) 想: 相
賞	常 床 傷 象: 像: 喪(:) 尙: 裳 霜 詳 償: 嘗 桑 祥
箱	孀 爽: 翔 庠 觴 **새** 塞 璽	**색** 色 索 塞 嗇 **생** 生
省	牲 甥 **서** 西 書 序: 恕: 緖: 徐(:) 署(:) 庶: 敍: 暑(:)
瑞:	誓: 嶼: 墅 抒 棲 薯: 黍: 鼠: 曙: 逝: 胥 舒 **석**
夕	席 石 惜 釋 昔 析 碩 晳: 潟: 奭 錫 **선** 先 善: 線
船	選: 鮮 仙 旋 宣 禪 繕: 扇 煽 羨: 腺 膳 蘚 銑:
蟬	瑄 璿 瑢 亘 **설** 舌 雪 說	設 泄: 洩: 渫 楔 褻 屑
卨 薛	**섬** 纖 殲 閃 暹 蟾 陝: **섭** 涉 攝 燮 屧 **성** 姓: 成
性:	省 聲 星 盛: 城 聖: 誠 醒 晟: **세** 歲: 世: 洗: 說:
勢:	稅: 細: 貰: **소** 小: 少: 所: 消 疏: 疎 掃(:) 笑: 素(:)
蔬	蘇 訴: 召 昭 燒(:) 騷 紹 巢 沼 塑 宵 搔 梳 甦 簫
蕭	逍 遡 銷 疋 瘙 繰 邵: **속** 速 束 俗 續 屬 粟 贖
손	孫(:) 損: 遜: **솔** 帥 率 **송** 松 送: 頌: 悚: 訟: 誦: 宋:
쇄:	刷: 殺: 鎖: 灑: 碎: **쇠** 衰(:) **수** 水 壽 數(:) 手(:) 樹
殊	首 宿 守 需 修 受(:) 授: 收: 獸 秀 帥 羞 愁 睡
輸	隨 囚 誰 遂: 雖 須 垂 搜 嫂 戍: 狩 瘦 穗 竪 粹:
繡:	蒐 袖 讎/讐 酬 髓 鬚 洙 銖 隋 **숙** 宿 叔 肅 淑
熟	孰 塾 夙 菽 **순** 順: 純 巡 旬 瞬 循 殉 盾 脣 舜
荀 淳	筍 馴 醇 洵 珣 **술** 術 戌 述 **숭** 崇 **슬** 瑟 膝 蝨/虱
습	習 濕 拾 襲 褶 **승** 勝 承 升 昇 乘 僧 繩 丞
蠅	**시** 時 始: 市: 視: 示: 寺: 施: 是: 詩 試(:) 侍: 柿:
矢:	屍: 柴: 匙: 媤 弑: 猜 諡: 豺 **식** 食 息 植 識 式
飾	殖 埴 拭 熄 蝕 媳 湜 軾 **신** 身 臣 新 信: 神 辛
辰	申 伸 腎: 愼: 晨 紳 呻 娠 薪 蜃: 訊: 迅: 宸 **실** 室
實	失 悉 **심** 心 審(:) 深 沈: 甚: 尋 瀋: **십** 十 拾 什
쌍	雙 **씨** 氏 **아** 兒 牙 亞(:) 我: 阿 雅: 芽 餓: 俄 啞(:)
衙	蛾 訝 鵝 **악** 惡 樂 岳 握 堊 愕 顎: 嶽 **안** 安 眼:
案:	岸: 顔: 雁: 按: 鞍: 晏: **알** 謁 斡 軋 閼 **암** 暗:
巖/岩 癌	庵 闇: **압** 壓 押 鴨 **앙** 殃 仰: 央 怏: 昻: 秧
鴦	**애** 愛(:) 哀 涯 礙: 碍: 埃 崖 曖 隘: 靄: 艾: **액** 液
額	厄 掖 腋 縊 扼 **앵** 櫻 鶯 **야** 夜: 野: 若 也: 耶 惹:
倻	冶: 揶 **약** 弱 藥 約 躍 葯 **양** 洋 陽 羊 養: 樣:
壤:	揚 讓: 楊 孃 襄 恙: 攘: 瘍 癢 釀: **어** 語: 魚 漁
御:	於 圄 瘀: 禦: **억** 億 憶 抑 臆: **언** 言 焉 堰 諺: 彦:
얼	蘖 **엄** 嚴 儼: 掩: 奄: **업** 業 **여** 如 餘 與: 予: 余 汝:
輿:	**역** 域 役 逆 易: 亦 譯 驛 疫 繹 閾 **연** 然 緣 演:

| 煙,烟 研: 延 燃 鉛 宴: 沿(:) 軟: 燕(:) 硯: 淵 衍: 捐: |
| 椽 筵 鳶 妍 **열** 熱 說 悅 咽 閱 涅 **염** 染: 焰: 炎 鹽 |
| 厭: 閻 艶: 髥 **엽** 葉 燁 **영** 永: 英 榮 映(:) 營 迎 影: |
| 詠: 泳: 盈 嬰 瑩 暎 瑛 瑩 **예** 禮: 藝: 豫: 譽: 銳: 預: |
| 睿: 叡: 曳: 裔: 詣: 穢: 濊: 芮: **오** 五: 惡: 午: 誤: 悟: |
| 烏 傲: 吾 嗚 伍: 娛 梧(:) 汚: 吳 奧: 寤 懊: 墺: **옥** |
| 玉 屋 獄 沃 鈺 **온** 溫 穩: 蘊: **옹** 翁 擁: 甕: 雍 邕 |
| **와** 瓦: 臥: 渦 蝸 訛: 蛙 **완** 完 緩: 婉: 宛: 玩: 腕(:) 頑 |
| 豌 阮: 莞 **왈** 日 **왕** 王 往: 旺: 枉: 汪: **왜** 歪 倭 矮: |
| **외:** 外: 畏: 巍: 猥: **요** 謠 樂 曜: 要(:) 搖 腰 遙 妖 堯 |
| 僥 凹 夭: 拗: 撓: 擾 窈: 窯: 邀 饒 瑤 姚 耀: **욕** 浴 慾 |
| 欲 辱 **용** 勇: 用: 容 庸 傭 熔 溶 鎔 湧: 涌: 聳: 茸 |
| 蓉 踊: 俑 瑢 鏞 **우** 右: 雨: 友: 牛 優 遇: 郵 偶: 宇: |
| 愚 憂 于 又: 尤 羽: 佑: 寓: 虞 迂 嵎 祐: 禹: 隅 **욱** |
| 旭 昱 煜 項 郁 **운** 運: 雲 韻: 云 殞: 耘 隕: 芸 **울** 鬱 |
| 蔚: **웅** 雄 熊 **원** 遠: 園 元 原 源 援: 院 願: 員 圓 怨(:) |
| 苑: 媛 冤:/寃: 猿 鴛 瑗: 袁 **월** 月 越 **위** 偉 僞 爲: 位 |
| 衛 危 圍 委 威 慰 胃 謂 緯 違: 尉 渭 韋 萎 蝟 魏 |
| **유** 有: 油 由 儒 酉 裕(:) 乳 遊 遺 柔 幼 幽 悠 猶 |
| 維 誘 唯 惟 愈: 癒 踰 喩 宥: 揄 攸 柚 諭 蹂 鍮 |
| 孺 游 釉 俞 庚 楡 諛 **육** 育 肉 **윤** 潤: 閏: 尹: 允: 胤 |
| 鈗 融 戎 絨 **은** 恩 銀 隱 殷 垠 誾 **을** 乙 **음** 飮(:) 陰 |
| 音 吟 淫 蔭: 姪 **읍** 邑 泣 揖 **응** 應: 凝 鷹(:) 膺 **의** |
| 衣 義: 意: 醫 議(:) 依 儀 疑 宜 矣 擬: 椅 毅: 倚 蟻: |
| 誼 **이** 二: 耳: 異: 以: 移 易: 已: 貳: 夷 而 姨 弛: 爾: |
| 痍 茸 餌: 栮 邇 伊 台 怡 珥: **익** 益 翼 翌 翊 **인** 人 |
| 仁 因 印 引 寅 認 姻 忍: 刃: 咽 湮 靭 靷 蚓 **일** 一 |
| 日 逸 壹 佚 溢 佾 鎰 **임** 任(:) 壬: 賃: 姙: 稔: 荏: **입** |
| 入 剩: 孕: **자** 姉: 子 自 字 慈 者 資 雌 姿: 刺: 恣(:) |
| 紫 玆 磁 諮 滋 仔: 煮: 炙 瓷 疵 蔗 藉: **작** 昨 作 |
| 爵 酌 嚼 灼 炸 綽 芍 雀 鵲 怍 **잔** 殘 棧: 盞: **잠** |
| 暫(:) 潛 蠶 箴 簪 **잡** 雜 **장** 長(:) 將(:) 場: 壯: 狀: |
| 章 障 奬(:) 帳 張 臟: 腸 裝 丈: 掌: 粧 莊 葬: 藏: 墻 |
| 樟 仗 匠: 杖: 漿 薔 醬: 欌 贓: 檣 庄 璋 蔣 **재** 在: |
| 才 再: 財 材 災 栽: 裁: 載: 哉 宰: 滓: 齋 **쟁** 爭 錚 **저** |
| 低: 貯: 底: 抵: 著(:) 沮: 咀: 狙: 箸 蔗 紙: 詛: 躇 邸: |
| 姐: 猪 **적** 赤 的 敵 賊 積 籍 績 適 寂 摘 笛 跡 蹟 |
| 迹 滴 嫡 狄 炙 謫 **전** 前 全 電: 戰: 傳: 典: 展: 轉: |
| 田 專 錢 殿: 奠: 剪: 塡 廛 悛: 栓 氈: 澱: 煎(:) 癲 |
| 箋: 箭: 篆: 纏 輾: 銓(:) 顚: 顫: 餞: 筌 甸 **절** 節 切 |
| 絶 折 竊 截 **점** 店: 占(:) 點(:) 漸: 粘 霑 **접** 接 蝶 椄 |
| **정:** 正(:) 政: 情 庭 定: 精 停 整: 征 丁 程 靜: 井(:) |
| 亭 廷 淨 貞 頂 訂(:) 偵 呈 艇 旌 晶 鄭: 鼎 幀 挺 |
| 町 睛 碇 穽 酊 釘 靖(:) 楨 汀 珽 禎 **제** 弟: 帝: 濟: |
| 第: 題 制: 提 祭: 製: 除 際: 諸 齊 堤 劑 悌: 梯 蹄 |
| 臍 啼 **조** 兆 朝 祖 早: 操(:) 調 助: 租 造: 鳥 條 潮 |
| 組 棗 照: 弔: 燥 彫 措 釣 凋 嘲 曹 漕 爪 眺: 稠 |
| 窕 粗 糟 藻 詔: 躁 遭 阻: 蚤: 槽 肇: 曺 祚 趙: **족** 族 |
| 足 簇 **존** 尊 存 **졸** 卒 拙 猝 **종** 終 宗 種(:) 從(:) 鍾/鐘 |
| 縱: 綜 慫: 腫: 踪 倧 琮 **좌:** 左: 座: 坐: 佐: 挫: **죄:** 罪: |
| **주** 主 住: 晝 注: 州 週 走 周 朱 酒(:) 宙 柱 洲 株 |
| 舟 奏(:) 珠 鑄: 駐: 疇 做: 胄: 呪: 嗾 廚 紂 紬 註: 誅 |

| 한자 장음 단음 |

주:轎 酎 **죽** 竹 粥 **준:** 準: 俊: 遵: 准: 峻: 浚: 駿: 樽
竣: 蠢: 埈: 晙: 濬: **중** 中 重(:) 衆: 仲(:) **즉** 則 卽 汁
櫛 **즙** 汁 **증** 增 症(:) 證 憎 曾 蒸 贈 **지** 地 紙 智 知
止 池 志 指 支 至 持 誌 之 只 枝 遲 旨 脂 址 芝
咫 摯 枳 祉 肢 漬 **직** 職 直 織 稷 植 **진:** 眞 辰 進
珍 盡 陣 振 鎭 陳 塵 津(:) 診: 震: 嗔 塡 疹 晉
秦 **질** 疾 質 姪 秩 室 叱 嫉 帙 桎 跌 迭 膣 **짐** 斟
朕 **집** 集 執 輯 什 **징** 徵 懲 澄 **차** 車 次 差 此 茶
且: 借: 遮(:) 叉 蹉 磋 嗟 **착** 着 著: 捉 錯 搾 窄
鑿 **찬** 讚 贊: 餐 燦 鑽 撰 篡: 饌: 璨 瓚 **찰** 察
刹 札 擦 **참** 參 慘 憯/慚 懺 斬: 僭: 塹: 站: 讒 讖
창 窓 唱: 創: 倉(:) 昌(:) 蒼 暢: 滄 彰 倡: 娼(:) 廠 愴
槍 猖 瘡 脹: 艙 菖 敞 昶 漲: **채** 彩: 採: 菜: 債: 采:
寨 埰 蔡 **책** 責 册 策 柵 **처** 處: 妻 悽 凄 **척** 尺 拓
戚 斥 隻 陟 擲 滌 瘠 脊 **천** 天 川 千 賤: 淺: 泉 踐:
薦: 遷: 喘: 擅: 穿 闡: 釧 **철** 鐵 哲 徹 撤 凸 綴 轍
喆 澈 **첨** 尖 添 僉 籤 詔: 恬 瞻 **첩** 妾 諜 帖 捷 牒
疊 貼 睫 **청** 靑 聽 淸 請 廳 晴 **체** 體 替: 滯 締 逮:
遞 涕 諦 **체** 草 初 招 礎: 肖: 超 抄 哨 焦 秒 楚
憔 梢 樵 炒 硝 礁 蕉 貂 醋 酢 醮 稍 **촉** 促 觸 燭
蜀 囑 **촌** 村: 寸: **총:** 銃 總: 聰 叢 塚 寵 **촬** 撮 **최:** 最:
催: 崔 **추** 秋 醜: 推 追 抽 趨 墜 椎 樞 芻 酋 錘 錐
鰍 鎚 楸 鄒 **축** 祝 蓄 丑 築 畜 縮 逐 蹴 軸 蹙 **춘** 春 椿 **출** 出 黜 **충** 忠 充 蟲 衝 衷 沖/冲 **췌:** 悴: 膵:
萃: 贅: **취:** 取: 就: 趣: 吹: 醉: 臭: 炊: 聚: 娶: 翠: 脆:
측 測 側 惻 **층** 層 **치** 治 値: 致: 置: 齒 恥 稚 峙 雉
侈 幟 熾 痔 癡 痴 緻 馳 峀 嗤 **칙** 則 勅 **친** 親 **칠** 七
漆 **침** 侵 寢: 針 沈(:) 枕: 浸: 斟: 砧: 鍼 **칩** 蟄 **칭** 稱
秤 **쾌** 快 **타** 他 打: 墮: 妥: 唾: 惰: 楕: 舵 陀 駝 琢
度: 濁 卓 濯 拓 托 擢 琢 託 鐸 **탄:** 炭: 彈: 歎: 誕: 灘
吞 坦: 憚: 綻: **탈** 脫 奪 **탐** 探 貪 耽 眈 **탑** 塔 搭 **탕:**
湯: 糖 宕: 蕩: **태:** 太: 態: 殆: 泰: 怠: 胎: 颱: 兌: 汰: 笞: 苔:
跆 **택** 宅 擇 澤 **탱** 幀 撐 **터:** 攄: **토** 土: 討: 兎: 吐(:)
통 洞: 痛: 通 統: 慟: 桶 筒 **퇴:** 退: 推 堆 槌 腿: 褪:
頹 鎚 **투** 投 鬪 透 套: 妬 偸 **특** 特 慝 **파** 波 破: 派:

파(:) 罷: 頗: 把(:) 婆 巴 擺 杷 爬 琶 芭 跛(:) 坡 **판**
板 判: 版 販 辦 瓣 阪 **팔** 八 **패** 敗: 貝: 霸: 佩: 悖: 牌:
稗: 唄: 沛: **팽** 澎 膨 烹 **퍅** 愎 **편** 便(:) 篇 片(:) 編 遍
偏 扁 鞭 騙 **폄** 貶: **평** 平 評: 坪 萍: **폐** 閉 肺: 弊: 幣:
廢: 蔽: 斃: 陛: 吠: 斃: **포** 包(:) 布: 暴: 砲: 胞 怖: 浦
抱: 捕: 飽: 抛 鋪 葡 鮑: 匍 咆 哺 圃 庖 泡 脯 蒲
袍 褒 逋 **폭** 暴(:) 爆 幅 曝 瀑 **표** 表 票 標 漂 剽 慓
瓢 豹 飄 杓 **품:** 分 品: 稟 **풍** 風 豊/豐 楓 諷 馮
피 皮 疲 避: 彼: 被: 披: **필** 必 筆 畢 匹 弼 **핍** 乏 逼
하 夏: 下: 河 賀: 何 荷(:) 瑕 蝦 霞 遐 **학** 學 鶴 虐
壑 瘧 謔 **한** 韓: 漢: 寒 限: 恨: 閑 閒 旱: 汗(:) 翰: 邯
悍: 罕: 澣: **할** 割 轄 **함** 含 陷: 咸 艦: 函 唅 函(핣):, 喊:
檻: 涵 緘 銜 鹹 **합** 合 盒 蛤 陝 **항** 行 恒 港: 航: 抗:
降: 項: 巷: 亢 缸 肛 沆 **해** 海: 害: 亥: 解: 奚 該 偕
咳: 懈: 楷 諧 邂: 駭: 骸 **핵** 核 劾 **행:** 幸: 行: 杏: 倖: **향**
鄉: 向: 香 響: 享: 饗: 饗: **허** 許: 虛 噓 墟 **헌:** 憲: 獻:
軒 **혈** 歇 **험:** 驗: 險: **혁** 革 赫 爀 **현:** 現: 見: 賢: 顯: 懸:
玄 弦 絃 縣: 眩: 絢: 衒: 峴: 炫: 鉉: 血 穴: 子 頁
혐 嫌 **협** 協 脅 峽 俠 挾 狹 頰 鋏 陝 **형** 兄 形 刑 亨
螢 型 衡 荊 瀅: 炯 邢 馨 **혜:** 惠: 慧: 兮 彗: 醯 鞋 **호**
戶: 號(:) 湖 好: 呼 護: 豪 浩: 胡 虎(:) 乎 互: 毫 濠
壕 扈 昊: 皓: 弧 狐 琥 瑚 糊 壺 晧: 澔 祜 鎬 **혹**
或 惑 酷 **혼** 婚 混: 魂 昏 渾 **홀** 忽 惚 笏 **홉** 合 **홍**
紅 洪 弘/鴻 哄 虹 訌 泓 **화:** 火(:) 和 花 話 禍: 畫(:)
化(:) 華 貨: 禾 靴 嬅 樺 **확** 確 擴: 穫 攫 **환:** 患: 丸
歡 環(:) 換: 還(:) 幻: 桓 宦: 驩 鰥 喚: 煥: **활** 活 滑
猾 闊 **황** 黃 皇 況: 荒 凰 徨 恍 惶 遑 慌 煌 隍 晃
滉 **회:** 會: 回 灰 悔: 懷 廻 淮 徊 恢 晦: 繪: 膾: 蛔: 誨:
賄: 獪: 檜: **획** 劃 獲 **횡** 橫 **효:** 孝: 效: 曉: 哮: 嚆: 爻
酵: 梟 淆 肴 驍 **후:** 後: 候: 厚: 侯 喉 后: 吼: 嗅: 朽:
逅: **훈:** 訓: 勳 薰 暈: 燻 壎 熏 **훤** 喧 **휘** 揮 輝 徽 彙
諱: 麾 **훼:** 毁: 卉: 休: 携 眭: 虧 **휴** 恤: 凶 胸
匈 兇 洶 **흑** 黑 **흔** 欣 痕 **흠** 欽 欠: **흡** 吸 恰 洽 **흥** 興(:)
희 喜 希 戲 稀 噫 熙 姬 羲 犧 嬉 憙 熹 禧 **힐** 詰

한자 간체자, 약자, 속자

略 略字(약자), 俗 俗字(속자), 俗略 俗字(속자) 또는 略字(약자), 簡 簡體字(간체자)이다.

【가】
假 거짓 가 略仮
價 값 가 略価 簡价
暇 겨를 가 略昄
駕 가마/멍에 가 簡驾
賈 성씨 가/장사 고 簡贾
軻 굴대 가 簡轲

【각】
覺 깨달을 각 略覚 簡觉
閣 집 각 簡阁
殼 껍질 각 簡壳

【간】
間 사이 간 簡间
幹 줄기 간 簡干
簡 대쪽/간략할 간 簡简
懇 간절할 간 簡恳
姦 간사할 간 俗奸 簡奸
墾 개간할 간 簡垦
揀 가릴 간 簡拣
癎 간질 간 簡痫
艱 어려울 간 簡艰
諫 간할 간 簡谏
澗 산골물 간 簡涧

【감】
減 덜 감 簡减
監 볼/살필 감 略监 簡监
鑑 거울 감 簡鉴
紺 감색/연보라 감 簡绀

【갑】
閘 수문 갑 簡闸
鉀 갑옷 갑 簡钾

【강】
講 강론할/익힐 강 簡讲
綱 벼리 강 簡纲
剛 군셀 강 簡刚
鋼 강철/강할 강 簡钢
彊 군셀/힘쓸 강 簡强
薑 생강 강 簡姜
岡 언덕 강 簡冈
崗 언덕 강 簡岗

【개】
開 열 개 簡开
個 낱 개 簡个 略个
概 대개/평미레 개 略概
蓋 덮을 개 略盖 簡盖
凱 개선할 개 簡凯
愾 성낼 개 簡忾
箇 낱 개 略个 簡个
塏 높은 땅 개 簡垲

【거】
擧 들 거 略挙 簡举
據 의거할/근거 거 略据 簡据

【건】
乾 마를/하늘 건 簡干
鍵 열쇠 건 簡键

【걸】
傑 호걸/뛰어날 걸 簡杰

【검】
檢 검사할/봉할 검 略検 簡检
儉 검소할 검 略俭 簡俭
劍 칼 검 略剣 簡剑

【격】
擊 칠 격 略撃 簡击
覡 박수/남자무당 격 簡觋

【견】
見 볼 견 簡见
堅 굳을 견 略坚 簡坚
絹 비단 견 簡绢
牽 끌 견 簡牵
繭 고치 견 簡茧
譴 꾸짖을 견 簡谴
鵑 두견이 견 簡鹃

【결】
決 결단할/터질 결 簡决
結 맺을 결 簡结
潔 깨끗할 결 簡洁
缺 이지러질 결 簡欠
訣 이별할 결 簡诀

【겸】
謙 겸손할 겸 간谦
【경】
輕 가벼울 경 약軽 간轻
經 날/글/지날 경 약経 간经
慶 경사 경 간庆
競 겨룰/다툴 경 간竞
傾 기울 경 간倾
鏡 거울 경 간镜
驚 놀랄 경 간惊
頃 밭 넓이 단위/잠깐 경 간顷
徑 지름길/건널 경 약径 간径
瓊 구슬 경 간琼
勁 굳셀 경 간劲
痙 경련 경 간痉
脛 정강이 경 간胫
莖 줄기 경 간茎
頸 목 경 간颈
鯨 고래 경 간鲸
【계】
計 꾀/셈할 계 간计
階 섬돌 계 간阶
鷄/雞 닭 계 간鸡
係 맺을/걸릴 계 간系
繼 이을 계 약継 간继
啓 열 계 간启
繫 맬 계 간系
誡 경계할 계 간诫
【고】
庫 곳집 고 간库
顧 돌아볼 고 간顾
錮 막을/땜질할 고 간锢
皐 늪 고 약皋
【곡】
穀 곡식 곡 간谷
鵠 고니/과녁 곡 간鹄
【곤】
袞 곤룡포 곤 간衮
【공】
貢 바칠 공 간贡
鞏 묶을/굳을 공 간巩
【과】
過 지날 과 간过
課 과정/매길 과 간课
誇 자랑할/과장할 과 간夸
顆 낟알 과 간颗
【곽】
槨 덧널 곽 간椁
【관】
慣 버릇/익숙할 관 간惯
觀 볼 관 약观 약観 간观
關 관계할/빗장 관 약関 간关
寬 너그러울 관 약寛 간宽
貫 꿸 관 간贯
館 집/객사 관 약舘 간馆
顴 광대뼈 관 간颧
【광】
廣 넓을 광 약広 간广
鑛 쇳돌 광 약鉱
壙 뫼구덩이 광 간圹
曠 빌/밝을 광 간旷
【괘】
掛 걸 괘 간挂
【괴】
壞 무너질 괴 약壊
塊 흙덩이 괴 간块
【교】
橋 다리 교 간桥
較 견줄/비교할 교 간较
矯 바로잡을 교 간矫
僑 더부살이 교 간侨
絞 목맬 교 간绞
膠 아교 교 간胶
喬 높을 교 간乔
嬌 아리따울 교 간娇
攪 흔들/어지럽힐 교 간搅
轎 가마 교 간轿
驕 교만할 교 간骄
【구】
舊 예 구 약旧 간旧
區 구역/구분할 구 약区 간区
構 얽을 구 간构
懼 두려워할 구 간惧
驅 몰 구 약駆 간驱
鷗 갈매기 구 간鸥
龜 거북 구 약亀 간龟
歐 노래할 구 약欧 간欧
購 살 구 간购

嘔 게울 구 간呕
嶇 험할 구 간岖
廐 마구간 구 간厩
毆 때릴 구 간殴
溝 도랑 구 간沟
謳 노래할 구 간讴
軀 몸 구 간躯
鉤 갈고리 구 간钩
鳩 비둘기 구 간鸠
毬 공 구 간球
【국】
國 나라 국 약国 간国
【군】
軍 군사 군 간军
【궁】
宮 집 궁 간宫
窮 궁할/다할 궁 간穷
【권】
權 권세 권 약权 약俗権 간权
勸 권할 권 약劝 약俗勧 간劝
捲 거둘/말 권 간卷
【궐】
闕 대궐 궐 간阙
【궤】
軌 법 궤 간轨
潰 무너질 궤 간溃
詭 속일 궤 간诡
櫃 함 궤 간柜
【귀】
貴 귀할 귀 간贵
歸 돌아올 귀 약归 약俗帰 간归
龜 거북 귀 약亀 간龟
【규】
規 법 규 간规
閨 안방 규 간闺
糾 얽힐/꼴 규 간纠
窺 엿볼 규 간窥
【균】
龜 틀 균 약亀 간龟
【극】
極 다할/극진할 극 간极
劇 심할 극 간剧
剋 이길 극 간克
棘 멧대추나무/가시나무 극 간枣

【근】
筋 힘줄 근 간觔
謹 삼갈 근 간谨
僅 겨우 근 간仅
覲 뵐 근 간觐
饉 주릴 근 간馑
【금】
錦 비단 금 간锦
【급】
級 등급 급 간级
給 넉넉할/줄 급 간给
【기】
氣 기운 기 약気
記 기록할 기 간记
旗 기 기 간旂
器 그릇 기 약器 俗噐
機 틀 기 간机
紀 벼리 기 간纪
幾 몇/기미 기 간几
旣 이미 기 약既
棄 버릴 기 약弃 간弃
豈 어찌 기 간岂
飢/饑 주릴 기 간饥
騎 말탈 기 간骑
綺 비단 기 간绮
羈 굴레/나그네 기 간羁
譏 나무랄/비웃을 기 간讥
驥 천리마 기 간骥
璣 별 이름 기 간玑
騏 준마 기 간骐
【긴】
緊 요긴할 긴 약紧 간紧
【끽】
喫 마실 끽 간吃
【나】
儺 푸닥거리 나 간傩
【낙】
諾 허락할 낙 간诺
【난】
難 어려울 난 간难
【납】
納 바칠/드릴 납 간纳
【년】
撚 비틀 년 간捻

【녕】
寧 편안할 녕 [약]寍 [간]宁

【노】
駑 둔할/둔한 말 노 [간]驽

【농】
農 농사 농 [간]农
濃 짙을 농 [간]浓
膿 고름 농 [간]脓

【뇌】
腦 뇌 뇌 [약]脑 [간]脑
惱 괴로워할 뇌 [약]悩 [간]恼

【눌】
訥 말 더듬을 눌 [간]讷

【뉴】
紐 끈/맺을 뉴 [간]纽

【단】
斷 끊을/결단할 단 [약]断 [간]断
團 둥글 단 [약]団 [간]团
壇 단 단 [간]坛
單 홀 단 [약]単 [간]单
端 끝/바를 단 [간]端
鍛 쇠두드릴 단 [간]锻
簞 대광주리/소쿠리 단 [간]箪
緞 비단 단 [간]缎

【달】
達 통할 달 [간]达
撻 매질할/때릴 달 [간]挞

【담】
談 말씀 담 [간]谈
擔 멜/짐 담 [약]担 [간]担
膽 쓸개 담 [약]胆 [간]胆
曇 흐릴 담 [간]昙

【당】
當 마땅할/당할 당 [약]当 [간]当
黨 무리 당 [약]党 [간]党

【대】
對 대할/대답할 대 [약]対 [간]对
帶 띠 대 [간]带
隊 대/떼 대 [간]队
臺 집/돈대 대 [약]台 [간]台
貸 빌릴 대 [간]贷
擡 들 대 [약]抬

【덕】
德 큰/덕 덕 [약]徳

【도】
圖 그림 도 [약]図 [간]图
島 섬 도 [간]岛
導 인도할/이끌 도 [간]导
盜 훔칠 도 [간]盗
塗 칠할/진흙 도 [간]涂
搗 찧을 도 [간]捣
濤 큰물결 도 [간]涛
禱 빌 도 [간]祷
賭 걸/내기 도 [간]赌
鍍 도금할 도 [간]镀

【독】
讀 읽을 독 [약]読 [간]读
獨 홀로 독 [약]独 [간]独
篤 도타울 독 [간]笃
瀆 도랑 독 [간]渎

【돈】
頓 조아릴 돈 [간]顿

【동】
東 동녘 동 [간]东
動 움직일 동 [간]动
同 같을 동 [약]仝
銅 구리 동 [간]铜
凍 얼 동 [간]冻
棟 용마루 동 [간]栋

【두】
頭 머리 두 [간]头

【둔】
鈍 둔할 둔 [간]钝

【등】
燈 등 등 [약]灯 [간]灯
謄 베낄 등 [간]誊
騰 오를 등 [간]腾
鄧 나라 이름 등 [간]邓

【라】
羅 새 그물/벌일/비단 라 [간]罗
懶 게으를 라 [간]懒
邏 돌/순라 라 [간]逻

【락】
樂 즐거울 락, 풍류 악, 좋아할 요 [약]楽 [간]乐
絡 맥락/이을 락 [간]络
駱 낙타 락 [간]骆

【란】
亂 어지러울 란 [약]乱 [간]乱
蘭 난초 란 [간]兰

한자 간체자, 약자, 속자

欄 난간 란 〖간〗栏
爛 찬란할/빛날 란 〖간〗烂
瀾 물결 란 〖간〗澜
鸞 난 새 란 〖간〗鸾
欒 모감주나무/둥글 란 〖간〗栾
【람】
覽 볼 람 〖약〗览 〖속〗覽 〖간〗览
濫 넘칠/퍼질 람 〖약〗滥 〖간〗滥
藍 쪽풀 람 〖약〗蓝 〖간〗蓝
籃 대바구니 람 〖약〗篮 〖간〗篮
【랍】
臘 납향/섣달 랍 〖간〗腊
蠟 밀랍 랍 〖간〗蜡
【래】
來 올 래 〖약〗来 〖간〗来
萊 명아주 래 〖간〗莱
【량】
兩 두 량 〖약〗両 〖간〗两
糧 양식 량 〖간〗粮
凉/涼 서늘할 량 〖약〗凉 〖속〗涼 〖간〗凉
諒 살필/헤아릴 량 〖간〗谅
輛 수레 량 〖간〗辆
樑 들보 량 〖간〗梁
倆 재주 량 〖간〗俩
【려】
慮 생각할 려 〖간〗虑
麗 고울 려 〖약〗麗 〖간〗丽
勵 힘쓸 려 〖약〗励 〖간〗励
廬 오두막집 려 〖약〗庐 〖간〗庐
侶 짝 려 〖간〗侣
閭 마을 려 〖간〗闾
濾 거를 려 〖간〗滤
呂 법칙/음률 려 〖간〗吕
礪 숫돌 려 〖간〗砺
【력】
歷 지날 력 〖간〗历
曆 책력 력 〖간〗历
瀝 거를 력 〖간〗沥
礫 조약돌 력 〖간〗砾
轢 삐걱거릴 력 〖간〗轹
靂 천둥/벼락 력 〖간〗雳
【련】
戀 사모할/그리워할 련 〖약〗恋 〖간〗恋

練 익힐 련 〖간〗练
鍊 단련할 련 〖간〗链
聯 연이을 련 〖약〗联 〖간〗联
連 이을/잇닿을 련 〖간〗连
憐 불쌍히 여길 련 〖간〗怜
蓮 연꽃 련 〖간〗莲
煉 달굴/불릴 련 〖간〗炼
輦 가마 련 〖간〗辇
攣 오그라질 련 〖간〗挛
漣 잔물결 련 〖간〗涟
【렴】
斂 거둘 렴 〖간〗敛
殮 염할 렴 〖간〗殓
簾 발 렴 〖간〗帘
【렵】
獵 사냥 렵 〖약〗猎 〖간〗猎
【령】
領 옷깃/거느릴 령 〖간〗领
嶺 고개/재 령 〖간〗岭
靈 신령 령 〖약〗霊 〖약〗灵 〖간〗灵
鈴 방울 령 〖간〗铃
齡 나이 령 〖약〗令 〖간〗龄
【례】
禮 예도 례 〖약〗礼 〖간〗礼
隷 종 례 〖간〗隶
【로】
勞 일할/위로할 로 〖약〗労 〖간〗劳
爐 화로 로 〖약〗炉 〖간〗炉
魯 노나라 로 〖간〗鲁
鷺 해오라기 로 〖간〗鹭
撈 잡을/건질 로 〖간〗捞
擄 사로잡을/노략질할 로 〖간〗掳
虜 사로잡을 로 〖간〗虏
盧 성씨/밥그릇 로 〖간〗卢
蘆 갈대 로 〖간〗芦
【록】
綠 초록색 록 〖약〗绿 〖간〗绿
錄 기록할 록 〖약〗録 〖간〗录
祿 복 록 〖간〗禄
【론】
論 의론할/말할 론 〖간〗论
【롱】
籠 대그릇 롱 〖약〗篭 〖간〗笼

壟 밭두둑 롱 〈간〉垄
聾 귀머거리 롱 〈간〉聋
瓏 옥소리 롱 〈간〉珑
【뢰】
賴 힘입을/의뢰할 뢰 〈간〉赖
賂 뇌물 뢰 〈간〉赂
【료】
療 병고칠 료 〈간〉疗
遼 멀 료 〈간〉辽
瞭 밝을 료 〈간〉了
【룡】
龍 용 룡 〈약〉竜 〈간〉龙
【루】
樓 다락 루 〈약〉楼 〈간〉楼
屢 여러 루 〈간〉屡
淚 눈물 루 〈속〉涙 〈약〉泪 〈간〉泪
壘 진 루 〈간〉垒
【류】
類 무리 류 〈간〉类
劉 묘금도/성씨 류 〈간〉刘
【륙】
陸 뭍 륙 〈간〉陆
【륜】
輪 바퀴 륜 〈간〉轮
倫 윤리 륜 〈간〉伦
淪 빠질 륜 〈간〉沦
綸 벼리/낚시줄 륜 〈간〉纶
崙 산 이름 륜 〈간〉仑
【률】
慄 두려워할/떨릴 률 〈간〉栗
【름】
凜 찰 름 〈간〉凛
【릉】
稜 모날 릉 〈간〉棱
綾 비단 릉 〈간〉绫
【리】
離 떼놓을/떠날 리 〈약〉离 〈간〉离
裏 속 리 〈간〉里
籬 울타리 리 〈간〉篱
釐 다스릴 리 〈간〉厘
裡 속 리 〈간〉里
【린】
隣/鄰 이웃 린 〈간〉邻

躪 짓밟을 린 〈간〉躏
鱗 비늘 린 〈간〉鳞
燐 도깨비불 린 〈간〉磷
【림】
臨 임할 림 〈간〉临
【마】
馬 말 마 〈간〉马
痲 저릴 마 〈간〉麻
【만】
萬 일만 만 〈약〉万 〈간〉万
滿 찰 만 〈간〉满
蠻 오랑캐 만 〈약〉蛮 〈간〉蛮
灣 물굽이 만 〈약〉湾 〈간〉湾
彎 굽을 만 〈간〉弯
瞞 속일 만 〈간〉瞒
輓 끌/애도할 만 〈간〉挽
饅 만두 만 〈간〉馒
【말】
襪 버선 말 〈간〉袜
【망】
網 그물 망 〈간〉网
【매】
買 살 매 〈간〉买
賣 팔 매 〈약〉売 〈간〉卖
罵 욕할/꾸짖을 매 〈간〉骂
邁 갈 매 〈약〉迈 〈간〉迈
【맥】
脈 맥/줄기 맥 〈약〉脉 〈간〉脉
麥 보리 맥 〈약〉麦 〈간〉麦
【멱】
覓 찾을 멱 〈약〉覓 〈간〉觅
【면】
綿 솜 면 〈간〉绵
緬 가는 실 면 〈간〉缅
麵/麪 밀가루 면 〈간〉面
【멸】
滅 멸망할 멸 〈간〉灭
【명】
鳴 울 명 〈간〉鸣
銘 새길 명 〈간〉铭
【모】
貌 얼굴/모양 모 〈약〉皃
謀 꾀할 모 〈간〉谋

謨 꾀 모 [간]谟

【몰】
沒 가라앉을/빠질 몰 [간]没
歿 죽을 몰 [간]殁

【몽】
夢 꿈 몽 [약]梦 [간]梦

【묘】
廟 사당 묘 [속]庙 [약]庿 [간]庙

【무】
務 힘쓸/일 무 [간]务
無 없을 무 [약]无 [간]无
貿 무역할 무 [간]贸
霧 안개 무 [간]雾
撫 어루만질 무 [간]抚
蕪 거칠/우거질 무 [간]芜
誣 무고할/속일 무 [간]诬
憮 어루만질 무 [간]怃
畝 이랑 무 [간]亩

【문】
門 문 문 [간]门
聞 들을 문 [간]闻
問 물을 문 [간]问
紋 무늬 문 [간]纹

【미】
彌 미륵/두루 미 [약]弥 [간]弥

【민】
憫 근심할/민망할 민 [간]悯
悶 번민할/답답할 민 [간]闷
閔 성씨 민 [간]闵

【밀】
謐 고요할 밀 [간]谧

【박】
剝 벗길 박 [간]剥
撲 칠 박 [간]扑
樸 순박할 박 [간]朴
縛 묶을 박 [간]缚
駁 논박할/얼룩말 박 [간]驳

【반】
飯 밥 반 [간]饭
盤 소반 반 [간]盘
礬 명반 반 [간]矾
絆 줄/얽어맬 반 [간]绊

頒 나눌 반 [간]颁

【발】
發 필/쏠 발 [약]発 [간]发
髮 터럭 발 [간]发
鉢 바리때 발 [간]钵
撥 다스릴 발 [간]拨
潑 물뿌릴 발 [간]泼

【방】
訪 찾을 방 [간]访
倣 본뜰/모방할 방 [간]仿
紡 길쌈 방 [간]纺
幫 도울 방 [간]帮
謗 헐뜯을 방 [간]谤
龐 높은 집 방 [간]庞

【배】
拜 절 배 [속][약]拝
輩 무리 배 [속][약]輩 [간]辈
賠 물어줄 배 [간]赔

【번】
煩 번거로울/괴로워할 번 [간]烦

【벌】
罰 벌/법줄 벌 [간]罚
閥 문벌/공훈 벌 [간]阀

【범】
範 법/모범 범 [간]范
汎 넓을/뜰 범 [간]泛
氾 넘칠 범 [간]泛

【벽】
闢 열 벽 [간]辟

【변】
變 변할 변 [약]変 [간]变
邊 가 변 [약]辺 [간]边
辯 말씀/말 잘할 변 [간]辩

【별】
別 다를/나눌 별 [간]别

【병】
屛 병풍 병 [속][약]屏
竝 나란히 병 [약]並 [간]并
倂 아우를/함께할 병 [속][약]倂 [간]并

【보】
寶 보배 보 [속]寳 [약]宝 [간]宝
報 갚을/알릴 보 [간]报

譜 족보/계보 보 [간]谱
輔 도울/덧방나무 보 [간]辅

【복】
複 겹옷 복 [간]复
復 돌아올 복/다시 부 [간]复
僕 종 복 [간]仆
輻 바퀴살 복 [간]辐
鰒 전복 복 [간]鳆

【봉】
鳳 봉황새 봉 [간]凤
縫 꿰맬 봉 [간]缝
鋒 칼끝 봉 [간]锋

【부】
婦 부인/며느리 부 [간]妇
富 부자/넉넉할 부 [속]冨
負 질 부 [간]负
復 다시 부/돌아올 복 [간]复
膚 살갗 부 [간]肤
賦 부세/부여할 부 [간]赋
敷 펼 부 [약]旉
訃 부고 부 [간]讣
賻 부의 부 [간]赙
駙 곁마 부 [간]驸
鳧 오리 부 [간]凫

【분】
墳 무덤 분 [간]坟
憤 분할/성낼 분 [간]愤
奮 떨칠 분 [간]奋
紛 어지러울 분 [간]纷
糞 똥 분 [간]粪
噴 뿜을 분 [간]喷

【불】
佛 부처 불 [약]仏
拂 떨칠/떨어낼 불 [약]払
彿 비슷할 불 [간]佛

【붕】
鵬 대붕새 붕 [간]鹏
繃 묶을 붕 [간]绷

【비】
備 갖출 비 [간]备
費 쓸 비 [간]费
飛 날 비 [간]飞
憊 고달플/고단할 비 [간]惫
緋 비단 비 [간]绯
誹 헐뜯을 비 [간]诽

【빈】
貧 가난할 [간]贫
嬪 아내/궁녀 빈 [간]嫔
賓 손 빈 [간]宾
頻 자주 빈 [간]频
殯 빈소 빈 [간]殡
瀕 물가/가까울 빈 [간]濒
濱 물가 빈 [간]滨

【빙】
憑 기댈 빙 [간]凭

【사】
寫 베낄 사 [약]写 [간]写
捨 버릴 사 [약]舍
師 스승 사 [약]師 [간]师
謝 사례할 사 [간]谢
絲 실 사 [약]糸 [간]丝
辭 말 사 [약]辞 [간]辞
詞 말씀 사 [간]词
詐 속일 사 [간]诈
賜 줄 사 [간]赐
瀉 쏟을/게울 사 [간]泻
獅 사자 사 [간]狮
紗 비단 사 [간]纱

【삭】
鑠 녹일 삭 [간]铄

【산】
産 낳을 산 [간]产
傘 우산 산 [간]伞

【살】
殺 죽일 살 [간]杀
薩 보살 살 [간]萨

【삼】
滲 스밀/적실 삼 [간]渗

【삽】
揷 꽂을 삽 [약]挿
澁 떫을 삽 [간]涩

【상】
狀 모양/형상 상, 문서 장 [약]狀 [간]状
賞 상줄 상 [간]赏

傷 다칠/상할 상 㑖伤
喪 죽을/잃을 상 㑖丧
詳 상세할/자세할 상 㑖详
償 갚을 상 㑖偿
嘗 맛볼 상 㑔甞 㑖尝
桑 뽕나무 상 㑔桒
【새】
璽 옥새/도장 새 㑖玺
【색】
嗇 아낄 색 㑖啬
【서】
書 쓸/글 서 㑖书
緖 실마리 서 㑔緒 㑖绪
敍 펼/베풀/차례 서 㑔叙 㑖叙
嶼 섬 서 㑖屿
【석】
釋 풀 석 㑔釈 㑖释
碩 클 석 㑖硕
潟 개펄 석 㑖泻
錫 주석 석 㑖锡
【선】
線 줄 선 㑖线
選 가릴/뽑을 선 㑖选
鮮 고울 선 㑖鲜
禪 참선/고요할 선 㑖禅
繕 기울 선 㑖缮
羨 부러워할 선 㑖羡
蘚 이끼 선 㑖藓
銑 끌/무쇠 선 㑖铣
蟬 매미 㑔蝉 㑖蝉
【설】
設 베풀 설 㑖设
洩 샐 설 㑖泄
褻 속옷/더러울 설 㑖亵
【섬】
纖 가늘 섬 㑔纎 㑔繊 㑖纤
殲 다 죽일 섬 㑖歼
陝 땅 이름 섬 㑖陕
【섭】
攝 당길/잡을 섭 㑔摂 㑖摄
燮 불꽃/화할 섭 㑖变
【성】
聲 소리 성 㑔声 㑖声

聖 성인 성 㑖圣
誠 정성 성 㑖诚
【세】
歲 해 세 㑔歲 㑔岁 㑖岁
世 인간 세 㑔卋
勢 형세/기세 세 㑖势
稅 세금 세 㑖税
細 가늘 세 㑖细
貰 세낼 세 㑖贳
【소】
掃 쓸 소 㑖扫
訴 하소연할/호소할 소 㑖诉
燒 불 사를 소 㑔焼 㑖烧
騷 떠들/시끄러울 소 㑖骚
紹 이을 소 㑖绍
簫 퉁소 소 㑖箫
蕭 맑은 대쑥/쓸쓸할 소 㑖萧
銷 녹을/사라질 소 㑖销
繰 고치켤 소 㑖缲
【속】
續 이을 속 㑔続 㑖续
屬 무리/엮을 속 㑔属 㑖属
贖 속죄할 속 㑖赎
【손】
孫 손자 손 㑖孙
損 덜 손 㑖损
遜 겸손할 손 㑖逊
【송】
頌 기릴/칭송할 송 㑖颂
訟 송사할 송 㑖讼
誦 욀 송 㑖诵
【쇄】
鎖 쇠사슬/자물쇠 쇄 㑖锁
灑 뿌릴 쇄 㑖洒
【수】
壽 목숨 수 㑔寿 㑖寿
數 셀 수, 자주 삭 㑔数 㑖数
樹 나무/심을 수 㑖树
收 거둘/걷을 수 㑔収
獸 짐승 수 㑔獣 㑖兽
帥 장수 수 㑔帥 㑖帅
輸 보낼/나를 수 㑖输

隨 따를 수 [옛]随 [간]随
誰 누구 수 [간]谁
雖 비록 수 [간]虽
須 모름지기 수 [간]须
搜 찾을 수 [옛]搜
竪 세울 수 [간]竖
繡 수놓을 수 [간]绣
讎/讐 원수 수 [간]雠
鬚 수염 수 [간]须

【숙】
肅 엄숙할 숙 [속][옛]肅 [간]肃

【순】
順 순할 순 [간]顺
純 순수할/생사 순 [간]纯
脣 입술 순 [간]唇
荀 풀 이름 순 [간]荀
馴 길들일 순 [간]驯

【습】
習 익힐 습 [간]习
濕 축축할 습 [옛]湿 [간]湿
襲 엄습할 습 [간]袭

【승】
勝 이길 승 [간]胜
乘 탈 승 [옛]乗
繩 노끈 승 [속][옛]繩 [간]绳
蠅 파리 승 [속][옛]蝿 [간]蝇

【시】
時 때 시 [간]时
視 볼 시 [간]视
詩 시 시 [간]诗
試 시험할 시 [간]试
弒 윗사람 죽일 시 [간]弑
諡 시호 시 [간]谥

【식】
飾 꾸밀 식 [간]饰
蝕 좀먹을 식 [간]蚀
軾 수레 가로나무 식 [간]轼

【신】
腎 콩팥 신 [옛]肾 [간]肾
紳 큰 띠 신 [간]绅
訊 물을 신 [간]讯

【실】
實 열매 실 [옛]実 [간]实

【심】
審 살필 심 [간]审
瀋 물 이름 심 [간]沈

【쌍】
雙 쌍/견줄 쌍 [옛]双 [간]双

【아】
兒 아이 아 [옛]児 [간]儿
亞 버금 아 [옛]亜 [간]亚
餓 주릴 아 [간]饿
啞 벙어리 아 [간]哑
訝 의심할 아 [간]讶
鴉 갈가마귀 아 [간]鸦

【악】
惡 악할 악, 미워할 오 [옛]悪 [간]恶
樂 풍류 악, 즐거울 락, 좋아할 요 [옛][속]楽 [간]乐
堊 백토 악 [간]垩
顎 턱 악 [간]颚
嶽 큰 산 악 [간]岳

【안】
顔 얼굴 안 [간]颜

【알】
謁 뵐/아뢸 알 [간]谒
軋 삐걱거릴 알 [간]轧
閼 막을 알 [간]阏

【암】
巖 바위 암 [속][옛]岩 [옛]巌 [간]岩

【압】
壓 누를 압 [옛]圧 [간]压
鴨 오리 압 [간]鸭

【앙】
鴦 원앙 앙 [간]鸯

【애】
愛 사랑 애 [간]爱
礙 거리낄 애 [옛][속]碍 [간]碍
曖 가릴/희미할 애 [간]暧
靄 아지랑이 애 [간]霭

【액】
額 이마 액 [간]额
縊 목맬 액 [간]缢

【앵】
櫻 앵두나무 앵 [간]樱
鶯 꾀꼬리 앵 [간]莺

【야】
爺 아비 야 约爷
【약】
藥 약 약 略薬 约药
約 묶을/아낄 약 约约
躍 뛸 약 约跃
葯 꽃밥 약 约药
【양】
陽 볕 양 约阳
養 기를 양 约养
樣 모양 양 约样
壤 흙 양 约壤
揚 오를/날릴 양 约扬
讓 사양할 양 略讓 约让
楊 버들 양 约杨
孃 아가씨 양 略孃 约娘
瘍 종기/헐 양 约疡
癢 가려울 양 约痒
釀 술빚을 양 略醸 约酿
【어】
語 말씀 어 约语
魚 물고기 어 约鱼
漁 고기 잡을 어 约渔
禦 막을 어 约御
【억】
億 억 억 约亿
憶 생각할 억 约忆
【언】
諺 상말/언문 언 约谚
【엄】
嚴 엄할 엄 略厳 约严
儼 의젓할/엄연할 엄 约俨
業 업 업 约业
【여】
餘 남을 여 略余 约余
與 줄 여/참여할 여 略与 约与
輿 수레 여 约舆
【역】
譯 번역할 역 略訳 约译
驛 역 역 略駅 约驿
繹 풀어낼 역 约绎
閾 문지방 역 约阈

【연】
緣 인연/가선/연줄 연 约缘
煙,烟 연기 연 约烟
硏 갈 연 略研
鉛 납 연 俗鉛 略鈆 约铅
軟 연할 연 约软
硯 벼루 연 约砚
淵 못 연 俗渊 略渊 约渊
鳶 솔개 연 约鸢
姸 고울/예쁠 연 略姸
【열】
熱 뜨거울 열 约热
悅 기쁠 열 约悦
閱 검열할/훑어볼 열 约阅
【염】
鹽 소금 염 略塩 约盐
厭 싫을 염 约厌
閻 마을/이문 염 约阎
艶 고울 염 约艳
【엽】
葉 잎 엽 约叶
燁 빛날 엽 约烨
【영】
榮 영화/꽃필 영 略栄 约荣
營 경영할 영 略営 约营
詠 읊을 영 约咏
嬰 갓난 아이 영 约婴
塋 무덤 영 约茔
【예】
藝 재주/심을 예 略芸 约艺
豫 미리 예 略予
譽 명예/기릴 예 略誉 约誉
銳 날카로울 예 约锐
預 미리/맡길 예 约预
詣 이를 예 约诣
【오】
惡 악할 악/미워할 오 略悪 约恶
誤 그릇할 오 约误
烏 까마귀 오 约乌
嗚 슬플/탄식 소리 오 约呜
娛 즐길 오 约娱
污 더러울 오 约汙

吳 오나라/성 오 俗吳

【옥】
獄 옥 옥 簡狱
鈺 보배 옥 簡钰

【온】
溫 따뜻할 온 俗略温 簡温
穩 평온할 온 略穏 簡稳
蘊 쌓을 온 簡蕴

【옹】
擁 껴안을/가릴 옹 簡拥
甕 독 옹 簡瓮

【와】
臥 누울 와 簡卧
渦 소용돌이 와 簡涡
蝸 달팽이 와 簡蜗
訛 그릇될 와 簡讹

【완】
緩 느릴 완 簡缓
頑 완고할 완 簡顽

【요】
謠 노래 요 略謡 簡谣
樂 좋아할 요 즐거울 락, 풍류 악, 略俗楽 簡乐
搖 흔들릴 요 略摇 簡摇
遙 멀 요 略遥 簡遥
堯 요 임금 요 略尭 簡尧
僥 바랄/요행 요 簡侥
撓 휠/어지러울 요 簡挠
擾 시끄러울/어지러울 요 簡扰
窯 기와 가마 요 簡窑
饒 넉넉할 요 簡饶
瑤 아름다운 옥 요 簡瑶

【용】
傭 품팔 용 簡佣
鎔 녹일 용 簡熔
聳 솟을 용 簡耸
鏞 쇠북 용 簡镛

【우】
優 뛰어날/넉넉할 우 簡优
郵 우편/역참 우 簡邮
憂 근심할 우 簡忧
祐 복/도울 우 簡佑

【욱】
頊 삼갈 욱 簡顼

【운】
運 운전할 운 簡运
雲 구름 운 簡云
韻 운 운 簡韵
殞 죽을 운 簡殒
隕 떨어질 운 簡陨

【울】
鬱 막힐/답답할 울 略欝 簡郁

【원】
遠 멀 원 略遠 簡远
園 동산 원 簡园
願 원할 원 簡愿
員 인원/수효 원 略負 簡员
圓 둥글 원 簡圆

【위】
偉 위대할 위 簡伟
僞 거짓 위 略偽 簡伪
爲 할/위할 위 略為 簡为
衛 지킬 위 簡卫
圍 에워쌀 위 略囲 簡围
謂 이를 위 簡谓
緯 씨/엮을 위 簡纬
違 어길 위 簡违
韋 다룸가죽 위 簡韦

【유】
遊 놀 유 簡游
遺 남길 유 簡遗
猶 오히려 유 簡犹
維 밧줄/얽을 유 簡维
誘 꾈/달랠 유 簡诱
諭 깨우칠/꾈/타이를 유 簡谕
諛 아첨할 유 簡谀

【윤】
潤 윤택할/젖을 윤 簡润
閏 윤달 윤 簡闰

【융】
絨 융 융 簡绒

【은】
銀 은 은 簡银
隱 숨길/기댈 은 略隐 簡隐

【음】
飮 마실 음 간饮
陰 그늘 음 약陰 간阴
蔭 그늘 음 간荫
【응】
應 응할/대답할 응 약応 간应
鷹 매 응 간鹰
【의】
義 옳을 의 간义
醫 의원 의 약医 간医
議 의논할 의 간议
儀 거동 의 간仪
宜 마땅할 의 속약宐
擬 헤아릴 의 간拟
蟻 개미 의 간蚁
誼 옳을/의논할 의 간谊
【이】
異 다를 이 간异
貳 두 이 약弍 간贰
爾 너 이 간尔
餌 먹이/미끼 이 간饵
邇 가까울 이 간迩
【인】
認 알 인 간认
刃 칼날 인 속약刄
【일】
壹 한 일 약壱
鎰 무게 이름 일 간镒
【임】
賃 품팔이/품삯 임 간赁
【자】
資 재물 자 간资
玆 이/무성할 자 간兹
諮 물을 자 간谘
藉 깔 자 간借
【작】
綽 너그러울 작 간绰
鵲 까치 작 간鹊
【잔】
殘 남을/해칠 잔 약残 간残
棧 잔도/사다리 잔 약栈 간栈
盞 잔 잔 간盏

【잠】
暫 잠시 잠 간暂
潛 잠길/자맥질할 잠 간潜
蠶 누에 잠 약蚕 간蚕
【잡】
雜 섞일 잡 약雑 간杂
【장】
長 긴 장 간长
將 장수 장 약将 간将
場 마당 장 간场
壯 장할/씩씩할 장 속약壯 간壮
奬 장려할 장 약奨 간奖
帳 장막/휘장 장 간帐
張 베풀/뽐낼 장 간张
臟 오장 장 약臓 간脏
腸 창자 장 간肠
裝 꾸밀/행장 장 약装 간装
莊 장엄할 장 약荘 간庄
藏 감출 장 약蔵
墻 담 장 간墙
漿 미음/즙 장 간浆
薔 장미 장 간蔷
醬 젓갈 장 간酱
贓 장물 장 간赃
檣 돛대 장 간樯
蔣 성씨 장 약蒋 간蒋
【재】
財 재물 재 간财
災 재앙 재 약灾 간灾
載 실을 재 간载
哉 어조사 재 속㦲
齋 재계할/상복 재 간斋
【쟁】
爭 다툴 쟁 약争 간争
錚 쇳소리 쟁 간铮
【저】
貯 쌓을 저 간贮
著 나타날 저 간着
詛 저주할 저 간诅
【적】
敵 원수/대적할 적 간敌
賊 도둑 적 간贼

積 쌓을 적 [간]积
績 길쌈 적 [간]绩
適 마칠/갈 적 [간]适
跡 자취 적 [간]迹
謫 귀양갈 적 [간]谪

【전】
電 번개 전 [간]电
戰 싸움 전 [약]战 [간]战
傳 전할 전 [약]伝 [간]传
轉 구를 전 [약]転 [간]转
專 오로지 전 [간]专
錢 돈 전 [약]錢 [간]钱
氈 모전 전 [간]毡
澱 앙금 전 [간]淀
癲 미칠 전 [간]癫
箋 기록할 전 [간]笺
纏 얽을 전 [간]缠
輾 돌아누울 전 [간]辗
銓 저울질할/사람 고를 전 [간]铨
顚 넘어질 전 [간]颠
餞 전별할 전 [간]饯

【절】
節 마디 절 [간]节
絶 끊을 절 [간]绝
竊 훔칠 절 [속][약]窃 [간]窃

【점】
點 점 점 [약]点 [간]点
漸 점점 점 [간]渐
霑 젖을 점 [간]沾

【정】
定 정할 정 [속][약]芝
靜 고요할 정 [속][약]静 [간]静
淨 깨끗할 정 [속][약]浄 [간]净
貞 곧을 정 [간]贞
頂 정수리 정 [간]顶
訂 바로잡을/고칠 정 [간]订
偵 염탐할/정탐할 정 [간]侦
鄭 나라 이름 정 [간]郑
幀 그림 족자 정/탱 [간]帧
碇 닻 정 [간]锭
釘 못 정 [간]钉
楨 광나무 정 [간]桢
禎 상서로울 정 [간]祯

【제】
濟 건널 제 [약]済 [간]济
題 글제 제 [간]题
提 들/끌 제 [간]际
製 지을 제 [간]制
諸 모두 제 [간]诸
齊 가지런할/조화할 제 [약]斉 [간]齐
劑 약 지을 제 [약]剤 [간]剂
臍 배꼽 제 [간]脐

【조】
調 고를 조 [간]调
鳥 새 조 [간]鸟
條 가지 조 [약]条 [간]条
組 짤/끈 조 [간]组
棗 대추 조 [간]枣
弔 조상할 조 [속]吊 [간]吊
釣 낚시 조 [간]钓
詔 조서/고할 조 [간]诏
趙 조나라 조 [간]赵

【졸】
卒 군사 졸 [약]卆

【종】
終 마칠/끝날 종 [간]终
種 씨/종류 종 [간]种
從 좇을/시중들 종 [약]从 [약]従 [간]从
鍾 쇠북 종 [간]锺
鐘 쇠북 종 [간]钟
縱 늘어질/세로 종 [간]纵
綜 모을/잉아 종 [간]综
慫 권할 종 [간]怂
腫 부스럼/종기 종 [간]肿

【주】
晝 낮 주 [약]昼 [간]昼
週 돌 주 [간]周
鑄 쇠 부어 만들 주 [약]鋳 [간]铸
駐 머무를 주 [간]驻
疇 이랑 주 [약]畴 [간]畴
廚 부엌 주 [간]厨
紂 주 임금 주 [간]纣
註 주낼/글 뜻 풀 주 [간]注
誅 벨 주 [간]诛

躊 머뭇거릴 주 (약)踌 (간)踌
輳 모일 주 (간)辏

【준】
準 준할 준 (속)準 (간)准
駿 준마 준 (간)骏

【중】
衆 무리 중 (간)众

【즐】
櫛 빗 즐 (간)栉

【증】
增 더할 증 (약)増
證 증거 증 (속)(약)証 (간)证
蒸 찔 증 (약)蒸
贈 보낼/줄 증 (간)赠

【지】
紙 종이 지 (간)纸
誌 기록할 지 (간)志
遲 늦을/더딜 지 (속)(약)遅 (간)迟
摯 잡을 지 (간)挚
漬 담글 지 (간)渍

【직】
職 직분/벼슬 직 (간)职
織 짤 직 (간)织

【진】
進 나아갈 진 (간)进
珍 보배 진 (약)珎
盡 다할/진력할 진 (약)尽 (간)尽
陣 진칠/줄 진 (간)阵
鎭 진압할 진 (간)镇
陳 베풀/늘어놓을 진 (간)陈
塵 티끌 진 (간)尘
診 진찰할/볼 진 (간)诊
晉 진나라 진 (간)晋

【질】
質 바탕 질 (약)貭 (간)质
姪 조카 질 (간)侄

【집】
執 잡을 집 (간)执
輯 모을 집 (간)辑

【징】
徵 부를 징 (약)徴 (간)征

【차】
車 수레 차/거 (간)车

【착】
錯 어긋날/섞일 착 (간)错
鑿 뚫을 착 (간)凿

【찬】
讚 기릴 찬 (약)(속)讃 (간)赞
贊 도울 찬 (약)(속)賛 (간)赞
鑽 뚫을 찬 (약)(속)鑚 (간)钻
饌 반찬 찬 (간)馔
瓚 옥잔 찬 (약)(속)瓉 (간)瓒

【참】
參 참여할 참, 석 삼 (약)参 (간)参
慘 참혹할/슬플 참 (약)惨 (간)惨
慚 부끄러워할 참 (간)惭
懺 뉘우칠 참 (간)忏
斬 벨 참 (간)斩
僭 주제넘을 참 (약)僣
塹 구덩이 참 (간)堑
讒 참소할 참 (간)谗
讖 참서/예언 참 (간)谶

【창】
創 비롯할/상처입을 창 (간)创
倉 곳집 창 (간)仓
蒼 푸를 창 (간)苍
暢 펼 창 (간)畅
滄 바다 창 (간)沧
廠 공장/헛간 창 (간)厂
愴 슬플 창 (간)怆
槍 창 창 (간)枪
瘡 부스럼 창 (간)疮
脹 배부를 창 (간)胀
艙 부두/선창 창 (간)舱
漲 넘칠/불을 창 (간)涨

【채】
採 캘/딸 채 (간)采
債 빚 채 (간)债

【책】
責 꾸짖을 책 (간)责
册 책 책 (간)册
柵 울타리 책 (간)栅

【처】
處 곳 처 약处 간处
悽 슬퍼할 처 간凄
【척】
擲 던질 척 간掷
滌 씻을 척 간涤
【천】
賤 천할 천 약贱 간贱
淺 얕을 천 약浅 간浅
踐 밟을 천 약践 간践
薦 천거할 천 간荐
遷 옮길 천 약迁 간迁
闡 열/밝힐 천 간阐
釧 팔찌 천 간钏
【철】
鐵 쇠 철 속鉄 약鉄 간铁
徹 통할 철 간彻
綴 꿰맬/엮을 철 간缀
轍 바퀴자국 철 간辙
【첨】
僉 다 첨 간佥
籤 제비 첨 간签
諂 아첨할 첨 간谄
【첩】
諜 염탐할 첩 간谍
疊 겹쳐질/거듭 첩 간叠
貼 붙을 첩 간贴
【청】
聽 들을 청 약聴 간听
請 청할 청 간请
廳 관청 청 약庁 간厅
【체】
體 몸 체 약속体 간体
滯 막힐 체 간滞
締 맺을 체 간缔
遞 갈릴/번갈아 체 약속逓 간递
諦 살필 체 간谛
【초】
礎 주춧돌 초 간础
【촉】
觸 닿을 촉 약触 간触
燭 초 촉 간烛

囑 부탁할 촉 간嘱
【총】
銃 총 총 간铳
總 모두/거느릴 총 약総 간总
聰 귀 밝을 총 약聡 간聪
叢 모일/떨기 총 간丛
寵 괼/사랑할 총 간宠
【추】
醜 추할/더러울 추 간丑
趨 달릴/달아날 추 간趋
墜 떨어질 추 간坠
樞 지도리 추 간枢
貙 꼴 추 간刍
錘 저울추 추 간锤
錐 송곳 추 간锥
鰍 미꾸라지 추 간鳅
鄒 추나라 추 간邹
【축】
築 쌓을/지을 축 간筑
縮 오그라들/줄일 축 간缩
軸 굴대 축 간轴
【충】
蟲 벌레 충 약虫 간虫
衝 찌를 충 간冲
沖 화할 충 속冲 간冲
【췌】
贅 군더더기 췌 간赘
【취】
醉 취할 취 약酔
【측】
測 잴 측 간测
側 곁 측 간侧
惻 슬퍼할 측 간恻
【층】
層 층 층 약层 간层
【치】
致 이를 치 간致
齒 이 치 약歯 간齿
恥 부끄러워할 치 약耻 간耻
幟 기 치 간帜
熾 성할 치 간炽
癡 어리석을 치 약속痴 간痴

馳 달릴 치 㘋驰

【칙】
則 법 칙, 곧 즉 㘋则

【친】
親 친할 친 㘋亲

【칠】
漆 옷 칠 약속柒

【침】
寢 잠잘 침 㘋寝
針 바늘 침 㘋针
沈 가라앉을 침, 성 심 약沉

【칩】
蟄 숨을 칩 㘋蛰

【칭】
稱 일컬을/저울 칭 약称 㘋称

【타】
墮 떨어질 타 약堕 㘋堕
駝 낙타 타 㘋驼

【탁】
濁 흐릴 탁 㘋浊
託 부탁할 탁 㘋托
鐸 방울 탁 㘋铎

【탄】
彈 탄알/튀길 탄 약弹 㘋弹
歎 노래할/탄식할 탄 㘋叹
誕 태어날 탄 㘋诞
灘 여울 탄 㘋滩
憚 꺼릴 탄 㘋惮
綻 옷 터질 탄 㘋绽

【탈】
脫 벗을 탈 㘋脱
奪 빼앗을 탈 㘋夺

【탐】
貪 탐낼 탐 㘋贪

【탕】
湯 끓일 탕 㘋汤
蕩 쓸어 없앨/방탕할 탕 㘋荡

【태】
態 모양 태 㘋态
颱 태풍 태 㘋台
兌 바꿀 태 속兑 㘋兑

【택】
擇 가릴 택 약択 㘋择
澤 못 택 약沢 㘋泽

【탱】
撑 버틸 탱 속撑 㘋撑

【터】
攄 펼 터 㘋摅

【토】
討 칠 토 㘋讨

【통】
統 거느릴 통 㘋统
慟 서러워할 통 㘋恸

【퇴】
頹 무너질 퇴 㘋颓

【파】
罷 마칠/그만둘 파 㘋罢
頗 치우칠/자못 파 㘋颇
擺 열릴 파 㘋摆

【판】
販 팔 판 㘋贩
辦 힘쓸/힘들일 판 㘋办

【패】
敗 패할/깨뜨릴 패 㘋败
貝 조개 패 㘋贝
霸 으뜸 패 약속覇

【편】
編 엮을/땋을 편 㘋编
騙 속일/말탈 편 㘋骗

【폄】
貶 떨어뜨릴/낮출 폄 㘋贬

【평】
評 평론할 평 㘋评

【폐】
閉 닫을 폐 㘋闭
幣 비단/화폐 폐 㘋币
廢 버릴/폐할 폐 약廃 㘋废
斃 죽을/넘어질 폐 㘋毙

【포】
飽 배부를/물릴 포 㘋饱
鋪 가게 포 약속舗 㘋铺
鮑 절인 물고기 포 㘋鲍

【표】
標 표할/우듬지 표 간标
飄 회오리바람 표 간飘
【품】
稟 여쭐 품/곳집 름 간禀
【풍】
風 바람 풍 간风
豊/豐 풍년 풍 간丰
楓 단풍 풍 간枫
諷 욀/풍자할 풍 간讽
馮 성씨 풍 간冯
【필】
筆 붓 필 간笔
畢 마칠 필 간毕
【하】
賀 하례 하 간贺
蝦 새우 하 간虾
【학】
學 배울 학 약学 간学
鶴 학 학 간鹤
瘧 학질 학 간疟
謔 희롱할 학 간谑
【한】
韓 나라 이름 한 간韩
漢 한나라 한 간汉
閑/閒 한가할 한 간闲
【함】
艦 싸움배 함 간舰
檻 난간 함 간槛
緘 봉할 함 간缄
銜 재갈 함 간衔
鹹 짤 함 약醎 간咸
【합】
陝 땅 이름 합 간陕
【항】
項 목/항목 항 간项
【해】
解 풀 해 약觧
該 해당할/그 해 간该
諧 화할/농지거리할 해 간谐
駭 놀랄 해 간骇
【행】
倖 요행 행 간幸

【향】
鄕 시골 향 약郷 간乡
響 울림 향 간响
嚮 향할 향 간向
饗 잔치할/흠향할 향 간飨
【허】
許 허락할 허 간许
虛 빌 허 약虚 간虚
【헌】
憲 법 헌 간宪
獻 바칠 헌 약献 간献
軒 추녀/집 헌 간轩
【험】
驗 시험할 험 약験 간验
險 험할 험 약険 간险
【현】
現 나타날 현 간现
賢 어질 현 약賢 간贤
顯 나타날 현 약顕 간显
懸 매달 현 간悬
絃 악기/줄 현 간弦
縣 고을 현 약県 간县
絢 무늬 현 간絇
峴 고개 현 간岘
鉉 솥귀 현 간铉
【혈】
頁 머리 혈 간页
【협】
協 화합할/맞을 협 간协
脅 위협할 협, 으쓱거릴 흡 간胁
峽 골짜기 협 약峡 간峡
俠 의기로울 협 약侠 간侠
挾 낄 협 약挟 간挟
狹 좁을 협 약狭 간狭
頰 뺨 협 간颊
鋏 집게 협 간铗
陜 좁을 협/땅 이름 합 약陕
【형】
螢 반디불 형 약蛍 간萤
瀅 물 맑을 형 간滢
【혜】
惠 은혜 혜 약恵

【호】
戶 집/지게 호 약户
號 이름/부를 호 약号 간号
護 보호할/지킬 호 간护
壺 병 호 간壶
鎬 호경 호 간镐
【혼】
渾 흐릴 혼 간浑
【홍】
紅 붉을 홍 간红
鴻 큰기러기 홍 간鸿
訌 무너질 홍 간讧
【화】
話 말씀 화 간话
禍 재앙 화 간祸
畫 그림 화 속畵 약画 간画
華 꽃/빛날 화 간华
貨 재물 화 간货
樺 자작나무 화 간桦
【확】
確 굳을 확 간确
擴 넓힐 확 약拡 간扩
穫 거둘/벼 벨 확 간获
【환】
歡 기뻐할 환 속歡 약欢 간欢
環 고리 환 간环
換 바꿀 환 간换
還 돌아올 환 간还
鰥 환어/홀아버지 환 간鳏
喚 부를 환 간唤
煥 빛날 환 간焕
【활】
闊 넓을 활 간阔
【황】
黃 누를 황 속黄 간黄
況 상황 황 속况 간况
【회】
會 모일 회 약会 간会
懷 품을 회 약懷 간怀
廻 돌 회 간回

繪 그림 회 간绘
膾 회 회 간脍
誨 가르칠 회 간诲
賄 뇌물 회 간贿
獪 교활할 회 간狯
【획】
劃 그을 획 간划
獲 얻을 획 간获
【횡】
橫 가로/방자할 획 간横
【효】
效 본받을 효 속効
曉 새벽 효 속晓 약晓 간晓
梟 올빼미 효 간枭
【후】
後 뒤 후 간后
【훈】
訓 가르칠 훈 간训
暈 무리 훈 간晕
壎 질나팔 훈 간埙
【휘】
揮 휘두를 휘 간挥
輝 빛날 휘 간辉
諱 꺼릴/숨길 휘 간讳
【휴】
虧 이지러질 휴 간亏
【흉】
兇 흉할 흉 간凶
洶 물결 세찰 흉 간汹
【흑】
黑 검을 흑 약黒
【흠】
欽 공경할 흠 간钦
【흥】
興 일/흥할 흥 약兴 간兴
【희】
戱 놀/희롱할 희 속戱 간戏
犧 희생 희 간牺
【힐】
詰 물을/꾸짖을 힐 간诘

중학교용 한자

【가】 家집 가, 可옳을 가, 歌 노래 가, 加더할 가, 街 거리 가, 佳 아름다울 가, 假 거짓 가, 價 값 가, 各 각 각, 角 뿔 각, 脚 다리 각, 間 틈 간/사이 간, 干 방패 간, 看 볼 간, 渴 목마를 갈, 感 느낄 감, 減 덜 감, 甘 달 감, 敢 감히 감/구태여 감, 甲 첫째 천간 갑, 江 강 강, 强 굳셀 강/힘쓸 강, 降 내릴 강/항복할 항, 講 강론할 강/익힐 강, 改 고칠 개, 個 낱 개, 皆 모두 개, 開 열 개, 客 손 객, 更 다시 갱/고칠 경, 去 갈 거/덜 거, 擧 들 거, 車 수레 거/차, 巨 클 거, 居 살 거/있을 거, 乾 하늘 건/마를 건, 建 세울 건, 見 볼 견, 堅 굳을 견, 犬 개 견, 決 결단할 결/터질 결, 潔 깨끗할 결, 結 맺을 결/이을 계, 京 서울 경, 敬 공경할 경, 慶 경사 경, 輕 가벼울 경/조급히 굴 경, 驚 놀랄 경, 景 볕 경, 經 날 경/글 경/지날 경, 耕 밭갈 경, 庚 별 경/일곱째 천간 경, 競 겨룰 경/다툴 경, 季 계절계/끝 계, 溪 시내 계, 界 지경 계, 計 꾀 계/셈할 계, 癸 북방 계/열째 천간 계, 鷄 닭 계, 高 높을 고, 告 알릴 고, 固 굳을 고, 古 예 고, 故 예 고/연고 고, 考 생각할 고, 苦 쓸 고, 曲 굽을 곡, 谷 골 곡, 穀 곡식 곡, 困 곤할 곤, 坤 땅 곤/괘 이름 곤, 骨 뼈 골, 工 장인 공, 公 공평할 공/공변될 공, 共 한가지 공/함께 공, 功 공 공, 空 빌 공, 過 지날 과, 果 실과 과/열매 과, 科 과목 과/과정 과, 課 과정 과/매길 과, 郭 성곽 곽, 官 벼슬 관, 觀 볼 관, 關 관계할 관/빗장 관, 光 빛 광, 廣 넓을 광, 交 사귈 교, 校 학교 교, 敎 가르칠 교, 橋 다리 교, 口 입 구, 救 건질 구/구원할 구, 求 구할 구, 究 연구할 구, 久 오랠 구, 九 아홉 구, 句 글귀 구, 舊 예 구, 國 나라 국, 君 임금 군, 軍 군사 군, 郡 고을 군, 弓 활 궁, 穹 하늘 궁, 權 권세 권/저울 추 권, 勸 권할 권, 卷 책 권, 歸 돌아갈 귀, 貴 귀할 귀, 均 고를 균, 極 다할 극/극진할 극/잦을 극, 根 뿌리 근, 近 가까울 근, 勤 부지런할 근, 金 쇠 금/성 김, 今 이제 금, 禁 금할 금, 急 급할 급, 及 미칠 급, 給 넉넉할 급/줄 급, 其 그 기, 旣 이미 기, 基 터 기, 期 기약할 기/만날 기, 己 몸 기/자기 기, 氣 기운 기, 記 기록할 기, 起 일어날 기, 技 재주 기, 幾 이미 기/몇 기, 吉 길할 길

【나】 那 어찌 나/무엇 나, 難 어려울 난/근심 난, 暖 따뜻할 난, 男 사내 남, 南 남녘 남, 內 안 내, 乃 이에 내, 女 여자 녀, 年 해 년, 念 생각할 념, 勞 일할 노/위로할 노, 怒 성낼 노, 農 농사 농, 能 능할 능

【다】 多 많을 다, 丹 붉을 단, 單 홑 단/오랑캐 이름 선, 端 끝 단/바를 단, 短 짧을 단, 但 다만 단, 達 통할 달, 談 말씀 담, 答 대답할 답, 堂 집 당, 當 마땅 당/당할 당, 大 큰 대, 代 대신할 대, 對 대할 대/대답할 대, 待 기다릴 대, 宅 집 택/댁 댁, 德 덕 덕/큰 덕, 島 섬 도, 度 법도 도/헤아릴 탁, 道 길 도, 都 도읍 도, 圖 그림 도, 徒 무리 도, 刀 칼 도, 到 이를 도, 獨 홀로 독, 讀 읽을 독, 東 동녘 동, 動 움직일 동, 同 한가지 동, 冬 겨울 동, 童 아이 동, 凍 얼 동, 頭 머리 두, 豆 콩 두, 斗 말 두, 得 얻을 득, 燈 등 등, 登 오를 등, 等 등급 등/무리 등

【라】 落 떨어질 락, 樂 즐거울 락/풍류 악, 卵 알 란, 郞 사나이 랑, 浪 물결 랑, 來 올 래, 冷 찰 랭, 良 어질 량/무덤 량, 量 헤아릴 량/수량 량, 兩 두 량/양 량, 涼 서늘할 량/도울 량, 旅 군사 려/나그네 려, 力 힘 력, 歷 지날 력, 練 익힐 련, 連 이을 련, 列 벌릴 렬, 烈 매울 렬/세찰 렬, 熱 더울 렬, 令 영 령/하여금 령, 領 옷깃 령/거느릴 령, 例 본보기 례/법식 례, 老 늙을 로, 路 길 로, 露 이슬 로, 綠 초록 빛 록, 論 의론할 론/말할 론, 料 되질할 료/헤아릴 료, 流 흐를 류, 留 머무를 류, 柳 버들 류, 六 여섯 륙, 陸 뭍 륙, 倫 인륜 륜, 律 법 률, 利 이로울 리/날카로울 리, 理 다스릴 리, 里 마을 리, 林 수풀 림, 立 설 립

【마】 馬 말 마, 莫 없을 막, 萬 일만 만, 滿 찰 만, 晩 늦을 만, 末 끝 말, 亡 망할 망/잃을 망, 望 바랄 망, 忙 바쁠 망, 忘 잊을 망, 妹 누이 매, 每 매양 매, 買 살 매, 賣 팔 매, 麥 보리 맥, 免 면할 면, 勉 힘쓸 면, 面 낯 면, 眠 잠잘 면, 名 이름 명, 命 목숨 명, 明 밝을 명, 鳴 울 명, 母 어미 모, 暮 저물 모, 毛 털 모, 木 나무 목, 目 눈 목, 妙 묘할 묘, 卯 토끼 묘/넷째지지 묘, 務 힘쓸 무/일 무, 無 없을 무, 武 군셀 무, 舞 춤출 무, 戊 다섯째 천간 무, 墨 먹 묵, 文 글월 문, 門 문 문, 問 물을 문, 聞 들을 문, 物 물건 물, 勿 말 물, 味 맛 미, 未 아닐 미, 米 쌀 미, 美 아름다울 미, 尾 꼬리 미, 民 백성 민, 密 빽빽할 밀

【바】 半 반 반, 反 돌이킬 반/반대로 반, 飯 밥 반, 發 필 발/쏠 발, 房 방 방, 放 놓을 방, 方 모 방, 訪 찾을 방, 防 둑 방/막을 방/방비할 방, 邦 나라 방, 拜 절 배, 杯 잔 배, 白 흰 백, 百 일백 백, 番 차례 번/갈마들 번, 伐 칠 벌, 凡 무릇 범, 法 법 법, 變 변할 변, 便 오줌 변/편할 편, 別 다를 별/나눌 별, 兵 병사 병/군사 병, 病 병 병, 丙 남녘 병, 步 걸을 보, 保 보전할 보/지킬 보, 報 갚을 보/알릴 보, 福 복 복, 服 옷 복/길 복, 伏 엎드릴 복/길 복, 復 돌아올 복/다시 부, 本 밑 본/근본 본, 奉 받들 봉, 逢 만날 봉, 否 아닐 부, 北 북녘 북/달아날 배, 不 아닐 불/아닐 부, 父 아비 부, 夫 사내 부/지아비 부, 婦 부인 부/며느리 부, 富 부자 부, 部 거느릴 부/떼 부, 浮 뜰 부, 扶 도울 부/붙들 부, 分 나눌 분, 佛 부처 불, 朋 벗 붕, 悲 슬플 비, 備 갖출 비, 比 견줄 비, 非 아닐 비/비방할 비, 飛 날 비, 貧 가난할 빈, 氷 얼음 빙

【사】 四 넉 사, 事 일 사, 思 생각 사, 士 선비 사, 仕 섬길 사/벼슬할 사, 史 역사 사, 使 부릴 사/하여금 사/사신 사, 師 스승 사, 私 사사 사, 死 죽을 사, 寺 절 사/내시 시, 射 궁술 사/쏠 사, 絲 실 사, 舍 집 사, 謝 사례할 사, 邪 간사할 사, 巳 뱀 사/여섯째지지 사, 斜 기울 사/비낄 사, 山 메 산, 産 낳을 산/기를 산, 散

흙을 산, 算 셈 산/산가지 산, 殺 죽일 살/덜 쇄, 三 석 삼, 上 위 상/오를 상, 商 장사 상/헤아릴 상, 喪 죽을 상/잃을 상, 常 항상 상, 相 서로 상, 想 생각 상, 尙 오히려 상, 賞 상줄 상, 霜 서리 상, 色 빛 색, 生 날 생, 西 서녘 서, 序 차례 서, 暑 더울 서, 書 쓸 서/글 서, 夕 저녁 석, 席 자리 석, 惜 아낄 석, 昔 옛날 석, 石 돌 석, 善 착할 선, 先 먼저 선, 仙 신선 선, 選 가릴 선/뽑을 선, 鮮 고울 선, 線 줄 선, 雪 눈 설, 設 베풀 설, 說 말씀 설/기쁠 열/달랠 세, 性 성품 성, 姓 성 성, 城 성 성, 成 이룰 성, 星 별 성, 盛 성할 성, 聖 성인 성, 聲 소리 성, 省 살필 성/덜 생, 誠 정성 성, 世 인간 세/대 세, 細 가늘 세, 洗 씻을 세, 歲 해 세, 稅 세금 세/구실 세, 勢 형세 세/기세 세, 小 작을 소, 少 적을 소/젊을 소, 素 흴 소, 笑 웃을 소, 所 곳 소, 消 사라질 소, 俗 풍속 속, 速 빠를 속, 續 이을 속, 孫 손자 손, 松 소나무 송, 送 보낼 송, 水 물 수, 修 닦을 수, 愁 근심 수, 受 받을 수, 壽 목숨 수, 數 셀 수/자주 삭, 手 손 수, 樹 나무 수/심을 수, 授 줄 수, 收 거둘 수, 守 지킬 수, 秀 빼어날 수, 誰 누구 수, 雖 비록 수, 首 머리 수, 須 모름지기 수, 叔 아재비 숙, 淑 맑을 숙, 宿 잠잘 숙/묵을 숙/성수 수, 純 순수할 순/생사 순, 順 순할 순, 戌 개 술, 崇 높을 숭, 習 익힐 습, 拾 주울 습/열 십, 勝 이길 승, 承 이을 승, 乘 탈 승, 始 비로소 시, 市 저자 시, 施 베풀 시/은혜 시, 是 옳을 시/이 시, 時 때 시, 詩 시 시, 試 시험할 시, 視 볼 시, 示 보일 시, 食 먹을 식/밥 사, 植 심을 식, 式 법 식, 識 알 식/적을지, 信 믿을 신, 申 알릴 신/아홉째 지지 신/펼 신, 神 귀신 신, 新 새 신, 臣 신하 신, 身 몸 신, 辛 매울 신, 失 잃을 실/달아날 일, 室 방 실/집 실, 實 열매 실, 心 마음 심, 甚 심할 심, 深 깊을 심/너비 심, 十 열 십, 氏 성 씨

【아】 我 나 아, 兒 아이 아, 惡 악할 악/미워할 오, 樂 즐거울 락/풍류 악, 安 편안할 안, 案 책상 안, 眼 눈 안, 顔 얼굴 안, 暗 어두울 암, 巖 바위 암, 仰 우러를 앙/믿을 앙/높을 앙, 哀 슬플 애, 愛 사랑 애, 夜 밤 야, 野 들 야, 冶 불릴 야, 也 어조사 야/또 야, 弱 약할 약, 約 언약 약/맺을 약/묶을 약, 藥 약 약, 若 같을 약/건초 야, 揚 오를 양, 洋 큰 바다 양, 羊 양 양, 讓 사양할 양, 養 기를 양, 陽 볕 양, 語 말씀 어, 魚 물고기 어, 漁 고기 잡을 어, 於 어조사 어, 億 억 억, 言 말씀 언, 嚴 엄할 엄, 如 같을 여, 汝 너 여, 余 나 여, 與 줄 여/참여할 여, 餘 남을 여, 逆 거스를 역, 易 바꿀 역/쉬울 이, 亦 또 역, 然 그러할 연, 煙 烟 연기 연, 硏 갈 연, 硯 벼루 연, 悅 기쁠 열, 炎 불탈 염/불꽃 염, 葉 잎 엽, 永 길 영, 榮 영화 영, 英 꽃부리 영, 迎 맞이할 영, 禮 예도 예, 藝 재주 예/심을 예, 五 다섯 오, 悟 깨달을 오, 吾 나 오, 午 낮 오/일곱째 지지 오, 誤 그릇할 오, 烏 까마귀 오, 屋 집 옥, 玉 구슬 옥, 溫 따뜻할 온, 臥 누울 와, 瓦 기와 와, 完 완전할 완, 曰 가로 왈/말할 왈, 王 임금 왕, 往 갈 왕, 外 바깥 외, 要 구할 요/요긴할 요, 欲 하고자 할 욕, 浴 목욕할 욕, 勇 날랠 용/날쌜 용, 容 얼굴 용, 用 쓸 용, 憂 근심할 우, 雨 비 우, 牛 소 우, 又 또 우, 友 벗 우, 右 오른쪽 우, 宇 집 우, 尤 더욱 우, 于 어조사 우, 遇 만날 우/맞을 우, 運 운전할 운, 云 이를 운, 雲 구름 운, 雄 수컷 웅, 元 으뜸 원, 原 근원 원/언덕 원, 圓 둥글 원, 園 동산 원, 怨 원망할 원, 遠 멀 원, 願 원할 원, 月 달 월, 位 자리 위, 危 위태할 위, 爲 할 위/위할 위, 威 위엄 위, 偉 위대할 위, 有 있을 유, 柔 부드러울 유, 油 기름 유, 儒 선비 유, 由 말미암을 유, 猶 오히려 유, 唯 오직 유, 幼 어릴 유, 遊 놀 유, 酉 닭 유, 遺 남길 유/끼칠 유, 肉 고기 육, 育 기를 육, 恩 은혜 은, 銀 은 은, 乙 새 을, 陰 그늘 음/응달 음/가릴 음, 音 소리 음, 飮 마실 음, 吟 읊을 음, 泣 울 읍, 邑 고을 읍, 應 응할 응/당할 응/대답할 응, 意 뜻 의, 義 옳을 의, 醫 의원 의, 儀 거동 의, 依 의지할 의, 衣 옷 의, 議 의논할 의, 矣 어조사 의, 二 두 이, 貳 갖은 두 이, 以 써 이, 已 이미 이, 異 다를 이, 移 옮길 이, 而 말 이을 이, 耳 귀 이, 益 더할 익, 人 사람 인, 仁 어질 인, 寅 셋째지지 인, 印 도장 인, 因 인할 인, 引 끌 인, 忍 참을 인, 認 알 인, 日 날 일, 一 한 일, 壹 갖은 하나 일, 壬 아홉 번째 천간 임/북방 임, 入 들 입

【자】 者 놈 자/사람 자, 自 스스로 자, 姉 손 윗 누이 자, 子 아들 자, 字 글자 자, 慈 사랑 자, 作 지을 작, 昨 어제 작, 場 마당 장, 壯 장할 장/씩씩할 장, 將 장차 장/장수 장, 章 글월 장, 長 길 장/어른 장, 才 재주 재, 財 재물 재, 哉 어조사 재, 在 있을 재, 再 두 재, 材 재목 재, 栽 심을 재, 爭 다툴 쟁, 低 낮을 저, 著 드러날 저/나타날 저, 貯 쌓을 저, 的 과녁 적, 敵 원수 적/대적할 적, 赤 붉을 적, 適 마칠 적/갈 적, 前 앞 전, 典 법 전, 傳 전할 전/전기 전, 全 온전할 전, 電 번개 전, 田 밭 전, 展 펼 전, 戰 싸움 전, 錢 돈 전, 節 마디 절, 絶 끊을 절, 店 가게 점, 接 사귈 접, 政 정사 정, 定 정할 정, 正 바를 정/정월 정, 停 머무를 정 井 우물 정, 情 뜻 정, 庭 뜰 정, 精 정할 정/쓿은 쌀 정/군셀 정, 丁 장정 정/넷째 천간 정, 淨 깨끗할 정, 頂 정수리 정, 貞 곧을 정, 帝 임금 제, 弟 아우 제, 祭 제사 제, 第 차례 제, 製 지을 제, 題 글제 제, 諸 모든 제, 除 덜 제/섬돌 제, 助 도울 조, 朝 아침 조, 祖 조상 조, 調 고를 조, 造 만들 조/지을 조, 兆 억조 조/조짐 조, 早 새벽 조/일찍 조, 鳥 새 조, 足 발 족, 族 겨레 족, 存 있을 존, 尊 높을 존, 卒 군사 졸, 宗 마루 종, 鐘 종 종, 終 마칠 종/끝날 종, 種 씨 종/종류 종, 從 좇을 종/시중들 종, 左 왼 좌, 坐 앉을 좌, 罪 허물 죄, 主 주인 주, 住 살 주, 走 달릴 주, 宙 집 주/하늘 주, 朱 붉을 주, 酒 술 주, 注 물댈 주/부을 주, 竹 대 죽, 中 가운데 중, 衆 무리 중, 重 무거울 중/거듭할 중, 卽 곧 즉, 則 곧 즉/법 칙, 增 더할 증/붙을 증, 曾 일찍 증, 證 증거 증, 地 땅 지, 只 다만 지/단지 지, 紙 종이 지, 志 뜻 지, 持 가질지, 知 알지, 指 가리킬지/손가락 지, 之 갈 지, 止 그칠지/발지, 枝 가지 지, 至 이를지, 支 지탱할지/가를지, 直 곧을 직, 眞 참 진, 盡

다할 진/진력할 진, 辰 별 진/지지 진, 進 나아갈 진, 質 바탕 질, 執 잡을 집, 集 모일 집

【차】 次 버금 차, 此 이 차, 且 또 차, 借 빌 차, 着 붙을 착, 察 살필 찰, 參 참여할 참/석 삼, 窓 창 창, 昌 창성할 창, 唱 부를 창/노래 창, 菜 나물 채, 採 캘 채, 册 책 책, 責 꾸짖을 책, 妻 아내 처, 處 살 처/곳 처, 尺 자 척, 天 하늘 천, 千 일천 천, 川 내 천, 泉 샘 천, 淺 얕을 천, 鐵 쇠 철, 靑 푸를 청, 淸 맑을 청, 聽 자세히 들을 청, 請 청할 청, 晴 갤 청, 體 몸 체, 替 바꿀 체, 初 처음 초, 草 풀 초, 招 부를 초,寸 마디 촌, 村 마을 촌, 最 가장 최, 秋 가을 추, 追 쫓을 추, 推 밀 추/옳을 추/밀 퇴, 丑 소 축, 祝 빌 축, 春 봄 춘, 出 날 출, 充 찰 충/가득할 충, 沖 화할 충, 忠 충성 충, 蟲 벌레 충, 就 나아갈 취/이룰 취, 取 취할 취/가질 취, 吹 불 취, 致 이룰 치, 齒 이 치, 治 다스릴 치, 則 곧 즉/법 칙, 親 친할 친, 七 일곱 칠, 針 바늘 침

【카】 快 쾌할 쾌

【타】 他 다를 타, 打 칠 타, 脫 벗을 탈, 探 찾을 탐/더듬을 탐, 太 클 태, 泰 클 태, 投 던질 투, 土 흙 토, 統 거느릴 통, 通 통할 통, 洞 골 동/밝을 통, 退 물러날 퇴/바랠 퇴, 特 특별할 특/수컷 특

【파】 波 물결 파, 破 깨뜨릴 파, 八 여덟 팔, 判 판단할 판/판가름할 판, 敗 깨뜨릴 패/패할 패, 貝 조개 패, 便 편할 편/오줌 변, 篇 책 편, 片 조각 편, 平 평평할 평, 閉 닫을 폐, 布 베 포, 抱 안을 포, 暴 사나울 폭/모질 포, 表 겉 표, 品 성품 품/물건 품, 風 바람 풍, 豊 풍년 풍, 楓 단풍나무 풍, 彼 저 피, 皮 가죽 피, 必 반드시 필, 筆 붓 필, 匹 짝 필

【하】 下 아래 하/버릴 하, 河 강 이름 하, 何 어찌 하, 夏 여름 하/중국 하, 賀 하례 하, 學 배울 학, 寒 찰 한, 閒 한가할 한, 閑 한가할 한/막을 한, 限 한계 한/막을 한, 韓 나라 이름 한/한국 한, 漢 한나라 한/한수 한, 恨 원망할 한, 合 합할 합/홉 홉, 降 항복할 항/내릴 강, 혜 혜, 呼 부를 호, 乎 어조사 호, 好 좋을 호, 湖 호수 호, 戶 지게 호, 虎 범 호, 號 이름 호/부르짖을 호, 或 혹 혹, 婚 혼인할 혼, 混 섞을 혼, 紅 붉을 홍, 和 화합할 화, 火 불 화, 化 화할 화, 話 말씀 화, 貨 재물 화, 畵 그림 화/그을 획, 花 꽃 화, 華 꽃 화/빛날 화, 患 근심 환, 歡 기뻐할 환, 活 살 활, 黃 누를 황, 皇 임금 황, 回 돌 회, 會 모일 회, 孝 효도 효, 效 본받을 효, 後 뒤 후, 厚 두터울 후, 朽 썩을 후, 訓 가르칠 훈, 休 쉴 휴, 凶 흉할 흉, 胸 가슴 흉, 黑 검을 흑, 興 일 흥/흥성할 흥, 喜 기쁠 희, 希 바랄 희

고등학교용 한자

【가】 暇 겨를 가, 架 시렁 가, 刻 새길 각, 却 물리칠 각, 覺 깨달을 각, 閣 집 각, 刊 책 펴낼 간, 姦 간사할 간, 幹 줄기 간, 懇 간절할 간/살뜰할 간, 肝 간 간, 簡 대쪽 간/간략할 간, 監 볼 감/살필 감/헤아릴 감, 鑑 거울 감, 剛 굳셀 강, 康 편안할 강, 綱 벼리 강, 鋼 강철 강, 介 끼일 개, 慨 분개할 개/슬퍼할 개, 概 대개 개/평미레 개, 拒 막을 거, 據 의거할 거/근거 거, 距 거리 거/떨어질 거, 件 물건 건/사건 건, 健 굳셀 건/튼튼할 건, 傑 호걸 걸/뛰어날 걸, 儉 검소할 검, 劍 칼 검, 檢 검사할 검/봉할 검, 憩 쉴 게, 擊 칠 격, 格 바로잡을 격/격식 격, 激 격할 격/물결 부딪쳐 흐를 격, 絹 명주 견/비단 견, 肩 어깨 견, 遣 보낼 견, 缺 이지러질 결, 兼 겸할 겸, 謙 겸손할 겸, 傾 기울 경, 卿 벼슬 경, 境 지경 경, 徑 지름길 경/건널 경, 硬 굳을 경/단단할 경/가로막을 경, 竟 마침내 경, 警 경계할 경, 鏡 거울 경, 頃 밭 넓이 단위 경/기울 경/잠깐 경, 係 맺을 계/걸릴 계, 啓 열 계, 契 맺을 계/계약 계/종족 이름 글, 戒 경계할 계, 桂 계수나무 계, 械 기계 계, 系 계통 계/이을 계, 繼 이을 계, 階 섬돌 계, 姑 시어미 고, 庫 곳집 고, 鼓 두드릴 고/북 고, 枯 마를 고, 稿 원고 고/볏짚 고, 哭 울 곡, 孤 외로울 고, 顧 돌아볼 고, 鼓 북 고/북칠 고, 共 한가지 공/함께 공, 供 이바지할 공, 孔 구멍 공, 恐 두려울 공, 恭 공손할 공, 攻 칠 공/공격할 공, 貢 바칠 공, 寡 적을 과, 戈 창 과, 瓜 오이 과, 誇 자랑할 과/과장할 과, 冠 갓 관, 寬 너그러울 관, 慣 버릇 관/익숙할 관, 管 대롱 관, 貫 꿸 관, 館 객사 관/집 관, 鑛 쇳돌 광, 掛 걸 괘, 塊 흙덩이 괴, 壞 무너질 괴, 怪 기이할 괴, 愧 부끄러워할 괴, 巧 공교할 교, 矯 바로잡을 교, 較 견줄 교/비교할 교, 郊 성 밖 교, 丘 언덕 구, 俱 함께 구, 具 갖출 구, 區 구역 구/구분할 구/지경 구, 懼 두려워할 구, 拘 거리낄 구/잡을 구, 構 얽을 구, 狗 개 구, 球 공 구, 苟 진실로 구/구차할 구/풀 이름 구, 驅 몰 구, 鷗 갈매기 구, 局 판 국, 菊 국화 국, 群 무리 군, 屈 굽을 굴/굽힐 굴, 宮 집 궁, 窮 궁할 궁/다할 궁, 券 문서 권, 拳 주먹 권, 厥 그 궐, 鬼 귀신 귀, 龜 거북 귀/나라 이름 구/틀 균, 叫 부르짖을 규, 規 법 규, 閨 안방 규, 菌 버섯 균, 克 이길 극, 劇 심할 극, 僅 겨우 근, 謹 삼갈 근, 斤 도끼 근, 琴 거문고 금, 禽 새 금/날짐승 금, 錦 비단 금, 級 등급 급, 肯 옳이 여길 긍, 企 바랄 기/꾀할 기, 器 그릇 기, 奇 기이할 기, 寄 부칠 기, 忌 꺼릴 기, 旗 깃발 기, 棄 버릴 기, 機 틀 기, 欺 속일 기, 畿 경기 기, 祈 빌 기, 紀 벼리 기, 豈 어찌 기, 飢 주릴 기, 騎 말 탈 기/기병 기, 緊 요긴할 긴/굳게 얽을 긴

【나】 那 어찌 나, 諾 허락할 낙/대답할 낙, 納 바칠 납, 朗 밝을 낭, 娘 여자 낭/아가씨 낭, 奈 어찌 내/나락 나, 耐 견딜 내, 寧 편안할 녕, 努 힘쓸 노, 奴 종 노, 濃 짙을 농, 惱 괴로워할 뇌/번뇌할 뇌, 腦 뇌 뇌, 泥 진흙 니

【다】 茶 차 다, 團 둥글 단, 壇 단상 단/단 단, 斷 끊을 단/결단할 단, 旦 아침 단, 檀 박달나무 단, 段 층계 단/구분 단, 擔 멜 담/짐 담, 淡 묽을 담/맑을 담, 潭 못 담, 畓 논 답, 踏 밟을 답, 唐 당나라 당, 黨 무리 당, 糖 엿 당/사탕 탕, 帶 띠 대, 臺 집 대/돈대 대, 貸 빌릴 대, 隊 대 대/떼 대, 倒 넘어질 도/거꾸로 도, 導 인도할 도/이끌 도, 挑 돋을 도, 桃 복숭아 도, 渡 건널 도, 盜 훔칠 도/도적 도, 稻 벼 도, 跳 뛸 도/달아날 도, 逃 달아날 도, 途 길 도, 陶 질그릇 도, 督 살펴볼 독/감독할 독, 毒 독 독, 篤 도타울 독, 敦 도타울 돈, 豚 돼지 돈, 突 갑자기 돌, 凍 얼 동, 桐 오동나무 동, 銅 구리 동, 鈍 둔할 둔/무딜 둔

【라】 羅 새 그물 라/벌일 라, 洛 낙수 락, 絡 맥락 락/이을 락, 亂 어지러울 란, 欄 난간 란, 爛 찬란할 란/문드러질 란, 蘭 난초 란, 濫 퍼질 람, 藍 쪽풀 람, 覽 볼 람, 廊 복도 랑/행랑 랑, 掠 노략질할 략/빼앗을 략, 略 간략할 략/다스릴 략, 梁 들보 량, 糧 양식 량, 諒 헤아릴 량/믿을 량/어질 량, 勵 힘쓸 려, 慮 생각할 려, 麗 고울 려, 曆 책력 력, 憐 불쌍히 여길 련, 戀 사모할 련, 聯 잇달 련, 蓮 연꽃 련, 鍊 단련할 련/불릴 련, 劣 용렬할 렬/못할 렬, 裂 찢을 렬, 廉 청렴할 렴, 嶺 고개 령/재 령, 零 조용히 오는 비 령/떨어질 령, 靈 신령 령, 爐 화로 로, 祿 복 록, 錄 기록할 록, 鹿 사슴 록, 弄 희롱할 롱, 賴 힘 입을 뢰/의뢰할 뢰, 雷 우레 뢰, 了 마칠 료, 龍 용 룡, 屢 여러 루, 樓 다락 루, 累 포갤 루/묶을 루/여러 루, 淚 눈물 루, 漏 샐 루, 類 무리 류, 輪 바퀴 륜, 栗 밤나무 률, 率 비율 률/거느릴 솔, 隆 클 륭/높을 륭, 陵 큰 언덕 릉, 吏 벼슬아치 리, 履 밟을 리/신 리, 李 오얏나무 리, 梨 배나무 리, 裏 속 리, 離 떠 놓을 리/떠날 리, 隣 이웃 린, 森 수풀 림, 臨 임할 림

【마】 磨 갈 마, 麻 삼 마, 幕 장막 막/막 막, 漠 사막 막/아득할 막, 慢 거만할 만/게으를 만, 漫 퍼질 만/가라앉을 만/게으를 만, 蠻 오랑캐 만, 妄 망령될 망, 茫 아득할 망, 埋 묻을 매, 媒 중매 매, 梅 매화 매, 脈 맥 맥/줄기 맥, 孟 맏 맹, 猛 사나울 맹, 盟 맹세할 맹, 盲 소경 맹/눈멀 맹, 綿 솜 면, 滅 멸망할 멸, 冥 어두울 명, 銘 새길 명, 募 뽑을 모/모을 모, 慕 사모할 모/그리워할 모, 某 아무 모, 模 법 모/모범 모/본뜰 모, 矛 창 모, 謀 꾀할 모, 貌 얼굴 모/모양 모, 沐 머리 감을 목, 牧 칠 목, 沒 가라앉을 몰/빠질 몰, 夢 꿈 몽, 蒙 어릴 몽/어두울 몽, 墓 무덤 묘, 廟 사당 묘, 苗 모 묘/싹 묘/모종 묘, 貿 무역할 무, 霧 안개 무, 默 묵묵할 묵/잠잠할 묵, 微 작을 미, 眉 눈썹 미, 迷 미혹할 미, 憫 근심할 민/민망할 민, 敏 민첩할 민/재빠를 민, 蜜 꿀 밀

【바】 博 넓을 박, 拍 칠 박/어깨 박, 朴 성씨 박/소박할 박/후박나무 박, 泊 머무를 박/배 댈 박, 薄 얇을 박

/엷을 박, 迫 닥칠 박/핍박할 박, 叛 배반할 반, 班 나눌 반, 盤 소반 반, 般 일반 반, 返 돌아올 반/돌이킬 반, 拔 뽑을 발/뺄 발, 髮 터럭 발, 倣 모방할 방/본받을 방, 傍 곁 방/기댈 방, 妨 방해할 방, 芳 꽃다울 방, 邦 나라 방, 倍 갑절 배/곱 배, 培 북돋울 배, 排 밀칠 배/물리칠 배, 背 등 배/배반할 배, 輩 무리 배, 配 짝 배/아내 배, 伯 맏 백, 煩 번거로울 번/괴로워할 번, 繁 번성할 번/많을 번, 飜 뒤칠 번/뒤집어질 번, 罰 벌 벌, 汎 넓을 범/뜰 범, 範 법 범/모범 범, 壁 벽 벽, 碧 푸를 벽, 辨 분별할 변, 辯 말씀 변/말 잘할 변, 邊 가 변, 屛 병풍 병, 竝 나란히 병, 寶 보배 보, 普 널리 보, 補 기울 보, 卜 점 복, 腹 배 복, 複 겹옷 복/겹칠 부/封 봉할 봉, 峰/峯 봉우리 봉, 蜂 벌 봉, 鳳 새 봉, 付 부칠 부/줄 부, 副 버금 부, 府 관청 부/곳집 부, 符 부호 부/부신 부, 簿 장부 부/문서 부, 腐 썩을 부, 膚 살갗 부, 負 질 부, 賦 구실 부/부여할 부, 赴 나아갈 부/다다를 부/갈 부, 附 붙을 부, 墳 무덤 분, 奔 달아날 분/달릴 분, 奮 떨칠 분, 憤 결낼 분/분할 분, 粉 가루 분, 紛 어지러울 분, 弗 아닐 불, 拂 떨칠 불/털어낼 불, 崩 무너질 붕, 卑 낮을 비, 妃 왕비 비, 婢 여자 종 비, 批 비평할 비/칠 비, 碑 비석 비/돌기둥 비, 秘 숨길 비, 肥 살찔 비, 費 쓸 비, 賓 손 빈, 頻 자주 빈, 聘 부를 빙

【사】似 같을 사, 司 맡을 사, 捨 버릴 사, 斜 기울 사, 斯 이 사, 査 조사할 사, 沙 모래 사, 祀 제사 사, 社 모일 사/토지의 신 사, 蛇 뱀 사, 詐 속일 사, 詞 말씀 사, 賜 줄 사, 辭 말 사, 邪 간사할 사, 削 깎을 삭, 朔 초하루 삭, 索 동아줄 삭/찾을 색, 酸 초 산/실 산, 傷 다칠 상/상할 상, 像 형상 상, 償 갚을 상, 嘗 맛볼 상, 床 상 상, 桑 뽕나무 상, 狀 모양 상/형상 상/문서 장, 祥 상서로울 상, 裳 치마 상, 詳 상세할 상, 象 코끼리 상, 塞 변방 새/막을 색, 庶 무리 서/여러 서, 徐 천천할 서, 恕 용서할 서, 敍 차례 서/베풀 서, 緖 실마리 서, 署 관청 서, 析 가를 석, 釋 풀 석, 宣 베풀 선, 旋 돌 선, 禪 참선 선/고요할 선, 舌 혀 설, 涉 건널 섭, 김 부를 소, 掃 쓸 소, 昭 밝을 소, 燒 불사를 소, 疏 疎 트일 소/거칠 소, 蔬 푸성귀 소/나물 소, 蘇 깨어날 소/되살아날 소/차조기 소, 訴 하소연할 소/호소할 소, 騷 떠들 소/시끄러울 소, 屬 무리 속/엮을 속/붙일속, 束 묶을 속, 粟 조 속, 損 덜 손, 率 거느릴 솔/비율 률, 訟 송사할 송, 誦 욀 송, 頌 기릴 송, 刷 인쇄할 쇄/쓸 쇄, 鎖 쇠사슬 쇄/자물쇠 쇄, 衰 쇠할 쇠, 囚 가둘 수, 帥 장수 수/거느릴 솔, 殊 다를 수/죽일 수, 獸 짐승 수, 睡 졸 수, 輸 나를 수, 遂 이룰 수/드디어 수, 隨 따를 수, 需 구할 수/쓰일 수, 孰 누구 숙, 熟 익을 숙, 肅 엄숙할 숙, 脣 입술 순, 巡 돌 순, 循 돌아다닐 순/좇을 순, 旬 열흘 순, 殉 따라 죽을 순, 瞬 순간 순/눈 깜짝일 순, 術 꾀 술/재주 술, 述 지을 술/베풀 술/펼 술, 濕 축축할 습, 襲 엄습할 습, 僧 중 승, 升 되 승, 昇 오를 승, 矢 화살 시, 息 쉴 식/숨 쉴 식, 飾 꾸밀 식, 愼 삼갈 신, 伸 펼 신, 晨 새벽 신, 審 살필 심, 尋 찾을 심, 沈 잠길 침/가라앉을 침/성 심, 雙 쌍 쌍/견줄 쌍

【아】亞 버금 아, 阿 언덕 아, 岳 큰 산 악, 雅 떼 까마귀 아/올바를 아, 餓 주릴 아, 岸 언덕 안, 謁 아뢸 알, 壓 누를 압, 央 가운데 앙, 殃 재앙 앙, 涯 물가 애, 厄 재앙 액, 額 이마 액, 耶 어조사 야, 壤 흙 양, 楊 버들 양, 樣 모양 양, 御 모실 어/막을 어, 抑 누를 억, 焉 어찌 언/어조사 언, 予 나 여/줄 여, 輿 수레 여, 域 지경 역, 役 부릴 역, 疫 전염병 역, 譯 번역할 역, 驛 역 역, 宴 잔치 연, 延 늘일 연/뻗칠 연/끌 연, 沿 물가 연/따를 연, 演 펼 연/멀리 흐를 연, 燃 탈 연/사를 연, 燕 제비 연, 緣 인연 연/가선 연, 軟 연할 연, 鉛 납 연, 染 물들일 염, 鹽 소금 염/절일 염, 影 그림자 영, 映 비출 영, 泳 헤엄칠 영, 營 경영할 영, 詠 읊을 영, 譽 명예 예/기릴 예, 豫 미리 예, 銳 날카로울 예, 傲 거만할 오, 嗚 슬플 오/탄식할 오, 娛 즐거워할 오, 梧 오동나무 오, 汚 더러울 오, 獄 옥 옥, 翁 늙은이 옹, 緩 느릴 완, 畏 두려워할 외, 搖 흔들릴 요, 腰 허리 요, 謠 노래 요, 遙 멀 요, 慾 욕심 욕, 辱 욕되게 할 욕, 庸 떳떳할 용/중용 용/쓸 용, 偶 짝 우, 優 뛰어날 우/넉넉할 우, 愚 어리석을 우, 羽 깃 우, 郵 우편 우/역참 우, 韻 운 운, 員 인원 원/수효 원, 援 도울 원/당길 원, 源 근원 원, 院 집 원/담 원, 越 넘을 월, 僞 거짓 위, 圍 에워쌀 위, 委 맡길 위, 慰 위로할 위, 緯 씨 위/묶을 위, 衛 지킬 위, 謂 이를 위, 違 어길 위, 乳 젖 유, 儒 선비 유, 幽 그윽할 유, 悠 멀 유, 惟 생각 유, 癒 병 나을 유, 維 밧줄 유/얽을 유/벼리 유, 裕 넉넉할 유, 誘 꾈 유/달랠 유, 潤 윤택할 윤/젖을 윤, 閏 윤달 윤, 隱 숨길 은, 淫 음란할 음, 應 응할 응/당할 응/대답할 응, 儀 거동 의, 宜 마땅할 의, 疑 의심할 의, 夷 큰활 이/오랑캐 이, 翼 날개 익, 刃 칼날 인, 姻 혼인 인, 逸 편안할 일/달아날 일, 任 맡길 임, 賃 품팔이 임/품삯 임

【자】刺 찌를 자, 姿 맵시 자, 紫 자주 빛 자, 恣 마음대로 자/방자할 자, 茲 이 자/무성할 자, 資 재물 자, 雌 암컷 자, 爵 벼슬 작/잔 작, 酌 따를/대작할 작, 殘 남을 잔/해칠 잔, 暫 잠시 잠, 潛 잠길 잠/자맥질할 잠, 蠶 누에잠, 雜 섞일 잡, 奬 장려할 장/권면할 장, 帳 장막 장/휘장 장, 張 베풀 장/뽐낼 장, 掌 손바닥 장, 牆 담 장, 狀 문서 장/모양 상/형상 상, 粧 단장할 장, 腸 창자 장, 臟 오장 장, 葬 장사지낼 장, 藏 감출 장, 裝 꾸밀 장/행장 장, 障 막힐 장/가로막을 장, 災 재앙 재, 裁 마를 재, 載 실을 재, 底 밑 저, 抵 막을 저/거스를 저, 寂 고요할 적, 摘 딸 적, 滴 물방울 적, 積 쌓을 적, 笛 피리 적, 籍 서적 적/문서 적, 績 길쌈 적/실 낳을 적, 賊 도둑 적, 跡 자취 적, 蹟 자취 적, 專 오로지 전, 轉 구를 전, 切 끊을 절/모두 체, 折 꺾을 절, 占 차지할 점/점칠 점, 漸 점점 점, 點 점 점, 蝶 나비 접, 亭 정자 정, 廷 조정 정, 征 칠 정, 整 가지런할 정, 程 길 정/법 정, 訂 바로잡을 정/고칠 ,정 制 절제할 제/마를 제, 堤 둑 제/방죽 제, 提 들 제/끌 제, 濟 건널 제, 際

사이 제/즈음 제, 弔 조상할 조, 操 잡을 조/절개 조, 條 가지 조, 潮 조수 조, 照 비출 조, 齊 가지런할 제/조화할 제/재계할 제, 燥 마를 조, 租 조세 조/구실 조, 組 짤 조/끈 조, 拙 못날 졸, 縱 늘어질 종/세로 종, 佐 도울 좌, 座 자리 좌, 周 두루 주, 州 고을 주, 晝 낮 주, 柱 기둥 주, 株 그루 주, 洲 섬 주/물가 주, 舟 배 주, 俊 준걸 준, 準 준할 준, 遵 따를 준/좇을 준, 仲 버금 중, 憎 미워할 증, 症 증세 증, 蒸 찔 증, 贈 보낼 증/줄 증, 智 슬기 지, 池 못 지, 誌 기록할지, 遲 늦을 지/더딜 지, 織 짤 직, 職 직분 직/벼슬 직, 振 떨칠 진/진동할 진, 珍 보배 진, 鎭 진압할 진, 陣 진칠 진/줄 진, 陳 베풀 진/늘어놓을 진, 姪 조카 질, 疾 병 질, 秩 차례 질, 徵 부를 징, 懲 징계할 징/혼날 징

【차】 差 어긋날 차/다를 차, 捉 잡을 착, 錯 어긋날 착, 慘 참혹할 참/슬플 참, 慙/慚 부끄러워할 참, 讚 기릴 찬, 贊 도울 찬, 倉 창고 창/곳집 창, 創 비롯할 창, 暢 펼 창, 滄 바다 창, 蒼 푸를 창, 債 빚 채, 彩 무늬 채/채색 채, 策 채찍 책/꾀 책, 悽 슬퍼할 처, 戚 겨레 척, 拓 개척할 척/넓힐 척, 斥 물리칠 척, 薦 천거할 천, 賤 천할 천, 踐 밟을 천, 遷 옮길 천, 哲 밝을 철, 徹 통할 철, 尖 뾰족할 첨, 添 더할 첨, 妾 첩 첩, 廳 관청 청, 替 바꿀 체/쇠퇴할 체, 抄 뽑을 초/베낄 초, 礎 주춧돌 초, 肖 닮을 초, 超 넘을 초, 促 재촉할 촉, 燭 촛불 촉, 觸 닿을 촉, 總 모두 총/거느릴 총, 聰 귀 밝을 총, 銃 총 총, 催 재촉할 최, 抽 뽑을 추/뺄 추, 醜 추할 추/더러울 추, 畜 쌓을 축/가축 축/기를 축, 築 쌓을 축, 縮 오그라들 축/줄일 축, 蓄 쌓을 축/모을 축, 逐 쫓을 축, 衝 찌를 충, 臭 냄새 취, 趣 달릴 취/뜻 취, 醉 취할 취, 側 곁 측, 測 잴 측, 層 층 층, 値 값 치, 恥 부끄러워할 치, 稚 어릴 치, 置 둘 치, 侵 침노할 침, 枕 베개 침/말뚝 침, 浸 담글 침/젖을 침, 稱 일컬을 칭/저울 칭

【타】 墮 떨어질 타, 妥 타당할 타/평온할 타, 托 의탁할 탁/맡길 탁, 濁 흐릴 탁, 濯 씻을 탁, 琢 다듬을 탁, 彈 탄알 탄/튀길 탄, 歎 노래할 탄/탄식할 탄, 炭 숯 탄, 奪 빼앗을 탈, 貪 탐낼 탐, 塔 탑 탑, 湯 끓일 탕, 糖 사탕 탕/엿 당, 怠 게으를 태, 態 모양 태, 殆 위태할 태, 擇 가릴 택, 澤 못 택, 兎 토끼 토, 吐 토할 토, 討 칠 토, 痛 아플 통, 透 통할 투/꿰뚫 투/비칠 투,

【파】 播 뿌릴 파, 派 물갈래 파/갈래 파, 罷 그만둘 파/파할 파/마칠 파, 頗 자못 파/치우칠 파, 板 널빤지 판, 版 널 판/조각 판, 販 팔 판, 編 엮을 편/땋을 편, 遍 두루 편, 評 평론할 평/평할 평/꾾을 평, 廢 버릴 폐/폐할 폐, 弊 해질 폐, 肺 허파 폐, 蔽 덮을 폐/가릴 폐, 包 쌀 포, 捕 사로잡을 포, 浦 개 포/물가 포, 胞 태 포/태보 포, 飽 배부를 포/물릴 포, 爆 불 터질 폭, 標 표할 표/우듬지 표, 漂 떠돌 표/빨래할 표, 票 불똥 튈 표/쪽지 표, 疲 지칠 피/피곤할 피, 被 이불 피/입을 피/두를 피, 避 피할 피, 畢 마칠 필

【하】 荷 연 하/멜 하/짊어질 하, 鶴 학 학, 旱 가물 한, 汗 땀 한, 割 벨 할/나눌 할, 含 머금을 함, 咸 모두 함/다 함, 陷 빠질 함, 巷 거리 항, 抗 항거할 항/막을 항, 港 항구 항, 航 건널 항, 項 목 항/항복 항, 奚 어찌 해, 該 해당할 해/그 해, 核 씨 핵, 享 누릴 향, 響 울림 향, 憲 법 헌, 獻 바칠 헌, 軒 추녀 헌/집 헌, 險 험할 험, 驗 시험할 험, 革 가죽 혁, 弦 활시위 현, 懸 매달 현, 玄 검을 현, 絃 악기 현/줄 현, 縣 매달 현/고을 현, 顯 나타날 현, 穴 구멍 혈, 脅 갈비 협/위협할 협, 亨 형통할 형, 螢 개똥벌레 형/반딧불 형, 兮 어조사 혜, 慧 슬기로울 혜/지혜 혜, 互 서로 호, 毫 터럭 호/가는 털 호, 浩 넓을 호/클 호, 胡 오랑캐 호, 護 보호할 호/지킬 호, 豪 호걸 호, 惑 미혹할 혹, 昏 어두울 혼, 魂 넋 혼, 忽 문득 홀/갑자기 홀/소홀히 할 홀, 弘 넓을 홍, 洪 넓을 홍/큰 물 홍, 鴻 큰기러기 홍, 禍 재앙 화, 禾 벼 화, 擴 넓힐 확, 確 굳을 확, 穫 거둘 확/벼 벨 확, 換 바꿀 환, 環 고리 환, 還 돌아올 환, 況 상황 황, 荒 거칠 황, 悔 뉘우칠 회, 懷 품을 회, 灰 재 회, 劃 그을 획, 獲 얻을 획, 橫 가로 횡/방자할 횡, 曉 새벽 효, 侯 제후 후/임금 후, 候 기후 후/철 후, 喉 목구멍 후, 毁 헐 훼, 揮 휘두를 휘, 輝 빛날 휘, 携 끌 휴, 吸 숨 들이쉴 흡/마실 흡, 戱 놀 희/희롱할 희, 熙 빛날 희, 稀 드물 희

한자능력검정시험 급수별 지정 한자

8급 한자 (총50자)
校학교 교, 敎가르칠 교, 九아홉 구, 國나라 국, 軍군사 군, 金쇠 금/성씨 김, 南남녘 남/나무 나, 女여자 녀(여), 年해 년(연), 大클 대/큰 대, 東동녘 동, 六여섯 륙(육), 萬일만 만, 母어머니 모, 木나무 목, 門문 문, 民백성 민, 白흰 백, 父아버지 부/아비 부, 北북녘 북/달아날 배, 四넉 사, 山뫼 산, 三석 삼, 生날 생, 西서녘 서, 先먼저 선, 小작을 소, 水물 수, 室집 실, 十열 십, 五다섯 오, 王임금 왕, 玉옥 옥, 外바깥 외, 月달 월, 二두 이, 人사람 인, 日날 일, 一한 일, 長길 장/어른 장, 弟아우 제, 中가운데 중, 靑푸를 청, 寸마디 촌, 七일곱 칠, 土흙 토, 八여덟 팔, 學배울 학, 敎가르칠 교, 韓한국 한/나라 한, 兄형 형, 火불 화

7급II 한자 (총49자)
家집 가, 間사이 간, 江강 강, 車수레 거/수레 차, 空빌 공, 工장인 공, 記기록할 기, 氣기운 기, 男사내 남, 內안 내, 農농사 농, 答대답 답, 道길 도, 動움직일 동, 力힘 력(역), 立설 립(입), 每매양 매, 名이름 명, 物물건 물, 方모 방/본뜰 방, 事일 사, 上윗 상, 姓성씨 성, 世인간 세/대 세, 手손 수, 時때 시, 市저자 시, 食밥 식/먹을 식, 먹이 사, 安편안 안, 午낮 오, 右오른쪽 우, 自스스로 자, 子아들 자, 場마당 장, 電번개 전, 前앞 전, 全온전할 전, 正바를 정/정월 정, 足발 족, 左왼 좌, 直곧을 직, 값 치, 平평평할 평, 下아래 하, 漢한수 한/한나라 한, 海바다 해, 話말씀 화, 活살 활/물 콸콸 흐를 괄, 孝효도 효, 後뒤 후

7급 한자 (총50자)
歌노래 가, 口입 구, 旗기 기, 洞골 동/밝을 통, 同한가지 동, 冬겨울 동, 登오를 등, 來올 래(내), 老늙을 로(노), 里마을 리(이)/속 리(이), 林수풀 림(임), 面낯 면/밀가루 면, 命목숨 명, 文글월 문, 問물을 문, 百일백 백, 夫지아비 부, 算셈 산, 色빛 색, 夕저녁 석, 所바 소, 少적을 소/젊을 소, 數셈 수/자주 삭, 植심을 식, 心마음 심, 語말씀 어, 然그럴 연, 有있을 유, 育기를 육, 邑고을 읍, 入들 입, 字글자 자, 祖할아버지 조/조상 조, 住살 주, 主임금 주/주인 주, 重무거울 중, 紙종이 지, 地땅 지, 川내 천, 天하늘 천, 千일천 천, 草풀 초, 村마을 촌, 秋가을 추, 春봄 춘, 出날 출, 便편할 편, 똥오줌 변, 夏여름 하, 花꽃 화, 休쉴 휴

6급II 한자 (총75자)
角뿔 각, 各각각 각, 計셀 계, 界지경 계, 高높을 고, 功공 공, 共한가지 공, 公공평할 공, 科과목 과, 果실과 과/열매 과, 光빛 광, 球공 구, 今이제 금, 急급할 급, 短짧을 단, 堂집 당, 對대할 대, 代대신할 대, 圖그림 도, 讀읽을 독/구절 두, 童아이 동, 等무리 등, 樂즐길 락(낙)/노래 악/좋아할 요, 理다스릴 리(이), 利이로울 리(이), 明밝을 명, 聞들을 문, 班나눌 반, 反돌이킬 반/돌아올 반, 半반 반, 發필 발, 放놓을 방, 部떼 부/거느릴 부, 分나눌 분/푼 푼, 社모일 사/토지신 사, 書글 서, 線줄 선, 雪눈 설, 省살필 성/덜 생, 成이룰 성, 消사라질 소, 術재주 술, 始비로소 시, 身몸 신, 神귀신 신, 新새 신, 信믿을 신, 藥약 약, 弱약할 약, 業업 업, 用쓸 용, 勇날랠 용, 運옮길 운, 飮마실 음, 音소리 음, 意뜻 의, 昨어제 작, 作지을 작, 才재주 재, 戰싸움 전, 第차례 제, 題제목 제, 注부을 주/주를 달 주, 集모을 집, 窓창 창, 淸맑을 청, 體몸 체, 表겉 표, 風바람 풍, 幸다행 행, 現나타날 현, 形모양 형, 和화할 화, 會모일 회

6급 한자 (총75자)
感느낄 감, 強강할 강, 開열 개, 京서울 경, 苦쓸 고, 古예 고, 交사귈 교, 區구분할 구/지경 구, 郡고을 군, 近가까울 근, 根뿌리 근, 級등급 급, 多많을 다, 待기다릴 대, 度법도 도, 헤아릴 탁, 頭머리 두, 禮예도 례(예), 例법식 례(예), 路길 로(노), 綠푸를 록(녹), 李오얏 리(이)/성씨 리(이), 目눈 목, 美아름다울 미, 米쌀 미, 朴성씨 박, 番차례 번, 別나눌 별/다를 별, 病병 병, 服옷 복, 本근본 본, 死죽을 사, 使하여금 사/부릴 사, 石돌 석, 席자리 석, 速빠를 속, 孫손자 손, 樹나무 수, 習익힐 습, 勝이길 승, 式법 식, 失잃을 실, 愛사랑 애, 野들 야, 夜밤 야, 陽볕 양, 洋큰 바다 양, 言말씀 언, 永길 영, 英꽃부리 영/뛰어날 영, 溫따뜻할 온, 遠멀 원, 園동산 원, 由말미암을 유, 油기름 유, 銀은 은, 醫의원

의, 衣옷 의, 者놈 자, 章글 장, 在있을 재, 定정할 정, 朝아침 조, 族겨레 족, 晝낮 주, 親친할 친, 太클 태, 通통할 통, 特특별할 특/수컷 특, 合합할 합/쪽문 합/홉 홉, 行다닐 행, 항렬 항, 向향할 향, 號이름 호/부르짖을 호, 畵그림 화/그을 획, 黃누를 황, 訓가르칠 훈

5급II 한자 (총100자)

價값 가, 客손 객, 格격식 격, 見볼 견/뵈올 현, 結맺을 결, 決결단할 결, 敬공경 경, 告고할 고, 過지날 과, 課공부할 과/과정 과, 關관계할 관, 觀볼 관, 廣넓을 광, 舊예 구, 具갖출 구, 局판 국, 己몸 기, 基터 기, 念생각 념(염), 能능할 능, 團둥글 단/경단 단, 當마땅 당, 德큰 덕/덕 덕, 到이를 도, 獨홀로 독, 朗밝을 랑(낭), 良어질 량(양), 旅나그네 려(여), 歷지날 력(역), 練익힐 련(연), 勞일할 로(노), 類무리 류(유), 流흐를 류(유), 陸뭍 륙(육), 望바랄 망/보름 망, 法법 법, 變변할 변, 兵병사 병, 福복 복, 奉받들 봉, 士선비 사, 史사기 사, 仕섬길 사/벼슬 사, 産낳을 산, 相서로 상, 商장사 상, 鮮고울 선/생선 선, 仙신선 선, 說말씀 설/달랠 세/기뻐할 열, 性성품 성, 洗씻을 세, 歲해 세, 束묶을 속/약속할 속, 首머리 수, 宿잘 숙/별자리 수, 順순할 순, 識알 식/적을지/깃발 치, 臣신하 신, 實열매 실, 兒아이 아, 惡악할 악/미워할 오, 約맺을 약, 養기를 양, 要요긴할 요, 雨비 우, 友벗 우, 雲구름 운, 元으뜸 원, 以써 이, 任맡길 임/맞을 임, 財재물 재, 材재목 재, 的과녁 적, 展펼 전, 典법 전, 傳전할 전, 節마디 절,끊을 절/온통 체, 店가게 점, 情뜻 정, 調고를 조, 卒마칠 졸, 種씨 종, 週돌 주, 州고을 주, 知알 지, 質바탕 질, 着붙을 착, 參참여할 참/석 삼, 責꾸짖을 책, 充채울 충, 宅집 택/댁 댁, 品물건 품, 筆붓 필, 必반드시 필, 害해할 해, 化될 화, 效본받을 효, 凶흉할 흉

5급 한자 (총100자)

可옳을 가, 加더할 가, 改고칠 개, 擧들 거, 去갈 거, 建세울 건, 健굳셀 건, 件물건 건, 輕가벼울 경, 競다툴 경, 景볕 경, 考생각할 고/살필 고, 固굳을 고, 曲굽을 곡, 橋다리 교, 救구원할 구, 貴귀할 귀, 規법 규, 給줄 급, 汽물 끓는 김 기, 期기약할 기, 技재주 기, 吉길할 길, 壇단 단, 談말씀 담, 都도읍 도, 島섬 도, 落떨어질 락(낙), 冷찰 랭(냉), 量헤아릴 량(양), 領거느릴 령(영), 令하여금 령(영), 料헤아릴 료(요), 馬말 마, 末끝 말, 亡망할 망, 賣팔 매, 買살 매, 無없을 무, 倍곱 배, 鼻코 비, 費쓸 비, 比견줄 비, 氷얼음 빙, 査조사할 사, 思생각 사, 寫베낄 사, 賞상줄 상, 序차례 서, 選가릴 선, 船배 선, 善착할 선, 示보일 시, 땅 귀신 기, 案책상 안, 魚물고기 어, 漁고기 잡을 어, 億억 억, 熱더울 열, 葉잎 엽, 屋집 옥, 完완전할 완, 曜빛날 요, 浴목욕할 욕, 牛소 우, 雄수컷 웅, 願원할 원, 院집 원, 原언덕 원/근원 원, 位자리 위, 耳귀 이, 因인할 인, 災재앙 재, 再두 재, 爭다툴 쟁, 貯쌓을 저, 赤붉을 적, 停머무를 정, 操잡을 조, 終마칠 종, 罪허물 죄, 止그칠지, 唱부를 창, 鐵쇠 철, 初처음 초, 最가장 최, 祝빌 축, 致이를 치/빽빽할 치, 則법칙 칙/곧 즉, 打칠 타, 他다를 타, 卓높을 탁, 炭숯 탄, 板널빤지 판, 敗패할 패, 河물 하, 寒찰 한, 許허락할 허, 湖호수 호, 患근심 환, 黑검을 흑,

4급II 한자 (총249자)

街거리 가, 假거짓 가, 監볼 감, 減덜 감, 講외울 강, 康편안 강, 個낱 개, 檢검사할 검, 缺이지러질 결, 潔깨끗할 결, 警깨우칠 경/경계할 경, 經지날 경/글 경, 慶경사 경, 境지경 경, 係맬 계, 故연고 고, 官벼슬 관, 究연구할 구, 求구할 구, 句글귀 구/글귀 귀, 宮집 궁, 權권세 권, 極극진할 극/다할 극, 禁금할 금, 起일어날 기, 器그릇 기, 難어려울 난, 暖따뜻할 난, 努힘쓸 노, 端끝 단, 檀박달나무 단, 斷끊을 단, 單홑 단/오랑캐 이름 선, 達통달할 달, 擔멜 담, 黨무리 당, 隊무리 대, 帶띠 대, 導인도할 도, 督감독할 독, 毒독 독, 銅구리 동, 豆콩 두, 斗말 두, 得얻을 득, 燈등 등, 羅벌일 라(나)/그물 라(나), 兩두 량(양), 麗고울 려(여), 連잇닿을 련(연), 列벌일 렬(열), 錄기록할 록(녹), 論논할 론(논), 留머무를 류(유), 律법칙 률(율), 滿찰 만, 脈줄기 맥, 毛터럭 모, 牧칠 목, 武호반 무, 務힘쓸 무, 未아닐 미, 味맛 미, 密빽빽할 밀, 博넓을 박, 防막을 방, 訪찾을 방, 房방 방, 配나눌 배/짝 배, 背등 배/배반할 배, 拜절 배, 罰벌할 벌, 伐칠 벌, 壁벽 벽, 邊가 변, 步걸음 보, 寶보배 보, 報갚을 보/알릴 보, 保지킬 보, 復회복할 복/다시 부, 府마을 부, 富부유할 부, 婦며느리 부, 副버금 부, 佛부처 불, 飛날 비, 非아닐 비, 悲슬플 비, 備갖출 비, 貧가난할 빈, 謝사례할 사, 舍집 사/버릴 사, 師스승 사, 寺절

사/관청 시, 殺죽일 살/감할 살/빠를 쇄, 狀형상 상/문서 장, 想생각 상, 床평상 상, 常떳떳할 상/항상 상, 設베풀 설, 誠정성 성, 聲소리 성, 聖성인 성, 盛성할 성, 星별 성, 城재 성, 細가늘 세, 稅세금 세, 勢형세 세, 素본디 소/흴 소, 笑웃음 소, 掃쓸 소, 續이을 속, 俗풍속 속, 送보낼 송, 收거둘 수, 授줄 수, 守지킬 수, 受받을 수, 修닦을 수, 純순수할 순, 承이을 승, 詩시 시, 試시험 시, 視볼 시, 是이 시/옳을 시, 施베풀 시, 息쉴 식, 申거듭 신/아홉째 지지 신, 深깊을 심, 眼눈 안, 暗어두울 암, 壓누를 압, 液진 액, 羊양 양, 如같을 여, 餘남을 여, 逆거스릴 역, 硏갈 연/벼루 연, 煙연기 연, 演펼 연, 榮영화 영/꽃 영, 藝재주 예, 심을 예, 誤그르칠 오, 玉구슬 옥, 往갈 왕, 謠노래 요, 容얼굴 용, 圓둥글 원, 員인원 원, 爲할 위, 衛지킬 위, 肉고기 육, 恩은혜 은, 陰그늘 음, 應응할 응, 議의논할 의, 義옳을 의, 移옮길 이, 益더할 익, 認알 인, 引끌 인, 印도장 인, 障막을 장, 將장수 장/장차 장, 低낮을 저, 敵대적할 적, 田밭 전, 絕끊을 절, 接이을 접, 政정사 정/칠 정, 精정할 정, 程한도 정/길 정, 製지을 제, 祭제사 제, 濟건널 제, 提끌 제, 制절제할 제, 際즈음 제, 除덜 제/음력 사월 여, 鳥새 조, 造지을 조, 무이를 조, 助도울 조, 尊높을 존/술그릇 준, 宗마루 종, 走달릴 주, 竹대 죽, 準준할 준, 衆무리 중, 增더할 증, 至이를 지, 질 支지탱할지, 指가리킬 지, 志뜻 지, 職직분 직, 眞참 진, 次버금 차, 察살필 찰, 創비롯할 창, 處곳 처, 請청할 청, 銃총 총, 總다 총/합할 총, 蓄모을 축, 築쌓을 축, 蟲벌레 충/벌레 훼, 忠충성 충, 取가질 취, 測헤아릴 측, 齒이 치, 置둘 치, 治다스릴 치, 侵침노할 침, 快쾌할 쾌, 態모습 태, 統거느릴 통, 退물러날 퇴, 破깨뜨릴 파, 波물결 파, 砲대포 포, 布베 포/펼 포/보시 보, 包쌀 포/꾸러미 포, 暴사나울 폭/쬘 폭/사나울 포, 票표 표, 豊풍년 풍, 限한할 한, 航배 항, 港항구 항, 解풀 해, 香향기 향, 鄕시골 향, 虛빌 허, 驗시험 험, 賢어질 현, 血피 혈, 協화합할 협, 惠은혜 혜, 護도울 호, 戶집 호/지게 호, 好좋을 호, 呼부를 호, 貨재물 화, 確군을 확, 回돌아올 회, 吸마실 흡, 興일 흥, 希바랄 희

4급 한자 (총249자)

暇틈 가/겨를 가, 覺깨달을 각, 刻새길 각, 簡대쪽 간/간략할 간, 看볼 간, 干방패 간/줄기 간/마를 건, 甘달 감, 敢감히 감/구태여 감, 甲갑옷 갑, 降내릴 강/항복할 항, 據근거 거, 拒막을 거, 巨클 거, 居살 거, 傑뛰어날 걸, 儉검소할 검, 激격할 격, 擊칠 격, 犬개 견, 堅굳을 견, 驚놀랄 경, 鏡거울 경, 傾기울 경, 鷄닭 계, 階섬돌 계, 繼이을 계, 系맬 계, 戒경계할 계, 季계절 계, 庫곳집 고, 孤외로울 고, 穀곡식 곡, 困곤할 곤, 骨뼈 골, 攻칠 공, 孔구멍 공, 管대롱 관/주관할 관, 鑛쇳돌 광, 構얽을 구, 群무리 군, 君임금 군, 屈굽힐 굴, 窮다할 궁/궁할 궁, 卷책 권/말 권, 勸권할 권, 券문서 권, 歸돌아갈 귀, 均고를 균, 劇심할 극, 筋힘줄 근, 勤부지런할 근, 紀벼리 기, 機틀 기, 寄부칠 기, 奇기특할 기, 納들일 납, 段층계 단, 逃도망할 도, 盜도둑 도, 徒무리 도, 卵알 란(난), 亂어지러울 란(난), 覽볼 람(남), 略간략할 략(약)/다스릴 략(약), 糧양식 량(양), 慮생각할 려(여), 烈매울 렬(열)/세찰 렬(열), 龍용 룡(용), 柳버들 류(유), 輪바퀴 륜(윤), 離떠날 리(이), 妹누이 매, 勉힘쓸 면, 鳴울 명, 模본뜰 모/모호할 모, 妙묘할 묘, 墓무덤 묘, 舞춤 무, 拍칠 박, 髮터럭 발, 妨방해할 방, 範법 범, 犯범할 범, 辯말씀 변, 普넓을 보, 複겹칠 복/겹칠 부, 伏엎드릴 복, 負질 부, 否아닐 부, 粉가루 분, 憤분할 분, 祕숨길 비, 碑비석 비, 批비평할 비, 辭말씀 사, 絲실 사, 私사사 사, 射쏠 사, 散흩을 산, 象코끼리 상, 傷다칠 상, 宣베풀 선, 舌혀 설, 屬무리 속, 損덜 손, 頌칭송할 송/기릴 송, 松소나무 송, 秀빼어날 수, 肅엄숙할 숙, 叔아저씨 숙, 崇높을 숭, 氏각시 씨/성씨 씨, 額이마 액, 樣모양 양, 嚴엄할 엄, 與더불 여/줄 여, 易바꿀 역/쉬울 이, 域지경 역, 鉛납 연, 緣인연 연, 燃탈 연, 延늘일 연, 映비칠 영, 迎맞을 영, 營경영할 영, 豫미리 예, 郵우편 우, 遇만날 우, 優넉넉할 우/뛰어날 우, 源근원 원, 援도울 원, 怨원망할 원, 慰위로할 위, 威위엄 위, 委맡길 위, 圍에워쌀 위, 危위태할 위, 遺남길 유, 遊놀 유, 儒선비 유, 乳젖 유, 隱숨을 은, 疑의심할 의, 儀거동 의, 依의지할 의, 異다를 이, 仁어질 인, 資재물 자, 姿모양 자, 姉손위 누이 자, 殘잔인할 잔/남을 잔, 雜섞일 잡, 獎권면할 장, 裝꾸밀 장, 腸창자 장, 張베풀 장, 帳장막 장, 壯장할 장, 底밑 저, 適맞을 적, 賊도둑 적, 績길쌈할 적, 籍문서 적, 積쌓을 적, 錢돈 전, 轉구를 전, 專오로지 전, 折꺾을 절, 點점 점, 占점령할 점/점칠 점, 整가지런할 정, 丁고무래 정/장정 정, 靜고요할 정, 帝임금 제, 組짤 조, 潮밀물 조/조수 조, 條가지

조, 存있을 존, 鍾쇠북 종/술병 종, 從좇을 종, 座자리 좌, 酒술 주, 朱붉을 주, 周두루 주, 證증거 증, 誌기록할지, 智슬기 지/지혜 지, 持가질지, 織짤 직, 陣진 칠 진, 盡다할 진, 珍보배 진, 差다를 차, 讚기릴 찬, 採캘 채/풍채 채, 冊책 책, 泉샘 천, 聽들을 청, 廳관청 청, 招부를 초, 推밀 추/밀 퇴, 縮줄일 축, 趣뜻 취, 就나아갈 취, 層층 층, 針바늘 침, 寢잘 침, 稱일컬을 칭/저울 칭, 歎탄식할 탄, 彈탄알 탄, 脫벗을 탈, 探찾을 탐, 擇가릴 택, 討칠 토, 痛아플 통, 鬪싸울 투/싸움 투, 投던질 투, 派갈래 파, 判판단할 판, 篇책 편, 評평할 평, 閉닫을 폐, 胞세포 포, 爆불 터질 폭, 標표할 표, 避피할 피, 疲피곤할 피, 閑한가할 한, 恨한 한, 抗겨룰 항, 核씨 핵, 憲법 헌, 險험할 험, 革가죽 혁, 顯나타날 현, 刑형벌 형,或혹 혹, 混섞을 혼, 婚혼인할 혼, 紅붉을 홍

3급Ⅱ 한자 (총498자)

架시렁 가, 佳아름다울 가, 閣집 각, 脚다리 각, 肝간 간, 懇간절할 간, 幹줄기 간, 刊새길 간, 鑑거울 감, 鋼강철 강, 綱벼리 강, 剛굳셀 강, 蓋덮을 개, 槪대개 개, 介낄 개, 距상거할 거, 乾하늘 건/마를 건, 劍칼 검, 隔사이 뜰 격, 訣이별할 결, 謙겸손할 겸, 兼겸할 겸, 頃이랑 경/잠깐 경, 耕밭 갈 경, 硬굳을 경/가로막을 경, 徑지름길 경/길 경, 溪시내 계, 械기계 계, 桂계수나무 계, 契맺을 계/부족 이름 글, 啓열 계, 鼓북 고, 稿볏짚 고/원고 고, 姑시어머니 고, 谷골 곡, 哭울 곡, 貢바칠 공, 恭공손할 공, 恐두려울 공, 供이바지할 공, 誇자랑할 과, 寡적을 과, 館집 관, 貫꿸 관, 慣익숙할 관, 寬너그러울 관, 冠갓 관, 狂미칠 광, 怪괴이할 괴, 壞무너질 괴, 較견줄 교/비교할 교, 巧공교할 교, 拘잡을 구, 久오랠 구, 丘언덕 구, 菊국화 국, 弓활 궁, 拳주먹 권, 鬼귀신 귀, 菌버섯 균, 克이길 극, 錦비단 금, 禽새 금, 琴거문고 금, 及미칠 급, 騎말 탈 기, 祈빌 기, 畿경기 기, 其그 기, 企꾀할 기, 緊긴할 긴, 娘여자 낭(랑), 耐견딜 내, 奴종 노, 腦골 뇌/뇌수 뇌, 泥진흙 니(이), 茶차 다/차 차, 旦아침 단, 但다만 단, 丹붉을 단, 淡맑을 담, 踏밟을 답, 糖엿 당/엿 탕, 唐당나라 당/당황할 당, 貸빌릴 대/꿀 대, 臺대 대, 陶질그릇 도, 途길 도, 渡건널 도, 桃복숭아 도, 刀칼 도, 倒넘어질 도, 突갑자기 돌, 凍얼 동, 絡이을 락(낙)/얽을 락(낙), 蘭난초 란(난), 欄난간 란(난), 郎

사내 랑(낭), 浪물결 랑(낭), 廊사랑채 랑(낭)/행랑 랑(낭), 涼서늘할 량(양), 梁들보 량(양), 勵힘쓸 려(여), 曆책력 력(역), 鍊불릴 련(연)/단련할 련(연), 蓮연꽃 련(연), 聯연이을 련(연), 戀그리워할 련(연), 裂찢을 렬(열), 靈신령 령(영), 嶺고개 령(영), 露이슬 로(노), 爐화로 로(노), 祿녹 록(녹), 弄희롱할 롱(농), 雷우레 뢰(뇌), 賴의뢰할 뢰(뇌), 累여러 루(누), 漏샐 루(누), 樓다락 루(누), 倫인륜 륜(윤), 率비율 률(율)/거느릴 솔, 栗밤 률(율)/두려워할 률(율), 隆높을 륭(융), 陵언덕 릉(능), 裏속 리(이), 履밟을 리(이)/신 리(이), 吏벼슬아치 리(이)/관리 리(이), 臨임할 림(임), 麻삼 마, 磨갈 마, 莫없을 막, 漠넓을 막/사막 막, 幕장막 막, 晩늦을 만, 妄망령될 망, 梅매화 매, 媒중매 매, 麥보리 맥, 盟맹세 맹, 盲소경 맹/눈 멀 맹, 猛사나울 맹, 孟만 맹, 綿솜 면/이어질 면, 眠잘 면, 免면할 면, 滅꺼질 멸/멸할 멸, 銘새길 명, 貌모양 모, 謀꾀 모, 慕그릴 모, 睦화목할 목, 沒빠질 몰, 蒙어두울 몽, 夢꿈 몽, 貿무역할 무, 茂무성할 무, 默잠잠할 묵, 墨먹 묵, 紋무늬 문, 勿말 물, 微작을 미, 尾꼬리 미, 迫핍박할 박, 薄엷을 박, 飯밥 반, 般가지 반/일반 반, 盤소반 반, 拔뽑을 발, 芳꽃다울 방, 輩무리 배, 排밀칠 배, 培북을 돋울 배, 伯맏 백, 繁번성할 번, 凡무릇 범, 碧푸를 벽, 丙남녘 병/셋째 천간 병, 譜족보 보, 補기울 보/도울 보, 覆다시 복/덮을 부, 腹배 복, 鳳봉새 봉, 逢만날 봉, 峯봉우리 봉, 封봉할 봉, 賦부세 부, 腐썩을 부, 簿문서 부, 符부호 부, 浮뜰 부, 扶도울 부, 付줄 부, 附붙을 부, 紛어지러울 분, 奮떨칠 분, 奔달릴 분, 拂떨칠 불, 肥살찔 비, 婢여자 종 비, 妃왕비 비, 卑낮을 비, 邪간사할 사, 詞말 사/글 사, 蛇긴 뱀 사, 祀제사 사, 沙모래 사, 斜비낄 사, 司맡을 사, 削깎을 삭, 森수풀 삼, 霜서리 상, 詳자세할 상, 裳치마 상, 桑뽕나무 상, 尙오히려 상, 喪잃을 상, 償갚을 상, 像모양 상, 索찾을 색/노 삭, 塞막힐 색/변방 새, 署마을 서, 緖실마리 서, 恕용서할 서, 徐천천히 할 서, 釋풀 석, 惜아낄 석, 禪선 선, 旋돌 선, 訴호소할 소, 蘇되살아날 소/차조기 소, 疏소통할 소, 燒사를 소, 訟송사할 송, 鎖쇠사슬 쇄, 刷인쇄할 쇄, 衰쇠할 쇠, 需쓰일 수/쓸 수, 隨따를 수, 輸보낼 수, 獸짐승 수, 殊다를 수, 愁근심 수, 帥장수 수/거느릴 솔, 壽목숨 수, 垂드리울 수, 熟익을 숙, 淑맑을 숙, 瞬깜짝일 순, 旬열흘 순, 巡돌 순/순행할 순, 述펼 술, 襲엄습할 습, 拾주울 습, 열 십, 濕젖을 습, 昇

오를 승, 僧중 승, 乘탈 승, 侍모실 시, 飾꾸밀 식, 愼삼갈 신, 甚심할 심, 審살필 심, 雙두 쌍/쌍 쌍, 雅맑을 아/바를 아, 阿언덕 아, 芽싹 아, 牙어금니 아, 我나 아, 亞버금 아, 顔낯 안, 岸언덕 안, 巖바위 암, 央가운데 앙, 仰우러를 앙, 哀슬플 애, 若같을 약/반야 야, 讓사양할 양, 揚날릴 양, 壤흙덩이 양, 御거느릴 어/막을 어, 抑누를 억, 憶생각할 억, 驛역 역, 譯번역할 역, 疫전염병 역, 役부릴 역, 亦또 역, 軟연할 연, 燕제비 연, 沿물 따라갈 연/따를 연, 宴잔치 연, 悅기쁠 열, 鹽소금 염, 炎불꽃 염, 染물들 염, 影그림자 영, 譽기릴 예/명예 예, 烏까마귀 오, 悟깨달을 오, 獄옥 옥, 瓦기와 와, 緩느릴 완, 辱욕될 욕, 欲하고자 할 욕, 慾욕심 욕, 羽깃 우, 憂근심 우, 愚어리석을 우, 宇집 우, 偶짝 우, 韻운 운, 越넘을 월, 僞거짓 위, 謂이를 위, 胃밥통 위, 誘꾈 유, 裕넉넉할 유, 維벼리 유, 猶오히려 유, 柔부드러울 유, 悠멀 유, 幽그윽할 유, 幼어릴 유, 潤불을 윤/윤택할 윤, 乙새을, 淫음란할 음, 已이미 이, 翼날개 익, 忍참을 인, 逸편안할 일/달아날 일, 賃품삯 임, 壬북방 임, 紫자줏빛 자, 慈사랑 자, 刺찌를 자/수라 라(나), 潛잠길 잠, 暫잠깐 잠, 藏감출 장, 葬장사 지낼 장, 莊씩씩할 장, 臟오장 장, 粧단장할 장, 掌손바닥 장, 丈어른 장, 載실을 재, 裁마를 재, 栽심을 재, 著나타날 저/붙을 착, 抵막을 저, 蹟자취 적, 跡발자취 적, 笛피리 적, 摘딸 적, 寂고요할 적, 殿전각 전, 漸점점 점, 頂정수리 정, 淨깨끗할 정, 征칠 정, 廷조정 정, 亭정자 정, 井우물 정, 貞곧을 정, 諸모두 제/어조사 저, 齊가지런할 제/재계할 재, 租조세 조, 照비칠 조, 兆조 조, 縱세로 종, 坐앉을 좌, 鑄불릴 주, 珠구슬 주, 洲물가 주, 株그루 주, 柱기둥 주, 宙집 주, 奏아뢸 주, 仲버금 중, 卽곧 즉, 蒸찔 증, 症증세 증, 曾일찍 증, 憎미울 증, 池못 지, 枝가지 지, 之갈지, 震우레 진, 陳베풀 진/묵을 진, 鎭진압할 진, 辰별 진/때 신, 振떨칠 진, 秩차례 질, 疾병 질, 執잡을 집, 徵부를 징, 此이 차, 借빌릴 차, 錯어긋날 착, 贊도울 찬, 蒼푸를 창, 昌창성할 창, 倉곳집 창, 菜나물 채, 彩채색 채, 債빚 채, 策꾀 책/채찍 책, 妻아내 처, 拓넓힐 척/주울 척/박을 탁, 戚친척 척/근심할 척, 尺자 척, 遷옮길 천, 踐밟을 천, 賤천할 천, 淺얕을 천, 徹통할 철, 哲밝을 철, 滯막힐 체, 超뛰어넘을 초, 肖닮을 초/같을 초, 礎주춧돌 초, 觸닿을 촉, 促재촉할 촉, 催재촉할 최, 追쫓을 추/따를 추/갈 퇴, 畜짐승 축/쌓을 축, 衝찌를 충, 醉취할

취, 吹불 취, 側곁 측, 稚어릴 치, 恥부끄러울 치, 値값 치, 漆옻 칠/일곱 칠, 浸잠길 침, 沈잠길 침/성씨 심, 奪빼앗을 탈, 塔탑 탑, 湯끓일 탕, 泰클 태, 殆거의 태/위태할 태, 澤못 택, 兎토끼 토, 吐토할 토, 透사무칠 투, 版판목 판, 片조각 편, 偏치우칠 편, 編엮을 편, 肺허파 폐, 弊폐단 폐/해질 폐, 廢폐할 폐/버릴 폐, 浦개 포, 捕잡을 포, 楓단풍 풍, 被입을 피, 皮가죽 피, 彼저 피, 畢마칠 필, 賀하례할 하, 荷멜 하/꾸짖을 하, 何어찌 하/꾸짖을 하/멜 하, 鶴학 학/흴 학, 汗땀 한, 割벨 할, 陷빠질 함, 含머금을 함, 項항목 항, 恒항상 항, 響울릴 향, 獻드릴 헌, 玄검을 현, 懸달 현, 穴구멍 혈, 脅위협할 협/겨드랑이 협, 衡저울대 형/가로 횡, 慧슬기로울 혜, 豪호걸 호, 虎범 호, 胡되 호/오랑캐 이름 호, 浩넓을 호, 惑미혹할 혹, 魂넋 혼, 忽갑자기 홀, 洪넓을 홍, 禍재앙 화, 還돌아올 환, 換바꿀 환, 荒거칠 황, 皇임금 황, 懷품을 회, 悔뉘우칠 회, 獲얻을 획, 劃그을 획, 橫가로 횡, 胸가슴 흉, 戱놀이 희, 稀드물 희

3급 한자 (총317자)

却물리칠 각, 姦간음할 간, 渴목마를 갈, 皆다 개, 慨슬퍼할 개, 乞빌 걸, 遣보낼 견, 肩어깨 견, 絹비단 견, 牽이끌 견/끌 견, 竟마침내 경, 庚별 경, 卿벼슬 경, 繫맬 계, 癸북방 계/열째 천간 계, 顧돌아볼 고, 枯마를 고, 坤땅 곤, 郭둘레 곽/외성 곽, 掛걸 괘, 愧부끄러울 괴, 塊덩어리 괴, 郊들 교, 矯바로잡을 교, 龜땅 이름 구/거북 귀/터질 균, 驅몰 구, 苟진실로 구/구차할 구, 狗개 구, 懼두려워할 구, 俱함께 구/갖출 구, 厥그 궐, 軌바퀴 자국 궤, 糾얽힐 규, 叫부르짖을 규, 謹삼갈 근, 斤근 근/도끼 근, 僅겨우 근, 肯즐길 긍, 飢주릴 기, 豈어찌 기, 欺속일 기, 棄버릴 기, 旣이미 기, 忌꺼릴 기, 幾몇 기, 那어찌 나/어조사 내, 奈어찌 내/어찌 나, 乃이에 내, 惱번뇌할 뇌, 畓논 답, 跳뛸 도, 稻벼 도, 挑돋울 도, 塗칠할 도, 篤도타울 독, 豚돼지 돈, 敦도타울 돈, 鈍둔할 둔, 屯진칠 둔, 騰오를 등, 濫넘칠 람(남), 掠노략질할 략(약), 諒살펴 알 량(양)/믿을 량(양), 憐불쌍히 여길 련(연), 劣못할 렬(열), 廉청렴할 렴(염), 獵사냥 렵(엽), 零떨어질 령(영), 隷종 례(예), 鹿사슴 록(녹), 僚동료 료(요), 了마칠 료(요), 淚눈물 루(누), 屢여러 루(누), 梨배나무 리(이), 隣이웃 린(인), 漫흩어질 만, 慢거만할 만, 茫아득할 망, 罔그물 망/없

을 망, 忙바쁠 망, 忘잊을 망, 埋묻을 매, 冥어두울 명, 某아무 모, 暮저물 모, 募모을 모/뽑을 모, 冒무릅쓸 모, 侮업신여길 모, 苗모 묘, 廟사당 묘, 卯토끼 묘/넷째 지지 묘, 霧안개 무, 戊천간 무, 迷미혹할 미, 眉눈썹 미, 敏민첩할 민, 憫민망할 민, 蜜꿀 밀, 泊머무를 박/배 댈 박, 返돌이킬 반, 叛배반할 반, 伴짝 반, 邦나라 방, 傍곁 방, 倣본뜰 방, 杯잔 배, 飜번역할 번, 煩번거로울 번, 辨분별할 변, 竝나란히 병, 屛병풍 병, 卜점 복, 蜂벌 봉, 赴다다를 부/갈 부, 墳무덤 분, 朋벗 붕, 崩무너질 붕, 頻자주 빈, 賓손 빈, 聘부를 빙, 賜줄 사, 詐속일 사, 斯이 사, 捨버릴 사, 巳뱀 사, 似닮을 사, 朔초하루 삭, 祥상서 상, 嘗맛볼 상, 逝갈 서, 誓맹세할 서, 暑더울 서, 敍펼 서/차례 서, 庶여러 서, 析쪼갤 석, 昔예 석, 涉건널 섭, 攝다스릴 섭/잡을 섭, 騷떠들 소, 蔬나물 소, 昭밝을 소, 김부를 소, 粟조 속, 誦외울 송, 須모름지기 수, 雖비록 수, 遂드디어 수/따를 수, 誰누구 수, 睡졸음 수, 搜찾을 수, 囚가둘 수, 孰누구 숙, 脣입술 순, 殉따라 죽을 순, 循돌 순, 戌개 술/열한째 지지 술, 矢화살 시, 辛매울 신, 晨새벽 신, 伸펼 신, 尋찾을 심, 餓주릴 아, 嶽큰 산 악, 雁기러기 안, 謁뵐 알, 押누를 압, 殃재앙 앙, 涯물가 애, 厄액 액, 耶어조사 야, 也잇기 야/어조사 야, 躍뛸 약, 楊버들 양, 於어조사 어, 焉어찌 언, 汝너 여, 余나 여/남을 여, 予나 여/줄 여/미리 예, 輿수레 여, 閱볼 열/셀 열, 泳헤엄칠 영, 詠읊을 영, 銳날카로울 예, 汚더러울 오, 娛즐길 오, 嗚슬플 오, 吾나 오, 傲거만할 오, 翁늙은이 옹, 擁낄 옹, 臥누울 와, 曰가로 왈, 畏두려워할 외, 遙멀 요, 腰허리 요, 搖흔들 요, 庸떳떳할 용/쓸 용, 尤더욱 우, 又또 우, 于어조사 우, 云이를 운, 違어긋날 위, 緯씨 위, 酉닭 유/열째 지지 유, 愈나을 유, 惟생각할 유, 唯오직 유, 閏윤달 윤, 吟읊을 음, 泣울 읍, 凝엉길 응, 矣어조사 의, 宜마땅 의, 夷오랑캐 이, 而말 이을 이, 寅범 인/세째 지지 인, 姻혼인 인/시집갈 인, 茲이 자, 恣마음대로 자/방자할 자, 酌술 부을 작/잔질할 작, 爵벼슬 작, 墻담 장, 宰재상 재, 哉어조사 재, 滴물방울 적, 竊훔칠 절, 蝶나비 접, 訂바로잡을 정, 堤둑 제, 燥마를 조, 弔조상할 조, 拙옹졸할 졸, 佐도울 좌, 舟배 주, 遵좇을 준, 俊준걸 준, 贈줄 증, 遲더딜 지/늦을지, 只다만 지, 姪조카 질, 懲징계할 징, 且또 차, 捉잡을 착, 慙부끄러울 참, 慘참혹할 참, 暢화창할 창, 斥물리칠 척, 薦천거할 천, 添더할 첨, 尖뾰족할

첨, 妾첩 첩, 晴갤 청, 遞갈릴 체, 逮잡을 체, 替바꿀 체, 秒분초 초, 抄뽑을 초, 燭촛불 촉, 聰귀 밝을 총, 醜추할 추, 抽뽑을 추, 逐쫓을 축, 丑소 축, 臭냄새 취, 枕베개 침, 妥온당할 타, 墮떨어질 타, 濯씻을 탁, 濁흐릴 탁, 托맡길 탁, 誕낳을 탄/거짓 탄, 貪탐낼 탐, 怠게으를 태, 頗자못 파, 罷마칠 파, 播뿌릴 파, 把잡을 파/긁을 파, 販팔 판, 貝조개 패, 遍두루 편, 蔽덮을 폐, 幣화폐 폐, 飽배부를 포, 抱안을 포/던질 포, 幅폭 폭, 漂떠다닐 표, 匹짝 필, 旱가물 한, 咸다 함/짤 함, 巷거리 항, 該갖출 해/마땅 해, 奚어찌 해, 亥돼지 해, 享누릴 향, 軒집 헌, 縣고을 현/매달 현, 絃줄 현, 嫌싫어할 혐, 螢반딧불 형, 亨형통할 형, 兮어조사 혜, 毫터럭 호, 互서로 호, 乎어조사 호, 昏어두울 혼, 鴻기러기 홍, 弘클 홍, 禾벼 화, 擴넓힐 확, 穫거둘 확, 丸둥글 환, 曉새벽 효, 侯제후 후, 毁헐 훼, 輝빛날 휘, 携이끌 휴

2급 한자 (총188자)

葛칡 갈, 憾섭섭할 감, 坑구덩이 갱, 揭높이 들 게/걸 게, 憩쉴 게, 雇품 팔 고, 菓과자 과/실과 과, 瓜오이 과, 戈창 과, 款항목 관/정성 관, 傀허수아비 괴, 膠아교 교, 絞목맬 교, 僑더부살이 교, 鷗갈매기 구, 購살 구, 歐구라파 구/칠 구, 窟굴 굴, 掘팔 굴, 圈우리 권, 闕대궐 궐, 閨안방 규, 棋바둑 기, 濃짙을 농, 尿오줌 뇨(요), 尼여승 니(이), 溺빠질 닉(익), 鍛불릴 단, 膽쓸개 담, 潭못 담, 戴일 대, 垈집터 대, 悼슬퍼할 도, 棟마룻대 동, 桐오동나무 동, 謄베낄 등, 藤등나무 등, 裸벗을 라(나), 洛물 이름 락(낙), 爛빛날 란(난)/문드러질 란(난), 藍쪽 람(남), 拉끌 랍(납), 輛수레 량(양), 煉달굴 련(연), 籠대바구니 롱(농), 療병 고칠 료(요), 謬그르칠 류(유), 硫유황 류(유), 魔마귀 마, 痲저릴 마, 摩문지를 마, 膜꺼풀 막/막 막, 蠻오랑캐 만, 灣물굽이 만, 挽낳을 만, 網그물 망, 魅매혹할 매/도깨비 매, 枚낱 매, 蔑업신여길 멸, 矛창 모, 帽모자 모, 沐머리 감을 목, 紊어지러울 문/문란할 문, 舶배 박, 搬옮길 반, 紡길쌈 방, 賠물어줄 배, 俳배우 배, 柏측백 백, 閥문벌 벌, 汎넓을 범, 僻궁벽할 벽, 倂아우를 병, 縫꿰맬 봉, 俸녹 봉, 膚살갗 부, 敷펼 부, 弗아닐 불/말 불, 匪비적 비, 飼기를 사, 赦용서할 사, 唆부추길 사, 酸실 산, 傘우산 산, 蔘삼 삼, 揷꽂을 삽, 箱상자 상, 瑞상서 서, 碩클 석, 繕기울 선, 纖가늘 섬, 貰세낼

세, 紹이을 소, 盾방패 순, 升되 승, 屍주검 시, 殖불릴 식, 腎콩팥 신, 紳띠 신, 握쥘 악, 癌암 암, 礙거리낄 애, 惹이끌 야, 孃아가씨 양(냥), 硯벼루 연/갈 연, 厭싫어할 염, 預맡길 예/미리 예, 梧오동나무 오, 穩편안할 온, 歪기울 왜/기울 외, 妖요사할 요, 熔쇠 녹일 용, 傭품팔 용, 鬱답답할 울/울창할 울, 苑나라 동산 원, 尉벼슬 위/위로할 위, 融녹을 융, 貳두 이/갖은 두 이, 刃칼날 인, 壹한 일/갖은한 일, 妊아이 밸 임, 雌암컷 자, 諮물을 자, 磁자석 자, 蠶누에 잠, 沮막을 저, 錠 드릴 정/한도 정, 偵염탐할 정, 艇배 정, 劑약제 제, 釣낚을 조/낚시 조, 措둘 조, 彫새길 조, 綜모을 종, 駐머무를 주, 准준할 준, 脂기름 지, 旨뜻 지, 診진찰할 진, 津나루 진, 塵티끌 진, 窒막힐 질, 輯모을 집, 遮가릴 차, 餐밥 찬, 札편지 찰/뽑을 찰, 刹절 찰, 斬벨 참, 滄큰 바다 창, 彰드러날 창, 悽슬퍼할 처, 隻외짝 척, 撤거둘 철, 諜염탐할 첩, 締맺을 체, 焦탈 초, 哨망볼 초, 趨달아날 추, 軸굴대 축, 蹴찰 축, 衷속마음 충, 炊불 땔 취, 託부탁할 탁, 琢다듬을 탁, 颱태풍 태, 胎아이 밸 태, 霸으뜸 패/두목 패, 坪들 평, 鋪펼 포/가게 포, 抛던질 포, 怖두려워할 포, 虐모질 학, 翰편지 한, 艦큰 배 함, 弦시위 현, 峽골짜기 협, 型모형 형, 濠호주 호, 酷심할 혹, 靴신 화, 幻헛보일 환/변할 환, 滑미끄러울 활, 廻돌 회, 喉목구멍 후, 勳공 훈, 熙빛날 희, 姬여자 희, 噫한숨 쉴 희, 트림할 애, 탄식할 억

1급 한자 (총1144자)

駕멍에 가, 袈가사 가, 苛가혹할 가, 稼심을 가, 嫁시집갈 가, 嘉아름다울 가, 哥성씨 가, 呵꾸짖을 가, 殼껍질 각, 恪삼갈 각, 諫간할 간, 艱어려울 간, 竿낚싯대 간, 癎간질 간, 澗산골 물 간, 揀가릴 간, 奸간사할 간, 墾개간할 간, 褐갈색 갈, 竭다할 갈, 喝꾸짖을 갈, 紺감색 감/연보라 감, 瞰굽어볼 감, 疳감질 감, 柑귤 감, 堪견딜 감, 勘헤아릴 감, 閘수문 갑, 匣갑 갑, 薑생강 강, 腔속 빌 강, 糠겨 강, 慷슬플 강, 箇낱 개, 漑물 댈 개, 愾성낼 개, 凱개선할 개, 羹국 갱, 醵추렴할 갹/추렴할 거, 渠개천 거, 倨거만할 거, 虔공경할 건, 腱힘줄 건, 巾수건 건, 怯겁낼 겁, 劫위협할 겁, 偈쉴 게, 覡박수 격, 膈가슴 격, 檄격문 격, 鵑두견이 견, 譴꾸짖을 견, 繭고치 견, 鯨고래 경, 頸목 경, 莖줄기 경, 脛정강이 경, 磬경쇠 경, 痙경련 경, 梗줄기 경/막힐

경, 憬깨달을 경/동경할 경, 勁굳셀 경, 悸두근거릴 계, 錮막을 고, 辜허물 고, 袴바지 고/사타구니 과, 膏기름 고, 股넓적다리 고, 痼고질 고, 敲두드릴 고, 拷칠 고, 呱울 고, 叩두드릴 고, 鵠고니 곡/과녁 곡, 梏수갑 곡, 袞곤룡포 곤, 棍몽둥이 곤, 昆맏 곤/벌레 곤, 汨골몰할 골, 鞏굳을 공, 拱팔짱 낄 공, 顆낱알 과, 藿콩잎 곽/미역 곽, 槨외관 곽, 廓둘레 곽/클 확, 灌물 댈 관, 棺널 관, 顴광대뼈 관, 括묶을 괄, 刮긁을 괄, 胱오줌통 광, 曠빌 광/밝을 광, 壙뫼 구덩이 광, 筐바를 광, 罫줄 괘, 卦점괘 괘, 魁괴수 괴, 拐후릴 괴, 乖어그러질 괴, 轟울릴 굉/수레 소리 굉, 肱팔뚝 굉, 宏클 굉, 驕교만할 교, 轎가마 교, 蛟교룡 교, 皎달 밝을 교, 狡교활할 교, 攪흔들 교, 嬌아리따울 교, 喬높을 교, 咬물 교/새 소리 교, 鳩비둘기 구, 駒망아지 구, 鉤갈고리 구, 軀몸 구, 謳노래 구, 衢네거리 구, 舅시아버지 구, 臼절구 구, 矩모날 구/법도 구, 灸뜸 구, 溝도랑 구, 毆때릴 구, 柩널 구, 枸구기자 구, 嶇험할 구, 寇도적 구, 垢때 구, 嘔게울 구, 仇원수 구, 廐마구간 구, 窘군색할 군, 躬몸 궁, 穹하늘 궁, 眷돌볼 권, 捲거둘 권/말 권, 倦게으를 권, 蹶넘어질 궐/일어설 궐, 詭속일 궤, 潰무너질 궤, 櫃궤 궤, 机책상 궤, 几안석 궤, 逵길거리 규, 葵해바라기 규/아욱 규, 窺엿볼 규, 硅규소 규, 橘귤 귤, 隙틈 극, 棘가시 극, 戟창 극, 剋이길 극, 饉주릴 근, 覲뵐 근, 襟옷깃 금, 衾이불 금, 擒사로잡을 금, 汲길을 급, 扱미칠 급, 矜자랑할 긍, 亘뻗칠 긍/베풀 선, 譏비웃을 기, 肌살가죽 기, 羈굴레 기/나그네 기, 綺비단 기, 畸뙈기밭 기/불구 기, 杞구기자 기/나라 이름 기, 碁돌 기, 崎험할 기, 妓기생 기, 嗜즐길 기, 伎재간 기, 拮일할 길, 喫먹을 끽, 拿잡을 나, 懦나약할 나, 儺푸닥거리 나, 煖더울 난, 捺누를 날, 捏꾸밀 날, 衲기울 납, 囊주머니 낭, 撚비틀 년(연), 駑둔한 말 노, 弩쇠뇌 노, 膿고름 농, 訥말 더듬거릴 눌, 紐맺을 뉴(유), 匿숨길 닉(익), 蛋새알 단, 緞비단 단, 簞소쿠리 단, 疸황달 달, 撻때릴 달, 譚클 담/말씀 담, 痰가래 담, 澹맑을 담, 曇흐릴 담, 憺참담할 담, 遝뒤섞일 답, 螳버마재비 당/사마귀 당, 棠아가위 당, 撞칠 당, 袋자루 대, 擡들 대, 鍍도금할 도, 蹈밟을 도, 賭내기 도, 萄포도 도, 禱빌 도, 睹볼 도, 濤물결 도, 滔물 넘칠 도, 淘쌀 일 도, 搗찧을 도, 掉흔들 도, 屠죽일 도, 堵담 도, 禿대머리 독, 瀆도랑 독/더럽힐 독/구멍 두, 沌엉길 돈, 胴큰창자 동/몸통 동, 瞳눈동자 동, 疼아플 동, 憧동경할

동/어리석을 동, 痘역질 두, 兜투구 두/도솔천 도, 遁숨을 둔, 臀볼기 둔, 橙귤 등, 邏순라 라(나), 螺소라 라(나), 癩문둥이 라(나), 懶게으를 라(나), 烙지질 락(낙), 駱낙타 락(낙), 酪쇠젖 락(낙), 鸞난새 란(난), 瀾물결 란(난), 辣매울 랄(날), 剌발랄할 랄(날)/어그러질 랄(날)/수라 라(나), 籃대바구니 람(남), 蠟밀 랍(납), 臘섣달 랍(납)/납향 랍(납), 狼이리 랑(낭), 粱기장 량(양), 倆재주 량(양)/둘 량(양), 黎검을 려(여), 閭마을 려(여), 濾거를 려(여), 戾어그러질 려(여), 侶짝 려(여), 礫조약돌 력(역), 瀝스밀 력(역), 輦가마 련(연), 簾발 렴(염), 殮염할 렴(염), 斂거둘 렴(염), 鈴방울 령(영), 怜쾌할 령(영), 囹옥 령(영), 齡나이 령(영), 虜사로잡을 로(노), 擄노략질할 로(노), 撈건질 로(노), 麓산기슭 록(녹), 碌푸른 돌 록(녹), 聾귀먹을 롱(농), 瓏옥 소리 롱(농), 壟밭두둑 롱(농), 賂뇌물 뢰(뇌), 磊돌무더기 뢰(뇌), 牢우리 뢰(뇌), 儡꼭두각시 뢰(뇌), 聊애오라지 료(요), 瞭밝을 료(요), 燎횃불 료(요), 寮동관 료(요), 陋더러울 루(누), 壘보루 루(누), 瘤혹 류(유), 琉유리 류(유), 溜처마물 류(유), 戮죽일 륙(육), 綸벼리 륜(윤), 淪빠질 륜(윤), 慄떨릴 률(율), 肋갈빗대 륵(늑), 勒굴레 륵(늑), 凜찰 름(늠), 菱마름 릉(능), 綾비단 릉(능), 稜모 날 릉(능), 凌업신여길 릉(능)/얼음 릉(능), 釐다스릴 리(이), 裡속 리(이), 罹걸릴 리(이), 籬울타리 리(이), 痢설사 리(이), 悧영리할 리(이), 俚속될 리(이), 鱗비늘 린(인), 躪짓밟을 린(인), 燐도깨비불 린(인), 吝아낄 린(인), 淋임질 림(임)/장마 림(임), 粒낟알 립(입), 笠삿갓 립(입), 寞고요할 막, 鰻뱀장어 만, 饅만두 만, 輓끌 만/애도할 만, 蔓덩굴 만, 瞞속일 만, 挽당길 만, 彎굽을 만, 卍만자 만, 襪버선 말, 沫물거품 말, 抹지울 말, 惘멍할 망, 芒까끄라기 망, 呆어리석을 매, 邁갈 매, 罵꾸짖을 매, 煤그을음 매, 昧어두울 매, 寐잘 매, 萌움 맹, 麪밀가루 면, 緬멀 면/가는 실 면, 眄곁눈질할 면, 棉목화 면, 酩술 취할 명, 螟멸구 명, 皿그릇 명, 溟바다 명, 暝저물 명, 糢본뜰 모/모호할 모, 耗소모할 모, 牡수컷 모, 摸본뜰 모, 歿죽을 몰, 刎자를 문, 猫고양이 묘, 渺아득할 묘, 杳아득할 묘, 描그릴 묘, 誣속일 무, 蕪거칠 무 畝이랑 무/이랑 묘, 毋말 무, 撫어루만질 무, 拇엄지손가락 무, 憮어루만질 무, 巫무당 무, 蚊모기 문, 靡쓰러질 미, 薇장미 미, 媚아첨할 미/예쁠 미, 悶답답할 민, 謐고요할 밀, 樸순박할 박, 撲칠 박, 搏두드릴 박/어깨 박, 剝벗길 박, 駁논박

할 박/얼룩말 박, 膊팔뚝 박, 縛얽을 박, 粕지게미 박, 箔발 박, 珀호박 박, 蟠서릴 반, 絆얽어맬 반, 攀덩반 반, 畔밭두둑 반, 槃쟁반 반, 斑아롱질 반, 攀더위잡을 반, 拌버릴 반, 頒나눌 반, 魃가뭄 발, 醱술 괼 발, 跋밟을 발, 潑물 뿌릴 발, 撥다스릴 발, 勃노할 발, 謗헐뜯을 방, 膀오줌통 방, 肪살찔 방, 榜방 붙일 방, 枋다목 방, 昉밝을 방/찾을 방, 彷헤맬 방/비슷할 방, 幇도울 방, 尨삽살개 방, 坊동네 방, 陪모실 배, 胚아기 밸 배, 湃물결칠 배, 徘어정거릴 배, 魄넋 백, 帛비단 백, 藩울타리 번, 蕃우거질 번, 泛뜰 범, 汎넘칠 범/땅 이름 범, 梵불경 범, 帆돛 범, 闢열 벽, 癖버릇 벽, 璧구슬 벽, 擘엄지손가락 벽, 劈쪼갤 벽, 鼈자라 별, 瞥깜짝할 별, 餅떡 병, 瓶병 병, 菩보살 보, 洑보 보, 堡작은 성 보, 鰒전복 복, 輻바퀴살 복, 匐길 복, 僕종 복, 鋒칼날 봉, 烽봉화 봉, 棒막대 봉, 捧받들 봉, 賻부의 부, 訃부고 부, 芙연꽃 부, 腑육부 부, 斧도끼 부, 孵알 깔 부, 埠부두 부, 咐분부할 부, 剖쪼갤 부, 俯구부릴 부, 駙곁마 부, 雰눈 날릴 분, 糞똥 분, 盆동이 분, 焚불사를 분, 扮꾸밀 분, 忿성낼 분, 噴뿜을 분, 吩분부할 분/뿜을 분, 彿비슷할 불, 繃묶을 붕, 硼붕사 붕, 棚사다리 붕, 妣죽은 어머니 비, 鄙더러울 비/마을 비, 譬비유할 비, 誹헐뜯을 비, 裨도울 비, 轡바퀴 비/날 비, 臂팔 비, 脾지라 비, 翡물총새 비, 緋비단 비, 秕쭉정이 비/더럽힐 비, 砒비상 비, 痺저릴 비/왜소할 비, 琵비파 비, 沸끓을 비, 扉사립문 비, 憊고단할 비, 庇덮을 비, 匕비수 비, 瀕물가 빈/가까울 빈, 濱물가 빈, 殯빈소 빈, 嬪궁녀 벼슬 이름 빈, 嚬찡그릴 빈, 憑기댈 빙, 麝사향노루 사, 蓑도롱이 사, 紗비단 사, 祠사당 사, 獅사자 사, 瀉쏟을 사, 徙옮길 사, 娑춤출 사/사바 세상 사, 奢사치할 사, 嗣이을 사, 些적을 사, 疝산증 산, 珊산호 산, 刪깎을 산, 薩보살 살, 煞죽일 살, 매우 쇄/빠를 쇄, 撒뿌릴 살, 渗스며들 삼, 澁떫을 삽, 觴잔 상, 翔날 상, 爽시원할 상, 孀홀어머니 상, 璽옥새 새, 嗇아낄 색, 甥생질 생, 牲희생 생, 鼠쥐 서, 黍기장 서, 薯감자 서, 胥서로 서, 犀무소 서, 棲깃들일 서, 曙새벽 서, 抒풀 서, 嶼섬 서, 壻사위 서, 潟개펄 석, 銑무쇠 선, 膳선물 선/반찬 선, 腺샘 선, 羨부러워할 선, 煽부채질할 선, 扇부채 선, 渫파낼 설, 洩샐 설, 泄샐 설, 屑가루 설,閃번쩍일 섬, 殲다 죽일 섬, 醒깰 성, 遡거스를 소, 逍노닐 소, 蕭쓸쓸할 소/맑은대쑥 소, 簫퉁소 소, 瘙피부병 소, 疎성길 소, 甦깨어날 소, 梳얼레빗 소, 搔긁

을 소, 宵밤 소, 塑흙 빚을 소, 贖속죄할 속, 遜겸손할 손, 悚두려울 송, 碎부술 쇄, 灑뿌릴 쇄, 讐원수 수, 髓뼛골 수, 酬갚을 수, 袖소매 수, 蒐모을 수, 羞부끄러울 수, 繡수놓을 수, 粹순수할 수, 竪세울 수, 穗이삭 수, 瘦여윌 수, 狩사냥할 수, 戍수자리 수, 嫂형수 수, 菽콩 숙, 夙이를 숙, 塾글방 숙, 馴길들일 순, 醇전국술 순, 筍죽순 순, 膝무릎 슬, 丞정승 승, 柿감나무 시, 豺승냥이 시, 諡시호 시, 猜시기할 시, 弑윗사람 죽일 시, 媤시집 시, 匙숟가락 시, 蝕좀먹을 식, 熄불 꺼질 식, 拭씻을 식, 迅빠를 신, 訊물을 신, 蜃큰 조개 신, 薪섶 신, 燼불탄 끝 신, 宸대궐 신, 娠아이 밸 신, 呻읊조릴 신, 悉다 실, 什열 사람 십/세간 집, 訝의심할 아, 衙마을 아, 啞벙어리 아, 俄아까 아, 顎턱 악, 愕놀랄 악, 堊흰 흙 악, 鞍안장 안, 晏늦을 안, 按누를 안/막을 알, 軋삐걱거릴 알, 斡돌 알, 闇숨을 암, 庵암자 암, 昂밝을 앙, 鴦원앙 앙, 秧모 앙, 怏원망할 앙, 噯아지랑이 애, 隘좁을 애/막을 액, 曖희미할 애, 崖언덕 애, 腋겨드랑이 액, 縊목맬 액, 扼잡을 액, 鶯꾀꼬리 앵, 櫻앵두 앵, 爺아버지 야, 揶야유할 야, 冶풀무 야, 葯꽃밥 약, 癢가려울 양, 釀술 빚을 양, 瘍헐 양, 攘물리칠 양, 恙병양/근심할 양, 禦막을 어, 瘀어혈질 어, 圄옥 어, 臆가슴 억, 諺언문 언/속담 언, 堰둑 언, 掩가릴 엄, 奄문득 엄, 儼엄연할 엄, 繹풀 역, 鳶솔개 연, 筵대자리 연, 椽서까래 연, 捐버릴 연, 涅개흙 열(녈)/개흙 날, 艷고울 염, 焰불꽃 염, 嬰어린아이 영, 詣이를 예, 裔후손 예, 穢더러울 예, 曳끌 예, 懊한할 오, 寤잠 깰 오, 奧깊을 오, 伍다섯 사람 오, 蘊쌓을 온, 甕막 옹, 蝸달팽이 와, 渦소용돌이 와, 頑완고할 완, 阮성씨 완, 腕팔뚝 완, 玩희롱할 완, 宛완연할 완, 婉순할 완/아름다울 완, 枉굽을 왕, 矮난쟁이 왜, 猥외람할 외, 巍높고 클 외, 饒넉넉할 요, 邀맞을 요, 窯기와가마 요, 窈고요할 요, 擾시끄러울 요, 撓어지러울 요(뇨), 拗우길 요, 寥쓸쓸할 요(료), 夭일찍 죽을 요/어릴 요, 凹오목할 요, 僥요행 요, 踊뛸 용, 蓉연꽃 용, 茸풀 날 용/버섯 이, 聳솟을 용, 涌물 솟을 용, 嵎산굽이 우, 隅모퉁이 우, 迂에돌 우, 虞염려할 우/나라 이름 우, 寓부칠 우, 隕떨어질 운, 耘김맬 운, 殞죽을 운, 冤원통할 원, 鴛원앙 원, 猿원숭이 원, 萎시들 위, 鍮놋쇠 유, 蹂밟을 유, 諭타이를 유, 諛아첨할 유, 癒병 나을 유, 游헤엄칠 유, 柚유자 유, 揄야유할 유, 愉즐거울 유, 苟차할 투, 宥너그러울 유, 喩깨우칠 유, 絨가는 베 융, 戎병장기 융/오랑캐 융, 蔭그

늘 음, 揖읍할 읍, 膺가슴 응, 誼정 의/옳을 의, 毅굳셀 의, 椅의자 의, 擬비길 의, 弛늦출 이, 姨이모 이, 餌미끼 이, 痍상처 이, 爾너 이, 翌다음날 익, 靭질길 인, 蚓지렁이 인, 湮문힐 인/막힐 연, 咽목구멍 인/목멜 열, 溢넘칠 일, 佚편안할 일/방탕할 질, 孕아이 밸 잉, 剩남을 잉, 藉깔 자, 蔗사탕수수 자, 疵허물 자, 瓷사기그릇 자, 煮삶을 자, 炙구울 자/구울 적, 仔자세할 자, 鵲까치 작, 雀참새 작, 芍함박꽃 작, 綽너그러울 작, 炸터질 작, 灼불사를 작, 嚼씹을 작, 勺구기 작, 盞잔 잔, 棧사다리 잔, 簪비녀 잠/빠를 잠, 箴경계 잠, 醬장 장, 薔장미 장, 여뀌 색 漿즙 장 檣돛대 장 杖지팡이 장, 匠장인 장, 仗의장 장, 齋재계할 재/집 재, 滓찌꺼기 재, 錚쇳소리 쟁, 豬돼지 저, 觝닿을 저, 邸집 저, 躇머뭇거릴 저, 詛저주할 저, 箸젓가락 저, 狙원숭이 저/엿볼 저, 咀씹을 저, 迹자취 적, 謫귀양 갈 적, 狄오랑캐 적, 嫡정실 적, 餞보낼 전, 顫떨 전, 顚엎드러질 전, 銓사람 가릴 전, 輾돌아누울 전, 纏얽을 전, 篆전자 전, 箭화살 전, 箋기록할 전, 癲미칠 전, 煎달일 전, 澱앙금 전, 氈모전 전, 栓마개 전, 悛고칠 전, 廛가게 전, 奠정할 전/제사 전, 塡메울 전, 剪자를 전, 截끊을 절, 霑젖을 점, 粘붙을 점, 碇닻 정, 睛눈동자 정, 町밭두둑 정, 挺빼어날 정, 幀그림 족자 정/그림 족자 탱, 靖편안할 정, 錠덩이 정, 釘못 정, 酊술취할 정, 穽함정 정, 梯사다리 제, 悌공손할 제, 啼울 제, 蹄굽 제, 阻막힐 조, 遭만날 조, 躁조급할 조, 詔조서 조, 藻마름 조, 肇비롯할 조, 繰야청 통견 조/고치 켤 소, 糟지게미 조, 粗거칠 조, 稠빽빽할 조, 眺바라볼 조, 爪손톱 조, 漕배로 실어 나를 조, 槽구유 조, 棗대추 조, 曹무리 조/성씨 조, 嘲비웃을 조, 凋시들 조, 簇가는 대 족, 猝갑자기 졸, 踵발꿈치 종, 踪자취 종, 腫종기 종, 慫권할 종, 挫꺾을 좌, 輳몰려들 주, 躊머뭇거릴 주, 誅벨 주, 註글 뜻 풀 주, 紬명주 주, 紂껑거리끈 주/주임금 주, 廚부엌 주, 腠부추길 주, 呪빌 주, 胄자손 주/투구 주, 做지을 주, 蠢꾸물거릴 준, 竣마칠 준, 樽술통 준, 櫛빗즐, 葺기울 즙, 汁즙 즙, 肢팔다리 지, 祉복 지, 枳탱자 지, 摯잡을지, 咫여덟치 지, 疹마마 진, 嗔성낼 진, 迭번갈아들 질, 跌거꾸러질 질, 膣음도 질, 桎차꼬 질, 帙책권 차례 질, 嫉미워할 질, 叱꾸짖을 질, 朕나 짐, 斟짐작할 짐, 澄맑을 징, 蹉미끄러질 차, 嗟탄식할 차, 叉갈래 차, 鑿뚫을 착, 窄좁을 착, 搾짤 착, 篡빼앗을 찬, 饌반찬 찬, 纂모을 찬 撰지을 찬, 擦문지를 찰, 讖예언

참, 讒참소할 참, 站역마을 참, 懺뉘우칠 참, 塹구덩이 참, 僭주제넘을 참, 菖창포 창, 艙부두 창, 脹부을 창/창자 장, 瘡부스럼 창, 猖미쳐 날뛸 창, 漲넘칠 창, 槍창 창, 愴슬플 창, 廠공장 창, 娼창녀 창, 倡광대 창, 寨목책 채, 柵울타리 책, 凄쓸쓸할 처, 脊등마루 척, 瘠여윌 척, 滌씻을 척, 擲던질 척, 闡밝힐 천, 穿뚫을 천, 擅멋대로 할 천, 喘숨찰 천, 轍바퀴 자국 철, 綴엮을 철, 凸볼록할 철, 諂아첨할 첨, 籤제비 첨, 僉다 첨/여러 첨, 貼붙일 첩, 疊거듭 첩/겹처질 첩, 牒편지 첩, 捷빠를 첩/이길 첩, 帖문서 첩, 諦살필 체, 涕눈물 체, 醋초 초, 貂담비 초, 蕉파초 초, 稍점점 초/끝 초, 礁암초 초, 硝화약 초, 炒볶을 초, 樵나무할 초, 梢나뭇가지 끝 초, 憔파리할 초, 囑부탁할 촉, 忖헤아릴 촌, 寵사랑할 총, 塚무덤 총, 叢떨기 총/모일 총, 撮모을 촬/사진 찍을 촬, 鰍미꾸라지 추, 鎚쇠망치 추/옥 다듬을 퇴, 錘저울추 추, 錐송곳 추, 酋우두머리 추, 芻꼴 추, 樞지도리 추, 椎쇠몽치 추/등골 추, 墜떨어질 추, 黜내칠 출, 贅혹 췌, 萃모을 췌, 膵췌장 췌, 悴파리할 췌, 脆연할 취, 翠푸를 취/물총새 취, 娶장가들 취, 惻슬퍼할 측, 馳달릴 치, 緻빽빽할 치/이를 치, 癡어리석을 치, 痔치질 치, 熾성할 치, 幟기 치, 嗤비웃을 치, 侈사치할 치, 勅칙서 칙/신칙할 칙, 鍼침 침, 砧다듬잇돌 침, 蟄숨을 칩, 秤저울 칭, 駝낙타 타, 陀비탈질 타, 舵키 타, 楕길고 둥글 타, 惰게으를 타, 唾침 타, 鐸방울 탁, 擢뽑을 탁, 綻터질 탄, 憚꺼릴 탄, 坦평탄할 탄/너그러울 탄, 吞삼킬 탄, 眈노려볼 탐, 搭탈 탑, 蕩방탕 할 탕, 宕호탕할 탕, 跆밟을 태, 苔이끼 태, 笞볼기칠 태, 汰일 태, 撐버틸 탱, 攄펼 터, 桶통 통, 慟서러워할 통, 筒대통 통, 頹무너질 퇴, 褪바랠 퇴, 腿넓적다리 퇴, 槌망치 퇴, 堆쌓을 퇴, 妬샘낼 투, 套씌울 투, 慝사특할 특, 跛절름발이 파, 芭파초 파, 琶비파 파, 爬긁을 파, 巴꼬리 파, 婆할머니 파/음역자 바, 辦힘들일 판, 稗피 패, 牌패 패, 沛비 쏟아질 패/늪 패, 悖거스를 패, 唄염불 소리 패, 佩찰 패, 膨부를 팽, 澎물소리 팽, 愎강퍅할 퍅, 騙속일 편/말 탈 편, 鞭채찍 편, 貶낮출 폄, 萍부평초 평, 陛대궐 섬돌 폐, 斃죽을 폐, 庖부엌 포, 逋도망갈 포, 褒기릴 포, 袍도포 포, 蒲부들 포, 脯포 포, 疱물집 포, 泡거품 포, 圃채마밭 포, 哺먹일 포, 咆고함지를 포, 匍길 포, 瀑폭포 폭, 曝사나울 폭/쬘 폭, 飄나부낄 표, 豹표범 표, 慓급할 표, 剽겁박할 표, 稟여쭐 품/곳집 름(늠), 諷풍자할 풍, 披헤칠 피, 疋짝 필/발 소, 逼핍박할 핍, 乏모자랄 핍, 霞노을 하, 遐멀 하, 蝦두꺼비 하/새우 하, 瑕허물 하, 瘧학질 학, 謔희롱할 학, 壑골 학, 罕드물 한, 澣빨래할 한, 悍사나울 한, 轄다스릴 할, 鹹짤 함, 銜재갈 함, 緘봉할 함, 涵젖을 함, 檻난간 함, 喊소리칠 함/다물 함, 函함 함, 蛤대합조개 합, 盒합 합, 肛항문 항, 缸항아리 항, 骸뼈 해, 駭놀랄 해, 邂만날 해, 諧화할 해, 楷본보기 해, 懈게으를 해, 咳어린아이 웃을 해/기침 해, 偕함께 해, 劾꾸짖을 핵, 饗잔치할 향, 嚮향할 향, 墟터 허, 噓불 허, 歇쉴 헐, 衒자랑할 현, 絢무늬 현, 眩어지러울 현, 頰뺨 협, 狹좁을 협, 挾낄 협, 俠의기로울 협, 荊가시나무 형, 醯식혜 혜, 彗살별 혜, 糊풀칠할 호/죽 호, 瑚산호 호, 琥호박 호, 狐여우 호, 弧활 호, 渾흐릴 혼/뒤섞일 혼, 笏홀 홀, 惚황홀할 홀, 訌어지러울 홍, 虹무지개 홍, 哄떠들썩할 홍, 鰥환어 환/홀아비 환/곤이 곤, 驊기뻐할 환, 말 이름 환, 宦벼슬 환, 喚부를 환, 闊넓을 활, 猾교활할 활, 遑급할 황, 煌빛날 황, 慌어리둥절할 황, 惶두려울 황, 恍황홀할 황, 徨헤맬 황, 凰봉황 황, 賄재물 회/뇌물 회, 誨가르칠 회, 蛔회충 회, 膾회 회, 繪그림 회, 晦그믐 회, 恢넓을 회, 徊머뭇거릴 회, 酵삭힐 효, 爻사귈 효/가로그을 효, 嚆울릴 효, 哮성낼 효, 逅만날 후, 朽썩을 후, 嗅맡을 후, 吼울부짖을 후, 暈무리 훈, 喧지껄일 훤, 喙부리 훼, 卉풀 훼, 麾기 휘, 諱숨길 휘/꺼릴 휘, 彙무리 휘, 恤불쌍할 휼, 洶용솟음칠 흉, 兇흉악할 흉, 痕흔적 흔, 欣기쁠 흔, 歆흠향할 흠, 欠하품 흠/이지러질 결, 洽흡족할 흡, 恰흡사할 흡, 犧희생 희, 詰물을 힐/꾸짖을 힐

저자 신주식 (申周植)

전 충북대학교 교수(농학박사)
충북대학교 명예교수

표지화 안중태 (安重泰)

서울과학기술대 대학원 졸업
디자이너

한자의·숲

초판 1쇄 인쇄 | 2018년 4월 20일
초판 1쇄 발행 | 2018년 4월 30일

지은이 | 신주식(申周植)
발행인 | 김영만

발행처 | 도서출판 지성의샘
출판등록 | 2011. 6. 8. 제301-2011-098호
주 소 | 서울시 중구 을지로 14길 16-11 (2층)
전 화 | 02-2285-2734, 2285-0711
팩 스 | 02-338-2722
ⓒ 2018. 신주식, Printed in Korea

값 48,000원

ISBN 979-11-85468-91-4   03710

* 저자와 상의하에 인지를 생략합니다.
* 잘못된 책은 서점에서 교환해 드립니다.

이 도서의 국립중앙도서관 출판예정도서목록(CIP)은 서지정보유통지원시스템 홈페이지(http://seoji.nl.go.kr)와 국가자료공동목록시스템(http://www.nl.go.kr/kolisnet)에서 이용하실 수 있습니다.(CIP제어번호:CIP2018011032)